Cet ouvrage a été réalisé par

La **rédaction des Editions Francis Lefebvre**

Responsabilité éditoriale

Guy Neulat

Rédacteurs

Marie-Paule Chavarot
Marie-Béatrice Chicha
Jean-Pierre Dupré
Véronique Jacq
Sophie Koncina
Isabelle Larcher
Sylvie Loyer
Philippe Millan
Patrice Muller
Pascale Oblekowski

Avec la **collaboration** de Nadine Martinez, Vincent Remeniéras et Jacques Guidez

SOCIETE DES EDITIONS FRANCIS LEFEBVRE

Tour Lefebvre Dalloz - 10, place des Vosges 92400 Courbevoie

ISBN 978-2-36893-683-2 © Editions Francis Lefebvre 2024

CODE PRATIQUE

CODE FISCAL

2024

Code général des impôts
Code des impositions sur les biens et services
Livre des procédures fiscales
Directives et autres textes

A jour au 10 mars 2024

CONSULTEZ VOTRE CODE MIS À JOUR
sur
abonnes.efl.fr
Login : CODE24
Mot de passe : FISCAL

EDITIONS
FRANCIS LEFEBVRE

UTILISATION DES REFERENCES

Les références à la documentation pratique fiscale Francis Lefebvre sont présentées selon le modèle suivant :

– abréviation désignant la série (IRPP, BIC, TVA, etc.) ou la collection (ENR) pour la collection Enregistrement ;

– nombre en chiffres romains désignant la division (I, II, III, etc.) ;

– nombre en chiffres arabes désignant les paragraphes concernés (100 s., par exemple, pour renvoyer aux paragraphes 100 et suivants).

Dans certains cas, cette référence est complétée ou remplacée par une référence à nos périodiques : Bulletin fiscal (BF) ou Feuillet rapide (FR).

La référence ainsi faite à la documentation est généralement suivie d'une référence à notre Mémento pratique fiscal (édition 2024), laquelle se présente comme suit : abréviation MF (pour Mémento fiscal) suivie du paragraphe concerné (la lettre « s. » signifie que l'étude de la question se prolonge sur les paragraphes suivants).

Ces références à la documentation pratique et au Mémento apparaissent, selon les cas, sur fond gris ou sur fond blanc.

Dans le premier cas (référence sur fond gris en fin d'article), il s'agit de références globales couvrant tout le texte de l'article reproduit. Voir, par exemple, la référence figurant à la fin de l'article 231 du CGI reproduite ci-après :

TPS-I-1 s. ; MF nos 73350 s.

Dans le second cas (référence sur fond blanc), il s'agit d'une référence spécifique qui ne concerne qu'une partie de l'article reproduit : selon les cas, la ou les subdivision(s) qui la précède(nt). Voir, par exemple, la référence figurant à la fin du 2 bis du même article 231 reproduite ci-dessous :

TPS-I-15050 s. ; MF nos 73485 s.

AVANT-PROPOS

A jour des textes législatifs et réglementaires parus à la date du 10 mars 2024, le présent code complète l'ensemble documentaire Francis Lefebvre et permettra à l'utilisateur de retrouver rapidement le texte des dispositions fiscales qui l'intéressent.

Réunissant en un seul ouvrage, aisément maniable, le Code général des impôts (CGI), ses annexes, le Livre des procédures fiscales (LPF) et le Code des impositions sur les biens et services (CIBS), ce code Francis Lefebvre, de présentation pratique, a deux caractéristiques originales :

1. Les dispositions reproduites sont, grâce à des **références systématiques,** reliées à la fois à la **Documentation pratique fiscale** et au **Mémento pratique fiscal 2024.** Ainsi, l'utilisateur peut-il aller directement du texte législatif ou réglementaire à son commentaire d'ensemble et aux solutions d'application (exposés de façon synthétique dans le Mémento et de manière exhaustive dans la Documentation pratique).

2. Sont donnés dans la dernière partie de l'ouvrage de nombreux **textes, non fiscaux** ou autonomes, qui affectent directement la matière fiscale mais n'ont pas, pour la plupart, vocation à être incorporés au CGI, au CIBS ou au LPF. C'est le cas, par exemple, des dispositions codifiées dans le Code de l'urbanisme ou des textes relatifs à la contribution au remboursement de la dette sociale. Il en va de même, et toujours à titre d'exemple, de **sources européennes** aussi fondamentales que la directive 2006/112/CE relative au système commun de TVA ou la directive sur les fusions.

Il convient par ailleurs de noter que, dans le même esprit, ont été conservés, soit dans le CGI ou ses annexes, soit dans le LPF, certains des textes relatifs aux **contributions indirectes** (alors même que l'administration les a regroupés dans un ouvrage distinct, dénommé « Recueil des contributions indirectes et des réglementations assimilées ») et que seuls certains des textes du CIBS afférents aux **accises sur les alcools et les tabacs** et aux taxes relatives au **transport aérien et maritime**, non étudiées dans la documentation fiscale Francis Lefebvre, sont repris dans le présent code. Sous réserve de ces exceptions, les textes relatifs à ces taxes, accises ou contributions indirectes ne sont pas reproduits.

L'utilisation du présent code est facilitée par les **sommaires analytiques** placés en tête de chacune des parties.

MISE A JOUR DU CODE PRATIQUE FISCAL 2024

Pour accéder à votre produit en ligne et à ses mises à jour, connectez-vous sur abonnes.efl.fr

Vous pouvez ainsi, à tout moment, entre deux éditions du Code pratique :

– vérifier qu'aucune disposition nouvelle n'est venue modifier, compléter ou supprimer les textes que vous êtes en train de consulter,

– ou, si ces textes ont subi des modifications, prendre immédiatement connaissance des nouveaux articles (ou des articles modifiés) du Code.

DERNIERS TEXTES INTEGRES DANS LE CODE PRATIQUE

Depuis la dernière édition du code pratique (à jour au 9 mars 2023), de nombreux textes fiscaux ont été publiés. C'est le cas, par exemple :

– des lois 2023-171 du 9 mars 2023 portant diverses dispositions d'adaptation au droit de l'Union européenne dans les domaines de l'économie, de la santé, du travail, des transports et de l'agriculture, 2023-1107 du 29 novembre 2023 portant transposition de l'accord national interprofessionnel relatif au partage de la valeur au sein de l'entreprise, 2023-1322 du 29 décembre 2023 (Loi de finances pour 2024) ;

– de l'ordonnance 2023-1210 du 20 décembre 2023 portant création du titre V du livre IV du code des impositions sur les biens et services et portant diverses autres mesures de recodification de mesures non fiscales ;

– des décrets 2023-422 et 2023-423 du 31 mai 2023 et des arrêtés ECOE2306448A et ECOE2306449A du même jour portant incorporation au CGI et au LPF de divers textes modifiant et complétant certaines dispositions de ce code et de ce livre.

Les articles de ces lois, ordonnances ou décrets modifiant le droit positif ont été directement incorporés dans le présent code, **à jour au 10 mars 2024.** Nous avons procédé, pour ce faire, soit aux **suppressions** d'articles ou parties d'articles (dans le cas des dispositions abrogées), soit aux **ajouts** (dans le cas des articles ou parties d'articles nouveaux) ou **modifications** (dans le cas des changements rédactionnels), qui s'imposaient.

Il est précisé que les textes non susceptibles d'être intégrés directement aux articles du présent code (il s'agit, par définition, de dispositions non codifiées ou dont l'entrée en vigueur est différée) sont reproduits à la fin de l'ouvrage dans la partie « Autres textes ».

CODE GENERAL DES IMPOTS

SOMMAIRE DU CODE GENERAL DES IMPOTS

LIVRE PREMIER

ASSIETTE ET LIQUIDATION DE L'IMPOT

PREMIERE PARTIE

IMPOTS D'ETAT

TITRE PREMIER

IMPOTS DIRECTS ET TAXES ASSIMILEES

CHAPITRE PREMIER

Impôt sur le revenu

SECTION I

Dispositions générales

0I. Définition du revenu net global

Art 1er A Il est établi un impôt annuel unique sur le revenu des personnes physiques désigné sous le nom d'impôt sur le revenu. Cet impôt frappe le revenu net global du contribuable déterminé conformément aux dispositions des articles 156 à 168.

Ce revenu net global est constitué par le total des revenus nets des catégories suivantes :

Revenus fonciers ;

Bénéfices industriels et commerciaux ;

Rémunérations, d'une part, des gérants majoritaires des sociétés à responsabilité limitée n'ayant pas opté pour le régime fiscal des sociétés de personnes dans les conditions prévues au IV de l'article 3 du décret n° 55-594 du 20 mai 1955 modifié et des gérants des sociétés en commandite par actions et, d'autre part, des associés en nom des sociétés de personnes et des membres des sociétés en participation lorsque ces sociétés ont opté pour le régime fiscal des sociétés de capitaux ;

Bénéfices de l'exploitation agricole ;

Traitements, salaires, indemnités, émoluments, pensions et rentes viagères ;

Bénéfices des professions non commerciales et revenus y assimilés ;

Revenus de capitaux mobiliers ;

Plus-values de cession à titre onéreux de biens ou de droits de toute nature, déterminés conformément aux dispositions des articles 14 à 155, total dont sont retranchées les charges énumérées à l'article 156.

IRPP-I-100 s. ; IRPP-II-200 s. ; MF n° 10

I. Personnes imposables

Art 4 A Les personnes qui ont en France leur domicile fiscal sont passibles de l'impôt sur le revenu en raison de l'ensemble de leurs revenus.

MF nos 485 s.

Celles dont le domicile fiscal est situé hors de France sont passibles de cet impôt en raison de leurs seuls revenus de source française.

MF nos 4280 s.

IRPP-I-700 s.

Art 4 B 1. Sont considérées comme ayant leur domicile fiscal en France au sens de l'article 4 A :

a. Les personnes qui ont en France leur foyer ou le lieu de leur séjour principal ;

b. Celles qui exercent en France une activité professionnelle, salariée ou non, à moins qu'elles ne justifient que cette activité y est exercée à titre accessoire.

Les dirigeants des entreprises dont le siège est situé en France et qui y réalisent un chiffre d'affaires annuel supérieur à 250 millions d'euros sont considérés comme exerçant en France leur activité professionnelle à titre principal, à moins qu'ils ne rapportent la preuve contraire. Pour les entreprises qui contrôlent d'autres entreprises dans les conditions définies à l'article L 233-16 du code de commerce, le chiffre d'affaires s'entend de la somme de leur chiffre d'affaires et de celui des entreprises qu'elles contrôlent.

Les dirigeants mentionnés au deuxième alinéa du présent b s'entendent du président du conseil d'administration lorsqu'il assume la direction générale de la société, du directeur général, des directeurs généraux délégués, du président et des membres du directoire, des gérants et des autres dirigeants ayant des fonctions analogues ;

c. Celles qui ont en France le centre de leurs intérêts économiques.

IRPP-I-900 s. ; MF nos 495 s.

2. Sont également considérés comme ayant leur domicile fiscal en France les agents de l'Etat, des collectivités territoriales et de la fonction publique hospitalière qui exercent leurs fonctions ou sont chargés de mission dans un pays étranger et qui ne sont pas soumis dans ce pays à un impôt personnel sur l'ensemble de leurs revenus.

IRPP-VII-26100 s. ; MF no 4685

Art 4 bis Sont également passibles de l'impôt sur le revenu :

1° *(Abrogé)* ;

2° Les personnes de nationalité française ou étrangère, ayant ou non leur domicile fiscal en France, qui recueillent des bénéfices ou revenus dont l'imposition est attribuée à la France par une convention internationale relative aux doubles impositions.

IRPP-I-3400 ; MF no 510 c

Art 5 Sont affranchis de l'impôt sur le revenu :

1° *(Disposition périmée)* ;

2° et 2° bis *(Abrogés)* ;

3° Les ambassadeurs et agents diplomatiques, les consuls et agents consulaires de nationalité étrangère, mais seulement dans la mesure où les pays qu'ils représentent concèdent des avantages analogues aux agents diplomatiques et consulaires français.

INT-GENA-37800 s. ; MF no 4690

Art 6 **1.** Chaque contribuable est imposable à l'impôt sur le revenu, tant en raison de ses bénéfices et revenus personnels que de ceux de ses enfants et des personnes considérées comme étant à sa charge au sens des articles 196 et 196 A bis. Les revenus perçus par les enfants réputés à charge égale de l'un et l'autre de leurs parents sont, sauf preuve contraire, réputés également partagés entre les parents.

IRPP-I-5100 s. ; MF no 325

Sauf application des dispositions du 4 et du second alinéa du 5, les personnes mariées sont soumises à une imposition commune pour les revenus perçus par chacune d'elles et ceux de leurs enfants et des personnes à charge mentionnées au premier alinéa ; cette imposition est établie aux noms des époux.

IRPP-I-5450 s. ; MF nos 330 s.

Les partenaires liés par un pacte civil de solidarité défini à l'article 515-1 du code civil font l'objet, pour les revenus visés au premier alinéa, d'une imposition commune. L'imposition est établie à leurs deux noms.

IRPP-I-5450 s. ; MF nos 330 s.

2. Le contribuable peut réclamer des impositions distinctes pour ses enfants, lorsque ceux-ci tirent un revenu de leur travail ou d'une fortune indépendante de la sienne.

IRPP-I-5900 s. ; MF no 345

3. Toute personne majeure âgée de moins de vingt et un ans, ou de moins de vingt-cinq ans lorsqu'elle poursuit ses études, ou, quel que soit son âge, lorsqu'elle effectue son service militaire ou est atteinte d'une infirmité, peut opter, dans le délai de déclaration et sous réserve des dispositions du quatrième alinéa du 2° du II de l'article 156, entre :

1° L'imposition de ses revenus dans les conditions de droit commun ;

2° Le rattachement au foyer fiscal dont elle faisait partie avant sa majorité, si le contribuable auquel elle se rattache accepte ce rattachement et inclut dans son revenu imposable les revenus perçus pendant l'année entière par cette personne ; le rattachement peut être demandé, au titre des années qui suivent celle au cours de laquelle elle atteint sa majorité, à l'un ou à l'autre des parents lorsque ceux-ci sont imposés séparément.

Si la personne qui demande le rattachement est mariée, l'option entraîne le rattachement des revenus du ménage aux revenus de l'un ou des parents de l'un des conjoints ;

3° Le rattachement au foyer fiscal qui l'a recueillie après qu'elle est devenue orpheline de père et de mère, si le contribuable auquel elle se rattache accepte ce rattachement et inclut dans son revenu imposable les revenus perçus pendant l'année entière par cette personne.

IRPP-III-2720 s., 3950 s. ; MF nos 1880 s., 1905 s.

4. Les époux font l'objet d'impositions distinctes :

a. Lorsqu'ils sont séparés de biens *[NDLR ou mariés sous le régime de la participation aux acquêts (BOI-IR-CHAMP-20-20-10 n° 67)]* et ne vivent pas sous le même toit ;

b. Lorsqu'étant en instance de séparation de corps ou de divorce, ils ont été autorisés à avoir des résidences séparées ;

c. Lorsqu'en cas d'abandon du domicile conjugal par l'un ou l'autre des époux, chacun dispose de revenus distincts.

IRPP-I-6360 s. ; MF n° 355

5. Les personnes mariées et les partenaires liés par un pacte civil de solidarité sont soumis à une imposition commune pour les revenus dont ils ont disposé pendant l'année du mariage ou de la conclusion du pacte.

Les époux et les partenaires liés par un pacte civil de solidarité peuvent toutefois opter pour l'imposition distincte des revenus dont chacun a personnellement disposé pendant l'année du mariage ou de la conclusion du pacte, ainsi que de la quote-part des revenus communs lui revenant. A défaut de justification de cette quote-part, ces revenus communs sont partagés en deux parts égales entre les époux ou partenaires liés par un pacte civil de solidarité. Cette option est exercée de manière irrévocable dans les délais prévus pour le dépôt de la déclaration initiale des revenus mentionnée à l'article 170. Elle n'est pas applicable lorsque les partenaires liés par un pacte civil de solidarité, conclu au titre d'une année antérieure, se marient entre eux.

IRPP-I-7840 s. ; MF n°s 370, 380 b

6. Chacun des époux, partenaires, anciens époux ou anciens partenaires liés par un pacte civil de solidarité est personnellement imposable pour les revenus dont il a disposé pendant l'année de la réalisation de l'une des conditions du 4, du divorce ou de la dissolution du pacte, ainsi que pour la quote-part des revenus communs lui revenant. A défaut de justification de cette quote-part, ces revenus communs sont partagés en deux parts égales entre les époux, partenaires, anciens époux ou anciens partenaires liés par un pacte civil de solidarité.

Les revenus communs sont, sauf preuve contraire, réputés partagés en deux parts égales entre les époux ou partenaires liés par un pacte civil de solidarité.

IRPP-I-8420 s. ; MF n°s 375, 380 b

7. *(Abrogé).*

8. En cas de décès de l'un des conjoints ou partenaires liés par un pacte civil de solidarité, l'impôt afférent aux bénéfices et revenus non encore taxés est établi au nom des époux ou partenaires. Le conjoint ou le partenaire survivant est personnellement imposable pour la période postérieure au décès.

IRPP-VII-31750 s. ; MF n° 4770

(Voir également Annexe III, art. 43 bis)

Art 7 Les règles d'imposition, d'assiette et de liquidation de l'impôt ainsi que celles concernant la souscription des déclarations, prévues par le présent code en matière d'impôt sur le revenu pour les contribuables mariés, sont applicables dans les mêmes conditions aux partenaires liés par un pacte civil de solidarité.

IRPP-I-5450 s. ; MF n°s 330 s.

Art 8 Sous réserve des dispositions de l'article 6, les associés des sociétés en nom collectif et les commandités des sociétés en commandite simple sont, lorsque ces sociétés n'ont pas opté pour le régime fiscal des sociétés de capitaux, personnellement soumis à l'impôt sur le revenu pour la part de bénéfices sociaux correspondant à leurs droits dans la société. En cas de démembrement de la propriété de tout ou partie des parts sociales, l'usufruitier est soumis à l'impôt sur le revenu pour la quote-part correspondant aux droits dans les bénéfices que lui confère sa qualité d'usufruitier. Le nu-propriétaire n'est pas soumis à l'impôt sur le revenu à raison du résultat imposé au nom de l'usufruitier.

Il en est de même, sous les mêmes conditions :

1° Des membres des sociétés civiles qui ne revêtent pas, en droit ou en fait, l'une des formes de sociétés visées au 1 de l'article 206 et qui, sous réserve des exceptions prévues à l'article 239 ter, ne se livrent pas à une exploitation ou à des opérations visées aux articles 34 et 35 ;

2° Des membres des sociétés en participation – y compris les syndicats financiers – qui sont indéfiniment responsables et dont les noms et adresses ont été indiqués à l'administration ;

3° Des membres des sociétés à responsabilité limitée qui ont opté pour le régime fiscal des sociétés de personnes dans les conditions prévues au IV de l'article 3 du décret n° 55-594 du 20 mai 1955 modifié *(NDLR Ancien article 239 bis du CGI)* ou dans celles prévues par l'article 239 bis AA ;

4° De l'associé unique d'une société à responsabilité limitée lorsque cet associé est une personne physique ;

5° De l'associé unique ou des associés d'une exploitation agricole à responsabilité limitée ;

BA-VII-38000 s. ; MF n° 16435

6° Des membres des sociétés anonymes, des sociétés par actions simplifiées et des sociétés à responsabilité limitée qui ont opté pour le régime fiscal des sociétés de personnes dans les conditions prévues par l'article 239 bis AB ;

7° Nonobstant les dispositions du 1°, des membres des sociétés interprofessionnelles de soins ambulatoires mentionnées à l'article L 4041-1 du code de la santé publique *(Voir également loi 2011-1978 du 28 décembre 2011 art. 36, II et III).*

DC-V-17800 s.

DC-V-200 s., 4400 s., 8400 s. ; MF n°s 37500 s., 37600 s., 37775 s.

Art 8 bis Les associés ou actionnaires des sociétés visées à l'article 1655 ter sont personnellement soumis à l'impôt sur le revenu pour la part des revenus sociaux correspondant à leurs droits dans la société.

IMMO-IV-9100 s. ; MF n°s 30770 s.

Art 8 ter Les associés des sociétés civiles professionnelles constituées pour l'exercice en commun de la profession de leurs membres et fonctionnant conformément aux dispositions de la loi n° 66-879 du 29 novembre 1966 modifiée sont personnellement soumis à l'impôt sur le revenu pour la part des bénéfices sociaux qui leur est attribuée même lorsque ces sociétés ont adopté le statut de coopérative.

Ndlr *Pour les dispositions du présent article applicables à compter du 1er septembre 2024, voir partie Autres textes du présent code ordonnance 2023-77 du 8 février 2023 art. 133, II-1° et 134, I.*

BNC-IV-22710 s. ; MF n°s 13855 s.

Art 8 quater Chaque membre des copropriétés de navires régies par les articles L 5114-30 à L 5114-50 du code des transports est personnellement soumis à l'impôt sur le revenu à raison de la part correspondant à ses droits dans les résultats déclarés par la copropriété.

DC-V-27100 s. ; MF n° 37870

Art 8 quinquies Chaque membre des copropriétés de cheval de course ou d'étalon qui respectent les conditions mentionnées à l'article 238 bis M est personnellement soumis à l'impôt sur le revenu à raison de la part correspondant à ses droits dans les résultats déclarés par la copropriété.

Pour l'application de ces dispositions, les statuts et les modalités de fonctionnement des copropriétés d'étalon doivent être conformes à des statuts types approuvés par décret.

BA-VII-7500 s. ; MF n°s 16485 s.

II. Lieu d'imposition

Art 10 Si le contribuable a une résidence unique en France, l'impôt est établi au lieu de cette résidence.

Si le contribuable possède plusieurs résidences en France, il est assujetti à l'impôt au lieu où il est réputé posséder son principal établissement.

Les personnes physiques exerçant des activités en France ou y possédant des biens, sans y avoir leur domicile fiscal, ainsi que les personnes désignées au 2 de l'article 4 B sont imposables au lieu fixé par arrêté conjoint des ministres chargés de l'économie et du budget *(Voir Annexe IV, art. 01).*

IRPP-V-100 s. ; IRPP-VII-15850 s. ; MF n°s 3650, 4440 et 4685

Art 11 Lorsqu'un contribuable a déplacé soit sa résidence, soit le lieu de son principal établissement, les cotisations dont il est redevable au titre de l'impôt sur le revenu, tant pour l'année au cours de laquelle s'est produit le changement que pour les années antérieures non atteintes par la prescription, peuvent valablement être établies au lieu d'imposition qui correspond à sa nouvelle situation.

(Voir également LPF, art. L 45-0 A)

IRPP-V-500 s. ; MF n° 3650

SECTION II

Revenus imposables

Définition générale du revenu imposable

Art 12 L'impôt est dû chaque année à raison des bénéfices ou revenus que le contribuable réalise ou dont il dispose au cours de la même année.

IRPP-I-10500 s. ; MF n°s 725 s.

Art 13 **1.** Le bénéfice ou revenu imposable est constitué par l'excédent du produit brut, y compris la valeur des profits et avantages en nature, sur les dépenses effectuées en vue de l'acquisition et de la conservation du revenu.

MF n° 735

2. Le revenu global net annuel servant de base à l'impôt sur le revenu est déterminé en totalisant les bénéfices ou revenus nets mentionnés aux I à VI de la 1e sous-section de la présente section ainsi que les revenus, gains nets, profits, plus-values et créances pris en compte dans l'assiette de ce revenu global net en application des 3, 6 bis et 6 ter de l'article 158, compte tenu, le cas échéant, du montant des déficits visés au I de l'article 156, des charges énumérées au II dudit article et de l'abattement prévu à l'article 157 bis.

MF n° 755

3. Le bénéfice ou revenu net de chacune des catégories de revenus visées au 2 est déterminé distinctement suivant les règles propres à chacune d'elles.

Le résultat d'ensemble de chaque catégorie de revenus est obtenu en totalisant, s'il y a lieu, le bénéfice ou revenu afférent à chacune des entreprises, exploitations ou professions ressortissant à cette catégorie et déterminé dans les conditions prévues pour cette dernière.

MF n°s 780 s.

4. Pour l'application du 3, il est fait état, le cas échéant, du montant des bénéfices correspondant aux droits que le contribuable ou les membres du foyer fiscal désignés aux 1 et 3 de l'article 6 possèdent en tant qu'associés ou membres de sociétés ou groupements soumis au régime fiscal des sociétés de personnes mentionné à l'article 8.

5. 1° Pour l'application du 3 et par dérogation aux dispositions du présent code relatives à l'imposition des plus-values, le produit résultant de la première cession à titre onéreux d'un même usufruit temporaire ou, si elle est supérieure, la valeur vénale de cet usufruit temporaire est imposable au nom du cédant, personne physique ou société ou groupement qui relève des articles 8 à 8 ter, dans la catégorie de revenus à laquelle se rattache, au jour de la cession, le bénéfice ou revenu procuré ou susceptible d'être procuré par le bien ou le droit sur lequel porte l'usufruit temporaire cédé.

Lorsque l'usufruit temporaire cédé porte sur des biens ou droits procurant ou susceptibles de procurer des revenus relevant de différentes catégories, le produit résultant de la cession de cet usufruit temporaire, ou le cas échéant sa valeur vénale, est imposable dans chacune de ces catégories à proportion du rapport entre, d'une part, la valeur vénale des biens ou droits dont les revenus se rattachent à la même catégorie et, d'autre part, la valeur vénale totale des biens ou droits sur lesquels porte l'usufruit temporaire cédé.

2° Pour l'application du 1° et à défaut de pouvoir déterminer, au jour de la cession, une catégorie de revenus, le produit résultant de la cession de l'usufruit temporaire, ou le cas échéant sa valeur vénale, est imposé :

a. Dans la catégorie des revenus fonciers, sans qu'il puisse être fait application du II de l'article 15, lorsque l'usufruit temporaire cédé est relatif à un bien immobilier ou à des parts de sociétés, groupements ou organismes, quelle qu'en soit la forme, non soumis à l'impôt sur les sociétés et à prépondérance immobilière au sens des articles 150 UB ou 244 bis A ;

b. Dans la catégorie des revenus de capitaux mobiliers, lorsque l'usufruit temporaire cédé est relatif à des valeurs mobilières, droits sociaux, titres ou droits s'y rapportant, ou à des titres représentatifs des mêmes valeurs, droits ou titres, mentionnés à l'article 150-0 A ;

c. Dans la catégorie des bénéfices non commerciaux, dans les autres cas.

IRPP-VII-33400 s. ; MF n°s 4780 s.

IRPP-I-10500 s. ; IRPP-II-1 s.

1e SOUS-SECTION

Détermination des bénéfices ou revenus nets des diverses catégories de revenus

I. Revenus fonciers

1. Définition des revenus fonciers

Art 14 Sous réserve des dispositions de l'article 15, sont compris dans la catégorie des revenus fonciers, lorsqu'ils ne sont pas inclus dans les bénéfices d'une entreprise industrielle, commerciale ou artisanale, d'une exploitation agricole ou d'une profession non commerciale :

1° Les revenus des propriétés bâties, telles que maisons et usines, ainsi que les revenus :

a. De l'outillage des établissements industriels attaché au fonds à perpétuelle demeure, dans les conditions indiquées au premier paragraphe de l'article 525 du code civil ou reposant sur des fondations spéciales faisant corps avec l'immeuble ;

b. De toutes installations commerciales ou industrielles assimilables à des constructions ;

c. Des bateaux utilisés en un point fixe et aménagés pour l'habitation, le commerce ou l'industrie, même s'ils sont seulement retenus par des amarres ;

2° Les revenus des propriétés non bâties de toute nature, y compris ceux des terrains occupés par les carrières, mines et tourbières, les étangs, les salines et marais salants.

FONC-I-220 s. ; MF n° 27070

Art 14 A Sont également compris dans la catégorie des revenus fonciers les revenus distribués par un fonds de placement immobilier mentionné à l'article 239 nonies au titre de la fraction du résultat mentionnée au 1° de l'article L 214-51 du code monétaire et financier, à l'exception de la fraction afférente aux loyers issus de biens meublés, relative aux actifs mentionnés aux 1° et 2° du I de l'article L 214-36 du même code, à l'exception des meubles meublants, biens d'équipement ou biens meubles affectés à ces immeubles et nécessaires au bon fonctionnement, à l'usage ou à l'exploitation de ces derniers par un tiers, détenus directement ou indirectement par ce fonds.

Ndlr *S'agissant des revenus résultant de location d'immeubles meublés, voir CGI, art. 35 A.*

IMMO-IV-37200 s. ; MF n° 30520

2. Exemptions permanentes

Art 15 I. *(Abrogé).*

II. Les revenus des logements dont le propriétaire se réserve la jouissance ne sont pas soumis à l'impôt sur le revenu.

Cette exonération s'applique également aux locaux compris dans des exploitations agricoles et affectés à l'habitation des propriétaires exploitants.

FONC-II-200 s. ; MF n° 27090

Art 16 Les revenus des logements donnés en location à leurs associés par les sociétés civiles immobilières d'accession progressive à la propriété fonctionnant conformément aux articles L 443-6-2 à L 443-6-13 du code de la construction et de l'habitation sont exonérés d'impôt sur le revenu.

IMMO-IV-18000 s. ; MF n° 30800

4. Détermination du revenu imposable

Art 28 Le revenu net foncier est égal à la différence entre le montant du revenu brut et le total des charges de la propriété.

FONC-I-6100 s. ; MF n°s 27120 s.

Art 29 Sous réserve des dispositions des articles 33 ter et 33 quater, le revenu brut des immeubles ou parties d'immeubles donnés en location, est constitué par le montant des recettes brutes perçues par le propriétaire, augmenté du montant des dépenses incombant normalement à ce dernier et mises par les conventions à la charge des locataires. Les subventions et indemnités destinées à financer des charges déductibles sont comprises dans le revenu brut. Il n'est pas tenu compte des sommes versées par les locataires au titre des charges leur incombant.

Dans les recettes brutes de la propriété sont comprises notamment celles qui proviennent de la location du droit d'affichage ou du droit de chasse, de la concession du droit d'exploitation des carrières, de redevances tréfoncières ou autres redevances analogues ayant leur origine dans le droit de propriété ou d'usufruit.

FONC-I-700 s. ; MF n° 27080

FONC-III-200 s. ; MF nos 27260 s.

Art 30 Sous réserve des dispositions du II de l'article 15, le revenu brut des immeubles ou parties d'immeubles dont le propriétaire se réserve la jouissance est constitué par le montant du loyer qu'ils pourraient produire s'ils étaient donnés en location. Il est évalué par comparaison avec les immeubles ou parties d'immeubles similaires faisant l'objet d'une location normale, ou, à défaut, par voie d'appréciation directe. Il est majoré, s'il y a lieu, des recettes visées au deuxième alinéa de l'article 29. Cette disposition ne concerne pas le droit de chasse.

FONC-III-4700 s. ; MF n° 28625

Art 31 I. Les charges de la propriété déductibles pour la détermination du revenu net comprennent :

1° Pour les propriétés urbaines :

a. Les dépenses de réparation et d'entretien effectivement supportées par le propriétaire ;

FONC-IV-1300 s. ; MF n° 27340

a bis. Les primes d'assurance ;

FONC-IV-7900 s. ; MF n° 27400

a ter. Le montant des dépenses supportées pour le compte du locataire par le propriétaire dont celui-ci n'a pu obtenir le remboursement, au 31 décembre de l'année du départ du locataire ;

FONC-IV-8400 s. ; MF n° 27360

a quater. Les provisions pour dépenses, comprises ou non dans le budget prévisionnel de la copropriété, prévues à l'article 14-1 et au I de l'article 14-2 de la loi n° 65-557 du 10 juillet 1965 fixant le statut de la copropriété des immeubles bâtis, supportées par le propriétaire, diminuées du montant des provisions déduites l'année précédente qui correspond à des charges non déductibles ;

Ndlr *La référence au I de l'article 14-2 de la loi 65-557 du 10 juillet 1965 susvisée est supprimée le 1er janvier 2023, le 1er janvier 2024 ou le 1er janvier 2025 pour les syndicats de copropriétaires comprenant, respectivement,*

vocable pour le logement considéré et comporte l'engagement du propriétaire de louer le logement nu pendant au moins neuf ans à usage d'habitation principale à une personne autre qu'un membre de son foyer fiscal. Cette location doit prendre effet dans les douze mois qui suivent la date d'achèvement de l'immeuble ou de son acquisition si elle est postérieure. Cet engagement prévoit, en outre, que le loyer et les ressources du locataire appréciées à la date de conclusion du bail ne doivent pas excéder des plafonds fixés par décret *(Voir Annexe III, art. 2 terdecies et 2 sexdecies).* La location du logement consentie dans les conditions fixées au deuxième alinéa du j à un organisme public ou privé pour le logement à usage d'habitation principale de son personnel, à l'exclusion du propriétaire du logement, de son conjoint ou des membres de son foyer fiscal, ne fait pas obstacle au bénéfice de la déduction.

A l'issue de la période couverte par l'engagement de location, tant que la condition de loyer prévue au troisième alinéa reste remplie, le propriétaire peut, par période de trois ans et pendant une durée maximale de six ans, bénéficier d'une déduction au titre de l'amortissement égale à 2,5 % du prix d'acquisition ou de revient du logement en cas de poursuite, de reconduction ou de renouvellement du bail ou, si la condition de ressources prévue au troisième alinéa est remplie, en cas de changement de titulaire du bail. En cas de non-respect des conditions de location ou de cession du logement, les déductions pratiquées pendant l'ensemble de la période triennale sont remises en cause dans les conditions de droit commun.

La déduction au titre de l'amortissement n'est pas applicable aux revenus des immeubles dont le droit de propriété est démembré. Toutefois, lorsque le transfert de la propriété du bien ou le démembrement de ce droit résulte du décès de l'un des époux soumis à imposition commune, le conjoint survivant attributaire du bien ou titulaire de son usufruit peut demander la reprise à son profit, dans les mêmes conditions et selon les mêmes modalités, du dispositif prévu au présent g pour la période restant à courir à la date du décès.

Lorsque l'option est exercée, les dispositions du b ne sont pas applicables, mais les droits suivants sont ouverts :

1. Les dépenses de reconstruction et d'agrandissement ouvrent droit à une déduction, au titre de l'amortissement, égale à 8 % du montant des dépenses pour les cinq premières années et à 2,5 % de ce montant pour les quatre années suivantes. Le propriétaire doit s'engager à louer le logement dans les conditions prévues au troisième alinéa pendant une nouvelle durée de neuf ans. A l'issue de la période couverte par l'engagement de location, tant que la condition de loyer prévue au troisième alinéa reste remplie, le propriétaire peut, par période de trois ans et pendant une durée maximale de six ans, bénéficier d'une déduction au titre de l'amortissement égale à 2,5 % du montant des dépenses en cas de poursuite, de reconduction ou de renouvellement du bail ou, si la condition de ressources prévue au troisième alinéa est remplie, en cas de changement de titulaire du bail. En cas de non-respect des conditions de location ou de cession du logement, les déductions pratiquées pendant l'ensemble de la période triennale sont remises en cause dans les conditions de droit commun ;

2. Les dépenses d'amélioration ouvrent droit à une déduction, au titre de l'amortissement, égale à 10 % du montant de la dépense pendant dix ans.

La période d'amortissement a pour point de départ le premier jour du mois d'achèvement des travaux.

Les dispositions du présent g s'appliquent dans les mêmes conditions lorsque l'immeuble est la propriété d'une société non soumise à l'impôt sur les sociétés, à la condition que le porteur de parts s'engage à conserver la totalité de ses titres jusqu'à l'expiration de la durée de neuf ans mentionnée au troisième alinéa et au 1 *(Voir annexe III art. 2 octodecies).* Si un logement dont la société est propriétaire est loué à l'un des associés ou à un membre du foyer fiscal d'un associé, ce dernier ne peut pas bénéficier de la déduction au titre de l'amortissement. En outre, la déduction au titre de l'amortissement n'est pas applicable aux revenus des titres dont le droit de propriété est démembré. Toutefois, lorsque le transfert de la propriété des titres ou le démembrement de ce droit résulte du décès de l'un des époux soumis à imposition commune, le conjoint survivant attributaire des titres ou titulaire de leur usufruit peut demander la reprise à son profit, dans les mêmes conditions et selon les mêmes modalités, du dispositif prévu au présent g pour la période restant à courir à la date du décès.

Le revenu net foncier de l'année au cours de laquelle l'un des engagements définis au présent g n'est pas respecté est majoré du montant des amortissements déduits. Pour son imposition, la fraction du revenu net foncier correspondant à cette majoration est divisée par le nombre d'années civiles pendant lesquelles l'amortissement a été déduit ; le résultat est ajouté au revenu global net de l'année de la rupture de l'engagement et l'impôt correspondant est égal au produit de la cotisation supplémentaire ainsi obtenue par le nombre d'années utilisé pour déterminer le quotient. En cas d'invalidité correspondant au classement dans la deuxième ou la troisième des catégories prévues à l'article L 341-4 du code de la sécurité sociale, de licenciement ou de décès du contribuable ou de l'un des époux soumis à imposition commune, cette majoration ne s'applique pas.

Pour un même logement, les dispositions du présent g sont exclusives de l'application des dispositions des articles 199 undecies ou 199 undecies A ;

Le présent g est applicable lorsque l'achèvement des logements ou des travaux intervient au plus tard le 1er juillet 2025 ;

(Voir Annexe III, art. 2 duodecies à 2 vicies)

FONC-VII-29000 s. ; MF n° 28310

h. Pour les logements situés en France, acquis neufs ou en l'état futur d'achèvement entre le 3 avril 2003 et le 31 décembre 2009, et à la demande du contribuable, une déduction au titre de l'amortissement égale à 6 % du prix d'acquisition du logement pour les sept premières années et à 4 % de ce prix pour les deux années suivantes. La période d'amortissement a pour point de départ le premier jour du mois de l'achèvement de l'immeuble ou de son acquisition si elle est postérieure.

La déduction au titre de l'amortissement est applicable, dans les mêmes conditions, aux logements que le contribuable fait construire et qui ont fait l'objet, entre le 3 avril 2003 et le 31 décembre 2009, de la déclaration d'ouverture de chantier prévue à l'article R* 421-40 du code de l'urbanisme. Il en est de même des locaux affectés à un usage autre que l'habitation acquis à compter du 3 avril 2003 et que le contribuable transforme en logements, ainsi que des logements acquis à compter du 3 avril 2003 qui ne satisfont pas aux caractéristiques de décence prévues à l'article 6 de la loi n° 89-462 du 6 juillet 1989 tendant à améliorer les rapports locatifs et portant modification de la loi n° 86-1290 du 23 décembre 1986 et qui font l'objet de travaux de réhabilitation définis par décret permettant aux logements d'acquérir des performances techniques voisines de celles des logements neufs lorsque les travaux de transformation du local ou de réhabilitation du logement ont fait l'objet de la déclaration d'ouverture de chantier avant le 31 décembre 2009 *(Voir Annexe III, art. 2 quindecies B à 2 quindecies C)*. Dans ces cas, la déduction au titre de l'amortissement est calculée sur le prix d'acquisition des locaux augmenté du montant des travaux de transformation ou de réhabilitation. La période d'amortissement a pour point de départ le premier jour du mois de l'achèvement de ces travaux.

Le bénéfice de la déduction est subordonné à une option qui doit être exercée lors du dépôt de la déclaration des revenus de l'année d'achèvement de l'immeuble ou de son acquisition si elle est postérieure. Cette option est irrévocable pour le logement considéré et comporte l'engagement du propriétaire de louer le logement nu pendant au moins neuf ans à usage d'habitation principale à une personne autre qu'un membre de son foyer fiscal. Cette location doit prendre effet dans les douze mois qui suivent la date d'achèvement de l'immeuble ou de son acquisition si elle est postérieure. Cet engagement prévoit, en outre, que le loyer ne doit pas excéder un plafond fixé par décret. La location du logement consentie à un organisme public ou privé qui le donne en sous-location nue à usage d'habitation principale à une personne autre que le propriétaire du logement, son conjoint ou les membres de son foyer fiscal, ne fait pas obstacle au bénéfice de la déduction, à la condition que cet organisme ne fournisse aucune prestation hôtelière ou parahôtelière *(Voir Annexe III, art. 2 sexdecies-0 A ter)*.

La déduction au titre de l'amortissement n'est pas applicable aux revenus des immeubles dont le droit de propriété est démembré. Toutefois, lorsque le transfert de la propriété du bien ou le démembrement de ce droit résulte du décès de l'un des époux soumis à imposition commune, le conjoint survivant attributaire du bien ou titulaire de son usufruit peut demander la reprise à son profit, dans les mêmes conditions et selon les mêmes modalités, du dispositif prévu au présent h pour la période restant à courir à la date du décès.

Lorsque l'option est exercée, les dispositions du b ne sont pas applicables, mais les droits suivants sont ouverts :

1. Les dépenses de reconstruction et d'agrandissement ouvrent droit à une déduction, au titre de l'amortissement, égale à 6 % du montant des dépenses pour les sept premières années et à 4 % de ce montant pour les deux années suivantes *(NDLR Pour les investissements antérieurs au 1er septembre 2006, l'amortissement était de 8 % du montant des dépenses pour les cinq premières années puis de 2,5 % pour les quatre années suivantes)*. Le propriétaire doit s'engager à louer le logement dans les conditions prévues au troisième alinéa pendant une nouvelle durée de neuf ans.

2. Les dépenses d'amélioration ouvrent droit à une déduction, au titre de l'amortissement, égale à 10 % du montant de la dépense pendant dix ans.

La période d'amortissement a pour point de départ le premier jour du mois d'achèvement des travaux.

Les dispositions du présent h s'appliquent dans les mêmes conditions lorsque l'immeuble est la propriété d'une société non soumise à l'impôt sur les sociétés autre qu'une société civile de placement immobilier, à la condition que le porteur de parts s'engage à conserver la totalité de ses titres jusqu'à l'expiration de la durée de neuf ans mentionnée au troisième alinéa et au 1 *(Voir Annexe III, art. 2 septdecies et 2 octodecies)*.

Si un logement dont la société est propriétaire est loué à l'un des associés ou à un membre du foyer fiscal d'un associé, ce dernier ne peut pas bénéficier de la déduction au titre de l'amortissement. En outre, la déduction au titre de l'amortissement n'est pas applicable aux revenus des titres dont le droit de propriété est démembré. Toutefois, lorsque le transfert de la propriété des titres ou le démembrement de ce droit résulte du décès de l'un des époux soumis à imposition commune, le conjoint survivant attributaire des titres ou titulaire de leur usufruit peut demander la reprise à son profit, dans les mêmes conditions et selon les mêmes modalités, du dispositif prévu au présent h pour la période restant à courir à la date du décès.

Le revenu net foncier de l'année au cours de laquelle l'un des engagements définis au présent h n'est pas respecté est majoré du montant des amortissements déduits. Pour son imposition, la fraction du revenu net foncier correspondant à cette majoration est divisée par le nombre d'années civiles pendant lesquelles l'amortissement a été déduit ; le résultat est ajouté au revenu global net de l'année de la rupture de l'engagement et l'impôt correspondant est égal au produit de la cotisation supplémentaire ainsi obtenue par le nombre d'années utilisé pour déterminer le quotient. En cas d'invalidité correspondant au classement dans la deuxième ou la troisième des catégories prévues à l'article L 341-4 du code de la sécurité sociale, de licenciement ou de décès du contribuable ou de l'un des époux soumis à imposition commune, cette majoration ne s'applique pas.

Pour un même logement, les dispositions du présent h sont exclusives de l'application des dispositions des articles 199 undecies ou 199 undecies A. Elles ne s'appliquent pas aux monuments classés monuments historiques, inscrits au titre des monuments historiques ou ayant reçu le label délivré par la Fondation du patrimoine, mentionnés au premier alinéa du 3° du I de l'article 156.

Ndlr *Les dispositions du h ne sont pas non plus applicables aux immeubles présentant un caractère historique ou artistique et ayant fait l'objet d'un agrément ministériel avant 2014.*

La déduction au titre de l'amortissement des logements acquis neufs, en l'état futur d'achèvement ou que le contribuable fait construire n'est applicable qu'aux logements dont les caractéristiques thermiques et la performance énergétique atteignent les résultats minimaux définis en application des articles L 171-1 et L 172-1 du code de la construction et de l'habitation. Le respect de cette condition est justifié par le contribuable selon des modalités définies par décret.

Le présent h s'applique aux logements situés dans des communes classées dans des zones géographiques se caractérisant par un déséquilibre entre l'offre et la demande de logements. Un arrêté des ministres chargés du budget et du logement, révisé au moins tous les trois ans, établit le classement des communes par zone *(voir Annexe IV, art. 18-0 bis B)* ;

Le présent h est applicable lorsque l'achèvement des logements ou des travaux intervient au plus tard le 1er juillet 2025 ;

(Voir également Annexe III, art. 2 novodecies et 2 novodecies A) ;

FONC-VII-16000 s. ; MF n° 28270

i. *(Dispositions périmées)* ;

j. *(Abrogé)* ;

FONC-VII-31100 s.

k. Une déduction fixée à 26 % des revenus bruts, pour les logements situés en zone de revitalisation rurale, lorsque l'option prévue au h est exercée, ou, pour les logements au titre desquels la réduction d'impôt prévue à l'article 199 septvicies a été acquise, lorsque les engagements prévus à cet article sont respectés et pendant la durée de ceux-ci ;

FONC-VII-24000 s. ; MF n° 28270

l. Une déduction fixée à 30 % des revenus bruts lorsque le contribuable a exercé l'option prévue au h pendant la durée de l'engagement de location du logement ou provenant des logements au titre desquels la réduction d'impôt prévue à l'article 199 septvicies a été acquise lorsque le contribuable respecte les engagements prévus aux I ou V de cet article et pendant la durée de ceux-ci.

Pour l'application du premier alinéa, les personnes concernées, les investissements éligibles et les conditions d'application de cette déduction sont identiques à ceux prévus au h ou à l'article 199 septvicies *(Voir aussi Annexe III art. 2 quindecies D)*. L'engagement de location doit toutefois prévoir que le locataire est une personne autre qu'un ascendant ou descendant du contribuable et que le loyer et les ressources du locataire appréciées à la date de conclusion du bail ne doivent pas excéder des plafonds fixés par décret à des niveaux inférieurs, pour les loyers, aux quatre cinquièmes de ceux mentionnés au troisième alinéa du h ou au III de l'article 199 septvicies *(Voir aussi Annexe III, art. 2 terdecies C).* L'engagement de location peut être suspendu, à l'issue d'une période de location d'au moins trois ans, pour mettre le logement à la disposition d'un ascendant ou descendant du contribuable. Ce dernier ne bénéficie pas, pendant la période de mise à disposition du logement, de la déduction au titre de l'amortissement. Cette période de mise à disposition du logement, qui ne peut excéder neuf ans, n'est pas prise en compte pour la durée de location minimale de neuf ans *(Voir aussi Annexe III, art. 2 sexdecies A).*

Lorsque l'immeuble est la propriété d'une société non soumise à l'impôt sur les sociétés, le locataire doit être une personne autre qu'un des associés ou un membre du foyer fiscal, un ascendant ou un descendant d'un associé.

A l'issue de la période couverte par l'engagement de location des logements pour lesquels le contribuable a exercé l'option prévue au h, tant que les conditions de loyer et de ressources du locataire prévues au deuxième alinéa restent remplies, le propriétaire peut, par périodes de trois ans et pendant une durée maximale de six ans, bénéficier d'un complément de la déduction au titre de l'amortissement prévue au h égal à 2,5 % du prix d'acquisition ou de revient du logement en cas de poursuite, de renouvellement du bail ou de changement de titulaire du bail. En cas de non-respect des conditions de location ou de cession du logement, les compléments de déductions pratiqués pendant l'ensemble de la période triennale sont remis en cause dans les conditions de droit commun.

Les trois premiers alinéas sont applicables, dans les mêmes conditions et limites, aux sociétés civiles de placement immobilier régies par les articles L 214-114 et suivants du code monétaire et financier au prorata des revenus bruts correspondant aux droits des associés qui ont opté pour la déduction au titre de l'amortissement prévue à l'article 31 bis du présent code.

Pour un même logement, les dispositions du présent I sont exclusives de l'application de celles prévues aux j et k ;

FONC-VII-26000 s. ; MF n° 28280

m. Pour les baux conclus à compter du 1er octobre 2006, une déduction fixée à 30 % des revenus bruts des logements donnés en location si ces logements font l'objet d'une convention mentionnée à l'article L 321-4 du code de la construction et de l'habitation et conclue au plus tard le 31 décembre 2016. Cette déduction est consentie à compter de la date de prise d'effet de la convention et pendant toute sa durée d'application.

Cette déduction est portée à 60 % des revenus bruts des logements lorsque ces logements font l'objet d'une convention mentionnée à l'article L 321-8 du code de la construction et de l'habitation et conclue au plus tard le 31 décembre 2016. Cette déduction est consentie à compter de la date de prise d'effet de la convention et pendant toute sa durée d'application.

Un décret précise les modalités de prise d'effet de ces conventions.

Lorsque, à l'échéance de l'une des conventions mentionnées à l'article L 321-4 ou L 321-8 du code de la construction et de l'habitation et conclues au plus tard le 31 décembre 2016, y compris après une période triennale de prorogation, le contrat de location du logement concerné est en cours de validité conformément à l'article 10 de la loi n° 89-462 du 6 juillet 1989 tendant à améliorer les rapports locatifs et portant modification de la loi n° 86-1290 du 23 décembre 1986, le bénéfice de l'une des déductions des revenus bruts prévue au présent m est maintenu jusqu'à la date fixée pour le renouvellement ou la reconduction de ce contrat de location, tant que le même locataire reste en place et que toutes les conditions, notamment celles de loyer, sont remplies.

Le contribuable ou la société propriétaire doit louer le logement nu pendant toute la durée de la convention à des personnes qui en font leur habitation principale. Pour l'application du premier alinéa, le loyer et les ressources du locataire appréciées à la date de conclusion du bail ne doivent pas excéder des plafonds fixés à des niveaux inférieurs à ceux prévus au premier alinéa du j. La location ne peut être conclue avec un membre du foyer fiscal, un ascendant ou un descendant du contribuable, une personne occupant déjà le logement, sauf à l'occasion du renouvellement du bail, ou si le logement est la propriété d'une société non soumise à l'impôt sur les sociétés, l'un de ses associés ou un membre du foyer fiscal, un ascendant ou un descendant d'un associé. Les associés d'une société non soumise à l'impôt sur les sociétés doivent conserver leurs parts pendant toute la durée de la convention *(Voir annexe III, art. 2 octodecies).*

Lorsqu'elle fait l'objet d'une convention mentionnée aux articles L 321-4 ou L 321-8 du code de la construction et de l'habitation et conclue au plus tard le 31 décembre 2016, la location du logement consentie dans les mêmes conditions à un organisme public ou privé pour le logement ou l'hébergement de personnes physiques à usage d'habitation principale, à l'exclusion du propriétaire du logement, des membres de son foyer fiscal ou de ses descendants ou ascendants, ne fait pas obstacle au bénéfice de la déduction, à la condition que cet organisme ne fournisse aucune prestation hôtelière ou parahôtelière. Un décret précise les modalités d'appréciation des loyers et des ressources de l'occupant ainsi que les conditions de cette location *(Voir Annexe III, art. 2 sexdecies-0 A quater)*.

Pour les baux conclus à compter de l'entrée en vigueur de la loi n° 2009-323 du 25 mars 2009 de mobilisation pour le logement et la lutte contre l'exclusion, cette déduction est portée à 70 % des revenus bruts des logements donnés en location dans le cadre d'une convention mentionnée aux articles L 321-4 ou L 321-8 du code de la construction et de l'habitation et conclue au plus tard le 31 décembre 2016, lorsque le logement est loué à un organisme public ou privé, soit en vue de sa sous-location, meublée ou non, à des personnes mentionnées au II de l'article L 301-1 du même code ou aux personnes physiques dont la situation nécessite une solution locative de transition, soit en vue de l'hébergement de ces mêmes personnes. Cette déduction s'applique pendant la durée de location à l'organisme. Elle s'applique pour les logements situés dans les communes classées dans les zones géographiques se caractérisant par un déséquilibre entre l'offre et la demande de logements définies par arrêté *(Voir arrêté du 1er août 2014, JO du 6)*.

Ces dispositions sont exclusives de celles prévues aux f à l, à l'article 199 decies I et à l'article 199 undecies A. Elles cessent de s'appliquer aux prorogations des conventions mentionnées aux articles L 321-4 ou L 321-8 du code de la construction et de l'habitation lorsque la prorogation intervient après le 1er janvier 2024 ;

> **Ndlr** *Le présent m continue de s'appliquer aux conventions conclues à compter du 1er janvier 2017 pour lesquelles la demande de conventionnement a été réceptionnée par l'Agence nationale de l'habitat au plus tard le 31 janvier 2017 (Loi 2016-1918 du 29 décembre 2016 art. 46, I-1°-d et III).*

FONC-VII-10000 s. ; MF n° 28260

n. *(Dispositions périmées)* ;

o. 1. Une déduction fixée :

A. Pour les logements situés dans les communes classées par arrêté des ministres chargés du budget et du logement dans les zones géographiques se caractérisant par un déséquilibre important entre l'offre et la demande de logements entraînant des difficultés d'accès au logement sur le parc locatif existant :

à 30 % des revenus bruts des logements donnés en location dans le cadre d'une convention mentionnée à l'article L 321-4 du code de la construction et de l'habitation conclue à compter du 1er janvier 2017 et dont la date d'enregistrement par l'Agence nationale de l'habitat de la demande de conventionnement intervient jusqu'au 28 février 2022 ;

à 70 % des revenus bruts des logements donnés en location dans le cadre d'une convention mentionnée à l'article L 321-8 du même code conclue à compter du 1er janvier 2017 et dont la date d'enregistrement par l'Agence nationale de l'habitat de la demande de conventionnement intervient jusqu'au 28 février 2022.

B. Dans les zones géographiques se caractérisant par un déséquilibre entre l'offre et la demande de logements, autres que celles mentionnées au A du présent 1 :

à 15 % des revenus bruts des logements donnés en location dans le cadre d'une convention mentionnée à l'article L 321-4 du code de la construction et de l'habitation conclue à compter du 1er janvier 2017 et dont la date d'enregistrement par l'Agence nationale de l'habitat de la demande de conventionnement intervient jusqu'au 28 février 2022 ;

à 50 % des revenus bruts des logements donnés en location dans le cadre d'une convention mentionnée à l'article L 321-8 du même code conclue à compter du 1er janvier 2017 et dont la date d'enregistrement par l'Agence nationale de l'habitat de la demande de conventionnement intervient jusqu'au 28 février 2022.

C. Dans les zones géographiques autres que celles mentionnées aux A et B du présent 1, à 50 % des revenus bruts des logements donnés en location dans le cadre d'une convention mentionnée à l'article L 321-8 du code de la construction et de l'habitation, conclue à compter du 1er janvier 2018 et dont la date d'enregistrement par l'Agence nationale de l'habitat de la demande de conventionnement intervient jusqu'au 28 février 2022, lorsque cette convention prévoit la réalisation de travaux mentionnés au a de l'article L 321-4 du même code.

D. Les taux mentionnés aux A, B et C du présent 1 sont portés, y compris lorsque la convention prévue au C ne prévoit pas la réalisation de travaux, à 85 % des revenus bruts lorsque les logements mentionnés au présent 1 sont donnés en mandat de gestion ou en location à un organisme public ou privé, agréé en application de l'article L 365-4 du code de la construction et de l'habitation, soit en vue de leur location ou sous-location, meublée ou non, à des personnes mentionnées au II de l'article L 301-1 du même code ou aux personnes physiques dont la situation nécessite une solution locative de transition, soit en vue de l'hébergement de ces mêmes personnes.

(Voir Annexe IV, art. 01 bis)

2. La déduction mentionnée au 1 du présent o s'applique à compter de la date de prise d'effet de la convention et pendant toute sa durée.

3. La déduction prévue au 1 du présent o s'applique aux logements pour lesquels le contribuable justifie du respect d'un niveau de performance énergétique globale fixé par arrêté conjoint des ministres chargés du logement, de l'énergie et du budget.

(Voir Annexe IV, art. 01 ter et 01 quater)

Ndlr *Les dispositions du présent 3 s'appliquent aux conventions mentionnées aux articles L 321-4 ou L 321-8 du code de la construction et de l'habitation conclues depuis le 1er juillet 2020 (Loi 2019-1479 du 28 décembre 2019 art. 23, II).*

4. Le bénéfice de la déduction prévue au 1 du présent o est subordonné à l'engagement du contribuable ou de la société propriétaire de louer le logement nu pendant toute la durée d'application de la convention à usage d'habitation principale.

Cet engagement prévoit que :

A. Le loyer et les ressources du locataire appréciées à la date de conclusion du bail ne doivent pas excéder des plafonds fixés par décret en fonction de la localisation du logement *(Voir Annexe III, art. 2 terdecies G)* ;

B. La location ne peut être conclue avec un membre du foyer fiscal, un ascendant ou un descendant du contribuable, une personne occupant déjà le logement, sauf à l'occasion du renouvellement du bail, ou, si le logement est la propriété d'une société non soumise à l'impôt sur les sociétés, l'un de ses associés ou un membre du foyer fiscal, un ascendant ou un descendant d'un associé. Les associés d'une société non soumise à l'impôt sur les sociétés doivent conserver leurs parts pendant toute la durée de la convention.

5. Pour le bénéfice des déductions prévues au présent o, lorsqu'elle fait l'objet de l'une des conventions mentionnées au 1 du présent o, la location du logement consentie dans les mêmes conditions à un organisme public ou privé pour le logement ou l'hébergement de personnes physiques à usage d'habitation principale, à l'exclusion du propriétaire du logement, des membres de son foyer fiscal ou de ses descendants ou ascendants, ne fait pas obstacle au bénéfice de la déduction, à la condition que cet organisme ne fournisse aucune prestation hôtelière ou para-hôtelière. Un décret précise les modalités d'appréciation des loyers et des ressources de l'occupant, ainsi que les conditions de cette location *(Voir Annexe III, art. 2 sexdecies-0 A quater)*.

6. Lorsque, à l'échéance de l'une des conventions mentionnées au 1 du présent o, y compris après une période triennale de prorogation, le contrat de location du logement concerné est en cours de validité conformément à l'article 10 de la loi n° 89-462 du 6 juillet 1989 tendant à améliorer les rapports locatifs et portant modification de la loi n° 86-1290 du 23 décembre 1986, le bénéfice de l'une des déductions des revenus bruts prévues au présent o est maintenu jusqu'à la date fixée pour le renouvellement ou la reconduction de ce contrat de location tant que le même locataire reste en place et que toutes les conditions, notamment celle relative au montant du loyer, sont remplies.

7. En cas de non-respect de l'un des engagements mentionnés au présent o ou de cession du logement ou des parts sociales, la déduction fait l'objet d'une reprise au titre de l'année de la rupture de l'engagement ou de la cession. Toutefois, aucune reprise n'est effectuée si la rupture de l'engagement ou la cession survient à la suite de l'invalidité correspondant au classement dans la deuxième ou la troisième des catégories prévues à l'article L 341-4 du code de la sécurité sociale, du licenciement ou du décès du contribuable ou de l'un des membres du couple soumis à imposition commune.

8. Les dispositions du présent o sont exclusives de celles prévues aux f à m du présent 1° et aux articles 31 bis, 199 decies I, 199 undecies A, 199 septvicies et 199 novovicies du présent code. Elles ne sont pas non plus applicables aux immeubles classés ou inscrits au titre des monuments historiques ou ayant reçu le label délivré par la « Fondation du patrimoine », mentionnés au premier alinéa du 3° du I de l'article 156.

9. Le présent o cesse de s'appliquer aux prorogations des conventions mentionnées aux articles L 321-4 ou L 321-8 du code de la construction et de l'habitation lorsque la prorogation intervient après le 1er janvier 2024.

Ndlr *Pour les conventions dont la demande est enregistrée du 1er mars 2022 au 31 décembre 2024, voir CGI, art. 199 tricies.*

FONC-VII-3000 s. ; MF n° 27850

2° Pour les propriétés rurales :

a. Les dépenses énumérées aux a à e du 1° ;

FONC-IV-100 s. ; MF n° 28615

b. *(Abrogé)* ;

c. Les dépenses d'amélioration non rentables afférentes aux propriétés bâties autres que les locaux d'habitation, effectivement supportées par le propriétaire. Sont considérées comme des dépenses d'amélioration non rentables les dépenses qui ne sont pas susceptibles d'entraîner une augmentation du fermage ;

FONC-IV-3700 s. ; MF n° 28615

c bis. Dans les conditions fixées par décret *(Voir Annexe III, art. 2 undecies)*, les dépenses d'amélioration et de construction, qui s'incorporent aux bâtiments d'exploitation rurale, destinées à satisfaire aux obligations prévues au titre 1er du livre V du code de l'environnement, relatif aux installations classées pour la protection de l'environnement ;

FONC-IV-4200 s. ; MF nº 28615

c ter. Les dépenses engagées pour la construction d'un nouveau bâtiment d'exploitation rurale, destiné à remplacer un bâtiment de même nature, vétuste ou inadapté aux techniques modernes de l'agriculture, à condition que la construction nouvelle n'entraîne pas une augmentation du fermage ;

FONC-IV-3940 s. ; MF nº 28615

c quater. Les dépenses d'amélioration afférentes aux propriétés non bâties et effectivement supportées par le propriétaire ;

FONC-IV-3870 s. ; MF nº 28615

c quinquies. Les travaux de restauration et de gros entretien effectués sur des espaces naturels mentionnés aux articles L 331-2, L 332-2 à L 332-2-2, L 341-2 et L 414-1 du code de l'environnement et dans leurs textes d'application, ainsi que des espaces mentionnés aux articles L 121-23 et L 121-50 du code de l'urbanisme, en vue de leur maintien en bon état écologique et paysager qui ont reçu l'accord préalable de l'autorité administrative compétente *(Voir Annexe III, art. 2 duovicies et 2 tervicies)* ;

FONC-IV-4400 s. ; MF nº 28615

d. et e. *(Abrogés).*

II. *(Transféré sous l'article 156-II-1º ter).*

Art 31-0 bis Lorsqu'un monument historique classé ou inscrit, bâti ou non-bâti, fait l'objet d'un bail emphytéotique d'une durée d'au moins dix-huit ans, le preneur est imposé en qualité de propriétaire sur les recettes qu'il a perçues, après prise en compte des charges qu'il a supportées. Cette imposition s'effectue sous le régime des revenus fonciers, sauf si le propriétaire est une personne physique ou morale relevant du régime des bénéfices industriels et commerciaux. Le preneur imposé sous le régime des revenus fonciers bénéficie, le cas échéant, par substitution du propriétaire, du premier alinéa du 3º du I de l'article 156.

FONC-II-7300 s. ; MF nos 27075, 28385

Art 31 bis L'associé d'une société civile de placement immobilier, régie par les articles L 214-114 et suivants du code monétaire et financier, dont la quote-part de revenu est, en application de l'article 8, soumise en son nom à l'impôt sur le revenu dans la catégorie des revenus fonciers, peut pratiquer, sur option irrévocable exercée lors du dépôt de la déclaration des revenus de l'année de la souscription, une déduction au titre de l'amortissement. Cette déduction est égale à 6 % pour les sept premières années et à 4 % pour les deux années suivantes de 95 % du montant de la souscription en numéraire au capital initial ou aux augmentations de capital de cette société réalisée entre le 3 avril 2003 et le 31 décembre 2009 *(NDLR Pour les souscriptions antérieures au 1er septembre 2006, l'amortissement était de 8 % de 95 % du montant de la souscription pour les cinq premières années puis de 2,5 % pour les quatre années suivantes).* La période d'amortissement a pour point de départ le premier jour du mois qui suit celui de la souscription.

Cette déduction, qui n'est pas applicable aux revenus des titres dont le droit de propriété est démembré, est subordonnée à la condition que 95 % de la souscription serve exclusivement à financer un investissement pour lequel les conditions d'application de la déduction prévue au h ou au l du 1º du I de l'article 31 sont réunies. En outre, la société doit prendre l'engagement de louer le logement dans les conditions et limites prévues au h ou au l du 1º du I dudit article. L'associé doit s'engager à conserver la totalité de ses titres jusqu'à l'expiration de l'engagement souscrit par la société. Le produit de la souscription annuelle doit être intégralement investi dans les dix-huit mois qui suivent la clôture de celle-ci. La société ne peut pas bénéficier de la déduction prévue au j du 1º du I de l'article 31 durant la période couverte par l'engagement de location.

Tant que les conditions de loyer et de ressources du locataire prévues au deuxième alinéa du l du 1º du I de l'article 31 restent remplies, l'associé peut, par période de trois ans et pendant une durée maximale de six ans, bénéficier d'une déduction au titre de l'amortissement égale à 2,5 % de 95 % du montant de la souscription. En cas de non-respect des conditions de location ou de cession du logement ou des parts, les déductions pratiquées pendant l'ensemble de la période triennale sont remises en cause dans les conditions de droit commun.

Un décret fixe les obligations incombant aux associés et aux sociétés mentionnées au présent article *(Voir notamment Annexe III, art. 2 octodecies A, 2 octodecies B, 2 novodecies B et 2 vicies).*

FONC-VII-21400 s. ; MF nº 28270

Art 32 **1.** Par dérogation aux dispositions de l'article 31, lorsque le montant du revenu brut annuel défini aux articles 29 et 30 n'excède pas

15 000 €, le revenu imposable correspondant est fixé à une somme égale au montant de ce revenu brut diminué d'un abattement de 30 %.

Dans le cas où le contribuable détient des parts de fonds de placement immobilier mentionnés à l'article 239 nonies ou des parts de sociétés, autres que celles visées à l'article 1655 ter, qui donnent en location des immeubles nus et dont les résultats sont imposés dans les conditions prévues à l'article 8, la limite de 15 000 € est appréciée en tenant compte du montant du revenu brut annuel défini aux articles 29 et 30 à proportion de ses droits dans les bénéfices comptables de ces sociétés ou de ces fonds. Le revenu imposable est déterminé en tenant compte de cette quote-part.

2. Les dispositions du 1 s'appliquent à l'ensemble des revenus fonciers perçus par le foyer fiscal. Les contribuables concernés portent directement le montant du revenu brut annuel sur la déclaration prévue à l'article 170.

Les dispositions du 1 ne sont pas applicables lorsque le contribuable ou l'un des membres du foyer fiscal est propriétaire d'un ou plusieurs biens appartenant aux catégories suivantes :

a. Monuments historiques et assimilés ou immeubles en nue-propriété, donnés en location et visés au 3° du I de l'article 156 ;

b. *(Abrogé à compter du 1er janvier 2018 par loi 2015-1785 du 29 décembre 2015, art. 118, I-2° et III)* ;

c. Logements au titre desquels est demandé le bénéfice de la déduction prévue au k du 1° du I de l'article 31 ou de l'une des déductions au titre de l'amortissement prévues aux f, g et h du 1° du I de l'article 31 ;

d. Parts de sociétés, autres que celles visées à l'article 1655 ter, qui donnent en location des immeubles nus et dont les résultats sont imposés dans les conditions prévues à l'article 8 lorsque leur détenteur n'est pas propriétaire d'un immeuble donné en location nue ;

e. Parts de sociétés, autres que celles visées à l'article 1655 ter, et parts de fonds de placement immobilier mentionnés à l'article 239 nonies, qui donnent en location un immeuble visé aux a et c ou qui font l'objet de la déduction au titre de l'amortissement prévue à l'article 31 bis et dont les résultats sont imposés dans les conditions prévues à l'article 8 ;

f. Logements au titre desquels est demandé le bénéfice de la déduction prévue au m ou au o du 1° du I de l'article 31 ;

g. Parts de fonds de placement immobilier mentionnés à l'article 239 nonies lorsque leur détenteur n'est pas propriétaire d'un immeuble donné en location nue ;

h. Logements au titre desquels est demandé le bénéfice de la réduction d'impôt prévue à l'article 199 tricies.

3. L'année au cours de laquelle le seuil prévu au 1 est dépassé ou celle au titre de laquelle l'une des exclusions mentionnées au 2 est applicable, le revenu net foncier est déterminé dans les conditions prévues aux articles 28 et 31.

4. Les contribuables qui souhaitent renoncer au bénéfice des dispositions du 1 peuvent opter pour la détermination de leur revenu net foncier dans les conditions prévues aux articles 28 et 31.

L'option est exercée pour une période de trois ans dans le délai prévu pour le dépôt de la déclaration mentionnée à l'article 170 de la première année au titre de laquelle elle s'applique. Irrévocable durant cette période, elle est valable tant que le contribuable reste de manière continue dans le champ d'application du 1.

FONC-I-6500 s. ; MF n°s 27450 s.

5. Bail à construction

Art 33 bis Sous réserve des dispositions de l'article 151 quater, les loyers et prestations de toute nature qui constituent le prix d'un bail à construction passé dans les conditions prévues par les articles L 251-1 à L 251-8 du code de la construction et de l'habitation, ont le caractère de revenus fonciers au sens de l'article 14.

IMMO-V-220 s. ; MF n° 31035

Art 33 ter I. Lorsque le prix du bail consiste, en tout ou partie, dans la remise d'immeubles ou de titres dans les conditions prévues au premier alinéa de l'article L 251-5 du code de la construction et de l'habitation, le bailleur peut demander que le revenu représenté par la valeur de ces biens calculée d'après le prix de revient soit réparti sur l'année ou l'exercice au cours duquel lesdits biens lui ont été attribués et les quatorze années ou exercices suivants.

En cas de cession des biens, la partie du revenu visé au premier alinéa qui n'aurait pas encore été taxée est rattachée aux revenus de l'année ou de l'exercice de la cession. Le cédant peut, toutefois, demander le bénéfice des dispositions du I de l'article 163-0 A.

Il en est de même en cas de décès du contribuable. Toutefois, chacun de ses ayants droit peut demander que la partie du revenu non encore taxée correspondant à ses droits héréditaires soit imposée à son nom et répartie sur chacune des années comprises dans la fraction de la période de quinze ans restant à courir à la date du décès.

IMMO-V-280 s. ; MF n° 31035

II. Les dispositions du I s'appliquent également aux constructions revenant sans indemnité au bailleur à l'expiration du bail.

Toutefois, la remise de ces constructions ne donne lieu à aucune imposition lorsque la durée du bail est au moins égale à trente ans. Si la durée du bail est inférieure à trente ans, l'imposition est due sur une valeur réduite en fonction de la durée du bail dans des conditions fixées par décret *(Voir Annexe III, art 2 sexies).*

IMMO-V-350 s. ; MF nº 31050

6. Loyers soumis à la taxe sur la valeur ajoutée

Art 33 quater Pour la détermination du revenu foncier imposable des personnes qui sont redevables de la taxe sur la valeur ajoutée pour les loyers de leurs immeubles, les recettes brutes ainsi que les dépenses déductibles relatives aux immeubles sont retenues pour leur montant hors taxe sur la valeur ajoutée.

FONC-III-1500 s. ; MF nº 27295

7. Bail à réhabilitation

Art 33 quinquies Les loyers et prestations de toute nature qui constituent le prix d'un bail à réhabilitation conclu dans les conditions prévues par les articles L 252-1 à L 252-4 du code de la construction et de l'habitation ont le caractère de revenu foncier au sens de l'article 14. Toutefois, le revenu représenté par la valeur des travaux de construction, de reconstruction ou d'agrandissement réalisés par le preneur conformément à l'article L 252-1 du code de la construction et de l'habitation ne donne lieu à aucune imposition.

FONC-I-5700 s. ; MF nº 27275

II. Bénéfices industriels et commerciaux

1. Définition des bénéfices industriels et commerciaux

Art 34 Sont considérés comme bénéfices industriels et commerciaux, pour l'application de l'impôt sur le revenu, les bénéfices réalisés par des personnes physiques et provenant de l'exercice d'une profession commerciale, industrielle ou artisanale.

Il en est de même, dans les mêmes conditions, des bénéfices réalisés par les concessionnaires de mines, par les amodiataires et sous-amodiataires de concessions minières, par les titulaires de permis d'exploitation de mines et par les explorateurs de mines de pétrole et de gaz combustibles.

Par exception aux dispositions du premier alinéa, sont classés dans la catégorie des salaires les revenus correspondant aux rémunérations dites « à la part » perçues au titre de leur travail personnel par les artisans pêcheurs, ainsi que, lorsqu'ils sont embarqués, par le ou les pêcheurs associés d'une société de pêche artisanale, telle que définie à l'article L 931-2 du code rural et de la pêche maritime et soumise au régime d'imposition prévu à l'article 8.

BIC-II-300 s. ; MF nºs 7015 s.

Art 35 I. Présentent également le caractère de bénéfices industriels et commerciaux, pour l'application de l'impôt sur le revenu, les bénéfices réalisés par les personnes physiques désignées ci-après :

1º Personnes qui, habituellement, achètent en leur nom, en vue de les revendre, des immeubles, des fonds de commerce, des actions ou parts de sociétés immobilières ou qui, habituellement, souscrivent, en vue de les revendre, des actions ou parts créées ou émises par les mêmes sociétés ;

IMMO-III-500 s. ; MF nºs 30300 s.

1º bis Personnes qui, à titre habituel, achètent des biens immeubles, en vue d'édifier un ou plusieurs bâtiments et de les vendre en bloc ou par locaux ;

IMMO-III-12000 s. ; MF nºs 30400 s.

2º Personnes se livrant à des opérations d'intermédiaire pour l'achat, la souscription ou la vente des biens visés au 1º ;

IMMO-III-7000 s. ; MF nºs 30300 s.

3º Personnes qui procèdent à la cession d'un terrain divisé en lots destinés à être construits lorsque le terrain a été acquis à cet effet ;

IMMO-III-8000 s. ; MF nºs 30350 s.

a, b, c et d *(Abrogés)* ;

4º Personnes bénéficiaires d'une promesse unilatérale de vente portant sur un immeuble qui est vendu par fractions ou par lots à la diligence de ces personnes ;

IMMO-III-7500 s. ; MF nºs 30300 s.

5º Personnes qui donnent en location un établissement commercial ou industriel muni du mobilier ou du matériel nécessaire à son exploitation, que la location comprenne, ou non, tout ou partie des éléments incorporels du fonds de commerce ou d'industrie ;

BIC-II-9100 s. ; MF nº 7025

5° bis Personnes qui donnent en location directe ou indirecte des locaux d'habitation meublés ;

BIC-II-10900 s. ; MF n° 7025

6° Adjudicataires, concessionnaires et fermiers de droits communaux ;

BIC-II-3050 s. ; MF n° 7020

7° Membres des copropriétés de navires mentionnées à l'article 8 quater ;

BIC-II-3090 ; MF n°s 7020, 37870

7° bis *(Abrogé)* ;

8° Personnes qui, à titre professionnel, effectuent, directement, par personne interposée ou par l'intermédiaire d'une fiducie, des opérations sur des contrats financiers, également dénommés « instruments financiers à terme », mentionnés au III de l'article L 211-1 du code monétaire et financier, à condition qu'elles aient opté pour ce régime dans les quinze jours du début du premier exercice d'imposition à ce titre. L'option est irrévocable.

Ces dispositions s'appliquent aux personnes qui effectuent, directement ou par personne interposée, des opérations à terme sur marchandises sur un marché réglementé.

RM-VII-19300 s. ; MF n° 33420

II. *(Abrogé)*.

III. Pour l'application du présent article, les donations entre vifs ne sont pas opposables à l'administration.

IMMO-III-18000 s. ; MF n° 30315

Art 35 A Sont également compris dans la catégorie des bénéfices industriels et commerciaux les revenus distribués par un fonds de placement immobilier mentionné à l'article 239 nonies du présent code au titre de la fraction du résultat mentionné au 1° de l'article L 214-51 du code monétaire et financier relative aux actifs mentionnés aux 1° et 2° du I de l'article L 214-36 du même code, détenus directement ou indirectement par ce fonds, qui ont la nature d'immeubles auxquels sont affectés, en vue de leur location, des meubles meublants, biens d'équipement ou biens meubles affectés à ces immeubles et nécessaires au fonctionnement, à l'usage ou à l'exploitation de ces derniers par un tiers, mentionnés à l'article L 214-34 dudit code.

IMMO-IV-37350 s. ; MF n° 30520

1 bis. Exonérations

Art 35 bis **I.** Les personnes qui louent ou sous-louent jusqu'au 31 décembre 2026 en meublé une ou plusieurs pièces de leur habitation principale sont exonérées de l'impôt sur le revenu pour les produits de cette location sous réserve que les pièces louées constituent pour le locataire ou le sous-locataire en meublé sa résidence principale ou sa résidence temporaire, dès lors qu'il justifie d'un contrat conclu en application du 3° de l'article L 1242-2 du code du travail, et que le prix de location demeure fixé dans des limites raisonnables.

FR 2/24 inf. 34 p. 70 ; BIC-II-11340 s. ; MF n° 90495

II. A compter du 1er janvier 2001 et jusqu'au 31 décembre 2026, les personnes qui mettent de façon habituelle à la disposition du public une ou plusieurs pièces de leur habitation principale sont exonérées de l'impôt sur le revenu sur le produit de ces locations lorsque celui-ci n'excède pas 760 € par an.

Cette exonération ne peut se cumuler avec les dispositions de l'article 50-0.

FR 2/24 inf. 34 p. 70 ; BIC-II-11560 s. ; MF n° 90500

III. *(Abrogé)*.

Art 35 ter Les personnes physiques qui vendent de l'électricité produite à partir d'installations d'une puissance n'excédant pas 3 kilowatts crête, qui utilisent l'énergie radiative du soleil, sont raccordées au réseau public en deux points au plus et ne sont pas affectées à l'exercice d'une activité professionnelle sont exonérées de l'impôt sur le revenu sur le produit de ces ventes.

BIC-II-2630

2. Détermination des bénéfices imposables

Art 36 Sont compris dans le total des revenus servant de base à l'impôt sur le revenu les bénéfices obtenus pendant l'année de l'imposition ou dans la période de douze mois dont les résultats ont servi à l'établissement du dernier bilan, lorsque cette période ne coïncide pas avec l'année civile.

BIC-IV-200 s. ; MF n° 7325

Art 37 Si l'exercice clos au cours de l'année de l'imposition s'étend sur une période de plus ou de moins de douze mois, l'impôt est néanmoins établi d'après les résultats dudit exercice.

BIC-IV-350 s.

Si aucun bilan n'est dressé au cours d'une année quelconque, l'impôt dû au titre de la même année est établi sur les bénéfices de la période écoulée depuis la fin de la dernière période imposée ou, dans le cas d'entreprise nouvelle, depuis le commencement des opérations jusqu'au 31 décembre de l'année considérée. Ces mêmes bénéfices viennent ensuite en déduction des résultats du bilan dans lesquels ils sont compris.

BIC-IV-560 s.

Lorsqu'il est dressé des bilans successifs au cours d'une même année, les résultats en sont totalisés pour l'assiette de l'impôt dû au titre de ladite année.

BIC-IV-1000 s.

MF nº 7330

Art 38 **1.** Sous réserve des dispositions des articles 33 ter, 40 à 43 bis et 151 sexies, le bénéfice imposable est le bénéfice net, déterminé d'après les résultats d'ensemble des opérations de toute nature effectuées par les entreprises, y compris notamment les cessions d'éléments quelconques de l'actif, soit en cours, soit en fin d'exploitation.

BIC-IV-2200 s. ; MF nº 7340

2. Le bénéfice net est constitué par la différence entre les valeurs de l'actif net à la clôture et à l'ouverture de la période dont les résultats doivent servir de base à l'impôt diminuée des suppléments d'apport et augmentée des prélèvements effectués au cours de cette période par l'exploitant ou par les associés. L'actif net s'entend de l'excédent des valeurs d'actif sur le total formé au passif par les créances des tiers, les amortissements et les provisions justifiés.

BIC-IV-2720 s. ; MF nº 7340

Les sommes incorporées aux capitaux propres à l'occasion d'une fusion ou scission sans échange de titres au sens du 3º du II de l'article L 236-3 du code de commerce viennent également diminuer le bénéfice net déterminé dans les conditions prévues au premier alinéa du présent 2.

IS-VI-19840 et 33970 ; MF nº 39500

2 bis. Pour l'application des 1 et 2, les produits correspondant à des créances sur la clientèle ou à des versements reçus à l'avance en paiement du prix sont rattachés à l'exercice au cours duquel intervient la livraison des biens pour les ventes ou opérations assimilées et l'achèvement des prestations pour les fournitures de services.

Toutefois, ces produits doivent être pris en compte :

a. Pour les prestations continues rémunérées notamment par des intérêts ou des loyers et pour les prestations discontinues mais à échéances successives échelonnées sur plusieurs exercices, au fur et à mesure de l'exécution ;

b. Pour les travaux d'entreprise donnant lieu à réception complète ou partielle, à la date de cette réception, même si elle est seulement provisoire ou faite avec réserves, ou à celle de la mise à la disposition du maître de l'ouvrage si elle est antérieure.

La livraison au sens du premier alinéa s'entend de la remise matérielle du bien lorsque le contrat de vente comporte une clause de réserve de propriété.

Ces dispositions s'appliquent à la détermination des résultats imposables des exercices clos à compter du 31 décembre 1978. Les produits qui, en application de la législation précédemment en vigueur, ont déjà servi à la détermination des résultats d'exercices antérieurs sont déduits pour la détermination des résultats des exercices auxquels les sommes correspondantes doivent désormais être rattachées.

BIC-V-1400 s. ; MF nºs 7870 s.

2 ter. Pour l'application des 1 et 2, le profit ou la perte résultant de la cession d'un élément d'actif au cours de l'exercice par une société de financement spécialisé mentionnée à l'article L 214-190-2 du code monétaire et financier est pris en compte pour la détermination du résultat fiscal du même exercice. Il en est de même des commissions de souscription et de rachat acquises ainsi que des frais de constitution, fusion ou apports supportés au cours de l'exercice. Lorsqu'une société de financement spécialisé procède, à la clôture de l'exercice, à l'évaluation à la valeur actuelle des éléments de l'actif et du passif ainsi que de ses engagements, il n'est pas tenu compte, pour la détermination du résultat imposable de ce même exercice, des écarts de valeur ainsi constatés entre l'ouverture et la clôture dudit exercice, à l'exception des écarts de conversion constatés sur les éléments libellés en monnaies étrangères par rapport aux montants initialement comptabilisés et des pertes et profits constatés conformément aux dispositions du 6 du présent article.

BIC-VII-60540 s.

3. Pour l'application des 1 et 2, les stocks sont évalués au prix de revient ou au cours du jour de la clôture de l'exercice, si ce cours est inférieur au prix de revient.

Les travaux en cours sont évalués au prix de revient.

BIC-VI-2600 s. ; MF nº 7690

4. Pour l'application des 1 et 2, les écarts de conversion des devises ainsi que des créances et dettes libellées en monnaies étrangères par rapport aux montants initialement comptabilisés sont déterminés à la clôture de chaque exercice en fonction du dernier cours de change et pris en compte pour la détermination du résultat imposable de l'exercice.

BIC-IV-30200 s. ; MF n° 7370

Lorsque des établissements de crédit, des sociétés de financement ou des entreprises d'investissement mentionnés au premier alinéa de l'article 38 bis A évaluent les titres libellés en monnaie étrangère à la clôture de chaque exercice en fonction du dernier cours de change connu, les écarts de conversion constatés sont pris en compte pour la détermination du résultat imposable de l'exercice. A la clôture de chaque exercice, le prix de revient des titres est augmenté ou diminué, selon les cas, des écarts de conversion mentionnés à ce même alinéa. Toutefois, lorsque les établissements ou les entreprises concernés détiennent des titres d'investissement mentionnés à l'article 38 bis B et des titres de participation, libellés en monnaie étrangère et dont l'acquisition a été financée en francs ou en euros, les écarts de conversion mentionnés au présent alinéa et constatés sur ces titres ne sont pas pris en compte dans le résultat fiscal de l'exercice ; dans ce cas, sur le plan fiscal, le prix de revient de ces titres ne tient pas compte des écarts de conversion. Ces dispositions sont applicables aux écarts de change relatifs à la période postérieure à l'ouverture du premier exercice clos à compter du 31 décembre 1990.

BIC-VII-59800 s. ; MF n° 19090

Pour l'exercice clos le 31 décembre 1998 ou la période d'imposition arrêtée à la même date, les écarts de conversion afférents aux devises, créances, dettes et titres mentionnés aux premier et deuxième alinéas et libellés en écus ou en unités monétaires des Etats participant à la monnaie unique, sont déterminés en fonction des taux de conversion définis à l'article 1er du règlement n° 97/1103/CE du Conseil, du 17 juin 1997, fixant certaines dispositions relatives à l'introduction de l'euro.

Les dispositions du premier alinéa ne sont pas applicables, sur option irrévocable, aux prêts libellés en monnaie étrangère consentis, à compter du 1er janvier 2001, par des entreprises autres que les établissements de crédit, les sociétés de financement et les entreprises d'investissement mentionnés à l'article 38 bis A, pour une durée initiale et effective d'au moins trois ans, à une société dont le siège social est situé dans un Etat ne participant pas à la monnaie unique et dont elles détiennent directement ou indirectement plus de la moitié du capital de manière continue pendant toute la période du prêt. Corrélativement, la valeur fiscale de ces prêts ne tient pas compte des écarts de conversion constatés sur le plan comptable. Les dispositions du présent alinéa ne sont pas applicables aux prêts faisant l'objet d'une couverture du risque de change.

L'option mentionnée au quatrième alinéa est exercée pour chaque prêt. Elle résulte de la non-application des dispositions du premier alinéa au titre de l'exercice au cours duquel le prêt est consenti. Par exception, pour les entreprises ayant consenti des prêts en 2001 et clos un exercice avant le 31 décembre 2001, l'option résulte de la non-application des dispositions du premier alinéa au titre du premier exercice clos à compter de la même date.

BIC-IV-30600 s. ; MF n° 7370

4 bis. Pour l'application des dispositions du 2, pour le calcul de la différence entre les valeurs de l'actif net à la clôture et à l'ouverture de l'exercice, l'actif net d'ouverture du premier exercice non prescrit déterminé, sauf dispositions particulières, conformément aux premier et deuxième alinéas de l'article L 169 du livre des procédures fiscales ne peut être corrigé des omissions ou erreurs entraînant une sous-estimation ou surestimation de celui-ci.

Les dispositions du premier alinéa ne s'appliquent pas lorsque l'entreprise apporte la preuve que ces omissions ou erreurs sont intervenues plus de sept ans avant l'ouverture du premier exercice non prescrit.

Elles ne sont pas non plus applicables aux omissions ou erreurs qui résultent de dotations aux amortissements excessives au regard des usages mentionnés au 2° du 1 de l'article 39 déduites sur des exercices prescrits ou de la déduction au cours d'exercices prescrits de charges qui auraient dû venir en augmentation de l'actif immobilisé.

Les corrections des omissions ou erreurs mentionnées aux deuxième et troisième alinéas restent sans influence sur le résultat imposable lorsqu'elles affectent l'actif du bilan. Toutefois, elles ne sont prises en compte ni pour le calcul des amortissements ou des provisions, ni pour la détermination du résultat de cession.

CF-I-3950 s. ; MF nos 78165 s.

5. 1° A l'exception des sommes distribuées en application de l'article L 214-17-2 du code monétaire et financier, le profit ou la perte résultant de cessions de titres par un fonds commun de placement est compris dans le résultat de l'exercice au cours duquel les parts du fonds sont cédées par l'entreprise. Le profit ou la perte est déterminé par différence entre le prix de cession et la valeur des parts au bilan de l'entreprise.

Les sommes distribuables en application du même article L 214-17-2 sont comprises dans le résultat imposable de l'exercice au cours duquel elles sont distribuées et sont exclues du régime fiscal des plus-values à long terme, sous réserve des dispositions du 2° du présent 5.

2° Par dérogation aux dispositions du 1°, les sommes correspondant à la répartition, prévue au IX de l'article L 214-28 du code monétaire et financier, d'une fraction des actifs d'un fonds commun de placement à risques ou d'un fonds professionnel de capital investissement qui remplit les conditions prévues au II ou au III bis de l'article 163 quinquies B, sont affectées en priorité au remboursement des apports. L'excédent des sommes réparties sur le montant des apports ou sur le prix d'acquisition des parts s'il est différent du montant des apports est compris dans le résultat imposable de l'exercice au cours duquel cet excédent apparaît. Il est soumis au régime fiscal des plus-values à long terme dans la proportion existant entre le montant des apports effectués depuis au moins deux ans à la date de la répartition et le montant total des apports effectués à cette même date. Le prix de revient des parts est corrélativement diminué à concurrence des sommes réparties qui n'ont pas été imposées en application du présent alinéa.

Le premier alinéa du présent 2° s'applique également aux sommes reçues par un fonds commun de placement à risques ou un fonds professionnel de capital investissement, qui remplit les conditions prévues au II ou au III bis de l'article 163 quinquies B, provenant :

a. Des répartitions d'une fraction des actifs d'un fonds commun de placement à risques ou d'un fonds professionnel de capital investissement, prévues au IX de l'article L 214-28 du code monétaire et financier ;

b. Des distributions d'une entité mentionnée au 2° du II de l'article L 214-28 du même code, autre qu'un fonds commun de placement à risques, qu'un fonds professionnel spécialisé relevant de l'article L 214-37 du code monétaire et financier dans sa rédaction antérieure à l'ordonnance n° 2013-676 du 25 juillet 2013 modifiant le cadre juridique de la gestion d'actifs ou qu'un fonds professionnel de capital investissement, constituée dans un Etat ou territoire ayant conclu avec la France une convention fiscale qui contient une clause d'assistance administrative en vue de lutter contre la fraude ou l'évasion fiscale, prélevées sur des plus-values réalisées par l'entité lors de la cession de titres intervenue au cours de l'exercice précédent.

BIC-VII-48000 s. ; MF n°s 18435 s., 18955 s.

5 bis. Le profit ou la perte résultant de l'échange de titres consécutif à la fusion ou à la scission de sociétés d'investissement à capital variable et de fonds communs de placement est compris dans le résultat imposable de l'exercice au cours duquel les titres reçus en échange sont cédés. Dans ce cas, le profit ou la perte résultant de la cession ultérieure de ces titres est déterminé par rapport à la valeur que les titres remis à l'échange avaient du point de vue fiscal.

Toutefois, en cas d'échange avec soulte, le profit réalisé est, à concurrence du montant de la soulte reçue, compris dans le bénéfice de l'exercice au cours duquel intervient l'échange.

Les dispositions des premier et deuxième alinéas ne sont pas applicables si la soulte excède 10 % de la valeur nominale des parts ou actions reçues, ou si elle excède le profit réalisé.

Ces dispositions s'appliquent au profit ou à la perte résultant de l'échange de titres consécutif à la fusion ou à la scission de sociétés de placement à prépondérance immobilière à capital variable mentionnées au 3° nonies de l'article 208 et de fonds de placement immobilier mentionnés à l'article 239 nonies.

BIC-VII-57900 s. ; MF n° 19070

5 ter. Le profit résultant de la remise de parts ou d'actions consécutive à la scission de fonds communs de placement et de sociétés d'investissement à capital variable réalisée en application des articles L 214-7-4, L 214- 8-7, L 214-24-33 et L 214-24-41 du code monétaire et financier n'est pas compris dans le résultat imposable.

La valeur fiscale des parts ou des actions reçues lors de la scission, réalisée dans les conditions mentionnées au premier alinéa du présent 5 ter, est égale au produit de la valeur d'inscription au bilan des parts ou des actions de l'entité scindée par le rapport, à la date de la scission, entre la valeur liquidative de l'entité dont les parts ou les actions sont reçues et la somme des valeurs liquidatives de l'entité scindée et de l'entité issue de la scission.

La valeur fiscale des parts ou des actions de l'entité scindée est égale à la différence entre la valeur d'inscription au bilan de ces parts ou de ces actions et la valeur fiscale des parts ou des actions reçues déterminée dans les conditions prévues au deuxième alinéa du présent 5 ter.

Les sommes correspondant à la répartition des actifs des fonds communs de placement ou des sociétés d'investissement à capital variable scindés sont affectées en priorité au remboursement des apports, dans la limite de la valeur fiscale des parts ou des actions de ces fonds ou de ces sociétés. L'excédent est compris dans le résultat imposable de l'exercice au cours duquel il est réalisé. La valeur fiscale de ces parts ou de ces actions est diminuée à concurrence des sommes réparties qui n'ont pas été imposées en application du présent alinéa.

Les provisions ultérieures ainsi que le profit ou la perte résultant de la cession, du rachat ou de l'annulation des parts ou des actions de l'entité scindée ou de l'entité issue de la scission sont calculés d'après les valeurs fiscales déterminées en application des deuxième et troisième alinéas du présent 5 ter.

La durée de détention des parts ou des actions reçues lors de la scission est décomptée à partir de la date d'acquisition des parts ou actions de l'entité scindée.

Le présent 5 ter n'est pas applicable aux parts ou aux actions détenues par les entreprises qui comprennent l'écart entre la valeur liquidative à l'ouverture et à la clôture de l'exercice dans le résultat imposable de chaque exercice en application du 1° de l'article 209-0 A.

FR 2/22 inf. 79 n°s 11 à 18 p. 125

6. 1° Par exception aux 1 et 2, le profit ou la perte résultant de l'exécution de contrats à terme d'instruments financiers en cours à la clôture de l'exercice est compris dans les résultats de cet exercice ; il est déterminé d'après le cours constaté au jour de la clôture sur le marché sur lequel le contrat a été conclu.

Ces dispositions s'appliquent aux contrats, options et autres instruments financiers à terme conclus en France ou à l'étranger, qui sont cotés sur une bourse de valeurs ou traités sur un marché ou par référence à un marché, à l'exception des contrats visés au quatrième alinéa du 7, reçus dans le cadre d'une opération d'échange visée à ce même alinéa *(Voir Annexe III, art. 2 A)* ;

2° Dans le cas où un contrat à terme d'instruments financiers en cours à la clôture de l'exercice a pour cause exclusive de compenser le risque d'une opération de l'un des deux exercices suivants, traitée sur un marché de nature différente, l'imposition du profit réalisé sur le contrat est reportée au dénouement de celui-ci, à condition que les opérations dont la compensation est envisagée figurent sur le document prévu au 3° *(Voir Annexe III, art. 2 B)* ;

2° bis Le profit sur un contrat à terme portant sur des devises et ayant pour seul objet la couverture du risque de change d'une opération future est imposé au titre du ou des mêmes exercices que l'opération couverte à la condition que cette dernière soit identifiée dès l'origine par un acte ou un engagement précis et mesurable pris à l'égard d'un tiers. Les profits concernés et l'opération couverte doivent être mentionnés sur un document annexé à la déclaration des résultats de chaque exercice et établi conformément au modèle fixé par l'administration ;

3° Lorsqu'une entreprise a pris des positions symétriques, la perte sur une de ces positions n'est déductible du résultat imposable que pour la partie qui excède les gains non encore imposés sur les positions prises en sens inverse.

Pour l'application de ces dispositions, une position s'entend de la détention, directe ou indirecte, de contrats à terme d'instruments financiers, de valeurs mobilières, de devises, de titres de créances négociables, de prêts ou d'emprunts, ou d'un engagement portant sur ces éléments.

Des positions sont qualifiées de symétriques si leurs valeurs ou leurs rendements subissent des variations corrélées telles que le risque de variation de valeur ou de rendement de l'une d'elles est compensé par une autre position, sans qu'il soit nécessaire que les positions concernées soient de même nature ou prises sur la même place, ou qu'elles aient la même durée.

Les positions symétriques prises au cours de l'exercice et celles qui sont en cours à la clôture doivent être mentionnées sur un document spécifique remis ou adressé sur demande à l'administration fiscale. A défaut, la perte sur une position n'est pas déductible du résultat imposable *(Voir Annexe III, art. 2 C)*.

BIC-V-13700 s. ; MF n°s 8005 s.

7. Le profit ou la perte résultant de l'échange d'actions effectué dans le cadre d'une offre publique d'échange, de la conversion ou de l'échange d'obligations en actions, réalisé conformément à la réglementation en vigueur, est compris dans le résultat de l'exercice au cours duquel les actions reçues en échange sont cédées. Dans ce cas, le profit ou la perte résultant de la cession ultérieure de ces titres est déterminé par rapport à la valeur que les actions remises à l'échange ou les obligations converties ou échangées avaient du point de vue fiscal ; le délai de deux ans mentionné à l'article 39 duodecies s'apprécie à compter de la date d'acquisition des actions remises à l'échange.

Toutefois, en cas d'échange ou de conversion avec soulte, la plus-value réalisée est, à concurrence du montant de la soulte reçue, comprise dans le bénéfice de l'exercice au cours duquel intervient l'échange ou la conversion. Il en est de même en cas d'échange d'actions assorties de droits de souscription d'obligations, attachés ou non, et de conversion d'obligations en actions assorties des mêmes droits, de la fraction de la plus-value qui correspond à la valeur réelle de ces droits à la date de l'opération d'échange ou de conversion ou au prix de ces droits calculé dans les conditions du deuxième alinéa du 1° du 8 du présent article s'ils sont échangés ou convertis pour un prix unique. Le montant imposable peut bénéficier du régime des plus-values à long terme prévu à l'article 39 duodecies, dans la limite de la plus-value réalisée sur les actions détenues depuis deux ans au moins.

Ces dispositions ne sont pas applicables si le total de la soulte et, le cas échéant, du prix des droits mentionnés au deuxième alinéa dépasse 10 % de la valeur nominale des actions attribuées ou si ce total excède la plus-value réalisée.

Lorsque, à l'occasion d'une opération d'échange d'actions mentionnée au premier alinéa, l'un des coéchangistes garantit, par un contrat d'instrument financier, à une date fixée dans l'offre et comprise entre douze et soixante mois suivant la date de clôture de cette offre, le cours des actions remises à l'échange dont il est l'émetteur, le profit ou la perte résultant de l'échange d'actions est soumis aux dispositions de ce premier alinéa et le profit résultant de l'attribution de ce contrat d'instrument financier n'est pas compris dans les résultats de l'exercice de l'échange ; les sommes reçues par le coéchangiste sont comprises, selon le cas, dans les résultats de l'exercice de cession du contrat ou de celui de la mise en œuvre de la garantie prévue par le contrat. Dans ce dernier cas, les sommes reçues peuvent bénéficier du régime des plus-values à long terme prévu à l'article 39 duodecies si les actions remises et reçues à l'échange relèvent de ce régime, respectivement à la date de l'opération d'échange et à l'échéance du contrat en cause, et si l'action dont le cours est garanti par ce contrat ainsi que ce dernier ont été conservés jusqu'à cette échéance. Pour l'appréciation de cette dernière condition, les contrats conservés jusqu'à la date de leur échéance sont affectés par priorité aux actions encore détenues à cette date.

Lorsqu'une entreprise remet à l'échange plusieurs titres en application des modalités d'échange, la valeur mentionnée à la deuxième phrase du premier alinéa correspond au total de la valeur que chacun de ces titres avait du point de vue fiscal ; le délai de deux ans mentionné au même alinéa s'apprécie à compter de la date d'acquisition ou de souscription la plus récente des actions remises à l'échange par cette entreprise.

Lorsqu'une entreprise reçoit à l'occasion d'une opération d'échange ou de conversion plusieurs titres en application des modalités d'échange ou des bases de la conversion, la valeur mentionnée à la deuxième phrase du premier alinéa est répartie proportionnellement à la valeur réelle à la date de cette opération ou à la valeur résultant de leur première cotation si les titres reçus sont des actions assorties de droits de souscription d'actions, attachés ou non, émises pour un prix unique à l'occasion d'une telle opération.

Pour les opérations réalisées au cours d'exercices clos à compter du 31 décembre 1994, les dispositions du présent 7 ne sont pas applicables si l'un des coéchangistes remet à l'échange des actions émises lors d'une augmentation de capital réalisée depuis moins de trois ans par une société qui détient directement ou indirectement une participation supérieure à 5 % du capital de l'autre société avec laquelle l'échange est réalisé ou par une société dont plus de 5 % du capital est détenu directement ou indirectement par cette autre société.

Les augmentations de capital visées au septième alinéa sont celles résultant :

a. D'un apport en numéraire ;

b. D'un apport de créances ou de titres exclus du régime des plus-values à long terme en application du I de l'article 219 ;

c. De l'absorption d'une société dont l'actif est composé principalement de numéraire ou de droits cités au b ou de l'apport d'actions ou de parts d'une telle société.

Les dispositions du présent article s'appliquent aux opérations d'échange portant sur des certificats d'investissement, des certificats coopératifs d'investissement, des certificats pétroliers, des certificats de droit de vote, des actions à dividende prioritaire sans droit de vote et des actions de préférence ainsi qu'à la conversion d'actions ordinaires en actions à dividende prioritaire sans droit de vote ou en actions de préférence, d'actions de préférence en actions de préférence d'une autre catégorie, d'actions à dividende prioritaire sans droit de vote ou d'actions de préférence en actions ordinaires et à la conversion d'actions en certificats mutualistes ou paritaires.

Les dispositions du présent 7 s'appliquent au remboursement, par la société émettrice, des porteurs d'obligations remboursables en actions, lorsque cette même société procède à l'opération susvisée par émission concomitante d'actions.

BIC-VII-44300 s. ; MF n°s 19060 s.

7 bis. Le profit ou la perte réalisé lors de l'échange de droits sociaux résultant d'une fusion ou d'une scission de sociétés peut être compris dans le résultat de l'exercice au cours duquel les droits sociaux reçus en échange sont cédés. Dans ce cas, le profit ou la perte résultant de la cession ultérieure de ces droits sociaux est déterminé par rapport à la valeur que les droits sociaux remis à l'échange avaient du point de vue fiscal.

En cas de scission de société, la valeur fiscale des titres de chaque société bénéficiaire des apports reçus en contrepartie de ceux-ci est égale au produit de la valeur fiscale des titres de la société scindée par le rapport existant à la date de l'opération de scission entre la valeur réelle des titres de chaque société bénéficiaire dans le cadre de cette opération et la valeur réelle des titres de la société scindée.

Toutefois, en cas d'échange avec soulte, la plus-value réalisée est, à concurrence du montant de la soulte reçue, comprise dans le bénéfice de l'exercice au cours duquel intervient l'échange. Le montant imposable peut bénéficier du régime des plus-values à long terme prévu à l'article 39 duodecies, dans la limite de la plus-value réalisée sur les titres détenus depuis deux ans au moins.

Ces dispositions ne sont pas applicables si la soulte dépasse 10 % de la valeur nominale des parts ou des actions attribuées ou si la soulte excède la plus-value réalisée.

BIC-VII-45800 s. ; MF nº 19070

7 ter. La plus-value ou moins-value résultant de l'annulation d'actions effectuée dans le cadre d'un regroupement ou d'une division d'actions, réalisé en conformité avec les dispositions du code de commerce ou les dispositions étrangères équivalentes, est comprise dans le résultat de l'exercice au cours duquel les actions attribuées en remplacement sont cédées. La plus-value ou moins-value résultant de la cession ultérieure de ces actions est déterminée par rapport à la valeur que les actions remplacées avaient du point de vue fiscal.

En cas de regroupement ou de division d'actions avec soulte, la plus-value réalisée est, à concurrence de la soulte reçue, comprise dans le bénéfice de l'exercice au cours duquel intervient le regroupement ou la division d'actions.

BIC-VII-47020 s.

7 quater. La plus ou moins-value résultant de la transmission à titre gratuit et irrévocable de titres de capital ou de parts sociales à un fonds de pérennité mentionné à l'article 177 de la loi nº 2019-486 du 22 mai 2019 relative à la croissance et la transformation des entreprises lors de sa constitution est comprise dans le résultat de l'exercice au cours duquel ces titres ou parts sont ultérieurement cédés par le fonds bénéficiaire de cette transmission si celui-ci a pris l'engagement de calculer la plus ou moins-value d'après la valeur que ces titres ou parts avaient, du point de vue fiscal, à la date de la transmission.

BIC-VII-43500 s. ; MF nº 19110

7 quinquies. L'imposition de la plus-value résultant de la transmission à titre gratuit et irrévocable de titres de capital ou de parts sociales à une fondation reconnue d'utilité publique peut faire l'objet d'un report jusqu'à leur cession par la fondation bénéficiaire de cette transmission.

La plus-value en report est imposée à la date à laquelle il est mis fin au report au nom de la fondation bénéficiaire de la transmission.

Lorsque la valeur de cession des titres est inférieure à la valeur des mêmes titres au jour de la transmission mentionnée au premier alinéa du présent 7 quinquies, la plus-value en report est diminuée de la différence entre ces deux valeurs.

L'entreprise qui transmet les titres de capital ou parts sociales mentionnées au même premier alinéa communique à l'administration un état annexé à sa déclaration de résultat faisant apparaître le montant des plus-values réalisées lors de la transmission et dont l'imposition est reportée.

La fondation bénéficiaire de la transmission mentionnée audit premier alinéa doit, en cas d'option pour le report d'imposition, communiquer à l'administration, au titre de l'année en cours à la date de la transmission et des années suivantes, un état faisant apparaître les renseignements nécessaires au suivi de la plus-value dont l'imposition est reportée. Cet état est annexé à la déclaration de résultat ou, à défaut, adressé dans les mêmes délais que la déclaration de résultat mentionnée à l'article 223.

BIC-VII-43700 ; MF nº 19115

8. 1º La plus-value de cession séparée de valeurs mobilières et de droits de souscription qui leur sont attachés, acquis pour un prix unique, est calculée par référence à la fraction du prix d'acquisition afférente à chacun de ces éléments.

La fraction afférente aux droits de souscription est égale à la différence entre le prix unique et le prix de la valeur mobilière à la date de la souscription ou de l'acquisition. Le prix s'entend de la valeur actuelle pour les obligations ;

BIC-VII-55320 s. ; MF nº 19045

2º La différence entre la valeur actuelle d'une obligation assortie de droits de souscription et sa valeur de remboursement est considérée, pour l'imposition du souscripteur, comme une prime de remboursement. Toutefois, pour les titres émis avant le 1er janvier 1993, celle-ci n'est soumise aux dispositions du I de l'article 238 septies B que si son montant excède 15 % de la valeur actuelle de l'obligation ;

BIC-VII-55320 s. ; MF n° 19045

3° Les sommes reçues par une entreprise lors de l'émission de droits de souscription ou d'acquisition de valeurs mobilières sont comprises dans ses résultats imposables de l'exercice de péremption de ces droits lorsqu'ils n'ont pas été exercés.

BIC-VII-55600 s.

9. 1° L'application de la méthode d'évaluation prévue à l'article L 232-5 du code de commerce n'a pas d'incidence sur les résultats imposables, par dérogation aux 1 et 2 du présent article ;

2° Toutefois, les dispositions du seizième alinéa du 5° du 1 de l'article 39 sont applicables à la fraction de la provision constituée à raison de l'écart d'équivalence négatif, qui correspond à la dépréciation définie au dix-septième alinéa du 5° du 1 de l'article 39, des titres évalués selon cette méthode. L'excédent éventuel de cette provision n'est pas déductible pour l'assiette de l'impôt.

Les provisions qui sont transférées au poste d'écart d'équivalence ainsi que celles devenues sans objet en raison de l'application de la méthode d'évaluation mentionnée au 1°, sont immédiatement rapportées aux résultats imposables. Les provisions pour dépréciation des titres ainsi transférées sont comprises dans les plus-values à long terme de l'exercice visées au 1 du I de l'article 39 quindecies ;

3° En cas de cession de titres mentionnés au 2°, la plus-value ou la moins-value est déterminée en fonction de leur prix de revient ;

4° Un décret définit les modalités d'application du présent article ainsi que les obligations déclaratives des entreprises qui appliquent la méthode d'évaluation prévue au 1° *(Voir Annexe III, art. 38 B).*

BIC-VII-32100 s. ; MF n° 18840

10. La plus-value de cession d'un immeuble par une société civile immobilière non soumise à l'impôt sur les sociétés dont les parts ont été affectées par une société d'assurance, par un organisme de retraite professionnelle supplémentaire mentionné à l'article L 381-1 du code des assurances, une mutuelle ou union de retraite professionnelle supplémentaire mentionnée à l'article L 214-1 du code de la mutualité ou une institution de retraite professionnelle supplémentaire mentionnée à l'article L 942-1 du code de la sécurité sociale à la couverture de contrats d'assurance sur la vie à capital variable prévus par l'article L 131-1 du code des assurances est comprise dans le résultat imposable de la société d'assurance, du fonds de retraite professionnelle supplémentaire, de la mutuelle ou union de retraite professionnelle supplémentaire ou de l'institution de retraite professionnelle supplémentaire sous déduction des profits de réévaluation constatés lors des estimations annuelles de ces parts dans les comptes de la société d'assurance, du fonds de retraite professionnelle supplémentaire, de la mutuelle ou union de retraite professionnelle supplémentaire ou de l'institution de retraite professionnelle supplémentaire.

La moins-value de même nature est retenue dans les mêmes conditions, et ne peut venir en diminution des profits de réévaluation des parts de la société civile, constatés par la société d'assurance, le fonds de retraite professionnelle supplémentaire, la mutuelle ou union de retraite professionnelle supplémentaire ou l'institution de retraite professionnelle supplémentaire.

IS-IV-9550 s.

11. Le transfert dans une comptabilité auxiliaire d'affectation d'éléments d'actifs pour lesquels sont applicables les règles de l'article L 134-4, de l'article L 142-5, de l'article L 143-7, de l'article L 381-2, de l'article L 441-8, ou du VII de l'article L 144-2 du code des assurances est assimilé à une cession. Il en est de même en cas de retrait d'actifs de l'une de ces comptabilités.

1° Toutefois, le profit ou la perte constaté à l'occasion du transfert d'éléments d'actif dans la comptabilité auxiliaire d'affectation soumis aux règles de l'article L 143-7 du code des assurances n'est pas compris dans le résultat de l'exercice au cours duquel le transfert est intervenu si les conditions suivantes sont réunies :

a. L'opération est réalisée conformément aux dispositions de l'article L 143-8 du code des assurances ;

b. Les éléments sont inscrits dans la comptabilité auxiliaire d'affectation pour leur valeur comptable telle qu'elle figure dans les comptes de l'entreprise procédant à l'opération.

Dans ce cas, le profit ou la perte résultant de la cession ultérieure de ces éléments est calculé d'après la valeur qu'ils avaient, du point de vue fiscal, dans les écritures de l'entreprise ayant procédé à l'opération.

2° Le profit ou la perte constatée à l'occasion du retrait d'éléments d'actifs de la comptabilité auxiliaire d'affectation, soumis aux règles du VII de l'article L 144-2 du même code, en vue de satisfaire aux obligations prévues à l'article L 142-4 dudit code, n'est pas compris dans le résultat de l'exercice au cours duquel le retrait est intervenu si les éléments sont inscrits dans la comptabilité générale pour leur valeur comptable telle qu'elle figure dans la comptabilité auxiliaire d'affectation de départ.

Dans ce cas, le profit ou la perte résultant de la cession ultérieure de ces éléments est calculé d'après la valeur qu'ils avaient, du point de vue fiscal, dans les écritures de l'entreprise ayant procédé à l'opération.

3° Le profit ou la perte constaté à l'occasion du transfert d'éléments d'actifs dans la comptabilité auxiliaire d'affectation soumis aux règles de l'article L 142-5 du code des assurances n'est pas compris dans le résultat de l'exercice au cours duquel le transfert est intervenu si les conditions suivantes sont réunies :

a. L'opération est réalisée conformément aux articles L 142-4 ou L 142-7 du même code ;

b. Les éléments sont inscrits dans la comptabilité auxiliaire d'affectation pour leur valeur comptable telle qu'elle figure dans les comptes de l'entreprise procédant à l'opération.

Dans ce cas, le profit ou la perte résultant de la cession ultérieure de ces éléments est calculé d'après la valeur que ces éléments avaient, du point de vue fiscal, dans les écritures de l'entreprise ayant procédé à l'opération.

Ndlr *Les articles L 143-7 et L 143-8 du code des assurances ont été abrogés à compter du 1er janvier 2023 (Ordonnance 2017-484 du 6 avril 2017 art. 5, 5°).*

FR 2/22 inf. 26 p. 52

Art 38 bis **I. 1.** Les titres financiers prêtés par une entreprise sont prélevés par priorité sur les titres de même nature acquis ou souscrits à la date la plus récente.

La créance représentative des titres financiers prêtés est inscrite distinctement au bilan à la valeur d'origine de ces titres.

A l'expiration du prêt, les titres financiers restitués sont inscrits au bilan à cette même valeur.

2. La rémunération allouée en rémunération du prêt de titres constitue un revenu de créance. Lorsque la période du prêt couvre la date de paiement des revenus attachés aux titres prêtés, le montant de la rémunération ne peut être inférieur à la valeur des revenus auxquels le prêteur a renoncé. La fraction de la rémunération qui correspond à ces produits est soumise au même régime fiscal que les revenus des titres prêtés.

II. 1. Les titres financiers empruntés et la dette représentative de l'obligation de restitution de ces titres sont inscrits distinctement au bilan de l'emprunteur au prix du marché au jour du prêt.

A la clôture de l'exercice, les titres financiers empruntés qui figurent au bilan de l'emprunteur et la dette représentative de l'obligation de restitution qui résulte des contrats en cours sont inscrits au prix que ces titres ont sur le marché à cette date.

Les titres financiers empruntés sont réputés restitués à la valeur pour laquelle la dette représentative de l'obligation de restitution figure au bilan.

1 bis. Les titres empruntés peuvent faire l'objet d'un prêt. Dans ce cas, la créance représentative des titres mentionnés au 1 doit être inscrite au bilan au prix que ces titres ont sur le marché à la date du nouveau prêt. A la clôture de l'exercice, cette créance doit être évaluée au prix des titres à cette date. Lors de leur restitution, les titres empruntés qui ont fait l'objet d'un prêt sont repris pour la valeur de la créance à cette date et sont ensuite évalués selon les modalités prévues au 1 jusqu'à leur cession ou leur restitution au prêteur initial.

2. Lorsque l'emprunteur cède des titres financiers, ceux-ci sont prélevés par priorité sur les titres de même nature empruntés à la date la plus ancienne. Les achats ultérieurs de titres de même nature sont affectés par priorité au remplacement des titres empruntés.

II bis. *(Abrogé).*

III. 1. A défaut de restitution des titres prêtés, leur cession est, d'un point de vue fiscal, réalisée à la date de la défaillance.

2. Pour l'application de l'article 39 duodecies, les titres prêtés sont censés avoir été détenus jusqu'à la date du prêt.

BIC-VII-52030 s. ; MF n° 19085

Art 38 bis-0 A **I.** Les titres financiers mis en pension par une personne morale dans les conditions prévues aux articles L 211-27 à L 211-34 du code monétaire et financier sont, pour l'application des dispositions du présent code, réputés ne pas avoir été cédés sous réserve des dispositions des articles précités.

II. Les obligations comptables liées à la pension sont prévues aux articles L 211-31 à L 211-33 du code monétaire et financier.

Ndlr *Les articles L 211-31 à L 211-33 du code monétaire et financier sont reproduits dans la partie Autre textes du présent code.*

III. En cas de défaillance de l'une des parties, le résultat de la cession des titres financiers est égal à la différence entre leur valeur réelle au jour de la défaillance et leur prix de revient fiscal dans les écritures du cédant. Le profit ou la perte est compris dans les résultats imposables du cédant au titre de l'exercice au cours duquel la défaillance est intervenue. Dans cette situation, les titres financiers sont réputés prélevés sur ceux de même nature acquis ou souscrits à la date la plus récente antérieure à la défaillance.

BIC-VII-52800 s. ; MF nº 19080

Art 38 bis-0 A bis **I.** Les remises en garantie de titres emportant leur transfert de propriété et réalisées dans les conditions prévues aux I ou III de l'article L 211-38 du code monétaire et financier sont soumises au régime prévu au présent article lorsque les conditions suivantes sont respectées :

1º Le constituant et le bénéficiaire de la garantie sont imposables sur leur bénéfice selon un régime réel d'imposition ;

2º Les remises portent sur les titres financiers mentionnés à l'article L 211-27 ou les effets mentionnés à l'article L 211-34 du code monétaire et financier et respectent les conditions prévues à l'article L 211-28 du même code ;

3º La restitution au constituant de la garantie porte sur des titres équivalents et de même nature que ceux remis en garantie ;

4º Les remises en garantie sont effectuées dans le cadre d'opérations à terme d'instruments financiers réalisées de gré à gré, de prêts ou de mises en pension de titres prévus aux articles 38 bis et 38 bis-0 A, ou dans le cadre des opérations prévues à l'article L 330-2 du code monétaire et financier.

II. 1. Les titres remis par le constituant de la garantie dans les conditions prévues au I sont réputés prélevés par priorité sur les titres de même nature acquis ou souscrits à la date la plus récente.

La créance représentative des titres remis est inscrite distinctement au bilan à la valeur d'origine de ces titres. Lors de leur restitution, les titres restitués sont inscrits au bilan à cette même valeur.

2. La rémunération allouée au titre de la remise en garantie constitue un revenu de créance. Lorsque la période de remise en garantie couvre la date de paiement des revenus attachés aux titres remis, le montant de la rémunération ne peut être inférieur à la valeur des revenus auxquels le constituant a renoncé. La fraction de la rémunération qui correspond à ces produits est soumise au même régime fiscal que les revenus des titres remis en garantie.

III. 1. Les titres reçus par le bénéficiaire de la garantie dans les conditions prévues au I et la dette représentative de l'obligation de restitution de ces titres sont inscrits distinctement au bilan du bénéficiaire de cette garantie au prix du marché au jour de la remise en garantie.

A la clôture de l'exercice, les titres reçus en garantie qui figurent au bilan du bénéficiaire de la garantie et la dette représentative de l'obligation de restitution qui résulte des contrats en cours sont inscrits au prix que ces titres ont sur le marché à cette date.

Lors de leur restitution, les titres sont réputés restitués à la valeur pour laquelle la dette représentative de l'obligation de restitution figure au bilan.

2. Les titres reçus en garantie dans les conditions prévues au I qui font l'objet d'un prêt dans les conditions prévues à l'article 38 bis ou d'une mise en pension dans les conditions prévues à l'article 38 bis-0 A sont soumis aux règles respectivement prévues au 1 bis de l'article 38 bis et au II de l'article 38 bis-0 A.

3. Lorsque le bénéficiaire de la garantie cède des titres, ceux-ci sont prélevés par priorité sur les titres de même nature reçus en garantie dans les conditions prévues au présent article à la date la plus ancienne. Les achats ultérieurs de titres de même nature sont affectés par priorité au remplacement de ces titres.

IV. En cas de défaillance de l'une des parties, la cession est, d'un point de vue fiscal, réputée réalisée à la date de la défaillance. Dans ce cas, le résultat de la cession des titres par le constituant qui les a remis en garantie est égal à la différence entre leur valeur réelle au jour de la défaillance et leur prix de revient fiscal dans ses écritures.

Pour l'application de l'article 39 duodecies, les titres transférés sont censés avoir été détenus jusqu'à la date de leur remise en garantie.

BIC-VII-53500 s. ; MF nº 19085

Art 38 bis A Par dérogation à l'article 38, les établissements de crédit et les sociétés de financement mentionnés à l'article L 511-1 du code monétaire et financier et les entreprises d'investissement mentionnées à l'article L 531-4 du même code qui inscrivent dans un compte de titres de transaction à l'actif de leur bilan des valeurs mobilières, des titres de créances négociables ou des instruments du marché interbancaire, négociables sur un marché, sont imposés, jusqu'à leur retrait du compte ou leur cession au taux normal et dans les conditions de droit commun, sur l'écart résultant de l'évaluation de ces titres au prix du marché du jour le plus récent à la clôture de l'exercice ou à leur retrait du compte ainsi que sur les profits et les pertes dégagés lors de cette cession.

Les titres de transaction transférés au compte de titres de placement ou d'investissement y sont inscrits au prix du marché du jour le plus récent au jour du transfert. En cas de cession ultérieure de ces titres, le délai de deux ans mentionné à l'article 39 duodecies est décompté à partir de la date de transfert.

(Les titres transférés, conformément à la réglementation comptable, du compte de titres de transaction au compte

de titres de placement ou d'investissement depuis le 1er juillet 2008 constituent des titres de placement ou d'investissement à compter de la date du transfert. Toutefois, lorsque leur valeur fiscale prise en compte pour la détermination du résultat imposable du dernier exercice clos avant le 31 décembre 2009 diffère de leur valeur comptable, ces titres sont réputés avoir été inscrits à l'ouverture de l'exercice suivant pour cette valeur fiscale puis transférés ce même jour depuis le compte de titres de transaction pour leur valeur comptable).

Par dérogation aux articles 38 bis et 38 bis-0 A bis, la créance représentative des titres prêtés ou remis en pleine propriété à titre de garantie est inscrite au prix du marché du jour le plus récent des titres à la date du prêt ou de la remise en pleine propriété ; elle est évaluée au prix du marché du jour le plus récent des titres considérés à la clôture de l'exercice. Lors de leur restitution, les titres sont repris au compte de titres de transaction pour la valeur de la créance à la date de la dernière évaluation.

BIC-VII-58900 s. ; MF nº 19090

Art 38 bis B I. Lorsque des établissements de crédit, des sociétés de financement ou des entreprises d'investissement mentionnés à l'article 38 bis A achètent ou souscrivent des titres à revenu fixe pour un prix différent de leur prix de remboursement, le profit ou la perte correspondant à cette différence augmentée ou diminuée, selon le cas, du coupon couru à l'achat est réparti sur la durée restant à courir jusqu'au remboursement.

Cette répartition est effectuée de manière actuarielle en rattachant au résultat de chaque exercice une somme égale à la différence entre :

1º Les intérêts courus de l'exercice ou depuis l'acquisition, calculés en appliquant le taux d'intérêt du marché des titres concernés lors de leur acquisition au prix d'achat de ces titres augmenté ou diminué des profits ou pertes définis ci-dessus, constatés au titre des exercices antérieurs ; après le paiement du coupon d'intérêts, le prix d'achat s'entend hors coupon couru ;

2º Et les intérêts, courus de l'exercice ou depuis l'acquisition, calculés en appliquant le taux nominal à leur valeur de remboursement.

Pour les titres transférés dans les conditions mentionnées au deuxième alinéa de l'article 38 bis A, la valeur de transfert mentionnée à cet alinéa tient lieu de prix d'acquisition.

A la clôture de chaque exercice, le prix de revient des titres est augmenté ou diminué, selon le cas, de la fraction du profit ou de la perte comprise dans le résultat.

II. Le régime défini au I s'applique aux titres à revenu fixe inscrits dans un compte de titres d'investissement ou de placement.

III. Les titres inscrits sur un compte de titres d'investissement ne peuvent faire l'objet d'une provision pour dépréciation. Les provisions pour dépréciation constituées sur les titres à revenu fixe antérieurement à leur inscription à ce compte sont rapportées au résultat imposable de l'exercice de cette inscription, à l'exception de leur fraction qui correspond à la partie du prix d'acquisition des titres concernés qui excède leur valeur de remboursement ; cette fraction est rapportée au résultat imposable de manière échelonnée dans les conditions définies au I sur la durée restant à courir jusqu'au remboursement des titres concernés.

IV. Pour les titres acquis avant l'ouverture du premier exercice d'application du régime défini au présent article, le montant du profit ou de la perte correspondant à la différence corrigée mentionnée au premier alinéa du I qui doit être réparti sur la durée restant à courir jusqu'au remboursement est réduit de la fraction qui aurait dû être ajoutée ou retranchée du résultat des exercices antérieurs si la méthode avait été appliquée depuis l'acquisition des titres. Cette fraction est comprise dans le résultat imposable au cours duquel le titre est cédé ou remboursé.

BIC-VII-59300 s. ; MF nº 19090

Art 38 bis B bis I. Par exception aux dispositions des articles 38, 238 septies B et 238 septies E, lorsque les entreprises d'assurances et de capitalisation, les fonds de retraite professionnelle supplémentaire mentionnés à l'article L 381-1 du code des assurances, les mutuelles ou unions de retraite professionnelle supplémentaire mentionnées à l'article L 214-1 du code de la mutualité ou les institutions de retraite professionnelle supplémentaire mentionnées à l'article L 942-1 du code de la sécurité sociale achètent ou souscrivent des titres de créances négociables sur un marché réglementé, ou des titres obligataires autres que les obligations indexées, les parts de fonds communs de créances et les titres participatifs, pour un prix différent de leur prix de remboursement, la perte ou le profit correspondant à cette différence est, pour la détermination du résultat imposable de l'entreprise, réparti sur la durée restant à courir jusqu'au remboursement. Lorsque plusieurs dates de remboursement sont prévues, la date la plus éloignée est retenue.

Cette répartition est effectuée de manière actuarielle de telle sorte qu'à la clôture de chaque exercice, la valeur comptable des titres compte tenu de cette répartition soit égale à leur valeur actuelle calculée au taux de rendement actuariel déterminé lors de leur acquisition.

Pour l'application de ces dispositions, le prix d'achat des titres s'entend hors intérêts courus.

A la clôture de chaque exercice, le prix de revient des titres est augmenté ou diminué, selon le cas, de la fraction du profit ou de la perte comprise dans le résultat imposable.

II. Les titres soumis aux dispositions du I ne peuvent faire l'objet d'une provision pour dépréciation.

III. Les dispositions du présent article s'appliquent pour la détermination des résultats des exercices ouverts à compter du 1er janvier 1992.

Les titres acquis au cours d'un exercice antérieur sont réputés, pour le calcul du taux de rendement actuariel mentionné au deuxième alinéa du I, avoir été acquis le 1er janvier 1992, leur durée de vie résiduelle s'appréciant également à cette date. Le profit ou la perte à répartir en application du I est déterminé à partir du prix d'achat de ces titres ; les provisions pour dépréciation afférentes à ces titres sont réintégrées dans le résultat imposable du premier exercice d'application de cette répartition. Toutefois, les entreprises peuvent choisir pour ces titres de ne pas appliquer les dispositions du I si leur prix d'achat est inférieur à leur prix de remboursement ; le choix ainsi effectué s'applique à l'ensemble des titres acquis avant cette date.

IS-IV-9200 s. ; MF n° 19090

Art 38 bis C Par exception aux dispositions de l'article 38, les contrats d'échange de taux d'intérêt ou de devises conclus par les établissements de crédit, les sociétés de financement ou les entreprises d'investissement mentionnés à l'article 38 bis A et qui sont affectés à la couverture d'instruments financiers évalués à leur valeur de marché ou à la gestion spécialisée d'une activité de transaction, sont évalués à leur valeur de marché à la clôture de chaque exercice ou à la date à laquelle ils cessent de remplir les conditions pour être soumis à cette règle d'évaluation. L'écart résultant de cette évaluation constitue un élément du résultat imposable au taux normal.

Si les conditions prévues par le premier alinéa ne sont plus remplies, l'évaluation des contrats à leur valeur de marché cesse de s'appliquer ; dans ce cas, les flux de trésorerie relatifs à ces contrats sont rattachés aux résultats selon la règle des intérêts courus. Corrélativement le profit ou la perte résultant de cette évaluation est respectivement retranché ou ajoutée aux résultats imposables selon une répartition effectuée de manière actuarielle sur la durée restant à courir jusqu'à l'échéance des contrats concernés.

Pour l'application des dispositions du premier alinéa, la valeur de marché du contrat est déterminée, à la clôture de l'exercice, par actualisation des flux de trésorerie futurs en fonction du taux d'intérêt du marché correspondant ; cette valeur est corrigée afin de tenir compte des risques de contrepartie et de la valeur actualisée des charges afférentes au contrat *(Voir Annexe III, art. 2 E)*.

Les provisions pour pertes afférentes à des contrats d'échange de taux d'intérêt ou de devises non soumis aux dispositions du premier alinéa ne sont pas déductibles des résultats imposables.

Les soultes constatées lors de la conclusion de contrats d'échange de taux d'intérêt ou de devises non soumis aux dispositions du premier alinéa sont rapportées aux résultats imposables de manière échelonnée selon une répartition actuarielle sur la durée de vie des contrats concernés. Lorsque ces contrats sont, postérieurement à leur conclusion, soumis aux dispositions du premier alinéa, la fraction des soultes non encore rapportée aux bases de l'impôt est comprise dans le résultat de l'exercice au cours duquel intervient leur changement d'affectation.

Les modalités d'évaluation des contrats soumis aux règles exposées au premier alinéa font l'objet d'un état détaillé soumis au contrôle de la commission mentionnée au troisième alinéa, qui permet de justifier les taux retenus pour les calculs d'actualisation ; cet état est tenu à la disposition de l'administration.

Pour l'application des dispositions du présent article, autres que celles prévues au dernier membre de la première phrase du deuxième alinéa, sont assimilés à des contrats d'échange de taux d'intérêt les contrats conclus de gré à gré destinés à garantir aux parties un taux d'intérêt portant sur un capital de référence, une durée ou une ou plusieurs échéances futures ainsi que ceux destinés à garantir des plafonds ou des planchers de taux d'intérêt.

Un décret fixe les modalités d'application du présent article *(Voir Annexe III, art. 2 E)*.

BIC-V-16100 s. ; MF n° 8010

Art 38 ter Lorsqu'une entreprise de crédit-bail donne en location un fonds de commerce, un fonds artisanal ou l'un de leurs éléments incorporels non amortissables ou des parts sociales ou des actions de sociétés commerciales non négociables sur un marché réglementé dans les conditions prévues au 3 ou au 4 de l'article L 313-7 du code monétaire et financier, les sommes correspondant à la quote-part de loyer prise en compte pour la fixation du prix de vente convenu pour l'acceptation de la promesse unilatérale de vente ne constituent pas un élément de son résultat imposable si le versement de ces sommes fait naître à l'égard du locataire une dette d'égal montant constatée au bilan de l'entreprise de crédit-bail.

Pour la détermination de la plus-value de cession imposable lors de l'acceptation par le locataire de la promesse unilatérale de vente, le prix de vente convenu au contrat est majoré de la quote-part de loyer définie au premier alinéa.

Un décret fixe les modalités d'application de cette disposition, notamment les obligations déclaratives *(Voir Annexe III, art. 38 quindecies E).*

BIC-VII-82200 s. ; MF nº 19365

Art 38 quater Par dérogation aux dispositions de l'article 38, lorsqu'un contrat d'assurance sur la vie a été souscrit auprès d'une compagnie d'assurances par une entreprise sur la tête d'un dirigeant ou d'une personne jouant un rôle déterminant dans le fonctionnement de l'exploitation, le profit qui résulte de l'indemnisation du préjudice économique subi par l'entreprise consécutivement au décès peut être réparti par parts égales sur l'année de sa réalisation et sur les quatre années suivantes. Dans ce cas, l'entreprise échelonne, par parts égales sur les mêmes années, la déduction du montant global des primes qu'elle a acquittées en exécution de ces contrats et qui n'ont pas été précédemment déduites des résultats imposables de l'entreprise.

Les sommes dont l'imposition a été différée en application de l'alinéa précédent sont rapportées au bénéfice imposable de l'exercice de la cession ou de la cessation de l'entreprise.

BIC-V-22580 s. ; MF nº 8075

Art 38 quinquies L'entreposage d'une production agricole par un exploitant soumis à un régime réel d'imposition chez un tiers puis, le cas échéant, sa reprise n'entraînent pas la constatation d'un profit ou d'une perte pour la détermination du résultat imposable, sous réserve que les produits agricoles restent inscrits dans les stocks au bilan de l'exploitant.

Pour l'application du premier alinéa, constitue une convention d'entreposage le contrat par lequel une production agricole fait l'objet d'un dépôt non individualisé dans les magasins d'une entreprise qui est chargée de la stocker, de la transformer ou de réaliser d'autres prestations sur cette production et peut être reprise à l'identique ou à l'équivalent par l'exploitant.

La production agricole entreposée qui ne fait pas l'objet d'une reprise demeure inscrite dans les stocks au bilan de l'exploitant pour sa valeur à la date de clôture de l 'exercice au cours duquel l'entreposage est intervenu, majorée des seuls frais facturés par l'organisme entrepositaire, jusqu'à la date de perception des sommes représentatives de la cession des produits considérés ou des acomptes perçus sur ces sommes.

La production agricole qui fait l'objet d'un entreposage, puis d'une reprise par l'exploitant demeure inscrite dans les stocks au bilan de l'exploitant jusqu'au transfert du contrôle et des avantages économiques futurs attachés à cette production.

(Voir Annexe III, art. 2 F)

BIC-V-2090 s. ; MF nº 15870

Art 38 quinquies A I. Par dérogation aux dispositions du 1 de l'article 38, le résultat imposable de la Banque de France est déterminé sur la base des règles comptables définies en application de l'article L 144-4 du code monétaire et financier et de la convention visée à l'article L 141-2 du même code.

Le résultat imposable de la Banque de France est établi :

1° Après déduction des montants mentionnés au quatrième alinéa de l'article L 612-18 du même code ;

2° Après intégration des montants mentionnés au cinquième alinéa de l'article L 612-18 précité.

II. Pour l'application des dispositions du 2 de l'article 38, les éléments suivants ne sont pas retenus dans la définition de l'actif net de la Banque de France :

1° La réserve de réévaluation des réserves en or de l'Etat et la réserve de réévaluation des réserves en devises de l'Etat définies par la convention visée à l'article L 141-2 du code monétaire et financier ;

2° Les comptes de réévaluation définis par les règles obligatoires de comptabilisation et d'évaluation arrêtées en vue de l'établissement du bilan consolidé du Système européen de banques centrales conformément à l'article 26 du protocole annexé au traité instituant la Communauté européenne sur les statuts du Système européen de banques centrales et de la Banque centrale européenne.

Art 38 sexies Lorsque les ristournes accordées par une société coopérative agricole mentionnée à l'article L 521-1 du code rural et de la pêche maritime à un associé coopérateur prennent la forme de l'attribution de parts sociales de cette société, l'imposition du produit comptabilisé au titre de ces ristournes par cet associé peut, sur option, faire l'objet d'un report d'imposition jusqu'à la date de cession, de transmission ou d'apport des parts ainsi attribuées ou jusqu'à la date de cessation d'activité si celle-ci est antérieure.

Un décret précise les obligations déclaratives nécessaires à l'application du premier alinéa *(Voir Annexe III, art. 2 C bis à 2 C quater).*

IS-IV-2470 ; MF n° 15962 d

Art 38 septies I. Les plus-values réalisées à l'occasion d'échanges de terres agricoles, effectués dans le cadre d'un aménagement foncier rural au sens de l'article L 121-1 du code rural et de la pêche maritime par les sociétés d'aménagement foncier et d'établissement rural et les sociétés dont l'activité principale est de nature agricole, au sens de l'article 63 du présent code, qui sont passibles de l'impôt sur les sociétés peuvent, sur option, faire l'objet d'un report d'imposition jusqu'à l'un des événements mentionnés au II du présent article.

Le ou les biens remis ou reçus en contrepartie des terres agricoles peuvent également être des actions ou parts de sociétés dont l'activité principale est de nature agricole au sens de l'article 63 ou ayant pour objet principal la propriété agricole.

En cas d'échange avec soulte, la plus-value réalisée est, à concurrence du montant de la soulte reçue, comprise dans le bénéfice de l'exercice au cours duquel intervient l'échange.

En cas d'échange de terres contre des actions ou parts de sociétés, la plus-value réalisée, déduction faite de l'éventuelle soulte, afférente à la cession des actions ou parts est comprise dans le bénéfice de l'exercice au cours duquel intervient l'échange à proportion de la valeur au jour de l'échange des éléments de l'actif de la société autres que des terres agricoles sur l'actif total de la société dont les titres sont échangés.

II. Il est mis fin au report d'imposition mentionné au I :

1° En cas de cession des terres reçues en échange ;

2° En cas de cession des actions ou parts reçues en échange ou en cas de cession des terres figurant au jour de l'échange à l'actif de la société concernée par l'échange.

En cas de cession partielle des éléments mentionnés aux 1° ou 2°, la plus-value mise en report est imposable à proportion des actifs cédés.

BA-VII-30150 s. ; MF n° 19460

Art 39 1. Le bénéfice net est établi sous déduction de toutes charges, celles-ci comprenant, sous réserve des dispositions du 5, notamment :

1° Les frais généraux de toute nature, les dépenses de personnel et de main-d'œuvre, le loyer des immeubles dont l'entreprise est locataire.

Toutefois les rémunérations ne sont admises en déduction des résultats que dans la mesure où elles correspondent à un travail effectif et ne sont pas excessives eu égard à l'importance du service rendu. Cette disposition s'applique à toutes les rémunérations directes ou indirectes, y compris les indemnités, allocations, avantages en nature et remboursements de frais ;

Une entreprise mettant à disposition de manière temporaire un salarié dans les conditions prévues à l'article L 8241-3 du code du travail peut déduire les salaires, charges sociales afférentes et frais professionnels remboursés au salarié mis à disposition, même lorsqu'elle ne refacture que partiellement ces coûts à l'entreprise bénéficiaire de la mise à disposition. Le bénéfice de la déduction, pour la part excédant la refacturation, est subordonné au respect du règlement (UE) n° 1407/2013 de la Commission du 18 décembre 2013 relatif à l'application des articles 107 et 108 du traité sur le fonctionnement de l'Union européenne aux aides de minimis ;

BIC-IX-1 s., 31710 s., 51850 s. ; DIR-V-1 s. ; MF nos 8140 s., 8570 s., 23700 s.

1° bis Pour les exercices clos à compter du 31 décembre 1987 et sous réserve des dispositions du 9, l'indemnité de congé payé calculée dans les conditions prévues aux articles L 3141-24 à L 3141-27 du code du travail, y compris les charges sociales et fiscales afférentes à cette indemnité.

Par exception aux dispositions du premier alinéa et sur option irrévocable de l'entreprise, cette indemnité ainsi que les charges sociales et fiscales y afférentes revêtent du point de vue fiscal le caractère d'un salaire de substitution qui constitue une charge normale de l'exercice au cours duquel le salarié prend le congé correspondant. Cette option ne peut pas être exercée par les entreprises créées après le 31 décembre 1986. Elle est exercée avant l'expiration du délai de dépôt de la déclaration des résultats du premier exercice clos à compter du 31 décembre 1987.

Pour les exercices clos avant le 31 décembre 1987, l'indemnité de congé payé calculée dans les conditions prévues aux articles L 3141-24 à L 3141-27 du code du travail revêt du point de vue fiscal le caractère d'un salaire de substitution qui constitue une charge normale de l'exercice au cours duquel le salarié prend le congé correspondant. Pour la détermination des résultats imposables des exercices clos du 1er janvier 1986 au 30 décembre 1987, il en est de même des charges sociales et fiscales afférentes à cette indemnité.

Un décret fixe les modalités d'application de ces dispositions *(Voir Annexe III, art. 49 octies à 49 octies D)* ;

BIC-XII-17250 s. ; MF n° 9885

1° ter Pour les emprunts contractés à compter du 1er janvier 1993, la fraction, courue au cours de l'exercice, de la rémunération égale à la différence entre les sommes ou valeurs à verser, autres que les intérêts, et celles reçues à l'émission, lorsque cette rémunération excède 10 % des sommes initialement mises à la disposition de l'emprunteur.

Cette fraction courue est déterminée de manière actuarielle, selon la méthode des intérêts composés.

Pour les emprunts dont le montant à rembourser est indexé, ces dispositions s'appliquent à la fraction de la rémunération qui est certaine dans son principe et son montant dès l'origine, si cette fraction excède 10 % des sommes initialement mises à la disposition de l'emprunteur. Elles ne sont pas applicables aux emprunts convertibles et à ceux dont le remboursement est à la seule initiative de l'emprunteur ;

BIC-XI-3200 s. ; MF n° 8765

1° quater Sur option irrévocable et globale de l'émetteur pour une période de deux ans, les frais d'émission des emprunts répartis, par fractions égales ou au prorata de la rémunération courue, sur la durée des emprunts émis pendant cette période.

En cas de remboursement anticipé d'un emprunt, de conversion ou d'échange, les frais d'émission non encore déduits sont admis en charge au prorata du capital remboursé, converti ou échangé.

Ces dispositions ne sont pas applicables aux emprunts dont le remboursement est à la seule initiative de l'emprunteur.

Un décret fixe les conditions d'application de ces dispositions, notamment en ce qui concerne les modalités d'option et les obligations déclaratives *(Voir Annexe III, art. 2 D)* ;

BIC-XI-3700 s. ; MF n° 8780

2° Sauf s'ils sont pratiqués par une copropriété de navires, une copropriété de cheval de course ou d'étalon, les amortissements réellement effectués par l'entreprise, dans la limite de ceux qui sont généralement admis d'après les usages de chaque nature d'industrie, de commerce ou d'exploitation et compte tenu des dispositions de l'article 39 A, sous réserve des dispositions de l'article 39 B.

Toutefois, ne sont pas admis en déduction les amortissements des fonds commerciaux *(NDLR L'interdiction générale de déduction de l'amortissement du fonds commercial s'applique pour la détermination des résultats des exercices clos à compter du 31 décembre 2021 pour les entreprises soumises à l'IS ou des exercices clos à compter de 2021 pour celles relevant de l'impôt sur le revenu).*

Par dérogation au deuxième alinéa du présent 2°, sont admis en déduction les amortissements constatés dans la comptabilité des entreprises au titre des fonds commerciaux lorsqu'ils sont acquis à compter du 1er janvier 2022 et jusqu'au 31 décembre 2025. Le présent alinéa ne s'applique pas aux fonds acquis auprès d'une entreprise liée au sens du 12 du présent article ou auprès d'une entreprise, y compris une entreprise individuelle, placée, dans les conditions définies au a du même 12, sous le contrôle de la même personne physique que l'entreprise qui acquiert le fonds.

Ndlr *Les dispositions de la seconde phrase du présent alinéa s'appliquent aux acquisitions de fonds commerciaux intervenues à compter du 18 juillet 2022 (Loi 2022-1157 du 16 août 2022 art. 7, I-1° et II).*

Les décrets en Conseil d'Etat prévus à l'article 273 fixent les conséquences des déductions prévues à l'article 271 sur la comptabilisation et l'amortissement des biens *(Voir Annexe II, art. 15 et 209, II)* ;

BIC-X-1420 s., 6300 s., 27700 s. ; MF nos 9090 s.

3° Les intérêts servis aux associés à raison des sommes qu'ils laissent ou mettent à la disposition de la société, en sus de leur part du capital, quelle que soit la forme de la société, dans la limite de ceux calculés à un taux égal à la moyenne annuelle des taux effectifs moyens pratiqués par les établissements de crédit et les sociétés de financement pour des prêts à taux variable aux entreprises, d'une durée initiale supérieure à deux ans.

Cette déduction est subordonnée à la condition que le capital ait été entièrement libéré.

A compter du 1er janvier 1983, les produits des clauses d'indexation afférentes aux sommes mises ou laissées à la disposition d'une société par ses associés ou ses actionnaires sont assimilés à des intérêts.

La rémunération mentionnée au 1° ter est retenue pour l'appréciation de la limitation prévue au premier alinéa.

La limite prévue au premier alinéa n'est pas applicable aux intérêts afférents aux avances consenties par une société à une autre société lorsque la première possède, au regard de la seconde, la qualité de société mère au sens de l'article 145 et que ces avances proviennent de sommes empruntées par offre au public sur le marché obligataire, à l'exception des offres mentionnées au 1° ou au 2° de l'article L 411-2 du code monétaire et financier ou à l'article

L 411-2-1 du même code, ou par émission de titres de créances mentionnés au premier alinéa de l'article 124 B ; dans ce cas, les intérêts sont déductibles dans la limite des intérêts des ressources ainsi collectées par la société mère pour le compte de sa ou de ses filiales. Ces dispositions sont applicables aux intérêts afférents aux ressources empruntées à compter du 1er janvier 1986. Elles cessent de s'appliquer pour la détermination des résultats imposables des exercices ouverts à compter du 1er janvier 1988.

Les conditions d'application de l'alinéa précédent, notamment les obligations déclaratives des sociétés mentionnées, sont fixées par décret ;

BIC-XI-5000 s. ; MF nos 8810 s., 35860

3° bis *(Abrogé)* ;

4° Sous réserve des dispositions de l'article 153, les impôts à la charge de l'entreprise, mis en recouvrement au cours de l'exercice, à l'exception des impôts prélevés par un Etat ou territoire conformément aux stipulations d'une convention fiscale d'élimination des doubles impositions en matière d'impôt sur les revenus conclue par cet Etat ou territoire avec la France, de l'impôt complémentaire mentionné au deuxième alinéa de l'article 223 VJ, des taxes prévues aux articles 231 ter, 231 quater, 235 ter X, 235 ter ZE bis et 990 G du présent code ainsi qu'au 1° de l'article L 421-94 et à l'article L 425-1 du code des impositions sur les biens et services et, pour les rappels de taxe sur la valeur ajoutée afférents à des opérations au titre desquelles la taxe due peut être totalement ou partiellement déduite par le redevable lui-même, du montant de la taxe déductible.

Par exception aux dispositions du premier alinéa, lorsque, en application du huitième alinéa de l'article 1679 quinquies, un redevable réduit le montant du solde de cotisation foncière des entreprises du montant du dégrèvement attendu du plafonnement de la contribution économique territoriale due au titre de la même année, le montant de la cotisation foncière des entreprises déductible du bénéfice net est réduit dans les mêmes proportions. Corrélativement, le montant du dégrèvement ainsi déduit ne constitue pas un produit imposable, lorsqu'il est accordé ultérieurement ;

BIC-IX-25265 s. ; MF n° 8527

4° bis Le prélèvement opéré au titre de l'article 4 modifié de la loi n° 51-675 du 24 mai 1951, relative à la construction navale, et faisant l'objet d'un ordre de versement émis au cours de l'exercice ;

BIC-IX-26460 ; MF n° 8527

4° ter *(Abrogé)* ;

4° quater *(Abrogé)* ;

5° Les provisions constituées en vue de faire face à des pertes ou charges nettement précisées et que des événements en cours rendent probables, à condition qu'elles aient été effectivement constatées dans les écritures de l'exercice. Toutefois, ne sont pas déductibles les provisions que constitue une entreprise en vue de faire face au versement d'allocations en raison du départ à la retraite ou préretraite des membres ou anciens membres de son personnel, ou de ses mandataires sociaux. Les provisions pour pertes afférentes à des opérations en cours à la clôture d'un exercice ne sont déductibles des résultats de cet exercice qu'à concurrence de la perte qui est égale à l'excédent du coût de revient des travaux exécutés à la clôture du même exercice sur le prix de vente de ces travaux compte tenu des révisions contractuelles certaines à cette date. S'agissant des produits en stock à la clôture d'un exercice, les dépenses non engagées à cette date en vue de leur commercialisation ultérieure ne peuvent, à la date de cette clôture, être retenues pour l'évaluation de ces produits en application des dispositions du 3 de l'article 38, ni faire l'objet d'une provision pour perte.

BIC-VI-8600 s. ;
BIC-XII-1100 s., 18800 s., 28050 s. ;
MF nos 7720, 9660 s., 9895, 9960

La dépréciation des œuvres d'art inscrites à l'actif d'une entreprise peut donner lieu à la constitution d'une provision. Cette dépréciation doit être constatée par un expert agréé près les tribunaux lorsque le coût d'acquisition de l'œuvre est supérieur à 7 600 €.

BIC-XII-11820 s. ; MF n° 9800

Un décret fixe les règles d'après lesquelles des provisions pour fluctuation des cours peuvent être retranchées des bénéfices des entreprises dont l'activité consiste essentiellement à transformer directement des matières premières acquises sur les marchés internationaux ou des matières premières acquises sur le territoire national et dont les prix sont étroitement liés aux variations des cours internationaux *(Ces règles sont fixées à l'Annexe III, art. 3 à 10 septies)*.

BIC-XII-71000 s.

Pour les entreprises dont l'objet principal est de faire subir en France la première transformation au pétrole brut, le montant de la provision pour fluctuation des cours ne peut excéder 69 % de la limite maximale de la provision calculée conformément aux dispositions législatives et réglementaires en vigueur. L'excédent éventuel de la provision antérieurement constituée, par rapport à la nouvelle limite maximale calculée à la clôture du premier exercice auquel elle s'applique, est rapporté au bénéfice imposable de cet exercice. Ces dispositions s'appliquent pour la détermination des résultats des exercices clos à compter du 24 septembre 1975 *(Voir Annexe III, art. 3 à 10 septies)*.

Les dispositions des troisième et quatrième alinéas cessent de s'appliquer pour la détermination des résultats des exercices clos à compter du 31 décembre 1997. Les provisions pour fluctuation des cours inscrites au bilan à l'ouverture du premier exercice clos à compter de cette même date sont rapportées, par fractions égales, aux résultats imposables de ce même exercice et des deux exercices suivants.

Toutefois, les dispositions de la dernière phrase de l'alinéa qui précède ne sont pas applicables au montant des provisions visées à la même phrase qui sont portées, à la clôture du premier exercice clos à compter du 31 décembre 1997, à un compte de réserve spéciale. Les sommes inscrites à cette réserve ne peuvent excéder 9 146 941 €.

Les sommes prélevées sur la réserve mentionnée à l'alinéa précédent sont rapportées aux résultats de l'exercice en cours lors de ce prélèvement. Cette disposition n'est toutefois pas applicable :

a. Si l'entreprise est dissoute ;

b. Si la réserve est incorporée au capital ; en cas de réduction de capital avant la fin de la cinquième année suivant celle au cours de laquelle est intervenue l'incorporation au capital de la réserve, les sommes qui ont été incorporées au capital sont rapportées aux résultats de l'exercice au cours duquel intervient cette réduction. Le montant de la reprise est, s'il y a lieu, limité au montant de cette réduction ;

c. En cas d'imputation de pertes sur la réserve spéciale, les pertes ainsi annulées cessent d'être reportables.

BIC-XII-71500 s. ; MF nº 10035

Sous réserve des dispositions prévues au quatorzième alinéa, les entreprises peuvent, d'autre part, en ce qui concerne les variations de prix postérieures au 30 juin 1959, pratiquer en franchise d'impôt une provision pour hausse des prix lorsque, pour une matière ou un produit donné, il est constaté, au cours d'une période ne pouvant excéder deux exercices successifs clos postérieurement à cette date, une hausse de prix supérieure à 10 %. Le montant de la dotation à cette provision ne peut excéder 15 millions d'euros par période de douze mois, au titre de chaque exercice, majoré le cas échéant d'une fraction égale à 10 % de la dotation à cette provision déterminée dans les conditions prévues à la phrase précédente. Toutefois, pour les entreprises dont la durée moyenne de rotation des stocks, pondérée par matières et produits, est supérieure à un an, le plafond fixé à la phrase précédente est multiplié par cette durée moyenne, exprimée en mois, divisée par douze.

La provision pratiquée à la clôture d'un exercice en application de l'alinéa précédent est rapportée de plein droit aux bénéfices imposables de l'exercice en cours à l'expiration de la sixième année suivant la date de cette clôture. Toutefois, la réintégration dans les bénéfices pourra être effectuée après la sixième année dans les secteurs professionnels où la durée normale de rotation des stocks est supérieure à trois ans. Dans ce dernier cas, les entreprises effectueront la réintégration dans un délai double de celui de la rotation normale des stocks.

Un décret fixe les modalités d'application des deux alinéas qui précèdent *(Voir Annexe III, art. 10 nonies à 10 terdecies)*.

Les matières, produits ou approvisionnements existant en stock à la clôture de chaque exercice et qui peuvent donner lieu à la constitution de la provision pour fluctuation des cours prévue au troisième alinéa n'ouvrent pas droit à la provision pour hausse des prix.

BIC-XII-47000 s. ; MF nos 10000 s.

Les provisions qui, en tout ou en partie, reçoivent un emploi non conforme à leur destination ou deviennent sans objet au cours d'un exercice ultérieur sont rapportées aux résultats dudit exercice. Lorsque le rapport n'a pas été effectué par l'entreprise elle-même, l'administration peut procéder aux rectifications nécessaires dès qu'elle constate que les provisions sont devenues sans objet. Par dérogation, la provision constituée à raison d'un fonds commercial dont l'amortissement est admis en déduction en application du troisième alinéa du 2º du 1 du présent article est rapportée aux résultats imposables de chacun des exercices suivant celui au titre duquel elle a été déduite, pour un montant égal à la différence entre l'amortissement qui aurait été pratiqué si la provision n'avait pas été comptabilisée et l'amortissement effectivement comptabilisé à la clôture de l'exercice.

BIC-XII-3500 s. ; MF nº 9755

Par dérogation aux dispositions des premier et quinzième alinéas, la provision pour dépréciation qui résulte éventuellement de l'estimation du portefeuille est soumise au régime fiscal des moins-values à long terme défini au 2 du I de l'article 39 quindecies ; si elle devient ultérieurement sans objet, elle est comprise dans les plus-values à long terme de l'exercice, visées au 1 du I de l'article 39 quindecies. La provision pour dépréciation constituée antérieurement, le cas échéant, sur des titres financiers prêtés n'est pas réintégrée ; elle doit figurer sur une ligne distincte au bilan et demeurer inchangée jusqu'à la restitution de ces titres.

Toutefois, pour les exercices ouverts à partir du 1er janvier 1974, les titres de participation ne peuvent faire l'objet d'une provision que s'il est justifié d'une dépréciation réelle par rapport au prix de revient. Pour l'application de la phrase précédente, constituent des titres de participation les parts ou actions de sociétés revêtant ce caractère sur le plan comptable. Il en va de même des actions acquises en exécution d'une offre publique d'achat ou d'échange par l'entreprise qui en est l'initiatrice ainsi que des titres ouvrant droit au régime des sociétés mères à condition de détenir au moins 5 % des droits de vote de la société émettrice, si ces actions ou titres sont inscrits en comptabilité au compte de titres de participation ou à une subdivision spéciale d'un autre compte du bilan correspondant à leur qualification comptable.

Les provisions pour dépréciation, en ce qui concerne les titres et actions susvisés, précédemment comptabilisées seront rapportées aux résultats des exercices ultérieurs à concurrence du montant des provisions de même nature constituées à la clôture de chacun de ces exercices ou, le cas échéant, aux résultats de l'exercice de cession.

BIC-VII-31730 s. ; MF nos 18390, 18985 s.

Toutefois, les dotations aux provisions pour dépréciation comptabilisées au titre de l'exercice sur l'ensemble des titres de participation définis au dix-septième alinéa ne sont pas déductibles à hauteur du montant des plus-values latentes existant à la clôture du même exercice sur les titres appartenant à cet ensemble. Pour l'application des dispositions de la phrase précédente, les plus-values latentes, qui s'entendent de la différence existant entre la valeur réelle de ces titres à la clôture de l'exercice et leur prix de revient corrigé des plus ou moins-values en sursis d'imposition sur ces mêmes titres, sont minorées du montant des provisions non admises en déduction au titre des exercices précédents en application de la même phrase et non encore rapportées au résultat à la clôture de l'exercice. Le montant des dotations ainsi non admis en déduction est affecté à chaque titre de participation provisionné à proportion des dotations de l'exercice comptabilisées sur ce titre. Le présent alinéa s'applique aux seuls titres de sociétés à prépondérance immobilière définies au a sexies-0 bis du I de l'article 219 pour la détermination des résultats des exercices ouverts à compter du 1er janvier 2007.

BIC-VII-34000 s. ; MF no 18900

Les dotations aux provisions non admises en déduction au titre d'un exercice et affectées à un titre de participation en application de l'alinéa précédent viennent minorer le montant des provisions pour dépréciation sur ce titre rapporté au résultat des exercices ultérieurs *(Voir Annexe III, art. 10 quaterdecies)*.

La dépréciation de titres prêtés dans les conditions prévues à l'article L 211-22 du code monétaire et financier ne peut donner lieu, de la part du prêteur ou de l'emprunteur, à la constitution d'une provision. De même le prêteur ne peut constituer de provision pour dépréciation de la créance représentative de ces titres.

BIC-VII-52340 s. ; MF nos 18985 s.

La dépréciation des titres financiers qui sont l'objet d'une pension dans les conditions prévues par les articles L 211-27 à L 211-34 du code monétaire et financier, ne peut donner lieu, de la part du cessionnaire, à la constitution d'une provision déductible sur le plan fiscal.

BIC-VII-53020 ; MF no 19080

La dépréciation des titres qui font l'objet d'une remise en garantie dans les conditions prévues à l'article 38 bis-0 A bis ne peut donner lieu à la constitution d'une provision déductible sur le plan fiscal. De même, le constituant ne peut déduire de provision pour dépréciation de la créance représentative de ces titres.

BIC-VII-53500 s., 53770 s. ; MF nos 18985 s.

Par exception aux dispositions du seizième alinéa, la provision éventuellement constituée par une entreprise en vue de faire face à la dépréciation d'une participation dans une filiale implantée à l'étranger n'est admise sur le plan fiscal que pour la fraction de son montant qui excède les sommes déduites en application des dispositions de l'article 39 octies A et non rapportées au résultat de l'entreprise. Cette disposition s'applique pour la détermination des résultats des exercices ouverts à compter du 1er janvier 1988.

Les dispositions de l'alinéa précédent sont également applicables à la fraction du montant de la provision pour dépréciation mentionnée à cet alinéa, qui excède les sommes déduites en application de l'article 39 octies D ; cette disposition s'applique pour la détermination des résultats des exercices ouverts à compter du 1er janvier 1992.

BIC-XII-68200 s.

La provision éventuellement constituée en vue de faire face à la dépréciation d'éléments d'actif non amortissables reçus lors d'une opération placée sous l'un des régimes prévus aux articles mentionnés au II de l'article 54 septies ou réévalués dans les conditions prévues à l'article 238 bis JB, est déterminée par référence à la valeur fiscale des actifs auxquels les éléments reçus se sont substitués ou à celle des actifs réévalués.

BIC-XII-11600 s., 11720 s. ; MF n° 9800

La provision constituée par l'entreprise en vue de faire face à l'obligation de renouveler un bien amortissable dont elle assure l'exploitation est déductible, à la clôture de l'exercice, dans la limite de la différence entre le coût estimé de remplacement de ce bien à la clôture du même exercice et son prix de revient initial affectée d'un coefficient progressif. Ce coefficient est égal au quotient du nombre d'années d'utilisation du bien depuis sa mise en service sur sa durée totale d'utilisation.

Les dotations à la provision visée au vingt-septième alinéa ne sont pas déductibles si elles sont passées après l'expiration du plan de renouvellement en vigueur au 15 septembre 1997 ou, pour les biens mis en service après cette date, après l'expiration du plan initial de renouvellement.

La fraction de la provision pour renouvellement régulièrement constituée, figurant au bilan du dernier exercice clos avant le 31 décembre 1997 et qui, à la clôture des exercices suivants, est supérieure au montant déterminé en application des vingt-septième et vingt-huitième alinéas et n'a pas été utilisée, n'est pas rapportée au résultat de ces exercices, sous réserve des dispositions du quinzième alinéa.

Lorsque le bien à renouveler ne fait pas l'objet de dotations aux amortissements déductibles pour la détermination du résultat imposable de l'entreprise, le prix de revient initial du bien est retenu pour une valeur nulle.

Dans l'hypothèse où cette obligation de renouvellement est mise à la charge d'un tiers, les dispositions des vingt-septième à trentième alinéas sont applicables à celui-ci.

BIC-XII-21150 s. ; MF n°s 9910 s.

Les provisions pour indemnités de licenciement constituées en vue de faire face aux charges liées aux licenciements pour motif économique ne sont pas déductibles des résultats des exercices clos à compter du 15 octobre 1997. Les provisions pour indemnités de licenciement constituées à cet effet et inscrites au bilan à l'ouverture du premier exercice clos à compter du 15 octobre 1997 sont rapportées aux résultats imposables de cet exercice.

BIC-XII-18300 s. ; MF n° 9890

Les provisions constituées en vue de faire face au risque de change afférent aux prêts soumis, sur option, aux dispositions prévues au quatrième alinéa du 4 de l'article 38 ne sont pas déductibles du résultat imposable.

BIC-IV-30725 ; MF n° 7370

Les dotations aux provisions pour dépréciation comptabilisées au titre de l'exercice sur l'ensemble des immeubles de placement ne sont pas déductibles à hauteur du montant des plus-values latentes sur ces mêmes immeubles existant à la clôture du même exercice. Pour l'application de cette disposition, constituent des immeubles de placement les biens immobiliers inscrits à l'actif immobilisé et non affectés par l'entreprise à sa propre exploitation industrielle, commerciale ou agricole ou à l'exercice d'une profession non commerciale, à l'exclusion des biens mis à la disposition ou donnés en location à titre principal à des entreprises liées au sens du 12 de l'article 39 affectant ce bien à leur propre exploitation. Pour l'application des dispositions de la première phrase, les plus-values latentes, qui s'entendent de la différence existant entre la valeur réelle de ces immeubles à la clôture de l'exercice et leur prix de revient corrigé des plus ou moins-values en sursis d'imposition sur les immeubles appartenant à cet ensemble, sont minorées du montant des provisions non admises en déduction au titre des exercices précédents en application de la même phrase et non encore rapportées au résultat à la clôture de l'exercice.

Le montant total des dotations aux provisions non admises en déduction au titre de l'exercice en application de l'alinéa précédent vient minorer le montant total des provisions pour dépréciation des immeubles de placement rapporté au résultat des exercices ultérieurs *(Voir Annexe III, art. 10 quaterdecies)* ;

BIC-XII-10650 s.

6° La contribution sociale de solidarité mentionnée à l'article L 137-30 du code de la sécurité sociale *(NDLR Article reproduit dans la partie Autres textes du présent code)* et la taxe d'aide au commerce et à l'artisanat issue de l'article 3 modifié de la loi n° 72-657 du 13 juillet 1972 instituant des mesures en faveur de certaines catégories de commerçants et artisans âgés ;

BIC-IX-26300 s. ; BIC-XII-16030 s. ; MF n°s 8527, 9860 précision e

6° bis La taxe sur les vidéogrammes mentionnée à l'article L 452-28 du code des impositions sur les biens et services, la taxe sur les services d'accès à des contenus audiovisuels à la demande mentionnée à l'article L 453-25 du même code et la taxe sur la publicité diffusée au moyen de services de contenus audiovisuels à la demande mentionnée à l'article L 454-16 du même code ;

BIC-IX-26325

7° Les dépenses engagées dans le cadre de manifestations de caractère philanthropique, éducatif, scientifique, social, humanitaire, sportif, familial, culturel ou concourant à la mise en valeur du patrimoine artistique, à la défense de l'environnement naturel ou à la diffusion de la culture, de la langue et des connaissances scientifiques françaises, lorsqu'elles sont exposées dans l'intérêt direct de l'exploitation ;

BIC-IX-20300 s. ; MF nº 8455

8° Les abandons de créances à caractère commercial consentis ou supportés dans le cadre d'un plan de sauvegarde ou de redressement ainsi que ceux consentis en application d'un accord constaté ou homologué dans les conditions prévues à l'article L 611-8 du code de commerce *(NDLR L'extension du présent alinéa aux abandons de créances consentis dans le cadre d'une procédure de conciliation s'applique aux abandons de créances consentis à compter du 1er janvier 2021)* ;

MF nº 8945

9° *(Abrogé).*

MF nº 8920

2. Les sanctions pécuniaires et pénalités de toute nature mises à la charge des contrevenants à des obligations légales ne sont pas admises en déduction des bénéfices soumis à l'impôt.

Il en est de même du versement libératoire prévu à l'article L 221-4 du code de l'énergie.

BIC-IX-61400 s. ; MF nº 8905

2 bis. A compter de l'entrée en vigueur sur le territoire de la République de la convention sur la lutte contre la corruption d'agents publics étrangers dans les transactions commerciales internationales *(NDLR Soit le 29 septembre 2000)*, les sommes versées ou les avantages octroyés, directement ou par des intermédiaires, au profit d'un agent public au sens du 4 de l'article 1er de ladite convention ou d'un tiers pour que cet agent agisse ou s'abstienne d'agir dans l'exécution de fonctions officielles, en vue d'obtenir ou conserver un marché ou un autre avantage indu dans des transactions commerciales internationales, ne sont pas admis en déduction des bénéfices soumis à l'impôt *(Voir la convention publiée en annexe au décret nº 2000-948 du 28 septembre 2000, JO du 29 et notamment son article 15).*

BIC-IX-19150 s. ; MF nº 8440 précision d

3. Les allocations forfaitaires qu'une société attribue à ses dirigeants ou aux cadres de son entreprise pour frais de représentation et de déplacement sont exclues de ses charges déductibles pour l'assiette de l'impôt lorsque parmi ces charges figurent déjà les frais habituels de cette nature remboursés aux intéressés.

Pour l'application de cette disposition, les dirigeants s'entendent, dans les sociétés de personnes et les sociétés en participation qui n'ont pas opté pour le régime fiscal des sociétés de capitaux, des associés en nom et des membres de ces sociétés.

DIR-V-1420 s. ; MF nº 23730

4. Qu'elles soient supportées directement par l'entreprise ou sous forme d'allocations forfaitaires ou de remboursements de frais, sont exclues des charges déductibles pour l'établissement de l'impôt, d'une part, les dépenses et charges de toute nature ayant trait à l'exercice de la chasse ainsi qu'à l'exercice non professionnel de la pêche et, d'autre part, les charges, à l'exception de celles ayant un caractère social, résultant de l'achat, de la location ou de toute autre opération faite en vue d'obtenir la disposition de résidences de plaisance ou d'agrément, ainsi que de l'entretien de ces résidences ; les dépenses et charges ainsi définies comprennent notamment les amortissements.

Sauf justifications, les dispositions du premier alinéa sont applicables :

1° A l'amortissement des véhicules de tourisme au sens de l'article L 421-2 du code des impositions sur les biens et services pour la fraction de leur prix d'acquisition qui dépasse 18 300 € :

a. Pour les véhicules immatriculés en recourant à la méthode de détermination des émissions de dioxyde de carbone dite WLTP au sens de l'article L 421-6 du code des impositions sur les biens et services la somme mentionnée au premier alinéa du présent 1° est de :

30 000 € si leurs émissions de dioxyde de carbone sont inférieures à 20 grammes par kilomètre ;

20 300 € si leurs émissions de dioxyde de carbone sont supérieures ou égales à 20 grammes et inférieures à 50 grammes par kilomètre ;

9 900 € si leurs émissions de dioxyde de carbone sont supérieures à 165 grammes pour ceux acquis avant le 1er janvier 2021 et à 160 grammes pour ceux acquis à compter de cette date.

Ndlr *Les dispositions du présent a s'appliquent aux exercices clos à compter du 1er mars 2020.*

b. Pour les autres véhicules, la somme mentionnée au premier alinéa du présent 1° est de 30 000 € si les émissions sont inférieures à

20 grammes par kilomètre et de 20 300 € si les émissions de dioxyde de carbone sont supérieures ou égales à 20 grammes et inférieures à 60 grammes par kilomètre.

Elle est ramenée à 9 900 € lorsque les émissions de dioxyde de carbone sont supérieures à :

155 grammes par kilomètre, pour ceux acquis entre le 1er janvier 2017 et le 31 décembre 2017 ;

150 grammes par kilomètre, pour ceux acquis entre le 1er janvier 2018 et le 31 décembre 2018 ;

140 grammes par kilomètre, pour ceux acquis entre le 1er janvier 2019 et le 31 décembre 2019 ;

135 grammes par kilomètre, pour ceux acquis entre le 1er janvier 2020 et le 31 décembre 2020 ;

130 grammes par kilomètre, pour ceux acquis à compter du 1er janvier 2021 ;

BIC-IX-40450 s.

2° En cas d'opérations de crédit-bail ou de location, à l'exception des locations de courte durée n'excédant pas trois mois non renouvelables, portant sur des véhicules de tourisme au sens de l'article L 421-2 du code des impositions sur les biens et services, à la part du loyer supportée par le locataire et correspondant à l'amortissement pratiqué par le bailleur pour la fraction du prix d'acquisition du véhicule qui excède les limites déterminées conformément au a ;

3° Aux dépenses de toute nature résultant de l'achat, de la location ou de toute autre opération faite en vue d'obtenir la disposition de yachts ou de bateaux de plaisance à voile ou à moteur ainsi que de leur entretien ; les amortissements sont regardés comme faisant partie de ces dépenses.

La fraction de l'amortissement des véhicules de tourisme au sens de l'article L 421-2 du code des impositions sur les biens et services exclue des charges déductibles par les limitations ci-dessus est néanmoins retenue pour la détermination des plus-values ou moins-values résultant de la vente ultérieure des véhicules ainsi amortis.

Les dispositions du premier alinéa ne sont pas applicables aux charges exposées pour les besoins de l'exploitation et résultant de l'achat, de la location ou de l'entretien des demeures historiques classées ou inscrites au titre des monuments historiques, des résidences servant d'adresse ou de siège de l'entreprise en application des articles L 123-10 et L 123-11-1 du code de commerce, ou des résidences faisant partie intégrante d'un établissement de production et servant à l'accueil de la clientèle.

BIC-IX-40000 s. ; MF nos 9000 s.

5. Sont également déductibles les dépenses suivantes :

a. Les rémunérations directes et indirectes, y compris les remboursements de frais versés aux personnes les mieux rémunérées ;

b. Les frais de voyage et de déplacements exposés par ces personnes ;

c. Les dépenses et charges afférentes aux véhicules et autres biens dont elles peuvent disposer en dehors des locaux professionnels ;

d. Les dépenses et charges de toute nature afférentes aux immeubles qui ne sont pas affectés à l'exploitation ;

e. Les cadeaux de toute nature, à l'exception des objets de faible valeur conçus spécialement pour la publicité ;

f. Les frais de réception, y compris les frais de restaurant et de spectacles.

Pour l'application de ces dispositions, les personnes les mieux rémunérées s'entendent, suivant que l'effectif du personnel excède ou non 200 salariés, des dix ou des cinq personnes dont les rémunérations directes ou indirectes ont été les plus importantes au cours de l'exercice.

Les dépenses ci-dessus énumérées peuvent également être réintégrées dans les bénéfices imposables dans la mesure où elles sont excessives et où la preuve n'a pas été apportée qu'elles ont été engagées dans l'intérêt direct de l'entreprise.

Lorsqu'elles augmentent dans une proportion supérieure à celle des bénéfices imposables ou que leur montant excède celui de ces bénéfices, l'administration peut demander à l'entreprise de justifier qu'elles sont nécessitées par sa gestion *(Voir Annexe II, art. 34 et 35 et également LPF, art. L 59 A, I-3°).*

RIE-III-6310 s. ; MF nos 9050 s.

5 bis. Les rémunérations différées visées au 4° de l'article L 22-10-9 du code de commerce sont admises en déduction du bénéfice net dans la limite de trois fois le plafond annuel de la sécurité sociale par bénéficiaire.

BIC-IX-30200 s. ; MF n° 8585

6. *(Dispositions périmées).*

7. Les dépenses exposées pour la tenue de la comptabilité et, éventuellement, pour l'adhésion à un centre de gestion agréé ne sont pas prises en compte pour la détermination du résultat imposable lorsqu'elles sont supportées par l'Etat du fait de la réduction d'impôt mentionnée à l'article 199 quater B.

DC-II-13160 ; MF n° 87995

8. Si un fonds de commerce, un fonds artisanal ou l'un de leurs éléments incorporels non amortissables ou des parts sociales ou des actions de sociétés commerciales non négociables sur un marché réglementé sont loués dans les conditions prévues au 3 ou au 4 de l'article L 313-7 du code monétaire et financier, la quote-part de loyer prise en compte pour la fixation du prix de vente convenu pour l'acceptation de la promesse unilatérale de vente n'est pas déductible pour l'assiette de l'impôt sur les bénéfices dû par le locataire. Elle doit être indiquée distinctement dans le contrat de crédit-bail.

Un décret fixe les modalités d'application de ces dispositions, notamment les obligations déclaratives *(Voir Annexe III, art. 38 quindecies E)*.

BIC-VII-82200 s. ; MF n° 19365

9. L'indemnité de congé payé correspondant aux droits acquis durant la période neutralisée définie ci-après, calculée dans les conditions prévues aux articles L 3141-24 à L 3141-27 du code du travail, n'est pas déductible. Cette période neutralisée est celle qui est retenue pour le calcul de l'indemnité afférente aux droits acquis et non utilisés à l'ouverture du premier exercice clos à compter du 31 décembre 1987 ; sa durée ne peut être inférieure à celle de la période d'acquisition des droits à congé payé non utilisés à la clôture de cet exercice. L'indemnité correspondant à ces derniers droits est considérée comme déduite du point de vue fiscal.

Ces dispositions s'appliquent aux charges sociales et fiscales attachées à ces indemnités.

Un décret fixe les modalités d'application du présent 9 *(Voir Annexe III, art. 49 octies à 49 octies D)*.

10. Si un immeuble est loué dans les conditions prévues au 2 de l'article L 313-7 du code monétaire et financier, la quote-part de loyers prise en compte pour la détermination du prix de cession de l'immeuble à l'issue du contrat et se rapportant à des éléments non amortissables n'est pas déductible du résultat imposable du crédit-preneur.

Toutefois, pour les opérations concernant les immeubles achevés après le 31 décembre 1995 et affectés à titre principal à usage de bureaux entrant dans le champ d'application de la taxe prévue à l'article 231 ter, autres que ceux situés dans les zones d'aide à finalité régionale *(pour les contrats conclus à compter du 1er janvier 2007)* et dans les zones de redynamisation urbaine définies au A du 3 de l'article 42 de la loi n° 95-115 du 4 février 1995 d'orientation pour l'aménagement et le développement du territoire, la quote-part de loyer prise en compte pour la détermination du prix de cession de l'immeuble à l'issue du contrat n'est déductible du résultat imposable du crédit-preneur que dans la limite des frais d'acquisition de l'immeuble et de l'amortissement que le crédit-preneur aurait pu pratiquer s'il avait été propriétaire du bien objet du contrat.

(Pour les zones d'aide à finalité régionale, voir le décret 2022-968 du 30 juin 2022)

Pour l'application du premier alinéa, le loyer est réputé affecté au financement des différents éléments dans l'ordre suivant :

a. D'abord aux frais supportés par le crédit-bailleur lors de l'acquisition de l'immeuble ;

b. Ensuite aux éléments amortissables ;

c. Enfin aux éléments non amortissables.

Pour l'application des premier et deuxième alinéas, le prix convenu pour la cession de l'immeuble à l'issue du contrat est réputé affecté en priorité au prix de vente des éléments non amortissables.

Lorsque le bien n'est pas acquis à l'issue du contrat ou lorsque le contrat de crédit-bail est résilié, les quotes-parts de loyers non déductibles prévues aux premier et deuxième alinéas sont admises en déduction du résultat imposable.

Lorsque le contrat de crédit-bail est cédé, les quotes-parts de loyers non déductibles sont considérées comme un élément du prix de revient du contrat pour le calcul de la plus-value dans les conditions de l'article 39 duodecies A.

(Voir aussi Annexe III, art. 38 quindecies I et 38 quindecies K)

BIC-VII-77810 s. ; MF n° 19340

11. *(Périmé)*.

12. Des liens de dépendance sont réputés exister entre deux entreprises :

a. Lorsque l'une détient directement ou par personne interposée la majorité du capital social de l'autre ou y exerce en fait le pouvoir de décision ;

b. Lorsqu'elles sont placées l'une et l'autre, dans les conditions définies au a, sous le contrôle d'une même tierce entreprise.

BIC-VIII-3050 s.

12 bis. *(Abrogé pour les exercices ouverts à compter du 1er janvier 2019)*.

12 ter. Les redevances de concession de licences d'exploitation de droits de la propriété intellectuelle versées à une entreprise liée au sens du 12 qui n'est pas, au titre de l'exercice en cours, soumise à raison de ces mêmes redevances à un impôt sur le revenu ou sur les bénéfices dont le taux effectif est au moins égal à 25 % sont exclues des charges déductibles pour l'établissement de l'impôt à hauteur d'une fraction de leur montant. Cette fraction est égale au produit du montant des redevances par le rapport entre, au numérateur, la différence entre 25 % et le taux effectif d'imposition auquel ont été soumises les redevances et, au dénominateur, 25 %.

Lorsque les redevances mentionnées au premier alinéa du présent 12 ter sont versées à une entreprise qui a pris en concession, directement ou par l'intermédiaire d'entreprises liées au sens du 12, les droits mentionnés au premier alinéa du présent 12 ter auprès d'une entreprise à laquelle elle est liée au sens du 12, les conditions de déductibilité de ces redevances sont appréciées au regard de leur taux effectif d'imposition constaté au niveau de cette dernière entreprise.

Les deux premiers alinéas du présent 12 ter s'appliquent lorsque l'entreprise au niveau de laquelle est apprécié le taux d'imposition effectif des redevances :

1° Est établie dans un Etat qui n'est ni membre de l'Union européenne, ni partie à l'accord sur l'Espace économique européen ;

2° Et bénéficie, au titre des redevances mentionnées au premier alinéa, d'un régime fiscal considéré comme dommageable par l'Organisation de coopération et de développement économiques.

BIC-VIII-3000 s. ; MF n° 10435

13. Sont exclues des charges déductibles pour l'établissement de l'impôt les aides de toute nature consenties à une autre entreprise, à l'exception des aides à caractère commercial.

Le premier alinéa ne s'applique pas aux aides consenties en application d'un accord constaté ou homologué dans les conditions prévues à l'article L 611-8 du code de commerce ni aux aides consenties aux entreprises pour lesquelles une procédure de sauvegarde, de redressement judiciaire ou de liquidation judiciaire est ouverte.

Les aides mentionnées au deuxième alinéa qui ne revêtent pas un caractère commercial sont déductibles à hauteur de la situation nette négative de l'entreprise qui en bénéficie et, pour le montant excédant cette situation nette négative, à proportion des participations détenues par d'autres personnes que l'entreprise qui consent les aides.

BIC-IX-56100 s. ; MF n°s 8920 s.

Loi de finances pour 1987 n° 86-1317 du 30 décembre 1986

Art 7-II, 2e à 5e al. *Si la charge déduite des résultats imposables du premier exercice clos à compter du 31 décembre 1987 au titre des droits effectivement utilisés par les salariés durant ce même exercice est inférieure à l'indemnité correspondant à la période neutralisée (...), la différence est réintégrée aux résultats imposables de cet exercice.*

(...) si l'indemnité correspondant aux droits acquis et non utilisés à la clôture du premier exercice arrêté à compter du 31 décembre 1987 est inférieure à l'indemnité afférente à la période neutralisée, la différence constitue une charge déductible de cet exercice pour la fraction qui correspond aux droits acquis au cours de la période neutralisée par les salariés licenciés durant le même exercice et qui ont bénéficié de l'indemnité minimum de licenciement prévue à l'article L 122-9 du code du travail (NDLR Article repris sous l'article L 1234-9 du même code). Cette disposition s'applique aux entreprises dont l'exercice social a une durée de douze mois et qui n'ont pas contrevenu aux dispositions de l'article L 64 du livre des procédures fiscales.

Si un ou plusieurs exercices clos entre le 14 septembre 1986 et le 31 décembre 1987 ou si le premier exercice clos à compter de cette dernière date ont une durée différente de douze mois, l'entreprise doit, à la clôture de ce dernier exercice, réintégrer aux résultats imposables de chacun des exercices concernés les indemnités de congé payé déduites au titre des droits acquis au cours de la période du 1er juin 1984 au 31 mai 1987, dans la mesure où les sommes ainsi déduites correspondent à des droits calculés sur une durée supérieure à celle de l'exercice de déduction. Les sommes réintégrées ne sont pas déductibles des résultats imposables des exercices ultérieurs.

Ces dispositions s'appliquent aux charges sociales et fiscales attachées à ces indemnités.

BIC-XII-17250 s.

Décret n° 87-1029 du 22 décembre 1987

Art 6 *Les réintégrations effectuées par les entreprises en application du quatrième alinéa du II de l'article 7 de la loi de finances pour 1987 font l'objet de déclarations rectificatives qui doivent être souscrites avant l'expiration du délai de déclaration des résultats du premier exercice clos à compter du 31 décembre 1987.*

Art 39 A

1. L'amortissement des biens d'équipement, autres que les immeubles d'habitation, les chantiers et les locaux servant à l'exercice de la profession, acquis ou fabriqués à compter du 1er janvier 1960 par les entreprises industrielles, peut être calculé suivant un système d'amortissement dégressif, compte tenu de la durée d'amortissement en usage dans chaque nature d'industrie. Un décret en Conseil d'Etat fixe les modalités de l'amortissement dégressif *(Voir Annexe II, art. 15 bis et 22 à 25).*

Les taux d'amortissement dégressif sont obtenus en multipliant les taux d'amortissement linéaire par un coefficient fixé à :

a. 1,25 lorsque la durée normale d'utilisation est de trois ou quatre ans ;

b. 1,75 lorsque cette durée normale est de cinq ou six ans ;

c. 2,25 lorsque cette durée normale est supérieure à six ans.

> **Ndlr** *Ces coefficients ont été portés respectivement à 1,75, 2,25 et 2,75 pour le calcul du taux d'amortissement des biens acquis ou fabriqués entre le 4 décembre 2008 et le 31 décembre 2009.*

BIC-X-25100 s.

L'amortissement dégressif s'applique annuellement, dans la limite des plafonds, à la valeur résiduelle du bien à amortir.

Ces modalités d'amortissement correspondent à une utilisation quotidienne traditionnelle quant à la durée ; dans le cas d'utilisation continue des matériels considérés, les taux d'amortissement sont majorés.

2. Les dispositions du 1 sont applicables dans les mêmes conditions :

1° Aux investissements hôteliers, meubles et immeubles ;

2° Aux bâtiments industriels dont la durée normale d'utilisation n'excède pas quinze années et dont la construction est achevée postérieurement à la date de la publication de la loi n° 62-873 du 31 juillet 1962 *(NDLR Texte ayant institué la présente disposition)* ;

3° Aux satellites de communication ;

4° Aux immeubles destinés à titre exclusif à accueillir des expositions et des congrès et aux équipements affectés à ces mêmes immeubles.

3. *(Disposition périmée).*

4. *(Transféré sous l'article 39 AA).*

BIC-X-21400 s. ; MF n°s 9320 s.

Art 39 AA Les coefficients utilisés pour le calcul de l'amortissement dégressif sont portés respectivement à 2, 2,5 et 3 selon que la durée normale d'utilisation des matériels est de trois ou quatre ans, de cinq ou six ans, ou supérieure à six ans en ce qui concerne :

1° *(Disposition périmée)* ;

2° a. Les matériels destinés à économiser l'énergie et les équipements de production d'énergies renouvelables acquis ou fabriqués par les entreprises à compter du 1er janvier 1977 qui figurent sur une liste établie par arrêté conjoint du ministre du budget et du ministre chargé de l'industrie *(Voir Annexe IV, art. 02)* ;

b. *(Disposition périmée)* ;

3° *(Disposition périmée).*

Les dispositions prévues au a du 2° ne s'appliquent pas aux biens dont la commande a donné lieu au bénéfice de l'aide fiscale instituée par les lois n° 75-408 du 29 mai 1975 et n° 75-853 du 13 septembre 1975.

Les dispositions prévues au 2° ne s'appliquent pas pour les matériels acquis ou fabriqués à compter du 1er janvier 1991.

Par dérogation aux dispositions du septième alinéa, les dispositions de cet article s'appliquent aux matériels mentionnés au a du 2° acquis ou fabriqués entre le 1er janvier 2001 et le 1er janvier 2003.

BIC-X-26050 s. ; MF n° 9360

Art 39 AA quater Les taux d'amortissement dégressif définis au 1 de l'article 39 A sont majorés de 30 % pour les matériels de production, de sciage et de valorisation des produits forestiers, acquis ou fabriqués entre le 13 novembre 2013 et le 31 décembre 2016 par les entreprises de première transformation du bois.

Pour l'application du premier alinéa, les entreprises de première transformation du bois s'entendent des entreprises dont l'activité principale consiste à fabriquer à partir de grumes des produits intermédiaires.

Le bénéfice de cette majoration du taux d'amortissement dégressif est subordonné au respect du règlement (UE) n° 1407/2013 de la Commission, du 18 décembre 2013, relatif à l'application des articles 107 et 108 du traité sur le fonctionnement de l'Union européenne aux aides de minimis.

BIC-X-25830 s.

Art 39 AA quinquies Les coefficients utilisés pour le calcul de l'amortissement dégressif des matériels et outillages utilisés à des opérations de recherche scientifique et technique mentionnées au a du II de l'article 244 quater B sont portés respectivement à 1,5, 2 et 2,5 selon que la durée normale d'utilisation de ces biens est de trois ou quatre ans, cinq ou six ans ou supérieure à six ans.

BIC-X-25720 s.

Art 39 AB Les matériels destinés à économiser l'énergie et les équipements de production d'énergies renouvelables qui figurent sur une liste établie par arrêté conjoint du ministre du budget et du ministre de l'industrie, acquis ou fabriqués avant le 1er janvier 2011, peuvent faire l'objet d'un amortissement exceptionnel sur douze mois à compter de leur mise en service *(Voir Annexe IV, art. 02).*

BIC-X-61100 s.

Art 39 AH Les manipulateurs multi-applications reprogrammables commandés automatiquement, programmables dans trois axes ou plus, qui sont fixés ou mobiles et destinés à une utilisation dans des applications industrielles d'automation, acquis ou créés entre le 1er octobre 2013 et le 31 décembre 2016, peuvent faire l'objet d'un amortissement exceptionnel sur vingt-quatre mois à compter de la date de leur mise en service.

Le premier alinéa s'applique aux petites et moyennes entreprises, au sens du règlement (UE) n° 651/2014 de la Commission du 17 juin 2014 déclarant certaines catégories d'aides compatibles avec le marché intérieur en application des articles 107 et 108 du traité.

Le bénéfice de l'amortissement exceptionnel est subordonné au respect du règlement (UE) n° 1407/2013 de la Commission, du 18 décembre 2013, relatif à l'application des articles 107 et 108 du traité sur le fonctionnement de l'Union européenne aux aides de minimis.

BIC-X-40500 s.

Art 39 AI Les équipements de fabrication additive acquis ou créés entre le 1er octobre 2015 et le 31 décembre 2017 peuvent faire l'objet d'un amortissement exceptionnel sur vingt-quatre mois à compter de la date de leur mise en service.

Le premier alinéa s'applique aux petites et moyennes entreprises, au sens du règlement (UE) n° 651/2014 de la Commission du 17 juin 2014 déclarant certaines catégories d'aides compatibles avec le marché intérieur en application des articles 107 et 108 du traité.

Le bénéfice de l'amortissement exceptionnel est subordonné au respect du règlement (UE) n° 1407/2013 de la Commission du 18 décembre 2013 relatif à l'application des articles 107 et 108 du traité sur le fonctionnement de l'Union européenne aux aides de minimis.

BIC-X-41000 s.

Art 39 B A la clôture de chaque exercice, la somme des amortissements effectivement pratiqués depuis l'acquisition ou la création d'un élément donné ne peut être inférieure au montant cumulé des amortissements calculés suivant le mode linéaire et répartis sur la durée normale d'utilisation. A défaut de se conformer à cette obligation, l'entreprise perd définitivement le droit de déduire la fraction des amortissements qui a été ainsi différée.

BIC-X-28660 s. ; MF n° 9455

Art 39 C **I.** L'amortissement des biens donnés en location ou mis à disposition sous toute autre forme est réparti sur la durée normale d'utilisation suivant des modalités fixées par décret en Conseil d'Etat *(Voir Annexe II, art. 30 et 32)*.

BIC-X-33550 s. ; MF n° 9550

Par dérogation aux dispositions du premier alinéa, les entreprises donnant en location des biens dans les conditions prévues aux 1 et 2 de l'article L 313-7 du code monétaire et financier et celles pratiquant des opérations de location avec option d'achat peuvent, sur option, répartir l'amortissement de ces biens sur la durée des contrats de crédit-bail ou de location avec option d'achat correspondants. La dotation à l'amortissement de chaque exercice est alors égale à la fraction du loyer acquise au titre de cet exercice, qui correspond à l'amortissement du capital engagé pour l'acquisition des biens donnés à bail.

Si l'option mentionnée au deuxième alinéa est exercée, elle s'applique à l'ensemble des biens affectés à des opérations de crédit-bail ou de location avec option d'achat. Toutefois, les sociétés mentionnées au I de l'article 30 de la loi n° 80-531 du 15 juillet 1980 relative aux économies d'énergie et à l'utilisation de la chaleur pourront exercer cette option contrat par contrat.

BIC-VII-77080 s. ; MF n° 9555

II. 1. En cas de location ou de mise à disposition sous toute autre forme de biens situés ou exploités ou immatriculés en France ou dans un autre Etat partie à l'accord sur l'Espace économique européen qui a conclu avec la France une convention d'assistance administrative en vue de lutter contre la fraude et l'évasion fiscales, consentie par une société soumise au régime prévu à l'article 8, par une copropriété visée à l'article 8 quater ou 8 quinquies ou par un groupement au sens des articles 239 quater, 239 quater B, 239 quater C ou 239 quater D, le montant de l'amortissement de ces biens ou des parts de copropriété est admis en déduction du résultat imposable. Pendant une période de trente-six mois décomptée à partir du début de la mise en location ou de la mise à disposition, cet amortissement est admis en déduction, au titre d'un même exercice, dans la limite de trois fois le montant des loyers acquis ou de la quote-part du résultat de la copropriété.

La fraction des déficits des sociétés, copropriétés ou groupements mentionnés au premier alinéa correspondant au montant des dotations aux amortissements déduites, dans les conditions définies au même alinéa, au titre des douze premiers mois d'amortissement du bien est déductible à hauteur du quart des bénéfices imposables au taux d'impôt sur les sociétés de droit commun que chaque associé, copropriétaire, membre ou, le cas échéant, groupe au sens de l'article 223 A ou de l'article 223 A bis auquel il appartient retire du reste de ses activités.

En cas de location ou de mise à disposition sous toute autre forme de biens situés ou exploités ou immatriculés dans un Etat qui n'est pas partie à l'accord sur l'Espace économique européen ou qui n'a pas conclu avec la France une convention d'assistance administrative en vue de lutter contre la fraude et l'évasion fiscales, consentie par les sociétés, copropriétés ou groupements mentionnés au premier alinéa, le montant de l'amortissement de ces biens ou parts de copropriété est admis en déduction du résultat imposable, au titre d'un même exercice, dans la limite du montant du loyer acquis, ou de la quote-part du résultat de la copropriété, diminué du montant des autres charges afférentes à ces biens ou parts.

La limitation de l'amortissement prévue aux premier et troisième alinéas et du montant des déficits prévue au deuxième alinéa ne s'applique pas à la part de résultat revenant aux entreprises utilisatrices des biens, lorsque la location ou la mise à disposition n'est pas consentie indirectement par une personne physique.

(Pour les obligations déclaratives des contribuables mentionnées au premier alinéa du 1, voir art. 54 octies et Annexe III, art. 38 quindecies A)

BIC-X-34300 s. ; MF n°s 9565 s.

2. En cas de location ou de mise à disposition sous toute autre forme de biens consentie directement ou indirectement par une personne physique, le montant de l'amortissement de ces biens ou parts de copropriété est admis en déduction du résultat imposable, au titre d'un même exercice, dans la limite du montant du loyer acquis, ou de la quote-part du résultat de la copropriété, diminué du montant des autres charges afférentes à ces biens ou parts.

BIC-X-33750 s. ; MF n° 9560

3. L'amortissement régulièrement comptabilisé au titre d'un exercice et non déductible du résultat de cet exercice en application des 1 ou 2 peut être déduit du résultat des exercices suivants, dans les conditions et limites prévues par ces 1 ou 2.

Lorsque le bien cesse d'être donné en location ou mis à disposition pendant un exercice, l'amortissement non déductible en application des 1 ou 2 et qui n'a pu être déduit selon les modalités prévues au premier alinéa est déduit du bénéfice de cet exercice. Si ce bénéfice n'est pas suffisant pour que la déduction puisse être intégralement opérée, l'excédent d'amortissement est reporté et déduit des bénéfices des exercices suivants.

En cas de cession de ce bien, l'amortissement non déduit en application des 1 ou 2 majore la valeur nette comptable prise en compte pour le calcul de la plus-value ou de la moins-value de cession.

La fraction des déficits non admise en déduction en application du deuxième alinéa du 1 peut être déduite du bénéfice des exercices suivants sous réserve de la limite prévue au même alinéa au titre des douze premiers mois d'amortissement du bien.

BIC-X-34150 s.

BIC-X-33550 s.

Art 39 D L'amortissement des constructions et aménagements édifiés sur le sol d'autrui doit être réparti sur la durée normale d'utilisation de chaque élément.

Cette disposition n'est pas applicable en cas de bail à construction passé dans les conditions prévues par les articles L 251-1 à L 251-8 du code de la construction et de l'habitation.

BIC-X-35500 s. ; MF n° 9585

Art 39 E Chaque membre des copropriétés de navires mentionnées à l'article 8 quater amortit le prix de revient de sa part de propriété suivant les modalités prévues à l'égard des navires ; pour la détermination des plus-values, les amortissements pratiqués viennent en déduction du prix de revient.

Les dispositions du premier alinéa s'appliquent aux exercices ouverts à compter du 1er janvier 1978. Les amortissements fiscalement déduits par la copropriété au titre des exercices antérieurs sont répartis entre les copropriétaires en proportion de leurs droits afin de déterminer, pour chaque part de propriété, la valeur résiduelle restant à amortir.

DC-V-27100 s. ; MF n° 37870

Art 39 F Chaque membre des copropriétés de cheval de course ou d'étalon mentionnées à l'article 8 quinquies amortit le prix de revient de sa part de propriété suivant les modalités prévues à l'égard des chevaux ; pour la détermination des plus-values, les amortissements pratiqués viennent en déduction du prix de revient.

Les dispositions du premier alinéa s'appliquent aux exercices ouverts à compter du 1er janvier 1992. Les amortissements fiscalement déduits par la copropriété au titre des exercices antérieurs sont répartis entre les copropriétaires en proportion de leurs droits afin de déterminer, pour chaque part de propriété, la valeur résiduelle restant à amortir.

BA-VII-8250 s. ; MF n°s 16485 s.

Art 39 G Pour l'application du 2° du 1 de l'article 39, les amortissements des immeubles ayant ouvert droit à la réduction d'impôt prévue à l'article 199 sexvicies ne sont admis en déduction du résultat imposable du bénéficiaire de cette réduction d'impôt qu'à hauteur de ceux pratiqués sur la fraction du prix de revient des immeubles excédant le montant retenu pour le calcul de cette réduction d'impôt.

Les 2 et 3 du II de l'article 39 C ne sont pas applicables à la part des amortissements qui n'a pas été admise en déduction du résultat imposable en application du premier alinéa.

BIC-X-33930 ; MF n° 90565

Art 39 bis **1.** Dans les entreprises exploitant soit un journal, soit une revue mensuelle ou bimensuelle consacrée pour une large part à l'information politique, les provisions constituées au moyen des bénéfices réalisés au cours des exercices 1951 à 1969, en vue d'acquérir des matériels, mobiliers et autres éléments d'actif nécessaires à l'exploitation du journal, ou de couvrir des dépenses susceptibles d'être portées à un compte de frais de premier établissement, sont admises en déduction pour l'établissement de l'impôt.

Il en est de même des dépenses effectuées en vue des objets indiqués ci-dessus par prélèvement sur les bénéfices de la même période.

1 bis. Les entreprises désignées au 1 sont autorisées, à la clôture de chacun des exercices 1970 à 1975, à constituer une provision pour acquisition d'éléments d'actif nécessaires à l'exploitation du journal, qui est admise en franchise d'impôt dans la limite de :

90 % du bénéfice de l'exercice 1970,

80 % du bénéfice de l'exercice 1971,

60 % pour la généralité des publications et 80 % pour les quotidiens, du bénéfice des exercices 1972 à 1975.

Les éléments d'actif désignés aux premier à quatrième alinéas s'entendent uniquement des matériels, terrains, constructions et prises de participations dans des entreprises d'imprimerie, dans la mesure où ils sont nécessaires à l'exploitation du journal. Un décret fixe, en tant que de besoin, les conditions d'application du présent alinéa.

1 bis A. Les entreprises désignées au 1 sont autorisées à constituer en franchise d'impôt, par prélèvement sur les résultats des exercices 1976 à 1979, une provision pour acquisition d'éléments d'actif strictement nécessaires à l'exploitation du journal, dans la limite de :

60 % pour la généralité des publications et 80 % pour les quotidiens, du bénéfice des exercices 1976 et 1977,

50 % pour la généralité des publications et 70 % pour les quotidiens, du bénéfice des exercices 1978 et 1979.

Les éléments d'actif désignés aux premier à troisième alinéas s'entendent uniquement des matériels, terrains, constructions et prises de participations dans des entreprises d'imprimerie, dans la mesure où ils sont strictement nécessaires à l'exploitation du journal.

L'exclusion des terrains et participations prévue à la dernière phrase du premier alinéa du 1 bis A bis est applicable pour l'utilisation de la provision constituée en vertu des premier à troisième alinéas.

1 bis A bis. Les entreprises de presse mentionnées au 1 sont autorisées à constituer en franchise d'impôt, par prélèvement sur les résultats imposables des exercices 1980 à 1996, une provision exclusivement affectée à l'acquisition de matériels et constructions strictement nécessaires à l'exploitation du journal ou à déduire de ces résultats les dépenses exposées en vue du même objet. Sont notamment exclues de la présente provision les acquisitions de terrains et les participations dans les entreprises.

Les sommes prélevées ou déduites en vertu du premier alinéa sont limitées à :

40 % pour la généralité des publications et 65 % pour les quotidiens du bénéfice de l'exercice 1980,

30 % pour la généralité des publications et 60 % pour les quotidiens du bénéfice des exercices 1981 à 1996.

1 bis B. Pour l'application des 1 bis, 1 bis A et 1 bis A bis, sont assimilées à des quotidiens, les publications à diffusion départementale ou régionale consacrées principalement à l'information politique et générale, paraissant au moins une fois par semaine et dont le prix de vente n'excède pas de 75 % celui de la majorité des quotidiens. Un arrêté du ministre de l'économie et des finances fixe les conditions de cette assimilation *(Voir Annexe IV, art. 4 octies)*.

Les provisions indiquées aux 1 bis et 1 bis A ne peuvent être utilisées qu'au financement des deux tiers du prix de revient des éléments qui y sont définis.

Les entreprises désignées au 1 peuvent, dans les mêmes limites que celles prévues aux 1 bis et 1 bis A, déduire les dépenses d'équipement exposées en vue du même objet.

La limite des deux tiers prévue aux deux alinéas précédents ne s'applique ni aux quotidiens ni aux publications cités au premier alinéa.

1 bis B bis. Les sommes prélevées ou déduites des résultats imposables en vertu du 1 bis A bis ne peuvent être utilisées qu'au financement d'une fraction du prix de revient des matériels et constructions qui y sont définis. Pour les éléments acquis au moyen des sommes prélevées ou déduites des bénéfices de l'exercice 1980, cette fraction est égale à 55 % pour la généralité des publications et à 90 % pour les quotidiens et les publications assimilées définies au premier alinéa du 1 bis B. Ces pourcentages sont ramenés respectivement à 40 % et à 80 % pour les éléments acquis au moyen des sommes prélevées ou déduites des bénéfices des exercices 1981 à 1996.

1 bis C. Pour la détermination des résultats des exercices 1975 et suivants, sont exclues du bénéfice du régime prévu aux 1 bis, 1 bis A et 1 bis A bis les publications pornographiques, perverses ou de violence figurant sur une liste établie, après avis de la commission de surveillance et de contrôle des publications destinées à l'enfance et à la jeunesse, par un arrêté du ministre de l'intérieur.

Les réclamations et les recours contentieux relatifs aux décisions d'inscription sur la liste sont instruits par le département de l'intérieur.

1 bis C bis. Les entreprises de presse ne bénéficient pas du régime prévu aux 1 bis A et 1 bis A bis pour la partie des publications qu'elles impriment hors d'un Etat membre de la Communauté européenne.

1 ter. Les éléments d'actif acquis au moyen des bénéfices ou des provisions mentionnés au présent article sont amortis pour un montant égal à la fraction du prix d'achat ou de revient qui a été prélevée sur lesdits bénéfices ou provisions.

Sans préjudice de l'application des dispositions du quinzième alinéa du 5° du 1 de l'article 39, les provisions non utilisées conformément à leur objet avant la fin de la cinquième année suivant celle de leur constitution sont rapportées aux bénéfices soumis à l'impôt au titre de ladite année.

2. Les entreprises de presse attributaires de biens de presse, bénéficiant d'un des contrats prévus à l'article 9 de la loi n° 54-782 du 2 août 1954 ou remises en possession de leurs biens en vertu d'une dation en payement des indemnités dues à raison du transfert, qui emploient des journalistes ou salariés non journalistes ayant perdu leur emploi à la suite de la suspension d'entreprises de presse prononcée dans le cadre d'application de l'ordonnance du 30 septembre 1944, et qui ne se trouvent pas dans l'un des cas prévus aux 1° et 2° de l'article 20 de la loi du 2 août 1954 précitée, sont autorisées à déduire de leur bénéfice net, pour l'établissement de l'impôt, les provisions constituées par elles en vue du paiement des indemnités calculées en tenant compte de l'ancienneté acquise par ces journalistes et salariés au service de l'ancienne entreprise, qu'elles doivent verser en cas de licenciement de ces deniers.

Art 39 bis A

Art 39 bis A 1. Les entreprises exploitant soit un journal quotidien, soit une publication de périodicité au maximum mensuelle consacrée pour une large part à l'information politique et générale, soit un service de presse en ligne reconnu en application de l'article 1er de la loi n° 86-897 du 1er août 1986 portant réforme du régime juridique de la presse *(Voir décret 2009-1340 du 29 octobre 2009)*, consacré pour une large part à l'information politique et générale sont autorisées à constituer une provision déductible du résultat imposable des exercices clos à compter du 1er janvier 1997 et jusqu'au 31 décembre 2026, en vue de faire face aux dépenses suivantes :

a. Acquisitions de matériels, mobiliers, terrains, constructions, dans la mesure où ces éléments d'actif sont strictement nécessaires à l'exploitation du service de presse en ligne, du journal ou de la publication, et prises de participation dans des entreprises qui ont pour activité principale l'édition d'un journal ou d'une publication mentionnés au premier alinéa ou l'exploitation d'un service de presse en ligne mentionné au même alinéa, ou dans des entreprises dont l'activité principale est d'assurer pour ces entreprises des prestations de services dans les domaines de l'information, de l'approvisionnement en papier, de l'impression ou de la distribution ;

b. Constitution de bases de données et acquisition du matériel nécessaire à leur exploitation ou à la transmission de ces données ;

c. Dépenses immobilisées imputables à la recherche, au développement technologique et à l'innovation au profit du service de presse en ligne, du journal ou de la publication.

Les entreprises mentionnées au présent 1 peuvent déduire les dépenses d'équipement exposées en vue du même objet.

2. Les sommes déduites en vertu du 1 sont limitées à 30 % du bénéfice de l'exercice concerné pour la généralité des publications et pour les services de presse en ligne reconnus et à 60 % pour les quotidiens. Pour l'application de la phrase précédente, la limite est calculée, pour les entreprises exploitant un service de presse en ligne reconnu et exerçant d'autres activités, à partir du seul bénéfice retiré de ce service de presse en ligne. Ce pourcentage est porté à 80 % pour les quotidiens dont le chiffre d'affaires est inférieur à 7 600 000 €. Les sommes rapportées au bénéfice imposable en application du 7 ne sont pas prises en compte pour le calcul de la limite fixée à la phrase précédente.

Sont assimilées à des quotidiens, les publications à diffusion départementale ou régionale consacrées principalement à l'information politique et générale, paraissant au moins une fois par semaine et dont le prix de vente n'excède pas de 75 % celui de la majorité des quotidiens. Un arrêté du ministre de l'économie et des finances fixe les conditions de cette assimilation *(Voir Annexe IV, art. 4 octies)*.

2 bis. Un décret en Conseil d'Etat précise les caractéristiques, notamment de contenu et de surface rédactionnelle, des publications et des services de presse en ligne mentionnés aux 1 et 2 qui sont regardés comme se consacrant à l'information politique et générale *(Voir Annexe II, art. 17)*.

3. Les sommes prélevées ou déduites des résultats imposables en vertu du 1 ne peuvent être utilisées qu'au financement d'une fraction du prix de revient des immobilisations qui y sont définies.

Cette fraction est égale 40 % pour la généralité des publications et pour les services de presse en ligne reconnus et à 90 % pour les quotidiens et les publications assimilées définies au deuxième alinéa du 2.

4. Les publications pornographiques, perverses ou incitant à la violence figurant sur une liste établie, après avis de la commission de surveillance et de contrôle des publications destinées à l'enfance et à la jeunesse, par un arrêté du ministre de l'intérieur, sont exclues du bénéfice des dispositions du présent article.

5. Les entreprises de presse ne bénéficient pas du régime prévu au 1 pour la partie des journaux ou des publications qu'elles impriment hors d'un Etat membre de l'Union européenne ou d'un autre Etat partie à l'accord sur l'Espace économique européen.

6. Les immobilisations acquises au moyen des bénéfices ou des provisions mentionnés au présent article sont réputées amorties pour un montant égal à la fraction du prix d'achat ou de revient qui a été prélevée sur lesdits bénéfices ou provisions.

Les sommes déduites en application du 1 et affectées à l'acquisition d'éléments d'actifs non amortissables sont rapportées, par parts égales, au bénéfice imposable de l'exercice au cours duquel ces éléments sont acquis et des quatre exercices suivants.

7. Sans préjudice de l'application des dispositions du quinzième alinéa du 5° du 1 de l'article 39, les provisions non utilisées conformément à leur objet avant la fin de la cinquième année suivant celle de leur constitution sont rapportées aux bénéfices soumis à l'impôt au titre de ladite année, majorées d'un montant égal au produit de ces provisions par le taux de l'intérêt de retard prévu à l'article 1727.

8. Le bénéfice de la provision mentionnée au 1 est subordonné au respect du règlement (UE) n° 1407/2013 de la Commission du 18 décembre 2013 relatif à l'application des articles 107 et 108 du traité sur le fonctionnement de l'Union européenne aux aides de minimis.

BIC-XII-40500 s. ; MF n° 10030

Art 39 bis B 1. Les entreprises exploitant un service de presse en ligne, reconnu en application de l'article 1er de la loi n° 86-897 du 1er août 1986 portant réforme du régime juridique de la presse, développant l'information professionnelle ou favorisant l'accès au savoir et à la formation et la diffusion de la pensée, du débat d'idées, de la culture générale et de la recherche scientifique, sont autorisées à constituer une provision déductible du résultat imposable des exercices clos à compter du 1er janvier 2018 et jusqu'au 31 décembre 2026, en vue de faire face aux dépenses suivantes :

a. Acquisitions de matériels, mobiliers, terrains, constructions, dans la mesure où ces éléments d'actif sont strictement nécessaires à l'exploitation du service de presse en ligne ;

b. Prises de participation dans des entreprises qui ont pour activité principale l'exploitation d'un service de presse en ligne mentionné au premier alinéa du présent 1 ou dans des entreprises dont l'activité principale est d'assurer pour ces entreprises des prestations de services dans le domaine de l'information ;

c. Constitution de bases de données et acquisition du matériel nécessaire à leur exploitation ou à la transmission de ces données ;

d. Dépenses immobilisées imputables à la recherche, au développement technologique et à l'innovation au profit du service de presse en ligne.

Les entreprises mentionnées au présent 1 peuvent déduire les dépenses d'équipement exposées en vue du même objet.

2. Les sommes déduites en application du 1 du présent article sont limitées à 30 % du bénéfice de l'exercice concerné. Pour l'application du présent 2, la limite est calculée à partir du seul bénéfice retiré du service de presse en ligne. Les sommes rapportées au bénéfice imposable en application du 6 ne sont pas prises en compte par le calcul de la limite prévue à la deuxième phrase du présent 2.

3. Les sommes prélevées ou déduites des résultats imposables en application du 1 ne peuvent être utilisées qu'au financement de 40 % du prix de revient des immobilisations qui y sont définies.

4. Les services en ligne à caractère pornographique, pervers ou incitant à la violence sont exclus du bénéfice du présent article.

5. Les immobilisations acquises au moyen des bénéfices ou des provisions mentionnés au présent article sont réputées amorties pour un montant égal à la fraction du prix d'achat ou de revient qui a été prélevée sur lesdits bénéfices ou provisions.

Les sommes déduites en application du 1 et affectées à l'acquisition d'éléments d'actif non amortissables sont rapportées, par parts égales, au bénéfice imposable de l'exercice au cours duquel ces éléments sont acquis et des quatre exercices suivants.

6. Sans préjudice de l'application du quinzième alinéa du 5° du 1 de l'article 39, les provisions non utilisées conformément à leur objet avant la fin de la cinquième année suivant celle de leur constitution sont rapportées aux bénéfices soumis à l'impôt au titre de ladite année, majorées d'un montant égal au produit de ces provisions par le taux de l'intérêt de retard prévu à l'article 1727.

7. Le bénéfice de la provision mentionnée au 1 est subordonné au respect du règlement (UE) n° 1407/2013 de la Commission du 18 décembre 2013 relatif à l'application des articles 107 et 108 du traité sur le fonctionnement de l'Union européenne aux aides de minimis.

BIC-XII-40500 s. ; MF n° 10030 b

Art 39 ter C Par exception aux dispositions du premier alinéa du 5° du 1 de l'article 39, la provision constituée en vue de couvrir les coûts de démantèlement, d'enlèvement d'installations ou de remise en état d'un site, qui résultent d'une obligation légale, réglementaire ou contractuelle ou d'un engagement de l'entreprise, et encourue ou formalisée soit dès l'acquisition ou la mise en service, soit en cours d'utilisation de cette installation ou de ce site, n'est pas déductible. A hauteur des coûts pris en charge directement par l'entreprise, cette provision a pour contrepartie la constitution d'un actif amortissable d'un montant équivalent. L'amortissement de cet actif est calculé suivant le mode linéaire et réparti sur la durée d'utilisation du site ou des installations.

Les dispositions du premier alinéa ne s'appliquent pas aux provisions destinées à faire face à des dégradations progressives de site résultant de son exploitation.

En cas de révision de l'estimation des coûts mentionnés au premier alinéa, le montant de la provision et la valeur nette comptable de l'actif de contrepartie sont rectifiés à due concurrence. L'amortissement de l'actif de contrepartie est calculé, à compter de l'exercice au cours duquel est intervenue cette révision, sur la base de cette valeur nette comptable rectifiée. Lorsque la provision est réduite d'un montant supérieur à la valeur nette comptable de l'actif de contrepartie, l'excédent constitue un produit imposable.

Lorsque la provision est utilisée en tout ou partie conformément à son objet au titre d'un exercice, la provision est rapportée au résultat dudit exercice.

BIC-X-11400 s. ; MF n° 7590

Art 39 quinquies L'aide apportée à fonds perdus aux sociétés d'habitations à loyer modéré, aux sociétés de crédit immobilier et aux sociétés ou organismes ayant pour objet la construction d'immeubles d'habitation et dont la liste est fixée par décrets peut être portée au compte des frais généraux, dans des conditions qui sont également fixées par décret *(Voir Annexe III, art. 41 A à 41 D).*

BIC-IX-62800 s. ; MF n° 8985

Art 39 quinquies C **1.** Les entreprises industrielles et commerciales qui souscrivent au capital des sociétés ayant conclu une convention avec l'Etat dans les conditions prévues à l'article 1er de l'ordonnance n° 59-248 du 4 février 1959 peuvent, dès le versement de leur souscription, effectuer un amortissement exceptionnel égal au montant de ce versement et déductible pour l'établissement de l'impôt qui frappe les bénéfices *(Mesure applicable également aux organismes d'études et de recherches, voir art. 93 ter).*

Les dispositions visées au premier alinéa ne s'appliquent pas aux souscriptions au capital effectuées à compter du 1er janvier 1991.

2. En cas de résiliation de la convention prononcée dans les conditions prévues par ladite convention pour inobservation des engagements souscrits, le montant des amortissements exceptionnels effectués au titre du 1 est réintégré dans les bénéfices de l'exercice en cours.

Le ministre de l'économie et des finances peut ordonner que les dispositions ci-dessus prennent effet en totalité ou en partie à compter de la date à laquelle la convention résiliée avait été signée ou à une date plus rapprochée.

3. En cas de dissolution d'une société visée au 1, le ministre de l'économie et des finances peut ordonner la réintégration, dans les conditions prévues au 2, de tout ou partie des avantages fiscaux dont les associés ont bénéficié au cours des cinq derniers exercices.

4. Tout associé exclu pour les motifs et selon les modalités prévues par les statuts perd, dans les conditions prévues au 3, le bénéfice des dispositions du 1.

IS-IV-33330 s.

Art 39 quinquies D Les entreprises qui construisent ou font construire, avant le 1er janvier 2016, des immeubles à usage industriel ou commercial pour les besoins de leur exploitation dans les zones de revitalisation rurale mentionnées à l'article 1465 A peuvent pratiquer, à l'achèvement des constructions, un amortissement exceptionnel égal à 25 % de leur prix de revient, la valeur résiduelle étant amortissable sur la durée normale d'utilisation.

Les dispositions du premier alinéa s'appliquent également aux travaux de rénovation, réalisés avant le 1er janvier 2016, dans des immeubles utilisés dans les conditions visées au même alinéa.

Les dispositions du premier et du deuxième alinéas s'appliquent aux entreprises qui au cours du dernier exercice clos, à la date d'achèvement de l'immeuble ou des travaux de rénovation :

a. Emploient moins de deux cent cinquante salariés et ont soit réalisé un chiffre d'affaires annuel n'excédant pas 50 millions d'euros, ramené ou porté le cas échéant à douze mois, soit un total de bilan n'excédant pas 43 millions d'euros. Pour les sociétés membres d'un groupe au sens de l'article 223 A ou de l'article 223 A bis, le chiffre d'affaires et l'effectif à prendre en compte s'entendent respectivement de la somme des chiffres d'affaires et de la somme des effectifs des sociétés membres de ce groupe ;

b. Et dont le capital ou les droits de vote ne sont pas détenus à hauteur de 25 % ou plus par une ou plusieurs entreprises ne répondant pas aux conditions prévues au a ou par des entreprises répondant aux conditions prévues au a mais dont le capital ou les droits de vote sont détenus à hauteur de 25 % ou plus par une ou plusieurs entreprises. Cette condition doit être remplie de manière continue au titre de cet exercice. Pour apprécier le respect de cette condition, le pourcentage de capital détenu par des sociétés de capital-risque, des fonds communs de placement à risques, des fonds professionnels spécialisés relevant de l'article L 214-37 du code monétaire et financier, dans sa rédaction antérieure à l'ordonnance n° 2013-676 du 25 juillet 2013 modifiant le cadre juridique de la gestion d'actifs, des fonds professionnels de capital investissement, des sociétés de libre partenariat, des sociétés de développement régional, des sociétés financières d'innovation et des sociétés unipersonnelles d'investissement à risque dans l'entreprise n'est pas pris en compte, à la condition qu'il n'existe pas de lien de dépendance au sens des a et b du 12 de l'article 39 entre cette entreprise et ces dernières sociétés ou ces fonds. Pour les sociétés membres d'un groupe, la condition tenant à la composition du capital doit être remplie par la société mère du groupe *(Voir Annexe III, art. 10 GB)*.

Pour les immeubles mentionnés au premier alinéa, le bénéfice de l'amortissement exceptionnel est subordonné au respect de l'article 17 du règlement (UE) n° 651/2014 de la Commission, du 17 juin 2014, déclarant certaines catégories d'aides compatibles avec le marché intérieur en application des articles 107 et 108 du traité. Pour les travaux mentionnés au deuxième alinéa, le bénéfice de l'amortissement exceptionnel est subordonné au respect du règlement (UE) n° 1407/2013 de la Commission, du 18 décembre 2013, relatif à l'application des articles 107 et 108 du traité sur le fonctionnement de l'Union européenne aux aides de minimis.

BIC-X-43000 s.

Art 39 quinquies DA Les matériels acquis ou fabriqués avant le 1er janvier 2011, qui figurent sur une liste établie par arrêté conjoint du ministre du budget et du ministre de l'environnement *(Voir Annexe IV, art. 06)* et qui sont destinés à réduire le niveau acoustique d'installations existant au 31 décembre 1990, peuvent faire l'objet d'un amortissement exceptionnel sur douze mois à compter de leur mise en service.

BIC-X-62100 s.

Art 39 quinquies E Les entreprises qui construisent ou font construire des immeubles destinés à l'épuration des eaux industrielles, en conformité des dispositions de la loi n° 64-1245 du 16 décembre 1964 modifiée, peuvent pratiquer, dès achèvement de ces constructions, un amortissement exceptionnel égal à 50 % de leur prix de revient.

La valeur résiduelle des immeubles est amortissable sur leur durée normale d'utilisation.

Les dispositions du présent article s'appliquent aux constructions achevées avant le 31 décembre 1990 à condition qu'elles s'incorporent à des installations de production existant au 31 décembre 1980.

Les constructions répondant aux critères définis au premier alinéa et achevées avant le 1er janvier 2011 peuvent faire l'objet d'un amortissement exceptionnel sur douze mois à condition qu'elles s'incorporent à des installations de production.

BIC-X-61700 s.

Art 39 quinquies F Les entreprises qui construisent ou font construire des immeubles destinés à satisfaire aux obligations prévues par la loi n° 96-1236 du 30 décembre 1996 sur l'air et l'utilisation rationnelle de l'énergie et par la loi n° 2006-686 du 13 juin 2006 relative à la transparence et à la sécurité en matière nucléaire peuvent pratiquer, dès achèvement de ces constructions, un amortissement exceptionnel égal à 50 % de leur prix de revient.

La valeur résiduelle des immeubles est amortissable sur leur durée normale d'utilisation.

Les dispositions du présent article s'appliquent aux constructions achevées avant le 31 décembre 1990 à condition qu'elles s'incorporent à des installations de production existant au 31 décembre 1980.

Les constructions répondant aux critères définis au premier alinéa et achevées avant le 1er janvier 2011 peuvent faire l'objet d'un amortissement exceptionnel sur douze mois à condition qu'elles s'incorporent à des installations de production.

BIC-X-61700 s.

Art 39 quinquies FA La base de calcul de l'amortissement des immobilisations acquises ou créées au moyen de primes de développement régional ou d'aménagement du territoire, d'orientation pour les entreprises de produits agricoles et alimentaires, d'installation et de développement artisanal, d'équipement dans les départements d'outre-mer, accordées au cours des années antérieures à 2006, est majorée, pour la détermination du bénéfice imposable, de la moitié du montant de la prime.

Un décret en Conseil d'Etat fixe les modalités d'application du présent article *(Voir Annexe II, art. 32 C)*.

BIC-X-64300 s.

Art 39 quinquies FB Les bâtiments affectés aux activités d'élevage et les matériels et installations destinés au stockage des effluents d'élevage construits, acquis ou fabriqués à compter du 1er janvier 2016 et jusqu'au 31 décembre 2017 peuvent faire l'objet d'un amortissement exceptionnel égal à 40 % de leur prix de revient réparti linéairement sur cinq ans. Il en est de même des travaux de rénovation immobilisés des bâtiments affectés aux activités d'élevage réalisés sur la même période.

La première annuité de l'amortissement exceptionnel doit être pratiquée au plus tard au cours du troisième exercice suivant celui de la construction, l'acquisition ou la fabrication des biens.

Au terme de la période d'application de l'amortissement exceptionnel, la valeur résiduelle des biens mentionnés au premier alinéa est amortie linéairement sur la durée normale d'utilisation résiduelle.

Le bénéfice de l'amortissement exceptionnel est subordonné au respect du règlement (UE) no 1408/2013 de la Commission du 18 décembre 2013 relatif à l'application des articles 107 et 108 du traité sur le fonctionnement de l'Union européenne aux aides de minimis dans le secteur de l'agriculture.

BA-IV-11970 ; BIC-X-44000 s. ; MF no 9530

Art 39 quinquies FC **I.** Les constructions qui s'incorporent à des installations de production agricole destinées à satisfaire aux obligations prévues au titre 1er du livre V du code de l'environnement relatif aux installations classées pour la protection de l'environnement peuvent bénéficier de l'amortissement exceptionnel prévu aux articles 39 quinquies E et 39 quinquies F.

II. Les dispositions du présent article s'appliquent aux investissements réalisés avant le 1er janvier 2011.

BIC-X-61950 s.

Art 39 quinquies G **I.** Les entreprises d'assurances et de réassurances peuvent constituer en franchise d'impôt des provisions destinées à faire face aux charges exceptionnelles afférentes aux opérations qui garantissent les risques dus à des éléments naturels, le risque atomique, les risques de responsabilité civile dus à la pollution, les risques spatiaux, les risques liés aux attentats ou au terrorisme, les risques liés au transport aérien ainsi que les risques dus aux atteintes aux systèmes d'information et de communication.

Les limites dans lesquelles les dotations annuelles à ces provisions peuvent être retranchées des bénéfices et celles du montant global de chaque provision sont fixées par décret, respectivement en fonction de l'importance des bénéfices techniques et du montant des primes ou cotisations, nettes de réassurances, de la catégorie de risques concernée *(Voir Annexe II, art. 16 A, I et 16 B)*.

Chaque provision est affectée, dans l'ordre d'ancienneté des dotations annuelles, à la compensation des résultats techniques déficitaires de l'exercice, par catégorie de risques correspondante. Les dotations annuelles qui, dans un délai de dix ans, n'ont pu être utilisées conformément à cet objet sont rapportées au bénéfice imposable de la onzième année suivant celle de leur comptabilisation. Les dotations annuelles à la provision couvrant le risque atomique, les risques de responsabilité civile dus à la pollution, les risques liés aux attentats ou au terrorisme et les risques liés au transport aérien qui, dans un délai de quinze ans, n'ont pu être utilisées conformément à cet objet sont rapportées au bénéfice imposable de la seizième année suivant celle de leur comptabilisation *(NDLR Les dispositions de la dernière phrase du présent alinéa s'appliquent aux exercices ouverts à compter du 1er janvier 2024)*.

Les conditions de comptabilisation et de déclaration de ces provisions sont fixées par décret *(Voir Annexe II, art. 16 C).*

II. Les entreprises captives de réassurance mentionnées au 3° de l'article L 350-2 du code des assurances détenues par une entreprise autre qu'une entreprise financière au sens du 12° de l'article L 310-3 du même code et qui ont pour objet la fourniture d'une couverture de réassurance portant exclusivement sur les risques d'entreprises autres que des entreprises financières mentionnées au même article L 310-3 peuvent constituer, en franchise d'impôt, une provision destinée à faire face aux charges afférentes aux opérations de réassurance acceptée dont les risques d'assurance relèvent des catégories des dommages aux biens professionnels et agricoles, des catastrophes naturelles, de la responsabilité civile générale, des pertes pécuniaires ainsi que des dommages et des pertes pécuniaires consécutifs aux atteintes aux systèmes d'information et de communication et des transports mentionnées à l'article A 344-2 dudit code, dans sa rédaction en vigueur au 31 décembre 2022.

La limite dans laquelle les dotations annuelles à cette provision peuvent être retranchées des bénéfices et celle du montant global de la provision sont fixées par décret, respectivement en fonction de l'importance des bénéfices techniques et de la moyenne sur les trois dernières années du minimum de capital requis au sens de l'article L 352- 5 du même code *(Voir Annexe II, art. 16 A, II et 16 B).*

Cette provision est affectée, dans l'ordre d'ancienneté des dotations annuelles, à la compensation globale du solde négatif du compte de résultat technique de l'exercice pour l'ensemble des risques correspondants. Les dotations annuelles qui, dans un délai de quinze ans, n'ont pu être utilisées conformément à cet objet sont rapportées au bénéfice imposable de la seizième année suivant celle de leur comptabilisation.

Les risques ayant donné lieu à la constitution d'une provision dans les conditions prévues au premier alinéa du présent II ne peuvent pas donner lieu à la constatation d'une provision en application du I du présent article.

Les conditions de comptabilisation et de déclaration de ces provisions sont fixées par décret *(Voir Annexe II, art. 16 C).*

Ndlr *Les dispositions du présent II s'appliquent à compter du 1er janvier 2023 (Loi 2022-1726 du 30 décembre 2022 art. 6, II).*

FR 2/23 inf. 21 p. 39 ; FR 2/24 inf. 27 p. 57 ; IS-IV-11950 s.

Art 39 quinquies GA **I.** Les entreprises d'assurances et de réassurances sont autorisées à constituer, en franchise d'impôt, une provision afférente à leurs opérations d'assurance-crédit autres que celles effectuées à l'exportation pour le compte de l'Etat ou avec sa garantie.

II. La dotation annuelle constituée au titre de la provision prévue au I est limitée à 75 % du montant du bénéfice technique net de cessions en réassurance réalisé par l'entreprise dans la branche assurance-crédit.

III. Le montant total atteint par la provision prévue au I ne peut, chaque année, excéder 134 % de la moyenne annuelle des primes ou cotisations, nettes de cessions en réassurance, encaissées lors des cinq exercices qui précèdent par l'entreprise.

IV. Pour application du présent article, le bénéfice technique s'entend de la différence entre :

D'une part, le montant des primes acquises au cours de l'exercice, diminuées des dotations aux provisions légalement constituées ;

D'autre part, le montant des charges de sinistres diminué du produit des recours, auquel s'ajoutent les frais directement imputables à la branche assurance-crédit ainsi qu'une quote-part des autres charges.

Les sommes rapportées au bénéfice imposable en application du V ne sont pas prises en compte pour le calcul de la limite de 75 % prévue au II.

V. Chaque provision est affectée, dans l'ordre d'ancienneté des dotations annuelles, à la compensation des résultats techniques déficitaires de l'exercice. Les dotations annuelles qui, dans un délai de dix ans, n'ont pas été utilisées conformément à cet objet sont rapportées au bénéfice imposable de la onzième année suivant celle de leur comptabilisation.

VI. Les conditions de comptabilisation, de déclaration et les modalités d'application de cette provision, notamment en ce qui concerne la détermination du bénéfice technique, sont fixées par décret en Conseil d'Etat *(Voir Annexe II, art. 16 E et 16 F).*

IS-IV-11950 s.

Art 39 quinquies GB **I.** Les entreprises d'assurances et de réassurances, les fonds de retraite professionnelle supplémentaire mentionnés à l'article L 381-1 du code des assurances, les mutuelles ou unions de retraite professionnelle supplémentaire mentionnées à l'article L 214-1 du code de la mutualité et les institutions de retraite professionnelle supplémentaire mentionnées à l'article L 942-1 du code de la sécurité sociale peuvent constituer en franchise d'impôt une provision destinée à faire face aux fluctuations de sinistralité afférentes aux opérations d'assurance de groupe contre les risques décès, incapacité ou invalidité.

La provision est calculée pour chaque contrat d'assurance couvrant les risques en cause ou pour chaque ensemble de contrats de même nature si leurs résultats sont mutualisés. Pour l'application de cette disposition, les résultats de différents contrats sont considérés comme mutualisés lorsqu'il est établi un compte d'exploitation technique annuel commun et que ces contrats stipulent une clause de participation aux bénéfices identique pour tous les souscripteurs.

II. La dotation annuelle de la provision est limitée à 75 % du bénéfice technique du contrat ou de l'ensemble de contrats concernés, net de cessions en réassurance.

Le montant total atteint par la provision ne peut, pour chaque exercice, excéder, par rapport au montant des primes ou cotisations afférentes aux contrats concernés, nettes d'annulations et de cessions en réassurance, acquises au cours de l'exercice : 23 % pour un effectif d'au moins 500 000 assurés, 33 % pour un effectif de 100 000 assurés, 87 % pour un effectif de 20 000 assurés et 100 % pour un effectif de 10 000 assurés au plus. Lorsque l'effectif concerné est compris entre deux des nombres représentant l'effectif mentionné à la phrase précédente, le taux est déterminé en fonction de l'effectif selon des modalités fixées par le décret en Conseil d'Etat prévu au V *(Voir Annexe II, art. 16 G)*.

III. Le bénéfice technique mentionné au premier alinéa du II est déterminé avant application de la réintégration prévue au IV. Il s'entend de la différence entre, d'une part, le montant des primes ou cotisations visées au deuxième alinéa du II, diminuées des dotations aux provisions légalement constituées, à l'exception de la provision pour participation aux excédents et, d'autre part, le montant des charges de sinistres, augmenté des frais imputables au contrat ou à l'ensemble des contrats considérés, à l'exception de la participation aux bénéfices versée, ainsi que d'une quote-part des autres charges. Lorsque, au cours de l'exercice, des intérêts techniques sont incorporés aux provisions mathématiques légalement constituées et afférentes aux contrats concernés, le bénéfice technique comprend le montant de ces intérêts.

IV. Chaque provision est affectée à la compensation des résultats techniques déficitaires de l'exercice dans l'ordre d'ancienneté des dotations annuelles. Les dotations annuelles qui n'ont pu être utilisées conformément à cet objet, dans un délai de dix ans, sont rapportées au bénéfice imposable de la onzième année suivant celle de leur comptabilisation.

En cas de transfert de tout ou partie d'un portefeuille de contrats, la provision correspondant aux risques cédés est également transférée et rapportée au bénéfice imposable du nouvel assureur ou du nouvel organisme de retraite professionnelle supplémentaire dans les mêmes conditions que l'aurait fait l'assureur initial en l'absence d'une telle opération.

V. Les modalités de comptabilisation, de déclaration et d'application de cette provision, notamment en ce qui concerne la détermination du bénéfice technique, sont fixées par décret en Conseil d'Etat *(Voir Annexe II, art. 16 G)*.

IS-IV-10950 s.

Art 39 quinquies GC **I.** Les entreprises d'assurances, les fonds de retraite professionnelle supplémentaire mentionnés à l'article L 381-1 du code des assurances, les mutuelles ou unions de retraite professionnelle supplémentaire mentionnées à l'article L 214-1 du code de la mutualité ou les institutions de retraite professionnelle supplémentaire mentionnées à l'article L 942-1 du code de la sécurité sociale peuvent constituer en franchise d'impôt une provision destinée à faire face à la perte globale de gestion afférente à l'ensemble des contrats d'assurance sur la vie, de nuptialité, de natalité et de capitalisation.

II. Pour chaque ensemble de contrats stipulant une clause de participation aux bénéfices et un taux garanti identiques et au titre de chacun des exercices clos pendant la durée de ceux-ci, il est établi un bilan prévisionnel des produits et des charges futurs de gestion actualisés afférents à cet ensemble de contrats. Cette durée tient compte des opérations futures de rachat et de réduction, dans la limite de 80 % de la moyenne de celles intervenues au cours de l'exercice considéré et des deux exercices précédents.

Pour l'établissement de ces bilans, sont pris en compte :

a. Les produits correspondant aux frais de gestion prévus contractuellement, aux commissions de réassurance perçues pour couvrir de tels frais, ainsi qu'aux produits de placements résiduels après déduction des sommes prélevées sur ces produits pour couvrir les frais de gestion et des charges techniques et financières résultant des clauses contractuelles. Les produits de placements sont calculés en appliquant le taux de rendement pondéré de ces placements à la moyenne annuelle des provisions mathématiques afférentes aux contrats visés au I, calculée au titre des exercices concernés. Pour les obligations et titres assimilés, le taux de rendement pondéré est calculé sur la base de leur rendement hors plus-values jusqu'à la date d'amortissement, et pour le remploi des sommes correspondant au montant de leurs coupons et au prix de remboursement de ces titres, de 75 % du taux moyen semestriel des emprunts d'Etat. Toutefois, ce pourcentage est fixé à 60 % pour les remplois devant intervenir à compter de la sixième année suivant la date de la clôture de l'exercice considéré. Pour les autres actifs, ce taux est calculé sur la base de 70 % du taux de rendement pondéré moyen, hors plus-values, des obligations et titres assimilés constaté au titre de l'exercice considéré et des deux exercices précédents ;

b. Les charges correspondant aux frais d'administration, aux frais de gestion des sinistres et aux frais internes et externes de gestion des placements retenus pour l'évaluation des produits, dans la limite du montant moyen des mêmes charges engagées au titre de l'exercice considéré et des deux exercices précédents.

Le taux d'actualisation des produits et des charges futurs de gestion est le taux défini au a.

III. Le montant de la provision est égal à la somme des soldes débiteurs des bilans prévisionnels visés au II.

IV. La dotation pratiquée à la clôture de l'exercice considéré est, à la date de clôture de l'exercice suivant, comparée à la dotation qui aurait été pratiquée à la clôture de l'exercice considéré si les produits des placements avaient été calculés en retenant le taux de rendement réel de ces placements calculé au titre de ce dernier exercice. Lorsque la dotation effectivement pratiquée est supérieure, une somme égale au produit d'une fraction de l'écart global entre les deux dotations par le taux mentionné au premier alinéa du 3 du II de l'article 238 septies E constaté à la clôture de l'exercice considéré est alors comprise dans le résultat imposable de cet exercice. Cette fraction est égale à la somme des excédents de provisions constatés au titre de chacun des exercices couverts par la dotation en cause, diminués d'un cinquième de leur montant par exercice clos entre le premier jour du second exercice suivant celui au titre duquel la dotation a été pratiquée et la date de clôture de ces exercices, dans la limite des quatre cinquièmes de ces excédents. Pour l'application de la phrase qui précède, l'écart global est affecté en priorité aux excédents constatés au titre des exercices les plus proches.

IS-IV-10360 s.

Art 39 quinquies GE Les dotations sur la réserve de capitalisation admises en charges sur le plan comptable et leurs reprises que les personnes mentionnées aux 1° à 6° et 9° à 11° du B du I de l'article L 612-2 du code monétaire et financier effectuent en application des dispositions législatives et réglementaires du code des assurances, du code de la mutualité ou du code de la sécurité sociale qui les régissent ne sont pas prises en compte pour la détermination de leur résultat imposable.

IS-IV-10090 s.

Art 39 quinquies GF Le fonds de garantie des dépôts et de résolution mentionné à l'article L 312-4 du code monétaire et financier est autorisé à constituer, en franchise d'impôt, une provision pour risque d'intervention telle que définie à l'article L 312-9 du même code.

Art 39 quinquies I Les entreprises qui donnent en location un bien immobilier dans les conditions prévues au 2 de l'article L 313-7 du code monétaire et financier peuvent constituer en franchise d'impôt une provision pour prendre en compte la différence entre, d'une part, la valeur du terrain et la valeur résiduelle des constructions et, d'autre part, le prix convenu pour la cession éventuelle de l'immeuble à l'issue du contrat de crédit-bail.

Cette provision, déterminée par immeuble, est calculée à la clôture de chaque exercice. Elle est égale à l'excédent du montant cumulé de la quote-part de loyers déjà acquis prise en compte pour la fixation du prix de vente convenu pour la cession éventuelle de l'immeuble à l'issue du contrat sur le total des amortissements pratiqués dans les conditions du 2° du 1 de l'article 39 et des frais supportés par le crédit-bailleur lors de l'acquisition de l'immeuble.

(Voir aussi Annexe III, art. 38 quindecies H et 38 quindecies K)

Ces dispositions sont également applicables aux entreprises qui donnent en location des biens d'équipement ou des matériels d'outillage dans les conditions prévues au 1 de l'article L 313-7 précité ou qui pratiquent des opérations de location avec option d'achat, et qui n'ont pas opté pour le mode d'amortissement mentionné au deuxième alinéa du I de l'article 39 C ainsi qu'aux entreprises ayant opté pour ce mode d'amortissement, pour les contrats au titre desquels elles cèdent leurs créances de crédit-bail à des fonds communs de créances. La provision est alors égale à l'excédent du montant cumulé de la quote-part de loyers déjà acquis, prise en compte pour la fixation du prix convenu pour la cession éventuelle du bien ou du matériel à l'issue du contrat, sur le total des amortissements pratiqués.

La provision est rapportée en totalité au résultat imposable de l'exercice au cours duquel le preneur lève l'option d'achat du bien. Lorsque l'option n'est pas levée, la provision est rapportée sur la durée résiduelle d'amortissement, au rythme de cet amortissement, et, au plus tard, au résultat imposable de l'exercice au cours duquel le bien est cédé.

BIC-VII-75350 s., 77290 s. ; MF nº 9555

Art 39 sexies Les sommes allouées en vertu des dispositions des textes pris pour l'application de l'article L 311-1 du code du cinéma et de l'image animée aux exploitants d'établissements de spectacles cinématographiques publics ainsi qu'aux industries techniques pour l'équipement et la modernisation des studios et des laboratoires de développement et de tirage des films constituent un élément du bénéfice imposable. Toutefois, lorsqu'elles sont affectées au financement de travaux ayant, au point de vue fiscal, le caractère d'immobilisations amortissables, ces allocations sont affectées par priorité à l'amortissement exceptionnel de ces immobilisations dont l'amortissement normal n'est calculé ensuite que sur la valeur résiduelle, après imputation des allocations versées aux exploitants ou déléguées par eux pour l'exécution de ces travaux.

BIC-V-22000 s. ; MF nº 8055

Art 39 octies A I. Les entreprises françaises qui investissent à l'étranger en vue de l'installation d'un établissement de vente, d'un bureau d'études ou d'un bureau de renseignements, soit directement, soit par l'intermédiaire d'une société dont elles détiennent au moins 10 % du capital, peuvent constituer en franchise d'impôt une provision d'un montant égal aux pertes subies au cours des cinq premières années d'exploitation de leur établissement ou de cette société, dans la limite des sommes investies en capital au cours des mêmes années.

Toutefois, pour les investissements réalisés dans les pays figurant sur une liste établie par le ministre de l'économie et des finances, le montant de la provision peut être égal aux sommes investies en capital au cours des cinq premières années.

Pour ouvrir droit à provision, les investissements doivent avoir été portés, préalablement à leur réalisation, à la connaissance du ministre de l'économie et des finances et n'avoir pas appelé d'objection de sa part dans un délai de deux mois.

Les dispositions du présent I ne sont plus applicables aux investissements qui font l'objet d'une demande d'accord préalable déposée après le 31 décembre 1987.

I bis. Les entreprises françaises qui effectuent dans un Etat étranger une première implantation commerciale sous la forme d'un établissement ou d'une filiale dont elles détiennent au moins un quart du capital peuvent, lorsque l'investissement réalisé est inférieur à 5 millions de francs, constituer en franchise d'impôt une provision d'un montant égal aux pertes subies au cours des cinq premières années d'exploitation de l'établissement ou de la filiale, dans la limite du montant de l'investissement.

L'établissement ou la filiale doit avoir pour seule activité la commercialisation des biens produits par l'entreprise dans un de ses établissements dont les résultats sont soumis à l'impôt sur les sociétés.

L'investissement est égal au montant net des capitaux transférés au profit de l'établissement au cours des cinq premières années d'exploitation ou au montant des dotations au capital de la filiale réalisées au cours de la même période, dans la limite des dépenses effectivement engagées pour les besoins de l'activité définie au deuxième alinéa.

Les dispositions du présent I bis ne s'appliquent pas aux investissements qui sont réalisés pour des activités bancaires, financières, d'assurances et des activités définies à l'article 35.

Lorsque l'implantation est réalisée dans un Etat qui est mentionné sur la liste établie par un arrêté du ministre chargé des finances, la provision peut être égale au montant de l'investissement *(Voir Annexe IV, art. 4 D).*

Les dispositions du présent I bis ne sont plus applicables aux investissements réalisés dans le cadre d'une première implantation commerciale effectuée après le 31 décembre 1987.

I ter. Les dispositions du I bis s'appliquent également aux entreprises françaises dont l'établissement ou la filiale a pour seule activité la commercialisation des biens produits par des entreprises ou établissements dont les résultats sont soumis à l'impôt sur les sociétés ; dans ce cas, cette activité doit porter à titre principal sur des biens produits par l'entreprise qui constitue la provision mentionnée audit I bis.

I quater. Les entreprises françaises qui effectuent dans un Etat étranger qui n'est pas membre de la Communauté européenne une première implantation commerciale sous la forme d'une filiale dont elles détiennent au moins un quart du capital peuvent constituer en franchise d'impôt une provision égale au montant de l'investissement effectué au cours des cinq premières années de l'implantation.

La filiale doit avoir pour activité la commercialisation à l'étranger des biens produits principalement par l'entreprise dans un de ses établissements dont les résultats sont soumis à l'impôt sur les sociétés.

L'investissement est égal au montant des dotations au capital de la filiale réalisées au cours des cinq premières années de l'implantation, dans la limite des dépenses effectivement engagées pour les besoins de l'activité définie au deuxième alinéa.

Les dispositions du présent I quater s'appliquent aux premières implantations commerciales effectuées à compter du 1er janvier 1988.

Les dispositions du présent I quater ne sont plus applicables aux investissements réalisés dans le cadre d'une première implantation commerciale effectuée après le 31 décembre 1991.

II. Les entreprises françaises qui réalisent un investissement industriel ou agricole dans l'un des pays figurant sur une liste établie par le ministre de l'économie et des finances et par le ministre du développement industriel et scientifique, soit directement, soit par l'intermédiaire d'une société dont elles détiennent au moins 10 % du capital, peuvent, sur agrément du ministre de l'économie et des finances donné après avis du ministre du développement industriel et scientifique, constituer une provision en franchise d'impôt égale à la moitié des sommes investies en capital au cours des cinq premières années d'exploitation.

Les dispositions du premier alinéa ne sont plus applicables aux investissements qui n'ont pas fait l'objet d'une demande d'agrément déposée avant le 1er janvier 2004.

BIC-XII-69450 s.

II bis. Les dispositions du II s'appliquent également et dans les mêmes conditions aux investissements réalisés à l'étranger par une entreprise française, à compter du 1er janvier 1988 par l'intermédiaire d'une filiale dont elle détient 25 % au moins du capital et qui a pour objet principal d'assurer un service nécessaire à une activité de commercialisation de biens produits par des entreprises ou établissements dont les résultats sont soumis à l'impôt sur les sociétés. Toutefois, lorsque l'investissement est réalisé dans un Etat membre de la Communauté européenne, la provision est égale aux pertes subies au cours des cinq premières années d'exploitation dans la proportion, calculée en valeur nominale, des titres de la filiale ouvrant droit à dividendes détenus par l'entreprise française sur l'ensemble des titres ouvrant droit à dividendes émis par la filiale, et dans la limite de la moitié de l'investissement.

Les dispositions du premier alinéa ne sont plus applicables aux investissements qui font l'objet d'une demande d'agrément déposée après le 31 décembre 1991.

III. Les provisions déduites par application des I à II bis sont rapportées par fractions égales aux bénéfices imposables des cinq exercices consécutifs, à partir du sixième suivant celui du premier investissement.

IV. Le bénéfice des dispositions prévues aux I à III peut être accordé aux groupements d'entreprises. Le bénéfice des dispositions du I quater peut être accordé sur agrément du ministre chargé du budget dans les conditions et limites prévues par cet agrément.

BIC-XII-69980 s.

V. Le bénéfice des dispositions prévues aux I, I quater, II, II bis, III et IV peut être accordé, sur agrément du ministre chargé du budget et dans les conditions et limites prévues par cet agrément, aux établissements de crédit et aux sociétés de financement dont la liste est fixée par décret et aux entreprises industrielles et commerciales ou agricoles qui, dans l'intérêt d'une entreprise française et en vue d'accompagner l'investissement à l'étranger de cette dernière, participent au capital de la société étrangère constituée à cet effet par l'entreprise ou à laquelle celle-ci se trouve elle-même associée *(La liste des établissements de crédit est définie à l'Annexe III, art. 10 GA).*

En cas de non-respect par l'entreprise française ou par l'établissement de crédit ou la société de financement des engagements ou conditions auxquels l'agrément est subordonné, les dispositions de l'article 1649 nonies A sont applicables à l'établissement de crédit ou la société de financement.

BIC-XII-70250 s.

BIC-XII-68000 s.

Art 39 octies C Les dispositions des I quater et II bis de l'article 39 octies A et de l'article 39 octies D ne s'appliquent pas aux investissements qui sont réalisés pour l'exercice d'activités bancaires, financières, d'assurances ou d'activités définies à l'article 35.

Art 39 octies D **I.** Les entreprises françaises qui effectuent dans un Etat étranger une implantation commerciale sous la forme d'un établissement créé à cet effet ou d'une filiale dont elles acquièrent le capital, peuvent constituer une provision, en franchise d'impôt, à raison des pertes subies par cet établissement ou cette filiale. L'acquisition de titres doit conférer à l'entreprise française la détention du tiers au moins du capital de la filiale commerciale ou, lorsque son taux de détention est au moins égal au tiers, lui permettre de le maintenir ou de l'augmenter d'une fraction égale à 10 % au moins du capital.

La dotation à la provision est égale au montant des pertes subies par l'établissement ou à une fraction du montant des pertes subies par la filiale, au cours des exercices clos après la date, soit de création de l'établissement, soit d'acquisition des titres, et pendant les quatre années suivant celle de cette création ou de cette acquisition ; la fraction mentionnée ci-dessus est obtenue en appliquant au montant de ces pertes le rapport entre la valeur nominale des titres ouvrant droit à dividende, ainsi acquis, et la valeur nominale de l'ensemble des titres ouvrant droit à dividende émis par la filiale ; les pertes sont retenues dans la limite du montant de l'investissement.

L'investissement est égal au montant net des capitaux transférés au profit de l'établissement depuis sa création et pour chacun des exercices mentionnés au deuxième alinéa, ou au montant des sommes versées au titre de chaque acquisition de titres représentatifs du capital de la filiale, dans la limite des dépenses effectivement engagées pour les besoins de l'activité commerciale définie ci-après.

La filiale, qui doit revêtir la forme d'une société de capitaux, ou l'établissement doit être soumis à l'étranger à une imposition de ses bénéfices comparable à celle qui résulterait de l'application de l'impôt sur les sociétés.

La filiale ou l'établissement doit avoir pour activité la commercialisation à l'étranger de biens produits principalement par l'entreprise qui constitue la provision dans l'un de ses établissements dont les résultats sont soumis à l'impôt sur les sociétés ou par les sociétés membres d'un groupe mentionné à l'article 223 A ou à l'article 223 A bis dont elle fait également partie.

Les dispositions du présent I ne sont plus applicables aux investissements réalisés après le 31 décembre 2003.

BIC-XII-68000 s.

II. La dotation aux provisions, déduite du résultat d'un exercice en application du présent article, est rapportée successivement aux résultats imposables des exercices suivants, à hauteur des bénéfices réalisés au titre de chacun de ces exercices par l'établissement ou la filiale situé à l'étranger et, au plus tard, au résultat de l'exercice ou de la période d'imposition arrêté au cours de la dixième année qui suit celle de l'investissement qui a ouvert droit à la provision. Ces bénéfices sont retenus avant déduction des déficits subis au cours d'exercices antérieurs et, si l'implantation a été réalisée par l'intermédiaire d'une filiale, dans la même proportion que celle qui a été appliquée aux pertes qui ont servi de base au calcul de la dotation.

Si le taux de détention du capital de la filiale, qui résulte d'une acquisition de titres ayant donné lieu à la provision mentionnée au présent article, est réduit au cours de la période de dix ans mentionnée au premier alinéa, la ou les dotations constituées à raison de cette acquisition et qui figurent au bilan de l'entreprise sont rapportées au résultat de l'exercice ou de la période d'imposition au cours duquel ce taux a diminué. Il en est de même si l'une des conditions prévues au I cesse d'être satisfaite ou si l'établissement ou la filiale est affecté par l'un des événements mentionnés au premier alinéa du 1 de l'article 201 et aux 2 et 5 de l'article 221.

BIC-XII-68795 s.

III. Pour l'application des dispositions du présent article, les résultats de l'établissement ou de la filiale étranger sont déterminés selon les règles fixées par le présent code à partir du bilan de départ établi dans les conditions fixées par décret. Toutefois, les dispositions légales particulières qui autorisent des provisions ou des déductions spéciales ou des amortissements exceptionnels ne sont pas applicables *(Voir Annexe III, art. 10 GA quinquies et 10 GA sexies).*

BIC-XII-68605 s.

IV. Le bénéfice des dispositions du présent article peut être accordé sur agrément préalable du ministre chargé du budget dans les conditions et limites prévues par cet agrément, aux entreprises françaises exerçant une activité mentionnée à l'article 34 et dont les résultats sont soumis à l'impôt sur les sociétés dans les conditions de droit commun, qui effectuent dans un Etat étranger une implantation sous la forme d'un établissement ou d'une filiale, qui satisfait aux conditions des quatre premiers alinéas du I et dont l'objet exclusif est la réalisation de prestations de services.

L'agrément mentionné au premier alinéa est délivré aux entreprises à raison des implantations à l'étranger qui ont pour objet de favoriser une exportation durable et significative de services.

Le montant de l'investissement ouvrant droit à provision est limité à 3 000 000 €.

Pour la détermination des résultats des exercices ouverts à compter du 1er janvier 1995, les dispositions du présent IV s'appliquent, dans les mêmes conditions et limites, aux entreprises françaises qui exercent une activité professionnelle au sens du 1 de l'article 92 et sont soumises à l'impôt sur les sociétés dans les conditions de droit commun, lorsque l'implantation réalisée à l'étranger, mentionnée au premier alinéa, a pour objet exclusif l'exercice de ces activités.

Les dispositions du premier alinéa ne sont plus applicables aux investissements qui n'ont pas fait l'objet d'une demande d'agrément déposée avant le 1er janvier 2004.

BIC-XII-69000 s.

V. Le bénéfice des dispositions du présent article peut également être accordé sur agrément du ministre chargé du budget dans les conditions et limites prévues par cet agrément, aux établissements de crédit, aux sociétés de financement et aux entreprises mentionnées au V de l'article 39 octies A qui réalisent des opérations prévues à ce même V, ainsi qu'aux groupements d'entreprises.

BIC-XII-69980 s., 70250 s.

VI. Les dispositions du présent article s'appliquent aux investissements qui sont réalisés à compter du 1er janvier 1992, sous réserve des dispositions du cinquième alinéa du I quater et du deuxième alinéa du II bis de l'article 39 octies A et du quatrième alinéa du IV du présent article *(Voir Annexe III, art. 10 GA quinquies et 10 GA sexies).*

BIC-XII-68000 s.

Art 39 octies E Les entreprises individuelles soumises à un régime réel d'imposition et les sociétés visées au deuxième alinéa de l'article L 223-1 du code de commerce relevant de l'impôt sur le revenu peuvent constituer, au titre des exercices clos avant le 1er janvier 2010, une provision pour investissement.

La provision mentionnée au premier alinéa ne peut être pratiquée que par les entreprises visées audit alinéa exerçant une activité industrielle, commerciale ou artisanale, créées ou reprises depuis moins de trois ans, employant moins de vingt salariés et dont au cours de l'exercice, ramené ou porté le cas échéant à douze mois, soit le chiffre d'affaires n'excède pas 50 millions d'euros, soit le total du bilan n'excède pas 43 millions d'euros. Ces conditions sont appréciées au titre de l'exercice clos en 2005 ou, en cas de création postérieure, à la date de clôture du premier exercice.

N'ouvrent pas droit au bénéfice de cette provision les activités exercées dans l'un des secteurs suivants : le transport, la production ou la transformation de produits agricoles, la pêche et l'aquaculture.

La dotation annuelle à cette provision ne peut excéder 5 000 €. Le montant total de la provision à la clôture d'un exercice ne peut excéder 15 000 €.

Cette provision doit être utilisée, au plus tard à la clôture du cinquième exercice suivant la première dotation annuelle, pour l'acquisition d'immobilisations amortissables, à l'exclusion des immeubles et des véhicules de tourisme. Lorsque la provision est utilisée conformément à son objet, elle est rapportée au résultat pour sa fraction utilisée par parts égales sur l'exercice d'acquisition de l'immobilisation amortissable et les quatre exercices suivants. Le montant non utilisé à la clôture du cinquième exercice suivant la première dotation annuelle est rapporté au résultat de cet exercice.

Le bénéfice de la provision est subordonné au respect du règlement (UE) n° 1407/2013 de la Commission, du 18 décembre 2013, relatif à l'application des articles 107 et 108 du traité sur le fonctionnement de l'Union européenne aux aides de minimis.

BIC-XII-60800 s.

Art 39 octies F Les entreprises individuelles soumises à un régime réel d'imposition et les sociétés visées au deuxième alinéa de l'article L 223-1 du code de commerce relevant de l'impôt sur le revenu peuvent constituer, au titre des exercices clos avant le 1er juillet 2009, une provision pour dépenses de mise en conformité :

1° Avec la réglementation en matière de sécurité alimentaire, pour celles exerçant une activité industrielle, commerciale ou artisanale ;

2° Avec la réglementation en matière d'hygiène, de sécurité, de protection contre l'incendie, de lutte contre le tabagisme, d'insonorisation ou d'amélioration de l'accessibilité des personnes handicapées, pour celles exerçant leur activité dans le secteur des hôtels, cafés et restaurants, à l'exclusion des activités d'hébergement collectif non touristique et de restauration collective.

La dotation à cette provision est subordonnée à l'existence, à la clôture de l'exercice, d'une obligation légale ou réglementaire de mise en conformité mentionnée au deuxième ou au troisième alinéa. Le montant de la dotation correspond au montant estimé des dépenses de mise en conformité. Le montant total de la provision à la clôture d'un exercice ne peut excéder 15 000 €.

Cette provision doit être utilisée, au plus tard à la clôture du cinquième exercice suivant la première dotation annuelle, pour l'engagement de dépenses de mise en conformité mentionnées au deuxième ou au troisième alinéa. Lorsque la provision est utilisée conformément à son objet, elle est rapportée au résultat pour sa fraction utilisée par parts égales sur l'exercice d'engagement de la dépense de mise en conformité et les quatre exercices suivants. Le montant non utilisé à la clôture du cinquième exercice suivant la première dotation annuelle est intégralement rapporté au résultat de cet exercice.

Le bénéfice de la provision est subordonné au respect du règlement (UE) n° 1407/2013 de la Commission, du 18 décembre 2013, relatif à l'application des articles 107 et 108 du traité sur le fonctionnement de l'Union européenne aux aides de minimis.

BIC-XII-73000 s.

Art 39 decies **I.** Les entreprises soumises à l'impôt sur les sociétés ou à l'impôt sur le revenu selon un régime réel d'imposition peuvent déduire de leur résultat imposable une somme égale à 40 % de la valeur d'origine des biens hors frais financiers, affectés à leur activité et qu'elles acquièrent ou fabriquent à compter du 15 avril 2015 et jusqu'au 14 avril 2017 lorsque ces biens peuvent faire l'objet d'un amortissement selon le système prévu à l'article 39 A et qu'ils relèvent de l'une des catégories suivantes :

1° Matériels et outillages utilisés pour des opérations industrielles de fabrication ou de transformation ;

2° Matériels de manutention ;

3° Installations destinées à l'épuration des eaux et à l'assainissement de l'atmosphère ;

4° Installations productrices de vapeur, de chaleur ou d'énergie à l'exception des installations utilisées dans le cadre d'une activité de production d'énergie électrique bénéficiant de l'application d'un tarif réglementé d'achat de la production ;

5° Matériels et outillages utilisés à des opérations de recherche scientifique ou technique ;

6° Eléments de structure, matériels et outillages utilisés à des opérations de transport par câbles et notamment au moyen de remontées mécaniques au sens de l'article L 342-7 du code du tourisme et ce quelles que soient les modalités d'amortissement desdits éléments de structure, matériels et outillages. La déduction visée par le premier paragraphe ci-dessus s'applique également aux biens acquis ou fabriqués jusqu'au 14 avril 2017. Lorsque la remontée mécanique est acquise ou fabriquée dans le cadre d'un contrat d'affermage, la déduction est pratiquée par le fermier ;

BIC-X BIS-3210

7° Les installations, les équipements, les lignes et câblages des réseaux de communications électroniques en fibre optique ne faisant pas l'objet d'une aide versée par une personne publique. Ces biens peuvent bénéficier de la déduction quelles que soient leurs modalités d'amortissement. En cas de cession de droits d'usage portant sur les biens mentionnés à la première phrase du présent 7°, le montant des investissements éligibles est égal à la différence entre le montant total des investissements effectués, hors frais financiers, et le montant ouvrant droit à la déduction des droits d'usage cédés à une entreprise tierce. Par dérogation au premier alinéa du présent I, les entreprises titulaires d'un droit d'usage portant sur ces biens peuvent déduire une somme égale à 40 % du montant facturé au titre de ce droit d'usage pour sa fraction afférente au prix d'acquisition ou de fabrication des biens, y compris par dérogation à la première phrase du présent 7°, lorsque ces biens font partie de réseaux ayant fait l'objet d'une aide versée par une personne publique. Par dérogation au même premier alinéa, la déduction s'applique aux biens mentionnés au présent 7° qui sont acquis ou fabriqués par l'entreprise à compter du 1er janvier 2016 et jusqu'au 14 avril 2017 et aux droits d'usage des biens acquis ou fabriqués au cours de la même période qui font l'objet d'une cession avant le 15 avril 2017 ;

BIC-X BIS-3220 s., 3700

8° Les logiciels qui contribuent à des opérations industrielles de fabrication et de transformation. Par dérogation au premier alinéa du présent I, la déduction s'applique aux biens mentionnés au présent 8°, quelles que soient leurs modalités d'amortissement ;

9° Les appareils informatiques prévus pour une utilisation au sein d'une baie informatique acquis ou fabriqués par l'entreprise et les machines destinées au calcul intensif acquises de façon intégrée, à compter du 12 avril 2016 et jusqu'au 14 avril 2017. Par dérogation au premier alinéa du présent I, la déduction s'applique aux biens mentionnés au présent 9°, quelles que soient leurs modalités d'amortissement.

La déduction s'applique également aux biens mentionnés au présent I ayant fait l'objet, avant le 15 avril 2017, d'une commande assortie du versement d'acomptes d'un montant au moins égal à 10 % du montant total de la commande et dont l'acquisition intervient dans un délai de vingt-quatre mois à compter de la date de la commande.

BIC-X BIS-3400 s.

La déduction est répartie linéairement sur la durée normale d'utilisation des biens. En cas de cession du bien avant le terme de cette période, elle n'est acquise à l'entreprise qu'à hauteur des montants déjà déduits du résultat à la date de la cession, qui sont calculés pro rata temporis.

L'entreprise qui prend en location un bien neuf mentionné au premier alinéa du présent I dans les conditions prévues au 1 de l'article L 313-7 du code monétaire et financier en application d'un contrat de crédit-bail ou dans le cadre d'un contrat de location avec option d'achat, peut déduire une somme égale à 40 % de la valeur d'origine du bien hors frais financiers, au moment de la signature du contrat. Ces contrats sont ceux conclus à compter du 15 avril 2015 et jusqu'au 14 avril 2017 pour les biens mentionnés aux 1° à 6° et 8° du présent I, à compter du 1er janvier 2016 et jusqu'au

14 avril 2017 pour les biens mentionnés au 7° et à compter du 12 avril 2016 et jusqu'au 14 avril 2017 pour les biens mentionnés au 9°. Cette déduction est répartie sur la durée mentionnée au douzième alinéa du présent I. Si l'entreprise crédit-preneuse ou locataire acquiert le bien, elle peut continuer à appliquer la déduction. La déduction cesse à compter de la cession ou de la cessation par celle-ci du contrat de crédit-bail ou de location avec option d'achat ou du bien et ne peut pas s'appliquer au nouvel exploitant.

L'entreprise qui donne le bien en crédit-bail ou en location avec option d'achat ne peut pas pratiquer la déduction mentionnée au premier alinéa.

BIC-X BIS-3000 s.

II. Les associés coopérateurs des coopératives d'utilisation de matériel agricole et des coopératives régies par les 2°, 3° et 3° bis du 1 de l'article 207 du présent code peuvent bénéficier de la déduction prévue au I du présent article à raison des biens acquis, fabriqués ou pris en crédit-bail ou en location avec option d'achat par ces coopératives du 15 octobre 2015 au 14 avril 2017, d'une part, au titre des biens affectés exclusivement à des opérations exonérées, d'autre part, au titre des biens affectés à la fois à des opérations exonérées et à des opérations taxables au prorata du chiffre d'affaires des opérations exonérées rapporté au chiffre d'affaires total.

Chaque associé coopérateur peut déduire une quote-part de la déduction ainsi déterminée égale à la proportion :

1° Soit de l'utilisation qu'il fait du bien, dans le cas des coopératives d'utilisation de matériel agricole ;

2° Soit du nombre de parts qu'il détient au capital de la coopérative, dans les autres cas.

Dans le cas des coopératives d'utilisation de matériel agricole, la proportion d'utilisation d'un bien par un associé coopérateur est égale au rapport entre le montant des charges attribué à cet associé coopérateur par la coopérative au titre du bien et le montant total des charges supporté par la coopérative au cours de l'exercice à raison du même bien. Ce rapport est déterminé par la coopérative à la clôture de chaque exercice.

La quote-part est déduite du bénéfice de l'exercice de l'associé coopérateur au cours duquel la coopérative a clos son propre exercice.

Les coopératives d'utilisation de matériel agricole, les coopératives régies par les 2°, 3° et 3° bis du 1 de l'article 207 du présent code et les associés coopérateurs sont tenus de produire, à toute réquisition de l'administration, les informations nécessaires permettant de justifier de la déduction pratiquée.

BIC-X BIS-3000 s.

Art 39 decies A **I. 1.** Les entreprises soumises à l'impôt sur les sociétés ou à l'impôt sur le revenu selon un régime réel d'imposition peuvent pratiquer une déduction assise sur la valeur d'origine des biens acquis neufs, hors frais financiers, affectés à leur activité, lorsqu'ils relèvent des catégories de véhicules dont le poids total autorisé en charge est supérieur ou égal à 2,6 tonnes qui utilisent exclusivement une ou plusieurs des énergies suivantes :

a. Le gaz naturel et le biométhane carburant ;

a bis. Une combinaison de gaz naturel et de gazole nécessaire au fonctionnement d'une motorisation bicarburant de type 1A telle que définie au 52 de l'article 2 du règlement (CE) n° 582/2011 de la Commission du 25 mai 2011 portant modalités d'application et modification du règlement (CE) n° 595/2009 du Parlement européen et du Conseil au regard des émissions des véhicules utilitaires lourds (Euro VI) et modifiant les annexes I et III de la directive 2007/46/CE du Parlement européen et du Conseil ;

b. Le carburant ED95 composé d'un minimum de 90,0 % d'alcool éthylique d'origine agricole ;

c. L'énergie électrique ;

d. L'hydrogène ;

e. Le carburant B100 constitué à 100 % d'esters méthyliques d'acides gras, lorsque la motorisation du véhicule est conçue en vue d'un usage exclusif et irréversible de ce carburant.

2. Pour les véhicules mentionnés au 1 du présent I dont le poids total autorisé en charge est supérieur ou égal à 3,5 tonnes, acquis à compter du 1er janvier 2016 et jusqu'au 31 décembre 2030 pour ceux utilisant les énergies mentionnées aux a et b du même 1, et à compter du 1er janvier 2019 et jusqu'au 31 décembre 2030 pour ceux utilisant les énergies mentionnées aux c et d dudit 1, et à compter du 1er janvier 2020 et jusqu'au 31 décembre 2030 pour ceux utilisant l'énergie mentionnée au e du même 1, la déduction est de 40 %.

Par dérogation au premier alinéa du présent 2, pour les véhicules mentionnés au 1 du présent I dont le poids autorisé en charge est supérieur ou égal à 3,5 tonnes et inférieur ou égal à 16 tonnes, acquis à compter du 1er janvier 2019 et jusqu'au 31 décembre 2030 pour ceux utilisant les énergies mentionnées aux a à d du même 1 et à compter du 1er janvier 2020 et jusqu'au 31 décembre 2030 pour ceux utilisant l'énergie mentionnée au e du même 1, la déduction est de 60 %.

Pour les véhicules mentionnés au même 1 dont le poids autorisé en charge est supérieur ou égal à 2,6 tonnes et inférieur à 3,5 tonnes, acquis à compter du 1er janvier 2019 et jusqu'au 31 décembre 2030 pour ceux utilisant les énergies mentionnées aux a à d du même 1 et à compter du 1er janvier 2020 et jusqu'au 31 décembre 2030 pour ceux utilisant l'énergie mentionnée au e du même 1, la déduction est de 20 %.

Les trois premiers alinéas du présent 2 s'appliquent, sous les mêmes conditions, aux véhicules utilisant l'énergie mentionnée au a bis du 1 du présent I acquis à compter du 1er janvier 2020 et jusqu'au 31 décembre 2030.

I bis. A. Les entreprises soumises à l'impôt sur les sociétés ou à l'impôt sur le revenu selon un régime réel d'imposition peuvent pratiquer une déduction assise sur le coût, hors frais financiers, de la transformation des véhicules à motorisation thermique en véhicules à motorisation électrique à batterie ou à pile à combustible à hydrogène, dans des conditions définies par arrêté du ministre chargé de l'écologie, lorsqu'ils sont affectés à leur activité et inscrits à l'actif immobilisé de leur bilan.

B. La déduction prévue au A du présent I bis s'applique aux véhicules dont le poids total autorisé en charge est supérieur ou égal à 2,6 tonnes et dont la transformation est engagée à compter du 1er janvier 2024 et jusqu'au 31 décembre 2030.

Elle s'applique à l'entreprise qui fait procéder à la transformation mentionnée au même A ou à l'entreprise qui procède à la première acquisition d'un véhicule qui a fait l'objet d'une telle transformation en vue de sa revente, lorsque le contrat d'acquisition dudit véhicule est conclu à compter du 1er janvier 2024 et jusqu'au 31 décembre 2030.

La déduction prévue audit A ne peut, au titre d'un même véhicule, être pratiquée qu'à une seule reprise.

C. Le taux de la déduction est respectivement de 20 % pour les véhicules dont le poids total autorisé en charge est supérieur ou égal à 2,6 tonnes et inférieur à 3,5 tonnes, de 60 % pour ceux dont le poids total autorisé en charge est supérieur ou égal à 3,5 tonnes et inférieur ou égal à 16 tonnes et de 40 % pour ceux dont le poids total autorisé en charge est supérieur à 16 tonnes.

II. Les déductions prévues aux I et I bis sont réparties linéairement sur la durée normale d'utilisation des biens. En cas de cession du bien avant le terme de cette période, elles ne sont acquises à l'entreprise qu'à hauteur des montants déjà déduits du résultat à la date de la cession, qui sont calculés pro rata temporis.

III. L'entreprise qui prend en location un bien neuf mentionné au I dans les conditions prévues au 1 de l'article L 313-7 du code monétaire et financier en application d'un contrat de crédit-bail ou dans le cadre d'un contrat de location avec option d'achat peut déduire une somme égale à 40 %, ou 60 % s'il s'agit d'un bien mentionné au deuxième alinéa du 2 du I du présent article, ou 20 % s'il s'agit d'un bien mentionné au troisième alinéa du même 2, de la valeur d'origine du bien, hors frais financiers, au moment de la signature du contrat. Ces contrats sont ceux conclus à compter du 1er janvier 2016 et jusqu'au 31 décembre 2030 pour les biens utilisant les énergies mentionnées aux a et b du 1 du I et à compter du 1er janvier 2019 et jusqu'au 31 décembre 2030 pour les biens utilisant les énergies mentionnées aux c et d du même 1 et pour les véhicules mentionnés aux deuxième et troisième alinéas du 2 du même I utilisant les énergies mentionnées aux a à d du 1 dudit I, et les contrats conclus à compter du 1er janvier 2020 et jusqu'au 31 décembre 2030 pour les biens mentionnés au 1 du même I et aux deuxième et troisième alinéas du 2 du même I utilisant l'énergie mentionnée au e du 1 du même I. Cette déduction est répartie sur la durée mentionnée au II. Si l'entreprise crédit-preneuse ou locataire acquiert le bien, elle peut continuer à appliquer la déduction. La déduction cesse à compter de la cession ou de la cessation par l'entreprise du contrat de crédit-bail ou de location avec option d'achat ou du bien et ne peut pas s'appliquer au nouvel exploitant.

Le premier alinéa du présent III s'applique, sous les mêmes conditions, aux véhicules neufs utilisant l'énergie mentionnée au a bis du 1 du I pris en location dans le cadre d'un contrat conclu à compter du 1er janvier 2020 et jusqu'au 31 décembre 2030.

L'entreprise qui donne le bien en crédit-bail ou en location avec option d'achat ne peut pas pratiquer la déduction mentionnée au I.

IV. L'entreprise qui prend en location un véhicule mentionné au I bis du présent article dans les conditions prévues au 1 de l'article L 313-7 du code monétaire et financier, en application d'un contrat de crédit-bail ou dans le cadre d'un contrat de location avec option d'achat, peut déduire une somme égale à 20 % du coût de la transformation du véhicule si ce dernier a fait l'objet de la transformation mentionnée au I bis du présent article. Cette déduction est de 60 % du coût de la transformation du véhicule si le poids autorisé en charge de ce dernier est supérieur ou égal à 3,5 tonnes et inférieur ou égal à 16 tonnes et de 40 % du coût de la transformation si son poids autorisé en charge est supérieur à 16 tonnes. Ces contrats sont ceux conclus à compter du 1er janvier 2024 et jusqu'au 31 décembre 2030. Cette déduction est répartie sur la durée mentionnée au II.

Si l'entreprise crédit-preneuse ou locataire acquiert le bien, elle peut continuer à appliquer la déduction. La déduction cesse à compter de la cession ou de la cessation par l'entreprise du contrat de crédit-bail ou de location avec option d'achat ou du bien et ne peut pas s'appliquer au nouvel exploitant.

L'entreprise qui donne le bien en crédit-bail ou en location avec option d'achat ne peut pas pratiquer la déduction mentionnée au I bis.

V. L'application par une entreprise de la déduction prévue aux I ou III est exclusive, au titre d'un même véhicule, du bénéfice de la déduction prévue aux I bis ou IV.

VI. Le bénéfice de la déduction prévue au présent article est subordonné au respect du règlement (UE) n° 1407/2013 de la Commission du 18 décembre 2013 relatif à l'application des articles 107 et 108 du traité sur le fonctionnement de l'Union européenne aux aides de minimis.

FR 2/24 inf. 25 nos 2 à 8 p. 52 ; BIC-X BIS-2000 s. ; MF n° 9620

Art 39 decies B **I.** Les petites et moyennes entreprises soumises à l'impôt sur les sociétés ou à l'impôt sur le revenu selon un régime réel peuvent déduire de leur résultat imposable une somme égale à 40 % de la valeur d'origine des biens inscrits à l'actif immobilisé, hors frais financiers, affectés à une activité industrielle, lorsque ces biens relèvent de l'une des catégories suivantes :

1° Equipements robotiques et cobotiques ;

2° Equipements de fabrication additive ;

3° Logiciels utilisés pour des opérations de conception, de fabrication ou de transformation ;

4° Machines intégrées destinées au calcul intensif ;

5° Capteurs physiques collectant des données sur le site de production de l'entreprise, sa chaîne de production ou son système transitique ;

6° Machines de production à commande programmable ou numérique ;

7° Equipements de réalité augmentée et de réalité virtuelle utilisés pour des opérations de conception, de fabrication ou de transformation.

La déduction est applicable aux biens mentionnés aux 1° à 7° acquis à l'état neuf à compter du 1er janvier 2019 et jusqu'au 31 décembre 2020 qui ont fait l'objet d'une commande ferme à compter du 20 septembre 2018. Elle s'applique également aux biens mentionnés aux mêmes 1° à 7° fabriqués à compter du 1er janvier 2019 et jusqu'au 31 décembre 2020 pour lesquels la direction de l'entreprise a pris la décision définitive de les fabriquer à compter du 20 septembre 2018.

La déduction s'applique également aux biens mentionnés auxdits 1° à 7° acquis à l'état neuf à compter du 1er janvier 2021, sous réserve qu'ils aient fait l'objet à compter du 1er janvier 2019 et jusqu'au 31 décembre 2020 d'une commande assortie du versement d'acomptes d'un montant au moins égal à 10 % du montant total de la commande et à la condition que cette acquisition intervienne dans un délai de vingt-quatre mois à compter de la date de la commande.

La déduction est répartie linéairement sur la durée normale d'utilisation des biens. En cas de cession du bien ou d'affectation à une activité autre qu'industrielle avant le terme de cette période, elle n'est acquise à l'entreprise qu'à hauteur des montants déjà déduits du résultat à la date de la cession ou du changement d'affectation, qui sont calculés pro rata temporis.

La petite ou moyenne entreprise qui affecte à une activité industrielle un bien neuf mentionné au premier alinéa du présent I pris en location dans les conditions prévues au 1 de l'article L 313-7 du code monétaire et financier, en application d'un contrat de crédit-bail ou dans le cadre d'un contrat de location avec option d'achat conclu à compter du 1er janvier 2019 et jusqu'au 31 décembre 2020, peut déduire une somme égale à 40 % de la valeur d'origine du bien neuf hors frais financiers, au moment de la signature du contrat. Cette déduction est répartie sur la durée mentionnée au onzième alinéa du présent I. Si l'entreprise crédit-preneuse ou locataire acquiert le bien, elle peut continuer à appliquer la déduction. La déduction cesse à compter de la cession ou de la cessation par celle-ci du contrat de crédit-bail ou de location avec option d'achat ou du bien et ne peut pas s'appliquer au nouvel exploitant.

L'entreprise qui donne le bien en crédit-bail ou en location avec option d'achat ne peut pas pratiquer la déduction mentionnée au premier alinéa.

II. Pour l'application du I, l'activité industrielle s'entend de celle qui concourt directement à la fabrication ou à la transformation de biens corporels mobiliers et pour laquelle le rôle du matériel et de l'outillage est prépondérant.

III. Le présent article s'applique aux petites et moyennes entreprises au sens de l'annexe I du règlement (UE) n° 651/2014 de la Commission du 17 juin 2014 déclarant certaines catégories d'aides compatibles avec le marché intérieur en application des articles 107 et 108 du traité.

IV. Le bénéfice de la déduction est subordonné au respect de l'article 17 du règlement (UE) n° 651/2014 de la Commission du 17 juin 2014 précité.

BIC-X BIS-1000 s. ; MF n°s 9605 s.

Art 39 decies C Version applicable au 31 décembre 2023 (Loi 2023-1322 du 29 décembre 2023 art. 42, II) :

I. Les entreprises soumises à l'impôt sur les sociétés ou à l'impôt sur le revenu selon un régime réel d'imposition peuvent déduire de leur résultat imposable :

1° Une somme égale à 125 % des coûts supplémentaires immobilisés, hors frais financiers, directement liés à l'installation d'équipements, acquis à l'état neuf, permettant l'utilisation d'hydrogène ou de toute autre propulsion décarbonée comme énergie propulsive principale ou pour la production d'énergie électrique destinée à la propulsion principale des navires et bateaux de transport de marchandises ou de passagers et qui sont affectés à leur activité, lorsque le contrat d'acquisition de ces équipements ou de construction du navire ou du bateau est conclu à compter du 1er janvier 2020 et jusqu'au 31 décembre 2023 ;

2° Une somme égale à 105 % des coûts supplémentaires immobilisés, hors frais financiers, directement liés à l'installation d'équipements, acquis à l'état neuf, permettant l'utilisation du gaz naturel liquéfié comme énergie propulsive principale ou pour la production d'énergie électrique destinée à la propulsion principale des navires et bateaux de transport de marchandises ou de passagers et qui sont affectés à leur activité, lorsque le contrat d'acquisition de ces équipements ou de construction du navire ou du bateau est conclu à compter du 1er janvier 2020 et jusqu'au 31 décembre 2023.

Le présent 2° s'applique également, dans les mêmes conditions, aux équipements acquis à l'état neuf permettant l'utilisation du gaz de pétrole liquéfié, du gaz naturel comprimé, de l'ammoniac, du méthanol, de l'éthanol ou du diméthyl éther comme énergie propulsive principale ou pour la production d'énergie électrique destinée à la propulsion principale des navires et bateaux de transport de marchandises ou de passagers et qui sont affectés à leur activité, lorsque le contrat d'acquisition de ces équipements ou de construction du navire ou du bateau est conclu à compter du 1er janvier 2022 et jusqu'au 31 décembre 2023 ;

3° Une somme égale à 85 % des coûts supplémentaires immobilisés, hors frais financiers, directement liés à l'installation des biens destinés au traitement des oxydes de soufre, oxydes d'azote et particules fines contenus dans les gaz d'échappement, qu'elles acquièrent à l'état neuf à compter du 1er janvier 2020 et jusqu'au 31 décembre 2023, en vue de les installer sur un navire en service pour améliorer le niveau d'exigence environnementale au regard d'au moins un des deux critères suivants :

un niveau d'émission d'oxydes de soufre inférieur à celui fixé à la règle 14 de l'annexe 6 de la Convention internationale pour la prévention de la pollution par les navires ou, lorsque le navire y est soumis, par la directive (UE) 2016/802 du Parlement européen et du Conseil du 11 mai 2016 concernant une réduction de la teneur en soufre de certains combustibles liquides ;

un niveau d'émission d'oxydes d'azote inférieur à celui correspondant au niveau III tel que défini au paragraphe 5.1 de la règle 13 de l'annexe 6 de la Convention internationale pour la prévention de la pollution par les navires.

Le présent 3° s'applique également aux biens mentionnés au premier alinéa, acquis à l'état neuf à compter du 1er janvier 2020 et jusqu'au 31 décembre 2023, en vue de les installer sur un bateau de transport de marchandises ou de passagers, si ces biens permettent d'améliorer le niveau d'exigence environnementale au regard des niveaux d'émissions polluantes définis par le règlement (UE) 2016/1628 du Parlement européen et du Conseil du 14 septembre 2016 relatif aux exigences concernant les limites d'émission pour les gaz polluants et les particules polluantes et la réception par type pour les moteurs à combustion interne destinés aux engins mobiles non routiers, modifiant les règlements (UE) n° 1024/2012 et (UE) n° 167/2013 et modifiant et abrogeant la directive 97/68/CE.

4° Une somme égale à 20 % de la valeur d'origine, hors frais financiers, des biens destinés à l'alimentation électrique durant l'escale par le réseau terrestre ou au moyen de moteurs auxiliaires utilisant le gaz naturel liquéfié ou une énergie décarbonée, qu'elles acquièrent à l'état neuf, à compter du 1er janvier 2020 et jusqu'au 31 décembre 2023, en vue de les installer sur un navire ou sur un bateau en service.

Le présent 4° s'applique également aux biens destinés à compléter la propulsion principale du navire ou du bateau par une propulsion décarbonée, acquis à l'état neuf, à compter du 1er janvier 2022 et jusqu'au 31 décembre 2023. Pour ces biens, le taux de la déduction est porté à 85 % de leur valeur d'origine, hors frais financiers.

Les 1° à 4° du présent I s'appliquent aux navires armés au commerce battant pavillon d'un des Etats membres de l'Union européenne ou d'un autre Etat partie à l'accord sur l'Espace économique européen ainsi qu'aux bateaux de transport de marchandises ou de passagers naviguant dans les eaux intérieures au sens de l'article L 4000-1 du code des transports et, le cas échéant, à ceux naviguant en mer dans les conditions prévues à l'article L 4251-1 du même code.

Les coûts supplémentaires, hors frais financiers, directement liés à l'installation des équipements mentionnés aux 1° et 2° du présent I sont déterminés par différence entre la valeur d'origine, hors frais financiers, de ces équipements et la valeur d'origine, hors frais financiers, des équipements similaires qui auraient permis l'utilisation du fuel lourd ou du diesel marin comme mode de propulsion principale ou pour la production d'électricité destinée à la propulsion principale du navire ou bateau de transport de marchandises et de passagers considéré.

Les coûts supplémentaires, hors frais financiers, directement liés à l'installation des biens mentionnés au 3° du présent I sont déterminés par différence entre la valeur d'origine, hors frais financiers, de ces équipements et la valeur d'origine, hors frais financiers, des équipements similaires qui auraient dû être installés sur le navire considéré pour satisfaire à la règle 14 de l'annexe 6 de la Convention internationale pour la prévention de la pollution par les navires ou, lorsque le navire y est soumis, aux dispositions de la directive (UE) 2016/802 du Parlement européen et du Conseil du 11 mai 2016 précitée, ou au niveau III d'émission d'oxydes d'azote selon les stipulations du paragraphe 5.1 de la règle 13 de l'annexe 6 de la Convention internationale pour la prévention de la pollution par les navires ou, pour un bateau de transport de marchandises ou de passagers, pour satisfaire au règlement (UE) 2016/1628 du Parlement européen et du Conseil du 14 septembre 2016 précité.

Pour le calcul de la déduction prévue au présent I, le montant des coûts supplémentaires immobilisés mentionnés au 2° est retenu dans la limite de 15 000 000 € par navire ou bateau et le montant des coûts supplémentaires immobilisés mentionnés au 3° ainsi que la valeur d'origine des biens mentionnés au second alinéa du 4° sont retenus dans la limite de 10 000 000 € par navire ou bateau.

II. La déduction est répartie linéairement à compter de la mise en service des biens sur leur durée normale d'utilisation. En cas de cession ou de remplacement du bien avant le terme de cette période, elle n'est acquise à l'entreprise qu'à hauteur des montants déjà déduits du résultat à la date de la cession ou du remplacement, qui sont calculés pro rata temporis.

III. L'entreprise qui prend en location un bien neuf mentionné au I, dans les conditions prévues au 1 de l'article L 313-7 du code monétaire et financier dans le cadre d'un contrat de crédit-bail ou de location avec option d'achat, conclu à compter du 1er janvier 2020 et jusqu'au 31 décembre 2023, peut déduire une somme égale à 125 % des coûts d'investissement supplémentaires s'il s'agit d'équipements mentionnés au 1° du I, 105 % des coûts d'investissement supplémentaires s'il s'agit d'équipements mentionnés au premier alinéa du 2° du même I, 85 % des coûts d'investissement supplémentaires s'il s'agit d'un bien mentionné au premier alinéa du 3° ou 20 % de la valeur d'origine, hors frais financiers, s'il s'agit d'un bien mentionné au 4° dudit I, au moment de la signature du contrat. Elle peut également déduire une somme égale à 105 % des coûts d'investissement supplémentaires s'il s'agit d'équipements mentionnés au second alinéa du 2° du I, lorsqu'elle prend en location un bien neuf mentionné au même I dans les conditions prévues au 1 de l'article L 313-7 du code monétaire et financier, dans le cadre d'un contrat de crédit-bail ou de location avec option d'achat, conclu à compter du 1er janvier 2022 et jusqu'au 31 décembre 2023. L'entreprise peut déduire une somme égale à 85 % de la valeur d'origine, hors frais financiers, des biens mentionnés au second alinéa du 4° du I du présent article, lorsqu'elle prend en location un bien neuf mentionné au même I dans les conditions prévues au 1 de l'article L 313-7 du code monétaire et financier, dans le cadre d'un contrat de crédit-bail ou de location avec option d'achat, conclu à compter du 1er janvier 2022 et jusqu'au 31 décembre 2023.Cette déduction est répartie pro rata temporis sur la durée normale d'utilisation du bien à compter de l'entrée en location. Si l'entreprise crédit-preneuse ou locataire acquiert le bien et en remplit les conditions, elle peut continuer à appliquer la déduction. En cas de cession ou de cessation du contrat de crédit-bail ou de location avec option d'achat ou de cession du bien, la déduction n'est acquise à l'entreprise qu'à hauteur des montants déjà déduits du résultat à la date de la cession ou de la cessation, qui sont calculés pro rata temporis.

Les coûts d'investissement supplémentaires des équipements mentionnés aux 1° , 2° et 3° du I ainsi que la valeur d'origine des biens mentionnés au second alinéa du 4° du même I pris en location dans le cadre d'un contrat de crédit-bail ou de location avec option d'achat sont déterminés dans les conditions prévues aux trois derniers alinéas du I.

L'entreprise qui donne le bien en crédit-bail ou en location avec option d'achat peut pratiquer les déductions mentionnées au même I, sous réserve du respect des conditions suivantes :

1° Le locataire ou le crédit-preneur a opté pour le régime prévu à l'article 209-0 B ;

2° L'avantage en impôt procuré par les déductions pratiquées en application du présent article est intégralement rétrocédé à l'entreprise locataire ou crédit-preneuse sous forme de diminution de loyers accordée en même temps et au même rythme que celui auquel la déduction est pratiquée.

III bis. La déduction prévue aux I et III du présent article s'applique également, dans les mêmes conditions, aux biens acquis, pris ou donnés en location, à l'état neuf, à compter du 1er janvier 2024 et jusqu'au 31 décembre 2024, pour lesquels le contribuable justifie d'un devis ayant fait l'objet d'une acceptation intervenue avant le 31 décembre 2023.

IV. Sur demande de l'administration, le contribuable présente tout document, visé par l'administration chargée du transport maritime, certifiant que la condition prévue au onzième alinéa du I est respectée.

V. Si l'une des conditions prévues aux I à IV cesse d'être respectée pendant la durée normale d'utilisation du navire prévue aux II et III, le contribuable perd le droit à la déduction prévue aux I et III et les sommes déduites au cours de l'exercice et des exercices antérieurs sont rapportées au résultat imposable de l'entreprise qui en a bénéficié au titre de l'exercice au cours duquel cet événement se réalise.

VI. Le bénéfice de la déduction est subordonné au respect de l'article 36 du règlement (UE) n° 651/2014 de la Commission du 17 juin 2014 déclarant certaines catégories d'aides compatibles avec le marché intérieur en application des articles 107 et 108 du traité.

Ndlr 1. *Les dispositions du présent article applicables au 31 décembre 2023 continuent de produire leurs effets pendant la durée résiduelle d'application du dispositif pour les biens éligibles acquis ou construits jusqu'au 31 décembre 2023, ou à compter du 1er janvier 2024 et jusqu'au 31 décembre 2024 lorsque le contribuable justifie d'un devis ayant fait l'objet d'une acceptation intervenue avant le 31 décembre 2023 (Loi 2023-1322 du 29 décembre 2023 art. 42, I et IV).*

2. *Pour les dispositions de l'article 39 decies C applicables à compter du 1er janvier 2024, voir ci-après.*

FR 2/24 inf. 26 p. 56 ; BIC-X BIS-5000 s. ; MF n° 9630

Version applicable à compter du 1er janvier 2024 (Loi 2023-1322 du 29 décembre 2023 art. 42, II) :

I. Les entreprises soumises à l'impôt sur les sociétés ou à l'impôt sur le revenu selon un régime réel d'imposition peuvent déduire de leur résultat imposable :

1° Une somme égale à 115 % des coûts supplémentaires immobilisés, hors frais financiers, directement liés à l'installation d'équipements, acquis à l'état neuf, qui permettent l'utilisation d'une énergie décarbonée comme énergie propulsive ou pour la production d'énergie électrique destinée à la propulsion des navires et bateaux de transport de marchandises ou de passagers et qui sont affectés à leur activité, lorsque la propulsion est assurée à titre exclusif par ces énergies et que le contrat d'acquisition de ces équipements ou de construction du navire ou du bateau est conclu à compter du 1er janvier 2024 et jusqu'au 31 décembre 2024 ;

2° Une somme égale à 75 % des coûts supplémentaires immobilisés, hors frais financiers, directement liés à l'installation d'équipements, acquis à l'état neuf, qui permettent l'utilisation d'une énergie décarbonée comme énergie propulsive principale ou pour la production d'énergie électrique destinée à la propulsion principale des navires et bateaux de transport de marchandises ou de passagers et qui sont affectés à leur activité, lorsque le contrat d'acquisition de ces équipements ou de construction du navire ou du bateau est conclu à compter du 1er janvier 2024 et jusqu'au 31 décembre 2024 ;

3° Une somme égale à 50 % des coûts supplémentaires immobilisés, hors frais financiers, directement liés à l'installation d'équipements, acquis à l'état neuf, permettant l'utilisation du méthanol, de l'éthanol ou du diméthyl éther comme énergie propulsive principale ou pour la production d'énergie électrique destinée à la propulsion principale des navires et bateaux de transport de marchandises ou de passagers et qui sont affectés à leur activité, lorsque :

a. Le contrat d'acquisition de ces équipements ou de construction du navire ou du bateau est conclu à compter du 1er janvier 2024 et jusqu'au 31 décembre 2024 ;

b. La propulsion est également assurée à partir d'une énergie propulsive décarbonée ;

c. Et l'utilisation de ces énergies permet de respecter le niveau d'exigence environnementale au regard des critères prévus aux c et d du 102 septies de l'article 2 du règlement (UE) n° 651/2014 de la Commission du 17 juin 2014 déclarant certaines catégories d'aides compatibles avec le marché intérieur en application des articles 107 et 108 du traité.

Le taux de la déduction est porté à 75 % lorsque la propulsion principale du navire ou du bateau est assurée à partir de l'une des énergies mentionnées au premier alinéa du présent 3° et qu'elle provient de sources renouvelables ;

4° Une somme égale à 40 % de la valeur d'origine, hors frais financiers, des équipements destinés à compléter la propulsion principale d'un navire ou d'un bateau par une propulsion décarbonée, acquis à l'état neuf à compter du 1er janvier 2024 et jusqu'au 31 décembre 2024, lorsque l'installation de ces équipements permet de respecter les critères de performance environnementale mentionnés au c du 3° ;

5° Une somme égale à 20 % de la valeur d'origine, hors frais financiers, des biens destinés à l'alimentation électrique durant l'escale par le réseau terrestre ou au moyen de moteurs auxiliaires utilisant une énergie décarbonée, qu'elles acquièrent à l'état neuf à compter du 1er janvier 2024 et jusqu'au 31 décembre 2024, en vue de les installer sur un navire ou sur un bateau en service, lorsque la propulsion est au moins partiellement assurée par une énergie propulsive décarbonée et que l'installation de ces équipements permet de respecter les critères de performance environnementale mentionnés au même c.

Une somme égale à 20 % de la valeur d'origine, hors frais financiers, des biens destinés à l'alimentation électrique durant l'escale par le réseau terrestre ou au moyen de moteurs auxiliaires utilisant une énergie décarbonée, qu'elles acquièrent à l'état neuf à compter du 1er janvier 2024 et jusqu'au 31 décembre 2024, en vue de les installer sur un navire ou sur un bateau en service, lorsque la propulsion est au moins partiellement assurée par une énergie propulsive décarbonée et que l'installation de ces équipements permet de respecter les critères de performance environnementale mentionnés au même c.

Les coûts supplémentaires, hors frais financiers, directement liés à l'installation des équipements mentionnés aux 1°, 2° et 3° du présent I sont déterminés par différence entre la valeur d'origine, hors frais financiers, de ces équipements et la valeur d'origine, hors frais financiers, des équipements similaires qui auraient permis, dans des conditions analogues, l'utilisation du fioul lourd ou du diesel marin comme mode de propulsion ou pour la production d'électricité destinée à la propulsion du navire ou du bateau de transport de marchandises et de passagers considéré.

Pour le calcul de la déduction prévue au présent I, le montant des coûts supplémentaires immobilisés mentionnés au 3° est retenu dans la limite de 15 000 000 € par navire ou bateau et la valeur d'origine des équipements mentionnés au 4° est retenue dans la limite de 10 000 000 € par navire ou bateau.

II. La déduction est répartie linéairement à compter de la mise en service des biens sur leur durée normale d'utilisation. En cas de cession ou de remplacement du bien avant le terme de cette période, elle n'est acquise à l'entreprise qu'à hauteur des montants déjà déduits du résultat à la date de la cession ou du remplacement, qui sont calculés pro rata temporis.

III. L'entreprise qui prend en location un bien neuf mentionné au I, dans les conditions prévues au 1 de l'article L 313-7 du code monétaire et financier, dans le cadre d'un contrat de crédit-bail ou de location avec option d'achat conclu à compter du 1er janvier 2024 et jusqu'au 31 décembre 2024, peut déduire, au moment de la signature du contrat, une somme égale à 115 % des coûts d'investissement supplémentaires s'il s'agit d'équipements mentionnés au 1° du I du présent article, à 75 % des coûts d'investissement supplémentaires s'il s'agit d'équipements mentionnés au 2° du même I, à 50 ou à 75 % des coûts d'investissement supplémentaires s'il s'agit d'équipements mentionnés au 3° dudit I, à 40 % de la valeur d'origine, hors frais financiers, s'il s'agit d'équipements mentionnés au 4° du même I ou à 20 % de la valeur d'origine, hors frais financiers, s'il s'agit d'un bien mentionné au 5° du même I. Cette déduction est répartie pro rata temporis sur la durée normale d'utilisation du bien à compter de l'entrée en location. Si l'entreprise crédit-preneuse ou locataire acquiert le bien et en remplit les conditions, elle peut continuer à appliquer la déduction. En cas de cession ou de cessation du contrat de créditbail ou de location avec option d'achat ou de cession du bien, la déduction n'est acquise à l'entreprise qu'à hauteur des montants déjà déduits du résultat à la date de la cession ou de la cessation, qui sont calculés pro rata temporis.

Les coûts d'investissement supplémentaires des équipements mentionnés aux 1°, 2° et 3° du même I ainsi que la valeur d'origine des équipements mentionnés au 4° du même I pris en location dans le cadre d'un contrat de crédit-bail ou de location avec option d'achat sont déterminés dans les conditions prévues aux deux derniers alinéas du même I.

L'entreprise qui donne le bien en crédit-bail ou en location avec option d'achat peut pratiquer les déductions mentionnées au même I, sous réserve du respect des conditions suivantes :

1° Le locataire ou le crédit-preneur a opté pour le régime prévu à l'article 209-0 B ;

2° L'avantage en impôt procuré par les déductions pratiquées en application du présent article est intégralement rétrocédé à l'entreprise locataire ou crédit-preneuse sous forme de diminution de loyers accordée en même temps et au même rythme que celui auquel la déduction est pratiquée.

III bis. La déduction prévue aux I et III du présent article s'applique également, dans les mêmes conditions, aux biens acquis, pris ou donnés en location, à l'état neuf, à compter du 1er janvier 2024 et jusqu'au 31 décembre 2024, pour lesquels le contribuable justifie d'un devis ayant fait l'objet d'une acceptation intervenue avant le 31 décembre 2023.

Ndlr *Le III bis ci-dessus ne concerne pas, en pratique, les dispositions du présent article applicables à compter du 1er janvier 2024. Conformément à l'article 42, IV de la loi 2023-1322 du 29 décembre 2023, il s'applique aux dispositions de l'article 39 decies C, I et III, dans sa rédaction en vigueur jusqu'au 31 décembre 2023 (reproduit ci-avant).*

IV. Sur demande de l'administration, le contribuable présente tout document, visé par l'administration chargée du transport maritime, certifiant que la condition prévue au onzième alinéa du I est respectée.

V. Si l'une des conditions prévues aux I à IV cesse d'être respectée pendant la durée normale d'utilisation du navire prévue aux II et III, le contribuable perd le droit à la déduction prévue aux I et III et les sommes déduites au cours de l'exercice et des exercices antérieurs sont rapportées au résultat imposable de l'entreprise qui en a bénéficié au titre de l'exercice au cours duquel cet événement se réalise.

VI. L'application du dispositif prévu au présent article est exclusive du bénéfice de la déduction pouvant résulter de l'application du présent article dans sa rédaction résultant du I de l'article 42 de la loi n° 2023-1322 du 29 décembre 2023 de finances pour 2024.

VII. Le bénéfice de la déduction est subordonné au respect de l'article 36 ter du règlement (UE) n° 651/2014 de la Commission du 17 juin 2014 précité.

Ndlr *Les dispositions de l'article 39 decies C reproduites ci-dessus s'appliquent à compter du 1er janvier 2024 (Loi 2023-1322 du 29 décembre 2023 art. 42, II).*

FR 2/24 inf. 26 p. 56 ; BIC-X BIS-5000 s. ; MF n° 9630

Art 39 decies C bis

I. Les entreprises soumises à l'impôt sur les sociétés ou à l'impôt sur le revenu selon un régime réel d'imposition peuvent déduire de leur résultat imposable :

1° Une somme égale à 125 % des coûts supplémentaires immobilisés, hors frais financiers, directement liés à l'installation d'équipements, acquis à l'état neuf, qui permettent l'utilisation d'hydrogène ou de toute autre propulsion décarbonée comme énergie propulsive principale ou pour la production d'énergie électrique destinée à la propulsion principale des navires de transport de marchandises ou de passagers et qui sont affectés à leur activité, lorsque le contrat d'acquisition de ces équipements ou de construction du navire est conclu à compter de la date prévue par le décret mentionné au V de l'article 42 de la loi n° 2023-1322 du 29 décembre 2023 de finances pour 2024 et jusqu'au 31 décembre 2027 ;

2° Une somme égale à 105 % des coûts supplémentaires immobilisés, hors frais financiers, directement liés à l'installation d'équipements, acquis à l'état neuf, qui permettent l'utilisation du gaz naturel liquéfié comme énergie propulsive principale ou pour la production d'énergie électrique destinée à la propulsion principale des navires de transport de marchandises ou de passagers et qui sont affectés à leur activité, lorsque le contrat d'acquisition de ces équipements ou de construction du navire est conclu à compter de la date prévue par le décret mentionné au même V et jusqu'au 31 décembre 2027.

Le présent 2° s'applique également, dans les mêmes conditions, aux équipements acquis à l'état neuf permettant l'utilisation du gaz de pétrole liquéfié, du gaz naturel comprimé, de l'ammoniac, du méthanol, de l'éthanol ou du diméthyl éther comme énergie propulsive principale ou pour la production d'énergie électrique destinée à la propulsion principale des navires de transport de marchandises ou de passagers et qui sont affectés à leur activité, lorsque le contrat d'acquisition de ces équipements ou de construction du navire est conclu à compter de la date prévue par le décret mentionné au V de l'article 42 de la loi n° 2023-1322 du 29 décembre 2023 précitée et jusqu'au 31 décembre 2027 ;

3° Une somme égale à 85 % des coûts supplémentaires immobilisés, hors frais financiers, directement liés à l'installation des biens destinés au traitement des oxydes de soufre, oxydes d'azote et particules fines contenus dans les gaz d'échappement qu'elles acquièrent à l'état neuf, à compter de la date prévue par le décret mentionné au même V et jusqu'au 31 décembre 2027, en vue de les installer sur un navire en service pour améliorer le niveau d'exigence environnementale au regard d'au moins un des deux critères suivants :

a. Un niveau d'émission d'oxydes de soufre inférieur à celui fixé à la règle 14 de l'annexe 6 de la convention internationale pour la prévention de la pollution par les navires ou, lorsque le navire y est soumis, par la directive (UE) 2016/802 du Parlement européen et du Conseil du 11 mai 2016 concernant une réduction de la teneur en soufre de certains combustibles liquides ;

b. Un niveau d'émission d'oxydes d'azote inférieur à celui correspondant au niveau III défini au paragraphe 5.1 de la règle 13 de l'annexe 6 de la convention internationale pour la prévention de la pollution par les navires ;

4° Une somme égale à 20 % de la valeur d'origine, hors frais financiers, des biens destinés à l'alimentation électrique durant l'escale par le réseau terrestre ou au moyen de moteurs auxiliaires utilisant le gaz naturel liquéfié ou une énergie décarbonée, qu'elles acquièrent à l'état neuf à compter de la date prévue par le décret mentionné au V de l'article 42 de la loi n° 2023-1322 du 29 décembre 2023 précitée et jusqu'au 31 décembre 2027, en vue de les installer sur un navire en service ;

Le présent 4° s'applique également aux biens destinés à compléter la propulsion principale du navire par une propulsion décarbonée, acquis à l'état neuf à compter de la date prévue par le décret mentionné au V de l'article 42 de la loi n° 2023-1322 du 29 décembre 2023 précitée et jusqu'au 31 décembre 2027. Pour ces biens, le taux de la déduction est porté à 85 % de leur valeur d'origine, hors frais financiers.

Les 1° à 4° du présent I s'appliquent aux navires armés au commerce battant pavillon d'un des Etats membres de l'Union européenne ou d'un autre Etat partie à l'accord sur l'Espace économique européen.

Les coûts supplémentaires, hors frais financiers, directement liés à l'installation des équipements mentionnés aux 1° et 2° du présent I sont déterminés par différence entre la valeur d'origine, hors frais financiers, de ces équipements et la valeur d'origine, hors frais financiers, des équipements similaires qui auraient permis l'utilisation du fuel lourd ou du diesel marin comme mode de propulsion principale ou pour la production d'électricité destinée à la propulsion principale du navire de transport de marchandises et de passagers considéré.

Les coûts supplémentaires, hors frais financiers, directement liés à l'installation des biens mentionnés au 3° du présent I sont déterminés par différence entre la valeur d'origine, hors frais financiers, de ces équipements et la valeur d'origine, hors frais financiers, des équipements similaires qui auraient dû être installés sur le navire considéré pour satisfaire à la règle 14 de l'annexe 6 de la convention internationale pour la prévention de la pollution par les navires ou, lorsque le navire y est soumis, aux dispositions de la directive (UE) 2016/802 du Parlement européen et du Conseil du 11 mai 2016 précitée ou au niveau III d'émission d'oxydes d'azote selon les stipulations du paragraphe 5.1 de la règle 13 de l'annexe 6 de la convention internationale pour la prévention de la pollution par les navires.

Pour le calcul de la déduction prévue au présent I, le montant des coûts supplémentaires immobilisés mentionnés au 2° est retenu dans la limite de 15 millions d'euros par navire et le montant des coûts supplémentaires immobilisés mentionnés au 3° ainsi que la valeur d'origine des biens mentionnés au second alinéa du 4° sont retenus dans la limite de 10 millions d'euros par navire.

II. La déduction est répartie linéairement à compter de la mise en service des biens, sur leur durée normale d'utilisation. En cas de cession ou de remplacement du bien avant le terme de cette période, elle n'est acquise à l'entreprise qu'à hauteur des montants déjà déduits du résultat à la date de la cession ou du remplacement, qui sont calculés pro rata temporis.

III. L'entreprise qui prend en location un bien neuf mentionné au I, dans les conditions prévues au 1 de l'article L 313-7 du code monétaire et financier dans le cadre d'un contrat de crédit-bail ou de location avec option d'achat conclu à compter de la date prévue par le décret mentionné au V de l'article 42 de la loi n° 2023-1322 du 29 décembre 2023 précitée et jusqu'au 31 décembre 2027, peut déduire une somme égale à 125 % des coûts d'investissement supplémentaires s'il s'agit d'équipements mentionnés au 1° du I du présent article, à 105 % des coûts d'investissement supplémentaires s'il s'agit d'équipements mentionnés au premier alinéa du 2° du même I, à 85 % des coûts d'investissement supplémentaires s'il s'agit d'un bien mentionné au premier alinéa du 3° dudit I ou à 20 % de la valeur d'origine, hors frais financiers, s'il s'agit d'un bien mentionné au 4° du même I, au moment de la signature du contrat. Elle peut également déduire une somme égale à 105 % des coûts d'investissement supplémentaires s'il s'agit d'équipements mentionnés au second alinéa du 2° du même I, lorsqu'elle prend en location un bien neuf mentionné au même I dans les conditions prévues au 1 de l'article L 313-7 du code monétaire et financier, dans le cadre d'un contrat de crédit-bail ou de location avec option d'achat conclu à compter de la date prévue par le décret mentionné au V de l'article 42 de la loi n° 2023-1322 du 29 décembre 2023 précitée et jusqu'au 31 décembre 2027. L'entreprise peut déduire une somme égale à 85 % de la valeur d'origine, hors frais financiers, des biens mentionnés au second alinéa du 4° du I du présent article lorsqu'elle prend en location un bien neuf mentionné au même I dans les conditions prévues au 1 de l'article L 313-7 du code monétaire et financier, dans le cadre d'un contrat de crédit-bail ou de location avec option d'achat conclu à compter de la date prévue par le décret mentionné au V de l'article 42 de la loi n° 2023-1322 du 29 décembre 2023 précitée et jusqu'au 31 décembre 2027. Cette déduction est répartie pro rata temporis sur la durée normale d'utilisation du bien à compter de l'entrée en location. Si l'entreprise crédit-preneuse ou locataire acquiert le bien et en remplit les conditions, elle peut continuer à appliquer la déduction. En cas de cession ou de cessation du contrat de crédit-bail ou de location avec option d'achat ou de cession du bien, la déduction n'est acquise à l'entreprise qu'à hauteur des montants déjà déduits du résultat à la date de la cession ou de la cessation, qui sont calculés pro rata temporis.

Les coûts d'investissement supplémentaires des équipements mentionnés aux 1° à 3° du I du présent article ainsi que la valeur d'origine des biens mentionnés au second alinéa du 4° du même I pris en location dans le cadre d'un contrat de crédit-bail ou de location avec option d'achat sont déterminés dans les conditions prévues aux trois derniers alinéas dudit I.

L'entreprise qui donne le bien en crédit-bail ou en location avec option d'achat peut pratiquer les déductions mentionnées au même I, sous réserve du respect des conditions suivantes :

1° Le locataire ou le crédit-preneur a opté pour le régime prévu à l'article 209-0 B ;

2° L'avantage en impôt procuré par les déductions pratiquées en application du présent article est intégralement rétrocédé à l'entreprise locataire ou crédit-preneuse sous forme de diminution de loyers accordée en même temps et au même rythme que celui auquel la déduction est pratiquée.

IV. Sur demande de l'administration, le contribuable présente tout document, visé par l'administration chargée du transport maritime, certifiant que la condition prévue au dixième alinéa du I est respectée.

V. Si l'une des conditions prévues aux I à IV cesse d'être respectée pendant la durée normale d'utilisation du navire prévue aux II et III, le contribuable perd le droit à la déduction prévue aux I et III et les sommes déduites au cours de l'exercice et des exercices antérieurs sont rapportées au résultat imposable de l'entreprise qui en a bénéficié au titre de l'exercice au cours duquel cet événement se réalise.

VI. L'application du dispositif prévu au présent article est, au titre d'un même bien, exclusive du bénéfice de la déduction prévue à l'article 39 decies C.

Ndlr *Le présent article entre en vigueur à une date fixée par décret, qui ne peut être postérieure de plus de trois mois à la date de réception par le Gouvernement de la réponse de la Commission européenne permettant de considérer le dispositif lui ayant été notifié comme étant conforme au droit de l'Union européenne en matière d'aides d'Etat (Loi 2023-1322 du 29 décembre 2023 art. 42, III et V).*

FR 2/24 inf. 26 n°s 14 à 16 p. 56

Art 39 decies D **I.** Les entreprises soumises à l'impôt sur les sociétés ou à l'impôt sur le revenu selon un régime réel d'imposition peuvent déduire de leur résultat imposable une somme égale à 40 % de la valeur d'origine, hors frais financiers, de l'ensemble des biens d'équipement de réfrigération et de traitement de l'air utilisant des fluides réfrigérants autres que ceux mentionnés à la section 1 de l'annexe I du règlement (UE) n° 517/2014 du Parlement européen et du Conseil du 16 avril 2014 relatif aux gaz à effet de serre fluorés et abrogeant le règlement (CE) n° 842/2006, affectés à leur activité et inscrits à l'actif immobilisé.

La déduction est applicable aux biens mentionnés au premier alinéa du présent I acquis à l'état neuf à compter du 1er janvier 2019 et jusqu'au 31 décembre 2022.

II. La déduction est répartie linéairement sur la durée normale d'utilisation des biens. En cas de sortie du bien de l'actif avant le terme de cette période, elle n'est acquise à l'entreprise qu'à hauteur des montants déjà déduits du résultat à la date de la sortie du bien de l'actif, qui sont calculés pro rata temporis.

III. L'entreprise qui prend en location un bien neuf mentionné au I du présent article dans les conditions prévues au 1 de l'article L 313-7 du code monétaire et financier en application d'un contrat de crédit-bail ou dans le cadre d'un contrat de location avec option d'achat, conclu à compter du 1er janvier 2019 et jusqu'au 31 décembre 2022, peut déduire une somme égale à 40 % de la valeur d'origine du bien hors frais financiers au moment de la signature du contrat. Cette déduction est répartie pro rata temporis sur la durée normale d'utilisation du bien.

Si l'entreprise crédit-preneuse ou locataire acquiert le bien, elle peut continuer à appliquer la déduction. La déduction cesse à compter de la cession ou de la cessation par celle-ci du contrat de crédit-bail ou de location avec option d'achat ou du bien et ne peut pas s'appliquer au nouvel exploitant.

L'entreprise qui donne le bien en crédit-bail ou en location avec option d'achat ne peut pas pratiquer la déduction mentionnée au I du présent article.

BIC-X BIS-4000 s. ; MF n° 9625

Art 39 decies E **I.** Les établissements d'enseignement, à titre onéreux, de la conduite et de la sécurité routière agréés en application de l'article L 213-1 du code de la route et les associations exerçant leur activité dans le champ de l'insertion ou de la réinsertion sociale ou professionnelle agréées en application de l'article L 213-7 du même code soumis à l'impôt sur les sociétés ou à l'impôt sur le revenu selon un régime réel d'imposition peuvent déduire de leur résultat imposable une somme égale à 40 % de la valeur d'origine, hors frais financiers, des simulateurs d'apprentissage de la conduite dotés d'un poste de conduite.

La déduction est applicable aux biens mentionnés au premier alinéa du présent I acquis à l'état neuf à compter du 9 mai 2019 et jusqu'au 8 mai 2021.

II. La déduction est répartie linéairement sur la durée normale d'utilisation des biens. En cas de sortie du bien de l'actif avant le terme de cette période, elle n'est acquise à l'établissement ou à l'association qu'à hauteur des montants déjà déduits du résultat à la date de la cession, qui sont calculés pro rata temporis.

III. L'établissement ou l'association mentionné au I qui prend en location un bien neuf mentionné au même I, dans les conditions prévues au 1 de l'article L 313-7 du code monétaire et financier, en application d'un contrat de crédit-bail ou dans le cadre d'un contrat de location avec option d'achat conclu à compter du 9 mai 2019 et jusqu'au 8 mai 2021, peut déduire une somme égale à 40 % de la valeur d'origine du bien neuf, hors frais financiers, au moment de la signature du contrat. Cette déduction est répartie pro rata temporis sur la durée normale d'utilisation du bien.

Si l'établissement ou l'association crédit-preneur ou locataire acquiert le bien, il peut continuer à appliquer la déduction. La déduction cesse à compter de la cession ou de la cessation par l'établissement ou l'association crédit-preneur ou locataire du contrat de crédit-bail ou de location avec option d'achat ou du bien et ne peut pas s'appliquer au nouvel exploitant.

L'entreprise qui donne le bien en crédit-bail ou en location avec option d'achat ne peut pas pratiquer la déduction mentionnée au I du présent article.

IV. Le bénéfice de la déduction est subordonné au respect du règlement (UE) n° 1407/2013 de la Commission du 18 décembre 2013 relatif à l'application des articles 107 et 108 du traité sur le fonctionnement de l'Union européenne aux aides de minimis.

BIC-X BIS-8000 s. ; MF n° 9645

Art 39 decies F **I.** Les entreprises de bâtiment et de travaux publics, celles produisant des substances minérales solides, les exploitants aéroportuaires ainsi que les exploitants de remontées mécaniques et de domaines skiables soumis à l'impôt sur les sociétés ou à l'impôt sur le revenu selon un régime réel peuvent déduire de leur résultat imposable une somme égale à 40 % de la valeur d'origine, hors frais financiers, des engins non routiers inscrits à l'actif immobilisé fonctionnant au gaz naturel, à l'énergie électrique ou à l'hydrogène, ainsi que des engins non routiers combinant l'énergie électrique et une motorisation à l'essence ou au superéthanol E85 et ceux combinant l'essence à du gaz naturel carburant ou du gaz de pétrole liquéfié dont les émissions sont inférieures ou égales à une valeur fixée par décret *(NDLR Voir décret 2020-401 du 6 avril 2020)*, qui relèvent de l'une des catégories suivantes :

1° Matériels et outillages utilisés pour des opérations industrielles ;

2° Matériels de manutention ;

3° Moteurs installés dans les matériels mentionnés aux 1° et 2°.

La déduction est applicable aux biens mentionnés aux 1° à 3° acquis à l'état neuf à compter du 1er janvier 2020 et jusqu'au 31 décembre 2022 ou à compter du 1er janvier 2024 et jusqu'au 31 décembre 2026.

II. La déduction mentionnée au I s'applique aux engins mobiles non routiers inscrits à l'actif immobilisé, dont le moteur satisfait aux limites d'émission de la phase V décrites à l'annexe II du règlement (UE) 2016/1628 du Parlement européen et du Conseil du 14 septembre 2016 relatif aux exigences concernant les limites d'émission pour les gaz polluants et les particules polluantes et la réception par type pour les moteurs à combustion interne destinés aux engins mobiles non routiers, acquis à l'état neuf à compter du 1er janvier 2020 et jusqu'au 31 décembre 2022 ou à compter du 1er janvier 2024 et jusqu'au 31 décembre 2026 par les entreprises de bâtiment et de travaux publics soumises à l'impôt sur les sociétés ou à l'impôt sur le revenu selon un régime réel en remplacement de matériels de plus de cinq ans qu'elles utilisent pour le même usage.

III. La déduction est répartie linéairement sur la durée normale d'utilisation des biens. En cas de cession du bien avant le terme de cette période, elle n'est acquise à l'entreprise qu'à hauteur des montants déjà déduits du résultat à la date de la cession, qui sont calculés pro rata temporis.

IV. L'entreprise qui prend en location un bien neuf mentionné aux I et II du présent article dans les conditions prévues au 1 de l'article L 313-7 du code monétaire et financier en application d'un contrat de crédit-bail ou dans le cadre d'un contrat de location avec option d'achat, conclu à compter du 1er janvier 2020 et jusqu'au 31 décembre 2022 ou à compter du 1er janvier 2024 et jusqu'au 31 décembre 2026, peut déduire une somme égale à 40 % de la valeur d'origine du bien neuf, hors frais financiers, au moment de la signature du contrat. Cette déduction est répartie pro rata temporis sur la durée normale d'utilisation du bien. Si l'entreprise crédit-preneuse ou locataire acquiert le bien, elle peut continuer à appliquer la déduction. La déduction cesse à compter de la cession ou de la cessation par l'entreprise du contrat de crédit-bail ou de location avec option d'achat ou du bien et ne peut pas s'appliquer au nouvel exploitant.

L'entreprise qui donne le bien en crédit-bail ou en location avec option d'achat ne peut pas pratiquer la déduction mentionnée au premier alinéa du I.

V. Le bénéfice de la déduction est subordonné au respect du règlement (UE) n° 1407/2013 de la Commission du 18 décembre 2013 relatif à l'application des articles 107 et 108 du traité sur le fonctionnement de l'Union européenne aux aides de minimis.

VI. La déduction est portée à une somme égale à 60 % de la valeur des biens mentionnés aux I et II pour les petites et moyennes entreprises.

VII. Pour l'application du VI, les petites et moyennes entreprises s'entendent de celles mentionnées à l'annexe I du règlement (UE) n° 651/2014 de la Commission du 17 juin 2014 déclarant certaines catégories d'aides compatibles avec le marché intérieur en application des articles 107 et 108 du traité.

FR 2/24 inf. 25 n°s 9 à 12 p. 53 ;
BIC-X BIS-6000 s. ; MF n° 9635

Art 39 decies G **I.** Les petites et moyennes entreprises de commerce de détail de gazole non routier qui, au 1er janvier 2020, ne disposent pas d'installations permettant de stocker et de distribuer du gazole qui n'est pas coloré et tracé, soumises à l'impôt sur les sociétés ou à l'impôt sur le revenu selon un régime réel, peuvent déduire de leur résultat imposable une somme égale à 40 % de la valeur d'origine, hors frais financiers, des installations de stockage et des matériels de manutention et de distribution de gazole qui n'est pas coloré et tracé inscrits à l'actif immobilisé.

La déduction est applicable aux biens mentionnés au premier alinéa du présent I acquis à l'état neuf à compter du 1er janvier 2020 et jusqu'au 31 décembre 2022.

II. La déduction est répartie linéairement sur la durée normale d'utilisation des biens. En cas de cession du bien avant le terme de cette période, elle n'est acquise à l'entreprise qu'à hauteur des montants déjà déduits du résultat à la date de la cession, qui sont calculés pro rata temporis.

III. La petite ou moyenne entreprise qui prend en location un bien neuf mentionné au I dans les conditions prévues au 1 de l'article L 313-7 du code monétaire et financier en application d'un contrat de crédit-bail ou dans le cadre d'un contrat de location avec option d'achat, conclu à compter du 1er janvier 2020 et jusqu'au 31 décembre 2022, peut déduire une somme égale à 40 % de la valeur d'origine du bien neuf, hors frais financiers, au moment de la signature du contrat. Cette déduction est répartie pro rata temporis sur la durée normale d'utilisation du bien. Si l'entreprise crédit-preneuse ou locataire acquiert le bien, elle peut continuer à appliquer la déduction. La déduction cesse à compter de la cession ou de la cessation par l'entreprise du contrat de crédit-bail ou de location avec option d'achat ou du bien et ne peut pas s'appliquer au nouvel exploitant.

L'entreprise qui donne le bien en crédit-bail ou en location avec option d'achat ne peut pas pratiquer la déduction mentionnée au premier alinéa du I.

IV. Les dispositions du présent article s'appliquent aux petites et moyennes entreprises au sens de l'annexe I au règlement (UE) n° 651/2014 de la Commission du 17 juin 2014 déclarant certaines catégories d'aides compatibles avec le marché intérieur en application des articles 107 et 108 du traité.

Le bénéfice de la déduction est subordonné au respect de l'article 17 du même règlement.

BIC-X BIS-7000 s. ; MF n° 9640

Art 39 duodecies **1.** Par dérogation aux dispositions de l'article 38, les plus-values provenant de la cession d'éléments de l'actif immobilisé sont soumises à des régimes distincts suivant qu'elles sont réalisées à court ou à long terme.

(Pour les plus et moins-values provenant de la cession des éléments d'actif réalisées par des personnes assujetties à l'impôt sur les sociétés : voir art. 219, I-a quater)

BIC-VII-6050 s. ; MF n°s 18000 s.

2. Le régime des plus-values à court terme est applicable :

a. Aux plus-values provenant de la cession d'éléments acquis ou créés depuis moins de deux ans. Le cas échéant, ces plus-values sont majorées du montant des amortissements expressément exclus des charges déductibles ainsi que de ceux qui ont été différés en méconnaissance des dispositions de l'article 39 B ;

b. Aux plus-values réalisées à l'occasion de la cession d'éléments détenus depuis deux ans au moins, dans la mesure où elles correspondent à des amortissements déduits pour l'assiette de l'impôt. Le cas échéant, ces plus-values sont majorées du montant des amortissements exclus des charges déductibles ainsi que de ceux qui ont été différés en contravention aux dispositions de l'article 39 B ;

BIC-VII-6050 s. ; MF n° 18030

c. Aux plus-values réalisées à l'occasion de la cession de titres de sociétés établies dans un

Etat ou territoire non coopératif au sens de l'article 238-0 A autre que ceux mentionnés au 2° du 2 bis du même article 238-0 A détenus depuis deux ans au moins, sauf si la société détentrice de ces titres apporte la preuve que les opérations de la société établie hors de France dans laquelle est prise la participation correspondent à des opérations réelles qui n'ont ni pour objet ni pour effet de permettre, dans un but de fraude fiscale, la localisation de bénéfices dans un tel Etat ou territoire.

BIC-VII-42470 s. ; MF n° 18400

3. Le régime des plus-values à long terme est applicable aux plus-values autres que celles définies au 2.

BIC-VII-6050 s. ; MF n° 18040

4. Le régime des moins-values à court terme s'applique :

a. Aux moins-values subies lors de la cession de biens non amortissables détenus depuis moins de deux ans ;

b. Aux moins-values subies lors de la cession de biens amortissables, quelle que soit la durée de leur détention. Le cas échéant, ces moins-values sont diminuées du montant des amortissements expressément exclus des charges déductibles ainsi que de ceux qui ont été différés en contravention aux dispositions de l'article 39 B.

BIC-VII-6050 s. ; MF n° 18030

5. Le régime des moins-values à long terme s'applique aux moins-values autres que celles définies au 4.

BIC-VII-6050 s. ; MF n° 18040

6. Pour l'application du présent article, les cessions de titres compris dans le portefeuille sont réputées porter par priorité sur les titres de même nature acquis ou souscrits à la date la plus ancienne.

Pour l'application de ces dispositions, les titres inscrits dans une comptabilité auxiliaire d'affectation qui sont soumis aux règles de l'article L 134-4, de l'article L 142-5, de l'article L 143-7 *(NDLR Article abrogé à compter du 1er janvier 2023 : ordonnance 2017-484 du 6 avril 2017 art. 5, 5°)*, du VII de l'article L 144-2, de l'article L 381-2 ou de l'article L 441-8 du code des assurances, constituent un portefeuille distinct.

Pour l'application des dispositions du premier alinéa, les titres reçus en rémunération d'un apport partiel d'actif ou d'une scission soumis au régime prévu à l'article 210 B et ceux qui sont acquis ou souscrits indépendamment de l'opération d'apport ou de scission constituent deux catégories distinctes de titres jusqu'à la fin du délai de trois ans prévu à l'article 210 B. Les cessions de titres intervenues dans ce délai sont réputées porter en priorité sur les titres acquis ou souscrits indépendamment de l'opération d'apport ou de scission.

FR 2/22 inf. 26 p. 52 ; BIC-VII-32530 s. ; IS-VI-39340 s., 45460 ; MF nos 18855, 18400

6 bis. Le régime fiscal des plus et moins-values à long terme prévu par le présent article et les articles suivants n'est pas applicable à la quote-part des profits distribués par un fonds de placement immobilier mentionné à l'article 239 nonies.

IMMO-IV-38520, 38600 ; MF n° 30527

6 ter. Le régime fiscal des plus et moins-values prévu au présent article s'applique aux cessions de parts d'un fonds de placement immobilier mentionné à l'article 239 nonies lorsque l'actif du fonds est, au moment de la cession des parts, constitué, pour plus de 50 % de sa valeur, par des immeubles auxquels sont affectés, en vue de leur location, des meubles meublants, biens d'équipement ou biens meubles affectés à ces immeubles et nécessaires au fonctionnement, à l'usage ou à l'exploitation de ces derniers par un tiers, mentionnés à l'article L 214-34 du code monétaire et financier et si le porteur de parts est considéré comme exerçant à titre professionnel, au sens du IV de l'article 155 du présent code. Le montant de la plus-value est alors majoré des fractions d'amortissement théorique des immeubles déduites dans les conditions mentionnées au 2 du II de l'article 239 nonies et qui n'ont pas fait l'objet d'une réintégration en application du f du 1 du même II.

IMMO-IV-38310 s. ; MF n° 30535

7. Dispositions applicables aux contrats conclus jusqu'au 31 décembre 1995

Le régime fiscal des plus-values prévu par le présent article et les articles suivants n'est pas applicable aux plus-values réalisées par les sociétés de crédit-bail ou plus généralement les sociétés qui ont pour objet social la location d'équipements, sur la vente des éléments de l'actif immobilisé faisant l'objet d'une location dans le cadre de leur activité.

Dispositions applicables aux contrats conclus à compter du 1er janvier 1996

Le régime fiscal des plus-values prévu par le présent article et les articles suivants n'est pas applicable aux plus-values réalisées :

a. Par les entreprises effectuant des opérations visées aux 1 et 2 de l'article L 313-7 du code monétaire et financier lors de la cession des éléments de leur actif immobilisé faisant l'objet d'un contrat de crédit-bail ;

b. Par les sociétés qui ont pour objet social la location d'équipements lors de la cession des éléments de l'actif immobilisé faisant l'objet d'une location dans le cadre de leur activité.

Ces dispositions ne s'appliquent que lorsque l'élément cédé a été préalablement loué avant d'être vendu et que l'acheteur est le locataire lui-même.

BIC-VII-250 s. ; MF nº 18015

8. En cas de cession par le prêteur ou le constituant initial de titres restitués à l'issue d'un prêt mentionné à l'article L 211-22 du code monétaire et financier ou d'une remise en garantie réalisée dans les conditions prévues à l'article 38 bis-0 A bis, le délai de deux ans prévu aux 2 et 4 s'apprécie à compter de la date de la première inscription à son bilan des titres restitués.

BIC-VII-52390 ; MF nº 19085

9. Lorsque la vente d'un élément de l'actif immobilisé est annulée ou résolue pendant un exercice postérieur à celui au cours duquel la vente est intervenue, le cédant inscrit à son bilan cet élément ainsi que les amortissements et provisions de toute nature y afférents tels qu'ils figuraient dans ses comptes annuels à la date de la cession.

La somme correspondant au montant de la plus-value à long terme réalisée au titre de la vente de l'élément en cause est admise en déduction directement ou sous forme de provisions, selon le régime applicable aux moins-values à long terme.

Il en est de même en cas de réduction du prix de cession postérieurement à la clôture de l'exercice au cours duquel la cession est réalisée. Dans ce cas, la perte correspondante est soumise au régime des moins-values à long terme dans la limite de la plus-value de cession qui a été considérée comme une plus-value à long terme.

Lorsque la vente ayant donné lieu à la constatation d'une moins-value à long terme est annulée ou résolue, le profit qui en résulte est imposable selon le régime des plus-values à long terme.

Ces dispositions sont applicables pour la détermination des résultats des exercices clos à compter du 31 décembre 1992.

BIC-IV-5260 s. ; MF nº 17775

10. Lorsqu'une société ou un organisme qui cesse d'être soumis à l'un des régimes mentionnés au premier alinéa du II de l'article 202 ter cède des éléments de l'actif immobilisé inscrits au bilan d'ouverture du premier exercice ou de la première période d'imposition dont les résultats sont soumis à l'impôt sur les sociétés, le délai de deux ans prévu aux 2 et 4 est apprécié à compter de la date d'ouverture de cet exercice ou de cette période d'imposition. La fraction de la plus-value correspondant aux amortissements visés au deuxième alinéa du II du même article est considérée comme à court terme pour l'application du b du 2.

BIC-XIX-18680 s.

11. Les plus-values mentionnées au 1 sont minorées du montant résultant de l'engagement de partage dû en application des articles L 23-11-1 à L 23-11-4 du code de commerce.

TS-VII-38768 ; MF nº 18400

12 Le régime fiscal des plus ou moins-values prévu au présent article s'applique aux cessions de titres d'une société issue d'une opération de fusion ou de scission sans échange de titres au sens du 3º du II de l'article L 236-3 du code de commerce.

Lorsque la plus ou moins-value mentionnée au premier alinéa du présent 12 relève du régime des plus ou moins-values à long terme, mais que les titres de la société absorbée ou scindée ont été acquis depuis moins de deux ans à la date de la cession, la plus ou moins-value correspondant à la quote-part de valeur de ces titres ajoutée à celle des titres de la société bénéficiaire des apports réalisés lors de l'opération de fusion ou de scission, est calculée distinctement. La plus ou moins-value ainsi calculée est considérée comme une plus ou moins-value à court terme.

Lorsque la plus ou moins-value mentionnée au premier alinéa du présent 12 relève du régime des plus ou moins-values à court terme, mais que les titres de la société absorbée ou scindée, éligibles au régime des plus ou moins-values à long terme, ont été acquis depuis plus de deux ans à la date de la cession, la plus ou moins-value correspondant à la quote-part de valeur de ces titres ajoutée à celle des titres de la société bénéficiaire des apports réalisés lors de l'opération de fusion ou de scission est calculée distinctement. La plus ou moins-value ainsi calculée est considérée comme une plus ou moins-value à long terme.

La plus ou moins-value correspondant à la quote-part de valeur des titres de la société absorbée ou scindée mentionnée aux deuxième et troisième alinéas du présent 12 est égale à la différence entre, d'une part, la fraction du prix de cession des titres mentionnés au premier alinéa du présent 12 obtenue après application du rapport entre la valeur vénale des titres de la société absorbée ou scindée et la somme de cette même valeur et de la valeur vénale des titres de la société absorbante ou bénéficiaire au jour de la fusion ou de la scission et, d'autre part, le prix de revient des titres de la société absorbée ou scindée.

FR 2/20 inf. 41 p. 99 ; MF n° 18865

Art 39 duodecies A 1. Dispositions applicables aux contrats conclus jusqu'au 31 décembre 1995

La plus-value réalisée lors de la cession d'un contrat de crédit-bail conclu dans les conditions prévues aux 1 et 2 de l'article L 313-7 du code monétaire et financier est soumise au régime défini aux articles 39 duodecies et suivants. Elle est considérée comme une plus-value à court terme à concurrence de la fraction des loyers qui correspond aux amortissements que l'entreprise cédante aurait pu pratiquer selon le mode linéaire si elle avait été propriétaire du bien qui fait l'objet du contrat ; ces amortissements sont calculés sur le prix d'acquisition du bien par le bailleur diminué du prix prévu au contrat pour l'acceptation de la promesse unilatérale de vente en retenant une durée d'utilisation égale à celle du contrat.

BIC-VII-79640 s.

Dispositions applicables aux contrats conclus à compter du 1er janvier 1996

La plus-value réalisée lors de la cession d'un contrat de crédit-bail conclu dans les conditions prévues aux 1 et 2 de l'article L 313-7 du code monétaire et financier est soumise au régime défini aux articles 39 duodecies et suivants. Lorsque le contrat a été conclu dans les conditions du 1 de l'article L 313-7 précité, elle est considérée comme une plus-value à court terme à concurrence de la fraction des loyers qui correspond aux amortissements que l'entreprise cédante aurait pu pratiquer selon le mode linéaire si elle avait été propriétaire du bien qui fait l'objet du contrat ; ces amortissements sont calculés sur le prix d'acquisition du bien par le bailleur diminué du prix prévu au contrat pour l'acceptation de la promesse unilatérale de vente en retenant une durée d'utilisation égale à celle du contrat. Lorsque le contrat a été conclu dans les conditions du 2 de l'article L 313-7 précité, la plus-value est considérée comme une plus-value à court terme à concurrence de la fraction déduite, pour l'assiette de l'impôt, de la quote-part de loyers prise en compte pour la fixation du prix de vente convenu pour la cession éventuelle de l'immeuble à l'issue du contrat diminuée du montant des frais d'acquisition compris dans ces loyers.

(Voir aussi Annexe III, art. 38 quindecies J et 38 quindecies K)

BIC-VII-76030 s., 78300 s.

2. Le prix d'acquisition des droits mentionnés au 1 réduit, le cas échéant, de la fraction définie au 6, est amorti selon le mode linéaire sur la durée normale d'utilisation du bien à cette date. Si ces droits sont à nouveau cédés, la fraction de la plus-value réalisée qui correspond aux amortissements ainsi pratiqués est également considérée comme une plus-value à court terme.

BIC-VII-78610 s.

3. Lors de l'acceptation de la promesse unilatérale de vente par le titulaire des droits mentionnés au 1, le prix de revient du bien acquis est majoré du prix d'achat de ces mêmes droits. Ce bien est réputé amorti à concurrence des sommes déduites en application du 2. Il est fait application, le cas échéant, des dispositions de l'article 239 sexies C.

BIC-VII-79020 s., 80540 s.

4. Dispositions applicables aux contrats conclus jusqu'au 31 décembre 1995

En cas de cession ultérieure d'un bien acquis à l'échéance d'un contrat de crédit-bail, la plus-value réalisée est considérée comme une plus-value à court terme à hauteur des amortissements pratiqués sur le prix de revient du bien augmentés des amortissements que l'entreprise aurait pu pratiquer comme il est indiqué au 1 pendant la période au cours de laquelle elle a été titulaire du contrat.

Pour l'application du premier alinéa l'amortissement que l'entreprise aurait pu pratiquer comme il est indiqué au 1 est diminué du montant des sommes réintégrées en application des articles 239 sexies et 239 sexies B.

BIC-VII-76400 s., 80700 s.

Dispositions applicables aux contrats conclus à compter du 1er janvier 1996

En cas de cession ultérieure d'un bien acquis à l'échéance d'un contrat de crédit-bail, la plus-value réalisée est considérée comme une plus-value à court terme à hauteur des amortissements pratiqués sur le prix de revient augmentés, selon le cas, des amortissements que l'entreprise aurait pu pratiquer comme il est indiqué au 1 pendant la période au cours de laquelle elle a été titulaire du contrat, soit de la fraction déduite pendant la même période de la quote-part de loyers prise en compte pour la fixation du prix de vente convenu pour la cession éventuelle de l'immeuble à l'issue du contrat.

Pour l'application du premier alinéa, la fraction déduite de la quote-part de loyers prise en compte pour la fixation du prix de vente convenu pour la cession éventuelle de l'immeuble à l'issue du contrat et diminuée du montant des sommes réintégrées en application des articles 239 sexies et 239 sexies B et du montant des frais d'acquisition compris dans ces loyers.

(Voir aussi Annexe III, art. 38 quindecies J et 38 quindecies K)

BIC-VII-76400 s., 79220 s.

5. Les dispositions du premier alinéa du 4 *(contrats conclus jusqu'au 31 décembre 1995)* s'appliquent aux cessions de biens intervenues à compter du 1er octobre 1989.

6. Dispositions applicables aux contrats conclus jusqu'au 31 décembre 1995

Pour l'application des dispositions du présent article, les droits afférents à un contrat de crédit-bail immobilier sont assimilés à des éléments non amortissables de l'actif immobilisé pour une fraction du prix auquel le contrat de crédit-bail a été acquis par le nouveau titulaire égale au rapport qui existe, à la date du transfert du contrat, entre la valeur réelle du terrain et celle de l'ensemble immobilier.

BIC-VII-79640 s.

Dispositions applicables aux contrats conclus à compter du 1er janvier 1996

Les droits afférents à un contrat de crédit-bail immobilier sont assimilés à des éléments non amortissables de l'actif immobilisé pour la fraction du prix auquel ils ont été acquis égale à la somme de la valeur réelle du terrain et des quotes-parts de loyers non déduites en application des dispositions du 10 de l'article 39 au titre des éléments non amortissables, à la date du transfert du contrat, diminuée de la valeur du terrain à la signature du contrat avec le crédit-baillleur.

BIC-VII-78570 s.

7. Les dispositions des 1 à 5 s'appliquent aux droits afférents aux contrats de crédit-bail portant sur des éléments incorporels amortissables d'un fonds de commerce ou d'un fonds artisanal.

Un décret fixe les modalités d'application du présent article ainsi que les obligations déclaratives. *(Voir Annexe III, art. 38 quindecies F et 38 quindecies G).*

(Pour les plus et moins-values provenant de la cession des éléments d'actif réalisées par des personnes assujetties à l'impôt sur les sociétés : voir art. 219, I-a quater)

BIC-VII-82420 s.

MF no 19345

Art 39 terdecies

1. *(Abrogé).*

1 bis. *(Abrogé).*

1 ter. Le régime des plus ou moins-values à long terme n'est pas applicable aux sommes perçues en exécution d'un contrat de crédit-bail portant sur des éléments incorporels d'un fonds de commerce ou d'un fonds artisanal.

BIC-VII-82500 ; MF nos 10420 s.

2. Sous réserve des dispositions de l'article 41, les plus-values nettes constatées en cas de décès de l'exploitant sont soumises de plein droit au régime fiscal des plus-values à long terme.

BIC-XIX-10500 s.

3. *(Abrogé).*

4. *(Disposition devenue sans objet : loi 2000-1352 du 30 décembre 2000, art. 8, V).*

5. Les distributions par les sociétés de capital-risque qui fonctionnent dans les conditions de l'article 1er-1 de la loi no 85-695 du 11 juillet 1985 sont soumises, lorsque l'actionnaire est une entreprise, au régime fiscal des plus-values à long terme si la distribution est prélevée sur :

1° Des plus-values nettes réalisées au cours des exercices clos à compter du 31 décembre 2001 provenant de la cession de titres détenus depuis au moins deux ans ;

2° Des sommes reçues par la société de capital-risque au cours de l'exercice précédent au titre :

a. Des répartitions d'une fraction des actifs d'un fonds commun de placement à risques ou d'un fonds professionnel de capital investissement, prévues au IX de l'article L 214-28 du code monétaire et financier, provenant de la cession de titres détenus depuis au moins deux ans ;

b. Des distributions d'une entité mentionnée au 2o du II de l'article L 214-28 du même code, autre qu'un fonds commun de placement à risques, qu'un fonds professionnel spécialisé relevant de l'article L 214-37 du code monétaire et financier dans sa rédaction antérieure à l'ordonnance no 2013-676 du 25 juillet 2013 modifiant le cadre juridique de la gestion d'actifs ou qu'un fonds professionnel de capital investissement, constituée dans un Etat ou territoire ayant conclu avec la France une convention fiscale qui contient une clause d'assistance administrative en vue de lutter contre la fraude ou l'évasion fiscale, prélevées sur des plus-values réalisées par l'entité lors de la cession de titres détenus depuis au moins deux ans.

Lorsque les titres cédés sont des titres de sociétés établies dans un Etat ou territoire non coopératif au sens de l'article 238-0 A du présent code autre que ceux mentionnés au 2o du 2 bis du même article 238-0 A, le présent 5 ne s'applique pas, sauf si la société de capital-risque apporte la preuve que les opérations de la société établie hors de France dans laquelle est prise la participation correspondent à des opérations réelles qui ont principalement un objet et un effet autres que de permettre la localisation de bénéfices dans un Etat ou territoire non coopératif.

BIC-VII-49350, 49400 s., 65000 s. ; MF no 26425

Art 39 quaterdecies

1. Le montant net des plus-values à court terme peut être réparti par parts égales sur l'année de leur réalisation et sur les deux années suivantes.

Il s'entend de l'excédent de ces plus-values sur les moins-values de même nature qui ont été effectivement subies au cours du même exercice.

Ces dispositions ne sont pas applicables aux plus-values nettes à court terme réalisées par les entreprises soumises à l'impôt sur les sociétés au cours des exercices ouverts à compter du 1er janvier 1987.

BIC-VII-7220 s. ; MF nº 18075

1 bis. Par dérogation aux dispositions du 1, la réintégration aux bénéfices imposables du montant net des plus-values à court terme réalisées à l'occasion d'opérations de reconversion par les entreprises qui ont obtenu l'agrément prévu à l'article 1465 peut être étalée sur dix ans, sans que la somme rattachée aux bénéfices de chaque année puisse être inférieure au dixième de ce montant.

BIC-VII-15750 s. ; MF nº 18075

1 ter. Par dérogation aux dispositions du 1, la plus-value nette à court terme afférente à des biens amortissables, réalisée à la suite de la perception d'indemnités d'assurances ou de l'expropriation d'immeubles figurant à l'actif, peut être répartie, par fractions égales, sur plusieurs exercices à compter de celui suivant la réalisation de la plus-value.

Chaque fraction est égale au rapport du montant de cette plus-value nette, dans la limite du montant global de la plus-value nette à court terme de l'exercice au cours duquel elle est réalisée, à la durée moyenne d'amortissement déjà pratiquée sur les biens détruits ou expropriés, pondérée en fonction du prix d'acquisition de ces biens et limitée à quinze ans.

BIC-VII-15030 s. ; MF nº 19285

1 quater. *(Abrogé).*

BIC-VII-15600 s.

1 quinquies. Le profit constaté à l'occasion du rachat par son débiteur d'une créance liée à une dette à moyen et long termes auprès d'un établissement de crédit ou d'une société de financement pour un prix inférieur à son montant nominal peut être réparti, pour sa partie correspondant à la différence entre l'actualisation de la somme du capital et des intérêts restant dus à la date du rachat, actualisés à un taux égal au taux à échéance constante dont la maturité est la plus proche de la durée restant à courir de la date de rachat jusqu'à la date de chaque échéance, et le prix de rachat de la créance, par fractions égales, sur les cinq exercices suivant le rachat. La fraction du profit prise en compte dans le résultat imposable est majorée d'un montant égal au produit de cette fraction par une fois et demie le taux de l'intérêt de retard prévu à l'article 1727.

Le premier alinéa ne s'applique ni aux établissements de crédit, ni aux sociétés de financement, ni aux rachats dont le débiteur et le créancier ont la qualité d'entreprises liées au sens du 12 de l'article 39. Toutefois, dans ce dernier cas, lorsque la créance a été acquise par le créancier auprès d'une personne à laquelle elle n'est pas liée au sens du 12 de l'article 39, le premier alinéa reste applicable, dans les mêmes conditions, à concurrence de la fraction du profit constaté par le débiteur qui n'excède pas la différence entre la valeur actualisée de la créance et son prix d'acquisition par le créancier.

Les présentes dispositions sont applicables à la double condition que le capital social de la société à la clôture de l'exercice au cours duquel intervient le rachat soit supérieur à celui à l'ouverture du même exercice et que le rapport entre le montant des dettes à moyen et long termes et le montant formé par le total de l'actif brut calculé à la clôture de l'exercice au cours duquel intervient le rachat soit inférieur d'au moins 10 % à ce même rapport calculé à l'ouverture du même exercice. Pour le calcul de ce rapport à la clôture de l'exercice, l'actif brut est diminué de la perte comptable de l'exercice.

Ces dispositions cessent de s'appliquer lorsqu'à la clôture d'un des cinq exercices suivant celui du rachat de la créance, ce même rapport est supérieur à celui constaté à l'ouverture de l'exercice de rachat. Dans ce cas, les fractions de profit non encore imposées sont comprises dans le bénéfice imposable de l'exercice du dépassement, dans les conditions prévues à la dernière phrase du premier alinéa.

Ndlr *Les dispositions du présent 1 quinquies s'appliquent aux rachats de créances intervenus entre le 23 avril 2009 et le 31 décembre 2010 (Loi 2009-431 du 20 avril 2009 art. 2).*

2. En cas de cession ou de cessation totale d'entreprise, les plus-values ou les profits, majorés dans les conditions du 1 quinquies, dont l'imposition a été différée en application des dispositions qui précèdent sont rapportés au bénéfice imposable de l'exercice clos lors de cette opération, sous réserve des dispositions des articles 41 et 210 A à 210 C.

Sous réserve des dispositions du troisième alinéa du 1, les dispositions du premier alinéa ne sont pas applicables en cas d'apport d'une entreprise individuelle à une société dans les conditions prévues à l'article 151 octies si la société bénéficiaire de l'apport prend l'engagement dans l'acte d'apport de réintégrer à ses résultats les plus-values à court terme comme aurait dû le faire l'entreprise apporteuse.

BIC-XIX-8840 s. ; MF n° 18075

2 bis. La moins-value résultant de la cession, moins de deux ans après leur émission, de titres de participation acquis en contrepartie d'un apport réalisé et dont la valeur réelle à la date de leur émission est inférieure à leur valeur d'inscription en comptabilité n'est pas déductible, dans la limite du montant résultant de la différence entre la valeur d'inscription en comptabilité desdits titres et leur valeur réelle à la date de leur émission.

BIC-VII-33880 s. ; MF n° 19078

3. Le cas échéant, l'excédent des moins-values à court terme constaté au cours d'un exercice est déduit des bénéfices de cet exercice.

BIC-VII-7350 s. ; MF n° 18080

Art 39 quindecies I. 1. Sous réserve des dispositions des articles 41, 151 octies et 210 A à 210 C, le montant net des plus-values à long terme fait l'objet d'une imposition séparée au taux de 12,8 %.

Il s'entend de l'excédent de ces plus-values sur les moins-values de même nature constatées au cours du même exercice.

BIC-VII-8000 s. ; MF n° 18100

Toutefois, ce montant net n'est pas imposable lorsqu'il est utilisé à compenser le déficit d'exploitation de l'exercice. Le déficit ainsi annulé ne peut plus être reporté sur les bénéfices des exercices ultérieurs.

BIC-VII-7920 s. ; MF n° 18105

Par dérogation aux dispositions qui précèdent, l'imposition de la plus-value nette à long terme réalisée à la suite de la perception d'indemnités d'assurances ou de l'expropriation d'immeubles figurant à l'actif est différée de deux ans *(Pour les plus-values réalisées au cours des exercices ouverts à compter du 1er janvier 1997, ce dispositif n'est plus applicable aux personnes morales assujetties à l'impôt sur les sociétés : voir art. 219, I-a quater).* Toutefois, en cas de cessation d'activité, l'imposition de la plus-value dont il s'agit est immédiatement établie.

BIC-VII-15300 s. ; MF n° 19295

2. L'excédent éventuel des moins-values à long terme ne peut être imputé que sur les plus-values à long terme réalisées au cours des dix exercices suivants.

En cas de liquidation d'entreprise, l'excédent des moins-values à long terme sur les plus-values à long terme peut être déduit du bénéfice de l'exercice de liquidation dans la limite du rapport existant entre le taux d'imposition des plus-values à long terme applicable à l'exercice de réalisation des moins-values et le taux normal prévu au deuxième alinéa du I de l'article 219 applicable à l'exercice de liquidation.

BIC-VII-8100 s. ; BIC-XIX-10340 s. ; MF nos 18115, 18120

II. *(Abrogé).*

Art 39 quindecies A Lorsqu'un courtier d'assurances maritimes apporte, avant le 1er juillet 1980, son entreprise à une société ayant pour objet principal le courtage d'assurances, l'imposition de la plus-value réalisée par l'intéressé à l'occasion de cet apport est reportée au moment où s'opérera la transmission ou le rachat de ses droits sociaux.

BIC-XIX-20217

Art 39 octodecies I. Les contribuables qui exercent pour la première fois une option pour un régime réel d'imposition peuvent constater en franchise d'impôt les plus-values acquises, à la date de prise d'effet de cette option, par les éléments non amortissables de leur actif immobilisé.

Cette constatation doit être faite en comptabilité au plus tard à la clôture du premier exercice pour lequel l'entreprise se trouve soumise à un régime réel d'imposition.

II. En cas de cession ou de cessation de l'exploitation moins de cinq ans après la création ou l'acquisition de l'entreprise, les plus-values imposables afférentes aux éléments visés au I sont obligatoirement calculées en tenant compte du prix de revient d'origine.

III. *(Abrogé).*

RIE-III-20000 s. ; MF n° 18275

Art 39 novodecies I. Lorsqu'une entreprise cède un immeuble à une société de crédit-bail dont elle retrouve immédiatement la jouissance en vertu d'un contrat de crédit-bail, le montant de la plus-value de cession de cet immeuble peut être réparti par parts égales sur les exercices clos pendant la durée du contrat de crédit-bail sans excéder quinze ans. Toutefois, lorsque l'immeuble est acquis par l'entreprise ou que le contrat de crédit-bail est résilié, le solde est imposé immédiatement.

II. Le I s'applique aux immeubles dont la cession à une société de crédit-bail est réalisée entre le 1er janvier 2021 et le 30 juin 2023 et est précédée d'un accord de financement accepté par le crédit-preneur à compter du 28 septembre 2020, et au plus tard le 31 décembre 2022, et qui sont affectés par le crédit-preneur à son activité commerciale, industrielle, artisanale, libérale ou agricole.

Le premier alinéa du présent II ne s'applique pas aux immeubles affectés par l'entreprise mentionnée au I à des activités de gestion de son propre patrimoine. Par exception, le premier alinéa du présent II s'applique lorsque l'immeuble est loué par l'entreprise mentionnée au I à une entreprise avec laquelle elle entretient des liens de dépendance au sens du 12 de l'article 39 et qui affecte l'immeuble à une activité mentionnée au premier alinéa du présent II.

BIC-VII-17000 s. ; MF n° 19370

Art 40 **1.** Sous réserve de ce qui est dit à l'article 238 octies, et par dérogation aux dispositions du 1 de l'article 38, les plus-values provenant de la cession en cours d'exploitation des éléments de l'actif immobilisé et réalisées avant l'entrée en vigueur, dans les conditions fixées par décret en Conseil d'Etat, des dispositions des articles 39 duodecies à 39 quindecies A, ne sont pas comprises dans le bénéfice imposable de l'exercice au cours duquel elles ont été réalisées, si le contribuable prend l'engagement de réinvestir en immobilisations dans son entreprise, avant l'expiration d'un délai de trois ans à partir de la clôture de cet exercice, une somme égale au montant de ces plus-values ajoutées au prix de revient des éléments cédés. Toutefois, le remploi ainsi prévu ne peut pas être effectué en l'achat de lingots de métaux précieux et de pièces d'or, en l'acquisition de biens meubles ou immeubles présentant un caractère somptuaire et dont la liste est fixée par décret *(Voir Annexe III, art. 10 H)*, ni en l'achat ou la souscription d'actions de sociétés d'investissement régies par l'ordonnance n° 45-2710 du 2 novembre 1945.

Cet engagement de réinvestir doit être annexé à la déclaration des résultats de l'exercice au cours duquel les plus-values ont été réalisées.

Les profits réalisés par les entreprises à l'occasion de la concession exclusive de licences d'exploitation de brevets peuvent bénéficier des dispositions ci-dessus lorsque cette concession a pour objet un brevet présentant le caractère d'un élément de l'actif immobilisé au sens de ces dispositions et qu'elle est consentie jusqu'à l'expiration de la durée de validité de ce brevet.

2 et 3. *(Abrogés).*

4. Si le remploi est effectué dans le délai prévu au 1, les plus-values distraites du bénéfice imposable sont considérées comme affectées à l'amortissement des nouvelles immobilisations et viennent en déduction du prix de revient pour le calcul des amortissements et des plus-values réalisées ultérieurement.

Dans le cas contraire, elles sont rapportées au bénéfice imposable de l'exercice au cours duquel a expiré le délai ci-dessus.

5 et 6. *(Abrogés).*

(L'article 40 du CGI a été abrogé par l'article 45 de la loi 65-566 du 12 juillet 1965. Les dispositions conservées sont utiles à l'application de l'article 238 octies)

Art 41 **I.** Les plus-values soumises au régime des articles 39 duodecies à 39 quindecies et réalisées par une personne physique à l'occasion de la transmission à titre gratuit d'une entreprise individuelle peuvent bénéficier des dispositions suivantes :

a. L'imposition des plus-values afférentes aux éléments de l'actif immobilisé constatées à l'occasion de cette transmission fait l'objet d'un report jusqu'à la date de cession ou de cessation de l'entreprise ou jusqu'à la date de cession d'un de ces éléments si elle est antérieure.

L'imposition des plus-values visées au premier alinéa est effectuée à la date à laquelle il est mis fin au report au nom du ou des bénéficiaires de la transmission de l'entreprise individuelle ;

b. En cas de cession à titre onéreux de ses droits par un bénéficiaire, il est mis fin au report d'imposition pour le montant de la plus-value afférente à ses droits. L'imposition des plus-values est effectuée au nom de ce bénéficiaire ;

c. En cas de nouvelle transmission à titre gratuit par l'un des bénéficiaires de la transmission visée au premier aliéna, le report est maintenu si le bénéficiaire de la nouvelle transmission prend l'engagement d'acquitter l'impôt sur la plus-value à la date où l'un des événements cités au a ou b se réalise. A défaut, l'imposition des plus-values afférentes aux éléments transmis est effectuée au nom du donateur ou du défunt ;

d. En cas d'apport en société dans les conditions prévues aux I et II de l'article 151 octies, le report d'imposition est maintenu si le ou les bénéficiaires ayant réalisé l'apport prennent l'engagement d'acquitter l'impôt sur la plus-value en report à la date où l'un des événements cités au a se réalise. A défaut, l'imposition des plus-values afférentes aux éléments apportés est effectuée au nom du ou des apporteurs. En cas de cession de tout ou partie des titres reçus en rémunération de cet apport, il est mis fin au report au nom du ou des bénéficiaires ayant réalisé l'apport ;

d bis. En cas de partage avec soulte, le report d'imposition est maintenu si le ou les attributaires de l'entreprise individuelle prennent l'engagement d'acquitter l'impôt sur la plus-value en report à la date où l'un des événements cités aux a ou b se réalise ;

e. Pour l'application du présent article, la mise en location-gérance de tout ou partie de l'entreprise est assimilée à une cessation totale ou partielle.

II. Lorsque l'activité est poursuivie pendant au moins cinq ans à compter de la date de la transmission visée au premier alinéa du I, les plus-values demeurant en report définies au premier alinéa du a du I sont définitivement exonérées.

III. Les profits afférents aux stocks constatés à l'occasion de la transmission visée au premier alinéa du I ne sont pas imposés si le ou les nouveaux exploitants bénéficiaires inscrivent ces stocks à la valeur comptable pour laquelle ils figurent au bilan de l'ancienne entreprise.

IV. a. Le régime défini au I s'applique sur option exercée par le ou les exploitants et, si tel est le cas, par les autres bénéficiaires lors de l'acceptation de la transmission par ces derniers.

b. Le ou les bénéficiaires ayant opté pour le régime défini au I communiquent à l'administration un état faisant apparaître le montant des plus-values réalisées lors de la transmission et dont l'imposition est reportée conformément aux a, c et d du I.

c. Le ou les bénéficiaires mentionnés au a doivent joindre à la déclaration prévue à l'article 170, au titre de l'année en cours à la date de la transmission et des années suivantes, un état faisant apparaître les renseignements nécessaires au suivi des plus-values dont l'imposition est reportée conformément aux a, c et d du I.

d. Le ou les exploitants mentionnés au a joignent à leur déclaration de résultat un état faisant apparaître, pour chaque nature d'élément, les renseignements nécessaires au calcul des plus-values imposables.

e. L'article 151 septies ne s'applique pas en cas d'exercice de l'option prévue au a.

V. Un décret précise les obligations déclaratives *(Voir Annexe III, art. 10 H-0 bis).*

BIC-XIX-25000 s. ; MF n°s 19810 s.

Art 42 septies **1.** Les subventions d'équipement accordées à une entreprise par l'Union européenne ou les organismes créés par ses institutions, l'Etat, les collectivités publiques ou tout organisme public à raison de la création ou de l'acquisition d'immobilisations déterminées ne sont pas comprises, sur option de l'entreprise, dans les résultats de l'exercice en cours à la date de leur attribution ; dans ce cas, elles sont imposables dans les conditions définies au présent article *(NDLR L'extension du dispositif aux sommes versées par les organismes créés par les institutions de l'UE s'applique aux exercices clos à compter de 2022 ou du 31 décembre 2022 selon que l'entreprise relève de l'impôt sur le revenu ou de l'impôt sur les sociétés).*

Lorsqu'elles ont été utilisées à la création ou à l'acquisition d'une immobilisation amortissable, ces subventions sont rapportées aux bénéfices imposables en même temps et au même rythme que celui auquel l'immobilisation en cause est amortie. Ce rythme est déterminé, pour chaque exercice, par le rapport existant entre la dotation annuelle aux amortissements pratiquée à la clôture de l'exercice concerné sur le prix de revient de cette immobilisation et ce même prix de revient.

Les subventions affectées à la création ou à l'acquisition d'une immobilisation non amortissable sont rapportées par fractions égales au bénéfice imposable des années pendant lesquelles cette immobilisation est inaliénable aux termes du contrat accordant la subvention ou, à défaut de clause d'inaliénabilité, au bénéfice des dix années suivant celle de l'attribution de la subvention.

Lorsque la subvention est attribuée au crédit-preneur directement ou lorsqu'elle l'est par l'intermédiaire d'une entreprise de crédit-bail et que la décision accordant cette subvention prévoit son reversement immédiat au crédit-preneur, cette dernière est répartie, par parts égales, sur les exercices clos au cours de la période couverte par le contrat de crédit-bail.

En cas de cession des immobilisations visées aux deuxième et troisième alinéas, la fraction de la subvention non encore rapportée aux bases de l'impôt est comprise dans le bénéfice imposable de l'exercice au cours duquel cette cession est intervenue. Toutefois, pour les opérations mentionnées au I des articles 151 octies et 151 octies A ou placées sous le régime prévu à l'article 210 A, sur option exercée dans l'acte d'apport ou le traité de fusion, cette fraction est rapportée aux résultats de la société bénéficiaire de l'apport, par parts égales, sur la période mentionnée au troisième alinéa restant à courir à la date de cette opération pour les biens non amortissables, et sur la durée d'amortissement pour les biens amortissables. En cas de cession ultérieure des biens en cause, la fraction de la subvention non encore rapportée au résultat imposable de la société bénéficiaire de l'apport sera comprise dans son bénéfice imposable de l'exercice de cession. Ces dispositions s'appliquent en cas de cession ou de résiliation d'un contrat de crédit-bail ; la période mentionnée à la deuxième phrase s'entend alors de celle restant à courir à la date de l'opération concernée jusqu'à l'échéance de ce contrat.

2. Les dispositions du 1 sont applicables aux subventions d'équipement versées à leurs adhérents par les groupements professionnels agréés prévus par le décret n° 55-877 du 30 juin 1955 *(NDLR Groupements d'entreprises industrielles constitués sans but lucratif en vue de poursuivre un effort de rationalisation ou de reconversion).*

3. Le 1 est également applicable aux sommes perçues en raison d'opérations permettant la réalisation d'économies d'énergie ouvrant droit à l'attribution de certificats d'économie d'énergie prévus à l'article L 221-7 du code de l'énergie, lorsqu'elles sont affectées à la création ou à l'acquisition des immobilisations mentionnées au 1 du présent article *(NDLR Le présent 3 s'applique aux exercices clos à compter de 2022 ou du 31 décembre 2022 selon que l'entreprise relève de l'impôt sur le revenu ou de l'impôt sur les sociétés).*

FR 2/23 inf. 20 p. 37 ; BIC-V-20630 s. ; MF n°s 8040 s.

Art 42 octies Les primes à la construction allouées en vertu de l'article R 311-1 du code de la construction et de l'habitation ne sont pas comprises dans les résultats de l'exercice en cours à la date de leur versement.

Le montant des primes perçues au cours d'un exercice doit être rapporté aux bénéfices imposables de cet exercice ou, le cas échéant, du ou des exercices suivants à concurrence du montant des amortissements pratiqués, à la clôture de chacun desdits exercices, sur le prix de revient des immeubles donnant droit à l'attribution des primes.

En cas de cession ou de cessation ou de transfert de propriété de ces immeubles, la fraction non encore rapportée aux bases de l'impôt des primes annuelles antérieurement perçues est retranchée de la valeur comptable desdites immobilisations pour la détermination de la plus-value imposable ou de la moins-value. Lorsque, dans le cas d'une transmission entre vifs intervenue antérieurement à la publication du décret n° 61-856 du 31 juillet 1961, modifiant le décret n° 50-898 du 2 août 1950, l'entreprise ou la société aura opté, conformément aux dispositions précédemment en vigueur de l'article 13 de ce dernier décret, pour le maintien des primes à son profit, les primes afférentes à la période postérieure à la date du transfert de propriété deviendront, en outre, imposables dans les conditions de droit commun.

Ndlr *Les primes à la construction sont accordées, dans certaines conditions, pour la construction et l'amélioration de logements, la mise en état d'habitabilité de bâtiments et l'amélioration de l'habitat rural.*

BIC-V-22200

Art 43 bis Les entreprises qui, ayant souscrit au capital initial des sociétés immobilières conventionnées visées par l'ordonnance n° 58-876 du 24 septembre 1958 ou à leurs augmentations de capital, ont renoncé, dans le délai d'un an, à pratiquer l'amortissement exceptionnel de 50 % prévu au 2° de l'article 5 de ladite ordonnance, peuvent faire abstraction, pour la détermination de leur bénéfice imposable, des revenus nets des actions desdites sociétés figurant à leur actif, dans la mesure où ces revenus se rapportent à des actions dont la souscription a contribué au financement des programmes définis par une des conventions prévues au troisième alinéa de l'article 2 de ladite ordonnance.

Toutefois, les dispositions du présent article cesseront de trouver leur application en ce qui concerne les actions souscrites postérieurement au 30 juin 1964 ou libérées postérieurement au 31 décembre 1965. En outre, la souscription des actions des sociétés immobilières conventionnées constituées après la promulgation de la loi n° 63-254 du 15 mars 1963 ne pourra, en aucun cas, donner droit au bénéfice desdites dispositions.

IMMO-IV-26670

2 bis. Dispositions particulières à certaines entreprises nouvelles

Art 44 sexies **I.** Les entreprises soumises de plein droit ou sur option à un régime réel d'imposition de leurs résultats et qui exercent une activité industrielle, commerciale ou artisanale au sens de l'article 34 sont exonérées d'impôt sur le revenu ou d'impôt sur les sociétés à raison des bénéfices réalisés, à l'exclusion des plus-values constatées lors de la réévaluation des éléments d'actif, jusqu'au terme du vingt-troisième mois suivant celui de leur création et déclarés selon les modalités prévues à l'article 53 A *(Voir Annexe III, art. 49 J)*. L'exonération s'applique également aux sociétés soumises à l'impôt sur les sociétés qui exercent une activité professionnelle, au sens du 1 de l'article 92, dont l'effectif de salariés bénéficiant d'un contrat de travail à durée indéterminée ou d'une durée de six mois au moins est égal ou supérieur à trois salariés à la clôture du premier exercice et au cours de chaque exercice de la période d'application du présent article. Si l'effectif varie en cours d'exercice, il est calculé compte tenu de la durée de présence des salariés en cause pendant l'exercice. Les bénéfices ne sont soumis à l'impôt sur le revenu ou à l'impôt sur les sociétés que pour le quart, la moitié ou les trois quarts de leur montant selon qu'ils sont réalisés respectivement au cours de la première, de la seconde ou de la troisième période de douze mois suivant cette période d'exonération.

Le bénéfice du présent article est réservé aux entreprises qui se créent à compter du 1er janvier 2007 et jusqu'au 31 décembre 2027 dans les zones d'aide à finalité régionale, à la condition que le siège social ainsi que l'ensemble de l'activité et des moyens d'exploitation soient implantés dans ces zones.

Lorsqu'une entreprise exerce une activité non sédentaire, réalisée en partie en dehors des zones précitées, la condition d'implantation est réputée satisfaite dès lors qu'elle réalise au plus 15 % de son chiffre d'affaires en dehors de ces zones. Au-delà de 15 %, les bénéfices réalisés sont soumis à l'impôt sur le revenu ou à l'impôt sur les sociétés dans les conditions de droit commun en proportion du chiffre d'affaires réalisé en dehors des zones déjà citées. Cette condition de chiffre d'affaires s'apprécie exercice par exercice.

Ces dispositions ne s'appliquent pas aux entreprises qui exercent une activité bancaire, financière, d'assurances, de gestion ou de location d'immeubles ni aux entreprises exerçant une activité de pêche maritime créées à compter du 1er janvier 1997.

L'exonération reste applicable pour sa durée restant à courir lorsque la commune d'implantation de l'entreprise sort de la liste des communes classées en zone d'aide à finalité régionale après la date de sa création.

II. Le capital des sociétés nouvellement créées ne doit pas être détenu, directement ou indirectement, pour plus de 50 % par d'autres sociétés.

Pour l'application du premier alinéa, le capital d'une société nouvellement créée est détenu indirectement par d'autres sociétés lorsque l'une au moins des conditions suivantes est remplie :

a. Un associé exerce en droit ou en fait une fonction de direction ou d'encadrement dans une autre entreprise, lorsque l'activité de celle-ci est similaire à celle de l'entreprise nouvellement créée ou lui est complémentaire ;

b. Un associé détient avec les membres de son foyer fiscal 25 % au moins des droits sociaux dans une autre entreprise dont l'activité est similaire à celle de l'entreprise nouvellement créée ou lui est complémentaire.

III. Les entreprises créées dans le cadre d'une concentration, d'une restructuration, d'une extension d'activités préexistantes ou qui reprennent de telles activités ne peuvent pas bénéficier du régime défini au I.

L'existence d'un contrat, quelle qu'en soit la dénomination, ayant pour objet d'organiser un partenariat, caractérise l'extension d'une activité préexistante lorsque l'entreprise nouvellement créée bénéficie de l'assistance de ce partenaire, notamment en matière d'utilisation d'une enseigne, d'un nom commercial, d'une marque ou d'un savoir-faire, de conditions d'approvisionnement, de modalités de gestion administrative, contentieuse, commerciale ou technique, dans des conditions telles que cette entreprise est placée dans une situation de dépendance.

IV. Le bénéfice de l'exonération est subordonné au respect du règlement (UE) n° 1407/2013 de la Commission, du 18 décembre 2013, relatif à l'application des articles 107 et 108 du traité sur le fonctionnement de l'Union européenne aux aides de minimis.

(Pour les zones d'aide à finalité régionale, voir décret 2022-968 du 30 juin 2022)

FR 2/24 inf. 103 n° 2 p. 175 ; BIC-XVIII-500 s. ; MF nos 10260 s.

Art 44 sexies-0 A Une entreprise est qualifiée de jeune entreprise innovante réalisant des projets de recherche et de développement lorsque, à la clôture de l'exercice, elle remplit simultanément les conditions suivantes :

1° Elle est une petite ou moyenne entreprise, c'est-à-dire employant moins de 250 personnes, et qui a soit réalisé un chiffre d'affaires inférieur à 50 millions d'euros au cours de l'exercice, ramené ou porté le cas échéant à douze mois, soit un total du bilan inférieur à 43 millions d'euros. L'effectif de l'entreprise est apprécié par référence au nombre moyen de salariés employés au cours de cet exercice *(Les modalités de détermination de l'effectif à prendre en compte pour l'application du présent article sont précisées à l'article 5 du décret 2004-581 du 21 juin 2004)* ;

2° Elle est créée depuis moins de huit ans *(NDLR Cette disposition s'applique aux entreprises créées à compter du 1er janvier 2023. Auparavant, l'entreprise devait être créée depuis moins de onze ans)* ;

3° a. Elle a réalisé des dépenses de recherche, définies aux a à g du II de l'article 244 quater B et au 1 du A du II de l'article 244 quater B bis, représentant au moins 15 % des charges, à l'exception des pertes de change et des charges nettes sur cessions de valeurs mobilières de placement, fiscalement déductibles au titre de cet exercice. Pour le calcul de ce ratio, il n'est pas tenu compte des charges engagées auprès d'autres jeunes entreprises innovantes réalisant des projets de recherche et de développement ;

b. Ou elle est dirigée ou détenue directement à hauteur de 10 % au moins, seuls ou conjointement, par des étudiants, des personnes titulaires depuis moins de cinq ans d'un diplôme conférant le grade de master ou d'un doctorat, ou des personnes affectées à des activités d'enseignement ou de recherche, et elle a pour activité principale la valorisation de travaux de recherche auxquels ces dirigeants ou ces associés ont participé, au cours de leur scolarité ou dans l'exercice de leurs fonctions, au sein d'un établissement d'enseignement supérieur habilité à délivrer un diplôme conférant au moins le grade de master. Les conditions dans lesquelles est organisée cette valorisation sont fixées dans une convention conclue entre l'entreprise et l'établissement d'enseignement supérieur, dont le contenu et les modalités sont précisés par décret en Conseil d'Etat *(Voir Annexe II, art. 32 C bis)*. Ce décret définit notamment la nature des travaux de recherche qui font l'objet de la convention, les prestations dont peut bénéficier l'entreprise et les modalités de la rémunération de l'établissement d'enseignement supérieur ;

c. Ou elle a réalisé des dépenses de recherche, définies aux a à g du II de l'article 244 quater B et au 1 du A du II de l'article 244 quater B bis, représentant entre 5 et 15 % des charges, à l'exception des pertes de change et des charges nettes sur cessions de valeurs mobilières de placement, fiscalement déductibles au titre de cet exercice et elle satisfait à des indicateurs de performance économique définis selon des modalités précisées par décret. Pour le calcul du ratio de dépenses de recherche, il n'est pas tenu compte des charges engagées auprès d'autres jeunes entreprises de croissance ou jeunes entreprises innovantes réalisant des projets de recherche et de développement ;

4º Son capital est détenu de manière continue à 50 % au moins :

a. Par des personnes physiques ;

b. Ou par une société répondant aux mêmes conditions dont le capital est détenu pour 50 % au moins par des personnes physiques ;

c. Ou par des sociétés de capital-risque, des fonds communs de placement à risques, des fonds professionnels spécialisés relevant de l'article L 214-37 du code monétaire et financier dans sa rédaction antérieure à l'ordonnance nº 2013-676 du 25 juillet 2013 modifiant le cadre juridique de la gestion d'actifs, des fonds professionnels de capital investissement, des sociétés de libre partenariat, des sociétés de développement régional, des sociétés financières d'innovation ou des sociétés unipersonnelles d'investissement à risque à la condition qu'il n'existe pas de lien de dépendance au sens 12 de l'article 39 entre la société en cause et ces dernières sociétés ou ces fonds ;

d. Ou par des fondations ou associations reconnues d'utilité publique à caractère scientifique, ou par une société qualifiée elle-même de jeune entreprise innovante réalisant des projets de recherche et développement ;

e. Ou par des établissements publics de recherche et d'enseignement ou leurs filiales ;

5º Elle n'est pas créée dans le cadre d'une concentration, d'une restructuration, d'une extension d'activités préexistantes ou d'une reprise de telles activités au sens du III de l'article 44 sexies.

(Voir aussi LPF, art. L 80 B-4º, R 80 B-7 et R* 80 B-8)*

Ndlr *Dispositions applicables aux résultats des exercices ouverts à compter du 1er janvier 2004 par les jeunes entreprises innovantes créées à cette date ou qui se créent entre cette date et le 31 décembre 2025.*

FR 2/23 inf. 19 p. 36 ; BIC-XVIII-13000 s. ; MF nos 10400 s.

Art 44 sexies A **I. 1.** Les entreprises répondant aux conditions fixées à l'article 44 sexies-0 A sont exonérées d'impôt sur le revenu ou d'impôt sur les sociétés à raison des bénéfices réalisés au titre du premier exercice ou de la première période d'imposition bénéficiaire, cette période d'exonération totale des bénéfices réalisés ne pouvant excéder douze mois.

Les bénéfices réalisés au titre de l'exercice ou période d'imposition bénéficiaire suivants cette période d'exonération ne sont soumis à l'impôt sur le revenu ou l'impôt sur les sociétés que pour la moitié de leur montant.

2. Le bénéfice de l'exonération est réservé aux entreprises qui réunissent les conditions fixées au 1 au cours de chaque exercice ou période d'imposition au titre duquel ou de laquelle l'exonération est susceptible de s'appliquer.

3. Si à la clôture d'un exercice ou d'une période d'imposition l'entreprise ne satisfait plus à l'une des conditions requises pour bénéficier du statut de jeune entreprise innovante réalisant des projets de recherche et de développement, elle perd définitivement le bénéfice de l'exonération prévue au 1. Toutefois, le bénéfice réalisé au cours de cet exercice ou période d'imposition et de l'exercice ou période d'imposition suivant n'est soumis à l'impôt sur le revenu ou l'impôt sur les sociétés que pour la moitié de son montant.

4. La durée totale d'application de l'abattement de 50 % prévu au 1 et au 3 ne peut en aucun cas excéder douze mois.

II. Le bénéfice exonéré au titre d'un exercice ou d'une période d'imposition est celui déclaré selon les modalités prévues aux articles 50-0, 53 A, 96 à 100, 102 ter et 103, diminué des produits bruts ci-après qui restent imposables dans les conditions de droit commun :

a. Les produits des actions ou parts de société, et les résultats de sociétés ou organismes soumis au régime prévu à l'article 8 ;

b. Les produits correspondant aux subventions, libéralités et abandons de créances ;

c. Les produits de créances et d'opérations financières pour le montant qui excède celui des frais financiers engagés au cours du même exercice ou de la période d'imposition.

III. Lorsqu'elle répond aux conditions requises pour bénéficier des dispositions de l'un des régimes prévus aux articles 44 sexies 44 quindecies, 44 sexdecies, 44 septdecies, 244 quater E ou du régime prévu au présent article, la jeune entreprise innovante réalisant des projets de recherche et de développement peut opter pour ce dernier régime dans les neuf mois suivant celui de son début d'activité ou dans les neuf premiers mois de l'exercice ou de la période au titre duquel ou de laquelle l'option est exercée. L'option est irrévocable dès lors qu'à la clôture de l'exercice ou de la période au titre duquel ou de laquelle elle a été exercée les conditions fixées à l'article 44 sexies-0 A sont remplies.

Ndlr *Pour les dispositions du présent III qui entreront en vigueur le 1er juillet 2024, voir partie Autres textes du présent code loi 2023-1322 du 29 décembre 2023 art. 73, I-2° et XX-D.*

IV. Le bénéfice de l'exonération prévue au I est subordonné au respect du règlement (UE) n° 1407/2013 de la Commission, du 18 décembre 2013, relatif à l'application des articles 107 et 108 du traité sur le fonctionnement de l'Union européenne aux aides de minimis.

Ndlr *Les dispositions du présent article se sont appliquées aux résultats des exercices ouverts à compter du 1er janvier 2004 par les jeunes entreprises innovantes réalisant des projets de recherche et de développement créées à cette date ou qui ont été créées entre cette date et le 31 décembre 2023 (Loi 2003-1311 du 30 décembre 2003 art. 13, I-G modifié, en dernier lieu, par loi 2023-1322 du 29 décembre 2023 art. 69).*

FR 2/24 inf. 20 p. 41 ; BIC-XVIII-13000 s., 14495 ; MF n° 10400

Art 44 septies *(Disposition abrogée à compter du 1er janvier 2022).*

Ndlr *Ce dispositif a continué à s'appliquer pour les entreprises éligibles créées avant le 1er janvier 2022 (Voir édition 2021 de notre code pratique fiscal).*

BIC-XVIII-9500 s. ; MF nos 10310 s.

2 ter. Entreprises implantées dans les zones franches urbaines – territoires entrepreneurs

Art 44 octies A **I.** Les contribuables qui, entre le 1er janvier 2006 et le 31 décembre 2024, créent des activités dans les zones franches urbaines – territoires entrepreneurs définies au B du 3 de l'article 42 de la loi n° 95-115 du 4 février 1995 d'orientation pour l'aménagement et le développement du territoire sont exonérés d'impôt sur le revenu ou d'impôt sur les sociétés à raison des bénéfices provenant des activités implantées dans la zone jusqu'au terme du cinquante-neuvième mois suivant celui du début de leur activité dans l'une de ces zones *(Voir Annexe III, art. 49 K).* Ces bénéfices sont soumis à l'impôt sur le revenu ou à l'impôt sur les sociétés à concurrence de 40 %, 60 % ou 80 % de leur montant selon qu'ils sont réalisés respectivement au cours de la première, de la deuxième ou de la troisième période de douze mois suivant cette période d'exonération.

Dans les collectivités de Guadeloupe, de Guyane, de Martinique, de La Réunion et de Mayotte, les dispositions du premier alinéa du présent I ne s'appliquent qu'aux activités créées dans ces zones jusqu'au 31 décembre 2018.

Pour bénéficier de l'exonération, l'entreprise doit répondre cumulativement aux conditions suivantes :

a. Elle doit employer moins de cinquante salariés et soit avoir réalisé un chiffre d'affaires n'excédant pas 10 millions d'euros au cours de l'exercice, soit avoir un total de bilan n'excédant pas 10 millions d'euros ;

b. Son capital ou ses droits de vote ne doivent pas être détenus, directement ou indirectement, à hauteur de 25 % ou plus par une entreprise ou conjointement par plusieurs entreprises dont l'effectif salarié dépasse deux cent cinquante salariés et dont le chiffre d'affaires annuel hors taxes excède 50 millions d'euros ou dont le total du bilan annuel excède 43 millions d'euros. Pour la détermination de ce pourcentage, les participations des sociétés de capital-risque, des fonds communs de placement à risques, des fonds professionnels spécialisés relevant de l'article L 214-37 du code monétaire et financier dans sa rédaction antérieure à l'ordonnance n° 2013-676 du 25 juillet 2013 modifiant le cadre juridique de la gestion d'actifs, des fonds professionnels de capital investissement, des sociétés de libre partenariat, des sociétés de développement régional, des sociétés financières d'innovation et des sociétés unipersonnelles d'investissement à risque ne sont pas prises en compte à la condition qu'il n'existe pas de lien de dépendance au sens du 12 de l'article 39 entre la société en cause et ces dernières sociétés ou ces fonds ;

c. Son activité principale, définie selon la nomenclature d'activités française de l'Institut national de la statistique et des études économiques, ne doit pas relever des secteurs de la construction automobile, de la construction navale, de la fabrication de fibres textiles artificielles ou synthétiques, de la sidérurgie ou des transports routiers de marchandises ;

d. Son activité doit être une activité industrielle, commerciale ou artisanale au sens de l'article 34 et du 5° du I de l'article 35 ou une activité professionnelle non commerciale au sens du 1 de l'article 92. Sont toutefois exclues les activités de crédit-bail mobilier et de location d'immeubles à usage d'habitation.

Pour l'application des a et b, le chiffre d'affaires doit être ramené ou porté le cas échéant à douze mois. L'effectif de l'entreprise est apprécié, au titre de chaque exercice, selon les modalités prévues au I de l'article L 130-1 du code de la sécurité sociale. Lorsqu'une entreprise bénéficiant déjà de l'exonération mentionnée au premier alinéa du présent I constate un franchissement de seuil d'effectif déterminé selon les modalités prévues au II de l'article L 130-1 du code de la sécurité sociale, cette circonstance lui fait perdre le bénéfice de cette exonération. Pour la société mère d'un groupe mentionné à l'article 223 A ou à l'article 223 A bis du présent code, le chiffre d'affaires est apprécié en faisant la somme des chiffres d'affaires de chacune des sociétés membres de ce groupe.

Si l'exonération est consécutive au transfert, à la reprise, à la concentration ou la restructuration d'activités préexistantes et si celles-ci bénéficient des dispositions du présent article ou ont bénéficié de ces mêmes dispositions ou de celles de l'article 44 octies, dans sa rédaction antérieure à la loi n° 2021-1900 du 30 décembre 2021 de finances pour 2022, l'exonération prévue au présent article s'applique dans les conditions prévues au premier alinéa en déduisant de la durée qu'il fixe la durée d'exonération déjà écoulée au titre de ces articles avant le transfert, la reprise, la concentration ou la restructuration. Si les activités sont créées par un contribuable ayant bénéficié au titre d'une ou plusieurs des cinq années précédant celle du transfert des dispositions des articles 44 sexies, 44 quindecies, 44 sexdecies ou 44 septdecies, ou de la prime d'aménagement du territoire, l'exonération ne s'applique pas.

Ndlr *Pour les dispositions de l'alinéa ci-dessus qui entreront en vigueur le 1er juillet 2024, voir partie Autres textes du présent code loi 2023-1322 du 29 décembre 2023 art. 73, I-3°-a et XX-D.*

Lorsque l'activité non sédentaire d'un contribuable est implantée dans une zone franche urbaine – territoire entrepreneur mais est exercée en tout ou partie en dehors d'une telle zone, l'exonération s'applique si ce contribuable emploie au moins un salarié sédentaire à temps plein ou équivalent, exerçant ses fonctions dans les locaux affectés à l'activité, ou si ce contribuable réalise au moins 25 % de son chiffre d'affaires auprès de clients situés dans les zones franches urbaines – territoires entrepreneurs.

Ndlr *Les dispositions du présent I telles qu'issues de l'article 12, I-1° de la loi 2019-486 du 22 mai 2019 s'appliquent aux activités créées à compter du 1er janvier 2020 (Loi précitée art. 12, III-A et loi 2019-1479 du 28 décembre 2019 art. 41, 1°).*

FR 2/24 inf. 103 n° 2 p. 175 ; FR 2/22 inf. 76 p. 116

II. L'exonération s'applique au bénéfice d'un exercice ou d'une année d'imposition, déclaré selon les modalités prévues aux articles 50-0, 53 A, 96 à 100, 102 ter et 103, diminué des produits bruts ci-après qui restent imposables dans les conditions de droit commun :

a. Produits des actions ou parts de sociétés, résultats de sociétés ou organismes soumis au régime prévu à l'article 8, lorsqu'ils ne proviennent pas d'une activité exercée dans l'une des zones franches urbaines – territoires entrepreneurs, et résultats de cession des titres de ces sociétés ;

b. Produits correspondant aux subventions, libéralités et abandons de créances ;

c. Produits de créances et d'opérations financières pour le montant qui excède le montant des frais financiers engagés au cours du même exercice ou de la même année d'imposition, si le contribuable n'est pas un établissement de crédit ou une société de financement visé à l'article L 511-1 du code monétaire et financier ;

d. Produits tirés des droits de la propriété industrielle et commerciale, lorsque ces droits n'ont pas leur origine dans l'activité exercée dans l'une des zones franches urbaines – territoires entrepreneurs.

Lorsque le contribuable n'exerce pas l'ensemble de son activité dans les zones franches urbaines – territoires entrepreneurs, les bénéfices réalisés sont soumis à l'impôt sur le revenu ou à l'impôt sur les sociétés, dans les conditions de droit commun, en proportion du montant hors taxes du chiffre d'affaires ou de recettes réalisé en dehors de ces zones.

Par exception aux dispositions du sixième alinéa, le contribuable exerçant une activité de location d'immeubles n'est exonéré qu'à raison des bénéfices provenant des seuls immeubles situés dans une zone franche urbaine – territoire entrepreneur. Cette disposition s'applique quel que soit le lieu d'établissement du bailleur.

Le bénéfice exonéré ne peut excéder 50 000 € par contribuable et par période de douze mois, majoré de 5 000 € par nouveau salarié embauché à compter du 1er janvier 2015 domicilié dans un quartier prioritaire de la politique de la ville ou dans une zone franche urbaine – territoire entrepreneur et employé à temps plein pendant une période d'au moins six mois. Cette condition est appréciée à la clôture de l'exercice ou de la période d'imposition au titre duquel ou de laquelle l'exonération s'applique.

Pour les contribuables qui créent ou implantent des activités dans une zone franche urbaine-territoire entrepreneur à compter du 1er janvier 2015, le bénéfice de l'exonération est subordonné à la condition que, à la date de clôture de l'exercice ou de la période d'imposition au titre desquels l'exonération s'applique :

1° Le nombre de salariés dont le contrat de travail est à durée indéterminée ou a été conclu pour une durée déterminée d'au moins douze mois et résidant dans l'une des zones franches urbaines – territoires entrepreneurs ou dans l'un des quartiers prioritaires de la politique de la ville de l'unité urbaine dans laquelle est située la zone franche urbaine – territoire entrepreneur soit égal au moins à la moitié du total des salariés employés dans les mêmes conditions. Les salariés employés à temps partiel sont pris en compte au prorata de la durée du travail prévue à leur contrat ;

2° Ou le nombre de salariés embauchés à compter de la création ou de l'implantation de l'entreprise et remplissant les conditions décrites au 1° soit égal au moins à la moitié du total des salariés embauchés dans les mêmes conditions, au cours de la même période.

Pour les contribuables qui exercent des activités avant le 1er janvier 2006 dans les zones franches urbaines – territoires entrepreneurs définies au deuxième alinéa du B du 3 de l'article 42 de la loi n° 95-115 du 4 février 1995 précitée, ainsi que pour ceux qui, à compter du 1er janvier 2012, créent des activités dans les zones franches urbaines – territoires entrepreneurs définies au même B, le bénéfice de l'exonération est subordonné au respect du règlement (UE) n° 1407/2013 de la Commission, du 18 décembre 2013, relatif à l'application des articles 107 et 108 du traité sur le fonctionnement de l'Union européenne aux aides de minimis.

FR 2/24 inf. 103 n° 2 p. 175

III. Lorsque le contribuable mentionné au I est une société membre d'un groupe fiscal mentionné à l'article 223 A ou à l'article 223 A bis, le bénéfice exonéré est celui de cette société déterminé dans les conditions prévues au II du présent article et au 4 de l'article 223 I.

Pour l'ensemble des sociétés d'un même groupe, le montant de l'exonération accordée ne peut excéder le montant total calculé conformément aux dispositions du huitième alinéa du II, dans la limite du résultat d'ensemble du groupe.

Lorsqu'il répond aux conditions requises pour bénéficier des dispositions de l'un des régimes prévus aux articles 44 sexies, 44 quindecies, 44 sexdecies et 44 septdecies et du régime prévu au présent article, le contribuable peut opter pour ce dernier régime dans les six mois qui suivent la publication du décret en Conseil d'Etat procédant à la délimitation de la zone conformément à l'article 42 de la loi n° 95-115 du 4 février 1995 précitée, s'il y exerce déjà son activité ou, dans le cas contraire, dans les six mois suivant celui du début d'activité. L'option est irrévocable.

Ndlr *Pour les dispositions du présent III qui entreront en vigueur le 1er juillet 2024, voir partie Autres textes du présent code loi 2023-1322 du 29 décembre 2023 art. 73, I-3°-c et XX-D.*

IV. Les obligations déclaratives des personnes et organismes auxquels s'applique l'exonération sont fixées par décret *(Voir Annexe III, art. 49 L, 49 N à 49 P, 46 quater-0 ZK, b et 46 quater-0 ZL, 8).*

BIC-XVIII-32100 s., 34640 s. ; MF nos 10335 s.

2 quater. Entreprises de pêche maritime

Art 44 nonies Le bénéfice imposable des artisans pêcheurs, soumis à un régime réel d'imposition, qui s'établissent pour la première fois entre le 1er janvier 1997 et le 31 décembre 2010, est déterminé, au titre des soixante premiers mois d'activité, sous déduction d'un abattement de 50 %. Pour en bénéficier, les artisans doivent être âgés de moins de quarante ans au moment de leur installation, avoir satisfait à des conditions de formation et avoir présenté un plan d'installation.

L'abattement prévu au premier alinéa s'applique également, sous les mêmes conditions, à la quote-part de bénéfice revenant au pêcheur associé d'une société de pêche artisanale mentionnée au troisième alinéa de l'article 34. Il ne s'applique pas au bénéfice soumis à un taux réduit d'imposition ni aux revenus visés au troisième alinéa de l'article 34 et ne peut se cumuler avec d'autres abattements pratiqués sur le bénéfice réalisé par l'artisan pêcheur ou la société précitée.

Un décret en Conseil d'Etat fixe les modalités d'application du présent article, notamment en ce qui concerne les obligations déclaratives, le plan d'installation et les conditions de formation des bénéficiaires de l'abattement *(Voir Annexe II, art. 32 D).*

BIC-XVIII-80500 s.

2 septies. Entreprises implantées dans les bassins d'emploi à redynamiser

Art 44 duodecies I. Les contribuables qui créent des activités entre le 1er janvier 2007 et le 31 décembre 2024 dans les bassins d'emploi à redynamiser définis au 3 bis de l'article 42 de la loi n° 95-115 du 4 février 1995 d'orientation pour l'aménagement et le développement du territoire sont exonérés d'impôt sur le revenu ou d'impôt sur les sociétés à raison des bénéfices provenant des activités implantées dans le bassin d'emploi et réalisés jusqu'au terme du quatre-vingt-troisième mois suivant le début d'activité dans le bassin d'emploi *(Voir Annexe III, art. 49 U)*. Les contribuables qui créent des activités à compter du 1er janvier 2014 bénéficient de l'exonération mentionnée à la première phrase à raison des bénéfices provenant des activités implantées dans le bassin d'emploi et réalisés jusqu'au terme du cinquante-neuvième mois suivant le début d'activité dans le bassin d'emploi. Les contribuables mentionnés à la deuxième phrase perdent le bénéfice de l'exonération à compter de l'exercice au cours duquel ils procèdent à une distribution de dividendes à leurs actionnaires.

Le bénéfice de l'exonération est réservé aux contribuables exerçant une activité industrielle, commerciale ou artisanale au sens de l'article 34 et du 5° du I de l'article 35, à l'exception des activités de crédit-bail mobilier et de location d'immeubles à usage d'habitation, ou agricole au sens de l'article 63, dans les conditions et limites fixées par le présent article. L'exonération s'applique dans les mêmes conditions et limites aux sociétés soumises à l'impôt sur les sociétés exerçant une activité professionnelle non commerciale au sens du 1 de l'article 92.

L'exonération ne s'applique pas aux créations d'activités dans les bassins d'emploi à redynamiser consécutives au transfert d'une activité précédemment exercée par un contribuable ayant bénéficié au titre d'une ou plusieurs des cinq années précédant celle du transfert des articles 44 sexies, 44 septies, dans sa rédaction antérieure à la loi n° 2021-1900 du 30 décembre 2021 de finances pour 2022, 44 octies, dans sa rédaction antérieure à la même loi, 44 octies A, 44 quindecies, 44 sexdecies et 44 septdecies ou de la prime d'aménagement du territoire.

L'exonération ne s'applique pas aux contribuables qui créent une activité dans le cadre d'un transfert, d'une concentration ou d'une restructuration d'activités préexistantes exercées dans les bassins d'emploi à redynamiser ou qui reprennent de telles activités, sauf pour la durée restant à courir, si l'activité reprise ou transférée bénéficie ou a bénéficié du régime d'exonération prévu au présent article.

Lorsqu'un contribuable dont l'activité, non sédentaire, est implantée dans un bassin d'emploi à redynamiser mais exercée en tout ou en partie en dehors d'un tel bassin d'emploi, l'exonération s'applique si ce contribuable emploie au moins un salarié sédentaire à plein temps, ou équivalent, exerçant ses fonctions dans les locaux affectés à l'activité ou si ce contribuable réalise au moins 25 % de son chiffre d'affaires auprès des clients situés dans un tel bassin d'emploi.

II. Le bénéfice exonéré au titre d'un exercice ou d'une année d'imposition est celui déclaré selon les modalités prévues aux articles 50-0, 53 A, 96 à 100, 102 ter et 103, diminué des produits bruts ci-après qui restent imposables dans les conditions de droit commun :

a. Produits des actions ou parts de sociétés, résultats de sociétés ou organismes soumis au régime prévu à l'article 8, lorsqu'ils ne proviennent pas d'une activité exercée dans un bassin d'emploi à redynamiser, et résultats de cession de titres de sociétés ;

b. Produits correspondant aux subventions, libéralités et abandons de créances ;

c. Produits de créances et d'opérations financières pour le montant qui excède le montant des frais financiers engagés au cours du même exercice ou de la même année d'imposition si le contribuable n'est pas un établissement de crédit ou une société de financement visé à l'article L 511-1 du code monétaire et financier ;

d. Produits tirés des droits de la propriété industrielle et commerciale lorsque ces droits n'ont pas leur origine dans l'activité exercée dans un bassin d'emploi à redynamiser.

Lorsque le contribuable n'exerce pas l'ensemble de son activité dans un bassin d'emploi à redynamiser, le bénéfice exonéré est déterminé en affectant le montant résultant du calcul ainsi effectué du rapport entre, d'une part, la somme des éléments d'imposition à la cotisation foncière des entreprises définis à l'article 1467 afférents à l'activité exercée dans un bassin d'emploi à redynamiser et relatifs à la période d'imposition des bénéfices et, d'autre part, la somme des éléments d'imposition à la cotisation foncière des entreprises du contribuable définis au même article pour ladite période. Pour la fixation de ce rapport, la valeur locative des immobilisations passibles d'une taxe foncière est celle déterminée conformément à l'article 1467 au 1er janvier de l'année au cours de laquelle est clos l'exercice ou au 1er janvier de l'année d'imposition des bénéfices.

Par exception au sixième alinéa, le contribuable exerçant une activité de location d'immeubles n'est exonéré qu'à raison des bénéfices provenant des seuls immeubles situés dans un bassin d'emploi à redynamiser. Cette disposition s'applique quel que soit le lieu d'établissement du bailleur.

Le bénéfice de l'exonération est subordonné au respect du règlement (UE) n° 1407/2013 de la Commission, du 18 décembre 2013, relatif à l'application des articles 107 et 108 du traité sur le fonctionnement de l'Union européenne aux aides de minimis. Toutefois, sur option des entreprises qui procèdent aux opérations mentionnées au I dans une zone d'aide à finalité régionale, le bénéfice de l'exonération est subordonné au respect de l'article 14 du règlement (UE) n° 651/2014 de la Commission, du 17 juin 2014, déclarant certaines catégories d'aides compatibles avec le marché intérieur en application des articles 107 et 108 du traité.

L'option mentionnée au huitième alinéa est irrévocable pour la durée de l'exonération. Elle doit être exercée dans les six mois suivant les opérations mentionnées au I.

(Lorsque l'entreprise exerce l'option au titre du dispositif prévu au présent article ou de l'un des dispositifs prévus à l'article 1383 H ou au I quinquies A de l'article 1466 A, cette option vaut pour l'ensemble des dispositifs précités. Lorsque aucune option n'a été formulée dans les délais requis au titre du dispositif d'exonération prévu au présent article ou de l'un des dispositifs prévus à l'article 1383 H ou au I quinquies A de l'article 1466 A du même code, l'exercice ultérieur d'options portant sur un de ces dispositifs n'est pas recevable)

III. Lorsque le contribuable mentionné au I est une société membre d'un groupe fiscal visé à l'article 223 A ou à l'article 223 A bis, le bénéfice exonéré est celui de cette société déterminé dans les conditions prévues au II, dans la limite du résultat d'ensemble du groupe.

Lorsqu'il répond aux conditions requises pour bénéficier des dispositions de l'un des régimes prévus aux articles 44 sexies, 44 octies A, 44 quindecies, 44 sexdecies ou 44 septdecies et du régime prévu au présent article, le contribuable peut opter pour ce dernier régime dans les six mois suivant celui du début d'activité. L'option est irrévocable.

IV. Les obligations déclaratives des personnes et organismes concernés par l'exonération sont fixées par décret *(Voir Annexe III, art. 49 V et 49 W)*.

V. *(Disjoint).*

FR 2/24 inf. 103 n° 2 p. 175 ; BIC-XVIII-43000 s. ; MF n° 10370

2 octies. Activités créées dans les zones de restructuration de la défense

Art 44 terdecies I. Dans le périmètre des zones de restructuration de la défense mentionnées au 1° du 3 ter de l'article 42 de la loi n° 95-115 du 4 février 1995 d'orientation pour l'aménagement et le développement du territoire et dans les emprises foncières libérées par la réorganisation des unités militaires et des établissements du ministère de la défense et situées dans les communes définies au seul 2° du même 3 ter, les contribuables qui créent des activités pendant une période de six ans débutant à la date de publication de l'arrêté prévu au dernier alinéa du même 3 ter ou, si cette seconde date est postérieure, au 1er janvier de l'année précédant celle au titre de laquelle le territoire ou la commune est reconnu comme zone de restructuration de la défense par cet arrêté sont exonérés d'impôt sur le revenu ou d'impôt sur les sociétés à raison des bénéfices provenant des activités implantées dans la zone de restructuration de la défense et réalisés jusqu'au terme du cinquante-neuvième mois suivant le début d'activité dans cette zone.

Le bénéfice de l'exonération est réservé aux contribuables exerçant une activité industrielle, commerciale ou artisanale au sens de l'article 34 et du 5° du I de l'article 35, à l'exception des activités de crédit-bail mobilier et de location d'immeubles à usage d'habitation, ou agricole au sens de l'article 63, dans les conditions et limites fixées par le présent article. L'exonération s'applique dans les mêmes conditions et limites aux sociétés soumises à l'impôt sur les sociétés exerçant une activité professionnelle non commerciale au sens du 1 de l'article 92.

L'exonération ne s'applique pas aux créations d'activité dans les zones de restructuration de la défense consécutives au transfert d'une activité précédemment exercée par un contribuable ayant bénéficié au titre d'une ou plusieurs des cinq années précédant celle du transfert des articles 44 sexies, 44 sexies A, 44 septies, dans sa rédaction antérieure à la loi n° 2021-1900 du 30 décembre 2021 de finances pour 2022, 44 octies, dans sa rédaction antérieure à la même loi, 44 octies A, 44 duodecies, 44 quindecies, 44 sexdecies et 44 septdecies, de la prime d'aménagement du territoire, de la prime d'aménagement du territoire pour l'industrie et les services ou de la prime d'aménagement du territoire pour la recherche, le développement et l'innovation.

L'exonération ne s'applique pas aux contribuables qui créent une activité dans le cadre d'un transfert, d'une concentration ou d'une restructuration d'activités préexistantes exercées dans les zones de restructuration de la défense ou qui reprennent de telles activités, sauf pour la durée restant à courir, si l'activité reprise ou transférée bénéficie ou a bénéficié du régime d'exonération prévu au présent article.

Lorsqu'un contribuable dont l'activité non sédentaire est implantée dans une zone de restructuration de la défense mais exercée en tout ou en partie en dehors de cette zone, l'exonération s'applique si ce contribuable emploie au moins un salarié sédentaire à plein temps ou équivalent, exerçant ses fonctions dans les locaux affectés à l'activité, ou si ce contribuable réalise au moins 25 % de son chiffre d'affaires auprès des clients situés dans la zone.

Les bénéfices visés au premier alinéa sont soumis à l'impôt sur le revenu ou à l'impôt sur les sociétés à concurrence d'un tiers de leur montant au cours de la première période de douze mois suivant la période d'exonération et de deux tiers pour la période de douze mois suivante.

II. Le bénéfice exonéré au titre d'un exercice ou d'une année d'imposition est celui déclaré selon les modalités prévues aux articles 50-0, 53 A, 96 à 100, 102 ter et 103, diminué des produits bruts ci-après qui restent imposables dans les conditions de droit commun :

a. Produits des actions ou parts de sociétés, résultats de sociétés ou organismes soumis au régime prévu à l'article 8, lorsqu'ils ne proviennent pas d'une activité exercée dans une zone de restructuration de la défense, et résultats de cession de titres de sociétés ;

b. Produits correspondant aux subventions, libéralités et abandons de créances ;

c. Produits de créances et d'opérations financières pour le montant qui excède le montant des frais financiers engagés au cours du même exercice ou de la même année d'imposition si le contribuable n'est pas un établissement de crédit ou une société de financement visé à l'article L 511-1 du code monétaire et financier ;

d. Produits tirés des droits de la propriété industrielle et commerciale lorsque ces droits n'ont pas leur origine dans l'activité exercée dans une zone de restructuration de la défense.

Lorsque le contribuable n'exerce pas l'ensemble de son activité dans les zones de restructuration de la défense, les bénéfices réalisés sont soumis à l'impôt sur le revenu ou à l'impôt sur les sociétés, dans les conditions de droit commun, en proportion du montant hors taxes du chiffre d'affaires ou de recettes réalisé en dehors de ces zones.

Par exception au sixième alinéa, le contribuable exerçant une activité de location d'immeubles n'est exonéré qu'à raison des bénéfices provenant des seuls immeubles situés dans une zone de restructuration de la défense. Cette disposition s'applique quel que soit le lieu d'établissement du bailleur.

Le bénéfice de l'exonération est subordonné au respect du règlement (UE) n° 1407/2013 de la Commission, du 18 décembre 2013, relatif à l'application des articles 107 et 108 du traité sur le fonctionnement de l'Union européenne aux aides de minimis. Toutefois, sur option des entreprises qui procèdent aux opérations mentionnées au I dans une zone d'aide à finalité régionale, le bénéfice de l'exonération est subordonné au respect de l'article 14 du règlement (UE) n° 651/2014 de la Commission du 17 juin 2014 déclarant certaines catégories d'aides compatibles avec le marché intérieur en application des articles 107 et 108 du traité.

L'option mentionnée au huitième alinéa est irrévocable pour la durée de l'exonération. Elle doit être exercée dans les six mois suivant les opérations mentionnées au I.

(Pour les conséquences de l'option, voir loi 2008-1443 du 30 décembre 2008 art. 34, VII).

III. Lorsque le contribuable mentionné au I est une société membre d'un groupe fiscal visé à l'article 223 A ou à l'article 223 A bis, le bénéfice exonéré est celui de cette société déterminé dans les conditions prévues au II, dans la limite du résultat d'ensemble du groupe.

Lorsqu'il répond aux conditions requises pour bénéficier des dispositions de l'un des régimes prévus aux articles 44 sexies, 44 sexies A, 44 octies A, 44 duodecies, 44 quindecies, 44 sexdecies ou 44 septdecies et du régime prévu au présent article, le contribuable peut opter pour ce dernier régime dans les six mois suivant celui du début d'activité. L'option est irrévocable.

IV. Les obligations déclaratives des personnes et organismes concernés par l'exonération prévue au présent article sont fixées par décret.

> **Ndlr** *Pour les dispositions du présent article qui entreront en vigueur le 1er juillet 2024, voir partie Autres textes du présent code loi 2023-1322 du 29 décembre 2023 art. 73, I-5° et XX-D.*

BIC-XVIII-45000 s. ; MF nos 10380 s.

2 nonies. Entreprises implantées dans les zones franches d'activités des départements d'outre-mer

Art 44 quaterdecies **I.** Les bénéfices des entreprises provenant d'exploitations situées en Guadeloupe, en Guyane, en Martinique, à Mayotte ou à La Réunion peuvent faire l'objet d'un abattement dans les conditions prévues aux II ou III lorsque ces entreprises respectent les conditions suivantes :

1° Elles emploient moins de deux cent cinquante salariés et ont réalisé un chiffre d'affaires annuel inférieur à 50 millions d'euros ;

2° L'activité principale de l'exploitation relève de l'un des secteurs d'activité éligibles à la réduction d'impôt prévue à l'article 199 undecies B ;

3° Elles sont soumises soit à un régime réel d'imposition, soit à l'un des régimes définis aux articles 50-0, 64 bis et 102 ter ;

4° *(Abrogé).*

Les conditions prévues aux 1° et 2° s'apprécient à la clôture de chaque exercice au titre duquel l'abattement prévu au premier alinéa est pratiqué. La condition prévue au 3° doit être satisfaite pour chaque exercice au titre duquel cet abattement est pratiqué.

II. Les bénéfices mentionnés au I, réalisés et déclarés selon les modalités prévues aux articles 50-0, 53 A, 64 bis, 72, 74 à 74 B, 96 à 100, 102 ter et 103 par les entreprises répondant aux conditions prévues au I, à l'exception des plus-values constatées lors de la réévaluation des éléments d'actifs, font l'objet, dans la limite de 150 000 €, d'un abattement au titre de chaque exercice ouvert à compter du 1er janvier 2008.

Le taux de l'abattement est fixé à 50 %.

III. La limite et le taux de l'abattement mentionné au II sont majorés dans les cas suivants :

1° Pour les bénéfices provenant d'exploitations situées en Guyane et à Mayotte ;

2° *(Abrogé)* ;

3° Pour les bénéfices provenant d'exploitations situées en Guadeloupe, en Martinique ou à La Réunion et qui exercent leur activité principale dans l'un des secteurs suivants :

a. Recherche et développement ;

b. Technologies de l'information et de la communication ;

c. Tourisme, y compris les activités de loisirs et de nautisme s'y rapportant ;

d. Agro-nutrition ;

e. Environnement ;

f. Energies renouvelables ;

g. Bâtiments et travaux publics ;

h. Transformation de produits destinés à la construction et production cosmétique et pharmaceutique ;

i. Industrie ;

j. Réparation et maintenance navale ;

k. Edition de jeux électroniques ;

(Voir Annexe III, art. 49 ZC)

4° Pour les bénéfices des entreprises provenant d'exploitations situées en Guadeloupe, en Martinique ou à La Réunion lorsque ces entreprises :

a. *(Abrogé)* ;

b. Bénéficient du régime de perfectionnement actif défini à l'article 256 du règlement (UE) n° 952/2013 du Parlement européen et du Conseil du 9 octobre 2013 établissant le code des douanes de l'Union, à la condition qu'au moins un tiers du chiffre d'affaires de l'exploitation, au titre de l'exercice au cours duquel l'abattement est pratiqué, résulte d'opérations mettant en œuvre des marchandises ayant bénéficié de ce régime.

La limite de l'abattement est fixée à 300 000 €. Le taux de l'abattement est fixé à 80 %.

IV. *(Abrogé)*.

IV bis. Lorsque le contribuable mentionné au I est une société membre d'un groupe fiscal mentionné à l'article 223 A ou à l'article 223 A bis, le bénéfice qui fait l'objet d'un abattement est celui déterminé comme si la société était imposée séparément, sans excéder celui déterminé dans les conditions du 4 de l'article 223 I.

Pour l'ensemble des sociétés d'un même groupe, le montant cumulé des abattements ne peut excéder :

1° Ni le résultat d'ensemble du groupe ;

2° Ni le montant mentionné au premier alinéa du II. Pour l'appréciation de cette condition, les abattements dont le montant est limité par le dernier alinéa du III sont retenus pour la moitié de leur montant.

V. *(Abrogé)*.

VI. Les abattements prévus aux II et III s'imputent sur les résultats des exploitations déclarés en application de l'article 53 A.

VII. Lorsqu'elle répond aux conditions requises pour bénéficier du régime prévu aux articles 44 sexies, 44 nonies, 44 terdecies, 44 sexdecies ou 73 B et du régime prévu au présent article, l'entreprise peut opter pour ce dernier régime dans les six mois suivant celui du début d'activité. L'option est irrévocable et emporte renonciation définitive aux autres régimes. Lorsque l'entreprise n'exerce pas cette option dans ce délai, elle bénéficie de plein droit, au terme de la période d'application de l'un de ces autres régimes dont elle bénéficiait, du régime prévu au présent article pour la période restant à courir jusqu'à son terme et selon les modalités qui la régissent.

VIII. Les obligations déclaratives des entreprises sont fixées par décret *(Voir Annexe III, art. 49 ZB)*.

IX. Le bénéfice de l'abattement mentionné au I est subordonné au respect du règlement (UE) n° 651/2014 de la Commission, du 17 juin 2014, déclarant certaines catégories d'aides compatibles avec le marché intérieur en application des articles 107 et 108 du traité.

FR 2/24 inf. 44 p. 81 ; DC-IV-2650 s. ; MF nos 91491 s.

2 decies. Entreprises implantées dans les zones de revitalisation rurale ou les zones France ruralités revitalisation

Art 44 quindecies I. Dans les zones de revitalisation rurale mentionnées à l'article 1465 A, dans sa rédaction antérieure à la loi n° 2023-1322 du 29 décembre 2023 de finances pour 2024, les entreprises qui sont créées ou reprises entre le 1er janvier 2011 et le 30 juin 2024, soumises de plein droit ou sur option à un régime réel d'imposition de leurs résultats et qui exercent une activité industrielle, commerciale, artisanale au sens de l'article 34 ou professionnelle au sens du 1 de l'article 92, sont exonérées d'impôt sur le revenu ou d'impôt sur les sociétés à raison des bénéfices réalisés, à l'exclusion des plus-values constatées lors de la réévaluation des éléments d'actif, jusqu'au terme du cinquante-neuvième mois suivant celui de leur création ou de leur reprise et déclarés selon les modalités prévues à l'article 53 A.

Dans les zones mentionnées au B du II de l'article 1465 A, le premier alinéa du présent I ne s'applique qu'aux entreprises créées ou reprises jusqu'au 31 décembre 2018.

Les bénéfices ne sont soumis à l'impôt sur le revenu ou à l'impôt sur les sociétés que pour le quart, la moitié ou les trois quarts de leur montant selon qu'ils sont réalisés respectivement au cours de la première, de la deuxième ou de la troisième période de douze mois suivant cette période d'exonération.

II. Pour bénéficier de l'exonération mentionnée au I, l'entreprise doit répondre aux conditions suivantes :

a. Le siège social de l'entreprise ainsi que l'ensemble de son activité et de ses moyens d'exploitation sont implantés dans les zones mentionnées au I. Lorsqu'une entreprise exerce une activité non sédentaire, réalisée en partie en dehors des zones précitées, la condition d'implantation est réputée satisfaite dès lors qu'elle réalise au plus 25 % de son chiffre d'affaires en dehors de ces zones. Au-delà de 25 %, les bénéfices réalisés sont soumis à l'impôt sur le revenu ou à l'impôt sur les sociétés dans les conditions de droit commun en proportion du chiffre d'affaires réalisé en dehors des zones déjà citées. Cette condition de chiffre d'affaires s'apprécie exercice par exercice ;

b. L'entreprise emploie moins de onze salariés. L'effectif salarié est apprécié, au titre de chaque exercice, selon les modalités prévues au I de l'article L 130-1 du code de la sécurité sociale.

Lorsqu'une entreprise bénéficiant déjà de l'exonération mentionnée au I du présent article constate un franchissement de seuil d'effectif déterminé selon les modalités prévues au II de l'article L 130-1 du code de la sécurité sociale, cette circonstance lui fait perdre le bénéfice de cette exonération ;

Ndlr *Les dispositions du présent b telles qu'issues de l'article 12, I-2° de la loi 2019-486 du 22 mai 2019 s'appliquent aux activités créées à compter du 1er janvier 2020 (Loi précitée art. 12, III-A précitée et loi 2019-1479 du 28 décembre 2019 art. 41, 2° et 3°).*

c. L'entreprise n'exerce pas une activité bancaire, financière, d'assurances, de gestion ou de location d'immeubles, de pêche maritime ;

d. Le capital de l'entreprise créée ou reprise n'est pas détenu, directement ou indirectement, pour plus de 50 % par d'autres sociétés ;

e. L'entreprise n'est pas créée dans le cadre d'une extension d'activités préexistantes. L'existence d'un contrat, quelle qu'en soit la dénomination, ayant pour objet d'organiser un partenariat caractérise l'extension d'une activité préexistante lorsque l'entreprise créée ou reprenant l'activité bénéficie de l'assistance de ce partenaire, notamment en matière d'utilisation d'une enseigne, d'un nom commercial, d'une marque ou d'un savoir-faire, de conditions d'approvisionnement, de modalités de gestion administrative, contentieuse, commerciale ou technique, dans des conditions telles que cette entreprise est placée dans une situation de dépendance.

III. L'exonération ne s'applique pas aux créations et aux reprises d'activités dans les zones de revitalisation rurale mentionnées au I consécutives au transfert d'une activité précédemment exercée par un contribuable ayant bénéficié, au titre d'une ou plusieurs des cinq années précédant celle du transfert, des dispositions des articles 44 sexies, 44 sexies A, 44 septies, dans sa rédaction antérieure à la loi n° 2021-1900 du 30 décembre 2021 de finances pour 2022, 44 octies, dans sa rédaction antérieure à la même loi, 44 octies A, 44 duodecies, 44 terdecies, 44 quaterdecies, 44 sexdecies ou 44 septdecies ou d'une prime d'aménagement du territoire.

L'exonération ne s'applique pas aux créations et aux reprises d'activités dans les zones de revitalisation rurale mentionnées au I consécutives au transfert, à la concentration ou à la restructuration d'activités précédemment exercées dans ces zones, sauf pour la durée restant à courir si l'activité reprise ou transférée bénéficie ou a bénéficié de l'exonération prévue au présent article.

L'exonération ne s'applique pas non plus dans les situations suivantes :

a. Si, lorsque la société, la personne morale ou le groupement a déjà fait l'objet d'une première opération de reprise ou de restructuration à l'issue de laquelle le cédant, son conjoint, le partenaire auquel il est lié par un pacte civil de solidarité défini à l'article 515-1 du code civil, leurs ascendants et descendants, leurs frères et soeurs détiennent ensemble, directement ou indirectement, plus de 50 % des droits de vote ou des droits dans les bénéfices sociaux de la société, de la personne morale ou du groupement soit repris, soit bénéficiaire de l'opération de reprise ou de restructuration, cette société, cette personne morale ou ce groupement fait de nouveau l'objet d'une telle opération à l'issue de laquelle une ou plusieurs des personnes physiques précédemment mentionnées détiennent ensemble, directement ou indirectement, plus de 50 % des droits de vote ou des droits dans les bénéfices sociaux.

BIC-XVIII-50680 s.

Le cédant s'entend de toute personne qui, avant l'opération de reprise ou de restructuration, soit détenait directement ou indirectement plus de 50 % des droits de vote ou des droits dans les bénéfices sociaux de la société, de la personne morale ou du groupement qui a fait l'objet de l'une de ces opérations, soit y exerçait, en droit ou en fait, la direction effective ;

b. Si, lorsque l'entreprise individuelle a déjà fait l'objet d'une première opération de reprise ou de restructuration ayant conduit au bénéfice de l'exonération mentionnée au I et réalisée au profit du conjoint de l'entrepreneur individuel, du partenaire auquel il est lié par un pacte civil de solidarité défini à l'article 515-1 du code civil, de leurs ascendants et descendants ou de leurs frères et soeurs, elle fait de nouveau l'objet d'une telle opération au profit d'une ou de plusieurs personnes précédemment mentionnées.

IV. Lorsqu'elle répond aux conditions requises pour bénéficier des dispositions de l'un des régimes prévus aux articles 44 sexies, 44 sexies A, 44 octies A, 44 duodecies, 44 terdecies, 44 quaterdecies, 44 sexdecies ou 44 septdecies et du régime prévu au présent article, l'entreprise peut opter pour ce dernier régime dans les six mois suivant le début d'activité. L'option est irrévocable et emporte renonciation définitive aux autres régimes.

BIC-XVIII-50650 s.

V. Le bénéfice de l'exonération et de l'imposition partielle est subordonné au respect du règlement (UE) n° 1407/2013 de la Commission, du 18 décembre 2013, relatif à l'application des articles 107 et 108 du traité sur le fonctionnement de l'Union européenne aux aides de minimis.

VI. L'exonération reste applicable pour sa durée restant à courir lorsque la commune d'implantation de l'entreprise sort de la liste des communes classées en zone de revitalisation rurale après la date de sa création ou de sa reprise.

(Voir loi 2010-1657 du 29 décembre 2010 art. 129, III)

BIC-XVIII-50000 s. ; MF n°s 10365 s.

Art 44 quindecies A **I. A.** Les contribuables qui, entre le 1er juillet 2024 et le 31 décembre 2029, créent ou reprennent des activités industrielles, commerciales ou artisanales, au sens de l'article 34, ou professionnelles, au sens du 1 de l'article 92, dans les zones France ruralités revitalisation « plus » définies au III du présent article sont exonérés d'impôt sur le revenu ou d'impôt sur les sociétés au titre des bénéfices provenant des activités implantées dans la zone, à l'exclusion des plus-values constatées lors de la réévaluation des éléments d'actif, jusqu'au terme du cinquante-neuvième mois suivant celui de leur création d'activité ou celui de la reprise d'activité, et déclarés selon les modalités prévues aux articles 50-0, 53 A, 96 à 100, 102 ter et 103.

B. Dans les zones France ruralités revitalisation définies au II du présent article, les entreprises, soumises de plein droit ou sur option à un régime réel d'imposition de leurs résultats, qui sont créées ou reprises entre le 1er juillet 2024 et le 31 décembre 2029 et qui exercent une activité mentionnée au A du présent I sont exonérées d'impôt sur le revenu ou d'impôt sur les sociétés au titre des bénéfices, à l'exception des plus-values constatées lors de la réévaluation des éléments d'actif, réalisés jusqu'au terme du cinquante-neuvième mois suivant celui de leur création ou de leur reprise et déclarés selon les modalités prévues aux articles 53 A, 96 à 100 et 103.

C. Pour l'application du B du présent I, une reprise d'entreprise s'entend de toute opération au terme de laquelle est reprise la direction effective d'une entreprise existante avec la volonté non équivoque de maintenir la pérennité de cette entreprise. La date de reprise constituant le point de départ pour le décompte de la période d'exonération correspond au moment où intervient de façon effective le changement de direction.

D. Les A et B du présent I ne s'appliquent pas dans les zones France ruralités revitalisation et France ruralités revitalisation « plus » bénéficiant de l'article 44 quaterdecies.

E. Les bénéfices ne sont soumis à l'impôt sur le revenu ou à l'impôt sur les sociétés que pour le quart, la moitié ou les trois quarts de leur montant selon qu'ils sont réalisés au cours de la première, de la deuxième ou de la troisième période de douze mois suivant cette période d'exonération.

II. A. Sont classées en zone France ruralités revitalisation les communes de France métropolitaine dont la population est inférieure à 30 000 habitants et qui sont membres d'un établissement public de coopération intercommunale à fiscalité propre remplissant les conditions suivantes :

1° Sa densité de population est inférieure ou égale à la densité médiane nationale des établissements publics de coopération intercommunale à fiscalité propre de France métropolitaine ;

2° Son revenu disponible médian par unité de consommation est inférieur ou égal à la médiane des revenus médians par établissement public de coopération intercommunale à fiscalité propre de France métropolitaine.

Pour les communes de France métropolitaine dont la population est inférieure à 30 000 habitants mentionnées au V de l'article L 5210-1-1 du code général des collectivités territoriales, les données prises en compte sont les données de densité de population et de revenu disponible médian par unité de consommation des communes concernées.

B. Lorsque l'intérêt général le justifie, le représentant de l'Etat dans la région peut proposer à titre complémentaire le classement en zone France ruralités revitalisation de l'ensemble des communes de France métropolitaine dont la population est inférieure à 30 000 habitants et qui appartiennent à un bassin de vie, défini par l'Institut national de la statistique et des études économiques, qui remplit les conditions suivantes :

1° Sa densité de population est inférieure ou égale à la densité médiane nationale des bassins de vie de France métropolitaine ;

2° Son revenu disponible médian par unité de consommation est inférieur ou égal à la médiane des revenus médians des bassins de vie de France métropolitaine.

Le représentant de l'Etat dans la région propose au ministre chargé des collectivités territoriales la liste des communes à classer. Le classement des communes concernées est déterminé par arrêté des ministres chargés des collectivités territoriales et du budget.

C. Sont également classées en zone France ruralités revitalisation les communes de France métropolitaine dont la population est inférieure à 30 000 habitants et qui sont situées dans un département remplissant les conditions suivantes :

1° Sa densité de population est inférieure à trente-cinq habitants par kilomètre carré ;

2° Son revenu disponible médian par unité de consommation est inférieur ou égal à la médiane des revenus médians disponibles par unité de consommation par département.

D. Sont classées en zone France ruralités revitalisation les communes de France métropolitaine dont la population est inférieure à 30 000 habitants et qui sont membres d'un établissement public de coopération intercommunale à fiscalité propre remplissant les conditions suivantes :

1° Au moins 50 % de sa population est située en zone de montagne, au sens de l'article 3 de la loi n° 85-30 du 9 janvier 1985 relative au développement et à la protection de la montagne ;

2° Sa densité de population est inférieure ou égale à la densité médiane nationale des établissements publics de coopération intercommunale à fiscalité propre de France métropolitaine ;

3° Son revenu disponible par unité de consommation médian est inférieur ou égal au 75e centile des revenus disponibles médians par établissement public de coopération intercommunale à fiscalité propre de France métropolitaine.

E. Sont classées en zone France ruralités revitalisation les communes de Guyane ainsi que celles de La Réunion comprises dans la zone spéciale d'action rurale délimitée par décret.

III. Sont classées en zone France ruralités revitalisation « plus » les communes classées dans une zone France ruralités revitalisation définie au II et membres d'un établissement public de coopération intercommunale à fiscalité propre confronté sur une période d'au moins dix ans à des difficultés particulières, appréciées en fonction d'un indice synthétique. Cet indice est établi, selon des modalités fixées par décret, en tenant compte des dynamiques liées au revenu, à la population et à l'emploi dans les établissements publics de coopération intercommunale à fiscalité propre concernés.

Pour le classement en zone France ruralités revitalisation « plus », les communes des établissements publics de coopération intercommunale à fiscalité propre situées dans les zones définies au même II sont listées par ordre décroissant en fonction de l'indice mentionné au premier alinéa du présent III. Le premier quart de ces communes est intégré en zone France ruralités revitalisation « plus ».

IV. Le classement des communes en zone France ruralités revitalisation et en zone France ruralités revitalisation « plus » est établi par arrêté des ministres chargés des collectivités territoriales et du budget. Il est révisé tous les six ans.

Les données utilisées sont établies par l'Institut national de la statistique et des études économiques à partir de celles disponibles au 1er juillet de l'année précédant le classement. La population prise en compte pour le calcul de la densité de population est la population municipale définie à l'article R 2151-1 du code général des collectivités territoriales. Le périmètre des établissements publics de coopération intercommunale à fiscalité propre mentionnés aux II et III du présent article est celui arrêté au 1er janvier de l'année précédant la révision du zonage France ruralités revitalisation.

V. A. Pour bénéficier des exonérations prévues au A du I du présent article, l'entreprise dont l'activité est créée doit appartenir à la catégorie des micros, petites et moyennes entreprises, au sens de l'annexe I au règlement (UE) n° 651/2014 de la

Commission du 17 juin 2014 déclarant certaines catégories d'aides compatibles avec le marché intérieur en application des articles 107 et 108 du traité, et l'entreprise reprenant l'activité doit employer moins de onze salariés.

B. Pour bénéficier des exonérations prévues au B du I du présent article :

1° L'entreprise créée ou reprise doit employer moins de onze salariés. Le seuil de onze salariés est apprécié, au titre de chaque exercice, selon les modalités prévues au I de l'article L 130-1 du code de la sécurité sociale. Lorsqu'une entreprise bénéficiant déjà de l'exonération en faveur des entreprises reprises ou de celles prévues au B du I du présent article constate un franchissement de seuil d'effectif déterminé selon les modalités prévues au II de l'article L 130-1 du code de la sécurité sociale, ce franchissement lui fait perdre le bénéfice de cette exonération ;

2° Le siège social de l'entreprise ainsi que l'ensemble de son activité et de ses moyens d'exploitation doivent être implantés dans les zones définies au II du présent article. Lorsqu'une entreprise exerce une activité sédentaire réalisée en partie en dehors des zones définies aux II et III, la condition d'implantation est réputée satisfaite lorsqu'elle réalise au plus 25 % de son chiffre d'affaires en dehors de ces zones. Les bénéfices réalisés dans cette limite sont soumis à l'impôt sur le revenu ou à l'impôt sur les sociétés, dans les conditions de droit commun, en proportion du montant hors taxes du chiffre d'affaires ou de recettes réalisé en dehors de ces zones. Cette condition de chiffre d'affaires s'apprécie exercice par exercice.

VI. Les exonérations prévues au I s'appliquent à une activité non sédentaire implantée dans une zone France ruralités revitalisation lorsque la part de cette activité réalisée en dehors d'une telle zone représente au plus 25 % du chiffre d'affaires de l'activité. Au delà de 25 %, les bénéfices réalisés sont soumis à l'impôt sur le revenu ou à l'impôt sur les sociétés dans les conditions de droit commun en proportion du chiffre d'affaires réalisé en dehors des zones déjà citées. Cette condition de chiffre d'affaires s'apprécie exercice par exercice.

Lorsque le contribuable implanté dans une zone définie au III exerce d'autres activités en dehors de la zone, les bénéfices réalisés sont soumis à l'impôt sur le revenu ou à l'impôt sur les sociétés, dans les conditions de droit commun, en proportion du montant hors taxes du chiffre d'affaires ou de recettes réalisé en dehors de ces zones.

VII. Les exonérations prévues au I ne s'appliquent pas aux activités bénéficiant ou ayant bénéficié dans les zones France ruralités revitalisation mentionnées aux II et III, au titre d'une ou de plusieurs des cinq années précédant l'année de la création ou de la reprise, des articles 44 sexies, 44 sexies A, 44 septies dans sa rédaction antérieure à la loi n° 2021-1900 du 30 décembre 2021 de finances pour 2022, 44 octies dans sa rédaction antérieure à la même loi, 44 octies A, 44 duodecies, 44 terdecies, 44 quaterdecies, 44 quindecies, 44 sexdecies ou 44 septdecies ou d'une prime d'aménagement du territoire.

Les exonérations ne s'appliquent pas aux créations ou aux reprises d'activité ou d'entreprise consécutives au transfert, à la concentration ou à la restructuration d'activités précédemment exercées dans les zones France ruralités revitalisation et France ruralités revitalisation « plus » mentionnées aux II et III du présent article, sauf pour la durée restant à courir si l'activité reprise ou transférée bénéficie ou a bénéficié de l'exonération prévue au présent article.

Les exonérations ne s'appliquent pas non plus aux reprises d'activité ou d'entreprise dans les situations suivantes :

1° Si, à l'issue de l'opération de reprise ou de restructuration, le cédant, son conjoint, le partenaire auquel il est lié par un pacte civil de solidarité défini à l'article 515-1 du code civil, leurs ascendants et descendants ou leurs frères et soeurs détiennent ensemble, directement ou indirectement, plus de 50 % des droits de vote ou des droits dans les bénéfices sociaux de la société, de la personne morale ou du groupement soit repris, soit bénéficiaire de l'opération de reprise ou de restructuration. Par exception, les exonérations s'appliquent au titre de la première opération de reprise ou de restructuration à l'issue de laquelle le cédant et ses descendants détiennent ensemble, directement ou indirectement, plus de 50 % des droits de vote ou des droits dans les bénéfices sociaux de la société, de la personne morale ou du groupement soit repris, soit bénéficiaire de l'opération de reprise ou de restructuration.

Le cédant s'entend de toute personne qui, avant l'opération de reprise ou de restructuration, soit détenait directement ou indirectement plus de 50 % des droits de vote ou des droits dans les bénéfices sociaux de la société, de la personne morale ou du groupement qui a fait l'objet de l'une de ces opérations, soit y exerçait, en droit ou en fait, la direction effective ;

2° Si l'entreprise individuelle a fait l'objet d'une opération de reprise ou de restructuration au profit de l'entrepreneur individuel lui-même, de son conjoint, du partenaire auquel il est lié par un pacte civil de solidarité défini au même article 515-1, de leurs ascendants et descendants ou de leurs frères et soeurs. Par exception, les exonérations s'appliquent au titre de la première opération de reprise ou de restructuration réalisée au profit de l'entrepreneur individuel lui-même et de ses descendants ;

3° L'opération de reprise ou de restructuration résulte d'un changement de forme sociale de l'entreprise au profit des personnes mentionnées aux 1° et 2° du présent VII.

VIII. Lorsqu'elle répond aux conditions requises pour bénéficier de l'un des régimes prévus aux articles 44 sexies, 44 sexies A, 44 terdecies, 44 sexdecies ou 44 septdecies et du régime prévu au présent article, l'entreprise peut opter pour ce dernier régime dans les six mois suivant le début d'activité. L'option est irrévocable et emporte renonciation définitive aux autres régimes.

IX. Le bénéfice des exonérations est subordonné au respect du règlement (UE) n° 1407/2013 de la Commission du 18 décembre 2013 relatif à l'application des articles 107 et 108 du traité sur le fonctionnement de l'Union européenne aux aides de minimis. Toutefois, sur option des entreprises :

1° Lorsque les activités ou les entreprises créées ou reprises mentionnées au I du présent article sont situées dans les zones d'aide à finalité régionale, le bénéfice de l'exonération est subordonné au respect des articles 13 et 14 du règlement (UE) n° 651/2014 de la Commission du 17 juin 2014 précité ;

2° Lorsque les activités ou les entreprises créées ou reprises mentionnées au I du présent article sont situées en dehors des zones d'aide à finalité régionale, le bénéfice de l'exonération est subordonné au respect de l'article 17 du règlement (UE) n° 651/2014 de la Commission du 17 juin 2014 précité.

Cette option, exercée distinctement pour chacune des activités concernées, est irrévocable pour la durée de l'exonération. Elle doit être exercée, selon le cas, dans le délai prévu pour le dépôt de la déclaration annuelle afférente à la première année au titre de laquelle l'exonération prend effet.

X. Les exonérations prévues au I du présent article restent applicables pour leur durée restant à courir lorsque la commune d'implantation de l'activité sort de la liste des communes classées en zone France ruralités revitalisation définies aux II et III.

XI. Le contribuable qui cesse volontairement son activité en zone France ruralités revitalisation mentionnée aux II ou III en la délocalisant dans un autre lieu moins de cinq ans après avoir bénéficié pour la première fois de l'exonération mentionnée au I est tenu de verser les sommes qu'il n'a pas acquittées en application des exonérations qui lui ont été consenties. Le bénéfice des exonérations est remis en cause au titre de l'année au cours de laquelle le contribuable cesse volontairement son activité dans une zone France ruralités revitalisation mentionnée aux II ou III.

La cessation volontaire d'activité en zone France ruralités revitalisation mentionnée aux mêmes II et III s'entend de l'abandon de l'ensemble de l'activité industrielle, commerciale ou artisanale ou professionnelle, au sens du I de l'article 92, implantée en zone France ruralités revitalisation, qui ne serait pas dû à un événement de force majeure. La délocalisation d'une entreprise ou d'un organisme dans un lieu autre qu'une zone France ruralités revitalisation s'entend du transfert physique de son lieu d'exploitation dans une commune qui n'est pas située en zone France ruralités revitalisation.

Ndlr *L'exonération prévue au présent article s'applique aux exercices clos à compter du 1er juillet 2024 (Loi 2023-1322 du 29 décembre 2023 art. 73, XX-C).*

FR 2/24 inf. 102 p. 169

2 undecies. Entreprises implantées dans les bassins urbains à dynamiser

Art 44 sexdecies **I.** Dans les bassins urbains à dynamiser définis au II, les entreprises qui sont créées entre le 1er janvier 2018 et le 31 décembre 2026 et, lorsqu'elles sont situées dans les communes mentionnées au sixième alinéa du même II, les entreprises qui sont créées entre le 1er janvier 2019 et le 31 décembre 2026, qui exercent une activité industrielle, commerciale ou artisanale au sens de l'article 34 sont exonérées d'impôt sur le revenu ou d'impôt sur les sociétés à raison des bénéfices réalisés, à l'exception des plus-values constatées lors de la réévaluation des éléments d'actif, jusqu'au terme du vingt-troisième mois suivant celui de leur création et déclarés selon les modalités prévues aux articles 50-0 et 53 A.

Les bénéfices ne sont soumis à l'impôt sur le revenu ou à l'impôt sur les sociétés que pour le quart, la moitié ou les trois quarts de leur montant selon qu'ils sont réalisés, respectivement, au cours de la première, de la deuxième ou de la troisième période de douze mois suivant cette période d'exonération.

II. Sont classées dans un bassin urbain à dynamiser les communes qui appartiennent à un ensemble de communes mentionnées au V de l'article L 5210-1-1 du code général des collectivités territoriales ou d'établissements publics de coopération intercommunale à fiscalité propre contigus rassemblant au moins un million d'habitants et qui satisfont aux conditions suivantes :

1° La densité de population de la commune est supérieure à la moyenne nationale ;

2° Le revenu disponible médian par unité de consommation de la commune est inférieur à la médiane nationale des revenus médians ;

3° Le taux de chômage de la commune est supérieur au taux national ;

4° 70 % de la population de chaque établissement public de coopération intercommunale vit dans des communes relevant des 1° à 3°.

Sont également classées dans un bassin urbain à dynamiser les communes qui satisfont aux conditions fixées aux 1° à 3° et qui sont limitrophes d'au moins une commune classée en bassin urbain à dynamiser en application du présent II, dans sa rédaction en vigueur au 1er janvier 2018.

Les données utilisées sont établies par l'Institut national de la statistique et des études économiques à partir de celles disponibles au 31 décembre de l'année précédant l'année du classement. La population prise en compte est la population municipale définie à l'article R 2151-1 du code général des collectivités territoriales dans sa rédaction en vigueur à la date de publication de la loi n° 2017-1775 du 28 décembre 2017 de finances rectificative pour 2017.

Le classement des communes en bassin urbain à dynamiser est établi au 1er janvier 2018 et pour une durée de neuf ans par arrêté des ministres chargés du budget et de l'aménagement du territoire *(Voir arrêté du 14 février 2018, JO du 22)*.

Le classement des communes mentionnées au sixième alinéa du présent II en bassin urbain à dynamiser est établi au 1er janvier 2019 et pour une durée de huit ans par arrêté des ministres chargés du budget et de l'aménagement du territoire.

III. Pour bénéficier de l'exonération mentionnée au I, l'entreprise doit répondre aux conditions suivantes :

1° L'entreprise est une petite ou moyenne entreprise au sens de l'annexe I au règlement (UE) n° 651/2014 de la Commission du 17 juin 2014 déclarant certaines catégories d'aides compatibles avec le marché intérieur en application des articles 107 et 108 du traité ;

2° Le siège social de l'entreprise ainsi que l'ensemble de son activité et de ses moyens d'exploitation sont implantés dans les bassins mentionnés au II.

Lorsqu'une entreprise exerce une activité non sédentaire, réalisée en partie en dehors des bassins précités, la condition d'implantation est réputée satisfaite dès lors qu'elle réalise au plus 15 % de son chiffre d'affaires en dehors de ce bassin. Au-delà de 15 %, les bénéfices réalisés sont soumis à l'impôt sur le revenu ou à l'impôt sur les sociétés dans les conditions de droit commun en proportion du chiffre d'affaires réalisé en dehors des bassins déjà cités. Cette condition de chiffre d'affaires s'apprécie exercice par exercice ;

3° Le capital de l'entreprise n'est pas détenu, directement ou indirectement, pour plus de 50 % par d'autres sociétés.

Le capital d'une société nouvellement créée est détenu indirectement par d'autres sociétés lorsque l'une au moins des conditions suivantes est remplie :

a. Un associé exerce en droit ou en fait une fonction de direction ou d'encadrement dans une autre entreprise, lorsque l'activité de celle-ci est similaire à celle de l'entreprise nouvellement créée ou lui est complémentaire ;

b. Un associé détient avec les membres de son foyer fiscal 25 % au moins des droits sociaux dans une autre entreprise dont l'activité est similaire à celle de l'entreprise nouvellement créée ou lui est complémentaire ;

4° L'entreprise n'est pas créée dans le cadre d'une reprise, d'un transfert, d'une concentration, d'une restructuration ou d'une extension d'activités préexistantes.

L'existence d'un contrat, quelle qu'en soit la dénomination, ayant pour objet d'organiser un partenariat caractérise l'extension d'une activité préexistante lorsque l'entreprise nouvellement créée bénéficie de l'assistance de ce partenaire, notamment en matière d'utilisation d'une enseigne, d'un nom commercial, d'une marque ou d'un savoir-faire, de conditions d'approvisionnement, ou de modalités de gestion administrative, contentieuse, commerciale ou technique, dans des conditions telles que cette entreprise est placée dans une situation de dépendance ;

5° A la date de clôture de l'exercice ou de la période d'imposition au titre duquel l'exonération s'applique :

a. Le nombre de salariés dont le contrat de travail est à durée indéterminée ou a été conclu pour une durée déterminée d'au moins douze mois et résidant dans le bassin urbain à dynamiser est égal au moins à la moitié du total des salariés employés dans les mêmes conditions. Les salariés employés à temps partiel sont pris en compte au prorata de la durée du travail prévue à leur contrat ;

b. Ou le nombre de salariés embauchés à compter de la création de l'entreprise et remplissant les conditions décrites au a est égal au moins à la moitié du total des salariés embauchés dans les mêmes conditions, au cours de la même période.

IV. Lorsqu'elle répond aux conditions requises pour bénéficier de l'un des régimes prévus aux articles 44 sexies, 44 sexies A, 44 octies A, 44 duodecies, 44 terdecies, 44 quindecies ou 44 septdecies et du régime prévu au présent article, l'entreprise peut opter pour ce dernier régime dans les six mois suivant celui du début d'activité. L'option est irrévocable et emporte renonciation définitive aux autres régimes.

Ndlr *Pour les dispositions du présent IV qui entreront en vigueur le 1er juillet 2024, voir partie Autres textes du présent code loi 2023-1322 du 29 décembre 2023 art. 73, I-7°-c et XX-D.*

V. Dans les zones d'aide à finalité régionale, le bénéfice de l'exonération est subordonné au respect des articles 13 et 14 du règlement (UE) n° 651/2014 de la Commission du 17 juin 2014 déclarant certaines catégories d'aides compatibles avec le marché intérieur en application des articles 107 et 108 du traité.

En dehors des zones d'aide à finalité régionale, le bénéfice de l'exonération est subordonné au respect de l'article 17 du règlement (UE) n° 651/2014 de la Commission du 17 juin 2014 précité.

FR 2/24 inf. 103 n° 2 p. 175 ; BIC-XVIII-60000 s. ; MF n° 10375

2 duodecies. Entreprises implantées dans les zones de développement prioritaire

Art 44 septdecies **I.** Dans les zones de développement prioritaire définies au II, les entreprises qui sont créées entre le 1er janvier 2019 et le 31 décembre 2026 et qui exercent une activité industrielle, commerciale ou artisanale au sens de l'article 34 sont exonérées d'impôt sur le revenu ou d'impôt sur les sociétés à raison des bénéfices réalisés, à l'exception des plus-values constatées lors de la réévaluation des éléments de l'actif, jusqu'au terme du vingt-troisième mois suivant celui de leur création et déclarés selon les modalités prévues aux articles 50-0 et 53 A.

Les bénéfices ne sont soumis à l'impôt sur le revenu ou à l'impôt sur les sociétés que pour le quart, la moitié ou les trois quarts de leur montant selon qu'ils sont réalisés, respectivement, au cours de la première, de la seconde ou de la troisième période de douze mois suivant cette période d'exonération.

II. Sont classées dans une zone de développement prioritaire les communes situées dans des régions de France métropolitaine lorsque ces régions répondent cumulativement aux conditions suivantes :

1° Elles appartiennent au tiers des régions ayant le taux de pauvreté le plus élevé ;

2° Elles appartiennent au tiers des régions ayant la part de jeunes de 15 à 24 ans ni en emploi ni en formation la plus élevée ;

3° Elles appartiennent au tiers des régions ayant la densité de population au kilomètre carré la plus faible ;

4° Au moins 30 % de la population de la région vit dans des établissements publics de coopération intercommunale à fiscalité propre qui répondent cumulativement aux conditions suivantes :

a. Ils appartiennent au tiers des établissements publics de coopération intercommunale ayant le taux de pauvreté le plus élevé ;

b. Ils appartiennent au tiers des établissements publics de coopération intercommunale ayant la part de jeune de 15 à 24 ans ni en emploi ni en formation la plus élevée ;

c. Ils appartiennent au tiers des établissements publics de coopération intercommunale ayant la densité de population au kilomètre carré la plus faible.

Le taux de pauvreté s'entend de la part de la population dont le revenu est inférieur à 60 % du revenu médian.

Les données utilisées sont établies par l'Institut national de la statistique et des études économiques à partir de celles disponibles au 31 décembre de l'année précédant l'année du classement. La population prise en compte est la population municipale définie à l'article R 2151-1 du code général des collectivités territoriales dans sa rédaction en vigueur à la date de publication de la loi n° 2018-1317 du 28 décembre 2018 de finances pour 2019.

Le classement des communes en zone de développement prioritaire est établi au 1er janvier 2019 et pour une durée de huit ans par arrêté conjoint des ministres chargés du budget et de la cohésion des territoires *(Voir arrêté du 11 mars 2019, JO du 17)*.

III. Pour bénéficier de l'exonération mentionnée au I, l'entreprise doit répondre aux conditions suivantes :

1° L'entreprise est une petite ou moyenne entreprise au sens de l'annexe I au règlement (UE) n° 651/2014 de la Commission du 17 juin 2014 déclarant certaines catégories d'aides compatibles avec le marché intérieur en application des articles 107 et 108 du traité ;

2° Le siège social de l'entreprise ainsi que l'ensemble de son activité et de ses moyens d'exploitation sont implantés dans les zones mentionnées au II.

Lorsqu'une entreprise exerce une activité non sédentaire, réalisée en partie en dehors des zones précitées, la condition d'implantation est satisfaite dès lors qu'elle réalise au plus 15 % de son chiffre d'affaires en dehors de cette zone. Au-delà de 15 %, les bénéfices réalisés sont soumis à l'impôt sur le revenu ou à l'impôt sur les sociétés dans les conditions de droit commun en proportion du chiffre d'affaires réalisé en dehors des zones déjà citées. Cette condition de chiffre d'affaires s'apprécie exercice par exercice ;

3° Son capital ne doit pas être détenu, directement ou indirectement, pour plus de 50 % par d'autres sociétés.

Le capital d'une société nouvellement créée est détenu indirectement par d'autres sociétés lorsque l'une au moins des conditions suivantes est remplie :

a. Un associé exerce en droit ou en fait une fonction de direction ou d'encadrement dans une autre entreprise, lorsque l'activité de celle-ci est similaire à celle de l'entreprise nouvellement créée ou lui est complémentaire ;

b. Un associé détient avec les membres de son foyer fiscal au moins 25 % des droits sociaux dans une autre entreprise dont l'activité est similaire à celle de l'entreprise nouvellement créée ou lui est complémentaire ;

4° L'entreprise n'est pas créée dans le cadre d'une reprise, d'un transfert, d'une concentration, d'une restructuration ou d'une extension d'activités préexistantes.

L'existence d'un contrat, quelle qu'en soit la dénomination, ayant pour objet d'organiser un partenariat caractérise l'extension d'une activité préexistante lorsque l'entreprise nouvellement créée bénéficie de l'assistance de ce partenaire, notamment en matière d'utilisation d'une enseigne, d'un nom commercial, d'une marque ou d'un savoir-faire, de conditions d'approvisionnement, de modalités de gestion administrative, contentieuse, commerciale ou technique, dans des conditions telles que cette entreprise est placée dans une situation de dépendance.

IV. Lorsqu'il répond aux conditions requises pour bénéficier des dispositions de l'un des régimes prévus aux articles 44 sexies, 44 sexies A, 44 octies A, 44 duodecies, 44 terdecies, 44 quindecies ou 44 sexdecies et du régime prévu au présent article, le contribuable peut opter pour ce dernier régime dans les six mois suivant celui du début d'activité. L'option est irrévocable et emporte renonciation définitive aux autres régimes.

Ndlr *Pour les dispositions du présent IV qui entreront en vigueur le 1er juillet 2024, voir partie Autres textes du présent code loi 2023-1322 du 29 décembre 2023 art. 73, I-8°-c et XX-D.*

V. Dans les zones d'aide à finalité régionale, le bénéfice de l'exonération est subordonné au respect des articles 13 et 14 du règlement (UE) n° 651/2014 de la Commission du 17 juin 2014 précité.

En dehors des zones d'aide à finalité régionale, le bénéfice de l'exonération est subordonné au respect de l'article 17 du même règlement.

FR 2/24 inf. 103 n° 2 p. 175 ; BIC-XVIII-65000 s. ; MF n° 10395

3. Révision des bilans

Art 45 **1. et 2.** *(Dispositions périmées).*

3. La faculté de procéder à la révision des bilans est supprimée à raison des variations de prix postérieures au 30 juin 1959.

(Voir toutefois art. 238 bis I)

BIC-VII-91100 s.

4. Fixation du bénéfice imposable

A. Exploitants individuels

a. Régime des micro-entreprises

Art 50-0 **1.** Sont soumises au régime défini au présent article pour l'imposition de leurs bénéfices les entreprises dont le chiffre d'affaires hors taxes, ajusté s'il y a lieu au prorata du temps d'exploitation au cours de l'année de référence, n'excède pas, l'année civile précédente ou la pénultième année :

1° 188 700 € s'il s'agit d'entreprises dont le commerce principal est de vendre des marchandises, objets, fournitures et denrées à emporter ou à consommer sur place ou de fournir le logement, à l'exclusion de la location directe ou indirecte de locaux d'habitation meublés ou destinés à être loués meublés, autres que ceux mentionnés aux 2° et 3° du III de l'article 1407 ;

1° bis 15 000 € s'il s'agit de la location directe ou indirecte de meublés de tourisme au sens de l'article L 324- 1-1 du code du tourisme *(NDLR Ces dispositions s'appliquent à compter de l'imposition des revenus de 2023)* ;

2° 77 700 € s'il s'agit d'autres entreprises.

Ndlr *Limites applicables pour l'imposition des revenus de 2023 à 2025.*

FR 2/23 inf. 1 p. 7

Lorsque l'activité d'une entreprise se rattache aux trois catégories définies aux 1°, 1° bis et 2°, le régime défini au présent article n'est applicable que si le chiffre d'affaires hors taxes global de l'entreprise respecte la limite mentionnée au 1° et si :

a. Le chiffre d'affaires hors taxes afférent aux activités de la catégorie mentionnée au 1° bis respecte la limite mentionnée au même 1° bis ;

b. Et le chiffre d'affaires hors taxes afférent aux activités de la catégorie mentionnée au 2° respecte la limite mentionnée au même 2°.

Ndlr *Ces dispositions s'appliquent à compter de l'imposition des revenus de 2023.*

Le résultat imposable, avant prise en compte des plus ou moins-values provenant de la cession des biens affectés à l'exploitation, est égal au montant du chiffre d'affaires hors taxes diminué d'un abattement, qui ne peut être inférieur à 305 €, de :

71 % pour le chiffre d'affaires provenant d'activités de la catégorie mentionnée au 1° ;

30 % pour le chiffre d'affaires provenant d'activités de la catégorie mentionnée au 1° bis *(NDLR Taux applicable à compter de l'imposition des revenus de 2023)* ;

50 % pour le chiffre d'affaires provenant d'activités de la catégorie mentionnée au 2°.

Les plus ou moins-values mentionnées au huitième alinéa du présent 1 sont déterminées et imposées dans les conditions prévues aux articles 39 duodecies à 39 quindecies du présent code, sous réserve de l'article 151 septies. Pour l'application du présent alinéa, les abattements mentionnés aux huitième à onzième alinéas du présent 1 sont réputés tenir compte des amortissements pratiqués selon le mode linéaire.

Les entreprises qui relèvent du présent régime bénéficient d'un abattement supplémentaire de 21 % pour le chiffre d'affaires afférent à leur activité de location de locaux classés meublés de tourisme mentionnés au 2° du III de l'article 1407, lorsque ces derniers ne sont pas situés dans des zones géographiques se caractérisant par un déséquilibre important entre l'offre et la demande de logements, sous réserve que le chiffre d'affaires hors taxes, ajusté s'il y a lieu au prorata du temps d'exploitation au cours de l'année de référence, afférent à l'ensemble des activités de location de locaux meublés mentionnées au présent 1 n'excède pas au cours de l'année civile précédente 15 000 €. Le bénéfice de cet abattement supplémentaire est subordonné au respect du règlement (UE) n° 1407/2013 de la Commission du 18 décembre 2013 relatif à l'application des articles 107 et 108 du traité sur le fonctionnement de l'Union européenne aux aides de minimis.

Ndlr *Les dispositions du présent alinéa s'appliquent à compter de l'imposition des revenus de 2023.*

Les seuils mentionnés au présent 1 sont actualisés tous les trois ans dans la même proportion que l'évolution triennale de la première tranche du barème de l'impôt sur le revenu et arrondis à la centaine d'euros la plus proche.

FR 2/24 inf. 21 p. 42 ; RIE-I-560 s. ; RIE-II-150 s. ; MF nos 11200 s.

2. Sont exclus de ce régime :

a. Les contribuables qui exploitent plusieurs entreprises dont le total des chiffres d'affaires excède les limites mentionnées aux 1°, 1° bis et 2° du 1, appréciées, s'il y a lieu, dans les conditions prévues au quatrième alinéa de ce même 1 ;

b. *(Abrogé)* ;

c. Les sociétés ou organismes dont les résultats sont imposés selon le régime des sociétés de personnes défini à l'article 8, à l'exception des sociétés à responsabilité limitée dont l'associé unique est une personne physique dirigeant cette société ;

d. Les personnes morales passibles de l'impôt sur les sociétés ;

e. Les opérations portant sur des immeubles, des fonds de commerce ou des actions ou parts de sociétés immobilières et dont les résultats doivent être compris dans les bases de l'impôt sur le revenu au titre des bénéfices industriels et commerciaux ;

f. *(Abrogé)* ;

g. Les opérations visées au 8° du I de l'article 35 ;

h. Les contribuables dont tout ou partie des biens affectés à l'exploitation sont compris dans un patrimoine fiduciaire en application d'une opération de fiducie définie à l'article 2011 du code civil ;

i. Les contribuables qui exercent une activité occulte au sens du deuxième alinéa de l'article L 169 du livre des procédures fiscales ;

j. Les contribuables qui perçoivent des revenus d'un fonds de placement immobilier imposables dans les conditions définies au e du 1 du II de l'article 239 nonies.

RIE-I-750 s. ; MF n° 11210

3. Les contribuables concernés portent directement le montant du chiffre d'affaires annuel et des plus ou moins-values réalisées ou subies au cours de cette même année sur la déclaration prévue à l'article 170.

RIE-II-1310

4. Les entreprises placées dans le champ d'application du présent article peuvent opter pour un régime réel d'imposition. Cette option doit être exercée dans les délais applicables au dépôt de la déclaration prévue à l'article 170 souscrite au titre de l'année précédant celle au titre de laquelle cette même option s'applique. Toutefois, lorsque de telles entreprises étaient soumises de plein droit à un régime réel d'imposition au titre de la période précédant celle au titre de laquelle elles sont placées dans le champ d'application du présent article, elles exercent cette option dans les délais applicables au dépôt de la déclaration souscrite au titre de l'année au titre de laquelle l'option s'applique. En cas de création d'entreprise, l'option est exercée dans les délais applicables au dépôt de la déclaration souscrite au titre de l'année de la première période d'activité.

L'option pour un régime réel d'imposition est valable un an et reconduite tacitement chaque année civile pour un an. Les entreprises peuvent renoncer à cette option dans les délais applicables au dépôt de la déclaration souscrite au titre des résultats de l'année précédant celle au titre de laquelle la renonciation s'applique.

Ndlr *Les dispositions du présent 4 s'appliquent aux options et renonciations exercées à compter du 1er janvier 2022.*

RIE-I-4250 s. ; MF nos 11090 s.

5. Les entreprises qui n'ont pas exercé l'option visée au 4 doivent tenir et présenter, sur demande de l'administration, un livre-journal servi au jour le jour et présentant le détail de leurs recettes professionnelles, appuyé des factures et de toutes autres pièces justificatives. Elles doivent également, lorsque leur commerce principal est de vendre des marchandises, objets, fournitures et denrées à emporter ou à consommer sur place, ou de fournir le logement, tenir et présenter, sur demande de l'administration, un registre récapitulé par année, présentant le détail de leurs achats.

RIE-II-1100 s.

RIE-I-560 s. ; RIE-II-100 s. ; MF nos 11190 s.

c. Régime de l'imposition d'après le bénéfice réel

Art 53 A Sous réserve des dispositions de l'article 302 septies A bis, les contribuables, autres que ceux soumis au régime défini à l'article 50-0, sont tenus de souscrire chaque année, dans les conditions et délais prévus aux articles 172 et 175, une déclaration permettant de déterminer et de contrôler le résultat imposable de l'année ou de l'exercice précédent.

Un décret fixe le contenu de cette déclaration ainsi que la liste des documents qui doivent y être joints. Ce décret édicte des définitions et des règles d'évaluation auxquelles les entreprises sont tenues de se conformer *(Voir Annexe III, art. 38 à 38 B et 38 ter à 38 quaterdecies)*.

Les modèles d'imprimés de la déclaration et des documents prévus ci-dessus sont fixés par arrêté *(Voir arrêté du 17 juillet 1987, JO des 20 et 21)*.

RIE-III-250 s. ; MF nos 10965 s.

Art 54 Les contribuables mentionnés à l'article 53 A sont tenus de représenter à toute réquisition de l'administration tous documents comptables, inventaires, copies de lettres, pièces de recettes et de dépenses de nature à justifier l'exactitude des résultats indiqués dans leur déclaration.

BIC-VI-12720 s.

Si la comptabilité est tenue en langue étrangère, une traduction certifiée par un traducteur juré doit être représentée à toute réquisition de l'administration.

RIE-III-11100 s. ; MF nos 10950, 11010, 78135

Art 54 bis Les contribuables visés à l'article 53 A sont tenus de fournir, en même temps que la déclaration des résultats de chaque exercice, un état comportant l'indication de l'affectation de chacun des véhicules de tourisme au sens de l'article L 421-2 du code des impositions sur les biens et services ayant figuré à leur actif ou dont l'entreprise a assumé les frais au cours de cet exercice.

Ces mêmes contribuables doivent obligatoirement inscrire en comptabilité, sous une forme explicite, la nature et la valeur des avantages en nature accordés à leur personnel.

DIR-V-2820 s. ; RIE-III-8420 s. ;
MF no 10950 précision c

Art 54 ter En vue de l'application des dispositions des articles 39 bis à 39 bis B, les entreprises intéressées sont tenues de joindre à chaque déclaration qu'elles souscrivent pour l'établissement de l'impôt sur le revenu un relevé indiquant distinctement le montant des dépenses effectuées en vue des objets indiqués auxdits articles au cours de la période à laquelle s'applique la déclaration, par prélèvement, d'une part, sur les bénéfices de ladite période, et d'autre part, sur les provisions constituées, en vertu des mêmes articles, au moyen des bénéfices des périodes précédentes.

BIC-XII-42200 s.

Art 54 quater Les entreprises sont tenues de fournir, à l'appui de la déclaration de leurs résultats de chaque exercice, le relevé détaillé des catégories de dépenses visées au 5 de l'article 39, lorsqu'elles dépassent un certain montant fixé par arrêté du ministre chargé de l'économie et des finances, ainsi que le relevé détaillé des dépenses mentionnées au troisième alinéa de l'article 238 A et déduites pour l'établissement de leur impôt.

(Voir Annexe II, art. 36 et Annexe IV, art. 4 J à 4 L)

DIR-V-2820 s. ; RIE-III-6310 s. ; MF no 9050

Art 54 sexies Les sociétés débitrices des intérêts versés au titre des sommes mises à leur disposition par les associés ou actionnaires et portées sur un compte bloqué individuel doivent joindre à leur déclaration de résultats un état des sommes mises à leur disposition.

Le non-respect de l'obligation fixée au premier alinéa entraîne, nonobstant toutes dispositions contraires, l'exigibilité immédiate des impôts dont ont été dispensés les associés ou actionnaires et la société, assortis, le cas échéant, de l'intérêt de retard prévu à l'article 1727, décompté à partir de la date à laquelle ces impôts auraient dû être acquittés.

RM-IV-8710

Art 54 septies **I.** Les entreprises placées sous l'un des régimes prévus par les 5 bis, 5 ter et 7 à 7 ter de l'article 38, l'article 38 septies, le II bis de l'article 208 C et les articles 151 octies, 151 octies A, 151 octies B, 210 A, 210 B, 210 D et 238 quater K du présent code doivent joindre à leur déclaration de résultat un état conforme au modèle fourni par l'administration faisant apparaître, pour chaque nature d'élément, les renseignements nécessaires au calcul du résultat imposable de la cession ultérieure des éléments considérés. Un décret précise le contenu de cet état *(Voir Annexe III, art. 38 quindecies)*.

II. Les plus-values dégagées sur des éléments d'actif non amortissables à l'occasion d'opérations d'échange, de cession, de fusion, d'apport, de scission, de transformation et dont l'imposition a été reportée, par application des dispositions des 5 bis, 5 ter et 7 à 7 ter de l'article 38, de l'article 38 septies, du 2 de l'article 115, du II bis de l'article 208 C et, de celles des articles 151 octies, 151 octies A, 151 octies B, 210 A, 210 B, 210 D, A et 248 E sont portées sur un registre tenu par l'entreprise qui a inscrit ces biens à l'actif de son bilan. Il en est de même des plus-values dégagées sur des éléments d'actif non amortissables résultant du transfert dans ou hors d'un patrimoine fiduciaire et dont l'imposition a été reportée par application de l'article 238 quater B ou de l'article 238 quater K. Lorsque l'imposition est reportée en application de l'article 238 quater B, le registre est tenu par le fiduciaire qui a inscrit ces biens dans les écritures du patrimoine fiduciaire.

Ce registre mentionne la date de l'opération, la nature des biens transférés, leur valeur comptable d'origine, leur valeur fiscale ainsi que leur valeur d'échange ou leur valeur d'apport. Il est conservé dans les conditions prévues à l'article L 102 B du livre des procédures fiscales jusqu'à la fin de la troisième année qui suit celle au titre de laquelle le dernier bien porté sur le registre est sorti de l'actif de l'entreprise ou du patrimoine fiduciaire. Il est présenté à toute réquisition de l'administration.

III. *(Abrogé)*.

DC-IX-52310 s. ; RIE-III-5350 s., 6050 s. ; MF n°s 11000, 39310

Art 54 octies Les contribuables mentionnés au premier alinéa du 1 du II de l'article 39 C sont tenus de fournir, dans le mois qui suit le début de l'amortissement admis en déduction du résultat imposable, une déclaration conforme à un modèle fourni par l'administration faisant apparaître notamment certains éléments du contrat et leur résultat prévisionnel durant l'application du contrat. Un décret précise le contenu et les conditions de dépôt de cette déclaration *(Voir Annexe III, art. 38 quindecies A)*.

BIC-X-34960 s.

Art 55 Le service des impôts vérifie les déclarations. Il peut rectifier les déclarations en se conformant à la procédure prévue à l'article L 55 du livre des procédures fiscales *(Voir également LPF, art. L 10 et L 15)*.

BIC-XVII-1660 s. ; MF nº 11010

Art 56 Les ingénieurs des mines peuvent, au lieu et place des agents des impôts ou concurremment avec ces agents, être appelés à vérifier les déclarations des contribuables visés au deuxième alinéa de l'article 34, et des entreprises exploitant des carrières.

CONT-III-14040

Art 57 Pour l'établissement de l'impôt sur le revenu dû par les entreprises qui sont sous la dépendance ou qui possèdent le contrôle d'entreprises situées hors de France, les bénéfices indirectement transférés à ces dernières, soit par voie de majoration ou de diminution des prix d'achat ou de vente, soit par tout autre moyen, sont incorporés aux résultats accusés par les comptabilités. Il est procédé de même à l'égard des entreprises qui sont sous la dépendance d'une entreprise ou d'un groupe possédant également le contrôle d'entreprises situées hors de France.

La condition de dépendance ou de contrôle n'est pas exigée lorsque le transfert s'effectue avec des entreprises établies dans un Etat étranger ou dans un territoire situé hors de France dont le régime fiscal est privilégié au sens du deuxième alinéa de l'article 238 A ou établies ou constituées dans un Etat ou territoire non coopératif au sens de l'article 238-0 A.

En cas de défaut de réponse à la demande faite en application de l'article L 13 B du livre des procédures fiscales ou en cas d'absence de production ou de production partielle de la documentation mentionnée au III de l'article L 13 AA et à l'article L 13 AB du même livre, les bases d'imposition concernées par la demande sont évaluées par l'administration à partir des éléments dont elle dispose et en suivant la procédure contradictoire définie aux articles L 57 à L 61 du même livre.

A défaut d'éléments précis pour opérer les rectifications prévues aux premier, deuxième et troisième alinéas, les produits imposables sont déterminés par comparaison avec ceux des entreprises similaires exploitées normalement.

Lorsque la méthode de détermination des prix de transfert s'écarte de celle prévue par la documentation mise à la disposition de l'administration par une personne morale en application du III de l'article L 13 AA ou de l'article L 13 AB du livre des procédures fiscales, l'écart constaté entre le résultat et le montant qu'il aurait atteint si cette documentation avait été respectée est réputé constituer un bénéfice indirectement transféré au sens du premier alinéa du présent article, sauf si la personne morale démontre l'absence de transfert soit par voie de majoration ou de diminution des prix d'achat ou de vente, soit par tout autre moyen *(NDLR Les dispositions du présent alinéa s'appliquent aux exercices ouverts à compter du 1er janvier 2024).*

CF-IX-250 s. ; MF nos 78265 s.

B. Associés en nom des sociétés de personnes et membres des sociétés en participation

Art 60 Le bénéfice des sociétés visées à l'article 8 est déterminé, dans tous les cas, dans les conditions prévues pour les exploitants individuels.

Ces sociétés sont tenues aux obligations qui incombent normalement aux exploitants individuels *(Voir également LPF, art. L 53).*

DC-V-600 s. ; MF nos 37600 s., 37615

C. Membres des copropriétés de navires et de cheval de course ou d'étalon

Art 61 A Les résultats à déclarer par les copropriétés mentionnées aux articles 8 quater et 8 quinquies sont déterminés dans les conditions prévues pour les exploitants individuels soumis au régime du bénéfice réel, avant déduction respectivement de l'amortissement du navire, du cheval de course ou de l'étalon.

Les copropriétés sont tenues aux obligations qui incombent à ces exploitants *(Voir également LPF, art. L 53).*

BA-VII-8230 s. ; DC-V-27100 s. ;
MF nos 16485 s., 37870

III. Rémunérations allouées aux gérants et associés de certaines sociétés

Art 62 Les traitements, remboursements forfaitaires de frais et toutes autres rémunérations sont soumis à l'impôt sur le revenu au nom de leurs bénéficiaires s'ils sont admis en déduction des bénéfices soumis à l'impôt sur les sociétés par application de l'article 211, même si les résultats de l'exercice social sont déficitaires, lorsqu'ils sont alloués :

Aux gérants majoritaires des sociétés à responsabilité limitée n'ayant pas opté pour le régime fiscal des sociétés de personnes dans les conditions prévues à l'article 3-IV du décret no 55-594 du 20 mai 1955 modifié ou dans celles prévues à l'article 239 bis AA ou à l'article 239 bis AB ;

Aux gérants des sociétés en commandite par actions ;

Aux associés en nom des sociétés de personnes, aux membres des sociétés en participation et aux associés mentionnés aux 4o et 5o de l'article 8 lorsque ces sociétés ou exploitations ont opté pour le régime fiscal des sociétés de capitaux.

Le montant imposable des rémunérations visées au premier alinéa est déterminé, après déduction des cotisations et primes mentionnées à l'article 154 bis, selon les règles prévues en matière de traitements et salaires.

DIR-II-1500 s. ;
MF nos 23615 s., 23635, 23650, 23655 c

IV. Bénéfices de l'exploitation agricole

1. Définition du bénéfice de l'exploitation agricole

Art 63 Sont considérés comme bénéfices de l'exploitation agricole pour l'application de l'impôt sur le revenu, les revenus que l'exploitation de biens ruraux procure soit aux fermiers, métayers, soit aux propriétaires exploitant eux-mêmes.

Ces bénéfices comprennent notamment ceux qui proviennent de la production forestière, même si les propriétaires se bornent à vendre les coupes de bois sur pied.

Ils comprennent également les produits de l'exploitation de champignonnières en galeries souterraines et ceux des exploitations apicoles, avicoles, piscicoles, ostréicoles et mytilicoles ainsi que les profits réalisés par les obtenteurs de nouvelles variétés végétales au sens des articles L 623-1 à L 623-35 du code de la propriété intellectuelle.

Sont aussi considérés comme bénéfices de l'exploitation agricole les revenus qui proviennent des activités de préparation et d'entraînement des équidés domestiques, en vue de leur exploitation dans les activités autres que celles du spectacle.

Sont considérés comme bénéfices de l'exploitation agricole les revenus provenant de la vente de biomasse sèche ou humide, majoritairement issue de produits ou sous-produits de l'exploitation. Il en est de même des revenus provenant de la production d'énergie à partir de produits ou sous-produits majoritairement issus de l'exploitation agricole. La prépondérance est appréciée en masse au regard de chaque produit commercialisé par l'exploitant.

Sont considérés comme bénéfices de l'exploitation agricole les revenus qui proviennent de la mise à disposition de droits au paiement au titre du régime de paiement de base prévu par le règlement (UE) n° 1307/2013 du Parlement européen et du Conseil du 17 décembre 2013 établissant les règles relatives aux paiements directs en faveur des agriculteurs au titre des régimes de soutien relevant de la politique agricole commune et abrogeant le règlement (CE) n° 637/2008 du Conseil et le règlement (CE) n° 73/2009 du Conseil.

Ndlr *Le règlement (UE) 1307/2013 du 17 décembre 2013 est abrogé à compter du 1er janvier 2023 par le règlement (UE) 2021/2115 du 2 décembre 2021 art. 154, 2.*

Sont aussi considérés comme bénéfices de l'exploitation agricole les revenus qui proviennent des activités de courses en attelage, d'enseignement de la conduite et du travail avec les chiens et de prestations de transports en traîneaux ou de louage de traîneaux quand elles sont réalisées par des conducteurs de chiens attelés titulaires du diplôme d'Etat de la jeunesse, de l'éducation populaire et du sport mention « attelages canins ».

Sont également considérés comme bénéfices de l'exploitation agricole les revenus qui proviennent des actions réalisées par les personnes mentionnées aux sept premiers alinéas sur le périmètre de leur exploitation et qui contribuent à restaurer ou maintenir des écosystèmes dont la société tire des avantages *(NDLR Les présentes dispositions s'appliquent à l'impôt sur le revenu dû au titre de l'année 2021 et des années suivantes).*

BA-I-200 s., 5670 s. ; MF nos 15155 s.

2. Régime des micro-exploitations

Art 64 bis **I.** Sous réserve des articles 76 et 76 A, le bénéfice imposable des exploitants agricoles qui ne sont pas soumis au régime d'imposition défini à l'article 69 est déterminé en application du présent article.

Le bénéfice imposable, avant prise en compte des plus-values ou des moins-values provenant de la cession des biens affectés à l'exploitation, est égal à la moyenne des recettes hors taxes de l'année d'imposition et des deux années précédentes, diminuée d'un abattement de 87 %. Cet abattement ne peut être inférieur à 305 €. Les recettes à retenir s'entendent des sommes encaissées au cours de l'année civile dans le cadre de l'exploitation, augmentées de la valeur des produits prélevés dans l'exploitation et alloués soit au personnel salarié, soit au propriétaire du fonds en paiement du fermage, à l'exclusion de celles encaissées au titre des cessions portant sur les éléments de l'actif immobilisé, des remboursements de charges engagées dans le cadre de l'entraide agricole, des indemnités compensatoires de handicap naturel, des subventions et primes d'équipement et des redevances ayant leur origine dans le droit de propriété.

En cas de création d'activité, le montant des recettes à prendre en compte pour l'application du deuxième alinéa du présent article est égal, pour l'année de la création, aux recettes de ladite année et, pour l'année suivante, à la moyenne des recettes de l'année d'imposition et de l'année précédente.

Au titre de l'année qui suit la sortie d'un régime réel d'imposition, les recettes mentionnées au même deuxième alinéa sont diminuées, avant application de l'abattement prévu audit deuxième alinéa, du montant hors taxes des créances figurant au bilan du dernier exercice imposé selon un régime réel d'imposition *(NDLR Les dispositions du présent alinéa s'appliquent à compter de l'imposition des revenus de l'année 2020).*

Les plus-values ou les moins-values mentionnées au même deuxième alinéa sont déterminées et imposées dans les conditions du régime réel d'imposition. L'abattement mentionné audit deuxième alinéa est réputé tenir compte des amortissements pratiqués selon le mode linéaire.

II. *(Abrogé).*

III. Les contribuables mentionnés au I du présent article portent directement sur la déclaration prévue à l'article 170 le montant des recettes de l'année d'imposition, des recettes des deux années précédentes et des plus-values ou moins-values réalisées ou subies au cours de l'année.

IV. Les contribuables mentionnés au I du présent article tiennent et, sur demande du service des impôts, présentent un document donnant le détail journalier de leurs recettes professionnelles ainsi que les factures et toute autre pièce justificative de ces recettes.

V. L'option prévue au a du II de l'article 69 est valable un an et reconduite tacitement chaque année pour un an. Les contribuables peuvent renoncer à cette option dans les délais applicables au dépôt de la déclaration souscrite au titre des résultats de la période précédant celle au titre de laquelle la renonciation s'applique *(NDLR Ces dernières dispositions s'appliquent aux renonciations exercées à compter du 1er janvier 2022).*

BA-III-100 s. ; MF nos 15700 s.

3. Imposition d'après le bénéfice réel

A. Régimes d'imposition

Art 69 I. Lorsque la moyenne des recettes d'un exploitant agricole, pour l'ensemble de ses exploitations, dépasse 120 000 €, hors taxes, sur trois années consécutives, l'intéressé est obligatoirement imposé d'après un régime réel d'imposition à compter de l'imposition des revenus de la première année suivant la période triennale considérée *(Voir Annexe III, art. 38 sexdecies A).*

Ndlr *La limite mentionnée au présent I concerne l'application du régime micro-BA en 2024 et 2025. Elle était fixée à 91 900 € pour l'année 2023 et à 85 800 € pour les années 2020 à 2022.*

FR 2/24 inf. 37 nos 12 à 14 p. 74

II. Un régime simplifié d'imposition s'applique aux petits et moyens exploitants agricoles relevant de l'impôt sur le revenu :

a. Sur option, aux exploitants normalement placés sous le régime prévu à l'article 64 bis ;

b. De plein droit, aux autres exploitants dont la moyenne des recettes, mesurée sur trois années consécutives, n'excède pas 391 000 €, hors taxes.

Ndlr *La limite mentionnée au présent II s'applique pour les années 2023 à 2025. Elle était fixée respectivement à 365 000 € de 2020 à 2022.*

FR 2/23 inf. 1 p. 7

III. En cas de dépassement de la limite mentionnée au b du II, les intéressés sont soumis de plein droit au régime réel normal d'imposition à compter du premier exercice suivant la période triennale considérée.

Les deux catégories d'exploitants prévues au II ainsi que celles soumises au régime simplifié d'imposition en application de l'article 69 C peuvent opter pour le régime réel normal.

IV. Les options mentionnées au a du II et au deuxième alinéa du III doivent être formulées dans le délai de déclaration des résultats, de l'année ou de l'exercice précédant celui au titre duquel elles s'appliquent.

Pour les exploitants qui désirent opter pour un régime réel d'imposition dès leur premier exercice d'activité, l'option doit être exercée dans les délais applicables au dépôt de la déclaration souscrite au titre de leur première période d'activité *(NDLR Ces dispositions s'appliquent aux options exercées à compter du 1er janvier 2022).*

V. Les recettes à retenir pour l'appréciation des limites prévues au b du II correspondent aux créances acquises déterminées dans les conditions prévues au 2 bis de l'article 38.

VI. Les seuils mentionnés aux I et II sont actualisés tous les trois ans dans la même proportion que l'évolution triennale de la limite supérieure de la première tranche du barème de l'impôt sur le revenu et sont arrondis, respectivement, à la centaine d'euros la plus proche et au millier d'euros le plus proche.

Pour l'application des dispositions du présent article et des II et IV de l'article 151 septies, les recettes provenant d'opérations d'élevage ou de culture portant sur des animaux ou des produits appartenant à des tiers sont multipliées par trois.

Ndlr *La règle de multiplication par trois s'applique pour la détermination des recettes prises en compte pour l'imposition des revenus réalisés au titre de l'année 2021 et des années suivantes ou des exercices clos à compter du 31 décembre 2021.*

FR 2/24 inf. 37 nos 12 à 14 p. 75 ;
BA-II-100 s., 500 s., 8000 s. ; MF nos 15500 s.

Art 69 C Les personnes qui effectuent des opérations commerciales d'importation, de vente, de commission et de courtage portant sur des animaux vivants de boucherie et de charcuterie, ainsi que celles qui effectuent des opérations commerciales d'achat portant sur des animaux de boucherie et de charcuterie, sont soumises au régime d'imposition d'après le bénéfice réel pour les profits qu'elles réalisent, à titre personnel ou comme membres d'une société ne relevant pas de l'impôt sur les sociétés, à l'occasion de l'exercice de leurs activités agricoles, quel que soit le montant des recettes tirées de ces activités.

BA-II-6050 s. ; MF no 15600

Art 69 D Les sociétés à activité agricole, autres que celles mentionnées à l'article 71, créées à compter du 1er janvier 1997 et dont les résultats sont imposés dans les conditions prévues à l'article 8, sont soumises au régime d'imposition d'après le bénéfice réel.

Toutefois, les exploitations agricoles à responsabilité limitée dont l'associé unique est une personne physique dirigeant cette exploitation peuvent bénéficier du régime fiscal mentionné à l'article 64 bis.

BA-II-6300 s. ; MF no 15520

Art 69 E Les exploitants qui exercent une activité mentionnée au cinquième ou sixième alinéa de l'article 63 sont soumis à un régime réel d'imposition.

Il en est de même des exploitants dont tout ou partie des biens affectés à l'exploitation sont compris dans un patrimoine fiduciaire en application d'une opération de fiducie définie à l'article 2011 du code civil.

BA-II-6800 s. ; MF n° 15590

Art 70 Pour l'application des articles 69, 69 C, 69 D, et 72, il est tenu compte des recettes réalisées par les sociétés et groupements non soumis à l'impôt sur les sociétés dont le contribuable est membre, à proportion de ses droits dans les bénéfices comptables de ces sociétés et groupements. Toutefois le régime fiscal de ceux-ci demeure déterminé uniquement par le montant global de leurs recettes.

Pour l'application de l'article 151 septies, les plus-values réalisées par une société civile agricole non soumise à l'impôt sur les sociétés sont imposables au nom de chaque associé visé au I de l'article 151 nonies selon les règles prévues pour les exploitants individuels en tenant compte de sa quote-part dans les recettes de la société.

BA-II-4500 s. ; MF n°s 15520 s.

Groupements agricoles d'exploitation en commun

Art 71 Pour les groupements agricoles d'exploitation en commun dont tous les associés participent effectivement et régulièrement à l'activité du groupement par leur travail personnel :

1° La moyenne des recettes au-delà de laquelle ces groupements sont soumis à un régime d'imposition d'après le bénéfice réel est égale à 60 % de la limite prévue pour les exploitants individuels multipliée par le nombre d'associés, à l'exception des associés dont l'âge excède, au premier jour de l'exercice, celui auquel leur est ouvert le droit à une pension de retraite. Toutefois, elle est égale à la limite prévue pour les exploitants individuels multipliée par le nombre d'associés, à l'exception des associés dont l'âge excède, au premier jour de l'exercice, celui auquel leur est ouvert le droit à une pension de retraite, lorsque la moyenne des recettes du groupement est inférieure ou égale à 367 000 € *(NDLR Limite applicable pour les années 2023 à 2025)* ;

Le seuil mentionné au premier alinéa du présent 1° est actualisé tous les trois ans, dans la même proportion que l'évolution triennale de la limite supérieure de la première tranche du barème de l'impôt sur le revenu, et est arrondi au millier d'euros le plus proche ;

FR 2/23 inf. 1 p. 7 ; BA-VII-33500 s.

1° bis Les seuils de 50 % et 100 000 € prévus à l'article 75 sont appréciés au niveau du groupement. Le montant de 100 000 € est multiplié par le nombre des associés exploitants, dans la limite de quatre ;

BA-VII-34400 s. ; MF n° 16425

2° *(Abrogé)* ;
3° *(Abrogé)* ;
4° *(Abrogé)* ;
5° et 6° *(Transférés sous le I de l'article 73 E).*

BA-VII-13200 s., 15460 ; MF n°s 15555, 16425 s.

B. Détermination du résultat imposable

Art 72 I. Sous réserve de l'application des articles 71 et 72 A à 73 E, le bénéfice réel de l'exploitation agricole est déterminé et imposé selon les principes généraux applicables aux entreprises industrielles et commerciales, conformément à toutes les dispositions législatives et à leurs textes d'application, sans restriction ni réserve notamment de vocabulaire, applicables aux industriels ou commerçants ayant opté pour le régime réel mais avec des règles et modalités adaptées aux contraintes et caractéristiques particulières de la production agricole, et de leur incidence sur la gestion, qui sont notamment :

Le faible niveau du chiffre d'affaires par rapport au capital investi, ce qui se traduit par une lente rotation des capitaux ;

La proportion exagérément importante des éléments non amortissables dans le bilan : foncier non bâti, amélioration foncière permanente, parts de coopératives et de Sica ;

L'irrégularité importante des revenus.

II. Des décrets précisent les adaptations résultant du I. De même, les décrets précisent les règles particulières relatives aux dates de dépôt des déclarations que doivent souscrire les exploitants agricoles, ainsi qu'aux documents qu'ils doivent produire *(Voir Annexe III, art. 38 sexdecies A à 38 sexdecies I, 38 sexdecies JE à 38 sexdecies OD, 38 sexdecies P à 38 sexdecies R).*

III. Les dispositions des I et II s'appliquent à tous les contribuables placés sous le régime du bénéfice réel.

Ndlr *Les exploitants agricoles soumis au régime réel d'imposition prévu au présent article peuvent pratiquer, sous conditions, une déduction pour augmentation de la valeur de leurs stocks de vaches laitières et de vaches allaitantes au titre des exercices clos à compter du 1er janvier 2023 et jusqu'au 31 décembre 2024 (Voir partie Autres textes du présent code loi 2023-1322 du 29 décembre 2023 art. 70).*

BA-IV-300 s. ; MF n°s 15850 s., 18000 s.

Art 72 A I. A compter du premier exercice ouvert après le 31 décembre 1983, pour les productions végétales, les produits en cours sont constitués des seules avances aux cultures qui sont inscrites, à leur prix de revient, dans les stocks d'entrée et de sortie des exploitations agricoles soumises au régime d'imposition d'après le bénéfice réel.

II. Les avances aux cultures sont représentées par l'ensemble des frais et charges engagés au cours d'un exercice en vue d'obtenir la récolte qui sera levée après la clôture de cet exercice. Il s'agit exclusivement :

1° Des frais correspondant aux semences, engrais, amendements et produits de traitement des végétaux ;

2° Des frais de main-d'œuvre relatifs aux façons culturales, de l'amendement des terres et des semis ;

3° Des frais de matériels relatifs aux mêmes travaux : carburants et lubrifiants, entretien, réparation et amortissement du matériel, travaux réalisés par des tiers.

BA-IV-6100 s., 6650 s. ; MF n° 15945

Art 72 A bis Les indemnités journalières versées au titre d'un régime d'assurance obligatoire contre les accidents du travail et les maladies professionnelles aux exploitants agricoles soumis à un régime réel d'imposition sont exonérées à hauteur de 50 % de leur montant.

Ndlr *Ces dispositions s'appliquent à l'imposition des indemnités perçues au titre des années 2023 et suivantes.*

FR 2/24 inf. 39 p. 77

Art 72 B L'indemnité destinée à couvrir les dommages causés aux récoltes par des événements d'origine climatique qui est acquise au titre d'un exercice, mais couvre une perte effectivement subie au titre d'un exercice ultérieur, est imposable au titre de l'exercice de constatation de cette perte.

MF n° 15865

Art 72 B bis I. Les exploitants agricoles soumis au régime réel d'imposition peuvent, sur option, comptabiliser leurs stocks de produits ou d'animaux jusqu'à la vente de ces biens à la valeur déterminée à la clôture de l'exercice précédant celui au titre duquel l'option est exercée.

II. L'option prévue au I est formulée au plus tard dans le délai de déclaration des résultats du premier exercice auquel elle s'applique. Elle est valable pour l'année au titre de laquelle elle est exercée et pour les quatre années suivantes. Elle est reconduite tacitement par période de cinq ans, sauf renonciation adressée au service des impôts dans le délai de dépôt de déclaration des résultats du dernier exercice de chaque période d'option.

Cette option est exclusive de l'option prévue aux articles 75-0 A et 75-0 B.

III. Le bénéfice du I du présent article est subordonné au respect du règlement (UE) n° 1408/2013 de la Commission du 18 décembre 2013 relatif à l'application des articles 107 et 108 du traité sur le fonctionnement de l'Union européenne aux aides de minimis dans le secteur de l'agriculture.

BA-IV-6950 s. ; MF n° 15950

Art 72 C Les exploitants agricoles ne peuvent pratiquer la provision pour hausse des prix prévue au 5° du 1 de l'article 39.

Le montant global des provisions pour hausse de prix constituées avant le 1er janvier 1984 peut, à compter du premier exercice ouvert après cette date, être réintégré par fractions égales sur un nombre d'exercices égal au double de ceux au titre desquels elles ont été constituées.

BA-IV-12570 ; MF n° 16005

Art 72 E La plus-value réalisée sur les terres lors des opérations d'échanges mentionnées au 5° du II de l'article 150 U n'est pas comprise dans le bénéfice imposable de l'exercice en cours. En cas de cession ultérieure des terres reçues en échange, la plus-value est déterminée en fonction de la date et de la valeur d'acquisition des terres d'origine.

BA-IV-8400 s. ; MF n° 18300

Art 72 E bis En cas de passage du régime d'imposition prévu à l'article 64 bis à un régime réel d'imposition, les créances figurant au bilan d'ouverture du premier exercice soumis à un régime réel d'imposition sont ajoutées au bénéfice imposable de ce même exercice pour leur montant hors taxes sous déduction d'un abattement de 87 %.

Ndlr *Les dispositions du présent article s'appliquent à compter de l'imposition des revenus de l'année 2020.*

FR 2/20 inf. 98 nos 1 à 9 p. 172 ; MF n° 16120

Art 72 F L'à-valoir mentionné à l'article L 731-22-1 du code rural et de la pêche maritime est déductible du résultat de l'exercice au cours duquel il est versé.

Toutefois, lorsque le résultat imposable d'un exercice est en hausse par rapport à celui de l'exercice précédent, l'à-valoir visé au premier alinéa non versé à la clôture de l'exercice est néanmoins déductible dans la limite de 20 % de la hausse constatée, à condition que ce versement soit effectué dans les six mois de la clôture de l'exercice et au plus tard à la date de dépôt de la déclaration des résultats se rapportant à l'exercice au titre duquel la déduction est pratiquée. La fraction de l'à-valoir ainsi déduite n'est plus déductible au titre de l'exercice de versement.

DC-VIII-26640 s. ; MF nº 15985

Art 73 **I. 1.** Les exploitants agricoles soumis à un régime réel d'imposition peuvent pratiquer une déduction pour épargne de précaution dont le montant est plafonné, par exercice de douze mois :

a. A 100 % du bénéfice imposable, s'il est inférieur à 32 608 € ;

b. A la somme de 32 608 € majorée de 30 % du bénéfice excédant cette limite, lorsqu'il est supérieur ou égal à 32 608 € et inférieur à 60 385 € ;

c. A la somme de 40 942 € majorée de 20 % du bénéfice excédant 60 385 €, lorsqu'il est supérieur ou égal à 60 385 € et inférieur à 90 579 € ;

d. A la somme de 46 979 € majorée de 10 % du bénéfice excédant 90 579 €, lorsqu'il est supérieur ou égal à 90 579 € et inférieur à 120 771 € ;

e. A la somme de 50 000 €, lorsque le bénéfice imposable est supérieur ou égal à 120 771 €.

Ndlr *Les seuils mentionnés ci-dessus s'appliquent à l'impôt sur le revenu dû au titre de l'année 2024 (Loi 2023-1322 du 29 décembre 2023 art. 94, I-A et V-A).*

Pour les groupements agricoles d'exploitation en commun et les exploitations agricoles à responsabilité limitée qui n'ont pas opté pour le régime fiscal des sociétés de capitaux, les plafonds mentionnés aux a à e sont multipliés par le nombre des associés exploitants, dans la limite de quatre, sans pouvoir excéder le montant du bénéfice imposable.

2. La déduction est également plafonnée :

1° Pour les exploitants individuels, à la différence positive entre la somme de 150 000 € et le montant de déductions pratiquées et non encore rapportées au résultat ;

2° Pour les groupements agricoles d'exploitation en commun et les exploitations agricoles à responsabilité limitée qui n'ont pas opté pour le régime fiscal des sociétés de capitaux, à la différence positive entre la somme de 150 000 €, multipliée par le nombre des associés exploitants, dans la limite de quatre, et le montant des déductions pratiquées et non encore rapportées au résultat.

3. La déduction mentionnée au 1 est pratiquée après application des abattements prévus aux articles 44 duodecies, 44 terdecies, 44 quaterdecies et 73 B.

4. Les montants mentionnés au 1 du présent I sont actualisés chaque année en fonction de la variation de l'indice des prix à la consommation hors tabac constatée au titre de l'année précédente et arrondis à l'euro le plus proche. Ces montants réévalués s'appliquent pour la détermination du résultat imposable des exercices clos à compter du 1er janvier de l'année au titre de laquelle l'actualisation est réalisée.

Ndlr *Les dispositions du présent 4 s'appliquent à l'impôt sur le revenu dû au titre de l'année 2023 et des années suivantes (Loi 2022-1726 du 30 décembre 2022 art. 34, II). Toutefois, ce dispositif d'actualisation ne s'applique pas à l'impôt sur le revenu dû au titre de l'année 2024, pour lequel les montants mentionnés au 1 du présent I ont fait l'objet d'une revalorisation exceptionnelle (Loi 2023-1322 du 29 décembre 2023 art. 94, IV).*

FR 2/24 inf. 37 nos 2 à 5 p. 74 ; FR 2/23 inf. 24 p. 45

II. 1. La déduction prévue au I du présent article s'exerce à la condition que, dans les six mois suivant la clôture de l'exercice et au plus tard à la date limite de dépôt de la déclaration des résultats se rapportant à l'exercice au titre duquel la déduction est pratiquée, l'exploitant ait inscrit à un compte courant ouvert auprès d'un établissement de crédit une somme comprise entre 50 % et 100 % du montant de la déduction. L'épargne professionnelle ainsi constituée doit être inscrite à l'actif du bilan de l'exploitation. A tout moment, le montant total de l'épargne professionnelle est au moins égal à 50 % du montant des déductions non encore rapportées. Elle ne peut jamais excéder le montant des déductions non encore rapportées.

La condition d'inscription au compte courant mentionné au premier alinéa du présent 1 est réputée satisfaite à concurrence des coûts qui ont été engagés au cours de l'exercice au titre duquel la déduction est pratiquée pour l'acquisition ou la production de stocks de fourrage destiné à être consommé par les animaux de l'exploitation ou de stocks de produits, notamment de la viticulture, ou d'animaux, dont le cycle de rotation est supérieur à un an. Pour l'appréciation de la satisfaction de la condition d'épargne professionnelle prévue au même premier alinéa, l'épargne réputée constituée à concurrence des coûts mentionnés à la première phrase du présent alinéa peut se substituer en tout ou partie à la somme inscrite sur le compte courant mentionné au premier alinéa.

En cas de vente des stocks de fourrage ou des stocks de produits ou d'animaux mentionnés au deuxième alinéa du présent 1, une quote-part du produit de la vente est inscrite au compte courant mentionné au premier alinéa à hauteur d'un montant au moins égal à la différence entre 50 % du montant des déductions non encore rapportées et l'épargne professionnelle totale diminuée de la part des coûts d'acquisition ou de production du stock de fourrage ou du stock de produits ou d'animaux objet de la vente réputés affectés au compte courant. A défaut, la fraction de la déduction non encore rapportée qui excède le double de l'épargne professionnelle est rapportée au résultat de l'exercice.

Le compte courant mentionné au premier alinéa du présent 1 retrace exclusivement les opérations définies au I.

Pour l'exploitant, associé coopérateur d'une société coopérative agricole mentionnée à l'article L 521-1 du code rural et de la pêche maritime ou adhérent d'une organisation de producteurs ou d'une association d'organisations de producteurs reconnues conformément à l'article L 551-1 du même code et bénéficiant du transfert de propriété des produits qu'elles commercialisent, le compte d'affectation peut être un compte inscrit à l'actif du bilan de l'exploitant qui enregistre exclusivement les créances liées aux fonds qu'il met à la disposition de la coopérative, de l'organisation de producteurs ou de l'association d'organisations de producteurs lorsque, en exécution d'un contrat pluriannuel conclu avec celles-ci, le prix auquel il vend ses productions dépasse un prix de référence fixé au contrat.

2. Les sommes déduites sont utilisées au cours des dix exercices qui suivent celui au cours duquel la déduction a été pratiquée pour faire face à des dépenses nécessitées par l'activité professionnelle. Ces sommes sont rapportées au résultat de l'exercice au cours duquel leur utilisation est intervenue ou au résultat de l'exercice suivant.

3. Lorsque ces sommes ne sont pas utilisées au cours des dix exercices qui suivent celui au titre duquel la déduction a été pratiquée, elles sont rapportées au résultat du dixième exercice suivant celui au titre duquel la déduction a été pratiquée.

En cas de non-respect de l'obligation prévue à l'avant-dernière phrase du premier alinéa du 1 du présent II, la fraction des déductions non encore rapportées qui excède le double de l'épargne professionnelle est rapportée au résultat de cet exercice, majorée d'un montant égal au produit de cette somme par le taux de l'intérêt de retard prévu à l'article 1727.

4. L'article 151 septies ne s'applique pas aux plus-values de cession de matériels roulants acquis lors d'un exercice au titre duquel la déduction a été rapportée et dans les deux ans précédant leur cession.

Sous réserve de l'application des articles 41, 151 octies et 238 quindecies, le premier alinéa du présent 4 ne s'applique pas aux plus-values réalisées à l'occasion de la cessation d'entreprise résultant du départ à la retraite de l'exploitant, de la transmission à titre gratuit de l'entreprise, de l'apport de l'exploitation individuelle ou d'une branche complète d'activité à une société, de la dissolution de la société ou du décès de l'exploitant. Toutefois, si le cessionnaire ou le bénéficiaire des apports est une entreprise liée au cédant ou à l'apporteur, au sens du 12 de l'article 39, la plus-value dégagée à l'occasion de la cession ultérieure du bien par celle-ci, réalisée dans un délai de deux ans décompté à partir de la date d'inscription du bien à l'actif du bilan du cédant ou de l'apporteur, ne bénéficie pas des dispositions de l'article 151 septies.

III. La transmission à titre gratuit d'une exploitation individuelle dans les conditions prévues à l'article 41 par un exploitant agricole qui a pratiqué la déduction pour épargne de précaution au titre d'un exercice précédant celui de la transmission n'est pas considérée, pour l'application des I et II du présent article, comme une cessation d'activité si le ou les bénéficiaires de la transmission remplissent les conditions ouvrant droit à la déduction et utilisent les sommes déduites par le cédant au cours des dix exercices qui suivent celui au titre duquel la déduction correspondante a été pratiquée dans les conditions et limites définies aux mêmes I et II.

L'apport d'une exploitation individuelle dans les conditions prévues au I de l'article 151 octies à une société civile agricole par un exploitant agricole qui a pratiqué la déduction pour épargne de précaution au titre d'un exercice précédant celui de l'apport n'est pas considéré, pour l'application des I et II du présent article, comme une cessation d'activité si la société bénéficiaire de l'apport remplit les conditions prévues aux mêmes I et II et utilise les sommes déduites par l'exploitant au cours des dix exercices qui suivent celui au titre duquel la déduction correspondante a été pratiquée dans les conditions et limites définies auxdits I et II.

L'opération de fusion, de scission ou d'apport partiel d'actif réalisée par une société mentionnée au deuxième alinéa du I de l'article 151 octies A, dans les conditions prévues au même I, qui a pratiqué la déduction pour épargne de précaution au titre d'un exercice précédant celui au cours duquel cette opération est réalisée n'est pas considérée, pour l'application des I et II du présent article, comme une cessation d'activité si la société absorbante ou bénéficiaire remplit les conditions prévues aux mêmes I et II et utilise les sommes déduites par la société au cours des dix exercices qui suivent celui au titre duquel la déduction correspondante a été pratiquée, dans les conditions et limites définies auxdits

I et II *(NDLR Cette disposition s'applique à l'impôt sur le revenu dû au titre de l'année 2021 et des années suivantes).*

IV. Sur option du contribuable, le I de l'article 163-0 A s'applique aux déductions rapportées au résultat de l'exercice établi au moment de la cessation de l'entreprise en application de l'article 201. Cette option est exclusive de l'option prévue à l'article 75-0 C.

V. Les bénéfices des exploitants titulaires de revenus mentionnés aux cinquième ou sixième alinéas de l'article 63 ne peuvent donner lieu à la déduction prévue au présent article, lorsque ces exploitants n'exercent aucune des activités mentionnées aux premier, deuxième, troisième ou quatrième alinéas de l'article 63.

VI. Le bénéfice de la déduction est subordonné au respect du règlement (UE) n° 1408/2013 de la Commission du 18 décembre 2013 relatif à l'application des articles 107 et 108 du traité sur le fonctionnement de l'Union européenne aux aides de minimis dans le secteur de l'agriculture, du règlement (UE) n° 717/2014 de la Commission du 27 juin 2014 concernant l'application des articles 107 et 108 du traité sur le fonctionnement de l'Union européenne aux aides de minimis dans le secteur de la pêche et de l'aquaculture ou du règlement (UE) n° 1407/2013 de la Commission du 18 décembre 2013 relatif à l'application des articles 107 et 108 du traité sur le fonctionnement de l'Union européenne aux aides de minimis.

Ndlr 1. *La déduction pour épargne de précaution est placée sous les règlements (UE) 717/2014 du 27 juin 2014 et 1407/2013 du 18 décembre 2013 au titre des exercices clos à compter du 31 décembre 2020.*

2. *Les dispositions du présent article s'appliquent aux exercices clos du 1er janvier 2019 au 31 décembre 2025.*

FR 2/23 inf. 24 p. 45 ; BA-VII-11500 s. ; MF nos 16250 s.

Art 73 B **I.** Le bénéfice imposable des exploitants soumis à un régime réel d'imposition qui bénéficient des aides à l'installation des jeunes agriculteurs prévues à l'article D 343-3 du code rural et de la pêche maritime, est déterminé, au titre des soixante premiers mois d'activité, à compter de la date d'octroi de la première aide, sous déduction d'un abattement de 75 % lorsque le bénéfice de l'exercice est inférieur ou égal à 45 100 € ou, dans les autres cas, de 50 % pour la fraction du bénéfice inférieure ou égale à 45 100 € et de 30 % pour la fraction supérieure à 45 100 € et inférieure ou égale à 60 100 €. Ces abattements sont portés à 100 % pour la fraction du bénéfice inférieure ou égale à 45 100 € et à 60 % pour la fraction supérieure à 45 100 € et inférieure ou égale à 60 100 € et leur montant total ne peut être inférieur au montant de cette dotation au titre de l'exercice en cours à la date d'inscription en comptabilité de la dotation d'installation aux jeunes agriculteurs.

Ces exploitants peuvent demander l'application des abattements sur les bénéfices des exercices non prescrits, clos avant l'attribution de ces aides.

Ces abattements s'appliquent avant déduction des déficits reportables. Ils ne concernent pas les profits soumis à un taux réduit d'imposition et ne peuvent se cumuler avec d'autres abattements opérés sur le bénéfice.

II. Les seuils mentionnés au I du présent article sont actualisés tous les trois ans dans la même proportion que l'évolution triennale de la limite supérieure de la première tranche du barème de l'impôt sur le revenu et arrondis à la centaine d'euros la plus proche.

III. Le bénéfice des abattements mentionnés au I est subordonné au respect de l'article 18 du règlement (UE) 2022/2472 de la Commission du 14 décembre 2022 déclarant certaines catégories d'aides dans les secteurs agricole et forestier et dans les zones rurales compatibles avec le marché intérieur, en application des articles 107 et 108 du traité sur le fonctionnement de l'Union européenne.

BA-VII-10050 s. ; MF nos 16225 s.

Art 73 C Les dispositions de l'article 42 septies sont applicables à la dotation d'installation aux jeunes agriculteurs prévue aux articles D 343-9 à D 343-12 du code rural et de la pêche maritime lorsqu'elle est affectée à la création ou à l'acquisition d'immobilisations.

BA-IV-4650 s. ; MF n° 15962 a

Art 73 D En cas de transmission ou de rachat des droits d'un associé, personne physique, dans une société mentionnée à l'article 8, qui exerce une activité agricole au sens de l'article 63 et qui est soumise obligatoirement au régime d'imposition d'après le bénéfice réel, l'impôt sur le revenu peut être immédiatement établi au nom de cet associé pour sa quote-part dans les résultats réalisés depuis la fin de la dernière période d'imposition jusqu'à la date de cet événement. Cette mesure s'applique sur demande conjointe de l'associé dont les titres sont transmis ou rachetés ou de ses ayants cause et du bénéficiaire de la transmission ou, en cas de rachat, des associés présents dans la société à la date du rachat.

Le bénéficiaire de la transmission des titres ou, en cas de rachat, les associés présents dans la société à la clôture de l'exercice sont alors imposables à raison des quotes-parts correspondant à leurs droits dans le bénéfice réalisé par la société au cours de l'exercice, diminuées de la part du résultat imposée dans les conditions prévues au premier alinéa au nom de l'associé dont les titres ont été transmis ou rachetés.

Un décret fixe les modalités d'application du présent article, notamment les obligations déclaratives des contribuables.

(Voir Annexe III, art. 38 sexdecies U à 38 sexdecies W)

Ces dispositions s'appliquent aux exercices ouverts à compter du 1er janvier 2001.

BA-VII-31000 s. ; MF nº 37661

Art 73 E I. Nonobstant les dispositions de l'article L 323-13 du code rural et de la pêche maritime, l'apport d'un élément d'actif par un exploitant agricole à un groupement agricole d'exploitation en commun constitue une cession au sens du 1 de l'article 38.

II. Sans préjudice des dispositions du cinquième alinéa du 1 de l'article 42 septies, du III de l'article 73, du deuxième alinéa du 3 de l'article 75-0 A, de l'avant-dernier alinéa de l'article 75-0 B, de l'article 151 octies et du deuxième alinéa du I de l'article 151 octies A et nonobstant les dispositions de l'article L 323-13 du code rural et de la pêche maritime, en cas d'apport d'une exploitation agricole à un groupement agricole d'exploitation en commun, l'impôt sur le revenu dû en raison des bénéfices réalisés dans cette exploitation et qui n'ont pas encore été imposés est immédiatement établi. Les contribuables doivent, dans les soixante jours de l'apport, en aviser l'administration et lui faire connaître la date à laquelle il a été ou sera effectif, ainsi que la raison sociale et l'adresse du groupement bénéficiaire. Les contribuables sont tenus de faire parvenir à l'administration, dans ce même délai, la déclaration de leur bénéfice accompagnée d'un résumé de leur compte de résultat. Pour la détermination du bénéfice, il est fait application du régime défini aux articles 39 duodecies et suivants. Si les contribuables ne produisent pas ces déclarations ou renseignements ou si, invités à fournir à l'appui de la déclaration de leur bénéfice les justifications nécessaires, ils s'abstiennent de les donner dans les trente jours qui suivent la réception de l'avis qui leur est adressé à cet effet, les bases d'imposition sont arrêtées d'office.

BA-VII-35300 s. ; MF nº 16426

Régime simplifié

Art 74 Le bénéfice imposable des exploitants placés sous le régime simplifié d'imposition d'après le bénéfice réel est déterminé conformément aux dispositions des articles 72 à 73 E sous réserve des simplifications suivantes :

a. La comptabilité de l'exploitation n'enregistre journellement que les encaissements et les paiements ; les créances et les dettes sont constatées à la clôture de l'exercice, sauf, sur option de l'exploitant, en ce qui concerne les dépenses relatives aux frais généraux, qui sont payées à échéances régulières et dont la périodicité n'excède pas un an ;

BA-IV-21900 s.

b. Les stocks sont évalués au prix de revient ou au cours du jour à la clôture de l'exercice si ce cours est inférieur au prix de revient. Toutefois, ils peuvent être évalués, sur option et à l'exception des matières premières achetées et des avances aux cultures visées à l'article 72 A, selon une méthode forfaitaire, à partir du cours du jour à la clôture de l'exercice ;

BA-IV-20750 s.

c. Les frais relatifs aux carburants consommés lors des déplacements professionnels de l'exploitant peuvent être enregistrés forfaitairement d'après un barème qui est publié chaque année ;

d. La justification des frais généraux accessoires payés en espèces n'est pas exigée dans la limite de un pour mille du chiffre d'affaires réalisé et d'un minimum de 152 €.

Un décret précise les modalités d'application des a, c et d, notamment en cas de changement de mode de comptabilisation en vue d'éviter qu'une même charge ne puisse être déduite des résultats de deux exercices *(Voir Annexe III, art. 38 sexdecies RB bis)*.

BA-IV-20150 s. ;
MF nos 15790, 15940, 15955, 16005, 16035 s.

Art 74 A La déclaration de résultats, que souscrivent en application de l'article 53 A les exploitants agricoles soumis au régime simplifié d'imposition selon le bénéfice réel, comporte :

1° Un compte simplifié faisant apparaître le résultat fiscal déterminé dans les conditions prévues à l'article 74 ;

2° Un tableau des immobilisations et des amortissements.

Ces exploitants sont tenus de produire un bilan simplifié à l'appui de leur déclaration de résultats ; ils sont dispensés de fournir à l'administration les autres documents prévus au II de l'article 38 de l'annexe III au présent code.

BA-IV-22400 s. ; MF nº 16050

Art 74 B Un décret fixe les conditions d'application des articles 74 et 74 A. Il précise en outre :

Les modalités de détermination du revenu imposable tel qu'il est défini à l'article 74 ;

Les conditions d'exercice et la durée de validité des options prévues à l'article 69 ;

Les règles applicables en cas de changement de régime d'imposition ;

La nature et le contenu des documents que doivent produire les exploitants agricoles.

(Voir Annexe III, art. 38 sexdecies JC à 38 sexdecies JE, 38 sexdecies OE, 38 sexdecies P, 38 sexdecies Q et 38 sexdecies RB).

BA-IV-20000 s.

4. Dispositifs de lissage ou d'étalement

Art 75-0 A **1.** Le revenu exceptionnel d'un exploitant agricole soumis à un régime réel d'imposition peut, sur option, être rattaché, par fractions égales, aux résultats de l'exercice de sa réalisation et des six exercices suivants.

Les dispositions du I de l'article 163-0 A sont applicables au titre de chacun de ces exercices quel que soit le montant de la fraction mentionnée au premier alinéa.

2. Pour l'application du 1, le revenu exceptionnel s'entend :

a. Soit, lorsque les conditions d'exploitation pendant l'exercice de réalisation du bénéfice sont comparables à celles des trois exercices précédents et que l'exploitant réalise un bénéfice supérieur à 25 000 € et excédant une fois et demie la moyenne des résultats des trois exercices précédents, de la fraction de ce bénéfice qui dépasse 25 000 € ou cette moyenne si elle est supérieure. Pour l'appréciation des bénéfices de l'exercice considéré et des trois exercices antérieurs, les déficits sont retenus pour un montant nul et il n'est pas tenu compte des bénéfices soumis à un taux proportionnel ainsi que des reports déficitaires ;

b. Soit du montant correspondant à la différence entre les indemnités prévues par l'article L 221-2 du code rural et de la pêche maritime et la valeur en stock ou en compte d'achats des animaux abattus ;

c. *(Périmé).*

3. En cas de cessation d'activité, la fraction du revenu mentionné au 2 restant à imposer est comprise dans le bénéfice imposable de l'exercice de cet événement.

L'apport d'une exploitation individuelle, dans les conditions mentionnées au I de l'article 151 octies, à une société n'est pas considéré, pour l'application du premier alinéa, comme une cessation d'activité si la société bénéficiaire de l'apport s'engage à poursuivre l'application des dispositions prévues au 1, dans les mêmes conditions et selon les mêmes modalités, pour la fraction du revenu mentionné au 2 restant à imposer. Il en est de même de la transmission à titre gratuit d'une exploitation individuelle dans les conditions prévues à l'article 41 si le ou les bénéficiaires de la transmission prennent le même engagement.

L'opération de fusion, de scission ou d'apport partiel d'actif réalisée par une société mentionnée au deuxième alinéa du I de l'article 151 octies A, dans les conditions prévues au même I, n'est pas considérée, pour l'application du premier alinéa du présent 3, comme une cessation d'activité si la société absorbante ou bénéficiaire s'engage à poursuivre l'application des dispositions prévues au 1, dans les mêmes conditions et selon les mêmes modalités, pour la fraction du revenu mentionné au 2 restant à imposer *(NDLR Cette disposition s'applique à l'impôt sur le revenu dû au titre de l'année 2021 et des années suivantes).*

4. L'option prévue au 1 doit être formulée au plus tard dans le délai de déclaration des résultats du premier exercice auquel elle s'applique.

BA-VII-20100 s. ; MF nos 16300 s.

Art 75-0 B Sur option des contribuables titulaires de bénéfices agricoles soumis à un régime réel d'imposition, le bénéfice agricole retenu pour l'assiette de l'impôt progressif est égal à la moyenne des bénéfices de l'année d'imposition et des deux années précédentes. Pour le calcul de cette moyenne, il n'est pas tenu compte des reports déficitaires.

L'option est valable pour l'année au titre de laquelle elle est exercée et pour les deux années suivantes. Elle est reconduite tacitement par période de trois ans, sauf renonciation adressée au service des impôts dans le délai de dépôt de la déclaration des résultats du dernier exercice de chaque période triennale. En cas de renonciation, une nouvelle option ne peut être exercée avant l'expiration d'une période de trois ans.

L'option ne peut être formulée ni pour l'imposition des deux premières années d'application du régime réel d'imposition ni pour celle de l'année de la cession ou de la cessation.

Toutefois, l'option peut être formulée pour l'imposition de l'année au cours de laquelle l'exploitant fait apport de son exploitation à une société.

Elle est exclusive de l'option prévue à l'article 75-0 A pour les revenus exceptionnels définis au a du 2 de cet article.

L'année de la cession ou de la cessation ou, en cas de renonciation au mode d'évaluation du bénéfice prévu au premier alinéa, la dernière année de son application, l'excédent du bénéfice agricole sur la moyenne triennale est imposé au taux marginal d'imposition applicable au revenu global du contribuable déterminé compte tenu de cette moyenne triennale.

Pour l'application du sixième alinéa, l'apport d'une exploitation individuelle, dans les conditions mentionnées au I de l'article 151 octies, à une société ou à un groupement dont les bénéfices sont, en application de l'article 8, soumis au nom de l'exploitant à l'impôt sur le revenu dans la catégorie des bénéfices agricoles, ne constitue pas une cession ou une cessation de l'exploitation. Toutefois, l'apporteur peut renoncer, selon les modalités prévues au deuxième alinéa, au bénéfice du mode d'évaluation du bénéfice agricole prévu au premier alinéa au titre de l'année au cours de laquelle l'apport est réalisé.

Pour l'application du sixième alinéa, la fusion, la scission ou l'apport partiel d'actif réalisé, dans les conditions mentionnées au deuxième alinéa du I de l'article 151 octies A, ne constitue pas une cession ou une cessation de l'exploitation. Toutefois, les contribuables peuvent renoncer, selon les modalités prévues au deuxième alinéa du présent article, au bénéfice du mode d'évaluation du bénéfice agricole prévu au premier alinéa au titre de l'année au cours de laquelle l'opération est réalisée *(NDLR Cette disposition s'applique à l'impôt sur le revenu dû au titre de l'année 2021 et des années suivantes).*

BA-VII-24000 s., 24600 s. ; MF n°s 16325 s.

Art 75-0 C **I.** Sur demande de l'exploitant agricole, l'impôt sur le revenu afférent aux revenus suivants est mis en recouvrement chaque année par cinquième l'année de cessation et les quatre années suivantes :

1° Les sommes déduites en application des articles 72 D, 72 D bis, 72 D ter et 73 non encore utilisées et rapportées au bénéfice immédiatement imposable de l'exercice de cessation ;

2° La fraction du revenu comprise dans le bénéfice imposable de l'exercice de cessation en application du 3 de l'article 75-0 A ;

3° Le montant imposé au taux marginal d'imposition l'année de la cessation d'entreprise en application du sixième alinéa de l'article 75-0 B ;

4° Les profits non encore imposés sur les avances aux cultures définies à l'article 72 A et sur les stocks qui ont bénéficié des dispositions prévues au I de l'article 72 B bis, retenus respectivement dans la limite du montant des frais engagés qui constitue un élément du prix de revient des stocks conformément au 3 de l'article 38 et qui n'a majoré ni la valeur des avances aux cultures en application de l'article 72 A, ni celle des stocks du fait de l'exercice de l'option prévue à l'article 72 B bis.

II. Le I s'applique lorsque la cessation d'entreprise résulte de :

1° L'apport d'une exploitation individuelle par un exploitant agricole à une société passible de l'impôt sur les sociétés ;

2° L'option pour l'assujettissement à l'impôt sur les sociétés exercée par les sociétés et groupements placés sous le régime des sociétés de personnes défini aux articles 8 à 8 ter ;

3° L'option pour l'assimilation à une exploitation agricole à responsabilité limitée mentionnée aux 1 ou 2 de l'article 1655 sexies ;

4° La transformation d'une société ou d'un groupement placé sous le régime des sociétés de personnes défini aux articles 8 à 8 ter en une société passible de l'impôt sur les sociétés.

III. Le montant de l'impôt sur le revenu mentionné au I est égal au solde de l'impôt sur le revenu, tel que défini au 1 de l'article 1663 B, dû au titre des revenus de l'année de la cessation de l'entreprise multiplié par le rapport entre les revenus mentionnés aux 1° à 4° du I du présent article, retenus dans la limite du bénéfice établi au moment de la cessation en application de l'article 201 diminué des déficits en report admis en déduction conformément au 1° du I de l'article 156, et le revenu net imposable du foyer fiscal.

IV. En cas de renonciation à l'option pour l'impôt sur les sociétés dans les conditions prévues au troisième alinéa du 1 de l'article 239 et au second alinéa du 3 de l'article 1655 sexies, l'étalement de l'imposition demandé par le contribuable en application du I du présent article n'est pas remis en cause.

V. Le bénéfice du dispositif prévu au présent article est subordonné au respect du règlement (UE) n° 1408/2013 de la Commission du 18 décembre 2013 relatif à l'application des articles 107 et 108 du traité sur le fonctionnement de l'Union européenne aux aides de minimis dans le secteur de l'agriculture.

BA-VII-27000 s. ; MF n°s 16340 s.

Art 75 Les produits des activités accessoires relevant de la catégorie des bénéfices industriels et commerciaux et de celle des bénéfices non commerciaux réalisés par un exploitant agricole soumis à un régime réel d'imposition peuvent être pris en compte pour la détermination du bénéfice agricole lorsque, au titre des trois années civiles précédant la date d'ouverture de l'exercice, la moyenne annuelle des recettes accessoires commerciales et non commerciales de ces trois années n'excède ni 50 % de la moyenne annuelle des recettes tirées de l'activité agricole au titre desdites années, ni 100 000 €.

Les revenus tirés de l'exercice des activités mentionnées au premier alinéa ne peuvent pas donner lieu à la déduction pour épargne de précaution prévue à l'article 73, ni bénéficier des abattements prévus à l'article 73 B et du dispositif d'étalement prévu à l'article 75-0 A. Les déficits provenant de l'exercice desdites activités ne peuvent pas être imputés sur le revenu global mentionné au I de l'article 156.

Par dérogation aux dispositions du premier alinéa, au titre des trois premières années d'activité, les produits des activités accessoires relevant de la catégorie des bénéfices industriels et commerciaux et de celle des bénéfices non commerciaux réalisés par un exploitant agricole soumis à un régime réel d'imposition peuvent être pris en compte pour la détermination du bénéfice agricole lorsque, au titre de l'année civile précédant la date d'ouverture de l'exercice, les recettes accessoires commerciales et non commerciales n'excèdent ni 50 % des recettes agricoles, ni 100 000 €. Ces montants s'apprécient remboursements de frais inclus et taxes comprises. L'application de cette disposition ne peut se cumuler au titre d'un même exercice avec les dispositions des articles 50-0 et 102 ter.

Les recettes réalisées par les sociétés et groupements non soumis à l'impôt sur les sociétés dont l'exploitant agricole est membre ne sont pas prises en compte pour apprécier les seuils mentionnés aux premier et troisième alinéas.

BA-IV-3310 s. ; MF nº 15200

5. Régime spécial applicable aux exploitations forestières

Art 76 **1.** En ce qui concerne les bois, oseraies, aulnaies et saussaies situés en France, le bénéfice agricole imposable provenant des coupes de bois est fixé à une somme égale au revenu ayant servi de base à la taxe foncière établie sur ces propriétés au titre de l'année de l'imposition.

Le régime prévu au premier alinéa est également applicable au bénéfice agricole provenant de la captation de carbone additionnelle réalisée dans le cadre de projets forestiers admis au label « bas-carbone » mentionné à l'article L 121-2 du code forestier et qui sont mis en œuvre pour assurer le boisement ou la reconstitution de peuplements forestiers dégradés.

Ndlr *Cette mesure s'applique à l'impôt sur le revenu dû au titre des années 2023 et suivantes.*

Le bénéfice qui résulte de la récolte de produits tels que les fruits, l'écorce ou la résine, en vue de la vente desquels les bois sont exploités, ainsi que le bénéfice résultant d'opérations de transformations des bois coupés par le propriétaire lui-même, lorsque ces transformations ne présentent pas un caractère industriel, sont imposés selon les régimes définis aux articles 64 bis ou 69.

2. *(Abrogé).*

3 a. Par dérogation aux dispositions du premier alinéa du 1, le bénéfice agricole afférent aux semis, plantations ou replantations en bois ainsi qu'aux terrains boisés en nature de futaies ou de taillis sous futaie qui ont fait l'objet d'une régénération naturelle bénéficiant de l'exonération de la taxe foncière sur les propriétés non bâties prévue à l'article 1395 est constitué par la plus faible des deux sommes ci-après :

Le revenu servant de base à la taxe foncière établie d'après la nature de culture et le classement antérieurs aux travaux ;

La moitié du revenu servant de base à la taxe foncière qui devrait être retenu à la suite de l'exécution des travaux ;

b. Ce régime est applicable à compter de l'exécution des travaux de plantation, de replantation ou de semis pendant les périodes suivantes :

Peupleraies : 10 ans ;

Bois résineux : 20 ans ;

Bois feuillus et autres bois : 30 ans ;

b bis. A compter du 1er janvier de l'année suivant la promulgation de la loi nº 2001-602 du 9 juillet 2001 d'orientation sur la forêt, ce régime est applicable pendant dix ans pour les peupleraies, pendant trente ans pour les bois résineux et pendant cinquante ans pour les bois feuillus et autres bois, à compter de l'exécution des travaux de plantation, de replantation ou de semis, ou à compter de la déclaration de la réussite de l'opération de régénération naturelle effectuée dans les conditions prévues au 1º bis de l'article 1395 ;

c. Les semis, plantations ou replantations réalisés depuis moins de dix ans pour les peupleraies, moins de vingt ans pour les bois résineux et moins de trente ans pour les bois feuillus et autres bois, bénéficient des dispositions des a et b pour les délais restant à courir sur les périodes ci-dessus.

4. A compter du 1er janvier de l'année suivant la promulgation de la loi nº 2001-602 du 9 juillet 2001 précitée, le bénéfice agricole afférent aux terrains boisés présentant un état de futaie irrégulière en équilibre de régénération est diminué d'un quart pendant les quinze années suivant la déclaration de cet état. Cette réduction est renouvelable.

Le deuxième alinéa du 1º ter de l'article 1395 est applicable au régime prévu par le premier alinéa du présent 4.

FR 2/24 inf. 42 p. 79 ; BA-VII-250 s. ; MF nº 16365

Art 76 A Les plus-values réalisées lors de la cession de terres à usage forestier ou de peuplements forestiers sont passibles de l'impôt sur le revenu dans les conditions prévues aux articles 150 U à 150 VH lorsque l'activité d'exploitation ou de gestion de ces terres et peuplements n'est pas exercée à titre professionnel par le cédant au sens du IV de l'article 155.

BA-VII-550 s.

5 bis. Régime spécial des cultures agréées dans les départements d'outre-mer

Art 76 bis Pour la détermination du revenu imposable afférent aux exploitations agricoles situées dans les départements d'outre-mer, il sera fait abstraction des bénéfices provenant de l'exploitation des terrains, jusqu'alors non cultivés, qui seront affectés à des cultures agréées dont la nature sera déterminée en fonction des possibilités de chaque aire géographique, pendant les dix premières années suivant celle de leur affectation auxdites cultures.

Les conditions d'application du présent article seront fixées par décret *(Voir Annexe III, art. 38 sexdecies S et 38 sexdecies T).*

Ndlr *Les dispositions du présent 5 bis sont abrogées à compter des revenus provenant des terrains dont la première affectation aux cultures agréées n'a pas eu lieu à la date du 30 juin 2020 (Loi 2019-1479 du 28 décembre 2019 art. 29, III-1° et IV-A).*

DC-IV-2425 s. ; MF n° 91465

6 bis. Associés d'exploitation

Art 77 A L'intéressement aux résultats de l'exploitation agricole perçu par les associés d'exploitation, en application du 2° de l'article L 321-7 du code rural et de la pêche maritime *(NDLR Disposition relative au statut des associés d'exploitation)*, est soumis au régime prévu par l'article 83 et le 5 de l'article 158.

BA-I-830 s. ; MF n° 22270

7. Renseignements à fournir par le propriétaire

Art 78 Qu'il s'agisse de bail à ferme ou de bail à métayage, le propriétaire est tenu, à chaque renouvellement ou modification de bail, de remettre à l'administration, dans un délai de trois mois, une déclaration indiquant la désignation de l'exploitation, par référence au cadastre, et sa superficie totale, ainsi que les nom et prénoms du fermier ou métayer.

Dans le cas de bail à portion de fruits, cette déclaration indique, en outre, la part proportionnelle de chacune des parties ; elle doit alors comporter l'accord écrit du preneur.

En cas de location de parcelles isolées, les mêmes renseignements sont fournis pour chaque location nouvelle.

BA-I-600 s.

V. Traitements, salaires, pensions et rentes viagères

1. Définition des revenus imposables

Art 79 Les traitements, indemnités, émoluments, salaires, pensions et rentes viagères concourent à la formation du revenu global servant de base à l'impôt sur le revenu.

Il en est de même des prestations de retraite servies sous forme de capital.

TS-I-200 s. ; TS-IV-1 s. ; MF n°s 21200 s., 22340 s.

Art 80 Pour l'établissement de l'impôt, les gains réalisés dans l'exercice de leur profession par les travailleurs à domicile n'ayant pas d'autres concours que ceux prévus au 2° de l'article L 7412-1 du code du travail et répondant pour le surplus à la définition donnée par les articles L 7412-1, L 7412-2 et L 7413-2 du même code sont considérés comme des salaires.

TS-I-5900 s. ; MF n° 21505

De même, sont considérés comme des salaires, pour l'établissement de l'impôt, les gains réalisés dans l'exercice de leur profession par les gérants non salariés répondant à la définition donnée par l'article L 7322-2 du code du travail.

TS-I-1100 s. ; MF n° 22270

Sont également imposées comme des traitements et salaires les rémunérations perçues par les dirigeants d'organismes mentionnés au troisième alinéa du d du 1° du 7 de l'article 261 lorsque le versement de ces rémunérations s'effectue dans le respect des conditions prévues par les troisième à onzième alinéas du d du 1° du 7 de l'article 261.

IS-I-9535 ; MF n° 89415

Sont également imposées comme des traitements et salaires les indemnités, au-delà d'un million d'euros, perçues au titre du préjudice moral fixées par décision de justice.

TS-I-500 ; MF n° 22290

Art 80 bis I. L'avantage correspondant à la différence entre la valeur réelle de l'action à la date de levée d'une option accordée dans les conditions prévues aux articles L 225-177 à L 225-186 du code de commerce, et le prix de souscription ou d'achat de cette action est imposé dans la catégorie des traitements et salaires.

TS-VII-64150 s.

II. Lorsque le prix d'acquisition des actions offertes dans les conditions prévues au I est inférieur à 95 % de la moyenne des cours ou du cours moyen d'achat respectivement mentionnés aux articles L 225-177 et L 225-179 du code de commerce, la différence est imposée dans la catégorie des traitements et salaires au titre de l'année au cours de laquelle l'option est levée.

TS-VII-63900 s.

II bis. L'avantage défini au I, le cas échéant diminué de la différence mentionnée au II, est imposé au titre de l'année de disposition, de cession, de conversion au porteur ou de mise en location des titres correspondants.

En cas d'échange sans soulte d'actions résultant d'une opération d'offre publique, de fusion, de scission, de division ou de regroupement réalisée conformément à la réglementation en vigueur ou de l'apport à une société créée dans les conditions prévues à l'article 220 nonies, l'impôt est dû au titre de l'année de disposition, de cession, de conversion au porteur ou de mise en location des actions reçues en échange.

TS-VII-64230 s.

III. Les dispositions des I à II bis s'appliquent lorsque l'option est accordée, dans les mêmes conditions, par une société dont le siège est situé à l'étranger et qui est mère ou filiale de l'entreprise dans laquelle le bénéficiaire exerce son activité.

Les obligations déclaratives incombent alors à la filiale ou à la société mère française.

TS-VII-69400 s.

IV. Le gain net, égal à la différence entre le prix de cession et le prix de souscription ou d'achat des actions, augmenté, le cas échéant, de l'avantage défini au I, est imposé dans les conditions prévues à l'article 150-0 A.

Si les actions sont cédées pour un prix inférieur à leur valeur réelle à la date de levée d'option, la moins-value est déductible du montant brut de l'avantage mentionné au I et dans la limite de ce montant.

(Voir Annexe III, art. 38 septdecies)

TS-VII-64190 s.

TS-VII-63700 s. ; MF nos 88780 s.

Art 80 ter a. Les indemnités, remboursements et allocations forfaitaires pour frais versés aux dirigeants de sociétés sont, quel que soit leur objet, soumis à l'impôt sur le revenu.

b. Ces dispositions sont applicables :

1° Dans les sociétés anonymes :

Au président du conseil d'administration ;

Au directeur général ;

A l'administrateur provisoirement délégué ;

Aux membres du directoire ;

A tout administrateur ou membre du conseil de surveillance chargé de fonctions spéciales ;

2° Dans les sociétés à responsabilité limitée : aux gérants minoritaires ;

3° Dans les autres entreprises ou établissements passibles de l'impôt sur les sociétés : aux dirigeants soumis au régime fiscal des salariés ;

4° Dans toute entreprise : à toute personne occupant un emploi salarié dont la rémunération totale excède la plus faible des rémunérations allouées aux dirigeants de cette entreprise. Toutefois, il n'est pas tenu compte des rémunérations versées aux administrateurs ou aux membres du conseil de surveillance chargés de fonctions spéciales pour l'application de cette disposition.

TS-III-1500 s. ; MF nos 23710 s.

Art 80 quater Sont soumis au même régime fiscal que les pensions alimentaires les versements de sommes d'argent mentionnés à l'article 275 du code civil lorsqu'ils sont effectués sur une période supérieure à douze mois à compter de la date à laquelle la convention de divorce par consentement mutuel mentionnée à l'article 229-1 du même code a acquis force exécutoire ou le jugement de divorce, que celui-ci résulte ou non d'une demande conjointe, est passé en force de chose jugée et les rentes versées en application des articles 276, 278 ou 279-1 du même code, la rente prévue à l'article 373-2-3 du code civil dans la limite de 2 700 € ainsi que la contribution aux charges du mariage définie à l'article 214 du code civil lorsque les époux font l'objet d'une imposition distincte *(Voir art. 156, II-2°)*.

IRPP-II-9920, 13010, 13040, 13960 ; MF nos 1280, 1290 s.

Art 80 quinquies Les indemnités journalières versées par les organismes de sécurité sociale et de la mutualité sociale agricole ou pour leur compte, sont soumises à l'impôt sur le revenu suivant les règles applicables aux traitements et salaires, à l'exclusion de la fraction des indemnités allouées aux victimes d'accidents du travail exonérée en application du 8° de l'article 81 et des indemnités qui sont allouées à des personnes atteintes d'une affection comportant un traitement prolongé et une thérapeutique particulièrement coûteuse.

TS-II-10560 s. ; MF n° 21645

Art 80 sexies Pour l'assiette de l'impôt sur le revenu dont sont redevables les assistants maternels et les assistants familiaux régis par les articles L 421-1 et suivants et L 423-1 et suivants du code de l'action sociale et des familles, le revenu brut à retenir est égal à la différence entre, d'une part, le total des sommes versées tant à titre de rémunération que d'indemnités pour l'entretien et l'hébergement des enfants et, d'autre part, une somme égale à trois fois le montant horaire du salaire minimum de croissance, par jour et pour chacun des enfants qui leur sont confiés.

Cette somme est portée à quatre fois le montant horaire du salaire minimum de croissance par jour et par enfant ouvrant droit à la majoration prévue à l'article L 423-13 du code de l'action sociale et des familles.

Il est ajouté aux sommes prévues ci-dessus une somme égale à une fois le montant horaire du salaire minimum de croissance lorsque la durée de garde de l'enfant est de vingt-quatre heures consécutives.

Le montant de l'abattement retenu pour déterminer la rémunération imposable des assistants maternels et des assistants familiaux ne peut excéder le total des sommes versées tant à titre de rémunération que d'indemnités pour l'entretien et l'hébergement des enfants.

Les dispositions du présent article sont applicables aux revenus professionnels des assistants maternels exerçant leur activité dans les conditions prévues aux articles L 424-1 à L 424-7 du code de l'action sociale et des familles, sauf si ces derniers sont salariés d'une personne morale de droit privé.

Ndlr *Le montant horaire du salaire minimum de croissance est fixé à 11,65 € depuis le 1er janvier 2024. En 2023, il s'est élevé successivement à 11,27 € du 1er janvier au 30 avril puis à 11,52 € du 1er mai au 31 décembre.*

TS-I-8370 s. ; MF n° 21505

Art 80 septies Les pensions alimentaires versées à un enfant majeur sont soumises à l'impôt sur le revenu dans les limites admises pour leur déduction. Les pensions alimentaires versées pour un enfant mineur résidant en alternance chez ses parents et pris en compte pour la détermination du quotient familial de chacun d'eux ne sont pas imposables entre les mains de celui qui les reçoit.

TS-IV-4330 s. ; MF n° 1240 b

Art 80 octies Conformément aux articles L 442-1 et L 443-10 du code de l'action sociale et des familles, les rémunérations journalières des services rendus et les indemnités mentionnées au 1° et 2° de l'article L 442-1 et au 1° de l'article L 443-10 du même code obéissent au même régime fiscal et de cotisations sociales que les salaires.

TS-I-1910 s.

Art 80 nonies Les dividendes des actions de travail qui sont attribuées aux salariés des sociétés anonymes à participation ouvrière régies par la loi du 26 avril 1917 sont soumis à l'impôt sur le revenu suivant les règles applicables aux traitements et salaires.

Cette disposition s'applique à compter du 1er janvier 1991.

TS-VII-55630

Art 80 decies Les prestations servies par le régime de prévoyance des joueurs professionnels de football institué par la charte du football professionnel sont, à l'exclusion du capital en cas de décès ou d'invalidité totale et définitive de l'assuré, imposables dans la catégorie des pensions selon les modalités définies au premier alinéa de l'article 163-0 A bis.

TS-IV-2670 s.

Art 80 undecies L'indemnité parlementaire, définie à l'article 1er de l'ordonnance n° 58-1210 du 13 décembre 1958 portant loi organique relative à l'indemnité des membres du Parlement et les indemnités de fonction complémentaires versées en vertu d'une décision prise par le bureau de chaque assemblée, ainsi que l'indemnité de résidence et, par dérogation au 1° de l'article 81 du présent code, l'indemnité de fonction définie à l'article 2 de l'ordonnance n° 58-1210 du 13 décembre 1958 précitée, sont imposables à l'impôt sur le revenu suivant les règles applicables aux traitements et salaires .

Il en est de même des indemnités prévues à l'article 1er de la loi n° 79-563 du 6 juillet 1979 relative à l'indemnité des représentants au Parlement européen et à l'article 9 de la décision du Parlement européen 2005/684/CE du 28 septembre 2005 portant adoption du statut des députés au Parlement européen.

TS-I-1210

TS-I-1160 s. ; MF n° 22280

Art 80 undecies A Le traitement brut mensuel et l'indemnité de résidence que reçoivent le Président de la République, le Premier ministre et les autres membres du Gouvernement en application du I de l'article 14 de la loi de finances rectificative pour 2002 (n° 2002-1050 du 6 août 2002) et, par dérogation au 1° de l'article 81 du présent code, l'indemnité de fonction définie à l'article 14 de la loi de finances rectificative pour 2002 du 6 août 2002 précitée sont imposables à l'impôt sur le revenu suivant les règles applicables aux traitements et salaires.

Il en est de même de l'indemnité prévue à l'article 5 de l'ordonnance n° 58-1099 du 17 novembre 1958 portant loi organique pour l'application de l'article 23 de la Constitution et définie au II de l'article 14 précité, pour la part de cette indemnité égale à la somme du traitement brut mensuel et de l'indemnité de résidence.

TS-I-465 ; MF n° 22280

Art 80 undecies B **I.** Les indemnités de fonction perçues par les élus locaux en application du code général des collectivités territoriales sont imposables à l'impôt sur le revenu suivant les règles applicables aux traitements et salaires.

TS-I-1220 s. ; MF n° 22280

II. Les pensions de retraite versées par les régimes facultatifs de retraite des élus locaux mis en place avant l'entrée en vigueur de la loi n° 92-108 du 3 février 1992 relative aux conditions d'exercice des mandats locaux sont imposables à l'impôt sur le revenu suivant les règles applicables aux rentes viagères constituées à titre onéreux.

TS-IV-1540 s. ; MF n° 22550

Art 80 duodecies **1.** Toute indemnité versée à l'occasion de la rupture du contrat de travail constitue une rémunération imposable, sous réserve des dispositions suivantes.

Ne constituent pas une rémunération imposable :

1° Les indemnités mentionnées aux articles L 1235-1, L 1235-2, L 1235-3, L 1235-3-1, L 1235-11 à L 1235-13, au 7° de l'article L 1237-18-2 et au 5° de l'article L 1237-19-1 du code du travail ainsi que celles versées dans le cadre des mesures prévues au 7° du même article L 1237-19-1 ;

TS-II-13400 s., 16650 s. ; MF n°s 21665, 21687

2° Les indemnités de licenciement ou de départ volontaire versées dans le cadre d'un plan de sauvegarde de l'emploi au sens des articles L 1233-32 et L 1233-61 à L 1233-64 du code du travail ;

TS-II-19700 s. ; MF n° 21685

3° La fraction des indemnités de licenciement versées en dehors du cadre d'un plan de sauvegarde de l'emploi au sens des articles L 1233-32 et L 1233-61 à L 1233-64 du code du travail, qui n'excède pas :

a. Soit deux fois le montant de la rémunération annuelle brute perçue par le salarié au cours de l'année civile précédant la rupture de son contrat de travail, ou 50 % du montant de l'indemnité si ce seuil est supérieur, dans la limite de six fois le plafond mentionné à l'article L 241-3 du code de la sécurité sociale en vigueur à la date du versement des indemnités ;

b. Soit le montant de l'indemnité de licenciement prévue par la convention collective de branche, par l'accord professionnel ou interprofessionnel ou, à défaut, par la loi ;

TS-II-13400 s. ; MF n° 21665

4° La fraction des indemnités de mise à la retraite qui n'excède pas :

a. Soit deux fois le montant de la rémunération annuelle brute perçue par le salarié au cours de l'année civile précédant la rupture de son contrat de travail, ou 50 % du montant de l'indemnité si ce seuil est supérieur, dans la limite de cinq fois le plafond mentionné à l'article L 241-3 du code de la sécurité sociale en vigueur à la date du versement des indemnités ;

b. Soit le montant de l'indemnité de mise à la retraite prévue par la convention collective de branche, par l'accord professionnel ou interprofessionnel ou, à défaut, par la loi ;

TS-II-17500 s. ; MF n° 21675

5° *(Abrogé)* ;

6° La fraction des indemnités prévues à l'article L 1237-13 du code du travail versées à l'occasion de la rupture conventionnelle du contrat de travail d'un salarié, ainsi que la fraction des indemnités prévues aux articles 3 et 7-2 de l'annexe à l'article 33 du Statut du personnel administratif des chambres de commerce et d'industrie et les indemnités spécifiques de rupture conventionnelle versées en application de l'article 39 bis du statut du personnel administratif des chambres de métiers et de l'artisanat et de son annexe XXVIII, versées à l'occasion de la cessation d'un commun accord de la relation de travail d'un agent, lorsqu'ils ne sont pas en droit de bénéficier d'une pension de retraite d'un régime légalement obligatoire, qui n'excède pas :

a. Soit deux fois le montant de la rémunération annuelle brute perçue par le salarié au cours de l'année civile précédant la rupture de son contrat de travail, ou 50 % du montant de l'indemnité si ce seuil est supérieur, dans la limite de six fois le plafond mentionné à l'article

L 241-3 du code de la sécurité sociale en vigueur à la date de versement des indemnités ;

b. Soit le montant de l'indemnité de licenciement prévue par la convention collective de branche, par l'accord professionnel ou interprofessionnel, par le Statut du personnel administratif des chambres de commerce et d'industrie, par le statut du personnel administratif des chambres de métiers et de l'artisanat ou, à défaut, par la loi.

Le présent 6° est applicable aux indemnités spécifiques de rupture conventionnelle versées en application du I de l'article 72 de la loi n° 2019-828 du 6 août 2019 de transformation de la fonction publique et de l'article L 552-1 du code général de la fonction publique.

MF n° 21690

2. Constitue également une rémunération imposable toute indemnité versée, à l'occasion de la cessation de leurs fonctions, aux mandataires sociaux, dirigeants et personnes visés à l'article 80 ter. Toutefois, en cas de cessation forcée des fonctions, notamment de révocation, seule la fraction des indemnités qui excède trois fois le plafond mentionné à l'article L 241-3 du code de la sécurité sociale est imposable.

TS-II-21300 s. ; MF n° 21670

TS-II-13000 s. ; MF n°s 21660 s.

Art 80 terdecies Les indemnités, remboursements et allocations forfaitaires pour frais versés aux personnes mentionnées au troisième alinéa de l'article 80 sont, quel que soit leur objet, soumis à l'impôt sur le revenu.

IS-I-9538 ; MF n° 89415

Art 80 quaterdecies I. L'avantage salarial correspondant à la valeur, à leur date d'acquisition, des actions attribuées dans les conditions définies aux articles L 225-197-1 à L 225-197-5, L 22-10-59 et L 22-10-60 du code de commerce est imposé entre les mains de l'attributaire dans la catégorie des traitements et salaires selon les modalités prévues au 3 de l'article 200 A, dans une limite annuelle de 300 000 €. La fraction de l'avantage qui excède cette limite est imposée entre les mains de l'attributaire suivant les règles de droit commun des traitements et salaires.

II. L'impôt est dû au titre de l'année au cours de laquelle le bénéficiaire a disposé de ses actions, les a cédées, converties au porteur ou mises en location.

III. En cas d'échange sans soulte d'actions résultant d'une opération d'offre publique, de fusion, de scission, de division ou de regroupement réalisée conformément à la réglementation en vigueur, l'impôt est dû au titre de l'année de disposition, de cession, de conversion au porteur ou de mise en location des actions reçues en échange.

Il en est de même en cas d'opérations d'apport d'actions réalisées dans les conditions prévues au second alinéa du III de l'article L 225-197-1 du code de commerce par une personne détenant, directement ou indirectement, moins de 10 % du capital de la société émettrice lorsque l'attribution a été réalisée au profit de l'ensemble des salariés de l'entreprise et que la société bénéficiaire de l'apport détient, directement ou indirectement, moins de 40 % du capital et des droits de vote de la société émettrice.

IV. Les I à III s'appliquent lorsque l'attribution est effectuée, dans les mêmes conditions, par une société dont le siège social est situé à l'étranger et qui est société mère ou filiale de l'entreprise dans laquelle l'attributaire exerce son activité.

Les obligations déclaratives incombent alors à la filiale ou à la société mère française.

V. Le gain net, égal à la différence entre le prix de cession et la valeur des actions à leur date d'acquisition, est imposé dans les conditions prévues à l'article 150-0 A.

Si les actions sont cédées pour un prix inférieur à leur valeur à la date d'acquisition, la moins-value est déduite du montant de l'avantage mentionné au I, dans la limite de ce montant.

(Voir Annexe III, art. 38-0 septdecies et 38 septdecies)

TS-VII-80800 s. ; MF n°s 88820 s.

Art 80 quindecies Les distributions et les gains nets afférents à des parts de fonds communs de placement à risques, de fonds professionnels spécialisés relevant de l'article L 214-37 du code monétaire et financier dans sa rédaction antérieure à l'ordonnance n° 2013-676 du 25 juillet 2013 modifiant le cadre juridique de la gestion d'actifs, de fonds professionnels de capital investissement, des actions de sociétés de capital-risque ou des droits représentatifs d'un placement financier dans une entité mentionnée au dernier alinéa du 8 du II de l'article 150-0 A, donnant lieu à des droits différents sur l'actif net ou les produits du fonds, de la société ou de l'entité et attribués en fonction de la qualité de la personne, ainsi que les distributions et gains nets mentionnés au 9 du même II, sont imposables à l'impôt sur le revenu suivant les règles applicables aux traitements et salaires lorsque les conditions prévues aux 8 ou 9 ou aux deuxième à dernier alinéas du 1 du II de l'article 163 quinquies C ne sont pas respectées.

RM-VII-5200 s. ; MF n° 26440

Art 80 sexdecies Les sommes mentionnées au 2° de l'article L 3332-11 du code du travail sont imposables à l'impôt sur le revenu selon les règles applicables aux traitements et salaires, à l'exception de celles n'excédant pas le plafond prévu au même 2° qui bénéficient de l'exonération prévue au a du 18° de l'article 81 du présent code.

TS-VII-38750 s. ; MF n° 88690

Art 81 Sont affranchis de l'impôt :

1° Les allocations spéciales destinées à couvrir les frais inhérents à la fonction ou à l'emploi et effectivement utilisées conformément à leur objet. Les rémunérations des journalistes, rédacteurs, photographes, directeurs de journaux et critiques dramatiques et musicaux perçues ès qualités constituent de telles allocations à concurrence de 7 650 €. Il en est de même des indemnités de fonction mentionnées au I de l'article 80 undecies B, à concurrence d'un montant égal à 17 % du montant du traitement correspondant à l'indice brut terminal de l'échelle indiciaire de la fonction publique en cas de mandat unique ou, en cas de cumul de mandats, à une fois et demie ce même montant, et, pour les élus locaux de communes de moins de 3 500 habitants, à concurrence d'un montant égal à 38,75 % du montant du traitement correspondant à l'indice brut terminal de l'échelle indiciaire de la fonction publique, quel que soit le nombre de mandats. Ces dispositions ne s'appliquent qu'aux journalistes, rédacteurs, photographes, directeurs de journaux et critiques dramatiques et musicaux dont le revenu brut annuel n'excède pas 93 510 €.

TS-I-1220 s. ; TS-III-4100 s. ; MF n°s 21585, 22280

Toutefois, lorsque leur montant est fixé par voie législative, ces allocations sont toujours réputées utilisées conformément à leur objet et ne peuvent donner lieu à aucune vérification de la part de l'administration. Il en est de même des frais de mandat pris en charge dans les conditions prévues à l'article 4 sexies de l'ordonnance n° 58-1100 du 17 novembre 1958 relative au fonctionnement des assemblées parlementaires ;

TS-III-900 s.
TS-III-200 s. ; MF n°s 21580 s., 23710 s.

1° bis a et c. *(Abrogés) ;*

b. *(Transféré sous le b de l'article 80 ter) ;*

2° Les prestations familiales énumérées par l'article L 511-1 du code de la sécurité sociale, *l'allocation de salaire unique*, l'allocation de la mère au foyer et l'allocation pour frais de garde, maintenues dans le cadre des articles 12 et 13 de la loi n° 77-765 du 12 juillet 1977 instituant le complément familial, l'allocation aux adultes handicapés et l'allocation personnalisée d'autonomie prévue par le chapitre II du titre III du livre II du code de l'action sociale et des familles ;

TS-III-9600 s. ; MF n° 21650

2° bis L'aide personnalisée au logement prévue au 1° de l'article L 821-1 du code de la construction et de l'habitation et l'allocation de logement prévue au b du 2° du même article ;

TS-III-9710 ; MF n° 21650

2° ter *(Abrogé) ;*

3° *(Abrogé) ;*

4° a. Les pensions servies en vertu des dispositions du code des pensions militaires d'invalidité et des victimes de guerre ainsi que l'allocation de reconnaissance du combattant mentionnée aux articles L 321-1 à L 321-3 du même code ;

TS-IV-8600, 9000 s. ; MF n° 22470

b. L'allocation de reconnaissance prévue à l'article 6 de la loi n° 2005-158 du 23 février 2005 portant reconnaissance de la Nation et contribution nationale en faveur des Français rapatriés ;

TS-III-13310 s. ; MF n° 22470

c. L'allocation prévue à l'article 133 de la loi n° 2015-1785 du 29 décembre 2015 de finances pour 2016 ;

TS-III-13310 s. ; MF n° 22470

d. La somme forfaitaire valant réparation prévue à l'article 3 de la loi n° 2022-229 du 23 février 2022 portant reconnaissance de la Nation envers les harkis et les autres personnes rapatriées d'Algérie anciennement de statut civil de droit local et réparation des préjudices subis par ceux-ci et leurs familles du fait de l'indignité de leurs conditions d'accueil et de vie dans certaines structures sur le territoire français ;

e. Les rentes ou capitaux versés en application du décret n° 2000-657 du 13 juillet 2000 instituant une mesure de réparation pour les orphelins dont les parents ont été victimes de persécutions antisémites ou du décret n° 2004-751 du 27 juillet 2004 instituant une aide financière en reconnaissance des souffrances endurées par les orphelins dont les parents ont été victimes d'actes de barbarie durant la Deuxième Guerre mondiale ;

4° bis Les prestations de retraite versées sous forme de capital :

a. En application des troisième à septième alinéas de l'article L 132-23 du code des assurances ou des 1° à 5° du I de l'article L 224-4 du code monétaire et financier ;

b. Lorsqu'elles sont issues des versements mentionnés au 2° de l'article L 224-2 du code monétaire et financier qui sont exonérés ;

c. Pour la part correspondant au montant des versements mentionnés au 1° de l'article L 224-2 du code monétaire et financier qui n'ont pas fait l'objet d'une déduction du revenu imposable en application de l'option prévue au deuxième alinéa de l'article L 224-20 du même code ou celle correspondant au montant des versements mentionnés au 2° de l'article L 224-2 du code précité qui ne sont pas exonérés ;

TS-IV-2870 ; MF n° 96650

5° et 6° *(Repris avec le a du 4°)* ;

7° Les traitements attachés à la Légion d'honneur et à la médaille militaire ;

TS-III-13110 ; MF n° 22470

8° Les indemnités temporaires, à hauteur de 50 % de leur montant, ainsi que les prestations et rentes viagères, servies aux victimes d'accidents du travail ou à leurs ayants droit ;

TS-IV-10700 s. ; MF n°s 22470, 22490

9° Les allocations, indemnités et prestations servies, sous quelque forme que ce soit, par l'Etat, les collectivités et les établissements publics, en application des lois et décrets d'assistance et d'assurance ;

TS-II-26150 ; TS-III-9800 s. ; TS-IV-9850 s. ; MF nos 21650, 22470

9° bis Les rentes viagères servies en représentation de dommages-intérêts pour la réparation d'un préjudice corporel ayant entraîné pour la victime une incapacité permanente totale l'obligeant à avoir recours à l'assistance d'une tierce personne pour effectuer les actes ordinaires de la vie ;

TS-IV-10350 s. ; MF n° 22490

9° ter a. La prestation de compensation servie en application des dispositions de l'article L 245-1 du code de l'action sociale et des familles ;

b. Les sommes perçues à titre de dédommagement par les aidants familiaux dans les conditions définies à l'article L 245-12 du code de l'action sociale et des familles ;

TS-I-2180 s. ; TS-IV-10100 s. ; MF nos 21650, 21735

9° quater *(Abrogé)* ;

9° quinquies La prime d'activité mentionnée à l'article L 841-1 du code de la sécurité sociale ;

TS-II-26200 ; MF n° 21715

9° sexies (...) ;

9° septies *(Abrogé)* ;

10° Les rentes viagères servies par application de l'article 96 de la loi du 30 décembre 1928, de l'article 5 de la loi du 17 septembre 1932, de l'article 1er de la loi du 1er octobre 1936 et de l'article 6 de la loi n° 42-652 du 26 juin 1942 ;

TS-IV-10550

11° *(Abrogé)* ;

12° Les retraites mutuelles servies aux anciens combattants et victimes de la guerre dans le cadre des dispositions de l'article L 222-2 du code de la mutualité ;

TS-IV-8800 s. ; MF n° 22470

13° *(Disposition périmée)* ;

14° La fraction des pensions temporaires d'orphelins qui correspond au montant des prestations familiales auxquelles aurait eu droit le parent décédé ;

TS-IV-8400 s. ; MF n° 21650

14° bis Les pensions temporaires d'orphelin, à concurrence de l'allocation aux adultes handicapés, lorsqu'elles remplacent cette allocation en tout ou partie du fait de la loi ;

TS-IV-8150 s. ; MF n° 21650

14° ter L'indemnité prévue par l'article L 1121-11 du code de la santé publique ;

TS-III-13280 ; MF n° 21735

15° Les prestations, visées aux articles L 325-1 et L 325-2 du code rural et de la pêche maritime, dans le cadre de l'entraide entre agriculteurs.

Ces dispositions pourront être étendues par décret en Conseil d'Etat aux départements d'outre-mer *(Voir décret 64-285 du 2 avril 1964, JO du 4)* ;

TS-III-13250 s. ; MF n° 21735

16° *(Disjoint)* ;

16° bis et 16° ter *(Transférés sous l'article 81 ter)* ;

16° quater *(Disposition périmée)* ;

17° a. Les prestations de subsistance, d'équipement et de logement ainsi que l'indemnité forfaitaire d'entretien allouées, en application de l'article L 104 du code du service national, au personnel accomplissant le service national actif dans le service de la coopération ou dans le service de l'aide technique ;

***Ndlr** Les dispositions de l'article L 104 du code du service national sont suspendues pour les jeunes gens nés après le 31 décembre 1978 (Loi 97-1019 du 28 octobre 1997 art. 2).*

b. L'indemnité mensuelle et l'indemnité supplémentaire versées dans le cadre de l'accomplissement d'un volontariat international en application de l'article L 122-12 du code du service national ;

TS-II-820 ; MF n° 21735

c. L'allocation et la prime versées dans le cadre du contrat de volontariat pour l'insertion conformément à l'article L 130-3 du code du service national ;

TS-II-1330 s. ; MF n° 21735

d. L'indemnité versée dans le cadre d'un contrat de volontariat de solidarité internationale en application de l'article 7 de la loi n° 2005-159 du 23 février 2005 relative au contrat de volontariat de solidarité internationale ;

TS-II-820 s. ; MF n° 21735

e. L'indemnité versée, les prestations de subsistance, d'équipement et de logement ainsi que l'avantage résultant de la contribution de la personne morale agréée au financement des titres-repas dans le cadre d'un engagement de service civique ou d'un volontariat associatif en application des articles L 120-21 et L 120-22 du code du service national ;

TS-II-800 s. ; MF n° 21735

f. L'avantage résultant pour le bénévole de la contribution de l'association au financement de chèques-repas en application de l'article 12 de la loi n° 2006-586 du 23 mai 2006 relative à l'engagement éducatif ;

TS-II-1380

17° bis *(Sans objet)* ;

17° ter Le versement complémentaire effectué par les sociétés coopératives de production en application de l'article 40 de la loi n° 78-763 du 19 juillet 1978 portant statut de ces sociétés, à l'occasion de l'émission de parts sociales destinées exclusivement à leurs salariés ;

18° a. Les sommes versées par l'entreprise en application de plans d'épargne constitués conformément aux dispositions du titre III du livre III de la troisième partie du code du travail *(Voir Code du travail, art. L 3331-1 à L 3335-2)* ;

TS-VII-36750 s. ; MF n°s 88680 s.

a bis. Dans la limite du plafond prévu à l'article L 3332-11 du code du travail diminué du montant des versements mentionnés au a, les versements des entreprises prévus au titre III du livre III de la troisième partie de ce code ou ceux issus des droits inscrits au compte-épargne temps qui correspondent à un abondement de l'employeur en temps ou en argent, mentionnés au 2° de l'article L 224-2 du code monétaire et financier, dans un plan d'épargne retraite mentionné à l'article L 224-13 du même code ;

DC-VIII-43560 ; MF n° 96615

a ter. Dans la limite du plafond prévu au troisième alinéa du 2° de l'article 83, les sommes issues des droits inscrits au compte-épargne temps qui correspondent à un abondement de l'employeur en temps ou en argent mentionnées au 2° de l'article L 224-2 du code monétaire et financier, versées dans un plan d'épargne retraite mentionné à l'article L 224-23 du même code ;

DC-VIII-43560 ; MF n° 96615

b. Les sommes versées par le salarié pour alimenter un plan d'épargne pour la retraite collectif dans les conditions fixées à l'article L 3152-4 du code du travail ou du deuxième alinéa de l'article L 3334-8 du même code ;

TS-VII-39390 s.

b bis. Dans la limite de dix jours par an, les sommes mentionnées au 2° de l'article L 224-2 du code monétaire et financier issues de droits inscrits au compte épargne-temps qui ne correspondent pas à un abondement de l'employeur en temps ou en argent ou, en l'absence de compte d'épargne temps dans l'entreprise, à celles correspondant à des jours de repos non pris, qui sont versées dans un plan d'épargne retraite mentionné à l'article L 224-13 ou à l'article L 224-23 du même code ;

DC-VIII-43560 ; MF n° 96615

18° bis Dans la limite du montant prévu au premier alinéa de l'article L 3315-2 du code du travail, les sommes reçues au titre de l'intéressement et affectées à la réalisation de plans d'épargne constitués conformément au titre III du livre III de la troisième partie du code du travail ou, en application du 2° de l'article L 224-2 du code monétaire et financier, à la réalisation d'un plan d'épargne retraite mentionné à l'article L 224-13 ou à l'article L 224-23 du même code.

TS-VII-53520 s. ; MF n° 88730

L'exonération s'applique sous réserve du dépôt de l'accord d'intéressement, dans les conditions prévues aux articles L 3313-3 et L 3314-4 du code du travail, auprès de l'autorité administrative compétente.

Les dispositions du premier alinéa bénéficient également, dans les mêmes conditions et limites aux dividendes des actions de travail attribués aux salariés des sociétés anonymes à participation ouvrière régies par la loi du 26 avril 1917, à compter du 1er janvier 1991 ;

TS-VII-55630

18° ter Les sommes versées par les employeurs au titre du financement de contrats de retraite qui sont assujetties à la contribution mentionnée à l'article L 137-11-2 du code de la sécurité sociale, ainsi que le montant de la revalorisation des droits correspondants prévue au 5° du I du même article ;

TS-III-12000 s. ; MF n° 21735

19° Dans la limite de 6,91 € *(NDLR Limite applicable pour 2023 ; cette limite était de 6,50 € pour 2022)* par titre, le complément de rémunération résultant de la contribution de l'employeur à l'acquisition par le salarié des titres-restaurant émis conformément aux dispositions du chapitre II du titre VI du livre II de la troisième partie du code du travail, lorsque cette contribution est comprise entre un minimum et un maximum fixés par arrêté du ministre chargé du budget *(Voir Annexe IV art. 6 A)*. La limite d'exonération est relevée chaque année dans la même proportion que la variation de l'indice des prix à la consommation hors tabac entre le 1er octobre de l'avant-dernière année et le 1er octobre de l'année précédant celle de l'acquisition des titres-restaurant et arrondie, s'il y a lieu, au centime d'euro le plus proche.

Cette exonération est subordonnée à la condition que le salarié se conforme aux obligations qui sont mises à sa charge par le même chapitre II *(Voir Annexe II, art. 39)* ;

TS-III-10000 s. ; MF n° 21735

19° bis L'avantage résultant de la contribution de l'employeur à l'acquisition des chèques-vacances dans les conditions et limite prévues à la section 1 du chapitre Ier du titre Ier du livre IV du code du tourisme ;

(Voir Code du tourisme, art. L 411-1 à L 411-12)

Ndlr *Aux termes de l'article L 411-5 du Code du tourisme, l'avantage résultant de la contribution de l'employeur à l'acquisition des chèques-vacances par les salariés est exonéré de l'impôt sur le revenu, dans la limite du salaire minimum de croissance apprécié sur une base mensuelle.*

Il convient de retenir le taux horaire brut du Smic au 1er décembre de l'année d'acquisition des chèques-vacances et de multiplier ce taux par l'horaire mensuel correspondant à la durée hebdomadaire de travail du salarié, le montant obtenu étant arrondi à l'euro supérieur (BOI-RSA-CHAMP-20-50-30 n° 370), d'où une limite fixée, pour une durée de travail hebdomadaire de 35 heures, à 1 748 € pour l'imposition des revenus de 2023.

TS-III-10600 s. ; MF n° 21735

19° ter a. L'avantage résultant de la prise en charge obligatoire par l'employeur du prix des titres d'abonnement souscrits par les salariés pour les déplacements effectués au moyen de transports publics de voyageurs ou de services publics de location de vélos entre leur résidence habituelle et leur lieu de travail, conformément à l'article L 3261-2 du code du travail *(Le taux de prise en charge obligatoire des titres d'abonnement est fixé par voie réglementaire)* ;

TS-III-2090 s. ; MF n° 21735

b. L'avantage résultant de la prise en charge par l'employeur des frais de carburant ou des frais exposés pour l'alimentation de véhicules électriques, hybrides rechargeables ou hydrogène engagés par les salariés dans les conditions prévues à l'article L 3261-3 du code du travail et des frais mentionnés à l'article L 3261-3-1 du même code, dans la limite globale de 500 € par an, dont 200 € au maximum pour les frais de carburant. Lorsque la prise en charge des frais de transports personnels engagés par les salariés est cumulée avec la prise en charge prévue à l'article L 3261-2 dudit code, l'avantage résultant de ces deux prises en charge ne peut dépasser le montant maximum entre 500 € par an et le montant de l'avantage mentionné au a du présent 19° ter.

Par dérogation au premier alinéa du présent b, lorsque la prise en charge des frais de transport personnel engagés par les salariés en application de l'article L 3261-3-1 du code du travail est cumulée avec la prise en charge prévue à l'article L 3261-2 du même code, l'avantage résultant de ces deux prises en charge ne peut dépasser le montant maximal entre 800 € par an et le montant de l'avantage mentionné au a du présent 19° ter ;

Ndlr 1. *Par dérogation au présent b, pour l'imposition des revenus des années 2022 à 2024, l'avantage résultant de la prise en charge par l'employeur des frais de carburant ou des frais exposés pour l'alimentation de véhicules électriques, hybrides rechargeables ou hydrogène engagés par les salariés dans les conditions prévues à l'article L 3261-3 du code du travail et des frais mentionnés à l'article L 3261-3-1 du même code est exonéré d'impôt sur le revenu dans la limite globale de 700 € par an, dont 400 € au maximum pour les frais de carburant. Par exception, dans les départements et régions d'outre-mer, ces montants sont portés respectivement à 900 € et 600 €.*

2. *Pour les montants des limites applicables à compter de l'imposition des revenus de 2025, voir partie Autres textes du présent code loi 2023-1322 du 29 décembre 2023 art. 7.*

TS-III-2160 s. ; MF n° 21735

c. En l'absence de prise en charge prévue à l'article L 3261-2 du code du travail, l'avantage résultant de la prise en charge, par une collectivité territoriale, par un établissement public de coopération intercommunale ou par l'opérateur France Travail, des frais de carburant ou d'alimentation de véhicules électriques engagés par les salariés pour leurs déplacements entre leur résidence habituelle et leur lieu de travail lorsque ceux-ci sont situés à une distance d'au moins trente kilomètres l'un de l'autre, ou pour leurs déplacements entre leur résidence habituelle et leur lieu de travail en tant que conducteur en covoiturage quelle que soit la distance, dans la limite de 310 € par an ;

TS-III-2240 s. ; MF n° 21735

19° quater L'avantage résultant de l'allocation versée par les autorités mentionnées aux articles L 1231-1, L 1231-3 et L 1241-1 du code des transports au conducteur qui effectue un déplacement ou propose un trajet ou au passager qui effectue un déplacement en covoiturage dans les conditions prévues aux troisième à sixième alinéas de l'article L 1231-15 et aux neuvième à douzième alinéas du I de l'article L 1241-1 du même code ;

TS-III-13450 s. ; MF n° 21735

19° quinquies L'avantage résultant de l'allocation versée par les autorités mentionnées aux articles L 1231-1, L 1231-3 et L 1241-1 dudit code au conducteur qui effectue un déplacement en covoiturage dans les conditions prévues à l'avant-dernier alinéa de l'article L 1231-15 et au dernier alinéa du I de l'article L 1241-1 du même code, jusqu'au 31 décembre 2022 ;

TS-III-13450 s. ; MF n° 21735

20° Les attributions gratuites d'actions :

a. *(Abrogé)* ;

b. *(Abrogé)* ;

c. Des sociétés centrales d'assurances définies à l'article L 322-12 du code des assurances, faites au personnel des entreprises nationales d'assurances en application des articles L 322-13 et L 322-22 du code précité ;

TS-VII-88380

d. *(Disjoint)* ;

21° *(Abrogé)* ;

22° *(Abrogé)* ;

23° L'indemnité compensatoire pour frais de transport attribuée aux magistrats, militaires, fonctionnaires et agents de la fonction publique de l'Etat, aux fonctionnaires et agents de la fonction publique hospitalière, aux fonctionnaires et agents des collectivités territoriales et de leurs établissements publics et aux agents de droit public de La Poste et de France Télécom en service dans les départements de la Haute-Corse et de la Corse-du-Sud ;

TS-II-5790

23° bis Les indemnités versées aux militaires au titre de leur participation aux opérations visant à la défense de la souveraineté de la France et à la préservation de l'intégrité de son territoire, engagées ou renforcées à la suite des attentats commis sur le territoire national en 2015 ;

TS-II-6010 s. ; MF n° 21735

23° ter L'indemnité journalière d'absence temporaire versée aux personnels des compagnies républicaines de sécurité en application du décret n° 61-1066 du 26 septembre 1961 instituant une indemnité journalière d'absence temporaire en faveur des personnels des compagnies républicaines de sécurité se déplaçant en unité ou fraction d'unité dans les départements métropolitains et les départements d'outre-mer, ainsi que celle versée aux gendarmes mobiles en application du décret n° 76-826 du 24 août 1976 instituant en métropole une indemnité journalière d'absence temporaire en faveur des militaires de la gendarmerie déplacés en unité ou fraction d'unité, du décret n° 76-827 du 24 août 1976 instituant dans les départements et territoires d'outre-mer une indemnité journalière d'absence temporaire en faveur des militaires de la gendarmerie déplacés en unité ou fraction d'unité sur réquisition de l'autorité civile et du décret n° 79-148 du 15 février 1979 instituant dans les territoires d'outre-mer une indemnité journalière d'absence temporaire en faveur des militaires de la gendarmerie déplacés en unité ou fraction d'unité sur réquisition de l'autorité civile ;

TS-II-6010 s. ; MF n° 21735

24° *(Abrogé)* ;

TS-II-5810 s.

25° La valeur des actions de la société Air France que l'Etat cède gratuitement à ceux de ses salariés qui consentent une réduction de leurs salaires pendant une durée de trois ans, dans les conditions fixées par l'article 17 de la loi n° 94-679 du 8 août 1994 et pour la durée de leur carrière professionnelle dans les conditions fixées par l'article 51 de la loi n° 98-546 du 2 juillet 1998 portant diverses dispositions d'ordre économique et financier *(Voir également art. 163 bis E. Le dispositif prévu par l'article 17 de la loi 94-679 précitée s'est appliqué jusqu'au 30 juin 1998)* ;

TS-VII-88460 s.

26° L'indemnisation ou, le cas échéant, la valeur des actions attribuées à ce titre, prévue à l'article L 225-270 du code de commerce *(Voir également art. 163 bis E)* ;

TS-III-13380 s. ; MF n° 21735

27° L'allocation forfaitaire complémentaire, les aides spécifiques au logement et les aides spécifiques en faveur des conjoints survivants servies en application de la loi n° 94-488 du 11 juin

1994 relative aux rapatriés anciens membres des formations supplétives et assimilés ou victimes de la captivité en Algérie ;

TS-III-13310 s. ; MF n° 22470

28° *(Sans objet) ;*

29° Les indemnités, l'allocation de vétérance personnelle ou de réversion, la prestation de fidélisation et de reconnaissance et la nouvelle prestation de fidélisation et de reconnaissance, servies aux sapeurs-pompiers volontaires ou à leurs ayants droit, en application du titre III de la loi n° 96-370 du 3 mai 1996 relative au développement du volontariat dans les corps de sapeurs-pompiers ;

TS-II-6360 s. ; MF n°s 21735, 22470

30° Le pécule modulable d'incitation au départ des militaires, versé en application du I de l'article 38 de la loi n° 2013-1168 du 18 décembre 2013 relative à la programmation militaire pour les années 2014 à 2019 et portant diverses dispositions concernant la défense et la sécurité nationale ;

TS-II-23180 s.

30° bis L'indemnité de départ volontaire versée en application du I de l'article 150 de la loi 2008-1425 du 27 décembre 2008 de finances pour 2009 ;

31° *(Périmé) ;*

TS-II-8300 s.

31° bis *(Abrogé) ;*

TS-II-8060 s.

32° L'indemnité de cessation d'activité prévue au V de l'article 41 de la loi de financement de la sécurité sociale pour 1999 (n° 98-1194 du 23 décembre 1998) ;

TS-II-18470 s. ; MF n° 21675

33° L'indemnité de cessation anticipée d'activité versée en application d'une convention collective de branche, d'un accord professionnel ou interprofessionnel, d'un accord d'entreprise, du contrat de travail ou d'une disposition unilatérale de l'employeur aux marins exposés ou ayant été exposés à l'amiante admis au bénéfice d'une allocation de cessation anticipée d'activité visée au 9° de l'article L 12 du code des pensions de retraite des marins français du commerce, de pêche ou de plaisance ;

TS-II-18470 s. ; MF n° 21675

33° bis Les indemnités versées, sous quelque forme que ce soit, aux victimes de l'amiante ou à leurs ayants droit par le Fonds d'indemnisation des victimes de l'amiante en application de l'article 53 de la loi de financement de la sécurité sociale pour 2001 (n° 2000-1257 du 23 décembre 2000) ou par décision de justice ;

TS-IV-11450 s. ; MF n° 22470

33° ter Les indemnités versées aux personnes souffrant de maladies radio-induites ou à leurs ayants droit, en application de la loi n° 2010-2 du 5 janvier 2010 relative à la reconnaissance et à l'indemnisation des victimes des essais nucléaires français ;

TS-IV-11700 ; MF n° 22470

34° *(Abrogé) ;*

35° L'aide financière de l'Etat mentionnée à l'article L 5141-2 du code du travail ;

TS-II-26000 ; MF n° 21715

36° Sur option des bénéficiaires, dans le cadre d'une déclaration des revenus personnelle ou de celle du foyer fiscal de rattachement, les salaires versés aux personnes âgées de vingt-cinq ans au plus au 1er janvier de l'année d'imposition, à l'exception des agents publics percevant une rémunération dans le cadre de leur formation, en rémunération d'activités exercées pendant leurs études, secondaires ou supérieures, ou exercées durant leurs congés scolaires ou universitaires, dans la limite de trois fois le montant mensuel du salaire minimum de croissance ;

TS-III-11500 s. ; MF n° 21520

37° L'aide financière mentionnée aux articles L 7233-4 et L 7233-5 du code du travail ;

TS-II-2600 s. ; MF n° 21735

38° Le revenu supplémentaire temporaire d'activité versé, en application du décret n° 2009-602 du 27 mai 2009 relatif au revenu supplémentaire temporaire d'activité, dans les départements de la Guadeloupe, de la Guyane, de la Martinique et de La Réunion *(Voir également dans la partie Autres textes du présent code loi 2009-1673 du 30 décembre 2009, art. 25, II)* ;

TS-II-26250 s.

39° Les primes liées aux performances versées par l'Etat, en 2018, aux sportifs de l'équipe de France médaillés aux jeux Olympiques et Paralympiques et, le cas échéant, à leurs guides.

TS-I-11150 s.

Art 81 bis Les salaires versés aux apprentis munis d'un contrat répondant aux conditions posées par le code du travail ainsi que la gratification mentionnée à l'article L 124-6 du code de l'éducation versée aux stagiaires lors d'un stage ou d'une période de formation en milieu professionnel sont exonérés de l'impôt sur le revenu dans la limite du montant annuel du salaire minimum de croissance *(NDLR Cette* *limite, arrondie à l'euro le plus proche, s'établit à 20 815 € pour l'imposition des revenus de 2023 ; elle était de 19 744 € en 2022).* Cette disposition s'applique à l'apprenti ou au stagiaire personnellement imposable ou au contribuable qui l'a à sa charge.

TS-III-11000 s. ; MF n°s 21520, 21735

Art 81 ter Sont affranchis de l'impôt dans la limite annuelle de 460 € :

1. *(Abrogé) ;*

2. Le montant des prélèvements opérés sur les salaires à l'occasion de la souscription des parts sociales émises par les sociétés coopératives de production et destinées exclusivement à leurs salariés, dans les conditions fixées par les articles 35 à 44 de la loi n° 78-763 du 19 juillet 1978 portant statut de ces sociétés.

Art 81 quater I. Sont exonérés de l'impôt sur le revenu les rémunérations, les majorations et les éléments de rémunérations mentionnés aux I et III de l'article L 241-17 du code de la sécurité sociale, dans les conditions et limites fixées au même article L 241-17 et dans une limite annuelle égale à 7 500 €.

II. *(Abrogé pour les rémunérations versées à raison des heures supplémentaires et complémentaires réalisées à compter du 1er janvier 2022 : Loi 2022-1157 du 16 août 2022 art. 4, I-2° et II).*

III. Le bénéfice de l'exonération prévue au présent article est subordonné au respect de la condition prévue au V de l'article L 241-17 du code de la sécurité sociale.

Ndlr *Ouvrent droit au bénéfice de l'exonération d'impôt sur le revenu prévue par le présent article les rémunérations versées aux salariés au titre des journées ou demi-journées conventionnelles de repos ou de RTT acquises au titre des périodes postérieures au 1er janvier 2022 et jusqu'au 31 décembre 2025 auxquelles ils ont renoncé en accord avec l'employeur.*

Le montant de ces rémunérations est pris en compte pour l'appréciation de la limite annuelle prévue au I du présent article (Voir partie Autres textes du présent code loi 2022-1157 du 16 août 2022 art. 5, II et III).

TS-III-6200 s. ; MF n° 21615

1 bis. Dispositions applicables aux salariés détachés à l'étranger et à certains personnels navigants

Art 81 A I. Les personnes domiciliées en France au sens de l'article 4 B qui exercent une activité salariée et sont envoyées par un employeur dans un Etat autre que la France et que celui du lieu d'établissement de cet employeur peuvent bénéficier d'une exonération d'impôt sur le revenu à raison des salaires perçus en rémunération de l'activité exercée dans l'Etat où elles sont envoyées.

L'employeur doit être établi en France ou dans un autre Etat membre de l'Union européenne, ou dans un autre Etat partie à l'accord sur l'Espace économique européen ayant conclu avec la France une convention d'assistance administrative en vue de lutter contre la fraude et l'évasion fiscales *(NDLR Cas de l'Islande, de la Norvège et du Liechtenstein).*

L'exonération d'impôt sur le revenu mentionnée au premier alinéa est accordée si les personnes justifient remplir l'une des conditions suivantes :

1° Avoir été effectivement soumises, sur les rémunérations en cause, à un impôt sur le revenu dans l'Etat où s'exerce leur activité et sous réserve que cet impôt soit au moins égal aux deux tiers de celui qu'elles auraient à supporter en France sur la même base d'imposition ;

2° Avoir exercé l'activité salariée dans les conditions mentionnées aux premier et deuxième alinéas :

– soit pendant une durée supérieure à cent quatre-vingt-trois jours au cours d'une période de douze mois consécutifs lorsqu'elle se rapporte aux domaines suivants :

a. Chantiers de construction ou de montage, installation d'ensembles industriels, leur mise en route, leur exploitation et l'ingénierie y afférente ;

b. Recherche ou extraction de ressources naturelles ;

c. Navigation à bord de navires armés au commerce et immatriculés au registre international français.

– soit pendant une durée supérieure à cent vingt jours au cours d'une période de douze mois consécutifs lorsqu'elle se rapporte à des activités de prospection commerciale.

Les dispositions du 2° ne s'appliquent ni aux travailleurs frontaliers ni aux agents de la fonction publique.

II. Lorsque les personnes mentionnées au premier alinéa du I ne remplissent pas les conditions définies aux 1° et 2° du même I, les suppléments de rémunération qui leur sont éventuellement versés au titre de leur séjour dans un autre Etat sont exonérés d'impôt sur le revenu en France s'ils réunissent les conditions suivantes :

1° Etre versés en contrepartie de séjours effectués dans l'intérêt direct et exclusif de l'employeur ;

2° Etre justifiés par un déplacement nécessitant une résidence d'une durée effective d'au moins 24 heures dans un autre Etat ;

3° Etre déterminés dans leur montant préalablement aux séjours dans un autre Etat et en rapport d'une part avec le nombre, la durée et le lieu de ces séjours et d'autre part, avec la rémunération versée aux salariés compte non tenu des suppléments mentionnés au premier alinéa. Le montant des suppléments de rémunération ne peut pas excéder 40 % de celui de la rémunération précédemment définie.

IRPP-VII-22100 s. ; MF n°s 4695 s.

1 ter. Dispositions applicables aux impatriés détachés en France

Art 81 D Les salariés et dirigeants appelés de l'étranger pour occuper un emploi auprès de la Chambre de commerce internationale en France ne sont pas soumis à l'impôt sur le revenu à raison des traitements et salaires qui leur sont versés à ce titre.

Le premier alinéa est applicable sous réserve que les personnes concernées n'aient pas été fiscalement domiciliées en France au cours des cinq années civiles précédant celle de leur prise de fonctions et, jusqu'au 31 décembre de la cinquième année civile suivant celle de cette prise de fonctions, au titre des années à raison desquelles elles sont fiscalement domiciliées en France au sens des a et b du 1 de l'article 4 B.

Les salariés et personnes mentionnées au premier alinéa ne peuvent se prévaloir de l'article 155 B *(NDLR Régime d'exonération prévu en faveur des impatriés)*.

IRPP-VII-29400 s. ; MF n° 4715 précision c

2. Détermination du revenu imposable

Art 82 Pour la détermination des bases d'imposition, il est tenu compte du montant net des traitements, indemnités et émoluments, salaires, pensions et rentes viagères, ainsi que de tous les avantages en argent ou en nature accordés aux intéressés en sus des traitements, indemnités, émoluments, salaires, pensions et rentes viagères proprement dits. Toutefois les logements mis à la disposition des personnels de la gendarmerie, dans les conditions prévues par l'article D 14 du code du domaine de l'Etat ou par l'article D 2124-75 du code général de la propriété des personnes publiques, ne sont pas considérés comme un avantage en nature.

Le montant des rémunérations allouées sous la forme d'avantages en nature est évalué selon les règles établies pour le calcul des cotisations de sécurité sociale en application de l'article L 242-1 du code de la sécurité sociale ou de l'article L 741-10 du code rural et de la pêche maritime.

TS-II-300 s. ; MF n°s 21550 s., 21800 s., 22530

Art 83 Le montant net du revenu imposable est déterminé en déduisant du montant brut des sommes payées et des avantages en argent ou en nature accordés :

1° Les cotisations de sécurité sociale, y compris :

a. Les cotisations d'assurance vieillesse versées en exercice des facultés de rachat prévues aux articles L 351-14-1 du code de la sécurité sociale, L 9 bis du code des pensions civiles et militaires de retraite, ainsi que celles prévues par des dispositions réglementaires ayant le même objet prises sur le fondement de l'article L 711-1 du code de la sécurité sociale ;

b. Les cotisations versées aux régimes de retraite complémentaire mentionnés au chapitre Ier du titre II du livre IX du code de la sécurité sociale ;

c. Les cotisations au régime public de retraite additionnel obligatoire institué par l'article 76 de la loi n° 2003-775 du 21 août 2003 portant réforme des retraites ;

DC-VIII-385 s., 2600 s. ; MF n° 21885

1°-0 bis Les cotisations versées conformément aux dispositions du règlement CEE n° 1408/71 du Conseil du 14 juin 1971 relatif à l'application des régimes de sécurité sociale aux travailleurs salariés et aux membres de leur famille qui se déplacent à l'intérieur de la Communauté ou conformément aux stipulations d'une convention ou d'un accord international relatif à l'application des régimes de sécurité sociale ;

DC-VIII-1450 s., 2640 ; MF n° 21885

1° bis *(Abrogé)* ;

1° ter *(Abrogé)* ;

1° quater Les cotisations ou primes versées aux régimes de prévoyance complémentaire obligatoires et collectifs, au sens du sixième alinéa de l'article L 242-1 du code de la sécurité sociale, à condition, lorsque ces cotisations ou primes financent des garanties portant sur le remboursement ou l'indemnisation de frais occasionnés par une maladie, une maternité ou un accident, que ces garanties respectent les conditions mentionnées à l'article L 871-1 du code de la sécurité sociale. Il en va de même des cotisations ou primes versées par les employeurs publics et leurs agents aux contrats collectifs de protection sociale complémentaire pour lesquels la souscription des agents est rendue obligatoire en application d'un accord prévu à l'article L 827-2 du code général de la fonction publique ou en application de l'arrêté mentionné au II de l'article L 4123-3 du code de la défense.

Les cotisations ou les primes mentionnées au premier alinéa s'entendent, s'agissant des cotisations à la charge de l'employeur, de celles correspondant à des garanties autres que celles portant sur le remboursement ou l'indemnisation de frais occasionnés par une maladie, une maternité ou un accident.

Les cotisations à la charge de l'employeur correspondant à des garanties portant sur le remboursement ou l'indemnisation de frais occasionnés par une maladie, une maternité ou un accident sont ajoutées à la rémunération prise en compte pour la détermination des bases d'imposition.

Les cotisations ou les primes déductibles en application des premier et deuxième alinéas le sont dans la limite d'un montant égal à la somme de 5 % du montant annuel du plafond mentionné à l'article L 241-3 du code de la sécurité sociale *(Pour Mayotte, la référence au plafond mentionné à l'article L 241-3 du code de la sécurité sociale est remplacée par la référence au plafond mentionné à l'article 28-1 de l'ordonnance 96-1122 du 20 décembre 1996 : Ordonnance 2013-837 du 19 septembre 2013, art. 35-III, al. 2)* et de 2 % de la rémunération annuelle brute, sans que le total ainsi obtenu puisse excéder 2 % de huit fois le montant annuel du plafond précité. En cas d'excédent, celui-ci est ajouté à la rémunération ;

DC-VIII-680 s., 2700 s. ; MF n°s 21910 s.

2° Les cotisations ou primes versées aux régimes de retraite supplémentaire, y compris ceux gérés par une institution mentionnée à l'article L 370-1 du code des assurances pour les contrats mentionnés à l'article L 143-1 dudit code lorsqu'ils ont pour objet l'acquisition et la jouissance de droits viagers, auxquels le salarié est affilié à titre obligatoire, ainsi que les cotisations versées, à compter du 1er janvier 1993, à titre obligatoire au régime de prévoyance des joueurs professionnels de football institué par la charte du football professionnel.

Il en va de même des versements mentionnés au 3° de l'article L 224-2 du code monétaire et financier dans un plan d'épargne retraite mentionné à l'article L 224-13 ou à l'article L 224-23 du même code.

Les versements mentionnés aux alinéas précédents sont déductibles dans la limite, y compris les versements de l'employeur, de 8 % de la rémunération annuelle brute retenue à concurrence de huit fois le montant annuel du plafond mentionné à l'article L 241-3 du Code de la sécurité sociale *(Pour Mayotte la référence au salaire minimum de croissance est remplacée par la référence'au salaire minimum interprofessionnel garanti mentionné à l'article L 141-1 du code du travail applicable à Mayotte : Ordonnance 2013-837 du 19 septembre 2013, art. 35-III, al.1er).* En cas d'excédent, celui-ci est ajouté à la rémunération.

La limite mentionnée au troisième alinéa est réduite, le cas échéant, des sommes versées aux plans d'épargne retraite qui sont exonérées en application du 18° de l'article 81 ;

DC-VIII-680 s., 2700 s. ; MF n° 21905

2°-0 bis *(Abrogé)* ;

2°-0 ter Dans les limites prévues au quatrième alinéa du 1° quater, les cotisations versées aux régimes de prévoyance complémentaire et, dans les limites prévues aux troisième et dernier alinéas du 2°, les cotisations versées aux régimes de retraite complémentaire répondant aux conditions fixées à l'article 3 de la directive 98/49/CE du Conseil du 29 juin 1998 relative à la sauvegarde des droits à pension complémentaire des travailleurs salariés et non salariés qui se déplacent à l'intérieur de la Communauté ou à celles prévues par les conventions ou accords internationaux de sécurité sociale, auxquels les personnes désignées au 1 du I de l'article 155 B étaient affiliées ès qualités dans un autre Etat avant leur prise de fonctions en France. Les cotisations sont déductibles jusqu'au 31 décembre de la huitième année suivant celle de leur prise de fonctions ;

DC-VIII-1450 s. ; MF n° 21900

2°-0 quater La contribution prévue à l'article L 137-11-1 du code de la sécurité sociale dans la limite de la fraction acquittée au titre des premiers 1 000 € de rente mensuelle ;

DC-VIII-5250 ; MF n° 22530

2° bis Les contributions versées par les salariés en application des dispositions de l'article L 5422-9 du code du travail et destinées à financer le régime d'assurance des travailleurs privés d'emploi ;

DC-VIII-1300 s. ; MF n° 21935

2° ter *(Abrogé)* ;
2° quater *(Abrogé)* ;

TS-V-4030 s. ; MF n° 21970

2° quinquies *(Abrogé)* ;

TS-V-4030 s. ; MF n° 21970

3° Les frais inhérents à la fonction ou à l'emploi lorsqu'ils ne sont pas couverts par des allocations spéciales.

La déduction à effectuer du chef des frais professionnels est calculée forfaitairement en fonction du revenu brut, après défalcation des cotisations, contributions et intérêts mentionnés aux 1° à 2° ter ; elle est fixée à 10 % du montant de ce revenu. Elle est limitée à 14 171 € pour l'imposition des rémunérations perçues en

2023 ; chaque année, le plafond retenu pour l'imposition des revenus de l'année précédente est relevé dans la même proportion que la limite supérieure de la première tranche du barème de l'impôt sur le revenu *(NDLR Sauf revalorisation différente expressément prévue par la loi).*

Le montant de la déduction forfaitaire pour frais professionnels ne peut être inférieur à 495 €, sans pouvoir excéder le montant brut des traitements et salaires *(NDLR Ce montant s'applique pour l'imposition des revenus de 2023).* Cette disposition s'applique séparément aux rémunérations perçues par chaque membre du foyer fiscal désigné aux 1 et 3 de l'article 6.

La somme figurant au troisième alinéa est révisée chaque année dans la même proportion que la limite supérieure de la première tranche du barème de l'impôt sur le revenu *(NDLR Sauf revalorisation différente expressément prévue par la loi).*

Les bénéficiaires de traitements et salaires sont également admis à justifier du montant de leurs frais réels, soit dans la déclaration visée à l'article 170, soit sous forme de réclamation adressée au service des impôts dans le délai prévu aux articles R* 196-1 et R* 196-3 du livre des procédures fiscales. Le montant des frais réels à prendre en compte au titre de l'acquisition des immeubles, des véhicules et autres biens dont la durée d'utilisation est supérieure à un an s'entend de la dépréciation que ces biens ont subie au cours de l'année d'imposition.

Sont assimilées à des frais professionnels réels les dépenses exposées en vue de l'obtention d'un diplôme ou d'une qualification professionnelle dans la perspective d'une insertion ou d'une conversion professionnelle par les personnes tirant un revenu de la pratique d'un sport.

Les frais de déplacement de moins de 40 kilomètres entre le domicile et le lieu de travail sont admis, sur justificatifs, au titre des frais professionnels réels. Lorsque la distance est supérieure, la déduction admise porte sur les 40 premiers kilomètres, sauf circonstances particulières notamment liées à l'emploi justifiant une prise en compte complète. Les frais de déplacement mentionnés au présent alinéa engagés par un passager au titre du partage des frais dans le cadre d'un covoiturage défini à l'article L 3132-1 du code des transports sont admis, sur justificatifs, au titre des frais professionnels réels.

Lorsque les bénéficiaires de traitements et salaires optent pour le régime des frais réels, l'évaluation des frais de déplacement, autres que les frais de péage, de garage ou de parking et d'intérêts annuels afférents à l'achat à crédit du véhicule utilisé, peut s'effectuer sur le fondement d'un barème forfaitaire fixé par arrêté du ministre chargé du budget en fonction de la puissance administrative du véhicule, retenue dans la limite maximale de sept chevaux, du type de motorisation du véhicule et de la distance annuelle parcourue *(NDLR Voir Annexe IV, art. 6 B).*

Lorsque les bénéficiaires mentionnés au huitième alinéa ne font pas application dudit barème, les frais réels déductibles, autres que les frais de péage, de garage ou de parking et d'intérêts annuels afférents à l'achat à crédit du véhicule utilisé, ne peuvent excéder le montant qui serait admis en déduction en application du barème précité, à distance parcourue identique, pour un véhicule de la puissance administrative maximale retenue par le barème.

Les frais, droits et intérêts d'emprunt versés pour acquérir ou souscrire des parts ou des actions d'une société ayant une activité industrielle, commerciale, artisanale, agricole ou libérale dans laquelle le salarié ou le dirigeant exerce son activité professionnelle principale sont admis, sur justificatifs, au titre des frais professionnels réels dès lors que ces dépenses sont utiles à l'acquisition ou à la conservation de ses revenus. Les intérêts admis en déduction sont ceux qui correspondent à la part de l'emprunt dont le montant est proportionné à la rémunération annuelle perçue ou escomptée au moment où l'emprunt est contracté. La rémunération prise en compte s'entend des revenus mentionnés à l'article 79 et imposés sur le fondement de cet article. La fraction des versements effectués au titre des souscriptions ou acquisitions de titres donnant lieu aux réductions d'impôt prévues aux articles 199 terdecies-0 A, 199 terdecies-0 AB ou 199 terdecies-0 B, ainsi que les souscriptions et acquisitions de titres figurant dans un plan d'épargne en actions défini à l'article 163 quinquies D ou dans un plan d'épargne salariale prévu au titre III du livre III de la troisième partie du code du travail, ne peuvent donner lieu à aucune déduction d'intérêts d'emprunt.

TS-V-5000 s. ; MF nos 22000 s.

TS-V-1900 s. ; MF nos 21800 s., 22530

Art 83 A Un abattement de 40 % est pratiqué sur le montant brut des pensions servies par un débiteur établi ou domicilié en France métropolitaine à des personnes ayant leur domicile fiscal en Polynésie française, aux îles Wallis-et-Futuna, dans les Terres australes et antarctiques françaises et en Nouvelle-Calédonie.

IRPP-VII-18650 s. ; MF no 4605 b

Art 84 A Les dispositions prévues par l'article 100 bis sont applicables, sous les mêmes conditions, pour la détermination des salaires imposables des artistes du spectacle, titulaires d'un contrat entrant dans les prévisions des articles L 7121-3 à L 7121-7 du code du travail et des salaires imposables des sportifs perçus au titre de la pratique d'un sport.

BNC-IV-15165 s. ; MF n° 13750

3. Obligations des employeurs et débirentiers

Art 86 Toute personne physique ou morale qui paye des sommes imposables est tenue, pour chaque bénéficiaire d'un paiement imposable, de mentionner sur son livre, fichier ou autre document destiné à l'enregistrement de la paye, ou, à défaut, sur un livre spécial *(Voir également LPF, art. L 82 B et L 102 B)* :

La date, la nature et le montant de ce paiement ;

Le nombre de personnes déclarées par le bénéficiaire comme étant à sa charge.

TS-VI-300 s. ; RIE-III-8480 ; MF n°s 22190, 22580

Art 87 Toute personne physique ou morale versant des traitements, émoluments, salaires ou rétributions imposables est tenue de souscrire, dans les conditions prévues à l'article 87 A, une déclaration dont le contenu est fixé par décret *(Voir Annexe III, art. 39 et 39-0 A et également les obligations résultant de l'article 240).*

Cette déclaration doit, en outre, faire ressortir distinctement, pour chaque bénéficiaire appartenant au personnel dirigeant ou aux cadres, le montant des indemnités pour frais d'emploi qu'il a perçues ainsi que le montant des frais de représentation, des frais de déplacement, des frais de mission et des autres frais professionnels qui lui ont été alloués ou remboursés au cours de l'année précédente.

TS-VI-700 s. ; MF n° 22200

Art 87-0 A Les personnes tenues d'effectuer la retenue à la source prévue au 1° du 2 de l'article 204 A déclarent chaque mois à l'administration fiscale, directement ou, pour les employeurs ayant recours aux dispositifs simplifiés prévus à l'article L 133-5-6 du code de la sécurité sociale, par l'intermédiaire de l'organisme mentionné à l'article L 133-5-10 du même code ou, pour les employeurs mentionnés à l'article L 7122-22 du code du travail, par l'intermédiaire de l'organisme mentionné à l'article L 7122-23 du même code, des informations relatives au montant prélevé sur le revenu versé à chaque bénéficiaire.

TS-VI-700 s. ; MF n°s 22225 s., 22590

Art 87-0 A bis Les débiteurs mentionnés au a du 2° du B de l'article 204 C qui versent des traitements et salaires dans les conditions prévues au même 2° déclarent chaque année à l'administration fiscale, pour chaque bénéficiaire, des informations relatives au montant net imposable à l'impôt sur le revenu de ces revenus, déterminé dans les conditions prévues à l'article 204 F, à une date fixée par arrêté du ministre chargé du budget.

Ndlr *Le présent article, initialement numéroté « 87-0 B » par l'article 3, II de la loi 2022-1726 du 30 décembre 2022, a été renuméroté par le décret 2023-422 du 31 mai 2023.*

FR 2/23 inf. 3 p. 22 ; MF n° 3763 précision b

Art 87 A Les déclarations mentionnées aux articles 87 et 87-0 A sont transmises mensuellement selon les modalités prévues au I de l'article L 133-5-3 ou à l'article L 133-5-8 du code de la sécurité sociale ou à l'article L 7122-23 du code du travail.

Pour les personnes n'entrant pas dans le champ d'application du I de l'article L 133-5-3 du code de la sécurité sociale, les déclarations mentionnées aux articles 87 et 87-0 A du présent code sont souscrites auprès de l'organisme ou de l'administration désigné par décret *(Voir Annexe III, art. 39 D)* :

1° Au plus tard le 31 janvier de l'année suivant celle au cours de laquelle les sommes ont été versées, pour la déclaration mentionnée à l'article 87 ;

2° Au plus tard le mois suivant celui au cours duquel les sommes ont été précomptées, à une date fixée par arrêté du ministre chargé du budget, pour la déclaration mentionnée à l'article 87-0 A *(Voir Annexe IV, art. 6 C).*

Ndlr *Pour les dispositions du présent article qui entreront en vigueur à une date fixée par décret, et au plus tard le 1er janvier 2027, voir partie Autres textes du présent code loi 2021-1900 du 30 décembre 2021 art. 132, I-1° et II.*

TS-VI-2700 s. ; DC-I-1835 ; MF n°s 22200, 22590

Art 88 Toute personne physique et morale payant des pensions ou rentes viagères est tenue de déclarer les sommes versées et de fournir les indications relatives aux titulaires de ces pensions ou rentes .

Cette déclaration est souscrite auprès de l'administration fiscale, au plus tard le 31 janvier de l'année civile suivant celle au cours de laquelle ces sommes ont été versées.

(Voir Annexe III, art. 39 A)

Ndlr *Pour les dispositions du présent article qui entreront en vigueur à une date fixée par décret, et au plus tard le 1er janvier 2027, voir partie Autres textes du présent code loi 2021-1900 du 30 décembre 2021 art. 132, I-2° et II.*

TS-VI-4000 s. ; MF n° 22585

Art 89 Dans le cas de cession ou de cessation en totalité ou en partie de l'entreprise ou de cessation de l'exercice de la profession, la déclaration visée à l'article 87 doit être produite, en ce qui concerne les rémunérations payées pendant l'année de la cession ou de la cessation, dans le délai indiqué à l'article 201 ou 202.

Il en est de même de l'état concernant les rémunérations versées au cours de l'année précédente s'il n'a pas encore été produit.

En cas de décès de l'employeur ou du débirentier, les déclarations mentionnées aux articles 87, 87-0 A et 88 sont souscrites par les héritiers dans les six mois du décès. Ce délai ne peut, toutefois, s'étendre au-delà du 31 janvier de l'année suivante.

TS-VI-3500 ; MF n° 22200

Art 89 A Les déclarations mentionnées aux articles 87, 87-0 A, 87-0 A bis, 88, 240 et 241 sont transmises par le déclarant à l'administration fiscale selon un procédé informatique.

FR 2/23 inf. 3 p. 22 ; TS-VI-3060 s. ; MF nos 22200, 22225 s., 22585, 22590

4. Mesures d'application

Art 90 Un décret détermine les conditions d'application des articles 79 à 89.

VI. Bénéfices des professions non commerciales

A. Définition des bénéfices imposables

Art 92 **1.** Sont considérés comme provenant de l'exercice d'une profession non commerciale ou comme revenus assimilés aux bénéfices non commerciaux, les bénéfices des professions libérales, des charges et offices dont les titulaires n'ont pas la qualité de commerçants et de toutes occupations, exploitations lucratives et sources de profits ne se rattachant pas à une autre catégorie de bénéfices ou de revenus.

BNC-I-200 s. ; MF nos 13150 s.

2. Ces bénéfices comprennent notamment :

1° Les produits des opérations de bourse effectuées dans des conditions analogues à celles qui caractérisent une activité exercée par une personne se livrant à titre professionnel à ce type d'opérations ;

RM-VI-38500 s. ; MF n° 32810

1° bis Les produits des opérations d'achat, de vente et d'échange d'actifs numériques effectuées dans des conditions analogues à celles qui caractérisent une activité exercée par une personne se livrant à titre professionnel à ce type d'opérations ;

RM-VII-48020 ; MF n° 33605

2° Les produits de droits d'auteurs perçus par les écrivains ou compositeurs et par leurs héritiers ou légataires ;

BNC-I-13100 s. ; MF n° 13210

3° Les produits perçus par les inventeurs au titre soit de la concession de licences d'exploitation de leurs brevets, soit de la cession ou concession de marques de produits ou de services, procédés ou formules de fabrication ;

BNC-I-14050 s. ; MF nos 13790 s.

4° Les remises allouées pour la vente de tabacs fabriqués ;

BIC-II-1010 s. ; MF n° 13210

5° Les produits des opérations réalisées à titre habituel, directement, par personne interposée ou par l'intermédiaire d'une fiducie, sur des contrats financiers, également dénommés « instruments financiers à terme », mentionnés au III de l'article L 211-1 du code monétaire et financier, lorsque l'option prévue au 8° du I de l'article 35 n'était pas ouverte au contribuable ou lorsqu'il ne l'a pas exercée ;

RM-VII-19050 s. ; MF n° 33415

6° Les sommes et indemnités perçues par les arbitres ou juges au titre de la mission arbitrale mentionnée à l'article L 223-1 du code du sport ;

BNC-I-5700 s. ; MF n° 13210

7° Les sommes perçues par les avocats en qualité de fiduciaire d'une opération de fiducie définie à l'article 2011 du code civil.

BNC-I-6235

3. Les bénéfices réalisés par les greffiers titulaires de leur charge sont imposés, suivant les règles applicables aux bénéfices des charges et offices, d'après leur montant net déterminé sous déduction des traitements et indemnités alloués aux greffiers par l'Etat. Ces traitements et indemnités sont rangés dans la catégorie visée au V de la présente sous-section.

BNC-I-3120 s. ; MF n° 13195

Art 92 A Ne sont pas soumises à l'impôt sur le revenu :

1° les sommes perçues dans le cadre de l'attribution du prix Nobel par les lauréats de ce prix ;

2° les sommes perçues dans le cadre de l'attribution de récompenses internationales de niveau équivalent au prix Nobel dans les domaines littéraire, artistique ou scientifique dont la liste est fixée par décret en Conseil d'Etat *(Voir Annexe II, art. 39 A)*.

BNC-II-5275 s. ; MF n° 13310

B. Détermination des bénéfices imposables

Art 93 **1.** Le bénéfice à retenir dans les bases de l'impôt sur le revenu est constitué par l'excédent des recettes totales sur les dépenses nécessitées par l'exercice de la profession. Sous réserve des dispositions de l'article 151 sexies, il tient compte des gains ou des pertes provenant soit de la réalisation des éléments d'actif affectés à l'exercice de la profession, soit des cessions de charges ou d'offices, ainsi que de toutes indemnités reçues en contrepartie de la cessation de l'exercice de la profession ou du transfert d'une clientèle *(En ce qui concerne les plus-values réalisées dans le cadre des opérations de nationalisation, voir art. 248 B)*.

Les dépenses déductibles comprennent notamment :

1° Le loyer des locaux professionnels. Lorsque le contribuable est propriétaire de locaux affectés à l'exercice de sa profession, aucune déduction n'est apportée, de ce chef, au bénéfice imposable ;

2° Les amortissements effectués suivant les règles applicables en matière de bénéfices industriels et commerciaux ;

3° Les loyers versés en exécution d'un contrat de crédit-bail ou de location portant sur des véhicules de tourisme au sens de l'article L 421-2 du code des impositions sur les biens et services, à l'exclusion de la part de loyer visée au 4 de l'article 39 ;

4° Les dépenses exposées pour la tenue de la comptabilité et, éventuellement, pour l'adhésion à une association agréée ne sont pas prises en compte pour la détermination du résultat imposable lorsqu'elles sont supportées par l'Etat du fait de la réduction d'impôt mentionnée à l'article 199 quater B ;

5° Les dépenses exposées en vue de l'obtention d'un diplôme ou d'une qualification professionnelle dans la perspective d'une insertion ou d'une conversion professionnelle par les personnes tirant un revenu de la pratique d'un sport ;

6° Les loyers versés en exécution d'un contrat de crédit-bail portant sur un immeuble, dans les conditions et limites fixées au 10 de l'article 39 ;

7° Les droits de mutation à titre gratuit acquittés par les héritiers, donataires ou légataires d'une exploitation, pour la part des droits afférente à cette exploitation, et les intérêts payés en application des dispositions de l'article 1717, pour la même part ;

BNC-II-13400 s.

8° *(Abrogé)*.

Les taxes prévues aux articles 231 ter et 231 quater ne sont pas déductibles du bénéfice imposable.

BIC-IX-95100 ; BNC-II-1 s. ; MF n°s 13250, 13325, 13790 s.

1 bis. Les fonctionnaires qui sont autorisés à apporter leur concours scientifique à une entreprise qui assure la valorisation de leurs travaux au titre de l'article L 531-8 du code de la recherche peuvent demander que le revenu provenant de cette activité soit soumis à l'impôt sur le revenu selon les règles prévues en matière de traitements et salaires. Cette option est subordonnée à la condition que les rémunérations perçues soient intégralement déclarées par l'entreprise qui les verse.

La demande doit être adressée au service des impôts du lieu du domicile avant le 1er mars de l'année qui suit celle au titre de laquelle l'imposition est établie. L'option demeure valable tant qu'elle n'a pas été expressément dénoncée dans les mêmes conditions.

BNC-I-15900 s. ; MF n° 13820

1 ter. Les agents généraux d'assurances et leurs sous-agents peuvent demander que le revenu imposable provenant des commissions versées par les compagnies d'assurances qu'ils représentent, ès qualités, soit déterminé selon les règles prévues en matière de traitements et salaires.

Ce régime est subordonné aux conditions suivantes :

Les commissions reçues doivent être intégralement déclarées par les tiers ;

Les intéressés ne doivent pas bénéficier d'autres revenus professionnels, à l'exception de courtages et autres rémunérations accessoires se rattachant directement à l'exercice de leur profession ;

Le montant brut de ces courtages et rémunérations accessoires ne doit pas excéder 10 % du montant brut des commissions.

La demande doit être adressée au service des impôts du lieu d'exercice de la profession avant le 1er mars de l'année au titre de laquelle l'imposition est établie. L'option demeure valable tant qu'elle n'a pas été expressément dénoncée dans les mêmes conditions.

Les contribuables ayant demandé l'application de ce régime doivent joindre à leur déclaration annuelle un état donnant la ventilation des sommes reçues suivant les parties versantes.

BNC-IV-200 s. ; MF nos 13715 s.

1 quater. Lorsqu'ils sont intégralement déclarés par les tiers, les produits de droits d'auteur perçus par auteurs des œuvres de l'esprit mentionnées à l'article L 112-2 du code de la propriété intellectuelle sont, sans préjudice de l'article 100 bis, soumis à l'impôt sur le revenu selon les règles prévues en matière de traitements et salaires.

La déduction forfaitaire de 10 % pour frais professionnels, prévue au 3° de l'article 83, s'applique au montant brut des droits perçus diminué des cotisations payées au titre des régimes obligatoire et complémentaire obligatoire de sécurité sociale.

BNC-IV-5400 s. ; MF nos 13735 s.

2. Dans le cas de concession de licence d'exploitation d'un brevet, ou de cession ou de concession d'un procédé ou formule de fabrication par l'inventeur lui-même, il est appliqué sur les produits d'exploitation ou sur le prix de vente un abattement de 30 % pour tenir compte des frais exposés en vue de la réalisation de l'invention, lorsque les frais réels n'ont pas déjà été admis en déduction pour la détermination du bénéfice imposable, sauf application des dispositions du deuxième alinéa du I de l'article 93 quater.

BNC-IV-10100 s. ; MF nos 13790 s.

3. *(Abrogé).*
4. *(Transféré sous l'article 93 quater-II).*
4 bis. *(Abrogé).*
5. Pour l'application du 1, les parts de sociétés civiles de moyens constituent des éléments affectés à l'exercice de la profession.

BNC-IV-28750 s. ; MF n° 13280

6. Les biens acquis à l'échéance des contrats mentionnés au III de l'article 93 quater constituent des éléments d'actif affectés à l'exercice de l'activité non commerciale pour l'application du présent article.

BNC-II-3500 s. ; MF n° 13275 précision b

7. *(Abrogé).*
8. Sur demande expresse des contribuables soumis au régime de la déclaration contrôlée qui exercent une activité professionnelle au sens du 1 de l'article 92, les subventions visées à l'article 42 septies ne sont pas comprises dans les résultats de l'année en cours à la date de leur versement. Dans ce cas, elles sont imposables dans les conditions définies par ce dernier article.

BNC-II-5650 s. ; MF n° 13310

9. Les auteurs d'œuvres d'art au sens du 1° du I de l'article 297 A bénéficient d'un abattement de 50 % sur le montant de leur bénéfice imposable au titre de la première année d'activité ainsi que des quatre années suivantes.

Ces dispositions s'appliquent aux revenus résultant de la cession des œuvres mentionnées à l'alinéa précédent, ainsi que de la cession et de l'exploitation des droits patrimoniaux reconnus par la loi sur ces mêmes œuvres, et perçus par les auteurs personnes physiques imposées selon le régime de la déclaration contrôlée.

Les revenus provenant des opérations mentionnées à l'article 279 bis ne bénéficient pas de l'abattement prévu au premier alinéa.

L'abattement mentionné au premier alinéa ne peut excéder 50 000 € par an.

Il ne s'applique pas en cas d'option pour le régime prévu à l'article 100 bis.

BNC-IV-16100 s. ; MF n° 13760

10. Lorsque le montant total des sommes et indemnités perçues par les arbitres ou juges mentionnées au 6° du 2 de l'article 92 est inférieur, pour une année civile, à la limite définie au premier alinéa de l'article L 241-16 du code de la sécurité sociale, plafonné à 14,5 % du montant annuel du plafond mentionné à l'article L 241-3 du même code, ces sommes et indemnités sont exonérées.

BNC-IV-16500 s. ; MF n° 13765

Art 93 A I. A compter du 1er janvier 1996 et par dérogation aux dispositions de la première phrase du 1 de l'article 93, le bénéfice à retenir dans les bases de l'impôt peut, sur demande des contribuables soumis au régime de la déclaration contrôlée, être constitué de l'excédent des créances acquises sur les dépenses mentionnées au 1 de l'article 93 et engagées au cours de l'année d'imposition. L'option doit être exercée avant le 1er février de l'année au titre de laquelle l'impôt sur le revenu est établi ; elle s'applique tant qu'elle n'a pas été dénoncée dans les mêmes conditions.

Pour la détermination du bénéfice dans les conditions prévues au premier alinéa du présent I, les abandons de créances sont déductibles dans leur intégralité pour le contribuable qui les consent.

En cas de commencement d'activité en cours d'année, les contribuables qui entendent se placer sous le régime défini au premier alinéa pour la détermination du bénéfice de leur première année d'activité exercent l'option précitée dans les délais prévus pour le dépôt de la déclaration visée à l'article 97.

BNC-II-1370

En cas de sortie du régime d'imposition prévu à l'article 102 ter, le bénéfice imposable déterminé dans les conditions prévues au premier alinéa du présent I est augmenté des créances détenues par le contribuable au 31 décembre de l'année qui précède celle au titre de laquelle l'option est exercée pour leur montant hors taxes sous déduction d'un abattement de 34 %.

Un décret fixe les modalités d'application du présent article, notamment les modalités d'option et de renonciation à ce dispositif ainsi que celles du changement de mode de comptabilisation *(Voir Annexe III, art. 41-0 bis A à 41-0 bis C).*

II. Les options en ce sens qui auraient été exercées antérieurement au 1er janvier 1996 sont réputées régulières sous réserve des décisions de justice passées en force de chose jugée.

BNC-II-1300 s. ; MF n° 13255

Art 93 B En cas de transmission ou de rachat des droits d'un associé, personne physique, dans une société mentionnée aux articles 8 et 8 ter, qui exerce une activité professionnelle non commerciale au sens du 1 de l'article 92 et qui est soumise obligatoirement au régime de la déclaration contrôlée, l'impôt sur le revenu peut être immédiatement établi au nom de cet associé pour sa quote-part dans les résultats, déterminés dans les conditions prévues aux articles 93 ou 93 A, réalisés depuis la fin de la dernière période d'imposition jusqu'à la date de cet événement. Cette mesure s'applique sur demande conjointe de l'associé dont les titres sont transmis ou rachetés ou de ses ayants cause et du bénéficiaire de la transmission ou, en cas de rachat, des associés présents dans la société à la date du rachat.

Le bénéficiaire de la transmission des titres est alors imposable à raison de la quote-part correspondant à ses droits dans le bénéfice réalisé par la société au cours de l'année d'imposition, diminuée de la part du résultat imposée dans les conditions prévues au premier alinéa. En cas de rachat des titres par la société, les associés présents dans la société au 31 décembre de l'année d'imposition sont imposables à raison du résultat réalisé par la société au cours de l'année d'imposition, sous déduction de la part du résultat imposée, dans les conditions prévues au premier alinéa, au nom de l'associé dont les titres ont été rachetés.

Un décret fixe les modalités d'application du présent article, notamment les obligations déclaratives des contribuables *(Voir Annexe III, art. 41-0 bis D à 41-0 bis F).*

BNC-III-12700 s. ; MF n° 37661

1° Organismes d'études et de recherches

Art 93 ter Les dispositions de l'article 39 quinquies C sont applicables aux organismes d'études et de recherches.

IS-IV-33330 s.

2° Plus-values de caractère professionnel

Art 93 quater I. Les plus-values réalisées sur des immobilisations sont soumises au régime des articles 39 duodecies à 39 novodecies.

BNC-II-23000 s.

Le régime des plus ou moins-values à long terme prévu à l'article 39 quindecies est applicable aux produits perçus par un inventeur personne physique et ses ayants droit au titre de la cession ou de la concession de licences d'exploitation d'un logiciel protégé par le droit d'auteur, d'une invention brevetable ou d'un actif incorporel qui satisfait aux conditions mentionnées aux 1°, 2° ou 4° du I de l'article 238. Par dérogation au premier alinéa du I de l'article 39 quindecies, le taux applicable aux opérations mentionnées au présent alinéa est de 10 %.

BNC-IV-9000 s., 13500 s. ; MF nos 13790 s.

I bis. *(Abrogé).*

I ter. L'imposition de la plus-value constatée lors de l'apport par un inventeur personne physique d'un logiciel protégé par le droit d'auteur, d'une invention brevetable ou d'un actif incorporel qui satisfait aux conditions mentionnées aux 1°, 2° ou 4° du I de l'article 238 à une société chargée de l'exploiter peut, sur demande expresse du contribuable, faire l'objet d'un report jusqu'à la cession, au rachat, à l'annulation ou à la transmission à titre gratuit des droits sociaux reçus en rémunération de l'apport ou, si elle intervient antérieurement, jusqu'à la cession par la société bénéficiaire de l'apport. La plus-value en report d'imposition est réduite d'un abattement d'un tiers pour chaque année de détention échue des droits reçus en rémunération de l'apport au-delà de la cinquième.

Le report d'imposition prévu au premier alinéa est maintenu en cas d'échange de droits sociaux mentionnés au même alinéa résultant d'une fusion ou d'une scission jusqu'à la cession, au rachat, à l'annulation ou à la transmission à titre gratuit des droits sociaux reçus lors de l'échange.

En cas de transmission à titre gratuit à une personne physique des droits sociaux reçus en rémunération de l'apport ou reçus lors de l'échange mentionné au deuxième alinéa, le report d'imposition est maintenu si le bénéficiaire de la transmission prend l'engagement d'acquitter l'impôt sur la plus-value lors de la cession, du rachat, de l'annulation ou de la transmission à titre gratuit des droits sociaux.

L'article 151 septies ne s'applique pas en cas d'exercice de l'option prévue au premier alinéa.

Les dispositions du sixième alinéa du II de l'article 151 octies sont applicables aux plus-values dont l'imposition est reportée en application du premier alinéa ou dont le report est maintenu en application des deuxième ou troisième alinéas.

BNC-IV-11500 s. ; MF nº 13805

II. L'imposition de la plus-value constatée lors de l'apport par un associé de la clientèle ou des éléments d'actif affectés à l'exercice de sa profession, à une société civile professionnelle, constituée conformément aux dispositions de la loi nº 66-879 du 29 novembre 1966 modifiée, est reportée au moment où s'opérera la transmission ou le rachat des droits sociaux de cet associé. L'application de cette disposition est subordonnée à la condition que l'apport soit réalisé dans le délai de dix ans à compter de la publication du décret en Conseil d'Etat propre à la profession considérée.

Ndlr *Pour les dispositions du présent alinéa applicables à compter du 1er septembre 2024, voir partie Autres textes du présent code ordonnance 2023-77 du 8 février 2023 art. 133, II-2º et 134, I.*

Toutefois, le report d'imposition prévu au premier alinéa est maintenu en cas d'opérations soumises aux dispositions du I de l'article 151 octies A ou de transformation de la société civile professionnelle en société d'exercice libéral jusqu'à la date de transmission, de rachat ou d'annulation des parts ou actions de l'associé. Les dispositions du sixième alinéa du II de l'article 151 octies sont applicables à l'associé à compter de la réalisation des opérations soumises aux dispositions du I de l'article 151 octies A ou de la transformation de la société civile professionnelle en société d'exercice libéral.

Les dispositions du premier alinéa ne s'appliquent pas aux plus-values constatées à l'occasion d'apports en sociétés visés aux I et II de l'article 151 octies.

BNC-IV-22450 s., 22555 s.

III. Pour l'application des dispositions du premier alinéa du I, les contrats de crédit-bail conclus dans les conditions prévues aux 1 et 2 de l'article L 313-7 du code monétaire et financier sont considérés comme des immobilisations lorsque les loyers versés ont été déduits pour la détermination du bénéfice non commercial.

BNC-II-3500 s. ; BIC-VII-75000 s. ; MF nº 13275 précision b

IV. 1. Pour l'application des dispositions du premier alinéa du I aux immeubles acquis dans les conditions prévues au 6 de l'article 93 et précédemment donnés en sous-location, l'imposition de la plus-value consécutive au changement de régime fiscal peut, sur demande expresse du contribuable, être reportée au moment où s'opérera la transmission de l'immeuble ou, le cas échéant, la transmission ou le rachat de tout ou partie des titres de la société propriétaire de l'immeuble ou sa dissolution.

2. Cette disposition s'applique aux plus-values réalisées à compter du 1er janvier 1990.

3. L'acte qui constate le transfert de propriété des immeubles mentionnés au 1 consécutivement à l'acceptation de la promesse unilatérale de vente doit indiquer si le nouveau propriétaire, ou les associés s'il s'agit d'une société, demandent le report de l'imposition de la plus-value dans les conditions prévues au 1. A défaut, les dispositions du 1 ne sont pas applicables.

4. Un décret fixe les conditions d'application du présent IV, notamment les obligations déclaratives des contribuables *(Voir Annexe III, art. 41 novovicies).*

BIC-VII-80900 s. ; MF nº 19360

V. Les dispositions du 5 bis et du 7 bis de l'article 38 sont applicables au profit ou à la perte réalisés lors de l'échange de titres résultant des opérations mentionnées au 5 bis et au 7 bis précités, lorsque ces titres sont affectés à l'exercice de la profession au sens de l'article 93.

Les personnes placées sous le régime prévu au premier alinéa sont soumises aux obligations définies à l'article 54 septies.

BNC-II-24800 s. ; MF nº 19070

C. Régimes d'imposition

Art 95 En ce qui concerne le mode de détermination du bénéfice à retenir dans les bases de l'impôt sur le revenu, les contribuables qui perçoivent des bénéfices non commerciaux ou des revenus assimilés sont placés soit sous le

régime de la déclaration contrôlée du bénéfice net, soit sous le régime déclaratif spécial.
(Voir également art. 96 B)

BNC-III-1 s. ; MF n°s 13450 s., 13525 s.

1. Régime de la déclaration contrôlée

Art 96 **I.** Les contribuables qui réalisent ou perçoivent des bénéfices ou revenus visés à l'article 92 sont obligatoirement soumis au régime de la déclaration contrôlée lorsqu'ils ne peuvent pas bénéficier du régime défini à l'article 102 ter.

RIE-I-9400 s.

Peuvent également se placer sous ce régime les contribuables relevant du régime défini à l'article 102 ter lorsqu'ils sont en mesure de déclarer exactement le montant de leur bénéfice net et de fournir à l'appui de cette déclaration toutes les justifications nécessaires.

RIE-I-8450 s.

II. *(Abrogé).*

III. *(Disposition devenue sans objet : loi n° 74-1114 du 27 décembre 1974, art. 17-I ; décret n° 74-1130 du 30 décembre 1974).*

MF n° 13470

Art 96 A Les contribuables qui réalisent des opérations mentionnées au 5° du 2 de l'article 92 sont soumis obligatoirement, pour ce qui concerne ces opérations, au régime de la déclaration contrôlée.

RM-VII-19200 ; MF n° 33415

Art 96 B Lorsque les titulaires de bénéfices non commerciaux réalisent, dans une même entreprise, des recettes non commerciales et des recettes commerciales, il est fait masse de l'ensemble des recettes pour déterminer la limite au-delà de laquelle la déclaration contrôlée est obligatoire en application du 1 de l'article 96. Si cette limite est franchie, le bénéfice non commercial fait l'objet d'une déclaration contrôlée et le bénéfice commercial doit être déterminé selon un régime réel. Dans le cas contraire, le bénéfice est déterminé dans les conditions prévues à l'article 50-0 ou à l'article 102 ter, selon le cas.

Cependant, la déclaration contrôlée des bénéfices non commerciaux est obligatoire si le contribuable opte pour un régime réel pour l'imposition de son chiffre d'affaires ou de son bénéfice commercial.

RIE-I-1410 s., 9620 s. ; MF n° 13555

Art 97 Les contribuables soumis obligatoirement ou sur option au régime de la déclaration contrôlée sont tenus de souscrire chaque année, dans des conditions et délais prévus aux articles 172 et 175, une déclaration dont le contenu est fixé par décret *(Voir Annexe III, art. 40 A et 41-0 bis).*

BNC-III-3700 s. ; MF n° 13495

Art 98 L'administration peut demander aux intéressés tous renseignements susceptibles de justifier l'exactitude des chiffres déclarés et, notamment, tous éléments permettant d'apprécier l'importance de la clientèle.

Elle peut exiger la communication du livre-journal et du document prévus à l'article 99 et de toutes pièces justificatives.

Si les renseignements et justifications fournis sont jugés insuffisants, l'administration détermine le bénéfice imposable et engage la procédure de rectification contradictoire prévue à l'article L 55 du livre des procédures fiscales.

BNC-III-2760 s. ; MF n° 13500

Art 99 Les contribuables soumis obligatoirement au régime de la déclaration contrôlée ou qui désirent être imposés d'après ce régime sont tenus d'avoir un livre-journal servi au jour le jour et présentant le détail de leurs recettes et de leurs dépenses professionnelles.

Le livre-journal tenu par les contribuables non adhérents d'une association de gestion agréée comporte, quelle que soit la profession exercée, l'identité déclarée par le client ainsi que le montant, la date et la forme du versement des honoraires.

Ils doivent en outre tenir un document appuyé des pièces justificatives correspondantes, comportant la date d'acquisition ou de création et le prix de revient des éléments d'actif affectés à l'exercice de leur profession, le montant des amortissements effectués sur ces éléments, ainsi qu'éventuellement le prix et la date de cession de ces mêmes éléments.

Ils doivent conserver ces registres ainsi que toutes les pièces justificatives selon les modalités prévues aux trois premiers alinéas du I et au I bis de l'article L 102 B du livre des procédures fiscales.

Par exception au premier alinéa, les exploitants individuels dont le montant annuel de recettes n'excède pas le seuil mentionné au 2° de l'article L 162-4 du code des impositions sur les biens et services, au cours de l'année civile ou de l'année civile précédente, peuvent procéder, au cours de l'année, à l'enregistrement de leurs recettes et dépenses professionnelles sur le livre-journal en retenant la date de l'opération figurant sur le relevé qui leur est adressé par un établissement de crédit, sous réserve d'enregistrer toutes leurs recettes et dépenses de l'année au plus tard le dernier jour de celle-ci.

BNC-III-2050 s. ; MF nos 13485 s.

Art 100 Les officiers publics ou ministériels sont obligatoirement soumis au régime de la déclaration contrôlée en ce qui concerne les bénéfices provenant de leur charge ou de leur office. En ce qui touche les bénéfices ou revenus provenant d'une activité connexe ou accessoire ou d'une autre source, ils sont soumis aux dispositions de l'article 95.

RIE-I-9470 s. ; MF no 13470

Ils doivent, à toute réquisition de l'administration, représenter leurs livres, registres, pièces de recette, de dépense ou de comptabilité à l'appui des énonciations de leur déclaration. Ils ne peuvent opposer le secret professionnel aux demandes d'éclaircissements, de justification ou de communication de documents concernant les indications de leur livre-journal ou de leur comptabilité.

BNC-III-3300 s. ; MF no 13500

Art 100 bis I. Les bénéfices imposables provenant de la production littéraire, scientifique ou artistique de même que ceux provenant de la pratique d'un sport peuvent, à la demande des contribuables soumis au régime de la déclaration contrôlée, être déterminés en retranchant, de la moyenne des recettes de l'année de l'imposition et des deux années précédentes, la moyenne des dépenses de ces mêmes années.

Les contribuables qui adoptent ce mode d'évaluation pour une année quelconque sont obligatoirement soumis au régime de la déclaration contrôlée en ce qui concerne les bénéfices provenant de leur production littéraire, scientifique ou artistique ou ceux provenant de la pratique d'un sport. L'option reste valable tant qu'elle n'a pas été expressément révoquée ; en cas de révocation, les dispositions du premier alinéa continuent toutefois de produire leurs effets pour les bénéfices réalisés au cours des années couvertes par l'option.

II. A compter de l'imposition des revenus de 1982, les contribuables peuvent également demander qu'il soit tenu compte de la moyenne des recettes et des dépenses de l'année d'imposition et des quatre années précédentes.

Les contribuables qui adoptent cette période de référence ne peuvent revenir sur leur option pour les années suivantes.

BNC-IV-15000 s. ; MF nos 13750 s., 13470

2 bis. Régime déclaratif spécial

Art 102 ter 1. Le bénéfice imposable des contribuables qui perçoivent des revenus non commerciaux dont le montant hors taxes de l'année civile précédente ou de la pénultième année, ajusté s'il y a lieu au prorata du temps d'activité au cours de l'année de référence, n'excède pas 77 700 € *(NDLR Limite applicable pour les années 2023 à 2025. Elle était fixée à 72 600 € de 2020 à 2022)* est égal au montant brut des recettes annuelles diminué d'un abattement forfaitaire de 34 %. Cet abattement ne peut être inférieur à 305 €.

FR 2/23 inf. 1 p. 7

Les plus ou moins-values provenant de la cession des biens affectés à l'exploitation sont prises en compte distinctement pour l'assiette de l'impôt sur le revenu dans les conditions prévues à l'article 93 quater, sous réserve des dispositions de l'article 151 septies. Pour l'application de la phrase précédente, l'abattement mentionné au premier alinéa est réputé tenir compte des amortissements pratiqués selon le mode linéaire.

Le premier seuil mentionné au premier alinéa est actualisé tous les trois ans dans la même proportion que l'évolution triennale de la première tranche du barème de l'impôt sur le revenu et arrondi à la centaine d'euros la plus proche.

Pour l'appréciation de la limite mentionnée au présent 1, il est fait abstraction des opérations portant sur les éléments d'actif affectés à l'exercice de la profession ou des indemnités reçues à l'occasion de la cessation de l'exercice de la profession ou du transfert d'une clientèle et des honoraires rétrocédés à des confrères selon les usages de la profession. En revanche, il est tenu compte des recettes réalisées par les sociétés et groupements non soumis à l'impôt sur les sociétés dont le contribuable est membre, à proportion de ses droits dans les bénéfices de ces sociétés et groupements. Toutefois, le régime fiscal de ces sociétés et groupements demeure déterminé uniquement par le montant global de leurs recettes.

Au titre de l'année qui suit la sortie du régime d'imposition prévu à l'article 96 et lorsque l'option mentionnée à l'article 93 A avait été exercée, les recettes mentionnées au premier alinéa du présent 1 sont diminuées, avant application de l'abattement prévu au même premier alinéa, du montant hors taxes des créances détenues par le contribuable au 31 décembre de la dernière année imposée selon les modalités prévues à l'article 93 A.

RIE-I-8450 s. ; RIE-II-3000 s. ; MF nos 13520 s.

2. Les contribuables visés au 1 portent directement sur la déclaration prévue à l'article 170 le montant des recettes annuelles et des plus ou moins-values réalisées ou subies au cours de cette même année.

3. *(Abrogé).*

4. Les contribuables visés au 1 doivent tenir et, sur demande du service des impôts, présenter un document donnant le détail journalier de leurs recettes professionnelles.

Lorsqu'il est tenu par un contribuable non adhérent d'une association de gestion agréée, ce document comporte, quelle que soit la profession exercée, l'identité déclarée par le client ainsi que le montant, la date et la forme du versement des honoraires.

RIE-II-3780 s.

5. Les contribuables qui souhaitent renoncer au bénéfice du présent article peuvent opter pour le régime visé à l'article 97.

Cette option doit être exercée dans les délais prévus pour le dépôt de la déclaration visée à l'article 97. Elle est valable un an et reconduite tacitement chaque année civile pour un an. Les contribuables peuvent renoncer à cette option dans les délais applicables au dépôt de la déclaration souscrite au titre des résultats de la période précédant celle au titre de laquelle la renonciation s'applique *(NDLR Ces dernières dispositions s'appliquent aux renonciations exercées à compter du 1er janvier 2022).*

RIE-I-9850 s.

6. Sont exclus de ce régime :

a. Les contribuables qui exercent plusieurs activités dont le total des revenus, abstraction faite des recettes des offices publics ou ministériels, excède la limite mentionnée au 1 ;

b. *(Abrogé) ;*

c. Les contribuables dont tout ou partie des biens affectés à l'exploitation sont compris dans un patrimoine fiduciaire en application d'une opération de fiducie définie à l'article 2011 du code civil ;

RIE-I-9590 s.

d. Les contribuables qui exercent une activité occulte au sens du deuxième alinéa de l'article L 169 du livre des procédures fiscales.

RIE-I-8660

RIE-I-8450 s. ; RIE-II-3000 s. ; MF nos 13520 s.

3. Dispositions communes

Art 103 Sous réserve des dispositions de l'article 218 bis, le bénéfice imposable des associés en nom, des commandités et des membres des sociétés visées aux articles 8 et 8 ter, est déterminé dans les conditions prévues au deuxième alinéa de l'article 60 et conformément aux dispositions des articles 96 à 100 bis ainsi que de l'article 102 ter pour l'associé unique d'une société à responsabilité limitée vérifiant les conditions fixées à cet article lorsque cet associé est une personne physique dirigeant cette société, et de l'article L 53 du livre des procédures fiscales.

DC-V-3730

VII. Revenus des capitaux mobiliers

1. Produits des actions et parts sociales. Revenus assimilés

a. Généralités

Art 108 Les dispositions des articles 109 à 117 fixent les règles suivant lesquelles sont déterminés les revenus distribués par :

1° Les personnes morales passibles de l'impôt prévu au chapitre II du présent titre ;

2° Les personnes morales et sociétés en participation qui se sont volontairement placées sous le même régime fiscal en exerçant l'option prévue au 3 de l'article 206.

Elles s'appliquent, même en l'absence de l'option visée ci-dessus, aux revenus distribués aux commanditaires dans les sociétés en commandite simple, et aux associés autres que ceux indéfiniment responsables dans les sociétés en participation.

Les revenus distribués par les personnes morales exonérées de l'impôt prévu au chapitre II susvisé sont également déterminés conformément aux mêmes règles.

RM-II-300 s. ; MF nº 24270

b. Calcul de la masse des revenus distribués

Art 109 **1.** Sont considérés comme revenus distribués :

1° Tous les bénéfices ou produits qui ne sont pas mis en réserve ou incorporés au capital ;

RM-II-1150 s. ; MF nº 24745

2° Toutes les sommes ou valeurs mises à la disposition des associés, actionnaires ou porteurs de parts et non prélevées sur les bénéfices.

RM-II-2400 s. ; MF nº 24750

Les sommes imposables sont déterminées pour chaque période retenue pour l'établissement de l'impôt sur les sociétés par la comparaison des bilans de clôture de ladite période et de la période précédente selon des modalités fixées par décret en Conseil d'Etat *(Voir Annexe II, art. 40 à 47).*

RM-II-4550 s.

2. *(Abrogé).*

RM-II-950 s. ; DIR-V-2360 s. ; MF nos 24745 s., 24760

Art 110 Pour l'application du 1° du 1 de l'article 109, les bénéfices s'entendent de ceux qui ont été retenus pour l'assiette de l'impôt sur les sociétés.

Toutefois, ces bénéfices sont augmentés de ceux qui sont légalement exonérés dudit impôt, y compris les produits déductibles du bénéfice net en vertu du I de l'article 216, ainsi que des bénéfices que la société a réalisés dans des entreprises exploitées hors de France, et diminués des sommes payées au titre de l'impôt sur les sociétés.

RM-II-980 s. ; DIR-V-2360 s. ; MF n° 24745

Art 111 Sont notamment considérés comme revenus distribués :

a. Sauf preuve contraire, les sommes mises à la disposition des associés directement ou par personnes ou sociétés interposées à titre d'avances, de prêts ou d'acomptes.

Nonobstant toutes dispositions contraires, lorsque ces sommes sont remboursées postérieurement au 1er janvier 1960, à la personne morale qui les avait versées, la fraction des impositions auxquelles leur attribution avait donné lieu est restituée aux bénéficiaires ou à leurs ayants cause dans des conditions et suivant des modalités fixées par décret *(Voir Annexe III, art. 49 bis à 49 sexies)* ;

RM-II-14000 s. ; MF nos 24810 s.

b. Les sommes ou valeurs attribuées aux porteurs de parts bénéficiaires ou de fondateur au titre de rachat de ces parts ;

RM-II-17500 s. ; MF n° 24490

c. Les rémunérations et avantages occultes ;

RM-II-2700 s. ; DIR-V-2820 s. ; MF nos 24770 s.

d. La fraction des rémunérations qui n'est pas déductible en vertu du 1° du 1 de l'article 39 ;

DIR-V-1 s., 1950 s., 4770 s. ; MF nos 8580, 23700 s.

e. Les dépenses et charges dont la déduction pour l'assiette de l'impôt sur les sociétés est interdite en vertu des dispositions du premier alinéa et du 3° du 4 de l'article 39.

RM-II-3460 s. ; MF n° 24785

Art 111 bis Lorsqu'une personne morale soumise à l'impôt sur les sociétés cesse d'y être assujettie, ses bénéfices et réserves, capitalisés ou non, sont réputés distribués aux associés en proportion de leurs droits.

Cette disposition est applicable, le cas échéant, au prorata des résultats qui cessent d'être soumis à cet impôt.

Les dispositions du présent article ne sont pas applicables aux sociétés admises au bénéfice du régime prévu à l'article 208 C ni aux sociétés soumises à l'impôt sur les sociétés qui se transforment en sociétés de placement à prépondérance immobilière à capital variable mentionnées au 3° nonies de l'article 208.

IS-IV-17000 s. ; MF n° 30950

RM-II-20000 s. ; MF n° 38770

Art 111 ter La transformation en société d'investissement à capital variable d'une société non exonérée de l'impôt sur les sociétés entraîne les mêmes conséquences fiscales que la répartition de son boni de liquidation.

RM-VII-7930 s. ; MF n° 38690 d

Art 112 Ne sont pas considérés comme revenus distribués :

1° Les répartitions présentant pour les associés ou actionnaires le caractère de remboursements d'apports ou de primes d'émission. Toutefois, une répartition n'est réputée présenter ce caractère que si tous les bénéfices et les réserves autres que la réserve légale ont été auparavant répartis.

RM-II-18200 s. ; MF n° 24465

Sous réserve des dispositions du 3°, ne sont pas considérés comme des apports pour l'application de la présente disposition :

a. Les réserves incorporées au capital ;

b. Les sommes incorporées au capital ou aux réserves (primes de fusion ou de scission) à l'occasion d'une fusion ou d'une scission de sociétés ou d'un apport partiel d'actif donnant lieu à l'attribution de titres aux associés dans les conditions prévues au 2 de l'article 115 ;

RM-II-18200 s. ; MF n° 24465

c. Les sommes incorporées aux capitaux propres à l'occasion d'une fusion ou scission sans échange de titres au sens du 3° du II de l'article L 236-3 du code de commerce ;

2° Les amortissements de tout ou partie de leur capital social, parts d'intérêt ou commandites, effectués par les sociétés concessionnaires de l'Etat, des départements, des communes ou autres collectivités publiques, lorsque ces amortissements sont justifiés par la caducité de tout ou partie de l'actif social notamment par dépérissement progressif ou par obligation de remise de concessions à l'autorité concédante. Le caractère d'amortissement de l'opération et la légitimité de l'exonération seront constatés, dans chaque cas, dans des conditions fixées par décret *(Voir Annexe III, art. 41 bis à 41 quinquies)* ;

RM-II-17970 s. ; MF n° 24495

3° Les remboursements consécutifs à la liquidation de la société et portant :

a. Sur les réserves incorporées au capital antérieurement au 1er janvier 1949 ;

b. Sur le capital amorti, à concurrence de la fraction ayant, lors de l'amortissement, supporté l'impôt sur le revenu des valeurs mobilières ou l'impôt sur le revenu ;

c. Sur les sommes incorporées au capital ou aux réserves (primes de fusion) à l'occasion d'une fusion antérieure au 1er janvier 1949 si et dans la mesure où elles ont supporté, à raison de la fusion, l'impôt sur le revenu des valeurs mobilières ou la taxe additionnelle au droit d'apport ;

RM-II-21050 s. ; MF nos 24510 s.

4° Les sommes mises à la disposition des associés dès lors qu'elles constituent la rémunération d'un prêt, d'un service ou d'une fonction et sont valablement comprises dans les charges déductibles pour l'assiette de l'impôt sur les sociétés ;

RM-II-3320 s. ; MF no 24800

5° *(Abrogé)* ;

6° Les sommes ou valeurs attribuées aux associés ou actionnaires au titre du rachat de leurs parts ou actions. Le régime des plus-values prévu, selon le cas, aux articles 39 duodecies, 150-0 A ou 150 UB est alors applicable ;

RM-II-18900 s. ; MF no 24470

7° L'attribution d'actions ou de parts sociales opérée en conséquence de l'incorporation de réserves au capital ;

RM-II-17540 ; MF no 24500

8° L'attribution d'actions de sociétés d'investissement à capital variable reçues dans le cadre d'une scission réalisée en application du deuxième alinéa des articles L 214-7-4 et L 214-24-33 du code monétaire et financier.

RM-II-20900

Art 113 Pour l'application des articles 109 et 112, l'incorporation directe de bénéfices au capital est assimilée à une incorporation de réserves.

RM-II-17530 s., 18600 s. ; MF nos 24500, 24745 s.

Art 115 **1.** En cas de fusion ou de scission de sociétés, l'attribution de titres, sommes ou valeurs aux membres de la société apporteuse en contrepartie de l'annulation des titres de cette société n'est pas considérée comme une distribution de revenus mobiliers.

IS-VI-23100 s., 38520 ; MF no 39595

Ces dispositions s'appliquent aux opérations de fusion ou de scission de sociétés de placement à prépondérance immobilière à capital variable mentionnées au 3° nonies de l'article 208, sous réserve que la société bénéficiaire des apports s'engage, dans l'acte de fusion, à se substituer à la société absorbée pour les obligations de distributions prévues au II de l'article L 214-69 du code monétaire et financier. En cas de scission, ces obligations doivent être reprises par les sociétés bénéficiaires des apports au prorata du montant de l'actif réel apporté, apprécié à la date d'effet de l'opération.

IMMO-IV-36180

2. Le 1 s'applique en cas d'attribution de titres représentatifs d'un apport partiel d'actif d'une branche complète d'activité aux membres de la société apporteuse, lorsque :

a. L'apport est placé sous le régime de l'article 210 A ;

b. La société apporteuse dispose encore au moins d'une branche complète d'activité après la réalisation de l'apport ;

c. Cette attribution, proportionnelle aux droits des associés dans le capital, a lieu dans un délai d'un an à compter de la réalisation de l'apport.

Lorsque l'attribution est faite au profit d'une entreprise, les titres répartis doivent être inscrits au bilan pour une valeur égale au produit de la valeur comptable des titres de la société apporteuse et du rapport existant, à la date de l'opération d'apport, entre la valeur réelle des titres répartis et celle des titres de la société apporteuse. La valeur comptable des titres de la société apporteuse est réduite à due concurrence.

Lorsque la valeur fiscale des titres de la société apporteuse est différente de leur valeur comptable, la plus-value de cession de ces titres ainsi que celle des titres répartis sont déterminées à partir de cette valeur fiscale qui doit être répartie selon les mêmes modalités que celles qui sont prévues à l'avant-dernier alinéa du présent 2.

IS-VI-45010 s., 45135 s. ; MF no 39600

2 bis. Lorsque l'apport partiel d'actif n'est pas représentatif d'une branche complète d'activité ou lorsque la condition du b du 2 n'est pas remplie, le 2 s'applique sur agrément délivré à la société apporteuse dans les conditions prévues à l'article 1649 nonies. La demande d'agrément doit être déposée préalablement à la réalisation de l'apport.

L'agrément est délivré lorsque :

a. Les conditions prévues aux a, b et c du 3 de l'article 210 B sont remplies ;

b. L'attribution est justifiée par un motif économique, se traduisant notamment par l'exercice par la société apporteuse d'une activité autonome et l'amélioration des structures, ainsi que par une association entre les parties formalisée par un engagement de conservation des titres de la société apporteuse par ses associés pendant trois ans à compter de la réalisation de l'apport.

Toutefois, l'obligation de conservation des titres de la société apporteuse ainsi que l'obligation de conservation des titres mentionnée au a du 3 de l'article 210 B ne sont exigées que des associés qui détiennent dans cette société, à la date d'approbation de l'apport, 5 % au moins des droits de vote ou qui y exercent ou y ont exercé, dans les six mois précédant cette date, directement ou par l'intermédiaire de leurs mandataires sociaux ou préposés, des fonctions de direction, d'administration ou de surveillance et détiennent au moins 0,1 % des droits de vote dans la société.

L'obligation de conservation mentionnée au deuxième alinéa du présent b n'est pas exigée des actionnaires qui détiennent dans la société apporteuse, à la date d'approbation de l'apport, 5 % au moins des droits de vote si les conditions suivantes sont remplies :

la société apporteuse n'est pas contrôlée par un actionnaire ou un groupe d'actionnaires agissant de concert au sens de l'article L 233-3 du code de commerce ;

les actions de la société apporteuse sont admises aux négociations sur un marché réglementé français ou européen ;

l'actionnaire détenant 5 % au moins des droits de vote de la société apporteuse n'exerce pas une influence notable sur la gestion de cette dernière au sens de l'article L 233-17-2 du même code.

FR 2/23 inf. 29 p. 50 ; IS-VI-45800 s. ; MF nº 39605

3. Les dispositions des 1, 2 et 2 bis ne sont pas applicables aux opérations de fusion, scission et apport partiel d'actif par lesquelles une société non exonérée de l'impôt sur les sociétés fait apport de tout ou partie de ses biens à une société d'investissement à capital variable.

RM-VII-220 ; MF nº 39290

Art 115 A I. Les sommes non distribuées par une société d'investissement à capital variable à la date de son absorption, opérée conformément à la réglementation en vigueur, par un fonds commun de placement sont imposées lors de leur répartition entre les porteurs de parts du fonds commun de placement.

Ces dispositions sont applicables en cas de scission d'une société d'investissement à capital variable conformément à la réglementation en vigueur.

RM-VII-210 ; MF nº 26365

II. En cas d'absorption, conformément à la réglementation en vigueur, d'une société de placement à prépondérance immobilière à capital variable mentionnée au 3º nonies de l'article 208 par un fonds de placement immobilier mentionné à l'article 239 nonies, l'attribution de titres aux membres de la société apporteuse en contrepartie de l'annulation des titres de cette société n'est pas considérée comme une distribution de revenus mobiliers, sous réserve que le fonds s'engage, dans l'acte de fusion, à se substituer à la société absorbée pour les obligations de distribution prévues au II de l'article L 214-69 du code monétaire et financier.

Ces dispositions sont applicables en cas de scission d'une société de placement à prépondérance immobilière conformément à la réglementation en vigueur. Les obligations de distribution mentionnées au premier alinéa doivent être reprises par les fonds bénéficiaires des apports au prorata du montant de l'actif réel apporté, apprécié à la date d'effet de l'opération.

IMMO-IV-36190

Art 115 ter Lorsqu'une société ayant son siège social en France et passible de l'impôt prévu au chapitre II du présent titre exerce son activité à Saint-Pierre-et-Miquelon, à Mayotte, en Nouvelle-Calédonie, en Polynésie française, dans les îles Wallis-et-Futuna et dans les Terres australes et antarctiques françaises où est appliquée une imposition sur les distributions de bénéfices, la double imposition à laquelle sont susceptibles d'être soumises de ce chef les répartitions de bénéfices faites par cette société est évitée, sur le plan de la réciprocité, au moyen d'accords à passer entre les autorités fiscales de la France métropolitaine et celles des collectivités intéressées.

Ces accords répartissent l'imposition des bénéfices d'après une quotité déterminée en fonction de l'activité que la société exerce en France et dans chacune de ces collectivités.

Ils font l'objet de décrets, contresignés par les ministres compétents, qui sont soumis dans le délai de trois mois à la ratification législative.

INT-GEN-20620

Art 115 quinquies 1. Les bénéfices réalisés en France par les sociétés étrangères sont réputés distribués, au titre de chaque exercice, à des associés n'ayant pas leur domicile fiscal ou leur siège social en France.

Les bénéfices visés au premier alinéa s'entendent du montant total des résultats, imposables ou exonérés, après déduction de l'impôt sur les sociétés.

1 bis. *(Dispositions devenues sans objet : loi nº 92-1376 du 30 décembre 1992, art. 11-II).*

2. Toutefois, la société peut demander que la retenue à la source exigible en vertu des dispositions du 1 et de celles du 2 de l'article 119 bis fasse l'objet d'une nouvelle liquidation dans la mesure où les sommes auxquelles elle a été appliquée excèdent le montant total de ses distributions effectives.

L'excédent de perception lui est restitué.

Il en est de même dans la mesure où elle justifie que les bénéficiaires de ces distributions ont leur domicile fiscal ou leur siège en France, et qu'elle leur a transféré les sommes correspondant à la retenue *(Voir Annexe II, art. 380 à 382).*

Il en est également de même, dans la mesure où la société étrangère respecte la condition du a du 3, lorsque les sommes auxquelles la retenue à la source a été appliquée n'ont pas été désinvesties hors de France.

3. Les dispositions du 1 ne s'appliquent pas lorsque la société étrangère remplit les conditions suivantes :

a. Avoir son siège dans un Etat membre de l'Union européenne ou partie à l'accord sur l'Espace économique européen ;

b. Y être passible de l'impôt sur les sociétés, sans possibilité d'option et sans en être exonérée et sans bénéficier d'une exonération spécifique sur les bénéfices mentionnés au 1.

RM-III-13000 s. ; MF nºs 24895 s.

c. Calcul des revenus individuels

Art 116 Pour chaque période d'imposition, la masse des revenus distribués déterminée conformément aux dispositions des articles 109 à 115 ter est considérée comme répartie entre les bénéficiaires, pour l'évaluation du revenu de chacun d'eux, à concurrence des chiffres indiqués dans les déclarations fournies par la personne morale dans les conditions prévues au 2º du 2 de l'article 223.

RM-II-4650 s.

Art 117 Au cas où la masse des revenus distribués excède le montant total des distributions tel qu'il résulte des déclarations de la personne morale visées à l'article 116, celle-ci est invitée à fournir à l'administration, dans un délai de trente jours, toutes indications complémentaires sur les bénéficiaires de l'excédent de distribution.

En cas de refus ou à défaut de réponse dans ce délai, les sommes correspondantes donnent lieu à l'application de la pénalité prévue à l'article 1759.

RM-II-4800 s. ; MF nº 24775

1 bis. Rémunérations allouées aux membres du conseil d'administration ou du conseil de surveillance des sociétés anonymes

Art 117 bis Les rémunérations allouées aux membres du conseil d'administration ou du conseil de surveillance des sociétés anonymes, à quelque titre que ce soit, à l'exclusion des salaires et des redevances de propriété industrielle, donnent lieu à la retenue à la source visée à l'article 119 bis.

Toutefois, demeurent assujettis au régime d'imposition des salaires, les émoluments qui sont attribués aux administrateurs ou aux membres du conseil de surveillance exerçant un emploi salarié pour les rétribuer de cet emploi.

DIR-I-1700 s. ; MF nº 23580

1 quater. Prélèvement sur les dividendes

Art 117 quater I. **1.** Les personnes physiques fiscalement domiciliées en France au sens de l'article 4 B qui bénéficient de revenus distribués mentionnés aux articles 108 à 117 bis et 120 à 123 bis sont assujetties à un prélèvement au taux de 12,8 %.

Pour le calcul de ce prélèvement, les revenus mentionnés au premier alinéa du présent 1 sont retenus pour leur montant brut.

Toutefois, les personnes physiques appartenant à un foyer fiscal dont le revenu fiscal de référence de l'avant-dernière année, tel que défini au 1º du IV de l'article 1417, est inférieur à 50 000 € pour les contribuables célibataires, divorcés ou veufs et à 75 000 € pour les contribuables soumis à une imposition commune peuvent demander à être dispensées de ce prélèvement dans les conditions prévues à l'article 242 quater.

2. Le prélèvement prévu au 1 ne s'applique pas :

a. Aux revenus qui sont pris en compte pour la détermination du bénéfice imposable d'une entreprise industrielle, commerciale, artisanale ou agricole, ou d'une profession non commerciale ;

b. Aux revenus afférents à des titres détenus dans un plan d'épargne en actions défini à l'article 163 quinquies D ;

c. Aux revenus mentionnés aux articles 163 quinquies B à 163 quinquies C bis exonérés d'impôt sur le revenu dans les conditions prévues aux articles 163 quinquies B à 163 quinquies C bis.

II. Lorsque la personne qui assure le paiement des revenus pour lesquels le contribuable est soumis au prélèvement prévu au I est établie en

France, les revenus sont déclarés et le prélèvement correspondant est opéré et acquitté par ladite personne dans les délais prévus à l'article 1671 C.

III. 1. Lorsque la personne qui assure le paiement des revenus mentionnés au premier alinéa du 1 du I est établie hors de France, seules les personnes physiques appartenant à un foyer fiscal dont le revenu fiscal de référence de l'avant-dernière année, tel que défini au 1° du IV de l'article 1417, est égal ou supérieur aux montants mentionnés au troisième alinéa du 1 du I du présent article sont assujetties au prélèvement prévu au même I. Les revenus sont déclarés et le prélèvement correspondant est acquitté dans les délais prévus à l'article 1671 C :

a. soit par le contribuable lui-même ;

b. soit par la personne qui assure le paiement des revenus, lorsqu'elle est établie dans un Etat membre de l'Union européenne, ou dans un autre Etat partie à l'accord sur l'Espace économique européen ayant conclu avec la France une convention d'assistance administrative en vue de lutter contre la fraude et l'évasion fiscales, et qu'elle a été mandatée à cet effet par le contribuable.

2. Lorsque la déclaration prévue au 1 et le paiement du prélèvement correspondant sont effectués par la personne qui assure le paiement des revenus, elle est établie au nom et pour le compte du contribuable.

3. L'administration fiscale peut conclure, avec chaque personne mentionnée au b du 1 et mandatée par des contribuables pour le paiement du prélèvement, une convention établie conformément au modèle délivré par l'administration, qui organise les modalités du paiement de ce prélèvement pour l'ensemble de ces contribuables.

4. *(Abrogé).*

5. Le contribuable produit à l'administration fiscale, sur sa demande, les renseignements nécessaires à l'établissement du prélèvement.

IV. Le prélèvement prévu au I est contrôlé et recouvré selon les mêmes règles et sous les mêmes sûretés, privilèges et sanctions que le prélèvement mentionné à l'article 125 A.

V. Le prélèvement prévu au I n'est pas libératoire de l'impôt sur le revenu établi dans les conditions prévues aux 1 ou 2 de l'article 200 A et dû à raison des revenus auxquels s'est appliqué ce prélèvement.

Ce prélèvement s'impute sur l'impôt sur le revenu dû au titre de l'année au cours de laquelle il a été opéré. S'il excède l'impôt dû, l'excédent est restitué.

(Voir Annexe III, art. 381 S bis et Annexe IV, art. 17 C bis, 17 D, 188 K et 188 L)

RM-III-300 s. ; MF n°s 24570 s.

2. Revenus des obligations

▪

Art 118 Sont considérés comme revenus au sens des présentes dispositions :

1° Les intérêts, arrérages et tous autres produits des obligations, titres participatifs, effets publics et tous autres titres d'emprunt négociables émis par l'Etat, les départements, communes et établissements publics français, les associations de toute nature et les sociétés, compagnies et entreprises quelconques, financières, industrielles, commerciales ou civiles françaises ;

2° Les lots et primes de remboursement payés aux porteurs des mêmes titres.

RM-IV-5050 s. ; MF n° 25550

Art 119 Le revenu est déterminé :

1° Pour les obligations, titres participatifs, effets publics et emprunts, par l'intérêt ou le revenu distribué dans l'année ;

2° Pour les lots, par le montant même du lot ;

3° Pour les primes de remboursement, par la différence entre la somme remboursée et le taux d'émission des emprunts *(Voir également art. 238 septies A, 238 septies B et 238 septies E).* Un décret détermine le taux d'émission à retenir pour la liquidation de l'impôt sur ces primes *(Voir Annexe III, art. 41 octies à 41 duodecies).*

RM-IV-5500 s. ; MF n° 25560

2 bis. Retenue à la source de l'impôt sur le revenu

▪

Art 119 bis **1.** Les revenus de capitaux mobiliers entrant dans les prévisions des articles 118, 119, 238 septies B et 1678 bis donnent lieu à l'application d'une retenue à la source dont le taux est fixé par le 1 de l'article 187 lorsqu'ils bénéficient à des personnes qui ont leur siège en France ou à l'étranger ou qui n'ont pas leur domicile fiscal en France.

Toutefois, les produits des titres de créances mentionnés au premier alinéa de l'article 124 B sont placés en dehors du champ d'application de la retenue à la source. Il en est de même pour la prime de remboursement visée à l'article 238 septies A.

Les revenus des titres émis à compter du 1er janvier 1987, tels qu'ils sont définis aux articles 118, 119 et 238 septies B, sont placés hors du champ d'application de la retenue à la source.

RM-IV-6000 s. ; MF n° 25610

2. Les produits visés aux articles 108 à 117 bis donnent lieu à l'application d'une retenue à la source dont le taux est fixé par l'article 187 lorsqu'ils bénéficient à des personnes qui n'ont pas leur domicile fiscal ou leur siège en France, autres que des organismes de placement collectif constitués sur le fondement d'un droit étranger situés dans un Etat membre de l'Union européenne ou dans un autre Etat ou territoire ayant conclu avec la France une convention d'assistance administrative en vue de lutter contre la fraude et l'évasion fiscales et qui satisfont aux deux conditions suivantes :

1° Lever des capitaux auprès d'un certain nombre d'investisseurs en vue de les investir, conformément à une politique d'investissement définie, dans l'intérêt de ces investisseurs ;

2° Présenter des caractéristiques similaires à celles d'organismes de placement collectif de droit français relevant de la section 1, des paragraphes 1, 2, 3, 5 et 6 de la sous-section 2, de la sous-section 3, ou de la sous-section 4 de la section 2 du chapitre IV du titre Ier du livre II du code monétaire et financier.

Les stipulations de la convention d'assistance administrative mentionnée au premier alinéa du présent 2 et leur mise en œuvre doivent effectivement permettre à l'administration des impôts d'obtenir des autorités de l'Etat dans lequel l'organisme de placement collectif constitué sur le fondement d'un droit étranger mentionné au même alinéa est situé les informations nécessaires à la vérification du respect par cet organisme des conditions prévues aux 1° et 2°.

La retenue à la source s'applique également lorsque ces produits sont payés hors de France dans un Etat ou territoire non coopératif au sens de l'article 238-0 A du présent code autre que ceux mentionnés au 2° du 2 bis du même article 238-0 A.

Toutefois, la retenue à la source ne s'applique pas aux sommes visées au premier alinéa du a de l'article 111.

La retenue à la source ne s'applique pas aux distributions des sociétés de capital-risque qui fonctionnent dans les conditions prévues à l'article 1er-1 de la loi n° 85-695 du 11 juillet 1985 modifiée lorsque :

a. La distribution entre dans les prévisions du 5 de l'article 39 terdecies ;

b. Le bénéficiaire effectif est une personne morale qui a son siège de direction effective dans un Etat ayant conclu avec la France une convention fiscale comportant une clause d'assistance administrative pour l'application du droit interne *(Voir Annexe II, art. 60 B, II)* ;

c. La distribution est comprise dans des bénéfices déclarés dans cet Etat mais bénéficie d'une exonération d'impôt.

Les produits mentionnés au premier alinéa du présent 2 distribués par des sociétés mentionnées au 3° nonies de l'article 208, par des sociétés mentionnées au I et au premier alinéa du II de l'article 208 C et, pour la part des produits distribués à des bénéficiaires autres que des sociétés mentionnées au 3° nonies de l'article 208 qui les détiennent dans les conditions mentionnées au III bis de l'article 208 C, par des sociétés mentionnées au même III bis, ayant leur siège en France, donnent lieu à l'application d'une retenue à la source au taux prévu au 2° de l'article 219 bis lorsqu'ils sont prélevés sur des résultats exonérés en application de l'article 208 C ou du 3° nonies de l'article 208 et qu'ils bénéficient à des organismes de placement collectif de droit français relevant de la section 1, des paragraphes 1, 2, 3, 5 et 6 de la sous-section 2, de la sous-section 3, ou de la sous-section 4 de la section 2 du chapitre IV du titre Ier du livre II du code monétaire et financier ou à ceux constitués sur le fondement d'un droit étranger mentionnés au premier alinéa et satisfaisant aux conditions prévues aux 1° et 2° du présent 2.

La retenue à la source mentionnée à l'avant-dernier alinéa du présent 2 n'est pas libératoire de l'impôt sur le revenu ou de l'impôt sur les sociétés et ne donne lieu ni à restitution ni à imputation.

(Voir Annexe II, art. 48 et 75 à 79)

RM-III-6100 s. ; MF nos 24845 s., 26430

Art 119 bis A **1.** Est réputé constituer un revenu distribué soumis à la retenue à la source prévue au 2 de l'article 119 bis tout versement, dans la limite du montant correspondant à la distribution de produits de parts ou d'actions mentionnée au b, effectué, sous quelque forme et par quelque moyen que ce soit, par une personne qui est établie ou a son domicile fiscal en France au profit, directement ou indirectement, d'une personne qui n'est pas établie ou n'a pas son domicile fiscal en France, lorsque les conditions suivantes sont réunies :

a. Le versement est réalisé dans le cadre d'une cession temporaire ou de toute opération donnant le droit ou faisant obligation de restituer ou revendre ces parts ou actions ou des droits portant sur ces titres ;

b. L'opération mentionnée au a est réalisée pendant une période de moins de quarante-cinq jours incluant la date à laquelle le droit à une distribution de produits d'actions, de parts sociales ou de revenus assimilés mentionnés aux articles 108 à 117 bis est acquis.

2. La retenue à la source est due lors de la mise en paiement du versement mentionné au 1 et acquittée par la personne qui assure ce paiement.

3. Lorsque le bénéficiaire du versement mentionné au 1 apporte la preuve que ce versement correspond à une opération qui a principalement un objet et un effet autres que d'éviter l'application d'une retenue à la source ou d'obtenir l'octroi d'un avantage fiscal, le 1 n'est pas applicable. Le bénéficiaire peut alors obtenir le remboursement de la retenue à la source définitivement indue auprès du service des impôts de son domicile ou de son siège.

4. La personne qui assure le paiement du versement mentionné au 1 transmet à l'administration fiscale, à sa demande et sous format dématérialisé, le montant, la date, l'émetteur des parts ou actions objets de l'opération mentionnée au b du même 1 et le destinataire du versement.

RM-III-12400 s. ; MF nº 24888

Art 119 ter 1. La retenue à la source prévue au 2 de l'article 119 bis n'est pas applicable aux dividendes distribués à une personne morale qui remplit les conditions énumérées au 2 du présent article par une société ou un organisme soumis à l'impôt sur les sociétés au taux normal.

2. Pour bénéficier de l'exonération prévue au 1, la personne morale doit justifier auprès du débiteur ou de la personne qui assure le paiement de ces revenus qu'elle est le bénéficiaire effectif des dividendes et qu'elle remplit les conditions suivantes :

a. Avoir son siège de direction effective dans un Etat membre de l'Union européenne ou dans un autre Etat partie à l'accord sur l'Espace économique européen ayant conclu avec la France une convention d'assistance administrative en vue de lutter contre la fraude et l'évasion fiscales et n'être pas considérée, aux termes d'une convention en matière de double imposition conclue avec un Etat tiers, comme ayant sa résidence fiscale hors de l'Union européenne ou de l'Espace économique européen ;

b. Revêtir l'une des formes énumérées à la partie A de l'annexe I à la directive 2011/96/ UE du Conseil du 30 novembre 2011 concernant le régime fiscal commun applicable aux sociétés mères et filiales d'Etats membres différents ou une forme équivalente lorsque la société a son siège de direction effective dans un Etat partie à l'accord sur l'Espace économique européen ;

c. Détenir directement, de façon ininterrompue depuis deux ans ou plus et en pleine propriété ou en nue-propriété, 10 % au moins du capital de la personne morale qui distribue les dividendes, ou prendre l'engagement de conserver cette participation de façon ininterrompue pendant un délai de deux ans au moins et désigner, comme en matière de taxes sur le chiffre d'affaires, un représentant qui est responsable du paiement de la retenue à la source visée au 1 en cas de non-respect de cet engagement ;

Le taux de participation mentionné au premier alinéa du présent c est ramené à 5 % lorsque la personne morale qui est le bénéficiaire effectif des dividendes détient des participations satisfaisant aux conditions prévues à l'article 145 et se trouve privée de toute possibilité d'imputer la retenue à la source prévue au 2 de l'article 119 bis ;

RM-III-10000 s.

d. Etre passible, dans l'Etat membre de l'Union européenne ou dans l'Etat partie à l'accord sur l'Espace économique européen où elle a son siège de direction effective, de l'impôt sur les sociétés de cet Etat, sans possibilité d'option et sans en être exonérée ;

e. *(Abrogé).*

2 bis. Les dispositions du 1 s'appliquent aux dividendes distribués aux établissements stables des personnes morales remplissant les conditions fixées au 2, lorsque ces établissements stables sont situés en France, dans un autre Etat membre de l'Union européenne ou dans un autre Etat partie à l'accord sur l'Espace économique européen ayant conclu avec la France une convention d'assistance administrative en vue de lutter contre la fraude et l'évasion fiscales.

RM-III-9350

3. Le 1 ne s'applique pas aux dividendes distribués dans le cadre d'un montage ou d'une série de montages qui, ayant été mis en place pour obtenir, à titre d'objectif principal ou au titre d'un des objectifs principaux, un avantage fiscal allant à l'encontre de l'objet ou de la finalité de ce même 1, n'est pas authentique compte tenu de l'ensemble des faits et circonstances pertinents.

Un montage peut comprendre plusieurs étapes ou parties.

Pour l'application du présent 3, un montage ou une série de montages est considéré comme non authentique dans la mesure où ce montage ou cette série de montages n'est pas mis en place pour des motifs commerciaux valables qui reflètent la réalité économique.

RM-III-9500 s.

4. Un décret précise en tant que de besoin les modalités d'application des présentes dispositions *(Voir Annexe III, art. 46 quater-0 FB à 46 quater-0 FD).*

RM-III-8700 s. ; MF nº 24875

Art 119 quater 1. La retenue à la source prévue au 1 de l'article 119 bis ainsi que le prélèvement prévu au III de l'article 125 A ne sont pas applicables aux intérêts entendus, pour l'application du présent article, comme les revenus des créances de toute nature, à l'exclusion des pénalités pour paiement tardif, payés par une société anonyme, une société par actions simplifiée, une société en commandite par actions, une société à responsabilité limitée, un établissement public à caractère industriel ou commercial ou une entreprise publique qui est passible de l'impôt sur les sociétés sans en être exonéré ou un établissement stable satisfaisant aux mêmes conditions d'imposition et dépendant d'une personne morale qui remplit les conditions énumérées aux a à c du 2, à une personne morale qui est son associée ou à un établissement stable dépendant d'une personne morale qui est son associée.

Pour l'application du présent article, la qualité de personne morale associée d'une autre personne morale est reconnue à toute personne morale lorsqu'elle détient une participation directe d'au moins 25 % dans le capital de l'autre personne morale ou lorsque l'autre personne morale détient une participation directe d'au moins 25 % dans son capital ou lorsqu'une troisième personne morale détient une participation directe d'au moins 25 % dans son capital et dans le capital de l'autre personne morale et à condition dans tous les cas que cette participation soit détenue de façon ininterrompue depuis deux ans au moins ou fasse l'objet d'un engagement selon lequel elle sera conservée de façon ininterrompue pendant un délai de deux ans au moins. Si cet engagement est pris par une personne morale qui n'a pas son siège de direction effective en France, il donne lieu à la désignation d'un représentant qui est responsable du paiement de la retenue à la source mentionnée au premier alinéa en cas de non-respect de cet engagement.

Dans le cas où les intérêts sont payés par un établissement stable, la personne morale bénéficiaire ou la personne morale dont dépend l'établissement stable bénéficiaire est considérée comme associée de l'établissement payeur si elle est associée de la personne morale dont il dépend.

2. Pour bénéficier de l'exonération prévue au premier alinéa du 1, la personne morale bénéficiaire doit justifier auprès du débiteur ou de la personne qui assure le paiement de ces revenus qu'elle en est le bénéficiaire effectif et qu'elle remplit les conditions suivantes :

a. Avoir son siège de direction effective dans un Etat membre de la Communauté européenne ;

b. Revêtir l'une des formes énumérées sur une liste établie par arrêté du ministre chargé de l'économie conformément à l'annexe à la directive 2003/49/CE du Conseil du 3 juin 2003 concernant un régime fiscal commun applicable aux paiements d'intérêts et de redevances effectués entre les sociétés associées d'Etats membres différents *(NDLR Voir partie Autres textes du présent code)* ;

c. Etre passible, y compris au titre de ces revenus, dans l'Etat membre où elle a son siège de direction effective, de l'impôt sur les sociétés de cet Etat sans en être exonérée ;

d. Lorsque la reconnaissance de sa qualité de société associée du débiteur de ces revenus en dépend, détenir la participation mentionnée au deuxième alinéa du 1.

Si le bénéficiaire des revenus est un établissement stable, il doit justifier auprès du débiteur ou de la personne qui assure le paiement des revenus qu'il est le bénéficiaire effectif de ces revenus, que ces revenus sont soumis dans l'Etat membre où il se situe à l'impôt sur les sociétés ou à un impôt équivalent de cet Etat et que la personne morale dont il dépend remplit les conditions énoncées aux a à d.

3. Les dispositions du 1 ne s'appliquent pas lorsque les revenus payés bénéficient à une personne morale ou à un établissement stable d'une personne morale contrôlée directement ou indirectement par un ou plusieurs résidents d'Etats qui ne sont pas membres de la Communauté européenne et si la chaîne de participations a comme objet principal ou comme un de ses objets principaux de tirer avantage des dispositions du 1.

Lorsqu'en raison des relations spéciales existant entre le payeur et le bénéficiaire effectif des intérêts ou de celles que l'un et l'autre entretiennent avec un tiers, le montant des intérêts excède le montant dont seraient convenus le payeur et le bénéficiaire effectif en l'absence de telles relations, les dispositions du 1 ne s'appliquent qu'à ce dernier montant.

4. Un décret précise en tant que de besoin les modalités d'application des présentes dispositions *(Voir Annexe III, art. 46 quater-0 FB à 46 quater-0 FD).*

RM-IV-32800 s. ; MF nº 26550

Art 119 quinquies Les retenues ou prélèvements à la source prévus aux articles 119 bis, 182 A bis, 182 B, 244 bis, 244 bis A et 244 bis B ne sont pas applicables aux revenus et profits perçus ou réalisés par une personne morale qui justifie auprès du débiteur ou de la personne qui assure le paiement de ces revenus qu'elle remplit, au titre de l'exercice au cours duquel elle les perçoit ou les réalise, les conditions suivantes :

1º Son siège et, le cas échéant, l'établissement stable dans le résultat duquel les revenus et profits sont inclus sont situés dans un Etat membre de l'Union européenne ou dans un autre Etat partie à l'accord sur l'Espace économique européen ayant conclu avec la France une convention d'assistance administrative en vue de lutter contre la fraude et l'évasion fiscales ainsi qu'une convention d'assistance mutuelle en matière de recouvrement ayant une portée similaire à celle prévue par la directive 2010/24/UE du Conseil du 16 mars 2010 concernant l'assistance mutuelle en matière de recouvrement des créances relatives aux taxes, impôts, droits et autres mesures et n'étant pas non coopératif au sens de l'article 238-0 A ou, pour les retenues à la source prévues à l'article 119 bis, dans un Etat non membre de l'Union européenne ou qui n'est pas un Etat partie à l'accord sur l'Espace économique européen ayant conclu avec la France les conventions mentionnées au présent 1°, sous réserve que cet Etat ne soit pas non coopératif au sens de l'article 238-0 A et que la participation détenue dans la société ou l'organisme distributeur ne permette pas au bénéficiaire de participer de manière effective à la gestion ou au contrôle de cette société ou de cet organisme ;

2° Son résultat fiscal ou, le cas échéant, celui de l'établissement stable dans le résultat duquel les revenus et profits sont inclus, calculé selon les règles de l'Etat ou du territoire où est situé son siège ou l'établissement stable, est déficitaire ;

3° Elle fait, à la date de la perception du revenu ou de la réalisation du profit, l'objet d'une procédure comparable à celle mentionnée à l'article L 640-1 du code de commerce. A défaut d'existence d'une telle procédure, elle est, à cette date, en état de cessation des paiements et son redressement est manifestement impossible.

RM-III-11500 s. ; MF n° 24892

3. Revenus des valeurs mobilières émises hors de France et revenus assimilés

Art 120 Sont considérés comme revenus au sens du présent article :

1° Les dividendes, intérêts, arrérages et tous autres produits des actions de toute nature et des parts de fondateur des sociétés, compagnies ou entreprises financières, industrielles, commerciales, civiles et généralement quelconques dont le siège social est situé à l'étranger quelle que soit l'époque de leur création ;

2° Les intérêts, produits et bénéfices des parts d'intérêt et commandites dans les sociétés, compagnies et entreprises ayant leur siège social à l'étranger et dont le capital n'est pas divisé en actions, à l'exception toutefois :

a. Des produits de parts dans les sociétés commerciales en nom collectif ;

b. Des produits des sociétés en commandite simple revenant aux associés en nom ;

3° Les répartitions faites aux associés, aux actionnaires et aux porteurs de parts de fondateur des mêmes sociétés, à un titre autre que celui de remboursement d'apports ou de primes d'émission. Une répartition n'est réputée présenter le caractère d'un remboursement d'apport ou de prime que si tous les bénéfices ou réserves ont été auparavant répartis. Toutefois, les sommes ou valeurs attribuées aux associés ou actionnaires au titre du rachat de leurs parts ou actions sont soumises au même régime fiscal que les sommes ou valeurs mentionnées au 6° de l'article 112.

Ne sont pas considérées comme des apports pour l'application de la présente disposition :

a. Les réserves incorporées au capital ;

b. Les sommes incorporées au capital ou aux réserves (primes de fusion ou de scission) à l'occasion d'une fusion ou d'une scission de sociétés ou d'un apport partiel d'actif donnant lieu à l'attribution de titres dans les conditions prévues au 2 de l'article 115 ;

4° Le montant des remboursements forfaitaires de frais et toutes autres rémunérations revenant, à quelque titre que ce soit, aux administrateurs ou aux membres du conseil de surveillance des sociétés anonymes visées au 1° ;

5° Les jetons de présence payés aux actionnaires des sociétés visées au 1° à l'occasion des assemblées générales ;

6° Les intérêts, arrérages et tous autres produits des obligations des sociétés, compagnies et entreprises désignées aux 1° et 2°, et notamment les produits attachés aux bons ou contrats de capitalisation ainsi qu'aux placements de même nature souscrits auprès d'entreprises d'assurance établies hors de France, lors du dénouement du contrat, et les gains de cessions de ces mêmes placements ;

RM-IV-15600 s. ; MF n° 26110

6° bis Les produits attachés aux prestations de retraite versées sous forme de capital et perçues en exécution d'un contrat souscrit auprès d'une entreprise établie hors de France, lorsque le bénéficiaire justifie que les sommes versées durant la phase de constitution des droits, y compris le cas échéant par l'employeur, n'étaient pas déductibles du revenu imposable et n'étaient pas afférentes à un revenu exonéré dans l'Etat auquel était attribué le droit d'imposer celui-ci ;

TS-IV-3560 s. ; MF n° 22460

7° Les intérêts, arrérages, et tous autres produits de rentes, obligations et autres effets publics des gouvernements étrangers ainsi que des corporations, villes, provinces étrangères et de tout autre établissement public étranger ;

8° Les lots et primes de remboursement payés aux créanciers et aux porteurs des titres visés aux 6° et 7° ;

9° Les produits distribués par un trust défini à l'article 792-0 bis, quelle que soit la consistance des biens ou droits placés dans le trust ;

10° Les redevances (royalties) ou fractions de redevances dues pour l'exploitation des nappes de pétrole ou de gaz naturel ;

11° Les produits des fonds de placement ou d'investissement constitués à l'étranger, quelle que soit la nature ou l'origine des produits distribués ;

12° *(Abrogé).*

RM-I-6200 s. ; MF n° 26505

Art 121 **1.** Pour l'application de l'article 120, l'incorporation de réserves par une société étrangère à son capital social ne constitue pas un fait générateur de l'impôt sur le revenu.

Les dispositions prévues au 1 de l'article 115 sont applicables en cas de fusion ou de scission intéressant des sociétés dont l'une au moins est étrangère.

Les dispositions prévues au 2 de l'article 115 sont applicables en cas d'apport partiel d'actif par une société étrangère et placé sous un régime fiscal comparable au régime de l'article 210 A.

IS-VI-38520, 52770 ; MF n° 39600

2. Ne sont pas considérés comme revenus au sens de l'article 120 :

1° Les amortissements de tout ou partie du capital social, des parts d'intérêts ou commandites effectués par les sociétés concessionnaires de l'Etat, des départements, communes et autres collectivités publiques ainsi que par les sociétés concessionnaires de Saint-Pierre-et-Miquelon, de Mayotte, de Nouvelle-Calédonie, de Polynésie française, des îles Wallis-et-Futuna et des Terres australes et antarctiques françaises, communes et autres collectivités publiques de ces collectivités, dès lors que ces amortissements sont justifiés par la caducité de tout ou partie de l'actif social, notamment par dépérissement progressif ou par obligation de remise en fin de concession à l'autorité concédante ;

2° Les remboursements sur les réserves incorporées au capital avant le 1er janvier 1949 ainsi que les sommes incorporées avant cette date au capital ou aux réserves à l'occasion d'une fusion.

RM-I-6200 s. ; MF n° 26505

Art 122 **1.** Sous réserve du 2, le revenu est déterminé par la valeur brute en euros des produits encaissés d'après le cours du change au jour des paiements, sans autre déduction que celle des impôts établis dans le pays d'origine et dont le paiement incombe au bénéficiaire.

Le montant des lots est fixé par le montant même du lot en euros.

Pour les primes de remboursement, le revenu est déterminé par la différence entre la somme remboursée et le taux d'émission des emprunts dans les conditions visées au 3° de l'article 119.

2. Les produits des bons ou contrats de capitalisation ainsi que des placements de même nature mentionnés au 6° de l'article 120 sont constitués par la différence entre, d'une part, les sommes brutes remboursées au bénéficiaire et, d'autre part, le montant des primes versées, le cas échéant, depuis l'acquisition de ce bon ou contrat, augmenté, dans ce cas, du prix d'acquisition du bon ou contrat.

Lorsque ces produits sont attachés à des bons ou contrats souscrits auprès d'entreprises d'assurance établies hors de France dans un Etat membre de l'Union européenne, ou dans un autre Etat partie à l'accord sur l'Espace économique européen, ayant conclu avec la France une convention d'assistance administrative en vue de lutter contre la fraude et l'évasion fiscales, l'abattement prévu au I de l'article 125-0 A est applicable dans les mêmes conditions. Les limites de cet abattement s'appliquent globalement aux produits définis à cet alinéa et à l'article 125-0 A.

Les gains de cession des bons ou contrats sont déterminés par application des règles prévues à l'article 124 C.

RM-IV-15600 s. ; MF n° 26110

RM-I-7000 s. ; MF n° 26515

Art 123 En ce qui concerne les titres funding émis par les Etats étrangers, le fait générateur de l'impôt est reporté à l'époque de la première négociation de ces titres.

Dans ce cas, le revenu imposable est déterminé par le prix de la négociation.

RM-I-7050 ; MF n° 26505

Art 123 bis **1.** Lorsqu'une personne physique domiciliée en France détient directement ou indirectement 10 % au moins des actions, parts, droits financiers ou droits de vote dans une entité juridique – personne morale, organisme, fiducie ou institution comparable – établie ou constituée hors de France et soumise à un régime fiscal privilégié, les bénéfices ou les revenus positifs de cette entité juridique sont réputés constituer un revenu de capitaux mobiliers de cette personne physique dans la proportion des actions, parts ou droits financiers qu'elle détient directement ou indirectement lorsque l'actif ou les biens de la personne morale, de l'organisme, de la fiducie ou de l'institution comparable sont principalement constitués de valeurs mobilières, de créances, de dépôts ou de comptes courants.

Pour l'application du premier alinéa, le caractère privilégié d'un régime fiscal est déterminé conformément aux dispositions de l'article 238 A par comparaison avec le régime fiscal applicable à une société ou collectivité mentionnée au 1 de l'article 206.

2. Les actions, parts, droits financiers ou droits de vote détenus indirectement par la personne physique mentionnée au 1, s'entendent des actions, parts, droits financiers ou droits de vote détenus par l'intermédiaire d'une chaîne d'actions, de parts de droits financiers ou de droits de vote ; l'appréciation du pourcentage des actions, parts, droits financiers ou droits de vote ainsi détenus s'opère en multipliant entre eux les taux de détention desdites actions ou parts, des droits financiers ou des droits de vote successifs.

La détention indirecte s'entend également des actions, parts, droits financiers ou droits de vote détenus directement ou indirectement par le conjoint de la personne physique, ou leurs ascendants ou descendants. Toutefois, ces actions, parts, droits financiers ou droits de vote ne sont pas pris en compte pour le calcul du revenu de capitaux mobiliers de la personne physique mentionné au 1.

3. Les bénéfices ou les revenus positifs mentionnés au 1 sont réputés acquis le premier jour du mois qui suit la clôture de l'exercice de l'entité juridique établie ou constituée hors de France ou, en l'absence d'exercice clos au cours d'une année, le 31 décembre. Ils sont déterminés selon les règles fixées par le présent code comme si l'entité juridique était imposable à l'impôt sur les sociétés en France. L'impôt acquitté localement sur les bénéfices ou revenus positifs en cause par l'entité juridique est déductible du revenu réputé constituer un revenu de capitaux mobiliers de la personne physique, dans la proportion mentionnée au 1, à condition d'être comparable à l'impôt sur les sociétés.

Toutefois, lorsque l'entité juridique est établie ou constituée dans un Etat ou territoire n'ayant pas conclu de convention d'assistance administrative avec la France ou qui est non coopératif au sens de l'article 238-0 A, le revenu imposable de la personne physique ne peut être inférieur au produit de la fraction de l'actif net ou de la valeur nette des biens de la personne morale, de l'organisme, de la fiducie ou de l'institution comparable, calculée dans les conditions fixées au 1, par un taux égal à celui mentionné au 3º du 1 de l'article 39.

4. Les revenus distribués ou payés à une personne physique mentionnée au 1 par une entité juridique ne constituent pas des revenus imposables au sens de l'article 120, sauf pour la partie qui excède le revenu imposable mentionné au 3.

4 bis. Le 1 n'est pas applicable, lorsque l'entité juridique est établie ou constituée dans un Etat membre de l'Union européenne ou un autre Etat ou territoire ayant conclu avec la France une convention d'assistance administrative en vue de lutter contre la fraude et l'évasion fiscales ainsi qu'une convention d'assistance mutuelle en matière de recouvrement ayant une portée similaire à celle prévue par la directive 2010/24/ UE du Conseil du 16 mars 2010 concernant l'assistance mutuelle en matière de recouvrement des créances relatives aux taxes, impôts, droits et autres mesures et qui n'est pas un Etat ou territoire non coopératif au sens de l'article 238-0 A, si l'exploitation de l'entreprise ou la détention des actions, parts, droits financiers ou droits de vote de cette entité juridique par la personne domiciliée en France ne peut être regardée comme constitutive d'un montage artificiel dont le but serait de contourner la législation fiscale française.

Lorsque l'entité juridique est établie ou constituée dans un Etat ou territoire ne répondant pas aux conditions mentionnées au premier alinéa du présent 4 bis, le 1 n'est pas applicable si la personne domiciliée en France démontre que l'exploitation de l'entreprise ou la détention des actions, parts, droits financiers ou droits de vote de cette entité juridique a principalement un objet et un effet autres que de permettre la localisation de bénéfices ou de revenus dans un Etat ou territoire où elle est soumise à un régime fiscal privilégié.

4 ter. La condition de détention de 10 % prévue au 1 est présumée satisfaite :

a. Par le constituant ou le bénéficiaire réputé constituant d'un trust, au sens de l'article 792-0 bis. La preuve contraire ne peut résulter uniquement du caractère irrévocable du trust et du pouvoir discrétionnaire de gestion de son administrateur ;

b. Ou par la personne physique qui a transféré des biens ou droits à une entité juridique située dans un Etat ou un territoire non coopératif, au sens de l'article 238-0 A.

5. Un décret en Conseil d'Etat fixe les conditions d'application des dispositions qui précèdent et notamment les obligations déclaratives des personnes physiques *(Voir Annexe II, art. 50 bis à 50 septies)*.

CF-IX-25200 s. ; MF nº 78285

4. Revenus des créances, dépôts et cautionnements

■

Art 124 Sont considérés comme revenus, au sens du présent article, lorsqu'ils ne figurent pas dans les recettes provenant de l'exercice d'une profession industrielle, commerciale, artisanale ou agricole, ou d'une exploitation minière, les intérêts, arrérages, primes de remboursement et tous autres produits :

1° Des créances hypothécaires, privilégiées et chirographaires, à l'exclusion de celles représentées par des obligations, effets publics et autres titres d'emprunts négociables entrant dans les prévisions des articles 118 à 123 ;

2° Des dépôts de sommes d'argent à vue ou à échéance fixe, quel que soit le dépositaire et quelle que soit l'affectation du dépôt ;

3° Des cautionnements en numéraire ;

4° Des comptes courants ;

5° Des clauses d'indexation afférentes aux sommes mises ou laissées à la disposition d'une société par ses associés ou ses actionnaires.

RM-IV-7550 s. ; MF n°s 25630 s.

Art 124 A Les profits réalisés par les contribuables qui effectuent des placements en report constituent des revenus de créances soumis à l'impôt sur le revenu dans les conditions prévues aux articles 125 et 125 A.

RM-IV-8230 ; MF n° 25635

Art 124 B Le régime d'imposition des gains retirés par des personnes physiques de cessions, effectuées directement ou par personnes interposées, des titres de créances négociables sur un marché réglementé en application d'une disposition législative particulière et non susceptibles d'être coté, suit celui des produits de ces titres.

RM-IV-28000 s. ; MF nos 25695 s.

Les dispositions du premier alinéa s'appliquent aux cessions de parts des fonds communs de créances dont la durée à l'émission est inférieure ou égale à cinq ans *(NDLR Les fonds communs de créances ont été remplacés par les fonds communs de titrisation régis par les articles L 214-180 à L 214-186 du code monétaire et financier).*

RM-VII-35620 s. ; MF nos 25780 s.

Sous réserve de l'article 150-0 A, ces dispositions s'appliquent également aux cessions de tout autre bon ou contrat dont les revenus sont visés à l'article 124 ou au I de l'article 125-0 A.

RM-IV-10000 s., 15100 s. ; MF nos 25650, 26060

Art 124 C Le montant des gains mentionnés à l'article 124 B est fixé dans les conditions prévues au premier alinéa du 1 et au 2 de l'article 150-0 D. Toutefois, les frais d'acquisition à titre onéreux ne peuvent être déterminés forfaitairement.

Pour la détermination des gains nets de cession de bons ou contrats mentionnés au I de l'article 125-0 A, le prix d'acquisition est déterminé en tenant compte des primes versées par le cédant sur le bon ou le contrat cédé et qui n'ont pas fait l'objet d'un remboursement en capital à la date de la cession. Le quatrième alinéa du même I ne s'applique pas à ces gains.

Les pertes subies lors des cessions définies à l'article 124 B sont exclusivement imputables sur les produits et les gains retirés de cessions de titres ou contrat dont les produits sont soumis au même régime d'imposition au cours de la même année et des cinq années suivantes.

RM-IV-10430 s., 28000 s., 15100 s. ; RM-VII-35620 s. ; MF nos 25695 s., 26060

Art 124 D Les titres de créances mentionnés au premier alinéa de l'article 124 B doivent faire l'objet d'une inscription en compte ou d'un dépôt nominatif auprès des personnes mentionnées à l'article 242 ter pour l'établissement de l'impôt sur le revenu.

Les personnes mentionnées à l'article 242 ter doivent alors fournir à l'administration tous renseignements nécessaires à l'établissement de l'impôt, les contribuables devant, par ailleurs, leur communiquer le montant des cessions qu'ils effectuent.

RM-IV-28000 s. ; MF nos 25695 s.

Art 124 E Les conditions d'application des articles 124 B à 124 D sont fixées par décret *(Voir Annexe III, art. 41 duodecies J à 41 duodecies P).*

RM-IV-28000 s. ; MF nos 25695 s.

Art 125 Le revenu est déterminé par le montant brut des intérêts, arrérages, primes de remboursement ou tous autres produits des valeurs désignées à l'article 124.

L'impôt est dû par le seul fait, soit du paiement des intérêts, de quelque manière qu'il soit effectué, soit de leur inscription au débit ou au crédit d'un compte.

En cas de capitalisation des intérêts d'un prix de vente de fonds de commerce, le fait générateur de l'impôt est reporté à la date du paiement effectif des intérêts.

RM-I-1850 s. ; MF n° 25655

Art 125-00 A La perte en capital subie, par une personne physique dans le cadre de la gestion de son patrimoine privé, en cas de non-remboursement d'un prêt consenti dans les conditions prévues au 7 de l'article L 511-6 du code monétaire et financier ou d'un prêt à titre gratuit mentionné à l'article L 548-1 du même code est imputable, à compter de l'année au cours de laquelle la créance du prêteur devient définitivement irrécouvrable au sens de l'article 272 du présent code, sur les intérêts générés par des prêts consentis dans les mêmes conditions et perçus au cours de la même année ou des cinq années suivantes *(NDLR L'ordonnance 2021-1735 du 22 décembre 2021 art. 9 a abrogé le 7 de l'article L 511-6 du code monétaire et financier).*

Pour l'application du premier alinéa, le montant total des pertes imputables ne peut excéder 8 000 € au titre d'une même année.

Ndlr *Les dispositions du présent article dans leur rédaction issue de l'article 36, 1° et 3° de l'ordonnance 2021-1735 du 22 décembre 2021 et de l'article 5 de la loi 2022-1726 du 30 décembre 2022 supprimant les références au régime des minibons ne s'appliquent pas aux minibons souscrits jusqu'au 10 novembre 2023.*

RM-IV-10230 ; MF n° 25655

4 bis. Prélèvement sur les produits de bons ou contrats de capitalisation

Art 125-0 A **I. 1°** Les produits attachés aux bons ou contrats de capitalisation ainsi qu'aux placements de même nature souscrits auprès d'entreprises d'assurance établies en France sont, lors du dénouement ou d'un rachat du bon, contrat ou placement et quelle que soit sa date de souscription, soumis à l'impôt sur le revenu.

Les produits en cause sont exonérés, quelle que soit la durée du contrat, lorsque celui-ci se dénoue par le versement d'une rente viagère ou que ce dénouement résulte du licenciement du bénéficiaire des produits ou de sa mise à la retraite anticipée ou de son invalidité ou de celle de son conjoint correspondant au classement dans la deuxième ou troisième catégorie prévue à l'article L 341-4 du code de la sécurité sociale.

Les produits en cause sont constitués par la différence entre, d'une part, les sommes remboursées au bénéficiaire et, d'autre part, le montant des primes versées, le cas échéant, depuis l'acquisition de ce bon ou contrat, augmenté, dans ce cas, du prix d'acquisition du bon ou contrat.

Pour les bons ou contrats souscrits avant le 1er janvier 1983 et, s'agissant de ceux souscrits à compter de cette même date, lorsque la durée du bon ou du contrat est égale ou supérieure à six ans pour les bons ou contrats souscrits entre le 1er janvier 1983 et le 31 décembre 1989 et à huit ans pour les bons ou contrats souscrits à compter du 1er janvier 1990, il est opéré, pour l'ensemble des bons ou contrats détenus par un même contribuable, un abattement annuel, de 4 600 € pour les contribuables célibataires, veufs ou divorcés et de 9 200 € pour les contribuables mariés soumis à imposition commune, sur la somme des produits imposables acquis à compter du 1er janvier 1998, ou constatés à compter de la même date pour les bons ou contrats en unités de compte visés au deuxième alinéa de l'article L 131-1 du code des assurances.

L'abattement mentionné au quatrième alinéa du présent 1° s'applique en priorité aux produits attachés aux primes versées avant le 27 septembre 2017, puis, pour les produits attachés aux primes versées à compter de cette même date et lorsque l'option prévue au 2 de l'article 200 A n'est pas exercée, à la fraction de ces produits imposables au taux mentionné au 2° du B du 1 de l'article 200 A, puis à ceux imposables au taux mentionné au 1° du même B.

Pour l'application de l'abattement aux produits attachés aux primes versées avant le 27 septembre 2017, lorsque l'option pour le prélèvement libératoire mentionnée au 1 du II du présent article est exercée, les produits sont soumis audit prélèvement pour leur montant brut, sans qu'il soit fait application de l'abattement mentionné au quatrième alinéa du présent 1°. Dans ce cas, le contribuable bénéficie d'un crédit d'impôt égal au taux dudit prélèvement multiplié par le montant de l'abattement non imputé sur les produits pour lesquels l'option pour ce prélèvement n'a pas été exercée, retenu dans la limite du montant des produits soumis audit prélèvement. Ce crédit d'impôt s'impute sur l'impôt sur le revenu dû au titre de l'année au cours de laquelle le prélèvement a été opéré. S'il excède l'impôt dû, l'excédent est restitué.

En cas de rachat total ou partiel d'un bon ou d'un contrat, effectué avant le 1er janvier 2023 et plus de cinq années avant l'atteinte par le titulaire du bon ou du contrat de l'âge mentionné au premier alinéa de l'article L 161-17-2 du code de la sécurité sociale, lorsque le bon ou le contrat remplit la condition de durée mentionnée au quatrième alinéa du présent 1° et que l'intégralité des sommes reçues au titre de ce rachat est versée avant le 31 décembre de l'année dudit rachat sur un plan d'épargne retraite défini à l'article L 224-1 du code monétaire et financier, les produits imposables afférents à ce rachat, sont exonérés dans la limite annuelle globale, pour l'ensemble de leurs bons ou contrats, de 4 600 € pour les contribuables célibataires, veufs ou divorcés et de 9 200 € pour les contribuables mariés soumis à imposition commune. L'application de cette exonération aux produits afférents aux différentes primes du bon ou contrat suit la règle de priorité fixée au cinquième alinéa du présent 1°. L'abattement mentionné au quatrième alinéa s'applique le cas échéant aux produits non exonérés du bon ou contrat, suivant la même règle de priorité.

2° La transformation partielle ou totale d'un bon ou contrat mentionné au 1° du présent I en un bon ou contrat mentionné au même 1° permettant qu'une part ou l'intégralité des primes versées soient affectées à l'acquisition de droits exprimés en unités de compte mentionnées au deuxième alinéa de l'article L 131-1 du code des assurances ou de droits donnant lieu à la constitution d'une provision de diversification n'entraîne pas les conséquences fiscales d'un dénouement. Cette transformation s'effectue soit par avenant au bon ou contrat, soit par la souscription d'un nouveau bon ou contrat auprès de la même entreprise d'assurance.

I bis. Les produits attachés aux bons ou contrats mentionnés au I d'une durée égale ou supérieure à six ans pour les bons ou contrats souscrits entre le 1er janvier 1983 et le 31 décembre 1989 et à huit ans pour les bons ou contrats souscrits à compter du 1er janvier 1990, acquis au 31 décembre 1997 ou constatés à cette même date pour les bons ou contrats en unités de compte visés au deuxième alinéa de l'article L 131-1 du code des assurances, sont exonérés d'impôt sur le revenu quelle que soit la date des versements auxquels ces produits se rattachent. Il en est de même des produits de ces bons ou contrats afférents à des primes versées antérieurement au 26 septembre 1997, acquis ou constatés à compter du 1er janvier 1998.

I ter. Sont également exonérés d'impôt sur le revenu les produits des contrats mentionnés au I bis souscrits antérieurement au 26 septembre 1997, lorsque ces produits, acquis ou constatés à compter du 1er janvier 1998, sont afférents :

1° Aux primes versées sur les contrats à primes périodiques et n'excédant pas celles prévues initialement au contrat ;

2° Aux versements programmés effectués du 26 septembre 1997 au 31 décembre 1997 ; les versements programmés s'entendent de ceux effectués en exécution d'un engagement antérieur au 26 septembre 1997 prévoyant la périodicité et le montant du versement ;

3° Aux autres versements effectués du 26 septembre 1997 au 31 décembre 1997, sous réserve que le total de ces versements n'excède pas 200 000 F par souscripteur.

I quater A. Sont également exonérés d'impôt sur le revenu les produits des bons ou contrats souscrits avant le 1er janvier 1983 attachés à des primes versées antérieurement au 10 octobre 2019.

I quater. Sont exonérés d'impôt sur le revenu les produits attachés aux bons ou contrats en unités de comptes visés au deuxième alinéa de l'article L 131-1 du code des assurances mentionnés au I, d'une durée égale ou supérieure à huit ans, souscrits avant le 1er janvier 2005 et dont l'unité de compte est la part ou l'action d'un organisme de placement collectif en valeurs mobilières ou d'un placement collectif relevant des paragraphes 1, 2 et 6 de la sous-section 2, du paragraphe 2 ou du sous-paragraphe 1 du paragraphe 1 de la sous-section 3 de la section 2 du chapitre IV du titre Ier du livre II du code monétaire et financier, dont l'actif est constitué pour 50 % au moins de :

a. Actions ou certificats d'investissement de sociétés et certificats coopératifs d'investissement admis aux négociations sur un marché réglementé d'instruments financiers figurant sur les listes mentionnées à l'article 16 de la directive 93/22/CEE du Conseil, du 10 mai 1993, concernant les services d'investissement dans le domaine des valeurs mobilières ;

b. Droits ou bons de souscription ou d'attribution attachés aux actions mentionnées au a ;

c. Actions ou parts d'organismes de placement collectif en valeurs mobilières ou de placements collectifs relevant des paragraphes 1, 2 et 6 de la sous-section 2, du paragraphe 2 ou du sous-paragraphe 1 du paragraphe 1 de la sous-section 3 de la section 2 du chapitre IV du titre Ier du livre II du code monétaire et financier, qui emploient plus de 60 % de leur actif en titres et droits mentionnés aux a et b ;

d. Parts de fonds communs de placement à risques, de fonds professionnels spécialisés relevant de l'article L 214-37 du code monétaire et financier dans sa rédaction antérieure à l'ordonnance n° 2013-676 du 25 juillet 2013 modifiant le cadre juridique de la gestion d'actifs, de fonds professionnels de capital investissement, de fonds d'investissement de proximité, de fonds communs de placement dans l'innovation, actions de sociétés de capital risque ou de sociétés financières d'innovation ;

e. Actions émises par des sociétés qui exercent une activité autre que les activités mentionnées à la deuxième phrase du premier alinéa du I de l'article 44 sexies et dont les titres ne sont pas admis aux négociations sur un marché réglementé ;

f. Actions, admises aux négociations sur un marché d'instruments financiers, dont le fonctionnement est assuré par une entreprise de marché ou un prestataire de services d'investissement autre qu'une société de gestion de portefeuille ou tout autre organisme similaire étranger, d'un Etat partie à l'accord sur l'Espace économique européen, émises par des sociétés qui exercent une activité mentionnée à l'article 34 autre que celles mentionnées à la deuxième phrase du premier alinéa du I de l'article 44 sexies et dont la capitalisation boursière est inférieure à 150 millions d'euros. La capitalisation boursière est évaluée selon la moyenne des cours d'ouverture des soixante jours de bourse précédant celui de l'investissement. Un décret en Conseil d'Etat *(Voir Annexe II, art. 50 duodecies)* détermine les modalités d'application de cette évaluation, notamment en cas de première cotation ou d'opération de restructuration d'entreprises.

Les titres mentionnés aux a, b, e et f doivent être émis par des sociétés qui ont leur siège dans un Etat de l'Union européenne, ou dans un autre Etat partie à l'accord sur l'Espace économique européen ayant conclu avec la France une convention d'assistance administrative en vue de lutter contre la fraude et l'évasion fiscales, et sont soumises à l'impôt sur les sociétés dans les conditions de droit commun au taux normal ou le seraient dans les mêmes conditions si l'activité était exercée en France.

Les titres mentionnés aux d, e et f doivent représenter 5 % au moins de l'actif de l'organisme de placement collectif en valeurs mobilières ou du placement collectif relevant des paragraphes 1, 2 et 6 de la sous-section 2, du paragraphe 2 ou du sous-paragraphe 1 du paragraphe 1 de la sous-section 3 de la section 2 du chapitre IV du titre Ier du livre II du code monétaire et financier.

I quinquies. 1. Sont exonérés d'impôt sur le revenu les produits attachés aux bons ou contrats de capitalisation et placements de même nature mentionnés au I, souscrits du 1er janvier 2005 au 31 décembre 2013, d'une durée égale ou supérieure à huit ans et dans lesquels les primes versées sont représentées par une ou plusieurs unités de compte constituées de parts ou d'actions d'organismes de placement collectif en valeurs mobilières, de placements collectifs relevant des paragraphes 1, 2 et 6 de la sous-section 2, du paragraphe 2 ou du sous-paragraphe 1 du paragraphe 1 de la sous-section 3 de la section 2 du chapitre IV du titre Ier du livre II du code monétaire et financier ou d'organismes de même nature établis soit dans un autre Etat membre de l'Union européenne, soit dans un autre Etat partie à l'accord sur l'Espace économique européen ayant conclu avec la France une convention d'assistance administrative en vue de lutter contre la fraude et l'évasion fiscales et qui bénéficient de la procédure de reconnaissance mutuelle des agréments prévue par la directive 85/611/CEE du Conseil, du 20 décembre 1985, portant coordination des dispositions législatives, réglementaires et administratives concernant certains organismes de placement collectif en valeurs mobilières (OPCVM), et dont l'actif est constitué pour 30 % au moins :

a. D'actions ne relevant pas du 3 du II de l'article L 211-1 du Code monétaire et financier, admises aux négociations sur un marché d'instruments financiers, dont le fonctionnement est assuré par une entreprise de marché ou un prestataire de services d'investissement autre qu'une société de gestion de portefeuille ou tout autre organisme similaire étranger, d'un Etat partie à l'accord sur l'Espace économique européen ;

b. De droits ou bons de souscription ou d'attribution attachés aux actions mentionnées au a ;

c. D'actions ou parts d'organismes de placement collectif en valeurs mobilières et des placements collectifs mentionnés au premier alinéa dont l'actif est constitué à plus de 75 % en titres et droits mentionnés aux a et b ;

d. De parts de fonds communs de placement à risques ou de fonds professionnels de capital investissement qui remplissent les conditions prévues au II de l'article 163 quinquies B, de fonds d'investissement de proximité mentionnés à l'article L 214-31 du Code monétaire et financier, de fonds communs de placement dans l'innovation mentionnés à l'article L 214-30 du même Code et d'actions de sociétés de capital-risque qui remplissent les conditions prévues à l'article 1er-1 de la loi 85-695 du 11 juillet 1985 portant diverses dispositions d'ordre économique et financier ;

e. D'actions ou parts émises par des sociétés qui exercent une activité mentionnée à l'article 34 dont les titres ne sont pas admis aux négociations sur un marché d'instruments financiers français ou étranger, dont le fonctionnement est assuré par une entreprise de marché ou un prestataire de services d'investissement ou tout autre organisme similaire étranger, sous réserve que le souscripteur du bon ou contrat, son conjoint et leurs ascendants et descendants ne détiennent pas ensemble, pendant la durée du bon ou contrat, directement ou indirectement, plus de 25 % des droits dans les bénéfices de la société ou n'ont pas détenu une telle participation à un moment quelconque au cours des cinq années précédant la souscription du bon ou contrat ;

f. D'actions, admises aux négociations sur un marché d'instruments financiers, dont le fonctionnement est assuré par une entreprise de marché ou un prestataire de services d'investissement ou tout autre organisme similaire étranger, d'un Etat partie à l'accord sur l'Espace économique européen, émises par des sociétés qui exercent une activité mentionnée à l'article 34 et dont la capitalisation boursière est inférieure à 150 millions d'euros. La capitalisation boursière est évaluée selon la moyenne des cours d'ouverture des soixante jours de bourse précédant celui de l'investissement. Un décret en Conseil d'Etat *(Voir Annexe II, art. 50 duodecies)* détermine les modalités d'application de cette évaluation, notamment en cas de première cotation ou d'opération de restructuration d'entreprises ;

g. De parts de fonds ou actions de sociétés mentionnées au d, dont l'actif est constitué à plus de 50 % en titres mentionnés au e.

Les titres et droits mentionnés aux a, b, e et f doivent être émis par des sociétés qui ont leur siège dans un Etat membre de l'Union européenne, ou dans un autre Etat partie à l'accord sur l'Espace économique européen ayant conclu avec la France une convention d'assistance administrative en vue de lutter contre la fraude et l'évasion fiscales, et qui sont soumises à l'impôt sur les sociétés dans les conditions de droit commun au taux normal ou le seraient dans les mêmes conditions si elles exerçaient leur activité en France.

Les titres mentionnés aux d à g doivent représenter 10 % au moins de l'actif de chaque organisme de placement collectif en valeurs mobilières ou placement collectif relevant des paragraphes 1, 2 et 6 de la sous-section 2, du paragraphe 2 ou du sous-paragraphe 1 du paragraphe 1 de la sous-section 3 de la section 2 du chapitre IV du titre Ier du livre II du code monétaire et financier dont les parts ou actions constituent les unités de compte du bon ou contrat, les titres mentionnés aux e et g représentant au moins 5 % de ce même actif.

Les règlements ou les statuts des organismes de placement collectif en valeurs mobilières et des placements collectifs mentionnés au premier alinéa prévoient le respect des proportions d'investissement prévues à ce même alinéa et au dixième alinéa. Il en est de même pour les organismes et sociétés mentionnés aux c et g s'agissant des proportions d'investissement mentionnées à ces mêmes alinéas.

(Voir Annexe II, art. 50 decies)

2. Lorsque les organismes de placement collectif en valeurs mobilières, les placements collectifs et les sociétés mentionnés au premier alinéa et aux c et g du 1 recourent à des instruments financiers à terme, à des opérations de pension, ainsi qu'à toute autre opération temporaire de cession ou d'acquisition de titres, ces organismes ou sociétés doivent respecter, outre les règles d'investissement de l'actif prévues au 1, les proportions d'investissement minimales mentionnées aux premier et dixième alinéas et aux c et g du 1, calculées en retenant au numérateur la valeur des titres éligibles à ces proportions dont ils perçoivent effectivement les produits. Un décret en Conseil d'Etat *(Voir Annexe II, art. 50 undecies)* précise les modalités de calcul et les justificatifs à produire par les organismes ou sociétés concernés.

3. Les bons ou contrats mentionnés au 1 peuvent également prévoir qu'une partie des primes versées est affectée à l'acquisition de droits qui ne sont pas exprimés en unités de compte ou qui sont exprimés en unités de compte autres que celles mentionnées au premier alinéa du 1. Pour ces bons ou contrats, les proportions d'investissement que doivent respecter la ou les unités de compte mentionnées au premier alinéa du 1 sont égales aux proportions prévues au même 1 multipliées par le rapport qui existe entre la prime versée et la part de cette prime représentée par la ou les unités de compte précitées.

(Voir Annexe II, art. 50 octies et 50 nonies)

I sexies. Un décret fixe les modalités d'application du I à I quinquies et notamment les obligations déclaratives des contribuables et des établissements payeurs *(Voir décret 98-412 du 28 mai 1998, JO 29)*.

II. 1. Les personnes physiques qui bénéficient de produits mentionnés au I attachés à des primes versées jusqu'au 26 septembre 2017 peuvent opter pour leur assujettissement à un prélèvement qui libère les revenus auxquels il s'applique de l'impôt sur le revenu lorsque la personne qui assure le paiement de ces revenus est établie en France, qu'il s'agisse ou non du débiteur, ce dernier étant établi dans un Etat membre de l'Union européenne ou dans un autre Etat partie à l'accord sur l'Espace économique européen ayant conclu avec la France une convention d'assistance administrative en vue de lutter contre la fraude et l'évasion fiscales.

L'option, qui est irrévocable, est exercée au plus tard lors de l'encaissement des revenus.

Le caractère libératoire du prélèvement ne peut être invoqué pour les produits qui sont pris en compte pour la détermination du bénéfice imposable d'une entreprise industrielle, commerciale, artisanale ou agricole ou d'une profession non commerciale.

Le taux du prélèvement est fixé :

a. A 45 % lorsque la durée du contrat a été inférieure à deux ans ; ce taux est de 35 % pour les contrats souscrits à compter du 1er janvier 1990 ;

b. A 25 % lorsque cette durée a été égale ou supérieure à deux ans et inférieure à quatre ans ; ce taux est de 35 % pour les contrats souscrits à compter du 1er janvier 1990 ;

c. A 15 % lorsque cette durée a été égale ou supérieure à quatre ans ;

d. A 7,5 % lorsque cette durée a été égale ou supérieure à six ans pour les bons ou contrats souscrits entre le 1er janvier 1983 et le 31 décembre 1989 et à huit ans pour les contrats souscrits à compter du 1er janvier 1990.

La durée des contrats s'entend, pour les contrats à prime unique et les contrats comportant le versement de primes périodiques régulièrement échelonnées, de la durée effective du contrat et, dans les autres cas, de la durée moyenne pondérée. La disposition relative à la durée moyenne pondérée n'est pas applicable aux contrats conclus à compter du 1er janvier 1990.

2. Les I et V de l'article 125 A sont applicables aux produits de bons ou contrats de capitalisation ou placements de même nature mentionnés au I du présent article ou au 6° de l'article 120, attachés à des primes versées à compter du 27 septembre 2017.

Le taux du prélèvement appliqué à ces produits est fixé à :

a. 12,8 % ;

b. 7,5 % lorsque la durée du contrat a été égale ou supérieure à six ans pour les bons ou contrats souscrits entre le 1er janvier 1983 et le 31 décembre 1989 et à huit ans pour les contrats souscrits à compter du 1er janvier 1990.

Ce prélèvement n'est pas libératoire de l'impôt sur le revenu établi dans les conditions prévues aux 1 ou 2 de l'article 200 A et dû à raison des revenus auxquels s'est appliqué ce prélèvement.

Le prélèvement s'impute sur l'impôt sur le revenu dû au titre de l'année au cours de laquelle il a été opéré. S'il excède l'impôt dû, l'excédent est restitué.

Ce taux est également applicable aux bons ou contrats souscrits avant le 1er janvier 1983.

II bis. Les prélèvements mentionnés aux 1 et 2 du II sont obligatoirement applicables aux produits et gains de cession de bons ou contrats mentionnés au I, aux taux prévus aux a à d du 1 du même II ou, pour les produits ou gains attachés à des primes versées à compter du 27 septembre 2017, au taux prévu au a du 2 de ce même II, lorsque ceux-ci bénéficient à des personnes qui n'ont pas leur domicile fiscal ou qui ne sont pas établies en France.

Le taux de ces prélèvements est fixé à 75 %, quelle que soit la durée du contrat, lorsque les produits ou gains bénéficient à des personnes qui ont leur domicile fiscal ou qui sont établies dans un Etat ou territoire non coopératif au sens de l'article 238-0 A autre que ceux mentionnés au 2° du 2 bis du même article 238-0 A, sauf si le débiteur apporte la preuve que les opérations auxquelles correspondent ces revenus et produits ont principalement un objet et un effet autres que de permettre la localisation de ces revenus et produits dans un Etat ou territoire non coopératif au sens dudit article 238-0 A.

Les prélèvements mentionnés au premier alinéa du présent II bis libèrent les revenus auxquels ils s'appliquent de l'impôt sur le revenu ou sur les bénéfices.

Toutefois, lorsque le bénéficiaire mentionné au même premier alinéa est une personne physique qui a son domicile fiscal dans un Etat ou territoire autre que ceux mentionnés au deuxième alinéa, il peut demander, par voie de réclamation présentée conformément aux dispositions de l'article L 190 du livre des procédures fiscales, le bénéfice du taux mentionné au premier alinéa du 2° du B du 1 de l'article 200 A du présent code dans les conditions prévues par ce même 2°. Pour l'appréciation du seuil de 150 000 € mentionné audit 2°, seules sont retenues, suivant les mêmes règles que celles prévues au a du même 2°, les primes sur l'ensemble des bons ou contrats de capitalisation ainsi que les placements de même nature souscrits auprès d'entreprises d'assurance établies en France.

II ter. La fraction ayant le caractère de produits attachés aux bons ou contrats de capitalisation, ainsi qu'aux produits de même nature, notamment les contrats d'assurance sur la vie, des sommes versées par la Caisse des dépôts et consignations en application des articles L 132-27-2 du code des assurances et L 223-25-4 du code de la mutualité est soumise à l'impôt sur le revenu déterminé suivant les règles de taxation en vigueur l'année de ce versement ou, le cas échéant, sur option du contribuable et pour les seuls produits se rattachant à des primes versées jusqu'au 26 septembre 2017, au prélèvement prévu au 1 du II du présent article. Le montant du revenu imposable est déterminé dans les conditions et selon les modalités applicables à la date de l'échéance de ces bons ou contrats.

III. Les prélèvements mentionnés aux II et II bis sont établis, liquidés et recouvrés sous les mêmes garanties et sanctions que celui mentionné à l'article 125 A. Les dispositions du 1 des articles 242 ter et 1736 sont applicables.

IV. Les entreprises d'assurance sont tenues de communiquer à l'assuré l'ensemble des informations et documents permettant à ce dernier de déclarer les produits, le cas échéant rachetés, selon le régime fiscal qui leur est applicable.

Elles communiquent également ces informations à l'administration. Cette déclaration est effectuée dans les conditions prévues à l'article 242 ter.

RM-IV-12000 s. ; MF n°s 26000 s.

4 ter. Prélèvement sur les produits de placements à revenu fixe

Art 125 A I. Les personnes physiques fiscalement domiciliées en France au sens de l'article 4 B qui bénéficient d'intérêts, arrérages et produits de toute nature de fonds d'Etat, obligations, titres participatifs, bons et autres titres de créances, dépôts, cautionnements et comptes courants, ainsi que d'intérêts versés au titre des sommes mises à la disposition de la société dont elles sont associées ou actionnaires et portées sur un compte bloqué individuel, sont assujetties à un prélèvement lorsque la personne qui assure le paiement de ces revenus est établie en France, qu'il s'agisse ou non du débiteur, ce dernier étant établi en France ou hors de France.

Pour le calcul de ce prélèvement, les revenus mentionnés au premier alinéa sont retenus pour leur montant brut.

Le prélèvement est effectué par le débiteur ou par la personne qui assure le paiement des revenus.

Toutefois, les personnes physiques appartenant à un foyer fiscal dont le revenu fiscal de référence de l'avant-dernière année, tel que défini au 1° du IV de l'article 1417, est inférieur à 25 000 € pour les contribuables célibataires, divorcés ou veufs et à 50 000 € pour les contribuables soumis à une imposition commune peuvent demander à être dispensées de ce prélèvement dans les conditions prévues à l'article 242 quater.

I bis. *(Abrogé).*

II. Un prélèvement est obligatoirement applicable aux revenus des produits d'épargne donnés au profit d'un organisme mentionné au 1 de l'article 200 dans le cadre d'un mécanisme dit « solidaire » de versement automatique à l'organisme bénéficiaire par le gestionnaire du fonds d'épargne.

Les revenus mentionnés au premier alinéa de source étrangère sont retenus pour leur montant brut. L'impôt retenu à la source est imputé sur le prélèvement dans la limite du crédit d'impôt auquel il ouvre droit, dans les conditions prévues par les conventions internationales.

RM-IV-1950 s. ; MF n° 25440

II bis. *(Abrogé).*

III. Un prélèvement est obligatoirement applicable aux revenus et produits mentionnés aux I et II, dont le débiteur est établi ou domicilié en France et qui sont payés hors de France, dans un Etat ou territoire non coopératif au sens de l'article 238-0 A autre que ceux mentionnés au 2° du 2 bis du même article 238-0 A, sauf si le débiteur démontre que les opérations auxquelles correspondent ces revenus et produits ont principalement un objet et un effet autres que de permettre la localisation de ces revenus et produits dans un Etat ou territoire non coopératif.

Le premier alinéa du présent III s'applique quels que soient la qualité du bénéficiaire desdits revenus et produits et le lieu de son domicile fiscal ou de son siège social.

La retenue à la source opérée conformément au 1 de l'article 119 bis est, le cas échéant, imputée sur le prélèvement mentionné au premier alinéa.

RM-IV-2250 s. ; MF n°s 25445 s.

III bis. Le taux du prélèvement est fixé à 12,8 %.

Toutefois, ce taux est fixé à :

1° 5 % pour les revenus des produits d'épargne soumis obligatoirement au prélèvement en application du II ;

2° 75 % pour les revenus et produits soumis obligatoirement au prélèvement en application du III.

IV. Les prélèvements prévus aux I et II ne s'appliquent pas aux intérêts et autres revenus exonérés d'impôt sur le revenu en application de l'article 157.

RM-IV-14220 ; MF n° 25260

V. 1. Le prélèvement prévu au I n'est pas libératoire de l'impôt sur le revenu établi dans les conditions prévues aux 1 ou 2 de l'article 200 A ou, le cas échéant, selon les dispositions propres aux bénéfices industriels et commerciaux, aux bénéfices non commerciaux et aux bénéfices agricoles et dû à raison des revenus auxquels s'est appliqué ce prélèvement.

Ce prélèvement s'impute sur l'impôt sur le revenu dû au titre de l'année au cours de laquelle il a été opéré. S'il excède l'impôt dû, l'excédent est restitué.

2. Les prélèvements prévus aux II et III libèrent les revenus auxquels ils s'appliquent de l'impôt sur le revenu.

Le caractère libératoire du prélèvement ne peut être invoqué pour les produits qui sont pris en compte pour la détermination du bénéfice imposable d'une entreprise industrielle, commerciale, artisanale ou agricole, ou d'une profession non commerciale.

VI. Les modalités et conditions d'application du présent article sont fixées par décret *(Voir Annexe III, art. 41 duodecies à 41 duodecies H).*

RM-IV-200 s. ; MF nos 25100 s.

4 quater. Prélèvement sur les produits de placements à revenu fixe et les produits de bons ou contrats de capitalisation de source européenne

Art 125 D I. Les personnes physiques fiscalement domiciliées en France au sens de l'article 4 B qui appartiennent à un foyer fiscal dont le revenu fiscal de référence de l'avant-dernière année, tel que défini au 1° du IV de l'article 1417, est égal ou supérieur aux montants mentionnés au dernier alinéa du I de l'article 125 A et qui bénéficient de revenus ou produits énumérés au même I ou de produits et gains mentionnés au 2 du II de l'article 125-0 A sont assujetties au prélèvement prévu au I de l'article 125 A, aux taux fixés, selon les cas, au III bis du même article 125 A ou au 2 du II de l'article 125-0 A, lorsque la personne qui assure leur paiement est établie hors de France, qu'il s'agisse ou non du débiteur des revenus ou produits, ce dernier étant établi en France ou hors de France.

MF nos 25260, 26035

II. Les personnes physiques fiscalement domiciliées en France au sens de l'article 4 B qui bénéficient de produits ou gains de cession de bons ou contrats de capitalisation et placements de même nature mentionnés au deuxième alinéa du 2 de l'article 122 peuvent opter, à raison de la seule fraction des produits ou gains attachés à des primes versées jusqu'au 26 septembre 2017, pour leur assujettissement au prélèvement prévu au premier alinéa du 1 du II de l'article 125-0 A, aux taux fixés au 1 du II de ce même article. A cet effet, la durée des bons ou contrats de capitalisation ainsi que des placements de même nature s'entend de leur durée effective de détention par le contribuable.

RM-IV-15600 s. ; MF n° 26110

Les revenus de source étrangère mentionnés au premier alinéa sont retenus pour leur montant brut. L'impôt retenu à la source est imputé sur le prélèvement dans la limite du crédit d'impôt auquel il ouvre droit, dans les conditions prévues par les conventions internationales.

III. Sous réserve des dispositions prévues au troisième alinéa du 1 du II de l'article 125-0 A, le prélèvement mentionné au II du présent article libère les revenus, produits et gains auxquels il s'applique de l'impôt sur le revenu.

IV. Les revenus, produits et gains pour lesquels le contribuable est assujetti au prélèvement prévu au I ou opte pour le prélèvement prévu au II sont déclarés et le prélèvement correspondant acquitté, soit par la personne qui assure le paiement desdits revenus, produits et gains, lorsqu'elle est établie hors de France dans un Etat membre de l'Union européenne ou dans un autre Etat partie à l'accord sur l'Espace économique européen ayant conclu avec la France une convention d'assistance administrative en vue de lutter contre la fraude et l'évasion fiscales, et qu'elle a été mandatée à cet effet par le contribuable, soit par le contribuable lui-même, dans les quinze jours suivant le mois au cours duquel les revenus ou produits sont encaissés ou inscrits en compte ou, s'agissant d'un gain, dans les quinze jours suivant le mois au cours duquel la cession est réalisée.

L'option pour le prélèvement prévue au II est irrévocable et s'exerce par le dépôt de la déclaration des revenus, produits et gains concernés et le paiement du prélèvement correspondant dans les conditions et délais prévus au premier alinéa.

Lorsque la déclaration prévue au premier alinéa et le paiement du prélèvement correspondant sont effectués par la personne qui assure le paiement des revenus, produits et gains, elle est établie au nom et pour le compte du contribuable.

A défaut de réception de la déclaration et du paiement du prélèvement mentionné au II dans les conditions précitées, les produits et gains sont imposables dans les conditions de droit commun.

Le contribuable tient à la disposition de l'administration tous les renseignements nécessaires à l'établissement du prélèvement.

RM-IV-1500 s. ; MF n° 25390

V. Les revenus, produits et gains de cession soumis au prélèvement dans les conditions des I et II sont retenus pour leur montant brut. L'impôt retenu à la source est imputé sur le prélèvement mentionné au II dans la limite du crédit d'impôt auquel il ouvre droit tel que ce crédit est prévu par les conventions internationales.

VI. L'administration peut conclure avec chaque personne établie hors de France mandatée par des contribuables pour le paiement du prélèvement dans les conditions prévues au IV une convention qui en organise les modalités pour l'ensemble de ces contribuables.

RM-IV-1630 s. ; MF n° 25390

VII. Un décret fixe les modalités d'application, notamment déclaratives, du présent article.

(Voir Annexe III, art. 41 sexdecies K à 41 sexdecies L)

RM-IV-200 s. ; MF nos 25100 s.

Art 125 ter La fraction des sommes versées par la Caisse des dépôts et consignations en application du V de l'article L 312-20 du code monétaire et financier ayant le caractère de revenus de capitaux mobiliers mentionnés aux articles 117 quater et 125 A du présent code, à l'exception des revenus expressément exonérés de l'impôt en vertu de l'article 157 et de ceux ayant déjà supporté l'impôt sur le revenu, est soumise à l'impôt sur le revenu suivant les règles de taxation en vigueur l'année de leur versement au contribuable titulaire des comptes mentionnés au I de l'article L 312-20 du code monétaire et financier. Le montant du revenu imposable est déterminé dans les conditions et selon les modalités applicables à la date de l'inscription en compte de ces revenus.

RM-I-1780 ; MF n° 24160

5. Exonérations et régimes spéciaux

3° Crédit mutuel et coopération agricoles

Art 130 Les dispositions relatives à la retenue à la source prévue au 1 de l'article 119 bis et au prélèvement prévu au I de l'article 125 A ne s'appliquent :

1° Ni aux parts d'intérêt des sociétés ou unions de sociétés coopératives agricoles désignées aux articles L 521-1 et suivants du code rural et de la pêche maritime, ainsi que des sociétés d'intérêt collectif agricole ayant bénéficié des avances de l'Etat, ni aux emprunts négociables ou obligations émis par les mêmes sociétés avant le 1er janvier 1965 ;

2° Ni aux parts d'intérêt des sociétés de crédit agricole mutuel visées au livre V du code rural et de la pêche maritime, ni aux emprunts négociables ou obligations émis par ces sociétés avant le 1er janvier 1965.

RM-IV-6310 s.

4° Société anonyme Natexis ou toute société qu'elle contrôle au sens de l'article L 233-3 du code de commerce

Art 131 Sont exonérés de la retenue à la source prévue au 1 de l'article 119 bis et du prélèvement prévu au I de l'article 125 A :

1° à 4° *(Dispositions périmées) ;*

4° bis Pour toute leur durée, les obligations et bons à long terme émis conformément à la loi du 3 mars 1941 relative aux opérations financières assurées par la société anonyme Natexis ou toute société qu'elle contrôle au sens de l'article L 233-3 du code de commerce en exécution de la législation sur la réparation des dommages causés par faits de guerre ;

5° *(Disposition périmée).*

RM-IV-6340

5° Obligations négociables. Régimes spéciaux

Art 131 ter 1. Les séries spéciales d'obligations émises à l'étranger avant le 1er janvier 1976 par les sociétés, compagnies ou entreprises françaises avec l'autorisation du ministre de l'économie et des finances sont soumises, pour toute leur durée, au régime fiscal des valeurs mobilières étrangères.

Les conditions d'application du présent paragraphe sont fixées par décret *(Voir Annexe III, art. 41 terdecies à 41 sexdecies).*

2. Les obligations que les organismes étrangers ou internationaux émettent en France avec l'autorisation du ministre de l'économie et des finances sont assimilées à des obligations françaises pour l'application de la retenue à la source prévue au 1 de l'article 119 bis et du prélèvement prévu au I de l'article 125 A.

Des décrets en Conseil d'Etat fixent en tant que de besoin, les modalités d'application du présent paragraphe *(Voir Annexe II, art. 51 à 53).*

RM-IV-33100 s. ; MF n° 26540

6° Emprunts émis en France par les organisations internationales

Art 131 ter A Les intérêts, arrérages et tous autres produits des emprunts émis en France par les organisations internationales sont exonérés de la retenue à la source définie au 1 de l'article 119 bis et du prélèvement prévu au I de l'article 125 A.

RM-IV-33300 s. ; MF n° 26545

8° Produits financiers bénéficiant aux organisations internationales, aux Etats souverains étrangers, à leurs banques centrales ou institutions financières

Art 131 quinquies Les intérêts des séries spéciales de bons du Trésor en comptes courants libellés en euros qui sont réservées aux organisations internationales, aux Etats souverains étrangers, aux banques centrales ou aux institutions financières de ces Etats sont exonérés du prélèvement prévu à l'article 125 A.

Les caractéristiques de ces émissions spéciales de bons du Trésor sont fixées par arrêté du ministre de l'économie et des finances.

RM-IV-33730

Art 131 sexies I. Les produits d'actions, de parts sociales ou de parts bénéficiaires distribués par des sociétés françaises, ainsi que les produits mentionnés à l'article 118 qui bénéficient à des organisations internationales, à des Etats souverains étrangers ou aux banques centrales de ces Etats, sont exonérés des retenues à la source prévues aux 1 et 2 de l'article 119 bis et du prélèvement prévu au III de l'article et 125 A.

Ces placements ne doivent pas constituer un investissement direct au sens de la loi n° 66-1008 du 28 décembre 1966 modifiée relative aux relations financières avec l'étranger *(NDLR Les dispositions de la loi 66-1008 du 28 décembre 1966 ont été abrogées par la loi 2022-171 du 4 février 2022 art. unique, 50°)* et des textes réglementaires pris pour son application. Les titres doivent revêtir la forme nominative ou être déposés auprès d'un établissement de crédit établi en France.

II. Sur agrément du ministre de l'économie et des finances, les retenues à la source prévues aux 1 et 2 de l'article 119 bis et le prélèvement prévu au III de l'article 125 A peuvent être réduits ou supprimés en ce qui concerne :

Les produits mentionnés au I qui bénéficient à des institutions publiques étrangères ;

Les produits mentionnés aux articles 124 et 1678 bis et ceux afférents à des placements constituant des investissements directs en France au sens du I qui bénéficient à des organisations internationales, à des Etats souverains étrangers, aux banques centrales de ces Etats ou à des institutions financières publiques étrangères.

RM-IV-33700 s. ; MF n° 24855

9° Emprunts émis par l'Etat

Art 132 bis **1.** Sont dispensés de la retenue à la source prévue au 1 de l'article 119 bis et du prélèvement prévu au I de l'article 125 A les intérêts, arrérages et tous autres produits des obligations, effets publics et autres titres d'emprunt négociables émis par l'Etat avant le 1er janvier 1987.

2. *(Disposition périmée).*

RM-IV-6270

10° Obligations reçues en échange d'actions de sociétés concernées par l'extension du secteur public

Art 132 ter Les revenus des obligations remises par la caisse nationale de l'industrie et la caisse nationale des banques en échange d'actions transférées à l'Etat en application de la loi de nationalisation n° 82-155 du 11 février 1982 sont assujettis aux dispositions fiscales applicables aux revenus des obligations à taux fixe émises par l'Etat.

Il en est de même des revenus des obligations émises par l'office national d'études et de recherches aérospatiales en échange d'actions de la société Matra.

RM-IV-5180 ; MF n° 25550

11° Emprunts des départements, communes et établissements publics

Art 133 Sont affranchis de la retenue à la source prévue au 1 de l'article 119 bis et du prélèvement prévu au I de l'article 125 A :

1° Les intérêts, arrérages et tous autres produits des emprunts négociables contractés à partir de l'entrée en vigueur de la loi du 29 décembre 1929 et avant le 1er janvier 1965, par les départements, communes, syndicats de communes et établissements publics auprès de la caisse des dépôts et consignations, du crédit foncier, de la société anonyme Natexis ou toute société qu'elle contrôle au sens de l'article L 233-3 du code de commerce et des caisses d'épargne.

Les intérêts, arrérages et tous autres produits des emprunts négociables émis directement dans le public par les mêmes collectivités, à partir de l'entrée en vigueur de ladite loi et avant le 1er janvier 1965.

L'exonération s'applique à tous les emprunts négociables émis par les mêmes collectivités avant le 1er janvier 1930, quand l'impôt aura été pris en charge par lesdites collectivités.

Toutefois, elle ne profite pas aux emprunts négociables contractés à partir du 1er mars 1942, dans les conditions prévues aux premier et deuxième alinéas, tant par les organismes entrant dans les prévisions de l'article 1er de l'arrêté du 31 janvier 1942 pris pour l'application de l'article 4 de la loi du 28 juin 1941, que pour le compte de ces organismes *(Voir Annexe IV, art. 169 et 170)* ;

2° *(Abrogé)* ;

3° Les titres d'obligations négociables non cotées en bourse que les départements, communes, syndicats de communes et établissements publics ont émis postérieurement au 1er janvier 1939 et avant le 1er janvier 1965.

Toutefois, cette exemption n'est pas applicable aux titres afférents à des emprunts contractés à partir du 1er mars 1942 par les organismes entrant dans les prévisions de l'article 1er de l'arrêté du 31 janvier 1942 pris en exécution de l'article 4 de la loi du 28 juin 1941 ou pour le compte de ces organismes *(Voir Annexe IV, art. 169 et 170)* ;

4° Les titres d'obligations cotées en bourse que les départements, communes, syndicats de communes et établissements publics ont émis postérieurement au 1er avril 1945 et avant le 1er janvier 1965.

Toutefois, cette exemption n'est pas applicable aux émissions destinées à assurer le remboursement anticipé d'emprunts non exonérés jusqu'à l'échéance normale de ces emprunts, ainsi qu'aux titres afférents à des emprunts négociables contractés par des organismes entrant dans les prévisions de l'article 1er de l'arrêté du

31 janvier 1942 pris en exécution de l'article 4 de la loi du 28 juin 1941 ou pour le compte de ces organismes *(Voir Annexe IV, art. 169 et 170)*.

RM-IV-6290

13° Financement de certaines opérations d'exportation

Art 136 Sont dispensés de la retenue à la source prévue au 1 de l'article 119 bis et du prélèvement prévu au I de l'article 125 A les intérêts, arrérages et tous autres produits des emprunts obligataires contractés avant le 1er janvier 1965 par les établissements de crédit et les sociétés de financement, dans la mesure où il est justifié que le montant de ces emprunts est et demeure affecté au financement des opérations d'exportation bénéficiant des garanties prévues par la législation relative à l'assurance crédit d'Etat.

RM-IV-6360

14° Fonds commun de placement

Art 137 bis I. Les sommes ou valeurs réparties par un fonds commun de placement, à l'exclusion des distributions mentionnées aux 7 et 7 bis du II de l'article 150-0 A et de l'attribution de parts de fonds communs de placement reçues dans le cadre d'une scission réalisée en application du deuxième alinéa des articles L 214-8-7 et L 214-24-41 du code monétaire et financier, constituent des revenus de capitaux mobiliers perçus par les porteurs de parts à la date de cette répartition.

Les sommes non réparties entre les porteurs de parts d'un fonds commun de placement à la date de son absorption, opérée conformément à la réglementation en vigueur, par un autre fonds commun de placement ou par une société d'investissement à capital variable sont imposées lors de leur répartition ou de leur distribution par l'organisme absorbant.

RM-VII-210 ; MF n° 26250

Ces dispositions sont applicables en cas de scission d'un fonds commun de placement conformément à la réglementation en vigueur.

RM-VII-210 ; MF n° 26250

II. Les gérants des fonds communs de placement sont tenus, le cas échéant, de prélever à la date de la répartition et de reverser au Trésor la retenue à la source prévue à l'article 119 bis et les prélèvements prévus aux articles 117 quater et 125 A qui sont dus à raison de leur quote-part respective par les porteurs de parts.

RM-VII-2480 ; MF n° 26250

III. Un décret fixe les obligations fiscales des gérants des fonds communs de placement en ce qui concerne notamment la déclaration des sommes ou valeurs attribuées à chaque porteur de parts *(Voir Annexe III, art. 41 sexdecies A à 41 sexdecies G)*.

RM-VII-2100 s. ; MF n° 26860

Art 137 ter I. Les revenus relatifs aux actifs mentionnés au b du 1° du II de l'article L 214-81 du code monétaire et financier perçus par un fonds de placement immobilier mentionné à l'article 239 nonies du présent code constituent des revenus de capitaux mobiliers perçus par les porteurs de parts à la date de leur distribution par le fonds.

II. La personne qui assure le paiement des revenus mentionnés au I est tenue de prélever à la date de la distribution et de reverser au Trésor la retenue à la source ou le prélèvement prévus au 2 de l'article 119 bis et au III de l'article 125 A, qui sont dus sur ces revenus à raison de leur quote-part respective par les porteurs de parts.

IMMO-IV-37450 s. ; MF n° 30520

15° Habitations à loyer modéré

Art 138 Sont affranchis de la retenue à la source prévue au 1 de l'article 119 bis et du prélèvement prévu au I de l'article 125 A :

1° et 2° *(Dispositions périmées)* ;

3° Les produits des emprunts obligataires contractés avant le 1er janvier 1965 par les offices publics de l'habitat et par les sociétés et fondations d'habitations à loyer modéré dans les conditions fixées par l'article 5 de la loi du 27 juillet 1934, ainsi que les annuités servies par l'Etat, en exécution dudit article ;

4° Les intérêts, arrérages et autres produits des emprunts obligataires émis avant le 1er janvier 1965 dans le cadre des dispositions de l'article R 431-49 du code de la construction et de l'habitation instituant des bonifications d'intérêt, par les offices publics de l'habitat et par les sociétés d'habitations à loyer modéré et de crédit immobilier régis par le titre Ier et le titre II du livre IV du même code ainsi que par les unions constituées par ces offices et ces sociétés en exécution des articles 5 et 6 de la loi du 13 juillet 1928.

RM-IV-6380

16° Sociétés immobilières d'investissement et sociétés immobilières de gestion

Art 139 ter Sont affranchis de la retenue à la source prévue au 2 de l'article 119 bis, dans la mesure où ils proviennent de bénéfices exonérés de l'impôt sur les sociétés en application du 3° ter de l'article 208 *(NDLR Et de l'article 208 B)*, les dividendes et autres produits distribués à leurs actionnaires ou porteurs de parts :

1° Par les sociétés immobilières d'investissement régies par le I de l'article 33 de la loi n° 63-254 du 15 mars 1963 ;

2° Par les sociétés immobilières de gestion régies par l'article 1er du décret n° 63-683 du 13 juillet 1963.

IMMO-IV-26470 s.

17° Sociétés pour le développement de l'industrie, du commerce et de l'agriculture et leur adaptation à la Communauté européenne

Art 143 quater Les distributions de bénéfices effectuées par les sociétés qui ont conclu une convention avec le ministre de l'économie et des finances conformément aux dispositions de l'ordonnance n° 59-248 du 4 février 1959, sont affranchies de la retenue à la source prévue au 2 de l'article 119 bis dans la mesure où les bénéfices distribués proviennent des activités de la société visée dans la convention et où ils ne sont pas supérieurs à 5 % du montant du capital nominal augmenté des primes d'émission.

En cas de résiliation de la convention, de dissolution de la société ou d'exclusion d'un associé, les impôts évités en application du premier alinéa deviennent immédiatement exigibles dans les conditions et sous les réserves prévues aux 2 à 4 de l'article 39 quinquies C.

IS-IV-33000 s.

18° Sociétés mères

(Voir Annexe II, art. 54 à 56)

Art 145 1. Le régime fiscal des sociétés mères, tel qu'il est défini à l'article 216, est applicable aux sociétés et autres organismes soumis à l'impôt sur les sociétés au taux normal qui détiennent des participations satisfaisant aux conditions ci-après :

a. Les titres de participation doivent revêtir la forme nominative ou être déposés ou inscrits dans un compte tenu par l'un des intermédiaires suivants :

les intermédiaires habilités à exercer les activités de tenue de compte-conservation d'instruments financiers mentionnés aux 2° à 7° de l'article L 542-1 du code monétaire et financier ;

les établissements de crédit habilités à exercer dans l'Union européenne l'activité de conservation et administration de valeurs mobilières mentionnée au 12 de l'annexe I de la directive 2013/36/UE du Parlement européen et du Conseil du 26 juin 2013 concernant l'accès à l'activité des établissements de crédit et la surveillance prudentielle des établissements de crédit et des entreprises d'investissement, modifiant la directive 2002/87/ CE et abrogeant les directives 2006/48/CE et 2006/49/CE, ainsi que les entreprises d'investissement habilitées à exercer dans l'Union européenne l'activité de conservation et administration d'instruments financiers pour le compte de clients mentionnée au 1 de la section B de l'annexe I de la directive 2014/65/UE du Parlement européen et du Conseil du 15 mai 2014 concernant les marchés d'instruments financiers et modifiant la directive 2002/92/CE et la directive 2011/61/UE ;

les intermédiaires habilités à exercer les activités de tenue de compte-conservation qui, d'une part, sont situés dans un autre Etat ou territoire ayant conclu avec la France une convention d'assistance administrative en vue de lutter contre la fraude et l'évasion fiscales dont les stipulations et la mise en œuvre permettent à l'administration d'obtenir des autorités de cet Etat ou territoire les informations nécessaires à la vérification des conditions d'application du présent article et de l'article 216 du présent code relatives à la nature et à la durée de conservation des titres ainsi qu'aux droits détenus et qui, d'autre part, sont soumis à des obligations professionnelles équivalentes à celles prévues en application du 1° du VI de l'article L 621-7 du code monétaire et financier pour les teneurs de compte-conservateurs autres que les personnes morales émettrices ;

IS-V-870 s. ; MF n° 40910

b. Les titres de participation doivent être détenus en pleine propriété ou en nue-propriété et doivent représenter au moins 5 % du capital de la société émettrice ou, à défaut d'atteindre ce seuil, au moins 2,5 % du capital et 5 % des droits de vote de la société émettrice à la condition, dans ce dernier cas, que la société participante soit contrôlée par un ou plusieurs organismes à but non lucratif mentionnés au 1 bis de l'article 206 ; ce pourcentage s'apprécie à la date de mise en paiement des produits de la participation.

Si, à la date mentionnée au premier alinéa, la participation dans le capital de la société émettrice est réduite à moins de 5 % du fait de l'exercice d'options de souscription d'actions dans les conditions prévues à l'article L 225-183 du code de commerce, le régime des sociétés mères lui reste applicable si ce pourcentage est à nouveau atteint à la suite de la première augmentation de capital suivant cette date et au plus tard dans un délai de trois ans ;

IS-V-950 s., 1150 s. ; MF n° 40915

c. Les titres de participation doivent avoir été conservés pendant un délai de deux ans lorsque les titres représentent au moins 5 % du capital de la société émettrice ou pendant un délai de cinq ans lorsque les titres représentent 2,5 % du capital et 5 % des droits de vote de la société émettrice. En cas de non-respect du délai de conservation, la société participante est tenue de verser au Trésor une somme égale au montant de l'impôt dont elle a été exonérée indûment, majoré de l'intérêt de retard. Ce versement est exigible dans les trois mois suivant la cession.

Lorsque les titres de participation sont apportés sous le bénéfice du régime prévu par l'article 210 A, le délai de conservation est décompté à partir de la date de souscription ou d'acquisition par la société apporteuse jusqu'à la date de cession par la société bénéficiaire de l'apport.

IS-V-1620 s.

Les titres échangés dans le cadre d'opérations dont le profit ou la perte ne sont pas compris dans le résultat de l'exercice de leur réalisation en application des 7 à 7 ter de l'article 38 et 2 de l'article 115 sont réputés détenus jusqu'à la cession des titres reçus en échange.

IS-V-1680 s.

Le délai mentionné au premier alinéa du présent c n'est pas interrompu en cas de fusion entre la personne morale participante et la société émettrice si l'opération est placée sous le régime prévu à l'article 210 A.

IS-V-1805 s.

Les titres prêtés, mis en pension ou remis en garantie dans les conditions prévues aux articles 38 bis à 38 bis-0 A bis ne peuvent être pris en compte par les parties au contrat en cause pour l'application du régime défini au présent article. De même, les titres mentionnés à l'article 38 bis A ne sont pas pris en compte pour l'application de ce régime.

IS-V-1030 s., 1550 s.

Les titres que le constituant a transférés dans un patrimoine fiduciaire dans les conditions prévues à l'article 238 quater B sont pris en compte pour l'appréciation du seuil de détention du capital mentionné au b du présent 1 et sont soumis au régime prévu au présent article à condition, lorsque des droits de vote sont attachés aux titres transférés, que le constituant conserve l'exercice de ces droits ou que le fiduciaire exerce ces droits dans le sens déterminé par le constituant, sous réserve des éventuelles limitations convenues par les parties au contrat établissant la fiducie pour protéger les intérêts financiers du ou des créanciers bénéficiaires de la fiducie. Le délai de conservation mentionné au premier alinéa du c n'est pas interrompu par le transfert des titres dans le patrimoine fiduciaire.

IS-V-1310

Pour l'application du premier alinéa du présent c, en cas de fusion ou de scission sans échange de titres au sens du 3° du II de l'article L 236-3 du code de commerce placée sous le régime prévu à l'article 210 A du présent code, les titres de la société absorbée ou scindée sont réputés détenus par la société participante depuis la date de leur souscription ou acquisition jusqu'à la date de la cession des titres de la société absorbante ou bénéficiaire.

Toutefois, lorsque la cession de titres de la société absorbante ou bénéficiaire intervient moins de deux ans après l'opération de fusion ou de scission, elle est réputée porter sur les titres de la société absorbée ou scindée à concurrence du nombre de titres cédés auquel est appliqué le rapport entre la valeur vénale de ces titres et la somme de cette même valeur et de la valeur vénale des titres de la société absorbante ou bénéficiaire au jour de la fusion ou de la scission, dans la limite du nombre de titres détenus à cette date, et elle est réputée porter sur les titres de la société absorbante ou bénéficiaire de l'apport à hauteur du reliquat des titres cédés.

Lorsque, en application du huitième alinéa du présent c, les conditions de durée et de seuil de détention ne sont pas remplies, à la date de la cession, pour les titres de la société absorbée ou scindée ou ceux de la société absorbante ou bénéficiaire, le régime fiscal des sociétés mères n'est pas applicable aux titres ne respectant pas ces conditions.

Ces dispositions s'appliquent également en cas de cession dans les cinq ans de la fusion ou de la scission par la société mère de titres de la société absorbante ou bénéficiaire lorsque l'application du régime fiscal des sociétés mères est subordonnée au respect d'un seuil minimal de participation de 2,5 % du capital et de 5 % des droits de vote tel que défini au premier alinéa du présent c.

IS-V-1450 s. ; MF n°s 41000 s.

2 à 4. *(Abrogés).*

4 bis et 5. *(Abrogés).*

6. Le régime fiscal des sociétés mères n'est pas applicable :

a. Aux produits des actions de sociétés d'investissement ;

b. Aux produits des titres d'une société, dans la proportion où les bénéfices ainsi distribués sont déductibles du résultat imposable de cette société ;

c. *(Abrogé)* ;

d. Aux produits des titres d'une société établie dans un Etat ou territoire non coopératif, au sens de l'article 238-0 A autre que ceux mentionnés au 2° du 2 bis du même article 238-0 A, sauf si la société mère apporte la preuve que les opérations de la société établie hors de France dans laquelle est prise la participation correspondent à des opérations réelles qui n'ont ni pour objet ni pour effet de permettre, dans un but de fraude fiscale, la localisation de bénéfices dans un Etat ou territoire non coopératif ;

e. Aux produits des parts de sociétés immobilières inscrites en stock à l'actif de sociétés qui exercent une activité de marchand de biens, au sens du 1° du I de l'article 35 ;

f. Aux dividendes distribués aux actionnaires des sociétés immobilières pour le commerce et l'industrie et prélevés sur les bénéfices exonérés mentionnés à l'avant-dernier alinéa du 3° quater de l'article 208 ;

g. Aux dividendes distribués aux actionnaires des sociétés agréées pour le financement des télécommunications mentionnées à l'article 1er de la loi de finances rectificative pour 1969 (n° 69-1160 du 24 décembre 1969) et des sociétés qui redistribuent les dividendes d'une société immobilière pour le commerce et l'industrie en application du dernier alinéa du 3° quinquies de l'article 208 ;

h. Aux produits et plus-values nets distribués par les sociétés de capital-risque exonérés en application du 3° septies du même article 208 ;

i. Aux bénéfices distribués aux actionnaires :

des sociétés d'investissements immobiliers cotées et de leurs filiales mentionnées à l'article 208 C et prélevés sur les bénéfices exonérés en application du premier alinéa du II du même article et non réintégrés en application du IV dudit article ;

des sociétés étrangères ayant une activité identique à celles mentionnées au même article 208 C et qui sont exonérées, dans l'Etat où elles ont leur siège de direction effective, de l'impôt sur les sociétés de cet Etat ;

j. Aux revenus et profits distribués aux actionnaires de sociétés de placement à prépondérance immobilière à capital variable mentionnées au 3° nonies de l'article 208 et à ceux de leurs filiales ayant opté pour le régime prévu au II de l'article 208 C ;

k. *(Abrogé)*.

IS-V-2180 s. ; MF n° 40965

7. *(Abrogé)*.

8. *(Transféré sous le paragraphe 6-d ci-dessus)*.

9. Une participation détenue en application des articles L 512-47, L 512-55 et L 512-106 du code monétaire et financier ou de l'article 3 de la loi n° 2006-1615 du 18 décembre 2006 ratifiant l'ordonnance n° 2006-1048 du 25 août 2006 relative aux sociétés anonymes coopératives d'intérêt collectif pour l'accession à la propriété qui remplit les conditions ouvrant droit au régime fiscal des sociétés mères autres que celle relative au taux de participation au capital de la société émettrice peut ouvrir droit à ce régime lorsque son prix de revient, apprécié collectivement ou individuellement pour les entités visées ci-dessus, est au moins égal à 22 800 000 €.

IS-V-1360 s.

IS-V-200 s. ; MF nos 40850 s.

19° Zones à urbaniser

Art 146 quater Sont affranchis de la retenue à la source prévue au 1 de l'article 119 bis et du prélèvement prévu au I de l'article 125 A les intérêts, arrérages et tous autres produits des emprunts contractés avant le 1er janvier 1965 pour l'aménagement des zones à urbaniser par priorité, par les collectivités et par les organismes concessionnaires de cet aménagement.

RM-IV-6400

VII bis. Profits réalisés sur des instruments financiers à terme

Art 150 ter **1.** Sous réserve des dispositions propres aux bénéfices industriels et commerciaux, aux bénéfices non commerciaux et aux bénéfices agricoles, les profits nets réalisés, directement, par personne interposée ou par l'intermédiaire d'une fiducie, lors du dénouement ou de la cession à titre onéreux de contrats financiers, également dénommés « instruments financiers à terme », mentionnés au III de l'article L 211-1 du code monétaire et financier, par des personnes physiques fiscalement domiciliées en France au sens de l'article 4 B du présent code sont imposés dans les conditions prévues aux 1 ou 2 de l'article 200 A.

Les pertes nettes sont soumises au 11 de l'article 150-0 D.

2. Pour chaque contrat mentionné au 1, le profit ou la perte est égal à la différence entre les sommes reçues et les sommes versées, majorée ou minorée, lorsque le contrat se dénoue par la livraison d'un instrument financier ou d'une marchandise, de la différence entre le prix d'achat ou de vente de cet instrument financier ou de cette marchandise et de sa valeur au jour de la livraison.

Lorsque des contrats présentant les mêmes caractéristiques ont donné lieu à des achats ou des ventes effectués à des prix différents, le profit ou la perte est calculé sur le prix moyen pondéré.

Le profit imposable ou la perte imputable est net des frais et taxes acquittés.

3. Par dérogation au 1, lorsque le teneur de compte ou, à défaut, le cocontractant a son domicile fiscal ou est établi dans un Etat ou un territoire non coopératif au sens de l'article 238-0 A autre que ceux mentionnés au 2° du 2 bis du même article 238-0 A, le profit réalisé est imposé au taux forfaitaire de 50 %.

Le premier alinéa du présent 3 n'est pas applicable si le contribuable démontre que les opérations auxquelles se rapportent ces profits correspondent à des opérations réelles qui n'ont ni pour objet ni pour effet de permettre, dans un but de fraude fiscale, leur localisation dans un tel Etat ou territoire.

4. Un décret fixe les conditions d'application du présent article, notamment les obligations déclaratives des contribuables.

(Voir Annexe III, art. 41 septdecies H, 41 septdecies I et 41 septdecies K)

RM-VII-17300 s. ; MF n° 33405

Art 150 duodecies En cas de donation de titres prévue au I de l'article 978, le gain net correspondant à la différence entre la valeur des titres retenue pour la détermination de l'avantage fiscal prévu à ce même I et leur valeur d'acquisition est imposé à l'impôt sur le revenu, lors de la donation, selon les règles prévues aux articles 150-0 A et suivants.

ENR-XIII-30100 s. ; MF n° 72130

VII ter. Plus-values de cession à titre onéreux de biens ou de droits de toute nature

1. Valeurs mobilières, droits sociaux et titres assimilés

Art 150-0 A **I. 1.** Sous réserve des dispositions propres aux bénéfices industriels et commerciaux, aux bénéfices non commerciaux et aux bénéfices agricoles ainsi que des articles 150 UB et 150 UC, les gains nets retirés des cessions à titre onéreux, effectuées directement, par personne interposée ou par l'intermédiaire d'une fiducie, de valeurs mobilières, de droits sociaux, de titres mentionnés au 1° de l'article 118 et aux 6° et 7° de l'article 120, de droits portant sur ces valeurs, droits ou titres ou de titres représentatifs des mêmes valeurs, droits ou titres, sont soumis à l'impôt sur le revenu.

RM-VI-200 s. ; MF nos 32880 s.

2. Le complément de prix reçu par le cédant en exécution de la clause du contrat de cession de valeurs mobilières ou de droits sociaux par laquelle le cessionnaire s'engage à verser au cédant un complément de prix exclusivement déterminé en fonction d'une indexation en relation directe avec l'activité de la société dont les titres sont l'objet du contrat, est imposable au titre de l'année au cours de laquelle il est reçu.

Le gain retiré de la cession ou de l'apport d'une créance qui trouve son origine dans une clause contractuelle de complément de prix visée au premier alinéa est imposé dans les mêmes conditions au titre de l'année de la cession ou de l'apport.

RM-VI-8880 s. ; MF n° 33140

3. *(Abrogé).*

4. Les sommes ou valeurs attribuées en contrepartie de titres pour lesquels l'option pour l'imputation des pertes a été exercée dans les conditions du deuxième alinéa du 12 de l'article 150-0 D sont imposables au titre de l'année au cours de laquelle elles sont reçues, à hauteur de la perte imputée ou reportée.

RM-VI-10770 ; MF n° 33067

5. La fraction ayant le caractère de gain net des sommes versées par la Caisse des dépôts et consignations en application du sixième alinéa du I de l'article L 312-20 du code monétaire et financier est soumise à l'impôt sur le revenu déterminé suivant les règles de taxation en vigueur l'année de ce versement. Le montant imposable du gain net est déterminé dans les conditions et selon les modalités applicables à la date de la liquidation des titres opérée en application du même sixième alinéa.

RM-VI-1130 s. ; MF n° 32900

I bis. *(Abrogé).*

II. Les dispositions du I sont applicables :

1. *(Abrogé)* ;

2. a. Au gain net réalisé depuis l'ouverture d'un plan d'épargne en actions défini à l'article 163 quinquies D en cas de retrait de titres ou de liquidités ou de rachat avant l'expiration de la cinquième année dans les mêmes conditions. Lorsque ce retrait ou rachat n'entraîne pas la clôture du plan, le gain net imposable est déterminé suivant les modalités définies au b du 5° du II de l'article L 136-7 du code de la sécurité sociale. La disposition de la première phrase du présent a n'est pas applicable aux sommes ou valeurs retirées ou rachetées, lorsqu'elles sont affectées, dans les trois mois suivant le retrait ou le rachat, au financement de la création ou de la reprise d'une entreprise dont le titulaire du plan, son conjoint, son ascendant ou son descendant assure personnellement l'exploitation ou la direction et lorsque ces sommes ou valeurs sont utilisées à la souscription en numéraire au capital initial d'une société, à l'achat d'une entreprise existante ou lorsqu'elles sont versées au compte de l'exploitant d'une entreprise individuelle créée depuis moins de trois mois à la date du versement *(Voir Annexe II, art. 91 quater E à 91 quater J)* ;

RM-VII-41100 s. ; MF n° 26170

b. Par dérogation au a du présent 2, au gain net réalisé en cas de retrait de titres d'un plan d'épargne en actions défini à l'article 163 quinquies D à hauteur de la fraction non exonérée mentionnée au 5° bis de l'article 157 ;

MF n° 26180

2 bis. Au gain net réalisé depuis l'ouverture d'un plan d'épargne en actions défini à l'article 163 quinquies D en cas de clôture après l'expiration de la cinquième année lorsqu'à la date de cet événement la valeur liquidative du plan ou de rachat du contrat de capitalisation est inférieure au montant des versements effectués sur le plan depuis son ouverture, compte non tenu de ceux afférents aux retraits ou rachats n'ayant pas entraîné la clôture du plan, et à condition que, à la date de la clôture, les titres figurant dans le plan aient été cédés en totalité ou que le contrat de capitalisation ait fait l'objet d'un rachat total ;

RM-VII-40940 s. ; MF n° 26175

2 ter. Au gain net déterminé dans les conditions prévues à l'article 150-0 B quinquies lors du retrait de titres ou de liquidités ou de la clôture d'un compte défini à l'article L 221-32-4 du code monétaire et financier ;

RM-VI-1030 ; MF n° 32900

3. Au gain net retiré des cessions de titres de sociétés immobilières pour le commerce et l'industrie non cotées ;

RM-VI-2100 ; MF n° 32890

4. Au gain net retiré des rachats d'actions de sociétés d'investissement à capital variable et au gain net résultant des rachats de parts de fonds communs de placement définis au 2 du III ou de la dissolution de tels fonds ou sociétés ;

RM-VII-1700 s. ; MF n° 26295

4 bis. Au gain net retiré des rachats d'actions de sociétés de placement à prépondérance immobilière à capital variable mentionnées au 3° nonies de l'article 208 ;

IMMO-IV-36140 ; MF n° 30505

4 ter. Par dérogation aux dispositions de l'article 239 nonies, aux titres cédés dans le cadre de leur gestion par les fonds de placement immobilier régis par les articles L 214-33 et suivants du code monétaire et financier, lorsqu'une personne physique agissant directement, par personne interposée ou par l'intermédiaire d'une fiducie possède plus de 10 % des parts du fonds ;

IMMO-IV-38020 ; MF n° 30530

5. Au gain net retiré des cessions de parts de fonds communs de créances dont la durée à l'émission est supérieure à cinq ans ;

RM-VII-35620 s. ; MF n° 25785

6. Au gain net retiré par le bénéficiaire lors d'un rachat par une société émettrice de ses propres titres et défini au 8 ter de l'article 150-0 D ;

MF nos 24470, 32900

7. Sous réserve de l'application de l'article 163 quinquies B et du 8, en cas de distribution d'une fraction des actifs d'un fonds commun de placement à risques, d'un fonds professionnel spécialisé relevant de l'article L 214-37 du code monétaire et financier, dans sa rédaction antérieure à l'ordonnance n° 2013-676 du 25 juillet 2013 modifiant le cadre juridique de la gestion d'actifs, d'un fonds professionnel de capital d'investissement ou d'une entité de même nature constituée sur le fondement d'un droit étranger, à l'excédent du montant des sommes ou valeurs distribuées sur le montant des apports, ou le prix d'acquisition des parts s'il est différent du montant des apports ;

RM-VII-4730 s. ; MF n° 26325

7 bis. Sous réserve de l'application de l'article 163 quinquies B, du 8 du présent II et du 2 du III, en cas de distribution de plus-values par un organisme de placement collectif en valeurs mobilières ou par un placement collectif relevant des articles L 214-24-24 à L 214-32-1, L 214-139 à L 214-147 et L 214-152 à L 214-166 du code monétaire et financier, ou par une entité de même nature constituée sur le fondement d'un droit étranger ;

RM-VII-280 s. ; MF nos 26250, 26365

8. Aux gains nets réalisés, directement, par personne interposée ou par l'intermédiaire d'une fiducie, par les salariés ou par les dirigeants soumis au régime fiscal des salariés, des sociétés de capital-risque, des sociétés de gestion de tels fonds ou de sociétés de capital-risque, ou des sociétés qui réalisent des prestations de services liées à la gestion des fonds précités ou des sociétés de capital-risque, lors de la cession ou du rachat de parts de fonds communs de placement à risques ou de fonds professionnels spécialisés relevant de l'article L 214-37 du code monétaire et financier dans sa rédaction antérieure à l'ordonnance n° 2013-676 du 25 juillet 2013 modifiant le cadre juridique de la gestion d'actifs ou de fonds professionnels de capital investissement ou d'actions de sociétés de capital-risque donnant lieu à des droits différents sur l'actif net ou les produits du fonds ou de la société et attribuées en fonction de la qualité de la personne, sous réserve du respect des conditions suivantes :

1° Les parts ou actions cédées ont été souscrites ou acquises moyennant un prix correspondant à la valeur des parts ou actions ;

2° L'ensemble des parts d'un même fonds commun de placement à risques ou d'un même fonds professionnel spécialisé relevant de l'article L 214-37 du code monétaire et financier dans sa rédaction antérieure à l'ordonnance n° 2013-676 du 25 juillet 2013 modifiant le cadre juridique de la gestion d'actifs ou d'un même fonds professionnel de capital investissement ou des actions d'une même société de capital-risque donnant lieu à des droits différents sur l'actif net ou les produits du fonds ou de la société et attribuées en fonction de la qualité de la personne satisfont aux conditions suivantes :

a. Elles constituent une seule et même catégorie de parts ou actions ;

b. Elles représentent :

au moins 1 % du montant total des souscriptions dans le fonds ou la société pour sa fraction inférieure ou égale à un milliard d'euros ;

et au moins 0,5 % de la fraction du montant total des souscriptions dans le fonds ou la société qui excède un milliard d'euros.

A titre dérogatoire, un pourcentage distinct peut être fixé par décret pour certaines catégories de fonds ou de sociétés, après avis de l'Autorité des marchés financiers *(Voir Annexe III, art. 41 DGA)* ;

c. Les sommes ou valeurs auxquelles donnent droit ces parts ou actions sont versées au moins cinq ans après la date de la constitution du fonds ou de l'émission de ces actions et, pour les parts de fonds communs de placement à risques ou de fonds professionnels spécialisés relevant de l'article L 214-37 du code monétaire et financier dans sa rédaction antérieure à l'ordonnance n° 2013-676 du 25 juillet 2013 modifiant le cadre juridique de la gestion d'actifs ou de fonds professionnels de capital investissement, après le remboursement des apports des autres porteurs de parts ;

3° Le cédant perçoit une rémunération normale au titre du contrat de travail ou du mandat social qui lui a permis de souscrire ou d'acquérir ces parts ou actions.

Ces dispositions s'appliquent également dans les mêmes conditions :

1° Aux distributions mentionnées aux 7 et 7 bis perçues par les personnes visées au premier alinéa du présent 8 et afférentes à des parts de fonds communs de placement à risques ou de fonds professionnels spécialisés relevant de l'article L 214-37 du code monétaire et financier dans sa rédaction antérieure à l'ordonnance n° 2013-676 du 25 juillet 2013 modifiant le cadre juridique de la gestion d'actifs ou de fonds professionnels de capital investissement donnant lieu à des droits différents sur l'actif net ou les produits du fonds et attribuées en fonction de la qualité de la personne ;

2° Aux gains nets mentionnés au premier alinéa du présent 8 réalisés par les salariés ou dirigeants soumis au régime fiscal des salariés d'une entité, constituée dans un Etat membre de l'Union européenne ou dans un autre Etat partie à l'accord sur l'Espace économique européen ayant conclu avec la France une convention d'assistance administrative en vue de lutter contre la fraude et l'évasion fiscales et dont l'objet principal est d'investir dans des sociétés dont les titres ne sont pas admis aux négociations sur un marché d'instruments financiers français ou étranger, ou d'une société qui réalise des prestations de services liées à la gestion de cette entité, lorsque les titres cédés ou rachetés sont des droits représentatifs d'un placement financier dans cette entité donnant lieu à des droits différents sur l'actif net ou les produits de l'entité et sont attribués en fonction de la qualité de la personne, ainsi qu'aux distributions, représentatives des plus-values réalisées par l'entité, perçues par ces mêmes salariés ou dirigeants en rémunération de ces droits ;

RM-VII-5200 s. ; MF n°s 26440 s.

9. Aux gains nets réalisés et aux distributions perçues, directement ou par personne ou entité interposées, à raison de parts ou actions émises par une entité ayant pour objet principal d'investir dans des sociétés dont les titres ne sont pas admis aux négociations sur un marché d'instruments financiers, ou de droits représentatifs d'un placement financier dans cette entité qui donnent lieu à des droits différents sur l'actif net ou les produits de l'entité et attribués en fonction de la qualité de la personne, sous réserve du respect de l'ensemble des conditions suivantes :

1° Le bénéficiaire établit en France son domicile fiscal, au sens de l'article 4 B, entre le 11 juillet 2018 et le 31 décembre 2022 et n'a pas été fiscalement domicilié en France au cours des trois années civiles précédant cette installation ;

2° Le bénéficiaire est salarié, prestataire, associé ou dirigeant de l'entité d'investissement mentionnée au premier alinéa du présent 9 ou d'une société réalisant des prestations de services liées à la gestion de cette entité et en retire une rémunération normale au titre de son contrat de travail, de son contrat de prestations de services, de son contrat d'association ou de son mandat social ;

3° Les parts, actions ou droits mentionnés au premier alinéa du présent 9 ont été souscrits, obtenus ou acquis à une date à laquelle le bénéficiaire était fiscalement domicilié hors de France ou conformément aux termes et conditions fixés par le règlement ou les statuts de l'entité d'investissement préalablement à l'établissement en France du domicile fiscal du bénéficiaire. Ces parts, actions ou droits n'ont pas été intégralement souscrits, obtenus ou acquis à titre gratuit ;

4° L'entité d'investissement mentionnée au premier alinéa du présent 9 est constituée hors de France dans un Etat partie à l'accord sur l'Espace économique européen ou dans un Etat ou territoire ayant conclu avec la France une convention d'assistance administrative en vue de lutter contre la fraude et l'évasion fiscales.

Les dispositions du présent 9 ne peuvent pas donner lieu à l'application du II de l'article 155 B.

RM-VII-5200 s. ; MF n° 26445

10. Au gain net déterminé dans les conditions prévues au second alinéa du 4 ter du III du présent article en cas de clôture du plan dès lors que l'une des conditions prévues pour l'application des articles L 221-34-2, L 221-34-3 et L 221-34-4 du code monétaire et financier n'est pas remplie.

***Ndlr** Les dispositions du présent 10 entreront en vigueur à une date fixée par décret, et au plus tard le 1er juillet 2024 (Loi 2023-1322 du 29 décembre 2023 art. 3, III-A).*

III. Les dispositions du I ne s'appliquent pas :

1. Aux cessions et aux rachats de parts de fonds communs de placement à risques ou de fonds professionnels de capital d'investissement mentionnées à l'article 163 quinquies B, réalisés par les porteurs de parts, remplissant les conditions fixées aux I et II ou aux I et III bis de l'article précité, après l'expiration de la période mentionnée au I du même article. Cette disposition n'est pas applicable si, à la date de la cession ou du rachat, le fonds a cessé de remplir les conditions énumérées au II ou au III bis de l'article 163 quinquies B.

RM-VII-4100 s. ; MF n° 26320

Les dispositions du premier alinéa ne s'appliquent pas aux parts de fonds communs de placement à risques ou de fonds professionnels de capital d'investissement donnant lieu à des droits différents sur l'actif net ou sur les produits du fonds et attribuées en fonction de la qualité de la personne ;

RM-VII-5240 s. ; MF n° 26440

1 bis. Aux cessions d'actions de sociétés de capital-risque mentionnées au 2 du II de l'article 163 quinquies C souscrites ou acquises à compter du 1er janvier 2001, réalisées par des actionnaires remplissant les conditions fixées au 2 du II de l'article précité, après l'expiration de la période de cinq ans mentionnée au 2° du 2 du même II. Cette disposition n'est pas applicable si, à la date de la cession, la société a cessé de remplir les conditions énumérées à l'article 1er-1 de la loi n° 85-695 du 11 juillet 1985.

IS-IV-21700 s. ; MF n° 26420

Les dispositions du premier alinéa ne s'appliquent pas aux actions de sociétés de capital-risque donnant lieu à des droits différents sur l'actif net ou sur les produits du fonds et attribuées en fonction de la qualité de la personne ;

RM-VII-5240 ; MF n° 26440

2. Aux titres cédés dans le cadre de leur gestion par les fonds communs de placement sous réserve qu'aucune personne physique agissant directement, par personne interposée ou par l'intermédiaire d'une fiducie ne possède plus de 10 % des parts du fonds. Cette condition ne s'applique pas aux fonds mentionnés au 3 ;

RM-VII-1600 s. ; MF n° 26250

3. Aux titres cédés dans le cadre de leur gestion par les fonds communs de placement, constitués en application des législations sur la participation des salariés aux résultats des entreprises et les plans d'épargne d'entreprise ainsi qu'aux rachats de parts de tels fonds ;

TS-VII-24390 s. ; MF n° 88650 c

4. A la cession des titres acquis dans le cadre de la législation sur la participation des salariés aux résultats de l'entreprise et sur l'actionnariat des salariés, à la condition que ces titres revêtent la forme nominative et comportent la mention d'origine ;

TS-VII-24390 s. ; MF n° 88650 c

4 bis. A la cession des titres détenus dans un plan d'épargne retraite mentionné à l'article L 224-1 du code monétaire et financier ou dans un sous-compte français du produit paneuropéen d'épargne-retraite individuelle mentionné à l'article L 225-1 du même code ;

RM-VI-2760 ; MF nº 96580

4 ter. Au gain net réalisé dans le cadre d'un plan d'épargne avenir climat mentionné à l'article L 221-34-2 du code monétaire et financier, lors du retrait de titres ou de liquidités ou du rachat dudit plan.

Le gain net réalisé à l'occasion de chaque retrait ou rachat s'entend de la différence entre, d'une part, le montant du retrait ou du rachat et, d'autre part, une fraction du montant total des versements effectués sur le plan depuis la date de son ouverture diminué du montant des versements correspondant aux retraits ou aux rachats effectués antérieurement ; cette fraction est égale au rapport entre le montant du retrait ou du rachat effectué et la valeur liquidative totale du plan à la date du retrait ou du rachat ;

Ndlr *Les dispositions du présent 4 ter entreront en vigueur à une date fixée par décret, et au plus tard le 1er juillet 2024 (Loi 2023-1322 du 29 décembre 2023 art. 3, III-A).*

5. *(Abrogé)* ;

RM-VII-32530 s.

6. Aux profits réalisés dans le cadre des placements en report par les contribuables qui effectuent de tels placements ;

RM-VI-9850 ; MF nº 32900

7. A la fraction de plus-values due dans les conditions prévues aux articles L 23-11-1 à L 23-11-4 du code de commerce.

TS-VII-38768 ; MF nº 88690 précision c

IV. Le I ne s'applique pas aux partages qui portent sur des valeurs mobilières, des droits sociaux et des titres assimilés, dépendant d'une succession ou d'une communauté conjugale et qui interviennent uniquement entre les membres originaires de l'indivision, leur conjoint, des ascendants, des descendants ou des ayants droit à titre universel de l'un ou de plusieurs d'entre eux. Il en est de même des partages portant sur des biens indivis issus d'une donation-partage et des partages portant sur des biens indivis acquis par des partenaires ayant conclu un pacte civil de solidarité ou par des époux, avant ou pendant le pacte ou le mariage. Ces partages ne sont pas considérés comme translatifs de propriété dans la mesure des soultes ou plus-values.

RM-VI-8400 s. ; MF nº 32900

Art 150-0 B Sous réserve des dispositions de l'article 150-0 B ter, les dispositions de l'article 150-0 A ne sont pas applicables, au titre de l'année de l'échange des titres, aux plus-values et moins-values réalisées dans le cadre d'une opération d'offre publique, de fusion, de scission, d'absorption d'un fonds commun de placement par une société d'investissement à capital variable, de conversion, de division, ou de regroupement, réalisée conformément à la réglementation en vigueur ou d'un apport de titres à une société soumise à l'impôt sur les sociétés.

Ces dispositions s'appliquent aux opérations d'échange ou d'apport de titres mentionnées au premier alinéa réalisées en France, dans un autre Etat membre de l'Union européenne ou dans un Etat ou territoire ayant conclu avec la France une convention fiscale contenant une clause d'assistance administrative en vue de lutter contre la fraude et l'évasion fiscales, ainsi qu'aux opérations, autres que les opérations d'apport de titres à une société soumise à l'impôt sur les sociétés, pour lesquelles le dépositaire des titres échangés est établi en France, dans un autre Etat membre de l'Union européenne ou dans un Etat ou territoire ayant conclu avec la France une convention fiscale contenant une clause d'assistance administrative en vue de lutter contre la fraude et l'évasion fiscales.

Ces dispositions sont également applicables aux échanges avec soulte à condition que celle-ci n'excède pas 10 % de la valeur nominale des titres reçus. Toutefois, la plus-value est, à concurrence du montant de cette soulte, imposée au titre de l'année de l'échange.

(Voir Annexe II, art. 74-0 M à 74-0 O)

RM-VI-24650 s. ; MF nº 33300

Art 150-0 B bis Le gain retiré de l'apport, avant qu'elle ne soit exigible en numéraire, de la créance visée au deuxième alinéa du 2 du I de l'article 150-0 A est reporté, sur option expresse du contribuable, au moment où s'opère la transmission, le rachat, le remboursement ou l'annulation des titres reçus en contrepartie de cet apport ou, lors du transfert par le contribuable de son domicile fiscal hors de France en vertu de l'article 167 bis si cet événement est antérieur.

Le report prévu au premier alinéa est subordonné au respect des conditions suivantes :

a. Le cédant a exercé l'une des fonctions mentionnées au 1° du 1 du III de l'article 975 au sein de la société dont l'activité est le support de la clause de complément de prix, de manière continue pendant les cinq années précédant la cession des titres ou droits de cette société ;

b. En cas d'échange avec soulte, le montant de la soulte n'excède pas 10 % de la valeur nominale des titres reçus. Toutefois, la plus-value est, à concurrence du montant de cette soulte, imposée au titre de l'année de l'échange ;

c. Le contribuable déclare le montant du gain retiré de l'apport dans la déclaration spéciale des plus-values et dans celle prévue au 1 de l'article 170, dans le délai applicable à ces déclarations.

RM-VI-9210 s. ; MF n° 33142

Art 150-0 B ter I. L'imposition de la plus-value réalisée, directement ou par personne interposée, dans le cadre d'un apport de valeurs mobilières, de droits sociaux, de titres ou de droits s'y rapportant tels que définis à l'article 150-0 A à une société soumise à l'impôt sur les sociétés ou à un impôt équivalent est reportée si les conditions prévues au III du présent article sont remplies. Le contribuable mentionne le montant de la plus-value dans la déclaration prévue à l'article 170.

Ces dispositions sont également applicables lorsque l'apport est réalisé avec soulte à condition que celle-ci n'excède pas 10 % de la valeur nominale des titres reçus. Toutefois, la plus-value est, à concurrence du montant de cette soulte, imposée au titre de l'année de l'apport.

Il est mis fin au report d'imposition à l'occasion :

1° De la cession à titre onéreux, du rachat, du remboursement ou de l'annulation des titres reçus en rémunération de l'apport ;

2° De la cession à titre onéreux, du rachat, du remboursement ou de l'annulation des titres apportés, si cet événement intervient dans un délai, décompté de date à date, de trois ans à compter de l'apport des titres. Toutefois, il n'est pas mis fin au report d'imposition lorsque la société bénéficiaire de l'apport cède les titres dans un délai de trois ans à compter de la date de l'apport et prend l'engagement d'investir le produit de leur cession, dans un délai de deux ans à compter de la date de la cession et à hauteur d'au moins 60 % du montant de ce produit :

a. Dans le financement de moyens permanents d'exploitation affectés à son activité commerciale au sens des articles 34 ou 35, industrielle, artisanale, libérale, agricole ou financière. Les activités de gestion de son propre patrimoine mobilier ou immobilier sont exclues du bénéfice de cette dérogation ;

b. Dans l'acquisition d'une fraction du capital d'une ou de plusieurs sociétés exerçant une activité mentionnée au a du présent 2°, sous la même exclusion, et répondant aux conditions prévues au c du 3° du II de l'article 150-0 D ter. Le réinvestissement ainsi opéré doit avoir pour effet de lui conférer le contrôle de chacune de ces sociétés au sens du 2° du III du présent article ;

c. Dans la souscription en numéraire au capital initial ou à l'augmentation de capital d'une ou de plusieurs sociétés répondant aux conditions prévues au premier alinéa du b et au c du 3° du II de l'article 150-0 D ter ;

d. Ou dans la souscription de parts ou actions de fonds communs de placement à risques, de fonds professionnels de capital investissement, de sociétés de libre partenariat ou de sociétés de capital-risque respectant les conditions prévues, respectivement, aux articles L 214-28, L 214-160 et L 214-162-1 du code monétaire et financier et à l'article 1er-1 de la loi n° 85-695 du 11 juillet 1985 portant diverses dispositions d'ordre économique et financier, ou d'organismes similaires d'un autre Etat membre de l'Union européenne ou d'un autre Etat partie à l'accord sur l'Espace économique européen ayant conclu avec la France une convention d'assistance administrative en vue de lutter contre la fraude et l'évasion fiscales. Cette souscription s'entend de la signature, par la société bénéficiaire de l'apport, d'un ou plusieurs engagements de souscription de parts ou actions auprès de fonds, sociétés ou organismes qu'ils désignent. Par chaque engagement de souscription, la société bénéficiaire de l'apport s'engage à souscrire un montant minimal, pris en compte pour l'appréciation du respect du quota mentionné à la deuxième phrase du présent 2°, que le fonds, la société ou l'organisme désigné s'engage à appeler dans un délai de cinq ans suivant la signature de chaque engagement. Dans ce même délai de cinq ans, les sommes que la société s'est engagée à verser dans les conditions prévues à la phrase précédente doivent être effectivement versées au fonds, à la société ou à l'organisme. L'actif de ces fonds, sociétés ou organismes doit, à l'expiration du même délai de cinq ans, respecter le quota d'investissement défini au II de l'article 163 quinquies B ou, pour les sociétés de capital-risque, à l'article 1er-1 de la loi n° 85-695 du 11 juillet 1985 précitée, porté à 75 %. Pour le calcul de ce quota, sont assimilées à une activité mentionnée au 1° du II de l'article 163 quinquies B du présent code et au troisième alinéa du 1° de l'article 1er-1 de la loi n° 85-695 du 11 juillet 1985 précitée les activités mentionnées au b du présent 2°. L'investissement pris en compte dans ce même quota réalisé dans chaque société s'effectue sous la forme :

de souscriptions en numéraire au capital initial ou à l'augmentation de capital de la société ;

d'acquisitions de parts ou d'actions émises par la société lorsque l'acquisition confère le contrôle de cette dernière au sens du 2o du III du présent article ou lorsque le fonds, la société ou l'organisme est partie à un pacte d'associés ou d'actionnaires et détient plus d'un quart du capital et des droits de vote de la société concernée par ce pacte à l'issue de cette acquisition ; à défaut, les acquisitions de parts ou d'actions sont admises dans la limite de 10 % du montant total de l'investissement dans la société pris en compte dans le quota ;

de titres donnant accès au capital de la société, d'avances en compte courant ou de titres de créance émis par la société, dans la limite de 10 % du montant total de l'investissement dans la société pris en compte dans le quota.

Ndlr *Les dispositions du présent d telles que modifiées par l'article 24, I de la loi 2023-1322 du 29 décembre 2023 s'appliquent aux souscriptions mentionnées au même d qui portent sur des parts ou des actions de fonds, de sociétés ou d'organismes constitués à compter de la promulgation de ladite loi.*

Ces mêmes dispositions s'appliquent également aux souscriptions mentionnées au présent d qui portent sur des parts ou des actions de fonds, de sociétés ou d'organismes constitués avant la promulgation de la loi 2023-1322 précitée, qui exercent une option selon des modalités fixées par décret et qui respectent le quota de 75 % audit d sur la base de l'inventaire semestriel au cours duquel le délai de cinq ans fixé au même d expire (Loi 2023-1322 du 29 décembre 2023 précitée art. 24, II).

Le non-respect de la condition de réinvestissement prévue au présent 2° ou des quotas d'investissement mentionnés au d met fin au report d'imposition au titre de l'année au cours de laquelle expire le délai de deux ans mentionné au premier alinéa du présent 2° ou le délai de cinq ans mentionné au d.

Le non-respect de la condition prévue à la quatrième phrase du d du présent 2° met fin au report d'imposition au titre de l'année au cours de laquelle expire le délai de cinq ans mentionné à la même quatrième phrase.

Lorsque le produit de la cession est réinvesti dans les conditions prévues au présent 2°, les biens ou les titres concernés sont conservés pendant un délai d'au moins douze mois, décompté depuis la date de leur inscription à l'actif de la société. Toutefois, les parts ou actions de fonds, sociétés ou organismes souscrites dans les conditions du d du présent 2° sont conservées jusqu'à l'expiration du délai de cinq ans mentionné au même d. Le non-respect de cette condition de conservation met fin au report d'imposition au titre de l'année au cours de laquelle cette condition cesse d'être respectée.

Lorsque le contrat de cession prévoit une clause stipulant le versement d'un ou plusieurs compléments de prix au sens du 2 du I de l'article 150-0 A en faveur de la société cédante, le produit de la cession au sens du premier alinéa du présent 2° s'entend du prix de cession augmenté desdits compléments de prix perçus. Dans ce cas, le prix de cession doit être réinvesti, dans le délai de deux ans à compter de la date de cession, à hauteur d'au moins 60 % de son montant dans les conditions prévues au présent 2°. A défaut, le report d'imposition prend fin au titre de l'année au cours de laquelle le délai de deux ans expire. Pour chaque complément de prix perçu, la société dispose d'un nouveau délai de deux ans à compter de la date de sa perception pour réinvestir, dans les conditions prévues au présent 2°, le reliquat nécessaire au maintien du respect du seuil minimal de 60 % du montant du produit de la cession défini à la première phrase du présent alinéa. A défaut, le report d'imposition prend fin au titre de l'année au cours de laquelle le nouveau délai de deux ans expire.

De même, en cas de réinvestissement du reliquat mentionné à l'avant-dernier alinéa du présent 2° dans la souscription de parts ou actions mentionnées au d, le non-respect de la condition prévue à la quatrième phrase du même d ou le non-respect des quotas d'investissement mentionnés au même d met fin au report d'imposition au titre de l'année d'expiration du délai de cinq ans mentionné audit d. Pour l'application du présent alinéa, le délai de cinq ans est décompté à partir de la date de souscription mentionnée à la première phrase du présent alinéa ;

3° De la cession à titre onéreux, du rachat, du remboursement ou de l'annulation des parts ou droits dans les sociétés ou groupements interposés ;

4° Ou, si cet événement est antérieur, lorsque le contribuable transfère son domicile fiscal hors de France dans les conditions prévues à l'article 167 bis.

La fin du report d'imposition entraîne l'imposition de la plus-value dans les conditions prévues au 2 ter de l'article 200 A, sans préjudice de l'intérêt de retard prévu à l'article 1727, décompté de la date de l'apport des titres, en cas de manquement à l'une des conditions mentionnées au 2° du présent I.

II. En cas de transmission par voie de donation ou de don manuel des titres mentionnés au 1° du I du présent article, le donataire mentionne, dans la proportion des titres transmis, le montant de la plus-value en report dans la déclaration prévue à l'article 170 si la société mentionnée au 2° du même I est contrôlée par le donataire dans les conditions prévues au 2° du III. Ces conditions sont appréciées à la date de la transmission, en tenant compte des droits détenus par le donataire à l'issue de celle-ci.

La plus-value en report est imposée au nom du donataire et dans les conditions prévues à l'article 150-0 A :

1° En cas de cession, d'apport, de remboursement ou d'annulation des titres dans un délai de cinq ans à compter de leur acquisition. Ce délai est porté à dix ans en cas d'investissement réalisé dans les conditions prévues au d du 2° du I ;

2° Ou lorsque l'une des conditions mentionnées au 2° du I du présent article n'est pas respectée. Le non-respect de l'une de ces conditions met fin au report d'imposition dans les mêmes conditions que celles décrites au même 2°. L'intérêt de retard prévu à l'article 1727, décompté de la date de l'apport des titres par le donateur, est applicable.

Les frais afférents à l'acquisition à titre gratuit sont imputés sur le montant de la plus-value en report.

Le 1° du présent II ne s'applique pas en cas d'invalidité correspondant au classement dans la deuxième ou troisième des catégories prévues à l'article L 341-4 du code de la sécurité sociale, de licenciement ou de décès du donataire ou de son conjoint ou partenaire lié par un pacte civil de solidarité soumis à une imposition commune.

III. Le report d'imposition est subordonné aux conditions suivantes :

1° L'apport de titres est réalisé en France ou dans un Etat membre de l'Union européenne ou dans un Etat ou territoire ayant conclu avec la France une convention fiscale contenant une clause d'assistance administrative en vue de lutter contre la fraude et l'évasion fiscales ;

2° La société bénéficiaire de l'apport est contrôlée par le contribuable. Cette condition est appréciée à la date de l'apport, en tenant compte des droits détenus par le contribuable à l'issue de celui-ci. Pour l'application de cette condition, un contribuable est considéré comme contrôlant une société :

a. Lorsque la majorité des droits de vote ou des droits dans les bénéfices sociaux de la société est détenue, directement ou indirectement, par le contribuable ou par l'intermédiaire de son conjoint ou de leurs ascendants ou descendants ou de leurs frères et soeurs ;

b. Lorsqu'il dispose seul de la majorité des droits de vote ou des droits dans les bénéfices sociaux de cette société en vertu d'un accord conclu avec d'autres associés ou actionnaires ;

c. Ou lorsqu'il y exerce en fait le pouvoir de décision.

Le contribuable est présumé exercer ce contrôle lorsqu'il dispose, directement ou indirectement, d'une fraction des droits de vote ou des droits dans les bénéfices sociaux égale ou supérieure à 33,33 % et qu'aucun autre associé ou actionnaire ne détient, directement ou indirectement, une fraction supérieure à la sienne.

Le contribuable et une ou plusieurs personnes agissant de concert sont considérés comme contrôlant conjointement une société lorsqu'ils déterminent en fait les décisions prises en assemblée générale.

IV. Par dérogation aux 1° et 3° du I, le report d'imposition de la plus-value mentionné au même I ou son maintien en application du présent alinéa est maintenu lorsque les titres reçus en rémunération du dernier apport ou échange ayant ouvert droit au report d'imposition mentionné audit I ou à son maintien font l'objet d'une nouvelle opération d'apport ou d'échange dans les conditions prévues au présent article ou à l'article 150-0 B.

Le contribuable mentionne chaque année, dans la déclaration prévue à l'article 170, le montant des plus-values dont le report est maintenu en application du premier alinéa du présent IV.

Il est mis fin au report d'imposition de la plus-value mentionné au I et maintenu en application du premier alinéa du présent IV en cas :

1° De cession à titre onéreux, de rachat, de remboursement ou d'annulation des titres reçus par le contribuable en contrepartie du dernier apport ou échange ayant ouvert droit au report d'imposition ou à son maintien ;

2° De survenance de l'un des événements mentionnés aux 3° et 4° du I ;

3° De survenance, dans la société bénéficiaire de l'apport ayant ouvert droit au report d'imposition ou dans l'une des sociétés bénéficiaires d'un apport ou échange ayant ouvert droit au maintien de ce report en application du premier alinéa du présent IV, d'un événement mentionné au 2° du I mettant fin au report d'imposition.

V. En cas de survenance d'un des événements prévus aux 1° à 4° du I et aux 1° à 3° du IV, il est mis fin au report d'imposition de la plus-value dans la proportion des titres cédés à titre onéreux, rachetés, remboursés ou annulés.

V bis. Lorsque les titres apportés dans les conditions prévues au I du présent article sont grevés d'un report d'imposition mis en œuvre en application du II de l'article 92 B, de l'article 92 B decies, de l'article 150 A bis et des I ter et II de l'article 160, dans leur rédaction en vigueur avant le 1er janvier 2000, de l'article 150-0 C, dans sa rédaction en vigueur avant le 1er janvier 2006, de l'article 150-0 D bis, dans sa rédaction antérieure au 1er janvier 2014, ou de l'article 150-0 B bis, ledit report d'imposition est maintenu de plein droit et expire lors de la survenance d'un événement mettant fin au report d'imposition mentionné au I du présent article dans les conditions prévues à ce même I ou au IV.

Il est également mis fin au report d'imposition mis en œuvre en application de l'article 92 B decies, du dernier alinéa du 1 du I ter et du II de l'article 160, dans leur rédaction en vigueur avant le 1er janvier 2000, de l'article 150-0 C, dans sa rédaction en vigueur avant le 1er janvier 2006, de l'article 150-0 D bis, dans sa rédaction en vigueur avant le 1er janvier 2014, ou de l'article 150-0 B bis en cas de transmission, dans les conditions prévues par ces mêmes articles, des titres reçus en rémunération de l'apport mentionné au I du présent article ou des titres mentionnés au 1° du IV.

VI. Un décret fixe les conditions d'application du présent article, notamment les obligations déclaratives des contribuables, des sociétés bénéficiaires de l'apport des titres et des fonds, sociétés ou organismes mentionnés au d du 2° du I. Il fixe par ailleurs les modalités d'appréciation du respect des quotas mentionnés au même d *(Voir Annexe III, art. 41 quatervicies à 41 sexvicies).*

RM-VI-25800 s. ; MF nos 33310 s.

Art 150-0 B quater **I.** L'imposition des plus-values retirées de la cession à titre onéreux ou du rachat d'actions d'une société d'investissement à capital variable ou de parts d'un fonds commun de placement, ainsi que de la dissolution de telles entités, peut être reportée dans les conditions prévues au II.

II. Le bénéfice du report d'imposition est subordonné au respect des conditions suivantes.

A. La société ou le fonds mentionné au I appartient à la classe « monétaire » ou à la classe « monétaire à court terme ». Cette classification est attestée par les documents mentionnés aux articles L 214-23 et L 214-24-62 du code monétaire et financier.

B. Le contribuable verse le prix de cession ou de rachat ou le montant des sommes qui lui sont attribuées lors de la dissolution, net des prélèvements sociaux dus au titre de ces opérations, dans le délai d'un mois à compter de la date de cet événement, sur un plan d'épargne en actions destiné au financement des petites et moyennes entreprises et des entreprises de taille intermédiaire, défini à l'article L 221-32-1 du même code.

Lorsque le versement sur un tel plan ne porte que sur une fraction du prix ou des sommes, le report d'imposition ne s'applique qu'à raison de la quote-part de plus-value correspondante.

C. Le contribuable demande le bénéfice de ce report et mentionne le montant de la plus-value ainsi placée en report sur la déclaration prévue à l'article 170 du présent code.

III. Le non-respect de l'une des conditions prévues au II du présent article entraîne l'exigibilité immédiate de l'impôt sur le revenu, sans préjudice de l'intérêt de retard prévu à l'article 1727 à compter de la date à laquelle cet impôt aurait dû être acquitté.

IV. Il est mis fin au report d'imposition en cas de retrait de titres ou de liquidités ou de rachat effectué sur le plan avant l'expiration de la cinquième année suivant la date du versement effectué dans les conditions du B du II du présent article ou, si cet événement est antérieur, lorsque le contribuable transfère son domicile fiscal hors de France dans les conditions prévues à l'article 167 bis.

Pour l'application du premier alinéa du présent IV, l'imposition est établie, dans les conditions de droit commun, au titre de l'année de réalisation de l'événement mettant fin au report d'imposition.

V. La plus-value est définitivement exonérée à l'issue de l'expiration du délai de cinq ans mentionné au IV ou, par dérogation au même IV, en cas de retrait ou de rachat résultant du licenciement, de l'invalidité correspondant au classement dans les deuxième ou troisième catégories prévues à l'article L 341-4 du code de la sécurité sociale ou de décès du contribuable ou de l'un des époux ou partenaires liés par un pacte civil de solidarité soumis à imposition commune.

VI. Les I à V s'appliquent aux cessions, aux rachats d'actions d'une société d'investissement à capital variable ou de parts d'un fonds commun de placement et aux dissolutions intervenant entre le 1er avril 2016 et le 31 mars 2017.

RM-VI-31100 s.

Art 150-0 B quinquies **I.** En cas de retrait de liquidités d'un compte défini à l'article L 221-32-4 du code monétaire et financier, le gain net mentionné au 2 ter du II de l'article 150-0 A du présent code est constitué par le solde des distributions mentionnées aux 7 et 7 bis du même II et au 1 du II de l'article 163 quinquies C perçues dans le compte ainsi que des plus-values et des moins-values constatées lors d'opérations réalisées dans le compte, retenues pour leur montant brut avant application, le cas échéant, des abattements mentionnés aux 1 ter ou 1 quater de l'article 150-0 D ou à l'article 150-0 D ter dans leur rédaction en vigueur à la date de perception ou de réalisation desdites distributions ou plus-values. Lorsque ce gain net est supérieur au montant du retrait, il est retenu dans la limite de ce montant et le solde reste imposable dans le compte.

Toutefois, pour la détermination du gain net mentionné au premier alinéa, il n'est pas tenu compte des mêmes distributions et plus-values et moins-values lorsqu'elles sont perçues ou réalisées dans les conditions prévues aux 1 ou 1 bis du III de l'article 150-0 A, à l'article 163 quinquies B ou au 2 du II de l'article 163 quinquies C.

Les plus-values et moins-values mentionnées au premier alinéa du présent I sont déterminées conformément à l'article 150-0 D.

Toutefois, par dérogation au 11 du même article 150-0 D, les moins-values sont imputables, sans limitation de délai, en priorité sur les plus-values des années antérieures les plus anciennes puis sur les plus-values de l'année et des années suivantes afférentes aux titres souscrits aux dates les plus anciennes.

En cas de solde positif, le gain net mentionné au premier alinéa, pour lequel l'imposition est établie, est, le cas échéant, réduit des abattements mentionnés aux 1 ter ou 1 quater du même article 150-0 D ou à l'article 150-0 D ter dans les conditions prévues par ces mêmes articles dans leur rédaction en vigueur à la date de perception ou de réalisation desdites distributions ou plus-values. Pour l'application de ces abattements, le gain net est ventilé entre les différents taux d'abattement selon la même répartition que l'ensemble des plus-values constatées dans le compte au jour du retrait avant imputation des moins-values.

Lorsque le gain net mentionné au cinquième alinéa est imposé dans les conditions prévues au 1 de l'article 200 A, il n'est pas fait application des abattements mentionnés aux 1 ter ou 1 quater de l'article 150-0 D.

En cas de solde négatif, les liquidités retirées ne sont pas imposables. Les moins-values réalisées dans le compte, pour leur montant excédant les plus-values réalisées dans les mêmes conditions à la date du retrait, restent imputables dans le compte, dans les conditions prévues au présent I.

II. En cas de retrait de titres d'un compte mentionné au premier alinéa du I, le gain net mentionné au 2 ter du II de l'article 150-0 A correspond à la valeur de souscription des titres retirés.

Le gain imposable est déterminé dans les conditions prévues au I.

Lorsque le retrait porte sur des titres apportés dans les conditions prévues à l'article L 221-32-5 du code monétaire et financier, aucune imposition n'est établie à raison de ce retrait.

En cas de cession à titre onéreux ou de rachat de titres ayant fait l'objet d'un retrait du compte, le gain net est déterminé et imposé suivant les modalités de droit commun prévues aux articles 150-0 A à 150-0 D ter et aux 1 ou 2 de l'article 200 A du présent code.

III. La clôture du compte entraîne le retrait de l'ensemble des actifs détenus sur le compte. Le gain de clôture est déterminé dans les conditions prévues aux I et II.

Lorsque, à la date de clôture du compte, le montant déterminé au premier alinéa du présent III est une moins-value, celle-ci est imputable sur les plus-values réalisées dans les conditions prévues à l'article 150-0 A au titre de l'année de clôture du compte et, le cas échéant, des années suivantes, jusqu'à la dixième inclusivement.

IV. Pour l'application du présent article, le transfert par le titulaire du compte de son domicile fiscal hors de France entraîne les mêmes conséquences qu'une clôture du compte. Dans ce cas, l'article 167 bis est applicable :

1° Aux plus-values réalisées dans les conditions du I du présent article. Ces plus-values sont prises en compte pour l'établissement de l'impôt sur le revenu, déterminé conformément au II bis de l'article 167 bis, des prélèvements prévus au 1° du I de l'article 235 ter, à l'article L 136-6 du code de la sécurité sociale et à l'article 15 de l'ordonnance n° 96-50 du 24 janvier 1996 relative au remboursement de la dette sociale. Lorsque les impositions dues à raison de ces plus-values sont placées en sursis de paiement, ce sursis expire dans les conditions prévues pour l'imposition desdites plus-values suivant les dispositions du présent article pour un contribuable domicilié fiscalement en France ;

2° Aux plus-values latentes constatées à la date du transfert du domicile fiscal sur les titres ou droits inscrits dans le compte. Ces plus-values sont imposables dans les conditions de droit commun prévues au 1 du I de l'article 167 bis.

RM-VII-45000 s. ; MF n°s 26210 s.

Art 150-0 D **1.** Les gains nets mentionnés au I de l'article 150-0 A sont constitués par la différence entre le prix effectif de cession des titres ou droits, nets des frais et taxes acquittés par le cédant, et leur prix effectif d'acquisition par celui-ci diminué, le cas échéant, des réductions d'impôt effectivement obtenues dans les conditions prévues à l'article 199 terdecies-0 A, ou, en cas d'acquisition à titre gratuit, leur valeur retenue pour la détermination des droits de mutation *(Voir Annexe II, art. 74-0 B à 74-0 E)*.

RM-VI-5050 s. ; MF n°s 33020 s.

Les gains nets résultant de la cession à titre onéreux ou retirés du rachat d'actions, de parts de sociétés, de droits démembrés portant sur ces actions ou parts, ou de titres représentatifs de ces mêmes actions, parts ou droits, mentionnés à l'article 150-0 A, ainsi que les distributions mentionnées aux 7, 7 bis et aux deux derniers alinéas du 8 du II du même article, à l'article 150-0 F et au 1 du II de l'article 163 quinquies C sont réduits d'un abattement déterminé dans les conditions prévues, selon le cas, au 1 ter ou au 1 quater du présent article.

Le complément de prix prévu au 2 du I de l'article 150-0 A, afférent à la cession d'actions, de parts ou de droits mentionnés au deuxième alinéa du présent 1, est réduit de l'abattement prévu au même alinéa, quelle que soit la date à laquelle est intervenue la cession à laquelle il se rapporte, lorsque les conditions prévues, selon le cas, aux 1 ter ou 1 quater du présent article sont remplies.

L'abattement précité ne s'applique pas à l'avantage mentionné à l'article 80 bis constaté à l'occasion de la levée d'options attribuées avant le 20 juin 2007, ni au gain net mentionné au I de l'article 163 bis G, ni au reliquat du gain net imposable après application de l'abattement fixe prévu au 1 du I de l'article 150-0 D ter.

RM-VI-11250 s. ; MF n°s 33075 s.

1 bis. *(Abrogé).*

1 ter. A. L'abattement mentionné au 1 est égal à :

a. 50 % du montant des gains nets ou des distributions lorsque les actions, parts, droits ou titres sont détenus depuis au moins deux ans et moins de huit ans à la date de la cession ou de la distribution ;

b. 65 % du montant des gains nets ou des distributions lorsque les actions, parts, droits ou titres sont détenus depuis au moins huit ans à la date de la cession ou de la distribution.

Cet abattement s'applique aux gains nets de cession à titre onéreux ou de rachat de parts ou d'actions d'organismes de placement collectif en valeurs mobilières ou de placements collectifs, relevant des articles L 214-24-24 à L 214-32-1, L 214-139 à L 214-147 et L 214-152 à L 214-166 du code monétaire et financier, ou de dissolution de tels organismes ou placements, à condition qu'ils emploient plus de 75 % de leurs actifs en parts ou actions de sociétés. Ce quota doit être respecté au plus tard lors de la clôture de l'exercice suivant celui de la constitution de l'organisme ou du placement collectif et, de manière continue, jusqu'à la date de la cession ou du rachat des actions, parts ou droits ou de la dissolution de cet organisme ou placement collectif. Toutefois, cette condition ne s'applique pas aux gains nets mentionnés au 8 du II de l'article 150-0 A du présent code et aux gains nets de cession ou de rachat de parts de fonds communs de placement à risques mentionnés aux articles L 214-28, L 214-30 et L 214-31 du code monétaire et financier et de parts ou actions de fonds professionnels de capital investissement mentionnés à l'article L 214-159 du même code.

L'abattement précité s'applique aux distributions mentionnées aux 7 et 7 bis du II de l'article 150-0 A du présent code, à condition que les fonds mentionnés à ce même 7 et les organismes ou les placements collectifs mentionnés à ce même 7 bis emploient plus de 75 % de leurs actifs en actions ou parts de sociétés ou en droits portant sur ces actions ou parts. Ce quota doit être respecté au plus tard lors de la clôture de l'exercice suivant celui de la constitution du fonds, de l'organisme ou du placement collectif et de manière continue jusqu'à la date de la distribution. Toutefois, cette condition ne s'applique pas aux distributions effectuées par des fonds communs de placement à risques mentionnés aux articles L 214-28, L 214-30 et L 214-31 du code monétaire et financier et de fonds professionnels de capital investissement mentionnés à l'article L 214-159 du même code.

Les conditions mentionnées aux quatrième et cinquième alinéas du présent A s'appliquent également aux entités de même nature constituées sur le fondement d'un droit étranger.

Par dérogation aux mêmes quatrième et cinquième alinéas, pour les organismes constitués avant le 1er janvier 2014, le quota de 75 % doit être respecté au plus tard lors de la clôture du premier exercice ouvert à compter de cette même date et de manière continue jusqu'à la date de la cession, du rachat ou de la dissolution ou jusqu'à la date de la distribution.

B. L'abattement mentionné au A s'applique sous réserve du respect des conditions suivantes :

1° Les actions, parts, droits ou titres ont été acquis ou souscrits antérieurement au 1er janvier 2018 ;

2° Les gains nets, distributions ou compléments de prix considérés sont imposés dans les conditions prévues au 2 de l'article 200 A.

RM-VI-11300 s. ; MF n°s 33075 s.

1 quater. Par dérogation au 1 ter, les gains nets résultant de la cession à titre onéreux ou retirés du rachat d'actions ou de parts de sociétés ou de droits démembrés portant sur ces actions ou parts, mentionnés à l'article 150-0 A, sont réduits d'un abattement au taux mentionné au A lorsque les conditions prévues au B sont remplies.

A. Le taux de l'abattement est égal à :

1° 50 % de leur montant lorsque les actions, parts ou droits sont détenus depuis au moins un an et moins de quatre ans à la date de la cession ;

2° 65 % de leur montant lorsque les actions, parts ou droits sont détenus depuis au moins quatre ans et moins de huit ans à la date de la cession ;

3° 85 % de leur montant lorsque les actions, parts ou droits sont détenus depuis au moins huit ans à la date de la cession.

RM-VI-12480 s. ; MF nº 33104

B. L'abattement mentionné au A s'applique sous réserve du respect de l'ensemble des conditions suivantes :

1° Les conditions mentionnées au B du 1 ter sont remplies ;

RM-VI-12000 s. ; MF nº 33100

2° La société émettrice des actions, parts ou droits cédés remplit l'ensemble des conditions suivantes :

a. Elle est créée depuis moins de dix ans et n'est pas issue d'une concentration, d'une restructuration, d'une extension ou d'une reprise d'activités préexistantes. Cette condition s'apprécie à la date de souscription ou d'acquisition des droits cédés ;

b. Elle est une petite ou moyenne entreprise au sens de l'annexe I du règlement (UE) nº 651/2014 de la Commission du 17 juin 2014 déclarant certaines catégories d'aides compatibles avec le marché intérieur en application des articles 107 et 108 du traité. Cette condition est appréciée à la date de clôture du dernier exercice précédant la date de souscription ou d'acquisition de ces droits ou, à défaut d'exercice clos, à la date du premier exercice clos suivant la date de souscription ou d'acquisition de ces droits ;

c. Elle n'accorde aucune garantie en capital à ses associés ou actionnaires en contrepartie de leurs souscriptions ;

d. Elle est passible de l'impôt sur les bénéfices ou d'un impôt équivalent ;

e. Elle a son siège social dans un Etat membre de l'Union européenne ou dans un autre Etat partie à l'accord sur l'Espace économique européen ayant conclu avec la France une convention d'assistance administrative en vue de lutter contre la fraude et l'évasion fiscales ;

f. Elle exerce une activité commerciale au sens des articles 34 ou 35, industrielle, artisanale, libérale ou agricole. Les activités de gestion de son propre patrimoine mobilier ou immobilier sont exclues.

Lorsque la société émettrice des droits cédés est une société holding animatrice qui, outre la gestion d'un portefeuille de participations, participe activement à la conduite de la politique de son groupe et au contrôle de ses filiales et rend, le cas échéant et à titre purement interne, des services spécifiques, administratifs, juridiques, comptables, financiers et immobiliers, le respect des conditions mentionnées au présent 2° s'apprécie au niveau de la société émettrice et de chacune des sociétés dans laquelle elle détient des participations.

Les conditions prévues aux quatrième à avant-dernier alinéas du présent 2° s'apprécient de manière continue depuis la date de création de la société.

RM-VI-12000 s. ; MF nºs 33100 s.

C. L'abattement mentionné au A ne s'applique pas :

1° Aux gains nets de cession ou de rachat de parts ou d'actions d'organismes de placement collectif en valeurs mobilières ou de placements collectifs relevant des articles L 214-24-24 à L 214-32-1, L 214-139 à L 214-147 et L 214-152 à L 214-166 du code monétaire et financier ou d'entités de même nature constituées sur le fondement d'un droit étranger ou de dissolution de tels organismes, placements ou entités ;

2° Aux distributions mentionnées aux 7 et 7 bis et aux deux derniers alinéas du 8 du II de l'article 150-0 A, à l'article 150-0 F et au 1 du II de l'article 163 quinquies C, y compris lorsqu'elles sont effectuées par des entités de même nature constituées sur le fondement d'un droit étranger ;

3° Aux gains mentionnés aux 3,4 bis, 4 ter et 5 du II et, le cas échéant, au 2 du III de l'article 150-0 A.

RM-VI-12000 s. ; MF nº 33100

1 quinquies. Pour l'application de l'abattement mentionné au 1, la durée de détention est décomptée à partir de la date de souscription ou d'acquisition des actions, parts, droits ou titres, et :

1° En cas de cession d'actions, parts, droits ou titres effectuée par une personne interposée, à partir de la date de souscription ou d'acquisition des actions, parts, droits ou titres par la personne interposée ;

2° En cas de vente ultérieure d'actions, parts, droits ou titres reçus à l'occasion d'opérations mentionnées à l'article 150-0 B ou au II de l'article 150 UB, à partir de la date de souscription ou d'acquisition des actions, parts, droits ou titres remis à l'échange ;

3° En cas de cession d'actions, parts, droits ou titres après la clôture d'un plan d'épargne en actions défini à l'article 163 quinquies D ou leur retrait dudit plan, à partir de la date à laquelle le cédant a cessé de bénéficier, pour ces actions, parts, droits ou titres, des avantages prévus aux 5° bis et 5° ter de l'article 157 ;

4° En cas de cession à titre onéreux d'actions, parts, droits ou titres reçus en rémunération d'un apport réalisé sous le régime prévu au I ter de l'article 93 quater, au a du I de l'article 151 octies ou aux I et II de l'article 151 octies A, à partir de la date à laquelle l'apporteur a commencé son activité commerciale, industrielle, artisanale, libérale ou agricole ;

5° En cas de cession d'actions, parts, droits ou titres effectuée par une fiducie :

a. Lorsque les actions, parts, droits ou titres ont été acquis ou souscrits par la fiducie, à partir de la date d'acquisition ou de souscription de ces actions, parts, droits ou titres par la fiducie ;

b. Lorsque les actions, parts, droits ou titres ont été transférés dans le patrimoine fiduciaire dans les conditions prévues à l'article 238 quater N, à partir de la date d'acquisition ou de souscription des actions, parts, droits ou titres par le constituant ;

6° En cas de cession d'actions, parts, droits ou titres reçus dans les conditions prévues à l'article 238 quater Q :

a. Lorsque le cédant est le constituant initial de la fiducie :

- lorsque les actions, parts, droits ou titres ont été transférés par le constituant dans le patrimoine fiduciaire dans les conditions prévues à l'article 238 quater N, à partir de la date d'acquisition ou de souscription des actions, parts, droits ou titres par le constituant ;
- lorsque les actions, parts, droits ou titres n'ont pas été transférés dans le patrimoine fiduciaire dans les conditions prévues au même article 238 quater N, à partir de la date d'acquisition ou de souscription des actions, parts, droits ou titres par la fiducie ;

b. Lorsque le cédant n'est pas le constituant initial de la fiducie, à partir de la date d'acquisition de droits représentatifs des biens ou droits du patrimoine fiduciaire si les actions, parts, droits ou titres cédés figuraient dans le patrimoine fiduciaire lors de l'acquisition de ces droits, à partir de la date d'acquisition ou de souscription des actions, parts, droits ou titres par la fiducie dans les autres situations ;

7° En cas de cession d'actions gratuites attribuées dans les conditions définies aux articles L 225-197-1 à L 225-197-5, L 22-10-59 et L 22-10-60 du code de commerce, à partir de la date d'acquisition prévue au sixième alinéa du I de l'article L 225-197-1 du code de commerce ;

TS-VII-80900 s. ; MF n° 88825

8° En cas de cession ou de rachat des parts ou actions du nouveau fonds commun de placement ou de la nouvelle société d'investissement à capital variable créés dans le cadre d'une scission réalisée en application des articles L 214-7-4, L 214-8-7, L 214-24-33 et L 214-24-41 du code monétaire et financier, en cas de dissolution de ce fonds ou de cette société ainsi que pour les distributions mentionnées aux 7 et 7 bis ainsi qu'aux deux derniers alinéas du 8 du II de l'article 150-0 A du présent code, à partir de la date d'acquisition ou de souscription des parts ou actions de l'ancien fonds commun de placement ou de l'ancienne société d'investissement à capital variable.

En cas de cessions antérieures de titres ou droits de la société concernée pour lesquels le gain net a été déterminé en retenant un prix d'acquisition calculé suivant la règle de la valeur moyenne pondérée d'acquisition prévue au premier alinéa du 3, le nombre de titres ou droits cédés antérieurement est réputé avoir été prélevé en priorité sur les titres ou droits acquis ou souscrits aux dates les plus anciennes.

Pour les distributions mentionnées aux 7, 7 bis et aux deux derniers alinéas du 8 du II de l'article 150-0 A, à l'article 150-0 F et au 1 du II de l'article 163 quinquies C, la durée de détention est décomptée à partir de la date d'acquisition ou de souscription des titres du fonds, de l'entité ou de la société de capital-risque concerné, sous réserve du 8° du présent 1 quinquies.

Pour l'application du dernier alinéa du A du 1 ter, en cas de cession à titre onéreux ou de rachat de parts ou d'actions d'organismes de placement collectif en valeurs mobilières ou de placements collectifs, constitués avant le 1er janvier 2014, ou en cas de distributions effectuées par de tels organismes, la durée de détention est décomptée :

- à partir de la date de souscription ou d'acquisition de ces parts ou actions, lorsque les parts ou actions ont été souscrites ou acquises à une date où l'organisme respecte le quota d'investissement mentionné aux quatrième et cinquième alinéas du même A du 1 ter ;
- à partir de la date de respect du quota d'investissement mentionné à l'avant-dernier alinéa du présent 1 quinquies lorsque les parts ou actions ont été souscrites ou acquises à une date antérieure.

RM-VI-15900 s. ; MF nos 33075 s.

2. Le prix d'acquisition des titres ou droits à retenir par le cessionnaire pour la détermination du gain net de cession des titres ou droits concernés est, le cas échéant, augmenté du complément de prix mentionné au 2 du I de l'article 150-0 A.

RM-VI-9070 ; MF n° 33140

2 bis. *(Abrogé).*

RM-VI-25450

3. En cas de cession d'un ou plusieurs titres appartenant à une série de titres de même nature acquis pour des prix différents, le prix d'acquisition à retenir est la valeur moyenne pondérée d'acquisition de ces titres.

RM-VI-7330 s. ; MF n° 33045

Le détachement de droits de souscription ou d'attribution emporte les conséquences suivantes :

a. Le prix d'acquisition des actions ou parts antérieurement détenues et permettant de participer à l'opération ne fait l'objet d'aucune modification ;

b. Le prix d'acquisition des droits détachés est, s'ils font l'objet d'une cession, réputé nul ;

c. Le prix d'acquisition des actions ou parts reçues à l'occasion de l'opération est réputé égal au prix des droits acquis dans ce but à titre onéreux, augmenté, s'il y a lieu, de la somme versée par le souscripteur.

RM-VI-6440 s. ; MF n° 33060 e

4. Pour l'ensemble des titres admis aux négociations sur un marché réglementé acquis avant le 1er janvier 1979, le contribuable peut retenir, comme prix d'acquisition, le cours au comptant le plus élevé de l'année 1978.

Pour l'ensemble des valeurs françaises à revenu variable, il peut également retenir le cours moyen de cotation au comptant de ces titres pendant l'année 1972.

Ces dispositions ne sont pas applicables lorsque la cession porte sur des droits sociaux qui, détenus directement ou indirectement dans les bénéfices sociaux par le cédant ou son conjoint, leurs ascendants et leurs descendants, ont dépassé ensemble 25 % des bénéfices à un moment quelconque au cours des cinq dernières années. Pour ces droits, le contribuable peut substituer au prix d'acquisition la valeur de ces droits au 1er janvier 1949 si elle est supérieure.

RM-VI-7470 s. ; MF n° 33055 b

5. En cas de cession de titres après la clôture d'un plan d'épargne en actions défini à l'article 163 quinquies D ou leur retrait dudit plan, le prix d'acquisition est réputé égal à leur valeur à la date où le cédant a cessé de bénéficier, pour ces titres, des avantages prévus aux 5° bis et 5° ter de l'article 157.

RM-VII-41300 s. ; MF n° 26205

5 bis. En cas de cession de titres après la clôture d'un plan d'épargne avenir climat défini à l'article L 221-34- 2 du code monétaire et financier ou leur retrait dudit plan, le prix d'acquisition est réputé égal à leur valeur à la date, selon le cas, de la clôture ou du retrait.

Ndlr *Les dispositions du présent 5 bis entreront en vigueur à une date fixée par décret, et au plus tard le 1er juillet 2024 (Loi 2023-1322 du 29 décembre 2023 art. 3, III-A).*

6. Le gain net réalisé depuis l'ouverture d'un plan d'épargne en actions défini à l'article 163 quinquies D s'entend de la différence entre la valeur liquidative du plan ou la valeur de rachat pour les contrats de capitalisation à la date du retrait et le montant des versements effectués sur le plan depuis la date de son ouverture, à l'exception de ceux afférents aux retraits ou rachats n'ayant pas entraîné la clôture du plan.

RM-VII-41150 ; MF n° 26185

7. Le prix d'acquisition des titres acquis en vertu d'un engagement d'épargne à long terme est réputé égal au dernier cours coté au comptant de ces titres précédant l'expiration de cet engagement.

RM-VII-32540 s.

8. Pour les actions acquises dans les conditions prévues aux articles L 225-177 à L 225-186, L 22-10-56 et L 22-10-57 du code de commerce, le prix d'acquisition des titres à retenir par le cessionnaire pour la détermination du gain net est le prix de souscription ou d'achat des actions augmenté de l'avantage défini à l'article 80 bis du présent code.

TS-VII-65320 ; MF nos 88780 s.

8 bis. En cas de cession de parts ou actions acquises dans le cadre d'une opération mentionnée au 4 de l'article L 313-7 du code monétaire et financier, le prix d'acquisition à retenir est égal au prix convenu pour l'acceptation de la promesse unilatérale de vente compte non tenu des sommes correspondant aux versements effectués à titre de loyers.

RM-VII-43100 ; MF n° 33060 h

8 ter. Le gain net mentionné au 6 du II de l'article 150-0 A est égal à la différence entre le montant du remboursement et le prix ou la valeur d'acquisition ou de souscription des titres rachetés.

RM-VI-5330 ; MF n° 33060 d

9. En cas de vente ultérieure ou de rachat mentionné au 6 du II de l'article 150-0 A de titres reçus à l'occasion d'une opération mentionnée à l'article 150-0 B, au quatrième alinéa de l'article 150 A bis en vigueur avant la publication de la loi de finances pour 2004 (n° 2003-1311 du 30 décembre 2003) et au II de l'article 150 UB, le gain net est calculé à partir du prix ou de la valeur d'acquisition des titres échangés, diminué du montant de la soulte reçue, qui n'a pas fait l'objet d'une imposition au titre de l'année de l'échange, ou majoré de la soulte versée lors de cet échange.

RM-VI-24650 s. ; MF n° 33300

9 bis. En cas de cession à titre onéreux ou de rachat de parts de fonds communs de placement à risques ou d'un fonds professionnel spécialisé relevant de l'article L 214-37 du code monétaire et financier dans sa rédaction antérieure à l'ordonnance n° 2013-676 du 25 juillet 2013 modifiant le cadre juridique de la gestion d'actifs ou d'un fonds professionnel de capital investissement pour lesquelles le contribuable a perçu une distribution mentionnée au 7 du II de l'article 150-0 A, le prix d'acquisition ou de souscription est diminué à concurrence du montant des sommes ou valeurs ainsi distribuées qui n'a pas été imposé en application du même 7.

RM-VII-4730 s. ; MF n° 26325

10. En cas d'absorption d'une société d'investissement à capital variable par un fonds commun de placement réalisée conformément à la réglementation en vigueur, les gains nets résultant de la cession ou du rachat des parts reçues en échange ou de la dissolution du fonds absorbant sont réputés être constitués par la différence entre le prix effectif de cession ou de rachat des parts reçues en échange, net des frais et taxes acquittés par le cédant, et le prix de souscription ou d'achat des actions de la société d'investissement à capital variable absorbée remises à l'échange.

RM-VI-24900 ; MF n° 33300

10 bis. Pour le calcul des gains nets résultant de la cession ou du rachat des parts ou actions ou de la dissolution des fonds communs de placement ou sociétés d'investissement à capital variable issus d'une scission réalisée en application des articles L 214-7-4, L 214-8-7, L 214-24-33 et L 214-24-41 du code monétaire et financier, le prix d'acquisition est déterminé en retenant le prix ou la valeur d'acquisition des actions ou parts de l'entité dont l'actif a été scindé, dans le rapport existant entre la valeur liquidative de chacune des entités issues de la scission à la date de cette dernière et la somme arithmétique desdites valeurs liquidatives.

FR 2/22 inf. 79 p. 124

11. Les moins-values subies au cours d'une année sont imputées exclusivement sur les plus-values de même nature, retenues pour leur montant brut avant application, le cas échéant, des abattements mentionnés aux 1 ter ou 1 quater du présent article ou à l'article 150-0 D ter, imposables au titre de la même année.

En cas de solde positif, les plus-values subsistantes sont réduites, le cas échéant, des moins-values de même nature subies au titre des années antérieures jusqu'à la dixième inclusivement, puis des abattements mentionnés au premier alinéa du présent 11.

En cas de solde négatif, l'excédent de moins-values mentionnées au même premier alinéa non imputé est reporté et est imputé dans les mêmes conditions au titre des années suivantes jusqu'à la dixième inclusivement.

RM-VI-10050 s. ; MF n° 33065

12. Les pertes constatées en cas d'annulation de valeurs mobilières, de droits sociaux, ou de titres assimilés sont imputables, dans les conditions mentionnées au 11, l'année au cours de laquelle intervient soit la réduction du capital de la société, en exécution d'un plan de redressement mentionné à l'article L 631-19 du code de commerce, soit la cession de l'entreprise ordonnée par le tribunal en application de l'article L 631-22 de ce code, soit le jugement de clôture de la liquidation judiciaire, soit la réduction totale du capital de la société en application du deuxième alinéa des articles L 223-42 ou L 225-248 dudit code dès lors que les pertes sont égales ou supérieures aux capitaux propres.

Par exception aux dispositions du premier alinéa, préalablement à l'annulation des titres, les pertes sur valeurs mobilières, droits sociaux ou titres assimilés peuvent, sur option expresse du détenteur, être imputées dans les conditions prévues au 11, à compter de l'année au cours de laquelle intervient le jugement ordonnant la cession de l'entreprise en application de l'article L 631-22 du code de commerce, en l'absence de tout plan de continuation, ou prononçant sa liquidation judiciaire. L'option porte sur l'ensemble des valeurs mobilières, droits sociaux ou titres assimilés détenus dans la société faisant l'objet de la procédure collective. En cas d'infirmation du jugement ou de résolution du plan de cession, la perte imputée ou reportée est reprise au titre de l'année au cours de laquelle intervient cet événement.

Les dispositions des premier et deuxième alinéas ne s'appliquent pas :

a. Aux pertes constatées afférentes à des valeurs mobilières ou des droits sociaux détenus dans un plan d'épargne d'entreprise mentionné à l'article 163 bis B dans un plan d'épargne en actions défini à l'article 163 quinquies D ou dans un plan d'épargne avenir climat mentionné à l'article L 221-34-2 du code monétaire et financier ;

Ndlr *Les dispositions du présent a, telles que modifiées par l'article 3, I-2°-b de la loi 2023-1322 du 29 décembre 2023 entreront en vigueur à une date fixée par décret, et au plus tard le 1er juillet 2024 (Loi précitée art. 3, III-A).*

b. Aux pertes constatées par les personnes à l'encontre desquelles le tribunal a prononcé au titre des sociétés en cause l'une des condamnations mentionnées aux articles L 651-2, L 653-4, L 653-5, L 653-6, L 653-8, L 654-2 ou L 654-6 du code de commerce. Lorsque l'une de ces condamnations est prononcée à l'encontre d'un contribuable ayant exercé l'option prévue au deuxième alinéa, la perte ainsi imputée ou reportée est reprise au titre de l'année de la condamnation.

(Voir Annexe II, art. 74-0 G)

RM-VI-10400 s. ; MF nº 33067

13. L'imputation des pertes mentionnées au 12 est opérée dans la limite du prix effectif d'acquisition des titres par le cédant ou, en cas d'acquisition à titre gratuit, de la valeur retenue pour l'assiette des droits de mutation. Lorsque les titres ont été reçus, à compter du 1er janvier 2000, dans le cadre d'une opération d'échange dans les conditions prévues à l'article 150-0 B, le prix d'acquisition à retenir est celui des titres remis à l'échange, diminué du montant de la soulte reçue, qui n'a pas fait l'objet d'une imposition au titre de l'année de l'échange, ou majoré de la soulte versée lors de cet échange.

La perte nette constatée est minorée, en tant qu'elle se rapporte aux titres concernés, du montant :

a. Des sommes ou valeurs remboursées dans la limite du prix d'acquisition des titres correspondants ;

b. Des sommes ayant ouvert droit à la réduction d'impôt en application de l'article 199 unvicies ;

c. *(Abrogé).*

(Voir Annexe II, art. 74-0 G)

RM-VI-10400 s. ; MF nº 33067

14. Par voie de réclamation présentée dans le délai prévu au livre des procédures fiscales en matière d'impôt sur le revenu, le prix de cession des titres ou des droits retenu pour la détermination des gains nets mentionnés au 1 du I de l'article 150-0 A est diminué du montant du versement effectué par le cédant en exécution de la clause du contrat de cession par laquelle le cédant s'engage à reverser au cessionnaire tout ou partie du prix de cession en cas de révélation, dans les comptes de la société dont les titres sont l'objet du contrat, d'une dette ayant son origine antérieurement à la cession ou d'une surestimation de valeurs d'actif figurant au bilan de cette même société à la date de la cession.

Le montant des sommes reçues en exécution d'une telle clause de garantie de passif ou d'actif net diminue le prix d'acquisition des valeurs mobilières ou des droits sociaux à retenir par le cessionnaire pour la détermination du gain net de cession des titres concernés.

(Voir Annexe II, art. 74-0 H)

RM-VI-9350 s. ; MF nº 33145

Art 150-0 D ter I. 1. Les gains nets mentionnés au 1 de l'article 150-0 D et déterminés dans les conditions prévues au même article 150-0 D, retirés de la cession à titre onéreux ou du rachat par la société émettrice d'actions, de parts de sociétés, ou de droits démembrés portant sur ces actions ou parts, sont réduits d'un abattement fixe de 500 000 € lorsque les conditions prévues au II du présent article sont remplies.

L'abattement fixe prévu au premier alinéa du présent 1 s'applique à l'ensemble des gains afférents à des actions, parts, ou droits démembrés portant sur ces actions ou parts, émises par une même société et, si cette société est issue d'une scission intervenue au cours des deux années précédant la cession à titre onéreux ou le rachat, par les autres sociétés issues de cette même scission.

2. Le complément de prix prévu au 2 du I de l'article 150-0 A, afférent à la cession de titres ou de droits mentionnés au 1 du présent I, est réduit de l'abattement fixe prévu au même 1, à hauteur de la fraction non utilisée lors de cette cession.

MF nº 33140

II. Le bénéfice de l'abattement fixe mentionné au 1 du I est subordonné au respect des conditions suivantes :

1° La cession porte sur l'intégralité des actions, parts ou droits détenus par le cédant dans la société dont les titres ou droits sont cédés ou sur plus de 50 % des droits de vote ou, dans le cas où seul l'usufruit est détenu, sur plus de 50 % des droits dans les bénéfices sociaux de cette société ;

2° Le cédant doit :

a. Avoir exercé au sein de la société dont les titres ou droits sont cédés, de manière continue pendant les cinq années précédant la cession, l'une des fonctions suivantes :

gérant nommé conformément aux statuts d'une société à responsabilité limitée ou en commandite par actions ;

associé en nom d'une société de personnes ;

président, directeur général, président du conseil de surveillance ou membre du directoire d'une société par actions.

Ces fonctions doivent être effectivement exercées et donner lieu à une rémunération normale, dans les catégories imposables à l'impôt sur le revenu des traitements et salaires, bénéfices industriels et commerciaux, bénéfices agricoles, bénéfices non commerciaux et revenus des gérants et associés mentionnés à l'article 62, au regard des rémunérations du même type versées au titre de fonctions analogues dans l'entreprise ou dans des entreprises similaires établies en France. Cette rémunération doit représenter plus de la moitié des revenus à raison desquels l'intéressé est soumis à l'impôt sur le revenu dans les mêmes catégories, à l'exclusion des revenus non professionnels ;

b. Avoir détenu directement ou par l'intermédiaire d'une société qui relève des articles 8 à 8 ter ou par l'intermédiaire de son conjoint ou partenaire lié par un pacte civil de solidarité ou de leurs ascendants ou descendants ou de leurs frères et soeurs, de manière continue pendant les cinq années précédant la cession, au moins 25 % des droits de vote ou des droits dans les bénéfices sociaux de la société dont les titres ou droits sont cédés ;

c. Cesser toute fonction dans la société dont les titres ou droits sont cédés et faire valoir ses droits à la retraite dans les deux années suivant ou précédant la cession *(Voir Annexe II, art. 74-0 P)* ;

Ndlr *Par dérogation, lorsque le cédant fait valoir ses droits à la retraite entre le 1er janvier 2019 et le 31 décembre 2021 et que ce départ en retraite précède la cession, le délai prévu par ces dispositions est porté à trois ans (Loi 2021-1900 du 30 décembre 2021 art. 19, III).*

3° La société dont les titres ou droits sont cédés répond aux conditions suivantes :

a. Elle est une petite ou moyenne entreprise au sens de l'annexe I du règlement (UE) n° 651/2014 de la Commission du 17 juin 2014 déclarant certaines catégories d'aides compatibles avec le marché intérieur en application des articles 107 et 108 du traité. Cette condition s'apprécie à la date de clôture de chacun des deux derniers exercices qui précèdent la date de la cession ;

b. Elle exerce une activité mentionnée au a du 2° du I de l'article 150-0 B ter, sous la même exclusion, ou a pour objet social exclusif de détenir des participations dans des sociétés exerçant les activités éligibles mentionnées à ce même a.

Cette condition s'apprécie de manière continue pendant les cinq années précédant la cession ;

c. Elle est soumise à l'impôt sur les sociétés dans les conditions de droit commun ou y serait soumise dans les mêmes conditions si l'activité était exercée en France et a son siège de direction effective dans un Etat membre de l'Union européenne ou dans un autre Etat partie à l'accord sur l'Espace économique européen ayant conclu avec la France une convention d'assistance administrative en vue de lutter contre la fraude et l'évasion fiscales ;

4° Les titres ou droits cédés doivent avoir été détenus depuis au moins un an à la date de la cession. Ce délai est décompté suivant les modalités prévues au 1 quinquies de l'article 150-0 D ;

5° En cas de cession des titres ou droits à une entreprise, le cédant ne détient pas, directement ou indirectement, de droits de vote ou de droits dans les bénéfices sociaux de l'entreprise cessionnaire.

III. L'abattement fixe mentionné au I ne s'applique pas :

1° Aux gains nets mentionnés aux articles 238 bis HK et 238 bis HS ;

2° Aux gains nets de cession d'actions de sociétés d'investissement mentionnées aux 1° bis et 3° septies de l'article 208 et de sociétés unipersonnelles d'investissement à risque pendant la période au cours de laquelle elles bénéficient de l'exonération d'impôt sur les sociétés prévue à l'article 208 D, ainsi que des sociétés de même nature établies hors de France et soumises à un régime fiscal équivalent ;

3° Aux gains nets de cession d'actions des sociétés de placement à prépondérance immobilière à capital variable régies par les articles L 214-62 à L 214-70 du code monétaire et financier et des sociétés de même nature établies hors de France et soumises à un régime fiscal équivalent ;

4° A l'avantage mentionné à l'article 80 bis du présent code constaté à l'occasion de la levée d'options attribuées avant le 20 juin 2007, ni au gain net mentionné au second alinéa du I de l'article 163 bis G.

RM-VI-13170 ; TS-VII-80900 s., 86300 s. ; MF nos 88825, 88800

IV. En cas de non-respect de la condition prévue au 5° du II à un moment quelconque au cours des trois années suivant la cession des titres ou droits, l'abattement fixe prévu au I est remis en cause au titre de l'année au cours de laquelle la condition précitée cesse d'être remplie. Il en est de même, au titre de l'année d'échéance du délai mentionné au c du 2° du II, lorsque l'une des conditions prévues au 1° ou au c du 2° du même II n'est pas remplie au terme de ce délai. La plus-value est alors réduite, le cas échéant, de l'abattement prévu aux 1 ter ou 1 quater de l'article 150-0 D.

Ndlr 1. *Les dispositions du présent article s'appliquent aux cessions et rachats réalisés du 1er janvier 2018 au 31 décembre 2024 ainsi que, le cas échéant, aux compléments de prix afférents à ces mêmes opérations et perçus entre ces mêmes dates.*

Toutefois, le complément de prix perçu à compter du 1er janvier 2018 et afférent à une cession pour laquelle s'est appliqué l'abattement fixe prévu au présent article, dans sa rédaction antérieure à la présente loi, est réduit le cas échéant de la fraction d'abattement fixe non utilisée au titre de cette même cession. Dans ce cas, l'abattement mentionné aux 1 ter ou 1 quater de l'article 150-0 D, dans sa rédaction résultant du 17° du I de l'article 28 de la loi 2017-1837 du 30 décembre 2017, ne s'applique pas au reliquat de gain net imposable. Ce dernier abattement peut toutefois s'appliquer lorsque le contribuable renonce au bénéfice de l'abattement fixe précité (Loi 2017-1837 du 30 décembre 2017 art. 28, VI-C).

2. *En cas de remise en cause, à compter de l'imposition des revenus de l'année 2018, des abattements mentionnés à l'article 150-0 D ter du CGI dans sa rédaction en vigueur au 31 décembre 2017, dans les conditions prévues au IV du même article, la plus-value concernée n'est alors réduite de l'abattement mentionné à l'article 150-0 D, 1 du CGI dans sa rédaction en vigueur au titre de l'année de sa réalisation que si l'imposition de ce gain est établie dans les conditions prévues à l'article 200 A, 2 du CGI (Loi 2017-1837 du 30 décembre 2017 art. 28, VI-H).*

3. *Pour l'application du IV ci-dessus, en cas de non-respect du délai de trois ans prévu, par dérogation, au c du 2° du II du présent article, l'abattement fixe est remis en cause au titre de l'année au cours de laquelle intervient le terme de ce délai (Loi 2021-1900 du 30 décembre 2021 art. 19, III).*

RM-VI-13000 s. ; MF nos 33106 s.

Art 150-0 E Les gains nets et les distributions mentionnés aux I et II de l'article 150-0 A doivent être déclarés dans les conditions prévues au 1 de l'article 170 *(Voir Annexe II, art. 74-0 F à 74-0 O).*

RM-VI-19270 s. ; MF no 33260

Art 150-0 F Sous réserve des dispositions du 4 ter du II de l'article 150-0 A, les plus-values mentionnées au 3° du II de l'article L 214-81 du code monétaire et financier, distribuées par un fonds de placement immobilier mentionné à l'article 239 nonies, sont imposées dans les conditions prévues aux 1 ou 2 de l'article 200 A.

IMMO-IV-38000 s. ; MF no 30530

2. Biens et droits mobiliers ou immobiliers

Art 150 U I. Sous réserve des dispositions propres aux bénéfices industriels et commerciaux, aux bénéfices agricoles et aux bénéfices non commerciaux, les plus-values réalisées par les personnes physiques ou les sociétés ou groupements qui relèvent des articles 8 à 8 ter, lors de la cession à titre onéreux de biens immobiliers bâtis ou non bâtis ou de droits relatifs à ces biens, sont passibles de l'impôt sur le revenu dans les conditions prévues aux articles 150 V à 150 VH.

IMMO-II-650 s. ; MF no 32065

Ces dispositions s'appliquent, sous réserve de celles prévues au 3° du I de l'article 35, aux plus-values réalisées lors de la cession d'un terrain divisé en lots destinés à être construits.

IMMO-III-8800 s. ; MF no 30350

II. Les dispositions du I ne s'appliquent pas aux immeubles, aux parties d'immeubles ou aux droits relatifs à ces biens :

1° Qui constituent la résidence principale du cédant au jour de la cession ;

IMMO-II-25000 s. ; MF nos 32130 s.

1° bis Au titre de la première cession d'un logement, y compris ses dépendances immédiates et nécessaires au sens du 3° si leur cession est simultanée à celle dudit logement, autre que la résidence principale, lorsque le cédant n'a pas été propriétaire de sa résidence principale, directement ou par personne interposée, au cours des quatre années précédant la cession.

L'exonération est applicable à la fraction du prix de cession défini à l'article 150 VA que le cédant remploie, dans un délai de vingt-quatre mois à compter de la cession, à l'acquisition ou la construction d'un logement qu'il affecte, dès son achèvement ou son acquisition si elle est postérieure, à son habitation principale. En cas de manquement à l'une de ces conditions, l'exonération est remise en cause au titre de l'année du manquement ;

(Voir Annexe III, art. 41 duovicies-0 H)

IMMO-II-45000 s. ; MF no 32140

1° ter Qui ont constitué la résidence principale du cédant et n'ont fait l'objet depuis lors d'aucune occupation, lorsque ce dernier est désormais résident d'un établissement mentionné aux 6° ou 7° du I de l'article L 312-1 du code de l'action sociale et des familles si, au titre de l'avant-dernière année précédant celle de la cession, il n'est pas passible de l'impôt sur la fortune immobilière et n'a pas un revenu fiscal de référence excédant la limite prévue au

II de l'article 1417 du présent code et si la cession intervient dans un délai inférieur à deux ans suivant l'entrée dans l'établissement ;

IMMO-II-65000 s. ; MF nº 32170

2º Au titre de la cession d'un logement situé en France lorsque le cédant est une personne physique, non résidente de France, ressortissante d'un Etat membre de l'Union européenne ou d'un autre Etat partie à l'accord sur l'Espace économique européen ayant conclu avec la France une convention d'assistance administrative en vue de lutter contre la fraude et l'évasion fiscales et à la condition qu'il ait été fiscalement domicilié en France de manière continue pendant au moins deux ans à un moment quelconque antérieurement à la cession.

L'exonération mentionnée au premier alinéa du présent 2º s'applique, dans la limite d'une résidence par contribuable et de 150 000 € de plus-value nette imposable, aux cessions réalisées :

a. Au plus tard le 31 décembre de la dixième année suivant celle du transfert par le cédant de son domicile fiscal hors de France ;

b. Sans condition de délai, lorsque le cédant a la libre disposition du bien au moins depuis le 1er janvier de l'année précédant celle de la cession ;

(Les dispositions du 2º ne s'appliquent pas aux plus-values réalisées par des contribuables ayant bénéficié de l'exonération prévue au 2º du II de l'article 150 U du CGI, dans sa rédaction en vigueur avant le 1er janvier 2014 : Loi 2013-1278 du 29 décembre 2013 art. 28, II)

IMMO-II-190900 s. ; MF nº 32140

3º Qui constituent les dépendances immédiates et nécessaires des biens mentionnés aux 1º et 2º, à la condition que leur cession intervienne simultanément avec celle desdits immeubles ;

IMMO-II-40000 s., 48300 ; MF nº 32135

4º Pour lesquels une déclaration d'utilité publique a été prononcée en vue d'une expropriation ou pour lesquels le cédant a exercé le droit de délaissement prévu aux articles L 152-2 et L 311-2 ainsi qu'au dernier alinéa de l'article L 424-1 du code de l'urbanisme ou au I de l'article L 515-16-3 du code de l'environnement, à condition qu'il soit procédé au remploi de l'intégralité de l'indemnité d'expropriation ou du prix de cession par l'acquisition, la construction, la reconstruction ou l'agrandissement d'un ou de plusieurs immeubles dans un délai de douze mois à compter de la date de perception de l'indemnité d'expropriation ou du prix de cession ;

IMMO-II-75000 s. ; MF nº 32600

5º Qui sont échangés dans le cadre d'opérations de remembrement mentionnées à l'article 1055, d'opérations effectuées conformément aux articles L 123-1, L 123-24 et L 124-1 du code rural et de la pêche maritime ainsi qu'aux soultes versées en application de l'article L 123-4 du même code. En cas de vente de biens reçus à cette occasion, la plus-value est calculée à partir de la date et du prix d'acquisition du bien originel ou de la partie constitutive la plus ancienne dans les cas de vente de lots remembrés ;

IMMO-II-77700 s. ; MF nº 32145

6º Dont le prix de cession est inférieur ou égal à 15 000 €. Le seuil de 15 000 € s'apprécie en tenant compte de la valeur en pleine propriété de l'immeuble ou de la partie d'immeuble ;

En cas de cession d'un bien détenu en indivision, ce seuil s'apprécie au regard de chaque quote-part indivise.

En cas de cession d'un bien dont le droit de propriété est démembré, le seuil de 15 000 € s'apprécie au regard de chaque quote-part indivise en pleine propriété ;

IMMO-II-82000 s. ; MF nº 32155

7º Qui sont cédés jusqu'au 31 décembre 2025 :

a. A un organisme d'habitations à loyer modéré, à une société d'économie mixte gérant des logements sociaux, à l'association mentionnée à l'article L 313-34 du code de la construction et de l'habitation, à une société civile immobilière dont cette association détient la majorité des parts pour les logements mentionnés au 4º de l'article L 831-1 du même code, à un organisme bénéficiant de l'agrément relatif à la maîtrise d'ouvrage prévu à l'article L 365-2 dudit code ou à un organisme de foncier solidaire ;

b. A tout autre cessionnaire.

Pour l'application du présent 7º, les cessionnaires mentionnés aux a et b s'engagent personnellement, dans un délai respectivement de dix ans et de quatre ans à compter de la date de l'acquisition, par une mention portée dans l'acte authentique d'acquisition, à la construction, le cas échéant à la démolition des constructions existantes suivie d'une reconstruction, à la réhabilitation complète de ces dernières concourant à la production d'immeubles neufs au sens du 2º du 2 du I de l'article 257 ou à la réhabilitation lourde de ces dernières dans des conditions définies par décret et à l'achèvement d'un ou de plusieurs bâtiments d'habitation collectifs, au sens du 6º de l'article L 111-1 du code de la construction et de l'habitation, dont le gabarit est au moins égal à 75 % du gabarit maximal autorisé tel qu'il résulte de l'application des règles du plan local d'urbanisme ou d'un document d'urbanisme en tenant lieu ainsi qu'à l'affectation, dès leur achèvement, d'un prorata de la surface habitable des logements ainsi réalisés ou réhabilités par rapport à la surface totale des constructions du programme immobilier, à du logement social défini aux 3°, 5° et 6° de l'article L 831-1 du même code, à du logement faisant l'objet d'un bail réel solidaire défini à l'article L 255-1 dudit code ou, lorsque les biens ou droits définis au I du présent article se situent pour tout ou partie de leur surface dans des communes classées, par arrêté des ministres chargés du budget et du logement, dans des zones géographiques se caractérisant par un déséquilibre important entre l'offre et la demande de logements, à du logement intermédiaire défini à l'article L 302-16 du code de la construction et de l'habitation. Lorsque les biens ou les droits sont situés dans une commune mentionnée au I de l'article L 302-5 du même code et que celle-ci n'atteint pas les seuils fixés aux I et II du même article L 302-5, le cessionnaire s'engage également à ce que la part de surface habitable de logements sociaux définis à la première phrase du présent alinéa représente un seuil minimal de 25 % de la surface totale des constructions du programme immobilier.

L'exonération est calculée au prorata de la surface habitable que le cessionnaire s'est engagé à affecter à des logements sociaux ou intermédiaires par rapport à la surface totale des constructions du programme immobilier.

En cas de manquement aux engagements prévus au quatrième alinéa du présent 7°, le cessionnaire est redevable d'une amende d'un montant égal à 10 % du prix de cession mentionné dans l'acte.

En cas de fusion de sociétés, les engagements souscrits par le cessionnaire ne sont pas rompus lorsque la société absorbante s'engage, dans l'acte de fusion, à se substituer à la société absorbée pour le respect des engagements précités dans le délai restant à courir. Le non-respect de cet engagement par la société absorbante entraîne l'application à cette société de l'amende prévue pour le cessionnaire.

En cas d'acquisitions successives, les engagements souscrits par le cessionnaire ne sont pas rompus lorsque le nouvel acquéreur s'engage, dans l'acte authentique d'acquisition, à se substituer au cédant pour le respect des engagements pris par celui-ci dans le délai restant à courir. Le non-respect de cet engagement par le nouvel acquéreur entraîne l'application à celui-ci de l'amende prévue au sixième alinéa du présent 7°. Les deux premières phrases du présent alinéa ne s'appliquent aux cessions réalisées au profit d'un organisme mentionné au a du présent 7° que si le nouvel acquéreur est lui-même un organisme mentionné au même a.

Le présent 7° ne s'applique pas à la création de logements sociaux ou à l'affectation de surfaces à de tels logements dans les quartiers faisant l'objet d'une convention prévue à l'article 10-3 de la loi n° 2003-710 du 1er août 2003 d'orientation et de programmation pour la ville et la rénovation urbaine ;

Ndlr *Les dispositions du présent 7° telles que modifiées par la loi 2023-1322 du 29 décembre 2023 art. 9, I-A-1° s'appliquent aux cessions réalisées à compter du 1er janvier 2024. Toutefois, par exception, ces dispositions ne s'appliquent pas aux cessions de biens ou de droits situés en Corse (Loi 2023-1322 du 29 décembre 2023 précitée art. 9, III et IV).*

IMMO-II-98100 s. ; MF n° 32185

8° Qui sont cédés jusqu'au 31 décembre 2025 à une collectivité territoriale, à un établissement public de coopération intercommunale compétent ou à un établissement public foncier mentionné aux articles L 321-1 et L 324-1 du code de l'urbanisme en vue de leur cession selon les modalités prévues au a et au quatrième alinéa du 7° du présent II.

L'exonération est calculée au prorata de la surface habitable des logements sociaux ou intermédiaires destinés à être construits ou des surfaces destinées à être affectées à de tels logements conformément au cinquième alinéa du même 7°.

Le bénéfice de l'exonération est subordonné à la condition que le bien soit cédé, dans le délai d'un an suivant son acquisition, étendu à trois ans pour les cessions réalisées par un établissement public foncier.

En cas de manquement à la condition de cession prévue au troisième alinéa du présent 8°, la collectivité territoriale, l'établissement public de coopération intercommunale ou l'établissement public foncier reverse à l'Etat le montant dû au titre du I du présent article.

En cas de manquement aux engagements prévus aux quatrième, septième et avant-dernier alinéas du 7° du présent II, l'organisme, la société ou l'association mentionné au a du même 7° ayant acquis directement, successivement ou par fusion les biens ou droits définis au I est redevable de l'amende prévue au sixième alinéa du 7° du présent II.

Le présent 8° ne s'applique pas à la création de logements sociaux ou à l'affectation de surfaces à de tels logements dans les quartiers faisant l'objet d'une convention prévue à l'article 10-3 de la loi n° 2003-710 du 1er août 2003 précitée ;

Ndlr *Les dispositions du présent 8° telles que modifiées par la loi 2023-1322 du 29 décembre 2023 art. 9, I-A-2° s'appliquent aux cessions réalisées à compter du 1er janvier 2024 (Loi précitée art. 9, IV).*

IMMO-II-99000 s. ; MF n° 32185

9° Au titre de la cession d'un droit de surélévation au plus tard le 31 décembre 2024, à condition que le cessionnaire s'engage à réaliser et à achever exclusivement des locaux destinés à l'habitation dans un délai de quatre ans à compter de la date de l'acquisition. En cas de manquement à cet engagement, le cessionnaire est redevable d'une amende d'un montant égal à 25 % de la valeur de cession du droit de surélévation. Cette amende n'est pas due en cas de licenciement, d'invalidité correspondant au classement dans les deuxième ou troisième des catégories prévues à l'article L 341-4 du code de la sécurité sociale ou de décès du cessionnaire ou de l'un des époux soumis à une imposition commune. Elle n'est pas due non plus lorsqu'il ne respecte pas son engagement en raison de circonstances exceptionnelles indépendantes de sa volonté. En cas de fusion de sociétés, l'engagement souscrit par le cessionnaire n'est pas rompu lorsque la société absorbante s'engage, dans l'acte de fusion, à se substituer à la société absorbée pour le respect de l'engagement d'achèvement des locaux dans le délai restant à courir. Le non-respect par la société absorbante de l'engagement d'achèvement des locaux entraîne l'application de l'amende prévue pour le cessionnaire.

IMMO-II-90000 s. ; MF n° 32180

III. Les dispositions du I ne s'appliquent pas aux plus-values réalisées par les titulaires de pensions de vieillesse ou de la carte « mobilité inclusion » portant la mention « invalidité » mentionnée à l'article L 241-3 du code de l'action sociale et des familles qui, au titre de l'avant-dernière année précédant celle de la cession, ne sont pas passibles de l'impôt sur la fortune immobilière et dont le revenu fiscal de référence n'excède pas la limite prévue au I de l'article 1417, appréciés au titre de cette année.

IMMO-II-21000 s. ; MF n° 32165

IV. Le I ne s'applique pas aux partages qui portent sur des biens meubles ou immeubles dépendant d'une succession ou d'une communauté conjugale et qui interviennent uniquement entre les membres originaires de l'indivision, leur conjoint, des ascendants, des descendants ou des ayants droit à titre universel de l'un ou de plusieurs d'entre eux. Il en est de même des partages portant sur des biens indivis issus d'une donation-partage et des partages portant sur des biens indivis acquis par des partenaires ayant conclu un pacte civil de solidarité ou par des époux, avant ou pendant le pacte ou le mariage. Ces partages ne sont pas considérés comme translatifs de propriété dans la mesure des soultes ou plus-values.

IMMO-II-10500 s. ; MF n° 32090

Art 150 UA

I. Sous réserve des dispositions de l'article 150 VI et de celles qui sont propres aux bénéfices industriels et commerciaux, aux bénéfices agricoles et aux bénéfices non commerciaux, les plus-values réalisées lors de la cession à titre onéreux de biens meubles ou de droits relatifs à ces biens, par des personnes physiques, domiciliées en France au sens de l'article 4 B, ou des sociétés ou groupements qui relèvent des articles 8 à 8 quinquies dont le siège est situé en France, sont passibles de l'impôt sur le revenu dans les conditions prévues aux articles 150 V à 150 VH.

II. Les dispositions du I ne s'appliquent pas :

1° Aux meubles meublants, aux appareils ménagers et aux voitures automobiles. Toutefois, cette disposition n'est pas applicable à ces biens lorsqu'ils constituent des objets d'art, de collection ou d'antiquité pour lesquels l'option prévue à l'article 150 VL a été exercée ;

2° Aux meubles, autres que les métaux précieux mentionnés au 1° du I de l'article 150 VI, dont le prix de cession est inférieur ou égal à 5 000 € ;

3° Aux biens et droits mentionnés à l'article 150 VH bis.

IMMO-II-195000 s. ; MF n°s 32740 s.

Art 150 UB

I. Les gains nets retirés de cessions à titre onéreux de droits sociaux de sociétés ou groupements qui relèvent des articles 8 à 8 ter, dont l'actif est principalement constitué d'immeubles ou de droits portant sur ces biens, sont soumis exclusivement au régime d'imposition prévu au I et au 1° du II de l'article 150 U. Pour l'application de cette disposition, sont considérées comme sociétés à prépondérance immobilière les sociétés dont l'actif est, à la clôture des trois exercices qui précèdent la cession, constitué pour plus de 50 % de sa valeur réelle par des immeubles ou des droits portant sur des immeubles, non affectés par ces sociétés à leur propre exploitation industrielle, commerciale, agricole ou à l'exercice d'une profession non commerciale. Si la société dont les droits sociaux sont cédés n'a pas encore clos son troisième exercice, la composition de l'actif est appréciée à la clôture du ou des seuls exercices clos ou, à défaut, à la date de la cession.

II. Les dispositions du I ne sont pas applicables, au titre de l'année de l'échange des titres, aux plus-values réalisées dans le cadre d'une opération de fusion, de scission ou d'un apport de titres à une société soumise à l'impôt sur les sociétés. Cette exception n'est pas applicable aux échanges avec soulte lorsque le montant de la soulte reçue par le contribuable excède 10 % de la valeur nominale des titres reçus. Lorsque le montant de la soulte reçue par le contribuable n'excède pas ce seuil, la plus-value réalisée lors de l'opération d'échange est, à concurrence du montant de cette soulte, imposée au titre de l'année de l'échange suivant les dispositions du I.

III. Lorsque les titres reçus dans les cas prévus au II de l'article 92 B dans sa rédaction en vigueur avant le 1er janvier 2000, aux troisième et cinquième alinéas de l'article 150 A bis en vigueur avant la date de promulgation de la loi de finances pour 2004 *(nº 2003-1311 du 30 décembre 2003) (NDLR Voir code pratique édition 2003, art. 150 A bis)* ou au I ter de l'article 160 dans sa rédaction en vigueur avant le 1er janvier 2000 *(NDLR Voir code pratique édition 1999, art. 160)* font l'objet d'une nouvelle opération d'échange dans les conditions définies au II, l'imposition de la plus-value antérieurement reportée est reportée de plein droit au moment où s'opérera la cession, le rachat, le remboursement ou l'annulation des nouveaux titres reçus.

IMMO-II-185000 s. ; MF nºs 32520 s.

Art 150 UC **I.** Les dispositions du I et des 4º à 9º du II de l'article 150 U s'appliquent :

a. Aux plus-values réalisées lors de la cession de biens mentionnés au a du 1º du II de l'article L 214-81 du code monétaire et financier par un fonds de placement immobilier mentionné à l'article 239 nonies ;

b. Aux plus-values de même nature réalisées par les sociétés ou groupements à prépondérance immobilière au sens de l'article 150 UB ou par un fonds de placement immobilier, détenus directement ou indirectement par un fonds de placement immobilier, pour la fraction correspondant à ses droits.

II. Les dispositions du I de l'article 150 UB s'appliquent :

a. Aux gains nets retirés de la cession ou du rachat de parts d'un fonds de placement immobilier mentionné à l'article 239 nonies, sous réserve du 6 ter de l'article 39 duodecies ;

a bis. Aux gains nets retirés de la cession ou du rachat de parts ou droits dans des organismes de droit étranger qui ont un objet équivalent et sont de forme similaire aux fonds de placement immobilier mentionnés à l'article 239 nonies ;

b. Aux gains nets réalisés par un fonds de placement immobilier lors de la cession de droits sociaux ou de parts de sociétés ou de groupements à prépondérance immobilière au sens de l'article 150 UB ou de parts d'un fonds de placement immobilier, détenus directement ou indirectement par un fonds de placement immobilier, pour la fraction correspondant à ses droits.

IMMO-IV-37700 s., 38300 s. ; MF nºs 30525, 30535

Art 150 UD Les dispositions du I et des 4º à 9º du II de l'article 150 U, du I de l'article 150 UA, du I de l'article 150 UB et de l'article 150 UC s'appliquent aux plus-values réalisées lors de la cession à titre onéreux de tout ou partie des droits représentatifs des biens ou droits du patrimoine fiduciaire pour la quote-part de ces droits qui porte sur des biens ou droits mentionnés aux articles 150 U à 150 UC.

DC-IX-53310 ; MF nºs 90900 s.

Art 150 V La plus ou moins-value brute réalisée lors de la cession de biens ou droits mentionnés aux articles 150 U à 150 UC est égale à la différence entre le prix de cession et le prix d'acquisition par le cédant.

IMMO-II-150100 s. ; MF nºs 32200 s.

Art 150 VA **I.** Le prix de cession à retenir est le prix réel tel qu'il est stipulé dans l'acte. Lorsqu'une dissimulation de prix est établie, le prix porté dans l'acte doit être majoré du montant de cette dissimulation.

Lorsqu'un bien est cédé contre une rente viagère, le prix de cession retenu pour ce bien est la valeur en capital de la rente, à l'exclusion des intérêts.

IMMO-II-151000 s. ; MF nº 32320

II. Le prix de cession est majoré de toutes les charges et indemnités mentionnées au deuxième alinéa du I de l'article 683. Les indemnités d'assurance consécutives à un sinistre partiel ou total d'un immeuble ne sont pas prises en compte.

IMMO-II-158500 s. ; MF nº 32175

III. Le prix de cession est réduit, sur justificatifs, du montant de la taxe sur la valeur ajoutée acquittée et des frais, définis par décret, supportés par le vendeur à l'occasion de cette cession *(Voir Annexe III, art. 41 duovicies H)*.

IMMO-II-150400 s. ; MF nº 32210

Art 150 VB **I.** Le prix d'acquisition est le prix effectivement acquitté par le cédant, tel qu'il est stipulé dans l'acte, étant précisé que ce prix s'entend de l'existant et des travaux dans le cas d'une acquisition réalisée selon le régime juridique de la vente d'immeuble à rénover. Lorsqu'une dissimulation du prix est établie, le prix porté dans l'acte doit être majoré du montant de cette dissimulation. En cas d'acquisition à titre gratuit, le prix d'acquisition s'entend de la valeur retenue pour la détermination des droits de mutation à titre gratuit. A défaut, selon le cas, de prix stipulé dans l'acte ou de valeur retenue pour la détermination des droits de mutation à titre gratuit, le prix d'acquisition s'entend de la valeur vénale réelle à la date d'entrée dans le patrimoine du cédant d'après une déclaration détaillée et estimative des parties.

Lorsqu'un bien a été acquis moyennant le paiement d'une rente viagère, le prix d'acquisition retenu pour ce bien est la valeur en capital de la rente, à l'exclusion des intérêts.

En cas de vente ultérieure de titres reçus à l'occasion d'une opération mentionnée à l'article 150-0 B, au quatrième alinéa de l'article 150 A bis en vigueur avant la date de promulgation de la loi de finances pour 2004 (n° 2003-1311 du 30 décembre 2003) ou au II de l'article 150 UB, la plus-value imposable en application du I de l'article 150 UB est calculée par référence, le cas échéant, au prix ou à la valeur d'acquisition des titres échangés, diminué du montant de la soulte reçue, qui n'a pas fait l'objet d'une imposition au titre de l'année de l'échange, ou majoré de la soulte versée lors de cet échange.

IMMO-II-187500 s. ; MF n° 32535

En cas de cession d'un bien ou d'un droit mentionné aux articles 150 U à 150 UD, dont le droit de propriété est démembré à la suite d'une succession intervenue avant le 1er janvier 2004, le prix d'acquisition est déterminé en appliquant le barème prévu à l'article 669, apprécié à la date de la cession.

IMMO-II-5420 ; MF nos 32300, 32305

En cas de cession d'un bien ou droit mentionné aux articles 150 U à 150 UC par une fiducie, le prix d'acquisition est égal au prix d'acquisition de ce bien ou droit par la fiducie, ou, lorsqu'il s'agit d'un bien ou droit transféré dans le patrimoine fiduciaire dans les conditions de l'article 238 quater N, au prix ou à la valeur d'acquisition de celui-ci par le constituant.

DC-IX-53205 s. ; MF nos 90900 s.

En cas de cession d'un bien ou droit mentionné aux articles 150 U à 150 UC, reçu lors du transfert du patrimoine fiduciaire aux bénéficiaires à la fin de l'opération de fiducie, le prix d'acquisition est déterminé dans les conditions prévues, selon le cas, au 1° ou au 2° de l'article 238 quater Q.

DC-IX-53480 ; MF n° 90911

II. Le prix d'acquisition est, sur justificatifs, majoré :

1° De toutes les charges et indemnités mentionnées au deuxième alinéa du I de l'article 683 ;

2° Des frais afférents à l'acquisition à titre gratuit définis par décret *(Voir Annexe III, art. 41 duovicies I)* ;

3° Des frais afférents à l'acquisition à titre onéreux définis par décret, que le cédant peut fixer forfaitairement à 7,5 % du prix d'acquisition dans le cas des immeubles *(Voir Annexe III, art. 41 duovicies I)* à l'exception de ceux détenus directement ou indirectement par un fonds de placement immobilier mentionné à l'article 239 nonies ;

4° Des dépenses de construction, de reconstruction, d'agrandissement ou d'amélioration, supportées par le vendeur et réalisées par une entreprise depuis l'achèvement de l'immeuble ou son acquisition si elle est postérieure, lorsqu'elles n'ont pas été déjà prises en compte pour la détermination de l'impôt sur le revenu et qu'elles ne présentent pas le caractère de dépenses locatives. Lorsque le contribuable, qui cède un immeuble bâti plus de cinq ans après son acquisition, n'est pas en état d'apporter la justification de ces dépenses, une majoration égale à 15 % du prix d'acquisition est pratiquée. Cette majoration n'est pas applicable aux cessions d'immeubles détenus directement ou indirectement par un fonds de placement immobilier mentionné à l'article 239 nonies ;

5° Des frais de voirie, réseaux et distribution en ce qui concerne les terrains à bâtir ;

6° Des frais acquittés pour la restauration et la remise en état des biens meubles.

(Voir Annexe II, art. 74 SD à 74 SG)

IMMO-II-162500 s. ; MF nos 32220 s.

Art 150 VC **I.** La plus-value brute réalisée sur les biens ou droits mentionnés aux articles 150 U, 150 UB et 150 UC est réduite d'un abattement fixé à :

6 % pour chaque année de détention au-delà de la cinquième ;

4 % au titre de la vingt-deuxième année de détention.

La plus-value brute réalisée sur les biens ou droits mentionnés à l'article 150 UA est réduite d'un abattement de 5 % pour chaque année de détention au-delà de la deuxième.

IMMO-II-177260 s., 195950 ; MF nos 32245, 32760

Pour l'application des abattements mentionnés aux deuxième à quatrième alinéas, la durée de détention est décomptée :

1° En cas de cession de biens ou droits réalisée par une fiducie, à partir de la date d'acquisition de ces biens ou droits par la fiducie ou, si les biens ou droits ont été transférés dans le patrimoine fiduciaire dans les conditions prévues à l'article 238 quater N, à partir de la date d'acquisition des biens ou droits par le constituant ;

2° En cas de cession de biens ou droits reçus par le constituant initial dans les conditions prévues à l'article 238 quater Q, à partir de la date d'acquisition par le constituant de ces biens ou droits lorsqu'ils ont fait l'objet d'un transfert dans le patrimoine fiduciaire dans les conditions prévues à l'article 238 quater N, ou, dans le cas contraire, à partir de la date de transfert de ces biens ou droits dans le patrimoine fiduciaire ou de leur acquisition par la fiducie ;

3° En cas de cession de biens ou droits reçus par le titulaire, autre que le constituant initial, de droits représentatifs des biens ou droits du patrimoine fiduciaire dans les conditions prévues à l'article 238 quater Q, à partir de la date d'acquisition de ces droits lorsque les biens ou droits cédés figuraient dans le patrimoine fiduciaire à cette date, ou à partir de la date d'acquisition des biens ou droits par la fiducie dans le cas contraire.

DC-IX-53215 s. ; MF n° 90905

II. *(Abrogé).*

Art 150 VD **I.** La moins-value brute réalisée sur les biens ou droits désignés aux articles 150 U à 150 UC n'est pas prise en compte.

IMMO-II-177880 s., 195960 ; MF n° 32265

II. En cas de vente d'un immeuble acquis par fractions successives constatée par le même acte soumis à publication ou à enregistrement et entre les mêmes parties, la ou les moins-values brutes, réduites d'un abattement calculé dans les mêmes conditions et selon les mêmes modalités que celui prévu aux trois premiers alinéas du I de l'article 150 VC, s'imputent sur la ou les plus-values brutes corrigées le cas échéant de l'abattement prévu aux mêmes trois premiers alinéas.

IMMO-II-179780 s. ; MF n° 32360

Art 150 VE **I. A.** Un abattement est applicable sur les plus-values, déterminées dans les conditions prévues aux articles 150 V à 150 VD, résultant de la cession :

1° Soit de terrains à bâtir définis au 1° du 2 du I de l'article 257, de biens immobiliers bâtis ou de droits relatifs à ces mêmes biens, situés, pour tout ou partie de leur surface, dans des communes classées par arrêté des ministres chargés du budget et du logement dans des zones géographiques se caractérisant par un déséquilibre important entre l'offre et la demande de logements ;

2° Soit de biens immobiliers bâtis ou de droits relatifs à ces mêmes biens situés pour tout ou partie de leur surface dans le périmètre des grandes opérations d'urbanisme fixé par l'acte mentionné au second alinéa de l'article L 312-4 du code de l'urbanisme ou des opérations d'intérêt national mentionnées au premier alinéa de l'article L 102-13 du même code ou dans le périmètre délimité dans les conventions mentionnées au II de l'article L 303-2 du code de la construction et de l'habitation.

B. L'abattement prévu au A du présent I s'applique lorsque la cession remplit les conditions cumulatives suivantes :

1° Elle est précédée d'une promesse unilatérale de vente ou d'une promesse synallagmatique de vente, signée et ayant acquis date certaine à compter du 1er janvier 2024 et au plus tard le 31 décembre 2025 ;

2° Elle est réalisée au plus tard le 31 décembre de la deuxième année suivant celle au cours de laquelle la promesse unilatérale de vente ou la promesse synallagmatique de vente a acquis date certaine.

II. Pour l'application de l'abattement prévu au A du I, le cessionnaire s'engage personnellement, par une mention portée dans l'acte authentique d'acquisition, à la construction, le cas échéant à la démolition des constructions existantes suivie d'une reconstruction ou à la réhabilitation complète de ces dernières concourant à la production d'immeubles neufs au sens du 2° du 2 du I de l'article 257 et à l'achèvement, dans un délai de quatre ans à compter de la date d'acquisition, d'un ou de plusieurs bâtiments d'habitation collectifs, au sens du 6° de l'article L 111-1 du code de la construction et de l'habitation, dont le gabarit est au moins égal à 75 % du gabarit maximal autorisé tel qu'il résulte de l'application des règles du plan local d'urbanisme ou d'un document d'urbanisme en tenant lieu.

III. Le taux de l'abattement prévu au A du I est de :

1° 60 % pour les cessions mentionnées au 1° du même A ;

2° 75 % pour les cessions mentionnées au 2° dudit A.

Ces taux sont portés à 85 % lorsque le cessionnaire s'engage à ce que la surface habitable des logements ainsi réalisés soit affectée, dès leur achèvement, pour au moins 50 % de la surface totale des constructions du programme immobilier prévu au II, à du logement social défini aux 3°, 5° et 6° de l'article L 831-1 du code de la construction et de l'habitation, à du logement faisant l'objet d'un bail réel solidaire défini à l'article L 255-1 du même code ou à du logement intermédiaire défini à l'article L 302-16 dudit code. Lorsque les biens ou les droits sont situés dans une commune mentionnée au I de l'article L 302-5 du même code et que celle-ci n'atteint pas les seuils fixés aux I et II du même article L 302-5, le cessionnaire s'engage également à ce que la part de surface habitable de logements sociaux définis à la première phrase du présent alinéa représente un seuil minimal de 25 % de la surface totale des constructions du programme immobilier prévu au II du présent article. Le présent alinéa ne s'applique pas à la création de logements sociaux ou à l'affectation de surfaces à de tels logements dans les quartiers faisant l'objet d'une convention prévue à l'article 10-3 de la loi n° 2003-710 du 1er août 2003 d'orientation et de programmation pour la ville et la rénovation urbaine.

IV. L'abattement prévu au I du présent article ne s'applique pas aux plus-values résultant des cessions réalisées au profit :

1° D'une personne physique qui est le conjoint du cédant, le partenaire auquel il est lié par un pacte civil de solidarité, son concubin notoire ou un ascendant ou descendant du cédant ou de l'une de ces personnes ;

2° D'une personne morale dont le cédant, son conjoint, le partenaire auquel il est lié par un pacte civil de solidarité, son concubin notoire ou un ascendant ou descendant de l'une de ces personnes est un associé ou le devient à l'occasion de cette cession.

V. En cas de manquement aux engagements mentionnés au II et au dernier alinéa du III, le cessionnaire est redevable d'une amende d'un montant égal à 10 % du prix de cession mentionné dans l'acte.

En cas d'acquisitions successives ou de fusion de sociétés, les engagements souscrits par le cessionnaire ne sont pas rompus lorsque le nouvel acquéreur ou la société absorbante s'engage, dans l'acte authentique d'acquisition ou de fusion, à se substituer respectivement au cédant ou à la société absorbée pour le respect des engagements pris par celui-ci dans le délai restant à courir. Le non-respect de cet engagement par le nouvel acquéreur ou la société absorbante entraîne l'application à ce nouvel acquéreur ou à cette société de l'amende prévue au premier alinéa du présent V.

IMMO-II-177950 s. ; MF nos 32255 s.

Art 150 VF **I.** L'impôt sur le revenu correspondant à la plus-value réalisée sur les biens ou droits mentionnés aux articles 150 U à 150 UC est versé par la personne physique, la société ou le groupement qui cède le bien ou le droit.

I bis. L'impôt sur le revenu correspondant à la plus-value réalisée sur les parts mentionnées au a du II de l'article 150 UC est versé par l'établissement payeur pour le compte de la personne physique, de la société ou du groupement qui cède les parts.

IMMO-IV-38360 ; MF n° 30535

II. En cas de cession d'un bien ou d'un droit mentionné aux articles 150 U et 150 UB par une société ou un groupement qui relève des articles 8 à 8 ter, l'impôt sur le revenu afférent à la plus-value est dû au prorata des droits sociaux détenus par les associés soumis à cet impôt présents à la date de la cession de l'immeuble. L'impôt acquitté par la société ou le groupement est libératoire de l'impôt sur le revenu afférent à la plus-value dû par ces associés.

L'impôt sur le revenu afférent à la plus-value dû par les associés qui ne sont pas fiscalement domiciliés en France ou dont le siège social est situé hors de France est acquitté par la société ou le groupement selon les modalités prévues à l'article 244 bis A.

IMMO-II-182520 s. ; MF n° 32500

II bis. En cas de cession d'un bien ou d'un droit mentionné au I et au b du II de l'article 150 UC par un fonds de placement immobilier mentionné à l'article 239 nonies, par une société ou un groupement à prépondérance immobilière au sens de l'article 150 UB ou un fonds de placement immobilier, détenus directement ou indirectement par un fonds de placement immobilier, l'impôt sur le revenu afférent à la plus-value est dû au prorata des parts détenues par les porteurs soumis à cet impôt présents à la date de la mise en paiement de la plus-value relative à la cession de ce bien ou de ce droit. L'impôt sur le revenu afférent à la plus-value dû par les porteurs est acquitté par le dépositaire du fonds de placement immobilier, pour le compte de ceux-ci.

IMMO-IV-37760 s. ; MF n° 30525

III. L'impôt sur le revenu correspondant à la plus-value réalisée lors de la cession de peuplements forestiers par une personne physique est diminué d'un abattement de 10 € par année de détention et par hectare cédé représentatif de l'impôt sur le revenu correspondant aux revenus imposables au titre de l'article 76.

Cet abattement est également applicable en cas de cessions de parts de sociétés ou groupements, qui relèvent des articles 8 à 8 ter, détenant des peuplements forestiers, à concurrence de leur valeur.

IMMO-II-186720 s. ; MF n° 32410

Art 150 VG **I.** Une déclaration, conforme à un modèle établi par l'administration, retrace les éléments servant à la liquidation de l'impôt sur le revenu afférent à la plus-value ainsi que, le cas échéant, les éléments servant à la liquidation de l'impôt sur le revenu afférent à la plus-value en report d'imposition et détermine le montant total de l'impôt dû au titre de la cession réalisée *(Voir Annexe II, art. 74 SH)*.

Elle est déposée :

1° Pour les cessions des biens mentionnés à l'article 150 U constatées par un acte, à l'appui de la réquisition de publier, de la demande d'inscription sur le livre foncier de Mayotte ou de la présentation à l'enregistrement. Cette déclaration est remise sous peine de refus du dépôt ou de la formalité de l'enregistrement ;

2° Pour les cessions des biens mentionnés aux articles 150 UA et 150 UB constatées par un acte soumis obligatoirement à l'enregistrement, lors de l'accomplissement de cette formalité au service des impôts dans le ressort duquel le notaire rédacteur de l'acte réside ou, dans les autres cas, au service des impôts du domicile de l'une des parties contractantes, lors de l'enregistrement. Cette déclaration est remise sous peine de refus de la formalité de l'enregistrement ;

3° Pour les cessions des biens mentionnés à l'article 150 VI réalisées avec la participation d'un intermédiaire domicilié fiscalement en France, au service des impôts chargé du recouvrement et dans les délais prévus au 1° du I de l'article 150 VM ;

TD-VII-2075 s. ; MF n° 75915

4° Dans les autres cas, au service des impôts dont relève le domicile du vendeur dans un délai d'un mois à compter de la cession.

II. Par dérogation au I, la déclaration est déposée :

1° Pour les actes passés en la forme administrative qui constatent une mutation immobilière amiable ou forcée de biens au profit de l'Etat, des établissements publics nationaux, des groupements d'intérêt public, ou d'une collectivité territoriale ou d'un établissement public local désigné à l'article L 1311-13 du Code général des collectivités territoriales, à la collectivité publique cessionnaire préalablement à la réquisition de publier, à la demande d'inscription sur le livre foncier de Mayotte ou à la présentation à l'enregistrement. L'absence de déclaration à l'appui de la réquisition de publier, de la demande d'inscription sur le livre foncier de Mayotte ou de la présentation à l'enregistrement n'entraîne pas le refus du dépôt ou de la formalité ;

2° Pour les cessions constatées par une ordonnance judiciaire, au service des impôts dont relève le domicile du vendeur dans un délai d'un mois à compter de la date du versement du prix de cession. L'absence de déclaration à l'appui de la réquisition de publier, de la demande d'inscription sur le livre foncier de Mayotte ou de la présentation à l'enregistrement n'entraîne pas le refus du dépôt ou de la formalité ;

3° Pour les cessions des biens mentionnés à l'article 150 U constatées par un acte notarié, au service des impôts dont relève le domicile du vendeur dans un délai d'un mois à compter de la date de l'acte, lorsque l'impôt sur le revenu afférent à la plus-value ne peut être intégralement acquitté en raison de créances primant le privilège du Trésor ou lorsque la cession est constatée au profit d'une collectivité mentionnée au 1°. L'absence de déclaration à l'appui de la réquisition de publier, de la demande d'inscription sur le livre foncier de Mayotte ou de la présentation à l'enregistrement n'entraîne pas le refus du dépôt ou de la formalité ;

4° Pour les cessions mentionnées au I et au b du II de l'article 150 UC réalisées directement ou indirectement par un fonds de placement immobilier, au service des impôts des entreprises du lieu du siège social du dépositaire, dans un délai de dix jours à compter de la date de la mise en paiement des sommes distribuées aux porteurs afférentes à ces cessions ;

IMMO-IV-37760 ; MF n° 30525

5° Pour les cessions mentionnées au a du II de l'article 150 UC réalisées par un porteur de parts de fonds de placement immobilier, au service des impôts des entreprises du lieu du siège social de l'établissement payeur dans un délai d'un mois à compter de la cession.

IMMO-IV-38360 ; MF n° 30535

III. Lorsque la plus-value est exonérée en application du II des articles 150 U et 150 UA ou par l'application de l'abattement prévu au I de l'article 150 VC ou lorsque la cession ne donne pas lieu à une imposition, aucune déclaration ne doit être déposée sauf dans le cas où l'impôt sur le revenu afférent à la plus-value en report d'imposition est dû. L'acte de cession soumis à la formalité fusionnée ou présenté à l'enregistrement précise, sous peine de refus de dépôt ou de la formalité d'enregistrement, la nature et le fondement de cette exonération ou de cette absence de taxation.

Lorsque la plus-value est exonérée au titre d'une cession mentionnée au 1° du II, le contribuable cédant communique à la collectivité publique cessionnaire la nature et le fondement de cette exonération afin qu'il en soit fait mention dans l'acte passé en la forme administrative. L'absence de mention de l'exonération portée sur l'acte ne constitue pas un motif de refus de dépôt.

Lorsque la déclaration n'est pas déposée sur le fondement du 3° du II à l'appui de la réquisition de publier, de la demande d'inscription sur le livre foncier de Mayotte ou de la présentation à l'enregistrement, l'acte de cession précise, sous peine de refus de dépôt ou de la formalité d'enregistrement, que l'impôt sur le revenu afférent à la plus-value ne peut être intégralement acquitté ou que la cession est constatée au profit d'une collectivité mentionnée au 1° du II et mentionne le lieu où le notaire rédacteur de l'acte dépose la déclaration.

IMMO-II-180700 s., 187000 s., 196450 s. ; MF n°s 32420 s., 32550, 32780

Art 150 VH **I.** L'impôt sur le revenu afférent à la plus-value réalisée sur les biens mentionnés aux articles 150 U à 150 UC est versé lors du dépôt de la déclaration prévue à l'article 150 VG.

Il est fait application, le cas échéant, des règles d'exigibilité et de recouvrement prévues au titre IV du Livre des procédures fiscales pour les impôts recouvrés par les comptables publics compétents.

II. L'impôt sur le revenu afférent à la plus-value est payé avant l'exécution de l'enregistrement ou de la formalité fusionnée. A défaut de paiement préalable, le dépôt ou la formalité est refusé sauf pour les cessions mentionnées au II de l'article 150 VG. Le dépôt ou la formalité est également refusé s'il existe une discordance entre le montant de l'impôt sur le revenu afférent à la plus-value figurant sur la déclaration prévue à l'article 150 VG et le montant effectivement versé lors de la réquisition ou de la présentation à l'enregistrement.

Sauf dispositions contraires, il est fait application des règles d'exigibilité et de recouvrement prévues aux articles 1701 à 1704, aux 1°, 2°, 3° et 4° de l'article 1705 et aux articles 1706 et 1711.

III. Par dérogation au II, l'impôt sur le revenu afférent à la plus-value est payé :

1° Pour les cessions mentionnées au 1° du II de l'article 150 VG, au bénéfice du service des impôts, par le comptable public assignataire, sur le prix dû au vendeur, au vu de la déclaration mentionnée au 1° du II de l'article 150 VG transmise par la collectivité publique ;

2° Pour les cessions mentionnées au 3° du II de l'article 150 VG, par le vendeur ou, dans le cas des cessions à une collectivité mentionnée au 1° du II de l'article 150 VG, par le notaire, au service des impôts où la déclaration a été déposée ;

3° Pour les cessions mentionnées au 4° du II de l'article 150 VG, par le dépositaire du fonds de placement immobilier, au service des impôts des entreprises du lieu du siège social de celui-ci ;

IMMO-IV-37760 ; MF n° 30525

4° Pour les cessions mentionnées au 5° du II de l'article 150 VG, par l'établissement payeur, au service des impôts des entreprises du lieu du siège social de celui-ci.

IMMO-IV-38360 ; MF n° 30535

IMMO-II-180700 s., 187000 s., 196450 s. ; MF n°s 32420 s., 32550, 32780

3. Actifs numériques

Art 150 VH bis **I.** Sous réserve des dispositions propres aux bénéfices professionnels, les plus-values réalisées par les personnes physiques domiciliées fiscalement en France au sens de l'article 4 B, directement ou par personne interposée, lors d'une cession à titre onéreux d'actifs numériques mentionnés à l'article L 54-10-1 du code monétaire et financier ou de droits s'y rapportant sont passibles de l'impôt sur le revenu dans les conditions prévues au présent article.

II. A. Les dispositions du I du présent article ne sont pas applicables, au titre de l'année d'échange, aux opérations d'échange sans soulte entre actifs numériques définis au même I ou droits s'y rapportant.

B. Les personnes réalisant des cessions dont la somme des prix, tels que définis au A du III, n'excède pas 305 € au cours de l'année d'imposition hors opérations mentionnées au A du présent II, sont exonérées.

III. La plus ou moins-value brute réalisée lors de la cession de biens ou droits mentionnés au I est égale à la différence entre, d'une part, le prix de cession et, d'autre part, le produit du prix total d'acquisition de l'ensemble du portefeuille d'actifs numériques par le quotient du prix de cession sur la valeur globale de ce portefeuille.

A. Le prix de cession à retenir est le prix réel perçu ou la valeur de la contrepartie obtenue par le cédant, le cas échéant comprenant la soulte qu'il a reçue ou minoré de la soulte qu'il a versée lors de cette cession.

Le prix de cession est réduit, sur justificatifs, des frais supportés par le cédant à l'occasion de cette cession.

B. Le prix total d'acquisition du portefeuille d'actifs numériques est égal à la somme des prix effectivement acquittés en monnaie ayant cours légal à l'occasion de l'ensemble des acquisitions d'actifs numériques ou de droits s'y rapportant réalisées avant la cession et de la valeur de chacun des services et des biens, autres que des actifs numériques ou droits s'y rapportant remis lors d'échanges ayant bénéficié du sursis d'imposition prévu au A du II, comprenant le cas échéant les soultes versées, remis en contrepartie d'actifs numériques ou de droits s'y rapportant avant cette même cession.

En cas d'acquisition à titre gratuit, le prix d'acquisition à retenir s'entend de la valeur retenue pour la détermination des droits de mutation à titre gratuit ou, à défaut, de la valeur réelle des actifs numériques ou des droits s'y rapportant déterminée au moment de leur entrée dans le patrimoine du cédant.

Le prix total d'acquisition déterminé par application des deux premiers alinéas du présent B est réduit de la somme des fractions de capital initial contenues dans la valeur ou le prix de chacune des différentes cessions d'actifs numériques ou droits s'y rapportant, à titre gratuit ou onéreux hors échanges ayant bénéficié du sursis d'imposition prévu au A du II, antérieurement réalisées. Lorsqu'un ou plusieurs échanges avec soulte reçue par le cédant ont été réalisés antérieurement à la cession imposable, le prix total d'acquisition est minoré du montant des soultes.

C. La valeur globale du portefeuille d'actifs numériques est égale à la somme des valeurs, évaluées au moment de la cession imposable, des différents actifs numériques et droits s'y rapportant détenus par le cédant avant de procéder à la cession.

IV. Les moins-values brutes subies au cours d'une année d'imposition au titre des cessions de biens ou droits mentionnés au I, autres que celles entrant dans le champ du II, sont imputées exclusivement sur les plus-values brutes de même nature, réalisées au titre de cette même année.

V. A. L'impôt sur le revenu correspondant à la plus-value mentionnée au présent article est versé par la personne physique qui réalise, directement ou par personne interposée, la cession.

Les redevables portent sur la déclaration annuelle prévue à l'article 170 le montant global de la plus ou moins-value réalisée au titre des cessions imposables de l'année. Ils joignent à cette déclaration une annexe conforme à un modèle établi par l'administration, sur laquelle ils mentionnent et évaluent l'ensemble des plus ou moins-values réalisées à l'occasion de chacune des cessions imposables effectuées au cours de l'année ou les prix de chacune des cessions exonérées en application du B du II.

B. Un décret détermine les obligations déclaratives incombant aux redevables et aux personnes interposées mentionnées au I *(NDLR Voir Annexe III, art. 41 duovicies J et 41 duovicies K).*

VI. *(Abrogé).*

RM-VII-48000 s. ; MF n°s 33600 s.

VII quater. Taxe sur les métaux précieux, les bijoux, les objets d'art, de collection et d'antiquité

Art 150 VI **I.** Sous réserve des dispositions propres aux bénéfices professionnels, sont soumises à une taxe forfaitaire dans les conditions prévues aux articles 150 VJ à 150 VM les cessions à titre onéreux ou les exportations, autres que temporaires, hors du territoire des Etats membres de l'Union européenne :

1° De métaux précieux ;

2° De bijoux, d'objets d'art, de collection ou d'antiquité.

II. *(NDLR Dispositions déclarées non conformes à la Constitution par la décision du Conseil constitutionnel n° 2020-868 QPC du 27 novembre 2020).*

(Voir Annexe II, art. 74 S bis)

TD-VII-200 s. ; MF nos 75915 s.

Art 150 VJ Sont exonérées de la taxe :

1° Les cessions réalisées au profit d'un musée auquel a été attribuée l'appellation « musée de France » prévue à l'article L 441-1 du code du patrimoine ou d'un musée d'une collectivité territoriale ;

2° Les cessions réalisées au profit de la Bibliothèque nationale de France ou d'une autre bibliothèque de l'Etat, d'une collectivité territoriale ou d'une autre personne publique ;

3° Les cessions réalisées au profit d'un service d'archives de l'Etat, d'une collectivité territoriale ou d'une autre personne publique ;

4° Les cessions ou les exportations des biens mentionnés au 2° du I de l'article 150 VI lorsque le prix de cession ou la valeur en douane n'excède pas 5 000 € ;

5° Les cessions ou les exportations de biens mentionnés au I de l'article 150 VI, lorsque le cédant ou l'exportateur n'a pas en France son domicile fiscal. L'exportateur doit pouvoir justifier d'une importation antérieure, d'une introduction antérieure ou d'une acquisition en France ;

6° *(Abrogé).*

(Voir Annexe II, art. 74 S bis à 74 S quater)

TD-VII-700 s. ; MF n° 75925

Art 150 VK **I.** La taxe est supportée par le vendeur ou l'exportateur. Elle est due, sous leur responsabilité, par l'intermédiaire établi fiscalement en France participant à la transaction ou, en l'absence d'intermédiaire, par l'acquéreur lorsque celui-ci est un assujetti à la taxe sur la valeur ajoutée établi en France ; dans les autres cas, elle est due par le vendeur ou l'exportateur.

(Voir Annexe II, art. 74 S quinquies)

II. La taxe est égale :

1° A 11 % du prix de cession ou de la valeur en douane des biens mentionnés au 1° du I de l'article 150 VI ;

2° A 6 % du prix de cession ou de la valeur en douane des biens mentionnés au 2° du I de l'article 150 VI.

III. La taxe est exigible au moment de la cession ou de l'exportation.

TD-VII-1200 s., 1300 s. ; MF n°s 75930 s.

Art 150 VL Le vendeur ou l'exportateur peut opter pour le régime défini à l'article 150 UA à la condition de justifier de la date et du prix d'acquisition du bien ou de justifier que le bien est détenu depuis plus de vingt-deux ans. Dans ce cas, la taxe forfaitaire prévue à l'article 150 VI n'est pas due.

(Voir Annexe II, art. 74 S quinquies et 74 S septies)

TD-VII-1800 s. ; MF n° 75915

Art 150 VM **I.** Une déclaration, conforme à un modèle établi par l'administration *(Voir Annexe II, art. 74 S sexies)*, retrace, selon le cas, les éléments servant à la liquidation de la taxe ou l'option prévue à l'article 150 VL. Elle est déposée :

1° Pour les cessions réalisées avec la participation d'un intermédiaire domicilié fiscalement en France ou, en l'absence d'intermédiaire, lorsque l'acquéreur est un assujetti à la taxe sur la valeur ajoutée établi en France, par cet intermédiaire ou cet acquéreur, au service des impôts chargé du recouvrement dont il dépend ou, lorsqu'il s'agit d'un officier ministériel, au service des impôts chargé du recouvrement compétent pour l'enregistrement de l'acte lorsqu'il doit être présenté à cette formalité, dans le délai prévu par l'article 635.Toutefois, lorsqu'il est assujetti à la taxe sur la valeur ajoutée, l'intermédiaire, l'acquéreur ou l'officier ministériel déclare la taxe :

a. Sur l'annexe à la déclaration mentionnée au 1 de l'article 287 déposée au titre du mois ou du trimestre au cours duquel l'exigibilité de la taxe forfaitaire est intervenue s'il est redevable de la taxe sur la valeur ajoutée et soumis au régime réel normal d'imposition ;

b. Sur la déclaration annuelle mentionnée au 3 de l'article 287 déposée au titre de l'exercice au cours duquel l'exigibilité de la taxe forfaitaire est intervenue s'il est redevable de la taxe sur la valeur ajoutée et soumis au régime simplifié d'imposition prévu à l'article 302 septies A ;

c. Sur l'annexe à la déclaration mentionnée au 1 de l'article 287 déposée auprès du service chargé du recouvrement dont relève le principal établissement au plus tard le 25 du mois qui suit celui au cours duquel l'exigibilité de la taxe forfaitaire est intervenue si l'assujetti n'est pas redevable de la taxe sur la valeur ajoutée ;

2° Pour les exportations ou pour les cessions dans un pays tiers de biens exportés temporairement, par l'exportateur à la recette des douanes compétente pour cette exportation, lors de l'accomplissement des formalités douanières ;

3° Pour les autres cessions, par le vendeur au service des impôts chargé du recouvrement dont il relève dans un délai d'un mois à compter de la cession.

II. La taxe est acquittée lors du dépôt de la déclaration.

III. Le recouvrement de la taxe s'opère :

1° Pour les cessions réalisées avec la participation d'un intermédiaire ou, en l'absence d'intermédiaire, lorsque l'acquéreur est un assujetti à la taxe sur la valeur ajoutée établi en France, selon les règles, garanties et sanctions prévues en matière de taxes sur le chiffre d'affaires ;

2° Pour les exportations et les cessions dans un pays tiers de biens exportés temporairement, selon les dispositions prévues par la législation douanière en vigueur ;

3° Pour les autres cessions, selon les règles, garanties et sanctions prévues au titre IV du livre des procédures fiscales pour les impôts recouvrés par les comptables publics compétents.

IV. Les réclamations sont présentées, instruites et jugées comme en matière de taxes sur le chiffre d'affaires si la taxe est recouvrée par les comptables de la direction générale des finances publiques et comme en matière de douane si la taxe est recouvrée par les receveurs des douanes.

TD-VII-1300 s., 2060 s. ; MF n°s 75930 s.

VIII. Dispositions communes aux différentes catégories de revenus

01. Versement libératoire des exploitants individuels

Art 151-0 **I.** Les contribuables peuvent sur option effectuer un versement libératoire de l'impôt sur le revenu assis sur le chiffre d'affaires ou les recettes de leur activité professionnelle lorsque les conditions suivantes sont satisfaites :

1° Ils sont soumis aux régimes définis aux articles 50-0 ou 102 ter ;

2° Le montant des revenus du foyer fiscal de l'avant-dernière année, tel que défini au IV de l'article 1417, est inférieur ou égal, pour une part de quotient familial, à la limite supérieure de la deuxième tranche du barème de l'impôt sur le revenu de l'année précédant celle au titre de laquelle l'option est exercée. Cette limite est majorée respectivement de 50 % ou 25 % par demi-part ou quart de part supplémentaire ;

3° Ils sont soumis au régime prévu à l'article L 613-7 du code de la sécurité sociale.

RIE-I-12500 s. ; MF n° 85150

II. Les versements sont liquidés par application, au montant du chiffre d'affaires ou des recettes hors taxes de la période considérée, des taux suivants :

1° 1 % pour les contribuables soumis au régime défini à l'article 50-0 et concernés par le seuil prévu au 1° du 1 du même article 50-0 ;

2° 1,7 % pour les contribuables soumis au régime défini à l'article 50-0 et concernés par le seuil prévu au 2° du 1 du même article 50-0 ;

3° 2,2 % pour les contribuables soumis au régime défini à l'article 102 ter et concernés par le seuil prévu au 1 du même article 102 ter.

RIE-II-4480 s. ; MF n° 85200

III. Les versements libèrent de l'impôt sur le revenu établi sur la base du chiffre d'affaires ou des recettes annuels, au titre de l'année de réalisation des résultats de l'exploitation, à l'exception des plus et moins-values provenant de la cession de biens affectés à l'exploitation, qui demeurent imposables dans les conditions visées au douzième alinéa du 1 de l'article 50-0 et au deuxième alinéa du 1 de l'article 102 ter.

Les contribuables qui s'acquittent du versement libératoire au titre de l'année en cours ne sont pas redevables de l'acompte prévu au 2° du 2 de l'article 204 A au titre des revenus soumis à ce versement.

IV. L'option prévue au premier alinéa du I est adressée aux organismes mentionnés aux articles L 213-1 et L 752-4 du code de la sécurité sociale au plus tard le 30 septembre de l'année précédant celle au titre de laquelle elle est exercée et, en cas de création d'activité, au plus tard le dernier jour du troisième mois qui suit celui de la création. L'option s'applique tant qu'elle n'a pas été expressément dénoncée dans les mêmes conditions.

Elle cesse toutefois de s'appliquer dans les cas suivants :

1° Au titre de l'année civile au cours de laquelle les régimes définis aux articles 50-0 et 102 ter ne s'appliquent plus. Dans cette situation, le III n'est pas applicable. Les versements effectués au cours de cette année civile s'imputent sur le montant de l'impôt sur le revenu établi dans les conditions prévues aux articles 197 et 197 A. Si ces versements excèdent l'impôt dû, l'excédent est restitué ;

2° Au titre de la deuxième année civile suivant celle au cours de laquelle le montant des revenus du foyer fiscal du contribuable, tel que défini au IV de l'article 1417, excède le seuil défini au 2° du I ;

3° *(Abrogé).*

RIE-I-12940 s. ; MF n° 85180

V. Les versements mentionnés au I sont effectués suivant la périodicité, selon les règles et sous les garanties et sanctions applicables au recouvrement des cotisations et contributions de sécurité sociale visées à l'article L 613-7 du code de la sécurité sociale. Le contrôle et, le cas échéant, le recouvrement des impositions supplémentaires sont effectués selon les règles applicables à l'impôt sur le revenu.

Les contribuables ayant opté pour le versement libératoire mentionné au I portent sur la déclaration prévue à l'article 170 les informations mentionnées aux 3 de l'article 50-0 et 2 de l'article 102 ter.

(Voir Annexe III, art. 41 DG ter)

Ndlr *Des mesures spécifiques s'appliquent aux revenus perçus ou réalisés en 2020, en 2021 et en 2022, voir la partie Autres textes du présent code loi 2020-1721 du 29 décembre 2020 art. 28.*

RIE-I-12500 s. ; RIE-II-4400 s. ; MF n°s 85100 s.

1. Détermination des revenus des avoirs à l'étranger

Art 151 Pour l'application de l'article L 69 du livre des procédures fiscales, l'impôt sur les revenus des avoirs à l'étranger est établi sur le produit du montant de ces avoirs par la moyenne annuelle des taux de rendement brut à l'émission des obligations des sociétés privées.

CF-VII-9390 s. ; MF n° 79125

1 bis. Rémunération perçue par les médecins au titre de la permanence des soins

Art 151 ter La rémunération perçue au titre de la permanence des soins exercée en application de l'article L 6314-1 du code de la santé publique par les médecins ou leurs remplaçants installés dans une zone caractérisée par une offre de soins insuffisante ou des difficultés dans l'accès aux soins, définie en application de l'article L 1434-4 du même code est exonérée de l'impôt sur le revenu à hauteur de soixante jours de permanence par an.

BNC-II-6000 s.

1 ter. Imposition des plus-values réalisées dans le cadre d'un bail à construction

Art 151 quater Lorsque le bail à construction prévu par les articles L 251-1 à L 251-8 du code de la construction et de l'habitation est assorti d'une clause prévoyant le transfert de la propriété du terrain au preneur moyennant le versement d'un supplément de loyer, la plus-value dégagée à l'occasion de la cession du terrain est imposée dans les conditions prévues aux articles 35, 150 U, 244 bis et 244 bis A.

Pour l'application des dispositions de l'article 150 U, le montant de la plus-value nette est déterminé au moment de la signature du bail d'après la valeur du bien à cette date ; la durée de possession prise en compte pour l'établissement de la plus-value est la période comprise entre la date d'acquisition du bien par le bailleur et la date de transfert de propriété en fin de bail.

Le montant à ajouter aux revenus des plus-values est revalorisé suivant la même formule d'indexation que le loyer lui-même.

Les sommes et prestations de toute nature reçues par le bailleur en payement du prix de cession du terrain ne sont pas soumises au régime défini à l'article 33 bis.

IMMO-V-460 s. ; MF nº 31060

1 quater. Plus-values réalisées dans le cadre d'une activité agricole, artisanale, commerciale, industrielle ou libérale

Art 151 sexies **I.** La plus-value réalisée dans le cadre d'une activité agricole, artisanale, commerciale, industrielle ou libérale est calculée, si le bien cédé a figuré pendant une partie du temps écoulé depuis l'acquisition dans le patrimoine privé du contribuable, suivant les règles des articles 150 U à 150 VH, pour la partie correspondant à cette période. Cette partie est exonérée s'il s'agit d'une terre agricole qui n'entre pas dans le champ d'application du A de l'article 1594-0 G et qui est exploitée par un agriculteur ayant exercé son activité à titre principal pendant au moins cinq ans. Les terrains expropriés qui ne remplissent pas les conditions mentionnées aux a et b du 1º du II de l'article L 13-15 du code de l'expropriation pour cause d'utilité publique ne sont pas considérés comme des biens entrant dans le champ d'application du A de l'article 1594-0 G.

II. La plus-value réalisée lors de la cession d'actions ou de parts sociales louées dans les conditions des articles L 239-1 à L 239-5 du code de commerce, ou celle réalisée dans le cadre d'une activité agricole, artisanale, commerciale, industrielle ou libérale, est calculée, si les titres ont figuré pendant une partie du temps écoulé depuis leur acquisition dans le patrimoine privé du contribuable, suivant les règles des articles 150-0 A à 150-0 E, pour la partie du gain net correspondant à cette période.

Lors de la cession à titre onéreux de titres ou de droits mentionnés à l'article 150-0 A, ayant successivement fait partie du patrimoine privé, été inscrits à l'actif d'une entreprise ou considérés comme des éléments d'actif affectés à l'exercice de la profession en application des dispositions des articles 93 ou 151 nonies ou été loués dans les conditions des articles L 239-1 à L 239-5 du code de commerce, puis étant revenus dans le patrimoine privé, les gains nets sont constitués par la somme des gains nets relatifs aux périodes de détention dans le patrimoine privé, calculés suivant les règles des articles 150-0 A à 150-0 E.

Un décret en Conseil d'Etat fixe les conditions d'application du présent II *(Voir Annexe II, art. 74-0 E ter)*.

BIC-VII-88000 s. ; MF nºs 18470 s.

Art 151 septies **I.** Les dispositions du présent article s'appliquent aux activités commerciales industrielles, artisanales, libérales ou agricoles, exercées à titre professionnel.

II. Les plus-values de cession soumises au régime des articles 39 duodecies à 39 quindecies, à l'exception de celles afférentes aux biens entrant dans le champ d'application du A de l'article 1594-0 G, et réalisées dans le cadre d'une des activités mentionnées au I sont, à condition que l'activité ait été exercée pendant au moins cinq ans, exonérées pour :

1º La totalité de leur montant lorsque les recettes annuelles sont inférieures ou égales à :

a. 250 000 € s'il s'agit d'entreprises dont le commerce principal est de vendre des marchandises, objets, fournitures et denrées à emporter ou à consommer sur place ou de fournir le logement, à l'exclusion de la location directe ou indirecte de locaux d'habitation meublés ou destinés à être loués meublés ;

b. 90 000 € s'il s'agit d'autres entreprises non agricoles ou de titulaires de bénéfices non commerciaux ;

c. 350 000 € s'il s'agit d'entreprises exerçant une activité agricole ;

Ndlr *Les dispositions du présent c s'appliquent aux cessions réalisées à compter du 1er janvier 2023.*

2º Une partie de leur montant lorsque les recettes sont supérieures à 250 000 € et inférieures à 350 000 € pour les entreprises mentionnées au a du 1º du présent II, lorsque les recettes sont supérieures à 90 000 € et inférieures à 126 000 € pour les entreprises mentionnées au b du même 1º et lorsque les recettes sont supérieures à 350 000 € et inférieures à 450 000 € pour les entreprises mentionnées au c dudit 1º. Pour l'application de ces dispositions, le montant exonéré de la plus-value est déterminé en lui appliquant :

a. Pour les entreprises mentionnées au a du 1°, un taux égal au rapport entre, au numérateur, la différence entre 350 000 € et le montant des recettes et, au dénominateur, le montant de 100 000 € ;

b. Pour les entreprisesmentionnées au b du 1°, un taux égal au rapport entre, au numérateur, la différence entre 126 000 € et le montant des recettes et, au dénominateur, le montant de 36 000 € ;

c. Pour les entreprises mentionnées au c du même 1°, un taux égal au rapport entre, au numérateur, la différence entre 450 000 € et le montant des recettes et, au dénominateur, le montant de 100 000 €.

Lorsque l'activité de l'entreprise se rattache à au moins deux des trois catégories définies aux a, b et c du même 1°, l'exonération totale n'est applicable que si le montant global des recettes est inférieur ou égal au plus élevé des montants mentionnés au même 1° au titre des activités exercées et si le montant des recettes afférentes à chacune de ces activités est inférieur ou égal au montant mentionné au même 1° afférent à chacune d'elles.

Lorsque ces conditions ne sont pas remplies, si le montant global des recettes est inférieur au plus élevé des montants mentionnés au 2° au titre des activités exercées et si le montant des recettes afférentes à chacune de ces activités est inférieur au montant afférent à chacune d'elles mentionné au même 2°, le montant exonéré de la plus-value est déterminé en appliquant le moins élevé des taux entre celui qui aurait été déterminé dans les conditions fixées audit 2° si l'entreprise avait réalisé la totalité de ses recettes au titre de l'activité pour laquelle le montant mentionné au même 2o est le plus élevé et celui ou ceux déterminés dans les conditions fixées au même 2° si l'entreprise avait réalisé exclusivement chacune des autres activités exercées.

Ndlr *Les dispositions des trois derniers alinéas du II s'appliquent aux cessions réalisées à compter du 1er janvier 2023.*

III. Les plus-values réalisées à l'occasion de la cession de matériels agricoles ou forestiers par des entreprises de travaux agricoles ou forestiers sont exonérées dans les conditions applicables aux entreprises mentionnées au c du 1° du II. Un décret précise les modalités d'application du présent III *(voir Annexe III, art. 41-0 A)*.

IV. Le montant des recettes annuelles s'entend de la moyenne des recettes, appréciées hors taxes, réalisées au titre des exercices clos, ramenés le cas échéant à douze mois, au cours des deux années civiles qui précèdent la date de clôture de l'exercice de réalisation des plus-values.

Pour les entreprises dont les recettes correspondent à des sommes encaissées, le montant des recettes annuelles s'entend de la moyenne des recettes, appréciées hors taxes, au cours des deux années civiles qui précèdent l'année de réalisation des plus-values.

Lorsque le contribuable exerce plusieurs activités, il est tenu compte du montant total des recettes réalisées dans l'ensemble de ces activités.

Il est également tenu compte des recettes réalisées par les sociétés mentionnées aux articles 8 et 8 ter et les groupements non soumis à l'impôt sur les sociétés dont il est associé ou membre, à proportion de ses droits dans les bénéfices de ces sociétés et groupements.

Pour l'application des troisième et quatrième alinéas, la globalisation des recettes est effectuée par catégorie de revenus.

Lorsque les plus-values sont réalisées par une société ou un groupement mentionnés au quatrième alinéa, le montant des recettes annuelles s'apprécie au niveau de la société ou du groupement.

V. Pour les plus-values réalisées à la suite d'une expropriation ou de la perception d'indemnités d'assurance, la condition d'exercice de l'activité pendant au moins cinq ans n'est pas requise.

Les terrains expropriés qui ne remplissent pas les conditions mentionnées à l'article L 322-3 du code de l'expropriation pour cause d'utilité publique ne sont pas considérés comme des biens entrant dans le champ d'application du I du A de l'article 1594-0 G du présent code.

VI. Les plus-values mentionnées aux II et III s'entendent des plus-values nettes déterminées après compensation avec les moins-values de même nature.

VII. Les articles 150 U à 150 VH sont applicables aux plus-values réalisées lors de la cession de locaux d'habitation meublés ou destinés à être loués meublés et faisant l'objet d'une location directe ou indirecte lorsque cette activité n'est pas exercée à titre professionnel.

VIII. Les dispositions du présent article ne s'appliquent pas aux transferts de biens ou de droits dans un patrimoine fiduciaire effectués dans le cadre d'une opération de fiducie définie à l'article 2011 du code civil.

FR 2/24 inf. 37 nos 6 à 11 p. 74 ; BIC-VII-21000 s. ; DC-V-1900 s., 3210 s. ; MF nos 18200 s.

Art 151 septies A **I.** Les plus-values soumises au régime des articles 39 duodecies à 39 quindecies, autres que celles mentionnées au III, réalisées dans le cadre d'une activité commerciale, industrielle, artisanale, libérale ou agricole, sont exonérées lorsque les conditions suivantes sont réunies :

1° L'activité doit avoir été exercée pendant au moins cinq ans ;

2° La cession est réalisée à titre onéreux et porte sur une entreprise individuelle ou sur l'intégralité des droits ou parts détenus par un contribuable qui exerce son activité professionnelle dans le cadre d'une société ou d'un groupement dont les bénéfices sont, en application des articles 8 et 8 ter, soumis en son nom à l'impôt sur le revenu et qui sont considérés comme des éléments d'actif affectés à l'exercice de la profession au sens du I de l'article 151 nonies ;

3° Le cédant cesse toute fonction dans l'entreprise individuelle cédée ou dans la société ou le groupement dont les droits ou parts sont cédés et fait valoir ses droits à la retraite dans les deux années suivant ou précédant la cession ;

Ndlr *Par dérogation, lorsque le cédant fait valoir ses droits à la retraite entre le 1er janvier 2019 et le 31 décembre 2021 et que ce départ en retraite précède la cession, le délai prévu par ces dispositions est porté à trois ans (Loi 2021-1900 du 30 décembre 2021 art. 19, III).*

4° Le cédant ne doit pas détenir, directement ou indirectement, plus de 50 % des droits de vote ou des droits dans les bénéfices sociaux de l'entreprise cessionnaire ;

5° L'entreprise individuelle cédée ou la société ou le groupement dont les droits ou parts sont cédés emploie moins de deux cent cinquante salariés et soit a réalisé un chiffre d'affaires annuel inférieur à 50 millions d'euros au cours de l'exercice, soit a un total de bilan inférieur à 43 millions d'euros ;

6° Le capital ou les droits de vote de la société ou du groupement dont les droits ou parts sont cédés ne sont pas détenus à hauteur de 25 % ou plus par une entreprise ou par plusieurs entreprises ne répondant pas aux conditions du 5°, de manière continue au cours de l'exercice. Pour la détermination de ce pourcentage, les participations de sociétés de capital-risque, des fonds communs de placement à risques, des fonds professionnels spécialisés relevant de l'article L 214-37 du code monétaire et financier dans sa rédaction antérieure à l'ordonnance n° 2013-676 du 25 juillet 2013 modifiant le cadre juridique de la gestion d'actifs, des fonds professionnels de capital investissement, des sociétés de libre partenariat, des sociétés de développement régional, des sociétés financières d'innovation et des sociétés unipersonnelles d'investissement à risque ne sont pas prises en compte à la condition qu'il n'existe pas de lien de dépendance au sens du 12 de l'article 39 entre la société ou le groupement en cause et ces dernières sociétés ou ces fonds. Cette condition s'apprécie de manière continue au cours de l'exercice.

I bis. L'exonération prévue au I s'applique dans les mêmes conditions aux plus-values en report d'imposition sur le fondement du I ter de l'article 93 quater, du a du I de l'article 151 octies, des I et II de l'article 151 octies A et du I de l'article 151 octies B.

I ter Sont également éligibles au présent dispositif, dans les conditions du I et pour la seule plus-value imposable au nom de l'associé, les cessions d'activité réalisées par les sociétés visées au 2° du I à condition qu'il soit procédé à la dissolution de la société de manière concomitante à la cession et que ledit associé fasse valoir ses droits à la retraite dans les deux années suivant ou précédant la cession.

Ndlr *La cession mentionnée ci-dessus peut intervenir dans les trois années suivant la date à laquelle l'associé fait valoir ses droits à la retraite lorsque cette date est comprise entre le 1er janvier 2019 et le 31 décembre 2021 (Loi 2021-1900 du 30 décembre 2021 art. 19, III).*

DC-V-13800 s.

II. L'exonération prévue au I est remise en cause si le cédant relève de la situation mentionnée au 4° du I à un moment quelconque au cours des trois années qui suivent la réalisation de l'opération ayant bénéficié du régime prévu au présent article.

Lorsque l'une des conditions prévues aux 2° ou 3° du I n'est pas remplie au terme du délai prévu à ce même 3°, l'exonération prévue au I est remise en cause au titre de l'année au cours de laquelle intervient le terme de ce délai.

Ndlr *Pour l'application du II ci-dessus, en cas de non-respect du délai de trois ans prévu, par dérogation, au 3° du I du présent article, l'exonération est remise en cause au titre de l'année au cours de laquelle intervient le terme de ce délai (Loi 2021-1900 du 30 décembre 2021 art. 19, III).*

III. Sont imposées dans les conditions de droit commun les plus-values portant sur :

1° Des biens immobiliers bâtis ou non bâtis ou des droits ou parts de sociétés dont l'actif est principalement constitué de biens immobiliers bâtis ou non bâtis ou de droits ou parts de sociétés dont l'actif est principalement constitué des mêmes biens, droits ou parts ;

2° Des droits ou parts mentionnés au 2° du I lorsque l'actif de la société ou du groupement est principalement constitué de biens immobiliers bâtis ou non bâtis non affectés par la société ou le groupement à sa propre exploitation ou de droits ou parts de sociétés dont l'actif est principalement constitué des mêmes biens, droits ou parts.

IV. Par dérogation au 2° du I, la cession à titre onéreux d'une activité qui fait l'objet d'un contrat de location-gérance ou d'un contrat comparable peut bénéficier du régime mentionné au I si les conditions suivantes sont simultanément satisfaites :

1° L'activité est exercée depuis au moins cinq ans au moment de la mise en location ;

2° La cession est réalisée au profit du locataire ou, dans le respect du contrat, de toute autre personne, sous réserve que cette cession porte sur l'intégralité des éléments concourant à l'exploitation de l'activité qui a fait l'objet du contrat de location-gérance ou d'un contrat comparable *(NDLR La possibilité de céder un fonds donné en location-gérance à un tiers s'applique au titre de l'année 2021 et des années suivantes pour les entreprises relevant de l'impôt sur le revenu et au titre des exercices clos à compter du 31 décembre 2021 pour les entreprises relevant de l'impôt sur les sociétés).*

IV bis. En cas de cession à titre onéreux de parts ou d'actions de sociétés passibles de l'impôt sur les sociétés ou d'un impôt équivalent ou soumises sur option à cet impôt, rendant imposable une plus-value en report d'imposition sur le fondement du I ter de l'article 93 quater, du a du I de l'article 151 octies, des I et II de l'article 151 octies A, du I de l'article 151 octies B ou du III de l'article 151 nonies, cette plus-value en report est exonérée, lorsque les conditions suivantes sont réunies :

1° Le cédant :

a. Doit avoir exercé, de manière continue pendant les cinq années précédant la cession, l'une des fonctions énumérées au 1° du 1 du III de l'article 975 et dans les conditions prévues au même 1° dans la société dont les titres sont cédés ;

BIC-XIX-31935

b. Cesse toute fonction dans la société dont les titres sont cédés et fait valoir ses droits à la retraite dans les deux années suivant ou précédant la cession ;

Ndlr *Par dérogation, lorsque le cédant fait valoir ses droits à la retraite entre le 1er janvier 2019 et le 31 décembre 2021 et que ce départ en retraite précède la cession, le délai prévu par ces dispositions est porté à trois ans (Loi 2021-1900 du 30 décembre 2021 art. 19, III).*

c. Remplit la condition prévue au 4° du I ;

2° La cession porte sur l'intégralité des titres de la société ;

3° La société dont les titres sont cédés :

a. Répond aux conditions prévues aux 5° et 6° du I ;

b. A son siège social dans un Etat membre de l'Union européenne ou dans un autre Etat partie à l'accord sur l'Espace économique européen ayant conclu avec la France une convention d'assistance administrative en vue de lutter contre la fraude et l'évasion fiscales ;

c. Doit avoir exercé, de manière continue pendant les cinq années précédant la cession, une activité commerciale, industrielle, artisanale, libérale ou agricole, à l'exception de la gestion de son propre patrimoine mobilier ou immobilier.

L'exonération mentionnée au premier alinéa du présent IV bis est remise en cause si le cédant relève de la situation mentionnée au 4° du I à un moment quelconque au cours des trois années qui suivent la réalisation de la cession de l'intégralité des titres.

Lorsque l'une des conditions prévues au b du 1° ou au 2° n'est pas remplie au terme du délai prévu à ce même b, l'exonération prévue au présent IV bis est remise en cause au titre de l'année au cours de laquelle intervient le terme de ce délai.

Ndlr *Pour l'application du IV bis ci-dessus, en cas de non-respect du délai de trois ans prévu, par dérogation, au b du 1° du IV bis, l'exonération est remise en cause au titre de l'année au cours de laquelle intervient le terme de ce délai (Loi 2021-1900 du 30 décembre 2021 art. 19, III).*

V. 1. L'indemnité compensatrice versée à un agent général d'assurances exerçant à titre individuel par la compagnie d'assurances qu'il représente à l'occasion de la cessation du mandat bénéficie du régime mentionné au I si les conditions suivantes sont réunies :

a. Le contrat dont la cessation est indemnisée doit avoir été conclu depuis au moins cinq ans au moment de la cessation ;

b. L'agent général d'assurances fait valoir ses droits à la retraite dans les deux années suivant la cessation du contrat ;

c. L'activité est intégralement poursuivie dans le délai de deux ans.

2. Lorsque le régime de faveur prévu au 1 s'applique, l'agent général d'assurances qui cesse son activité est assujetti, sur le montant de l'indemnité compensatrice, à une taxe exceptionnelle établie selon le tarif prévu à l'article 719. Cette taxe est établie, contrôlée et recouvrée comme l'impôt sur le revenu et sous les mêmes garanties et sanctions. Un décret détermine les modalités d'application du présent 2 et les obligations déclaratives incombant aux redevables et aux compagnies d'assurances *(Voir Annexe III, art. 41-00 A bis).*

FR 48/22 inf. 4 p. 7 ; BNC-II-7660 s. ;
MF n° 13725 précisions

VI. L'option pour le bénéfice du régime défini au présent article est exclusive de celui des régimes prévus au I ter de l'article 93 quater et aux articles 151 octies et 151 octies A.

BIC-XIX-30000 s. ; DC-V-11400 s. ; MF n°s 19890 s., 37718

Art 151 septies B **I.** Les plus-values à long terme soumises au régime des articles 39 duodecies à 39 quindecies réalisées dans le cadre d'une activité commerciale, industrielle, artisanale, libérale ou agricole, sont imposées après application d'un abattement de 10 % pour chaque année de détention échue au titre de l'exercice de réalisation de la plus-value au-delà de la cinquième lorsque ces plus-values portent sur :

1° Des biens immobiliers bâtis ou non bâtis qui sont affectés par l'entreprise à sa propre exploitation ;

2° Des droits ou parts de sociétés dont l'actif est principalement constitué de biens immobiliers bâtis ou non bâtis qui sont affectés par l'entreprise à sa propre exploitation ou de droits ou parts de sociétés dont l'actif est principalement constitué des mêmes biens, droits ou parts.

II. Pour l'application des dispositions du I :

1° Les droits afférents à un contrat de crédit-bail conclu dans les conditions prévues au 2 de l'article L 313-7 du code monétaire et financier sont assimilés à des éléments de l'actif ;

2° Les biens mentionnés au I du A de l'article 1594-0 G ne sont pas considérés comme affectés à l'exploitation de l'activité.

III. Les dispositions du présent article s'appliquent aux plus-values réalisées à compter du 1er janvier 2006.

BIC-VII-7420 s. ; MF n°s 18095 s.

1-0 quinquies. Maintien des reports d'imposition dont bénéficient certaines plus-values professionnelles

Art 151-0 octies Les reports d'imposition mentionnés aux articles 151 octies à 151 nonies sont maintenus en cas de report ou de sursis d'imposition des plus-values constatées à l'occasion d'événements censés y mettre fin, jusqu'à ce que ces dernières deviennent imposables, qu'elles soient imposées ou exonérées, ou que surviennent d'autres événements y mettant fin à l'occasion desquels les plus-values constatées ne bénéficient pas d'un report ou d'un sursis d'imposition.

DC-V-10050, 22926 ; BNC-IV-21860 s., 21970, 24440, 24855 ; BIC-VII-42830 s. ; BIC-XIX-21380 s. ; MF n°s 13875, 19755, 37723

1 quinquies. Plus-values réalisées à l'occasion d'apports en sociétés ou de restructuration de sociétés civiles professionnelles

Art 151 octies **I.** Les plus-values soumises au régime des articles 39 duodecies à 39 quindecies et réalisées par une personne physique à l'occasion de l'apport à une société soumise à un régime réel d'imposition d'une entreprise individuelle ou d'une branche complète d'activité peuvent bénéficier des dispositions suivantes :

a. L'imposition des plus-values afférentes aux immobilisations non amortissables fait l'objet d'un report jusqu'à la date de la cession, du rachat ou de l'annulation des droits sociaux reçus en rémunération de l'apport de l'entreprise ou jusqu'à la cession de ces immobilisations par la société si elle est antérieure. Toutefois, en cas de transmission à titre gratuit à une personne physique des droits sociaux rémunérant l'apport ou de la nue-propriété de ces droits, le report d'imposition est maintenu si le bénéficiaire de la transmission prend l'engagement d'acquitter l'impôt sur la plus-value à la date où l'un des événements prévus à la phrase précédente se réalise.

Lorsque l'apport a été consenti à une société civile professionnelle ou à une société civile agricole, le report d'imposition prévu au premier alinéa du présent a est maintenu, en cas d'opérations soumises aux dispositions du I de l'article 151 octies A ou de transformation de la société civile professionnelle en société d'exercice libéral. Il est mis fin à ce report lorsqu'intervient l'un des événements mentionnés à ce même I.

BNC-IV-22510 s.

Le report d'imposition prévu au premier alinéa est maintenu en cas d'échange des droits sociaux mentionnés au même alinéa résultant d'une fusion ou d'une scission jusqu'à la date de cession, de rachat ou d'annulation des droits reçus lors de l'échange ;

b. L'imposition des plus-values afférentes aux autres immobilisations est effectuée au nom de la société bénéficiaire de l'apport selon les modalités prévues au d du 3 de l'article 210 A pour les fusions de sociétés.

Par dérogation au b, l'apporteur peut opter pour l'imposition au taux prévu au 1 du I de l'article 39 quindecies de la plus-value à long terme globale afférente à ses immobilisations amortissables ; dans ce cas, le montant des réintégrations prévues au b est réduit à due concurrence.

Les profits afférents aux stocks ne sont pas imposés au nom de l'apporteur si la société bénéficiaire de l'apport inscrit ces stocks à l'actif de son bilan à la valeur comptable pour laquelle ils figurent au dernier bilan de l'entreprise apporteuse *(Voir Annexe III, art. 38 sexdecies GB).*

Sous les conditions fixées au a du 3 de l'article 210 A, les provisions afférentes aux éléments transférés ne sont rapportées au résultat imposable de l'entreprise apporteuse que si elles deviennent sans objet.

Les dispositions du 5 de l'article 210 A sont applicables aux apports visés au présent article.

Les dispositions du présent article sont applicables à l'apport à une société d'une entreprise individuelle ou d'une branche complète d'activité à l'exception des immeubles, si ceux-ci sont mis à disposition de la société bénéficiaire de l'apport dans le cadre d'un contrat d'une durée d'au moins neuf ans.

Lorsque les immeubles mentionnés au dixième alinéa cessent d'être mis à disposition de la société bénéficiaire de l'apport, les plus-values, non encore imposées, afférentes aux éléments non amortissables sont comprises dans les bases de l'impôt dû par les personnes physiques mentionnées aux premier à sixième alinéas, au titre de l'année au cours de laquelle cette mise à disposition a cessé ; les plus-values et les profits afférents aux autres éléments apportés qui n'ont pas encore été soumis à l'impôt ainsi que les provisions afférentes à l'ensemble des éléments apportés qui n'ont pas encore été reprises sont rapportés aux résultats de la société bénéficiaire de l'apport au titre de l'exercice au cours duquel la mise à disposition a cessé.

II. Le régime défini au I s'applique :

a. Sur simple option exercée dans l'acte constatant la constitution de la société, lorsque l'apport de l'entreprise est effectué à une société en nom collectif, une société en commandite simple, une société à responsabilité limitée dans laquelle la gérance est majoritaire ou à une société civile exerçant une activité professionnelle ;

b. *(Disposition périmée).*

L'option est exercée dans l'acte d'apport conjointement par l'apporteur et la société ; elle entraîne l'obligation de respecter les règles prévues au présent article.

Si la société cesse de remplir les conditions permettant de bénéficier sur simple option du régime prévu au I, le report d'imposition des plus-values d'apport peut, sur agrément préalable, être maintenu. A défaut, ces plus-values deviennent immédiatement taxables.

L'apporteur doit joindre à la déclaration prévue à l'article 170 au titre de l'année en cours à la date de l'apport et des années suivantes un état conforme au modèle fourni par l'administration faisant apparaître les renseignements nécessaires au suivi des plus-values dont l'imposition est reportée conformément aux premier et troisième alinéas du a du I. Un décret précise le contenu de cet état *(Voir Annexe III, art. 41-0 A bis).*

III. Les dispositions du II de l'article 93 quater et de l'article 151 septies ne s'appliquent pas aux plus-values constatées à l'occasion d'apports en sociétés visés aux I et II du présent article.

IV. *(Abrogé à compter du 1er janvier 2000).*

(Voir également art. 151-0 octies)

BIC-XIX-20200 s. ; MF nos 19710 s.

Art 151 octies A **I.** Les personnes physiques associées d'une société civile professionnelle peuvent bénéficier des dispositions prévues à l'article 151 octies pour les plus-values nettes d'apport, sur lesquelles elles sont personnellement imposables en application de l'article 8 ter, réalisées par cette société à l'occasion d'une fusion, d'un apport partiel d'actif portant sur une branche complète d'activité ou d'une scission, lorsque chacune des sociétés bénéficiaires de la scission reçoit une ou plusieurs branches complètes d'activité et que les titres rémunérant la scission sont répartis proportionnellement aux droits de chaque associé dans le capital de la société scindée.

Le premier alinéa du présent I s'applique également aux personnes physiques associées d'une société civile agricole à raison d'une opération de fusion, d'apport partiel d'actif portant sur une branche complète d'activité ou de scission mentionnée au même premier alinéa au profit d'une société civile agricole. Pour l'application du présent alinéa, sont considérées comme des sociétés civiles agricoles les sociétés civiles dont les bénéfices relèvent exclusivement de la catégorie des bénéfices agricoles, y compris les produits des activités accessoires imposés dans cette catégorie en application de l'article 75 *(NDLR Cette disposition s'applique à l'impôt sur le revenu dû au titre de l'année 2021 et des années suivantes).*

Il est mis fin au report d'imposition de la plus-value nette afférente aux immobilisations non amortissables :

1° Pour sa totalité, en cas de perte totale de la propriété de ces immobilisations, des titres reçus en rémunération de la fusion, de la scission ou de l'apport partiel d'actif ou des titres de la société ayant réalisé un tel apport ;

2° A hauteur de la plus-value afférente à l'immobilisation cédée, en cas de perte partielle de la propriété des immobilisations non amortissables ; en cas de moins-value, celle-ci vient augmenter le montant de la plus-value nette encore en report ;

3° Dans la proportion des titres cédés, en cas de perte partielle de la propriété des titres reçus en rémunération de la fusion, de la scission ou de l'apport partiel d'actif ou des titres de la société ayant réalisé un tel apport ; dans ce cas, la fraction ainsi imposée est répartie sur chaque immobilisation non amortissable dans la proportion entre la valeur de cette immobilisation à la date de la fusion, de la scission ou de l'apport partiel d'actif et la valeur, déterminée à cette même date, de toutes les immobilisations non amortissables conservées.

II. En cas d'option pour le dispositif prévu au I, l'imposition de la plus-value d'échange de titres constatée par l'associé de la société civile absorbée ou scindée est reportée jusqu'à la perte de la propriété des titres reçus en rémunération de la fusion ou de la scission.

En cas d'échange avec soulte, la plus-value réalisée est, à concurrence du montant de la soulte reçue, comprise dans le bénéfice de l'exercice au cours duquel intervient l'échange. Le montant imposable peut être soumis au régime des plus-values à long terme prévu à l'article 39 duodecies, dans la limite de la plus-value réalisée sur les titres détenus depuis deux ans au moins.

Ces dispositions ne sont pas applicables si la soulte dépasse 10 % de la valeur nominale des parts ou des actions attribuées ou si la soulte excède la plus-value réalisée. Elles sont exclusives de l'application du dispositif visé au V de l'article 93 quater.

III. En cas de transmission à titre gratuit à une personne physique des titres reçus en rémunération de la fusion, de la scission ou des titres de la société ayant réalisé l'apport partiel d'actif, le report d'imposition mentionné aux I et II peut être maintenu si le bénéficiaire de la transmission prend l'engagement d'acquitter l'impôt sur les plus-values à la date où l'un des événements visés aux troisième, quatrième et cinquième alinéas du I et au II viendrait à se réaliser à nouveau.

III bis. Le report d'imposition mentionné aux I et II est maintenu en cas d'échange des droits sociaux reçus en rémunération de la fusion, de la scission ou de l'apport partiel d'actif mentionnés au premier alinéa du I et résultant d'une fusion, d'une scission de la société ayant remis ces droits ou de celle ayant réalisé l'apport partiel d'actif jusqu'à la date de réalisation de l'un des événements mentionnés aux 1°, 2° et 3° du I et au II.

IV. Les personnes physiques mentionnées au I sont soumises aux dispositions prévues au sixième alinéa du II de l'article 151 octies.

V. L'article 151 septies ne s'applique pas en cas d'exercice de l'option prévue au I.

(Voir également art. 151-0 octies)

FR 2/22 inf. 27 n°s 1 à 5 et 16 p. 53 ; BNC-IV-24250 s. ; MF n° 13875

Art 151 octies B

I. Les plus-values soumises au régime des articles 39 duodecies à 39 quindecies résultant de l'échange de droits et parts effectué à l'occasion de l'apport de tels droits ou parts à une société soumise à un régime réel d'imposition peuvent faire l'objet d'un report d'imposition dans les conditions prévues au II. Toutefois, en cas d'échange avec soulte, la plus-value réalisée est, à concurrence du montant de la soulte reçue, comprise dans le bénéfice de l'exercice au cours duquel intervient l'apport. Le montant imposable peut être soumis au régime des plus-values à long terme prévu à l'article 39 duodecies, dans la limite de la plus-value réalisée sur les droits ou parts détenus depuis deux ans au moins.

Ces dispositions ne sont pas applicables si la soulte excède 10 % de la valeur nominale des droits sociaux attribués ou si la soulte excède la plus-value réalisée.

II. L'application du I est subordonnée aux conditions suivantes :

1° L'apporteur est une personne physique qui exerce une activité commerciale, industrielle, artisanale, libérale ou agricole à titre professionnel au sens du IV de l'article 155 ;

2° L'apport porte sur l'intégralité des droits ou parts nécessaires à l'exercice de l'activité, détenus par le contribuable et inscrits à l'actif de son bilan ou dans le tableau des immobilisations.

Pour l'application du premier alinéa, ne sont pas réputés nécessaires à l'exercice de l'activité les droits ou parts de sociétés dont l'actif est principalement constitué de biens immobiliers bâtis ou non bâtis qui ne sont pas affectés par l'entreprise à sa propre exploitation, de droits afférents à un contrat de crédit-bail portant sur de tels biens et conclu dans les conditions prévues au 2 de l'article L 313-7 du code monétaire et financier, de droits ou parts de sociétés dont l'actif est principalement constitué des mêmes biens, droits ou parts ;

3° La société bénéficiaire reçoit, à l'occasion de l'apport mentionné au 2° ou d'autres apports concomitants, plus de 50 % des droits de vote ou du capital de la société dont les droits et parts sont apportés ;

4° Les droits et parts reçus en rémunération de l'apport sont nécessaires à l'exercice de l'activité de l'apporteur.

III. Le report d'imposition prend fin lorsque :

1° L'apporteur cesse d'exercer une activité commerciale, industrielle, artisanale, libérale ou agricole à titre professionnel au sens du IV de l'article 155 ;

2° Les droits ou parts reçus en rémunération de l'apport ou les droits ou parts apportés sont cédés, rachetés ou annulés ;

3° Les droits ou parts reçus en rémunération de l'apport cessent d'être nécessaires à l'exercice de l'activité de l'apporteur.

IV. Par dérogation au 2° du III, le report d'imposition prévu au I est maintenu :

1° En cas d'échange de droits ou parts résultant d'une fusion ou d'une scission de la société dont les droits ou parts ont été apportés ou de la société bénéficiaire de l'apport jusqu'à la date de cession, de rachat ou d'annulation des droits ou parts reçus lors de l'échange ;

2° En cas de transmission, dans les conditions prévues à l'article 41, à une ou plusieurs personnes physiques des droits ou parts reçus en rémunération de l'apport ou des droits ou parts reçus en échange d'une opération mentionnée au 1° si le ou les bénéficiaires de la transmission prennent l'engagement d'acquitter l'impôt sur la plus-value d'apport à la date où l'un des événements mentionnés au III, appréciés le cas échéant au niveau du ou des bénéficiaires, se réalise *(Voir annexe III, art. 41-0 A bis A)*.

V. L'apporteur doit joindre à la déclaration prévue à l'article 170 au titre de l'année en cours à la date de l'apport et des années suivantes un état conforme au modèle fourni par l'administration faisant apparaître les renseignements nécessaires au suivi des plus-values dont l'imposition est reportée. Un décret précise le contenu de cet état *(Voir Annexe III, art. 41-0 A bis A, I)*.

L'option pour le bénéfice du régime défini au présent article est exclusive de celui des régimes prévus au II de l'article 93 quater et aux articles 151 septies, 151 septies A, 151 octies, 151 octies A et 238 quindecies.

(Voir également art. 151-0 octies)

BIC-VII-42500 s. ; MF n°s 18410 s.

Art 151 octies C Sous réserve que les membres de l'association issue de la transformation soient identiques aux associés de la société ou de l'organisme transformé, qu'aucune modification ne soit apportée aux écritures comptables et que l'imposition des bénéfices, profits et plus-values non imposés lors de la transformation demeure possible sous le nouveau régime fiscal applicable à l'association, la transformation d'une société ou organisme placé sous le régime des sociétés de personnes défini aux articles 8 à 8 ter en association d'avocats telle que visée à l'article 238 bis LA soumise au même régime n'entraîne pas :

1° Les conséquences de la cessation d'entreprise prévues à l'article 202 ;

2° L'imposition de la plus-value ou de la moins-value constatée lors de l'annulation des parts de la société ou de l'organisme transformé, dont le montant s'ajoute, le moment venu, à celui de la plus-value ou de la moins-value à constater au titre des droits détenus dans l'association à l'occasion de toute opération à l'origine du retrait total ou partiel du membre de l'association, ou de la transformation ou de la cessation de celle-ci au sens des articles 202 et 202 ter ;

3° L'imposition de reports antérieurs, qui sont maintenus jusqu'à l'échéance mentionnée au 2°.

Le premier alinéa du V de l'article 151 octies B est applicable à l'associé de la société ou de l'organisme transformé jusqu'à l'échéance mentionnée au 2°.

(Voir Annexe III, art. 41-0 A bis B)

(Voir également art. 151-0 octies)

DC-V-22870 s. ; MF n° 38665

1 sexies. Contribuables exerçant leur activité professionnelle dans le cadre d'une société de personnes

Art 151 nonies **I.** Lorsqu'un contribuable exerce son activité professionnelle dans le cadre d'une société dont les bénéfices sont, en application des articles 8 et 8 ter, soumis en son nom à l'impôt sur le revenu dans la catégorie des bénéfices agricoles réels, des bénéfices industriels ou commerciaux ou des bénéfices non commerciaux, ses droits ou parts dans la société sont considérés notamment pour l'application des articles 38, 72 et 93, comme des éléments d'actif affectés à l'exercice de la profession.

DC-V-6400 s., 6650 s. ; MF n°s 37675 s.

II. 1. En cas de transmission à titre gratuit à une personne physique de droits sociaux considérés, en application du I, comme des éléments d'actif affectés à l'exercice de la profession, l'imposition de la plus-value constatée peut faire l'objet d'un report jusqu'à la date de cession, de rachat, d'annulation ou de transmission ultérieure de ces droits.

L'imposition de cette plus-value est effectuée à la date à laquelle il est mis fin au report au nom du ou des bénéficiaires de la transmission des droits sociaux.

Lorsqu'un des événements mettant fin au report d'imposition cités au premier alinéa survient, l'imposition de la plus-value est effectuée au nom du bénéficiaire de la transmission.

En cas de nouvelle transmission à titre gratuit par l'un des bénéficiaires de la transmission visée au premier alinéa, le report est maintenu si le bénéficiaire de la nouvelle transmission prend l'engagemnet d'acquitter l'impôt sur la plus-value à la date où l'un des événements cités au premier alinéa survient. A défaut, l'imposition de la plus-value afférente aux droits transmis est effectuée au nom du donateur ou du défunt.

Lorsque l'activité est poursuivie pendant au moins cinq ans à compter de la date de la transmission à titre gratuit visée au premier alinéa, la plus-value en report est définitivement exonérée.

En cas de partage avec soulte, le report d'imposition est maintenu si le ou les attributaires des droits sociaux visés ci-dessus prennent l'engagement d'acquitter l'impôt sur la plus-value en report à la date où l'un des événements cités au premier alinéa se réalise.

2. Le régime défini au 1 s'applique sur option exercée par le ou les bénéficiaires lors de l'acceptation de la transmission par ces derniers.

Le ou les bénéficiaires ayant opté pour le régime défini au 1 communiquent à l'administration un état faisant apparaître le montant des plus-values réalisées lors de la transmission et dont l'imposition est reportée conformément au 1.

3. Un décret précise le contenu des obligations déclaratives mentionnées au 2 *(NDLR Voir Annexe III, art. 41-0 A ter).*

4. L'article 151 septies ne s'applique pas en cas d'exercice de l'option prévue au 2.

DC-V-12000 s. ; MF n°s 37720 s.

III. En cas d'assujettissement à l'impôt sur les sociétés d'une société visée au I ou de sa transformation en société passible de cet impôt, l'imposition de la plus-value constatée est reportée à la date de cession, de rachat ou d'annulation des parts ou actions de l'associé. Ce report est maintenu en cas de transmission, à titre gratuit, des parts ou actions de l'associé à une personne physique si celle-ci prend l'engagement de déclarer en son nom cette plus-value lors de la cession, du rachat ou de l'annulation de ces parts ou actions.

En cas de transmission à titre gratuit réalisée dans les conditions prévues au premier alinéa, la plus-value en report est définitivement exonérée lorsque, de manière continue pendant les cinq années suivant la transmission, les conditions suivantes sont respectées :

1° Le ou les bénéficiaires de la transmission exercent l'une des fonctions énumérées au 1° du 1 du III de l'article 975 et dans les conditions prévues au même 1° dans la société dont les parts ou actions ont été transmises ;

DC-V-12650 s.

2° La société dont les parts ou actions ont été transmises poursuit son activité commerciale, industrielle, artisanale, libérale ou agricole.

L'exonération prévue au deuxième alinéa s'applique à la plus-value en report sur les droits ou actions détenus par le ou les bénéficiaires de la transmission au terme de la période mentionnée au même alinéa.

DC-V-12400 s. ; MF n°s 37720 s.

IV. Lorsque le contribuable mentionné au I cesse d'exercer son activité professionnelle, l'imposition de la plus-value constatée sur les parts dont il conserve la propriété est reportée jusqu'à la date de cession, de rachat ou d'annulation de ces parts.

Ce report est maintenu en cas de transmission, à titre gratuit, des parts ou actions de l'associé à une personne physique si celle-ci prend l'engagement de déclarer en son nom cette plus-value lors de la cession, du rachat ou de l'annulation de ces parts ou actions.

En cas de transmission à titre gratuit réalisée dans les conditions prévues au deuxième alinéa, la plus-value en report détenue par le bénéficiaire de la transmission est définitivement exonérée lorsque, de manière continue pendant les cinq années suivant la transmission, ce bénéficiaire de la transmission exerce son activité professionnelle au sein de la société, dans les conditions prévues au I ou au 1° du III, et que celle-ci poursuit son activité commerciale, industrielle, artisanale, libérale ou agricole.

DC-V-12870 s. ; MF n°s 37720 s.

IV bis. Le I de l'article 151 octies B est applicable à l'apport de l'intégralité des droits ou parts mentionnés au I dans les conditions suivantes :

1° L'actif de la société ou du groupement dont les droits ou parts sont apportés n'est pas principalement constitué de biens immobiliers bâtis ou non bâtis qui ne sont pas affectés par la société ou le groupement à sa propre exploitation, de droits afférents à un contrat de crédit-bail portant sur de tels biens et conclu dans les conditions prévues au 2 de l'article L 313-7 du code monétaire et financier, de droits ou parts de sociétés dont l'actif est principalement constitué des mêmes biens, droits ou parts ;

2° La société bénéficiaire reçoit, à l'occasion de l'apport mentionné au 1° ou d'autres apports concomitants, plus de 50 % des droits de vote de la société ou du groupement dont les droits ou parts sont apportés.

Le report d'imposition prend fin à la date de cession, de rachat ou d'annulation des droits sociaux reçus en rémunération de l'apport ou jusqu'à la date de cession des titres apportés par la société bénéficiaire lorsqu'elle est antérieure.

Ce report d'imposition est maintenu :

a. En cas de transmission, à titre gratuit, des droits ou parts reçus en rémunération de l'apport à une ou plusieurs personnes physiques si le ou les bénéficiaires de la transmission prennent l'engagement de déclarer cette plus-value à la date de cession, de rachat ou d'annulation des droits sociaux reçus en rémunération de l'apport ou à la date de cession des titres apportés par la société bénéficiaire lorsqu'elle est antérieure ;

b. En cas d'échange de droits ou parts, résultant d'une fusion ou d'une scission de la société dont les droits ou parts ont été apportés ou de la société bénéficiaire de l'apport jusqu'à la date de cession, de rachat ou d'annulation des droits reçus lors de l'échange.

DC-V-13050 s. ; MF n°s 37720 s.

V. Les reports d'impositions mentionnés aux II, III et IV sont maintenus en cas d'échange de droits sociaux résultant d'une fusion ou d'une scission jusqu'à la date de cession, de rachat ou d'annulation des droits reçus lors de l'échange.

VI. Pour l'application des II à V, le ou les bénéficiaires du report d'imposition doivent joindre à la déclaration prévue à l'article 170 au titre de l'année au cours de laquelle les plus-values bénéficiant d'un report d'imposition sont réalisées et des années suivantes un état faisant apparaître les renseignements nécessaires au suivi des plus-values dont l'imposition est reportée. Un décret précise le contenu de cet état *(Voir Annexe III, art. 41-0 A ter).*

(Voir également art. 151-0 octies).

DC-V-12230 s., 12770 s., 12995, 13260 s.

1 septies. Déduction des sommes attribuées au titre de l'intéressement

Art 151 decies Les sommes attribuées au titre de l'intéressement aux exploitants individuels, aux associés de société de personnes n'ayant pas opté pour leur assujettissement à l'impôt sur les sociétés et aux conjoints collaborateurs et associés qui sont affectées à la réalisation d'un plan d'épargne d'entreprise sont exclues de l'assiette des bénéfices non commerciaux et de l'assiette des bénéfices industriels et commerciaux dans les conditions et limite prévues par le deuxième alinéa de l'article L 3315-3 du code du travail *(NDLR Cet article est reproduit dans la partie Autres textes du présent code).*

(Pour le régime fiscal des sommes qui ne sont pas affectées à la réalisation d'un plan d'épargne d'entreprise, voir art. 237 ter A)

TS-VII-53280 s. ; MF n° 88740

3. Non-déduction de l'impôt sur le revenu

Art 153 Pour la détermination des revenus nets visés aux I à VII bis de la présente sous-section, l'impôt sur le revenu n'est pas admis en déduction.

IRPP-II-490 ; BNC-II-13650 ; BIC-IX-25630 ; MF n°s 1085 b, 8527

4. Déduction du salaire du conjoint

Art 154 I. Pour la détermination des bénéfices industriels et commerciaux et des bénéfices des professions non commerciales, le salaire du conjoint participant effectivement à l'exercice de la profession peut, à la demande du contribuable, être déduit du bénéfice imposable, à la condition que ce salaire ait donné lieu au versement des cotisations prévues pour la sécurité sociale, des allocations familiales et autres prélèvements sociaux en vigueur. Ce salaire est rattaché, à ce titre, à la catégorie des traitements et salaires visés au V de la présente sous-section.

BIC-IX-34850 s.

II. Les dispositions du I s'appliquent également pour la détermination des bénéfices industriels et commerciaux et des bénéfices non commerciaux réalisés par une société mentionnée aux articles 8 et 8 ter.

BIC-IX-34900 s.

BIC-IX-34850 s. ; MF n° 8660

4 bis. Déduction de certaines cotisations sociales et prime d'assurance groupe

Art 154 bis I. Pour la détermination des bénéfices industriels et commerciaux et des bénéfices des professions non commerciales, sont admises en déduction du bénéfice imposable les cotisations à des régimes obligatoires, de base ou complémentaires, d'allocations familiales, d'assurance vieillesse, y compris les cotisations versées en exercice des facultés de rachat prévues aux articles L 351-14-1, L 643-2, L 652-7 et L 663-3 du code de la sécurité sociale, invalidité, décès, maladie et maternité.

Il en est également de même des primes versées au titre des contrats d'assurance groupe y compris ceux gérés par une institution mentionnée à l'article L 370-1 du code des assurances pour les contrats mentionnés à l'article L 143-1 dudit code, prévus à l'article L 144-1 du code des assurances par les personnes mentionnées au 1° de ce même article et des cotisations aux régimes facultatifs mis en place dans les conditions fixées par les articles L 644-1 et L 654-1 du code de la sécurité sociale par les organismes visés aux articles L 644-1 *(NDLR Caisse nationale d'assurance vieillesse des professions libérales)* et L 652-1 *(NDLR Caisse nationale des barreaux français)* du code de la sécurité sociale pour les mêmes risques et gérées dans les mêmes conditions, dans une section spécifique au sein de l'organisme, à condition, lorsque ces cotisations ou primes financent des garanties portant sur le remboursement ou l'indemnisation de frais occasionnés par une maladie, une maternité ou un accident, que ces garanties respectent les conditions mentionnées à l'article L 871-1 du même code.

Sauf application de l'option prévue au deuxième alinéa de l'article L 224-20 du code monétaire et financier, il en est également de même des versements mentionnés au 1° de l'article L 224-2 du même code effectués dans un plan d'épargne retraite mentionné à l'article L 224-13 ou à l'article L 224-28 du même code ou dans un sous-compte français du produit paneuropéen d'épargne-retraite individuelle mentionné à l'article L 225-1 dudit code par les titulaires des bénéfices mentionnés au premier alinéa du I, à l'exception de la part de ces versements correspondant à la garantie complémentaire prévue au 6° de l'article L 142-3 du code des assurances.

(Voir Annexe III, art. 41 DN ter et 41 ZZ quinquies)

Ndlr *Sont également admises en déduction du résultat imposable les cotisations versées en exercice des facultés de rachat prévues à l'article 108 de la loi 2021-1754 du 23 décembre 2021 (Loi 2021-1900 du 30 décembre 2021 art. 18).*

II. Les cotisations versées aux régimes obligatoires complémentaires d'assurance vieillesse mentionnés au premier alinéa du I, pour la part de ces cotisations excédant la cotisation minimale obligatoire, et les cotisations ou primes mentionnées aux deuxième et troisième alinéas du I sont déductibles :

1° Pour l'assurance vieillesse et pour les garanties complémentaires prévues aux 1°, 2° et 3° de l'article L 142-3 du code des assurances dans le cadre d'un plan d'épargne retraite mentionné à l'article L 224-13 ou à l'article L 224-28 du code monétaire et financier ou d'un sous-compte français du produit paneuropéen d'épargne-retraite individuelle mentionné à l'article L 225-1 du même code, dans une limite égale au plus élevé des deux montants suivants :

a. 10 % de la fraction du bénéfice imposable retenu dans la limite de huit fois le montant annuel du plafond mentionné à l'article L 241-3 du Code de la sécurité sociale, auxquels s'ajoutent 15 % supplémentaires sur la fraction de ce bénéfice comprise entre une fois et huit fois le montant annuel précité *(NDLR Soit une déduction maximale de 76 102 € pour les versements effectués en 2021 et 2022, 81 385 € pour les versements effectués en 2023 et 85 781 € pour les versements effectués en 2024)* ;

b. Ou 10 % du montant annuel du plafond mentionné à l'article L 241-3 du Code de la sécurité sociale *(NDLR Soit 4 114 € pour les versements effectués en 2021 et 2022, 4 399 € pour les versements effectués en 2023 et 4 637 € pour les versements effectués en 2024).*

Cette limite est réduite, le cas échéant, des sommes versées par l'entreprise aux plans d'épargne retraite qui sont exonérées en application des a et a bis du 18° de l'article 81 ;

2° Pour la prévoyance et pour la garantie complémentaire prévue au 4° de l'article L 142-3 du code des assurances dans le cadre d'un plan d'épargne retraite mentionné à l'article L 224-13 ou à l'article L 224-28 du code monétaire et financier ou d'un sous-compte français du produit paneuropéen d'épargne-retraite individuelle mentionné à l'article L 225-1 du même code, dans la limite d'un montant égal à la somme de 7 % du montant annuel du plafond mentionné à l'article L 241-3 du Code de la sécurité sociale *(NDLR Soit 2 880 € pour les versements effectués en 2021 et 2022, 3 079 € pour les versements effectués en 2023 et 3 246 € pour les versements effectués en 2024)* et de 3,75 % du bénéfice imposable, sans que le total ainsi obtenu puisse excéder 3 % de huit fois le montant annuel du plafond précité *(NDLR Soit 9 873 € pour les versements effectués en 2021 et 2022, 10 558 € pour les versements effectués en 2023 et 11 128 € pour les versements effectués en 2024)* ;

3° Pour la perte d'emploi subie et pour la garantie complémentaire prévue au 5° de l'article L 142-3 du code des assurances dans le cadre d'un plan d'épargne retraite mentionné à l'article L 224-13 ou à l'article L 224-28 du code monétaire et financier ou d'un sous-compte français du produit paneuropéen d'épargne-retraite individuelle mentionné à l'article L 225-1 du même code, dans une limite égale au plus élevé des deux montants suivants :

a. 1,875 % du bénéfice imposable retenu dans la limite de huit fois le montant annuel du plafond mentionné à l'article L 241-3 du Code de la sécurité sociale *(NDLR Soit une déduction maximale de 6 170 € pour les versements effectués en 2021 et 2022, 6 599 € pour les versements effectués en 2023 et 6 955 € pour les versements effectués en 2024)* ;

b. Ou 2,5 % du montant annuel du plafond mentionné à l'article L 241-3 du Code de la sécurité sociale *(NDLR Soit 1 028 € pour les versements effectués en 2021 et 2022, 1 100 € pour les versements effectués en 2023 et 1 159 € pour les versements effectués en 2024).*

Les revenus exonérés en application des articles 44 sexies à 44 nonies, 44 terdecies à 44 septdecies ou du 9 de l'article 93 sont retenus pour l'appréciation du montant du bénéfice imposable mentionné aux 1°, 2° et 3°. Il n'est pas tenu compte des plus-values et moins-values professionnelles à long terme.

(Pour Mayotte, la référence au plafond mentionné à l'article L 241-3 du code de la sécurité sociale est remplacée par

la référence au plafond mentionné à l'article 28-1 de l'ordonnance 96-1122 du 20 décembre 1996 : Ordonnance 2013-837 du 19 septembre 2013 art. 35-III al. 2)

(Pour la définition du bénéfice imposable, voir Annexe III, art. 41 DN bis)

DC-VIII-14100 s., 17730

III. *(Périmé).*

DC-VIII-17500 s. ; MF nos 8680 s.

Art 154 bis-0 A **I.** Les cotisations versées par les chefs d'exploitation ou d'entreprise agricoles au titre des contrats d'assurance de groupe prévus au 2° de l'article L 144-1 du code des assurances y compris ceux gérés par une institution mentionnée à l'article L 370-1 du code des assurances pour les contrats mentionnés à l'article L 143-1 dudit code, sont déductibles du revenu professionnel imposable.

Sauf application de l'option prévue au deuxième alinéa de l'article L 224-20 du code monétaire et financier, il en est également de même des versements mentionnés au 1° de l'article L 224-2 du code monétaire et financier effectués dans un plan d'épargne retraite mentionné à l'article L 224-13 ou à l'article L 224-28 du même code ou dans un sous-compte français du produit paneuropéen d'épargne-retraite individuelle mentionné à l'article L 225-1 dudit code par les personnes mentionnées au premier alinéa du présent I, à l'exception de la part de ces versements correspondant aux garanties complémentaires prévues aux 4° à 6° de l'article L 142-3 du code des assurances.

Les cotisations mentionnées aux deux premiers alinéas sont déductibles du revenu professionnel imposable dans une limite égale au plus élevé des deux montants suivants :

a. 10 % de la fraction du revenu professionnel imposable qui n'excède pas huit fois le montant annuel du plafond mentionné à l'article L 241-3 du Code de la sécurité sociale, auxquels s'ajoutent 15 % supplémentaires sur la fraction de ce revenu comprise entre une fois et huit fois le montant annuel précité *(NDLR Soit une déduction maximale de 76 102 € pour les versements effectués en 2021 et 2022, 81 385 € pour les versements effectués en 2023 et 85 781 € pour les versements effectués en 2024).*

Les revenus exonérés en application des articles 44 sexies à 44 nonies, 44 terdecies, 44 quindecies à 44 septdecies ainsi que les abattements prévus aux articles 44 quaterdecies et 73 B sont retenus pour l'appréciation du montant du revenu professionnel mentionné au premier alinéa. Il n'est pas tenu compte des plus-values et moins-values professionnelles à long terme ;

(Pour la définition du revenu professionnel imposable, voir Annexe III, art. 41 DN bis)

DC-VIII-26955

b. Ou 10 % du montant annuel du plafond mentionné à l'article L 241-3 du Code de la sécurité sociale *(NDLR Soit 4 114 € pour les versements effectués en 2021 et 2022, 4 399 € pour les versements effectués en 2023 et 4 637 € pour les versements effectués en 2024).*

Cette limite est réduite, le cas échéant, des sommes versées par l'entreprise aux plans d'épargne retraite qui sont exonérées en application des a et a bis du 18° de l'article 81.

(Voir Annexe III, art. 41 DN ter et 41 ZZ quinquies)

II. *(Abrogé).*

III. Si le chef d'exploitation a souscrit un contrat pour son conjoint ou les membres de sa famille participant à l'exploitation et affiliés au régime de base d'assurance vieillesse des travailleurs non salariés des professions agricoles, les cotisations versées au titre de ce contrat sont déductibles de son revenu professionnel imposable dans une limite fixée, pour chacune de ces personnes, à un tiers de celle mentionnée au I.

IV. *(Périmé).*

DC-VIII-26350 s. ; MF no 15985

4 bis A. Imposition de certains revenus de remplacement

Art 154 bis A Les prestations servies par les régimes ou au titre des contrats visés aux deuxième et troisième alinéas du I de l'article 154 bis sous forme de revenus de remplacement sont prises en compte pour la détermination du revenu imposable de leur bénéficiaire.

Les indemnités journalières versées par les organismes de sécurité sociale à des personnes atteintes d'une affection comportant un traitement prolongé et une thérapeutique particulièrement coûteuse ne sont pas prises en compte pour la détermination du revenu imposable de leur bénéficiaire.

BIC-V-23185 ; TS-IV-2760 s. ; MF no 8080

4 quater. Déductibilité partielle de la contribution sociale généralisée

Art 154 quinquies **I.** Pour la détermination des bases d'imposition à l'impôt sur le revenu, la contribution prévue à l'article L 136-1 du code de la sécurité sociale au titre des revenus d'activité et de remplacement ou celle afférente aux revenus mentionnés au 4° du I de l'article L 136-7 du code précité est, à hauteur de 6,8 points ou, pour les revenus mentionnés au II de l'article L 136-8 du même code, à hauteur de 3,8 points lorsqu'elle est prélevée au taux de 3,8 % ou 6,2 %, à hauteur de 4,2 points lorsqu'elle est prélevée au taux de 6,6 % et à hauteur de 5,9 points lorsqu'elle est prélevée au taux de 8,3 %, admise en déduction du montant brut des sommes payées et des avantages en nature ou en argent accordés, ou du bénéfice imposable, au titre desquels la contribution a été acquittée. La contribution due sur l'avantage mentionné au I de l'article 80 bis ainsi que sur l'avantage mentionné au I de l'article 80 quaterdecies lorsque ce dernier est imposé à l'impôt sur le revenu selon les règles de droit commun des traitements et salaires est admise en déduction du revenu imposable de l'année de son paiement.

Ndlr *Les articles cités du code de la sécurité sociale sont reproduits dans la partie Autres textes du présent code.*

TD-XVI-800 s. ; MF nº 34400

II. La contribution afférente aux revenus mentionnés aux a à e et f du I et au II de l'article L 136-6 du code de la sécurité sociale ainsi qu'aux premier alinéa et 1º du I de l'article L 136-7 du même code, imposés dans les conditions prévues à l'article 197 du présent code, est admise en déduction du revenu imposable de l'année de son paiement, à hauteur de 6,8 points.

La contribution est déductible, dans les conditions et pour la part définies au premier alinéa du présent II, à hauteur du rapport entre le montant du revenu soumis à l'impôt sur le revenu et le montant de ce même revenu soumis à la contribution pour :

a. Les gains mentionnés à l'article 150-0 A qui bénéficient de l'abattement prévu au 1 quater de l'article 150-0 D ou de l'abattement fixe prévu au 1 du I de l'article 150-0 D ter ;

b. Les avantages salariaux mentionnés au I de l'article 80 quaterdecies qui bénéficient des abattements prévus aux 1 ter ou 1 quater de l'article 150-0 D, dans sa rédaction antérieure au 1er janvier 2018, de l'abattement fixe prévu au 1 du I de l'article 150-0 D ter ou de l'abattement de 50 % prévu au 3 de l'article 200 A.

TD-XVI-1050 s ; MF nº 34525

Ndlr *S'agissant des articles du code de la sécurité sociale, voir la partie Autres textes du présent code.*

TD-XVI-700 s.

5. Contribuables disposant de revenus professionnels ressortissant à des catégories différentes

Art 155 **I. 1.** Lorsqu'une entreprise industrielle ou commerciale étend son activité à des opérations dont les résultats entrent dans la catégorie des bénéfices de l'exploitation agricole ou dans celle des bénéfices des professions non commerciales, il est tenu compte de ces résultats pour la détermination des bénéfices industriels et commerciaux à comprendre dans les bases de l'impôt sur le revenu.

BIC-V-32300 s. ; MF nº 7925

2. Lorsqu'un titulaire de bénéfices non commerciaux étend son activité à des opérations dont les résultats entrent dans la catégorie des bénéfices de l'exploitation agricole ou dans celle des bénéfices industriels et commerciaux, il est tenu compte de ces résultats pour la détermination des bénéfices non commerciaux à comprendre dans les bases de l'impôt sur le revenu.

BNC-I-600 s. ; MF nº 13170 b

II. 1. Le bénéfice net mentionné à l'article 38 est :

1º Diminué du montant des produits qui ne proviennent pas de l'activité exercée à titre professionnel, à l'exclusion de ceux pris en compte pour la détermination de la plus-value ou moins-value de cession d'un élément d'actif immobilisé ou pour la détermination des résultats mentionnés au I ;

2º Augmenté du montant des charges admises en déduction qui ne sont pas nécessitées par l'exercice de l'activité à titre professionnel, à l'exclusion de celles prises en compte pour la détermination de la plus-value ou moins-value de cession d'un élément d'actif immobilisé ou pour la détermination des résultats mentionnés au I.

2. Sous réserve du VII de l'article 151 septies, en cas de cession d'un élément d'actif immobilisé, les articles 39 duodecies à 39 novodecies sont applicables dans les conditions suivantes :

1º Le prix de cession de l'élément d'actif est réputé égal à la somme :

a. Du prix de cession réel de cet élément, multiplié par le rapport entre, au numérateur, la durée d'utilisation de l'élément aux fins de l'exercice de l'activité à titre professionnel et, au dénominateur, sa durée d'appartenance au patrimoine professionnel ;

b. Et de la valeur d'origine de cet élément, multipliée par le rapport entre, au numérateur, la durée d'utilisation de l'élément à des fins autres que l'exercice de l'activité à titre professionnel depuis qu'il appartient au patrimoine professionnel et, au dénominateur, sa durée d'appartenance au patrimoine professionnel ;

2º La valeur comptable de l'élément d'actif cédé est réputée majorée du montant des amortissements, autres que ceux soumis au 2º du 1 du III du présent article, qui ont été réintégrés au bénéfice en application du 2º du 1 du présent II ; ces amortissements sont néanmoins considérés ne pas avoir été expressément exclus des charges déductibles.

3. Sous réserve d'une option expresse en ce sens, le 1° du 1 n'est pas applicable, d'une part, et le 2° du même 1 n'est applicable qu'à la quote-part des charges afférentes à un bien qui excède le montant des produits afférents au même bien, d'autre part :

1° Lorsque les produits mentionnés au 1° du même 1 n'excèdent pas 5 % de l'ensemble des produits de l'exercice, y compris ceux pris en compte pour la détermination des résultats mentionnés au I mais hors plus-values de cession ;

2° Ou que les produits mentionnés au même 1° n'excèdent pas 10 % de l'ensemble des produits de l'exercice, y compris ceux pris en compte pour la détermination des résultats mentionnés au I mais hors plus-values de cession, si la condition mentionnée au 1° du présent 3 était satisfaite au titre de l'exercice précédent.

III. 1. Les charges et produits mentionnés au 1 du II sont retenus, suivant leur nature, pour la détermination :

1° Des revenus fonciers, des revenus de capitaux mobiliers, des profits mentionnés à l'article 150 ter ou des plus-values de cession à titre onéreux de biens ou droits de toute nature mentionnées aux articles 150-0 A à 150 VH, selon les règles applicables à ces catégories de revenus ;

2° D'un bénéfice, distinct du bénéfice net, imposable dans les conditions prévues aux 1°, 1° bis, 1° ter ou 2° du I de l'article 156.

2. Sous réserve du VII de l'article 151 septies, en cas de cession d'un élément d'actif immobilisé, la différence entre le prix de cession réel de l'élément d'actif et le montant déterminé dans les conditions du 1° du 2 du II du présent article est retenue pour la détermination des plus-values de cession à titre onéreux de biens ou droits de toute nature selon les règles applicables à cette catégorie de revenus.

3. Les revenus, profits et plus-values mentionnés au 1° du 1 ou au 2 sont réputés avoir été perçus ou réalisés à la date de la clôture de l'exercice ou de la période d'imposition pour l'application des obligations déclaratives et pour le recouvrement de l'impôt dû.

IV. 1. Sous réserve du 2, l'exercice à titre professionnel implique la participation personnelle, directe et continue à l'accomplissement des actes nécessaires à l'activité.

2. L'activité de location directe ou indirecte de locaux d'habitation meublés ou destinés à être loués meublés est exercée à titre professionnel lorsque les deux conditions suivantes sont réunies :

1° *(Abrogé)* ;

2° Les recettes annuelles retirées de cette activité par l'ensemble des membres du foyer fiscal excèdent 23 000 € ;

3° Ces recettes excèdent les revenus du foyer fiscal soumis à l'impôt sur le revenu dans les catégories des traitements et salaires au sens de l'article 79, des bénéfices industriels et commerciaux autres que ceux tirés de l'activité de location meublée, des bénéfices agricoles, des bénéfices non commerciaux et des revenus des gérants et associés mentionnés à l'article 62.

Pour l'application du 3°, les recettes afférentes à une location ayant commencé avant le 1er janvier 2009 ou portant sur un local d'habitation acquis ou réservé avant cette date dans les conditions prévues aux articles L 261-2, L 261-3, L 261-15 ou L 262-1 du code de la construction et de l'habitation sont comptées pour un montant quintuple de leur valeur, diminué de deux cinquièmes de cette valeur par année écoulée depuis le début de la location, dans la limite de dix années à compter du début de celle-ci.

La location du local d'habitation est réputée commencer à la date de son acquisition ou, si l'acquisition a eu lieu avant l'achèvement du local, à la date de cet achèvement. L'année où commence la location, les recettes y afférentes sont, le cas échéant, ramenées à douze mois pour l'appréciation des seuils mentionnés aux 2° et 3° du présent 2. Il en est de même l'année de cessation totale de l'activité de location.

BIC-XIV-18700 s. ; MF nos 90520 s.

BIC-IV-7150 s. ; BIC-VII-4020 s. ; MF nos 7925, 18460 s.

6. Sommes perçues par une personne domiciliée ou établie hors de France

Art 155 A I. Les sommes perçues par une personne domiciliée ou établie hors de France en contrepartie de services ou de l'exploitation commerciale de droits attachés à l'image, au nom ou à la voix d'une ou de plusieurs personnes, de l'usage de droits d'auteurs ou de droits voisins ou de la propriété industrielle ou commerciale ou de droits assimilés, rendus ou concédés par une ou plusieurs personnes domiciliées ou établies en France sont imposables au nom de ces dernières :

Soit, lorsque celles-ci contrôlent directement ou indirectement la personne qui perçoit la ces sommes ;

Soit, lorsqu'elles n'établissent pas que cette personne exerce, de manière prépondérante, une activité industrielle ou commerciale, autre que celle donnant lieu au paiement de ces sommes ;

Soit, en tout état de cause, lorsque la personne qui perçoit ces sommes est domiciliée ou établie dans un Etat étranger ou un territoire situé hors de France où elle est soumise à un régime fiscal privilégié au sens mentionné à l'article 238 A.

II. Les règles prévues au I sont également applicables aux personnes domiciliées hors de France pour les services rendus en France ou pour les droits qui y sont exploités ou utilisés.

III. La personne qui perçoit ces sommes est solidairement responsable, à hauteur de ces dernières, des impositions dues par la personne qui rend les services ou concède l'exploitation des droits ou l'usage des droits mentionnés au I.

IV. Lorsque la personne domiciliée ou établie hors de France reverse à la personne domiciliée ou établie en France tout ou partie des sommes imposées selon les modalités prévues au I, l'impôt correspondant à ce revenu est réputé avoir déjà été acquitté.

Ndlr *Les dispositions du présent article telles que modifiées par la loi 2023-1322 du 29 décembre 2023 art. 10, I s'appliquent aux revenus perçus à compter du 1er janvier 2024 (Loi précitée art. 10, II).*

CF-IX-16900 s. ; MF n° 78290

7. Dispositions applicables aux impatriés détachés en France

Art 155 B **I. 1.** Les salariés et les personnes mentionnées aux 1°, 2° et 3° du b de l'article 80 ter appelés de l'étranger à occuper un emploi dans une entreprise établie en France pendant une période limitée ne sont pas soumis à l'impôt à raison des éléments de leur rémunération directement liés à cette situation ou, sur option, à hauteur de 30 % de leur rémunération *[NDLR Pour les salariés détachés dans le cadre d'une mobilité intragroupe, l'option susvisée est ouverte en cas de prise de fonctions en France intervenant à compter du 16 novembre 2018 et au titre des rémunérations dues à compter du 1er janvier 2019 (Loi 2018-1317 du 28 décembre 2018 art. 6)].*

Le premier alinéa est applicable sous réserve que les salariés et personnes concernés n'aient pas été fiscalement domiciliés en France au cours des cinq années civiles précédant celle de leur prise de fonctions et, jusqu'au 31 décembre de la huitième année civile suivant celle de cette prise de fonctions, au titre des années à raison desquelles ils sont fiscalement domiciliés en France au sens des a et b du 1 de l'article 4 B *[NDLR Durée d'exonération applicable aux personnes dont la prise de fonctions en France intervient à compter du 6 juillet 2016 (Loi 2016-1917 du 29 décembre 2016 art. 71). Pour les personnes ayant pris leurs fonctions en France avant cette date, l'exonération courait jusqu'au 31 décembre de la cinquième année civile suivant celle de cette prise de fonctions].*

Le bénéfice du régime d'exonération est conservé en cas de changement de fonctions, pendant la durée définie au deuxième alinéa du présent 1, au sein de l'entreprise établie en France mentionnée au premier alinéa ou au sein d'une autre entreprise établie en France appartenant au même groupe. Pour l'application de ces dispositions, le groupe s'entend de l'ensemble formé par une entreprise établie en France ou hors de France et les entreprises qu'elle contrôle dans les conditions définies à l'article L 233-3 du code de commerce.

Si la part de la rémunération soumise à l'impôt sur le revenu en application du présent 1 est inférieure à la rémunération versée au titre de fonctions analogues dans l'entreprise ou, à défaut, dans des entreprises similaires établies en France, la différence est réintégrée dans les bases imposables de l'intéressé.

2. La fraction de la rémunération correspondant à l'activité exercée à l'étranger pendant la durée définie au 1 est exonérée si les séjours réalisés à l'étranger sont effectués dans l'intérêt direct et exclusif de l'employeur.

3. Sur option des salariés et personnes mentionnés au 1, soit la fraction de la rémunération exonérée conformément aux 1 et 2 est limitée à 50 % de la rémunération totale, soit la fraction de la rémunération exonérée conformément au 2 est limitée à 20 % de la rémunération imposable résultant du 1.

4. Les salariés et personnes mentionnés au présent I ne peuvent pas se prévaloir de l'article 81 A.

II. Les salariés et personnes mentionnés au I sont, pendant la durée où ils bénéficient des dispositions du même I, exonérés d'impôt à hauteur de 50 % du montant des revenus suivants :

a. Revenus de capitaux mobiliers dont le paiement est assuré par une personne établie hors de France dans un Etat ou territoire ayant conclu avec la France une convention fiscale qui contient une clause d'assistance administrative en vue de lutter contre la fraude ou l'évasion fiscale ;

b. Produits mentionnés aux 2° et 3° du 2 de l'article 92 dont le paiement est effectué par une personne établie hors de France dans un Etat ou territoire ayant conclu avec la France une convention fiscale qui contient une clause d'assistance administrative en vue de lutter contre la fraude ou l'évasion fiscale *(NDLR Cas de l'Islande, de la Norvège et du Liechtenstein)*;

c. Gains réalisés à l'occasion de la cession de valeurs mobilières et de droits sociaux, lorsque le dépositaire des titres ou, à défaut, la société dont les titres sont cédés est établi hors de France dans un Etat ou territoire ayant conclu avec la France une convention fiscale qui contient une clause d'assistance administrative en vue de lutter contre la fraude ou l'évasion fiscale. Corrélativement, les moins-values réalisées lors de la cession de ces titres sont constatées à hauteur de 50 % de leur montant.

IRPP-VII-27000 s. ; MF nos 4715 s.

2e SOUS-SECTION
Revenu global

I. Revenu imposable

Art 156 L'impôt sur le revenu est établi d'après le montant total du revenu net annuel dont dispose chaque foyer fiscal. Ce revenu net est déterminé eu égard aux propriétés et aux capitaux que possèdent les membres du foyer fiscal désignés aux 1 et 3 de l'article 6, aux professions qu'ils exercent, aux traitements, salaires, pensions et rentes viagères dont ils jouissent ainsi qu'aux bénéfices de toutes opérations lucratives auxquelles ils se livrent, sous déduction :

IRPP-I-10500 s. ; MF no 725 s.

I. Du déficit constaté pour une année dans une catégorie de revenus ; si le revenu global n'est pas suffisant pour que l'imputation puisse être intégralement opérée, l'excédent du déficit est reporté successivement sur le revenu global des années suivantes jusqu'à la sixième année inclusivement.

IRPP-II-1000 s. ; MF nos 950 s.

Toutefois, n'est pas autorisée l'imputation :

1° Des déficits provenant d'exploitations agricoles lorsque le total des revenus nets d'autres sources excède 125 419 € *(NDLR Montant applicable pour l'imposition des revenus de 2023)* ; ces déficits peuvent cependant être admis en déduction des bénéfices de même nature des années suivantes jusqu'à la sixième inclusivement.

Le montant mentionné au premier alinéa est révisé chaque année selon les mêmes modalités que la limite supérieure de la première tranche du barème de l'impôt sur le revenu *(NDLR Sauf revalorisation différente expressément prévue par la loi)* ;

BA-IV-12900 s. ; MF nos 1000, 15885

1° bis Des déficits provenant, directement ou indirectement, des activités relevant des bénéfices industriels ou commerciaux lorsque ces activités ne comportent pas la participation personnelle, continue et directe de l'un des membres du foyer fiscal à l'accomplissement des actes nécessaires à l'activité. Il en est ainsi, notamment, lorsque la gestion de l'activité est confiée en droit ou en fait à une personne qui n'est pas un membre du foyer fiscal par l'effet d'un mandat, d'un contrat de travail ou de toute autre convention. Les déficits non déductibles pour ces motifs peuvent cependant être imputés sur les bénéfices tirés d'activités de même nature exercées dans les mêmes conditions, durant la même année ou les six années suivantes. Ces modalités d'imputation ne sont pas applicables aux déficits provenant de l'activité de location directe ou indirecte de locaux d'habitation meublés ou destinés à être loués meublés.

Toutefois, lorsque l'un des membres du foyer fiscal fait l'objet d'une procédure de liquidation judiciaire prévue par le titre IV du livre VI du code de commerce à raison de l'activité génératrice des déficits mentionnés au premier alinéa, les dispositions du premier alinéa du I sont applicables au montant de ces déficits restant à reporter à la date d'ouverture de la procédure, à la condition que les éléments d'actifs affectés à cette activité cessent définitivement d'appartenir, directement ou indirectement, à l'un des membres du foyer fiscal.

Les dispositions du premier alinéa s'appliquent pour la détermination du revenu imposable au titre des années 1996 et suivantes aux déficits réalisés par les membres des copropriétés mentionnées à l'article 8 quinquies. Dans les autres cas, elles sont applicables au déficit ou à la fraction du déficit provenant d'activités créées, reprises, étendues ou adjointes à compter du 1er janvier 1996. Cette fraction est déterminée au moyen d'une comptabilité séparée retraçant les opérations propres à ces extensions ou adjonctions et qui donne lieu à la production des documents prévus à l'article 53 A ; à défaut, les modalités d'imputation prévues au premier alinéa s'appliquent à l'ensemble du déficit des activités.

Les dispositions du premier alinéa s'appliquent également à la fraction du déficit des activités créées ou reprises avant le 1er janvier 1996 provenant des investissements réalisés à compter de cette date. Cette fraction est déterminée selon le rapport existant entre la somme des valeurs nettes comptables de ces investissements et la somme des valeurs nettes comptables de l'ensemble des éléments de l'actif immobilisé, y compris ces investissements. Les biens loués ou affectés à l'activité par l'effet de toute autre convention sont assimilés à des investissements pour l'application de ces dispositions.

Les dispositions du premier alinéa ne sont pas applicables au déficit ou à la fraction de déficit provenant de l'exploitation :

a. D'immeubles ayant fait l'objet avant le 1er janvier 1996 d'une déclaration d'ouverture de chantier prévue à l'article R* 421-40 du code de l'urbanisme et acquis par le contribuable, directement ou indirectement, dans les cinq ans de cette déclaration, lorsque les biens ou droits ainsi acquis n'ont pas été détenus directement ou indirectement par une personne physique ;

b. De biens meubles corporels acquis à l'état neuf, non encore livrés au 1er janvier 1996 et ayant donné lieu avant cette date à une commande accompagnée du versement d'acomptes au moins égaux à 50 % de leur prix ;

BIC-XIV-14470 s. ; MF nos 1020 s.

1° ter Des déficits du foyer fiscal provenant de l'activité de location directe ou indirecte de locaux d'habitation meublés ou destinés à être loués meublés lorsque l'activité n'est pas exercée à titre professionnel au sens du IV de l'article 155. Ces déficits s'imputent exclusivement sur les revenus provenant d'une telle activité au cours de celles des dix années suivantes pendant lesquelles l'activité n'est pas exercée à titre professionnel au sens des mêmes dispositions.

Toutefois, lorsque l'activité est exercée, dès le commencement de la location, à titre professionnel au sens des mêmes dispositions, la part des déficits qui n'a pu être imputée en application du premier alinéa et qui provient des charges engagées en vue de la location directe ou indirecte d'un local d'habitation avant le commencement de cette location, tel que déterminé conformément au septième alinéa du IV de l'article 155, peut être imputée par tiers sur le revenu global des trois premières années de location du local, tant que l'activité reste exercée à titre professionnel ;

BIC-XIV-18000 s. ; MF n° 90560

2° Des déficits provenant d'activités non commerciales au sens de l'article 92, autres que ceux qui proviennent de l'exercice d'une profession libérale ou des charges et offices dont les titulaires n'ont pas la qualité de commerçants ; ces déficits peuvent cependant être imputés sur les bénéfices tirés d'activités semblables durant la même année ou les six années suivantes ;

BNC-II-26100 s. ; MF n° 1010

3° Des déficits fonciers, lesquels s'imputent exclusivement sur les revenus fonciers des dix années suivantes ; cette disposition n'est pas applicable aux propriétaires de monuments classés ou inscrits au titre des monuments historiques ou ayant reçu le label délivré par la « Fondation du patrimoine » en application de l'article L 143-2 du code du patrimoine si ce label a été accordé sur avis favorable du service départemental de l'architecture et du patrimoine.

FONC-II-2000 s. ; MF nos 28350 s.

L'imputation exclusive sur les revenus fonciers n'est pas non plus applicable aux déficits fonciers résultant de dépenses autres que les intérêts d'emprunt. L'imputation est limitée à 10 700 €. La fraction du déficit supérieure à 10 700 € et la fraction du déficit non imputable résultant des intérêts d'emprunt sont déduites dans les conditions prévues au premier alinéa.

La limite mentionnée au deuxième alinéa est portée à 15 300 € pour les contribuables qui constatent un déficit foncier sur un logement pour lequel est pratiquée l'une des déductions prévues aux f ou o du 1° du I de l'article 31.

La limite mentionnée au deuxième alinéa du présent 3° est rehaussée, sans pouvoir excéder 21 400 € par an, à concurrence du montant des dépenses déductibles de travaux de rénovation énergétique permettant à un bien de passer d'une classe énergétique E, F ou G, au sens de l'article L 173-1-1 du code de la construction et de l'habitation, à une classe de performance énergétique A, B, C ou D, au sens du même article L 173-1-1, au plus tard le 31 décembre 2025, dans des conditions définies par décret *(NDLR Voir Annexe III, art. 41 DO)*. Si le contribuable ne justifie pas du nouveau classement de performance énergétique du bien au plus tard le 31 décembre 2025, le revenu foncier et le revenu global des années de déduction des dépenses de travaux sont, nonobstant toute disposition contraire et sans préjudice de l'avant-dernier alinéa du présent 3°, reconstitués selon les modalités prévues aux trois premiers alinéas du présent 3°.

Ndlr *Les dispositions du présent alinéa s'appliquent au titre des dépenses de rénovation énergétique pour lesquelles le contribuable justifie de l'acceptation d'un devis à compter du 5 novembre 2022 et qui sont payées entre le 1er janvier 2023 et le 31 décembre 2025 (Loi 2022-1499 du 1er décembre 2022 art. 12).*

Lorsque le propriétaire cesse de louer un immeuble ou lorsque le propriétaire de titres d'une société non soumise à l'impôt sur les sociétés les vend, le revenu foncier et le revenu global des trois années qui précèdent celle au cours de laquelle intervient cet événement sont, nonobstant toute disposition contraire, reconstitués selon les modalités prévues au premier alinéa du présent 3°. Cette disposition ne s'applique pas en cas d'invalidité correspondant au classement dans la deuxième ou la troisième des catégories prévues à l'article L 341-4 du code de la sécurité sociale, de licenciement ou de décès du contribuable ou de l'un des époux soumis à une imposition commune.

Un contribuable ne peut pour un même logement ou une même souscription de titres pratiquer les réductions d'impôt mentionnées aux articles 199 undecies ou 199 undecies A et imputer un déficit foncier sur le revenu global ;

FONC-VI-200 s. ; MF nos 27530 s.

4° *(Abrogé)* ;
5° *(Abrogé)* ;
6° *(Abrogé)* ;
7° *(Abrogé)* ;
8° Des déficits constatés dans la catégorie des revenus des capitaux mobiliers ; ces déficits peuvent cependant être imputés sur les revenus de même nature des six années suivantes ;

RM-I-3340 s. ; MF n° 24195

I bis. *(Abrogé)* ;
II. Des charges ci-après lorsqu'elles n'entrent pas en compte pour l'évaluation des revenus des différentes catégories :

1° Intérêts des emprunts contractés antérieurement au 1er novembre 1959 pour faire un apport en capital à une entreprise industrielle ou commerciale ou à une exploitation agricole ; intérêts des emprunts qui sont ou qui seront contractés, au titre des dispositions relatives aux prêts de réinstallation ou de reconversion, par les Français rapatriés ou rentrant de l'étranger ou des États ayant accédé à l'indépendance ;

IRPP-II-20600 s. ; MF n° 1435

1° bis *(Disposition devenue sans objet : loi n° 83-1179 du 29 décembre 1983, art. 3)* ;

1° ter Dans les conditions fixées par décret *(Voir Annexe III, art. 41 E à 41 J)*, les charges foncières afférentes aux immeubles classés monuments historiques ou inscrits au titre des monuments historiques, ainsi qu'aux immeubles faisant partie du patrimoine national ou en raison du label délivré par la « Fondation du patrimoine » en application de l'article L 143-2 du code du patrimoine si ce label a été accordé sur avis favorable du service départemental de l'architecture et du patrimoine ;

FONC-II-2000 s. ; MF nos 28350 s.

1° quater *(Disposition devenue sans objet : loi n° 83-1179 du 29 décembre 1983, art. 3)* ;

2° Arrérages de rentes payés par lui à titre obligatoire et gratuit constituées avant le 2 novembre 1959 ; pensions alimentaires répondant aux conditions fixées par les articles 205 à 211, 367 et 767 du code civil à l'exception de celles versées aux ascendants quand il est fait application des dispositions prévues aux 1 et 2 de l'article 199 sexdecies ; versements de sommes d'argent mentionnés à l'article 275 du code civil lorsqu'ils sont effectués sur une période supérieure à douze mois à compter de la date à laquelle la convention de divorce par consentement mutuel mentionnée à l'article 229-1 du même code a acquis force exécutoire ou le jugement de divorce, que celui-ci résulte ou non d'une demande conjointe, est passé en force de chose jugée et les rentes versées en application des articles 276, 278 ou 279-1 du même code en cas de séparation de corps ou de divorce, ou en cas d'instance en séparation de corps ou en divorce et lorsque le conjoint fait l'objet d'une imposition séparée, les pensions alimentaires versées en vertu d'une convention de divorce mentionnée à l'article 229-1 du même code ou d'une décision de justice et en cas de révision amiable de ces pensions, le montant effectivement versé dans les conditions fixées par les articles 208 et 371-2 du code civil ; contribution aux charges du mariage définie à l'article 214 du code civil, à condition que les époux fassent l'objet d'une imposition séparée ; dans la limite de 2 700 € et, dans les conditions fixées par un décret en Conseil d'Etat, les versements destinés à constituer le capital de la rente prévue à l'article 373-2-3 du code civil *(Voir Annexe II, art. 91 quinquies)*.

> **Ndlr** *A compter du 1er janvier 2023, les dispositions de l'article 367 du code civil sont reprises à l'article 364 du même code (Ordonnance 2022-1292 du 5-10-2022 art. 12 et 27).*

Le contribuable ne peut opérer aucune déduction pour ses descendants mineurs lorsqu'ils sont pris en compte pour la détermination de son quotient familial.

La déduction est limitée, par enfant majeur, au montant fixé pour l'abattement prévu par l'article 196 B *(NDLR Soit 6 674 € pour l'imposition des revenus de 2023)*. Lorsque l'enfant est marié, cette limite est doublée au profit du parent qui justifie qu'il participe seul à l'entretien du ménage.

Un contribuable ne peut, au titre d'une même année et pour un même enfant, bénéficier à la fois de la déduction d'une pension alimentaire et du rattachement. L'année où l'enfant atteint sa majorité, le contribuable ne peut à la fois déduire une pension pour cet enfant et le considérer à charge pour le calcul de l'impôt ;

IRPP-II-6600 s., 21300 s. ; MF nos 1200 s., 1445

2° bis *(Abrogé)* ;

2° ter Avantages en nature consentis en l'absence d'obligation alimentaire résultant des articles 205 à 211 du code civil à des personnes âgées de plus de 75 ans vivant sous le toit du contribuable et dont le revenu imposable n'excède pas le plafond de ressources mentionné à l'article L 815-9 du code de la sécurité sociale pour l'octroi de l'allocation de solidarité aux personnes âgées mentionnée à l'article L 815-1 du même code et de l'allocation supplémentaire d'invalidité mentionnée à l'article L 815-24 du même code *(NDLR Soit 11 533,02 € pour une personne seule et 17 905,06 € pour un couple marié ou pacsé pour l'imposition des revenus de 2023)*. La déduction opérée par le contribuable ne peut excéder, par bénéficiaire, la somme de 3 968 € *(NDLR Limite de déduction pour l'imposition des revenus de 2023)*.

Le montant de la déduction mentionnée au premier alinéa est relevé chaque année dans la même proportion que la limite supérieure de la première tranche du barème de l'impôt sur le revenu *(NDLR Sauf revalorisation différente expressément prévue par la loi)* ;

IRPP-II-18500 s. ; MF nº 1350

2º quater *(Abrogé)* ;

FONC-I-2750 s.

3º *(abrogé)* ;

4º Versements effectués à titre de cotisations de sécurité sociale, à l'exception de ceux effectués pour les gens de maison ;

DC-VIII-5500 s., 5800 s., 16400 s. ; MF nº 1400

5º Versements effectués en vue de la retraite mutualiste du combattant visée à l'article L 222-2 du code de la mutualité ;

IRPP-II-20100 s. ; MF nº 1425

6º *(Abrogé)* ;

7º a. et b. *(dispositions devenues sans objet : loi nº 83-1179 du 29 décembre 1983, art. 3)* ;

c. *(Abrogé)* ;

d. *(Disposition devenue sans objet : loi nº 83-1179 du 29 décembre 1983, art. 3)* ;

8º *(Abrogé)* ;

9º ... ;

9º bis et 9º ter *(Abrogés)* ;

10º Les cotisations mentionnées aux articles L 621-1 et L 622-2 du code de la sécurité sociale ;

DC-VIII-16400 s. ; MF nº 1400

11º Les primes ou cotisations des contrats d'assurances conclus en application des articles L 752-1 à L 752-21 du code rural et de la pêche maritime relatifs à l'assurance obligatoire contre les accidents de la vie privée, les accidents du travail et les maladies professionnelles des non-salariés des professions agricoles ;

DC-VIII-26400 s. ; MF nº 1400

12º *(Dispositions devenues sans objet : loi nº 88-1149 du 23 décembre 1988, art. 4-II)* ;

13º Les cotisations versées par les chefs d'exploitation ou d'entreprise agricole au titre des contrats d'assurance de groupe mentionnés au 2º de l'article L 144-1 du code des assurances *(NDLR Article reproduit dans la partie Autres textes du présent code)*, dans les limites prévues par l'article 154 bis-0 A.

DC-VIII-28100 s. ; MF nº 1400

Art 156 bis I. Le bénéfice des dispositions de l'article 156 propres aux immeubles classés ou inscrits au titre des monuments historiques ou ayant reçu le label délivré par la Fondation du patrimoine en application de l'article L 143-2 du code du patrimoine, est subordonné à l'engagement de leur propriétaire de conserver la propriété de ces immeubles pendant une période d'au moins quinze années à compter de leur acquisition, y compris lorsque celle-ci est antérieure au 1er janvier 2009.

II. Le bénéfice des dispositions de l'article 156 propres aux immeubles classés ou inscrits au titre des monuments historiques ou ayant reçu le label délivré par la Fondation du patrimoine en application de l'article L 143-2 du code du patrimoine, n'est pas ouvert aux immeubles détenus par des sociétés civiles non soumises à l'impôt sur les sociétés.

Le premier alinéa du présent II n'est pas applicable aux immeubles détenus par des sociétés civiles non soumises à l'impôt sur les sociétés :

1º Lorsque l'immeuble est, en tout ou en partie, classé ou inscrit au titre des monuments historiques et est affecté, au plus tard dans les deux ans qui suivent la date de son entrée dans le patrimoine de la société civile, à l'habitation pour au moins 75 % de ses surfaces habitables. A cet égard, les immeubles ou fractions d'immeubles destinés à une exploitation à caractère commercial ou professionnel ne sont pas considérés comme affectés à l'habitation ;

2º Ou lorsque le monument a fait l'objet d'un arrêté de classement en tout ou en partie au titre des monuments historiques et est affecté au minimum pendant quinze années à un espace culturel non commercial et ouvert au public ;

3º Ou dont les associés sont membres d'une même famille.

Les deuxième à cinquième alinéas du présent II s'appliquent à la condition que les associés de ces sociétés prennent l'engagement de conserver la propriété de leurs parts pendant une période d'au moins quinze années à compter de leur acquisition. L'engagement de conservation des associés d'une société constituée entre les membres d'une même famille n'est pas rompu lorsque les parts sont cédées à un membre de cette famille qui reprend l'engagement précédemment souscrit pour sa durée restant à courir.

Lorsque, dans la situation mentionnée au 1°, les associés qui sont à l'origine de la constitution de la société sont des personnes morales de droit public ou des sociétés d'économie mixte, le premier alinéa du 3° du I de l'article 156 peut s'appliquer aux revenus de l'année d'acquisition des parts sociales par des personnes physiques à raison des charges foncières supportées par la société entre la date de la déclaration d'ouverture de chantier prévue à l'article R* 424-16 du code de l'urbanisme et celle de l'acquisition de leurs parts par les personnes concernées, sous réserve :

a. que les parts sociales aient été acquises au plus tard le 31 décembre de la deuxième année qui suit celle de la déclaration de chantier précitée ;

b. et que ces charges aient été intégralement remboursées à la société , à proportion de leurs parts, par les associés personnes physiques.

III. Le cas échéant, le revenu global ou le revenu net foncier de l'année au cours de laquelle l'engagement mentionné au I ou au II n'est pas respecté et des deux années suivantes est majoré du tiers du montant des charges indûment imputées.

Il n'est pas procédé à cette majoration en cas de licenciement, d'invalidité correspondant au classement dans la deuxième ou la troisième des catégories prévues à l'article L 341-4 du code de la sécurité sociale ou du décès du contribuable ou de l'un des époux soumis à une imposition commune, non plus qu'en cas de mutation à titre gratuit de l'immeuble ou des parts à la condition que les donataires, héritiers et légataires reprennent l'engagement précédemment souscrit pour sa durée restant à courir à la date de la mutation à titre gratuit de l'immeuble.

IV. Le premier alinéa du II n'est pas applicable aux immeubles acquis avant le 1er janvier 2009 par des sociétés non soumises à l'impôt sur les sociétés, y compris lorsque cette acquisition ne porte que sur un droit de propriété démembré.

V. Le bénéfice des dispositions de l'article 156 propres aux immeubles classés ou inscrits au titre des monuments historiques ou ayant reçu le label délivré par la Fondation du patrimoine en application de l'article L 143-2 du code du patrimoine, n'est pas ouvert aux immeubles ayant fait l'objet d'une division à compter du 1er janvier 2009 sauf si l'immeuble est, en tout ou en partie, classé ou inscrit au titre des monuments historiques et est affecté, au plus tard dans les deux ans qui suivent la date de la division, à l'habitation pour au moins 75 % de ses surfaces habitables. A cet égard, les immeubles ou fractions d'immeubles destinés à une exploitation à caractère commercial ou professionnel ne sont pas considérés comme affectés à l'habitation.

FONC-II-2500 s. ; MF nos 28350 s.

Art 157 N'entrent pas en compte pour la détermination du revenu net global :

1° et 2° *(Abrogés)* ;

2° bis *(Périmé)* ;

3° *(Abrogé)* ;

RM-IV-25100 s. ; RM-VII-8430

3° bis *(Disposition transférée sous le 3°, abrogé depuis)* ;

3° ter Les avantages en nature procurés aux souscripteurs d'un emprunt négociable émis par une région qui remplissent les conditions suivantes :

a. Leur nature est en relation directe avec l'investissement financé ;

b. Leur montant sur la durée de vie de l'emprunt n'excède pas 5 % du prix d'émission ;

RM-IV-5430 ; MF no 25560

4° Les pensions, prestations et allocations affranchies de l'impôt en vertu de l'article 81 ;

5° *(Abrogé)* ;

5° bis Sous réserve des dispositions du 5 de l'article 200 A, les produits et plus-values que procurent les placements effectués dans le cadre d'un plan d'épargne en actions défini à l'article 163 quinquies D ; toutefois, les produits procurés par des placements effectués en actions ou parts de sociétés qui ne sont pas admises aux négociations sur un marché réglementé, au sens des articles L 421-1 ou L 422-1 du code monétaire et financier, ou sur un système multilatéral de négociation, au sens des articles L 424-1 ou L 424-9 du même code à l'exception des intérêts versés dans les conditions prévues à l'article 14 de la loi no 47-1775 du 10 septembre 1947 portant statut de la coopération aux titres de capital de sociétés régies par cette loi et de la rémunération des certificats mutualistes et paritaires versée dans les conditions prévues au V de l'article L 322-26-8 du code des assurances, au IV de l'article L 221-19 du code de la mutualité ou au IV de l'article L 931-15-1 du code de la sécurité sociale, ou effectués en obligations remboursables en actions lorsque ces obligations ne sont pas admises aux négociations sur ces mêmes marchés ou systèmes ou sont remboursables en actions qui ne sont pas admises aux négociations sur lesdits marchés ou systèmes, ne bénéficient de cette exonération que dans la limite de 10 % du montant de ces placements. De même, les plus-values procurées par des placements effectués en obligations remboursables en actions mentionnées à la première phrase du présent 5° bis lors de la cession ou du retrait desdites obligations ou des actions reçues en remboursement de celles-ci ne bénéficient de cette exonération que dans la limite du double du montant de ce placement ;

RM-VII-40300 s. ; MF n° 26165

5° ter La rente viagère, lorsque le plan d'épargne en actions défini à l'article 163 quinquies D se dénoue après cinq ans par le versement d'une telle rente ;

RM-VII-40920 ; MF n° 26175

6° Les gratifications allouées aux vieux travailleurs à l'occasion de la délivrance de la médaille d'honneur par le ministère des affaires sociales ;

TS-III-13030 s. ; MF n° 21735

7° Les intérêts des sommes inscrites sur les livrets A, ainsi que ceux des sommes inscrites sur les comptes spéciaux sur livret du Crédit mutuel ouverts avant le 1er janvier 2009 ;

RM-IV-9050 s. ; MF n° 25665 a

7° bis *(Disposition périmée)* ;

7° ter La rémunération des sommes déposées sur les livrets d'épargne populaire ouverts dans les conditions prévues par les articles L 221-13 à L 221-17 du code monétaire et financier ;

RM-IV-9100 ; MF n° 25665 c

7° quater Les intérêts des sommes déposées sur les livrets jeunes ouverts et fonctionnant dans les conditions prévues aux articles L 221-24 à L 221-26 du code monétaire et financier ;

RM-IV-9150 ; MF n° 25665 d

8° *(Disposition devenue sans objet : décret n° 73-967 du 16 octobre 1973, art. 2 et 4)* ;

8° bis *(Disposition périmée)* ;

8° ter *(Disposition périmée)* ;

9° *(Disposition devenue sans objet : loi n° 83-440 du 2 janvier 1983, art. 11)* ;

9° bis Les intérêts des sommes inscrites sur les comptes d'épargne-logement ouverts jusqu'au 31 décembre 2017 en application des articles L 315-1 à L 315-6 du code de la construction et de l'habitation ainsi que la prime d'épargne versée aux titulaires de ces comptes.

RM-IV-9250 ; MF nos 25665 f, 25685

Pour les plans d'épargne-logement ouverts jusqu'au 31 décembre 2017, cette exonération est limitée à la fraction des intérêts et à la prime d'épargne acquises au cours des douze premières années du plan ou, pour les plans ouverts avant le 1er avril 1992, jusqu'à leur date d'échéance ;

RM-IV-27000 s. ; MF nos 25665 f, 25685

9° ter *(Périmé)* ;

RM-IV-9460 s.

9° quater Le produit des dépôts effectués sur un livret de développement durable et solidaire ouvert et fonctionnant dans les conditions et limites prévues à l'article L 221-27 du code monétaire et financier ;

RM-IV-9200 s. ; MF n° 25665 e

9° quinquies *(Abrogé)* ;

9° sexies *(Abrogé)* ;

10° à 13° *(Dispositions périmées)* ;

14° et 15° *(Dispositions périmées)* ;

16° *(Abrogé)* ;

RM-VII-32480

16° bis Les sommes et revenus visés à l'article 163 bis AA ;

TS-VII-23810 s. ; MF n° 88645

17° Les sommes et revenus visés à l'article 163 bis B ;

TS-VII-36750 s., 37350 s. ; MF nos 88680 s.

18° *(Dispositions codifiées sous les articles 81, 16° quater et 81, 20°)* ;

19° *(Abrogé)* ;

19° bis *(Abrogé)* ;

20° Les intérêts des titres d'indemnisation prioritaires et des titres d'indemnisation créés en application de la loi n° 78-1 du 2 janvier 1978 relative à l'indemnisation des français rapatriés d'outre-mer ;

RM-IV-9350 ; MF n° 25665 h

21° Les avantages visés à l'article 163 bis D ;

TS-VII-89620

22° Le versement de la prime d'épargne et de ses intérêts capitalisés ainsi que le versement au-delà de la huitième année qui suit l'ouverture du plan d'épargne populaire des produits capitalisés et de la rente viagère.

Il en est de même lorsque le retrait des fonds intervient avant la fin de la huitième année, à la suite du décès du titulaire du plan ou dans les deux ans du décès du conjoint soumis à imposition commune ou de l'un des événements suivants survenu à l'un d'entre eux :

a. Expiration des droits aux allocations d'assurance chômage prévues par le code du travail en cas de licenciement ;

b. Cessation d'activité non salariée à la suite d'un jugement de liquidation judiciaire en application des dispositions du titre IV du livre VI du code de commerce ;

c. Invalidité correspondant au classement dans les deuxième ou troisième catégories prévues à l'article L 341-4 du code de la sécurité sociale.

Il en est de même des produits provenant du retrait de fonds ainsi que, le cas échéant, de la prime d'épargne et de ses intérêts capitalisés lorsque le retrait intervient à compter du 1er janvier 1996 et est effectué :

a. Soit par les titulaires de plan justifiant qu'ils remplissent les conditions requises pour bénéficier du droit à la prime d'épargne au cours de l'une des années de la durée du plan ;

b. Soit par les titulaires autres que ceux visés au a, à condition que le plan ait été ouvert avant le 20 décembre 1995 et pour le premier retrait intervenant avant le 1er octobre 1996.

Le produit attaché à chaque retrait, y compris le retrait mentionné au b, est déterminé par différence entre, d'une part, le montant du retrait et, d'autre part, les sommes ou primes versées qui n'ont pas déjà fait l'objet d'un retrait, retenues au prorata des sommes retirées sur la valeur totale du contrat à la date du retrait.

Le retrait partiel ou total de fonds ne remet en cause, le cas échéant, pour les versements effectués avant le 1er janvier 1996 ou pour ceux effectués à compter de cette date et avant le 1er janvier de l'année qui précède celle du retrait, ni les réductions d'impôt au titre des versements qui ont été employés à une opération d'assurance sur la vie conformément à l'article 199 septies, ni le droit à la prime d'épargne.

Le retrait partiel de fonds intervenu dans les conditions prévues ci-dessus n'entraîne pas de clôture du plan mais interdit tout nouveau versement.

Lorsque le retrait entraîne la clôture du plan, la somme des primes d'épargne et de leurs intérêts capitalisés, le cas échéant, est immédiatement versée.

Un décret en Conseil d'Etat précise les modalités d'application ainsi que les obligations déclaratives des contribuables et des intermédiaires ;

(Voir Annexe II, art. 91 quater A et 91 quater B)

RM-VII-37450 s. ; MF n° 25665 g

23° *(Abrogé).*

RM-IV-9400 s.

24° Les produits et les plus-values de placements effectués dans un plan d'épargne avenir climat mentionné à l'article L 221-34-2 du code monétaire et financier.

Ndlr *Les dispositions du présent 24° entreront en vigueur à une date fixée par décret, et au plus tard le 1er juillet 2024 (Loi 2023-1322 du 29 décembre 2023 art. 3, I-3° et III-A).*

Art 157 bis Le contribuable âgé de plus de soixante-cinq ans au 31 décembre de l'année d'imposition, ou remplissant l'une des conditions d'invalidité mentionnées à l'article 195, peut déduire de son revenu global net une somme de :

2 746 € si ce revenu n'excède pas 17 200 € ;

1 373 € si ce revenu est compris entre 17 200 € et 27 670 €.

Ndlr *Abattements et limites de revenus applicables pour l'imposition des revenus de 2023.*

Dans le cas de personnes mariées soumises à une imposition commune, la déduction prévue aux deuxième et troisième alinéas est doublée si les deux époux remplissent les conditions d'âge ou d'invalidité.

Les abattements et plafonds de revenus mentionnés aux deuxième et troisième alinéas sont relevés chaque année dans la même proportion que la limite supérieure de la première tranche du barème de l'impôt sur le revenu. Les montants obtenus sont arrondis, s'il y a lieu, à l'euro supérieur en ce qui concerne les abattements et à la dizaine d'euros supérieure en ce qui concerne les plafonds des revenus *(NDLR Sauf revalorisation différente expressément prévue par la loi).*

IRPP-II-26300 s. ; MF n° 1500

Art 158 **1.** Les revenus nets des diverses catégories entrant dans la composition du revenu net global sont évalués d'après les règles fixées aux articles 12 et 13 et dans les conditions prévues aux 2 à 6 ter ci-après, sans qu'il y ait lieu de distinguer suivant que ces revenus ont leur source en France ou hors de France.

Toutefois, en ce qui concerne les entreprises et exploitations situées hors de France, les règles fixées par le présent code pour la détermination forfaitaire des bénéfices imposables ne sont pas applicables.

IRPP-I-3650 ; MF n° 785

2. Le revenu net foncier est déterminé conformément aux dispositions des articles 14 à 33 quinquies.

FONC-I-1 s. ; MF nos 27000 s.

3. 1° Les revenus de capitaux mobiliers pris en compte dans l'assiette du revenu net global comprennent les produits des bons ou contrats de capitalisation ou placements de même nature mentionnés au 6° de l'article 120 et au 1° du I de l'article 125-0 A, attachés à des primes versées jusqu'au 26 septembre 2017 et n'ayant pas supporté le prélèvement prévu au 1 du II du même article 125-0 A, ainsi que tous les autres revenus mentionnés au premier alinéa du 1° du A du 1 de l'article 200 A pour lesquels l'option globale prévue au 2 du même article 200 A est exercée.

Lorsqu'ils sont payables en espèces les revenus visés au premier alinéa sont soumis à l'impôt sur le revenu au titre de l'année soit de leur paiement en espèces ou par chèques, soit de leur inscription au crédit d'un compte.

RM-I-1860 s. ; MF n°s 24155 s.

2° Les revenus mentionnés au 1° distribués par les sociétés passibles de l'impôt sur les sociétés ou d'un impôt équivalent ou soumises sur option à cet impôt, ayant leur siège dans un Etat de l'Union européenne ou dans un Etat ou territoire ayant conclu avec la France une convention fiscale en vue d'éviter les doubles impositions en matière d'impôt sur les revenus qui contient une clause d'assistance administrative en vue de lutter contre la fraude et l'évasion fiscales et résultant d'une décision régulière des organes compétents, sont réduits, pour le calcul de l'impôt sur le revenu, d'un abattement égal à 40 % de leur montant brut perçu.

RM-III-1550 s. ; MF n°s 24635 s.

3° Les dispositions du 2° ne s'appliquent pas :

a. Aux produits des sociétés de capital-risque mentionnées au 3° septies du même article *(NDLR Article 208 du CGI)* prélevés sur des bénéfices exonérés d'impôt sur les sociétés ;

b. Aux produits des actions des sociétés mentionnées au I° bis A de l'article 208 et des sociétés d'investissement de même nature établies hors de France et soumises à un régime fiscal équivalent ;

b bis. Aux bénéfices exonérés distribués par les sociétés d'investissements immobiliers cotées mentionnées à l'article 208 C ou par les sociétés de placement à prépondérance immobilière à capital variable mentionnées au 3° nonies de l'article 208 ;

c. Aux revenus distribués qui ne constituent pas la rémunération du bénéficiaire en sa qualité d'associé ou d'actionnaire. Pour l'application de cette disposition, est considéré comme actionnaire ou associé le preneur bénéficiaire de revenus mentionnés au 2° distribués par la société dont il loue les actions ou parts sociales en application des articles L 239-1 à L 239-5 du code de commerce. De même, en cas d'acquisition d'actions sur un marché d'instruments financiers, dont le fonctionnement est assuré par une entreprise de marché ou un prestataire de services d'investissement ou tout autre organisme similaire, est considéré comme actionnaire ou associé, dès le jour de l'exécution de l'ordre, l'acheteur bénéficiaire de revenus mentionnés au 2° ;

d. Aux revenus distribués mentionnés au a de l'article 111 ;

e. Aux bénéfices ou revenus mentionnés à l'article 123 bis ;

f. *(Abrogé).*

4° Les dispositions du 2° sont également applicables pour la part des revenus de la nature et de l'origine de ceux mentionnés au 2°, sous réserve du 3°, prélevés sur des bénéfices n'ayant pas supporté l'impôt sur les sociétés ou un impôt équivalent, distribués ou répartis par :

a. Les organismes de placement collectif de droit français relevant de la section 1, des paragraphes 1, 2 et 6 de la sous-section 2, du paragraphe 2 ou du sous-paragraphe 1 du paragraphe 1 de la sous-section 3, ou de la sous-section 4 de la section 2 du chapitre IV du titre Ier du livre II du code monétaire et financier ;

b. Les organismes comparables à ceux mentionnés au a, constitués sur le fondement d'un droit étranger et établis dans un autre Etat membre de l'Union européenne ou dans un autre Etat partie à l'accord sur l'Espace économique européen ayant conclu avec la France une convention d'assistance administrative en vue de lutter contre la fraude et l'évasion fiscales ;

c. Les sociétés mentionnées au 3° septies de l'article 208 ainsi que les sociétés comparables, constituées sur le fondement d'un droit étranger et établies dans un autre Etat membre de l'Union européenne ou dans un autre Etat partie à l'accord sur l'Espace économique européen ayant conclu avec la France une convention d'assistance administrative en vue de lutter contre la fraude et l'évasion fiscales ;

d. Les fonds de placement immobilier mentionnés à l'article 239 nonies ainsi que les organismes comparables, constitués sur le fondement d'un droit étranger et établis dans un autre Etat membre de l'Union européenne ou dans un autre Etat partie à l'accord sur l'Espace économique européen ayant conclu avec la France une convention d'assistance administrative en vue de lutter contre la fraude et l'évasion fiscales.

Pour la détermination de cette part, il est également tenu compte des revenus mentionnés au premier alinéa distribués ou répartis au profit de l'organisme ou de la société concerné par l'intermédiaire d'autres organismes ou sociétés mentionnés aux a à d.

L'application de ces dispositions est conditionnée à la ventilation par les organismes ou sociétés en cause de leurs distributions ou répartitions en fonction de leur nature et origine *(Voir Annexe III, art. 41 sexdecies H et 41 sexdecies J).*

RM-III-1550 s. ; MF n°s 24635 s.

5° *(Abrogé).*

4. Les bénéfices des professions industrielles, commerciales, artisanales et ceux de l'exploitation minière sont déterminés conformément aux dispositions des articles 34 à 61 A, 237 ter A et 302 septies A bis ; les rémunérations mentionnées à l'article 62 sont déterminées conformément aux dispositions de cet article ; les bénéfices de l'exploitation agricole sont déterminés conformément aux dispositions des articles 63 à 78 ; les bénéfices tirés de l'exercice d'une profession non commerciale sont déterminés conformément aux dispositions des articles 92 à 103. Les gains ou pertes relevant du régime des plus ou moins-values à long terme sont extournés des résultats en vue d'être soumis à une imposition séparée dans les conditions prévues à l'article 39 quindecies. Les résultats nets bénéficiaires issus de la cession, de la concession ou de la sous-concession d'actifs incorporels, pour leur fraction résultant de l'application de l'article 238, sont soustraits des résultats en vue d'être soumis à une imposition séparée dans les conditions prévues au même article 238. Toutefois, ces résultats nets ne sont pas imposables lorsqu'ils sont utilisés pour compenser le déficit d'exploitation de l'exercice. Le déficit ainsi imputé ne peut plus être reporté sur les bénéfices des exercices ultérieurs *(NDLR Dispositions applicables aux exercices clos à compter du 31 décembre 2019).*

Dans le cas des entreprises industrielles, commerciales, artisanales ou agricoles qui sont soumises à l'impôt d'après leur bénéfice réel et dont les résultats d'ensemble comprennent des revenus relevant de plusieurs catégories ou provenant d'exploitations situées hors de France, il est fait état de ces résultats d'ensemble sans qu'il y ait lieu de les décomposer entre leurs divers éléments dans la déclaration prévue à l'article 170.

BIC-VIII-2010 s.

4 bis. *(Abrogé).*

4 ter. *(Disposition devenue sans objet : loi n° 84-1208 du 29 décembre 1984, art. 89).*

5. a. Les revenus provenant de traitements publics et privés, indemnités, émoluments, salaires et pensions ainsi que de rentes viagères autres que celles mentionnées au 6 sont déterminés conformément aux dispositions des articles 79 à 90.

TS-V-2400 s.

Les pensions et retraites font l'objet d'un abattement de 10 % qui ne peut excéder 4 321 € *(NDLR Plafond applicable pour l'imposition des revenus de 2023).* Ce plafond s'applique au montant total des pensions et retraites perçues par l'ensemble des membres du foyer fiscal. Chaque année, il est révisé selon les mêmes modalités que la limite supérieure de la première tranche du barème de l'impôt sur le revenu *(NDLR Sauf revalorisation différente expressément prévue par la loi).*

TS-V-2800 s., 26500 ; MF n° 22535

L'abattement indiqué au deuxième alinéa ne peut être inférieur à 442 €, sans pouvoir excéder le montant brut des pensions et retraites *(NDLR Abattement minimum applicable pour l'imposition des revenus de 2023).* Cette disposition s'applique au montant des pensions ou retraites perçu par chaque retraité ou pensionné membre du foyer fiscal. La somme de 442 € est révisée chaque année dans la même proportion que la limite supérieure de la première tranche du barème de l'impôt sur le revenu *(NDLR Sauf revalorisation différente expressément prévue par la loi).*

TS-V-2800 s., 22700, 26700 ; MF n° 22535

b. Les dispositions du a sont applicables aux allocations et indemnités mentionnées aux articles L 3232-6, L 5122-1, L 5122-2, L 5123-2, L 5422-1 et L 5423-1 du code du travail, aux participations en espèces et, à compter du 1er janvier 1991, aux dividendes des actions de travail, alloués aux travailleurs mentionnés au 18° bis de l'article 81, lorsque ces sommes sont imposables.

Sous réserve de l'exonération prévue à l'article 163 bis AA, les dispositions du a sont également applicables aux sommes revenant aux salariés au titre de la participation aux résultats de l'entreprise en application du titre II du livre III de la troisième partie du code du travail.

Ndlr *Les articles L 3232-6, L 5122-1, L 5122-2 et L 5123-2 du code du travail sont reproduits dans la partie Autres textes du présent code.*

TS-II-25160 ; TS-VII-23810, 53520, 55630 ; MF nos 88645, 88760

b bis. Les dispositions du a sont applicables aux prestations servies sous forme de rentes ou pour perte d'emploi subie, au titre des contrats d'assurance groupe ou des régimes et plans mentionnés aux deuxième et troisième alinéas du I de l'article 154 bis et aux premier et deuxième alinéas du I de l'article 154 bis-0 A, lorsque l'option prévue au deuxième alinéa de l'article L 224-20 du code monétaire et financier n'a pas été exercée.

TS-IV-2760 s. ; MF nos 8690 précision g, 96640

b ter. *(Abrogé).*

b quater. *(Abrogé).*

TS-IV-2980 s.

b quinquies. Par exception au a et sous réserve de l'application du 6° bis de l'article 120 ou du II de l'article 163 bis, les prestations de retraite versées sous forme de capital, autres que celles qui sont exonérées en application du 4° bis de l'article 81 :

1° Sont imposées sans application de l'abattement prévu au deuxième alinéa du a du présent 5 pour la part correspondant au montant des versements mentionnés au 1° de l'article L 224-2 du code monétaire et financier ou, en cas d'application de l'article L 160-5 du code des assurances, au 3° de l'article L 224-2 précité ;

2° Sont imposées selon les modalités prévues aux 1 ou 2 de l'article 200 A pour la part des produits afférents aux versements mentionnés au 1° de l'article L 224-2 du code monétaire et financier, au 2° de cet article lorsqu'ils ne sont pas exonérés ou, en cas d'application de l'article L 160-5 du code des assurances, au 3° de l'article L 224-2 précité.

Le prélèvement prévu aux I et III de l'article 125 A s'applique aux produits mentionnés au 2°.

TS-IV-3250 s. ; MF n° 96650

c. Lorsque, étant en instance de séparation de corps ou de divorce, les époux font l'objet d'impositions distinctes par application des dispositions du b du 4 de l'article 6, la provision alimentaire qui est allouée à l'un d'eux pour son entretien et celui des enfants dont il a la charge est comptée dans les revenus imposables de l'intéressé.

TS-IV-4100 s. ; MF n° 22480

d. *(Abrogé).*

e. Pour l'établissement de l'impôt des redevables pensionnés au 31 décembre 1986 dont la pension a fait l'objet d'un premier versement mensuel en 1987, la déclaration porte chaque année sur les arrérages correspondant à la période de douze mois qui suit la période à laquelle se rapportent les arrérages imposables au titre de l'année précédente.

Pour l'application de cette règle, les arrérages échus en 1987 sont répartis également sur le nombre de mois auxquels ils correspondent, arrondi au nombre entier le plus proche.

Les dispositions des deux alinéas précédents sont également applicables pour l'établissement de l'impôt des redevables pensionnés au 31 décembre 2003 dont la pension a fait l'objet d'un premier versement mensuel en 2004, les arrérages mentionnés au deuxième alinéa s'entendant des arrérages échus en 2004, ainsi qu'aux pensionnés qui ont perçu en 2016 des caisses d'assurance retraite et de la santé au travail mentionnées à l'article L 215-1 du code de la sécurité sociale des pensions dues au titre de l'année 2015, les arrérages mentionnés au deuxième alinéa s'entendant de ceux échus en 2016.

TS-V-1060 s. ; MF n° 22530

6. Les rentes viagères constituées à titre onéreux ne sont considérées comme un revenu, pour l'application de l'impôt sur le revenu dû par le crédirentier, que pour une fraction de leur montant. Cette fraction, déterminée d'après l'âge du crédirentier lors de l'entrée en jouissance de la rente, est fixée à :

70 % si l'intéressé est âgé de moins de 50 ans ;

50 % s'il est âgé de 50 à 59 ans inclus ;

40 % s'il est âgé de 60 à 69 ans inclus ;

30 % s'il est âgé de plus de 69 ans.

Ces dispositions ne sont pas applicables aux rentes correspondant aux cotisations n'ayant pas fait l'objet de l'option prévue au deuxième alinéa de l'article L 224-20 du code monétaire et financier. Elles sont applicables aux rentes correspondant aux versements mentionnés au 1° de l'article L 224-2 du code monétaire et financier qui n'ont pas fait l'objet d'une déduction du revenu imposable en application de l'option prévue au deuxième alinéa de l'article L 224-20 du même code ou à ceux mentionnés au 2° de l'article L 224-2 précité.

TS-IV-6600 s. ; MF n° 22550

6 bis. Lorsqu'ils sont pris en compte dans l'assiette du revenu net global dans les conditions prévues au 2 de l'article 200 A :

1° Les gains nets mentionnés à l'article 150-0 A ainsi que les distributions mentionnées aux 7, 7 bis, 8 et 9 du II du même article 150-0 A sont déterminés conformément aux articles 150-0 A à 150-0 E ;

2° Les profits réalisés sur les marchés d'instruments financiers et assimilés sont déterminés conformément à l'article 150 ter ;

3° Les distributions mentionnées à l'article 150-0 F et au 1 du II de l'article 163 quinquies C sont déterminées conformément auxdits articles ;

4° Les gains nets réalisés dans les conditions prévues au premier alinéa du I de l'article 163 bis G sont déterminés conformément au même article 163 bis G ;

5° Les plus-values latentes sur droits sociaux, valeurs, titres ou droits, les créances trouvant leur origine dans une clause de complément de prix et certaines plus-values en report d'imposition imposables lors du transfert du domicile fiscal hors de France sont déterminées conformément à l'article 167 bis ;

6° Les gains nets mentionnés à l'article 150 duodecies sont déterminés conformément au même article 150 duodecies.

RM-VI-18450 s. ; MF nos 33220 s.

6 ter. Lorsqu'elles sont prises en compte dans l'assiette du revenu net global dans les conditions prévues au second alinéa de l'article 200 C, les plus-values mentionnées à l'article 150 VH bis sont déterminées conformément au même article 150 VH bis.

RM-VII-49700 ; MF no 33600

7. Le montant des revenus et charges énumérés ci-après, retenu pour le calcul de l'impôt selon les modalités prévues à l'article 197, est multiplié par un coefficient de 1,25. Ces dispositions s'appliquent :

1° *(Abrogé) ;*

FR 2/21 inf. 97 nos 1 et 2 p. 152 ; DC-II-16600 s. ; MF no 88020

2° Aux revenus distribués mentionnés aux c à e de l'article 111, aux bénéfices ou revenus mentionnés à l'article 123 bis et aux revenus distribués mentionnés à l'article 109 résultant d'une rectification des résultats de la société distributrice ;

RM-I-3450 s. ; MF nos 24760, 24775, 24785

3° Aux sommes mentionnées au 2° du II de l'article 156 versées en vertu d'une décision de justice devenue définitive avant le 1er janvier 2006 ;

4° *(Abrogé).*

IRPP-II-340 ; MF no 2130

TS-IV-2860 s.

Art 159 quinquies I. La distribution par les sociétés immobilières d'investissement régies par le I de l'article 33 de la loi no 63-254 du 15 mars 1963 à leurs actionnaires et par les sociétés immobilières de gestion régies par l'article 1er du décret no 63-683 du 13 juillet 1963, à leurs porteurs de parts, dans des conditions fixées par décret, des primes à la construction prévues à l'article R 311-1 du code de la construction et de l'habitation qu'elles ont encaissées ne donne pas lieu à la perception de l'impôt sur le revenu *(Les conditions fixées par décret sont codifiées à l'Annexe II, art. 83 et 84).*

IMMO-IV-25800 s.

II. *(Disposition périmée).*

Art 160 A I. Lorsqu'une société a offert aux membres de son personnel salarié des options de souscription ou d'achat d'actions dans les conditions définies aux articles L 225-177 à L 225-184 du code de commerce ou lorsqu'un ou plusieurs actionnaires ou porteurs de parts d'une société se sont engagés à céder leurs actions ou parts à un ou plusieurs salariés de cette même société à un prix convenu lors de l'engagement, l'imposition de la plus-value réalisée par les salariés ayant levé l'option, à l'occasion de l'apport des actions ou parts à la société créée dans les conditions prévues à l'article 220 quater, peut, sur demande expresse des intéressés, être reportée au moment de la cession des droits sociaux reçus en rémunération de l'apport.

Le report d'imposition est subordonné aux conditions prévues à l'article 83 bis *(L'article 83 bis du présent code a été abrogé pour les emprunts contractés à compter du 1er janvier 2017 : loi 2013-1278 du 29 décembre 2013 art. 26, I-j).*

II. Lorsqu'un ou plusieurs actionnaires ou porteurs de parts de la société rachetée dans les conditions prévues à l'article 220 quater apportent, après octroi de l'agrément, leurs actions ou parts à la société créée, l'imposition de la plus-value réalisée à cette occasion peut, sur demande expresse des intéressés, être reportée au moment de la cession des droits sociaux reçus en rémunération de l'apport.

III. Les dispositions des I et II s'appliquent aux rachats d'entreprises réalisés dans les conditions prévues à l'article 220 quater A. Lorsque le rachat a été soumis à l'accord du ministre chargé des finances, prévu à l'article 220 quater B, le bénéfice de ces dispositions est subordonné à cet accord.

IV. Les avantages prévus au III ne sont plus applicables à compter de l'année au cours de laquelle l'une des conditions prévues à l'article 220 quater A cesse d'être satisfaite.

TS-VII-64710

Art 160 bis Les sommes attribuées aux actionnaires des sociétés d'investissement à capital variable et des sociétés de placement à prépondérance immobilière à capital variable mentionnées au 3° nonies de l'article 208 pour le rachat de leurs actions ne sont pas considérées comme des revenus distribués pour l'application de l'impôt sur le revenu.

IMMO-IV-36140 ; RM-VII-9010 ; MF nos 26365, 30505

Art 160 quater Lorsqu'une société procède aux opérations prévues aux articles 48 et 49 de la loi no 78-763 du 19 juillet 1978 portant statut des sociétés coopératives de production, les opérations d'annulation des actions ou parts sociales sont considérées comme des cessions taxables dans les conditions prévues à l'article 150-0 A lorsque ces actions ou parts sont détenues dans les conditions du f du I de l'article 164 B.

IS-I-5000 s.

Art 161 Le boni attribué lors de la liquidation d'une société aux titulaires de droits sociaux en sus de leur apport n'est compris, le cas échéant, dans les bases de l'impôt sur le revenu que jusqu'à concurrence de l'excédent du remboursement des droits sociaux annulés sur le prix d'acquisition de ces droits dans le cas où ce dernier est supérieur au montant de l'apport. Lorsque les droits ont été reçus, à compter du 1er janvier 2000, dans le cadre d'une opération d'échange dans les conditions prévues à l'article 150-0 B, au quatrième alinéa de l'article 150 A bis en vigueur avant la date de promulgation de la loi de finances pour 2004 *(nº 2003-1311 du 30 décembre 2003)* ou au II de l'article 150 UB, le boni est calculé à partir du prix ou de la valeur d'acquisition des titres ou droits remis à l'échange, diminué du montant de la soulte reçue, qui n'a pas fait l'objet d'une imposition au titre de l'année de l'échange, ou majoré de la soulte versée lors de cet échange.

RM-II-21600 s. ; MF nº 24510

Art 162 Les associés gérants des sociétés en commandite par actions sont réputés ne disposer de la quote-part leur revenant dans les bénéfices sociaux affectés à la constitution de réserves qu'au moment de la mise en distribution desdites réserves.

Les dispositions du premier alinéa sont applicables dans les mêmes conditions à l'associé unique de sociétés à responsabilité limitée, aux associés d'exploitations agricoles à responsabilité limitée mentionnées au 5º de l'article 8, aux associés des sociétés en nom collectif, aux commandités des sociétés en commandite simple, aux membres des sociétés en participation et aux membres des sociétés civiles mentionnées au 1º de l'article 8 et à l'article 8 ter dont les noms et adresses ont été indiqués à l'administration, lorsque ces sociétés ont opté pour le régime fiscal des sociétés de capitaux.

IRPP-I-11170

Art 163-0 A I. Lorsque au cours d'une année un contribuable a réalisé un revenu qui par sa nature n'est pas susceptible d'être recueilli annuellement et que le montant de ce revenu exceptionnel dépasse la moyenne des revenus nets d'après lesquels ce contribuable a été soumis à l'impôt sur le revenu au titre des trois dernières années, l'intéressé peut demander que l'impôt correspondant soit calculé en ajoutant le quart du revenu exceptionnel net à son revenu net global imposable et en multipliant par quatre la cotisation supplémentaire ainsi obtenue. Le revenu exceptionnel net s'entend après imputation, le cas échéant, du déficit constaté dans la même catégorie de revenu, du déficit global ou du revenu net global négatif.

Les dispositions prévues au premier alinéa sont également applicables aux primes de départ volontaire ainsi qu'aux sommes reçues par les bailleurs de biens ruraux au titre d'avances sur les fermages pour les baux conclus à l'occasion de l'installation d'un jeune agriculteur bénéficiant de la dotation d'installation aux jeunes agriculteurs ou d'un prêt à moyen terme spécial, et aux primes ou indemnités versées à titre exceptionnel aux salariés lors d'un changement de lieu de travail impliquant un transfert du domicile ou de la résidence, même si leur montant n'excède pas la moyenne des revenus nets imposables des trois dernières années.

II. Lorsqu'au cours d'une année un contribuable a eu, par suite de circonstances indépendantes de sa volonté, la disposition d'un revenu correspondant, par la date normale de son échéance, à une ou plusieurs années antérieures, l'intéressé peut demander que l'impôt correspondant à ce revenu différé net soit calculé en divisant son montant par un coefficient égal au nombre d'années civiles correspondant aux échéances normales de versement augmenté de un, en ajoutant à son revenu net global imposable le quotient ainsi déterminé, puis en multipliant par ce même coefficient la cotisation supplémentaire ainsi obtenue. Le revenu différé net s'entend après imputation, le cas échéant, du déficit constaté dans la même catégorie de revenu, du déficit global ou du revenu net global négatif.

III. Les dispositions prévues aux I et II ne s'appliquent qu'aux seuls revenus exceptionnels ou différés imposés d'après le barème progressif prévu à l'article 197.

IRPP-VII-200 s. ; MF nos 4150 s.

Art 163-0 A bis Pour l'imposition des prestations mentionnées à l'article 80 decies, le montant total versé est divisé par le nombre d'années ayant donné lieu à la déduction des cotisations. Le résultat est ajouté au revenu global net de l'année du paiement. L'impôt correspondant est égal au produit de la cotisation supplémentaire ainsi obtenue par le nombre d'années utilisé pour déterminer le quotient.

TS-IV-2670 s.

Les dispositions du premier alinéa sont applicables aux sommes versées aux sociétaires du régime de retraite complémentaire institué par l'Union nationale des mutuelles retraite des instituteurs et des fonctionnaires de l'éducation nationale et de la fonction publique qui, dans le cadre de la conversion de ce régime au 8 décembre 2001, ont démissionné de leur qualité de membre participant en exerçant leurs facultés statutaires de rachat dans les conditions alors en vigueur. Toutefois, leur montant est divisé par le nombre d'années ayant donné lieu à déduction de cotisations, retenu dans la limite de dix années.

TS-IV-1260 s.

Art 163-0 A ter Pour l'établissement de l'impôt sur le revenu, le montant des primes versées par l'Etat aux sportifs médaillés aux Jeux olympiques et paralympiques et, le cas échéant, leur guide ainsi que celui des primes versées par les fédérations sportives délégataires à l'encadrement de ces sportifs médaillés peut, sur demande expresse et irrévocable de leur bénéficiaire, être réparti par parts égales sur l'année au cours de laquelle le contribuable en a disposé et les trois années suivantes.

L'exercice de cette option est incompatible avec celui de l'option prévue à l'article 163-0 A.

TS-I-11180 s.

Art 163 bis I. *(Périmé).*

II. Les prestations de retraite versées sous forme de capital imposables conformément au b quinquies du 5 de l'article 158 peuvent, sur demande expresse et irrévocable du bénéficiaire, être soumises à un prélèvement au taux de 7,5 % qui libère les revenus auxquels il s'applique de l'impôt sur le revenu. Ce prélèvement est assis sur le montant du capital diminué d'un abattement de 10 %.

Ce prélèvement est applicable lorsque le versement n'est pas fractionné et que le bénéficiaire justifie que les cotisations versées durant la phase de constitution des droits, y compris le cas échéant par l'employeur, étaient déductibles de son revenu imposable ou étaient afférentes à un revenu exonéré dans l'Etat auquel était attribué le droit d'imposer celui-ci.

Le prélèvement est établi, contrôlé et recouvré comme l'impôt sur le revenu et sous les mêmes sûretés, privilèges et sanctions.

Ces dispositions ne sont pas applicables aux prestations mentionnées à l'article 80 decies ni à celles provenant d'un plan d'épargne retraite mentionné à l'article L 224-1 du code monétaire et financier ou d'un sous-compte français du produit paneuropéen d'épargne-retraite individuelle mentionné à l'article L 225-1 du même code.

TS-IV-3360 s. ; MF n° 22460

Art 163 bis AA Les sommes revenant aux salariés au titre de la participation des salariés aux résultats de l'entreprise, en application du titre II du livre III de la troisième partie du code du travail *(Voir code du travail art. L 3321-1 à L 3326-2)*, sont exonérées d'impôt sur le revenu lorsqu'elles ont été affectées dans les conditions prévues aux articles L 3323-2 et L 3323-3 du même code ou, lorsqu'elles sont affectées, en application du 2° de l'article L 224-2 du code monétaire et financier, à la réalisation d'un plan d'épargne retraite mentionné à l'article L 224-13 ou à l'article L 224-23 du même code.

L'exonération porte seulement sur la moitié des sommes en cause lorsque la durée de l'indisponibilité a été fixée à trois ans. Toutefois, l'exonération est totale lorsque les sommes reçues sont, à la demande des salariés, affectées aux plans d'épargne constitués conformément au titre III du livre III de la troisième partie du code du travail dans les conditions prévues à l'article L 3324-12 du code précité. Les dispositions des articles L 3332-25 et L 3332-26 de ce code sont alors applicables.

Les revenus provenant de sommes attribuées au titre de la participation et recevant la même affectation qu'elles, sont exonérés dans les mêmes conditions. Ils se trouvent alors frappés de la même indisponibilité que ces sommes et sont définitivement exonérés à l'expiration de la période d'indisponibilité correspondante. Par dérogation aux dispositions de l'article 199 ter, les crédits d'impôt attachés à ces revenus sont restituables. Ils sont exonérés dans les mêmes conditions que ces revenus *(Voir Annexe II, art. 81 bis)*.

Après l'expiration de la période d'indisponibilité, l'exonération est toutefois maintenue pour les revenus provenant de sommes utilisées pour acquérir des actions de l'entreprise ou versées à des organismes de placement extérieurs à l'entreprise tels que ceux mentionnés au 1° de l'article L 3323-2 du code du travail, tant que les salariés ne demandent pas la délivrance des droits constitués à leur profit.

Pour ouvrir droit aux exonérations prévues au présent article, les accords de participation doivent avoir été déposés à la direction départementale du travail et de l'emploi du lieu où ils ont été conclus.

TS-VII-23800 s. ; MF n°s 88645 s.

Art 163 bis B I. Les sommes versées par l'entreprise en application de plans d'épargne, constitués conformément aux dispositions du titre III du livre III de la troisième partie du code du travail *(Voir code du travail art. L 3331-1 à L 3335-1)*, sont exonérées de l'impôt sur le revenu établi au nom du salarié.

II. Les revenus des titres détenus dans l'un des plans d'épargne mentionnés au I sont également exonérés d'impôt sur le revenu s'ils sont réemployés dans ce plan et frappés de la même indisponibilité que les titres auxquels ils se rattachent. Ils sont définitivement exonérés à l'expiration de la période d'indisponibilité correspondante.

Cette exonération est maintenue tant que les salariés et anciens salariés ne demandent pas la délivrance des parts ou actions acquises pour leur compte.

TS-VII-37350

II bis. Les revenus des titres détenus dans un plan d'épargne retraite mentionné à l'article L 224-1 du code monétaire et financier ou dans un sous-compte français du produit paneuropéen d'épargne-retraite individuelle mentionné à l'article L 225-1 du même code sont exonérés s'ils sont réemployés dans ce plan ou ce sous-compte et frappés de la même indisponibilité que les titres auxquels ils se rattachent.

II ter. Par dérogation aux dispositions de l'article 199 ter, les crédits d'impôt attachés aux revenus mentionnés au II et II bis sont restituables. Ils sont exonérés dans les mêmes conditions que ces revenus.

III. Un décret en Conseil d'Etat fixe les modalités d'application du présent article *(Voir Annexe II, art. 82).*

TS-IV-2865

Art 163 bis D Les avantages résultant des rabais sur les prix de cession, de la distribution gratuite d'actions et des délais de paiement prévus par les articles 11, 12 et 13 modifiés de la loi n° 86-912 du 6 août 1986, relative aux modalités d'application des privatisations décidées par les lois n°s 86-793 du 2 juillet 1986 et 93-923 du 19 juillet 1993, sont exonérés d'impôt sur le revenu.

Cette exonération s'applique sous réserve des dispositions de l'article 150-0 D pour les avantages accordés à l'occasion des opérations de privatisation décidées par la loi n° 93-923 du 19 juillet 1993.

TS-VII-89600 s.

Art 163 bis E Les exonérations d'impôt sur le revenu résultant des 25° et 26° de l'article 81 s'appliquent sous réserve des dispositions de l'article 150-0 D.

TS-III-13380 s. ; TS-VII-88460 s.

Art 163 bis F Sous réserve des dispositions de l'article 150-0 D, les avantages accordés aux débitants de tabac désignés à l'article 568, résultant des rabais sur le prix de cession, de la distribution gratuite d'actions et des délais de paiement prévus par l'article 3 de la loi n° 94-1135 du 27 décembre 1994 relative aux conditions de privatisation de la Société nationale d'exploitation industrielle des tabacs et allumettes sont exonérés d'impôts sur le revenu.

TS-VII-89670

Art 163 bis G **I.** Le gain net réalisé lors de la cession des titres souscrits en exercice des bons attribués dans les conditions définies aux II à III est imposé dans les conditions prévues à l'article 150-0 A et aux 1 ou 2 de l'article 200 A.

Par dérogation aux dispositions du premier alinéa, le gain net précité est imposé dans les conditions prévues à l'article 150-0 A et au taux de 30 % lorsque le bénéficiaire exerce son activité ou, le cas échéant, son mandat dans la société dans laquelle il a bénéficié de l'attribution des bons depuis moins de trois ans à la date de la cession. Pour l'appréciation du respect de cette durée, il est tenu compte, pour les bénéficiaires mentionnés au premier alinéa du II, de la période d'activité éventuellement effectuée ou, le cas échéant, de la durée du mandat éventuellement exercé au sein d'une filiale, au sens du deuxième alinéa du même II, et, pour les bénéficiaires mentionnés au même deuxième alinéa, de la période d'activité éventuellement effectuée ou le cas échéant, de la durée du mandat éventuellement exercé au sein de la société mère.

II. Les sociétés par actions peuvent attribuer des bons de souscription de parts de créateur d'entreprise, incessibles et émis dans les conditions prévues aux articles L 228-91 et L 228-92 du code de commerce, aux membres de leur personnel salarié, à leurs dirigeants soumis au régime fiscal des salariés et aux membres de leur conseil d'administration, de leur conseil de surveillance ou, en ce qui concerne les sociétés par actions simplifiées, de tout organe statutaire équivalent.

Elles peuvent également attribuer ces bons aux membres du personnel salarié, aux dirigeants soumis au régime fiscal des salariés et aux membres du conseil d'administration, du conseil de surveillance ou, en ce qui concerne les sociétés par actions simplifiées, de tout organe statutaire équivalent des sociétés dont elles détiennent au moins 75 % du capital ou des droits de vote.

Pour l'application des deux premiers alinéas du présent II, les sociétés mentionnées au premier alinéa doivent respecter les conditions prévues aux 1 à 5. Les filiales mentionnées au deuxième alinéa doivent respecter ces mêmes conditions à l'exception de celle prévue au 2.

1. La société doit être passible en France de l'impôt sur les sociétés ;

2. Le capital de la société doit être détenu directement et de manière continue pour 25 % au moins par des personnes physiques ou par des personnes morales elles-mêmes directement détenues pour 75 % au moins de leur capital par des personnes physiques. Pour la détermination de ce pourcentage, les participations des sociétés de capital-risque, des sociétés de développement régional et des sociétés financières d'innovation ne sont pas prises en compte à la condition qu'il n'existe pas de lien de dépendance au sens du 12 de l'article 39 entre la société bénéficiaire de l'apport et ces dernières sociétés. De même, ce pourcentage ne tient pas compte des participations des fonds communs de placement à risques, des fonds professionnels spécialisés relevant de l'article L 214-37 du code monétaire et financier dans sa rédaction antérieure à l'ordonnance n° 2013-676 du 25 juillet 2013 modifiant le cadre juridique de la gestion d'actifs, des fonds professionnels de capital investissement, des sociétés de libre partenariat, des fonds d'investissement de proximité ou des fonds communs de placement dans l'innovation. Il en est de même, dans les mêmes conditions, des participations détenues par des structures équivalentes aux sociétés ou fonds mentionnés aux deuxième et troisième phrases, établies dans un autre Etat membre de l'Union européenne ou dans un Etat ou territoire ayant conclu avec la France une convention fiscale qui contient une clause d'assistance administrative en vue de lutter contre la fraude ou l'évasion fiscale ;

3. La société n'a pas été créée dans le cadre d'une concentration, d'une restructuration, d'une extension ou d'une reprise d'activités préexistantes, sauf si elle répond aux conditions prévues par le I de l'article 39 quinquies H dans sa rédaction antérieure à l'article 30 de la loi n° 2018-1317 du 28 décembre 2018 de finances pour 2019 ;

4. Pour les sociétés dont les titres sont admis aux négociations sur un marché d'instruments financiers français ou étranger dont le fonctionnement est assuré par une entreprise de marché ou un prestataire de services d'investissement autre qu'une société de gestion de portefeuille ou tout autre organisme similaire étranger, ou sont admis aux négociations sur un tel marché d'un Etat partie à l'accord sur l'Espace économique européen, la capitalisation boursière de la société, évaluée selon des modalités fixées par décret en Conseil d'Etat, notamment en cas de première cotation ou d'opération de restructuration d'entreprises, par référence à la moyenne des cours d'ouverture des soixante jours de bourse précédant celui de l'émission des bons, est inférieure à 150 millions d'euros ;

5. La société est immatriculée au registre du commerce et des sociétés depuis moins de quinze ans.

II bis. Par dérogation aux dispositions du II :

1° Lorsqu'elles ne remplissent plus les conditions mentionnées au II en raison du seul dépassement du seuil de capitalisation boursière de 150 millions d'euros, les sociétés concernées peuvent, pendant les trois ans suivant la date de ce dépassement et sous réserve de remplir l'ensemble des autres conditions précitées, continuer à attribuer des bons ;

2° En cas de décès du bénéficiaire, ses héritiers peuvent exercer les bons dans un délai de six mois à compter du décès ;

3° Une société créée dans le cadre d'une concentration, d'une restructuration, d'une extension ou d'une reprise d'activités préexistantes peut attribuer des bons, sous réserve des conditions suivantes :

a. Toutes les sociétés prenant part à l'opération répondent aux conditions prévues aux 1 à 5 du II ;

b. Le respect de la condition mentionnée au 4 du II est apprécié, à la suite de l'opération, en faisant masse de la capitalisation de l'ensemble des sociétés issues de l'opération qui répondent aux conditions du présent article ;

c. Le respect de la condition mentionnée au 5 du II est apprécié, pour les sociétés issues de l'opération, en tenant compte de la date d'immatriculation de la plus ancienne des sociétés ayant pris part à l'opération ;

4° Dans le cas où une société attribue des bons aux personnes mentionnées au deuxième alinéa du II, le respect de la condition mentionnée au 4 du même II est apprécié en faisant masse de la capitalisation de la société attributrice et de celle de ses filiales dont le personnel a bénéficié de distributions de la part de la société attributrice au cours des douze derniers mois.

III. Le prix d'acquisition du titre souscrit en exercice du bon est fixé au jour de l'attribution par l'assemblée générale extraordinaire, sur le rapport du conseil d'administration ou du directoire et sur le rapport spécial des commissaires aux comptes, ou, sur délégation de l'assemblée générale extraordinaire, par le conseil d'administration ou le directoire selon le cas. Il est au moins égal, lorsque la société émettrice a procédé dans les six mois précédant l'attribution du bon à une augmentation de capital par émission de titres conférant des droits équivalents à ceux résultant de l'exercice du bon, au prix d'émission des titres concernés alors fixé, diminué le cas échéant d'une décote correspondant à la perte de valeur économique du titre depuis cette émission. Lorsque les droits des titres résultant de l'exercice du bon ne sont pas au moins équivalents à ceux des titres émis lors d'une telle augmentation de capital, ce prix d'émission peut également, pour déterminer le prix d'acquisition du titre souscrit en exercice du bon, être diminué le cas échéant d'une décote correspondant à cette différence.

L'assemblée générale extraordinaire, qui détermine le délai pendant lequel les bons peuvent être exercés, peut déléguer selon le cas, au conseil d'administration ou au directoire, le soin de fixer la liste des bénéficiaires de bons de souscription de parts de créateurs d'entreprise. Dans ce cas, le conseil d'administration ou le directoire indique le nom des attributaires desdits bons et le nombre de titres attribués à chacun d'eux.

BF 4/21 inf. 301

III bis. Les I à III s'appliquent aux bons de souscription de parts de créateur d'entreprise attribués, dans les mêmes conditions, par une société dont le siège est établi dans un Etat membre de l'Union européenne ou dans un Etat ou territoire ayant conclu avec la France une convention fiscale contenant une clause d'assistance administrative en vue de lutter contre la fraude ou l'évasion fiscale.

Pour les sociétés mentionnées au premier alinéa du présent III bis, la condition prévue au 1 du II est réputée remplie lorsque la société est passible dans l'Etat ou territoire où se situe son siège social d'un impôt équivalent à l'impôt sur les sociétés.

BF 4/21 inf. 301

IV. Un décret précise les modalités d'application du présent article, notamment les obligations déclaratives incombant aux titulaires des bons et aux sociétés émettrices *(Voir Annexe III, art. 41 V bis)*.

V. *(Abrogé)*.

TS-VII-85000 s. ; MF n°s 88800 s.

Art 163 quinquies B **I.** Les personnes physiques qui prennent l'engagement de conserver, pendant cinq ans au moins à compter de leur souscription, des parts de fonds communs de placement à risques ou de fonds professionnels de capital investissement sont exonérées de l'impôt sur le revenu à raison des sommes ou valeurs auxquelles donnent droit les parts concernées.

Les dispositions du premier alinéa ne s'appliquent pas aux porteurs de parts de fonds communs de placement à risques ou de fonds professionnels spécialisés relevant de l'article L 214-37 du code monétaire et financier dans sa rédaction antérieure à l'ordonnance n° 2013-676 du 25 juillet 2013 modifiant le cadre juridique de la gestion d'actifs ou de fonds professionnels de capital investissement donnant lieu à des droits différents sur l'actif net ou sur les produits du fonds et attribuées en fonction de la qualité de la personne.

RM-VII-5240 ; MF n° 26440

II. L'exonération est subordonnée aux conditions suivantes :

1° Outre les conditions prévues aux articles L 214-28 et L 214-160 du code monétaire et financier, les titres pris en compte, directement dans le quota d'investissement de 50 % doivent être émis par des sociétés ayant leur siège dans un Etat membre de l'Union européenne, ou dans un autre Etat partie à l'accord sur l'Espace économique européen ayant conclu avec la France une convention d'assistance administrative en vue de lutter contre la fraude et l'évasion fiscales, qui exercent une activité mentionnée à l'article 34 et qui sont soumises à l'impôt sur les sociétés dans les conditions de droit commun ou y seraient soumises dans les mêmes conditions si l'activité était exercée en France ;

1° bis et 1° ter *(Abrogés)* ;

1° quater Sont également retenus, pour le calcul du quota d'investissement de 50 % prévu au 1°, les titres mentionnés au I ou au III de l'article L 214-28 du code monétaire et financier, émis par des sociétés ayant leur siège dans un Etat membre de la Communauté européenne, ou dans un autre Etat ou territoire ayant conclu avec la France une convention fiscale qui contient une clause d'assistance administrative en vue de lutter contre la fraude ou l'évasion fiscale, qui sont passibles de l'impôt sur les sociétés dans les conditions de droit commun ou en seraient passibles dans les mêmes conditions si l'activité était exercée en France, et qui ont pour objet principal de détenir des participations financières.

Ces titres sont retenus dans le quota d'investissement de 50 % et pour le calcul de la limite de 20 % prévue au III de l'article L 214-28 précité à proportion des investissements directs ou indirects, par l'intermédiaire de sociétés mentionnées au premier alinéa, de l'actif de la société émettrice de ces titres dans des sociétés qui répondent aux conditions prévues au 1°. Les modalités de détermination de cette proportion sont fixées par décret en Conseil d'Etat *(Voir Annexe II, art. 171 AU)* ;

1° quinquies Sont également retenus, pour le calcul du quota d'investissement de 50 % prévu au 1°, les droits représentatifs d'un placement financier dans une entité mentionnée au 2° du II de l'article L 214-28 du code monétaire et financier, constituée dans un Etat membre de la Communauté européenne, ou dans un autre Etat ou territoire ayant conclu avec la France une convention fiscale qui contient une clause d'assistance administrative en vue de lutter contre la fraude ou l'évasion fiscale.

Ces droits sont retenus dans le quota d'investissement de 50 % et pour le calcul de la limite de 20 % prévue au III de l'article L 214-28 précité à proportion des investissements directs ou indirects, par l'intermédiaire de sociétés mentionnées au premier alinéa du 1° quater, de l'actif de l'entité concernée dans des sociétés qui répondent aux conditions prévues au 1°. Les modalités de détermination de cette proportion sont fixées par décret en Conseil d'Etat *(Voir Annexe II, art. 171 AV)* ;

2° Les sommes ou valeurs réparties doivent être immédiatement réinvesties dans le fonds et demeurer indisponibles pendant la période visée au premier alinéa du I ;

3° Le porteur de parts, son conjoint et leurs ascendants et descendants ne doivent pas détenir ensemble directement ou indirectement plus de 25 % des droits dans les bénéfices de sociétés dont les titres figurent à l'actif du fonds ou avoir détenu ce montant à un moment quelconque au cours des cinq années précédant la souscription des parts du fonds ou l'apport des titres.

III. Les sommes ou valeurs qui ont été exonérées d'impôt sur le revenu en vertu du I ou du III bis sont ajoutées au revenu imposable de l'année au cours de laquelle le fonds ou le contribuable cesse de remplir les conditions fixées aux I et II ou aux I et III bis.

Toutefois, l'exonération est maintenue en cas de cession des parts par le contribuable lorsque lui-même ou l'un des époux soumis à une imposition commune se trouve dans l'un des cas suivants : invalidité correspondant au classement dans la deuxième ou troisième des catégories prévues à l'article L 341-4 du code de la sécurité sociale, décès, départ à la retraite ou licenciement.

III bis. L'exonération visée au I est également applicable aux fonds communs de placement à risques qui respectent toutes les conditions mentionnées à l'article L 214-30 du code monétaire et financier. Cette exonération s'applique sous réserve que les porteurs de parts respectent les conditions prévues au I et aux 2° et 3° du II du présent article.

RM-VII-5000 s.

IV. Un décret fixe les obligations incombant aux porteurs de parts ainsi qu'aux gérants et dépositaires des fonds *(Voir Annexe III, art. 41 W à 41 Y. Voir également Annexe III, art. 41 duovicies F, 41 duovicies G, 41 sexdecies G, 280 A et LPF, art. R 87-1).*

RM-VII-3940 s. ; MF n°s 26305 s.

Art 163 quinquies C

I. *(Sans objet).*

II. 1. Les distributions par les sociétés de capital-risque qui remplissent les conditions prévues à l'article 1er-1 de la loi n° 85-695 du 11 juillet 1985 portant diverses dispositions d'ordre économique et financier, prélevées sur des plus-values nettes de cessions de titres réalisées par la société au cours des exercices clos à compter du 31 décembre 2001 sont imposées dans les conditions prévues aux 1 ou 2 de l'article 200 A lorsque l'actionnaire est une personne physique fiscalement domiciliée en France au sens de l'article 4 B, ou soumises à la retenue à la source prévue au 2 de l'article 119 bis lorsqu'elles sont payées dans un Etat ou territoire non coopératif au sens de l'article 238-0 A autre que ceux mentionnés au 2° du 2 bis du même article 238-0 A, ou soumises à cette même retenue à la source au taux de 12,8 % lorsque l'actionnaire est une personne physique fiscalement domiciliée hors de France.

Toutefois, lorsque ces distributions sont afférentes à des actions donnant lieu à des droits différents sur l'actif net ou les produits de la société et attribuées en fonction de la qualité de la personne et sont versées aux salariés ou dirigeants mentionnés au premier alinéa du 8 du II de l'article 150-0 A, les modalités d'imposition prévues aux 1 ou 2 de l'article 200 A s'appliquent sous réserve du respect des conditions suivantes :

1° Ces actions ont été souscrites ou acquises, moyennant un prix correspondant à la valeur des actions, par le salarié ou le dirigeant bénéficiaire de la distribution ;

2° L'ensemble des actions d'une même société de capital-risque donnant lieu à des droits différents sur l'actif net ou les produits de la société et attribuées en fonction de la qualité de la personne satisfont aux conditions suivantes :

a. Elles constituent une seule et même catégorie d'actions ;

b. Elles représentent :

au moins 1 % du montant total des souscriptions dans la société pour sa fraction inférieure ou égale à un milliard d'euros ;

et au moins 0,5 % de la fraction du montant total des souscriptions dans la société qui excède un milliard d'euros.

A titre dérogatoire, un pourcentage distinct peut être fixé par décret pour certaines catégories de sociétés, après avis de l'Autorité des marchés financiers *(Voir Annexe III, art. 41 DGA)* ;

c. Les distributions auxquelles donnent droit ces actions sont versées au moins cinq ans après la date d'émission de ces actions ;

3° Le salarié ou dirigeant bénéficiaire de la distribution perçoit une rémunération normale au titre du contrat de travail ou du mandat social qui lui a permis de souscrire ou d'acquérir ces actions.

2. Les distributions prélevées sur les bénéfices réalisés dans le cadre de leur objet social défini à l'article 1er-1 de la loi n° 85-695 du 11 juillet 1985 précitée sont exonérées lorsque les conditions suivantes sont remplies :

1° L'actionnaire a son domicile fiscal en France ou dans un pays ou territoire ayant conclu avec la France une convention d'assistance administrative en vue de lutter contre la fraude et l'évasion fiscales ;

2° L'actionnaire conserve ses actions pendant cinq ans au moins à compter de leur souscription ou acquisition ;

3° Les produits sont immédiatement réinvestis pendant la période mentionnée au 2° dans la société soit sous la forme de souscription ou d'achat d'actions, soit sur un compte bloqué ; l'exonération s'étend alors aux intérêts du compte, lesquels sont libérés à la clôture de ce dernier ;

4° L'actionnaire, son conjoint et leurs ascendants et descendants ne détiennent pas ensemble, directement ou indirectement, plus de 25 % des droits dans les bénéfices de sociétés dont les titres figurent à l'actif de la société de capital-risque, ou n'ont pas détenu cette part à un moment quelconque au cours des cinq années précédant la souscription ou l'acquisition des actions de la société de capital-risque.

Les dispositions du 2 ne s'appliquent pas aux actions de sociétés de capital-risque donnant lieu à des droits différents sur l'actif net ou sur les produits du fonds et attribuées en fonction de la qualité de la personne ni aux distributions mentionnées au premier alinéa du 1 du présent II payées dans un Etat ou territoire non coopératif au sens de l'article 238-0 A autre que ceux mentionnés au 2° du 2 bis du même article 238-0 A.

(Voir également Annexe II, art. 60 A et 60 B)

III. Les sommes qui ont été exonérées d'impôt sur le revenu sont ajoutées au revenu imposable de l'année au cours de laquelle la société ou le contribuable cesse de remplir les conditions fixées ci-dessus.

Toutefois, l'exonération est maintenue en cas de cession des actions par le contribuable lorsque lui-même ou l'un des époux soumis à une imposition commune se trouve dans l'un des cas suivants : invalidité correspondant au classement dans la deuxième ou troisième des catégories prévues à l'article L 341-4 du code de la sécurité sociale, décès, départ à la retraite ou licenciement.

Ndlr *L'article 1er-1 de la loi 85-695 du 11 juillet 1985 est reproduit dans la partie Autres textes du présent code.*

IS-IV-21500 s. ; RM-VII-5200 s. ; MF nos 26415 s., 26440 s.

Art 163 quinquies C bis Les distributions effectuées par les sociétés unipersonnelles d'investissement à risque mentionnées à l'article 208 D sont exonérées d'impôt sur le revenu et, sauf si elles sont payées dans un Etat ou territoire non coopératif au sens de l'article 238-0 A autre que ceux mentionnés au 2° du 2 bis du même article 238-0 A, de la retenue à la source mentionnée au 2 de l'article 119 bis lorsque les conditions suivantes sont réunies :

1° Elles sont prélevées sur des bénéfices exonérés d'impôt sur les sociétés en application des dispositions de l'article 208 D ;

2° L'associé a son domicile fiscal en France ou dans un pays ou territoire ayant conclu avec la France une convention d'assistance administrative en vue de lutter contre la fraude et l'évasion fiscales ;

3° Les actions ouvrant droit aux distributions concernées ont été souscrites par l'associé unique initial ou transmises à titre gratuit à la suite du décès de cet associé.

(Voir Annexe III, art. 41 sexdecies M)

IS-IV-23510 s. ; MF n° 26450

a. Plan d'épargne en actions

Art 163 quinquies D I. Le plan d'épargne en actions est ouvert et fonctionne conformément aux articles L 221-30, L 221-31 et L 221-32 du code monétaire et financier et le plan d'épargne en actions destiné au financement des petites et moyennes entreprises et des entreprises de taille intermédiaire est ouvert et fonctionne conformément aux articles L 221-32-1, L 221-32-2 et L 221-32-3 du même code.

II. et III. *(Disjoints).*

IV. *(Abrogé).*

RM-VII-38400 s. ; MF nos 26155 s.

h. Souscriptions en numéraire au capital de sociétés agréées de financement de la pêche artisanale

Art 163 duovicies Le montant des sommes effectivement versées pour les souscriptions en numéraire au capital des sociétés mentionnées à l'article 238 bis HO réalisées avant le 1er janvier 2009 est déductible du revenu net global ; cette déduction ne peut pas excéder 25 % de ce revenu, dans la limite annuelle de 19 000 € pour les contribuables célibataires, veufs ou divorcés et de 38 000 € pour les contribuables mariés soumis à imposition commune.

En cas de cession de tout ou partie des titres souscrits dans les cinq ans de leur acquisition, le montant des sommes déduites est ajouté au revenu net global de l'année de la cession.

Lorsqu'elles sont inscrites au bilan d'une entreprise relevant de l'impôt sur le revenu, les actions des sociétés définies à cet article ne peuvent faire l'objet sur le plan fiscal d'une provision pour dépréciation.

Un décret fixe les modalités d'application, notamment les obligations déclaratives.

j. Cotisations ou primes versées aux plans d'épargne retraite populaire ou dans le cadre de certains régimes de retraite supplémentaire obligatoires ou complémentaire facultatifs

Art 163 quatervicies **I. 1.** Sont déductibles du revenu net global, dans les conditions et limites mentionnées au 2, les cotisations ou les primes versées par chaque membre du foyer fiscal :

a. Aux plans d'épargne retraite populaire prévus à l'article L 144-2 du code des assurances ;

b. A titre individuel et facultatif aux contrats souscrits dans le cadre de régimes de retraite supplémentaire, auxquels l'affiliation est obligatoire et mis en place dans les conditions prévues à l'article L 911-1 du code de la sécurité sociale, lorsque ces contrats sont souscrits par un employeur ou un groupement d'employeurs ;

c. Au régime de retraite complémentaire institué par la Caisse nationale de prévoyance de la fonction publique ainsi qu'aux autres régimes de retraite complémentaire, auxquels les dispositions du 1° bis de l'article 83, en vigueur jusqu'au 1er janvier 2004, avaient été étendues avant cette date, constitués au profit des fonctionnaires et agents de l'Etat, des collectivités territoriales et des établissements publics soit auprès d'organismes relevant du Code de la mutualité, soit auprès d'entreprises régies par le Code des assurances, ou institués par les organismes mentionnés au VII de l'article 5 de l'ordonnance 2001-350 du 19 avril 2001 relative au code de la mutualité et transposant les directives 92/49/CEE et 92/96/CEE du Conseil, des 18 juin et 10 novembre 1992, pour leurs opérations collectives visées à l'article L 222-1 du code de la mutualité ;

d. Sauf application de l'option prévue au deuxième alinéa de l'article L 224-20 du code monétaire et financier, aux plans d'épargne retraite mentionnés à l'article L 224-1 du même code ou aux sous-comptes français du produit paneuropéen d'épargne-retraite individuelle mentionné à l'article L 225-1 dudit code, qui correspondent à des versements mentionnés au 1° de l'article L 224-2 dudit code et qui ne sont pas déduits en application des articles 154 bis ou 154 bis-0 A.

(En ce qui concerne les obligations déclaratives des organismes gestionnaires, voir Annexe III, art. 41 ZZ quater. Voir également Annexe III, art. 41 ZZ quinquies)

2. a. Les cotisations ou les primes mentionnées au 1 sont déductibles pour chaque membre du foyer fiscal dans une limite annuelle égale à la différence constatée au titre de l'année précédente ou, pour les personnes qui n'ont pas été fiscalement domiciliées en France au cours des trois années civiles précédant celle au cours de laquelle elles s'y domicilient, au titre de cette dernière année, entre :

1° Une fraction égale à 10 % de ses revenus d'activité professionnelle tels que définis au II, retenus dans la limite de huit fois le montant annuel du plafond mentionné à l'article L 241-3 du Code de la sécurité sociale *(Voir Annexe III, art. 41 ZZ bis) (NDLR Soit 32 909 € pour les versements effectués en 2023 et 35 194 € pour les versements effectués en 2024)* ou, si elle est plus élevée, une somme égale à 10 % du montant annuel du plafond précité *(NDLR Soit 4 114 € pour les versements effectués en 2022 ainsi que pour ceux effectués en 2023)* ;

2° Et le montant cumulé des cotisations ou primes déductibles en application du 2° de l'article 83 ou aux plans d'épargne retraite qui sont au titre de la retraite, du 2°-0 ter y compris les versements de l'employeur, des cotisations ou primes déductibles au titre du 1° du II de l'article 154 bis, de l'article 154 bis-0 A et du 13° du II de l'article 156 compte non tenu de leur fraction correspondant à 15 % de la quote-part du bénéfice comprise entre une fois et huit fois le plafond mentionné à l'article L 241-3 du Code de la sécurité sociale *(Pour Mayotte, la référence au plafond mentionné à l'article L 241-3 du code de la sécurité sociale est remplacée par la référence au plafond mentionné à l'article 28-1 de l'ordonnance 96-1122 du 20 décembre 1996 : Ordonnance 2013-837 modifiée du 19 septembre 2013, art. 35-III)*, ainsi que des sommes versées aux plans d'épargne retraite qui sont exonérées en application du 18° de l'article 81.

Les membres d'un couple marié ou les partenaires liés par un pacte civil de solidarité défini à l'article 515-1 du code civil, soumis à imposition commune, peuvent déduire les cotisations ou primes mentionnées au 1, dans une limite annuelle égale au total des montants déductibles pour chaque membre du couple ou chaque partenaire du pacte.

b. La différence, lorsqu'elle est positive, constatée au titre d'une année entre, d'une part, la limite définie au a et, d'autre part, les cotisations ou primes mentionnées au 1 peut être utilisée au cours de l'une des trois années suivantes.

c. *(Abrogé).*

d. Les personnes qui, pour des raisons qui ne sont pas liées à la mise en œuvre de procédures judiciaires, fiscales ou douanières, n'ont pas été fiscalement domiciliées en France au cours des trois années civiles précédant celle au cours de laquelle elles s'y domicilient bénéficient au titre de cette dernière année d'un plafond complémentaire de déduction égal au triple du montant de la différence définie au a.

(En ce qui concerne l'ordre d'imputation, voir Annexe III, art. 41 ZZ ter)

II. Les revenus d'activité professionnelle mentionnés au 1° du a du 2 du I s'entendent :

1. Des traitements et salaires définis à l'article 79 et des rémunérations allouées aux gérants et associés des sociétés mentionnées à l'article 62, pour leur montant déterminé respectivement en application des articles 83 à 84 A et du dernier alinéa de l'article 62 ;

2. Des bénéfices industriels et commerciaux définis aux articles 34 et 35, des bénéfices agricoles mentionnés à l'article 63 et des bénéfices tirés de l'exercice d'une profession non commerciale mentionnés au 1 de l'article 92, pour leur montant imposable.

Les revenus exonérés en application des articles 44 sexies à 44 nonies, 44 terdecies à 44 septdecies ou du 9 de l'article 93 ainsi que les abattements prévus à l'article 73 B sont retenus pour l'appréciation du montant des revenus définis au premier alinéa. Sont également retenus les revenus imposés dans les conditions prévues à l'article 151-0 pour leur montant diminué, selon le cas, de l'abattement prévu au 1 de l'article 50-0 ou au 1 de l'article 102 ter. Il n'est pas tenu compte des plus-values et moins-values professionnelles à long terme.

DC-VIII-40000 s., 43000 s. ; MF n°s 1375 s.

Art 163 quinvicies Les dispositions du deuxième alinéa du 2° de l'article 83, des a bis, a ter, b bis du 18° et du 18° bis de l'article 81, de l'article 163 bis AA ainsi que du d du 1 du I de l'article 163 quatervicies ne s'appliquent pas à la part correspondant à des versements dans un plan d'épargne retraite mentionné à l'article L 224-1 du code monétaire et financier au titre des garanties complémentaires prévues aux 4° à 6° de l'article L 142-3 du code des assurances.

Les a bis, a ter et b bis du 18° et le 18° bis de l'article 81, le deuxième alinéa du 2° de l'article 83 et l'article 163 bis AA ne s'appliquent pas aux versements effectués dans un sous-compte français du produit paneuropéen d'épargne-retraite individuelle mentionné à l'article L 225-1 du code monétaire et financier. Le d du 1 du I de l'article 163 quatervicies du présent code n'est pas non plus applicable à la part correspondant à des versements au titre des garanties complémentaires prévues au 4° de l'article L 142-3 du code des assurances.

DC-VIII-43395, 44220

II. Revenu imposable des étrangers et des personnes n'ayant pas leur domicile fiscal en France

Art 164 A Les revenus de source française des personnes qui n'ont pas leur domicile fiscal en France sont déterminés selon les règles applicables aux revenus de même nature perçus par les personnes qui ont leur domicile fiscal en France. Toutefois, aucune des charges déductibles du revenu global en application des dispositions du présent code ne peut être déduite.

IRPP-VII-14550 s. ; MF n° 4370

Art 164 B I. Sont considérés comme revenus de source française :

a. Les revenus d'immeubles sis en France ou de droits relatifs à ces immeubles ;

b. Les revenus de valeurs mobilières françaises et de tous autres capitaux mobiliers placés en France ;

c. Les revenus d'exploitations sises en France ;

d. Les revenus tirés d'activités professionnelles, salariées ou non, exercées en France ou d'opérations de caractère lucratif au sens de l'article 92 et réalisées en France ;

e. Les profits tirés d'opérations définies à l'article 35, lorsqu'ils sont relatifs à des fonds de commerce exploités en France ainsi qu'à des immeubles situés en France, à des droits immobiliers s'y rapportant ou à des actions et parts de sociétés non cotées en bourse dont l'actif est constitué principalement par de tels biens et droits ;

e bis. Les plus-values mentionnées aux articles 150 U, 150 UB et 150 UC, au 6 ter de l'article 39 duodecies et au f du 1° du II de l'article 239 nonies, lorsqu'elles sont relatives :

1° A des biens immobiliers situés en France ou à des droits relatifs à ces biens ;

2° A des parts de fonds de placement immobilier mentionnés à l'article 239 nonies ou à des parts ou droits dans des organismes de droit étranger qui ont un objet équivalent et sont de forme similaire, dont l'actif est, à la date de la cession, principalement constitué directement ou indirectement de biens et droits mentionnés au 1° ;

3° A des droits sociaux de sociétés ou groupements qui relèvent des articles 8 à 8 ter dont le siège social est situé en France et dont l'actif est principalement constitué directement ou indirectement de biens et droits mentionnés au 1° ;

e ter. Les plus-values qui résultent de la cession :

1° D'actions de sociétés d'investissements immobiliers cotées mentionnées à l'article 208 C dont l'actif est, à la date de la cession, principalement constitué directement ou indirectement de biens et droits mentionnés au 1° du e bis ;

2° D'actions de sociétés de placement à prépondérance immobilière à capital variable mentionnées au 3° nonies de l'article 208 dont l'actif est, à la date de la cession, principalement constitué directement ou indirectement de biens et droits mentionnés au 1° du e bis ;

3° De parts, d'actions ou d'autres droits dans des organismes, quelle qu'en soit la forme, présentant des caractéristiques similaires, ou soumis à une réglementation équivalente, à celles des sociétés mentionnées aux 1° ou 2°, dont le siège social est situé hors de France et dont l'actif est, à la date de la cession, principalement constitué directement ou indirectement de biens et droits mentionnés au 1° du e bis ;

4° De parts ou d'actions de sociétés, cotées sur un marché français ou étranger, dont l'actif est, à la clôture des trois exercices qui précèdent la cession, principalement constitué directement ou indirectement de biens et droits mentionnés au 1° du e bis. Si la société dont les parts ou actions sont cédées n'a pas encore clos son troisième exercice, la composition de l'actif est appréciée à la clôture du ou des seuls exercices clos ou, à défaut, à la date de la cession ;

5° De parts, d'actions ou d'autres droits dans des organismes, quelle qu'en soit la forme, non cotés sur un marché français ou étranger, autres que ceux mentionnés au 3° du e bis, dont l'actif est, à la clôture des trois exercices qui précèdent la cession, principalement constitué directement ou indirectement de biens et droits mentionnés au 1° du e bis. Si l'organisme dont les parts, actions ou droits sont cédés n'a pas encore clos son troisième exercice, la composition de l'actif est appréciée à la clôture du ou des seuls exercices clos ou, à défaut, à la date de la cession ;

f. Les gains nets mentionnés au I de l'article 150-0 A et résultant de la cession de droits sociaux ainsi que ceux mentionnés au 6 du II du même article retirés du rachat par une société émettrice de ses propres titres, lorsque les droits détenus directement ou indirectement par le cédant ou l'actionnaire ou l'associé dont les titres sont rachetés, sont émis par une société soumise à l'impôt sur les sociétés et ayant son siège en France ;

f bis. Les distributions mentionnées au 7 du II de l'article 150-0 A afférentes à des éléments d'actif situés en France, à l'exception de celles effectuées par des entités constituées sur le fondement d'un droit étranger ;

f ter. Les distributions mentionnées au 7 bis du même II prélevées sur des plus-values nettes de cession d'éléments d'actif situés en France, à l'exception des distributions de plus-values par des entités constituées sur le fondement d'un droit étranger ;

g. Les sommes, y compris les salaires, payées à compter du 1er janvier 1990, correspondant à des prestations artistiques ou sportives fournies ou utilisées en France.

II. Sont également considérés comme revenus de source française lorsque le débiteur des revenus a son domicile fiscal ou est établi en France :

a. Les pensions et rentes viagères ;

b. Les produits définis à l'article 92 et perçus par les inventeurs ou au titre de droits d'auteur, ceux perçus par les obtenteurs de nouvelles variétés végétales au sens des articles L 623-1 à L 623-35 du code de la propriété intellectuelle, ainsi que tous les produits tirés de la propriété industrielle ou commerciale et de droits assimilés ;

c. Les sommes payées en rémunération des prestations de toute nature fournies ou utilisées en France.

IRPP-VII-13250 s. ; MF nos 4320 s.

Art 164 D Les personnes physiques exerçant des activités en France ou y possédant des biens, sans y avoir leur domicile fiscal, ainsi que les personnes mentionnées au 2 de l'article 4 B, peuvent être invitées, par le service des impôts, à désigner dans un délai de quatre-vingt-dix jours à compter de la réception de cette demande, un représentant en France autorisé à recevoir les communications relatives à l'assiette, au recouvrement et au contentieux de l'impôt.

Toutefois, l'obligation de désigner un représentant fiscal ne s'applique ni aux personnes qui ont leur domicile fiscal dans un autre Etat membre de l'Union européenne ou dans un autre Etat partie à l'accord sur l'Espace économique européen ayant conclu avec la France une convention d'assistance administrative en vue de lutter contre la fraude et l'évasion fiscales ainsi qu'une convention d'assistance mutuelle en matière de recouvrement de l'impôt *(NDLR C'est-à-dire aux personnes fiscalement domiciliées en Norvège et en Islande)*, ni aux personnes mentionnées au 2 du même article 4 B qui exercent leurs fonctions ou sont chargées de mission dans l'un de ces Etats.

IRPP-VII-16030 s. ; MF nos 4480, 4685

Art 165 bis Nonobstant toute disposition contraire du présent code, sont passibles en France de l'impôt sur le revenu tous revenus dont l'imposition est attribuée à la France par une convention internationale relative aux doubles impositions.

IRPP-I-3400 ; MF no 510

III. Revenus de l'année de l'acquisition d'un domicile en France

Art 166 Lorsqu'un contribuable précédemment domicilié à l'étranger transfère son domicile en France, les revenus dont l'imposition est entraînée par l'établissement du domicile en France ne sont comptés que du jour de cet établissement.

IRPP-VII-30400 s. ; MF no 4735

IV. Modalités d'imposition des revenus en cas de transfert du domicile hors de France

Art 167 **1.** Le contribuable domicilié en France qui transfère son domicile à l'étranger est passible de l'impôt sur le revenu à raison des revenus dont il a disposé pendant l'année de son départ jusqu'à la date de celui-ci, des bénéfices industriels et commerciaux qu'il a réalisés depuis la fin du dernier exercice taxé, et de tous revenus qu'il a acquis sans en avoir la disposition antérieurement à son départ.

En ce qui concerne les revenus évalués forfaitairement il est fait état, s'il y a lieu, du montant du forfait fixé pour l'année précédente, ajusté à la durée de la période écoulée entre le 1er janvier et la date du départ.

1 bis. et 2. *(Abrogés).*

3. Les mêmes règles sont applicables dans le cas d'abandon de toute habitation en France.

IRPP-VII-30700 s. ; MF nº 4735

Art 167 bis **I. 1.** Les contribuables fiscalement domiciliés en France pendant au moins six des dix années précédant le transfert de leur domicile fiscal hors de France sont imposables lors de ce transfert au titre des plus-values latentes constatées sur les droits sociaux, valeurs, titres ou droits mentionnés au 1 du I de l'article 150-0 A détenus, directement ou indirectement, par les membres de leur foyer fiscal à la date de ce transfert lorsque ces mêmes droits sociaux, valeurs, titres ou droits représentent au moins 50 % des bénéfices sociaux d'une société ou lorsque la valeur globale desdits droits sociaux, valeurs, titres ou droits, déterminée dans les conditions prévues au premier alinéa du 2, excède 800 000 € à cette même date.

Les contribuables fiscalement domiciliés en France pendant au moins six années au cours des dix dernières années sont imposables lors du transfert de leur domicile fiscal hors de France sur la valeur des créances trouvant leur origine dans une clause de complément de prix mentionnée au 2 du I de l'article 150-0 A.

2. La plus-value constatée dans les conditions du premier alinéa du 1 du présent I est déterminée par différence entre la valeur des droits sociaux, valeurs, titres ou droits lors du transfert du domicile fiscal hors de France, déterminée selon les règles prévues à l'article 758 et au dernier alinéa du I de l'article 973, et leur prix d'acquisition par le contribuable ou, en cas d'acquisition à titre gratuit, leur valeur retenue pour la détermination des droits de mutation.

Lorsque les droits sociaux, valeurs, titres ou droits mentionnés au premier alinéa du 1 du présent I ont été reçus lors d'une opération d'échange bénéficiant du sursis d'imposition prévu à l'article 150-0 B avant le transfert de domicile fiscal du contribuable, la plus-value constatée est calculée à partir du prix ou de la valeur d'acquisition des titres remis à l'échange diminué du montant de la soulte reçue, qui n'a pas fait l'objet d'une imposition au titre de l'année de l'échange, ou majoré de la soulte versée lors de cet échange.

Les créances mentionnées au dernier alinéa du 1 du présent I sont évaluées à leur valeur réelle au moment du transfert du domicile fiscal hors de France de leur titulaire.

2 bis. La plus-value calculée dans les conditions prévues au premier alinéa du 2 est réduite, le cas échéant, de l'abattement mentionné aux 1 ter ou 1 quater de l'article 150-0 D, dans les conditions prévues aux 1 à 1 quinquies de ce même article.

Pour l'application du premier alinéa du présent 2 bis à l'abattement prévu aux 1 ter ou 1 quater de l'article 150-0 D, le transfert du domicile fiscal est assimilé à une cession à titre onéreux.

3. La plus-value calculée dans les conditions prévues au premier alinéa du 2 est réduite, le cas échéant, de l'abattement fixe mentionné au 1 du I de l'article 150-0 D ter, dans les conditions et suivant les modalités prévues à ce même article.

Pour l'application du premier alinéa du présent 3 à l'abattement fixe mentionné à l'article 150-0 D ter, le transfert du domicile fiscal est assimilé à une cession à titre onéreux si les conditions suivantes sont cumulativement remplies :

a. Le contribuable a fait valoir ses droits à la retraite avant le transfert de son domicile fiscal ;

b. Le contribuable domicilié fiscalement hors de France cède les titres mentionnés au premier alinéa du 1 dans les deux ans suivant son départ à la retraite.

Ndlr *La cession mentionnée ci-dessus peut intervenir au cours des trois années suivant la date à laquelle le contribuable fait valoir ses droits à la retraite lorsque cette date est comprise entre le 1er janvier 2019 et le 31 décembre 2021 (Loi 2021-1900 du 30 décembre 2021 art. 19, III).*

4. *(Abrogé).*

5. Les moins-values latentes calculées selon les modalités prévues au premier alinéa du 2 ne sont pas imputables sur les plus-values calculées selon les mêmes modalités ni sur d'autres plus-values, quelles que soient leurs modalités d'imposition.

II. Lorsqu'un contribuable transfère son domicile fiscal hors de France, les plus-values de cession ou d'échange de droits sociaux, valeurs, titres ou droits dont l'imposition a été reportée en application du II de l'article 92 B, de l'article 92 B decies et des I ter et II de l'article 160, dans leur rédaction en vigueur avant le 1er janvier 2000, de l'article 150-0 C, dans sa rédaction en vigueur avant le 1er janvier 2006 et, des articles 150-0 B bis, 150-0 B ter et 150-0 B quater sont également imposables lors de ce transfert.

II bis. 1. Sous réserve du 1 bis, l'impôt sur le revenu relatif aux plus-values et créances déterminées dans les conditions prévues aux I et II du présent article est établi dans les conditions prévues aux 1 ou 2 de l'article 200 A.

Lorsque l'impôt est établi dans les conditions prévues au 2 de l'article 200 A, celui-ci est égal à la différence entre, d'une part, le montant de l'impôt résultant de l'application de l'article 197 à l'ensemble des revenus de sources française et étrangère mentionnés au 1 de l'article 167 auxquels s'ajoutent les plus-values et créances imposables en vertu des I et II du présent article et, d'autre part, le montant de l'impôt établi dans les conditions prévues à l'article 197 pour les seuls revenus de sources française et étrangère mentionnés au 1 de l'article 167.

Le taux d'imposition des plus-values et créances mentionnées aux I et II du présent article et imposées dans les conditions du deuxième alinéa du présent 1 est égal au rapport entre, d'une part, l'impôt calculé dans les conditions du même deuxième alinéa et, d'autre part, la somme des plus-values et créances déterminées dans les conditions des I et II.

1 bis. Le taux d'imposition des plus-values mentionnées au II dont l'imposition a été reportée en application de l'article 150-0 B ter est déterminé dans les conditions prévues au 2 ter de l'article 200 A.

2. *(Abrogé).*

III. Pour l'application du présent article, le transfert hors de France du domicile fiscal d'un contribuable est réputé intervenir le jour précédant celui à compter duquel ce contribuable cesse d'être soumis en France à une obligation fiscale sur l'ensemble de ses revenus.

IV. Il est sursis au paiement de l'impôt afférent aux plus-values et créances constatées dans les conditions prévues au I du présent article et aux plus-values imposables en application du II, lorsque le contribuable transfère son domicile fiscal hors de France dans un Etat membre de l'Union européenne ou dans un autre Etat ou territoire ayant conclu avec la France une convention d'assistance administrative en vue de lutter contre la fraude et l'évasion fiscales ainsi qu'une convention d'assistance mutuelle en matière de recouvrement ayant une portée similaire à celle prévue par la directive 2010/24/ UE du Conseil du 16 mars 2010 concernant l'assistance mutuelle en matière de recouvrement des créances relatives aux taxes, impôts, droits et autres mesures, et qui n'est pas un Etat ou territoire non coopératif au sens de l'article 238-0 A.

V. Sur demande expresse du contribuable, il peut également être sursis au paiement de l'impôt afférent aux plus-values et créances constatées dans les conditions prévues au I et aux plus-values imposables en application du II lorsque le contribuable :

a. Transfère son domicile fiscal hors de France dans un Etat ou territoire autre que ceux mentionnés au IV ;

b. Après avoir transféré son domicile fiscal hors de France dans un Etat ou territoire mentionné au IV, le transfère à nouveau dans un Etat ou territoire autre que ceux mentionnés au même IV.

Dans les cas mentionnés aux a et b du présent V, le sursis de paiement est subordonné à la condition que le contribuable déclare le montant des plus-values et créances constatées dans les conditions du I ou imposables en application du II, désigne un représentant établi en France autorisé à recevoir les communications relatives à l'assiette, au recouvrement et au contentieux de l'impôt et constitue auprès du comptable public compétent, préalablement à son départ, des garanties propres à assurer le recouvrement de la créance du Trésor.

Le montant des garanties que le contribuable est tenu de constituer préalablement à son transfert de domicile fiscal hors de France pour bénéficier du sursis de paiement prévu au présent V est égal à 12,8 % du montant total des plus-values et créances mentionnées aux I et II, retenues pour leur montant brut sans qu'il soit fait application, le cas échéant, des abattements mentionnés aux 2 bis et 3 du I. Toutefois, le montant des garanties afférentes à l'impôt sur les plus-values mentionnées au 1 bis du II bis est déterminé par application du taux mentionné au même 1 bis à ces mêmes plus-values.

Dans le mois suivant la réception de l'avis d'imposition émis au titre de l'impôt afférent aux plus-values et créances mentionnées aux I et II, le contribuable constitue, le cas échéant, un complément de garanties pour assurer le recouvrement de l'impôt calculé dans les conditions du II bis à hauteur de la différence entre ce montant d'impôt et le montant de la garantie constituée préalablement au transfert du domicile fiscal hors de France.

Lorsque le montant d'impôt calculé dans les conditions du II bis est inférieur au montant des garanties constituées préalablement au transfert de domicile fiscal hors de France, le contribuable peut demander au comptable chargé du recouvrement la levée de ces garanties à hauteur de la différence entre le montant de ces garanties et le montant d'impôt précité.

2. *(Abrogé).*

VI. Les sursis de paiement prévus aux IV et V ont pour effet de suspendre la prescription de l'action en recouvrement jusqu'à la date de l'événement entraînant leur expiration. Ils sont assimilés au sursis de paiement mentionné à l'article L 277 du livre des procédures fiscales pour l'application des articles L 208 et L 279 du même livre.

VII. 1. Les sursis de paiement prévus aux IV et V expirent au moment où intervient l'un des événements suivants :

a. La cession, le rachat, le remboursement ou l'annulation des droits sociaux, valeurs, titres ou droits pour lesquels des plus-values ont été constatées dans les conditions du I ou dont l'acquisition, intervenue avant le transfert du domicile fiscal hors de France a ouvert droit au bénéfice des dispositions mentionnées au II de l'article 92 B, à l'article 92 B decies et aux I ter et II de l'article 160, dans leur rédaction en vigueur avant le 1er janvier 2000, et à l'article 150-0 C, dans sa rédaction en vigueur avant le 1er janvier 2006, à l'exception des cessions auxquelles les reports d'imposition prévus à l'article 150-0 B ter s'appliquent. La cession s'entend des transmissions à titre onéreux, à l'exception des opérations d'échange ou d'apport intervenues après le transfert du domicile fiscal hors de France, entrant dans le champ d'application des articles 150-0 B ou 150-0 B ter et portant sur des droits sociaux, valeurs, titres ou droits pour lesquels des plus-values ont été constatées dans les conditions du I du présent article ;

b. La donation de :

1° Droits sociaux, valeurs, titres ou droits pour lesquels des plus-values ont été constatées dans les conditions du I lorsque le donateur est fiscalement domicilié dans un Etat ou territoire autre que ceux mentionnés au IV, sauf s'il démontre que la donation n'est pas faite avec pour motif principal d'éluder l'impôt établi dans les conditions du II bis ;

2° Titres pour lesquels des plus-values de cession ou d'échange ont été reportées en application de l'article 92 B decies, du dernier alinéa du 1 du I ter et du II de l'article 160, dans leur rédaction en vigueur avant le 1er janvier 2000, de l'article 150-0 C, dans sa rédaction en vigueur avant le 1er janvier 2006, ou de l'article 150-0 B bis ;

c. Le décès du contribuable, pour l'impôt calculé en application du II bis afférent aux plus-values mentionnées à l'article 92 B decies, au dernier alinéa du 1 du I ter et au II de l'article 160, dans leur rédaction en vigueur avant le 1er janvier 2000, à l'article 150-0 C, dans sa rédaction en vigueur avant le 1er janvier 2006, ou à l'article 150-0 B bis ;

d. La perception d'un complément de prix, ainsi que, pour les créances mentionnées au second alinéa du 1 du I, l'apport de la créance, sa cession à titre onéreux ou sa donation lorsque le donateur est fiscalement domicilié dans un Etat ou territoire autre que ceux mentionnés au IV, sauf s'il démontre que la donation n'est pas faite avec pour motif principal d'éluder l'impôt établi dans les conditions du II bis ;

d bis. *(Abrogé)* ;

e. *(Abrogé)* ;

f. La cession à titre onéreux, le rachat, le remboursement ou l'annulation des titres ou droits reçus en rémunération de l'apport ou des titres ou droits apportés ou des parts ou droits dans les sociétés ou groupements interposés conformément à l'article 150-0 B ter, pour l'impôt afférent aux plus-values de cession reportées en application du même article.

1 bis. Pour l'impôt afférent aux plus-values constatées dans les conditions du I, les droits sociaux, valeurs, titres ou droits mentionnés aux a et b du 1 s'entendent :

1° De ceux mentionnés au premier alinéa du 1 du I ;

2° De ceux reçus lors d'une opération d'échange ou d'apport entrant dans le champ d'application de l'article 150-0 B intervenue après le transfert du domicile fiscal hors de France ;

3° De ceux mentionnés aux 1°, 2° et 3° du I de l'article 150-0 B ter lorsque les titres sur lesquels une plus-value a été constatée dans les conditions du I du présent article lors du transfert du domicile fiscal hors de France ont fait l'objet, après ce transfert, d'une opération d'apport entrant dans le champ d'application de l'article 150-0 B ter.

2. A l'expiration d'un délai de deux ans suivant le transfert de domicile fiscal hors de France ou lorsque le contribuable transfère de nouveau son domicile fiscal en France si cet événement est antérieur, l'impôt calculé dans les conditions du II bis afférent aux plus-values latentes mentionnées au premier alinéa du 1 du I est dégrevé d'office, ou restitué s'il avait fait l'objet d'un paiement immédiat lors du transfert de domicile fiscal hors de France, lorsque les titres mentionnés au même alinéa ou les titres reçus lors d'une opération d'échange entrant dans le champ d'application de l'article 150-0 B intervenue après le transfert de domicile fiscal hors de France demeurent, à cette date, dans le patrimoine du contribuable. Par dérogation, ce délai est porté à cinq ans lorsque la valeur globale définie au premier alinéa du 1 du I du présent article excède 2,57 millions d'euros à la date du transfert du domicile fiscal hors de France du contribuable.

L'impôt calculé dans les conditions du II bis afférent aux plus-values latentes mentionnées au premier alinéa du 1 du I est également dégrevé, ou restitué s'il avait fait l'objet d'un paiement immédiat lors du transfert de domicile fiscal hors de France, en cas de décès du contribuable ou, pour sa fraction se rapportant aux droits sociaux, valeurs, titres ou droits donnés, en cas de donation des titres mentionnés au même alinéa ou des titres reçus lors d'une opération d'échange entrant dans le champ d'application de l'article 150-0 B intervenue après le transfert de domicile fiscal hors de France, lorsque le donateur est fiscalement domicilié dans un Etat ou territoire mentionné au IV ou, s'il est fiscalement domicilié dans un autre Etat ou territoire, à la condition qu'il démontre que la donation n'est pas faite avec pour motif principal d'éluder l'impôt établi dans les conditions du II bis.

L'impôt calculé dans les conditions du même II bis afférent aux plus-values mentionnées au premier alinéa du 1 du I est également dégrevé, pour sa fraction se rapportant aux droits sociaux, valeurs, titres ou droits mentionnés au même alinéa faisant l'objet d'une cession ou d'un rachat entrant dans le champ d'application du III de l'article 150-0 A, à la condition que le contribuable soit fiscalement domicilié dans un Etat ou territoire mentionné au IV du présent article à la date de cette cession ou de ce rachat.

3. Lorsque le contribuable transfère de nouveau son domicile fiscal en France et que les titres auxquels se rapporte la plus-value imposable dans les conditions prévues au II figurent dans son patrimoine, il est, pour l'impôt afférent à ces titres, replacé dans la même situation fiscale que s'il n'avait jamais quitté le territoire français.

Lorsque le contribuable transmet à titre gratuit, alors qu'il est domicilié hors de France, des titres dont l'acquisition a ouvert droit au bénéfice des dispositions du II de l'article 92 B ou de celles du premier alinéa du 1 ou du 4 du I ter de l'article 160, dans leur rédaction en vigueur avant le 1er janvier 2000, ou de l'article 150-0 B ter, la fraction de l'impôt établi dans les conditions du II bis du présent article se rapportant aux titres ainsi transmis est dégrevée ou, si elle avait fait l'objet d'un paiement immédiat lors du transfert du domicile fiscal hors de France, restituée.

4. L'impôt calculé en application du II bis se rapportant aux créances mentionnées au dernier alinéa du 1 du I est dégrevé, ou restitué s'il avait fait l'objet d'un paiement immédiat lors du transfert du domicile fiscal hors de France, en cas de rétablissement du domicile fiscal en France ou, lorsque le contribuable est encore fiscalement domicilié à l'étranger, lors de son décès ou de la donation des créances lorsque le donateur est fiscalement domicilié dans un Etat ou territoire mentionné au IV ou, s'il est fiscalement domicilié dans un autre Etat ou territoire, à la condition que le donateur démontre que cette dernière opération n'est pas faite avec pour motif principal d'éluder l'impôt établi dans les conditions du II bis. L'impôt est dégrevé ou restitué pour la fraction se rapportant à la créance encore dans le patrimoine du contribuable au jour du rétablissement du domicile fiscal en France ou du décès ou pour la fraction se rapportant à la créance ayant fait l'objet d'une donation, déduction faite des éventuels compléments de prix perçus entre la date du transfert du domicile fiscal hors de France et celle du rétablissement du domicile fiscal en France, du décès ou de la donation.

VIII. 1. Si, à la survenance de l'un des événements mentionnés aux a et b du 1 du VII, le montant de la plus-value de cession ou, en cas d'acquisition à titre gratuit, l'accroissement de valeur des titres depuis leur entrée dans le patrimoine du contribuable est inférieur au montant de plus-value déterminé dans les conditions du I, l'impôt calculé en application du II bis afférent à la plus-value latente constatée conformément au I sur les titres concernés par l'un des événements précités est retenu dans la limite de son montant recalculé sur la base de la différence entre le prix, en cas de cession ou de rachat, ou la valeur, dans les autres cas, des titres concernés à la date de l'événement mentionné aux a ou b du 1 du VII, d'une part, et leur prix ou valeur d'acquisition retenu pour l'application du 2 du I, diminué, le cas échéant, de la soulte reçue ou majoré de la soulte versée lors de l'opération d'échange ou d'apport répondant aux conditions d'application des articles 150-0 B ou 150-0 B ter intervenue après le transfert de domicile fiscal hors de France, d'autre part.

Le surplus d'impôt est dégrevé d'office ou restitué s'il avait fait l'objet d'un paiement immédiat lors du transfert de domicile fiscal hors de France. Dans ce cas, le contribuable fournit, à l'appui de la déclaration mentionnée au premier alinéa du 3 du IX, les éléments de calcul retenus.

2. Si, à la survenance de l'un des événements mentionnés aux a et b du 1 du VII, le contribuable réalise une perte ou constate que les titres ont une valeur moindre que leur valeur d'entrée dans son patrimoine, l'impôt calculé en application du II bis afférent à la plus-value latente constatée conformément au I sur les titres concernés par l'un des événements précités est dégrevé, ou restitué s'il avait fait l'objet d'un paiement immédiat lors du transfert de domicile fiscal hors de France.

3. Si, lors de la survenance de la cession à titre onéreux des titres, l'abattement prévu aux 1 ter ou 1 quater de l'article 150-0 D ou à l'article 150-0 D ter est supérieur à l'abattement appliqué conformément, selon le cas, au 2 bis ou au 3 du I du présent article, l'impôt calculé en application du II bis afférent à la plus-value latente constatée conformément au I sur les titres concernés par ladite cession est retenu dans la limite de son montant assis sur l'assiette réduite de ce nouvel abattement.

4. Si, lors de la survenance de l'un des événements prévus au a du 1 du VII du présent article, le contribuable réalise une plus-value imposée en France conformément aux dispositions des articles 244 bis A ou 244 bis B, l'impôt calculé dans les conditions du II bis afférent à la plus-value latente constatée conformément au I sur les titres concernés par l'un des événements précités est dégrevé ou restitué s'il avait fait l'objet d'un paiement l'année suivant le transfert de domicile fiscal hors de France.

4 bis. La moins-value réalisée par un contribuable fiscalement domicilié dans un Etat ou territoire mentionné au IV lors de l'un des événements mentionnés au a du 1 du VII et relative à des titres pour lesquels une plus-value avait été constatée conformément au I lors du transfert de son domicile fiscal hors de France est imputable, dans les conditions prévues au 11 de l'article 150-0 D :

a. Sur les plus-values réalisées par ce même contribuable lors de la survenance de l'un des événements mentionnés au a du 1 du VII et relatives à des titres pour lesquels une plus-value avait été constatée conformément au I lors du transfert de son domicile fiscal hors de France ;

b. Sur les plus-values imposables en application de l'article 244 bis B ;

c. Lorsque le contribuable transfère de nouveau son domicile fiscal en France, sur les plus-values imposables conformément à l'article 150-0 A.

La moins-value de cession ou de rachat de droits sociaux, valeurs, titres ou droits déterminée conformément aux articles 150-0 A ou 244 bis B, est imputable, dans les conditions prévues au 11 de l'article 150-0 D, sur les plus-values mentionnées au a du présent 4 bis.

5. L'impôt éventuellement acquitté par le contribuable dans son Etat ou territoire de résidence dans les cas prévus au a du 1 du VII est imputable, dans la limite de l'impôt définitif dû en France :

a. Sur les prélèvements prévus à l'article L 136-6 du code de la sécurité sociale et à l'article 15 de l'ordonnance n° 96-50 du 24 janvier 1996 relative au remboursement de la dette sociale puis sur le prélèvement prévu au 1° du I de l'article 235 ter afférents à la plus-value calculée en application du premier alinéa du 2 du I et des 1 et 4 bis, à proportion du rapport entre, d'une part, cette même plus-value et, d'autre part, l'assiette de l'impôt acquitté hors de France ;

b. Puis, pour le reliquat, sur l'impôt sur le revenu afférent à la plus-value calculée en application des 2 à 3 du I et des 1, 3 et 4 bis, à proportion du rapport entre, d'une part, cette même plus-value et, d'autre part, l'assiette de l'impôt acquitté hors de France.

VIII bis. 1. *(Abrogé).*

2. Lors de la survenance de chaque événement prévu au VII, le montant d'impôt sur le revenu dû, à dégrever ou à restituer, est calculé en appliquant à la plus-value ou créance définitive concernée par ledit événement le taux d'imposition défini au II bis.

Cependant, sur demande expresse du contribuable, lorsque le montant d'impôt sur le revenu a été déterminé dans les conditions prévues au deuxième alinéa du 1 du II bis, l'impôt dû, à dégrever ou à restituer, peut être calculé en appliquant le même deuxième alinéa du 1 du II bis à l'ensemble des plus-values et créances définitives puis en retenant le montant d'impôt ainsi calculé correspondant à la seule plus-value ou créance concernée par l'événement mentionné au VII.

Cette option, qui doit être exercée lors de la survenance du premier événement prévu au VII affectant une plus-value ou une créance mentionnée aux I ou II, est irrévocable et s'applique à l'ensemble des plus-values et créances déterminées dans les conditions prévues à ces mêmes I et II.

Le surplus d'impôt sur le revenu est dégrevé ou restitué. Dans ce cas, le contribuable fournit, à l'appui de la déclaration mentionnée au 3 du IX, les éléments de calcul retenus.

IX. 1. Le contribuable qui transfère son domicile fiscal hors de France est tenu de déclarer les plus-values et les créances imposables en application des I et II sur la déclaration mentionnée au 1 de l'article 170 l'année suivant celle du transfert dans le délai prévu à l'article 175.

2. Lorsqu'il bénéficie du sursis de paiement au titre d'une créance mentionnée au second alinéa du 1 du I ou d'une plus-value imposable en application du II, il déclare chaque année sur la déclaration mentionnée au 1 du présent IX le montant cumulé des impôts en sursis de paiement à ce titre et indique sur un formulaire établi par l'administration, joint en annexe, le montant des plus-values et des créances constatées conformément au second alinéa du 1 du I et au II et l'impôt afférent aux plus-values et aux créances pour lesquelles le sursis de paiement n'est pas expiré.

Lorsque le contribuable qui bénéficie du sursis de paiement au titre d'une créance mentionnée au second alinéa du 1 du I ou d'une plus-value imposable en application du II bénéficie par ailleurs de ce sursis au titre d'une plus-value mentionnée au premier alinéa du 1 du I, il déclare sur la déclaration mentionnée au premier alinéa du présent IX le montant cumulé des impôts en sursis de paiement au titre de l'ensemble de ces plus-values et créances et indique sur le formulaire mentionné au même premier alinéa le montant des plus-values et créances constatées conformément au I et au II et l'impôt afférent aux plus-values et créances pour lesquelles le sursis de paiement n'est pas expiré.

3. Dans le délai prévu à l'article 175, il déclare, l'année suivant celle de l'expiration du sursis de paiement, sur le même formulaire joint à la déclaration prévue au 1 de l'article 170, la nature et la date de l'événement entraînant l'expiration du sursis de paiement ainsi que le montant de l'impôt exigible afférent aux plus-values et aux créances constatées dans les conditions du I du présent article et modifiées, le cas échéant, dans les conditions du VIII, ou imposables en application du II. Il fournit, à l'appui de cette déclaration, les éléments de calcul retenus. L'impôt définitif est acquitté au moment du dépôt de ce formulaire.

Lorsque le contribuable n'a pas bénéficié d'un sursis de paiement en application des IV et V, il demande, dans le délai prévu à l'article 175, l'année suivant la survenance de l'un des événements prévus aux a et b du 1 du VII et lorsqu'il se trouve dans l'un des cas prévus au VIII, la restitution de l'impôt calculé en application du II bis et acquitté l'année suivant son transfert de domicile fiscal hors de France afférent à la plus-value latente constatée sur les titres et créances concernés par l'un des événements précités.

L'année suivant la survenance de l'un des événements prévus aux 2 à 4 du VII et dans le délai prévu à l'article 175, le contribuable déclare la nature ainsi que la date de ces événements et demande le dégrèvement ou la restitution de l'impôt calculé en application du II bis afférent aux plus-values constatées sur les titres et créances concernés par l'un de ces événements.

4. Le défaut de production de la déclaration et du formulaire mentionnés aux 1 et 2 ainsi qu'au dernier alinéa du 3 du présent IX ou l'omission de tout ou partie des renseignements qui doivent y figurer entraîne l'exigibilité immédiate de l'impôt en sursis de paiement.

Ndlr *Lorsque l'événement mentionné au dernier alinéa du IX-3 du présent article est survenu avant le 1er janvier 2024, le présent 4 est applicable à défaut de production de la déclaration dans le délai imparti à l'article 175 du CGI pour déclarer les éléments nécessaires au calcul de l'impôt dû en 2024 sur les revenus de l'année 2023 (Loi 2023-1322 du 29 décembre 2023 art. 11, III).*

5. Dans les deux mois suivant chaque transfert de domicile fiscal, les contribuables sont tenus d'informer l'administration fiscale de l'adresse du nouveau domicile fiscal.

X. Un décret fixe les conditions d'application du présent article, notamment les obligations déclaratives des contribuables *(Voir Annexe III, art. 41 tervicies à 41 tervicies L et LPF, art. R 277-8).*

RM-VI-40500 s. ; MF nos 33360 s.

V. Evaluation forfaitaire minimale du revenu imposable d'après certains éléments du train de vie

Art 168 **1.** En cas de disproportion marquée entre le train de vie d'un contribuable et ses revenus, la base d'imposition à l'impôt sur le revenu est portée à une somme forfaitaire déterminée en appliquant à certains éléments de ce train de vie le barème ci-après, lorsque cette somme est supérieure ou égale à 52 867 € *(NDLR Limite applicable pour l'imposition des revenus de 2023)*; cette limite est relevée chaque année dans la même proportion que la limite supérieure de la première tranche du barème de l'impôt sur le revenu *(NDLR Sauf revalorisation différente expressément prévue par la loi)* :

ELEMENTS DU TRAIN DE VIE	BASE
1. Valeur locative cadastrale de la résidence principale, déduction faite de celle s'appliquant aux locaux ayant un caractère professionnel.	Cinq fois la valeur locative cadastrale
2. Valeur locative cadastrale des résidences secondaires, déduction faite de celle s'appliquant aux locaux ayant un caractère professionnel.	Cinq fois la valeur locative cadastrale
3. Employés de maison, précepteurs, préceptrices, gouvernantes :	
- pour la première personne âgée de moins de 60 ans	4 600 €
- pour chacune des autres personnes	5 700 €
La base ainsi déterminée est réduite de moitié en ce qui concerne les personnes employées principalement pour l'exercice d'une profession. Il n'est pas tenu compte du premier employé de maison. Il est fait abstraction du second employé de maison lorsque le nombre des personnes âgées de 65 ans ou infirmes vivant sous le même toit est de quatre au moins.	

ELEMENTS DU TRAIN DE VIE	BASE
4. Voitures automobiles destinées au transport des personnes Toutefois, la base ainsi déterminée est réduite de moitié en ce qui concerne les voitures appartenant aux pensionnés de guerre bénéficiaires du statut des grands invalides, ainsi qu'aux aveugles et grands infirmes civils titulaires de la carte « mobilité inclusion » portant la mention « invalidité » prévue à l'article L 241-3 du code de l'action sociale et des familles. Elle est également réduite de moitié pour les voitures qui sont affectées principalement à un usage professionnel. Cette réduction est limitée à un seul véhicule.	La valeur de la voiture neuve avec abattement de 50 % après trois ans d'usage.
5. Motocyclettes de plus de 450 cm^3.	La valeur de la motocyclette neuve avec abattement de 50 % après trois ans d'usage.
6. Yachts ou bateaux de plaisance à voiles avec ou sans moteur auxiliaire jaugeant au moins 3 tonneaux de jauge internationale :	
- pour les trois premiers tonneaux	1 140 €
- pour chaque tonneau supplémentaire :	
- de 4 à 10 tonneaux	340 €
- de 10 à 25 tonneaux	460 €
- au-dessus de 25 tonneaux	910 €
Ce barème est quintuplé pour les bateaux de plaisance battant pavillon d'un pays ou territoire qui n'a pas conclu avec la France de convention d'assistance administrative en vue de lutter contre la fraude et l'évasion fiscales. Le nombre de tonneaux à prendre en considération est égal au nombre de tonneaux correspondant à la jauge brute sous déduction, le cas échéant, d'un abattement pour vétusté égal à 25 %, 50 % ou 75 % suivant que la construction du yacht ou du bateau de plaisance a été achevée depuis plus de cinq ans, plus de quinze ans ou plus de vingt-cinq ans. Le tonnage ainsi obtenu est arrondi, s'il y a lieu, à l'unité immédiatement inférieure.	
7. Bateaux de plaisance à moteur fixe ou hors-bord d'une puissance réelle d'au moins 20 CV :	
- pour les vingt premiers chevaux	910 €
- par cheval-vapeur supplémentaire.	69 €
Toutefois, la puissance n'est comptée que pour 75 %, 50 % ou 25 %, en ce qui concerne les bateaux construits respectivement depuis plus de cinq ans, quinze ans et vingt-cinq ans. Ce barème est quintuplé pour les bateaux de plaisance battant pavillon d'un pays ou territoire qui n'a pas conclu avec la France de convention d'assistance administrative en vue de lutter contre la fraude et l'évasion fiscales.	
8. Avions de tourisme : par cheval-vapeur de la puissance réelle de chaque avion.	69 €
9. Chevaux de course âgés au moins de deux ans au sens de la réglementation concernant les courses :	
- par cheval de pur sang	4 600 €
- par cheval autre que de pur sang et par trotteur	2 700 €
10. Chevaux de selle : par cheval âgé au moins de deux ans à compter du second cheval.	1 370 €
11. Location de droits de chasse et participation dans les sociétés de chasse.	Deux fois le montant des loyers payés ou des participations versées lorsqu'il dépasse 4 600 €.
12. Clubs de golf : participation dans les clubs de golf et abonnements payés en vue de disposer de leurs installations.	Deux fois le montant des sommes versées lorsqu'il dépasse 4 600 €.

Les éléments dont il est fait état pour la détermination de la base d'imposition sont ceux dont ont disposé, pendant l'année de l'imposition, les membres du foyer fiscal désignés aux 1 et 3 de l'article 6.

Pour les éléments dont disposent conjointement plusieurs personnes, la base est fixée proportionnellement aux droits de chacune d'entre elles.

Les revenus visés au présent article sont ceux qui résultent de la déclaration du contribuable et, en cas d'absence de déclaration, ils sont comptés pour zéro.

2. *(Abrogé).*

2 bis. La disproportion marquée entre le train de vie d'un contribuable et ses revenus est établie lorsque la somme forfaitaire qui résulte de l'application du barème prévu au 1 excède d'au moins un tiers, pour l'année de l'imposition, le montant du revenu net global déclaré y compris les revenus exonérés ou taxés selon un taux proportionnel ou libérés de l'impôt par l'application d'un prélèvement.

3. Le contribuable peut apporter la preuve que ses revenus ou l'utilisation de son capital ou les emprunts qu'il a contractés lui ont permis d'assurer son train de vie.

IRPP-VII-3000 s. ; MF nos 4220 s.

SECTION III

Déclarations des contribuables

Art 170 **1.** En vue de l'établissement de l'impôt sur le revenu, toute personne imposable audit impôt est tenue de souscrire et de faire parvenir à l'administration une déclaration détaillée de ses revenus et bénéfices, de ses charges de famille et des autres éléments nécessaires au calcul de l'impôt sur le revenu, dont notamment ceux qui servent à la détermination du plafonnement des avantages fiscaux prévu à l'article 200-0 A *(Voir Annexe III, art. 46-0 B ter)*, et du prélèvement prévu à l'article 204 A.

Lorsque le contribuable n'est pas imposable à raison de l'ensemble de ses revenus ou bénéfices, la déclaration est limitée à l'indication de ceux de ces revenus ou bénéfices qui sont soumis à l'impôt sur le revenu.

Dans tous les cas, la déclaration prévue au premier alinéa doit mentionner également le montant des plus-values en report d'imposition en application de l'article 150-0 B ter et le montant des plus-values exonérées en application du 1° bis du II de l'article 150 U, ainsi que les éléments nécessaires au calcul du revenu fiscal de référence tel que défini au 1° du IV de l'article 1417.

1 bis. Les époux doivent conjointement signer la déclaration d'ensemble des revenus de leur foyer.

2. Les personnes, sociétés, ou autres collectivités ayant leur domicile, leur domicile fiscal ou leur siège en France qui se font envoyer de l'étranger ou encaissent à l'étranger soit directement, soit par un intermédiaire quelconque, des produits visés à l'article 120 sont tenues, en vue de l'établissement de l'impôt sur le revenu, de comprendre ces revenus dans la déclaration prévue au 1.

3. Lorsque la déclaration du contribuable doit seulement comporter l'indication du montant des éléments du revenu global et des charges ouvrant droit à la réduction d'impôt prévue par l'article 199 septies, l'administration calcule le revenu imposable compte tenu des déductions et charges du revenu auxquelles le contribuable a légalement droit ainsi que les réductions d'impôt.

Les avis d'imposition correspondants devront comporter le décompte détaillé du revenu imposable faisant apparaître notamment le montant des revenus catégoriels, celui des déductions pratiquées ou des charges retranchées du revenu global. Ils doivent également faire apparaître le montant des charges ouvrant droit à réduction d'impôt et le montant de cette réduction.

L'avis d'imposition mentionne le taux d'imposition moyen du contribuable au titre de l'article 204 H ainsi que son taux d'imposition marginal.

Pour l'application des dispositions du présent code, le revenu déclaré s'entend du revenu imposable calculé comme il est indiqué au premier alinéa.

4. Le contribuable est tenu de déclarer les éléments du revenu global qui, en vertu d'une disposition du présent code ou d'une convention internationale relative aux doubles impositions ou d'un autre accord international, sont exonérés mais qui doivent être pris en compte pour le calcul de l'impôt applicable aux autres éléments du revenu global.

IRPP-V-1510 s. ; MF n° 3670

Art 170 bis Sont assujetties à la déclaration prévue au 1 de l'article 170, quel que soit le montant de leur revenu :

1° Les personnes qui possèdent un avion de tourisme ou un véhicule de tourisme au sens de l'article L 421-2 du code des impositions sur les biens et services destiné exclusivement au transport des personnes ou un yacht ou bateau de plaisance ou un ou plusieurs chevaux de course ;

2° Les personnes qui emploient un employé de maison ;

3° Les personnes qui ont à leur disposition une ou plusieurs résidences secondaires, permanentes ou temporaires, en France ou hors de France ;

4° Les personnes dont la résidence principale présente une valeur locative ayant excédé, au cours de l'année de l'imposition, 150 € à Paris et dans les communes situées dans un rayon de 30 kilomètres de Paris, 114 € dans les autres localités.

IRPP-V-1560 s. ; MF n° 3670

Art 170 ter **I.** Le contribuable assujetti à l'obligation de dépôt d'une déclaration annuelle de revenus dans les conditions prévues au 1 de l'article 170 et qui sollicite le bénéfice de déductions du revenu global, de réductions ou de crédits d'impôts, dont la liste est fixée par décret en Conseil d'Etat *(Voir Annexe II, art. 95 ZN)*, peut remettre les pièces justificatives des charges correspondantes à une personne exerçant la mission de tiers de confiance.

La mission du tiers de confiance consiste exclusivement, sur la base d'un contrat conclu avec le contribuable, à :

1° réceptionner les pièces justificatives déposées et présentées par le contribuable à l'appui de chacune des déductions du revenu global, réductions ou crédits d'impôts mentionnés au premier alinéa ;

2° établir la liste de ces pièces, ainsi que les montants y figurant ;

3° attester l'exécution de ces opérations ;

4° assurer la conservation de ces pièces jusqu'à l'extinction du délai de reprise de l'administration ;

5° les transmettre à l'administration sur sa demande.

Le recours à un tiers de confiance ne dispense pas le contribuable de conserver un exemplaire des pièces justificatives afin de répondre, le cas échéant, aux demandes de l'administration.

II. La mission de tiers de confiance est réservée aux personnes membres des professions réglementées d'avocat, de notaire et de l'expertise comptable.

III. Les modalités de contrôle du contribuable par l'administration ne sont pas modifiées par le présent article.

IV. Les autorités ordinales des professions mentionnées au II concluent avec l'administration une convention nationale pour la mise en œuvre de ce dispositif. Cette convention s'applique tant qu'elle n'est pas dénoncée par l'une des parties signataires.

Pour la réalisation de la mission mentionnée au I, le tiers de confiance conclut avec l'administration, pour une durée de trois ans, une convention individuelle. Cette convention peut être dénoncée par l'une des parties signataires.

Dans cette convention, le tiers de confiance s'engage notamment à télétransmettre aux services fiscaux, conformément aux dispositions de l'article 1649 quater B ter, les déclarations annuelles des revenus de ses clients ayant donné leur accord à cet effet dans le contrat visé au I.

V. En cas de manquement constaté aux obligations contenues dans la convention individuelle mentionnée au IV, l'administration résilie cette dernière et retire au professionnel la faculté d'exercer la mission de tiers de confiance. Ce dernier en informe ses clients concernés dans le délai de trois mois qui suit la résiliation de la convention.

VI. Les conditions d'application du présent article sont précisées par décret en Conseil d'Etat *(NDLR Voir Annexe II, art. 95 ZA à 95 ZN)*.

IRPP-V-2800 s ; MF n° 3675

Art 171 Est réputé avoir souscrit la déclaration prévue au 1 de l'article 170 le contribuable à la disposition duquel l'administration a mis, au plus tard un mois avant la date mentionnée au premier alinéa de l'article 175, éventuellement prorogée selon les modalités prévues au même premier alinéa, un document spécifique comprenant les éléments mentionnés à l'article 170 dont elle a connaissance et qui n'y a apporté aucun complément ou rectification avant cette même date.

Un décret précise les cas dans lesquels, au regard des éléments dont l'administration dispose et de ceux utilisés pour l'établissement de l'impôt de l'année précédente du contribuable concerné, elle ne peut pas mettre à la disposition de celui-ci le document mentionné au premier alinéa du présent article *(NDLR Voir Annexe III, art. 46-0 A)*.

IRPP-V-3010 s. ; MF n°s 3672 s.

Art 172 **1.** En vue du contrôle des bénéfices servant de base à l'impôt sur le revenu, les contribuables réalisant des bénéfices industriels, commerciaux ou artisanaux, des bénéfices non commerciaux ou assimilés ou des bénéfices agricoles soumis au régime du bénéfice réel doivent, en outre, faire parvenir à l'administration les déclarations et renseignements prévus aux articles 53 A, 97 ou à l'article 38 sexdecies Q de l'Annexe III au présent code.

IRPP-V-3700 ; MF nos 10965 s., 16050 s.

2. *(Abrogé)*.

3. Les déclarations mentionnées au 1 sont souscrites par celui des époux qui exerce personnellement l'activité.

IRPP-I-5470 ; MF n° 335 précision c

Art 172 bis Un décret précise la nature et la teneur des documents qui doivent être produits ou présentés à l'administration par les sociétés immobilières non soumises à l'impôt sur les sociétés qui donnent leurs immeubles en location ou en confèrent la jouissance à leurs associés *(Voir Annexe III, art. 46 B à 46 D).*

Les dispositions qui précèdent ne sont pas applicables aux sociétés immobilières de copropriété visées à l'article 1655 ter.

IMMO-IV-5700 s. ; MF n°s 30735 s.

Art 173 1. Le contenu et la présentation des déclarations sont précisés par un décret *(Voir Annexe III, art. 42 à 46).*

IRPP-V-3000 s.

Les noms et adresses des bénéficiaires d'arrérages dont le contribuable demande la déduction doivent être obligatoirement déclarés avec l'indication des sommes versées à chacun des intéressés.

2. Les déclarations prévues à l'article 170 mentionnent séparément le montant des revenus, de quelque nature qu'ils soient, encaissés directement ou indirectement, d'une part, à Saint-Pierre-et-Miquelon, en Nouvelle-Calédonie, en Polynésie française, dans les îles Wallis-et-Futuna et dans les Terres australes et antarctiques françaises et, d'autre part, à l'étranger. A défaut, le contribuable est réputé les avoir omis et il est tenu de verser le supplément d'impôt correspondant.

IRPP-V-2060 s.
MF n°s 3670 s.

Art 174 Pour qu'il puisse être tenu compte de leurs charges de famille, les contribuables doivent faire parvenir à l'administration une déclaration indiquant les nom, prénoms, date et lieu de naissance de chacun des enfants et des personnes à leur charge.

Les déclarations sont valables tant que leurs indications n'ont pas cessé d'être exactes ; dans le cas contraire, elles doivent être renouvelées.

IRPP-V-1930 s. ; MF n°s 3670 s.

Art 175 Les déclarations doivent parvenir à l'administration au plus tard le deuxième jour ouvré suivant le 1er avril. Ce délai peut être prorogé chaque année selon un calendrier et des modalités fixés par l'administration et publiés sur son site internet, sans que la date limite de dépôt qui en résulte ne puisse être postérieure au 1er juillet. Dans la limite de cette dernière date *(Voir Annexe III, art. 344 I-0 bis)*, des prorogations particulières de délai peuvent être prévues pour les déclarations souscrites par voie électronique en application de l'article 1649 quater B ter ou pour des contribuables soumis à des modalités déclaratives particulières.

La déclaration des sommes versées ou distribuées dans les conditions mentionnées à l'article 1759 est faite en même temps que celle relative à l'impôt sur les sociétés prévu au chapitre II du présent titre.

IRPP-V-3800 s. ;
MF n°s 3685, 10975, 13495, 16055

Art 175 A Le service des impôts peut rectifier les déclarations en se conformant à la procédure prévue à l'article L 55 du livre des procédures fiscales.

CF-I-60 s. ; MF n° 3715

SECTION V

Calcul de l'impôt

I. Retenue à la source de l'impôt sur le revenu

Art 182 A I. A l'exception des salaires entrant dans le champ d'application de l'article 182 A bis, les traitements, salaires, pensions et rentes viagères, de source française, servis à des personnes qui ne sont pas fiscalement domiciliées en France donnent lieu à l'application d'une retenue à la source.

II. La base de cette retenue est constituée par le montant net des sommes versées, déterminé conformément aux règles applicables en matière d'impôt sur le revenu, à l'exclusion de celles qui prévoient la déduction des frais professionnels réels.

III. La retenue est calculée, selon un tarif correspondant à une durée d'un an, en appliquant à la fraction des sommes soumises à retenue qui excède 16 820 € le taux de :

a. 12 % pour la fraction supérieure à 16 820 € et inférieure ou égale à 48 790 € ;

b. 20 % pour la fraction supérieure à 48 790 €.

Ndlr *Barème applicable pour les revenus de l'année 2024.*

Les taux de 12 % et 20 % mentionnés aux a et b du présent III sont ramenés, respectivement, à 8 % et 14,4 % dans les départements d'outre-mer.

Lorsque les sommes soumises à retenue sont payées par trimestre, au mois, à la semaine ou à la journée, les limites des tranches du tarif annuel prévu au présent III sont divisées respectivement par 4, par 12, par 52 ou par 312.

IV. Chacune des limites des tranches du tarif prévu au III est révisée chaque année dans la même proportion que la limite supérieure de la première tranche du barème de l'impôt sur le revenu. Les montants obtenus sont arrondis à l'euro le plus proche ; la fraction d'euro égale à 0,5 est comptée pour 1.

V. La retenue s'impute sur le montant de l'impôt sur le revenu établi dans les conditions prévues à l'article 197 A.

IRPP-VII-18200 s. ; MF n°s 4595 s.

Art 182 A bis **I.** Donnent lieu à l'application d'une retenue à la source les sommes payées, y compris les salaires, en contrepartie de prestations artistiques fournies ou utilisées en France, par un débiteur qui exerce une activité en France à des personnes ou des sociétés, relevant de l'impôt sur le revenu ou de l'impôt sur les sociétés, qui n'ont pas dans ce pays d'installation professionnelle permanente.

II. La base de cette retenue est constituée par le montant brut des sommes versées après déduction d'un abattement de 10 % au titre des frais professionnels.

III. Le taux de la retenue est fixé à 15 %.

IV. La retenue s'impute sur le montant de l'impôt sur le revenu établi dans les conditions prévues au a de l'article 197 A. Pour l'application de cette disposition, le revenu net imposable servant au calcul de l'impôt sur le revenu est déterminé dans les conditions de droit commun.

V. Les dispositions du premier alinéa de l'article 197 B sont applicables pour la fraction des rémunérations déterminée conformément au II qui n'excède pas annuellement la limite supérieure fixée par le III de l'article 182 A.

VI. Le taux de la retenue est porté à 75 % pour les sommes, autres que les salaires, versées à des personnes domiciliées ou établies dans un Etat ou territoire non coopératif au sens de l'article 238-0 A autre que ceux mentionnés au 2° du 2 bis du même article 238-0 A, sauf si le débiteur apporte la preuve que ces sommes correspondent à des opérations réelles qui ont principalement un objet et un effet autres que de permettre leur localisation dans un Etat ou territoire non coopératif. Cette retenue est libératoire de l'impôt sur le revenu et n'est pas remboursable.

IRPP-VII-19800 s. ; MF n°s 4640 s.

Art 182 A ter **I. 1.** Les avantages définis au I de l'article 80 bis et au I de l'article 80 quaterdecies, de source française, donnent lieu à l'application d'une retenue à la source lors de la cession des titres correspondants lorsqu'ils sont réalisés par des personnes qui ne sont pas fiscalement domiciliées en France. Il en est de même pour les gains nets de cession de titres souscrits en exercice de bons de souscription de parts de créateur d'entreprise mentionnés au II de l'article 163 bis G réalisés par les personnes précitées.

L'avantage correspondant à la différence définie au II de l'article 80 bis, de source française, est également soumis à la retenue à la source lors de la levée des options pour les personnes qui ne sont pas fiscalement domiciliées en France au titre de l'année de ladite levée.

2. La retenue à la source mentionnée au 1 est également applicable aux avantages salariaux, de source française, servis aux mêmes personnes sous forme d'attribution de titres à des conditions préférentielles, notamment d'options sur titres ou d'attributions d'actions gratuites qui ne répondent pas aux conditions prévues respectivement aux articles L 225-177 à L 225-186 et L 225-197-1 à L 225-197-5, L 22-10-56, L 22-10-57, L 22-10-59 et L 22-10-60 du code de commerce. La retenue à la source est alors due lors de la souscription ou l'acquisition des titres.

II. 1. Lorsque le gain net de cession de titres souscrits en exercice de bons de souscription de parts de créateur d'entreprise bénéficie du régime prévu au I de l'article 163 bis G, la base de la retenue à la source correspond à son montant.

2. Dans les situations autres que celles mentionnées au 1, la base de la retenue à la source est constituée par le montant net des avantages accordés, déterminé conformément aux règles de droit commun applicables aux traitements et salaires, à l'exclusion de celles qui prévoient la déduction des frais professionnels réels.

III. 1. Lorsque le gain net de cession de titres souscrits en exercice de bons de souscription de parts de créateur d'entreprise bénéficie du régime prévu au I de l'article 163 bis G, le taux de la retenue à la source est de 12,8 % s'il est réalisé par une personne qui exerce son activité dans la société dans laquelle elle a bénéficié de l'attribution des bons depuis au moins trois ans à la date de la cession et de 30 % dans le cas contraire. La retenue à la source est alors libératoire de l'impôt sur le revenu.

2. Dans les situations autres que celles mentionnées au 1, la retenue est calculée conformément au III de l'article 182 A et régularisée dans les conditions mentionnées aux articles 197 A et 197 B.

IV. La retenue à la source est acquittée par la personne qui effectue le versement des sommes issues de la cession des titres dans les cas mentionnés au 1 du I ou qui constate l'avantage salarial dans les cas mentionnés au second alinéa du 1 et au 2 du I.

V. Par dérogation au III, le taux de la retenue à la source est porté à 75 % lorsque les avantages ou gains mentionnés au I sont réalisés par des personnes domiciliées dans un Etat ou territoire non coopératif au sens de l'article 238-0 A autre que ceux mentionnés au 2° du 2 bis du même article 238-0 A, sauf si le débiteur apporte la preuve que ces avantages ou gains correspondent à des opérations réelles qui ont principalement un objet et un effet autres que de permettre leur localisation dans un Etat ou territoire non coopératif. Cette retenue est libératoire de l'impôt sur le revenu et n'est pas remboursable.

TS-VII-71400 s. ; MF n°s 88790, 88805 précision b, 88830

Art 182 B **I.** Donnent lieu à l'application d'une retenue à la source lorsqu'ils sont payés par un débiteur qui exerce une activité en France à des personnes ou des sociétés, relevant de l'impôt sur le revenu ou de l'impôt sur les sociétés, qui n'ont pas dans ce pays d'installation professionnelle permanente :

a. Les sommes versées en rémunération d'une activité déployée en France dans l'exercice de l'une des professions mentionnées à l'article 92 ;

b. Les produits définis à l'article 92 et perçus par les inventeurs ou au titre de droits d'auteur, ceux perçus par les obtenteurs de nouvelles variétés végétales au sens des articles L 623-1 à L 623-35 du code de la propriété intellectuelle, ainsi que tous produits tirés de la propriété industrielle ou commerciale et de droits assimilés ;

c. Les sommes payées en rémunération des prestations de toute nature fournies ou utilisées en France ;

d. Les sommes, y compris les salaires, correspondant à des prestations sportives fournies ou utilisées en France, nonobstant les dispositions de l'article 182 A.

I bis. La base de la retenue est constituée par le montant brut des sommes ou produits versés. Lorsque le bénéficiaire de ces sommes ou produits est une personne morale ou un organisme dont les résultats ne sont pas imposés à l'impôt sur le revenu entre les mains d'un associé et dont le siège ou l'établissement stable dans le résultat duquel les sommes ou produits sont inclus est situé dans un Etat membre de l'Union européenne ou dans un autre Etat partie à l'accord sur l'Espace économique européen ayant conclu avec la France une convention d'assistance administrative en vue de lutter contre la fraude et l'évasion fiscales et n'étant pas non coopératif au sens de l'article 238-0 A, la base de cette retenue est déterminée sous déduction d'un abattement représentatif de charges égal à 10 % de ces sommes ou produits.

II. Le taux de la retenue est celui prévu au deuxième alinéa du I de l'article 219.

Il est ramené à 15 % pour les rémunérations visées au d du I.

La retenue s'impute sur le montant de l'impôt sur le revenu établi dans les conditions prévues à l'article 197 A. Lorsqu'elle excède ce montant, le contribuable peut demander le remboursement de l'excédent de retenue opéré.

III. Le taux de la retenue est porté à 75 % lorsque les sommes et produits, autres que les salaires, mentionnés au I sont payés à des personnes domiciliées ou établies dans un Etat ou territoire non coopératif au sens de l'article 238-0 A autre que ceux mentionnés au 2° du 2 bis du même article 238-0 A, sauf si le débiteur apporte la preuve que ces sommes correspondent à des opérations réelles qui ont principalement un objet et un effet autres que de permettre leur localisation dans un Etat ou territoire non coopératif. Cette retenue est libératoire de l'impôt sur le revenu et n'est pas remboursable.

IRPP-VII-16700 s. ; MF n°s 4560 s.

Art 182 B bis **1.** La retenue à la source prévue à l'article 182 B n'est pas applicable aux redevances payées par une personne morale revêtant une des formes énumérées au premier alinéa du 1 de l'article 119 quater ou par un établissement stable à une personne morale qui est son associée ou à un établissement stable dépendant d'une personne morale qui est son associée. Pour l'application du présent article, la qualité de personne morale associée d'une personne morale et de personne morale associée d'un établissement stable est reconnue conformément aux deuxième et troisième alinéas du 1 de l'article 119 quater.

Pour l'application du présent article, les redevances s'entendent des paiements de toute nature reçus à titre de rémunération pour l'usage ou la concession de l'usage d'un droit d'auteur sur une œuvre littéraire, artistique ou scientifique, y compris les films cinématographiques et les logiciels informatiques, d'un brevet, d'une marque de produits ou de services, d'un dessin ou d'un modèle, d'un plan, d'une formule ou d'un procédé secret, ainsi que pour des informations ayant trait à une expérience acquise dans le domaine industriel, commercial ou scientifique. Les paiements reçus pour l'usage ou la concession de l'usage d'un droit relatif à des équipements industriels, commerciaux ou scientifiques sont considérés comme des redevances.

2. L'exonération prévue au 1 est soumise aux mêmes conditions et justifications que celles prévues à l'article 119 quater.

3. Les dispositions du 1 ne s'appliquent pas lorsque les redevances payées bénéficient à une personne morale ou à un établissement stable d'une personne morale contrôlée directement ou indirectement par un ou plusieurs résidents d'Etats qui ne sont pas membres de la Communauté européenne et si la chaîne de participations a comme objet principal ou comme un de ses objets principaux de tirer avantage des dispositions du 1.

Lorsque, en raison des relations spéciales existant entre le payeur et le bénéficiaire effectif des redevances ou de celles que l'un et l'autre entretiennent avec un tiers, le montant des redevances excède le montant dont seraient convenus le payeur et le bénéficiaire effectif en l'absence de telles relations, les dispositions du 1 ne s'appliquent qu'à ce dernier montant.

4. Un décret précise en tant que de besoin les modalités d'application du présent article *(voir Annexe III, art. 46 quater-0 FB à 46 quater-0 FD).*

IS-I-21130 s. ; MF nº 35755 b

Art 187 **1.** Sous réserve des dispositions du 2, le taux de la retenue à la source prévue à l'article 119 bis est fixé à :

1º Pour les bénéficiaires personnes morales ou organismes, quelle que soit leur forme :

17 % pour les intérêts des obligations négociables ; toutefois ce taux est fixé à 15 % pour les revenus visés au 1º de l'article 118 et afférents à des valeurs émises à compter du 1er janvier 1965 ainsi que pour les lots et primes de remboursement visés au 2º de l'article 118 et afférents à des valeurs émises à compter du 1er janvier 1986 ;

Celui prévu au 2º de l'article 219 bis, pour les dividendes qui bénéficient à des organismes qui ont leur siège dans un Etat membre de l'Union européenne ou dans un autre Etat partie à l'accord sur l'Espace économique européen ayant conclu avec la France une convention d'assistance administrative en vue de lutter contre la fraude et l'évasion fiscales et qui seraient imposés dans les conditions prévues au 5 de l'article 206 s'ils avaient leur siège en France ;

celui prévu au deuxième alinéa du I de l'article 219 pour tous les autres revenus ;

2º 12,8 % pour les bénéficiaires personnes physiques.

2. Le taux de la retenue à la source prévue au 2 de l'article 119 bis est fixé à 75 % pour les produits mentionnés aux articles 108 à 117 bis et payés hors de France, dans un Etat ou territoire non coopératif au sens de l'article 238-0 A autre que ceux mentionnés au 2º du 2 bis du même article 238-0 A, sauf si le débiteur apporte la preuve que les distributions de ces produits dans cet Etat ou territoire n'ont ni pour objet ni pour effet de permettre, dans un but de fraude fiscale, leur localisation dans un tel Etat ou territoire.

RM-III-7370 s. ; RM-IV-6540 s. ; MF nos 24860, 25610

II. Impôt sur le revenu

Art 193 Sous réserve des dispositions de l'article 196 B, le revenu imposable est, pour le calcul de l'impôt sur le revenu, divisé en un certain nombre de parts, fixé conformément à l'article 194, d'après la situation et les charges de famille du contribuable.

Le revenu correspondant à une part entière est taxé par application du tarif prévu à l'article 197.

L'impôt brut est égal au produit de la cotisation ainsi obtenue par le nombre de parts.

L'impôt dû par le contribuable est calculé à partir de l'impôt brut diminué, s'il y a lieu, des réductions d'impôt prévues par les articles 199 quater B à 200, et, le cas échéant, des retenues à la source, prélèvements et crédits d'impôts mentionnés à l'article 117 quater, au I de l'article 125 A, aux articles 182 A, 182 A bis, 182 A ter, 182 B, 199 ter, 199 ter A, 199 quater C, au 4 de l'article 199 sexdecies et aux 200 quater à 200 quaterdecies.

Pour l'application du premier alinéa, le revenu imposable ainsi que les différents éléments ayant concouru à sa détermination, sont arrondis à l'euro le plus proche. La fraction d'euro égale à 0,50 est comptée pour 1.

IRPP-III-15150 s. ; MF nos 1600 s.

Art 193 bis Lorsque les fonctionnaires de nationalité française des organisations internationales disposent de revenus autres que la rémunération officielle qu'ils perçoivent en cette qualité, cette rémunération, lorsqu'elle est exonérée de l'impôt sur le revenu, est néanmoins prise en considération pour autant qu'elle eût été imposable, en vue de déterminer si les contribuables intéressés sont passibles de l'impôt sur le revenu à raison de ces autres revenus, sous réserve, le cas échéant, de l'application des conventions internationales relatives aux doubles impositions. Dans l'affirmative, l'impôt est calculé en ajoutant la rémunération aux revenus imposables et en opérant, sur le chiffre obtenu, une déduction proportionnelle au montant de cette rémunération.

INT-GENA-14300 s.

Art 193 ter A défaut de dispositions spécifiques, les enfants ou les personnes à charge s'entendent de ceux dont le contribuable assume la charge d'entretien à titre exclusif ou principal, nonobstant le versement ou la perception d'une pension alimentaire pour l'entretien desdits enfants.

IRPP-III-450 s. ; MF n°s 340, 1850 s., 1960 s.

Art 194 I. Le nombre de parts à prendre en considération pour la division du revenu imposable prévue à l'article 193 est déterminé conformément aux dispositions suivantes :

SITUATION DE FAMILLE	NOMBRE DE PARTS
Célibataire, divorcé ou veuf sans enfant à charge	1
Marié sans enfant à charge	2
Célibataire ou divorcé ayant un enfant à charge	1,5
Marié ou veuf ayant un enfant à charge	2,5
Célibataire ou divorcé ayant deux enfants à charge	2
Marié ou veuf ayant deux enfants à charge	3
Célibataire ou divorcé ayant trois enfants à charge	3
Marié ou veuf ayant trois enfants à charge	4
Célibataire ou divorcé ayant quatre enfants à charge	4
Marié ou veuf ayant quatre enfants à charge	5
Célibataire ou divorcé ayant cinq enfants à charge	5
Marié ou veuf ayant cinq enfants à charge	6
Célibataire ou divorcé ayant six enfants à charge	6

et ainsi de suite, en augmentant d'une part par enfant à charge du contribuable.

Lorsque les époux font l'objet d'une imposition séparée en application du 4 de l'article 6, chacun d'eux est considéré comme un célibataire ayant à sa charge les enfants dont il assume à titre principal l'entretien. Dans cette situation, ainsi qu'en cas de divorce, de rupture du pacte civil de solidarité ou de toute séparation de fait de parents non mariés, l'enfant est considéré, jusqu'à preuve du contraire, comme étant à la charge du parent chez lequel il réside à titre principal.

En cas de résidence alternée au domicile de chacun des parents et sauf disposition contraire dans la convention de divorce mentionnée à l'article 229-1 du code civil, la convention homologuée par le juge, la décision judiciaire ou, le cas échéant, l'accord entre les parents, les enfants mineurs sont réputés être à la charge égale de l'un et de l'autre parent. Cette présomption peut être écartée s'il est justifié que l'un d'entre eux assume la charge principale des enfants.

Lorsque les enfants sont réputés être à la charge égale de chacun des parents, ils ouvrent droit à une majoration de :

a. 0,25 part pour chacun des deux premiers et 0,5 part à compter du troisième, lorsque par ailleurs le contribuable n'assume la charge exclusive ou principale d'aucun enfant ;

b. 0,25 part pour le premier et 0,5 part à compter du deuxième, lorsque par ailleurs le contribuable assume la charge exclusive ou principale d'un enfant ;

c. 0,5 part pour chacun des enfants, lorsque par ailleurs le contribuable assume la charge exclusive ou principale d'au moins deux enfants.

Ndlr *Le Conseil d'Etat étend l'application des alinéas 6 à 9 susvisés aux enfants communs des concubins dont la charge est réputée également partagée entre les deux parents (CE 8e ch. 20-12-2017 n° 397650).*

Pour l'application des dispositions du premier alinéa, sont assimilées à des enfants à charge les personnes considérées comme étant à la charge du contribuable en vertu de l'article 196 A bis.

II. Pour l'imposition des contribuables célibataires ou divorcés qui vivent seuls, le nombre de parts prévu au I est augmenté de 0,5 lorsqu'ils supportent à titre exclusif ou principal la charge d'au moins un enfant. Lorsqu'ils entretiennent uniquement des enfants dont la charge est réputée également partagée avec l'autre parent, la majoration est de 0,25 pour un seul enfant et de 0,5 si les enfants sont au moins deux. Ces dispositions s'appliquent nonobstant la perception éventuelle d'une pension alimentaire versée en vertu d'une convention de divorce par consentement mutuel déposée au rang des minutes d'un notaire ou d'une décision de justice pour l'entretien desdits enfants.

IRPP-III-1050 s., 6600 s., 7650 s. ; MF n°s 340, 1985 s.

Art 195 1. Par dérogation aux dispositions qui précèdent, le revenu imposable des contribuables célibataires, divorcés ou veufs n'ayant pas d'enfant à leur charge, exclusive, principale ou réputée également partagée entre les parents, est divisé par 1,5 lorsque ces contribuables :

a. Vivent seuls et ont un ou plusieurs enfants majeurs ou faisant l'objet d'une imposition distincte dont ces contribuables ont supporté à titre exclusif ou principal la charge pendant au moins cinq années au cours desquelles ils vivaient seuls ;

b. Vivent seuls et ont eu un ou plusieurs enfants qui sont morts, à la condition que l'un d'eux au moins ait atteint l'âge de seize ans ou que l'un d'eux au moins soit décédé par suite de faits de guerre et que les contribuables aient supporté à titre exclusif ou principal la charge de l'un au moins de ces enfants pendant au moins cinq années au cours desquelles ils vivaient seuls ;

c. Sont titulaires, soit pour une invalidité de 40 % ou au-dessus, soit à titre de veuve, d'une pension prévue par les dispositions du code des pensions militaires d'invalidité et des victimes de guerre reproduisant celles des lois des 31 mars et 24 juin 1919 ;

d. Sont titulaires d'une pension d'invalidité pour accident du travail de 40 % ou au-dessus ;

d bis. Sont titulaires de la carte « mobilité inclusion » portant la mention « invalidité » prévue à l'article L 241-3 du code de l'action sociale et des familles ;

e. Vivent seuls et ont adopté un enfant, à la condition que, si l'adoption a eu lieu alors que l'enfant était âgé de plus de dix ans, cet enfant ait été à la charge de l'adoptant comme enfant recueilli dans les conditions prévues à l'article 196 depuis l'âge de dix ans. Cette disposition n'est pas applicable si l'enfant adopté est décédé avant d'avoir atteint l'âge de seize ans ou si l'enfant adopté n'a pas été à la charge exclusive ou principale des contribuables pendant au moins cinq années au cours desquelles ceux-ci vivaient seuls ;

f. Sont âgés de plus de 74 ans et titulaires de la carte du combattant ou d'une pension servie en vertu des dispositions du code des pensions militaires d'invalidité et des victimes de guerre ; cette disposition est également applicable aux conjoints survivants, âgés de plus de 74 ans, des personnes mentionnées ci-dessus ainsi que des personnes titulaires de la carte du combattant au moment de leur décès.

IRPP-III-8750 s., 9760 s., 10200 s. ; MF n° 2030

2. Le quotient familial prévu à l'article 194 est augmenté d'une demi-part pour chaque enfant à charge et d'un quart de part pour chaque enfant réputé à charge égale de l'un et l'autre de ses parents, titulaire de la carte « mobilité inclusion » portant la mention « invalidité » prévue à l'article L 241-3 du code de l'action sociale et des familles.

IRPP-III-8240 s., 8420, 8510 ; MF n° 2025

3. Le quotient familial prévu à l'article 194 est augmenté d'une demi-part pour les contribuables mariés, lorsque l'un ou l'autre des conjoints remplit l'une des conditions fixées aux c, d et d bis du 1.

IRPP-III-9760 s. ; MF n° 2040

4. Le quotient familial prévu à l'article 194 est augmenté d'une part pour les contribuables mariés invalides lorsque chacun des conjoints remplit l'une des conditions fixées aux c, d et d bis du 1.

IRPP-III-9760 s. ; MF n° 2040

5. Le quotient familial prévu à l'article 194 est augmenté d'une demi-part pour les contribuables célibataires, divorcés ou veufs ayant un ou plusieurs enfants à charge, que celle-ci soit exclusive, principale ou réputée également partagée entre les parents, lorsque ces contribuables remplissent l'une des conditions d'invalidité fixées aux c, d ou d bis du 1.

IRPP-III-9760 s. ; MF n° 2035

6. Les contribuables mariés, lorsque l'un des conjoints est âgé de plus de 74 ans et titulaire de la carte du combattant ou d'une pension servie en vertu des dispositions du code des pensions militaires d'invalidité et des victimes de guerre, bénéficient d'une demi-part supplémentaire de quotient familial.

Les contribuables qui bénéficient des dispositions des 3 ou 4 ne peuvent bénéficier des dispositions du premier alinéa.

IRPP-III-10200 s. ; MF n° 2045

Art 196 Sont considérés comme étant à la charge du contribuable, que celle-ci soit exclusive, principale ou réputée également partagée entre les parents, à la condition de n'avoir pas de revenus distincts de ceux qui servent de base à l'imposition de ce dernier :

1° Ses enfants âgés de moins de 18 ans ou infirmes ;

2° Sous les mêmes conditions, les enfants qu'il a recueillis à son propre foyer.

IRPP-III-500 s., 4600 s. ;
MF n°s 340, 1850, 1860 s., 1935

Art 196 A bis Tout contribuable peut considérer comme étant à sa charge, au sens de l'article 196, à la condition qu'elles vivent sous son toit, les personnes titulaires de la carte « mobilité inclusion » portant la mention « invalidité » prévue à l'article L 241-3 du code de l'action sociale et des familles.

IRPP-III-5150 s. ; MF n°s 1960 s.

Art 196 B Le contribuable qui accepte le rattachement des personnes désignées au 3 de l'article 6 bénéficie d'une demi-part supplémentaire de quotient familial par personne ainsi rattachée.

Si la personne rattachée est mariée ou a des enfants à charge, l'avantage fiscal accordé au contribuable prend la forme d'un abattement de 6 674 € sur son revenu global net par personne ainsi prise en charge *(NDLR Montant applicable pour l'imposition des revenus de 2023)*. Lorsque les enfants de la personne rattachée sont réputés être à la charge égale de l'un et l'autre de leurs parents, l'abattement auquel ils ouvrent droit pour le contribuable, est égal à la moitié de cette somme.

IRPP-III-2720 s., 3950 s. ; MF n°s 1880 s., 1905 s.

Art 196 bis La situation dont il doit être tenu compte est celle existant au 1er janvier de l'année de l'imposition. Toutefois, l'année de la réalisation ou de la cessation de l'un ou de plusieurs des événements ou des conditions mentionnés aux 4 à 6 de l'article 6, il est tenu compte de la situation au 31 décembre de l'année d'imposition.

Les charges de famille dont il doit être tenu compte sont celles existant au 1er janvier de l'année de l'imposition. Toutefois, en cas d'augmentation des charges de famille en cours d'année, il est fait état de ces charges au 31 décembre de l'année d'imposition ou à la date du décès s'il s'agit d'imposition établie en vertu de l'article 204.

IRPP-III-5700 s. ; MF nos 365 s., 1705

Art 197 I. En ce qui concerne les contribuables visés à l'article 4 B, il est fait application des règles suivantes pour le calcul de l'impôt sur le revenu :

1. L'impôt est calculé en appliquant à la fraction de chaque part de revenu qui excède 11 294 € le taux de :

11 % pour la fraction supérieure à 11 294 € et inférieure ou égale à 28 797 € ;

30 % pour la fraction supérieure à 28 797 € et inférieure ou égale à 82 341 € ;

41 % pour la fraction supérieure à 82 341 € et inférieure ou égale à 177 106 € ;

45 % pour la fraction supérieure à 177 106 €.

Ndlr *Barème applicable pour l'établissement de l'impôt dû au titre des revenus de 2023.*

IRPP-III-15200 s. ; MF nº 2140

2. La réduction d'impôt résultant de l'application du quotient familial ne peut excéder 1 759 € par demi-part ou la moitié de cette somme par quart de part s'ajoutant à une part pour les contribuables célibataires, divorcés, veufs ou soumis à l'imposition distincte prévue au 4 de l'article 6 et à deux parts pour les contribuables mariés soumis à une imposition commune *(NDLR Limite applicable pour l'imposition des revenus de 2023)*.

Toutefois, pour les contribuables célibataires, divorcés, ou soumis à l'imposition distincte prévue au 4 de l'article 6, qui répondent aux conditions fixées au II de l'article 194, la réduction d'impôt correspondant à la part accordée au titre du premier enfant à charge est limitée à 4 149 € *(NDLR Limite applicable pour l'imposition des revenus de 2023)*. Lorsque les contribuables entretiennent uniquement des enfants dont la charge est réputée également partagée entre l'un et l'autre des parents, la réduction d'impôt correspondant à la demi-part accordée au titre de chacun des deux premiers enfants est limitée à la moitié de cette somme.

Par dérogation aux dispositions du premier alinéa, la réduction d'impôt résultant de l'application du quotient familial, accordée aux contribuables qui bénéficient des dispositions des a, b et e du 1 de l'article 195, ne peut excéder 1 050 € *(NDLR Limite applicable pour l'imposition des revenus de 2023)*.

Les contribuables qui bénéficient d'une demi-part au titre des a, b, c, d, d bis, e et f du 1 ainsi que des 2 à 6 de l'article 195 ont droit à une réduction d'impôt égale à 1 753 € pour chacune de ces demi-parts lorsque la réduction de leur cotisation d'impôt est plafonnée en application du premier alinéa *(NDLR Montant applicable pour l'imposition des revenus de 2023)*. La réduction d'impôt est égale à la moitié de cette somme lorsque la majoration visée au 2 de l'article 195 est de un quart de part. Cette réduction d'impôt ne peut toutefois excéder l'augmentation de la cotisation d'impôt résultant du plafonnement *(NDLR En ce qui concerne les contribuables qui bénéficient d'une demi-part au titre des a, b, et e de l'article 195, 1 du CGI, les dispositions susvisées sont sans objet dès lors que ces contribuables sont soumis au plafonnement prévu à l'alinéa précédent)*.

Les contribuables veufs ayant des enfants à charge qui bénéficient d'une part supplémentaire de quotient familial en application du I de l'article 194 ont droit à une réduction d'impôt égale à 1 958 € pour cette part supplémentaire lorsque la réduction de leur cotisation d'impôt est plafonnée en application du premier alinéa du présent 2. Cette réduction d'impôt ne peut toutefois excéder l'augmentation de la cotisation d'impôt résultant du plafonnement *(NDLR Le montant de 1 958 € vaut pour l'imposition des revenus de 2023)*.

IRPP-III-15550 s. ; MF nos 2200 s.

3. Le montant de l'impôt résultant de l'application des dispositions précédentes est réduit de 30 %, dans la limite de 2 450 €, pour les contribuables domiciliés dans les départements de la Guadeloupe, de la Martinique et de La Réunion ; cette réduction est égale à 40 %, dans la limite de 4 050 €, pour les contribuables domiciliés dans les départements de la Guyane et de Mayotte.

DC-IV-1530 s. ; MF nº 91470

4. a. Le montant de l'impôt résultant de l'application des dispositions précédentes est diminué, dans la limite de son montant, de la différence entre 873 € et 45,25 % de son montant pour les contribuables célibataires, divorcés ou veufs et de la différence entre 1 444 € et 45,25 % de son montant pour les contribuables soumis à imposition commune ;

Ndlr *Montants applicables pour l'imposition des revenus de 2023. En pratique, la mesure susvisée bénéficie aux contribuables dont l'impôt brut est inférieur à 1 929 € (personnes seules) et à 3 191 € (couples mariés ou pacsés).*

IRPP-III-16230 s. ; MF nº 2235

b. *(Abrogé).*

5. Les réductions d'impôt mentionnées aux articles 199 quater B à 200 s'imputent sur l'impôt résultant de l'application des dispositions précédentes avant imputation, des crédits d'impôt et des prélèvements ou retenues non libératoires ; elles ne peuvent pas donner lieu à remboursement.

IRPP-III-16690 s. ; MF nºs 2255 s.

II. *(Abrogé).*

Art 197 A Les règles du 1 et du 2 du I de l'article 197 sont applicables pour le calcul de l'impôt sur le revenu dû par les personnes qui, n'ayant pas leur domicile fiscal en France :

a. Perçoivent des revenus de source française ; l'impôt ne peut, en ce cas, être inférieur à un montant calculé en appliquant un taux de 20 % à la fraction du revenu net imposable inférieure ou égale à la limite supérieure de la deuxième tranche du barème de l'impôt sur le revenu et un taux de 30 % à la fraction supérieure à cette limite ; ces taux de 20 % et 30 % sont ramenés respectivement à 14,4 % et 20 % pour les revenus ayant leur source dans les départements d'outre-mer ; toutefois, lorsque le contribuable justifie que le taux de l'impôt français sur l'ensemble de ses revenus de source française ou étrangère serait inférieur à ces minima, ce taux est applicable à ses revenus de source française. Dans ce cas, les contribuables qui ont leur domicile fiscal dans un Etat membre de l'Union européenne ou dans un Etat avec lequel la France a signé une convention d'assistance administrative de lutte contre la fraude et l'évasion fiscales ou une convention d'assistance mutuelle en matière de recouvrement d'impôt peuvent, dans l'attente de pouvoir produire les pièces justificatives, annexer à leur déclaration de revenu une déclaration sur l'honneur de l'exactitude des informations fournies ;

b. Par dérogation à l'article 164 A, pour le calcul du taux de l'impôt français sur l'ensemble des revenus mondiaux prévu au a du présent article, les pensions alimentaires prévues au 2º du II de l'article 156 sont admises en déduction sous les mêmes conditions et limites, lorsque ces pensions sont imposables entre les mains de leur bénéficiaire en France et que leur prise en compte n'est pas de nature à minorer l'impôt dû par le contribuable dans son Etat de résidence.

IRPP-VII-14600 s. ; MF nºs 4400 s.

Art 197 B Pour la fraction n'excédant pas la limite supérieure, fixée par le III de l'article 182 A, des traitements, salaires, pensions et rentes viagères de source française servis à des personnes de nationalité française qui n'ont pas leur domicile fiscal en France, l'imposition établie dans les conditions prévues au a de l'article 197 A ne peut excéder la retenue à la source applicable en vertu de l'article 182 A. En outre, cette fraction n'est pas prise en compte pour le calcul de l'impôt sur le revenu établi en vertu du a de l'article 197 A et la retenue à laquelle elle a donné lieu n'est pas imputable. Toutefois, le contribuable peut demander le remboursement de l'excédent de retenue à la source opérée lorsque la totalité de cette retenue excède le montant de l'impôt qui résulterait de l'application des dispositions du a de l'article 197 A à la totalité de la rémunération.

En cas de pluralité de débiteurs, la situation du contribuable est, s'il y a lieu, régularisée par voie de rôle.

IRPP-VII-19400 s., 20220 s. ; MF nºs 4630, 4645

Art 197 C L'impôt dont le contribuable est redevable en France sur les revenus autres que les traitements et salaires exonérés en vertu des dispositions des I et II de l'article 81 A et de l'article 81 D et autres que les revenus soumis aux versements libératoires prévus par l'article 151-0 est calculé au taux correspondant à l'ensemble de ses revenus, imposables et exonérés.

INT-GENA-14040 s. ; BNC-II-6170 ;
IRPP-III-17610 ; IRPP-VII-22850 s., 29460 ;
RIE-II-4630 s. ;
MF nºs 4700, 4705, 83060, 85220

Art 199 Sous réserve des traités de réciprocité, les dispositions de l'article 193 qui prévoient, pour le calcul de l'impôt sur le revenu, la division du revenu imposable en un certain nombre de parts fixé d'après la situation et les charges de famille du contribuable ne sont applicables qu'aux citoyens français et aux personnes originaires de Saint-Pierre-et-Miquelon, de Nouvelle-Calédonie, de Polynésie française, des îles Wallis-et-Futuna et des Terres australes et antarctiques françaises.

IRPP-III-230 s. ; MF n° 1710

1° Imputation des retenues à la source et crédits d'impôt

Art 199 ter I. a. Lorsque les bénéficiaires des revenus de capitaux mobiliers visés aux articles 108 à 119, 238 septies B et 1678 bis sont tenus, en exécution des dispositions de la législation fiscale, de souscrire, pour l'assiette de l'impôt sur le revenu, une déclaration comprenant lesdits revenus, la somme à la retenue de laquelle ces revenus ont donné lieu, en vertu des articles 119 bis et 1678 bis, est imputée sur le montant de l'impôt sur le revenu liquidé au vu de cette déclaration dans les conditions fixées par l'article 193.

Pour tous les contribuables, qu'ils soient ou non tenus de souscrire une déclaration pour l'assiette de l'impôt sur le revenu, les sommes retenues à la source seront restituées, dans la mesure où elles ne pourront être admises à imputation sur l'impôt sur le revenu par suite de son montant inférieur ou de sa non-exigibilité dans des conditions qui sont fixées par décret en Conseil d'Etat *(Voir Annexe II, art. 92 à 95)*. Ces dispositions ne sont pas applicables à la retenue à la source pratiquée sur les intérêts des obligations émises à compter du 1er octobre 1984 qui bénéficient à des personnes qui ont leur domicile fiscal ou qui sont établies hors du territoire de la République française, de Monaco ou d'un Etat dont l'institut d'émission est lié au Trésor français par un compte d'opération monétaire.

b. En ce qui concerne les revenus de source étrangère visés aux articles 120 à 125, l'imputation est limitée au montant du crédit correspondant à l'impôt retenu à la source à l'étranger ou à la décote en tenant lieu, tel qu'il est prévu par les conventions internationales.

RM-I-4500 s. ; MF n° 26515

c. La retenue à la source, temporairement prélevée par le Luxembourg et l'Autriche conformément à l'article 11 de la directive 2003/48/CE du Conseil du 3 juin 2003 en matière de fiscalité des revenus de l'épargne sous forme de paiements d'intérêts, ouvre droit après imputation, le cas échéant, des autres retenues à la source et crédits d'impôt mentionnés aux a et b, à un crédit d'impôt égal à cette retenue qui est déduit de l'impôt sur le revenu dû au titre de l'année au cours de laquelle les revenus définis au septième alinéa du 1 de l'article 242 ter, majorés du montant des retenues à la source auxquelles ils ont été soumis, sont déclarés et imposés. En cas d'excédent, celui-ci est restitué.

RM-VIII-9700 s. ; MF n° 26515

I bis. *(Abrogé).*

II. Les actionnaires des sociétés d'investissement ou des sociétés assimilées visées aux 1° bis et 1° bis A de l'article 208 et des sociétés de capital-risque visées au 3° septies du même article peuvent effectuer l'imputation de tout ou partie des crédits d'impôt attachés aux produits et plus-values de cession du portefeuille de ces sociétés dans les mêmes conditions que s'ils avaient perçu directement ces revenus.

Pour chaque exercice, la société calcule la somme totale à l'imputation de laquelle donnent droit les revenus encaissés et les plus-values réalisées par elle.

Le droit à imputation de chaque actionnaire est déterminé en proportion de sa part dans les dividendes et les plus-values distribués au titre du même exercice. Pour les dividendes, il ne peut excéder celui normalement attaché aux revenus distribués par les sociétés françaises ordinaires.

Le montant à imputer est ajouté pour l'assiette de l'impôt sur le revenu au revenu net perçu par l'actionnaire.

Lorsque les sociétés d'investissement admises au bénéfice du régime prévu aux 1° bis et 1° bis A de l'article 208 ne peuvent transférer à leurs actionnaires tout ou partie des crédits d'impôt attachés aux produits de leur portefeuille encaissés et aux plus-values de cession réalisées au cours d'un exercice, les crédits non utilisés sont susceptibles d'être reportés sur les exercices suivants.

RM-VII-8550 s. ; IS-I-22050 ;
MF nos 26360, 26410 s.

III. *(Abrogé).*

Art 199 ter A Les porteurs de parts d'un fonds commun de placement peuvent effectuer l'imputation de tout ou partie des crédits d'impôts attachés aux produits et plus-values de cession des actifs compris dans ce fonds.

Pour chaque année, le gérant du fonds calcule la somme totale à l'imputation de laquelle les produits encaissés et les plus-values réalisées par le fonds donnent droit.

Le droit à imputation par chaque porteur est déterminé en proportion de sa quote-part dans la répartition faite au titre de l'année considérée et en tenant compte de la nature et de l'origine française ou étrangère des sommes ou valeurs réparties. Ce droit à imputation ne peut excéder celui auquel l'intéressé aurait pu prétendre s'il avait perçu directement sa quote-part des mêmes produits ou réalisé directement cette même plus-value.

Le montant à imputer est ajouté pour l'assiette de l'impôt sur le revenu ou de l'impôt sur les sociétés au revenu net perçu par les porteurs de parts.

Un décret adapte les dispositions du présent code relatives à la restitution des sommes correspondant aux crédits d'impôt qui n'ont pu être imputés *(Voir Annexe III, art. 41 sexdecies C à 41 sexdecies F)*.

RM-VII-600 s. ; MF nº 26250

Art 199 ter-0 B Les porteurs de parts d'un fonds de placement immobilier mentionné à l'article 239 nonies peuvent effectuer l'imputation de tout ou partie des crédits d'impôts attachés aux revenus et profits mentionnés à l'article L 214-81 du code monétaire et financier compris dans ce fonds.

Pour chaque année, la société de gestion du fonds mentionnée à l'article L 214-61 du même code calcule la somme totale à l'imputation de laquelle les revenus encaissés et les profits réalisés par le fonds donnent droit.

Le droit à imputation par chaque porteur est déterminé en proportion de sa quote-part dans la distribution faite au titre de l'année considérée et en tenant compte de la nature et de l'origine française ou étrangère des revenus et profits compris dans cette distribution. Ce droit à imputation ne peut excéder celui auquel l'intéressé aurait pu prétendre s'il avait perçu directement sa quote-part des mêmes revenus et profits.

Le montant à imputer est ajouté pour l'assiette de l'impôt sur le revenu ou de l'impôt sur les sociétés au revenu net perçu par les porteurs de parts.

IMMO-IV-38200 ; MF nº 30520

Art 199 ter B **I.** Le crédit d'impôt pour dépenses de recherche défini à l'article 244 quater B est imputé sur l'impôt sur le revenu dû par le contribuable au titre de l'année au cours de laquelle les dépenses de recherche prises en compte pour le calcul du crédit d'impôt ont été exposées. L'excédent de crédit d'impôt constitue au profit de l'entreprise une créance sur l'Etat d'égal montant. Cette créance est utilisée pour le paiement de l'impôt sur le revenu dû au titre des trois années suivant celle au titre de laquelle elle est constatée puis, s'il y a lieu, la fraction non utilisée est remboursée à l'expiration de cette période.

La créance est inaliénable et incessible, sauf dans les cas et conditions prévus par les articles L 214-169 à L 214-190 et L 313-23 à L 313-35 du code monétaire et financier.

IS-IX-5940 s. ; MF nº 10495

En cas de fusion ou d'opération assimilée intervenant au cours de la période mentionnée à la dernière phrase du premier alinéa, la fraction de la créance qui n'a pas encore été imputée par la société apporteuse est transférée à la société bénéficiaire de l'apport.

La fraction du crédit d'impôt recherche correspondant aux parts des personnes physiques autres que celles mentionnées au I de l'article 151 nonies n'est ni imputable ni restituable.

II. La créance mentionnée au premier alinéa du I est immédiatement remboursable lorsqu'elle est constatée par l'une des entreprises suivantes :

1° Les entreprises, autres que celles mentionnées au III de l'article 44 sexies, créées à compter du 1er janvier 2004 et dont le capital est entièrement libéré et détenu de manière continue à 50 % au moins :

a. Par des personnes physiques ;

b. Ou par une société dont le capital est détenu pour 50 % au moins par des personnes physiques ;

c. Ou par des sociétés de capital-risque, des fonds communs de placement à risques, des fonds professionnels spécialisés relevant de l'article L 214-37 du code monétaire et financier dans sa rédaction antérieure à l'ordonnance nº 2013-676 du 25 juillet 2013 modifiant le cadre juridique de la gestion d'actifs, des fonds professionnels de capital investissement, des sociétés de libre partenariat, des sociétés de développement régional, des sociétés financières d'innovation ou des sociétés unipersonnelles d'investissement à risque à la condition qu'il n'existe pas de lien de dépendance au sens du 12 de l'article 39 entre les entreprises et ces dernières sociétés ou ces fonds.

Ces entreprises peuvent demander le remboursement immédiat de la créance constatée au titre de l'année de création. Il en est de même pour les créances constatées au titre des quatre années suivantes ;

2° Les entreprises ayant fait l'objet d'une procédure de conciliation ou de sauvegarde, d'un redressement ou d'une liquidation judiciaires. Ces entreprises peuvent demander le remboursement de leur créance non utilisée à compter de la date de la décision ou du jugement qui a ouvert ces procédures ;

3° Les jeunes entreprises innovantes mentionnées à l'article 44 sexies-0 A ;

4° Les entreprises qui satisfont à la définition des micro, petites et moyennes entreprises donnée à l'annexe I au règlement (UE) nº 651/2014 de la Commission du 17 juin 2014 déclarant certaines catégories d'aides compatibles avec le marché intérieur en application des articles 107 et 108 du traité.

Les entreprises créées depuis moins de deux ans qui sollicitent le remboursement immédiat de la créance de crédit d'impôt pour dépenses de recherche doivent présenter à l'appui de leur demande les pièces justificatives attestant de la réalité des dépenses de recherche.

III. *(Disposition périmée).*

IV. *(Abrogé).*

(Voir Annexe III, art. 49 septies M)

IS-IX-5800 s., 6230 s. ; MF n°s 10495 s.

Art 199 ter B bis **I.** Le crédit d'impôt en faveur de la recherche collaborative défini à l'article 244 quater B bis est imputé sur l'impôt sur le revenu dû par le contribuable au titre de l'année au cours de laquelle les dépenses de recherche prises en compte pour le calcul du crédit d'impôt ont été facturées par l'organisme de recherche et de diffusion des connaissances. L'excédent de crédit d'impôt constitue au profit de l'entreprise une créance sur l'Etat d'égal montant. Cette créance est utilisée pour le paiement de l'impôt sur le revenu dû au titre des trois années suivant celle au titre de laquelle elle est constatée, puis, s'il y a lieu, la fraction non utilisée est remboursée à l'expiration de cette période.

La créance est inaliénable et incessible, sauf dans les cas et conditions prévus aux articles L 214-169 à L 214-190 et L 313-23 à L 313-35 du code monétaire et financier.

En cas de fusion ou d'opération assimilée intervenant au cours de la période mentionnée à la dernière phrase du premier alinéa du présent I, la fraction de la créance qui n'a pas encore été imputée par la société apporteuse est transférée à la société bénéficiaire de l'apport.

La fraction du crédit d'impôt en faveur de la recherche collaborative correspondant aux parts des personnes physiques autres que celles mentionnées au I de l'article 151 nonies n'est ni imputable, ni restituable.

II. La créance mentionnée au premier alinéa du I du présent article est immédiatement remboursable lorsqu'elle est constatée par l'une des entreprises suivantes :

1° Les entreprises nouvelles, autres que celles mentionnées au III de l'article 44 sexies, dont le capital est entièrement libéré et détenu de manière continue à 50 % au moins :

a. Par des personnes physiques ;

b. Ou par une société dont le capital est détenu à 50 % au moins par des personnes physiques ;

c. Ou par des sociétés de capital-risque, des fonds communs de placement à risques, des fonds professionnels spécialisés relevant de l'article L 214-37 du code monétaire et financier dans sa rédaction antérieure à l'ordonnance n° 2013-676 du 25 juillet 2013 modifiant le cadre juridique de la gestion d'actifs, des fonds professionnels de capital investissement, des sociétés de libre partenariat, des sociétés de développement régional, des sociétés financières d'innovation ou des sociétés unipersonnelles d'investissement à risque, à la condition qu'il n'existe pas de lien de dépendance, au sens du 12 de l'article 39 du présent code, entre les entreprises et ces sociétés ou ces fonds.

Ces entreprises peuvent demander le remboursement immédiat de la créance constatée au titre de l'année de leur création. Il en est de même pour les créances constatées au titre des quatre années suivantes ;

2° Les entreprises ayant fait l'objet d'une procédure de conciliation ou de sauvegarde, d'un redressement ou d'une liquidation judiciaires. Ces entreprises peuvent demander le remboursement de leur créance non utilisée à compter de la date de la décision ou du jugement qui a ouvert ces procédures ;

3° Les jeunes entreprises innovantes mentionnées à l'article 44 sexies-0 A ;

4° Les entreprises qui satisfont à la définition des micro, petites et moyennes entreprises donnée à l'annexe I au règlement (UE) n° 651/2014 de la Commission du 17 juin 2014 déclarant certaines catégories d'aides compatibles avec le marché intérieur en application des articles 107 et 108 du traité.

Ndlr *Les dispositions du présent article s'appliquent aux dépenses facturées au titre des contrats de collaboration conclus à compter du 1er janvier 2022 (Loi 2021-1900 du 30 décembre 2021 art. 69, I-2° et III).*

FR 2/22 inf. 18 n°s 1 à 22 p. 41

Art 199 ter C **I.** Le crédit d'impôt défini à l'article 244 quater C est imputé sur l'impôt sur le revenu dû par le contribuable au titre de l'année au cours de laquelle les rémunérations prises en compte pour le calcul du crédit d'impôt ont été versées. L'excédent de crédit d'impôt constitue, au profit du contribuable, une créance sur l'Etat d'égal montant. Cette créance est utilisée pour le paiement de l'impôt sur le revenu dû au titre des trois années suivant celle au titre de laquelle elle est constatée, puis, s'il y a lieu, la fraction non utilisée est remboursée à l'expiration de cette période.

La créance est inaliénable et incessible, sauf dans les cas et conditions prévus aux articles

L 313-23 à L 313-35 du code monétaire et financier ; elle ne peut alors faire l'objet de plusieurs cessions ou nantissements partiels auprès d'un ou de plusieurs cessionnaires ou créanciers.

La créance sur l'Etat est constituée du montant du crédit d'impôt avant imputation sur l'impôt sur le revenu lorsque, en application du deuxième alinéa de l'article L 313-23 du même code, cette créance a fait l'objet d'une cession ou d'un nantissement avant la liquidation de l'impôt sur le revenu sur lequel le crédit d'impôt correspondant s'impute, à la condition que l'administration en ait été préalablement informée.

En cas de fusion ou d'opération assimilée intervenant au cours de la période mentionnée à la dernière phrase du premier alinéa du présent I, la fraction de la créance qui n'a pas encore été imputée par la société apporteuse est transférée à la société bénéficiaire de l'apport.

(Voir Annexe III, art. 49 septies T)

II. La créance mentionnée au premier alinéa du I est immédiatement remboursable lorsqu'elle est constatée par l'une des entreprises suivantes :

1° Les entreprises qui satisfont à la définition des micro, petites et moyennes entreprises donnée à l'annexe I au règlement (UE) n° 651/2014 de la Commission du 17 juin 2014 déclarant certaines catégories d'aides compatibles avec le marché intérieur en application des articles 107 et 108 du traité ;

2° Les entreprises nouvelles, autres que celles mentionnées au III de l'article 44 sexies, dont le capital est entièrement libéré et détenu de manière continue à 50 % au moins :

a. Par des personnes physiques ;

b. Ou par une société dont le capital est détenu pour 50 % au moins par des personnes physiques ;

c. Ou par des sociétés de capital-risque, des fonds communs de placement à risques, des fonds professionnels spécialisés relevant de l'article L 214-37 du code monétaire et financier, dans sa rédaction antérieure à l'ordonnance n° 2013-676 du 25 juillet 2013 modifiant le cadre juridique de la gestion d'actifs, des fonds professionnels de capital investissement, des sociétés de libre partenariat, des sociétés de développement régional, des sociétés financières d'innovation ou des sociétés unipersonnelles d'investissement à risque, à la condition qu'il n'existe pas de lien de dépendance au sens du 12 de l'article 39 entre les entreprises et ces dernières sociétés ou ces fonds.

Ces entreprises peuvent demander le remboursement immédiat de la créance constatée au titre de l'année de création et des quatre années suivantes ;

3° Les jeunes entreprises innovantes mentionnées à l'article 44 sexies-0 A ;

4° Les entreprises ayant fait l'objet d'une procédure de conciliation ou de sauvegarde, d'un redressement ou d'une liquidation judiciaire. Ces entreprises peuvent demander le remboursement de leur créance non utilisée à compter de la date de la décision ou du jugement qui a ouvert ces procédures.

IS-IX-83300 s.

Art 199 ter D I. Le crédit d'impôt défini à l'article 244 quater E est imputé sur l'impôt sur le revenu dû par le contribuable au titre de l'année au cours de laquelle les biens éligibles au dispositif sont acquis, créés ou loués. Lorsque les biens éligibles sont acquis, créés ou loués au titre d'un exercice ne coïncidant pas avec l'année civile, le crédit d'impôt correspondant est imputé sur l'impôt sur le revenu dû par le contribuable au titre de l'année au cours de laquelle l'exercice est clos. Si le montant du crédit d'impôt excède l'impôt dû au titre de ladite année, l'excédent est utilisé pour le paiement de l'impôt sur le revenu dû au titre des neuf années suivantes. Le solde non utilisé est remboursé à l'expiration de cette période dans la limite de 50 % du crédit d'impôt et d'un montant de 300 000 €.

Toutefois, sur demande du redevable, le solde non utilisé peut être remboursé à compter de la cinquième année, dans la limite de 35 % du crédit d'impôt et d'un montant de 300 000 €.

La créance sur l'Etat correspondant au crédit d'impôt non utilisé est inaliénable et incessible, sauf dans les cas et selon les conditions prévus aux articles L 313-23 à L 313-35 du code monétaire et financier. Elle n'est pas imposable.

Dans le cadre d'une opération mentionnée au deuxième alinéa du III de l'article 244 quater E, la fraction de la créance qui n'a pas encore été imputée est transférée au bénéficiaire de la transmission.

En cas de fusion ou d'opération assimilée bénéficiant du régime prévu à l'article 210 A et intervenant au cours de la période visée à la deuxième phrase du premier alinéa, la fraction de la créance qui n'a pas encore été imputée par la société absorbée ou apporteuse est transférée à la ou aux sociétés bénéficiaires des apports pour sa valeur nominale.

En cas de scission ou d'apport partiel d'actif, la créance est transmise en proportion de l'actif net réel apporté à la ou aux sociétés bénéficiaires des apports.

(Voir Annexe III, art. 49 septies WD et 49 septies WF)

II. La créance mentionnée au premier alinéa du I est immédiatement remboursable lorsqu'elle est constatée par l'une des entreprises suivantes :

1° Les entreprises autres que celles mentionnées au III de l'article 44 sexies et dont le capital est entièrement libéré et détenu de manière continue à 50 % au moins :

a. Par des personnes physiques ;

b. Ou par une société dont le capital est détenu pour 50 % au moins par des personnes physiques ;

c. Ou par des sociétés de capital-risque, des fonds communs de placement à risques, des fonds professionnels spécialisés relevant de l'article L 214-37 du code monétaire et financier dans sa rédaction antérieure à l'ordonnance n° 2013-676 du 25 juillet 2013 modifiant le cadre juridique de la gestion d'actifs, des fonds professionnels de capital investissement, des sociétés de libre partenariat, des sociétés de développement régional, des sociétés financières d'innovation ou des sociétés unipersonnelles d'investissement à risque à la condition qu'il n'existe pas de lien de dépendance au sens du 12 de l'article 39 entre les entreprises et ces dernières sociétés ou ces fonds.

Ces entreprises peuvent demander le remboursement immédiat de la créance constatée au titre de l'année de création. Il en est de même pour les créances constatées au titre des quatre années suivantes ;

2° Les entreprises ayant fait l'objet d'une procédure de conciliation ou de sauvegarde, d'un redressement ou d'une liquidation judiciaires. Ces entreprises peuvent demander le remboursement de leur créance non utilisée à compter de la date de la décision ou du jugement qui a ouvert ces procédures ;

3° Les jeunes entreprises innovantes mentionnées à l'article 44 sexies-0 A ;

4° Les entreprises qui satisfont à la définition des micro, petites et moyennes entreprises donnée à l'annexe I au règlement (UE) n° 651/2014 de la Commission du 17 juin 2014 déclarant certaines catégories d'aides compatibles avec le marché intérieur en application des articles 107 et 108 du traité.

(Voir Annexe III, art. 49 septies WD à 49 septies WF)

BIC-XVIII-21650 s. ; MF n° 92280

Art 199 ter E Le crédit d'impôt défini à l'article 244 quater F est imputé sur l'impôt sur le revenu dû par le contribuable au titre de l'année au cours de laquelle l'entreprise a engagé les dépenses. Si le montant du crédit d'impôt excède l'impôt dû au titre de ladite année, l'excédent est restitué.

(Voir Annexe III, art. 49 septies YB et 49 septies YC)

IS-IX-25100 s. ; MF n° 10555

Art 199 ter I **I.** Le crédit d'impôt défini à l'article 244 quater J est imputé à hauteur d'un cinquième de son montant sur l'impôt sur le revenu dû par le contribuable au titre de l'année au cours de laquelle l'établissement de crédit ou la société de financement a versé des avances remboursables dans les conditions prévues à cet article et par fractions égales sur l'impôt sur le revenu dû au titre des quatre années suivantes. Si la fraction du crédit d'impôt excède l'impôt dû au titre de chacune de ces années, l'excédent est restitué.

II. 1. Si, pendant la durée de remboursement de l'avance, et tant que celle-ci n'est pas intégralement remboursée, il apparaît que les conditions mentionnées au I de l'article 244 quater J fixées pour l'octroi de l'avance remboursable n'ont pas été respectées, le crédit d'impôt est reversé par l'établissement de crédit ou la société de financement. Par exception, lorsque les conditions relatives à la justification des ressources déclarées par le bénéficiaire ne sont pas respectées par celui-ci, l'Etat exige de ce dernier le remboursement de l'avantage indûment perçu. Celui-ci ne peut excéder le montant du crédit d'impôt majoré de 25 %. Un décret en Conseil d'Etat définit les modalités de restitution de l'avantage indu par le bénéficiaire de l'avance remboursable sans intérêt.

2. Si, pendant la durée de remboursement de l'avance, et tant que celle-ci n'est pas intégralement remboursée, les conditions relatives à l'affectation du logement et à ses caractéristiques mentionnées au I de l'article 244 quater J fixées pour l'octroi de l'avance remboursable ne sont plus respectées, les fractions de crédit d'impôt restant à imputer ne peuvent plus être utilisées par l'établissement de crédit ou la société de financement.

3. L'offre de l'avance remboursable sans intérêt émise par l'établissement de crédit ou la société de financement peut prévoir de rendre exigible cette avance auprès des bénéficiaires dans les cas mentionnés au 1 et 2 selon des modalités définies par décret en Conseil d'Etat.

III. En cas de remboursement anticipé de l'avance remboursable mentionnée à l'article 244 quater J intervenant pendant la durée d'imputation du crédit d'impôt, les fractions de crédit d'impôt restant à imputer ne peuvent plus être utilisées par l'établissement de crédit ou la société de financement.

(Voir également Annexe III, art. 49 septies YR et 49 septies YS)

IS-IX-63060

Art 199 ter K Le crédit d'impôt défini à l'article 244 quater L est imputé sur l'impôt sur le revenu dû par le contribuable au titre de l'année au cours de laquelle l'entreprise a respecté les conditions prévues à cet article. Si le montant du crédit d'impôt excède le montant de

l'impôt dû au titre de ladite année, l'excédent est restitué.
(Voir Annexe III, art. 49 septies ZB et 49 septies ZB bis)

BA-VII-29350 s. ; MF nº 16355

Art 199 ter L Le crédit d'impôt défini à l'article 244 quater M est imputé sur l'impôt sur le revenu dû par le contribuable au titre de l'année au cours de laquelle les heures de formation ont été suivies par le chef d'entreprise. Si le montant du crédit d'impôt excède l'impôt dû au titre de ladite année, l'excédent est restitué.
(Voir Annexe III, art. 49 septies ZG et 49 septies ZH)

IS-IX-28300 s. ; MF nº 10545

Art 199 ter N Le crédit d'impôt défini à l'article 244 quater O est imputé sur l'impôt sur le revenu dû par le contribuable au titre de l'année au cours de laquelle les dépenses définies au même article ont été exposées. Si le montant du crédit d'impôt excède l'impôt dû au titre de ladite année, l'excédent est restitué.
(Voir Annexe III, art. 49 septies ZN et 49 septies ZO)

IS-IX-60700 s. ; MF nº 10535

Art 199 ter S I. Le crédit d'impôt défini à l'article 244 quater U est imputé à hauteur d'un cinquième de son montant sur l'impôt sur le revenu dû par le contribuable au titre de l'année au cours de laquelle l'établissement de crédit ou la société de financement a versé des avances remboursables dans les conditions prévues à cet article et par fractions égales sur l'impôt sur le revenu dû au titre des quatre années suivantes. Si la fraction du crédit d'impôt excède l'impôt dû au titre de chacune de ces années, l'excédent est restitué.

II. 1. Si, pendant la durée de remboursement de l'avance, et tant que celle-ci n'est pas intégralement remboursée, il apparaît que les conditions mentionnées aux I, VI bis et VI ter de l'article 244 quater U fixées pour l'octroi de l'avance remboursable n'ont pas été respectées, le crédit d'impôt est reversé par l'établissement de crédit ou la société de financement.

Par exception :

a. Lorsque le devis ou la facture visant tout ou partie des travaux financés ne permettent pas de justifier les informations figurant dans le descriptif mentionné au 5 du même I, l'entreprise réalisant ces travaux est redevable d'une amende égale à 10 % du montant des travaux non justifié. Cette amende ne peut excéder le montant du crédit d'impôt. Un décret fixe les modalités d'application du présent a ;

b. Lorsque la justification de la réalisation ou de l'éligibilité des travaux n'est pas apportée par le bénéficiaire dans le délai prévu au 5 dudit I, à l'exception des cas mentionnés au a du présent 1, l'Etat exige du bénéficiaire le remboursement de l'avantage indûment perçu. Celui-ci ne peut excéder le montant du crédit d'impôt majoré de 25 %. Un décret définit les modalités de restitution de l'avantage indu par le bénéficiaire de l'avance remboursable sans intérêt.

2. Si, pendant la durée de remboursement de l'avance, et tant que celle-ci n'est pas intégralement remboursée, les conditions relatives à l'affectation du logement mentionnées au I de l'article 244 quater U fixées pour l'octroi de l'avance remboursable ne sont plus respectées, les fractions de crédit d'impôt restant à imputer ne peuvent plus être utilisées par l'établissement de crédit ou la société de financement.

3. L'offre de l'avance remboursable sans intérêt émise par l'établissement de crédit ou la société de financement peut prévoir de rendre exigible cette avance auprès des bénéficiaires dans les cas mentionnés au premier alinéa du 1 et au 2 selon des modalités définies par décret *(Voir Code de la construction et de l'habitation, art. R* 319-15)*.

III. En cas de remboursement anticipé de l'avance remboursable mentionnée à l'article 244 quater U intervenant pendant la durée d'imputation du crédit d'impôt, les fractions de crédit d'impôt restant à imputer ne peuvent plus être utilisées par l'établissement de crédit ou la société de financement.

IS-IX-69500 s. ; MF nº 10635

Art 199 ter T I. Le crédit d'impôt défini à l'article 244 quater V est imputé à hauteur d'un cinquième de son montant sur l'impôt sur le revenu dû par le contribuable au titre de l'année au cours de laquelle l'établissement de crédit ou la société de financement a versé des prêts ne portant pas intérêt et par fractions égales sur l'impôt sur le revenu dû au titre des quatre années suivantes. Si la fraction du crédit d'impôt excède l'impôt dû au titre de chacune de ces années, l'excédent est restitué.

II. Si, pendant la durée du prêt, et tant que celui-ci n'est pas intégralement remboursé, il apparaît que les conditions mentionnées au chapitre X du titre Ier du livre III du code de la construction et de l'habitation n'ont pas été respectées, la différence entre le montant du crédit d'impôt correspondant au prêt effectivement octroyé et le montant du crédit d'impôt correspondant au prêt qui aurait dû être octroyé à l'emprunteur est reversée par l'établissement de crédit ou la société de financement. En cas d'absence de déclaration spontanée, dans un délai fixé par décret, de l'événement justifiant le reversement par l'établissement ou la société à la société de gestion mentionnée à l'article

L 31-10-14 du même code, le montant du crédit d'impôt reversé est majoré de 40 %.

III. Si, pendant la durée du prêt, et tant que celui-ci n'est pas intégralement remboursé, les conditions de son maintien mentionnées à l'article L 31-10-6 du code de la construction et de l'habitation ne sont plus respectées ou en cas de remboursement anticipé du prêt, les fractions de crédit d'impôt restant à imputer ne peuvent plus être utilisées par l'établissement de crédit ou la société de financement. En cas d'absence de déclaration spontanée, dans un délai fixé par décret, de ces événements par l'établissement ou la société à la société de gestion mentionnée à l'article L 31-10-14 du même code, l'établissement de crédit ou la société de financement reverse par ailleurs une somme égale à 40 % du montant des fractions de crédit d'impôt restant à imputer.

(Voir Annexe III, art. 49 septies ZZF à 49 septies ZZK)

Ndlr *Dispositions applicables aux prêts émis du 1er janvier 2011 au 31 décembre 2027 (Loi 2010-1657 du 29 décembre 2010 art. 90, V modifié par loi 2023-1322 du 29 décembre 2023 art. 71, VII).*

IS-IX-64300 s. ; MF nº 10630

Art 199 ter U Le crédit d'impôt défini à l'article 244 quater W est imputé sur l'impôt sur le revenu dû par l'entreprise au titre de l'exercice au cours duquel l'événement prévu au IV du même article est survenu. Si le montant du crédit d'impôt excède l'impôt dû au titre dudit exercice, l'excédent est restitué.

Le montant du crédit d'impôt avant imputation sur l'impôt sur le revenu constitue une créance sur l'Etat lorsque, en application du deuxième alinéa de l'article L 313-23 du code monétaire et financier, cette créance a fait l'objet d'une cession ou d'un nantissement avant la liquidation de l'impôt sur le revenu sur lequel le crédit d'impôt correspondant s'impute, à la condition que l'administration en ait été préalablement informée.

La créance est inaliénable et incessible, sauf dans les cas et les conditions prévus aux articles L 313-23 à L 313-35 du même code ; elle ne peut alors faire l'objet de plusieurs cessions ou nantissements partiels auprès d'un ou de plusieurs cessionnaires ou créanciers.

Dans l'hypothèse où la créance a fait l'objet d'une cession ou d'un nantissement dans les conditions prévues au deuxième alinéa et que le crédit d'impôt fait l'objet d'une reprise dans les conditions prévues au VIII de l'article 244 quater W, la reprise est faite auprès :

1º Des entreprises mentionnées au 1 du I du même article 244 quater W, à concurrence du prix de cession ou du nantissement de la créance ;

2º Du cessionnaire ou du bénéficiaire du nantissement de la créance, à concurrence de la différence entre le montant du crédit d'impôt et le prix d'acquisition ou du nantissement de la créance.

Un décret fixe les modalités de cession et de nantissement de la créance en cas de construction d'immeuble *(Voir Annexe III, art. 49 septies ZZS)*.

DC-IV-33500 s. ; MF nos 91995 s.

Art 199 ter V **I.** Le crédit d'impôt défini à l'article 244 quater T est imputé à hauteur d'un cinquième de son montant sur l'impôt sur le revenu dû par le contribuable au titre de l'année au cours de laquelle l'établissement de crédit ou la société de financement a versé des prêts avance mutation ne portant pas intérêt dans les conditions prévues au même article 244 quater T et par fractions égales sur l'impôt sur le revenu dû au titre des quatre années suivantes. Si la fraction du crédit d'impôt excède l'impôt dû au titre de chacune de ces années, l'excédent est restitué.

II. A. Si, pendant la durée du prêt avance mutation ne portant pas intérêt, tant que celui-ci n'est pas intégralement remboursé, il apparaît que les conditions mentionnées au I de l'article 244 quater T fixées pour l'octroi du prêt avance mutation ne portant pas intérêt n'ont pas été respectées, le crédit d'impôt est reversé par l'établissement de crédit, la société de financement ou la société de tiers-financement.

Par exception :

1º Lorsque le devis ou la facture visant tout ou partie des travaux financés ne permettent pas de justifier les informations figurant dans le descriptif mentionné au 5 du I de l'article 244 quater U, l'entreprise réalisant ces travaux est redevable d'une amende égale à 10 % du montant des travaux non justifié. Cette amende ne peut excéder le montant du crédit d'impôt. Un décret fixe les modalités d'application du présent 1º ;

2º Lorsque la justification de la réalisation ou de l'éligibilité des travaux n'est pas apportée par le bénéficiaire dans le délai prévu au 5 du I de l'article 244 quater U, à l'exception des cas mentionnés au 1º du présent A, l'Etat exige du bénéficiaire le remboursement de l'avantage indûment perçu. Celui-ci ne peut excéder le montant du crédit d'impôt majoré de 25 %. Un décret définit les modalités de restitution de l'avantage indu par le bénéficiaire du prêt avance mutation ne portant pas intérêt.

B. Si, pendant la durée du prêt avance mutation ne portant pas intérêt, tant que celui-ci n'est pas intégralement remboursé, les conditions relatives à l'affectation du logement mentionnées au C du I de l'article 244 quater T fixées pour l'octroi du prêt avance mutation ne portant pas intérêt ne sont plus respectées, les fractions de crédit d'impôt restant à imputer ne peuvent plus être utilisées par l'établissement de crédit ou par la société de financement.

C. L'offre de prêt avance mutation ne portant pas intérêt émise par l'établissement de crédit ou par la société de financement peut prévoir de rendre exigible ce prêt auprès des bénéficiaires dans les cas mentionnés au premier alinéa du A et au B du présent II, selon des modalités définies par décret.

III. En cas de remboursement anticipé du prêt avance mutation ne portant pas intérêt mentionné à l'article 244 quater T, les fractions de crédit d'impôt restant à imputer ne peuvent plus être utilisées par l'établissement de crédit ou par la société de financement.

Ndlr *Les dispositions du présent article s'appliquent aux offres de prêts avance mutation ne portant pas intérêt émises à compter du 1er septembre 2024 et jusqu'au 31 décembre 2027 (Loi 2023-1322 du 29 décembre 2023 art. 71, X-B).*

Art 199 quater Pour les indemnités et les pensions mentionnées aux 1 et 5 de l'article 12 de la décision du Parlement européen 2005/684/CE du 28 septembre 2005 portant adoption du statut des députés au Parlement européen soumises à l'impôt européen mentionné au même article 12, la double imposition est évitée par l'octroi d'un crédit d'impôt égal au montant de l'impôt européen acquitté, dans la limite de l'impôt dû en France sur ces indemnités et pensions.

TS-I-1210 s. ; MF n° 22280

Art 199 quater A La retenue prévue au 2 de l'article 119 bis libère les contribuables fiscalement domiciliés hors de France de l'impôt sur le revenu dû en raison des sommes qui ont supporté cette retenue.

RM-III-8500 ; MF n° 24850

2° Réduction d'impôt accordée aux adhérents de centres de gestion ou d'associations agréés

Art 199 quater B Les titulaires de revenus passibles de l'impôt sur le revenu dans la catégorie des bénéfices industriels et commerciaux, bénéfices agricoles ou bénéfices non commerciaux dont le chiffre d'affaires ou les recettes sont inférieurs aux limites des régimes définis aux articles 50-0, 64 bis et 102 ter et qui ont opté pour un mode réel de détermination du résultat et adhéré à un centre de gestion ou à une association agréés bénéficient d'une réduction de la cotisation d'impôt sur le revenu égale aux deux tiers des dépenses exposées pour la tenue de la comptabilité et, éventuellement, pour l'adhésion à un centre de gestion ou à une association agréés. Cette réduction, plafonnée à 915 € par an, s'applique sur le montant de l'impôt sur le revenu calculé dans les conditions fixées par l'article 197 et dans la limite de ce montant. Les dispositions du 5 du I de l'article 197 sont applicables.

Cette réduction d'impôt est maintenue également pour la première année d'application de plein droit du régime réel normal ou simplifié d'imposition des bénéfices agricoles.

DC-II-13000 s. ; MF nos 87990 s.

3° Crédit d'impôt accordé au titre des cotisations versées aux organisations syndicales ainsi qu'aux associations nationales professionnelles de militaires

Art 199 quater C Les cotisations versées aux organisations syndicales représentatives de salariés et de fonctionnaires au sens de l'article L 2121-1 du code du travail, ainsi qu'aux associations professionnelles nationales de militaires représentatives au sens de l'article L 4126-8 du code de la défense ouvrent droit à un crédit d'impôt sur le revenu.

Le crédit d'impôt est égal à 66 % des cotisations versées prises dans la limite de 1 % du montant du revenu brut désigné à l'article 83, après déduction des cotisations et des contributions mentionnées aux 1° à 2° ter du même article.

Le crédit d'impôt ne s'applique pas aux bénéficiaires de traitements et salaires admis à justifier du montant de leurs frais réels.

L'excédent éventuel de crédit d'impôt est remboursé.

Le versement des cotisations ouvre droit au bénéfice du crédit d'impôt, sous réserve que le contribuable soit en mesure de présenter, à la demande de l'administration fiscale, le reçu du syndicat ou de l'association nationale professionnelle de militaires mentionnant le montant et la date du versement.

IRPP-IV-43000 s. ; MF n° 3370

6° Réduction d'impôt accordée au titre des frais de scolarité des enfants poursuivant des études secondaires ou supérieures

Art 199 quater F Les contribuables qui ont leur domicile fiscal en France bénéficient d'une réduction de leur impôt sur le revenu lorsque les enfants qu'ils ont à leur charge poursuivent des études secondaires ou supérieures durant l'année scolaire en cours au 31 décembre de l'année d'imposition.

Le montant de la réduction d'impôt est fixé à :

61 € par enfant fréquentant un collège ;

153 € par enfant fréquentant un lycée d'enseignement général et technologique ou un lycée professionnel ;

183 € par enfant suivant une formation d'enseignement supérieur.

Les montants mentionnés aux alinéas précédents sont divisés par deux lorsque l'enfant est réputé à charge égale de l'un et l'autre de ses parents.

Le bénéfice de la réduction d'impôt est subordonné à la condition que soient mentionnés sur la déclaration des revenus, pour chaque enfant concerné, ses nom et prénom, le nom de l'établissement scolaire et la classe qu'il fréquente ou le nom de l'établissement supérieur dans lequel il est inscrit.

Les dispositions du 5 du I de l'article 197 sont applicables.

IRPP-IV-33000 s. ; MF n° 3325

9° Réduction d'impôt accordée au titre de certaines primes d'assurances

Art 199 septies **I.** Lorsqu'elles n'entrent pas en compte pour l'évaluation des revenus des différentes catégories, ouvrent droit à une réduction d'impôt sur le revenu de 25 % dans la limite d'un plafond global de versements annuels égal à 1 525 € majoré de 300 € par personne à charge :

1° Les primes afférentes à des contrats d'assurance en cas de décès, lorsque ces contrats garantissent le versement d'un capital ou d'une rente viagère à un enfant ou à tout autre parent en ligne directe ou collatérale jusqu'au troisième degré de l'assuré, ou à une personne réputée à charge de celui-ci en application de l'article 196 A bis, et lorsque ces bénéficiaires sont atteints d'une infirmité qui les empêche soit de se livrer, dans des conditions normales de rentabilité, à une activité professionnelle, soit d'acquérir une instruction ou une formation professionnelle d'un niveau normal ;

2° Les primes afférentes aux contrats d'assurance d'une durée effective au moins égale à six ans dont l'exécution dépend de la durée de la vie humaine lorsque les contrats sont destinés à garantir le versement d'un capital en cas de vie ou d'une rente viagère avec jouissance effectivement différée d'au moins six ans, quelle que soit la date de la souscription, à l'assuré atteint, lors de leur conclusion, d'une infirmité qui l'empêche de se livrer, dans des conditions normales de rentabilité, à une activité professionnelle ;

3° Un arrêté du ministre de l'économie et des finances définit les justifications auxquelles est subordonné le bénéfice de la réduction d'impôt.

II. Les personnes qui n'ont pas leur domicile fiscal en France au sens de l'article 4 B ne bénéficient pas de la réduction d'impôt prévue au I. Les dispositions du 5 du I de l'article 197 sont applicables.

IRPP-IV-37000 s. ; MF n°s 3345 s.

11° bis Réduction d'impôt accordée au titre des investissements dans l'immobilier de loisirs

Art 199 decies E Tout contribuable qui, entre le 1er janvier 1999 et le 31 décembre 2010, acquiert un logement neuf ou en l'état futur d'achèvement faisant partie d'une résidence de tourisme classée dans une zone de revitalisation rurale, et qui le destine à une location dont le produit est imposé dans la catégorie des revenus fonciers bénéficie d'une réduction d'impôt sur le revenu. L'indexation d'une part minoritaire du loyer sur le chiffre d'affaires ne fait pas obstacle à l'imposition dans la catégorie des revenus fonciers.

Cette réduction d'impôt est calculée sur le prix de revient de ces logements dans la limite de 50 000 € pour une personne célibataire, veuve ou divorcée et de 100 000 € pour un couple marié. Son taux est de 25 %. Il ne peut être opéré qu'une seule réduction d'impôt à la fois et elle est répartie sur six années au maximum. Elle est accordée au titre de l'année d'achèvement du logement ou de son acquisition si elle est postérieure et imputée sur l'impôt dû au titre de cette même année à raison du sixième des limites de 12 500 € ou 25 000 €, puis, le cas échéant, pour le solde les cinq années suivantes dans les mêmes conditions. A la demande du contribuable, ce solde peut être imputé par sixième durant les six années suivantes.

Ouvrent également droit à la réduction d'impôt, dans les mêmes conditions, les logements faisant partie d'une résidence de tourisme classée dans une zone, autre qu'une zone de revitalisation rurale précitée, inscrite sur la liste pour la France des zones concernées par l'objectif n° 2 prévue à l'article 4 du règlement (CE) n° 1260/1999 du Conseil du 21 juin 1999 portant dispositions générales sur les fonds structurels, à l'exclusion des communes situées dans des agglomérations de plus de 5 000 habitants.

Ouvrent également droit à la réduction d'impôt, dans les mêmes conditions, les logements faisant partie d'une résidence de tourisme classée et située dans le périmètre d'intervention d'un établissement public chargé de l'aménagement d'une agglomération nouvelle créée en application de la loi n° 70-610 du 10 juillet 1970 tendant à faciliter la création d'agglomérations nouvelles.

Ndlr *La loi 70-610 du 10 juillet 1970 a été abrogée à compter du 1er janvier 2017 (Loi 2015-991 du 7 août 2015 art. 44, I).*

Le propriétaire doit s'engager à louer le logement nu pendant au moins neuf ans à l'exploitant de la résidence de tourisme. Cette location doit prendre effet dans le mois qui suit la date d'achèvement de l'immeuble ou de son acquisition, si elle est postérieure. Dès lors que la commune et les services de l'Etat dans le département auront identifié un déficit de logements pour les travailleurs saisonniers dans la station, l'exploitant de la résidence de tourisme devra s'engager à réserver une proportion significative de son parc immobilier pour le logement des saisonniers, proportion au moins équivalente au nombre de salariés de la résidence. En cas de cession du logement, la réduction pratiquée fait l'objet d'une reprise au titre de l'année de la cession. En cas de rupture de l'engagement de location pendant une durée supérieure à douze mois en cas de liquidation judiciaire de l'exploitant, de résiliation ou de cession du bail commercial par l'exploitant, ou de mise en œuvre par les propriétaires du bénéfice de la clause contractuelle prévoyant la résiliation du contrat à défaut de paiement du loyer par l'exploitant, la réduction d'impôt fait l'objet d'une reprise pour le tiers de son montant au titre de l'année de la rupture de l'engagement de location et de chacune des deux années suivantes. La réduction pratiquée ne fait pas l'objet d'une reprise si les copropriétaires substituent au gestionnaire défaillant de la résidence de tourisme une ou un ensemble d'entreprises qui assurent les mêmes prestations sur la période de location restant à couvrir conformément aux prescriptions légales, dans des conditions fixées par décret *(Voir Annexe III, art. 46 AGG bis)*. Cette faculté leur est ouverte dès lors que la candidature d'un autre gestionnaire n'a pu être retenue après un délai d'un an et qu'ils détiennent au moins 50 % des appartements de la résidence. Le paiement d'une partie du loyer par compensation avec le prix des prestations d'hébergement facturées par l'exploitant au propriétaire, lorsque le logement est mis à la disposition de ce dernier pour une durée totale n'excédant pas huit semaines par an, ne fait pas obstacle au bénéfice de la réduction à condition que le revenu brut foncier déclaré par le bailleur corresponde au loyer annuel normalement dû par l'exploitant en l'absence de toute occupation par le propriétaire.

Les dispositions du 5 du I de l'article 197 sont applicables.

La réduction n'est pas applicable au titre des logements dont le droit de propriété est démembré. Toutefois, lorsque le transfert de la propriété du bien ou le démembrement de ce droit résulte du décès de l'un des époux soumis à imposition commune, le conjoint survivant attributaire du bien ou titulaire de son usufruit peut demander la reprise à son profit, dans les mêmes conditions et selon les mêmes modalités, du bénéfice de la réduction prévue au présent article pour la période restant à courir à la date du décès.

Le présent article est applicable lorsque l'achèvement des logements intervient au plus tard le 1er juillet 2025.

(Voir Annexe III, art. 46 AGD à 46 AGF)

Art 199 decies EA La réduction d'impôt mentionnée à l'article 199 decies E est accordée au titre de l'acquisition d'un logement achevé depuis quinze ans au moins *(La condition d'ancienneté de quinze ans est applicable pour les revenus perçus à compter du 1er janvier 2009 ; pour les années antérieures, la réduction est accordée au titre des logements achevés avant le 1er janvier 1989)* et qui fait l'objet de travaux de réhabilitation. Par dérogation aux premier et troisième alinéas de l'article précité, la réduction d'impôt s'applique aux logements situés dans les stations classées relevant de la section 2 du chapitre III du titre III du livre Ier du code du tourisme et dans les communes touristiques dont la liste est fixée par décret *(Voir décret 2007-19 du 5 janvier 2007, JO du 6)*.

La réduction est calculée sur le prix de revient de ces logements majoré des travaux de réhabilitation définis par décret *(Voir Annexe III, art. 46 AGF bis)*, dans la limite de 50 000 € pour une personne célibataire, veuve ou divorcée et de 100 000 € pour un couple marié. Le contribuable qui demande le bénéfice de la réduction d'impôt renonce à la faculté de déduire ces dépenses, pour leur montant réel ou sous la forme d'une déduction de l'amortissement, pour la détermination des revenus catégoriels. Il ne peut bénéficier des dispositions prévues à l'article 32.

Son taux est de 20 %. Elle est accordée au titre de l'année d'achèvement des travaux de réhabilitation et imputée sur l'impôt dû au titre de cette même année à raison du sixième des limites de 10 000 € ou 20 000 € puis, le cas échéant, pour le solde les cinq années suivantes dans les mêmes conditions. A la demande du contribuable, ce solde peut être imputé par sixième durant les six années suivantes. Les travaux de réhabilitation doivent être achevés dans les deux années qui suivent l'acquisition du logement.

La location doit prendre effet dans le délai prévu par l'article 199 decies E.

L'exploitant de la résidence de tourisme réserve dans des conditions fixées par décret un pourcentage d'au moins 15 % de logements pour les salariés saisonniers.

(Voir Annexe III, art. 46 AGF ter à 46 AGF sexies)

Art 199 decies F **1.** Il est institué une réduction d'impôt sur le revenu pour les contribuables domiciliés en France au sens de l'article 4 B qui réalisent des travaux de reconstruction, d'agrandissement, de réparation ou d'amélioration entre le 1er janvier 2005 et le 31 décembre 2012. Cette réduction d'impôt s'applique :

a. Aux dépenses afférentes à un logement, faisant partie d'une résidence de tourisme classée dans une zone de revitalisation rurale ou dans une zone, autre qu'une zone de revitalisation rurale, inscrite sur la liste pour la France des zones concernées par l'objectif n° 2 prévue à l'article 4 du règlement (CE) n° 1260/1999 du Conseil, du 21 juin 1999, portant dispositions générales sur les fonds structurels, à l'exclusion des communes situées dans des agglomérations de plus de 5 000 habitants, qui est destiné à la location dont le produit est imposé dans la catégorie des revenus fonciers ;

b. Aux dépenses afférentes à un logement, achevé depuis quinze ans au moins et situé dans une zone mentionnée au a, qui est destiné à la location en qualité de meublé de tourisme au sens de l'arrêté du 28 décembre 1976 ;

c. Aux dépenses afférentes à un logement, achevé depuis quinze ans au moins et faisant partie d'un village résidentiel de tourisme classé inclus dans le périmètre d'une opération de réhabilitation de l'immobilier de loisir définie à l'article L 318-5 du code de l'urbanisme, qui est destiné à la location dont le produit est imposé dans la catégorie des revenus fonciers.

Pour les logements visés aux a et c, l'indexation d'une part minoritaire du loyer sur le chiffre d'affaires ne fait pas obstacle à l'imposition dans la catégorie des revenus fonciers.

2. La réduction d'impôt est accordée au titre de l'année du paiement des dépenses de travaux. Les dispositions du 5 du I de l'article 197 sont applicables.

3. Le montant des dépenses de reconstruction, d'agrandissement, de réparation ou d'amélioration effectivement supportées par le propriétaire ouvrant droit à réduction d'impôt ne peut excéder, au titre d'une année, 50 000 € pour une personne célibataire, veuve ou divorcée et 100 000 € pour un couple marié. Son taux est égal à :

a. 15 % du montant des dépenses afférentes à des logements mentionnés aux a et b du 1 ;

b. 30 % du montant des dépenses afférentes à des logements mentionnés au c du 1, sans qu'il y ait toutefois lieu de le diminuer des subventions publiques accordées aux contribuables.

4. Pour les logements mentionnés aux a et c du 1, le propriétaire doit selon le cas s'engager à les louer nus pendant au moins neuf ans à l'exploitant de la résidence de tourisme ou du village résidentiel de tourisme classé. Cette location doit prendre effet dans le mois qui suit la date d'achèvement des travaux. Le paiement d'une partie du loyer par compensation avec le prix des prestations d'hébergement facturées par l'exploitant de la résidence ou du village résidentiel au propriétaire, lorsque le logement est mis à la disposition de ce dernier pour une durée totale n'excédant pas huit semaines par an, ne fait pas obstacle au bénéfice de la réduction à condition que le revenu brut foncier déclaré par le bailleur corresponde au loyer annuel normalement dû par l'exploitant en l'absence de toute occupation par le propriétaire.

Pour les logements mentionnés au b du 1, le propriétaire doit s'engager à les louer meublés à des personnes physiques à raison de douze semaines au minimum par année et pendant les neuf années suivant celle de l'achèvement des travaux.

En cas de cession du logement, la réduction pratiquée fait l'objet d'une reprise au titre de l'année de la cession. En cas de rupture de l'engagement de location pendant une durée supérieure à douze mois en cas de liquidation judiciaire de l'exploitant, de résiliation ou de cession du bail commercial par l'exploitant, ou de mise en œuvre par les propriétaires du bénéfice de la clause contractuelle prévoyant la résiliation du contrat à défaut de paiement du loyer par l'exploitant, la réduction d'impôt fait l'objet d'une reprise pour le tiers de son montant au titre de l'année de la rupture de l'engagement de location et de chacune des deux années suivantes. Toutefois, en cas d'invalidité correspondant au classement dans la deuxième ou la troisième des catégories prévues à l'article L 341-4 du code de la sécurité sociale, de licenciement ou de décès du contribuable ou de l'un des époux soumis à imposition commune, la réduction d'impôt n'est pas reprise.

La réduction pratiquée ne fait pas l'objet d'une reprise si les copropriétaires substituent au gestionnaire défaillant de la résidence de tourisme une ou un ensemble d'entreprises qui assurent les mêmes prestations sur la période de location restant à couvrir conformément aux prescriptions légales, dans des conditions fixées par décret *(Voir Annexe III, art. 46 AGG bis).* Cette faculté leur est ouverte dès lors que la candidature d'un autre gestionnaire n'a pu être retenue après un délai d'un an et qu'ils détiennent au moins 50 % des appartements de la résidence.

5. La réduction d'impôt n'est pas applicable au titre des logements dont le droit de propriété est démembré. Le contribuable qui demande le bénéfice de la réduction d'impôt renonce à la faculté de déduire ces dépenses, pour leur montant réel ou sous la forme d'une déduction de l'amortissement, pour la détermination des revenus catégoriels. Il ne peut bénéficier des dispositions prévues à l'article 32 ou à l'article 50-0.

(Voir Annexe III, art. 46 AGG)

Art 199 decies G La réduction d'impôt mentionnée aux articles 199 decies E et 199 decies EA est accordée, dans les mêmes conditions, lorsque le logement est la propriété d'une société non soumise à l'impôt sur les sociétés, à la condition que le porteur de parts s'engage à conserver la totalité de ses titres jusqu'à l'expiration du délai de neuf ans mentionné au cinquième alinéa de l'article 199 decies E. En outre, la réduction n'est pas applicable aux revenus des titres dont le droit de propriété est démembré. Toutefois, lorsque le transfert de la propriété des titres ou le démembrement de ce droit résulte du décès de l'un des époux soumis à imposition commune, le conjoint survivant attributaire des titres ou titulaire de leur usufruit peut demander la reprise à son profit, dans les mêmes conditions et selon les mêmes modalités, du bénéfice de la réduction prévue au présent article pour la période restant à courir à la date du décès.

(Voir Annexe III, art. 46 AGE, 46 AGF, 46 AGF quater et 46 AGF quinquies)

11° quater Réduction d'impôt accordée au titre des investissements dans des résidences hôtelières à vocation sociale

Art 199 decies I **I.** Il est institué une réduction d'impôt sur le revenu pour les contribuables domiciliés en France au sens de l'article 4 B qui acquièrent, entre le 1er janvier 2007 et le 31 décembre 2010, un logement faisant partie d'une résidence hôtelière à vocation sociale définie à l'article L 631-11 du code de la construction et de l'habitation et qui le destinent à une location dont le produit est imposé dans la catégorie des revenus fonciers. Cette réduction d'impôt s'applique :

1° A l'acquisition de logements neufs ou en l'état futur d'achèvement ;

2° A l'acquisition de logements à rénover, dans les conditions prévues à l'article L 262-1 du code de la construction et de l'habitation.

II. La réduction d'impôt est calculée sur le prix de revient de ces logements dans la limite de 50 000 € pour une personne célibataire, veuve ou divorcée et de 100 000 € pour un couple marié ou les partenaires liés par un pacte civil de solidarité, soumis à une imposition commune. Son taux est égal à 25 %.

III. Il ne peut être opéré qu'une seule réduction d'impôt à la fois et elle est répartie sur six années au maximum. Elle est accordée au titre :

1° De l'année d'achèvement du logement ou de son acquisition si elle est postérieure, pour les logements mentionnés au 1° du I ;

2° De l'année de réception des travaux pour les logements mentionnés au 2° du I.

IV. La réduction est imputée sur l'impôt dû au titre de l'année mentionnée au III à raison du sixième des limites de 12 500 € ou 25 000 € puis, le cas échéant, pour le solde les cinq années suivantes dans les mêmes conditions.

V. Le propriétaire doit s'engager à louer le logement nu pendant au moins neuf ans à l'exploitant de la résidence hôtelière à vocation sociale. Cette location doit prendre effet dans les six mois qui suivent la date d'achèvement de l'immeuble ou de son acquisition, si elle est postérieure. En cas de non-respect de l'engagement ou de cession du logement, la réduction pratiquée fait l'objet d'une reprise au titre de l'année de la rupture de l'engagement ou de celle de la cession.

Le 5 du I de l'article 197 est applicable.

VI. La réduction n'est pas applicable au titre des logements dont le droit de propriété est démembré. Toutefois, lorsque le transfert de la propriété du bien ou le démembrement de ce droit résulte du décès de l'un des époux soumis à imposition commune, le conjoint survivant attributaire du bien ou titulaire de son usufruit peut demander la reprise à son profit, dans les mêmes conditions et selon les mêmes modalités, du bénéfice de la réduction prévue au présent article pour la période restant à courir à la date du décès.

VII. Pour un même contribuable, les dispositions du présent article sont exclusives de l'application de celles des articles 199 decies E à 199 decies G.

VIII. Le présent article est applicable lorsque l'achèvement des logements ou la réception des travaux intervient au plus tard le 1er juillet 2025.

(Voir Annexe III, art. 46 AGL ; voir également décret 2007-892 du 15 mai 2007, JO du 16, en ce qui concerne notamment, les normes techniques que doivent respecter les résidences hôtelières à vocation sociale, les modalités relatives à l'agrément respectif des résidences et de leurs exploitants ainsi que, selon les conditions de financement de la résidence, le prix de nuitée maximal applicable aux logements que l'exploitant s'engage à réserver aux personnes mentionnées au II de l'article L 301-1 du code de la construction et de l'habitation, et le pourcentage des logements de la résidence réservés à ces personnes)

IRPP-IV-66000 s.

12° Réduction d'impôt accordée au titre de certains investissements réalisés outre-mer

Art 199 undecies A **1.** Il est institué une réduction d'impôt sur le revenu pour les contribuables domiciliés en France au sens de l'article 4 B qui investissent en Guadeloupe, en

Guyane, en Martinique, à Mayotte, à La Réunion, à Saint-Pierre-et-Miquelon, en Nouvelle-Calédonie, en Polynésie française, à Saint-Martin, à Saint-Barthélemy, dans les îles Wallis-et-Futuna et les Terres australes et antarctiques françaises, entre la date de promulgation de la loi nº 2003-660 du 21 juillet 2003 de programme pour l'outre-mer et le 31 décembre 2017 pour les investissements mentionnés aux a à d, f et g du 2 et entre la date de promulgation de la loi nº 2003-660 du 21 juillet 2003 précitée et le 31 décembre 2029 pour les investissements mentionnés au e du même 2 *(NDLR Dispositif prorogé jusqu'en 2029 par l'article 13 de la loi 2022-1726 du 30 décembre 2022).*

2. La réduction d'impôt s'applique :

a. Dans la limite d'une surface habitable comprise entre 50 et 150 mètres carrés et fixée par décret selon le nombre de personnes destinées à occuper à titre principal le logement *(Voir Annexe III, art. 46 AG terdecies)*, au prix de revient de l'acquisition ou de la construction régulièrement autorisée par un permis de construire d'un immeuble neuf situé dans les départements ou collectivités visés au 1, que le propriétaire prend l'engagement d'affecter dès l'achèvement ou l'acquisition si elle est postérieure à son habitation principale pendant une durée de cinq ans ;

b. Au prix de revient de l'acquisition ou de la construction régulièrement autorisée par un permis de construire d'un immeuble neuf situé dans les départements ou collectivités visés au 1, que le propriétaire prend l'engagement de louer nu dans les six mois de l'achèvement ou de l'acquisition si elle est postérieure pendant cinq ans au moins à des personnes, autres que son conjoint ou un membre de son foyer fiscal, qui en font leur habitation principale ;

c. Au prix de souscription de parts ou actions de sociétés dont l'objet réel est exclusivement de construire des logements neufs situés dans les départements ou collectivités visés au 1 et qu'elles donnent en location nue pendant cinq ans au moins à compter de leur achèvement à des personnes, autres que les associés de la société, leur conjoint ou les membres de leur foyer fiscal, qui en font leur habitation principale. Ces sociétés doivent s'engager à achever les fondations des immeubles dans les deux ans qui suivent la clôture de chaque souscription annuelle. Les souscripteurs doivent s'engager à conserver les parts ou actions pendant cinq ans au moins à compter de la date d'achèvement des immeubles ;

d. Aux souscriptions au capital de sociétés civiles autorisées à procéder à une offre au public de titres financiers, autre que les offres mentionnées au 1º ou au 2º de l'article L 411-2 du code monétaire et financier ou à l'article L 411-2-1 du même code, lorsque la société s'engage à affecter intégralement le produit de la souscription annuelle, dans les six mois qui suivent la clôture de celle-ci, à l'acquisition de logements neufs situés dans les départements ou collectivités visés au 1 et affectés pour 90 % au moins de leur superficie à usage d'habitation. Ces sociétés doivent s'engager à louer les logements nus pendant cinq ans au moins à compter de leur achèvement ou de leur acquisition si elle est postérieure à des locataires, autres que les associés de la société, leur conjoint ou les membres de leur foyer fiscal, qui en font leur habitation principale. Les souscripteurs doivent s'engager à conserver les parts pendant cinq ans au moins à compter de ces mêmes dates ;

e. Au montant des travaux de réhabilitation réalisés par une entreprise, à l'exclusion de ceux qui constituent des charges déductibles des revenus fonciers en application de l'article 31, et portant sur des logements achevés depuis plus de vingt ans, situés dans les départements ou collectivités visés au 1, que le propriétaire prend l'engagement, pour une durée de cinq ans, soit d'affecter dès l'achèvement des travaux à son habitation principale, soit de louer nu dans les six mois qui suivent l'achèvement des travaux à des personnes qui en font leur habitation principale et autres que son conjoint ou un membre de son foyer fiscal, ainsi qu'au montant des travaux de confortation de logements contre le risque sismique ou cyclonique. Un décret détermine les conditions d'application de ces dispositions, et notamment la nature des travaux de réhabilitation éligibles *(Voir Annexe III, art. 46 AG terdecies A)* ;

f. Sous réserve du respect du règlement (UE) nº 651/2014 de la Commission du 17 juin 2014 déclarant certaines catégories d'aides compatibles avec le marché intérieur en application des articles 107 et 108 du traité, aux versements effectués au titre de souscriptions en numéraire au capital des sociétés de développement régional des départements ou collectivités visés au 1 ou de sociétés soumises à l'impôt sur les sociétés dans les conditions de droit commun effectuant dans les douze mois de la clôture de la souscription des investissements productifs neufs dans ces départements ou collectivités et dont l'activité réelle se situe dans les secteurs éligibles pour l'application des dispositions du I de l'article 199 undecies B. Lorsque la société affecte tout ou partie de la souscription à la construction d'immeubles destinés à l'exercice d'une activité située dans l'un de ces secteurs, elle doit s'engager à en achever les fondations dans les deux ans qui suivent la clôture de la souscription. La société doit s'engager à maintenir l'affectation des biens à l'activité dans les secteurs visés ci-dessus pendant les cinq ans qui suivent leur acquisition ou pendant leur durée normale d'utilisation si elle est inférieure ;

g. Aux versements effectués au titre de souscriptions en numéraire, agréées par le ministre chargé du budget, au capital de sociétés qui ont pour objet le financement par souscriptions en numéraire au capital ou par prêts participatifs, selon des modalités et limites fixées par décret *(Voir Annexe III, art. 46 AG quindecies)*, d'entreprises exerçant leur activité exclusivement outre-mer dans un secteur éligible défini au I de l'article 199 undecies B et qui affectent ces prêts et souscriptions à l'acquisition et à l'exploitation d'investissements productifs neufs.

Ces sociétés spécialisées ne bénéficient pas, pour la détermination de leur propre résultat, des déductions prévues à l'article 217 undecies.

L'équivalent de 60 % de la réduction d'impôt ainsi obtenue doit bénéficier à l'entreprise qui acquiert et exploite l'investissement ;

h. *(Abrogé).*

Les souscripteurs de parts ou actions des sociétés mentionnées aux f et g doivent s'engager à les conserver pendant cinq ans à compter de la date de la souscription.

3. La réduction d'impôt n'est pas applicable au titre des immeubles et des parts ou actions mentionnés au 2 dont le droit de propriété est démembré. Toutefois, lorsque le transfert de la propriété des immeubles, parts ou actions, ou le démembrement du droit de propriété résulte du décès de l'un des époux soumis à imposition commune, le conjoint survivant attributaire de l'immeuble, des parts ou des actions, ou titulaire de leur usufruit peut demander la reprise à son profit, dans les mêmes conditions et selon les mêmes modalités, du bénéfice de la réduction prévue au présent article pour la période restant à courir à la date du décès.

3 bis. La réduction d'impôt n'est applicable au titre des investissements mentionnés au a du 2 que lorsque ceux-ci sont réalisés par des personnes physiques pour l'acquisition ou la construction d'une résidence principale en accession à la première propriété au sens du troisième alinéa du I de l'article 244 quater J ainsi que par des personnes physiques dont la résidence principale est visée par un arrêté pris en application du chapitre Ier du titre Ier du livre V du code de la construction et de l'habitation pour les situations mentionnées au 1° de l'article L 511-2 du même code et au 4° du même article lorsque l'arrêté de traitement de l'insalubrité porte sur l'usage qui est fait des immeubles, locaux ou installations, ou lorsqu'il porte sur des locaux par nature impropres à l'habitation mentionnés à l'article L 1331-23 du code de la santé publique.

Ndlr *Les dispositions du présent 3 bis s'appliquent à compter du 1er janvier 2021 et ne sont applicables qu'aux arrêtés notifiés à compter de cette date (Ordonnance 2020-1144 du 16 septembre 2020 art. 7 et 19).*

4. Lorsque le montant des investissements mentionnés aux b, c, d, f et g du 2 est supérieur à deux millions d'euros, le bénéfice de la réduction d'impôt est conditionné à l'obtention d'un agrément préalable délivré par le ministre chargé du budget dans les conditions prévues au III de l'article 217 undecies.

5. Pour le calcul de la réduction d'impôt, les sommes versées au cours de la période définie au 1 sont prises en compte, pour les investissements mentionnés aux a, b, c, d et e du 2, dans la limite de 2 727 € hors taxes par mètre carré de surface habitable *(NDLR Limite applicable aux investissements réalisés outre-mer en 2022. Elle était fixée à 2 664 € pour les investissements réalisés en 2021) (Pour la surface habitable, voir aussi Annexe III, art. 46 AG terdecies)*. Cette limite est relevée chaque année, au 1er janvier, dans la même proportion que la variation de la moyenne sur quatre trimestres de l'indice national mesurant le coût de la construction publiée par l'Institut national de la statistique et des études économiques. La moyenne mentionnée ci-dessus est celle des quatre derniers indices connus au 1er novembre qui précède la date de référence.

6. La réduction d'impôt est effectuée, pour les investissements mentionnés au a du 2, pour le calcul de l'impôt dû au titre de l'année d'achèvement de l'immeuble ou de son acquisition si elle est postérieure, et des neuf années suivantes. Pour les investissements visés aux b, c, d, f et g du 2, elle est effectuée pour le calcul de l'impôt dû au titre de l'année d'achèvement de l'immeuble ou de son acquisition si elle est postérieure, ou de la souscription des parts ou actions, et des quatre années suivantes. Pour les investissements visés au e du même 2, elle est effectuée pour le calcul dû au titre de l'année d'achèvement des travaux et des quatre années suivantes. Chaque année, la base de la réduction est égale, pour les investissements mentionnés au a du 2, à 10 % des sommes effectivement payées au 31 décembre de l'année au cours de laquelle le droit à réduction d'impôt est né et, pour les investissements visés aux b, c, d, e, f et g du 2, à 20 % des sommes effectivement payées au 31 décembre de l'année au cours de laquelle le droit à réduction d'impôt est né.

La réduction d'impôt est égale à 18 % de la base définie au premier alinéa pour les investissements mentionnés aux a et e du 2.

La réduction d'impôt est égale à 30 % de la base définie au premier alinéa pour les investissements mentionnés aux b, c, d et e du 2 et à 38 % de la même base pour les investissements mentionnés aux f et g du 2.

Pour les investissements mentionnés aux b, c et d du 2, la réduction d'impôt est portée à 38 % si les conditions suivantes sont réunies :

1° Le contribuable ou la société s'engage à louer nu l'immeuble dans les six mois de son achèvement ou de son acquisition si elle est postérieure et pendant six ans au moins à des personnes qui en font leur habitation principale. En cas de souscription au capital de sociétés visées aux c et d du 2, le contribuable s'engage à conserver ses parts ou actions pendant au moins six ans à compter de la date d'achèvement des logements ou de leur acquisition si elle est postérieure ;

2° Le loyer et les ressources du locataire n'excèdent pas des plafonds fixés par décret.

Toutefois, pour les investissements réalisés en Guadeloupe, en Guyane, en Martinique, à Mayotte et à La Réunion mentionnés aux a, b, c, d et e du 2, les taux de 18 % et 30 % prévus aux deuxième et troisième alinéas et le taux de 38 % prévu au quatrième alinéa sont respectivement portés à 26 %, 38 % et 45 % lorsque le logement est situé dans un quartier prioritaire de la politique de la ville.

En outre, lorsque des dépenses d'équipement de production d'énergie utilisant une source d'énergie renouvelable sont réalisées dans le logement, les taux de 18 % et 30 % mentionnés aux deuxième et troisième alinéas et le taux de 38 % mentionné au quatrième alinéa sont respectivement portés à 22 %, 33 % et 40 % et les taux de 26 %, 38 % et 45 % mentionnés au septième alinéa sont respectivement portés à 29 %, 40 % et 48 %. Un arrêté du ministre chargé du budget fixe la nature des dépenses d'équipement qui ouvrent droit à cette majoration *(Voir Annexe IV, art. 18-0 bis)*.

6 bis. La réduction d'impôt ne s'applique pas aux investissements mentionnés aux b, c et d du 2 engagés après le 31 décembre 2010.

Toutefois, la réduction d'impôt s'applique également :

1° Aux investissements mentionnés aux b, c et d du 2 engagés entre le 1er janvier 2011 et le 31 décembre 2011. Par dérogation au 6, le taux de la réduction d'impôt est, pour ces investissements, de 22 %. Ce taux est porté à 34 % pour ceux de ces investissements au titre desquels les conditions mentionnées aux 1° et 2° du 6 sont réunies. Ces taux sont respectivement portés à 30 % et 41 % lorsque la condition prévue au septième alinéa du 6 est remplie, à 25 % et 37 % lorsque celle prévue au huitième alinéa est remplie, à 33 % et 45 % lorsque ces deux dernières conditions sont simultanément remplies ;

2° Au taux de 26 % aux investissements mentionnés aux b, c et d du 2 engagés entre le 1er janvier 2012 et le 31 décembre 2012 et au titre desquels les conditions mentionnées aux 1° et 2° du 6 sont réunies.

Pour l'application du présent 6 bis, sont considérés comme engagés :

les investissements mentionnés au b du 2 au titre de logements que le contribuable fait construire ou acquiert neufs ou en l'état futur d'achèvement, dont les permis de construire ont été délivrés ;

les investissements mentionnés au c du 2 correspondant à des souscriptions de parts ou d'actions de sociétés dont l'objet réel est exclusivement de construire des logements neufs dont les permis de construire ont été délivrés ;

les investissements mentionnés au d du 2 correspondant à des souscriptions dont le produit est affecté à l'acquisition de logements neufs dont les permis de construire ont été délivrés.

La réduction d'impôt acquise au titre des investissements mentionnés au présent 6 bis est reprise lorsque les logements acquis ou construits ne sont pas loués au plus tard le dernier jour du trente-sixième mois suivant celui de la délivrance du permis de construire. Le cas échéant, cette date est repoussée d'un délai égal à celui durant lequel les travaux sont interrompus par l'effet de la force majeure ou durant lequel la légalité du permis de construire est contestée par la voie contentieuse.

7. En cas de non-respect des engagements mentionnés aux 2 et 6, ou de cession ou de démembrement du droit de propriété, dans des situations autres que celle prévue au 3, de l'immeuble ou des parts et titres, ou de non-respect de leur objet exclusif par les sociétés concernées, ou de dissolution de ces sociétés, la réduction d'impôt pratiquée fait l'objet d'une reprise au titre de l'année où interviennent les événements précités. Toutefois, ces dispositions ne sont pas applicables si les investissements productifs sont compris dans un apport partiel d'actif réalisé sous le bénéfice de l'article 210 B ou si la société qui en est propriétaire fait l'objet d'une fusion placée sous le régime de l'article 210 A, à la condition que la société bénéficiaire de l'apport, ou la société absorbante, selon le cas, réponde aux conditions du 2 et s'engage dans l'acte d'apport ou de fusion à respecter les engagements mentionnés au f du 2 pour la fraction du délai restant à courir.

Le décès du contribuable ou de l'un des époux soumis à imposition commune au cours d'une des années suivant celle où le droit à réduction d'impôt est né n'a pas pour conséquence la reprise des réductions d'impôt pratiquées.

La location d'un logement neuf consentie dans les conditions fixées par décret à un organisme public ou privé pour le logement à usage d'habitation principale de son personnel ne fait pas obstacle au bénéfice de la réduction d'impôt *(Voir Annexe III, art. 46 AG undecies).*

(Voir Annexe III, art. 46 AG quaterdecies)

8. Pour l'application du e du 2, lorsque le bénéficiaire de la réduction d'impôt est remboursé dans un délai de cinq ans de tout ou partie du montant des dépenses qui ont ouvert droit à cet avantage, il fait l'objet, au titre de l'année de remboursement et dans la limite de la réduction d'impôt obtenue, d'une reprise égale au montant de l'avantage fiscal accordé à raison de la somme qui a été remboursée. Toutefois, aucune reprise n'est pratiquée lorsque le remboursement fait suite à un sinistre survenu après que les dépenses ont été payées.

9. Pour une même dépense, les dispositions du e du 2 sont exclusives d'une déduction de charge pour la détermination des revenus catégoriels.

FR 2/23 inf. 75 p. 100 ; DC-IV-40100 s., 41000 s. ; MF n°s 92010 s.

Art 199 undecies B **I.** Les contribuables domiciliés en France au sens de l'article 4 B peuvent bénéficier d'une réduction d'impôt sur le revenu à raison des investissements productifs neufs qu'ils réalisent dans les départements d'outre-mer, à Saint-Pierre-et-Miquelon, en Nouvelle-Calédonie, en Polynésie française, à Saint-Martin, à Saint-Barthélemy, dans les îles Wallis-et-Futuna et les Terres australes et antarctiques françaises, dans le cadre d'une entreprise exerçant une activité agricole ou une activité industrielle, commerciale ou artisanale relevant de l'article 34. Lorsque l'activité est exercée dans un département d'outre-mer, l'entreprise doit avoir réalisé un chiffre d'affaires, au titre de son dernier exercice clos, inférieur à 20 millions d'euros. Ce seuil de chiffre d'affaires est ramené à 15 millions d'euros et à 10 millions d'euros pour les investissements que l'entreprise réalise au cours des exercices ouverts à compter, respectivement, du 1er janvier 2019 et du 1er janvier 2020. Lorsque l'entreprise n'a clôturé aucun exercice, son chiffre d'affaires est réputé être nul. Si le dernier exercice clos est d'une durée de plus ou de moins de douze mois, le montant du chiffre d'affaires est corrigé pour correspondre à une période de douze mois. Lorsque la réduction d'impôt s'applique dans les conditions prévues aux vingt-sixième et vingt-septième alinéas, le chiffre d'affaires s'apprécie au niveau de l'entreprise locataire ou crédit-preneuse. Celle-ci en communique le montant à la société réalisant l'investissement. Lorsque l'entreprise mentionnée aux deuxième et sixième phrases du présent alinéa est liée, directement ou indirectement, à une ou plusieurs autres entreprises au sens du 12 de l'article 39, le chiffre d'affaires à retenir s'entend de la somme de son chiffre d'affaires et de celui de l'ensemble des entreprises qui lui sont liées.

Toutefois, n'ouvrent pas droit à la réduction d'impôt les investissements donnés en location ou mis à la disposition de ménages ou de syndicats de copropriétaires, y compris dans le cadre de contrats incluant la fourniture de prestations de service, ni ceux réalisés dans les secteurs d'activité suivants :

Ndlr *Les dispositions concernant l'exclusion des biens donnés en location à des ménages et des syndicats de copropriétaires s'appliquent aux investissements réalisés à compter du 1er janvier 2024 sous réserve toutefois d'un dispositif transitoire pour les investissements en cours (à ce sujet, voir ci-dessous Ndlr sous le g du I).*

a. Commerce ;

b. Les cafés, débits de tabac et débits de boisson ainsi que la restauration, à l'exception des restaurants dont le dirigeant ou un salarié est titulaire du titre de maître-restaurateur défini à l'article L 122-21 du code de la consommation et qui ont été contrôlés dans le cadre de la délivrance de ce titre ainsi que, le cas échéant, des restaurants de tourisme classés à la date de publication de la loi n° 2009-888 du 22 juillet 2009 de développement et de modernisation des services touristiques ;

c. Conseils ou expertise ;

d. *(Abrogé)* ;

e. Education, santé et action sociale ;

f. Banque, finance et assurance ;

g. Toutes les activités immobilières et les activités de location de meublés de tourisme au sens de l'article L 324-1-1 du code du tourisme. Toutefois, cette exclusion ne s'applique ni à l'exploitation de meublés de tourisme classés au sens de l'article L 324-1 du même code lorsque l'exploitant réalise directement l'ensemble des prestations mentionnées au b du 4° de l'article 261 D du présent code, ni à l'exploitation de chambres d'hôtes au sens de l'article L 324-3 du code du tourisme ;

Ndlr *Les dispositions aux activités de location de tourisme s'appliquent aux investissements réalisés à compter du 1er janvier 2024. Toutefois, un dispositif transitoire est instauré pour les investissements en cours. Ainsi, les dispositions restent applicables dans leur rédaction antérieure à la présente loi pour :*

– les investissements agréés au plus tard le 31 décembre 2023 ;

– les investissements pour l'agrément desquels une demande est parvenue à l'administration au plus tard le 31 décembre 2023 et pour lesquels des acomptes au moins égaux à 50 % de leur prix ont été versés à cette date ;

– les acquisitions de biens meubles corporels qui font l'objet d'une commande au plus tard le 31 décembre 2023 et pour lesquels des acomptes au moins égaux à 50 % de leur prix ont été versés à cette date ;

– les constructions d'immeubles ayant fait l'objet d'une déclaration d'ouverture de chantier déposée au plus tard le 31 décembre 2023, dès lors que ces investissements sont achevés au plus tard le 31 décembre 2025.

h. La navigation de croisière, la réparation automobile, les locations sans opérateurs, à l'exception de la location directe de navires de plaisance ou au profit des personnes physiques utilisant pour une durée n'excédant pas deux mois des véhicules de tourisme au sens de l'article L 421-2 du code des impositions sur les biens et services ;

i. Les services fournis aux entreprises, à l'exception de la maintenance, des activités de nettoyage et de conditionnement à façon et des centres d'appel ;

j. Les activités de loisirs, sportives et culturelles, à l'exception, d'une part, de celles qui s'intègrent directement et à titre principal à une activité hôtelière ou touristique et ne consistent pas en l'exploitation de jeux de hasard et d'argent et, d'autre part, de la production et de la diffusion audiovisuelles et cinématographiques ;

k. Les activités associatives ;

l. Les activités postales.

La réduction d'impôt prévue au premier alinéa s'applique également aux travaux de rénovation et de réhabilitation d'hôtel, de résidence de tourisme et de village de vacances classés et aux travaux de réhabilitation lourde d'immeubles autres que ceux à usage d'habitation, lorsque ces travaux constituent des éléments de l'actif immobilisé. La réduction d'impôt ne s'applique pas à l'acquisition de véhicules de tourisme au sens de l'article L 421-2 du code des impositions sur les biens et services qui ne sont pas strictement indispensables à l'exercice d'une activité aquacole, agricole, sylvicole ou minière. Toutefois, la réduction d'impôt s'applique à l'acquisition de véhicules de tourisme au sens de l'article L 421-2 du code des impositions sur les biens et services émettant une quantité de dioxyde de carbone inférieure ou égale à 117 grammes par kilomètre exploités dans le cadre de l'activité de location de véhicules mentionnée au h du présent I ou d'une activité de transport public de voyageurs. Les conditions d'application de la deuxième phrase du présent alinéa sont fixées par arrêté du ministre chargé du budget et du ministre chargé de l'outre-mer *(Voir Annexe IV, art. 23 L quater).*

Ndlr ***1.*** *Les dispositions relatives à la restriction des investissements portant sur des véhicules de tourisme s'appliquent aux investissements réalisés à compter du 1er janvier 2024 sous réserve toutefois d'un dispositif transitoire pour les investissements en cours (à ce sujet, voir ci-dessus Ndlr sous le g du I).*

2. *S'agissant des dispositions concernant les travaux de réhabilitation lourde d'immeubles, elles s'appliquent aux investissements réalisés dans les collectivités d'outre-mer et en Nouvelle-Calédonie à compter du 1er janvier 2024. Pour ceux d'entre eux réalisés dans les DOM et à Saint-Martin, la mesure est subordonnée à l'autorisation de la Commission européenne (voir ci-dessous Ndlr sous le I sexies).*

La réduction d'impôt prévue au premier alinéa s'applique également aux investissements affectés plus de cinq ans par le concessionnaire à l'exploitation d'une concession de service public local à caractère industriel et commercial réalisés dans des secteurs éligibles. La réduction d'impôt prévue au premier alinéa s'applique également aux investissements portant sur des installations de production d'électricité utilisant l'énergie radiative du soleil dont la production est affectée pour au moins 80 % à l'autoconsommation par l'exploitant et dont le prix de revient hors taxes, incluant les frais de pose et d'équipement, est supérieur ou égal à 250 000 €. Par dérogation, la condition relative au montant de l'investissement mentionnée à la deuxième phrase du présent alinéa ne s'applique pas aux projets d'investissements consistant en la construction ou la réhabilitation lourde d'immeubles autres que ceux à usage d'habitation incluant l'acquisition et l'installation d'équipement portant sur des installations de production d'électricité utilisant l'énergie radiative du soleil.

Ndlr *Les dispositions relatives aux installations de production d'électricité utilisant l'énergie radiative du soleil s'appliquent aux investissements réalisés dans les collectivités d'outre-mer et en Nouvelle-Calédonie à compter du 1er janvier 2024. Pour ceux d'entre eux réalisés dans les DOM et à Saint-Martin, la mesure est subordonnée à l'autorisation de la Commission européenne (voir ci-après Ndlr sous le I sexies).*

DC-IV-9500 s. ; MF nos 91855 s.

La réduction d'impôt est de 38,25 % du montant, hors taxes et hors frais de toute nature, notamment les commissions d'acquisition, à l'exception des frais de transport, d'installation et de mise en service amortissables, des investissements productifs, diminué de la fraction de leur prix de revient financée par une aide publique et, lorsque l'investissement a pour objet de remplacer un investissement ayant bénéficié de l'un des dispositifs définis au présent article ou aux articles 217 undecies, 244 quater W *(NDLR Pour les investissements réalisés à compter du 1er janvier 2023)* ou 244 quater Y, de la valeur réelle de l'investissement remplacé. Les projets d'investissement comportant l'acquisition, l'installation ou l'exploitation d'équipements de production d'énergie renouvelable sont pris en compte dans la limite d'un montant par watt installé fixé par arrêté conjoint des ministres chargés du budget, de l'outre-mer et de l'énergie pour chaque type d'équipement. Ce montant prend en compte les coûts d'acquisition et d'installation directement liés à ces équipements. Pour les investissements consistant en l'acquisition de véhicules de tourisme mentionnés à la troisième phrase du quatorzième alinéa du présent I, l'assiette de la réduction d'impôt prévue à la première phrase du présent alinéa est retenue dans la limite d'un montant fixé par décret, qui ne peut excéder 30 000 € par véhicule. Le taux de la réduction d'impôt est porté à 45,9 % pour les investissements réalisés en Guyane et à Mayotte dans les limites définies par les règles communautaires relatives aux aides d'Etat, à Saint-Pierre-et-Miquelon ou à Wallis-et-Futuna. Les taux de 38,25 % et 45,9 % susmentionnés sont respectivement portés à 45,9 % et 53,55 % pour les investissements réalisés dans le secteur de la production d'énergie renouvelable. Le taux de la réduction d'impôt est porté à 45,9 % pour les travaux de rénovation et de réhabilitation d'hôtel, de résidence de tourisme et de village de vacances classés réalisés à Saint-Martin, en Polynésie française, dans les îles Wallis-et-Futuna, dans les Terres australes et antarctiques françaises, à Saint-Pierre-et-Miquelon et en Nouvelle-Calédonie.

Ndlr *Les dispositions relatives aux véhicules de tourisme s'appliquent aux investissements réalisés à compter du 1er janvier 2024 sous réserve toutefois d'un dispositif transitoire pour les investissements en cours (à ce sujet, voir ci-dessus Ndlr sous le g du I).*

Le taux de la réduction d'impôt est porté à 53, 55 % pour les travaux de rénovation et de réhabilitation d'hôtel, de résidence de tourisme et de village de vacances classés dans les départements d'outre-mer. Le bénéfice de cette mesure est accordé à l'exploitant lorsqu'il prend en charge ces travaux.

Les dispositions du premier alinéa s'appliquent aux investissements réalisés par une société soumise au régime d'imposition prévu à l'article 8, à l'exclusion des sociétés en participation, ou un groupement mentionné aux articles 239 quater ou 239 quater C, dont les parts sont détenues directement, ou par l'intermédiaire d'une entreprise unipersonnelle à responsabilité limitée, par des contribuables domiciliés en France au sens de l'article 4 B. En ce cas, la réduction d'impôt est pratiquée par les associés ou membres dans une proportion correspondant à leurs droits dans la société ou le groupement.

La réduction d'impôt prévue au premier alinéa est pratiquée au titre de l'année au cours de laquelle l'investissement est mis en service. Toutefois, en cas d'acquisition d'un immeuble à construire ou de construction d'immeuble, la réduction d'impôt prévue au premier alinéa est pratiquée au titre de l'année au cours de laquelle les fondations sont achevées. Si l'immeuble n'est pas achevé dans les deux ans suivant la date à laquelle les fondations sont achevées, la réduction d'impôt pratiquée fait l'objet d'une reprise au titre de l'année au cours de laquelle intervient le terme de ce délai. En cas de rénovation ou de réhabilitation d'hôtels, de résidences de tourisme ou de villages de vacances classés ou de travaux de réhabilitation lourde d'immeubles autres que ceux à usage d'habitation, la réduction d'impôt est pratiquée au titre de l'année d'achèvement des travaux.

Ndlr *Les dispositions concernant le fait générateur des investissements portant sur des travaux de réhabilitation lourde s'appliquent à ceux d'entre eux réalisés dans les collectivités d'outre-mer et en Nouvelle-Calédonie à compter du 1er janvier 2024. Pour les investissements réalisés dans les DOM et à Saint-Martin, la mesure est subordonnée à l'autorisation de la Commission européenne (voir ci-dessous Ndlr sous le I sexies).*

Lorsque le montant de la réduction d'impôt excède l'impôt dû par le contribuable ayant réalisé l'investissement, le solde peut être reporté, dans les mêmes conditions, sur l'impôt sur le revenu des années suivantes jusqu'à la cinquième inclusivement.

Toutefois, sur demande du contribuable qui, dans le cadre de l'activité ayant ouvert droit à réduction, participe à l'exploitation au sens des dispositions du 1° bis du I de l'article 156, la fraction non utilisée peut être remboursée à compter de la troisième année, dans la limite d'un montant de 100 000 € par an ou de 300 000 € par période de trois ans. Cette fraction non utilisée constitue au profit de l'entreprise une créance sur l'Etat d'égal montant. Cette créance est inaliénable et incessible, sauf dans les conditions prévues par les articles L 313-23 à L 313-35 du code monétaire et financier.

Si, dans le délai de cinq ans de son acquisition ou de sa création ou pendant sa durée normale d'utilisation si elle est inférieure, ou pendant sept ans au moins lorsque sa durée normale d'utilisation est égale ou supérieure à sept ans, l'investissement ayant ouvert droit à réduction d'impôt est cédé ou cesse d'être affecté à l'activité pour laquelle il a été acquis ou créé, ou si l'acquéreur cesse son activité, la réduction d'impôt pratiquée fait l'objet d'une reprise au titre de l'année au cours de laquelle cet événement est intervenu. Ce délai est porté à quinze ans pour les investissements consistant en la construction, la rénovation ou la réhabilitation d'hôtels, de résidences de tourisme ou de villages de vacance, la construction ou la réhabilitation lourde d'immeubles autres que ceux à usage d'habitation ou en l'acquisition ou la construction d'immeubles exploités dans le cadre des activités mentionnées à la seconde phrase du g du présent I. Ce délai est porté à dix ans pour les investissements portant sur les navires de croisière neufs d'une capacité maximum de 400 passagers.

Ndlr *Les dispositions relatives à l'allongement à quinze ans du délai de conservation pour les constructions ou réhabilitations lourdes d'immeubles et les locations de tourisme s'appliquent aux investissements réalisés à compter du 1er janvier 2024 sous réserve toutefois d'un dispositif transitoire pour les investissements en cours (à ce sujet, voir ci-dessus Ndlr sous le g du I).*

Toutefois, la reprise de la réduction d'impôt n'est pas effectuée lorsque les biens ayant ouvert droit à réduction d'impôt sont transmis dans le cadre des opérations mentionnées aux articles 41 et 151 octies, au deuxième alinéa du I de l'article 151 octies A *(NDLR Pour les investissements réalisés à compter du 1er janvier 2023)* et aux articles 210 A et 210 B, si le bénéficiaire de la transmission s'engage à conserver ces biens et à maintenir leur affectation initiale pendant la fraction du délai de conservation restant à courir. L'engagement est pris dans l'acte constatant la transmission ou, à défaut, dans un acte sous seing privé ayant date certaine, établi à cette occasion. En cas de non-respect de cet engagement, le bénéficiaire de la transmission doit, au titre de l'exercice au cours duquel cet événement est intervenu, ajouter à son résultat une somme égale au triple du montant de la réduction d'impôt à laquelle les biens transmis ont ouvert droit.

Lorsque l'investissement est réalisé par une société ou un groupement visés au aux dix-neuvième et vingt-septième alinéas, les associés ou membres doivent, en outre, conserver les parts ou actions de cette société ou de ce groupement pendant un délai de cinq ans à compter de la réalisation de l'investissement ou pendant la durée normale d'utilisation de l'investissement si celle-ci est inférieure. A défaut, la réduction d'impôt qu'ils ont pratiquée fait l'objet d'une reprise au titre de l'année de la cession. Les montants de cette reprise et de cette majoration sont diminués, le cas échéant, dans la proportion de leurs droits dans la société ou le groupement, des reprises et majorations déjà effectuées en application des dispositions du vingt-troisième alinéa.

La réduction d'impôt prévue au présent I s'applique aux investissements productifs mis à la disposition d'une entreprise dans le cadre d'un contrat de location si les conditions mentionnées aux quinzième à dix-huitième alinéas du I de l'article 217 undecies sont remplies et si 66 % de la réduction d'impôt sont rétrocédés à l'entreprise locataire sous forme de diminution du loyer et du prix de cession du bien à l'exploitant. Ce taux est ramené à 56 % pour les investissements dont le montant par programme est inférieur à 300 000 € par exploitant. Si, dans le délai de cinq ans de la mise à disposition du bien loué ou pendant sa durée normale d'utilisation si elle est inférieure, l'une des conditions visées au présent alinéa cesse d'être respectée, la réduction d'impôt pratiquée fait l'objet d'une reprise au titre de l'année au cours de laquelle cet événement se réalise. Lorsque l'entreprise locataire cesse son activité dans le délai mentionné à la troisième phrase, la reprise de la réduction d'impôt est limitée aux trois quarts du montant de cette réduction d'impôt. Il n'est pas procédé à la reprise mentionnée à la troisième phrase lorsque, en cas de défaillance de l'entreprise locataire, les biens ayant ouvert droit à la réduction d'impôt sont donnés en location à une nouvelle entreprise qui s'engage à les maintenir dans l'activité pour laquelle ils ont été acquis ou créés pendant la fraction du délai de cinq ans restant à courir dans les conditions prévues au présent alinéa.

L'octroi de la réduction d'impôt prévue au premier alinéa est subordonné au respect par les entreprises réalisant l'investissement et, le cas échéant, les entreprises exploitantes de leurs obligations fiscales et sociales et de l'obligation de dépôt de leurs comptes annuels selon les modalités prévues aux articles L 232-21 à L 232-23 du code de commerce à la date de réalisation de l'investissement. Sont considérés comme à jour de leurs obligations fiscales et sociales les employeurs qui, d'une part, ont souscrit et respectent un plan d'apurement des cotisations restant dues et, d'autre part, acquittent les cotisations en cours à leur date normale d'exigibilité. Pour l'application de la première phrase en Nouvelle-Calédonie et en Polynésie française, les références aux dispositions du code de commerce sont remplacées par les dispositions prévues par la réglementation applicable localement.

La réduction d'impôt prévue au présent I s'applique, dans les conditions prévues au vingt-sixième alinéa, aux investissements réalisés par une société soumise de plein droit à l'impôt sur les sociétés dont les actions sont détenues intégralement et directement par des contribuables, personnes physiques, domiciliés en France au sens de l'article 4 B. En ce cas, la réduction d'impôt est pratiquée par les associés dans une proportion correspondant à leurs droits dans la société. L'application de cette disposition est subordonnée au respect des conditions suivantes :

1° Les investissements ont reçu un agrément préalable du ministre chargé du budget dans les conditions prévues au III de l'article 217 undecies ;

2° Les investissements sont mis à la disposition d'une entreprise dans le cadre d'un contrat de location respectant les conditions mentionnées aux quinzième à dix-huitième alinéas du I de l'article 217 undecies et 66 % de la réduction d'impôt sont rétrocédés à l'entreprise locataire sous forme de diminution du loyer et du prix de cession du bien à l'exploitant. Les dispositions du trente-troisième alinéa sont applicables ;

3° La société réalisant l'investissement a pour objet exclusif l'acquisition d'investissements productifs en vue de la location au profit d'une entreprise située dans les départements ou collectivités d'outre-mer.

Les associés personnes physiques mentionnés au vingt-septième alinéa ne peuvent bénéficier, pour la souscription au capital de la société mentionnée au même alinéa, des réductions d'impôt prévues aux articles 199 undecies A, 199 terdecies-0 A ou 199 terdecies-0 AB et la société mentionnée au vingt-septième alinéa ne peut bénéficier des dispositions prévues à l'article 217 undecies.

Le 11 de l'article 150-0 D n'est pas applicable aux moins-values constatées par les contribuables mentionnés au vingt-septième alinéa lors de la cession des titres des sociétés mentionnées à ce même alinéa. Le 2° du 3 de l'article 158 ne s'applique pas aux revenus distribués par ces sociétés.

Pour les investissements dont la durée normale d'utilisation est égale ou supérieure à sept ans, et qui sont loués dans les conditions prévues au vingt-sixième alinéa, la réduction d'impôt prévue est applicable lorsque l'entreprise locataire prend l'engagement d'utiliser effectivement pendant sept ans au moins ces investissements dans le cadre de l'activité pour laquelle ils ont été acquis ou créés. Cet engagement est porté à quinze ans pour les investissements consistant en la construction, la rénovation ou la réhabilitation d'hôtels, de résidences de tourisme ou de villages de vacances, la construction ou la réhabilitation lourde d'immeubles autres que ceux à usage d'habitation ou en l'acquisition ou la construction d'immeubles exploités dans le cadre des activités mentionnées à la seconde phrase du g du présent I. Ce délai est porté à dix ans pour les investissements portant sur les navires de croisière neufs d'une capacité maximum de 400 passagers *(NDLR Les dispositions qui réduisent de quinze à dix ans la durée d'engagement du locataire de navire s'appliquent aux investissements réalisés à compter du 1er janvier 2023)*.

Ndlr *Les dispositions relatives à l'allongement à quinze ans du délai de conservation pour les constructions ou réhabilitations lourdes d'immeubles et les locations de tourisme s'appliquent aux investissements réalisés à compter du 1er janvier 2024 sous réserve toutefois d'un dispositif transitoire pour les investissements en cours (à ce sujet, voir ci-dessus Ndlr sous le g du I).*

Lorsque la réduction d'impôt mentionnée au présent I est acquise dans les conditions prévues aux vingt-sixième et vingt-neuvième alinéas et que la fraction de la réduction d'impôt rétrocédée à l'entreprise locataire est de 66 %, les taux de 38,25 % et 45,9 % mentionnés au dix-septième alinéa sont, respectivement, portés à 45,3 % et 54,36 % et les taux de 45,9 % et 53,55 % mentionnés à la sixième phrase du même alinéa sont, respectivement, portés à 54,36 % et 63,42 %. Dans les mêmes conditions, le taux de 53,55 % mentionné au dix-huitième alinéa est porté à 63,42 %.

Lorsque la réduction d'impôt mentionnée au présent I est acquise dans les conditions prévues au vingt-sixième alinéa et que la fraction de la réduction d'impôt rétrocédée à l'entreprise locataire est de 56 %, les taux de 38,25 % et 45,9 % mentionnés au dix-septième alinéa sont, respectivement, portés à 44,12 % et 52,95 % et les taux de 45,9 % et 53,55 % mentionnés à la sixième phrase du même alinéa sont, respectivement, portés à 52,95 % et 61,77 %. Dans les mêmes conditions, le taux de 53,55 % mentionné au dix-huitième alinéa est porté à 61,77 %.

DC-IV-13600 s. ; MF n° 91885

I bis. Pour les investissements réalisés dans le secteur du transport aérien ou maritime, le bénéfice de la réduction d'impôt prévue au I est subordonné au respect des conditions suivantes :

1° Les investissements sont exploités exclusivement pour effectuer des liaisons au départ ou à destination de la Guadeloupe, de la Guyane, de la Martinique, de La Réunion, de Mayotte, de la Polynésie française, de Saint-Barthélemy, de Saint-Martin, de Saint-Pierre-et-Miquelon, des îles Wallis-et-Futuna ou de la Nouvelle-Calédonie. Ces territoires ne doivent pas constituer une simple escale ;

2° Des activités de maintenance des investissements sont réalisées dans l'un des territoires mentionnés au 1° du présent I bis.

> **Ndlr** *En ce qui concerne les investissements réalisés dans les DOM et à Saint-Martin dans le secteurs du transport mis en service ou agréés à compter du 1er janvier 2024, voir partie Autres textes du présent code loi 2023-1322 du 29 décembre 2023 art. 75, V.*

I ter. Le I s'applique aux équipements et opérations de pose de câbles sous-marins de communication desservant pour la première fois la Guadeloupe, la Guyane, la Martinique, La Réunion, Mayotte, la Polynésie française, Saint-Barthélemy, Saint-Martin, Saint-Pierre-et-Miquelon, les îles Wallis-et-Futuna, la Nouvelle-Calédonie ou les Terres australes et antarctiques françaises lorsque, parmi les options techniques disponibles pour développer les systèmes de communication outre-mer, le choix de cette technologie apparaît le plus pertinent.

Le bénéfice de ces dispositions est subordonné au respect des conditions suivantes :

a. Les investissements mentionnés au premier alinéa doivent avoir reçu l'agrément préalable du ministre chargé du budget et répondre aux conditions prévues aux a à d et au dernier alinéa du 1 du III de l'article 217 undecies ;

b. Les fournisseurs des investissements éligibles ont été choisis au terme d'une procédure de mise en concurrence préalable au dépôt de la demande d'agrément et ayant fait l'objet d'une publicité ;

c. A l'occasion de la demande d'agrément mentionnée au a, la société exploitante est tenue d'indiquer à l'administration fiscale les conditions techniques et financières dans lesquelles les opérateurs de communications électroniques déclarés auprès de l'Autorité de régulation des communications électroniques, des postes et de la distribution de la presse peuvent, sur leur demande, accéder aux capacités offertes par le câble sous-marin, au départ de la collectivité desservie ou vers cette collectivité. Le caractère équitable de ces conditions et leur évolution sont appréciés par l'Autorité de régulation des communications électroniques, des postes et de la distribution de la presse dans les formes et dans les conditions prévues à l'article L 36-8 du code des postes et des communications électroniques.

La base éligible de la réduction d'impôt est égale à la moitié du coût de revient hors taxes et hors frais de toute nature, notamment les commissions d'acquisition, à l'exception des frais de transport de ces équipements et opérations, diminuée du montant des aides publiques accordées pour leur financement. Le taux de la réduction d'impôt est de 38 %. Le montant de l'aide fiscale peut être réduit de moitié au plus, compte tenu du besoin de financement de la société exploitante pour la réalisation de ce projet et de l'impact de l'aide sur les tarifs. Par dérogation au présent I ter, le I s'applique également aux équipements et opérations de pose des câbles sous-marins de secours desservant la Guadeloupe, la Guyane, la Martinique, La Réunion, Mayotte, la Polynésie française, Saint-Barthélemy, Saint-Martin, Saint-Pierre-et-Miquelon, les îles Wallis-et-Futuna, la Nouvelle-Calédonie ou les Terres australes et antarctiques françaises lorsqu'ils respectent les conditions prévues aux a, b et c. La base éligible de la réduction d'impôt est égale au quart du coût de revient hors taxes et hors frais de toute nature, notamment les commissions d'acquisition, à l'exception des frais de transport de ces équipements et opérations, diminué du montant des aides publiques accordées pour leur financement *(NDLR Les dispositions de l'article 14 de la loi 2022-1726 du 30 décembre 2022 qui substituent dans le présent alinéa le terme aides au terme subventions s'appliquent aux investissements réalisés à compter du 1er janvier 2023).*

> **Ndlr** *En ce qui concerne les investissements réalisés dans les DOM et à Saint-Martin dans le secteur du haut-débit mis en service ou agréés à compter du 1er janvier 2024, voir partie Autres textes du présent code loi 2023-1322 du 29 décembre 2023 art. 75, V.*

I quater. Par dérogation au h du I du présent article, le même I s'applique aux navires de croisière neufs d'une capacité maximum de 400 passagers affectés à la croisière régionale au départ et à l'arrivée des ports de la Guadeloupe, la Guyane, la Martinique, La Réunion, Mayotte, la Polynésie française, Saint-Barthélemy, Saint-Martin, Saint-Pierre-et-Miquelon, des îles Wallis-et-Futuna ou de la Nouvelle-Calédonie.

Le bénéfice de la réduction d'impôt prévue au premier alinéa du présent I quater est subordonné au respect des conditions suivantes :

1° Les investissements mentionnés au même premier alinéa doivent avoir reçu l'agrément préalable du ministre chargé du budget et répondre aux conditions prévues aux a à d et au dernier alinéa du 1 du III de l'article 217 undecies ;

2° Les fournisseurs des investissements éligibles ont été choisis au terme d'une procédure de mise en concurrence préalable au dépôt de la demande d'agrément et ayant fait l'objet d'une publicité ;

3° Le navire navigue sous le pavillon d'un Etat membre de l'Union européenne ou d'un autre Etat partie à l'accord sur l'Espace économique européen ayant conclu avec la France une convention d'assistance administrative en vue de lutter contre la fraude et l'évasion fiscales ;

4° La société exploitante détient une filiale dans l'un des territoires mentionnés au premier alinéa du présent I quater ;

5° Le volume annuel d'opérations du navire comprend au moins 90 % des têtes de ligne au départ et à l'arrivée d'un port de la Guadeloupe, la Guyane, la Martinique, La Réunion, Mayotte, la Polynésie française, Saint-Barthélemy, Saint-Martin, Saint-Pierre-et-Miquelon, des îles Wallis-et-Futuna ou de la Nouvelle-Calédonie. Au moins 75 % des escales pendant les itinéraires du navire doivent être réalisées dans l'un des ports des collectivités susmentionnées, ce ratio s'appréciant à la fois en nombre et en durée.

La base éligible de la réduction d'impôt est égale à 20 % du coût de revient, hors taxes et hors frais de toute nature, notamment les commissions d'acquisition et les frais de transport de ces navires, diminuée du montant des aides publiques accordées pour leur financement et, lorsque l'investissement a pour objet de remplacer un investissement ayant bénéficié de l'un des dispositifs définis au présent article ou aux articles 217 undecies, 244 quater W ou 244 quater Y, de la valeur réelle de l'investissement remplacé. Le taux de la réduction d'impôt est de 35 % *(NDLR Les dispositions de l'article 14 de la loi 2022-1726 du 30 décembre 2022 qui substituent dans le présent 5° le terme aides au terme subventions et ajoutent le dispositif prévu à l'article 244 quater Y du CGI s'appliquent aux investissements réalisés à compter du 1er janvier 2023).*

Ndlr ***1.*** *Les dispositions du présent I quater telles qu'issues de la loi 2020-1721 du 29 décembre 2020 art. 109 s'appliquent aux investissements mis en service en Polynésie française, à Saint-Barthélemy, à Saint-Pierre-et-Miquelon, dans les îles Wallis-et-Futuna ou en Nouvelle-Calédonie au titre des exercices ouverts à compter du 1er janvier 2022 et pour l'agrément desquels une demande est déposée à compter du 1er janvier 2019.*

2. *Les dispositions du présent I quater s'appliquent aux investissements mis en service en Guadeloupe, en Guyane, en Martinique, à La Réunion, à Mayotte et à Saint-Martin pour l'agrément desquels une demande a été déposée à compter du 10 mars 2022 (Décret 2022-330 du 7 mars 2022 fixant l'entrée en vigueur de l'article 138 de la loi 2018-1317 du 28 décembre 2018 et de l'article 109 de la loi 2020-1721 du 29 décembre 2020).*

3. *En ce qui concerne les investissements réalisés dans les DOM et à Saint-Martin dans le secteur du transport mis en service ou agréés à compter du 1er janvier 2024, voir partie Autres textes du présent code loi 2023-1322 du 29 décembre 2023 art. 75, V.*

FR 2/21 inf. 96 n°s 44 à 49 p. 150

I quinquies. Le I s'applique aux investissements consistant en l'acquisition ou la construction de navires de pêche, sous réserve qu'ils respectent l'une des conditions suivantes :

a. Les navires sont exploités à La Réunion et leur longueur hors tout est comprise entre douze et quarante mètres ;

b. Les navires sont exploités en Polynésie française, à Saint-Barthélemy, à Saint-Pierre-et-Miquelon, dans les îles Wallis-et-Futuna, en Nouvelle-Calédonie ou dans les Terres australes et antarctiques françaises.

Lorsque les investissements sont exploités dans les conditions prévues au a du présent I quinquies, le taux de la réduction d'impôt est fixé :

1° A 38,25 % pour les navires d'une longueur hors tout supérieure ou égale à douze mètres et inférieure à vingt-quatre mètres ;

2° A 25 % pour les navires d'une longueur hors tout supérieure ou égale à vingt-quatre mètres et inférieure ou égale à quarante mètres.

Ndlr *Les dispositions du présent I quinquies s'appliquent aux investissements mis en service à La Réunion à compter d'une date fixée par décret, qui ne peut être postérieure de plus de six mois à la date de réception par le Gouvernement de la réponse de la Commission européenne permettant de considérer le dispositif lui ayant été notifié comme conforme au droit de l'Union européenne en matière d'aides d'Etat (Loi 2022-1726 du 30 décembre 2022 art. 14, II-B).*

FR 2/23 inf. 75 p. 100

I sexies. Le I s'applique aux investissements consistant en l'acquisition de friches hôtelières ou industrielles faisant l'objet de travaux de réhabilitation lourde, sous réserve du respect des conditions suivantes :

1° Les immeubles sont en l'état d'abandon depuis au moins deux ans à la date d'acquisition ;

2° Les travaux portant sur ces investissements concourent à la production d'un immeuble neuf au sens du 2° du 2 du I de l'article 257 ;

3° Après la réalisation des travaux, les investissements sont exploités dans le cadre d'une activité hôtelière ou industrielle ;

4° Il n'existe aucun lien d'intérêt entre le cédant de la friche et les acquéreurs et exploitants.

La réduction d'impôt est assise sur le prix de revient, hors taxes, frais et commissions de toute nature, du terrain d'assiette, des constructions qui y sont édifiées et des terrains formant une dépendance immédiate et nécessaire de ces constructions et sur le montant des travaux, hors taxes et hors frais de toute nature, diminués du montant des aides publiques accordées pour leur financement.

***Ndlr** Les dispositions du présent I sexies s'appliquent aux investissements réalisés dans les collectivités d'outre-mer et en Nouvelle-Calédonie à compter du 1er janvier 2024.*

En ce qui concerne les investissements réalisés dans les DOM et à Saint-Martin, les présentes dispositions s'appliquent aux investissements mis en service à compter d'une date fixée par décret, qui ne peut être postérieure de plus de six mois à la date de réception par le Gouvernement de la réponse de la Commission européenne permettant de considérer le dispositif comme conforme au droit de l'Union européenne en matière d'aides d'Etat.

II. 1. Les investissements mentionnés au I et dont le montant total par programme est supérieur à 1 000 000 € ne peuvent ouvrir droit à réduction que s'ils ont reçu un agrément préalable du ministre chargé du budget dans les conditions prévues au III de l'article 217 undecies.

Les dispositions du premier alinéa sont également applicables aux investissements mentionnés au I et dont le montant total par programme est supérieur à 250 000 €, lorsque le contribuable ne participe pas à l'exploitation au sens des dispositions du 1° bis du I de l'article 156. Le seuil de 250 000 € s'apprécie au niveau de l'entreprise, société ou groupement qui inscrit l'investissement à l'actif de son bilan ou qui en est locataire lorsqu'il est pris en crédit-bail auprès d'un établissement financier.

2. Pour ouvrir droit à réduction et par dérogation aux dispositions du 1, les investissements mentionnés au I doivent avoir reçu l'agrément préalable du ministre chargé du budget dans les conditions prévues au III de l'article 217 undecies lorsqu'ils sont réalisés dans les secteurs des transports, de la navigation de plaisance, de l'agriculture, de la pêche maritime et de l'aquaculture, de l'industrie charbonnière et de la sidérurgie, de la construction navale, des fibres synthétiques, de l'industrie automobile ou concernant la rénovation et la réhabilitation d'hôtel, de résidence de tourisme et de village de vacances classés ou des entreprises en difficultés ou qui sont nécessaires à l'exploitation d'une concession de service public local à caractère industriel et commercial.

DC-IV-12200 s. ; MF n° 91870

III. Les aides octroyées par la Polynésie française, Saint-Barthélemy, Saint-Martin, Saint-Pierre-et-Miquelon, les îles Wallis-et-Futuna ainsi que la Nouvelle-Calédonie dans le cadre de leur compétence fiscale propre au titre de projets d'investissements sont sans incidence sur la détermination du montant des dépenses éligibles retenues pour l'application des I, I ter, I quater et I sexies.

***Ndlr** Les dispositions relatives aux investissements portant sur les friches industrielles prévues à l'article 199 undecies B, I sexies s'appliquent aux investissements réalisés dans les collectivités d'outre-mer et en Nouvelle-Calédonie à compter du 1er janvier 2024.*

IV. Un décret en Conseil d'Etat précise, en tant que de besoin, les modalités d'application des I, I ter, I quater, I sexies et II et notamment les obligations déclaratives *(Voir Annexe II, art. 95 K à 95 U)*.

V. Le bénéfice de la réduction d'impôt prévue au I est subordonné, pour les investissements réalisés dans les départements d'outre-mer et à Saint-Martin, au respect de l'article 14 du règlement (UE) n° 651/2014 de la Commission, du 17 juin 2014 déclarant certaines catégories d'aides compatibles avec le marché intérieur en application des articles 107 et 108 du traité.

VI. Le présent article est applicable aux investissements mis en service jusqu'au 31 décembre 2029 en Guadeloupe, en Guyane, en Martinique, à Mayotte, à La Réunion et à Saint-Martin, et jusqu'au 31 décembre 2029 à Saint-Pierre-et-Miquelon, en Nouvelle-Calédonie, en Polynésie française, à Saint-Barthélemy et dans les îles Wallis-et-Futuna, aux travaux de réhabilitation hôtelière et de réhabilitation lourde d'immeubles autres que ceux à usage d'habitation achevés au plus tard à cette date et aux acquisitions d'immeubles à construire et aux constructions d'immeubles dont les fondations sont achevées au plus tard à cette date *(NDLR Dispositif prorogé jusqu'en 2029 par l'article 13 de la loi 2022-1726 du 30 décembre 2022)*.

FR 2/24 inf. 45 nos 2 à 9 p. 82 ; DC-IV-9300 s. ; MF nos 91850 s.

Art 199 undecies C **I.** Les contribuables domiciliés en France au sens de l'article 4 B peuvent bénéficier d'une réduction d'impôt sur le revenu à raison de l'acquisition ou de la construction de logements neufs dans les départements d'outre-mer, à Saint-Pierre-et-Miquelon, en Nouvelle-Calédonie, en Polynésie française, à Saint-Martin, à Saint-Barthélemy et dans les îles Wallis-et-Futuna si les conditions suivantes sont réunies :

1° Les logements sont donnés en location nue, dans les douze mois de leur achèvement ou de leur acquisition si elle est postérieure et pour une durée au moins égale à cinq ans, à un organisme d'habitations à loyer modéré mentionné à l'article L 411-2 du code de la construction et de l'habitation, à l'exception des sociétés anonymes coopératives d'intérêt collectif pour l'accession à la propriété, à une société d'économie mixte exerçant une activité immobilière outre-mer, à un organisme mentionné à l'article L 365-1 du même code ou, dans les collectivités d'outre-mer, à tout organisme de logement social agréé conformément à la réglementation locale par l'autorité publique compétente. L'opération peut prendre la forme d'un crédit-bail immobilier ;

2° Les logements sont donnés en sous-location nue ou meublée par l'organisme mentionné au 1° et pour une durée au moins égale à cinq ans à des personnes physiques qui en font leur résidence principale et dont les ressources n'excèdent pas des plafonds fixés par décret en fonction du nombre de personnes destinées à occuper à titre principal le logement et de la localisation de celui-ci ;

3° Le montant des loyers à la charge des personnes physiques mentionnées au 2° ne peut excéder des limites fixées par décret en fonction notamment de la localisation du logement ;

4° Les logements peuvent être spécialement adaptés à l'hébergement de personnes âgées de plus de soixante-cinq ans ou de personnes handicapées auxquelles des prestations de services de nature hôtelière peuvent être proposées ;

5° Une part minimale, définie par décret, de la surface habitable des logements compris dans un ensemble d'investissements portés simultanément à la connaissance du ministre chargé du budget dans les conditions prévues au VII est sous-louée, dans les conditions définies au 2°, à des personnes physiques dont les ressources sont inférieures aux plafonds mentionnés au 2°, pour des loyers inférieurs aux limites mentionnées au 3°. Un décret précise les plafonds de ressources et de loyers pour l'application du présent 5° *(Voir Annexe III, art. 46 AG sexdecies)* ;

6° Une fraction, définie par décret *(Voir Annexe III, art. 46 AG sexdecies)*, du prix de revient d'un ensemble d'investissements portés simultanément à la connaissance du ministre chargé du budget correspond à des dépenses supportées au titre de l'acquisition d'équipements de production d'énergie renouvelable, d'appareils utilisant une source d'énergie renouvelable ou de matériaux d'isolation. Un arrêté des ministres chargés respectivement du budget, de l'écologie, de l'énergie, du développement durable et de l'outre-mer fixe la nature des dépenses d'équipements concernées *(Voir Annexe IV, art. 18 quater)* ;

7° A l'issue de la période de location mentionnée au 1°, les logements ou les parts ou actions des sociétés qui en sont propriétaires sont cédés, dans des conditions, notamment de prix, définies par une convention conclue entre leur propriétaire et l'organisme locataire au plus tard lors de la conclusion du bail, à l'organisme locataire ou à des personnes physiques choisies par lui et dont les ressources, au titre de l'année précédant celle de la première occupation du logement, n'excèdent pas des plafonds fixés par décret en fonction du nombre de personnes destinées à occuper à titre principal le logement et de la localisation de celui-ci ;

8° Un montant correspondant au moins à 70 % de la réduction acquise est rétrocédé par le contribuable sous la forme d'une diminution des loyers versés par l'organisme locataire mentionné au 1° et d'une diminution du prix de cession à l'organisme locataire ou, le cas échéant, aux personnes physiques mentionnées au 7° ;

9° *(Abrogé)*.

La condition mentionnée au 5° n'est pas applicable aux logements dont la convention mentionnée au 7° prévoit la cession à des personnes physiques à l'issue de la période de location.

Pour ouvrir droit à la réduction d'impôt, la construction ou l'acquisition de logements bénéficiant des prêts conventionnés définis à l'article D 372-21 du code de la construction et de l'habitation doit cependant avoir reçu l'agrément préalable du représentant de l'Etat dans la collectivité territoriale d'outre-mer. Le nombre de logements agréés par le représentant de l'Etat au titre d'une année ne peut excéder 25 % du nombre de logements qui satisfont aux conditions prévues aux 2° et 3° du présent I livrés l'année précédente dans la collectivité territoriale d'outre-mer.

DC-IV-60500 s.

II. La réduction d'impôt est égale à 50 % d'un montant égal au prix de revient des logements minoré, d'une part, des taxes et des commissions d'acquisition versées et, d'autre part, des aides publiques reçues. Ce montant est retenu dans la limite mentionnée au 5 de l'article 199 undecies A appréciée par mètre carré de surface habitable et, dans le cas des logements mentionnés au 4° du I, de surface des parties communes dans lesquelles des prestations de services sont proposées. Cette limite est relevée chaque année, à la date et dans les conditions prévues au 5 de l'article 199 undecies A *(NDLR Les dispositions de l'article 14 de la loi 2022-1726 du 30 décembre 2022 qui substituent dans le présent alinéa le terme aides au terme subventions s'appliquent aux investissements réalisés à compter du 1er janvier 2023)*.

Un décret peut préciser, en tant que de besoin, la nature des sommes retenues pour l'appréciation du prix de revient mentionné au premier alinéa *(Voir Annexe III, art. 46 AG sexdecies)*.

Le III de l'article 199 undecies B est applicable aux investissements ouvrant droit à la réduction d'impôt prévue au présent article.

DC-IV-61600 s.

III. La réduction d'impôt est accordée au titre de l'année d'achèvement du logement ou de son acquisition si elle est postérieure.

Lorsque le montant de la réduction d'impôt excède l'impôt dû par le contribuable ayant réalisé l'investissement, le solde peut être reporté, dans les mêmes conditions, sur l'impôt sur le revenu des années suivantes jusqu'à la cinquième inclusivement.

IV. La réduction d'impôt est également acquise au titre des investissements réalisés par une société civile de placement immobilier régie par les articles L 214-114 et suivants du code monétaire et financier ou par toute autre société mentionnée à l'article 8 du présent code, à l'exclusion des sociétés en participation, dont les parts ou les actions sont détenues, directement ou par l'intermédiaire d'une entreprise unipersonnelle à responsabilité limitée, par des contribuables domiciliés en France au sens de l'article 4 B, dont la quote-part du revenu de la société est soumise en leur nom à l'impôt sur le revenu, sous réserve des parts détenues par les sociétés d'économie mixte de construction et de gestion de logements sociaux visées à l'article L 481-1 du code de la construction et de l'habitation, conformément à l'article L 472-1-9 du code de la construction et de l'habitation *(NDLR Lire : « ou conformément à l'article L 472-1-9 du code de la construction et de l'habitation »)*, par les sociétés d'habitations à loyer modéré. Dans ce cas, la réduction d'impôt est pratiquée par les associés ou membres dans une proportion correspondant à leurs droits dans la société au titre de l'année au cours de laquelle les parts ou actions sont souscrites. Lorsque l'investissement revêt la forme de la construction d'un immeuble ou de l'acquisition d'un immeuble à construire, la réduction d'impôt ne s'applique que si la société qui réalise l'investissement s'engage à achever les fondations de l'immeuble dans les deux ans qui suivent la clôture de la souscription et à achever l'immeuble dans les deux ans qui suivent la date d'achèvement des fondations.

La réduction d'impôt est acquise, dans les mêmes conditions, au titre des investissements réalisés par une société soumise de plein droit à l'impôt sur les sociétés dont les actions sont détenues intégralement et directement par des contribuables, personnes physiques, domiciliés en France au sens de l'article 4 B, sous réserve des parts détenues par les sociétés d'économie mixte de construction et de gestion de logements sociaux visées à l'article L 481-1 du code de la construction et de l'habitation, sous réserve des parts détenues *(NDLR Lire : « ou des parts détenues »)*, conformément à l'article L 472-1-9 du code de la construction et de l'habitation, par les sociétés d'habitations à loyer modéré. En ce cas, la réduction d'impôt est pratiquée par les associés dans une proportion correspondant à leurs droits dans la société. L'application de cette disposition est subordonnée au respect des conditions suivantes :

1° Les investissements ont reçu un agrément préalable du ministre chargé du budget dans les conditions prévues au III de l'article 217 undecies ;

2° La société réalisant l'investissement a pour objet exclusif l'acquisition, la construction et la location des logements mentionnés au I.

Les associés personnes physiques mentionnés au deuxième alinéa ne peuvent bénéficier, pour la souscription au capital de la société mentionnée au même alinéa, des réductions d'impôt prévues aux articles 199 terdecies-0 A et 199 terdecies-0 AB et la société mentionnée ne peut bénéficier des dispositions prévues à l'article 217 undecies.

Le 11 de l'article 150-0 D n'est pas applicable aux moins-values constatées par les associés lors de la cession des titres des sociétés. Le 2° du 3 de l'article 158 ne s'applique pas aux revenus distribués par ces sociétés.

La réduction d'impôt, qui n'est pas applicable aux parts ou actions dont le droit de propriété est démembré, est subordonnée à la condition que 95 % de la souscription serve exclusivement à financer un investissement pour lequel les conditions d'application du présent article sont réunies. L'associé doit s'engager à conserver la totalité de ses parts ou actions jusqu'au terme de la location prévue au 1° du I. Le produit de la souscription doit être intégralement investi dans les dix-huit mois qui suivent la clôture de celle-ci.

V. La réduction d'impôt fait l'objet d'une reprise au titre de l'année au cours de laquelle :

1° Les conditions mentionnées au I ou, le cas échéant, au IV ne sont pas respectées ;

2° L'engagement prévu au IV n'est pas respecté ;

3° Avant l'expiration de la durée mentionnée au 1° du I, les logements mentionnés au I ou les parts ou actions mentionnées au IV sont cédés ou leur droit de propriété est démembré. Toutefois, aucune remise en cause n'est effectuée lorsque le démembrement de ce droit ou le transfert de la propriété du bien résulte du décès du contribuable ou de l'un des membres du couple soumis à imposition commune et que l'attributaire du bien ou le titulaire de son usufruit s'engage à respecter les engagements prévus, dans les mêmes conditions et selon les mêmes modalités, pour la période restant à courir à la date du décès.

DC-IV-62200 s.

VI. La réduction d'impôt prévue au présent article est également ouverte au titre de l'acquisition de logements, qui satisfont aux conditions fixées au I, achevés depuis plus de vingt ans faisant l'objet de travaux de réhabilitation définis par décret permettant aux logements d'acquérir des performances techniques voisines de celles des logements neufs ou permettant leur confortation contre le risque sismique ou cyclonique. Dans ce cas, la réduction d'impôt est assise sur le prix de revient des logements majoré du coût des travaux de réhabilitation et minoré, d'une part, des taxes et des commissions d'acquisition versées et, d'autre part, des aides publiques reçues. La limite mentionnée au II est applicable. La réduction d'impôt est accordée au titre de l'année d'achèvement des travaux *(NDLR Les dispositions de l'article 14 de la loi 2022-1726 du 30 décembre 2022 qui substituent dans le présent VI le terme aides au terme subventions s'appliquent aux investissements réalisés à compter du 1er janvier 2023).*

VI bis. A. La réduction d'impôt prévue au présent article est également ouverte au titre des travaux de rénovation ou de réhabilitation des logements satisfaisant aux conditions fixées au I, achevés depuis plus de vingt ans et détenus par les organismes mentionnés au 1° du même , permettant aux logements d'acquérir des performances techniques voisines de celles des logements neufs ou permettant leur confortation contre le risque sismique ou cyclonique. La réduction d'impôt est assise sur le prix de revient des travaux de réhabilitation minoré, d'une part, des taxes versées et, d'autre part, des aides publiques reçues. Ce montant est retenu dans la limite d'un plafond de 50 000 € par logement. La réduction d'impôt est accordée au titre de l'année d'achèvement des travaux.

Ndlr *Les dispositions du présent A telles que modifiées par l'article 78, I de la loi 2023-1322 du 29 décembre 2023 s'appliquent aux investissements réalisés à compter du 1er janvier 2024 (Loi précitée article 78, II).*

B. La réduction d'impôt prévue au présent article est également ouverte au titre des travaux de démolition préalables à la construction des logements mentionnés au I, lorsque l'achèvement des fondations de l'immeuble intervient dans un délai de deux ans à compter de la fin des travaux de démolition. La réduction d'impôt est assise sur le prix de revient des travaux de démolition minoré, d'une part, des taxes versées et, d'autre part, des aides publiques reçues au titre de ces mêmes travaux. Ce montant est retenu dans la limite d'un plafond de 25 000 € par logement démoli. La réduction d'impôt est accordée, pour ces seuls travaux, au titre de l'année de leur achèvement.

Ndlr 1. *L'extension du dispositif aux travaux de démolition s'applique aux travaux pour lesquels une demande de permis de construire est déposée à compter du 1er janvier 2022 et qui n'ont pas été engagés avant cette date. Pour les investissements réalisés à Saint-Martin, ces dispositions entrent en vigueur à compter du 12 décembre 2022 (Décret 2022-1551 du 10 décembre 2022 art. 2).*

2. *Les dispositions de l'article 14 de la loi 2022-1726 du 30 décembre 2022 qui substituent dans le présent VI bis le terme aides au terme subventions s'appliquent aux investissements réalisés à compter du 1er janvier 2023.*

VI ter. La réduction d'impôt fait l'objet d'une reprise au titre de l'année au cours de laquelle les conditions mentionnées aux VI ou VI bis ne sont pas respectées.

VII. Lorsque le montant par programme des investissements est supérieur à deux millions d'euros, le bénéfice de la réduction d'impôt prévue au présent article est conditionné à l'obtention d'un agrément préalable délivré par le ministre chargé du budget dans les conditions prévues au III de l'article 217 undecies. Lorsque le projet d'investissement est visé par un arrêté du représentant de l'Etat portant attribution d'une subvention au titre des contrats de développement, l'agrément porte exclusivement sur la détermination de la base fiscale éligible et des conditions permettant de garantir la protection des investisseurs et des tiers. Il est tacite à défaut d'une réponse de l'administration dans un délai de deux mois, ce délai n'étant renouvelable qu'une seule fois, dans les conditions prévues au dernier alinéa du 2 du III du même article 217 undecies. Cette procédure de régime simplifié ne s'applique qu'aux programmes de logement social inscrits aux contrats de développement en Nouvelle-Calédonie et au contrat de projets de la Polynésie française.

DC-IV-61300

VIII. Un contribuable ne peut, pour un même logement ou une même souscription de parts ou d'actions, bénéficier à la fois de l'une des réductions d'impôt prévues aux articles 199 undecies A, 199 tervicies ou 199 septvicies et des dispositions du présent article.

Les dépenses de travaux retenues pour le calcul de la réduction d'impôt prévue au présent article ne peuvent faire l'objet d'une déduction pour la détermination des revenus fonciers.

IX. Le présent article est applicable aux acquisitions ou constructions de logements réalisées entre la date de promulgation de la loi n° 2009-594 du 27 mai 2009 pour le développement économique des outre-mer et le 24 septembre 2018, en Guadeloupe, en Guyane, en Martinique, à Mayotte et à La Réunion, et le 31 décembre 2025 à Saint-Pierre-et-Miquelon, en Nouvelle-

Calédonie, en Polynésie française, à Saint-Martin, à Saint-Barthélemy et dans les îles Wallis-et-Futuna. Pour l'application du présent IX, les constructions s'entendent des immeubles ayant fait l'objet d'une déclaration d'ouverture de chantier.

Toutefois, le présent article reste applicable, pour les investissements réalisés en Guadeloupe, en Guyane, en Martinique, à Mayotte et à La Réunion, aux investissements pour l'agrément desquels une demande est parvenue à l'administration au plus tard le 24 septembre 2018.

1° *(Abrogé).*

2° *(Abrogé).*

> **Ndlr** *Dispositif prorogé jusqu'en 2029 par l'article 13 de la loi 2022-1726 du 30 décembre 2022.*

X. Le bénéfice de la réduction d'impôt prévue au I est subordonné, pour les investissements réalisés dans les départements d'outre-mer et à Saint-Martin, au respect de la décision 2012/21/UE de la Commission, du 20 décembre 2011, relative à l'application de l'article 106, paragraphe 2, du traité sur le fonctionnement de l'Union européenne aux aides d'Etat sous forme de compensations de service public octroyées à certaines entreprises chargées de la gestion de services d'intérêt économique général.

(Voir Annexe III, art. 46 AG sexdecies)

> **Ndlr** *La réduction d'impôt prévue au présent article peut être cumulée avec l'octroi de subventions et de prêts pour la construction, l'acquisition et l'amélioration de logements locatifs aidés (Loi 2010-1657 du 29 décembre 2017 art. 170).*

FR 2/24 inf. 45 p. 82 ; DC-IV-60100 s. ; MF n°s 92080 s.

Art 199 undecies D

I. 1. La somme des réductions d'impôt sur le revenu mentionnées aux articles 199 undecies A, 199 undecies B et 199 undecies C et des reports de ces réductions d'impôts, dont l'imputation est admise pour un contribuable au titre d'une même année d'imposition, ne peut excéder un montant de 40 000 € comprenant dans l'ordre d'imputation suivant :

a. La somme de la réduction d'impôt sur le revenu mentionnée à l'article 199 undecies C et des reports de cette réduction d'impôt, dans la limite de 40 000 € ;

b. La somme des réductions d'impôt sur le revenu mentionnées aux articles 199 undecies A et 199 undecies B et des reports de ces réductions d'impôt, dans la limite de 30 600 € diminuée du montant dont l'imputation a été effectuée au a du présent 1.

2. Pour l'appréciation de la limite mentionnée au b du 1, la réduction d'impôt au titre des investissements mentionnés à la première phrase des vingt-sixième et vingt-septième alinéas du I de l'article 199 undecies B ainsi que les reports résultant d'une réduction d'impôt au titre des mêmes investissements sont retenus pour 34 % de leur montant.

3. Pour l'appréciation de la limite mentionnée au b du 1, la réduction d'impôt au titre des investissements mentionnés à la deuxième phrase du vingt-sixième alinéa du I de l'article 199 undecies B ainsi que les reports résultant d'une réduction d'impôt au titre des mêmes investissements sont retenus pour 44 % de leur montant.

3 bis. Pour l'appréciation de la limite mentionnée au a du 1, la réduction d'impôt acquise au titre des investissements mentionnés à l'article 199 undecies C ainsi que les reports résultant d'une réduction d'impôt au titre des mêmes investissements sont retenus pour 30 % de leur montant.

4. Les fractions des réductions d'impôt et des reports qui ne sont pas retenues en application des 2, 3 et 3 bis peuvent être imputées dans la limite annuelle :

- de trente-trois fois le dix-septième du montant mentionné au b du 1 pour la fraction non retenue en application du 2 ;
- de sept fois le troisième du montant mentionné au a du 1 pour la fraction non retenue en application du 3 bis ;
- de quatorze fois le onzième du montant mentionné au b du 1 pour la fraction non retenue en application du 3.

II. Lorsque le contribuable personne physique réalise directement des investissements mentionnés au I de l'article 199 undecies B au titre et pour les besoins de l'activité pour laquelle il participe à l'exploitation au sens du 1° bis du I de l'article 156, le montant total de la réduction d'impôt et des reports résultant de ces investissements, dont l'imputation est admise au titre d'une même année d'imposition, ne peut excéder deux fois et demie la limite mentionnée au b du 1 du I ou un montant de 229 500 € par période de trois ans.

III. Par dérogation aux I et II, le montant total des réductions d'impôt sur le revenu mentionnées aux articles 199 undecies A, 199 undecies B et 199 undecies C et des reports de ces réductions d'impôt, dont l'imputation est admise pour un contribuable au titre d'une même année d'imposition, peut être porté, sur option du contribuable, à 15 % du revenu de l'année considérée servant de base au calcul de l'impôt sur le revenu dans les conditions prévues au I de l'article 197.

Le plafond optionnel fixé au premier alinéa du présent III s'applique dans l'ordre d'imputation suivant :

a. A la somme de la réduction d'impôt sur le revenu mentionnée à l'article 199 undecies C et des reports de cette réduction d'impôt, dans la limite de 15 % du revenu de l'année considérée servant de base au calcul de l'impôt sur le revenu dans les conditions prévues au I de l'article 197 ;

b. A la somme des réductions d'impôt sur le revenu mentionnées aux articles 199 undecies A et 199 undecies B et des reports de ces réductions d'impôt, dans la limite de 11 % du revenu de l'année considérée servant de base au calcul de l'impôt sur le revenu dans les conditions prévues au I de l'article 197 diminuée du montant dont l'imputation a été effectuée au a du présent III.

DC-IV-14300 s. ; MF n°s 91895, 92083

Art 199 undecies E Les présidents des conseils régionaux d'outre-mer, de l'assemblée territoriale de Wallis-et-Futuna, du conseil départemental de Mayotte, des conseils territoriaux de Saint-Pierre-et-Miquelon, Saint-Barthélemy et Saint-Martin et des gouvernements de la Nouvelle-Calédonie et de la Polynésie française sont informés, par les personnes qui réalisent sur le territoire de leur collectivité territoriale des investissements bénéficiant des dispositions prévues aux articles 199 undecies A, 199 undecies B, 199 undecies C, 217 undecies, 217 duodecies, 244 quater W, 244 quater X et 244 quater Y, de la nature, du lieu de situation, des modalités de financement et des conditions d'exploitation de ces investissements. Ils peuvent émettre un avis simple sur les opérations d'investissement qui nécessitent un agrément préalable du ministre chargé du budget. Lorsque les investissements sont réalisés par des personnes morales en vue d'être donnés en location, la déclaration indique l'identité du locataire et, dans les cas prévus par la loi, le montant de la fraction de l'aide fiscale rétrocédée à ce dernier.

DC-IV-16005

Art 199 undecies F L'assemblée territoriale de Wallis-et-Futuna, les conseils territoriaux de Saint-Pierre-et-Miquelon, Saint-Barthélemy et Saint-Martin, le congrès de la Nouvelle-Calédonie et l'assemblée de la Polynésie française peuvent, sur leurs territoires respectifs, par délibération prise avant le 1er janvier 2010 ou après chacun de leurs renouvellements, écarter l'application des articles 199 undecies A, 199 undecies C et 199 novovicies et exclure certains secteurs d'activité des droits à réduction d'impôt prévus par les articles 199 undecies B, 217 undecies, 217 duodecies et 244 quater Y.

DC-IV-9100

14° Réduction d'impôt accordée
au titre des souscriptions en numéraire
au capital des sociétés
ainsi qu'au titre des souscriptions de parts
de fonds communs de placement
dans l'innovation

Art 199 terdecies-0 A **I. A.** Les contribuables domiciliés fiscalement en France peuvent bénéficier d'une réduction de leur impôt sur le revenu égale à 18 % des versements effectués au titre :

1° Des souscriptions en numéraire :

a. Au capital initial de sociétés ;

b. Aux augmentations de capital de sociétés dont ils ne sont ni associés ni actionnaires ;

c. Aux augmentations de capital d'une société dont ils sont associés ou actionnaires lorsque ces souscriptions constituent un investissement de suivi, y compris lorsque ladite société exerce son activité sur un marché depuis plus de dix ans après son enregistrement ou plus de sept ans après sa première vente commerciale, réalisé dans les conditions cumulatives suivantes :

le contribuable a bénéficié, au titre de son premier investissement au capital de la société bénéficiaire des versements, de l'avantage fiscal prévu au premier alinéa du présent A ;

de possibles investissements de suivi étaient prévus dans le plan d'entreprise de la société bénéficiaire des versements ;

la société bénéficiaire de l'investissement de suivi n'est pas devenue liée à une autre entreprise dans les conditions prévues au c du 4 de l'article 21 du règlement (UE) n° 651/2014 de la Commission du 17 juin 2014 déclarant certaines catégories d'aides compatibles avec le marché intérieur en application des articles 107 et 108 du traité ;

2° Des souscriptions de titres participatifs, dans les conditions prévues au 1° du présent A, dans des sociétés coopératives de production définies par la loi n° 78-763 du 19 juillet 1978 portant statut des sociétés coopératives de production ou dans d'autres sociétés coopératives régies par la loi n° 47-1775 du 10 septembre 1947 portant statut de la coopération.

Les souscriptions mentionnées aux 1° et 2° du présent A confèrent aux souscripteurs les seuls droits résultant de la qualité d'actionnaire ou d'associé, à l'exclusion de toute autre contrepartie, notamment sous la forme de garantie en capital, de tarifs préférentiels ou d'accès prioritaire aux biens produits ou aux services rendus par la société.

B. L'avantage fiscal prévu au A s'applique, dans les mêmes conditions, aux souscriptions effectuées par des personnes physiques en indivision. Chaque membre de l'indivision peut bénéficier de l'avantage fiscal à concurrence de la fraction de la part de sa souscription représentative de titres reçus en contrepartie de souscriptions au capital de sociétés vérifiant les conditions prévues au C.

C. Le bénéfice de l'avantage fiscal prévu au A est subordonné au respect, par la société bénéficiaire de la souscription, des conditions suivantes :

1° Elle est une petite ou moyenne entreprise au sens de l'annexe I du règlement (UE) n° 651/2014 de la Commission du 17 juin 2014 précité ;

2° Elle n'est pas qualifiable d'entreprise en difficulté au sens du 18 de l'article 2 du même règlement ;

3° Elle exerce une activité industrielle, commerciale, artisanale, agricole ou libérale, à l'exclusion des activités procurant des revenus garantis en raison de l'existence d'un tarif réglementé de rachat de la production ou bénéficiant d'un contrat offrant un complément de rémunération défini à l'article L 314-18 du code de l'énergie, des activités financières, des activités de gestion de son propre patrimoine mobilier et des activités de construction d'immeubles en vue de leur vente ou de leur location et des activités immobilières.

Pour l'application du premier alinéa du présent 3°, l'activité de courtage et l'activité de change sont considérées comme des activités financières ;

4° Elle remplit au moins l'une des conditions suivantes au moment de l'investissement initial :

a. Elle n'exerce son activité sur aucun marché ;

b. Elle exerce son activité sur un marché, quel qu'il soit, depuis moins de dix ans après son enregistrement ou moins de sept ans après sa première vente commerciale. Le seuil de chiffre d'affaires qui caractérise la première vente commerciale au sens du présent b ainsi que ses modalités de détermination sont fixés par décret ;

c. Elle a besoin d'un investissement initial qui, sur la base d'un plan d'entreprise établi en vue d'une nouvelle activité économique, est supérieur à 50 % de son chiffre d'affaires annuel moyen des cinq années précédentes ;

5° Ses actifs ne sont pas constitués de façon prépondérante de métaux précieux, d'œuvres d'art, d'objets de collection, d'antiquités, de chevaux de course ou de concours ou, sauf si l'objet même de son activité consiste en leur consommation ou en leur vente au détail, de vins ou d'alcools ;

6° Elle a son siège de direction effective dans un Etat membre de l'Union européenne ou dans un autre Etat partie à l'accord sur l'Espace économique européen ayant conclu avec la France une convention d'assistance administrative en vue de lutter contre la fraude et l'évasion fiscales ;

7° Ses titres ne sont pas admis aux négociations sur un marché réglementé ou un système multilatéral de négociation français ou étranger au sens des articles L 421-1 ou L 424-1 du code monétaire et financier, sauf si ce marché est un système multilatéral de négociation où la majorité des instruments admis à la négociation sont émis par des petites ou moyennes entreprises au sens de l'annexe I au règlement (UE) n° 651/2014 de la Commission du 17 juin 2014 précité ;

8° Elle est soumise à l'impôt sur les bénéfices dans les conditions de droit commun ou y serait soumise dans les mêmes conditions si son activité était exercée en France ;

9° Elle compte au moins deux salariés à la clôture de l'exercice qui suit la souscription ayant ouvert droit à la présente réduction, ou un salarié si elle est soumise à l'obligation de s'inscrire à la chambre des métiers et de l'artisanat ;

10° Le montant total des versements qu'elle a reçus au titre des souscriptions mentionnées au présent I et au VI et des aides dont elle a bénéficié au titre du financement des risques sous la forme d'investissement en fonds propres ou quasi-fonds propres, de prêts, de garanties ou d'une combinaison de ces instruments n'excède pas 15 millions d'euros.

D. L'avantage fiscal prévu au A du présent I trouve également à s'appliquer lorsque la société bénéficiaire de la souscription remplit les conditions suivantes :

1° La société remplit l'ensemble des conditions prévues au C, à l'exception de celles prévues aux 3°, 4°, 9° et 10° ;

2° La société a pour objet exclusif de détenir des participations dans des sociétés exerçant une des activités mentionnées au 3° du même C ;

3° La société a exclusivement pour mandataires sociaux des personnes physiques ;

4° La société n'est pas associée ou actionnaire de la société au capital de laquelle elle réinvestit, excepté lorsque le réinvestissement constitue un investissement de suivi remplissant les conditions cumulatives prévues au c du 1° du A ;

5° La société communique à chaque investisseur, avant la souscription de ses titres, un document d'information précisant notamment la période de conservation des titres pour bénéficier de l'avantage fiscal mentionné au même A, les modalités prévues pour assurer la liquidité de l'investissement au terme de la durée de blocage, les risques générés par l'investissement, la politique de diversification des risques, les règles d'organisation et de prévention des conflits d'intérêts, les modalités de calcul et la décomposition de tous les frais et commissions, directs et indirects, et le nom des prestataires de services d'investissement chargés du placement des titres.

Le montant des versements au titre de la souscription réalisée par le contribuable est pris en compte, pour l'assiette de la réduction d'impôt, dans la limite de la fraction déterminée en retenant :

a. Au numérateur, le montant des versements effectués par la société mentionnée au premier alinéa du présent D, au titre de souscriptions mentionnées au A dans des sociétés vérifiant l'ensemble des conditions prévues au C, avant la date de clôture de l'exercice au cours duquel le contribuable a procédé aux versements correspondant à sa souscription dans cette société ;

b. Et au dénominateur, le montant total des versements reçus au cours de ce même exercice par ladite société et afférents à la souscription à laquelle se rapportent les versements effectués par le contribuable.

La réduction d'impôt sur le revenu est accordée au titre de l'année de la clôture de l'exercice de la société mentionnée au premier alinéa du présent D au cours duquel le contribuable a procédé au versement au titre de sa souscription.

Un décret fixe les conditions dans lesquelles les investisseurs sont informés annuellement du montant détaillé des frais et commissions, directs et indirects, qu'ils supportent et celles dans lesquelles ces frais sont encadrés. Pour l'application de la première phrase du présent alinéa, sont assimilées aux sociétés mentionnées au présent D les sociétés dont la rémunération provient principalement de mandats de conseil ou de gestion obtenus auprès de contribuables effectuant les versements mentionnés au C ou au présent D, lorsque ces mandats sont relatifs à ces mêmes versements.

La société adresse à l'administration fiscale, à des fins statistiques, au titre de chaque année, avant le 30 avril de l'année suivante et dans des conditions définies par arrêté conjoint des ministres chargés de l'économie et du budget, un état récapitulatif des sociétés financées, des titres détenus ainsi que des montants investis durant l'année. Les informations qui figurent sur cet état sont celles arrêtées au 31 décembre de l'année.

II. Les versements ouvrant droit à la réduction d'impôt mentionnée au I sont retenus dans la limite annuelle de 50 000 € pour les contribuables célibataires, veufs ou divorcés et de 100 000 € pour les contribuables mariés ou liés par un pacte civil de solidarité soumis à imposition commune.

La fraction d'une année excédant, le cas échéant, les limites mentionnées au premier alinéa du présent II ouvre droit à la réduction d'impôt dans les mêmes conditions au titre des quatre années suivantes.

La réduction de l'impôt dû procurée par le montant de la réduction d'impôt mentionnée au I qui excède le montant mentionné au premier alinéa du 1 de l'article 200-0 A peut être reportée sur l'impôt sur le revenu dû au titre des années suivantes jusqu'à la cinquième année incluse. Pour la détermination de cet excédent au titre d'une année, il est tenu compte de la réduction d'impôt accordée au titre des versements réalisés au cours de l'année concernée et des versements en report mentionnés au deuxième alinéa du présent II ainsi que des reports de la réduction d'impôt constatés au titre d'années antérieures.

III. Le bénéfice de la réduction d'impôt mentionnée au I est subordonné au respect de l'article 21 bis du règlement (UE) n° 651/2014 de la Commission du 17 juin 2014 précité.

IV. Le 5 du I de l'article 197 du présent code est applicable.

A. Le bénéfice de l'avantage fiscal prévu au I du présent article est subordonné à la conservation par le contribuable des titres reçus en contrepartie de sa souscription au capital de la société jusqu'au 31 décembre de la cinquième année suivant celle de la souscription.

La condition relative à la conservation des titres reçus en contrepartie de la souscription au capital s'applique également à la société mentionnée au premier alinéa du D du même I et à l'indivision mentionnée au B dudit I.

En cas de remboursement des apports aux souscripteurs avant le 31 décembre de la septième année suivant celle de la souscription, le bénéfice de l'avantage fiscal prévu au même I est remis en cause, sauf si le remboursement fait suite à la liquidation judiciaire de la société.

B. En cas de non-respect de la condition de conservation prévue au premier alinéa du A du présent IV par suite d'une fusion ou d'une scission au sens de l'article 817 A, l'avantage fiscal mentionné au I du présent article accordé au titre de l'année en cours et de celles précédant ces opérations n'est pas remis en cause si les titres reçus en contrepartie sont conservés jusqu'au même terme. Cet avantage fiscal n'est pas non plus remis en cause lorsque la condition de conservation prévue au premier alinéa du A du présent IV n'est pas respectée par suite d'une annulation des titres pour cause de pertes ou de liquidation judiciaire ou d'une cession réalisée dans le cadre d'une procédure de redressement judiciaire ou de liquidation judiciaire.

En cas de non-respect de la condition de conservation prévue au premier alinéa du A du présent IV en cas de cession stipulée obligatoire par un pacte d'associés ou d'actionnaires ou en cas de procédure de retrait obligatoire à l'issue d'une offre publique de retrait ou de toute offre publique au sens de l'article L 433-4 du code monétaire et financier, l'avantage fiscal mentionné au I du présent article accordé au titre de l'année en cours et de celles précédant ces opérations n'est pas non plus remis en cause si le prix de vente des titres cédés, diminué des impôts et taxes générés par cette cession, est intégralement réinvesti par le cédant, dans un délai de douze mois à compter de la cession, en souscription de titres de sociétés satisfaisant aux conditions mentionnées au C du même I, sous réserve que les titres ainsi souscrits soient conservés jusqu'au même terme. Cette souscription ne peut donner lieu au bénéfice de l'avantage fiscal prévu au A dudit I.

En cas de non-respect de la condition de conservation prévue au premier alinéa du A du présent IV en cas d'offre publique d'échange de titres, l'avantage fiscal mentionné au I accordé au titre de l'année en cours et de celles précédant cette opération n'est pas non plus remis en cause si les titres obtenus lors de l'échange sont des titres de sociétés remplissant les conditions mentionnées au C du même I et si l'éventuelle soulte d'échange, diminuée le cas échéant des impôts et taxes générés par son versement, est intégralement réinvestie, dans un délai de douze mois à compter de l'échange, en souscription de titres de sociétés remplissant les conditions mentionnées au même C, sous réserve que les titres obtenus lors de l'échange et, le cas échéant, souscrits en remploi de la soulte soient conservés jusqu'au terme du délai applicable aux titres échangés. La souscription de titres au moyen de la soulte d'échange ne peut donner lieu au bénéfice de l'avantage fiscal prévu au A du même I.

En cas de non-respect de la condition de conservation des titres prévue au premier alinéa du A du présent IV du fait de leur cession plus de trois ans après leur souscription, l'avantage fiscal mentionné au I accordé au titre de la souscription des titres cédés n'est pas remis en cause, quelle que soit la cause de cette cession, si le prix de vente des titres cédés, diminué des impôts et taxes générés par cette cession, est intégralement réinvesti par le cédant, dans un délai de douze mois à compter de la cession, en souscription de titres de sociétés remplissant les conditions mentionnées au C du même I. Les titres ainsi souscrits doivent être conservés jusqu'au terme du délai mentionné au premier alinéa du A du présent IV. Cette souscription ne peut donner lieu au bénéfice de l'avantage fiscal prévu au A du I.

Le A du présent IV ne s'applique pas en cas de licenciement, d'invalidité correspondant au classement dans les deuxième ou troisième des catégories prévues à l'article L 341-4 du code de la sécurité sociale ou de décès du souscripteur, de son conjoint ou du partenaire auquel il est lié par un pacte civil de solidarité soumis à une imposition commune. Il en est de même en cas de donation à une personne physique des titres reçus en contrepartie de la souscription au capital de la société si le donataire reprend l'obligation de conservation des titres transmis prévue au A du présent IV et s'il ne bénéficie pas du remboursement des apports avant le terme mentionné au dernier alinéa du même A. A défaut, la reprise de la réduction d'impôt obtenue est effectuée au nom du donateur.

Les conditions mentionnées au dernier alinéa du A du I et aux 3°, 5° et 6° du C du même I doivent être satisfaites à la date de la souscription et de manière continue jusqu'au 31 décembre de la cinquième année suivant celle de cette souscription. A défaut, l'avantage fiscal prévu audit I est remis en cause.

C. L'avantage fiscal prévu au I accordé au titre de l'année en cours et des années précédentes fait l'objet d'une reprise au titre de l'année au cours de laquelle la société ou le contribuable cesse de respecter l'une des conditions mentionnées aux deux premiers alinéas du A ou au dernier alinéa du B du présent IV.

V. Un décret fixe les modalités d'application du présent article, notamment les obligations déclaratives incombant aux contribuables et aux sociétés.

VI. A. Les contribuables domiciliés fiscalement en France peuvent bénéficier d'une réduction de leur impôt sur le revenu égale à 18 % des versements effectués au titre de souscriptions en numéraire de parts de fonds communs de placement dans l'innovation mentionnés à l'article L 214-30 du code monétaire et financier ou de parts de fonds d'investissement de proximité mentionnés à l'article L 214-31 du même code ou d'un organisme similaire d'un autre Etat membre de l'Union européenne ou d'un Etat partie à l'accord sur l'Espace économique européen ayant conclu avec la France une convention d'assistance administrative en vue de lutter contre la fraude et l'évasion fiscales.

L'avantage prévu au premier alinéa du présent A ne s'applique que lorsque les conditions suivantes sont satisfaites :

1° Les personnes physiques prennent l'engagement de conserver les parts de fonds jusqu'au 31 décembre de la cinquième année suivant celle de la souscription ;

2° Le porteur de parts, son conjoint, le partenaire auquel il est lié par un pacte civil de solidarité ou son concubin notoire soumis à une imposition commune et leurs ascendants et descendants ne doivent pas détenir ensemble plus de 10 % des parts du fonds ni, directement ou indirectement, plus de 25 % des droits dans les bénéfices des sociétés dont les titres figurent à l'actif du fonds ou avoir détenu ce montant à un moment quelconque au cours des cinq années précédant la souscription des parts du fonds ;

3° Le fonds doit respecter au minimum le quota d'investissement de 70 % prévu au I des articles L 214-30 et L 214-31 du code monétaire et financier. Ce quota doit être atteint à hauteur de 50 % au moins au plus tard quinze mois après la date de clôture de la période de souscription fixée dans le prospectus complet du fonds, laquelle ne peut excéder quatorze mois à compter de la date de constitution du fonds, et à hauteur de 100 % au plus tard le dernier jour du quinzième mois suivant.

B. Les versements ouvrant droit à la réduction d'impôt mentionnée au A du présent VI sont retenus, après imputation des droits ou frais d'entrée et à proportion du quota d'investissement mentionné au 3° du même A, que le fonds s'engage à atteindre, dans les limites annuelles de 12 000 € pour les contribuables célibataires, veufs ou divorcés et de 24 000 € pour les contribuables mariés ou pour ceux liés par un pacte civil de solidarité et soumis à imposition commune.

C. Un décret fixe les conditions dans lesquelles les porteurs de parts sont informés annuellement du montant détaillé des frais et commissions, directs et indirects, qu'ils supportent et celles dans lesquelles ces frais sont encadrés.

D. L'avantage fiscal obtenu fait l'objet d'une reprise au titre de l'année au cours de laquelle le fonds ou le contribuable cesse de respecter les conditions prévues au A du présent VI.

Le premier alinéa du présent D ne s'applique pas lorsque la condition prévue au 1° du A du présent VI n'est pas respectée en cas de licenciement, d'invalidité correspondant au classement dans les catégories prévues aux 2° et 3° de l'article L 341-4 du code de la sécurité sociale, de décès du souscripteur, de son conjoint ou du partenaire auquel il est lié par un pacte civil de solidarité soumis à une imposition commune.

E. Sont exclues du bénéfice de l'avantage fiscal prévu au A du présent VI les parts de fonds donnant lieu à des droits différents sur l'actif net ou sur les produits du fonds ou de la société, attribuées en fonction de la qualité de la personne.

VII. Le taux de l'avantage fiscal mentionné au VI est porté à 30 % pour les versements effectués au titre de souscriptions en numéraire de parts de fonds d'investissement de proximité mentionnés à l'article L 214-31 du code monétaire et financier dont l'actif est constitué pour 70 % au moins de valeurs mobilières, de parts de société à responsabilité limitée et d'avances en compte courant émises par des sociétés qui exercent leurs activités exclusivement dans des établissements situés en Corse.

Les réductions d'impôt prévues au VI et au présent VII sont exclusives les unes des autres pour les souscriptions dans un même fonds.

VIII. Les contribuables domiciliés fiscalement en France peuvent bénéficier d'une réduction de leur impôt sur le revenu égale à 30 % des versements au titre de souscriptions en numéraire de parts de fonds d'investissement de proximité mentionnés à l'article L 214-31 du code monétaire et financier dont l'actif est constitué pour 70 % au moins de titres financiers, de parts de société à responsabilité limitée et d'avances en compte courant émises par des sociétés qui exercent leurs activités exclusivement dans des établissements situés dans les départements d'outre-mer, à Saint-Barthélemy, à Saint-Martin, à Saint-Pierre-et-Miquelon, en Nouvelle-Calédonie, en Polynésie française et dans les îles Wallis-et-Futuna.

Les quatre derniers alinéas du A et les B à E du VI du présent article sont applicables.

Les réductions d'impôt prévues au VI et au présent VIII sont exclusives les unes des autres pour les souscriptions dans un même fonds

IX. Les réductions d'impôt mentionnées aux I et VI à VIII ne s'appliquent pas aux titres figurant dans un plan d'épargne en actions mentionné à l'article 163 quinquies D, dans un plan d'épargne avenir climat mentionné à l'article L 221-34-2 du code monétaire et financier, dans un plan d'épargne retraite mentionné à l'article L 224-1 du même code ou dans un plan d'épargne salariale mentionné au titre III du livre III de la troisième partie du code du travail, ni à la fraction des versements effectués au titre de souscriptions ayant ouvert droit aux réductions d'impôt prévues aux f ou g du 2 de l'article 199 undecies A ou aux articles 199 undecies B, 199 terdecies-0 B ou 199 unvicies du présent code.

Les souscriptions réalisées par un contribuable au capital d'une société dans les douze mois suivant le remboursement, total ou partiel, par cette société de ses apports précédents n'ouvrent pas droit à l'avantage fiscal mentionné au I du présent article.

Les souscriptions réalisées au capital d'une société holding animatrice ouvrent droit à l'avantage fiscal mentionné au même I lorsque la société est constituée et contrôle au moins une filiale depuis au moins douze mois. Pour l'application du présent alinéa, une société holding animatrice s'entend d'une société qui, outre la gestion d'un portefeuille de participations, participe activement à la conduite de la politique de son groupe et au contrôle de ses filiales et rend, le cas échéant et à titre purement interne, des services spécifiques, administratifs, juridiques, comptables, financiers et immobiliers.

X. Un décret fixe les modalités d'application du VI, notamment les obligations déclaratives incombant aux porteurs de parts ainsi qu'aux gérants et dépositaires des fonds.

Le montant des frais et commissions directs et indirects imputés au titre d'un même versement mentionné aux A ou D du I ou aux VI à VIII par les sociétés mentionnées au premier alinéa du D du I, par les gérants et dépositaires de fonds mentionnés aux VI à VIII, par les sociétés et les personnes physiques exerçant une activité de conseil ou de gestion au sens de l'article L 321-1 du code monétaire et financier au titre du versement ou par des personnes physiques ou morales qui leur sont liées au sens des articles L 233-3, L 233-4 et L 233-10 du code de commerce ne peut excéder un plafond fixé par arrêté du ministre chargé de l'économie, dont le niveau tient compte du montant du versement, de la valeur liquidative des fonds et des distributions effectuées.

Par dérogation au deuxième alinéa du présent X, le montant des frais et commissions, directs et indirects, imputés au titre d'un même versement peut, dans des circonstances exceptionnelles, excéder ce plafond lorsque le dépassement correspond en totalité à des frais engagés pour faire face à une situation non prévisible indépendante de la volonté des personnes mentionnées au même deuxième alinéa et dans l'intérêt des investisseurs ou des porteurs de parts.

Sans préjudice des sanctions que l'Autorité des marchés financiers peut prononcer, tout manquement à ces interdictions est passible d'une amende dont le montant ne peut excéder dix fois les frais indûment perçus.

Ndlr *Les dispositions du présent article s'appliquent à compter du 1er janvier 2024 (Loi 2023-1322 du 29 décembre 2023 art. 48, III).*

FR 2/24 inf. 4 p. 20 ; IRPP-IV-44000 s. ; MF nos 2600 s.

Art 199 terdecies-0 A bis

I. L'article 199 terdecies-0 A s'applique, sous réserve des II à IV du présent article, aux versements effectués au titre des souscriptions en numéraire réalisées entre le 1er janvier 2024 et le 31 décembre 2028 au capital :

1° Des entreprises qui, à la date de la souscription, sont qualifiées de jeunes entreprises innovantes en application de l'article 44 sexies-0 A ;

2° Des sociétés mentionnées au premier alinéa du D du I de l'article 199 terdecies-0 A qui souscrivent au capital des entreprises mentionnées au 1° du présent I.

II. A. Par dérogation au A du I de l'article 199 terdecies-0 A, le taux de la réduction d'impôt est porté à 30 % pour les souscriptions mentionnées au I du présent article.

B. Par dérogation au a du D du I de l'article 199 terdecies-0 A, est retenu au numérateur le montant des seuls versements effectués par la société mentionnée au 2° du I du présent article, au titre des souscriptions en numéraire au capital des entreprises mentionnées au 1° du même I avant la date de clôture de l'exercice au cours duquel le contribuable a procédé aux versements correspondants à sa souscription dans cette société.

C. Par dérogation au II de l'article 199 terdecies-0 A :

1° Les versements mentionnés au I du présent article sont retenus dans la limite d'un montant de 75 000 € pour les contribuables célibataires, veufs ou divorcés et de 150 000 € pour les contribuables mariés ou liés par un pacte civil de solidarité et soumis à imposition commune ;

2° Les deux derniers alinéas ne sont pas applicables.

III. Le total de l'avantage résultant de l'application du présent article et de l'article 199 terdecies-0 A ter ne peut pas procurer une réduction de l'impôt dû supérieure à 50 000 € sur la période du 1er janvier 2024 au 31 décembre 2028.

IV. La réduction d'impôt mentionnée au I du présent article ne s'applique pas à la fraction des versements effectués au titre de souscriptions ayant ouvert droit à la réduction d'impôt mentionnée au I de l'article 199 terdecies-0 A ter.

Ndlr *Les dispositions du présent article s'appliquent à compter du 1er janvier 2024 (Loi 2023-1322 du 29 décembre 2023 art. 48, III).*

FR 2/24 inf. 4 nos 11 à 21 p. 21 ; MF nos 2610 précision c, 2620 précision e

Art 199 terdecies-0 A ter

I. L'article 199 terdecies-0 A s'applique, sous réserve des III à VI du présent article, aux versements effectués au titre des souscriptions en numéraire réalisées entre le 1er janvier 2024 et le 31 décembre 2028 au capital :

1° Des entreprises qui, à la date de la souscription, remplissent les conditions mentionnées au II ;

2° Des sociétés mentionnées au premier alinéa du D du I de l'article 199 terdecies-0 A qui souscrivent au capital des entreprises mentionnées au 1° du présent I.

II. L'entreprise mentionnée au 1° du I satisfait aux conditions suivantes :

1° Elle remplit les conditions mentionnées à l'article 44 sexies-0 A ;

2° Elle a réalisé des dépenses de recherche définies au a du 3° de l'article 44 sexies-0 A représentant au moins 30 % des charges déterminées dans les conditions prévues au même a.

III. A. Par dérogation au A du I de l'article 199 terdecies-0 A, le taux de la réduction d'impôt est porté à 50 % pour les souscriptions mentionnées au I du présent article.

B. Par dérogation au huitième alinéa du D du I de l'article 199 terdecies-0 A, est retenu au numérateur le montant des seuls versements effectués par la société mentionnée au 2° du I du présent article, à raison des souscriptions en numéraire au capital des entreprises mentionnées au 1° du même I avant la date de clôture de l'exercice au cours duquel le contribuable a procédé aux versements correspondants à sa souscription dans cette société.

C. Par dérogation au II de l'article 199 terdecies-0 A :

1° Les versements mentionnés au I du présent article sont retenus dans la limite d'un montant de 50 000 € pour les contribuables célibataires, veufs ou divorcés et de 100 000 € pour les contribuables mariés ou liés par un pacte civil de solidarité et soumis à imposition commune ;

2° Les deux derniers alinéas ne sont pas applicables.

IV. Le bénéfice de la réduction d'impôt est subordonné au respect du règlement (UE) n° 1407/2013 de la Commission du 18 décembre 2013 relatif à l'application des articles 107 et 108 du traité sur le fonctionnement de l'Union européenne aux aides de minimis.

V. Le total de l'avantage résultant de l'application du présent article et de l'article 199 terdecies-0 A bis ne peut pas procurer une réduction de l'impôt dû supérieure à 50 000 € sur la période du 1er janvier 2024 au 31 décembre 2028.

VI. La réduction d'impôt mentionnée au I du présent article ne s'applique pas à la fraction des versements effectués au titre de souscriptions ayant ouvert droit à la réduction d'impôt mentionnée au I de l'article 199 terdecies-0 A bis.

> **Ndlr** *Les dispositions du présent article s'appliquent à compter du 1er janvier 2024 (Loi 2023-1322 du 29 décembre 2023 art. 48, III).*

FR 2/24 inf. 4 nos 11 à 21 p. 21 ;
MF nos 2610 précision c, 2620 précision e

Art 199 terdecies-0 AA L'article 199 terdecies-0 A s'applique sous les mêmes conditions et sous les mêmes sanctions aux souscriptions en numéraire au capital des entreprises d'utilité sociale mentionnées à l'article L 3332-17-1 du code du travail, sous les réserves suivantes :

1° Les exclusions prévues au 3° du C du I de l'article 199 terdecies-0 A, relatives à l'exercice d'une activité financière, de construction d'immeubles ou immobilière ne sont pas applicables aux entreprises solidaires. Toutefois, les exclusions relatives à l'exercice d'une activité immobilière ou de construction d'immeubles sont applicables aux entreprises solidaires qui n'exercent pas une activité de gestion immobilière à vocation sociale ;

2° Par dérogation au 4° du même C, la société bénéficiaire des versements remplit au moins l'une des conditions suivantes au moment de l'investissement initial :

a. Elle n'exerce son activité sur aucun marché ;

b. Elle exerce son activité sur un marché, quel qu'il soit, depuis moins de dix ans après sa première vente commerciale. Le seuil de chiffre d'affaires qui caractérise la première vente commerciale au sens du présent b ainsi que ses modalités de détermination sont fixés par décret *(NDLR Voir Annexe III, art. 46 AI quinquies A)* ;

c. Elle a besoin d'un investissement initial qui, sur la base d'un plan d'entreprise établi en vue d'une nouvelle activité économique, est supérieur à 50 % de son chiffre d'affaires annuel moyen des cinq années précédentes.

> **Ndlr** *Par dérogation à l'article 199 terdecies-0 A, I du présent code, le taux de la réduction d'impôt prévue au présent article est fixé à 25 % pour les versements effectués à compter d'une date fixée par décret, qui ne peut être postérieure de plus de deux mois à la date de la réception par le Gouvernement de la réponse de la Commission européenne permettant de considérer la disposition lui ayant été notifiée comme étant conforme au droit de l'Union européenne, et jusqu'au 31 décembre 2025 (Loi 2023-1322 du 29 décembre 2023 art. 49, I et III).*

IRPP-IV-47340 s. ;
MF n° 2610 précision b, 2620 précision d

Art 199 terdecies-0 AB **I. 1.** Les contribuables domiciliés fiscalement en France peuvent bénéficier d'une réduction de leur impôt sur le revenu égale à 18 % des versements effectués au titre de souscriptions en numéraire au capital initial ou aux augmentations de capital des entreprises mentionnées au 1 du II.

Cet avantage fiscal s'applique, dans les mêmes conditions, aux souscriptions effectuées par des personnes physiques en indivision. Chaque membre de l'indivision peut bénéficier de l'avantage fiscal à concurrence de la fraction de la part de sa souscription représentative de titres reçus en contrepartie de souscriptions au capital des entreprises vérifiant les conditions prévues au II du présent article.

Ndlr *Pour les versements effectués jusqu'au 31 décembre 2025, le taux de la réduction d'impôt est fixé à 25 % (Loi 2019-1479 du 28 décembre 2019 art. 157, IV, modifiée, en dernier lieu, par loi 2023-1322 du 29 décembre 2023 art. 49, II).*

2. La réduction d'impôt prévue au 1 du présent I est accordée dans les limites et conditions suivantes :

1° Elle est accordée au titre de l'année de la clôture de l'exercice de l'entreprise ;

2° Les versements ouvrant droit à la réduction d'impôt prévue au 1 du présent I sont retenus dans la limite d'un montant de 50 000 € pour les contribuables célibataires, veufs ou divorcés et de 100 000 € pour les contribuables mariés ou liés par un pacte civil de solidarité soumis à imposition commune, diminué du montant des versements ouvrant droit à la réduction d'impôt prévue à l'article 199 terdecies-0 A. La fraction des versements d'une année excédant, le cas échéant, les limites mentionnées au 1° du présent 2 ouvre droit à la réduction d'impôt dans les mêmes conditions au titre des quatre années suivantes ;

3° Le montant de la réduction d'impôt qui excède le montant mentionné au premier alinéa du 1 de l'article 200-0 A peut être reporté sur l'impôt sur le revenu dû au titre des années suivantes jusqu'à la cinquième année incluse. Pour la détermination de cet excédent au titre d'une année, il est tenu compte de la réduction d'impôt accordée au titre des versements réalisés au cours de l'année concernée et des versements en report mentionnés au second alinéa du 2° du présent 2, ainsi que des reports de la réduction d'impôt constatés au titre d'années antérieures ;

4° Les titres reçus en contrepartie de la souscription au capital de l'entreprise sont conservés jusqu'au 31 décembre de la cinquième année suivant celle de la souscription.

La condition de conservation s'applique également à l'indivision mentionnée au second alinéa du 1 du présent I.

En cas de non-respect de la condition de conservation, l'avantage fiscal mentionné au 1 du présent I est remis en cause au titre de l'année au cours de laquelle le contribuable cesse de respecter cette condition.

En cas de non-respect de la condition de conservation par suite d'une fusion ou d'une scission au sens de l'article 817 A, l'avantage fiscal mentionné au 1 du présent I accordé au titre de l'année en cours et de celles précédant ces opérations n'est pas remis en cause si les titres reçus en contrepartie sont conservés jusqu'au même terme. Cet avantage fiscal n'est pas non plus remis en cause lorsque la condition de conservation n'est pas respectée par suite d'une annulation des titres pour cause de pertes ou de liquidation judiciaire ou d'une cession réalisée dans le cadre d'une procédure de redressement judiciaire ou de liquidation judiciaire.

Les dispositions du troisième alinéa du présent 4° ne s'appliquent pas en cas de licenciement, d'invalidité correspondant au classement dans la deuxième ou la troisième des catégories prévues à l'article L 341-4 du code de la sécurité sociale, du décès du souscripteur ou de son conjoint ou partenaire lié par un pacte civil de solidarité soumis à une imposition commune. Il en est de même en cas de donation à une personne physique des titres reçus en contrepartie de la souscription au capital de l'entreprise si le donataire reprend l'obligation de conservation des titres transmis prévue au premier alinéa du présent 4°. A défaut, la reprise de la réduction d'impôt obtenue est effectuée au nom du donateur ;

5° Les apports ne sont pas remboursés au contribuable avant le 31 décembre de la septième année suivant celle de la souscription, sauf si le remboursement fait suite à la liquidation judiciaire de l'entreprise.

En cas de non-respect de la condition prévue au premier alinéa du présent 5°, l'avantage fiscal mentionné au 1 du présent I est remis en cause au titre de l'année au cours de laquelle le contribuable cesse de respecter cette condition.

Cette condition s'applique également à l'indivision mentionnée au second alinéa du même 1 ;

6° Les versements ouvrent droit au bénéfice de la réduction d'impôt, sous réserve que le contribuable soit en mesure de présenter, à la demande de l'administration fiscale, un récépissé de sa souscription attestant de son montant, de la date du versement et du respect, par l'entreprise au capital de laquelle il est souscrit, des conditions prévues au II du présent article pour l'exercice au cours duquel est effectuée la souscription ;

7° Les souscriptions mentionnées au 1 du présent I confèrent aux souscripteurs les seuls droits résultant de la qualité d'actionnaire ou d'associé, à l'exclusion de toute autre contrepartie notamment sous la forme de garantie en capital, de tarifs préférentiels ou d'accès prioritaire aux biens produits ou aux services rendus par la société.

II. 1. L'entreprise bénéficiaire de la souscription mentionnée au I satisfait aux conditions suivantes :

1° Elle est agréée "entreprise solidaire d'utilité sociale" conformément à l'article L 3332-17-1 du code du travail ;

2° Elle exerce à titre principal :

a. Soit l'une des activités mentionnées au 1° ou au 3° de l'article L 365-1 du code de la construction et de l'habitation ;

b. Soit une activité d'acquisition et de gestion par bail rural de tous biens ruraux bâtis et non bâtis, dans le respect des conditions suivantes :

l'activité répond aux objectifs mentionnés au 1° du I de l'article L 141-1 du code rural et de la pêche maritime et l'entreprise n'exerce pas d'activité d'exploitation ;

les baux ruraux sont conclus avec des preneurs répondant aux conditions mentionnées au 3° du présent 1 et comportent des clauses mentionnées au troisième alinéa de l'article L 411-27 du code rural et de la pêche maritime ;

l'entreprise s'engage dans ses statuts à ne pas céder à titre onéreux les biens ruraux acquis pour l'exercice de son activité pendant une durée minimale de vingt ans, sauf à titre exceptionnel, lorsque le bien se révèle impropre à la culture ou doit être cédé dans le cadre d'un aménagement foncier ou pour faire face à de graves difficultés économiques conjoncturelles, après information du ministère de l'agriculture et pour un prix de cession n'excédant pas la valeur nette comptable dudit bien ;

3° Elle exerce son activité en faveur de personnes en situation de fragilité du fait de leur situation économique ou sociale au sens du 1° de l'article 2 de la loi n° 2014-856 du 31 juillet 2014 relative à l'économie sociale et solidaire.

Un décret précise, pour chaque secteur d'activité mentionné au 2° du présent 1, les critères de définition de ces publics, en fonction de leur niveau de ressources.

Un arrêté, pris conjointement par le ministre chargé de l'économie et par le ou les ministres compétents pour chacun de ces secteurs, fixe la fraction minimale que ces publics représentent au sein de l'ensemble des bénéficiaires de l'entreprise ;

Ndlr *Cette fraction est fixée à 50 % (Arrêté ECOT2015763A du 29 septembre 2020 : JO 30) ou à 70 % (Arrêtés ECOT2015762A et ECOT2015766A du 29 septembre 2020 : JO 30) s'agissant respectivement des personnes respectant les conditions prévues à l'article 3, 1 ou aux articles 1, 1 et 6, 1 1 du décret 2020-1186 du 29 septembre 2020 (Voir partie Autres textes du présent code).*

4° Elle rend aux personnes mentionnées au 3° du présent 1 un service d'intérêt économique général, au sens de la décision 2012/21/UE de la Commission du 20 décembre 2011 relative à l'application de l'article 106, paragraphe 2, du traité sur le fonctionnement de l'Union européenne aux aides d'Etat sous forme de compensations de service public octroyées à certaines entreprises chargées de la gestion de services d'intérêt économique général, en mettant à leur disposition les biens et services fonciers mentionnés au 2° du présent 1 pour un tarif inférieur à celui du marché de référence dans lequel elle intervient et en favorisant l'accès de ses bénéficiaires en situation de fragilité économique ou sociale à ces biens et services fonciers, par un accompagnement spécifique.

Les missions effectuées par l'entreprise bénéficiaire pour l'exécution du service mentionné au premier alinéa du présent 4°, ainsi que les obligations correspondantes, sont décrites par une convention qui tient lieu de mandat au sens de l'article 4 de la décision 2012/21/UE précitée. Cette convention est conclue pour une durée n'excédant pas dix ans et est reconductible par périodes de dix ans.

Un décret *(NDLR Décret 2020-1186 du 29 septembre 2020 art. 2, 5, 7, 10 et 14)* précise :

les différents marchés de référence, en distinguant ceux des entreprises qui accomplissent des services sociaux relatifs au logement social mentionnés à l'article L 365-1 du code de la construction et de l'habitation, ceux des autres entreprises intervenant en matière de logement et ceux des entreprises qui exercent l'activité mentionnée au b du 2° du présent 1 ;

les modalités de détermination de la différence entre le tarif de mise à disposition par l'entreprise bénéficiaire et le tarif de référence sur le marché dans lequel elle intervient ;

le contenu de la convention mentionnée au deuxième alinéa du présent 4° ;

5° Les titres financiers ou parts sociales ayant fait l'objet des souscriptions ouvrant droit à la réduction d'impôt sont soumis aux exigences suivantes :

a. L'entreprise ne procède pas à la distribution de dividendes ;

b. Ces titres ou parts sont incessibles à un prix excédant leur valeur d'acquisition, majorée d'un taux de rendement annuel qui ne peut être supérieur à un plafond défini comme la somme entre :

le taux du livret A en vigueur au premier jour du mois de la date de la cession ;

et, le cas échéant, une majoration, définie par arrêté du ministre de l'économie, dans la limite de 1,25 % *[NDLR Majoration fixée à 0,75 % par l'arrêté ECOT2015765A du 29 septembre 2020 (JO 30)]* ;

c. Les statuts de l'entreprise prévoient, si de telles modalités existent, les modalités de revalorisation de ces titres ou parts ;

6° Elle délivre au souscripteur qui lui en fait la demande le récépissé prévu au 6° du 2 du I du présent article ; elle tient un registre des souscriptions ayant donné lieu à délivrance d'un récépissé dont le contenu et les modalités de conservation sont précisées par arrêté du ministre chargé du budget ;

7° L'entreprise communique à chaque souscripteur, avant la souscription, un document d'information précisant notamment la période de conservation à respecter pour bénéficier de la réduction d'impôt mentionnée au 1 du I, les conditions de revente des titres ou parts au terme de la période de conservation, les conditions de remboursement des apports, les risques engendrés par l'opération, les règles d'organisation et de prévention des conflits d'intérêts, ainsi que les modalités de calcul et la décomposition de tous les frais et commissions, directs et indirects.

2. Pour chaque entreprise, le montant total des souscriptions ouvrant droit au bénéfice de la réduction prévue au 1 du I du présent article n'excède pas, au titre de l'exercice de souscription :

1° Un montant égal au rapport entre :

a. Au numérateur :

la somme du produit, pour chaque marché sur lequel l'entreprise est intervenue en application du 4° du 1 du présent II au cours de l'avant-dernier exercice clos :

i. de la surface mise à la disposition des personnes mentionnées au 3° du même 1 au cours de ce même exercice ;

ii. par la différence de tarif prévue au premier alinéa du 4° dudit 1 constatée au cours dudit exercice ;

majorée d'un montant forfaitaire représentatif du surcroît de charges d'exploitation mobilisées par l'entreprise pour l'accompagnement spécifique prévu au même premier alinéa, dont les modalités de calcul sont fixées par la convention prévue au deuxième alinéa du même 4° ;

et minorée, le cas échéant, des autres aides publiques spécifiques destinées à compenser les coûts liés à l'exécution du service d'intérêt économique général défini au premier alinéa dudit 4° ;

b. Au dénominateur, le taux de la réduction d'impôt définie au 1 du I applicable au titre de l'exercice de souscription ;

2° Un montant :

a. De 40 millions d'euros, s'agissant des entreprises qui exercent l'activité mentionnée au a du 2° du 1 du présent II ;

b. De 15 millions d'euros, s'agissant des entreprises qui exercent l'activité mentionnée au b du même 2°.

Un décret précise *(NDLR Décret 2020-1186 du 29 septembre 2020 art. 15 et 16)* la nature et les obligations de transmission par l'entreprise des informations nécessaires à la justification du calcul du plafond défini au 1° du présent 2 ainsi que les modalités de leur exploitation par l'administration.

III. La réduction d'impôt prévue au I ne s'applique pas aux titres figurant dans un plan d'épargne en actions mentionné à l'article 163 quinquies D, dans un plan d'épargne retraite mentionné à l'article L 224-1 du code monétaire et financier, dans un souscompte français du produit paneuropéen d'épargne-retraite individuelle mentionné à l'article L 225-1 du même code ou dans un plan d'épargne salariale mentionné au titre III du livre III de la troisième partie du code du travail, ni à la fraction des versements effectués au titre de souscriptions ayant ouvert droit aux réductions d'impôt prévues aux articles 199 undecies A, 199 undecies B, 199 undecies C, 199 terdecies-0 A ou 199 terdecies-0 B du présent code.

> **Ndlr** *Pour les dispositions du présent III qui entreront en vigueur à une date fixée par décret, et au plus tard le 1er juillet 2024, voir partie Autres textes du présent code loi 2023-1322 du 29 décembre 2023 art. 3, I-4°b et III-A.*

IV. Le bénéfice de la réduction d'impôt prévue au I est subordonné au respect de la décision 2012/21/UE de la Commission du 20 décembre 2011, relative à l'application de l'article 106, paragraphe 2, du traité sur le fonctionnement de l'Union européenne aux aides d'Etat sous forme de compensations de service public octroyées à certaines entreprises chargées de la gestion de services d'intérêt économique général.

IRPP-IV-56000 s. ; MF nos 2685 s.

15° bis Réduction d'impôt accordée au titre d'emprunts souscrits pour la reprise d'une entreprise

Art 199 terdecies-0 B **I.** Les contribuables domiciliés fiscalement en France au sens de l'article 4 B peuvent bénéficier d'une réduction de leur impôt sur le revenu égale à 25 % du montant des intérêts des emprunts contractés pour acquérir, dans le cadre d'une opération de reprise, une fraction du capital d'une société dont les titres ne sont pas admis aux négociations sur un marché réglementé français ou étranger.

Cette réduction d'impôt s'applique lorsque les conditions suivantes sont remplies :

a. L'acquéreur prend l'engagement de conserver les titres de la société reprise jusqu'au 31 décembre de la cinquième année suivant celle de l'acquisition ;

b. Les parts ou actions acquises dans le cadre de l'opération de reprise mentionnée au premier alinéa confèrent à l'acquéreur 25 % au moins des droits de vote et des droits dans les bénéfices sociaux de la société reprise. Pour l'appréciation de ce pourcentage, il est également tenu compte des droits détenus dans la société par les personnes suivantes qui participent à l'opération de reprise :

1° Le conjoint de l'acquéreur ou son partenaire lié par un pacte civil de solidarité, ainsi que leurs ascendants et descendants ;

2° Ou, lorsque l'acquéreur est un salarié, les autres salariés de cette même société ;

c. A compter de l'acquisition, l'acquéreur ou l'un des autres associés mentionnés au b exerce effectivement dans la société reprise l'une des fonctions énumérées au 1° du 1 du III de l'article 975 et dans les conditions qui y sont prévues ;

d. La société reprise a son siège social dans un Etat membre de l'Union européenne ou dans un autre Etat partie à l'accord sur l'Espace économique européen ayant conclu avec la France une convention d'assistance administrative en vue de lutter contre la fraude et l'évasion fiscales, et est soumise à l'impôt sur les sociétés dans les conditions de droit commun ou y serait soumise dans les mêmes conditions si l'activité était exercée en France ;

e. La société reprise doit être une petite et moyenne entreprise au sens de l'annexe I au règlement (UE) n° 651/2014 de la Commission du 17 juin 2014 déclarant certaines catégories d'aides compatibles avec le marché intérieur en application des articles 107 et 108 du traité ;

f. La société reprise exerce une activité commerciale, industrielle, artisanale, libérale ou agricole, à l'exception de la gestion de son propre patrimoine mobilier ou immobilier.

La condition mentionnée au e s'apprécie à la date à laquelle le seuil de 25 % prévu au b est franchi.

II. Les intérêts ouvrant droit à la réduction d'impôt prévue au I sont ceux payés à raison des emprunts contractés à compter de la publication de la loi n° 2003-721 du 1er août 2003 pour l'initiative économique. Ils sont retenus dans la limite annuelle de 20 000 € pour les contribuables célibataires, veufs ou divorcés et de 40 000 € pour les contribuables mariés soumis à imposition commune.

III. La réduction d'impôt mentionnée au I ne peut pas concerner des titres figurant dans un plan d'épargne en actions défini à l'article 163 quinquies D ou dans un plan d'épargne salariale prévu au titre III du livre III de la troisième partie du code du travail, ni la fraction des versements effectués au titre de souscriptions ayant ouvert droit à la réduction d'impôt prévue aux I à IV de l'article 199 terdecies-0 A.

Les intérêts ouvrant droit à la réduction d'impôt mentionnée au I ne peuvent ouvrir droit aux déductions prévues au titre des frais réels et justifiés, au 3° de l'article 83.

IV. Les dispositions du 5 du I de l'article 197 sont applicables aux réductions d'impôt prévues au présent article.

V. Les réductions d'impôt obtenues font l'objet d'une reprise :

1° Au titre de l'année au cours de laquelle intervient la rupture de l'engagement mentionné au a du I ou le remboursement des apports, lorsque ce dernier intervient avant le terme du délai mentionné au même a ;

2° Au titre de l'année au cours de laquelle l'une des conditions mentionnées aux b, c, d et f du I cesse d'être remplie, lorsque le non-respect de la condition intervient avant le terme de la période mentionnée au a du I.

Sous réserve des conditions mentionnées aux d et f du I, ces dispositions ne s'appliquent pas en cas d'invalidité correspondant au classement dans la deuxième ou troisième des catégories prévues à l'article L 341-4 du code de la sécurité sociale ou du décès de l'acquéreur. Il en est de même en cas de non-respect de la condition prévue au a du I à la suite d'une annulation des titres pour cause de pertes ou de liquidation judiciaire, ou à la suite d'une fusion ou d'une scission et si les titres reçus en contrepartie de ces opérations sont conservés par l'acquéreur jusqu'au terme du délai mentionné au a du I.

VI. En cas de cession des titres, de remboursement des apports ou de non-respect de l'une des conditions mentionnées aux b, c, d ou f du I au-delà du 31 décembre de la cinquième année suivant celle de l'acquisition, la réduction d'impôt n'est plus applicable à compter du 1er janvier de l'année considérée.

VII. Un décret fixe les obligations déclaratives incombant aux contribuables et aux sociétés *(Voir Annexe III, art. 46 AI sexies).*

VIII. Ces dispositions s'appliquent aux emprunts contractés jusqu'au 31 décembre 2011.

IRPP-IV-17400 s. ; MF nos 2770 s.

15° ter Réduction d'impôt accordée au titre des souscriptions en numéraire au capital d'entreprises de presse

Art 199 terdecies-0 C **1. a.** Les contribuables domiciliés fiscalement en France, au sens de l'article 4 B, bénéficient d'une réduction d'impôt sur le revenu égale à 30 % des versements effectués jusqu'au 31 décembre 2024 au titre de souscriptions en numéraire réalisées au capital de sociétés soumises à l'impôt sur les sociétés dans les conditions de droit commun éditant une ou plusieurs publications de presse ou services de presse en ligne d'information politique et générale, ou une ou plusieurs publications de presse ou services de presse en ligne consacrés pour une large part à l'information politique et générale.

Le taux mentionné au premier alinéa du présent 1 est porté à 50 % lorsque la société bénéficiaire de la souscription a le statut d'entreprise solidaire de presse d'information, au sens de l'article 2-1 de la loi n° 86-897 du 1er août 1986 portant réforme du régime juridique de la presse.

b. Cette réduction d'impôt trouve également à s'appliquer lorsque les versements mentionnés au premier alinéa du a du présent 1 sont effectués au bénéfice d'une société dont l'objet statutaire exclusif est de détenir des participations au capital de sociétés mentionnées au même a et regroupant exclusivement des actionnaires individuels. Dans ce cas, le montant des versements au titre de la souscription réalisée par le contribuable est pris en compte, pour l'assiette de la réduction d'impôt, dans la limite de la fraction déterminée en retenant :

1° Au numérateur, le montant des versements effectués par la société à raison de souscriptions en numéraire au capital de sociétés mentionnées audit a, lors de l'exercice au cours duquel le contribuable a procédé aux versements correspondant à sa souscription dans cette société ;

2° Et, au dénominateur, le montant total des versements reçus au cours de ce même exercice par ladite société et afférents à la souscription à laquelle se rapportent les versements effectués par le contribuable.

La réduction d'impôt sur le revenu est accordée au titre de l'année de la clôture de l'exercice de la société au cours duquel le contribuable a procédé aux versements correspondant à sa souscription dans cette société, au taux prévu au premier alinéa du même a ou, lorsque la société a pour objet statutaire exclusif de détenir des participations dans des entreprises mentionnées au second alinéa du même a, au taux prévu au même second alinéa.

2. Les versements ouvrant droit à la réduction d'impôt mentionnée au 1 sont retenus dans la limite annuelle de 10 000 € pour les contribuables célibataires, veufs ou divorcés, et de 20 000 € pour les contribuables soumis à imposition commune.

3. Lorsque tout ou partie des titres souscrits par le contribuable ayant donné lieu à réduction d'impôt est cédé avant le 31 décembre de la cinquième année suivant celle de la souscription, la réduction d'impôt obtenue est ajoutée à l'impôt dû au titre de l'année de la cession.

Il en va de même lorsque tout ou partie des titres souscrits par la société mentionnée au b du 1 du présent article et ayant ouvert droit à la réduction d'impôt est cédé avant le 31 décembre de la cinquième année suivant celle de leur souscription.

Le premier alinéa du présent 3 ne s'applique pas en cas de licenciement, d'invalidité correspondant au classement dans la deuxième ou la troisième des catégories prévues à l'article L 341-4 du code de la sécurité sociale ou du décès du contribuable ou de l'un des époux ou partenaires liés par un pacte civil de solidarité soumis à imposition commune.

4. La réduction d'impôt mentionnée au 1 ne s'applique pas aux titres figurant dans un plan d'épargne en actions mentionné à l'article 163 quinquies D du présent code ou dans un plan d'épargne salariale mentionné au titre III du livre III de la troisième partie du code du travail, ni à la fraction des versements effectués au titre de souscriptions ayant ouvert droit aux réductions d'impôt prévues, aux articles 199 undecies B, 199 terdecies-0 A ou 199 terdecies-0 B du présent code.

5. Le bénéfice de la réduction d'impôt mentionnée au 1 du présent article est subordonné au respect du règlement (UE) n° 1407/2013 de la Commission du 18 décembre 2013 relatif à l'application des articles 107 et 108 du traité sur le fonctionnement de l'Union européenne aux aides de minimis.

(Voir Annexe III, art. 46 AI septies)

IRPP-IV-15000 s. ; MF nos 2700 s.

16° Réduction d'impôt accordée au titre des dépenses afférentes à la dépendance

Art 199 quindecies Les contribuables, domiciliés en France au sens de l'article 4 B et qui sont accueillis dans un établissement ou dans un service mentionné au 6° du I de l'article L 312-1 du code de l'action sociale et des familles, dans un établissement délivrant des soins de longue durée, mentionné à l'avant-dernier alinéa de l'article L 6143-5 du code de la santé publique, et comportant un hébergement, à des personnes n'ayant pas leur autonomie de vie dont l'état nécessite une surveillance médicale constante et des traitements d'entretien ou dans un établissement ayant pour objet de fournir des prestations de nature et de qualité comparables et situé dans un autre Etat membre de l'Union européenne ou dans un autre Etat partie à l'accord sur l'Espace économique européen ayant conclu avec la France une convention d'assistance administrative en vue de lutter contre la fraude et l'évasion fiscales, bénéficient d'une réduction d'impôt égale à 25 % du montant des dépenses qu'ils supportent effectivement tant au titre de la dépendance que de l'hébergement. Le montant annuel des dépenses ouvrant droit à la réduction d'impôt ne peut pas excéder 10 000 € par personne hébergée.

IRPP-IV-35000 s. ; MF n° 3360

17° Réduction ou crédit d'impôt accordé au titre des sommes versées pour l'emploi d'un salarié à domicile, à une association agréée ou à un organisme habilité ou conventionné ayant le même objet

Art 199 sexdecies **1.** Lorsqu'elles n'entrent pas en compte pour l'évaluation des revenus des différentes catégories, ouvrent droit à un crédit d'impôt sur le revenu les sommes versées par un contribuable domicilié en France au sens de l'article 4 B pour :

a. L'emploi d'un salarié qui rend des services définis aux articles L 7231-1 et D 7231-1 du code du travail *(NDLR Voir partie Autres textes du présent code)* ;

b. Le recours à une association, une entreprise ou un organisme déclaré en application de l'article L 7232-1-1 du même code et qui rend exclusivement des services mentionnés au a du présent 1 ou qui bénéficie d'une dérogation à la condition d'activité exclusive selon l'article L 7232-1-2 du code du travail ;

c. Le recours à un organisme à but non lucratif ayant pour objet l'aide à domicile et habilité au titre de l'aide sociale ou conventionné par un organisme de sécurité sociale.

2. Les services doivent être fournis à la résidence, située en France, du contribuable ou d'un de ses ascendants remplissant les conditions prévues au premier alinéa de l'article L 232-2 du code de l'action sociale et des familles *(NDLR Ascendants remplissant les conditions d'octroi de l'allocation personnalisée d'autonomie).*

Les services définis aux 2°, 4° et 5° du I et aux 8° à 10°, 15°, 16°, 18° et 19° du II de l'article D 7231-1 du code du travail, dans sa rédaction en vigueur au 1er janvier 2021, sont regardés comme des services fournis à la résidence lorsqu'ils sont compris dans un ensemble de services incluant des activités effectuées à cette même résidence. Lorsqu'ils sont souscrits au profit des personnes mentionnées au 2° de l'article L 7231-1 du code du travail, les services de téléassistance et de visio-assistance mentionnés au 16° du II de l'article D 7231-1 du même code qui se matérialisent par la détection d'un accident potentiel ou avéré à domicile et son signalement à une tierce personne ou au corps médical sont regardés comme des services fournis à la résidence, même s'ils ne sont pas compris dans un ensemble de services incluant des activités effectuées à cette même résidence.

Dans le cas où les services sont fournis à la résidence d'un ascendant du contribuable, ce dernier renonce au bénéfice des dispositions de l'article 156 relatives aux pensions alimentaires, pour la pension versée à ce même ascendant.

L'aide financière mentionnée aux articles L 7233-4 et L 7233-5 du code du travail, exonérée en application du 37° de l'article 81, n'est pas prise en compte pour le bénéfice des dispositions du présent article.

3. Les dépenses mentionnées au 1 sont retenues, pour leur montant effectivement supporté, dans la limite de 12 000 €, sous réserve des plafonds prévus à l'article D 7233-5 du code du travail dans sa rédaction en vigueur au 1er janvier 2021.

La limite de 12 000 € est portée à 15 000 € pour la première année d'imposition pour laquelle le contribuable bénéficie des dispositions du présent article au titre du a du 1.

Cette limite est portée à 20 000 € pour les contribuables mentionnés au 3° de l'article L 341-4 du code de la sécurité sociale, ainsi que pour les contribuables ayant à leur charge une personne, vivant sous leur toit, mentionnée au même 3°, ou un enfant donnant droit au complément d'allocation d'éducation de l'enfant handicapé prévu par le deuxième alinéa de l'article L 541-1 du même code.

La limite de 12 000 € est majorée de 1 500 € par enfant à charge au sens des articles 196 et 196 B et au titre de chacun des membres du foyer fiscal âgé de plus de soixante-cinq ans. La majoration s'applique également aux ascendants visés au premier alinéa du 2 remplissant la même condition d'âge. Le montant de 1 500 € est divisé par deux pour les enfants réputés à charge égale de l'un et l'autre de leurs parents. La limite de 12 000 € augmentée de ces majorations ne peut excéder 15 000 €. Toutefois, lorsque les dispositions du deuxième alinéa sont applicables, la limite de 15 000 € fait l'objet des majorations prévues au présent alinéa et le montant total des dépenses ne peut excéder 18 000 €.

4. Le crédit d'impôt est égal à 50 % des dépenses mentionnées au 3 au titre des services définis aux articles L 7231-1 et D 7231-1 du code du travail fournis dans les conditions prévues au 2, supportées par le contribuable au titre de l'emploi d'un salarié ou en cas de recours à une association, une entreprise ou un organisme, mentionné aux b ou c du 1.

Le crédit d'impôt est imputé sur l'impôt sur le revenu après imputation des réductions d'impôt mentionnées aux articles 199 quater B à 200 bis, des crédits d'impôt et des prélèvements ou retenues non libératoires. S'il excède l'impôt dû, l'excédent est restitué.

5. *(Abrogé).*

6. Les sommes mentionnées au 1 ouvrent droit au bénéfice du crédit d'impôt, sous réserve que le contribuable indique, dans la déclaration prévue à l'article 170 du présent code, les services à la personne relevant de l'article D 7231-1 du code du travail au titre desquels elles ont été versées et qu'il soit en mesure de présenter, à la demande de l'administration fiscale, les pièces justifiant du paiement des salaires et des cotisations sociales, de l'identité du bénéficiaire, de la nature et du montant des prestations réellement effectuées payées à l'association, l'entreprise ou l'organisme définis au 1 du présent article *(Voir Annexe III, art. 46 AO bis).*

IRPP-IV-28000 s. ; MF nos 3230 s.

19° Réduction d'impôt accordée, en matière de divorce, au titre des prestations compensatoires en capital versées sous forme de sommes d'argent

Art 199 octodecies **I.** Les versements de sommes d'argent et l'attribution de biens ou de droits effectués en exécution de la prestation compensatoire dans les conditions et selon les modalités définies aux articles 274 et 275 du code civil sur une période, conformément à la convention de divorce par consentement mutuel prenant la forme d'un acte sous signature privée contresigné par avocats, déposé au rang des minutes d'un notaire, ou à la convention de divorce homologuée par le juge ou au jugement de divorce, au plus égale à douze mois à compter de la date à laquelle la convention de divorce par consentement mutuel prenant la forme d'un acte sous signature privée contresigné par avocats déposé au rang des minutes d'un notaire a acquis force exécutoire ou à laquelle le jugement de divorce, que celui-ci résulte ou non d'une demande conjointe, est passé en force de chose jugée, ouvrent droit à une réduction d'impôt sur le revenu lorsqu'ils proviennent de personnes domiciliées en France au sens de l'article 4 B.

La réduction d'impôt est égale à 25 % du montant des versements effectués, des biens ou des droits attribués, retenu pour la valeur fixée dans la convention de divorce par consentement mutuel prenant la forme d'un acte sous signature privée contresigné par avocats, déposé au rang des minutes d'un notaire, ou dans la convention de divorce homologuée par le juge ou par le jugement de divorce, et dans la limite d'un plafond égal à 30 500 € apprécié par rapport à la période mentionnée au premier alinéa.

Lorsque la prestation compensatoire prend la forme d'une rente conformément aux dispositions des articles 276, 278 et 279-1 du code civil, la substitution d'un capital aux arrérages futurs, versé ou attribué sur une période au plus égale à douze mois à compter de la date à laquelle le jugement prononçant la conversion est passé en force de chose jugée, ouvre également droit à la réduction d'impôt. Son assiette est alors égale au capital total reconstitué limité à 30 500 € et retenu dans la proportion qui existe entre le capital dû à la date de la conversion et le capital total reconstitué à cette même date. Le capital total reconstitué s'entend de la valeur du capital versé ou attribué à la date de conversion, majoré de la somme des rentes versées jusqu'au jour de la conversion et revalorisées en fonction de la variation de l'indice moyen annuel des prix à la consommation constatée entre l'année de versement de la rente et celle de la conversion.

Lorsque le versement des sommes d'argent, l'attribution de biens ou de droits s'effectuent sur l'année au cours de laquelle la convention de divorce par consentement mutuel prenant la forme d'un acte sous signature privée contresigné par avocats, déposé au rang des minutes d'un notaire, a acquis force exécutoire ou de l'année au cours de laquelle le jugement de divorce, que celui-ci résulte ou non d'une demande conjointe, ou le jugement prononçant la conversion de rente en capital, sont passés en force de chose jugée et l'année suivante, le montant ouvrant droit à réduction d'impôt au titre de la première année ne peut excéder le montant du plafond mentionné au deuxième alinéa multiplié par le rapport existant entre le montant des versements de sommes d'argent, des biens ou des droits attribués au cours de l'année considérée, et le montant total du capital tel que celui-ci a été fixé dans le jugement de divorce ou le jugement prononçant la conversion que le débiteur de la prestation compensatoire s'est engagé à effectuer sur la période mentionnée au premier alinéa.

(Pour les versements de sommes d'argent en règlement d'une prestation compensatoire résultant d'un divorce sur requête conjointe, les dispositions du présent article s'appliquent aux jugements prononcés en application de la loi 2000-596 du 30 juin 2000 relative à la prestation compensatoire en matière de divorce.)

II. *(Abrogé).*

IRPP-IV-42000 s. ; MF nos 3335 s.

19° quater Réduction d'impôt au titre des intérêts du différé de paiement accordé lors de la transmission d'une exploitation agricole

Art 199 vicies A **1.** Les contribuables domiciliés fiscalement en France au sens de l'article 4 B bénéficient d'une réduction d'impôt sur le revenu à raison des intérêts perçus au titre du différé de paiement qu'ils accordent à des exploitants agricoles âgés de moins de quarante ans qui s'installent ou sont installés depuis moins de cinq ans, dans le cadre de la vente de l'ensemble des éléments de l'actif affectés à l'exercice d'une activité agricole, d'une branche complète d'activité ou de l'intégralité de leurs parts d'un groupement ou d'une société agricole dans lequel ils exercent.

2. La réduction d'impôt s'applique lorsque les conditions suivantes sont remplies :

a. Le contrat de vente est passé en la forme authentique ;

b. Le paiement d'au moins la moitié du prix de cession intervient à la date de conclusion du contrat mentionné au a et le solde au cours d'une période comprise entre la huitième et la douzième année qui suit celle de cet événement ;

c. Le prix est payé en numéraire ;

d. La rémunération du différé de paiement est définie en fonction d'un taux d'intérêt arrêté à la date du contrat mentionné au a dans la limite du taux de l'échéance constante à dix ans.

3. La réduction d'impôt est égale à 50 % des intérêts imposés dans la catégorie des revenus de capitaux mobiliers et soumis au barème de l'impôt sur le revenu défini au 1 du I de l'article 197. Les intérêts sont retenus dans la limite annuelle de 5 000 € pour les contribuables célibataires, veufs ou divorcés et de 10 000 € pour les contribuables mariés ou pour les partenaires liés par un pacte civil de solidarité soumis à une imposition commune. Elle s'applique au titre de l'année de perception des intérêts.

4. En cas de résolution, annulation ou rescision pour lésion du contrat de vente, les réductions d'impôt obtenues font l'objet d'une reprise au titre de l'année de réalisation de l'un de ces événements.

(Dispositions applicables à raison des ventes intervenues entre le 18 mai 2005 et le 31 décembre 2010).

IRPP-IV-62000 s.

19° quinquies Réduction d'impôt accordée au titre du financement en capital d'œuvres cinématographiques ou audiovisuelles

Art 199 unvicies **1.** Les contribuables domiciliés en France au sens de l'article 4 B bénéficient d'une réduction d'impôt au titre des souscriptions en numéraire, réalisées entre le 1er janvier 2006 et le 31 décembre 2026, au capital initial ou aux augmentations de capital des sociétés définies à l'article 238 bis HE.

Le bénéfice de la réduction d'impôt est subordonné à l'agrément du capital de la société par le ministre chargé du budget.

2. La réduction d'impôt s'applique aux sommes effectivement versées pour les souscriptions mentionnées au 1, retenues dans la limite de 25 % du revenu net global et de 18 000 €.

3. La réduction d'impôt est égale à 30 % des sommes retenues au 2.

Le taux mentionné au premier alinéa est porté à 36 % lorsque la société s'engage à réaliser au moins 10 % de ses investissements dans les conditions prévues au a de l'article 238 bis HG avant le 31 décembre de l'année suivant celle de la souscription.

Le taux mentionné au premier alinéa du présent 3 est porté à 48 % lorsque, d'une part, la réalisation d'investissements dans les conditions mentionnées au deuxième alinéa a été respectée et, d'autre part, la société s'engage à consacrer :

a. Soit au moins 10 % de ses investissements à des dépenses de développement d'œuvres audiovisuelles de fiction, de documentaire et d'animation sous forme de séries, effectuées par les sociétés mentionnées au a de l'article 238 bis HG au capital desquelles la société a souscrit ;

b. Soit au moins 10 % de ses investissements à des versements en numéraire réalisés par contrats d'association à la production, mentionnés au b du même article 238 bis HG, en contrepartie de l'acquisition de droits portant exclusivement sur les recettes d'exploitation des œuvres cinématographiques ou audiovisuelles à l'étranger.

Les investissements et les dépenses mentionnés aux a et b du présent 3 doivent être réalisés dans un délai d'un an à compter de la création de la société.

4. Lorsque tout ou partie des titres ayant donné lieu à réduction d'impôt est cédé avant le 31 décembre de la cinquième année suivant celle du versement effectif, la réduction d'impôt obtenue est ajoutée à l'impôt dû au titre de l'année de la cession. Toutefois, la réduction d'impôt n'est pas reprise en cas de décès de l'un des époux ou partenaires liés par un pacte civil de solidarité soumis à imposition commune.

(Voir Annexe III, art. 46 quindecies E)

IRPP-IV-68000 s. ; MF n° 2730

19° sexies Réduction d'impôt au titre de travaux de conservation et restauration d'objets classés

Art 199 duovicies **I.** Les contribuables domiciliés fiscalement en France au sens de l'article 4 B bénéficient d'une réduction d'impôt sur le revenu à raison des dépenses qu'ils supportent au titre de travaux de conservation ou de restauration d'objets mobiliers classés au titre des monuments historiques dont ils sont propriétaires.

II. La réduction d'impôt s'applique lorsque les conditions suivantes sont remplies :

1° Les travaux sont autorisés et exécutés conformément aux prescriptions de l'article L 622-12 du code du patrimoine ;

2° L'objet est, dès l'achèvement des travaux et pendant au moins les cinq années suivant celui-ci, exposé au public.

III. La réduction d'impôt est égale à 18 % des sommes effectivement versées et restant à la charge du propriétaire, retenues dans la limite annuelle de 20 000 € par contribuable.

IV. En cas de non-respect d'une des conditions fixées au II ou de cession de l'objet avant le 31 décembre de la cinquième année suivant l'achèvement des travaux, la réduction d'impôt obtenue au titre des travaux portant sur cet objet fait l'objet d'une reprise au titre de l'année de réalisation de l'un de ces événements.

V. Un décret fixe les modalités d'application du présent article *(Voir Annexe III, art. 46 AZB).*

IRPP-IV-75000 s. ; MF n° 3440

19° septies Réduction d'impôt accordée au titre des dépenses de restauration immobilière dans les secteurs sauvegardés et les zones protégées

Art 199 tervicies **I.** Les contribuables domiciliés en France au sens de l'article 4 B bénéficient d'une réduction d'impôt sur le revenu à raison des dépenses qu'ils supportent en vue de la restauration complète d'un immeuble bâti :

1° Situé dans un site patrimonial remarquable classé en application du titre III du livre VI du code du patrimoine :

a. Soit lorsque l'immeuble est localisé dans le périmètre de ce site couvert par un plan de sauvegarde et de mise en valeur approuvé ;

b. Soit lorsque l'immeuble est localisé dans le périmètre de ce site couvert par un plan de valorisation de l'architecture et du patrimoine approuvé ;

c. Soit, à défaut, lorsque la restauration de l'immeuble a été déclarée d'utilité publique en application de l'article L 313-4 du code de l'urbanisme ;

2° Jusqu'au 31 décembre 2024, situé dans un quartier ancien dégradé délimité en application de l'article 25 de la loi n° 2009-323 du 25 mars 2009 de mobilisation pour le logement et la lutte contre l'exclusion lorsque la restauration a été déclarée d'utilité publique ;

2° bis Jusqu'au 31 décembre 2024, situé dans un quartier présentant une concentration élevée d'habitat ancien dégradé et faisant l'objet d'une convention pluriannuelle prévue à l'article 10-3 de la loi n° 2003-710 du 1er août 2003 d'orientation et de programmation pour la ville et la rénovation urbaine, lorsque la restauration a été déclarée d'utilité publique. Les ministres chargés de la ville et de la culture arrêtent la liste des quartiers présentant une concentration élevée d'habitat ancien dégradé, sur proposition de l'Agence nationale pour la rénovation urbaine *(NDLR Arrêté TERV1706701A du 19 janvier 2018, JO du 31)* ;

3° *(Abrogé)* ;

4° *(Abrogé).*

La réduction d'impôt s'applique aux dépenses effectuées pour des locaux d'habitation ou pour des locaux destinés après travaux à l'habitation ou pour des locaux affectés à un usage autre que l'habitation n'ayant pas été originellement destinés à l'habitation et dont le produit de la location est imposé dans la catégorie des revenus fonciers.

Elle n'est pas applicable aux dépenses portant sur des immeubles dont le droit de propriété est démembré ou aux dépenses portant sur des immeubles appartenant à une société non soumise à l'impôt sur les sociétés dont le droit de propriété des parts est démembré.

II. Les dépenses mentionnées au I s'entendent des charges énumérées aux a, a bis, b, b bis, c et e du 1° du I de l'article 31, des frais d'adhésion à des associations foncières urbaines de restauration, ainsi que des dépenses de travaux imposés ou autorisés en application des dispositions législatives ou réglementaires relatives aux sites ou quartiers mentionnés aux 1° à 2° bis du I du présent article, supportées à compter soit de la date de délivrance du permis de construire, soit de l'expiration du délai d'opposition à la déclaration préalable et jusqu'au 31 décembre de la troisième année suivante. Le cas échéant, cette durée est prolongée du délai durant lequel les travaux sont interrompus ou ralentis en application des articles L 531-14 à L 531-15 du code du patrimoine ou par l'effet de la force majeure.

Ouvre également droit à la réduction d'impôt la fraction des provisions versées par le propriétaire pour dépenses de travaux de la copropriété et pour le montant effectivement employé par le syndic de la copropriété au paiement desdites dépenses.

Lorsque les dépenses de travaux sont réalisées dans le cadre d'un contrat de vente d'immeuble à rénover prévu à l'article L 262-1 du code de la construction et de l'habitation, le montant des dépenses ouvrant droit à la réduction d'impôt, dans les conditions et limites prévues au présent article, est celui correspondant au prix des travaux devant être réalisés par le vendeur et effectivement payés par l'acquéreur selon l'échéancier prévu au contrat.

II bis. Au titre d'une période comprise entre la date de délivrance du permis de construire ou de l'expiration du délai d'opposition à la déclaration préalable et le 31 décembre de la troisième année suivante, le cas échéant prolongée dans les conditions du premier alinéa du II, le montant des dépenses ouvrant droit à la réduction d'impôt ne peut excéder la somme de 400 000 €.

III. La réduction d'impôt est égale à 22 % du montant des dépenses mentionnées au II, retenues dans la limite prévue au II bis.

Ce taux est porté à 30 % lorsque les dépenses sont effectuées pour des immeubles mentionnés au a du 1° ou aux 2° ou 2° bis du I.

III bis. La réduction d'impôt est accordée au titre de l'année du paiement des dépenses mentionnées au II et imputée sur l'impôt dû au titre de cette même année.

Lorsque la fraction de la réduction d'impôt imputable au titre d'une année d'imposition excède l'impôt dû par le contribuable au titre de cette même année, le solde peut être imputé sur l'impôt sur le revenu dû au titre des trois années suivantes.

IV. Lorsque les dépenses portent sur un local à usage d'habitation, le propriétaire prend l'engagement de le louer nu, à usage de résidence principale du locataire, pendant une durée de neuf ans. Lorsque les dépenses portent sur un local affecté à un usage autre que l'habitation, le propriétaire prend l'engagement de le louer pendant la même durée.

La location ne peut pas être conclue avec un membre du foyer fiscal, un ascendant ou un descendant du contribuable ou, si le logement est la propriété d'une société non soumise à l'impôt sur les sociétés, à l'un de ses associés ou un membre de son foyer fiscal, un ascendant ou un descendant d'un associé. Les associés de la société s'engagent à conserver leurs parts jusqu'au terme de l'engagement de location.

La location doit prendre effet dans les douze mois suivant l'achèvement des travaux.

IV bis. 1. La réduction d'impôt est applicable, dans les mêmes conditions, au titre de la souscription par les contribuables de parts de sociétés civiles de placement immobilier régies par les articles L 214-114 et suivants du code monétaire et financier dont la quote-part de revenu est, en application de l'article 8 du présent code, soumise en leur nom à l'impôt sur le revenu dans la catégorie des revenus fonciers.

La réduction d'impôt, qui n'est pas applicable aux titres dont le droit de propriété est démembré, est subordonnée à la condition qu'au minimum 65 % du montant de la souscription servent exclusivement à financer des dépenses mentionnées au II et que 30 % au minimum servent exclusivement à financer l'acquisition d'immeubles mentionnés au I. Le produit de la souscription doit être intégralement affecté dans les dix-huit mois qui suivent la clôture de celle-ci.

2. La réduction d'impôt est égale à 22 % du montant de la souscription affecté au financement des dépenses relatives à un immeuble mentionnées au II, retenu dans la limite 400 000 € pour une période de quatre années consécutives. Ce taux est porté à 30 % lorsque le montant de la souscription est affecté au financement de dépenses relatives à un immeuble mentionné au a du 1° ou aux 2° ou 2° bis du I.

3. La société doit prendre l'engagement de louer l'immeuble au titre duquel les dépenses sont réalisées dans les conditions prévues au IV. L'associé doit s'engager à conserver la propriété de ses titres jusqu'au terme de l'engagement de location souscrit par la société.

4. La réduction d'impôt est accordée au titre de l'année de réalisation de la souscription mentionnée au 1 et imputée sur l'impôt dû au titre de cette même année. Lorsque la fraction de la réduction d'impôt imputable au titre d'une année d'imposition excède l'impôt dû par le contribuable au titre de cette même année, le solde peut être imputé sur l'impôt sur le revenu dû au titre des trois années suivantes.

V. Un contribuable ne peut, pour un même local ou une même souscription de parts, bénéficier à la fois de l'une des réductions d'impôt prévues aux articles 199 decies E à 199 decies G, 199 decies I ou 199 undecies A et des dispositions du présent article.

Lorsque le contribuable bénéficie à raison des dépenses mentionnées au I de la réduction d'impôt prévue au présent article, les dépenses correspondantes ne peuvent faire l'objet d'aucune déduction pour la détermination des revenus fonciers.

V bis. Le montant total des dépenses retenu pour l'application du présent article au titre, d'une part, de la réalisation de dépenses mentionnées au II et, d'autre part, du montant de la souscription de parts de sociétés civiles de placement immobilier affecté au financement des dépenses mentionnées au II, ne peut excéder globalement 400 000 € par contribuable et pour une période de quatre années consécutives.

VI. La réduction d'impôt obtenue fait l'objet d'une reprise au titre de l'année au cours de laquelle intervient :

1° La rupture de l'un des engagements mentionnés aux IV ou IV bis. Toutefois, aucune reprise n'est effectuée si cette rupture survient à la suite de l'invalidité correspondant au classement dans la deuxième ou la troisième des catégories prévues à l'article L 341-4 du code de la sécurité sociale, à la suite du licenciement ou à la suite du décès du contribuable ou de l'un des membres du couple soumis à imposition commune ;

2° Le démembrement du droit de propriété de l'immeuble concerné ou des parts. Toutefois, aucune remise en cause n'est effectuée lorsque le démembrement de ce droit ou le transfert de la propriété du bien résulte du décès de l'un des membres du couple soumis à imposition commune et que le conjoint survivant attributaire du bien ou titulaire de son usufruit s'engage à respecter les engagements prévus au IV, dans les mêmes conditions et selon les mêmes modalités, pour la période restant à courir à la date du décès.

VII. Un décret précise, en tant que de besoin, les modalités d'application du présent article *(Voir Annexe III, art. 46 AZC).*

VIII. *(Abrogé).*

IRPP-IV-108000 s. ; MF n°s 2900 s.

19° decies Réduction d'impôt accordée au titre des investissements locatifs et des logements donnés en location à loyer abordable

Art 199 sexvicies **I.** Les contribuables domiciliés en France au sens de l'article 4 B peuvent bénéficier d'une réduction d'impôt sur le revenu au titre de l'acquisition, à compter du 1er janvier 2009 et jusqu'au 31 décembre 2022, d'un logement neuf ou en l'état futur d'achèvement ou d'un logement achevé depuis au moins quinze ans ayant fait l'objet d'une réhabilitation ou d'une rénovation ou qui fait l'objet de travaux de réhabilitation ou de rénovation si les travaux de réhabilitation ou de rénovation permettent, après leur réalisation, de satisfaire à l'ensemble des performances techniques mentionnées au II de l'article 2 quindecies B de l'annexe III, qu'ils destinent à une location meublée n'étant pas exercée à titre professionnel et dont le produit est imposé dans la catégorie des bénéfices industriels et commerciaux lorsque ce logement est compris dans :

1° Un établissement mentionné aux 6° ou 7° du I de l'article L 312-1 du code de l'action sociale et des familles, une résidence avec services pour personnes âgées ou handicapées ayant obtenu l'agrément « qualité » visé à l'article L 7232-1 du code du travail ou l'autorisation prévue à l'article L 313-1 du code de l'action sociale et des familles pour son service d'aide et d'accompagnement à domicile relevant des 6° ou 7° du I de l'article L 312-1 du même code, ou l'ensemble des logements affectés à l'accueil familial salarié de personnes âgées ou handicapées, prévu par les articles L 444-1 à L 444-9 du code de l'action sociale et des familles géré par un groupement de coopération sociale ou médico-sociale ;

2° Une résidence avec services pour étudiants ;

3° *(Abrogé) ;*

4° Un établissement délivrant des soins de longue durée, mentionné à l'avant-dernier alinéa de l'article L 6143-5 du code de la santé publique, et comportant un hébergement, à des personnes n'ayant pas leur autonomie de vie dont l'état nécessite une surveillance médicale constante et des traitements d'entretien.

II. La réduction d'impôt est calculée sur le prix de revient des logements retenu pour sa fraction inférieure à 300 000 €. Lorsqu'elle est acquise au titre d'un logement achevé depuis au moins quinze ans et qui fait l'objet de travaux de réhabilitation, elle est calculée sur le prix d'acquisition majoré du montant de ces travaux.

Le taux de la réduction d'impôt est de 25 % pour les logements acquis en 2009 et en 2010, de 18 % pour les logements acquis en 2011 et de 11 % pour ceux acquis à compter de 2012.

Toutefois, pour les logements acquis en 2012, le taux de la réduction d'impôt reste fixé à 18 % au titre des acquisitions pour lesquelles le contribuable justifie qu'il a pris, au plus tard le 31 décembre 2011, l'engagement de réaliser un investissement immobilier. A titre transitoire, l'engagement de réaliser un investissement immobilier peut prendre la forme d'une réservation, à condition qu'elle soit enregistrée chez un notaire ou au service des impôts avant le 31 décembre 2011 et que l'acte authentique soit passé au plus tard le 31 mars 2012.

Lorsque le logement est détenu en indivision, chaque indivisaire bénéficie de la réduction d'impôt dans la limite de la quote-part du prix de revient, majoré le cas échéant des dépenses de travaux de réhabilitation, correspondant à ses droits dans l'indivision.

La réduction d'impôt est répartie sur neuf années.

Pour les logements acquis neufs, en l'état futur d'achèvement ou achevés depuis au moins quinze ans et ayant fait l'objet d'une réhabilitation, elle est accordée au titre de l'année d'achèvement du logement ou de celle de son acquisition si elle est postérieure, et imputée sur l'impôt dû au titre de cette même année puis sur l'impôt dû au titre de chacune des huit années suivantes à raison d'un neuvième de son montant total au titre de chacune de ces années.

Pour les logements achevés depuis au moins quinze ans et qui font l'objet de travaux de réhabilitation, elle est accordée au titre de l'année d'achèvement de ces travaux et imputée sur l'impôt dû au titre de cette même année puis sur l'impôt dû au titre de chacune des huit années suivantes à raison d'un neuvième de son montant total au titre de chacune de ces années.

Lorsque la fraction de la réduction d'impôt imputable au titre d'une année d'imposition excède l'impôt dû par le contribuable au titre de cette même année, le solde peut être imputé sur l'impôt dû au titre des années suivantes jusqu'à la sixième année inclusivement.

III. Le propriétaire doit s'engager à louer le logement pendant au moins neuf ans à l'exploitant de l'établissement ou de la résidence. Cette location doit prendre effet dans le mois qui suit la date :

1° d'achèvement de l'immeuble ou de son acquisition si elle est postérieure, pour les logements acquis neuf ou en l'état futur d'achèvement ;

2° d'acquisition pour les logements neufs achevés depuis au moins quinze ans ayant fait l'objet d'une réhabilitation ;

3° d'achèvement des travaux pour les logements achevés depuis au moins quinze ans et qui font l'objet de travaux de réhabilitation.

En cas de non-respect de l'engagement de location ou de cession du logement, la réduction pratiquée fait l'objet d'une reprise au titre de l'année de la rupture de l'engagement ou de la cession. Toutefois, en cas d'invalidité correspondant au classement dans la deuxième ou la troisième des catégories prévues à l'article L 341-4 du code de la sécurité sociale, de licenciement ou de décès du contribuable ou de l'un des époux soumis à imposition commune, la réduction d'impôt n'est pas reprise.

La réduction n'est pas applicable au titre des logements dont le droit de propriété est démembré. Toutefois, lorsque le transfert de la propriété du bien ou le démembrement de ce droit résulte du décès de l'un des époux soumis à imposition commune, le conjoint survivant attributaire du bien ou titulaire de son usufruit peut demander la reprise à son profit, dans les mêmes conditions et selon les mêmes modalités, du bénéfice de la réduction prévue au présent article pour la période restant à courir à la date du décès.

IV. Un contribuable ne peut, pour un même logement, bénéficier à la fois des réductions d'impôt mentionnées aux articles 199 undecies A et 199 undecies B et des dispositions du présent article.

(Voir Annexe III, art. 46 AZA nonies)

V. Le présent article est applicable lorsque l'achèvement du logement ou des travaux de réhabilitation ou de rénovation intervient au plus tard le 1er juillet 2025 ou, dans le cas de logements acquis en l'état futur d'achèvement après le 1er juillet 2021, lorsque les logements sont achevés dans un délai de quatre ans à compter de l'acquisition.

IRPP-IV-78000 s. ; MF nos 90575 s.

Art 199 septvicies I. 1. Les contribuables domiciliés en France au sens de l'article 4 B qui acquièrent, entre le 1er janvier 2009 et le 31 décembre 2012, un logement neuf ou en l'état futur d'achèvement bénéficient d'une réduction d'impôt sur le revenu à condition qu'ils s'engagent à le louer nu à usage d'habitation principale pendant une durée minimale de neuf ans.

2. La réduction d'impôt s'applique dans les mêmes conditions :

a. Au logement que le contribuable fait construire et qui fait l'objet d'un dépôt de demande de permis de construire entre le 1er janvier 2009 et le 31 décembre 2012 ;

b. Au logement que le contribuable acquiert entre le 1er janvier 2009 et le 31 décembre 2012 et qui fait ou qui a fait l'objet, entre ces mêmes dates, de travaux concourant à la production ou à la livraison d'un immeuble neuf au sens du 2° du 2 du I de l'article 257 ;

c. Au logement qui ne satisfait pas aux caractéristiques de décence, prévues à l'article 6 de la loi n° 89-462 du 6 juillet 1989 tendant à améliorer les rapports locatifs et portant modification de la loi n° 86-1290 du 23 décembre 1986, que le contribuable acquiert entre le 1er janvier 2009 et le 31 décembre 2012 et qui fait l'objet, entre ces mêmes dates, de travaux de réhabilitation définis par décret permettant au logement d'acquérir des performances techniques voisines de celles d'un logement neuf ou que le contribuable acquiert en 2012 et qui a fait l'objet, entre ces mêmes dates, de tels travaux ;

d. Au local affecté à un usage autre que l'habitation que le contribuable acquiert entre le 1er janvier 2009 et le 31 décembre 2012 et qui fait l'objet, entre ces mêmes dates, de travaux de transformation en logement ou que le contribuable acquiert en 2012 et qui a fait l'objet, entre ces mêmes dates, de tels travaux.

3. L'achèvement du logement doit intervenir dans les trente mois qui suivent la date de la déclaration d'ouverture de chantier dans le cas d'un logement acquis en l'état futur d'achèvement ou la date de l'obtention du permis de construire dans le cas d'un logement que le contribuable fait construire. L'achèvement des travaux mentionnés aux b, c et d du 2 doit intervenir au plus tard le 31 décembre de la deuxième année qui suit celle de l'acquisition du local ou du logement concerné.

4. L'application de la présente réduction d'impôt est, au titre de l'acquisition ou de la construction d'un logement, exclusive, pour le même logement, de la déduction au titre de l'amortissement prévue au h du 1° du I de l'article 31.

La location ne peut pas être conclue avec un membre du foyer fiscal ou, si le logement est la propriété d'une société non soumise à l'impôt sur les sociétés, avec l'un de ses associés ou avec un membre du foyer fiscal de l'un de ses associés.

La location du logement consentie à un organisme public ou privé qui le donne en sous-location nue à usage d'habitation principale à une personne autre que l'une de celles mentionnées au deuxième alinéa du présent 4 ne fait pas obstacle au bénéfice de la réduction d'impôt à la condition que cet organisme ne fournisse aucune prestation hôtelière ou parahôtelière.
(Voir Annexe III, art. 2 sexdecies-0 A ter)

La réduction d'impôt n'est pas applicable aux logements dont le droit de propriété est démembré ou aux logements appartenant à une société non soumise à l'impôt sur les sociétés dont le droit de propriété des parts est démembré. Elle n'est pas non plus applicable aux immeubles classés ou inscrits au titre des monuments historiques ou ayant reçu le label délivré par la Fondation du patrimoine, mentionnés au premier alinéa du 3° du I de l'article 156, et aux logements financés au moyen d'un prêt mentionné à l'article D 331-1 du code de la construction et de l'habitation ayant fait l'objet d'un dépôt de permis de construire à compter du 1er janvier 2010.

> **Ndlr** *La réduction d'impôt n'est pas non plus applicable aux immeubles présentant un caractère historique ou artistique, ayant fait l'objet d'un agrément ministériel ou ayant reçu le label délivré par la Fondation du patrimoine avant 2014.*

II. La réduction d'impôt n'est applicable qu'aux logements dont les caractéristiques thermiques et la performance énergétique atteignent les résultats minimaux définis en application des articles L 171-1 et L 172-1 du code de la construction et de l'habitation. Le respect de cette condition est justifié par le contribuable selon des modalités définies par décret *(Voir Annexe III, art. 46 AZA decies)*.

Le premier alinéa s'applique à compter du 1er janvier 2010.

Toutefois, pour les logements acquis neufs ou en l'état futur d'achèvement par le contribuable ou que celui-ci fait construire, qui font l'objet d'un dépôt de demande de permis de construire du 1er janvier au 31 décembre 2012, et pour les autres logements, qui font l'objet, au titre des travaux mentionnés aux b, c et d du 2 du I, d'un dépôt de demande de permis de construire entre ces mêmes dates, la réduction d'impôt s'applique à la condition que le contribuable justifie du respect d'un niveau de performance énergétique globale fixé par décret en fonction du type de logement concerné et supérieur à celui qu'impose la législation en vigueur *(Voir Annexe III, art. 46 AZA octies)*.

III. L'engagement de location mentionné au I doit prendre effet dans les douze mois qui suivent la date d'achèvement de l'immeuble ou de son acquisition si elle est postérieure. Cet engagement prévoit que le loyer ne doit pas excéder un plafond fixé par le décret prévu au troisième alinéa du h du 1° du I de l'article 31.
(Voir Annexe III, art. 2 sexdecies-0 A ter et Annexe IV, art. 18-0 bis B)

IV. La réduction d'impôt est calculée sur le prix de revient du logement retenu dans la limite de plafonds par mètre carré de surface habitable fixés par décret en fonction de la localisation du logement et sans pouvoir dépasser 300 000 € *(Voir Annexe III, art. 46 AZA octies A)*.

Le taux de la réduction d'impôt est de :

25 % pour les logements acquis ou construits en 2009 et en 2010 ;

13 % pour les logements acquis ou construits en 2011.

Toutefois, lorsque le contribuable acquiert ou fait construire un logement neuf à raison duquel il justifie du niveau de performance énergétique globale mentionné au dernier alinéa du II, ce taux est porté à 22 % *(Voir Annexe III, art. 46 AZA octies)* ;

13 % pour les logements acquis en 2012 qui font l'objet d'un dépôt de demande de permis de construire au plus tard le 31 décembre 2011 et pour lesquels le contribuable justifie du niveau de performance énergétique globale mentionné au dernier alinéa du II.

Toutefois, pour les logements qui font l'objet d'un dépôt de permis de construire au plus tard le 31 décembre 2011 pour lesquels le contribuable ne justifie pas d'un tel niveau de performance énergétique globale, la réduction d'impôt s'applique au taux de 6 % ;

13 % pour les logements acquis ou construits en 2012 qui font l'objet d'un dépôt de demande de permis de construire à compter du 1er janvier 2012.

Lorsque le logement est détenu en indivision, chaque indivisaire bénéficie de la réduction d'impôt dans la limite de la quote-part du prix de revient correspondant à ses droits dans l'indivision.

Lorsque le logement est la propriété d'une société non soumise à l'impôt sur les sociétés autre qu'une société civile de placement immobilier, le contribuable bénéficie de la réduction d'impôt dans la limite de la quote-part du prix de revient correspondant à ses droits sur le logement concerné. Il s'engage à conserver ses parts jusqu'au terme de l'engagement de location mentionné au I.

Au titre d'une même année d'imposition, le contribuable ne peut bénéficier de la réduction d'impôt qu'à raison de l'acquisition, de la construction ou de la transformation d'un seul logement.

La réduction d'impôt est répartie sur neuf années. Elle est accordée au titre de l'année d'achèvement du logement ou de son acquisition si elle est postérieure et imputée sur l'impôt dû au titre de cette même année puis sur l'impôt dû au titre de chacune des huit années suivantes à raison d'un neuvième de son montant total au titre de chacune de ces années.

Lorsque la fraction de la réduction d'impôt imputable au titre d'une année d'imposition excède l'impôt dû par le contribuable au titre de cette même année, le solde peut être imputé sur l'impôt sur le revenu dû au titre des années suivantes jusqu'à la sixième année inclusivement pour autant que l'immeuble soit maintenu à la location pendant lesdites années.

Lorsque la réduction d'impôt est acquise au titre d'un local affecté à un usage autre que l'habitation et que le contribuable transforme en logement, d'un logement ne satisfaisant pas aux caractéristiques de décence prévues à l'article 6 de la loi n° 89-462 du 6 juillet 1989 tendant à améliorer les rapports locatifs et portant modification de la loi n° 86-1290 du 23 décembre 1986 et faisant l'objet de travaux de réhabilitation définis par décret permettant aux logements d'acquérir des performances techniques voisines de celles des logements neufs ou d'un logement qui fait l'objet de travaux concourant à la production ou à la livraison d'un immeuble neuf au sens du 2° du 2 du I de l'article 257, elle est calculée sur le prix d'acquisition du local ou du logement augmenté du montant des travaux et elle est accordée au titre de l'année d'achèvement de ces travaux.

V. Lorsque le logement reste loué, à l'issue de la période couverte par l'engagement de location mentionnée au I, dans les conditions mentionnées au deuxième alinéa du I du 1° du I de l'article 31, par période de trois ans, le contribuable continue à bénéficier de la réduction d'impôt prévue au présent article pendant au plus six années supplémentaires. Dans ce cas, la réduction d'impôt annuelle est égale à 4 % du prix de revient du logement par période triennale, imputée à raison d'un tiers de son montant sur l'impôt dû au titre de chacune des années comprises dans ladite période.

(Voir Annexe IV, art. 18-0 bis B).

VI. Un contribuable ne peut, pour un même logement ou une même souscription de parts, bénéficier à la fois de l'une des réductions d'impôt prévues aux articles 199 decies E à 199 decies G, 199 decies I, 199 undecies A ou 199 tervicies et des dispositions du présent article.

Les dépenses de travaux retenues pour le calcul de la réduction d'impôt prévue au présent article ne peuvent faire l'objet d'une déduction pour la détermination des revenus fonciers.

VII. La réduction d'impôt obtenue fait l'objet d'une reprise au titre de l'année au cours de laquelle intervient :

1° La rupture de l'engagement de location ou de l'engagement de conservation des parts mentionné aux I, IV ou VIII ;

2° Le démembrement du droit de propriété de l'immeuble concerné ou des parts. Toutefois, aucune remise en cause n'est effectuée lorsque le démembrement de ce droit ou le transfert de la propriété du bien résulte du décès de l'un des membres du couple soumis à imposition commune et que le conjoint survivant attributaire du bien ou titulaire de son usufruit s'engage à respecter les engagements prévus au I et, le cas échéant, au VIII, dans les mêmes conditions et selon les mêmes modalités, pour la période restant à courir à la date du décès.

VIII. La réduction d'impôt est applicable, dans les mêmes conditions, à l'associé d'une société civile de placement immobilier régie par les articles L 214-114 et suivants du code monétaire et financier dont la quote-part de revenu est, en application de l'article 8, soumise en son nom à l'impôt sur le revenu dans la catégorie des revenus fonciers.

Le taux de la réduction d'impôt est de :

25 % pour les souscriptions réalisées en 2009 et en 2010 ;

13 % pour les souscriptions réalisées en 2011.

Toutefois, lorsque 95 % de la souscription serve exclusivement à financer les logements mentionnés au cinquième alinéa du IV, ce taux est porté à 22 % ;

13 % pour les souscriptions réalisées en 2012, à la condition que 95 % de la souscription servent exclusivement à financer des logements qui font l'objet d'un dépôt de demande de permis de construire au plus tard le 31 décembre 2011 et qui respectent le niveau de performance énergétique globale mentionné au dernier alinéa du II ;

Toutefois, pour les souscriptions réalisées en 2012 autres que celles mentionnées au sixième alinéa qui servent à financer des logements qui ont fait l'objet d'un dépôt de demande de permis de construire au plus tard le 31 décembre 2011, la réduction d'impôt s'applique au taux de 6 % ;

13 % pour les souscriptions réalisées en 2012 qui serve à financer des logements faisant l'objet d'un dépôt de demande de permis de construire à compter du 1er janvier 2012.

La réduction d'impôt, qui n'est pas applicable aux titres dont le droit de propriété est démembré, est subordonnée à la condition que 95 % de la souscription annuelle serve exclusivement à financer un investissement pour lequel les conditions d'application du présent article sont réunies. En outre, la société doit prendre l'engagement de louer le logement dans les conditions prévues au présent article. L'associé doit s'engager à conserver la totalité de ses titres jusqu'au terme de l'engagement de location souscrit par la société. Le produit de la souscription annuelle doit être intégralement investi dans les dix-huit mois qui suivent la clôture de celle-ci.

(Voir Annexe III, art. 2 octodecies A)

Au titre d'une année d'imposition, le montant de la souscription ouvrant droit à la réduction d'impôt ne peut pas excéder, pour un même contribuable, la somme de 300 000 €.

La réduction d'impôt est répartie sur neuf années. Elle est accordée au titre de l'année de la souscription et imputée sur l'impôt dû au titre de cette même année puis sur l'impôt dû au titre de chacune des huit années suivantes à raison d'un neuvième de son montant total au titre de chacune de ces années.

Lorsque la fraction de la réduction d'impôt imputable au titre d'une année d'imposition excède l'impôt dû par le contribuable au titre de cette même année, le solde peut être imputé sur l'impôt sur le revenu dû au titre des années suivantes jusqu'à la sixième année inclusivement pour autant que l'immeuble soit maintenu à la location pendant lesdites années.

L'application de la présente réduction d'impôt est, au titre d'une même souscription de parts, exclusive de la déduction au titre de l'amortissement prévue à l'article 31 bis.

(Voir Annexe III, art. 2 octodecies B)

IX. Le montant total des dépenses retenu pour l'application du présent article au titre, d'une part, de l'acquisition, de la construction ou de la transformation d'un logement et, d'autre part, de souscriptions de titres, ne peut excéder globalement 300 000 € par contribuable et pour une même année d'imposition.

X. A compter de la publication d'un arrêté des ministres chargés du budget et du logement classant les communes par zones géographiques en fonction de l'offre et de la demande de logements, la réduction d'impôt prévue au présent article n'est plus accordée au titre des logements situés dans des communes classées dans des zones géographiques ne se caractérisant pas par un déséquilibre entre l'offre et la demande de logements et acquis à compter du lendemain de la date de publication de cet arrêté *(Arrêté du 30 décembre 2008, JO du 31)*.

Toutefois, cette réduction d'impôt est également acquise au titre des logements situés dans les communes mentionnées au premier alinéa lorsqu'elles ont fait l'objet d'un agrément délivré par le ministre chargé du logement, dans des conditions définies par décret, après avis du maire de la commune d'implantation ou du président de l'établissement public de coopération intercommunale territorialement compétent en matière d'urbanisme. La décision du ministre de délivrer ou non l'agrément doit tenir compte des besoins en logements adaptés à la population *(NDLR Voir partie Autres textes du présent code décret 2010-1112 du 23 septembre 2010)*.

XI. Les investissements mentionnés aux I et VIII et afférents à des logements situés dans les départements d'outre-mer, Saint-Barthélemy, Saint-Martin, Saint-Pierre-et-Miquelon, en Nouvelle-Calédonie, en Polynésie française et dans les îles Wallis-et-Futuna ou à des souscriptions employées dans les conditions définies au neuvième alinéa du VIII pour le financement de tels logements ouvrent droit à la réduction d'impôt prévue au présent article dans les mêmes conditions, sous réserve des adaptations prévues au présent XI.

a. Pour ces investissements, le taux de la réduction est égal :

1° A 36 % pour les logements acquis ou construits et pour les souscriptions réalisées entre la date de promulgation de la loi n° 2009-594 du 27 mai 2009 pour le développement économique des outre-mer et le 31 décembre 2011 ;

2° A 24 % pour les logements acquis ou construits et pour les souscriptions réalisées en 2012 ;

3° *(Abrogé)* ;

b. Pour les investissements réalisés à compter du 1er janvier 2011 afférents à des logements situés en Nouvelle-Calédonie, en Polynésie française ou dans les îles Wallis-et-Futuna :

1° La durée minimale de l'engagement de location prévu au premier alinéa du I est fixée à cinq ans ;

2° Le nombre d'années, mentionné, selon le cas, au douzième alinéa du IV ou au onzième alinéa du VIII, sur lequel est répartie la réduction d'impôt, est fixé à cinq ;

3° La réduction d'impôt accordée, selon le cas, au titre de l'année d'achèvement du logement ou de son acquisition si elle est postérieure, comme mentionné au douzième alinéa du IV, ou au titre de la souscription, comme mentionné au onzième alinéa du VIII, est imputée sur l'impôt dû au titre de cette même année puis sur l'impôt dû au titre de chacune des quatre années suivantes à raison d'un cinquième de son montant total au titre de chacune de ces années.

Le dernier alinéa du II n'est pas applicable au présent XI.

Pour l'application du présent XI, le plafond de loyer mentionné au III ainsi que les conditions mentionnées au deuxième alinéa du I du 1° du I de l'article 31 peuvent être adaptés par décret.

(Voir Annexe III, art. 2 quindecies A, 2 quindecies C, 2 septdecies et 2 octodecies à 2 octodecies B)

XII. Le présent article est applicable lorsque l'achèvement du logement ou des travaux de réhabilitation ou de transformation intervient au plus tard le 1er juillet 2025.

IRPP-IV-85000 s. ; MF nos 2890, 92070 s.

Art 199 novovicies I. A. Les contribuables qui acquièrent, entre le 1er janvier 2013 et le 31 décembre 2024, alors qu'ils sont domiciliés en France au sens de l'article 4 B, un logement neuf ou en l'état futur d'achèvement dans un bâtiment d'habitation collectif bénéficient d'une réduction d'impôt sur le revenu à condition qu'ils s'engagent à le louer nu à usage d'habitation principale pendant une durée minimale fixée, sur option du contribuable, à six ans ou à neuf ans. Cette option, qui est exercée lors du dépôt de la déclaration des revenus de l'année d'achèvement de l'immeuble ou de son acquisition si elle est postérieure, est irrévocable pour le logement considéré.

Ndlr *La condition de situation des logements dans un bâtiment d'habitation collectif s'applique aux investissements réalisés à compter du 1er janvier 2021.*

La réduction d'impôt s'applique, dans les mêmes conditions à l'associé d'une société non soumise à l'impôt sur les sociétés, autre qu'une société civile de placement immobilier, lorsque l'acquisition du logement est réalisée, alors que l'associé est domicilié en France au sens du même article 4 B, par l'intermédiaire d'une telle société et à la condition que le porteur de parts s'engage à conserver la totalité de ses titres jusqu'à l'expiration de l'engagement de location mentionné au premier alinéa.

B. La réduction d'impôt s'applique également dans les mêmes conditions :

1° Au logement situé dans un bâtiment d'habitation collectif que le contribuable fait construire et qui fait l'objet d'un dépôt de demande de permis de construire entre le 1er janvier 2013 et le 31 décembre 2024 ;

Ndlr *La condition de situation du logement que le contribuable fait construire dans un bâtiment d'habitation collectif s'applique aux investissements réalisés à compter du 1er janvier 2021.*

2° Au logement que le contribuable acquiert entre le 1er janvier 2013 et le 31 décembre 2024 et qui fait ou qui a fait l'objet de travaux concourant à la production ou à la livraison d'un immeuble neuf au sens du 2° du 2 du I de l'article 257 ;

3° Au logement qui ne satisfait pas aux caractéristiques de décence, prévues à l'article 6 de la loi n° 89-462 du 6 juillet 1989 tendant à améliorer les rapports locatifs et portant modification de la loi n° 86-1290 du 23 décembre 1986, que le contribuable acquiert entre le 1er janvier 2013 et le 31 décembre 2024 et qui fait ou qui a fait l'objet de travaux de réhabilitation, définis par décret, permettant au logement d'acquérir des performances techniques voisines de celles d'un logement neuf *(Voir Annexe III, art. 2 quindecies B)* ;

4° Au local affecté à un usage autre que l'habitation que le contribuable acquiert entre le 1er janvier 2013 et le 31 décembre 2024 et qui fait ou qui a fait l'objet de travaux de transformation en logement ;

5° Au logement que le contribuable acquiert entre le 1er janvier 2019 et le 31 décembre 2026 et qui fait ou qui a fait l'objet de travaux d'amélioration définis par décret, ainsi qu'au local affecté à un usage autre que l'habitation que le contribuable acquiert entre le 1er janvier 2019 et le 31 décembre 2026 et qui fait ou qui a fait l'objet de travaux de transformation en logement. Le montant des travaux, facturés par une entreprise, doit représenter au moins 25 % du coût total de l'opération.

C. L'achèvement du logement doit intervenir dans les trente mois qui suivent la date de la signature de l'acte authentique d'acquisition, dans le cas d'un logement acquis en l'état futur d'achèvement, ou la date de l'obtention du permis de construire, dans le cas d'un logement que le contribuable fait construire.

Pour les logements qui font l'objet des travaux mentionnés aux 2° à 5° du B après l'acquisition par le contribuable, l'achèvement de ces travaux doit intervenir au plus tard le 31 décembre de la deuxième année qui suit celle de l'acquisition du local ou du logement concerné.

Pour les logements qui ont fait l'objet des travaux mentionnés aux mêmes 2° à 5° avant l'acquisition par le contribuable, la réduction d'impôt s'applique aux logements qui n'ont pas été utilisés ou occupés à quelque titre que ce soit depuis l'achèvement des travaux.

D. La location ne peut pas être conclue avec un membre du foyer fiscal du contribuable ou, lorsque le logement est la propriété d'une société non soumise à l'impôt sur les sociétés, autre qu'une société civile de placement immobilier, avec l'un des associés ou un membre du foyer fiscal de l'un des associés.

Ndlr *Pour les investissements réalisés avant le 1er janvier 2015, la location ne peut également pas être conclue avec un ascendant ou un descendant.*

La location du logement consentie à un organisme public ou privé qui le donne en sous-location nue à usage d'habitation principale à une personne autre que l'une de celles mentionnées au premier alinéa ne fait pas obstacle au bénéfice de la réduction d'impôt à la condition que cet organisme ne fournisse aucune prestation hôtelière ou para-hôtelière.

La réduction d'impôt n'est pas applicable aux logements dont le droit de propriété est démembré ou aux logements appartenant à une société non soumise à l'impôt sur les sociétés, autre qu'une société civile de placement immobilier, dont le droit de propriété des parts est démembré.

Elle n'est pas non plus applicable aux immeubles classés ou inscrits au titre des monuments historiques ou ayant reçu le label délivré par la « Fondation du patrimoine », mentionnés au premier alinéa du 3° du I de l'article 156, et aux logements financés au moyen d'un prêt mentionné à l'article D 331-1 du code de la construction et de l'habitation.

E. Un contribuable ne peut, pour un même logement, bénéficier à la fois du m du 1° du I de l'article 31, de l'une des réductions d'impôt prévues aux articles 199 undecies A, 199 undecies C et 199 tervicies et de la réduction d'impôt prévue au présent article *(NDLR Un contribuable ne peut également pas, pour un même logement, bénéficier à la fois de la réduction d'impôt mentionnée au présent article et de celle prévue à l'article 199 septvicies, de celle prévue à l'article 199 tricies, ainsi que de la déduction spécifique « Cosse ancien » prévue à l'article 31, I-1°-o du CGI).*

F. Les dépenses de travaux retenues pour le calcul de la réduction d'impôt prévue au présent article ne peuvent faire l'objet d'une déduction pour la détermination des revenus fonciers.

II. La réduction d'impôt s'applique aux logements pour lesquels le contribuable justifie du respect d'un niveau de performance énergétique globale fixé par décret en fonction du type de logement concerné *(Voir Annexe III, art. 46 AZA octies-0 A).*

III. L'engagement de location mentionné au I doit prendre effet dans les douze mois qui suivent la date d'achèvement de l'immeuble ou de son acquisition si elle est postérieure. Cet engagement prévoit que le loyer et les ressources du locataire appréciées à la date de conclusion du bail ne doivent pas excéder des plafonds fixés par décret en fonction de la localisation du logement et de son type *(Voir Annexe III, art. 2 terdecies D).*

Les plafonds de loyer mentionnés au premier alinéa peuvent être réduits, dans des conditions définies par décret, par le représentant de l'Etat dans la région après avis du comité régional de l'habitat et de l'hébergement mentionné à l'article L 364-1 du code de la construction et de l'habitation, afin d'être adaptés aux particularités des marchés locatifs locaux.

IV. Sous réserve des dispositions du IV bis, la réduction d'impôt s'applique exclusivement aux logements situés dans des communes classées, par arrêté des ministres chargés du budget et du logement, dans des zones géographiques se caractérisant par un déséquilibre important entre l'offre et la demande de logements entraînant des difficultés d'accès au logement sur le parc locatif existant et *(NDLR Pour les investissements réalisés à compter du 1er janvier 2017)* aux logements situés dans des communes dont le territoire est couvert par un contrat de redynamisation de site de défense ou *(NDLR Pour les investissements réalisés à compter du 1er janvier 2018)* l'a été dans un délai de huit ans précédant l'investissement *(Voir Annexe IV, art. 18-0 bis C).*

Ndlr *Pour l'application du présent IV, à titre expérimental et jusqu'au 31 décembre 2024, aux logements situés dans la région de Bretagne, voir partie Autres textes du présent code loi 2019-1479 du 28 décembre 2019 art. 164 modifié par loi 2021-1900 du 30 décembre 2021 art. 92.*

IV bis. La réduction d'impôt mentionnée au 5° du B du I s'applique exclusivement aux logements situés dans les communes dont le besoin de réhabilitation de l'habitat en centre-ville est particulièrement marqué ou qui ont conclu une convention d'opération de revitalisation de territoire prévue à l'article L 303-2 du code de la construction et de l'habitation. Les modalités d'application du présent IV bis, notamment la liste des communes répondant à la condition liée au besoin de réhabilitation de l'habitat en centre-ville, sont fixées par arrêté des ministres chargés du logement et du budget *(NDLR Voir arrêté LOGL1903826A du 26 mars 2019, JO 27).*

V. A. La réduction d'impôt est calculée sur le prix de revient d'au plus deux logements, retenu dans la limite d'un plafond par mètre carré de surface habitable fixé par décret et sans pouvoir dépasser la limite de 300 000 € par contribuable et pour une même année d'imposition *(Voir Annexe III, art. 46 AZA octies B).*

Lorsque la réduction d'impôt est acquise au titre des 2° à 5° du B du I, le prix de revient mentionné au premier alinéa du présent A s'entend du prix d'acquisition du local ou du logement augmenté du prix des travaux.

B. Lorsque le logement est détenu en indivision, chaque indivisaire bénéficie de la réduction d'impôt dans la limite de la quote-part du prix de revient correspondant à ses droits dans l'indivision.

Lorsque les logements sont la propriété d'une société non soumise à l'impôt sur les sociétés, autre qu'une société civile de placement immobilier, le contribuable bénéficie de la réduction d'impôt dans la limite de la quote-part du prix de revient correspondant à ses droits sur les logements concernés.

VI. Le taux de la réduction d'impôt est fixé à :

1° 12 % lorsque l'engagement de location mentionné au I est pris pour une durée de six ans. Par dérogation, ce taux est fixé à 10,5 % pour les acquisitions, autres que celles mentionnées au 5° du B du I, réalisées en 2023 et pour les constructions mentionnées au 1° du même B dont le permis de construire a été déposé cette même année ; il est fixé à 9 % pour les acquisitions, autres que celles mentionnées au 5° dudit B, réalisées en 2024 et pour les constructions mentionnées au 1° du même B dont le permis de construire a été déposé cette même année ;

2° 18 % lorsque l'engagement de location mentionné au I est pris pour une durée de neuf ans. Par dérogation, ce taux est fixé à 15 % pour les acquisitions, autres que celles mentionnées au 5° du B du I, réalisées en 2023 et pour les constructions mentionnées au 1° du même B dont le permis de construire a été déposé cette même année ; il est fixé à 12 % pour les acquisitions, autres que celles mentionnées au 5° dudit B, réalisées en 2024 et pour les constructions mentionnées au 1° du même B dont le permis de construire a été déposé cette même année.

Ndlr *La réduction des taux en 2023 et 2024 ne s'applique pas aux logements situés dans un quartier prioritaire de la politique de la ville ou qui respectent un niveau de performance énergétique et environnementale, supérieur à la réglementation, dont les critères sont définis par le décret 2022-384 du 17 mars 2022.*

VII. La réduction d'impôt est répartie, selon la durée de l'engagement de location, sur six ou neuf années. Elle est accordée au titre de l'année d'achèvement du logement, ou de son acquisition si elle est postérieure, et imputée sur l'impôt dû au titre de cette même année, puis sur l'impôt dû au titre de chacune des cinq ou huit années suivantes à raison d'un sixième ou d'un neuvième de son montant total au titre de chacune de ces années.

En cas de transfert du domicile fiscal du contribuable hors de France durant cette période, la réduction d'impôt s'impute, dans les conditions prévues au premier alinéa du présent VII, sur l'impôt établi dans les conditions prévues à l'article 197 A, avant imputation des prélèvements ou retenues non libératoires. Elle ne peut pas donner lieu à remboursement.

VII bis. A. A l'issue de la période couverte par l'engagement de location mentionnée au I, lorsque le logement reste loué par période triennale dans les conditions prévues au III, le contribuable peut continuer à bénéficier de la réduction d'impôt prévue au présent article, à la condition de proroger son engagement initial pour au plus :

1° Trois années supplémentaires, renouvelables une fois, si l'engagement de location mentionné au I était d'une durée de six ans. Dans ce cas, la réduction d'impôt est égale à 6 % du prix de revient du logement, mentionné au A du V, pour la première période triennale et à 3 % pour la seconde période triennale. Par dérogation, la réduction d'impôt est égale à 4,5 % pour la première période et 2,5 % pour la seconde pour les acquisitions, autres que celles mentionnées au 5° du B du I, réalisées en 2023 et pour les constructions mentionnées au 1° du même B dont le permis de construire a été déposé cette même année ; elle est égale à 3 % pour la première période et 2 % pour la seconde, pour les acquisitions, autres que celles mentionnées au 5° dudit B, réalisées en 2024 et pour les constructions mentionnées au 1° du même B dont le permis de construire a été déposé cette même année ;

2° Trois années supplémentaires, si l'engagement de location mentionné au I était d'une durée de neuf ans. Dans ce cas, la réduction d'impôt est égale à 3 % du prix de revient du logement, mentionné au A du V, pour cette période triennale. Par dérogation, la réduction d'impôt est égale à 2,5 %, pour les acquisitions, autres que celles mentionnées au 5° du B du I, réalisées en 2023 et pour les constructions mentionnées au 1° du même B dont le permis de construire a été déposé cette même année ; elle est égale à 2 % pour les acquisitions, autres que celles mentionnées au 5° dudit B, réalisées en 2024 et pour les constructions mentionnées au 1° du même B dont le permis de construire a été déposé cette même année.

Ndlr *La réduction des taux en 2023 et 2024 ne s'applique pas aux logements situés dans un quartier prioritaire de la politique de la ville ou qui respectent un niveau de performance énergétique et environnementale, supérieur à la réglementation, dont les critères sont définis par le décret 2022-384 du 17 mars 2022 pour la France métropolitaine et par le décret 2022-1691 du 28 décembre 2022 pour l'outre-mer.*

B. Pour l'application du A du présent VII bis, la réduction d'impôt est imputée, par période triennale, à raison d'un tiers de son montant sur l'impôt dû au titre de l'année au cours de laquelle l'engagement de location a été prorogé et des deux années suivantes.

En cas de transfert du domicile fiscal du contribuable hors de France durant cette période, la réduction d'impôt s'impute, dans les conditions prévues au premier alinéa du présent B, sur l'impôt établi dans les conditions prévues à l'article 197 A, avant imputation des prélèvements ou retenues non libératoires. Elle ne peut pas donner lieu à remboursement.

VIII. A. La réduction d'impôt est applicable, dans les mêmes conditions, au titre de la souscription par les contribuables, alors qu'ils sont domiciliés en France au sens de l'article 4 B, de parts de sociétés civiles de placement immobilier régies par le paragraphe 4 de la sous-section 2 de la section 2 du chapitre IV du titre Ier du livre II du code monétaire et financier dont la quote-part de revenu est, en application de l'article 8 du présent code, soumise en leur nom à l'impôt sur le revenu dans la catégorie des revenus fonciers.

B. La réduction d'impôt, qui n'est pas applicable aux titres dont le droit de propriété est démembré, est subordonnée à la condition que 95 % de la souscription servent exclusivement à financer un investissement pour lequel les conditions d'application du présent article sont réunies. Le produit de la souscription annuelle doit être intégralement investi dans les dix-huit mois qui suivent la clôture de celle-ci.

C. La société doit prendre l'engagement de louer le logement dans les conditions prévues au présent article. L'associé doit s'engager à conserver la totalité de ses titres jusqu'au terme de l'engagement de location souscrit par la société.

D. La réduction d'impôt est calculée sur 100 % du montant de la souscription retenu dans la limite de 300 000 € par contribuable et pour une même année d'imposition.

E. Le taux de la réduction d'impôt est fixé à :

1° 12 % pour les souscriptions qui servent à financer des logements faisant l'objet d'un engagement de location pris pour une durée de six ans. Par dérogation, le taux de la réduction est fixé à 10,5 % pour les souscriptions réalisées en 2023 et à 9 % pour celles réalisées en 2024 qui ne servent pas au financement des logements mentionnés au 5° du B du I ;

2° 18 % pour les souscriptions qui servent à financer des logements faisant l'objet d'un engagement de location pris pour une durée de neuf ans. Par dérogation, le taux de la réduction est fixé à 15 % pour les souscriptions réalisées en 2023 et à 12 % pour celles réalisées en 2024 qui ne servent pas au financement des logements mentionnés au 5° du B du I.

Ndlr 1. *La réduction des taux en 2023 et 2024 ne s'applique pas aux logements situés dans un quartier prioritaire de la politique de la ville ou qui respectent un niveau de performance énergétique et environnementale, supérieur à la réglementation, dont les critères sont définis par le décret 2022-384 du 17 mars 2022.*

2. *Les dispositions du présent E telles que modifiées par la loi 2023-1322 du 29 décembre 2023 art. 72, I-2° s'appliquent aux investissements réalisés à compter du 1er janvier 2023 (Loi précitée art. 72, II).*

F. La réduction d'impôt est répartie, selon la durée de l'engagement de location, sur six ou neuf années. Elle est accordée au titre de l'année de la souscription et imputée sur l'impôt dû au titre de cette même année, puis sur l'impôt dû au titre de chacune des cinq ou huit années suivantes à raison d'un sixième ou d'un neuvième de son montant total au titre de chacune de ces années.

En cas de transfert du domicile fiscal du contribuable hors de France durant cette période, la réduction d'impôt s'impute, dans les conditions prévues au premier alinéa du présent F, sur l'impôt établi dans les conditions prévues à l'article 197 A, avant imputation des prélèvements ou retenues non libératoires. Elle ne peut pas donner lieu à remboursement.

IX. *(Abrogé).*

X. Le montant total des dépenses retenu pour l'application du présent article au titre, d'une part, de l'acquisition ou de la construction de logements et, d'autre part, de souscriptions de titres ne peut excéder globalement 300 000 € par contribuable et pour une même année d'imposition.

X bis. Le montant des frais et commissions directs et indirects imputés au titre d'une même acquisition de logement ouvrant droit à la réduction d'impôt prévue au présent article par les personnes physiques ou morales exerçant, au titre de l'acquisition, une activité de conseil ou de gestion au sens de l'article L 321-1 du code monétaire et financier, un acte de démarchage au sens de l'article L 341-1 du même code ou une activité d'intermédiation en biens divers au sens de l'article L 551-1 dudit code ou qui se livrent ou prêtent leur concours à l'opération au sens de l'article 1er de la loi n° 70-9 du 2 janvier 1970 réglementant les conditions d'exercice des activités relatives à certaines opérations portant sur les immeubles et les fonds de commerce ne peut excéder un plafond exprimé en pourcentage du prix de revient et fixé par décret *(NDLR Voir partie Autres textes du présent code décret 2019-1426 du 20 décembre 2019).*

Pour l'application du présent X bis, les frais et commissions directs et indirects s'entendent des frais et commissions versés par le promoteur ou le vendeur aux intermédiaires mentionnés au premier alinéa.

Ces dispositions s'appliquent à toutes les acquisitions de logements mentionnées au A du I, pour lesquelles l'acquéreur demande le bénéfice de la réduction d'impôt prévue au présent article *(NDLR Voir partie Autres textes du présent code décret 2019-1426 du 20 décembre 2019).*

Une estimation du montant des frais et commissions directs et indirects effectivement imputés ainsi que leur part dans le prix de revient sont communiquées à l'acquéreur lors de la signature du contrat prévu à l'article L 261-15 du code de la construction et de l'habitation. Le montant définitif de ces frais et commissions figure dans l'acte authentique d'acquisition du logement.

Tout dépassement du plafond prévu au premier alinéa du présent X bis est passible d'une amende administrative due par le vendeur cosignataire de l'acte authentique. Son montant ne peut excéder dix fois les frais excédant le plafond.

XI. A. La réduction d'impôt obtenue fait l'objet d'une reprise au titre de l'année au cours de laquelle intervient :

1° La rupture de l'un des engagements mentionnés au I, au VII bis ou au VIII ;

2° Le démembrement du droit de propriété de l'immeuble concerné ou des parts. Toutefois, aucune remise en cause n'est effectuée lorsque le démembrement de ce droit ou le transfert de la propriété du bien résulte du décès de l'un des membres du couple soumis à imposition commune et que le conjoint survivant attributaire du bien ou titulaire de son usufruit s'engage à respecter les engagements prévus au I, au VII bis et, le cas échéant, au VIII, dans les mêmes conditions et selon les mêmes modalités, pour la période restant à courir à la date du décès.

B. Aucune reprise n'est effectuée en cas d'invalidité correspondant au classement dans la deuxième ou la troisième des catégories prévues à l'article L 341-4 du code de la sécurité sociale, de licenciement ou de décès du contribuable ou de l'un des membres du couple soumis à imposition commune.

XII. Les investissements mentionnés aux I et VIII et afférents à des logements situés en Guadeloupe, en Guyane, en Martinique, à La Réunion, à Mayotte, à Saint-Barthélemy, à Saint-Martin, à Saint-Pierre-et-Miquelon, en Nouvelle-Calédonie, en Polynésie française et dans les îles Wallis-et-Futuna ou à des souscriptions employées dans les conditions définies aux B et C du VIII pour le financement de tels logements ouvrent droit à la réduction d'impôt prévue au présent article dans les mêmes conditions, sous réserve des adaptations suivantes :

1° Le II n'est pas applicable à Mayotte. Il est applicable à Saint-Barthélemy, Saint-Martin, Saint-Pierre-et-Miquelon, en Nouvelle-Calédonie, en Polynésie française et dans les îles Wallis-et-Futuna dans des conditions fixées par décret *(Voir Annexe III, art. 46 AZA octies-0 AA)* et à compter de l'entrée en vigueur de ce décret *(Dispositions applicables à compter du 18 août 2013)* ;

2° Les plafonds de loyer et de ressources du locataire mentionnés au III peuvent être adaptés par décret *(Voir Annexe III, art. 2 terdecies F)* ;

3° Par dérogation au VI et au E du VIII, le taux de la réduction d'impôt est fixé à :

a. 23 % lorsque l'engagement de location mentionné au I est pris pour une durée de six ans et pour les souscriptions qui servent à financer des logements faisant l'objet d'un engagement de location pris pour une durée de six ans. Par dérogation, ce taux est fixé à 21,5 % pour les acquisitions, autres que celles mentionnées au 5° du B du même I, réalisées en 2023, pour les constructions mentionnées au 1° du même B dont le permis de construire a été déposé cette même année et pour les souscriptions mentionnées au VIII, autres que celles employées pour le financement des logements mentionnés au 5° du B du I, réalisées cette même année ; il est fixé à 20 % pour les acquisitions, autres que celles mentionnées au 5° du B du I, réalisées en 2024, pour les constructions mentionnées au 1° du même B dont le permis de construire a été déposé cette même année et pour les souscriptions mentionnées au VIII, autres que celles employées pour le financement des logements mentionnés au 5° du B du I, réalisées cette même année ;

b. 29 % lorsque l'engagement de location mentionné au même I est pris pour une durée de neuf ans et pour les souscriptions qui servent à financer des logements faisant l'objet d'un engagement de location pris pour une durée de neuf ans. Par dérogation, ce taux est fixé à 26 % pour les acquisitions, autres que celles mentionnées au 5° du B du I, réalisées en 2023, pour les constructions mentionnées au 1° du même B dont le permis de construire a été déposé cette même année et pour les souscriptions mentionnées au VII, autres que celles employées pour le financement des logements mentionnés au 5° du B du I,I réalisées cette même année ; il est fixé à 23 % pour les acquisitions, autres que celles mentionnées au 5° du B du I, réalisées en 2024, pour les constructions mentionnées au 1° du même B dont le permis de construire a été déposé cette même année et pour les souscriptions mentionnées au VIII, autres que celles employées pour le financement des logements mentionnés au 5° du B du I, réalisées cette même année.

Ndlr 1. *La réduction des taux en 2023 et 2024 ne s'applique pas aux logements situés dans un quartier prioritaire de la politique de la ville ou*

qui respectent un niveau de performance énergétique et environnementale, supérieur à la réglementation, dont les critères sont définis par le décret 2022-1691 du 28 décembre 2022.
2. *Les dispositions des a et b du 3° du présent XII telles que modifiées par la loi 2023-1322 du 29 décembre 2023 art. 72, I-3° s'appliquent aux investissements réalisés à compter du 1er janvier 2023 (Loi précitée art. 72, II).*

(Pour les obligations déclaratives, voir Annexe III, art. 46 AZA undecies à 46 AZA quaterdecies)

IRPP-IV-111000 s., 124000 s. ; MF nos 2805 s., 2820 s., 92065

Art 199 tricies I. A. Le contribuable domicilié en France, au sens de l'article 4 B, bénéficie d'une réduction d'impôt sur le revenu à raison du logement qu'il donne en location, sous réserve des conditions suivantes :

1° Le logement est donné en location dans le cadre d'une des conventions mentionnées aux articles L 321-4 ou L 321-8 du code de la construction et de l'habitation, dont la date d'enregistrement par l'Agence nationale de l'habitat de la demande de conventionnement intervient entre le 1er mars 2022 et le 31 décembre 2024 ;

2° Le logement est loué nu à usage d'habitation principale pendant toute la durée de la convention mentionnée au 1° du présent A ;

3° Le loyer et les ressources du locataire, appréciées à la date de conclusion du bail, n'excèdent pas des plafonds fixés par décret en fonction de la localisation du logement et de son affectation à la location intermédiaire, sociale ou très sociale *(NDLR Voir Annexe III, art. 2 terdecies H)*;

4° La location n'est pas conclue avec un membre du foyer fiscal, un ascendant ou un descendant du contribuable ou avec une personne occupant déjà le logement, sauf à l'occasion du renouvellement du bail.

B. La réduction d'impôt s'applique, dans les mêmes conditions, à l'associé d'une société non soumise à l'impôt sur les sociétés domicilié en France, au sens de l'article 4 B, lorsque le logement est donné en location par l'intermédiaire de ladite société, à la condition que :

1° L'associé conserve la totalité de ses titres pendant toute la durée de la convention mentionnée au 1° du A du présent I *(Voir Annexe III, art. 46 AZA septdecies)* ;

2° La location n'est pas conclue avec l'un des associés de la société propriétaire du logement ni avec un membre du foyer fiscal, un ascendant ou un descendant d'un tel associé.

II. La réduction d'impôt s'applique aux logements pour lesquels le contribuable justifie du respect d'un niveau de performance énergétique globale fixé par un arrêté conjoint des ministres chargés du logement, de l'énergie et du budget *(NDLR Voir Annexe IV, art. 18-0 bis E et 18-0 bis F)*.

III. La réduction d'impôt est calculée sur le montant des revenus bruts du logement mentionné au I.

Lorsque le logement est détenu en indivision, chaque indivisaire bénéficie de la réduction d'impôt dans la limite de la quote-part des revenus bruts correspondant à ses droits dans l'indivision.

Lorsque le logement est la propriété d'une société non soumise à l'impôt sur les sociétés, le contribuable bénéficie de la réduction d'impôt dans la limite de la quote-part des revenus bruts correspondant à ses droits sur le logement concerné.

IV. Le taux de la réduction d'impôt est fixé à :

1° 15 % pour le logement affecté à la location intermédiaire dans le cadre de la convention mentionnée à l'article L 321-4 du code de la construction et de l'habitation ;

2° 35 % pour le logement affecté à la location sociale dans le cadre de la convention mentionnée à l'article L 321-8 du même code.

Toutefois, lorsque le logement est donné en mandat de gestion ou en location à un organisme public ou privé agréé en application de l'article L 365-4 dudit code, soit en vue de sa location ou de sa sous-location, meublée ou non, à des personnes mentionnées au II de l'article L 301-1 du même code ou aux personnes physiques dont la situation nécessite une solution locative de transition, soit en vue de l'hébergement de ces mêmes personnes, les taux mentionnés aux 1° et 2° du présent IV sont portés :

a. Pour le logement affecté à la location intermédiaire dans le cadre de la convention mentionnée à l'article L 321-4 du code de la construction et de l'habitation, à 20 % des revenus bruts de ce logement ;

b. Pour le logement affecté à la location sociale dans le cadre de la convention mentionnée à l'article L 321-8 du même code, à 40 % des revenus bruts de ce logement ;

c. Pour le logement affecté à la location très sociale dans le cadre de la convention mentionnée au même article L 321-8, à 65 % des revenus bruts de ce logement.

V. Lorsque la location du logement est consentie à un organisme public ou privé dans les conditions prévues au quatrième alinéa du IV du présent article pour le logement ou l'hébergement de personnes physiques à usage d'habitation principale, cet organisme ne doit fournir aucune prestation hôtelière ou parahôtelière et le logement ne peut être loué au propriétaire du logement, aux membres de son foyer fiscal ou à ses descendants ou ascendants.

Un décret précise les modalités d'appréciation des loyers et des ressources de l'occupant ainsi que les conditions de cette location *(NDLR Voir Annexe III, art. 2 terdecies I).*

VI. La réduction d'impôt s'applique à compter de la date de prise d'effet de la convention mentionnée au 1° du A du I, sans pouvoir être antérieure au 1er janvier 2022, et pendant toute la durée de la convention.

Lorsque, à l'échéance de cette convention, le contrat de location du logement concerné est en cours de validité conformément à l'article 10 de la loi n° 89-462 du 6 juillet 1989 tendant à améliorer les rapports locatifs et portant modification de la loi n° 86-1290 du 23 décembre 1986, le bénéfice de la réduction d'impôt est maintenu jusqu'à la date fixée pour le renouvellement ou la reconduction de ce contrat de location tant que le même locataire reste en place et que toutes les conditions, notamment celle relative au montant du loyer, sont remplies.

VII. La réduction d'impôt est imputée sur l'impôt dû au titre des revenus de chacune des années de la période d'application mentionnée au VI du présent article.

En cas de transfert du domicile fiscal du contribuable hors de France durant cette période, la réduction d'impôt s'impute, dans les conditions prévues au premier alinéa du présent VII, sur l'impôt établi dans les conditions prévues à l'article 197 A, avant imputation des prélèvements ou retenues non libératoires.

VIII. En cas de non-respect d'une des conditions mentionnées au présent article ou de cession du logement ou des parts sociales, la réduction d'impôt obtenue fait l'objet d'une reprise au titre de l'année de la rupture de la condition ou de l'année de la cession.

Toutefois, aucune reprise n'est effectuée si la rupture de la condition ou la cession survient à la suite de l'invalidité correspondant au classement dans la deuxième ou la troisième des catégories énumérées à l'article L 341-4 du code de la sécurité sociale, du licenciement ou du décès du contribuable ou de l'un des membres du couple soumis à imposition commune.

IX. Les dispositions du présent article sont exclusives, pour un même logement, de celles des f à o du 1° du I de l'article 31 et des articles 31 bis, 199 decies I, 199 undecies A, 199 septvicies et 199 novovicies. Elles ne sont pas non plus applicables aux immeubles classés ou inscrits au titre des monuments historiques ou ayant reçu le label délivré par la Fondation du patrimoine, mentionnés au premier alinéa du 3° du I de l'article 156.

(NDLR Voir Annexe III, art. 46 AZA quindecies à 46 AZA septdecies)

IRPP-IV-52000 s. ; MF nos 2830 s.

20° Réduction d'impôt accordée au titre des dons faits par les particuliers

Art 200 **1.** Ouvrent droit à une réduction d'impôt sur le revenu égale à 66 % de leur montant les sommes prises dans la limite de 20 % du revenu imposable qui correspondent à des dons et versements, y compris l'abandon exprès de revenus ou produits, effectués par les contribuables domiciliés en France au sens de l'article 4 B, au profit :

a. De fondations ou associations reconnues d'utilité publique sous réserve du 2 bis, de fondations universitaires ou de fondations partenariales mentionnées respectivement aux articles L 719-12 et L 719-13 du code de l'éducation et, pour les seuls salariés, mandataires sociaux, sociétaires, adhérents et actionnaires des entreprises fondatrices ou des entreprises du groupe, au sens de l'article 223 A ou de l'article 223 A bis, auquel appartient l'entreprise fondatrice, de fondations d'entreprise, lorsque ces organismes répondent aux conditions fixées au b. Les dons et versements réalisés par les mandataires sociaux, sociétaires, actionnaires et adhérents de ces entreprises auprès de ces fondations d'entreprise sont retenus dans la limite de 1 500 euros ;

b. D'œuvres ou organismes d'intérêt général ayant un caractère philanthropique, éducatif, scientifique, social, humanitaire, sportif, familial, culturel, ou concourant à l'égalité entre les femmes et les hommes, à la mise en valeur du patrimoine artistique, notamment à travers les souscriptions ouvertes pour financer l'achat d'objets ou d'œuvres d'art destinés à rejoindre les collections d'un musée de France accessibles au public, à la défense de l'environnement naturel ou à la diffusion de la culture, de la langue et des connaissances scientifiques françaises ;

c. Des établissements d'enseignement supérieur ou d'enseignement artistique publics ou privés, d'intérêt général, à but non lucratif et des établissements d'enseignement supérieur consulaire mentionnés à l'article L 711-17 du code de commerce pour leurs activités de formation professionnelle initiale et continue ainsi que de recherche ;

d. D'organismes visés au 4 de l'article 238 bis ;

e. D'associations cultuelles et de bienfaisance, ainsi que des établissements publics des cultes reconnus d'Alsace-Moselle ;

f. D'organismes publics ou privés dont la gestion est désintéressée et qui ont pour activité principale la présentation au public d'œuvres dramatiques, lyriques, musicales, chorégraphiques, cinématographiques, audiovisuelles et de cirque ou l'organisation d'expositions d'art contemporain, à la condition que les versements soient affectés à cette activité. Cette disposition ne s'applique pas aux organismes qui présentent des œuvres à caractère pornographique ou incitant à la violence ;

f bis. D'associations d'intérêt général exerçant des actions concrètes en faveur du pluralisme de la presse, par la prise de participations minoritaires, l'octroi de subventions ou encore de prêts bonifiés à des entreprises de presse, au sens du 1 de l'article 39 bis A.

Les donateurs peuvent affecter leurs dons au financement d'une entreprise de presse ou d'un service de presse en ligne en particulier, à condition qu'il n'existe aucun lien économique et financier, direct ou indirect, entre le donateur et le bénéficiaire ;

f ter. De communes, de syndicats intercommunaux de gestion forestière, de syndicats mixtes de gestion forestière et de groupements syndicaux forestiers pour la réalisation, dans le cadre d'une activité d'intérêt général concourant à la défense de l'environnement naturel, d'opérations d'entretien, de renouvellement ou de reconstitution de bois et forêts présentant des garanties de gestion durable, au sens de l'article L 124-1 du code forestier, ou pour l'acquisition de bois et forêts destinés à être intégrés dans le périmètre du document d'aménagement mentionné à l'article L 212-1 du même code ;

g. De fonds de dotation :

1° Répondant aux caractéristiques mentionnées au b ou au f bis ;

2° Ou dont la gestion est désintéressée et qui reversent les revenus tirés des dons et versements mentionnés au premier alinéa du 1 à des organismes mentionnés aux a à f ter ou à la Fondation du patrimoine dans les conditions mentionnées aux quatre premiers alinéas du 2 bis, ou à une fondation ou association reconnue d'utilité publique agréée par le ministre chargé du budget dans les conditions mentionnées au dernier alinéa du même 2 bis. Ces organismes délivrent aux fonds de dotation une attestation justifiant le montant et l'affectation des versements effectués à leur profit.

Ndlr *Le taux de la réduction d'impôt prévue au 1 du présent article est porté à 75 % pour les dons et versements, y compris l'abandon exprès de revenus ou produits, effectués entre le 15 septembre 2023 et le 31 décembre 2025 au profit de la Fondation du patrimoine en vue d'assurer la conservation et la restauration du patrimoine immobilier religieux appartenant à des personnes publiques et situé dans les communes de France métropolitaine de moins de 10 000 habitants, dans les communes d'outre-mer de moins de 20 000 habitants ou dans les communes déléguées définies à l'article L 2113-10 du code général des collectivités territoriales respectant ces mêmes seuils. Ces versements sont retenus dans la limite de 1 000 € par an.*

Il n'est pas tenu compte de ces versements pour l'application de la limite de 20 % du revenu imposable mentionnée au présent 1 (Loi 2023-1322 du 29 décembre 2023 art. 30).

Ouvrent également droit à la réduction d'impôt les frais engagés dans le cadre d'une activité bénévole et en vue strictement de la réalisation de l'objet social d'un organisme mentionné aux a à g, lorsque ces frais, dûment justifiés, ont été constatés dans les comptes de l'organisme et que le contribuable a renoncé expressément à leur remboursement. Les frais de déplacement en véhicule automobile, vélomoteur, scooter ou moto dont le contribuable est propriétaire peuvent être évalués sur le fondement du barème forfaitaire prévu au huitième alinéa du 3° de l'article 83.

1 bis. Pour l'application des dispositions du 1, lorsque les dons et versements effectués au cours d'une année excèdent la limite de 20 %, l'excédent est reporté successivement sur les années suivantes jusqu'à la cinquième inclusivement et ouvre droit à la réduction d'impôt dans les mêmes conditions.

1 ter. Le taux de la réduction d'impôt visée au 1 est porté à 75 % pour les versements effectués au profit d'organismes sans but lucratif qui procèdent à la fourniture gratuite de repas à des personnes en difficulté, qui contribuent à favoriser leur logement ou qui procèdent, à titre principal, à la fourniture gratuite des soins mentionnés au 1° du 4 de l'article 261 à des personnes en difficulté. Ces versements sont retenus dans la limite de 589 € à compter de l'imposition des revenus de l'année 2023. Il n'en est pas tenu compte pour l'application de la limite mentionnée au 1. Par dérogation à la deuxième phrase du présent alinéa, pour l'imposition des revenus de chacune des années 2023 à 2026, ces versements sont retenus dans la limite de 1 000 euros.

La limite de versements mentionnée au premier alinéa est relevée chaque année dans la même proportion que la limite supérieure de la première tranche du barème de l'impôt sur le revenu de l'année précédant celle des versements *(NDLR Sauf revalorisation différente expressément prévue par la loi)*. Le montant obtenu est arrondi, s'il y a lieu, à l'euro supérieur.

2. Les fondations et associations reconnues d'utilité publique peuvent, lorsque leurs statuts ont été approuvés à ce titre par décret en Conseil d'Etat, recevoir des versements pour le compte d'œuvres ou d'organismes mentionnés au 1.

La condition relative à la reconnaissance d'utilité publique est réputée remplie par les associations régies par la loi locale maintenue en vigueur dans les départements de la Moselle, du Bas-

Rhin et du Haut-Rhin, lorsque la mission de ces associations est reconnue d'utilité publique.

Un décret en Conseil d'Etat fixe les conditions de cette reconnaissance et les modalités de procédure déconcentrée permettant de l'accorder *(Voir décret 85-1304 du 9 décembre 1985, JO du 11).*

2 bis. Ouvrent également droit à la réduction d'impôt les dons versés à la « Fondation du patrimoine » ou à une fondation ou une association qui affecte irrévocablement ces dons à la « Fondation du patrimoine », en vue de subventionner la réalisation des travaux prévus par les conventions conclues en application de l'article L 143-2-1 du code du patrimoine entre la « Fondation du patrimoine » et les propriétaires des immeubles, personnes physiques ou sociétés civiles composées uniquement de personnes physiques et qui ont pour objet exclusif la gestion et la location nue des immeubles dont elles sont propriétaires.

Les immeubles mentionnés au premier alinéa ne doivent pas faire l'objet d'une exploitation commerciale. Toutefois, ces dispositions ne sont pas applicables lorsque la gestion de l'immeuble est désintéressée et que les conditions suivantes sont cumulativement remplies :

1° Les revenus fonciers nets, les bénéfices agricoles, les bénéfices industriels et commerciaux et les bénéfices des sociétés commerciales, augmentés des charges déduites en application du 5° du 1 de l'article 39, générés par l'immeuble au cours des trois années précédentes sont affectés au financement des travaux prévus par la convention ;

2° Le montant des dons collectés n'excède pas le montant restant à financer au titre de ces travaux, après affectation des subventions publiques et des sommes visées au 1°.

Le donateur ou l'un des membres de son foyer fiscal ne doit pas avoir conclu de convention avec la « Fondation du patrimoine » en application de l'article L 143-2-1 précité, être propriétaire de l'immeuble sur lequel sont effectués les travaux ou être un ascendant, un descendant ou un collatéral du propriétaire de cet immeuble. En cas de détention de l'immeuble par une société mentionnée au premier alinéa, le donateur ou l'un des membres de son foyer fiscal ne doit pas être associé de cette société ou un ascendant, un descendant ou un collatéral des associés de la société propriétaire de l'immeuble.

Les dons versés à d'autres fondations ou associations reconnues d'utilité publique agréées par le ministre chargé du budget dont l'objet est culturel, en vue de subventionner la réalisation de travaux de conservation, de restauration ou d'accessibilité de monuments historiques classés ou inscrits, ouvrent droit à la réduction d'impôt dans les mêmes conditions.

3. Ouvrent également droit à la réduction d'impôt les dons prévus à l'article L 52-8 du code électoral *(NDLR Voir partie Autres textes du présent code)* versés à une association de financement électorale ou à un mandataire financier visé à l'article L 52-4 du même code qui sont consentis à titre définitif et sans contrepartie, soit par chèque, soit par virement, prélèvement automatique ou carte bancaire, et dont il est justifié à l'appui du compte de campagne présenté par un candidat, un binôme de candidats ou une liste. Il en va de même des dons mentionnés à l'article 11-4 de la loi n° 88-227 du 11 mars 1988 *(NDLR Voir partie Autres textes du présent code)* relative à la transparence financière de la vie politique ainsi que des cotisations versées aux partis et groupements politiques par l'intermédiaire de leur mandataire.

Les dons et cotisations mentionnés à la seconde phrase du premier alinéa du présent 3 sont retenus dans la limite de 15 000 €.
(Voir aussi CGI, art. 1378 nonies)

IRPP-IV-12300 s. ; MF n° 3185

4. *(Abrogé).*

4 bis. Ouvrent également droit à la réduction d'impôt les dons et versements effectués au profit d'organismes agréés dans les conditions prévues à l'article 1649 nonies dont le siège est situé dans un Etat membre de l'Union européenne ou dans un autre Etat partie à l'accord sur l'Espace économique européen ayant conclu avec la France une convention d'assistance administrative en vue de lutter contre la fraude et l'évasion fiscales. L'agrément est accordé lorsque l'organisme poursuit des objectifs et présente des caractéristiques similaires aux organismes dont le siège est situé en France répondant aux conditions fixées par le présent article.

Lorsque les dons et versements ont été effectués au profit d'un organisme non agréé dont le siège est situé dans un Etat membre de l'Union européenne ou dans un autre Etat partie à l'accord sur l'Espace économique européen ayant conclu avec la France une convention d'assistance administrative en vue de lutter contre la fraude et l'évasion fiscales *(NDLR En Norvège, en Islande ou au Liechtenstein)*, la réduction d'impôt obtenue fait l'objet d'une reprise, sauf si le contribuable produit, à la demande de l'administration fiscale, les pièces justificatives attestant que cet organisme poursuit des objectifs et présente des caractéristiques similaires aux organismes dont le siège est situé en France répondant aux conditions fixées par le présent article.

Un décret fixe les conditions d'application du présent 4 bis et notamment la durée de validité ainsi que les modalités de délivrance, de publicité et de retrait de l'agrément *(Voir Annexe III, art. 46 AW bis à 46 AW quater).*

IRPP-IV-9810 s. ; MF nº 10695

5. Les versements ouvrent droit au bénéfice de la réduction d'impôt, sous réserve que le contribuable soit en mesure de présenter, à la demande de l'administration fiscale, les pièces justificatives répondant à un modèle fixé par l'administration attestant du montant et de la date des versements ainsi que de l'identité des bénéficiaires.

Toutefois, pour l'application du 3, les reçus délivrés pour les dons et les cotisations d'un montant égal ou inférieur à 3 000 € ne mentionnent pas la dénomination du bénéficiaire. Un décret en Conseil d'Etat détermine les modalités d'application de cette disposition *(Voir code électoral, art. R 39-1 et décret 90-606 du 9 juillet 1990 modifié, art. 11).*

6. Ouvrent également droit à la réduction d'impôt les dons et versements effectués au profit d'organismes qui ont pour objet la sauvegarde, contre les effets d'un conflit armé, des biens culturels mentionnés à l'article 1er de la Convention du 14 mai 1954 pour la protection des biens culturels en cas de conflit armé, dont le siège est situé dans un Etat membre de l'Union européenne ou dans un autre Etat ayant conclu avec la France une convention d'assistance administrative en vue de lutter contre la fraude et l'évasion fiscales, sous réserve que l'Etat français soit représenté au sein des instances dirigeantes avec voix délibérative.

7. *(Abrogé).*

IRPP-IV-9000 s. ; MF nos 3170 s.

21º Imputation de la réduction d'impôt pour versement de dons aux œuvres prévue à l'article 238 bis

Art 200 bis La réduction d'impôt prévue à l'article 238 bis est imputée sur l'impôt sur le revenu dû au titre de l'année au cours de laquelle les dépenses ont été réalisées. L'excédent éventuel est utilisé pour le paiement de l'impôt sur le revenu dû au titre des cinq années suivant celle au titre de laquelle elle est constatée.

Un décret fixe les obligations déclaratives et les modalités d'imputation des dispositions du présent article *(Voir Annexe III, art. 49 septies X à 49 septies XB).*

IS-IX-13430 s. ; MF nos 10695 s.

23º Crédits d'impôt pour la transition énergétique

Art 200 quater 1. Les contribuables domiciliés en France au sens de l'article 4 B peuvent bénéficier d'un crédit d'impôt sur le revenu au titre des dépenses effectivement supportées pour la contribution à la transition énergétique du logement dont ils sont propriétaires et qu'ils affectent à leur habitation principale.

A la condition que le logement soit achevé depuis plus de deux ans à la date de début d'exécution des travaux, ce crédit d'impôt s'applique :

a. *(Abrogé) ;*

b. Aux dépenses mentionnées au présent b, payées entre le 1er janvier 2005 et le 31 décembre 2020, au titre de :

1º *(Abrogé) ;*

2º L'acquisition et la pose de matériaux d'isolation thermique des parois vitrées, à la condition que ces mêmes matériaux viennent en remplacement de parois en simple vitrage ;

3º L'acquisition et la pose de matériaux d'isolation thermique des parois opaques ;

4º *(Abrogé) ;*

c. Aux dépenses, payées entre le 1er janvier 2005 et le 31 décembre 2020, au titre de l'acquisition et de la pose :

1º D'équipements de chauffage ou de fourniture d'eau chaude sanitaire fonctionnant au bois ou autres biomasses, ou à l'énergie solaire thermique.

Pour les dépenses d'acquisition et de pose d'équipements fonctionnant à l'énergie solaire thermique, l'équipement n'est éligible au crédit d'impôt qu'à la condition d'intégrer une surface minimale de capteurs solaires, fixée par arrêté conjoint des ministres chargés de l'énergie, du logement et du budget ;

2º *(Abrogé) ;*

3º De pompes à chaleur, autres que air/air, dont la finalité essentielle est la production de chaleur ou d'eau chaude sanitaire, ainsi qu'au coût de la pose de l'échangeur de chaleur souterrain des pompes à chaleur géothermiques ;

d. Aux dépenses, payées entre le 1er janvier 2006 et le 31 décembre 2020, au titre de l'acquisition et de la pose d'équipements de raccordement ou, au titre des droits et frais de raccordement pour leur seule part représentative du coût de l'acquisition et de la pose de ces mêmes équipements, à un réseau de chaleur, alimenté majoritairement par des énergies renouvelables ou de récupération ou par une installation de cogénération, ainsi qu'aux dépenses, payées entre le 1er septembre 2014 et le 31 décembre 2020, au titre de l'acquisition et de la pose d'équipements de raccordement ou, au titre des droits et frais de raccordement pour leur seule part représentative du coût de l'acquisition et de la pose de ces mêmes équipements, à un réseau de froid, alimenté majoritairement par du froid d'origine renouvelable ou de récupération ;

e. *(Abrogé)* ;
f. *(Abrogé)* ;
g. *(Abrogé)* ;
h. *(Abrogé)* ;
i. Aux dépenses, payées entre le 1er septembre 2014 et le 31 décembre 2020, au titre de l'acquisition et de la pose d'un système de charge pour véhicule électrique ;
j. Aux dépenses afférentes à un immeuble situé à La Réunion, en Guyane, en Martinique, en Guadeloupe ou à Mayotte, payées entre le 1er septembre 2014 et le 31 décembre 2020, au titre de l'acquisition et de la pose d'équipements ou de matériaux de protection des parois vitrées ou opaques contre les rayonnements solaires ;
k. *(Abrogé)* ;
l. Aux dépenses payées entre le 1er janvier 2018 et le 31 décembre 2020, au titre de la réalisation, en dehors des cas où la réglementation le rend obligatoire, d'un audit énergétique comprenant des propositions de travaux dont au moins une permet d'atteindre un très haut niveau de performance énergétique défini par arrêté conjoint des ministres chargés de l'énergie, du logement et du budget *(NDLR Voir Annexe IV, art. 18 bis, I)*. Pour un même logement, un seul audit énergétique ouvre droit au crédit d'impôt ;
m. Aux dépenses payées, entre le 1er janvier 2019 et le 31 décembre 2020, au titre de la dépose d'une cuve à fioul ;
n. Aux dépenses, payées entre le 1er janvier 2020 et le 31 décembre 2020, au titre de l'acquisition et de la pose d'un équipement de ventilation mécanique contrôlée à double flux ;
o. Aux dépenses, payées entre le 1er janvier 2020 et le 31 décembre 2020, pour une maison individuelle, au titre d'un bouquet de travaux permettant de limiter la consommation conventionnelle annuelle en énergie primaire du logement, rapportée à la surface habitable du logement, pour le chauffage, l'eau chaude sanitaire et le refroidissement, à 150 kilowattheures par mètre carré.

Dans ce cas, le crédit d'impôt ne s'applique qu'aux logements dont la consommation conventionnelle annuelle en énergie primaire avant travaux, rapportée à la surface habitable du logement, pour le chauffage, l'eau chaude sanitaire et le refroidissement, est supérieure à 331 kilowattheures par mètre carré.

Le bénéfice du crédit d'impôt au titre de cette catégorie de dépenses pour les travaux permettant de satisfaire aux conditions de consommation d'énergie primaire avant et après travaux est exclusif du bénéfice du crédit d'impôt au titre de toute autre catégorie de dépenses pour ces mêmes travaux *(Voir Annexe IV, art. 18 bis, III)*.

1 bis. *(Abrogé)*.

1 ter. Les dépenses d'acquisition d'équipements, de matériaux ou d'appareils mentionnés au 1 n'ouvrent droit au crédit d'impôt que si elles sont facturées par l'entreprise :

a. Qui procède à la fourniture et à l'installation des équipements, des matériaux ou des appareils ;
b. Ou qui, pour l'installation des équipements, des matériaux ou des appareils qu'elle fournit ou pour la fourniture et l'installation de ces mêmes équipements, matériaux ou appareils, recourt à une autre entreprise, dans le cadre d'un contrat de sous-traitance régi par la loi n° 75-1334 du 31 décembre 1975 relative à la sous-traitance.

2. Un arrêté conjoint des ministres chargés de l'énergie, du logement et du budget fixe la liste des équipements, matériaux et appareils qui ouvrent droit au crédit d'impôt. Il précise les caractéristiques techniques et les critères de performances minimales, ainsi que les modalités de réalisation et le contenu de l'audit énergétique, requis pour l'application du crédit d'impôt. *(Pour l'application de cet alinéa, voir Annexe IV, art. 18 bis, II)*.

Afin de garantir la qualité de l'installation ou de la pose des équipements, matériaux et appareils, un décret précise les travaux pour lesquels est exigé, pour l'application du crédit d'impôt, le respect de critères de qualification de l'entreprise mentionnée au a du 1 ter ou de l'entreprise sous-traitante lorsque les travaux sont réalisés dans les conditions du b du même 1 ter *(Voir Annexe III, art. 46 AX)*.

Lorsque les travaux sont soumis à des critères de qualification, l'application du crédit d'impôt est conditionnée à une visite du logement préalable à l'établissement du devis afférent à ces mêmes travaux, au cours de laquelle l'entreprise qui installe ou pose ces équipements, matériaux ou appareils valide leur adéquation au logement.

Afin de garantir la qualité de l'audit énergétique mentionné au l du 1, un décret précise les conditions de qualification des auditeurs *(NDLR Voir partie Autres textes du présent code décret 2018-416 du 30 mai 2018)*.

3. Le crédit d'impôt s'applique pour le calcul de l'impôt dû au titre de l'année du paiement de la dépense par le contribuable.

4. Pour un même logement dont un contribuable est propriétaire et qu'il affecte à son habitation principale, le montant de crédit d'impôt dont peut bénéficier ce contribuable, toutes dépenses éligibles confondues, ne peut excéder, au titre d'une période de cinq années consécutives comprises entre le 1er janvier 2016 et le 31 décembre 2020, la somme de 2 400 € pour une personne célibataire, veuve ou divorcée et de 4 800 € pour un couple soumis à imposition commune. Cette somme est majorée de 120 € par personne à charge au sens des articles 196 à 196 B. La somme de 120 € est divisée par deux lorsqu'il s'agit d'un enfant réputé à charge égale de l'un et l'autre de ses parents.

4 bis. a. Les dépenses mentionnées au 1, payées à compter du 1er janvier 2020, ouvrent droit au crédit d'impôt lorsque les revenus du ménage, appréciés dans les conditions prévues au IV des articles 1391 B ter et 1417, sont, au titre de l'avant-dernière année précédant celle du paiement de la dépense :

1° Au moins égaux aux seuils suivants :

Nombre de personnes composant le ménage	Ile-de-France (en euros)	Autres régions (en euros)
1	25 068	19 074
2	36 792	27 896
3	44 188	33 547
4	51 597	39 192
5	59 026	44 860
Par personne supplémentaire	+ 7 422	+ 5 651

Par dérogation, lorsque les revenus du ménage au titre de l'avant-dernière année précédant celle du paiement de la dépense, appréciés dans les conditions prévues au IV des articles 1391 B ter et 1417, sont inférieurs à ces seuils, il y a lieu de retenir ceux de l'année précédant celle du paiement de la dépense ;

2° Inférieurs à un montant de 27 706 € pour la première part de quotient familial, majoré de 8 209 € pour chacune des deux demi-parts suivantes et de 6 157 € pour chaque demi-part supplémentaire à compter de la troisième. Les majorations sont divisées par deux pour les quarts de part.

Par dérogation, lorsque les revenus du ménage au titre de l'avant-dernière année précédant celle du paiement de la dépense, appréciés dans les conditions prévues au IV des articles 1391 B ter et 1417, sont supérieurs ou égaux à ces seuils, il y a lieu de retenir ceux de l'année précédant celle du paiement de la dépense.

b. Les conditions de ressources prévues au a du présent 4 bis ne sont pas applicables pour les dépenses mentionnées au i du 1.

c. Les conditions de ressources prévues au 2° du a du présent 4 bis ne sont pas applicables pour les dépenses mentionnées au 3° du b du 1.

5. Sous réserve des dispositions du 5 ter, pour les dépenses autres que celles mentionnées au 5 bis, le crédit d'impôt est égal, selon la nature de chaque dépense, aux montants suivants :

Nature de la dépense	Montant	
	Ménages remplissant les conditions de revenus mentionnées aux a ou b du 4 bis	Ménages ne remplissant pas la condition de revenus mentionnée au 2° des a ou b du 4 bis
Matériaux d'isolation thermique des parois vitrées à la condition que ces mêmes matériaux viennent en remplacement de parois en simple vitrage mentionnés au 2° du b du 1	40 € / équipement	*(Sans objet)*
Matériaux d'isolation thermique des parois opaques mentionnés au 3° du b du 1	15 € par mètre carré pour l'isolation des murs en façade ou pignon par l'intérieur, des rampants de toiture et plafonds de combles aménagés ou aménageables	10 € par mètre carré pour l'isolation des murs en façade ou pignon par l'intérieur, des rampants de toiture et plafonds de combles aménagés ou aménageables
	50 € par mètre carré pour l'isolation des murs en façade ou pignon par l'extérieur, des toitures-terrasses	25 € par mètre carré pour l'isolation des murs en façade ou pignon par l'extérieur, des toitures-terrasses

Nature de la dépense	Montant	
	Ménages remplissant les conditions de revenus mentionnées aux a ou b du 4 bis	Ménages ne remplissant pas la condition de revenus mentionnée au 2° des a ou b du 4 bis
Equipements de chauffage ou de fourniture d'eau chaude sanitaire fonctionnant au bois ou autres biomasses ou à l'énergie solaire thermique mentionnés au 1° du c du 1	4 000 € pour les chaudières à alimentation automatique fonctionnant au bois ou autres biomasses	*(Sans objet)*
	3 000 € pour les systèmes solaires combinés	
	3 000 € pour les chaudières à alimentation manuelle fonctionnant au bois ou autres biomasses	
	2 000 € pour les chauffe-eaux solaires individuels	
	1 500 € pour les poêles à granulés et cuisinières à granulés	
	1 000 € pour les poêles à bûches et cuisinières à bûches	
	600 € pour les foyers fermés et inserts à bûches ou granulés *(NDLR Disposition applicable aux dépenses payées en 2020)*	
	1 000 € pour les équipements de chauffage ou de production d'eau chaude fonctionnant avec des capteurs solaires hybrides thermiques et électriques à circulation de liquide	
Pompes à chaleur, autres que air/air, mentionnées au 3° du c du 1	4 000 € pour les pompes à chaleur géothermiques	*(Sans objet)*
	2 000 € pour les pompes à chaleur air/eau	
	400 € pour les pompes à chaleur dédiées à la production d'eau chaude sanitaire	
Equipements de raccordement à un réseau de chaleur et/ou de froid, et droits et frais de raccordement mentionnés au d du 1	400 €	*(Sans objet)*
Système de charge pour véhicule électrique mentionné au i du 1	300 €	300 €
Equipements ou matériaux de protection des parois vitrées ou opaques contre les rayonnements solaires mentionnés au j du 1	15 € / mètre carré	*(Sans objet)*
Audit énergétique mentionné au l du 1	300 €	*(Sans objet)*

Nature de la dépense	Montant	
	Ménages remplissant les conditions de revenus mentionnées aux a ou b du 4 bis	Ménages ne remplissant pas la condition de revenus mentionnée au 2° des a ou b du 4 bis
Dépose de cuve à fioul mentionnée au m du 1	400 €	*(Sans objet)*
Equipements de ventilation mécanique contrôlée à double flux mentionnés au n du 1	2 000 €	*(Sans objet)*
Bouquet de travaux pour une maison individuelle mentionné au o du 1	150 € par mètre carré de surface habitable	*(Sans objet)*

5 bis. Par exception au 5 et sous réserve du 5 ter, le crédit d'impôt est égal, selon la nature de chaque dépense, lorsque celle-ci porte sur les parties communes d'un immeuble collectif, aux montants suivants pour lesquels "q" représente la quote-part correspondant au logement considéré :

Nature de la dépense	Montant	
	Ménages remplissant les conditions de revenus mentionnées au 4 bis	Ménages ne remplissant pas la condition de revenus mentionnée au 2° des a ou b du 4 bis
Matériaux d'isolation thermique des parois opaques mentionnés au 3° du b du 1	15*q € par m^2 pour l'isolation des murs en façade ou pignon par l'intérieur, des rampants de toiture et plafonds de combles aménagés ou aménageables	10*q € par mètre carré pour l'isolation des murs en façade ou pignon par l'intérieur, des rampants de toiture et plafonds de combles aménagés ou aménageables
	50*q € par mètre carré pour l'isolation des murs en façade ou pignon par l'extérieur, des toitures-terrasses	25*q € par mètre carré pour l'isolation des murs en façade ou pignon par l'extérieur, des toitures-terrasses
Equipements de chauffage ou de fourniture d'eau chaude sanitaire fonctionnant au bois ou autres biomasses ou à l'énergie solaire thermique mentionnés au 1° du c du 1	1 000 € par logement pour les chaudières fonctionnant au bois ou autres biomasses	(Sans objet)
	350 € par logement pour les équipements de fourniture d'eau chaude sanitaire seule fonctionnant à l'énergie solaire thermique	
Pompes à chaleur, autres que air/air, mentionnées au 3° du c du 1	1 000 € par logement pour les pompes à chaleur géothermiques et les pompes à chaleur air/eau	(Sans objet)
	150 € par logement pour les pompes à chaleur dédiées à la production d'eau chaude sanitaire	
Equipements de raccordement à un réseau de chaleur et/ou de froid, et droits et frais de raccordement mentionnés au d du 1	150 € par logement	(Sans objet)
Système de charge pour véhicule électrique mentionné au i du 1	300 €	300 €

Nature de la dépense	Montant	
	Ménages remplissant les conditions de revenus mentionnées au 4 bis	Ménages ne remplissant pas la condition de revenus mentionnée au 2° des a ou b du 4 bis
Equipements ou matériaux de protection des parois vitrées ou opaques contre les rayonnements solaires mentionnés au j du 1	15*q € par mètre carré	(Sans objet)
Audit énergétique mentionné au l du 1	150 € par logement	(Sans objet)
Dépose de cuve à fioul mentionnée au m du 1	150 € par logement	(Sans objet)
Equipements de ventilation mécanique contrôlée à double flux mentionnés au n du 1	1 000 € par logement	(Sans objet)

5 ter. Pour chaque dépense, le montant du crédit d'impôt accordé en application des 5 ou 5 bis ne peut dépasser 75 % de la dépense éligible effectivement supportée par le contribuable.

6. a. Les équipements, matériaux, appareils et travaux de pose mentionnés au 1 s'entendent de ceux figurant sur la facture de l'entreprise mentionnée au 1 ter. Les dépenses d'audit énergétique mentionnées au l du 1 s'entendent de celles figurant sur la facture délivrée par un auditeur mentionné au dernier alinéa du 2. Cette facture comporte la mention que l'audit énergétique a été réalisé en dehors des cas où la réglementation le rend obligatoire.

b. Les dépenses mentionnées au 1 ouvrent droit au bénéfice du crédit d'impôt, sous réserve que le contribuable soit en mesure de présenter, à la demande de l'administration fiscale, la facture, autre que des factures d'acompte, de l'entreprise mentionnée au 1 ter ou de l'auditeur qui a réalisé l'audit énergétique.

Cette facture comporte, outre les mentions prévues à l'article 289 :

1° Le lieu de réalisation des travaux ou de l'audit énergétique ;

2° La nature de ces travaux ainsi que la désignation, le montant et, le cas échéant, les caractéristiques et les critères de performances, mentionnés à la deuxième phrase du premier alinéa du 2, des équipements, matériaux et appareils ;

3° Dans le cas de l'acquisition et de la pose de matériaux d'isolation thermique des parois opaques, la surface en mètres carrés des parois opaques isolées, en distinguant ce qui relève de l'isolation par l'extérieur de ce qui relève de l'isolation par l'intérieur ;

4° Dans le cas de l'acquisition et de la pose d'équipements de chauffage ou de fourniture d'eau chaude sanitaire mentionnée au 1° du c du 1, la surface en mètres carrés des équipements de chauffage ou de fourniture d'eau chaude sanitaire utilisant l'énergie solaire thermique ;

5° Lorsque les travaux d'installation des équipements, matériaux et appareils y sont soumis, les critères de qualification de l'entreprise mentionnée au a du 1 ter ou de l'entreprise sous-traitante lorsque les travaux sont réalisés dans les conditions mentionnées au b du 1 ter ;

6° *(Abrogé)* ;

7° Lorsque les travaux sont soumis à des critères de qualification, la date de la visite préalable prévue à l'avant-dernier alinéa du 2, au cours de laquelle l'entreprise qui a installé ou posé les équipements, matériaux ou appareils a validé leur adéquation au logement ;

8° Dans le cas de l'acquisition et de la pose de matériaux d'isolation thermique des parois vitrées, dans les conditions prévues au 2° du b du 1, la mention par l'entreprise que ces mêmes matériaux ont été posés en remplacement de parois en simple vitrage ;

9° Dans le cas de dépenses payées au titre des droits et frais de raccordement à un réseau de chaleur ou de froid, la mention du coût des équipements de raccordement et de la pose compris dans ces mêmes droits et frais ;

10° Dans le cas de la réalisation d'un audit énergétique, la mention du respect des conditions de qualification de l'auditeur mentionnées au dernier alinéa du 2 et de la formulation de la proposition de travaux permettant d'atteindre un très haut niveau de performance énergétique mentionnée au I du 1 ;

11° Dans le cas de l'acquisition et de la pose d'équipements ou de matériaux de protection des parois vitrées ou opaques contre les rayonnements solaires mentionnées au j du 1, la surface en mètres carrés des parois protégées ;

12° Dans le cas de dépenses liées à un bouquet de travaux, pour une maison individuelle, permettant de limiter la consommation conventionnelle annuelle en énergie primaire du logement pour le chauffage, l'eau chaude sanitaire et le refroidissement, mentionnées au o du 1, la surface habitable du logement, ainsi que la consommation conventionnelle annuelle en énergie primaire du logement pour le chauffage, l'eau chaude sanitaire et le refroidissement avant travaux et après travaux, telle que déterminée par une méthode fixée par arrêté conjoint des ministres en charge de l'économie, du logement et de l'énergie.

c. Lorsque le bénéficiaire du crédit d'impôt n'est pas en mesure de produire une facture comportant les mentions prévues au b selon la nature des travaux, équipements, matériaux, appareils, diagnostics et audits concernés, il fait l'objet, au titre de l'année d'imputation et dans la limite du crédit d'impôt obtenu, d'une reprise égale au montant de l'avantage fiscal accordé à raison de la dépense non justifiée.

6 bis. *(Abrogé).*

6 ter. Un contribuable ne peut, pour une même dépense, bénéficier à la fois des dispositions du présent article et :

a. Du crédit d'impôt prévu à l'article 199 sexdecies ;

b. Ou d'une déduction de charges pour la détermination de ses revenus catégoriels ;

c. Ou de la prime prévue au II de l'article 15 de la loi n° 2019-1479 du 28 décembre 2019 de finances pour 2020.

7. Le crédit d'impôt est imputé sur l'impôt sur le revenu après imputation des réductions d'impôt mentionnées aux articles 199 quater B à 200 bis, des crédits d'impôt et des prélèvements ou retenues non libératoires. S'il excède l'impôt dû, l'excédent est restitué.

Lorsque le bénéficiaire du crédit d'impôt est remboursé dans un délai de cinq ans de tout ou partie du montant des dépenses qui ont ouvert droit à cet avantage, il fait le cas échéant l'objet, au titre de l'année de remboursement et dans la limite du crédit d'impôt obtenu, d'une reprise égale à la différence entre le montant de l'avantage fiscal initialement accordé et le montant de l'avantage fiscal déterminé en application des dispositions du 5 ter sur la base de la dépense finalement supportée par le contribuable. Toutefois, aucune reprise n'est pratiquée lorsque le remboursement fait suite à un sinistre survenu après que les dépenses ont été payées.

***Ndlr** Les dispositions du présent article telles qu'issues de la loi 2019-1479 du 28 décembre 2019 art. 15, I se sont appliquées aux dépenses payées en 2020 et, à titre transitoire, aux dépenses payées en 2021 pour lesquelles le contribuable justifiait de l'acceptation d'un devis et du versement d'un acompte entre le 1er janvier 2019 et le 31 décembre 2020 (Loi 2020-1721 du 29 décembre 2020 art. 53, III-B).*

IRPP-IV-130000 s.

Art 200 quater A **1. a.** Les contribuables propriétaires, locataires ou occupants à titre gratuit d'un logement situé en France, affecté à leur habitation principale, peuvent bénéficier d'un crédit d'impôt sur le revenu au titre des dépenses d'installation ou de remplacement d'équipements permettant l'adaptation des logements à la perte d'autonomie ou au handicap :

1° *(Abrogé) ;*

2° *(Abrogé) ;*

b. Pour ouvrir droit au crédit d'impôt, les équipements mentionnés au a doivent être :

1° Payés entre le 1er janvier 2005 et le 31 décembre 2025 dans le cadre de travaux réalisés dans un logement achevé ;

2° Intégrés à un logement acquis neuf entre le 1er janvier 2005 et le 31 décembre 2025 ;

3° Intégrés à un logement acquis en l'état futur d'achèvement ou que le contribuable fait construire, achevé entre le 1er janvier 2005 et le 31 décembre 2025.

c. Le crédit d'impôt s'applique à condition que le contribuable ou un membre de son foyer fiscal :

1° Soit âgé de 60 ans ou plus et souffre d'une perte d'autonomie entraînant son classement dans l'un des groupes 1 à 4 de la grille nationale mentionnée à l'article L 232-2 du code de l'action sociale et des familles ;

2° Ou présente un taux d'incapacité supérieur ou égal à 50 %, déterminé par décision de la commission des droits et de l'autonomie des personnes handicapées mentionnée à l'article L 241-5 du même code, dans les conditions prévues au a du 3° du I de l'article L 241-6 dudit code ;

d. Les dépenses mentionnées au a du présent 1 ouvrent droit au crédit d'impôt lorsque les revenus du ménage, appréciés dans les conditions prévues au IV des articles 1391 B ter et 1417, sont, au titre de l'avant-dernière année précédant celle du paiement de la dépense :

1° Supérieurs aux seuils annuels suivants :

Nombre de personnes composant le ménage	Ile-de-France (en euros)	Autres régions (en euros)
1	28 657	21 805
2	42 058	31 889
3	50 513	38 349
4	58 981	44 802
5	67 473	51 281
Par personne supplémentaire	8 486	6 462

Par dérogation, lorsque les revenus du ménage au titre de l'avant-dernière année précédant celle du paiement de la dépense, appréciés dans les conditions prévues au même IV, sont inférieurs ou égaux à ces seuils, il y a lieu de retenir ceux de l'année précédant celle du paiement de la dépense ;

2° Inférieurs à un montant de 31 094 € pour la première part de quotient familial, majoré de 9 212 € pour chacune des deux demi-parts suivantes et de 6 909 € pour chaque demi-part supplémentaire à compter de la troisième. Les majorations sont divisées par deux pour les quarts de part.

Par dérogation, lorsque les revenus du ménage au titre de l'avant-dernière année précédant celle du paiement de la dépense, appréciés dans les conditions prévues audit IV, sont supérieurs ou égaux à ces seuils, il y a lieu de retenir ceux de l'année précédant celle du paiement de la dépense.

Les seuils et les montants mentionnés aux 1° et 2° du présent d sont révisés au 1er janvier 2025, en fonction de l'évolution de l'indice des prix à la consommation hors tabac. Cette évolution est appréciée entre le 1er septembre 2023 et le 1er septembre 2024. Le nouveau plafond est arrondi au nombre entier supérieur.

1 bis. Les contribuables propriétaires de logements situés en France, achevés avant l'approbation du plan de prévention des risques technologiques, qu'ils affectent à leur habitation principale ou qu'ils louent ou s'engagent à louer pendant une durée de cinq ans, à titre d'habitation principale, à des personnes autres que leur conjoint ou un membre de leur foyer fiscal peuvent bénéficier d'un crédit d'impôt sur le revenu au titre des dépenses payées entre le 1er janvier 2015 et le 31 décembre 2026 pour la réalisation, dans les délais impartis, de diagnostics préalables aux travaux et de travaux prescrits aux propriétaires d'habitation au titre de l'article L 515-16-2 du code de l'environnement, sans qu'en soit déduit le montant des participations versées, le cas échéant, en application de l'article L 515-19 du même code.

2. Un arrêté du conjoint des ministres en charge du budget, des personnes handicapées et des personnes âgées fixe la liste des équipements mentionnés au a du 1, pour lesquels les dépenses d'installation ou de remplacement ouvrent droit à cet avantage fiscal *(Voir Annexe IV, art. 18 ter)*.

3. Le crédit d'impôt s'applique pour le calcul de l'impôt dû au titre de l'année du paiement de la dépense par le contribuable ou, dans les cas prévus aux 2° et 3° du b du 1, au titre de l'année d'achèvement du logement ou de son acquisition si elle est postérieure.

4. Pour un même logement, le montant des dépenses mentionnées au 1 ouvrant droit au crédit d'impôt ne peut excéder, au titre d'une période de cinq années consécutives comprises entre le 1er janvier 2005 et le 31 décembre 2025, la somme de 5 000 € pour une personne célibataire, veuve ou divorcée et de 10 000 € pour un couple marié soumis à imposition commune. Cette somme est majorée de 400 € par personne à charge au sens des articles 196 à 196 B. La somme de 400 € est divisée par deux lorsqu'il s'agit d'un enfant réputé à charge égale de l'un et l'autre de ses parents.

4 bis. Pour un même logement, le montant des dépenses mentionnées au 1 bis ouvrant droit au crédit d'impôt payées dans les délais prévus au I des articles L 515-16-2 et L 515-19 du code de l'environnement ne peut excéder la somme de 20 000 €. Lorsque plusieurs contribuables détiennent la propriété du même logement, cette somme est répartie par contribuable au prorata de leurs droits détenus sur ce logement.

5. Le crédit d'impôt est égal à :

a. 25 % du montant des dépenses mentionnées au 1 ;

a bis. 40 % du montant des dépenses mentionnées au 1 bis ;

b. *(Abrogé)*.

6. Les travaux et les dépenses d'acquisition, d'installation ou de remplacement mentionnés aux 1 et 1 bis s'entendent de ceux figurant sur la facture d'une entreprise ou, le cas échéant, dans les cas prévus aux 2° et 3° du b du 1, des dépenses figurant sur une attestation fournie par le vendeur ou le constructeur du logement.

Les dépenses mentionnées aux 1 et 1 bis ouvrent droit au bénéfice du crédit d'impôt, sous réserve que le contribuable soit en mesure de présenter, à la demande de l'administration fiscale, l'attestation mentionnée au premier alinéa du présent 6 ou les factures, autres que des factures d'acompte, des entreprises ayant réalisé les travaux et comportant, outre les mentions prévues à l'article 289, l'adresse de réalisation des travaux, leur nature ainsi que la désignation et le montant des équipements et travaux mentionnés aux 1 et 1 bis.

7. Le crédit d'impôt est imputé sur l'impôt sur le revenu après imputation des réductions d'impôt mentionnées aux articles 199 quater B à 200 bis, des crédits d'impôt et des prélèvements ou retenues non libératoires. S'il excède l'impôt dû, l'excédent est restitué.

8. Lorsque le bénéficiaire du crédit d'impôt est remboursé dans un délai de cinq ans de tout ou partie du montant des dépenses qui ont ouvert droit à cet avantage, il fait l'objet, au titre de l'année de remboursement et dans la limite du crédit d'impôt obtenu, d'une reprise égale au montant de l'avantage fiscal accordé à raison de la somme qui a été remboursée. Toutefois, aucune reprise n'est pratiquée lorsque le remboursement fait suite à un sinistre survenu après que les dépenses ont été payées ou lorsque les sommes remboursées ont été versées en application de l'article L 515-19 du code de l'environnement.

9. La durée de l'engagement de location mentionné au 1 bis s'apprécie à compter de la date de réalisation des dépenses ou, lorsque le logement n'est pas loué à cette date, à compter de la mise en location qui doit prendre effet, pour chaque logement concerné, dans les douze mois qui suivent la réalisation des dépenses. En cas de non-respect de cet engagement, le ou les crédits d'impôt obtenus pour chaque logement concerné font l'objet d'une reprise au titre de l'année au cours de laquelle l'engagement n'est pas respecté.

10. Pour une même dépense, les dispositions du présent article sont exclusives de celles de l'article 200 quater, d'une déduction de charges pour la détermination des revenus catégoriels ou de la subvention octroyée au titre de l'article L 321-1 du code de la construction et de l'habitation pour la réalisation de travaux d'accessibilité ou d'adaptation des logements au vieillissement ou au handicap mentionnée à l'article L 98 E du livre des procédures fiscales.

IRPP-IV-1000 s. ; MF n°s 3110 s.

23° bis Crédit d'impôt pour frais de garde des jeunes enfants

Art 200 quater B Les contribuables domiciliés en France au sens de l'article 4 B peuvent bénéficier d'un crédit d'impôt égal à 50 % des dépenses effectivement supportées pour la garde des enfants âgés de moins de six ans qu'ils ont à leur charge. Ces dépenses sont retenues dans la limite d'un plafond fixé à 3 500 € par enfant à charge et à la moitié de ce montant lorsque l'enfant est réputé à charge égale de l'un et l'autre de ses parents. Ce crédit d'impôt vient en réduction de l'impôt sur le revenu dû au titre de l'année au cours de laquelle les dépenses sont effectivement supportées, après imputation des réductions d'impôt mentionnées aux articles 199 quater B à 200 bis, des crédits d'impôt et des prélèvements ou retenues non libératoires. Si le crédit d'impôt excède l'impôt dû, l'excédent est restitué.

Les dépenses définies au premier alinéa s'entendent des sommes versées à un assistant maternel agréé en application des articles L 421-3 et suivants du Code de l'action sociale et des familles ou à un établissement de garde répondant aux conditions prévues à l'article L 2324-1 du Code de la santé publique ou à des personnes ou établissements établis dans un autre Etat membre de la Communauté européenne qui satisfont à des réglementations équivalentes.

IRPP-IV-31000 s. ; MF n° 3315

23° ter : Crédit d'impôt pour acquisition et pose de systèmes de charge pour véhicule électrique

Art 200 quater C **1.** Les contribuables domiciliés en France au sens de l'article 4 B peuvent bénéficier d'un crédit d'impôt sur le revenu au titre des dépenses effectivement supportées, entre le 1er janvier 2021 et le 31 décembre 2025, pour l'acquisition et la pose d'un système de charge pilotable pour véhicule électrique dans le logement dont ils sont propriétaires, locataires ou occupants à titre gratuit et qu'ils affectent à leur habitation principale et à leur résidence secondaire exclusivement, dans la limite d'une résidence secondaire par contribuable.

2. Les dépenses d'acquisition et de pose de systèmes de charge mentionnées au 1 du présent article n'ouvrent droit au crédit d'impôt que si elles sont facturées par l'entreprise :

1° Qui procède à la fourniture et à l'installation des systèmes de charge ;

2° Ou qui, pour l'installation des systèmes de charge qu'elle fournit ou pour la fourniture et l'installation de ces mêmes systèmes, recourt à une autre entreprise, dans le cadre d'un contrat de sous-traitance régi par la loi n° 75-1334 du 31 décembre 1975 relative à la sous-traitance.

3. Un arrêté conjoint des ministres chargés de l'énergie et du budget précise les caractéristiques techniques des systèmes de charge pilotable pour véhicule électrique requises pour l'application du crédit d'impôt *(NDLR Voir Annexe IV, art. 18 ter A).*

4. Le crédit d'impôt s'applique pour le calcul de l'impôt dû au titre de l'année du paiement de la dépense par le contribuable.

5. Le crédit d'impôt est égal à 75 % du montant des dépenses mentionnées au 1, sans pouvoir dépasser 500 € par système de charge.

Ndlr *Les dispositions des 1, 3 et 5 ci-dessus telles que modifiées par la loi 2023-1322 du 29 décembre 2023 art. 18, I s'appliquent aux dépenses payées à compter du 1er janvier 2024. Toutefois, l'article 200 quater C du code général des impôts, dans sa rédaction antérieure à ladite loi, s'applique, sur demande du contribuable, aux dépenses payées en 2024 pour lesquelles le contribuable justifie de l'acceptation d'un devis et du versement d'un acompte entre le 1er janvier et le 31 décembre 2023 (Loi précitée art. 18, II).*

6. Le bénéfice du crédit d'impôt est limité, pour un même logement, à un seul système de charge pour une personne célibataire, veuve ou divorcée et à deux systèmes pour un couple soumis à imposition commune.

7. a. Les dépenses mentionnées au 1 s'entendent de celles figurant sur la facture de l'entreprise mentionnée au 2.

b. Les dépenses mentionnées au 1 ouvrent droit au bénéfice du crédit d'impôt, sous réserve que le contribuable soit en mesure de présenter, à la demande de l'administration fiscale, la facture, autre que des factures d'acompte, de l'entreprise mentionnée au 2.

Cette facture indique, outre les mentions prévues à l'article 289 :

1° Le lieu de réalisation des travaux ;

2° La nature de ces travaux ainsi que la désignation, le montant et, le cas échéant, les caractéristiques techniques mentionnées au 3 du présent article des systèmes de charge.

c. Lorsque le bénéficiaire du crédit d'impôt n'est pas en mesure de produire une facture comportant les mentions prévues au b, il fait l'objet, au titre de l'année d'imputation et dans la limite du crédit d'impôt obtenu, d'une reprise égale au montant de l'avantage fiscal accordé à raison de la dépense non justifiée.

8. Un contribuable ne peut, pour une même dépense, bénéficier à la fois des dispositions du présent article et d'une déduction de charges pour la détermination de ses revenus catégoriels.

9. Le crédit d'impôt est imputé sur l'impôt sur le revenu après imputation des réductions d'impôt mentionnées aux articles 199 quater B à 200 bis, des crédits d'impôt et des prélèvements ou retenues non libératoires. S'il excède l'impôt dû, l'excédent est restitué.

Lorsque le bénéficiaire du crédit d'impôt est remboursé dans un délai de cinq ans de tout ou partie du montant des dépenses qui ont ouvert droit à cet avantage, il fait, le cas échéant, l'objet, au titre de l'année de remboursement et dans la limite du crédit d'impôt obtenu, d'une reprise égale à la différence entre le montant de l'avantage fiscal initialement accordé et le montant de l'avantage fiscal déterminé en application des dispositions du 5 du présent article sur la base de la dépense finalement supportée par le contribuable. Toutefois, aucune reprise n'est pratiquée lorsque le remboursement fait suite à un sinistre survenu après que les dépenses ont été payées.

IRPP-IV-21000 s. ; MF nos 3045 s.

29° bis Réduction d'impôt au titre des cotisations versées aux associations syndicales chargées du défrichement forestier

Art 200 decies A Ouvrent droit à une réduction d'impôt sur le revenu les cotisations versées aux associations syndicales autorisées ayant pour objet la réalisation de travaux de prévention en vue de la défense des forêts contre l'incendie sur des terrains inclus dans les bois classés en application de l'article L. 132-1 du code forestier ou dans les massifs visés aux articles L. 133-1 et L. 133-2 du même code.

La réduction d'impôt est égale à 50 % des cotisations versées prises dans la limite de 1 000 € par foyer fiscal.

La cotisation versée ouvre droit au bénéfice de la réduction d'impôt, sous réserve que le contribuable soit en mesure de présenter, à la demande de l'administration fiscale, la quittance de versement de la cotisation visée par le comptable public compétent de la commune ou du groupement de communes concerné.

IRPP-IV-64000 s. ; MF n° 3430

30° Crédit d'impôt au titre des dépenses de remplacement pour congé de certains exploitants agricoles

Art 200 undecies **I.** Les contribuables, personnes physiques, qui ont leur domicile fiscal en France au sens de l'article 4 B et qui exercent une activité dont les revenus sont imposés dans la catégorie des bénéfices agricoles bénéficient d'un crédit d'impôt au titre des dépenses engagées pour assurer leur remplacement pour congé entre le 1er janvier 2006 et le 31 décembre 2024 par l'emploi direct de salariés ou par le recours à des personnes mises à disposition par un tiers. Le bénéfice du crédit d'impôt est subordonné à la condition que l'activité exercée requière la présence du contribuable sur l'exploitation chaque jour de l'année et que son remplacement ne fasse pas l'objet d'une prise en charge au titre d'une autre législation.

Le crédit d'impôt est accordé, sous les mêmes conditions et à proportion des droits qu'ils détiennent, aux associés personnes physiques non salariés de sociétés ou de groupements, au sein desquels ils exercent effectivement et régulièrement une activité agricole qui requiert leur présence sur l'exploitation chaque jour de l'année et sous réserve que leur remplacement ne soit pas assuré par une personne ayant la qualité d'associé de la société ou du groupement.

II. Le crédit d'impôt est égal à 60 % des dépenses mentionnées au I et effectivement supportées, dans la limite par an de dix-sept jours de remplacement pour congé. Ce taux est porté à 80 % au titre des dépenses engagées pour assurer un remplacement pour congé en raison d'une maladie, d'un accident du travail ou d'une formation professionnelle *[NDLR Disposition applicable aux dépenses engagées à compter du 1er janvier 2024 (Loi 2023-1322 du 29 décembre 2023 art. 50, II)]*. Pour ce calcul, le coût d'une journée de remplacement est plafonné à quarante-deux fois le taux horaire du minimum garanti mentionné à l'article L 3231-12 du code du travail. Le crédit d'impôt est accordé au titre de l'année au cours de laquelle les dépenses ont été engagées.

Lorsque l'activité dont les revenus sont imposés dans la catégorie des bénéfices agricoles est exercée dans un groupement agricole d'exploitation en commun, le plafond du crédit d'impôt est multiplié par le nombre d'associés que compte le groupement, dans la limite de quatre. Le plafond du crédit d'impôt dont bénéficie un associé de groupement agricole d'exploitation en commun ne peut toutefois pas excéder le plafond du crédit d'impôt bénéficiant à un exploitant individuel.

BA-VII-28775 s.

III. Le crédit d'impôt est imputé sur l'impôt sur le revenu après imputation des réductions d'impôt mentionnées aux articles 199 quater B à 200 bis, des crédits d'impôt et des prélèvements ou retenues non libératoires. S'il excède l'impôt dû, l'excédent est restitué.

IV. Le bénéfice du crédit d'impôt au titre des dépenses engagées entre le 1er janvier 2011 et le 31 décembre 2024 est subordonné au respect du règlement (UE) n° 1408/2013 de la Commission, du 18 décembre 2013, relatif à l'application des articles 107 et 108 du traité sur le fonctionnement de l'Union européenne aux aides de minimis dans le secteur de l'agriculture.

(Voir Annexe III, art. 46 AZA à 46 AZA quinquies)

FR 2/24 inf. 40 p. 78 ; BA-VII-28500 s. ; MF n° 16350

33° Crédit d'impôt au titre des intérêts d'emprunts supportés pour l'acquisition ou la construction de l'habitation principale

Art 200 quaterdecies **I.** Les contribuables fiscalement domiciliés en France au sens de l'article 4 B qui acquièrent un logement affecté à leur habitation principale, directement ou par l'intermédiaire d'une société non soumise à l'impôt sur les sociétés qui le met gratuitement à leur disposition, peuvent bénéficier d'un crédit d'impôt sur le revenu au titre des intérêts des prêts contractés auprès d'un établissement financier à raison de cette opération, tels que définis à l'article L 312-2 du code de la consommation.

Le premier alinéa s'applique également aux contribuables qui font construire un logement destiné à être affecté, dès son achèvement, à leur habitation principale. Dans cette situation, les prêts mentionnés au premier alinéa s'entendent de ceux qui sont contractés en vue de financer l'acquisition du terrain et les dépenses de construction.

Le logement doit, au jour de l'affectation à usage d'habitation principale du bénéficiaire du crédit d'impôt, satisfaire aux normes minimales de surface et d'habitabilité mentionnées à l'article 244 quater J. En outre, le logement acquis neuf, en l'état futur d'achèvement ou que le contribuable fait construire doit présenter des caractéristiques thermiques et une performance énergétique atteignant les résultats minimaux définis en application des articles L 171-1 et L 172-1 du code de la construction et de l'habitation. Le contribuable justifie du respect de cette dernière condition selon des modalités définies par décret.

II. Le I ne s'applique pas aux intérêts des prêts affectés :

1° Au remboursement en tout ou partie d'autres crédits ou découverts en compte. Toutefois, les intérêts des emprunts souscrits pour se substituer aux prêts mentionnés au I ou rembourser ceux-ci ouvrent droit au crédit d'impôt, dans la limite des intérêts qui figurent sur les échéanciers des emprunts initiaux et de celles des annuités mentionnées au III restant à courir ;

2° A l'acquisition d'un logement par l'intermédiaire d'une société non soumise à l'impôt sur les sociétés, lorsque ce logement a antérieurement appartenu au contribuable directement ou par l'intermédiaire d'une société non soumise à l'impôt sur les sociétés.

III. Ouvrent droit au crédit d'impôt les intérêts payés au titre des cinq premières annuités de remboursement des prêts mentionnés au I, à l'exclusion des frais d'emprunt et des cotisations d'assurances contractées en vue de garantir le remboursement des prêts.

Lorsque les prêts sont consentis à une société non soumise à l'impôt sur les sociétés dont le contribuable est membre et qui met gratuitement à la disposition de celui-ci un immeuble ou une partie d'immeuble lui appartenant qu'il affecte à son habitation principale, il est tenu compte des intérêts payés à proportion de la quote-part des droits du contribuable dans la société correspondant au logement concerné.

Par dérogation aux dispositions du premier alinéa, lorsque le contribuable acquiert ou fait construire un logement neuf dont le niveau élevé de performance énergétique globale, déterminé dans des conditions fixées par décret *(Voir Annexe III, art. 46 AZA septies)* et justifié par le bénéficiaire, est supérieur à celui qu'impose la législation en vigueur, les intérêts ouvrant droit au crédit d'impôt sont ceux payés au titre des sept premières annuités.

IV. Le montant des intérêts mentionnés au III ouvrant droit au crédit d'impôt ne peut excéder, au titre de chaque année d'imposition, la somme de 3 750 € pour une personne célibataire, veuve ou divorcée et de 7 500 € pour un couple soumis à imposition commune. Cette somme est majorée chaque année de 500 € par personne à charge au sens des articles 196 à 196 bis. La somme de 500 € est divisée par deux lorsqu'il s'agit d'un enfant réputé à charge égale de l'un et l'autre de ses parents.

Les montants de 3 750 € et 7 500 € sont respectivement portés à 7 500 € pour une personne handicapée célibataire, veuve ou divorcée et à 15 000 € pour un couple soumis à imposition commune lorsque l'un de ses membres est handicapé.

V. Le crédit d'impôt est égal à 20 % du montant des intérêts mentionnés au III, dans la limite mentionnée au IV.

Ce taux est porté à 40 % pour les intérêts payés au titre de la première annuité de remboursement.

Toutefois, pour les logements acquis neufs, en l'état futur d'achèvement ou que le contribuable fait construire :

1° Lorsque l'acquisition ou la construction porte sur un logement mentionné au dernier alinéa du III, le taux mentionné au premier alinéa du présent V est porté à 40 % *(NDLR Les dispositions du présent alinéa s'appliquent aux logements acquis à compter du 1er janvier 2009)* ;

2° Lorsque l'acquisition ou la construction porte sur un logement autre que celui visé au 1°, les taux mentionnés aux premier et deuxième alinéas sont respectivement ramenés à :

15 % et 30 % pour les logements acquis ou construits en 2010 ;

10 % et 25 % pour les logements acquis ou construits en 2011 ;

VI. Le I s'applique à la condition que le logement faisant l'objet du prêt soit, à la date de paiement des intérêts, affecté à l'usage d'habitation principale du contribuable.

Toutefois, le I s'applique également aux intérêts versés avant l'achèvement du logement que le contribuable fait construire ou qu'il acquiert en l'état futur d'achèvement, lorsque celui-ci prend l'engagement d'affecter ce logement à son habitation principale au plus tard le 31 décembre de la deuxième année qui suit celle de la conclusion du contrat de prêt.

Lorsque cet engagement n'est pas respecté, le crédit d'impôt obtenu par le contribuable fait l'objet d'une reprise au titre de l'année au cours de laquelle l'engagement n'a pas été respecté et au plus tard au titre de la deuxième année qui suit celle de la conclusion du contrat de prêt. Il est fait application, le cas échéant, des sanctions prévues à l'article 1729.

Le I s'applique également aux intérêts versés par le contribuable qui, à la suite d'une mutation professionnelle, n'est plus en mesure d'affecter le logement objet du prêt à son habitation principale, sous réserve que ce logement ne soit pas donné en location et que le contribuable n'ait pas fait l'acquisition d'un nouveau logement affecté à son habitation principale ou destiné à cet usage.

La date à partir de laquelle sont décomptées les cinq ou les sept premières annuités mentionnées au III est constituée par celle de la première mise à disposition des fonds empruntés. Toutefois, en cas de construction ou d'acquisition en état futur d'achèvement, cette date peut être fixée, à la demande du contribuable, à la date de l'achèvement ou de la livraison du logement. Cette demande, irrévocable et exclusive de l'application des deuxième et troisième alinéas, doit être exercée au plus tard lors du dépôt de la déclaration de revenus de l'année au cours de laquelle intervient l'achèvement ou la livraison du logement.

VII. Le crédit d'impôt mentionné au I est imputé sur l'impôt sur le revenu après imputation des réductions d'impôt mentionnées aux articles 199 quater B à 200 bis et 200 decies A, des crédits d'impôt et des prélèvements ou retenues non libératoires. S'il excède l'impôt dû, l'excédent est restitué.

VIII. Le I s'applique aux intérêts des prêts souscrits dans un Etat membre de l'Union européenne ou dans un autre Etat partie à l'accord sur l'Espace économique européen ayant conclu avec la France une convention d'assistance administrative en vue de lutter contre la fraude et l'évasion fiscales, et qui satisfont à une réglementation équivalente.

IX. Les dispositions du présent article sont exclusives de celles mentionnées au a du 2 de l'article 199 undecies A.

X. Le présent article s'applique aux opérations pour lesquelles chacun des prêts concourant à leur financement a fait l'objet d'une offre de prêt émise avant le 1er janvier 2011, sous réserve que l'acquisition du logement achevé ou en l'état futur d'achèvement intervienne au plus tard le 30 septembre 2011 ou, s'agissant d'opérations de construction de logements, que la déclaration d'ouverture de chantier intervienne au plus tard à la même date.
(Voir Annexe III, art. 46 AZA sexies)

IRPP-IV-70000 s.

34° Crédit d'impôt au titre d'investissements forestiers

Art 200 quindecies **I.** Les contribuables domiciliés en France au sens de l'article 4 B bénéficient d'un crédit d'impôt à raison des opérations forestières mentionnées au II du présent article qu'ils réalisent jusqu'au 31 décembre 2027.

II. Le crédit d'impôt s'applique :

1° Au prix d'acquisition de terrains en nature de bois et forêts ou de terrains nus à boiser lorsque la superficie de l'unité de gestion après acquisition est d'au moins 4 hectares.

Lorsque les terrains sont acquis en nature de bois et forêts, le contribuable prend l'engagement de les conserver pendant quinze ans et d'y appliquer, pendant la même durée, un plan simple de gestion agréé par le centre régional de la propriété forestière. Si, au moment de l'acquisition, aucun plan simple de gestion n'est agréé pour la forêt en cause, le contribuable prend l'engagement d'en faire agréer un dans un délai de trois ans à compter de la date d'acquisition et de l'appliquer pendant quinze ans. Dans cette situation, le contribuable prend, en outre, l'engagement d'appliquer à la forêt le régime d'exploitation normale, prévu par le décret du 28 juin 1930 relatif aux conditions d'application de l'article 15 de la loi de finances du 16 avril 1930, jusqu'à la date d'agrément du plan simple de gestion de cette forêt. Lorsque les terrains sont acquis nus, le contribuable prend l'engagement de les reboiser dans un délai de trois ans, de les conserver par la suite pendant quinze ans et d'appliquer, pendant la même durée, un plan simple de gestion agréé.

Toutefois, lorsque les terrains boisés possédés et acquis par le contribuable ne remplissent pas les conditions minimales de surface fixées aux articles L 122-4 et L 312-1 du code forestier pour faire agréer un plan simple de gestion et le leur appliquer, le propriétaire leur applique un autre document de gestion durable prévu à l'article L 122-3 du même code, dans les mêmes conditions que celles prévues au deuxième alinéa du présent 1° pour le cas où un plan simple de gestion peut être appliqué ;

2° Aux souscriptions ou acquisitions en numéraire de parts d'intérêt de groupements forestiers qui ont pris l'engagement d'appliquer pendant quinze ans un plan simple de gestion agréé ou un règlement type de gestion approuvé par le centre régional de la propriété forestière ou, si, au moment de la souscription, aucun plan simple de gestion n'est agréé ni aucun règlement type de gestion approuvé pour la forêt en cause, d'en faire agréer ou approuver un dans un délai de trois ans à compter de la date de souscription et de l'appliquer pendant quinze ans. Dans ce cas, le groupement prend, en outre, l'engagement d'appliquer à la forêt le régime d'exploitation normale, prévu par le décret du 28 juin 1930 précité, jusqu'à la date d'agrément du plan simple de gestion ou jusqu'à la date d'approbation du règlement type de gestion de cette forêt. Le souscripteur ou l'acquéreur s'engage à conserver les parts jusqu'au 31 décembre de la huitième année suivant la date de la souscription ;

3° Aux souscriptions en numéraire au capital initial ou aux augmentations de capital des sociétés d'épargne forestière définies à l'article L 214-121 du code monétaire et financier et aux acquisitions en numéraire des parts de ces sociétés, lorsque la société et le souscripteur ou l'acquéreur prennent les engagements mentionnés au 2° du présent II ;

4° Aux dépenses de travaux forestiers effectués dans une propriété présentant l'une des garanties de gestion durable prévues aux articles L 124-1 et L 124-3 du code forestier ou bénéficiant de la présomption des garanties de gestion durable prévue à l'article L 124-2 du même code si le propriétaire a fait approuver un programme de coupes et de travaux par le Centre national de la propriété forestière, sous réserve des deux conditions suivantes :

a. Le contribuable prend l'engagement de conserver cette propriété jusqu'au 31 décembre de la huitième année suivant celle des travaux et d'appliquer, pendant la même durée, l'une des garanties de gestion durable prévues aux articles L 124-1 et L 124-3 dudit code ou, si le propriétaire a fait approuver un programme de coupes et de travaux par le Centre national de la propriété forestière, de respecter les conditions mentionnées à l'article L 124-2 du même code pour bénéficier de la présomption des garanties de gestion durable prévue au même article L 124-2 ;

b. Les travaux de plantation sont effectués avec des graines et des plants forestiers conformes aux prescriptions des arrêtés régionaux relatifs aux aides de l'Etat à l'investissement forestier pris conformément à la partie réglementaire du même code ;

5° Aux dépenses de travaux forestiers payées par un groupement forestier ou une société d'épargne forestière dont le contribuable est membre ou par un groupement d'intérêt économique et environnemental forestier défini aux articles L 332-7 et L 332-8 dudit code dont le contribuable est membre, directement ou indirectement par l'intermédiaire d'un groupement forestier ou d'une société d'épargne forestière, lorsque la propriété du groupement forestier ou de la société sur laquelle sont réalisés les travaux présente l'une des garanties de gestion durable prévues aux articles L 124-1 et L 124-3 du même code, sous réserve des trois conditions suivantes :

a. Le contribuable prend l'engagement de conserver les parts du groupement ou de la société jusqu'au 31 décembre de la quatrième année suivant celle des travaux et, le cas échéant, le contribuable, le groupement forestier ou la société d'épargne forestière s'engage à rester membre du groupement d'intérêt économique et environnemental forestier pendant la même période ;

b. Le contribuable, le groupement ou la société prend l'engagement de conserver les parcelles qui ont fait l'objet des travaux ouvrant droit à crédit d'impôt jusqu'au 31 décembre de la huitième année suivant celle des travaux et d'appliquer, pendant la même durée, l'une des garanties de gestion durable prévues aux mêmes articles L 124-1 et L 124-3 ;

c. Les travaux de plantation sont effectués avec des graines et des plants forestiers conformes aux prescriptions des arrêtés régionaux relatifs aux aides de l'Etat à l'investissement forestier pris conformément à la partie réglementaire du même code ;

6° A la cotisation versée à un assureur par le contribuable, par un groupement forestier ou par une société d'épargne forestière dont le contribuable est membre pour la souscription d'un contrat d'assurance couvrant notamment le risque de tempête ou d'incendie et répondant à des conditions fixées par décret.

Les conditions et les modalités d'application du présent II sont fixées par décret.

III. A. Le crédit d'impôt au titre des dépenses mentionnées aux 1° à 3° du II est calculé sur la base :

1° Du prix d'acquisition défini au 1° du II. Lorsque l'acquisition porte sur des terrains situés dans un massif de montagne défini à l'article 5 de la loi n° 85-30 du 9 janvier 1985 relative au développement et à la protection de la montagne, il est calculé en ajoutant à cette base le prix des acquisitions de terrains en nature de bois et forêts ou de terrains nus à boiser réalisées les trois années précédentes pour constituer cette unité et pour lesquels l'acquéreur prend les engagements mentionnés au 1° du II du présent article ;

2° Du prix d'acquisition ou de souscription défini au 2° du II ;

3° D'une fraction égale à 60 % du prix d'acquisition ou de souscription défini au 3° du II.

B. Le crédit d'impôt au titre des dépenses mentionnées aux 4° et 5° du II est calculé sur la base :

1° Des dépenses payées mentionnées au 4° du II ;

2° De la fraction des dépenses payées mentionnées au 5° du II correspondant aux droits que le contribuable détient dans le groupement ou la société.

C. Le crédit d'impôt au titre des dépenses mentionnées au 6° du II est calculé sur la base de la cotisation d'assurance mentionnée au même 6° et payée par le contribuable ou sur la base de la fraction de cette cotisation payée par le groupement forestier ou la société d'épargne forestière correspondant aux droits que le contribuable détient dans ces derniers.

Le crédit d'impôt n'est pas applicable aux dépenses mentionnées aux 4° et 5° du II ni à la cotisation mentionnée au 6° du même II payées dans le cadre de l'utilisation de sommes prélevées sur un compte d'investissement forestier et d'assurance prévu au chapitre II du titre V du livre III du code forestier.

IV. A. Le prix d'acquisition ou de souscription et la fraction du prix d'acquisition ou de souscription mentionnés au A du III sont globalement retenus dans la limite de 6 250 € pour une personne célibataire, veuve ou divorcée et de 12 500 € pour un couple marié ou pour les partenaires liés par un pacte civil de solidarité soumis à une imposition commune.

B. Les dépenses et la fraction des dépenses mentionnées au B du III sont globalement retenues dans la limite de 6 250 € pour une personne célibataire, veuve ou divorcée et de 12 500 € pour un couple marié ou pour les partenaires liés par un pacte civil de solidarité soumis à une imposition commune. Lorsqu'elles dépassent cette limite, la fraction excédentaire de ces dépenses est retenue :

1° Au titre des quatre années suivant celle du paiement des travaux et dans la même limite ;

2° Au titre des huit années suivant celle du paiement des travaux en cas de sinistre forestier pour lequel le premier alinéa de l'article 1398 s'applique et dans la même limite.

C. Les dépenses mentionnées au C du III du présent article sont retenues dans la limite de 15 € par hectare assuré. Elles sont globalement retenues dans la limite de 6 250 € pour une personne célibataire, veuve ou divorcée et de 12 500 € pour un couple marié ou pour les partenaires liés par un pacte civil de solidarité soumis à une imposition commune, sous réserve que le contribuable soit en mesure de présenter, à la demande de l'administration fiscale, l'attestation d'assurance certifiant que la propriété en nature de bois et forêts du bénéficiaire est couverte contre le risque de tempête ou d'incendie.

V. Les aides publiques reçues en raison des acquisitions et souscriptions mentionnées aux 1° à 3° du II, des travaux forestiers mentionnés aux 4° et 5° du même II et de la cotisation mentionnée au 6° dudit II sont déduites des bases de calcul du crédit d'impôt au titre des mêmes dépenses.

La déduction des aides publiques s'opère avant le plafonnement des dépenses prévu au IV.

VI. A. Le taux du crédit d'impôt est de 25 %.

B. Ce taux est porté à 76 % au titre de la cotisation mentionnée au 6° du II.

VII. Le crédit d'impôt s'impute sur l'impôt dû :

1° Au titre de l'année d'acquisition des terrains mentionnés au 1° du II et de l'année d'acquisition ou de souscription des parts mentionnées aux 2° et 3° du même II ;

2° Au titre de l'année de paiement des dépenses mentionnées aux 4° et 5° dudit II. Il peut s'imputer sur l'impôt dû au titre des quatre années suivantes ou des huit années suivantes en cas de sinistre forestier, en application des 1° et 2° du B du IV ;

3° Au titre de l'année du paiement de la cotisation d'assurance mentionnée au 6° du II.

Si le montant du crédit d'impôt excède l'impôt dû au titre de ladite année, l'excédent est restitué.

VIII. Le crédit d'impôt fait l'objet d'une reprise au titre de l'année où le contribuable, le groupement ou la société d'épargne forestière cesse de respecter l'un des engagements mentionnés au II. Il en est de même en cas de dissolution des groupements ou des sociétés concernés ou lorsque ces sociétés ne respectent pas les articles L 214- 121 et L 214-123 à L 214-125 du code monétaire et financier.

Toutefois, le crédit d'impôt n'est pas repris :

1° En cas de licenciement, d'invalidité correspondant au classement dans la deuxième ou la troisième des catégories prévues à l'article L 341-4 du code de la sécurité sociale ou de décès du contribuable ou de l'un des époux ou des partenaires liés par un pacte civil de solidarité soumis à une imposition commune ;

2° Lorsque le contribuable, après une durée minimale de détention de deux ans, apporte à un groupement forestier ou à une société d'épargne forestière les terrains pour lesquels il a bénéficié du crédit d'impôt, à la condition qu'il s'engage à conserver les parts sociales reçues en contrepartie pour la durée de détention restant à courir à la date de l'apport ;

3° En cas de donation des terrains ou des parts ayant ouvert droit au crédit d'impôt, à la condition que les donataires reprennent les engagements souscrits par le donateur pour la durée de détention restant à courir à la date de la donation.

IX. Le bénéfice du crédit d'impôt mentionné au I est subordonné au respect du règlement (UE) n° 1407/2013 de la Commission du 18 décembre 2013 relatif à l'application des articles 107 et 108 du traité sur le fonctionnement de l'Union européenne aux aides de minimis.

(Voir Annexe III, art. 46 AGH à 46 AGK)

IRPP-IV-25000 s. ; MF nos 2930 s.

35° Crédit d'impôt pour le premier abonnement à un journal, à une publication périodique ou à un service de presse en ligne d'information politique et générale

Art 200 sexdecies I. A. Lorsqu'elles n'entrent pas en compte pour l'évaluation des revenus des différentes catégories, ouvrent droit à un crédit d'impôt sur le revenu les sommes versées, jusqu'au 31 décembre 2022, par un contribuable domicilié en France au sens de l'article 4 B, au titre du premier abonnement, pour une durée minimale de douze mois, à un journal, à une publication de périodicité au maximum trimestrielle ou à un service de presse en ligne reconnu en application de l'article 1er de la loi n° 86-897 du 1er août 1986 portant réforme du régime juridique de la presse, lorsque ce journal ou cette publication présente le caractère de presse d'information politique et générale au sens de l'article 4 de la loi n° 47-585 du 2 avril 1947 relative au statut des entreprises de groupage et de distribution des journaux et publications périodiques ou lorsque ce service de presse en ligne présente le caractère d'information politique et générale au sens du décret pris en application de l'article 1er de la loi n° 86-897 du 1er août 1986 précitée.

L'abonnement à un service de presse en ligne n'est pas éligible au bénéfice du crédit d'impôt lorsqu'il est inclus dans un service assurant la diffusion numérique groupée de services de presse en ligne ou de versions numérisées de journaux ou publications périodiques ne présentant pas tous le caractère de presse d'information politique ou générale, ou associé à tout autre service.

B. Pour ouvrir droit au bénéfice du crédit d'impôt, le montant des revenus du foyer fiscal défini au IV de l'article 1417 ne doit pas excéder, au titre de l'avant-dernière année précédant celle du premier abonnement, 24 000 euros pour une part de quotient familial. Cette limite est majorée de 25 % par demi-part supplémentaire.

II. Le crédit d'impôt est égal à 30 % des dépenses mentionnées au I, effectivement supportées par le contribuable.

Il est accordé une fois pour un même foyer fiscal jusqu'au 31 décembre 2022.

Le crédit d'impôt est imputé sur l'impôt sur le revenu après imputation des réductions d'impôt mentionnées aux articles 199 quater B à 200 bis, des crédits d'impôt et des prélèvements ou retenues non libératoires. S'il excède l'impôt dû, l'excédent est restitué.

III. Les sommes mentionnées au A du I du présent article ouvrent droit au bénéfice du crédit d'impôt, sous réserve que le contribuable soit en mesure de présenter, à la demande de l'administration fiscale, un reçu répondant à un modèle fixé par l'administration établi par l'organisme auprès duquel est souscrit le premier abonnement. Le reçu mentionne le montant et la date des versements effectués ainsi que l'identité et l'adresse des bénéficiaires et de l'organisme émetteur du reçu. Il atteste que le journal, la publication périodique ou le service de presse en ligne répond à la définition prévue au premier alinéa du même A et que l'abonnement respecte les conditions prévues audit A.

IV. En cas de non-respect de l'une des conditions fixées au présent article ou lorsqu'il est mis fin à l'abonnement mentionné au I avant une durée minimale de douze mois, le crédit d'impôt obtenu fait l'objet d'une reprise au titre de l'année de réalisation de l'un de ces événements.

Ndlr *La condition de ressources fixées au B du I du présent article s'applique aux versements effectués au titre des abonnements souscrits à compter du 13 juin 2022 (Loi 2021-1900 du 30 décembre 2021 art. 78 et décret 2022-879 du 10 juin 2022 art. 1).*

IRPP-IV-156000 s.

III. Plafonnement de certains avantages fiscaux au titre de l'impôt sur le revenu

Art 200-0 A 1. Le total des avantages fiscaux mentionnés au 2, à l'exception de ceux mentionnés aux articles 199 undecies A, 199 undecies B, 199 undecies C et 199 unvicies et au XII de l'article 199 novovicies, ne peut pas procurer une réduction de l'impôt dû supérieure à un montant de 10 000 €.

Le total des avantages mentionnés au premier alinéa du présent 1, retenu dans la limite de 10 000 €, majoré du montant de ceux mentionnés aux articles 199 undecies A, 199 undecies B, 199 undecies C et 199 unvicies et au XII de l'article 199 novovicies, ne peut pas procurer une réduction de l'impôt dû supérieure à la somme d'un montant de 18 000 €.

2. Les avantages fiscaux retenus pour l'application du plafonnement mentionné au 1, au titre d'une année d'imposition, sont les suivants :

a. L'avantage en impôt procuré par les déductions au titre de l'amortissement prévues aux h et l du 1° du I de l'article 31 et à l'article 31 bis ;

b. Les réductions, y compris, le cas échéant, pour leur montant acquis au titre d'une année antérieure et reporté, et crédits d'impôt sur le revenu, à l'exception de ceux mentionnés aux articles 199 quater B, 199 quater C, 199 quater F, 199 septies, 199 terdecies-0 A bis, 199 terdecies-0 A ter, 199 terdecies-0 B, 199 quindecies, 199 octodecies, 199 vicies A, 199 tervicies, 200, 200 bis, 200 quater A, 200 decies A, 200 undecies, 238 bis et aux 2 à 4 du I de l'article 197, des crédits d'impôt mentionnés au 1° du II de la section 5 du chapitre Ier du présent titre *(Voir art. 199 ter à 199 quater A)*, et du crédit d'impôt correspondant à l'impôt retenu à la source à l'étranger ou à la décote en tenant lieu, tel qu'il est prévu par les conventions internationales.

3. La réduction d'impôt acquise au titre des investissements mentionnés à la première phrase des vingt-sixième et vingt-septième alinéas du I de l'article 199 undecies B est retenue pour l'application du plafonnement mentionné au second alinéa du 1 pour 34 % de son montant. La réduction d'impôt acquise au titre des investissements mentionnés à la deuxième phrase du vingt-sixième alinéa du I de l'article 199 undecies B est retenue pour l'application du plafonnement mentionné au second alinéa du 1 pour 44 % de son montant. La réduction d'impôt acquise au titre des investissements mentionnés à l'article 199 undecies C est retenue pour l'application du plafonnement mentionné au second alinéa du 1 pour 30 % de son montant.

4. Un décret fixe les modalités d'application du présent article *(Voir Annexe III, art. 46-0 B et 46-0 B bis)*.

IRPP-III-18300 s. ; MF nos 4840 s.

IV. Imposition des gains nets réalisés à l'occasion de cessions de valeurs mobilières et de droits sociaux

Art 200 A 1. L'impôt sur le revenu dû par les personnes physiques fiscalement domiciliées en France au sens de l'article 4 B à raison des revenus, gains nets, profits, distributions, plus-values et créances énumérés aux 1° et 2° du A du présent 1 est établi par application du taux forfaitaire prévu au B du présent 1 à l'assiette imposable desdits revenus, gains nets, profits, distributions, plus-values et créances.

A. Pour l'application du premier alinéa du présent 1, sont soumis à l'imposition forfaitaire :

1° Les revenus de capitaux mobiliers mentionnés au VII de la 1ère sous-section de la section II du présent chapitre, à l'exception des revenus expressément exonérés de l'impôt en vertu des articles 125-0 A, 155 B, 157 et 163 quinquies B à 163 quinquies C bis, des produits des bons ou contrats de capitalisation ou placements de même nature mentionnés au 6° de l'article 120 et au 1° du I de l'article 125-0 A, attachés à des primes versées jusqu'au 26 septembre 2017, ainsi que des revenus qui sont pris en compte pour la détermination du bénéfice imposable d'une entreprise industrielle, commerciale, artisanale ou agricole, ou d'une profession non commerciale. Sont également soumis à l'imposition forfaitaire les produits mentionnés au 5 de l'article 13 qui se rattachent à la catégorie des revenus de capitaux mobiliers.

Pour le calcul de l'impôt dû, les revenus mentionnés au premier alinéa du présent 1° sont retenus pour leur montant brut, sous réserve, le cas échéant, de l'application des articles 124 C, 125-00 A et 125-0 A.

Les revenus mentionnés au premier alinéa du présent 1° de source étrangère sont également retenus pour leur montant brut. L'impôt retenu à la source est imputé sur l'imposition à taux forfaitaire dans la limite du crédit d'impôt auquel il ouvre droit, dans les conditions prévues par les conventions internationales.

Pour l'application des deuxième et troisième alinéas du présent 1°, lorsque les revenus sont de la nature de ceux mentionnés au 2° du 7 de l'article 158, leur montant brut est multiplié par 1,25 ;

2° Les gains nets, profits, distributions, plus-values et créances mentionnés aux 1° à 6° du 6 bis de l'article 158, déterminés conformément à ces mêmes dispositions. Toutefois, pour l'établissement de l'imposition forfaitaire mentionnée au premier alinéa du présent 1, il n'est pas fait application de l'abattement mentionné aux 1 ter ou 1 quater de l'article 150-0 D.

B. 1° Le taux forfaitaire mentionné au premier alinéa du présent 1 est fixé à 12,8 % ;

2° Par dérogation au 1° du présent B, lorsque les conditions d'application du b du 2 du II de l'article 125-0 A sont remplies, le taux prévu au même b est appliqué aux produits des bons ou contrats de capitalisation et placements de même nature mentionnés au I de l'article 125-0 A et au II de l'article 125 D attachés à des primes versées à compter du 27 septembre 2017 :

a. Pour le montant total desdits produits, lorsque le montant des primes versées sur le bon ou contrat ou placement auquel se rattachent ces produits ainsi que sur les autres bons ou contrats ou placements dont est titulaire le bénéficiaire desdits produits et qui, au 31 décembre de l'année qui précède le fait générateur d'imposition des produits concernés, n'ont pas déjà fait l'objet d'un remboursement en capital, n'excède pas le seuil de 150 000 €. Pour l'application du présent alinéa, en cas de démembrement de propriété du bon ou contrat, les primes versées sur ce bon ou contrat ne sont prises en compte que pour la détermination du seuil applicable à l'usufruitier ;

b. Lorsque le montant des primes tel que déterminé au a du présent 2° excède le seuil de 150 000 €, pour la seule fraction de ces produits déterminée en multipliant le montant total desdits produits par le rapport existant entre :

au numérateur, le montant de 150 000 € réduit, le cas échéant, du montant des primes versées antérieurement au 27 septembre 2017 et qui, au 31 décembre de l'année qui précède le fait générateur d'imposition des produits concernés, n'ont pas déjà fait l'objet d'un remboursement en capital ;

au dénominateur, le montant des primes versées à compter du 27 septembre 2017 et qui, au 31 décembre de l'année qui précède le fait générateur de l'imposition des produits concernés, n'ont pas déjà fait l'objet d'un remboursement en capital.

La fraction des produits mentionnés au premier alinéa du présent 2° qui n'est pas éligible au taux mentionné au même premier alinéa est imposable au taux mentionné au 1° du présent B ;

3° Lorsque les conditions d'application du b du 2 du II de l'article 125-0 A ne sont pas remplies, les produits mentionnés au 2° du présent B attachés à des primes versées à compter du 27 septembre 2017 sont soumis au taux mentionné au 1° du présent B.

RM-III-100 s., 2600 s. ; RM-IV-200 s.,14320 s. ; RM-VI-18200 s. ; MF nos 24170 s., 33220

2. Par dérogation au 1, sur option expresse et irrévocable du contribuable, l'ensemble des revenus, gains nets, profits, plus-values et créances mentionnés à ce même 1 est retenu dans l'assiette du revenu net global défini à l'article 158. Cette option globale est exercée lors du dépôt de la déclaration prévue à l'article 170, et au plus tard avant l'expiration de la date limite de déclaration.

RM-III-100 s., 2800 s. ; RM-IV-200 s., 14320 s. ; RM-VI-18200 s. ; MF nos 24190 s., 33220

2 bis. *(Abrogé).*

2 ter. a. Les plus-values mentionnées au I de l'article 150-0 B ter sont imposables à l'impôt sur le revenu au taux déterminé comme suit :

1° Le taux applicable aux plus-values résultant d'opérations d'apport réalisées entre le 14 novembre et le 31 décembre 2012 est déterminé conformément au A du IV de l'article 10 de la loi n° 2012-1509 du 29 décembre 2012 de finances pour 2013 ;

2° Le taux applicable aux plus-values résultant d'opérations d'apport réalisées entre le 1er janvier 2013 et le 31 décembre 2017 est égal au rapport entre les deux termes suivants :

le numérateur, constitué par le résultat de la différence entre, d'une part, le montant de l'impôt qui aurait résulté, au titre de l'année de l'apport, de l'application de l'article 197 à la somme de l'ensemble des plus-values mentionnées au premier alinéa du présent 2° réalisées au titre de cette même année ainsi que des revenus imposés au titre de la même année dans les conditions de ce même article 197 et, d'autre part, le montant de l'impôt dû au titre de cette même année et établi dans les conditions dudit article 197 ;

le dénominateur, constitué par l'ensemble des plus-values mentionnées au premier alinéa du présent 2° retenues au deuxième alinéa du présent 2°.

Pour la détermination du taux mentionné au premier alinéa du présent 2°, les plus-values mentionnées au même premier alinéa sont, le cas échéant, réduites du seul abattement mentionné au 1 de l'article 150-0 D dans sa rédaction en vigueur jusqu'au 31 décembre 2017 ;

3° Le taux applicable aux plus-values résultant d'opérations d'apport réalisées à compter du 1er janvier 2018 est égal à 12,8 %.

Toutefois, lorsque l'option globale prévue au 2 est exercée par le contribuable, le taux applicable à ces plus-values est déterminé suivant les mêmes modalités que celles prévues au 2° du présent a, compte tenu le cas échéant du seul abattement mentionné aux 1 ter ou 1 quater de l'article 150-0 D.

Les plus-values mentionnées au premier alinéa du présent a auxquelles l'article 244 bis B est applicable sont imposables dans les conditions et au taux prévus au même article 244 bis B dans sa rédaction applicable à la date de l'apport.

b. Les plus-values mentionnées au premier alinéa du a du présent 2 ter, retenues pour leur montant avant application de l'abattement mentionné aux 2° ou 3° du même a, sont également imposables, le cas échéant, à la contribution mentionnée à l'article 223 sexies au taux égal au rapport entre les deux termes suivants :

1° Le numérateur, constitué par le résultat de la différence entre, d'une part, le montant de la contribution qui aurait résulté, au titre de l'année de l'apport, de l'application de l'article 223 sexies au revenu fiscal de référence défini à ce même article, majoré du montant de l'ensemble des plus-values mentionnées au premier alinéa du présent b réalisées au titre de la même année, et, d'autre part, le montant de la contribution due le cas échéant dans les conditions dudit article 223 sexies ;

2° Le dénominateur, constitué par l'ensemble des plus-values mentionnées au premier alinéa du présent b retenues au 1° du présent b.

RM-VI-26500 s. ; MF n° 33310

3. L'avantage salarial mentionné au I de l'article 80 quaterdecies est retenu dans l'assiette du revenu net global défini à l'article 158, après application d'un abattement de 50 % ou, le cas échéant, de l'abattement fixe prévu au 1 du I de l'article 150-0 D ter et, pour le surplus éventuel, de l'abattement de 50 %. Pour l'application de ces dispositions, l'abattement fixe s'applique en priorité sur le gain net mentionné au V de l'article 80 quaterdecies puis, pour le surplus éventuel, sur l'avantage salarial précité.

TS-VII-80900 s.

4. *(Abrogé).*

5. Le gain net mentionné au 2 du II de l'article 150-0 A est imposé dans les conditions prévues aux 1 ou 2 du présent article.

RM-VII-41170 ; MF n° 26185

6. et 6 bis. *(Abrogés).*

7. *(Abrogé).*

V. Imposition des plus-values réalisées à l'occasion de cessions à titre onéreux de biens ou droits mobiliers ou immobiliers

Art 200 B Les plus-values réalisées dans les conditions prévues aux articles 150 U à 150 UC sont imposées au taux forfaitaire de 19 %. Elles sont imposées aux taux prévus au III bis de l'article 244 bis A lorsqu'elles sont dues par des associés de sociétés ou groupements qui relèvent des articles 8 à 8 ter ou par des porteurs de parts de fonds de placement immobilier mentionnés à l'article 239 nonies, qui ne sont pas fiscalement domiciliés en France ou dont le siège social est situé hors de France.

a. et b. *(Abrogés).*

IMMO-II-180470, 192255 ; MF n° 32405

VI. Imposition des plus-values réalisées à l'occasion de cessions à titre onéreux d'actifs numériques

Art 200 C Les plus-values réalisées dans les conditions prévues à l'article 150 VH bis sont imposées au taux forfaitaire de 12,8 %.

Par dérogation au premier alinéa du présent article, sur option expresse et irrévocable du contribuable, les plus-values mentionnées au même premier alinéa sont retenues dans l'assiette du revenu net global défini à l'article 158. Cette option globale est exercée lors du dépôt de la déclaration prévue à l'article 170, et au plus tard avant l'expiration de la date limite de déclaration.

RM-VII-49700 ; MF n°s 33600 s.

SECTION VI

Dispositions spéciales applicables en cas de cession, de cessation ou de décès

Art 201 **1.** Dans le cas de cession ou de cessation, en totalité ou en partie, d'une entreprise industrielle, commerciale, artisanale, minière ou agricole, l'impôt sur le revenu dû en raison des bénéfices réalisés dans cette entreprise ou exploitation et qui n'ont pas encore été imposés est immédiatement établi, y compris, dans le cas d'une exploitation agricole dont le résultat est soumis à l'article 64 bis, en raison des bénéfices qui proviennent de créances acquises et non encore recouvrées. Il est calculé au dernier taux retenu pour le calcul de l'acompte mentionné au 2° du 2 de l'article 204 A.

Les contribuables doivent, dans un délai de quarante-cinq jours déterminé comme il est indiqué ci-après, aviser l'administration de la cession ou de la cessation et lui faire connaître la date à laquelle elle a été ou sera effective, ainsi que, s'il y a lieu, les nom, prénoms, et adresse du cessionnaire.

Le délai de quarante-cinq jours commence à courir :

Lorsqu'il s'agit de la vente ou de la cession d'un fonds de commerce, du jour où la vente ou la cession a été publiée sur un support habilité à recevoir des annonces judiciaires et légales, conformément aux prescriptions de l'article L 141-12 du code de commerce ;

Lorsqu'il s'agit de la vente ou de la cession d'autres entreprises, du jour où l'acquéreur ou le cessionnaire a pris effectivement la direction des exploitations ;

Lorsqu'il s'agit de la cessation d'entreprises, du jour de la fermeture définitive des établissements.

2. *(Dispositions abrogées).*

3. Les contribuables assujettis à un régime réel d'imposition sont tenus de faire parvenir à l'administration, dans un délai de soixante jours déterminé comme indiqué au 1, la déclaration de leur bénéfice réel accompagnée d'un résumé de leur compte de résultat.

Pour la détermination du bénéfice réel, il est fait application du régime défini aux articles 39 duodecies et suivants.

Si les contribuables imposés d'après leur bénéfice réel ne produisent pas les déclarations ou renseignements visés au 1 et au premier alinéa du présent paragraphe, ou, si invités à fournir à l'appui de la déclaration de leur bénéfice réel les justifications nécessaires, ils s'abstiennent de les donner dans les trente jours qui suivent la réception de l'avis qui leur est adressé à cet effet, les bases d'imposition sont arrêtées d'office.

3 bis. Les contribuables soumis aux régimes définis aux articles 50-0 et 64 bis qui cessent leur activité en cours d'année sont tenus de faire parvenir à l'administration, dans un délai de soixante jours déterminé comme indiqué au 1, la déclaration prévue au 3 de l'article 50-0 ou au III de l'article 64 bis.

RIE-II-1410

4. Les dispositions du présent article sont applicables dans le cas de décès de l'exploitant. Dans ce cas, les ayants droit du défunt doivent produire les renseignements nécessaires pour l'établissement de l'impôt dans les six mois de la date du décès.

BIC-XIX-1285 s. ; RIE-II-1410

IRPP-VII-31550 s. ; BIC-XIX-1 s. ; BA-IV-13910 s. ; RIE-II-1410 ; MF n°s 11400 s.

Art 201 ter En cas de cession ou de cessation d'entreprise, les provisions visées aux articles 39 bis à 39 bis B et non encore employées sont considérées comme un élément du bénéfice immédiatement imposable dans les conditions fixées par l'article 201.

BIC-XII-41930 s.

Art 202 **1.** Dans le cas de cessation de l'exercice d'une profession non commerciale, l'impôt sur le revenu dû en raison des bénéfices provenant de l'exercice de cette profession y compris ceux qui proviennent de créances acquises et non encore recouvrées et qui n'ont pas encore été imposés est immédiatement établi. Il est calculé au dernier taux retenu pour le calcul de l'acompte mentionné au 2° du 2 de l'article 204 A.

Les contribuables doivent, dans un délai de soixante jours déterminé comme il est indiqué ci-après, aviser l'administration de la cessation et lui faire connaître la date à laquelle elle a été ou sera effective, ainsi que, s'il y a lieu, les nom, prénoms et adresse du successeur.

Ce délai de soixante jours commence à courir :

a. Lorsqu'il s'agit de la cessation de l'exercice d'une profession autre que l'exploitation d'une charge ou d'un office, du jour où la cessation a été effective ;

b. Lorsqu'il s'agit de la cessation de l'exploitation d'une charge ou d'un office, du jour où a été publiée au Journal officiel la nomination du nouveau titulaire de la charge ou de l'office ou du jour de la cessation effective si elle est postérieure à cette publication.

2. Les contribuables sont tenus de faire parvenir à l'administration dans le délai prévu au 1, la déclaration visée à l'article 97 ou au 2 de l'article 102 ter.

Si les contribuables ne produisent pas la déclaration visée au premier alinéa, les bases d'imposition sont arrêtées d'office.

3. Les dispositions du 1 et du 2 sont applicables dans le cas de décès du contribuable. Dans ce cas, les renseignements nécessaires pour l'établissement de l'impôt sont produits par les ayants droit du défunt dans les six mois de la date du décès.

4. *(Transféré sous l'article 1663 bis).*

BNC-III-10270 s. ; MF n°s 13640 s.

Art 202 ter I. L'impôt sur le revenu est établi dans les conditions prévues aux articles 201 et 202 lorsque les sociétés ou organismes placés sous le régime des sociétés de personnes défini aux articles 8 à 8 ter cessent totalement ou partiellement d'être soumis à ce régime ou s'ils changent leur objet social ou leur activité réelle ou lorsque les personnes morales mentionnées aux articles 238 ter, 239 quater A, 239 quater B, 239 quater C, 239 quater D, 239 septies et au I des articles 239 quater et 239 quinquies deviennent passibles de l'impôt sur les sociétés.

Toutefois en l'absence de création d'une personne morale nouvelle, les bénéfices en sursis d'imposition, les plus-values latentes incluses dans l'actif social et les profits non encore imposés sur les stocks ne font pas l'objet d'une imposition immédiate à la double condition qu'aucune modification ne soit apportée aux écritures comptables et que l'imposition desdits bénéfices, plus-values et profits demeure possible sous le nouveau régime fiscal applicable à la société ou à l'organisme concerné.

MF n°s 38715 s.

II. Si une société ou un organisme dont les revenus n'ont pas la nature de bénéfices d'une entreprise industrielle, commerciale, artisanale ou minière, d'une exploitation agricole ou d'une activité non commerciale cesse totalement ou partiellement d'être soumis à l'un des régimes définis aux articles 8 à 8 ter, 238 ter, 239 quater A, 239 quater B, 239 quater C, 239 quater D, 239 septies et au I des articles 239 quater et 239 quinquies, l'impôt sur le revenu est établi au titre de la période d'imposition précédant immédiatement le changement de régime, à raison des revenus et des plus-values non encore imposés à la date du changement de régime, y compris ceux qui proviennent des produits acquis et non encore perçus ainsi que des plus-values latentes incluses dans le patrimoine ou l'actif social.

Toutefois, en l'absence de création d'une personne morale nouvelle, ces dernières plus-values ne sont pas taxées dans les conditions prévues au premier alinéa du présent II si l'ensemble des éléments du patrimoine ou de l'actif sont inscrits au bilan d'ouverture de la première période d'imposition ou du premier exercice d'assujettissement à l'impôt sur les sociétés, en faisant apparaître distinctement, d'une part, leur valeur d'origine et, d'autre part, les amortissements et provisions y afférents qui auraient été admis en déduction si la société ou l'organisme avait été soumis à l'impôt sur les sociétés depuis sa création.

La société ou l'organisme doit, dans un délai de soixante jours à compter de la réalisation de l'événement qui a entraîné le changement de régime mentionné au premier alinéa du présent II, produire au service des impôts les déclarations et autres documents qu'il est normalement tenu de souscrire au titre d'une année d'imposition.

III. Les sociétés et organismes définis aux I et II doivent, dans un délai de soixante jours à compter de la réalisation de l'événement qui entraîne le changement de régime ou d'activité mentionné auxdits I et II, produire le bilan d'ouverture de la première période d'imposition ou du premier exercice au titre duquel le changement prend effet.

IV. Un décret précise les modalités d'application du présent article, notamment en vue d'éviter l'absence de prise en compte ou la double prise en compte de produits ou de charges dans le revenu ou le bénéfice de la société ou de l'organisme *(Voir Annexe III, art. 46 E).*

BIC-XIX-18000 s. ; MF n°s 38785 s.

Art 202 ter A Les plus ou moins-values mentionnées au premier alinéa du II de l'article 202 ter, incluses dans l'actif des sociétés civiles à objet strictement immobilier, dont les parts sont détenues par une entreprise d'assurance, un fonds de retraite professionnelle supplémentaire mentionné à l'article L 381-1 du code des assurances, une mutuelle ou union de retraite professionnelle supplémentaire mentionnée à l'article L 214-1 du code de la mutualité ou une institution de retraite professionnelle supplémentaire mentionnée à l'article L 942-1 du code de la sécurité sociale en représentation de provisions mathématiques relatives aux engagements exprimés en unités de compte de contrats d'assurance sur la vie ou de capitalisation, ne sont pas imposées à l'occasion de la transformation de ces sociétés civiles en sociétés de placement à prépondérance immobilière à capital variable. Les plus ou moins-values dégagées lors d'une cession ultérieure de ces actifs sont déterminées par rapport à la valeur que ces actifs avaient du point de vue fiscal avant la transformation de la société civile à objet strictement immobilier en société de placement à prépondérance immobilière à capital variable.

Ces dispositions s'appliquent aux transformations effectuées dans un délai de cinq ans à compter de la publication au Journal officiel de l'arrêté du ministre chargé de l'économie portant homologation des dispositions du règlement général de l'Autorité des marchés financiers relatives aux organismes de placement collectif immobilier.

BIC-XIX-19235 s.

Art 202 quater I. Par dérogation aux dispositions de l'article 202, lorsqu'un contribuable imposable dans les conditions prévues au 1 de cet article devient, pour exercer sa profession, associé d'une société mentionnée aux articles 8 et 8 ter ou d'une société d'exercice libéral mentionnée à l'article 2 de la loi n° 90-1258 du 31 décembre 1990 relative à l'exercice sous forme de sociétés des professions libérales soumises à un statut législatif ou réglementaire ou dont le titre est protégé, le bénéfice imposable peut être déterminé en faisant abstraction des créances acquises au sens des dispositions des 2 et 2 bis de l'article 38 et des dépenses engagées, au titre des trois mois qui précèdent la réalisation de l'événement qui entraîne l'application de l'article 202, et qui n'ont pas été encore recouvrées ou payées au cours de cette même période, à condition qu'elles soient inscrites au bilan de cette société.

Ndlr *Pour les dispositions du présent alinéa applicables à compter du 1er septembre 2024, voir partie Autres textes du présent code ordonnance 2023-77 du 8 février 2023 art. 133, II-3° et 134, I.*

Ces dispositions sont également applicables, dans les mêmes conditions, en cas d'opérations visées au premier alinéa du I de l'article 151 octies A.

Par dérogation au I de l'article 202 ter, ces mêmes dispositions s'appliquent lorsqu'une société mentionnée aux articles 8 et 8 ter, exerçant une activité libérale, cesse d'être soumise au régime prévu par ces articles du fait d'une option pour le régime applicable aux sociétés de capitaux, exercée dans les conditions prévues au 1 de l'article 239.

II. Lorsque les dispositions du I s'appliquent, les créances et les dettes qui y sont mentionnées sont prises en compte pour la détermination du résultat imposable de la société qui les recouvre ou les acquitte, au titre de l'exercice en cours au premier jour du mois qui suit la période de trois mois mentionnée au premier alinéa de ce même I ou au titre de l'année de leur encaissement ou de leur paiement, lorsque le résultat de la société est déterminé selon les règles prévues à l'article 93.

III. Les dispositions des I et II s'appliquent sur option conjointe du contribuable visé au I et des sociétés mentionnées au II.

IV. *(Abrogé à compter du 1er janvier 2006).*

BNC-III-11400 s. ; MF n° 13665

Art 203 Les impositions établies en cas de cession, de cessation ou de décès, par application des articles 201 et 202, viennent, le cas échéant, en déduction du montant de l'impôt sur le revenu ultérieurement calculé, conformément aux dispositions des articles 156 à 168, en raison de l'ensemble des bénéfices et revenus réalisés ou perçus par les membres du foyer fiscal désignés aux 1 et 3 de l'article 6 au cours de l'année de la cession, de la cessation ou du décès.

IRPP-VII-31630 s.

Art 204 1. Dans le cas de décès du contribuable ou de l'un ou l'autre des époux soumis à une imposition commune, l'impôt sur le revenu est établi en raison des revenus dont le défunt a disposé pendant l'année de son décès et des bénéfices industriels et commerciaux réalisés depuis la fin du dernier exercice taxé. L'impôt porte également sur les revenus dont la distribution ou le versement résulte du décès, s'ils n'ont pas été précédemment imposés et sur ceux que le défunt a acquis sans en avoir la disposition antérieurement à son décès.

Toutefois, les revenus dont la disposition résulte du décès ou que le défunt a acquis sans en avoir la disposition avant son décès font l'objet d'une imposition distincte lorsqu'ils ne devaient échoir normalement qu'au cours d'une année postérieure au décès.

L'année du décès d'un pensionné imposé suivant les modalités prévues au e du 5 de l'article 158, l'impôt est établi à raison des arrérages courus depuis la dernière mensualité soumise à l'impôt au titre de l'année précédente.

1 bis. Les impositions établies après le décès dans les conditions prévues par l'article L 172 du livre des procédures fiscales en cas d'omission ou d'insuffisance d'imposition, ainsi que toutes autres impositions dues par les héritiers du chef du défunt, ne sont pas admises en déduction du revenu des héritiers pour l'établissement de l'impôt sur le revenu dont ces derniers sont passibles.

2. La déclaration des revenus imposables en vertu du présent article est produite par les ayants droit du défunt. Le cas échéant, le notaire chargé de la succession peut produire cette déclaration à la demande des ayants droit si la succession n'est pas liquidée à la date de production de la déclaration. Elle est soumise aux règles et sanctions prévues à l'égard des déclarations annuelles. Les demandes d'éclaircissements et de justifications prévues par les articles L 10 et L 16 du livre des procédures fiscales ainsi que les propositions de rectification mentionnées à l'article L 57 du même livre peuvent être valablement adressées à l'un quelconque des ayants droit ou des signataires de la déclaration de succession.

IRPP-VII-31750 s. ; TS-V-1080 ; MF nos 4765 s., 22530

SECTION VIII

Prélèvement à la source de l'impôt sur le revenu

Art 204 A **1.** Les revenus imposables à l'impôt sur le revenu suivant les règles applicables aux salaires, aux pensions ou aux rentes viagères ou dans les catégories des bénéfices industriels et commerciaux, des bénéfices agricoles, des bénéfices non commerciaux et des revenus fonciers, à l'exception des revenus mentionnés à l'article 204 D, donnent lieu, l'année au cours de laquelle le contribuable en a la disposition ou de leur réalisation, à un prélèvement.

2. Le prélèvement prend la forme :

1° Pour les revenus mentionnés à l'article 204 B, d'une retenue à la source effectuée par le débiteur lors du paiement de ces revenus ;

2° Pour les revenus mentionnés à l'article 204 C, d'un acompte acquitté par le contribuable.

3. Le prélèvement effectué par le débiteur ou acquitté par le contribuable s'impute sur l'impôt sur le revenu dû par ce dernier au titre de l'année au cours de laquelle il a été effectué. S'il excède l'impôt dû, l'excédent est restitué.

IRPP-VI-10100 s. ; MF nos 3750 s.

Art 204 B Sous réserve des dérogations prévues à l'article 204 C, donnent lieu à l'application de la retenue à la source prévue au 1° du 2 de l'article 204 A les revenus soumis à l'impôt sur le revenu suivant les règles applicables aux salaires, aux pensions ou aux rentes viagères à titre gratuit.

IRPP-VI-10200 s. ; MF nos 3755 s.

Art 204 C Donnent lieu au paiement de l'acompte prévu au 2° du 2 de l'article 204 A :

A. Les revenus soumis à l'impôt sur le revenu dans les catégories des bénéfices industriels et commerciaux, des bénéfices agricoles, des bénéfices non commerciaux et des revenus fonciers ainsi que les rentes viagères à titre onéreux ;

B. Par dérogation à l'article 204 B :

1° Les pensions alimentaires, les revenus mentionnés à l'article 62, les indemnités et pensions mentionnées à l'article 199 quater, les revenus mentionnés aux 1 bis, 1 ter et 1 quater de l'article 93 lorsqu'ils sont imposés suivant les règles prévues en matière de traitements et salaires et, lorsqu'ils sont versés par un débiteur établi hors de France, les revenus de source étrangère imposables en France suivant les règles applicables aux salaires, aux pensions ou aux rentes viagères ;

2° Les traitements et salaires de source française imposables en France lorsque ces revenus sont versés :

a. Par un débiteur établi hors de France dans un Etat membre de l'Union européenne ou dans un autre Etat ou territoire ayant conclu avec la France une convention d'assistance administrative en vue de lutter contre la fraude et l'évasion fiscales ainsi qu'une convention d'assistance mutuelle en matière de recouvrement ayant une portée similaire à celle prévue par la directive 2010/24/UE du Conseil du 16 mars 2010 concernant l'assistance mutuelle en matière de recouvrement des créances relatives aux taxes, impôts, droits et autres mesures, y compris si cette convention est limitée au recouvrement de l'impôt sur le revenu dû au titre de ces traitements et salaires, et qui n'est pas un Etat ou territoire non coopératif au sens de l'article 238-0 A du présent code ;

b. A des salariés qui, par application de l'article 13 du règlement (CE) n° 883/2004 du Parlement européen et du Conseil du 29 avril 2004 portant sur la coordination des systèmes de sécurité sociale, ne sont pas à la charge, pour les périodes au titre desquelles ces revenus sont versés, d'un régime obligatoire français de sécurité sociale ou à des salariés qui sont à la charge d'un régime obligatoire français de sécurité sociale en application du I de l'article L 380-3-1 du code de la sécurité sociale.

IRPP-VI-10630 s. ; MF nos 3760 s.

Art 204 D Ne sont pas soumis au prélèvement prévu à l'article 204 A les indemnités, avantages, distributions, gains nets ou revenus mentionnés au dernier alinéa de l'article 80, aux I et II de l'article 80 bis, au I de l'article 80 quaterdecies et aux articles 80 quindecies, au 2° du b quinquies du 5 de l'article 158 et à l'article 163 bis G, les revenus soumis aux retenues à la source prévues aux articles 182 A, 182 A bis, 182 A ter et 182 B ainsi que les revenus de source étrangère qui ouvrent droit, en application d'une convention fiscale internationale, à un crédit d'impôt égal à l'impôt français correspondant à ces revenus.

IRPP-VI-11470 s. ; MF nos 3765 s.

Art 204 E Le prélèvement prévu à l'article 204 A est calculé en appliquant au montant des revenus, déterminé dans les conditions prévues aux articles 204 F et 204 G, un taux selon les modalités prévues aux articles 204 H et 204 I.

Le prélèvement peut être modifié sur demande du contribuable dans les conditions prévues à l'article 204 J.

Le taux du prélèvement pour les conjoints ou partenaires liés par un pacte civil de solidarité peut être individualisé dans les conditions prévues à l'article 204 M.

Ndlr *Pour les dispositions du présent article qui entreront en vigueur le 1er septembre 2025, voir partie autres textes du présent code loi 2023-1322 du 29 décembre 2023 art. 19, I-1° et II.*

IRPP-VI-12000 s.

Art 204 F L'assiette de la retenue à la source prévue au 1° du 2 de l'article 204 A sur les revenus mentionnés à l'article 204 B est constituée du montant net imposable à l'impôt sur le revenu des sommes versées et des avantages accordés, avant application de l'article 80 sexies, de la deuxième phrase du premier alinéa du 1° de l'article 81, du 3° de l'article 83 et des deuxième et dernier alinéas du a du 5 de l'article 158.

IRPP-VI-12100 s. ; MF n° 3770

Art 204 G **1.** L'assiette de l'acompte prévu au 2° du 2 de l'article 204 A dû au titre des revenus mentionnés à l'article 204 C est constituée du montant des bénéfices ou revenus imposés au barème progressif de l'impôt sur le revenu la dernière année pour laquelle l'impôt a été établi à la date du versement prévu au 1 de l'article 1663 C.

2. Elle est déterminée pour chaque catégorie de bénéfice ou revenu et pour chaque membre du foyer fiscal dans les conditions suivantes :

1° Pour les bénéfices industriels et commerciaux, est retenu le bénéfice net mentionné au 1 de l'article 38, diminué du report déficitaire appliqué conformément aux 1° bis et 1° ter du I de l'article 156. Lorsque les bénéfices industriels et commerciaux sont déterminés selon le régime d'imposition défini à l'article 50-0 ou lorsqu'au titre de la dernière année mentionnée au 1 du présent article, le contribuable a été imposé selon les dispositions de l'article 151-0 et qu'au titre de l'année en cours, il a dénoncé son option pour ce régime, le bénéfice à retenir s'entend du résultat imposable déterminé dans les conditions prévues à l'article 50-0 ;

2° Pour les bénéfices agricoles déterminés selon un régime réel d'imposition, est retenu le bénéfice réel mentionné à l'article 72, diminué du report déficitaire appliqué conformément au 1° du I de l'article 156 et en faisant application, le cas échéant, des dispositions de l'article 75-0 A. Lorsque les bénéfices agricoles sont déterminés selon le régime d'imposition défini à l'article 64 bis ou en application de l'article 75-0 B, le bénéfice à retenir s'entend du résultat imposable déterminé dans les conditions prévues à ces mêmes articles ;

3° Pour les bénéfices non commerciaux, est retenu le bénéfice mentionné à l'article 93, diminué du report déficitaire appliqué conformément au 2° du I de l'article 156. Lorsque les bénéfices non commerciaux sont déterminés selon le régime d'imposition défini à l'article 102 ter ou en application de l'article 100 bis, le bénéfice à retenir s'entend du résultat imposable déterminé dans les conditions prévues à ces mêmes articles. Lorsqu'au titre de la dernière année mentionnée au 1 du présent article, le contribuable a été imposé selon les dispositions de l'article 151-0 et qu'au titre de l'année en cours, il a dénoncé son option pour ce régime, le bénéfice à retenir s'entend du résultat imposable déterminé dans les conditions prévues à l'article 102 ter ;

4° Pour les revenus fonciers, est retenu le revenu net, déterminé dans les conditions prévues aux articles 14 à 33 quinquies, sous déduction des déficits fonciers imputables conformément au 3° du I de l'article 156 ;

5° Pour les pensions alimentaires, les rentes viagères à titre onéreux, les revenus mentionnés à l'article 62, les indemnités et pensions mentionnées à l'article 199 quater, les revenus mentionnés aux 1 bis, 1 ter et 1 quater de l'article 93 lorsqu'ils sont imposés suivant les règles prévues en matière de traitements et salaires, les revenus de source étrangère ainsi que les revenus mentionnés au 2° du B de l'article 204 C, est retenu le montant net imposable à l'impôt sur le revenu ;

6° Pour la détermination des bénéfices mentionnés aux 1° à 3° du présent 2, les abattements prévus aux articles 44 sexies à 44 septdecies sont, par exception, ceux applicables au titre de l'année de paiement de l'acompte ;

7° Les revenus mentionnés aux 1° à 5° du présent 2 auxquels se sont appliquées les dispositions de l'article 163-0 A ainsi que les produits ou recettes imposables ayant la nature de plus-values définies à l'article 39 duodecies, les subventions d'équipement, les indemnités d'assurance compensant la perte d'un élément de l'actif immobilisé et les charges ou dépenses ayant la nature de moins-values définies au même article 39 duodecies ne sont pas retenus dans l'assiette de l'acompte.

3. Lorsque le résultat de l'une des catégories de revenus mentionnées aux 1° à 5° du 2 est déficitaire, il est retenu pour une valeur nulle.

4. Si l'un des bénéfices mentionnés aux 1° à 3° du 2 de l'année mentionnée au 1 est afférent à une période de moins de douze mois, il est ajusté pro rata temporis sur une année.

IRPP-VI-12750 s. ; MF n°s 3775 s.

Art 204 H **I. 1.** L'administration fiscale calcule pour chaque foyer fiscal le taux prévu à l'article 204 E. Il est égal au rapport entre le montant de l'impôt sur le revenu du foyer fiscal afférent aux revenus mentionnés au 1 de l'article 204 A, sous déduction des crédits d'impôt correspondant à ces revenus prévus par les conventions fiscales internationales, et ces mêmes revenus pour leurs montants déterminés dans les conditions mentionnées à l'article 204 F et à l'article 204 G, à l'exception des 6° et 7° du 2 et du 4 du même article 204 G.

Pour le calcul du premier terme du numérateur, l'impôt sur le revenu résultant de l'application des règles prévues aux 1 à 4 du I de l'article 197 ou, le cas échéant, à l'article 197 A est multiplié par le rapport entre les montants nets imposables des revenus mentionnés au 1 de l'article 204 A, les déficits étant retenus pour une valeur nulle, et le revenu net imposable au barème progressif de l'impôt sur le revenu, hors déficits, charges et abattements déductibles du revenu global.

2. L'impôt sur le revenu et les revenus pris en compte mentionnés au 1 sont ceux de l'avant-dernière année pour le calcul du taux relatif aux versements de l'acompte acquittés et aux retenues à la source effectuées entre le 1er janvier et le 31 août de l'année au cours de laquelle le contribuable dispose des revenus ou réalise les bénéfices, et ceux de l'année précédente pour le calcul du taux relatif aux versements de l'acompte acquittés et aux retenues à la source effectuées entre le 1er septembre et le 31 décembre.

Toutefois, dans le cas où l'impôt sur le revenu de l'avant-dernière année ou de la dernière année n'a pu être établi, l'impôt sur le revenu et les revenus pris en compte pour le calcul du taux sont ceux de la dernière année pour laquelle l'impôt a été établi à la date du calcul de l'acompte par l'administration ou de la transmission du taux au débiteur des revenus en application du 4, sans que cette année ne puisse être antérieure à l'antépénultième année par rapport à l'année de prélèvement.

3. Le taux est arrondi à la décimale la plus proche. La fraction de décimale égale à 0,50 est comptée pour un.

4. Le taux, assorti des calculs qui l'ont déterminé, est communiqué au contribuable par l'administration fiscale. Celle-ci transmet le taux au débiteur mentionné au 1° du 2 de l'article 204 A.

II. Par dérogation au I, le taux prévu à l'article 204 E est nul pour les contribuables qui remplissent cumulativement les deux conditions suivantes :

1° L'impôt sur le revenu, avant imputation du prélèvement prévu à l'article 204 A, mis en recouvrement au titre des revenus des deux dernières années d'imposition connues est nul ;

2° Le montant des revenus, au sens du 1° du IV de l'article 1417, de la dernière année d'imposition connue est inférieur à 27 473 € par part de quotient familial.

Ndlr *Le montant des revenus à ne pas dépasser pour bénéficier du taux nul, tel qu'exposé au II-2° du présent article, concerne le taux de droit commun applicable entre le 1er janvier 2024 et le 31 août 2024. Pour le taux applicable entre le 1er septembre 2024 et le 31 août 2024, le montant est estimé à 28 792 € par part de quotient familial.*

Pour l'appréciation de la condition prévue au 1° du présent II, les crédits d'impôt prévus au A et au 3 du E du II de l'article 60 de la loi n° 2016-1917 du 29 décembre 2016 de finances pour 2017 ne sont pas pris en compte.

Le montant des revenus prévu au 2° du présent II est indexé chaque année comme la limite supérieure de la première tranche du barème de l'impôt sur le revenu.

III. 1. Lorsque le débiteur ne dispose pas d'un taux calculé par l'administration fiscale ou lorsque l'année dont les revenus ont servi de base au calcul du taux est antérieure à l'antépénultième année par rapport à l'année de prélèvement, il est appliqué un taux proportionnel fixé dans les conditions suivantes :

a. Pour les contribuables autres que ceux mentionnés aux b et c du présent 1 :

Base mensuelle de prélèvement (B)	Taux proportionnel
B < 1 591 €	0 %
1 591 € ≤ B < 1 653 €	0,5 %
1 653 € ≤ B < 1 759 €	1,3 %
1 759 € ≤ B < 1 877 €	2,1 %
1 877 € ≤ B < 2 006 €	2,9 %
2 006 € ≤ B < 2 113 €	3,5 %
2 113 € ≤ B < 2 253 €	4,1 %
2 253 € ≤ B < 2 666 €	5,3 %
2 666 € ≤ B < 3 052 €	7,5 %
3 052 € ≤ B < 3 476 €	9,9 %
3 476 € ≤ B < 3 913 €	11,9 %
3 913 € ≤ B < 4 566 €	13,8 %
4 566 € ≤ B < 5 475 €	15,8 %
5 475 € ≤ B < 6 851 €	17,9 %
6 851 € ≤ B < 8 557 €	20 %
8 557 € ≤ B < 11 877 €	24 %
11 877 € ≤ B < 16 086 €	28 %
16 086 € ≤ B < 25 251 €	33 %
25 251 € ≤ B < 54 088 €	38 %
B ≥ 54 088 €	43 %

Ndlr *La présente grille par défaut s'applique aux revenus perçus ou réalisés à compter du 1er janvier 2024.*

b. Pour les contribuables domiciliés en Guadeloupe, à La Réunion et en Martinique :

Base mensuelle de prélèvement (B)	Taux proportionnel
B < 1 825 €	0 %
1 825 € ≤ B < 1 936 €	0,5 %
1 936 € ≤ B < 2 133 €	1,3 %
2 133 € ≤ B < 2 329 €	2,1 %
2 329 € ≤ B < 2 572 €	2,9 %
2 572 € ≤ B < 2 712 €	3,5 %
2 712 € ≤ B < 2 805 €	4,1 %
2 805 € ≤ B < 3 086 €	5,3 %
3 086 € ≤ B < 3 816 €	7,5 %
3 816 € ≤ B < 4 883 €	9,9 %
4 883 € ≤ B < 5 546 €	11,9 %
5 546 € ≤ B < 6 424 €	13,8 %
6 424 € ≤ B < 7 697 €	15,8 %
7 697 € ≤ B < 8 557 €	17,9 %
8 557 € ≤ B < 9 725 €	20 %
9 725 € ≤ B < 13 374 €	24 %
13 374 € ≤ B < 17 770 €	28 %
17 770 € ≤ B < 27 122 €	33 %
27 122 € ≤ B < 59 283 €	38 %
B ≥ 59 283 €	43 %

Ndlr *La présente grille par défaut s'applique aux revenus perçus ou réalisés à compter du 1er janvier 2024.*

c. Pour les contribuables domiciliés en Guyane et à Mayotte :

Base mensuelle de prélèvement (B)	Taux proportionnel
B < 1 955 €	0 %
1 955 € ≤ B < 2 113 €	0,5 %
2 113 € ≤ B < 2 356 €	1,3 %
2 356 € ≤ B < 2 656 €	2,1 %
2 656 € ≤ B < 2 758 €	2,9 %
2 758 € ≤ B < 2 853 €	3,5 %
2 853 € ≤ B < 2 946 €	4,1 %
2 946 € ≤ B < 3 273 €	5,3 %
3 273 € ≤ B < 4 517 €	7,5 %
4 517 € ≤ B < 5 846 €	9,9 %
5 846 € ≤ B < 6 593 €	11,9 %
6 593 € ≤ B < 7 650 €	13,8 %
7 650 € ≤ B < 8 416 €	15,8 %
8 416 € ≤ B < 9 324 €	17,9 %
9 324 € ≤ B < 10 821 €	20 %
10 821 € ≤ B < 14 558 €	24 %
14 558 € ≤ B < 18 517 €	28 %
18 517 € ≤ B < 29 676 €	33 %
29 676 € ≤ B < 62 639 €	38 %
B ≥ 62 639 €	43 %

Ndlr *La présente grille par défaut s'applique aux revenus perçus ou réalisés à compter du 1er janvier 2024.*

d. Les limites des tranches des grilles prévues aux a à c sont réduites ou augmentées proportionnellement à la période à laquelle se rapporte le calcul de l'acompte mentionné à l'article 204 C ou proportionnellement à la périodicité usuelle de versement de la rémunération principale, telle qu'elle résulte de la loi, des conventions collectives et accords collectifs, des contrats ou des usages, par le débiteur des revenus mentionnés à l'article 204 B. Toutefois, le débiteur des revenus de remplacement peut effectuer cette réduction ou cette augmentation des tranches proportionnellement à la période à laquelle se rapporte le versement.

Pour les salaires versés au titre d'un contrat à durée déterminée ou d'un contrat de mission dont le terme initial n'excède pas deux mois ou, s'il s'agit d'un contrat à terme imprécis, dont la durée minimale n'excède pas deux mois, les grilles prévues aux a à c s'appliquent, dans la limite des deux premiers mois d'embauche, aux versements effectués au titre ou au cours d'un mois après un abattement égal à la moitié du montant mensuel du salaire minimum de croissance et sans procéder aux ajustements prévus au premier alinéa du présent d.

Pour les revenus mentionnés au même article 204 C, les grilles prévues aux a à c du présent 1 s'appliquent à ces revenus majorés de 11 %.

e. *(Abrogé).*

2. Par dérogation au I du présent article, le taux prévu au 1 du présent III est également applicable aux revenus des personnes rattachées, au sens des 2° et 3° du 3 de l'article 6, ou à charge, au sens des articles 196 et 196 A bis, au titre de la dernière année pour laquelle l'impôt a été établi.

IV. 1. Sur option du contribuable, le taux mentionné au III du présent article est appliqué aux traitements et salaires soumis à la retenue à la source prévue au 1° du 2 de l'article 204 A.

L'option peut être exercée à tout moment auprès de l'administration fiscale et est mise en œuvre au plus tard le troisième mois qui suit celui de la demande. Elle est tacitement reconduite, sauf dénonciation dans les trente jours qui suivent la communication au contribuable d'un nouveau taux de prélèvement.

2. Lorsque le montant de la retenue à la source résultant de l'application de ce taux est inférieur à celui qui aurait résulté de l'application du taux prévu, selon le cas, au I du présent article, à l'article 204 I, à l'article 204 J ou à l'article 204 M, le contribuable acquitte un complément de retenue à la source égal à la différence entre ces deux montants.

Ce complément est calculé et versé par le contribuable au plus tard le dernier jour du mois suivant celui de la perception du revenu selon les modalités prévues aux 4 et 6 de l'article 1663 C et à l'article 1680 A.

A défaut de paiement, le recouvrement du complément de retenue à la source est assuré et poursuivi selon les mêmes modalités et sous les mêmes garanties et sûretés que l'impôt sur le revenu. Le rôle d'impôt sur le revenu servant de base au calcul du taux de retenue qui aurait dû être appliqué à défaut d'option vaut titre exécutoire en vue de l'exercice des poursuites consécutives à son non-paiement.

IRPP-VI-13760 s. ; MF nos 3790 s., 97110

Art 204 I **1.** Le calcul et les conditions de mise en œuvre prévus au I de l'article 204 H du taux prévu à l'article 204 E sont modifiés en cas de :

1° Mariage ou conclusion d'un pacte civil de solidarité ;

2° Décès de l'un des conjoints ou de l'un des partenaires liés par un pacte civil de solidarité soumis à imposition commune ;

3° Divorce, rupture d'un pacte civil de solidarité ou événements mentionnés au 4 de l'article 6 ;

4° Augmentation des charges de famille résultant d'une naissance, d'une adoption ou du recueil d'un enfant mineur dans les conditions prévues à l'article 196.

2. Ces changements de situation sont déclarés à l'administration fiscale par les contribuables concernés dans un délai de soixante jours.

3. A la suite de la déclaration mentionnée au 2 :

1° Dans les cas mentionnés au 1° du 1 du présent article, le taux du prélèvement est calculé selon les modalités prévues au 1 du I de l'article 204 H, en additionnant les revenus de chaque membre du futur foyer fiscal et en déterminant l'impôt correspondant par application des règles prévues aux 1 à 4 du I de l'article 197 ou, le cas échéant, à l'article 197 A pour un couple, en tenant compte, le cas échéant, du quotient familial correspondant à la situation du futur foyer fiscal.

Ce taux s'applique dans les conditions prévues au 2 du I de l'article 204 H, au plus tard le troisième mois qui suit celui de la déclaration du changement de situation ou, sur demande des contribuables, à compter du 1er janvier de l'année qui suit celle du changement de situation et jusqu'à l'application du taux du nouveau foyer fiscal constitué, dans les conditions prévues à l'article 204 H ;

2° Dans le cas mentionné au 2° du 1 du présent article, le taux applicable au conjoint ou partenaire survivant est calculé selon les modalités prévues au 1 du I de l'article 204 H :

a. En retenant les revenus et bénéfices que le conjoint ou partenaire survivant a perçus ou réalisés personnellement ou en commun, réduits pro rata temporis à compter du décès, et en déterminant l'impôt correspondant en leur appliquant les règles prévues aux 1 à 4 du I de l'article 197 ou, le cas échéant, à l'article 197 A, en prenant en compte l'ensemble des parts de quotient familial dont bénéficiait le foyer fiscal au 1er janvier de l'année du décès.

Ce taux s'applique dans les conditions prévues au 2 du I de l'article 204 H, au plus tard le troisième mois qui suit celui de la déclaration du décès et jusqu'au 31 décembre de l'année du décès ;

b. En retenant les revenus et bénéfices mentionnés au a sans être réduits pro rata temporis et en déterminant l'impôt correspondant en leur appliquant les règles prévues aux 1 à 4 du I de l'article 197 ou, le cas échéant, à l'article 197 A, en prenant en compte le quotient familial correspondant à la situation du foyer fiscal postérieurement au décès.

Ce taux s'applique dans les conditions prévues au 2 du I de l'article 204 H, à compter du 1er janvier de l'année suivant le décès et jusqu'à l'application du taux du nouveau foyer fiscal constitué à compter du 1er septembre de la seconde année qui suit celle du décès dans les conditions prévues à l'article 204 H ;

3° Dans les cas mentionnés au 3° du 1 du présent article, les taux de prélèvement applicables à chaque ancien conjoint ou partenaire sont calculés selon les modalités prévues au 1 du I de l'article 204 H, en retenant leurs revenus respectifs estimés sous leur responsabilité au titre de l'année du changement de situation et en déterminant l'impôt correspondant en appliquant à ces revenus les règles prévues aux 1 à 4 du I de l'article 197 ou, le cas échéant, à l'article 197 A, en tenant compte du quotient familial correspondant à la situation déclarée par chacun.

Ce taux s'applique au plus tard le troisième mois qui suit celui de la déclaration du changement de situation et jusqu'à l'application du taux de chaque nouveau foyer fiscal constitué, dans les conditions prévues à l'article 204 H ;

4° Dans les cas mentionnés au 4° du 1 du présent article, le taux du prélèvement est calculé selon les modalités prévues au 1 du I de l'article 204 H en tenant compte du quotient familial résultant de l'augmentation des charges de famille.

Ce taux s'applique dans les conditions prévues au 2 du I du même article 204 H, au plus tard le troisième mois qui suit celui de la déclaration de l'augmentation des charges de famille et jusqu'à l'application du taux correspondant à la nouvelle situation du foyer à compter du 1er septembre de l'année suivant cette augmentation, dans les conditions prévues audit article 204 H.

IRPP-VI-15780 s. ; MF nos 3825 s.

Art 204 J I. Le montant du prélèvement mentionné à l'article 204 A peut être modulé à la hausse ou à la baisse sur demande du contribuable.

Toutefois, quand un changement de situation mentionné au 1 de l'article 204 I est intervenu, aucune demande de modulation ne peut être présentée tant que ce changement de situation n'a pas été déclaré.

II. Le contribuable peut choisir librement de moduler à la hausse le taux mentionné aux articles 204 H et 204 I ou l'assiette de l'acompte mentionnée à l'article 204 G qui lui sont applicables.

Le taux du prélèvement ou l'assiette de l'acompte modulés à la hausse par le contribuable s'appliquent au plus tard le troisième mois qui suit celui de la demande et jusqu'au 31 décembre de l'année ou, si le taux ou le montant de l'acompte modulés qui résultent de sa demande sont inférieurs, respectivement, au taux ou au montant de l'acompte déterminés par l'administration fiscale à partir de l'impôt sur le revenu et des revenus de l'année précédente en application du I de l'article 204 H, jusqu'à la date à compter de laquelle ces derniers taux ou montant d'acompte s'appliquent.

III. 1. La modulation à la baisse du prélèvement n'est possible que si le montant du prélèvement estimé par le contribuable au titre de sa situation et de ses revenus de l'année en cours est inférieur de plus de 5 % et au montant du prélèvement qu'il supporterait en l'absence de cette modulation.

2. Le contribuable qui souhaite que son prélèvement soit modulé déclare, sous sa responsabilité, sa situation et l'estimation de l'ensemble de ses revenus au titre de l'année en cours. Lorsque l'administration n'en a pas la disposition, le contribuable déclare sa situation et l'ensemble de ses revenus réalisés au titre de l'année précédente.

3. L'administration fiscale calcule le prélèvement résultant de la déclaration prévue au 2 du présent III en appliquant au montant des revenus estimés, déterminé dans les conditions prévues à l'article 204 F et à l'article 204 G, à l'exception du 7° du 2 du même article 204 G, un taux calculé selon les modalités du 1 du I de l'article 204 H, les revenus pris en compte pour le calcul de ce taux étant ceux résultant de la déclaration mentionnée au 2 du présent III et l'impôt sur le revenu y afférent étant celui résultant de l'application à ces revenus des règles prévues aux 1 à 4 du I de l'article 197 ou, le cas échéant, à l'article 197 A en vigueur à la date de la demande.

Dans le cas prévu au 2° du 5 du présent III, l'estimation mentionnée au premier alinéa du présent 3 s'entend comme celle réalisée conjointement par les deux membres du couple.

Dans le cas prévu au 3° du 5 du présent III, l'estimation mentionnée au premier alinéa du présent 3 s'entend comme celle réalisée par le conjoint ou partenaire survivant au titre de la période postérieure au décès.

Dans le cas prévu au 4° du 5 du présent III, l'estimation mentionnée au premier alinéa du présent 3 s'entend comme celle réalisée par l'ancien conjoint ou partenaire au titre de l'année entière.

4. L'administration fiscale calcule le montant du prélèvement que le contribuable supporterait en l'absence de cette modulation selon les modalités suivantes :

a. Le montant de retenue à la source pris en compte est calculé en appliquant au montant de l'assiette mentionnée à l'article 204 F déclarée par le contribuable au titre de l'année en cours les deux tiers du taux qui s'applique entre le 1er janvier et le 31 août et le tiers du taux qui s'applique entre le 1er septembre et le 31 décembre, en application du 2 du I de l'article 204 H, du III du même article 204 H en retenant le taux sur une base annuelle en application du d du 1 du III dudit article 204 H ou, lorsque le contribuable a déclaré au cours de la dernière ou de l'avant-dernière année un changement de situation mentionné à l'article 204 I, en application du même article 204 I ;

b. Le montant de l'acompte pris en compte est le montant des versements acquittés en application de l'article 1663 C à la date de la demande de modulation, auxquels s'ajoutent les versements qui seraient opérés, en l'absence de modulation, après cette date par application des articles 204 G et 204 I, dans les conditions prévues au même article 1663 C.

5. Par dérogation au 4 du présent III :

1° Lorsque le prélèvement dont le contribuable demande la modulation est consécutif à une précédente modulation réalisée au cours de la même année :

a. Le montant de retenue à la source pris en compte est calculé en appliquant au montant de l'assiette mentionnée à l'article 204 F déclarée par le contribuable au titre de l'année en cours la moyenne pro rata temporis du taux résultant de la précédente modulation ainsi que des autres taux qui se sont appliqués, le cas échéant, avant la date de la mise en œuvre de ce taux ;

b. Le montant de l'acompte pris en compte est le montant des versements acquittés en application de l'article 1663 C à la date de la nouvelle demande de modulation, auxquels s'ajoutent les versements qui seraient opérés après cette date en application de la précédente modulation ;

2° Lorsque le prélèvement dont les membres d'un couple demandent la modulation est consécutif à un changement de situation prévu au 1° du 1 de l'article 204 I au cours de l'année et que le taux prévu au 1° du 3 du même article 204 I s'applique à la date de la demande de modulation :

a. Le montant de retenue à la source pris en compte est calculé en appliquant, pour chaque membre du couple, au montant de l'assiette mentionnée à l'article 204 F qu'il a déclaré au titre de l'année en cours la moyenne pro rata temporis du taux résultant de l'application du 1° du 3 de l'article 204 I ainsi que des autres taux qui se sont appliqués, le cas échéant, avant la date de mise en œuvre de ce taux ;

b. Le montant de l'acompte pris en compte est le montant des versements acquittés par chaque membre du couple en application de l'article 1663 C à la date de la demande de modulation, auxquels s'ajoutent les versements qui seraient opérés pour chaque membre du couple après cette date, en l'absence de modulation, en application du 1° du 3 de l'article 204 I ;

3° Lorsque le prélèvement dont le conjoint ou partenaire survivant demande la modulation est consécutif à un changement de situation prévu au 2° du 1 de l'article 204 I au cours de l'année :

a. Le montant de retenue à la source pris en compte est calculé en appliquant au montant de l'assiette mentionnée à l'article 204 F déclarée par le conjoint ou partenaire survivant à compter du décès et jusqu'au 31 décembre la moyenne pro rata temporis du taux résultant de l'application du 2° du 3 de l'article 204 I ainsi que des autres taux qui se sont appliqués entre la date de décès et la date de mise en œuvre de ce taux ;

b. Le montant de l'acompte pris en compte est le montant des versements afférents aux revenus ou bénéfices dont a disposé le conjoint ou partenaire survivant, acquittés en application de l'article 1663 C entre la date du décès et la date de la demande de modulation, auxquels s'ajoutent les versements de même nature qui seraient opérés après cette date, en l'absence de modulation, en application du 2° du 3 de l'article 204 I ;

4° Lorsque le prélèvement dont l'ancien conjoint ou partenaire demande la modulation est consécutif à un changement de situation prévu au 3° du 1 de l'article 204 I au cours de l'année :

a. Le montant de retenue à la source pris en compte est calculé en appliquant au montant de l'assiette mentionnée à l'article 204 F déclarée par l'ancien conjoint ou partenaire la moyenne pro rata temporis du taux résultant de l'application du 3° du 3 de l'article 204 I ainsi que des autres taux qui se sont appliqués depuis le 1er janvier ;

b. Le montant de l'acompte pris en compte est le montant des versements afférents aux revenus ou bénéfices dont l'ancien conjoint ou partenaire a disposé, acquittés en application de l'article 1663 C du 1er janvier à la date de la demande de modulation, auxquels s'ajoutent les versements de même nature qui seraient opérés après cette date, en l'absence de modulation, en application du 3° du 3 de l'article 204 I ;

5° Lorsque le prélèvement dont le contribuable demande la modulation est consécutif à un changement de situation prévu au 4° du 1 de l'article 204 I au cours de l'année :

a. Le montant de retenue à la source pris en compte est calculé en appliquant au montant de l'assiette mentionnée à l'article 204 F déclarée par le contribuable au titre de l'année en cours la moyenne pro rata temporis du taux résultant de l'application du 4° du 3 de l'article 204 I ainsi que des autres taux qui se sont appliqués, le cas échéant, avant la date de mise en œuvre de ce taux ;

b. Le montant de l'acompte pris en compte est le montant des versements acquittés en application de l'article 1663 C à la date de la demande de modulation, auxquels s'ajoutent les versements qui seraient opérés après cette date, en l'absence de modulation, en application du 4° du 3 de l'article 204 I.

6. Lorsque le contribuable décide de moduler à la baisse son prélèvement :

1° Le taux modulé calculé dans les conditions prévues au 3 du présent III s'applique au plus tard le troisième mois qui suit celui de la décision de modulation et jusqu'au 31 décembre de l'année ;

2° Le montant de l'acompte calculé dans les conditions prévues au 3 du présent III est diminué du montant des versements déjà acquittés, sans pouvoir donner lieu à restitution, et s'applique jusqu'au 31 décembre de l'année.

L'acompte, assorti des calculs qui l'ont déterminé, prévu au 2° du 2 de l'article 204 A est communiqué au contribuable par l'administration fiscale.

IRPP-VI-17900 s. ; MF nos 3830 s.

Art 204 K Le contribuable peut spontanément déclarer un montant d'acompte au titre de l'année de début de perception d'un revenu relevant d'une catégorie de bénéfices ou de revenus mentionnée à l'article 204 C ou au titre de l'année suivante et en acquitter le montant dans les conditions prévues au 3 de l'article 1663 C.

Le montant des versements dus l'année suivant le début de la perception du revenu est calculé, le cas échéant, sur la base du montant de l'acompte déclaré au titre de l'année de début de perception de ce revenu, ajusté le cas échéant pro rata temporis sur une année pleine, jusqu'à la mise en œuvre du prélèvement selon les modalités prévues au premier alinéa de l'article 204 E.

IRPP-VI-21050 s. ; MF no 3856

Art 204 L Lorsque l'un des membres du foyer fiscal n'est plus titulaire de revenus ou de bénéfices relevant de l'une des catégories mentionnées à l'article 204 C au titre de l'année en cours, il peut demander à ne plus verser la part de l'acompte correspondant aux bénéfices ou aux revenus de cette catégorie. Cette demande est prise en compte à compter du versement prévu à l'article 1663 C qui suit le mois de la demande.

La part de l'acompte relative aux bénéfices industriels et commerciaux, aux bénéfices agricoles et aux bénéfices non commerciaux qui a déjà été acquittée à la date à laquelle l'impôt sur le revenu dû au titre de la cessation totale de l'activité imposée dans cette catégorie de revenus est établi est imputée sur le montant dû au titre de cette imposition. Le montant ainsi imputé n'est plus imputable sur l'impôt sur le revenu dû au titre de l'année.

IRPP-VI-21320 s. ; MF no 3858

Art 204 M **1.** Le taux de prélèvement du foyer fiscal est, sur option du contribuable, individualisé selon les modalités prévues aux 2 et 3 du présent article pour chacun des conjoints ou partenaires liés par un pacte civil de solidarité soumis à imposition commune.

2. Le taux individualisé du conjoint ou du partenaire qui a personnellement disposé des revenus les plus faibles au cours de la dernière année pour laquelle l'impôt a été établi est déterminé selon les règles prévues au I de l'article 204 H.

Toutefois, les revenus pris en compte sont constitués de la somme de ceux dont il a personnellement disposé et de la moitié des revenus communs, et l'impôt sur le revenu y afférent est déterminé par l'application à ces mêmes revenus des règles prévues aux 1 à 4 du I de l'article 197 ou, le cas échéant, à l'article 197 A en retenant la moitié des déficits, charges et abattements déductibles du revenu global du foyer fiscal, ainsi que la moitié des parts de quotient familial dont le foyer fiscal bénéficie.

3. Le taux individualisé applicable à l'autre conjoint ou partenaire est déterminé selon les modalités prévues au I de l'article 204 H, en déduisant au numérateur l'impôt afférent aux revenus dont a personnellement disposé le premier conjoint, calculé en appliquant à leur assiette, établie dans les conditions prévues aux articles 204 F et 204 G, le taux individualisé mentionné au 2 du présent article, et celui afférent aux revenus communs du foyer fiscal, calculé en appliquant à leur assiette, établie dans les conditions prévues à l'article 204 G, le taux de prélèvement du foyer fiscal mentionné au 1 du présent article et en retenant au dénominateur les seuls revenus dont il a personnellement disposé.

4. Les taux individualisés prévus, respectivement, aux 2 et 3 du présent article s'appliquent, selon les modalités du 2 du I de l'article 204 H, à l'ensemble des revenus déterminés dans les conditions prévues aux articles 204 F et 204 G dont chacun des conjoints ou partenaires a personnellement disposé.

Le taux de prélèvement du foyer fiscal mentionné au 1 du présent article s'applique aux revenus communs du foyer fiscal.

5. L'option peut être exercée et dénoncée à tout moment. Les taux individualisés s'appliquent au plus tard le troisième mois suivant celui de la demande. Ils cessent de s'appliquer au plus tard le troisième mois suivant celui de la dénonciation de l'option. L'option est tacitement reconduite.

Ndlr *Pour les dispositions du présent article qui entreront en vigueur le 1er septembre 2025, voir partie Autres textes du présent code loi 2023-1322 du 29 décembre 2023 art. 19, I-2° et II.*

IRPP-VI-14240 s. ; MF nos 3800 s.

Art 204 N Les déclarations, options ou demandes prévues au IV de l'article 204 H et aux articles 204 I à 204 M sont présentées par voie électronique par les contribuables dont la résidence principale est équipée d'un accès à internet et qui sont en mesure de le faire. Dans les autres cas, les contribuables utilisent les autres moyens mis à leur disposition par l'administration.

IRPP-VI-14270 ; MF nos 3802, 3812, 3825, 3830, 3850 et 3856

CHAPITRE II

Impôt sur les bénéfices des sociétés et autres personnes morales

SECTION I

Généralités

Art 205 Il est établi un impôt sur l'ensemble des bénéfices ou revenus réalisés par les sociétés et autres personnes morales désignées à l'article 206.

Cet impôt est désigné sous le nom d'impôt sur les sociétés.

IS-I-1 s. ; MF nº 35550

Art 205 A Pour l'établissement de l'impôt sur les sociétés, il n'est pas tenu compte d'un montage ou d'une série de montages qui, ayant été mis en place pour obtenir, à titre d'objectif principal ou au titre d'un des objectifs principaux, un avantage fiscal allant à l'encontre de l'objet ou de la finalité du droit fiscal applicable, ne sont pas authentiques compte tenu de l'ensemble des faits et circonstances pertinents.

Un montage peut comprendre plusieurs étapes ou parties.

Aux fins du présent article, un montage ou une série de montages est considéré comme non authentique dans la mesure où ce montage ou cette série de montages n'est pas mis en place pour des motifs commerciaux valables qui reflètent la réalité économique.

Ces dispositions s'appliquent sous réserve de celles prévues au III de l'article 210-0 A.

IS-II-1100 s. ; MF nº 35810

Art 205 B I. Pour l'application du présent article et des articles 205 C et 205 D, est entendu par :

1° Dispositif hybride : une situation dans laquelle :

a. Un paiement effectué au titre d'un instrument financier donne lieu à une charge déductible dans l'Etat de résidence du débiteur sans être inclus dans les revenus imposables dans l'Etat de résidence du bénéficiaire, lorsque cet effet d'asymétrie est imputable aux différences de qualification fiscale de l'instrument ou du paiement lui-même ;

b. Un paiement en faveur d'une entité hybride donne lieu à une charge déductible dans l'Etat de résidence du débiteur sans être inclus dans les revenus imposables dans l'Etat de résidence de l'entité hybride, lorsque cet effet d'asymétrie est imputable aux différences dans l'attribution des paiements versés à l'entité hybride en application des règles de l'Etat de résidence de l'entité hybride et des règles de l'Etat de résidence de toute personne détentrice d'une participation dans cette entité hybride ;

c. Un paiement en faveur d'une entité disposant d'un ou de plusieurs établissements donne lieu à une charge déductible dans l'Etat de résidence du débiteur sans être inclus dans les revenus imposables de cette entité, lorsque cet effet d'asymétrie est imputable aux différences dans l'attribution des paiements entre le siège et l'établissement ou entre deux ou plusieurs établissements de la même entité en application des règles des Etats dans lesquels l'entité exerce ses activités ;

d. Un paiement en faveur d'un établissement donne lieu à une charge déductible dans l'Etat de résidence du débiteur sans être inclus dans les revenus imposables de cet établissement dans un autre Etat du fait de la non prise en compte de cet établissement par cet autre Etat ;

e. Un paiement effectué par une entité hybride donne lieu à une charge déductible dans son Etat de résidence sans être inclus dans les revenus imposables du bénéficiaire, lorsque cet effet d'asymétrie est imputable à la non prise en compte du paiement par l'Etat de résidence du bénéficiaire ;

f. Un paiement réputé effectué entre un établissement et son siège ou entre deux ou plusieurs établissements donne lieu à une charge déductible dans l'Etat où est situé cet établissement sans être inclus dans les revenus imposables du bénéficiaire, lorsque cet effet d'asymétrie est imputable à la non prise en compte du paiement par l'Etat de résidence du bénéficiaire ;

g. Ou une double déduction se produit ;

2° Paiement : tout droit à un transfert de valeur associé à un montant susceptible d'être payé ;

3° Personne : une personne physique ou une entité ;

4° Résidence : lieu où une personne est considérée comme ayant son siège ou son domicile fiscal ;

5° Débiteur : une personne qui est tenue d'effectuer un paiement au sens du 2° ;

6° Investisseur : toute personne autre que le débiteur qui bénéficie d'une déduction afférente à un dispositif hybride mentionné au g du 1° ;

7° Etablissement : une entreprise exploitée en France au sens du I de l'article 209 ou un établissement au sens de la législation applicable dans l'Etat dans lequel il est situé ou dans celui du siège de l'entité dont il dépend ou un établissement stable au sens des conventions internationales relatives aux doubles impositions ;

8° Inclusion : la prise en compte d'un paiement dans le revenu imposable du bénéficiaire en application des règles de son Etat de résidence.

Toutefois, pour l'application du a du 1° du présent I, un paiement est considéré comme inclus dans les revenus imposables du bénéficiaire :

a. S'il n'a pas ouvert droit en application des règles de l'Etat de résidence de ce bénéficiaire à une exonération, une réduction du taux d'imposition ou un crédit ou remboursement d'impôt, autre qu'un crédit d'impôt au titre d'une retenue à la source, en raison de la nature de ce paiement ;

b. Et si cette inclusion a lieu au titre d'un exercice qui commence dans les vingt-quatre mois suivant la fin de l'exercice au titre duquel la charge a été déduite ;

9° Double déduction : une déduction du même paiement, des mêmes dépenses ou des mêmes pertes dans l'Etat de résidence du débiteur et dans un autre Etat. Dans le cas d'un paiement par une entité hybride ou un établissement, l'Etat de résidence du débiteur est celui dans lequel l'entité hybride ou l'établissement est établi ou situé ;

10° Effet d'asymétrie : une déduction d'un paiement sans inclusion correspondante dans les revenus du bénéficiaire de ce paiement ou une double déduction ;

11° Entité hybride : toute entité ou tout dispositif qui est considéré comme une entité imposable par un Etat et dont les revenus ou les dépenses sont considérés comme les revenus ou les dépenses d'une ou de plusieurs autres personnes par un autre Etat ;

12° Instrument financier au sens du a du 1° : un instrument qui génère un rendement financier soumis, soit dans l'Etat de résidence du débiteur, soit dans l'Etat de résidence du bénéficiaire, aux règles fiscales applicables aux titres de dette, titres de participation ou instruments dérivés, y compris tout transfert hybride ;

13° Transfert hybride : un dispositif permettant de transférer un instrument financier lorsque le rendement sous-jacent de l'instrument financier transféré est considéré sur le plan fiscal comme obtenu simultanément par plusieurs des parties à ce dispositif ;

14° Dispositif structuré : un dispositif utilisant un dispositif hybride au sens du 1° et dont les termes intègrent la valorisation de l'effet d'asymétrie ou un dispositif qui a été conçu en vue de générer les mêmes conséquences qu'un dispositif hybride, lorsque le contribuable ne peut pas démontrer que lui-même ou une entreprise associée n'avaient pas connaissance du dispositif hybride et qu'ils n'ont pas bénéficié de l'avantage fiscal en découlant ;

15° Dispositif hybride inversé : un dispositif dans lequel une ou plusieurs entreprises associées détenant ensemble un intérêt direct ou indirect dans au moins 50 % du capital, des droits de vote ou des droits aux bénéfices d'une entité hybride constituée ou établie dans un Etat membre de l'Union européenne, sont établies dans un ou plusieurs Etats qui considèrent cette entité comme une personne imposable ;

16° Entreprise associée d'un contribuable :

a. Une entité dans laquelle le contribuable détient directement ou indirectement une participation d'au moins 50 % des droits de vote ou du capital ou dont il est en droit de recevoir au moins 50 % des bénéfices ;

b. Une personne qui détient directement ou indirectement une participation d'au moins 50 % des droits de vote ou du capital du contribuable, ou qui est en droit de recevoir au moins 50 % des bénéfices du contribuable ;

c. Une entité dans laquelle une personne, qui détient directement ou indirectement une participation d'au moins 50 % des droits de vote ou du capital du contribuable, détient également une participation d'au moins 50 % des droits de vote ou du capital ;

d. Ou une entité qui fait partie du même groupe consolidé que le contribuable au sens du 2° du VI de l'article 212 bis, une entreprise sur la gestion de laquelle le contribuable exerce une influence notable ou une entreprise qui exerce une influence notable sur la gestion du contribuable.

Pour l'application des a, b et c du présent 16°, une personne qui agit conjointement avec une autre personne au titre des droits de vote ou de la propriété du capital d'une entité est considérée comme détenant une participation dans l'ensemble des droits de vote ou du capital de cette entité qui sont détenus par l'autre personne.

Pour les dispositifs hybrides mentionnés aux a ou f du 1°, le seuil de 50 % mentionné aux a, b et c du présent 16° est remplacé par le seuil de 25 %.

II. 1. N'est pas considéré comme un dispositif hybride au sens du a du 1° du I le transfert hybride réalisé par une personne dont l'activité professionnelle consiste à acheter ou à vendre régulièrement des instruments financiers pour son propre compte afin de réaliser des bénéfices, lorsque ce transfert est effectué dans le cadre de ses activités habituelles, hors le cas d'un dispositif structuré, et que les revenus perçus au titre de ce transfert sont inclus dans ses revenus imposables.

2. Ne sont pas considérées comme des dispositifs hybrides les situations mentionnées au 1° du I lorsque l'effet d'asymétrie ne survient pas, hors le cas d'un dispositif structuré, entre un contribuable et une entreprise associée, entre entreprises associées d'un même contribuable, entre le siège et un établissement ou entre deux ou plusieurs établissements de la même entité.

III. 1. Lorsqu'un paiement effectué dans le cadre d'un dispositif hybride mentionné aux a à f du 1° du I donne lieu à :

a. Une charge déductible de l'assiette de l'impôt sur les sociétés dans les conditions de droit commun, sans être inclus dans les résultats soumis à un impôt équivalent à l'impôt sur les sociétés dans l'Etat de résidence du bénéficiaire, cette charge n'est pas admise en déduction ;

Pour l'application du premier alinéa du présent a, lorsqu'un paiement, effectué dans le cadre d'un dispositif hybride mentionné au a du 1° du I, n'a pas été inclus dans les résultats imposables du bénéficiaire à l'expiration du délai prévu au b du 8° du même I, la réintégration de la charge dans le résultat soumis à l'impôt sur les sociétés dans les conditions de droit commun est effectuée au titre du dernier exercice ayant commencé au cours des vingt-quatre mois suivant la fin de l'exercice au titre duquel cette charge a été initialement déduite *(NDLR Les dispositions du présent alinéa s'appliquent à l'impôt sur les sociétés dû au titre des exercices clos à compter du 31 décembre 2021)* ;

b. Une charge déduite du résultat soumis à un impôt équivalent à l'impôt sur les sociétés dans l'Etat de résidence du débiteur, ce paiement est ajouté au résultat soumis à l'impôt sur les sociétés dans les conditions de droit commun.

2. En présence d'un dispositif hybride mentionné au g du 1° du I :

a. La charge n'est pas admise en déduction des revenus de l'investisseur établi en France ;

b. Lorsque l'investisseur est établi dans un autre Etat qui admet la déduction de la charge, celle-ci n'est pas admise en déduction des revenus du débiteur établi en France.

Ces dispositions ne sont pas applicables lorsque la double déduction concerne un revenu soumis à double inclusion au titre du même exercice ou au titre d'un exercice qui commence dans les vingt-quatre mois suivant la fin de l'exercice au titre duquel la charge a été initialement déduite.

Pour l'application des a et b du présent 2, la réintégration de la charge dans le résultat soumis à l'impôt sur les sociétés dans les conditions de droit commun est effectuée au titre du dernier exercice ayant commencé au cours des vingt-quatre mois suivant la fin de l'exercice au titre duquel cette charge a été initialement déduite *(NDLR Les dispositions du présent alinéa s'appliquent à l'impôt sur les sociétés dû au titre des exercices clos à compter du 31 décembre 2021).*

3. Lorsqu'un paiement déductible du résultat imposable à l'impôt sur les sociétés en France compense un autre paiement afférent à un dispositif hybride, directement ou indirectement, par l'intermédiaire d'une transaction ou d'une série de transactions conclues entre des entreprises associées d'un même contribuable ou par l'intermédiaire d'un dispositif structuré, la déduction de la charge correspondant à ce premier paiement n'est pas admise.

Toutefois, la charge reste admise en déduction si l'Etat de résidence d'une des entreprises concernées par la transaction ou la série de transactions a appliqué une disposition permettant de neutraliser les effets du dispositif hybride concerné. Lorsque cette neutralisation n'est que partielle, la déduction de la charge est admise à hauteur de la part du paiement qui a été neutralisée dans l'autre Etat.

4. Les revenus attribués à l'établissement d'une entité non pris en compte par l'Etat dans lequel il est situé du fait d'un dispositif hybride sont inclus dans le résultat soumis à l'impôt sur les sociétés de cette entité lorsqu'elle a son siège en France. Cette règle s'applique à moins que la France ne soit tenue d'exonérer les revenus en vertu d'une convention préventive de la double imposition conclue avec un pays tiers.

5. Lorsqu'un transfert hybride est conçu pour donner lieu à un allègement au titre des retenues à la source pour un paiement provenant d'un instrument financier transféré à plusieurs des parties concernées par ce transfert, le bénéfice de cet allègement est limité au prorata des revenus nets imposables liés à ce paiement.

IS-II-1400 s. ; MF n°s 35815 s.

Art 205 C Lorsqu'une entité hybride d'un dispositif hybride inversé est constituée ou établie en France, ses revenus sont imposés, selon le cas, soit à l'impôt sur les sociétés, soit dans les conditions prévues à l'article 8 du présent code, dans la mesure où ils ne sont pas imposés dans un autre Etat.

Le premier alinéa du présent article ne s'applique pas aux organismes de placement collectif, un tel organisme étant défini comme tout organisme ou fonds de placement à participation large, doté d'un portefeuille de titres diversifié et soumis aux règles de protection des porteurs dans le pays où il est établi.

Ndlr *Les dispositions du présent article s'appliquent aux exercices ouverts à compter du 1er janvier 2022.*

IS-II-2750 s. ; MF n° 35822

Art 205 D Lorsque des paiements, des dépenses ou des pertes déductibles du résultat imposable d'un contribuable qui a sa résidence en France et dans un autre Etat en application des règles de cet Etat sont pris en compte dans ces deux Etats, leur déduction n'est pas admise en France.

Cette déduction est toutefois admise en France lorsque :

1° Le paiement, la dépense ou la perte susceptible de faire l'objet d'une double déduction est inclus dans le revenu imposable du bénéficiaire ou, s'agissant d'une perte, du contribuable en France et dans l'autre Etat ;

2° L'autre Etat est un Etat membre de l'Union européenne qui refuse la déduction et que la convention fiscale le liant à la France fixe la résidence de ce contribuable en France.

IS-II-2950 s. ; MF n° 35823

SECTION II

Champ d'application de l'impôt

I. Sociétés et collectivités imposables

Art 206 1. Sous réserve des dispositions des articles 8 ter, 239 bis AA, 239 bis AB et 1655 ter, sont passibles de l'impôt sur les sociétés, quel que soit leur objet, les sociétés anonymes, les sociétés en commandite par actions, les sociétés à responsabilité limitée n'ayant pas opté pour le régime fiscal des sociétés de personnes dans les conditions prévues au IV de l'article 3 du décret n° 55-594 du 20 mai 1955 modifié, les sociétés coopératives et leurs unions ainsi que, sous réserve des dispositions du 6° du 1 de l'article 207, les établissements publics, les organismes de l'Etat jouissant de l'autonomie financière, les organismes des départements et des communes et toutes autres personnes morales se livrant à une exploitation ou à des opérations de caractère lucratif.

Ndlr *Les sociétés par actions simplifiées sont fiscalement assimilées aux sociétés anonymes (voir plus loin, art. 1655 quinquies).*

IS-I-200 s., 8000 s. ; MF n°s 35665 s., 37785

1 bis. Toutefois, ne sont passibles de l'impôt sur les sociétés prévu au 1 les associations régies par la loi du 1er juillet 1901, les associations régies par la loi locale maintenue en vigueur dans les départements de la Moselle, du Bas-Rhin et du Haut-Rhin, les syndicats régis par les articles

L 2131-1 à L 2136-2 du code du travail, les fondations reconnues d'utilité publique, les fondations d'entreprise, les fonds de dotation et les congrégations, dont la gestion est désintéressée, lorsque leurs activités non lucratives restent significativement prépondérantes et le montant de leurs recettes d'exploitation encaissées au cours de l'année civile au titre de leurs activités lucratives n'excède pas 78 596 € *(NDLR Seuil applicable pour 2024)*. Cette limite est indexée, chaque année, sur la prévision de l'indice des prix à la consommation, hors tabac, retenue dans le projet de loi de finances de l'année. Sont réputées lucratives les activités de gestion et de capitalisation, par les fonds de dotation, de dons, droits et legs dont les fruits sont versés à des organismes autres que ceux mentionnés au présent alinéa ou à des organismes publics pour l'exercice d'activités lucratives.

Les organismes mentionnés au premier alinéa deviennent passibles de l'impôt sur les sociétés prévu au 1 à compter du 1er janvier de l'année au cours de laquelle l'une des trois conditions prévues à l'alinéa précité n'est plus remplie.

Les organismes mentionnés au premier alinéa sont assujettis à l'impôt sur les sociétés prévu au 1 en raison des résultats de leurs activités financières lucratives et de leurs participations.

IS-I-14000 s. ; MF nos 89460 s.

2. Sous réserve des dispositions de l'article 239 ter, les sociétés civiles sont également passibles dudit impôt, même lorsqu'elles ne revêtent pas l'une des formes visées au 1, si elles se livrent à une exploitation ou à des opérations visées aux articles 34 et 35.

Toutefois, les sociétés civiles dont l'activité principale entre dans le champ d'application de l'article 63 peuvent bénéficier des dispositions de l'article 75 lorsqu'elles sont soumises à un régime réel d'imposition. Celles relevant du régime prévu à l'article 64 bis ne sont pas passibles de l'impôt visé au 1 lorsque les activités accessoires visées aux articles 34 et 35 qu'elles peuvent réaliser n'excèdent pas les seuils fixés à l'article 75 : les bénéfices résultant de ces activités sont alors déterminés et imposés d'après les règles qui leur sont propres.

BA-VII-30500 s. ; DC-V-16600 s. ; MF no 37785

3. Sont soumis à l'impôt sur les sociétés s'ils optent pour leur assujettissement à cet impôt dans les conditions prévues à l'article 239 :

a. Les sociétés en nom collectif ;

b. Les sociétés civiles mentionnées au 1° de l'article 8 ;

c. Les sociétés en commandite simple ;

d. Les sociétés en participation ;

e. Les sociétés à responsabilité limitée dont l'associé unique est une personne physique ;

f. Les exploitations agricoles à responsabilité limitée mentionnées au 5° de l'article 8 ;

g. Les groupements d'intérêt public mentionnés à l'article 239 quater B ;

h. Les sociétés civiles professionnelles visées à l'article 8 ter ;

BNC-IV-22950 s.

i. Les groupements de coopération sanitaire et les groupements de coopération sociale et médico-sociale mentionnés à l'article 239 quater D ;

DC-V-26800 s.

j. Les sociétés interprofessionnelles de soins ambulatoires mentionnées au 7° de l'article 8.

Cette option entraîne l'application auxdites sociétés et auxdits groupements, sous réserve des exceptions prévues par le présent code, de l'ensemble des dispositions auxquelles sont soumises les personnes morales visées au 1.

IS-I-3500 s. ; MF nos 37575 s.

4. Même à défaut d'option, l'impôt sur les sociétés s'applique, sous réserve des dispositions de l'article 1655 ter, dans les sociétés en commandite simple et dans les sociétés en participation, y compris les syndicats financiers, à la part de bénéfices correspondant aux droits des commanditaires et à ceux des associés autres que ceux indéfiniment responsables ou dont les noms et adresses n'ont pas été indiqués à l'administration.

DC-V-15500 s., 18000 s. ; MF no 37775

5. Sous réserve des exonérations prévues aux articles 1382 et 1394, les établissements publics, autres que les établissements scientifiques, d'enseignement et d'assistance au titre de leurs exercices ouverts jusqu'au 31 décembre 2023, ainsi que les associations et collectivités non soumis à l'impôt sur les sociétés en vertu d'une autre disposition, à l'exception, d'une part, des fondations reconnues d'utilité publique et, d'autre part, des fonds de dotation dont les statuts ne prévoient pas la possibilité de consommer leur dotation en capital, sont assujettis audit impôt en raison des revenus patrimoniaux qui ne se rattachent pas à leurs activités lucratives.

Sont qualifiés de revenus patrimoniaux :

a. Les revenus de la location des immeubles bâtis et non bâtis dont ils sont propriétaires, et de ceux auxquels ils ont vocation en qualité de membres de sociétés immobilières de copropriété visées à l'article 1655 ter *(Voir Annexe III, art. 46 quater-0 A)* ;

b. Les revenus de l'exploitation des propriétés agricoles ou forestières ;

c. Les revenus de capitaux mobiliers dont ils disposent, lorsque ces revenus n'entrent pas dans le champ d'application de la retenue à la source visée à l'article 119 bis ; ces revenus sont comptés dans le revenu imposable pour leur montant brut ;

d. *(Abrogé)* ;

e. *(Abrogé).*

IS-I-15500 s. ; MF n°s 89700 s.

5 bis. Les associations intermédiaires conventionnées, mentionnées à l'article L 5132-7 du code du travail, dont la gestion est désintéressée et les associations de services aux personnes, agréées en application de l'article L 7232-1 du même code ou autorisées en application de l'article L 313-1 du code de l'action sociale et des familles sont soumises à l'impôt sur les sociétés dans les conditions prévues au 5.

IS-I-12450 s., 12580

5 ter. Les fondations reconnues d'utilité publique sont assujetties à l'impôt sur les sociétés en raison des plus-values dont l'imposition a été reportée en application du 7 quinquies de l'article 38 du présent code, y compris dans le cas où celles-ci se rattachent à leurs activités non lucratives ou exonérées.

6. 1° L'organe central du crédit agricole, les caisses régionales de crédit agricole mutuel mentionnées à l'article L 512-21 du code monétaire et financier et les caisses locales de crédit agricole mutuel affiliées à ces dernières sont assujetties à l'impôt sur les sociétés dans les conditions de droit commun.

2° Lorsqu'elles n'exercent aucune activité bancaire pour leur propre compte ou aucune activité rémunérée d'intermédiaire financier, les caisses locales mentionnées au 1° sont redevables de l'impôt sur les sociétés dans les conditions prévues au 5 et à l'article 219 bis.

3° Un décret en Conseil d'Etat fixe les modalités d'application du présent 6, notamment les dispositions transitoires qui seraient nécessaires en raison de la modification du régime fiscal applicable aux organismes mentionnés au 1° *(Voir Annexe II, art. 102 I à 102 N).*

IS-I-5800 s. ; MF n° 35695

7. Les caisses de crédit mutuel mentionnées à l'article L 512-55 du code monétaire et financier sont assujetties à l'impôt sur les sociétés dans les conditions de droit commun.

Un décret en Conseil d'Etat fixe, en tant que de besoin, les conditions d'application de cette disposition *(Voir Annexe II, art. 102 O, 102 Q et 102 R).*

IS-I-6000 s. ; MF n° 35695

8. *(Disposition devenue sans objet : loi n° 2001-420 du 15 mai 2001, art. 27).*

9. Les caisses de crédit mutuel agricole et rural affiliées à la fédération centrale du crédit mutuel agricole et rural visée à l'article L 511-30 du code monétaire et financier sont assujetties à l'impôt sur les sociétés dans les conditions de droit commun.

Un décret fixe les conditions d'application du présent 9 *(Voir Annexe III, art. 46 quater-0 Z et 46 quater-0 ZC).*

IS-I-5800 s. ; MF n° 35695

10. Les caisses d'épargne et de prévoyance et les caisses de crédit municipal sont assujetties à l'impôt sur les sociétés.

IS-I-6100 s.

11. *(Abrogé).*

IS-I-200 s. ; MF n°s 35665 s.

II. Exonérations et régimes particuliers

Art 207 1. Sont exonérés de l'impôt sur les sociétés :

1° *(Disposition devenue sans objet : loi n° 84-1208 du 29 décembre 1984, art. 85)* ;

1° bis Les syndicats professionnels, quelle que soit leur forme juridique, et leurs unions pour leurs activités portant sur l'étude et la défense des droits et des intérêts collectifs matériels ou moraux de leurs membres ou des personnes qu'ils représentent et à condition qu'ils fonctionnent conformément aux dispositions qui les régissent ;

IS-IV-30020 s. ; MF n° 89565

2° Sauf pour les opérations effectuées avec des non-sociétaires et à condition qu'elles fonctionnent conformément aux dispositions qui les régissent :

a. Les sociétés coopératives agricoles d'approvisionnement et d'achat ;

b. Les unions de sociétés coopératives agricoles d'approvisionnement et d'achat ;

IS-IV-200 s. ; MF n° 37035

2° bis *(Abrogé)* ;

3° A condition qu'elles fonctionnent conformément aux dispositions qui les régissent, les sociétés coopératives de production, de transformation, conservation et vente de produits agricoles ainsi que les unions de sociétés coopératives de production, transformation, conservation et vente de produits agricoles, sauf pour les opérations ci-après désignées :

a. Ventes effectuées dans un magasin de détail distinct de leur établissement principal ;

b. Opérations de transformation portant sur les produits ou sous-produits autres que ceux destinés à l'alimentation de l'homme et des animaux ou pouvant être utilisés à titre de matières premières dans l'agriculture ou l'industrie ;

c. Opérations effectuées par les sociétés coopératives ou unions susvisées avec des non-sociétaires.

Cette exonération est applicable aux opérations effectuées par les coopératives de céréales et leurs unions avec l'Etablissement national des produits de l'agriculture et de la mer (FranceAgriMer) relativement à l'achat, la vente, la transformation ou le transport de céréales ; il en est de même pour les opérations effectuées par des coopératives de céréales avec d'autres coopératives de céréales dans le cadre de programmes élaborés par l'établissement ou avec son autorisation.

Les sociétés coopératives agricoles et leurs unions sont tenues de produire, à toute réquisition de l'administration, leur comptabilité et les justifications nécessaires tendant à prouver qu'elles fonctionnent conformément aux dispositions législatives et réglementaires relatives au statut juridique de la coopération agricole ;

IS-IV-200 s. ; MF nº 37035

3º bis Lorsqu'elles fonctionnent conformément aux dispositions de la loi nº 83-657 du 20 juillet 1983 relative au développement de certaines activités d'économie sociale *[NDLR Les dispositions de la loi 83-657 du 20 juillet 1983 sont abrogées par l'article 5, II-2º de l'ordonnance 2023-208 du 28 mars 2023 et reprises aux articles L 134-1 et suivants du Code de l'artisanat à compter du 1er juillet 2023 (Ordonnance précitée art. 2 et 6)]*, les coopératives artisanales et leurs unions, les coopératives d'entreprises de transports, les coopératives artisanales de transport fluvial ainsi que les coopératives maritimes et leurs unions, visées aux articles L 931-5 à L 931-27 du code rural et de la pêche maritime, sauf pour les affaires effectuées avec des non-sociétaires ;

IS-IV-3000 s. ; MF nº 37045

4º Les organismes d'habitations à loyer modéré mentionnés à l'article L 411-2 du code de la construction et de l'habitation, les sociétés d'économie mixte visées à l'article L 481-1 du même code et les sociétés anonymes de coordination entre les organismes d'habitations à loyer modéré mentionnées à l'article L 423-1-1 du même code pour :

a. Les opérations réalisées au titre du service d'intérêt général défini aux neuvième à treizième alinéas de l'article L 411-2 du même code ainsi que les produits issus de la cession de certificats d'économies d'énergie mentionnés à l'article L 221-7 du code de l'énergie ;

b. Les produits engendrés par les locaux annexes et accessoires des ensembles d'habitations mentionnés à l'article L 411-1 du code de la construction et de l'habitation, à la condition que ces locaux soient nécessaires à la vie économique et sociale de ces ensembles ;

c. Les produits financiers issus du placement de la trésorerie de ces organismes.

La fraction du bénéfice provenant d'activités autres que celles visées aux alinéas précédents est soumise à l'impôt sur les sociétés.

Pour l'application des dispositions du premier alinéa de l'article 221 bis, la deuxième condition mentionnée à cet alinéa n'est pas exigée des sociétés qui cessent totalement ou partiellement d'être soumises au taux prévu au deuxième alinéa du I de l'article 219 du fait des dispositions du présent 4º. Les dispositions de l'article 111 bis ne s'appliquent pas à ces mêmes sociétés.

Les dispositions du présent 4º s'appliquent aux exercices clos à compter du 1er janvier 2006.

Toutefois, les organismes et les sociétés mentionnés au premier alinéa peuvent opter pour l'application anticipée de ces dispositions aux exercices clos à compter du 1er janvier 2005. Cette option est irrévocable.

IS-IV-27550 s. ; MF nº 37110

4º bis *(Abrogé)* ;

4º ter *(Disposition devenue sans objet)* ;

4º quater Les unions d'économie sociale dont les dirigeants de droit ou de fait ne sont pas rémunérés, pour :

a. Les activités mentionnées à l'article L 365-1 du code de la construction et de l'habitation pour lesquelles les unions d'économie sociale font l'objet des agréments prévus aux articles L 365-2 à L 365-4 du même code lorsqu'elles relèvent du service d'intérêt général défini aux neuvième et onzième alinéas de l'article L 411-2 du même code ainsi que les services accessoires à ces activités ;

b. Les produits engendrés par les locaux annexes et accessoires des ensembles d'habitations mentionnés à l'article L 411-1 du même code, à la condition que ces locaux soient nécessaires à la vie économique et sociale de ces ensembles ;

c. Les produits financiers issus du placement de la trésorerie de ces organismes ;

IS-IV-5000 s. ; MF nº 37110

5º Les bénéfices réalisés par des associations sans but lucratif régies par la loi du 1er juillet 1901 organisant, avec le concours des communes ou des départements, des foires, expositions, réunions sportives et autres manifestations publiques, correspondant à l'objet défini par leurs statuts et présentant, du point de vue économique, un intérêt certain pour la commune ou la région ;

IS-IV-30700 s. ; MF n° 89565

5° bis Les organismes sans but lucratif mentionnés au 1° du 7 de l'article 261, pour les opérations à raison desquelles ils sont exonérés de la taxe sur la valeur ajoutée ;

IS-IV-30410 s. ; MF n° 89565

6° Les régions et les ententes interrégionales, les départements et les ententes interdépartementales, les communes, les établissements publics de coopération intercommunale à fiscalité propre, syndicats de communes et syndicats mixtes constitués exclusivement de collectivités territoriales ou de groupements de ces collectivités, ainsi que leurs régies de services publics ;

IS-IV-24050 s. ; MF n° 37090

6° bis *(Abrogé)* ;

***Ndlr** Les dispositions du 6° bis dans leur rédaction antérieure à l'article 29 de la loi 2019-1479 du 28 décembre 2019 continuent de s'appliquer aux opérations pour lesquelles l'appel d'offres prévu à l'article L 300-4, al. 2 du code de l'urbanisme a déjà été réalisé au 1er janvier 2020 et, pour les opérations non mentionnées à l'article précité, aux opérations pour lesquelles la demande de permis d'aménager ou la déclaration de travaux a été déposée avant cette date.*

7° Les sociétés coopératives de construction qui procèdent, sans but lucratif, au lotissement et à la vente de terrains leur appartenant. Cette exonération est également applicable sous les mêmes conditions aux sociétés d'économie mixte dont les statuts sont conformes aux clauses types annexées au décret n° 69-295 du 24 mars 1969, ainsi qu'aux groupements dits de « Castors » dont les membres effectuent des apports de travail ;

IS-IV-4500 s. ; MF n° 37045

8° Les sociétés coopératives de construction désignées à l'article 1378 sexies ;

IS-IV-5300 ; MF n° 37110

9° Les établissements publics de recherche et les établissements publics d'enseignement supérieur ;

10° Les personnes morales créées pour la gestion d'un pôle de recherche et d'enseignement supérieur ou d'un réseau thématique de recherche avancée et les communautés d'universités et établissements ;

11° Les fondations reconnues d'utilité publique du secteur de la recherche, parmi lesquelles les fondations de coopération scientifique ;

IS-IV-25510 s.

12° Les bénéfices, plus-values latentes et profits qui résulteraient de la transformation de la société de gestion du patrimoine immobilier des houillères du bassin du Nord et du Pas-de-Calais en société anonyme d'habitations à loyer modéré, pour les logements qui seront conventionnés à l'aide personnalisée au logement dans le cadre de la transformation ;

IS-IV-27570

13° Les établissements d'enseignement supérieur consulaire mentionnés à l'article L 711-17 du code de commerce pour leurs activités de formation professionnelle initiale et continue ainsi que de recherche ainsi que les organismes mentionnés au premier alinéa du 1 bis de l'article 206 du présent code, au titre de leur participation dans ces établissements ou au titre du financement de leurs activités.

IS-IV-26500 s.

Les exonérations dont bénéficient les personnes morales visées aux 9°, 10° et 11° s'appliquent aux revenus tirés des activités conduites dans le cadre des missions du service public de l'enseignement supérieur et de la recherche définies aux articles L 123-3 du code de l'éducation et L 112-1 du code de la recherche ;

IS-IV-25650 s.

14° A condition qu'elle fonctionne conformément aux dispositions qui la régissent, la société mentionnée à l'article L 313-19 du code de la construction et de l'habitation pour :

a. Les opérations, y compris les opérations de crédit mentionnées aux deuxième et quatrième alinéas du a du 2° du I de l'article L 313-19-1 du code de la construction et de l'habitation, réalisées au titre du service d'intérêt général défini aux neuvième à treizième alinéas de l'article L 411-2 du même code ;

b. Les opérations relevant des catégories d'emploi mentionnées aux d à g de l'article L 313-3 du code de la construction et de l'habitation ;

c. Les opérations mentionnées aux c et d du 2° du I de l'article L 313-19-1 du code de la construction et de l'habitation ;

d. Les opérations de financement du fonds mentionné à l'article L 811-1 du code de la construction et de l'habitation ;

IS-IV-29150 s.

15° A condition qu'elle fonctionne conformément aux dispositions qui la régissent, la société mentionnée à l'article L 313-20 du code de la construction et de l'habitation pour :

a. Les subventions mentionnées au c du 2° du I de l'article L 313-19-1 du même code ;

b. La quote-part de bénéfices provenant des activités réalisées au titre du service d'intérêt général défini aux neuvième à treizième alinéas de l'article L 411-2 du code de la construction et de l'habitation par des sociétés imposées dans les conditions de l'article 8 ;

IS-IV-29150 s.

16° *(Abrogé) ;*

Ndlr *Pour les dispositions du présent 16° qui entrent en vigueur à compter du 1er avril 2026, voir partie Autres textes du présent code ordonnance 2021-1843 du 22 décembre 2021 art. 10, 7°-b.*

IS-IV-35300

17° Les communautés professionnelles territoriales de santé dont le projet de santé est validé dans les conditions prévues à l'article L 1434-12 du code de la santé publique, pour leurs ressources perçues au titre de leurs missions de service public en application de la convention prévue à l'article L 1434-12-2 du même code.

MF n° 89565 f

1 bis. Lorsque les sociétés coopératives ou leurs unions émettent des certificats coopératifs d'investissement, l'exonération visée au 1 n'est pas applicable à la fraction des résultats correspondant à la part du montant nominal des certificats coopératifs dans le capital social.

Les résultats sont déterminés selon les règles fixées par l'article 209, avant déduction des ristournes.

IS-IV-3600 s. ; MF nos 37035, 37045

1 ter. Pour les sociétés coopératives et leurs unions autres que celles qui sont mentionnées aux 2° et 3° du 1 ou autres que celles qui relèvent du 4° du même 1, l'exonération prévue au 1 est limitée à la fraction des résultats calculée proportionnellement aux droits des coopérateurs dans le capital lorsque les associés non coopérateurs détiennent 20 % au moins du capital et que leurs parts sociales peuvent donner lieu à rémunération.

Les résultats sont déterminés selon les règles visées à l'article 209 avant déduction des ristournes.

IS-IV-3620 s. ; MF n° 37045

1 quater. Pour les sociétés coopératives et leurs unions autres que celles qui sont mentionnées au 4° du 1, l'exonération prévue au 1 n'est pas applicable lorsque les associés non coopérateurs et les titulaires de certificats coopératifs d'investissement détiennent plus de 50 % du capital et que leurs parts sociales peuvent donner lieu à rémunération.

IS-IV-3620 s. ; MF n° 37045

1 quinquies. Pour l'application des dispositions du 1 ter et du 1 quater, sont regardées comme associés non coopérateurs les personnes physiques ou morales qui n'ont pas vocation à recourir aux services de la coopérative ou dont celle-ci n'utilise pas le travail, mais qui entendent contribuer par l'apport de capitaux à la réalisation des objectifs de celle-ci.

IS-IV-3620 s.

2. *(Abrogé).*

3. *(Abrogé).*

Art 208 Sont également exonérés de l'impôt sous réserve des dispositions de l'article 208 A :

1° *(Abrogé) ;*

1° bis Les sociétés d'investissement qui sont régies par les articles L 214-127 et suivants du code monétaire et financier, pour la partie des bénéfices provenant des produits nets de leur portefeuille ou des plus-values qu'elles réalisent sur la vente des titres ou parts sociales faisant partie de ce portefeuille. Ces sociétés cesseront de bénéficier des dispositions du présent alinéa trois ans après leur création, si leurs actions ne sont pas admises aux négociations sur un marché réglementé avant ce délai ;

RM-VII-10550 s. ; MF n° 26370

1° bis A Les sociétés d'investissement à capital variable pour les bénéfices réalisés dans le cadre de leur objet légal ;

RM-VII-7900 s. ; MF n° 26365

1° ter *(Abrogé) ;*

1° quater et 1° quinquies *(Abrogés) ;*

2° Les sociétés ayant pour objet exclusif la gestion d'un portefeuille de valeurs mobilières qui sont régies par les articles L 214-127 et suivants du code monétaire et financier, pour les plus-values qu'elles réalisent sur la cession de titres ou de parts sociales faisant partie de ce portefeuille ;

RM-VII-10550 s. ; MF n° 26370

3° et 3° bis *(Abrogés) ;*

3° ter Les sociétés immobilières de gestion visées à l'article 1er du décret n° 63-683 du 13 juillet 1963, pour la fraction de leur bénéfice net qui provient de la location de leurs immeubles ;

IMMO-IV-27060

3° quater Les sociétés qui, à la date du 1er janvier 1991 étaient autorisées à porter la dénomination de société immobilière pour le commerce et l'industrie visée à l'article L 621-11 du code monétaire et financier, pour la fraction de leur bénéfice net provenant d'opérations de crédit-bail réalisées en France et conclues avant le 1er janvier 1991 ainsi que pour les plus-values dégagées par la cession d'immeubles dans le cadre de ces opérations.

Par dérogation aux dispositions du premier alinéa, les sociétés immobilières pour le commerce et l'industrie sont, sur option de leur part exercée avant le 1er juillet 1991, exonérées d'impôt sur les sociétés pour la fraction de leur bénéfice net provenant d'opérations de crédit-bail réalisées en France, conclues avant le 1er janvier 1996 et portant sur des immeubles affectés à une activité industrielle ou commerciale ou sur des locaux à usage de bureaux neufs ou vacants au 1er octobre 1992, ainsi que pour les plus-values dégagées par la cession d'immeubles dans le cadre de ces opérations.

(Pour les locaux à usage de bureaux, neufs et vacants, dispositions applicables aux contrats conclus à compter du 1er janvier 1993)

Le bénéfice net des sociétés visées aux premier et deuxième alinéas provenant de la location simple de leurs immeubles, par contrat conclu avant le 1er janvier 1991, à des personnes physiques ou morales qui y exercent une activité industrielle ou commerciale, est retenu pour le calcul de l'impôt sur les sociétés à concurrence de :

20 % de son montant pour l'exercice clos en 1991 ;

40 % pour l'exercice clos en 1992 ;

60 % pour l'exercice clos en 1993 ;

80 % pour l'exercice clos en 1994 ;

100 % pour les exercices clos en 1995 et ultérieurement.

Les bénéfices qui proviennent des opérations totalement ou partiellement exonérées en application des premier à huitième alinéas sont obligatoirement distribués à hauteur de 85 % de la fraction exonérée de leur montant avant la fin de l'exercice qui suit celui de leur réalisation.

Les sommes qui sont investies, soit directement, soit par l'intermédiaire de filiales, dans des immobilisations à l'étranger sont soumises à l'impôt sur les sociétés en proportion des bénéfices et réserves exonérés par rapport au montant total des bénéfices, des réserves et du capital. Toutefois, elles sont exonérées lorsqu'elles proviennent de fonds d'emprunt ;

IMMO-IV-28020 s.

3° quinquies Les sociétés agréées pour le financement des télécommunications qui ont pour objet exclusif l'activité mentionnée au I de l'article 1er de la loi n° 69-1160 du 24 décembre 1969 pour la partie des bénéfices provenant des contrats de crédit-bail conclus avec l'exploitant public avant le 1er janvier 1993 et pour les plus-values qu'elles réalisent à l'occasion de ces opérations ainsi que pour la partie des bénéfices et des plus-values qu'elles réalisent en tant que société immobilière pour le commerce et l'industrie *(Voir Annexe IV, art. 23 bis)*.

Les sociétés agréées pour le financement des télécommunications qui n'ont pas pour objet exclusif l'activité mentionnée au I de l'article 1er de la loi n° 69-1160 du 24 décembre 1969 pour la partie des bénéfices provenant des contrats de crédit-bail conclus avec l'exploitant public avant le 1er janvier 1993, si elles apportent à une société immobilière pour le commerce et l'industrie la branche d'activité exercée au titre du e du I de l'article 1er de la loi n° 69-1160 du 24 décembre 1969 *(Voir Annexe IV, art. 23 bis)*.

Les dividendes reçus de la société immobilière pour le commerce et l'industrie mentionnée au deuxième alinéa par la société apporteuse sont exonérés d'impôt sur les sociétés jusqu'au 31 décembre 1993. Ils sont retenus pour le calcul de cet impôt à concurrence de :

25 % de leur montant en 1994 ;

50 % de leur montant en 1995 ;

75 % de leur montant en 1996 ;

100 % de leur montant en 1997 et ultérieurement.

L'exonération totale ou partielle est subordonnée à la condition que les dividendes non soumis à l'impôt sur les sociétés provenant de la société immobilière pour le commerce et l'industrie soient redistribués par la société apporteuse avant la fin de l'exercice qui suit celui de leur encaissement ;

IS-IV-32100 s.

3° sexies *(Abrogé)* ;

3° septies Les sociétés de capital-risque qui fonctionnent dans les conditions prévues à l'article 1er-1 de la loi n° 85-695 du 11 juillet 1985 précitée *(NDLR Loi reproduite dans la partie Autres textes du présent code)*, sur les produits et plus-values nets provenant de leur portefeuille autres que ceux afférents aux titres rémunérant l'apport de leurs activités qui ne relèvent pas de leur objet social ainsi que, pour les sociétés de capital-risque mentionnées à la deuxième phrase du 1° de l'article 1er-1 précité, sur les prestations de services accessoires qu'elles réalisent ;

IS-IV-21000 s. ; MF n° 26400

3° octies Les fonds communs de créances pour les bénéfices réalisés dans le cadre de leur objet légal ;

RM-VII-35300 s.

3° nonies Les sociétés de placement à prépondérance immobilière à capital variable régies par les articles L 214-33 et suivants du code monétaire et financier *(Voir Annexe III, art. 46 ter A bis)* ;

IMMO-IV-35120 s. ; MF n° 30490

4° *(Abrogé)* ;

5° Les organismes de jardins familiaux définis à l'article L 561-2 du code rural et de la pêche maritime, lorsque leur activité, considérée dans son ensemble, s'exerce dans des conditions telles qu'elle peut être tenue pour désintéressée.

Toutefois, ces organismes demeurent éventuellement soumis à l'impôt dans les conditions prévues au 5 de l'article 206 ;

IS-IV-31000 s. ; MF n° 89565 c

6° Les établissements publics pour leurs opérations de lotissement et de vente de terrains leur appartenant.

IS-IV-29050 ; MF n° 37100

Art 208 A Le bénéfice des dispositions des 1° bis et 2° de l'article 208 est réservé aux sociétés d'investissement régies par les articles L 214-127 et suivants du code monétaire et financier qui procèdent au titre de chaque exercice à la répartition de la totalité de leurs bénéfices distribuables.

RM-VII-10580

Art 208 B **I.** Les sociétés immobilières d'investissement visées au I de l'article 33 de la loi n° 63-254 du 15 mars 1963 sont exonérées de l'impôt sur les sociétés pour la fraction de leur bénéfice qui provient de la location de leurs immeubles.

II. Lorsque, dans les conditions fixées au I de l'article 11 de la loi de finances pour 1985 n° 84-1208 du 29 décembre 1984, elles détiennent des parts de sociétés civiles constituées à compter du 1er janvier 1985 en vue de construire et de gérer des immeubles affectés à l'habitation à concurrence des trois quarts au moins de leur superficie, les sociétés mentionnées au I sont également exonérées à raison :

a. De la fraction des bénéfices sociaux correspondant à leurs parts dans ces sociétés civiles et provenant de la location des immeubles ;

b. Des produits ou avances qu'elles consentent à ces mêmes sociétés. Toutefois, cette exonération n'est accordée que durant les cinq années qui suivent la création de ces dernières sociétés et pour la fraction des avances qui n'excède pas, pour chaque société civile, deux fois le capital souscrit par la société immobilière d'investissement.

IMMO-IV-26050 s.

Art 208 C **I.** Les sociétés d'investissements immobiliers cotées s'entendent des sociétés par actions cotées sur un marché réglementé respectant les prescriptions de la directive 2004/39/CE du Parlement européen et du Conseil du 21 avril 2004 concernant les marchés d'instruments financiers, modifiant les directives 85/611/CEE et 93/6/CEE du Conseil et la directive 2000/12/CE du Parlement européen et du Conseil et abrogeant la directive 93/22/CEE du Conseil, dont le capital social n'est pas inférieur à 15 millions d'euros, qui ont pour objet principal l'acquisition ou la construction d'immeubles en vue de la location, ou la détention directe ou indirecte de participations dans des personnes visées à l'article 8 et aux 1, 2 et 3 de l'article 206 dont l'objet social est identique.

Le capital ou les droits de vote des sociétés visées au premier alinéa ne doivent pas être détenus, directement ou indirectement, à hauteur de 60 % ou plus par une ou plusieurs personnes agissant de concert au sens de l'article L 233-10 du code de commerce. Cette condition s'apprécie de manière continue au cours de chaque exercice d'application du présent régime. Elle ne s'applique pas lorsque la personne ou les personnes agissant de concert mentionnées à la première phrase sont des sociétés visées au premier alinéa *(Pour les sociétés déjà placées sous le régime du présent article avant le 1er janvier 2007, la condition doit être remplie à compter du 1er janvier 2010 : loi 2008-1425 du 27 décembre 2008, art. 24, I)*.

Si, au cours d'un exercice, à la suite d'une offre publique d'achat ou d'échange au sens de l'article L 433-1 du code monétaire et financier, d'une opération de restructuration visée à l'article 210-0 A, d'une opération de conversion ou de remboursement d'obligations en actions, le capital ou les droits de vote d'une société visée au premier alinéa viennent à être détenus à 60 % ou plus dans les conditions mentionnées à la première phrase de l'alinéa précédent, les conditions de détention sont réputées avoir été respectées si ce taux de détention est ramené au-dessous de 60 % à l'expiration du délai prévu au deuxième alinéa du 1 de l'article 223 pour le dépôt de la déclaration de résultat de cet exercice.

Le capital et les droits de vote des sociétés visées au premier alinéa doivent être détenus à hauteur de 15 % au moins par des personnes qui détiennent chacune, directement ou indirectement, moins de 2 % du capital et des droits de vote. Cette condition s'apprécie au premier jour du premier exercice d'application du présent régime.

II. Les sociétés d'investissements immobiliers cotées visées au I et leurs filiales détenues, individuellement ou conjointement par plusieurs sociétés d'investissements immobiliers cotées, à 95 % au moins, directement ou indirectement, de manière continue au cours de l'exercice, soumises à l'impôt sur les sociétés et ayant un objet identique, peuvent opter pour l'exonération d'impôt sur les sociétés pour la fraction de leur bénéfice provenant de la location des immeubles, de la sous-location des immeubles pris en crédit-bail ou dont la jouissance a été conférée à titre temporaire par l'Etat, une collectivité territoriale ou un de leurs établissements publics et des plus-values sur la cession à des personnes non liées au sens du 12 de l'article 39 d'immeubles, de droits réels énumérés au sixième alinéa, de droits afférents à un contrat de crédit-bail portant sur un immeuble et de participations dans des personnes visées à l'article 8 ou dans des filiales soumises au présent régime.

Les bénéfices exonérés provenant des opérations de location des immeubles et de la sous-location des immeubles pris en crédit-bail ou dont la jouissance a été conférée à titre temporaire par l'Etat, une collectivité territoriale ou un de leurs établissements publics sont obligatoirement distribués à hauteur de 95 % avant la fin de l'exercice qui suit celui de leur réalisation.

Les bénéfices exonérés provenant de la cession des immeubles, de droits réels énumérés au sixième alinéa, des droits afférents à un contrat de crédit-bail portant sur un immeuble et des participations dans des personnes visées à l'article 8 ou dans des filiales soumises au présent régime sont obligatoirement distribués à hauteur de 70 % avant la fin du deuxième exercice qui suit celui de leur réalisation.

Sont exonérés les produits des participations prélevés sur des bénéfices exonérés en application du premier et du présent alinéas s'ils sont distribués au cours de l'exercice suivant celui de leur perception par une société ayant opté pour le présent régime. Toutefois, lorsque les sociétés versante et bénéficiaire sont deux sociétés visées au premier alinéa du I, les produits ne sont exonérés que si la société bénéficiaire de la distribution détient des titres représentant au moins 5 % du capital et des droits de vote de la société distributrice pendant une durée minimale de deux ans. La première phrase s'applique également aux produits des participations distribués par les sociétés étrangères ayant une activité identique à celles mentionnées au même I et qui sont exonérées, dans l'Etat où elles ont leur siège de direction effective, de l'impôt sur les sociétés de cet Etat ou par les sociétés visées au 3° nonies de l'article 208, et perçus par une société visée au premier alinéa du I, à la condition que celle-ci détienne des titres représentant au moins 5 % du capital et des droits de vote de la société distributrice pendant une durée minimale de deux ans.

Pour l'application des présentes dispositions, les opérations visées au premier alinéa et réalisées par des organismes mentionnés à l'article 8 sont réputées être faites par les associés, lorsque ceux-ci sont admis au bénéfice du présent régime, à hauteur de leur participation.

Pour l'application des présentes dispositions, les immeubles s'entendent de ceux détenus en pleine propriété, ainsi que de ceux exploités en tant que titulaire d'un usufruit ou en tant que preneur d'un bail à construction ou d'un bail emphytéotique.

II bis. Les plus-values de cession d'immeubles, de droits réels et de droits afférents à un contrat de crédit-bail portant sur un immeuble, mentionnés au II, entre une société d'investissements immobiliers cotée et ses filiales visées au II ou au III bis ou entre sociétés placées sous le régime d'imposition prévu au II ne sont pas soumises à l'impôt sur les sociétés, lorsqu'il existe des liens de dépendance entre ces sociétés au sens du 12 de l'article 39.

L'application de ces dispositions est subordonnée à la condition que la société cessionnaire s'engage dans l'acte de cession à respecter, au titre des plus-values mentionnées au premier alinéa, les prescriptions prévues aux c et d du 3 et au 5 de l'article 210 A. Les réintégrations, prescrites au d du 3 de l'article 210 A, constituent des éléments du résultat soumis aux obligations de distribution mentionnées au deuxième alinéa du II.

II ter. Lorsque des produits sont distribués ou réputés distribués par une société d'investissements immobiliers cotée visée au I à un associé autre qu'une personne physique détenant, directement ou indirectement, au moins 10 % du capital de cette société et que les produits perçus par cet associé ne sont pas soumis à l'impôt sur les sociétés ou à un impôt équivalent, la société distributrice doit acquitter un prélèvement égal à 20 % du montant des sommes, avant imputation éventuelle du prélèvement, distribuées à cet associé et prélevées sur des produits exonérés en application du II. L'assiette du prélèvement est diminuée des sommes distribuées provenant des produits reçus ayant déjà supporté ce prélèvement.

Toutefois, le prélèvement n'est pas dû si le bénéficiaire de la distribution est une société soumise à une obligation de distribution intégrale des dividendes qu'elle perçoit et dont les associés détenant, directement ou indirectement, au moins 10 % de son capital sont soumis à l'impôt sur les sociétés ou à un impôt équivalent à raison des distributions qu'ils perçoivent.

Pour l'application des premier et deuxième alinéas du présent II ter, les produits perçus ne sont pas considérés comme soumis à l'impôt sur les sociétés ou un impôt équivalent lorsqu'ils sont exonérés ou soumis à un impôt dont le montant est inférieur de plus des deux tiers à celui de l'impôt sur les sociétés qui aurait été dû dans les conditions de droit commun en France.

La détention de 10 % du capital s'entend de la détention de 10 % des droits à dividendes et s'apprécie au moment de la mise en paiement des distributions.

Ce prélèvement est acquitté spontanément au comptable public compétent, dans le mois qui suit la mise en paiement des distributions. Il est recouvré et contrôlé comme en matière d'impôt sur les sociétés et sous les mêmes garanties et sanctions. Il n'est ni imputable, ni restituable. Il n'est pas admis en charge déductible pour la détermination du résultat de la société distributrice.

III. L'option doit être notifiée au plus tard avant la fin du quatrième mois de l'ouverture de l'exercice au titre duquel l'entreprise souhaite être soumise au présent régime, à l'exception de l'exercice clos en 2003 pour lequel l'option doit être notifiée avant le 30 septembre 2003.

Cette option est irrévocable.

III bis. Les sociétés soumises à l'impôt sur les sociétés mentionnées au 3° du I de l'article L 214-36 du Code monétaire et financier et qui ont un objet identique à celui des sociétés d'investissements immobiliers cotées visées au I peuvent opter dans les conditions du III pour le régime d'imposition prévu au II lorsqu'elles sont détenues à 95 % au moins, directement ou indirectement et de manière continue au cours de l'exercice, individuellement ou conjointement par une ou plusieurs sociétés de placement à prépondérance immobilière à capital variable mentionnées au 3° nonies de l'article 208 ou par une ou plusieurs sociétés de placement à prépondérance immobilière à capital variable mentionnées au 3° nonies de l'article 208 et une ou plusieurs sociétés d'investissements immobiliers cotées visées au I.

IMMO-IV-35800 ; MF n° 30495

IV. En cas de sortie du présent régime de la société d'investissements immobiliers cotée dans les dix années suivant l'option, les plus-values imposées au taux visé au IV de l'article 219 font l'objet d'une imposition au taux prévu au I dudit article au titre de l'exercice de sortie sous déduction de l'impôt payé au titre du IV du même article. Par ailleurs, la société d'investissements immobiliers cotée et ses filiales visées au II doivent réintégrer dans leurs résultats fiscaux respectifs une somme correspondant au bénéfice distribuable à la clôture de l'exercice de sortie du présent régime, au sens du premier alinéa de l'article L 232-11 du code de commerce, et correspondant à des résultats exonérés en vertu du II. Le montant d'impôt sur les sociétés dû est majoré de l'impôt dû au titre, d'une part, du montant de l'imposition de la plus-value qui aurait été exigible en application du cinquième alinéa si la société n'était pas sortie du présent régime, d'autre part, de l'imposition au taux de 25 % de la somme, diminuée d'un dixième par année civile écoulée depuis l'entrée en vigueur du présent régime, des plus-values latentes depuis cette date relatives aux immeubles, droits réels mentionnés aux premier et sixième alinéas du II ou afférents à un contrat de crédit-bail portant sur un immeuble et participations dans des personnes mentionnées à l'article 8.

Si la société d'investissements immobiliers cotée ne respecte pas le plafond de détention de 60 % prévu au deuxième alinéa du I, elle est imposée à l'impôt sur les sociétés dans les conditions de droit commun au titre des exercices au cours desquels la condition n'est pas respectée.

La plus-value imposable réalisée lors de la cession d'un immeuble est toutefois diminuée du montant des amortissements déduits des résultats exonérés en application du II. Le premier alinéa devient applicable si ce plafond de détention n'est pas respecté à l'expiration de l'exercice au cours duquel le dépassement a été constaté ou si ce plafond n'est pas respecté plus d'une fois pour une cause autre que l'une de celles prévues au troisième alinéa du I pendant les dix années suivant l'option ou au cours des dix années suivantes. Dans ce cas, la société d'investissements immobiliers cotée sort du présent régime, au sens du premier alinéa, au titre de l'exercice au cours duquel le dépassement a été constaté et le bénéfice distribuable est apprécié à la clôture de l'exercice au cours duquel le dépassement a été constaté.

N'est pas constitutive d'une sortie la fusion de deux sociétés d'investissements immobiliers cotées dès lors que la société absorbante s'engage, dans l'acte de fusion, à se substituer à la société absorbée pour les obligations de distribution prévues du deuxième au quatrième alinéa du II.

Par exception au 2 de l'article 221, les plus-values nettes imposables relatives aux immeubles, droits réels énumérés au dernier alinéa du II, droits afférents à un contrat de crédit-bail et parts des organismes mentionnés au cinquième alinéa du même II inscrits à l'actif des sociétés qui ont opté pour le régime prévu audit II et qui remplissent à nouveau la condition du plafond de détention de 60 % visé au deuxième alinéa du I, et de leurs filiales au sens du même II sont limitées aux plus-values latentes acquises depuis le premier jour de l'exercice au cours duquel ce plafond n'a pas été respecté. Les plus-values latentes autres que celles visées à la phrase précédente ne font pas l'objet d'une imposition immédiate à la condition qu'aucune modification ne soit apportée aux écritures comptables.

Si au cours d'un exercice le capital d'une société d'investissements immobiliers cotée vient à être détenu, directement ou indirectement, à 95 % au moins par une autre société d'investissements immobiliers cotée, la société acquise peut devenir une filiale au sens du premier alinéa du II dès lors qu'elle satisfait aux obligations de distribution prévues au II. Dans cette situation, il n'est pas fait application des conséquences liées à la sortie du régime de la société acquise, dans la mesure où celle-ci demeure filiale jusqu'à expiration de la période de dix ans mentionnée au premier alinéa.

V. Un décret fixe les conditions de l'option et les obligations déclaratives des sociétés mentionnées au II et III bis soumises au présent régime *(voir Annexe III, art. 46 ter A et 46 quater-0 ZZ bis B).*

IS-IV-17000 s. ; MF n°s 30930 s.

Art 208 C bis **I.** Les dispositions des articles 210 A et 210 B s'appliquent aux opérations auxquelles participent les sociétés d'investissements immobiliers cotées, ou leurs filiales, et les sociétés mentionnées au III bis de l'article 208 C, qui ont opté pour le régime prévu au II du même article.

L'application de ces dispositions est subordonnée à la condition que la société absorbante s'engage, dans l'acte de fusion, à se substituer à la société absorbée pour les obligations de distributions prévues du deuxième au quatrième alinéas du II de l'article 208 C.

En cas de scission, ces obligations doivent être reprises par les sociétés bénéficiaires des apports au prorata du montant de l'actif net réel apporté apprécié à la date d'effet de l'opération.

II. En cas d'absorption d'une société ayant opté pour le régime prévu au II de l'article 208 C par une société qui a également opté pour ce régime, la plus-value mentionnée au deuxième alinéa du 1 de l'article 210 A est exonérée sous condition de distribution de 70 % *(NDLR Taux applicable aux exercices clos à compter du 31 décembre 2020. Il était antérieurement fixé à 60 %)* de son montant avant la fin du deuxième exercice qui suit celui de sa réalisation.

Lorsque la société bénéficiaire des apports est soumise au régime prévu au II de l'article 208 C, la réintégration, prescrite au d du 3 de l'article 210 A, afférente aux immeubles visés au I de l'article 208 C constitue un élément du résultat soumis aux obligations de distribution mentionnées au deuxième alinéa du II de cet article.

IS-IV-18900 s. ; MF n° 30960

Art 208 C ter Lorsque, postérieurement à l'exercice de l'option prévue au premier alinéa du II de l'article 208 C, des immeubles, des droits réels mentionnés au sixième alinéa du II de ce même article, des droits afférents à un contrat de crédit-bail portant sur un immeuble, des droits portant sur un immeuble dont la jouissance a été conférée à titre temporaire par l'Etat, une collectivité territoriale ou un de leurs établissements publics ou des participations dans des personnes visées à l'article 8 deviennent éligibles à l'exonération mentionnée à cet alinéa, la société doit réintégrer à son résultat fiscal soumis à l'impôt sur les sociétés une somme correspondant à la plus-value calculée par différence entre la valeur réelle de ces biens à cette date et leur valeur fiscale. Cette réintégration est effectuée par parts égales sur une période de quatre ans. La cession des biens concernés entraîne l'imposition immédiate de la plus-value qui n'a pas encore été réintégrée.

IS-IV-17930 s. ; MF n° 30950

Art 208 D **I. 1.** Sont exonérées d'impôt sur les sociétés jusqu'au terme du dixième exercice suivant celui de leur création les sociétés par actions simplifiées à associé unique, dites « sociétés unipersonnelles d'investissement à risque », détenues par une personne physique, qui ont dès leur création pour objet social exclusif la souscription en numéraire au capital initial ou aux augmentations de capital de sociétés ayant leur siège dans un Etat de l'Union européenne ou dans un autre Etat partie à l'accord sur l'Espace économique européen ayant conclu avec la France une convention d'assistance administrative en vue de lutter contre la fraude et l'évasion fiscales, dont les titres ne sont pas admis aux négociations sur un marché d'instruments financiers français ou étranger, dont le fonctionnement est assuré par une entreprise de marché ou un prestataire de services d'investissement autre qu'une société de gestion de portefeuille ou tout autre organisme similaire étranger, qui exercent une activité mentionnée à l'article 34 et qui sont soumises à l'impôt sur les sociétés dans les conditions de droit commun au taux normal ou y seraient soumises dans les mêmes conditions si l'activité était exercée en France.

Les sociétés unipersonnelles d'investissement à risque doivent détenir au plus 30 % des droits financiers et des droits de vote des sociétés dans lesquelles elles investissent.

2. Les sociétés dont les titres figurent à l'actif de la société unipersonnelle d'investissement à risque doivent également remplir les conditions suivantes :

a. Elles ont été créées depuis moins de cinq ans à la date de la première souscription par la société unipersonnelle d'investissement à risque ;

b. Elles sont nouvelles au sens de l'article 44 sexies ou créées pour la reprise de l'activité d'une entreprise pour laquelle est intervenu un jugement ordonnant la cession en application de l'article L 631-22 du Code de commerce, en l'absence de tout plan de sauvegarde ou de redressement judiciaire, ou prononçant sa liquidation judiciaire ;

c. Elles sont détenues majoritairement par des personnes physiques ou par des personnes morales détenues majoritairement par des personnes physiques.

3. L'associé d'une société unipersonnelle d'investissement à risque, son conjoint et leurs ascendants et descendants détiennent ensemble, directement ou indirectement, au plus 30 % des droits financiers et des droits de vote des sociétés dont les titres figurent à l'actif de la société et n'ont pas atteint ce niveau de détention depuis leur création. Ils n'exercent dans ces sociétés aucune des fonctions énumérées au 1° du 1 du III de l'article 975.

4. Par dérogation aux dispositions du 1°, les sociétés unipersonnelles d'investissement à risque peuvent consentir, dans la limite de 15 % de leur actif brut comptable, des avances en compte courant aux sociétés dans lesquelles elles ont investi. Elles peuvent également détenir d'autres éléments d'actifs dans la limite de 5 % de leur actif brut comptable.

(Voir Annexe III, art. 46 ter B à 46 ter D)

II. Le non-respect de l'une des conditions mentionnées au I entraîne la perte de l'exonération prévue au même I, pour l'exercice en cours et les exercices suivants.

Toutefois, l'exonération d'impôt sur les sociétés est maintenue jusqu'au terme du dixième exercice suivant celui de la création de la société unipersonnelle d'investissement à risque, lorsque les actions de la société sont transmises à titre gratuit à la suite du décès de l'associé unique initial et que les conditions prévues au I, autres que celles relatives à l'unicité de l'associé, sont respectées.

(Voir Annexe III, art. 41 sexdecies M)

III. L'exonération prévue au I ne bénéficie qu'aux sociétés créées avant le 1er juillet 2008.

IS-IV-23000 s. ; MF n° 26450

Art 208 ter Les collectivités imposables en vertu du 5 de l'article 206 n'ont pas à comprendre dans leurs revenus imposables :

a. Les intérêts des sommes inscrites sur les livrets A *(Voir Annexe III, art. 46 quater-0 B)* ;

b. Dans les conditions et sous les réserves prévues par le 1° de l'article 133, les intérêts, arrérages et autres produits des emprunts non négociables contractés par les régions, départements, communes, syndicats de communes et établissements publics ;

c. Même s'ils ne sont pas représentés par des titres négociables, les produits des emprunts visés au 4° de l'article 138 et à l'article 146 quater.

IS-I-17250 s. ; MF n° 89715

Art 208 ter A Les caisses locales de crédit agricole mutuel imposables en application du 2° du 6 de l'article 206 ne comprennent pas dans leur revenu imposable les intérêts versés aux parts sociales qu'elles détiennent dans le capital des caisses auxquelles elles sont affiliées.

IS-I-5840

Art 208 ter B **I.** Les organismes qui reçoivent des intérêts des sommes inscrites sur les comptes spéciaux sur livrets ouverts avant le 1er janvier 2009, dans des conditions définies par décret, par les caisses de crédit mutuel adhérentes à la Confédération nationale du crédit mutuel n'ont pas à les comprendre dans leurs revenus imposables.

II. Peuvent bénéficier des dispositions du I :

1° Les associations à but non lucratif régies par la loi du 1er juillet 1901 ou régies par la loi locale maintenue en vigueur dans les départements du Bas-Rhin, du Haut-Rhin et de la Moselle ;

2° Les organismes sans but lucratif à caractère cultuel ;

3° Les syndicats professionnels et leurs unions mentionnés au titre III du livre Ier de la deuxième partie du code du travail ;

4° Les comités sociaux et économiques.

IS-I-17330

Art 208 quinquies **I.** Les personnes morales soumises de plein droit ou sur option à l'impôt sur les sociétés dans les conditions de droit commun, qui, dans les cinq ans de l'institution de l'une des zones prévues à l'article 1er de l'ordonnance n° 86-1113 du 15 octobre 1986, se seront créées pour y exploiter une entreprise, sont exonérées de cet impôt à raison des bénéfices réalisés jusqu'au terme du cent vingtième mois suivant leur création.

(Les zones d'entreprises prévues à l'article 1er de l'ordonnance 86-1113 du 15 octobre 1986 ont été créées par le

décret du 13 février 1987, JO du 15, le décret 87-536 du 15 juillet 1987, JO du 16, le décret 92-146 du 12 février 1992, JO du 18)

Les personnes morales créées dans le cadre d'une concentration ou d'une restructuration d'activités préexistant dans la zone ou pour la reprise de telles activités ne peuvent pas bénéficier de cette exonération.

II. L'exonération prévue au I ne s'applique pas :

1° Aux produits des actions ou parts de société, et aux résultats de participations dans des organismes mentionnés aux articles 8, 8 quater, 8 quinquies, 239 quater et 239 quater B ;

2° Aux subventions, libéralités et abandons de créances ;

3° Aux produits de créances et d'opérations financières pour le montant qui excède celui des frais financiers engagés au cours du même exercice ;

4° Aux produits tirés des droits de la propriété industrielle et commerciale, lorsque ces droits n'ont pas leur origine dans l'activité créée dans la zone ;

5° Aux résultats qui ne sont pas déclarés dans les conditions prévues à l'article 223.

III. Pour bénéficier de l'exonération prévue au I, la personne morale doit remplir les conditions suivantes :

1° Son siège social, ses activités et ses moyens d'exploitation doivent être implantés dans une des zones créées en application de l'article 1er de l'ordonnance n° 86-1113 du 15 octobre 1986 ;

2° Ses activités doivent être industrielles et commerciales au sens de l'article 34 ; toutefois, l'exonération prévue au I ne s'applique pas si l'entreprise exerce à titre principal ou accessoire :

a. Une activité de stockage ou de distribution indépendante des unités de production industrielle situées dans la zone ;

b. Une activité de services qui n'est pas directement nécessaire à une activité de fabrication ou de transformation de biens corporels mobiliers ;

c. Une activité bancaire, financière, d'assurances, de location ou de gestion d'immeubles ou de travaux immobiliers ;

d. Une activité relevant de l'un des secteurs suivants : sidérurgie, fibres synthétiques, textile-habillement, construction navale, verre plat, poudre de lait, beurre, sucre, isoglucose ;

3° Son effectif de salariés bénéficiant d'un contrat de travail à durée indéterminée ou d'une durée de six mois au moins doit être égal ou supérieur à dix au cours de chaque exercice de la période d'exonération ; si l'effectif varie en cours d'exercice, il est calculé compte tenu de la durée de présence des salariés en cause pendant l'exercice.

IV. Si l'effectif minimal prévu au 3° du III n'est pas atteint au cours des deux premiers exercices, l'exonération est accordée sous réserve que l'effectif soit d'au moins dix salariés au cours du troisième exercice.

Si, au-delà du troisième exercice, la personne morale cesse de remplir la condition d'effectif, elle ne bénéficie plus des exonérations à compter de l'exercice au cours duquel cette condition n'est plus remplie.

IS-IV-33600 s.

Art 208 septies I. Les opérations de transferts de biens, droits et obligations réalisées, à la valeur nette comptable, par un syndicat de défense des appellations d'origine constitué sous forme de syndicat régi par la loi du 21 mars 1884 relative aux syndicats professionnels ou d'association relevant de la loi du 1er juillet 1901 relative au contrat d'association, au profit d'un organisme de défense et de gestion mentionné à l'article L 642-17 du code rural et de la pêche maritime ou d'un organisme de contrôle mentionné à l'article L 642-3 du même code, rendues nécessaires par la mise en œuvre de l'article 73 de la loi n° 2006-11 du 5 janvier 2006 d'orientation agricole et de l'ordonnance n° 2006-1547 du 7 décembre 2006 relative à la valorisation des produits agricoles, forestiers ou alimentaires et des produits de la mer, ne donnent lieu à aucune imposition à l'impôt sur les sociétés.

Pour la détermination de leurs résultats imposables, les bénéficiaires des transferts doivent se conformer aux dispositions prévues aux a, b, c et e du 3 de l'article 210 A à raison des biens, droits et obligations qui leur ont été transmis. Pour l'application de ces dispositions, la société absorbée s'entend de l'entité qui possédait les biens, droits et obligations avant l'intervention de l'opération, et la société absorbante s'entend de l'entité possédant ces mêmes biens, droits et obligations après l'opération.

Ces dispositions s'appliquent aux transferts de biens réalisés à compter du 1er janvier 2007.

II. Les opérations de transferts de biens, droits et obligations réalisées, à la valeur nette comptable, par un syndicat agricole reconnu par l'autorité administrative comme organisation de producteurs ou comité économique agricole au profit d'un organisme qui peut être reconnu par l'autorité administrative comme organisation de producteurs ou association d'organisations de producteurs conformément aux articles L 551-1, L 552-1 et L 552-4 du code rural et de la pêche maritime, et rendues nécessaires par la mise en œuvre de l'article 53 de la loi n° 2006-11 du 5 janvier 2006 précitée, ne donnent lieu à aucune imposition à l'impôt sur les sociétés.

Pour la détermination de leurs résultats imposables, les bénéficiaires des transferts doivent se conformer aux dispositions prévues aux a, b, c et e du 3 de l'article 210 A à raison des biens, droits et obligations qui leur ont été transmis. Pour l'application de ces dispositions, la société absorbée s'entend de l'entité qui possédait les biens, droits et obligations avant l'intervention de l'opération, et la société absorbante s'entend de l'entité possédant ces mêmes biens, droits et obligations après l'opération.

Ces dispositions s'appliquent aux transferts de biens réalisés à compter du 7 janvier 2006.

IS-VI-4150 s.

SECTION III

Détermination du bénéfice imposable

Art 209 **I.** Sous réserve des dispositions de la présente section, les bénéfices passibles de l'impôt sur les sociétés sont déterminés d'après les règles fixées par les articles 34 à 45, 53 A à 57, 108 à 117, 237 ter A et 302 septies A bis et en tenant compte uniquement des bénéfices réalisés dans les entreprises exploitées en France, de ceux mentionnés aux a, e, e bis et e ter du I de l'article 164 B ainsi que de ceux dont l'imposition est attribuée à la France par une convention internationale relative aux doubles impositions.

IS-I-19000 s. ; MF n°s 35720 s.

Toutefois, par dérogation aux dispositions du deuxième alinéa de l'article 37, l'impôt sur les sociétés dû par les entreprises créées à compter du 1er janvier 1984 est établi, lorsqu'aucun bilan n'est dressé au cours de la première année civile d'activité, sur les bénéfices de la période écoulée depuis le commencement des opérations jusqu'à la date de clôture du premier exercice et, au plus tard, jusqu'au 31 décembre de l'année suivant celle de la création.

BIC-IV-870 s. ; MF n° 7330

Sous réserve de l'option prévue à l'article 220 quinquies, en cas de déficit subi pendant un exercice, ce déficit est considéré comme une charge de l'exercice suivant et déduit du bénéfice réalisé pendant ledit exercice dans la limite d'un montant de 1 000 000 € majoré de 50 % du montant correspondant au bénéfice imposable dudit exercice excédant ce premier montant. Si ce bénéfice n'est pas suffisant pour que la déduction puisse être intégralement opérée, l'excédent du déficit est reporté dans les mêmes conditions sur les exercices suivants. Il en est de même de la fraction de déficit non admise en déduction en application de la première phrase du présent alinéa.

Pour les sociétés auxquelles sont consentis des abandons de créances dans le cadre d'un accord constaté ou homologué dans les conditions prévues à l'article L 611-8 du code de commerce ou lors d'une procédure de sauvegarde, de redressement judiciaire ou de liquidation judiciaire ouverte à leur nom, la limite de 1 000 000 € mentionnée au troisième alinéa du présent I est majorée du montant desdits abandons de créances.

BIC-XIV-1500 s. ; MF n° 35905

II. 1. En cas de fusion ou opération assimilée placée sous le régime de l'article 210 A, les déficits antérieurs, les charges financières nettes non déduites mentionnées au 1 du VIII de l'article 212 bis et la capacité de déduction inemployée mentionnée au 2 du même VIII par la société absorbée ou apporteuse sont transférés, sous réserve d'un agrément délivré dans les conditions prévues à l'article 1649 nonies *(Voir également Annexe IV, art. 170 sexies)*, à la ou aux sociétés bénéficiaires des apports, et imputables sur ses ou leurs bénéfices ultérieurs dans les conditions prévues respectivement au troisième alinéa du I du présent article et aux 1 et 2 du VIII de l'article 212 bis.

En cas de scission ou d'apport partiel d'actif, les déficits transférés sont ceux afférents à la branche d'activité apportée.

L'agrément est délivré lorsque :

a. L'opération est justifiée du point de vue économique et obéit à des motivations principales autres que fiscales ;

b. L'activité à l'origine des déficits ou des intérêts dont le transfert est demandé n'a pas fait l'objet par la société absorbée ou apporteuse, pendant la période au titre de laquelle ces déficits et ces intérêts ont été constatés, de changement significatif, notamment en termes de clientèle, d'emploi, de moyens d'exploitation effectivement mis en œuvre, de nature et de volume d'activité ;

c. L'activité à l'origine des déficits ou des intérêts dont le transfert est demandé est poursuivie par la ou les sociétés absorbantes ou bénéficiaires des apports pendant un délai minimal de trois ans, sans faire l'objet, pendant cette période, de changement significatif, notamment en termes de clientèle, d'emploi, de moyens d'exploitation effectivement mis en œuvre, de nature et de volume d'activité ;

d. Les déficits et intérêts susceptibles d'être transférés ne proviennent ni de la gestion d'un patrimoine mobilier par des sociétés dont l'actif est principalement composé de participations financières dans d'autres sociétés ou groupements assimilés ni de la gestion d'un patrimoine immobilier. Cette disposition ne s'applique pas aux organismes mentionnés aux articles L 411-2 et L 481-1 du code de la construction et de l'habitation.

2. Le transfert des déficits antérieurs, des charges financières nettes non déduites et de la capacité de déduction inemployée prévus au 1 est dispensé d'agrément lorsque :

a. Le montant cumulé des déficits antérieurs, des charges financières nettes non déduites et de la capacité de déduction inemployée, transférés est inférieur à 200 000 € ;

b. La condition prévue au d du même 1 est respectée ;

c. Durant la période au cours de laquelle ces déficits, ces charges financières et cette capacité de déduction inemployée ont été constatés, la société absorbée n'a pas cédé ou cessé l'exploitation d'un fonds de commerce ou d'un établissement.

Le présent 2 ne s'applique pas en cas de scission ou d'apport partiel d'actif d'une ou plusieurs branches complètes d'activité.

IS-VI-17050 s., 18200 s. ; MF nos 39555 s.

II bis. En cas de reprise d'un passif excédant la valeur réelle de l'actif qui est transféré à l'occasion d'une opération mentionnée au 3° du I de l'article 210-0 A, la charge correspondant à cet excédent ne peut être déduite.

IS-VI-20555 s. ; MF n° 39545

II ter. En cas de fusion ou opération assimilée placée sous le régime des articles 210 A à 210 C, les dépenses servant au calcul du rapport défini au III de l'article 238 réalisées par la société absorbée ou apporteuse sont prises en compte, au titre des exercices ultérieurs, pour le calcul du même rapport par la société absorbante ou bénéficiaire des apports. L'éventuel résultat net négatif de cession, de concession ou de sous-concession mentionné au II du même article 238 réalisé par la société absorbée ou apporteuse est imputable, par la société absorbante ou bénéficiaire des apports, sur les résultats nets ultérieurs de cession, de concession ou de sous-concession de ces mêmes actifs, biens ou services ou familles de biens ou services, dans les conditions prévues audit article 238.

En cas de scission ou d'apport partiel d'actif, les dépenses et le résultat net négatif transférés sont ceux afférents à l'actif incorporel apporté.

BIC-VIII-1900 s.

III. *(Abrogé).*

III bis. En cas d'option pour le régime défini à l'article 209-0 B, les déficits reportables à l'ouverture du premier exercice couvert par cette option ne peuvent pas être imputés sur les bénéfices réalisés au titre des exercices clos au cours de la ou des périodes décennales visées au III dudit article. Ces déficits peuvent être, soit déduits, dans les conditions prévues aux I et II du présent article, des résultats de l'exercice au titre duquel ce régime cesse de s'appliquer et des exercices suivants, soit imputés sur la somme mentionnée au deuxième alinéa du V de l'article 209-0 B.

BIC-XVIII-18200 s.

IV. 1. Pour la détermination du résultat imposable des sociétés d'assurance mutuelles, le droit d'adhésion versé par un sociétaire au cours de l'exercice de son adhésion et inscrit en comptabilité au compte « fonds d'établissement » est considéré comme un apport à hauteur d'un montant égal au rapport entre le montant minimal de la marge de solvabilité exigée par la réglementation et le nombre de sociétaires, constaté à la clôture de l'exercice précédent. Lorsque la marge de solvabilité effectivement constituée est inférieure au montant minimal réglementaire, le premier terme de ce rapport est majoré du montant de cette insuffisance.

2. Les sommes prélevées sur le compte « fonds d'établissement » sont rapportées au résultat imposable de l'exercice en cours à la date de ce prélèvement, dans la limite de celles ayant bénéficié des dispositions du 1.

3. La disposition du 2 n'est pas applicable en cas d'imputation de pertes sur le compte « fonds d'établissement » ; les pertes ainsi annulées cessent d'être reportables.

IS-IV-7080 s.

V. Pour la détermination du résultat imposable des entreprises bénéficiant ou ayant bénéficié du régime défini à l'article 209-0 B, le montant des plus ou moins-values provenant de la cession de navires éligibles à ce régime et réalisées pendant ou après la période couverte par l'option visée au III de ce même article est réduit à concurrence du rapport existant entre la durée de détention pendant la période couverte par cette option et la durée totale de détention.La durée de détention couverte par l'option est décomptée à partir de la date de début d'exploitation du navire dans le cadre du régime défini à l'article 209-0 B par l'entreprise cédante lorsque cette dernière a acquis l'intégralité des parts de la société propriétaire du navire, puis a acquis le navire dans le cadre d'une opération bénéficiant des dispositions des articles 210 A, 210 B et 210 C.

Les dispositions du premier alinéa ne s'appliquent pas en cas de sortie du régime prévu à l'article 209-0 B dans les conditions prévues aux b et d du IV dudit article, ou de cession de navires pendant la période mentionnée au III de ce même article à des sociétés n'ayant pas opté pour le régime prévu à l'article 209-0 B précité et liées directement ou indirectement au sens du 12 de l'article 39.

BIC-XVIII-18050 s.

VI. Le dix-neuvième alinéa du 5° du 1 de l'article 39 s'applique distinctement aux titres de sociétés à prépondérance immobilière définis au troisième alinéa du a du I de l'article 219 et aux autres titres de sociétés à prépondérance immobilière.

BIC-VII-34000 s. ; MF n° 18900

VII. Les frais liés à l'acquisition de titres de participation définis au dix-septième alinéa du 5° du 1 de l'article 39 ne sont pas déductibles au titre de leur exercice d'engagement mais sont incorporés au prix de revient de ces titres. Pour l'application des dispositions de la phrase précédente, les frais d'acquisition s'entendent des droits de mutation, honoraires, commissions et frais d'actes liés à l'acquisition.

La fraction du prix de revient des titres mentionnés au premier alinéa correspondant à ces frais d'acquisition peut être amortie sur cinq ans à compter de la date d'acquisition des titres.

BIC-IV-15150 s. ; MF n° 7575

VII bis. Lorsque des titres de participation mentionnés au troisième alinéa du a quinquies du I de l'article 219 ont été acquis dans le cadre d'une opération d'augmentation de capital libérée par compensation avec des créances liquides et exigibles qui ont été acquises auprès d'une entreprise tierce non liée, au sens du 12 de l'article 39, à l'entreprise qui acquiert les titres, ni à l'entreprise émettrice, le profit imposable est déterminé en tenant compte de la valeur réelle des titres reçus en contrepartie. Les liens de dépendance mentionnés à la première phrase du présent VII bis sont appréciés à la date de l'acquisition des titres et au cours des douze mois qui précèdent et qui suivent cette date.

Pour l'application du premier alinéa du présent VII bis, il n'est toutefois pas exigé que l'entreprise auprès de laquelle les créances ont été acquises ne soit pas liée à l'entreprise émettrice lorsque l'augmentation de capital est effectuée dans le cadre d'un protocole de conciliation constaté ou homologué dans les conditions prévues à l'article L 611-8 du code de commerce ou d'un plan de sauvegarde ou de redressement *(NDLR Ces dispositions s'appliquent aux exercices clos à compter du 31 décembre 2020).*

BIC-V-29370 s. ; MF n° 8095

VIII. Pour les sociétés coopératives d'intérêt collectif, la part des excédents mis en réserves impartageables est déductible de l'assiette de l'impôt sur les sociétés.

IS-II-4000 s.

IX. *(Abrogé).*

X. Ne sont pas déductibles de l'assiette de l'impôt sur les sociétés :

1° Les cotisations versées au fonds de garantie des dépôts et de résolution en application de la première phrase du I de l'article L 312-7 du code monétaire et financier pour financer les interventions prévues aux III et IV de l'article L 312-5 du même code ;

2° Les contributions prévues aux articles 69, 70 et 71 du règlement (UE) n° 806/2014 du Parlement européen et du Conseil, du 15 juillet 2014, établissant des règles et une procédure uniformes pour la résolution des établissements de crédit et de certaines entreprises d'investissement dans le cadre d'un mécanisme de résolution unique et d'un Fonds de résolution bancaire unique, et modifiant le règlement (UE) n° 1093/2010.

BIC-IX-95100

Art 209-0 A **1°** Pour la détermination de leur résultat imposable, les entreprises qui détiennent des parts ou actions d'organismes de placement collectif en valeurs mobilières ou de placements collectifs relevant des paragraphes 1, 2 et 6 de la sous-section 2, du paragraphe 2 ou du sous-paragraphe 1 du paragraphe 1 de la sous-section 3 de la section 2 du chapitre IV du titre Ier du livre II du code monétaire et financier, qu'ils soient français ou étrangers, évaluent ces parts ou actions, à la clôture de chaque exercice, à leur valeur liquidative.

L'écart entre la valeur liquidative à l'ouverture et à la clôture de l'exercice constaté lors de cette évaluation est compris dans le résultat imposable de l'exercice concerné. En cas d'acquisition au cours de l'exercice, l'écart est calculé à partir de la valeur liquidative à la date d'acquisition.

Il en est de même lorsque ces parts ou actions sont détenues par une personne ou un organisme, établi hors de France, dont l'entreprise détient directement ou indirectement des actions, parts ou droits, si l'actif de cette personne ou de cet organisme est constitué principalement de parts ou actions mentionnées au premier alinéa, ou si son activité consiste de manière prépondérante en la gestion de ces mêmes parts ou actions pour son propre compte. Dans ce cas, l'écart imposable est celui ressortant des évaluations des parts ou actions détenues par cette personne ou cet organisme. Cet écart est retenu au prorata des actions, parts ou droits détenus par l'entreprise imposable dans la personne ou l'organisme détenteur, et regardé comme affectant la valeur de ces actions, parts ou droits.

Il en est de même lorsque ces parts ou actions sont détenues par une société de financement spécialisé mentionnée à l'article L 214-190-2 du code monétaire et financier.

BIC-VII-60500 s. ; MF nº 19090 c

Les dispositions des premier, deuxième, troisième et quatrième alinéas ne sont pas applicables aux parts ou actions d'organismes de placement collectif en valeurs mobilières ou de placements collectifs relevant des paragraphes 1, 2 et 6 de la sous-section 2, du paragraphe 2 ou du sous-paragraphe 1 du paragraphe 1 de la sous-section 3 de la section 2 du chapitre IV du titre Ier du livre II du code monétaire et financier, qu'ils soient français ou étrangers, détenues par les entreprises exerçant majoritairement leur activité dans le secteur de l'assurance sur la vie ou de capitalisation, les fonds de retraite professionnelle supplémentaire mentionnés à l'article L 381-1 du code des assurances, les mutuelles ou unions de retraite professionnelle supplémentaire mentionnées à l'article L 214-1 du code de la mutualité ou les institutions de retraite professionnelle supplémentaire mentionnées à l'article L 942-1 du code de la sécurité sociale.

IS-IV-8100

Les dispositions des premier, deuxième, troisième et quatrième alinéas ne sont pas applicables aux parts ou actions d'organismes de placement collectif en valeurs mobilières ou de placements collectifs mentionnés au premier alinéa, français ou établis dans un Etat membre de la Communauté européenne qui remplissent simultanément les conditions suivantes :

a. La valeur réelle de l'actif est représentée de façon constante pour 90 % au moins par des actions, des certificats d'investissement et des certificats coopératifs d'investissement émis par des sociétés ayant leur siège dans la Communauté européenne, et qui sont soumises à l'impôt sur les sociétés dans les conditions de droit commun ou qui sont soumises à un impôt comparable. La proportion de 90 % est considérée comme satisfaite si, pour chaque semestre civil, la moyenne journalière de la valeur réelle des titres mentionnés ci-avant est au moins égale à 90 % de la moyenne journalière de la valeur réelle de l'ensemble des actifs. Pour le calcul de la proportion de 90 %, les titres qui font l'objet d'un rachat ne sont pas pris en compte au numérateur du rapport ;

b. Les titres dont la valeur est retenue pour le calcul de la proportion mentionnée au a sont rémunérés par des distributions prélevées sur les bénéfices. Les produits des titres définis à la phrase précédente sont constitués directement par ces bénéfices distribués et par les plus-values résultant de leur cession.

Pour les parts d'un fonds commun de placement à risques ou d'un fonds professionnel de capital investissement qui remplit les conditions prévues au II ou au III bis de l'article 163 quinquies B, les entreprises peuvent s'abstenir de constater l'écart mentionné au deuxième alinéa à condition de s'engager à les conserver pendant un délai d'au moins cinq ans à compter de leur date d'acquisition. L'engagement est réputé avoir été pris dès lors que cet écart n'a pas été soumis spontanément à l'impôt. En cas de rupture de l'engagement, l'entreprise acquitte spontanément une taxe dont le montant est calculé en appliquant à l'impôt qui aurait été versé en application du deuxième alinéa un taux de 0,75 % par mois décompté du premier jour du mois suivant celui au cours duquel l'impôt devait être acquitté jusqu'au dernier jour du mois du paiement. Cette taxe est acquittée dans les trois mois de la clôture de l'exercice. Elle est liquidée, déclarée et recouvrée comme en matière de taxe sur le chiffre d'affaires et sous les mêmes garanties et sanctions. La taxe n'est pas déductible pour la détermination du résultat imposable.

2º Le résultat imposable de la cession de ces parts, actions ou droits est déterminé à partir du prix d'acquisition ou de souscription des titres, corrigé du montant des écarts d'évaluation mentionnés au 1º qui ont été compris dans les résultats imposables.

Les provisions constituées en vue de faire face à la dépréciation des titres ou droits mentionnés au premier alinéa du 1º ne sont pas déductibles. Pour les actions, parts ou droits soumis aux dispositions du troisième alinéa du 1º, la provision constituée, dans les conditions prévues au 5º du 1 de l'article 39, est admise en déduction à hauteur du montant de la dépréciation constatée, qui excède les écarts négatifs, pris en compte en application du 1º.

3º Pour chaque exercice, le montant net des écarts d'évaluation mentionnés au 1º obtenu après compensation éventuelle entre les écarts positifs et négatifs est indiqué en annexe à la déclaration prévue à l'article 53 A et est déterminé à partir d'un état qui fait apparaître pour chaque catégorie de titres de même nature les valeurs liquidatives de ces parts ou actions qui sont retenues pour la détermination de l'écart imposable en application du présent article. Cet état doit être représenté à toute réquisition de l'administration.

4° et 5° *(Abrogés).*

BIC-VII-56200 s. ; MF n° 19005

Art 209-0 B I. Les entreprises dont le chiffre d'affaires provient pour 75 % au moins de l'exploitation de navires armés au commerce peuvent, sur option, être soumises au régime défini au présent article pour la détermination des bénéfices imposables provenant de l'exploitation de ces navires.

L'option mentionnée au premier alinéa est valable sous réserve que l'entreprise exploite sous pavillon d'un Etat membre de l'Union européenne ou d'un autre Etat partie à l'accord sur l'Espace économique européen une proportion de tonnage net au moins égale à 25 % et qu'elle s'engage à maintenir ou à augmenter, au cours de la période décennale mentionnée au III, la proportion de tonnage net qu'elle exploite sous ces pavillons à la date d'ouverture du premier exercice de la période décennale couverte par l'option.

Pour les sociétés membres d'un groupe mentionné à l'article 223 A, la proportion mentionnée au deuxième alinéa du présent I est appréciée au regard du tonnage net total exploité par les sociétés membres du groupe.

Sont éligibles à ce régime les navires armés au commerce :

a. Qui ont une jauge brute égale ou supérieure à 50 unités du système de jaugeage universel (UMS) ;

b. Qui soit sont possédés en pleine propriété ou en copropriété, à l'exception de ceux donnés en affrètement coque nue à des sociétés qui ne leur sont pas liées directement ou indirectement, au sens du 12 de l'article 39, ou à des sociétés liées n'ayant pas elles-mêmes opté pour le régime, soit sont affrétés coque nue ou à temps, soit sont pris en location dans les conditions prévues au 1 de l'article L 313-7 du code monétaire et financier et dans le cadre d'opérations de location avec option d'achat ;

c. Qui sont affectés au transport de personnes ou de biens, au remorquage en haute mer, au sauvetage ou à d'autres activités d'assistance maritime, à des opérations de transport en relation avec l'exercice de toutes autres activités nécessairement fournies en mer ;

d. Dont la gestion stratégique et commerciale est assurée à partir de la France ;

e. Et qui n'ont pas été acquis, pendant la période d'application du présent régime, auprès de sociétés liées directement ou indirectement au sens du 12 de l'article 39 n'ayant pas opté elles-mêmes pour ce régime.

Lorsque l'engagement mentionné au deuxième alinéa n'est pas respecté au titre d'un exercice, les navires qui ne battent pas pavillon d'un des Etats membres de l'Union européenne ou d'un autre Etat partie à l'accord sur l'Espace économique européen dont le tonnage a conduit à minorer la proportion de tonnage net mentionnée au même alinéa ne peuvent pas bénéficier du présent régime au titre de cet exercice.

Les dispositions de l'alinéa précédent ne s'appliquent pas si l'une des conditions suivantes est remplie :

a. Les navires éligibles au présent régime qui battent pavillon d'un des Etats membres de l'Union européenne ou d'un autre Etat partie à l'accord sur l'Espace économique européen représentent au titre de l'exercice plus de 60 % du tonnage net de la flotte de navires éligibles ;

b. La proportion, sous pavillon d'un Etat membre de l'Union européenne ou d'un autre Etat partie à l'accord sur l'Espace économique européen, de tonnage net des navires éligibles au présent régime n'a pas diminué en moyenne au cours des trois derniers exercices, ramenés le cas échéant à douze mois, par rapport à la proportion de tonnage net mentionnée au deuxième alinéa du présent I ;

c. *(Abrogé).*

II. Le résultat imposable provenant des opérations directement liées à l'exploitation des navires éligibles est déterminé par application à chacun de ces navires, par jour et par tranche de jauge nette de 100 unités du système de jaugeage universel (UMS), du barème suivant :

Tonnage (en unités du système de jaugeage universel)	Jusqu'à 1 000	De 1 000 à 10 000	De 10 000 à 25 000	Plus de 25 000
Montant en euros	0,93	0,71	0,47	0,24

Pour l'application du premier alinéa, la jauge nette de chaque navire est arrondie à la centaine supérieure.

Le barème s'applique également pendant les périodes d'indisponibilité des navires.

Le résultat imposable résultant de l'application de ce barème est majoré du montant :

a. Des abandons de créance, subventions et libéralités accordés par des sociétés liées directement ou indirectement au sens du 12 de l'article 39 n'ayant pas elles-mêmes opté pour le présent régime ;

b. Des résultats de participations dans des organismes mentionnés aux articles 8, 8 quater, 239 quater, 239 quater B, 239 quater C et 239 quater D à l'exception des résultats de copropriétés de navires soumis au présent régime ;

c. Des plus ou moins-values provenant de la cesssion ou de la réévaluation des navires éligibles et des éléments de l'actif immobilisé affectés à leur exploitation ;

d. Des réintégrations prévues au d du 3 de l'article 210 A ;

e. *(Abrogé).*

Les plus et moins-values mentionnées au c sont déterminées conformément aux dispositions de l'article 39 duodecies. Pour l'application de ces dispositions, le résultat imposable résultant de l'application du barème est réputé tenir compte des amortissements pratiqués par l'entreprise.

Le bénéfice tiré des opérations qui ne sont pas directement liées à l'exploitation de navires éligibles est déterminé dans les conditions de droit commun. Pour la détermination de ce bénéfice, les charges d'intérêts sont imputées à proportion de la valeur comptable brute des éléments d'actif concourant à la réalisation de ces opérations par rapport à la valeur comptable brute de l'ensemble des éléments d'actif.

III. L'option prévue au I doit être exercée au plus tard au titre d'un exercice clos ou d'une période d'imposition arrêtée avant le 1er janvier 2005. Pour les entreprises qui étaient éligibles avant le 1er janvier 2007 et qui n'ont pas opté, l'option prévue au I peut être exercée au plus tard au titre d'un exercice clos ou d'une période d'imposition arrêtée entre le 1er janvier 2007 et le 1er janvier 2008. Pour les entreprises qui deviennent éligibles, pour la première fois, au présent régime au titre d'un exercice clos à compter du 1er janvier 2008, l'option peut être exercée au plus tard au titre de l'exercice suivant.

Pour les sociétés qui sont membres d'un groupe mentionné à l'article 223 A ou à l'article 223 A bis, cette option n'est ou ne demeure valable que si elle est exercée par l'ensemble des sociétés membres du groupe susceptibles de bénéficier du régime défini par le présent article. Une société qui n'a pas opté dans les conditions prévues au premier alinéa peut, lorsqu'elle devient membre d'un groupe mentionné à l'article 223 A ou à l'article 223 A bis dont les sociétés membres ont exercé cette option, opter au titre de l'exercice d'entrée dans le groupe.

L'option est formulée pour une période irrévocable de dix années et est renouvelable au terme de cette période.

IV. Les dispositions du présent article cessent de s'appliquer à compter de l'exercice ou de la période d'imposition au titre duquel survient l'un des événements suivants :

a. La société ne possède ou n'affrète plus aucune navire éligible ;

b. La société ne remplit plus la condition de pourcentage minimum de chiffre d'affaires provenant de l'exploitation de navires armés au commerce mentionnée au I ;

c. La société ayant opté pour le présent régime devient membre d'un groupe mentionné à l'article 223 A ou à l'article 223 A bis dont les sociétés membres susceptibles de bénéficier du présent régime n'ont pas exercé cette option ;

d. Une des sociétés membre d'un groupe mentionné à l'article 223 A ou à l'article 223 A bis susceptible de bénéficier du présent régime n'a pas exercé l'option prévue au III.

V. En cas de sortie du présent régime dans les cas prévus au IV, le résultat de l'exercice ou de la période d'imposition au titre duquel ce régime cesse de s'appliquer est augmenté de l'avantage retiré de ce régime, évalué forfaitairement à la somme des bénéfices ayant été déterminés en application du barème mentionné au II.

En cas de réalisation de l'un des événements mentionnés au 2 de l'article 221 avant le terme de la période décennale prévue au III, à l'exception des apports et des opérations de fusion et de scission placées sous le régime prévu à l'article 210 A, le résultat de l'exercice en cours à la date de cet événement est majoré de la somme définie au premier alinéa.

Un décret fixe les modalités d'option et les obligations déclaratives *(Voir Annexe III, art. 46 quater-0 ZS bis et 46 quater-0 ZS bis A).*

BIC-XVIII-16000 s. ; MF nº 10450

Art 209 B **I. 1.** Lorsqu'une personne morale établie en France et passible de l'impôt sur les sociétés exploite une entreprise hors de France ou détient directement ou indirectement plus de 50 % des actions, parts, droits financiers ou droits de vote dans une entité juridique : personne morale, organisme, fiducie ou institution comparable, établie ou constituée hors de France et que cette entreprise ou entité juridique est soumise à un régime fiscal privilégié au sens de l'article 238 A, les bénéfices ou revenus positifs de cette entreprise ou entité juridique sont imposables à l'impôt sur les sociétés. Lorsqu'ils sont réalisés par une entité juridique, ils sont réputés constituer un revenu de capitaux mobiliers imposable de la personne morale établie en France dans la proportion des actions, parts ou droits financiers qu'elle détient directement ou indirectement.

Le taux de détention mentionné à l'alinéa précédent est ramené à 5 % lorsque plus de

50 % des actions, parts, droits financiers ou droits de vote de l'entité juridique établie ou constituée hors de France sont détenus par des entreprises établies en France qui, dans le cas où l'entité étrangère est cotée sur un marché réglementé, agissent de concert ou bien par des entreprises qui sont placées directement ou indirectement dans une situation de contrôle ou de dépendance au sens de l'article 57 à l'égard de la personne morale établie en France.

2. Les actions, parts, droits financiers ou droits de vote détenus indirectement par la personne morale visée au 1 s'entendent des actions, parts, droits financiers ou droits de vote détenus par l'intermédiaire d'une chaîne d'actions, de parts, de droits financiers ou de droits de vote ; l'appréciation du pourcentage des actions, parts, droits financiers ou droits de vote ainsi détenus s'opère en multipliant entre eux les taux de détention successifs.

La détention indirecte s'entend également des actions, parts, droits financiers ou droits de vote détenus directement ou indirectement :

a. Par les salariés ou les dirigeants de droit ou de fait de la personne morale mentionnée au 1 ;

b. Par une personne physique, son conjoint, ou leurs ascendants ou descendants lorsque l'une au moins de ces personnes est directement ou indirectement actionnaire, porteuse de parts, titulaire de droits financiers ou de droits de vote dans cette personne morale ;

c. Par une entreprise ou une entité juridique ayant en commun avec cette personne morale un actionnaire, un porteur de parts ou un titulaire de droits financiers ou de droits de vote qui dispose directement ou indirectement du nombre le plus élevé de droits de vote dans cette entreprise ou entité juridique et dans cette personne morale ;

d. Par un partenaire commercial de la personne morale dès lors que les relations entre cette personne morale et ce partenaire sont telles qu'il existe entre eux un lien de dépendance économique ;

Toutefois, les actions, parts, droits financiers ou droits de vote mentionnés aux a, b, c et d ne sont pas pris en compte pour le calcul du pourcentage de résultat de l'entité juridique établie hors de France, qui est réputé constituer un revenu de capitaux mobiliers de la personne morale.

3. Le bénéfice de l'entreprise ou le revenu de capitaux mobiliers mentionné au 1 est réputé acquis le premier jour du mois qui suit la clôture de l'exercice de l'entreprise ou de l'entité juridique établie ou constituée hors de France. Il est déterminé selon les règles fixées par le présent code à l'exception des dispositions prévues à l'article 223 A et à l'article 223 A bis.

4. L'impôt acquitté localement par l'entreprise ou l'entité juridique, établie hors de France, est imputable sur l'impôt établi en France, à condition d'être comparable à l'impôt sur les sociétés et, s'il s'agit d'une entité juridique, dans la proportion mentionnée à la dernière phrase du premier alinéa du 1.

5. Lorsque les produits ou revenus de l'entreprise ou de l'entité juridique comprennent des dividendes, intérêts ou redevances qui proviennent d'un Etat ou territoire autre que celui dans lequel l'entreprise ou l'entité juridique est établie ou constituée, les retenues à la source auxquelles ont donné lieu ces dividendes, intérêts ou redevances sont imputables dans la proportion mentionnée à la dernière phrase du premier alinéa du 1 sur l'impôt sur les sociétés dû par la personne morale établie en France. Cette imputation est toutefois subordonnée à la condition que l'Etat ou le territoire d'où proviennent ces dividendes, intérêts ou redevances soit la France ou un Etat ou territoire qui est lié à la France par une convention d'élimination des doubles impositions en matière d'impôt sur les revenus et qui n'est pas non coopératif au sens de l'article 238-0 A, auquel cas l'imputation se fait au taux fixé dans la convention.

II. Les dispositions du I ne sont pas applicables :

si l'entreprise ou l'entité juridique est établie ou constituée dans un Etat de la Communauté européenne et ;

si l'exploitation de l'entreprise ou la détention des actions, parts, droits financiers ou droits de vote de l'entité juridique par la personne morale passible de l'impôt sur les sociétés ne peut être regardée comme constitutive d'un montage artificiel dont le but serait de contourner la législation fiscale française.

III. En dehors des cas mentionnés au II, le I ne s'applique pas lorsque la personne morale établie en France démontre que les opérations de l'entreprise ou de l'entité juridique établie ou constituée hors de France ont principalement un objet et un effet autres que de permettre la localisation de bénéfices dans un Etat ou territoire où elle est soumise à un régime fiscal privilégié.

Cette condition est réputée remplie notamment lorsque l'entreprise ou l'entité juridique établie ou constituée hors de France a principalement une activité industrielle ou commerciale effective exercée sur le territoire de l'Etat de son établissement ou de son siège.

III bis. *(Abrogé).*

IV. Un décret en Conseil d'Etat fixe les conditions d'application du présent article et notamment les modalités permettant d'éviter la double imposition des bénéfices ou revenus de capitaux mobiliers effectivement répartis ainsi que les obligations déclaratives de la personne morale *(Voir Annexe II, art. 102 SA à 102 ZB).*

CF-IX-5000 s. ; MF nº 78280

Art 209 quater **1.** Les plus-values soumises à l'impôt au taux réduit prévu au a du I de l'article 219 diminuées du montant de cet impôt, sont portées à une réserve spéciale.

L'inscription à cette réserve spéciale cesse pour les plus-values imposées au titre des exercices ouverts à compter du 1er janvier 2004.

2. Les sommes prélevées sur cette réserve sont rapportées aux résultats de l'exercice en cours lors de ce prélèvement, sous déduction de l'impôt perçu lors de la réalisation des plus-values correspondantes.

3. La disposition du 2 n'est pas applicable :

a. Si la société est dissoute ;

b. En cas d'incorporation au capital intervenue avant le 1er janvier 2005 ;

c. En cas d'imputation de pertes sur la réserve spéciale avant le 1er janvier 2005 ; les pertes ainsi annulées cessent d'être reportables.

BIC-VII-10500 s. ; BIC-XIX-11230 s. ; MF nº 18685

Art 209 quater D Les bénéfices placés sous le régime de l'exonération sous condition de remploi prévue à l'article 238 octies sont rattachés aux résultats de l'exercice en cours lors de leur distribution.

Ils sont retenus :

Pour la moitié de leur montant, lorsque cette distribution intervient plus de quatre ans mais moins de sept ans après leur réalisation ;

Pour 30 % de leur montant, lorsque cette distribution intervient sept ans au moins après leur réalisation.

Un décret fixe les conditions d'application de cette disposition *(Voir Annexe III, art. 46 quater-0 R).*

Art 210 Les dispositions du présent article s'appliquent aux plus-values, autres que celles visées au deuxième alinéa du II de l'article 238 octies, réalisées avant l'entrée en vigueur, dans les conditions fixées par décret en Conseil d'Etat, des articles 39 duodecies à 39 quindecies A.

1. Les plus-values, autres que celles réalisées sur les marchandises, résultant de l'attribution gratuite d'actions ou de parts sociales (parts de capital), à la suite de fusions de sociétés anonymes, en commandite par actions ou à responsabilité limitée sont exonérées de l'impôt sur les sociétés.

2. Le même régime est applicable lorsqu'une société anonyme, en commandite par actions ou à responsabilité limitée apporte :

1° L'intégralité de son actif à deux ou plusieurs sociétés constituées à cette fin sous l'une de ces formes, à condition :

a. Que les sociétés bénéficiaires des apports soient toutes de nationalité française ; toutefois, pour l'application de ces dispositions, sont assimilées aux sociétés de nationalité française les sociétés constituées dans les termes de la loi française et ayant leur siège social dans les départements d'outre-mer, à Saint-Pierre-et-Miquelon, à Mayotte, en Nouvelle-Calédonie, en Polynésie française, dans les îles Wallis-et-Futuna et dans les Terres australes et antarctiques françaises ;

b. Que les apports résultent de conventions prenant effet à la même date pour les différentes sociétés qui en sont bénéficiaires et entraînent, dès leur réalisation, la dissolution immédiate de la société apporteuse ;

2° Une partie de ses éléments d'actif à une autre société constituée sous l'une de ces formes, à condition que :

a. La société bénéficiaire de l'apport soit de nationalité française au sens du a du 1° ;

b. L'apport ait été préalablement agréé par le ministre de l'économie et des finances.

3. L'application des dispositions du présent article est subordonnée à l'obligation, constatée dans l'acte de fusion ou d'apport :

a. De calculer, en ce qui concerne les éléments autres que les marchandises comprises dans l'apport, les amortissements annuels à prélever sur les bénéfices ainsi que les plus-values ultérieures résultant de la réalisation de ces éléments d'après le prix de revient qu'ils comportaient pour les sociétés fusionnées ou pour la société apporteuse, déduction faite des amortissements déjà réalisés par elles ;

b. D'inscrire immédiatement au passif, en contrepartie des éléments d'actif pris en charge, des provisions pour renouvellement de l'outillage et du matériel égales à celles figurant au moment de la fusion ou de l'apport dans les écritures des sociétés fusionnées ou de la société apporteuse et qui étaient afférentes aux éléments apportés.

Cette obligation incombe, dans le cas visé au 1, à la société absorbante ou nouvelle et, dans les cas visés au 2, soit respectivement aux sociétés bénéficiaires des apports proportionnellement à la valeur des éléments d'actif qui leur sont attribués, soit à la société bénéficiaire de l'apport partiel.

L'obligation prévue au a n'est pas applicable aux fusions ou apports visés au 1 et au 2° du 2 qui ont été réalisés avant le 1er janvier 1950, sous réserve qu'ils aient reçu l'agrément du ministère des finances après avis du commissariat général du plan d'équipement et de la productivité.

4. Les dispositions du présent article sont applicables aux plus-values visées au I de l'article 238 octies.

IS-VI-130 s.

Art 210-0 A I. Les dispositions prévues au 7 bis de l'article 38, au I ter et au V de l'article 93 quater, aux articles 112, 115, 120, 121, 151 octies, 151 octies A, 151 octies B, 151 nonies, 208 C, 208 C bis, 210 A à 210 C, 210 F, aux deuxième et troisième alinéas du II de l'article 220 quinquies et aux articles 223 A à 223 U, sont applicables :

1° S'agissant des fusions, aux opérations par lesquelles :

a. Une ou plusieurs sociétés absorbées transmettent, par suite et au moment de leur dissolution sans liquidation, l'ensemble de leur patrimoine à une autre société préexistante absorbante, moyennant l'attribution à leurs associés de titres de la société absorbante et, éventuellement, d'une soulte ne dépassant pas 10 % de la valeur nominale de ces titres ;

b. Deux ou plusieurs sociétés absorbées transmettent, par suite et au moment de leur dissolution sans liquidation, l'ensemble de leur patrimoine à une société absorbante qu'elles constituent, moyennant l'attribution à leurs associés de titres de la société absorbante et, éventuellement, d'une soulte ne dépassant pas 10 % de la valeur nominale de ces titres ;

2° S'agissant des scissions, aux opérations par lesquelles la société scindée transmet, par suite et au moment de sa dissolution sans liquidation, l'ensemble de son patrimoine à deux ou plusieurs sociétés préexistantes ou nouvelles, moyennant l'attribution aux associés de la société scindée, proportionnellement à leurs droits dans le capital, de titres des sociétés bénéficiaires des apports et, éventuellement, d'une soulte ne dépassant pas 10 % de la valeur nominale de ces titres ;

3° Aux opérations décrites au 1° et au 2° pour lesquelles il n'est pas procédé à l'échange de titres de la société absorbante ou bénéficiaire de l'apport contre les titres de la société absorbée ou scindée lorsque ces titres sont détenus soit par la société absorbante ou bénéficiaire de l'apport, soit par la société absorbée ou scindée , soit par une société qui détient la totalité des titres de la société absorbante ou bénéficiaire et de la société absorbée ou scindée *(NDLR Dispositions applicables aux opérations réalisées à compter du 21 juillet 2019)* ;

4° S'agissant des apports partiels d'actifs, aux opérations par lesquelles une société apporte, sans être dissoute, l'ensemble ou une ou plusieurs branches complètes de son activité à une autre société, moyennant la remise de titres représentatifs du capital social de la société bénéficiaire de l'apport.

II. Sont exclues des dispositions prévues au 7 bis de l'article 38, au I ter et au V de l'article 93 quater, aux articles 115, 151 octies, 151 octies A, 151 octies B, 151 nonies, 210 A à 210 C et aux deuxième et troisième alinéas du II de l'article 220 quinquies, les opérations de fusion, de scission et d'apport partiel d'actif n'entrant pas dans le champ d'application de la directive n° 2009/133/ CE du Conseil du 19 octobre 2009 concernant le régime fiscal commun applicable aux fusions, scissions, scissions partielles, apports d'actifs et échanges d'actions intéressant des sociétés d'Etats membres différents, ainsi qu'au transfert du siège statutaire d'une SE ou d'une SCE d'un Etat membre à un autre, lorsqu'une société, apporteuse ou bénéficiaire d'un apport, a son siège dans un Etat ou territoire n'ayant pas conclu avec la France une convention fiscale contenant une clause d'assistance administrative en vue de lutter contre la fraude et l'évasion fiscales.

III. Ne peuvent pas bénéficier des dispositions prévues au 7 bis de l'article 38, aux I ter et V de l'article 93 quater, aux articles 112, 115, 120, 121, 151 octies, 151 octies A, 151 octies B, 151 nonies, 208 C, 208 C bis, 210 A à 210 C, 210 F, aux deuxième et troisième alinéas du II de l'article 220 quinquies et aux articles 223 A à 223 U, les opérations de fusion, de scission ou d'apport partiel d'actif ayant comme objectif principal ou comme un de leurs objectifs principaux la fraude ou l'évasion fiscales.

Pour l'application du premier alinéa du présent III, l'opération est regardée, sauf preuve contraire appréciée dans le cadre d'une procédure de contrôle contradictoire en application de l'article L 10 du livre des procédures fiscales, comme ayant pour objectif principal ou pour un de ses objectifs principaux la fraude ou l'évasion fiscales lorsqu'elle n'est pas effectuée pour des motifs économiques valables, tels que la restructuration ou la rationalisation des activités des sociétés participant à l'opération.

IV. Lorsque les opérations de fusion, de scission ou d'apport partiel d'actif, placées sous le régime de l'article 210 A, sont réalisées au profit d'une personne morale étrangère, la société apporteuse est tenue de souscrire, par voie électronique, dans le même délai que sa déclaration de résultat de l'exercice au cours duquel l'opération a été réalisée, une déclaration spéciale, conforme à un modèle établi par l'administration, permettant d'apprécier les motifs et conséquences de cette opération.

Un décret fixe le contenu de cette déclaration *(NDLR Voir Annexe III, art. 46 quater-0 ZS ter).*

IS-VI-3500 s. ; MF n°s 39200 s.

Art 210 A **1.** Les plus-values nettes et les profits dégagés sur l'ensemble des éléments d'actif apportés du fait d'une fusion ne sont pas soumis à l'impôt sur les sociétés.

Il en est de même de la plus-value éventuellement dégagée par la société absorbante lors de l'annulation des actions ou parts de son propre capital qu'elle reçoit ou qui correspondent à ses droits dans la société absorbée.

L'inscription à l'actif de la société absorbante du mali technique de fusion consécutif à l'annulation des titres de la société absorbée ne peut donner lieu à aucune déduction ultérieure.

Lorsque la société absorbante a acquis les titres de la société absorbée moins de deux ans avant la fusion, l'éventuelle moins-value à court terme réalisée à l'occasion de l'annulation de ces titres de participation n'est pas déductible à hauteur du montant des produits de ces titres qui a ouvert droit à l'application du régime prévu aux articles 145 et 216 depuis leur acquisition.

IS-VI-19060 s. ; MF n° 39540

2. L'impôt sur les sociétés n'est applicable aux provisions figurant au bilan de la société absorbée que si elles deviennent sans objet.

IS-VI-5800 s. ; MF n° 39460

3. L'application de ces dispositions est subordonnée à la condition que la société absorbante s'engage, dans l'acte de fusion, à respecter les prescriptions suivantes :

a. Elle doit reprendre à son passif :

D'une part, les provisions dont l'imposition est différée ;

D'autre part, la réserve spéciale où la société absorbée a porté les plus-values à long terme soumises antérieurement au taux réduit de 10 %, de 15 %, de 18 %, de 19 % ou de 25 % ainsi que la réserve où ont été portées les provisions pour fluctuation des cours en application du sixième alinéa du 5° du 1 de l'article 39 ;

IS-VI-8000 s. ; MF n°s 39500, 39517

b. Elle doit se substituer à la société absorbée pour la réintégration des résultats dont la prise en compte avait été différée pour l'imposition de cette dernière ;

IS-VI-7800 s. ; MF n° 39505

c. Elle doit calculer les plus-values réalisées ultérieurement à l'occasion de la cession des immobilisations non amortissables qui lui sont apportées d'après la valeur qu'elles avaient, du point de vue fiscal, dans les écritures de la société absorbée ;

IS-VI-7220 s. ; MF n° 39520

d. Elle doit réintégrer dans ses bénéfices imposables les plus-values dégagées lors de l'apport des biens amortissables. La réintégration des plus-values est effectuée par parts égales sur une période de quinze ans pour les constructions et les droits qui se rapportent à des constructions ainsi que pour les plantations et les agencements et aménagements des terrains amortissables sur une période au moins égale à cette durée ; dans les autres cas, la réintégration s'effectue par parts égales sur une période de cinq ans. Lorsque le total des plus-values nettes sur les constructions, les plantations et les agencements et aménagements des terrains excède 90 % de la plus-value nette globale sur éléments amortissables, la réintégration des plus-values afférentes aux constructions, aux plantations et aux agencements et aménagements des terrains est effectuée par parts égales sur une période égale à la durée moyenne pondérée d'amortissement de ces biens. Toutefois, la cession d'un bien amortissable entraîne l'imposition immédiate de la fraction de la plus-value afférente à ce bien qui n'a pas encore été réintégrée. En contrepartie, les amortissements et les plus-values ultérieurs afférents aux éléments amortissables sont calculés d'après la valeur qui leur a été attribuée lors de l'apport ;

A compter de l'exercice au cours duquel la société absorbante déduit de son résultat imposable, en application du troisième alinéa du 2° du 1 de l'article 39, l'amortissement d'un fonds commercial pratiqué en comptabilité, ce fonds relève du présent d. Lorsqu'il ne donne pas lieu à un amortissement déduit du résultat imposable, le fonds commercial reçu relève du c du présent 3 ;

Ndlr *Les dispositions du présent alinéa s'appliquent aux acquisitions de fonds commerciaux intervenues à compter du 18 juillet 2022 (Loi 2022-1157 du 16 août 2022 art. 7, I-2° et II).*

IS-VI-9350 s. ; MF n° 39530, précision e

e. Elle doit inscrire à son bilan les éléments autres que les immobilisations pour la valeur qu'ils avaient, du point de vue fiscal, dans les écritures de la société absorbée. A défaut, elle doit comprendre dans ses résultats de l'exercice au cours duquel intervient l'opération le profit correspondant à la différence entre la nouvelle valeur de ces éléments et la valeur qu'ils avaient, du point de vue fiscal, dans les écritures de la société absorbée.

IS-VI-7020 s. ; MF n° 39495

4. *(Dispositions devenues sans objet pour les exercices ouverts à compter du 1er janvier 1997 : loi n° 97-1026 du 10 novembre 1997, art. 2).*

5. Les droits afférents à un contrat de crédit-bail conclu dans les conditions prévues aux 1 et 2 de l'article L 313-7 du code monétaire et financier sont assimilés à des éléments de l'actif immobilisé, amortissables ou non amortissables dans les conditions prévues à l'article 39 duodecies A.

Pour l'application du c du 3, en cas de cession ultérieure des droits mentionnés à l'alinéa précédent qui sont assimilés à des éléments non amortissables ou de cession du terrain, la plus-value est calculée d'après la valeur que ces droits avaient, du point de vue fiscal, dans les écritures de la société absorbée.

Ces dispositions s'appliquent aux droits afférents aux contrats de crédit-bail portant sur des éléments incorporels amortissables d'un fonds de commerce ou d'un fonds artisanal.

BIC-VII-81750 s.

6. Pour l'application du présent article, les titres du portefeuille dont le résultat de cession est exclu du régime des plus ou moins-values à long terme conformément à l'article 219 sont assimilés à des éléments de l'actif immobilisé.

Pour l'application du c du 3, en cas de cession ultérieure des titres mentionnés au premier alinéa, la plus-value est calculée d'après la valeur que ces titres avaient, du point de vue fiscal, dans les écritures de la société absorbée.

IS-VI-5100 s. ; MF nos 39000 s., 39210, 39450 s.

Art 210 B **1.** L'article 210 A s'applique à l'apport partiel d'actif d'une ou plusieurs branches complètes d'activité ou d'éléments assimilés.

Le même article 210 A s'applique à la scission de société comportant au moins deux branches complètes d'activité lorsque chacune des sociétés bénéficiaires reçoit une ou plusieurs de ces branches.

Les apports de participations portant sur plus de 50 % du capital de la société dont les titres sont apportés ou, si un tel pourcentage du capital est déjà détenu par la société bénéficiaire, les apports venant renforcer cette détention sont assimilés à une branche complète d'activité, sous réserve que la société apporteuse respecte les règles et conditions prévues aux troisième et quatrième alinéas du 7 bis de l'article 38. Il en est de même, d'une part, des apports de participations conférant à la société bénéficiaire des apports la détention directe de plus de 30 % des droits de vote de la société dont les titres sont apportés lorsqu'aucun autre associé ne détient, directement ou indirectement, une fraction des droits de vote supérieure et, d'autre part, des apports de participations conférant à la société bénéficiaire des apports, qui détient d'ores et déjà plus de 30 % des droits de vote de la société dont les titres sont apportés, la fraction des droits de vote la plus élevée dans la société.

1 bis. En cas d'apport partiel d'actif d'éléments assimilés mentionnés au dernier alinéa du 1 du présent article, la société apporteuse est réputée détenir les titres remis en contrepartie de l'apport depuis la date à laquelle celle-ci a acquis les éléments apportés.

2. Les plus-values de cession afférentes aux titres remis en contrepartie de l'apport sont calculées par référence à la valeur que les biens apportés avaient, du point de vue fiscal, dans les écritures de la société apporteuse.

Les plus-values ou moins-values dégagées sur les titres répartis dans les conditions prévues au 2 de l'article 115 ne sont pas retenues pour l'assiette de l'impôt sur les sociétés dû par la personne morale apporteuse.

3. En l'absence d'apport d'une ou plusieurs branches complètes d'activité ou d'éléments assimilés, les dispositions de l'article 210 A s'appliquent aux apports partiels d'actif et aux scissions sur agrément délivré dans les conditions prévues à l'article 1649 nonies.

L'agrément est délivré lorsque, compte tenu des éléments faisant l'objet de l'apport :

a. L'opération est justifiée par un motif économique, se traduisant notamment par l'exercice par la société bénéficiaire de l'apport d'une activité autonome et l'amélioration des structures, ainsi que par une association entre les parties formalisée par un engagement de conservation pendant trois ans des titres remis en contrepartie de l'apport ;

b. L'article 210-0 A est respecté ;

c. Les modalités de l'opération permettent d'assurer l'imposition future des plus-values mises en sursis d'imposition.

Pour les opérations de scission, l'obligation de conservation des titres mentionnée au a n'est exigée que des associés qui détiennent dans la société scindée, à la date d'approbation de la scission, 5 % au moins des droits de vote ou qui y exercent ou y ont exercé dans les six mois précédant cette date, directement ou par l'intermédiaire de leurs mandataires sociaux ou préposés, des fonctions de direction, d'administration ou de surveillance et détiennent au moins 0,1 % des droits de vote dans la société.

IS-VI-41100 s. ; MF nos 39000 s.

Art 210 C **1.** Les dispositions des articles 210 A et 210 B s'appliquent aux opérations auxquelles participent exclusivement des personnes morales ou organismes passibles de l'impôt sur les sociétés.

2. Ces dispositions ne sont applicables aux opérations de fusion, de scission et d'apport partiel d'actif d'une branche complète d'activité réalisées au profit de personnes morales étrangères par des personnes morales françaises que si les éléments apportés sont effectivement rattachés à un établissement stable de la personne morale étrangère situé en France.

IS-VI-52250 s. ; MF nº 39260

3. Les dispositions des articles 210 A et 210 B ne sont pas applicables aux opérations de fusion, scission et apport partiel d'actif par lesquelles une société non exonérée de l'impôt sur les sociétés fait apport de tout ou partie de ses biens à une société d'investissement à capital variable.

IS-VI-3500 s. ; RM-VII-210 s. ; MF nºs 39000 s., 39290

Art 210 D Les plus-values que peut faire apparaître une opération visée à l'article 48 de la loi nº 78-763 du 19 juillet 1978 portant statut des sociétés coopératives de production sont imposables au nom de la société coopérative de production dans les conditions suivantes :

a. Les plus-values afférentes aux immobilisations non amortissables font l'objet d'un report de taxation jusqu'à la cession, à titre onéreux, de ces immobilisations par la société coopérative de production. Ces plus-values sont calculées d'après la valeur qu'avaient du point de vue fiscal, ces immobilisations dans le bilan de la société transformée ;

b. Les plus-values afférentes aux autres immobilisations sont réintégrées, par cinquième, dans les excédents nets de gestion imposables, sur une période de cinq ans suivant la transformation. En contrepartie, les amortissements et les plus-values ultérieurs afférents à ces immobilisations sont calculés d'après la valeur qui leur a été attribuée lors de l'opération visée au premier alinéa.

L'écart de valorisation mentionné au dernier alinéa de l'article 49 de la loi nº 78-763 du 19 juillet 1978 précitée ne peut donner lieu à aucune déduction au titre de l'exercice de réalisation de l'opération de transformation ou d'un exercice ultérieur.

IS-I-5000 s. ; MF nº 37065

Art 210 F **I.** Les plus-values nettes dégagées lors de la cession d'un local à usage de bureau ou à usage commercial ou industriel ou d'un terrain à bâtir par une personne morale soumise à l'impôt sur les sociétés dans les conditions de droit commun sont soumises à l'impôt sur les sociétés au taux mentionné au IV de l'article 219 lorsque la cession est réalisée au profit d'une personne morale.

Pour l'application du premier alinéa, les locaux à usage de bureaux ou à usage commercial ou industriel ou les terrains à bâtir doivent être situés dans des communes situées dans des zones géographiques se caractérisant par un déséquilibre particulièrement important entre l'offre et la demande de logements. Les locaux à usage de bureaux s'entendent, d'une part, des bureaux proprement dits et de leurs dépendances immédiates et indispensables destinés à l'exercice d'une activité de quelque nature que ce soit et, d'autre part, des locaux professionnels destinés à l'exercice d'activités libérales ou utilisés par des associations ou organismes privés poursuivant ou non un but lucratif. Les locaux à usage commercial s'entendent des locaux destinés à l'exercice d'une activité de commerce de détail ou de gros et de prestations de services à caractère commercial ou artisanal. Les terrains à bâtir s'entendent de ceux définis au 1º du 2 du I de l'article 257 du présent code.

Le présent I ne s'applique pas aux cessions réalisées entre un cédant et un cessionnaire qui ont entre eux des liens de dépendance, au sens du 12 de l'article 39.

II. L'application du I est subordonnée à la condition que la société cessionnaire s'engage soit à transformer le local acquis en local à usage d'habitation dans les quatre ans qui suivent la date de clôture de l'exercice au cours duquel l'acquisition est intervenue, soit, en cas d'acquisition d'un terrain à bâtir, à y construire des locaux à usage d'habitation dans ce même délai. Cette condition est réputée satisfaite lorsque le cessionnaire s'engage à réaliser des locaux dont la surface habitable représente au moins 75 % de la surface totale mentionnée sur le permis de construire du programme immobilier ou sur la déclaration préalable de travaux. Dans cette hypothèse, le taux d'imposition mentionné au IV de l'article 219 s'applique à la part de la plus-value égale au produit de cette dernière par le rapport entre la surface habitable et la surface totale des locaux ainsi transformés. L'engagement de transformation ou de construction est par ailleurs réputé respecté lorsque l'achèvement des travaux de transformation ou de construction intervient avant le terme du délai de quatre ans.

Ce délai est porté à six ans pour les opérations d'aménagement créant une emprise au sol supérieure ou égale à 20 000 mètres carrés.

La date d'achèvement correspond à la date mentionnée sur la déclaration prévue à l'article L 462-1 du code de l'urbanisme.

En cas de fusion de sociétés, l'engagement de transformation ou de construction souscrit par la société absorbée n'est pas rompu lorsque la société absorbante s'engage, dans l'acte de fusion, à se substituer à la société absorbée pour le respect de l'engagement de transformation ou de construction dans le délai restant à courir.

Le non-respect de l'engagement de transformation ou de construction par la société cessionnaire ou la société absorbante qui s'y est substituée entraîne l'application de l'amende prévue au III de l'article 1764. Par dérogation, cette amende n'est pas due lorsque la société cessionnaire ou la société absorbante ne respecte pas l'engagement de transformation ou de construction en raison de circonstances exceptionnelles indépendantes de sa volonté.

Ndlr *L'extension du dispositif à la réalisation de locaux à usage mixte et la prolongation du délai pour transformer ou construire des logements pour les opérations d'envergure s'appliquent aux cessions intervenues à compter du 1er janvier 2024 (Loi 2023-1322 du 29 décembre 2023 art. 51, IV).*

III. Sur demande de l'acquéreur, une prolongation des délais de quatre et six ans mentionnés au II peut être accordée par l'autorité compétente de l'Etat du lieu de la situation des immeubles pour une durée n'excédant pas un an. Cette prolongation peut, dans les mêmes conditions, être renouvelée une fois. L'absence de notification d'un refus motivé de l'administration dans les deux mois de la réception de la demande vaut acceptation.

IV. Le présent article s'applique :

1° Aux cessions à titre onéreux réalisées jusqu'au 31 décembre 2026 ;

2° Aux cessions à titre onéreux réalisées après le 31 décembre 2026 si une promesse unilatérale ou synallagmatique de vente a été conclue au plus tard à cette date et si la cession a été réalisée au plus tard deux ans après la date de la promesse.

(Voir Annexe III, art. 46 quater-0 ZZ bis D à 46 quater-0 ZZ bis F)

BIC-VII-16400 s. ; MF nos 19447 s.

Art 210 quinquies Les subventions que les employeurs versent à fonds perdus au titre de la participation à l'effort de construction à des sociétés ou organismes régulièrement habilités à les recevoir ne sont pas comprises, pour l'assiette de l'impôt sur les sociétés dû par ces sociétés ou organismes, dans les bénéfices imposables de l'exercice au cours duquel elles ont été versées.

Le montant de la subvention vient en déduction du prix de revient des éléments construits ou acquis à l'aide de ladite subvention pour le calcul des amortissements et des plus-values réalisées ultérieurement.

Toutefois, lorsque la subvention est versée annuellement en vue de réduire les charges afférentes au service de l'emprunt contracté pour la construction d'un immeuble, elle est rapportée au bénéfice imposable à concurrence du montant de l'amortissement pratiqué à la clôture de chaque exercice sur le prix de revient de cet immeuble.

BIC-V-22120 s. ; MF no 8055 b

Art 210 sexies La rémunération prévue à l'article L 225-45 du code de commerce allouée au titre d'un exercice aux membres du conseil d'administration ou du conseil de surveillance des sociétés anonymes est déductible de l'assiette de l'impôt sur les sociétés dans la limite de 5 % du produit obtenu en multipliant la moyenne des rémunérations déductibles attribuées au cours de cet exercice aux salariés les mieux rémunérés de l'entreprise par le nombre des membres composant le conseil.

Pour l'application de cette disposition les personnes les mieux rémunérées s'entendent de celles mentionnées au 5 de l'article 39 du présent code.

Pour les sociétés anonymes qui, employant moins de cinq personnes, ne satisfont pas aux conditions définies au 5 de l'article 39, la rémunération prévue à l'article L 225-45 du code de commerce allouée au titre d'un exercice aux membres du conseil d'administration ou du conseil de surveillance est déductible de l'assiette de l'impôt sur les sociétés dans la limite de 457 € par membre du conseil d'administration ou du conseil de surveillance.

DIR-I-1100, 1150 s. ; MF no 23585

Art 211 **I.** Dans les sociétés à responsabilité limitée n'ayant pas opté pour le régime fiscal des sociétés de personnes dans les conditions prévues au IV de l'article 3 du décret no 55-594 du 20 mai 1955 modifié et dont les gérants sont majoritaires, dans les sociétés en commandite par actions, de même que dans les sociétés en commandite simple, les sociétés en nom collectif, les sociétés en participation et les sociétés civiles ayant exercé l'option prévue au 3 de l'article 206, les traitements, remboursements forfaitaires de frais et toutes autres rémunérations sont, sous réserve des dispositions du 3 de l'article 39 et de l'article 211 bis, admis en déduction du bénéfice de la société pour l'établissement de l'impôt, à la condition que ces rémunérations correspondent à un travail effectif.

Les sommes retranchées du bénéfice de la société en vertu du premier alinéa sont soumises à l'impôt sur le revenu au nom des bénéficiaires dans les conditions prévues à l'article 62.

Pour l'application du présent article, les gérants qui n'ont pas personnellement la propriété de parts sociales sont considérés comme associés si leur conjoint ou leurs enfants non émancipés ont la qualité d'associé.

Dans ce cas, comme dans celui où le gérant est associé, les parts appartenant en toute propriété ou en usufruit au conjoint et aux enfants non émancipés du gérant sont considérées comme possédées par ce dernier.

II. Les dispositions du I ne sont pas applicables :

a. *(Périmé)* ;

b. Aux sociétés immobilières de copropriété visées à l'article 1655 ter ;

c. Aux sociétés à responsabilité limitée ayant opté pour le régime fiscal prévu par l'article 239 bis AA ou celui prévu par l'article 239 bis AB.

DIR-II-1500 s., 5500 s. ; DIR-III-3350 s., 3585 ; DIR-IV-700 s. ; MF n°s 23605 s., 23650

Art 211 bis Pour l'application des dispositions du premier alinéa du 3 de l'article 39 relatives à la déduction des allocations forfaitaires qu'une société attribue à ses dirigeants ou aux cadres de son entreprise pour frais de représentation et de déplacement, les dirigeants s'entendent, dans les sociétés de personnes et sociétés en participation qui ont opté pour le régime fiscal des sociétés de capitaux, des associés en nom et des membres de ces sociétés, dans les sociétés à responsabilité limitée qui n'ont pas opté pour le régime fiscal des sociétés de personnes et les sociétés en commandite par actions, des gérants et, en ce qui concerne les sociétés anonymes, du président du conseil d'administration, du directeur général, de l'administrateur provisoirement délégué, des membres du directoire et de tout administrateur ou membre du conseil de surveillance chargé de fonctions spéciales.

Ces dispositions ne sont pas applicables :

a. *(Périmé)* ;

b. Aux sociétés immobilières de copropriété visées à l'article 1655 ter ;

c. Aux sociétés à responsabilité limitée ayant opté pour le régime fiscal prévu par l'article 239 bis AA ou celui prévu par l'article 239 bis AB.

DIR-V-1420 s. ; MF nº 23730

Art 211 ter Les dispositions de l'article 39 quinquies ne sont applicables qu'aux entreprises industrielles, commerciales ou agricoles.

BIC-IX-62800 s.

Art 212 I. Les intérêts afférents aux sommes laissées ou mises à disposition d'une entreprise par une entreprise liée, directement ou indirectement, au sens du 12 de l'article 39, sont déductibles :

a. Dans la limite de ceux calculés d'après le taux prévu au premier alinéa du 3º du 1 du même article 39 ou, s'ils sont supérieurs, d'après le taux que cette entreprise emprunteuse aurait pu obtenir d'établissements ou d'organismes financiers indépendants dans des conditions analogues ;

b. *(Abrogé).*

II. *(Abrogé).*

III. *(Abrogé).*

III bis. Le solde de la fraction d'intérêts non déductible immédiatement, mentionné au sixième alinéa du II du présent article dans sa rédaction antérieure à l'entrée en vigueur de la loi nº 2018-1317 du 28 décembre 2018 de finances pour 2019, non imputé à la clôture du dernier exercice ouvert avant le 1er janvier 2019 est déductible dans les mêmes conditions que les charges financières nettes non déduites mentionnées au 1 du VI de l'article 212 bis.

BIC-XI-13255

IV. Les dispositions du deuxième alinéa du 3º du 1 de l'article 39 ne sont pas applicables aux sociétés régies par la loi nº 47-1775 du 10 septembre 1947 portant statut de la coopération.

BIC-XI-10200 s. ; MF nº 35827

Art 212 bis I. Les charges financières nettes supportées par une entreprise non membre d'un groupe, au sens des articles 223 A ou 223 A bis, sont déductibles du résultat fiscal soumis à l'impôt sur les sociétés dans la limite du plus élevé des deux montants suivants :

1º Trois millions d'euros ;

2º 30 % de son résultat déterminé dans les conditions du II.

Le montant mentionné au 1º du présent I s'entend par exercice, le cas échéant ramené à douze mois.

II. Le résultat mentionné au 2º du I est déterminé en corrigeant le résultat fiscal soumis à l'impôt sur les sociétés aux taux mentionnés au deuxième alinéa et au b du I de l'article 219 des montants suivants :

1º Les charges financières nettes déterminées conformément au III du présent article ;

2º Les amortissements admis en déduction, nets des reprises imposables et des fractions de plus ou moins-values correspondant à des amortissements déduits, à des amortissements expressément exclus des charges déductibles, ou à des amortissements qui ont été différés en méconnaissance des dispositions de l'article 39 B ;

3° Les provisions pour dépréciation admises en déduction, nettes des reprises de provision pour dépréciation imposables ;

4° Les gains et pertes soumis aux taux mentionnés au a du I et au IV de l'article 219.

Le résultat fiscal mentionné au premier alinéa du présent II s'entend de celui obtenu avant imputation des déficits et avant application des dispositions du présent article. Il tient compte des déductions pour l'assiette de l'impôt et des abattements déduits pour cette même assiette.

En cas d'exercice de l'option mentionnée au V, le résultat mentionné au 2° du I ne tient compte ni du résultat afférent aux contrats mentionnés au 3 du III déterminé dans les conditions du II, ni du résultat mentionné au b du 2 du IV.

III. 1. Pour l'application du I du présent article, les charges financières nettes s'entendent de l'excédent de charges financières déductibles après application du I de l'article 212, par rapport aux produits financiers imposables et aux autres revenus équivalents perçus par l'entreprise.

2. Les charges et produits financiers mentionnés au 1 du présent III correspondent aux intérêts sur toutes les formes de dette, c'est-à-dire ceux afférents aux sommes laissées ou mises à disposition de l'entreprise ou par l'entreprise, y compris :

a. Les paiements effectués dans le cadre de prêts participatifs ou d'emprunts obligataires ;

b. Les montants déboursés au titre de financements alternatifs ;

c. L'amortissement des intérêts capitalisés inclus dans le coût d'origine d'un actif et, le cas échéant, la part des intérêts inclus dans la valeur nette comptable des actifs sortis du bilan ;

d. Les montants mesurés par référence à un rendement financier déterminés par comparaison avec des entreprises similaires exploitées normalement au sens de l'article 57 ;

e. Les intérêts payés au titre d'instruments dérivés ou de contrats de couverture portant sur les emprunts de l'entreprise ;

f. Les gains et pertes de change relatifs à des prêts, des emprunts et des instruments liés à des financements ;

g. Les frais de garantie relatifs à des opérations de financement ;

h. Les frais de dossier liés à la dette ;

i. Le montant des loyers, déduction faite de l'amortissement, de l'amortissement financier pratiqué par le bailleur en application du I de l'article 39 C et des frais et prestations accessoires facturés au preneur en cas d'opération de crédit-bail, de location avec option d'achat ou de location de biens mobiliers conclue entre entreprises liées au sens du 12 de l'article 39 ;

j. Tous les autres coûts ou produits équivalents à des intérêts.

Les charges et produits à retenir pour déterminer les charges financières nettes d'un exercice s'entendent des charges engagées et des produits acquis au cours de cet exercice.

3. Les charges financières nettes mentionnées au 1 du présent III n'incluent pas les charges financières nettes supportées par le délégataire, concessionnaire et partenaire privé et afférentes aux biens acquis ou construits par lui dans le cadre :

1° D'une délégation de service public mentionnée à l'article 38 de la loi n° 93-122 du 29 janvier 1993 relative à la prévention de la corruption et à la transparence de la vie économique et des procédures publiques, dans sa rédaction antérieure à l'entrée en vigueur de l'ordonnance n° 2016-65 du 29 janvier 2016 relative aux contrats de concession ;

2° D'un contrat de concession de travaux publics, tel que défini par l'ordonnance n° 2009-864 du 15 juillet 2009 relative aux contrats de concession de travaux publics, dans sa rédaction antérieure à l'entrée en vigueur de l'ordonnance n° 2016-65 du 29 janvier 2016 précitée ;

3° D'un contrat de concession mentionné à l'article L 2224-31 du code général des collectivités territoriales ;

4° D'un contrat de partenariat, tel que défini par l'ordonnance n° 2004-559 du 17 juin 2004 sur les contrats de partenariat, dans sa rédaction antérieure à l'entrée en vigueur de l'ordonnance n° 2015-899 du 23 juillet 2015 relative aux marchés publics ;

5° D'un bail emphytéotique prévu à l'article L 1311-2 du code général des collectivités territoriales, dans sa rédaction antérieure à l'entrée en vigueur de l'ordonnance n° 2016-65 du 29 janvier 2016 précitée, ou à l'article L 6148-2 du code de la santé publique, dans sa rédaction antérieure à l'entrée en vigueur de l'ordonnance n° 2015-899 du 23 juillet 2015 précitée ;

6° D'un contrat ayant un objet équivalent aux contrats mentionnés aux 1° à 5° du présent 3, conclu avec un pouvoir adjudicateur ou une entité adjudicatrice d'un autre Etat membre de l'Union européenne.

Les charges financières nettes mentionnées au premier alinéa du présent 3 s'entendent également de celles supportées par la société dont l'objet unique est la détention de titres de sociétés agissant exclusivement en tant que délégataire, concessionnaire ou partenaire privé dans le cadre de contrats mentionnés aux 1° à 6°.

Le présent 3 s'applique aux charges financières supportées dans le cadre des contrats mentionnés aux 1° à 6° signés avant le 29 décembre 2012.

IV. 1. Par exception aux I, VI et VII du présent article, sont déductibles, dans les conditions déterminées aux 2 et 3 du présent IV, les charges financières nettes mentionnées au 1 du III supportées par le cocontractant d'un pouvoir adjudicateur, d'une entité adjudicatrice ou d'une autorité concédante et afférentes aux biens acquis ou construits par lui dans le cadre :

1° D'un marché de partenariat prévu à l'article 67 de l'ordonnance n° 2015-899 du 23 juillet 2015 précitée ;

2° D'un contrat de concession prévu aux I, II ou III de l'article 6 de l'ordonnance n° 2016-65 du 29 janvier 2016 précitée ;

3° D'un bail emphytéotique mentionné au 5° du 3 du III du présent article ;

4° D'un contrat en cours d'exécution conclu avant l'entrée en vigueur des dispositions mentionnées aux 1° à 3° du présent 1 et qui, eu égard à son objet, aurait relevé du champ d'application de ces dispositions ;

5° D'un contrat ayant un objet équivalent aux contrats mentionnés aux mêmes 1° à 3°, conclu avec un pouvoir adjudicateur, une entité adjudicatrice ou une autorité concédante d'un autre Etat membre de l'Union européenne.

Le présent 1 s'applique aux charges financières nettes supportées dans le cadre des contrats mentionnés aux 1° à 5° signés à compter du 29 décembre 2012 et pour lesquels soit une consultation a été engagée, soit un avis d'appel à la concurrence ou un avis de concession a été envoyé à la publication, soit une procédure d'approbation par décret a été initiée avant la date de promulgation de la loi n° 2018-1317 du 28 décembre 2018 de finances pour 2019.

2. Les charges financières nettes afférentes aux contrats mentionnés au 1 du présent IV sont déductibles dans la limite du plus élevé des deux montants suivants :

a. Trois millions d'euros ;

b. 30 % du résultat afférent à ces contrats et déterminé dans les conditions du II.

3. Les charges financières nettes non admises en déduction au titre d'un exercice, en application du 2 du présent IV, sont déductibles, au titre de cet exercice, à hauteur de 75 % de leur montant.

> **Ndlr** *Pour les dispositions du présent IV qui s'appliqueront aux sociétés d'approvisionnement d'électricité définies à l'article 238 bis HW du CGI aux exercices ouverts à compter d'une date fixée par décret, qui ne peut être postérieure de plus de trois mois à la date de réception par le Gouvernement de la réponse de la Commission européenne permettant de considérer le 1° du III de l'article 86 de la loi 2023-175 du 10 mars 2023 lui ayant été notifié comme étant conforme au droit de l'Union européenne en matière d'aides d'Etat, voir partie Autres textes du présent code loi précitée art. 86, III-1° et IV.*

V. Les charges financières nettes mentionnées au 3 du III et au 1 du IV sont celles afférentes à des emprunts utilisés exclusivement pour financer des projets d'infrastructures publiques à long terme lorsque l'opérateur du projet, les charges financières, les actifs et les revenus se situent tous dans l'Union européenne.

Le 3 du III et le IV s'appliquent sur option de l'entreprise mentionnée au I. Cette option doit être notifiée au plus tard à la date limite de dépôt de la déclaration de résultat du premier exercice au titre duquel elle est demandée. Elle est irrévocable et formulée pour une période de dix années et est renouvelable au terme de cette période.

VI. L'entreprise, membre d'un groupe consolidé, peut en outre déduire 75 % du montant des charges financières nettes non admises en déduction en application du I lorsque le ratio entre ses fonds propres et l'ensemble de ses actifs est égal ou supérieur à ce même ratio déterminé au niveau du groupe consolidé auquel elle appartient.

Pour l'application du premier alinéa du présent VI :

1° Les charges financières nettes s'entendent de celles déterminées conformément au III avant application du VIII ;

2° Le groupe consolidé s'entend de l'ensemble des entreprises françaises et étrangères dont les comptes sont consolidés par intégration globale pour l'établissement des comptes consolidés au sens de l'article L 233-18 du code de commerce ou au sens des normes comptables internationales mentionnées à l'article L 233-24 du même code ;

3° Le ratio entre les fonds propres et l'ensemble des actifs d'une entreprise est considéré comme égal au ratio équivalent du groupe consolidé auquel elle appartient lorsque le premier ratio est inférieur au second ratio de deux points de pourcentage au maximum ;

4° Les fonds propres et l'ensemble des actifs de l'entreprise et du groupe consolidé auquel elle appartient sont évalués selon la même méthode que celle utilisée dans les comptes consolidés mentionnés au 2° du présent VI.

VI bis. 1. Les charges financières nettes mentionnées au 1 du III supportées par l'entreprise définie au 2 du présent VI bis, qui ne sont pas admises en déduction au titre d'un exercice en application du I, sont déductibles, au titre de ce même exercice, à hauteur de 75 % de leur montant.

2. Le présent VI bis s'applique à l'entreprise qui, au titre de l'exercice mentionné au 1, n'est pas membre d'un groupe consolidé au sens du 2° du VI et ne dispose d'aucun établissement hors de France, ni d'aucune entreprise associée au sens des quatre premiers alinéas du 4 de l'article 2 de la directive (UE) 2016/1164 du Conseil du 12 juillet 2016 établissant des règles pour lutter contre les pratiques d'évasion fiscale qui ont une incidence directe sur le fonctionnement du marché intérieur.

3. Les IV et VIII du présent article ne s'appliquent pas à l'entreprise définie au 2 du présent VI bis pour l'exercice au titre duquel elle a déduit ses charges financières dans les conditions prévues au 1.

VII. 1. Par exception au I, lorsque le montant moyen des sommes laissées ou mises à disposition par l'ensemble des entreprises liées directement ou indirectement au sens du 12 de l'article 39, au cours d'un exercice, excède, au titre de cet exercice, une fois et demie le montant des fonds propres, apprécié au choix de l'entreprise, à l'ouverture ou à la clôture de l'exercice, les charges financières nettes déterminées conformément au III du présent article sont déductibles :

a. Pour une fraction de leur montant, dans la limite du plus élevé des deux montants prévus au I retenue à hauteur de ce montant multiplié par la même fraction. Cette fraction est égale au rapport existant entre, au numérateur, le montant moyen des sommes laissées ou mises à disposition de l'entreprise au cours de l'exercice par des entreprises qui ne sont pas liées directement ou indirectement au sens du 12 de l'article 39 ajouté à une fois et demie le montant des fonds propres mentionnés au premier alinéa du présent 1 et, au dénominateur, le montant moyen de la totalité des sommes laissées ou mises à disposition de l'entreprise au cours de l'exercice ;

b. Pour leur solde, dans la limite du plus élevé des deux montants, entre un million d'euros et 10 % du résultat déterminé dans les conditions du II, retenue à hauteur de ce montant multiplié par le rapport existant entre, au numérateur, le montant des sommes laissées ou mises à disposition de l'entreprise par des entreprises liées directement ou indirectement au sens du 12 de l'article 39 excédant une fois et demie le montant des fonds propres mentionnés au premier alinéa du présent 1 et, au dénominateur, le montant moyen de la totalité des sommes laissées ou mises à disposition de l'entreprise au cours de l'exercice.

Le montant d'un million d'euros mentionné au b s'entend par exercice, le cas échéant ramené à douze mois.

Les charges financières nettes non admises en déduction en application du même b au titre d'un exercice peuvent être déduites au titre des exercices suivants conformément au 1 du VIII à hauteur d'un tiers de leur montant.

Lorsque l'entreprise remplit les conditions prévues au premier alinéa du présent 1, elle ne peut bénéficier des dispositions du VI.

2. Pour l'application du 1 du présent VII, sont considérées comme des sommes laissées ou mises à disposition de l'entreprise par des entreprises qui ne lui sont pas liées directement ou indirectement au sens du 12 de l'article 39 les sommes afférentes :

a. A des opérations de financement réalisées, dans le cadre d'une convention de gestion centralisée de la trésorerie d'entreprises liées, au sens du même 12 de l'article 39, par l'une de ces entreprises chargée de cette gestion centralisée au profit de laquelle les sommes sont mises à disposition ;

b. A l'acquisition de biens donnés en location dans les conditions prévues aux 1 et 2 de l'article L 313-7 du code monétaire et financier.

Sont également considérées comme des sommes laissées ou mises à disposition de l'entreprise par des entreprises qui ne lui sont pas liées directement ou indirectement au sens du 12 de l'article 39 du présent code les sommes laissées ou mises à disposition des établissements de crédit ou des sociétés de financement mentionnés à l'article L 511-1 du code monétaire et financier.

3. Le 1 du présent VII ne s'applique pas si l'entreprise apporte la preuve que le ratio d'endettement du groupe consolidé auquel elle appartient est supérieur ou égal à son propre ratio d'endettement au titre de l'exercice mentionné au même 1.

Pour l'application du premier alinéa du présent 3 :

a. Le groupe consolidé s'entend de celui défini au 2° du VI ;

b. Le ratio d'endettement de l'entreprise correspond au rapport existant entre le montant total de ses dettes et le montant de ses fonds propres. Le ratio d'endettement du groupe consolidé est déterminé en tenant compte des dettes, à l'exception de celles envers des entreprises appartenant au groupe consolidé ;

c. Le ratio d'endettement de l'entreprise est considéré comme égal au ratio d'endettement du groupe consolidé auquel elle appartient lorsque le premier ratio est supérieur au second ratio de deux points de pourcentage au maximum ;

d. Les dettes et les fonds propres de l'entreprise et du groupe consolidé auquel elle appartient sont évalués selon la même méthode que celle utilisée dans les comptes consolidés mentionnés au même 2°.

VIII. 1. Les charges financières nettes non admises en déduction en application des I et VI ainsi que du a du 1 du VII et celles reportables au titre de l'avant-dernier alinéa du même 1 au titre des exercices antérieurs peuvent être déduites à hauteur d'un montant égal à la différence positive entre la limite mentionnée au I appliquée au titre de l'exercice ou, lorsque la condition mentionnée au premier alinéa du 1 du VII est remplie, la limite mentionnée au a du même 1 appliquée au titre de l'exercice et les charges financières nettes de l'exercice minorées, le cas échéant, de celles soumises au plafonnement du b dudit 1. Les charges financières nettes non admises en déduction après application du présent 1 peuvent être déduites dans les mêmes conditions au titre des exercices suivants.

2. La capacité de déduction inemployée, entendue comme la différence positive entre la limite mentionnée au I appliquée au titre de l'exercice et les charges financières nettes admises en déduction au titre de l'exercice en application des I et VI ainsi que du 1 du présent VIII, peut être utilisée au titre des cinq exercices suivants pour déduire du résultat de ces exercices le montant de charges financières nettes non admises en déduction après application des I et VI. Cette capacité de déduction inemployée ne peut être utilisée pour déduire des charges financières en report conformément au 1 du présent VIII *(Voir Annexe III, art. 46 quater-0 BA)*.

IX. Un décret fixe les obligations déclaratives incombant aux entreprises mentionnées au I.

BIC-XI-11400 s. ; MF n°s 35830 s.

Art 213 L'impôt sur les sociétés, la contribution sociale mentionnée à l'article 235 ter ZC, la contribution exceptionnelle mentionnée à l'article 235 ter ZAA *(NDLR Cette contribution s'est appliquée aux exercices clos à compter du 31 décembre 2011 et jusqu'au 31 décembre 2016)* et l'impôt sur le revenu ne sont pas admis dans les charges déductibles pour l'établissement de l'impôt.

BIC-IX-25265 s., 25630 s. ; MF n° 8527

Art 214 1. Sont admis en déduction :

1° En ce qui concerne les sociétés coopératives de consommation, les bonis provenant des opérations faites avec les associés et distribués à ces derniers au prorata de la commande de chacun d'eux ;

2° En ce qui concerne les sociétés coopératives de production, la part des bénéfices nets qui est distribuée aux travailleurs dans les conditions prévues au 3° de l'article 33 de la loi n° 78-763 du 19 juillet 1978 portant statut des sociétés coopératives de production ;

3° *(Abrogé)* ;

4° *(Disposition périmée)* ;

5° En ce qui concerne les sociétés d'intérêt collectif agricole, les bonis provenant des opérations faites avec les associés coopérateurs et distribués à ces derniers au prorata de leurs activités.

Cette disposition n'est pas applicable aux sociétés d'intérêt collectif agricole lorsque les associés visés à l'article L 522-1 du code rural et de la pêche maritime, les établissements de crédit et les sociétés de financement détiennent directement ou par l'intermédiaire de leurs filiales 80 % ou plus du capital ou des voix et que les associés visés aux 1°, 2° et 3° du même article détiennent moins de 50 % du capital ou des voix ;

6° La fraction éventuelle des ristournes déduites en vertu des 1°, 2° et 5° qui dépasse 50 % des excédents pouvant être répartis d'un exercice est réintégrée au résultat du même exercice à concurrence des sommes apportées ou mises à disposition de la coopérative par les bénéficiaires au cours des deux exercices suivants ;

7° Les dispositions des 1° et 2° ne sont pas applicables aux sociétés dont plus de 50 % du capital est détenu par des associés non coopérateurs, définis au 1 quinquies de l'article 207, et des titulaires de certificats coopératifs d'investissement ou de certificats coopératifs d'associés, à l'exception des sociétés coopératives de production dont la majorité du capital est détenue par une autre société coopérative de production dans les conditions prévues à l'article 25 de la loi n° 78-763 du 19 juillet 1978 portant statut des sociétés coopératives de production ;

Le 2° est toutefois applicable aux sociétés coopératives de production issues de la transformation d'autres sociétés dans les conditions prévues aux articles 48 à 52 de la loi n° 78-763 du 19 juillet 1978 précitée et pour lesquelles les associés non coopérateurs s'engagent, au moment de la transformation et dans des conditions fixées par décret *(Décret 2014-1758 du 31 décembre 2014)*, à céder un nombre de parts sociales suffisant pour permettre aux associés coopérateurs de détenir au moins 50 % du capital de la société au plus tard le 31 décembre de la septième année qui suit celle de la transformation en société coopérative de production.

Le 2° est également applicable aux sociétés coopératives de production qui ont constitué entre elles un groupement relevant des articles 47 bis à 47 septies de la loi n° 78-763 du 19 juillet 1978 précitée et dont la majorité du capital est détenue par une ou plusieurs sociétés coopératives membres de ce groupement ou par des salariés employés par les autres sociétés coopératives membres de ce groupement.

En cas de non-respect de l'engagement mentionné au deuxième alinéa, la société rapporte au résultat imposable de l'exercice en cours ou clos le 31 décembre de la septième année suivant celle de la transformation en société coopérative de production une somme correspondant aux distributions déduites. Les droits correspondants sont majorés de l'intérêt de retard prévu à l'article 1727, décompté à partir de l'exercice au cours duquel les distributions ont été déduites ;

8° En ce qui concerne les groupements d'employeurs fonctionnant dans les conditions prévues aux articles L 1253-1 à L 1253-19 du code du travail, les sommes dans la limite de 2 % du montant des rémunérations, définies à l'article L 242-1 du code de la sécurité sociale, versées à leurs salariés ou de 10 000 € au titre d'un même exercice.

Cette déduction s'exerce à la condition que, à la clôture de l'exercice, le groupement ait inscrit à un compte d'affectation spéciale ouvert auprès d'un établissement de crédit une somme provenant des recettes de l'exercice au moins égale au montant de la déduction. L'épargne doit être inscrite à l'actif du bilan.

Les sommes déposées sur le compte peuvent être utilisées au cours des cinq exercices qui suivent celui de leur versement dans le cadre de la mise en œuvre de la responsabilité solidaire prévue à l'article L 1253-8 du code du travail.

Lorsque les sommes déposées sur le compte sont utilisées pour l'emploi prévu à l'alinéa précédent, la déduction correspondante est rapportée au résultat de l'exercice au cours duquel le retrait est intervenu.

Lorsque les sommes déposées sur le compte ne sont pas utilisées au cours des cinq exercices qui suivent celui de leur versement, la déduction correspondante est rapportée aux résultats du cinquième exercice suivant celui au titre duquel elle a été pratiquée.

Lorsque les sommes déposées sur le compte sont utilisées à des emplois autres que celui défini ci-dessus au cours des cinq exercices qui suivent celui de leur dépôt, l'ensemble des déductions correspondant aux sommes figurant sur le compte au jour de cette utilisation est rapporté au résultat de l'exercice au cours duquel cette utilisation a été effectuée. Le compte précité est un compte courant qui retrace exclusivement les opérations définies ci-dessus.

BIC-IX-33900 s.

1 bis. Lorsqu'une société exerce l'option pour le régime de groupe mentionné à l'article 223 A ou à l'article 223 A bis, les dispositions du 1 ne sont pas applicables pour la détermination des résultats des exercices clos au cours de la période de cinq ans à compter de la date d'ouverture du premier exercice au titre duquel elle a exercé cette option.

Les sommes mentionnées aux 1°, 2° et 5° du 1 non déduites en application du premier alinéa conservent le caractère de ristournes pour les personnes qui les reçoivent.

IS-V-5273 s.

2. et 3. *(Dispositions périmées).*

IS-II-4000 s. ; MF n° 37020

Art 216 I. Les produits nets des participations, ouvrant droit à l'application du régime des sociétés mères et visées à l'article 145, touchés au cours d'un exercice par une société mère, peuvent être retranchés du bénéfice net total de celle-ci, défalcation faite d'une quote-part de frais et charges.

La quote-part de frais et charges prévue au premier alinéa du présent I est fixée à 5 % du produit total des participations, crédit d'impôt compris. Ce taux est fixé à 1 % de ce même produit, crédit d'impôt compris, perçu :

1° Par une société membre d'un groupe mentionné aux articles 223 A ou 223 A bis à raison d'une participation dans une autre société membre de ce groupe depuis plus d'un exercice ;

2° Par une société à raison d'une participation dans une société soumise à un impôt équivalent à l'impôt sur les sociétés dans un Etat membre de l'Union européenne ou dans un autre Etat partie à l'accord sur l'Espace économique européen ayant conclu avec la France une convention d'assistance administrative en vue de lutter contre la fraude et l'évasion fiscales, sous réserve que ces sociétés aient rempli, depuis plus d'un exercice, les conditions pour constituer un groupe en application des mêmes articles 223 A ou 223 A bis, si la seconde société était établie en France ;

3° *(Abrogé).*

Ndlr *La généralisation de la condition de délai pour l'application du taux réduit de la quote-part de frais et charges et l'application de ce taux à raison des revenus de filiales européennes perçus par une société mère qui n'a pas opté pour le régime de l'intégration fiscale alors qu'elle avait la faculté de le faire s'appliquent pour la détermination des résultats imposables des exercices clos à compter du 31 décembre 2023.*

Dans le cas mentionné au sixième alinéa du c du 1 de l'article 145, le présent I s'applique à la part de bénéfice du constituant déterminée dans les conditions prévues à l'article 238 quater F correspondant aux produits nets des titres de participation ouvrant droit à l'application du régime des sociétés mères précité.

II. *(Abrogé).*

III. *(Disposition périmée).*

IS-V-2000 s. ; MF n°s 40950 s.

Art 216 A Lorsqu'ils ne sont pas déductibles des résultats imposables d'une société créancière, les abandons de créances consentis par celle-ci à une autre société dans laquelle elle détient une participation au sens de l'article 145 ne sont pas pris en compte pour la détermination des résultats imposables de la société débitrice.

Pour bénéficier de cette disposition, la société débitrice doit s'engager à augmenter son capital au profit de la société créancière, d'une somme au moins égale aux abandons de créances visés au premier alinéa. L'engagement doit être joint à la déclaration de résultats de l'exercice au cours duquel les abandons sont intervenus ; l'augmentation de capital doit être effectuée, en numéraire ou par conversion de créance, avant la clôture du second exercice suivant.

En cas de manquement à l'engagement pris, la société débitrice doit rapporter le montant des abandons accordés aux résultats imposables de l'exercice au cours duquel ceux-ci sont intervenus.

BIC-IX-56940 s. ; MF n° 8955

Art 216 bis Les intérêts et produits, encaissés après le 31 décembre 1955, des actions A de la Société nationale des chemins de fer français qui demeureront bloquées au-delà de cette date dans le patrimoine des anciennes compagnies concessionnaires ne seront pas retenus pour l'assiette de l'impôt sur les sociétés dû par ces compagnies.

BIC-V-9810

Art 216 ter Les personnes morales qui souscrivent avant le 1er juillet 1964 au capital initial des sociétés immobilières conventionnées visées par l'ordonnance n° 58-876 du 24 septembre 1958 ou à leurs augmentations de capital, et qui libèrent les actions ainsi souscrites au plus tard le 31 décembre 1965, peuvent, dans les conditions et sous les réserves prévues à l'article 43 bis, faire abstraction, pour la détermination de leur bénéfice imposable, des revenus nets provenant desdites actions.

Toutefois, la souscription des actions des sociétés immobilières conventionnées constituées après la promulgation de la loi n° 63-254 du 15 mars 1963 ne peut, en aucun cas, donner droit au bénéfice des dispositions du présent article.

IMMO-IV-26670

Art 217 quater Les sommes correspondant à la part du bénéfice réalisé par les sociétés mixtes d'intérêt agricole qui est affectée aux fournisseurs ou clients ayant la qualité d'agriculteur ou d'organisme mentionné à l'article L 541-1 du code rural et de la pêche maritime, au prorata des opérations effectuées par chacun d'eux, sont réparties en franchise d'impôt sur les sociétés lorsque ces derniers sont associés ou membres d'un des organismes visés à l'article précité, lui-même associé et dans la mesure où elles proviennent d'opérations faites avec eux.

IS-I-6500 s. ; MF n° 37020

Art 217 quinquies **I.** Pour la détermination de leurs résultats fiscaux, les sociétés peuvent déduire les charges exposées du fait de la levée des options de souscription ou d'achat d'actions consenties à leurs salariés en application des articles L 225-177 à L 225-184 et L 22-10-56 du code de commerce ainsi que du fait de l'attribution gratuite d'actions en application des articles L 225-197-1 à L 225-197-3 et L 22-10-59 du même code.

Les dispositions de l'article 39 duodecies s'appliquent aux moins-values qui résultent de la différence entre le prix de souscription des actions par les salariés et leur valeur d'origine.

TS-VII-63200 s., 78900 s. ; MF n° 88780

II. Les entreprises peuvent pratiquer une déduction au titre de l'exercice au cours duquel elles ont émis des actions au profit de leurs salariés en application d'une attribution gratuite d'actions à émettre ou de la levée d'options de souscription d'actions mentionnées au premier alinéa du I ou en application d'une augmentation de capital réservée aux adhérents d'un plan d'épargne d'entreprise mentionnée à l'article L 3332-18 du code du travail.

Le premier alinéa s'applique sous réserve que :

1° L'attribution ou les options de souscription mentionnées au même alinéa bénéficient à l'ensemble des salariés de l'entreprise ;

2° Les actions ou les options soient attribuées ou consenties soit de manière uniforme, soit proportionnellement à la durée de présence dans l'entreprise au cours de l'exercice ou aux salaires, soit par une combinaison de ces différents critères.

La déduction mentionnée au premier alinéa est égale à la différence entre la valeur des titres à la date de l'augmentation de capital et leur prix de souscription.

Un décret fixe les modalités d'application de ces dispositions, notamment les obligations déclaratives *(Voir Annexe III, art. 46 quater-0 YD).*

TS-VII-79700 s. ; MF n° 88820

Art 217 sexies Le versement complémentaire effectué par les sociétés coopératives de production en application de l'article 40 de la loi n° 78-763 du 19 juillet 1978 portant statut de ces sociétés, à l'occasion de l'émission de parts sociales destinées exclusivement à leurs salariés, est déductible de leur bénéfice pour l'assiette de l'impôt sur les sociétés.

Art 217 octies **I.** Pour l'établissement de l'impôt sur les sociétés, les entreprises peuvent amortir, sur une durée de cinq ans :

1° Les sommes versées pour la souscription en numéraire au capital de petites ou moyennes entreprises innovantes ;

2° Les sommes versées pour la souscription en numéraire de parts ou d'actions de fonds communs de placement à risques, de fonds professionnels de capital investissement, de sociétés de libre partenariat ou de sociétés de capital-risque dont l'actif est constitué de titres, de parts ou d'actions de petites ou moyennes entreprises innovantes, à hauteur d'un pourcentage au moins égal à celui mentionné au premier alinéa du I de l'article L 214-30 du code monétaire et financier. L'actif du fonds, de la société de libre partenariat ou de la société de capital-risque doit, en outre, être constitué de titres, de parts ou d'actions reçus en contrepartie de souscriptions au capital ou de titres, de parts ou d'actions reçus en contrepartie d'obligations converties de petites ou moyennes entreprises innovantes à hauteur d'un pourcentage au moins égal à celui mentionné au 1° du A du III du même article ;

3° Les sommes versées pour la souscription en numéraire de parts ou d'actions de fonds ou sociétés constitués sur le fondement d'un droit étranger situés dans un Etat membre de l'Union européenne ou dans un autre Etat partie à l'accord sur l'Espace économique européen ayant conclu avec la France une convention d'assistance administrative en vue de lutter contre la fraude et l'évasion fiscales, lorsque ces derniers présentent les mêmes caractéristiques que ceux mentionnés au 2°.

Lorsque les fonds ou sociétés mentionnés aux 2° et 3° procèdent à des rachats de titres, parts ou actions d'une petite ou moyenne entreprise innovante entrant dans la composition de leur actif au titre du premier pourcentage mentionné au même 2°, ils procèdent à une souscription au capital de cette même entreprise à hauteur d'au moins la valeur de ces rachats.La réalisation de cette obligation est appréciée sur la durée de vie du fonds ou dans les dix ans suivant le rachat par la société de capital-risque ou par la société de libre partenariat. L'émission des titres, parts ou actions qui seront souscrits après le rachat doit être prévue au plan d'entreprise de la petite ou moyenne entreprise qui bénéficie du rachat. L'engagement du fonds ou de la société de procéder au niveau requis de souscriptions est formalisé par une déclaration remise à l'administration fiscale lors du rachat.

II. Les petites et moyennes entreprises innovantes mentionnées au I s'entendent de celles des petites et moyennes entreprises, au sens du règlement (UE) n° 651/2014 de la Commission, du 17 juin 2014, déclarant certaines catégories d'aides compatibles avec le marché intérieur en application des articles 107 et 108 du traité sur l'Union européenne :

1° Qui ont leur siège dans un Etat membre de l'Union européenne ou dans un autre Etat partie à l'accord sur l'Espace économique européen ayant conclu avec la France une convention d'assistance administrative en vue de lutter contre la fraude et l'évasion fiscales ;

2° Dont les titres ne sont pas admis aux négociations sur un marché réglementé français ou étranger ;

3° Qui ne sont pas des entreprises en difficulté, au sens des lignes directrices communautaires concernant les aides d'Etat au sauvetage et à la restructuration d'entreprises en difficulté ;

4° Qui remplissent l'une des deux conditions mentionnées au c du 1° du I de l'article L 214-30 du code monétaire et financier leur permettant d'être qualifiées d'entreprises innovantes au sens du règlement (UE) n° 651/2014 de la Commission du 17 juin 2014 précité ;

5° Qui respectent l'une des deux conditions suivantes :

a. Elles n'exercent leur activité sur aucun marché ;

b. Elles exercent leur activité sur un marché, quel qu'il soit, depuis moins de dix ans après leur première vente commerciale au sens du règlement (UE) n° 651/2014 de la Commission du 17 juin 2014 précité. Si l'entreprise fait appel à l'organisme mentionné au dernier alinéa du c du 1° du I de l'article L 214-30 du code monétaire et financier pour démontrer son caractère innovant, ce dernier définit la date de la première vente commerciale. A défaut, cette durée de dix ans est décomptée à compter de l'ouverture de l'exercice suivant celui au cours duquel le chiffre d'affaires de l'entreprise a dépassé pour la première fois 250 000 €.

Les conditions mentionnées au premier alinéa et aux 1° à 5° du présent II s'apprécient à la date de la souscription ou du rachat. Par exception, dans le cas des souscriptions mentionnées au dernier alinéa du I que le fonds ou la société s'est engagé à réaliser à la suite d'un rachat, ces conditions sont considérées comme remplies à la date des souscriptions si elles l'étaient à la date du rachat.

Toutefois, lorsque les titres, parts ou actions d'une petite ou moyenne entreprise respectant les conditions prévues au 2° du présent II à la date de la souscription ou du rachat sont admis aux négociations sur un marché réglementé ou un système multilatéral de négociation français ou étranger postérieurement à cette date, ils ne continuent à être pris en compte pour l'appréciation des pourcentages mentionnés au 2° du I que pendant une durée de cinq ans à compter de leur admission.

II bis. Les versements au titre des souscriptions mentionnées au I ne doivent pas excéder, par entreprise bénéficiaire des versements, le plafond de 15 millions d'euros défini au paragraphe 149 de la communication de la Commission, du 22 janvier 2014, concernant les lignes directrices relatives aux aides d'Etat visant à promouvoir les investissements en faveur du financement des risques (2014/ C 19/ 04). Pour l'appréciation de ce plafond, il est tenu compte de l'ensemble des financements soumis au respect du même paragraphe.

III. 1. Les entreprises mentionnées au premier alinéa du I ne doivent pas détenir :

a. Directement ou indirectement, plus de 20 % du capital ou des droits de vote de la petite ou moyenne entreprise innovante ;

b. Des titres, parts ou actions de la petite ou moyenne entreprise innovante pour lesquels elles n'ont pas pratiqué l'amortissement prévu au présent article.

La condition mentionnée au b du ne s'applique pas aux entreprises qui souscrivent des parts d'un fonds mentionné aux 2° ou 3° du I ou d'une société de libre partenariat mentionnée au 2° du I lorsque celle-ci a délégué la gestion de son portefeuille à une société de gestion de portefeuille, si les décisions d'investissement sont prises par le gestionnaire du fonds ou de la société de libre partenariat en toute indépendance vis-à-vis des souscripteurs. Toutefois, dans cette situation, les deux pourcentages de l'actif du fonds ou de la société de libre partenariat mentionnés au 2° du même I doivent porter sur des titres, parts ou actions de petites ou moyennes entreprises innovantes dans lesquelles le fonds ou la société de libre partenariat investit pour la première fois à l'aide de souscriptions ouvrant droit à l'amortissement prévu audit I.

2. Lorsque des entreprises mentionnées au premier alinéa du I sont liées, au sens du 12 de l'article 39, elles ne doivent pas détenir ensemble, directement ou indirectement, plus de 20 % du capital ou des droits de vote de la petite ou moyenne entreprise innovante.

3. Les conditions prévues au a du 1 et au 2 doivent être respectées de manière continue au cours de la période d'amortissement. La condition mentionnée au b du 1 s'apprécie à la date de la souscription, selon le cas, dans une petite ou moyenne entreprise innovante ou dans un fonds ou une société mentionné aux 2° ou 3° du I, au titre de laquelle l'entreprise entend pratiquer l'amortissement prévu au premier alinéa du même I.

IV. La valeur des titres, des parts ou des actions détenus par l'entreprise mentionnée au premier alinéa du I qui peuvent faire l'objet de l'amortissement prévu au même I ne doit pas dépasser 1 % du total de l'actif de cette entreprise.

Cette limite s'apprécie à la clôture de l'exercice au cours duquel a eu lieu chaque souscription, en tenant compte de l'ensemble des souscriptions de l'entreprise faisant l'objet de l'amortissement prévu audit I.

Par dérogation au premier alinéa du présent IV, pour une société membre d'un groupe au sens de l'article 223 A, la valeur des titres, parts ou actions qui peuvent faire l'objet de l'amortissement prévu au I du présent article peut dépasser 1 % de l'actif de cette entreprise, à condition que la valeur des titres, parts ou actions détenus par l'ensemble des entreprises membres du groupe qui font l'objet de l'amortissement ne dépasse pas 1 % de la somme du total de l'actif des sociétés du groupe à la clôture de l'exercice.

V. En cas de cession de tout ou partie des titres, des parts ou des actions ayant ouvert droit à l'amortissement prévu au I dans les deux ans de leur acquisition ou en cas de non-respect des conditions prévues aux I à IV, le montant des amortissements pratiqués en application du même I, majoré d'une somme égale au produit de ce montant par le taux de l'intérêt de retard prévu à l'article 1727, est réintégré au bénéfice imposable de l'exercice au cours duquel intervient la cession ou le non-respect d'une condition prévue aux mêmes I à IV.

VI. Lorsque les titres, les parts ou les actions ayant ouvert droit à l'amortissement exceptionnel prévu au I sont cédés après le délai mentionné au V, la plus-value de cession est imposée au taux normal de l'impôt sur les sociétés prévu au deuxième alinéa du I de l'article 219, à hauteur du montant de l'amortissement pratiqué.

Cette plus-value s'entend de l'excédent du prix de cession des titres, parts ou actions sur leur valeur d'origine diminuée des amortissements déduits en application du I et non encore rapportés au jour de la cession.

Le taux normal de l'impôt sur les sociétés s'applique également pour l'imposition, à hauteur de l'amortissement pratiqué :

1° De la différence existant entre le montant des sommes réparties par le fonds commun de placement à risques, le fonds professionnel de capital investissement ou la société de libre partenariat et le montant des sommes versées par l'entreprise diminué des amortissements déduits en application du même I, pour la souscription des parts de ce fonds ;

2° Des distributions mentionnées au 5 de l'article 39 terdecies, réalisées par la société de capital-risque.

VII. Le présent article s'applique aux sommes versées pendant les dix années suivant une date fixée par décret, qui ne peut être postérieure de plus de six mois à la date de réception par le Gouvernement de la décision de la Commission européenne permettant de considérer le dispositif législatif lui ayant été notifié comme étant conforme au droit de l'Union européenne en matière d'aides d'Etat.

Ndlr *Le dispositif s'applique pendant dix ans à compter du 3 septembre 2016 (Décret 2016-1187 du 3 août 2016).*

BIC-X-46000 s. ; MF n° 9520

Art 217 decies Pour l'établissement de l'impôt sur les sociétés, les entreprises peuvent pratiquer dans la limite de 25 % du bénéfice imposable de l'exercice, dès l'année de réalisation de l'investissement, un amortissement exceptionnel égal à 50 % du montant des sommes effectivement versées pour la souscription au capital des sociétés mentionnées à l'article 238 bis HO.

En cas de cession de tout ou partie des titres souscrits dans les cinq ans de leur acquisition, le montant de l'amortissement exceptionnel est réintégré au bénéfice imposable de l'exercice au cours duquel intervient la cession et majoré d'une somme égale au produit de ce montant par le taux de l'intérêt de retard prévu à l'article 1727.

Un décret fixe les modalités d'application, notamment les obligations déclaratives.

BIC-X-73500

Art 217 undecies I. Les entreprises soumises à l'impôt sur les sociétés réalisant, au titre de leur dernier exercice clos, un chiffre d'affaires inférieur à 20 millions d'euros peuvent déduire de leurs résultats imposables une somme égale au montant, hors taxes et hors frais de toute nature, notamment les commissions d'acquisition, à l'exception des frais de transport, d'installation et de mise en service amortissables, des investissements productifs, diminuée de la fraction de leur prix de revient financée par une aide publique ainsi que, lorsque l'investissement a pour objet de remplacer un investissement ayant bénéficié de l'un des dispositifs définis au présent article ou aux articles 199 undecies B ou 244 quater W, de la valeur réelle de l'investissement remplacé, qu'elles réalisent dans les départements de la Guadeloupe, de la Guyane, de la Martinique, de Mayotte et de La Réunion pour l'exercice d'une activité éligible en application du I de l'article 199 undecies B. Lorsque l'entreprise n'a clôturé aucun exercice, son chiffre d'affaires est réputé nul. Si le dernier exercice clos est d'une durée de plus ou moins de douze mois, le montant du chiffre d'affaires est corrigé pour correspondre à une année pleine. Lorsque la déduction d'impôt s'applique dans les conditions prévues aux quatorzième à dix-neuvième alinéas, le chiffre d'affaires défini au présent alinéa s'apprécie au niveau de l'entreprise locataire ou crédit-preneuse, qui en communique le montant à la société qui réalise l'investissement. Lorsque l'entreprise mentionnée aux première et avant-dernière phrases du présent alinéa est liée, directement ou indirectement, à une ou plusieurs autres entreprises au sens du 12 de l'article 39, le chiffre d'affaires à retenir s'entend de la somme de son chiffre d'affaires et de celui de l'ensemble des entreprises qui lui sont liées. Pour les projets d'investissement comportant l'acquisition, l'installation ou l'exploitation d'équipements de production d'énergie renouvelable, le montant déductible mentionné à la première phrase du présent alinéa est pris en compte dans la limite d'un montant par watt installé fixé par arrêté conjoint des ministres chargés du budget, de l'énergie, de l'outre-mer et de l'industrie pour chaque type d'équipement. Ce montant prend en compte les coûts d'acquisition et d'installation directement liés à ces équipements. Pour les investissements consistant en l'acquisition de véhicules de tourisme mentionnés à la troisième phrase du quinzième alinéa du I de l'article 199 undecies B, le montant déductible mentionné à la première phrase du présent alinéa est retenu dans la limite d'un montant fixé par décret, qui ne peut excéder 30 000 € par véhicule. La déduction est opérée sur le résultat de l'exercice au cours duquel l'investissement est mis en service, le déficit éventuel de l'exercice étant reporté dans les conditions prévues au I de l'article 209. Toutefois, en cas d'acquisition d'un immeuble à construire ou de construction d'immeuble, la déduction est opérée sur le résultat de l'exercice au cours duquel les fondations sont achevées. Si l'immeuble n'est pas achevé dans les deux ans suivant la date de l'achèvement des fondations, la somme déduite est rapportée au résultat imposable au titre de l'exercice au cours duquel intervient le terme de ce délai. En cas de réhabilitation hôtelière ou de réhabilitation lourde d'immeubles autres que ceux à usage d'habitation, la déduction est accordée au titre de l'année d'achèvement des travaux. La déduction s'applique également aux investissements réalisés par une société soumise au régime d'imposition prévu à l'article 8, à l'exclusion des sociétés en participation, ou un groupement mentionné aux articles 239 quater ou 239 quater C, dont les parts sont détenues directement par des entreprises soumises à l'impôt sur les sociétés. Dans ce cas, la déduction est pratiquée par les associés ou membres dans une proportion correspondant à leurs droits dans la société ou le groupement.

DC-IV-21400 s.

La déduction prévue au premier alinéa ne s'applique qu'à la fraction du prix de revient des investissements réalisés par les entreprises qui excède le montant des apports en capital ouvrant droit au profit de leurs associés aux déductions prévues au II et aux articles 199 undecies ou 199 undecies A et le montant des financements, apports en capital et prêts participatifs, apportés par les sociétés de financement définies au g du 2 de l'article 199 undecies A.

La déduction prévue au premier alinéa s'applique aux travaux de rénovation et de réhabilitation d'hôtel, de résidence de tourisme et de village de vacances classés et aux travaux de réhabilitation lourde d'immeubles autres que ceux à usage d'habitation, lorsque ces travaux constituent des éléments de l'actif immobilisé. La déduction ne s'applique pas à l'acquisition de véhicules de tourisme au sens de l'article L 421-2 du code des impositions sur les biens et services qui ne sont pas strictement indispensables à l'exercice d'une activité aquacole, agricole, sylvicole ou minière *(Voir Annexe III, art. 46 quater-0 ZZ ter A)*. Toutefois, la déduction s'applique aux investissements consistant en l'acquisition de véhicules de tourisme mentionnés à la troisième phrase du quinzième alinéa du I de l'article 199 undecies B.

***Ndlr* 1.** *La limitation du dispositif aux véhicules de tourisme s'applique aux investissements réalisés à compter du 1er janvier 2024. Toutefois, elle ne s'applique pas pour :*

– les investissements agréés au plus tard le 31 décembre 2023 ;

– les investissements pour l'agrément desquels une demande est parvenue à l'administration au plus tard le 31 décembre 2023 et pour lesquels des acomptes au moins égaux à 50 % de leur prix ont été versés à cette date ;

– les acquisitions de biens meubles corporels qui font l'objet d'une commande au plus tard le 31 décembre 2023 et pour lesquels des acomptes au moins égaux à 50 % de leur prix ont été versés à cette date ;

– les constructions d'immeubles ayant fait l'objet d'une déclaration d'ouverture de chantier déposée au plus tard le 31 décembre 2023, dès lors que ces investissements sont achevés au plus tard le 31 décembre 2025.

2. *Les dispositions relatives aux réhabilitations lourdes d'immeubles s'appliquent, pour les investissements réalisés dans les collectivités d'outre-mer et en Nouvelle-Calédonie, aux investissements réalisés à compter du 1er janvier 2024 et, pour les investissements réalisés dans les DOM et à Saint-Martin, aux investissements mis en service à compter d'une date fixée par décret, qui ne peut être postérieure de plus de six mois à la date de réception par le Gouvernement de la réponse de la Commission européenne permettant de considérer le dispositif comme conforme au droit de l'Union européenne en matière d'aides d'Etat.*

La déduction prévue au premier alinéa s'applique à la réalisation d'investissements affectés plus de cinq ans par le concessionnaire à l'exploitation d'une concession de service public local à caractère industriel et commercial et réalisés dans des secteurs éligibles définis par ce même alinéa. La déduction prévue au premier alinéa s'applique aux investissements mentionnés aux deuxième et dernière phrases du seizième alinéa du I de l'article 199 undecies B, dans les mêmes conditions que celles prévues aux mêmes phrases. La déduction prévue au premier alinéa ne s'applique pas aux investissements donnés en location ou mis à la disposition de ménages ou de syndicats de copropriétaires, y compris dans le cadre de contrats incluant la fourniture de prestations de services.

Ndlr *L'exclusion des investissements utilisés par les ménages ou les syndicats de copropriété s'applique aux investissements réalisés à compter du 1er janvier 2024. Toutefois, elle ne s'applique pas pour :*

– les investissements agréés au plus tard le 31 décembre 2023 ;

– les investissements pour l'agrément desquels une demande est parvenue à l'administration au plus tard le 31 décembre 2023 et pour lesquels des acomptes au moins égaux à 50 % de leur prix ont été versés à cette date ;

– les acquisitions de biens meubles corporels qui font l'objet d'une commande au plus tard le 31 décembre 2023 et pour lesquels des acomptes au moins égaux à 50 % de leur prix ont été versés à cette date ;

– les constructions d'immeubles ayant fait l'objet d'une déclaration d'ouverture de chan-

tier déposée au plus tard le 31 décembre 2023, dès lors que ces investissements sont achevés au plus tard le 31 décembre 2025.

La déduction prévue au premier alinéa s'applique aux investissements mentionnés au premier alinéa du I ter de l'article 199 undecies B à hauteur de la moitié de leur coût de revient, hors taxes et hors frais de toute nature, notamment les commissions d'acquisition, à l'exception des frais de transport, diminuée du montant des aides publiques accordées pour leur financement, lorsque les conditions prévues à ce même I ter sont satisfaites. Pour les équipements et opérations de pose du câble de secours mentionnés au dernier alinéa de ce même I ter, la déduction s'applique aux investissements à hauteur du quart de leur coût de revient, sous réserve du respect des conditions prévues à la phrase précédente. Le montant de l'aide fiscale peut être réduit de moitié au plus, compte tenu du besoin de financement de la société exploitante pour la réalisation de ce projet et de l'impact de l'aide sur les tarifs. La déduction prévue au premier alinéa du présent I s'applique également aux investissements mentionnés au I quater de l'article 199 undecies B, lorsque les conditions prévues au même I quater sont satisfaites, à hauteur de 20 % de leur coût de revient, hors taxes et hors frais de toute nature, notamment les commissions d'acquisition et les frais de transport de ces navires, diminuée du montant des aides publiques accordées pour leur financement et, lorsque l'investissement a pour objet de remplacer un investissement ayant bénéficié de l'un des dispositifs définis au présent article ou aux articles 199 undecies B ou 244 quater W, de la valeur réelle de l'investissement remplacé. Pour les investissements réalisés dans le secteur du transport aérien ou maritime, la déduction prévue au premier alinéa s'applique sous réserve du respect des conditions prévues au I bis de l'article 199 undecies B. La déduction prévue au premier alinéa du présent I s'applique également aux investissements mentionnés au I quinquies de l'article 199 undecies B, lorsque les conditions prévues au même I quinquies sont satisfaites.La déduction prévue au premier alinéa du présent I s'applique également aux investissements mentionnés au I sexies du même article 199 undecies B, lorsque les conditions prévues au même I sexies sont satisfaites. Pour ces investissements, l'assiette de la déduction fiscale est déterminée dans les conditions prévues au dernier alinéa dudit I sexies.

Ndlr ***1.*** *Les dispositions relatives aux investissements portant sur les friches industrielles prévues à l'article 199 undecies B, I sexies s'appliquent, pour les investissements réalisés dans les collectivités d'outre-mer et en Nouvelle-Calédonie, aux investissements réalisés à compter du 1er janvier 2024 et, pour les investissements réalisés dans les DOM et à Saint-Martin, aux investissements mis en service à compter d'une date fixée par décret, qui ne peut être postérieure de plus de six mois à la date de réception par le Gouvernement de la réponse de la Commission européenne permettant de considérer le dispositif comme conforme au droit de l'Union européenne en matière d'aides d'Etat.*

2. *En ce qui concerne les investissements réalisés dans les DOM dans les secteurs du transport et du haut débit mis en service ou agréés à compter du 1er janvier 2024, voir partie Autres textes du présent code loi 2023-1322 du 29 décembre 2023, art. 75, V.*

La déduction prévue au premier alinéa du présent article s'applique aux acquisitions ou constructions de logements neufs à usage locatif situés dans les départements d'outre-mer, à l'exclusion des logements neufs répondant aux critères mentionnés aux b et c du 1 et au 5 du I de l'article 244 quater X, à hauteur du prix de revient des logements, minoré, d'une part, des taxes et des commissions d'acquisition versées et, d'autre part, des aides publiques reçues. Ce montant est retenu dans la limite mentionnée au 5 de l'article 199 undecies A, appréciée par mètre carré de surface habitable. Un décret précise la nature des sommes retenues pour l'appréciation du prix de revient de l'immeuble. Cette déduction s'applique lorsque les conditions suivantes sont réunies :

1° L'entreprise s'engage à louer l'immeuble nu dans les douze mois de son achèvement, ou de son acquisition si elle est postérieure, et pendant cinq ans au moins à des personnes qui en font leur résidence principale ;

2° Le loyer et les ressources du locataire n'excèdent pas des plafonds fixés par décret *(Voir Annexe II, art. 140 nonies et Annexe III, art. 46 quater-0 ZZ ter).*

DC-IV-26500 s.

Si, dans le délai de cinq ans de son acquisition ou de sa création, ou pendant sa durée normale d'utilisation si elle est inférieure, ou pendant sept ans au moins lorsque sa durée normale d'utilisation est égale ou supérieure à sept ans, l'investissement ayant ouvert droit à déduction est cédé ou cesse d'être affecté à l'exploitation de l'entreprise utilisatrice ou si l'acquéreur cesse son activité, les sommes déduites sont rapportées au résultat imposable de l'entreprise ayant opéré la déduction au titre de l'exercice au cours duquel cet événement se réalise. Ce délai est porté à quinze ans pour les investissements consistant en la construction, la rénovation ou la réhabilitation d'hôtels, de résidences de tourisme ou de villages de vacances, en la construction ou la réhabilitation lourde d'immeubles autres que ceux à usage d'habitation ou en l'acquisition ou la construction d'immeubles exploités dans le cadre des activités mentionnées à la deuxième phrase du g du I de l'article 199 undecies B. Ces conséquences sont également applicables si les conditions prévues aux septième et huitième alinéas du présent I cessent d'être respectées. Ce délai est porté à dix ans pour les investissements portant sur les navires de croisière neufs d'une capacité maximum de 400 passagers.

Ndlr *L'allongement à quinze ans du délai de conservation pour les constructions ou réhabilitations lourdes d'immeubles et les locations de tourisme s'applique aux investissements réalisés à compter du 1er janvier 2024. Toutefois, il ne s'applique pas pour :*
– les investissements agréés au plus tard le 31 décembre 2023 ;
– les investissements pour l'agrément desquels une demande est parvenue à l'administration au plus tard le 31 décembre 2023 et pour lesquels des acomptes au moins égaux à 50 % de leur prix ont été versés à cette date ;
– les acquisitions de biens meubles corporels qui font l'objet d'une commande au plus tard le 31 décembre 2023 et pour lesquels des acomptes au moins égaux à 50 % de leur prix ont été versés à cette date ;
– les constructions d'immeubles ayant fait l'objet d'une déclaration d'ouverture de chantier déposée au plus tard le 31 décembre 2023, dès lors que ces investissements sont achevés au plus tard le 31 décembre 2025.

Toutefois, la reprise de la déduction n'est pas effectuée lorsque les biens ayant ouvert droit à déduction sont transmis dans le cadre des opérations mentionnées aux articles 210 A ou 210 B si le bénéficiaire de la transmission s'engage à maintenir l'exploitation des biens outre-mer dans le cadre d'une activité éligible pendant la fraction du délai de conservation restant à courir.

L'engagement est pris dans l'acte constatant la transmission ou, à défaut, dans un acte sous seing privé ayant date certaine, établi à cette occasion.

En cas de non-respect de cet engagement, le bénéficiaire de la transmission doit rapporter à ses résultats imposables, au titre de l'exercice au cours duquel l'engagement cesse d'être respecté, une somme égale au montant de la déduction fiscale à laquelle les biens transmis ont ouvert droit.

Lorsque l'investissement est réalisé par une société ou un groupement visés aux deux dernières phrases du premier alinéa, les associés ou membres doivent, en outre, conserver les parts de cette société ou de ce groupement pendant un délai de cinq ans à compter de la réalisation de l'investissement ou pendant la durée normale d'utilisation de l'investissement si elle est inférieure. A défaut, ils doivent ajouter à leur résultat imposable de l'exercice de cession le montant des déductions qu'ils ont pratiquées, diminué, le cas échéant, dans la proportion de leurs droits dans la société ou le groupement, des sommes déjà réintégrées en application des dispositions du neuvième alinéa.

DC-IV-22600 s.

La déduction prévue au premier alinéa s'applique aux investissements productifs mis à la disposition d'une entreprise dans le cadre d'un contrat de location si les conditions suivantes sont réunies :

1° Le contrat de location est conclu pour une durée au moins égale à cinq ans ou pour la durée normale d'utilisation du bien loué si elle est inférieure ;

2° Le contrat de location revêt un caractère commercial ;

3° L'entreprise locataire aurait pu bénéficier de la déduction prévue au premier alinéa si, imposable en France, elle avait acquis directement le bien ;

4° L'entreprise propriétaire de l'investissement a son siège en France métropolitaine ou dans un département d'outre-mer ;

5° 77 % de l'avantage en impôt procuré par la déduction pratiquée au titre de l'investissement et par l'imputation du déficit provenant de la location du bien acquis et de la moins-value réalisée lors de la cession de ce bien ou des titres de la société bailleresse sont rétrocédés à l'entreprise locataire sous forme de diminution du loyer et du prix de cession du bien à l'exploitant.

Si l'une des conditions énumérées aux quinzième à dix-neuvième alinéas cesse d'être respectée dans le délai mentionné au quinzième alinéa, les sommes déduites sont rapportées au résultat imposable de l'entreprise ou des entreprises ayant pratiqué la déduction, au titre de l'exercice au cours duquel cet événement se réalise. Les sommes déduites ne sont pas rapportées lorsque, en cas de défaillance de l'entreprise locataire, les biens ayant ouvert droit à déduction sont donnés en location à une nouvelle entreprise, qui s'engage à les maintenir dans l'activité pour laquelle ils ont été acquis ou créés pendant la fraction du délai d'exploitation restant à courir, sous réserve que la condition mentionnée au dix-neuvième alinéa demeure vérifiée.

Pour les investissements dont la durée normale d'utilisation est au moins égale à sept ans, les quinzième à vingtième alinéas sont applicables lorsque l'entreprise locataire prend l'engagement d'utiliser effectivement pendant sept ans au moins ces investissements dans le cadre de l'activité pour laquelle ils ont été acquis ou créés. Cet engagement est porté à quinze ans pour les investissements consistant en la construction, la rénovation ou la réhabilitation d'hôtels, de résidences de tourisme ou de villages de vacances, en la construction ou la réhabilitation lourde d'immeubles autres que ceux à usage d'habitation ou en l'acquisition ou la construction d'immeubles exploités dans le cadre des activités mentionnées à la deuxième phrase du g du I de l'article 199 undecies B. Ce délai est porté à dix ans pour les investissements portant sur les navires de croisière neufs d'une capacité maximum de 400 passagers.

Ndlr *L'allongement à quinze ans du délai de conservation pour les constructions ou réhabilitations lourdes d'immeubles et les locations de tourisme s'applique aux investissements réalisés à compter du 1er janvier 2024. Toutefois, il ne s'applique pas pour :*
– les investissements agréés au plus tard le 31 décembre 2023 ;
– les investissements pour l'agrément desquels une demande est parvenue à l'administration au plus tard le 31 décembre 2023 et pour lesquels des acomptes au moins égaux à 50 % de leur prix ont été versés à cette date ;
– les acquisitions de biens meubles corporels qui font l'objet d'une commande au plus tard le 31 décembre 2023 et pour lesquels des acomptes au moins égaux à 50 % de leur prix ont été versés à cette date ;
– les constructions d'immeubles ayant fait l'objet d'une déclaration d'ouverture de chantier déposée au plus tard le 31 décembre 2023, dès lors que ces investissements sont achevés au plus tard le 31 décembre 2025.

Lorsque l'investissement est réalisé dans les conditions prévues aux quatorzième à dix-neuvième alinéas par une société ou un groupement mentionnés à l'avant-dernière phrase du premier alinéa, les associés ou membres doivent, en outre, conserver les parts de cette société ou de ce groupement pendant un délai de cinq ans à compter de la réalisation de l'investissement ou pendant la durée normale d'utilisation de l'investissement si elle est inférieure. A défaut, ils doivent ajouter à leur résultat imposable de l'exercice de cession le montant des déductions qu'ils ont pratiquées, diminué, le cas échéant, dans la proportion de leurs droits dans la société ou le groupement, des sommes déjà réintégrées en application des dispositions du vingtième alinéa.

DC-IV-20500 s.

I bis. La déduction prévue au premier alinéa du I s'applique également aux acquisitions ou constructions de logements neufs situés en Guadeloupe, en Guyane, en Martinique, à Mayotte ou à La Réunion si les conditions suivantes sont réunies :

1° L'entreprise signe avec une personne physique, dans les douze mois de l'achèvement de l'immeuble, ou de son acquisition si elle est postérieure, un contrat de location-accession dans les conditions prévues par la loi n° 84-595 du 12 juillet 1984 définissant la location-accession à la propriété immobilière ;

2° L'acquisition ou la construction de l'immeuble a été financée au moyen d'un prêt mentionné au I de l'article D 331-76-5-1 du code de la construction et de l'habitation ;

3° Les trois quarts de l'avantage en impôt procuré par la déduction pratiquée au titre de l'acquisition ou la construction de l'immeuble sont rétrocédés à la personne physique signataire du contrat mentionné au 1° sous forme de diminution de la redevance prévue à l'article 5 de la loi n° 84-595 du 12 juillet 1984 précitée et du prix de cession de l'immeuble.

DC-IV-28000 s.

II. Les entreprises soumises à l'impôt sur les sociétés peuvent, d'autre part, déduire de leurs résultats imposables une somme égale au montant total des souscriptions au capital des sociétés de développement régional des départements d'outre-mer ou des sociétés mentionnées au I effectuant dans les douze mois de la clôture de la souscription dans les mêmes départements des investissements productifs dans les secteurs d'activité éligibles en application du I de l'article 199 undecies B. Lorsque la société affecte tout ou partie de la souscription à la construction d'immeubles destinés à l'exercice d'une activité éligible, elle doit s'engager à en achever les fondations dans les deux ans qui suivent la clôture de la souscription et à achever l'immeuble dans les deux ans qui suivent la date d'achèvement des fondations. La société doit s'engager à maintenir l'affectation des biens à l'activité éligible pendant les cinq ans qui suivent leur acquisition ou pendant leur durée normale d'utilisation si elle est inférieure. En cas de non-respect de ces engagements, les sommes déduites sont rapportées aux résultats imposables de l'entreprise ayant opéré la déduction au titre de l'exercice au cours duquel le non-respect de l'engagement est constaté ; ces dispositions ne sont pas applicables si les immobilisations en cause sont comprises dans un apport partiel d'actif réalisé sous le bénéfice de l'article 210 B ou si la société qui en est propriétaire fait l'objet d'une fusion placée sous le régime de l'article 210 A, à la condition que la société bénéficiaire de l'apport, ou la société absorbante selon le cas, réponde aux conditions d'activité prévues au présent alinéa et reprenne, sous les mêmes conditions et sanctions, les engagements mentionnés au présent alinéa pour la fraction du délai restant à courir.

Pour les investissements dont la durée normale d'utilisation est au moins égale à sept ans, l'entreprise bénéficiaire de la souscription doit prendre l'engagement d'utiliser effectivement pendant sept ans au moins l'investissement dans le cadre de l'activité pour laquelle il a été acquis ou créé. Cet engagement est porté à dix ans pour les investissements portant sur les navires de croisière neufs d'une capacité maximale de quatre cents passagers et à quinze ans pour les investissements consistant en la construction, la rénovation ou la réhabilitation d'hôtels, de résidences de tourisme ou de villages de vacances, en la construction ou la réhabilitation lourde d'immeubles autres que ceux à usage d'habitation ou en l'acquisition ou la construction d'immeubles exploités dans le cadre des activités mentionnées à la deuxième phrase du g du I de l'article 199 undecies B.

Ndlr *L'allongement à quinze ans du délai de conservation pour les constructions ou réhabilitations lourdes d'immeubles et les locations de tourisme s'applique aux investissements réalisés à compter du 1er janvier 2024. Toutefois, il ne s'applique pas pour :*
– les investissements agréés au plus tard le 31 décembre 2023 ;
– les investissements pour l'agrément desquels une demande est parvenue à l'administration au plus tard le 31 décembre 2023 et pour lesquels des acomptes au moins égaux à 50 % de leur prix ont été versés à cette date ;
– les acquisitions de biens meubles corporels qui font l'objet d'une commande au plus tard le 31 décembre 2023 et pour lesquels des acomptes au moins égaux à 50 % de leur prix ont été versés à cette date ;
– les constructions d'immeubles ayant fait l'objet d'une déclaration d'ouverture de chantier déposée au plus tard le 31 décembre 2023, dès lors que ces investissements sont achevés au plus tard le 31 décembre 2025.

La déduction prévue au premier alinéa s'applique aux souscriptions au capital de sociétés effectuant dans les départements d'outre-mer des travaux de rénovation et de réhabilitation d'hôtel, de résidence de tourisme et de village de vacances classés et des travaux de réhabilitation lourde d'immeubles autres que ceux à usage d'habitation exploités par ces sociétés, lorsque ces travaux constituent des éléments de l'actif immobilisé.

Ndlr *Les dispositions relatives aux réhabilitations lourdes d'immeubles s'appliquent, pour les investissements réalisés dans les collectivités d'outre-mer et en Nouvelle-Calédonie, aux investissements réalisés à compter du 1er janvier 2024 et, pour les investissements réalisés dans les DOM et à Saint-Martin, aux investissements mis en service à compter d'une date fixée par décret, qui ne peut être postérieure de plus de six mois à la date de réception par le Gouvernement de la réponse de la Commission européenne permettant de considérer le dispositif comme conforme au droit de l'Union européenne en matière d'aides d'Etat.*

La déduction prévue au premier alinéa s'applique aux souscriptions au capital de sociétés concessionnaires effectuant dans les départements d'outre-mer des investissements productifs affectés plus de cinq ans par le concessionnaire à l'exploitation d'une concession de service public local à caractère industriel et commercial, et dont l'activité s'exerce exclusivement dans un secteur éligible, dans les départements ou collectivités d'outre-mer.

II bis. *(Abrogé).*

II ter. La déduction prévue au premier alinéa du II s'applique aux souscriptions au capital de sociétés soumises à l'impôt sur les sociétés et qui sont affectées exclusivement à l'acquisition ou à la construction de logements neufs dans les départements d'outre-mer lorsque ces sociétés ont pour activité exclusive la location de tels logements dans les conditions mentionnées aux septième et huitième alinéas du I.

Cette déduction s'applique sous les conditions et sanctions prévues au II, à l'exception de celle mentionnée à la troisième phrase du premier alinéa du même II.

DC-IV-26500 s.

II quater. Les programmes d'investissement dont le montant total est supérieur à 1 000 000 € ne peuvent ouvrir droit à la déduction mentionnée aux I, II et II ter que s'ils ont reçu un agrément préalable du ministre chargé du budget dans les conditions prévues au III.

Les dispositions du premier alinéa sont également applicables aux investissements mentionnés au I et dont le montant total par programme est supérieur à 250 000 €, lorsqu'ils sont réalisés par une société ou un groupement mentionné à l'avant-dernière phrase du premier alinéa de ce même I.

DC-IV-12400 s.

II quinquies. La déduction prévue au II s'applique si les conditions prévues au dix-neuvième alinéa du I sont réunies.

III. 1. Pour ouvrir droit à déduction, les investissements mentionnés au I réalisés dans les secteurs des transports, de la navigation de plaisance, de l'agriculture, de la pêche maritime et de l'aquaculture, de l'industrie charbonnière et de la sidérurgie, de la construction navale, des fibres synthétiques, de l'industrie automobile, ou concernant la rénovation et la réhabilitation d'hôtel, de résidence de tourisme et de village de vacances classés ou des entreprises en difficultés, ou qui sont nécessaires à l'exploitation d'une concession de service public local à caractère industriel et commercial doivent avoir reçu l'agrément préalable du ministre chargé du budget, après avis du ministre chargé de l'outre-mer. L'organe exécutif des collectivités d'outre-mer compétentes à titre principal en matière de développement économique est tenu informé des opérations dont la réalisation le concerne.

L'agrément est délivré lorsque l'investissement :

a. Présente un intérêt économique pour le département dans lequel il est réalisé ; il ne doit pas porter atteinte aux intérêts fondamentaux de la nation ou constituer une menace contre l'ordre public ou laisser présumer l'existence de blanchiment d'argent ;

b. Poursuit comme l'un de ses buts principaux la création ou le maintien d'emplois dans ce département ;

c. S'intègre dans la politique d'aménagement du territoire, de l'environnement et de développement durable ;

d. Garantit la protection des investisseurs et des tiers.

L'octroi de l'agrément est subordonné au respect par les bénéficiaires directs ou indirects de leurs obligations fiscales et sociales et à l'engagement pris par ces mêmes bénéficiaires que puissent être vérifiées sur place les modalités de réalisation et d'exploitation de l'investissement aidé.

2. L'agrément est tacite à défaut de réponse de l'administration dans un délai de trois mois à compter de la réception de la demande d'agrément. Ce délai est ramené à deux mois lorsque la décision est prise et notifiée par l'autorité compétente de l'Etat dans les départements d'outre-mer.

Lorsque l'administration envisage une décision de refus d'agrément, elle doit en informer le contribuable par un courrier qui interrompt le délai mentionné au premier alinéa et offre la possibilité au contribuable, s'il le sollicite, de saisir, dans un délai de quinze jours, une commission consultative dont la composition, les attributions et le fonctionnement sont définis par décret *(Voir Annexe III, art. 46 quaterdecies V à 46 quaterdecies X)*. En cas de saisine, un nouveau délai d'une durée identique à celle mentionnée au premier alinéa court à compter de l'avis de la commission. La commission dispose, pour rendre cet avis, d'un délai ne pouvant excéder deux mois.

Le délai mentionné au premier alinéa peut être interrompu par une demande de l'administration fiscale de compléments d'informations. Il est suspendu en cas de notification du projet pour examen et avis de la Commission européenne.

3. Toutefois, les investissements mentionnés au I dont le montant total n'excède pas 250 000 € par programme sont dispensés de la procédure d'agrément préalable lorsqu'ils sont réalisés par une entreprise qui exerce son activité dans les départements visés au I depuis au moins deux ans dans l'un des secteurs mentionnés au premier alinéa du 1. Il en est de même lorsque ces investissements sont donnés en location à une telle entreprise. L'entreprise propriétaire des biens ou qui les a acquis en crédit-bail joint à sa déclaration de résultat un état récapitulatif des investissements réalisés au cours de l'exercice et au titre desquels la déduction fiscale est pratiquée.

Le premier alinéa ne s'applique pas au secteur des transports, à l'exception des véhicules neufs de moins de sept places acquis par les entreprises de transports publics de voyageurs et affectés de façon exclusive à la réalisation desdits transports lorsque les conditions de transport sont conformes à un tarif réglementaire.

III bis. *(Abrogé).*

III ter. *(Transféré sous le III).*

III quater. *(Abrogé).*

IV. En cas de cession dans un délai de cinq ans, décompté à partir de la date de réalisation de l'investissement, ou pendant la durée normale d'utilisation de l'investissement si elle est inférieure, de tout ou partie des droits sociaux souscrits par les entreprises avec le bénéfice des déductions prévues aux II ou II ter les sommes déduites sont rapportées au résultat imposable de l'année de cession, dans la limite de la totalité du prix de cession.

Toutefois, ces dispositions ne sont pas applicables dans le cas où, dans le délai mentionné au premier alinéa du présent IV, l'entreprise propriétaire des titres ayant ouvert droit à la déduction prévue aux II ou II ter fait l'objet d'une transmission dans le cadre des dispositions prévues aux articles 210 A ou 210 B si l'entreprise qui devient propriétaire des titres remplit les conditions nécessaires pour bénéficier de cette déduction et s'engage à conserver les titres pendant la fraction du délai de conservation restant à courir. L'engagement est pris dans l'acte constatant la transmission ou, à défaut, par acte sous seing privé ayant date certaine, établi à cette occasion.

En cas de non-respect de cet engagement, le bénéficiaire de la transmission doit rapporter à ses résultats imposables, au titre de l'exercice au cours duquel l'engagement cesse d'être respecté, une somme égale au montant de la déduction fiscale à laquelle les titres transmis ont ouvert droit, dans la limite de la totalité du prix de cession. Il en est de même dans le cas où les titres souscrits avec le bénéfice de la déduction prévue aux II ou II ter sont apportés ou échangés dans le cadre d'opérations soumises aux dispositions des articles 210 A ou 210 B, si l'entreprise conserve, sous les mêmes conditions et sanctions, les titres nouveaux qui se sont substitués aux titres d'origine.

DC-IV-26000 s.

IV bis. Le montant de la déduction prévue par le présent article n'est pas pris en compte pour le calcul de l'abattement prévu à l'article 44 quaterdecies.

DC-IV-3757 s.

IV ter. La déduction prévue aux I, II ou II ter est subordonnée au respect par les sociétés réalisant l'investissement ou la souscription et, le cas échéant, les entreprises exploitantes, de leurs obligations fiscales et sociales et de l'obligation de dépôt de leurs comptes annuels selon les modalités prévues aux articles L 232-21 à L 232-23 du code de commerce à la date de réalisation de l'investissement ou de la souscription.

Sont considérés comme à jour de leurs obligations fiscales et sociales les employeurs qui, d'une part, ont souscrit et respectent un plan d'apurement des cotisations restant dues et, d'autre part, acquittent les cotisations en cours à leur date normale d'exigibilité.

Pour l'application du premier alinéa en Nouvelle-Calédonie et en Polynésie française, les références aux dispositions du code de commerce sont remplacées par les dispositions prévues par la réglementation applicable localement.

DC-IV-16200 s.

IV quater. *(Abrogé).*

V. Les dispositions du présent article sont applicables aux investissements réalisés ou aux souscriptions versées à compter de la date de promulgation de la loi n° 2009-594 du 27 mai 2009 pour le développement économique des outre-mer, à l'exception des investissements et des souscriptions pour l'agrément desquels une demande est parvenue à l'administration avant cette date.

Le présent article est applicable aux investissements neufs mis en service jusqu'au 31 décembre 2029, aux travaux de rénovation et de réhabilitation d'hôtels, de résidences de tourisme et de villages de vacances classés et de réhabilitation lourde d'immeubles autres que ceux à usage d'habitation achevés au plus tard à cette date, aux acquisitions d'immeubles à construire et aux constructions d'immeubles dont les fondations sont achevées au plus tard à cette date et aux souscriptions versées jusqu'au 31 décembre 2029.

Un décret en Conseil d'Etat précise, en tant que de besoin, les modalités de leur application et notamment les obligations déclaratives *(Voir Annexe II, art. 140 quater à 140 quaterdecies).*

VI. Le bénéfice de la déduction prévue aux I, I bis, II et II ter est subordonné au respect de l'article 14 du règlement (UE) n° 651/2014 de la Commission, du 17 juin 2014 déclarant certaines catégories d'aides compatibles avec le marché intérieur en application des articles 107 et 108 du traité et la déduction ne s'applique pas aux investissements exploités par des entreprises en difficulté, au sens du même règlement.

DC-IV-20100 s. ; MF nos 91930 s.

Art 217 duodecies Les bénéfices investis à Saint-Pierre-et-Miquelon, en Nouvelle-Calédonie, en Polynésie française, à Saint-Martin, à Saint-Barthélemy, dans les îles Wallis-et-Futuna et les Terres australes et antarctiques françaises peuvent, dans les mêmes conditions, bénéficier du régime prévu à l'article 217 undecies, y compris pour les opérations d'acquisition ou de construction de logements neufs répondant aux critères mentionnés aux b et c du 1 du I de l'article 244 quater X. Le seuil de chiffre d'affaires prévu à la première phrase du premier alinéa du I du même article ne s'applique pas aux investissements réalisés dans les collectivités mentionnées à la première phrase du présent alinéa.

Les aides octroyées par la Nouvelle-Calédonie, la Polynésie française, Wallis-et-Futuna, Saint-Martin, Saint-Barthélemy et Saint-Pierre-et-Miquelon dans le cadre de leur compétence fiscale propre au titre de projets d'investissements sont sans incidence pour la détermination du montant des dépenses éligibles retenues pour l'application de l'article 217 undecies, à l'exception des investissements réalisés dans le secteur de la navigation de croisière conformément aux dispositions de la dernière phrase du cinquième alinéa du I du même article 217 undecies.

Pour l'application des régimes issus des articles 199 undecies A, 199 undecies B, 217 undecies ainsi que du présent article, les mots : « restaurants dont le dirigeant ou un salarié est titulaire du titre de maître-restaurateur mentionné à l'article 244 quater Q *(NDLR Article abrogé par l'article 72, I-21° de la loi 2022-1726 du 30 décembre 2022)*, restaurants de tourisme classés » et « hôtel classé » s'apprécient au regard de la réglementation propre à chaque collectivité d'outre-mer.

Le I bis de l'article 217 undecies est applicable à Saint-Barthélemy, Saint-Martin, Saint-Pierre-et-Miquelon, en Nouvelle-Calédonie, en Polynésie française et dans les îles Wallis-et-Futuna. Dans ces collectivités, pour l'application des 1° et 3° du même I bis, la référence à la loi n° 84-595 du 12 juillet 1984 définissant la location-accession à la propriété immobilière est remplacée par la référence à la réglementation applicable localement. La condition prévue au 2° du même I bis n'est pas applicable.

Dans les collectivités mentionnées au premier alinéa, le présent article est applicable aux investissements neufs mis en service jusqu'au 31 décembre 2021, aux travaux de rénovation et de réhabilitation d'hôtels, de résidences de tourisme et de villages de vacances classés achevés au plus tard à cette date, aux acquisitions d'immeubles à construire et aux constructions d'immeubles dont les fondations sont achevées au plus tard à cette date et aux souscriptions versées jusqu'au 31 décembre 2021.

Toutefois, sur option, le présent article reste applicable dans sa rédaction antérieure à la loi n° 2020-1721 du 29 décembre 2020 de finances pour 2021 :

1° Aux investissements pour l'agrément desquels une demande est parvenue à l'administration au plus tard le 31 décembre 2021 et pour lesquels le fait générateur de l'avantage fiscal n'est pas intervenu à cette date ;

2° Aux acquisitions de biens meubles corporels qui font l'objet d'une commande au plus tard le 31 décembre 2021 et pour lesquels des acomptes au moins égaux à 50 % de leur prix ont été versés à cette date ;

3° Aux travaux de réhabilitation d'immeubles pour lesquels des acomptes au moins égaux à 50 % de leur prix ont été versés au plus tard le 31 décembre 2021 ;

4° Aux constructions d'immeubles ayant fait l'objet d'une déclaration d'ouverture de chantier déposée au plus tard le 31 décembre 2021.

L'option est formulée sur un document conforme à un modèle établi par l'administration, auprès du service des impôts du lieu de dépôt de la déclaration de résultat, avec la déclaration de résultat de l'exercice au titre duquel la déduction prévue au présent article est pratiquée.

Le VI de l'article 217 undecies ne s'applique pas aux investissements réalisés à Saint-Pierre-et-Miquelon, en Nouvelle-Calédonie, en Polynésie française, à Saint-Barthélemy, dans les îles Wallis-et-Futuna et dans les Terres australes et antarctiques françaises.

Ndlr *Les dispositions du présent article, telles que modifiées par la loi 2020-1721 du 29 décembre 2020 art. 108, I-E et IV, s'appliquent à compter du 1er janvier 2022.*

DC-IV-20000 s.

Art 217 quindecies Pour l'établissement de l'impôt sur les sociétés, les entreprises peuvent pratiquer, dès l'année de réalisation de l'investissement, un amortissement exceptionnel égal à 50 % du montant des sommes effectivement versées pour la souscription au capital des sociétés définies à l'article 238 bis HV.

Le bénéfice de l'amortissement exceptionnel est subordonné au respect du règlement (UE) n° 1407/2013 de la Commission, du 18 décembre 2013, relatif à l'application des articles 107 et 108 du traité sur le fonctionnement de l'Union européenne aux aides de minimis.

BIC-X-60800 s.

Art 217 septdecies 1. Les mutuelles et unions régies par le code de la mutualité et les institutions de prévoyance régies par le titre III du livre IX du code de la sécurité sociale peuvent doter un compte de réserve spéciale de solvabilité à hauteur du résultat imposable de l'exercice. Ces dotations sont admises en déduction à hauteur de :

60 % pour l'exercice ouvert en 2012 ;

40 % pour l'exercice ouvert en 2013.

2. Les sommes prélevées sur la réserve mentionnée au 1 sont rapportées au résultat imposable de l'exercice en cours à la date de ce prélèvement.

IS-IV-7600 s.

SECTION IV

Personnes imposables. Lieu d'imposition

Art 218 Sous réserve des dispositions des a à f du I de l'article 219, l'impôt sur les sociétés est établi sous une cote unique au nom de la personne morale ou association pour l'ensemble de ses activités imposables en France.

Dans les cas visés au 4 de l'article 206, l'impôt est établi au nom de la société ou du gérant connu des tiers.

IS-II-14100 s. ; MF n° 36350

Art 218 A 1. L'impôt sur les sociétés est établi au lieu du principal établissement de la personne morale.

Toutefois, l'administration peut désigner comme lieu d'imposition :

Soit celui où est assurée la direction effective de la société ;

Soit celui de son siège social.

2. Les personnes morales exerçant des activités en France ou y possédant des biens, sans y avoir leur siège social, sont imposables au lieu fixé par arrêté du ministre de l'économie et des finances publié au Journal officiel *(Voir Annexe IV, art. 23 ter).*

IS-II-14600 s. ; MF n° 36350

Art 218 bis Les sociétés ou personnes morales passibles de l'impôt sur les sociétés en vertu de l'article 206, à l'exception de celles désignées au 5 de l'article précité, sont personnellement soumises audit impôt à raison de la part des bénéfices correspondant aux droits qu'elles détiennent, dans les conditions prévues aux articles 8, 8 quater, 8 quinquies et 1655 ter, en qualité d'associées en nom ou commanditées ou de membres de sociétés visées auxdits articles.

DC-V-6120 s. ; MF n°s 37600 s.

SECTION V

Calcul de l'impôt

Art 219 I. Pour le calcul de l'impôt, le bénéfice imposable est arrondi à l'euro le plus proche. La fraction d'euro égale à 0,50 est comptée pour 1.

Le taux normal de l'impôt est fixé à 25 %.

Ndlr *Le taux de 25 % s'applique aux exercices ouverts à compter du 1er janvier 2022.*

IS-II-6680 s. ; MF n°s 36065 s.

Toutefois :

a. Le montant net des plus-values à long terme fait l'objet d'une imposition séparée au taux de 15 %.

Le résultat net bénéficiaire déterminé en application de l'article 238 est soustrait du résultat soumis au taux normal et fait l'objet d'une imposition séparée au taux de 10 %. Toutefois, ce résultat net n'est pas imposable lorsqu'il est utilisé pour compenser le déficit d'exploitation de l'exercice. Le déficit ainsi imputé ne peut plus être reporté sur les bénéfices des exercices ultérieurs.

BIC-VIII-2000 s. ; MF n°s 10420 s.

Pour les exercices ouverts à compter du 31 décembre 2007, le montant net des plus-values à long terme afférentes aux titres des sociétés à prépondérance immobilière définies au a sexies-0 bis cotées est imposé au taux prévu au IV.

Est imposé au taux de 25 % le montant net des plus-values à long terme provenant de la cession :

1° Des titres de sociétés dont l'actif est, à la date de la cession, constitué pour plus de 50 % de sa valeur réelle par une autorisation d'usage de ressources radioélectriques pour la diffusion de tout service de télévision par voie hertzienne terrestre en mode numérique délivrée par l'Autorité de régulation de la communication audiovisuelle et numérique dans les conditions prévues à l'article 30-1 de la loi n° 86-1067 du 30 septembre 1986 relative à la liberté de communication ;

2° Des titres de sociétés contrôlant une société définie au 1° du présent a et dont l'actif est, à la date de la cession, constitué pour plus de 50 % de sa valeur réelle par les titres d'une société mentionnée au même 1°.

Les quatrième à sixième alinéas du présent a s'appliquent à la première cession de titres suivant la délivrance de l'autorisation mentionnée au 1° entraînant une modification du contrôle direct ou indirect, au sens de l'article L 233-3 du code de commerce, de la société titulaire de l'autorisation. Lorsque cette première cession est placée sous le régime prévu aux articles 210 A et 210 B du présent code, la plus-value réalisée lors de la cession ultérieure des titres reçus en contrepartie de l'apport des titres mentionnés aux 1° et 2° du présent a est imposée au taux prévu au IV, à hauteur de la plus-value d'apport de ces derniers titres.

Les provisions pour dépréciation afférentes aux titres mentionnés aux 1° et 2° du présent a sont soumises au régime applicable à ces mêmes titres.

L'excédent éventuel des moins-values à long terme ne peut être imputé que sur les plus-values à long terme imposables aux taux visés au présent a et réalisées au cours des dix exercices suivants ;

BIC-VII-9300 s. ; MF n°s 18670 s.

a bis. Les moins-values à long terme existant à l'ouverture du premier des exercices ouverts à compter du 1er janvier 1994 sont imputées sur les plus-values à long terme imposées au taux de 19 %. L'excédent des moins-values à long terme subies au cours d'un exercice ouvert à compter du 1er janvier 1994 peut être déduit des bénéfices de l'exercice de liquidation d'une entreprise à raison des 19/33,33e de son montant ;

Les moins-values à long terme existant à l'ouverture du premier des exercices ouverts à compter du 1er janvier 2005 sont imputées sur les plus-values à long terme imposées au taux de 15 %. L'excédent des moins-values à long terme subies au cours d'un exercice ouvert à compter du 1er janvier 2005 et afférentes à des éléments autres que les titres de participations définis au troisième alinéa du a quinquies peut être déduit des bénéfices de l'exercice de liquidation d'une entreprise dans la limite du rapport existant entre le taux d'imposition des plus-values à long terme applicable à l'exercice de réalisation des moins-values et le taux normal prévu au deuxième alinéa du présent I applicable à l'exercice de liquidation ;

BIC-XIX-10900 s. ; MF n° 18680

a ter. Le régime des plus-values et moins-values à long terme cesse de s'appliquer au résultat de la cession de titres du portefeuille réalisée au cours d'un exercice ouvert à compter du 1er janvier 1994 à l'exclusion des parts ou actions de sociétés revêtant le caractère de titres de participation et des parts de fonds commun de placement à risques, de fonds professionnel de capital investissement ou de société de capital risque qui remplissent les conditions prévues au II ou au III bis de l'article 163 quinquies B ou à l'article 1er -1 de la loi no 85-695 du 11 juillet 1985 portant diverses dispositions d'ordre économique et financier et qui sont détenues par l'entreprise depuis au moins cinq ans.

Pour les exercices ouverts à compter de la même date, le régime des plus ou moins-values à long terme cesse également de s'appliquer en ce qui concerne les titres de sociétés dont l'actif est constitué principalement par des titres exclus de ce régime ou dont l'activité consiste de manière prépondérante en la gestion des mêmes valeurs pour leur propre compte, à l'exception des moins-values afférentes aux titres de ces sociétés à hauteur du montant des produits de ces titres qui a ouvert droit à l'application du régime prévu aux articles 145 et 216 au cours de l'exercice au titre duquel ces moins-values ont été constatées et des cinq exercices précédents. Il ne s'applique pas non plus aux titres émis par les organismes de placement collectif immobilier, les organismes professionnels de placement collectif immobilier ou par les organismes de droit étranger ayant un objet équivalent mentionnés au 5o du I de l'article L 214-36 du code monétaire et financier.

Pour l'application des premier et deuxième alinéas, constituent des titres de participation les parts ou actions de sociétés revêtant ce caractère sur le plan comptable. Il en va de même des actions acquises en exécution d'une offre publique d'achat ou d'échange par l'entreprise qui en est l'initiatrice ainsi que des titres ouvrant droit au régime des sociétés mères ou, lorsque leur prix de revient est au moins égal à 22 800 000 €, qui remplissent les conditions ouvrant droit à ce régime autres que la détention de 5 % au moins du capital de la société émettrice, si ces actions ou titres sont inscrits en comptabilité au compte de titres de participation ou à une subdivision spéciale d'un autre compte du bilan correspondant à leur qualification comptable.

BIC-VII-30220 s., 31280 s. ; MF no 18800

Les provisions pour dépréciation afférentes aux titres exclus du régime des plus ou moins-values en application des premier et deuxième alinéas cessent d'être soumises à ce même régime, à l'exception des provisions pour dépréciation des titres de sociétés mentionnés à la première phrase du deuxième alinéa à hauteur du montant des produits de ces titres qui a ouvert droit à l'application du régime prévu aux articles 145 et 216 au cours de l'exercice au titre duquel les provisions ont été comptabilisées et des cinq exercices précédents.

BIC-VII-36420 s.

Lorsque l'entreprise transfère des titres du compte de titres de participation à un autre compte du bilan, la plus-value ou la moins-value, égale à la différence existant entre leur valeur réelle à la date du transfert et celle qu'ils avaient sur le plan fiscal, n'est pas retenue, pour le calcul du résultat ou de la plus-value ou moins-value nette à long terme, au titre de l'exercice de ce transfert ; elle est comprise dans le résultat imposable de l'exercice de cession des titres en cause et soumise au régime fiscal qui lui aurait été appliqué lors du transfert des titres. Le résultat imposable de la cession des titres transférés est calculé par référence à leur valeur réelle à la date du transfert. Le délai mentionné à l'article 39 duodecies est apprécié à cette date.

Ces règles s'appliquent lorsque l'entreprise transfère des titres d'un compte du bilan au compte de titres de participation ou procède à des transferts entre l'un des comptes du bilan et l'une des subdivisions spéciales mentionnées au troisième alinéa, sous réserve que le premier terme de la différence mentionnée au cinquième alinéa s'entend, pour les titres cotés, du cours moyen des trente derniers jours précédant celui du transfert et, pour les titres non cotés, de leur valeur probable de négociation et sans préjudice de l'application des dispositions de l'article 38 bis A.

Les dispositions des cinquième et sixième alinéas ne sont pas applicables aux transferts entre le compte de titres de participation et les subdivisions spéciales mentionnées au troisième alinéa.

Les titres inscrits au compte de titres de participation ou à l'une des subdivisions spéciales mentionnées au troisième alinéa qui cessent de remplir les conditions mentionnées à ce même alinéa doivent être transférés hors de ce compte ou de cette subdivision à la date à laquelle ces conditions ne sont plus remplies. A défaut d'un tel transfert, les titres maintenus à ce compte ou à cette subdivision sont réputés transférés pour l'application des cinquième, sixième et dixième alinéas ; les dispositions prévues au douzième alinéa en cas d'omission s'appliquent.

Lorqu'elles reçoivent un emploi non conforme à leur objet ou qu'elles deviennent sans objet au cours d'un exercice clos après la date du transfert des titres, les provisions pour dépréciation constituées antérieurement à cette date à raison de ces titres sont rapportées aux plus-values à long terme ou au résultat imposable au taux prévu au deuxième alinéa du I, selon qu'elles sont afférentes à des titres qui, avant leur transfert, constituaient ou non des titres de participation ; les provisions rapportées s'imputent alors en priorité sur les dotations les plus anciennes.

Les provisions pour dépréciation constituées après le transfert à raison des titres transférés mentionnés aux cinquième et sixième alinéas sont déterminées par référence à la valeur des titres concernés à la date du transfert.

Les entreprises qui appliquent les dispositions des cinquième et sixième alinéas doivent, pour les titres transférés, joindre à la déclaration de résultats de l'exercice du transfert et des exercices suivants un état conforme au modèle fourni par l'administration faisant apparaître, pour chaque catégorie de titres de même nature, la date de transfert, le nombre et la valeur des titres transférés, le montant de la plus-value ou de la moins-value et le régime d'imposition qui lui est applicable, à cette date, le montant des provisions constituées avant ou après le transfert et le montant de ces provisions qui a été rapporté au résultat imposable.

Le défaut de production de l'état mentionné au onzième alinéa ou l'omission des valeurs ou provisions qui doivent y être portées entraînent l'imposition immédiate des plus-values et des provisions omises ; les moins-values ne peuvent être déduites que des résultats imposables de l'exercice au cours duquel les titres considérés sont cédés ;

BIC-VII-37000 s. ; MF n° 18810

a quater. Pour les exercices ouverts à compter du 1er janvier 1997, le régime des plus et moins-values à long terme cesse de s'appliquer à la plus ou moins-value provenant de la cession des éléments d'actif, à l'exception des parts ou actions visées aux premier et troisième alinéas du a ter.

Les moins-values à long terme afférentes à des éléments d'actif désormais exclus du régime des plus et moins-values à long terme en application du premier alinéa, et restant à reporter à l'ouverture du premier exercice ouvert à compter du 1er janvier 1997, peuvent, après compensation avec les plus-values et les résultats nets de la concession de licences d'exploitation continuant à bénéficier de ce régime, s'imputer à raison des 19/33,33^e^ de leur montant sur les bénéfices imposables. Cette imputation n'est possible que dans la limite des gains nets retirés de la cession des éléments d'actifs exclus du régime des plus et moins-values à long terme en application du premier alinéa ;

MF n° 18660

a quinquies. Pour les exercices ouverts à compter du 1er janvier 2006, le montant net des plus-values à long terme afférentes à des titres de participation fait l'objet d'une imposition séparée au taux de 8 %. Ce taux est fixé à 0 % pour les exercices ouverts à compter du 1er janvier 2007.

Une quote-part de frais et charges égale à 12 % du montant brut des plus-values de cession est prise en compte pour la détermination du résultat imposable.

Les titres de participation mentionnés au premier alinéa sont les titres de participation revêtant ce caractère sur le plan comptable, les actions acquises en exécution d'une offre publique d'achat ou d'échange par l'entreprise qui en est l'initiatrice et les titres ouvrant droit au régime des sociétés mères à condition de détenir au moins 5 % des droits de vote de la société émettrice, si ces actions ou titres sont inscrits en comptabilité au compte titres de participation ou à une subdivision spéciale d'un autre compte du bilan correspondant à leur qualification comptable, à l'exception des titres des sociétés à prépondérance immobilière définis au troisième alinéa du a.

La fraction des moins-values à long terme existant à l'ouverture du premier des exercices ouverts à compter du 1er janvier 2006 afférente à des éléments exclus du bénéfice des taux définis au premier alinéa demeure imputable sur les plus-values à long terme imposées au taux visé au a, sous réserve de justifier la ou les cessions de ces éléments. Elle est majorée, le cas échéant, des provisions dotées au titre de ces mêmes éléments et non réintégrées à cette date, dans la limite des moins-values à long terme reportables à l'ouverture du premier des exercices ouverts à compter du 1er janvier 2006.

La fraction des moins-values à long terme existant à l'ouverture du premier des exercices ouverts à compter du 1er janvier 2006, non imputable en vertu des dispositions du quatrième alinéa, peut être déduite des plus-values à long terme afférentes aux titres de participation définis au troisième alinéa imposables au titre des seuls exercices ouverts en 2006. Le solde de cette fraction et l'excédent éventuel des moins-values à long terme afférentes aux titres de participation définis au troisième alinéa constaté au titre des exercices ouverts à compter du 1er janvier 2006 ne sont plus imputables ou reportables à partir des exercices ouverts à compter du 1er janvier 2007 ;

BIC-VII-30220 s., 30730 s. ; MF n°s 18735 s.

a sexies-0. Pour les exercices clos à compter du 31 décembre 2006, le régime des plus et moins-values à long terme cesse de s'appliquer à la plus ou moins-value provenant de la cession des titres, autres que ceux mentionnés au troisième alinéa du a quinquies, dont le prix de revient est au moins égal à 22 800 000 € et qui satisfont aux conditions ouvrant droit au régime des sociétés mères autres que la détention de 5 % au moins du capital de la société émettrice.

Les provisions pour dépréciation afférentes aux titres exclus du régime des plus ou moins-values à long terme en application du premier alinéa cessent d'être soumises à ce même régime.

Les moins-values à long terme afférentes à ces titres exclus du régime des plus et moins-values à long terme en application du premier alinéa, et restant à reporter à l'ouverture du premier exercice clos à compter du 31 décembre 2006, peuvent, après compensation avec les plus-values à long terme et produits imposables au taux visé au a, s'imputer à raison des 15/33,33 de leur montant sur les bénéfices imposables, dans la limite des gains nets retirés de la cession de titres de même nature ;

BIC-VII-31390 s., 36480 s.

a sexies-0 bis. Le régime des plus et moins-values à long terme cesse de s'appliquer à la plus ou moins-value provenant des cessions de titres de sociétés à prépondérance immobilière non cotées réalisées à compter du 26 septembre 2007. Sont considérées comme des sociétés à prépondérance immobilière les sociétés dont l'actif est, à la date de la cession de ces titres ou a été à la clôture du dernier exercice précédant cette cession, constitué pour plus de 50 % de sa valeur réelle par des immeubles, des droits portant sur des immeubles, des droits afférents à un contrat de crédit-bail conclu dans les conditions prévues au 2 de l'article L 313-7 du code monétaire et financier ou par des titres d'autres sociétés à prépondérance immobilière. Pour l'application de ces dispositions, ne sont pas pris en considération les immeubles ou les droits mentionnés à la phrase précédente lorsque ces biens ou droits sont affectés par l'entreprise à sa propre exploitation industrielle, commerciale ou agricole ou à l'exercice d'une profession non commerciale.

Les provisions pour dépréciation afférentes aux titres exclus du régime des plus et moins-values à long terme en application du premier alinéa cessent d'être soumises à ce même régime.

Les moins-values à long terme afférentes aux titres exclus du régime des plus et moins-values à long terme en application du premier alinéa, restant à reporter à l'ouverture du premier exercice clos à compter du 26 septembre 2007 ou réalisées au cours du même exercice, peuvent, après compensation avec les plus-values à long terme et produits imposables au taux visé au a, s'imputer à raison des 15/33,33^{es} de leur montant sur les bénéfices imposables, dans la limite des gains nets retirés de la cession de titres de même nature ;

BIC-VII-31340, 35150 s. ; MF n° 18915

a sexies-0 ter. Pour les exercices ouverts à compter du 1er janvier 2011, le régime des plus et moins-values à long terme cesse de s'appliquer à la plus ou moins-value provenant de la cession de titres de sociétés établies dans un Etat ou territoire non coopératif au sens de l'article 238-0 A autre que ceux mentionnés au 2° du 2 bis du même article 238-0 A, sauf si la société détentrice des titres apporte la preuve que les opérations de la société établie hors de France dans laquelle est prise la participation correspondent à des opérations réelles qui n'ont ni pour objet ni pour effet de permettre, dans un but de fraude fiscale, la localisation de bénéfices dans un tel Etat ou territoire.

Les moins-values afférentes à des titres exclus du régime des plus et moins-values à long terme en application du premier alinéa peuvent s'imputer exclusivement sur des plus-values exclues du régime des plus et moins-values à long terme en application du même alinéa ;

BIC-VII-31350 s. ; MF n° 18800

a sexies. 1. Pour les exercices ouverts à compter du 1er janvier 2006, les sommes réparties par un fonds commun de placement à risques ou par un fonds professionnel de capital investissement et les distributions de sociétés de capital-risque soumises au régime fiscal des plus-values à long terme en application du 2° du 5 de l'article 38 ou du 5 de l'article 39 terdecies sont soumises à l'impôt au taux de 8 % pour la fraction des sommes ou distributions afférentes aux cessions d'actions ou de parts de sociétés, à l'exception des titres des sociétés à prépondérance immobilière mentionnées au a sexies-0 bis et des titres des sociétés mentionnées au a sexies-0 ter, détenues depuis deux ans au moins et si le fonds ou la société a détenu au moins 5 % du capital de la société émettrice pendant deux ans au moins. Le taux de 8 % est fixé à 0 % pour les exercices ouverts à compter du 1er janvier 2007.

Pour l'appréciation du seuil de 5 % prévu au premier alinéa, sont également pris en compte les titres détenus par d'autres fonds communs de placement à risques, fonds professionnels de capital investissement ou sociétés de capital-risque qui ont agi de concert avec le fonds ou la société concerné dans le cadre d'un contrat conclu en vue d'acquérir ces titres.

Lorsque les actions ou parts cédées ont été reçues dans le cadre d'un échange, d'une conversion ou d'un remboursement d'un titre donnant accès au capital de la société, le délai de deux ans de détention des actions est décompté à partir de l'acquisition du titre donnant accès au capital de la société.

BIC-VII-48000 s. ; MF n°s 18955 s.

2. Pour les exercices ouverts à compter du 1er janvier 2006, la plus-value réalisée sur la cession de parts de fonds communs de placement à risques, de parts de fonds professionnels de capital investissement ou d'actions de sociétés de capital-risque mentionnées au premier alinéa du a ter est soumise au taux de 8 % à hauteur du rapport existant à la date de la cession entre la valeur des actions ou parts de sociétés mentionnées au premier alinéa du 1 inscrites à l'actif du fonds ou de la société augmentée des sommes en instance de distribution depuis moins de six mois représentative de la cession d'actions ou de parts de sociétés mentionnées au premier alinéa du 1 et la valeur de l'actif total de ce fonds ou de cette société. Ce taux est fixé à 0 % pour les exercices ouverts à compter du 1er janvier 2007 ;

BIC-VII-48000 s. ; MF n°s 18955 s.

a septies. Lorsqu'il existe des liens de dépendance entre l'entreprise cédante et l'entreprise cessionnaire au sens du 12 de l'article 39, la déduction des moins-values de cession de titres de participation définis au dix-septième alinéa du 5° du 1 de l'article 39, autres que ceux mentionnés au a sexies-0 bis du présent I, et détenus depuis moins de deux ans, intervient à la première des dates suivantes :

1° La date à laquelle l'entreprise cédante cesse d'être soumise à l'impôt sur les sociétés ou est absorbée par une entreprise qui, à l'issue de l'absorption, n'est pas liée à l'entreprise détenant les titres cédés ;

2° La date à laquelle les titres cédés cessent d'être détenus par une entreprise liée à l'entreprise cédante, à l'exception du cas où la société dont les titres ont été cédés a été absorbée par une autre entreprise liée ou qui le devient à cette occasion et pour toute la période où elle demeure liée ;

3° La date correspondant à l'expiration d'un délai de deux ans, décompté à partir du jour où l'entreprise cédante a acquis les titres.

L'imposition est établie au nom de l'entreprise cédante ou, en cas d'absorption dans des conditions autres que celles mentionnées au 1°, de l'entreprise absorbante, selon le régime de moins-value qui aurait été applicable si l'entreprise avait cédé les titres à cette date et, le cas échéant, les avait détenus depuis la date d'acquisition par l'entreprise absorbée.

L'entreprise joint à sa déclaration de résultat au titre de chaque exercice concerné un état conforme au modèle fourni par l'administration, faisant apparaître les éléments nécessaires au calcul des moins-values et ceux relatifs à l'identification de l'entreprise qui détient les titres, explicitant les liens de dépendance qui les unissent ;

BIC-VII-33750 s. ; MF n° 19075

b. Par exception au deuxième alinéa du présent I et au premier alinéa du a, pour les redevables ayant réalisé un chiffre d'affaires n'excédant pas 10 millions d'euros au cours de l'exercice ou de la période d'imposition, ramené s'il y a lieu à douze mois, le taux de l'impôt applicable au bénéfice imposable est fixé, dans la limite de 42 500 € de bénéfice imposable par période de douze mois, à 25 % pour les exercices ouverts en 2001 et à 15 % pour les exercices ouverts à compter du 1er janvier 2002.

Pour la société mère d'un groupe mentionné à l'article 223 A ou à l'article 223 A bis, le chiffre d'affaires est apprécié en faisant la somme des chiffres d'affaires de chacune des sociétés membres de ce groupe. Le capital des sociétés mentionnées au premier alinéa du présent b doit être entièrement libéré et détenu de manière continue pour 75 % au moins par des personnes physiques ou par une société répondant aux mêmes conditions dont le capital est détenu, pour 75 % au moins, par des personnes physiques. Pour la détermination de ce pourcentage, les participations des sociétés de capital-risque, des fonds communs de placement à risques, des fonds professionnels spécialisés relevant de l'article L 214-37 du code monétaire et financier dans sa rédaction antérieure à l'ordonnance n° 2013-676 du 25 juillet 2013 modifiant le cadre juridique de la gestion d'actifs, des fonds professionnels de capital investissement, des sociétés de développement régional et des sociétés financières d'innovation ne sont pas prises en compte à la condition qu'il n'existe pas de lien de dépendance au sens du 12 de l'article 39 entre la société en cause et ces dernières sociétés ou ces fonds ;

> **Ndlr 1.** *Le relèvement du seuil de chiffre d'affaires de 7,63 M€ à 10 M€ en deçà duquel les entreprises sont éligibles au taux réduit s'applique aux exercices ouverts à compter du 1er janvier 2021.*
>
> **2.** *Le relèvement de bénéfice soumis au taux réduit de 38 120 € à 42 500 € s'applique aux exercices clos à compter du 31 décembre 2022.*

(Voir Annexe III, art. 46 quater-0 ZZ bis A)

IS-II-8000 s. ; MF n°s 36085 s.

c. *(Abrogé)* ;

d. et e. *(Dispositions devenues sans objet : loi n° 92-1376 du 30 décembre 1992, article 11-II)* ;

f. Les sociétés mentionnées aux 1 à 3 de l'article 206, soumises à l'impôt sur les sociétés dans les conditions de droit commun, autres que les sociétés à capital variable et celles mentionnées à l'article 238 bis HE, peuvent bénéficier, pour une série comprenant un exercice bénéficiaire et les deux premiers exercices bénéficiaires suivant celui-ci, du taux fixé au a bis, à hauteur de la fraction de leurs résultats comptables qu'elles incorporent à leur capital au cours de l'exercice suivant celui de leur réalisation. Cette fraction doit représenter, pour chacun des trois exercices et dans la limite du résultat fiscal, le quart au plus du résultat comptable sans excéder la somme de 30 000 €. L'option ne peut plus être exercée pour l'imposition des résultats des exercices ouverts à compter du 1er janvier 2001. Lorsque, à cette date, la série de trois exercices bénéficiaires est en cours, le taux d'imposition prévu par le dispositif ne s'applique pas aux résultats des exercices restants, sauf, sur option de l'entreprise, pour les exercices ouverts en 2001. Dans ce dernier cas, le taux de 25 % prévu au b s'applique à la fraction des résultats imposables comprise entre la part des résultats imposables selon les modalités prévues au présent alinéa et 42 500 €, lorsque les conditions prévues au b sont réunies.

Les dispositions du premier alinéa s'appliquent si les conditions suivantes sont remplies :

1° La société a réalisé un chiffre d'affaires de moins de 7 630 000 € et n'est pas mère d'un groupe mentionné à l'article 223 A ou à l'article 223 A bis, au cours du premier des exercices pour lequel le bénéfice du taux réduit est demandé ;

2° Le capital de la société, entièrement libéré, est détenu de manière continue, pour 75 % au moins par des personnes physiques ou par une société répondant aux conditions visées au 1° dont le capital est détenu, pour 75 % au moins, par des personnes physiques. Pour la détermination de ce pourcentage, les participations des sociétés de capital-risque, des fonds communs de placement à risques, des fonds professionnels spécialisés relevant de l'article L 214-37 du code monétaire et financier dans sa rédaction antérieure à l'ordonnance n° 2013-676 du 25 juillet 2013 modifiant le cadre juridique de la gestion d'actifs, des fonds professionnels de capital investissement, des sociétés de développement régional et des sociétés financières d'innovation ne sont pas prises en compte à la condition qu'il n'existe pas de lien de dépendance au sens du 12 de l'article 39 entre la société en cause et ces dernières sociétés ou ces fonds.

Lorsque la société n'a pas dressé de bilan au cours d'un exercice, le bénéfice imposé provisoirement en application du deuxième alinéa de l'article 37 ne peut être soumis au taux réduit ; lorsqu'elle a dressé plusieurs bilans successifs au cours d'une même année, comme prévu au troisième alinéa de cet article, seule la fraction du bénéfice du dernier exercice clos au cours de ladite année est soumise aux dispositions du présent f.

Si l'une des trois incorporations au capital mentionnées au premier alinéa n'est pas effectuée, la société acquitte, dans les trois mois suivant la clôture de l'exercice au cours duquel elle aurait dû procéder à cette incorporation, l'impôt au taux normal sur la fraction de résultat du ou des exercices qui a été soumise au taux réduit, diminué de l'impôt payé à ce titre, majoré de l'intérêt de retard mentionné à l'article 1727. Il en va de même en cas de réduction de capital non motivée par des pertes ou de survenance d'un des événements mentionnés aux 2 à 3 de l'article 221, avant la fin de la troisième année suivant celle au cours de laquelle est intervenue la dernière des incorporations au capital ayant ouvert droit au bénéfice du taux réduit ; en cas de réduction de capital, le montant de la reprise est, le cas échéant, limité au montant de cette réduction. Toutefois, si la société est absorbée dans le cadre d'une opération soumise à l'article 210 A, les sommes qui ont été incorporées à son capital ne sont pas rapportées à ses résultats au titre de l'exercice au cours duquel intervient cette opération si la société absorbante ne procède à aucune réduction de capital non motivée par des pertes avant l'expiration du délai précité.

Les dispositions du présent f sont également applicables sous les mêmes conditions et sanctions lorsque les sociétés visées au premier alinéa portent à une réserve spéciale la fraction du bénéfice mentionné à la deuxième phrase de cet alinéa.

Cette réserve doit être incorporée au capital au plus tard au cours de l'exercice suivant le troisième exercice ayant bénéficié des dispositions du premier alinéa du présent f. En cas de prélèvement sur cette réserve ou d'absence d'incorporation au capital dans ce délai, les dispositions du sixième alinéa du présent f sont applicables. Lorsque les incorporations de capital afférentes à l'imposition de résultats d'exercices ouverts avant le 1er janvier 2001 ont été différées, elles doivent être effectuées au plus tard à la clôture du second exercice ouvert à compter de cette date.

(Voir Annexe III, art. 46 quater-0 ZZ).

Les conditions d'application du présent f ainsi que les obligations déclaratives qui en découlent sont fixées par décret *(Voir Annexe III, art. 46 quater-0 ZZ et 46 quater-0 ZZ bis).*

II. Les plus-values visées au I de l'article 238 octies sont soumises à l'impôt au taux de 15 % lorsque la société n'a pas demandé à bénéficier de l'exonération sous condition de remploi prévue audit article. L'application de la présente disposition est toutefois subordonnée à la double condition que :

a. Les opérations génératrices des plus-values présentent un caractère accessoire ou occasionnel pour la société intéressée ;

b. Les immeubles cédés aient fait l'objet d'un permis de construire délivré avant le 1er janvier 1966.

III. Les dispositions du II sont étendues, sous les mêmes conditions, aux profits réalisés à l'occasion de la cession d'immeubles ayant fait l'objet d'un permis de construire délivré entre le 1er janvier 1966 et le 1er janvier 1972 ou pour lesquels aura été déposée, avant le 1er janvier 1972, la déclaration de construction visée à l'article L 430-3 du code de l'urbanisme *(Dans sa rédaction antérieure à la loi 76-1285 du 31 décembre 1976 : JO du 1er janvier 1977)*.

Toutefois, en ce qui concerne ces profits :

a. Le taux réduit de l'impôt sur les sociétés est fixé à 25 % ;

b. L'application de ce taux réduit est subordonnée à la condition que les opérations de construction correspondantes présentent un caractère accessoire pour la société intéressée.

IV. Le taux de l'impôt est fixé à 19 % en ce qui concerne les plus-values imposables en application du 2 de l'article 221, du deuxième alinéa de l'article 223 F, du troisième alinéa du IV de l'article 208 C, et de l'article 208 C ter, relatives aux immeubles, droits afférents à un contrat de crédit-bail, droits portant sur un immeuble dont la jouissance a été conférée à titre temporaire par l'Etat, une collectivité territoriale ou un de leurs établissements publics et parts des organismes mentionnés au cinquième alinéa du II de l'article 208 C inscrits à l'actif des sociétés qui ont opté pour le régime prévu au II de ce même article.

IS-IV-17680 s. ; MF no 30950

Ce taux s'applique également aux plus-values imposables en application du 2 de l'article 221 relatives aux actifs mentionnés aux 1o à 5o du I de l'article L 214-36 du code monétaire et financier en cas de transformation d'une société soumise à l'impôt sur les sociétés en société de placement à prépondérance immobilière à capital variable ou en société professionnelle de placement à prépondérance immobilière à capital variable mentionnée au 3o nonies de l'article 208.

IMMO-IV-35350 s. ; MF no 30490

Art 219 bis Par dérogation aux dispositions de l'article 219, le taux de l'impôt sur les sociétés est fixé à 24 % en ce qui concerne les revenus visés au 5 de l'article 206, perçus par les établissements publics, associations et collectivités sans but lucratif.

1o Ce taux est fixé à 10 % pour :

a. Les produits des titres de créances mentionnés au premier alinéa de l'article 124 B ;

b. Les revenus des titres émis à compter du 1er janvier 1987 tels qu'ils sont définis aux articles 118, 119, 238 septies A, 238 septies B et 238 septies E ;

2o Ce taux est fixé à 15 % pour les dividendes.

IS-I-17500 s. ; MF no 89720

Art 219 ter Par dérogation aux dispositions de l'article 219, les indemnités perçues par les entreprises sinistrées par faits de guerre au titre de la réparation des éléments d'actif immobilisés ou en remplacement de stocks détruits peuvent, sur demande de ces entreprises, n'être soumises à l'impôt sur les sociétés qu'au taux de l'impôt sur les bénéfices industriels et commerciaux ou de l'impôt sur les sociétés en vigueur lors de l'exercice au cours duquel le montant soit des dépenses de réparation, soit de la perte comptable des stocks, a été admis en déduction pour la détermination du bénéfice imposable.

Art 219 quinquies La retenue à la source perçue en application de l'article 182 B ou de l'article 182 A bis est imputable sur le montant de l'impôt sur les sociétés éventuellement exigible à raison des revenus qui l'ont supportée.

IRPP-VII-17800, 20680 ; MF nos 4575, 4645

Art 220 **1. a.** Sur justifications, la retenue à la source à laquelle ont donné ouverture les revenus des capitaux mobiliers, visés aux articles 108 à 119 et 1678 bis, perçus par la société ou la personne morale est imputée sur le montant de l'impôt à sa charge en vertu du présent chapitre.

Toutefois, la déduction à opérer de ce chef ne peut excéder la fraction de ce dernier impôt correspondant au montant desdits revenus.

Lorsque ces revenus sont perçus à raison de biens ou droits préalablement détenus par la personne, ou une autre personne qui lui est liée au sens du 12 de l'article 39, qui, dans le contrat ayant conféré au contribuable la détention de ces biens ou droits ou dans un contrat y afférent, s'est engagée à en retrouver ou s'est réservé la possibilité d'en retrouver ultérieurement la détention, ce montant est diminué des charges engagées pour l'acquisition de ces revenus par le contribuable et les personnes qui lui sont liées, y compris :

les moins-values de cession de ces biens ou droits ;

les sommes, autres que le prix d'acquisition de ces biens ou droits, versées à cette autre personne ou aux personnes qui lui sont liées, au sens du 12 de l'article 39.

Toutefois, les troisième à cinquième alinéas du présent a ne s'appliquent pas si le contribuable apporte la preuve que la conclusion du contrat n'avait pas principalement pour objet ou pour effet de lui faire bénéficier du crédit d'impôt.

b. En ce qui concerne les revenus de source étrangère visés aux articles 120 à 123, l'imputation est limitée au montant du crédit correspondant à l'impôt retenu à la source à l'étranger ou à la décote en tenant lieu, tel qu'il est prévu par les conventions internationales.

c. En ce qui concerne les dividendes et produits distribués par les sociétés d'investissement visées aux 1° bis et 1° bis A de l'article 208 et les sociétés de capital-risque visées au 3° septies du même article au titre de l'exercice précédent, la société ou personne morale actionnaire a droit à l'imputation d'une quote-part du montant total des crédits d'impôt attachés aux produits du portefeuille encaissés, au cours de cet exercice, par la société distributrice. Le droit à imputation de chaque société ou personne morale actionnaire est déterminé en proportion de sa part dans les dividendes distribués, au titre du même exercice. Il ne peut excéder celui normalement attaché aux revenus distribués par les sociétés françaises ordinaires. Le montant à imputer est compris dans les bases de l'impôt sur les sociétés.

Lorsque les sociétés d'investissement admises au bénéfice du régime prévu aux 1° bis et 1° bis A de l'article 208 ne peuvent transférer à leurs actionnaires tout ou partie des crédits d'impôt attachés aux produits de leur portefeuille encaissés au cours d'un exercice, les crédits non utilisés sont susceptibles d'être reportés sur les quatre exercices suivants. Cette disposition est applicable aux crédits d'impôt afférents aux revenus encaissés au cours d'exercices ouverts postérieurement au 31 décembre 1966.

2. *(Disposition périmée).*

3. *(Abrogé).*

4. Les dispositions du 1 ne sont pas applicables aux établissements publics, associations et autres collectivités imposés en vertu du 5 de l'article 206. Elles ne sont également pas applicables aux produits déductibles du bénéfice net en vertu du I de l'article 216.

4 bis. *(Dispositions devenues sans objet : loi nº 92-1376 du 30 décembre 1992, article 11-II).*

5. Les conditions d'application du 1 sont fixées par décret en Conseil d'Etat *(Voir Annexe II, art. 135 à 140).*

IS-II-10800 s. ; MF nºs 36115 s.

Art 220 B Le crédit d'impôt pour dépenses de recherche défini à l'article 244 quater B est imputé sur l'impôt sur les sociétés dû par l'entreprise dans les conditions prévues à l'article 199 ter B *(Voir également Annexe III, art. 49 septies L).*

IS-IX-5800 s. ; MF nº 10495

Art 220 B bis Le crédit d'impôt en faveur de la recherche collaborative défini à l'article 244 quater B bis est imputé sur l'impôt sur les sociétés dû par l'entreprise, dans les conditions prévues à l'article 199 ter B bis.

Ndlr *Les dispositions du présent article s'appliquent aux dépenses facturées au titre des contrats de collaboration conclus à compter du 1er janvier 2022 (Loi 2021-1900 du 30 décembre 2021 art. 69, I-3° et III).*

IS-IX-9280 s. ; MF nº 10515

Art 220 C Le crédit d'impôt défini à l'article 244 quater C est imputé sur l'impôt sur les sociétés dû par l'entreprise dans les conditions prévues à l'article 199 ter C.

IS-IX-82000 s.

Art 220 D Le crédit d'impôt défini à l'article 244 quater E est imputé sur l'impôt sur les sociétés dû par l'entreprise dans les conditions prévues à l'article 199 ter D.
(Voir Annexe III, art. 49 septies WF)

BIC-XVIII-20500 s. ; MF nºs 92260 s.

Art 220 E La réduction d'impôt définie à l'article 238 bis est imputée sur l'impôt sur les sociétés dû au titre de l'exercice au cours duquel les dépenses ont été réalisées. L'excédent éventuel est utilisé pour le paiement de l'impôt sur les sociétés dû au titre des cinq exercices suivant celui au titre duquel elle est constatée.

Un décret fixe les obligations déclaratives et les modalités d'imputation des dispositions du présent article *(Voir Annexe III, art. 49 septies X à 49 septies XB).*

IS-IX-13440 s. ; MF nº 10700

Art 220 F Le crédit d'impôt défini à l'article 220 sexies est imputé sur l'impôt sur les sociétés dû par l'entreprise au titre de l'exercice au cours duquel les dépenses définies au III de cet article ont été exposées. Si le montant du crédit d'impôt excède l'impôt dû au titre dudit exercice, l'excédent est restitué.

L'excédent de crédit d'impôt constitue au profit de l'entreprise une créance sur l'Etat d'un montant égal. Cette créance est inaliénable et incessible, sauf dans les conditions prévues par les articles L 313-23 à L 313-35 du code monétaire et financier.

La part du crédit d'impôt obtenu au titre des dépenses mentionnées au 1 du III de l'article 220 sexies n'ayant pas reçu, dans un délai maximum de huit mois à compter de la délivrance du visa d'exploitation cinématographique pour les œuvres cinématographiques ou de la date de leur achèvement définie par décret pour les œuvres audiovisuelles, l'agrément à titre définitif du président du Centre national du cinéma et de l'image animée attestant que l'œuvre cinématographique ou audiovisuelle a rempli les conditions visées au II fait l'objet du même article d'un reversement. Cet agrément est délivré dans des conditions fixées par décret.

Il en est de même de la part du crédit d'impôt obtenu au titre de dépenses relatives à des œuvres cinématographiques n'ayant pas reçu de visa d'exploitation cinématographique dans les deux ans qui suivent la clôture du dernier exercice au titre duquel le crédit d'impôt a été obtenu ou de la part du crédit d'impôt accordé au titre de dépenses relatives à des œuvres audiovisuelles n'ayant pas été achevées dans les deux ans qui suivent la clôture du dernier exercice au titre duquel le crédit d'impôt a été obtenu.

(Voir Annexe III, art. 46 quater-0 YP et 46 quater-0 YR)

IS-IX-43700 s., 46250 s. ; MF nº 10585

Art 220 G Le crédit d'impôt défini à l'article 244 quater F est imputé sur l'impôt sur les sociétés dû par l'entreprise dans les conditions prévues à l'article 199 ter E.

IS-IX-25100 s. ; MF nº 10555

Art 220 K Le crédit d'impôt défini à l'article 244 quater J est imputé sur l'impôt sur les sociétés dû par l'entreprise dans les conditions prévues à l'article 199 ter I.

IS-IX-63060

Art 220 M Lorsque l'exercice de l'entreprise coïncide avec l'année civile, le crédit d'impôt défini à l'article 244 quater L est imputé sur l'impôt sur les sociétés dû par l'entreprise au titre de l'exercice au cours duquel elle a respecté les conditions prévues à cet article. En cas de clôture d'exercice en cours d'année, le crédit d'impôt est imputé sur l'impôt sur les sociétés dû au titre de l'exercice clos au cours de l'année suivant celle au cours de laquelle l'entreprise a respecté les conditions prévues à l'article 244 quater L. Si le montant du crédit d'impôt excède le montant de l'impôt dû au titre dudit exercice, l'excédent est restitué.

(Voir Annexe III, art. 49 septies ZB et 49 septies ZB bis)

BA-VII-29355 ; MF nº 16355

Art 220 N Le crédit d'impôt défini à l'article 244 quater M est imputé sur l'impôt sur les sociétés dû par l'entreprise dans les conditions prévues à l'article 199 ter L.

(Voir Annexe III, art. 49 septies ZG et 49 septies ZH)

IS-IX-28300 s. ; MF nº 10545

Art 220 P Le crédit d'impôt défini à l'article 244 quater O est imputé sur l'impôt sur les sociétés dû par l'entreprise dans les conditions prévues à l'article 199 ter N.

(Voir Annexe III, art. 49 septies ZN et 49 septies ZO)

IS-IX-60700 s. ; MF nº 10535

Art 220 Q Le crédit d'impôt défini à l'article 220 octies est imputé sur l'impôt sur les sociétés dû par l'entreprise au titre de l'exercice au cours duquel les dépenses définies au III du même article ont été exposées. Si le montant du crédit d'impôt excède l'impôt dû au titre dudit exercice, l'excédent est restitué.

L'excédent de crédit d'impôt constitue au profit de l'entreprise une créance sur l'Etat d'un montant égal. Cette créance est inaliénable et incessible, sauf dans les conditions prévues par les articles L 313-23 à L 313-35 du code monétaire et financier.

L'agrément visé au premier alinéa du IV de l'article 220 octies ne peut être accordé lorsque l'ensemble des obligations légales, fiscales et sociales ne sont pas respectées par l'entreprise souhaitant bénéficier du dispositif.

Le crédit d'impôt obtenu au titre des dépenses relatives à des œuvres n'ayant pas reçu, dans un délai maximum de vingt-quatre mois à compter de leur fixation au sens de l'article L 213-1 du code de la propriété intellectuelle ou de la production d'un disque numérique polyvalent musical, l'agrément à titre définitif délivré par le ministre chargé de la culture attestant que les conditions visées au II de l'article 220 octies ont été respectées fait l'objet d'un reversement.

L'agrément à titre définitif est délivré par le ministre chargé de la culture après avis d'un comité d'experts dont les modalités de fonctionnement sont précisées par décret *(NDLR Voir partie Autres textes du présent code décret 2006-1764 du 23 décembre 2006 modifié par décret 2014-1167 du 9 octobre 2014)*, sur la base de pièces justificatives, comprenant notamment un document comptable certifié par un expert-comptable indiquant le coût définitif des opérations, les moyens de leur financement et faisant apparaître précisément les dépenses engagées ainsi que la liste nominative définitive du personnel non permanent, des entreprises et industries techniques et des prestataires spécialisés, précisant leur nationalité.

(Voir Annexe III, art. 46 quater-0 YT et 46 quater-0 YU)

IS-IX-52000 s. ; MF nº 10575

Art 220 Q bis Le crédit d'impôt défini à l'article 220 septdecies est imputé sur l'impôt sur les sociétés dû par l'entreprise au titre de l'exercice au cours duquel les dépenses définies au III du même article 220 septdecies ont été exposées. Si le montant du crédit d'impôt excède l'impôt dû au titre de cet exercice, l'excédent est restitué.

L'excédent de crédit d'impôt constitue au profit de l'entreprise une créance sur l'Etat d'un montant égal. Cette créance est inaliénable et incessible, sauf dans les conditions prévues aux articles L 313-23 à L 313-35 du code monétaire et financier.

L'agrément mentionné au VI de l'article 220 septdecies ne peut être accordé lorsque l'ensemble des obligations légales, fiscales et sociales ne sont pas respectées par l'entreprise souhaitant bénéficier du dispositif.

En cas de non-obtention de l'agrément définitif dans un délai de trente-six mois à compter de l'agrément provisoire, l'entreprise doit reverser le crédit d'impôt dont elle a bénéficié.

A défaut, le crédit d'impôt fait l'objet d'une reprise au titre de l'exercice au cours duquel intervient la décision de refus de l'agrément définitif.

L'agrément définitif est délivré par le ministre chargé de la culture après avis d'un comité d'experts. Les modalités de fonctionnement du comité d'experts et les conditions de délivrance de l'agrément définitif sont fixées par décret *(NDLR Décret 2022-1424 du 10 novembre 2022 art. 2 et 6 à 8)*.

Ndlr ***1.*** *Voir également Annexe III, art. 46 quater-0 YW ter.*

2. *Ces dispositions s'appliquent au titre des exercices clos à compter du 31 décembre 2022.*

IS-IX-54000 s. ; MF nº 10577

Art 220 R Le crédit d'impôt défini à l'article 220 nonies est imputé sur l'impôt sur les sociétés dû par la société nouvelle au titre des exercices au cours desquels les intérêts d'emprunt ont été comptabilisés. Les intérêts d'emprunt s'entendent des intérêts dus sur les emprunts contractés par la société nouvelle en vue du rachat. L'excédent éventuel est remboursé.

(Voir Annexe III, art. 46 quater-0 YX à 46 quater-0 YZC)

IS-IX-20900 s. ; MF nº 10620

Art 220 S Le crédit d'impôt défini à l'article 220 quindecies est imputé sur l'impôt sur les sociétés dû par l'entreprise au titre de l'exercice au cours duquel les dépenses définies au III du même article 220 quindecies ont été exposées. Si le montant du crédit d'impôt excède l'impôt dû au titre dudit exercice, l'excédent est restitué.

L'excédent de crédit d'impôt constitue une créance sur l'Etat au profit de l'entreprise d'un montant égal. Cette créance est inaliénable et incessible, sauf dans les conditions prévues aux articles L 313-23 à L 313-35 du code monétaire et financier.

L'agrément mentionné au VI de l'article 220 quindecies du présent code ne peut être accordé lorsque l'ensemble des obligations légales, fiscales et sociales ne sont pas respectées par l'entreprise souhaitant bénéficier du dispositif.

En cas de non-obtention de l'agrément définitif dans un délai de trente-six mois à compter de l'agrément provisoire, l'entreprise doit reverser le crédit d'impôt dont elle a bénéficié.

Par dérogation, le délai mentionné au quatrième alinéa du présent article est prolongé de quinze mois pour les spectacles ayant obtenu leur agrément provisoire entre le 1er juillet 2019 et le 2 juin 2021. Dans ce cas, l'entreprise reverse le crédit d'impôt obtenu au titre des dépenses exposées avant la période de trente-six mois qui précède la date de délivrance de l'agrément définitif.

A défaut, le crédit d'impôt fait l'objet d'une reprise au titre de l'exercice au cours duquel intervient la décision de refus de l'agrément définitif.

IS-IX-57000 s. ; MF nº 10580

Art 220 T Le crédit d'impôt défini à l'article 220 sexdecies est imputé sur l'impôt sur les sociétés dû par l'entreprise au titre de l'exercice au cours duquel les dépenses définies au III du même article 220 sexdecies ont été exposées. Si le montant du crédit d'impôt excède l'impôt dû au titre de cet exercice, l'excédent est restitué.

L'excédent de crédit d'impôt constitue une créance sur l'Etat au profit de l'entreprise d'un montant égal. Cette créance est inaliénable et incessible, sauf dans les conditions prévues aux articles L 313-23 à L 313-35 du code monétaire et financier.

L'agrément mentionné au VI de l'article 220 sexdecies du présent code ne peut être accordé lorsque l'ensemble des obligations légales, fiscales et sociales ne sont pas respectées par l'entreprise souhaitant bénéficier du dispositif.

En cas de non-obtention de l'agrément définitif dans un délai de trente-six mois à compter de l'agrément provisoire, l'entreprise doit reverser le crédit d'impôt dont elle a bénéficié.

A défaut, le crédit d'impôt fait l'objet d'une reprise au titre de l'exercice au cours duquel intervient la décision de refus de l'agrément définitif.

Ndlr **1.** *Les dispositions du présent article s'appliquent aux demandes d'agrément provisoire déposées à compter du 1er janvier 2021.*
2. *Voir également Annexe III, art. 46 quater-0 ZY sexdecies et partie Autres textes du présent code décret 2021-655 du 26 mai 2021.*

IS-IX-58850 s. ; MF nº 10582

Art 220 X Le crédit d'impôt défini à l'article 220 terdecies est imputé sur l'impôt sur les sociétés dû par l'entreprise au titre de l'exercice au cours duquel l'entreprise a exposé les dépenses. Si le montant du crédit d'impôt excède l'impôt dû au titre de cet exercice, l'excédent est restitué. L'excédent de crédit d'impôt constitue au profit de l'entreprise une créance sur l'Etat d'un montant égal. Cette créance est inaliénable et incessible, sauf dans les conditions prévues par les articles L 313-23 à L 313-35 du code monétaire et financier. En cas de non-obtention de l'agrément définitif dans un délai de trente-six mois ou de soixante-douze mois, pour les jeux dont le coût de développement est supérieur à 10 millions d'euros, à compter de l'agrément provisoire, l'entreprise doit reverser le crédit d'impôt dont elle a bénéficié.

A défaut, le crédit d'impôt fait l'objet d'une reprise au titre de l'exercice au cours duquel intervient la décision de refus de l'agrément définitif.

En cas de dépassement du délai de trente-six mois pour l'obtention de l'agrément définitif pour les jeux dont le coût de développement est supérieur à 10 millions d'euros, l'entreprise reverse le crédit d'impôt obtenu au titre de dépenses exposées antérieurement à la période de trente-six mois qui précède la date de délivrance de l'agrément définitif.

A défaut, le crédit d'impôt fait l'objet d'une reprise au titre de l'exercice au cours duquel intervient la délivrance de l'agrément définitif.

Les conditions d'application du présent article, notamment celles relatives à la délivrance de l'agrément définitif, sont fixées par décret *(Voir code du cinéma et de l'image animée, art. D 331-33 à D331-36).*

(Voir Annexe III, art. 46 quater-0 YZH et 46 quater-0 YZI)

IS-IX-55000 s. ; MF nº 10615

Art 220 Z Le crédit d'impôt défini à l'article 244 quater U est imputé sur l'impôt sur les sociétés dû par l'entreprise dans les conditions prévues à l'article 199 ter S.

IS-IX-69500 s. ; MF nº 10635

Art 220 Z bis Le crédit d'impôt défini à l'article 220 quaterdecies est imputé en totalité sur l'impôt sur les sociétés dû par l'entreprise de production exécutive au titre de l'exercice au cours duquel les dépenses définies au III de cet article ont été exposées. Si le montant du crédit d'impôt excède l'impôt dû au titre dudit exercice, l'excédent est restitué.

L'excédent de ce crédit d'impôt constitue, au profit de l'entreprise de production exécutive, une créance sur l'Etat d'un montant égal. Cette créance est inaliénable et incessible, sauf dans les conditions prévues aux articles L 313-23 à L 313-35 du code monétaire et financier.

La part du crédit d'impôt obtenu au titre des dépenses mentionnées au III de l'article 220 quaterdecies n'ayant pas reçu, dans un délai maximum de vingt-quatre mois à compter de la date des derniers travaux exécutés en France, l'agrément définitif du président du Centre national du cinéma et de l'image animée certifiant que l'œuvre cinématographique ou audiovisuelle a rempli les conditions visées au II de l'article 220 quaterdecies fait l'objet d'un reversement.

(Voir Annexe III, art. 46 quater-0 ZY bis à 46 quater-0 ZY septies s'agissant des obligations déclaratives)

IS-IX-48000 s. ; MF nº 10605

Art 220 Z ter Le crédit d'impôt défini à l'article 244 quater V est imputé sur l'impôt sur les sociétés dû par l'entreprise dans les conditions prévues à l'article 199 ter T.

(Voir Annexe III, art. 49 septies ZZI)

IS-IX-64300 s. ; MF nº 10630

Art 220 Z quater Le crédit d'impôt défini à l'article 244 quater W est imputé sur l'impôt sur les sociétés dû par l'entreprise, dans les conditions prévues à l'article 199 ter U.

DC-IV-33560 s. ; MF nº 91997

Art 220 Z quinquies Le crédit d'impôt défini à l'article 244 quater X est imputé sur l'impôt sur les sociétés dû par l'entreprise au titre de l'exercice au cours duquel l'événement prévu au IV du même article est survenu. Si le montant du crédit d'impôt excède l'impôt dû au titre dudit exercice, l'excédent est restitué.

Le montant du crédit d'impôt avant imputation sur l'impôt sur les sociétés constitue une créance sur l'Etat lorsque, en application du deuxième alinéa de l'article L 313-23 du code monétaire et financier, cette créance a fait l'objet d'une cession ou d'un nantissement avant la liquidation de l'impôt sur les sociétés sur lequel le crédit d'impôt correspondant s'impute, à la condition que l'administration en ait été préalablement informée.

La créance est inaliénable et incessible, sauf dans les cas et les conditions prévus aux articles L 313-23 à L 313-35 du même code ; elle ne peut alors faire l'objet de plusieurs cessions ou nantissements partiels auprès d'un ou de plusieurs cessionnaires ou créanciers.

Dans l'hypothèse où la créance a fait l'objet d'une cession ou d'un nantissement dans les conditions prévues au deuxième alinéa et que le crédit d'impôt fait l'objet d'une reprise dans les conditions prévues au VII de l'article 244 quater X, la reprise est faite auprès :

1° Des organismes ou sociétés mentionnés au 1 et au 5 du I de l'article 244 quater X, à concurrence du prix de cession ou du nantissement de la créance ;

2° Du cessionnaire ou du bénéficiaire du nantissement de la créance, à concurrence de la différence entre le montant du crédit d'impôt et le prix d'acquisition ou du nantissement de la créance.

DC-IV-66500 s. ; MF n°s 92085 s.

Art 220 Z sexies La réduction d'impôt définie à l'article 244 quater Y est imputée sur l'impôt sur les sociétés dû au titre de l'exercice au cours duquel le fait générateur de la réduction d'impôt est intervenu. L'excédent éventuel est utilisé pour le paiement de l'impôt sur les sociétés dû au titre des cinq exercices suivant celui au titre duquel elle est constatée.

Ndlr *Les dispositions du présent article s'appliquent aux investissements réalisés à compter du 1er janvier 2022. Toutefois, pour les investissements réalisés à Saint-Martin, elles s'appliquent aux investissements réalisés à compter du 7 mai 2022 (Décret 2022-781 du 4 mai 2022 art. 2).*

DC-IV-36900 s. ; MF n° 91980 c

Art 220 Z septies **I.** Le montant de la taxe foncière sur les propriétés bâties prévue à l'article 1380 et mise en recouvrement au cours de l'exercice pour les logements mentionnés au III du présent article fait naître une créance d'impôt sur les sociétés non imposable d'égal montant au profit des personnes morales suivantes :

1° Organismes d'habitations à loyer modéré mentionnés à l'article L 411-2 du code de la construction et de l'habitation, sociétés d'économie mixte mentionnées à l'article L 481-1 du même code ou sociétés anonymes de coordination entre les organismes d'habitations à loyer modéré mentionnées à l'article L 423-1-1 dudit code ;

2° Organismes soumis au contrôle, au sens du III de l'article L 430-1 du code de commerce, de la société mentionnée à l'article L 313-20 du code de la construction et de l'habitation ;

3° Personnes morales, y compris les personnes morales exonérées d'impôt sur les sociétés en application d'une disposition légale, les sociétés civiles de placement immobilier mentionnées à l'article 239 septies du présent code, les sociétés d'investissement à capital variable mentionnées à l'article L 214-7 du code monétaire et financier, les sociétés de placement à prépondérance immobilière à capital variable mentionnées à l'article L 214-62 du même code et les sociétés de libre partenariat mentionnées à l'article L 214-162-1 dudit code *(NDLR Dispositions applicables aux logements dont la construction est achevée à compter du 1er janvier 2024)* ;

4° Etablissements publics administratifs ;

5° Caisses de retraite et de prévoyance.

Lorsqu'elle fait naître une créance non imposable d'égal montant, la taxe foncière mise en recouvrement pour les logements mentionnés au III du présent article n'est pas admise dans les charges déductibles pour la détermination du bénéfice imposable des personnes morales mentionnées aux 1° à 5° du présent I.

II. Le montant de la taxe foncière sur les propriétés bâties s'entend de la taxe mentionnée à l'article 1380 et, le cas échéant :

1° De la taxe pour la gestion des milieux aquatiques et la prévention des inondations prévue à l'article 1530 bis ;

2° De la taxe additionnelle spéciale annuelle au profit de la région d'Île-de-France prévue à l'article 1599 quater D ;

3° Des taxes spéciales d'équipement additionnelles à la taxe foncière sur les propriétés bâties prévues aux articles 1607 bis, 1607 ter et 1609 B à 1609 H ;

4° Des impositions additionnelles à la taxe foncière sur les propriétés bâties levées conformément à l'article 1609 quater ;

5° Des prélèvements opérés par l'Etat sur ces taxes et impositions en application de l'article 1641.

III. Le bénéfice du I du présent article est accordé aux personnes morales mentionnées au même I qui sont propriétaires de logements répondant aux conditions prévues aux 1° et 3° à 5° du I de l'article 279-0 bis A ou qui sont titulaires de leur usufruit, à l'exception de la condition de location en exonération de la taxe sur la valeur ajoutée prévue au 1° du même I

(NDLR L'exception s'applique aux logements dont la construction est achevée à compter du 1er janvier 2024).

IV. Le I du présent article s'applique pendant une durée de vingt ans à compter de la première mise en recouvrement de la taxe foncière sur les propriétés bâties pour les logements mentionnés au III.

La durée de vingt ans est réduite à due concurrence du nombre d'années d'exonération totale de la taxe foncière sur les propriétés bâties dont peuvent bénéficier les logements.

Le I cesse de s'appliquer à compter de l'exercice suivant celui au cours duquel le bénéfice de l'article 279-0 bis A est remis en cause dans les conditions prévues au II bis de l'article 284.

V. La personne morale mentionnée au I du présent article, redevable légal de la taxe foncière sur les propriétés bâties, impute la créance sur l'impôt sur les sociétés dû au titre de l'exercice au cours duquel a eu lieu la mise en recouvrement de cette taxe et, en cas d'excédent, au titre des trois exercices suivants. S'il y a lieu, la créance est remboursée à l'issue de cette période, à hauteur de la fraction non imputée.

Par dérogation, pour les personnes morales qui sont exonérées d'impôt sur les sociétés ou qui ne sont pas redevables de l'impôt sur les sociétés, la créance est immédiatement remboursable.

Le deuxième alinéa du présent V s'applique également aux petites ou moyennes entreprises, au sens de l'article 51 de la loi no 2008-776 du 4 août 2008 de modernisation de l'économie, répondant aux conditions suivantes :

1° Employer moins de deux cent cinquante salariés ;

2° Avoir un chiffre d'affaires annuel n'excédant pas 50 millions d'euros ou un total de bilan n'excédant pas 43 millions d'euros.

Pour l'appréciation des seuils mentionnés aux 1° et 2° du présent V, il est tenu compte de la somme des effectifs et de la somme des chiffres d'affaires ou de total de bilan de l'entreprise titulaire de la créance et de l'ensemble des personnes morales avec lesquelles elle entretient des liens de dépendance, au sens du 12 de l'article 39.

La société mère mentionnée à l'article 223 A est substituée aux sociétés du groupe pour l'imputation de la créance sur le montant de l'impôt sur les sociétés dont elle est redevable au titre de chaque exercice.

La créance est inaliénable et incessible, sauf dans les conditions prévues aux articles L 313-23 à L 313-35 du code monétaire et financier.

En cas de fusion ou d'opération assimilée intervenant au cours de la période mentionnée au premier alinéa du présent V, la fraction de la créance qui n'a pas encore été imputée par la société apporteuse est transférée à la société bénéficiaire de l'apport.

VI. La créance est déclarée dans les mêmes délais que ceux prévus pour le dépôt de la déclaration de résultats de l'exercice de mise en recouvrement de la taxe foncière sur les propriétés bâties ayant donné lieu à sa naissance et selon le modèle établi par l'administration.

La société mère d'un groupe, au sens de l'article 223 A, déclare les créances pour le compte des sociétés du groupe, y compris celles qui la concernent, lors du dépôt de la déclaration relative au résultat d'ensemble du groupe.

Ndlr *Les dispositions du présent article s'appliquent aux logements répondant aux conditions prévues aux 1° et 3° à 5° du I de l'article 279-0 bis A dont la construction est achevée à compter du 1er janvier 2023 (Loi 2021-1900 du 30 décembre 2021 art. 81, I-1° et II).*

FR 2/22 inf. 77 nos 4 à 17 p. 118

Art 220 Z octies Le crédit d'impôt défini à l'article 244 quater T est imputé sur l'impôt sur les sociétés dû par l'entreprise dans les conditions prévues à l'article 199 ter V.

Ndlr *Les dispositions du présent article s'appliquent aux offres de prêts avance mutation ne portant pas intérêt émises à compter du 1er septembre 2024 et jusqu'au 31 décembre 2027 (Loi 2023-1322 du 29 décembre 2023 art. 71, III-4° et X-B).*

FR 2/24 inf. 33 nos 2 s. p. 67

Art 220 quater I. Lorsque des membres du personnel d'une entreprise industrielle ou commerciale y exerçant un emploi salarié créent une société pour assurer la continuité de l'entreprise par le rachat d'une fraction de son capital, ladite société bénéficie d'un crédit d'impôt égal au montant de l'impôt sur les sociétés dû par la société rachetée au titre de l'exercice précédent, dans la proportion des droits sociaux qu'elle détient dans la société rachetée.

Le crédit d'impôt afférent à chaque exercice peut être remboursé à concurrence des intérêts dus au titre du même exercice sur les emprunts contractés par la société créée en vue du rachat.

Ce régime est accordé sur agrément du ministre de l'économie, des finances et du budget sur demande antérieure au 15 avril 1987.

II. Le bénéfice des dispositions du I est subordonné aux conditions suivantes :

1° Les membres du personnel de l'entreprise rachetée visé au premier alinéa du I doivent détenir plus de 50 % des droits de vote attachés aux parts, actions ou certificats de droit de vote de la société créée ;

2° La société créée doit détenir plus de 50 % des droits de vote de la société rachetée ;

3° Lors de la fusion des deux sociétés les membres du personnel visé au premier alinéa du I doivent détenir plus de 50 % des droits de vote de la société résultant de la fusion.

III. La fusion visée au 3° du II bénéficie du régime prévu à l'article 210 A.

Art 220 quater A **I.** La société constituée exclusivement pour le rachat de tout ou partie du capital d'une entreprise, dans les conditions mentionnées au II, peut bénéficier d'un crédit d'impôt.

Pour chaque exercice, le crédit d'impôt est égal à un pourcentage des intérêts dus au titre de cet exercice sur les emprunts contractés par la société constituée en vue du rachat au cours de l'année de création de cette société. Ce pourcentage est égal au taux normal de l'impôt sur les sociétés applicable aux bénéfices réalisés par la société rachetée au titre de l'exercice précédent. Le crédit d'impôt est limité au montant de l'impôt sur les sociétés acquitté par la société rachetée au titre de ce dernier exercice, dans la proportion des droits sociaux que la société nouvelle détient dans la société rachetée. Il est imputé sur l'impôt sur les sociétés dû au titre du même exercice par la société nouvelle ; l'excédent est remboursé à la société *(Voir Annexe III, art. 46 quater-0 RA, 46 quater-0 RE et 46 quater-0 RG).*

Le crédit d'impôt prévu au présent article ne constitue pas un produit imposable pour la détermination du résultat de la société créée. Les intérêts qui servent de base au calcul du crédit d'impôt ne constituent pas une charge déductible pour la détermination de ce résultat imposable. Si le crédit d'impôt est limité par application des dispositions du deuxième alinéa, le montant non déductible est réduit dans la même proportion.

Les actions de la société nouvelle peuvent bénéficier d'un droit de vote double dès leur émission.

La société nouvelle peut émettre des obligations convertibles ou des obligations à bons de souscription d'actions dès sa création. Pendant un délai de deux ans, ces titres ne peuvent être cédés qu'aux porteurs de titres de la société nouvelle.

Les administrateurs de la société rachetée peuvent lui être liés par un contrat de travail.

II. Le bénéfice des dispositions du I est subordonné aux conditions suivantes :

a. La société rachetée et la société nouvelle doivent être soumises au régime de droit commun de l'impôt sur les sociétés ;

b. La société rachetée doit exercer une activité industrielle et commerciale au sens de l'article 34 ou une activité professionnelle au sens du 1 de l'article 92 ou une activité agricole. Elle doit avoir employé au moins dix salariés au cours de chacune des deux années qui précèdent le rachat *(Voir Annexe III, art. 46 quater-0 RD).* Cette dernière condition est requise pour les exercices ouverts à compter du 1er janvier 1991 ;

c. Les droits de vote attachés aux actions ou aux parts de la société nouvelle doivent être détenus pour plus de 50 % par les personnes qui, à la date du rachat, sont salariées de la société rachetée. Ce pourcentage est apprécié en tenant compte des droits de vote attachés aux titres émis par la société nouvelle ainsi que de ceux qui sont susceptibles de résulter de la conversion d'obligations ou de l'exercice de bons de souscription d'actions.

Pour l'application de ces dispositions, le salarié d'une entreprise dont le capital est détenu pour plus de 50 % par la société rachetée est assimilé à un salarié de cette dernière.

Ces droits ne doivent pas être détenus, directement ou indirectement, pour plus de 50 % par d'autres sociétés *(Voir Annexe III, art. 46 quater-0 RB).*

Pour l'application des dispositions du présent II, les droits de vote de la société nouvelle qui sont détenus par une société en nom collectif ou une société civile, n'ayant pas opté pour l'impôt sur les sociétés, constituée exclusivement entre les personnes salariées mentionnées au premier alinéa, sont considérés comme détenus par ces mêmes personnes, si la société a pour seul objet la détention des titres de la société nouvelle.

Si des titres de la société nouvelle sont cédés par la société en nom collectif ou la société civile ou si des titres de l'une de ces deux dernières sociétés sont cédés par les salariés, les sanctions prévues aux quatrième et cinquième alinéas du II de l'article 83 bis et les dispositions du III sont applicables *(L'article 83 bis est abrogé pour les emprunts contractés à compter du 1er janvier 2017 : loi 2013-1278 du 29 décembre 2013 art. 26, I-j)* ;

d. La société nouvelle doit détenir, dès sa création, plus de 50 % des droits de vote de la société rachetée. La direction de la société rachetée doit être assurée par une ou plusieurs des personnes salariées mentionnées au c *(Voir Annexe III, art. 46 quater-0 RC, 1er alinéa).*

Un salarié ne peut détenir, directement ou indirectement, 50 % ou plus des droits de vote de la société nouvelle ou de la société rachetée. Les titres de la société rachetée qui sont détenus, directement ou indirectement, par les salariés mentionnés au c ne peuvent être cédés à la société nouvelle que contre remise de titres de cette dernière société *(Voir Annexe III, art. 46 quater-0 RC, 2e et 3e alinéas).*

En cas de fusion des deux sociétés, les salariés en cause doivent détenir plus de 50 % des droits de vote de la société qui résulte de la fusion.

Les emprunts mentionnés au deuxième alinéa du I doivent être contractés pour une durée égale à quinze ans au plus. Leur taux actuariel brut est au plus égal au taux moyen de rendement brut à l'émission des obligations des sociétés privées du mois qui précède la date du contrat, majoré de deux points et demi. Ils ne doivent comporter aucun autre avantage ou droit au profit du prêteur autres que ceux attachés à des obligations convertibles ou à des obligations assorties de bons de souscription d'actions mentionnées au dernier alinéa du I.

Le rachat est effectué entre le 15 avril 1987 et le 31 décembre 1991.

III. Les avantages prévus au I ne sont plus applicables à compter de l'année au cours de laquelle l'une des conditions prévues au II cesse d'être satisfaite.

Art 220 quater B Le rachat d'une entreprise dans les conditions prévues à l'article 220 quater A peut être soumis, avant sa réalisation, à l'accord du ministre chargé des finances. Dans ce cas, le bénéfice des dispositions de cet article est subordonné à cet accord *(Voir Annexe III, art. 46 quater-0 RF).*

1° Report en arrière

Art 220 quinquies I. Par dérogation aux dispositions du troisième alinéa du I de l'article 209, le déficit constaté au titre d'un exercice ouvert à compter du 1er janvier 1984 par une entreprise soumise à l'impôt sur les sociétés peut, sur option, être considéré comme une charge déductible du bénéfice de l'exercice précédent, dans la limite de la fraction non distribuée de ce bénéfice et à l'exclusion du bénéfice exonéré en application des articles 44 sexies, 44 sexies A, 44 octies A, 44 terdecies, 44 quaterdecies, 44 quindecies, 44 sexdecies, 44 septdecies et 207 à 208 quinquies ou qui a bénéficié des dispositions du premier alinéa du f du I de l'article 219 ou qui a ouvert droit au crédit d'impôt prévu aux articles 220 quater et 220 quater A ou qui a donné lieu à un impôt payé au moyen de crédits ou de réductions d'impôts.

***Ndlr* 1.** *L'exclusion de la fraction de bénéfice sur lequel a été imputée une réduction d'impôt s'applique au déficit constaté au titre des exercices clos à compter du 31 décembre 2021.*

2. *Pour les dispositions du présent alinéa qui entreront en vigueur le 1er juillet 2024, voir partie autres textes du présent code loi 2023-1322 du 29 décembre 2023 art. 73, I-9° et XX-D.*

BIC-XIV-6650 s., 7050 s.

Le déficit imputé dans les conditions prévues au premier alinéa cesse d'être reportable sur les résultats des exercices suivant celui au titre duquel il a été constaté.

L'option mentionnée au premier alinéa n'est admise qu'à la condition qu'elle porte sur le déficit constaté au titre de l'exercice, dans la limite du montant le plus faible entre le bénéfice déclaré au titre de l'exercice précédent et un montant de 1 000 000 €.

L'excédent d'impôt sur les sociétés résultant de l'application du premier alinéa fait naître au profit de l'entreprise une créance non imposable d'égal montant.

La créance est remboursée au terme des cinq années suivant celle de la clôture de l'exercice au titre duquel l'option visée au premier alinéa a été exercée. Toutefois, l'entreprise peut utiliser la créance pour le paiement de l'impôt sur les sociétés dû au titre des exercices clos au cours de ces cinq années. Dans ce cas, la créance n'est remboursée qu'à hauteur de la fraction qui n'a pas été utilisée dans ces conditions.

Par exception aux dispositions du cinquième alinéa, les entreprises ayant fait l'objet d'une procédure de conciliation ou de sauvegarde, d'un redressement ou d'une liquidation judiciaires peuvent demander le remboursement de leur créance non utilisée à compter de la date de la décision ou du jugement qui a ouvert ces procédures. Ce remboursement est effectué sous déduction d'un intérêt appliqué à la créance restant à imputer. Cet intérêt, dont le taux est celui de l'intérêt légal applicable le mois suivant la demande de l'entreprise, est calculé à compter du premier jour du mois suivant cette demande jusqu'au terme des cinq années suivant celle de la clôture de l'exercice au titre duquel l'option a été exercée *(NDLR L'extension du présent alinéa aux entreprises ayant fait l'objet d'une procédure de conciliation s'applique aux créances de report en arrière des déficits constatées à compter du 1er janvier 2021).*

BIC-XIV-8650 s.

Ndlr *S'agissant du dispositif exceptionnel de report en arrière institué pour le premier déficit constaté au titre d'un exercice clos à compter du 30 juin 2020 et jusqu'au 30 juin 2021 qui peut, sur option, être imputé en totalité sur le bénéfice déclaré des trois exercices précédents, voir partie Autres textes du présent code loi 2021-953 du 19 juillet 2021 art. 1er, I.*

La créance est inaliénable et incessible, sauf dans les conditions prévues par les articles

L 313-23 à L 313-35 du code monétaire et financier, ou dans des conditions fixées par décret *(Voir Annexe III, art. 46 quater-0 S à 46 quater-0 W).*

II. L'option visée au I est exercée au titre de l'exercice au cours duquel le déficit est constaté et dans les mêmes délais que ceux prévus pour le dépôt de la déclaration de résultats de cet exercice. Elle ne peut pas être exercée au titre d'un exercice au cours duquel intervient une cession ou une cessation totale d'entreprise, une fusion de sociétés ou une opération assimilée, ou un jugement prononçant la liquidation judiciaire de la société.

BIC-XIV-900 s.

En cas de fusion, de scission ou d'opération assimilée intervenant au cours des cinq années suivant celle de la clôture de l'exercice au titre duquel l'option visée au I a été exercée, la créance de la société absorbée, scindée ou apporteuse peut être transférée à la ou les sociétés bénéficiaires des apports. Le transfert de la créance est effectué pour sa valeur nominale.

En cas de scission ou d'apport partiel d'actif, la créance est transmise au prorata du montant de l'actif net réel apporté à la ou aux sociétés bénéficiaires des apports apprécié à la date d'effet de l'opération.

IS-VI-18000 s., 37500, 55360 s.

III. *(Abrogé).*

IV. Un décret fixe les conditions d'application du présent article, notamment les obligations déclaratives des entreprises *(Voir Annexe III, art. 46 quater-0 S à 46 quater-0 W et LPF, art. L 171 A pour le droit de contrôle de la créance par l'administration).*

BIC-XIV-5900 s. ; MF nos 35925 s.

2° Crédit d'impôt pour dépenses de production d'œuvres cinématographiques ou audiovisuelles

Art 220 sexies I. Les entreprises de production cinématographique et les entreprises de production audiovisuelle soumises à l'impôt sur les sociétés qui assument les fonctions d'entreprises de production déléguées peuvent bénéficier d'un crédit d'impôt au titre des dépenses de production mentionnées au III correspondant à des opérations effectuées en vue de la réalisation d'œuvres cinématographiques de longue durée ou d'œuvres audiovisuelles agréées.

Le bénéfice du crédit d'impôt est subordonné au respect, par les entreprises de production déléguées, de la législation sociale. Il ne peut notamment être accordé aux entreprises de production déléguées qui ont recours à des contrats de travail mentionnés au 3° de l'article L 1242-2 du code du travail afin de pourvoir à des emplois qui ne sont pas directement liés à la production d'une œuvre déterminée.

II. 1. Les œuvres cinématographiques ou audiovisuelles mentionnées au I appartiennent aux genres de la fiction, du documentaire, de l'animation et de l'adaptation audiovisuelle de spectacles. Ces œuvres doivent répondre aux conditions suivantes :

a. Etre réalisées intégralement ou principalement en langue française ou dans une langue régionale en usage en France à l'exception des œuvres cinématographiques d'animation mentionnées à l'avant-dernier alinéa du 1 du III et des œuvres cinématographiques de fiction mentionnées au dernier alinéa du même 1 du III, ainsi que des œuvres cinématographiques pour lesquelles l'emploi d'une langue étrangère est justifié pour des raisons artistiques tenant au scénario ;

b. Etre admises au bénéfice du soutien financier à la production cinématographique ou audiovisuelle ;

c. Etre réalisées principalement sur le territoire français. Un décret détermine les modalités selon lesquelles le respect de cette condition est vérifié ainsi que les conditions et limites dans lesquelles il peut y être dérogé pour des raisons artistiques justifiées ;

d. Contribuer au développement de la création cinématographique et audiovisuelle française et européenne ainsi qu'à sa diversité.

2. N'ouvrent pas droit au crédit d'impôt mentionné au I :

a. Les œuvres cinématographiques ou audiovisuelles à caractère pornographique ou d'incitation à la violence ;

b. Les œuvres cinématographiques ou audiovisuelles utilisables à des fins de publicité ;

c. Les programmes d'information, les débats d'actualité et les émissions sportives, de variétés ou de jeux ;

d. Tout document ou programme audiovisuel ne comportant qu'accessoirement des éléments de création originale.

3. Les œuvres audiovisuelles documentaires peuvent bénéficier du crédit d'impôt lorsque le montant des dépenses éligibles mentionnées au III est supérieur ou égal à 2 000 € par minute produite. Dans le cas de l'adaptation audiovisuelle de spectacles, ce plancher est abaissé à 1 000 € pour les œuvres d'une durée supérieure à quatre-vingt-dix minutes et à 1 250 € pour les œuvres d'une durée comprise entre soixante et quatre-vingt-dix minutes.

Ndlr *Les dispositions du présent II afférentes à l'extension du crédit d'impôt aux dépenses d'adaptation audiovisuelle de spectacles s'appliquent aux exercices clos à compter du 31 décembre 2021 (Loi 2020-1721 du 29 décembre 2020 art. 118, I-1° et III).*

III. 1. Le crédit d'impôt, calculé au titre de chaque exercice, est égal à 20 % du montant total des dépenses suivantes effectuées en France :

a. Les rémunérations versées aux auteurs énumérés à l'article L 113-7 du code de la propriété intellectuelle, ainsi que les charges sociales afférentes ;

b. Les rémunérations versées aux artistes-interprètes mentionnés à l'article L 212-4 du code précité et aux artistes de complément, par référence pour chacun d'eux, à la rémunération minimale prévue par les conventions et accords collectifs conclus entre les organisations de salariés et d'employeurs de la profession, ainsi que les charges sociales afférentes ;

c. Les salaires versés aux personnels de la réalisation et de la production, ainsi que les charges sociales afférentes ;

d. Les dépenses liées au recours aux industries techniques et autres prestataires de la création cinématographique et audiovisuelle ;

d bis. Dans le cas de l'adaptation audiovisuelle de spectacles, le complément de droits artistiques effectivement payé au producteur du spectacle lié à des dépenses françaises et le « coût plateau » en numéraire ;

e. Les dépenses de transport, de restauration et d'hébergement occasionnées par la production de l'œuvre sur le territoire français. Un décret détermine les conditions et les limites dans lesquelles ces dépenses sont prises en compte ;

f. Pour les œuvres audiovisuelles documentaires, les dépenses relatives à l'acquisition de droits d'exploitation d'images d'archives pour une durée minimale de quatre ans effectuées auprès d'une personne morale établie en France, dès lors qu'il n'existe pas de lien de dépendance, au sens du 12 de l'article 39, entre cette personne et l'entreprise de production bénéficiaire du crédit d'impôt.

Le montant cumulé des rémunérations mentionnées au a et des salaires mentionnés au c versés au réalisateur en qualité de technicien est retenu, par personne physique, dans la limite d'un montant cumulé calculé comme suit :

15 % de la part du coût de production de l'œuvre inférieure à 4 000 000 € ;

8 % de la part du coût de production de l'œuvre supérieure ou égale à 4 000 000 € et inférieure ou égale à 7 000 000 € ;

5 % de la part du coût de production de l'œuvre supérieure ou égale à 7 000 000 € et inférieure à 10 000 000 €.

Pour l'adaptation audiovisuelle de spectacles, les dépenses éligibles sont celles exposées jusqu'au 31 décembre 2024 *[NDLR La prorogation du dispositif jusqu'au 31 décembre 2024 est entrée en vigueur le 12 février 2023 (Loi 2022-1726 du 30 décembre 2022 art. 38 et décret 2023-85 du 10 février 2023)]*.

Le taux mentionné au premier alinéa du présent 1 est porté à 25 % en ce qui concerne les œuvres audiovisuelles de fiction et d'animation et les œuvres audiovisuelles documentaires *[NDLR Les dispositions relatives aux œuvres audiovisuelles documentaires s'appliquent aux crédits d'impôt calculés au titre des exercices clos à compter du 31 décembre 2021 (Loi 2020-1721 du 29 décembre 2020 art. 145)]*. Il est porté à 30 % pour les œuvres cinématographiques d'animation et pour les œuvres cinématographiques autres que d'animation réalisées intégralement ou principalement en langue française ou dans une langue régionale en usage en France.

Sont assimilées à des œuvres cinématographiques d'animation les œuvres cinématographiques de fiction dans lesquelles au moins 15 % des plans, soit en moyenne un plan et demi par minute, font l'objet d'un traitement numérique permettant d'ajouter des personnages, des éléments de décor ou des objets participant à l'action ou de modifier le rendu de la scène ou le point de vue de la caméra.

Le taux mentionné au premier alinéa du présent 1 est ramené à 10 % en ce qui concerne les œuvres d'adaptation audiovisuelle de spectacles.

Ndlr *Les dispositions du présent 1 afférentes à l'extension du crédit d'impôt aux dépenses d'adaptation audiovisuelle de spectacles s'appliquent aux exercices clos à compter du 31 décembre 2021 (Loi 2020-1721 du 29 décembre 2020 art. 118, I-2° et III).*

2. Les auteurs, artistes-interprètes et personnels de la réalisation et de la production mentionnés au 1 doivent être, soit de nationalité française, soit ressortissants d'un Etat membre de l'Union européenne, d'un Etat partie à l'accord sur l'Espace économique européen, d'un Etat partie à la convention européenne sur la télévision transfrontière du Conseil de l'Europe, d'un Etat partie à la convention européenne sur la coproduction cinématographique du Conseil de l'Europe ou d'un Etat tiers européen avec lequel l'Union européenne a conclu des accords ayant trait au secteur audiovisuel. Les étrangers, autres que les ressortissants européens précités, ayant la qualité de résidents français sont assimilés aux citoyens français.

3. Pour le calcul du crédit d'impôt, l'assiette des dépenses éligibles est plafonnée à 80 % du budget de production de l'œuvre et, en cas de coproduction internationale, à 80 % de la part gérée par le coproducteur français.

IV. Les dépenses mentionnées au III ouvrent droit au crédit d'impôt à compter de la date de réception, par le président du Centre national du cinéma et de l'image animée, d'une demande d'agrément à titre provisoire.

L'agrément à titre provisoire est délivré par le président du Centre national du cinéma et de l'image animée après sélection des œuvres par un comité d'experts. Cet agrément atteste que les œuvres remplissent les conditions prévues au II.

V. Les subventions publiques non remboursables reçues par les entreprises et directement affectées aux dépenses visées au III sont déduites des bases de calcul du crédit d'impôt.

VI. 1. La somme des crédits d'impôt calculés au titre d'une même œuvre cinématographique ne peut excéder 30 millions d'euros.

2. La somme des crédits d'impôt calculés au titre d'une même œuvre audiovisuelle ne peut excéder :

a. Pour une œuvre de fiction :

1 250 € par minute produite et livrée lorsque le coût de production est inférieur à 10 000 € par minute produite ;

1 500 € par minute produite et livrée lorsque le coût de production est supérieur ou égal à 10 000 € et inférieur à 15 000 € par minute produite ;

2 000 € par minute produite et livrée lorsque le coût de production est supérieur ou égal à 15 000 € et inférieur à 20 000 € par minute produite ;

3 000 € par minute produite et livrée lorsque le coût de production est supérieur ou égal à 20 000 € et inférieur à 25 000 € par minute produite ;

4 000 € par minute produite et livrée lorsque le coût de production est supérieur ou égal à 25 000 € et inférieur à 30 000 € par minute produite ;

5 000 € par minute produite et livrée lorsque le coût de production est supérieur ou égal à 30 000 € et inférieur à 35 000 € par minute produite ;

7 500 € par minute produite et livrée lorsque le coût de production est supérieur ou égal à 35 000 € et inférieur à 40 000 € par minute produite ;

10 000 € par minute produite et livrée lorsque le coût de production est supérieur ou égal à 40 000 € par minute produite ;

b. Pour une œuvre documentaire et d'adaptation audiovisuelle de spectacles : 1 450 € par minute produite et livrée ;

Ndlr *Dispositions applicables aux crédits d'impôt calculés au titre des exercices clos à compter du 31 décembre 2021.*

c. Pour une œuvre d'animation : 3 000 € par minute produite et livrée.

Les œuvres audiovisuelles de fiction produites dans le cadre d'une coproduction internationale dont le coût de production est couvert au moins à hauteur de 30 % par des financements étrangers et dont le coût de production est supérieur ou égal à 35 000 € par minute produite peuvent être réalisées en langue étrangère. Dans ce cas, elles doivent faire l'objet d'une version livrée en langue française.

3. En cas de coproduction déléguée, le crédit d'impôt est accordé à chacune des entreprises de production proportionnellement à sa part dans les dépenses exposées.

4. Lorsqu'une œuvre cinématographique et une œuvre audiovisuelle sont réalisées simultanément à partir d'éléments artistiques et techniques communs, les dépenses mentionnées au III communes à la production de ces deux œuvres ne peuvent être éligibles qu'au titre d'un seul crédit d'impôt. Les dépenses mentionnées au III qui ne sont pas communes à la production de ces deux œuvres ouvrent droit à un crédit d'impôt dans les conditions prévues au présent article.

VII. Les crédits d'impôts obtenus pour la production d'une même œuvre cinématographique ou audiovisuelle ne peuvent avoir pour effet de porter à plus de 50 % du budget de production le montant total des aides publiques accordées. Ce seuil est porté à 60 % pour les œuvres cinématographiques ou audiovisuelles difficiles et à petit budget définies par décret.

VIII. Un décret fixe les conditions d'application du présent article *(Voir Annexe III, art. 46 quater-0 YL à 46 quater-0 YR).*

IS-IX-42100 s., 44500 s. ; MF n° 10585

4° Crédit d'impôt pour dépenses de production d'œuvres phonographiques

Art 220 octies I. Les entreprises de production phonographique au sens de l'article L 213-1 du code de la propriété intellectuelle, soumises à l'impôt sur les sociétés, peuvent bénéficier d'un crédit d'impôt au titre des dépenses de production, de développement et de numérisation d'un enregistrement phonographique ou vidéographique musical (vidéomusique ou disque numérique polyvalent musical) mentionnées au III, à condition de ne pas être détenues, directement ou indirectement, par un éditeur de service de télévision ou de radiodiffusion.

II. Ouvrent droit au crédit d'impôt les dépenses engagées pour la production, le développement et la numérisation d'un enregistrement phonographique ou vidéographique musical (vidéomusique ou disque numérique polyvalent musical) remplissant les conditions cumulatives suivantes :

a. Etre réalisé par des entreprises et industries techniques liées à la production phonographique qui sont établies en France ou dans un autre Etat membre de l'Union européenne ou dans un autre Etat partie à l'accord sur l'Espace économique européen ayant conclu avec la France une convention d'assistance administrative en vue de lutter contre la fraude et l'évasion fiscales et qui y effectuent les prestations liées à la réalisation d'un enregistrement phonographique ou vidéographique musical ainsi qu'aux opérations de postproduction ;

b. Porter sur des albums de nouveaux talents définis comme des artistes, groupes d'artistes, compositeurs ou artistes-interprètes n'ayant pas dépassé un seuil de ventes et d'écoutes défini par décret *(NDLR Voir décret 2020-380 du 30 mars 2020 art. 1)* pour deux albums distincts précédant ce nouvel enregistrement. S'agissant des albums d'expression, le bénéfice du crédit d'impôt est réservé aux albums de nouveaux talents dont la moitié au moins sont d'expression française ou dans une langue régionale en usage en France et aux albums de nouveaux talents, composés d'une ou de plusieurs œuvres libres de droit d'auteur au sens des articles L 123-1 à L 123-12 du code de la propriété intellectuelle. Par dérogation, pour les entreprises qui satisfont à la définition de la microentreprise donnée au 3 de l'article 2 de l'annexe I au règlement (UE) n° 651/2014 de la Commission du 17 juin 2014 déclarant certaines catégories d'aides compatibles avec le marché intérieur en application des articles 107 et 108 du traité, les albums d'expression qui ne relèvent pas d'une de ces deux catégories ouvrent droit au bénéfice du crédit d'impôt dans la limite du nombre d'albums d'expression française ou dans une langue régionale en usage en France, produits la même année au cours du même exercice par la même entreprise. Le seuil d'effectif est calculé hors personnels rémunérés au cachet. S'agissant des albums de nouveaux talents, le bénéfice du crédit d'impôt s'apprécie au niveau de l'entreprise redevable de l'impôt sur les sociétés pour l'ensemble des albums qu'elle produit chaque année.

III. Le crédit d'impôt, calculé au titre de chaque exercice, est égal à 20 % du montant total des dépenses suivantes effectuées jusqu'au 31 décembre 2027, pour des opérations mentionnées au II effectuées en France, dans un autre Etat membre de l'Union européenne ou dans un autre Etat partie à l'accord sur l'Espace économique européen ayant conclu avec la France une convention d'assistance administrative en vue de lutter contre la fraude et l'évasion fiscales, dès lors qu'elles entrent dans la détermination du résultat imposable *(NDLR Le relèvement du taux du crédit d'impôt de 15 à 20 % s'applique aux demandes d'agrément provisoire déposées à compter du 1er janvier 2021)* :

1° Pour les dépenses correspondant aux frais de production d'un enregistrement phonographique ou vidéographique musical :

a. les frais de personnel non permanent de l'entreprise : les salaires et charges sociales afférents aux artistes-interprètes, au réalisateur, à l'ingénieur du son et aux techniciens engagés pour la réalisation d'un enregistrement phonographique par l'entreprise de production ;

a bis. les frais de personnel permanent de l'entreprise directement concerné par les œuvres : les salaires et charges sociales afférents aux assistants label, chefs de produit, coordinateurs label, techniciens son, chargés de production, responsables artistiques, directeurs artistiques, directeurs de label, juristes label, gestionnaires d'espace (physique et digital), gestionnaires des royautés, gestionnaires des paies intermittents, chargés de la comptabilité analytique *[NDLR La prise en compte des salaires et charges sociales des gestionnaires d'espace (physique et digital), gestionnaires des royautés, gestionnaires des paies intermittents, chargés de la comptabilité analytique s'applique aux demandes d'agrément provisoire déposées à compter du 1er janvier 2021]* ;

a ter. la rémunération, incluant les charges sociales, du ou des dirigeants correspondant à leur participation directe à la réalisation des œuvres ;

b. les dépenses liées à l'utilisation des studios d'enregistrement ainsi qu'à la location et au transport de matériels et d'instruments ;

c. les dépenses liées à la conception graphique d'un enregistrement phonographique ;

d. les dépenses de post-production : montage, mixage, codage, matriçage et frais de création des visuels ;

e. les dépenses liées au coût de numérisation et d'encodage des productions ;

f. Les dépenses liées à la réalisation et à la production d'images associées à l'enregistrement phonographique *(NDLR L'intégration de ces dépenses aux dépenses de production et non plus aux dépenses de développement visées au 2° ci-dessous s'applique aux demandes d'agrément provisoire déposées à compter du 1er janvier 2021)* ;

2° Pour les dépenses liées au développement de productions phonographiques ou vidéographiques musicales mentionnées au II :

a. les frais de répétition des titres ayant fait l'objet d'un enregistrement dans les conditions mentionnées au II (location de studio, location et transport de matériels et d'instruments, salaires et charges sociales afférents aux personnes mentionnées au a du 1° du présent III et au personnel permanent suivant : administrateurs de site, attachés de presse, coordinateurs promotion, graphistes, maquettistes, chefs de produit nouveaux médias, responsables synchronisation, responsables nouveaux médias, assistants nouveaux médias, directeurs de promotion, directeurs marketing, responsables export, assistants export, chefs de projet digital, analystes de données, gestionnaires de données, gestionnaires des royautés, prestataires en marketing digital, rémunération, incluant les charges sociales, du ou des dirigeants correspondant à leur participation directe aux répétitions) *(NDLR L'ajout dans la liste des personnels visés des chefs de projet digital, analystes de données, gestionnaires de données, gestionnaires des royautés et prestataires en marketing digital s'applique aux demandes d'agrément provisoire déposées à compter du 1er janvier 2021)* ;

b. les dépenses engagées afin de soutenir la production de concerts de l'artiste en France ou à l'étranger, dont le montant global est fixé dans le cadre d'un contrat d'artiste ou de licence ;

c. les dépenses engagées au titre de la participation de l'artiste à des émissions de télévision ou de radio dans le cadre de la promotion de l'œuvre agréée, prévues par le contrat d'artiste ou de licence ;

d. les dépenses liées à la réalisation et à la production d'images, autres que celles mentionnées au f du 1° du présent III, permettant le développement de la carrière de l'artiste ;

e. les dépenses liées à la création d'un site internet dédié à l'artiste dans le cadre du développement de sa carrière dans l'environnement numérique.

La rémunération d'un dirigeant mentionnée au a ter du 1° et au a du 2° ne peut excéder un montant fixé par décret, dans la limite d'un plafond de 50 000 € par an *(NDLR La limite a été fixée à 45 000 € par an par le décret 2015-704 du 19 juin 2015)*. Cette rémunération n'est éligible au crédit d'impôt que pour les petites entreprises, au sens de l'article 2 de l'annexe I au règlement (UE) n° 651/2014 de la Commission du 17 juin 2014 déclarant certaines catégories d'aides compatibles avec le marché intérieur en application des articles 107 et 108 du traité .

Le montant des dépenses dites de développement éligibles au crédit d'impôt est limité à 700 000 € par enregistrement phonographique ou vidéographique musical. Ces dépenses devront être engagées dans les dix-huit mois suivant la fixation de l'œuvre au sens de l'article L 213-1 du code de la propriété intellectuelle ou de la production d'un disque numérique polyvalent musical *(NDLR Le relèvement du plafond de 350 000 € à 700 000 € s'applique aux demandes d'agrément provisoire déposées à compter du 1er janvier 2021)*.

Le montant des dépenses définies aux 1° et 2°, lorsqu'elles sont confiées à des entreprises mentionnées au a du II, est plafonné à 2 300 000 € par entreprise et par exercice.

III bis. Le taux mentionné au premier alinéa du III est porté à 40 % pour les entreprises qui satisfont à la définition des micro, petites et moyennes entreprises donnée à l'annexe I au règlement (UE) n° 651/2014 de la Commission du 17 juin 2014 précité *(NDLR Le relèvement du taux du crédit d'impôt de 30 % à 40 % s'applique aux demandes d'agrément provisoire déposées à compter du 1er janvier 2021)*.

IV. Les dépenses ouvrent droit au crédit d'impôt à compter de la date de réception, par le ministre chargé de la culture, d'une demande d'agrément à titre provisoire attestant que les productions phonographiques ou vidéographiques musicales remplissent les conditions prévues au II. Cet agrément est délivré après avis d'un comité d'experts dont les modalités de fonctionnement sont précisées par décret *(NDLR Voir partie Autres textes du présent code décret 2006-1764 du 23 décembre 2006 modifié par décret 2014-1167 du 9 octobre 2014)*, sur la base de pièces justificatives comprenant notamment :

a. par artiste-interprète ou compositeur, la liste des albums antérieurs, par ordre chronologique de première commercialisation en France et leurs résultats en nombre d'unités vendues ;

b. la liste des albums tels que définis au II par date de première commercialisation prévisionnelle pour l'exercice en cours ;

c. pour le calcul du seuil mentionné au dernier alinéa du III, la liste de l'ensemble des productions telles que définies au b du II, commercialisées les deux années précédant l'année de référence pour le calcul du crédit d'impôt.

V. Les subventions publiques reçues par les entreprises à raison des dépenses ouvrant droit au crédit d'impôt sont déduites des bases de calcul de ce crédit.

VI. 1° La somme des crédits d'impôt calculés au titre des dépenses éligibles ne peut excéder 1 500 000 € par entreprise et par exercice *(NDLR Le relèvement du plafond de 1 100 000 € à 1 500 000 € s'applique aux demandes d'agrément provisoire déposées à compter du 1er janvier 2021)*.

2° En cas de coproduction, le crédit d'impôt est accordé à chacune des entreprises, proportionnellement à sa part dans les dépenses exposées.

(Voir art. 220 Q et Annexe III, art. 46 quater-0 YS à 46 quater-0 YU)

VII. Le bénéfice du crédit d'impôt mentionné au I est subordonné au respect de l'article 53 du règlement (UE) n° 651/2014 de la Commission du 17 juin 2014 déclarant certaines catégories d'aides compatibles avec le marché intérieur en application des articles 107 et 108 du traité.

IS-IX-52000 s. ; MF n° 10575

5° Crédit d'impôt pour le rachat du capital d'une société

Art 220 nonies I. Les sociétés constituées exclusivement pour le rachat de tout ou partie du capital d'une société, réalisé jusqu'au 31 décembre 2022 dans les conditions mentionnées au II, peuvent bénéficier d'un crédit d'impôt.

Pour chaque exercice, le crédit d'impôt est égal au montant de l'impôt sur les sociétés dû par la société rachetée au titre de l'exercice précédent, dans la proportion des droits de vote attachés aux actions ou parts de la société rachetée détenus indirectement par les salariés de cette dernière et dans la limite du montant des intérêts dus par la société nouvelle au titre de l'exercice d'imputation à raison des emprunts qu'elle a contractés pour le rachat. Pour les sociétés membres d'un groupe au sens de l'article 223 A ou de l'article 223 A bis, l'impôt sur les sociétés dû par la société rachetée s'entend du montant qu'elle aurait dû acquitter en l'absence d'application du régime prévu à l'article 223 A ou à l'article 223 A bis.

II. Le bénéfice du I est subordonné aux conditions suivantes :

1° La société rachetée et la société nouvelle doivent être soumises au régime de droit commun de l'impôt sur les sociétés et ne pas faire partie du même groupe au sens de l'article 223 A ou de l'article 223 A bis ;

2° Les droits de vote attachés aux actions ou aux parts de la société nouvelle, pris en compte pour le calcul du montant du crédit d'impôt mentionné au I du présent article, sont détenus par une ou plusieurs personnes qui, à la date du rachat, étaient salariées de la société rachetée depuis au moins dix-huit mois ;

Ndlr *Les dispositions du présent 2° s'appliquent à compter du 1er janvier 2020 et pour les opérations de rachat réalisées jusqu'au 31 décembre 2022 (Décret 2019-1544 du 30 décembre 2019 art. 1).*

3° L'opération de reprise a fait l'objet d'un accord d'entreprise satisfaisant aux conditions du 2° de l'article L 3332-16 du code du travail.

III. Un décret fixe les obligations déclaratives des sociétés concernées.

(Voir également article 220 R et Annexe III, art. 46 quater-0 YX à 46 quater-0 YZC)

IS-IX-20000 s. ; MF n° 10620

7° Réduction d'impôt pour souscription au capital de sociétés de presse

Art 220 undecies I. Les entreprises soumises à l'impôt sur les sociétés peuvent bénéficier d'une réduction d'impôt égale à 25 % du montant des sommes versées au titre des souscriptions en numéraire réalisées entre le 1er janvier 2021 et le 31 décembre 2024 au capital de sociétés mentionnées à l'article 2 de la loi n° 86-897 du 1er août 1986 portant réforme du régime juridique de la presse, soumises à l'impôt sur les sociétés dans les conditions de droit commun, éditant soit :

1° Une ou plusieurs publications de presse d'information politique et générale au sens de l'article 4 de la loi n° 47-585 du 2 avril 1947 relative au statut des entreprises de groupage et de distribution des journaux et publications périodiques ;

2° Un ou plusieurs services de presse en ligne d'information politique et générale reconnus en application de l'article 1er de la loi n° 86-897 du 1er août 1986 précitée ;

3° Une ou plusieurs publications de presse ou services de presse en ligne consacrés pour une large part à l'information politique et générale au sens de l'article 39 bis A du présent code.

II. L'entreprise souscriptrice doit conserver, pendant cinq ans à compter de la souscription en numéraire, les titres ayant ouvert droit à la réduction d'impôt.

III. Pour l'application du I, il ne doit exister aucun lien de dépendance, au sens du 12 de l'article 39, entre l'entreprise souscriptrice et l'entité bénéficiaire de la souscription.

IV. Le bénéfice de la réduction d'impôt mentionnée au I est réservé aux entreprises qui ne sont pas elles-mêmes bénéficiaires de souscriptions qui ont ouvert droit, au profit de leur auteur, à cette même réduction d'impôt.

V. La réduction d'impôt s'impute sur l'impôt sur les sociétés dû par l'entreprise au titre de l'exercice au cours duquel les souscriptions en numéraire mentionnées au I ont été effectuées.

Lorsque le montant de la réduction d'impôt excède le montant de l'impôt dû, le solde non imputé n'est ni restituable, ni reportable.

VI. En cas de non-respect de la condition prévue au II, le montant de la réduction d'impôt vient majorer l'impôt sur les sociétés dû au titre de l'exercice au cours duquel cette condition n'est plus respectée.

VII. Le bénéfice de la réduction d'impôt mentionnée au I du présent article est subordonné au respect du règlement (UE) n° 1407/2013 de la Commission du 18 décembre 2013 relatif à l'application des articles 107 et 108 du traité sur le fonctionnement de l'Union européenne aux aides de minimis.

VIII. Un décret précise les modalités d'application du présent article, notamment les obligations déclaratives incombant aux entreprises *(Voir Annexe III, art. 46 quater-0 YZD)*.

> ***Ndlr*** *La présente réduction d'impôt s'applique aux exercices clos à compter du 31 décembre 2021 (Loi 2020-1721 du 29 décembre 2020 art. 147, II).*

FR 2/21 inf. 34 p. 55 ; MF n° 10720

7° bis. Réduction d'impôt pour mise à disposition d'une flotte de vélos

Art 220 undecies A **I.** Les entreprises soumises à l'impôt sur les sociétés peuvent bénéficier d'une réduction d'impôt égale aux frais générés jusqu'au 31 décembre 2027 par la mise à la disposition gratuite de leurs salariés, pour leurs déplacements entre leur domicile et le lieu de travail, d'une flotte de vélos, dans la limite de 25 % du prix d'achat ou de location de ladite flotte de vélos.

Lorsque la flotte de vélos est prise en location par l'entreprise, le bénéfice de la réduction d'impôt prévue au premier alinéa du présent I est subordonné à la condition que le contrat de location soit souscrit pour une durée minimale de trois ans.

II. La réduction d'impôt s'impute sur l'impôt sur les sociétés dû par l'entreprise au titre de l'exercice au cours duquel les frais mentionnés au I ont été générés.

Lorsque le montant de la réduction d'impôt excède le montant de l'impôt dû, le solde non imputé n'est ni restituable, ni reportable.

III. Un décret précise les modalités d'application du présent article, notamment les obligations déclaratives incombant aux entreprises. *(Voir Annexe III, art. 46 quater-0 YZE et 46 quater-0 YZF)*

IS-IX-72000 s. ; MF n° 10715

9° Crédit d'impôt en faveur des créateurs de jeux vidéo

Art 220 terdecies **I.** Les entreprises de création de jeux vidéo soumises à l'impôt sur les sociétés ou exonérées en application des articles 44 sexies, 44 sexies A, 44 octies A, 44 duodecies, 44 quindecies, 44 sexdecies et 44 septdecies peuvent bénéficier d'un crédit d'impôt au titre des dépenses mentionnées au IV du présent article engagées jusqu'au 31 décembre 2026, ainsi qu'au titre des dépenses exposées postérieurement lorsque celles-ci se rapportent à des jeux vidéo pour lesquels l'agrément provisoire a été délivré avant cette date, qu'elles exposent en vue de la création de jeux vidéo agréés.

> ***Ndlr*** *Pour les dispositions du présent alinéa qui entreront en vigueur le 1er juillet 2024, voir partie Autres textes du présent code loi 2023-1322 du 29 décembre 2023 art. 73, I-9° et XX-D.*

Le bénéfice du crédit d'impôt est subordonné au respect, par les entreprises de création de jeux vidéo, de la législation sociale en vigueur.

II. Est considéré comme un jeu vidéo tout logiciel de loisir mis à la disposition du public sur un support physique ou en ligne intégrant des éléments de création artistique et technologique, proposant à un ou plusieurs utilisateurs une série d'interactions s'appuyant sur une trame scénarisée ou des situations simulées et se traduisant sous forme d'images animées, sonorisées ou non.

III. 1. Les jeux vidéo ouvrant droit au bénéfice du crédit d'impôt doivent répondre aux conditions suivantes :

1° Avoir un coût de développement supérieur ou égal à 100 000 € ;

2° Etre destinés à une commercialisation effective auprès du public ;

3° Etre réalisés principalement avec le concours d'auteurs et de collaborateurs de création qui sont, soit de nationalité française, soit ressortissants d'un autre Etat membre de l'Union européenne, ou d'un autre Etat partie à l'accord sur l'Espace économique européen ayant conclu avec la France une convention d'assistance administrative en vue de lutter contre la fraude et l'évasion fiscales. Les étrangers, autres que les ressortissants européens précités, ayant la qualité de résidents français sont assimilés aux citoyens français ;

4° Contribuer au développement de la création française et européenne en matière de jeux vidéo ainsi qu'à sa diversité en se distinguant notamment par la qualité, l'originalité ou le caractère innovant du concept et le niveau des dépenses artistiques.

Le respect des conditions de création prévues aux 3° et 4° est vérifié au moyen d'un barème de points dont le contenu est fixé par décret *(Voir code du cinéma et de l'image animée, art. D 331-22 à D 331-25-1.*

2. N'ouvrent pas droit au bénéfice du crédit d'impôt les jeux vidéo comportant des séquences à caractère pornographique ou de très grande violence, susceptibles de nuire gravement à l'épanouissement physique, mental ou moral des utilisateurs. A l'exception de ceux comportant des séquences à caractère pornographique ou de très grande violence, les jeux vidéo spécifiquement destinés à un public d'adultes et qui sont commercialisés comme tels ouvrent droit au crédit d'impôt dès lors que leur contribution au développement et à la diversité de la création française et européenne en matière de jeux vidéo présente un niveau particulièrement significatif, déterminé au moyen du barème de points mentionné au 4° du 1.

IV. 1. Pour la création d'un jeu vidéo déterminé, le crédit d'impôt calculé au titre de chaque année est égal à 30 % du montant total des dépenses suivantes, correspondant à des opérations effectuées en France, dans un autre Etat membre de l'Union européenne, ou d'un autre Etat partie à l'accord sur l'Espace économique européen ayant conclu avec la France une convention d'assistance administrative en vue de lutter contre la fraude et l'évasion fiscales, dès lors qu'elles entrent dans la détermination du résultat imposable :

1° Les dotations aux amortissements des immobilisations créées ou acquises à l'état neuf et affectées directement à la création du jeu vidéo dans les conditions prévues au III. Les dotations aux amortissements des immeubles ne sont pas retenues dans la base de calcul du crédit d'impôt ;

2° Les rémunérations versées aux auteurs au sens de l'article L 113-1 du code de la propriété intellectuelle ayant participé à la création du jeu vidéo, en application d'un contrat de cession de droits d'exploitation ainsi que les charges sociales afférentes ;

3° Les dépenses de personnel relatives aux salariés de l'entreprise affectés directement à la création du jeu vidéo répondant aux conditions prévues au III et les dépenses salariales des personnels techniques et administratifs qui y concourent, ainsi que les charges sociales afférentes ;

4° Les autres dépenses de fonctionnement, pour leur quote-part affectée à l'activité de création du jeu vidéo. Ces dépenses comprennent les achats de matières, fournitures et matériels, les loyers des immeubles, les frais d'entretien et de réparation afférents à ces immeubles, les frais de voyage et de déplacement, les frais de documentation technique et les frais postaux et de communication électronique ;

5° Les dépenses exposées pour la création d'un jeu vidéo répondant aux conditions prévues au III confiées à d'autres entreprises ou organismes. Ces dépenses entrent dans la base de calcul du crédit d'impôt dans la limite de 2 millions d'euros par exercice.

2. Les dépenses mentionnées au 1 ouvrent droit au bénéfice du crédit d'impôt à compter de la date de réception par le président du Centre national du cinéma et de l'image animée d'une demande d'agrément provisoire. Cet agrément est délivré après sélection par un comité d'experts chargé de vérifier que le jeu vidéo remplit les conditions prévues au III.

Seules ouvrent droit au crédit d'impôt les dépenses exposées dans les trente-six mois qui précèdent la date de délivrance de l'agrément définitif mentionnée à l'article 220 X.

(Voir Annexe III, art. 46 quater-0 YZG).

V. Les subventions publiques reçues par les entreprises à raison des opérations ouvrant droit au bénéfice du crédit d'impôt sont déduites des bases de calcul de ce crédit d'impôt.

VI. Le crédit d'impôt est plafonné pour chaque entreprise à 6 millions d'euros par exercice. Lorsque l'exercice est d'une durée inférieure ou supérieure à douze mois, le montant du plafond est diminué ou augmenté dans les mêmes proportions que la durée de l'exercice.

VII. Les conditions d'application du présent article, notamment celles relatives à la délivrance de l'agrément provisoire et aux obligations déclaratives incombant aux entreprises, sont fixées par décret *(Voir Annexe III, art. 46 quater-0 YZH et 46 quater-0 YZI s'agissant des obligations déclaratives).*

(Voir également art. 220 X)

IS-IX-55000 s. ; MF n° 10615

10° Crédit d'impôt pour dépenses de production exécutive d'œuvres cinématographiques ou audiovisuelles

Art 220 quaterdecies **I.** Les entreprises de production cinématographique et les entreprises de production audiovisuelle soumises à l'impôt sur les sociétés qui assument les fonctions d'entreprises de production exécutive peuvent bénéficier d'un crédit d'impôt au titre des dépenses de production mentionnées au III, correspondant à des opérations effectuées en France en vue de la réalisation d'œuvres cinématographiques ou audiovisuelles produites par des entreprises de production établies hors de France.

Le bénéfice du crédit d'impôt est subordonné au respect, par les entreprises de production exécutive, de la législation sociale. Il ne peut notamment être accordé aux entreprises de production qui ont recours à des contrats de travail visés au troisième alinéa de l'article L 1242-2 du code du travail afin de pourvoir à des emplois qui ne sont pas directement liés à la production d'une œuvre déterminée.

II. 1. Les œuvres cinématographiques ou audiovisuelles mentionnées au I appartiennent aux genres de la fiction et de l'animation. Ces œuvres doivent répondre aux conditions cumulatives suivantes :

a. Ne pas être admises au bénéfice des aides financières à la production du Centre national du cinéma et de l'image animée ;

b. Comporter, dans leur contenu dramatique, des éléments rattachés à la culture, au patrimoine ou au territoire français. Le respect de cette condition est vérifié au moyen d'un barème de points dont le contenu est fixé par décret *(Voir code du cinéma et de l'image animée, art. D 331-40 à D 331-51)* ;

c. Faire l'objet de dépenses éligibles mentionnées au III, d'un montant supérieur ou égal à 250 000 € ou, lorsque le budget de production de l'œuvre est inférieur à 500 000 €, d'un montant correspondant au moins à 50 % de ce budget et, pour les œuvres appartenant au genre de la fiction, d'un minimum de cinq jours de tournage en France.

2. N'ouvrent pas droit au crédit d'impôt mentionné au I :

a. Les œuvres cinématographiques ou audiovisuelles à caractère pornographique ou d'incitation à la violence ;

b. Les œuvres cinématographiques ou audiovisuelles utilisables à des fins de publicité.

III. 1. Le crédit d'impôt, calculé au titre de chaque exercice, est égal à 30 % du montant total des dépenses suivantes correspondant à des opérations ou prestations effectuées en France jusqu'au 31 décembre 2026 :

a. Les rémunérations versées aux auteurs énumérés à l'article L 113-7 du code de la propriété intellectuelle sous forme d'avances à valoir sur les recettes d'exploitation des œuvres, ainsi que les charges sociales afférentes ;

b. Les rémunérations versées aux artistes-interprètes mentionnés à l'article L 212-4 du code de la propriété intellectuelle et aux artistes de complément, par référence pour chacun d'eux à la rémunération minimale prévue par les conventions et accords collectifs conclus entre les organisations de salariés et d'employeurs de la profession, ainsi que les charges sociales afférentes ;

c. Les salaires versés aux personnels de la réalisation et de la production, ainsi que les charges sociales afférentes ;

d. Les dépenses liées au recours aux industries techniques et autres prestataires de la création cinématographique ou audiovisuelle ;

e. Les dépenses de transport, de restauration et d'hébergement occasionnées par la production de l'œuvre sur le territoire français. Un décret détermine les conditions et les limites dans lesquelles ces dépenses sont prises en compte.

Le montant cumulé des rémunérations mentionnées au a et des salaires mentionnés au c versés au réalisateur en qualité de technicien est retenu par personne physique, dans la limite d'un montant cumulé calculé comme suit :

15 % de la part du coût de production de l'œuvre inférieure à 4 000 000 € ;

8 % de la part du coût de production de l'œuvre supérieure ou égale à 4 000 000 € et inférieure ou égale à 7 000 000 € ;

5 % de la part du coût de production de l'œuvre supérieure ou égale à 7 000 000 € et inférieure à 10 000 000 €.

Le taux mentionné au premier alinéa du présent 1 est porté à 40 % en ce qui concerne les œuvres cinématographiques ou audiovisuelles de fiction dans lesquelles au moins 15 % des plans, soit en moyenne un plan et demi par minute, font l'objet d'un traitement numérique permettant d'ajouter des personnages, des éléments de décor ou des objets participant à l'action ou de modifier le rendu de la scène ou le point de vue de la caméra, à la condition que, au sein du budget de production de l'œuvre, le montant total des dépenses éligibles afférentes aux travaux de traitement numérique des plans soit supérieur à deux millions d'euros.

2. Les auteurs, les artistes-interprètes et les personnels de la réalisation et de la production mentionnés au 1 doivent être soit de nationalité française, soit ressortissants d'un Etat membre de la Communauté européenne, d'un Etat partie à l'accord sur l'Espace économique européen, d'un Etat partie à la convention européenne sur la coproduction cinématographique du Conseil de l'Europe, du 2 octobre 1992, ou d'un Etat tiers européen avec lequel la Communauté européenne a conclu des accords ayant trait au secteur audiovisuel. Les étrangers, autres que les ressortissants européens précités, ayant la qualité de résidents français, sont assimilés aux citoyens français.

3. Pour le calcul du crédit d'impôt, l'assiette des dépenses éligibles est plafonnée à 80 % du budget de production de l'œuvre.

IV. Les dépenses mentionnées au III ouvrent droit au crédit d'impôt à compter de la date de réception par le président du Centre national du cinéma et de l'image animée d'une demande d'agrément provisoire. L'agrément provisoire est délivré par le président du Centre national du cinéma et de l'image animée après sélection des œuvres par un comité d'experts. Cet agrément atteste que les œuvres remplissent les conditions fixées au II. Les conditions de délivrance de l'agrément provisoire sont fixées par décret.

V. Les subventions publiques reçues par les entreprises de production exécutive à raison des opérations ouvrant droit au crédit d'impôt sont déduites des bases de calcul de ce crédit, qu'elles soient définitivement acquises par elles ou remboursables.

VI. La somme des crédits d'impôt calculés au titre d'une même œuvre ne peut excéder 30 millions d'euros.

VII. Les crédits d'impôts obtenus pour la production d'une même œuvre cinématographique ou audiovisuelle ne peuvent avoir pour effet de porter à plus de 50 % du budget de production de l'œuvre le montant total des aides publiques accordées.

VIII. Un décret précise les conditions d'application du présent article *(NDLR Voir Annexe III, art. 46 quater-0 ZY bis à 46 quater-0 ZY septies).*

(Voir art. 220 Z bis)

IS-IX-48000 s. ; MF n° 10605

Art 220 quindecies **I.** Les entreprises exerçant l'activité d'entrepreneur de spectacles vivants, au sens de l'article L 7122-2 du code du travail, et soumises à l'impôt sur les sociétés peuvent bénéficier d'un crédit d'impôt au titre des dépenses de création, d'exploitation et de numérisation d'un spectacle vivant musical ou de variétés mentionnées au III du présent article si elles remplissent les conditions cumulatives suivantes :

1° Avoir la responsabilité du spectacle, notamment celle d'employeur à l'égard du plateau artistique. Dans le cas d'une coproduction, cette condition est remplie par l'un des coproducteurs au moins ;

2° Supporter le coût de la création du spectacle.

II. Ouvrent droit au crédit d'impôt les dépenses engagées pour la création, l'exploitation et la numérisation d'un spectacle musical ou de variétés remplissant les conditions cumulatives suivantes :

1° Etre réalisées par des entreprises établies en France, dans un autre Etat membre de l'Union européenne ou dans un autre Etat partie à l'accord sur l'Espace économique européen ayant conclu avec la France une convention d'assistance administrative en vue de lutter contre la fraude et l'évasion fiscales et qui y effectuent les prestations liées à la réalisation d'un spectacle musical ou de variétés ;

2° Porter sur un spectacle présentant les caractéristiques suivantes :

a. Présenter des coûts de création majoritairement engagés sur le territoire français ;

b. Comprendre au minimum quatre représentations dans au moins trois lieux différents *(NDLR Les seuils ci-dessus s'appliquent aux demandes d'agrément provisoire déposées à compter du 1er janvier 2024. Ils étaient fixés à deux pour les demandes d'agrément provisoire déposées entre le 1er janvier 2021 et le 31 décembre 2023)* ;

c. Ne pas être présenté dans un lieu dont la jauge, définie comme l'effectif maximal du public qu'il est possible d'admettre dans ce lieu, est supérieure à un nombre de personnes défini par décret par catégorie de spectacle. Par dérogation, il est admis pour les concerts de musiques actuelles de présenter une fois, lors de la tournée, le spectacle dans un lieu dépassant la jauge, dans la limite de 2 900 places *(NDLR Cette dérogation s'applique aux demandes d'agrément à titre provisoire déposées à compter du 1er janvier 2024)* ;

3° *(Abrogé).*

III. Le crédit d'impôt, calculé au titre de chaque exercice, est égal à 15 % du montant total des dépenses suivantes, réalisées jusqu'au 31 décembre 2027 pour des spectacles mentionnés au II effectués en France, dans un autre Etat membre de l'Union européenne ou dans un autre Etat partie à l'accord sur l'Espace économique européen ayant conclu avec la France une convention d'assistance administrative en vue de lutter contre la fraude et l'évasion fiscales, dès lors qu'elles entrent dans la détermination du résultat imposable :

1° Pour les dépenses correspondant aux frais de création et d'exploitation du spectacle pour toutes ses représentations, incluant les représentations promotionnelles :

a. Les frais de personnel permanent de l'entreprise incluant :

les salaires et charges sociales afférents au personnel directement concerné par le spectacle : directeurs artistiques, directeurs de production, directeurs musicaux, directeurs de la communication ou des relations publiques, directeurs de la commercialisation, responsables des relations publiques ou de la communication, administrateurs de production, de tournée ou de diffusion, conseillers artistiques, coordinateurs, chargés de production, de diffusion ou de commercialisation, répétiteurs, collaborateurs artistiques, attachés de production ou de diffusion, attachés de presse ou de relations publiques, responsables de la billetterie, gestionnaires de billetterie, responsables de placement, chargés de réservation, attachés à l'accueil, agents de billetterie et d'accueil, webmasters ;

la rémunération, incluant les charges sociales, du ou des dirigeants correspondant à leur participation directe à la création et à l'exploitation du spectacle. Cette rémunération ne peut excéder un montant fixé par décret, dans la limite d'un plafond de 50 000 € par an. Cette rémunération n'est éligible au crédit d'impôt que pour les petites entreprises, au sens de l'article 2 de l'annexe I du règlement (UE) n° 651/2014 de la Commission, du 17 juin 2014, déclarant certaines catégories d'aides compatibles avec le marché intérieur en application des articles 107 et 108 du traité ;

b. Les frais de personnel non permanent de l'entreprise incluant :

les salaires et charges sociales afférents aux artistes et techniciens affectés au spectacle. Les rémunérations des artistes prises en compte pour le calcul du crédit d'impôt sont plafonnées à cinq fois le montant du salaire minimum conventionnel en vigueur ;

les rémunérations, droits d'auteur, honoraires et prestations versés à des personnes physiques ou morales ayant contribué directement au spectacle : graphiste, créateur de costumes, maquilleur, habilleur, coiffeur, couturier, accessoiriste, créateur de décors, créateur de lumières, créateur d'effets ou d'ambiances sonores, créateur de vidéo ou d'effets spéciaux, metteur en scène, chorégraphe ;

c. Les redevances versées aux organismes de gestion collective des droits d'auteur au titre des représentations de spectacle ;

d. Les frais de location de salles de répétition et de salles de spectacles ;

e. Les frais de location de matériels utilisés directement ou indirectement dans le cadre du spectacle ou à des fins d'accueil du public ;

f. Dès lors qu'ils ne sont pas immobilisés et qu'ils sont exclusivement utilisés dans le cadre du spectacle éligible, les frais d'achat du petit matériel utilisé dans le cadre du spectacle ou à des fins d'accueil du public ;

g. Les dotations aux amortissements, lorsqu'elles correspondent à des immobilisations corporelles ou incorporelles utilisées exclusivement dans le cadre du spectacle ;

h. Les frais d'assurance annulation ou d'assurance du matériel directement imputables au spectacle éligible ;

i. Les dépenses occasionnées lors de la tournée du spectacle : frais d'entretien et de réparation du matériel de tournée, frais de régie, frais de transport, frais de restauration et d'hébergement dans la limite d'un montant par nuitée fixé par décret, qui ne peut être supérieur à 270 € par nuitée ;

j. Les dépenses nécessaires à la promotion du spectacle : les dépenses engagées pour la création, la réalisation, la fabrication et l'envoi des supports promotionnels physiques ou dématérialisés, les dépenses liées à la réalisation et à la production d'images permettant le développement de la carrière de l'artiste, les dépenses liées à la création d'un site internet consacré à l'artiste dans le cadre du développement de sa carrière dans l'environnement numérique et les dépenses engagées au titre de la participation de l'artiste à des émissions de télévision ou de radio ;

2° Pour les dépenses liées à la numérisation de tout ou partie du spectacle : les frais d'acquisition des droits d'auteur des photographies, des illustrations et créations graphiques, ainsi que les frais techniques nécessaires à la réalisation de ces créations, les frais de captation (son, image, lumière), les frais d'acquisition d'images préexistantes, les cessions de droits facturés par l'ensemble des ayants droit, les frais correspondant aux autorisations délivrées par des exploitants de salles ou par des organisateurs de festivals, les dépenses de postproduction (frais de montage, d'étalonnage, de mixage, de codage et de matriçage), les rémunérations et charges sociales nécessaires à la réalisation de ces opérations ainsi que, dans le cadre d'un support numérique polyvalent musical, les frais de conception technique tels que la création d'éléments d'interactivité ou d'une arborescence ou le recours à des effets spéciaux.

IV. Les mêmes dépenses ne peuvent entrer à la fois dans les bases de calcul du crédit d'impôt mentionné au I du présent article et dans celles de tout autre crédit d'impôt.

V. Le taux mentionné au premier alinéa du III du présent article est porté à 30 % pour les entreprises qui satisfont à la définition des micro, petites et moyennes entreprises prévue à l'article 2 de l'annexe I du règlement (UE) n° 651/2014 de la Commission du 17 juin 2014 précitée.

VI. Les dépenses mentionnées au III ouvrent droit au crédit d'impôt à compter de la date de réception par le ministre chargé de la culture d'une demande d'agrément provisoire. Cet agrément, délivré après avis d'un comité d'experts, atteste que le spectacle remplit les conditions prévues au II. Les modalités de fonctionnement du comité d'experts et les conditions de délivrance de l'agrément provisoire sont fixées par décret *(NDRL Voir, dans la partie Autres textes, le décret 2016-1209 du 7 septembre 2016)*.

VII. Sont déduites des bases de calcul du crédit d'impôt :

1° Les subventions publiques non remboursables reçues par les entreprises calculées sur la base du rapport entre le montant des dépenses éligibles et le montant total des charges de l'entreprise figurant au compte de résultat ;

2° Les aides dites « tours supports » reçues par l'entreprise de la part du producteur phonographique et directement affectées aux dépenses mentionnées au III.

VIII. A. Le montant des dépenses éligibles au crédit d'impôt est limité à 500 000 € par spectacle. Le crédit d'impôt est plafonné à 750 000 € par entreprise et par exercice. Lorsque l'exercice est d'une durée inférieure ou supérieure à douze mois, le montant du plafond est diminué ou augmenté dans les mêmes proportions que la durée de l'exercice.

B. Dans le cas d'une coproduction, le crédit d'impôt est accordé à chacune des entreprises, proportionnellement à sa part dans les dépenses exposées.

IX. Le bénéfice du crédit d'impôt mentionné au I est subordonné au respect de l'article 53 du règlement (UE) n° 651/2014 de la Commission du 17 juin 2014 déclarant certaines catégories d'aides compatibles avec le marché intérieur en application des articles 107 et 108 du traité.

(Voir Annexe III, art. 46 quater-0 ZY octies à 46 quater-0 ZY duodecies)

IS-IX-57000 s. ; MF n° 10580

12° Crédit d'impôt en faveur des représentations théâtrales d'œuvres dramatiques ou de cirque

Art 220 sexdecies I. Les entreprises exerçant l'activité d'entrepreneur de spectacles vivants, au sens de l'article L 7122-2 du code du travail, soumises à l'impôt sur les sociétés peuvent bénéficier d'un crédit d'impôt au titre des dépenses de création, d'exploitation et de numérisation de représentations théâtrales d'œuvres dramatiques ou de cirque mentionnées au III du présent article si elles remplissent les conditions cumulatives suivantes :

1° Avoir la responsabilité du spectacle, notamment celle d'employeur à l'égard du plateau artistique ;

2° Supporter le coût de la création du spectacle.

II. Ouvrent droit au crédit d'impôt les dépenses engagées pour la création, l'exploitation et la numérisation de représentations théâtrales d'œuvres dramatiques ou de cirque remplissant les conditions cumulatives suivantes :

1° Etre réalisées par des entreprises établies en France, dans un autre Etat membre de l'Union européenne ou dans un autre Etat partie à l'accord sur l'Espace économique européen ayant conclu avec la France une convention d'assistance administrative en vue de lutter contre la fraude et l'évasion fiscales et qui y effectuent les prestations liées à la réalisation de représentations théâtrales d'œuvres dramatiques ou de cirque ;

2° Porter sur un spectacle présentant les caractéristiques suivantes :

a. Présenter des coûts de création majoritairement engagés sur le territoire français ;

b. Constituer la première exploitation d'un spectacle caractérisé par une mise en scène et une scénographie nouvelles et qui n'a pas encore donné lieu à représentations ;

c. Etre interprété par une équipe d'artistes composée à 90 % au moins de professionnels ;

d. Disposer d'au moins six artistes au plateau justifiant chacun d'au moins vingt services de répétition *(NDLR La justification d'au moins vingt services de répétition s'applique aux demandes d'agrément provisoire déposées à compter du 1er janvier 2023)* ;

e. Etre programmé pour plus de vingt dates, dont la moitié au moins sur le territoire français, sur une période de douze mois consécutifs dans au moins deux lieux différents *(NDLR La condition tenant à la programmation de la moitié au moins des représentations sur le territoire français concerne les demandes d'agrément provisoire déposées à compter du 1er janvier 2023).*

Ndlr *Pour l'application des I et II ci-dessus, voir également partie Autres textes du présent code décret 2021-655 du 26 mai 2021 art. 2.*

III. Le crédit d'impôt, calculé au titre de chaque exercice, est égal à 15 % du montant des dépenses suivantes, engagées jusqu'au 31 décembre 2027, pour des spectacles mentionnés au II effectués en France, dans un autre Etat membre de l'Union européenne ou dans un autre Etat partie à l'accord sur l'Espace économique européen ayant conclu avec la France une convention d'assistance administrative en vue de lutter contre la fraude et l'évasion fiscales, dès lors qu'elles entrent dans la détermination du résultat imposable :

1° Pour les dépenses correspondant aux frais de création et d'exploitation du spectacle :

a. Les frais de personnel permanent de l'entreprise, incluant :

les salaires et charges sociales afférents au personnel directement concerné par le spectacle : directeurs artistiques, directeurs de production, directeurs de la communication ou des relations publiques, directeurs de la commercialisation, responsables des relations publiques ou de la communication, administrateurs de production, de tournée ou de diffusion, conseillers artistiques, coordinateurs, chargés de production, de diffusion ou de commercialisation, répétiteurs, collaborateurs artistiques, attachés de production ou de diffusion, attachés de presse ou de relations publiques, responsables de la billetterie, gestionnaires de billetterie, responsables de placement, chargés de réservation, attachés à l'accueil, agents de billetterie et d'accueil, webmasters ;

la rémunération, incluant les charges sociales, du ou des dirigeants correspondant à leur participation directe à la création et à l'exploitation du spectacle. Cette rémunération ne peut excéder un montant fixé par décret *(NDLR Voir Annexe III, art. 46 quater-0 ZY terdecies)*, dans la limite d'un plafond de 50 000 € par an. Cette rémunération n'est éligible au crédit d'impôt que pour les petites entreprises, au sens de l'article 2 de l'annexe I au règlement (UE) n° 651/2014 de la Commission, du 17 juin 2014, déclarant certaines catégories d'aides compatibles avec le marché intérieur en application des articles 107 et 108 du traité ;

b. Les frais de personnel non permanent de l'entreprise incluant :

les salaires et charges sociales afférents aux artistes et techniciens affectés au spectacle. Les rémunérations des artistes prises en compte pour le calcul du crédit d'impôt sont plafonnées à cinq fois le montant du salaire minimum conventionnel en vigueur ;

les rémunérations, droits d'auteur, honoraires et prestations versés à des personnes physiques ou morales ayant contribué directement au spectacle : graphiste, créateur de costumes, maquilleur, habilleur, coiffeur, couturier, accessoiriste, créateur de décors, créateur de lumières, créateur d'effets ou d'ambiances sonores, créateur de vidéo ou d'effets spéciaux, metteur en scène, chorégraphe ;

c. Les redevances versées aux organismes de gestion collective des droits d'auteur au titre des représentations du spectacle ;

d. Les frais de location de salles de répétition et de salles de spectacles ;

e. Les frais de location de matériels utilisés directement dans le cadre du spectacle ou à des fins d'accueil du public ;

f. Dès lors qu'ils ne sont pas immobilisés et qu'ils sont exclusivement utilisés dans le cadre du spectacle éligible, les frais d'achat du petit matériel utilisé dans le cadre du spectacle ou à des fins d'accueil du public ;

g. Les dotations aux amortissements, lorsqu'elles correspondent à des immobilisations corporelles ou incorporelles utilisées exclusivement dans le cadre du spectacle *(NDLR Voir Annexe III, art. 46 quater-0 ZY quaterdecies)* ;

h. Les frais d'assurance annulation ou d'assurance du matériel directement imputables au spectacle éligible ;

i. Les dépenses occasionnées lors de la tournée du spectacle : frais d'entretien et de réparation du matériel de tournée, frais de régie, frais de transport, frais de restauration et d'hébergement dans la limite d'un montant par nuitée fixé par décret *(NDLR Voir Annexe III, art. 46 quater-0 ZY quindecies)*, qui ne peut être supérieur à 270 € ;

j. Les dépenses nécessaires à la promotion du spectacle : les dépenses engagées pour la création, la réalisation, la fabrication et l'envoi des supports promotionnels physiques ou dématérialisés, les dépenses liées à la réalisation et à la production d'images permettant le développement du spectacle, les dépenses liées à la création d'un site internet consacré à ce spectacle et les dépenses engagées au titre de participations à des émissions de télévision ou de radio.

Les dépenses mentionnées au présent 1° sont prises en compte dans la limite des soixante premières représentations par spectacle, à l'exception de celles mentionnées au f, qui sont prises en compte pour leur totalité dès lors qu'elles sont exposées au cours des mêmes exercices ;

2° Pour les dépenses liées à la numérisation de tout ou partie du spectacle défini au 2° du II : les frais d'acquisition des droits d'auteur des photographies, des illustrations et créations graphiques, ainsi que les frais techniques nécessaires à la réalisation de ces créations, les frais de captation (son, image, lumière), les frais d'acquisition d'images préexistantes, les cessions de droits facturés par l'ensemble des ayants droit, les frais correspondant aux autorisations délivrées par des exploitants de salles ou par des organisateurs de festivals, les dépenses de postproduction (frais de montage, d'étalonnage, de mixage, de codage et de matriçage), les rémunérations et charges sociales nécessaires à la réalisation de ces opérations ainsi que, dans le cadre d'un support numérique polyvalent musical, les frais de conception technique tels que la création d'éléments d'interactivité ou d'une arborescence ou le recours à des effets spéciaux.

Ces dépenses sont prises en compte dès lors qu'elles sont exposées au cours des mêmes exercices que les dépenses mentionnées au 1° du présent III.

IV. Les mêmes dépenses ne peuvent entrer à la fois dans les bases de calcul du crédit d'impôt mentionné au I et dans celle de tout autre crédit d'impôt.

V. Le taux mentionné au premier alinéa du III est porté à 30 % pour les entreprises qui satisfont à la définition des micro, petites et moyennes entreprises prévue à l'article 2 de l'annexe I au règlement (UE) n° 651/2014 de la Commission du 17 juin 2014 précitée.

VI. Les dépenses mentionnées au III ouvrent droit au crédit d'impôt à compter de la date de réception par le ministre chargé de la culture d'une demande d'agrément provisoire. Cet agrément, délivré après avis d'un comité d'experts, atteste que le spectacle remplit les conditions prévues au II. Les modalités de fonctionnement du comité d'experts et les conditions de délivrance de l'agrément provisoire sont fixées par décret *(NDLR Voir partie Autres textes du présent code décret 2021-655 du 26 mai 2021).*

VII. Sont déduites des bases de calcul du crédit d'impôt :

1° Les subventions publiques non remboursables et les aides non remboursables versées par l'association pour le soutien du théâtre privé et directement affectées aux dépenses mentionnées au III ;

2° Les autres subventions publiques non remboursables reçues par les entreprises, calculées sur la base du rapport entre le montant des dépenses éligibles et le montant total des charges de l'entreprise figurant au compte de résultat.

VIII. Le montant des dépenses éligibles au crédit d'impôt est limité à 500 000 € par spectacle. Le crédit d'impôt est plafonné à 750 000 € par entreprise et par exercice. Lorsque l'exercice est d'une durée inférieure ou supérieure à douze mois, le montant du plafond est diminué ou augmenté dans les mêmes proportions que la durée de l'exercice.

IX. Le bénéfice du crédit d'impôt mentionné au I est subordonné au respect de l'article 53 du règlement (UE) n° 651/2014 de la Commission du 17 juin 2014 précité.

Ndlr *1. Les dispositions du présent article s'appliquent aux demandes d'agrément provisoire en faveur des représentations théâtrales d'œuvres dramatiques déposées à compter du 1er janvier 2021 et aux demandes d'agrément provisoire en faveur des représentations de cirque déposées à compter du 1er janvier 2024.*

2. Voir Annexe III, art. 46 quater-0 ZY terdecies à 46 quater-0 ZY septdecies et partie Autres textes du présent code décret 2021-655 du 26 mai 2021.

FR 2/24 inf. 31 p. 65 ; IS-IX-58000 s. ; MF n° 10582

13° Crédit d'impôt pour dépenses d'édition d'œuvres musicales

Art 220 septdecies I. Les entreprises d'édition musicale, au sens de l'article L 132-1 du code de la propriété intellectuelle, soumises à l'impôt sur les sociétés peuvent bénéficier d'un crédit d'impôt au titre des dépenses mentionnées au III du présent article engagées en vue de soutenir la création d'œuvres musicales, de contrôler et d'administrer des œuvres musicales éditées, d'assurer la publication, l'exploitation et la diffusion commerciale des œuvres musicales éditées et de développer le répertoire d'un auteur ou d'un compositeur, à condition de ne pas être détenues, directement ou indirectement, par un éditeur de services de télévision ou de radiodiffusion.

II. Ouvrent droit au crédit d'impôt mentionné au I les dépenses engagées en vue de soutenir la création d'œuvres musicales, de contrôler et d'administrer des œuvres musicales éditées, d'assurer la publication, l'exploitation et la diffusion commerciale des œuvres musicales éditées et de favoriser le développement du répertoire de nouveaux talents en exécution d'un contrat conclu à compter du 1er janvier 2022 et remplissant les conditions cumulatives suivantes :

1° Etre conclu par une entreprise d'édition musicale établie en France, dans un autre Etat membre de l'Union européenne ou dans un autre Etat partie à l'accord sur l'Espace économique européen ayant conclu avec la France une convention d'assistance administrative en vue de lutter contre la fraude et l'évasion fiscales et qui y effectue les prestations liées à la création des œuvres musicales ainsi qu'aux opérations d'édition de celles-ci ;

2° Stipuler que l'auteur ou le compositeur s'engage à accorder un droit de préférence à l'entreprise pour l'édition de ses œuvres futures dans les conditions prévues à l'article L 132-4 du code de la propriété intellectuelle ;

3° Lier une entreprise d'édition musicale à un nouveau talent, défini comme un auteur ou un compositeur dont les œuvres éditées n'ont pas dépassé un seuil de ventes et d'écoutes défini par décret pour deux albums distincts ou qui, en qualité d'auteur ou de coauteur, de compositeur ou de cocompositeur ou dans le cadre d'une œuvre collective, n'a pas contribué à l'écriture ou à la composition de plus de 50 % des œuvres figurant dans deux albums distincts ayant chacun dépassé ce seuil de ventes et d'écoutes.

Ndlr *S'agissant du seuil de ventes et d'écoutes mentionné au présent 3°, voir décret 2022-1424 du 10 novembre 2022, art. 9.*

S'agissant des œuvres comportant des paroles, le bénéfice du crédit d'impôt est réservé aux œuvres de nouveaux talents dont la moitié au moins sont d'expression française ou emploient une langue régionale en usage en France. Par dérogation, pour les entreprises qui satisfont à la définition de la microentreprise donnée au 3 de l'article 2 de l'annexe I au règlement (UE) n° 651/2014 de la Commission du 17 juin 2014 déclarant certaines catégories d'aides compatibles avec le marché intérieur en application des articles 107 et 108 du traité, les œuvres comportant des paroles qui ne relèvent pas de cette catégorie ouvrent droit au bénéfice du crédit d'impôt dans la limite du nombre d'œuvres d'expression française ou employant une langue régionale en usage en France, déposées la même année au cours du même exercice par la même entreprise au répertoire d'un organisme de gestion collective au sens de l'article L 321-1 du code de la propriété intellectuelle, hors répertoire étranger sous-édité. Le seuil d'effectif est calculé hors personnel rémunéré au cachet. S'agissant des œuvres de nouveaux talents, le bénéfice du crédit d'impôt s'apprécie au niveau de l'entreprise redevable de l'impôt sur les sociétés pour l'ensemble des œuvres déposées chaque année au répertoire d'un organisme de gestion collective au sens du même article L 321-1, hors répertoire étranger sous-édité.

III. Le crédit d'impôt, calculé au titre de chaque exercice, est égal à 15 % du montant total des dépenses suivantes engagées jusqu'au 31 décembre 2027, pour des opérations mentionnées au II du présent article effectuées en France, dans un autre Etat membre de l'Union européenne ou dans un autre Etat partie à l'accord sur l'Espace économique européen ayant conclu avec la France une convention administrative en vue de lutter contre la fraude ou l'évasion fiscales, dès lors qu'elles entrent dans la détermination du résultat imposable :

1° Pour les dépenses de soutien à la création des œuvres musicales dans le cadre d'un contrat mentionné au II :

a. Les frais de personnel permanent de l'entreprise incluant :

les salaires et charges sociales afférents au personnel participant directement au soutien à la création des œuvres musicales : directeurs des services artistiques, directeurs artistiques, responsables artistiques, conseillers artistiques, directeurs musicaux, répétiteurs, collaborateurs artistiques, superviseurs musicaux, musiciens, accompagnateurs musicaux, ingénieurs du son et techniciens, responsables et collaborateurs du service synchro (cinéma, audiovisuel, production multimédia, illustration musicale, promotion de marques de produits ou de services), responsables et collaborateurs du service de rédaction-correction, responsables et collaborateurs du service de fabrication, responsables et collaborateurs du service de matériel d'orchestre, directeurs administratifs et financiers, directeurs juridiques, responsables juridiques, juristes, assistants juridiques, responsables et collaborateurs du service de traitement, de valorisation et d'analyses de données, responsables et collaborateurs du service chargé de la communication et du développement numériques ;

la rémunération, charges sociales incluses, des dirigeants, correspondant à leur participation directe à la création des œuvres musicales, dans la limite d'un montant, fixé par décret, ne pouvant excéder 50 000 € par an. Cette rémunération n'est éligible au crédit d'impôt que pour les petites entreprises, au sens de l'article 2 de l'annexe I au règlement (UE) n° 651/2014 de la Commission du 17 juin 2014 précité *(NDLR Voir Annexe III, art. 46 quater-0 YV)* ;

b. Les frais de personnel non permanent de l'entreprise, incluant les salaires et charges sociales, afférents aux directeurs artistiques, responsables artistiques, conseillers artistiques, directeurs musicaux, répétiteurs, collaborateurs artistiques, superviseurs musicaux, musiciens, accompagnateurs musicaux, ingénieurs du son et techniciens engagés pour la création des œuvres musicales ;

c. Les frais et indemnités de déplacement et d'hébergement, dans la limite d'un montant par nuitée, fixé par décret, ne pouvant excéder 270 € *(NDLR Voir Annexe III, art. 46 quater-0 YW bis)* ;

d. Les dépenses liées à la formation musicale de l'auteur ou du compositeur ;

e. Les dépenses liées à l'organisation ou à la participation de l'auteur à des séminaires d'écriture musicale, y compris les frais d'inscription et de déplacement ;

f. Les dépenses de création et de maquettage : location de studios de répétition ou d'enregistrement, captations sonores, location et transport de matériels et d'instruments ;

2° Pour les dépenses liées au contrôle et à l'administration des œuvres musicales éditées dans le cadre d'un contrat mentionné au II :

a. Les frais de personnel permanent de l'entreprise, incluant :

les salaires et charges sociales afférents au personnel directement chargé du contrôle et de l'administration des œuvres musicales : directeurs des services artistiques, directeurs artistiques, responsables artistiques, conseillers artistiques, directeurs musicaux, répétiteurs, collaborateurs artistiques, superviseurs musicaux, accompagnateurs musicaux, ingénieurs du son et techniciens, responsables et collaborateurs du service synchro (cinéma, audiovisuel, production multimédia, illustration musicale, promotion de marques de produits ou de services), responsables et collaborateurs du service de rédaction-correction, responsables et collaborateurs du service "copyright", responsables et collaborateurs du service de fabrication, responsables et collaborateurs du service de matériel d'orchestre, responsables de catalogue, directeurs administratifs et financiers, directeurs juridiques, responsables et collaborateurs du service de traitement, de valorisation et d'analyses de données, juristes, assistants juridiques, directeurs ou responsables de services de répartition, gestionnaires des redevances, directeurs comptables, chefs comptables, comptables ;

la rémunération, charges sociales incluses, des dirigeants, correspondant à leur participation directe au contrôle et à l'administration des œuvres musicales, dans la limite d'un montant, fixé par décret, ne pouvant excéder 50 000 € par an. Cette rémunération n'est éligible au crédit d'impôt que pour les petites entreprises, au sens de l'article 2 de l'annexe I au règlement (UE) n° 651/2014 de la Commission du 17 juin 2014 précité *(NDLR Voir Annexe III, art. 46 quater-0 YV)*;

b. Les frais de déclaration des œuvres musicales ;

c. Les dépenses de veille liées à l'exploitation illicite des œuvres musicales ;

d. Les frais de défense des œuvres musicales et des droits des auteurs et des compositeurs ;

3° Pour les dépenses liées à la publication, à l'exploitation et à la diffusion commerciale des œuvres musicales éditées et au développement du répertoire de l'auteur ou du compositeur dans le cadre d'un contrat mentionné au II :

a. Les frais de personnel permanent de l'entreprise, incluant :

les salaires et charges sociales afférents au personnel directement chargé de la publication, de l'exploitation et de la diffusion commerciale des œuvres musicales éditées : directeurs des services artistiques, directeurs artistiques, responsables artistiques, conseillers artistiques, directeurs musicaux, répétiteurs, collaborateurs artistiques, superviseurs musicaux, accompagnateurs musicaux, ingénieurs du son et techniciens, responsables et collaborateurs du service synchro (cinéma, audiovisuel, production multimédia, illustration musicale, promotion de marques de produits ou de services), responsables et collaborateurs du service de fabrication, responsables et collaborateurs du service de matériel d'orchestre, responsables de catalogue, directeurs administratifs et financiers, directeurs juridiques, responsables juridiques, juristes, assistants juridiques, directeurs comptables, chefs comptables, comptables, directeurs de la communication et des relations publiques, directeurs de la commercialisation, responsables des relations publiques ou de la communication, chargés de diffusion ou de commercialisation, attachés de presse ou de relations publiques, responsables et collaborateurs du service de traitement, de valorisation et d'analyses de données, responsables et collaborateurs du service chargé de la communication et du développement numériques ;

la rémunération, charges sociales incluses, des dirigeants, correspondant à leur participation directe à la publication, à l'exploitation et à la diffusion commerciale des œuvres musicales éditées, dans la limite d'un montant, fixé par décret, ne pouvant excéder 50 000 € par an. Cette rémunération n'est éligible au crédit d'impôt que pour les petites entreprises, au sens de l'article 2 de l'annexe I au règlement (UE) n° 651/2014 de la Commission du 17 juin 2014 précité *(NDLR Voir Annexe III, art. 46 quater-0 YV)*;

b. Les dépenses de reproduction graphique et d'impression, tant physique que numérique, des œuvres musicales éditées, y compris les frais de relecture et de correction des manuscrits ;

c. Les dépenses de commercialisation des œuvres musicales sur support physique ou numérique ;

d. Les dépenses de prospection commerciale engagées en vue d'assurer l'exportation et la diffusion à l'étranger des œuvres musicales éditées, incluant notamment les frais et indemnités de déplacement et d'hébergement, dans la limite d'un montant par nuitée, fixé par décret, ne pouvant excéder 270 € *(NDLR Voir Annexe III, art. 46 quater-0 YW bis)*;

e. Les dépenses engagées au titre de la participation de l'auteur ou du compositeur à des émissions de télévision ou de radio ou à des programmes audiovisuels ainsi que celles engagées pour la présentation des œuvres musicales éditées à des émissions ou programmes ;

f. Les dépenses liées à la création et à la gestion de contenus audiovisuels et multimédias consacrés aux œuvres musicales éditées ;

g. Les dépenses liées à la captation sonore des œuvres musicales éditées et à la création de maquettes phonographiques : location de studios d'enregistrement et frais de réalisation, d'arrangement, de mixage et de matriçage ;

h. Les frais de location ou de transport de matériel ou d'instruments ;

i. Dès lors qu'ils ne sont pas immobilisés, les frais d'achat du petit matériel utilisé exclusivement dans le cadre de la publication, de la diffusion ou de l'exploitation commerciale de l'œuvre éditée ;

j. Les dotations aux amortissements, lorsqu'elles correspondent à des immobilisations corporelles ou incorporelles utilisées exclusivement dans le cadre de la publication, de la diffusion ou de l'exploitation commerciale de l'œuvre éditée *(NDLR Voir Annexe III, art. 46 quater-0 YW)*;

k. Les dépenses liées aux répétitions et aux représentations promotionnelles des œuvres musicales éditées.

Le montant des dépenses éligibles au crédit d'impôt est limité à 300 000 € par contrat mentionné au II du présent article.

Les dépenses définies aux 1°, 2° et 3° du présent III confiées à des entreprises liées à l'édition musicale établies en France, dans un autre Etat membre de l'Union européenne ou dans un autre Etat partie à l'accord sur l'Espace économique européen ayant conclu avec la France une convention d'assistance administrative en vue de lutter contre la fraude et l'évasion fiscales sont retenues dans l'assiette du crédit d'impôt à hauteur de 1 600 000 € par exercice.

IV. Les mêmes dépenses ne peuvent pas entrer à la fois dans les bases de calcul du crédit d'impôt mentionné au I et dans celle d'un autre crédit d'impôt.

V. Le taux mentionné au premier alinéa du III est porté à 30 % pour les entreprises qui satisfont à la définition des micro, petites et moyennes entreprises donnée à l'article 2 de l'annexe I au règlement (UE) n° 651/2014 de la Commission du 17 juin 2014 précité.

VI. Les dépenses mentionnées au III du présent article ouvrent droit au crédit d'impôt à compter de la date de réception par le ministre chargé de la culture d'une demande d'agrément provisoire. Cet agrément, délivré après avis d'un comité d'experts, atteste que les conditions prévues au II sont remplies. Les modalités de fonctionnement du comité d'experts et les conditions de délivrance de l'agrément provisoire sont fixées par décret *(NDLR Décret 2022-1424 du 10 novembre 2022 art. 2 et 3 à 5)*.

VII. Les subventions publiques reçues par les entreprises en raison des dépenses ouvrant droit au crédit d'impôt sont déduites des bases de calcul de ce crédit d'impôt.

VIII. A. La somme des crédits d'impôt calculés au titre des dépenses éligibles ne peut excéder 500 000 € par entreprise et par exercice.

B. En cas de co-édition, le crédit d'impôt est accordé à chacune des entreprises, proportionnellement à sa part dans les dépenses exposées.

IX. Le bénéfice du crédit d'impôt mentionné au I est subordonné au respect de l'article 53 du règlement (UE) n° 651/2014 de la Commission du 17 juin 2014 précité.

Ndlr 1. *Voir également Annexe III, art. 46 quater-0 YW ter et 46 quater-0 YW quater.*

2. *Ces dispositions s'appliquent au titre des exercices clos à compter du 31 décembre 2022.*

IS-IX-54000 s. ; MF n° 10577

SECTION VI

Etablissement de l'impôt

Art 221 **1.** L'impôt sur les sociétés est établi dans les mêmes conditions et sous les mêmes sanctions que l'impôt sur le revenu (bénéfices industriels et commerciaux, régime d'imposition d'après le bénéfice réel ou d'après le régime simplifié).

IS-II-15520

2. En cas de dissolution, de transformation entraînant la création d'une personne morale nouvelle, d'apport en société, de fusion, de transfert du siège ou d'un établissement dans un Etat étranger autre qu'un Etat membre de l'Union européenne ou qu'un Etat partie à l'accord sur l'Espace économique européen ayant conclu avec la France une convention d'assistance mutuelle en matière de recouvrement ayant une portée similaire à celle prévue par la directive 2010/24/UE du Conseil du 16 mars 2010 concernant l'assistance mutuelle en matière de recouvrement des créances relatives aux taxes, impôts, droits et autres mesures, l'impôt sur les sociétés est établi dans les conditions prévues aux 1 et 3 de l'article 201.

Il en est de même, sous réserve des dispositions de l'article 221 bis, lorsque les sociétés ou organismes mentionnés aux articles 206 à 208 quinquies, 239, 239 bis AA et 239 bis AB cessent totalement ou partiellement d'être soumis à l'impôt sur les sociétés au taux prévu au deuxième alinéa du I de l'article 219.

Lorsque le transfert d'un actif, du siège ou d'un établissement s'effectue dans un autre Etat membre de l'Union européenne ou dans un Etat partie à l'accord sur l'Espace économique européen ayant conclu avec la France une convention d'assistance mutuelle en matière de recouvrement ayant une portée similaire à celle prévue par la directive 2010/24/UE du Conseil du 16 mars 2010 précitée, l'impôt sur les sociétés calculé à raison des plus-values latentes constatées sur les éléments de l'actif immobilisé transférés et des plus-values en report ou en sursis d'imposition est acquitté dans les deux mois suivant le transfert des actifs :

a. Soit pour la totalité de son montant ;

b. Soit, sur demande expresse de la société, pour le cinquième de son montant. Le solde est acquitté par fractions égales au plus tard à la date anniversaire du premier paiement au cours des quatre années suivantes. Le solde des fractions dues en application de la première phrase du présent b peut être versé à tout moment, en une seule fois, avant chaque date anniversaire du premier paiement.

L'impôt devient immédiatement exigible lorsque intervient, dans le délai de cinq ans, la cession des actifs ou leur transfert dans un autre Etat que ceux mentionnés au troisième alinéa du présent 2 ou la dissolution de la société. L'impôt devient également exigible en cas de non-respect de l'une des échéances de paiement.

La société adresse chaque année au service des impôts des non-résidents un état conforme au modèle fourni par l'administration faisant apparaître les renseignements nécessaires au suivi des plus-values latentes sur les éléments de l'actif immobilisé transférés, mentionnées au troisième alinéa.

BIC-XIX-1780 s., 2550 s., 16100 s. ; MF n°s 11420 s., 38675, 38770

2 bis. Qu'elle s'accompagne ou non d'un changement de forme juridique, la modification des statuts tendant à assigner à une société quelconque un objet conforme aux prévisions de l'article 1655 ter est assimilée, du point de vue fiscal, à une cessation d'entreprise *(Voir Annexe II, art. 372).*

IMMO-IV-10950

2 ter. La transformation d'une société de capitaux ou d'une association constituée conformément à la loi du 1er juillet 1901 en groupement d'intérêt économique est considérée comme une cessation d'entreprise et entraîne l'établissement de l'impôt sur les sociétés dans les conditions prévues aux 1 et 3 de l'article 201.

DC-V-25670 s.

2 quater. La transformation en société d'investissement à capital variable d'une société non exonérée de l'impôt sur les sociétés entraîne les mêmes conséquences fiscales que la liquidation de la société transformée.

RM-VII-7930

3. Le changement de nationalité d'une société par actions et le transfert de son siège social à l'étranger n'entraînent pas l'application des dispositions du premier alinéa du 2, lorsqu'ils sont décidés par l'assemblée générale dans les conditions prévues à l'article L 225-97 du code de commerce.

BIC-XIX-2555

4. *(Disposition périmée).*

5. a. Le changement de l'objet social ou de l'activité réelle d'une société emporte cessation d'entreprise. Il en est de même en cas de disparition des moyens de production nécessaires à la poursuite de l'exploitation pendant une durée de plus de douze mois, sauf en cas de force majeure, ou lorsque cette disparition est suivie d'une cession de la majorité des droits sociaux.

Toutefois, dans les situations mentionnées au premier alinéa du présent a, l'article 221 bis est applicable, sauf en ce qui concerne les provisions dont la déduction est prévue par des dispositions légales particulières.

b. Le changement d'activité réelle d'une société s'entend notamment :

1° De l'adjonction d'une activité entraînant, au titre de l'exercice de sa survenance ou de l'exercice suivant, une augmentation de plus de 50 % par rapport à l'exercice précédant celui de l'adjonction :

soit du chiffre d'affaires de la société ;

soit de l'effectif moyen du personnel et du montant brut des éléments de l'actif immobilisé de la société ;

2° De l'abandon ou du transfert, même partiel, d'une ou de plusieurs activités entraînant, au titre de l'exercice de sa survenance ou de l'exercice suivant, une diminution de plus de 50 % par rapport à l'exercice précédant celui de l'abandon ou du transfert :

soit du chiffre d'affaires de la société ;

soit de l'effectif moyen du personnel et du montant brut des éléments de l'actif immobilisé de la société.

c. Sur agrément délivré par le ministre chargé du budget selon les modalités prévues à l'article 1649 nonies, ne sont pas considérées comme emportant cessation d'entreprise :

1° La disparition temporaire des moyens de production pendant une durée de plus de douze mois mentionnée au a lorsque l'interruption et la reprise sont justifiées par des motivations principales autres que fiscales ;

2° Les opérations mentionnées au b lorsqu'elles sont indispensables à la poursuite de l'activité à l'origine des déficits et à la pérennité des emplois.

BIC-XIX-15100 s. ; MF n°s 38715 s.

6. Lorsqu'une société d'intérêt collectif agricole renonce au statut défini aux articles L 531-1 à L 535-4 du code rural et de la pêche maritime, les dispositions du premier alinéa du 2 ne s'appliquent pas si cette renonciation ne s'accompagne pas d'un changement de régime fiscal.

BIC-XIX-17560 s.

Art 221 bis En l'absence de création d'une personne morale nouvelle, lorsqu'une société ou un autre organisme cesse totalement ou partiellement d'être soumis à l'impôt sur les sociétés au taux normal, les bénéfices en sursis d'imposition, les plus-values latentes incluses dans l'actif social et les profits non encore imposés sur les stocks ne font pas l'objet d'une imposition immédiate, à la double condition qu'aucune modification ne soit apportée aux écritures comptables et que l'imposition desdits bénéfices, plus-values et profits demeure possible sous le nouveau régime fiscal applicable à la société ou à l'organisme concerné.

La première condition n'est pas exigée des entreprises lors de leur option pour le régime prévu à l'article 208 C pour leurs immobilisations autres que celles visées au IV de l'article 219, si elles prennent l'engagement *(Voir Annexe III, art. 46 ter A)* de calculer les plus-values réalisées ultérieurement à l'occasion de leur cession d'après la valeur qu'elles avaient, du point de vue fiscal, à la clôture de l'exercice précédant l'entrée dans le régime. Les entreprises bénéficiant de cette disposition devront joindre à leur déclaration de résultat un état faisant apparaître les renseignements nécessaires au calcul du résultat imposable de la cession ultérieure des immobilisations considérées. Cet état est établi et contrôlé comme celui prévu à l'article 54 septies et sous les mêmes garanties et sanctions.

BIC-XIX-15850 s. ; IS-IV-17585, 17660 s.

Toutefois, les plus-values dégagées à l'occasion de la cession de tout ou partie des éléments de l'actif immobilisé existant à la date à laquelle la société ou l'organisme a cessé d'être soumis à l'impôt sur les sociétés au taux normal, dans la mesure où elles étaient acquises à cette date par le ou les éléments cédés, sont imposables conformément au régime défini aux articles 39 duodecies et suivants, si, au moment de la cession, les recettes de cette société n'excèdent pas les limites prévues, selon le cas, aux II, III et IV de l'article 151 septies. En ce cas, les dispositions de l'article 151 septies ne sont pas applicables.

BIC-XIX-16420 s., 17010 s. ; MF nº 38770

SECTION VII

Obligations des personnes morales

Art 222 Les sociétés, entreprises et associations visées à l'article 206 sont tenues de faire des déclarations d'existence, de modification du pacte social et des conditions d'exercice de la profession dans des conditions et délais qui seront fixés par arrêté ministériel *(Voir Annexe IV, art. 23 A à 23 G)*.

(Voir aussi Annexe II, art. 371 AI à 371 AS)

RIE-V-1500 s. ; MF nº 36405 a

Art 222 bis A l'exception de ceux mentionnés au 3 de l'article 200, les organismes qui délivrent des reçus, des attestations ou tous autres documents par lesquels ils indiquent à un contribuable qu'il est en droit de bénéficier des réductions d'impôt prévues aux articles 200, 238 bis et 978 sont tenus de déclarer chaque année à l'administration fiscale, dans les délais prévus à l'article 223, le montant global des dons et versements mentionnés sur ces documents et perçus au cours de l'année civile précédente ou au cours du dernier exercice clos s'il ne coïncide pas avec l'année civile ainsi que le nombre de documents délivrés au cours de cette période ou de cet exercice.

Le modèle de cette déclaration est fixé par l'administration.

Ndlr *Les dispositions du présent article s'appliquent aux documents délivrés relatifs aux dons et versements reçus à compter du 1er janvier 2021 ou au titre des exercices ouverts à compter du 1er janvier 2021 (Loi 2021-1109 du 24 août 2021 art. 19, I-1º et II-A).*

IS-IX-13900 s. ; MF nº 10701

Art 223 **1.** Les personnes morales et associations passibles de l'impôt sur les sociétés sont tenues de souscrire les déclarations prévues pour l'assiette de l'impôt sur le revenu en ce qui concerne les bénéfices industriels et commerciaux (régime de l'imposition d'après le bénéfice réel ou d'après le régime simplifié) *(Voir pour le régime simplifié, art. 302 septies A bis et voir également LPF, art. L 66-2º)*.

Toutefois, la déclaration du bénéfice ou du déficit est faite dans les trois mois de la clôture de l'exercice. Si l'exercice est clos le 31 décembre ou si aucun exercice n'est clos au cours d'une année, la déclaration est à déposer au plus tard le deuxième jour ouvré suivant le 1er mai.

Elle précise les sommes dont les personnes morales demandent l'imputation sur le montant de leur cotisation en vertu du 1 de l'article 220.

RIE-III-490 s.

2. Les personnes morales et associations visées au 1 sont tenues de fournir, en même temps que leur déclaration de bénéfice ou de déficit, outre les pièces prévues à l'article 38 de l'annexe III au présent code :

1º Les comptes rendus et les extraits des délibérations des conseils d'administration ou des actionnaires. Les entreprises d'assurances ou de réassurances, de capitalisation ou d'épargne, ainsi que les fonds de retraite professionnelle supplémentaire mentionnés à l'article L 381-1 du code des assurances, les mutuelles ou unions de retraite professionnelle supplémentaire mentionnées à l'article L 214-1 du code de la mutualité et les institutions de retraite professionnelle supplémentaire mentionnées à l'article L 942-1 du code de la sécurité sociale remettent, en outre, un double du compte rendu détaillé et des tableaux annexes qu'elles fournissent à la direction des assurances ;

IS-IV-13385 ; RIE-III-6860

2º Un état indiquant, sous une forme qui sera précisée par arrêté ministériel *(Voir Annexe IV, art. 23 H et 23 I)*, les bénéfices répartis aux associés, actionnaires ou porteurs de parts, ainsi que les sommes ou valeurs mises à leur disposition au cours de la période retenue pour l'assiette de l'impôt sur les sociétés et présentant le caractère de revenus distribués au sens du VII de la 1e sous-section du chapitre I ci-dessus.

RIE-III-6820 s.

3. Les personnes morales et associations passibles de l'impôt sur les sociétés sont tenues aux mêmes obligations que celles prévues aux articles 54 bis et 54 quater.

RIE-III-250 s. ; MF nº 36385

Art 223 bis Pour bénéficier des dispositions de l'article 219 ter relatif à l'imposition des indemnités perçues par les entreprises sinistrées par faits de guerre au titre de la réparation des éléments d'actif immobilisés ou en remplacement de stocks détruits, les entreprises doivent en faire la demande dans la déclaration des résultats de l'exercice au cours duquel lesdites indemnités sont versées et apporter, à l'appui de leur demande, toutes justifications utiles.

Art 223 ter En vue de l'application des dispositions des articles 39 bis à 39 bis B, les sociétés ou autres personnes morales intéressées sont tenues de joindre à chaque déclaration qu'elles souscrivent pour l'établissement de l'impôt sur les sociétés, un relevé indiquant distinctement le montant des dépenses effectuées en vue des objets indiqués auxdits articles au cours de la période à laquelle s'applique la déclaration, par prélèvement, d'une part, sur les bénéfices de ladite période et, d'autre part, sur les provisions constituées, en vertu des mêmes articles, au moyen des bénéfices des périodes précédentes.

BIC-XII-42200 s.

Art 223 quater Les sociétés et personnes morales passibles de l'impôt sur les sociétés, en vertu de l'article 206, à l'exception de celles désignées au 5 de l'article précité, qui, directement ou indirectement, notamment par filiales, possèdent des biens ou droits générateurs des dépenses et charges visées au 4 de l'article 39, doivent faire apparaître distinctement dans leur comptabilité lesdites dépenses et charges, quelle que soit la forme sous laquelle elles les supportent.

Ces entreprises doivent soumettre chaque année à l'approbation de l'assemblée générale ordinaire de leurs actionnaires ou associés le montant global des dépenses et charges dont il s'agit, ainsi que de l'impôt supporté en raison de ces dépenses et charges.

Les dispositions ci-dessus sont applicables aux entreprises nationales.

BIC-IX-40140 ; MF nº 9000 précision b

Art 223 quinquies Lorsqu'il y a lieu à application des dispositions du dixième alinéa du 5 de l'article 39, les chiffres globaux, correspondant à chacune des catégories de dépenses visées audit article et qui doivent faire l'objet du relevé prévu à l'article 54 quater, qui est afférent à l'exercice en cause, sont communiqués à la plus proche assemblée générale des actionnaires sous la responsabilité des commissaires aux comptes.

RIE-III-6750 ; MF nº 9055

Art 223 quinquies A Les personnes morales désignées au 2 de l'article 218 A peuvent être invitées, par le service des impôts, à désigner dans un délai de quatre-vingt-dix jours à compter de la réception de cette demande, un représentant en France autorisé à recevoir les communications relatives à l'assiette, au recouvrement et au contentieux de l'impôt *(Voir également LPF, art. L 72).*

Toutefois, l'obligation de désigner un représentant fiscal ne s'applique pas aux personnes qui ont leur siège social dans un autre Etat membre de l'Union européenne ou dans un autre Etat partie à l'accord sur l'Espace économique européen ayant conclu avec la France une convention d'assistance administrative en vue de lutter contre la fraude et l'évasion fiscales ainsi qu'une convention d'assistance mutuelle en matière de recouvrement de l'impôt.

RIE-V-1770 s. ; MF nº 36405 b

Art 223 quinquies B I. Les personnes morales établies en France :

1º Dont le chiffre d'affaires annuel hors taxe ou l'actif brut figurant au bilan est supérieur ou égal à 50 millions d'euros ;

2º Ou détenant à la clôture de l'exercice, directement ou indirectement, plus de la moitié du capital ou des droits de vote d'une entité juridique (personne morale, organisme, fiducie ou institution comparable établie ou constituée en France ou hors de France) satisfaisant à l'une des conditions mentionnées au 1º ;

3º Ou dont plus de la moitié du capital ou des droits de vote est détenue à la clôture de l'exercice, directement ou indirectement, par une entité juridique satisfaisant à l'une des conditions mentionnées au 1º ;

4º Ou appartenant à un groupe relevant du régime fiscal prévu à l'article 223 A ou à l'article 223 A bis lorsque ce groupe comprend au moins une personne morale satisfaisant à l'une des conditions mentionnées aux 1º à 3º du présent I,

souscrivent une déclaration, par voie électronique, dans le délai de six mois qui suit l'échéance prévue au 1 de l'article 223.

I bis. La déclaration comporte les informations suivantes :

1° Des informations générales sur le groupe d'entreprises associées :

a. Une description générale de l'activité déployée, incluant les changements intervenus au cours de l'exercice ;

b. Une liste des principaux actifs incorporels détenus, notamment brevets, marques, noms commerciaux et savoir-faire, en relation avec l'entreprise déclarante ainsi que l'Etat ou le territoire d'implantation de l'entreprise propriétaire de ces actifs ;

c. Une description générale de la politique de prix de transfert du groupe et les changements intervenus au cours de l'exercice ;

2° Des informations spécifiques concernant l'entreprise :

a. Une description de l'activité déployée, incluant les changements intervenus au cours de l'exercice ;

b. Un état récapitulatif des opérations réalisées avec d'autres entreprises associées, lorsque le montant agrégé par nature de transactions excède 100 000 €. Cet état indique la nature et le montant des transactions, ainsi que les Etats et territoires d'implantation des entreprises associées ;

c. Une présentation de la ou des méthodes de détermination des prix de transfert dans le respect du principe de pleine concurrence en indiquant la principale méthode utilisée et les changements intervenus au cours de l'exercice.

II. La déclaration est souscrite, pour le compte des personnes morales appartenant à un groupe mentionné à l'article 223 A ou à l'article 223 A bis, par leur société mère.

BIC-IX-57770 s. ; MF n° 8970

Art 223 quinquies C **I. 1.** Une déclaration comportant la répartition pays par pays des bénéfices du groupe et des agrégats économiques, comptables et fiscaux, ainsi que des informations sur la localisation et l'activité des entités le constituant, dont le contenu est fixé par décret *(Voir Annexe III, art. 46 quater-0 YE)*, est souscrite sous forme dématérialisée, dans les douze mois suivant la clôture de l'exercice, par les personnes morales établies en France qui répondent aux critères suivants :

a. Etablir des comptes consolidés ;

b. Détenir ou contrôler, directement ou indirectement, une ou plusieurs entités juridiques établies hors de France ou y disposer de succursales ;

c. Réaliser un chiffre d'affaires annuel, hors taxes, consolidé supérieur ou égal à 750 millions d'euros ;

d. Ne pas être détenues par une ou des entités juridiques situées en France et tenues au dépôt de cette déclaration, ou établies hors de France et tenues au dépôt d'une déclaration similaire en application d'une réglementation étrangère.

2. Une personne morale établie en France qui est détenue ou contrôlée, directement ou indirectement, par une personne morale établie dans un Etat ou territoire ne figurant pas sur la liste mentionnée au II et qui serait tenue au dépôt de la déclaration mentionnée au 1 si elle était établie en France dépose la déclaration :

a. Si elle a été désignée par le groupe à cette fin et en a informé l'administration fiscale ; ou

b. Si elle ne peut démontrer qu'une autre entité du groupe, située en France ou dans un pays ou territoire inscrit sur la liste mentionnée au II, a été désignée à cette fin.

3. La déclaration mentionnée au premier alinéa du 1 peut faire l'objet, sous condition de réciprocité, d'un échange automatique avec les Etats ou les territoires ayant conclu avec la France un accord à cet effet.

II. La liste des Etats ou territoires qui ont adopté une réglementation rendant obligatoire la souscription d'une déclaration pays par pays similaire à celle figurant au 1 du I, qui ont conclu avec la France un accord permettant d'échanger de façon automatique les déclarations pays par pays et qui respectent les obligations résultant de cet accord est fixée par un arrêté.

***Ndlr** La liste des Etats ou territoires mentionnée au II ci-dessus est fixée par l'arrêté ECOE1714076A du 6 juillet 2017 (JO du 8) modifié en dernier lieu par l'arrêté ECOE2320258A du 11 août 2023 (JO 13).*

CF-IX-32500 s. ; MF n° 8972

SECTION VIII

Groupes de sociétés

1e SOUS-SECTION

Dispositions générales

Art 223 A **I.** Une société, ci-après désignée par les mots : « société mère », peut se constituer seule redevable de l'impôt sur les sociétés dû sur l'ensemble des résultats du groupe formé par elle-même et les sociétés dont elle détient 95 % au moins du capital de manière continue au cours de l'exercice, directement ou indirectement par l'intermédiaire de sociétés ou d'établissements stables membres du groupe, ci-après désignés par les mots : « sociétés du groupe », ou de sociétés ou d'établissements stables, ci-après désignés par les mots : « sociétés intermédiaires », détenus à 95 % au moins par la société mère de manière continue au cours de l'exercice, directement ou indirectement par l'intermédiaire de sociétés du groupe ou de sociétés intermédiaires.

Une société, également désignée par les mots : « société mère », dont le capital est détenu, de manière continue au cours de l'exercice, à 95 % au moins par une société ou un établissement stable soumis à un impôt équivalent à l'impôt sur les sociétés dans un Etat membre de l'Union européenne ou dans un autre Etat partie à l'accord sur l'Espace économique européen ayant conclu avec la France une convention d'assistance administrative en vue de lutter contre la fraude et l'évasion fiscales, ci-après désigné par les mots : « entité mère non résidente », directement ou indirectement par l'intermédiaire de sociétés ou d'établissements stables détenus à 95 % au moins par l'entité mère non résidente et soumis à un impôt équivalent à l'impôt sur les sociétés dans les mêmes Etats, ci-après désignés par les mots : « sociétés étrangères », peut aussi se constituer seule redevable de l'impôt sur les sociétés dû sur l'ensemble des résultats du groupe formé par elle-même et les sociétés détenues par l'entité mère non résidente dans les conditions prévues au premier alinéa du présent I, directement ou indirectement par l'intermédiaire de la société mère, de sociétés étrangères, de sociétés intermédiaires ou de sociétés membres du groupe.

Le capital de la société mère mentionnée au même premier alinéa ne doit pas être détenu à 95 % au moins, directement ou indirectement, par une autre personne morale soumise à l'impôt sur les sociétés dans les conditions de droit commun ou selon les modalités prévues à l'article 214. Le capital de l'entité mère non résidente ne doit pas être détenu à 95 % au moins, directement ou indirectement, par une autre personne morale soumise à l'impôt sur les sociétés dans les conditions de droit commun ou selon les modalités prévues au même article 214 ou par une autre personne morale soumise à un impôt équivalent à l'impôt sur les sociétés dans un Etat mentionné au deuxième alinéa du présent I. Le capital de la société mère mentionnée au même deuxième alinéa ne doit pas être détenu indirectement par l'entité mère non résidente par l'intermédiaire de sociétés ou d'établissements stables qui peuvent eux-mêmes se constituer seuls redevables de l'impôt sur les sociétés dans les conditions décrites audit deuxième alinéa. Toutefois, le capital de la société mère mentionnée au premier alinéa du présent I peut être détenu indirectement à 95 % ou plus par une autre personne morale soumise à l'impôt sur les sociétés dans les conditions de droit commun ou selon les modalités prévues à l'article 214, par l'intermédiaire d'une ou plusieurs personnes morales non soumises à cet impôt dans ces mêmes conditions ou par l'intermédiaire d'une ou plusieurs personnes morales qui y sont soumises dans ces mêmes conditions et dont le capital n'est pas détenu, directement ou indirectement, par cette autre personne morale à 95 % au moins. Le capital de l'entité mère non résidente peut être détenu indirectement à 95 % ou plus par une autre personne morale soumise à un impôt équivalent à l'impôt sur les sociétés dans un Etat mentionné au deuxième alinéa du présent I ou par une autre personne morale soumise à l'impôt sur les sociétés dans les conditions de droit commun ou selon les modalités prévues à l'article 214, par l'intermédiaire d'une ou plusieurs personnes morales qui ne sont soumises ni à cet impôt dans ces mêmes conditions, ni à un impôt équivalent dans un Etat mentionné au deuxième alinéa du présent I, ou par l'intermédiaire d'une ou plusieurs personnes morales qui y sont soumises dans ces mêmes conditions et dont le capital n'est pas détenu, directement ou indirectement, par cette autre personne morale à 95 % au moins.

IS-V-5420 s.

Par exception au premier alinéa, lorsqu'une personne morale soumise à l'impôt sur les sociétés dans les conditions de droit commun établit des comptes combinés en application de l'article L 345-2 du code des assurances, de l'article L 212-7 du code de la mutualité ou de l'article L 931-34 du code de la sécurité sociale en tant qu'entreprise combinante, elle peut se constituer seule redevable de l'impôt sur les sociétés dû sur l'ensemble des résultats du groupe formé par elle-même, les personnes morales soumises à l'impôt sur les sociétés dans les conditions de droit commun dénuées de capital qui sont membres du périmètre de combinaison et qui ont avec elle, en vertu d'un accord, soit une direction commune, soit des services communs assez étendus pour engendrer un comportement commercial, technique ou financier commun, soit des liens importants et durables en vertu de dispositions réglementaires, statutaires ou contractuelles, et les sociétés dont elle et les personnes morales combinées détiennent 95 % au moins du capital, directement ou indirectement par l'intermédiaire de sociétés ou d'établissements stables membres du groupe, ci-après désignés par les termes : « sociétés du groupe », ou de sociétés ou d'établissements stables, ci-après désignés par les termes : « sociétés intermédiaires », dont la société mère et ces mêmes personnes morales combinées détiennent 95 % au moins du capital, directement ou indirectement par l'intermédiaire de sociétés du groupe ou de sociétés intermédiaires. Les conditions relatives aux liens entre les personnes morales mentionnées à la phrase précédente et à la détention des sociétés membres du groupe par ces personnes morales s'apprécient de manière continue au cours de l'exercice. Les autres dispositions des premier et troisième alinéas du présent I s'appliquent à la société mère du groupe formé dans les conditions prévues au présent alinéa.

IS-V-88050 s.

Par exception au premier alinéa, lorsqu'une personne morale soumise à l'impôt sur les sociétés dans les conditions de droit commun est un organe central mentionné à l'article L 511-30 du code monétaire et financier ou une caisse départementale ou interdépartementale mentionnée à l'article L 512-55 du même code titulaire d'un agrément collectif délivré par l'Autorité de contrôle prudentiel et de résolution pour elle-même et pour les caisses locales qui la détiennent, elle peut se constituer seule redevable de l'impôt sur les sociétés dû sur l'ensemble des résultats du groupe formé par elle-même, les banques, caisses et sociétés mentionnées aux articles L 512-11, L 512-20, L 512-55, L 512-60, L 512-69 et L 512-86 du même code soumises à l'impôt sur les sociétés dans les conditions de droit commun qui lui sont affiliées au sens de l'article L 511-31 du même code ou bénéficiant d'un même agrément collectif délivré par l'Autorité de contrôle prudentiel et de résolution, et les sociétés dont elle et les banques, caisses et sociétés précitées détiennent 95 % au moins du capital, directement ou indirectement par l'intermédiaire de sociétés ou d'établissements stables membres du groupe, ci-après désignés par les termes : « sociétés du groupe », ou de sociétés ou d'établissements stables, ci-après désignés par les termes : « sociétés intermédiaires », dont la société mère et ces mêmes banques, caisses et sociétés détiennent 95 % au moins du capital, directement ou indirectement par l'intermédiaire de sociétés du groupe ou de sociétés intermédiaires. Les conditions relatives aux liens entre les personnes morales mentionnées à la première phrase et à la détention des sociétés membres du groupe par ces personnes morales s'apprécient de manière continue au cours de l'exercice. Les autres dispositions des premier et troisième alinéas du présent I s'appliquent à la société mère du groupe formé dans les conditions prévues au présent alinéa.

IS-V-88900 s.

Pour le calcul du taux de détention du capital, il est fait abstraction, dans la limite de 10 % du capital de la société, des titres émis dans les conditions prévues aux articles L 225-177 à L 225-184, L 225-197-1 à L 225-197-5, L 22-10-56 et L 22-10-59 du code de commerce et aux articles L 3332-18 à L 3332-24 du code du travail ou par une réglementation étrangère équivalente ainsi que des titres attribués, après rachat, dans les mêmes conditions, par une société à ses salariés non mandataires. Ce mode particulier de calcul ne s'applique plus à compter de l'exercice au cours duquel le détenteur des titres émis ou attribués dans les conditions qui précèdent cède ses titres ou cesse toute fonction dans la société ou, le cas échéant, dans le groupe de sociétés incluses dans le périmètre du plan d'émission ou d'attribution de ces titres, défini aux articles L 225-180 ou L 225-197-2 du code de commerce, aux deuxième à dernier alinéas de l'article L 3344-1 du code du travail ou par une réglementation étrangère équivalente *(NDLR Les dispositions relatives aux groupes de sociétés s'appliquent aux exercices clos à compter du 31 décembre 2023)*. Ce mode particulier de calcul cesse également de s'appliquer à compter de l'exercice au cours duquel le détenteur des titres cesse ses fonctions dans une société incluse dans ce périmètre pour les exercer dans une autre société initialement incluse dans ce même périmètre mais qui ne l'est plus au cours de cet exercice. Ce mode particulier de calcul cesse également de s'appliquer à compter de l'exercice au cours duquel la société qui emploie le détenteur des titres sort du périmètre du plan d'émission ou d'attribution des titres défini à la deuxième phrase du présent alinéa *(NDLR Les dispositions issues des deux phrases précédentes s'appliquent aux exercices clos à compter du 31 décembre 2023)*. Toutefois, lorsque le mode particulier de calcul du taux de détention du capital cesse de s'appliquer dans les conditions prévues au présent alinéa et qu'il en résulte une participation dans le capital d'une société filiale réduite à moins de 95 %, ce capital est néanmoins réputé avoir été détenu selon les modalités fixées au premier, au deuxième, au quatrième ou au cinquième alinéas du présent I si le pourcentage de 95 % est à nouveau atteint à l'expiration du délai prévu au deuxième alinéa du 1 de l'article 223 pour le dépôt de la déclaration de résultat de l'exercice. Si la cessation de fonction intervient au cours de la période de conservation prévue au septième alinéa du I de l'article L 225-197-1 du code de commerce ou par une réglementation étrangère équivalente, il continue à être fait abstraction des actions dont la conservation est requise dans les conditions qui précèdent, jusqu'à l'expiration de la période précitée. Pour l'application du présent article, la détention de 95 % au moins du capital d'une société s'entend de la détention en pleine propriété de 95 % au moins des droits à dividendes et de 95 % au moins des droits de vote attachés aux titres émis par cette société. Toutefois, les titres que le constituant a transférés dans un patrimoine fiduciaire dans les conditions prévues à l'article 238 quater B sont également pris en compte pour l'appréciation du seuil de détention du capital à condition que ces titres soient assortis de droits à dividendes et de droits de vote et que le constituant conserve l'exercice des droits de vote ou que le fiduciaire exerce ces droits dans le sens déterminé par le constituant, sous réserve des éventuelles limitations convenues par les parties au contrat établissant la fiducie pour protéger les intérêts financiers du ou des créanciers bénéficiaires de la fiducie.

IS-V-5420 s.

II. Les sociétés du groupe restent soumises à l'obligation de déclarer leurs résultats qui peuvent être vérifiés dans les conditions prévues par les articles L 13, L 47 et L 57 du livre des procédures fiscales. La société mère supporte, au regard des droits et des pénalités visées à l'article 2 de la loi n° 87-502 du 8 juillet 1987 modifiant les procédures fiscales et douanières *(NDLR Article codifié aux articles 1728 et 1731 du CGI)*, les conséquences des infractions commises par les sociétés du groupe.

III. Seules peuvent être membres du groupe les sociétés ou les établissements stables qui ont donné leur accord et dont les résultats sont soumis à l'impôt sur les sociétés dans les conditions de droit commun ou selon les modalités prévues à l'article 214. Seules peuvent être qualifiées de sociétés intermédiaires les sociétés ou les établissements stables qui ont donné leur accord et dont les résultats sont soumis à un impôt équivalent à l'impôt sur les sociétés dans un Etat membre de l'Union européenne ou dans un autre Etat partie à l'accord sur l'Espace économique européen ayant conclu avec la France une convention d'assistance administrative en vue de lutter contre la fraude et l'évasion fiscales. Pour se constituer société mère dans les conditions du deuxième alinéa du I, une société doit accompagner son option de l'accord de l'entité mère non résidente et des sociétés étrangères mentionnées au même deuxième alinéa. Pour être membre d'un groupe formé dans les conditions dudit deuxième alinéa, une société doit accompagner son accord de celui de l'entité mère non résidente et des sociétés étrangères. Les sociétés membres d'un groupe dans les conditions du même deuxième alinéa ne peuvent simultanément se constituer seules redevables de l'impôt sur les sociétés pour les résultats d'un autre groupe dans les conditions prévues au présent article. Lorsque la société mère opte pour l'application du régime défini au quatrième ou au cinquième alinéa du I, toutes les personnes morales dénuées de capital définies au quatrième alinéa du même I et toutes les banques, caisses et sociétés mentionnées aux articles L 512-11, L 512-20, L 512-55, L 512-60, L 512-69 et L 512-86 du code monétaire et financier ou bénéficiant du même agrément collectif, à l'exception des filiales dont le capital est détenu à 95 % au moins sont obligatoirement membres du groupe et ne peuvent simultanément être mères d'un autre groupe formé dans les conditions prévues au présent article.

Les sociétés du groupe et, sous réserve de la réglementation étrangère qui leur est applicable, les sociétés intermédiaires, l'entité mère non résidente et les sociétés étrangères doivent ouvrir et clore leurs exercices aux mêmes dates ; les exercices ont en principe, une durée de douze mois. Par exception, la durée d'un exercice des sociétés du groupe peut être inférieure ou supérieure à douze mois, sans préjudice des dispositions de l'article 37. Cette exception ne peut s'appliquer qu'une seule fois au cours d'une période couverte par une même option. La modification de la date de clôture de l'exercice doit être notifiée au plus tard à l'expiration du délai prévu au deuxième alinéa du 1 de l'article 223 pour le dépôt de la déclaration de résultat de l'exercice précédant le premier exercice concerné. Les options mentionnées aux premier, deuxième, quatrième ou cinquième alinéas du I du présent article sont notifiées au plus tard à l'expiration du délai prévu au deuxième alinéa du 1 de l'article 223 pour le dépôt de la déclaration de résultat de l'exercice précédant celui au titre duquel le régime défini au présent article s'applique. Elles sont valables pour une période de cinq exercices. Les accords mentionnés au premier alinéa du présent III sont formulés au plus tard à l'expiration du délai prévu pour le dépôt de la déclaration de résultat de l'exercice précédant celui où la société devient membre du groupe ou devient une société intermédiaire, devient une société étrangère ou une entité mère non résidente, ou dans les trois mois de l'acquisition des titres d'une société du groupe, d'une autre société intermédiaire, d'une société étrangère ou d'une entité mère non résidente. Les options et les accords sont renouvelés par tacite reconduction, sauf dénonciation au plus tard à l'expiration du délai prévu au 1 de l'article 223 pour le dépôt de la déclaration de résultat du dernier exercice de chaque période.

Pour chacun des exercices arrêtés au cours de la période de validité de l'option, la société mère notifie à l'administration, au plus tard à la date mentionnée au deuxième alinéa du présent III, une liste des sociétés membres du groupe comportant la désignation, le cas échéant, de l'entité mère non résidente, des sociétés intermédiaires et des sociétés étrangères, ainsi que des sociétés qui cessent d'être membres du groupe ou qui cessent d'être qualifiées de sociétés intermédiaires ou de sociétés étrangères. A défaut, le résultat d'ensemble est déterminé à partir du résultat des sociétés mentionnées sur la dernière liste notifiée régulièrement si ces sociétés continuent à remplir les conditions prévues à la présente section.

Chaque société du groupe est tenue solidairement au paiement de l'impôt sur les sociétés et, le cas échéant, des intérêts de retard, majorations et amendes fiscales correspondantes, dont la société mère est redevable, à hauteur de l'impôt et des pénalités qui seraient dus par la société si celle-ci n'était pas membre du groupe.

IS-V-5200 s., 49000 s. ; MF n°s 40150 s., 40590 s.

Art 223 A bis I. Par exception à la première phrase du premier alinéa du I de l'article 223 A, lorsqu'un établissement public industriel et commercial soumis à l'impôt sur les sociétés dans les conditions de droit commun établit des comptes consolidés dans les conditions prévues au premier alinéa de l'article L 233-18 du code de commerce, il peut se constituer seul redevable de l'impôt sur les sociétés dû sur l'ensemble des résultats du groupe formé par lui-même, les établissements publics industriels et commerciaux également soumis à l'impôt sur les sociétés dans les conditions de droit commun qui sont membres de son périmètre de consolidation et les sociétés que lui-même et les établissements publics industriels et commerciaux membres du groupe détiennent dans les conditions prévues à l'article 223 A, lorsqu'il assure pour l'ensemble du groupe le contrôle et le pilotage stratégique et des missions transversales ou mutualisées.

Les autres dispositions du même article 223 A s'appliquent aux établissements industriels et commerciaux et aux sociétés membres d'un groupe au sens du présent article.

II. L'établissement qui se constitue seul redevable de l'impôt sur les sociétés selon le premier alinéa du I du présent article ne peut pas être contrôlé par un autre établissement qui remplit lui-même les conditions exposées au même alinéa.

Lorsqu'un établissement public industriel et commercial se constitue seul redevable de l'impôt sur les sociétés, tous les établissements publics industriels et commerciaux mentionnés audit alinéa sont obligatoirement membres du groupe.

Un établissement public membre du groupe ne peut pas se constituer seul redevable de l'impôt sur les sociétés pour les résultats d'un autre groupe dans les conditions prévues à l'article 223 A.

III. Les règles prévues aux articles 223 B à 223 U sont applicables aux établissements publics industriels et commerciaux et aux sociétés membres d'un groupe au sens du présent article.

IS-V-89300 s.

1° Résultat d'ensemble

Art 223 B Le résultat d'ensemble est déterminé par la société mère en faisant la somme algébrique des résultats de chacune des sociétés du groupe, déterminés dans les conditions de droit commun ou selon les modalités prévues à l'article 214.

Les produits de participation perçus par une société du groupe d'une société membre du groupe depuis plus d'un exercice et les produits de participation perçus par une société du groupe d'une société soumise à un impôt équivalent à l'impôt sur les sociétés dans un Etat membre de l'Union européenne ou dans un autre Etat partie à l'accord sur l'Espace économique européen ayant conclu avec la France une convention d'assistance administrative en vue de lutter contre la fraude et l'évasion fiscales qui, si elle était établie en France, remplirait depuis plus d'un exercice les conditions pour être membre de ce groupe, en application des articles 223 A ou 223 A bis, autres que celle d'être soumise à l'impôt sur les sociétés en France, sont retranchés du résultat d'ensemble à hauteur de 99 % de leur montant s'ils n'ouvrent pas droit à l'application du régime mentionné au 1 de l'article 145. Les produits de participation perçus par une société non membre d'un groupe à raison d'une participation dans une société soumise à un impôt équivalent à l'impôt sur les sociétés dans ces mêmes Etats sont retranchés du bénéfice net à hauteur de 99 % de leur montant sous réserve que ces sociétés eussent rempli, depuis plus d'un exercice, les conditions pour constituer un groupe, en application des articles 223 A ou 223 A bis, si la seconde société était établie en France. Lorsque les titres n'ont pas été conservés pendant un délai de deux ans, leur prix de revient est diminué, pour la détermination de la plus-value ou moins-value de cession, du montant des produits de participation y afférents dont le montant a été retranché du résultat d'ensemble ou du bénéfice net en application du présent alinéa. Lorsque les titres mentionnés à la première phrase du deuxième alinéa du a ter du I de l'article 219 sont conservés pendant au moins deux ans, leur prix de revient est diminué, pour la détermination de la moins-value de cession, du montant des produits de participation y afférents dont le montant a été retranché du résultat d'ensemble ou du bénéfice net en application du présent alinéa, au cours de l'exercice au titre duquel cette moins-value a été constatée et des cinq exercices précédents.

Ndlr *La généralisation de la condition de délai pour l'application de la neutralisation de 99 % des dividendes et l'application de cette neutralisation à raison des revenus de filiales européennes qui n'ouvrent pas droit au régime des sociétés mères perçus par une société mère qui a volontairement renoncé à constituer un groupe fiscal s'appliquent pour la détermination des résultats imposables des exercices clos à compter du 31 décembre 2023.*

Le résultat d'ensemble est majoré du montant des dotations complémentaires aux provisions constituées par une société après son entrée dans le groupe, à raison des créances qu'elle détient sur d'autres sociétés du groupe, des titres détenus dans d'autres sociétés du groupe et exclus du régime des plus-values ou moins-values à long terme conformément à l'article 219 ou des risques qu'elle encourt du fait de telles sociétés. Il est également majoré du montant des dotations complémentaires aux provisions constituées par une société après son entrée dans le groupe, à raison des créances qu'elle détient sur des sociétés intermédiaires, sur des sociétés étrangères ou sur l'entité mère non résidente, des titres détenus dans de telles sociétés et exclus du régime des plus-values ou moins-values à long terme conformément à l'article 219 ou des risques qu'elle encourt du fait de telles sociétés, à l'exception de la fraction de ces dotations pour laquelle la société mère apporte la preuve qu'elle n'est pas liée, directement ou indirectement, aux déficits et moins-values nettes à long terme de sociétés du groupe retenus pour la détermination du résultat d'ensemble et de la plus-value ou moins-value nette à long terme d'ensemble. En cas de cession d'un élément d'actif entre sociétés du groupe, les dotations aux provisions pour dépréciation de cet élément d'actif effectuées postérieurement à la cession sont rapportées au résultat d'ensemble, à hauteur de l'excédent des plus-values ou profits sur les moins-values ou pertes afférent à ce même élément, qui n'a pas été pris en compte, en application du premier alinéa de l'article 223 F, pour le calcul du résultat ou de la plus ou moins-value nette à long terme d'ensemble du groupe. Lorsqu'en application du deuxième alinéa de l'article 223 F, la société mère comprend dans le résultat d'ensemble le résultat ou la plus ou moins-value non pris en compte lors de sa réalisation, la fraction de la provision qui n'a pas été déduite en application de la deuxième phrase du présent alinéa, ni rapportée en application du quinzième alinéa du 5° du 1 de l'article 39, est retranchée du résultat d'ensemble. Celui-ci est également minoré du montant des provisions rapportées en application du quinzième alinéa du 5° du 1 de l'article 39 qui correspondent aux dotations complémentaires non retenues en application du présent alinéa si les sociétés citées aux première et troisième phrases de cet alinéa ou détenues, directement ou indirectement, par les sociétés intermédiaires, l'entité mère non résidente ou les sociétés étrangères mentionnées à la deuxième phrase du même alinéa sont membres du groupe ou, s'agissant des provisions mentionnées aux première et deuxième phrases, d'un même groupe créé ou élargi dans les conditions prévues aux c, d, e, f, g, h, i ou j du 6 de l'article 223 L au titre de l'exercice au cours duquel ces provisions sont rapportées.

Le montant de la rémunération prévue à l'article L 225-45 du code de commerce et des tantièmes déduits du résultat des sociétés filiales du groupe, et de celui de la société mère mentionnée au deuxième alinéa du I de l'article 223 A du présent code, est ajouté au résultat d'ensemble.

L'avantage consenti entre des sociétés du groupe résultant de la livraison de biens autres que ceux composant l'actif immobilisé ou de la prestation de services, pour un prix inférieur à leur valeur réelle mais au moins égal à leur prix de revient, n'est pas pris en compte pour la détermination du bénéfice net mentionné aux 1 et 2 de l'article 38 et ne constitue pas un revenu distribué.

Lorsqu'une société a acheté les titres d'une autre société qui est ou qui devient membre du même groupe ou les titres d'une société intermédiaire ou d'une société étrangère aux personnes qui la contrôlent, directement ou indirectement, ou à des sociétés que ces personnes contrôlent, directement ou indirectement, au sens de l'article L 233-3 du code de commerce, les charges financières déduites pour la détermination du résultat d'ensemble sont rapportées à ce résultat pour une fraction égale au rapport du prix d'acquisition de ces titres, limité, le cas échéant, à la valeur vénale des titres des sociétés du groupe directement ou indirectement détenues par la société intermédiaire ou par la société étrangère acquise, à la somme du montant moyen des dettes, de chaque exercice, des entreprises membres du groupe. Le prix d'acquisition à retenir est réduit du montant des fonds apportés à la société cessionnaire lors d'une augmentation du capital réalisée simultanément à l'acquisition des titres à condition que ces fonds soient apportés à la société cessionnaire par une personne autre qu'une société membre du groupe ou, s'ils sont apportés par une société du groupe, qu'ils ne proviennent pas de crédits consentis par une personne non membre de ce groupe. La réintégration s'applique pendant l'exercice d'acquisition des titres et les huit exercices suivants.

Le sixième alinéa s'applique même si la société directement ou indirectement rachetée n'est pas ou ne devient pas membre du même groupe que la société cessionnaire, dès lors que la première est absorbée par la seconde ou par une société membre ou devenant membre du même groupe que la société cessionnaire.

Les dispositions du sixième alinéa ne s'appliquent pas :

a. Si la cession est opérée entre sociétés membres du même groupe ;

b. Au titre des exercices au cours desquels la société directement ou indirectement rachetée n'est plus membre du groupe, sous réserve que sa sortie du groupe ne résulte pas d'une fusion avec une autre société du groupe ;

c. Si les titres cédés à la société membre du groupe ont été acquis, directement ou par l'intermédiaire de l'acquisition d'une société qui contrôle, directement ou indirectement, la société rachetée au sens de l'article L 233-3 du code de commerce, immédiatement auparavant, auprès de personnes autres que celles mentionnées au sixième alinéa, et en vue de rétrocession ;

d. Au titre des exercices au cours desquels la société qui détient les titres de la société rachetée n'est plus contrôlée par les personnes visées à la première phrase du sixième alinéa.

Le solde de la fraction des intérêts non déductibles immédiatement, mentionnés au dernier alinéa du présent article dans sa rédaction antérieure à la loi n° 2018-1317 du 28 décembre 2018 de finances pour 2019, non imputé à la clôture du dernier exercice ouvert avant le 1er janvier 2019 est déductible dans les mêmes conditions que les charges financières nettes non admises en déduction mentionnées au 1 du VIII de l'article 223 B bis.

IS-V-12000 s., 23000 s. ; MF nos 40320 s.

Art 223 B bis I. Les charges financières nettes supportées par le groupe sont déductibles du résultat d'ensemble, dans la limite du plus élevé des deux montants suivants :

1° Trois millions d'euros ;

2° 30 % du résultat du groupe déterminé dans les conditions du II.

Le montant de trois millions d'euros mentionné au 1° du présent I s'entend par exercice, le cas échéant ramené à douze mois.

II. Le résultat mentionné au 2° du I est déterminé en corrigeant le résultat d'ensemble soumis à l'impôt sur les sociétés aux taux mentionnés au deuxième alinéa et au b du I de l'article 219 des montants suivants :

1° Les charges financières nettes déterminées conformément au III du présent article ;

2° La somme des amortissements admis en déduction du résultat de chaque société membre du groupe, nette des reprises imposables et des fractions de plus ou moins-values correspondant à des amortissements déduits, à des amortissements expressément exclus des charges déductibles, ou à des amortissements qui ont été différés en contravention aux dispositions de l'article 39 B ;

3° La somme des provisions pour dépréciation admises en déduction du résultat de chaque société membre du groupe, nette des reprises de provision pour dépréciation imposables ;

4° La somme algébrique des gains et pertes constatés par chaque société membre du groupe et soumis aux taux mentionnés au a du I et au IV de l'article 219.

Les montants mentionnés aux 2° à 4° du présent II s'entendent de ceux qui, pour la détermination du résultat d'ensemble de l'exercice, ne donnent pas lieu aux retraitements prévus aux articles 223 B et 223 F.

Le résultat fiscal mentionné au premier alinéa du présent II s'entend de celui obtenu avant imputation des déficits et avant application des dispositions du présent article. Il tient compte des déductions pour l'assiette de l'impôt et des abattements déduits pour cette même assiette. En cas d'exercice de l'option mentionnée au V, le résultat mentionné au 2° du I ne tient compte ni du résultat afférent aux contrats mentionnés au 3 du III de l'article 212 bis déterminé dans les conditions du présent II, ni du résultat mentionné au b du 2 du IV du présent article.

III. Pour l'application du I, les charges financières nettes supportées par le groupe s'entendent de la somme algébrique des charges et produits financiers de l'ensemble des sociétés membres du groupe tels que définis au III de l'article 212 bis.

IV. 1. Par exception aux I, VI et VII du présent article, sont déductibles, dans les conditions déterminées aux 2 et 3 du présent IV, les charges financières nettes mentionnées au III supportées par le cocontractant d'un pouvoir adjudicateur, d'une entité adjudicatrice ou d'une autorité concédante et afférentes aux biens acquis ou construits par lui dans le cadre des contrats mentionnés aux 1° à 5° du 1 du IV de l'article 212 bis.

Le présent 1 s'applique aux charges financières nettes supportées dans le cadre des contrats mentionnés au premier alinéa signés à compter du 29 décembre 2012 et pour lesquels soit une consultation a été engagée, soit un avis d'appel à la concurrence ou un avis de concession a été envoyé à la publication, soit une procédure d'approbation par décret a été initiée avant la date de promulgation de la loi n° 2018-1317 du 28 décembre 2018 de finances pour 2019.

2. Les charges financières nettes afférentes aux contrats mentionnés au 1 du présent IV sont déductibles dans la limite du plus élevé des deux montants suivants :

a. Trois millions d'euros ;

b. 30 % du résultat afférent à ces contrats et déterminé dans les conditions du II.

3. Les charges financières nettes non admises en déduction au titre d'un exercice, en application du 2 du présent IV, sont déductibles, au titre de cet exercice, à hauteur de 75 % de leur montant.

V. Les charges financières nettes mentionnées au 1 du IV sont celles afférentes à des emprunts utilisés exclusivement pour financer des projets d'infrastructures publiques à long terme lorsque l'opérateur du projet, les charges financières, les actifs et les revenus se situent tous dans l'Union européenne.

Le 3 du III de l'article 212 bis et le IV du présent article s'appliquent sur option de la société mère du groupe mentionné au I. Cette option doit être notifiée au plus tard à la date limite de dépôt de la déclaration de résultat du premier exercice au titre duquel elle est demandée. Elle est irrévocable et formulée pour une période de dix années et est renouvelable au terme de cette période.

VI. Le résultat d'ensemble du groupe est en outre minoré de 75 % du montant des charges financières nettes non admises en déduction en application du I lorsque le ratio entre les fonds propres et l'ensemble des actifs déterminé au niveau du groupe est égal ou supérieur à ce même ratio déterminé au niveau du groupe consolidé auquel les sociétés membres du groupe appartiennent.

Pour l'application du premier alinéa du présent VI :

1° Les charges financières nettes s'entendent de celles déterminées conformément au III avant application du VIII ;

2° Le groupe consolidé s'entend de l'ensemble des entreprises françaises et étrangères dont les comptes sont consolidés par intégration globale pour l'établissement des comptes consolidés au sens de l'article L 233-18 du code de commerce ou au sens des normes comptables internationales mentionnées à l'article L 233-24 du même code ;

3° Le ratio entre les fonds propres et l'ensemble des actifs déterminé au niveau du groupe est considéré comme égal au ratio équivalent du groupe consolidé auquel les sociétés membres du groupe appartiennent, si le premier ratio est inférieur au second ratio de deux points de pourcentage au maximum ;

4° Les fonds propres et l'ensemble des actifs déterminés au niveau du groupe et du groupe consolidé sont évalués selon la même méthode que celle utilisée dans les comptes consolidés mentionnés au 2° du présent VI.

VII. 1. Par exception au I, lorsque le montant moyen des sommes laissées ou mises à disposition d'entreprises membres du groupe par l'ensemble des entreprises non membres du groupe liées directement ou indirectement au sens du 12 de l'article 39, au cours d'un exercice, excède, au titre de cet exercice, une fois et demie le montant des fonds propres déterminés au niveau du groupe conformément au 4° du VI du présent article, apprécié au choix de l'entreprise à l'ouverture ou à la clôture de l'exercice, les charges financières nettes déterminées conformément au III sont déductibles :

a. Pour une fraction de leur montant, dans la limite du plus élevé des deux montants prévus au I retenue à hauteur de ce montant multiplié par la même fraction. Cette fraction est égale au rapport existant entre, au numérateur, le montant moyen des sommes laissées ou mises à disposition des entreprises membres du groupe au cours de l'exercice par des entreprises non membres du groupe qui ne sont pas liées directement ou indirectement au sens du 12 de l'article 39 ajouté à une fois et demie le montant des fonds propres mentionnés au premier alinéa du présent 1 et, au dénominateur, le montant moyen de la totalité des sommes laissées ou mises à disposition des entreprises membres du groupe, au cours de l'exercice, par des entreprises non membres du groupe ;

b. Pour leur solde, dans la limite du plus élevé des deux montants, entre un million d'euros et 10 % du résultat déterminé dans les conditions du II, retenue à hauteur de ce montant multiplié par le rapport existant entre, au numérateur, le montant des sommes laissées ou mises à disposition des entreprises membres du groupe par des entreprises non membres du groupe liées directement ou indirectement au sens du 12 de l'article 39 excédant une fois et demie le montant des fonds propres mentionnés au premier alinéa du présent 1 et, au dénominateur, le montant moyen de la totalité des sommes laissées ou mises à disposition des entreprises membres du groupe, au cours de l'exercice, par des entreprises non membres du groupe.

Le montant d'un million d'euros mentionné au b s'entend par exercice, le cas échéant ramené à douze mois.

Les charges financières nettes non admises en déduction en application du même b au titre d'un exercice peuvent être déduites au titre des exercices suivants conformément au 1 du VIII à hauteur d'un tiers de leur montant.

Lorsque le groupe remplit les conditions prévues au premier alinéa du présent 1, il ne peut bénéficier du VI.

2. Pour l'application du 1 du présent VII, sont considérées comme des sommes laissées ou mises à disposition des entreprises membres du groupe par des entreprises non membres du groupe qui ne sont pas liées directement ou indirectement au sens du 12 de l'article 39, les sommes afférentes :

a. A des opérations de financement réalisées dans le cadre d'une convention de gestion centralisée de la trésorerie d'entreprises liées au sens du même 12 par l'une d'elles chargée de cette gestion centralisée au profit de laquelle les sommes sont mises à disposition ;

b. A l'acquisition de biens donnés en location dans les conditions prévues aux 1 et 2 de l'article L 313-7 du code monétaire et financier.

Sont également considérées comme des sommes laissées ou mises à disposition de l'entreprise par des entreprises qui ne lui sont pas liées directement ou indirectement au sens du 12 de l'article 39 du présent code les sommes laissées ou mises à disposition des établissements de crédit ou des sociétés de financement mentionnés à l'article L 511-1 du code monétaire et financier.

3. Le 1 du présent VII ne s'applique pas si le groupe apporte la preuve que le ratio d'endettement du groupe consolidé auquel les sociétés membres du groupe appartiennent est supérieur ou égal au ratio d'endettement déterminé au niveau du groupe au titre de l'exercice mentionné au même 1.

Pour l'application du premier alinéa du présent 3 :

a. Le groupe consolidé s'entend de celui défini au 2° du VI ;

b. Le ratio d'endettement déterminé au niveau du groupe correspond au rapport existant entre le montant total des dettes du groupe et le montant des fonds propres du groupe. Le ratio d'endettement du groupe consolidé est déterminé en tenant compte des dettes, à l'exception de celles envers des entreprises appartenant au groupe consolidé ;

c. Le ratio d'endettement déterminé au niveau du groupe est considéré comme égal au ratio d'endettement du groupe consolidé auquel les sociétés membres du groupe appartiennent, si le premier ratio est supérieur au second ratio de deux points de pourcentage au maximum ;

d. Les dettes et les fonds propres déterminés au niveau du groupe et du groupe consolidé sont évalués selon la même méthode que celle utilisée dans les comptes consolidés mentionnés au même 2°.

VIII. 1. Les charges financières nettes non déduites en application des I et VI ainsi que du a du 1 du VII et celles reportables au titre de l'avant-dernier alinéa du même 1 au titre des exercices antérieurs peuvent être déduites à hauteur d'un montant égal à la différence positive entre la limite mentionnée au I appliquée au titre de l'exercice ou, lorsque la condition mentionnée au premier alinéa du 1 du VII est remplie, la limite mentionnée au a du même 1 appliquée au titre de l'exercice et les charges financières nettes de l'exercice minorées, le cas échéant, de celles soumises au plafonnement du b dudit 1 des sociétés du groupe. Les charges financières nettes non déduites après application du présent 1 peuvent être déduites dans les mêmes conditions au titre des exercices suivants.

2. La capacité de déduction inemployée, entendue comme la différence positive entre la limite mentionnée au I appliquée au titre de l'exercice et les charges financières nettes admises en déduction au titre de l'exercice en application des I et VI ainsi que du 1 du présent VIII, peut être utilisée au titre des cinq exercices suivants pour déduire du résultat d'ensemble le montant de charges financières nettes non admises en déduction après application des I et VI. Cette capacité de déduction inemployée ne peut être utilisée pour déduire des charges financières en report conformément au 1 du présent VIII.

IX. Un décret fixe les obligations déclaratives de la société mère du groupe mentionné au I.

IS-V-15150 s. ; MF n°s 40495 s.

Art 223 C Le bénéfice d'ensemble est imposé selon les modalités prévues au deuxième alinéa du paragraphe I de l'article 219. Le résultat net d'ensemble bénéficiaire obtenu en application de l'article 223 H, lorsque l'option pour le régime prévu à l'article 238 est exercée, est soustrait du bénéfice d'ensemble pour être imposé séparément selon les modalités prévues au deuxième alinéa du a du I de l'article 219. Toutefois, ce résultat net n'est pas imposable lorsqu'il est utilisé pour compenser le déficit d'ensemble de l'exercice. Le déficit ainsi imputé ne peut plus être reporté sur les bénéfices des exercices ultérieurs

Le déficit d'ensemble est reporté dans les conditions prévues au troisième alinéa du I de l'article 209.

IS-V-43000 s. ; MF n°s 40555 s.

2° Plus-values ou moins-values d'ensemble

Art 223 D La plus-value nette ou la moins-value nette à long terme d'ensemble est déterminée par la société mère en faisant la somme algébrique des plus-values ou des moins-values nettes à long terme de chacune des sociétés du groupe, déterminées et imposables selon les modalités prévues aux articles 39 duodecies à 39 quindecies.

Les dispositions de l'article 39 quindecies sont applicables à la plus-value et à la moins-value nette à long terme d'ensemble.

La plus-value nette à long terme d'ensemble fait l'objet d'une imposition séparée dans les conditions prévues au a bis du I de l'article 219.

Le montant net d'impôt de la plus-value nette à long terme d'ensemble doit être porté, au bilan de la société mère, à la réserve spéciale prévue à l'article 209 quater.

L'inscription à cette réserve spéciale cesse pour les plus-values imposées au titre des exercices ouverts à compter du 1er janvier 2004.

Le montant des dotations complémentaires aux provisions constituées par une société après son entrée dans le groupe à raison des participations détenues dans d'autres sociétés du groupe est ajouté à la plus-value nette à long terme d'ensemble ou déduit de la moins-value nette à long terme d'ensemble. Le montant des dotations complémentaires aux provisions constituées par une société après son entrée dans le groupe à raison des participations détenues dans des sociétés intermédiaires, dans des sociétés étrangères ou dans une entité mère non résidente, à l'exception de la fraction de ces dotations pour laquelle la société mère apporte la preuve qu'elle n'est pas liée, directement ou indirectement, aux déficits et moins-values nettes à long terme de sociétés du groupe retenus pour la détermination du résultat d'ensemble et de la plus-value ou moins-value nette à long terme d'ensemble, est ajouté à la plus-value nette à long terme d'ensemble ou déduit de la moins-value nette à long terme d'ensemble. En cas de cession entre sociétés du groupe de titres éligibles au régime des plus ou moins-values à long terme, les dotations aux provisions pour dépréciation de ces titres effectuées postérieurement à la cession sont également ajoutées à la plus-value nette à long terme d'ensemble ou retranchées de la moins-value nette à long terme d'ensemble, à hauteur de l'excédent des plus-values ou profits sur les moins-values ou pertes afférent à ces mêmes titres, qui n'a pas été pris en compte, en application du premier alinéa de l'article 223 F, pour le calcul du résultat ou de la plus ou moins-value nette à long terme d'ensemble. Lorsque, en application du deuxième alinéa de l'article 223 F, la société mère comprend dans la plus ou moins-value nette à long terme d'ensemble la plus ou moins-value non prise en compte lors de sa réalisation, la fraction de la provision qui n'a pas été retenue en application de la deuxième phrase du présent alinéa, ni rapportée en application du seizième alinéa du 5° du 1 de l'article 39, est, selon le cas, retranchée de la plus-value nette à long terme d'ensemble ou ajoutée à la moins-value nette à long terme d'ensemble. Le montant des provisions rapportées en application de la première phrase du seizième alinéa du 5° du 1 de l'article 39 qui correspondent aux dotations complémentaires non retenues en application du présent alinéa est déduit de la plus-value nette à long terme d'ensemble ou ajouté à la moins-value nette à long terme d'ensemble si les sociétés citées aux première et troisième phrases de cet alinéa ou détenues, directement ou indirectement, par les sociétés intermédiaires, par les sociétés étrangères ou par l'entité mère non résidente mentionnées à la deuxième phrase du même alinéa sont membres du groupe ou, s'agissant des provisions mentionnées aux première et deuxième phrases, d'un même groupe créé ou élargi dans les conditions prévues aux c, d, e, f, g, h, i ou j du 6 de l'article 223 L au titre de l'exercice au cours duquel les provisions sont rapportées.

IS-V-23250 s., 36000 s., 66650 s. ; MF nos 40430, 40570

3° Non-imputation des déficits et des moins-values par les sociétés du groupe

Art 223 E Les déficits retenus pour la détermination du résultat d'ensemble ne sont pas déductibles des résultats de la société qui les a subis. Il en est de même des moins-values nettes à long terme retenues pour le calcul de la plus-value ou de la moins-value nette à long terme d'ensemble.

IS-V-55430 s.

Lorsque, consécutivement à un transfert de propriété de titres effectué dans les dix-huit mois de l'ouverture d'une procédure de sauvegarde ou de redressement judiciaire ou à la suite de l'ouverture d'une procédure de liquidation judiciaire concernant une ou plusieurs sociétés membres d'un groupe, le capital d'une ou plusieurs sociétés filiales membres du groupe vient à ne plus être détenu à hauteur de 95 % au moins par la société mère du groupe dans les conditions prévues par les premier, quatrième ou cinquième alinéas du I de l'article 223 A, chacune desdites filiales conserve, nonobstant les dispositions du premier alinéa du présent article, le droit d'imputer sur son bénéfice ou ses plus-values nettes à long terme, selon les modalités prévues au troisième alinéa du I de l'article 209 ou à l'article 39 quindecies, une fraction du déficit d'ensemble ou de la moins-value nette à long terme d'ensemble du groupe, entendus comme le déficit d'ensemble ou la moins-value nette à long terme d'ensemble du groupe encore reportables à la clôture de l'exercice du groupe précédant celui au cours duquel intervient le transfert de propriété susvisé, égale aux déficits ou moins-values nettes à long terme subies par la filiale concernée. Le montant du déficit d'ensemble ou de la moins-value nette à long terme d'ensemble imputable au niveau de la société mère du groupe est réduit à due concurrence du montant imputable au niveau des filiales susvisées en application du présent alinéa. Le présent alinéa ne s'applique pas à la fraction du déficit d'ensemble susceptible d'être imputée dans les conditions prévues à l'article 223 G.

IS-V-62000 s.

IS-V-12990 s. ; MF n°s 40385 s.

4° Cessions d'immobilisations entre sociétés du groupe

Art 223 F La fraction de la plus-value ou de la moins-value afférente à la cession entre sociétés du groupe d'un élément d'actif immobilisé, acquise depuis sa date d'inscription au bilan de la société du groupe qui a effectué la première cession, n'est pas retenue pour le calcul du résultat ou de la plus-value ou de la moins-value nette à long terme d'ensemble au titre de l'exercice de cette cession. Cette disposition est également applicable à la fraction, calculée dans les conditions prévues à la phrase précédente, du résultat afférent à la cession entre sociétés du groupe de titres du portefeuille exclus du régime des plus-values ou moins-values à long terme conformément à l'article 219 et au transfert de titres visé au cinquième ou au sixième alinéa du a ter du I de l'article 219 et retenu dans le résultat imposable de la société cédante lors de la cession de ces titres à une autre société du groupe, ainsi qu'à la fraction, calculée dans les mêmes conditions, du résultat ou de la plus-value ou de la moins-value nette à long terme d'ensemble afférent à la cession par une société du groupe à une société intermédiaire, à une société étrangère ou à l'entité mère non résidente de titres d'une autre société du groupe. Une somme égale au montant des suppléments d'amortissements pratiqués par la société cessionnaire d'un bien amortissable est réintégrée au résultat d'ensemble au titre de chaque exercice ; il en est de même de l'amortissement différé en contravention aux dispositions de l'article 39 B, lors de la cession du bien. Le régime défini par ces dispositions n'est pas applicable aux apports placés sous le régime de l'article 210 A.

Lors de la cession hors du groupe du bien ou de la sortie du groupe d'une société qui l'a cédé ou de celle qui en est propriétaire, la société mère doit comprendre dans le résultat ou plus-value ou moins-value nette à long terme d'ensemble, le résultat ou la plus-value ou la moins-value qui n'a pas été retenu lors de sa réalisation. Il en est de même lors de la sortie du groupe d'une société dont les titres ont fait l'objet d'une cession à une société intermédiaire, à une société étrangère ou à l'entité mère non résidente ou, à concurrence du résultat ou de la plus-value ou de la moins-value afférent aux titres cédés, lors de la cession par une société intermédiaire, par une société étrangère ou par l'entité mère non résidente à une société autre qu'une société du groupe, une société intermédiaire, une société étrangère ou l'entité mère non résidente de titres, ayant préalablement fait l'objet d'une cession à une société intermédiaire, à une société étrangère ou à l'entité mère non résidente, d'une société qui demeure dans le groupe. Cette règle s'applique également en cas d'apport d'une immobilisation amortissable entre sociétés du groupe, lorsque cet apport bénéficie des dispositions de l'article 210 A.

Lorsqu'une plus-value ou une moins-value afférente à la cession de titres de participation n'a pas été retenue dans la plus-value ou moins-value nette à long terme d'ensemble au titre d'un exercice ouvert avant le 1er janvier 2019, la quote-part de frais et charges prévue au deuxième alinéa du a quinquies du I de l'article 219 s'applique au montant brut des plus-values de cession afférentes aux mêmes titres immobilisés lors de leur première cession intervenant au cours d'un exercice ouvert à compter du 1er janvier 2019 ou lorsque, à compter de ce même exercice, la société qui en est propriétaire, selon le cas, sort du groupe ou perd la qualité de société intermédiaire, de société étrangère ou d'entité mère non résidente. Ce montant est déterminé dans les conditions prévues au deuxième alinéa du présent article.

Les dispositions de cet article ne sont pas applicables aux biens mentionnés au 4 de l'article 39.

IS-V-19000 s., 36780 s., 37180 s., 37650 s. ; MF n°s 40440 s., 40470 s., 40540

5° Report en arrière des déficits

Art 223 G **1.** Lorsque la société mère opte pour le régime prévu au I de l'article 220 quinquies :

a. Le déficit d'ensemble déclaré au titre d'un exercice est imputé sur le bénéfice d'ensemble ou, le cas échéant, sur le bénéfice que la société mère a déclaré au titre de l'exercice précédant l'application du régime défini à la présente section, dans les conditions prévues à l'article 220 quinquies ;

***Ndlr** S'agissant du dispositif exceptionnel de report en arrière institué pour le premier déficit constaté au titre d'un exercice clos à compter du 30 juin 2020 et jusqu'au 30 juin 2021, voir toutefois le troisième alinéa du I de l'article 1er de la loi 2021-953 du 19 juillet 2021 reproduit dans la partie Autres textes du présent code.*

b. *(Disposition devenue sans objet : loi nº 89-936 du 29 décembre 1989, art. 11-I-3º et II).*

2. Une société filiale du groupe ne peut pas exercer l'option prévue au I de l'article 220 quinquies.

3. Par exception aux dispositions de l'article 220 quinquies, les créances constatées par une société filiale du groupe au titre d'exercices précédant celui à compter duquel son résultat a été pris en compte pour la détermination du résultat d'ensemble peuvent être cédées à la société mère à leur valeur nominale. Dans ce cas, la société mère peut utiliser ces créances pour le paiement de l'impôt sur les sociétés dû à raison du résultat d'ensemble à hauteur du montant de l'impôt sur les sociétés auquel aurait été soumise la société filiale si elle avait été imposée distinctement.

IS-V-43750 s. ; MF nº 40565

6º Régime d'imposition des produits de cession ou de concession des brevets et actifs incorporels assimilés

Art 223 H **I. 1.** La société mère du groupe soumet à une imposition séparée au taux prévu au deuxième alinéa du a du I de l'article 219 le résultat net d'ensemble de cession, de concession ou de sous-concession des actifs détenus ou pris en concession par une société membre du groupe pour lesquels l'option pour le régime d'imposition prévu à l'article 238 est exercée.

Cette option est exercée par la société mère dans les conditions prévues au V du même article 238.

2. Le résultat net d'ensemble de cession, de concession ou de sous-concession est déterminé par la société mère en faisant la somme algébrique des résultats nets déterminés par chaque société du groupe, cédante, concédante ou sous-concédante, dans les conditions prévues aux II, VI et VII dudit article 238.

3. Lorsque le résultat net d'ensemble déterminé au 2 du présent I, est négatif, il est imputé sur les résultats nets d'ensemble de cession, de concession ou de sous-concession du même actif, du même bien ou service ou de la même famille de biens ou services, réalisés au cours des exercices suivants tant que les actifs concernés sont détenus ou sous-concédés par une société membre du groupe.

4. Pour la détermination du résultat net d'ensemble imposé en application du 1, le résultat bénéficiaire déterminé au 2 est multiplié par le rapport existant entre, au numérateur, les dépenses de recherche et de développement en lien direct avec la création et le développement de l'actif incorporel réalisées directement par une société membre du groupe ou par des entreprises sans lien de dépendance au sens du 12 de l'article 39 avec une société membre du groupe et, au dénominateur, l'intégralité des dépenses de recherche et de développement ou d'acquisition en lien direct avec la création, l'acquisition et le développement de cet actif et réalisées directement ou indirectement par les sociétés membres du groupe.

Les dépenses prises en compte pour le calcul de ce rapport s'entendent des seules dépenses réalisées par une société membre du groupe pendant la période au cours de laquelle le ou les actifs sont détenus ou sous-concédés par une société membre du groupe.

Le rapport mentionné au premier alinéa du présent 4 est calculé dans les conditions prévues au 2 du III de l'article 238. Par dérogation, ce rapport peut être calculé dans les conditions prévues au 3 du même III.

II. Le résultat net négatif de cession, de concession ou de sous-concession d'un actif ou d'un groupe d'actifs réalisé par une société antérieurement à son entrée dans le groupe n'est pas imputable sur le résultat net d'ensemble de cession, de concession ou de sous-concession réalisé ultérieurement par le groupe.

La valeur vénale d'un ou plusieurs actifs détenus par une société à la date de son entrée dans le groupe constitue une dépense d'acquisition retenue pour le calcul du résultat net d'ensemble de concession au titre du premier exercice au cours duquel la société mère exerce l'option et prise en compte au dénominateur du ratio déterminé dans les conditions prévues au 4 du I.

III. La société concédante ou sous-concédante d'un ou plusieurs actifs ayant généré un résultat net négatif ne l'impute, postérieurement à sa sortie du groupe, qu'à hauteur du résultat net négatif éventuellement réalisé antérieurement à son entrée dans le groupe.

Pour le calcul du rapport prévu au III de l'article 238, la société qui sort du groupe ne prend pas en compte les dépenses réalisées pendant sa période d'appartenance au groupe lorsque de telles dépenses ont été prises en compte pendant cette période par la société mère du groupe dans les conditions prévues au I du présent article. Toutefois, elle a la possibilité de prendre en compte les dépenses réalisées antérieurement à son entrée dans le groupe, dans les conditions définies au III de l'article 238.

IS-V-20000 s. ; MF nº 40485

2e SOUS-SECTION

Sort des déficits et moins-values subis par la société avant son entrée ou après sa sortie du groupe

1º Régime des déficits subis avant l'entrée dans le groupe

Art 223 I 1. a. Les déficits subis par une société du groupe au titre d'exercices antérieurs à son entrée dans le groupe ne sont imputables que sur son bénéfice, dans les limites et conditions prévues au troisième alinéa du I de l'article 209.

b. La quote-part de déficits qui correspond aux suppléments d'amortissements résultant de la réévaluation de ses immobilisations par une société du groupe, est rapportée au résultat d'ensemble, si cette réévaluation est réalisée dans les écritures d'un exercice clos entre le 31 décembre 1986 et la date d'ouverture d'un exercice au cours duquel la société est devenue membre du groupe.

c. Les charges financières nettes non déduites mentionnées au 1 du VIII des articles 212 bis et 223 B bis et la capacité de déduction inemployée mentionnée au 2 des mêmes VIII qu'une société n'a pas utilisées au titre des exercices antérieurs à son entrée dans le groupe ne peuvent pas être utilisées à compter de son entrée dans le groupe. Ces montants sont de nouveau utilisables dans les conditions prévues au VIII de l'article 212 bis après sa sortie du groupe. Pour l'application du présent c, le délai mentionné au 2 du VIII de l'article 212 bis est suspendu à compter de l'entrée de la société dans le groupe jusqu'à sa sortie du groupe.

2. Les moins-values nettes à long terme constatées par une société du groupe au titre d'exercices antérieurs à son entrée dans le groupe ne peuvent être imputées que sur ses plus-values nettes à long terme, dans les conditions prévues à l'article 39 quindecies.

3. Si une société du groupe cède ou apporte un bien réévalué au cours de la période définie au b du 1, le déficit ou la moins-value nette à long terme subis par cette société au titre de l'exercice de cession sont rapportés au résultat ou à la plus-value ou moins-value nette à long terme d'ensemble de cet exercice à hauteur du montant de la plus-value de réévaluation afférente à ce bien, diminué des sommes réintégrées selon les modalités prévues au même b du 1.

Si le bien mentionné au premier alinéa est cédé ou apporté à une autre société du groupe, le montant de la plus-value de réévaluation défini au même alinéa est réintégré au résultat d'ensemble de l'exercice de cession ou d'apport.

4. Pour l'application du présent article, le bénéfice ou la plus-value nette à long terme de la société est diminué, le cas échéant, du montant des profits ou des plus-values à long terme qui résultent des abandons de créances ou des subventions directes ou indirectes qui lui sont consentis lorsqu'ils sont déductibles pour le calcul du bénéfice net de la société qui les consent, des cessions visées à l'article 223 F ainsi que d'une réévaluation libre des éléments d'actif de cette société et augmenté du montant des pertes ou des moins-values à long terme qui résultent des cessions visées à l'article 223 F ; ils sont également diminués du montant des plus-values de cession d'immobilisations non amortissables qui ont fait l'objet d'un apport ayant bénéficié des dispositions de l'article 210 A ainsi que des plus-values réintégrées en application du d du 3 du même article. De même, le déficit ou la moins-value nette à long terme de la société, mentionné au b du 1 et au 3, est augmenté de ces profits ou plus-values. Pour l'application de la limite prévue au troisième alinéa du I de l'article 209, le bénéfice imposable s'entend du bénéfice de la société déterminé selon les modalités prévues au présent 4.

IS-V-12340 s., 23520 s.

5. Dans les situations visées aux c, d, e, f, i ou j du 6 de l'article 223 L, et sous réserve, le cas échéant, de l'obtention de l'agrément prévu au 6, la fraction du déficit qui n'a pu être reportée au titre d'un exercice dans les conditions prévues à l'article 223 S peut, dans la mesure où ce déficit correspond à celui de la société mère absorbée ou à celui des sociétés membres du groupe ayant cessé et qui font partie du nouveau groupe ou à celui des sociétés membres du groupe ayant cessé qui ont été absorbées par les sociétés précitées ou scindées au profit de celles-ci antérieurement à la cessation de ce groupe sous le régime prévu à l'article 210 A, s'imputer sur les résultats, déterminés selon les modalités prévues au 4 et par dérogation au a du 1, des sociétés mentionnées ci-dessus. Cette fraction de déficit s'impute dans les limites et conditions prévues au troisième alinéa du I de l'article 209.

La fraction du déficit transférée en application du 7 peut, dans la mesure où cette fraction correspond au déficit des sociétés apportées qui font partie du nouveau groupe et au déficit des sociétés qui ont été absorbées par ces sociétés apportées ou scindées au profit de ces dernières sous le régime prévu à l'article 210 A, s'imputer sur les résultats, déterminés selon les modalités prévues au 4 et par dérogation au a du 1, des sociétés mentionnées ci-dessus qui font partie du nouveau groupe.

IS-V-65500 s., 67900 s. ; MF n°s 40710 s.

6. Dans les situations visées aux c ou e du 6 de l'article 223 L, les déficits de la société absorbée ou scindée, déterminés dans les conditions prévues à l'article 223 S, les charges financières nettes non déduites mentionnées au 1 du VIII de l'article 223 B bis et la capacité de déduction inemployée mentionnée au 2 du même VIII sont transférés au profit de la ou des sociétés bénéficiaires des apports sous réserve d'un agrément délivré dans les conditions prévues à l'article 1649 nonies.

L'agrément est délivré lorsque :

a. L'opération est placée sous le régime prévu à l'article 210 A ;

b. Elle est justifiée du point de vue économique et obéit à des motivations principales autres que fiscales ;

c. Les déficits, les charges financières nettes non déduites et la capacité de déduction inemployée mentionnés au premier alinéa proviennent de la société absorbée ou scindée, ou des sociétés membres du groupe auquel il a été mis fin qui font partie du nouveau groupe et pour lesquelles le bénéfice des dispositions prévues au 5 est demandé, ou des sociétés membres du groupe auquel il a été mis fin et qui ont été absorbées par des sociétés membres de ce groupe ou scindées au profit de celles-ci, sous le régime prévu au même article 210 A, antérieurement à l'entrée dans le nouveau groupe de ces sociétés et pour lesquelles le bénéfice des dispositions prévues au 5 du présent article est demandé, sous réserve du respect, par ces sociétés absorbées ou scindées ou qui font partie du nouveau groupe, des conditions mentionnées aux b, c et d du 1 du II de l'article 209.

Les déficits ainsi que les charges financières nettes non déduites et la capacité de déduction inemployée sont utilisables sur les bénéfices ultérieurs dans les conditions prévues respectivement au troisième alinéa du I de l'article 209 et au VIII de l'article 223 B bis.

L'agrément n'est pas requis lorsque les conditions prévues au 2 du II de l'article 209 sont remplies et que les déficits, les charges financières nettes non déduites et la capacité de déduction inemployée mentionnés au premier alinéa du présent c proviennent de la société absorbée ou des sociétés membres du groupe auquel il a été mis fin, qui font partie du nouveau groupe et pour lesquelles le bénéfice des dispositions prévues au 5 est demandé, ou des sociétés membres du groupe auquel il a été mis fin et qui ont été absorbées par des sociétés membres de ce groupe ou scindées au profit de celles-ci, sous le régime prévu à l'article 210 A, antérieurement à l'entrée dans le nouveau groupe de ces sociétés et pour lesquelles le bénéfice des dispositions prévues au 5 du présent article est demandé.

7. Dans la situation visée au g du 6 de l'article 223 L, une fraction du déficit d'ensemble du groupe auquel appartenaient les sociétés apportées peut être transférée à la personne morale bénéficiaire de l'apport sous réserve d'un agrément délivré dans les conditions prévues à l'article 1649 nonies.

L'agrément est délivré lorsque :

a. L'opération est placée sous le régime combiné de l'article 210 B et du 2 de l'article 115 ou, en cas d'apport par une entité mère non résidente, l'opération répond aux conditions prévues à l'article 210 B et au 2 de l'article 115 ;

b. Ces opérations sont justifiées du point de vue économique et répondent à des motivations principales autres que fiscales ;

c. La fraction du déficit d'ensemble mentionnée au premier alinéa provient des sociétés apportées qui sont membres du groupe formé par la personne morale précitée et pour lesquelles le bénéfice des dispositions prévues au deuxième alinéa du 5 est demandé ainsi que des sociétés membres du groupe auquel appartenaient les sociétés apportées et qui ont été absorbées par les sociétés apportées ou scindées au profit de celles-ci sous le régime prévu à l'article 210 A, et pour lesquelles le bénéfice des dispositions prévues au 5 du présent article est demandé, sous réserve du respect, par ces sociétés, des conditions mentionnées aux b, c et d du 1 du II de l'article 209.

Ndlr *Les dispositions du présent alinéa concernant les sociétés de l'ancien groupe absorbées ou scindées, issues de l'article 30 de la loi 2020-1721 du 29 décembre 2020, s'appliquent aux exercices clos à compter du 31 décembre 2020.*

Les déficits transférés sont imputables sur les bénéfices ultérieurs dans les conditions prévues au troisième alinéa du I de l'article 209.

IS-V-12270 s., 65240 s., 65360 s. ; MF n°s 40385 s.

3° Régime des déficits subis après la sortie du groupe

Art 223 K Si une société filiale sort du groupe, le déficit déclaré par elle au titre d'un exercice postérieur à sa sortie du groupe ne constitue pas, pour l'application des dispositions de l'article 220 quinquies, une charge déductible du bénéfice antérieur pris en compte pour la détermination du résultat d'ensemble.

IS-V-55480 ; MF nº 40655

3e SOUS-SECTION

Dispositions diverses

1º Régimes particuliers

Art 223 L 1. *(Sans objet).*

2. Les sociétés du groupe ne peuvent pas bénéficier du crédit d'impôt mentionné aux articles 220 quater et 220 quater A.

3. Les déductions effectuées par des sociétés du groupe au titre des dispositions du II de l'article 217 undecies à raison des sommes versées pour la souscription au capital d'autres sociétés du même groupe sont réintégrées au résultat d'ensemble.

IS-V-20700 s. ; MF nº 40525 b

4. *(Abrogé).*

5. Pour le calcul de la participation et de la réserve spéciale de participation prévues par les articles L 3321-1 à L 3326-2 du code du travail, chaque société du groupe retient le bénéfice imposable de l'exercice et l'impôt sur les sociétés déterminés comme si elle était imposée séparément.

IS-V-47350 ; MF nº 40580

6. a. *(Abrogé).*

b. *(Dispositions périmées).*

c. Lorsqu'une société soumise à l'impôt sur les sociétés absorbe une société mère définie aux premier, deuxième, quatrième ou cinquième alinéas du I de l'article 223 A et remplit, avant ou du fait de cette fusion, les conditions prévues à l'un de ces alinéas, elle peut se constituer, depuis l'ouverture de l'exercice de la fusion, seule redevable des impôts mentionnés à l'un de ces alinéas dus par le groupe qu'elle forme avec les sociétés membres de celui qui avait été constitué par la société absorbée si, au plus tard à l'expiration du délai prévu au deuxième alinéa du III de l'article 223 A décompté de la date de la réalisation de la fusion, elle exerce l'une des options mentionnées aux premier, deuxième, quatrième ou cinquième alinéas du I de l'article 223 A et accompagne celle-ci d'un document sur l'identité des sociétés membres de ce dernier groupe qui entrent dans le nouveau groupe. Cette disposition s'applique aux fusions qui prennent effet au premier jour de l'exercice de la société absorbée au cours de l'opération.

La durée du premier exercice des sociétés du groupe issu de la fusion peut être inférieure ou supérieure à douze mois, sans préjudice de l'application des dispositions de l'article 37. L'option mentionnée au premier alinéa comporte l'indication de la durée de cet exercice.

La société absorbante procède, au titre de l'exercice de réalisation de la fusion, aux réintégrations prévues aux articles 223 F et 223 R du fait de la sortie de la société absorbée et des sociétés membres du groupe que cette dernière avait formé ; ces sommes sont déterminées à la clôture de l'exercice précédent après imputation, le cas échéant, du déficit d'ensemble ou de la moins-value nette à long terme d'ensemble qui étaient encore reportables à la date d'effet de la fusion.

Dans la situation visée au premier alinéa, par exception aux dispositions de la première phrase du 1 de l'article 223 N, la société mère acquitte les acomptes d'impôt sur les sociétés dus par les sociétés membres du groupe au titre de l'année ou de l'exercice d'entrée dans le groupe.

Les quatre premiers alinéas du présent c s'appliquent :

1º Lorsqu'une société soumise à l'impôt sur les sociétés absorbe une entité mère non résidente ou une société étrangère, sous réserve que la société absorbante remplisse, avant ou du fait de cette fusion, les conditions prévues aux premier ou deuxième alinéas du I de l'article 223 A pour être société mère et forme un groupe depuis l'ouverture de l'exercice de la fusion, dans les conditions prévues aux mêmes premier ou deuxième alinéas, avec les sociétés membres du premier groupe ;

2º Lorsqu'une entité mère non résidente est absorbée par une autre société ou un autre établissement stable remplissant les conditions définies au deuxième alinéa du I de l'article 223 A, sous réserve qu'un nouveau groupe soit formé par une société qui remplit, avant ou du fait de la fusion, les conditions prévues aux premier ou deuxième alinéas du même I pour être société mère et forme un groupe depuis l'ouverture de l'exercice de la fusion, dans les conditions prévues aux mêmes premier ou deuxième alinéas, avec les sociétés membres du premier groupe. Dans ce cas, les réintégrations mentionnées au troisième alinéa du présent c sont effectuées par la société mère du nouveau groupe.

IS-V-64400 s. ; MF nºs 40667, 40715

d. Si, au cours d'un exercice, le capital d'une société mère définie aux premier, deuxième, quatrième ou cinquième alinéas du I de l'article 223 A vient à être détenu, directement ou indirectement par l'intermédiaire de sociétés soumises à l'impôt sur les sociétés dans les conditions de droit commun ou selon les modalités prévues à l'article 214, à 95 % au moins, par une autre personne morale passible de l'impôt sur les sociétés, ce capital est réputé avoir été détenu selon les modalités prévues à la quatrième phrase du troisième alinéa du I de l'article 223 A si le pourcentage de 95 % n'est plus atteint à la clôture de l'exercice à la condition que les sociétés concernées indiquent à l'administration les modalités de l'opération et ses justifications juridiques, économiques ou sociales.

Si ce pourcentage est encore atteint à cette date, la société mère demeure seule redevable de l'impôt dû sur le résultat d'ensemble du groupe afférent à cet exercice, selon les modalités prévues aux articles 223 A à 223 U, par exception aux dispositions de la présente section.

Dans cette situation, si la personne morale mentionnée au premier alinéa remplit les conditions mentionnées aux premier, deuxième, quatrième et cinquième alinéas du I de l'article 223 A et souhaite constituer un groupe avec les sociétés qui composaient celui qui avait été formé par la société mère visée au même alinéa, ou faire entrer celles-ci dans le groupe dont elle est déjà membre, l'option prévue aux premier, deuxième, quatrième ou cinquième alinéas du I de l'article 223 A est exercée au plus tard à l'expiration du délai prévu au deuxième alinéa du III du même article, décompté de la date de clôture de l'exercice considéré. Cette option est accompagnée du document mentionné au premier alinéa du c.

La durée du premier exercice des sociétés du groupe ainsi formé peut être inférieure ou supérieure à douze mois, sans préjudice de l'application des dispositions de l'article 37. L'option mentionnée au troisième alinéa comporte l'indication de la durée de cet exercice.

La société mère visée au premier alinéa ajoute au résultat d'ensemble de l'exercice qui y est également mentionné les sommes dont la réintégration est prévue aux articles 223 F et 223 R du fait de la sortie du groupe de toutes les sociétés qui le composaient.

Les cinq premiers alinéas du présent d s'appliquent :

1° Lorsque le capital d'une entité mère non résidente ou d'une société étrangère vient à être détenu dans les conditions prévues au premier alinéa du présent d par une autre personne morale passible de l'impôt sur les sociétés. Si le pourcentage de détention de 95 % est encore atteint à la date de clôture de l'exercice, cette personne morale peut constituer un groupe en application des premier ou deuxième alinéas du I de l'article 223 A avec les sociétés qui étaient membres du premier groupe ou faire entrer celles-ci dans le groupe dont elle est déjà membre, dans les conditions définies aux troisième à cinquième alinéas du présent d ;

2° Lorsque le capital d'une entité mère non résidente vient à être détenu à 95 % au moins par une autre société ou un autre établissement stable remplissant les conditions définies au deuxième alinéa du I de l'article 223 A. Si le pourcentage de détention de 95 % est encore atteint à la date de clôture de l'exercice, une société qui remplit les conditions prévues aux premier ou deuxième alinéas du même I pour être société mère peut constituer un nouveau groupe, dans les conditions prévues aux mêmes premier ou deuxième alinéas, avec les sociétés membres du premier groupe ou faire entrer celles-ci dans le groupe dont elle est déjà membre, dans les conditions définies aux troisième à cinquième alinéas du présent d.

IS-V-67100 s. ; MF n°s 40667, 40735 s.

e. Les dispositions des quatre premiers alinéas du c sont applicables lorsque la société mère d'un groupe mentionnée aux premier, deuxième, quatrième ou cinquième alinéas du I de l'article 223 A fait l'objet d'une scission dans les conditions prévues à l'article 210 B. Chaque société bénéficiaire des apports procède aux réintégrations mentionnées au troisième alinéa du c, d'une part, à raison des sommes affectées à la branche qu'elle a reçue et, d'autre part, à raison d'une fraction des sommes qui ne peuvent être affectées aux branches apportées ; cette fraction est égale au rapport existant entre la valeur de l'actif net qu'elle a reçu et la valeur totale de l'actif net de la société scindée, telles que ces valeurs apparaissent dans le traité de scission.

Pour l'application des dispositions du présent e, la société absorbante et la société absorbée visées au c s'entendent respectivement de chacune des sociétés bénéficiaires des apports et de la société scindée.

Lorsque l'entité mère non résidente fait l'objet d'une scission dans les conditions prévues au 1 du même article 210 B, les 1° et 2° du c du présent article s'appliquent, respectivement, lorsque la société bénéficiaire des apports est une personne morale passible de l'impôt sur les sociétés ou est une autre société ou un autre établissement stable remplissant les conditions définies au deuxième alinéa du I de l'article 223 A.

IS-V-66000 s. ; MF n° 40730

f. Dans la situation mentionnée au troisième alinéa de l'article 223 S, le premier groupe est considéré comme cessant d'exister à la date de clôture de l'exercice qui précède le premier exercice du nouveau groupe.

La durée du premier exercice des sociétés du nouveau groupe ainsi formé peut être inférieure ou supérieure à douze mois, sans préjudice de l'application de l'article 37. L'option mentionnée au troisième alinéa de l'article 223 S comporte l'indication de la durée de cet exercice.

La société mère du premier groupe ajoute au résultat d'ensemble de l'exercice mentionné au premier alinéa les sommes dont la réintégration est prévue aux articles 223 F et 223 R du fait de la sortie du groupe de toutes les sociétés qui le composaient.

IS-V-88775

g. Lorsque, à la suite d'une opération d'apport et d'attribution bénéficiant des dispositions du 2 de l'article 115, effectuée par la société mère d'un groupe définie aux premier, deuxième, quatrième ou cinquième alinéas du I de l'article 223 A, le capital d'une ou plusieurs sociétés membres du groupe est détenu à 95 % ou plus, directement ou indirectement, par une personne morale soumise à l'impôt sur les sociétés autre que la société mère du groupe, cette personne morale peut se constituer seule redevable de l'impôt dû par elle et les sociétés apportées à compter de l'exercice au cours duquel intervient l'apport si, à la clôture de cet exercice, elle satisfait aux conditions prévues au premier, deuxième, quatrième ou cinquième alinéa du I de l'article 223 A. De même, lorsque, à la suite d'une opération d'apport et d'attribution qui répond aux conditions permettant de bénéficier des dispositions du 2 de l'article 115 et qui n'est pas une opération mentionnée au 3 du même article, effectuée par l'entité mère non résidente, le capital d'une ou plusieurs sociétés, autres que la société mère, membres du groupe formé dans les conditions prévues au deuxième alinéa du I de l'article 223 A, n'est plus détenu dans les conditions précitées par l'entité mère non résidente, une personne morale soumise à l'impôt sur les sociétés peut se constituer seule redevable de l'impôt dû par elle-même et par lesdites sociétés à compter de l'exercice au cours duquel intervient l'apport si, à la clôture de cet exercice, elle satisfait aux conditions prévues aux premier ou deuxième alinéas du I du même article 223 A.

Cette disposition s'applique aux apports qui prennent effet à la date d'ouverture de l'exercice des sociétés apportées. Elle est subordonnée à l'exercice, par la personne morale mentionnée au premier alinéa, de l'option mentionnée au premier, deuxième, quatrième ou cinquième alinéas du I de l'article 223 A et à l'accord des sociétés apportées membres du nouveau groupe, au plus tard à la date d'expiration du délai prévu au deuxième alinéa du III de l'article 223 A décompté de la date de réalisation de l'apport. L'option est accompagnée d'un document sur l'identité des sociétés apportées qui ont donné leur accord pour être membres du nouveau groupe.

La durée du premier exercice des sociétés du groupe issu de l'apport peut être inférieure ou supérieure à douze mois, sans préjudice de l'application de l'article 37. L'option mentionnée au deuxième alinéa comporte l'indication de la durée de cet exercice.

IS-V-68100 s. ; MF n° 40725

h. Lorsqu'une société filiale membre d'un groupe cesse de faire partie dudit groupe en raison d'un transfert de propriété entrant dans les prévisions du second alinéa de l'article 223 E et que ladite société remplit les conditions prévues par les premier, deuxième, quatrième ou cinquième alinéas du I de l'article 223 A, ladite société peut constituer, avec effet à la date d'ouverture de l'exercice au titre duquel elle a cessé de faire partie du groupe susmentionné, un nouveau groupe avec les sociétés qu'elle détient à hauteur de 95 % au moins dans les conditions prévues par les premier, deuxième, quatrième ou cinquième alinéas du I de l'article 223 A et qui faisaient partie du groupe susvisé, ou avec les sociétés avec lesquelles elle peut former un groupe dans les conditions prévues au deuxième alinéa du I du même article 223 A qui faisaient partie du même groupe susvisé.

L'option prévue par lesdits alinéas doit être exercée au plus tard à l'expiration du délai prévu au deuxième alinéa du III de l'article 223 A décompté de la date de réalisation du transfert de propriété concerné. Cette option est accompagnée du document mentionné au premier alinéa du c.

La durée du premier exercice des sociétés du groupe ainsi formé peut être inférieure ou supérieure à douze mois, sans préjudice de l'application de l'article 37. L'option mentionnée au deuxième alinéa comporte l'indication de la durée de cet exercice.

Le présent h s'applique également lorsque le capital des sociétés qui y sont visées vient à être détenu, dans les conditions prévues par les premier, deuxième, quatrième ou cinquième alinéas du I de l'article 223 A, par une société qui remplit les conditions prévues à l'un de ces alinéas, étant précisé que, dans cette situation, le nouveau groupe comprend cette dernière société en tant que société mère et les premières sociétés visées au présent alinéa en tant que filiales.

IS-V-62500 s. ; MF n° 40790

i. Lorsque le capital d'une société mère définie aux premier, deuxième, quatrième ou cinquième alinéas du I de l'article 223 A est détenu ou vient à être détenu, directement ou indirectement, par l'intermédiaire de sociétés intermédiaires et, le cas échéant, de sociétés soumises à l'impôt sur les sociétés dans les conditions de droit commun ou selon les modalités prévues à l'article 214, à 95 % au moins par une autre personne morale passible de l'impôt sur les sociétés qui remplit les conditions prévues aux premier, deuxième, quatrième ou cinquième alinéas du I de l'article 223 A, cette personne morale peut, sous réserve des dispositions de ce même article, constituer un groupe avec les sociétés qui composent celui qui a été formé par la société mère concernée ou faire entrer celles-ci dans le groupe dont elle est déjà membre.

Dans cette situation, l'option prévue aux premier, deuxième, quatrième ou cinquième alinéas du I de l'article 223 A est exercée au plus tard à l'expiration du délai prévu au deuxième alinéa du III du même article, décompté de la date de clôture de l'exercice précédant celui au titre duquel l'option est exercée. Cette option est accompagnée du document mentionné au premier alinéa du c.

La durée du premier exercice des sociétés du groupe ainsi formé peut être inférieure ou supérieure à douze mois, sans préjudice de l'application de l'article 37. L'option mentionnée au deuxième alinéa comporte l'indication de la durée de cet exercice.

Le groupe de la société mère visée au premier alinéa est considéré comme cessant d'exister à la date de clôture de l'exercice qui précède celui au titre duquel est exercée l'option visée au deuxième alinéa. La société mère concernée ajoute au résultat d'ensemble de cet exercice les sommes dont la réintégration est prévue aux articles 223 F et 223 R du fait de la cessation du groupe.

IS-V-69000 s. ; MF nº 40735

j. Lorsque le capital d'une société mère définie au premier alinéa du I de l'article 223 A est détenu ou vient à être détenu dans les conditions prévues au deuxième alinéa du même I, elle peut entrer dans le groupe formé par une société mère qui remplit les conditions du même deuxième alinéa.

Dans le cas prévu au premier alinéa du présent j, l'option prévue au deuxième alinéa du I de l'article 223 A est exercée au plus tard à l'expiration du délai prévu au deuxième alinéa du III du même article, décompté de la date de clôture de l'exercice précédant celui au titre duquel l'option est exercée. Cette option est accompagnée du document mentionné au premier alinéa du c du présent 6.

La durée du premier exercice des sociétés du groupe ainsi formé peut être inférieure ou supérieure à douze mois, sans préjudice de l'application de l'article 37. L'option mentionnée au deuxième alinéa du présent j comporte l'indication de la durée de cet exercice.

Les groupes des sociétés mères qui deviennent membres d'un groupe formé dans les conditions prévues au premier alinéa du présent j sont considérés comme cessant d'exister à la date de clôture de l'exercice qui précède celui au titre duquel est exercée l'option mentionnée au deuxième alinéa. Les sociétés mères concernées ajoutent au résultat d'ensemble de cet exercice les sommes dont la réintégration est prévue aux articles 223 F et 223 R du fait de la cessation de leur groupe.

IS-V-69200 s. ; MF nº 40740

k. Lorsque, au cours d'un exercice, une entité mère non résidente ou une société étrangère, telles que définies au deuxième alinéa du I de l'article 223 A, ne satisfait plus aux conditions d'éligibilité requises aux deuxième et troisième alinéas du même I, en raison du retrait de l'Etat dans lequel elle est soumise à un impôt équivalent à l'impôt sur les sociétés de l'Union européenne ou de l'accord sur l'Espace économique européen, elle est réputée remplir ces conditions d'éligibilité jusqu'à la clôture de l'exercice au cours duquel le retrait est survenu.

Dans cette situation, une société étrangère, détenue directement ou indirectement par l'entité mère non résidente mentionnée au premier alinéa du présent k et satisfaisant aux conditions prévues aux deuxième et troisième alinéas du I de l'article 223 A peut se substituer à cette dernière sans que cette substitution n'entraîne la cessation du groupe constitué par la société mère et sans qu'il soit nécessaire d'exercer à nouveau l'option prévue au deuxième alinéa du même I ou encore, pour les autres sociétés étrangères, sociétés intermédiaires et sociétés membres du groupe, de renouveler l'accord mentionné au premier alinéa du III du même article 223 A. Cette faculté de substitution est exercée par un accord notifié au plus tard à l'expiration du délai prévu au deuxième alinéa du même III, décompté de la date de clôture de l'exercice du retrait.

Dans les cas mentionnés aux premier et deuxième alinéas du présent k, la société mère ajoute au résultat d'ensemble de l'exercice au cours duquel le retrait est survenu les sommes dont la réintégration est prévue aux articles 223 F et 223 R du fait de la perte de qualité d'entité mère non résidente ou de société étrangère au sens des deuxième et troisième alinéas du I de l'article 223 A, de la perte de la qualité de société intermédiaire au sens du premier alinéa des I et III du même article 223 A, ou de la sortie du groupe des sociétés ne remplissant plus les conditions prévues au I et au premier alinéa du III dudit article 223 A.

IS-V-54750 s. ; MF n° 40670

I. Lorsque, au cours d'un exercice, une société intermédiaire, telle que définie aux premier, quatrième et avant-dernier alinéas du I de l'article 223 A et remplissant les conditions prévues au premier alinéa du III du même article 223 A, ne remplit plus les conditions prévues aux mêmes alinéas en raison du retrait de l'Etat dans lequel elle est soumise à un impôt équivalent à l'impôt sur les sociétés de l'Union européenne ou de l'accord sur l'Espace économique européen, elle est réputée remplir les conditions mentionnées à ces mêmes alinéas jusqu'à la clôture de l'exercice au cours duquel le retrait est survenu.

Dans ce cas, la société mère ajoute au résultat d'ensemble de l'exercice au cours duquel le retrait est survenu les sommes dont la réintégration est prévue aux articles 223 F et 223 R du fait de la perte de la qualité de société intermédiaire par les sociétés mentionnées au premier alinéa du présent I ou de la sortie du groupe des sociétés ne remplissant plus les conditions prévues au I et au premier alinéa du III de l'article 223 A.

IS-V-54750 s. ; MF n° 40670

2° Paiement de l'impôt

Art 223 N **1.** Chaque société du groupe est tenue de verser les acomptes prévus à l'article 1668 pour la période de douze mois ouverte à compter du début de l'exercice au titre duquel cette société entre dans le groupe. Si la liquidation de l'impôt dû à raison du résultat imposable de cette période par la société mère fait apparaître que les acomptes versés sont supérieurs à l'impôt dû, l'excédent est restitué à la société mère dans le délai prévu au 2 de l'article 1668. Dans ce cas, la cotisation totale d'impôt visée au 4 bis de l'article 1668 est celle de la société mère de ce groupe, sous réserve que la société qui est entrée dans le groupe soit toujours membre de ce groupe à la clôture de l'exercice.

2. Lorsqu'une société cesse d'être membre du groupe, les acomptes dus par celle-ci pour la période de douze mois ouverte à compter du début de l'exercice au titre duquel la société ne fait plus partie du groupe sont versés pour le compte de cette société par la société mère.

3. *(Dispositions devenues sans objet : loi n° 92-1376 du 30 décembre 1992, art. 11-II).*

IS-V-50900 s. ; MF n° 40595

Art 223 O **1.** La société mère est substituée aux sociétés du groupe pour l'imputation sur le montant de l'impôt sur les sociétés dont elle est redevable au titre de chaque exercice :

a. Des crédits d'impôts attachés aux produits reçus par une société du groupe et qui n'ont pas ouvert droit à l'application du régime des sociétés mères visé aux articles 145 et 216 ;

IS-V-49150 s.

b. Des crédits d'impôt pour dépenses de recherche dégagés par chaque société du groupe en application de l'article 244 quater B ; l'article 199 ter B s'applique à la somme de ces crédits d'impôt ;

IS-V-49200 s.

b bis. Des crédits d'impôt en faveur de la recherche collaborative dégagés par chaque société du groupe en application de l'article 244 quater B bis ; l'article 199 ter B bis s'applique à la somme de ces crédits d'impôt ;

Ndlr *Les dispositions du présent b bis s'appliquent aux dépenses facturées au titre des contrats de collaboration conclus à compter du 1er janvier 2022 (Loi 2021-1900 du 30 décembre 2021 art. 69, I-4° et III).*

IS-V-49630 s.

c. Des crédits d'impôt dégagés par chaque société du groupe en application de l'article 244 quater C ; l'article 199 ter C s'applique à la somme de ces crédits d'impôt ;

IS-V-50460 s.

d. Des crédits d'impôt pour investissement dégagés par chaque société du groupe en application de l'article 244 quater E ; les dispositions de l'article 199 ter D s'appliquent à la somme de ces crédits d'impôts *(Voir également Annexe III, art. 49 septies WB et 49 septies WE à WG)* ;

IS-V-49700 s.

e. Des réductions d'impôt dégagées par chaque société du groupe en application de l'article 238 bis *(Voir également Annexe III, art. 49 septies X et 49 septies XB)* ;

IS-V-49520 s.

f. Des crédits d'impôts dégagés par chaque société du groupe en application de l'article 244 quater F ; les dispositions de l'article 199 ter E s'appliquent à la somme de ces crédits d'impôt *(Voir également Annexe III, art. 49 septies YB et 49 septies YC)* ;

IS-V-50200 s.

g. Des crédits d'impôt dégagés par chaque société du groupe en application de l'article 220 sexies ; les dispositions de l'article 220 F s'appliquent à la somme de ces crédits d'impôts *(Voir également Annexe III, art. 46 quater-0 YP et 46 quater-0 YR)* ;

IS-V-49750 s.

h. Des réductions d'impôt dégagées par chaque société du groupe en application de l'article 220 undecies ;

IS-V-49970 s.

i. Des crédits d'impôt dégagés par chaque société du groupe en application de l'article 244 quater I ; le même article 244 quater I s'applique à la somme de ces crédits d'impôt ;

Ndlr *Les dispositions du présent i entreront en vigueur à une date fixée par décret au plus tard trois mois après réception par le Gouvernement de la réponse de la Commission européenne sur la conformité au droit de l'Union européenne en matière d'aides d'Etat du dispositif prévu à l'article 244 quater I du CGI.*

j. *(Abrogé)* ;

k. Des crédits d'impôt dégagés par chaque société du groupe en application de l'article 244 quater J ; les dispositions de l'article 220 K s'appliquent à la somme de ces crédits d'impôt *(Voir également Annexe III, art. 49 septies YR à 49 septies YT)* ;

l. Des crédits d'impôt dégagés par chaque société du groupe en application de l'article 244 quater T ; l'article 220 Z octies s'applique à la somme de ces crédits d'impôt ;

Ndlr *Les dispositions du présent l s'appliquent aux prêts avance mutation à taux zéro émis entre le 1er septembre 2024 et le 31 décembre 2027.*

m. Des crédits d'impôt dégagés par chaque société du groupe en application de l'article 244 quater M ; les dispositions de l'article 199 ter L s'appliquent à la somme de ces crédits d'impôt *(Voir également Annexe III, art. 49 septies ZG et 49 septies ZH)* ;

IS-V-50230 s.

n. Des crédits d'impôt dégagés par chaque société du groupe en application de l'article 244 quater L ; les dispositions de l'article 220 M s'appliquent à la somme de ces crédits *(Voir également Annexe III, art. 49 septies ZB et 49 septies ZB bis)* ;

IS-V-50100 s.

o. *(Périmé)* ;

p. Des crédits d'impôt dégagés par chaque société du groupe en application de l'article 244 quater O ; les dispositions de l'article 220 P s'appliquent à la somme de ces crédits d'impôt *(Voir Annexe III, art. 49 septies ZN et 49 septies ZO)* ;

IS-V-50170 s.

q. Des crédits d'impôt dégagés par chaque société du groupe en application de l'article 220 octies ; les dispositions de l'article 220 Q s'appliquent à la somme de ces crédits d'impôt *(Voir également Annexe III, art. 46 quater-0 YT et 46 quater-0 YU)* ;

IS-V-15260 s.

r. Des crédits d'impôt dégagés par chaque société du groupe en application de l'article 220 nonies, les dispositions de l'article 220 R s'appliquent à la somme de ces crédits d'impôt *(Voir Annexe III, art. 46 quater-0 YX à 46 quater-0 YZC)* ;

IS-V-50260 s.

s. Des crédits d'impôt dégagés par chaque société du groupe en application de l'article 220 quindecies ; l'article 220 S s'applique à la somme de ces crédits d'impôts *(Voir Annexe III, art. 46 quater-0 ZY undecies et 46 quater-0 ZY duodecies)* ;

t. Des réductions d'impôt dégagées par chaque société du groupe en application de l'article 220 undecies A ;

IS-V-49900 s.

u. *(Abrogé)* ;

IS-V-50630 s.

v. Des crédits d'impôt dégagés par chaque société du groupe en application de l'article 220 sexdecies ; l'article 220 T s'applique à la somme de ces crédits d'impôt *(Voir Annexe III, art. 46 quater-0 ZY sexdecies et 46 quater-0 ZY septdecies)* ;

Ndlr *Les dispositions du présent v s'appliquent aux demandes d'agrément provisoire déposées à compter du 1er janvier 2021.*

IS-V-50080 s.

w. Des crédits d'impôt dégagés par chaque société du groupe en application de l'article 220 terdecies *(Voir Annexe III, art. 46 quater-0 YZH et 46 quater-0 YZI)* ;

IS-V-50000 s.

x. Des crédits d'impôt dégagés par chaque société du groupe en application de l'article 220 septdecies ; l'article 220 Q bis s'applique à la somme de ces crédits d'impôt ;

Ndlr *Ces dispositions s'appliquent au titre des exercices clos à compter du 31 décembre 2022.*

IS-V-49950 s.

y. Des crédits d'impôt dégagés par chaque société du groupe en application de l'article 244 quater U ; l'article 220 Z s'applique à la somme de ces crédits d'impôt ;

IS-V-50400 s.

z. Des crédits d'impôt dégagés par chaque société du groupe en application de l'article 220 quaterdecies ; les dispositions de l'article 220 Z bis s'appliquent à la somme des crédits d'impôt *(Voir Annexe III, art. 46 quater-0 ZY bis à 46 quater-0 ZY septies)* ;

IS-V-49850 s.

z bis. Des crédits d'impôt dégagés par chaque société du groupe en application de l'article 244 quater V ; les dispositions de l'article 220 Z ter s'appliquent à la somme de ces crédits d'impôt *(Voir Annexe III, art. 49 septies ZZF à 49 septies ZZK)* ;

Ndlr *Les dispositions du présent z bis s'appliquent aux prêts émis du 1er janvier 2011 au 31 décembre 2027.*

IS-V-50300 s.

z ter. Des crédits d'impôt dégagés par chaque société du groupe en application de l'article 244 quater W ; l'article 220 Z quater s'applique à la somme de ces crédits d'impôt ;

***Ndlr** Le présent z ter s'applique aux investissements mis en service dans un DOM entre le 1er février 2015 et le 31 décembre 2025.*

IS-V-49650 s.

z quater. Des crédits d'impôt dégagés par chaque société du groupe en application de l'article 244 quater X ; l'article 220 Z quinquies s'applique à la somme de ces crédits d'impôt ;

IS-V-49680 s.

z quinquies. Des réductions d'impôts dégagées par chaque société du groupe en application de l'article 244 quater Y ; l'article 220 Z sexies s'applique à la somme de ces réductions d'impôt.

IS-V-49690 s.

2. *(Abrogé).*

IS-V-49120 s. ; MF nº 40600

4º Obligations déclaratives

Art 223 Q La société mère souscrit la déclaration du résultat d'ensemble de chaque exercice dans les conditions prévues à l'article 223. Elle y joint un état des subventions et abandons de créances non retenus pour la détermination du résultat d'ensemble des exercices ouverts avant le 1er janvier 2019 et un état des rectifications prévues à l'article 223 F, ainsi que de celles prévues aux deuxième, troisième et sixième alinéas de l'article 223 B et à l'article 223 D qui sont afférentes à des sociétés du groupe détenues par l'intermédiaire d'une société intermédiaire.

Les déclarations que doivent souscrire les sociétés du groupe pour chaque exercice sont celles prévues à l'article 223 pour le régime du bénéfice réel normal.

IS-V-47000 s. ; MF nº 40580

5º Conséquences de la sortie du groupe d'une société ou de la cessation du régime du groupe

Art 223 R En cas de sortie du groupe de l'une des sociétés mentionnées au cinquième alinéa de l'article 223 B dans sa rédaction en vigueur pour les exercices ouverts avant le 1er janvier 2019, les subventions indirectes qui proviennent d'une remise de biens composant l'actif immobilisé ou de titres de portefeuille exclus du régime des plus-values ou moins-values à long terme conformément à l'article 219 pour un prix différent de leur valeur réelle, déduites pour la détermination du résultat des exercices ouverts avant le 1er janvier 2019, sont rapportées par la société mère au résultat d'ensemble de l'exercice de sortie de l'une de ces sociétés. De même, la société mère rapporte à ce résultat les autres subventions indirectes, les subventions directes et les abandons de créances, également mentionnés à cet alinéa, qui ont été déduits du résultat d'ensemble de l'un des cinq exercices précédant celui de la sortie s'il a été ouvert avant le 1er janvier 2019.

Les deuxième et troisième alinéas de l'article 223 F et le premier alinéa du présent article ne sont pas applicables lorsque la sortie du groupe ou la perte de la qualité de société intermédiaire ou de société étrangère résulte d'une fusion placée sous le régime prévu à l'article 210 A de l'une des sociétés mentionnées aux deuxième et troisième alinéas de l'article 223 F et au premier alinéa du présent article avec une autre société membre du groupe, une société intermédiaire, une société étrangère ou l'entité mère non résidente. Les sommes mentionnées aux mêmes deuxième et troisième alinéas de l'article 223 F et premier alinéa du présent article sont alors comprises dans le résultat d'ensemble lorsque cette dernière société sort du groupe, ou perd la qualité de société intermédiaire, de société étrangère ou d'entité mère non résidente, ou, en cas de fusions successives placées sous le régime prévu à l'article 210 A avec une société membre du groupe, une société intermédiaire, une société étrangère ou l'entité mère non résidente, lorsque la dernière société absorbante sort du groupe ou perd la qualité de société intermédiaire, de société étrangère ou d'entité mère non résidente. Il en est de même en cas d'absorption à la suite d'une fusion de la société mère par une autre société du groupe conformément au dernier alinéa de l'article 223 S. Dans cette situation, les sommes mentionnées aux deuxième et troisième alinéas de l'article 223 F et au premier alinéa du présent article sont comprises dans le résultat d'ensemble lors de la cessation du groupe formé par la société absorbante ou, en cas de fusions successives dans les conditions prévues au dernier alinéa de l'article 223 S, lors de la cessation du groupe formé par la dernière société absorbante.

Lorsqu'un groupe bénéficie des dispositions prévues au 5 de l'article 223 I, la partie du déficit afférente à une société, calculée dans les conditions prévues audit 5 et qui demeure reportable, ne peut plus être imputée si cette société sort du groupe, à moins que la sortie du groupe de cette société ne résulte de sa fusion avec une autre société du groupe placée sous le régime prévu à l'article 210 A. Il en est de même lorsqu'une telle société sort du groupe, à raison de la partie du déficit afférente à une société qu'elle avait absorbée au sein du groupe ayant cessé, ou qui avait été scindée à son profit au sein du groupe ayant cessé, calculée dans les conditions prévues au 5 de l'article 223 I et qui demeure reportable, à moins que la sortie du groupe ne résulte de sa fusion avec une autre société du groupe placée sous le régime prévu à l'article 210 A. Le bénéfice des dispositions prévues au 5 de l'article 223 I est maintenu en cas de fusion de la société titulaire du déficit imputable dans les conditions prévues audit 5 avec une autre société du groupe, sous réserve de l'agrément prévu au II de l'article 209.

IS-V-55950 s., 65640 s., 67900 s. ; MF n°s 40532, 40655

Art 223 S Les dispositions prévues à la présente section en cas de sortie du groupe d'une société s'appliquent lorsqu'une société du groupe cesse de remplir les conditions prévues pour l'application du régime défini à cette section.

Il en est de même si la société mère dénonce une des options prévues aux premier, deuxième, quatrième ou avant-dernier alinéas du I de l'article 223 A ou au premier alinéa du I de l'article 223 A bis qu'elle a exercée, sans formuler une autre des options prévues aux mêmes alinéas, ou reste seule membre du groupe, ou lorsque le groupe cesse d'exister parce qu'il ne satisfait pas l'une des conditions prévues à la présente section.

Lorsqu'une personne morale membre d'un groupe formé en application du quatrième alinéa du I de l'article 223 A, autre que la société mère, opte pour devenir société mère de ce groupe, cette option entraîne la cessation du premier groupe. Lorsqu'une personne morale, autre que la société mère d'un groupe formé en application du deuxième alinéa du même I, opte pour devenir société mère de ce groupe, cette option entraîne la cessation du premier groupe.

Si le régime prévu à l'article 223 A ou à l'article 223 A bis cesse de s'appliquer à toutes les sociétés du groupe, la société mère doit comprendre dans son résultat imposable de l'exercice au cours duquel ce régime n'est plus applicable les sommes qui doivent être rapportées au résultat ou à la plus-value ou moins-value nette à long terme d'ensemble en application de la présente section en cas de sortie du groupe d'une société.

Le déficit d'ensemble ou la moins-value nette à long terme d'ensemble subis par le groupe pendant la période d'application du régime défini à l'article 223 A ou à l'article 223 A bis et encore reportables à l'expiration de cette période sont imputables par la société qui était redevable des impôts mentionnés audit article dus par le groupe, sur son bénéfice ou sa plus-value nette à long terme, selon les modalités prévues au troisième alinéa du I de l'article 209 ou à l'article 39 quindecies. En cas d'absorption par la société mère de toutes les autres sociétés du groupe, emportant changement de son objet social ou de son activité réelle au sens des dispositions du 5 de l'article 221, cette disposition s'applique à la fraction de ce déficit ou de cette moins-value qui ne correspond pas à ceux subis par la société mère.

Les charges financières nettes non déduites mentionnées au 1 du VIII de l'article 223 B bis et la capacité de déduction inemployée mentionnée au 2 du même VIII, qui sont encore reportables à l'expiration de la période d'application du régime défini aux articles 223 A ou 223 A bis, sont utilisables par la société qui était redevable des impôts mentionnés aux mêmes articles 223 A ou 223 A bis dus par le groupe, sur ses résultats selon les modalités prévues au VIII de l'article 212 bis.

Les dispositions prévues à la présente section en cas de sortie du groupe ne s'appliquent pas en cas d'absorption à la suite d'une fusion placée sous le régime prévu à l'article 210 A de la société mère par une autre société du groupe qui exerce l'une des options mentionnées aux premier, deuxième, quatrième ou avant-dernier alinéas du I de l'article 223 A ou au premier alinéa du I de l'article 223 A bis dans le délai prévu au deuxième alinéa du III de l'article 223 A décompté à partir de la date de réalisation de la fusion.

IS-V-54000 s., 88850 ; MF n°s 40640 s.

Art 223 T Lorsque les titres d'une société membre du groupe ont été transférés dans un patrimoine fiduciaire dans les conditions mentionnées au sixième alinéa du I de l'article 223 A, par un constituant qui est lui-même une société membre du groupe, la part de bénéfice pour laquelle le constituant est imposé en application de l'article 238 quater F est déterminée en faisant application des règles prévues aux articles 223 B, 223 D et 223 F, comme si les titres étaient directement détenus par le constituant.

IS-V-17610, 19105

Art 223 U Un décret fixe les obligations déclaratives de la société mère et des filiales du groupe défini aux articles 223 A à 223 S *(Voir Annexe III, art. 46 quater-0 ZD à 46 quater-0 ZM).*

IS-V-6250 s., 47000 s.

CHAPITRE II BIS

Imposition minimale mondiale des groupes d'entreprises multinationales et des groupes nationaux

SECTION I

Dispositions générales

Art 223 VJ Les groupes d'entreprises multinationales et les groupes nationaux mentionnés à l'article 223 VL sont soumis à une imposition minimale annuelle.

Celle-ci prend la forme d'un impôt complémentaire déterminé, selon les cas, selon la règle d'inclusion du revenu, selon la règle relative aux bénéfices insuffisamment imposés ou selon les règles de l'impôt national complémentaire.

L'impôt complémentaire n'est pas déductible de l'assiette de l'impôt sur les sociétés ou de l'impôt sur le revenu.

Ndlr *Dispositions applicables aux exercices ouverts à compter du 31 décembre 2023 (Loi 2023-1322 du 29 décembre 2023 art. 33, IV-A).*

FR 7/24 inf. 1 s. p. 2 s.

Art 223 VK Pour l'application du présent chapitre, est entendu par :

1° Bénéfice qualifié net ou perte qualifiée nette des entités constitutives : la somme, respectivement positive ou négative, des résultats qualifiés de toutes les entités constitutives situées dans un même Etat ou territoire ;

2° Crédit d'impôt non qualifié : un avantage en impôt remboursable en tout ou en partie qui ne répond pas à la définition posée au 3°.

Un avantage en impôt non remboursable est assimilé à un crédit d'impôt non qualifié ;

3° Crédit d'impôt qualifié : un avantage en impôt remboursable versé à l'entité constitutive en trésorerie ou en équivalent de trésorerie dans un délai de quatre ans à compter de la date à laquelle elle est en droit d'en bénéficier en application de la législation de l'Etat ou du territoire qui l'accorde.

Un avantage en impôt partiellement remboursable est un crédit d'impôt qualifié à hauteur de la part remboursable de cet avantage, sous réserve que cette dernière soit versée à l'entité constitutive dans les conditions mentionnées au premier alinéa du présent 3°.

Ne sont pas considérés comme des crédits d'impôt qualifiés les remboursements d'impôt en application d'un impôt imputé qualifié ou d'un impôt imputé remboursable non qualifié ;

4° Ecart significatif : dans le cadre de l'application d'une règle ou d'un principe spécifique prévu par une norme de comptabilité financière, une différence dans le montant agrégé des produits ou charges de plus de 75 millions d'euros au cours d'un exercice par comparaison avec le montant qui aurait été obtenu en application de la règle correspondante prévue par les normes comptables internationales ;

5° Entité : un dispositif juridique qui établit des états financiers distincts ou une personne morale ;

6° Entité constitutive :

a. Une entité qui fait partie d'un groupe d'entreprises multinationales ou d'un groupe national ;

b. Ou un établissement stable dont le siège fait partie d'un groupe d'entreprises multinationales ;

7° Entité constitutive déclarante : une entité constitutive qui dépose une déclaration conformément au II de l'article 223 WW ;

8° Entité constitutive faiblement imposée :

a. Une entité constitutive d'un groupe d'entreprises multinationales ou d'un groupe national qui est située dans un Etat ou territoire à faible imposition ;

b. Ou une entité constitutive apatride dont le résultat qualifié, au titre d'un exercice, est soumis à un taux effectif d'imposition inférieur au taux minimum d'imposition défini au 45° du présent article ;

9° Entité d'investissement :

a. Un fonds d'investissement ou un véhicule d'investissement immobilier ;

b. Une entité détenue à 95 % au moins de sa valeur par une entité mentionnée au a du présent 9°, directement ou par l'intermédiaire d'une chaîne d'entités mentionnées au même a, et dont l'activité consiste exclusivement, ou presque exclusivement, à détenir des actifs ou à investir des fonds pour le compte de ces entités ;

c. Ou une entité détenue à 85 % au moins de sa valeur par une entité mentionnée audit a, à la condition que le résultat comptable de l'entité ainsi détenue soit, en quasi-totalité, constitué de dividendes ou de plus ou moins values exclus du calcul du résultat qualifié au sens de l'article 223 VN ;

10° Entité d'investissement d'assurance : une entité qui remplit les conditions cumulatives suivantes :

a. L'entité constituerait un fonds d'investissement, au sens du 24° du présent article, ou un véhicule d'investissement immobilier, au sens du 48°, si elle n'avait pas été constituée dans le cadre d'engagements au titre de contrats d'assurance ou de rentes contractuelles ;

b. L'entité est entièrement détenue par une ou plusieurs entités soumises à la réglementation des entreprises d'assurance dans l'Etat ou le territoire dans lequel elle est située ;

11° Entité de services de fonds de pension : une entité constituée et gérée dans un Etat ou territoire exclusivement, ou presque exclusivement, dans le but de placer des fonds pour le compte des entités mentionnées au a du 25° ou qui exerce des activités qui sont accessoires aux activités réglementées mentionnées au même a, à la condition qu'elle fasse partie du même groupe que les entités qui exercent ces activités réglementées ;

12° Entité déclarante désignée : une entité constitutive, autre que l'entité mère ultime, choisie par le groupe d'entreprises multinationales ou le groupe national pour accomplir les obligations déclaratives prévues à l'article 223 WW pour le compte du groupe d'entreprises multinationales ou du groupe national ;

13° Entité détentrice de titres d'une entité constitutive : une entité constitutive qui détient, directement ou indirectement, une participation dans une autre entité constitutive d'un même groupe d'entreprises multinationales ou d'un même groupe national ;

14° Entité interposée :

a. Une entité dont les produits, les charges, les bénéfices ou les pertes sont traités, par la législation de l'Etat ou du territoire dans lequel elle a été créée, comme s'ils étaient réalisés ou comptabilisés par le détenteur direct de cette entité, proportionnellement à sa participation dans cette entité, à moins qu'elle soit résidente et soumise aux impôts couverts au titre de ses revenus ou de ses bénéfices dans un autre Etat ou territoire ;

b. Une entité interposée est :

soit une entité transparente, lorsque ses produits, ses charges, ses bénéfices ou ses pertes sont aussi traités par la législation de l'Etat ou du territoire dans lequel est situé son détenteur direct comme s'ils étaient réalisés ou comptabilisés par ce détenteur, proportionnellement à sa participation dans l'entité ;

soit une entité hybride inversée, lorsque ses produits, ses charges, ses bénéfices ou ses pertes ne sont pas traités par la législation de l'Etat ou du territoire dans lequel est situé son détenteur direct comme s'ils étaient réalisés ou comptabilisés par ce détenteur, proportionnellement à sa participation dans l'entité ;

c. Une entité constitutive qui n'est ni résidente, ni soumise à un impôt couvert ou à un impôt complémentaire national qualifié dans un Etat ou territoire, en raison de son siège de direction, de son lieu de création ou d'autres critères similaires, est réputée être une entité interposée et une entité transparente s'agissant de ses produits, de ses charges, de ses bénéfices ou de ses pertes, lorsque les conditions cumulatives suivantes sont réunies :

la législation de l'Etat ou du territoire dans lequel sont situés les détenteurs directs de l'entité traite les produits, les charges, les bénéfices ou les pertes de l'entité comme s'ils étaient réalisés ou comptabilisés par ces détenteurs, proportionnellement à leur participation dans l'entité ;

elle ne possède pas d'installation d'affaires dans l'Etat ou dans le territoire où elle a été créée ;

ses produits, ses charges, ses bénéfices ou ses pertes ne sont pas attribuables à un établissement stable ;

15° Entité mère : une entité mère intermédiaire, une entité mère partiellement détenue ou une entité mère ultime, qui n'est pas une entité exclue conformément à l'article 223 VL bis ;

16° Entité mère intermédiaire : une entité constitutive qui détient, directement ou indirectement, une participation dans une autre entité constitutive du même groupe d'entreprises multinationales ou du même groupe national, sans être considérée comme une entité mère ultime, une entité mère partiellement détenue, un établissement stable, une entité d'investissement ou une entité d'investissement d'assurance ;

17° Entité mère partiellement détenue : une entité constitutive qui n'est pas considérée comme une entité mère ultime, un établissement stable, une entité d'investissement ou une entité d'investissement d'assurance, qui détient, directement ou indirectement, une participation dans une autre entité constitutive du même groupe d'entreprises multinationales ou du même groupe national et dont plus de 20 % des titres ouvrant droit à ses bénéfices sont détenus, directement ou indirectement, par une ou plusieurs personnes qui ne sont pas des entités constitutives du groupe d'entreprises multinationales ou du groupe national ;

18° Entité mère ultime :

a. Une entité qui détient, directement ou indirectement, une participation conférant le contrôle, au sens du 38°, dans une entité constitutive et qui n'est pas elle-même détenue dans les mêmes conditions ;

b. Ou l'entité principale d'un groupe au sens du b du 26° ;

19° Entité publique : une entité qui remplit les conditions cumulatives suivantes :

a. Elle est un organe ou un démembrement d'un Etat, d'une autorité locale ou d'une subdivision politique ou administrative de ceux-ci ou est intégralement détenue, directement ou indirectement, par ceux-ci ;

b. Elle n'exerce aucune activité commerciale et a pour objet principal :

de remplir une fonction d'administration publique ;

de gérer ou d'investir les actifs d'une des entités mentionnées au a du présent 19° en réalisant et en conservant des investissements, en assurant la gestion des actifs et en réalisant des activités d'investissement connexes portant sur les actifs d'une de ces entités ;

c. Elle rend compte de ses résultats d'ensemble à l'une des entités mentionnées au même a dont elle dépend et lui remet un rapport annuel d'information ;

d. Lors de sa dissolution, ses actifs reviennent à l'une des entités mentionnées audit a et, dans la mesure où elle distribue des bénéfices nets, l'intégralité de ces derniers sont distribués à l'une de ces mêmes entités.

Aux fins de la présente définition, on entend par activité commerciale une activité qui présente un caractère agricole, industriel, commercial, artisanal ou libéral ;

20° Etablissement stable :

a. Une installation d'affaires ou un dispositif réputé constituer une telle installation situé dans un Etat ou territoire où il est considéré comme un établissement stable en application d'une convention fiscale, à la condition que cet Etat ou ce territoire impose les bénéfices attribuables à cette installation ou à ce dispositif en application d'une disposition similaire à l'article 7 du modèle de convention fiscale de l'Organisation de coopération et de développement économiques concernant le revenu et la fortune ;

b. En l'absence de convention fiscale applicable, une installation d'affaires ou un dispositif réputé être une telle installation situé dans un Etat ou territoire, à condition que les bénéfices attribuables à cette installation ou à ce dispositif soient imposés par cet Etat ou ce territoire d'une manière similaire à celle prévue pour imposer ses résidents ;

c. Une installation d'affaires ou un dispositif réputé être une telle installation situé dans un Etat ou territoire dans lequel aucun impôt sur les bénéfices n'est appliqué, dans la mesure où cette installation ou ce dispositif seraient considérés comme un établissement stable selon l'article 5 du modèle de convention fiscale mentionné au a du présent 20° et dans la mesure où cet Etat ou ce territoire aurait eu le droit d'imposer les bénéfices attribuables à cette installation ou ce dispositif en application de l'article 7 du même modèle de convention ;

d. Une installation d'affaires ou un dispositif réputé être une telle installation, autre que ceux mentionnés aux a, b et c du présent 20°, par l'intermédiaire duquel une entité exerce une ou plusieurs activités en dehors de l'Etat ou du territoire dans lequel cette entité est située, et pour autant que cet Etat ou ce territoire n'impose pas, en raison de ses règles de territorialité, les bénéfices attribuables à ces activités ;

21° Etat ou territoire à faible imposition : un Etat ou territoire dans lequel un groupe d'entreprises multinationales ou un groupe national constate, au cours d'un exercice, un résultat qualifié défini au 43° et est soumis à un taux effectif d'imposition qui est inférieur au taux minimum d'imposition défini au 45° ;

22° Etats financiers consolidés :

a. Les états financiers établis par une entité en application d'une norme de comptabilité financière qualifiée, dans lesquels les actifs, les passifs, les produits, les charges et les flux de trésorerie de cette entité et des entités dans lesquelles elle détient une participation conférant le contrôle, au sens du 38°, sont présentés comme si ces entités constituaient une seule unité économique ;

b. Pour les groupes définis au b du 26°, les états financiers établis par l'entité en application d'une norme de comptabilité financière qualifiée ;

c. Les états financiers de l'entité mère ultime qui ne sont pas établis en application d'une norme de comptabilité financière qualifiée mais qui ont été retraités afin de corriger les écarts significatifs conformément à l'article 223 VN bis ;

d. Lorsque l'entité mère ultime n'établit pas d'états financiers au sens des a, b ou c du présent 22°, les états financiers qui auraient été établis si elle avait été tenue de le faire, en application :

d'une norme de comptabilité financière qualifiée ;

ou d'une norme de comptabilité financière agréée, sous réserve que ces états financiers soient retraités afin de corriger les écarts significatifs conformément à l'article 223 VN bis ;

23° Exercice : la période comptable au titre de laquelle l'entité mère ultime d'un groupe d'entreprises multinationales ou d'un groupe national établit ses états financiers consolidés ou, lorsque l'entité mère ultime n'établit pas de tels états financiers, la période correspondant à l'année civile ;

24° Fonds d'investissement : une entité ou un dispositif qui remplit les conditions cumulatives suivantes :

a. L'entité ou le dispositif est constitué pour mettre en commun des actifs financiers ou non financiers de plusieurs investisseurs qui ne sont pas étroitement liés entre eux ;

b. L'entité ou le dispositif investit conformément à une politique d'investissement définie ;

c. L'entité ou le dispositif permet aux investisseurs de réduire leurs coûts de transaction, de recherche et d'analyse ou de répartir le risque pour qu'il soit assumé collectivement ;

d. L'entité ou le dispositif est principalement constitué en vue de générer des plus-values ou des revenus d'investissement ou en vue de couvrir un résultat ou un événement ;

e. Ses investisseurs ont droit, en fonction de leurs investissements, à un rendement sur les actifs du fonds ou sur les revenus perçus par ce fonds au titre des actifs qu'il détient ;

f. L'entité, le dispositif ou leur gestionnaire est soumis aux règles applicables aux fonds d'investissement dans l'Etat ou le territoire où il est situé ou géré, notamment celles relatives à la lutte contre le blanchiment de capitaux et à la protection des investisseurs ;

g. L'entité ou le dispositif est géré par des gestionnaires professionnels de fonds pour le compte des investisseurs ;

25° Fonds de pension :

a. Une entité constituée et gérée dans un Etat ou territoire exclusivement, ou presque exclusivement, dans le but d'administrer ou de verser à des personnes physiques des prestations de retraite et des prestations qui leur sont annexes ou accessoires et remplissant au moins l'une des conditions suivantes :

- cette entité est réglementée en tant que telle par cet Etat ou ce territoire ou par l'une de ses subdivisions politiques ou administratives ou l'une de ses autorités locales ;
- les prestations versées par l'entité sont garanties ou protégées par la réglementation de l'Etat ou du territoire et financées par un ensemble d'actifs détenus dans le cadre d'une fiducie ou d'un accord similaire afin de garantir l'exécution des obligations correspondantes en matière de pensions ;

b. Une entité de services de fonds de pension ;

26° Groupe :

a. Un ensemble d'entités liées entre elles du fait de la structure de détention ou de contrôle définie par la norme de comptabilité financière qualifiée utilisée pour l'établissement des états financiers consolidés par l'entité mère ultime, y compris les entités exclues des états financiers consolidés de l'entité mère ultime en raison de leur caractère non significatif ou parce qu'elles sont destinées à être vendues ;

b. Ou une entité qui dispose d'un ou de plusieurs établissements stables, sous réserve qu'elle ne fasse pas partie d'un autre groupe défini au a du présent 26° ;

27° Groupe d'entreprises multinationales : groupe comprenant au moins une entité ou un établissement stable qui n'est pas situé dans l'Etat ou le territoire de l'entité mère ultime ;

28° Groupe national : groupe dont toutes les entités constitutives sont situées en France ;

29° Impôt complémentaire : un impôt calculé pour un Etat ou territoire ou une entité constitutive en application de la sous-section 2 de la section IV du présent chapitre ;

30° Impôt imputé remboursable non qualifié : un impôt, autre qu'un impôt imputé qualifié, dû ou acquitté par une entité constitutive et qui est :

- remboursable au bénéficiaire effectif d'un dividende distribué par cette entité constitutive au titre de ce dividende ou imputable par le bénéficiaire effectif sur un impôt dû autre qu'un impôt dû au titre de ce dividende ;
- ou remboursable à la société effectuant la distribution, lors de la distribution d'un dividende à un actionnaire.

On entend par impôt imputé qualifié un impôt couvert, au sens du paragraphe 1 de la sous-section 2 de la section III, dû ou acquitté par une entité constitutive, y compris un établissement stable, qui peut être remboursé ou crédité au bénéficiaire des dividendes distribués par l'entité constitutive ou, dans le cas d'un impôt couvert dû ou acquitté par un établissement stable, des dividendes distribués par le siège, dans la mesure où le remboursement est dû ou que le crédit est accordé :

a. Par un Etat ou territoire autre que celui qui prélève les impôts couverts ;

b. A un bénéficiaire effectif des dividendes imposés à un taux nominal égal ou supérieur au taux minimum d'imposition applicable aux dividendes perçus en application de la législation nationale de l'Etat ou du territoire qui soumet l'entité constitutive aux impôts couverts ;

c. A une personne physique qui est le bénéficiaire effectif des dividendes, qui a sa résidence fiscale dans l'Etat ou le territoire qui soumet l'entité constitutive aux impôts couverts et qui est imposable à un taux nominal égal ou supérieur au taux normal d'imposition applicable au revenu ordinaire ;

d. Ou à une entité publique, à une organisation internationale, à une organisation à but non lucratif résidente, à un fonds de pension résident, à une entité d'investissement résidente qui ne fait pas partie du groupe d'entreprises multinationales ou d'un groupe national ou à une entreprise d'assurance vie résidente, dans la mesure où les dividendes sont perçus en lien avec les activités d'un fonds de pension résident et sont soumis à l'impôt d'une manière similaire à un dividende reçu par un fonds de pension.

Aux fins du présent d :

un fonds de pension ou une organisation à but non lucratif est résident de l'Etat ou du territoire dans lequel il est créé et géré ;

une entité d'investissement est résidente dans un Etat ou territoire dans lequel elle est créée et réglementée ;

une entreprise d'assurance vie est résidente de l'Etat ou du territoire dans lequel elle est située ;

31° Impôt national complémentaire qualifié : un impôt complémentaire mis en œuvre dans un Etat ou territoire et qui prévoit que les bénéfices des entités constitutives situées dans cet Etat ou ce territoire sont imposés conformément aux règles établies au présent chapitre ou dans le modèle de règles adopté par le cadre inclusif de l'Organisation de coopération et de développement économiques le 14 décembre 2021 ;

32° Montant corrigé des impôts couverts des entités constitutives : la somme des montants corrigés des impôts couverts de toutes les entités constitutives situées dans un même Etat ou territoire déterminés conformément à la sous-section 2 de la section III du présent chapitre ;

33° Norme de comptabilité financière agréée : un ensemble de principes comptables généralement admis et autorisés par une autorité de normalisation comptable dans l'Etat ou le territoire où une entité est située. Est entendu par autorité de normalisation comptable l'organisme investi par les autorités d'un Etat ou d'un territoire pour prévoir, établir ou accepter des normes comptables à des fins d'information financière ;

34° Norme de comptabilité financière qualifiée : les normes comptables internationales, celles adoptées par l'Union européenne, conformément au règlement (CE) n° 1606/2002 du Parlement européen et du Conseil du 19 juillet 2002 sur l'application des normes comptables internationales, ou les normes de comptabilité financière généralement admises en Australie, au Brésil, au Canada, en Corée du Sud, dans les Etats membres de l'Union européenne ou parties à l'accord sur l'Espace économique européen, aux Etats-Unis, à Hong Kong, en Inde, au Japon, au Mexique, en Nouvelle-Zélande, en République populaire de Chine, en Russie, à Singapour, en Suisse et au Royaume-Uni ;

35° Organisation à but non lucratif : une entité qui remplit les conditions cumulatives suivantes :

a. Elle est constituée et exploitée dans son Etat ou territoire de résidence :

exclusivement à des fins religieuses, caritatives, scientifiques, artistiques, culturelles, sportives, éducatives, de santé publique, de promotion et de protection des droits de l'homme et des animaux et de protection de l'environnement ou à d'autres fins similaires ;

ou en tant que fédération professionnelle, organisation patronale, chambre de commerce, organisation syndicale, organisation agricole ou horticole, organisation civique ou organisme dont l'objet exclusif est de promouvoir l'action sociale ;

b. Elle est exonérée d'impôt sur la quasi-totalité de ses revenus dans son Etat ou territoire de résidence ;

c. Elle n'a aucun actionnaire ni aucun membre disposant d'un droit de propriété ou de jouissance sur ses revenus ou ses actifs ;

d. Les revenus ou les actifs de l'entité ne peuvent pas être distribués à des personnes physiques ou à des organismes à but lucratif ou utilisés à leur bénéfice, à moins que cette utilisation n'intervienne :

en relation avec les activités non lucratives de l'entité ;

à titre de rémunération en adéquation avec les services rendus ou pour l'utilisation de biens ou de capitaux ;

ou à titre de paiement, au prix du marché, pour les biens acquis par l'entité ;

e. Lors de la cessation d'activités, de la liquidation ou de la dissolution de l'entité, tous ses actifs sont distribués ou reversés à une organisation à but non lucratif ou à une entité publique de son Etat ou territoire de résidence.

Cette définition est également applicable aux entités qui remplissent les conditions prévues au présent 35° et qui exercent une activité commerciale au sens du dernier alinéa du 19°, constituant le prolongement de leur objet ou activité principale ;

36° Organisation internationale : une institution créée par un accord international, principalement constituée d'Etats, une agence de celle-ci ou un organisme détenu intégralement par celle-ci, remplissant les conditions cumulatives suivantes :

a. Elle a conclu un accord de siège ou un accord substantiellement similaire avec l'Etat ou le territoire dans lequel elle est établie ;

b. La loi ou ses statuts empêchent que ses revenus puissent échoir à des personnes privées ;

37° Participation : une participation assortie de droits sur les bénéfices, sur les capitaux ou sur les réserves d'une entité ou d'un établissement stable ;

38° Participation conférant le contrôle : une participation dans une entité du fait de laquelle le détenteur est tenu ou aurait été tenu, conformément à une norme de comptabilité financière qualifiée, de consolider, ligne par ligne, les actifs, les passifs, les produits, les charges et les flux de trésorerie de cette entité.

Un siège est réputé détenir les participations conférant le contrôle de ses établissements stables ;

39° Régime éligible d'imposition des distributions : un régime d'imposition des bénéfices des sociétés applicable dans un Etat ou un territoire :

a. Dans lequel les bénéfices sont imposés uniquement lorsque ceux-ci sont distribués ou sont réputés distribués ou encore lorsque sont engagées certaines dépenses qui ne sont pas exposées dans l'intérêt de l'exploitation ;

b. Dont le taux d'imposition est égal ou supérieur au taux minimum d'imposition défini au 45° ;

c. Et qui était en vigueur au plus tard le 1er juillet 2021 ;

40° Régime fiscal des sociétés étrangères contrôlées : un ensemble de règles fiscales, autres qu'une règle d'inclusion du revenu qualifiée au sens du 41°, en application desquelles l'actionnaire ou l'associé, direct ou indirect, d'une entité étrangère ou le siège d'un établissement stable est soumis dans son Etat de résidence, proportionnellement à sa participation, à une imposition sur tout ou partie du résultat de cette entité ou de cet établissement, que ce résultat soit ou non distribué ;

41° Règle d'inclusion du revenu qualifiée : un ensemble de règles mises en œuvre dans le droit interne d'un Etat ou territoire, qui sont équivalentes et appliquées conformément aux règles prévues au présent chapitre ou dans le modèle de règles adopté par le cadre inclusif de l'Organisation de coopération et de développement économiques le 14 décembre 2021, selon lesquelles l'entité mère d'un groupe d'entreprises multinationales ou d'un groupe national calcule et paie la part de l'impôt complémentaire qui lui est attribuable à raison des entités constitutives faiblement imposées du groupe ;

42° Règle relative aux bénéfices insuffisamment imposés qualifiée : un ensemble de règles mises en œuvre dans le droit interne d'un Etat ou territoire, qui sont équivalentes et appliquées conformément aux règles prévues au présent chapitre ou dans le modèle de règles adopté par le cadre inclusif de l'Organisation de coopération et de développement économiques le 14 décembre 2021, selon lesquelles un Etat ou territoire perçoit la fraction lui revenant de l'impôt complémentaire d'un groupe d'entreprises multinationales qui n'a pas été prélevé en application d'une règle d'inclusion du revenu qualifiée ;

43° Résultat qualifié : le résultat net comptable défini à l'article 223 VN d'une entité constitutive corrigé conformément aux paragraphes 2 à 5 de la sous-section 1 de la section III ;

44° Siège : l'entité qui comptabilise dans ses états financiers le résultat net comptable d'un établissement stable ;

45° Taux minimum d'imposition : un taux d'imposition correspondant à 15 % ;

46° Titres de portefeuille : une participation dont la détention par le groupe, à la date de distribution ou de cession, ouvre droit à moins de 10 % des bénéfices, des capitaux, des réserves ou des droits de vote de l'entité émettrice ;

47° Valeur nette comptable d'un actif corporel : la moyenne des valeurs comptables d'un actif corporel entre l'ouverture et la clôture de l'exercice après prise en compte du cumul des amortissements, des dépréciations et des pertes de valeur, tels qu'ils sont enregistrés dans les états financiers ;

48° Véhicule d'investissement immobilier : une entité dont les capitaux sont largement répartis qui détient principalement des actifs immobiliers et qui est soumise à une imposition unique de son résultat, soit à son niveau, soit entre les mains de ses détenteurs, reportable d'un an au maximum.

Ndlr *Dispositions applicables aux exercices ouverts à compter du 31 décembre 2023 (Loi 2023-1322 du 29 décembre 2023 art. 33, IV-A).*

FR 7/24 inf. 1 s. p. 2 s.

SECTION II

Champ d'application de l'imposition et territorialité

SOUS-SECTION 1

Champ d'application de l'imposition

Art 223 VL L'impôt complémentaire s'applique aux entités constitutives situées en France membres d'un groupe d'entreprises multinationales ou d'un groupe national dont le chiffre d'affaires de l'exercice, dans les états financiers consolidés de l'entité mère ultime, y compris celui des entités exclues mentionnées à l'article 223 VL bis, est égal ou supérieur à 750 millions d'euros au cours d'au moins deux des quatre exercices précédant l'exercice considéré.

Lorsqu'un ou plusieurs des quatre exercices précédant l'exercice considéré sont supérieurs ou inférieurs à douze mois, le seuil de chiffre d'affaires est ajusté proportionnellement pour chacun de ces exercices.

Ndlr *Dispositions applicables aux exercices ouverts à compter du 31 décembre 2023 (Loi 2023-1322 du 29 décembre 2023 art. 33, IV-A).*

FR 7/24 inf. 1 s. p. 2 s.

Art 223 VL bis Les entités suivantes sont exclues du champ d'application de l'impôt complémentaire prévu à l'article 223 VL :

1° Une entité publique, une organisation internationale, une organisation à but non lucratif, un fonds de pension, un fonds d'investissement qui est une entité mère ultime ou un véhicule d'investissement immobilier qui est une entité mère ultime ;

2° Une entité détenue à 95 % au moins de sa valeur par une ou plusieurs entités mentionnées au 1° du présent article, directement ou par l'intermédiaire d'une ou de plusieurs entités exclues, à l'exception des entités de services de fonds de pension, et qui remplit l'une des conditions suivantes :

a. Elle a pour objet exclusif, ou presque exclusif, de détenir des actifs ou de réaliser des placements pour le compte d'une ou de plusieurs entités mentionnées au même 1° ;

b. Ou elle exerce exclusivement des activités accessoires à celles exercées par une ou plusieurs entités mentionnées audit 1° ;

3° Une entité détenue à 85 % au moins de sa valeur par une ou plusieurs entités mentionnées au même 1°, directement ou par l'intermédiaire d'une ou de plusieurs entités exclues, à l'exception des entités de services de fonds de pension, à la condition que le résultat net comptable de cette entité soit constitué pour sa quasi-totalité de dividendes ou de plus ou moins-values exclus du calcul du résultat qualifié, conformément aux 2° et 3° de l'article 223 VO.

Ndlr *Dispositions applicables aux exercices ouverts à compter du 31 décembre 2023 (Loi 2023-1322 du 29 décembre 2023 art. 33, IV-A).*

FR 7/24 inf. 1 s. p. 2 s.

Art 223 VL ter L'entité constitutive déclarante peut, sur option, ne pas traiter une entité mentionnée aux 2° et 3° de l'article 223 VL bis comme une entité exclue.

Cette option est valable pour une période de cinq exercices à compter de celui au titre duquel elle est exercée.

Elle est formulée par l'entité constitutive déclarante sur la déclaration mentionnée au II de l'article 223 WW souscrite au titre du premier exercice au titre duquel elle s'applique.

L'option est reconduite tacitement, sauf renonciation formulée par l'entité constitutive déclarante sur la déclaration mentionnée au même II souscrite au titre du dernier exercice d'application de l'option. En cas de renonciation, une nouvelle option ne peut être exercée au titre des cinq exercices suivant le dernier exercice d'application de l'option.

Ndlr *Dispositions applicables aux exercices ouverts à compter du 31 décembre 2023 (Loi 2023-1322 du 29 décembre 2023 art. 33, IV-A).*

FR 7/24 inf. 1 s. p. 2 s.

SOUS-SECTION 2

Territorialité

Art 223 VM I. Pour l'application du présent chapitre, une entité, autre qu'une entité interposée, est réputée être située dans l'Etat ou le territoire dans lequel elle est passible, en application de la législation de cet Etat ou de ce territoire, d'un impôt sur les bénéfices en raison de son siège de direction, de son lieu de création ou d'autres critères similaires.

Lorsqu'il n'est pas possible de déterminer l'Etat ou le territoire dans lequel cette entité est passible d'un impôt dans les conditions mentionnées au premier alinéa, elle est réputée être située dans l'Etat ou le territoire dans lequel elle a été créée.

II. Une entité interposée est considérée comme apatride, à moins qu'elle soit l'entité mère ultime d'un groupe d'entreprises multinationales ou d'un groupe national ou qu'elle soit tenue d'appliquer une règle d'inclusion du revenu conformément à l'article 223 WG, auquel cas l'entité interposée est réputée être située dans l'Etat ou le territoire dans lequel elle a été créée.

Ndlr *Dispositions applicables aux exercices ouverts à compter du 31 décembre 2023 (Loi 2023-1322 du 29 décembre 2023 art. 33, IV-A).*

FR 7/24 inf. 1 s. p. 2 s.

Art 223 VM bis Pour l'application du présent chapitre, un établissement stable, au sens :

1° Du a du 20° de l'article 223 VK, est réputé être situé dans l'Etat ou le territoire où il est considéré comme un établissement stable et est imposé conformément à la convention fiscale applicable ;

2° Du b du même 20°, est réputé être situé dans l'Etat ou le territoire qui impose les bénéfices de cet établissement stable, en raison de l'existence d'une installation d'affaires, d'une manière similaire à celle prévue pour imposer ses résidents ;

3° Du c dudit 20°, est réputé être situé dans l'Etat ou le territoire où l'installation d'affaires est établie ;

4° Du d du même 20°, est considéré comme apatride.

Ndlr *Dispositions applicables aux exercices ouverts à compter du 31 décembre 2023 (Loi 2023-1322 du 29 décembre 2023 art. 33, IV-A).*

FR 7/24 inf. 1 s. p. 2 s.

Art 223 VM ter Lorsqu'une entité constitutive est située dans deux Etats ou territoires ayant conclu une convention fiscale, l'entité constitutive est réputée être située dans l'Etat ou le territoire dans lequel elle est considérée comme résidente en application de cette convention fiscale.

Nonobstant le premier alinéa, il est fait application de l'article 223 VM quater lorsque la convention fiscale applicable :

1° Exige des autorités compétentes qu'elles parviennent à un accord amiable sur le lieu réputé être la résidence de l'entité constitutive et qu'aucun accord n'a été conclu ;

2° Ou ne prévoit pas l'élimination de la double imposition pour l'entité constitutive qui est résidente des deux parties contractantes.

Ndlr *Dispositions applicables aux exercices ouverts à compter du 31 décembre 2023 (Loi 2023-1322 du 29 décembre 2023 art. 33, IV-A).*

FR 7/24 inf. 1 s. p. 2 s.

Art 223 VM quater Lorsqu'une entité constitutive est située dans deux Etats ou territoires qui n'ont pas conclu de convention fiscale, l'entité constitutive est réputée être située dans celui qui a appliqué le montant d'impôts couverts au sens du paragraphe 1 de la sous-section 2 de la section III le plus élevé au titre de l'exercice considéré.

Pour l'application du premier alinéa, il n'est pas tenu compte du montant des impôts acquittés en application d'un régime fiscal des sociétés étrangères contrôlées.

Si le montant des impôts couverts est identique ou nul dans les deux Etats ou territoires, l'entité constitutive est réputée être située dans celui où le montant de la déduction fondée sur la substance, calculé pour chaque entité conformément à la sous-section 1 de la section IV, est le plus élevé.

Si le montant de la déduction fondée sur la substance est identique ou nul dans les deux Etats ou territoires, l'entité constitutive est considérée comme apatride, à moins d'être une entité mère ultime, auquel cas elle est réputée être située dans l'Etat ou le territoire dans lequel elle a été créée.

Ndlr *Dispositions applicables aux exercices ouverts à compter du 31 décembre 2023 (Loi 2023-1322 du 29 décembre 2023 art. 33, IV-A).*

FR 7/24 inf. 1 s. p. 2 s.

Art 223 VM quinquies Lorsque, à la suite de l'application des articles 223 VM ter et 223 VM quater, une entité mère est située dans un Etat ou un territoire où elle n'est pas soumise à une règle d'inclusion du revenu qualifiée, elle est soumise à la règle d'inclusion du revenu qualifiée de l'autre Etat ou territoire, à moins qu'une convention fiscale fasse obstacle à l'application de cette règle.

Ndlr *Dispositions applicables aux exercices ouverts à compter du 31 décembre 2023 (Loi 2023-1322 du 29 décembre 2023 art. 33, IV-A).*

FR 7/24 inf. 1 s. p. 2 s.

Art 223 VM sexies Pour l'application du présent chapitre, le lieu de situation d'une entité constitutive s'apprécie au premier jour de l'exercice concerné.

Ndlr *Dispositions applicables aux exercices ouverts à compter du 31 décembre 2023 (Loi 2023-1322 du 29 décembre 2023 art. 33, IV-A).*

FR 7/24 inf. 1 s. p. 2 s.

SECTION III

Calcul du taux effectif d'imposition

SOUS-SECTION 1

Détermination du dénominateur

Paragraphe 1 Détermination du résultat qualifié

Art 223 VN **I.** Le résultat qualifié d'une entité constitutive correspond à son résultat net comptable déterminé au titre de l'exercice conformément à la norme de comptabilité financière utilisée pour l'établissement des états financiers consolidés de l'entité mère ultime, avant toute correction afférente aux opérations réalisées entre entités du groupe et après prise en compte des corrections prévues aux paragraphes 2 à 5 de la présente sous-section. Le résultat qualifié constitue un bénéfice qualifié lorsqu'il est positif et une perte qualifiée lorsqu'il est négatif.

II. Lorsque le résultat net comptable d'une entité constitutive est particulièrement difficile à déterminer en application de la norme de comptabilité financière utilisée pour l'établissement des états financiers consolidés de l'entité mère ultime, il peut être déterminé en application de la norme utilisée pour l'établissement des états financiers de cette entité constitutive, sous réserve qu'il s'agisse d'une norme qualifiée ou agréée et que les conditions suivantes soient remplies :

1° Les informations contenues dans ces états financiers sont fiables ;

2° Les différences permanentes supérieures à un million d'euros qui résultent de l'application aux éléments de produits ou de charges ou aux transactions d'une règle ou d'un principe spécifique qui diffère de la norme de comptabilité financière utilisée pour l'établissement des états financiers consolidés de l'entité mère ultime sont corrigées afin que le traitement de ces éléments soit conforme à celui résultant de l'application de cette dernière norme.

Ndlr *Dispositions applicables aux exercices ouverts à compter du 31 décembre 2023 (Loi 2023-1322 du 29 décembre 2023 art. 33, IV-A).*

FR 7/24 inf. 1 s. p. 2 s.

Art 223 VN bis **I.** Lorsqu'une entité mère ultime n'a pas établi ses états financiers consolidés en application d'une norme de comptabilité financière qualifiée, ces derniers sont retraités en vue de corriger tout écart significatif, conformément au IV.

II. Lorsqu'une entité mère ultime n'a pas établi d'états financiers consolidés au sens des *a*, *b* ou *c* du 22° de l'article 223 VK, les états financiers consolidés à retenir sont ceux mentionnés au *d* du même 22°.

III. Lorsque la législation d'un Etat ou territoire prévoit l'application d'un impôt national complémentaire qualifié, le résultat net comptable des entités constitutives situées dans cet Etat ou ce territoire peut être déterminé en application d'une norme de comptabilité financière qualifiée ou agréée différente de la norme utilisée pour établir les états financiers consolidés de l'entité mère ultime, sous réserve que ce résultat soit retraité afin de corriger tout écart significatif conformément au IV du présent article.

IV. Lorsque l'application d'une règle ou d'un principe spécifique prévu par une norme de comptabilité financière qui n'est pas qualifiée entraîne un écart significatif, le traitement comptable d'une opération ou d'une transaction soumise à cette règle est corrigé afin que le traitement de ces éléments soit conforme au traitement requis en application des normes comptables internationales.

Ndlr *Dispositions applicables aux exercices ouverts à compter du 31 décembre 2023 (Loi 2023-1322 du 29 décembre 2023 art. 33, IV-A).*

FR 7/24 inf. 1 s. p. 2 s.

Paragraphe 2 Corrections apportées au résultat qualifié

Art 223 VO Pour l'application du présent paragraphe, sont entendus par :

1° Charge fiscale nette de l'exercice : la somme des éléments suivants :

a. Les impôts couverts au sens du paragraphe 1 de la sous-section 2 comptabilisés en charges et les impôts couverts différés et exigibles inclus dans la charge d'impôt sur les bénéfices, y compris les impôts couverts sur les bénéfices exclus du calcul du résultat qualifié ;

b. Les actifs d'impôts différés résultant du déficit constaté au titre de l'exercice ;

c. Les impôts nationaux complémentaires qualifiés comptabilisés en charges ;

d. Les impôts complémentaires établis au moyen d'une règle d'inclusion du revenu ou d'une règle relative aux bénéfices insuffisamment imposés conformes à la directive (UE) 2022/2523 du Conseil du 15 décembre 2022 visant à assurer un niveau minimum d'imposition mondiale pour les groupes d'entreprises multinationales et les groupes nationaux de grande envergure dans l'Union ou, pour les Etats non membres de l'Union européenne, au modèle de règles adopté par le cadre inclusif de l'Organisation de coopération et de développement économiques le 14 décembre 2021 et comptabilisés en charges ;

e. Les impôts non qualifiés qui ont ouvert droit à imputation ou remboursement au sens du 30° de l'article 223 VK et sont comptabilisés en charges ;

2° Dividendes exclus : les dividendes ou autres distributions perçus ou à percevoir par une entité constitutive, à l'exception de ceux perçus ou à percevoir afférents à :

a. Des titres de portefeuille dont elle a la propriété économique depuis moins d'un an à la date de la distribution ;

b. Une participation dans une entité faisant l'objet de l'option mentionnée au I de l'article 223 WV bis ;

c. Des titres pour lesquels la réglementation comptable conduit l'entité constitutive qui les a émis à constater une augmentation du montant des charges prises en compte dans le calcul de son résultat qualifié à raison des dividendes ainsi versés ;

3° Plus ou moins-values sur participation exclues : les gains ou pertes résultant :

a. Des variations de la juste valeur d'une participation, à l'exception de celles portant sur des titres de portefeuille ;

b. Des variations d'une participation enregistrée selon la méthode comptable de mise en équivalence ;

c. De la cession d'une participation, à l'exception de la cession de titres de portefeuille ;

4° Plus ou moins-values incluses au titre de la méthode de réévaluation : les plus ou moins-values nettes majorées ou minorées des éventuels impôts couverts appliqués, constatées au titre de l'exercice pour l'ensemble des immobilisations corporelles et résultant de l'application d'une méthode comptable qui :

a. Corrige périodiquement la valeur comptable de ces immobilisations à leur juste valeur ;

b. Comptabilise les variations de valeur de ces immobilisations dans le poste 'autres éléments du résultat global' ;

c. Et ne reporte pas ultérieurement les plus ou moins-values ainsi comptabilisées dans le compte de résultat ;

5° Gains ou pertes de change asymétriques : les gains ou les pertes de change constatés par une entité constitutive dont la monnaie fonctionnelle utilisée en comptabilité et la monnaie fonctionnelle utilisée localement en fiscalité sont différentes et qui sont :

a. Pris en compte dans le calcul du résultat net comptable utilisé dans les états financiers ou du résultat fiscal local et imputables aux fluctuations de taux de change entre les monnaies fonctionnelles utilisées en comptabilité et en fiscalité ;

b. Pris en compte dans le calcul du résultat net comptable utilisé dans les états financiers d'une entité constitutive et imputables aux fluctuations du taux de change entre une monnaie étrangère et la monnaie fonctionnelle utilisée en comptabilité ;

c. Ou imputables aux fluctuations du taux de change entre une monnaie étrangère et la monnaie fonctionnelle utilisée en fiscalité, que ces gains ou pertes de change soient ou non inclus dans le revenu fiscal local ;

6° Dépenses non admises :

a. Les charges comptabilisées par l'entité constitutive au titre de paiements illégaux, notamment les pots-devin et les détournements de fonds ;

b. Et les charges comptabilisées par l'entité constitutive au titre d'amendes et de pénalités, d'un montant égal ou supérieur à 50 000 € ou d'un montant équivalent dans la monnaie fonctionnelle utilisée en comptabilité servant au calcul du résultat net comptable de l'entité ;

7° Erreurs relatives à des exercices antérieurs et changements de principes comptables : la variation du solde des capitaux propres au bilan d'ouverture consécutive :

a. A la correction d'une erreur dans la détermination du résultat net comptable d'un exercice antérieur ayant affecté le montant des produits et charges pris en compte dans la détermination du résultat qualifié au titre de cet exercice, sauf si la correction se traduit par une baisse significative du montant des impôts couverts mentionnée au II de l'article 223 VX ;

b. Et à une modification de la réglementation applicable ou des principes comptables ayant affecté le montant des produits et des charges pris en compte dans le calcul du résultat qualifié ;

8° Charges de pension de retraite à payer : la différence entre le montant des charges au titre des engagements en matière de pensions de retraite pris en compte dans la détermination du résultat net comptable et le montant versé à un fonds de pension au titre de l'exercice ;

9° Plus-value nette agrégée de cession de biens immobiliers : la somme des plus et moins-values nettes réalisées au titre d'un exercice par toutes les entités constitutives d'un groupe d'entreprises multinationales situées dans un même Etat ou territoire et résultant de la cession à des tiers n'appartenant pas à ce même groupe de biens immobiliers situés dans cet Etat ou ce territoire ;

10° Accord de financement intragroupe : l'opération financière au titre de laquelle une ou plusieurs entités constitutives accordent un financement à une ou plusieurs autres entités constitutives du même groupe, dans le cadre de prêts ou de la mise à disposition de sommes, ou effectuent un investissement dans ces entités ;

11° Provisions techniques exclues : les charges comptabilisées par une entreprise d'assurance au titre de l'augmentation des engagements envers les assurés résultant de la perception de dividendes ou de la réalisation de plus-values exclus en application des 2° et 3° de l'article 223 VO bis.

Ndlr *Dispositions applicables aux exercices ouverts à compter du 31 décembre 2023 (Loi 2023-1322 du 29 décembre 2023 art. 33, IV-A).*

FR 7/24 inf. 1 s. p. 2 s.

Art 223 VO bis Le résultat net comptable d'une entité constitutive est corrigé des éléments suivants :

1° La charge fiscale nette ;
2° Les dividendes exclus ;
3° Les plus ou moins-values sur participation exclues ;
4° Les plus ou moins-values incluses au titre de la méthode de réévaluation ;
5° Les plus ou moins-values résultant de la cession d'actifs et de passifs exclues en application de la sous-section 3 de la section VI ;
6° Les gains ou pertes de change asymétriques ;
7° Les dépenses non admises ;
8° Les erreurs relatives à des exercices antérieurs et les changements de principes comptables ;
9° Les charges de pension de retraite à payer ;
10° Les provisions techniques exclues.

Ndlr *Dispositions applicables aux exercices ouverts à compter du 31 décembre 2023 (Loi 2023-1322 du 29 décembre 2023 art. 33, IV-A).*

FR 7/24 inf. 1 s. p. 2 s.

Art 223 VO ter Une transaction entre entités constitutives situées dans des Etats ou territoires différents est comptabilisée pour le même montant, le cas échéant après correction, par les entités parties à la transaction et respecte le principe de pleine concurrence.

La perte prise en compte dans le calcul du résultat qualifié résultant d'une cession ou d'un autre transfert d'actif entre deux entités constitutives situées dans le même Etat ou territoire est comptabilisée, le cas échéant après correction, conformément au principe de pleine concurrence.

Aux fins du présent article, on entend par principe de pleine concurrence le principe selon lequel les transactions entre entités constitutives doivent être enregistrées par référence aux conditions qui auraient été obtenues entre des entreprises indépendantes dans le cadre de transactions comparables et dans des circonstances comparables.

Ndlr *Dispositions applicables aux exercices ouverts à compter du 31 décembre 2023 (Loi 2023-1322 du 29 décembre 2023 art. 33, IV-A).*

FR 7/24 inf. 1 s. p. 2 s.

Art 223 VO quater Les crédits d'impôt qualifiés sont considérés comme des produits pour le calcul du résultat qualifié d'une entité constitutive. Les crédits d'impôt non qualifiés ne sont pas considérés comme des produits pour le calcul du résultat qualifié d'une entité constitutive.

Ndlr *Dispositions applicables aux exercices ouverts à compter du 31 décembre 2023 (Loi 2023-1322 du 29 décembre 2023 art. 33, IV-A).*

FR 7/24 inf. 1 s. p. 2 s.

Art 223 VO quinquies La charge engagée dans le cadre d'un accord de financement intragroupe est exclue de la détermination du résultat qualifié de l'entité constitutive si les trois conditions suivantes sont remplies :

1° L'entité constitutive est située dans un Etat ou territoire à faible imposition ou dans un Etat ou territoire qui aurait prélevé une faible imposition si la charge n'avait pas été comptabilisée par l'entité constitutive ;

2° L'accord de financement est susceptible d'entraîner, au cours de sa période d'application, une augmentation du montant des charges prises en compte dans le calcul du résultat qualifié de l'entité constitutive qui bénéficie du financement, sans se traduire par une augmentation proportionnelle du résultat fiscal local de l'entité constitutive qui l'accorde ;

3° L'entité constitutive qui accorde le financement est située dans un Etat ou territoire qui n'est pas considéré comme étant à faible imposition ou dans un Etat ou territoire qui n'aurait pas été considéré comme étant à faible imposition si le produit correspondant n'avait pas été comptabilisé par cette entité.

Ndlr *Dispositions applicables aux exercices ouverts à compter du 31 décembre 2023 (Loi 2023-1322 du 29 décembre 2023 art. 33, IV-A).*

FR 7/24 inf. 1 s. p. 2 s.

Art 223 VO sexies Pour la détermination de son résultat qualifié, une entreprise d'assurance exclut les sommes mises à la charge de ses assurés au titre des impôts qu'elle a acquittés sur les revenus qui leur sont attribués. Elle inclut les profits attribués à ses assurés et non pris en compte à hauteur de l'augmentation ou de la diminution des engagements envers ceux-ci, pour leurs montants comptabilisés dans son résultat net comptable.

Ndlr *Dispositions applicables aux exercices ouverts à compter du 31 décembre 2023 (Loi 2023-1322 du 29 décembre 2023 art. 33, IV-A).*

FR 7/24 inf. 1 s. p. 2 s.

Art 223 VO septies Le montant comptabilisé en diminution des fonds propres d'une entité constitutive et imputable à des distributions payées ou à payer au titre d'un instrument émis par cette entité constitutive en application des règles prudentielles prévues dans le règlement (UE) n° 575/2013 du Parlement européen et du Conseil du 26 juin 2013 concernant les exigences prudentielles applicables aux établissements de crédit et modifiant le règlement (UE) n° 648/2012, dénommés "fonds propres additionnels T1", ou dans la directive n° 2009/138/CE du Parlement européen et du Conseil du 25 novembre 2009 sur l'accès aux activités de l'assurance et de la réassurance et leur exercice (solvabilité II) complétée par le règlement délégué (UE) 2015/35 de la Commission du 10 octobre 2014, dénommés "fonds propres restreints de niveau 1", est traité comme une charge du résultat qualifié de l'entité constitutive.

Le montant comptabilisé en augmentation des fonds propres d'une entité constitutive et résultant des distributions perçues ou à percevoir au titre de "fonds propres additionnels T1" détenus par cette entité est traité comme un produit du résultat qualifié de l'entité constitutive.

Ndlr *Dispositions applicables aux exercices ouverts à compter du 31 décembre 2023 (Loi 2023-1322 du 29 décembre 2023 art. 33, IV-A).*

FR 7/24 inf. 1 s. p. 2 s.

Art 223 VO octies Sur option exercée par l'entité constitutive déclarante, une entité constitutive peut, s'agissant des rémunérations octroyées sous forme d'actions, substituer au montant comptabilisé en charge dans ses états financiers le montant admis en déduction de son résultat fiscal en application de la législation de l'Etat ou du territoire dans lequel elle est située.

Lorsque l'option de souscription ou d'achat d'actions expire sans avoir été levée, le montant de la charge afférente à cette rémunération qui a été déduit du résultat net comptable de l'entité constitutive et pris en compte pour le calcul de son résultat qualifié au titre d'exercices antérieurs est ajouté au résultat qualifié de l'exercice au cours duquel cette option a expiré.

Lorsqu'une partie du montant de la charge relative à la rémunération sous forme d'actions a été comptabilisée dans les états financiers de l'entité constitutive au titre d'exercices antérieurs à celui au titre duquel l'option est exercée, un montant égal à la différence entre le montant total de la charge relative à cette rémunération déduit du résultat qualifié des exercices antérieurs et le montant total de la charge relative à cette rémunération qui aurait été déduit pour le calcul de son résultat qualifié si l'option avait été exercée au titre de ces exercices est réintégré au résultat qualifié de l'entité constitutive de l'exercice au titre duquel l'option est exercée.

L'option mentionnée au premier alinéa est valable pour une période de cinq exercices, à compter de celui au titre duquel elle est exercée, et s'applique à toutes les entités constitutives situées dans l'Etat ou le territoire pour lequel elle a été formulée. Elle est formulée sur la déclaration mentionnée au II de l'article 223 WW souscrite au titre du premier exercice d'application. Elle est reconduite tacitement, sauf renonciation formulée par l'entité constitutive déclarante sur la déclaration mentionnée au même II souscrite au titre du dernier exercice d'application de l'option. En cas de renonciation, une nouvelle option ne peut pas être exercée au titre des cinq exercices suivant le dernier exercice d'application de l'option.

En cas de renonciation à l'option, l'entité constitutive réintègre au résultat qualifié du premier exercice au titre duquel l'option cesse de s'appliquer un montant correspondant à la fraction de la rémunération sous forme d'actions qui n'a pas encore été acquittée, déterminé par différence entre le montant de cette rémunération qui a été déduit en application de l'option mentionnée au premier alinéa du présent article et le montant de la charge comptable.

Ndlr *Dispositions applicables aux exercices ouverts à compter du 31 décembre 2023 (Loi 2023-1322 du 29 décembre 2023 art. 33, IV-A).*

FR 7/24 inf. 1 s. p. 2 s.

Art 223 VO nonies Sur option exercée par l'entité constitutive déclarante, les plus ou moins-values afférentes aux actifs et passifs réévalués à leur juste valeur ou issues d'un test de dépréciation dans les états financiers consolidés, au titre d'un exercice, peuvent être déterminées sur la base de leur valeur effectivement réalisée pour le calcul du résultat qualifié.

Les plus ou moins-values résultant de l'application de la méthode de comptabilisation à la juste valeur ou du test de dépréciation d'un actif ou d'un passif sont alors exclues du calcul du résultat qualifié de l'entité constitutive.

La valeur d'un actif ou d'un passif à retenir pour le calcul de la plus ou moins-value correspond à sa valeur comptable à la date la plus récente entre la date d'acquisition de l'actif ou d'inscription du passif et le premier jour de l'exercice au titre duquel l'option est exercée.

L'option mentionnée au premier alinéa est valable pour une période de cinq exercices à compter de celui au titre duquel elle est exercée. Elle s'applique à toutes les entités constitutives situées dans l'Etat ou le territoire pour lequel elle a été formulée, sauf si l'entité constitutive déclarante choisit d'en limiter l'application aux seuls actifs corporels des entités constitutives ou aux seules entités d'investissement. Elle est formulée sur la déclaration mentionnée au II de l'article 223 WW souscrite au titre du premier exercice d'application. L'option est reconduite tacitement, sauf renonciation formulée par l'entité constitutive déclarante sur la déclaration mentionnée au même II souscrite au titre du dernier exercice d'application de l'option. En cas de renonciation, une nouvelle option ne peut être exercée au titre des cinq exercices suivant le dernier exercice d'application de l'option.

En cas de renonciation à l'option, l'entité constitutive réintègre au résultat qualifié du premier exercice au titre duquel l'option cesse de s'appliquer un montant égal à la différence entre la juste valeur des actifs ou des passifs, déterminée au premier jour de cet exercice, et leur valeur d'origine si la juste valeur est supérieure à la valeur comptable ou le déduit du résultat qualifié si la valeur comptable est supérieure à la juste valeur.

Ndlr *Dispositions applicables aux exercices ouverts à compter du 31 décembre 2023 (Loi 2023-1322 du 29 décembre 2023 art. 33, IV-A).*

FR 7/24 inf. 1 s. p. 2 s.

Art 223 VO decies Sur option exercée par l'entité constitutive déclarante, la plus-value nette agrégée de cession de biens immobiliers est soumise aux règles prévues au présent article.

La plus-value nette agrégée est imputée sur les moins-values nettes réalisées par une entité constitutive située dans le même Etat ou territoire au titre des quatre exercices antérieurs à celui au titre duquel est exercée l'option, par ordre d'ancienneté.

L'éventuel montant résiduel de plus-value nette agrégée est imputé à parts égales sur la période de cinq exercices mentionnée au deuxième alinéa. Pour chaque exercice, la part imputée est répartie entre les entités constitutives ayant réalisé une plus-value nette au titre de l'exercice de l'option et à proportion du rapport existant entre la plus-value nette réalisée par une entité constitutive au titre de l'exercice de l'option et la somme des plusvalues nettes de toutes les entités constitutives au titre de l'exercice de l'option.

Si, au titre de l'exercice au titre duquel l'option a été exercée, aucune des entités constitutives situées dans un Etat ou territoire, hormis celle pour laquelle l'option est exercée, n'a réalisé de plus-value nette sur cession de biens immobiliers, la part du montant résiduel de la plus-value nette agrégée est répartie à parts égales entre toutes les entités constitutives situées dans cet Etat ou ce territoire.

L'imputation de la plus-value nette agrégée sur les moins-values réalisées au titre d'exercices précédant l'exercice de l'option fait l'objet de corrections en application de la sous-section 3 de la section IV du présent chapitre.

Cette option s'applique, pour l'ensemble des entités constitutives situées dans l'Etat ou le territoire, à l'exercice au titre duquel elle est exercée. Elle est formulée sur la déclaration mentionnée au II de l'article 223 WW souscrite au titre du premier exercice d'application. L'option est reconduite tacitement, sauf renonciation formulée par l'entité constitutive déclarante sur la déclaration mentionnée au même II souscrite au titre du dernier exercice d'application de l'option.

Ndlr *Dispositions applicables aux exercices ouverts à compter du 31 décembre 2023 (Loi 2023-1322 du 29 décembre 2023 art. 33, IV-A).*

FR 7/24 inf. 1 s. p. 2 s.

Art 223 VO undecies Sur option exercée par l'entité constitutive déclarante, une entité mère ultime peut appliquer le traitement comptable consolidé qu'elle utilise pour éliminer les produits, les charges et les plus ou moins-values relatifs à des transactions entre des entités constitutives situées dans le même Etat ou territoire et appartenant au même groupe fiscal, afin de calculer le résultat qualifié de ces entités constitutives.

Cette option est valable pour une période de cinq exercices à compter de celui au titre duquel elle est exercée. Elle est formulée sur la déclaration mentionnée au II de l'article 223 WW souscrite au titre du premier exercice d'application. L'option est reconduite tacitement, sauf renonciation formulée par l'entité constitutive déclarante sur la déclaration mentionnée au même II souscrite au titre du dernier exercice d'application de l'option. En cas de renonciation, une nouvelle option ne peut être exercée au titre des cinq exercices suivant le dernier exercice d'application de l'option.

Au cours du premier exercice ou de celui suivant le dernier exercice d'application de l'option, les corrections nécessaires sont réalisées afin d'éviter la double comptabilisation ou l'omission d'éléments du résultat qualifié résultant de l'exercice ou de la renonciation à cette option.

Ndlr *Dispositions applicables aux exercices ouverts à compter du 31 décembre 2023 (Loi 2023-1322 du 29 décembre 2023 art. 33, IV-A).*

FR 7/24 inf. 1 s. p. 2 s.

Art 223 VO duodecies Sur option exercée par l'entité constitutive déclarante, sont exclus du résultat qualifié d'une entité constitutive les abandons de créance qui lui sont consentis :

1° Dans le cadre d'une procédure collective sous contrôle judiciaire ou lorsqu'un administrateur indépendant est nommé en vue de gérer l'entité en difficulté conformément à la législation de l'Etat ou du territoire dans lequel l'entité débitrice est située ;

2° En application d'un accord conclu entre l'entité débitrice et une ou plusieurs personnes qui ne lui sont pas étroitement liées, dès lors qu'il peut être démontré que cette entité aurait été insolvable dans les douze mois suivant la date de l'accord si celui-ci n'avait pas été conclu ;

3° Ou, lorsque les 1° et 2° ne s'appliquent pas, par des personnes qui ne sont pas étroitement liées à l'entité débitrice. Le montant ainsi exclu ne peut excéder le montant le moins élevé entre la situation nette négative de cette entité, déterminée immédiatement avant que l'abandon de créance soit consenti, et le montant de la correction de l'impôt ou de son assiette, opérée en application de la législation de l'Etat ou du territoire dans lequel elle est située, du fait de l'abandon de créance dont cette entité a bénéficié.

Cette option est valable pour l'exercice au titre duquel elle est exercée et s'applique à l'ensemble des abandons de créances consentis à une même entité constitutive. Elle est formulée sur la déclaration mentionnée au II de l'article 223 WW souscrite au titre de l'exercice pour lequel elle s'applique.

Ndlr *Dispositions applicables aux exercices ouverts à compter du 31 décembre 2023 (Loi 2023-1322 du 29 décembre 2023 art. 33, IV-A).*

FR 7/24 inf. 1 s. p. 2 s.

Art 223 VO terdecies Sur option exercée par l'entité constitutive déclarante et par dérogation au 2° de l'article 223 VO, les dividendes perçus ou à percevoir par une entité constitutive afférents à des titres de portefeuille dont elle a la propriété économique depuis au moins un an à la date de la distribution sont inclus dans le calcul du résultat qualifié.

Cette option est valable pour une période de cinq exercices à compter de celui au titre duquel elle est exercée et s'applique à l'ensemble des dividendes afférents à des titres de portefeuille perçus par une même entité constitutive. Elle est formulée sur la déclaration mentionnée au II de l'article 223 WW souscrite au titre du premier exercice d'application.

L'option est reconduite tacitement, sauf renonciation formulée par l'entité constitutive déclarante sur la déclaration mentionnée au même II souscrite au titre du dernier exercice d'application de l'option. En cas de renonciation, une nouvelle option ne peut être exercée au titre des cinq exercices suivant le dernier exercice d'application de l'option.

Ndlr *Dispositions applicables aux exercices ouverts à compter du 31 décembre 2023 (Loi 2023-1322 du 29 décembre 2023 art. 33, IV-A).*

FR 7/24 inf. 1 s. p. 2 s.

Art 223 VO quaterdecies Sur option exercée par l'entité constitutive déclarante, le gain ou la perte sur instrument de couverture du risque de change portant sur une participation est considéré comme une plus ou moins value sur participation exclue réalisée par l'entité constitutive supportant effectivement le risque de change, sous réserve que :

1° Le risque de change ainsi couvert porte sur une participation autre qu'un titre de portefeuille ;

2° Le gain ou la perte soit comptabilisé dans les autres éléments du résultat global des états financiers consolidés ;

3° L'instrument de couverture constitue une couverture efficace en application de la norme de comptabilité financière agréée.

Cette option est valable pour une période de cinq exercices à compter de celui au titre duquel elle est exercée et s'applique à l'ensemble des opérations réalisées par l'entité concernée. Elle est formulée sur la déclaration mentionnée au II de l'article 223 WW souscrite au titre du premier exercice d'application. Elle est reconduite tacitement, sauf renonciation formulée par l'entité constitutive déclarante sur la déclaration mentionnée au même II souscrite au titre du dernier exercice d'application de l'option. En cas de renonciation, une nouvelle option ne peut être exercée au titre des cinq exercices suivant le dernier exercice d'application de l'option.

Ndlr *Dispositions applicables aux exercices ouverts à compter du 31 décembre 2023 (Loi 2023-1322 du 29 décembre 2023 art. 33, IV-A).*

FR 7/24 inf. 1 s. p. 2 s.

Paragraphe 3 Exclusion applicable au résultat provenant de l'exploitation de navires en trafic international

Art 223 VP Pour l'application du présent paragraphe, est entendu par :

1° Résultat provenant de l'exploitation de navires en trafic international : le résultat net d'une entité constitutive provenant de l'exercice des activités suivantes, lorsque le transport n'est pas effectué par les voies navigables intérieures du même Etat ou territoire :

a. Le transport de passagers ou de marchandises effectué par des navires que l'entité constitutive exploite en trafic international, que les navires lui appartiennent, soient pris en location ou soient mis à sa disposition d'une autre manière ;

b. Le transport de passagers ou de marchandises en trafic international effectué par des navires dans le cadre d'accords d'affrètement de cellules ;
c. La location d'un navire, entièrement armé et équipé, destiné au transport de passagers ou de marchandises en trafic international ;
d. La location coque nue d'un navire destiné au transport de passagers ou de marchandises en trafic international à une autre entité constitutive du même groupe ;
e. La participation à un groupement, à une exploitation en commun ou à un organisme international d'exploitation en vue du transport maritime de passagers ou de marchandises en trafic international ;
f. La cession d'un navire utilisé pour le transport de passagers ou de marchandises en trafic international, sous réserve que ce navire ait été détenu pour être utilisé à cette fin par l'entité constitutive pendant une durée minimale d'un an ;
2° Résultat provenant de l'exercice d'activités accessoires à l'exploitation de navires en trafic international : le résultat net d'une entité constitutive provenant de l'exercice des activités suivantes, sous réserve qu'elles soient exercées à titre principal dans le cadre du transport maritime de passagers ou de marchandises en trafic international :
a. La location coque nue d'un navire à une autre entreprise de transport maritime qui n'est pas une entité constitutive du même groupe, sous réserve que la durée du contrat n'excède pas trois ans ;
b. La vente de billets émis par d'autres entreprises de transport maritime pour le trajet intérieur d'un voyage international ;
c. La location et le stockage à court terme de conteneurs ou les frais d'immobilisation liés au retour tardif de conteneurs ;
d. La fourniture de services à d'autres entreprises de transport maritime par des ingénieurs, des agents de maintenance, des manutentionnaires de fret et des membres du personnel chargés de la restauration ou des services à la clientèle ;
e. Les revenus d'investissement lorsque l'investissement fait partie intégrante de l'exploitation des navires en trafic international.

Ndlr *Dispositions applicables aux exercices ouverts à compter du 31 décembre 2023 (Loi 2023-1322 du 29 décembre 2023 art. 33, IV-A).*

FR 7/24 inf. 1 s. p. 2 s.

Art 223 VP bis Le résultat provenant de l'exploitation de navires en trafic international et le résultat provenant de l'exercice d'activités accessoires à l'exploitation de navires en trafic international d'une entité constitutive sont exclus de la détermination de son résultat qualifié, sous réserve que la gestion stratégique ou commerciale de l'ensemble des navires concernés soit assurée à partir de l'Etat ou du territoire dans lequel l'entité est située.

Ndlr *Dispositions applicables aux exercices ouverts à compter du 31 décembre 2023 (Loi 2023-1322 du 29 décembre 2023 art. 33, IV-A).*

FR 7/24 inf. 1 s. p. 2 s.

Art 223 VP ter Lorsque la somme du résultat provenant de l'exploitation de navires en trafic international et du résultat provenant de l'exercice d'activités accessoires à l'exploitation de navires en trafic international d'une entité constitutive conduit à constater une perte, elle est également exclue de la détermination du résultat qualifié de l'entité constitutive.

Ndlr *Dispositions applicables aux exercices ouverts à compter du 31 décembre 2023 (Loi 2023-1322 du 29 décembre 2023 art. 33, IV-A).*

FR 7/24 inf. 1 s. p. 2 s.

Art 223 VP quater La somme des résultats provenant de l'exercice d'activités accessoires à l'exploitation de navires en trafic international de l'ensemble des entités constitutives situées dans un même Etat ou territoire exclus de la détermination de leur résultat qualifié en application de l'article 223 VP bis ne peut excéder la moitié de la somme des résultats provenant de l'exploitation de navires en trafic international constatés par ces mêmes entités constitutives.

Ndlr *Dispositions applicables aux exercices ouverts à compter du 31 décembre 2023 (Loi 2023-1322 du 29 décembre 2023 art. 33, IV-A).*

FR 7/24 inf. 1 s. p. 2 s.

Art 223 VP quinquies Pour la détermination du résultat qualifié :
1° Les coûts supportés par une entité constitutive qui sont directement imputables aux activités mentionnées à l'article 223 VP sont affectés à chacune de ces activités ;
2° Les coûts supportés par une entité constitutive qui sont indirectement imputables aux activités mentionnées au même article 223 VP sont déduits du chiffre d'affaires provenant de l'exercice de chacune de ces activités, à hauteur du rapport existant entre le montant de chiffre d'affaires provenant de chacune de ces activités et le montant total du chiffre d'affaires de l'entité constitutive.

Ndlr *Dispositions applicables aux exercices ouverts à compter du 31 décembre 2023 (Loi 2023-1322 du 29 décembre 2023 art. 33, IV-A).*

FR 7/24 inf. 1 s. p. 2 s.

Paragraphe 4 Répartition du résultat qualifié entre un établissement stable et son siège

Art 223 VQ Lorsqu'une entité constitutive est un établissement stable défini aux *a*, *b* ou *c* du 20° de l'article 223 VK, son résultat net comptable correspond au résultat figurant dans les états financiers distincts de cet établissement stable.

Lorsqu'un établissement stable ne dispose pas d'états financiers distincts, son résultat net comptable correspond au montant qui aurait été pris en compte dans ses états financiers si ces derniers avaient été établis de manière autonome et conformément à la norme de comptabilité financière utilisée pour l'établissement des états financiers consolidés de l'entité mère ultime.

Ndlr *Dispositions applicables aux exercices ouverts à compter du 31 décembre 2023 (Loi 2023-1322 du 29 décembre 2023 art. 33, IV-A).*

FR 7/24 inf. 1 s. p. 2 s.

Art 223 VQ bis Lorsqu'une entité constitutive est un établissement stable défini aux *a* ou *b* du 20° de l'article 223 VK, son résultat net comptable est corrigé afin de ne prendre en compte que les produits et les charges qui peuvent être attribués à cet établissement stable conformément à la convention fiscale applicable ou à la législation interne de l'Etat ou du territoire où il est situé, indépendamment du caractère imposable de ces produits ou du caractère déductible de ces charges au regard de cette législation.

Lorsqu'une entité constitutive est un établissement stable défini au c du même 20°, son résultat net comptable ne prend en compte que les produits et les charges qui, en application de l'article 7 du modèle de convention fiscale de l'Organisation pour la coopération et le développement économiques, auraient pu être fiscalement attribués à cet établissement stable.

Ndlr *Dispositions applicables aux exercices ouverts à compter du 31 décembre 2023 (Loi 2023-1322 du 29 décembre 2023 art. 33, IV-A).*

FR 7/24 inf. 1 s. p. 2 s.

Art 223 VQ ter Lorsqu'une entité constitutive est un établissement stable défini au *d* du 20° de l'article 223 VK, son résultat net comptable est déterminé en prenant en compte les produits qui ne sont pas imposés et les charges qui ne sont pas déduites fiscalement dans l'Etat ou le territoire où est situé son siège, dans la mesure où ces produits et ces charges peuvent être rattachés aux activités exercées en dehors de cet Etat ou de ce territoire.

Ndlr *Dispositions applicables aux exercices ouverts à compter du 31 décembre 2023 (Loi 2023-1322 du 29 décembre 2023 art. 33, IV-A).*

FR 7/24 inf. 1 s. p. 2 s.

Art 223 VQ quater Sous réserve de l'article 223 VQ quinquies, le résultat net comptable d'un établissement stable n'est pas pris en compte pour la détermination du résultat qualifié de son siège.

Ndlr *Dispositions applicables aux exercices ouverts à compter du 31 décembre 2023 (Loi 2023-1322 du 29 décembre 2023 art. 33, IV-A).*

FR 7/24 inf. 1 s. p. 2 s.

Art 223 VQ quinquies La perte qualifiée d'un établissement stable est considérée comme une charge pour la détermination du résultat qualifié de son siège lorsque les conditions suivantes sont réunies :

1° Cette perte est considérée comme une charge déductible du résultat fiscal local du siège ;

2° Cette perte n'est pas imputée sur un élément constitutif du résultat, au sens de la législation fiscale de l'Etat ou du territoire où est situé le siège, dans l'hypothèse où cet élément constitutif du résultat est soumis à l'impôt à la fois dans l'Etat ou le territoire où est situé le siège et dans l'Etat ou le territoire où est situé l'établissement stable.

Le bénéfice qualifié ultérieurement réalisé par l'établissement stable est considéré comme un bénéfice qualifié de son siège à hauteur de la perte qualifiée qui a antérieurement été considérée comme une charge du siège en application du présent article.

Ndlr *Dispositions applicables aux exercices ouverts à compter du 31 décembre 2023 (Loi 2023-1322 du 29 décembre 2023 art. 33, IV-A).*

FR 7/24 inf. 1 s. p. 2 s.

Paragraphe 5 Répartition du résultat qualifié d'une entité interposée

Art 223 VR Le résultat net comptable d'une entité constitutive qui est une entité interposée est réduit à concurrence de la quote-part de ce résultat revenant à ses détenteurs qui ne sont pas des entités constitutives du groupe et qui détiennent une participation dans cette entité soit directement, soit par l'intermédiaire d'une chaîne d'entités transparentes.

Le premier alinéa ne s'applique pas :

1° Aux entités interposées qui sont une entité mère ultime ;

2° Aux entités interposées détenues, directement ou par l'intermédiaire d'une chaîne d'entités transparentes, par une entité interposée mère ultime de son groupe.

Ndlr *Dispositions applicables aux exercices ouverts à compter du 31 décembre 2023 (Loi 2023-1322 du 29 décembre 2023 art. 33, IV-A).*

FR 7/24 inf. 1 s. p. 2 s.

Art 223 VR bis Le résultat net comptable d'une entité interposée est réduit à concurrence de la quote-part de ce résultat attribué à une autre entité constitutive.

Ndlr *Dispositions applicables aux exercices ouverts à compter du 31 décembre 2023 (Loi 2023-1322 du 29 décembre 2023 art. 33, IV-A).*

FR 7/24 inf. 1 s. p. 2 s.

Art 223 VR ter Lorsqu'une entité interposée exerce tout ou partie de ses activités par l'intermédiaire d'un établissement stable, le montant de son résultat net comptable réduit conformément à l'article 223 VR est attribué à cet établissement stable dans les conditions prévues au paragraphe 4 de la présente sous-section.

Ndlr *Dispositions applicables aux exercices ouverts à compter du 31 décembre 2023 (Loi 2023-1322 du 29 décembre 2023 art. 33, IV-A).*

FR 7/24 inf. 1 s. p. 2 s.

Art 223 VR quater Lorsqu'une entité interposée est une entité transparente et n'est pas l'entité mère ultime, le montant de son résultat net comptable réduit conformément aux articles 223 VR et 223 VR ter est attribué, pour la part correspondant à leurs droits, aux entités constitutives détenant une participation dans cette entité.

Ndlr *Dispositions applicables aux exercices ouverts à compter du 31 décembre 2023 (Loi 2023-1322 du 29 décembre 2023 art. 33, IV-A).*

FR 7/24 inf. 1 s. p. 2 s.

Art 223 VR quinquies Lorsqu'une entité interposée est soit une entité transparente et l'entité mère ultime, soit une entité hybride inversée, le montant de son résultat net comptable, réduit conformément aux articles 223 VR et 223 VR ter, lui est attribué.

Ndlr *Dispositions applicables aux exercices ouverts à compter du 31 décembre 2023 (Loi 2023-1322 du 29 décembre 2023 art. 33, IV-A).*

FR 7/24 inf. 1 s. p. 2 s.

Art 223 VR sexies Les articles 223 VR ter à 223 VR quinquies s'appliquent au titre de chaque participation dans une entité interposée.

Ndlr *Dispositions applicables aux exercices ouverts à compter du 31 décembre 2023 (Loi 2023-1322 du 29 décembre 2023 art. 33, IV-A).*

FR 7/24 inf. 1 s. p. 2 s.

SOUS-SECTION 2

Détermination du numérateur : calcul du montant corrigé des impôts couverts

Paragraphe 1 Impôts couverts

Art 223 VS Les impôts couverts d'une entité constitutive s'entendent :

1° Des impôts comptabilisés dans ses états financiers dus au titre de ses bénéfices ou de sa part dans les bénéfices d'une autre entité constitutive qui lui est attribuée à raison de la participation qu'elle détient dans cette entité ;

2° Des impôts sur les bénéfices distribués ou réputés distribués et sur les dépenses qui ne sont pas exposées dans l'intérêt de l'exploitation, établis selon un régime éligible d'imposition des distributions ;

3° Des impôts perçus en lieu et place de l'impôt sur les bénéfices des sociétés généralement applicable ;

4° Des impôts prélevés sur les bénéfices non distribués et sur les fonds propres, y compris les impôts assis sur des éléments relatifs aux bénéfices et aux fonds propres.

Ndlr *Dispositions applicables aux exercices ouverts à compter du 31 décembre 2023 (Loi 2023-1322 du 29 décembre 2023 art. 33, IV-A).*

FR 7/24 inf. 1 s. p. 2 s.

Art 223 VS bis Ne constituent pas des impôts couverts :

1° L'impôt complémentaire dû par une entité constitutive au titre d'un impôt national complémentaire qualifié ;

2° L'impôt complémentaire dû par une entité mère au titre de la règle d'inclusion du revenu qualifiée ;

3° L'impôt complémentaire dû par une entité constitutive en application de la règle relative aux bénéfices insuffisamment imposés qualifiée ;

4° Les impôts imputés remboursables non qualifiés ;

5° Les impôts acquittés par une entreprise d'assurance au titre des revenus attribués aux assurés.

Ndlr *Dispositions applicables aux exercices ouverts à compter du 31 décembre 2023 (Loi 2023-1322 du 29 décembre 2023 art. 33, IV-A).*

FR 7/24 inf. 1 s. p. 2 s.

Art 223 VS ter Sont exclus du calcul du montant des impôts couverts les impôts dus au titre d'une plus ou moins-value de cession d'actifs immobiliers situés dans le même Etat ou territoire que l'entité constitutive, réalisée durant l'exercice au titre duquel l'option mentionnée à l'article 223 VO decies est exercée.

Ndlr *Dispositions applicables aux exercices ouverts à compter du 31 décembre 2023 (Loi 2023-1322 du 29 décembre 2023 art. 33, IV-A).*

FR 7/24 inf. 1 s. p. 2 s.

Paragraphe 2 Montant corrigé des impôts couverts

Art 223 VT Le montant corrigé des impôts couverts d'une entité constitutive au titre d'un exercice correspond à la somme des impôts couverts comptabilisés dans son résultat net comptable corrigée :

1° Des ajouts et déductions définis aux articles 223 VT bis et 223 VT ter ;

2° De la correction pour impôt différé prévue au paragraphe 3 de la présente sous-section ;

3° De la majoration ou de la minoration des impôts couverts, comptabilisée dans les fonds propres ou dans les autres éléments du résultat global, qui se rapporte à des montants pris en compte pour la détermination du résultat qualifié et qui seront assujettis à l'impôt en application des règles fiscales de l'Etat ou du territoire dans lequel est située l'entité constitutive.

Ndlr *Dispositions applicables aux exercices ouverts à compter du 31 décembre 2023 (Loi 2023-1322 du 29 décembre 2023 art. 33, IV-A).*

FR 7/24 inf. 1 s. p. 2 s.

Art 223 VT bis Sont ajoutés aux impôts couverts de l'exercice :

1° Les impôts couverts comptabilisés en charges pour la détermination du bénéfice avant impôt dans les états financiers ;

2° Les actifs d'impôts différés au titre d'une perte qualifiée nette utilisés conformément à l'article 223 VV bis ;

3° Les impôts couverts se rapportant à un traitement fiscal incertain, précédemment exclus dans le montant des impôts couverts en application du 4° de l'article 223 VT ter et acquittés au cours de l'exercice ;

4° Les crédits d'impôt qualifiés comptabilisés comme une réduction de la charge d'impôt exigible.

Ndlr *Dispositions applicables aux exercices ouverts à compter du 31 décembre 2023 (Loi 2023-1322 du 29 décembre 2023 art. 33, IV-A).*

FR 7/24 inf. 1 s. p. 2 s.

Art 223 VT ter Sont déduits des impôts couverts de l'exercice :

1° La charge d'impôt exigible afférente aux éléments exclus du résultat qualifié en application de la sous-section 1 ;

2° Les crédits d'impôt non qualifiés non comptabilisés comme une réduction de la charge d'impôt exigible ;

3° Les impôts couverts ayant fait l'objet d'un remboursement ou d'un crédit, à l'exception des crédits d'impôt qualifiés, non comptabilisés comme une réduction de la charge d'impôt exigible ;

4° La charge d'impôt exigible se rapportant à un traitement fiscal incertain ;

5° La charge d'impôt exigible qui n'a pas vocation à être acquittée dans les trois années suivant la fin de l'exercice.

Ndlr *Dispositions applicables aux exercices ouverts à compter du 31 décembre 2023 (Loi 2023-1322 du 29 décembre 2023 art. 33, IV-A).*

FR 7/24 inf. 1 s. p. 2 s.

Art 223 VT quater Lorsque, au titre d'un exercice, aucun bénéfice qualifié net n'est constaté dans un Etat ou territoire et que le montant corrigé d'impôts couverts est négatif et inférieur au produit de la perte qualifiée nette par le taux minimum d'imposition, le montant égal à la différence entre le montant corrigé d'impôts couverts et le résultat du produit précité constitue un impôt complémentaire additionnel au titre de cet exercice. Le montant de l'impôt complémentaire additionnel est réparti entre toutes les entités constitutives situées dans l'Etat ou le territoire conformément à l'article 223 WC ter.

Par dérogation, sur option formulée par l'entité constitutive déclarante sur la déclaration mentionnée au II de l'article 223 WW souscrite au titre de l'exercice d'application de l'option, le montant égal à la différence mentionnée au premier alinéa du présent article ne constitue pas un impôt complémentaire additionnel au titre de l'exercice concerné. Il est reporté et utilisé au titre d'exercices ultérieurs, dans les conditions prévues aux troisième à dernier alinéas.

Au titre des exercices ultérieurs à celui au titre duquel l'option mentionnée au deuxième alinéa est exercée, le groupe est tenu, lorsqu'un bénéfice qualifié net et un montant corrigé d'impôts couverts positif sont constatés pour l'Etat ou le territoire concerné, de minorer ce montant corrigé d'impôts couverts du montant égal à la différence mentionnée au premier alinéa. Cette minoration ne peut toutefois pas conduire à constater un montant corrigé d'impôts couverts négatif au titre d'un exercice.

Si le montant corrigé d'impôts couverts est inférieur au montant égal à la différence mentionnée au même premier alinéa, l'excédent de ce dernier montant est imputé dans les mêmes conditions au titre des exercices ultérieurs.

L'option mentionnée au deuxième alinéa est irrévocable et s'applique à tous les exercices ultérieurs, dès lors que le montant égal à la différence mentionnée au premier alinéa, constaté au cours de l'exercice au titre duquel l'option est exercée, n'est pas intégralement imputé.

Le montant à reporter en application de l'option mentionnée au deuxième alinéa n'inclut pas la fraction du montant corrigé d'impôts couverts attribuable, le cas échéant, au montant du déficit reporté en arrière en application de la législation de l'Etat ou du territoire dans lequel est située l'entité constitutive.

Si le groupe ne dispose plus d'entités constitutives dans l'Etat ou le territoire concerné au cours d'un ou de plusieurs exercices, l'éventuel excédent du montant égal à la différence mentionnée au premier alinéa qui n'a pas été intégralement imputé au titre d'exercices antérieurs est reporté et utilisé dans les mêmes conditions à compter de l'exercice au titre duquel le groupe dispose à nouveau d'entités constitutives dans cet Etat ou ce territoire.

Ndlr *Dispositions applicables aux exercices ouverts à compter du 31 décembre 2023 (Loi 2023-1322 du 29 décembre 2023 art. 33, IV-A).*

FR 7/24 inf. 1 s. p. 2 s.

Paragraphe 3 Montant total de la correction pour impôt différé

Art 223 VU Pour l'application du présent paragraphe, est entendu par :

1° Charge d'impôt non reconnue : la variation de la charge d'impôt différé dans les états financiers d'une entité constitutive, au titre d'un exercice, qui est liée à un traitement fiscal incertain ou à des distributions de bénéfices par une entité constitutive ;

2° Charge d'impôt dont le paiement n'est pas exigé : la majoration d'un passif d'impôt différé dans les états financiers d'une entité constitutive au titre d'un exercice, correspondant à une charge d'impôt qui n'a pas vocation à être acquittée au cours des cinq exercices ultérieurs et qui, sur option de l'entité constitutive déclarante, n'est pas prise en compte, au titre de cet exercice, dans le calcul du montant total de la correction pour impôt différé, déterminé selon les modalités prévues au présent paragraphe.

L'option mentionnée au 2° est valable pour une période d'un an. Elle est formulée par l'entité constitutive déclarante sur la déclaration mentionnée au II de l'article 223 WW souscrite au titre du premier exercice d'application de l'option. Elle est reconduite tacitement, sauf renonciation formulée par l'entité constitutive déclarante sur la déclaration souscrite au titre du dernier exercice d'application de l'option.

Ndlr *Dispositions applicables aux exercices ouverts à compter du 31 décembre 2023 (Loi 2023-1322 du 29 décembre 2023 art. 33, IV-A).*

FR 7/24 inf. 1 s. p. 2 s.

Art 223 VU bis Sous réserve des articles 223 VU ter à 223 VU quinquies, pour la détermination au titre d'un exercice du montant total de la correction pour impôt différé mentionnée au 2° de l'article 223 VT, sont pris en compte :

1° La charge d'impôt différé afférente aux impôts couverts, comptabilisée dans les états financiers de l'entité constitutive.

Lorsque le taux d'imposition retenu pour déterminer cette charge d'impôt différé est supérieur au taux minimum d'imposition, son montant est corrigé et déterminé en application de ce taux minimum d'imposition ;

2° Le montant de la charge d'impôt non reconnue ou de la charge d'impôt dont le paiement n'est pas exigé, qui est acquitté au cours de l'exercice ;

3° Le montant correspondant au passif d'impôt différé constaté et régularisé, dans les conditions prévues à l'article 223 VU sexies, au titre d'un exercice antérieur et qui a été acquitté au cours de l'exercice.

Ndlr *Dispositions applicables aux exercices ouverts à compter du 31 décembre 2023 (Loi 2023-1322 du 29 décembre 2023 art. 33, IV-A).*

FR 7/24 inf. 1 s. p. 2 s.

Art 223 VU ter Lorsque, au titre d'un exercice, un actif d'impôt différé lié à la constatation d'un déficit n'est pas comptabilisé dans les états financiers au motif que les critères permettant sa comptabilisation ne sont pas remplis, le montant total de la correction pour impôt différé mentionné à l'article 223 VU bis est minoré du montant de cet actif d'impôt différé, déterminé comme s'il devait être comptabilisé conformément à la norme de comptabilité financière utilisée et retenu en application du présent article.

Ndlr *Dispositions applicables aux exercices ouverts à compter du 31 décembre 2023 (Loi 2023-1322 du 29 décembre 2023 art. 33, IV-A).*

FR 7/24 inf. 1 s. p. 2 s.

Art 223 VU quater La correction pour impôt différé définie à l'article 223 VU bis n'inclut pas :

1° La charge d'impôt différé se rapportant à des éléments exclus de la détermination du résultat qualifié en application de la sous-section 1 de la présente section ;

2° La charge d'impôt différé correspondant à des charges d'impôt non reconnues et à des charges d'impôt dont le paiement n'est pas exigé ;

3° La variation constatée au titre d'un actif d'impôt différé qui est liée à une correction de sa valeur ou de sa reconnaissance comptable ;

4° La variation de la charge d'impôt différé qui résulte de la prise en compte d'un changement de taux d'imposition applicable dans l'Etat ou le territoire concerné ;

5° La charge d'impôt différé afférente à l'obtention et à l'utilisation de crédits d'impôt.

Ndlr *Dispositions applicables aux exercices ouverts à compter du 31 décembre 2023 (Loi 2023-1322 du 29 décembre 2023 art. 33, IV-A).*

FR 7/24 inf. 1 s. p. 2 s.

Art 223 VU quinquies Par dérogation au 1° de l'article 223 VU bis, l'actif d'impôt différé qui est lié à la constatation d'un déficit par une entité constitutive et qui a été comptabilisé au titre d'un exercice et déterminé en application d'un taux inférieur au taux minimum d'imposition peut être majoré en application du taux minimum d'imposition au titre de ce même exercice, si l'entité constitutive est en mesure de démontrer que cet actif d'impôt différé est attribuable à une perte qualifiée.

Lorsque le montant de l'actif d'impôt différé couvert est corrigé en application du premier alinéa du présent article, la correction pour impôt différé définie à l'article 223 VU bis est réduite de ce montant corrigé.

Ndlr *Dispositions applicables aux exercices ouverts à compter du 31 décembre 2023 (Loi 2023-1322 du 29 décembre 2023 art. 33, IV-A).*

FR 7/24 inf. 1 s. p. 2 s.

Art 223 VU sexies Un passif d'impôt différé qui n'est pas repris et dont le montant d'impôt correspondant n'est pas acquitté au cours des cinq exercices qui suivent celui de sa comptabilisation est régularisé lorsque ce passif a été pris en compte dans le montant total de la correction pour impôt différé d'une entité constitutive.

La régularisation prévue au premier alinéa est effectuée en déduisant le montant du passif d'impôt différé régularisé du montant des impôts couverts déterminé au titre du cinquième exercice précédant l'exercice en cours. Cette régularisation entraîne l'actualisation, au titre du cinquième exercice précédent, du taux effectif d'imposition ainsi que de l'impôt complémentaire dû, selon les modalités prévues à la sous-section 3 de la section IV.

Ndlr *Dispositions applicables aux exercices ouverts à compter du 31 décembre 2023 (Loi 2023-1322 du 29 décembre 2023 art. 33, IV-A).*

FR 7/24 inf. 1 s. p. 2 s.

Art 223 VU septies Par dérogation à l'article 223 VU sexies, ne sont pas soumis à régularisation les passifs d'impôts différés qui se rapportent aux éléments suivants :

1° Les dotations aux amortissements des actifs corporels ;

2° Le coût d'une licence ou d'un dispositif de même nature concédé par un Etat en contrepartie de l'utilisation de biens immobiliers ou de l'exploitation de ressources naturelles entraînant des investissements significatifs dans des actifs corporels ;

3° Les dépenses de recherche et développement ;

4° Les dépenses de mise hors service et de réparation ;

5° Les plus-values latentes résultant de la comptabilisation à la juste valeur ;

6° Les gains nets de change ;

7° Les provisions techniques des entreprises d'assurance et les coûts différés de souscription de polices d'assurance ;

8° Les plus-values réalisées lors de la cession de biens corporels situés dans le même Etat ou territoire que l'entité constitutive, qui sont réinvesties dans des biens corporels situés dans cet Etat ou ce territoire ;

9° Les montants comptabilisés en raison de modifications des principes comptables applicables aux éléments énumérés aux 1° à 8° du présent article.

Ndlr *Dispositions applicables aux exercices ouverts à compter du 31 décembre 2023 (Loi 2023-1322 du 29 décembre 2023 art. 33, IV-A).*

FR 7/24 inf. 1 s. p. 2 s.

Art 223 VU octies Par dérogation au 5° de l'article 223 VU quater, le montant total de la correction pour impôt différé défini à l'article 223 VU bis inclut la charge d'impôt différé afférente à un crédit d'impôt accordé à une entité constitutive à raison des impôts acquittés dans un autre Etat ou territoire si les conditions cumulatives suivantes sont remplies :

1° L'entité constitutive constate un déficit avant la prise en compte des revenus de source étrangère ;

2° La législation de l'Etat ou du territoire de l'entité constitutive prévoit que les revenus de source étrangère sont ajoutés au déficit avant que les crédits d'impôt attachés à ces revenus puissent être imputés sur l'impôt national dû au titre de ces revenus de source étrangère ;

3° La législation de l'Etat ou du territoire de l'entité constitutive prévoit que les crédits d'impôt correspondant aux impôts acquittés à l'étranger sont reportables et imputables sur l'impôt dû au titre du résultat d'un exercice ultérieur.

Le montant de la charge d'impôt différé mentionné au premier alinéa du présent article est déterminé en retenant le moins élevé entre les deux montants suivants, multiplié par le rapport entre le taux minimum d'imposition et le taux normal de l'impôt équivalent à l'impôt sur les sociétés prévu par la législation de l'Etat ou du territoire de l'entité constitutive :

a. Le montant du crédit d'impôt correspondant à l'impôt acquitté à l'étranger que la législation de l'Etat ou du territoire permet d'imputer sur un exercice postérieur à celui au titre duquel l'entité constituante a constaté un déficit, avant prise en compte de tout revenu de source étrangère ;

b. Le montant du déficit de l'entité constitutive au titre de l'exercice, avant prise en compte de tout revenu de source étrangère, multiplié par le taux normal de l'impôt équivalent à l'impôt sur les sociétés.

Le montant de la charge d'impôt différé mentionné au premier alinéa est soumis à l'exclusion prévue au 1° de l'article 223 VU quater.

Ndlr *Dispositions applicables aux exercices ouverts à compter du 31 décembre 2023 (Loi 2023-1322 du 29 décembre 2023 art. 33, IV-A).*

FR 7/24 inf. 1 s. p. 2 s.

Paragraphe 4 Option liée à la perte qualifiée nette

Art 223 VV Sur option formulée par l'entité constitutive déclarante applicable à l'ensemble des entités constitutives situées dans l'Etat ou le territoire pour lequel elle est exercée, un actif d'impôt différé est pris en compte pour chaque exercice au titre duquel une perte qualifiée nette est constatée dans cet Etat ou ce territoire. Lorsque l'option est formulée, le paragraphe 3 de la présente sous-section ne s'applique pas aux entités situées dans l'Etat ou le territoire pour lequel elle est exercée.

L'actif d'impôt différé mentionné au premier alinéa du présent article est égal au produit de la perte qualifiée nette constatée dans l'Etat ou le territoire au titre d'un exercice par le taux minimum d'imposition.

Toutefois, l'option mentionnée au même premier alinéa ne peut être exercée pour un Etat ou territoire dont la législation prévoit l'application d'un régime éligible d'imposition des distributions, au sens de l'article 223 WS.

Ndlr *Dispositions applicables aux exercices ouverts à compter du 31 décembre 2023 (Loi 2023-1322 du 29 décembre 2023 art. 33, IV-A).*

FR 7/24 inf. 1 s. p. 2 s.

Art 223 VV bis L'actif d'impôt différé mentionné à l'article 223 VV est utilisé pour la détermination des impôts couverts, en application de l'article 223 VT bis, au titre des exercices ultérieurs au cours desquels un bénéfice qualifié net est constaté dans l'Etat ou le territoire, dans la limite du plus faible des deux montants suivants :

1° Le résultat du produit du bénéfice qualifié net de l'exercice considéré par le taux minimum d'imposition ;

2° Le solde du montant d'actif d'impôt différé déterminé en application de l'article 223 VV.

Le montant d'actif d'impôt différé déterminé dans les conditions prévues au même article 223 VV à raison de la perte qualifiée nette constatée au titre d'un exercice est minoré du montant utilisé en application du présent article et le solde est reporté et utilisable au titre des exercices suivants.

Ndlr *Dispositions applicables aux exercices ouverts à compter du 31 décembre 2023 (Loi 2023-1322 du 29 décembre 2023 art. 33, IV-A).*

FR 7/24 inf. 1 s. p. 2 s.

Art 223 VV ter Lorsque l'option prévue à l'article 223 VV est révoquée, le solde d'actif d'impôt différé mentionné à l'article 223 VV bis est définitivement perdu à compter de l'ouverture du premier exercice au titre duquel l'option cesse d'être applicable.

Ndlr *Dispositions applicables aux exercices ouverts à compter du 31 décembre 2023 (Loi 2023-1322 du 29 décembre 2023 art. 33, IV-A).*

FR 7/24 inf. 1 s. p. 2 s.

Art 223 VV quater L'option mentionnée à l'article 223 VV est formulée dans la première déclaration du groupe qui inclut des entités constitutives de l'Etat ou du territoire pour lequel l'option est exercée.

Ndlr *Dispositions applicables aux exercices ouverts à compter du 31 décembre 2023 (Loi 2023-1322 du 29 décembre 2023 art. 33, IV-A).*

FR 7/24 inf. 1 s. p. 2 s.

Art 223 VV quinquies Lorsque l'entité mère ultime est une entité interposée et qu'elle exerce l'option mentionnée à l'article 223 VV, l'actif d'impôt différé est déterminé à partir de la perte qualifiée de cette entité et après application de la réduction définie au III de l'article 223 WQ bis.

Ndlr *Dispositions applicables aux exercices ouverts à compter du 31 décembre 2023 (Loi 2023-1322 du 29 décembre 2023 art. 33, IV-A).*

FR 7/24 inf. 1 s. p. 2 s.

Paragraphe 5 Affectation spécifique des impôts couverts dus par certains types d'entités constitutives

Art 223 VW Le montant des impôts couverts comptabilisé dans les états financiers d'une entité constitutive qui se rapporte au résultat qualifié d'un établissement stable est affecté à celui-ci.

Ndlr *Dispositions applicables aux exercices ouverts à compter du 31 décembre 2023 (Loi 2023-1322 du 29 décembre 2023 art. 33, IV-A).*

FR 7/24 inf. 1 s. p. 2 s.

Art 223 VW bis Le montant des impôts couverts comptabilisé dans les états financiers d'une entité transparente qui se rapporte au résultat qualifié attribué à une entité constitutive conformément à l'article 223 VR quater est affecté à celle-ci.

Ndlr *Dispositions applicables aux exercices ouverts à compter du 31 décembre 2023 (Loi 2023-1322 du 29 décembre 2023 art. 33, IV-A).*

FR 7/24 inf. 1 s. p. 2 s.

Art 223 VW ter Le montant des impôts couverts comptabilisé dans les états financiers d'une entité constitutive au titre d'un régime fiscal des sociétés étrangères contrôlées, pour la part correspondant à ses droits dans une entité constitutive ainsi contrôlée, est affecté à cette dernière.

Ndlr *Dispositions applicables aux exercices ouverts à compter du 31 décembre 2023 (Loi 2023-1322 du 29 décembre 2023 art. 33, IV-A).*

FR 7/24 inf. 1 s. p. 2 s.

Art 223 VW quater Le montant des impôts couverts comptabilisé dans les états financiers de l'entité constitutive détenant une participation dans une entité hybride et qui se rapporte au bénéfice qualifié de cette entité hybride est affecté à cette dernière.

Pour l'application du présent article, une entité hybride s'entend d'une entité constitutive considérée comme une entité imposable dans l'Etat ou le territoire où elle se situe mais dont les produits, les charges, les bénéfices ou les pertes sont traités par la législation de l'Etat ou du territoire dans lequel se situe son détenteur, pour la part se rapportant à ses droits dans cette entité, comme s'ils étaient réalisés ou comptabilisés par ce détenteur.

Ndlr *Dispositions applicables aux exercices ouverts à compter du 31 décembre 2023 (Loi 2023-1322 du 29 décembre 2023 art. 33, IV-A).*

FR 7/24 inf. 1 s. p. 2 s.

Art 223 VW quinquies Le montant des impôts couverts comptabilisé dans les états financiers d'une entité constitutive qui détient directement une participation dans une autre entité constitutive relatifs à une distribution de cette entité au cours de l'exercice est affecté à l'entité distributrice.

Ndlr *Dispositions applicables aux exercices ouverts à compter du 31 décembre 2023 (Loi 2023-1322 du 29 décembre 2023 art. 33, IV-A).*

FR 7/24 inf. 1 s. p. 2 s.

Art 223 VW sexies Par dérogation aux articles 223 VW ter et 223 VW quater, une entité constitutive à laquelle sont affectés des impôts couverts se rapportant à des revenus passifs ne les prend en compte dans le montant corrigé de ses impôts couverts qu'à concurrence du montant le plus faible entre :

1° Le montant total des impôts couverts à réaffecter en application des mêmes articles 223 VW ter et 223 VW quater ;

2° Le montant correspondant au produit du taux d'impôt complémentaire pour l'Etat ou le territoire multiplié par le montant des revenus passifs de l'entité constitutive pris en compte, par son détenteur direct ou indirect, au titre d'un régime fiscal des sociétés étrangères contrôlées ou dans le cadre de la détention d'une participation dans une entité hybride. Pour l'application du présent 2°, le taux d'impôt complémentaire pour l'Etat ou le territoire est déterminé indépendamment des impôts couverts dus, au titre de ces revenus passifs, par l'entité détentrice d'une participation dans l'entité constitutive.

Les impôts couverts de l'entité constitutive détentrice de titres de l'entité constitutive détenue, dus au titre de ces revenus passifs, qui ne sont pas affectés, après l'application des trois premiers alinéas du présent article, à l'entité constitutive détenue restent affectés à l'entité constitutive détentrice.

Ndlr *Dispositions applicables aux exercices ouverts à compter du 31 décembre 2023 (Loi 2023-1322 du 29 décembre 2023 art. 33, IV-A).*

FR 7/24 inf. 1 s. p. 2 s.

Art 223 VW septies Pour l'application de l'article 223 VW sexies, constituent des revenus passifs :

1° Les dividendes ou équivalents ;

2° Les intérêts ou équivalents ;

3° Les loyers ;

4° Les redevances ;

5° Les rentes ;

6° Les plus-values nettes résultant de la cession d'un bien qui produit un revenu relevant d'une ou de plusieurs des catégories mentionnées aux 1° à 5° du présent article.

Ndlr *Dispositions applicables aux exercices ouverts à compter du 31 décembre 2023 (Loi 2023-1322 du 29 décembre 2023 art. 33, IV-A).*

FR 7/24 inf. 1 s. p. 2 s.

Art 223 VW octies Lorsque le bénéfice qualifié d'un établissement stable est considéré comme le bénéfice qualifié du siège conformément à l'article 223 VQ quinquies, un impôt couvert dû dans l'Etat ou le territoire où est situé l'établissement stable et afférent à ce bénéfice est considéré comme un impôt couvert du siège à concurrence du montant du produit de ce bénéfice par le taux normal de l'impôt sur les sociétés ou le taux plus élevé de l'impôt équivalent sur les bénéfices applicable dans l'Etat ou le territoire où est situé le siège.

Ndlr *Dispositions applicables aux exercices ouverts à compter du 31 décembre 2023 (Loi 2023-1322 du 29 décembre 2023 art. 33, IV-A).*

FR 7/24 inf. 1 s. p. 2 s.

Paragraphe 6 Corrections postérieures au dépôt de la déclaration et variations du taux d'imposition

Art 223 VX I. En cas d'augmentation du montant corrigé des impôts couverts d'une entité constitutive au titre d'un exercice antérieur, cette correction est prise en compte dans le calcul du montant corrigé des impôts couverts au titre de l'exercice où elle est constatée.

II. En cas de diminution du montant corrigé des impôts couverts d'une entité constitutive au titre d'un exercice antérieur, le taux effectif d'imposition et l'impôt complémentaire afférents à ce même exercice sont recalculés conformément à la sous-section 3 de la section IV, en réduisant le montant corrigé des impôts couverts à hauteur de cette diminution.

Le résultat qualifié de l'exercice antérieur et, le cas échéant, de tous autres exercices antérieurs est corrigé en conséquence.

III. Sur option de l'entité constitutive déclarante, une diminution non significative du montant corrigé des impôts couverts au titre d'un exercice antérieur peut être prise en compte dans le calcul du montant des impôts corrigés au titre de l'exercice où elle est constatée.

Est considérée comme non significative une diminution totale du montant corrigé des impôts couverts, pour l'Etat ou le territoire au titre de cet exercice, inférieure à un million d'euros.

Cette option s'applique, pour l'ensemble des entités constitutives situées dans l'Etat ou le territoire, à l'exercice au titre duquel elle est exercée. Elle est formulée sur la déclaration mentionnée au II de l'article 223 WW souscrite au titre du premier exercice d'application. L'option est reconduite tacitement, sauf renonciation formulée par l'entité constitutive déclarante sur la déclaration mentionnée au même II souscrite au titre du dernier exercice d'application de l'option.

Ndlr *Dispositions applicables aux exercices ouverts à compter du 31 décembre 2023 (Loi 2023-1322 du 29 décembre 2023 art. 33, IV-A).*

FR 7/24 inf. 1 s. p. 2 s.

Art 223 VX bis Lorsque le taux d'imposition applicable dans un Etat ou territoire est abaissé en dessous du taux minimum d'imposition et qu'il en résulte une variation de la charge d'impôt différé prise en compte au titre d'un exercice antérieur, celle-ci donne lieu à une correction des impôts couverts de ce même exercice conformément au paragraphe 2 de la présente sous-section.

Ndlr *Dispositions applicables aux exercices ouverts à compter du 31 décembre 2023 (Loi 2023-1322 du 29 décembre 2023 art. 33, IV-A).*

FR 7/24 inf. 1 s. p. 2 s.

Art 223 VX ter Lorsqu'une charge d'impôt différé a été prise en compte, au titre d'un exercice antérieur, à un taux inférieur au taux minimum d'imposition, que le taux d'imposition applicable est majoré par la suite et qu'il en résulte une variation de cette charge d'impôt différé, celle-ci donne lieu à une correction des impôts couverts de l'exercice du paiement effectif de l'impôt correspondant.

Cette correction n'excède pas un montant égal à la charge d'impôt différé calculée sur la base du taux minimum d'imposition.

Ndlr *Dispositions applicables aux exercices ouverts à compter du 31 décembre 2023 (Loi 2023-1322 du 29 décembre 2023 art. 33, IV-A).*

FR 7/24 inf. 1 s. p. 2 s.

Art 223 VX quater Lorsqu'un montant supérieur à un million d'euros à raison d'une charge d'impôt exigible prise en compte dans le montant corrigé des impôts couverts dû par une entité constitutive au titre d'un exercice n'est pas acquitté avant la clôture du troisième exercice suivant, le taux effectif d'imposition et l'impôt complémentaire au titre de l'exercice au cours duquel le montant non acquitté a été considéré comme un impôt couvert sont recalculés conformément à l'article 223 WC, en excluant le montant corrigé des impôts couverts qui n'a pas été acquitté.

Ndlr *Dispositions applicables aux exercices ouverts à compter du 31 décembre 2023 (Loi 2023-1322 du 29 décembre 2023 art. 33, IV-A).*

FR 7/24 inf. 1 s. p. 2 s.

SOUS-SECTION 3

Modalités de détermination du taux effectif d'imposition

Paragraphe 1 Détermination du taux effectif d'imposition

Art 223 VY Le taux effectif d'imposition d'un groupe d'entreprises multinationales ou d'un groupe national est calculé, pour chaque exercice et pour chaque Etat ou territoire dans lequel sont situées des entités constitutives, lorsqu'est constaté un bénéfice qualifié net.

Le taux effectif d'imposition est égal au rapport, exprimé en pourcentage, entre la somme des montants corrigés des impôts couverts des entités constitutives situées dans un Etat ou territoire et le bénéfice qualifié net de celles-ci.

Ce taux est exprimé quatre chiffres après la virgule, le quatrième chiffre étant augmenté d'une unité si le chiffre suivant est égal ou supérieur à cinq.

Ndlr *Dispositions applicables aux exercices ouverts à compter du 31 décembre 2023 (Loi 2023-1322 du 29 décembre 2023 art. 33, IV-A).*

FR 7/24 inf. 1 s. p. 2 s.

Art 223 VY bis Le montant corrigé des impôts couverts et le résultat qualifié des entités d'investissement et des entités d'investissement d'assurance ne sont pas pris en compte pour le calcul du taux effectif d'imposition et du bénéfice qualifié net.

Ndlr *Dispositions applicables aux exercices ouverts à compter du 31 décembre 2023 (Loi 2023-1322 du 29 décembre 2023 art. 33, IV-A).*

FR 7/24 inf. 1 s. p. 2 s.

Art 223 VY ter Le taux effectif d'imposition de chaque entité constitutive apatride est calculé, pour chaque exercice, distinctement de celui des autres entités du groupe.

Ndlr *Dispositions applicables aux exercices ouverts à compter du 31 décembre 2023 (Loi 2023-1322 du 29 décembre 2023 art. 33, IV-A).*

FR 7/24 inf. 1 s. p. 2 s.

Art 223 VY quater Lorsque, au titre d'un exercice, il est constaté, dans un Etat ou territoire, un bénéfice qualifié net et un montant corrigé des impôts couverts négatif, celui-ci est reporté et déduit à due concurrence du montant corrigé d'impôts couverts positifs des exercices ultérieurs.

Le montant à reporter en application du premier alinéa ne tient pas compte, le cas échéant, de la fraction d'impôts couverts attribuable au déficit reporté en arrière en application de la législation de cet Etat ou ce territoire.

Si le groupe ne dispose plus d'entités constitutives dans cet Etat ou ce territoire au cours d'un ou de plusieurs exercices, l'éventuel montant corrigé d'impôts couverts négatif qui subsiste est reporté et utilisé dans les mêmes conditions à compter de l'exercice au titre duquel le groupe en dispose à nouveau.

Le taux effectif d'imposition est corrigé en conséquence.

Ndlr *Dispositions applicables aux exercices ouverts à compter du 31 décembre 2023 (Loi 2023-1322 du 29 décembre 2023 art. 33, IV-A).*

FR 7/24 inf. 1 s. p. 2 s.

Paragraphe 2 Régimes de protection

Art 223 VZ La déclaration mentionnée à l'article 223 VZ bis s'entend :

1° Pour les groupes d'entreprises multinationales, d'une déclaration établie, conformément à la directive (UE) 2016/881 du 25 mai 2016 modifiant la directive 2011/16/UE en ce qui concerne l'échange automatique et obligatoire d'informations dans le domaine fiscal ou aux conventions conclues par la France permettant l'échange automatique et obligatoire des informations relatives à la déclaration pays par pays, sur la base des états financiers consolidés de l'entité mère ultime ou, à défaut, des états financiers individuels des entités constitutives, sous réserve qu'ils soient établis à partir d'une norme de comptabilité financière qualifiée ou d'une norme de comptabilité financière agréée et que les informations contenues dans ces états soient fiables, au sens de l'article 223 VN du présent code ;

2° Pour les groupes nationaux, de la déclaration de résultats.

Ndlr *Dispositions applicables aux exercices ouverts à compter du 31 décembre 2023 (Loi 2023-1322 du 29 décembre 2023 art. 33, IV-A).*

FR 7/24 inf. 1 s. p. 2 s.

Art 223 VZ bis L'impôt complémentaire exigible en application des articles 223 WF, 223 WG et 223 WJ n'est pas dû lorsque l'une des conditions suivantes est remplie :

1° La somme des chiffres d'affaires des entités constitutives situées dans l'Etat ou le territoire reportés dans la déclaration définie à l'article 223 VZ est inférieure à dix millions d'euros et la somme des bénéfices et des pertes de ces entités avant impôt sur les bénéfices reportés dans cette même déclaration est négative ou inférieure à un million d'euros.

Le premier seuil s'apprécie en tenant compte des entités constitutives destinées à être vendues ;

2° Le taux effectif d'imposition simplifié de l'ensemble de ces entités constitutives situées dans l'Etat ou le territoire est égal ou supérieur au taux minimum d'imposition transitoire.

Le taux effectif d'imposition simplifié est égal au rapport entre la somme des impôts couverts simplifiés et la somme des bénéfices et des pertes avant impôt sur les bénéfices de l'ensemble des entités constitutives situées dans cet Etat ou ce territoire reportés dans la déclaration.

Les impôts couverts simplifiés de l'ensemble des entités constitutives situées dans un Etat ou territoire correspondent à la somme de leur charge d'impôt reportée dans les états financiers consolidés, déduction faite des impôts non couverts, en application de l'article 223 VS bis, et des positions fiscales incertaines.

Le taux minimum d'imposition transitoire est fixé à 15 % pour les exercices ouverts du 31 décembre 2023 au 31 décembre 2024, à 16 % pour les exercices ouverts du 1er janvier au 31 décembre 2025 et à 17 % pour les exercices ouverts du 1er janvier au 31 décembre 2026 ;

3° La somme des bénéfices et des pertes des entités constitutives avant impôt sur les bénéfices reportés dans la déclaration définie à l'article 223 VZ est inférieure au montant de la déduction fondée sur la substance de ces mêmes entités, calculée conformément à la sous-section 1 de la section IV.

Lorsque le présent article s'applique au titre des entités constitutives situées dans un Etat ou territoire, le contenu de la déclaration mentionnée au II de l'article 223 WW est aménagé en conséquence et seuls les éléments permettant l'application du dispositif transitoire sont mentionnés.

Ndlr *Dispositions applicables aux exercices ouverts à compter du 31 décembre 2023 (Loi 2023-1322 du 29 décembre 2023 art. 33, IV-A).*

FR 7/24 inf. 1 s. p. 2 s.

Art 223 VZ ter L'article 223 VZ bis s'applique à une coentreprise et à ses filiales situées dans un Etat ou un territoire comme si celles-ci constituaient un groupe d'entreprises multinationales ou un groupe national distinct.

Pour l'application des conditions prévues au même article 223 VZ bis à une coentreprise et à ses filiales, il est tenu compte, par le groupe d'entreprises multinationales ou le groupe national qui détient directement ou indirectement une participation dans le groupe de la coentreprise et de ses filiales, du chiffre d'affaires, du bénéfice ou de la perte et des impôts concernés simplifiés figurant dans les états financiers individuels de ces entités.

Ndlr *Dispositions applicables aux exercices ouverts à compter du 31 décembre 2023 (Loi 2023-1322 du 29 décembre 2023 art. 33, IV-A).*

FR 7/24 inf. 1 s. p. 2 s.

Art 223 VZ quater L'article 223 VZ bis s'applique aux entités constitutives d'un groupe d'entreprises multinationales ou d'un groupe national situées dans l'Etat ou le territoire dans lequel est située l'entité mère ultime lorsque celle-ci est une entité interposée, à condition que l'ensemble des détenteurs de cette entité mère ultime soient des entités ou des personnes mentionnées aux I ou II de l'article 223 WQ bis.

Ndlr *Dispositions applicables aux exercices ouverts à compter du 31 décembre 2023 (Loi 2023-1322 du 29 décembre 2023 art. 33, IV-A).*

FR 7/24 inf. 1 s. p. 2 s.

Art 223 VZ quinquies L'article 223 VZ bis s'applique à une entité mère ultime d'un groupe d'entreprises multinationales ou d'un groupe national lorsque celle-ci est soumise à un régime de dividendes déductibles.

Pour l'application du même article 223 VZ bis, le bénéfice ou la perte avant impôt sur les bénéfices est réduit à due concurrence des sommes distribuées sous forme de dividendes déductibles à des entités ou des personnes mentionnées aux II ou III de l'article 223 WR bis.

Les impôts couverts simplifiés de cette entité mère ultime autres que ceux auxquels s'appliquent le régime de dividendes déductibles sont réduits dans la même proportion que le bénéfice ou la perte avant impôt sur les bénéfices.

Ndlr *Dispositions applicables aux exercices ouverts à compter du 31 décembre 2023 (Loi 2023-1322 du 29 décembre 2023 art. 33, IV-A).*

FR 7/24 inf. 1 s. p. 2 s.

Art 223 VZ sexies L'article 223 VZ bis s'applique aux entités d'investissement et aux entités d'investissement d'assurance qui ne sont pas des entités transparentes, sous réserve que les conditions cumulatives suivantes soient remplies :

1° L'entité et ses détenteurs sont situés dans le même Etat ou territoire ;

2° Aucune des options prévues aux articles 223 WU et 223 WV bis n'a été exercée pour l'entité.

L'impôt complémentaire d'une autre entité d'investissement ou d'une autre entité d'investissement d'assurance qui n'est pas une entité transparente est calculé conformément à la sous-section 2 de la section VII, sans préjudice de l'application de l'article 223 VZ bis aux autres entités constitutives situées dans cet Etat ou ce territoire.

Ndlr *Dispositions applicables aux exercices ouverts à compter du 31 décembre 2023 (Loi 2023-1322 du 29 décembre 2023 art. 33, IV-A).*

FR 7/24 inf. 1 s. p. 2 s.

Art 223 VZ septies Les articles 223 VZ bis à 223 VZ sexies ne s'appliquent pas :

1° Aux entités apatrides ;

2° Aux groupes à entités mères multiples dont la déclaration définie à l'article 223 VZ ne comprend pas les informations sur l'ensemble des groupes concernés ;

3° Aux entités situées dans un Etat ou territoire pour lequel l'option prévue à l'article 223 WS a été exercée.

Ndlr *Dispositions applicables aux exercices ouverts à compter du 31 décembre 2023 (Loi 2023-1322 du 29 décembre 2023 art. 33, IV-A).*

FR 7/24 inf. 1 s. p. 2 s.

Art 223 VZ octies I. Les articles 223 VZ à 223 VZ septies s'appliquent aux exercices ouverts au plus tard le 31 décembre 2026 et clos au plus tard le 30 juin 2028.

II. Lorsque l'entité constitutive déclarante n'a pas fait application des articles 223 VZ à 223 VZ septies au titre d'un Etat ou territoire, alors même que les conditions étaient satisfaites au titre d'un exercice, elle en perd la faculté pour tout exercice ultérieur.

Ndlr *Dispositions applicables aux exercices ouverts à compter du 31 décembre 2023 (Loi 2023-1322 du 29 décembre 2023 art. 33, IV-A).*

FR 7/24 inf. 1 s. p. 2 s.

Art 223 VZ nonies Pour l'application du II de l'article 223 WK, l'impôt complémentaire calculé pour une entité constitutive faiblement imposée du groupe qui est située dans l'Etat ou le territoire de résidence de l'entité mère ultime, y compris pour cette dernière entité lorsqu'elle est elle-même faiblement imposée, est nul au titre de chaque exercice d'une durée maximale de douze mois ouvert jusqu'au 31 décembre 2025 et clos avant le 31 décembre 2026, lorsque la législation de l'Etat ou du territoire concerné prévoit l'application d'un taux normal d'un impôt équivalent à l'impôt sur les sociétés au moins égal à 20 %.

Ndlr *Dispositions applicables aux exercices ouverts à compter du 31 décembre 2023 (Loi 2023-1322 du 29 décembre 2023 art. 33, IV-A).*

FR 7/24 inf. 1 s. p. 2 s.

SECTION IV

Liquidation de l'impôt complémentaire

SOUS-SECTION 1

Déduction fondée sur la substance

Art 223 W Pour l'application de la présente sous-section, sont entendus par :

1° Employés : les employés à temps plein ou à temps partiel d'une entité constitutive et les travailleurs indépendants ou intérimaires participant sous son autorité et sous son contrôle à ses activités opérationnelles ordinaires ;

2° Charges de personnel : les dépenses de rémunération des employés définis au 1°, y compris les salaires, traitements et autres avantages personnels directs et distincts au profit des employés, les impôts assis sur les salaires et sur l'emploi et les cotisations et contributions sociales ;

3° Actifs corporels situés dans l'Etat ou le territoire de l'entité constitutive :

a. Les biens, usines et équipements ;

b. Les ressources naturelles ;
c. Le droit, pour un locataire, d'utiliser les actifs corporels ;
d. Le droit concédé par un Etat ou territoire et permettant à son titulaire l'utilisation de biens immobiliers ou de l'exploitation de ressources naturelles entraînant des investissements importants dans des actifs corporels.

Les droits mentionnés aux c et d du présent 3° sont réputés situés dans l'Etat ou le territoire de situation des actifs corporels ainsi utilisés ou exploités.

Ndlr *Dispositions applicables aux exercices ouverts à compter du 31 décembre 2023 (Loi 2023-1322 du 29 décembre 2023 art. 33, IV-A).*

FR 7/24 inf. 1 s. p. 2 s.

Art 223 WA Une déduction fondée sur la substance, établie sur la base des charges de personnel et de la valeur comptable des actifs corporels, déterminée conformément aux articles 223 WA bis et 223 WA ter pour chaque entité constitutive située dans un Etat ou territoire est imputée sur le bénéfice qualifié net.

Sur option de l'entité constitutive déclarante, cette déduction peut ne pas être appliquée.

Cette option s'applique à l'ensemble des entités constitutives situées dans l'Etat ou le territoire pour lequel elle est exercée. Elle est formulée sur la déclaration mentionnée au II de l'article 223 WW souscrite au titre de l'exercice pour lequel l'option s'applique. Elle est tacitement reconduite, sauf renonciation formulée par l'entité constitutive déclarante sur la déclaration mentionnée au même II souscrite au titre du dernier exercice d'application de l'option.

Ndlr *Dispositions applicables aux exercices ouverts à compter du 31 décembre 2023 (Loi 2023-1322 du 29 décembre 2023 art. 33, IV-A).*

FR 7/24 inf. 1 s. p. 2 s.

Art 223 WA bis La part de la déduction afférente aux charges de personnel d'une entité constitutive située dans un Etat ou territoire est égale à 5 % des charges de personnel relatives aux employés qui exercent des activités pour le groupe d'entreprises multinationales ou le groupe national dans cet Etat ou ce territoire, à l'exception des charges de personnel qui sont :
1° Immobilisées et incorporées dans la valeur comptable des actifs corporels ;
2° Ou affectées au résultat exclu en application de l'article 223 VP bis.

Ndlr *Dispositions applicables aux exercices ouverts à compter du 31 décembre 2023 (Loi 2023-1322 du 29 décembre 2023 art. 33, IV-A).*

FR 7/24 inf. 1 s. p. 2 s.

Art 223 WA ter La part de la déduction afférente aux actifs corporels d'une entité constitutive située dans un Etat ou territoire est égale à 5 % de la valeur comptable des actifs corporels situés dans cet Etat ou ce territoire, à l'exception des actifs corporels :
1° Détenus en vue d'être cédés ou loués ou détenus à des fins patrimoniales ;
2° Ou affectés aux activités concourant au résultat exclu en application de l'article 223 VP bis.

La valeur comptable des actifs corporels correspond à la moyenne de leurs valeurs comptables à l'ouverture et à la clôture de l'exercice, telles qu'elles sont comptabilisées dans les états financiers consolidés de l'entité mère ultime, diminuées des amortissements cumulés, provisions et autres dotations et augmentées de tout montant de charges de personnel immobilisées et incorporées dans la valeur comptable des actifs corporels.

Ndlr *Dispositions applicables aux exercices ouverts à compter du 31 décembre 2023 (Loi 2023-1322 du 29 décembre 2023 art. 33, IV-A).*

FR 7/24 inf. 1 s. p. 2 s.

Art 223 WA quater Pour l'application des articles 223 WA bis et 223 WA ter, les charges de personnel et les actifs corporels d'un établissement stable sont ceux qui figurent dans ses états financiers distincts conformément aux articles 223 VQ et 223 VQ bis, sous réserve que les employés et les actifs se trouvent dans le même Etat ou territoire que l'établissement stable.

Ils ne sont pas pris en compte pour déterminer la déduction fondée sur la substance applicable au siège de cet établissement.

Lorsque le résultat qualifié d'un établissement stable par l'intermédiaire duquel une entité interposée exerce tout ou partie de ses activités a été totalement ou partiellement exclu conformément à l'article 223 VR et aux 2° et 3° de l'article 223 WQ, les charges de personnel et les actifs corporels de cet établissement stable sont exclus dans la même proportion du calcul effectué au titre de la présente sous-section pour le groupe d'entreprises multinationales ou le groupe national.

Ndlr *Dispositions applicables aux exercices ouverts à compter du 31 décembre 2023 (Loi 2023-1322 du 29 décembre 2023 art. 33, IV-A).*

FR 7/24 inf. 1 s. p. 2 s.

Art 223 WA quinquies Les charges de personnel et les actifs corporels d'une entité interposée qui ne sont pas attribués conformément à l'article 223 WA quater sont attribués :
1° Aux entités constitutives détenant une participation dans cette entité interposée, propor-

tionnellement au montant qui leur a été attribué conformément à l'article 223 VR quater, lorsque les employés ou les actifs corporels se trouvent dans l'Etat ou le territoire où se situent ces entités ;

2° A l'entité interposée, si elle est l'entité mère ultime, réduits proportionnellement au bénéfice exclu du calcul du bénéfice qualifié de l'entité interposée conformément aux I et II de l'article 223 WQ bis, lorsque les employés ou les actifs corporels se trouvent dans l'Etat ou le territoire où se situe cette entité.

Les autres charges de personnel et les autres actifs corporels de l'entité interposée ne sont pas pris en compte dans le calcul de la déduction fondée sur la substance du groupe d'entreprises multinationales ou du groupe national.

Ndlr *Dispositions applicables aux exercices ouverts à compter du 31 décembre 2023 (Loi 2023-1322 du 29 décembre 2023 art. 33, IV-A).*

FR 7/24 inf. 1 s. p. 2 s.

Art 223 WA sexies La déduction fondée sur la substance d'une entité constitutive apatride est calculée, pour chaque exercice, distinctement de celle applicable aux autres entités constitutives du même groupe.

Ndlr *Dispositions applicables aux exercices ouverts à compter du 31 décembre 2023 (Loi 2023-1322 du 29 décembre 2023 art. 33, IV-A).*

FR 7/24 inf. 1 s. p. 2 s.

Art 223 WA septies La déduction fondée sur la substance ne prend en compte ni les charges de personnel ni les actifs corporels rattachables aux entités d'investissement et aux entités d'investissement d'assurance de l'Etat ou du territoire concerné.

Ndlr *Dispositions applicables aux exercices ouverts à compter du 31 décembre 2023 (Loi 2023-1322 du 29 décembre 2023 art. 33, IV-A).*

FR 7/24 inf. 1 s. p. 2 s.

Art 223 WA octies I. Par dérogation à l'article 223 WA bis, pour les exercices ouverts à compter du 31 décembre des années mentionnées au second alinéa du présent I, le taux de la déduction pour charges de personnel est fixé comme suit :

Exercice ouvert à compter du 31 décembre de l'année	Taux applicable
2023	10 %
2024	9,8 %
2025	9,6 %
2026	9,4 %
2027	9,2 %
2028	9,0 %
2029	8,2 %
2030	7,4 %
2031	6,6 %
2032	5,8 %

II. Par dérogation à l'article 223 WA ter, pour les exercices ouverts à compter du 31 décembre des années mentionnées au second alinéa du présent II, le taux de la déduction pour actifs corporels est fixé comme suit :

Exercice ouvert à compter du 31 décembre de l'année	Taux applicable
2023	8 %
2024	7,8 %
2025	7,6 %
2026	7,4 %
2027	7,2 %
2028	7,0 %
2029	6,6 %
2030	6,2 %
2031	5,8 %
2032	5,4 %

Ndlr *Dispositions applicables aux exercices ouverts à compter du 31 décembre 2023 (Loi 2023-1322 du 29 décembre 2023 art. 33, IV-A).*

FR 7/24 inf. 1 s. p. 2 s.

SOUS-SECTION 2

Détermination du montant de l'impôt complémentaire

Art 223 WB Un impôt complémentaire est dû lorsque, au titre d'un exercice, le taux effectif d'imposition d'un groupe d'entreprises multinationales ou d'un groupe national est inférieur, dans un Etat ou territoire, au taux minimum d'imposition.

L'impôt complémentaire est calculé séparément pour chaque Etat ou territoire puis réparti, le cas échéant, entre les entités constitutives ayant réalisé un bénéfice qualifié situées dans cet Etat ou ce territoire.

Ndlr *Dispositions applicables aux exercices ouverts à compter du 31 décembre 2023 (Loi 2023-1322 du 29 décembre 2023 art. 33, IV-A).*

FR 7/24 inf. 1 s. p. 2 s.

Art 223 WB bis L'impôt complémentaire d'un groupe d'entreprises multinationales ou d'un groupe national dû au titre de son implantation dans un Etat ou territoire est égal au résultat positif du produit du taux d'impôt complémentaire défini au deuxième alinéa par le bénéfice excédentaire défini au dernier alinéa, le cas échéant majoré de l'impôt complémentaire additionnel déterminé en application de la sous-section 3 de la présente section et minoré de l'impôt national complémentaire déterminé à l'article 223 WF.

Le taux d'impôt complémentaire est égal à la différence positive en points de pourcentage entre le taux minimum d'imposition et le taux effectif d'imposition déterminé conformément à la sous-section 3 de la section III.

Le bénéfice excédentaire est égal à la différence positive entre le bénéfice qualifié net d'un groupe dans un Etat ou territoire et le montant de la déduction fondée sur la substance définie à la sous-section 1 de la présente section.

Ndlr *Dispositions applicables aux exercices ouverts à compter du 31 décembre 2023 (Loi 2023-1322 du 29 décembre 2023 art. 33, IV-A).*

FR 7/24 inf. 1 s. p. 2 s.

Art 223 WB ter L'impôt complémentaire affecté à une entité constitutive au titre d'un exercice est égal au produit de l'impôt complémentaire du groupe dans un Etat ou territoire par le rapport entre le bénéfice qualifié de cette entité constitutive et la somme des bénéfices qualifiés des entités constitutives situées dans cet Etat ou ce territoire.

Ndlr *Dispositions applicables aux exercices ouverts à compter du 31 décembre 2023 (Loi 2023-1322 du 29 décembre 2023 art. 33, IV-A).*

FR 7/24 inf. 1 s. p. 2 s.

Art 223 WB quater Lorsque l'impôt complémentaire d'un groupe d'entreprises multinationales ou d'un groupe national dans un Etat ou territoire résulte de l'application de l'article 223 WC et qu'aucun bénéfice qualifié net n'est constaté dans cet Etat ou ce territoire, l'impôt complémentaire est affecté à chaque entité constitutive conformément à la formule prévue à l'article 223 WB ter, sur la base des bénéfices qualifiés réalisés par les entités constitutives au titre des exercices pour lesquels il a été fait application de l'article 223 WC.

Ndlr *Dispositions applicables aux exercices ouverts à compter du 31 décembre 2023 (Loi 2023-1322 du 29 décembre 2023 art. 33, IV-A).*

FR 7/24 inf. 1 s. p. 2 s.

Art 223 WB quinquies L'impôt complémentaire de chaque entité constitutive apatride est calculé distinctement de celui des autres entités du groupe.

Ndlr *Dispositions applicables aux exercices ouverts à compter du 31 décembre 2023 (Loi 2023-1322 du 29 décembre 2023 art. 33, IV-A).*

FR 7/24 inf. 1 s. p. 2 s.

SOUS-SECTION 3
Impôt complémentaire additionnel

Art 223 WC Lorsque les impôts couverts ou le résultat qualifié sont corrigés en application des articles 223 VO decies, 223 VU sexies, 223 VX et 223 VX quater, du III de l'article 223 WH bis et de l'article 223 WS quinquies, le taux effectif d'imposition et l'impôt complémentaire du groupe d'entreprises multinationales ou du groupe national, au titre d'un exercice antérieur, sont recalculés conformément aux règles prévues au paragraphe 1 de la sous-section 3 de la section III et aux sous-sections 1 et 2 de la présente section.

Le montant d'impôt complémentaire additionnel qui en résulte est dû au titre de l'exercice au cours duquel le nouveau calcul est effectué.

Ndlr *Dispositions applicables aux exercices ouverts à compter du 31 décembre 2023 (Loi 2023-1322 du 29 décembre 2023 art. 33, IV-A).*

FR 7/24 inf. 1 s. p. 2 s.

Art 223 WC bis Lorsqu'un impôt complémentaire additionnel est dû au titre d'un exercice antérieur et que le groupe d'entreprises multinationales ou le groupe national ne réalise pas de bénéfice qualifié net au titre de l'exercice au cours duquel le nouveau calcul est effectué, le bénéfice imposable de chaque entité constitutive située dans l'Etat ou le territoire est égal au rapport entre l'impôt complémentaire affecté à celle-ci conformément aux articles 223 WB ter et 223 WB quater et le taux minimum d'imposition.

Ndlr *Dispositions applicables aux exercices ouverts à compter du 31 décembre 2023 (Loi 2023-1322 du 29 décembre 2023 art. 33, IV-A).*

FR 7/24 inf. 1 s. p. 2 s.

Art 223 WC ter Lorsqu'un impôt complémentaire additionnel est dû en application de l'article 223 VT quater, le bénéfice qualifié de chaque entité constitutive située dans l'Etat ou le territoire est égal au rapport entre l'impôt complémentaire affecté à celle-ci conformément aux articles 223 WB ter et 223 WB quater et le taux minimum d'imposition.

L'affectation est effectuée au prorata, pour chaque entité constitutive, du montant égal à la différence entre, d'une part, le produit du résultat qualifié par le taux minimum d'imposition et, d'autre part, les impôts couverts corrigés.

L'impôt complémentaire additionnel n'est affecté conformément au présent article qu'aux seules entités constitutives auxquelles s'applique l'article 223 VT quater.

Ndlr *Dispositions applicables aux exercices ouverts à compter du 31 décembre 2023 (Loi 2023-1322 du 29 décembre 2023 art. 33, IV-A).*

FR 7/24 inf. 1 s. p. 2 s.

Art 223 WC quater Lorsqu'un impôt complémentaire additionnel est affecté à une entité constitutive en application de la présente sous-section et des articles 223 WB ter et 223 WB quater, cette entité est considérée comme une entité constitutive faiblement imposée pour l'application des sous-sections 2 et 3 de la section V.

Ndlr *Dispositions applicables aux exercices ouverts à compter du 31 décembre 2023 (Loi 2023-1322 du 29 décembre 2023 art. 33, IV-A).*

FR 7/24 inf. 1 s. p. 2 s.

SOUS-SECTION 4

Option en faveur de l'exclusion de minimis

Art 223 WD Par dérogation au paragraphe 1 de la sous-section 3 de la section III et aux sous-sections 1, 2, 3 et 5 de la présente section, sur option de l'entité constitutive déclarante au titre d'un exercice, l'impôt complémentaire dû à raison des entités constitutives situées dans un Etat ou territoire est nul si les conditions cumulatives suivantes sont réunies :

1° La moyenne des chiffres d'affaires cumulés de l'ensemble des entités constitutives situées dans cet Etat ou ce territoire, réduits ou augmentés de tout ajustement effectué conformément à la sous-section 1 de la section III, au titre de cet exercice et des deux exercices précédents, est inférieure à dix millions d'euros ;

2° Et la moyenne des bénéfices qualifiés nets ou des pertes qualifiées nettes de cet Etat ou ce territoire, au sens du 1° de l'article 223 VK, au titre de cet exercice et des deux exercices précédents, est une perte ou un bénéfice inférieur à un million d'euros.

Ndlr *Dispositions applicables aux exercices ouverts à compter du 31 décembre 2023 (Loi 2023-1322 du 29 décembre 2023 art. 33, IV-A).*

FR 7/24 inf. 1 s. p. 2 s.

Art 223 WD bis L'option est formulée sur la déclaration mentionnée au II de l'article 223 WW souscrite au titre du premier exercice au titre duquel elle s'applique. Elle est reconduite tacitement, sauf renonciation formulée par l'entité constitutive déclarante sur la déclaration mentionnée au même article 223 WW souscrite au titre du dernier exercice d'application de l'option.

Ndlr *Dispositions applicables aux exercices ouverts à compter du 31 décembre 2023 (Loi 2023-1322 du 29 décembre 2023 art. 33, IV-A).*

FR 7/24 inf. 1 s. p. 2 s.

Art 223 WD ter Lorsqu'aucune des entités constitutives situées dans un Etat ou territoire n'a réalisé un chiffre d'affaires ou une perte qualifiée dans l'Etat ou le territoire au cours de l'un des deux exercices précédents, cet exercice n'est pas pris en compte pour le calcul des moyennes mentionnées aux 1° et 2° de l'article 223 WD.

Ndlr *Dispositions applicables aux exercices ouverts à compter du 31 décembre 2023 (Loi 2023-1322 du 29 décembre 2023 art. 33, IV-A).*

FR 7/24 inf. 1 s. p. 2 s.

Art 223 WD quater L'option prévue à l'article 223 WD ne s'applique ni aux entités constitutives apatrides ni aux entités d'investissement. Leur chiffre d'affaires et leur résultat qualifié ne sont pas pris en compte pour le calcul des moyennes prévu au même article 223 WD.

Ndlr *Dispositions applicables aux exercices ouverts à compter du 31 décembre 2023 (Loi 2023-1322 du 29 décembre 2023 art. 33, IV-A).*

FR 7/24 inf. 1 s. p. 2 s.

SOUS-SECTION 5

Entités constitutives à détention minoritaire

Art 223 WE Pour l'application de la présente sous-section, il est entendu par :

1° Entité constitutive à détention minoritaire : une entité constitutive dont l'entité mère ultime détient, directement ou indirectement, une participation inférieure ou égale à 30 % ;

2° Entité mère à détention minoritaire : une entité constitutive à détention minoritaire dont les titres conférant le contrôle ne sont pas détenus, directement ou indirectement, par une autre entité constitutive à détention minoritaire et qui détient, directement ou indirectement, une participation conférant le contrôle d'une autre entité constitutive à détention minoritaire ;

3° Filiale à détention minoritaire : une entité constitutive à détention minoritaire dont les titres conférant le contrôle sont détenus, directement ou indirectement, par une entité mère à détention minoritaire ;

4° Sous-groupe à détention minoritaire : une entité mère à détention minoritaire et ses filiales à détention minoritaire.

Ndlr *Dispositions applicables aux exercices ouverts à compter du 31 décembre 2023 (Loi 2023-1322 du 29 décembre 2023 art. 33, IV-A).*

FR 7/24 inf. 1 s. p. 2 s.

Art 223 WE bis Pour la détermination du taux effectif d'imposition et de l'impôt complémentaire, chaque sous-groupe à détention minoritaire est traité comme un groupe d'entreprises multinationales ou un groupe national distinct pour l'application des sections III à VII du présent chapitre.

Le groupe d'entreprises multinationales ou le groupe national ne tient pas compte du montant corrigé des impôts couverts ni du résultat qualifié des entités constitutives membres du sous-groupe à détention minoritaire dans la détermination de son taux effectif d'imposition calculé conformément au paragraphe 1 de la sous-section 3 de la section III et de leur bénéfice ou perte qualifiés nets.

Ndlr *Dispositions applicables aux exercices ouverts à compter du 31 décembre 2023 (Loi 2023-1322 du 29 décembre 2023 art. 33, IV-A).*

FR 7/24 inf. 1 s. p. 2 s.

Art 223 WE ter Le taux effectif d'imposition et l'impôt complémentaire d'une entité constitutive à détention minoritaire qui n'est pas membre d'un sous-groupe à détention minoritaire sont calculés séparément.

Le groupe d'entreprises multinationales ou le groupe national ne tient pas compte du montant corrigé des impôts couverts ni du résultat qualifié de cette entité constitutive à détention minoritaire dans la détermination de son taux effectif d'imposition calculé conformément au paragraphe 1 de la sous-section 3 de la section III et de leur bénéfice ou perte qualifié nets.

Nonobstant les deux premiers alinéas du présent article, le taux effectif d'imposition et l'impôt complémentaire d'une entité à détention minoritaire qui est une entité d'investissement sont déterminés conformément aux articles 223 WT à 223 WT quinquies.

Ndlr *Dispositions applicables aux exercices ouverts à compter du 31 décembre 2023 (Loi 2023-1322 du 29 décembre 2023 art. 33, IV-A).*

FR 7/24 inf. 1 s. p. 2 s.

SECTION V
Modalités de collecte de l'impôt complémentaire

SOUS-SECTION 1
Impôt national complémentaire qualifié

Art 223 WF **I.** Les entités constitutives de groupes d'entreprises multinationales ou de groupes nationaux mentionnées au premier alinéa de l'article 223 VL et situées en France en application de l'article 223 VM sont redevables d'un impôt national complémentaire.

II. L'impôt national complémentaire est assis sur le bénéfice excédentaire réalisé par le groupe mentionné au I du présent article. Il est déterminé conformément aux sections III, IV, VI et VII du présent chapitre.

Ce bénéfice excédentaire peut être calculé à partir du résultat net comptable déterminé selon les principes comptables français, prévu par le règlement de l'Autorité des normes comptables, ou selon les normes comptables internationales, en lieu et place de la norme de comptabilité financière utilisée pour l'établissement des états financiers consolidés de l'entité mère ultime.

III. Le taux de l'impôt national complémentaire est déterminé selon les modalités prévues au deuxième alinéa de l'article 223 WB bis.

IV. Chaque entité constitutive est redevable de l'impôt national complémentaire pour la part qui lui est affectée conformément à l'article 223 WB ter.

V. Lorsqu'un impôt complémentaire additionnel est appliqué conformément à la sous-section 3 de la section IV à des entités constitutives mentionnées au I du présent article, cet impôt est dû par chaque entité constitutive pour la part qui lui revient. Cet impôt est considéré comme un impôt national complémentaire pour l'application de l'article 223 WH bis et du premier alinéa de l'article 223 WB bis.

Ndlr *Dispositions applicables aux exercices ouverts à compter du 31 décembre 2023 (Loi 2023-1322 du 29 décembre 2023 art. 33, IV-A).*

FR 7/24 inf. 1 s. p. 2 s.

SOUS-SECTION 2

Règle d'inclusion du revenu qualifiée

Art 223 WG Sont redevables de l'impôt complémentaire au titre de la règle d'inclusion du revenu, lorsqu'elles sont situées en France :

1° L'entité mère ultime d'un groupe d'entreprises multinationales, à raison des entités constitutives du groupe, y compris cette même entité mère ultime, faiblement imposées et situées en France, dans un autre Etat ou territoire ou apatrides ;

2° L'entité mère ultime d'un groupe national à raison des entités constitutives du groupe, y compris cette même entité mère ultime, faiblement imposées et situées en France ;

3° L'entité mère intermédiaire détenue par une entité mère ultime située dans un autre Etat ou territoire, à raison des entités constitutives du groupe qu'elle détient au sens du 16° de l'article 223 VK, y compris cette même entité mère intermédiaire, faiblement imposées et situées en France, dans un autre Etat ou territoire ou apatrides, sous réserve que :

a. L'entité mère ultime située dans un autre Etat ou territoire ne soit pas soumise à une règle d'inclusion du revenu qualifiée au titre de l'exercice ;

b. Et qu'une autre entité mère intermédiaire qui détient, directement ou indirectement, une participation conférant le contrôle dans l'entité mère intermédiaire mentionnée au premier alinéa du présent 3° ne soit pas soumise à une règle d'inclusion du revenu qualifiée au titre de l'exercice ;

4° L'entité mère intermédiaire détenue par une entité mère ultime exclue au sens de l'article 223 VL bis, à raison des entités constitutives du groupe qu'elle détient, au sens du 16° de l'article 223 VK, y compris cette même entité mère intermédiaire, faiblement imposées et situées en France, dans un autre Etat ou territoire ou apatrides.

Le premier alinéa du présent 4° ne s'applique pas lorsqu'une autre entité mère intermédiaire qui détient, directement ou indirectement, une participation conférant le contrôle dans l'entité mère intermédiaire mentionnée au même premier alinéa est soumise à une règle d'inclusion des revenus qualifiée au titre de l'exercice ;

5° L'entité mère partiellement détenue, à raison des entités constitutives du groupe qu'elle détient, au sens du 17° de l'article 223 VK, y compris cette même entité mère partiellement détenue, faiblement imposées et situées en France, dans un autre Etat ou territoire ou apatrides.

Le premier alinéa du présent 5° ne s'applique pas lorsque les titres conférant le contrôle de l'entité mère partiellement détenue sont intégralement détenus, directement ou indirectement, par une autre entité mère partiellement détenue soumise à une règle d'inclusion des revenus qualifiée au titre de l'exercice.

Ndlr *Dispositions applicables aux exercices ouverts à compter du 31 décembre 2023 (Loi 2023-1322 du 29 décembre 2023 art. 33, IV-A).*

FR 7/24 inf. 1 s. p. 2 s.

Art 223 WH Au titre d'un exercice, l'impôt complémentaire déterminé sur le fondement de la règle d'inclusion du revenu dû par une entité mère, en application de l'article 223 WG, comprend :

1° Le montant total de l'impôt complémentaire calculé pour elle-même ;

2° Et la part de l'impôt complémentaire dû à raison d'une entité constitutive faiblement imposée.

Ndlr *Dispositions applicables aux exercices ouverts à compter du 31 décembre 2023 (Loi 2023-1322 du 29 décembre 2023 art. 33, IV-A).*

FR 7/24 inf. 1 s. p. 2 s.

Art 223 WH bis **I.** Le montant de l'imposition minimale dont est redevable, selon la règle d'inclusion du revenu, une entité mère d'un groupe d'entreprises multinationales ou d'un groupe national est diminué à concurrence du montant de l'impôt national complémentaire qualifié dû par celle-ci et par les entités constitutives de son groupe au titre d'un même exercice.

II. Toutefois, lorsque l'impôt national complémentaire qualifié dû dans un Etat ou territoire a été calculé à partir des normes comptables internationales ou de la norme de comptabilité financière utilisée pour l'établissement des états financiers consolidés de l'entité mère ultime, aucun impôt complémentaire n'est dû sur le fondement de la règle d'inclusion du revenu à raison des entités constitutives situées dans cet Etat ou ce territoire.

III. Le montant de l'impôt national complémentaire qualifié non acquitté au cours des quatre exercices suivant celui au cours duquel il est dû est ajouté à l'impôt complémentaire déterminé selon la règle d'inclusion du revenu ou selon la règle relative aux bénéfices insuffisamment imposés prévue à la sous-section 3 de la présente section.

Ndlr *Dispositions applicables aux exercices ouverts à compter du 31 décembre 2023 (Loi 2023-1322 du 29 décembre 2023 art. 33, IV-A).*

FR 7/24 inf. 1 s. p. 2 s.

Art 223 WH ter I. En présence d'autres détenteurs de participations, le montant dû en application du 2° de l'article 223 WH est égal au produit de l'impôt complémentaire de l'entité constitutive faiblement imposée, établi conformément à l'article 223 WB bis, par le ratio d'inclusion de l'entité mère à son égard.

II. Le ratio d'inclusion de l'entité mère correspond au rapport entre, d'une part, le bénéfice qualifié de l'entité constitutive minoré de la part de ce bénéfice attribuable aux participations des autres détenteurs dans cette entité constitutive et, d'autre part, le bénéfice qualifié de cette même entité constitutive.

III. La part du bénéfice qualifié attribuable aux participations des autres détenteurs correspond à la part qui leur aurait été attribuable en application de la norme de comptabilité financière utilisée pour l'établissement des états financiers consolidés de l'entité mère ultime dans l'hypothèse où auraient été cumulativement remplies les conditions suivantes :

1° L'entité mère établit des états financiers consolidés conformément à la norme de comptabilité financière utilisée pour l'établissement des états financiers consolidés de l'entité mère ultime ;

2° Le résultat net comptable de l'entité constitutive faiblement imposée est réputé égal à ce bénéfice qualifié ;

3° L'entité mère détient une participation de contrôle dans l'entité constitutive faiblement imposée, de sorte que tous les produits et charges de cette entité sont consolidés ligne par ligne avec ceux de l'entité mère dans les états financiers établis conformément au 1° du présent III ;

4° L'intégralité du bénéfice qualifié de l'entité faiblement imposée est attribuable à des transactions avec des personnes qui ne sont pas des entités du groupe ;

5° Toutes les participations non détenues directement ou indirectement par l'entité mère sont détenues par des personnes autres que des entités du groupe.

Ndlr *Dispositions applicables aux exercices ouverts à compter du 31 décembre 2023 (Loi 2023-1322 du 29 décembre 2023 art. 33, IV-A).*

FR 7/24 inf. 1 s. p. 2 s.

Art 223 WI L'impôt complémentaire dû au titre d'un exercice sur le fondement de la règle d'inclusion du revenu par une entité mère située en France à raison d'une entité constitutive faiblement imposée qu'elle détient par l'intermédiaire d'une entité mère intermédiaire ou d'une entité mère partiellement détenue est réduit à concurrence du montant d'impôt complémentaire dû, sur le fondement de la même règle, par cette entité mère intermédiaire ou cette entité mère partiellement détenue à raison de cette même entité constitutive faiblement imposée.

Ndlr *Dispositions applicables aux exercices ouverts à compter du 31 décembre 2023 (Loi 2023-1322 du 29 décembre 2023 art. 33, IV-A).*

FR 7/24 inf. 1 s. p. 2 s.

SOUS-SECTION 3

Règle relative aux bénéfices insuffisamment imposés qualifiée

Art 223 WJ Sont redevables d'un impôt complémentaire, établi selon la règle relative aux bénéfices insuffisamment imposés et déterminé conformément à l'article 223 WK, les entités constitutives d'un groupe d'entreprises multinationales qui sont situées en France, à l'exception des entités d'investissement, lorsque l'entité mère ultime de ce groupe est :

1° Située dans un Etat ou territoire dont la législation ne prévoit pas l'application d'une règle d'inclusion du revenu qualifiée ;

2° Ou située dans un Etat ou territoire à faible imposition et que cette même entité mère ultime et, le cas échéant, les entités constitutives de son groupe situées dans le même Etat ou territoire ne sont pas elles-mêmes soumises, pour ce qui les concerne, à une règle d'inclusion du revenu qualifiée dans cet Etat ou ce territoire ;

3° Ou une entité exclue.

Ndlr *Les dispositions relatives à l'impôt complémentaire établi selon la règle des bénéfices insuffisamment imposés mentionnée aux présent article s'appliquent aux exercices ouverts à compter du 31 décembre 2024.*

Toutefois, les dispositions mentionnées à l'alinéa précédent s'appliquent aux exercices ouverts à compter du 31 décembre 2023 lorsqu'une ou plusieurs entités constitutives situées en France sont membres d'un groupe d'entreprises multinationales dont l'entité mère ultime est située dans un Etat ayant exercé l'option prévue à l'article 50 de la directive (UE) 2022/2523 du Conseil du 14 décembre 2022 visant à assurer un niveau minimum d'imposition mondial pour les groupes d'entreprises multinationales et les groupes nationaux de grande envergure dans l'Union (Loi 2023-1322 du 29 décembre 2023 art. 33, IV-B).

FR 7/24 inf. 1 s. p. 2 s.

Art 223 WK I. Le montant de l'impôt complémentaire dû en application de l'article 223 WJ est égal au produit du montant total de l'impôt complémentaire afférent aux bénéfices insuffisamment imposés du groupe calculé en application du II du présent article par le rapport déterminé dans les conditions prévues au III.

II. Le montant total de l'impôt complémentaire établi selon la règle relative aux bénéfices insuffisamment imposés est égal, au titre d'un exercice, à la somme de l'impôt complémentaire calculé pour chaque entité constitutive faiblement imposée du groupe d'entreprises multinationales au titre de cet exercice, déterminé dans les conditions prévues aux articles 223 WB à 223 WB quinquies.

Toutefois, pour l'application du présent article, l'impôt complémentaire calculé pour une entité constitutive faiblement imposée du groupe est :

1° Nul lorsque toutes les participations de l'entité mère ultime dans cette entité constitutive sont détenues, directement ou indirectement, par une ou plusieurs entités mères qui sont tenues d'appliquer, dans l'Etat ou le territoire où elles sont situées, une règle d'inclusion du revenu qualifiée ;

2° Diminué, lorsque le 1° du présent II ne trouve pas à s'appliquer, de la fraction attribuable à l'entité mère soumise dans son Etat ou territoire de résidence à une règle d'inclusion du revenu qualifiée.

III. Le rapport mentionné au I est déterminé, au titre de chaque exercice et pour chaque groupe d'entreprises multinationales, sous réserve des articles 223 WK bis et 223 WK ter, en additionnant les montants suivants :

1° La moitié du rapport entre, au numérateur, le nombre total d'employés en équivalent temps plein, y compris les travailleurs indépendants et les travailleurs intérimaires mentionnés au 1° de l'article 223 W, de toutes les entités constitutives situées en France et, au dénominateur, le nombre total d'employés, déterminé dans les mêmes conditions, de toutes les entités constitutives du groupe situées dans des Etats ou territoires dont la législation prévoit, au titre de l'exercice, l'application d'une règle relative aux bénéfices insuffisamment imposés qualifiée ;

2° La moitié du rapport entre, au numérateur, la somme des valeurs nettes comptables des actifs corporels détenus par toutes les entités constitutives du groupe situées en France et, au dénominateur, la somme des valeursnettes comptables des actifs corporels détenus par toutes les entités constitutives situées dans des Etats ou territoires dont la législation prévoit, au titre de l'exercice, l'application d'une règle relative aux bénéfices insuffisamment imposés qualifiée.

Ndlr *Les dispositions relatives à l'impôt complémentaire établi selon la règle des bénéfices insuffisamment imposés mentionnée aux présent article s'appliquent aux exercices ouverts à compter du 31 décembre 2024.*

Toutefois, les dispositions mentionnées à l'alinéa précédent s'appliquent aux exercices ouverts à compter du 31 décembre 2023 lorsqu'une ou plusieurs entités constitutives situées en France sont membres d'un groupe d'entreprises multinationales dont l'entité mère ultime est située dans un Etat ayant exercé l'option prévue à l'article 50 de la directive (UE) 2022/2523 du Conseil du 14 décembre 2022 visant à assurer un niveau minimum d'imposition mondial pour les groupes d'entreprises multinationales et les groupes nationaux de grande envergure dans l'Union (Loi 2023-1322 du 29 décembre 2023 art. 33, IV-B).

FR 7/24 inf. 1 s. p. 2 s.

Art 223 WK bis I. Pour l'application du III de l'article 223 WK, dans le cas d'un établissement stable, il est tenu compte des actifs corporels ainsi que des employés dont les coûts salariaux sont comptabilisés dans ses états financiers conformément au paragraphe 4 de la sous-section 1 de la section III.

Les employés et les actifs corporels attribués à l'Etat ou au territoire dans lequel est situé l'établissement stable ne sont pas pris en compte pour la détermination des rapports mentionnés au III de l'article 223 WK pour l'Etat ou le territoire du siège.

II. Sauf s'ils sont attribués à un établissement stable en application du I du présent article, les employés et la valeur nette comptable des actifs corporels d'une entité interposée sont attribués, le cas échéant, aux entités constitutives situées dans l'Etat ou le territoire de création de cette entité interposée.

III. Les employés et la valeur nette comptable des actifs corporels d'une entité d'investissement ne sont pas pris en compte pour la détermination des rapports mentionnés au III de l'article 223 WK.

Ndlr *Les dispositions relatives à l'impôt complémentaire établi selon la règle des bénéfices insuffisamment imposés mentionnée aux présent article s'appliquent aux exercices ouverts à compter du 31 décembre 2024.*

Toutefois, les dispositions mentionnées à l'alinéa précédent s'appliquent aux exercices ouverts à compter du 31 décembre 2023 lorsqu'une ou plusieurs entités constitutives situées en France sont membres d'un groupe d'entreprises multinationales dont l'entité mère ultime est située dans un Etat ayant exercé l'option prévue à l'article 50 de la directive (UE) 2022/2523 du Conseil du 14 décembre 2022 visant à assurer un niveau minimum d'imposition mondial pour les groupes d'entreprises multinationales et les groupes nationaux de grande envergure dans l'Union (Loi 2023-1322 du 29 décembre 2023 art. 33, IV-B).

FR 7/24 inf. 1 s. p. 2 s.

Art 223 WK ter I. Les rapports mentionnés au III de l'article 223 WK sont déterminés en application du II du présent article lorsque, au titre d'un exercice antérieur, le montant de l'impôt complémentaire afférent aux bénéfices insuffisamment imposés du groupe qui est attribué à un Etat ou territoire dont la législation prévoit l'application d'un tel impôt n'a pas été intégralement prélevé auprès des entités constitutives du groupe situées dans cet Etat ou ce territoire. Dans cette hypothèse, le montant d'impôt complémentaire alloué à cet Etat ou ce territoire, au titre des exercices ultérieurs, en application de la règle relative aux bénéfices insuffisamment imposés qualifiée est réputé égal à zéro.

II. Lorsque le I est applicable, le nombre total des employés et la somme des valeurs nettes comptables des actifs corporels de toutes les entités constitutives du groupe qui sont situées dans l'Etat ou le territoire mentionné au même I sont exclus pour la détermination du dénominateur des rapports respectivement mentionnés au III de l'article 223 WK et à l'article 223 WK bis.

III. Toutefois, le présent article ne s'applique pas si, au titre d'un exercice, l'ensemble des Etats ou territoires dont la législation prévoit l'application d'une règle relative aux bénéfices insuffisamment imposés qualifiée et dans lesquels sont situées des entités constitutives du groupe disposent d'un montant d'impôt complémentaire réputé égal à zéro, conformément au I.

Ndlr *Les dispositions relatives à l'impôt complémentaire établi selon la règle des bénéfices insuffisamment imposés mentionnée aux présent article s'appliquent aux exercices ouverts à compter du 31 décembre 2024.*

Toutefois, les dispositions mentionnées à l'alinéa précédent s'appliquent aux exercices ouverts à compter du 31 décembre 2023 lorsqu'une ou plusieurs entités constitutives situées en France sont membres d'un groupe d'entreprises multinationales dont l'entité mère ultime est située dans un Etat ayant exercé l'option prévue à l'article 50 de la directive (UE) 2022/2523 du Conseil du 14 décembre 2022 visant à assurer un niveau minimum d'imposition mondial pour les groupes d'entreprises multinationales et les groupes nationaux de grande envergure dans l'Union (Loi 2023-1322 du 29 décembre 2023 art. 33, IV-B).

FR 7/24 inf. 1 s. p. 2 s.

Art 223 WK quater Lorsque plusieurs entités constitutives d'un même groupe sont situées en France, le montant de l'impôt complémentaire dû par chacune d'elles est égal au produit du montant de l'impôt complémentaire mentionné au I de l'article 223 WK, attribuable aux entités constitutives situées en France, par la somme des deux montants suivants :

1° La moitié du rapport entre, au numérateur, le nombre d'employés de l'entité constitutive concernée, déterminé en équivalent temps plein, y compris les travailleurs indépendants et les travailleurs intérimaires mentionnés au 1° de l'article 223 W, et, au dénominateur, le nombre total d'employés, déterminé dans les mêmes conditions, de toutes les entités constitutives du groupe situées en France ;

2° La moitié du rapport entre, au numérateur, la somme des valeurs nettes comptables des actifs corporels détenus par l'entité constitutive concernée et, au dénominateur, la somme des valeurs nettes comptables des actifs corporels détenus par toutes les entités constitutives du groupe situées en France.

Ndlr *Les dispositions relatives à l'impôt complémentaire établi selon la règle des bénéfices insuffisamment imposés mentionnée aux présent article s'appliquent aux exercices ouverts à compter du 31 décembre 2024.*

Toutefois, les dispositions mentionnées à l'alinéa précédent s'appliquent aux exercices ouverts à compter du 31 décembre 2023 lorsqu'une ou plusieurs entités constitutives situées en France sont membres d'un groupe d'entreprises multinationales dont l'entité mère ultime est située dans un Etat ayant exercé l'option prévue à l'article 50 de la directive (UE) 2022/2523 du Conseil du 14 décembre 2022 visant à assurer un niveau minimum d'imposition mondial pour les groupes d'entreprises multinationales et les groupes nationaux de grande envergure dans l'Union (Loi 2023-1322 du 29 décembre 2023 art. 33, IV-B).

FR 7/24 inf. 1 s. p. 2 s.

SECTION VI

Règles relatives à l'organisation du groupe et aux restructurations

SOUS-SECTION 1

Application du seuil de chiffres d'affaires consolidé aux fusions et scissions de groupes

Art 223 WL Pour l'application du présent chapitre, est entendu par :

1° Fusion : l'opération par laquelle :

a. La totalité ou la quasi-totalité des entités faisant partie de plusieurs groupes distincts sont placées sous contrôle commun de sorte qu'elles constituent des entités d'un même groupe ;

b. Ou une entité qui n'est pas membre d'un groupe est placée sous contrôle commun avec une autre entité ou un groupe de sorte qu'ils constituent des entités d'un même groupe ;

2° Scission : l'opération par laquelle les entités faisant partie d'un groupe unique sont séparées en des groupes différents qui n'entrent plus dans le périmètre de consolidation de la même entité mère ultime.

> **Ndlr** *Dispositions applicables aux exercices ouverts à compter du 31 décembre 2023 (Loi 2023-1322 du 29 décembre 2023 art. 33, IV-A).*

FR 7/24 inf. 1 s. p. 2 s.

Art 223 WL bis En cas de fusion, au sens du a du 1° de l'article 223 WL, réalisée au cours de l'un des quatre exercices précédant immédiatement l'exercice considéré, le seuil de chiffre d'affaires consolidé du groupe d'entreprises multinationales ou du groupe national, défini à l'article 223 VL, est réputé atteint pour tout exercice précédant celui au cours duquel a lieu l'opération si la somme des chiffres d'affaires figurant dans chacun des états financiers consolidés des groupes fusionnés, pour ce même exercice, est égale ou supérieure à 750 millions d'euros.

> **Ndlr** *Dispositions applicables aux exercices ouverts à compter du 31 décembre 2023 (Loi 2023-1322 du 29 décembre 2023 art. 33, IV-A).*

FR 7/24 inf. 1 s. p. 2 s.

Art 223 WL ter En cas de fusion, au sens du b du 1° de l'article 223 WL, au cours de l'exercice considéré, lorsque l'entité acquise ou l'entité ou le groupe acquéreur ne dispose pas d'états financiers consolidés au cours de l'un des quatre exercices précédant immédiatement l'exercice considéré, le seuil de chiffre d'affaires consolidé du groupe d'entreprises multinationales ou du groupe national est réputé atteint, si la somme des chiffres d'affaires figurant dans chacun des états financiers ou états financiers consolidés de ces entités, pour cet exercice, est égale ou supérieure à 750 millions d'euros.

> **Ndlr** *Dispositions applicables aux exercices ouverts à compter du 31 décembre 2023 (Loi 2023-1322 du 29 décembre 2023 art. 33, IV-A).*

FR 7/24 inf. 1 s. p. 2 s.

Art 223 WL quater En cas de scission d'un groupe d'entreprises multinationales ou d'un groupe national entrant dans le champ des articles 223 VL à 223 VL ter, le seuil de chiffre d'affaires consolidé est réputé atteint par un groupe issu de la scission :

1° En ce qui concerne le premier exercice suivant la scission, si ce groupe réalise un chiffre d'affaires annuel égal ou supérieur à 750 millions d'euros pour cet exercice ;

2° En ce qui concerne les deuxième, troisième et quatrième exercices suivant la scission, si ce groupe réalise un chiffre d'affaires annuel de 750 millions d'euros ou plus pour au moins deux de ces exercices suivant la scission.

> **Ndlr** *Dispositions applicables aux exercices ouverts à compter du 31 décembre 2023 (Loi 2023-1322 du 29 décembre 2023 art. 33, IV-A).*

FR 7/24 inf. 1 s. p. 2 s.

SOUS-SECTION 2

Entrées et sorties d'entités constitutives au sein d'un groupe d'entreprises multinationales ou d'un groupe national

Art 223 WM Lorsqu'au cours d'un exercice, ci-après dénommé exercice d'acquisition, une entité devient ou cesse d'être une entité constitutive d'un groupe d'entreprises multinationales ou d'un groupe national à la suite d'un transfert de participations directement ou indirectement détenues dans cette entité ou lorsqu'elle devient l'entité mère ultime d'un nouveau groupe, cette entité est considérée comme un membre du groupe d'entreprises multinationales ou du groupe national, à la condition qu'une partie de ses actifs, de ses passifs, de ses recettes, de ses dépenses et de ses flux de trésorerie soit intégrée, ligne par ligne, dans les états financiers consolidés de l'entité mère ultime. Son taux effectif d'imposition et son impôt complémentaire sont calculés comme suit.

1. Au titre de l'exercice d'acquisition, le groupe d'entreprises multinationales ou le groupe national tient uniquement compte du résultat net comptable et du montant corrigé des impôts couverts de l'entité qui sont inscrits dans les états financiers consolidés de l'entité mère ultime.

2. Au titre de l'exercice d'acquisition et des exercices suivants, le résultat qualifié et le montant corrigé des impôts couverts de l'entité sont déterminés sur la base de la valeur comptable de ses actifs et de ses passifs avant le transfert.

3. Au titre de l'exercice d'acquisition, les frais de personnel de l'entité pris en compte pour la détermination de la déduction prévue à la sous-section 1 de la section IV correspondent aux coûts figurant dans les états financiers consolidés de l'entité mère ultime.

4. Au titre de l'exercice d'acquisition, le calcul de la valeur comptable des actifs corporels de l'entité pris en compte pour la détermination de la déduction prévue à la même sous-section 1 est ajusté, le cas échéant, au prorata de la période pendant laquelle l'entité était membre du groupe d'entreprises multinationales ou du groupe national.

5. A l'exception de l'actif d'impôt différé au titre d'une perte qualifiée nette déterminé dans les conditions prévues au paragraphe 4 de la sous-section 2 de la section III, les actifs et les passifs d'impôts différés de l'entité qui sont transférés entre des groupes d'entreprises multinationales ou des groupes nationaux sont pris en compte par le groupe acquéreur comme s'il contrôlait l'entité lors de leur constatation.

6. Pour l'application de l'article 223 VU sexies, les passifs d'impôts différés de l'entité qui ont précédemment été pris en compte dans le montant total de la correction pour impôts différés, d'une part, sont réputés repris chez le groupe d'entreprises multinationales ou le groupe national cédant et, d'autre part, sont réputés nés chez le groupe acquéreur au cours de l'exercice d'acquisition. Toute régularisation ultérieure de ces passifs d'impôts différés doit, par dérogation au second alinéa du même article 223 VU sexies, être effectuée au titre du cinquième exercice suivant celui d'acquisition, lorsque le passif n'a pas été repris.

7. Lorsque, au cours de l'exercice d'acquisition, l'entité est une entité mère et une entité constitutive d'un groupe faisant partie de plusieurs groupes d'entreprises multinationales ou groupes nationaux, la règle d'inclusion du revenu est appliquée séparément à chacune des parts attribuables d'impôt complémentaire déterminées pour chaque groupe d'entreprises multinationales ou groupe national.

Ndlr *Dispositions applicables aux exercices ouverts à compter du 31 décembre 2023 (Loi 2023-1322 du 29 décembre 2023 art. 33, IV-A).*

FR 7/24 inf. 1 s. p. 2 s.

Art 223 WM bis L'acquisition ou la cession d'une participation conférant le contrôle d'une entité est considérée comme un transfert d'actifs et de passifs au sens du 1° de l'article 223 WN si l'Etat ou le territoire dans lequel est située cette entité ou, dans le cas d'une entité transparente, l'Etat ou le territoire dans lequel sont situés les actifs impose au cédant un impôt couvert assis sur la différence entre la valeur fiscale des actifs et des passifs transférés et la contrepartie versée en échange de la participation conférant le contrôle ou la juste valeur de ces actifs et de ces passifs.

Ndlr *Dispositions applicables aux exercices ouverts à compter du 31 décembre 2023 (Loi 2023-1322 du 29 décembre 2023 art. 33, IV-A).*

FR 7/24 inf. 1 s. p. 2 s.

SOUS-SECTION 3
Transferts d'actifs et de passifs

Art 223 WN Pour l'application de la présente sous-section, est entendu par :

1° Réorganisation : une transformation ou un transfert d'actifs et de passifs, résultant d'une fusion, d'une scission, d'une liquidation ou d'une opération similaire, qui remplit cumulativement les conditions suivantes :

a. La contrepartie du transfert est constituée, en totalité ou en grande partie, de parts de capitaux propres émis par l'entité constitutive cessionnaire ou par une personne liée à cette entité ou, dans le cas d'une liquidation, de l'annulation des parts de capitaux propres de l'entité liquidée.

Lorsque l'émission de parts de capitaux propres n'a aucune importance économique, le premier alinéa du présent a n'est pas applicable ;

b. La plus ou moins-value de l'entité constitutive cédante sur ces actifs n'est pas soumise à l'impôt en tout ou partie ;

c. La législation fiscale de l'Etat ou du territoire dans lequel est située l'entité constitutive cessionnaire impose à celle-ci de calculer son résultat fiscal local après la cession ou l'acquisition en retenant, pour les actifs et les passifs acquis, la valeur qu'ils avaient, du point de vue fiscal, dans les écritures de l'entité constitutive cédante, ajustée pour tenir compte de toute plus ou moins-value non éligible résultant de la cession ou de l'acquisition ;

2° Plus ou moins-value non éligible : le plus faible des deux montants entre la plus ou moins-value de l'entité constitutive cédante résultant d'une réorganisation soumise à l'impôt dans l'Etat ou le territoire dans lequel cette entité est située et la plus ou moins-value comptable résultant de cette réorganisation ;

3° Evénement déclencheur : événement ayant déclenché l'ajustement de l'impôt ;

4° Entité constitutive cédante : entité constitutive qui cède des actifs et des passifs ;

5° Entité constitutive cessionnaire : entité constitutive qui acquiert des actifs et des passifs.

Ndlr *Dispositions applicables aux exercices ouverts à compter du 31 décembre 2023 (Loi 2023-1322 du 29 décembre 2023 art. 33, IV-A).*

FR 7/24 inf. 1 s. p. 2 s.

Art 223 WN bis Une entité constitutive cédante intègre la plus ou moins-value résultant d'une cession dans le calcul de son résultat qualifié.

Une entité constitutive cessionnaire détermine son résultat qualifié en retenant la valeur d'acquisition des actifs et passifs de l'entité cédante, déterminée selon la norme comptable et financière utilisée pour l'établissement des états financiers consolidés de son entité mère ultime.

Ndlr *Dispositions applicables aux exercices ouverts à compter du 31 décembre 2023 (Loi 2023-1322 du 29 décembre 2023 art. 33, IV-A).*

FR 7/24 inf. 1 s. p. 2 s.

Art 223 WN ter Par dérogation à l'article 223 WN bis, lorsqu'une cession ou une acquisition d'actifs et de passifs a lieu dans le cadre d'une réorganisation :

1° L'entité constitutive cédante exclut du calcul de son résultat qualifié la plus ou moins-value résultant de cette cession ;

2° L'entité constitutive cessionnaire détermine son résultat qualifié en retenant la valeur que les actifs et les passifs avaient, du point de vue comptable, dans les écritures de l'entité constitutive cédante.

Ndlr *Dispositions applicables aux exercices ouverts à compter du 31 décembre 2023 (Loi 2023-1322 du 29 décembre 2023 art. 33, IV-A).*

FR 7/24 inf. 1 s. p. 2 s.

Art 223 WN quater Par dérogation aux articles 223 WN bis et 223 WN ter, lorsque le transfert d'actifs et de passifs a lieu dans le cadre d'une réorganisation qui entraîne, pour l'entité cédante, une plus ou moins-value non éligible :

1° L'entité constitutive cédante inclut, dans le calcul de son résultat qualifié, la plus ou moins-value résultant de la cession à hauteur de la plus ou moins-value non éligible ;

2° L'entité constitutive cessionnaire détermine son résultat qualifié en retenant pour les actifs et passifs acquis la valeur qu'ils avaient, du point de vue comptable, dans les écritures de l'entité constitutive cédante, ajustée conformément aux règles fiscales nationales de l'entité constitutive cessionnaire pour tenir compte de la plus ou moins-value non éligible.

Ndlr *Dispositions applicables aux exercices ouverts à compter du 31 décembre 2023 (Loi 2023-1322 du 29 décembre 2023 art. 33, IV-A).*

FR 7/24 inf. 1 s. p. 2 s.

Art 223 WN quinquies Lorsqu'une entité constitutive a l'obligation ou l'autorisation d'ajuster la base de ses actifs et le montant de ses passifs à leur juste valeur à des fins fiscales dans l'Etat ou le territoire où elle est située, l'entité constitutive déclarante peut exercer une option par laquelle l'entité constitutive qui procède à cet ajustement :

1° Intègre, dans le calcul de son résultat qualifié, un montant de plus ou moins-value pour chacun de ses actifs et passifs qui est égal à la différence entre la valeur comptable, aux fins de la comptabilité financière, de l'actif ou du passif immédiatement avant la date de l'événement déclencheur et la juste valeur de l'actif ou du passif immédiatement après l'événement déclencheur. Le cas échéant, ce montant est minoré ou majoré des plus ou moins-values non éligibles en lien avec l'événement déclencheur ;

2° Utilise la juste valeur, aux fins de la comptabilité financière, de l'actif ou du passif immédiatement après l'événement déclencheur pour calculer le résultat qualifié de ses exercices clos postérieurement à cet événement ;

3° Et intègre le total net des montants déterminés au 1° dans son résultat qualifié de l'une des manières suivantes :

a. Le total net de ces montants est imposé dans l'exercice au cours duquel l'événement déclencheur se produit ;

b. Un montant égal au total net de ces montants divisés par cinq est imposé dans l'exercice au cours duquel l'événement déclencheur se produit et dans chacun des quatre exercices suivants. Toutefois, si l'entité constitutive quitte le groupe d'entreprises multinationales ou le groupe national au cours d'un exercice de cette période, le montant restant est entièrement imposé au cours de cet exercice de sortie.

Ndlr *Dispositions applicables aux exercices ouverts à compter du 31 décembre 2023 (Loi 2023-1322 du 29 décembre 2023 art. 33, IV-A).*

FR 7/24 inf. 1 s. p. 2 s.

SOUS-SECTION 4

Coentreprises

Art 223 WO Pour l'application du présent chapitre, est entendu par :

1° Coentreprise : toute entité dont les titres sont mis en équivalence dans les états financiers consolidés par une entité mère ultime, sous réserve que celle-ci détienne dans cette entité, directement ou indirectement, une participation supérieure ou égale à 50 %.

N'est pas considérée comme une coentreprise :

a. L'entité mère ultime d'un groupe d'entreprises multinationales ou d'un groupe national tenue d'appliquer une règle d'inclusion du revenu qualifiée ;

b. Une entité exclue conformément à l'article 223 VL bis ;

c. Une entité dont la participation détenue par le groupe d'entreprises multinationales ou le groupe national est directement détenue par une entité exclue conformément au même article 223 VL bis et qui satisfait au moins l'une des conditions suivantes :

elle a pour objet exclusif ou presque exclusif de détenir des actifs ou de réaliser des placements pour le compte de ses investisseurs ;

elle exerce des activités qui sont accessoires à celles exercées par l'entité exclue ;

la totalité ou la quasi-totalité de ses bénéfices sont exclus pour la détermination du résultat qualifié en application des 2° et 3° de l'article 223 VO bis ;

d. Une entité d'un groupe d'entreprises multinationales ou un groupe national composé exclusivement d'entités exclues ;

e. Une filiale d'une coentreprise ;

2° Filiale d'une coentreprise :

a. Une entité dont les actifs, les passifs, les produits, les charges et les flux de trésorerie sont consolidés par une coentreprise conformément à une norme de comptabilité financière qualifiée ou auraient été consolidés par une coentreprise si cette dernière avait été tenue de consolider ses actifs, passifs, produits, charges et flux de trésorerie conformément à une norme de comptabilité financière qualifiée ;

b. Ou un établissement stable dont le siège est une coentreprise ou une entité mentionnée au a du présent 2°.

Ndlr *Dispositions applicables aux exercices ouverts à compter du 31 décembre 2023 (Loi 2023-1322 du 29 décembre 2023 art. 33, IV-A).*

FR 7/24 inf. 1 s. p. 2 s.

Art 223 WO bis L'impôt complémentaire déterminé sur le fondement de la règle d'inclusion du revenu dû par une entité mère qui détient directement ou indirectement une participation dans une coentreprise ou une filiale de coentreprise comprend la part d'impôt complémentaire due pour le compte de cette coentreprise ou filiale, conformément à la sous-section 2 de la section V.

Ndlr *Dispositions applicables aux exercices ouverts à compter du 31 décembre 2023 (Loi 2023-1322 du 29 décembre 2023 art. 33, IV-A).*

FR 7/24 inf. 1 s. p. 2 s.

Art 223 WO ter Le calcul de l'impôt complémentaire de la coentreprise et de ses filiales est effectué dans les conditions prévues aux sections III, IV et VII et à la présente section, comme s'il s'agissait d'entités constitutives d'un groupe d'entreprises multinationales ou d'un groupe national distincts dont la coentreprise serait l'entité mère ultime.

Ndlr *Dispositions applicables aux exercices ouverts à compter du 31 décembre 2023 (Loi 2023-1322 du 29 décembre 2023 art. 33, IV-A).*

FR 7/24 inf. 1 s. p. 2 s.

Art 223 WO quater Pour l'application du présent article, l'impôt complémentaire dû par le groupe formé par la coentreprise et ses filiales s'entend de la part attribuable à l'entité mère ultime de l'impôt complémentaire du groupe.

L'impôt complémentaire dû par le groupe est diminué de la part de l'impôt complémentaire attribuable à chaque entité mère, conformément à l'article 223 WO bis, pour chaque membre du groupe imposable conformément à l'article 223 VO ter. Tout montant d'impôt complémentaire restant est ajouté au montant total de l'impôt complémentaire établi selon la règle relative aux bénéfices insuffisamment imposés prévue à la sous-section 3 de la section V, conformément au II de l'article 223 WK.

Ndlr *Dispositions applicables aux exercices ouverts à compter du 31 décembre 2023 (Loi 2023-1322 du 29 décembre 2023 art. 33, IV-A).*

FR 7/24 inf. 1 s. p. 2 s.

SOUS-SECTION 5

Groupes d'entreprises multinationales à entités mères multiples

Art 223 WP Pour l'application de la présente sous-section, est entendu par :

1° Groupes d'entreprises multinationales ou groupes nationaux à entités mères multiples : les groupes dont les entités mères ultimes ont conclu un accord de jumelage d'actions ou un accord de double cotation et dont au moins une entité ou un établissement stable n'est pas situé dans le même Etat ou territoire que les autres entités ;

2° Accord de jumelage d'actions : un accord conclu par plusieurs entités mères ultimes de groupes distincts qui remplissent les conditions cumulatives suivantes :

a. Si les entités mères ultimes des groupes distincts sont cotées en bourse, au moins 50 % des titres émis par ces entités sont émis à un prix unique et ne peuvent être transférés ou négociés indépendamment les uns des autres ;

b. L'une des entités mères ultimes établit des états financiers consolidés réunissant les actifs, les passifs, les recettes, les dépenses et les flux de trésorerie de l'ensemble des entités des groupes concernés comme les éléments d'une entité économique unique. Ces états financiers consolidés sont certifiés conformément à la réglementation comptable en vigueur ;

3° Accord de double cotation : un accord conclu par plusieurs entités mères ultimes de groupes distincts qui remplissent les conditions cumulatives suivantes :

a. Les entités mères ultimes conviennent contractuellement de regrouper leurs activités ;

b. Les entités mères ultimes exercent leurs activités comme si elles constituaient une entité économique unique ;

c. Les entités mères ultimes effectuent des distributions de dividendes ou, en cas de liquidation, des répartitions d'actifs sur la base d'un ratio déterminé contractuellement ;

d. Les titres émis par les entités mères ultimes parties à l'accord sont cotés, négociés ou transférés de façon indépendante sur différents marchés financiers ;

e. Les entités mères ultimes établissent des états financiers consolidés réunissant les actifs, les passifs, les recettes, les dépenses et les flux de trésorerie de l'ensemble des entités des groupes concernés comme les éléments d'une seule et même entité économique. Ces états financiers consolidés sont certifiés conformément à la réglementation comptable en vigueur.

Ndlr *Dispositions applicables aux exercices ouverts à compter du 31 décembre 2023 (Loi 2023-1322 du 29 décembre 2023 art. 33, IV-A).*

FR 7/24 inf. 1 s. p. 2 s.

Art 223 WP bis Lorsque des entités de plusieurs groupes font partie d'un groupe d'entreprises multinationales ou d'un groupe national à entités mères multiples, les entités de chaque groupe sont considérées comme des membres d'un unique groupe d'entreprises multinationales ou d'un unique groupe national à entités mères multiples.

Une entité, autre qu'une entité exclue mentionnée à l'article 223 VL bis, est considérée comme une entité constitutive si ses résultats sont consolidés ligne par ligne dans les états financiers d'un groupe d'entreprises multinationales ou d'un groupe national à entités mères multiples ou si les participations conférant le contrôle dans cette entité sont détenues par des entités du groupe d'entreprises multinationales ou du groupe national à entités mères multiples.

Ndlr *Dispositions applicables aux exercices ouverts à compter du 31 décembre 2023 (Loi 2023-1322 du 29 décembre 2023 art. 33, IV-A).*

FR 7/24 inf. 1 s. p. 2 s.

Art 223 WP ter Les états financiers consolidés du groupe d'entreprises multinationales ou du groupe national à entités mères multiples correspondent aux états financiers consolidés mentionnés aux 2° et 3° de l'article 223 WP, établis selon une norme de comptabilité financière qualifiée, réputée être la norme comptable de l'entité mère ultime.

Ndlr *Dispositions applicables aux exercices ouverts à compter du 31 décembre 2023 (Loi 2023-1322 du 29 décembre 2023 art. 33, IV-A).*

FR 7/24 inf. 1 s. p. 2 s.

Art 223 WP quater Les entités mères du groupe d'entreprises multinationales ou du groupe national à entités mères multiples sont les entités mères ultimes des différents groupes composant le groupe d'entreprises multinationales ou le groupe national à entités mères multiples.

Ndlr *Dispositions applicables aux exercices ouverts à compter du 31 décembre 2023 (Loi 2023-1322 du 29 décembre 2023 art. 33, IV-A).*

FR 7/24 inf. 1 s. p. 2 s.

Art 223 WP quinquies Les entités mères du groupe d'entreprises multinationales ou du groupe national à entités mères multiples sont redevables de l'impôt complémentaire établi selon la règle d'inclusion du revenu conformément à la sous-section 2 de la section V à raison de la part de l'impôt complémentaire dû au titre des entités constitutives faiblement imposées.

Ndlr *Dispositions applicables aux exercices ouverts à compter du 31 décembre 2023 (Loi 2023-1322 du 29 décembre 2023 art. 33, IV-A).*

FR 7/24 inf. 1 s. p. 2 s.

Art 223 WP sexies Les entités constitutives du groupe d'entreprises multinationales ou du groupe national à entités mères multiples sont redevables de l'impôt complémentaire établi selon la règle relative aux bénéfices insuffisamment imposés conformément à la sous-section 3 de la section V.

Ndlr *Dispositions applicables aux exercices ouverts à compter du 31 décembre 2023 (Loi 2023-1322 du 29 décembre 2023 art. 33, IV-A).*

FR 7/24 inf. 1 s. p. 2 s.

Art 223 WP septies Les entités mères du groupe d'entreprises multinationales ou du groupe national à entités mères multiples, à moins qu'elles désignent une entité déclarante unique conformément à l'article 223 WW bis, sont tenues de souscrire une déclaration mentionnée au II de l'article 223 WW comprenant les informations de chacun des groupes composant le groupe d'entreprises multinationales ou le groupe national à entités mères multiples.

Ndlr Dispositions applicables aux exercices ouverts à compter du 31 décembre 2023 (Loi 2023-1322 du 29 décembre 2023 art. 33, IV-A).

FR 7/24 inf. 1 s. p. 2 s.

SECTION VII

Dispositions particulières

SOUS-SECTION 1

Régimes de neutralité fiscale et régimes de distribution

Paragraphe 1 Entités mères ultimes interposées

Art 223 WQ Le présent paragraphe s'applique aux entités suivantes :

1° L'entité mère ultime d'un groupe d'entreprises multinationales ou d'un groupe national, lorsqu'elle est une entité interposée ;

2° L'établissement stable par l'intermédiaire duquel l'entité mère ultime mentionnée au 1° exerce tout ou partie de ses activités ;

3° L'établissement stable par l'intermédiaire duquel une entité transparente exerce tout ou partie de ses activités, à condition que l'entité mère ultime mentionnée au même 1° détienne une participation dans cette entité transparente, directement ou à travers une chaîne d'entités transparentes.

Ndlr Dispositions applicables aux exercices ouverts à compter du 31 décembre 2023 (Loi 2023-1322 du 29 décembre 2023 art. 33, IV-A).

FR 7/24 inf. 1 s. p. 2 s.

Art 223 WQ bis I. Le bénéfice qualifié d'une entité mentionnée à l'article 223 WQ est réduit, au titre d'un exercice, à raison de la part de ce bénéfice qualifié revenant, directement ou indirectement, au détenteur d'une participation dans l'entité mère ultime lorsque ce détenteur est imposable sur ce bénéfice au titre d'une période d'imposition qui se termine dans les douze mois suivant la clôture de l'exercice de l'entité et si l'une des deux conditions suivantes est remplie :

1° Le détenteur est imposable sur ce bénéfice à un taux nominal supérieur ou égal au taux minimum d'imposition ;

2° Il peut être démontré que le montant total des impôts couverts corrigés de l'entité mère ultime et des impôts auxquels est soumis le détenteur à raison de ce bénéfice est égal ou supérieur au montant de ce bénéfice multiplié par le taux minimum d'imposition.

II. Le bénéfice qualifié d'une entité mentionnée à l'article 223 WQ est également réduit, au titre d'un exercice, à raison de la part de ce bénéfice qualifié revenant, directement ou indirectement, au détenteur d'une participation dans l'entité mère ultime, si l'une des deux conditions suivantes est remplie :

1° Le détenteur est une personne physique, résidente de l'Etat ou du territoire dans lequel est située l'entité mère ultime, et sa participation lui confère une part inférieure ou égale à 5 % des droits aux bénéfices et des droits sur les actifs de l'entité mère ultime ;

2° Le détenteur est une entité publique, une organisation internationale, un organisme sans but lucratif ou un fonds de pension établi dans l'Etat ou le territoire dans lequel est située l'entité mère ultime et sa participation lui confère une part inférieure ou égale à 5 % des droits aux bénéfices et des droits sur les actifs de l'entité mère ultime.

III. La perte qualifiée d'une entité mentionnée à l'article 223 WQ est réduite, au titre d'un exercice, à raison de la perte qualifiée revenant, directement ou indirectement, au détenteur d'une participation dans l'entité mère ultime, sous réserve que celui-ci puisse imputer cette perte sur son revenu fiscal local.

IV. Le montant des impôts couverts d'une entité mentionnée à l'article 223 WQ est réduit dans les mêmes proportions que le bénéfice qualifié conformément aux I et II du présent article.

Ndlr Dispositions applicables aux exercices ouverts à compter du 31 décembre 2023 (Loi 2023-1322 du 29 décembre 2023 art. 33, IV-A).

FR 7/24 inf. 1 s. p. 2 s.

Paragraphe 2 Régimes de dividendes déductibles

Art 223 WR Pour l'application du présent chapitre, est entendu par :

1° Coopérative : une entité dont l'activité consiste à réaliser l'achat ou la vente en commun de biens ou de services pour le compte de ses membres et qui est soumise, dans l'Etat ou le territoire dans lequel elle est située, à un régime fiscal garantissant la neutralité fiscale au regard des biens ou des services achetés ou vendus par les membres par l'intermédiaire de la coopérative ;

2° Régime de dividendes déductibles : un régime fiscal qui prévoit une imposition unique des revenus distribués par une entité au niveau des détenteurs de l'entité à qui ces revenus sont distribués, en permettant une déduction du résultat fiscal local de l'entité à concurrence du montant des bénéfices distribués à ces détenteurs ou, dans le cas d'une coopérative, une exonération d'impôt ;

3° Dividende déductible :

a. Une distribution de bénéfices au profit du détenteur d'une participation dans l'entité constitutive qui est déductible du résultat fiscal local de cette entité constitutive ou qui provient de son bénéfice exonéré conformément à la législation de l'Etat ou du territoire dans laquelle elle est située ;

b. Ou une ristourne accordée à un membre d'une coopérative.

Ndlr *Dispositions applicables aux exercices ouverts à compter du 31 décembre 2023 (Loi 2023-1322 du 29 décembre 2023 art. 33, IV-A).*

FR 7/24 inf. 1 s. p. 2 s.

Art 223 WR bis **I.** Le présent article s'applique au résultat qualifié de l'entité mère ultime d'un groupe d'entreprises multinationales ou d'un groupe national lorsqu'elle est soumise à un régime de dividendes déductibles.

II. Le bénéfice qualifié d'un exercice est réduit, sans pouvoir être négatif, à raison des sommes distribuées sous forme de dividendes déductibles dans les douze mois suivant la clôture de l'exercice de l'entité mère ultime, lorsque l'une des conditions suivantes est remplie :

1° Le bénéficiaire des dividendes est imposé à raison de ceux-ci à un taux nominal supérieur ou égal au taux minimum d'imposition ;

2° Il peut être démontré que la somme des impôts couverts corrigés de l'entité mère ultime et des impôts payés au titre des dividendes par le bénéficiaire est égal ou supérieur au montant de la part du bénéfice correspondant multipliée par le taux minimum d'imposition.

Pour l'application du présent II, un dividende qui correspond à une ristourne de coopératives d'approvisionnement est réputé être soumis à l'impôt entre les mains de son bénéficiaire, sous réserve que cette ristourne vienne en diminution d'une charge déductible pour la détermination du résultat fiscal local du bénéficiaire.

III. Le bénéfice qualifié d'un exercice est également réduit, sans pouvoir être négatif, à raison des sommes distribuées sous forme de dividendes déductibles au titre d'une période d'imposition se terminant dans les douze mois suivant la clôture de l'exercice de l'entité mère ultime, lorsque l'une des conditions suivantes est remplie :

1° Le bénéficiaire des dividendes est une personne physique et les dividendes correspondent à des ristournes accordées par une coopérative d'approvisionnement ;

2° Le bénéficiaire des dividendes est une personne physique résidente de l'Etat ou du territoire dans lequel est située l'entité mère ultime et qui détient une participation lui conférant une part inférieure ou égale à 5 % des droits aux bénéfices et des droits sur les actifs de l'entité mère ultime ;

3° Le bénéficiaire des dividendes est une entité publique, une organisation internationale, une organisation à but non lucratif ou un fonds de pension, à l'exclusion d'une entité de services de fonds de pension, établie dans l'Etat ou le territoire dans lequel est située l'entité mère ultime.

IV. Les impôts couverts de l'entité mère ultime, autres que ceux auxquels s'applique le régime des dividendes déductibles, sont réduits dans les mêmes proportions que le bénéfice qualifié, conformément aux II et III.

V. Lorsque l'entité mère ultime détient une participation dans une entité constitutive également soumise à un régime de dividendes déductibles, directement ou par l'intermédiaire d'une chaîne d'entités constitutives ellesmêmes soumises à un régime de dividendes déductibles, les II à IV s'appliquent à chacune de ces entités constitutives lorsqu'elles sont situées dans le même Etat ou territoire que l'entité mère ultime, à concurrence de la part du bénéfice distribué par ces entités qui est ensuite distribué par l'entité mère ultime à des bénéficiaires remplissant les conditions prévues aux II et III.

Ndlr *Dispositions applicables aux exercices ouverts à compter du 31 décembre 2023 (Loi 2023-1322 du 29 décembre 2023 art. 33, IV-A).*

FR 7/24 inf. 1 s. p. 2 s.

Paragraphe 3 Régimes éligibles d'imposition des distributions

Art 223 WS Sur option exercée par l'entité constitutive déclarante, pour elle-même ou pour une autre entité constitutive soumise à un régime éligible d'imposition des distributions, le montant d'impôt sur les distributions présumées, déterminé dans les conditions prévues à l'article 223 WS bis, est ajouté au montant corrigé des impôts couverts de cette entité constitutive au titre de l'exercice.

Cette option est valable pour un exercice et s'applique à toutes les entités constitutives situées dans l'Etat ou le territoire pour lequel elle a été exercée. Elle est formulée sur la déclaration mentionnée au II de l'article 223 WW souscrite au titre du premier exercice au titre duquel elle s'applique. L'option est reconduite tacitement, sauf renonciation formulée par l'entité constitutive déclarante sur la déclaration mentionnée au même II souscrite au titre du dernier exercice d'application de l'option.

Ndlr *Dispositions applicables aux exercices ouverts à compter du 31 décembre 2023 (Loi 2023-1322 du 29 décembre 2023 art. 33, IV-A).*

FR 7/24 inf. 1 s. p. 2 s.

Art 223 WS bis Le montant de l'impôt sur les distributions présumées ajouté au montant corrigé des impôts couverts de l'entité constitutive soumise à un régime éligible d'imposition des distributions correspond au plus faible des deux montants suivants :

1° Le montant corrigé des impôts couverts nécessaire pour porter au taux minimum d'imposition le taux effectif d'imposition calculé conformément à l'article 223 VY au titre de l'exercice dans l'Etat ou le territoire considéré ;

2° Le montant de l'impôt qui aurait été dû si les entités constitutives situées dans l'Etat ou le territoire avaient distribué la totalité de leur bénéfice soumis au régime d'imposition des distributions au cours de cet exercice.

Ndlr *Dispositions applicables aux exercices ouverts à compter du 31 décembre 2023 (Loi 2023-1322 du 29 décembre 2023 art. 33, IV-A).*

FR 7/24 inf. 1 s. p. 2 s.

Art 223 WS ter Lorsqu'une option est exercée conformément à l'article 223 WS, un état de suivi de l'impôt sur les distributions présumées est établi au titre de chaque exercice au cours duquel cette option s'applique. Le montant de l'impôt sur les distributions présumées pour l'Etat ou le territoire, déterminé conformément à l'article 223 WS bis, est porté sur l'état de suivi établi au titre de l'exercice.

A la clôture de chaque exercice ultérieur, le solde figurant sur l'état de suivi de l'impôt sur les distributions présumées établi pour des exercices antérieurs est réduit, dans l'ordre chronologique, sans pouvoir être négatif, à raison du montant des impôts acquittés par les entités constitutives au cours de l'exercice au titre des bénéfices distribués ou réputés distribués.

Le montant résiduel figurant dans les états de suivi de l'impôt sur les distributions présumées après application du deuxième alinéa du présent article est réduit, le cas échéant, sans pouvoir être négatif, d'un montant égal au produit de la perte qualifiée nette déterminée pour un Etat ou territoire par le taux minimum d'imposition.

Ndlr *Dispositions applicables aux exercices ouverts à compter du 31 décembre 2023 (Loi 2023-1322 du 29 décembre 2023 art. 33, IV-A).*

FR 7/24 inf. 1 s. p. 2 s.

Art 223 WS quater Le produit du montant résiduel de perte qualifiée nette, après application du dernier alinéa de l'article 223 WS ter, par le taux minimum d'imposition est reporté sur les exercices suivants et est déduit du montant résiduel figurant dans les états de suivi de l'impôt sur les distributions présumées après application du même article 223 WS ter.

Ndlr *Dispositions applicables aux exercices ouverts à compter du 31 décembre 2023 (Loi 2023-1322 du 29 décembre 2023 art. 33, IV-A).*

FR 7/24 inf. 1 s. p. 2 s.

Art 223 WS quinquies Le solde éventuel figurant dans l'état de suivi de l'impôt sur les distributions présumées à la clôture du quatrième exercice suivant celui au titre duquel cet état de suivi a été établi est considéré comme une réduction du montant corrigé des impôts couverts déterminé précédemment pour cet exercice. Le taux effectif d'imposition et l'impôt complémentaire au titre de cet exercice doivent être recalculés en conséquence, conformément à la sous-section 3 de la section IV.

Ndlr *Dispositions applicables aux exercices ouverts à compter du 31 décembre 2023 (Loi 2023-1322 du 29 décembre 2023 art. 33, IV-A).*

FR 7/24 inf. 1 s. p. 2 s.

Art 223 WS sexies Les impôts acquittés au cours de l'exercice au titre des bénéfices distribués ou réputés distribués pris en compte dans l'état de suivi de l'impôt sur les distributions présumées conformément aux articles 223 WS ter et 223 WS quater ne sont pas inclus dans le montant corrigé des impôts couverts.

Ndlr *Dispositions applicables aux exercices ouverts à compter du 31 décembre 2023 (Loi 2023-1322 du 29 décembre 2023 art. 33, IV-A).*

FR 7/24 inf. 1 s. p. 2 s.

Art 223 WS septies Lorsqu'une entité constitutive à laquelle s'applique l'option mentionnée à l'article 223 WS quitte le groupe d'entreprises multinationales ou le groupe national ou lorsque la quasi-totalité de ses actifs est transférée à une personne qui n'est pas une entité constitutive du même groupe d'entreprises multinationales ou groupe national située dans le même Etat ou territoire, le solde figurant dans les états de suivi de l'impôt sur les distributions présumées établis au titre des exercices précédents est déduit du montant corrigé des impôts couverts pour chacun de ces exercices.

Le montant d'impôt complémentaire additionnel dû pour l'Etat ou le territoire à raison de cette diminution du montant corrigé des impôts couverts est égal au produit du montant d'impôt complémentaire additionnel dû en application de la sous-section 3 de la section IV par le rapport entre le bénéfice qualifié de l'entité constitutive et le bénéfice qualifié net pour l'Etat ou territoire où elle est située.

Pour le calcul de ce rapport :

1° Le bénéfice qualifié de l'entité constitutive est déterminé conformément à la sous-section 1 de la section III pour chaque exercice au cours duquel il existe un solde dans les états de suivi de l'impôt sur les distributions présumées pour l'Etat ou le territoire où elle est située ;

2° Le bénéfice qualifié net pour l'Etat ou le territoire est déterminé conformément au 1° de l'article 223 VK, pour chaque exercice au cours duquel il existe un solde dans les états de suivi de l'impôt sur les distributions présumées pour l'Etat ou le territoire considéré.

Ndlr *Dispositions applicables aux exercices ouverts à compter du 31 décembre 2023 (Loi 2023-1322 du 29 décembre 2023 art. 33, IV-A).*

FR 7/24 inf. 1 s. p. 2 s.

SOUS-SECTION 2

Entités d'investissement et entités d'investissement d'assurance

Paragraphe 1 Détermination du taux effectif d'imposition et de l'impôt complémentaire

Art 223 WT Lorsqu'une entité constitutive d'un groupe d'entreprises multinationales ou d'un groupe national est une entité d'investissement ou une entité d'investissement d'assurance qui n'est pas une entité transparente et qui n'a pas exercé l'une des options prévues aux articles 223 WU et 223 WV bis, le taux effectif d'imposition de cette entité d'investissement ou de cette entité d'investissement d'assurance est calculé séparément du taux effectif d'imposition de l'Etat ou du territoire dans lequel elle est située.

Ndlr *Dispositions applicables aux exercices ouverts à compter du 31 décembre 2023 (Loi 2023-1322 du 29 décembre 2023 art. 33, IV-A).*

FR 7/24 inf. 1 s. p. 2 s.

Art 223 WT bis Le taux effectif d'imposition de l'entité d'investissement ou de l'entité d'investissement d'assurance mentionnées à l'article 223 WT est égal au rapport entre le montant corrigé des impôts couverts déterminé conformément à l'article 223 WT ter et le montant égal à la part attribuable au groupe d'entreprises multinationales ou au groupe national du résultat qualifié de l'entité d'investissement ou de l'entité d'investissement d'assurance.

Lorsque plusieurs entités d'investissement ou entités d'investissement d'assurance sont situées dans un même Etat ou territoire, leur taux effectif d'imposition est égal au rapport entre la somme des montants corrigés de leurs impôts couverts déterminés conformément au même article 223 WT ter et la somme des parts attribuables au groupe d'entreprises multinationales ou au groupe national de leur résultat qualifié.

Ndlr *Dispositions applicables aux exercices ouverts à compter du 31 décembre 2023 (Loi 2023-1322 du 29 décembre 2023 art. 33, IV-A).*

FR 7/24 inf. 1 s. p. 2 s.

Art 223 WT ter Le montant corrigé des impôts couverts de l'entité d'investissement ou de l'entité d'investissement d'assurance mentionnées à l'article 223 WT correspond à la somme du montant corrigé des impôts couverts afférents à la part attribuable au groupe d'entreprises multinationales ou au groupe national et des impôts couverts affectés à l'entité d'investissement ou à l'entité d'investissement d'assurance conformément au paragraphe 5 de la sous-section 2 de la section III.

Ndlr *Dispositions applicables aux exercices ouverts à compter du 31 décembre 2023 (Loi 2023-1322 du 29 décembre 2023 art. 33, IV-A).*

FR 7/24 inf. 1 s. p. 2 s.

Art 223 WT quater L'impôt complémentaire de l'entité d'investissement ou l'entité d'investissement d'assurance mentionnées à l'article 223 WT est égal au produit du taux d'impôt complémentaire de cette entité par le montant de la part de son résultat qualifié attribuable au groupe d'entreprises multinationales ou au groupe national diminuée de la déduction fondée sur la substance calculée conformément au dernier alinéa du présent article.

Le taux d'impôt complémentaire d'une entité d'investissement ou d'une entité d'investissement d'assurance est égal à la différence positive entre le taux minimum d'imposition et le taux effectif d'imposition de cette entité.

Lorsque plusieurs entités d'investissement ou entités d'investissement d'assurance sont situées dans un même Etat ou territoire, l'impôt complémentaire est calculé par application de la formule mentionnée au premier alinéa en prenant en compte la somme des montants, déterminés au niveau de chacune d'elles, de la part de leur résultat qualifié attribuable au groupe d'entreprises multinationales ou au groupe national ainsi que la somme des montants, déterminés au niveau de chacune d'elles, de la déduction fondée sur la substance.

La déduction fondée sur la substance d'une entité d'investissement ou d'une entité d'investissement d'assurance est déterminée conformément à la sous-section 1 de la section IV, à l'exclusion des articles 223 WA sexies et 223 WA septies. Les actifs corporels et les frais de personnel pris en compte pour cette entité d'investissement ou cette entité d'investissement d'assurance sont retenus à proportion du rapport existant entre la part du bénéfice qualifié de l'entité d'investissement ou de l'entité d'investissement d'assurance attribuable au groupe d'entreprises multinationales ou au groupe national et le bénéfice qualifié total de cette entité d'investissement ou de cette entité d'investissement d'assurance.

Ndlr *Dispositions applicables aux exercices ouverts à compter du 31 décembre 2023 (Loi 2023-1322 du 29 décembre 2023 art. 33, IV-A).*

FR 7/24 inf. 1 s. p. 2 s.

Art 223 WT quinquies Aux fins du présent article, la part du résultat qualifié d'une entité d'investissement ou d'une entité d'investissement d'assurance attribuable au groupe d'entreprises multinationales ou au groupe national est déterminée conformément aux articles 223 WH à 223 WH ter et en tenant compte uniquement des participations qui ne font pas l'objet d'une des options mentionnées aux articles 223 WU et 223 WV bis.

Ndlr *Dispositions applicables aux exercices ouverts à compter du 31 décembre 2023 (Loi 2023-1322 du 29 décembre 2023 art. 33, IV-A).*

FR 7/24 inf. 1 s. p. 2 s.

Paragraphe 2 Option pour le régime des entités transparentes

Art 223 WU Sur option de l'entité constitutive déclarante, une entité constitutive qui est une entité d'investissement ou une entité d'investissement d'assurance est considérée comme une entité transparente lorsque les conditions cumulatives suivantes sont réunies :

1° L'entité qui détient une participation dans l'entité constitutive est, dans l'Etat ou territoire dans lequel elle est située, soumise à l'impôt à raison de la variation annuelle de la juste valeur des titres détenus dans l'entité d'investissement ou l'entité d'investissement d'assurance ;

2° Le taux d'imposition applicable au revenu tiré de cette variation est supérieur ou égal au taux minimum d'imposition.

Ndlr *Dispositions applicables aux exercices ouverts à compter du 31 décembre 2023 (Loi 2023-1322 du 29 décembre 2023 art. 33, IV-A).*

FR 7/24 inf. 1 s. p. 2 s.

Art 223 WU bis Aux fins de l'application du 1° de l'article 223 WU, une entité constitutive qui détient indirectement des titres dans une entité d'investissement ou une entité d'investissement d'assurance à travers une participation directe dans une autre entité d'investissement ou une entité d'investissement d'assurance est considérée comme soumise à l'impôt à raison de la variation de la juste valeur des titres indirectement détenus, si elle est soumise à l'impôt à raison de la variation de la juste valeur des titres directement détenus.

Ndlr *Dispositions applicables aux exercices ouverts à compter du 31 décembre 2023 (Loi 2023-1322 du 29 décembre 2023 art. 33, IV-A).*

FR 7/24 inf. 1 s. p. 2 s.

Art 223 WU ter L'option prévue à l'article 223 WU est valable pour une période de cinq exercices à compter de celui au titre duquel elle est exercée. Elle est formulée sur la déclaration mentionnée au II de l'article 223 WW souscrite au titre du premier exercice pour lequel elle s'applique. L'option est reconduite tacitement, sauf renonciation formulée par l'entité constitutive déclarante sur la déclaration mentionnée au même II souscrite au titre du dernier exercice d'application de l'option. En cas de renonciation, une nouvelle option ne peut être exercée au titre des cinq exercices suivant le dernier exercice pour lequel l'option s'est appliquée.

En cas de renonciation, la plus ou moins-value résultant de la cession ultérieure d'un actif ou d'un passif détenu par l'entité d'investissement ou l'entité d'investissement d'assurance est déterminée sur la base de la juste valeur des actifs ou des passifs au premier jour de l'exercice au cours duquel l'option cesse de s'appliquer.

Ndlr *Dispositions applicables aux exercices ouverts à compter du 31 décembre 2023 (Loi 2023-1322 du 29 décembre 2023 art. 33, IV-A).*

FR 7/24 inf. 1 s. p. 2 s.

Paragraphe 3 Option pour l'application d'une méthode de distribution imposable

Art 223 WV Pour l'application du présent paragraphe, est entendu par :

1° Exercice considéré : le troisième exercice précédant celui au titre duquel l'impôt complémentaire est établi ;

2° Période considérée : la période s'étendant de l'ouverture de l'exercice considéré jusqu'à la clôture de l'exercice au titre duquel l'impôt complémentaire est établi ;

3° Revenu réputé distribué : tout revenu réputé provenir d'une distribution conformément à la législation d'un Etat ou territoire applicable à une entité détenant une participation dans une entité d'investissement ou une entité d'investissement d'assurance.

Ndlr *Dispositions applicables aux exercices ouverts à compter du 31 décembre 2023 (Loi 2023-1322 du 29 décembre 2023 art. 33, IV-A).*

FR 7/24 inf. 1 s. p. 2 s.

Art 223 WV bis **I.** Sur option de l'entité constitutive déclarante, une entité peut appliquer la méthode de distribution imposable définie au II au titre de la participation qu'elle détient dans une entité d'investissement ou une entité d'investissement d'assurance, lorsque les conditions cumulatives suivantes sont remplies :

1° L'entité qui détient une participation dans l'entité d'investissement ou l'entité d'investissement d'assurance n'est pas elle-même une entité d'investissement ou une entité d'investissement d'assurance ;

2° Il peut être démontré que l'entité détenant la participation est soumise à un impôt au titre des distributions effectuées par l'entité d'investissement ou l'entité d'investissement d'assurance à un taux d'imposition supérieur ou égal au taux minimum d'imposition.

II. Pour l'application de la méthode de distribution imposable, les revenus distribués ou réputés distribués par une entité d'investissement ou une entité d'investissement d'assurance au profit d'une entité constitutive détenant une participation dans l'entité d'investissement ou l'entité d'investissement d'assurance sont pris en compte dans le résultat qualifié de cette entité constitutive.

Le montant des impôts couverts dû au titre de la distribution par l'entité d'investissement ou l'entité d'investissement d'assurance qui peut être imputé sur l'impôt dû par l'entité détenant une participation dans cellesci est ajouté au résultat qualifié et au montant corrigé des impôts couverts de l'entité détenant la participation.

La part de l'entité détentrice dans le bénéfice qualifié de l'entité d'investissement ou de l'entité d'investissement d'assurance au titre de l'exercice considéré non distribué à l'issue de la période considérée est traitée comme un bénéfice qualifié de cette entité pour l'exercice au titre duquel l'impôt complémentaire est établi. Le produit du montant de cette part par le taux minimum d'imposition constitue un impôt complémentaire d'une entité constitutive faiblement imposée au sens des sous-sections 2 et 3 de la section V.

Le résultat qualifié d'une entité d'investissement ou d'une entité d'investissement d'assurance et le montant corrigé des impôts couverts afférents à ce résultat qualifié au titre de l'exercice sont exclus du calcul du taux effectif d'imposition mentionné aux articles 223 WT à 223 WT quater, à l'exception du montant des impôts couverts mentionné au deuxième alinéa du présent II.

Ndlr *Dispositions applicables aux exercices ouverts à compter du 31 décembre 2023 (Loi 2023-1322 du 29 décembre 2023 art. 33, IV-A).*

FR 7/24 inf. 1 s. p. 2 s.

Art 223 WV ter Le bénéfice qualifié non distribué d'une entité d'investissement ou d'une entité d'investissement d'assurance pour l'exercice considéré correspond au bénéfice qualifié de cette entité d'investissement ou de cette entité d'investissement d'assurance pour le même exercice, réduit, sans pouvoir être négatif, des éléments suivants :

1° Le montant des impôts couverts de l'entité ;

2° Le montant des revenus distribués ou réputés distribués par l'entité au cours de la période considérée en faveur d'actionnaires qui ne sont pas des entités d'investissement ou des entités d'investissement d'assurance ;

3° Le montant des pertes qualifiées de l'entité réalisées au cours de la période considérée ;

4° Tout montant résiduel de pertes qualifiées de l'entité qui n'a pas été déduit du bénéfice qualifié non distribué de cette entité au titre d'un exercice considéré antérieur.

Ndlr *Dispositions applicables aux exercices ouverts à compter du 31 décembre 2023 (Loi 2023-1322 du 29 décembre 2023 art. 33, IV-A).*

FR 7/24 inf. 1 s. p. 2 s.

Art 223 WV quater Pour l'application du présent paragraphe, le transfert d'une participation directe ou indirecte dans l'entité d'investissement ou l'entité d'investissement d'assurance à une entité qui n'appartient pas au groupe d'entreprises multinationales ou au groupe national constitue un revenu réputé distribué. Ce revenu réputé distribué est égal à la part du bénéfice qualifié non distribué afférent à cette participation à la date du transfert, déterminée conformément à l'article 223 WV ter.

Ndlr *Dispositions applicables aux exercices ouverts à compter du 31 décembre 2023 (Loi 2023-1322 du 29 décembre 2023 art. 33, IV-A).*

FR 7/24 inf. 1 s. p. 2 s.

Art 223 WV quinquies L'option mentionnée à l'article 223 WV bis est valable pour une période de cinq exercices à compter de celui au titre duquel elle est exercée. Elle est formulée sur la déclaration mentionnée au II de l'article 223 WW souscrite au titre du premier exercice pour lequel elle s'applique. Elle est reconduite tacitement, sauf renonciation formulée par l'entité constitutive déclarante sur la déclaration mentionnée au même II souscrite au titre du dernier exercice d'application de l'option. En cas de renonciation, une nouvelle option ne peut être exercée au titre des cinq exercices suivant le dernier exercice pour lequel l'option s'est appliquée.

En cas de renonciation, la part de l'entité détenant la participation mentionnée à l'article 223 WV bis dans le bénéfice qualifié non distribué de l'entité d'investissement ou de l'entité d'investissement d'assurance pour l'exercice considéré à la clôture du dernier exercice de validité de l'option est considérée comme un bénéfice qualifié de l'entité d'investissement ou de l'entité d'investissement d'assurance au titre du premier exercice où l'option cesse de s'appliquer. Le produit de ce bénéfice qualifié par le taux minimum d'imposition est considéré, au titre de cet exercice, comme un impôt complémentaire d'une entité constitutive faiblement imposée au sens des sous-sections 2 et 3 de la section V.

Ndlr *Dispositions applicables aux exercices ouverts à compter du 31 décembre 2023 (Loi 2023-1322 du 29 décembre 2023 art. 33, IV-A).*

FR 7/24 inf. 1 s. p. 2 s.

SECTION VIII

Obligations déclaratives

Art 223 WW I. L'entité constitutive située en France d'un groupe d'entreprises multinationales ou d'un groupe national compris dans le champ d'application d'un impôt complémentaire prévu à l'article 223 VL indique à l'administration fiscale, dans sa déclaration de résultat, son appartenance à un tel groupe. Elle indique l'identité de l'entité mère ultime du groupe et, le cas échéant, de l'entité qui dépose la déclaration prévue au II du présent article dans les cas prévus à l'article 223 WW bis ainsi que l'Etat ou le territoire dans lequel elles sont situées.

II. L'entité constitutive dépose une déclaration d'informations au titre de l'impôt complémentaire prévu à l'article 223 VJ sous forme dématérialisée, dans un délai de quinze mois à compter de la clôture de l'exercice ou de dix-huit mois au titre du premier exercice au cours duquel le groupe ou l'entité constitutive entre pour la première fois dans le champ d'application de l'impôt complémentaire.

III. Elle dépose, par ailleurs, sous forme dématérialisée et dans les mêmes délais, un relevé de liquidation de l'impôt complémentaire dû.

Le contenu de la déclaration d'informations et du relevé de liquidation est déterminé par décret.

Ndlr *Dispositions applicables aux exercices ouverts à compter du 31 décembre 2023 (Loi 2023-1322 du 29 décembre 2023 art. 33, IV-A).*

FR 7/24 inf. 1 s. p. 2 s.

Art 223 WW bis L'entité constitutive mentionnée au I de l'article 223 WW est dispensée du dépôt de la déclaration d'informations mentionnée au II du même article 223 WW lorsque celle-ci est déposée par :

1° Une entité constitutive d'un groupe qui est située en France et qui a été désignée par l'ensemble des autres entités constitutives du groupe situées en France pour déposer la déclaration et en a informé l'administration fiscale ;

2° Une entité mère ultime située dans un Etat ou territoire ayant conclu avec la France un accord bilatéral ou multilatéral ou tout autre accord régissant l'échange automatique de déclarations d'informations relatives à un impôt complémentaire ;

3° Une entité déclarante située dans un Etat ou territoire ayant conclu avec la France un accord mentionné au 2° du présent article.

Ndlr *Dispositions applicables aux exercices ouverts à compter du 31 décembre 2023 (Loi 2023-1322 du 29 décembre 2023 art. 33, IV-A).*

FR 7/24 inf. 1 s. p. 2 s.

SECTION IX

Règles transitoires

SOUS-SECTION 1

Actifs et passifs d'impôts différés et actifs transférés pris en compte au titre de l'exercice de transition

Art 223 WX Pour l'application du présent chapitre, est entendu par exercice de transition le premier exercice au titre duquel un groupe d'entreprises multinationales ou un groupe national entre pour la première fois, pour ce qui concerne un Etat ou territoire, dans le champ d'application de l'impôt complémentaire mentionné à l'article 223 VL et est soumis au présent chapitre.

***Ndlr** Dispositions applicables aux exercices ouverts à compter du 31 décembre 2023 (Loi 2023-1322 du 29 décembre 2023 art. 33, IV-A).*

FR 7/24 inf. 1 s. p. 2 s.

Art 223 WX bis I. Pour la détermination du taux effectif d'imposition dans un Etat ou territoire au titre d'un exercice de transition et des exercices ultérieurs, sont pris en compte les actifs et les passifs d'impôts différés qui figurent dans les états financiers des entités constitutives situées dans cet Etat ou ce territoire à l'ouverture de l'exercice de transition.

II. Les actifs et les passifs d'impôts différés sont pris en compte dans la limite du taux le plus faible entre le taux minimum d'imposition et le taux d'imposition prévu par la législation de l'Etat ou du territoire concerné. Toutefois, un actif d'impôt différé qui a été comptabilisé à un taux inférieur au taux minimum d'imposition peut être majoré à hauteur du taux minimum d'imposition si l'entité constitutive est en mesure de démontrer que cet actif d'impôt différé est attribuable à une perte qualifiée.

Les variations liées à une correction de la valeur ou à la reconnaissance comptable d'un actif d'impôt différé ne sont pas prises en compte.

III. A. Par dérogation au 5° de l'article 223 VU quater, les actifs d'impôts différés relatifs aux crédits d'impôt qui figurent dans les états financiers consolidés de l'entité constitutive à l'ouverture de l'exercice de transition sont pris en compte pour la détermination du taux effectif d'imposition au titre de l'exercice de transition et, le cas échéant, des exercices ultérieurs.

B. Lorsque le taux d'imposition appliqué pour déterminer les actifs d'impôts différés de l'entité constitutive mentionnés au A du présent III est inférieur au taux minimum d'imposition, le montant des actifs d'impôts différés est égal aux actifs d'impôts différés qui figurent dans les états financiers consolidés de l'entité constitutive.

C. Lorsque le taux d'imposition appliqué pour déterminer les actifs d'impôts différés de l'entité constitutive mentionnés au A du présent III est supérieur ou égal au taux minimum d'imposition, le montant des actifs d'impôts différés est égal au produit du taux minimum d'imposition par le rapport entre les actifs d'impôts différés qui figurent dans les états financiers consolidés de l'entité constitutive et le taux d'imposition prévu par la législation de l'Etat ou du territoire applicable lors de l'exercice précédant l'exercice de transition.

Lorsque, au cours d'un exercice ultérieur à l'exercice de transition, le taux d'imposition prévu par la législation de l'Etat ou du territoire est modifié, il est procédé à un recalcul du montant des actifs d'impôts différés par application de la formule mentionnée au premier alinéa du présent C, en retenant le solde des crédits d'impôt qui figurent dans les états financiers consolidés constaté à l'ouverture de l'exercice au cours duquel le taux d'imposition a été modifié. Il n'est pas tenu compte de la variation du montant d'actif d'impôt différé qui résulte du recalcul pour la détermination du montant corrigé des impôts couverts au titre de l'exercice de recalcul. La charge d'impôt différé pour cet exercice et les exercices ultérieurs est déterminée selon le montant de la reprise de l'actif d'impôt différé après le recalcul.

D. Par dérogation au C, les actifs d'impôts différés relatifs aux crédits d'impôt comptabilisés en produits avant un exercice de transition ne sont pas pris en compte pour la détermination du taux effectif d'imposition au titre d'un exercice de transition et des exercices ultérieurs.

IV. Par dérogation au I, les actifs d'impôts différés afférents à des éléments qui auraient été exclus de la détermination du résultat qualifié conformément à la sous-section 1 de la section III si la même sous-section 1 s'était appliquée au titre des exercices concernés ne sont pas pris en compte pour le calcul du taux effectif d'imposition de l'Etat ou du territoire concerné au titre de l'exercice de transition et des exercices ultérieurs, dès lors qu'ils ont été constatés au titre d'une opération réalisée à une date postérieure au 30 novembre 2021.

***Ndlr** Dispositions applicables aux exercices ouverts à compter du 31 décembre 2023 (Loi 2023-1322 du 29 décembre 2023 art. 33, IV-A).*

FR 7/24 inf. 1 s. p. 2 s.

Art 223 WX ter I. Lorsqu'un transfert d'actifs entre entités constitutives est réalisé à une date postérieure au 30 novembre 2021 et avant le début d'un exercice de transition, la valeur des actifs acquis à prendre en compte, à l'exception des stocks, correspond à la valeur comptable des actifs transférés figurant dans les états financiers de l'entité cédante à la date de cession. Les actifs et les passifs d'impôts différés afférents à ces actifs acquis sont pris en compte et déterminés sur cette base.

II. Par dérogation au I, le groupe peut prendre en compte un actif d'impôt différé attribuable au résultat de cession s'il est en mesure de démontrer que l'entité cédante a acquitté un montant d'impôt au titre de ce résultat de cession.

L'actif d'impôt différé mentionné au premier alinéa du présent II est pris en compte à hauteur du plus faible des deux montants suivants :

1° Le produit du taux minimum d'imposition par la différence entre la valeur fiscale de l'actif à retenir en application de la législation de l'Etat ou du territoire dans lequel est située l'entité cessionnaire ou bénéficiaire du transfert et la valeur mentionnée au I ;

2° L'impôt acquitté par l'entité cédante au titre du résultat de cession, majoré le cas échéant du montant de l'actif d'impôt différé afférent à un déficit qui aurait été pris en compte par l'entité cédante en application de l'article 223 WX bis si le résultat de cession n'avait pas été inclus dans son résultat fiscal local au titre de l'exercice concerné.

L'actif d'impôt différé déterminé dans les conditions prévues au présent II est utilisé et repris au rythme des dépréciations constatées au titre de l'actif concerné et, le cas échéant, lors de sa sortie du bilan de l'entité. Toutefois, la prise en compte de cet actif d'impôt différé ne minore pas, lors de sa constatation, le montant corrigé des impôts couverts de l'entité cessionnaire ou bénéficiaire du transfert.

III. Lorsque le groupe est en mesure de démontrer que l'entité cédante a acquitté un montant d'impôt au titre du résultat de cession des actifs mentionnés au I au moins égal au produit du taux minimum d'imposition par ce résultat de cession, la valeur des actifs acquis à prendre en compte peut, par dérogation au même I, correspondre à leur valeur comptable enregistrée à la date d'acquisition en application de la norme de comptabilité financière utilisée pour la préparation des états financiers de l'entité cessionnaire ou bénéficiaire du transfert. Dans cette situation, le II n'est pas applicable.

Ndlr *Dispositions applicables aux exercices ouverts à compter du 31 décembre 2023 (Loi 2023-1322 du 29 décembre 2023 art. 33, IV-A).*

FR 7/24 inf. 1 s. p. 2 s.

SOUS-SECTION 2

Exonération temporaire de l'impôt complémentaire dû

Art 223 WY I. Une entité mère ultime, ou une entité mère intermédiaire lorsque l'entité mère ultime est une entité exclue, est exonérée de l'impôt complémentaire dû en application des 1°, 2° ou 4° de l'article 223 WG à raison des entités constitutives, y compris elle-même, faiblement imposées situées en France :

1° Au titre des cinq premiers exercices de la phase de démarrage des activités internationales du groupe d'entreprises multinationales ;

2° Au titre des cinq premiers exercices à compter de celui au titre duquel un groupe national entre pour la première fois dans le champ d'application de l'impôt complémentaire défini à l'article 223 VL.

II. Une entité constitutive située en France est exonérée de l'impôt complémentaire dû en application de l'article 223 WJ au titre des cinq premiers exercices de la phase de démarrage des activités internationales du groupe d'entreprises multinationales auquel elle appartient.

III. Les cinq premiers exercices mentionnés au 1° du I et au II du présent article sont ceux qui débutent à compter de l'ouverture du premier exercice au titre duquel le groupe d'entreprises multinationales entre pour la première fois dans le champ d'application de l'impôt complémentaire défini à l'article 223 VL.

Ndlr *Dispositions applicables aux exercices ouverts à compter du 31 décembre 2023 (Loi 2023-1322 du 29 décembre 2023 art. 33, IV-A).*

FR 7/24 inf. 1 s. p. 2 s.

Art 223 WZ I. Un groupe d'entreprises multinationales est considéré comme étant dans la phase de démarrage de ses activités internationales mentionnée à l'article 223 WY lorsque, au titre d'un exercice, les deux conditions cumulatives suivantes sont remplies :

1° Ses entités constitutives ne sont pas situées dans plus de six Etats ou territoires différents ;

2° La somme de la valeur nette comptable des actifs corporels de toutes les entités constitutives, à l'exception de celles qui sont situées dans l'Etat ou le territoire de référence défini au II du présent article, n'excède pas 50 millions d'euros.

II. Pour l'application du 2° du I, est entendu par Etat ou territoire de référence l'Etat ou le territoire dans lequel les entités constitutives du groupe présentent, au titre de l'exercice au cours duquel le groupe entre pour la première fois dans le champ d'application de l'impôt complémentaire défini à l'article 223 VL, la valeur totale d'actifs corporels la plus élevée. La valeur totale des actifs corporels détenus dans un Etat ou territoire correspond à la somme des valeurs nettes comptables de l'ensemble des actifs corporels de toutes les entités constitutives du groupe qui sont situées dans cet Etat ou ce territoire.

III. L'entité constitutive déclarante informe l'administration fiscale de l'Etat dans lequel elle est située du début de la phase de démarrage des activités internationales du groupe.

Ndlr *Dispositions applicables aux exercices ouverts à compter du 31 décembre 2023 (Loi 2023-1322 du 29 décembre 2023 art. 33, IV-A).*

FR 7/24 inf. 1 s. p. 2 s.

CHAPITRE III

Taxes diverses

SECTION 0I

Contribution exceptionnelle sur les hauts revenus

Art 223 sexies I. 1. Il est institué à la charge des contribuables passibles de l'impôt sur le revenu une contribution sur le revenu fiscal de référence du foyer fiscal, tel que défini au 1° du IV de l'article 1417, sans qu'il soit tenu compte des plus-values mentionnées au I de l'article 150-0 B ter, retenues pour leur montant avant application de l'abattement mentionné aux 1 ter ou 1 quater de l'article 150-0 D, pour lesquelles le report d'imposition expire et sans qu'il soit fait application des règles de quotient définies à l'article 163-0 A. La contribution est calculée en appliquant un taux de :

3 % à la fraction de revenu fiscal de référence supérieure à 250 000 € et inférieure ou égale à 500 000 € pour les contribuables célibataires, veufs, séparés ou divorcés et à la fraction de revenu fiscal de référence supérieure à 500 000 € et inférieure ou égale à 1 000 000 € pour les contribuables soumis à imposition commune ;

4 % à la fraction de revenu fiscal de référence supérieure à 500 000 € pour les contribuables célibataires, veufs, séparés ou divorcés et à la fraction de revenu fiscal de référence supérieure à 1 000 000 € pour les contribuables soumis à imposition commune.

2. La contribution est déclarée, contrôlée et recouvrée selon les mêmes règles et sous les mêmes garanties et sanctions qu'en matière d'impôt sur le revenu.

II. 1. Toutefois si, au titre de l'année d'imposition à la contribution mentionnée au 1 du I, le revenu fiscal de référence du contribuable est supérieur ou égal à une fois et demie la moyenne des revenus fiscaux de référence des deux années précédentes, la fraction du revenu fiscal de l'année d'imposition supérieure à cette moyenne est divisée par deux, puis le montant ainsi obtenu est ajouté à cette même moyenne. La cotisation supplémentaire ainsi obtenue est alors multipliée par deux.

Le premier alinéa est applicable aux contribuables dont le revenu fiscal de référence au titre de chacune des deux années précédant celle de l'imposition n'a pas excédé 250 000 € pour les contribuables célibataires, veufs, séparés ou divorcés et 500 000 € pour les contribuables soumis à imposition commune.

Cette disposition est applicable aux contribuables qui ont été passibles de l'impôt sur le revenu au titre des deux années précédant celle de l'imposition pour plus de la moitié de leurs revenus de source française ou étrangère de même nature que ceux entrant dans la composition du revenu fiscal de référence.

2. En cas de modification de la situation de famille du contribuable au cours de l'année d'imposition ou des deux années précédentes, les revenus fiscaux de référence mentionnés au 1 sont ceux :

a. Du couple et des foyers fiscaux auxquels les conjoints ou les partenaires ont appartenu au cours des années mentionnées au présent 2 en cas d'union.

Toutefois, en cas d'option au titre de l'année d'établissement de la contribution pour l'imposition séparée définie au second alinéa du 5 de l'article 6, le b du présent 2 s'applique ;

b. Du contribuable et des foyers fiscaux auxquels le contribuable passible de la contribution a appartenu au cours des années mentionnées au présent 2 en cas de divorce, séparation ou décès.

Le bénéfice du présent 2 est subordonné au dépôt d'une réclamation comprenant les informations nécessaires au calcul de la moyenne calculée selon les modalités ainsi précisées.

Les réclamations sont adressées au service des impôts dans le délai prévu aux articles R 196-1 et R 196-3 du livre des procédures fiscales. Elles sont présentées, instruites et jugées selon les règles de procédure applicables en matière d'impôt sur le revenu.

3. Pour le calcul de la moyenne mentionnée au présent II, le revenu fiscal de référence déterminé au titre des années 2009 et 2010 s'entend de celui défini au 1° du IV de l'article 1417. Il s'entend de celui défini au 1 du I du présent article pour les revenus fiscaux de référence déterminés à compter de 2011.

Ndlr *Le présent article est applicable à compter de l'imposition des revenus de l'année 2011 et jusqu'à l'imposition des revenus de l'année au titre de laquelle le déficit public des administrations publiques est nul. Ce déficit est constaté dans les conditions prévues au deuxième alinéa de l'article 3 du règlement (CE) n° 479/2009 du Conseil, du 25 mai 2009, relatif à l'application du* *protocole sur la procédure concernant les déficits excessifs annexé au traité instituant la Communauté européenne (Loi 2011-1977 du 28 décembre 2011 art. 2, III-A).*

IRPP-III-21500 s. ; MF n°s 5100 s.

SECTION II

Taxe sur les salaires

Art 231 **1.** Les sommes payées à titre de rémunérations aux salariés sont soumises à une taxe au taux de 4,25 %. Les sommes prises en compte sont celles retenues pour la détermination de l'assiette de la contribution prévue à l'article L 136-1 du code de la sécurité sociale, à l'exception des avantages mentionnés aux I des articles 80 bis et 80 quaterdecies du présent code. La réduction mentionnée au I de l'article L 136-2 du code de la sécurité sociale n'est pas applicable. Cette taxe est à la charge des entreprises et organismes qui emploient ces salariés, à l'exception des collectivités locales, de leurs régies personnalisées mentionnées à l'article L 1412-2 du code général des collectivités territoriales et de leurs groupements, des établissements publics de coopération culturelle ou des établissements publics de coopération environnementale mentionnés à l'article L 1431-1 du même code, des services départementaux de lutte contre l'incendie, des centres d'action sociale dotés d'une personnalité propre lorsqu'ils sont subventionnés par les collectivités locales, du centre de formation des personnels communaux, de l'établissement mentionné à l'article L 1222-1 du code de la santé publique, des caisses des écoles et des établissements d'enseignement supérieur visés au livre VII du code de l'éducation qui organisent des formations conduisant à la délivrance au nom de l'Etat d'un diplôme sanctionnant cinq années d'études après le baccalauréat, qui paient ces rémunérations lorsqu'ils ne sont pas assujettis à la taxe sur la valeur ajoutée ou ne l'ont pas été sur 90 % au moins de leur chiffre d'affaires au titre de l'année civile précédant celle du paiement desdites rémunérations. L'assiette de la taxe due par ces personnes ou organismes est constituée par une partie des rémunérations versées, déterminée en appliquant à l'ensemble de ces rémunérations le rapport existant, au titre de cette même année, entre le chiffre d'affaires qui n'a pas été passible de la taxe sur la valeur ajoutée et le chiffre d'affaires total. Le chiffre d'affaires qui n'a pas été assujetti à la taxe sur la valeur ajoutée en totalité ou sur 90 % au moins de son montant, ainsi que le chiffre d'affaires total mentionné au dénominateur du rapport s'entendent du total des recettes et autres produits, y compris ceux correspondant à des opérations qui n'entrent pas dans le champ d'application de la taxe sur la valeur ajoutée. Le chiffre d'affaires qui n'a pas été passible de la taxe sur la valeur ajoutée mentionnée au numérateur du rapport s'entend du total des recettes et autres produits qui n'ont pas ouvert droit à déduction de la taxe sur la valeur ajoutée.

FR 52/23 inf. 29 n°s 8 s. p. 40

Les rémunérations versées par les employeurs dont le chiffre d'affaires réalisé au cours de l'année civile précédant le versement de ces rémunérations n'excède pas les limites définies aux I, III et IV de l'article 293 B, sont exonérées de la taxe sur les salaires.

Ndlr *Pour les dispositions du présent alinéa qui entreront en vigueur le 1er janvier 2025, voir partie Autres textes du présent code loi 2023-1322 du 29 décembre 2023 art. 82, I-1° et III.*

Les entreprises entrant dans le champ d'application de la taxe sur la valeur ajoutée qui n'ont pas été soumises en fait à cette taxe en vertu d'une interprétation formellement admise par l'administration sont redevables de la taxe sur les salaires.

Les rémunérations payées par l'Etat sur le budget général sont exonérées de taxe sur les salaires lorsque cette exonération n'entraîne pas de distorsion dans les conditions de la concurrence.

TPS-I-1 s. ; TS-VII-22950 s., 63500 s. ; MF n°s 73350 s., 73465 s.

1 bis. *(Abrogé).*

1 ter. *(Abrogé).*

2. *(Abrogé).*

2 bis. Le taux de la taxe sur les salaires prévue au 1 est porté de 4,25 % à 8,50 % pour la fraction comprise entre 8 985 € et 17 936 € et à 13,60 % pour la fraction excédant 17 936 € de rémunérations individuelles annuelles. Ces limites sont relevées chaque année dans la même proportion que la limite supérieure de la première tranche du barème de l'impôt sur le revenu de l'année précédente. Les montants obtenus sont arrondis, s'il y a lieu, à l'euro supérieur.

Les taux majorés ne sont pas applicables aux rémunérations versées par les personnes physiques ou morales, associations et organismes domiciliés ou établis dans les départements d'outre-mer.

Ndlr *Les limites susvisées s'appliquent à la taxe sur les salaires due à raison des rémunérations versées à compter du 1er janvier 2024.*

TPS-I-15050 s. ; MF n°s 73485 s.

3. a. Les conditions et modalités d'application du 1 sont fixées par décret. Il peut être prévu par ce décret des règles spéciales pour le calcul de la taxe sur les salaires en ce qui concerne certaines professions, notamment celles qui relèvent du régime agricole au regard des lois sur la sécurité sociale *(Voir Annexe III, art. 51 à 53 quater, 369 et 374).*

Un décret en Conseil d'Etat fixera, en tant que de besoin, les modalités selon lesquelles sera déterminé le rapport défini au 1.

b. Un décret en Conseil d'Etat fixe les conditions d'application du premier alinéa du 2 bis *(Voir Annexe II, art. 142 à 144 et 383).*

4. *(Abrogé).*

5. Le taux de 4,25 % prévu au 1 est réduit à 2,95 %, dans les départements de la Guadeloupe, de la Martinique et de La Réunion et à 2,55 % dans les départements de la Guyane et de Mayotte.

TPS-I-15120 s. ; MF n° 91640

6. Les dispositions de l'article 1er de la loi n° 68-1043 du 29 novembre 1968, qui, sous réserve du 1, ont supprimé la taxe sur les salaires pour les rémunérations versées à compter du 1er décembre 1968, n'apportent aucune modification aux textes législatifs et réglementaires en vigueur, autres que ceux repris sous le présent article, et qui se réfèrent à la taxe sur les salaires.

7. Le bénéfice de la non-application des taux majorés mentionnée au second alinéa du 2 bis et de l'application des taux réduits définis au 5 du présent article est subordonné au respect de l'article 15 du règlement (UE) n° 651/2014 de la Commission du 17 juin 2014 déclarant certaines catégories d'aides compatibles avec le marché intérieur en application des articles 107 et 108 du traité.

TPS-I-15140

TPS-I-1 s. ; MF nos 73350 s.

Art 231 bis D Conformément aux dispositions des articles L 5122-2, L 5123-2 et L 5123-5, de l'article L 5422-10, des premier et deuxième alinéas de l'article L 5428-1 et de l'article L 3232-6 du code du travail, les allocations, indemnités et contributions mentionnées à ces mêmes articles sont exonérées de la taxe sur les salaires prévue à l'article 231.

Ndlr *Les articles du code du travail cités ci-dessus, ainsi que les articles L 5122-1 et L 5122-3 à L 5122-5 du même code, sont reproduits dans la partie Autres textes du présent code.*

TPS-I-9050 s. ; MF n° 73470

Art 231 bis I **1.** Les rémunérations versées aux apprentis par les entreprises qui emploient au plus dix salariés sont exonérées de la taxe sur les salaires.

2. *(Abrogé).*

3. Pour les entreprises autres que celles mentionnées au 1, ainsi qu'il est dit au premier alinéa de l'article L 118-5 du code du travail, la partie du salaire versé aux apprentis égale à 11 % du salaire minimum de croissance n'est pas soumise à la taxe sur les salaires.

TPS-I-9110 s.

Art 231 bis L Les salaires versés par les organismes et œuvres mentionnés aux a et b du 1° du 7 de l'article 261 ainsi que par les organismes permanents à caractère social des collectivités locales et des entreprises, aux personnes recrutées à l'occasion et pour la durée des manifestations de bienfaisance ou de soutien exonérées de taxe sur la valeur ajoutée en vertu du c du 1° du 7 de l'article 261, sont exonérés de taxe sur les salaires.

TPS-I-9220 s. ; MF n° 73470

Art 231 bis N La rémunération versée aux salariés bénéficiaires d'un contrat d'accompagnement dans l'emploi ou d'un contrat d'avenir définis respectivement aux articles L 5134-20 et L 5134-35 du code du travail est exonérée de taxe sur les salaires.

TPS-I-9300 s. ; MF n° 73470

Art 231 bis P Les rémunérations versées par un particulier pour l'emploi d'un seul salarié à domicile dans les conditions prévues à l'article 199 sexdecies ou d'un seul assistant maternel régi par les articles L 421-1 et suivants et L 423-1 et suivants du code de l'action sociale et des familles sont exonérées de taxe sur les salaires.

La même exonération s'applique pour l'emploi de plusieurs salariés à domicile dont la présence au domicile de l'employeur est nécessitée par l'obligation pour ce dernier ou toute autre personne présente à son foyer de recourir à l'assistance d'une tierce personne pour accomplir les actes ordinaires de la vie.

TPS-I-6800 s. ; MF n° 73430

Art 231 bis Q **I.** Les éléments de rémunération mentionnés au 1 du I de l'article 155 B versés aux personnes dont la prise de fonction en France est intervenue à compter du 6 juillet 2016 sont exonérés de taxe sur les salaires pour le montant résultant de l'application du même 1. Pour les salariés et personnes éligibles à l'option prévue au premier alinéa dudit

1, cette exonération porte sur une fraction de 30 % de leur rémunération.

II. Le I du présent article s'applique dans les mêmes conditions de domiciliation fiscale et de durée que celles prévues au 1 du I de l'article 155 B. L'employeur est informé par les personnes mentionnées au I du présent article de leur éligibilité au régime prévu au 1 du I de l'article 155 B.

TPS-I-9450 s. ; MF nº 73470

Art 231 bis R Les rémunérations versées aux enseignants des centres de formation d'apprentis sont exonérées de la taxe sur les salaires.

TPS-I-9390 s. ; MF nº 73470

Art 231 bis S Conformément aux dispositions de l'article L 3332-22 du code du travail, lorsqu'une société procède à une augmentation de capital réservée aux adhérents d'un plan d'épargne d'entreprise, l'avantage constitué par l'écart entre le prix de souscription et la moyenne des cours, entre le prix de souscription et le prix de cession ou par l'attribution gratuite d'actions est exonéré de taxe sur les salaires.

TS-VII-38610

Art 231 bis U Les rémunérations versées par les centres techniques industriels mentionnés à l'article L 521-1 du code de la recherche sont exonérées de taxe sur les salaires.

TPS-I-6690 s. ; MF nº 73425

Art 231 bis V Les rémunérations versées aux personnels mis à la disposition d'un établissement d'enseignement supérieur consulaire mentionné à l'article L 711-17 du code de commerce et organisant des formations conduisant à la délivrance, au nom de l'Etat, d'un diplôme sanctionnant cinq années d'études après le baccalauréat sont exonérées de taxe sur les salaires.

TPS-I-6645 s. ; MF nº 73420

SECTION II bis

Taxe annuelle sur les locaux à usage de bureaux, les locaux commerciaux et les locaux de stockage perçue dans la région Ile-de-France

Art 231 ter **I.** Une taxe annuelle sur les locaux à usage de bureaux, les locaux commerciaux, les locaux de stockage et les surfaces de stationnement est perçue, dans les limites territoriales de la région d'Ile-de-France, composée de Paris et des départements de l'Essonne, des Hauts-de-Seine, de la Seine-et-Marne, de la Seine-Saint-Denis, du Val-de-Marne, du Val-d'Oise et des Yvelines.

II. Sont soumises à la taxe les personnes privées ou publiques qui sont propriétaires de locaux imposables ou titulaires d'un droit réel portant sur de tels locaux.

La taxe est acquittée par le propriétaire, l'usufruitier, le preneur à bail à construction, l'emphytéote ou le titulaire d'une autorisation d'occupation temporaire du domaine public constitutive d'un droit réel qui dispose, au 1er janvier de l'année d'imposition, d'un local taxable.

III. La taxe est due :

1° Pour les locaux à usage de bureaux, qui s'entendent, d'une part, des bureaux proprement dits et de leurs dépendances immédiates et indispensables destinés à l'exercice d'une activité, de quelque nature que ce soit, par des personnes physiques ou morales privées, ou utilisés par l'Etat, les collectivités territoriales, les établissements ou organismes publics et les organismes professionnels, et, d'autre part, des locaux professionnels destinés à l'exercice d'activités libérales ou utilisés par des associations ou organismes privés poursuivant ou non un but lucratif ;

2° Pour les locaux commerciaux, qui s'entendent des locaux destinés à l'exercice d'une activité de commerce de détail ou de gros et de prestations de services à caractère commercial ou artisanal ainsi que de leurs réserves attenantes couvertes ou non et des emplacements attenants affectés en permanence à ces activités de vente ou de prestations de service ;

3° Pour les locaux de stockage, qui s'entendent des locaux ou aires couvertes destinés à l'entreposage de produits, de marchandises ou de biens et qui ne sont pas intégrés topographiquement à un établissement de production ;

4° Pour les surfaces de stationnement, qui s'entendent des locaux ou aires, couvertes ou non couvertes, destinés au stationnement des véhicules et qui font l'objet d'une exploitation commerciale ou sont annexés aux locaux mentionnés aux 1° à 3° sans être intégrés topographiquement à un établissement de production.

IV. Pour l'appréciation du caractère immédiat, attenant et annexé des locaux mentionnés au III et pour le calcul des surfaces visées au 3° du V et au VI, il est tenu compte de tous les locaux de même nature, hors parties communes, qu'une personne privée ou publique possède à une même adresse ou, en cas de pluralité d'adresses, dans un même groupement topographique.

Pour l'appréciation du caractère annexé des surfaces de stationnement mentionnées au 4° du III, il est également tenu compte des surfaces qui, bien que non intégrées à un groupement topographique comprenant des locaux taxables, sont mises à la disposition, gratuitement ou non, des utilisateurs de locaux taxables situés à proximité immédiate.

V. Sont exonérés de la taxe :

1° Les locaux à usage de bureaux, les locaux commerciaux, les locaux de stockage et les surfaces de stationnement, situés dans une zone franche urbaine – territoire entrepreneur, telle que définie au B du 3 de l'article 42 de la loi n° 95-115 du 4 février 1995 d'orientation pour l'aménagement et le développement du territoire ;

2° Les locaux et les surfaces de stationnement appartenant aux fondations et aux associations, reconnues d'utilité publique, dans lesquels elles exercent leur activité ;

2° bis A Les locaux spécialement aménagés pour l'archivage administratif et pour l'exercice d'activités de recherche ou à caractère sanitaire, social, éducatif ou culturel ;

2° bis Les locaux administratifs et les surfaces de stationnement des établissements publics d'enseignement du premier et du second degré et des établissements privés sous contrat avec l'Etat au titre des articles L 442-5 et L 442-12 du code de l'éducation ;

3° Les locaux à usage de bureaux d'une superficie inférieure à 100 m^2, les locaux commerciaux d'une superficie inférieure à 2 500 m^2, les locaux de stockage d'une superficie inférieure à 5 000 m^2 et les surfaces de stationnement de moins de 500 m^2 ;

4° Les locaux de stockage appartenant aux sociétés coopératives agricoles ou à leurs unions ;

5° Les locaux et aires des parcs relais, qui s'entendent des parcs de stationnement assurant la liaison vers différents réseaux de transport en commun et dont la vocation exclusive est de faciliter l'accès des voyageurs à ces réseaux, ainsi que les seules places de stationnement qui sont utilisées en tant que parc relais au sein des locaux mentionnés au 4° du III ;

6° Les emplacements attenants à un local commercial mentionné au 2° du III et aménagés pour l'exercice d'activités sportives.

VI. Les tarifs sont applicables dans les conditions suivantes :

1. a. Des tarifs distincts au m^2 sont appliqués par circonscription, telle que définie ci-après :

1° Première circonscription 1er, 2e, 7e, 8e, 9e, 10e, 15e, 16e et 17e arrondissements de Paris et les communes de Boulogne-Billancourt, Courbevoie, Issy-les-Moulineaux, Levallois-Perret, Neuilly-sur-Seine et Puteaux ;

1° bis Deuxième circonscription : les arrondissements de Paris et les communes du département des Hauts-de-Seine autres que ceux mentionnés au 1° ;

2° Troisième circonscription : les communes de l'unité urbaine de Paris telle que délimitée par arrêté conjoint des ministres chargés de l'économie et du budget *(NDLR Arrêté du 31 décembre 2012, JO du 5 janvier 2013 modifié par l'arrêté ECOE2226345A du 24 octobre 2022, JO du 29)* autres que Paris et les communes du département des Hauts-de-Seine ;

3° Quatrième circonscription : les autres communes de la région d'Ile-de-France.

Par dérogation, les communes de la troisième circonscription éligibles à la fois, pour l'année précédant celle de l'imposition, à la dotation de solidarité urbaine et de cohésion sociale et au bénéfice du fonds de solidarité des communes de la région d'Ile-de-France, respectivement prévus aux articles L 2334-15 et L 2531-12 du code général des collectivités territoriales, sont classées pour le calcul de la taxe dans la quatrième circonscription.

Par dérogation, les communes de la deuxième circonscription éligibles à la fois, pour l'année précédant celle de l'imposition, à la dotation de solidarité urbaine et de cohésion sociale et au bénéfice du fonds de solidarité des communes de la région d'Ile-de-France, respectivement prévus aux articles L 2334-15 et L 2531-12 du code général des collectivités territoriales, bénéficient sur le tarif appliqué pour le calcul de la taxe d'une réduction du tarif de 10 %.

Dans chaque circonscription, pour le calcul de la taxe relative aux locaux à usage de bureaux, un tarif réduit est appliqué pour les locaux possédés par l'Etat, les collectivités territoriales, les organismes ou les établissements publics sans caractère industriel ou commercial, les organismes professionnels ainsi que les associations ou organismes privés sans but lucratif à caractère sanitaire, social, éducatif, sportif ou culturel et dans lesquels ils exercent leur activité ;

b. *(Abrogé)* ;

2. Les tarifs au mètre carré sont fixés, pour l'année 2024, conformément aux dispositions ci-dessous :

a. Pour les locaux à usage de bureaux :

1e circonscription		2e circonscription		3e circonscription		4e circonscription	
Tarif normal	Tarif réduit	Tarif normal	Tarif réduit	Tarif normal	Tarif réduit	Tarif normal	Tarif réduit
25,31 €	12,58 €	21,31 €	10,59 €	11,66 €	7,02 €	5,63 €	5,09 €

b. Pour les locaux commerciaux :

(en euros)		
1e et 2e CIRCONSCRIPTIONS	3e CIRCONSCRIPTION	4e CIRCONSCRIPTION
8,68	4,51	2,30

c. Pour les locaux de stockage :

(en euros)		
1e et 2e CIRCONSCRIPTIONS	3e CIRCONSCRIPTION	4e CIRCONSCRIPTION
4,53	2,30	1,18

d. Pour les surfaces de stationnement :

(en euros)		
1e et 2e CIRCONSCRIPTIONS	3e CIRCONSCRIPTION	4e CIRCONSCRIPTION
2,86	1,55	0,81

e. Ces tarifs sont actualisés au 1er janvier de chaque année en fonction de la prévision de l'indice des prix à la consommation, hors tabac, retenue dans le projet de loi de finances de l'année. Les valeurs sont arrondies, s'il y a lieu, au centime d'euro supérieur.

VI bis. Pour l'application des dispositions des V et VI, les parcs d'exposition et locaux à usage principal de congrès sont assimilés à des locaux de stockage.

VII. Les redevables sont tenus de déposer une déclaration accompagnée du paiement de la taxe, avant le 1er mars de chaque année, auprès du comptable public compétent du lieu de situation des locaux imposables.

VIII. Le contrôle, le recouvrement, le contentieux, les garanties et les sanctions relatifs à la taxe sont régis par les règles applicables en matière de taxe sur les salaires jusqu'au 31 décembre 2003.

IX. La taxe n'est pas déductible de l'assiette de l'impôt sur le revenu ou de l'impôt sur les sociétés.

BIC-IX-26150

IMMO-V-31200 s. ; MF nos 31380 s.

Section II ter

Taxe annuelle sur les locaux à usage de bureaux, les locaux commerciaux, les locaux de stockage et les surfaces de stationnement perçue dans les départements des Bouches-du-Rhône, du Var et des Alpes-Maritimes

Art 231 quater I. Une taxe annuelle sur les locaux à usage de bureaux, les locaux commerciaux, les locaux de stockage et les surfaces de stationnement est perçue dans les limites territoriales des départements des Bouches-du-Rhône, du Var et des Alpes-Maritimes.

II. Sont soumises à la taxe les personnes privées ou publiques qui sont propriétaires de locaux imposables ou titulaires d'un droit réel portant sur de tels locaux.

La taxe est acquittée par le propriétaire, l'usufruitier, le preneur à bail à construction, l'emphytéote ou le titulaire d'une autorisation d'occupation temporaire du domaine public constitutive d'un droit réel qui dispose, au 1er janvier de l'année d'imposition, d'un local taxable.

III. La taxe est due :

1° Pour les locaux à usage de bureaux, qui s'entendent, d'une part, des bureaux proprement dits et de leurs dépendances immédiates et indispensables destinés à l'exercice d'une activité, de quelque nature que ce soit, par des personnes physiques ou morales privées ou utilisés par l'Etat, les collectivités territoriales, les établissements ou organismes publics et les organismes professionnels et, d'autre part, des locaux professionnels destinés à l'exercice d'activités libérales ou utilisés par des associations ou des organismes privés poursuivant ou non un but lucratif ;

2° Pour les locaux commerciaux, qui s'entendent des locaux destinés à l'exercice d'une activité de commerce de détail ou de gros et de prestations de service à caractère commercial ou artisanal ainsi que de leurs réserves attenantes, couvertes ou non couvertes, et des emplacements attenants affectés en permanence à ces activités de vente ou de prestations de service ;

3° Pour les locaux de stockage, qui s'entendent des locaux ou aires couvertes destinés à l'entreposage de produits, de marchandises ou de biens et qui ne sont pas intégrés topographiquement à un établissement de production ;

4° Pour les surfaces de stationnement, qui s'entendent des locaux ou aires, couvertes ou non couvertes, destinés au stationnement des véhicules et qui font l'objet d'une exploitation commerciale ou sont annexés aux locaux mentionnés aux 1° à 3° du présent III sans être intégrés topographiquement à un établissement de production.

IV. Pour l'appréciation du caractère immédiat, attenant et annexé des locaux mentionnés au III et pour le calcul des surfaces mentionnées au 5° du V et au VI, il est tenu compte de tous les locaux de même nature, hors parties communes, qu'une personne privée ou publique possède à une même adresse ou, en cas de pluralité d'adresses, dans un même groupement topographique.

Pour l'appréciation du caractère annexé des surfaces de stationnement mentionnées au 4° du III, il est également tenu compte des surfaces qui, bien que non intégrées à un groupement topographique comprenant des locaux taxables, sont mises à la disposition, gratuitement ou non, des utilisateurs de locaux taxables situés à proximité immédiate.

V. Sont exonérés de la taxe :

1° Les locaux à usage de bureaux, les locaux commerciaux, les locaux de stockage et les surfaces de stationnement situés dans une zone franche urbaine-territoire entrepreneur définie au B du 3 de l'article 42 de la loi n° 95-115 du 4 février 1995 d'orientation pour l'aménagement et le développement du territoire, de même que ceux situés dans une zone de revitalisation des centres-villes définie au II de l'article 1464 F du présent code, dans une zone de revitalisation des commerces en milieu rural définie au III de l'article 1464 G ou dans un quartier prioritaire de la politique de la ville défini à l'article 5 de la loi n° 2014-173 du 21 février 2014 de programmation pour la ville et la cohésion urbaine ;

Ndlr *Pour les dispositions du présent 1° qui s'appliqueront aux impositions établies à compter de 2025, voir partie Autres textes du présent code loi 2023-1322 du 29 décembre 2023 art. 73, I-10°-c et XX-B.*

2° Les locaux et les surfaces de stationnement appartenant aux fondations et aux associations, reconnues d'utilité publique, dans lesquels elles exercent leur activité ;

3° Les locaux spécialement aménagés pour l'archivage administratif et pour l'exercice d'activités de recherche ou à caractère sanitaire, social, éducatif ou culturel ;

4° Les locaux administratifs et les surfaces de stationnement des établissements publics d'enseignement du premier et du second degrés et des établissements privés sous contrat avec l'Etat au titre des articles L 442-5 et L 442-12 du code de l'éducation ;

5° Les locaux à usage de bureaux d'une superficie inférieure à 100 mètres carrés, les locaux commerciaux d'une superficie inférieure à 2 500 mètres carrés, les locaux de stockage d'une superficie inférieure à 5 000 mètres carrés et les surfaces de stationnement de moins de 500 mètres carrés ;

6° Les locaux de stockage appartenant aux sociétés coopératives agricoles ou à leurs unions ;

7° Les locaux et aires des parcs relais, qui s'entendent des parcs de stationnement assurant la liaison vers différents réseaux de transport en commun et dont la vocation exclusive est de faciliter l'accès des voyageurs à ces réseaux ainsi que les seules places de stationnement qui sont utilisées en tant que parc relais au sein des locaux mentionnés au 4° du III du présent article ;

8° Les emplacements attenant à un local commercial mentionné au 2° du même III aménagés pour l'exercice d'activités sportives.

VI. Les tarifs sont applicables dans les conditions suivantes :

1° Des tarifs au mètre carré sont appliqués sur le périmètre de l'ensemble des communes situées dans les limites territoriales définies au I ;

2° Les tarifs au mètre carré sont fixés conformément aux dispositions suivantes *(NDLR Tarifs applicables pour 2024)* :

a. Pour les locaux à usage de bureaux : 0,97 € ;

b. Pour les locaux commerciaux : 0,40 € ;

c. Pour les locaux de stockage : 0,21 € ;

d. Pour les surfaces de stationnement : 0,14 €.

Ces tarifs sont actualisés au 1er janvier de chaque année en fonction de la prévision de l'indice des prix à la consommation, hors tabac, retenue dans la loi de finances de l'année. La valeur résultant de cette revalorisation est arrondie, s'il y a lieu, au centime d'euro supérieur.

VII. Pour l'application des V et VI, les parcs d'exposition et locaux à usage principal de congrès sont assimilés à des locaux de stockage.

VIII. Les redevables sont tenus de déposer une déclaration accompagnée du paiement de la taxe, avant le 1er mars de chaque année, auprès du comptable public compétent du lieu de situation des locaux imposables.

Les modalités de dépôt de la déclaration de la taxe sont fixées par arrêté du ministre chargé du budget.

IX. La taxe est acquittée lors du dépôt de la déclaration. Elle est recouvrée et contrôlée selon les procédures et sous les mêmes sanctions, garanties et privilèges que les taxes sur le chiffre d'affaires. Les réclamations sont présentées, instruites et jugées selon les règles applicables à ces taxes.

X. Le produit annuel de la taxe est affecté à l'établissement public local « Société de la Ligne Nouvelle Provence Côte d'Azur » créé à l'article 1er de l'ordonnance n° 2022-306 du 2 mars 2022 relative à la Société de la Ligne Nouvelle Provence Côte d'Azur et pour le financement de la mission définie au premier alinéa du II du même article 1er.

IMMO-V-34600 s. ; MF nos 31420 s.

SECTION III

Taxe annuelle sur les logements vacants

Art 232 I. La taxe annuelle sur les logements vacants est applicable :

1° Dans les communes appartenant à une zone d'urbanisation continue de plus de cinquante mille habitants où il existe un déséquilibre marqué entre l'offre et la demande de logements entraînant des difficultés sérieuses d'accès au logement sur l'ensemble du parc résidentiel existant, qui se caractérisent notamment par le niveau élevé des loyers, le niveau élevé des prix d'acquisition des logements anciens ou le nombre élevé de demandes de logement par rapport au nombre d'emménagements annuels dans le parc locatif social ;

2° Dans les communes ne respectant pas les conditions prévues au 1° du présent I où il existe un déséquilibre marqué entre l'offre et la demande de logements entraînant des difficultés sérieuses d'accès au logement sur l'ensemble du parc résidentiel existant, qui se caractérisent notamment par le niveau élevé des loyers, le niveau élevé des prix d'acquisition des logements anciens ou la proportion élevée de logements affectés à l'habitation autres que ceux affectés à l'habitation principale par rapport au nombre total de logements.

Un décret fixe la liste des communes où la taxe est instituée *(NDLR La liste des communes concernées par les dispositions du 1° et du 2° susvisés est fixée par le décret 2013-392 du 10 mai 2013, JO 12, modifié par le décret 2015-1284 du 13 octobre 2015, JO 15, et par le décret 2023-822 du 25 août 2023, JO 26).*

II. La taxe est due pour chaque logement vacant depuis au moins une année, au 1er janvier de l'année d'imposition, à l'exception des logements détenus par les organismes d'habitations à loyer modéré et les sociétés d'économie mixte et destinés à être attribués sous conditions de ressources.

III. La taxe est acquittée par le propriétaire, l'usufruitier, le preneur à bail à construction ou à réhabilitation ou l'emphytéote qui dispose du logement depuis le début de la période de vacance mentionnée au II.

IV. L'assiette de la taxe est constituée par la valeur locative du logement mentionnée à l'article 1409. Son taux est fixé à 17 % la première année d'imposition et à 34 % à compter de la deuxième.

Ndlr *Les taux de 17 % et 34 % s'appliquent à compter des impositions dues au titre de 2023. Ils s'établissaient auparavant respectivement à 12,5 % et 25 %.*

V. Pour l'application de la taxe, n'est pas considéré comme vacant un logement dont la durée d'occupation est supérieure à quatre-vingt-dix jours consécutifs au cours de la période de référence définie au II.

VI. La taxe n'est pas due en cas de vacance indépendante de la volonté du contribuable.

VII. Le contrôle, le recouvrement, le contentieux, les garanties et les sanctions de la taxe sont régis comme en matière de taxe foncière sur les propriétés bâties.

VIII. *(Abrogé).*

TD-XX-6000 s. ; MF nos 75980 s.

SECTION V bis

Contribution annuelle sur les revenus locatifs

Art 234 nonies I. Il est institué une contribution annuelle sur les revenus retirés de la location de locaux situés dans des immeubles achevés depuis quinze ans au moins au 1er janvier de l'année d'imposition, acquittée par les bailleurs mentionnés au I de l'article 234 duodecies et aux articles 234 terdecies et 234 quaterdecies.

II. *(Abrogé).*

III. Sont exonérés de la contribution les revenus tirés de la location :

1° Dont le montant annuel n'excède pas 1 830 € par local ;

2° Qui donne lieu au paiement de la taxe sur la valeur ajoutée ;

3° Consentie à l'Etat ou aux établissements publics nationaux scientifiques, d'enseignement, d'assistance ou de bienfaisance ;

4° Consentie en vertu des livres I et II du code de l'action sociale et des familles et exclusivement relative au service de l'aide sociale ;

5° A vie ou à durée illimitée ;

6° Des immeubles appartenant ou destinés à appartenir, dans le cadre des contrats énumérés à l'article 1048 ter, à l'Etat, aux collectivités territoriales, aux établissements et organismes publics qui en dépendent et aux organismes d'habitations à loyer modéré ;

7° Des locaux d'habitation qui font partie d'une exploitation agricole ou sont annexés à celle-ci, ainsi que des locaux dont les propriétaires ont procédé au rachat du prélèvement sur les loyers, prévu par l'article 11 de la loi de finances rectificative pour 1964 (n° 64-1278 du 23 décembre 1964) ;

8° Des immeubles appartenant aux sociétés d'économie mixte de construction ou ayant pour objet la rénovation urbaine ou la restauration immobilière dans le cadre d'opérations confiées par les collectivités publiques, ainsi que de ceux appartenant aux houillères de bassin ;

9° Des immeubles faisant partie de villages de vacances ou de maisons familiales de vacances agréés ;

10° Des logements appartenant aux organismes sans but lucratif ou aux unions d'économie sociale réalisant les activités mentionnées à l'article L 365-1 du code de la construction et de l'habitation, et dont les dirigeants de droit ou de fait ne sont pas rémunérés ;

11° Des logements qui ont fait l'objet de travaux de réhabilitation définis par décret *(Voir Annexe III, art. 58-0 A bis)*, lorsque ces travaux ont été financés à hauteur d'au moins 15 % de leur montant par une subvention versée par l'Agence nationale de l'habitat, pour les quinze années suivant celle de l'achèvement des travaux ;

12° Des logements qui ont fait l'objet, après une vacance continue de plus de douze mois, d'une mise en location assortie d'une convention conclue à compter du 1er juillet 2004 en l'application du 4° de l'article L 831-1 du code de la construction et de l'habitation, le bénéfice de l'exonération s'appliquant jusqu'au 31 décembre de la troisième année suivant celle de la conclusion du bail.

IV et V. *(Abrogés).*

(Voir Annexe III, art. 58 A et 375 à 381 quater)

IMMO-VI-50 s. ; MF nos 74800 s.

Art 234 duodecies **I.** Lorsque la location est consentie par une personne morale ou un organisme devant souscrire la déclaration prévue au 1 de l'article 223, à l'exclusion de ceux imposés aux taux de l'impôt sur les sociétés prévus à l'article 219 bis, la contribution prévue à l'article 234 nonies est assise sur les recettes nettes définies à l'article 29 qui ont été perçues au cours de l'exercice ou de la période d'imposition définie au deuxième alinéa de l'article 37.

II. La contribution est déclarée, contrôlée et recouvrée selon les mêmes règles et sous les mêmes garanties et sanctions qu'en matière d'impôt sur les sociétés.

(Voir Annexe III, art. 38)

III. La contribution est payée spontanément au comptable public compétent, au plus tard à la date prévue au 2 de l'article 1668.

Elle donne lieu au préalable, à la date prévue pour le paiement du dernier acompte d'impôt sur les sociétés de l'exercice ou de la période d'imposition, à un acompte égal à 2,5 % des recettes nettes définies à l'article 29 qui ont été perçues au cours de l'exercice précédent.

(Voir Annexe III, art. 375 à 377)

Lorsque la somme due au titre d'un exercice ou d'une période d'imposition en application du deuxième alinéa est supérieure à la contribution dont l'entreprise prévoit qu'elle sera finalement redevable au titre de ce même exercice ou de cette même période, l'entreprise peut réduire ce versement à concurrence de l'excédent estimé.

IV. Les crédits d'impôt de toute nature ainsi que la créance mentionnée à l'article 220 quinquies ne sont pas imputables sur cette contribution.

IMMO-VI-8900 s. ; MF nos 74860 s.

Art 234 terdecies Lorsque la location est consentie par une société ou un groupement soumis au régime prévu aux articles 8, 8 ter, 238 ter, 239 ter à 239 quinquies, 239 septies et 239 nonies dont l'un des membres est soumis, à la date de clôture de l'exercice, à l'impôt sur les sociétés au taux de droit commun, la contribution prévue à l'article 234 nonies, établie dans les conditions définies au I de l'article 234 duodecies, est acquittée par cette société ou ce groupement, auprès du comptable public compétent, au vu d'une déclaration spéciale, au plus tard à la date prévue pour le dépôt de la déclaration de leur résultat.

Elle donne lieu au préalable au versement d'un acompte payable au plus tard le 15 du dernier mois de l'exercice, dont le montant est déterminé selon les modalités définies au III de l'article 234 duodecies.

La contribution est contrôlée et recouvrée selon les mêmes garanties et sanctions qu'en matière d'impôt sur les sociétés.

(Voir Annexe III, art. 378 à 380)

IMMO-VI-10600 s. ; MF n° 74870

Art 234 quaterdecies Lorsque la location est consentie par une personne morale ou un organisme de droit public ou privé, non mentionné à l'article 234 duodecies ou à l'article 234 terdecies, la contribution prévue à l'article 234 nonies, assise sur le montant des recettes nettes définies à l'article 29 et perçues au cours de l'année civile au titre de la location, est acquittée par cette personne ou cet organisme, auprès du comptable public compétent, au vu d'une déclaration spéciale, au plus tard le 15 octobre de l'année qui suit celle de la perception des revenus soumis à la contribution.

Sous cette réserve, la contribution est contrôlée et recouvrée selon les mêmes règles et sous les mêmes garanties et sanctions qu'en matière d'impôt sur les sociétés.

Elle donne lieu à la date prévue au premier alinéa à un acompte égal à 2,5 % des trois quarts des recettes nettes définies à l'article 29 et perçues au cours de l'année précédente.

Pour les personnes morales ou organismes imposés aux taux de l'impôt sur les sociétés prévus à l'article 219 bis, la contribution, établie dans les conditions définies au I de l'article 234 duodecies, est déclarée, recouvrée et contrôlée comme l'impôt sur les sociétés dont ils sont redevables, par exception aux dispositions des premier à troisième alinéas.

(Voir Annexe III, art. 58 A et 381 à 381 quater)

IMMO-VI-12300 s., 13350 s. ; MF n°s 74875 s.

Art 234 quindecies La contribution prévue à l'article 234 nonies est égale à 2,5 % de la base définie aux articles 234 duodecies à 234 quaterdecies.

IMMO-VI-5800 ; MF n° 74825

SECTION VII

Cotisation perçue au titre de la participation des employeurs à l'effort de construction et de la participation des employeurs agricoles à l'effort de construction

Art 235 bis 1. Les règles concernant la cotisation perçue au titre de la participation des employeurs à l'effort de construction sont définies aux articles L 313-1 et L 313-4 à L 313-6 du code de la construction et de l'habitation.

2. Les règles concernant la cotisation perçue au titre de la participation des employeurs agricoles à l'effort de construction sont définies aux articles L 716-2 à L 716-5 du code rural et de la pêche maritime.

(Voir Annexe II, art. 162)

TPS-IV-1 s. ; MF n°s 74300 s.

SECTION VIII

Prélèvements de solidarité sur les revenus du patrimoine et les produits de placement

Art 235 ter I. Il est institué :

1° Un prélèvement de solidarité sur les revenus du patrimoine mentionnés à l'article L 136-6 du code de la sécurité sociale ;

2° Un prélèvement de solidarité sur les produits de placement mentionnés à l'article L 136-7 du même code.

II. Le prélèvement de solidarité mentionné au 1° du I du présent article est assis, contrôlé et recouvré selon les mêmes règles et sous les mêmes sûretés, privilèges et sanctions que la contribution mentionnée à l'article L 136-6 du code de la sécurité sociale, sans qu'il soit fait application du I ter du même article L 136-6.

Le prélèvement de solidarité mentionné au 2° du I du présent article est assis, contrôlé et recouvré selon les mêmes règles et sous les mêmes sûretés, privilèges et sanctions que la contribution mentionnée à l'article L 136-7 du code de la sécurité sociale, sans qu'il soit fait application du I ter du même article L 136-7.

III. Le taux des prélèvements de solidarité mentionnés au I est fixé à 7,5 %.

Ndlr *Les articles du code de la sécurité sociale cités sont reproduits dans la partie Autres textes du présent code.*

TD-XVI-520 s.

TD-XVI-480 s. ; MF n°s 34430 s.

SECTION XIV

Taxe sur les excédents de provisions des entreprises d'assurances de dommages

Art 235 ter X Les entreprises d'assurances de dommages de toute nature doivent, lorsqu'elles rapportent au résultat imposable d'un exercice l'excédent des provisions constituées pour faire face au règlement des sinistres advenus au cours d'un exercice antérieur, acquitter une taxe représentative de l'intérêt correspondant à l'avantage de trésorerie ainsi obtenu.

La taxe est assise sur le montant de l'impôt sur les sociétés qui aurait dû être acquitté l'année de la constitution des provisions en l'absence d'excédent. Pour le calcul de cet impôt, les excédents des provisions réintégrés sont diminués, d'une part, d'une franchise égale, pour chaque excédent, à 3 % du montant de celui-ci et des règlements de sinistres effectués au cours de l'exercice par prélèvement sur la provision correspondante, d'autre part, des dotations complémentaires constituées à la clôture du même exercice en vue de faire face à l'aggravation du coût estimé des sinistres advenus au cours d'autres exercices antérieurs. Chaque excédent de provision, après application de la franchise, et chaque dotation complémentaire sont rattachés à l'exercice au titre duquel la provision initiale a été constituée. La taxe est calculée au taux de 0,40 % par mois écoulé depuis la constitution de la provision en faisant abstraction du nombre d'années correspondant au nombre d'exercices au titre desquels il n'était pas dû d'impôt sur les sociétés.

Toutefois, dans le cas où le montant des provisions constituées pour faire face aux sinistres d'un exercice déterminé a été augmenté à la clôture d'un exercice ultérieur, les sommes réintégrées sont réputées provenir par priorité de la dotation la plus récemment pratiquée.

La taxe est déclarée et liquidée :

1° Pour les redevables de la taxe sur la valeur ajoutée, sur l'annexe à la déclaration mentionnée au 1 de l'article 287 déposée au titre du mois d'avril ou du deuxième trimestre de l'année au cours de laquelle la taxe prévue au présent article est due ou, pour les redevables dont l'exercice comptable ne coïncide pas avec l'année civile, au titre du quatrième mois ou du deuxième trimestre qui suit la clôture de l'exercice ;

2° Pour les redevables de la taxe sur la valeur ajoutée soumis au régime simplifié d'imposition prévu à l'article 302 septies A, sur la déclaration annuelle mentionnée au 3 de l'article 287 déposée dans le courant de l'année au cours de laquelle la taxe est due ;

3° Pour les personnes non redevables de la taxe sur la valeur ajoutée, sur l'annexe à la déclaration prévue au 1 du même article 287 déposée auprès du service chargé du recouvrement dont relève leur siège ou principal établissement au plus tard le 25 juin de l'année au cours de laquelle la taxe prévue au présent article est due.

La taxe est acquittée lors du dépôt de la déclaration. Elle est recouvrée comme en matière de taxes sur le chiffre d'affaires et sous les mêmes garanties et sanctions.

Les dispositions du présent article ne s'appliquent pas aux provisions constituées à raison des opérations de réassurance par les entreprises pratiquant la réassurance de dommages.

La taxe n'est pas déductible de l'assiette de l'impôt sur les sociétés.

BIC-IX-95100 ; TD-VI-10 s. ; MF n° 76020

SECTION XIV *bis*

Prélèvement spécial relatif aux écarts de conversion sur les prêts en monnaie étrangère

Art 235 ter XA Lorsque l'une des conditions mentionnées au quatrième alinéa du 4 de l'article 38 n'est pas respectée sur un prêt encore en cours pendant le délai de reprise mentionné à l'article L 169 du livre des procédures fiscales et sans préjudice de l'intérêt de retard applicable, en vertu de l'article 1727, aux droits résultant des rectifications effectuées sur la période non prescrite, l'entreprise est redevable d'un prélèvement correspondant à l'avantage de trésorerie obtenu. Toutefois, l'entreprise n'est pas redevable de ce prélèvement lorsque le prêt est incorporé au capital de la société emprunteuse.

Ce prélèvement est calculé sur la base des droits correspondant aux écarts de conversion non imposés pendant la durée du prêt écoulée en période prescrite, au taux de 0,75 % par mois compris entre le premier jour du mois suivant celui au cours duquel ces droits auraient dû être acquittés et le dernier jour du mois du paiement du prélèvement ou, le cas échéant, de la proposition de rectification. Pour le calcul de ce prélèvement, il est également tenu compte, le cas échéant, des droits acquittés correspondant aux écarts de conversion non déduits pendant la durée du prêt écoulée en période prescrite.

Ce prélèvement est acquitté dans les quatre mois suivant la clôture de l'exercice au cours duquel l'entreprise en est devenue redevable. Il est liquidé, déclaré et recouvré comme en matière de taxe sur le chiffre d'affaires et sous les mêmes garanties et sanctions. Il n'est pas déductible du résultat imposable.

BIC-IV-30760 s.

SECTION XVII *bis*

Contribution exceptionnelle sur l'impôt sur les sociétés

Art 235 ter ZAA **I.** Les redevables de l'impôt sur les sociétés réalisant un chiffre d'affaires supérieur à 250 millions d'euros sont assujettis à une contribution exceptionnelle égale à une fraction de cet impôt calculé sur leurs résultats imposables, aux taux mentionnés à l'article 219, des exercices clos à compter du 31 décembre 2011 et jusqu'au 30 décembre 2016.

Cette contribution est égale à 10,7 % de l'impôt sur les sociétés dû, déterminé avant imputation des réductions et crédits d'impôt et des créances fiscales de toute nature.

Pour les redevables qui sont placés sous le régime prévu à l'article 223 A ou à l'article 223 A bis, la contribution est due par la société mère. Elle est assise sur l'impôt sur les sociétés afférent au résultat d'ensemble et à la plus-value nette d'ensemble définis aux articles 223 B, 223 B bis et 223 D, déterminé avant imputation des réductions et crédits d'impôt et des créances fiscales de toute nature.

Le chiffre d'affaires mentionné au premier alinéa du présent I s'entend du chiffre d'affaires réalisé par le redevable au cours de l'exercice ou de la période d'imposition, ramené à douze mois le cas échéant, et pour la société mère d'un groupe mentionné à l'article 223 A ou à l'article 223 A bis, de la somme des chiffres d'affaires de chacune des sociétés membres de ce groupe.

II. Les crédits d'impôt de toute nature ainsi que la créance visée à l'article 220 quinquies ne sont pas imputables sur la contribution.

III. La contribution est établie, contrôlée et recouvrée comme l'impôt sur les sociétés et sous les mêmes garanties et sanctions.

IS-VIII-3300 s.

SECTION XIX

Contribution sociale sur l'impôt sur les sociétés

Art 235 ter ZC **I.** Les redevables de l'impôt sur les sociétés sont assujettis à une contribution sociale égale à une fraction de cet impôt calculé sur leurs résultats imposables aux taux mentionnés aux I et IV de l'article 219 et diminué d'un abattement qui ne peut excéder 763 000 € par période de douze mois. Lorsqu'un exercice ou une période d'imposition est inférieur ou supérieur à douze mois, l'abattement est ajusté à due proportion.

La fraction mentionnée au premier alinéa est égale à 3,3 % pour les exercices clos à compter du 1er janvier 2000.

Sont exonérés les redevables ayant réalisé un chiffre d'affaires de moins de 7 630 000 €. Le chiffre d'affaires à prendre en compte s'entend du chiffre d'affaires réalisé par le redevable au cours de l'exercice ou période d'imposition, ramené à douze mois le cas échéant et, pour la société mère d'un groupe mentionné à l'article 223 A ou à l'article 223 A bis, de la somme des chiffres d'affaires de chacune des sociétés membres de ce groupe. Le capital des sociétés, entièrement libéré, doit être détenu de manière continue, pour 75 % au moins, par des personnes physiques ou par une société répondant aux mêmes conditions dont le capital est détenu, pour 75 % au moins, par des personnes physiques. Pour la détermination de ce pourcentage, les participations des sociétés de capital-risque, des fonds communs de placement à risques, des fonds professionnels spécialisés relevant de l'article L 214-37 du code monétaire et financier dans sa rédaction antérieure à l'ordonnance n° 2013-676 du 25 juillet 2013 modifiant le cadre juridique de la gestion d'actifs, des fonds professionnels de capital investissement, des sociétés de libre partenariat, des sociétés de développement régional et des sociétés financières d'innovation ne sont pas prises en compte à la condition qu'il n'existe pas de lien de dépendance au sens du 12 de l'article 39 entre la société en cause et ces dernières sociétés ou ces fonds.

II. Pour les entreprises placées sous le régime prévu à l'article 223 A ou à l'article 223 A bis, la contribution est due par la société mère. Elle est assise sur l'impôt sur les sociétés afférent au résultat d'ensemble et à la plus-value nette d'ensemble définis aux articles 223 B, 223 B bis et 223 D.

III. *(Périmé).*

III bis. Les sociétés ayant opté pour le régime prévu au II de l'article 208 C ainsi que les sociétés de placement à prépondérance immobilière à capital variable mentionnées au 3° nonies de l'article 208 ne sont pas assujetties à la présente contribution sur les plus-values imposées en application du IV de l'article 219.

IV. Les crédits d'impôt de toute nature ainsi que la créance visée à l'article 220 quinquies ne sont pas imputables sur la contribution.

V. Elle est établie et contrôlée comme l'impôt sur les sociétés et sous les mêmes garanties et sanctions.

VI. Les modalités d'application du présent article sont fixées par décret *(Voir Annexe III, art. 366 L à 366 M).*

IS-VIII-200 s. ; MF nos 36690 s.

SECTION XX

Taxe sur les transactions financières

Art 235 ter ZD **I.** Une taxe s'applique à toute acquisition à titre onéreux d'un titre de capital, au sens de l'article L 212-1 A du code monétaire et financier, ou d'un titre de capital assimilé, au sens de l'article L 211-41 du même code, dès lors que ce titre est admis aux négociations sur un marché réglementé français, européen ou étranger, au sens des articles L 421-4, L 422-1 ou L 423-1 dudit code, que son acquisition donne lieu à un transfert de propriété, au sens de l'article L 211-17 du même code, et que ce titre est émis par une société dont le siège social est situé en France et dont la capitalisation boursière dépasse un milliard d'euros au 1er décembre de l'année précédant celle d'imposition.

L'acquisition, au sens du premier alinéa, s'entend de l'achat, y compris dans le cadre de l'exercice d'une option ou dans le cadre d'un achat à terme ayant fait préalablement l'objet d'un contrat, de l'échange ou de l'attribution, en contrepartie d'apports, de titres de capital mentionnés au même premier alinéa.

Les titres représentant ceux mentionnés audit premier alinéa émis par une société, quel que soit le lieu d'établissement de son siège social, sont soumis à la taxe.

II. La taxe n'est pas applicable :

1° Aux opérations d'achat réalisées dans le cadre d'une émission de titres de capital, y compris lorsque cette émission donne lieu à un service de prise ferme et de placement garanti, au sens de l'article L 321-1 du code monétaire et financier ;

2° Aux opérations réalisées par une chambre de compensation, au sens de l'article L 440-1 du même code, dans le cadre des activités définies à ce même article L 440-1, ou par un dépositaire central, au sens du 3° du II de l'article L 621-9 dudit code, dans le cadre des activités définies à ce même article L 621-9 ;

3° Aux acquisitions réalisées dans le cadre d'activités de tenue de marché. Ces activités sont définies comme les activités d'une entreprise d'investissement ou d'un établissement de crédit ou d'une entité d'un pays étranger ou d'une entreprise locale membre d'une plateforme de négociation ou d'un marché d'un pays étranger lorsque l'entreprise, l'établissement ou l'entité concerné procède en tant qu'intermédiaire se portant partie à des opérations sur un instrument financier, au sens de l'article L 211-1 du même code :

a. Soit à la communication simultanée de cours acheteurs et vendeurs fermes et compétitifs de taille comparable, avec pour résultat d'apporter de la liquidité au marché sur une base régulière et continue ;

b. Soit, dans le cadre de son activité habituelle, à l'exécution des ordres donnés par des clients ou en réponse à des demandes d'achat ou de vente de leur part ;

c. Soit à la couverture des positions associées à la réalisation des opérations mentionnées aux a et b ;

4° Aux opérations réalisées pour le compte d'émetteurs en vue de favoriser la liquidité de leurs actions dans le cadre de pratiques de marché admises acceptées par l'Autorité des marchés financiers en application de la directive 2003/6/CE du Parlement européen et du Conseil, du 28 janvier 2003, sur les opérations d'initiés et les manipulations de marché (abus de marché) et de la directive 2004/72/CE de la Commission, du 29 avril 2004, portant modalités d'application du règlement (UE) n° 596/2014 du Parlement européen et du Conseil du 16 avril 2014 sur les abus de marché (règlement relatif aux abus de marché) et abrogeant la directive 2003/6/CE du Parlement européen et du Conseil et les directives 2003/124/CE, 2003/125/CE et 2004/72/CE de la Commission ;

5° Aux acquisitions de titres entre sociétés membres du même groupe, au sens de l'article L 233-3 du code de commerce, au moment de l'acquisition de titres concernée, aux acquisitions de titres entre sociétés du même groupe, au sens de l'article 223 A ou de l'article 223 A bis du présent code, et aux acquisitions intervenant dans les conditions prévues aux articles 210 A, 210 B, 220 quater, 220 quater A et 220 quater B ;

6° Aux cessions temporaires de titres mentionnées au 10° de l'article 2 du règlement (CE) n° 1287/2006 de la Commission européenne, du 10 août 2006, portant mesures d'exécution de la directive 2004/39/CE du Parlement européen et du Conseil en ce qui concerne les obligations des entreprises d'investissement en matière d'enregistrement, le compte rendu des transactions, la transparence du marché, l'admission des instruments financiers à la négociation et la définition de termes aux fins de ladite directive ;

7° Aux acquisitions, dans le cadre du livre III de la troisième partie du code du travail, de titres de capital par les fonds communs de placement d'entreprise régis par les articles L 214-164 et L 214-165 du code monétaire et financier et par les sociétés d'investissement à capital variable d'actionnariat salarié régies par l'article L 214-166 du même code ainsi qu'aux acquisitions de titres de capital de l'entreprise ou d'une entreprise du même groupe, au sens des articles L 3344-1 et L 3344-2 du code du travail, directement faites par les salariés en application du septième alinéa de l'article L 3332-15 du même code ;

8° Aux rachats de leurs titres de capital par les sociétés lorsque ces titres sont destinés à être cédés aux adhérents d'un plan d'épargne d'entreprise dans le cadre du titre III du livre III de la troisième partie du code du travail ;

9° Aux acquisitions d'obligations échangeables ou convertibles en actions.

III. La taxe est assise sur la valeur d'acquisition du titre. En cas d'échange, à défaut de valeur d'acquisition exprimée dans un contrat, la valeur d'acquisition correspond à la cotation des titres sur le marché le plus pertinent en terme de liquidité, au sens de l'article 9 du règlement (CE) 1287/2006 de la Commission, du 10 août 2006, précité, à la clôture de la journée de bourse qui précède celle où l'échange se produit. En cas d'échange entre des titres d'inégale valeur, chaque partie à l'échange est taxée sur la valeur des titres dont elle fait l'acquisition.

IV. La taxe est exigible le premier jour du mois suivant celui au cours duquel s'est produite l'acquisition du titre.

V. Le taux de la taxe est fixé à 0,3 %.

VI. La taxe est liquidée et due par l'opérateur fournissant des services d'investissement, au sens de l'article L 321-1 du code monétaire et financier, ayant exécuté l'ordre d'achat du titre ou ayant négocié pour son compte propre, quel que soit son lieu d'établissement.

Lorsque plusieurs opérateurs mentionnés au premier alinéa du présent VI interviennent pour l'exécution de l'ordre d'achat d'un titre, la taxe est liquidée et due par celui qui reçoit directement de l'acquéreur final l'ordre d'achat.

Lorsque l'acquisition a lieu sans intervention d'un opérateur fournissant des services d'investissement, la taxe est liquidée et due par l'établissement assurant la fonction de tenue de compte-conservation, au sens du 1 de l'article L 321-2 du même code, quel que soit son lieu d'établissement. L'acquéreur lui transmet les informations mentionnées au VIII du présent article.

VII. Si le dépositaire central teneur du compte d'émission du titre de capital est soumis au 3° du II de l'article L 621-9 du code monétaire et financier et effectue la livraison du titre, le redevable mentionné au VI du présent article fournit au dépositaire central les informations mentionnées au VIII avant le 5 du mois suivant les acquisitions mentionnées au I et désigne l'adhérent sur le compte duquel la taxe peut être prélevée.

Si le dépositaire central teneur du compte d'émission du titre de capital est soumis au 3° du II de l'article L 621-9 du code monétaire et financier et n'effectue pas la livraison du titre, laquelle est effectuée dans les livres d'un de ses adhérents, cet adhérent fournit au dépositaire central les informations mentionnées au VIII du présent article avant le 5 du mois suivant les acquisitions mentionnées au I.

Si le dépositaire central teneur du compte d'émission du titre de capital est soumis au 3° du II de l'article L 621-9 du code monétaire et financier et que ni ce dépositaire, ni aucun de ses adhérents n'effectue la livraison du titre, laquelle est réalisée dans les livres d'un client d'un adhérent du dépositaire central, ce client fournit les informations mentionnées au VIII du présent article à l'adhérent, lequel les transmet au dépositaire central avant le 5 du mois suivant les acquisitions mentionnées au I.

Si le dépositaire central teneur du compte d'émission du titre de capital est soumis au 3° du II de l'article L 621-9 du code monétaire et financier et que la livraison s'effectue dans des conditions différentes de celles mentionnées aux trois premiers alinéas du présent VII, le redevable mentionné au VI déclare à l'administration fiscale, selon le modèle qu'elle a fixé, et paie au Trésor la taxe avant le 25 du mois suivant les acquisitions mentionnées au I. Le redevable peut également acquitter la taxe par l'intermédiaire d'un adhérent du dépositaire central, auquel il transmet, directement ou indirectement, les informations mentionnées au VIII. L'adhérent transmet ces informations au dépositaire central avant le 5 du mois suivant les acquisitions mentionnées au I. Si le redevable opte pour le paiement de la taxe par l'intermédiaire d'un adhérent du dépositaire central, il en informe le Trésor par une déclaration avant le 1er novembre. Cette déclaration est valable un an et se renouvelle par tacite reconduction.

Si le dépositaire central teneur du compte d'émission du titre de capital n'est pas soumis au 3° du II de l'article L 621-9 du code monétaire et financier, le redevable mentionné au VI du présent article déclare à l'administration fiscale, selon le modèle qu'elle a fixé, et paie au Trésor la taxe avant le 25 du mois suivant les acquisitions mentionnées au I. Il tient à disposition de l'administration les informations mentionnées au VIII.

VIII. Si le dépositaire central teneur du compte d'émission du titre de capital est soumis au 3° du II de l'article L 621-9 du code monétaire et financier, il recueille de la part de ses adhérents ou des redevables, dans les conditions prévues au VII du présent article, des informations relatives aux opérations entrant dans le champ d'application de la taxe. Un décret précise la nature de ces informations, qui incluent le montant de la taxe due au titre de la période d'imposition, les numéros d'ordre des opérations concernées, la date de leur réalisation, la désignation, le nombre et la valeur des titres dont l'acquisition est taxable et les opérations exonérées, réparties selon les catégories d'exonération mentionnées au II.

(Voir Annexe III, art. 58 Q)

IX. Le dépositaire central teneur du compte d'émission du titre soumis au 3° du II de l'article

L 621-9 du code monétaire et financier déclare à l'administration fiscale, selon le modèle qu'elle a fixé, centralise et reverse au Trésor la taxe avant le 25 du mois suivant les acquisitions mentionnées au I du présent article. La déclaration précise notamment le montant de la taxe due et acquittée par chaque redevable.

Dans les cas mentionnés aux trois premiers alinéas du VII ou en cas d'option du redevable mentionnée à l'avant-dernier alinéa du même VII, l'adhérent ayant transmis les informations mentionnées au VIII ou ayant été désigné par le redevable en application du premier alinéa du VII l'autorise à prélever sur son compte le montant de la taxe avant le 5 du mois suivant les acquisitions mentionnées au I.

(Voir Annexe III, art. 58 R)

X. Le dépositaire central soumis au 3° du II de l'article L 621-9 du code monétaire et financier tient une comptabilité séparée pour l'enregistrement des opérations liées à la collecte de la taxe. Il assure un contrôle de cohérence entre les déclarations qu'il reçoit et les informations en sa possession en tant que dépositaire central. Les informations recueillies par le dépositaire central en application du VII du présent article sont tenues à la disposition de l'administration sur simple requête. Un rapport annuel est remis à l'administration sur la nature et l'ampleur des contrôles mis en œuvre. Un décret définit les modalités d'application du présent X.

XI. En cas de manquement, de son fait, aux obligations de paiement prévues au IX, le dépositaire central acquitte l'intérêt de retard prévu par l'article 1727.

En cas de manquement aux obligations de paiement prévues au VII, le redevable de la taxe acquitte l'intérêt de retard prévu au même article 1727.

En cas de manquement du redevable ou de l'adhérent aux obligations déclaratives prévues au même VII, celui-ci acquitte l'amende prévue à l'article 1788 C.

XII. La taxe est recouvrée et contrôlée selon les procédures et sous les mêmes sanctions, garanties et privilèges que les taxes sur le chiffre d'affaires. Les réclamations sont présentées, instruites et jugées selon les règles applicables à ces mêmes taxes.

XIII. *(Abrogé).*

TD-VI-1400 s. ; MF n°s 76021 s.

SECTION XX bis

Taxe sur les opérations à haute fréquence

Art 235 ter ZD bis **I.** Les entreprises exploitées en France, au sens du I de l'article 209, sont assujetties à une taxe sur les opérations à haute fréquence portant sur des titres de capital, au sens de l'article L 212-1 A du code monétaire et financier, réalisées pour compte propre par l'intermédiaire de dispositifs de traitement automatisé.

II. Constitue une opération à haute fréquence sur titre de capital, au sens du I du présent article, le fait d'adresser à titre habituel des ordres en ayant recours à un dispositif de traitement automatisé de ces ordres caractérisé par l'envoi, la modification ou l'annulation d'ordres successifs sur un titre donné séparés d'un délai inférieur à un seuil fixé par décret. Ce seuil ne peut pas être supérieur à une seconde. Constitue un dispositif de traitement automatisé, au sens du présent article, tout système permettant des opérations sur instruments financiers dans lequel un algorithme informatique détermine automatiquement les différents paramètres des ordres, comme la décision de passer l'ordre, la date et l'heure de passage de l'ordre, ainsi que le prix et la quantité des instruments financiers concernés.

Ne constituent pas des dispositifs de traitement automatisé, au sens du présent article, les systèmes utilisés aux fins d'optimiser les conditions d'exécution d'ordres ou d'acheminer des ordres vers une ou plusieurs plates-formes de négociation ou pour confirmer des ordres.

Un décret définit les modalités d'application du présent II.

(Voir Annexe III, art. 58 S)

III. Les entreprises mentionnées au I ne sont pas redevables de la taxe au titre des activités de tenue de marché mentionnées au 3° du II de l'article 235 ter ZD.

IV. Dès lors que le taux d'annulation ou de modification des ordres relatifs à des opérations à haute fréquence, à l'exception des opérations mentionnées au III du présent article, excède un seuil, défini par décret, sur une journée de bourse, la taxe due est égale à 0,01 % du montant des ordres annulés ou modifiés excédant ce seuil. Ce seuil ne peut être inférieur à deux tiers des ordres transmis.

(Voir Annexe III, art. 58 S)

V. La taxe est exigible le premier jour du mois suivant celui au cours duquel les ordres annulés ou modifiés ont été transmis.

VI. La taxe est déclarée et liquidée :

1° Sur l'annexe à la déclaration mentionnée au 1 de l'article 287 relative au mois ou au trimestre au cours duquel a été effectuée la transmission des ordres mentionnée au II du présent article ;

2° Pour les redevables de la taxe sur la valeur ajoutée soumis au régime simplifié d'imposition prévu à l'article 302 septies A, sur la déclaration annuelle mentionnée au 3 de l'article 287 déposée dans le courant de l'année au cours de laquelle la taxe est due.

La taxe est acquittée lors du dépôt de la déclaration.

VII. La taxe est recouvrée et contrôlée selon les procédures et sous les mêmes sanctions, garanties et privilèges que les taxes sur le chiffre d'affaires. Les réclamations sont présentées, instruites et jugées selon les règles applicables à ces mêmes taxes.

TD-VI-2400 s. ; MF n° 76021

Section XXI

Prélèvement annuel sur le produit des primes ou cotisations additionnelles relatives à la garantie contre le risque de catastrophes naturelles prévues à l'article L 125-2 du code des assurances

Art 235 ter ZE **I.** Il est institué un prélèvement annuel sur le produit des primes ou cotisations additionnelles prévues à l'article L 125-2 du code des assurances relatives à la garantie contre le risque de catastrophes naturelles. Ce prélèvement est versé par les entreprises d'assurance.

II. Le taux de ce prélèvement est fixé à 12 %. Le prélèvement est recouvré suivant les mêmes règles, sous les mêmes garanties et les mêmes sanctions que la taxe prévue à l'article 991 du présent code.

ENR-XI-28800 s. ; MF n° 76015, d

SECTION XXI bis

Taxe pour le financement du fonds de soutien aux collectivités territoriales

Art 235 ter ZE bis **I. 1.** Les personnes mentionnées aux 1° à 4° du A du I de l'article L 612-2 du code monétaire et financier, soumises au contrôle de l'Autorité de contrôle prudentiel et de résolution pour le respect des ratios de couverture et de division des risques ou du niveau de fonds propres adéquat prévus au I de l'article L 511-41 et aux articles L 522-14 et L 533-2 du même code, sont assujetties à une taxe pour le financement du fonds de soutien créé par l'article 92 de la loi n° 2013-1278 du 29 décembre 2013 de finances pour 2014, au titre de leur activité exercée au 1er janvier de chaque année.

2. Toutefois, ne sont pas assujetties à cette taxe :

1° Les personnes ayant leur siège social dans un autre Etat partie à l'accord sur l'Espace économique européen et exerçant leur activité en France exclusivement par une succursale ou par voie de libre prestation de services ;

2° Les personnes auxquelles s'appliquent des exigences minimales en fonds propres permettant d'assurer le respect des ratios de couverture ou du niveau de fonds propres adéquat prévus au I de l'article L 511-41 et aux articles L 522-14 et L 533-2 du code monétaire et financier, définies au cours de l'exercice clos l'année civile précédente, inférieures à 500 millions d'euros. Le seuil de 500 millions d'euros est apprécié sur la base sociale ou consolidée d'un groupe, au sens du III de l'article L 511-20 du même code, retenue pour le calcul de l'assiette définie au II du présent article ;

3° L'Agence française de développement.

II. L'assiette de la taxe est constituée par les exigences minimales en fonds propres permettant d'assurer le respect des ratios de couverture ou du niveau de fonds propres adéquat prévus au I de l'article L 511-41 et aux articles L 522-14 et L 533-2 du code monétaire et financier, définies au cours de l'exercice clos l'année civile précédente. Les exigences minimales en fonds propres sont appréciées sur base consolidée pour les personnes relevant des articles L 511-41-2, L 517-5, L 517-9 et L 533-4-1 du même code appartenant à un groupe, au sens du III de l'article L 511-20 dudit code. Une contribution additionnelle est calculée sur base sociale ou sous-consolidée pour les personnes n'appartenant pas à un groupe, au sens du même III, ou quand l'entreprise mère n'exerce pas un contrôle exclusif sur l'entreprise surveillée sur base sociale ou sous-consolidée. Dans ce dernier cas, l'assiette sur base consolidée de l'entreprise mère est diminuée des montants pris en compte au titre de l'imposition d'une personne sur base sociale ou sous-consolidée. Aucune contribution additionnelle sur base sociale n'est versée par les personnes mentionnées au I du présent article qui appartiennent à un groupe, au sens dudit III, lorsqu'il s'agit de l'organe central ou des entreprises affiliées à un réseau ou d'entreprises sur lesquelles l'entreprise mère exerce, directement ou indirectement, un contrôle exclusif.

III. Le taux de la taxe est fixé à 0,0642 % pour les années 2016 à 2025 et à 0,0505 % pour les années 2026 à 2028.

IV. La taxe est exigible le 30 avril.

V. 1. La taxe est liquidée par la personne assujettie au vu des exigences minimales en fonds propres mentionnées dans l'appel à contribution mentionné au 1° du V de l'article L 612-20 du code monétaire et financier. L'Autorité de contrôle prudentiel et de résolution communique cet appel au comptable public compétent avant le 30 avril.

2. La taxe est déclarée et liquidée :

1° Pour les redevables de la taxe sur la valeur ajoutée, sur l'annexe à la déclaration mentionnée au 1 de l'article 287 du présent code déposée au titre du mois de mai ou du deuxième trimestre de l'année au cours de laquelle la taxe prévue au présent article est due ;

2° Pour les personnes non redevables de la taxe sur la valeur ajoutée, sur l'annexe à la déclaration prévue au même 1 déposée auprès du service chargé du recouvrement dont relève leur siège ou principal établissement, au plus tard le 25 juin de l'année au cours de laquelle la taxe prévue au présent article est due.

La taxe est acquittée lors du dépôt de la déclaration.

3. La taxe n'est pas déductible de l'assiette de l'impôt sur les sociétés.

VI. Les contestations du montant des exigences minimales en fonds propres sur lequel la taxe est assise suivent le régime applicable aux contestations prévues au 3° du V de l'article L 612-20 du code monétaire et financier.

VII. 1. Lorsque, en application du VII du même article L 612-20, l'Autorité de contrôle prudentiel et de résolution révise le montant des exigences en fonds propres de la personne assujettie à la taxe prévue au présent article, elle communique au comptable public compétent l'appel à contribution rectificatif, accompagné de l'avis de réception, par la personne assujettie.

2. Lorsque le montant des exigences minimales en fonds propres est révisé à la hausse, le complément de taxe qui en résulte est exigible à la date de réception de l'appel à contribution rectificatif. Le complément de taxe est acquitté auprès du comptable public compétent, dans les deux mois de son exigibilité.

3. Lorsque le montant des exigences minimales en fonds propres est révisé à la baisse, la personne assujettie peut adresser au comptable public compétent, dans un délai d'un mois après réception de l'appel à contribution rectificatif, une demande écrite de restitution du montant correspondant. Il est procédé à cette restitution dans un délai d'un mois après réception de ce courrier.

VIII. A défaut de paiement ou en cas de paiement partiel de la taxe dans le délai de trente jours suivant la date limite de paiement, le comptable public compétent émet un titre exécutoire. La taxe est recouvrée et contrôlée selon les mêmes procédures et sous les mêmes sanctions, garanties, sûretés et privilèges que les taxes sur le chiffre d'affaires. Les réclamations sont présentées, instruites et jugées selon les règles applicables à ces taxes. Toutefois, en cas de révision du montant des exigences minimales en fonds propres dans les conditions prévues au VII du présent article, le droit de reprise de l'administration s'exerce, pour l'ensemble de la taxe due au titre de l'année concernée, jusqu'à la fin de la troisième année suivant celle au cours de laquelle la personne assujettie a reçu l'avis à contribution rectificatif.

Ndlr *Les dispositions du présent article sont abrogées à compter du 1er janvier 2029 (Loi 2014-1655 du 29 décembre 2014 art. 26, II-E).*

MF n° 76024

SECTION XXIII

Taxe d'archéologie préventive

Art 235 ter ZG **I.** Il est institué une taxe d'archéologie préventive due au titre des opérations mentionnées à l'article 1635 quater B affectant le sous-sol soumises à une autorisation ou à une déclaration préalable en application du code de l'urbanisme.

II. La taxe est due par la personne qui réalise les opérations mentionnées au I à la date d'exigibilité mentionnée au V.

III. Sont exonérés de la taxe d'archéologie préventive :

1° Les constructions et aménagements mentionnés aux 1° à 4° et 8° à 11° du I de l'article 1635 quater D ;

2° Les aménagements liés à la pose et à l'exploitation de câbles sous-marins de transport d'information.

Le bénéfice de l'exonération de la taxe d'archéologie préventive des constructions et aménagements mentionnés aux 2° à 4° du I de l'article 1635 quater D est subordonné au respect des mêmes dispositions que celles appliquées pour l'exonération de la taxe d'aménagement.

IV. Sans préjudice de l'avant-dernier alinéa de l'article L 524-4 du code du patrimoine, le fait générateur de la taxe d'archéologie préventive est celui mentionné au I de l'article 1635 quater F, y compris pour les aménagements situés dans le domaine public maritime jusqu'à un mille calculé à compter de la laisse de basse mer.

La taxe est liquidée selon les mêmes modalités que celles prévues au II du même article pour la taxe d'aménagement.

V. La taxe d'archéologie préventive est exigible à la date d'achèvement des opérations imposables dans les conditions prévues à l'article 1635 quater G.

VI. L'assiette de la taxe d'archéologie préventive est constituée par la valeur de l'ensemble immobilier servant d'assiette à la taxe d'aménagement déterminée selon les modalités prévues aux articles 1635 quater H à 1635 quater K.

Son taux est égal à 0,40 %.

VII. Le redevable de la taxe d'archéologie préventive déclare les éléments nécessaires à l'établissement de celle-ci selon les mêmes modalités que celles prévues pour la taxe d'aménagement au premier alinéa de l'article 1635 quater P.

Ndlr *Voir Annexe III, art. 344 N.*

VIII. La taxe d'archéologie préventive est recouvrée par les comptables publics compétents et contrôlée selon les mêmes procédures et sous les mêmes sanctions, garanties, sûretés et privilèges que la taxe d'aménagement prévue à l'article 1635 quater A. Les réclamations sont présentées, instruites et jugées selon les règles applicables à cette dernière.

Le recouvrement de la taxe d'archéologie préventive fait l'objet de l'émission d'un titre unique de perception selon les mêmes modalités que la taxe d'aménagement et dans les conditions prévues aux deuxième et troisième alinéas de l'article 1679 octies ainsi qu'à l'article L 255 A du livre des procédures fiscales.

En cas de demande de la réalisation de diagnostic mentionnée à l'avant-dernier alinéa de l'article L 524-4 du code du patrimoine, le montant de la redevance d'archéologie préventive acquittée à ce titre en application des articles L 524-1 et suivants du même code est déduit, sur demande du redevable, de la taxe d'archéologie préventive due pour la réalisation des travaux et des aménagements.

Ndlr 1. *Les dispositions du présent article s'appliquent aux demandes d'autorisation d'urbanisme initiale déposées à compter du 1er septembre 2022, aux autorisations d'urbanisme s'y rattachant et aux procès-verbaux établis après cette date constatant l'achèvement de constructions ou d'aménagements sans autorisation ou en infraction aux obligations résultant d'une autorisation d'urbanisme initiale dont la demande a été déposée après le 1er septembre 2022 ou d'une autorisation d'urbanisme s'y rattachant (Décret 2022-1102 du 1er août 2022 art. 1).*

Les opérations ayant fait l'objet d'une demande d'autorisation d'urbanisme déposée avant cette date sont soumises à la redevance d'archéologie préventive selon les modalités prévues aux articles L 524-1 et suivants du code du patrimoine dans leur version antérieure au 1er septembre 2022. Voir édition 2022 de notre code pratique fiscal.

2. *Les services de l'Etat chargés de l'urbanisme sont seuls compétents pour établir la redevance d'archéologie préventive afférente aux autorisations d'urbanisme résultant d'une demande d'autorisation déposée avant le 1er septembre 2022. La redevance d'archéologie préventive afférente aux demandes de permis modificatifs ou de transferts d'autorisation d'urbanisme déposées après cette date et rattachées à une autorisation initiale résultant d'une demande déposée avant cette date, ainsi qu'aux procès-verbaux émis après cette même date constatant l'achèvement de constructions ou d'aménagements en infraction aux obligations résultant d'une autorisation d'urbanisme mentionnée au premier alinéa du présent article, reste établie par les seuls services de l'Etat chargés de l'urbanisme jusqu'à une date fixée par décret, qui ne peut être postérieure au 1er janvier 2025. Ces redevances restent assises, liquidées, contrôlées, garanties et recouvrées conformément aux articles L 524-1 et suivants du code du patrimoine dans leur version antérieure au 1er septembre 2012. Les réclamations sont présentées, instruites et jugées selon les mêmes dispositions (Ordonnance 2022-883 du 14 juin 2022 art. 15).*

IMMO-V-25700 s. ; MF nos 31345 s.

CHAPITRE IV

Dispositions communes aux impôts et taxes, revenus et bénéfices visés aux chapitres I à III

Section I

Retenues à la source et prélèvements sur certains revenus et profits réalisés par les entreprises qui ne sont pas fiscalement établies en France

Art 235 quater **I.** Le bénéficiaire des revenus et profits soumis aux retenues ou prélèvements à la source mentionnés aux articles 119 bis, 182 A bis, 182 B, 244 bis, 244 bis A et 244 bis B peut demander que l'imposition versée en application de ces articles lui soit restituée lorsque les conditions suivantes sont réunies :

1° Le bénéficiaire des revenus et profits est une personne morale ou un organisme, quelle qu'en soit la forme, dont le siège ou l'établissement stable dans le résultat duquel les revenus et profits sont inclus est situé dans un Etat membre de l'Union européenne ou dans un autre Etat partie à l'accord sur l'Espace économique européen ayant conclu avec la France une convention d'assistance administrative en vue de lutter contre la fraude et l'évasion fiscales ainsi qu'une convention d'assistance mutuelle en matière de recouvrement ayant une portée similaire à celle prévue par la directive 2010/24/UE du Conseil du 16 mars 2010 concernant l'assistance mutuelle en matière de recouvrement des créances relatives aux taxes, impôts, droits et autres mesures et n'étant pas non coopératif au sens de l'article 238-0 A ou, pour les retenues à la source prévues à l'article 119 bis, dans un Etat non membre de l'Union européenne ou qui n'est pas un Etat partie à l'accord sur l'Espace économique européen ayant conclu avec la France les conventions mentionnées au présent 1°, sous réserve que cet Etat ne soit pas non coopératif au sens de l'article 238-0 A et que la participation détenue dans la société ou l'organisme distributeur ne permette pas au bénéficiaire de participer de manière effective à la gestion ou au contrôle de cette société ou de cet organisme ;

2° Son résultat fiscal, calculé selon les règles applicables dans l'Etat ou le territoire où est situé son siège ou son établissement stable, est déficitaire au titre de l'exercice au cours duquel les revenus et profits mentionnés au premier alinéa du présent I sont, selon le cas, perçus ou réalisés.

Le résultat déficitaire est calculé en tenant compte des revenus et profits dont l'imposition fait l'objet d'une demande de restitution au titre de cet exercice et des revenus et profits mentionnés au même premier alinéa ayant ouvert droit à une restitution au titre d'exercices antérieurs, lorsque le report d'imposition mentionné au II est toujours en cours.

II. La restitution prévue au I des sommes retenues ou prélevées en application des articles 119 bis, 182 A bis, 182 B, 244 bis, 244 bis A et 244 bis B donne lieu à une imposition des revenus et profits mentionnés au I. Celle-ci est calculée en appliquant à ces revenus et profits les règles d'assiette et de taux prévues, selon le cas, aux articles 119 bis, 182 A bis, 182 B, 244 bis, 244 bis A et 244 bis B en vigueur à la date du fait générateur des retenues et prélèvements restitués. Elle est due par le bénéficiaire des revenus et profits mentionnés au I et fait l'objet d'un report.

L'imposition mentionnée au premier alinéa du présent II est établie, contrôlée et recouvrée comme l'impôt sur les sociétés et sous les mêmes garanties et sanctions.

III. La restitution et le report mentionnés au premier alinéa du II sont subordonnés au dépôt par le bénéficiaire des revenus et profits mentionnés au I d'une déclaration auprès du service des impôts des non-résidents dans le délai prévu pour les réclamations relatives aux impôts autres que les impôts locaux et les taxes annexes à ces impôts. Cette déclaration fait apparaître l'identité et l'adresse du bénéficiaire ainsi que le montant de son déficit déterminé en application du 2° du I.

IV. L'imposition et le report mentionnés au premier alinéa du II prennent effet à la date de dépôt de la déclaration mentionnée au III. Le report est maintenu pour chacun des exercices suivant celui au titre duquel la déclaration mentionnée au III a été produite par le bénéficiaire, sous réserve que celui-ci dépose auprès du service des impôts des non-résidents, au titre de chacun de ces exercices, une déclaration faisant apparaître un résultat déficitaire déterminé en application du 2° du I dans les six mois suivant la clôture de l'exercice.

Un état de suivi des revenus et profits dont l'imposition est reportée en application du premier alinéa du II est joint en annexe des déclarations mentionnées au III et au premier alinéa du présent IV sur un formulaire conforme au modèle établi par l'administration.

Lorsque le bénéficiaire n'a pas déposé la déclaration ou l'état mentionnés aux deux premiers alinéas du présent IV dans le délai prévu au premier alinéa ou a déposé une déclaration ou un état incomplets, l'administration fiscale lui adresse une mise en demeure de respecter les obligations déclaratives qui lui incombent en application du présent IV dans un délai de trente jours, en précisant, le cas échéant, les compléments déclaratifs requis. Le non-respect des obligations déclaratives à l'issue de cette mise en demeure entraîne la fin du report d'imposition en application du 3° du V.

Le fait, pour le bénéficiaire, de satisfaire à ses obligations déclaratives à la suite de la réception de la mise en demeure prévue au troisième alinéa du présent IV et dans le délai de trente jours prévu par celle-ci entraîne l'application d'une amende, due par le bénéficiaire, égale à 5 % des impositions placées en report à la date du manquement mentionné au même troisième alinéa.

V. Il est mis fin au report d'imposition mentionné au II lorsque :

1° La déclaration prévue au premier alinéa du IV fait apparaître un bénéfice ;

2° Le bénéficiaire des revenus et profits mentionnés au I fait l'objet d'une opération entraînant sa dissolution sans liquidation, sauf si ses déficits tels que définis au 2° du I sont transférés à la société absorbante ou bénéficiaire des apports, et que cette dernière prend l'engagement de déposer une déclaration dans les conditions du IV.

En l'absence de transfert des déficits de la société faisant l'objet d'une dissolution sans liquidation et si la dernière déclaration déposée par cette société dans les conditions prévues aux III ou IV fait apparaître un résultat déficitaire déterminé en application du 2° du I, l'imposition placée en report dans les conditions prévues au II fait l'objet d'un dégrèvement ;

3° Le bénéficiaire des revenus et profits mentionnés au I n'a pas respecté les obligations prévues au IV dans les trente jours de la réception de la mise en demeure mentionnée au dernier alinéa du même IV.

Le montant des revenus et profits au titre desquels il est mis fin au report en application du 1° du présent V n'est retenu que dans la limite du bénéfice mentionné au même 1°.

L'imposition mentionnée au II est due à compter de la fin du report, qui entraîne son exigibilité immédiate.

Lorsque les impositions mises en report en application du même II portent sur des exercices distincts, la déchéance de ce report s'applique en priorité aux impositions les plus anciennes.

RM-III-11800 s. ; MF nos 24890 s.

Art 235 quinquies **I.** Le bénéficiaire des produits et sommes soumis aux retenues à la source prévues au 2 de l'article 119 bis et aux articles 182 A bis et 182 B peut demander que l'imposition ainsi versée lui soit restituée, à hauteur de la différence entre cette imposition et l'imposition déterminée à partir d'une base nette des charges d'acquisition et de conservation directement rattachées à ces produits et sommes, lorsque les conditions suivantes sont réunies :

1° Le bénéficiaire des produits et sommes est une personne morale ou un organisme dont les résultats ne sont pas imposés à l'impôt sur le revenu entre les mains d'un associé et dont le siège ou l'établissement stable dans le résultat duquel les produits et sommes sont inclus est situé dans un Etat membre de l'Union européenne ou dans un autre Etat partie à l'accord sur l'Espace économique européen ayant conclu avec la France une convention d'assistance administrative en vue de lutter contre la fraude et l'évasion fiscales et n'étant pas non coopératif au sens de l'article 238-0 A ou, pour la retenue à la source prévue au 2 de l'article 119 bis, dans un Etat non membre de l'Union européenne ou qui n'est pas un Etat partie à l'accord sur l'Espace économique européen ayant conclu avec la France la convention mentionnée au présent 1°, sous réserve que cet Etat ne soit pas non coopératif au sens de l'article 238-0 A et que la participation détenue dans la société ou l'organisme distributeur ne permette pas au bénéficiaire de participer de manière effective à la gestion ou au contrôle de cette société ou de cet organisme ;

2° Les charges d'acquisition et de conservation de ces produits et sommes seraient déductibles si le bénéficiaire était situé en France ;

3° Les règles d'imposition dans l'Etat de résidence ne permettent pas au bénéficiaire d'y imputer la retenue à la source.

II. La demande de restitution mentionnée au I est déposée auprès du service des impôts des non-résidents dans les conditions prévues pour les réclamations relatives aux impôts autres que les impôts locaux et les taxes annexes à ces impôts. Elle est accompagnée de l'ensemble des pièces justificatives nécessaires au calcul de la restitution demandée.

RM-III-12250 s. ; MF n° 24893

SECTION II

Impôt sur le revenu et impôt sur les sociétés

I. Bénéfices et revenus imposables

Art 236 I. Pour l'établissement de l'impôt sur le revenu ou de l'impôt sur les sociétés, les dépenses de fonctionnement exposées dans les opérations de recherche scientifique ou technique peuvent, au choix de l'entreprise, être immobilisées ou déduites des résultats de l'année ou de l'exercice au cours duquel elles ont été exposées.

Lorsqu'une entreprise a choisi de les déduire, ces dépenses ne peuvent pas être prises en compte dans l'évaluation du coût des stocks.

Ces dispositions sont applicables aux dépenses exposées dans les opérations de conception de logiciels.

BIC-IX-16800 s. ; MF n°s 8405 s.

I bis. Les subventions allouées aux entreprises par l'Union européenne ou les organismes créés par ses institutions, l'Etat, les collectivités territoriales et les établissements publics spécialisés dans l'aide à la recherche scientifique ou technique et qui sont affectées au financement de dépenses de recherche immobilisées dans les conditions prévues au I sont rattachées aux résultats imposables à concurrence des amortissements du montant de ces dépenses pratiqués à la clôture de chaque exercice.

Ndlr *L'extension du dispositif aux sommes versées par l'UE ou les organismes créés par ses institutions s'applique aux exercices clos à compter de 2022 ou du 31 décembre 2022 selon que l'entreprise relève de l'IR ou de l'IS.*

BIC-V-21860 s. ; MF n° 8055

II. *(Abrogé).*

Art 236 bis Si une entreprise qui a opté pour le régime défini au deuxième alinéa du 1° bis du 1 de l'article 39 est absorbée par une entreprise qui n'a pas exercé cette option, l'indemnité pour congés payés correspondant aux droits acquis par les salariés transférés, durant la période neutralisée définie ci-après, n'est pas déductible. Cette période neutralisée est celle durant laquelle ont été acquis les droits non utilisés par ces salariés à la date de la fusion. Sa durée ne peut être inférieure à celle de la période d'acquisition des droits à congés payés non utilisés à la clôture de l'exercice de la société absorbante qui est en cours lors de la fusion ; elle est au minimum de sept mois. L'indemnité correspondant à ces derniers droits est considérée comme déduite du point de vue fiscal.

Si la charge déduite des résultats imposables de cet exercice par la société absorbante au titre des droits effectivement utilisés durant ce même exercice par les salariés transférés est inférieure à l'indemnité correspondant à la période neutralisée définie au premier alinéa, la différence est réintégrée aux résultats imposables de cet exercice.

En cas d'apport partiel d'actif, de scission et de transfert de salariés avec maintien des contrats de travail, il est fait application des dispositions du présent article.

Ces dispositions s'appliquent aux charges sociales et fiscales afférentes aux indemnités pour congés payés.

Un décret fixe les modalités d'application du présent article *(Voir Annexe III, art. 49 octies à 49 octies D).*

BIC-XII-17640 s. ; MF n° 9885

Art 236 ter Pour l'établissement de l'impôt sur le revenu ou de l'impôt sur les sociétés, les dépenses exposées à l'occasion d'études archéologiques préalables ou d'opérations archéologiques qui constituent un élément du prix de revient d'une immobilisation peuvent être déduites des résultats de l'exercice au cours duquel elles sont engagées, si elles sont effectuées en application des dispositions de la loi du 27 septembre 1941 modifiée portant réglementation des fouilles archéologiques, de la loi n° 76-629 du 10 juillet 1976 modifiée relative à la protection de la nature et de la loi n° 76-1285 du 31 décembre 1976 portant réforme de l'urbanisme.

Les sommes ainsi déduites sont rapportées aux résultats du même exercice et des exercices suivants, au même rythme que l'amortissement de l'immobilisation et, en cas de cession de celle-ci, à ceux de l'exercice en cours à la date de la cession pour leur fraction non encore rapportée ou pour leur totalité selon que l'immobilisation est amortissable ou non.

BIC-IX-66200 s. ; MF n° 7587 g

Art 237 Les dépenses afférentes aux publicités prohibées par les articles L 3323-2, L 3323-4 et L 3323-5 du code de la santé publique et des mesures contre l'alcoolisme ne sont pas admises en déduction pour la détermination des bénéfices soumis à l'impôt sur le revenu ou à l'impôt sur les sociétés.

BIC-IX-20255 s. ; MF n° 8450

Art 237 bis Conformément aux dispositions du premier alinéa de l'article L 5422-10 du code du travail, les contributions des employeurs au financement de l'allocation d'assurance prévue à l'article L 5422-1 du même code ainsi que l'allocation complémentaire prévue à l'article L 3232-6 du code précité sont déductibles du bénéfice imposable pour l'établissement de l'impôt sur le revenu ou de l'impôt sur les sociétés dû par ces employeurs.

Ndlr Les articles L 5422-10 et L 3232-6 du code du travail sont reproduits dans la partie Autres textes du présent code.

DC-VIII-4140

Art 237 bis A **I.** Les sommes portées au cours d'un exercice à la réserve spéciale de participation constituée en application du titre II du livre III de la troisième partie du code du travail *(Voir code du travail, art. L 3321-1 à L 3326-2)* sont déductibles pour l'assiette de l'impôt sur les sociétés ou de l'impôt sur le revenu exigible au titre de l'exercice au cours duquel elles sont réparties entre les salariés. L'application de cette disposition est subordonnée au dépôt de l'accord de participation à la direction départementale du travail et de l'emploi du lieu où cet accord a été conclu.

TS-VII-22770 s. ; MF n° 88615

II. 1. Les entreprises peuvent constituer, en franchise d'impôt, une provision pour investissement *(Voir Annexe II, art. 171 bis)* égale à 50 % du montant des sommes portées à la réserve spéciale de participation au cours du même exercice et admises en déduction des bénéfices imposables, qui sont attribuées en plus de la participation de droit commun en application d'accords qui répondent aux conditions prévues à l'article L 3324-2 du code du travail.

Les entreprises ayant adopté un régime facultatif conformément aux articles L 3323-6 et L 3323-7 du code du travail peuvent également constituer, dans les mêmes conditions, une provision pour investissement égale à 25 % du montant des sommes portées à la réserve de participation au cours du même exercice et qui correspondent à la participation de droit commun. Ce taux est porté à 50 % pour les accords existant à la date de publication de la loi n° 2001-152 du 19 février 2001 sur l'épargne salariale et ceux conclus au plus tard deux ans après cette publication. Ce taux est porté à 50 % pour les accords conclus dans les trois ans de la publication de la loi n° 2006-1770 du 30 décembre 2006 pour le développement de la participation et de l'actionnariat salarié et portant diverses dispositions d'ordre économique et social.

Le montant de la provision visée aux premier et deuxième alinéas précédents est réduit de moitié lorsque les accords prévoient que les sommes attribuées sont indisponibles pendant trois ans seulement.

Les entreprises employant moins de cent salariés ayant conclu un accord d'intéressement en application du titre Ier du livre III de la troisième partie du code du travail à la date de la publication de la loi n° 2001-152 du 19 février 2001 précitée ou dans un délai de deux ans après cette publication et ayant un plan d'épargne mis en place en application du titre III du livre III de la troisième partie du code du travail peuvent constituer, en franchise d'impôt, une provision pour investissement égale à 50 % du montant des sommes mentionnées aux articles L 3332-11 à L 3332-13 dudit code qui complètent le versement du salarié issu de l'intéressement et affecté au plan d'épargne.

Les entreprises peuvent constituer, en franchise d'impôt, une provision pour investissement égale à 25 % du montant des versements complémentaires effectués dans le cadre du plan d'épargne pour la retraite collectif défini aux articles L 3334-1 à L 3334-16 du code du travail. Ce taux est porté à 50 % pour les versements complémentaires investis en titres donnant accès au capital de l'entreprise.

Les entreprises qui versent, au titre du plan d'épargne pour la retraite collectif défini aux articles L 3334-1 à L 3334-16 du code du travail et dans le cadre des dispositions des articles L 3332-11 à L 3332-13 du même code, des sommes complémentaires au montant versé par leurs salariés pour l'acquisition de parts de fonds régis par les quinzième à dix-huitième alinéas de l'article L 214-164 du code monétaire et financier peuvent constituer, en franchise d'impôt, une provision pour investissement égale à 35 % des versements complémentaires. Les titres d'entreprises solidaires ou d'organismes acquis doivent être conservés pendant deux ans au moins par le fonds.

TS-VII-23120 s., 39405 s., 53380 s.

2. Les sociétés anonymes à participation ouvrière peuvent constituer en franchise d'impôt, à la clôture de chaque exercice, une provision pour investissement d'un montant égal à 50 % des sommes portées à la réserve spéciale de participation au cours du même exercice et admises en déduction du bénéfice imposable. Ce montant est porté à 75 % lorsque les entreprises concernées affectent, au titre de chaque exercice, à un compte de réserve non distribuable, par prélèvement sur les résultats, une somme égale à 25 % des sommes portées à la réserve spéciale de participation au cours du même exercice et admises en déduction des bénéfices imposables. En cas de dissolution, la réserve provenant de cette affectation ne peut être répartie qu'entre les seuls détenteurs d'actions de travail.

TS-VII-23370 s.

3. Le montant de la provision pour investissement que les sociétés coopératives de production peuvent constituer en franchise d'impôt à la clôture d'un exercice est au plus égal à celui des sommes portées à la réserve spéciale de participation au titre du même exercice. Les dotations à la réserve légale et au fonds de développement de ces sociétés peuvent tenir lieu, à due concurrence, de provision pour investissement.

Cette disposition n'est pas applicable aux sociétés coopératives de production dont le capital est détenu pour plus de 50 % par des personnes définies au 1 quinquies de l'article 207 et des titulaires de certificats coopératifs d'investissement, à l'exception de celles dont la majorité du capital est détenue par une autre société coopérative de production dans les conditions prévues à l'article 25 de la loi n° 78-763 du 19 juillet 1978 portant statut des sociétés coopératives de production.

Cette disposition est toutefois applicable aux sociétés coopératives de production issues de la transformation d'autres sociétés dans les conditions prévues aux articles 48 à 52 de la même loi et pour lesquelles les associés non coopérateurs s'engagent, au moment de la transformation et dans des conditions fixées par décret *(Voir décret 2014-1758 du 31 décembre 2014)*, à céder un nombre de parts sociales suffisant pour permettre aux associés coopérateurs de détenir au moins 50 % du capital de la société au plus tard le 31 décembre de la septième année qui suit celle de la transformation en société coopérative de production.

Cette disposition est également applicable aux sociétés coopératives de production qui ont constitué entre elles un groupement relevant des articles 47 bis à 47 septies de ladite loi et dont la majorité du capital est détenue par une ou plusieurs sociétés coopératives membres de ce groupement ou par des salariés employés par les autres sociétés coopératives membres de ce groupement.

En cas de non-respect de l'engagement mentionné au troisième alinéa et par dérogation au premier alinéa du 4, la société rapporte au résultat imposable de l'exercice en cours ou clos le 31 décembre de la septième année suivant celle de la transformation en société coopérative de production une somme correspondant aux excédents de provisions pour investissement admis en déduction en application du présent 3 par rapport au montant de provision déductible en application du 2. Les droits correspondants sont majorés de l'intérêt de retard prévu à l'article 1727, décompté à partir de l'exercice au cours duquel la provision a été déduite.

TS-VII-29000 s. ; MF n° 88615 précision c

4. La provision visée aux 1 à 3 est rapportée au bénéfice imposable si elle n'est pas utilisée dans le délai de deux ans à l'acquisition ou la création d'immobilisations. Ce délai est porté à quatre ans pour les sociétés coopératives de production lorsque la provision pour investissement est représentée par des dotations à la réserve légale et au fonds de développement.

La provision visée au cinquième alinéa du 1 peut également être utilisée au titre des dépenses de formation prévues à l'article L 3341-3 du code du travail.

TS-VII-23610 s., 29670, 29690, 39410 ; MF n° 88615 précision c

5. Lorsqu'un accord est conclu au sein d'un groupe de sociétés soumis au régime défini aux articles 223 A et suivants et aboutit à dégager une réserve globale de participation, la provision pour investissement est constituée par chacune des sociétés intéressées dans la limite de sa contribution effective à la participation globale. Toutefois, chacune de ces sociétés peut transférer tout ou partie de son droit à constitution de ladite provision à l'une des autres sociétés du groupe dont il s'agit, ou à plusieurs d'entre elles.

TS-VII-27570 s.

6. Lorsqu'un plan d'épargne pour la retraite collectif défini aux articles L 3334-1 à L 3334-16 du code du travail est créé par un accord de groupe prévu par les articles L 3344-1 et L 3344-2 du même code, la provision pour investissement est constituée par chacune des sociétés intéressées dans la limite des contributions complémentaires effectivement versées dans ce cadre. Toutefois, chacune de ces sociétés peut, sur autorisation du ministre chargé des finances, transférer tout ou partie de son droit à constitution de ladite provision à l'une des autres sociétés du groupe dont il s'agit, ou à plusieurs d'entre elles.

III. Les dispositions du présent article s'appliquent pour chaque entreprise au premier jour du premier exercice ouvert après le 23 octobre 1986.

IV. Les provisions prévues aux 1 et 2 du II cessent d'être admises en déduction des résultats imposables constatés au titre des exercices clos à compter du 17 août 2012. A compter de ces mêmes exercices, les 5 et 6 du II s'appliquent aux seules provisions constituées en application du 3 dudit II.

Les provisions mentionnées au premier alinéa du présent IV figurant à l'ouverture du premier exercice clos à compter de cette même date sont rapportées aux résultats imposables dans les conditions prévues au 4 du II.

TS-VII-23120 s., 29600 s.

Art 237 ter Les sommes versées par l'entreprise, en application de plans d'épargne constitués conformément aux dispositions du titre III du livre III de la troisième partie du code du travail *(Voir Code du travail, art. L 3331-1 à L 3335-2)*, sont déduites de son bénéfice pour l'assiette de l'impôt sur le revenu ou de l'impôt sur les sociétés selon le cas.

TS-VII-36330 ; MF n°s 88680 s.

Art 237 ter A I. Conformément au premier alinéa de l'article L 3315-1 du code du travail et sous réserve des dispositions prévues au troisième alinéa du même article, le montant des participations versées en espèces par les entreprises en application d'un contrat d'intéressement est déductible des bases retenues pour l'assiette de l'impôt sur les sociétés ou de l'impôt sur le revenu.

> **Ndlr** *L'article L 3315-1 du code du travail est reproduit dans la partie Autres textes du présent code.*

TS-VII-53260 s. ; MF n°s 88730 s.

II. A compter du 1er janvier 1991, les dividendes des actions de travail qui sont attribuées aux salariés des sociétés anonymes à participation ouvrière régies par la loi du 26 avril 1917 bénéficient des dispositions du I.

TS-VII-55630

Art 237 quater Les dons reçus par une entreprise ayant subi un sinistre survenu à la suite d'une catastrophe naturelle constatée par arrêté pris en application de l'article L 125-1 du code des assurances ou d'un événement ayant des conséquences dommageables, mentionné par un arrêté contresigné par le ministre du budget pris en application du présent dispositif *[Voir l'arrêté du 21 mars 2003 (JO du 28) modifié par l'arrêté du 2 décembre 2003 (JO du 11)]*, ne sont pas pris en compte pour la détermination des résultats imposables.

BIC-V-29940 s. ; MF n° 8105

Art 237 sexies 1. Les produits et charges correspondant aux pénalités de retard mentionnées à l'article L 441-9 et au II de l'article L 441-10 du code de commerce sont respectivement rattachés, pour la détermination du résultat imposable à l'impôt sur le revenu ou à l'impôt sur les sociétés, à l'exercice de leur encaissement et de leur paiement.

2. Les dispositions du 1 s'appliquent aux pénalités de retard afférentes à des créances et dettes nées à compter de la date d'entrée en vigueur de la loi 2001-420 du 15 mai 2001 relative aux nouvelles régulations économiques.

BIC-V-11600 s. ; MF n° 7995

Art 237 septies I. La majoration ou la minoration du bénéfice imposable du premier exercice ouvert à compter du 1er janvier 2005 résultant de l'application aux immobilisations de la méthode par composants est répartie, par parts égales, sur cet exercice et les quatre exercices ou périodes d'imposition suivants.

Toutefois, lorsque le montant de la majoration ou minoration mentionnée au premier alinéa n'excède pas 150 000 €, l'entreprise peut renoncer à l'étalement prévu à ce même alinéa.

II. Le montant des charges à répartir, à l'exception des droits de mutation, honoraires ou commissions et frais d'actes, transféré dans un compte d'immobilisation au titre des exercices ouverts à compter du 1er janvier 2004, ne peut être amorti ou déprécié.

Pour l'application des dispositions de l'article 39 duodecies, les plus ou moins-values sont respectivement majorées ou minorées du montant des charges à répartir mentionnées au premier alinéa diminué des amortissements exclus des charges déductibles en application du même alinéa.

III. Un décret en Conseil d'Etat précise les conditions d'application du I *(voir Annexe II, art. 15 bis)*.

BIC-X-3450 s.

Art 238 I. Les entreprises soumises de plein droit ou sur option à un régime réel d'imposition peuvent, dans les conditions prévues au présent article, soumettre à une imposition séparée au taux prévu au deuxième alinéa du a du I de l'article 219 le résultat net de la concession de licences d'exploitation des éléments présentant le caractère d'actifs incorporels immobilisés suivants :

1° Les brevets, les certificats d'utilité et les certificats complémentaires de protection rattachés à un brevet ;

2° Les certificats d'obtention végétale ;

3° Les logiciels protégés par le droit d'auteur ;

4° Les procédés de fabrication industriels qui :

a. Constituent le résultat d'opérations de recherche ;

b. Sont l'accessoire indispensable de l'exploitation d'une invention mentionnée au 1° ;

c. Font l'objet d'une licence d'exploitation unique avec l'invention ;

5° *(Abrogé).*

Lorsque les sociétés de personnes mentionnées aux articles 8 et 238 bis L du présent code ou les groupements mentionnés aux articles 239 quater, 239 quater B et 239 quater C ne sont pas soumis à l'impôt sur les sociétés et déterminent un résultat net selon les modalités prévues au présent article, leurs associés sont personnellement imposés au taux prévu au deuxième alinéa du a du I de l'article 219 pour la part de ce résultat correspondant à leurs droits dans ces sociétés ou ces groupements, à condition qu'il s'agisse de redevables de l'impôt sur les sociétés ou de personnes physiques participant à l'exploitation au sens du 1° bis du I de l'article 156.

II. 1. Le résultat net de la concession est déterminé par différence entre les revenus, acquis au cours de l'exercice, tirés des actifs éligibles et les dépenses de recherche et de développement qui se rattachent directement à ces actifs et qui sont réalisées, directement ou indirectement par l'entreprise, au cours du même exercice. Au titre du premier exercice pour lequel le revenu net est calculé, celui-ci est diminué de l'ensemble des dépenses en lien direct avec la création, l'acquisition et le développement de l'actif incorporel, y compris celles réalisées antérieurement au cours des exercices ouverts à compter de la date à laquelle l'option pour le présent régime est exercée par l'entreprise dans les conditions prévues au V.

2. Lorsque le résultat net déterminé au 1 est négatif, il est imputé sur les résultats nets de concession du même actif, du même bien ou service ou de la même famille de biens ou services réalisés au cours des exercices suivants.

III. 1. Pour la détermination du résultat net imposé en application du I, le résultat net bénéficiaire déterminé au 1 du II est multiplié par le rapport existant entre, au numérateur, les dépenses de recherche et de développement en lien direct avec la création et le développement de l'actif incorporel réalisées directement par le contribuable ou par des entreprises sans lien de dépendance au sens du 12 de l'article 39 avec celui-ci et, au dénominateur, l'intégralité des dépenses de recherche et de développement ou d'acquisition en lien direct avec la création, l'acquisition et le développement de l'actif incorporel et réalisées directement ou indirectement par le contribuable.

Pour l'application du rapport mentionné au premier alinéa du présent 1, il n'est pas tenu compte des coûts afférents aux emprunts, aux terrains et aux bâtiments.

2. Le rapport mentionné au 1 est calculé au titre de chaque exercice et tient compte des dépenses réalisées par le contribuable au titre de cet exercice ainsi que de celles réalisées au titre des exercices antérieurs.

Par dérogation au premier alinéa du présent 2, le contribuable peut ne tenir compte, au titre des dépenses réalisées au cours des exercices antérieurs, que de celles réalisées au titre des exercices ouverts à compter du 1er janvier 2019.

Ndlr *Le présent alinéa s'applique aux exercices ouverts à compter du 1er janvier 2021.*

Les dépenses du numérateur sont retenues pour 130 % de leur montant. Le rapport obtenu est arrondi au nombre entier supérieur et ne peut pas excéder 100 %.

3. Par dérogation au 1, le contribuable peut, en raison de circonstances exceptionnelles et après obtention d'un agrément délivré dans les conditions prévues à l'article 1649 nonies, substituer au rapport défini au 1 du présent III un rapport de remplacement représentant la proportion de la valeur de l'actif éligible qui serait effectivement attribuable aux activités de recherche et développement réalisées directement par le contribuable ou par des entreprises sans lien de dépendance au sens du 12 de l'article 39 avec celui-ci.

La proportion de la valeur mentionnée au premier alinéa du présent 3 correspond à celle que lui reconnaîtraient des personnes sans lien de dépendance avec le contribuable au sens du 12 de l'article 39 qui auraient engagé, dans des conditions analogues, ces activités de recherche et développement.

L'agrément mentionné au premier alinéa du présent 3 est délivré lorsque :

a. Le rapport mentionné au 1 est supérieur à 32,5 % ;

b. Le rapport de remplacement mentionné au premier alinéa du présent 3 est significativement supérieur au rapport défini au 1 du fait de circonstances exceptionnelles indépendantes de la volonté du contribuable.

L'agrément est valable pour une période de cinq exercices sous réserve que les conditions mentionnées aux a et b du présent 3 continuent d'être satisfaites à la clôture de chacun des exercices concernés.

Par dérogation à l'article 1649 nonies, la demande d'agrément est déposée au moins six mois avant la date limite de déclaration de résultat du premier exercice au titre duquel le bénéfice du rapport de remplacement est sollicité.

IV. Les II et III peuvent être calculés distinctement pour chacun des actifs mentionnés au I ou en faisant masse des actifs concourant à la production d'un bien ou service identifié ou d'une famille de biens ou services. Lorsque les frais en cause se rattachent à plusieurs actifs ou groupes d'actifs, l'entreprise les affecte au prorata de la valeur ajoutée qu'ils procurent à chaque actif ou groupe d'actifs ou, par défaut, à proportion du revenu que génère chaque actif ou chaque groupe d'actifs.

Lorsque l'entreprise effectue un suivi par bien ou service ou par famille de biens ou services, elle justifie ce choix au regard de l'impossibilité pour elle de l'effectuer, selon le cas, par actif ou par bien ou service, en respectant une permanence et une cohérence dans la méthode retenue.

V. L'option pour le régime prévu au présent article est formulée pour chaque actif, bien ou service ou famille de biens ou services dans la déclaration de résultat de l'exercice au titre duquel elle est exercée. Une annexe jointe à la déclaration de résultat détaille, pour chaque actif, bien ou service ou famille de biens ou services, les calculs réalisés pour l'application des II et III.

Le cas échéant, cette annexe fait apparaître distinctement la liste des actifs pour lesquels le résultat net imposé en application du I a été calculé en faisant usage du rapport de remplacement prévu au 3 du III et la somme des résultats nets issus de cette catégorie d'actifs.

L'entreprise qui cesse d'appliquer le régime prévu au présent article au titre d'un exercice donné en perd définitivement le bénéfice pour chaque actif, bien ou service ou famille de biens ou services concerné.

VI. Le présent article est également applicable dans les mêmes conditions au résultat net d'une sous-concession d'un actif incorporel mentionné au I. Les redevances dues par l'entreprise sous-concédante sont prises en compte dans le résultat net de sous-concession calculé conformément au 1 du II et au dénominateur du ratio mentionné au 1 du III.

VII. Le présent article est également applicable dans les mêmes conditions au résultat net de cession d'un actif incorporel mentionné au I lorsque les conditions supplémentaires suivantes sont remplies :

1° L'actif incorporel n'a pas été acquis à titre onéreux depuis moins de deux ans ;

2° Il n'existe pas de liens de dépendance entre l'entreprise cédante et l'entreprise cessionnaire au sens du 12 de l'article 39.

BIC-VIII-100 s. ; MF n°s 10420 s.

Art 238-0 A **1.** Sont considérés comme non coopératifs, à la date du 1er janvier 2010, les Etats et territoires dont la situation au regard de la transparence et de l'échange d'informations en matière fiscale a fait l'objet d'un examen par l'Organisation de coopération et de développement économiques et qui, à cette date, n'ont pas conclu avec la France une convention d'assistance administrative permettant l'échange de tout renseignement nécessaire à l'application de la législation fiscale des parties, ni signé avec au moins douze Etats ou territoires une telle convention.

La liste des Etats et territoires non coopératifs est fixée par un arrêté des ministres chargés de l'économie et du budget après avis du ministre des affaires étrangères.

2. La liste mentionnée au 1 est mise à jour, au moins une fois chaque année, dans les conditions suivantes :

a. En sont retirés les Etats ou territoires ayant conclu avec la France une convention d'assistance administrative permettant d'échanger tout renseignement nécessaire à l'application de la législation fiscale des parties ;

b. Y sont ajoutés ceux des Etats ou territoires ayant conclu avec la France une convention d'assistance administrative dont les stipulations ou la mise en œuvre n'ont pas permis à l'administration des impôts d'obtenir les renseignements nécessaires à l'application de la législation fiscale française, ainsi que les Etats et territoires qui n'ont pas conclu avec la France de convention d'assistance administrative permettant l'échange de tout renseignement nécessaire à l'application de la législation fiscale des parties et auxquels la France avait proposé, avant le 1er janvier de l'année précédente, la conclusion d'une telle convention ;

c. En sont retirés ou y sont ajoutés les Etats ou territoires n'ayant pas conclu avec la France une convention d'assistance administrative, auxquels la France n'avait pas proposé la conclusion d'une telle convention avant le 1er janvier de l'année précédente, et dont le forum mondial sur la transparence et l'échange d'informations en matière fiscale, créé par la décision du conseil de l'Organisation de coopération et de développement économiques en date du 17 septembre 2009, considère, selon le cas, qu'ils procèdent, ou non, à l'échange de tout renseignement nécessaire à l'application des législations fiscales.

Ndlr *La liste des Etats et territoires non coopératifs a été fixée par l'arrêté ECEL1003822A du 12 février 2010 (JO 17), modifié en dernier lieu par l'arrêté ECOE2404539A du 16 février 2024 (JO du 17). Voir dans la partie Autres textes du présent code l'arrêté du 12 février 2010 ainsi modifié.*

2 bis. Nonobstant le 2, sont inscrits sur la liste mentionnée au 1 les Etats et territoires, autres que ceux de la République française, figurant à la date de publication de l'arrêté mentionné au même 1 sur l'annexe I, le cas échéant actualisée, relative à la liste de l'Union européenne des pays et territoires non coopératifs à des fins fiscales, des conclusions adoptées par le Conseil de l'Union européenne le 5 décembre 2017, pour l'un des motifs suivants :

1° Ils ne respectent pas le critère, défini à l'annexe V des conclusions du Conseil de l'Union européenne citées ci-dessus, relatif aux Etats ou territoires facilitant la création de structures ou de dispositifs extraterritoriaux destinés à attirer des bénéfices qui n'y reflètent pas une activité économique réelle ;

2° Ils ne respectent pas au moins un des autres critères définis à la même annexe V.

2 ter. L'arrêté des ministres chargés de l'économie et du budget modifiant la liste indique le motif qui, en application du 2 et des 1° ou 2° du 2 bis, justifie l'ajout ou le retrait d'un Etat ou territoire.

3. Les dispositions du présent code et du livre des procédures fiscales relatives aux Etats ou territoires non coopératifs s'appliquent à ceux qui sont ajoutés à cette liste par arrêté pris en application des 2 et 2 bis à compter du premier jour du troisième mois qui suit la publication de celui-ci.

Elles cessent de s'appliquer à la date de publication de l'arrêté qui les retire de cette liste.

CF-IX-30000 s. ; MF n° 78310

Art 238 A Les intérêts, arrérages et autres produits des obligations, créances, dépôts et cautionnements, les redevances de cession ou concession de licences d'exploitation, de brevets d'invention, de marques de fabrique, procédés ou formules de fabrication et autres droits analogues ou les rémunérations de services, payés ou dus par une personne physique ou morale domiciliée ou établie en France à des personnes physiques ou morales qui sont domiciliées ou établies dans un Etat étranger ou un territoire situé hors de France et y sont soumises à un régime fiscal privilégié, ne sont admis comme charges déductibles pour l'établissement de l'impôt que si le débiteur apporte la preuve que les dépenses correspondent à des opérations réelles et qu'elles ne présentent pas un caractère anormal ou exagéré.

Pour l'application du premier alinéa, les personnes sont regardées comme soumises à un régime fiscal privilégié dans l'Etat ou le territoire considéré si elles n'y sont pas imposables ou si elles y sont assujetties à des impôts sur les bénéfices ou les revenus dont le montant est inférieur de 40 % ou plus à celui de l'impôt sur les bénéfices ou sur les revenus dont elles auraient été redevables dans les conditions de droit commun en France, si elles y avaient été domiciliées ou établies .

Toutefois, les intérêts, arrérages et autres produits des obligations, créances, dépôts et cautionnements, à l'exception de ceux dus au titre d'emprunts conclus avant le 1er mars 2010 ou conclus à compter de cette date mais assimilables à ces derniers, ainsi que les redevances de cession ou concession de licences d'exploitation, de brevets d'invention, de marques de fabrique, procédés ou formules de fabrication et autres droits analogues ou les rémunérations de services, payés ou dus par une personne physique ou morale domiciliée ou établie en France à des personnes physiques ou morales qui sont domiciliées ou établies dans un Etat ou territoire non coopératif au sens de l'article 238-0 A, ne sont pas admis comme charges déductibles pour l'établissement de l'impôt, sauf si le débiteur apporte la preuve mentionnée au premier alinéa et démontre que les opérations auxquelles correspondent les dépenses ont principalement un objet et un effet autres que de permettre la localisation de ces dépenses dans un Etat ou territoire non coopératif.

Les premier et troisième alinéas s'appliquent également à tout versement effectué sur un compte tenu dans un organisme financier établi dans un des Etats ou territoires visés, respectivement, aux premier et troisième alinéas.

CF-IX-14300 s. ; MF n° 78295

Art 238 bis **1.** Ouvrent droit à une réduction d'impôt les versements effectués par les entreprises assujetties à l'impôt sur le revenu ou à l'impôt sur les sociétés au profit :

a. D'œuvres ou d'organismes d'intérêt général ayant un caractère philantropique, éducatif, scientifique, social, humanitaire, sportif, familial, culturel ou concourant à l'égalité entre les femmes et les hommes, à la mise en valeur du patrimoine artistique, à la défense de l'environnement naturel où à la diffusion de la culture, de la langue et des connaissances scientifiques françaises, notamment quand ces versements sont faits au bénéfice d'une fondation universitaire, d'une fondation partenariale mentionnées respectivement aux articles L 719-12 et L 719-13 du code de l'éducation ou d'une fondation d'entreprise, même si cette dernière porte le nom de l'entreprise fondatrice. Ces dispositions s'appliquent même si le nom de l'entreprise versante est associé aux opérations réalisées par ces organismes ;

IS-IX-10800 s.

b. De fondations ou associations reconnues d'utilité publique ou des musées de France et répondant aux conditions fixées au a, ainsi que d'associations cultuelles ou de bienfaisance et des établissements publics des cultes reconnus d'Alsace-Moselle. La condition relative à la reconnaissance d'utilité publique est réputée remplie par les associations régies par la loi locale maintenue en vigueur dans les départements de la Moselle, du Bas-Rhin et du Haut-Rhin lorsque la mission de ces associations est reconnue d'utilité publique. Un décret en Conseil d'Etat fixe les conditions de cette reconnaissance et les modalités de procédure permettant de l'accorder *(Voir décret 85-1304 du 9 décembre 1985, JO du 11)* ;

c. Des établissements d'enseignement supérieur ou d'enseignement artistique publics ou privés, d'intérêt général, à but non lucratif ;

IS-IX-11280 s.

c bis. Des établissements d'enseignement supérieur consulaire mentionnés à l'article L 711-17 du code de commerce pour leurs activités de formation professionnelle initiale et continue ainsi que de recherche ;

d. Des sociétés ou organismes publics ou privés agréés à cet effet par le ministre chargé du budget en vertu de l'article 4 de l'ordonnance n° 58-882 du 25 septembre 1958 relative à la fiscalité en matière de recherche scientifique et technique ;

e. D'organismes publics ou privés, y compris de sociétés de capitaux dont les actionnaires sont l'Etat ou un ou plusieurs établissements publics nationaux, seuls ou conjointement avec une ou plusieurs collectivités territoriales, dont la gestion est désintéressée et qui ont pour activité principale la présentation au public d'œuvres dramatiques, lyriques, musicales, chorégraphiques, cinématographiques, audiovisuelles et de cirque ou l'organisation d'expositions d'art contemporain, à la condition que les versements soient affectés à cette activité. Cette disposition ne s'applique pas aux organismes qui présentent des œuvres à caractère pornographique ou incitant à la violence ;

IS-IX-11500 s.

e bis. De projets de thèse proposés au mécénat de doctorat par les écoles doctorales dans des conditions fixées par décret *(Voir Code de l'éducation, art. D 612-42 à D 612-47)* ;

IS-IX-11400 s.

e ter. De sociétés, dont l'Etat est l'actionnaire unique, qui ont pour activité la représentation de la France aux expositions universelles ;

IS-IX-12200 s.

e quater. Des sociétés nationales de programme mentionnées à l'article 44 de la loi n° 86-1067 du 30 septembre 1986 relative à la liberté de communication et affectés au financement de programmes audiovisuels culturels ;

e quinquies. De la société nationale de programme mentionnée au III de l'article 44 de la loi n° 86-1067 du 30 septembre 1986 relative à la liberté de communication et affectés au financement des activités des formations musicales dont elle assure la gestion et le développement ;

IS-IX-11650 s.

e sexies. De communes, de syndicats intercommunaux de gestion forestière, de syndicats mixtes de gestion forestière et de groupements syndicaux forestiers pour la réalisation, dans le cadre d'une activité d'intérêt général concourant à la défense de l'environnement naturel, d'opérations d'entretien, de renouvellement ou de reconstitution de bois et forêts présentant des garanties de gestion durable, au sens de l'article L 124-1 du code forestier, ou pour l'acquisition de bois et forêts destinés à être intégrés dans le périmètre du document d'aménagement mentionné à l'article L 212-1 du même code ;

> **Ndlr** *Le présent e sexies s'applique aux exercices clos à compter de 2022 ou du 31 décembre 2022 selon que les entreprises relèvent de l'IR ou de l'IS (Loi 2022-1726 du 30 décembre 2022 art. 12).*

f. De la « Fondation du patrimoine » ou d'une fondation ou une association qui affecte irrévocablement ces versements à la « Fondation du patrimoine », en vue de subventionner la réalisation des travaux prévus par les conventions conclues en application de l'article L 143-2-1 du code du patrimoine entre la « Fondation du patrimoine » et les propriétaires des immeubles, personnes physiques ou sociétés civiles composées uniquement de personnes physiques et qui ont pour objet exclusif la gestion et la location nue des immeubles dont elles sont propriétaires.

Les immeubles mentionnés au premier alinéa ne doivent pas faire l'objet d'une exploitation commerciale. Toutefois, ces dispositions ne sont pas applicables lorsque la gestion de l'immeuble est désintéressée et que les conditions suivantes sont cumulativement remplies :

1° Les revenus fonciers nets, les bénéfices agricoles, les bénéfices industriels et commerciaux et les bénéfices des sociétés commerciales, augmentés des charges déduites en application du 5° du 1 de l'article 39, générés par l'immeuble au cours des trois années précédentes sont affectés au financement des travaux prévus par la convention ;

2° Le montant des dons collectés n'excède pas le montant restant à financer au titre de ces travaux, après affectation des subventions publiques et des sommes visées au 1°.

Les dirigeants ou les membres du conseil d'administration ou du directoire de la société ne doivent pas avoir conclu une convention avec la « Fondation du patrimoine » en application de l'article L 143-2-1 précité, être propriétaires de l'immeuble sur lequel sont effectués les travaux ou être un conjoint, un ascendant, un descendant ou un collatéral du propriétaire de cet immeuble. Lorsque l'immeuble est détenu par une société mentionnée au premier alinéa, les associés ne peuvent pas être dirigeants ou membres du conseil d'administration ou du directoire de la société donatrice ou d'une société qui entretiendrait avec la société donatrice des liens de dépendance au sens du 12 de l'article 39. Les dirigeants ou les membres du conseil d'administration ou du directoire de la société donatrice ne peuvent être un conjoint, un ascendant, un descendant ou un collatéral des associés de la société civile propriétaire de l'immeuble.

Les dons versés à d'autres fondations ou associations reconnues d'utilité publique agréées par le ministre chargé du budget dont l'objet est culturel, en vue de subventionner la réalisation de travaux de conservation, de restauration ou d'accessibilité de monuments historiques classés ou inscrits ouvrent droit à la réduction d'impôt dans les mêmes conditions ;

IS-IX-11680 s.

g. De fonds de dotation :

1° Répondant aux caractéristiques mentionnées au a ;

2° Ou dont la gestion est désintéressée et qui reversent les revenus tirés des dons et versements mentionnés au premier alinéa du présent 1 à des organismes mentionnés aux a à e bis et e sexies ou à la Fondation du patrimoine dans les conditions mentionnées aux quatre premiers alinéas du f, ou à une fondation ou association reconnue d'utilité publique agréée par le ministre chargé du budget dans les conditions mentionnées au sixième alinéa du même f. Ces organismes délivrent aux fonds de dotation une attestation justifiant le montant et l'affectation des versements effectués à leur profit.

Les organismes mentionnés au b peuvent, lorsque leurs statuts ont été approuvés à ce titre par décret en Conseil d'Etat, recevoir des versements pour le compte d'œuvres ou d'organismes mentionnés au a.

Lorsque les versements mentionnés au premier alinéa du présent 1 sont effectués sous forme de dons en nature, leur valorisation est effectuée au coût de revient du bien donné ou de la prestation de service donnée.

Lorsque le don en nature prend la forme d'une mise à disposition gratuite de salariés de l'entreprise, le coût de revient à retenir dans la base de calcul de la réduction d'impôt correspond, pour chaque salarié mis à disposition, à la somme de sa rémunération et des charges sociales y afférentes dans la limite de trois fois le montant du plafond mentionné à l'article L 241-3 du code de la sécurité sociale.

2. Pour l'ensemble des versements effectués au titre du présent article, la fraction inférieure ou égale à 2 millions d'euros ouvre droit à une réduction d'impôt au taux de 60 % et la fraction supérieure à ce montant ouvre droit à une réduction d'impôt au taux de 40 %. Par dérogation à la première phrase du présent alinéa, ouvrent droit à une réduction d'impôt au taux de 60 % de leur montant les versements effectués par les entreprises au profit d'organismes sans but lucratif qui procèdent à la fourniture gratuite de repas à des personnes en difficulté, qui contribuent à favoriser leur logement ou qui procèdent, à titre principal, à la fourniture gratuite à des personnes en difficulté de soins mentionnés au 1° du 4 de l'article 261, de meubles, de matériels et ustensiles de cuisine, de matériels et équipements conçus spécialement pour les personnes handicapées ou à mobilité réduite, de fournitures scolaires, de vêtements, couvertures et duvets, de produits sanitaires, d'hygiène bucco-dentaire et corporelle, de produits de protection hygiénique féminine, de couches pour nourrissons, de produits et matériels utilisés pour l'incontinence et de produits contraceptifs. La liste des prestations et produits mentionnés à la deuxième phrase du présent alinéa est fixée par décret *(NDLR Voir Annexe III, art. 49 septies XC)*.

Pour l'application du seuil de 2 millions d'euros, il n'est pas tenu compte des versements effectués au profit des organismes mentionnés à la deuxième phrase du premier alinéa du présent 2.

3. Pour le calcul du montant de la réduction d'impôt, l'ensemble des versements y ouvrant droit en application du présent article sont retenus dans la limite de 20 000 € ou de 5 pour mille du chiffre d'affaires lorsque ce dernier montant est plus élevé.

Lorsque cette limite est dépassée au cours d'un exercice, l'excédent de versement donne lieu à réduction d'impôt au titre des cinq exercices suivants, après prise en compte des versements effectués au titre de chacun de ces exercices, sans qu'il puisse en résulter un dépassement de cette même limite. Le taux de réduction d'impôt applicable à cet excédent de versement est le taux auquel il a ouvert droit en application du premier alinéa du 2.

4. Ouvrent également droit à la réduction d'impôt les dons versés aux organismes agréés dans les conditions prévues à l'article 1649 nonies et dont l'objet exclusif est de verser des aides financières permettant la réalisation d'investissements tels que définis au 3 de l'article 17 du règlement (UE) n° 651/2014 de la Commission du 17 juin 2014 déclarant certaines catégories d'aides compatibles avec le marché intérieur en application des articles 107 et 108 du traité ou de fournir des prestations d'accompagnement à des petites et moyennes entreprises telles qu'elles sont définies à l'annexe I à ce règlement.

L'agrément est délivré à l'organisme s'il s'engage à respecter continûment l'ensemble des conditions suivantes :

1° La gestion de l'organisme est désintéressée ;

2° Ses aides et prestations ne sont pas rémunérées par les entreprises bénéficiaires et sont utilisées dans l'intérêt direct de ces dernières ;

3° Les aides accordées entrent dans le champ d'application de l'article 17 du règlement (UE) n° 651/2014 de la Commission du 17 juin 2014 précité ;

4° Le montant versé chaque année à une entreprise ne devra pas excéder 20 % des ressources annuelles de l'organisme ;

5° Les aides ne peuvent bénéficier aux entreprises exerçant à titre principal une activité visée à l'article 35.

Un organisme ayant pour objet exclusif de participer, par le versement d'aides financières ne relevant pas du 3 de l'article 17 du règlement mentionné au premier alinéa du présent 4, à la création, à la reprise ou au développement de petites et moyennes entreprises telles qu'elles sont définies à l'annexe I au même règlement ou de leur fournir des prestations d'accompagnement peut également se voir délivrer l'agrément, sous réserve du respect des conditions mentionnées aux 1°, 2°, 4° et 5° et du règlement (UE) n° 1407/2013 de la Commission, du 18 décembre 2013, relatif à l'application des articles 107 et 108 du traité sur le fonctionnement de l'Union européenne aux aides de minimis ou du règlement (UE) n° 1408/2013 de la Commission, du 18 décembre 2013, relatif à l'application des articles 107 et 108 du traité sur le fonctionnement de l'Union européenne aux aides de minimis dans le secteur de l'agriculture ou du règlement (UE) n° 717/2014 de la Commission du 27 juin 2014 concernant l'application des articles 107 et 108 du traité sur le fonctionnement de l'Union européenne aux aides de minimis dans le secteur de la pêche et de l'aquaculture.

Les fédérations ou unions d'organismes ayant pour objet exclusif de fédérer, d'organiser, de représenter et de promouvoir les organismes agréés en application du présent 4 peuvent également se voir délivrer l'agrément sous réserve qu'elles présentent une gestion désintéressée et réalisent exclusivement des prestations non rémunérées au bénéfice de leurs membres *(NDLR Les dispositions du présent alinéa s'appliquent aux versements effectués au cours des exercices clos à compter du 31 décembre 2021)*.

L'agrément accordé aux organismes qui le sollicitent pour la première fois porte sur une période comprise entre la date de sa notification et le 31 décembre de la deuxième année qui suit cette date. En cas de demande de renouvellement d'agrément, ce dernier, s'il est accordé, l'est pour une période de cinq ans.

Un décret fixe les modalités d'application du présent article, notamment les dispositions relatives aux statuts des organismes bénéficiaires des dons, les conditions de retrait de l'agrément et les informations relatives aux entreprises aidées que les organismes communiquent au ministre ayant délivré l'agrément.

(Voir Annexe III, art. 46 quindecies M à 46 quindecies Q)

4 bis. Ouvrent également droit à la réduction d'impôt les dons et versements effectués au profit d'organismes agréés dans les conditions prévues à l'article 1649 nonies dont le siège est situé dans un Etat membre de l'Union européenne ou dans un autre Etat partie à l'accord sur l'Espace économique européen ayant conclu avec la France une convention d'assistance administrative en vue de lutter contre la fraude et l'évasion fiscales. L'agrément est accordé lorsque l'organisme poursuit des objectifs et présente des caractéristiques similaires aux organismes dont le siège est situé en France répondant aux conditions fixées par le présent article.

Lorsque les dons et versements ont été effectués au profit d'un organisme non agréé dont le siège est situé dans un Etat membre de l'Union européenne ou dans un autre Etat partie à l'accord sur l'Espace économique européen ayant conclu avec la France une convention d'assistance administrative en vue de lutter contre la fraude et l'évasion fiscales, la réduction d'impôt obtenue fait l'objet d'une reprise, sauf lorsque le contribuable a produit dans le délai de dépôt de déclaration les pièces justificatives attestant que cet organisme poursuit des objectifs et présente des caractéristiques similaires aux organismes dont le siège est situé en France répondant aux conditions fixées par le présent article.

Un décret fixe les conditions d'application du présent 4 bis et notamment la durée de validité ainsi que les modalités de délivrance, de publicité et de retrait de l'agrément *(NDLR Voir Annexe III, art. 46 quindecies QA à 46 quindecies QC)*.

5. Ouvrent également droit à la réduction d'impôt les dons et versements effectués au profit d'organismes qui ont pour objet la sauvegarde, contre les effets d'un conflit armé, des biens culturels mentionnés à l'article 1er de la

Convention du 14 mai 1954 pour la protection des biens culturels en cas de conflit armé, dont le siège est situé dans un Etat membre de l'Union européenne ou dans un autre Etat ayant conclu avec la France une convention d'assistance administrative en vue de lutter contre la fraude et l'évasion fiscales, sous réserve que l'Etat français soit représenté au sein des instances dirigeantes avec voix délibérative.

5 bis. Le bénéfice de la réduction d'impôt est subordonné à la condition que le contribuable soit en mesure de présenter, à la demande de l'administration fiscale, les pièces justificatives, répondant à un modèle fixé par l'administration, attestant la réalité des dons et versements.

> **Ndlr** *Les dispositions du présent 5 bis s'appliquent aux dons et versements effectués à compter du 1er janvier 2022 (Loi 2021-1109 du 24 août 2021 art. 19, I-2° et II-B).*

6. Les entreprises qui effectuent au cours d'un exercice plus de 10 000 € de dons et versements ouvrant droit à la réduction d'impôt prévue au présent article déclarent à l'administration fiscale le montant et la date de ces dons et versements, l'identité des bénéficiaires ainsi que, le cas échéant, la valeur des biens et services reçus, directement ou indirectement, en contrepartie.

Ces informations sont transmises sur un support électronique dans le même délai que celui prévu pour le dépôt de la déclaration de résultats de l'exercice au cours duquel les dons et versements mentionnés au premier alinéa du présent 6 sont effectués, suivant des modalités fixées par décret.

7. Lorsque les versements mentionnés au présent article sont effectués par les sociétés de personnes mentionnées aux articles 8, 238 bis L, 239 ter et 239 quater A ou les groupements mentionnés aux articles 238 ter, 239 quater, 239 quater B, 239 quater C, 239 quater D et 239 quinquies qui ne sont pas soumis à l'impôt sur les sociétés, la réduction d'impôt peut être utilisée par leurs associés proportionnellement à leurs droits dans ces sociétés ou ces groupements, à condition qu'il s'agisse de redevables de l'impôt sur les sociétés ou de personnes physiques participant à l'exploitation au sens du 1° bis du I de l'article 156.

8. Les versements effectués au titre du présent article ne sont pas déductibles pour la détermination du bénéfice imposable.

(Voir aussi les articles 200 bis et 220 E)

IS-IX-10100 s. ; MF nos 10695 s.

Art 238 bis-0 A Les entreprises imposées à l'impôt sur les sociétés d'après leur bénéfice réel peuvent bénéficier d'une réduction d'impôt égale à 90 % des versements effectués en faveur de l'achat de biens culturels présentant le caractère de trésors nationaux ayant fait l'objet d'un refus de délivrance d'un certificat d'exportation par l'autorité administrative, dans les conditions prévues à l'article L 111-4 du code du patrimoine et pour lesquels l'Etat a fait au propriétaire du bien une offre d'achat dans les conditions prévues par l'article L 121-1 du même code.

Cette réduction d'impôt est également applicable, après avis motivé de la commission prévue à l'article L 111-4 précité, aux versements effectués en faveur de l'achat des biens culturels situés en France ou à l'étranger dont l'acquisition présenterait un intérêt majeur pour le patrimoine national au point de vue de l'histoire, de l'art ou de l'archéologie.

Les versements ne sont pas déductibles pour la détermination du bénéfice imposable.

Les versements doivent faire l'objet d'une acceptation par les ministres chargés de la culture et du budget.

La réduction d'impôt s'applique sur l'impôt sur les sociétés dû au titre de l'exercice au cours duquel les versements sont acceptés. Toutefois, la réduction d'impôt ne peut être supérieure à 50 % du montant de l'impôt dû par l'entreprise au titre de cet exercice conformément au I de l'article 219. Pour les sociétés membres d'un groupe au sens de l'article 223 A ou de l'article 223 A bis, la limite de 50 % s'applique pour l'ensemble du groupe par référence à l'impôt dû par la société mère du groupe.

Un décret en Conseil d'Etat fixe les modalités d'application du présent article *(Voir Annexe II, art. 171 BA à 171 BD).*

IS-IX-15350 s. ; MF n° 10710

Art 238 bis AB Les entreprises qui achètent, à compter du 1er janvier 2002 et avant le 31 décembre 2025, des œuvres originales d'artistes vivants et les inscrivent à un compte d'actif immobilisé peuvent déduire du résultat de l'exercice d'acquisition et des quatre années suivantes, par fractions égales, une somme égale au prix d'acquisition.

La déduction ainsi effectuée au titre de chaque exercice ne peut excéder la limite mentionnée au premier alinéa du 3 de l'article 238 bis, minorée du total des versements mentionnés au même article.

Pour bénéficier de la déduction prévue au premier alinéa, l'entreprise doit exposer dans un lieu accessible au public ou aux salariés, à l'exception de leurs bureaux, le bien qu'elle a acquis pour la période correspondant à l'exercice d'acquisition et aux quatre années suivantes.

Sont également admises en déduction dans les conditions prévues au premier alinéa les sommes correspondant au prix d'acquisition d'instruments de musique. Pour bénéficier de la déduction, l'entreprise doit s'engager à prêter ces instruments à titre gratuit aux artistes-interprètes qui en font la demande.

L'entreprise doit inscrire à un compte de réserve spéciale au passif du bilan une somme égale à la déduction opérée en application du premier alinéa. Cette somme est réintégrée au résultat imposable en cas de changement d'affectation ou de cession de l'œuvre ou de l'instrument ou de prélèvement sur le compte de réserve.

L'entreprise peut constituer une provision pour dépréciation lorsque la dépréciation de l'œuvre excède le montant des déductions déjà opérées au titre des premier à quatrième alinéas.

IS-IX-14700 s. ; MF nº 10705

Art 238 bis B Les sommes versées en application des articles 9 et 15 de la loi nº 54-782 du 2 août 1954 relative à l'attribution de biens et d'éléments d'actif d'entreprises de presse et d'information, ainsi que les sommes versées pour l'acquisition des biens non visés au premier alinéa de l'article 1er de ladite loi mais se rattachant directement à l'exploitation de l'entreprise de presse, sont exemptes de tous impôts et taxes.

Les dations en payement visées aux articles 11, 13 et 24 de la loi du 2 août 1954 précitée ne pourront donner lieu à aucun impôt ni taxe.

Art 238 bis C **I.** Le règlement des indemnités qui sont allouées aux personnes physiques ou morales françaises atteintes par une mesure de nationalisation, d'expropriation ou toute autre mesure restrictive de caractère similaire prise par un gouvernement étranger ne donne lieu à aucune perception au titre de l'impôt sur les sociétés ou de l'impôt sur le revenu.

La même immunité s'applique à la répartition des indemnités entre les actionnaires, porteurs de parts et personnes ayant des droits similaires, lorsque la société distributrice exploitait directement à l'étranger des établissements ayant fait l'objet de mesures visées au premier alinéa, à la condition :

1º Que la répartition intervienne dans un délai maximal d'un an à compter de l'encaissement effectif des sommes reçues au titre de l'indemnité ou de la date de la loi nº 57-198 du 22 février 1957 *(NDLR Texte ayant institué la présente mesure)* si l'encaissement a eu lieu antérieurement ;

2º Qu'elle soit imputée sur les postes du passif correspondant le plus étroitement aux éléments transférés.

II. *(Devenu sans objet).*

RM-VII-31500 s.

Art 238 bis GA Le montant de la cotisation perçue sur les boissons alcooliques prévue par l'article L 245-7 du code de la sécurité sociale n'est pas déductible pour l'établissement de l'impôt sur le revenu ou de l'impôt sur les sociétés dû par le consommateur conformément à l'article L 245-11 du même code.

BIC-IX-26185 s.

Art 238 bis GB La contribution à la charge des fabricants ou distributeurs de dispositifs médicaux, tissus et cellules, produits de santé autres que les médicaments et prestations associées, mentionnée à l'article L 245-5-1 du code de la sécurité sociale est exclue des charges déductibles pour la détermination du résultat fiscal des entreprises conformément aux dispositions de l'article L 245-5-4 du même code.

BIC-IX-26405

Art 238 bis GC Les contributions dues par les entreprises assurant l'exploitation d'une ou plusieurs spécialités pharmaceutiques sont exclues des charges déductibles pour l'assiette de l'impôt sur le revenu ou de l'impôt sur les sociétés conformément au IX de l'article L 245-6 du code de la sécurité sociale.

BIC-IX-26400 ; TD-XX-1060

Art 238 bis GD La contribution prévue par l'article L 245-1 du code de la sécurité sociale est exclue des charges déductibles pour l'assiette de l'impôt sur le revenu ou de l'impôt sur les sociétés conformément à l'article L 245-5 du même code.

BIC-IX-26405

1º Financement en capital d'œuvres cinématographiques ou audiovisuelles

Art 238 bis HE Pour l'établissement de l'impôt sur le revenu ou de l'impôt sur les sociétés, les souscriptions en numéraire au capital de sociétés anonymes soumises à l'impôt sur les sociétés dans les conditions de droit commun et qui ont pour activité exclusive le financement en capital d'œuvres cinématographiques ou audiovisuelles agréées ouvrent droit à la réduction d'impôt prévue à l'article 199 unvicies.

BIC-X-60100 s. ; IRPP-IV-68000 s. ; MF nº 2730

Art 238 bis HF L'agrément prévu à l'article 238 bis HE est délivré par le président du Centre national du cinéma et de l'image animée aux œuvres d'expression originale française, au sens du décret pris en application de la loi n° 86-1067 du 30 septembre 1986 relative à la liberté de communication, de la nationalité d'un Etat partie à la Convention européenne sur la coproduction cinématographique faite à Strasbourg le 2 octobre 1992 et éligibles aux aides financières à la production du Centre national du cinéma et de l'image animée, à l'exclusion :

Des œuvres figurant sur la liste prévue à l'article L 311-2 du code du cinéma et de l'image animée *(NDLR Œuvres pornographiques ou d'incitation à la violence)* ;

Des œuvres cinématographiques ou audiovisuelles utilisables à des fins de publicité ;

Des programmes d'information, des débats d'actualité et des émissions sportives ou de variétés ;

De tout document ou programme audiovisuel ne comportant qu'accessoirement des éléments de création originale.

Toutefois, dans la limite de 20 % des financements annuels visés à l'article 238 bis HE, l'agrément prévu au même article peut être délivré aux œuvres de coproduction réalisées dans une langue du pays du coproducteur majoritaire établi dans un Etat partie à la convention mentionnée au premier alinéa du présent article ou à un accord intergouvernemental de coproduction auquel la France est partie.

BIC-X-60100 s. ; IRPP-IV-68570

Art 238 bis HG Les sociétés définies à l'article 238 bis HE doivent réaliser leurs investissements sous la forme :

a. De souscriptions au capital de sociétés passibles de l'impôt sur les sociétés dans les conditions de droit commun et qui ont pour activité exclusive la réalisation d'œuvres cinématographiques ou audiovisuelles entrant dans le champ d'application de l'agrément prévu à l'article précité ;

b. De versements en numéraire réalisés par contrat d'association à la production. Ce contrat doit être conclu et les versements doivent être effectués avant le début des prises de vues. Il permet d'acquérir un droit sur les recettes d'exploitation d'une œuvre cinématographique ou audiovisuelle agréée dans les conditions prévues à l'article 238 bis HF et limite la responsabilité du souscripteur au montant du versement. Le contrat est inscrit au registre public du cinéma et de l'audiovisuel prévu au titre II du livre Ier du code du cinéma et de l'image animée ; son titulaire ne jouit d'aucun droit d'exploitation de l'œuvre et ne peut bénéficier des aides financières à la production du Centre national du cinéma et de l'image animée. Le financement par ces contrats ne peut pas excéder 50 % du coût total de l'œuvre ;

c. De versements en numéraire réalisés par contrat d'association à la distribution, afin de concourir au financement, par les entreprises de distribution, de la production d'œuvres cinématographiques sous forme d'avances et à la prise en charge par ces entreprises des dépenses d'édition et de promotion de ces œuvres en salles de spectacles cinématographiques. Le contrat doit être conclu et les versements doivent être effectués avant la sortie de l'œuvre en salles de spectacles cinématographiques. Il permet d'acquérir un droit sur les recettes d'exploitation d'une œuvre cinématographique agréée dans les conditions prévues à l'article 238 bis HF et limite la responsabilité du souscripteur au montant du versement. Le contrat est inscrit au registre public du cinéma et de l'audiovisuel prévu au titre II du livre Ier du code du cinéma et de l'image animée ; son titulaire ne jouit d'aucun droit d'exploitation de l'œuvre et ne peut bénéficier des aides financières à la distribution du Centre national du cinéma et de l'image animée. Le financement par ces contrats de la production d'œuvres cinématographiques sous forme d'avances ne peut pas excéder 50 % du coût total de l'œuvre.

Le cumul du financement par des contrats mentionnés au b et du financement de la production sous forme d'avances par des contrats mentionnés au c ne peut excéder 50 % du coût total de production de l'œuvre cinématographique.

Le montant des versements mentionnés au même c représente au maximum 15 % du montant total des investissements annuels mentionnés à l'article 238 bis HE.

BIC-X-60100 s. ; IRPP-IV-68450 s.

Art 238 bis HH Les actions souscrites doivent obligatoirement revêtir la forme nominative. Une même personne ne peut détenir, directement ou indirectement, plus de 25 % du capital d'une société définie à l'article 238 bis HE. Cette dernière disposition n'est plus applicable après l'expiration d'un délai de cinq années à compter du versement effectif de la première souscription au capital agréée. Aucune augmentation du capital ne peut être agréée dans les conditions mentionnées à l'article 199 unvicies lorsque la limite de 25 % est franchie.

Lorsqu'elles sont inscrites au bilan d'une entreprise relevant de l'impôt sur le revenu, les actions des sociétés définies à cet article ne peuvent faire l'objet sur le plan fiscal d'une provision pour dépréciation.

BIC-X-60100 s. ; IRPP-IV-68190, 68260

Art 238 bis HI Les sociétés définies à l'article 238 bis HE ne peuvent bénéficier du régime prévu en faveur des sociétés de capital-risque par l'article 1er -1 de la loi nº 85-695 du 11 juillet 1985 portant diverses dispositions d'ordre économique et financier, ni du régime prévu en faveur des sociétés unipersonnelles d'investissement à risque mentionnées à l'article 208 D.

IRPP-IV-68170 ; IS-IV-20060

Art 238 bis HJ En cas de non-respect de la condition d'exclusivité de leur activité, les sociétés définies à l'article 238 bis HE doivent verser au Trésor une indemnité égale à 25 % de la fraction du capital qui n'a pas été utilisée de manière conforme à leur objet, sans préjudice de l'application des dispositions de l'article 1649 nonies A. Le montant de cette indemnité est exclu des charges déductibles pour l'assiette du bénéfice imposable. La constatation, le recouvrement et le contentieux de cette indemnité sont exercés et suivis comme en matière d'impôts directs.

IRPP-IV-68390

Art 238 bis HK Les plus-values réalisées à l'occasion de la cession d'actions d'une société définie à l'article 238 bis HE ainsi que celles retirées du rachat par ladite société de ses propres titres sont soumises aux règles prévues à l'article 150-0 A, sans préjudice de l'application des dispositions du 4 de l'article 199 unvicies.

BIC-X-60100 s.

Art 238 bis HL En cas de dissolution de la société ou de réduction de son capital, le ministre de l'économie, des finances et du budget peut ordonner la reprise de la réduction d'impôt prévue à l'article 199 unvicies l'année au cours de laquelle elle a été opérée.

BIC-X-60100 s. ; IRPP-IV-69020

Art 238 bis HM Un décret fixe les modalités d'application des articles 238 bis HE à 238 bis HL, notamment les modalités de délivrance des agréments *(Voir code du cinéma et de l'image animée, art. D 332-2 à D 336-6)*, les obligations déclaratives et, le cas échéant, les clauses-types du contrat d'association à la production *(Voir Annexe III, art. 46 quindecies A à 46 quindecies F).*

BIC-X-60100 s.

3º Financement de la pêche artisanale

Art 238 bis HO Pour l'établissement de l'impôt sur le revenu ou de l'impôt sur les sociétés, les souscriptions en numéraire, effectuées entre le 1er janvier 1998 et le 31 décembre 2010, au capital de sociétés soumises à l'impôt sur les sociétés dans les conditions de droit commun qui ont pour activité le financement de la pêche artisanale et qui sont agréées par le ministre chargé du budget après avis du ministre chargé de la pêche sont admises en déduction dans les conditions définies aux articles 163 duovicies et 217 decies.

Art 238 bis HP **I.** *(Abrogé).*

II. L'agrément prévu à l'article 238 bis HO est accordé aux sociétés anonymes qui ont pour objet exclusif l'achat en copropriété de navires de pêche neufs :

a. Exploités de façon directe et continue dans les départements d'outre-mer par des artisans pêcheurs ou des pêcheurs associés de sociétés de pêche artisanale ou de sociétés d'armement à la pêche telles que définies au II de l'article 240 de la loi nº 2005-157 du 23 février 2005 relative au développement des territoires ruraux *(NDLR Voir partie Autres textes du présent code)* âgés de moins de cinquante ans à la date de demande d'agrément ;

b. Et n'ayant pas ouvert droit au bénéfice des dispositions des articles 199 undecies A ou 199 undecies B ou 217 undecies.

Par dérogation au premier alinéa, les sociétés agréées peuvent, dans la limite de 25 % de leur capital social libéré, mettre ou laisser leurs disponibilités en comptes productifs d'intérêts si la créance correspondante est liquide.

Plus de la moitié des parts de la copropriété doit être détenue pendant cinq ans par un artisan pêcheur ou une société mentionné au a, seul ou conjointement avec un armement coopératif agréé par le ministre chargé de la pêche dans le cadre d'une accession à la propriété dans un délai qui ne peut excéder dix ans ; dans ce cas, l'artisan pêcheur ou la société doit initialement détenir au moins un cinquième des parts de la copropriété.

Le capital mentionné à l'article 238 bis HO s'entend du capital de la société lors de sa constitution, de la première augmentation de capital intervenant dans les trois mois de cette constitution et des augmentations de capital agréées par le ministre chargé du budget après avis du ministre chargé de la pêche.

Les actions souscrites doivent revêtir la forme nominative. Pendant un délai de cinq années à compter du versement effectif de la souscription au capital de la société agréée, une même personne ne peut détenir, directement ou indirectement, plus de 25 % du capital de la société.

Les sociétés agréées doivent conserver, à compter de la mise en exploitation du bateau, pendant au moins cinq ans, les parts de copropriété de navires mentionnés aux premier à troisième alinéas.

Les sociétés anonymes visées au premier alinéa doivent conclure une convention permettant le transfert de propriété, au profit de ces mêmes artisans ou sociétés, des parts de copropriété du navire dans un délai maximal de dix ans.

En cas de financement de navire neuf, l'agrément est accordé sous réserve que l'artisan pêcheur ou les sociétés mentionnés au a s'engagent à exploiter ce navire dans les départements d'outre-mer jusqu'au terme d'une période de dix ans décomptée à partir de la date d'octroi de l'agrément prévu à l'article 238 bis HO. En cas de cession des parts du navire au cours de cette période, le cessionnaire doit reprendre cet engagement.

L'avantage en impôt procuré par la déduction des sommes souscrites doit être rétrocédé pour un montant égal au moins à 15 % du montant des souscriptions visées à l'article 238 bis HO sous forme de diminution de loyer ou du prix de cession du navire.

Art 238 bis HQ Les sociétés définies à l'article 238 bis HO ne peuvent bénéficier du régime prévu en faveur des sociétés de capital-risque par l'article 1er-1 de la loi nº 85-695 du 11 juillet 1985 portant diverses dispositions d'ordre économique et financier, ni du régime prévu en faveur des sociétés unipersonnelles d'investissement à risque mentionnées à l'article 208 D.

IS-IV-20060

Art 238 bis HR **I.** En cas de non-respect de la condition d'exclusivité de leur activité ou en cas de cession de leurs parts de copropriété visées à l'article 238 bis HP dans un délai inférieur à cinq ans, les sociétés définies à l'article 238 bis HO doivent verser au Trésor une indemnité égale à 25 % de la fraction du capital qui n'a pas été utilisée de manière conforme à leur objet, sans préjudice de l'application des dispositions de l'article 1649 nonies A. Le montant de cette indemnité est exclu des charges déductibles pour l'assiette du bénéfice imposable. La constatation, le recouvrement et le contentieux de cette indemnité sont exercés et suivis comme en matière d'impôts directs.

II. En cas de non-respect de l'engagement d'exploitation dans les départements d'outre-mer prévu au dixième alinéa du II de l'article 238 bis HP, les sociétés définies à l'article 238 bis HO ou le propriétaire du navire, si le transfert de propriété des parts du navire de la société agréée au profit de l'artisan pêcheur ou de la société de pêche artisanale ou d'armement à la pêche est déjà intervenu, doivent verser au Trésor une indemnité correspondant au montant de l'aide publique conformément à l'article 3 du règlement (CE) nº 639/2004 du Conseil, du 30 mars 2004, relatif à la gestion des flottes de pêche enregistrées dans les régions ultrapériphériques. Le montant de cette indemnité est exclu des charges déductibles pour l'assiette du bénéfice imposable. La constatation, le recouvrement et le contentieux de cette indemnité sont exercés et suivis comme en matière d'impôts directs.

Art 238 bis HS Les plus-values réalisées à l'occasion de la cession d'actions d'une société définie à l'article 238 bis HP ainsi que celles retirées du rachat par ladite société de ses propres titres sont soumises aux règles prévues à l'article 150-0 A, sans préjudice de l'application des dispositions du deuxième alinéa de l'article 163 duovicies.

Art 238 bis HT En cas de dissolution de la société agréée ou de réduction de son capital, le ministre chargé du budget peut ordonner la réintégration des sommes déduites en application des articles 163 duovicies et 217 decies au revenu net global ou au résultat imposable de l'année ou de l'exercice au cours desquels elles ont été déduites.

Art 238 bis HU Un décret fixe les modalités d'application des articles 238 bis HO à 238 bis HT, notamment les obligations déclaratives *(Voir Annexe III, art. 46 quindecies G à 46 quindecies L).*

4º Financement en capital des sociétés d'approvisionnement à long terme d'électricité

Art 238 bis HV Pour l'établissement de l'impôt sur les sociétés, les souscriptions en numéraire, effectuées à compter du 1er janvier 2023 et jusqu'au 31 décembre 2028, au capital de sociétés de capitaux agréées, soumises à l'impôt sur les sociétés dans les conditions de droit commun et qui ont pour activité l'acquisition de contrat d'approvisionnement à long terme d'électricité sont admises en déduction dans les conditions définies à l'article 217 quindecies et dans la limite du montant du capital agréé.

BIC-X-60800 s.

Art 238 bis HW L'agrément prévu à l'article 238 bis HV est délivré par le ministre chargé du budget, après avis du ministre chargé de l'énergie, aux sociétés de capitaux qui ont pour objet la conclusion de contrats d'approvisionnement à long terme d'électricité auprès de producteurs d'électricité au profit des associés desdites sociétés vérifiant les conditions ci-dessous énoncées. Ces contrats permettent de réserver des droits à consommation d'électricité qui ne peuvent être exercés pour une période inférieure à quinze ans.

L'agrément ne peut être délivré que si les contrats d'approvisionnement à long terme d'électricité sont conclus soit avec Électricité de France, soit avec d'autres producteurs d'électricité. Dans ce second cas, le producteur qui est établi, de même que ses moyens de production, sur le territoire d'un Etat membre de l'Union européenne ou établi, dans le cadre d'accords internationaux, sur le territoire d'un autre Etat ne peut proposer qu'un approvisionnement en électricité produite à partir de sources renouvelables.

Les actions de la société agréée ne peuvent être souscrites que par des entreprises exerçant une activité industrielle et éligibles au sens de l'article L 331-2 du code de l'énergie à la condition que, au titre du dernier exercice clos avant la conclusion par la société de son premier contrat d'approvisionnement de long terme, le rapport existant entre la quantité consommée d'électricité et la valeur ajoutée produite définie aux articles 1586 ter à 1586 sexies soit supérieur à deux kilowatts-heure et demi par euro ;

Les droits à consommation sont cédés en application de l'article L 333-1 du code précité.

Les droits à consommation acquis par un associé sont exercés, sur la durée du contrat, sous forme d'une puissance constante et sont limités en volume à la consommation de ses sites qui vérifient individuellement, au titre du dernier exercice clos avant la conclusion par la société de son premier contrat d'approvisionnement de long terme, les conditions cumulatives suivantes :

a. La consommation annuelle d'électricité du site en heures creuses, c'est-à-dire réalisées entre 20 heures et 8 heures en semaine, ainsi que le samedi et le dimanche, représente au moins 55 % de la consommation annuelle totale d'électricité ;

b. Le rapport entre l'énergie consommée au-dessous de la puissance visée au cinquième alinéa du présent article et cette puissance ne peut être inférieur à 8 000 heures, hors arrêts exceptionnels et périodes d'entretien ;

c. *(Abrogé).*

Les actions souscrites doivent revêtir la forme nominative. Le montant du capital agréé est limité à 600 000 €.

Ndlr *Pour les dispositions du présent article applicables à compter du 1er janvier 2027, voir partie Autres textes du présent code loi 2022-1726 du 30 décembre 2022 art. 55, I-A et XXVII-G bis modifié par loi 2023-1322 du 29 décembre 2023 art. 79, III-E-2°.*

BIC-X-60800 s.

Art 238 bis HX Les sociétés définies à l'article 238 bis HW ne peuvent bénéficier du régime prévu en faveur des sociétés de capital-risque par l'article 1er-1 de la loi 85-695 du 11 juillet 1985 portant diverses dispositions d'ordre économique et financier, ni du régime prévu en faveur des sociétés unipersonnelles d'investissement à risque mentionnées à l'article 208 D.

BIC-X-60800 s.

Art 238 bis HY En cas de non-respect de leur objet social, les sociétés définies à l'article 238 bis HW doivent verser au Trésor une indemnité égale à 25 % de la fraction du capital qui n'a pas été utilisée de manière conforme à leur objet, sans préjudice de l'application des dispositions de l'article 1649 nonies A. Le montant de cette indemnité est exclu des charges déductibles pour l'assiette du bénéfice imposable. La constatation, le recouvrement et le contentieux de cette indemnité sont exercés et suivis comme en matière d'impôts directs.

BIC-X-60800 s.

Art 238 bis HZ En cas de dissolution de la société ou de réduction de son capital, le ministre de l'économie, des finances et du budget peut ordonner la réintégration des sommes déduites en application de l'article 217 quindecies au résultat imposable de l'exercice au cours duquel elles ont été déduites.

BIC-X-60800 s.

Art 238 bis HZ bis Un décret fixe les modalités d'application des articles 238 bis HV à 238 bis HZ et, notamment, les obligations déclaratives *(Voir Annexe III, art. 46 quindecies R à 46 quindecies W).*

BIC-X-60800 s.

0I bis. Transferts d'actifs hors de France réalisés par les entreprises

Art 238 bis-0 I **I.** Une entreprise qui a transféré ou transfère hors de France, directement ou indirectement, par elle-même ou par l'intermédiaire d'un tiers, des éléments de son actif à une personne, à un organisme, dans un trust ou dans une institution comparable, en vue de les gérer dans son intérêt ou d'assumer pour son compte un engagement existant ou futur, comprend dans son résultat imposable les résultats qui proviennent de la gestion ou de la disposition de ces actifs ou des biens acquis en remploi.

Ces résultats, arrêtés à la clôture de chacun des exercices de l'entreprise, sont déterminés selon les règles applicables au bénéfice de cette dernière, indépendamment de ses autres opérations, à partir d'une comptabilité distincte tenue pour son compte par la personne, l'organisme, le trust ou l'institution comparable à qui les actifs ont été transférés.

A l'appui de la déclaration de ses résultats, l'entreprise produit :

Un état qui mentionne la nature, la consistance et les caractéristiques des éléments d'actif transférés ou des biens acquis en remploi, la personne, l'organisme, le trust ou l'institution comparable à qui les actifs ont été transférés ainsi que l'Etat ou le territoire où il est établi ;

Une déclaration des résultats qui proviennent de la gestion ou de la disposition de ces actifs.

L'entreprise est autorisée à imputer sur le montant de l'impôt sur les sociétés dont elle est redevable, au titre de chaque exercice, à raison des résultats mentionnés au deuxième alinéa, l'impôt acquitté, le cas échéant, hors de France, sur les mêmes résultats, à condition que ce dernier soit comparable à l'impôt sur les sociétés.

A défaut du respect des dispositions du présent article, l'entreprise comprend dans ses résultats imposables de chaque exercice une somme égale au produit du montant de la valeur réelle, à l'ouverture du même exercice, des actifs définis au premier alinéa par un taux égal à celui mentionné au 3° du 1 de l'article 39. Pour l'application du présent alinéa, la valeur réelle des actifs à l'ouverture d'un exercice est égale à la valeur réelle de ces mêmes actifs au moment du transfert, majorée des produits acquis depuis cette date ou, à défaut, du total des sommes calculées ainsi qu'il est précisé à la phrase qui précède. Toutefois, l'entreprise peut apporter la preuve que le résultat ainsi déterminé excède le résultat effectivement réalisé, déterminé dans les conditions fixées au deuxième alinéa.

II. Les dispositions du I ne sont pas applicables aux transferts qui résultent de l'exécution de contrats d'assurances ou de mandats.

III. Un décret fixe les modalités d'application du présent article ainsi que les obligations déclaratives des entreprises concernées *(Voir Annexe III, art. 64 bis, 64 ter et 64 quater).*

IV. Les dispositions du présent article s'appliquent pour la détermination des résultats imposables des exercices ouverts à compter du 1er janvier 1992.

CF-IX-10000 s. ; MF n° 78275

Art 238 bis-0 I bis **I.** Les produits provenant du placement de la fraction des sommes reçues lors de l'émission de valeurs mobilières relevant des dispositions de l'article L 228-97 du Code de commerce transférée hors de France à une personne ou une entité, directement ou indirectement, par l'entreprise émettrice ou par l'intermédiaire d'un tiers, sont compris dans le résultat imposable de cette entreprise au titre du premier exercice clos à compter du 31 décembre 2005 ou, s'il est postérieur, de l'exercice clos au cours de la quinzième année qui suit la date d'émission, sous déduction des intérêts déjà imposés sur cette même fraction postérieurement à la date du douzième anniversaire de l'émission. Pour l'application des dispositions de la phrase précédente, le montant de ces produits est réputé égal à la différence entre le montant nominal de l'émission et la fraction transférée hors de France majorée des intérêts capitalisés, jusqu'à ce douzième anniversaire, calculés au taux d'intérêt actuariel défini au deuxième alinéa du 2 du II de l'article 238 septies E à la date du transfert.

Par exception aux dispositions du premier alinéa, cette imposition est différée au titre de l'exercice au cours duquel ces valeurs mobilières donnent lieu au paiement d'un montant d'intérêts effectif inférieur au produit du montant nominal de l'émission par le taux d'intérêt légal si cet exercice est postérieur à l'exercice clos au cours de la quinzième année qui suit la date d'émission.

En cas de rachat des valeurs mobilières postérieurement à l'exercice d'imposition défini au premier ou deuxième alinéa, l'annulation de cette dette n'entraîne pas d'imposition supplémentaire.

II. Les dispositions du I s'appliquent aux émissions de valeurs mobilières réalisées entre le 1er janvier 1988 et le 31 décembre 1991 ainsi qu'aux émissions réalisées en 1992 sous réserve que les produits mentionnés au I n'aient pas été imposés sur le fondement de l'article 238 bis-0 I, et dont les dettes corrélatives sont inscrites au bilan d'ouverture du premier exercice clos à compter du 31 décembre 2005 de l'entreprise émettrice.

BIC-V-17500 s.

Art 238 bis-0 I ter La valeur d'un actif ou d'un droit incorporel transféré mentionné au 2° du E du II de l'article 1649 AH peut être rectifiée sur la base de résultats postérieurs à l'exercice au cours duquel a eu lieu la transaction.

Cette rectification n'est pas applicable lorsque :

1° Le contribuable, d'une part, fournit des informations détaillées sur les prévisions utilisées, au moment du transfert, pour déterminer les prix, notamment les modalités de prise en compte des risques et des événements raisonnablement prévisibles ainsi que leur probabilité de réalisation, et, d'autre part, établit que la différence significative entre ces prévisions et les résultats réels est due soit à la survenance d'événements imprévisibles lors de la détermination du prix, soit à la réalisation d'événements prévisibles, à la condition que leur probabilité d'occurrence n'ait pas été sous-estimée ou surestimée de manière significative au moment de la transaction ;

2° Le transfert en cause est couvert par un accord préalable en matière de prix bilatéral ou multilatéral, en vigueur pour la période concernée, entre les juridictions du cessionnaire et du cédant ;

3° L'écart entre la valorisation résultant des prévisions établies au moment de la transaction et celle constatée au vu des résultats réels est inférieur à 20 % ;

4° Une durée de commercialisation de cinq ans s'est écoulée après l'année au cours de laquelle l'actif ou le droit a produit pour la première fois des revenus provenant d'une entité non liée au cessionnaire et, durant cette période, l'écart entre les prévisions établies au moment de la transaction et les résultats réels mentionnés au 1° est inférieur à 20 %.

Ndlr *Les dispositions du présent article s'appliquent aux exercices ouverts à compter du 1er janvier 2024 (Loi 2023-1322 du 29 décembre 2023 art. 116, III).*

FR 2/24 inf. 93 nos 13 à 20 p. 155 ; MF n°78277

I bis. Réévaluation des immobilisations non amortissables

Art 238 bis I **I.** Les personnes physiques ou morales qui exercent une activité commerciale, industrielle, artisanale, agricole ou libérale sont autorisées à réévaluer leurs immobilisations non amortissables, y compris les titres de participation, figurant au bilan du premier exercice clos à dater du 31 décembre 1976.

Il peut être procédé à cette réévaluation soit dans les écritures du premier exercice, clos à dater du 31 décembre 1976, soit dans celles des trois exercices suivants.

La réévaluation est obligatoire pour les sociétés dont les titres sont admis aux négociations sur un marché réglementé et pour les sociétés dans lesquelles une société dont les titres sont admis aux négociations sur un marché réglementé détient une participation entrant dans le champ de l'établissement de comptes consolidés.

Les immobilisations non amortissables sont réévaluées, en fonction de l'utilité que leur possession présente pour l'entreprise le 31 décembre 1976, à leur coût estimé d'acquisition ou de reconstitution en l'état.

II. La plus-value de réévaluation est inscrite, en franchise de tout impôt, à une réserve de réévaluation au passif du bilan. Cette réserve n'est pas distribuable.

III. La plus-value ou la moins-value de cession des immobilisations non amortissables est, du point de vue fiscal, calculée à partir de leur valeur non réévaluée.

IV. Un décret en Conseil d'Etat pris après avis de l'Autorité des normes comptables fixe les conditions d'application du présent article, notamment les techniques de réévaluation, et la nature des obligations incombant aux entreprises. Il adapte les dispositions des I à III au cas des professions libérales *(Voir Annexe II, art. 171 quinquies à 171 quaterdecies).*

BIC-VII-90800 s.

I ter. Réévaluation des immobilisations amortissables

Art 238 bis J **I.** Les dispositions du I de l'article 238 bis I relatives à la réévaluation des immobilisations non amortissables sont étendues aux immobilisations amortissables figurant au bilan du premier exercice clos à dater du 31 décembre 1976.

Les valeurs réévaluées de ces immobilisations ne doivent pas dépasser les montants obtenus en appliquant aux valeurs nettes comptables des indices représentatifs de l'évolution :

Du prix des constructions en ce qui concerne les biens de cette nature ;

Du prix des matériels et outillages en ce qui concerne les autres immobilisations amortissables.

Ces indices sont déterminés par arrêté du ministre de l'économie et des finances *(Voir Annexe IV, art. 23 L bis).*

II. Les plus-values de réévaluation des immobilisations amortissables sont portées directement, en franchise d'impôt, à une provision spéciale figurant au passif du bilan. Il doit être produit un état détaillé de cette provision en annexe au bilan et aux déclarations fiscales des intéressés.

Les annuités d'amortissement des exercices ouverts à compter du 1er janvier 1977 sont calculées à partir des valeurs réévaluées.

La provision spéciale est rapportée aux résultats de ces exercices dans les conditions suivantes :

Pour ce qui concerne les plus-values de réévaluation des actifs amortissables selon le régime linéaire : par fractions annuelles égales pendant la durée résiduelle d'amortissement appréciée au 31 décembre 1976 ;

Pour ce qui concerne les plus-values de réévaluation des actifs amortissables selon le régime dégressif : par fractions annuelles dont chacune est calculée dans les mêmes conditions et au même taux que l'annuité correspondante d'amortissement. Ce taux ne peut excéder celui que l'entreprise eût été autorisée à pratiquer en l'absence de réévaluation.

En cas de cession d'une immobilisation amortissable réévaluée, la fraction résiduelle de la provision spéciale correspondant à l'élément cédé est rapportée aux résultats de l'exercice de la cession. La plus-value ou moins-value de cession est calculée à partir de la valeur réévaluée.

III. En fonction de la conjoncture économique et budgétaire et compte tenu des besoins d'investissement des entreprises, celles-ci pourront être autorisées à déduire de leurs bases d'imposition une partie des sommes rapportées en application des dispositions précédentes aux résultats des exercices clos à compter du 31 décembre 1978. Le taux et les modalités de cette déduction seront fixés, pour chacune des années au cours desquelles elle sera appliquée, par la loi de finances.

IV. La réévaluation des immobilisations prévues au présent article peut être effectuée dans les écritures du premier exercice clos à dater du 31 décembre 1976 ou des trois exercices suivants.

V. Un décret en Conseil d'Etat, pris après avis de l'Autorité des normes comptables, fixe les conditions d'application du présent article, les modalités de réévaluation, notamment celles applicables aux immeubles bâtis, la nature des obligations incombant aux entreprises *(Voir Annexe II, art. 171 A à 171 P)*.

Il précise les règles de détermination, d'un point de vue fiscal, des plus ou moins-values de cession d'immobilisations amortissables, réévaluées de telle façon que la réévaluation prévue au présent article s'accompagne d'une parfaite neutralité fiscale, ainsi que des amortissements différés. Il adapte les dispositions du présent article aux professions agricoles et libérales.

VI. Les déficits reportables au 31 décembre 1976 peuvent être imputés, du point de vue fiscal, sur la provision spéciale.

VII. La présente réévaluation, telle qu'elle est définie aux paragraphes I à V, n'aura pas d'effet sur l'assiette des impôts locaux (cotisation foncière des entreprises et taxes foncières).

BIC-VII-90800 s.

0I quater A. Réévaluation des immobilisations corporelles et financières

Art 238 bis JB L'entreprise qui procède à une réévaluation d'ensemble des immobilisations corporelles et financières dans les conditions prévues à l'article L 123-18 du code de commerce peut ne pas prendre en compte l'écart de réévaluation qu'elle constate pour la détermination du résultat imposable de l'exercice au titre duquel elle procède à cette réévaluation.

L'application du premier alinéa du présent article est subordonnée à l'engagement de l'entreprise :

1° De calculer la plus-value ou la moins-value réalisée ultérieurement lors de la cession des immobilisations non amortissables d'après leur valeur non réévaluée ;

2° De réintégrer l'écart de réévaluation afférent aux immobilisations amortissables dans ses bénéfices imposables. La réintégration de l'écart de réévaluation est effectuée par parts égales sur une période de quinze ans pour les constructions ainsi que pour les plantations et les agencements et aménagements des terrains amortissables sur une période au moins égale à cette durée, et par parts égales sur une durée de cinq ans pour les autres immobilisations.

La cession d'une immobilisation amortissable entraîne l'imposition immédiate de la fraction de l'écart de réévaluation afférent à ce bien qui n'a pas encore été réintégrée à la date de la cession.

L'entreprise qui a procédé à une réévaluation d'ensemble dans les conditions prévues au premier alinéa calcule les amortissements, provisions et plus-values de cession ultérieurs afférents aux immobilisations amortissables d'après la valeur qui leur a été attribuée lors de la réévaluation.

L'entreprise qui applique les dispositions du même premier alinéa joint à la déclaration de résultats de l'exercice de réévaluation et des exercices suivants un état conforme au modèle fourni par l'administration faisant apparaître les renseignements nécessaires au calcul des amortissements, des provisions ou des plus-values ou moins-values afférents aux immobilisations qui ont fait l'objet d'une réévaluation.

Ndlr *Le présent dispositif s'applique à la première opération de réévaluation réalisée au terme d'un exercice clos entre le 31 décembre 2020 et le 31 décembre 2022.*

BIC-VII-90300 s. ; MF n° 19420

I quater. Détermination de la part de bénéfices correspondant aux droits détenus dans une société de personnes, une copropriété de cheval de course ou d'étalon, un groupement d'intérêt économique, un groupement d'intérêt public ou un groupement européen d'intérêt économique

Art 238 bis K I. Lorsque des droits dans une société ou un groupement mentionnés aux articles 8, 8 quinquies, 239 quater, 239 quater B, 239 quater C ou 239 quater D sont inscrits à l'actif d'une personne morale passible de l'impôt sur les sociétés dans les conditions de droit commun ou d'une entreprise industrielle, commerciale, artisanale ou agricole imposable à l'impôt sur le revenu de plein droit selon un régime de bénéfice réel, la part de bénéfice correspondant à ces droits est déterminée selon les règles applicables au bénéfice réalisé par la personne ou l'entreprise qui détient ces droits.

Si les droits en cause sont détenus par une société exerçant une activité agricole créée avant le 1er janvier 1997 ou un groupement d'exploitation en commun mentionné à l'article 71 qui relèvent de l'impôt sur le revenu selon le régime prévu à l'article 64 bis ou, sur option, selon le régime du bénéfice réel simplifié d'imposition, les modalités d'imposition des parts de résultat correspondantes suivent les règles applicables en matière d'impôt sur les sociétés. Il en va de même lorsque cette société ou ce groupement a pour activité la gestion de son propre patrimoine mobilier ou immobilier. Toutefois, si le contribuable apporte la preuve qu'une fraction des droits dans cette dernière société ou ce dernier groupement est elle-même détenue directement ou indirectement par des personnes physiques ou entreprises, qui entrent dans le champ d'application du II, cette règle ne s'applique pas à la part de bénéfice correspondante.

Un décret fixe les conditions d'application du deuxième alinéa, notamment en ce qui concerne les obligations déclaratives *(Voir Annexe III, art. 46 terdecies E).*

II. Dans tous les autres cas, la part de bénéfice ainsi que les profits résultant de la cession des droits sociaux sont déterminés et imposés en tenant compte de la nature de l'activité et du montant des recettes de la société ou du groupement.

BA-II-4820 ; DC-V-650 s. ; MF nos 37610 s., 37750

I quinquies. Régime fiscal des sociétés créées de fait

Art 238 bis L Les bénéfices réalisés par les sociétés créées de fait sont imposés selon les règles prévues au présent code pour les sociétés en participation.

DC-V-20000 s. ; MF no 37845

Art 238 bis LA Les bénéfices réalisés par les associations d'avocats mentionnées à l'article 7 de la loi no 71-1130 du 31 décembre 1971 portant réforme de certaines professions judiciaires et juridiques sont imposés selon les règles prévues au présent code pour les sociétés en participation.

DC-V-22820 s. ; MF no 37815

I sexies. Obligation des sociétés en participation

Art 238 bis M Les sociétés en participation doivent, pour l'application des articles 8 et 60, inscrire à leur actif les biens dont les associés ont convenu de mettre la propriété en commun.

DC-V-18220 s. ; MF no 37800

II. Régime fiscal des groupements forestiers et de leurs membres

Art 238 ter Les groupements forestiers constitués dans les conditions prévues par les articles L 331-1 à L 331-15 du code forestier ne sont pas assujettis à l'impôt sur les sociétés ; mais chacun de leurs membres est personnellement passible, pour la part des bénéfices sociaux correspondant à ses droits dans le groupement, soit de l'impôt sur le revenu, déterminé d'après les règles prévues pour la catégorie de revenus à laquelle ces bénéfices se rattachent, soit, s'il s'agit de personnes morales assujetties à l'impôt sur les sociétés, de l'impôt sur les sociétés.

(Pour le cas où le groupement deviendrait passible de l'impôt sur les sociétés, voir art. 202 ter)

BA-VII-1050 s. ; MF no 16455

III. Fiducie

Art 238 quater A Pour l'application des dispositions du présent code, le constituant s'entend de la personne titulaire des droits représentatifs des biens ou droits transférés dans le patrimoine fiduciaire.

DC-IX-51030

Art 238 quater B **I.** Les profits ou les pertes ainsi que les plus ou moins-values résultant du transfert réalisé en application d'une opération de fiducie définie à l'article 2011 du code civil, dans un patrimoine fiduciaire de biens et droits inscrits à l'actif du bilan du constituant de la fiducie ne sont pas compris dans le résultat imposable de l'exercice de transfert si les conditions suivantes sont réunies :

1° Le constituant exerce une activité relevant des articles 34 ou 35, une activité agricole au sens de l'article 63, une activité professionnelle au sens du 1 de l'article 92 ou une activité civile soumise à l'impôt sur les sociétés ;

2° Le constituant est désigné comme le ou l'un des bénéficiaires dans le contrat de fiducie. Les droits du constituant représentatifs des biens ou droits transférés dans le patrimoine fiduciaire sont inscrits au bilan du constituant ;

3° Le fiduciaire doit respecter les engagements, pris dans le contrat de fiducie, suivants :

a. Inscrire dans les écritures du patrimoine fiduciaire les biens ou droits transférés ainsi que les amortissements et provisions de toute nature y afférents ;

b. Se substituer au constituant pour la réintégration des provisions et résultats afférents aux biens ou droits transférés dont la prise en compte avait été différée pour l'imposition de ce dernier ;

c. Calculer les plus-values réalisées ultérieurement à l'occasion de la cession des immobilisations non amortissables qui ont été transférées dans le patrimoine fiduciaire d'après la valeur qu'elles avaient, du point de vue fiscal, dans les écritures du constituant ;

d. Réintégrer dans les bénéfices imposables au titre du patrimoine fiduciaire les plus ou moins-values dégagées lors du transfert de biens amortissables. La réintégration des plus-values est effectuée par parts égales, dans la limite de la durée initiale du contrat de fiducie, sur une période de quinze ans pour les constructions et les droits qui se rapportent à des constructions ainsi que pour les plantations et les agencements et aménagements des terrains amortissables sur une période au moins égale à cette durée. Cette période est de cinq ans dans les autres cas.

Toutefois, la cession d'un bien amortissable entraîne l'imposition immédiate de la fraction de la plus-value afférente à ce bien qui n'a pas encore été réintégrée.

En contrepartie, les amortissements et les plus-values ultérieurs afférents aux éléments amortissables sont calculés d'après la valeur d'inscription dans les écritures du patrimoine fiduciaire ;

4° Les éléments autres que les immobilisations transférés dans le patrimoine fiduciaire doivent être inscrits dans les écritures du patrimoine fiduciaire pour la valeur qu'ils avaient, du point de vue fiscal, dans les écritures du constituant.

A défaut, le profit correspondant à la différence entre la valeur d'inscription dans les écritures du patrimoine fiduciaire de ces éléments et la valeur qu'ils avaient, du point de vue fiscal, dans les écritures du constituant est compris dans le résultat imposable de ce dernier au titre de l'exercice au cours duquel intervient le transfert dans le patrimoine fiduciaire.

II. Les droits afférents à un contrat de crédit-bail conclu dans les conditions prévues aux 1 et 2 de l'article L 313-7 du code monétaire et financier sont assimilés à des éléments de l'actif immobilisé, amortissables ou non amortissables dans les conditions prévues à l'article 39 duodecies A.

Pour l'application du c du 3° du I, en cas de cession ultérieure des droits mentionnés au premier alinéa qui sont assimilés à des éléments non amortissables ou de cession du terrain, la plus-value est calculée d'après la valeur que ces droits avaient, du point de vue fiscal, dans les écritures du constituant.

Ces dispositions s'appliquent aux droits afférents aux contrats de crédit-bail portant sur des éléments incorporels amortissables d'un fonds de commerce ou assimilé.

III. Pour l'application du présent article, les titres du portefeuille dont le résultat de cession est exclu du régime des plus ou moins-values à long terme conformément à l'article 219 sont assimilés à des éléments non amortissables de l'actif immobilisé.

IV. Un décret précise, en tant que de besoin, les modalités d'application du présent article, notamment lorsque le constituant exerce une activité dont les résultats sont imposables à l'impôt sur le revenu dans la catégorie des bénéfices non commerciaux.

DC-IX-51100 s. ; MF nos 90845 s.

Art 238 quater C Le transfert dans un patrimoine fiduciaire de l'ensemble des éléments d'actif et de passif du constituant n'entraîne pas la cessation de son activité au sens des articles 201 et 202 lorsque ce transfert bénéficie des dispositions de l'article 238 quater B.

DC-IX-51150 s.

Art 238 quater D Lorsque le transfert dans un patrimoine fiduciaire de biens ou droits bénéficie des dispositions de l'article 238 quater B, les reports d'imposition afférents aux biens ou droits transférés prévus à l'article 41, à l'article 93 quater, aux articles 151 octies, 151 octies A, 151 octies B et 151 nonies sont maintenus jusqu'à la date de cession des biens ou droits transférés ou jusqu'à la date de fin de l'opération de fiducie au sens de l'article 238 quater I.

DC-IX-51560 s.

Art 238 quater E Les dispositions de l'article 238 quater B sont applicables au transfert dans un patrimoine fiduciaire de droit ou parts considérés, en application du I de l'article 151 nonies, comme des éléments d'actif affectés à l'exercice de la profession.

DC-IX-51150 s.

Art 238 quater F Lorsque les droits du constituant représentatifs des biens ou droits transférés dans le patrimoine fiduciaire sont inscrits à son bilan, la part de bénéfice correspondant à ces droits est déterminée selon les règles applicables au bénéfice réalisé par le constituant.

Le constituant demeure personnellement soumis à l'impôt sur le revenu ou à l'impôt sur les sociétés pour la part de bénéfice correspondant à ses droits représentatifs des biens ou droits transférés dans le patrimoine fiduciaire, proportionnellement à la valeur réelle de ces biens ou droits mis à la date du transfert dans le patrimoine fiduciaire.

Un décret précise, en tant que de besoin, les modalités d'application du présent article, notamment lorsque le constituant exerce une activité dont les résultats sont imposables à l'impôt sur le revenu dans la catégorie des bénéfices non commerciaux.

DC-IX-51000 s. ; MF nº 90880

Art 238 quater G Toute variation ou dépréciation du montant des droits du constituant représentatifs des biens ou droits transférés dans le patrimoine fiduciaire demeure sans incidence sur le résultat imposable du constituant.

DC-IX-51000 s. ; MF nº 90880

Art 238 quater H Lorsque la détermination du régime d'imposition des résultats ou l'application des régimes d'exonération dépend du montant du chiffre d'affaires, le chiffre d'affaires provenant de la gestion du patrimoine fiduciaire s'ajoute à celui réalisé par le constituant.

En cas de pluralité de constituants, le chiffre d'affaires est réparti proportionnellement à la valeur réelle du ou des biens ou droits mis en fiducie par chacun des constituants à la date à laquelle celui-ci a transféré des éléments dans le patrimoine fiduciaire.

DC-IX-52180 s. ; MF nº 90880

Art 238 quater I **I.** En cas de cession ou d'annulation de tout ou partie des droits du constituant représentatifs des biens ou droits transférés dans le patrimoine fiduciaire, les résultats du patrimoine fiduciaire sont déterminés, à la date de cession ou d'annulation, dans les conditions prévues aux articles 201 et suivants et imposés au nom du cédant.

La différence entre le prix de cession et le prix de revient de ces droits n'a pas d'incidence sur le résultat imposable du cédant.

II. Les dispositions du I s'appliquent également en cas de décès, de cessation ou de dissolution du constituant, en cas de résiliation ou d'annulation du contrat de fiducie ou lorsqu'il prend fin.

DC-IX-52630 s. ; MF nº 90895

Art 238 quater J **I.** Les dispositions de l'article 238 quater I ne s'appliquent pas en cas de transfert des droits du constituant représentatifs des biens ou droits transférés dans le patrimoine fiduciaire réalisé dans le cadre d'une opération bénéficiant des dispositions prévues aux articles 41, 151 octies, 151 octies A ou 210 A.

II. Les dispositions de l'article 238 quater I ne s'appliquent pas lorsque, en l'absence de création d'une personne morale nouvelle, le constituant :

1° Société ou organisme placé sous le régime des sociétés de personnes défini aux articles 8 à 8 ter cesse totalement ou partiellement d'être soumis à l'impôt sur le revenu, ou s'il change son objet social ou son activité réelle ;

2° Personne morale mentionnée aux articles 238 ter, 239 quater A, 239 quater B, 239 quater C, 239 quater D, 239 septies et au I des articles 239 quater et 239 quinquies devient passible de l'impôt sur les sociétés ;

3° Cesse totalement ou partiellement d'être soumis à l'impôt sur les sociétés.

Les dispositions du présent II s'appliquent à la double condition qu'aucune modification ne soit apportée aux écritures comptables relatives aux droits dans la fiducie et que l'imposition des profits et des plus-values définis à l'article 238 quater B demeure possible sous le nouveau régime fiscal applicable au constituant.

DC-IX-52750 s. ; MF nº 90895

Art 238 quater K **I.** Par exception aux dispositions de l'article 238 quater I, lorsque le contrat de fiducie prend fin, les profits ou les pertes ainsi que les plus ou moins-values résultant du transfert des biens ou droits du patrimoine fiduciaire au constituant ne sont pas compris dans le résultat imposable de l'exercice de transfert si les conditions suivantes sont réunies :

1° Le contrat de fiducie prend fin sans liquidation du patrimoine fiduciaire ;

2° Le constituant doit respecter les engagements suivants :

a. Inscrire à son bilan les biens ou droits transférés ainsi que les amortissements et provisions de toute nature y afférents ;

b. Se substituer au fiduciaire pour la réintégration des provisions et résultats afférents aux biens et droits transférés dont la prise en compte avait été différée pour l'imposition du patrimoine fiduciaire ;

c. Calculer les plus-values réalisées ultérieurement à l'occasion de la cession des immobilisations non amortissables qui lui ont été transférées d'après la valeur qu'elles avaient, du point de vue fiscal, dans les écritures du patrimoine fiduciaire ;

d. Réintégrer dans ses bénéfices imposables les plus ou moins-values dégagées lors du transfert de biens amortissables. La réintégration des plus-values est effectuée par parts égales sur une période de quinze ans pour les constructions et les droits qui se rapportent à des constructions ainsi que pour les plantations et les agencements et aménagements des terrains amortissables sur une période au moins égale à cette durée. Cette période est de cinq ans dans les autres cas.

Toutefois, la cession d'un bien amortissable entraîne l'imposition immédiate de la fraction de la plus-value afférente à ce bien qui n'a pas encore été réintégrée.

En contrepartie, les amortissements et les plus-values ultérieurs afférents aux éléments amortissables sont calculés d'après la valeur d'inscription à son bilan ;

3° Les éléments autres que les immobilisations doivent être inscrits au bilan du constituant pour la valeur qu'ils avaient, du point de vue fiscal, dans les écritures du patrimoine fiduciaire. A défaut, le profit correspondant à la différence entre la valeur d'inscription au bilan du constituant de ces éléments et la valeur qu'ils avaient, du point de vue fiscal, dans les écritures du patrimoine fiduciaire est compris dans le résultat imposable de ce dernier au titre de l'exercice au cours duquel intervient le retour des biens au constituant.

II. Pour l'application du I, les engagements mentionnés au 2° du I sont pris dans l'acte constatant le transfert des biens ou droits du patrimoine fiduciaire au constituant ou, à défaut, dans un acte sous seing privé ayant date certaine, établi à cette occasion.

III. Les droits afférents à un contrat de crédit-bail conclu dans les conditions prévues aux 1 et 2 de l'article L 313-7 du code monétaire et financier sont assimilés à des éléments de l'actif immobilisé, amortissables ou non amortissables dans les conditions prévues à l'article 39 duodecies A.

Pour l'application du c du 2° du I, en cas de cession ultérieure des droits mentionnés au premier alinéa qui sont assimilés à des éléments non amortissables ou de cession du terrain, la plus-value est calculée d'après la valeur que ces droits avaient, du point de vue fiscal, dans les écritures du patrimoine fiduciaire.

Ces dispositions s'appliquent aux droits afférents aux contrats de crédit-bail portant sur des éléments incorporels amortissables d'un fonds de commerce ou assimilé.

IV. Pour l'application du présent article, les titres du portefeuille dont le résultat de cession est exclu du régime des plus ou moins-values à long terme conformément à l'article 219 sont assimilés à des éléments non amortissables de l'actif immobilisé.

V. Un décret précise, en tant que de besoin, les modalités d'application du présent article, notamment lorsque le constituant exerce une activité dont les résultats sont imposables à l'impôt sur le revenu dans la catégorie des bénéfices non commerciaux.

DC-IX-52660 s. ; MF n° 90895

Art 238 quater L La fiducie fait l'objet d'une déclaration d'existence par le fiduciaire dans des conditions et délais fixés par décret *(Voir Annexe III, art. 344 M).*

DC-IX-52300 s. ; MF n° 90885

Art 238 quater M Le fiduciaire est tenu aux obligations déclaratives qui incombent normalement aux sociétés soumises au régime fiscal des sociétés de personnes défini à l'article 8 *(Voir les articles 53 A et 60).*

DC-IX-52300 s., 53330 ; MF n° 90885

Art 238 quater N Lorsque le constituant d'une fiducie définie à l'article 2011 du code civil n'exerce pas une activité relevant des articles 34 ou 35, une activité agricole au sens de l'article 63, une activité professionnelle au sens du 1 de l'article 92 ou une activité civile soumise à l'impôt sur les sociétés, le transfert de biens ou droits dans un patrimoine fiduciaire n'est pas un fait générateur d'impôt sur le revenu si les conditions suivantes sont réunies :

1° Le constituant est désigné comme le ou l'un des bénéficiaires dans le contrat de fiducie ;

2° Le fiduciaire inscrit, dans les écritures du patrimoine fiduciaire, les biens ou droits transférés pour leur prix ou valeur d'acquisition par le constituant.

DC-IX-53000 s. ; MF n° 90901

Art 238 quater O Lorsque les droits du constituant représentatifs des biens ou droits transférés dans le patrimoine fiduciaire ne sont pas inscrits au bilan d'une entreprise, le résultat de la fiducie est imposé au nom de chaque constituant pour la part de résultat correspondant à ses droits représentatifs des biens ou droits transférés dans le patrimoine fiduciaire, proportionnellement à la valeur vénale des biens ou droits mis en fiducie, appréciée à la date du transfert dans le patrimoine fiduciaire et la part de résultat correspondant aux droits du constituant est déterminée et imposée en tenant compte de la nature de l'activité de la fiducie.

DC-IX-53100 s. ; MF nº 90905

Art 238 quater P **I.** En cas de transmission à titre onéreux de tout ou partie des droits du constituant représentatifs des biens ou droits transférés dans le patrimoine fiduciaire qui ne sont pas inscrits au bilan d'une entreprise, les résultats du patrimoine fiduciaire sont déterminés, à la date de la transmission, dans les conditions prévues aux articles 201 et suivants et imposés au nom du cédant selon les règles prévues à l'article 238 quater N.

La différence entre le prix de cession et le prix d'acquisition de ces droits n'a pas d'incidence sur les revenus imposables du cédant.

II. Le I s'applique également en cas de décès du constituant, de résiliation ou d'annulation de l'opération de fiducie ou lorsqu'elle prend fin.

DC-IX-53300 s., 53400 s. ; MF nº 90910

Art 238 quater Q Lorsque le constituant n'exerce pas une activité relevant des articles 34 ou 35, une activité agricole au sens de l'article 63, une activité professionnelle au sens du 1 de l'article 92 ou une activité civile soumise à l'impôt sur les sociétés, et par exception aux dispositions du II de l'article 238 quater P, le transfert de biens ou droits du patrimoine fiduciaire dans le patrimoine du constituant n'est pas un fait générateur d'impôt sur le revenu, lorsque l'opération de fiducie prend fin sans liquidation du patrimoine fiduciaire et que le constituant prend, dans l'acte constatant le transfert, l'engagement de déterminer, en cas de cession ultérieure des biens ou droits concernés, les plus ou moins-values et, plus généralement, les gains ou pertes par référence :

1° Si le titulaire des droits représentatifs des biens ou droits du patrimoine fiduciaire est le constituant initial, au prix ou à la valeur d'acquisition par ce dernier des biens ou droits, lorsque ces biens ou droits ont fait l'objet d'un transfert dans le patrimoine fiduciaire dans les conditions prévues à l'article 238 quater N, et au prix d'acquisition du ou des biens ou droits par la fiducie pour les autres biens ou droits ;

2° Si le titulaire des droits représentatifs des biens ou droits du patrimoine fiduciaire n'est pas le constituant initial, à la valeur des biens ou droits à la date d'acquisition de ses droits au titre de la fiducie ou, pour les biens ou droits qui sont entrés dans le patrimoine fiduciaire après l'acquisition de ses droits, au prix d'acquisition de ces biens ou droits par la fiducie.

DC-IX-53430 s. ; MF nº 90911

VI bis. Primes de remboursement et intérêts capitalisés

Art 238 septies A **I.** Lorsqu'une personne acquiert le droit au paiement du principal ou le droit au paiement d'intérêts d'une obligation provenant d'un démembrement effectué avant le 1er juin 1991, la prime de remboursement s'entend de la différence entre :

a. Le capital ou l'intérêt qu'elle perçoit ;

b. Le prix de souscription ou le prix d'acquisition originel du droit correspondant.

II. Constitue une prime de remboursement :

1. Pour les emprunts négociables visés à l'article 118 et aux 6° et 7° de l'article 120 et les titres de créances négociables visés à l'article 124 B émis à compter du 1er janvier 1992 *(NDLR 1er janvier 1993 s'agissant des titres visés aux 6° et 7° de l'article 120)*, la différence entre les sommes ou valeurs à recevoir et celles versées lors de l'acquisition ; toutefois, n'entrent pas dans la définition de la prime les intérêts versés chaque année et restant à recevoir après l'acquisition ;

2. Pour les emprunts ou titres de même nature démembrés à compter du 1er juin 1991, la différence entre les sommes ou valeurs à recevoir et le prix d'acquisition du droit au paiement du principal, d'intérêts ou de toute autre rémunération de l'emprunt, ou du titre représentatif de l'un de ces droits.

Les dispositions du présent II sont applicables à un emprunt qui fait l'objet d'émissions successives et d'une cotation en bourse unique si une partie de cet emprunt a été émise avant le 1er janvier 1992.

III. Les dispositions du 1 et du 2 du II ne s'appliquent qu'aux titres émis à compter du 1er juin 1985. Elles ne s'appliquent pas aux titres démembrés lors d'une succession.

Les dispositions du II sont applicables à tous les contrats mentionnés à l'article 124 qui sont conclus ou démembrés à compter du 1er janvier 1993.

Les dispositions du II s'appliquent également aux emprunts, titres ou droits visés aux

6° et 7° de l'article 120 émis ou démembrés à compter du 1er janvier 1993 ou qui font l'objet d'émissions successives et d'une cotation en bourse unique si une partie de ces emprunts a été émise à compter de la même date.

IV. Les dispositions du présent article cessent de s'appliquer aux titres ou droits émis à compter du 1er janvier 1993 et détenus par les contribuables autres que ceux mentionnés au V de l'article 238 septies E.

V. Lorsque les titres ou droits mentionnés au II et au III ont été reçus, à compter du 1er janvier 2000, dans le cadre d'une opération d'échange dans les conditions prévues à l'article 150-0 B, au quatrième alinéa de l'article 150 A bis en vigueur avant la date de promulgation de la loi de finances pour 2004 (n° 2003-1311 du 30 décembre 2003) ou au II de l'article 150 UB, la prime de remboursement mentionnée au II est calculée à partir du prix ou de la valeur d'acquisition des titres ou droits remis à l'échange, diminué du montant de la soulte reçue, qui n'a pas fait l'objet d'une imposition au titre de l'année de l'échange, ou majoré de la soulte versée lors de cet échange.

BIC-V-12900 s. ; RM-IV-25100 s. ; MF nos 7970 s., 25585 s.

Art 238 septies B **I.** Quand la prime de remboursement prévue à l'émission ou lors de l'acquisition originelle du droit excède 10 % du nominal ou du prix d'acquisition de ce droit, ou encore quand le contrat d'émission d'un emprunt obligataire prévoit une capitalisation partielle ou totale des intérêts, la prime ou l'intérêt sont imposés après une répartition par annuités.

Chaque annuité est imposée au nom du détenteur du titre ou du droit à la date anniversaire de l'entrée en jouissance.

Cette annuité est calculée en appliquant au montant nominal de l'emprunt souscrit le taux d'intérêt actuariel brut déterminé à la date d'entrée en jouissance. Toutefois, lors du versement des intérêts ou de la prime, la base d'imposition est égale au montant des intérêts perçus et non encore imposés et, le cas échéant, de la fraction non encore imposée de la prime.

Ces règles ne s'appliquent pas aux titres émis par l'Etat dont le porteur a la possibilité d'obtenir la conversion dans les trois ans suivant l'émission.

II. Les primes de remboursement ou intérêts mentionnés au I, afférents aux titres et droits détenus par les sociétés d'investissement à capital variable (Sicav) et fonds communs de placement, sont, pour le calcul de l'impôt, réputés distribués chaque année entre les actionnaires ou porteurs de parts pour un montant défini selon les modalités prévues à ce I.

(Ces dispositions sont abrogées pour les exercices clos à compter du 29 septembre 1989)

III. Les dispositions des I et II ne s'appliquent qu'aux titres émis à compter du 1er juin 1985.

IV. 1. Pour les emprunts ou titres ainsi que pour les opérations de démembrement visés au II de l'article 238 septies A, la prime de remboursement et les intérêts versés chaque année sont imposés après une répartition par annuités quand la prime excède 10 % du prix d'acquisition.

Cependant, la répartition par annuités n'est pas applicable aux emprunts ou titres visés au 1 du II de l'article 238 septies A dont le prix moyen à l'émission est supérieur à 90 % de la valeur de remboursement.

2. L'annuité est calculée en appliquant au prix d'acquisition le taux d'intérêt actuariel déterminé à la date de l'acquisition. Toutefois, lors du remboursement de l'emprunt, du titre ou du droit, la base d'imposition est égale au montant de la fraction non encore imposée du revenu. En outre, la première annuité imposable après l'acquisition est calculée prorata temporis depuis la date d'acquisition jusqu'à la première date d'imposition.

3. En cas d'acquisition de titres d'un même débiteur et présentant la même échéance et le même mode de rémunération, mais acquis à des prix différents, le prix d'acquisition à retenir est la valeur moyenne pondérée d'acquisition de ces titres. Lors de chaque nouvelle acquisition, la répartition par annuités est modifiée en conséquence.

4. Lorsque le contrat comporte une clause d'indexation ou plusieurs dates de remboursement possibles, la prime de remboursement est déterminée en retenant comme taux d'intérêt actuariel le dernier taux de rendement brut à l'émission des obligations des sociétés privées connu lors de l'acquisition et la date de remboursement s'entend de la date la plus éloignée.

5. Chaque annuité est imposable annuellement et, à cet effet, est réputée avoir été perçue à la date qui, dans l'année d'imposition, correspond à celle qui est prévue pour le remboursement.

6. Le prélèvement prévu à l'article 125 A est opéré à la date prévue au 5 ci-dessus. Ce prélèvement est pratiqué par la personne chez laquelle le titre ou le droit est déposé ou inscrit en compte, ou, dans les autres cas, par le débiteur sur le compte approvisionné par le contribuable à cet effet.

7. Les dispositions du présent article cessent de s'appliquer aux titres ou droits émis à compter du 1er janvier 1993 et détenus par les contribuables autres que ceux mentionnés au V de l'article 238 septies E.

V. A compter du 3 juin 1992, la répartition par annuités prévue aux I et IV cesse de s'appliquer aux titres détenus par les personnes physiques et non inscrits à un actif professionnel.

BIC-V-12900 s., 13200 s. ; MF n°s 7970 s.

Art 238 septies C Un décret en Conseil d'Etat précise les modalités d'application des articles 238 septies A et 238 septies B et leurs incidences sur le calcul des plus-values ou moins-values éventuellement réalisées en cas de cession, ainsi que les obligations incombant aux émetteurs et aux intermédiaires *(Voir Annexe II, art. 50 A et 164).*

BIC-V-12900 s., 13200 s. ; MF n°s 7970 s.

Art 238 septies D Les articles 238 septies A, 238 septies B, 238 septies C et 238 septies E s'appliquent aux parts des fonds communs de créances lorsque leur durée à l'émission est supérieure à cinq ans.

Ndlr *Les fonds communs de créances ont été remplacés par les fonds communs de titrisation régis par les articles L 214-180 à L 214-186 du code monétaire et financier.*

BIC-V-12000 s. ; RM-VII-35510 s. ; MF n°s 7970 s., 25781

Art 238 septies E **I.** Constitue une prime de remboursement :

1. Pour les emprunts négociables visés à l'article 118 et aux 6° et 7° de l'article 120, les titres de créances négociables visés à l'article 124 B et tous autres titres ou contrats d'emprunt ou de capitalisation négociables ou non, émis ou conclus à compter du 1er janvier 1993, la différence entre les sommes ou valeurs à recevoir quelle que soit leur nature, à l'exception des intérêts linéaires versés chaque année à échéances régulières et restant à recevoir après l'acquisition, et celles versées lors de la souscription ou de l'acquisition ;

2. Pour les emprunts ou titres de même nature démembrés à compter du 1er janvier 1993, la différence entre les sommes ou valeurs à recevoir quelle que soit leur nature et le prix d'acquisition du droit au paiement du principal, d'intérêts ou de toute autre rémunération de l'emprunt, ou du titre représentatif de l'un de ces droits.

Le cas échéant, pour l'application du présent article, la prime comprend la différence entre la valeur actuelle du titre après détachement des droits d'achat, de souscription, d'échange ou d'option prévus au contrat et sa valeur de remboursement.

Les dispositions du présent I sont applicables à un emprunt qui fait l'objet d'émissions successives et d'une cotation en bourse unique si une partie de cet emprunt a été émise à compter du 1er janvier 1993.

II. 1. Pour les emprunts ou titres ainsi que pour les opérations de démembrement visés au I, la prime de remboursement et les intérêts versés chaque année sont imposés au titre de chaque exercice après une répartition actuarielle quand la prime excède 10 % du prix d'acquisition.

Cependant, cette répartition actuarielle n'est pas applicable aux emprunts ou titres visés au 1 du I dont le prix moyen à l'émission est supérieur à 90 % de leur valeur de remboursement.

2. La fraction de la prime et des intérêts à rattacher aux résultats imposables de chaque exercice jusqu'au remboursement est déterminée en appliquant au prix d'acquisition le taux d'intérêt actuariel déterminé à la date d'acquisition ; le prix d'acquisition est majoré de la fraction de la prime et des intérêts capitalisés à la date anniversaire de l'emprunt ou du titre.

Le taux actuariel est le taux annuel qui, à la date d'acquisition, égalise à ce taux et à intérêts composés les valeurs actuelles des montants à verser et des montants à recevoir.

3. Lorsque le contrat ou le titre comporte une clause rendant aléatoire la détermination avant l'échéance de la valeur de remboursement, les dispositions du 2 s'appliquent en considérant que le taux d'intérêt actuariel à la date d'acquisition est égal à 105 % du dernier taux mensuel des emprunts d'Etat à long terme connu lors de l'acquisition, et en retenant comme date de remboursement la date la plus éloignée prévue au contrat. Toutefois, ces dispositions ne s'appliquent pas si la prime de remboursement déterminée par application de ce même taux, diminuée des intérêts linéaires versés chaque année à échéances régulières, est inférieure à 10 % de la valeur d'émission.

Par exception aux dispositions du premier alinéa, si le contrat comporte une clause d'indexation, la prime de remboursement est calculée à la clôture de chaque exercice en retenant la valeur de remboursement telle qu'elle apparaît compte tenu de la variation de l'index constatée à cette date depuis l'acquisition du titre ou la conclusion du contrat. La fraction imposable de la prime ainsi définie est égale à la différence entre :

BIC-V-12630

a. La valeur acquise de cette prime calculée au taux qui, appliqué au prix d'acquisition, permet, en retenant la méthode des intérêts composés, d'obtenir la valeur de remboursement définie ci-dessus ;

b. Et les fractions imposées en application des deuxième à quatrième alinéas depuis l'acquisition au titre des exercices antérieurs.

Dans ce dernier cas, est également imposable, le cas échéant, une part des intérêts capitalisés en vue d'être versés à échéances supérieures à un an ; cette part est égale au montant acquis de ces intérêts calculé au taux qui, appliqué au prix d'acquisition, permet, en retenant la méthode des intérêts composés, d'obtenir le montant des intérêts contractuellement dus à une échéance donnée.

Si le contrat prévoit une clause de garantie d'une valeur de remboursement minimale, la fraction imposable de la prime au titre d'un exercice donné ne peut être inférieure à celle qui résulte de l'application des dispositions du présent II en retenant, pour le calcul de la prime, la valeur de remboursement garantie.

III. Pour l'application des dispositions du 5° du 1 de l'article 39, les provisions pour dépréciation de ces emprunts, titres ou droits sont calculées par rapport à leur valeur lors de l'entrée à l'actif du bilan.

BIC-VII-55320 s. ; MF n° 18990

IV. Pour chaque exercice, les sommes imposées en application du II sont indiquées en annexe à la déclaration prévue à l'article 53 A et sont déterminées à partir d'un état qui fait apparaître, pour chaque catégorie de titres ou contrats de même nature, les éléments retenus pour le calcul de ces sommes. Cet état doit être représenté à toute réquisition de l'administration.

V. Les dispositions du présent article ne sont pas applicables aux titres détenus par les personnes physiques dans le cadre de la gestion de leur patrimoine privé.

BIC-V-12000 s. ; MF n°s 7970 s.

VI ter. Détermination du résultat réalisé par les entreprises à l'occasion de la cession de certains titres de placements à revenu fixe

Art 238 septies F En cas de cession de titres mentionnés à l'article 118, aux 6° et 7° de l'article 120 et à l'article 1678 bis ainsi que de bons du Trésor sur formules et inscrits au bilan d'une entreprise à la clôture du premier exercice ouvert à compter du 1er janvier 1993, le résultat de la cession est sur le plan fiscal calculé par rapport à leur coût d'acquisition, y compris le montant des revenus acquis à la date d'achat des titres et non encore déduits du résultat imposable, diminué d'une somme égale au montant des revenus de ces titres, acquis et non imposés à l'ouverture de cet exercice.

Lorsque ces titres sont apportés dans le cadre d'une fusion ou d'une opération assimilée placée sous le régime défini à l'article 210 A, puis font l'objet d'une cession ultérieure, le résultat de la cession des titres par la société absorbante ou par la société bénéficiaire des apports est déterminé selon les modalités prévues au premier alinéa.

Pour chaque exercice, la différence entre le montant des revenus acquis à la date d'acquisition des titres concernés et non encore déduits du résultat imposable et celui des revenus de ces titres, acquis et non imposés à l'ouverture de cet exercice, est indiquée en annexe à la déclaration prévue à l'article 53 A et est déterminée à partir d'un état qui fait apparaître pour chaque catégorie de titres de même nature les deux termes de cette différence tels qu'ils sont définis ci-dessus. Ces dispositions s'appliquent à la société absorbante ou bénéficiaire d'un apport pour les titres détenus à la suite d'une fusion ou d'une opération assimilée réalisée dans les conditions prévues au deuxième alinéa. Cet état doit être représenté à toute réquisition de l'administration.

BIC-V-10270

VII. Plus-values réalisées par les entreprises à l'occasion de la construction et de la vente d'immeubles affectés principalement à l'habitation

Art 238 octies I. Les plus-values réalisées jusqu'à une date qui sera fixée par décret *(Voir Annexe III, art. 10 H bis et 46 quater-0 R)*, sans que celle-ci puisse être antérieure au 1er janvier 1972, par les entreprises relevant de l'impôt sur le revenu au titre des bénéfices industriels et commerciaux ou de l'impôt sur les sociétés, à l'occasion de la cession d'immeubles qu'elles ont construits ou fait construire et qui ne présentent pas le caractère d'éléments de l'actif immobilisé au sens de l'article 40, peuvent néanmoins bénéficier des dispositions de cet article lorsqu'elles se rapportent à des immeubles affectés à l'habitation pour les trois quarts au moins de leur superficie totale et dont la construction était achevée à la date de la cession *(Voir Annexe II, art. 165)*.

Toutefois, le montant de la somme à réinvestir est, le cas échéant, déterminé sous déduction des sommes empruntées pour la construction ou l'acquisition des éléments cédés et non encore remboursées à la date de la cession.

D'autre part, sous les sanctions prévues au 4 de l'article 40, le remploi correspondant doit être obligatoirement effectué, soit dans la construction d'immeubles affectés à l'habitation pour les trois quarts au moins de leur superficie totale, soit en l'achat de terrains pour lesquels un engagement de construire prévu au I du A de l'article 1594-0 G a été souscrit, soit en la souscription d'actions ou de parts de sociétés ayant pour objet principal de concourir directement ou indirectement à la construction d'immeubles dans des conditions qui sont fixées par un arrêté du ministre de l'économie et des finances *(Voir Annexe IV, art. 23 J et 23 K)*. Dans le cas où le remploi ayant été effectué en achat de terrains, les conditions fixées au A de l'article 1594-0 G n'ont pas été remplies, la plus-value est rapportée aux bénéfices de l'exercice en cours à l'expiration du délai prévu audit article.

Sous réserve des exceptions qui peuvent être prévues par décret *(Voir Annexe II, art. 168)*, les plus-values provenant de ventes précédées de versements d'acomptes ou d'avances faits à quelque titre que ce soit, directement ou par personne interposée, sont exclues du bénéfice des dispositions du présent paragraphe.

Pour l'application de ce paragraphe, les ventes d'immeubles en l'état futur d'achèvement peuvent être assimilées à des ventes d'immeubles achevés dans des conditions qui sont fixées par décret *(Voir Annexe II, art. 166, 167 et 169)*.

II. Les plus-values visées au I peuvent bénéficier des dispositions de l'article 41.

Elles peuvent également être placées sous le régime d'exonération prévu à l'article 210, en cas de fusion de sociétés où d'opérations assimilées remplissant les conditions prévues au 2 dudit article 210.

III. *(Disposition périmée).*

VII bis. Imposition de la plus-value réalisée lors de la cession d'un droit de surélévation

Art 238 octies A I. Les plus-values réalisées par les entreprises relevant de l'impôt sur le revenu au titre des bénéfices industriels et commerciaux, des bénéfices non commerciaux, des bénéfices agricoles ou de l'impôt sur les sociétés à l'occasion de la cession d'un droit de surélévation effectuée au plus tard le 31 décembre 2017 en vue de la réalisation de locaux destinés à l'habitation sont exonérées.

II. L'application du I est subordonnée à la condition que la personne cessionnaire s'engage à achever les locaux destinés à l'habitation dans un délai de quatre ans à compter de la date de l'acquisition.

Le non-respect par la personne cessionnaire de l'engagement d'achèvement des locaux destinés à l'habitation mentionné au premier alinéa entraîne l'application de l'amende prévue au IV de l'article 1764.

Par exception au deuxième alinéa, l'amende prévue au IV de l'article 1764 n'est pas due lorsque la personne cessionnaire ne respecte pas l'engagement d'achèvement des locaux en raison de circonstances exceptionnelles indépendantes de sa volonté. Elle n'est pas due non plus en cas de licenciement, d'invalidité correspondant au classement dans les deuxième ou troisième des catégories prévues à l'article L 341-4 du code de la sécurité sociale ou de décès du contribuable ou de l'un des époux soumis à une imposition commune.

En cas de fusion de sociétés, l'engagement souscrit par le cessionnaire n'est pas rompu lorsque la société absorbante s'engage, dans l'acte de fusion, à se substituer à la société absorbée pour le respect de l'engagement d'achèvement des locaux dans le délai restant à courir. Le non-respect par la société absorbante de l'engagement d'achèvement des locaux entraîne l'application de l'amende prévue pour le cessionnaire.

BIC-VII-17600 s.

VII ter. Modalités d'imposition de la plus-value professionnelle provenant de la transmission ou du rachat de droits relatifs à une société relevant des articles 8 à 8 ter et exerçant une activité immobilière

Art 238 octies B En cas de transmission ou de rachat des droits d'un associé imposable dans la catégorie des bénéfices industriels et commerciaux, des bénéfices non commerciaux ou des bénéfices agricoles, ou relevant de l'impôt sur les sociétés, dans une société qui relève des articles 8 à 8 ter et qui exerce une activité immobilière, la plus-value professionnelle provenant de la cession d'un bien mentionné aux articles 150 U, 150 UB et 150 UC intervenue entre la fin de la dernière période d'imposition et la date de cet événement est imposée au nom de cet associé.

DC-V-5880 s. ; MF n° 37661

VII quater. Report d'imposition des plus-values réalisées à l'occasion d'opérations d'échanges de biens immobiliers effectués avec l'Etat, les collectivités territoriales et les établissements publics

Art 238 octies C **I.** Les plus-values dégagées par une entreprise lors de l'échange d'un bien immobilier avec l'Etat, une collectivité territoriale, un établissement public de coopération intercommunale compétent ou un établissement public ou une association mentionnés aux chapitres Ier, II et IV du titre II du livre III du code de l'urbanisme peuvent, sur option, ne pas être imposées lors de l'échange, sous réserve que :

a. Le ou les biens remis lors de l'échange et le ou les biens reçus lors de cet échange ont la nature de biens immobiliers, bâtis ou non bâtis, ou de droits portant sur un immeuble ;

b. Le ou les biens remis lors de l'échange sont affectés par l'Etat, la collectivité territoriale ou l'établissement public ou l'association mentionnés au premier alinéa à la réalisation d'ouvrages d'intérêt collectif ;

c. En cas de versement d'une soulte par l'une ou l'autre partie, celle-là ne dépasse ni 10 % de la valeur vénale des biens ou droits remis à l'échange ni le montant de la plus-value réalisée lors de l'échange.

II. Les plus-values mentionnées au I sont affectées aux biens ou droits reçus en échange au prorata de la valeur vénale de ceux-ci à la date de l'échange.

La plus-value affectée à un bien ou droit non amortissable est imposée lors de la cession de ce bien ou droit ou, le cas échéant, lorsque le droit prend fin.

Les plus-values affectées à des biens ou droits amortissables sont réintégrées au résultat imposable au fur et à mesure de l'amortissement des biens ou droits auxquels les plus-values sont affectées. En cas de cession du bien ou droit ou lorsque le droit prend fin, la fraction de la plus-value affectée à ce bien ou droit et non encore réintégrée est immédiatement imposée.

III. L'entreprise joint à sa déclaration de résultat au titre de chacune des années d'application du présent régime un état conforme au modèle fourni par l'administration qui fait apparaître, pour chaque bien ou droit reçu à l'occasion de l'échange, les renseignements nécessaires au calcul des réintégrations mentionnées au II et au calcul du résultat imposable lors de la cession ultérieure du bien ou droit considéré.

La production de l'état mentionné au premier alinéa du présent III au titre de l'exercice au cours duquel l'échange a été réalisé vaut option pour le régime d'imposition défini au présent article. Pour les exercices suivants, le défaut de production ou le caractère inexact ou incomplet de cet état entraîne l'application de l'amende définie au I de l'article 1763.

BIC-VII-16150 s. ; MF nº 19444

VIII. Imposition des plus-values dégagées à l'occasion de l'aliénation de terrains à bâtir

Art 238 nonies Lorsque l'acquéreur est une collectivité publique, la plus-value réalisée à l'occasion de l'aliénation d'un terrain non bâti ou d'un bien assimilé au sens du A de l'article 1594-0 G peut, pour l'établissement de l'impôt sur le revenu ou de l'impôt sur les sociétés, être rapportée, sur demande du redevable, au revenu de l'année au cours de laquelle l'indemnité a été effectivement perçue.

BIC-VII-15870 s. ; MF nº 19440

Art 238 decies **I. 1.** En cas d'apport d'un terrain non bâti ou d'un bien assimilé au sens du A de l'article 1594-0 G à une société civile de construction répondant aux conditions définies à l'article 239 ter, la plus-value dégagée est, pour l'établissement de l'impôt sur le revenu ou de l'impôt sur les sociétés, taxée au titre de l'année de la dernière cession par la société des immeubles ou fractions d'immeubles construits par elle sur un terrain faisant l'objet de l'apport.

Toutefois, en cas de décès de l'apporteur, l'imposition est établie au titre de l'année du décès.

En tout état de cause, l'imposition doit être établie, au plus tard, au titre de la cinquième année qui suit celle de l'achèvement des constructions.

2. En cas de cession par le redevable des droits reçus en rémunération de son apport ou des immeubles ou fractions d'immeubles reçus en représentation de ses droits, la plus-value dégagée par l'apport du terrain est, pour l'établissement de l'impôt sur le revenu ou de l'impôt sur les sociétés, imposée au titre de l'année de la dernière cession si elle n'a pas été déjà taxée en vertu du 1.

3. *(Abrogé).*

II. Lorsqu'un terrain non bâti ou un bien assimilé au sens du A de l'article 1594-0 G est apporté à une société de copropriété définie à l'article 1655 ter, la cession est réputée porter sur la totalité du terrain ou du bien pour la détermination de la plus-value correspondante.

Cette plus-value est, pour l'établissement de l'impôt sur le revenu ou de l'impôt sur les sociétés, taxée au titre de l'année de la dernière cession par le redevable des droits reçus en rémunération de son apport ou des immeubles ou fractions d'immeubles reçus en représentation de ses droits.

Toutefois, en cas de décès de l'apporteur, l'imposition est établie au titre de l'année du décès.

En tout état de cause, l'imposition doit être établie, au plus tard, au titre de la cinquième année qui suit celle de l'achèvement des constructions.

III. Lorsqu'elle devient imposable dans les conditions définies aux I et II, la plus-value dégagée lors de l'apport du terrain est déterminée d'après les règles applicables lors de la réalisation de l'apport.

BIC-VII-15870 s. ; MF nº 19440

Art 238 undecies Lorsque la cession d'un terrain non bâti ou d'un bien assimilé au sens du A de l'article 1594-0 G est rémunérée par la remise d'immeubles ou de fractions d'immeubles à édifier sur ce terrain, l'imposition de la plus-value dégagée à l'occasion de cette opération est, pour l'établissement de l'impôt sur le revenu ou de l'impôt sur les sociétés, établie au titre de la cinquième année qui suit celle de l'achèvement des constructions.

Toutefois, en cas de cession des immeubles ou des fractions d'immeubles ou de décès du contribuable avant l'expiration de ce délai, l'imposition est établie au titre de l'année de la dernière cession des immeubles ou fractions d'immeubles ou du décès.

Dans l'un ou l'autre cas, la plus-value résultant de la cession du terrain est déterminée d'après les règles applicables lors de la réalisation de cette cession.

BIC-VII-15870 s. ; MF nº 19440

Art 238 duodecies Les dispositions des articles 238 decies et 238 undecies sont applicables aux apports et échanges réalisés postérieurement à la promulgation de la loi d'orientation foncière nº 67-1253 du 30 décembre 1967.

BIC-VII-15870 s.

Art 238 terdecies Les articles 238 nonies à 238 duodecies s'appliquent lorsque la cession intervient au moins deux ans après l'acquisition.

Toutefois, le différé d'imposition ne peut excéder cinq ans.

Les articles 238 nonies à 238 duodecies ne s'appliquent pas aux plus-values imposées conformément à l'article 150 U.

BIC-VII-15870 s. ; IMMO-II-180360 ; MF nº 19440

VIII bis. Exonération des plus-values réalisées lors de la cession d'une entreprise individuelle ou d'une branche complète d'activité

Art 238 quindecies **I.** Les plus-values soumises au régime des articles 39 duodecies à 39 quindecies et réalisées dans le cadre d'une activité commerciale, industrielle, artisanale, libérale ou agricole à l'occasion de la transmission d'une entreprise individuelle ou d'une branche complète d'activité autres que celles mentionnées au V sont exonérées pour :

1º La totalité de leur montant lorsque le prix stipulé des éléments transmis ou leur valeur vénale, auxquels sont ajoutées les charges en capital et les indemnités stipulées au profit du cédant, à quelque titre et pour quelque cause que ce soit, est inférieur ou égal à 500 000 € ;

2º Une partie de leur montant lorsque le prix stipulé des éléments transmis ou leur valeur vénale, auxquels sont ajoutées les charges en capital et les indemnités stipulées au profit du cédant, à quelque titre et pour quelque cause que ce soit, est supérieur à 500 000 € et inférieur à 1 000 000 €.

Pour l'application du 2º, le montant exonéré des plus-values est déterminé en leur appliquant un taux égal au rapport entre, au numérateur, la différence entre le montant de 1 000 000 € et la valeur des éléments transmis et, au dénominateur, le montant de 500 000 € *(NDLR Le montant des plafonds d'exonération et la définition de la valeur des éléments transmis s'appliquent au titre des exercices clos à compter de 2021 ou du 31 décembre 2021 selon que les entreprises relèvent de l'IR ou de l'IS)*.

II. L'exonération prévue au I est subordonnée aux conditions suivantes :

1. L'activité doit avoir été exercée pendant au moins cinq ans ;

2. La personne à l'origine de la transmission est :

a. Une entreprise dont les résultats sont soumis à l'impôt sur le revenu ou un contribuable qui exerce son activité professionnelle dans le cadre d'une société dont les bénéfices sont, en application des articles 8 et 8 ter, soumis en son nom à l'impôt sur le revenu ;

b. Un organisme sans but lucratif ;

c. Une collectivité territoriale, un établissement public de coopération intercommunale ou l'un de leurs établissements publics ;

d. Une société soumise à l'impôt sur les sociétés qui répond cumulativement aux conditions suivantes :

1° elle emploie moins de deux cent cinquante salariés et soit a réalisé un chiffre d'affaires annuel inférieur à 50 millions d'euros au cours de l'exercice, soit a un total de bilan inférieur à 43 millions d'euros ;

2° son capital ou ses droits de vote ne sont pas détenus à hauteur de 25 % ou plus par une entreprise ou par plusieurs entreprises ne répondant pas aux conditions du précédent alinéa de manière continue au cours de l'exercice. Pour la détermination de ce pourcentage, les participations de sociétés de capital-risque, des fonds communs de placement à risques, des fonds professionnels spécialisés relevant de l'article L 214-37 du code monétaire et financier dans sa rédaction antérieure à l'ordonnance n° 2013-676 du 25 juillet 2013 modifiant le cadre juridique de la gestion d'actifs, des fonds professionnels de capital investissement, des sociétés de libre partenariat, des sociétés de développement régional, des sociétés financières d'innovation et des sociétés unipersonnelles d'investissement à risque ne sont pas prises en compte à la condition qu'il n'existe pas de lien de dépendance au sens du 12 de l'article 39 entre la société en cause et ces dernières sociétés ou ces fonds. Cette condition s'apprécie de manière continue au cours de l'exercice ;

Pour l'application du présent d, le bénéfice des dispositions du I est subordonné au respect du règlement (UE) n° 1407/2013 de la Commission du 18 décembre 2013 relatif à l'application des articles 107 et 108 du traité sur le fonctionnement de l'Union européenne aux aides de minimis, du règlement (UE) n° 1408/2013 de la Commission du 18 décembre 2013 relatif à l'application des articles 107 et 108 du traité sur le fonctionnement de l'Union européenne aux aides de minimis dans le secteur de l'agriculture ou du règlement (UE) n° 717/2014 de la Commission du 27 juin 2014 concernant l'application des articles 107 et 108 du traité sur le fonctionnement de l'Union européenne aux aides de minimis dans le secteur de la pêche et de l'aquaculture *(NDLR Le présent alinéa s'applique au titre des exercices clos à compter de 2021 ou du 31 décembre 2021 selon que les entreprises relèvent de l'IR ou de l'IS)* ;

3. En cas de transmission à titre onéreux, le cédant ou, s'il s'agit d'une société, l'un de ses associés qui détient directement ou indirectement au moins 50 % des droits de vote ou des droits dans les bénéfices sociaux ou y exerce la direction effective n'exerce pas, en droit ou en fait, la direction effective de l'entreprise cessionnaire ou ne détient pas, directement ou indirectement, plus de 50 % des droits de vote ou des droits dans les bénéfices sociaux de cette entreprise.

III. Est assimilée à une branche complète d'activité l'intégralité des droits ou parts détenus par un contribuable qui exerce son activité professionnelle dans le cadre d'une société dont les bénéfices sont, en application des articles 8 et 8 ter, soumis en son nom à l'impôt sur le revenu et qui sont considérés comme des éléments d'actif affectés à l'exercice de la profession au sens du I de l'article 151 nonies.

Lorsqu'il est satisfait aux conditions prévues aux 1 à 3 du II, les plus-values réalisées à l'occasion de la transmission de droits ou parts mentionnés au premier alinéa du présent III sont exonérées pour :

1° La totalité de leur montant lorsque la valeur vénale des droits ou parts transmis est inférieure ou égale à 500 000 € ;

2° Une partie de leur montant lorsque la valeur vénale des droits ou parts transmis est supérieure à 500 000 € et inférieure à 1 000 000 €.

Pour l'application du 2°, le montant exonéré des plus-values est déterminé en leur appliquant un taux égal au rapport entre, au numérateur, la différence entre le montant de 1 000 000 € et la valeur des titres transmis et, au dénominateur, le montant de 500 000 € *(NDLR Le présent alinéa s'applique au titre des exercices clos à compter de 2021 ou du 31 décembre 2021 selon que les entreprises relèvent de l'IR ou de l'IS)*.

Pour la détermination des seuils mentionnés au 1° et 2°, il est tenu compte de la transmission de l'intégralité des droits ou parts définis au premier alinéa ainsi que des transmissions réalisées au cours des cinq années précédentes.

Par dérogation au V, les dispositions du présent III s'appliquent aux plus-values réalisées sur les droits ou parts de sociétés dont l'actif est principalement constitué de biens immobiliers bâtis ou non bâtis affectés par la société à sa propre exploitation ou de droits ou parts de sociétés dont l'actif est principalement constitué des mêmes biens, droits ou parts.

En cas de transmission à titre onéreux de droits ou de parts ouvrant droit à l'exonération prévue au deuxième alinéa, le cédant ne doit pas détenir directement ou indirectement de droits de vote ou de droits dans les bénéfices sociaux de l'entreprise cessionnaire.

IV. L'exonération prévue aux I et III est remise en cause si le cédant relève de l'une des situations mentionnées au 3 du II et au dernier alinéa du III à un moment quelconque au cours des trois années qui suivent la réalisation de l'opération ayant bénéficié du régime prévu au présent article.

V. Sont imposées dans les conditions de droit commun les plus-values réalisées à l'occasion de la transmission de l'entreprise individuelle ou de la branche complète d'activité portant sur :

1° Des biens immobiliers bâtis ou non bâtis ;

2° Des droits ou parts de sociétés dont l'actif est principalement constitué de biens immobiliers bâtis ou non bâtis ou de droits ou parts de sociétés dont l'actif est principalement constitué des mêmes biens, droits ou parts.

VI. Pour l'application des dispositions prévues aux III et V, les droits afférents à un contrat de crédit-bail conclu dans les conditions prévues au 2 de l'article L 313-7 du code monétaire et financier sont assimilés à des éléments de l'actif.

Pour l'application des dispositions prévues au III, les biens mentionnés au I du A de l'article 1594-0 G ne sont pas considérés comme affectés à l'exploitation de l'activité.

VII. La transmission d'une activité qui fait l'objet d'un contrat de location-gérance ou d'un contrat comparable peut bénéficier du régime défini au I si les conditions suivantes sont simultanément satisfaites :

1° L'activité est exercée depuis au moins cinq ans au moment de la mise en location ;

2° La transmission est réalisée au profit du locataire ou, dans le respect du contrat, de toute autre personne, sous réserve que cette transmission porte sur l'intégralité des éléments concourant à l'exploitation de l'activité qui a fait l'objet du contrat de location-gérance ou d'un contrat comparable.

Pour l'appréciation des seuils mentionnés aux 1° et 2° du I, il est tenu compte du prix stipulé des éléments de l'activité donnée en location ou de leur valeur vénale, auxquels sont ajoutées les charges en capital et les indemnités stipulées au profit du cédant, à quelque titre et pour quelque cause que ce soit.

Ndlr *La possibilité de céder un fonds donné en location-gérance à un tiers s'applique au titre des exercices clos à compter de 2021 ou du 31 décembre 2021 selon que les entreprises relèvent de l'IR ou de l'IS.*

VIII. L'option pour le bénéfice du régime défini au présent article est exclusive de celui des régimes prévus au I de l'article 41, au I ter de l'article 93 quater, aux articles 151 septies, 151 octies et 151 octies A, au II de l'article 151 nonies et aux articles 210 A à 210 C.

VIII bis. L'indemnité compensatrice versée à un agent général d'assurances exerçant à titre individuel par la compagnie d'assurances qu'il représente à l'occasion de la cessation du mandat bénéficie du régime mentionné au I du présent article si les conditions suivantes sont réunies :

1° Le contrat dont la cessation est indemnisée a été conclu depuis au moins cinq ans au moment de la cessation ;

2° L'agent général d'assurances cède son entreprise individuelle ou une branche complète d'activité.

Ndlr *Les présentes dispositions s'appliquent à l'imposition des indemnités perçues au titre de l'année 2023 et des années suivantes.*

IX. Les dispositions du présent article s'appliquent aux transmissions réalisées à compter du 1er janvier 2006.

BIC-VII-27000 s. ; DC-V-11000 s. ; MF nos 19650 s.

VIII ter. Exonération des plus-values réalisées lors de la cession de bateaux de navigation intérieure affectés au transport de marchandises

Art 238 sexdecies Sont exonérées les plus-values soumises au régime des articles 39 duodecies à 39 quindecies et réalisées lors de la cession de bateaux de la navigation intérieure affectés au transport de marchandises, en cours d'exploitation par une entreprise de transport fluvial ou par une entreprise dont l'activité est de louer de tels bateaux. Pour bénéficier de l'exonération, l'entreprise doit avoir acquis, au cours du dernier exercice, ou avoir pris l'engagement d'acquérir dans un délai de vingt-quatre mois à compter de la cession, pour les besoins de son exploitation, un ou des bateaux de navigation intérieure, neufs ou d'occasion, affectés au transport de marchandises à un prix au moins égal au prix de cession.

Le bateau cédé doit, à la date de la cession, faire l'objet d'un titre de navigation en cours de validité.

Le bateau acquis en remploi doit satisfaire à l'une des conditions suivantes :

1° Sa construction est achevée depuis vingt ans au plus et il doit avoir été construit à une date plus récente que le bateau cédé ;

2° Il répond à des conditions de capacité supplémentaire.

Le montant total de l'exonération accordée au titre du présent article ne peut excéder 100 000 € par cession.

Si les sommes réinvesties sont inférieures au prix de cession, le montant bénéficiant de l'exonération est limité au produit de la plus-value par le rapport entre le prix de cession affecté à l'acquisition du navire et la totalité de ce prix.

La régularisation à effectuer est comprise dans le résultat imposable de l'exercice en cours à l'expiration du délai de vingt-quatre mois fixé au premier alinéa, majorée d'un montant égal au produit de cette régularisation par le taux de l'intérêt de retard prévu à l'article 1727.

Lorsque l'entreprise mentionnée au premier alinéa est une société soumise au régime d'imposition prévu à l'article 8, la condition tenant à la nature de l'activité de cette entreprise doit être également remplie par ses associés personnes morales.

L'engagement mentionné au premier alinéa doit être annexé à la déclaration de résultat de l'exercice de cession.

Le premier alinéa n'est pas applicable aux plus-values soumises aux dispositions de l'article 223 F.

Le bénéfice des dispositions du premier alinéa est subordonné au respect du règlement (UE) n° 1407/2013 de la Commission, du 18 décembre 2013, relatif à l'application des articles 107 et 108 du traité sur le fonctionnement de l'Union européenne aux aides de minimis.

Le remploi peut être réalisé dans le cadre d'un contrat de crédit-bail conclu dans le délai mentionné au premier alinéa. Dans ce cas, les sommes réinvesties mentionnées au septième alinéa s'entendent d'un montant égal à la somme des loyers effectivement versés, pour leur quote-part prise en compte pour la détermination du prix d'acquisition, majorée du prix d'acquisition versé à l'issue du contrat. Le cas échéant, la régularisation mentionnée au même septième alinéa est alors comprise dans le résultat imposable de l'exercice au cours duquel le contrat prend fin, majorée d'un montant égal au produit de cette régularisation par le taux de l'intérêt de retard prévu à l'article 1727.

BIC-VII-15500 s. ; MF n° 19470

IX. Régime fiscal des sociétés de personnes, des sociétés en participation, des groupements d'intérêt public, des sociétés à responsabilité limitée, des exploitations agricoles à responsabilité limitée et des sociétés civiles professionnelles. Option pour le régime des sociétés de capitaux

Art 239 **1.** Les sociétés et groupements mentionnés au 3 de l'article 206 peuvent opter, dans des conditions qui sont fixées par arrêté ministériel, pour le régime applicable aux sociétés de capitaux *(NDLR Voir Annexe III, art. 350 F, I).* Dans ce cas, l'impôt sur le revenu dû par les associés en nom, commandités, coparticipants, l'associé unique de société à responsabilité limitée et les associés d'exploitations agricoles est établi suivant les règles prévues aux articles 62 et 162.

L'option doit être notifiée avant la fin du troisième mois de l'exercice au titre duquel l'entreprise souhaite être soumise pour la première fois à l'impôt sur les sociétés. Toutefois, en cas de transformation d'une société de capitaux en une des formes de société mentionnées au 3 de l'article 206 ou en cas de réunion de toutes les parts d'une société à responsabilité limitée entre les mains d'une personne physique, l'option peut être notifiée avant la fin du troisième mois qui suit cette transformation ou cette réunion pour prendre effet à la même date que celle-ci.

Les sociétés et groupements mentionnés au premier alinéa du présent 1 qui désirent renoncer à leur option pour le régime des sociétés de capitaux notifient leur choix à l'administration avant la fin du mois précédant la date limite de versement du premier acompte d'impôt sur les sociétés de l'exercice au titre duquel s'applique la renonciation à l'option. En cas de renonciation à l'option, les sociétés et groupements ne peuvent plus opter à nouveau pour le régime des sociétés de capitaux. En l'absence de renonciation avant la fin du mois précédant la date limite de versement du premier acompte d'impôt sur les sociétés du cinquième exercice suivant celui au titre duquel l'option a été exercée, l'option devient irrévocable.

Ndlr *Sur les modalités de renonciation à l'option, voir Annexe III, art. 350 F, II.*

Les dispositions du présent 1 ne sont pas applicables :

a. Aux sociétés immobilières de copropriété visées à l'article 1655 ter ;

b. Aux sociétés de personnes issues de la transformation de sociétés de capitaux intervenue depuis moins de quinze ans lorsqu'elles n'ont pas exercé l'option lors de cette transformation, dans le délai mentionné au deuxième alinéa ;

c. Aux sociétés civiles mentionnées aux articles 238 ter, 239 ter, 239 quater A et 239 septies.

IS-I-4000 s.

2. *(Disposition périmée).*

3. Les sociétés de personnes qui ont opté avant le 1er janvier 1981 pour l'imposition selon le régime fiscal des sociétés de capitaux mentionné au 1 et exerçant une activité industrielle, commerciale ou artisanale peuvent renoncer à leur option si elles sont formées entre personnes parentes en ligne directe ou entre frères et soeurs, ainsi que les conjoints. La renonciation ne peut être effectuée qu'avec l'accord de tous les associés.

Ndlr *Sur les modalités de renonciation à l'option, voir Annexe III, art. 350 F, II.*

IS-I-3500 s. ; MF n°s 37575 s.

XI bis. Régime fiscal de certaines sociétés à responsabilité limitée. Option pour le régime des sociétés de personnes

Art 239 bis AA Les sociétés à responsabilité limitée exerçant une activité industrielle, commerciale, artisanale ou agricole, et formées uniquement entre personnes parentes en ligne directe ou entre frères et soeurs, ainsi que les conjoints et les partenaires liés par un pacte civil de solidarité défini à l'article 515-1 du code civil, peuvent opter pour le régime fiscal des sociétés de personnes mentionné à l'article 8. L'option ne peut être exercée qu'avec l'accord de tous les associés. Elle cesse de produire ses effets dès que des personnes autres que celles prévues dans le présent article deviennent associées *(Voir Annexe III, art. 46 terdecies A à 46 terdecies D).*

IS-I-1110 s. ; MF n°s 36960 s.

Art 239 bis AB I. Les sociétés anonymes, les sociétés par actions simplifiées et les sociétés à responsabilité limitée dont les titres ne sont pas admis aux négociations sur un marché d'instruments financiers, dont le capital et les droits de vote sont détenus à hauteur de 50 % au moins par une ou des personnes physiques et à hauteur de 34 % au moins par une ou plusieurs personnes ayant, au sein desdites sociétés, la qualité de président, directeur général, président du conseil de surveillance, membre du directoire ou gérant, ainsi que par les membres de leur foyer fiscal au sens de l'article 6, peuvent opter pour le régime fiscal des sociétés de personnes mentionné à l'article 8.

Pour la détermination des pourcentages mentionnés au premier alinéa, les participations de sociétés de capital-risque, des fonds communs de placement à risques, des fonds professionnels spécialisés relevant de l'article L 214-37 du code monétaire et financier dans sa rédaction antérieure à l'ordonnance n° 2013-676 du 25 juillet 2013 modifiant le cadre juridique de la gestion d'actifs, des fonds professionnels de capital investissement, des sociétés de libre partenariat, des sociétés de développement régional, des sociétés financières d'innovation et des sociétés unipersonnelles d'investissement à risque ou de structures équivalentes établies dans un autre Etat de la Communauté européenne ou dans un Etat ou territoire ayant conclu avec la France une convention fiscale qui contient une clause d'assistance administrative en vue de lutter contre la fraude ou l'évasion fiscale ne sont pas prises en compte à la condition qu'il n'existe pas de lien de dépendance au sens du 12 de l'article 39 entre la société en cause et ces sociétés, fonds ou structures équivalentes.

Pour l'application du 1° du II de l'article 163 quinquies B, du 1 du I de l'article 208 D, du premier alinéa du I de l'article L 214-30 et du premier alinéa du I de l'article L 214-31 du code monétaire et financier et du troisième alinéa du 1° de l'article 1er -1 de la loi n° 85-695 du 11 juillet 1985 portant diverses dispositions d'ordre économique et financier, les sociétés ayant exercé l'option prévue au I sont réputées soumises à l'impôt sur les sociétés dans les conditions de droit commun au taux normal.

II. L'option prévue au I est subordonnée au respect des conditions suivantes :

1° La société exerce à titre principal une activité industrielle, commerciale, artisanale, agricole ou libérale, à l'exclusion de la gestion de son propre patrimoine mobilier ou immobilier ;

2° La société emploie moins de cinquante salariés et a réalisé un chiffre d'affaires annuel ou a un total de bilan inférieur à 10 millions d'euros au cours de l'exercice ;

3° La société est créée depuis moins de cinq ans.

La condition relative à l'effectif salarié mentionnée au 2° du présent II est appréciée selon les modalités prévues au I de l'article L 130-1 du code de la sécurité sociale. En cas de dépassement du seuil d'effectif salarié déterminé selon les modalités prévues au II du même article L 130-1, l'article 206 du présent code devient applicable à la société.

Les conditions mentionnées aux 1° et 2° du présent II, autres que celle relative à l'effectif salarié, ainsi que la condition de détention du capital mentionnée au I s'apprécient de manière continue au cours des exercices couverts par l'option. Lorsque l'une de ces conditions n'est plus respectée au cours de l'un de ces exercices, l'article 206 est applicable à la société, à compter de ce même exercice.

La condition mentionnée au 3° du présent II s'apprécie à la date d'ouverture du premier exercice d'application de l'option.

III. L'option ne peut être exercée qu'avec l'accord de tous les associés, à l'exclusion des associés mentionnés au deuxième alinéa du I. Elle doit être notifiée au service des impôts auprès duquel est souscrite la déclaration de résultats dans les trois premiers mois du premier exercice au titre duquel elle s'applique.

Elle est valable pour une période de cinq exercices, sauf renonciation notifiée dans les trois premiers mois de la date d'ouverture de l'exercice à compter duquel la renonciation s'applique.

En cas de sortie anticipée du régime fiscal des sociétés de personnes, quel qu'en soit le motif, la société ne peut plus opter à nouveau pour ce régime en application du présent article. *(Voir Annexe III, art. 46 terdecies DA)*

IS-I-2500 s. ; MF n°s 36980 s.

XIII. Régime fiscal des sociétés civiles ayant pour objet la construction d'immeubles en vue de la vente

Art 239 ter I. Les dispositions du 2 de l'article 206 ne sont pas applicables aux sociétés civiles créées après l'entrée en vigueur de la loi n° 64-1278 du 23 décembre 1964 et qui ont pour objet la construction d'immeubles en vue de la vente, à la condition que ces sociétés ne soient pas constituées sous la forme de sociétés par actions ou à responsabilité limitée et que leurs statuts prévoient la responsabilité indéfinie des associés en ce qui concerne le passif social.

Les sociétés civiles visées au premier alinéa sont soumises au même régime que les sociétés en nom collectif effectuant les mêmes opérations ; leurs associés sont imposés dans les mêmes conditions que les membres de ces dernières sociétés.

II. Les dispositions du I sont également applicables :

1° Aux sociétés civiles ayant pour objet la construction d'immeubles en vue de la vente, qui ont été créées avant la date de publication de la loi n° 64-1278 du 23 décembre 1964 mais n'ont procédé, avant cette date, à aucune vente d'immeuble ou de fraction d'immeuble ;

2° Aux sociétés civiles ayant pour objet la construction d'immeubles en vue de la vente qui sont issues de la transformation de sociétés en nom collectif ayant le même objet, ou de sociétés visées à l'article 1655 ter sous réserve qu'elles soient en mesure de justifier que, jusqu'à la date de la transformation inclusivement, elles n'ont consenti aucune vente d'immeuble ou de fraction d'immeuble et qu'aucune de leurs parts ou actions n'a été cédée à titre onéreux à une personne autre qu'un associé initial.

Il est sursis à l'imposition des plus-values dégagées lors de la transformation à la condition que celle-ci ne s'accompagne d'aucune modification des valeurs comptables des éléments d'actif, tant dans les écritures de la société que dans celles de ses associés.

IMMO-III-14200 s. ; MF n°s 30420 s.

XIV. Régime fiscal des groupements d'intérêt économique et de leurs membres

Art 239 quater I. Les groupements d'intérêt économique constitués et fonctionnant dans les conditions prévues aux articles L 251-1 à L 251-23 du code de commerce n'entrent pas dans le champ d'application du 1 de l'article 206, mais chacun de leurs membres est personnellement passible, pour la part des bénéfices correspondant à ses droits dans le groupement, soit de l'impôt sur le revenu, soit de l'impôt sur les sociétés s'il s'agit de personnes morales relevant de cet impôt *(Pour le cas où le groupement deviendrait passible de l'impôt sur les sociétés, voir art. 202 ter)*.

Pour l'application de cette disposition, la répartition est effectuée dans les conditions fixées par le contrat de groupement ou, à défaut, par fractions égales.

DC-V-24800 s. ; MF n° 37835

II. *(Périmé)*.

III. Les membres d'un groupement d'intérêt économique bénéficient des mêmes avantages fiscaux que les membres des sociétés conventionnées instituées par l'ordonnance n° 59-248 du 4 février 1959 *(Voir art. 39 quinquies C et 93 ter)* et des groupements visés à l'article 39 octies A, lorsqu'ils remplissent toutes les conditions prévues par ces dispositions.

IS-IV-33000 s.

XIV bis. Sociétés civiles de moyens

Art 239 quater A Les sociétés civiles de moyens définies à l'article 36 de la loi n° 66-879 du 29 novembre 1966 n'entrent pas dans le champ d'application de l'impôt sur les sociétés, même lorsque ces sociétés ont adopté le statut de coopérative ; chacun de leurs membres est personnellement passible, pour la part des bénéfices correspondant à ses droits dans la société, soit de l'impôt sur le revenu, soit de l'impôt sur les sociétés s'il s'agit d'une entreprise relevant de cet impôt. Lorsque des droits dans la société sont affectés à l'exercice d'une activité dont les revenus sont imposables dans la catégorie des bénéfices non commerciaux, la part de bénéfice correspondant à ces droits est déterminée selon les règles définies à l'article 96 *(Pour le cas où la société deviendrait passible de l'impôt sur les sociétés, voir art. 202 ter).*

Ndlr *Pour les dispositions du présent alinéa applicables à compter du 1er septembre 2024, voir partie Autres textes du présent code ordonnance 2023-77 du 8 février 2023 art. 133, II-4° et 134, I.*

Un décret fixe le modalités d'application du présent article, notamment les modalités du changement de mode de détermination des résultats *(Voir Annexe III, art. 46 terdecies F à 46 terdecies H).*

BNC-IV-26000 s. ; MF nos 13895 s.

XIV ter. Régime fiscal des groupements d'intérêt public

Art 239 quater B Les groupements d'intérêt public constitués et fonctionnant dans les conditions prévues par le chapitre II de la loi n° 2011-525 du 17 mai 2011 de simplification et d'amélioration de la qualité du droit n'entrent pas dans le champ d'application du 1 de l'article 206, mais chacun de leurs membres est personnellement passible, pour la part des excédents correspondant à ses droits dans le groupement, soit de l'impôt sur le revenu, soit de l'impôt sur les sociétés s'il s'agit d'une personne morale relevant de cet impôt *(Pour le cas où le groupement deviendrait passible de l'impôt sur les sociétés, voir art. 202 ter).*

DC-V-26600 s. ; MF nos 37565 s.

XIV quater. Régime fiscal des groupements européens d'intérêt économique et de leurs membres

Art 239 quater C Les groupements européens d'intérêt économique qui sont constitués et fonctionnent dans les conditions prévues par le règlement n° 2137/85 du 25 juillet 1985 du Conseil des Communautés Européennes n'entrent pas dans le champ d'application du 1 de l'article 206.

Chacun de leurs membres est personnellement passible, pour la part de résultats correspondant à ses droits dans le groupement, soit de l'impôt sur le revenu, soit de l'impôt sur les sociétés s'il s'agit d'une personne morale qui relève de cet impôt.

(Pour le cas où le groupement deviendrait passible de l'impôt sur les sociétés, voir art. 202 ter)

DC-V-26040 s. ; MF n° 37835

XIV quinquies. Régime fiscal des groupements de coopération sanitaire et de leurs membres

Art 239 quater D Les groupements de coopération sanitaire mentionnés aux articles L 6133-1 et L 6133-4 du code de la santé publique et les groupements de coopération sociale et médico-sociale mentionnés à l'article L 312-7 du code de l'action sociale et des familles n'entrent pas dans le champ d'application du 1 de l'article 206, mais chacun de leurs membres est personnellement passible, pour la part des excédents correspondant à ses droits dans le groupement soit de l'impôt sur le revenu, soit de l'impôt sur les sociétés s'il s'agit d'une personne morale relevant de cet impôt *(Pour le cas où le groupement deviendrait passible de l'impôt sur les sociétés, voir l'article 202 ter).*

DC-V-26800 s.

XV. Régime fiscal des syndicats mixtes de gestion forestière et des groupements syndicaux forestiers

Art 239 quinquies **I.** Par dérogation aux dispositions du 1 de l'article 206, ne sont pas passibles de l'impôt sur les sociétés :

1° Les syndicats mixtes de gestion forestière définis aux articles L 232-1 et L 232-2 du code forestier ;

2° Les groupements syndicaux forestiers prévus aux articles L 233-1 et L 233-2 du même code.

(Pour le cas où le syndicat ou le groupement deviendrait passible de l'impôt sur les sociétés, voir art. 202 ter)

II. Conformément aux dispositions de l'article 218 bis, les personnes morales membres d'un tel syndicat ou d'un tel groupement qui sont elles-mêmes passibles de l'impôt sur les sociétés, y sont personnellement soumises, à raison de la part correspondant à leurs droits dans les revenus ou bénéfices du syndicat ou du groupement déterminés selon les règles prévues aux articles 38 et 39.

BA-VII-1520 s.

XVI. Opérations de crédit-bail

1° Opérations de crédit-bail réalisées par les sociétés immobilières pour le commerce et l'industrie et les sociétés agréées pour le financement des économies d'énergie

Art 239 sexies **I.** Lorsque le prix d'acquisition, par le locataire, de l'immeuble pris en location par un contrat de crédit-bail conclu avec

une société immobilière pour le commerce et l'industrie est inférieur à la différence existant entre la valeur de l'immeuble lors de la signature du contrat et le montant total des amortissements que le locataire aurait pu pratiquer s'il avait été propriétaire du bien depuis cette date, le locataire acquéreur est tenu de réintégrer, dans les résultats de son entreprise afférents à l'exercice en cours au moment de la cession, la fraction des loyers versés pendant la période au cours de laquelle l'intéressé a été titulaire du contrat et correspondant à ladite différence diminuée du prix de cession de l'immeuble. Le montant ainsi déterminé est diminué des quotes-parts de loyers non déductibles en application des dispositions du 10 de l'article 39.
(Voir Annexe III, articles 38 quindecies J et 38 quindecies K)

Toutefois, lorsque la durée du contrat de crédit-bail est d'au moins quinze ans, cette réintégration est limitée à la différence entre le prix de revient du terrain sur lequel la construction a été édifiée et le prix de cession de l'immeuble au locataire. Cette disposition ne s'applique pas aux opérations conclues à compter du 1er janvier 1991 autres que celles mentionnées au deuxième alinéa du 3° quater de l'article 208.

II. Les sociétés immobilières pour le commerce et l'industrie sont tenues de fournir au locataire acquéreur ainsi qu'à l'administration, en fin de bail, les renseignements nécessaires pour établir les impositions prévues au I.

BIC-VII-78700 s., 80160 s. ; MF n° 19350

2° Opérations de crédit-bail auprès de bailleurs autres que des Sicomi

Art 239 sexies B Les dispositions du premier alinéa du I et celles du II de l'article 239 sexies sont applicables aux locataires qui acquièrent des immeubles qui leur sont donnés en crédit-bail par des sociétés ou organismes autres que des sociétés immobilières pour le commerce et l'industrie.

Un décret fixe les modalités d'application des dispositions du présent article ainsi que les obligations déclaratives *(Voir Annexe III, art. 49 octies E).*

BIC-VII-78700 s., 80160 s. ; MF n° 19350

3° Amortissement des biens acquis à l'échéance d'un contrat de crédit-bail

Art 239 sexies C Dispositions applicables aux contrats conclus jusqu'au 31 décembre 1995

Le prix de revient du bien acquis à l'échéance d'un contrat de crédit-bail est majoré des sommes réintégrées en application des articles 239 sexies et 239 sexies B. La fraction du prix qui excède, le cas échéant, le prix d'achat du terrain par le bailleur, regardée comme le prix de revient des constructions, est amortie dans les conditions mentionnées au 2° du 1 de l'article 39.

Lorsque le locataire acquéreur a acquis les droits attachés au contrat auprès d'un précédent locataire, le prix de revient des constructions et celui du terrain tels qu'ils sont définis au premier alinéa sont respectivement majorés de la fraction du prix d'acquisition des droits qui correspond à chacun de ces éléments.

Un décret fixe les modalités d'application des dispositions du présent article ainsi que les obligations déclaratives *(Voir Annexe III, art. 49 octies E).*

BIC-VII-79020 s. ; MF n° 19350

Dispositions applicables aux contrats conclus à compter du 1er janvier 1996

Le prix de revient du bien acquis à l'échéance d'un contrat de crédit-bail est majoré des quotes-parts de loyers non déductibles en application des dispositions du 10 de l'article 39 et des sommes réintégrées en application des articles 239 sexies et 239 sexies B. La fraction du prix qui excède, le cas échéant, le prix d'achat du terrain par le bailleur, regardée comme le prix de revient des constructions, est amortie dans les conditions mentionnées au 2° du 1 de l'article 39. Toutefois, pour les immeubles visés au deuxième alinéa du 10 de l'article 39, le prix de revient des constructions est amorti sur la durée normale d'utilisation du bien restant à courir à cette date depuis son acquisition par le bailleur. Pour ces derniers immeubles, en cas de cession ultérieure, le délai de deux ans visé au b du 2 de l'article 39 duodecies s'apprécie à compter de la date d'inscription du bien à l'actif du bailleur.

Lorsque le locataire acquéreur a acquis les droits attachés au contrat auprès d'un précédent locataire, le prix de revient des constructions et celui du terrain tels qu'ils sont définis au premier alinéa sont respectivement majorés de la fraction du prix d'acquisition des droits qui correspond à chacun de ces éléments.

Un décret fixe les modalités d'application des dispositions du présent article ainsi que les obligations déclaratives *(Voir Annexe III, art. 49 octies E).*

BIC-VII-79020 s., 80450 s. ; MF n° 19350

4° Dispositions applicables à certains contrats conclus pour des immeubles situés dans les zones prioritaires d'aménagement du territoire

Art 239 sexies D Par dérogation aux dispositions du I de l'article 239 sexies et à celles de l'article 239 sexies B, les locataires répondant aux conditions des a et b de l'article 39 quinquies D sont dispensés de toute réintégration à l'occasion de la cession d'immeubles à usage industriel et commercial pris en location par un contrat de crédit-bail d'une durée effective d'au moins quinze ans.

Ces dispositions s'appliquent aux opérations conclues entre le 1er janvier 1996 et le 31 décembre 2015 pour la location, par un contrat de crédit-bail, d'immeubles situés dans les zones d'aide à finalité régionale et dans les zones de revitalisation rurale définies au II de l'article 1465 A *(Pour les zones d'aides à finalité régionale, voir décret 2022-968 du 30 juin 2022)*.

Pour les immeubles neufs situés dans les zones de revitalisation rurale, le bénéfice de la dispense de réintégration est subordonné au respect de l'article 17 du règlement (UE) nº 651/2014 de la Commission, du 17 juin 2014, déclarant certaines catégories d'aides compatibles avec le marché intérieur en application des articles 107 et 108 du traité. Pour les immeubles neufs situés dans les zones d'aide à finalité régionale, le bénéfice de la dispense de réintégration est subordonné au respect de l'article 14 du règlement (UE) nº 651/2014 de la Commission, du 17 juin 2014, précité. Pour les autres immeubles situés dans ces zones, le bénéfice de l'exonération est subordonné au respect du règlement (UE) nº 1407/2013 de la Commission, du 18 décembre 2013, relatif à l'application des articles 107 et 108 du traité sur le fonctionnement de l'Union européenne aux aides de minimis.

BIC-VII-78860 s. ; MF nº 19350

XVII. Sociétés civiles de placement immobilier autorisées à procéder à une offre au public de titres financiers

Art 239 septies Les sociétés civiles de placement immobilier ayant un objet conforme à celui défini à l'article L 214-114 du code monétaire et financier et autorisées à procéder à une offre au public de titres financiers dans les conditions prévues par l'article L 214-86 du même code, à l'exception des offres au public mentionnées au 1º de l'article L 411-2 du même code n'entrent pas dans le champ d'application du 1 de l'article 206, mais chacun de leurs membres est personnellement passible, pour la part des bénéfices sociaux correspondant à ses droits dans la société, soit de l'impôt sur le revenu, soit de l'impôt sur les sociétés s'il s'agit de personnes morales relevant de cet impôt *(Pour le cas où la société deviendrait passible de l'impôt sur les sociétés, voir art. 202 ter)*.

En ce qui concerne les associés personnes physiques soumis à l'impôt sur le revenu dans la catégorie des revenus fonciers, les bénéfices sociaux visés au premier alinéa sont déterminés dans les conditions prévues aux articles 28 à 31.

IMMO-IV-20000 s. ; MF nº 30750

XVII bis. Personnes morales passibles de l'impôt sur les sociétés ayant pour objet de transférer gratuitement à leurs membres la jouissance d'un bien meuble ou immeuble

Art 239 octies Lorsqu'une personne morale passible de l'impôt sur les sociétés a pour objet de transférer gratuitement à ses membres la jouissance d'un bien meuble ou immeuble, la valeur nette de l'avantage en nature ainsi consenti n'est pas prise en compte pour la détermination du résultat imposable et elle ne constitue pas un revenu distribué au sens des articles 109 à 111. Cet avantage est exonéré d'impôt entre les mains du bénéficiaire, sauf si celui-ci est une personne morale passible de l'impôt sur les sociétés ou une entreprise imposable à l'impôt sur le revenu selon les règles des bénéfices industriels et commerciaux.

Ces dispositions ne sont pas applicables aux personnes morales qui réalisent avec des tiers des opérations productives de recettes, à moins qu'il ne s'agisse d'opérations accessoires n'excédant pas 10 % de leurs recettes totales ou résultant d'une obligation imposée par la puissance publique.

Un décret fixe la nature des renseignements particuliers que les sociétés mentionnées au premier alinéa doivent fournir annuellement au service des impôts, indépendamment des déclarations dont la production est déjà prévue par le présent code *(Voir Annexe III, art. 46 quaterdecies)*.

Le présent article s'applique aux avantages en nature mentionnés au premier alinéa consentis au cours d'un exercice ouvert jusqu'au 31 décembre 2023.

IMMO-IV-16500 s. ; MF nº 31000

XVII ter. Régime fiscal des fonds de placement immobiliers

Art 239 nonies **I.** Les fonds de placement immobilier sont des organismes de placement collectif immobilier et des organismes professionnels de placement collectif immobilier, mentionnés au paragraphe 3 de la sous-section 2 de la section 2 et au sous-paragraphe 2 du paragraphe 1 de la sous-section 3 de la section 2 du chapitre IV du titre Ier du livre II du code monétaire et financier.

II. 1. Les revenus et profits imposables mentionnés au I de l'article L 214-81 du code monétaire et financier sont déterminés par la société de gestion du fonds de placement immobilier pour la fraction correspondant aux droits de chaque porteur de parts passible de l'impôt sur le revenu qui n'a pas inscrit ses parts à son actif professionnel, dans les conditions prévues :

a. Aux articles 14 A à 33 quinquies, pour les revenus relevant de la catégorie des revenus fonciers au titre des actifs mentionnés au a du 1° du II de l'article L 214-81 du code monétaire et financier ;

b. A l'article 137 ter, pour les revenus relevant de la catégorie des revenus de capitaux mobiliers au titre des actifs mentionnés au b du 1° du II du même article L 214-81 ;

c. Aux articles 150 UC à 150 VH et à l'article 244 bis A, pour les plus-values de cession à titre onéreux de biens et de droits immobiliers mentionnées au 2° du II du même article L 214-81 ainsi que pour les plus-values de cession d'actifs mentionnés au même 2°, lorsque ces actifs ont la nature d'immeubles auxquels sont affectés des biens meubles meublants, biens d'équipement ou biens affectés à ces immeubles et nécessaires au fonctionnement, à l'usage ou à l'exploitation de ces derniers par un tiers, mentionnés à l'article L 214-34 du code monétaire et financier, sous réserve que le porteur de parts ne soit pas considéré comme exerçant à titre professionnel, au sens du IV de l'article 155 du présent code, à la date d'échéance du dépôt de la déclaration mentionnée à l'article 170 précédant la distribution de la plus-value ;

d. A l'article 150-0 F, pour les plus-values de cession à titre onéreux d'actifs mentionnées au 3° du II du même article L 214-81 ;

e. A l'article 35 A, pour les revenus relevant de la catégorie des bénéfices industriels et commerciaux au titre des actifs mentionnés au a du 1° du II de l'article L 214-81 du code monétaire et financier qui ont la nature d'immeubles auxquels sont affectés des biens meubles meublants, biens d'équipement ou biens affectés à ces immeubles et nécessaires au fonctionnement, à l'usage ou à l'exploitation de ces derniers par un tiers, mentionnés à l'article L 214-34 du même code ;

f. Aux articles 39 duodecies à 39 quindecies et à l'article 244 bis A du présent code, pour les plus-values de cession d'actifs mentionnés au 2° du II de l'article L 214-81 du code monétaire et financier, lorsque ces actifs ont la nature d'immeubles auxquels sont affectés des biens meubles meublants, biens d'équipement ou biens affectés à ces immeubles et nécessaires au fonctionnement, à l'usage ou à l'exploitation de ces derniers par un tiers, mentionnés à l'article L 214-34 du même code et que le porteur de parts est considéré comme exerçant à titre professionnel, au sens du IV de l'article 155 du présent code. L'assiette de la plus-value est déterminée par le porteur de parts en réintégrant les fractions d'amortissement théorique des immeubles qu'il a déduites dans les conditions prévues au second alinéa du 2 du présent II.

2. Les porteurs de parts de fonds de placement immobilier mentionnés au 1 sont soumis à l'impôt sur le revenu à raison des revenus et profits distribués par le fonds, au titre de l'année au cours de laquelle cette distribution intervient.

Les revenus imposés dans les conditions prévues au e du 1 s'entendent des revenus distribués, minorés de la différence positive entre la fraction de l'amortissement comptable théorique des immeubles et la fraction de l'abattement pratiqué par le fonds en application du a du 1° du II de l'article L 214-81 du code monétaire et financier. Ces fractions sont déterminées, pour chaque porteur de parts, à proportion de sa quote-part de revenus distribués.

3. Les dispositions prévues au h du 1° du I de l'article 31, à l'article 31 bis, au premier alinéa du 3° du I de l'article 156 relatives aux immeubles classés ou inscrits au titre des monuments historiques ou ayant reçu le label délivré par la Fondation du patrimoine, aux articles 199 decies E à 199 decies G, à l'article 199 undecies A, à l'article 199 tervicies, à l'article 199 septvicies et aux 1° à 3° et 6° du II de l'article 200 quindecies ne sont pas applicables lorsque les immeubles, droits immobiliers ou parts sont détenus directement ou indirectement par des fonds de placement immobilier autres que ceux qui sont issus de la transformation des sociétés civiles mentionnées à l'article 239 septies et pour lesquelles l'application de ces dispositions a été demandée avant la date limite de dépôt des déclarations des revenus de l'année 2006.

III. Pour les autres porteurs de parts, les revenus et profits mentionnés au I de l'article L 214-81 du code monétaire et financier sont imposés à la date de leurs distributions pour la fraction correspondant à leurs droits.

IMMO-IV-37000 s. ; MF nos 30515 s.

XVIII. Déclaration des commissions, courtages, ristournes, honoraires, des droits d'auteur, des rémunérations d'associés et des parts de bénéfices

Art 240 **1.** Les personnes physiques qui, à l'occasion de l'exercice de leur profession, versent à des tiers des commissions, courtages, ristournes commerciales ou autres, vacations, honoraires occasionnels ou non, gratifications et autres rémunérations, doivent déclarer ces sommes.

Ces sommes sont cotisées, au nom du bénéficiaire, d'après la nature d'activité au titre de laquelle ce dernier les a perçues.

La déclaration peut être souscrite selon les modalités prévues au premier alinéa de l'article 87 A, quel que soit le statut du tiers bénéficiaire, durant le mois de janvier de l'année civile qui suit celle au cours de laquelle ces sommes ont été versées.

A défaut, la déclaration est souscrite auprès de l'organisme ou de l'administration désigné par décret, au plus tard le 31 janvier de l'année civile suivant celle au cours de laquelle ces sommes ont été versées ou, par dérogation, en même temps que la déclaration de résultats.

Elle est également souscrite dans les cas prévus à l'article 89.

1 bis. La déclaration prévue au 1 doit faire ressortir distinctement pour chacun des bénéficiaires le montant des indemnités ou des remboursements pour frais qui lui ont été alloués ainsi que, le cas échéant, la valeur réelle des avantages en nature qui lui ont été consentis.

2. Les dispositions des 1 et 1 bis sont applicables à toutes les personnes morales ou organismes, quel que soit leur objet ou leur activité, y compris les administrations de l'Etat, des départements et des communes et tous les organismes placés sous le contrôle de l'autorité administrative.

3. *(Transféré sous le 1 du I de l'article 1736).*

DC-I-350 s. ; MF n°s 78355 s.

Art 241 Les entreprises, sociétés ou associations qui procèdent à l'encaissement et au versement des droits d'auteur ou d'inventeur sont tenues de déclarer le montant des sommes qu'elles versent à leurs membres ou à leurs mandants *(Voir Annexe III, art. 47 et 47 A).*

Cette déclaration peut être souscrite selon les modalités prévues au premier alinéa de l'article 87 A, quel que soit le statut des bénéficiaires, durant le mois de janvier de l'année civile qui suit celle au cours de laquelle ces sommes ont été versées.

A défaut, la déclaration est souscrite auprès de l'organisme ou de l'administration désigné par décret, au plus tard le 31 janvier de l'année civile suivant celle au cours de laquelle ces sommes ont été versées ou, par dérogation, en même temps que la déclaration de résultats.

Elle est également souscrite dans les cas prévus à l'article 89.

DC-I-2800 s. ; MF nº 78365

Art 242 **1.** Les sociétés en nom collectif, en commandite simple, les sociétés en participation et les sociétés de copropriétaires de navires qui n'ont pas opté pour le régime fiscal des sociétés de capitaux, sont tenues de fournir à l'administration, en même temps que la déclaration annuelle prévue par les articles 53 A et 97, un état indiquant les conditions dans lesquelles leurs bénéfices sont répartis ou ont été distribués entre les associés et coparticipants.

DC-V-3980 s.

2. Les personnes morales, sociétés et entreprises passibles de l'impôt sur les sociétés sont tenues de fournir à l'administration, dans les trois premiers mois de chaque année, un état indiquant les conditions dans lesquelles leurs bénéfices sont répartis ou ont été distribués, à titre de rémunération de leurs fonctions ou de leurs apports, entre les associés en nom ou commandités, associés-gérants, coparticipants ou membres de leur conseil d'administration.

RIE-III-6840 s. ; MF nº 36395 c

3. Les modalités d'application du présent article sont fixées par décret *(Voir Annexe III, art. 48).*

XVIII bis. Information de leurs utilisateurs par les opérateurs de plateforme de mise en relation par voie électronique

Art 242 bis L'entreprise, quel que soit son lieu d'établissement, qui, en qualité d'opérateur de plateforme, met en relation des personnes par voie électronique en vue de la vente d'un bien, de la fourniture d'un service ou de l'échange ou du partage d'un bien ou d'un service fournit, à l'occasion de chaque transaction, une information sur les obligations fiscales et sociales qui incombent aux personnes qui réalisent des transactions commerciales par son intermédiaire. Elle met à leur disposition un lien électronique vers les sites des administrations leur permettant de se conformer, le cas échéant, à ces obligations.

Un arrêté des ministres chargés du budget et de la sécurité sociale précise le contenu des obligations prévues au premier alinéa *(NDLR Voir Annexe IV, art. 23 L sexies à 23 L undecies).*

Ndlr *Les dispositions du présent article telles qu'issues de la loi 2021-1900 du 30 décembre 2021 art. 134, I-A et III-B s'appliquent à compter du 1er janvier 2023.*

DC-I-7700 ; MF nº 78414

XIX. Déclaration des revenus de valeurs mobilières

Art 242 ter **1.** Les personnes qui assurent le paiement des revenus de capitaux mobiliers visés aux articles 108 à 125 ainsi que des produits des bons ou contrats de capitalisation et placements de même nature sont tenues de déclarer l'identité et l'adresse des bénéficiaires ainsi que, par nature de revenus, le détail du montant imposable et du crédit d'impôt, le revenu brut soumis à un prélèvement et le montant dudit prélèvement et le montant des revenus exonérés.

Cette déclaration ne concerne pas :

1° Les produits et intérêts exonérés visés aux 7°, 7° ter, 7° quater, 9° bis et 9° quater de l'article 157 ;

2° *(Devenu sans objet)* ;

3° *(Abrogé)* ;

4° Les produits de participation distribués par une société membre d'un groupe fiscal au sens de l'article 223 A ou de l'article 223 A bis à une société membre de ce même groupe.

Pour l'établissement de la déclaration mentionnée au premier alinéa, les personnes qui en assurent le paiement individualisent les revenus distribués par les sociétés mentionnées au 2° du 3 de l'article 158 et par les organismes ou sociétés mentionnés au 4° du 3 de ce même article au regard de leur éligibilité à l'abattement de 40 % mentionné au 2° du 3 de l'article 158.

La déclaration mentionnée au premier alinéa doit être faite dans des conditions et délais fixés par décret *(Voir Annexe III, art. 49 D à 49 I bis)*. Une copie de cette déclaration doit être adressée aux bénéficiaires des revenus concernés.

Elle est obligatoirement transmise à l'administration fiscale selon un procédé informatique.

RM-VIII-200 s. ; MF nos 26850 s.

1 bis. Les dispositions du 1 sont applicables aux revenus imposables dans les conditions prévues par l'article 238 septies B. La déclaration doit être faite par la personne chez laquelle les titres ou droits sont déposés ou inscrits en compte ou, dans les autres cas, par l'emprunteur.

2. *(Abrogé)*.

3. Les personnes qui interviennent à un titre quelconque, dans la conclusion des contrats de prêts ou dans la rédaction des actes qui les constatent sont tenues de déclarer à l'administration la date, le montant et les conditions du prêt ainsi que les noms et adresses du prêteur et de l'emprunteur.

Cette déclaration est faite dans des conditions et délais fixés par décret *(Voir Annexe III, art. 49 B)*.

RM-VIII-5000 s. ; MF nos 26920 s.

1° Revenus et plus-values distribués par un fonds de placement immobilier

Art 242 ter B **I. 1.** Les personnes qui assurent la mise en paiement des revenus distribués par un fonds de placement immobilier, tels que mentionnés au a du 1 du II de l'article 239 nonies, sont tenues de déclarer, sur la déclaration mentionnée à l'article 242 ter, l'identité et l'adresse des bénéficiaires et le détail du montant imposable en application des règles mentionnées aux articles 28 à 33 quinquies.

Les personnes qui assurent la mise en paiement des revenus distribués par un fonds de placement immobilier, mentionnés au e du 1° du II de l'article 239 nonies, sont tenues de déclarer, sur la déclaration mentionnée à l'article 242 ter, l'identité et l'adresse des bénéficiaires et le détail du montant imposable en application des articles 36 à 60 et du 2 du II de l'article 239 nonies.

2. Pour l'application des dispositions du 1, la société de gestion du fonds de placement immobilier, mentionnée à l'article L 214-61 du code monétaire et financier, fournit aux personnes mentionnées au 1 les informations nécessaires à l'identification des porteurs et à la détermination de la fraction des revenus distribués et de la fraction du revenu net imposable correspondant à leurs droits.

3. Une copie de la déclaration mentionnée au 1 doit être adressée aux bénéficiaires des revenus concernés.

Elle est obligatoirement transmise à l'administration fiscale selon un procédé informatique.

II. Les personnes qui assurent la mise en paiement des plus-values distribuées mentionnées à l'article 150-0 F et des revenus et profits mentionnés au III de l'article 239 nonies sont également tenues de faire figurer l'identité, l'adresse des bénéficiaires et le détail du montant imposable sur la déclaration mentionnée au 1 du I.

IMMO-IV-37550 s. ; MF n° 30530

2° Gains nets et distributions afférents à des droits de carried interest

Art 242 ter C **1.** Les sociétés de capital-risque, les sociétés de gestion de fonds communs de placement à risques, de fonds professionnels spécialisés relevant de l'article

L 214-37 du code monétaire et financier dans sa rédaction antérieure à l'ordonnance n° 2013-676 du 25 juillet 2013 modifiant le cadre juridique de la gestion d'actifs, de fonds professionnels de capital investissement ou de sociétés de capital-risque, les gérants des sociétés de libre partenariat et les entités mentionnées au dernier alinéa du 8 du II de l'article 150-0 A, ou les sociétés qui réalisent des prestations de services liées à la gestion de tels fonds ou de sociétés de libre partenariat, des sociétés de capital-risque ou des entités précitées sont tenus de mentionner, sur la déclaration prévue à l'article 242 ter, l'identité et l'adresse de leurs salariés ou dirigeants qui ont bénéficié de gains nets et distributions mentionnés au 8 du II de l'article 150-0 A, aux deuxième à dernier alinéas du 1 du II de l'article 163 quinquies C et à l'article 80 quindecies ainsi que, par bénéficiaire, le détail du montant de ces gains et distributions.

2. Pour l'application du 1, la société de gestion ou, le cas échéant, le dépositaire des actifs des sociétés de capital-risque, des fonds mentionnés au 1 et des entités mentionnées au dernier alinéa du 8 du II de l'article 150-0 A fournit aux personnes mentionnées au 1 les informations nécessaires en vue de leur permettre de s'acquitter de l'obligation déclarative correspondante.

RM-VII-5620 ; MF n° 26440

3° Plus-values distribuées par les organismes de placement collectif en valeurs mobilières et certains placements collectifs

Art 242 ter D Les organismes de placement collectif en valeurs mobilières et les placements collectifs relevant des articles L 214-24-24 à L 214-32-1, L 214-139 à L 214-147 et L 214-152 à L 214-166 du code monétaire et financier, leur société de gestion ou les dépositaires des actifs de ces organismes ou placements collectifs sont tenus de mentionner, sur la déclaration prévue à l'article 242 ter du présent code, l'identité et l'adresse des actionnaires ou des porteurs de parts qui ont bénéficié des distributions mentionnées au 7 bis du II de l'article 150-0 A ainsi que, par bénéficiaire, le détail du montant de ces distributions.

RM-VII-330

4° Opérations réalisées sur les instruments financiers à terme

Art 242 ter E Les teneurs de compte des opérations réalisées sur les instruments financiers à terme mentionnés au 8° du I de l'article 35, au 5° du 2 de l'article 92 et à l'article 150 ter ou, en l'absence de teneur de compte, les personnes cocontractantes de ces contrats financiers mentionnent sur la déclaration prévue à l'article 242 ter l'identité et l'adresse de leurs clients ou de leurs cocontractants ainsi que le montant des profits et pertes réalisés par ces derniers.

RM-VII-21000 s. ; MF n° 33430

XX. Information relative au revenu fiscal de référence

Art 242 quater Les personnes physiques mentionnées au dernier alinéa du 1 du I de l'article 117 quater et au dernier alinéa du I de l'article 125 A formulent, sous leur responsabilité, leur demande de dispense des prélèvements prévus aux mêmes I au plus tard le 30 novembre de l'année précédant celle du paiement des revenus mentionnés auxdits I, en produisant, auprès des personnes qui en assurent le paiement, une attestation sur l'honneur indiquant que leur revenu fiscal de référence figurant sur l'avis d'imposition établi au titre des revenus de l'avant-dernière année précédant le paiement des revenus mentionnés aux mêmes I est inférieur aux montants mentionnés au dernier alinéa du 1 du I de l'article 117 quater et au dernier alinéa du I de l'article 125 A. Par dérogation, les contribuables formulent leur demande de dispense de prélèvement prévu au 2 du II de l'article 125-0 A et au 2° du b quinquies du 5 de l'article 158 au plus tard lors de l'encaissement des revenus.

Les personnes qui assurent le paiement des revenus mentionnés au premier alinéa sont tenues de produire cette attestation sur demande de l'administration.

RM-III-420 s. ; RM-IV-600 s. ;
MF n°s 24580, 25265, 26035, 96650

XX bis. Déclaration des sociétés de gestion de fonds communs de placement à risques et des sociétés de capital-risque

Art 242 quinquies **I.** La société de gestion d'un fonds commun de placement à risques ou d'un fonds professionnel de capital investissement ou le gérant d'une société de libre partenariat dont le règlement ou les statuts prévoient que les porteurs de parts ou les associés pourront bénéficier des avantages fiscaux prévus au 2° du 5 de l'article 38 et aux articles 163 quinquies B, 150-0 A, 209-0 A et 219 sont tenus de souscrire et de faire parvenir au service des impôts auprès duquel ils souscrivent leur déclaration de résultats une déclaration annuelle détaillée permettant d'apprécier :

1° A la fin de chaque semestre de l'exercice, le quota d'investissement prévu au 1° du II de l'article 163 quinquies B et la limite prévue au III de l'article L 214-28 du code monétaire et financier, ou le quota d'investissement et la limite prévus aux I et II de l'article L 214-30 du même code ;

2° Pour chaque répartition, les conditions d'application du 2° du 5 de l'article 38 et du a sexies du I de l'article 219.

RM-VII-4200 s. ; MF n° 26310

II. Les sociétés de capital-risque joignent à leur déclaration de résultats un état :

1° Permettant d'apprécier, à la fin de chaque semestre de l'exercice, le quota d'investissement et la limite prévus respectivement au troisième alinéa et au quatrième alinéa du 1° de l'article 1er-1 de la loi n° 85-695 du 11 juillet 1985 portant diverses dispositions d'ordre économique et financier ;

2° Pour chaque distribution, les conditions d'application du 5 de l'article 39 terdecies et du a sexies du I de l'article 219.

IS-IV-22200 s. ; MF n° 26385

III. Un décret en Conseil d'Etat fixe les modalités d'application des obligations déclaratives mentionnées aux I et II *(Voir Annexe II, art. 171 AS bis et 171 AW).*

RM-VII-4200 s. ; IS-IV-22200 s.

XX ter. Déclaration des investissements réalisés outre-mer

Art 242 sexies Les personnes qui réalisent des investissements bénéficiant des dispositions prévues aux articles 199 undecies A, 199 undecies B, 199 undecies C, 217 undecies, 217 duodecies, 244 quater W, 244 quater X ou 244 quater Y déclarent à l'administration fiscale la nature, le lieu de situation, les modalités de financement et les conditions d'exploitation de ces investissements. Lorsque les investissements sont réalisés par des personnes morales en vue d'être donnés en location, la déclaration indique l'identité du locataire et, dans les cas prévus par la loi, le montant de la fraction de l'aide fiscale rétrocédée à ce dernier. La déclaration donne lieu à la délivrance d'un récépissé.

Ces informations sont transmises sur un support électronique dans le même délai que celui prévu pour le dépôt de la déclaration de résultats de l'exercice au cours duquel les investissements mentionnés au premier alinéa sont réalisés ou achevés lorsqu'il s'agit d'immeubles, suivant des modalités fixées par décret.

Ndlr *Voir Annexe III, art. 46 quaterdecies Y.*

DC-IV-16100 s. ; MF n° 91880 précision b

Art 242 septies L'activité professionnelle consistant à obtenir pour autrui les avantages fiscaux prévus aux articles 199 undecies A, 199 undecies B, 199 undecies C, 217 undecies, 217 duodecies, 244 quater W, 244 quater X ou 244 quater Y ne peut être exercée que par les entreprises inscrites sur un registre public tenu par le représentant de l'Etat dans les départements et collectivités désignés par arrêté conjoint des ministres chargés du budget et de l'outre-mer *(Arrêté CPAE1909269A du 3 mai 2019 : JO du 23 juin, @ 25).*

Ne peuvent être inscrites sur ce registre que les entreprises qui satisfont aux conditions suivantes :

1° Justifier de l'aptitude professionnelle des dirigeants et associés ;

2° Etre à jour de leurs obligations fiscales et sociales ;

3° Contracter une assurance contre les conséquences pécuniaires de leur responsabilité civile professionnelle couvrant tous les risques afférents au montage des opérations réalisées pour le bénéfice des avantages fiscaux mentionnés au premier alinéa du présent article ;

4° Présenter, pour chacun des dirigeants et associés, un bulletin n° 3 du casier judiciaire vierge de toute condamnation ;

5° Justifier d'une certification annuelle de leurs comptes par un commissaire aux comptes ;

6° Avoir signé une charte de déontologie et respecter ses dispositions.

L'inscription sur le registre est valable pour une durée de trois ans. Le renouvellement de l'inscription est subordonné au respect des conditions prévues aux 1° à 6°.

Les opérations réalisées par ces entreprises en application des dispositions mentionnées au premier alinéa sont déclarées annuellement à l'administration fiscale, quel que soit le montant de l'investissement ouvrant droit aux avantages fiscaux mentionnés au premier alinéa. Pour chaque opération sont précisés la nature et le montant de l'investissement, son lieu de situation, les conditions de son exploitation, l'identité de l'exploitant, les noms et adresses des investisseurs, le montant de la base éligible à l'avantage en impôt, la part de l'avantage en impôt rétrocédée, le cas échéant, à l'exploitant ainsi que le montant de la commission d'acquisition et de tout honoraire demandés aux clients.

Lorsque l'investissement est exploité dans une collectivité d'outre-mer ou en Nouvelle-Calédonie, l'administration fiscale transmet au représentant de l'Etat les informations mentionnées à la seconde phrase de l'alinéa précédent.

Lorsque le montant de l'investissement dépasse le seuil au-delà duquel l'avantage fiscal est conditionné à l'agrément préalable du ministre chargé du budget, dans les conditions définies aux articles mentionnés au premier alinéa, et qu'il est exploité par une société dont plus de 50 % du capital sont détenus par une ou plusieurs personnes publiques, l'intervention éventuelle des entreprises mentionnées au premier alinéa est subordonnée à leur mise en concurrence, dans des conditions fixées par le décret mentionné à l'avant-dernier alinéa. Cette mise en concurrence conditionne le bénéfice de l'avantage en impôt.

Les conditions d'application du présent article sont fixées par décret en Conseil d'Etat.

Ndlr *Voir Annexe II, art. 171 BK et 171 BL.*

Le présent article n'est pas applicable aux investissements réalisés avant la date de promulgation de la loi n° 2011-1977 du 28 décembre 2011 de finances pour 2012, ni aux opérations pour lesquelles la délivrance d'un agrément a été sollicitée avant cette date. Le onzième alinéa du présent article ne s'applique pas aux opérations pour lesquelles les entreprises mentionnées au premier alinéa ont été missionnées avant la date de promulgation de la loi n° 2011-1977 du 28 décembre 2011 précitée.

DC-IV-9150 s. ; MF n° 91710 précision b

XXI. Mesures de publicité

Art 243 bis Les rapports présentés et les propositions de résolution soumises aux assemblées générales d'associés ou d'actionnaires en vue de l'affectation des résultats de chaque exercice, doivent mentionner le montant des dividendes qui ont été mis en distribution au titre des trois exercices précédents, le montant des revenus distribués au titre de ces mêmes exercices éligibles à l'abattement de 40 % mentionné au 2° du 3 de l'article 158 ainsi que celui des revenus distribués non éligibles à cet abattement, ventilés par catégorie d'actions ou de parts.

Pour les revenus distribués qui ne résultent pas de décisions des assemblées mentionnées à l'alinéa précédent, la société distributrice communique à l'établissement payeur lors de la mise en paiement de la distribution la fraction correspondante éligible à l'abattement de 40 % mentionné au 2° du 3 de l'article 158 ainsi que celle non éligible à cet abattement, ventilées par catégorie d'actions ou de parts. Cette information est tenue à la disposition des actionnaires ou associés.

RM-III-2120

Art 243 ter Les personnes soumises aux obligations prévues à l'article 242 ter, qui paient des revenus de capitaux mobiliers mentionnés au 3 de l'article 158 à des personnes soumises aux mêmes obligations ainsi qu'à des organismes ou sociétés mentionnés au 4° du 3 de ce même article, identifient lors de leur paiement la part de ces revenus éligibles à l'abattement de 40 % mentionné au 2° du 3 de l'article 158 précité. Les justificatifs de cette identification sont tenus à la disposition de l'administration fiscale.

RM-VIII-1080 s. ; MF n° 26870

XXIII. Prélèvement sur certains profits immobiliers réalisés par les personnes physiques ou sociétés n'ayant pas d'établissement en France

Art 244 bis Les profits mentionnés à l'article 35 donnent lieu à la perception d'un prélèvement au taux prévu au deuxième alinéa du I de l'article 219 lorsqu'ils sont réalisés par des contribuables ou par des sociétés, quelle qu'en soit la forme, qui n'ont pas d'établissement en France. Par dérogation, le taux est porté à 75 % lorsque les profits sont réalisés par ces mêmes contribuables ou sociétés lorsqu'ils sont domiciliés, établis ou constitués hors de France dans un Etat ou territoire non coopératif au sens de l'article 238-0 A autre que ceux mentionnés au 2° du 2 bis du même article 238-0 A, sauf s'ils apportent la preuve que les opérations auxquelles correspondent ces profits ont principalement un objet et un effet autres que de permettre leur localisation dans un Etat ou territoire non coopératif.

Ce prélèvement est opéré au service des impôts dans les conditions et délais prévus à l'article 244 quater A.

Il est à la charge exclusive du cédant ; il est établi et recouvré suivant les mêmes règles, sous les mêmes garanties et sous les mêmes sanctions que les droits d'enregistrement *(En ce qui concerne les obligations des contribuables soumis à ce prélèvement, voir Annexe II, art. 3. En ce qui concerne les règles de prescription, voir LPF, art. L 172 C).*

Il libère les contribuables fiscalement domiciliés hors de France au sens de l'article 4 B de l'impôt sur le revenu dû en raison des sommes qui ont supporté ce prélèvement.

Il s'impute sur le montant de l'impôt sur les sociétés dû par le cédant au titre de l'année de réalisation des profits. Pour les personnes morales et organismes résidents d'un Etat de l'Union européenne ou d'un Etat ou territoire ayant conclu avec la France une convention fiscale qui contient une clause d'assistance administrative en matière d'échange de renseignements et de lutte contre la fraude et l'évasion fiscales et n'étant pas non coopératif au sens de l'article 238-0 A, l'excédent du prélèvement sur l'impôt dû est restitué.

Pour l'application de ces dispositions les donations entre vifs ne sont pas opposables à l'administration.

IMMO-III-17250 s. ; MF nº 30155

XXIII bis. Imposition des plus-values réalisées par les personnes physiques ou sociétés qui ne sont pas fiscalement domiciliées en France

Art 244 bis A I. **1.** Sous réserve des conventions internationales, les plus-values, telles que définies aux e bis et e ter du I de l'article 164 B, réalisées par les personnes et organismes mentionnés au 2 du I lors de la cession des biens ou droits mentionnés au 3 sont soumises à un prélèvement selon les taux fixés au III bis.

Cette disposition n'est pas applicable aux cessions d'immeubles réalisées par des personnes physiques ou morales ou des organismes mentionnés au premier alinéa, qui exploitent en France une entreprise industrielle, commerciale ou agricole ou y exercent une profession non commerciale à laquelle ces immeubles sont affectés. Les immeubles doivent être inscrits, selon le cas, au bilan ou au tableau des immobilisations établis pour la détermination du résultat imposable de cette entreprise ou de cette profession.

Les organisations internationales, les Etats étrangers, les banques centrales et les institutions financières publiques de ces Etats sont exonérés de ce prélèvement dans les conditions prévues à l'article 131 sexies.

Le premier alinéa du présent 1 n'est pas applicable à la cession de l'immeuble qui constituait la résidence principale en France du cédant à la date du transfert de son domicile fiscal hors de France dans un Etat membre de l'Union européenne ou dans un Etat ou territoire ayant conclu avec la France une convention d'assistance administrative en vue de lutter contre la fraude et l'évasion fiscales ainsi qu'une convention d'assistance mutuelle en matière de recouvrement ayant une portée similaire à celle prévue par la directive 2010/24/UE du Conseil du 16 mars 2010 concernant l'assistance mutuelle en matière de recouvrement des créances relatives aux taxes, impôts, droits et autres mesures et qui n'est pas un Etat ou territoire non coopératif au sens de l'article 238-0 A. Cette exonération s'applique à la double condition que la cession soit réalisée au plus tard le 31 décembre de l'année suivant celle du transfert par le cédant de son domicile fiscal hors de France et que l'immeuble n'ait pas été mis à la disposition de tiers, à titre gratuit ou onéreux, entre ce transfert et la cession. Cette exonération s'applique également à la cession des dépendances immédiates et nécessaires de cet immeuble, à la condition que leur cession intervienne simultanément à celle de l'immeuble.

Un contribuable ne peut bénéficier de l'exonération prévue à l'avant-dernier alinéa du présent 1 s'il a déjà bénéficié de l'exonération au titre de la cession d'un logement prévue au 2° du II de l'article 150 U.

2. Sont soumis au prélèvement mentionné au 1 :

a. Les personnes physiques qui ne sont pas fiscalement domiciliées en France au sens de l'article 4 B ;

b. Les personnes morales ou organismes, quelle qu'en soit la forme, dont le siège social est situé hors de France ;

c. Les sociétés ou groupements qui relèvent des articles 8 à 8 ter dont le siège social est situé en France, au prorata des droits sociaux détenus par des associés qui ne sont pas domiciliés en France ou dont le siège social est situé hors de France ;

d. Les fonds de placement immobilier mentionnés à l'article 239 nonies, au prorata des parts détenues par des porteurs qui ne sont pas domiciliés en France ou dont le siège social est situé hors de France.

3. Le prélèvement mentionné au 1 s'applique aux plus-values résultant de la cession :

a. De biens immobiliers ou de droits portant sur ces biens ;

b. De parts de fonds de placement immobilier mentionnés à l'article 239 nonies ;

c. D'actions de sociétés d'investissements immobiliers cotées visées à l'article 208 C, lorsque le cédant détient directement ou indirectement au moins 10 % du capital de la société dont les actions sont cédées ;

d. D'actions de sociétés de placement à prépondérance immobilière à capital variable mentionnées au 3° nonies de l'article 208, lorsque le cédant détient directement ou indirectement au moins 10 % du capital de la société dont les actions sont cédées ;

e. De parts ou droits dans des organismes de droit étranger qui ont un objet équivalent et sont de forme similaire aux fonds mentionnés au b ;

f. De parts, d'actions ou d'autres droits dans des organismes, quelle qu'en soit la forme, présentant des caractéristiques similaires, ou soumis à une réglementation équivalente, à celles des sociétés mentionnées aux c et d, dont le siège social est situé hors de France, lorsque le cédant détient directement ou indirectement au moins 10 % du capital de l'organisme dont les parts, actions ou autres droits sont cédés ;

g. De parts ou d'actions de sociétés cotées sur un marché français ou étranger, autres que celles mentionnées aux c et f, dont l'actif est, à la clôture des trois exercices qui précèdent la cession, principalement constitué directement ou indirectement de biens et droits mentionnés au 3, lorsque le cédant détient directement ou indirectement au moins 10 % du capital de la société dont les parts ou actions sont cédées. Si la société dont les parts ou actions sont cédées n'a pas encore clos son troisième exercice, la composition de l'actif est appréciée à la clôture du ou des seuls exercices clos ou, à défaut, à la date de la cession ;

h. De parts, d'actions ou d'autres droits dans des organismes, autres que ceux mentionnés aux b à f, quelle qu'en soit la forme, non cotés sur un marché français ou étranger, dont l'actif est, à la clôture des trois exercices qui précèdent la cession, principalement constitué directement ou indirectement de biens ou droits mentionnés au 3. Si l'organisme dont les parts, actions ou droits sont cédés n'a pas encore clos son troisième exercice, la composition de l'actif est appréciée à la clôture du ou des seuls exercices clos ou, à défaut, à la date de la cession.

II. Lorsque le prélèvement mentionné au I est dû par des contribuables assujettis à l'impôt sur le revenu, les plus-values sont déterminées selon les modalités définies :

1° Au I et aux 2° à 9° du II de l'article 150 U, aux II et III de l'article 150 UB et aux articles 150 V à 150 VE.

Un contribuable ne peut toutefois bénéficier de l'exonération prévue au 2° du II de l'article 150 U s'il a déjà bénéficié de l'exonération prévue à l'avant-dernier alinéa du 1 du I du présent article ;

2° Au III de l'article 150 U lorsqu'elles s'appliquent à des ressortissants d'un Etat membre de l'Union européenne ou d'un autre Etat partie à l'accord sur l'Espace économique européen ayant conclu avec la France une convention d'assistance administrative en vue de lutter contre la fraude et l'évasion fiscales.

Lorsque la plus-value est exonérée en application de l'avant-dernier alinéa du 1 du I du présent article ou du 6° du II de l'article 150 U ou par l'application de l'abattement prévu au I de l'article 150 VC, aucune déclaration ne doit être déposée, sauf dans le cas où le prélèvement afférent à la plus-value en report est dû. L'acte de cession soumis à la formalité fusionnée ou présenté à l'enregistrement précise, sous peine de refus du dépôt ou de la formalité d'enregistrement, la nature et le fondement de cette exonération ou de cette absence de taxation ;

3° A l'article 150 UC, au 6 ter de l'article 39 duodecies ou au f du 1° du II de l'article 239 nonies lorsque les plus-values sont réalisées, directement ou indirectement, par un fonds de placement immobilier ou par ses porteurs de parts assujettis à l'impôt sur le revenu.

III. Lorsque le prélèvement mentionné au I est dû par une personne morale assujettie à l'impôt sur les sociétés, les plus-values sont déterminées par différence entre, d'une part, le prix de cession du bien et, d'autre part, son prix d'acquisition, diminué pour les immeubles bâtis d'une somme égale à 2 % de son montant par année entière de détention.

Par dérogation au III bis et au premier alinéa du présent III, le prélèvement dû par des personnes morales résidentes d'un Etat membre de l'Union européenne ou d'un autre Etat partie à l'accord sur l'Espace économique européen ayant conclu avec la France une convention d'assistance administrative en vue de lutter contre la fraude et l'évasion fiscales et n'étant pas non coopératif au sens de l'article 238-0 A est déterminé selon les règles d'assiette et de taux prévues en matière d'impôt sur les sociétés dans les mêmes conditions que celles applicables à la date de la cession aux personnes morales résidentes de France.

III bis. 1. Les plus-values réalisées par les personnes et organismes mentionnés au 2 du I lors de la cession des biens ou droits mentionnés au 3 du même I sont soumises au prélèvement selon le taux prévu au deuxième alinéa du I de l'article 219 *[NDLR Les dispositions du présent alinéa s'appliquent aux retenues et prélèvements à la source dont le fait générateur est intervenu entre le 6 mars 2019 et le 31 décembre 2021 (Loi 2019-1479 du 28 décembre 2019 art. 39, V et X-A)].*

Toutefois, les personnes physiques, les associés personnes physiques de sociétés, groupements ou organismes dont les bénéfices sont imposés au nom des associés et les porteurs de parts, personnes physiques, de fonds de placement immobilier mentionnés à l'article 239 nonies sont soumis au prélèvement au taux de 19 %.

2. [Dispositions déclarées non conformes à la Constitution par la décision du Conseil constitutionnel n° 2014-708 DC du 29 décembre 2014].

IV. L'impôt dû en application du présent article est acquitté lors de l'enregistrement de l'acte ou, à défaut d'enregistrement, dans le mois suivant la cession, sous la responsabilité d'un représentant établi en France, accrédité par l'administration fiscale.

Seule peut être accréditée la personne qui remplit les conditions suivantes :

1° Ni elle, ni aucun de ses dirigeants, lorsqu'il s'agit d'une personne morale, n'a commis d'infractions graves ou répétées aux dispositions fiscales, n'a fait l'objet des sanctions prévues aux articles L 651-2, L 653-2 et L 653-8 du code de commerce au cours des trois années qui précèdent, ni ne fait l'objet d'une mesure d'interdiction en cours d'exécution prévue au même article L 653-8 ;

2° Elle respecte les obligations fiscales déclaratives et de paiement qui lui incombent pour le compte des personnes qu'elle représente ou pour son propre compte ;

3° Elle dispose de garanties permettant d'assurer le respect des obligations résultant de sa qualité de représentant.

Le non-respect de l'une de ces conditions entraîne le retrait de l'accréditation.

Un décret en Conseil d'Etat précise les conditions d'accréditation et fixe les modalités d'octroi et de retrait de celle-ci.

Ndlr *Les dispositions du IV relatives à l'accréditation du représentant fiscal s'appliqueront à compter de l'entrée en vigueur du décret en Conseil d'Etat qui précisera les conditions et modalités d'accréditation (Loi 2021-1900 du 30 décembre 2021 art. 30, I-1° et 2° et III-E).*

IV bis. Par dérogation au IV :

1° L'impôt dû au titre des cessions que réalise un fonds de placement immobilier est acquitté pour le compte des porteurs au service des impôts des entreprises du lieu du siège social du dépositaire du fonds de placement immobilier et par celui-ci, dans un délai de dix jours à compter de la date de mise en paiement mentionnée à l'article L 214-82 du code monétaire et financier des plus-values distribuées aux porteurs afférentes à ces cessions ;

2° L'impôt dû au titre des cessions de parts que réalise un porteur de parts de fonds de placement immobilier est acquitté pour le compte de ce porteur au service des impôts des entreprises du lieu du siège social de l'établissement payeur et par celui-ci, dans un délai d'un mois à compter de la cession.

L'obligation de désigner un représentant fiscal ne s'applique pas lorsque le cédant est domicilié, établi ou constitué dans un Etat membre de l'Union européenne ou dans un autre Etat partie à l'accord sur l'Espace économique européen ayant conclu avec la France une convention d'assistance administrative en vue de lutter contre la fraude et l'évasion fiscales ainsi qu'une convention d'assistance mutuelle en matière de recouvrement de l'impôt. Lorsque le cédant est une société ou un groupement mentionnés au c du 2 du I, ou une société ou un groupement dont le régime fiscal est équivalent et dont le siège social est situé dans un des Etats mentionnés à la première phrase du présent alinéa, l'obligation de désigner un représentant fiscal s'apprécie au regard de la situation de chacun des associés.

V. Le prélèvement mentionné au I est libératoire de l'impôt sur le revenu dû en raison des sommes qui ont supporté celui-ci.

Il s'impute, le cas échéant, sur le montant de l'impôt sur les sociétés dû par le contribuable à raison de cette plus-value au titre de l'année de sa réalisation. S'il excède l'impôt dû, l'excédent est restitué aux personnes morales résidentes d'un Etat de l'Union européenne ou d'un Etat ou territoire ayant conclu avec la France une convention fiscale qui contient une clause d'assistance administrative en matière d'échange de renseignements et de lutte contre la fraude et l'évasion fiscales et n'étant pas non coopératif au sens de l'article 238-0 A.

IMMO-II-189000 s. ; MF n°s 32625 s.

Art 244 bis B Sous réserve des dispositions de l'article 244 bis A, les gains mentionnés à l'article 150-0 A résultant de la cession ou du rachat de droits sociaux mentionnés au f du I de l'article 164 B, réalisés par des personnes physiques qui ne sont pas domiciliées en France au sens de l'article 4 B ou par des personnes morales ou organismes quelle qu'en soit la forme, ayant leur siège social hors de France, sont déterminés selon les modalités prévues aux articles 150-0 A à 150-0 E et soumis à un prélèvement aux taux mentionnés au deuxième alinéa du présent article lorsque les droits dans les bénéfices de la société détenus par le cédant ou l'actionnaire ou l'associé, avec son conjoint, leurs ascendants et leurs descendants, ont dépassé ensemble 25 % de ces bénéfices à un moment quelconque au cours des cinq dernières années. Le prélèvement est libératoire de l'impôt sur le revenu dû à raison des sommes qui ont supporté celui-ci.

Le prélèvement mentionné au premier alinéa est fixé au taux prévu au deuxième alinéa du I de l'article 219 lorsqu'il est dû par une personne morale ou un organisme quelle qu'en soit la forme et au taux de 12,8 % lorsqu'il est dû par une personne physique. Par dérogation, les gains mentionnés au premier alinéa sont imposés au taux forfaitaire de 75 % quel que soit le pourcentage de droits détenus dans les bénéfices de la société concernée, lorsqu'ils sont réalisés par des personnes ou organismes domiciliés, établis ou constitués hors de France dans un Etat ou territoire non coopératif au sens de l'article 238-0 A autre que ceux mentionnés au 2° du 2 bis du même article 238-0 A, sauf s'ils apportent la preuve que les opérations auxquelles correspondent ces profits ont principalement un objet et un effet autres que de permettre leur localisation dans un Etat ou territoire non coopératif.

Les deux premiers alinéas sont applicables aux distributions mentionnées aux f bis et f ter du I de l'article 164 B effectuées au profit des personnes et organismes mentionnés aux mêmes deux premiers alinéas. Le seuil de 25 % est apprécié en faisant la somme des droits détenus directement et indirectement par les personnes ou organismes mentionnés à la première phrase du présent alinéa, dans la société mentionnée au f du I de l'article 164 B. Les droits détenus indirectement sont déterminés en multipliant le pourcentage des droits de ces personnes et organismes dans les entités effectuant les distributions par le pourcentage des droits de ces dernières dans la société mentionnée au même f.

L'impôt est acquitté dans les conditions fixées aux IV et IV bis de l'article 244 bis A.

Les organisations internationales, les Etats étrangers, les banques centrales et les institutions financières publiques de ces Etats sont exonérés lorsque les cessions se rapportent à des titres remplissant les conditions prévues à l'article 131 sexies.

Le prélèvement mentionné au premier alinéa du présent article ne s'applique pas aux organismes de placement collectif constitués sur le fondement d'un droit étranger, situés dans un Etat membre de l'Union européenne ou dans un autre Etat ou territoire ayant conclu avec la France une convention d'assistance administrative en vue de lutter contre la fraude et l'évasion fiscales et n'étant pas non coopératif au sens de l'article 238-0 A et qui satisfont aux conditions suivantes :

1° Lever des capitaux auprès d'un certain nombre d'investisseurs en vue de les investir, conformément à une politique d'investissement définie, dans l'intérêt de ces investisseurs ;

2° Présenter des caractéristiques similaires à celles d'organismes de placement collectif de droit français relevant de la section 1, des paragraphes 1, 2, 3, 5 et 6 de la sous-section 2, de la sous-section 3 ou de la sous-section 4 de la section 2 du chapitre IV du titre Ier du livre II du code monétaire et financier ;

3° Pour les organismes situés dans un Etat non membre de l'Union européenne ou non partie à l'accord sur l'Espace économique européen, ne pas participer de manière effective à la gestion ou au contrôle de la société mentionnée au f du I de l'article 164 B du présent code.

Les stipulations de la convention d'assistance administrative mentionnée au sixième alinéa du présent article et leur mise en œuvre doivent effectivement permettre à l'administration fiscale d'obtenir, des autorités de l'Etat dans lequel l'organisme de placement collectif constitué sur le fondement d'un droit étranger mentionné au même sixième alinéa est situé, les informations nécessaires à la vérification du respect par cet organisme des conditions prévues aux 1° à 3°.

Peuvent obtenir la restitution de la part du prélèvement mentionné au premier alinéa qui excède l'impôt sur les sociétés dont elles auraient été redevables si leur siège social avait été situé en France les personnes morales ou organismes, quelle qu'en soit la forme :

a. Dont le siège social se situe dans un Etat de l'Union européenne ou dans un autre Etat partie à l'accord sur l'Espace économique européen ayant conclu avec la France une convention d'assistance administrative en vue de lutter contre la fraude et l'évasion fiscales et n'étant pas non coopératif au sens de l'article 238-0 A ;

b. Ou, sous réserve qu'ils ne participent pas de manière effective à la gestion ou au contrôle de la société dont les titres sont cédés ou rachetés, dont le siège social se situe dans un Etat ou territoire ayant conclu avec la France une convention fiscale qui contient une clause d'assistance administrative en matière d'échange de renseignements et de lutte contre la fraude et l'évasion fiscales et n'étant pas non coopératif au sens du même article 238-0 A.

RM-VI-3900 s. ; MF nos 32945 s.

Art 244 bis C Sous réserve des dispositions de l'article 244 bis B, les dispositions de l'article 150-0 A ne s'appliquent pas aux plus-values réalisées à l'occasion de cessions à titre onéreux de valeurs mobilières ou de droits sociaux effectuées par les personnes qui ne sont pas fiscalement domiciliées en France au sens de l'article 4 B, ou dont le siège social est situé hors de France, ainsi qu'aux plus-values réalisées par ces mêmes personnes lors du rachat par une société émettrice de ses propres titres.

Il en est de même des plus-values réalisées par les organisations internationales, les Etats étrangers, les banques centrales et les institutions financières publiques de ces Etats lorsque les conditions prévues à l'article 131 sexies sont remplies.

RM-VI-3820 s. ; MF n° 32940

XXVI. Prélèvements sur les plus-values prévues à l'article 244 bis

Art 244 quater A I. Le prélèvement prévu à l'article 244 bis est opéré lors de la présentation à la formalité de l'enregistrement si la cession dont résulte la plus-value fait l'objet d'un acte ou d'une déclaration soumis à cette formalité.

Sous réserve des dispositions des I et II de l'article 238 decies et de l'article 238 undecies, lorsque la plus-value résulte d'opérations constatées par des actes soumis à la formalité fusionnée prévue à l'article 647, le prélèvement est acquitté dans le délai de deux mois prévu pour l'accomplissement de cette formalité, au vu d'une déclaration déposée dans le même délai au service des impôts.

II. Lorsque le prélèvement visé au I est exigible sur des plus-values résultant de décisions juridictionnelles dispensées de la formalité de l'enregistrement en application du 1° du 2 de l'article 635, la déclaration est souscrite et les droits sont acquittés au service des impôts dans le mois de la signification du jugement.

III. *(Disposition périmée).*

IMMO-III-17620 s. ; MF n° 30155

XXVII. Crédit d'impôt pour dépenses de recherche effectuées par les entreprises industrielles et commerciales ou agricoles

Art 244 quater B I. Les entreprises industrielles et commerciales ou agricoles imposées d'après leur bénéfice réel ou exonérées en application des articles 44 sexies, 44 sexies A, 44 octies A, 44 duodecies, 44 terdecies à 44 septdecies peuvent bénéficier d'un crédit d'impôt au titre des dépenses de recherche qu'elles exposent au cours de l'année. Le taux du crédit d'impôt est de 30 % pour la fraction des dépenses de recherche inférieure ou égale à 100 millions d'euros et de 5 % pour la fraction des dépenses de recherche supérieure à ce montant. Le premier de ces deux taux est porté à 50 % pour les dépenses de recherche exposées dans des exploitations situées dans un département d'outre-mer. Pour les dépenses mentionnées au k du II, le taux du crédit d'impôt est de 30 %. Ce taux est porté à 60 % pour les dépenses mentionnées au même k exposées dans des exploitations situées dans un département d'outre-mer. Ce même taux est porté respectivement à 35 % pour les moyennes entreprises et à 40 % pour les petites entreprises pour les dépenses mentionnées audit k exposées dans des exploitations situées sur le territoire de la collectivité de Corse.

Lorsque les sociétés de personnes mentionnées aux articles 8 et 238 bis L ou groupements mentionnés aux articles 239 quater, 239 quater B, 239 quater C et 239 quater D ne sont pas soumis à l'impôt sur les sociétés, le crédit d'impôt peut, sous réserve des dispositions prévues au dernier alinéa du I de l'article 199 ter B, être utilisé par les associés proportionnellement à leurs droits dans ces sociétés ou ces groupements.

Ndlr *Les taux du crédit d'impôt innovation de 30 % et 60 % s'appliquent pour les dépenses exposées à compter du 1er janvier 2023, ils étaient antérieurement fixés respectivement à 20 % et 40 % (Loi 2021-1900 du 30 décembre 2021 art. 83).*

Le seuil de 100 millions d'euros mentionné au premier alinéa du présent I est apprécié en prenant en compte les dépenses mentionnées aux a à j du II du présent article et les dépenses mentionnées au 1 du A du II de l'article 244 quater B bis.

Ndlr *Les dispositions du présent alinéa s'appliquent aux dépenses facturées au titre des contrats de collaboration conclus à compter du 1er janvier 2022 (Loi 2021-1900 du 30 décembre 2021 art. 69, I-5°-b et III).*

II. Les dépenses de recherche ouvrant droit au crédit d'impôt sont :

a. Les dotations aux amortissements des immobilisations créées ou acquises à l'état neuf et affectées directement à la réalisation d'opérations de recherche scientifique et technique, y compris la réalisation d'opérations de conception de prototypes ou d'installations pilotes. Toutefois, les dotations aux amortissements des immeubles acquis ou achevés avant le 1er janvier 1991 ainsi que celles des immeubles dont le permis de construire a été délivré avant le 1er janvier 1991 ne sont pas prises en compte ;

a bis. En cas de sinistre touchant les immobilisations visées au a, la dotation aux amortissements correspondant à la différence entre l'indemnisation d'assurance et le coût de reconstruction et de remplacement ;

b. Les dépenses de personnel afférentes aux chercheurs et techniciens de recherche directement et exclusivement affectés à ces opérations. Lorsque ces dépenses se rapportent à des personnes titulaires d'un doctorat, au sens de l'article L 612-7 du code de l'éducation, ou d'un diplôme équivalent, elles sont prises en compte pour le double de leur montant pendant les vingt-quatre premiers mois suivant leur premier recrutement à condition que le contrat de travail de ces personnes soit à durée indéterminée et que l'effectif du personnel de recherche salarié de l'entreprise ne soit pas inférieur à celui de l'année précédente ;

b bis. Les rémunérations supplémentaires et justes prix mentionnés aux 1 et 2 de l'article L 611-7 du code de la propriété intellectuelle, au profit des salariés auteurs d'une invention résultant d'opérations de recherche ;

c. Les autres dépenses de fonctionnement exposées dans les mêmes opérations ; ces dépenses sont fixées forfaitairement à la somme de 75 % des dotations aux amortissements mentionnées au a et de 43 % des dépenses de personnel mentionnées à la première phrase du b et au b bis.

IS-IX-3050 s.

Ce pourcentage est fixé à :

1° et 2° *(Abrogés)* ;

3° 200 % des dépenses de personnel qui se rapportent aux personnes titulaires d'un doctorat, au sens de l'article L 612-7 du code de l'éducation, ou d'un diplôme équivalent pendant les vingt-quatre premiers mois suivant leur premier recrutement à la condition que le contrat de travail de ces personnes soit à durée indéterminée et que l'effectif du personnel de recherche salarié de l'entreprise ne soit pas inférieur à celui de l'année précédente ;

d. *(Abrogé)* ;

d bis. Les dépenses exposées pour la réalisation d'opérations de même nature confiées à des organismes agréés par le ministre chargé de la recherche selon des modalités définies par décret, ou à des experts scientifiques ou techniques agréés dans les mêmes conditions. Pour les organismes établis dans un Etat membre de l'Union européenne, ou dans un autre Etat partie à l'accord sur l'Espace économique européen ayant conclu avec la France une convention d'assistance administrative en vue de lutter contre la fraude et l'évasion fiscales, l'agrément peut être délivré par le ministre français chargé de la recherche ou, lorsqu'il existe un dispositif similaire dans le pays d'implantation de l'organisme auquel sont confiées les opérations de recherche, par l'entité compétente pour délivrer l'agrément équivalent à celui du crédit d'impôt recherche français *(NDLR Voir Annexe III, art. 49 septies H)* ;

Ces dépenses sont retenues dans la limite de trois fois le montant total des autres dépenses de recherche ouvrant droit au crédit d'impôt, avant application des limites prévues au d ter ;

***Ndlr** Les dispositions du présent d bis telles qu'issues de la loi 2020-1721 du 29 décembre 2020 art. 35, I-2°-b et IV-B s'appliquent aux dépenses exposées à compter du 1er janvier 2022.*

d ter. Les opérations mentionnées au d bis sont réalisées directement par les organismes auxquels elles ont été confiées. Par dérogation, ces organismes peuvent recourir à des organismes mentionnés au même d bis pour la réalisation de certains travaux nécessaires à ces opérations.

Les dépenses mentionnées au d bis entrent dans la base de calcul du crédit d'impôt recherche dans la limite globale de deux millions d'euros par an. Cette limite est portée à 10 millions d'euros pour les dépenses de recherche correspondant à des opérations confiées aux organismes mentionnés au d bis, à la condition qu'il n'existe pas de lien de dépendance au sens du 12 de l'article 39 entre l'entreprise qui bénéficie du crédit d'impôt et ces organismes ;

***Ndlr** Les dispositions du présent d ter telles qu'issues de la loi 2020-1721 du 29 décembre 2020 art. 35, I-2°-c et IV-B s'appliquent aux dépenses exposées à compter du 1er janvier 2022.*

e. Les frais de prise et de maintenance de brevets et de certificats d'obtention végétale ;

e bis. Les frais de défense de brevets et de certificats d'obtention végétale, ainsi que, dans la limite de 60 000 € par an, les primes et cotisations ou la part des primes et cotisations afférentes à des contrats d'assurance de protection juridique prévoyant la prise en charge des dépenses exposées, à l'exclusion de celles procédant d'une condamnation éventuelle, dans le cadre de litiges portant sur un brevet ou un certificat d'obtention végétale dont l'entreprise est titulaire ;

f. Les dotations aux amortissements des brevets et de certificats d'obtention végétale acquis en vue de réaliser des opérations de recherche et de développement expérimental ;

g. Les dépenses de normalisation afférentes aux produits de l'entreprise, définies comme suit, pour la moitié de leur montant :

1° Les salaires et charges sociales afférents aux périodes pendant lesquelles les salariés participent aux réunions officielles de normalisation ;

2° Les autres dépenses exposées à raison de ces mêmes opérations ; ces dépenses sont fixées forfaitairement à 30 % des salaires mentionnés au 1° ;

3° Dans des conditions fixées par décret, les dépenses exposées par le chef d'une entreprise individuelle, les personnes mentionnées au I de l'article 151 nonies et les mandataires sociaux pour leur participation aux réunions officielles de normalisation, à concurrence d'un forfait journalier de 450 € par jour de présence auxdites réunions *(Voir Annexe III, art. 49 septies I bis)* ;

h. Jusqu'au 31 décembre 2024, les dépenses liées à l'élaboration de nouvelles collections exposées par les entreprises industrielles du secteur textile-habillement-cuir et définies comme suit :

1° Les dépenses de personnel afférentes aux stylistes et techniciens des bureaux de style directement et exclusivement chargés de la conception de nouveaux produits et aux ingénieurs et techniciens de production chargés de la réalisation de prototypes ou d'échantillons non vendus ;

2° Les dotations aux amortissements des immobilisations créées ou acquises à l'état neuf qui sont directement affectées à la réalisation d'opérations visées au 1° ;

3° Les autres dépenses de fonctionnement exposées à raison de ces mêmes opérations ; ces dépenses sont fixées forfaitairement à 75 % des dépenses de personnel mentionnées au 1° ;

4° Les frais de dépôt des dessins et modèles ;

5° Les frais de défense des dessins et modèles, dans la limite de 60 000 € par an ;

i. Jusqu'au 31 décembre 2024, les dépenses liées à l'élaboration de nouvelles collections confiée par les entreprises industrielles du secteur textile-habillement-cuir à des stylistes ou bureaux de style agréés selon des modalités définies par décret *(Voir Annexe III, art. 49 septies I ter)* ;

IS-IX-4300 s.

j. Les dépenses de veille technologique exposées lors de la réalisation d'opérations de recherche, dans la limite de 60 000 € par an *(Voir Annexe III, art. 49 septies I quater)* ;

k. Jusqu'au 31 décembre 2024, les dépenses exposées par les entreprises qui satisfont à la définition des micro, petites et moyennes entreprises donnée à l'annexe I au règlement (UE) n° 651/2014 de la Commission du 17 juin 2014 déclarant certaines catégories d'aides compatibles avec le marché intérieur en application des articles 107 et 108 du traité et définies comme suit :

1° Les dotations aux amortissements des immobilisations créées ou acquises à l'état neuf et affectées directement à la réalisation d'opérations de conception de prototypes ou installations pilotes de nouveaux produits autres que les prototypes et installations pilotes mentionnés au a ;

2° Les dépenses de personnel directement et exclusivement affecté à la réalisation des opérations mentionnées au 1° ;

3° *(Abrogé)* ;

4° Les dotations aux amortissements, les frais de prise et de maintenance de brevets et de certificats d'obtention végétale ainsi que les frais de dépôt de dessins et modèles relatifs aux opérations mentionnées au 1° ;

5° Les frais de défense de brevets, de certificats d'obtention végétale, de dessins et modèles relatifs aux opérations mentionnées au 1° ;

6° Les dépenses exposées pour la réalisation d'opérations mentionnées au 1° confiées à des entreprises ou des bureaux d'études et d'ingénierie agréés selon des modalités prévues par décret *(Voir Annexe III, art. 49 septies I quinquies)*.

Les dépenses mentionnées aux 1° à 6° entrent dans la base de calcul du crédit d'impôt recherche dans la limite globale de 400 000 € par an.

Pour l'application du présent k, est considéré comme nouveau produit un bien corporel ou incorporel qui satisfait aux deux conditions cumulatives suivantes :

- il n'est pas encore mis à disposition sur le marché ;
- il se distingue des produits existants ou précédents par des performances supérieures sur le plan technique, de l'écoconception, de l'ergonomie ou de ses fonctionnalités.

Le prototype ou l'installation pilote d'un nouveau produit est un bien qui n'est pas destiné à être mis sur le marché mais à être utilisé comme modèle pour la réalisation d'un nouveau produit.

Pour être éligibles au crédit d'impôt mentionné au premier alinéa du I, les dépenses prévues aux a à k doivent être des dépenses retenues pour la détermination du résultat imposable à l'impôt sur le revenu ou à l'impôt sur les sociétés dans les conditions de droit commun et, à l'exception des dépenses prévues aux e, e bis, j et des frais mentionnés aux 4° et 5° du k, correspondre à des opérations localisées au sein de l'Union européenne ou dans un autre Etat partie à l'accord sur l'Espace économique européen ayant conclu avec la France une convention d'assistance administrative en vue de lutter contre la fraude et l'évasion fiscales.

(En ce qui concerne le contrôle des dépenses mentionnées au présent II, voir LPF, art. L 45 B)

II bis. 1. Le bénéfice de la fraction du crédit d'impôt qui résulte de la prise en compte des dépenses prévues aux h et i du II du présent article est subordonné au respect du règlement (UE) n° 1407/2013 de la Commission du 18 décembre 2013 relatif à l'application des articles 107 et 108 du traité sur le fonctionnement de l'Union européenne aux aides de minimis.

Pour l'application du premier alinéa du présent 1, les sociétés de personnes et groupements mentionnés aux articles 8, 238 bis L, 239 quater, 239 quater B et 239 quater C qui ne sont pas soumis à l'impôt sur les sociétés doivent également respecter le règlement (UE) n° 1407/2013 de la Commission du 18 décembre 2013 précité. La fraction du crédit d'impôt mentionnée au premier alinéa du présent 1 peut être utilisée par les associés de ces sociétés ou les membres de ces groupements proportionnellement à leurs droits dans ces sociétés ou groupements s'ils satisfont aux conditions d'application de ce même règlement et sous réserve qu'il s'agisse de redevables soumis à l'impôt sur les sociétés ou de personnes physiques participant à l'exploitation au sens du 1° bis du I de l'article 156.

2. Le bénéfice de la fraction du crédit d'impôt qui résulte de la prise en compte des dépenses mentionnées au k du II du présent article est subordonné au respect des articles 2, 25 et 30 et du 1, du a du 2 et du 3 de l'article 28 du règlement (UE) n° 651/2014 de la Commission du 17 juin 2014 déclarant certaines catégories d'aides compatibles avec le marché intérieur en application des articles 107 et 108 du traité.

3. Le bénéfice des taux majorés mentionnés au I pour le crédit d'impôt qui résulte de la prise en compte des dépenses de recherche prévues aux a à k du II exposées dans des exploitations situées dans un département d'outre-mer est subordonné au respect de l'article 15 du règlement (UE) n° 651/2014 de la Commission du 17 juin 2014 précité.

III. Les subventions publiques reçues par les entreprises à raison des opérations ouvrant droit au crédit d'impôt sont déduites des bases de calcul de ce crédit, qu'elles soient définitivement acquises par elles ou remboursables. Il en est de même des sommes reçues par les entreprises, organismes ou experts mentionnés au d bis ou au 6° du k du II, pour le calcul de leur propre crédit d'impôt. Lorsque ces subventions sont remboursables, elles sont ajoutées aux bases de calcul du crédit d'impôt de l'année au cours de laquelle elles sont remboursées à l'organisme qui les a versées.

Pour le calcul du crédit d'impôt, le montant des dépenses exposées par les entreprises auprès de tiers au titre de prestations de conseil pour l'octroi du bénéfice du crédit d'impôt est déduit des bases de calcul de ce dernier à concurrence :

a. Du montant des sommes rémunérant ces prestations fixé en proportion du montant du crédit d'impôt pouvant bénéficier à l'entreprise ;

b. Du montant des dépenses ainsi exposées, autres que celles mentionnées au a, qui excède le plus élevé des deux montants suivants : soit la somme de 15 000 € hors taxes, soit 5 % du total des dépenses hors taxes mentionnées au II minoré des subventions publiques mentionnées au III.

III bis. Les entreprises qui engagent plus de 100 millions d'euros de dépenses de recherche mentionnées au II joignent à leur déclaration de crédit d'impôt recherche un état décrivant la nature de leurs travaux de recherche en cours, l'état d'avancement de leurs programmes, les moyens matériels et humains, directs ou indirects, qui y sont consacrés, la part de titulaires d'un doctorat financés par ces dépenses ou recrutés sur leur base, le nombre d'équivalents temps plein correspondants et leur rémunération moyenne, ainsi que la localisation de ces moyens.

Les entreprises qui engagent un montant de dépenses de recherche mentionnées au II supérieur à 10 millions d'euros et n'excédant pas 100 millions d'euros joignent à leur déclaration de crédit d'impôt recherche un état précisant, pour l'exercice au titre duquel la déclaration porte, la part de titulaires d'un doctorat financés par ces dépenses ou recrutés sur leur base, le nombre d'équivalents temps plein correspondant et leur rémunération moyenne.

Sur la base des informations contenues dans les états mentionnés aux deux premiers alinéas du présent III bis, le ministre chargé de la recherche publie chaque année, au moment du dépôt au Parlement du projet de loi de finances de l'année, un rapport synthétique présentant l'utilisation du crédit d'impôt recherche par ses bénéficiaires, notamment s'agissant de la politique des entreprises en matière de recrutement de personnes titulaires d'un doctorat.

IV., IV bis., IV ter. et V. *(Dispositions périmées).*

VI. Un décret fixe les conditions d'application du présent article. Il en adapte les dispositions aux cas d'exercices de durée inégale ou ne coïncidant pas avec l'année civile *(Voir Annexe III, art. 49 septies F à 49 septies N).*

(Voir également les articles 199 ter B et 220 B)

IS-IX-500 s., 1620 s., 5360 s., 7300 s. ; MF n°s 10470 s.

Art 244 quater B bis I. A. Les entreprises industrielles et commerciales ou agricoles imposées d'après leur bénéfice réel ou exonérées en application des articles 44 sexies, 44 sexies A, 44 octies A, 44 duodecies et 44 terdecies à 44 septdecies peuvent bénéficier d'un crédit d'impôt au titre des dépenses facturées par des organismes de recherche et de diffusion des connaissances dans le cadre d'un contrat de collaboration de recherche conclu jusqu'au 31 décembre 2025.

B. Les organismes de recherche mentionnés au A répondent à la définition donnée par la communication de la Commission européenne n° 2014/C 198/01 relative à l'encadrement des aides d'Etat à la recherche, au développement et à l'innovation. Ils sont agréés par le ministre chargé de la recherche selon des modalités définies par décret.

Ils n'entretiennent pas de lien de dépendance, au sens du 12 de l'article 39, avec les entreprises mentionnées au A du présent I.

C. Le contrat mentionné au même A remplit les conditions suivantes :

1° Il est conclu entre l'entreprise et les organismes de recherche et de diffusion des connaissances préalablement à l'engagement des travaux de recherche menés en collaboration ;

2° Il prévoit la facturation des dépenses de recherche par les organismes de recherche à leur coût de revient ;

3° Il fixe l'objectif commun poursuivi, la répartition des travaux de recherche entre l'entreprise et les organismes de recherche et les modalités de partage des risques et des résultats. Les résultats, y compris les droits de propriété intellectuelle, ne peuvent être attribués en totalité à l'entreprise ;

4° Il prévoit que les dépenses facturées par les organismes de recherche au titre des travaux de recherche ne peuvent pas excéder 90 % des dépenses totales exposées pour la réalisation des opérations prévues au contrat ;

5° Les organismes de recherche disposent du droit de publier les résultats de leurs propres recherches conduites dans le cadre de cette collaboration.

D. Les dépenses mentionnées au A sont afférentes à des travaux de recherche localisés au sein de l'Union européenne ou dans un Etat partie à l'accord sur l'Espace économique européen ayant conclu avec la France une convention d'assistance administrative en vue de lutter contre la fraude et l'évasion fiscales.

E. Les opérations de recherche sont réalisées directement par les organismes de recherche avec lesquels les entreprises ont conclu un contrat de collaboration.

Par dérogation, ces organismes peuvent recourir à d'autres organismes de recherche et de diffusion des connaissances, agréés dans les mêmes conditions, pour la réalisation de certains travaux nécessaires à ces opérations, lorsque cela est prévu au contrat.

II. A. 1. Sont prises en compte dans l'assiette du crédit d'impôt mentionné au I les dépenses facturées par les organismes de recherche et de diffusion des connaissances pour la réalisation des opérations de recherche scientifique et technique prévues au contrat mentionné au même I.

Ces dépenses sont minorées, le cas échéant, de la quote-part des aides publiques reçues par ces mêmes organismes au titre de ces mêmes opérations.

2. Les dépenses facturées mentionnées au 1 du présent A sont retenues dans la base de calcul du crédit d'impôt de l'entreprise, dans la limite globale de 6 millions d'euros par an.

3. La charge afférente aux dépenses facturées mentionnées au même 1 est prise en compte pour la détermination du résultat imposable à l'impôt sur le revenu ou à l'impôt sur les sociétés de l'entreprise, dans les conditions de droit commun.

B. 1. Les aides publiques reçues par les entreprises en raison des opérations ouvrant droit au crédit d'impôt mentionné au I sont déduites des bases de calcul de ce crédit d'impôt, qu'elles soient définitivement acquises par elles ou remboursables. Lorsque ces aides sont remboursables, elles sont ajoutées aux bases de calcul du crédit d'impôt de l'année au cours de laquelle elles sont remboursées à l'organisme qui les a versées.

2. Les sommes mentionnées au A du présent II ne peuvent être prises en compte à la fois dans la base de calcul du crédit d'impôt et dans celle d'un autre crédit d'impôt ou d'une autre réduction d'impôt.

III. Le taux du crédit d'impôt est de 40 %. Il est porté à 50 % pour les entreprises qui satisfont à la définition des micro, petites et moyennes entreprises donnée à l'annexe I au règlement (UE) n° 651/2014 de la Commission du 17 juin 2014 déclarant certaines catégories d'aides compatibles avec le marché intérieur en application des articles 107 et 108 du traité.

IV. Lorsque les sociétés de personnes mentionnées aux articles 8 et 238 bis L ou les groupements mentionnés aux articles 239 quater, 239 quater B, 239 quater C et 239 quater D ne sont pas soumis à l'impôt sur les sociétés, le crédit d'impôt peut, sous réserve du dernier alinéa du I de l'article 199 ter B bis, être utilisé par les associés proportionnellement à leurs droits dans ces sociétés ou ces groupements.

V. Un décret définit les conditions d'application du présent article. Il en adapte les dispositions aux cas d'exercices de durée inégale ou ne coïncidant pas avec l'année civile *(NDLR Voir Annexe III, art. 49 septies V à 49 septies VF).*

VI. Le bénéfice du crédit d'impôt est subordonné au respect du régime cadre exempté de notification n° SA.58995 relatif aux aides à la recherche, au développement et à l'innovation pour la période 2014-2023, pris sur la base du règlement (UE) n° 651/2014 de la Commission du 17 juin 2014 déclarant certaines catégories d'aides compatibles avec le marché intérieur en application des articles 107 et 108 du traité.

Ndlr *Le présent dispositif s'applique aux dépenses facturées au titre des contrats de collaboration conclus à compter du 1er janvier 2022.*

IS-IX-9000 s. ; MF n° 10515

XXVIII. Crédit d'impôt pour la compétitivité et l'emploi

Art 244 quater C **I.** Les entreprises exploitées à Mayotte et imposées d'après leur bénéfice réel ou exonérées en application des articles 44 sexies, 44 sexies A, 44 octies A et 44 duodecies à 44 septdecies peuvent bénéficier d'un crédit d'impôt ayant pour objet le financement de l'amélioration de leur compétitivité à travers notamment des efforts en matière d'investissement, de recherche, d'innovation, de formation, de recrutement, de prospection de nouveaux marchés, de transition écologique et énergétique et de reconstitution de leur fonds de roulement. L'entreprise retrace dans ses comptes annuels l'utilisation du crédit d'impôt conformément aux objectifs mentionnés à la première phrase. Les informations relatives à l'utilisation du crédit d'impôt pour la compétitivité et l'emploi doivent figurer, sous la forme d'une description littéraire, en annexe du bilan ou dans une note jointe aux comptes. Le crédit d'impôt ne peut ni financer une hausse de la part des bénéfices distribués, ni augmenter les rémunérations des personnes exerçant des fonctions de direction dans l'entreprise. Les établissements publics, les collectivités territoriales et les organismes sans but lucratif peuvent bénéficier du crédit d'impôt mentionné au présent I au titre des rémunérations qu'ils versent à leurs salariés affectés à des activités lucratives. Les organismes mentionnés à l'article 207 peuvent également bénéficier du crédit d'impôt mentionné au présent alinéa au titre des rémunérations qu'ils versent à leurs salariés affectés à leurs activités non exonérées d'impôt sur les bénéfices. Ces organismes peuvent également en bénéficier à raison des rémunérations versées aux salariés affectés à leurs activités exonérées après que la Commission européenne a déclaré cette disposition compatible avec le droit de l'Union européenne.

II. Le crédit d'impôt mentionné au I est assis sur les rémunérations que les entreprises versent à leurs salariés affectés à des exploitations situées à Mayotte au cours de l'année civile. Sont prises en compte les rémunérations, telles qu'elles sont définies pour le calcul des cotisations de sécurité sociale à l'article L 242-1 du code de la sécurité sociale, n'excédant pas deux fois et demie le salaire minimum de croissance calculé pour un an sur la base de la durée légale du travail augmentée, le cas échéant, du nombre d'heures complémentaires ou supplémentaires, sans prise en compte des majorations auxquelles elles donnent lieu. Pour les salariés qui ne sont pas employés à temps plein ou qui ne sont pas employés sur toute l'année, le salaire minimum de croissance pris en compte est celui qui correspond à la durée de travail prévue au contrat au titre de la période où ils sont présents dans l'entreprise *[NDLR Pour Mayotte, la référence au salaire minimum de croissance est remplacée par la référence au salaire minimum interprofessionnel garanti mentionné à l'article L 141-1 du code du travail applicable à Mayotte (Ordonnance 2013-837 du 19 septembre 2013 art. 35-III al. 1er)].*

Pour être éligibles au crédit d'impôt, les rémunérations versées aux salariés doivent être retenues pour la détermination du résultat imposable à l'impôt sur le revenu ou à l'impôt sur les sociétés dans les conditions de droit commun et avoir été régulièrement déclarées aux organismes de sécurité sociale.

III. Le taux du crédit d'impôt est fixé à 9 %.

Par dérogation au premier alinéa du présent III, lorsque l'assiette du crédit d'impôt est constituée par des rémunérations versées à des salariés affectés à des exploitations situées dans les départements d'outre-mer, son taux est fixé à :

1° 7,5 % pour les rémunérations versées en 2015 ;

2° 9 % pour les rémunérations versées à compter du 1er janvier 2016.

Le bénéfice du taux majoré du crédit d'impôt pour des exploitations situées dans les départements d'outre-mer est subordonné au respect de l'article 15 du règlement (UE) n° 651/2014 de la Commission du 17 juin 2014 déclarant certaines catégories d'aides compatibles avec le marché intérieur en application des articles 107 et 108 du traité, y compris pour les secteurs mentionnés au 3 de l'article 1er et au a de l'article 13 du même règlement.

IV. Le crédit d'impôt calculé par les sociétés de personnes mentionnées aux articles 8, 238 bis L, 239 ter et 239 quater A ou les groupements mentionnés aux articles 238 ter, 239 quater, 239 quater B, 239 quater C, 239 quater D et 239 quinquies qui ne sont pas soumis à l'impôt sur les sociétés peut être utilisé par leurs associés proportionnellement à leurs droits dans ces sociétés ou groupements, à condition qu'il s'agisse de redevables de l'impôt sur les sociétés ou de personnes physiques participant à l'exploitation au sens du 1° bis du I de l'article 156.

V. Les organismes chargés du recouvrement des cotisations de sécurité sociale dues pour l'emploi des personnes mentionnées au I sont habilités à recevoir, dans le cadre des déclarations auxquelles sont tenues les entreprises auprès d'eux, et à vérifier, dans le cadre des contrôles qu'ils effectuent, les données relatives aux rémunérations donnant lieu au crédit d'impôt. Ces éléments relatifs au calcul du crédit d'impôt sont transmis à l'administration fiscale.

VI. Un décret fixe les conditions d'application du présent article, notamment les obligations déclaratives incombant aux entreprises et aux organismes chargés du recouvrement des cotisations de sécurité sociale *(Voir Annexe III, art. 49 septies P à 49 septies T).*

VII. Le bénéfice du crédit d'impôt mentionné au I est subordonné au respect de l'article 15 du règlement (UE) n° 651/2014 de la Commission du 17 juin 2014 déclarant certaines catégories d'aides compatibles avec le marché intérieur en application des articles 107 et 108 du traité.

IS-IX-82000 s.

XXX. Crédit d'impôt pour certains investissements réalisés et exploités en Corse

Art 244 quater E **I. 1°** Les petites et moyennes entreprises relevant d'un régime réel d'imposition peuvent bénéficier d'un crédit d'impôt au titre des investissements, autres que de remplacement, financés sans aide publique pour 25 % au moins de leur montant, réalisés jusqu'au 31 décembre 2027 et exploités en Corse pour les besoins d'une activité industrielle, commerciale, artisanale, libérale ou agricole autre que :

a. La gestion ou la location d'immeubles lorsque les prestations ne portent pas exclusivement sur des biens situés en Corse, ainsi que l'exploitation de jeux de hasard et d'argent ;

a bis. La gestion et la location de meublés de tourisme situés en Corse. Toutefois, ne sont pas concernés par cette exclusion les établissements de tourisme gérés par un exploitant unique, comportant des bâtiments d'habitation individuels ou collectifs dotés d'un minimum d'équipements et de services communs et regroupant, en un ensemble homogène, des locaux à usage collectif et des locaux d'habitation meublés loués à une clientèle touristique qui n'y élit pas domicile. Pour les établissements de tourisme répondant à ces conditions, aucun critère relatif au nombre minimal de lits n'est requis ;

Ndlr *La précision portant sur les établissements de tourisme qui ne sont pas concernés par l'exclusion des meublés de tourisme s'applique aux investissements réalisés à compter du 1er janvier 2019.*

b. L'agriculture ainsi que la transformation ou la commercialisation de produits agricoles, sauf lorsque le contribuable peut bénéficier des aides à l'investissement au titre du règlement (CE) n° 1257/1999 du Conseil, du 17 mai 1999, concernant le soutien au développement rural par le Fonds européen d'orientation et de garantie agricole (Feoga) et modifiant et abrogeant certains règlements, la production ou la transformation de houille et lignite, la sidérurgie, l'industrie des fibres synthétiques, la pêche, le transport, à l'exception des transports aériens visant à assurer les évacuations sanitaires d'urgence faisant l'objet d'un marché public avec les centres hospitaliers d'Ajaccio et de Bastia, la construction et la réparation de navires d'au moins 100 tonnes de jauge brute, la construction automobile.

Les petites et moyennes entreprises mentionnées au premier alinéa du présent 1° répondent à la définition de l'annexe I au règlement (UE) n° 651/2014 de la Commission du 17 juin 2014 déclarant certaines catégories d'aide compatibles avec le marché intérieur en application des articles 107 et 108 du traité.

2° *(Abrogé).*

3° Le crédit d'impôt prévu au 1° est égal à 20 % du prix de revient hors taxes :

a. Des biens d'équipement amortissables selon le mode dégressif en vertu des 1 et 2 de l'article 39 A et des agencements et installations de locaux commerciaux habituellement ouverts à la clientèle créés ou acquis à l'état neuf ;

b. Des biens, agencements et installations visés au a pris en location, au cours de la période visée au 1°, auprès d'une société de crédit-bail régie par le chapitre V du titre Ier du livre V du code monétaire et financier ;

c. Des logiciels qui constituent des éléments de l'actif immobilisé et qui sont nécessaires à l'utilisation des investissements mentionnés aux a et b ;

d. Des travaux de rénovation d'hôtel consistant en des travaux de modification ou de remise en état du gros œuvre, des travaux d'aménagement interne et des travaux d'amélioration qui leur sont indissociables ainsi que des travaux de mise aux normes qui conditionnent la poursuite de l'activité et qui sont immobilisés ;

Ndlr *La définition des travaux de rénovation d'hôtel s'applique aux investissements réalisés au titre des exercices clos en 2023 ou à compter du 31 décembre 2023 selon que l'entreprise relève de l'IR ou de l'IS.*

e. Des travaux de construction et de rénovation des établissements de santé privés réalisés pour l'exercice de l'activité mentionnée à l'article L 6111-1 du code de la santé publique consistant en des travaux de modification ou de remise en état du gros œuvre, des travaux d'aménagement interne et des travaux d'amélioration qui leur sont indissociables ainsi que des travaux de mise aux normes qui conditionnent la poursuite de l'activité et qui sont immobilisés.

Ndlr *La définition des travaux de rénovation des établissements de santé privés s'applique aux investissements réalisés au titre des exercices clos en 2023 ou à compter du 31 décembre 2023 selon que l'entreprise relève de l'IR ou de l'IS.*

Pour l'application du présent 3°, les investissements doivent être considérés comme des investissements initiaux au sens de l'article 2 du règlement (UE) n° 651/2014 de la Commission du 17 juin 2014 précité. Lorsqu'un investissement de remplacement permet l'extension ou la diversification de la capacité de production de l'entreprise, la quote-part de cet investissement correspondant à l'extension ou à la diversification de la capacité de production est assimilable à un investissement initial au sens du même article 2.

Pour le calcul du crédit d'impôt, le prix de revient des investissements est diminué du montant des subventions publiques attribuées en vue de financer ces investissements.

3° bis Le taux mentionné au premier alinéa du 3° est porté à 30 % pour les entreprises qui ont employé moins de onze salariés et ont réalisé soit un chiffre d'affaires n'excédant pas 2 millions d'euros au cours de l'exercice ou de la période d'imposition, ramené le cas échéant à douze mois en cours lors de la réalisation des investissements éligibles, soit un total de bilan n'excédant pas 2 millions d'euros. L'effectif salarié est apprécié, au titre de chaque exercice, selon les modalités prévues au I de l'article L 130-1 du code de la sécurité sociale. Le capital des sociétés bénéficiaires doit être entièrement libéré et être détenu de manière continue, pour 75 % au moins, par des personnes physiques ou par une société répondant aux mêmes conditions. Pour la détermination du pourcentage de 75 %, les participations des sociétés de capital-risque, des fonds communs de placement à risques, des fonds professionnels spécialisés relevant de l'article L 214-37 du code monétaire et financier dans sa rédaction antérieure à l'ordonnance n° 2013-676 du 25 juillet 2013 modifiant le cadre juridique de la gestion d'actifs, des fonds professionnels de capital investissement, des sociétés de libre partenariat, des sociétés de développement régional et des sociétés financières d'innovation ne sont pas prises en compte à la condition qu'il n'existe pas de lien de dépendance au sens du 12 de l'article 39 du présent code entre la société en cause et ces dernières sociétés ou ces fonds.

Lorsqu'une entreprise constate, à la date de la clôture de son exercice, un dépassement du seuil d'effectif prévu au premier alinéa du présent 3° bis, cette circonstance ne lui fait pas perdre le bénéfice du crédit d'impôt au taux de 30 % au titre de l'exercice au cours duquel les investissements éligibles sont réalisés.

4° Les investissements réalisés par les petites et moyennes entreprises en difficulté peuvent ouvrir droit au crédit d'impôt prévu au 1° si elles ont reçu un agrément préalable délivré dans les conditions prévues à l'article 1649 nonies. Une entreprise est considérée comme étant en difficulté lorsqu'elle fait l'objet d'une procédure de sauvegarde ou de redressement judiciaire ou lorsque sa situation financière rend imminente sa cessation d'activité.

L'agrément mentionné au premier alinéa est accordé si l'octroi du crédit d'impôt aux investissements prévus dans le cadre du plan de restructuration présenté par l'entreprise n'altère pas les échanges dans une mesure contraire à l'intérêt commun.

II. Les dispositions du présent article s'appliquent sur option de l'entreprise à compter du premier jour de l'exercice ou de l'année au titre duquel elle est exercée. Cette option emporte renonciation au bénéfice des régimes prévus aux articles 44 sexies, 44 sexies A, 44 quindecies, 44 sexdecies et 44 septdecies. Elle est irrévocable.

Ndlr *Pour les dispositions du présent alinéa qui entreront en vigueur le 1er juillet 2024, voir partie Autres textes du présent code loi 2023-1322 du 29 décembre 2023 art. 73, I-9° et XX-D.*

Lorsque les investissements sont réalisés par les sociétés soumises au régime d'imposition de l'article 8 ou par les groupements mentionnés aux articles 239 quater ou 239 quater C, le crédit d'impôt peut être utilisé par leurs associés, proportionnellement à leurs droits dans ces sociétés ou ces groupements, à condition qu'il s'agisse de redevables de l'impôt sur les sociétés ou de personnes physiques participant à l'exploitation au sens du 1° bis du I de l'article 156.

III. Si, dans le délai de cinq ans de son acquisition ou de sa création ou pendant sa durée normale d'utilisation si elle est inférieure, un bien ayant ouvert droit au crédit d'impôt prévu au I est cédé ou cesse d'être affecté à l'activité pour laquelle il a été acquis ou créé, ou si l'acquéreur cesse son activité, le crédit d'impôt imputé fait l'objet d'une reprise au titre de l'exercice ou de l'année où interviennent les événements précités.

Toutefois, les dispositions de l'alinéa précédent ne sont pas applicables lorsque le bien est transmis dans le cadre d'opérations placées sous les régimes prévus aux articles 41, 151 octies, 151 octies A, 210 A ou 210 B si le bénéficiaire de la transmission s'engage à exploiter les biens en Corse dans le cadre d'une activité répondant aux conditions mentionnées au I pendant la fraction du délai de conservation restant à courir. L'engagement est pris dans l'acte constatant la transmission ou, à défaut, dans un acte sous seing privé ayant date certaine, établi à cette occasion.

Lorsque l'investissement est réalisé par une société soumise au régime d'imposition prévu à l'article 8 ou un groupement mentionné aux articles 239 quater ou 239 quater C, les associés ou membres mentionnés au deuxième alinéa du II doivent, en outre, conserver les parts ou actions de cette société ou ce groupement pendant un délai de cinq ans à compter de la réalisation de l'investissement. A défaut, le crédit d'impôt qu'ils ont imputé fait l'objet d'une reprise au titre de l'exercice ou de l'année de la cession, du rachat ou de l'annulation de ces parts ou actions.

IV. Les dispositions du présent article s'appliquent aux investissements réalisés à compter du 1er janvier 2002 au cours d'un exercice clos à compter de la date de publication de la loi n° 2002-92 du 22 janvier 2002 relative à la Corse.

V. Le bénéfice du crédit d'impôt mentionné au I est subordonné au respect de l'article 14 du règlement (UE) n° 651/2014 de la Commission du 17 juin 2014 déclarant certaines catégories d'aides compatibles avec le marché intérieur en application des articles 107 et 108 du traité.

(Voir art. 199 ter D et 220 D et Annexe III, art. 49 septies WB à 49 septies WH)

BIC-XVIII-20000 s., 21255 s., 21555 s. ; MF nos 92260 s.

XXXI. Crédit d'impôt famille

Art 244 quater F **I. 1.** Les entreprises imposées d'après leur bénéfice réel peuvent bénéficier d'un crédit d'impôt égal à 50 % des dépenses ayant pour objet de financer la création et le fonctionnement d'établissements mentionnés au premier alinéa de l'article L 2324-1 du code de la santé publique et assurant l'accueil des enfants de moins de trois ans de leurs salariés.

2. Elles peuvent également bénéficier d'un crédit d'impôt égal à 25 % des dépenses engagées au titre de l'aide financière de l'entreprise mentionnée aux articles L 7233-4 et L 7233-5 du code du travail.

3. Elles peuvent également bénéficier d'un crédit d'impôt égal à 10 % de la somme :

a. Des dépenses de formation engagées en faveur des salariés de l'entreprise bénéficiant d'un congé parental d'éducation dans les conditions prévues aux articles L 1225-47 à L 1225-51 du code du travail ;

b. Des dépenses de formation engagées par l'entreprise en faveur de nouveaux salariés recrutés à la suite d'une démission ou d'un licenciement pendant un congé parental d'éducation mentionné à l'article L 1225-47 du même code, lorsque cette formation débute dans les trois mois de l'embauche et dans les six mois qui suivent le terme de ce congé ;

c. Des rémunérations versées par l'entreprise à ses salariés bénéficiant d'un congé dans les conditions prévues aux articles L 1225-8, L 1225-17, L 1225-35 à L 1225-38, L 1225-40, L 1225-41, L 1225-43, L 1225-44, L 1225-47 à L 1225-51 et L 1225-61 du même code ;

d. Des dépenses visant à indemniser les salariés de l'entreprise qui ont dû engager des frais exceptionnels de garde d'enfants à la suite d'une obligation professionnelle imprévisible survenant en dehors des horaires habituels de travail, dans la limite des frais réellement engagés.

***Ndlr** Les dépenses énumérées au 3 n'ont ouvert droit au crédit d'impôt que jusqu'au 31 décembre 2009.*

II. Les subventions publiques reçues par les entreprises à raison des dépenses ouvrant droit au crédit d'impôt sont déduites des bases de calcul de ce crédit.

III. Le crédit d'impôt est plafonné pour chaque entreprise, y compris les sociétés de personnes, à 500 000 €. Ce plafond s'apprécie en prenant en compte la fraction du crédit d'impôt correspondant aux parts des associés de sociétés de personnes mentionnées aux articles 8, 238 bis L, 239 ter et 239 quater A, et aux droits des membres de groupements mentionnés aux articles 238 ter, 239 quater, 239 quater B, 239 quater C et 239 quinquies.

Lorsque ces sociétés ou groupements ne sont pas soumis à l'impôt sur les sociétés, le crédit d'impôt peut être utilisé par les associés proportionnellement à leurs droits dans ces sociétés ou ces groupements, à condition qu'il s'agisse de redevables de l'impôt sur les sociétés ou de personnes physiques participant à l'exploitation au sens du 1° bis du I de l'article 156.

IV. Un décret fixe les conditions d'application du présent article *(Voir Annexe III, art. 49 septies Y à 49 septies YC).*

(Voir aussi art. 199 ter E et 220 G)

IS-IX-24000 s. ; MF n° 10555

XXXIV. Crédit d'impôt au titre des investissements dans l'industrie verte

Art 244 quater I **I.** Les entreprises industrielles et commerciales imposées d'après leur bénéfice réel ou exonérées en application des articles 44 sexies, 44 sexies A, 44 octies A, 44 duodecies ou 44 terdecies à 44 septdecies peuvent bénéficier d'un crédit d'impôt au titre des dépenses d'investissement mentionnées au III du présent article, autres que de remplacement, engagées pour leurs activités contribuant à la production de batteries, de panneaux solaires, d'éoliennes ou de pompes à chaleur, sous réserve de remplir les conditions cumulatives suivantes :

1° Elles ne sont pas, à la date de clôture du dernier exercice précédant la délivrance de l'agrément mentionné au VIII, des entreprises en difficulté au sens de l'article 2 du règlement (UE) n° 651/2014 de la Commission du 17 juin 2014 déclarant certaines catégories d'aides compatibles avec le marché intérieur en application des articles 107 et 108 du traité ;

2° Elles respectent, au titre de chacun des exercices au titre desquels le crédit d'impôt est imputé en application du IX du présent article, leurs obligations fiscales et sociales et l'obligation de dépôt de leurs comptes annuels selon les modalités prévues aux articles L 232-21 à L 232-23 du code de commerce ;

3° Elles n'ont pas procédé, au cours des deux exercices précédant l'exercice de dépôt de la demande de l'agrément mentionné au VIII du présent article, à un transfert vers le territoire national d'activités identiques ou similaires à celles mentionnées au II, d'un Etat membre de l'Union européenne ou d'un Etat partie à l'accord sur l'Espace économique européen ;

4° Elles ne procèdent pas, au cours des cinq exercices suivant l'exercice de mise en service des investissements ayant bénéficié du crédit d'impôt, à leur transfert hors du territoire national ;

5° Elles exploitent les investissements éligibles pendant au moins cinq ans en France à compter de leur mise en service. Cette durée minimale est réduite à trois ans pour les petites et moyennes entreprises, au sens de l'annexe I au règlement (UE) n° 651/2014 de la Commission du 17 juin 2014 précité ;

6° Elles exploitent les investissements éligibles dans le cadre d'une activité ayant obtenu les autorisations requises par la législation environnementale, de manière conforme à cette législation.

II. A. Les activités mentionnées au premier alinéa du I s'entendent des opérations suivantes :

1° Pour la production de batteries :

a. La fabrication de cellules de batteries pouvant être associées à la fabrication de modules de batteries comme composants essentiels conçus et utilisés principalement comme intrants directs dans la production de batteries ;

b. La fabrication des autres composants essentiels conçus et utilisés principalement comme intrants directs dans la production des batteries, y compris des matériaux actifs de cathode et de leurs précurseurs, de la cathode, des matériaux d'anode et de leurs précurseurs, d'anode, des sels d'électrolyte, de l'électrolyte, de liants polymères, de nanotubes de carbone, de zincate de calcium, de poudres nanométriques de silicium, de feuillards de cuivre et d'aluminium et de séparateurs et collecteurs destinés aux batteries ;

c. L'extraction, la production, la transformation et la valorisation des matières premières critiques correspondantes nécessaires à la production des équipements et des composants essentiels mentionnés aux a et b, sous réserve, s'agissant du recyclage des déchets et des rebuts de production de batteries, de la récupération finale, à l'issue du procédé, de matières premières recyclées sous forme de métaux, hors alliages, de sels de métaux et d'oxydes ;

2° Pour la production de panneaux solaires :

a. La fabrication de cellules photovoltaïques ou hybrides pouvant être associées à la fabrication de modules photovoltaïques ou hybrides comme composants essentiels conçus et utilisés principalement comme intrants directs dans la production de panneaux photovoltaïques ;

b. La fabrication des autres composants essentiels conçus et utilisés principalement comme intrants directs dans la production de panneaux photovoltaïques, y compris des plaquettes de silicium destinées aux usages photovoltaïques, des lingots de silicium, des supports de panneaux sur tout type de surface et du verre utilisé dans les applications de production d'énergie solaire ;

c. L'extraction, la production, la transformation et la valorisation du silicium et des matières premières critiques correspondantes nécessaires à la production des équipements et des composants essentiels mentionnés aux a et b ;

3° Pour la production d'éoliennes :

a. La fabrication des éoliennes terrestres et en mer ainsi que, pour les éoliennes en mer, l'assemblage final des éoliennes et leur intégration sur fondations ;

b. La fabrication des composants essentiels conçus et utilisés principalement comme intrants directs dans la production des équipements mentionnés au *a*, y compris des mâts, des pales, des nacelles, des fondations posées ou flottantes, des sous-stations électriques et des câbles dynamiques et électriques de raccordement notamment interéoliens ;

c. L'extraction, la production, la transformation et la valorisation des matières premières critiques correspondantes nécessaires à la production des équipements et des composants essentiels mentionnés aux a et b ;

4° Pour la production de pompes à chaleur :

a. La fabrication de pompes à chaleur, quelle que soit la technologie utilisée ;

b. La fabrication des composants essentiels conçus et utilisés principalement comme intrants directs dans la production des équipements mentionnés au a ;

c. L'extraction, la production, la transformation et la valorisation des matières premières critiques correspondantes nécessaires à la production des équipements et des composants essentiels mentionnés aux a et b.

B. Les équipements, les composants essentiels et les matières premières utilisés dans le cadre des activités mentionnées au A du présent II sont déterminés par arrêté conjoint des ministres chargés de l'économie et de l'industrie.

Le plan d'investissement mentionné au VIII prévoit qu'au moins 50 % du chiffre d'affaires des projets de production de composants mentionnés au b des 1°, 2°, 3° et 4° du A du présent II est réalisé avec des entreprises exerçant des activités mentionnées au a des mêmes 1°, 2°, 3° et 4°.

Le plan d'investissement mentionné au VIII prévoit qu'au moins 50 % du chiffre d'affaires des projets de production et de valorisation de matériaux mentionnés au c des 1°, 2°, 3° et 4° du A du présent II est réalisé, directement ou indirectement, avec des entreprises exerçant des activités mentionnées aux a et b des mêmes 1°, 2°, 3° et 4°.

III. L'assiette du crédit d'impôt est constituée par les dépenses engagées, dans le cadre du plan d'investissement soumis à l'agrément prévu au VIII, qui entrent dans la détermination du résultat imposable, en vue de la production ou de l'acquisition des actifs corporels et incorporels suivants :

1° Les bâtiments, les installations, les équipements, les machines et les terrains d'assise nécessaires au fonctionnement de ces derniers équipements, sous réserve d'être acquis auprès d'un tiers qui n'est pas lié, au sens du 12 de l'article 39, à l'entreprise bénéficiant du crédit d'impôt ;

2° Les droits de brevet, les licences, les savoir-faire ou les autres droits de propriété intellectuelle, sous réserve de respecter les conditions cumulatives suivantes :

a. Etre inscrits à l'actif du bilan de l'entreprise bénéficiant du crédit d'impôt ;

b. Etre principalement exploités dans l'installation de production pour laquelle l'entreprise bénéficie du crédit d'impôt ;

c. Etre amortissables ;

d. Etre acquis aux conditions du marché auprès d'un tiers qui n'est pas lié, au sens du même 12, à l'entreprise bénéficiant du crédit d'impôt ;

e. Etre affectés à l'exploitation des investissements pour lesquels le crédit d'impôt est accordé pendant l'un des deux délais mentionnés au 5° du I du présent article ;

3° Les autorisations d'occupation temporaire du domaine public constitutives d'un droit réel.

Les dépenses mentionnées au présent III sont prises en compte à hauteur du prix de revient minoré des taxes et frais de toute nature, à l'exception des frais directement engagés pour la mise en état d'utilisation du bien.

IV. Les aides publiques reçues au titre des dépenses ouvrant droit au crédit d'impôt sont déduites de l'assiette définie au III.

V. A. Le taux du crédit d'impôt est égal à 20 %.

Ce taux est porté :

1° A 25 % pour les investissements réalisés dans les zones définies à l'annexe 1 au décret n° 2022-968 du 30 juin 2022 relatif aux zones d'aide à finalité régionale et aux zones d'aide à l'investissement des petites et moyennes entreprises pour la période 2022-2027, dans sa rédaction en vigueur au 1er septembre 2023 ;

2° A 40 % pour les investissements réalisés dans les zones définies à l'annexe 2 au même décret, dans sa rédaction en vigueur au 1er septembre 2023.

B. Les taux mentionnés au A du présent V sont majorés :

1° De 10 points de pourcentage pour les investissements réalisés par des moyennes entreprises au sens de la définition de l'annexe I au règlement (UE) n° 651/2014 de la Commission du 17 juin 2014 précité ;

2° De 20 points de pourcentage pour les investissements réalisés par des petites entreprises au sens de la définition de la même annexe I.

VI. A. Le montant total du crédit d'impôt ne peut excéder 150 millions d'euros par entreprise. Le respect de ce plafond s'apprécie en totalisant l'ensemble des aides d'Etat obtenues par des entreprises qui ne sont pas considérées comme autonomes au sens du 1 de l'article 3 de l'annexe I au règlement (UE) n° 651/2014 de la Commission du 17 juin 2014 précité.

B. Le plafond mentionné au A du présent VI est porté :

1° A 200 millions d'euros par entreprise pour les investissements réalisés dans les zones définies à l'annexe 1 au décret n° 2022-968 du 30 juin 2022 précité, dans sa rédaction en vigueur au 1er septembre 2023 ;

2° A 350 millions d'euros par entreprise pour les investissements réalisés dans les zones définies à l'annexe 2 au même décret, dans sa rédaction en vigueur au 1er septembre 2023.

VII. Le crédit d'impôt peut être cumulé avec une autre aide d'Etat, sous réserve de respecter les règles de cumul énoncées au 1.5 de la communication de la Commission européenne du 9 mars 2023 " Encadrement temporaire de crise et de transition pour les mesures d'aide d'Etat visant à soutenir l'économie à la suite de l'agression de la Russie contre l'Ukraine " (2023/C 101/03), publiée au Journal officiel de l'Union européenne du 17 mars 2023.

Le cumul du crédit d'impôt et des autres aides d'Etat reçues au titre des dépenses mentionnées au III du présent article ne peut excéder le taux mentionné au V ni le plafond mentionné au VI. Le montant total de l'aide ne peut excéder 100 % des coûts admissibles.

VIII. A. Le bénéfice du crédit d'impôt est subordonné à la délivrance d'un agrément préalable du ministre chargé du budget portant sur le plan d'investissement de l'entreprise, dans les conditions prévues à l'article 1649 nonies et sur avis conforme de l'établissement public mentionné au I de l'article L 131-3 du code de l'environnement. Cet établissement public atteste que les activités exposées dans la demande d'agrément entrent dans le champ des activités éligibles défini au II du présent article.

Lorsque le plan d'investissement comprend des constructions immobilières, la demande d'agrément est déposée avant l'ouverture du chantier.

B. L'agrément est délivré lorsque les conditions cumulatives suivantes sont remplies :

1° L'entreprise remplit les conditions cumulatives mentionnées au I ;

2° Le plan d'investissement s'inscrit dans le cadre d'une ou de plusieurs opérations mentionnées au II ;

3° Les éléments fournis à l'appui de la demande d'agrément sont de nature à faire regarder le plan d'investissement comme économiquement viable.

C. 1. Les dépenses se rapportant à la production ou à l'acquisition des actifs mentionnés aux 1° et 2° du III engagées à compter de la réception de la demande d'agrément sont prises en compte dans l'assiette du crédit d'impôt.

2. Les dépenses se rapportant à l'acquisition de l'actif mentionné au 3° du III sont prises en compte dans l'assiette du crédit d'impôt pour la période comprise entre la date de signature de la convention d'occupation temporaire du domaine public, qui ne peut être antérieure à la réception de la demande d'agrément, et l'expiration de l'un des deux délais mentionnés au 5° du I.

D. Le non-respect des conditions mentionnées au présent article après la délivrance de l'agrément entraîne le retrait de celui-ci et la déchéance des avantages fiscaux qui y sont attachés, dans les conditions prévues à l'article 1649 nonies A.

Toutefois, l'avantage fiscal n'est pas repris lorsque les investissements aidés sont transmis dans le cadre des opérations mentionnées aux articles 210 A ou 210 B si le bénéficiaire de la transmission s'engage à en maintenir l'exploitation dans le cadre d'une activité éligible pendant la fraction du délai minimal d'exploitation restant à courir.

E. La décision de délivrance ou de refus de l'agrément est rendue dans un délai de trois mois à compter du dépôt d'une demande d'agrément complète.

IX. Le crédit d'impôt s'applique par fractions au titre des exercices ou des années au cours desquels les dépenses du plan d'investissement agréé conformément au VIII sont engagées, en appliquant à ces dépenses le taux de crédit d'impôt mentionné dans la décision d'agrément.

Chaque fraction du crédit d'impôt est imputée sur l'impôt sur le revenu dû par le contribuable au titre de l'année au cours de laquelle les dépenses mentionnées dans le plan d'investissement sont engagées ou sur l'impôt sur les sociétés dû par l'entreprise au titre de l'exercice au cours duquel ces dépenses sont engagées.

Pour les entreprises qui ne sont pas soumises à l'impôt sur les sociétés, quelle que soit la date de clôture des exercices et quelle que soit leur durée, la fraction du crédit d'impôt est calculée par référence aux dépenses engagées au cours de la dernière année civile écoulée.

Si le montant de la fraction du crédit d'impôt excède l'impôt dû au titre de l'année ou de l'exercice, l'excédent est restitué.

L'excédent de la fraction du crédit d'impôt constitue au profit de l'entreprise une créance sur l'Etat d'un montant égal.

Cette créance est inaliénable et incessible, sauf dans les cas et selon les conditions prévues aux articles L 313- 23 à L 313-35 du code monétaire et financier.

En cas de fusion ou d'opération assimilée intervenant au cours de la période mentionnée au premier alinéa du présent IX, la fraction de la créance qui n'a pas encore été imputée par la société apporteuse est transférée à la société bénéficiaire de l'apport.

X. Lorsque les investissements sont réalisés par les sociétés de personnes mentionnées aux articles 8 et 238 bis L ou les groupements mentionnés aux articles 239 quater ou 239 quater C qui ne sont pas soumis à l'impôt sur les sociétés, le crédit d'impôt peut être utilisé par leurs associés proportionnellement à leurs droits dans ces sociétés ou ces groupements.

XI. Le présent article s'applique aux crédits d'impôt calculés au titre de projets agréés jusqu'au 31 décembre 2025.

Ndlr *L'entrée en vigueur de ce dispositif est subordonnée à la décision de la Commission européenne sur sa conformité avec la réglementation des aides d'Etat et sera prévue par décret (Loi 2023-1322 du 29 décembre 2023 art. 35, IV).*

XXXV. Crédit d'impôt au titre des avances remboursables ne portant pas intérêt pour financer l'acquisition ou la construction d'une résidence principale

Art 244 quater J **I.** Les établissements de crédit ou les sociétés de financement mentionnés à l'article L 511-1 du code monétaire et financier passibles de l'impôt sur les sociétés, de l'impôt sur le revenu ou d'un impôt équivalent, ayant leur siège dans un Etat membre de l'Union européenne ou dans un autre Etat partie à l'accord sur l'Espace économique européen ayant conclu avec la France une convention d'assistance administrative en vue de lutter contre la fraude et l'évasion fiscales, peuvent bénéficier d'un crédit d'impôt au titre d'avances remboursables ne portant pas intérêt consenties à des personnes physiques, soumises à des conditions de ressources, pour l'acquisition ou la construction d'une résidence principale en accession à la première propriété et versées au cours de l'année d'imposition ou de l'exercice.

Le montant de l'avance remboursable sans intérêt peut, le cas échéant, financer l'ensemble des travaux prévus par le bénéficiaire de cette avance lors de l'acquisition de cette résidence.

Remplissent la condition de première propriété mentionnée au premier alinéa les personnes physiques bénéficiaires de l'avance remboursable sans intérêt n'ayant pas été propriétaires de leur résidence principale au cours des deux dernières années précédant l'offre de ladite avance.

Toutefois, cette condition n'est pas exigée dans les cas suivants :

a. Lorsque le bénéficiaire de l'avance remboursable ou l'un des occupants du logement à titre principal est titulaire de la carte « mobilité inclusion » portant la mention « invalidité » mentionnée à l'article L 241-3 du code de l'action sociale et des familles ;

b. Lorsque le bénéficiaire de l'avance remboursable ou l'un des occupants de la résidence à titre principal bénéficie d'une allocation attribuée en vertu des dispositions des articles L 821-1 à L 821-8 ou L 541-1 à L 541-3 du code de la sécurité sociale ;

c. Lorsque le bénéficiaire de l'avance remboursable ou l'un des occupants de la résidence à titre principal est victime d'une catastrophe ayant conduit à rendre inhabitable de manière définitive sa résidence principale *(Voir code de la construction et de l'habitation, art. R 318-1).*

L'attribution de ces avances remboursables est fonction de l'ensemble des ressources et du nombre des personnes destinées à occuper à titre principal la résidence des bénéficiaires desdites avances, de la localisation et du caractère neuf ou ancien du bien immobilier.

Lors de l'offre de l'avance remboursable sans intérêt, le montant total des ressources à prendre en compte s'entend de la somme des revenus fiscaux de référence, au sens du 1° du IV de l'article 1417, des personnes mentionnées au huitième alinéa au titre de :

1° L'avant-dernière année précédant celle de l'offre de l'avance lorsque cette dernière intervient entre le 1er janvier et le 31 mai ;

2° L'année précédant celle de l'offre de l'avance lorsque cette dernière intervient entre le 1er juin et le 31 décembre.

Dans le cas où la composition du ou des foyers fiscaux des personnes mentionnées au huitième alinéa incluait, l'année retenue pour la détermination du montant total des ressources, des personnes qui ne sont pas destinées à occuper à titre principal le bien immobilier, le ou les revenus fiscaux de référence, au sens du 1° du IV de l'article 1417, concernés sont corrigés afin de ne tenir compte que des personnes mentionnées au huitième alinéa, le cas échéant de manière forfaitaire.

Le montant total des ressources à prendre en compte ne doit pas excéder 64 875 €.

Le montant de l'avance remboursable sans intérêt est plafonné à 32 500 €.

Ce dernier montant est majoré de 50 % dans les quartiers prioritaires de la politique de la ville et dans les zones franches urbaines – territoires entrepreneurs mentionnées à l'article 42 de la loi n° 95-115 du 4 février 1995 d'orientation pour l'aménagement et le développement du territoire.

Jusqu'au 31 décembre 2010, le montant plafond de l'avance remboursable sans intérêt est majoré d'un montant de 15 000 € pour les opérations d'accession sociale à la propriété portant sur la construction ou l'acquisition de logements neufs et donnant lieu à une aide à l'accession sociale à la propriété attribuée par une ou plusieurs collectivités territoriales ou par un groupement de collectivités territoriales du lieu d'implantation du logement, dans les conditions prévues à l'article L 312-2-1 du code de la construction et de l'habitation. Les ressources des ménages bénéficiaires de cette majoration doivent être inférieures ou égales aux plafonds de ressources permettant l'accès aux logements locatifs sociaux visés au I de l'article R 331-1 du même code *(Voir aussi code de la construction et de l'habitation, art. R* 318-10).*

Le montant plafond de l'avance remboursable sans intérêt est majoré d'un montant de 20 000 € pour les opérations portant sur la construction ou l'acquisition de logements neufs ou en l'état futur d'achèvement dont le niveau élevé de performance énergétique globale, déterminé dans des conditions fixées par décret *(Voir code de la construction et de l'habitation, art. D 318-34 et arrêté du 19 novembre 2009 relatif aux modalités de justification du niveau élevé de performance énergétique pour la majoration des avances remboursables sans intérêt pour l'acquisition ou la construction de logements en accession à la propriété, JO du 29)* et justifié par le bénéficiaire de l'avance, est supérieur à celui qu'impose la législation en vigueur.

Un décret en Conseil d'Etat définit les caractéristiques financières et les conditions d'attribution de l'avance remboursable sans intérêt *(Voir code de la construction et de l'habitation, art. R 318-4 à R 318-13 et D 318-28 à D 318-32. Voir également l'arrêté du 31 janvier 2005, JO du 1er février, modifié).*

II. Le montant du crédit d'impôt est égal à la somme actualisée des écarts entre les mensualités dues au titre de l'avance remboursable sans intérêt et les mensualités d'un prêt consenti à des conditions normales de taux à la date d'émission de l'offre de l'avance remboursable sans intérêt.

Les modalités de calcul du crédit d'impôt et de détermination de ce taux sont fixées par décret en Conseil d'Etat *(Voir Annexe II, art. 171 BI et 171 BJ).*

Le crédit d'impôt résultant de l'application des premier et deuxième alinéas fait naître au profit de l'établissement de crédit ou de la société de financement une créance, inaliénable et incessible, d'égal montant. Cette créance constitue un produit imposable rattaché à hauteur d'un cinquième au titre de l'exercice au cours duquel l'établissement de crédit ou la société de financement a versé des avances remboursables sans intérêt et par fractions égales sur les exercices suivants.

En cas de fusion, la créance de la société absorbée est transférée à la société absorbante. En cas de scission ou d'apport partiel d'actif, la créance est transmise à la société bénéficiaire des apports à la condition que l'ensemble des prêts à taux zéro y afférents et versés à des personnes physiques par la société scindée ou apporteuse soient transférés à la société bénéficiaire des apports.

III. Le bénéfice du crédit d'impôt est subordonné à la conclusion d'une convention entre l'établissement de crédit ou la société de financement mentionné au I et l'Etat, conforme à une convention type approuvée par arrêté conjoint du ministre chargé de l'économie et du ministre chargé du logement *(Voir code de la construction et de l'habitation, art. R 318-18).*

IV. Une convention conclue entre l'établissement de crédit ou la société de financement mentionné au I et l'organisme chargé de gérer le Fonds de garantie de l'accession sociale à la propriété mentionné à l'article L 312-1 du code de la construction et de l'habitation définit les modalités de déclaration par l'établissement de crédit ou la société de financement des avances remboursables, le contrôle de l'éligibilité des avances remboursables et le suivi des crédits d'impôt *(Voir code de la construction et de l'habitation, art. R 318-19 et R 318-21).*

V. L'organisme chargé de gérer le Fonds de garantie de l'accession sociale à la propriété mentionné au IV est tenu de fournir à l'administration fiscale dans les quatre mois de la clôture de l'exercice de chaque établissement de crédit ou société de financement les informations relatives aux avances remboursables sans intérêt versées par chaque établissement de crédit ou société de financement, le montant total des crédits d'impôt correspondants obtenus ainsi que leur suivi *(Voir Annexe III, art. 49 septies YT).*

VI. Lorsque les sociétés de personnes mentionnées aux articles 8, 238 bis L, ou groupements mentionnés aux articles 239 quater, 239 quater B, 239 quater C ne sont pas soumis à l'impôt sur les sociétés, le crédit d'impôt peut être utilisé par les associés proportionnellement à leurs droits dans ces sociétés ou ces groupements, à condition qu'il s'agisse de redevables de l'impôt sur les sociétés ou de personnes physiques participant à l'exploitation au sens du 1° bis du I de l'article 156.

(Dispositions applicables aux avances remboursables sans intérêt émises entre le 1er février 2005 et le 31 décembre 2010 et pour le versement desquelles l'établissement de crédit ne bénéficie pas de la subvention prévue à l'article R 317-1 du code de la construction et de l'habitation)

(Voir aussi art. 199 ter I et 220 K et Annexe III, art. 49 septies YP à 49 septies YS)

Ndlr *Les avances prévues à l'article 244 quater J du CGI n'ouvrent pas droit au crédit d'impôt mentionné au même article lorsque l'offre de prêt n'a pas fait l'objet d'une acceptation avant le 1er juillet 2011 ou lorsque les fonds n'ont pas été mis à disposition de l'emprunteur, en totalité ou partiellement, avant le 1er juillet 2012.*

IS-IX-63060

XXXVII. Crédit d'impôt en faveur de l'agriculture biologique

Art 244 quater L **I.** Les entreprises agricoles bénéficient d'un crédit d'impôt au titre de chacune des années 2011 à 2025 au cours desquelles au moins 40 % de leurs recettes proviennent d'activités mentionnées à l'article 63 relevant du mode de production biologique conformément aux règles fixées dans le règlement(UE) 2018/848 du Parlement européen et du Conseil du 30 mai 2018 relatif à la production biologique et à l'étiquetage des produits biologiques, et abrogeant le règlement (CE) n° 834/2007 du Conseil. *(Voir Annexe III, art. 49 septies Z).*

II. 1. Le montant du crédit d'impôt mentionné au I s'élève à 4 500 €.

2. Les entreprises qui bénéficient d'une aide à la conversion à l'agriculture biologique ou d'une aide au maintien de l'agriculture biologique, en application du règlement (UE) 2021/2115 du Parlement européen et du Conseil du 2 décembre 2021 établissant des règles régissant l'aide aux plans stratégiques devant être établis par les Etats membres dans le cadre de la politique agricole commune (plans stratégiques relevant de la PAC) et financés par le Fonds européen agricole de garantie (FEAGA) et par le Fonds européen agricole pour le développement rural (Feader), et abrogeant les règlements (UE) n° 1305/2013 et (UE) n° 1307/2013, peuvent bénéficier du crédit d'impôt prévu au I du présent article lorsque le montant résultant de la somme de ces aides et de ce crédit d'impôt n'excède pas 5 000 € au titre de chacune des années mentionnées au même I. Le montant du crédit d'impôt mentionné audit I est diminué, le cas échéant, pour que le montant résultant de la somme des aides et du crédit d'impôt ne dépasse pas 5 000 €.

3. Pour le calcul du crédit d'impôt des groupements agricoles d'exploitation en commun, les montants mentionnés aux 1 et 2 sont multipliés par le nombre d'associés, sans que le montant du crédit d'impôt ainsi obtenu puisse excéder quatre fois le crédit d'impôt calculé dans les conditions prévues aux mêmes 1 et 2.

III. Le crédit d'impôt calculé par les sociétés de personnes mentionnées aux articles 8 et 238 bis L ou les groupements mentionnés aux articles 238 ter, 239 quater, 239 quater B, 239 quater C et 239 quinquies, qui ne sont pas soumis à l'impôt sur les sociétés, peut être utilisé par leurs associés proportionnellement à leurs droits dans ces sociétés ou ces groupements, à condition qu'il s'agisse de redevables de l'impôt sur les sociétés ou de personnes physiques participant à l'exploitation au sens du 1° bis du I de l'article 156.

IV. Le bénéfice du crédit d'impôt mentionné au I est subordonné au respect du règlement (UE) n° 1408/2013 de la Commission, du 18 décembre 2013, relatif à l'application des articles 107 et 108 du traité sur le fonctionnement de l'Union européenne aux aides de minimis dans le secteur de l'agriculture ou du règlement (UE) n° 717/2014 de la Commission du 27 juin 2014 concernant l'application des articles 107 et 108 du traité sur le fonctionnement de l'Union européenne aux aides de minimis dans le secteur de la pêche et de l'aquaculture.

(Voir Annexe III, art. 49 septies Z à 49 septies ZB bis)
(Voir art. 199 ter K et 220 M)

BA-VII-29000 s. ; MF n° 16355

XXXVIII. Crédit d'impôt pour formation des dirigeants

Art 244 quater M I. Les entreprises imposées d'après leur bénéfice réel ou exonérées en application des articles 44 sexies, 44 sexies A, 44 octies A, 44 terdecies à 44 septdecies peuvent bénéficier d'un crédit d'impôt égal au produit du nombre d'heures passées par le chef d'entreprise en formation par le taux horaire du salaire minimum de croissance établi en exécution des articles L 3231-2 à L 3231-11 du code du travail *(Pour Mayotte la référence au salaire minimum de croissance est replacée par la référence'au salaire minimum interprofessionnel garanti mentionné à l'article L 141-1 du code du travail applicable à Mayotte : Ordonnance 2013-837 du 19 septembre 2013, art. 35-III al. 1er).*

I bis. Pour les entreprises qui satisfont à la définition de la microentreprise donnée à l'annexe I au règlement (UE) n° 651/2014 de la Commission du 17 juin 2014 déclarant certaines catégories d'aides compatibles avec le marché intérieur en application des articles 107 et 108 du traité, le montant du crédit d'impôt est égal au double du produit déterminé au I du présent article.

> **Ndlr** *Les dispositions du présent I bis s'appliquent aux heures de formation effectuées à compter du 1er janvier 2022 (Loi 2021-1900 du 30 décembre 2021 art. 19, I-3°-a et IV).*

II. Le crédit d'impôt est plafonné à la prise en compte de quarante heures de formation par année civile.

II bis. Pour le calcul du crédit d'impôt des groupements agricoles d'exploitation en commun, le plafond horaire mentionné au II est multiplié par le nombre d'associés chefs d'exploitation.

IS-IX-28250 s.

III. Le crédit d'impôt calculé par les sociétés de personnes mentionnées aux articles 8, 238 bis L, 239 ter et 239 quater A ou les groupements mentionnés aux articles 238 ter, 239 quater, 239 quater B, 239 quater C et 239 quinquies qui ne sont pas soumis à l'impôt sur les sociétés peut être utilisé par leurs associés proportionnellement à leurs droits dans ces sociétés ou ces groupements, à condition qu'il s'agisse de redevables de l'impôt sur les sociétés ou de personnes physiques participant à l'exploitation au sens du 1° bis du I de l'article 156.

III bis. Le bénéfice du crédit d'impôt déterminé dans les conditions prévues au I bis est subordonné au respect du règlement (UE) n° 1407/2013 de la Commission du 18 décembre 2013 relatif à l'application des articles 107 et 108 du traité sur le fonctionnement de l'Union européenne aux aides de minimis, du règlement (UE) n° 1408/2013 de la Commission du 18 décembre 2013 relatif à l'application des articles 107 et 108 du traité sur le fonctionnement de l'Union européenne aux aides de minimis dans le secteur de l'agriculture ou du règlement (UE) n° 717/2014 de la Commission du 27 juin 2014 concernant l'application des articles 107 et 108 du traité sur le fonctionnement de l'Union européenne aux aides de minimis dans le secteur de la pêche et de l'aquaculture.

Ndlr *Les dispositions du présent III bis s'appliquent aux heures de formation effectuées à compter du 1er janvier 2022 (Loi 2021-1900 du 30 décembre 2021 art. 19, I-3°-b et IV).*

IV. Les I et I bis s'appliquent aux heures de formation effectuées jusqu'au 31 décembre 2024. *(Voir art. 199 ter L et 220 N et Annexe III, art. 49 septies ZC à 49 septies ZH)*

IS-IX-28000 s. ; MF n° 10545

XL. Crédit d'impôt en faveur des métiers d'art

Art 244 quater O **I.** Les entreprises mentionnées au III et imposées d'après leur bénéfice réel ou exonérées en application des articles 44 sexies, 44 sexies A, 44 octies A, 44 duodecies, 44 terdecies à 44 septdecies peuvent bénéficier d'un crédit d'impôt égal à 10 % de la somme :

1° Des salaires et charges sociales afférents aux salariés directement affectés à la création d'ouvrages réalisés en un seul exemplaire ou en petite série. La création d'ouvrages uniques, réalisés en un exemplaire ou en petite série, se définit selon deux critères cumulatifs :

a. Un ouvrage pouvant s'appuyer sur la réalisation de plans ou maquettes ou de prototypes ou de tests ou encore de mise au point manuelle particulière à l'ouvrage ;

b. Un ouvrage produit en un exemplaire ou en petite série ne figurant pas à l'identique dans les réalisations précédentes de l'entreprise ;

2° Des dotations aux amortissements des immobilisations créées ou acquises à l'état neuf qui sont directement affectées à la création d'ouvrages mentionnés au 1° et à la réalisation de prototypes ;

3° Des frais de dépôt des dessins et modèles relatifs aux ouvrages mentionnés au 1° ;

4° Des frais de défense des dessins, des modèles, dans la limite de 60 000 € par an ;

5° *(Abrogé)* ;

6° Des dépenses liées à l'élaboration d'ouvrages mentionnés au 1° confiées par ces entreprises à des stylistes ou bureaux de style externes.

I bis. Les entreprises mentionnées aux 1° et 3° du III du présent article et imposées d'après leur bénéfice réel ou exonérées en application des mêmes articles 44 sexies, 44 sexies A, 44 octies A, 44 duodecies et 44 terdecies à 44 septdecies et oeuvrant dans le domaine de la restauration du patrimoine bénéficient du crédit d'impôt prévu au premier alinéa du I du présent article au titre :

1° Des salaires et charges sociales afférents aux salariés directement affectés à l'activité de restauration du patrimoine ;

2° Des dotations aux amortissements des immobilisations créées ou acquises à l'Etat neuf qui sont directement affectées à l'activité mentionnée au 1° ;

3° Des frais de dépôt des dessins et modèles relatifs à l'activité mentionnée au même 1° ;

4° Des frais de défense des dessins et des modèles, dans la limite de 60 000 € par an ;

5° Des dépenses liées à l'activité mentionnée audit 1° confiées par ces entreprises à des stylistes ou à des bureaux de style externes.

II. Le taux de 10 % visé au I est porté à 15 % pour les entreprises visées au 3° du III.

Le crédit d'impôt est plafonné à 30 000 € par an et par entreprise.

III. Les entreprises pouvant bénéficier du crédit d'impôt sont :

1° Les entreprises dont les charges de personnel afférentes aux salariés qui exercent un des métiers d'art énumérés dans un arrêté du ministre chargé des petites et moyennes entreprises représentent au moins 30 % de la masse salariale totale *(Voir arrêté du 24 décembre 2015, JO du 31 janvier 2016)* ;

2° Les entreprises industrielles des secteurs de l'horlogerie, de la bijouterie, de la joaillerie, de l'orfèvrerie, de la lunetterie, des arts de la table, du jouet, de la facture instrumentale et de l'ameublement ; les nomenclatures des activités et des produits concernés sont définies par arrêté du ministre chargé de l'industrie *(Voir arrêté du 14 juin 2006, JO du 24)* ;

3° Les entreprises portant le label « Entreprise du patrimoine vivant » au sens de l'article 23 de la loi 2005-882 du 2 août 2005 en faveur des petites et moyennes entreprises *(Voir Annexe III, art. 49 septies ZM)*.

Ndlr *S'agissant de la définition des entreprises du patrimoine vivant, voir partie Autres textes du présent code décret 2006-595 du 23 mai 2006.*

IV. Quelle que soit la date de clôture des exercices et quelle que soit leur durée, le crédit d'impôt est calculé par année civile.

V. Les subventions publiques reçues par les entreprises à raison de dépenses ouvrant droit au crédit d'impôt sont déduites des bases de calcul de ce crédit.

VI. Les mêmes dépenses ne peuvent entrer à la fois dans la base de calcul du crédit d'impôt et dans celle d'un autre crédit d'impôt.

VI bis. Le bénéfice du crédit d'impôt est subordonné au respect du règlement (UE) n° 1407/2013 de la Commission, du 18 décembre 2013, relatif à l'application des articles 107 et 108 du traité sur le fonctionnement de l'Union européenne aux aides de minimis.

Pour l'application du premier alinéa, les sociétés de personnes et les groupements mentionnés aux articles 8, 238 bis L, 239 quater, 239 quater A, 239 quater B et 239 quater C qui ne sont pas soumis à l'impôt sur les sociétés doivent également respecter le règlement (UE) n° 1407/2013 de la Commission, du 18 décembre 2013, précité. Le crédit d'impôt peut être utilisé par les associés de ces sociétés ou les membres de ces groupements proportionnellement à leurs droits dans ces sociétés ou groupements s'ils satisfont aux conditions d'application de ce même règlement et sous réserve qu'il s'agisse de redevables soumis à l'impôt sur les sociétés ou de personnes physiques participant à l'exploitation au sens du 1° bis du I de l'article 156.

VII. *(Abrogé).*

VIII. Le présent article s'applique aux crédits d'impôt calculés au titre des dépenses exposées par les entreprises mentionnées au III jusqu'au 31 décembre 2026.

(Voir aussi art. 199 ter N et 220 P, Annexe III, art. 49 septies ZM à 49 septies ZO et LPF, art. L 45 BA)

IS-IX-60000 s. ; MF n° 10535

XLV. Crédit d'impôt au titre des prêts avance mutation ne portant pas intérêt

Art 244 quater T **I. A.** Les établissements de crédit et les sociétés de financement mentionnés à l'article L 511-1 du code monétaire et financier et les sociétés de tiers-financement mentionnées au 8 de l'article L 511-6 du même code passibles de l'impôt sur les sociétés, de l'impôt sur le revenu ou d'un impôt équivalent, ayant leur siège dans un Etat membre de l'Union européenne ou dans un autre Etat partie à l'accord sur l'Espace économique européen ayant conclu avec la France une convention d'assistance administrative en vue de lutter contre la fraude et l'évasion fiscales, peuvent bénéficier d'un crédit d'impôt au titre des prêts avance mutation ne portant pas intérêt mentionnés au troisième alinéa de l'article L 315-2 du code de la consommation versés au cours de l'année d'imposition ou de l'exercice pour financer des travaux d'amélioration de la performance énergétique globale de logements achevés depuis plus de deux ans à la date de début d'exécution des travaux.

B. Les travaux ouvrant droit au bénéfice du prêt avance mutation ne portant pas intérêt mentionné au A du présent I sont ceux mentionnés aux 1°, 2° et 3° du 2 du I de l'article 244 quater U du présent code.

C. Le prêt avance mutation ne portant pas intérêt peut être consenti aux personnes physiques, sous conditions de ressources fixées par arrêté conjoint des ministres chargés des finances et du logement, au titre des travaux réalisés dans le logement qu'elles occupent à titre de résidence principale.

D. Le montant du prêt avance mutation ne portant pas intérêt ne peut excéder la somme de 50 000 € par logement. Un décret fixe, en fonction de la nature des travaux, le montant des plafonds de prêt avance mutation ne portant pas intérêt pour les travaux mentionnés au B du présent I.

E. L'emprunteur fournit à l'établissement de crédit, à la société de financement ou à la société de tiersfinancement mentionné au A du présent I, à l'appui de sa demande de prêt avance mutation ne portant pas intérêt et pour justifier des travaux réalisés, les documents mentionnés au 5 du I de l'article 244 quater U, dans les conditions et selon les modalités prévues au même 5.

F. Il ne peut être accordé qu'un seul prêt avance mutation ne portant pas intérêt par logement.

G. La durée du prêt avance mutation ne portant pas intérêt ne peut excéder une durée fixée par décret, qui ne peut être supérieure à dix ans à compter de l'émission de l'offre de prêt.

H. Le prêt avance mutation ne portant pas intérêt n'inclut pas le coût de travaux déjà financés au moyen des avances mentionnées aux articles 244 quater U et 244 quater V.

II. Le montant du crédit d'impôt est égal à l'écart entre la somme actualisée des mensualités dues au titre du prêt ne portant pas intérêt et la somme actualisée des montants perçus au titre d'un prêt de même montant et de même durée de remboursement, consenti à des conditions normales de taux à la date d'émission de l'offre de prêt ne portant pas intérêt.

Le crédit d'impôt fait naître au profit de l'établissement de crédit, de la société de financement ou de la société de tiers-financement une créance, inaliénable et incessible, d'égal montant. Cette créance constitue un produit imposable rattaché à hauteur d'un cinquième au titre de l'exercice au cours duquel l'établissement de crédit, la société de financement ou la société de tiers-financement a versé des prêts avance mutation ne portant pas intérêt et par fractions égales sur les quatre exercices suivants.

En cas de fusion, la créance de la société absorbée est transférée à la société absorbante. En cas de scission ou d'apport partiel d'actif, la créance est transmise à la société bénéficiaire des apports, à la condition que l'ensemble des prêts avance mutation ne portant pas intérêt afférents et versés par la société scindée ou apporteuse soit transféré à la société bénéficiaire des apports.

III. Le bénéfice du crédit d'impôt est subordonné à la conclusion d'une convention entre l'établissement de crédit, la société de financement ou la société de tiers-financement mentionné au A du I et l'Etat, conforme à une convention-type approuvée par arrêté conjoint des ministres chargés de l'économie, du logement et de l'environnement.

IV. Les ministres chargés de l'économie, du logement et de l'environnement sont autorisés à confier la gestion, le suivi et le contrôle des crédits d'impôt dus au titre des prêts avance mutation ne portant pas intérêt prévus au présent article à la société de gestion mentionnée au dernier alinéa de l'article L 312-1 du code de la construction et de l'habitation.

Le droit de contrôle confié à la société de gestion mentionnée au premier alinéa du présent IV s'exerce sans préjudice de celui dévolu à l'administration fiscale, qui demeure seule compétente pour procéder à des rectifications.

Une convention conclue entre l'établissement de crédit, la société de financement ou la société de tiersfinancement mentionné au A du I et la société de gestion mentionnée au premier alinéa du présent IV, conforme à une convention-type approuvée par arrêté conjoint des ministres chargés de l'économie, du logement et de l'environnement, définit les modalités de déclaration des prêts avance mutation ne portant pas intérêt par l'établissement de crédit, la société de financement ou la société de tiers-financement, le contrôle de leur éligibilité et le suivi des crédits d'impôt prévus au présent article.

Cette convention prévoit l'obligation pour l'établissement de crédit, la société de financement ou la société de tiers-financement d'informer l'emprunteur, dans l'offre et le contrat de prêt avance mutation ne portant pas intérêt, du montant du crédit d'impôt prévu au présent article correspondant.

V. Les relations entre l'Etat et la société de gestion mentionnée au premier alinéa du IV sont définies par une convention, conforme à une convention-type approuvée par arrêté conjoint des ministres chargés de l'économie, du logement et de l'environnement, qui précise notamment les conditions dans lesquelles cette société participe au contrôle de l'application du présent article.

VI. La société de gestion mentionnée au premier alinéa du IV est tenue de fournir à l'administration fiscale, dans les quatre mois suivant la clôture de l'exercice de chaque établissement de crédit, société de financement ou société de tiers-financement, les informations relatives aux prêts avance mutation ne portant pas intérêt versés par chaque établissement de crédit, société de financement ou société de tiers-financement, le montant total des crédits d'impôt correspondants obtenus ainsi que leur suivi.

VII. Lorsque les sociétés de personnes mentionnées aux articles 8 et 238 bis L ou les groupements mentionnés aux articles 239 quater, 239 quater B et 239 quater C ne sont pas soumis à l'impôt sur les sociétés, le crédit d'impôt peut être utilisé par les associés proportionnellement à leurs droits dans ces sociétés ou ces groupements, à la condition qu'il s'agisse de redevables de l'impôt sur les sociétés ou de personnes physiques participant à l'exploitation, au sens du 1° bis du I de l'article 156.

VIII. Un décret fixe les modalités d'application du présent article, notamment les modalités de calcul du crédit d'impôt et de détermination du taux mentionné au premier aliéna du II ainsi que les caractéristiques financières et les conditions d'attribution du prêt avance mutation ne portant pas intérêt.

Ndlr *Les dispositions du présent article s'appliquent aux offres de prêts avance mutation ne portant pas intérêt émises à compter du 1er septembre 2024 et jusqu'au 31 décembre 2027 (Loi 2023-1322 du 29 décembre 2023 art. 71, III-6° et X-B).*

XLVI. Crédit d'impôt au titre des avances remboursables ne portant pas intérêt pour le financement de travaux d'amélioration de la performance énergétique des logements anciens

Art 244 quater U **I. 1.** Les établissements de crédit et les sociétés de financement mentionnés à l'article L 511-1 du code monétaire et financier passibles de l'impôt sur les sociétés, de l'impôt sur le revenu ou d'un impôt équivalent, ayant leur siège dans un Etat membre de l'Union européenne ou dans un autre Etat partie à l'accord sur l'Espace économique européen ayant conclu avec la France une convention d'assistance administrative en vue de lutter contre la fraude et l'évasion fiscales, peuvent bénéficier d'un crédit d'impôt au titre d'avances remboursables ne portant pas intérêt versées au cours de l'année d'imposition ou de l'exercice pour financer des travaux d'amélioration de la performance énergétique globale de logements achevés depuis plus de deux ans à la date de début d'exécution des travaux et utilisés ou destinés à être utilisés en tant que résidence principale.

2. Les travaux mentionnés au 1 sont constitués :

1° Soit de travaux qui correspondent à au moins une des catégories suivantes :

a. Travaux d'isolation thermique performants des toitures ;

b. Travaux d'isolation thermique performants des murs donnant sur l'extérieur ;

c. Travaux d'isolation thermique performants des parois vitrées et portes donnant sur l'extérieur ;

d. Travaux d'installation, de régulation ou de remplacement de systèmes de chauffage, le cas échéant associés à des systèmes de ventilation économiques et performants, ou de production d'eau chaude sanitaire performants ;

e. Travaux d'installation d'équipements de chauffage utilisant une source d'énergie renouvelable ;

f. Travaux d'installation d'équipements de production d'eau chaude sanitaire utilisant une source d'énergie renouvelable ;

g. Travaux d'isolation des planchers bas ;

1° bis Soit de travaux permettant d'améliorer la performance énergétique du logement et ayant ouvert droit à une aide accordée par l'Agence nationale de l'habitat au titre de la lutte contre la précarité énergétique ;

1° ter Soit de travaux d'amélioration de la performance énergétique du logement ayant ouvert droit à la prime de transition énergétique mentionnée au II de l'article 15 de la loi n° 2019-1479 du 28 décembre 2019 de finances pour 2020 *(Voir Code de la construction et de l'habitation, art. D 319-44 à D 319-51)* ;

> ***Ndlr*** *Les dispositions du présent 1° ter s'appliquent aux offres émises à compter du 1er juillet 2022 (Loi 2021-1900 du 30 décembre 2021 art. 86, IV-B).*

2° Soit de travaux permettant d'atteindre une performance énergétique globale minimale du logement ;

3° Soit de travaux de réhabilitation de systèmes d'assainissement non collectif par des dispositifs ne consommant pas d'énergie ;

4° *(Abrogé).*

Les modalités de détermination des travaux mentionnés aux 1° à 3° sont fixées par décret *(Voir code de la construction et de l'habitation, art. D 319-16, D 319-17, D 319-35, D 319-44 et D 319-47. Voir également arrêtés du 30 mars 2009, JO du 31 et du 25 mai 2011, JO du 17 juin)*. Ce décret fixe également les critères de qualification de l'entreprise exigés pour les travaux mentionnés aux 1° et 2°. La condition d'ancienneté du logement mentionnée au 1 ne s'applique pas en cas de réalisation de travaux prévus aux 1° bis et 1° ter du présent 2.

Les travaux mentionnés au 1° ter ne sont pas cumulables avec les autres travaux mentionnés au présent 2.

> ***Ndlr*** *Les dispositions du présent 2, telles que modifiées par la loi 2021-1900 du 30 décembre 2021 art. 86, I-A-1°, s'appliquent aux offres d'avances émises à compter du 1er juillet 2022 (Loi précitée art. 86, IV-B).*

3. L'avance remboursable sans intérêt peut être consentie aux personnes suivantes :

1° Aux personnes physiques à raison de travaux réalisés dans leur habitation principale lorsqu'elles en sont propriétaires ou dans des logements qu'elles donnent en location ou qu'elles s'engagent à donner en location ;

2° Aux sociétés civiles non soumises à l'impôt sur les sociétés dont au moins un des associés est une personne physique, lorsqu'elles mettent l'immeuble faisant l'objet des travaux gratuitement à la disposition de l'un de leurs associés personne physique, qu'elles le donnent en location ou s'engagent à le donner en location ;

3° Aux personnes physiques membres d'un syndicat de copropriétaires, à raison du prorata qui leur revient des travaux d'intérêt collectif réalisés sur les parties privatives prévus au f de l'article 25 de la loi n° 65-557 du 10 juillet 1965 fixant le statut de la copropriété des immeubles bâtis ainsi que des travaux réalisés sur les parties et équipements communs de l'immeuble dans lequel elles possèdent leur habitation principale ou des logements qu'elles donnent ou s'engagent à donner en location ;

4° Aux sociétés civiles non soumises à l'impôt sur les sociétés dont au moins un des associés est une personne physique, membres d'un syndicat de copropriétaires, à raison du prorata qui leur revient des travaux d'intérêt collectif réalisés sur les parties privatives prévus au f de l'article 25 de la loi n° 65-557 du 10 juillet 1965 fixant le statut de la copropriété des immeubles bâtis ainsi que des travaux réalisés sur les parties et équipements communs de l'immeuble dans lequel elles possèdent un logement qu'elles mettent gratuitement à la disposition de l'un de leurs associés personne physique, donnent en location ou s'engagent à donner en location.

4. Le montant de l'avance remboursable ne peut excéder la somme de 30 000 € par logement *(Voir Code de la construction et de l'habitation, art. D 319-5, D 319-20, D 319-37 et D 319-46*). Par dérogation, ce montant est porté à 50 000 € lorsque l'avance finance les travaux mentionnés au 2° du 2. Un décret fixe le montant des plafonds d'avances remboursables pour les travaux mentionnés au même 2 *(NDLR Cette dérogation s'applique aux offres d'avances émises à compter du 1er janvier 2022).*

5. L'emprunteur fournit à l'établissement de crédit ou la société de financement mentionné au 1, à l'appui de sa demande d'avance remboursable sans intérêt, un descriptif et un devis détaillés des travaux envisagés. Par exception, lorsque la demande d'avance remboursable sans intérêt intervient concomitamment à une demande de prêt pour l'acquisition du logement faisant l'objet des travaux, le descriptif et le devis détaillés des travaux envisagés peuvent être fournis postérieurement, au plus tard à la date de versement du prêt. Il transmet tous les éléments justifiant que les travaux ont été effectivement réalisés conformément au descriptif et au devis détaillés et satisfont aux conditions prévues aux 1 et 2, dans un délai de trois ans à compter de la date d'octroi de l'avance par l'établissement de crédit ou la société de financement mentionné au 1, sauf en cas de décès de l'emprunteur, d'accident de santé de ce dernier entraînant une interruption temporaire de travail d'au moins trois mois, d'état de catastrophe naturelle ou technologique, de contestation contentieuse de l'opération ou de force majeure, dans des conditions fixées par décret. *(Voir code de la construction et de l'habitation, art. D 319-19 et D 319-20. Voir également arrêté du 30 mars 2009, JO du 31, arrêté du 25 mai 2011, JO du 17 juin et arrêté du 29 juin 2020, JO du 12 juillet).*

Toutefois, lorsque l'avance est consentie pour financer des travaux mentionnés au 1° bis du 2, la demande d'avance s'appuie sur un descriptif des travaux envisagés et des éléments fournis à l'emprunteur par l'Agence nationale de l'habitat et la justification que les travaux ont été effectivement réalisés est assurée par le versement de l'aide mentionnée au même 1° bis *(Voir code de la construction et de l'habitation, art. D 319-41 et D 319-42).*

Lorsque l'avance est consentie pour financer des travaux mentionnés au 1° ter du 2 du présent I, la demande d'avance s'appuie sur la décision d'octroi de la prime adressée à l'emprunteur par l'Agence nationale de l'habitat. La justification que les travaux ont été effectivement réalisés est assurée par la notification du versement de la prime adressée à l'emprunteur par l'agence *(Voir code de la construction et de l'habitation, art. D 319-50 et D 319-51)* *[NDLR Les dispositions du dernier alinéa du présent 5 sont applicables aux offres d'avances émises à compter du 1er juillet 2022 (Loi 2021-1900 du 30 décembre 2021 art. 86, I-A-3° et IV-B)].*

6. Il ne peut être accordé qu'une seule avance remboursable par logement.

6 bis. Par dérogation au 6, l'avance remboursable sans intérêt prévue au présent article peut être consentie dans les mêmes conditions à titre complémentaire aux personnes mentionnées au 3 pour financer d'autres travaux portant sur le même logement qui correspondent à au moins l'une des catégories mentionnées au 1° du 2. L'offre d'avance complémentaire est émise dans un délai de cinq ans à compter de l'émission de l'offre d'avance initiale. La somme des montants de l'avance initiale et de l'avance complémentaire ne peut excéder la somme de 30 000 € au titre d'un même logement.

Ndlr *Aucune offre d'avance complémentaire ne peut être émise après la date fixée à la fin du VII de l'article 99 de la loi 2008-1425 du 27 décembre 2008 de finances pour 2009, soit le 31 décembre 2027.*

Par dérogation, lorsque l'avance initiale a financé des travaux mentionnés au 2° du 2 du présent I, la somme de l'avance initiale et de l'avance complémentaire ne peut excéder la somme de 50 000 € au titre d'un même logement *(NDLR Cette dérogation s'applique aux offres d'avances émises à compter du 1er janvier 2022).*

7 *(Abrogé).*

8. *(Abrogé).*

9. La durée de remboursement de l'avance remboursable sans intérêt ne peut excéder cent quatre-vingts mois. Par dérogation, cette durée est portée à deux cent quarante mois lorsque l'avance finance les travaux mentionnés au 2° du 2.

Ndlr *Les dispositions de la deuxième phrase du présent 9 s'appliquent aux offres d'avances émises à compter du 1er janvier 2022 (Loi 2021-1900 du 30 décembre 2021 art. 86, I-A-5° et IV-A).*

II. Le montant du crédit d'impôt est égal à l'écart entre la somme actualisée des mensualités dues au titre de l'avance remboursable sans intérêt et la somme actualisée des montants perçus au titre d'un prêt de mêmes montant et durée de remboursement, consenti à des conditions normales de taux à la date d'émission de l'offre de prêt ne portant pas intérêt.

Le crédit d'impôt fait naître au profit de l'établissement de crédit ou la société de financement une créance, inaliénable et incessible, d'égal montant. Cette créance constitue un produit imposable rattaché à hauteur d'un cinquième au titre de l'exercice au cours duquel l'établissement de crédit ou la société de financement a versé des avances remboursables sans intérêt et par fractions égales sur les quatre exercices suivants.

En cas de fusion, la créance de la société absorbée est transférée à la société absorbante. En cas de scission ou d'apport partiel d'actif, la créance est transmise à la société bénéficiaire des apports à la condition que l'ensemble des avances remboursables ne portant pas intérêt y afférentes et versées par la société scindée ou apporteuse soit transféré à la société bénéficiaire des apports.

III. Le bénéfice du crédit d'impôt est subordonné à la conclusion d'une convention entre l'établissement de crédit ou la société de financement mentionné au 1 du I et l'Etat, conforme à une convention type approuvée par arrêté conjoint des ministres chargés de l'économie, du logement et de l'environnement *(Voir code de la construction et de l'habitation, art. D 319-11, D 319-38 et D 319-48).*

IV. Une convention conclue entre l'établissement de crédit ou la société de financement mentionné au 1 du I et la société chargée de gérer le Fonds de garantie de l'accession sociale à la propriété mentionnée à l'article L 312-1 du code de la construction et de l'habitation définit les modalités de déclaration par l'établissement de crédit ou la société de financement des avances remboursables, le contrôle de l'éligibilité des avances remboursables et le suivi des crédits d'impôt *(Voir code de la construction et de l'habitation, art. D 319-12 et D 319-39).*

V. La société chargée de gérer le Fonds de garantie de l'accession sociale à la propriété mentionnée au IV est tenue de fournir à l'administration fiscale, dans les quatre mois de la clôture de l'exercice de chaque établissement de crédit ou société de financement, les informations relatives aux avances remboursables sans intérêt versées par chaque établissement de crédit ou société de financement, le montant total des crédits d'impôt correspondants obtenus ainsi que leur suivi.

VI. Lorsque les sociétés de personnes mentionnées aux articles 8 et 238 bis L, ou groupements mentionnés aux articles 239 quater, 239 quater B et 239 quater C ne sont pas soumis à l'impôt sur les sociétés, le crédit d'impôt peut être utilisé par les associés proportionnellement à leurs droits dans ces sociétés ou ces groupements, à condition qu'il s'agisse de redevables de l'impôt sur les sociétés ou de personnes physiques participant à l'exploitation au sens du 1° bis du I de l'article 156.

VI bis. L'avance remboursable sans intérêt prévue au présent article peut être consentie dans les mêmes conditions à un syndicat de copropriétaires pour financer les travaux d'intérêt collectif réalisés sur les parties privatives prévus au f de l'article 25 de la loi n° 65-557 du 10 juillet 1965 précitée ainsi que les travaux réalisés sur les parties et équipements communs de l'immeuble, détenus par l'une des personnes mentionnées aux 3° et 4° du 3 du I du présent article et utilisés ou destinés à être utilisés en tant que résidence principale, et sous réserve des adaptations prévues au présent VI bis.

Les travaux mentionnés au premier alinéa du présent VI bis sont constitués des travaux mentionnés aux 1°, 2° et 3° du 2 du I.

Pour l'appréciation du délai mentionné au 5 du I du présent article lorsque l'avance est accordée en application du premier alinéa du présent VI bis, la date d'octroi de l'avance s'entend de la date de signature par l'emprunteur du contrat de prêt mentionné à l'article 26-5 de la loi n° 65-557 du 10 juillet 1965 fixant le statut de la copropriété des immeubles bâtis.

L'avance prévue au premier alinéa du présent VI bis peut être consentie au titre d'un logement ayant déjà fait l'objet d'une avance remboursable prévue au I du présent article, à la condition que l'offre relative à la seconde avance soit émise dans un délai de cinq ans à compter de l'émission de l'offre d'avance initiale et que la somme des montants des deux avances n'excède pas la somme de 30 000 € au titre d'un même logement. Par dérogation, lorsque l'une des deux avances a financé ou finance des travaux mentionnés au 2° du 2 du I, la somme des deux montants ne doit pas excéder 50 000 €.

> **Ndlr** *Les dispositions du présent alinéa s'appliquent aux offres d'avances émises à compter du 1er janvier 2022 (Loi 2021-1900 du 30 décembre 2021 art. 86, I-B-1° et IV-A).*

Il ne peut être accordé qu'une seule avance remboursable par syndicat de copropriétaires des logements sur lesquels portent les travaux.

Le montant de l'avance remboursable mentionné au premier alinéa du présent VI bis ne peut excéder la somme de 30 000 € par logement affecté à l'usage d'habitation et utilisé ou destiné à être utilisé en tant que résidence principale et détenu par l'une des personnes mentionnées aux 3° et 4° du 3 du I. Par dérogation, ce montant est porté à 50 000 € lorsque l'avance finance des travaux mentionnés au 2° du 2 du même I.

> **Ndlr** *Les dispositions du présent alinéa s'appliquent aux offres d'avances émises à compter du 1er janvier 2022 (Loi 2021-1900 du 30 décembre 2021 art. 86, I-B-2° et IV-A).*

Par dérogation au cinquième alinéa du présent VI bis, l'avance prévue au premier alinéa peut être consentie aux syndicats de copropriétaires au titre de logements ayant déjà fait l'objet d'une avance remboursable accordée en application du même VI bis, pour financer d'autres travaux mentionnés au premier alinéa, à la condition que l'offre d'avance complémentaire soit émise dans un délai de cinq ans à compter de l'émission de l'offre d'avance initiale et que la somme des montants de l'avance initiale et de l'avance complémentaire n'excède pas la somme de 30 000 € au titre d'un même logement. Par dérogation, lorsque l'une des deux avances a financé ou finance des travaux mentionnés au 2° du 2 du I, la somme des deux montants ne doit pas excéder 50 000 €.

(Voir code de la construction et de l'habitation, art. D 319-23 à D 319-34)

Ndlr *Les dispositions du présent alinéa s'appliquent aux offres d'avances émises à compter du 1er janvier 2022 (Loi 2021-1900 du 30 décembre 2021 art. 86, I-B-3° et IV-A).*

VI ter. L'avance remboursable sans intérêt prévue au I du présent article peut être consentie dans les mêmes conditions à titre complémentaire aux personnes mentionnées aux 3° et 4° du 3 du même I lorsqu'elles participent à une avance remboursable mentionnée au VI bis, pour financer d'autres travaux portant sur le même logement qui correspondent à au moins l'une des catégories mentionnées au 1° du 2 du I et sous réserve des adaptations prévues au présent VI ter.

L'offre d'avance doit être émise dans un délai de cinq ans à compter de l'émission de l'offre d'avance prévue au VI bis.

La somme des montants de l'avance émise au titre du présent VI ter et de l'avance émise au titre du VI bis ne peut excéder la somme de 30 000 € au titre d'un même logement. Par dérogation, lorsque l'avance émise au titre du VI bis a financé des travaux mentionnés au 2° du 2 du I, cette somme est portée à 50 000 €.

Ndlr *Les dispositions du précédent alinéa s'appliquent aux offres d'avances émises à compter du 1er janvier 2022 (Loi 2021-1900 du 30 décembre 2021 art. 86, I-C et IV-A).*

VII. Un décret fixe les modalités d'application du présent article et notamment les modalités de calcul du crédit d'impôt et de détermination du taux mentionné au II, ainsi que les caractéristiques financières *(Voir code de la construction et de l'habitation, art. D 319-5 à D 319-8 ainsi que D 319-21 du même code)* et les conditions d'attribution *(Voir code de la construction et de l'habitation, art. D 319-1 à D 319-4, D 319-36 et D 319-45)* de l'avance remboursable sans intérêt.

(Voir art 199 ter S et 220 Z et Annexe III, art. 49 septies ZZA à 49 septies ZZE)

Ndlr *Pour les dispositions du présent article qui entreront en vigueur à compter d'une date fixée par décret, et au plus tard à compter du 1er avril 2024, voir partie Autres textes du présent code loi 2023-1322 du 29 décembre 2023 art. 71, III-7° et X-C.*

IS-IX-68000 s. ; MF n° 10635

XLVII. Crédit d'impôt au profit des établissements de crédit et des sociétés de financement qui octroient des prêts à taux zéro permettant la première accession à la propriété

Art 244 quater V I. Les établissements de crédit et les sociétés de financement mentionnés à l'article L 511-1 du code monétaire et financier passibles de l'impôt sur les sociétés, de l'impôt sur le revenu ou d'un impôt équivalent, ayant leur siège dans un Etat membre de l'Union européenne ou dans un autre Etat partie à l'accord sur l'Espace économique européen ayant conclu avec la France une convention d'assistance administrative en vue de lutter contre la fraude et l'évasion fiscales, peuvent bénéficier d'un crédit d'impôt au titre des prêts ne portant pas intérêt mentionnés à l'article L 31-10-1 du code de la construction et de l'habitation.

Les conditions d'attribution et les modalités des prêts ne portant pas intérêt mentionnés au premier alinéa sont fixées chaque année par décret dans les conditions prévues aux articles L 31-10-1 et suivants du code de la construction et de l'habitation . Une étude d'impact jointe au décret fait apparaître les mesures prises pour que le montant des crédits d'impôt afférents aux prêts ne portant pas intérêt émis sur une même période de douze mois ne dépasse pas 2,1 milliards d'euros. Ce montant s'entend du montant brut des crédits d'impôt accordés, diminué de l'impôt sur les bénéfices correspondant *(NDLR Voir décret 2022-1675 du 27 décembre 2022 pour les offres de prêts émises à compter du 1er janvier 2023).*

II. Le montant du crédit d'impôt est égal à l'écart entre la somme actualisée des mensualités dues au titre du prêt ne portant pas intérêt et la somme actualisée des montants perçus au titre d'un prêt de mêmes montant et durée de remboursement, consenti à des conditions normales de taux à la date d'émission de l'offre de prêt ne portant pas intérêt.

La période de mise à disposition des fonds mentionnée au dernier alinéa de l'article L 31-10-11 du code de la construction et de l'habitation n'est pas prise en compte pour le calcul du crédit d'impôt.

Les modalités de calcul du crédit d'impôt et de détermination du taux mentionné au premier alinéa sont fixées par décret *(Voir Annexe III, art. 49 septies ZZF à 49 septies ZZI).*

Le crédit d'impôt fait naître au profit de l'établissement de crédit ou la société de financement une créance, inaliénable et incessible, d'égal montant. Cette créance constitue un produit imposable rattaché à hauteur d'un cinquième au titre de l'exercice au cours duquel l'établissement de crédit ou la société de financement a versé des prêts ne portant pas intérêt et par fractions égales sur les exercices suivants.

En cas de fusion, la créance de la société absorbée est transférée à la société absorbante. En cas de scission ou d'apport partiel d'actif, la créance est transmise à la société bénéficiaire des apports à la condition que l'ensemble des prêts ne portant pas intérêt y afférents et versés à des personnes physiques par la société scindée ou apporteuse soient transférés à la société bénéficiaire des apports.

III. La société mentionnée au cinquième alinéa de l'article L 312-1 du code de la construction et de l'habitation est tenue de fournir à l'administration fiscale, dans les quatre mois de la clôture de l'exercice de chaque établissement de crédit ou société de financement, les informations relatives aux prêts ne portant pas intérêt versés par chaque établissement de crédit ou société de financement, au montant total des crédits d'impôt correspondants obtenus ainsi qu'à leur suivi.

IV. Lorsque les sociétés de personnes mentionnées aux articles 8 et 238 bis L ou les groupements mentionnés aux articles 239 quater, 239 quater B et 239 quater C ne sont pas soumis à l'impôt sur les sociétés, le crédit d'impôt peut être utilisé par les associés proportionnellement à leurs droits dans ces sociétés ou ces groupements, à la condition que les associés soient redevables de l'impôt sur les sociétés ou soient des personnes physiques participant à l'exploitation au sens du 1° bis du I de l'article 156.

(Voir aussi art. 199 ter T, 220 Z ter et Annexe III, art. 49 septies ZZJ et 49 septies ZZK)

Ndlr *Les dispositions du présent article s'appliquent aux prêts émis du 1er janvier 2011 au 31 décembre 2027.*

IS-IX-63030 s. ; MF n° 10630

XLVIII. Crédits d'impôt en faveur des investissements productifs neufs réalisés outre-mer

Art 244 quater W **I. 1.** Les entreprises imposées d'après leur bénéfice réel ou exonérées en application des articles 44 sexies, 44 sexies A, 44 octies A et 44 duodecies à 44 septdecies, exerçant une activité agricole ou une activité industrielle, commerciale ou artisanale relevant de l'article 34, peuvent bénéficier d'un crédit d'impôt à raison des investissements productifs neufs qu'elles réalisent dans un département d'outre-mer pour l'exercice d'une activité ne relevant pas de l'un des secteurs énumérés aux a à l du I de l'article 199 undecies B, à l'exception des activités mentionnées au I quater du même article 199 undecies B. Pour les investissements afférents aux navires de croisière mentionnés au I quater de l'article 199 undecies B, le crédit d'impôt s'applique sous réserve du respect des conditions prévues au même I quater. Pour les investissements réalisés dans le secteur du transport aérien ou maritime, le crédit d'impôt s'applique sous réserve du respect des conditions prévues au I bis de l'article 199 undecies B. Pour les investissements afférents aux navires de pêche mentionnés au I quinquies dudit article 199 undecies B, le crédit d'impôt s'applique sous réserve du respect des conditions prévues au même I quinquies. Pour les investissements afférents à l'acquisition de friches hôtelières ou industrielles faisant l'objet de travaux de réhabilitation lourde mentionnés au I sexies du même article 199 undecies B, le crédit d'impôt s'applique sous réserve du respect des conditions prévues au même I sexies.

Ndlr 1. *Les dispositions relatives aux investissements portant sur les friches industrielles prévues à l'article 199 undecies B, I sexies s'appliquent, pour les investissements réalisés dans les collectivités d'outre-mer et en Nouvelle-Calédonie, aux investissements réalisés à compter du 1er janvier 2024 et, pour les investissements réalisés dans les DOM et à Saint-Martin, aux investissements mis en service à compter d'une date fixée par décret, qui ne peut être postérieure de plus de six mois à la date de réception par le Gouvernement de la réponse de la Commission européenne permettant de considérer le dispositif comme conforme au droit de l'Union européenne en matière d'aides d'Etat.*

2. *En ce qui concerne les investissements réalisés dans les DOM dans le secteur du transport mis en service ou agréés à compter du 1er janvier 2024, voir partie Autres textes du présent code loi 2023-1322 du 29 décembre 2023, art. 75, V.*

Le crédit d'impôt prévu au premier alinéa s'applique également aux travaux de rénovation et de réhabilitation d'hôtel, de résidence de tourisme et de village de vacances classés et aux travaux de réhabilitation lourde d'immeubles autres que ceux à usage d'habitation lorsque ces travaux constituent des éléments de l'actif immobilisé.

Ndlr *Les dispositions relatives aux réhabilitations lourdes d'immeubles s'appliquent, pour les investissements réalisés dans les collectivités d'outre-mer et en Nouvelle-Calédonie, aux investissements réalisés à compter du 1er janvier 2024 et, pour les investissements réalisés dans les DOM et à Saint-Martin, aux investisse-*

ments mis en service à compter d'une date fixée par décret, qui ne peut être postérieure de plus de six mois à la date de réception par le Gouvernement de la réponse de la Commission européenne permettant de considérer le dispositif comme conforme au droit de l'Union européenne en matière d'aides d'Etat.

Le crédit d'impôt prévu au premier alinéa s'applique également aux investissements affectés plus de cinq ans par le concessionnaire à l'exploitation d'une concession de service public local à caractère industriel et commercial et réalisés dans des secteurs éligibles.

2. Le crédit d'impôt ne s'applique pas :

a. A l'acquisition de véhicules de tourisme au sens de l'article L 421-2 du code des impositions sur les biens et services qui ne sont pas strictement indispensables à l'exercice d'une activité aquacole, agricole, sylvicole ou minière. Toutefois, le crédit d'impôt s'applique aux investissements consistant en l'acquisition de véhicules de tourisme mentionnés à la troisième phrase du quinzième alinéa du I de l'article 199 undecies B ;

Ndlr *La limitation du dispositif aux véhicules de tourisme s'applique aux investissements réalisés à compter du 1er janvier 2024. Toutefois, elle ne s'applique pas pour :*
– les investissements agréés au plus tard le 31 décembre 2023 ;
– les investissements pour l'agrément desquels une demande est parvenue à l'administration au plus tard le 31 décembre 2023 et pour lesquels des acomptes au moins égaux à 50 % de leur prix ont été versés à cette date ;
– les acquisitions de biens meubles corporels qui font l'objet d'une commande au plus tard le 31 décembre 2023 et pour lesquels des acomptes au moins égaux à 50 % de leur prix ont été versés à cette date ;
– les constructions d'immeubles ayant fait l'objet d'une déclaration d'ouverture de chantier déposée au plus tard le 31 décembre 2023, dès lors que ces investissements sont achevés au plus tard le 31 décembre 2025.

b. Aux investissements portant sur des installations de production d'électricité utilisant l'énergie radiative du soleil ne respectant pas les conditions prévues aux deuxième et dernière phrases du seizième alinéa du I de l'article 199 undecies B.

Ndlr *Les dispositions autorisant certaines installations de production d'électricité utilisant l'énergie radiative du soleil s'appliquent, pour les investissements réalisés dans les collectivités d'outre-mer et en Nouvelle-Calédonie, aux investissements réalisés à compter du 1er janvier 2024 et, pour les investissements réalisés dans les DOM et à Saint-Martin, aux investissements mis en service à compter d'une date fixée par décret, qui ne peut être postérieure de plus de six mois à la date de réception par le Gouvernement de la réponse de la Commission européenne permettant de considérer le dispositif comme conforme au droit de l'Union européenne en matière d'aides d'Etat.*

c. Aux investissements donnés en location ou mis à la disposition de ménages ou de syndicats de copropriétaires, y compris dans le cadre de contrats incluant la fourniture de prestations de services.

Ndlr *L'exclusion des investissements utilisés par les ménages ou les syndicats de copropriété s'applique aux investissements réalisés à compter du 1er janvier 2024. Toutefois, elle ne s'applique pas pour :*
– les investissements agréés au plus tard le 31 décembre 2023 ;
– les investissements pour l'agrément desquels une demande est parvenue à l'administration au plus tard le 31 décembre 2023 et pour lesquels des acomptes au moins égaux à 50 % de leur prix ont été versés à cette date ;
– les acquisitions de biens meubles corporels qui font l'objet d'une commande au plus tard le 31 décembre 2023 et pour lesquels des acomptes au moins égaux à 50 % de leur prix ont été versés à cette date ;
– les constructions d'immeubles ayant fait l'objet d'une déclaration d'ouverture de chantier déposée au plus tard le 31 décembre 2023, dès lors que ces investissements sont achevés au plus tard le 31 décembre 2025.

3. Le crédit d'impôt est également accordé aux entreprises qui exploitent dans un département d'outre-mer des investissements mis à leur disposition dans le cadre d'un contrat de location avec option d'achat ou d'un contrat de crédit-bail, sous réserve du respect des conditions suivantes :

a. Le contrat de location ou de crédit-bail est conclu avec un établissement de crédit ou une société de financement mentionnés à l'article L 511-1 du code monétaire et financier, ou leurs filiales, avec une société dont le capital est détenu en partie par un établissement mentionné à l'article L 518-2 du même code ou avec une société bailleresse appartenant au même groupe fiscal au sens de l'article 223 A du présent code que l'entreprise exploitante pour une durée au moins égale à cinq ans ou pour la durée normale d'utilisation du bien loué si elle est inférieure ;

b. Le contrat de location ou de crédit-bail revêt un caractère commercial ;

c. L'entreprise locataire ou crédit-preneuse aurait pu bénéficier du crédit d'impôt prévu au 1 si elle avait acquis directement le bien.

4. Pour les entreprises soumises à l'impôt sur les sociétés qui exercent leur activité dans le département dans lequel l'investissement est réalisé ou pour les organismes mentionnés au

1 du I de l'article 244 quater X, le crédit d'impôt s'applique également :

1° Aux acquisitions ou constructions de logements neufs à usage locatif situés dans les départements d'outre-mer, à l'exception des logements neufs répondant aux critères mentionnés aux b et c du 1 et au 5 du I de l'article 244 quater X, si les conditions suivantes sont réunies :

a. L'entreprise ou l'organisme s'engage à louer l'immeuble nu dans les douze mois de son achèvement, ou de son acquisition si elle est postérieure, et pendant cinq ans au moins à des personnes qui en font leur résidence principale ;

b. Le loyer et les ressources du locataire n'excèdent pas des plafonds fixés par décret *(NDLR Voir Annexe III, art. 49 septies ZZP)* ;

2° Aux logements neufs à usage locatif mis à leur disposition lorsque les conditions suivantes sont respectées :

a. Le contrat de crédit-bail est conclu pour une durée au moins égale à cinq ans ;

b. L'entreprise ou l'organisme aurait pu bénéficier du crédit d'impôt dans les conditions définies au 1° s'il avait acquis directement le bien ;

3° Aux acquisitions ou constructions de logements neufs situés dans les départements d'outre-mer si les conditions suivantes sont réunies :

a. L'entreprise signe avec une personne physique, dans les douze mois de l'achèvement de l'immeuble, ou de son acquisition si elle est postérieure, un contrat de location-accession dans les conditions prévues par la loi n° 84-595 du 12 juillet 1984 définissant la location-accession à la propriété immobilière ;

b. L'acquisition ou la construction de l'immeuble a été financée au moyen d'un prêt mentionné au I de l'article D 331-76-5-1 du code de la construction et de l'habitation ;

c. Les trois quarts de l'avantage en impôt procuré par le crédit d'impôt pratiqué au titre de l'acquisition ou la construction de l'immeuble sont rétrocédés à la personne physique signataire du contrat mentionné au 1° du présent 4 sous forme de diminution de la redevance prévue à l'article 5 de la loi n° 84-595 du 12 juillet 1984 précitée et du prix de cession de l'immeuble.

II. 1. Le crédit d'impôt est assis sur le montant, hors taxes et hors frais de toute nature, notamment les commissions d'acquisition, à l'exception des frais de transport, d'installation et de mise en service amortissables, des investissements productifs, diminué de la fraction de leur prix de revient financée par une aide publique.

Pour les projets d'investissement comportant l'acquisition, l'installation ou l'exploitation d'équipements de production d'énergie renouvelable, ce montant est pris en compte dans la limite d'un montant par watt installé, fixé par arrêté conjoint des ministres chargés du budget, de l'énergie, de l'outre-mer et de l'industrie pour chaque type d'équipement. Ce montant prend en compte les coûts d'acquisition et d'installation directement liés à ces équipements.

Pour les investissements mentionnés au I quater de l'article 199 undecies B, l'assiette du crédit d'impôt est égale à 20 % de leur coût de revient, hors taxes et hors frais de toute nature, notamment les commissions d'acquisition et les frais de transport de ces investissements, diminuée du montant des aides publiques accordées pour leur financement.

Pour les investissements consistant en l'acquisition de véhicules de tourisme mentionnés à la troisième phrase du quinzième alinéa du I du même article 199 undecies B, l'assiette du crédit d'impôt prévue au 1 du présent II est retenue dans la limite d'un montant fixé par décret, qui ne peut excéder 30 000 € par véhicule.

Ndlr *La limitation du dispositif aux véhicules de tourisme s'applique aux investissements réalisés à compter du 1er janvier 2024. Toutefois, elle ne s'applique pas pour :*

– les investissements agréés au plus tard le 31 décembre 2023 ;

– les investissements pour l'agrément desquels une demande est parvenue à l'administration au plus tard le 31 décembre 2023 et pour lesquels des acomptes au moins égaux à 50 % de leur prix ont été versés à cette date ;

– les acquisitions de biens meubles corporels qui font l'objet d'une commande au plus tard le 31 décembre 2023 et pour lesquels des acomptes au moins égaux à 50 % de leur prix ont été versés à cette date ;

– les constructions d'immeubles ayant fait l'objet d'une déclaration d'ouverture de chantier déposée au plus tard le 31 décembre 2023, dès lors que ces investissements sont achevés au plus tard le 31 décembre 2025.

Pour les investissements afférents à l'acquisition de friches hôtelières ou industrielles faisant l'objet de travaux de réhabilitation lourde mentionnés au I sexies de l'article 199 undecies B, l'assiette du crédit d'impôt est déterminée dans les conditions prévues au même I sexies.

Ndlr *Les dispositions relatives aux investissements portant sur les friches industrielles prévues à l'article 199 undecies B, I sexies s'appliquent, pour les investissements réalisés dans les collectivités d'outre-mer et en Nouvelle-Calédonie, aux investissements réalisés à compter du 1er janvier 2024 et, pour les investissements réalisés dans les DOM et à Saint-Martin, aux investissements mis en service à compter d'une date fixée par décret, qui ne* *peut être postérieure de plus de six mois à la date de réception par le Gouvernement de la réponse de la Commission européenne permettant de considérer le dispositif comme conforme au droit de l'Union européenne en matière d'aides d'Etat.*

2. Lorsque l'investissement a pour objet de remplacer un investissement ayant bénéficié de l'un des dispositifs définis aux articles 199 undecies B et 217 undecies ou du crédit d'impôt défini au présent article, l'assiette du crédit d'impôt telle que définie au 1 est diminuée de la valeur réelle de l'investissement remplacé.

3. *(Abrogé).*

4. Pour les logements mentionnés au 4 du I, le crédit d'impôt est assis sur le prix de revient des logements, minoré, d'une part, des taxes et des commissions d'acquisition versées et, d'autre part, des aides publiques reçues. Ce montant est retenu dans la limite mentionnée au 5 de l'article 199 undecies A appréciée par mètre carré de surface habitable. Un décret *(NDLR Voir Annexe III, art. 49 septies ZZP)* précise la nature des sommes retenues pour l'appréciation du prix de revient des logements *[NDLR Les dispositions du présent alinéa s'appliquent aux investissements réalisés à compter du 1er janvier 2023 (Loi 2022-1726 du 30 décembre 2022 art. 14, II)].*

5. Lorsque l'entreprise qui réalise l'investissement bénéficie d'une souscription au capital mentionnée au II ou II ter de l'article 217 undecies et à l'article 199 undecies A ou de financements, apports en capital et prêts participatifs, apportés par les sociétés de financement définies au g du 2 du même article 199 undecies A, l'assiette du crédit d'impôt est minorée du montant de ces apports et financements.

DC-IV-32920 s.

III. Le taux du crédit d'impôt est fixé à :

1° 38,25 % pour les entreprises soumises à l'impôt sur le revenu ;

2° 35 % pour les entreprises et les organismes soumis à l'impôt sur les sociétés.

Le taux mentionné au 1° est porté à 45,9 % pour les investissements réalisés en Guyane et à Mayotte, dans les limites définies par les règles européennes relatives aux aides d'Etat. Toutefois, cette majoration de taux ne s'applique pas aux investissements mentionnés au troisième alinéa du 1 du II.

Les taux mentionnés aux 1° et 2° du présent III sont réduits à 25 % pour les investissements afférents aux navires de pêche d'une longueur hors tout supérieure ou égale à vingt-quatre mètres et inférieure ou égale à quarante mètres mentionnés au I quinquies de l'article 199 undecies B *[NDLR Les dispositions du présent alinéa s'appliquent aux investissements mis en service à La Réunion à compter d'une date fixée par décret, qui ne peut être postérieure de plus de six mois à la date de réception par le Gouvernement de la réponse de la Commission européenne permettant de considérer le dispositif lui ayant été notifié comme conforme au droit de l'Union européenne en matière d'aides d'Etat (Loi 2022-1726 du 30 décembre 2022 art. 14, II)].*

DC-IV-33100 s.

IV. 1. Le bénéfice du crédit d'impôt prévu au 1 du I est accordé au titre de l'année au cours de laquelle l'investissement est mis en service.

2. Toutefois :

a. Lorsque l'investissement consiste en la seule acquisition d'un immeuble à construire ou en la construction d'un immeuble, le crédit d'impôt, calculé sur le montant prévisionnel du prix de revient défini au II, est accordé à hauteur de 70 % au titre de l'année au cours de laquelle les fondations sont achevées et de 20 % au titre de l'année de la mise hors d'eau, et le solde, calculé sur le prix de revient définitif, est accordé au titre de l'année de livraison de l'immeuble ;

b. En cas de rénovation ou de réhabilitation d'immeuble, le crédit d'impôt est accordé au titre de l'année d'achèvement des travaux.

3. Lorsque l'investissement est réalisé dans les conditions prévues au 3 ou au 2° du 4 du I, le crédit d'impôt est accordé au titre de l'année au cours de laquelle l'investissement est mis à la disposition de l'entreprise locataire ou crédit-preneuse ou de l'organisme crédit-preneur.

DC-IV-33300 s.

V. 1. Lorsque l'entreprise ou l'organisme qui exploite l'investissement réalise un chiffre d'affaires, apprécié selon les règles définies au premier alinéa du I de l'article 199 undecies B, inférieur, selon le cas, aux limites prévues à ce même alinéa ou à la limite fixée à la première phrase du premier alinéa du I de l'article 217 undecies, le bénéfice du crédit d'impôt est subordonné à l'exercice d'une option.

Cette option est exercée par investissement et s'applique à l'ensemble des autres investissements d'un même programme. L'option est exercée par l'entreprise ou l'organisme qui exploite l'investissement, au plus tard à la date à laquelle celui-ci est mis en service ou est mis à sa disposition dans les cas mentionnés au 3 et au 2° du 4 du I ; l'option est alors portée à la connaissance du loueur ou du crédit-bailleur. Elle est formalisée dans la déclaration de résultat de l'exercice au cours duquel l'investissement a été mis en service ou mis à disposition et est jointe à la déclaration de résultat du loueur ou du crédit-bailleur de ce même exercice.

2. L'exercice de l'option mentionnée au 1 emporte renonciation au bénéfice des dispositifs définis aux articles 199 undecies B et 217 undecies.

DC-IV-32350 s.

VI. Le crédit d'impôt calculé par les sociétés de personnes mentionnées aux articles 8, 238 bis L, 239 ter et 239 quater A ou les groupements mentionnés aux articles 238 ter, 239 quater, 239 quater B, 239 quater C et 239 quinquies qui ne sont pas soumis à l'impôt sur les sociétés peut être utilisé par leurs associés proportionnellement à leurs droits dans ces sociétés ou groupements, à condition qu'il s'agisse de redevables de l'impôt sur les sociétés qui exercent leur activité dans un secteur éligible au sens du 1 du I dans le département dans lequel l'investissement est réalisé ou de personnes physiques participant à l'exploitation au sens du 1° bis du I de l'article 156 ou, pour les investissements mentionnés au 4 du I du présent article, d'entreprises ou d'organismes mentionnés au premier alinéa du même 4.

DC-IV-33590 s.

VII. Lorsque le montant total par programme d'investissements est supérieur aux seuils mentionnés au II quater et au III de l'article 217 undecies, le bénéfice du crédit d'impôt est conditionné à l'obtention d'un agrément préalable délivré par le ministre chargé du budget dans les conditions prévues au III du même article, sauf dans le cas où il s'agit d'un programme d'investissements mentionné au 3° du 4 du I du présent article réalisé par un organisme mentionné au 1 du I de l'article 244 quater X.

Pour l'application du premier alinéa du présent VII, les conditions relatives à l'intérêt économique, d'une part, et à l'intégration dans la politique d'aménagement du territoire, de l'environnement et de développement durable, d'autre part, prévues, respectivement, aux a et c du 1 du III de l'article 217 undecies, sont réputées satisfaites lorsque le programme d'investissements porte sur des investissements mentionnés au second alinéa du 1 du II du présent article au titre desquels un contrat d'achat d'électricité a été conclu avec un fournisseur d'électricité mentionné au I de l'article R 121-28 du code de l'énergie, après évaluation par la Commission de régulation de l'énergie en application du II du même article R 121-28.

VIII. 1. L'investissement ayant ouvert droit au crédit d'impôt doit être affecté, par l'entreprise qui en bénéficie, à sa propre exploitation pendant un délai de cinq ans, décompté à partir de la date de l'acquisition ou de la création du bien. Ce délai est réduit à la durée normale d'utilisation de l'investissement si cette durée est inférieure à cinq ans, et porté à sept ans lorsque sa durée normale d'utilisation est égale ou supérieure à sept ans et à quinze ans pour les investissements consistant en la construction, la rénovation ou la réhabilitation d'hôtels, de résidences de tourisme ou de villages de vacances, en la construction ou la réhabilitation lourde d'immeubles autres que ceux à usage d'habitation ou en l'acquisition ou la construction d'immeubles exploités dans le cadre des activités mentionnées à la deuxième phrase du g du I de l'article 199 undecies B. Ce délai est porté à dix ans pour les investissements portant sur les navires de croisière neufs d'une capacité maximum de 400 passagers.

Ndlr *L'allongement à quinze ans du délai de conservation pour les constructions ou réhabilitations lourdes d'immeubles et les locations de tourisme s'applique aux investissements réalisés à compter du 1er janvier 2024. Toutefois, il ne s'applique pas pour :*

– les investissements agréés au plus tard le 31 décembre 2023 ;

– les investissements pour l'agrément desquels une demande est parvenue à l'administration au plus tard le 31 décembre 2023 et pour lesquels des acomptes au moins égaux à 50 % de leur prix ont été versés à cette date ;

– les acquisitions de biens meubles corporels qui font l'objet d'une commande au plus tard le 31 décembre 2023 et pour lesquels des acomptes au moins égaux à 50 % de leur prix ont été versés à cette date ;

– les constructions d'immeubles ayant fait l'objet d'une déclaration d'ouverture de chantier déposée au plus tard le 31 décembre 2023, dès lors que ces investissements sont achevés au plus tard le 31 décembre 2025.

Si, dans le délai ainsi défini, l'investissement ayant ouvert droit au crédit d'impôt est cédé ou cesse d'être affecté à l'exploitation de l'entreprise utilisatrice ou si l'acquéreur cesse son activité, le crédit d'impôt fait l'objet d'une reprise au titre de l'exercice ou de l'année au cours duquel interviennent les événements précités.

Toutefois, la reprise du crédit d'impôt n'est pas effectuée :

a. Lorsque les biens ayant ouvert droit au crédit d'impôt sont transmis dans le cadre des opérations mentionnées aux articles 41 et 151 octies, au deuxième alinéa du I de l'article 151 octies A et aux articles 210 A ou 210 B, si le bénéficiaire de la transmission s'engage à maintenir l'exploitation des biens dans un département d'outre-mer dans le cadre d'une activité éligible pendant la fraction du délai de conservation restant à courir. En cas de non-respect de cet engagement, le bénéficiaire de la transmission doit, au titre de l'exercice au cours duquel cet événement est intervenu, ajouter à son résultat une somme égale au triple du montant du crédit d'impôt auquel les biens transmis ont ouvert droit.

L'engagement est pris dans l'acte constatant la transmission ou, à défaut, dans un acte sous seing privé ayant date certaine, établi à cette occasion ;

b. Lorsque, en cas de défaillance de l'exploitant, les biens ayant ouvert droit au crédit d'impôt sont repris par une autre entreprise qui s'engage à les maintenir dans l'activité pour laquelle ils ont été acquis ou créés pendant la fraction du délai de conservation restant à courir.

Le présent 1 ne s'applique pas aux investissements mentionnés au 4 du I.

2. Lorsque l'investissement revêt la forme de la construction d'un immeuble ou de l'acquisition d'un immeuble à construire, l'immeuble doit être achevé dans les trois ans suivant la date à laquelle les fondations sont achevées.

A défaut, le crédit d'impôt acquis au titre de cet investissement fait l'objet d'une reprise au titre de l'année au cours de laquelle intervient le terme de ce délai de trois ans.

En outre, lorsque l'investissement porte sur la construction ou l'acquisition d'un logement neuf, le crédit d'impôt acquis au titre de cet investissement fait l'objet d'une reprise au titre de l'année au cours de laquelle l'une des conditions prévues au 4 du I n'est plus respectée. Toutefois, la reprise du crédit d'impôt n'est pas effectuée lorsque, en cas de défaillance de l'entreprise ou de l'organisme, les logements ayant ouvert droit au crédit d'impôt sont repris par une autre entreprise ou organisme qui s'engage à louer les logements, dans les conditions prévues au même 4, pour la fraction de la durée minimale de location restant à courir.

Ndlr *Le délai de trois ans mentionné au présent 2 s'applique aux immeubles dont les fondations sont achevées à compter du 1er janvier 2021 (Loi 2023-1322 du 29 décembre 2023 art. 71, III-8° et X-F). Il était antérieurement fixé à deux ans.*

2 bis. Lorsque l'investissement est réalisé par une société ou un groupement mentionnés au VI, les associés ou membres conservent les parts ou actions de cette société ou de ce groupement pendant un délai de cinq ans à compter de la réalisation de l'investissement, ou pendant la durée normale d'utilisation de l'investissement si celle-ci est inférieure. A défaut, le crédit d'impôt qu'ils ont imputé fait l'objet d'une reprise au titre de l'exercice ou de l'année de la cession.

Ndlr *Les dispositions du présent 2 bis s'appliquent aux investissements réalisés à compter du 1er janvier 2023 (Loi 2022-1726 du 30 décembre 2022 art. 14, II-A).*

3. Le crédit d'impôt prévu au présent article est subordonné au respect par les entreprises exploitantes et par les organismes mentionnés au 4 du I de leurs obligations fiscales et sociales et de l'obligation de dépôt de leurs comptes annuels selon les modalités prévues aux articles L 232-21 à L 232-23 du code de commerce à la date de réalisation de l'investissement.

Sont considérés comme à jour de leurs obligations fiscales et sociales les employeurs qui, d'une part, ont souscrit et respectent un plan d'apurement des cotisations restant dues et, d'autre part, acquittent les cotisations en cours à leur date normale d'exigibilité.

DC-IV-34200 s.

IX. 1. Le présent article est applicable aux investissements mis en service à compter du 1er janvier 2015, et jusqu'au 31 décembre 2029, aux travaux de réhabilitation hôtelière et de réhabilitation lourde d'immeubles autres que ceux à usage d'habitation achevés au plus tard à cette date et aux acquisitions d'immeubles à construire et constructions d'immeubles dont les fondations sont achevées au plus tard à cette date.

2. Un décret fixe les conditions d'application du présent article, notamment les obligations déclaratives incombant aux entreprises et organismes mentionnés au 4 du I *(NDLR Voir Annexe III, art. 49 septies ZZL à 49 septies ZZS).*

Ndlr *Dispositif prorogé jusqu'en 2029 par l'article 13 de la loi 2022-1726 du 30 décembre 2022.*

X. Le bénéfice du crédit d'impôt prévu au I est subordonné au respect de l'article 14 du règlement (UE) n° 651/2014 de la Commission, du 17 juin 2014 déclarant certaines catégories d'aides compatibles avec le marché intérieur en application des articles 107 et 108 du traité et le crédit d'impôt ne s'applique pas aux investissements exploités par des entreprises en difficulté, au sens du même règlement.

Ndlr *Le crédit d'impôt est étendu, sous certaines conditions, aux entreprises en difficulté pour les investissements pour lesquels le fait générateur de l'aide fiscale intervient entre le 1er janvier 2021 et le 31 décembre 2022 (Voir parties Autres textes du présent code loi 2020-1721 du 29 décembre 2020 art. 15).*

DC-IV-32000 s. ; MF nos 91995 s.

XLIX. Crédits d'impôt en faveur des organismes d'habitations à loyer modéré qui réalisent des investissements dans les logements neufs en outre-mer

Art 244 quater X I. 1. Les organismes d'habitations à loyer modéré mentionnés à l'article L 411-2 du code de la construction et de l'habitation, à l'exception des sociétés anonymes coopératives d'intérêt collectif pour l'accession à la propriété, les sociétés d'économie mixte exerçant une activité immobilière outre-mer et les organismes mentionnés à l'article L 365-1 du même code peuvent bénéficier d'un crédit d'impôt à raison de l'acquisition ou de la construction de logements neufs dans les départements d'outre-mer, lorsqu'ils respectent les conditions suivantes :

a. Les logements sont donnés en location nue ou meublée par l'organisme mentionné au premier alinéa, dans les douze mois de leur achèvement ou de leur acquisition, si elle est postérieure, et pour une durée au moins égale à cinq ans, à des personnes physiques qui en font leur résidence principale ou confiés en gestion à un centre régional des œuvres universitaires et scolaires pour le logement d'étudiants bénéficiaires de la bourse d'enseignement supérieur sur critères sociaux.

Les logements peuvent être spécialement adaptés à l'hébergement de personnes âgées de plus de soixante-cinq ans ou de personnes handicapées auxquelles des prestations de services de nature hôtelière peuvent être proposées.

Les logements peuvent être adaptés pour recevoir des logements foyers conformément à l'article L 633-1 du code de la construction et de l'habitation.

Pour ces logements, les obligations de location mentionnées au premier alinéa du présent article peuvent être remplies par un gestionnaire avec lequel l'organisme ou la société bénéficiaire du crédit d'impôt a signé une convention ;

b. Les bénéficiaires de la location sont des personnes physiques dont les ressources n'excèdent pas des plafonds fixés par décret en fonction du nombre de personnes destinées à occuper à titre principal le logement et de la localisation de celui-ci *(NDLR Voir Annexe III, art. 49 septies ZZT)* ;

c. Le montant des loyers à la charge des personnes physiques mentionnées au premier alinéa du a ne peut excéder des limites fixées par décret et déterminées en fonction notamment de la localisation du logement *(NDLR Voir Annexe III, art. 49 septies ZZT)* ;

d. Une part minimale, définie par décret *(NDLR Voir Annexe III, art. 49 septies ZZT)*, de la surface habitable des logements compris dans un programme d'investissement d'un montant supérieur à deux millions d'euros est louée, dans les conditions définies au a, à des personnes physiques dont les ressources sont inférieures aux plafonds mentionnés au b, pour des loyers inférieurs aux limites mentionnées au c *(NDLR Voir Annexe III, art. 49 septies ZZT)* ;

e. Une fraction, définie par décret *(NDLR Voir Annexe III, art. 49 septies ZZT)*, du prix de revient d'un programme d'investissement d'un montant supérieur à deux millions d'euros correspond à des dépenses supportées au titre de l'acquisition d'équipements de production d'énergie renouvelable, d'appareils utilisant une source d'énergie renouvelable ou de matériaux d'isolation. Un arrêté des ministres chargés du budget, de l'écologie, de l'énergie, du développement durable et de l'outre-mer fixe la nature des dépenses d'équipement concernées *(Voir Annexe IV, art. 23 L quinquies)* ;

f. Les logements sont financés par subvention publique à hauteur d'une fraction minimale de 5 %. Cette condition ne s'applique pas aux logements bénéficiant des prêts conventionnés définis à l'article D 372-21 du code de la construction et de l'habitation. Toutefois, pour ouvrir droit au crédit d'impôt, la construction ou l'acquisition de logements bénéficiant des prêts conventionnés précités doit avoir reçu l'agrément préalable du représentant de l'Etat dans le département de situation des logements. Le nombre de logements agréés par le représentant de l'Etat au titre d'une année ne peut excéder 25 % de la moyenne des logements livrés au cours des trois années précédentes dans le département qui satisfont aux conditions prévues aux b et c du présent 1. Ce taux est porté à 35 % pour les logements situés à La Réunion *(NDLR Ce taux s'applique aux travaux de rénovation et de réhabilitation pour lesquels une déclaration préalable de travaux ou une demande de permis de construire est déposée à compter du 1er janvier 2021)*, en Guadeloupe ou en Martinique *(NDLR Ces deux derniers taux s'appliquent au nombre de logements agréés par les représentants de l'Etat au titre d'une année, à compter du 1er janvier 2022)*.

2. Le crédit d'impôt défini au 1 bénéficie également aux organismes mentionnés au premier alinéa de ce même 1 à la disposition desquels sont mis des logements neufs lorsque les conditions suivantes sont respectées :

a. Le contrat de crédit-bail est conclu pour une durée au moins égale à cinq ans ;

b. L'organisme mentionné au premier alinéa du 1 aurait pu bénéficier du crédit d'impôt prévu au même 1 s'il avait acquis directement le bien.

3. Ouvre également droit au bénéfice du crédit d'impôt l'acquisition de logements, qui satisfont aux conditions fixées au 1, achevés depuis plus de vingt ans faisant l'objet de travaux de réhabilitation, définis par décret, permettant aux logements d'acquérir des performances techniques, énergétiques et environnementales définies par décret voisines de celles des logements neufs ou permettant leur confortation contre le risque sismique ou cyclonique.

Ndlr *L'extension du dispositif aux travaux portant sur des acquisitions d'immeubles de plus de* *vingt ans en cours de réhabilitation permettant aux logements concernés d'acquérir des performances énergétiques et environnementales s'applique aux acquisitions de logements réalisées à compter du 1er janvier 2024 (Loi 2023-1322 29 décembre 2023 art. 71, X-G).*

4. Ouvrent également droit au bénéfice du crédit d'impôt les travaux de rénovation ou de réhabilitation des logements satisfaisant aux conditions fixées au 1 et achevés depuis plus de vingt ans permettant aux logements d'acquérir des performances techniques, énergétiques et environnementales définies par décret voisines de celles des logements neufs ou permettant leur confortation contre le risque sismique ou cyclonique.

Ndlr *La suppression de la restriction géographique relative aux travaux de rénovation ou de réhabilitation de logements anciens et l'extension du dispositif aux travaux de rénovation ou de réhabilitation permettant aux logements concernés d'acquérir des performances énergétiques et environnementales s'appliquent aux travaux pour lesquels une déclaration préalable de travaux ou une demande de permis de construire est déposée à compter du 1er janvier 2024 (Loi 2023-1322 29 décembre 2023 art. 71, X-G).*

5. Ouvre également droit au bénéfice du crédit d'impôt l'acquisition ou la construction de logements neufs situés dans les départements d'outre-mer réalisée par les entreprises soumises à l'impôt sur les sociétés y exerçant leur activité lorsque les conditions suivantes sont réunies :

a. L'entreprise bénéficie des prêts conventionnés définis à l'article D 372-21 du code de la construction et de l'habitation ;

b. Les logements sont donnés en location nue, dans les douze mois de leur achèvement ou de leur acquisition si elle est postérieure, et pour une durée au moins égale à cinq ans, à des personnes physiques qui en font leur résidence principale ;

c. Les conditions mentionnées aux b, c, e et f du 1 du présent I sont respectées ;

d. Les conditions mentionnées au 3 du VIII de l'article 244 quater W sont également respectées.

6. Ouvrent également droit au bénéfice du crédit d'impôt les travaux de démolition préalables à la construction de logements neufs réalisée dans les conditions prévues au 1 lorsque l'achèvement des fondations de l'immeuble intervient dans un délai de deux ans suivant la date de fin des travaux de démolition.

II. 1. Le crédit d'impôt est assis sur le prix de revient des logements, minoré, d'une part, des taxes et des commissions d'acquisition versées et, d'autre part, des aides publiques reçues. Ce montant est retenu dans la limite mentionnée au 5 de l'article 199 undecies A, appréciée par mètre carré de surface habitable et, dans le cas des logements mentionnés au second alinéa du a du 1 du I, par mètre carré de surface des parties communes dans lesquelles des prestations de services sont proposées.

Un décret précise, en tant que de besoin, la nature des sommes retenues pour l'appréciation du prix de revient mentionné au premier alinéa *(NDLR Voir Annexe III, art. 49 septies ZZT).*

2. Dans le cas mentionné au 3 du I, le crédit d'impôt est assis sur le prix de revient des logements, majoré du coût des travaux de réhabilitation et minoré, d'une part, des taxes et des commissions d'acquisition versées et, d'autre part, des aides publiques reçues. La limite mentionnée au 1 est applicable.

3. Dans le cas mentionné au 4 du I, le crédit d'impôt est assis sur le prix de revient des travaux de réhabilitation minoré, d'une part, des taxes versées et, d'autre part, des aides publiques reçues. Ce montant est retenu dans la limite d'un plafond de 50 000 € par logement.

4. Dans le cas mentionné au 6 du I, le crédit d'impôt est assis sur le prix de revient des travaux de démolition minoré, d'une part, des taxes versées et, d'autre part, des aides publiques reçues au titre de ces mêmes travaux. Ce montant est retenu dans la limite d'un plafond de 25 000 € par logement démoli.

III. Le taux du crédit d'impôt est fixé à 40 %.

IV. 1. Le crédit d'impôt prévu au I est accordé au titre de l'année d'acquisition de l'immeuble.

2. Toutefois :

a. En cas de construction de l'immeuble, le crédit d'impôt, calculé sur le montant prévisionnel du prix de revient défini au II, est accordé à hauteur de 70 % au titre de l'année au cours de laquelle les fondations sont achevées et de 20 % au titre de l'année de la mise hors d'eau ; le solde, calculé sur le prix de revient définitif, est accordé au titre de l'année de livraison de l'immeuble ;

b. En cas de réhabilitation d'immeuble, le crédit d'impôt est accordé au titre de l'année d'achèvement des travaux ;

c. En cas de travaux de démolition, le crédit d'impôt est accordé, pour ces seuls travaux, au titre de l'année de leur achèvement.

3. Lorsque l'investissement est réalisé dans les conditions prévues au 2 du I, le crédit d'impôt est accordé au titre de l'année au cours de laquelle le bien est mis à la disposition du crédit-preneur.

V. *(Abrogé).*

VI. *(Abrogé).*

VII. 1. Le crédit d'impôt fait l'objet d'une reprise au titre de l'année au cours de laquelle :

a. L'une des conditions mentionnées au I n'est pas respectée ;

b. Les logements mentionnés au I sont cédés, si cette cession intervient avant l'expiration de la période de cinq ans mentionnée au a des 1 et 2 et au b du 5 du même I.

2. Lorsque l'investissement revêt la forme de la construction d'un immeuble ou de l'acquisition d'un immeuble à construire, l'immeuble doit être achevé dans les trois ans suivant la date à laquelle les fondations sont achevées.

A défaut, le crédit d'impôt acquis au titre de cet investissement fait l'objet d'une reprise au titre de l'année au cours de laquelle intervient le terme de ce délai de trois ans.

Ndlr *Le délai de trois ans mentionné au présent 2 s'applique aux immeubles dont les fondations sont achevées à compter du 1er janvier 2021 (Loi 2023-1322 du 29 décembre 2023 art. 71, III-10° et X-F). Il était antérieurement fixé à deux ans.*

DC-IV-67000 s.

VIII. 1. Le présent article est applicable aux acquisitions, constructions ou réhabilitations d'immeubles effectuées à compter du 1er juillet 2014, et jusqu'au 31 décembre 2029. Pour l'application du présent VIII, les constructions s'entendent des immeubles ayant fait l'objet d'une déclaration d'ouverture de chantier.

2. Un décret fixe les conditions d'application du présent article, notamment les obligations déclaratives incombant aux organismes mentionnés au premier alinéa du 1 du I *(Voir Annexe III, art. 49 septies ZZT à 49 septies ZZX).*

Ndlr *Dispositif prorogé jusqu'en 2029 par l'article 13 de la loi 2022-1726 du 30 décembre 2022.*

IX. Le bénéfice du crédit d'impôt prévu au I est subordonné au respect de la décision 2012/21/UE de la Commission, du 20 décembre 2011, relative à l'application de l'article 106, paragraphe 2, du traité sur le fonctionnement de l'Union européenne aux aides d'Etat sous forme de compensations de service public octroyées à certaines entreprises chargées de la gestion de services d'intérêt économique général.

DC-IV-65000 s. ; MF n° 92085

Art 244 quater Y **I. A. 1.** Les entreprises soumises à l'impôt sur les sociétés peuvent bénéficier d'une réduction d'impôt à raison des investissements productifs neufs qu'elles réalisent à Saint-Pierre-et-Miquelon, en Nouvelle-Calédonie, en Polynésie française, à Saint-Martin, à Saint-Barthélemy, dans les îles Wallis-et-Futuna et les Terres australes et antarctiques françaises si les conditions suivantes sont réunies :

1° Les investissements sont mis à la disposition d'une entreprise dans le cadre d'un contrat de location revêtant un caractère commercial et conclu pour une durée au moins égale à cinq ans ou pour la durée normale d'utilisation du bien loué si elle est inférieure ;

2° Les investissements sont exploités par l'entreprise locataire pour l'exercice d'une activité ne relevant pas de l'un des secteurs énumérés aux a à 1 du I de l'article 199 undecies B, à l'exception des activités mentionnées aux I ter et I quater du même article 199 undecies B.

Pour les investissements réalisés dans le secteur du transport aérien ou maritime, la réduction d'impôt s'applique sous réserve du respect des conditions prévues au I bis de l'article 199 undecies B. Pour les investissements afférents aux équipements et opérations de pose de câbles sous-marins de communication ou de secours mentionnés au I ter du même article 199 undecies B, la réduction d'impôt s'applique sous réserve du respect des conditions prévues au même I ter. Pour les investissements afférents aux navires de croisière mentionnés au I quater de l'article 199 undecies B, la réduction d'impôt s'applique sous réserve du respect des conditions prévues au même I quater. Pour les investissements afférents à l'acquisition de friches hôtelières ou industrielles faisant l'objet de travaux de réhabilitation lourde mentionnés au I sexies de l'article 199 undecies B, la réduction d'impôt s'applique sous réserve du respect des conditions prévues au même I sexies ;

Ndlr 1. *Les dispositions relatives aux investissements portant sur les friches industrielles prévues à l'article 199 undecies B, I sexies s'appliquent, pour les investissements réalisés dans les collectivités d'outre-mer et en Nouvelle-Calédonie, aux investissements réalisés à compter du 1er janvier 2024 et, pour les investissements réalisés dans les DOM et à Saint-Martin, aux investissements mis en service à compter d'une date fixée par décret, qui ne peut être postérieure de plus de six mois à la date de réception par le Gouvernement de la réponse de la Commission européenne permettant de considérer le dispositif comme conforme au droit de l'Union européenne en matière d'aides d'Etat.*

2. *En ce qui concerne les investissements réalisés à Saint-Martin dans les secteurs du transport et du haut débit mis en service ou agréés à compter du 1er janvier 2024, voir partie Autres textes du présent code loi 2023-1322 du 29 décembre 2023, art. 75, V.*

3° L'entreprise locataire aurait pu bénéficier de la déduction prévue à l'article 217 undecies si, imposable en France, elle avait acquis directement le bien. Pour l'appréciation de cette condition, le seuil de chiffre d'affaires prévu à la première phrase du premier alinéa du I du même article 217 undecies est réputé satisfait quelle que soit l'entreprise locataire ;

4° L'entreprise propriétaire de l'investissement est exploitée en France métropolitaine ou dans un département d'outre-mer au sens du I de l'article 209 ;

5° 80 % de l'avantage en impôt procuré par la réduction d'impôt pratiquée au titre de l'investissement et par l'imputation du déficit provenant de la location du bien acquis et de la moins-value réalisée lors de la cession de ce bien ou des titres de la société bailleresse sont rétrocédés à l'entreprise locataire sous forme de diminution du loyer et du prix de cession du bien.

2. La réduction d'impôt ne s'applique pas aux investissements portant sur :

1° L'acquisition de véhicules de tourisme au sens de l'article L 421-2 du code des impositions sur les biens et services qui ne sont pas strictement indispensables à l'exercice d'une activité aquacole, agricole, sylvicole ou minière. Toutefois, la réduction d'impôt s'applique aux investissements consistant en l'acquisition de véhicules de tourisme mentionnés à la troisième phrase du quinzième alinéa du I de l'article 199 undecies B ;

Ndlr *La limitation du dispositif aux véhicules de tourisme s'applique aux investissements réalisés à compter du 1er janvier 2024. Toutefois, elle ne s'applique pas pour :*
– les investissements agréés au plus tard le 31 décembre 2023 ;
– les investissements pour l'agrément desquels une demande est parvenue à l'administration au plus tard le 31 décembre 2023 et pour lesquels des acomptes au moins égaux à 50 % de leur prix ont été versés à cette date ;
– les acquisitions de biens meubles corporels qui font l'objet d'une commande au plus tard le 31 décembre 2023 et pour lesquels des acomptes au moins égaux à 50 % de leur prix ont été versés à cette date ;
– les constructions d'immeubles ayant fait l'objet d'une déclaration d'ouverture de chantier déposée au plus tard le 31 décembre 2023, dès lors que ces investissements sont achevés au plus tard le 31 décembre 2025.

2° Des installations de production d'électricité utilisant l'énergie radiative du soleil ne respectant pas les conditions prévues aux deuxième et dernière phrases du seizième alinéa du I de l'article 199 undecies B.

Ndlr *Les dispositions autorisant certaines installations de production d'électricité utilisant l'énergie radiative du soleil s'appliquent, pour les investissements réalisés dans les collectivités d'outre-mer et en Nouvelle-Calédonie, aux investissements réalisés à compter du 1er janvier 2024 et, pour les investissements réalisés dans les DOM et à Saint-Martin, aux investissements mis en service à compter d'une date fixée par décret, qui ne peut être postérieure de plus de six mois à la date de réception par le Gouvernement de la réponse de la Commission européenne permettant de considérer le dispositif comme conforme au droit de l'Union européenne en matière d'aides d'Etat.*

3° L'acquisition de biens donnés en location ou mis à la disposition de ménages ou de syndicats de copropriétaires, y compris dans le cadre de contrats incluant la fourniture de prestations de services.

Ndlr *L'exclusion des investissements utilisés par les ménages ou les syndicats de copropriété s'applique aux investissements réalisés à compter du 1er janvier 2024. Toutefois, elle ne s'applique pas pour :*
– les investissements agréés au plus tard le 31 décembre 2023 ;
– les investissements pour l'agrément desquels une demande est parvenue à l'administration au plus tard le 31 décembre 2023 et pour lesquels des acomptes au moins égaux à 50 % de leur prix ont été versés à cette date ;
– les acquisitions de biens meubles corporels qui font l'objet d'une commande au plus tard le 31 décembre 2023 et pour lesquels des acomptes au moins égaux à 50 % de leur prix ont été versés à cette date ;
– les constructions d'immeubles ayant fait l'objet d'une déclaration d'ouverture de chantier déposée au plus tard le 31 décembre 2023, dès lors que ces investissements sont achevés au plus tard le 31 décembre 2025.

B. La réduction d'impôt prévue au A du présent I s'applique également aux travaux de rénovation et de réhabilitation d'hôtel, de résidence de tourisme et de village de vacances classés et aux travaux de réhabilitation lourde d'immeubles autres que ceux à usage d'habitation lorsque ces travaux constituent des éléments de l'actif immobilisé.

Ndlr *Les dispositions relatives aux réhabilitations lourdes d'immeubles s'appliquent, pour les investissements réalisés dans les collectivités d'outre-mer et en Nouvelle-Calédonie, aux investissements réalisés à compter du 1er janvier 2024 et, pour les investissements réalisés dans les DOM et à Saint-Martin, aux investissements mis en service à compter d'une date fixée par décret, qui ne peut être postérieure de plus de six mois à la date de réception par le Gouvernement de la réponse de la Commission européenne permettant de considérer le dispositif comme conforme au droit de l'Union européenne en matière d'aides d'Etat.*

C. La réduction d'impôt prévue au A du présent I s'applique également aux investissements affectés plus de cinq ans par le concessionnaire à l'exploitation d'une concession de service public local à caractère industriel et commercial et réalisés dans des secteurs éligibles.

Pour l'application du présent article, les références aux restaurants dont le dirigeant ou un salarié est titulaire du titre de maître-restaurateur défini à l'article L 122-21 du code de la consommation, aux restaurants de tourisme classés et aux hôtels classés prévues au I de l'article 199 undecies B s'apprécient au regard de la réglementation propre à chaque collectivité d'outre-mer.

D. La réduction d'impôt prévue au A du présent I s'applique également aux acquisitions ou constructions de logements neufs à usage locatif situés à Saint-Pierre-et-Miquelon, en Nouvelle-Calédonie, en Polynésie française, à Saint-Martin, à Saint-Barthélemy et dans les îles Wallis-et-Futuna, lorsque les conditions suivantes sont réunies :

1° Pour les investissements réalisés dans le secteur du logement intermédiaire :

a. Les logements sont donnés en location nue, dans les douze mois de leur achèvement ou de leur acquisition si elle est postérieure et pour une durée au moins égale à cinq ans, à une entreprise exploitée dans un territoire mentionné au premier alinéa du 1 du même A ;

b. Les logements sont donnés en sous-location nue ou meublée par l'entreprise mentionnée au a du présent 1° pour une durée au moins égale à cinq ans à des personnes physiques qui en font leur résidence principale ;

c. Le loyer et les ressources du locataire n'excèdent pas des plafonds fixés par décret ;

d. Une fraction, définie par décret, du prix de revient d'un ensemble d'investissements portés simultanément à la connaissance du ministre chargé du budget dans les conditions prévues au VI correspond à des dépenses supportées au titre de l'acquisition d'équipements de production d'énergie renouvelable, d'appareils utilisant une source d'énergie renouvelable ou de matériaux d'isolation. Un arrêté conjoint des ministres chargés du budget, de l'écologie, de l'énergie, du développement durable et de l'outre-mer fixe la nature des dépenses d'équipements concernées ;

e. 80 % de l'avantage en impôt procuré par la réduction d'impôt pratiquée au titre de l'investissement et par l'imputation du déficit provenant de la location du bien acquis et de la moins-value réalisée lors de la cession de ce bien ou des titres de la société bailleresse sont rétrocédés à l'entreprise locataire sous forme de diminution du loyer et du prix de cession du bien ;

2° Pour les investissements réalisés dans le secteur du logement social :

a. Les logements sont donnés en location nue, dans les douze mois de leur achèvement ou de leur acquisition si elle est postérieure et pour une durée au moins égale à cinq ans, à un organisme de logement social agréé conformément à la réglementation locale par l'autorité publique compétente. L'opération peut prendre la forme d'un crédit-bail immobilier ;

b. Les logements sont donnés en sous-location nue ou meublée par l'organisme mentionné au a du présent 2° et pour une durée au moins égale à cinq ans à des personnes physiques qui en font leur résidence principale et dont les ressources n'excèdent pas des plafonds fixés par décret en fonction du nombre de personnes destinées à occuper à titre principal le logement et de la localisation de celui-ci.

Les logements peuvent être spécialement adaptés à l'hébergement de personnes âgées de plus de soixante-cinq ans ou de personnes handicapées auxquelles des prestations de services de nature hôtelière peuvent être proposées ;

c. Le montant des loyers à la charge des personnes physiques mentionnées au b du présent 2° ne peut excéder des limites fixées par décret en fonction notamment de la localisation du logement ;

d. Une part minimale, définie par décret, de la surface habitable des logements compris dans un ensemble d'investissements portés simultanément à la connaissance du ministre chargé du budget dans les conditions prévues au VI est louée, dans les conditions définies au b du présent 2°, à des personnes physiques dont les ressources sont inférieures aux plafonds mentionnés au même b, pour des loyers inférieurs aux limites mentionnées au c ;

e. Une fraction, définie par décret, du prix de revient d'un ensemble d'investissements portés simultanément à la connaissance du ministre chargé du budget dans les conditions prévues au VI correspond à des dépenses supportées au titre de l'acquisition d'équipements de production d'énergie renouvelable, d'appareils utilisant une source d'énergie renouvelable ou de matériaux d'isolation. Un arrêté conjoint des ministres chargés respectivement du budget, de l'écologie, de l'énergie, du développement durable et de l'outre-mer fixe la nature des dépenses d'équipements concernées ;

f. 80 % de l'avantage en impôt procuré par la réduction d'impôt pratiquée au titre de l'investissement et par l'imputation du déficit provenant de la location du bien acquis et de la moins-value réalisée lors de la cession de ce bien ou des titres de la société bailleresse sont rétrocédés à l'organisme de logement social locataire sous forme de diminution du loyer et du prix de cession du bien ;

g. Au terme de la période de location mentionnée au a du présent 2°, les logements ou les parts ou actions des sociétés qui en sont propriétaires sont cédés, dans des conditions, notamment de prix, définies par une convention conclue entre leur propriétaire et l'organisme locataire au plus tard lors de la conclusion du bail, à l'organisme locataire ou à des personnes physiques choisies par celui-ci et dont les ressources, au titre de l'année précédant celle de la première occupation du logement, n'excèdent pas des plafonds fixés par décret en fonction du nombre de personnes destinées à occuper à titre principal le logement et de la localisation de celui-ci ;

Ndlr *Les dispositions qui visent la période de location mentionnée au a du présent 2° (et non plus au b) s'appliquent aux investissements réalisés à compter du 1er janvier 2023 (Loi 2022-1726 du 30 décembre 2022 art. 14, II-A).*

3° Pour les logements faisant l'objet d'un contrat de location-accession à la propriété immobilière :

a. L'entreprise signe avec une personne physique, dans les douze mois de l'achèvement de l'immeuble ou de son acquisition si elle est postérieure, un contrat de location-accession dans les conditions prévues par la réglementation locale définissant la location-accession à la propriété immobilière ;

b. Une fraction, définie par décret, du prix de revient d'un ensemble d'investissements portés simultanément à la connaissance du ministre chargé du budget dans les conditions prévues au VI correspond à des dépenses supportées au titre de l'acquisition d'équipements de production d'énergie renouvelable, d'appareils utilisant une source d'énergie renouvelable ou de matériaux d'isolation. Un arrêté conjoint des ministres chargés du budget, de l'écologie, de l'énergie, du développement durable et de l'outre-mer fixe la nature des dépenses d'équipements concernées ;

c. 80 % de l'avantage en impôt procuré par la réduction d'impôt pratiquée au titre de l'acquisition ou la construction de l'immeuble sont rétrocédés à la personne physique signataire du contrat mentionné au a du présent 3° sous forme de diminution de la redevance prévue dans le contrat de location-accession et du prix de cession de l'immeuble ;

4° La réduction d'impôt s'applique également aux travaux de démolition préalables à la construction des logements mentionnés au 2° du présent D lorsque l'achèvement des fondations de l'immeuble intervient dans un délai de deux ans à compter de la date de fin des travaux de démolition.

Ndlr 1. *L'extension du dispositif aux travaux de démolition s'applique aux travaux pour lesquels une demande de permis de construire est déposée à compter du 1er janvier 2022 et qui n'ont pas été engagés avant cette date. Pour les investissements réalisés à Saint-Martin, ces dispositions entrent en vigueur à compter du 12 décembre 2022 (Décret 2022-1551 du 10 décembre 2022 art. 2).*

2. *Voir Annexe III, art. 49 septies ZZY quater et Annexe IV, art. 23 L quinquies.*

FR 2/24 inf. 45 nos 2 à 9 p. 82 ; FR 2/23 inf. 75 p. 100 ; FR 2/22 inf. 78 nos 21 à 28 p. 123 ; DC-IV-35000 s.

II. A. La réduction d'impôt prévue au I du présent article s'applique aux investissements réalisés par une société soumise au régime d'imposition prévu à l'article 8, à l'exclusion des sociétés en participation, ou un groupement mentionné aux articles 239 quater ou 239 quater C, dont les parts sont détenues directement par des entreprises soumises à l'impôt sur les sociétés. Dans ce cas, la réduction d'impôt est pratiquée par les associés ou membres dans une proportion correspondant à leurs droits dans la société ou le groupement.

B. 1. La réduction d'impôt s'applique également aux souscriptions en numéraire réalisées par les entreprises soumises à l'impôt sur les sociétés, au capital de :

1° Sociétés de développement régional des collectivités d'outre-mer et de Nouvelle-Calédonie ;

2° Sociétés effectuant des investissements productifs dans les collectivités d'outre-mer et en Nouvelle-Calédonie ;

3° Sociétés concessionnaires effectuant dans les collectivités d'outre-mer et en Nouvelle-Calédonie des investissements productifs affectés plus de cinq ans par le concessionnaire à l'exploitation d'une concession de service public local à caractère industriel et commercial ;

4° Sociétés affectées exclusivement à l'acquisition ou à la construction de logements neufs dans les collectivités d'outre-mer et en Nouvelle-Calédonie lorsque ces sociétés ont pour activité exclusive la location de tels logements dans les conditions mentionnées aux 1° et 2° du D du I.

2. Pour l'application du présent B :

1° Les sociétés bénéficiaires des souscriptions seraient soumises de plein droit ou sur option à l'impôt sur les sociétés si elles étaient imposables en France et si elles exercent exclusivement leur activité en outre-mer, dans les secteurs d'activité éligibles en application des A à D du I ;

2° La valeur d'origine des éléments d'actif autres que ceux nécessaires à l'exercice de l'activité ouvrant droit à la réduction d'impôt ne doit pas excéder 10 % du montant total de l'actif brut de la société ;

3° 80 % de l'avantage en impôt procuré par la réduction d'impôt pratiquée au titre de la sous-

cription et par l'imputation du déficit provenant de la moins-value réalisée lors de la cession des titres reçus lors de la souscription sont rétrocédés à la société bénéficiaire des souscriptions sous forme de diminution du prix de cession des titres souscrits.

III. A. 1. La réduction d'impôt est assise sur le montant, hors taxes et hors frais de toute nature, notamment les commissions d'acquisition, à l'exception des frais de transport, d'installation et de mise en service amortissables, des investissements productifs, diminué de la fraction de leur prix de revient financée par une aide publique.

Pour les souscriptions mentionnées au B du II, la réduction d'impôt est assise sur le montant total des souscriptions en numéraires effectuées.

2. Les aides octroyées par la Nouvelle-Calédonie, la Polynésie française, Wallis-et-Futuna, Saint-Martin, Saint-Barthélemy et Saint-Pierre-et-Miquelon dans le cadre de leur compétence fiscale propre au titre de projets d'investissements sont sans incidence pour la détermination du montant des dépenses éligibles retenues pour l'application du présent article, à l'exception des investissements mentionnés au C du présent III.

3. Lorsque l'investissement a pour objet de remplacer un investissement ayant bénéficié du présent dispositif ou de l'un de ceux définis aux articles 199 undecies B et 217 duodecies, l'assiette de la réduction d'impôt telle que définie aux A à C du présent III est diminuée de la valeur réelle de l'investissement remplacé.

B. Pour les projets d'investissement comportant l'acquisition, l'installation ou l'exploitation d'équipements de production d'énergie renouvelable, ce montant est pris en compte dans la limite d'un montant par watt installé, fixé par arrêté conjoint des ministres chargés du budget, de l'énergie, de l'outre-mer et de l'industrie pour chaque type d'équipement. Ce montant prend en compte les coûts d'acquisition et d'installation directement liés à ces équipements.

C. Pour les équipements et opérations de pose de câbles sous-marins de communication mentionnés au I ter de l'article 199 undecies B desservant pour la première fois la Polynésie française, Saint-Barthélemy, Saint-Martin, Saint-Pierre-et-Miquelon, les îles Wallis-et-Futuna, la Nouvelle-Calédonie ou les Terres australes et antarctiques françaises, l'assiette de la réduction d'impôt est égale à la moitié du coût de revient déterminé en application du 1 du A du présent III et diminuée du montant des aides publiques accordées pour leur financement *(NDLR Les dispositions des deux dernières phrases relatives à l'assiette de la réduction d'impôt s'appliquent aux investissements réalisés à compter du 1er janvier 2023).*

Pour les équipements et opérations de pose du câble de secours mentionnés au dernier alinéa du I ter de l'article 199 undecies B, l'assiette de la réduction d'impôt est égale au quart du coût de revient déterminé en application du 1 du A du présent III et diminuée du montant des aides publiques accordées pour leur financement.

Pour l'application du présent C, le montant de l'aide fiscale peut être réduit de moitié au plus, compte tenu du besoin de financement de la société exploitante pour la réalisation de ce projet et de l'impact de l'aide sur les tarifs.

D. Pour les investissements mentionnés au I quater de l'article 199 undecies B, l'assiette de la réduction d'impôt est égale à 20 % du coût de revient déterminé en application du 1 du A du présent III et diminuée du montant des aides publiques accordées pour leur financement *(NDLR Les dispositions relatives à l'assiette de la réduction d'impôt s'appliquent aux investissements réalisés à compter du 1er janvier 2023).*

E. *(Abrogé).*

F. Pour les logements mentionnés au D du I, la réduction d'impôt est assise sur le prix de revient des logements, minoré, d'une part, des taxes et des commissions d'acquisition versées et, d'autre part, des aides publiques reçues.

Ce montant est retenu dans la limite mentionnée au 5 de l'article 199 undecies A appréciée par mètre carré de surface habitable.

Un décret précise la nature des sommes retenues pour l'appréciation du prix de revient des logements.

Pour les travaux de démolition mentionnés au 4° du D du I, la réduction d'impôt est assise sur le prix de revient des travaux de démolition, minoré, d'une part, des taxes versées et, d'autre part, des aides publiques reçues au titre de ces mêmes travaux. Ce montant est retenu dans la limite d'un plafond de 25 000 € par logement démoli.

G. Pour les investissements afférents à l'acquisition de friches hôtelières ou industrielles faisant l'objet de travaux de réhabilitation lourde mentionnés au I sexies de l'article 199 undecies B, l'assiette de la réduction d'impôt est déterminée dans les conditions prévues au même I sexies.

***Ndlr** Les dispositions relatives aux investissements portant sur les friches industrielles prévues à l'article 199 undecies B, I sexies s'appliquent, pour les investissements réalisés dans les collectivités d'outre-mer et en Nouvelle-Calédonie, aux investissements réalisés à compter du 1er janvier 2024 et, pour les investissements réalisés dans les DOM et à Saint-Martin, aux investissements mis en service à* *compter d'une date fixée par décret, qui ne peut être postérieure de plus de six mois à la date de réception par le Gouvernement de la réponse de la Commission européenne permettant de considérer le dispositif comme conforme au droit de l'Union européenne en matière d'aides d'Etat.*

H. Pour les investissements consistant en l'acquisition de véhicules de tourisme mentionnés à la troisième phrase du quinzième alinéa du I de l'article 199 undecies B, l'assiette de la réduction d'impôt prévue au 1 du A du présent III est retenue dans la limite d'un montant fixé par décret, qui ne peut excéder 30 000 € par véhicule.

Ndlr *La limitation du dispositif aux véhicules de tourisme s'applique aux investissements réalisés à compter du 1er janvier 2024. Toutefois, elle ne s'applique pas pour :*
– les investissements agréés au plus tard le 31 décembre 2023 ;
– les investissements pour l'agrément desquels une demande est parvenue à l'administration au plus tard le 31 décembre 2023 et pour lesquels des acomptes au moins égaux à 50 % de leur prix ont été versés à cette date ;
– les acquisitions de biens meubles corporels qui font l'objet d'une commande au plus tard le 31 décembre 2023 et pour lesquels des acomptes au moins égaux à 50 % de leur prix ont été versés à cette date ;
– les constructions d'immeubles ayant fait l'objet d'une déclaration d'ouverture de chantier déposée au plus tard le 31 décembre 2023, dès lors que ces investissements sont achevés au plus tard le 31 décembre 2025.

IV. Le taux de la réduction d'impôt est fixé à 35 %.

V. 1. Le bénéfice de la réduction d'impôt prévue au I est accordé au titre de l'exercice au cours duquel l'investissement est mis en service.

2. Toutefois :

1° Lorsque l'investissement consiste en l'acquisition d'un immeuble à construire ou en la construction d'immeuble, la réduction d'impôt est accordée au titre de l'exercice au cours duquel les fondations sont achevées ;

En cas de travaux de démolition, la réduction d'impôt est accordée, pour ces seuls travaux, au titre de l'exercice de leur achèvement ;

2° En cas de rénovation ou de réhabilitation d'immeuble, la réduction d'impôt est accordée au titre de l'exercice au cours duquel les travaux ont été achevés ;

3° En cas de souscription au capital de sociétés dans les conditions prévues au B du II, la réduction d'impôt est pratiquée au titre de l'exercice au cours duquel les fonds ont été versés. En cas de versements échelonnés, ceux-ci sont pris en compte au titre de chacun des exercices au cours desquels ils ont été effectués.

VI. Lorsque le montant total par programme d'investissements est supérieur au seuil mentionné au premier alinéa du II quater de l'article 217 undecies, ou au seuil mentionné au second alinéa du même II quater pour les investissements réalisés par les sociétés et groupements mentionnés au A du II du présent article, et au III de l'article 217 undecies, le bénéfice de la réduction d'impôt est conditionné à l'obtention d'un agrément préalable délivré par le ministre chargé du budget dans les conditions prévues au même III.

VII. A. L'investissement ayant ouvert droit à la réduction d'impôt doit être exploité par l'entreprise locataire dans les conditions fixées au I du présent article pendant un délai de cinq ans, décompté à partir de la date de réalisation dudit investissement. Ce délai est réduit à la durée normale d'utilisation de l'investissement si cette durée est inférieure à cinq ans.

Pour les investissements dont la durée normale d'utilisation est au moins égale à sept ans, l'entreprise locataire doit prendre l'engagement d'utiliser effectivement pendant sept ans au moins l'investissement dans le cadre de l'activité pour laquelle il a été acquis ou créé. Cet engagement est porté à dix ans pour les investissements portant sur les navires de croisière neufs d'une capacité maximale de quatre cents passagers et à quinze ans pour les investissements consistant en la construction, la rénovation ou la réhabilitation d'hôtels, de résidences de tourisme ou de villages de vacances, en la construction ou la réhabilitation lourde d'immeubles autres que ceux à usage d'habitation ou en l'acquisition ou la construction d'immeubles exploités dans le cadre des activités mentionnées à la deuxième phrase du g du I de l'article 199 undecies B.

Ndlr *L'allongement à quinze ans du délai de conservation pour les constructions ou réhabilitations lourdes d'immeubles et les locations de tourisme s'applique aux investissements réalisés à compter du 1er janvier 2024. Toutefois, il ne s'applique pas pour :*
– les investissements agréés au plus tard le 31 décembre 2023 ;
– les investissements pour l'agrément desquels une demande est parvenue à l'administration au plus tard le 31 décembre 2023 et pour lesquels des acomptes au moins égaux à 50 % de leur prix ont été versés à cette date ;
– les acquisitions de biens meubles corporels qui font l'objet d'une commande au plus tard le 31 décembre 2023 et pour lesquels des acomptes au moins égaux à 50 % de leur prix ont été versés à cette date ;
– les constructions d'immeubles ayant fait l'objet d'une déclaration d'ouverture de chantier déposée au plus tard le 31 décembre 2023, dès lors que ces investissements sont achevés au plus tard le 31 décembre 2025.

Si, dans le délai mentionné au premier alinéa du présent A, l'investissement ayant ouvert droit à la réduction d'impôt est cédé ou cesse d'être affecté à l'exploitation de l'entreprise utilisatrice ou si l'acquéreur cesse son activité, ou si l'une des conditions prévues au I cesse d'être respectée, la réduction d'impôt fait l'objet d'une reprise au titre de l'exercice ou de l'année au cours duquel interviennent les événements précités.

Toutefois, la reprise de la réduction d'impôt n'est pas effectuée :

1° Lorsque les biens ayant ouvert droit à la réduction d'impôt sont transmis dans le cadre des opérations mentionnées aux articles 210 A ou 210 B, si le bénéficiaire de la transmission s'engage à maintenir l'exploitation des biens dans une collectivité d'outre-mer ou en Nouvelle-Calédonie dans le cadre d'une activité éligible pendant la fraction du délai de conservation restant à courir.

L'engagement est pris dans l'acte constatant la transmission ou, à défaut, dans un acte sous seing privé ayant date certaine, établi à cette occasion ;

2° Lorsque, en cas de défaillance de l'exploitant, les biens ayant ouvert droit à la réduction d'impôt sont repris par une autre entreprise qui s'engage à les maintenir dans l'activité pour laquelle ils ont été acquis ou créés pendant la fraction du délai de conservation restant à courir.

B. Pour les souscriptions au capital de sociétés mentionnées au B du II du présent article :

1° Les investissements productifs doivent être effectués par les sociétés bénéficiaires des souscriptions dans les douze mois de la clôture de la souscription. A défaut, la réduction d'impôt dont a bénéficié le souscripteur fait l'objet d'une reprise au titre de l'exercice au cours duquel le délai arrive à expiration ;

2° Les investissements productifs doivent être exploités par la société bénéficiaire des souscriptions dans les conditions fixées au même II pendant un délai de cinq ans, décompté à partir de la date de réalisation de l'investissement. Ce délai est réduit à la durée normale d'utilisation de l'investissement si cette durée est inférieure à cinq ans.

Pour les investissements dont la durée normale d'utilisation est au moins égale à sept ans, la société bénéficiaire des souscriptions doit prendre l'engagement d'utiliser effectivement pendant sept ans au moins l'investissement dans le cadre de l'activité pour laquelle il a été acquis ou créé. Cet engagement est porté à dix ans pour les investissements portant sur les navires de croisière neufs d'une capacité maximale de quatre cents passagers et à quinze ans pour les investissements consistant en la construction, la rénovation ou la réhabilitation d'hôtels, de résidences de tourisme ou de villages de vacances, en la construction ou la réhabilitation lourde d'immeubles autres que ceux à usage d'habitation ou en l'acquisition ou la construction d'immeubles exploités dans le cadre des activités mentionnées à la deuxième phrase du g du I de l'article 199 undecies B.

Ndlr *L'allongement à quinze ans du délai de conservation pour les constructions ou réhabilitations lourdes d'immeubles et les locations de tourisme s'applique aux investissements réalisés à compter du 1er janvier 2024. Toutefois, il ne s'applique pas pour :*
– les investissements agréés au plus tard le 31 décembre 2023 ;
– les investissements pour l'agrément desquels une demande est parvenue à l'administration au plus tard le 31 décembre 2023 et pour lesquels des acomptes au moins égaux à 50 % de leur prix ont été versés à cette date ;
– les acquisitions de biens meubles corporels qui font l'objet d'une commande au plus tard le 31 décembre 2023 et pour lesquels des acomptes au moins égaux à 50 % de leur prix ont été versés à cette date ;
– les constructions d'immeubles ayant fait l'objet d'une déclaration d'ouverture de chantier déposée au plus tard le 31 décembre 2023, dès lors que ces investissements sont achevés au plus tard le 31 décembre 2025.

Si, dans le délai prévu au premier alinéa du présent 2°, cet engagement ou l'une de ces conditions ne sont pas respectés, la réduction d'impôt dont a bénéficié le souscripteur fait l'objet d'une reprise au titre de l'exercice au cours duquel cet événement est constaté.

Ces dispositions ne sont pas applicables si les immobilisations en cause sont comprises dans un apport partiel d'actif réalisé sous le régime de l'article 210 B ou si la société qui en est propriétaire fait l'objet d'une fusion placée sous le régime de l'article 210 A, à la condition que la société bénéficiaire de l'apport ou la société absorbante, selon le cas, réponde aux mêmes conditions d'activité et reprenne, sous les mêmes conditions et sanctions, les mêmes engagements pour la fraction du délai restant à courir ;

3° En cas de cession dans le délai prévu au premier alinéa du 2° du présent B de tout ou partie des droits sociaux souscrits, la réduction d'impôt dont a bénéficié le souscripteur fait l'objet d'une reprise au titre de l'exercice au cours duquel la cession est intervenue.

Ces dispositions ne sont pas applicables dans le cas où l'entreprise propriétaire des titres fait l'objet d'une transmission dans le cadre des dispositions prévues aux articles 210 A et 210 B, si l'entreprise qui devient propriétaire des titres remplit les conditions nécessaires pour bénéficier de cette réduction d'impôt et s'engage à conserver les titres pendant la fraction du délai de conservation restant à courir. L'engagement est pris dans l'acte constatant la transmission ou, à défaut, par acte sous seing privé ayant date certaine, établi à cette occasion.

Ces dispositions ne sont pas non plus applicables dans le cas où les titres ayant ouvert droit à la réduction d'impôt sont apportés ou échangés dans le cadre d'opérations soumises aux dispositions prévues aux mêmes articles 210 A ou 210 B, si l'entreprise conserve, sous les mêmes conditions et sanctions, les titres nouveaux qui sont substitués aux titres d'origine.

C. 1. Lorsque l'investissement revêt la forme de la construction d'un immeuble ou de l'acquisition d'un immeuble à construire, l'immeuble doit être achevé dans les deux ans suivant la date à laquelle les fondations sont achevées.

En cas de souscription affectée totalement ou partiellement à la construction d'immeubles destinés à l'exercice d'une activité éligible, la société bénéficiaire de la souscription doit s'engager à en achever les fondations dans les deux ans qui suivent la clôture de la souscription et à achever l'immeuble dans les deux ans qui suivent la date d'achèvement des fondations.

A défaut, la réduction d'impôt acquise au titre de cet investissement ou de cette souscription fait l'objet d'une reprise au titre de l'année au cours de laquelle intervient le terme des délais mentionnés aux deux premiers alinéas du présent 1.

2. La réduction d'impôt fait l'objet d'une reprise au titre de l'exercice au cours duquel l'une des conditions prévues au D du I n'est plus respectée.

> **Ndlr** *Les dispositions figurant au 2 sont applicables aux investissements réalisés à compter du 1er janvier 2022.*

Toutefois, la reprise de la réduction d'impôt n'est pas effectuée lorsque, en cas de défaillance de l'entreprise ou de l'organisme, les logements ayant ouvert droit à la réduction d'impôt sont repris par une autre entreprise ou organisme qui s'engage à louer les logements, dans les conditions prévues au même D, pour la fraction de la durée minimale de location restant à courir.

D. Les associés ou membres de sociétés ou groupement mentionnés au A du II doivent conserver les parts de cette société ou de ce groupement pendant un délai de cinq ans à compter de la date de réalisation de l'investissement. Ce délai est réduit à la durée normale d'utilisation de l'investissement si cette durée est inférieure à cinq ans. Pour les investissements réalisés dans le secteur du logement en application du D du I, les associés ou membres de sociétés ou de groupements mentionnés au A du II conservent la totalité de leurs parts ou actions jusqu'au terme de la période de location mentionnée au a des 1° et 2° du D du I.

A défaut, la réduction d'impôt qu'ils ont pratiquée fait l'objet d'une reprise au titre de l'exercice au cours duquel la cession est intervenue.

E. La réduction d'impôt prévue au présent article est subordonnée au respect par les entreprises réalisant l'investissement et par les entreprises exploitantes de leurs obligations fiscales et sociales et de l'obligation de dépôt de leurs comptes annuels selon les modalités prévues aux articles L 232-21 à L 232-23 du code de commerce à la date du fait générateur de l'avantage fiscal tel que défini au V du présent article. Pour l'application du présent alinéa, les références aux dispositions du code de commerce s'apprécient au regard de la réglementation propre à chaque collectivité d'outre-mer ou à la Nouvelle-Calédonie.

Sont considérés comme à jour de leurs obligations fiscales et sociales les employeurs qui d'une part, ont souscrit et respectent un plan d'apurement des cotisations restant dues et, d'autre part, acquittent les cotisations en cours à leur date normale d'exigibilité.

VIII. Le bénéfice de la réduction d'impôt prévue au I est exclusif du bénéfice des dispositifs définis aux articles 199 undecies A, 199 undecies B, 199 undecies C et 217 duodecies au titre d'un même programme d'investissement.

IX. Le bénéfice de la réduction d'impôt prévue aux A à C et aux 1° et 3° du D du I du présent article est subordonné, pour les investissements réalisés à Saint-Martin, au respect de l'article 14 du règlement (UE) n° 651/2014 de la Commission du 17 juin 2014 déclarant certaines catégories d'aides compatibles avec le marché intérieur en application des articles 107 et 108 du traité.

Le bénéfice de la réduction d'impôt prévue au 2° du D du I est subordonné, pour les investissements réalisés à Saint-Martin, au respect de la décision 2012/21/UE de la Commission du 20 décembre 2011 relative à l'application de l'article 106, paragraphe 2, du traité sur le fonctionnement de l'Union européenne aux aides d'Etat sous forme de compensations de service public octroyées à certaines entreprises chargées de la gestion de services d'intérêt économique général.

X. A. Le présent article est applicable aux investissements réalisés jusqu'au 31 décembre 2029.

B. Un décret fixe les conditions d'application du présent article.

> **Ndlr 1.** *Les dispositions du présent article s'appliquent aux investissements réalisés à compter du 1er janvier 2022. Toutefois, pour les investissements réalisés à Saint-Martin, elles s'appliquent aux investissements réalisés à compter du 7 mai 2022 (Décret 2022-781 du 4 mai 2022 art. 2).*

2. *Voir Annexe III, art. 49 septies ZZY à 49 septies ZZY sexies.*
3. *Dispositif prorogé jusqu'en 2029 par l'article 13 de la loi 2022-1726 du 30 décembre 2022.*

DC-IV-35000 s.

SECTION V

Impôt sur le revenu, impôt sur les sociétés et taxes visées au chapitre III

I. Entreprises de navigation maritime ou aérienne ou exploitant des satellites de communication

Art 246 Les bénéfices réalisés par les entreprises de navigation maritime ou aérienne établies à l'étranger et provenant de l'exploitation de navires ou d'aéronefs étrangers sont exonérés d'impôts à condition qu'une exemption réciproque et équivalente soit accordée aux entreprises françaises de même nature.

Les modalités de l'exemption et les impôts compris dans l'exonération sont fixés, pour chaque pays, par un accord diplomatique et font l'objet d'un décret contresigné par le ministre de l'économie et des finances. Ce décret est soumis, dans le délai de trois mois, à la ratification législative.

Les bénéfices réalisés dans les pays ayant consenti l'exonération réciproque prévue au deuxième alinéa par les entreprises de navigation maritime ou aérienne qui ont leur siège en France seront compris dans les bases de l'impôt dû en France par ces entreprises.

INT-GENA-37150 s.

Art 247 Ne sont pas considérés comme des bénéfices réalisés dans des entreprises exploitées en France les bénéfices, déterminés dans les conditions fixées à l'article 57, provenant de l'exploitation de satellites de communication localisés sur des positions orbitales géostationnaires qui ne sont pas la propriété de ces entreprises.

IS-I-21530 s. ; MF n° 35745 précision c

III. Présentation et contenu des déclarations fiscales

Art 248 Le Gouvernement peut fixer par décret, dans la mesure où la législation en vigueur ne les a pas fixés, les renseignements que doivent contenir les déclarations fiscales en vue de l'application des impôts et taxes existants, ainsi que le nombre d'exemplaires de ces déclarations que doit fournir chaque contribuable.

DC-I-20

SECTION VI

Dispositions spéciales applicables aux opérations de nationalisation

1° Plus-values mobilières réalisées par les entreprises

Art 248 A Lorsque des actions de sociétés nationalisées figurent à l'actif d'une entreprise, la plus-value ou la moins-value résultant de l'indemnisation prévue aux articles 4, 15, 16 et 32 de la loi de nationalisation n° 82-155 du 11 février 1982 n'est pas prise en compte pour la détermination du résultat imposable de l'exercice en cours lors de sa réalisation. Les titres reçus en échange sont inscrits au bilan pour la même valeur comptable que celle des titres ayant ouvert droit à l'indemnisation. Lors de la cession ou du remboursement de tout ou partie des nouveaux titres, d'une part, ceux-ci sont réputés avoir été acquis à la date à laquelle les actions des sociétés nationalisées avaient été acquises par l'entreprise, d'autre part, la plus-value ou la moins-value est déterminée à partir de la valeur que les actions des sociétés nationalisées avaient du point de vue fiscal dans les écritures de l'entreprise.

(Dispositions applicables en ce qui concerne les opérations d'échange des obligations émises par l'office national d'études et de recherches aérospatiales contre les actions de la société Matra : loi 81-1179 du 31 décembre 1981, art. 19-III. Elles sont également applicables à l'échange de ces obligations contre les obligations émises par la caisse nationale de l'industrie : loi 82-1152 du 30 décembre 1982, art. 14)

2° Plus-values mobilières réalisées par les particuliers

Art 248 B Les dispositions des articles 92 et 150-0 A ne sont pas applicables aux échanges de titres effectués dans le cadre de la loi de nationalisation n° 82-155 du 11 février 1982.

En cas de vente des titres reçus en échange, la plus ou moins-value est calculée à partir du prix ou de la valeur d'acquisition des titres ayant ouvert droit à l'indemnisation.

Pour l'application de ces dispositions, le remboursement des titres reçus en échange est assimilé à une vente.

RM-VI-24840 ; MF n° 33300

3° Subrogation des obligations

Art 248 C Les obligations de la caisse nationale de l'industrie et de la caisse nationale des banques attribuées aux détenteurs d'actions transférées à l'Etat sont subrogées de plein droit à ces actions dans tous les cas où la loi, le règlement ou les contrats ont, soit prévu un emploi ou un remploi de fonds en actions, soit créé ou modifié les droits portant sur ces actions ; les opérations ainsi intervenues sur ces actions sont réputées avoir été effectuées avec les mêmes effets sur les obligations de la caisse nationale de l'industrie et de la caisse nationale des banques. Ces obligations sont également subrogées de plein droit aux actions détenues en application des dispositions relatives à l'actionnariat et à la participation des salariés. Elles n'ont alors pas à revêtir la forme nominative si elles sont déposées pendant la période d'incessibilité auprès d'un intermédiaire agréé choisi sur une liste fixée par décret *(Voir Annexe III, art. 65).*

SECTION VII

Dispositions spéciales applicables aux opérations de privatisation

1° Plus-values réalisées par les entreprises

Art 248 E Lorsque des titres, mentionnés aux articles 5 *(NDLR Titres d'emprunt d'Etat ou titres d'emprunts dont le service est pris en charge par l'Etat)* et 6 *(NDLR Certificats d'investissements, certificats pétroliers)* de la loi n° 86-912 du 6 août 1986 ou des titres participatifs mentionnés à l'article 1er modifié de la même loi, figurent au bilan d'une entreprise et sont échangés dans le cadre des opérations mentionnées au 1° de l'article 5 de la loi n° 86-793 du 2 juillet 1986 modifié *(NDLR Transfert du secteur public au secteur privé de certaines participations majoritaires détenues par l'Etat)* ou au titre IV de la loi n° 86-1067 du 30 septembre 1986 modifiée *(NDLR Transfert au secteur privé de la société Télévision Française 1)*, la plus-value ou la moins-value résultant de l'échange n'est pas prise en compte pour la détermination du résultat imposable de l'exercice en cours ; les actions reçues en échange sont inscrites au bilan pour la même valeur comptable que celles des titres échangés *(Les articles 1er et 5 à 6 de la loi 86-912 du 6 août 1986 et la loi 86-793 du 2 juillet 1986 ont été abrogés par l'article 41, I de l'ordonnance 2014-948 du 20 août 2014. L'article 41, II de cette ordonnance prévoit toutefois que les dispositions de la loi du 2 juillet 1986 et de la loi du 6 août 1986 susvisée, à l'exception de celles de ses articles 3 et 3-1, dans leur rédaction applicable à la date d'entrée en vigueur de la présente ordonnance : le 24 août 2014, restent applicables aux sociétés et opérations qui ne sont pas régies par le titre III de cette ordonnance).*

Lors de la cession par l'entreprise des actions ainsi reçues, la date à laquelle les titres remis à l'échange ont été acquis sert de référence pour le calcul de la plus-value. Le calcul s'effectue à partir de la valeur fiscale inscrite dans les écritures de la société. Pour les titres remis en application de la loi de nationalisation n° 82-155 du 11 février 1982 ou dans le cadre des opérations mentionnées à l'article 19 de la loi de finances rectificative pour 1981, n° 81-1179 du 31 décembre 1981 *(NDLR Echange des actions de la société Matra contre des obligations indemnitaires émises par l'Office national d'études et de recherches aérospatiale)*, et à l'article 14 de la loi de finances rectificative pour 1982, n° 82-1152 du 30 décembre 1982 *(NDLR Echange des obligations émises par l'Office national d'études et de recherches aérospatiales contre les obligations émises par la Caisse nationale de l'industrie)*, cette valeur est celle définie à l'article 248 A.

BIC-VII-61500 s. ; MF n° 19055

2° Plus-values réalisées par les particuliers

Art 248 F Les dispositions de l'article 150-0 A ne sont pas applicables, dans le cadre des opérations prévues au 1° de l'article 5 de la loi n° 86-793 du 2 juillet 1986 et au titre IV de la loi n° 86-1067 du 30 septembre 1986 relative à la liberté de communication dans sa rédaction applicable au 23 décembre 2020, aux échanges de titres participatifs mentionnés à l'article 1er modifié de la loi n° 86-912 du 6 août 1986, de titres mentionnés aux articles 5 et 6 de la même loi, de titres mentionnés aux articles 60 et 61 de la loi du 30 septembre 1986 dans sa rédaction applicable au 23 décembre 2020 réalisés avant le 21 juillet 1993, date de publication de la loi de privatisation n° 93-923 du 19 juillet 1993 *(Les dispositions de l'article 5 de la loi 86-912 du 6 août 1986 ont été abrogées par l'article 23 de la loi 93-923 du 19 juillet 1993).*

En cas de cession des actions reçues, la plus-value ou la moins-value est calculée à partir du prix ou de la valeur d'acquisition des titres remis en échange ; lorsque ces titres ont été acquis dans le cadre de la loi de nationalisation n° 82-125 du 11 février 1982 ou des opérations mentionnées à l'article 19 de la loi n° 81-1179 du 31 décembre 1981 et à l'article 14 de la loi n° 82-1152 du 30 décembre 1982, le calcul s'effectue à partir du prix ou de la valeur d'acquisition des titres ayant ouvert droit à l'indemnisation. Ces dispositions sont applicables aux cessions des actions reçues lors d'échanges de titres réalisés avant le 21 juillet 1993, date de publication de la loi de privatisation n° 93-923 du 19 juillet 1993 *(Les articles 1er et 5 à 6 de la loi 86-912 du 6 août 1986, la loi 86-793 du*

2 juillet 1986 et la loi 93-923 du 19 juillet 1993 ont été abrogés par l'article 41 de l'ordonnance 2014-948 du 20 août 2014).

RM-VI-24840 ; MF nº 33300

Art 248 G Les dispositions de l'article 150-0 B sont applicables aux plus-values réalisées, à compter du 21 juillet 1993, date de publication de la loi de privatisation nº 93-923 du 19 juillet 1993, lors de l'échange des titres mentionnés à l'article 6 de la loi nº 86-912 du 6 août 1986, des titres participatifs mentionnés à l'article 1er modifié de la même loi, ainsi que des titres de l'emprunt d'Etat mentionné à l'article 9 de la loi nº 93-859 du 22 juin 1993 *(L'article 6 de la loi 86-912 du 6 août 1986 et la loi 93-923 du 19 juillet 1993 ont été abrogés par l'article 41 de l'ordonnance 2014-948 du 20 août 2014).*

RM-VI-24840 ; MF nº 33300

TITRE II

TAXES SUR LE CHIFFRE D'AFFAIRES ET TAXES ASSIMILEES

CHAPITRE PREMIER

Taxe sur la valeur ajoutée

SECTION 0I

Définition du territoire communautaire

Art 256-0 Pour l'application du présent chapitre :

1° Les autres Etats membres de la Communauté européenne sont ceux énumérés à l'article 299 du traité instituant la Communauté européenne, à l'exclusion des territoires suivants :

Pour la république fédérale d'Allemagne, l'île d'Helgoland et le territoire de Büsingen ;

Pour le royaume d'Espagne, Ceuta, Melilla et les îles Canaries ;

Pour la république de Finlande, les îles Aland ;

Pour la république hellénique, le mont Athos ;

Pour la république italienne, Livigno, Campione d'Italia et les eaux nationales du lac de Lugano ;

Les îles Anglo-Normandes.

Toutefois, l'île de Man est considérée comme une partie du territoire du Royaume-Uni de Grande-Bretagne et d'Irlande du Nord et les zones de souveraineté du Royaume-Uni de Grande-Bretagne et d'Irlande du Nord à Akrotiri et Dhekelia sont considérées comme une partie du territoire de la République de Chypre ;

2° La Communauté européenne est l'ensemble des Etats membres, tel que défini au 1°.

Ndlr *Depuis le 1er février 2020, le Royaume-Uni de Grande-Bretagne et d'Irlande du Nord est sorti de l'Union européenne. La période transitoire prévue dans l'accord de retrait s'est achevée le 31 décembre 2020.*

FR 9/23 inf. 1 nos 11 s. p. 5 ; TVA-III-1945 ; MF nos 48530 s.

SECTION I

Champ d'application

I. Opérations obligatoirement imposables

Art 256 **I.** Sont soumises à la taxe sur la valeur ajoutée les livraisons de biens et les prestations de services effectuées à titre onéreux par un assujetti agissant en tant que tel.

TVA-II-30 s. ; MF nos 46450 s.

II. 1° Est considéré comme livraison d'un bien, le transfert du pouvoir de disposer d'un bien corporel comme un propriétaire.

2° Sont notamment considérés comme des biens meubles corporels : l'électricité, le gaz, la chaleur, le froid et les biens similaires.

3° Sont également considérés comme livraisons de biens :

a. Le transfert de propriété d'un bien meuble corporel opéré en vertu d'une réquisition de l'autorité publique ;

b. *(Abrogé)* ;

c. La remise matérielle d'un bien meuble corporel en vertu d'un contrat qui prévoit la location de ce bien pendant une certaine période ou sa vente à tempérament et qui est assorti d'une clause selon laquelle la propriété de ce bien est normalement acquise au détenteur ou à ses ayants droit au plus tard lors du paiement de la dernière échéance ;

d. La remise matérielle d'un bien meuble corporel en vertu d'un contrat de vente qui comporte une clause de réserve de propriété.

TVA-II-55 s. ; MF nos 46455 s.

II bis. 1° Une vente à distance intracommunautaire de biens s'entend d'une livraison de biens expédiés ou transportés par le fournisseur ou pour son compte, y compris lorsque le fournisseur intervient indirectement dans le transport ou l'expédition des biens, à partir d'un Etat membre autre que celui d'arrivée de l'expédition ou du transport à destination de l'acquéreur, lorsque les conditions suivantes sont réunies :

a. La livraison de biens est effectuée au profit d'un assujetti ou d'une personne morale non assujettie dont les acquisitions intracommunautaires de biens ne sont pas soumises à la taxe soit en application des 1° bis et 2° du I de l'article 256 bis lorsque ces acquisitions intracommunautaires ont lieu en France, soit en application du paragraphe 1 de l'article 3 de la directive 2006/112/CE du Conseil du 28 novembre 2006 relative au système commun de taxe sur la valeur ajoutée lorsque ces acquisitions intracommunautaires ont lieu dans un autre Etat membre de l'Union européenne, ou au profit de toute autre personne non assujettie ;

b. Les biens livrés ne sont ni des moyens de transport neufs, ni des biens livrés après montage ou installation, avec ou sans essai de mise en service, par le fournisseur ou pour son compte.

2° Une vente à distance de biens importés de territoires tiers ou de pays tiers s'entend d'une livraison de biens expédiés ou transportés par le fournisseur ou pour son compte, y compris lorsque le fournisseur intervient indirectement dans le transport ou l'expédition des biens, à partir d'un territoire tiers ou d'un pays tiers à destination d'un acquéreur dans un Etat membre, lorsque les conditions suivantes sont réunies :

a. La livraison de biens est effectuée au profit d'un assujetti ou d'une personne morale non assujettie dont les acquisitions intracommunautaires de biens ne sont pas soumises à la taxe soit en application du 2° du I de l'article 256 bis lorsque ces acquisitions intracommunautaires ont lieu en France, soit en application du paragraphe 1 de l'article 3 de la directive 2006/112/CE du Conseil du 28 novembre 2006 précitée lorsque ces acquisitions intracommunautaires ont lieu dans un autre Etat membre de l'Union européenne, ou au profit de toute autre personne non assujettie ;

b. Les biens livrés ne sont ni des moyens de transport neufs ni des biens livrés après montage ou installation, avec ou sans essai de mise en service, par le fournisseur ou pour son compte.

FR 40/21 inf. 2 p. 5 ; FR 6/22 inf. 1 p. 2 ; MF n°s 49760 s.

III. Est assimilé à une livraison de biens, le transfert par un assujetti d'un bien de son entreprise à destination d'un autre Etat membre de l'Union européenne.

Est considéré comme un transfert au sens des dispositions qui précèdent, l'expédition ou le transport, par un assujetti ou pour son compte, d'un bien meuble corporel pour les besoins de son entreprise, à l'exception de l'expédition ou du transport d'un bien qui, dans l'Etat membre d'arrivée, est destiné :

a. A être utilisé temporairement pour les besoins de prestations de services effectuées par l'assujetti ou dans des conditions qui lui ouvriraient droit, si ce bien était importé, au bénéfice de l'admission temporaire en exonération totale de droits ;

b. A faire l'objet d'expertises ou de travaux à condition que le bien soit réexpédié ou transporté en France à destination de cet assujetti ;

c. A faire l'objet d'une installation ou d'un montage ;

d. A faire l'objet de livraisons à bord des moyens de transport, effectuées par l'assujetti, dans les conditions mentionnées à l'article 37 de la directive 2006/112/CE du Conseil du 28 novembre 2006.

Pour l'application du présent III, n'est pas assimilé à une livraison de biens, le transfert, au sens des dispositions du premier alinéa, de gaz naturel, d'électricité, de chaleur ou de froid vers un autre Etat membre pour les besoins d'une livraison dont le lieu y est situé, conformément aux dispositions des articles 38 et 39 de la directive 2006/112/CE du Conseil du 28 novembre 2006.

TVA-III-1000, 1010 ; TVA-IV-4950 s. ; MF n°s 49280 s.

III bis. 1. N'est pas assimilé à une livraison de biens le transfert par un assujetti d'un bien de son entreprise sous un régime de stocks sous contrat de dépôt à destination d'un autre Etat membre de l'Union européenne lorsque les conditions suivantes sont remplies :

1° Les biens sont expédiés ou transportés par l'assujetti ou par un tiers pour le compte de celui-ci, à destination d'un autre Etat membre afin d'y être livrés, à un stade ultérieur et après leur arrivée, à un autre assujetti qui pourra en disposer comme un propriétaire en vertu d'un accord entre les deux assujettis ;

2° L'assujetti qui expédie ou transporte les biens n'est pas établi ou ne dispose pas d'un établissement stable dans l'Etat membre vers lequel les biens sont expédiés ou transportés ;

3° L'assujetti auquel les biens sont destinés à être livrés est identifié aux fins de la taxe sur la valeur ajoutée dans l'Etat membre vers lequel les biens sont expédiés ou transportés et a communiqué à l'assujetti mentionné au 2° son identité et ce numéro d'identification au moment du départ de l'expédition ou du transport ;

4° L'assujetti qui expédie ou transporte les biens inscrit le transfert des biens dans le registre prévu au 2 du I de l'article 286 quater et indique l'identité de l'assujetti qui acquiert les biens et le numéro d'identification aux fins de la taxe sur la valeur ajoutée attribué par l'Etat membre vers lequel les biens sont expédiés ou transportés dans l'état récapitulatif prévu au I de l'article 289 B.

2. Si, dans les douze mois suivant leur arrivée dans l'Etat membre vers lequel ils ont été expédiés ou transportés, les biens n'ont pas été livrés à l'assujetti mentionné au 3° du 1 du présent III bis et qu'aucune des circonstances mentionnées au 4 n'est intervenue, un transfert au sens du III du présent article est réputé avoir lieu le jour suivant celui de l'expiration de la période de douze mois.

3. Aucun transfert au sens du III du présent article n'est réputé avoir lieu lorsque, dans les douze mois suivant leur arrivée dans l'Etat membre vers lequel ils ont été expédiés ou transportés, le droit de disposer des biens n'a pas été transféré, qu'ils sont renvoyés vers la France et que l'assujetti inscrit leur renvoi dans le registre mentionné au 4° du 1 du présent III bis.

4. Aucun transfert au sens du III du présent article n'est réputé avoir lieu lorsque l'assujetti mentionné au 3° du 1 est remplacé, dans le délai de douze mois suivant l'arrivée des biens, par un autre assujetti dès lors que les autres conditions mentionnées au même 1 demeurent satisfaites et que l'assujetti mentionné au 2° dudit 1 inscrit ce remplacement dans le registre prévu au 2 du I de l'article 286 quater.

5. Pendant le délai de douze mois suivant leur arrivée dans l'Etat membre vers lequel ils ont été expédiés ou transportés, un transfert de biens au sens du III du présent article est réputé avoir lieu :

1° Dès que l'une des conditions mentionnées aux 1 et 4 du présent III bis cesse d'être remplie ;

2° Immédiatement avant la livraison lorsque les biens mentionnés au 1° du 1 sont livrés à une personne autre que celle mentionnée au 3° du même 1 sans que les conditions du 4 ne soient remplies ;

3° Immédiatement avant le début de l'expédition ou du transport lorsque les biens mentionnés au 1° du 1 sont expédiés ou transportés vers un pays autre que la France ;

4° Lorsque les biens mentionnés au même 1° sont détruits, perdus ou volés, à la date à laquelle les biens ont effectivement été enlevés ou détruits ou, si cette date est impossible à déterminer, à la date à laquelle il a été constaté que les biens étaient détruits ou manquants.

FR 47/20 inf. 1 n°s 19 s. p. 7 ; MF n° 49390

IV. 1° Les opérations autres que celles qui sont définies au II, notamment la cession ou la concession des biens meubles incorporels, le fait de s'obliger à ne pas faire ou à tolérer un acte ou une situation, les opérations de façon, les travaux immobiliers et l'exécution des obligations du fiduciaire, sont considérés comme des prestations de services.

TVA-II-200 s. ; MF n° 46475

2° Sont également considérées comme des prestations de services *(Disposition à caractère interprétatif)* :

a. Les opérations, y compris la négociation, portant sur les devises, les billets de banque et les monnaies qui sont des moyens de paiement légaux à l'exception des monnaies et billets de collection.

Le chiffre d'affaires afférent à ces opérations est constitué par le montant des profits et autres rémunérations.

Sont considérés comme des monnaies et billets de collection, les pièces en or autres que celles visées au 2 de l'article 298 sexdecies A, en argent, ou autre métal, ainsi que les billets qui ne sont pas normalement utilisés dans leur fonction comme moyen de paiement légal ou qui présentent un intérêt numismatique ;

TVA-XV-28800 ; MF n° 46475

b. Les opérations, portant sur les actions, les parts de sociétés ou d'associations, les obligations et les autres titres, à l'exclusion des titres représentatifs de marchandises et des parts d'intérêt dont la possession assure en droit ou en fait l'attribution en propriété ou en jouissance d'un bien immeuble ou d'une fraction d'un bien immeuble.

Le chiffre d'affaires afférent aux opérations, autres que celles de garde et de gestion, mentionnées ci-dessus est constitué par le montant des profits et autres rémunérations.

TVA-XV-28900 s. ; MF n° 46475

V. 1° L'assujetti, agissant en son nom propre mais pour le compte d'autrui, qui s'entremet dans une livraison de bien ou une prestation de services, est réputé avoir personnellement acquis et livré le bien, ou reçu et fourni les services considérés.

2° Sont également réputés avoir acquis et livré les biens :

a. L'assujetti qui facilite, par l'utilisation d'une interface électronique telle qu'une place de marché, une plateforme, un portail ou un dispositif similaire, les ventes à distance de biens importés de territoires tiers ou de pays tiers contenus dans des envois d'une valeur intrinsèque ne dépassant pas 150 € ;

b. L'assujetti qui facilite, par l'utilisation d'une interface électronique telle qu'une place de marché, une plateforme, un portail ou un dispositif similaire, la livraison d'un bien dans l'Union européenne par un assujetti non établi sur le territoire de l'Union européenne à une personne non assujettie.

Lorsqu'un assujetti est réputé avoir acquis et livré des biens dans les conditions prévues aux a et b du présent 2°, l'expédition ou le transport de ces biens est imputé à la livraison effectuée par cet assujetti.

BF 6/22 inf. 516 ; TVA-VI-16000 s. ; MF n°s 49825 s., 61470

TVA-II-1 s. ; MF n°s 46000 s.

Art 256 bis **I. 1°** Sont également soumises à la taxe sur la valeur ajoutée les acquisitions intracommunautaires de biens meubles corporels effectuées à titre onéreux par un assujetti agissant en tant que tel ou par une personne morale non assujettie lorsque le vendeur est un assujetti agissant en tant que tel et qui ne bénéficie pas dans son Etat du régime particulier de franchise des petites entreprises.

1° bis Ne sont pas soumises à la taxe sur la valeur ajoutée les acquisitions de biens effectuées par un assujetti ou une personne morale non assujettie et dont la livraison est exonérée en application des 2° à 6° du II de l'article 262 ou de l'article 262-00 bis.

FR 2/23 inf. 38 p. 63

2° Sous réserve de ne pas excéder le seuil ci-après indiqué, ne sont pas soumises à la taxe sur la valeur ajoutée les acquisitions de biens autres que des moyens de transport neufs ou des produits soumis à accise effectuées :

a. Par une personne morale non assujettie ;

b. Par un assujetti qui ne réalise que des opérations n'ouvrant pas droit à déduction ;

c. Par un exploitant agricole placé sous le régime du remboursement forfaitaire prévu aux articles 298 quater et 298 quinquies.

Ces dispositions ne sont applicables que lorsque le montant des acquisitions réalisées par les personnes mentionnées ci-dessus n'a pas excédé, au cours de l'année civile précédente, ou n'excède pas, pendant l'année civile en cours au moment de l'acquisition, le seuil de 10 000 €.

Ce montant est égal à la somme, hors taxe sur la valeur ajoutée, des acquisitions de biens, autres que des moyens de transport neufs, ou des produits soumis à accise, ayant donné lieu à une livraison de biens située dans un autre Etat membre de l'Union européenne, en application des dispositions de la législation de cet Etat prise pour la mise en œuvre des articles 31 à 39 de la directive 2006/112/CE du Conseil du 28 novembre 2006.

TVA-IV-2900 s. ; MF n° 49225

2° bis Les acquisitions intracommunautaires de biens d'occasion, d'œuvres d'art, d'objets de collection ou d'antiquité effectuées à titre onéreux par un assujetti agissant en tant que tel ou par une personne morale non assujettie ne sont pas soumises à la taxe sur la valeur ajoutée lorsque le vendeur ou l'assujetti est un assujetti revendeur qui a appliqué dans l'Etat membre de départ de l'expédition ou du transport du bien les dispositions de la législation de cet Etat prises pour la mise en œuvre des articles 312 à 325 ou 333 à 341 de la directive 2006/112/CE du Conseil du 28 novembre 2006.

TVA-XV-2890 s. ; MF n° 60885

3° Est considérée comme acquisition intracommunautaire l'obtention du pouvoir de disposer comme un propriétaire d'un bien meuble corporel expédié ou transporté en France par le vendeur, par l'acquéreur ou pour leur compte, à destination de l'acquéreur à partir d'un autre Etat membre de l'Union européenne.

Est également considérée comme acquisition intracommunautaire l'obtention, par l'assujetti destinataire de la livraison, du pouvoir de disposer comme un propriétaire des biens expédiés ou transportés dans les conditions prévues au 2 de l'article 17 bis de la directive 2006/112/CE du Conseil du 28 novembre 2006 relative au système commun de taxe sur la valeur ajoutée dans les douze mois suivant l'arrivée des biens en France.

4° N'est pas assimilée à une acquisition intracommunautaire de biens l'affectation en France par un assujetti d'un bien de son entreprise en provenance d'un autre Etat membre sous le régime des stocks sous contrat de dépôt prévu à l'article 17 bis de la directive 2006/112/CE du Conseil du 28 novembre 2006 précitée.

FR 2/20 inf. 51 n°s 7 à 10 p. 117 ; MF n° 49205 précision a

II. Est assimilée à une acquisition intracommunautaire effectuée à titre onéreux :

1° *(Abrogé par la loi 95-1347)* ;

2° L'affectation en France par un assujetti pour les besoins de son entreprise d'un bien de son entreprise expédié ou transporté à partir d'un autre Etat membre, à l'exception d'un bien qui, en France, est destiné :

a. A être utilisé temporairement pour les besoins de prestations de services effectuées par l'assujetti ou dans des conditions qui lui ouvriraient droit, s'il était importé, au bénéfice de l'admission temporaire en exonération totale de droits ;

b. A faire l'objet de travaux, à condition que le bien soit réexpédié ou transporté à destination de l'assujetti dans l'Etat membre de l'expédition ou du transport ;

c. A faire l'objet d'une installation ou d'un montage ;

d. A faire l'objet de livraisons à bord des moyens de transport, effectuées par l'assujetti, dans les conditions mentionnées au d du I de l'article 258.

N'est pas assimilée à une acquisition intracommunautaire l'affectation en France de gaz naturel, d'électricité, de chaleur ou de froid à partir d'un autre Etat membre pour les besoins d'une livraison imposable dans les conditions mentionnées au III de l'article 258 ;

3° La réception en France, par une personne morale non assujettie, d'un bien qu'elle a importé sur le territoire d'un autre Etat membre de l'Union européenne ;

TVA-IV-700 s. ; MF n°s 49200 s.

4° L'affectation de biens par les forces armées stationnées ou séjournant en France, à leur usage ou à l'usage de l'élément civil qui les accompagne, lorsque l'une des conditions suivantes est remplie :

a. Ces forces sont les forces armées françaises et ont acquis ces biens en exonération dans un Etat membre de l'Union européenne autre que la France, en raison de leur affectation soit à un effort de défense mené en vue de la mise en œuvre d'une activité de l'Union européenne dans le cadre de la politique de sécurité et de défense commune, soit à l'effort commun de défense prévu par le traité de l'Atlantique Nord ;

b. Ces forces relèvent d'un autre Etat partie au traité de l'Atlantique Nord, ne sont pas affectées à l'effort commun de défense prévu par ce traité et ont acquis ces biens en exonération en dehors de l'Etat membre de l'Union européenne dont elles relèvent en raison de leur affectation à cet effort commun de défense.

FR 2/22 inf. 37 n° 10 p. 71

III. Un assujetti, agissant en son nom propre mais pour le compte d'autrui, qui s'entremet dans une acquisition intracommunautaire, est réputé avoir personnellement acquis et livré le bien.

TVA-VI-16000 s. ; MF n° 61470

TVA-IV-500 s. ; MF n°s 49150 s.

Art 256 ter **1.** Chaque transfert d'un bon à usage unique effectué par un assujetti agissant en son nom propre est considéré comme une livraison des biens ou une prestation des services à laquelle le bon se rapporte. La remise matérielle des biens ou la prestation effective des services en échange d'un bon à usage unique accepté en contrepartie totale ou partielle par le fournisseur ou le prestataire n'est pas considérée comme une opération distincte.

Lorsque le fournisseur de biens ou le prestataire de services n'est pas l'assujetti qui a, en son nom propre, émis le bon à usage unique, ce fournisseur ou ce prestataire est néanmoins réputé avoir livré ou fourni à cet assujetti les biens ou la prestation des services en lien avec ce bon.

2. La remise matérielle de biens ou la prestation effective de services en échange d'un bon à usages multiples accepté en contrepartie totale ou partielle par le fournisseur ou le prestataire est soumise à la taxe sur la valeur ajoutée. Tout transfert précédent d'un tel bon à usages multiples n'est pas soumis à la taxe sur la valeur ajoutée en tant que tel.

3. Pour l'application du présent chapitre :

a. Est considéré comme un bon tout instrument assorti d'une obligation de l'accepter comme contrepartie totale ou partielle d'une livraison de biens ou d'une prestation de services et pour lequel les biens à livrer ou les services à fournir ou l'identité de leurs fournisseurs ou prestataires potentiels sont indiqués soit sur l'instrument même, soit dans la documentation correspondante, notamment dans les conditions générales d'utilisation de cet instrument ;

b. Est considéré comme un bon à usage unique un bon au sens du a pour lequel le lieu de la livraison des biens ou de la prestation des services à laquelle le bon se rapporte et la taxe sur la valeur ajoutée due sur ces biens ou services sont connus au moment de l'émission du bon ;

c. Est considéré comme un bon à usages multiples un bon au sens du a autre qu'un bon à usage unique.

TVA-II-2940 s. ; MF n°s 47470 s.

Art 256 A Sont assujetties à la taxe sur la valeur ajoutée les personnes qui effectuent de manière indépendante une des activités économiques mentionnées au cinquième alinéa, quels que soient le statut juridique de ces personnes, leur situation au regard des autres impôts et la forme ou la nature de leur intervention.

Ne sont pas considérés comme agissant de manière indépendante :

Les salariés et les autres personnes qui sont liés par un contrat de travail ou par tout autre rapport juridique créant des liens de subordination en ce qui concerne les conditions de travail, les modalités de rémunération et la responsabilité de l'employeur ;

Les travailleurs à domicile dont les gains sont considérés comme des salaires, lorsqu'ils exercent leur activité dans les conditions prévues aux articles L 7412-1, L 7412-2 et L 7413-2 du code du travail.

Les activités économiques visées au premier alinéa se définissent comme toutes les activités de producteur, de commerçant ou de prestataire de services, y compris les activités extractives, agricoles et celles des professions libérales ou assimilées. Est notamment considérée comme activité économique une opération comportant l'exploitation d'un bien meuble corporel ou incorporel en vue d'en retirer des recettes ayant un caractère de permanence.

TVA-II-850 s. ; MF n°s 46510 s.

Art 256 B Les personnes morales de droit public ne sont pas assujetties à la taxe sur la valeur ajoutée pour l'activité de leurs services administratifs, sociaux, éducatifs, culturels et sportifs lorsque leur non-assujettissement n'entraîne pas de distorsions dans les conditions de la concurrence.

Ces personnes morales sont assujetties, en tout état de cause, pour les opérations suivantes :

Livraisons de biens neufs fabriqués en vue de la vente ;

Distribution de gaz, d'électricité et d'énergie thermique ;

Opérations des économats et établissements similaires ;

Transports de biens, à l'exception de ceux effectués par La Poste ;

Transports de personnes ;

Opérations des organismes d'intervention agricoles portant sur les produits agricoles et effectuées en application des règlements portant organisation commune du marché de ces produits ;

Organisation d'expositions à caractère commercial ;

Prestations de services portuaires et aéroportuaires ;

Entreposage de biens meubles ;

Organisation de voyages et de séjours touristiques ;

Diffusion ou redistribution de programmes de radiodiffusion ou de télévision ;

Télécommunications ;

Fourniture d'eau dans les communes d'au moins 3 000 habitants ou par les établissements publics de coopération intercommunale dont le champ d'action s'exerce sur un territoire d'au moins 3 000 habitants.

TVA-II-17800 s. ; MF n°s 47210 s.

Art 256 C **I.** Les personnes assujetties qui ont en France le siège de leur activité économique ou un établissement stable ou, à défaut, leur domicile ou leur résidence habituelle, à l'exception des établissements stables de ces assujettis qui ne sont pas situés en France, et qui sont étroitement liées entre elles sur les plans financier, économique et de l'organisation peuvent demander, pour l'application des dispositions du présent chapitre, à constituer un seul assujetti au sens de l'article 256 A.

II. 1. Sont considérés comme liés entre eux sur le plan financier les assujettis contrôlés en droit, directement ou indirectement, par une même personne, y compris cette dernière. Cette condition est satisfaite lorsqu'un assujetti ou une personne morale non assujettie, détient plus de 50 % du capital d'un autre assujetti, directement ou indirectement par l'intermédiaire d'autres assujettis ou personnes morales non assujetties, ou plus de 50 % des droits de vote d'un autre assujetti ou d'une personne morale non assujettie dans les mêmes conditions.

Sont également considérés comme liés entre eux sur le plan financier :

a. Les organes centraux, caisses et fédérations mentionnés aux articles L 511-30, L 512-55 et au b de l'article L 512-1-1 du code monétaire et financier ainsi que leurs adhérents ou affiliés mentionnés aux articles L 512-11, L 512-20, L 512-55, L 512-60, L 512-69 et L 512-86 du même code ;

b. Les membres des groupements prévus aux articles L 931-2-1 et L 931-2-2 du code de la sécurité sociale, à l'article L 111-4-2 du code de la mutualité ainsi qu'aux articles L 322-1-2 et L 322-1-3 et au 5° de l'article L 356-1 du code des assurances ;

c. Les personnes qui respectent les conditions pour établir des comptes combinés en application de l'article L 345-2 du code des assurances, de l'article L 212-7 du code de la mutualité ou de l'article L 931-34 du code de la sécurité sociale ;

d. Les associations constituées conformément à l'accord du 25 avril 1996 portant dispositions communes à l'AGIRC et à l'ARRCO, chargées d'assurer la gouvernance d'un groupe paritaire de protection sociale dans les conditions prévues par l'accord du 8 juillet 2009 sur la gouvernance des groupes paritaires de protection sociale, et les associations et groupements d'intérêt économique contrôlés par ces associations sommitales, comptant parmi leurs membres soit au moins une fédération ou institution de retraite complémentaire régie par le titre II du livre IX du code de la sécurité sociale, soit au moins une association ou un groupement d'intérêt économique comptant parmi ses membres au moins une telle fédération ou institution ;

e. Les sociétés de coordination mentionnées à l'article L 423-1-2 du code de la construction et de l'habitation et les organismes qui détiennent leur capital.

2. Sont considérés comme liés entre eux sur le plan économique les assujettis exerçant :

a. Soit une activité principale de même nature ;

b. Soit des activités interdépendantes, complémentaires ou poursuivant un objectif économique commun ;

c. Soit une activité réalisée en totalité ou en partie au bénéfice des autres membres.

3. Sont considérés comme liés entre eux sur le plan de l'organisation les assujettis :

a. Qui sont en droit ou en fait, directement ou indirectement, sous une direction commune, ou,

b. Qui organisent leurs activités totalement ou partiellement en concertation.

4. Les liens financier, économique et de l'organisation mentionnés au I doivent exister lors de l'exercice de l'option mentionnée au 3 du III et de manière continue pendant toute la période couverte par la demande.

III. 1. Une personne assujettie ne peut être membre que d'un seul assujetti unique. Un assujetti unique ne peut pas être membre d'un autre assujetti unique.

2. Les membres de l'assujetti unique désignent parmi eux un représentant qui s'engage à accomplir les obligations déclaratives ainsi que toute formalité en matière de taxe sur la valeur ajoutée incombant à l'assujetti unique et, en cas d'opérations imposables, à acquitter la taxe en son nom ainsi qu'à obtenir le remboursement de crédit de taxe sur la valeur ajoutée. Chaque membre de l'assujetti unique reste tenu solidairement au paiement de la taxe sur la valeur ajoutée et, le cas échéant, des intérêts de retard, majorations et amendes fiscales correspondantes dont l'assujetti unique est redevable, à hauteur des droits et pénalités dont il serait redevable s'il n'était pas membre de l'assujetti unique.

L'assujetti unique doit déposer ses déclarations de chiffre d'affaires selon les modalités prévues au premier alinéa du 2 de l'article 287.

3. La création de l'assujetti unique s'effectue sur option formulée par son représentant auprès du service des impôts dont celui-ci dépend. Elle ne peut être exercée qu'avec l'accord de chacun des membres de l'assujetti unique.

L'option est formulée au plus tard le 31 octobre de l'année qui précède son application. Elle prend effet au 1er janvier de l'année qui suit celle au cours de laquelle elle a été exprimée et couvre obligatoirement une période de trois années civiles.

Tout membre d'un assujetti unique n'est plus un assujetti au sens de l'article 256 A. Il en constitue un secteur d'activité.

A l'issue de la période obligatoire mentionnée au deuxième alinéa du présent 3 et sur accord exprès de chacun des membres de l'assujetti unique, il peut être mis fin à l'assujetti unique sur dénonciation de l'option formulée par son représentant. Cette dénonciation prend effet à compter du premier jour du deuxième mois qui suit celui au cours duquel elle est intervenue.

Nonobstant la période obligatoire mentionnée au même deuxième alinéa, l'assujetti unique cesse de plein droit à la date à laquelle les conditions mentionnées aux I et II ne sont plus remplies. Il en va notamment ainsi en cas de sortie de son pénultième membre. Le représentant en informe l'administration sans délai.

4. L'introduction d'un nouveau membre de l'assujetti unique ne peut intervenir qu'à l'issue de la période obligatoire mentionnée au deuxième alinéa du 3 du présent III, sauf si cette introduction concerne un assujetti qui, au jour de prise d'effet de l'option mentionnée au même deuxième alinéa, ne remplissait pas les conditions de liens mentionnées aux I et II. Cette introduction est subordonnée au respect des conditions de liens mentionnées aux mêmes I et II et doit être formulée par le représentant de l'assujetti unique accompagnée de l'accord exprès du membre concerné. Elle prend effet le 1er janvier de l'année qui suit celle au cours de laquelle elle a été formulée.

A l'issue de la période obligatoire mentionnée au deuxième alinéa du 3 du présent III, tout membre d'un assujetti unique peut décider de s'en retirer à compter du 1er janvier de l'année suivante avec l'accord du représentant de l'assujetti unique. Le représentant informe l'administration de cette décision au plus tard le 31 octobre de l'année qui précède celle de la sortie du membre.

L'appartenance d'un membre à l'assujetti unique cesse de plein droit à compter du premier jour du mois suivant celui au cours duquel ce membre ne remplit plus les conditions de liens mentionnées aux I et II. Le représentant en informe l'administration sans délai.

5. Chaque année, le représentant communique à l'administration, au plus tard le 10 janvier, la liste des membres de l'assujetti unique appréciée au 1er janvier de la même année.

FR 2/23 inf. 33 n°s 1 à 4 p. 54

6. Le crédit de taxe sur la valeur ajoutée constaté par un membre de l'assujetti unique au titre d'une période antérieure à l'entrée en vigueur de l'option prévue au présent III ne peut faire l'objet d'un report sur une déclaration déposée par l'assujetti unique. Ce crédit donne lieu à remboursement à ce membre dans les conditions prévues au IV de l'article 271.

Le crédit de taxe sur la valeur ajoutée constaté sur la déclaration mentionnée au 2 de l'article 287 souscrite par l'assujetti unique pendant l'application du régime optionnel prévu au I du présent article lui est définitivement acquis.

7. L'existence de l'assujetti unique aux fins d'application des règles de la taxe sur la valeur ajoutée est sans incidence sur les autres impôts, taxes, droits et prélèvements de toute nature dont sont redevables ses membres.

FR 47/22 inf. 1 p. 3 ; MF nos 46545 s.

Art 257 **I.** Les opérations concourant à la production ou à la livraison d'immeubles sont soumises à la taxe sur la valeur ajoutée dans les conditions qui suivent.

1. Sont assimilés à des biens corporels et suivent le régime du bien immeuble auquel ils se rapportent :

1° Les droits réels immobiliers, à l'exception des locations résultant de baux qui confèrent un droit de jouissance ;

2° Les droits relatifs aux promesses de vente ;

3° Les parts d'intérêts et actions dont la possession assure en droit ou en fait l'attribution en propriété ou en jouissance d'un bien immeuble ou d'une fraction d'un bien immeuble ;

4° Les droits au titre d'un contrat de fiducie représentatifs d'un bien immeuble.

2. Sont considérés :

1° Comme terrains à bâtir, les terrains sur lesquels des constructions peuvent être autorisées en application d'un plan local d'urbanisme, d'un autre document d'urbanisme en tenant lieu, d'une carte communale ou de l'article L 111-3 du code de l'urbanisme ;

2° Comme immeubles neufs, les immeubles qui ne sont pas achevés depuis plus de cinq années, qu'ils résultent d'une construction nouvelle ou de travaux portant sur des immeubles existants qui ont consisté en une surélévation ou qui ont rendu à l'état neuf :

a. Soit la majorité des fondations ;

b. Soit la majorité des éléments hors fondations déterminant la résistance et la rigidité de l'ouvrage ;

c. Soit la majorité de la consistance des façades hors ravalement ;

d. Soit l'ensemble des éléments de second œuvre tels qu'énumérés par décret en Conseil d'Etat, dans une proportion fixée par ce décret qui ne peut être inférieure à la moitié pour chacun d'entre eux *(Voir Annexe II, art. 245 A)*.

3. Sont également soumises à la taxe sur la valeur ajoutée :

1° Les livraisons à soi-même de travaux immobiliers mentionnés à l'article 278 sexies A, réalisées par des personnes assujetties au sens de l'article 256 A ;

2° Les livraisons à soi-même d'immeubles mentionnées à l'article 278 sexies réalisées hors d'une activité économique, au sens de l'article 256 A, par toute personne dès lors assujettie à ce titre.
(Voir Annexe II, art. 244 à 251)

IMMO-I-500 s. ; MF nos 58700 s.

II. Les opérations suivantes sont assimilées, selon le cas, à des livraisons de biens ou à des prestations de services effectuées à titre onéreux.

1. Sont assimilés à des livraisons de biens effectuées à titre onéreux :

1° Le prélèvement par un assujetti d'un bien de son entreprise pour ses besoins privés ou ceux de son personnel ou qu'il transmet à titre gratuit ou, plus généralement, qu'il affecte à des fins étrangères à son entreprise, lorsque ce bien ou les éléments le composant ont ouvert droit à une déduction complète ou partielle de la taxe sur la valeur ajoutée. Toutefois, ne sont pas visés les prélèvements effectués pour les besoins de l'entreprise pour donner des cadeaux de faible valeur et des échantillons. Le montant à retenir pour l'imposition des prélèvements correspondant aux cadeaux de faible valeur est fixé par arrêté *(Voir Annexe IV, art. 23 N)*. Cette limite s'applique par objet et par an pour un même bénéficiaire ;

2° L'affectation par un assujetti aux besoins de son entreprise d'un bien produit, construit, extrait, transformé, acheté, importé ou ayant fait l'objet d'une acquisition intracommunautaire dans le cadre de son entreprise lorsque l'acquisition d'un tel bien auprès d'un autre assujetti, réputée faite au moment de l'affectation, ne lui ouvrirait pas droit à déduction complète ;

3° L'affectation d'un bien par un assujetti à un secteur d'activité exonéré n'ouvrant pas droit à déduction, lorsque ce bien a ouvert droit à une déduction complète ou partielle de la taxe sur la valeur ajoutée lors de son acquisition ou de son affectation conformément au 2° ;

4° La détention de biens par un assujetti ou par ses ayants droit en cas de cessation de son activité économique taxable, lorsque ces biens ont ouvert droit à déduction complète ou partielle lors de leur acquisition ou de leur affectation conformément au 2°.

2. Sont assimilées à des prestations de services effectuées à titre onéreux :

1° L'utilisation d'un bien affecté à l'entreprise pour les besoins privés de l'assujetti ou pour ceux de son personnel ou, plus généralement, à des fins étrangères à son entreprise, lorsque ce bien a ouvert droit à une déduction complète ou partielle de la taxe sur la valeur ajoutée ;

2° Les prestations de services à titre gratuit effectuées par l'assujetti pour ses besoins privés ou pour ceux de son personnel ou, plus généralement, à des fins étrangères à son entreprise.

3. Un décret en Conseil d'Etat définit les opérations désignées ci-dessus ainsi que le moment où la taxe devient exigible *(Voir Annexe II, art. 173 à 175)*.

TVA-II-22500 s. ; MF n°s 47370 s.

III. Sont également soumis à la taxe sur la valeur ajoutée :

1° La cession d'aéronefs ou d'éléments d'aéronefs par les compagnies de navigation aérienne mentionnées au 4° du II de l'article 262 à d'autres compagnies ne remplissant pas les conditions fixées à cet article. Les modalités d'application de cette disposition sont fixées, en tant que de besoin, par des arrêtés du ministre chargé de l'économie et des finances ;

TVA-IV-32270 ; MF n° 50515

2° Les biens et produits mentionnés aux 2° et 3° du II de l'article 262 lorsqu'ils cessent d'être utilisés dans les conditions prévues par cet article. Les modalités d'application de cette disposition sont fixées, en tant que de besoin, par des arrêtés du ministre chargé de l'économie et des finances ;

TVA-IV-30700 s. ; MF n° 50485

3° *(Abrogé)* ;

4° *(Abrogé)*.

Art 257 bis Lors de la transmission à titre onéreux, à titre gratuit ou sous forme d'apport à une société d'une universalité totale ou partielle de biens effectuée entre redevables de la taxe sur la valeur ajoutée, aucune livraison de biens ou prestation de services n'est réputée intervenir.

L'adhésion ou la sortie d'un assujetti en tant que membre d'un assujetti unique constitué en application de l'article 256 C constitue le transfert d'une universalité totale bénéficiant des dispositions du présent article.

Le bénéficiaire est réputé continuer la personne du cédant, notamment à raison des régularisations de la taxe déduite par ce dernier, ainsi que, s'il y a lieu, pour l'application des dispositions du e du 1 de l'article 266, de l'article 268 ou de l'article 297 A.

FR 2/23 inf. 32 p. 53 ; TVA-II-13810 s. ; MF n° 47520

Art 257 ter I. Chaque opération imposable à la taxe sur la valeur ajoutée est considérée comme étant distincte et indépendante et suit son régime propre déterminé en fonction de son élément principal ou de ses éléments autres qu'accessoires.

L'étendue d'une opération est déterminée, conformément au II, à l'issue d'une appréciation d'ensemble réalisée du point de vue du consommateur, envisagé comme un consommateur moyen, tenant compte de l'importance qualitative et quantitative des différents éléments en cause ainsi que de l'ensemble des circonstances dans lesquelles l'opération se déroule.

II. Relèvent d'une seule et même opération les éléments qui sont si étroitement liés qu'ils forment, objectivement, une seule prestation économique indissociable dont la décomposition revêtirait un caractère artificiel.

Lorsqu'un élément est accessoire à un ou plusieurs autres éléments, il relève de la même opération que ces derniers.

III. Par dérogation aux I et II, constituent une prestation de services unique suivant son régime propre les différents éléments fournis pour la réalisation d'un voyage par une agence de voyages ou un organisateur de circuits touristiques qui agit en son nom à l'égard du voyageur et recourt à des livraisons de biens ou des prestations de services d'autres assujettis.

FR 2/21 inf. 46 p. 74 ; MF n°s 46478 s.

I bis. Territorialité

Art 258 I. Le lieu de livraison des biens meubles corporels est réputé se situer en France lorsque le bien se trouve en France :

a. Au moment de l'expédition ou du transport par le vendeur, par l'acquéreur, ou pour leur compte, à destination de l'acquéreur ;

b. Lors du montage ou de l'installation par le vendeur ou pour son compte ;

c. Lors de la mise à disposition de l'acquéreur, en l'absence d'expédition ou de transport ;

d. Au moment du départ d'un transport dont le lieu d'arrivée est situé sur le territoire d'un autre Etat membre de l'Union européenne, dans le cas où la livraison, au cours de ce transport, est effectuée à bord d'un bateau, d'un aéronef ou d'un train.

TVA-III-800 s. ; MF n°s 48955 s.

II. Le lieu des opérations visées au I de l'article 257 et au 5° bis de l'article 260 se situe en France lorsqu'elles portent sur des immeubles situés en France.

IMMO-I-1500 s. ; MF n° 58730

III. Le lieu de livraison du gaz naturel, d'électricité, de la chaleur ou du froid est situé en France :

a. Lorsqu'ils sont consommés en France ;

b. Dans les autres cas, lorsque l'acquéreur a en France le siège de son activité économique ou un établissement stable pour lequel les biens sont livrés ou, à défaut, son domicile ou sa résidence habituelle.

TVA-III-1000 s. ; MF n° 48990

IV Le lieu de livraison des biens importés de territoires tiers ou de pays tiers dans le cadre de ventes à distance est réputé se situer en France lorsque le bien se trouve en France :

a. Au moment de l'arrivée de l'expédition ou du transport des biens à destination de l'acquéreur si le bien a été importé dans un autre Etat membre ;

b. Au moment de l'arrivée de l'expédition ou du transport des biens à destination de l'acquéreur si le bien a été importé en France lorsque la taxe sur la valeur ajoutée est déclarée dans le cadre du régime particulier de déclaration et de paiement prévu à l'article 298 sexdecies H, ou dans un autre Etat membre dans le cadre du régime particulier prévu à la section 4 du chapitre 6 du titre XII de la directive 2006/112/CE du Conseil du 28 novembre 2006 relative au système commun de taxe sur la valeur ajoutée ;

c. Au moment de l'arrivée de l'expédition ou du transport des biens à destination de l'acquéreur, lorsque le bien a été importé en France sans recourir au régime particulier prévu à l'article 298 sexdecies I et que la vente est réputée avoir été effectuée par l'assujetti qui la facilite en application du a du 2° du V de l'article 256 du présent code ;

d. Les dispositions du présent IV ne sont pas applicables aux livraisons de biens d'occasion, d'œuvres d'art, d'objets de collection ou d'antiquité effectuées par un assujetti revendeur qui applique les dispositions de l'article 297 A ainsi qu'aux livraisons de moyens de transport d'occasion effectuées par un assujetti revendeur qui applique les dispositions de l'article 297 G.

FR 40/21 inf. 2 n°s 33 s. p. 5 ; MF n°s 49800 s.

V. Est également réputé se situer en France le lieu des livraisons suivantes :

1° La livraison d'un bien qui est importé et les éventuelles livraisons subséquentes, si le redevable de la taxe sur la valeur ajoutée à l'importation est le vendeur de cette première livraison en application du 4° du 2 de l'article 293 A ;

2° La vente à distance de biens importés ne relevant pas du IV du présent article, sauf dans les cas mentionnés aux b et c du 2° du 2 de l'article 293 A.

MF n° 48975

FR 2/24 inf. 49 nos 2 à 12 p. 96 ; FR 40/21 inf. 2 p. 5 ; FR 9/23 inf. 1 p. 3

Art 258 A **I.** Par dérogation aux dispositions du I de l'article 258 :

1° Le lieu de livraison de biens expédiés ou transportés à partir de la France à destination d'un autre Etat membre dans le cadre de ventes à distance intracommunautaires est réputé ne pas se situer en France lorsque :

a. La valeur totale prévue au 1 du II de l'article 259 D des prestations de services mentionnées aux 10°, 11° et 12° de l'article 259 B et des ventes à distance intracommunautaires de biens effectuées par l'assujetti est dépassée pendant l'année civile en cours ou l'a été pendant l'année civile précédente ;

b. Ou l'assujetti a fait usage de l'option prévue soit au 2 du II de l'article 259 D, soit dans les conditions prévues au 3 de l'article 59 quater de la directive 2006/112/CE du Conseil du 28 novembre 2006 relative au système commun de taxe sur la valeur ajoutée ;

2° Le lieu de livraison de biens expédiés ou transportés à partir d'un autre Etat membre à destination de la France dans le cadre de ventes à distance intracommunautaires est réputé se situer en France lorsque :

a. La valeur totale prévue au 2 du I de l'article 259 D du présent code des prestations de services mentionnées aux 10°, 11° et 12°de l'article 259 B et des ventes à distance intracommunautaires de biens effectuées par l'assujetti est dépassée pendant l'année civile en cours ou l'a été pendant l'année civile précédente ;

b. Ou l'assujetti a fait usage de l'option prévue soit au 3 du I de l'article 259 D, soit dans les conditions prévues au 3 de l'article 59 quater de la directive 2006/112/CE du Conseil du 28 novembre 2006 précitée.

TVA-IV-6010 s. ; MF n° 49785

II. Les dispositions du I du présent article ne sont pas applicables aux livraisons de biens d'occasion, d'œuvres d'art, d'objets de collection ou d'antiquité effectuées par un assujetti revendeur qui applique les dispositions de l'article 297 A ainsi qu'aux livraisons de moyens de transport d'occasion effectuées par un assujetti revendeur qui applique les dispositions de l'article 297 G ou qui a appliqué dans l'Etat membre de l'Union européenne de départ de l'expédition ou du transport de ces biens les dispositions de la législation de cet Etat prises pour l'application des régimes particuliers prévus aux sections 2 et 3 du chapitre 4 du titre XII de la directive 2006/112/CE du Conseil du 28 novembre 2006 précitée.

FR 40/21 inf. 2 nos 22 s. p. 5 ; MF n° 60880

Art 258 C **I.** Le lieu d'une acquisition intracommunautaire de biens meubles corporels est réputé se situer en France lorsque les biens se trouvent en France au moment de l'arrivée de l'expédition ou du transport à destination de l'acquéreur.

II. Le lieu de l'acquisition est réputé se situer en France si l'acquéreur a donné au vendeur son numéro d'identification à la taxe sur la valeur ajoutée en France et s'il n'établit pas que l'acquisition a été soumise à la taxe sur la valeur ajoutée dans l'Etat membre de destination des biens.

Toutefois, si l'acquisition est ultérieurement soumise à la taxe dans l'Etat membre où est arrivé le bien expédié ou transporté, la base d'imposition en France est diminuée du montant de celle qui a été retenue dans cet Etat.

TVA-III-1600 s. ; MF nº 49005

Art 258 D **I.** Les acquisitions intracommunautaires de biens meubles corporels situés en France en application du I de l'article 258 C, réalisées par un acquéreur qui dispose d'un numéro d'identification à la taxe sur la valeur ajoutée dans un autre Etat membre de la Communauté, ne sont pas soumises à la taxe sur la valeur ajoutée lorsque les conditions suivantes sont réunies :

1° L'acquéreur est un assujetti qui n'est pas établi ou identifié en France et qui n'y a pas désigné de représentant en application du I de l'article 289 A ;

2° L'acquisition intracommunautaire est effectuée pour les besoins d'une livraison consécutive du même bien à destination d'un assujetti ou d'une personne morale non assujettie, identifié à la taxe sur la valeur ajoutée en application des dispositions de l'article 286 ter ;

3° Le bien est expédié ou transporté directement à partir d'un Etat membre de la Communauté autre que celui dans lequel est identifié l'acquéreur, à destination de l'assujetti ou de la personne morale non assujettie mentionné au 2° ;

4° L'acquéreur s'assure qu'est délivré au destinataire de la livraison mentionnée au 2° une facture hors taxe comportant :

a. Le numéro d'identification à la taxe sur la valeur ajoutée de l'acquéreur ;

b. Le numéro d'identification à la taxe sur la valeur ajoutée en France du destinataire de la livraison ;

c. La mention : « Application de l'article 141 de la directive 2006/112/CE du Conseil, du 28 novembre 2006 ».

II. Pour l'application du II de l'article 258 C, sont considérées comme soumises à la taxe sur la valeur ajoutée dans l'Etat membre de destination des biens, les acquisitions qui y sont réalisées dans les conditions de l'article 141 de la directive 2006/112/CE du Conseil, du 28 novembre 2006, et sous réserve que l'acquéreur :

1° Se soit assuré qu'a été délivrée la facture mentionnée à l'article 289 au destinataire de la livraison consécutive dans l'Etat membre où les biens ont été expédiés ou transportés et comportant :

a. Son numéro d'identification à la taxe sur la valeur ajoutée en France ;

b. Le numéro d'identification à la taxe sur la valeur ajoutée du destinataire de la livraison consécutive dans l'Etat membre où les biens ont été expédiés ou transportés ;

c. La mention : « Application de l'article 141 de la directive 2006/112/CE du Conseil, du 28 novembre 2006 » ;

2° Dépose l'état récapitulatif mentionné à l'article 289 B dans lequel doivent figurer distinctement :

a. Son numéro d'identification à la taxe sur la valeur ajoutée en France ;

b. Le numéro d'identification à la taxe sur la valeur ajoutée du destinataire de la livraison consécutive dans l'Etat membre où les biens ont été expédiés ou transportés ;

c. Pour chaque destinataire, le montant total, hors taxe sur la valeur ajoutée, des livraisons de biens consécutives effectuées dans l'Etat membre où les biens ont été expédiés ou transportés. Ces montants sont déclarés au titre de la période où la taxe sur la valeur ajoutée est devenue exigible sur ces livraisons.

TVA-IV-7510 s. ; MF nº 49375

Art 259-0 Pour l'application des règles relatives au lieu des prestations de services prévues aux articles 259 à 259 D, est considéré comme assujetti :

1° Pour tous les services qui lui sont fournis, un assujetti, même s'il exerce également des activités ou réalise des opérations qui ne sont pas considérées comme des livraisons de biens ou des prestations de services imposables ;

2° Une personne morale non assujettie qui est identifiée à la taxe sur la valeur ajoutée.

TVA-III-2100 s. ; MF nº 49855

Art 259 Le lieu des prestations de services est situé en France :

1° Lorsque le preneur est un assujetti agissant en tant que tel et qu'il a en France :

a. Le siège de son activité économique, sauf lorsqu'il dispose d'un établissement stable non situé en France auquel les services sont fournis ;

b. Ou un établissement stable auquel les services sont fournis ;

c. Ou, à défaut du a ou du b, son domicile ou sa résidence habituelle ;

2° Lorsque le preneur est une personne non assujettie, si le prestataire :

a. A établi en France le siège de son activité économique, sauf lorsqu'il dispose d'un établissement stable non situé en France à partir duquel les services sont fournis ;

b. Ou dispose d'un établissement stable en France à partir duquel les services sont fournis ;

c. Ou, à défaut du a ou du b, a en France son domicile ou sa résidence habituelle.

TVA-III-2900 s. ; MF nos 49865 s.

Art 259-0 A Par dérogation au 2° de l'article 259, ne sont pas situées en France les prestations de services ayant pour objet des activités culturelles, artistiques, sportives, scientifiques, éducatives, de divertissement ou similaires, telles que les foires et les expositions, y compris les prestations de services des organisateurs de telles activités, ainsi que les prestations de services accessoires à ces activités, lorsque ces activités sont diffusées ou mises à disposition virtuellement au bénéfice d'une personne non assujettie qui n'est pas établie ou n'a pas son domicile ou sa résidence habituelle en France.

> ***Ndlr*** *Le présent article s'applique à compter du 1er janvier 2025 (Loi 2023-1322 du 29 décembre 2023 art. 83, I-1° et II).*

Art 259 A Par dérogation à l'article 259, est situé en France le lieu des prestations de services suivantes :

1° Les locations de moyens de transport :

a. Lorsqu'elles sont de courte durée et que le moyen de transport est effectivement mis à la disposition du preneur en France.

La location de courte durée s'entend de la possession ou de l'utilisation continue d'un moyen de transport pendant une période ne dépassant pas trente jours ou, dans le cas d'un moyen de transport maritime, quatre-vingt-dix jours ;

b. Les locations, autres que celles de courte durée, consenties à une personne non assujettie, lorsque cette personne est établie ou a son domicile ou sa résidence habituelle en France ;

c. Par dérogation au b, la location d'un bateau de plaisance, à l'exception de la location de courte durée, à une personne non assujettie lorsque le bateau est effectivement mis à disposition du preneur en France et le service fourni par le prestataire à partir du siège de son activité économique ou d'un établissement stable qui y est situé ;

2° Les prestations de services se rattachant à un bien immeuble situé en France, y compris les prestations d'experts et d'agents immobiliers, la fourniture de logements dans le cadre du secteur hôtelier ou de secteurs ayant une fonction similaire tels que des camps de vacances ou des sites aménagés pour camper, l'octroi de droits d'utilisation d'un bien immeuble et les prestations tendant à préparer ou à coordonner l'exécution de travaux immobiliers, telles que celles fournies par les architectes et les entreprises qui surveillent l'exécution des travaux ;

3° Les prestations de transport intracommunautaire de biens effectuées pour des personnes non assujetties lorsque le lieu de départ du transport est en France.

On entend par transport intracommunautaire de biens, tout transport de biens dont le lieu de départ et le lieu d'arrivée sont situés sur les territoires de deux Etats membres différents.

On entend par lieu de départ, le lieu où commence effectivement le transport des biens, sans tenir compte des trajets effectués pour se rendre au lieu où se trouvent les biens, et par lieu d'arrivée, le lieu où s'achève effectivement le transport des biens ;

4° Les prestations de transport de biens effectuées pour des personnes non assujetties autres que les transports intracommunautaires de biens et les prestations de transport de passagers, en fonction des distances parcourues en France *(Voir Annexe III, art. 68)* ;

5° Lorsqu'elles sont matériellement exécutées ou ont effectivement lieu en France :

a. Les prestations de services fournies à une personne non assujettie ayant pour objet des activités culturelles, artistiques, sportives, scientifiques, éducatives, de divertissement ou similaires, telles que les foires et les expositions, y compris les prestations de services des organisateurs de telles activités, ainsi que les prestations de services accessoires à ces activités ;

> ***Ndlr*** *Pour les dispositions du présent a applicables à compter du 1er janvier 2025, voir partie Autres textes du présent code loi 2023-1322 du 29 décembre 2023 art. 83, I-2°-a et II.*

b. Les ventes à consommer sur place ;

c. Sont réputées effectuées en France les ventes à consommer sur place lorsqu'elles sont réalisées matériellement à bord de navires, d'aéronefs ou de trains au cours de la partie d'un transport de passagers effectuée à l'intérieur de la Communauté, européenne et que le lieu de départ du transport de passagers est situé en France.

On entend par partie d'un transport de passagers effectuée à l'intérieur de la Communauté, la partie d'un transport effectuée sans escale en dehors de la Communauté européenne, entre le lieu de départ et le lieu d'arrivée du transport de passagers.

On entend par lieu de départ d'un transport de passagers, le premier point d'embarquement de passagers prévu dans la Communauté européenne, le cas échéant après escale en dehors de la Communauté européenne.

On entend par lieu d'arrivée d'un transport de passagers, le dernier point de débarquement, prévu dans la Communauté européenne, pour des passagers ayant embarqué dans la Communauté européenne, le cas échéant avant escale en dehors de la Communauté européenne.

Dans le cas d'un transport aller-retour, le trajet de retour est considéré comme un transport distinct ;

5° bis Les prestations de services fournies à un assujetti, ainsi que celles qui leur sont accessoires, consistant à donner accès à des manifestations culturelles, artistiques, sportives, scientifiques, éducatives, de divertissement ou similaires, telles que les foires et les expositions lorsque ces manifestations ont effectivement lieu en France ;

Ndlr *Pour les dispositions du présent 5° bis applicables à compter du 1er janvier 2025, voir partie Autres textes du présent code loi 2023-1322 du 29 décembre 2023 art. 83, I-2°-b et II.*

6° Lorsqu'elles sont matériellement exécutées en France au profit d'une personne non assujettie :

a. Les activités accessoires au transport, telles que le chargement, le déchargement, la manutention et les activités similaires ;

b. Les expertises ou les travaux portant sur des biens meubles corporels ;

7° Les prestations de services fournies à une personne non assujettie par un intermédiaire agissant au nom et pour le compte d'autrui lorsque le lieu de l'opération principale est situé en France ;

8° La prestation de services unique mentionnée au III de l'article 257 ter réalisée par une personne qui a en France le siège de son activité économique ou un établissement stable à partir duquel elle a fourni cette prestation.

TVA-III-4000 s., 6500 s. et 7000 s. ; MF nos 49950 s.

Art 259 B Par dérogation à l'article 259, le lieu des prestations de services suivantes est réputé ne pas se situer en France lorsqu'elles sont fournies à une personne non assujettie qui n'est pas établie ou n'a pas son domicile ou sa résidence habituelle dans un Etat membre de la Communauté européenne :

1° Cessions et concessions de droits d'auteurs, de brevets, de droits de licences, de marques de fabrique et de commerce et d'autres droits similaires ;

2° Locations de biens meubles corporels autres que des moyens de transport ;

3° Prestations de publicité ;

4° Prestations des conseillers, ingénieurs, bureaux d'études dans tous les domaines y compris ceux de l'organisation de la recherche et du développement ; prestations des experts-comptables ;

5° Traitement de données et fournitures d'information ;

6° Opérations bancaires, financières et d'assurance ou de réassurance, à l'exception de la location de coffres-forts ;

7° Mise à disposition de personnel ;

8° *(Abrogé)* ;

9° Obligation de ne pas exercer, même à titre partiel, une activité professionnelle ou un droit mentionné au présent article ;

10° Prestations de télécommunication ;

11° Services de radiodiffusion et de télévision ;

12° Services fournis par voie électronique fixés par décret *(Voir Annexe III, art. 98 C)* ;

13° Accès aux réseaux de transport et de distribution d'électricité ou de gaz naturel, accès aux réseaux de chauffage ou de refroidissement, acheminement par ces réseaux et tous les autres services qui lui sont directement liés.

TVA-III-5900 s. ; MF nos 50020 s.

Art 259 C Le lieu des prestations de services suivantes est réputé, en outre, se situer en France lorsqu'elles sont fournies à des personnes non assujetties et que l'utilisation ou l'exploitation effectives de ces services s'effectuent en France :

1° Les prestations de services autres que celles mentionnées aux articles 259 A, à l'exception de celles mentionnées au c du 1°, et 259 D lorsqu'elles sont fournies à des personnes qui sont établies ou ont leur domicile ou leur résidence habituelle dans un Etat membre de l'Union par un assujetti qui a établi le siège de son activité économique ou qui dispose d'un établissement stable à partir duquel les services sont fournis en dehors de l'Union européenne ou qui, à défaut d'un tel siège ou d'un tel établissement stable, a son domicile ou sa résidence habituelle en dehors de l'Union européenne ;

2° Les locations de moyens de transport autres que de courte durée lorsque le preneur est établi ou a son domicile ou sa résidence habituelle en dehors de l'Union européenne, à l'exception des locations de bateau de plaisance si le bateau est effectivement mis à disposition du preneur dans un autre Etat membre de l'Union européenne où le prestataire a établi le siège de son activité économique ou dispose d'un établissement stable à partir duquel les services sont fournis ;

3° Les locations de biens meubles corporels, autres que des moyens de transport, fournies à un preneur qui n'est pas établi ou n'a pas son domicile ou sa résidence habituelle dans un Etat membre de l'Union européenne.

FR 2/24 inf. 50 p. 101 ; TVA-III-5900 s. ; MF n°s 50020 s.

Art 259 D **I. 1.** Le lieu des prestations de services mentionnées aux 10°, 11° et 12° de l'article 259 B est réputé situé en France lorsqu'elles sont fournies à des personnes non assujetties qui sont établies, ont leur domicile ou leur résidence habituelle en France.

2. Par dérogation au 1 du présent article, le lieu de ces prestations n'est pas réputé situé en France lorsqu'elles sont fournies par un prestataire qui est établi dans un seul autre Etat membre de l'Union européenne ou, en l'absence d'établissement, qui a dans ce seul Etat membre son domicile ou sa résidence habituelle, à des personnes non assujetties qui sont établies ou ont leur domicile ou leur résidence habituelle en France, et que la valeur totale de ces prestations ainsi que des ventes à distance intracommunautaires de biens effectuées par cet assujetti n'a pas excédé, pendant l'année civile en cours au moment de la prestation ou de la vente à distance intracommunautaire de biens et pendant l'année civile précédente, le seuil de 10 000 € hors taxe sur la valeur ajoutée. Ce seuil s'apprécie en tenant compte de l'ensemble des opérations concernées fournies à des personnes non assujetties établies ou ayant leur domicile ou leur résidence habituelle dans des Etats membres autres que celui dans lequel l'assujetti est établi ou a son domicile ou sa résidence habituelle.

Lorsque, au cours d'une année civile, le seuil mentionné au premier alinéa du présent 2 est dépassé, les dispositions du 1 s'appliquent aux prestations fournies à compter du jour de ce dépassement.

3. Le 2 ne s'applique pas lorsque l'assujetti a opté, dans l'Etat membre dans lequel il est établi ou dans lequel il a son domicile ou sa résidence habituelle, pour que le lieu de ces prestations se situe en France conformément au 1 et pour que le lieu de ses ventes à distance intracommunautaires de biens soit situé dans l'Etat membre à destination duquel les biens vendus sont expédiés.

II. 1. Le lieu des prestations de services mentionnées aux 10°, 11° et 12° de l'article 259 B est également réputé situé en France lorsqu'elles sont fournies par un prestataire qui est établi uniquement en France ou, en l'absence d'établissement, qui a uniquement en France son domicile ou sa résidence habituelle, à des personnes non assujetties qui sont établies, ont leur domicile ou leur résidence habituelle dans d'autres Etats membres de l'Union européenne et que la valeur totale de ces prestations ainsi que des ventes à distance intracommunautaires de biens effectuées par cet assujetti n'a pas excédé, pendant l'année civile en cours au moment de la prestation ou de la vente à distance intracommunautaire de biens et pendant l'année civile précédente, le seuil de 10 000 € hors taxe sur la valeur ajoutée.

Lorsque, au cours d'une année civile, le seuil mentionné au premier alinéa du présent 1 est dépassé, les dispositions du présent 1 cessent de s'appliquer aux prestations fournies à compter du jour de ce dépassement.

2. Toutefois, cet assujetti peut opter pour que le lieu de ces prestations fournies à des personnes non assujetties se situe dans l'Etat membre où ces personnes sont établies, ont leur domicile ou leur résidence habituelle et que le lieu des ventes à distance intracommunautaires de biens soit situé dans l'Etat membre à destination duquel les biens sont expédiés ou transportés. Cette option couvre une période de deux années civiles et est renouvelable par tacite reconduction, sauf dénonciation à l'expiration de chaque période.

III. Le lieu des prestations de services fournies à une personne non assujettie qui est établie, a son domicile ou sa résidence habituelle en France, ayant pour objet des activités culturelles, artistiques, sportives, scientifiques, éducatives, de divertissement ou similaires, telles que les foires et les expositions, y compris les prestations de services des organisateurs de telles activités, ainsi que les prestations de services accessoires à ces activités, est situé en France lorsque ces prestations se rapportent à des activités diffusées ou mises à disposition virtuellement.

Ndlr *Le présent III s'applique à compter du 1er janvier 2025 (Loi 2023-1322 du 29 décembre 2023 art. 83, I-3° et III).*

FR 6/22 inf. 1 n°s 2 s. p. 2 ; TVA-III-8160 s. ; MF n°s 50050 s.

II. Opérations imposables sur option

Art 260 Peuvent sur leur demande acquitter la taxe sur la valeur ajoutée :

1° *(Disposition devenue sans objet : loi n° 91-716 du 26 juillet 1991, art. 5-I et VII)* ;

2° Les personnes qui donnent en location des locaux nus pour les besoins de l'activité d'un preneur assujetti à la taxe sur la valeur ajoutée ou, si le bail est conclu à compter du 1er janvier 1991, pour les besoins de l'activité d'un preneur non assujetti.

L'option ne peut pas être exercée :

a. Si les locaux nus donnés en location sont destinés à l'habitation ou à un usage agricole ;

b. Si le preneur est non assujetti, sauf lorsque le bail fait mention de l'option par le bailleur ; *(Voir Annexe II, art. 193 à 195)* ;

TVA-II-25410 s. ; MF nos 46875 s.

3° et 4° *(Abrogés)* ;

5° Les personnes qui consentent un bail visé au 1° bis de l'article 261 D *(Voir Annexe II, art. 201 quater A)* ;

IMMO-V-870 s. ; MF n° 31040

5° bis Les personnes qui réalisent une opération visée au 5 de l'article 261 ;

IMMO-I-3800 s. ; MF n° 58830

6° A compter du 1er octobre 1988, les personnes qui donnent en location des terres et bâtiments d'exploitation à usage agricole. L'option ne peut être exercée que si le preneur est redevable de la taxe sur la valeur ajoutée et elle s'applique à tous les baux conclus par un même bailleur avec des agriculteurs répondant à cette condition *(Voir Annexe II, art. 202)*.

Les conditions et modalités de l'option notamment, pour l'application du 6°, les modalités d'évaluation des bâtiments d'habitation lorsqu'ils ne font pas l'objet d'une location distincte sont fixées par décret en Conseil d'Etat.

TVA-II-26430 s. ; MF n° 46885

Art 260 A Les collectivités locales, leurs groupements ou leurs établissements publics peuvent, sur leur demande, être assujettis à la taxe sur la valeur ajoutée au titre des opérations relatives aux services suivants :

Fourniture de l'eau dans les communes de moins de 3 000 habitants ou par les établissements publics de coopération intercommunale dont le champ d'action s'exerce sur un territoire de moins de 3 000 habitants ;

Assainissement ;

Abattoirs publics ;

Marchés d'intérêt national ;

Enlèvement et traitement des ordures, déchets et résidus lorsque ce service donne lieu au paiement de la redevance pour services rendus prévue par l'article L 2333-76 du code général des collectivités territoriales.

L'option peut être exercée pour chacun des services cités ci-dessus, dans des conditions et pour une durée qui sont fixées par décret en Conseil d'Etat *(Voir Annexe II, art. 201 quinquies à 201 octies et 209, I-3°)*.

TVA-II-26960 s. ; MF nos 47235 s.

Art 260 B Les opérations qui se rattachent aux activités bancaires, financières et, d'une manière générale, au commerce des valeurs et de l'argent, telles que ces activités sont définies par décret *(Voir Annexe III, art. 70 sexies et 70 septies)*, peuvent, lorsqu'elles sont exonérées de taxe sur la valeur ajoutée, être soumises sur option à cette taxe.

L'assujetti qui a exercé l'option l'applique aux seules opérations qu'il détermine. Cette option peut être dénoncée à partir du 1er janvier de la cinquième année qui suit celle au cours de laquelle elle a été exercée.

L'option ou sa dénonciation prend effet à compter du premier jour du mois suivant celui au cours duquel elle est formulée auprès du service des impôts.

Par dérogation au deuxième alinéa, l'option formulée par un assujetti unique constitué en application de l'article 256 C est exercée par secteur d'activité.

FR 32/22 inf. 5 p. 10 ; TVA-XV-29860 s. ; MF nos 60375 s.

Art 260 C L'option mentionnée à l'article 260 B ne s'applique pas :

1° Aux opérations effectuées par les affiliés de l'organe central des caisses d'épargne et des banques populaires, ainsi que leurs groupements, entre eux ou avec l'organe central des caisses d'épargne et des banques populaires ;

2° Aux opérations effectuées entre elles par les caisses de crédit mutuel adhérentes à la confédération nationale du crédit mutuel ;

3° Aux opérations effectuées entre elles par les caisses de crédit agricole mentionnées à l'article L 512-21 du code monétaire et financier ;

3° bis *(Abrogé)* ;

4° Aux intérêts, agios, rémunérations de prêts de titres effectués dans les conditions prévues aux articles L 211-22 à L 211-26 du code monétaire et financier, aux profits tirés des pensions réalisées dans les conditions prévues par les articles L 211-27 à L 211-34 du même code ;

5° Aux rémunérations assimilables à des intérêts ou agios dont la liste est établie par arrêté du ministre chargé des finances *(Voir Annexe IV, art. 23 O)* ;

6° Aux cessions de valeurs mobilières et de titres de créances négociables ;

7° Aux sommes versées par le Trésor à la Banque de France ;

8° Aux frais et commissions perçus lors de l'émission des actions des sociétés d'investissement à capital variable et aux sommes perçues lors des cessions de créances ou en rémunération de la gestion des créances cédées ;

9° Aux opérations bancaires afférentes au financement d'exportations, de livraisons exonérées en vertu du I de l'article 262 ter ou d'opérations situées hors de France, dont la liste est fixée par arrêté du ministre chargé du budget *(Voir Annexe IV, art. 23 P)* ; toutefois, l'option englobe les commissions afférentes au financement d'exportations ou de livraisons exonérées en vertu du I de l'article 262 ter lorsque, par l'effet de l'option, les commissions de même nature sont elles-mêmes soumises à la taxe sur la valeur ajoutée en régime intérieur ;

10° Aux opérations soumises à la taxe sur les conventions d'assurance ;

11° Aux opérations visées aux d et g du 1° de l'article 261 C ;

12° Aux commissions perçues lors de l'émission et du placement d'emprunts obligataires et d'actions ;

13° *(Abrogé : loi nº 99-1173 du 30 décembre 1999, art. 17-II)* ;

14° Aux opérations portant sur les produits de capitalisation relevant du code des assurances.

TVA-XV-30000 s., 30200 s. ; MF nºs 60375 s.

Art 260 CA Les assujettis et les personnes morales non assujetties susceptibles de bénéficier des dispositions du 2° du I de l'article 256 bis peuvent, sur leur demande, acquitter la taxe sur leurs acquisitions intracommunautaires.

L'option prend effet au premier jour du mois au cours duquel elle est exercée. Elle couvre obligatoirement une période expirant le 31 décembre de la deuxième année qui suit celle au cours de laquelle elle a été exercée. Elle est renouvelée par tacite reconduction, par période de deux années civiles, sauf dénonciation formulée avant l'expiration de chaque période.

TVA-IV-3200 s. ; MF nº 49230

II bis. Location de locaux destinés au logement en meublé

Art 260 D Pour l'application de la taxe sur la valeur ajoutée, la location d'un local meublé ou nu dont la destination finale est le logement meublé est toujours considérée comme une opération de fourniture de logement meublé quelles que soient l'activité du preneur et l'affectation qu'il donne à ce local.

TVA-XV-32750 s. ; MF nº 90635

III. Opérations exonérées

Art 261 Sont exonérés de la taxe sur la valeur ajoutée :

1. (Affaires ou opérations soumises à un autre impôt) :

1° à 3° *(Abrogés)* ;

4° Les opérations à terme sur marchandises réalisées sur un marché réglementé à l'exclusion de celles qui déterminent l'arrêt de la filière ;

TVA-V-12750 s. ; MF nº 47560

5° *(Abrogé)* ;

2. (Agriculture et pêche) :

1° *(Abrogé)* ;

2° *(Abrogé)* ;

3° Les prestations réalisées dans le cadre de l'entraide entre agriculteurs définie par les articles L 325-1 à L 325-3 du code rural et de la pêche maritime. Cette exonération pourra être étendue par décret en Conseil d'Etat aux départements d'outre-mer *(Voir décret 64-285 du 2 avril 1964, JO du 4)* ;

TVA-XII-5760 s. ; MF nº 59800

4° Les opérations effectuées par les pêcheurs et armateurs à la pêche, à l'exception des pêcheurs en eau douce, en ce qui concerne la vente des produits de leur pêche (poissons, crustacés, coquillages frais ou conservés à l'état frais par un procédé frigorifique) ;

TVA-V-12500 s. ; MF nº 47555

5° *(Abrogé)* ;

3. (Biens usagés) :

1° a. Sous réserve, le cas échéant, des dispositions des 1° et 2° du III de l'article 257, les ventes de biens usagés faites par les personnes qui les ont utilisés pour les besoins de leurs exploitations.

Toutefois, l'exonération ne s'applique pas aux biens qui ont ouvert droit à déduction complète ou partielle de la taxe sur la valeur ajoutée lors de leur achat, acquisition intracommunautaire, importation ou livraison à soi-même.

Les dispositions du deuxième alinéa ne s'appliquent ni aux biens cédés à des personnes qui ont souscrit un contrat de crédit-bail ou de location avec option d'achat avant le 8 septembre 1989, ni aux véhicules destinés à la location simple, inscrits à l'actif des entreprises de location avant le 8 septembre 1989, si ces véhicules sont cédés à des personnes autres que des négociants en biens d'occasion *(Loi 89-935 du 29 décembre 1989 art. 31, I-2 et 3)* ;

TVA-XV-5900 s. ; MF nºs 60985 s.

b. *(Disposition périmée)* ;

2° *(Abrogé)* ;

4. (Professions libérales et activités diverses) :

1° Les soins dispensés aux personnes par les membres des professions médicales et paramédicales réglementées, par les pharmaciens, par les praticiens autorisés à faire usage légalement du titre d'ostéopathe, de chiropracteur, de psychologue ou de psychothérapeute et par les psychanalystes titulaires d'un des diplômes requis, à la date de sa délivrance, pour être recruté comme psychologue dans la fonction publique hospitalière ainsi que les travaux d'analyse de biologie médicale et les fournitures de prothèses dentaires par les dentistes et les prothésistes ;

TVA-II-11975 s. ; MF n°s 47120 s.

1° bis Les frais d'hospitalisation et de traitement, y compris les frais de mise à disposition d'une chambre individuelle, dans les établissements de santé privés titulaires de l'autorisation mentionnée à l'article L 6122-1 du code de la santé publique ;

TVA-V-5510 s. ; MF n° 47170

1° ter Les soins dispensés par les établissements privés d'hébergement pour personnes âgées mentionnés au 6° du I de l'article L 312-1 du code de l'action sociale et des familles, pris en charge par un forfait annuel global de soins en application de l'article L 174-7 du code de la sécurité sociale ;

TVA-V-6600 s. ; MF n° 47175

2° Les livraisons, services d'intermédiation et prestations de travail à façon portant sur les organes, le sang et le lait humains ;

FR 2/21 inf. 46 n° 24 p. 77 ; TVA-II-13500 s. ; MF n° 47150

3° Le transport de malades ou de blessés à l'aide de véhicules spécialement aménagés à cet effet effectué par des personnes visées à l'article L 6312-2 du code de la santé publique ;

Ndlr *Les personnes visées par l'article L 6312-2 du code de la santé publique sont celles ayant obtenu de l'administration un agrément préalable (dans les conditions définies par les articles R 6312-6 à R 6312-10 du code de la santé publique pour les transports sanitaires terrestres).*

TVA-V-13680 s. ; MF n° 47160

4° a. Les prestations de services et les livraisons de biens qui leur sont étroitement liées, effectuées dans le cadre :

De l'enseignement primaire, secondaire et supérieur dispensé dans les établissements publics et les établissements privés régis par les articles L 151-3, L 212-2, L 424-1 à L 424-4, L 441-1, L 443-1 à L 443-5 et L 731-1 à L 731-17 du code de l'éducation ;

De l'enseignement universitaire dispensé dans les établissements publics et dans les établissements privés visés aux articles L 613-7, L 714-2 et L 718-16 du code de l'éducation ;

De l'enseignement et de la formation professionnelle agricoles réglementés par la loi n° 60-791 du 2 août 1960 relative à l'enseignement et la formation professionnelle agricole ;

De la formation professionnelle continue, telle qu'elle est définie par les dispositions législatives et réglementaires qui la régissent, assurée soit par des personnes morales de droit public, soit par des personnes de droit privé titulaires d'une attestation délivrée par l'autorité administrative compétente reconnaissant qu'elles remplissent les conditions fixées pour exercer leur activité dans le cadre de la formation professionnelle continue.

Un décret en Conseil d'Etat fixe les conditions d'application de ces dispositions, notamment pour ce qui concerne les conditions de délivrance et de validité de l'attestation *(Voir Annexe II, art. 202 A à 202 D)* ;

De l'enseignement primaire, secondaire, supérieur ou technique à distance, dispensé par les organismes publics ou les organismes privés régis par les articles L 444-1 à L 444-11 du code de l'éducation, et les textes subséquents ;

TVA-II-8640 s., 9650 s. ; MF n°s 47030 s.

b. Les cours ou leçons relevant de l'enseignement scolaire, universitaire, professionnel, artistique ou sportif, dispensés par des personnes physiques qui sont rémunérées directement par leurs élèves ;

TVA-II-9000 s. ; MF n° 47055

5° à 8° *(Abrogés)* ;

8° bis Les prestations de services et les livraisons de biens qui leur sont étroitement liées, effectuées dans le cadre de la garde d'enfants par les établissements visés au premier alinéa de l'article L 2324-1 du code de la santé publique et assurant l'accueil des enfants de moins de trois ans ;

TVA-V-7520 s. ; MF n° 47580

8° ter Les prestations de services réalisées par les mandataires judiciaires à la protection des majeurs au sens de l'article L 471-2 du code de l'action sociale et des familles ;

TVA-V-14000 s. ; MF n° 47590

9° Les prestations de services et les livraisons de biens qui leur sont étroitement liées fournies à leurs membres, moyennant une cotisation fixée conformément aux statuts, par des organismes légalement constitués agissant sans but lucratif dont la gestion est désintéressée et qui poursuivent des objectifs de nature philosophique, religieuse, politique, patriotique, civique ou syndicale, dans la mesure où ces opérations se rattachent directement à la défense collective des intérêts moraux ou matériels des membres ; les dispositions des c et d du 1° du 7 s'appliquent à ces organismes ;

TVA-V-3900 s. ; MF n°s 89535 s.

10° Les travaux de construction, d'aménagement, de réparation et d'entretien des monuments, cimetières ou sépultures commémoratifs des combattants, héros, victimes ou morts des guerres, effectués pour les collectivités publiques et les organismes légalement constitués agissant sans but lucratif ;

TVA-V-12600 s. ; MF n° 47565

11° Les prestations de services et les livraisons de biens accessoires à ces prestations, à l'exception des transports de personnes et télécommunications, qui relèvent du service universel postal tel que défini par l'article L 1 du code des postes et communications électroniques, effectuées par le prestataire en France du service universel postal tel que désigné à l'article L 2 du même code ;

TVA-II-18770 s. ; MF n° 47585

5. (Opérations immobilières) :

1° Les livraisons de terrains qui ne sont pas des terrains à bâtir au sens du 1° du 2 du I de l'article 257 ;

2° Les livraisons d'immeubles achevés depuis plus de cinq ans ;

IMMO-I-3800 s. ; MF n° 58830

6. *(Abrogé)* ;

7. (Organismes d'utilité générale) :

1° a. Les services de caractère social, éducatif, culturel ou sportif rendus à leurs membres par les organismes légalement constitués agissant sans but lucratif, et dont la gestion est désintéressée.

Il en est de même des ventes consenties à leurs membres par ces organismes, dans la limite de 10 % de leurs recettes totales.

Toutefois, demeurent soumises à la taxe sur la valeur ajoutée, sous réserve des dispositions du b :

Les opérations d'hébergement et de restauration ;

L'exploitation des bars et buvettes.

Ces dispositions sont également applicables aux unions d'associations qui répondent aux conditions ci-dessus, dans leurs rapports avec les membres des associations faisant partie de ces unions ;

TVA-V-300 s. ; MF n° 89525

b. Les opérations faites au bénéfice de toutes personnes par des œuvres sans but lucratif qui présentent un caractère social ou philanthropique et dont la gestion est désintéressée, lorsque les prix pratiqués ont été homologués par l'autorité publique ou que des opérations analogues ne sont pas couramment réalisées à des prix comparables par des entreprises commerciales, en raison notamment du concours désintéressé des membres de ces organismes ou des contributions publiques ou privées dont ils bénéficient.

Les organismes mentionnés au premier alinéa du 1 bis de l'article 206 et qui en remplissent les conditions, sont également exonérés pour leurs autres opérations lorsque les recettes encaissées afférentes à ces opérations n'ont pas excédé au cours de l'année civile précédente le montant de 78 596 €.

Les opérations mentionnées au I de l'article 257 et les opérations donnant lieu à la perception de revenus patrimoniaux soumis aux dispositions de l'article 219 bis ne bénéficient pas de l'exonération et ne sont pas prises en compte pour le calcul de la limite de 78 596 €.

Lorsque la limite de 78 596 € est atteinte en cours d'année, l'organisme ne peut plus bénéficier de l'exonération prévue au deuxième alinéa à compter du 1er jour du mois suivant celui au cours duquel cette limite a été dépassée.

Les limites mentionnées aux deuxième à avant-dernier alinéas du présent b sont indexées, chaque année, sur la prévision de l'indice des prix à la consommation, hors tabac, retenue dans le projet de loi de finances de l'année ;

Ndlr *La limite de 78 596 € s'applique à compter du 1er janvier 2024. Elle était fixée antérieurement à 76 679 €.*

TVA-V-980 s. ; IS-I-14000 s. ; MF n°s 89400 s.

c. Les recettes de six manifestations de bienfaisance ou de soutien organisées dans l'année à leur profit exclusif par les organismes désignés aux a et b ainsi que par les organismes permanents à caractère social des collectivités locales et des entreprises ;

TVA-V-1500 s. ; MF n° 89530

d. Le caractère désintéressé de la gestion résulte de la réunion des conditions ci-après :

L'organisme doit, en principe, être géré et administré à titre bénévole par des personnes n'ayant elles-mêmes, ou par personne interposée, aucun intérêt direct ou indirect dans les résultats de l'exploitation.

Toutefois, lorsqu'une association régie par la loi du 1er juillet 1901 relative aux contrats d'association, une association régie par la loi locale en vigueur dans les départements de la Moselle, du Bas-Rhin et du Haut-Rhin, une fondation reconnue d'utilité publique ou une fondation d'entreprise, décide que l'exercice des fonctions dévolues à ses dirigeants justifie le versement d'une rémunération, le caractère désintéressé de sa gestion n'est pas remis en cause si ses statuts et ses modalités de fonctionnement assurent sa transparence financière, l'élection régulière et périodique de ses dirigeants, le contrôle effectif de sa gestion par ses membres et l'adéquation de la rémunération aux sujétions effectivement imposées aux dirigeants concernés ; cette disposition s'applique dans les conditions suivantes :

L'un des organismes visés au troisième alinéa peut rémunérer l'un de ses dirigeants uniquement si le montant annuel de ses ressources, majorées de celles des organismes qui lui sont affiliés et qui remplissent les conditions leur permettant de bénéficier de la présente disposition, hors ressources issues des versements effectués par des personnes morales de droit public, est supérieur à 200 000 € en moyenne sur les trois exercices clos précédant celui pendant lequel la rémunération est versée ;

Un tel organisme peut rémunérer deux de ses dirigeants si le montant annuel de ses ressources, majorées de celles des organismes qui lui sont affiliés et qui remplissent les conditions leur permettant de bénéficier de la présente disposition, hors ressources issues des versements effectués par des personnes morales de droit public, est supérieur à 500 000 €, en moyenne sur les trois exercices clos précédant celui pendant lequel la rémunération est versée ;

Un tel organisme peut rémunérer trois de ses dirigeants si le montant annuel de ses ressources, majorées de celles des organismes qui lui sont affiliés et qui remplissent les conditions leur permettant de bénéficier de la présente disposition, hors ressources issues des versements effectués par des personnes morales de droit public, est supérieur à 1 000 000 € en moyenne sur les trois exercices clos précédant celui pendant lequel la rémunération est versée ;

Un tel organisme peut verser des rémunérations dans le cadre de la présente disposition uniquement si ses statuts le prévoient explicitement et si une décision de son organe délibérant l'a expressément décidé à la majorité des deux tiers de ses membres ;

Le montant des ressources le cas échéant hors ressources issues des versements effectués par des personnes morales de droit public est constaté par un commissaire aux comptes ;

Le montant de toutes les rémunérations versées à chaque dirigeant au titre de la présente disposition ne peut en aucun cas excéder trois fois le montant du plafond visé à l'article L 241-3 du code de la sécurité sociale ;

La condition d'exclusion des ressources issues des versements effectués par des personnes morales de droit public mentionnée aux quatrième à sixième alinéas du présent d n'est pas applicable aux associations de jeunesse et d'éducation populaire ayant fait l'objet d'un agrément par le ministre chargé de la jeunesse dont l'instance dirigeante est composée de membres dont la moyenne d'âge est inférieure à trente ans et qui décident de rémunérer, dans la limite du plafond mentionné à l'article L 241-3 du code de la sécurité sociale, pour une durée maximale de trois ans, renouvelable une fois, leurs dirigeants âgés de moins de trente ans à la date de leur élection.

Un décret en Conseil d'Etat fixe les modalités d'application des neuf alinéas précédents *(Voir Annexe II, art. 242 C).*

L'organisme ne doit procéder à aucune distribution directe ou indirecte de bénéfice, sous quelque forme que ce soit.

Les membres de l'organisme et leurs ayants droit ne doivent pas pouvoir être déclarés attributaires d'une part quelconque de l'actif, sous réserve du droit de reprise des apports.

Tous les organismes concernés par les a, b et c sont placés sous le régime du chiffre d'affaires réel *(Voir aussi Annexe II, art. 204 quater)* ; un décret en Conseil d'Etat détermine leurs obligations ainsi que l'étendue et les modalités d'exercice de leurs droits à déduction *(Voir Annexe II, art. 209, I-4° et 242 octies)* ;

IS-I-9400 s. ; MF nos 89410 s.

1° bis Les opérations effectuées par les associations intermédiaires conventionnées, mentionnées à l'article L 5132-7 du code du travail dont la gestion est désintéressée, dans les conditions prévues au 1° ;

IS-I-12450 s. ; MF n° 89555

1° ter Les prestations de services mentionnées au D de l'article 278-0 bis et au i de l'article 279, réalisées par des associations agréées en application de l'article L 7232-1 du code du travail ou autorisées en application de l'article L 313-1 du code de l'action sociale et des familles, et dont la gestion est désintéressée au sens du d du 1° du présent 7, au profit des personnes physiques ou des familles mentionnées aux 1°, 6°, 7° et 16° du I de l'article L 312-1 du code de l'action sociale et des familles, ainsi qu'au profit des personnes mentionnées au 1° de l'article L 7232-1 du code du travail ;

TVA-V-3690 s. ; MF n° 89555

1° quater Les prestations de services et les livraisons de biens qui leur sont étroitement liées, effectuées dans les lieux de vie et d'accueil mentionnés au III de l'article L 312-1 du code de l'action sociale et des familles, conformément à leur objet ;

TVA-V-7700 s. ; MF n° 47177

2° *(Abrogé)* ;

3° Les ventes portant sur les articles fabriqués par des groupements d'aveugles ou de travailleurs handicapés, agréés dans les conditions prévues par la loi n° 72-616 du 5 juillet 1972, ainsi que les réparations effectuées par ces groupements. Ils peuvent toutefois, sur leur demande, renoncer à l'exonération dans les conditions et selon les modalités prévues par décret en Conseil d'Etat *(Voir Annexe II, art. 195 B à 195 D)* ;

TVA-V-2600 s.

4° *(Abrogé)* ;

8. En cas de catastrophe affectant le territoire d'un Etat membre de l'Union européenne, par arrêté du ministre chargé du budget pris après information du comité institué à l'article 398 de la directive 2006/112/CE du Conseil du 28 novembre 2006 relative au système commun de taxe sur la valeur ajoutée, les livraisons de biens et les prestations de services liées à ces livraisons, lorsque l'importation de ces biens par le destinataire de ces livraisons ou par le preneur de ces services aurait été exonérée en application du 2° *bis* du II de l'article 291 du présent code.

L'arrêté mentionné au premier alinéa du présent 8 peut prévoir que l'exonération s'applique rétroactivement à partir de la date à laquelle l'autorisation mentionnée au 2° bis du II de l'article 291 entre en vigueur.

FR 2/23 inf. 39 n°s 5 à 9 p. 64

9. *(Abrogé)*.

Art 261 A Les services indispensables à l'utilisation des biens meubles ou immeubles et fournis à leurs membres par les personnes morales désignées à l'article 239 octies moyennant, indépendamment des apports, le strict remboursement de la part qui leur incombe dans les dépenses communes, sont exonérés de la taxe sur la valeur ajoutée dans les conditions prévues à l'article précité.

TVA-V-10000 s. ; MF n° 47315

Art 261 B Les services rendus à leurs adhérents par les groupements constitués par des personnes physiques ou morales exerçant une activité exonérée de la taxe sur la valeur ajoutée sur le fondement du 4, à l'exception du 10°, et du 7 de l'article 261, ou pour laquelle elles n'ont pas la qualité d'assujetti, sont exonérés de cette taxe à la condition qu'ils concourent directement et exclusivement à la réalisation de ces opérations exonérées ou exclues du champ d'application de la taxe sur la valeur ajoutée et que les sommes réclamées aux adhérents correspondent exactement à la part leur incombant dans les dépenses communes.

Un décret fixe la nature des renseignements particuliers que les sociétés mentionnées au premier alinéa doivent fournir annuellement au service des impôts, indépendamment des déclarations dont la production est déjà prévue par le présent code *(Voir Annexe III, art. 96 A)*.

FR 2/21 inf. 49 nos 26 à 28 et 30 p. 88 ;
TVA-V-8500 s. ; MF nos 47280 s.

Art 261 C Sont exonérées de la taxe sur la valeur ajoutée :

1° Les opérations bancaires et financières suivantes :

a. L'octroi et la négociation de crédits, la gestion de crédits effectuée par celui qui les a octroyés, les prêts de titres effectués dans les conditions prévues aux articles L 211-22 à L 211-26 du code monétaire et financier et les pensions réalisées dans les conditions prévues par les articles L 211-27 à L 211-34 du même code ;

b. La négociation et la prise en charge d'engagements, de cautionnements et d'autres sûretés et garanties ainsi que la gestion de garanties de crédits effectuée par celui qui a octroyé les crédits ;

c. Les opérations, y compris la négociation, concernant les dépôts de fonds, comptes courants, paiements, virements, créances, chèques et autres effets de commerce, à l'exception du recouvrement de créances ;

d. Les opérations, y compris la négociation, portant sur les devises, les billets de banque et les monnaies qui sont des moyens de paiement légaux à l'exception des monnaies et billets de collection ;

e. Les opérations, autres que celles de garde et de gestion portant sur les actions, les parts de sociétés ou d'associations, les obligations et les autres titres, à l'exclusion des titres représentatifs de marchandises et des parts d'intérêt dont la possession assure en droit ou en fait l'attribution en propriété ou en jouissance d'un bien immeuble ou d'une fraction d'un bien immeuble ;

f. La gestion des organismes de placement collectif en valeurs mobilières mentionnés au paragraphe 2 de l'article 1er de la directive 2009/65/CE du Parlement européen et du Conseil du 13 juillet 2009 portant coordination des dispositions législatives, réglementaires et administratives concernant certains organismes de placement collectif en valeurs mobilières (OPCVM) ainsi que des autres organismes de placement collectif présentant des caractéristiques similaires. La liste de ces organismes est fixée par décret. Elle comprend notamment les organismes relevant des paragraphes 1, 2 et 6 de la sous-section 2, du sous-paragraphe 1 du paragraphe 1 ou du paragraphe 2 de la sous-section 3 ou de la sous-section 4 de la section 2 du chapitre IV du titre Ier du livre II du code monétaire et financier *(NDLR Voir Annexe III, art. 71)* ;

g. Les opérations relatives à l'or, autre que l'or à usage industriel, lorsqu'elles sont réalisées par les établissements de crédit, prestataires de services d'investissement, changeurs, escompteurs et remisiers, ou par toute autre personne qui en fait son activité principale ;

TVA-XV-28130 s. ; MF nos 60310 s.

2° Les opérations d'assurance et de réassurance ainsi que les prestations de services afférentes à ces opérations effectuées par les courtiers et intermédiaires d'assurances ;

TVA-V-11000 s. ; MF nos 47460 s.

3° Les livraisons à leur valeur officielle de timbres fiscaux et de timbres-poste ayant cours ou valeur d'affranchissement en France.

TVA-V-13000 s. ; MF no 47570

Art 261 D Sont exonérées de la taxe sur la valeur ajoutée :

1° Les locations de terres et bâtiments à usage agricole ;

TVA-II-7990 s. ; MF no 46830

1° bis Les locations d'immeubles résultant d'un bail conférant un droit réel ;

IMMO-V-855 s. ; MF no 31040

2° Les locations de terrains non aménagés et de locaux nus, à l'exception des emplacements pour le stationnement des véhicules ; toutefois, ces dispositions ne sont pas applicables lorsque les locations constituent pour le bailleur un moyen de poursuivre, sous une autre forme, l'exploitation d'un actif commercial ou d'accroître ses débouchés ou lorsque le bailleur participe aux résultats de l'entreprise locataire ;

TVA-II-7370 s. ; MF nos 46835, 46845

3° Les locations ou concessions de droits portant sur les immeubles visés aux 1° et 2° dans la mesure où elles relèvent de la gestion d'un patrimoine foncier ;

TVA-II-8100 s. ; MF no 46860

4° Les locations occasionnelles, permanentes ou saisonnières de logements meublés ou garnis à usage d'habitation.

Toutefois, l'exonération ne s'applique pas :

a. *(Abrogé)* ;

b. Aux prestations d'hébergement fournies dans le cadre du secteur hôtelier ou de secteurs ayant une fonction similaire qui remplissent les conditions cumulatives suivantes :

Elles sont offertes au client pour une durée n'excédant pas trente nuitées, sans préjudice des possibilités de reconduction proposées ;

Elles comprennent la mise à disposition d'un local meublé et au moins trois des prestations suivantes : le petit déjeuner, le nettoyage régulier des locaux, la fourniture de linge de maison et la réception, même non personnalisée, de la clientèle ;

b bis. Aux locations de logements meublés à usage résidentiel dans le cadre de secteurs autres que ceux mentionnés au b qui sont assorties d'au moins trois des prestations suivantes : le petit déjeuner, le nettoyage régulier des locaux, la fourniture de linge de maison et la réception, même non personnalisée, de la clientèle ;

c. Aux locations de locaux nus, meublés ou garnis consenties à l'exploitant d'un établissement d'hébergement qui remplit les conditions fixées aux b ou b bis, à l'exclusion de celles consenties à l'exploitant d'un établissement mentionné à l'article L 633-1 du code de la construction et de l'habitation dont l'activité n'ouvre pas droit à déduction ;

d. *(Dispositions devenues sans objet).*

FR 2/24 inf. 48 p. 93 ; TVA-XV-32750 s. ; MF nos 90615 s.

Art 261 E Sont exonérés de la taxe sur la valeur ajoutée :

1° L'organisation de jeux de hasard ou d'argent soumis aux prélèvements progressifs mentionnés à l'article 1560 du présent code, à l'article L 2333-56 du code général des collectivités territoriales et aux 2 à 9 du II de l'article 34 de la loi n° 2017-1775 du 28 décembre 2017 de finances rectificative pour 2017 ;

TVA-V-13120 s. ; MF n° 47575

2° Le produit de l'exploitation de la loterie nationale, du loto national, des paris mutuels hippiques, des paris sur des compétitions sportives et des jeux de cercle en ligne, à l'exception des rémunérations perçues par les organisateurs et les intermédiaires qui participent à l'organisation de ces jeux et paris ;

TVA-V-13350 s. ; MF n° 47575

3° *(Abrogé).*

Art 261 G Les représentations théâtrales à caractère pornographique indiquées au 2° de l'article 279 bis ne peuvent en aucun cas bénéficier des exonérations de taxe sur la valeur ajoutée prévues par les dispositions législatives en vigueur.

Il en est de même des cessions de droits portant sur les films cinématographiques ou les supports vidéographiques d'œuvre pornographique ou d'incitation à la violence indiqués au 3° de l'article 279 bis et des droits d'entrée pour les séances au cours desquelles ces œuvres cinématographiques ou vidéographiques sont représentées.

TVA-XV-10385

Art 262 I. Sont exonérées de la taxe sur la valeur ajoutée *(Voir Annexe III, art. 73 A, 73 G, 73 H et 74)* :

1° Les livraisons de biens expédiés ou transportés par le vendeur ou pour son compte, en dehors de la Communauté européenne ainsi que les prestations de services directement liées à l'exportation ;

TVA-IV-20150 s., 27100 s. ;
MF n°s 49700 s., 50135 s.

2° Les livraisons de biens expédiés ou transportés par l'acheteur qui n'est pas établi en France, ou pour son compte, hors de la Communauté européenne, à l'exclusion des biens d'équipement et d'avitaillement des bateaux de plaisance, des avions de tourisme ou de tous autres moyens de transport à usage privé, ainsi que les prestations de services directement liées à l'exportation.

Lorsque la livraison porte sur des biens à emporter dans les bagages personnels de voyageurs, l'exonération s'applique si les conditions suivantes sont réunies :

a. Le voyageur n'a pas son domicile ou sa résidence habituelle en France ou dans un autre Etat membre de la Communauté européenne ;

b. La livraison ne porte pas sur les tabacs manufacturés, les marchandises qui correspondent par leur nature ou leur qualité à un approvisionnement commercial ainsi que celles qui sont frappées d'une prohibition de sortie ;

c. Les biens sont transportés en dehors de la Communauté européenne avant la fin du troisième mois suivant celui au cours duquel la livraison est effectuée ;

d. La valeur globale de la livraison, taxe sur la valeur ajoutée comprise, excède un montant qui est fixé par arrêté du ministre chargé du budget *(Voir Annexe IV, art. 24 bis).*

(Voir aussi Annexe III, art. 75 et 75 A et Annexe IV, art. 24 ter)

TVA-IV-22000 s., 27100 s. ;
MF n°s 49715 s., 50135 s.

II. Sont également exonérés de la taxe sur la valeur ajoutée :

1° Les prestations de services consistant en travaux portant sur des biens meubles acquis ou importés en vue de faire l'objet de ces travaux et expédiés ou transportés en dehors du territoire des Etats membres de la Communauté européenne par le prestataire de services ou par le preneur établi hors de France ou pour leur compte ;

TVA-IV-27700 s. ; MF n° 50150

2° Les opérations de livraison, de réparation, de transformation, d'entretien, d'affrètement et de location portant sur :

Les navires de commerce maritime affectés à la navigation en haute mer ;

Les bateaux utilisés pour l'exercice d'une activité industrielle en haute mer ;

Les bateaux affectés à la pêche professionnelle maritime, les bateaux de sauvetage et d'assistance en mer *(Voir Annexe IV, art. 42 à 46)* ;

TVA-IV-30210 s. ; MF n°s 50460 s.

3° Les opérations de livraison, de location, de réparation et d'entretien portant sur des objets destinés à être incorporés dans ces bateaux ou utilisés pour leur exploitation en mer, ainsi que sur les engins et filets pour la pêche maritime *(Voir Annexe IV, art. 42 à 46)* ;

TVA-IV-30820 s. ; MF n° 50475

4° Les opérations de livraison, de transformation, de réparation, d'entretien, d'affrètement et de location portant sur les aéronefs utilisés par des compagnies de navigation aérienne dont les services à destination ou en provenance de l'étranger ou des collectivités et départements d'outre-mer, à l'exclusion de la France métropolitaine, représentent au moins 80 % des services qu'elles exploitent ;

TVA-IV-32010 s. ; MF n° 50500

5° Les opérations de livraison, de location, de réparation et d'entretien portant sur des objets destinés à être incorporés dans ces aéronefs ou utilisés pour leur exploitation en vol ;

TVA-IV-32400 ; MF n° 50505

6° Les livraisons de biens destinés à l'avitaillement des bateaux et des aéronefs désignés aux 2° et 4°, ainsi que des bateaux de guerre, tels qu'ils sont définis à la sous-position 89-01 du tarif douanier commun, à l'exclusion des provisions de bord destinées aux bateaux affectés à la petite pêche côtière *(Voir Annexe III, art. 73 I)* ;

TVA-IV-33000 s. ; MF n° 50525

7° Les prestations de services effectuées pour les besoins directs des bateaux ou des aéronefs désignés aux 2° et 4° et de leur cargaison *(Voir Annexe III, art. 73 B à 73 E)* ;

TVA-IV-31400 s., 32500 s. ; MF n°s 50480, 50510

8° Les transports aériens ou maritimes de voyageurs en provenance ou à destination de l'étranger ou des collectivités et départements d'outre-mer ;

TVA-III-17200 s. ; MF n° 50190

9° Les transports ferroviaires de voyageurs en provenance et à destination de l'étranger, ainsi que les transports de voyageurs effectués par les trains internationaux et sur les relations dont la liste est fixée par arrêtés conjoints du ministre du budget et du ministre des transports *(Voir Annexe IV, art. 24 A)* ;

TVA-III-17200 s. ; MF n° 50190

10° Les transports par route de voyageurs étrangers en provenance et à destination de l'étranger, circulant en groupe d'au moins dix personnes *(Voir Annexe III, art. 73 F)* ;

TVA-III-17200 s. ; MF n° 50190

11° Les transports entre la France continentale et la Corse pour la partie du trajet située en dehors du territoire continental ;

TVA-III-25400 s. ; MF n° 92405

11° bis Les prestations de transport de biens effectuées à destination ou en provenance des Açores ou de Madère ;

TVA-III-18500 ; MF n° 50245

12° Les livraisons d'or aux instituts d'émission ;

TVA-IV-23400 ; MF n° 49745

13° *(Abrogé)* ;

13° bis *(Abrogé)* ;

13° ter *(Abrogé)* ;

14° Les prestations de services se rapportant à l'importation de biens en France ou dans un autre Etat membre de la Communauté européenne et dont la valeur est comprise dans la base d'imposition de l'importation.

TVA-III-18250 s. ; TVA-IV-28500 s. ; MF n°s 50120, 50200

Art 262-00 bis I. Sont exonérées de la taxe sur la valeur ajoutée :

1° Les livraisons de biens et les prestations de services effectuées dans le cadre des relations diplomatiques et consulaires, dans la limite, le cas échéant, des contingents attribués par l'administration ;

2° Les livraisons de biens et les prestations de services destinées aux personnes morales et organismes suivants :

a. L'Union européenne ;

b. La Communauté européenne de l'énergie atomique ;

c. La Banque centrale européenne ;

d. La Banque européenne d'investissement ;

e. Les organismes créés par l'Union européenne auxquels s'applique le protocole n° 7 annexé au traité sur le fonctionnement de l'Union européenne relatif aux privilèges et immunités de l'Union européenne, dans les limites et conditions fixées par ce protocole et les accords relatifs à sa mise en œuvre ou par les accords de siège, dans la mesure où cette exonération n'engendre pas de distorsions de concurrence ;

3° Les livraisons de biens et les prestations de services destinées à des organismes internationaux autres que ceux mentionnés au 2° du présent I, reconnus comme tels par les autorités publiques françaises ou par celles de l'Etat d'accueil membre de l'Union européenne, ainsi qu'à des membres de ces organismes, dans les limites et conditions fixées par les conventions internationales instituant ces organismes ou par les accords de siège ;

4° Les livraisons de biens et les prestations de services destinées aux forces armées pour leur usage, pour l'usage de l'élément civil qui les accompagne ou pour l'approvisionnement de leurs mess ou cantines, lorsque les conditions suivantes sont cumulativement remplies :

a. Ces forces armées ont l'une des affectations suivantes :

l'effort de défense mené en vue de la mise en œuvre d'une activité de l'Union européenne dans le cadre de la politique de sécurité et de défense commune ;

l'effort commun de défense prévu par le traité de l'Atlantique Nord, si elles relèvent d'un Etat partie à ce traité ;

b. Ces forces sont stationnées ou séjournent dans un Etat membre de l'Union européenne autre que celui dont elles relèvent ;

5° Les livraisons de biens et les prestations de services destinées aux forces armées du Royaume-Uni de Grande-Bretagne et d'Irlande du Nord stationnées sur l'île de Chypre en application du traité relatif à la création de la République de Chypre, signé le 16 août 1960, pour leur usage, pour l'usage de l'élément civil qui les accompagne ou pour l'approvisionnement de leurs mess ou cantines ;

6° Les livraisons de biens et les prestations de services destinées à la Commission européenne ou à une agence ou un organisme créé en application du droit de l'Union européenne, lorsque les conditions suivantes sont remplies :

a. Ces biens ou services sont achetés dans le cadre de l'exécution des missions qui sont confiées par le droit de l'Union européenne à l'acquéreur afin de réagir à la pandémie de covid-19. Lorsque cette condition n'est plus remplie, la personne morale mentionnée au premier alinéa du présent 6° en informe l'administration, dans des conditions déterminées par arrêté du ministre chargé du budget ;

b. Les biens et services achetés ne sont pas utilisés, immédiatement ou ultérieurement, aux fins de livraisons de biens ou prestations de services subséquentes effectuées à titre onéreux par l'acquéreur.

II. Les exonérations prévues aux 1° à 3° du I s'appliquent aux seuls achats de biens et services effectués pour un usage officiel.

III. Lorsque la personne morale ou l'organisme est établi en France et que les biens ne sont pas expédiés hors de France ou que les services sont exécutés en France, les exonérations prévues aux 1° à 5° du I s'appliquent aux seuls achats dont le montant hors taxes excède 150 € et sont mises en œuvre au moyen d'une procédure de remboursement.

FR 2/22 inf. 37 p. 71 ; FR 2/23 inf. 38 p. 63

Art 262-0 bis **I.** Les personnes qui interviennent, en leur nom et pour leur compte ou au nom et pour le compte des vendeurs qui leur sont affiliés, dans une opération de livraison de biens exonérée de la taxe sur la valeur ajoutée dans les conditions mentionnées au deuxième alinéa du 2° du I de l'article 262doivent, pour exercer leur activité, être agréées par l'administration en tant qu'opérateur de détaxe.

L'agrément est accordé lorsque les critères suivants sont remplis :

1° Le demandeur dispose d'un dispositif efficace de sécurisation de ses opérations au moyen d'un système informatique de gestion des bordereaux de vente à l'exportation ;

2° Le demandeur justifie d'une solvabilité financière. Ce critère est réputé rempli dès lors que le demandeur n'a pas fait l'objet de défaut de paiement auprès des services fiscaux et douaniers au cours des trois dernières années précédant la présentation de la demande, ne fait pas l'objet d'une procédure collective et apporte la preuve, sur la base des écritures comptables et d'autres informations disponibles, qu'il présente une situation financière lui permettant de s'acquitter de ses engagements, compte tenu des caractéristiques du type de l'activité économique concernée. Si le demandeur est établi depuis moins de trois ans, sa solvabilité est appréciée sur la base des informations disponibles au moment du dépôt de la demande ;

3° Le demandeur n'a pas été sanctionné du fait de manquements graves et répétés aux règles prévues par le code des douanes ou par le présent code au cours des trois années précédant la présentation de la demande ou la décision de retrait.

II. L'opérateur de détaxe agréé :

1° Assure, dans un délai fixé par décret en Conseil d'Etat, la transmission à l'administration des données électroniques des bordereaux de vente à l'exportation qu'il émet ou qui sont émis par les vendeurs qui lui sont affiliés, au moyen d'une plateforme d'échange de données informatisées certifiée par l'administration ;

2° Utilise un système d'évaluation et de gestion des risques liés au processus de détaxe ;

3° Assure la formation et l'information régulière de son personnel et de ses clients ;

4° Porte à la connaissance de l'autorité administrative, dans un délai fixé par décret en Conseil d'Etat, toute modification de ses statuts et tout changement ne lui permettant plus d'assurer le respect des critères mentionnés au I.

III. En cas de non-respect des obligations prévues au II du présent article, l'autorité administrative peut, dans le respect de la procédure prévue aux articles L 122-1 et L 122-2 du code des relations entre le public et l'administration, prononcer une amende dont le montant, fixé par décret en Conseil d'Etat, ne peut pas excéder :

1° 60 € par bordereau en cas de manquement aux obligations prévues au 1° du II ;

2° 300 000 € en cas de manquement à l'une des obligations prévues aux 2° à 4° du même II.

III bis. Le fait pour une personne de solliciter ou d'obtenir le visa du bordereau mentionné au premier alinéa du I du présent article lorsque les conditions d'application de l'exonération prévue au deuxième alinéa du 2° du I de l'article 262 du présent code ne sont pas réunies est sanctionné dans les conditions prévues au chapitre VI du titre XII du code des douanes. Ces manquements sont constatés selon les mêmes procédures et les réclamations sont présentées, instruites et jugées selon les règles applicables aux manquements prévus au même chapitre VI.

FR 2/21 inf. 55 n°s 1 et 3 p. 93

IV. Un décret en Conseil d'Etat définit :

1° Les modalités de délivrance et de retrait de l'agrément mentionné au I ;

2° Les conditions et procédures préalables à la certification de la plate-forme mentionnée au II ;

3° Les modalités techniques permettant le respect des obligations mentionnées au même II.

(Voir Annexe II, art. 202 E à 202 O)

TVA-IV-22180 s. ; MF n° 49730

Art 262 bis Les prestations de services uniques mentionnées au III de l'article 257 ter sont exonérées de la taxe sur la valeur ajoutée pour la partie de ces prestations se rapportant aux services exécutés hors de l'Union européenne.

TVA-XV-16815 s. ; MF n° 61530

Art 262 ter I. Sont exonérés de la taxe sur la valeur ajoutée :

1° Les livraisons de biens expédiés ou transportés sur le territoire d'un autre Etat membre de l'Union européenne à destination d'un autre assujetti ou d'une personne morale non assujettie qui est identifié aux fins de la taxe sur la valeur ajoutée dans un autre Etat membre que celui du départ de l'expédition ou du transport et a communiqué au fournisseur son numéro d'identification à la taxe sur la valeur ajoutée.

L'exonération ne s'applique pas lorsque le fournisseur n'a pas déposé l'état récapitulatif mentionné à l'article 289 B ou lorsque l'état récapitulatif qu'il a souscrit ne contient pas les informations mentionnées au II du même article 289 B, à moins que celui-ci ne puisse dûment justifier son manquement à l'administration.

L'exonération ne s'applique pas lorsqu'il est démontré que le fournisseur savait ou ne pouvait ignorer que le destinataire présumé de l'expédition ou du transport n'avait pas d'activité réelle.

L'exonération ne s'applique pas aux livraisons de biens effectuées par des assujettis visés à l'article 293 B et aux livraisons de biens, autres que des produits soumis à accise ou des moyens de transport neufs, expédiés ou transportés à destination des personnes mentionnées aux a, b et c du 2° du I de l'article 256 bis.

L'exonération ne s'applique pas aux livraisons de biens d'occasion, d'œuvres d'art, d'objets de collection ou d'antiquité effectuées par des assujettis revendeurs qui appliquent les dispositions de l'article 297 A ;

Ndlr *Pour les dispositions du présent 1° qui entreront en vigueur le 1er janvier 2025, voir partie Autres textes du présent code loi 2023-1322 du 29 décembre 2023 art. 82, I-2° et III.*

TVA-IV-4400 s. ; TVA-XV-2825 ; MF n°s 49270 s., 60875

1° bis En cas de livraisons successives des mêmes biens expédiés ou transportés sur le territoire d'un autre Etat membre de l'Union européenne directement du premier vendeur au dernier acquéreur dans la chaîne, la livraison mentionnée au 1° du présent article est réputée être celle effectuée à l'opérateur intermédiaire.

Par dérogation, la livraison mentionnée au même 1° est réputée être celle effectuée par l'opérateur intermédiaire lorsqu'il a communiqué à son fournisseur le numéro individuel d'identification à la taxe sur la valeur ajoutée qui lui a été attribué conformément à l'article 286 ter.

Pour l'application du présent 1° bis, est considéré comme un opérateur intermédiaire un assujetti dans la chaîne, autre que le premier vendeur, qui expédie ou transporte les biens soit lui-même, soit par l'intermédiaire d'un tiers agissant pour son compte ;

FR 2/20 inf. 51 p. 117 ; MF n° 49270 précision f

2° Les transferts assimilés aux livraisons mentionnées au III de l'article 256 qui bénéficieraient de l'exonération prévue au 1° ci-dessus si elles avaient été effectuées à destination d'un tiers assujetti ;

TVA-IV-4950 s. ; MF n° 49280

3° Les livraisons de biens effectuées dans les conditions mentionnées au III bis de l'article 256, lors du transfert du pouvoir de disposer des biens comme un propriétaire dans les douze mois suivant l'arrivée des biens dans l'Etat membre vers lequel ils ont été expédiés ou transportés.

FR 2/20 inf. 51 p. 117

II. Sont également exonérées de la taxe sur la valeur ajoutée les acquisitions intracommunautaires de biens :

1° Dont la livraison en France serait exonérée ;

2° Dont l'importation serait exonérée en application du II de l'article 291 ;

3° Pour lesquelles l'acquéreur non établi en France et qui n'y réalise pas des livraisons de biens ou des prestations de services bénéficierait du droit à remboursement total en application du V de l'article 271 de la taxe qui serait due au titre de l'acquisition.

TVA-IV-3600 s. ; MF n° 49190

III. Sont exonérées de la taxe sur la valeur ajoutée les livraisons de biens à destination des assujettis mentionnés au b du 2° du V de l'article 256.

FR 40/21 inf. 2 n°s 58 s. p. 5 ; MF n° 49830, précision b

Art 263 Les prestations de services effectuées par les intermédiaires qui agissent au nom et pour le compte d'autrui, lorsqu'ils interviennent dans des opérations exonérées par l'article 262 ainsi que dans les opérations réalisées hors du territoire des Etats membres de l'Union européenne, sont exonérées de la taxe sur la valeur ajoutée.

Ces dispositions ne s'appliquent pas aux prestations de services uniques mentionnées au III de l'article 257 ter.

TVA-IV-35000 s. ; MF n° 50160

SECTION II

Assiette de la taxe

II. Régime du chiffre d'affaires réel

Art 266 **1.** La base d'imposition est constituée *(Voir Annexe III, art. 76, 1)* :

a. Pour les livraisons de biens, les prestations de services et les acquisitions intracommunautaires, par toutes les sommes, valeurs, biens ou services reçus ou à recevoir par le fournisseur ou le prestataire en contrepartie de ces opérations, de la part de l'acheteur, du preneur ou d'un tiers, y compris les subventions directement liées au prix de ces opérations *(Voir toutefois art. 267 bis)* ;

TVA-IV-1750 s. ; TVA-VI-200 s. ; MF n°s 49165, 52200 s.

a bis. Sans préjudice de l'application du a, la base d'imposition de la livraison de biens ou de la prestation de services effectuée en lien avec un bon à usages multiples est égale à la contrepartie payée en échange du bon ou, en l'absence d'information sur cette contrepartie, à la valeur monétaire indiquée sur le bon à usages multiples ou dans la documentation correspondante, diminuée du montant de la taxe sur la valeur ajoutée afférente aux biens livrés ou aux services fournis ;

FR 2/22 inf. 38 p. 74 ; TVA-II-3025 s. ; MF n° 47475

b. Pour les opérations ci-après, par le montant total de la transaction :

Opérations réalisées par un intermédiaire mentionné au V de l'article 256 et au III de l'article 256 bis ;

Opérations réalisées par les personnes établies en France qui s'entremettent dans la livraison de biens ou l'exécution de services par des redevables qui n'ont pas établi dans l'Union européenne le siège de leur activité, un établissement stable, leur domicile ou leur résidence habituelle ;

TVA-III-12400 s. ; TVA-VI-16000 s. ; MF n°s 50655, 61470 s.

b bis. *(Abrogé)* ;

b ter. Pour les opérations visées au e du 1° de l'article 261 C qui ont fait l'objet de l'option prévue à l'article 260 B, par le montant des profits et autres rémunérations ;

TVA-XV-31380 s. ; MF n° 60425

c. Pour les livraisons à soi-même et les acquisitions intracommunautaires mentionnées au 2° du II de l'article 256 bis :

Lorsqu'elles portent sur des biens, par le prix d'achat de ces biens ou de biens similaires ou, à défaut de prix d'achat, par le prix de revient, déterminés dans le lieu et au moment où la taxe devient exigible ;

Lorsqu'il s'agit de services, par les dépenses engagées pour leur exécution ;

TVA-II-23760 s., 24180 s. ; TVA-IV-1780 ; MF n°s 47405, 47415, 49205

d. Pour les achats, par le prix d'achat majoré, le cas échéant, des impôts à la charge de la marchandise ;

Des décrets peuvent fixer des bases minimales ou forfaitaires d'imposition pour les achats imposables ;

e. Pour la prestation de services unique mentionnée au III de l'article 257 ter, par la différence entre le prix total payé par le client et le prix effectif facturé à l'agence ou à l'organisateur par les entrepreneurs de transports, les hôteliers, les restaurateurs, les entrepreneurs de spectacles et les autres assujettis qui exécutent matériellement les services utilisés par le client ;

TVA-XV-16920 s. ; MF n° 61535

f. Pour les travaux immobiliers, par le montant des marchés, mémoires ou factures ;

TVA-XV-14840 s. ; MF n° 52440

f bis. Pour les prestations effectuées par un fiduciaire, par la rémunération versée par le constituant ou retenue sur les recettes de l'exploitation des droits et biens du patrimoine fiduciaire ;

DC-IX-54150 s.

g. *(Abrogé)* ;

h. *(Abrogé)*.

Des décrets peuvent fixer des bases minimales ou forfaitaires d'impotition pour les achats imposables.

1 bis. Lorsque les éléments servant à déterminer la base d'imposition sont exprimés dans une monnaie autre que l'euro, le taux de change à appliquer est celui du dernier taux publié par la Banque centrale européenne, au jour de l'exigibilité de la taxe prévue au 2 de l'article 269.

TVA-VI-10600 s. ; MF nº 52400

1 ter. a. *(Abrogé)*.

b. *(Disposition devenue sans objet : loi nº 85-1403 du 30 décembre 1985, art. 66)*.

2. En ce qui concerne les opérations mentionnées au I de l'article 257, la taxe sur la valeur ajoutée est assise :

a. Pour les livraisons à soi-même, sur le prix de revient total des immeubles, y compris le coût des terrains ou leur valeur d'apport ;

IMMO-I-7400 s. ; MF nº 59050

b. Pour les mutations à titre onéreux ou les apports en société sur :

Le prix de la cession, le montant de l'indemnité ou la valeur des droits sociaux rémunérant l'apport, augmenté des charges qui s'y ajoutent ;

La valeur vénale réelle des biens, établie dans les conditions prévues à l'article L 17 du livre des procédures fiscales, si cette valeur vénale est supérieure au prix, au montant de l'indemnité ou à la valeur des droits sociaux, augmenté des charges ;

IMMO-I-5300 s. ; MF nº 58860

b bis. *(Abrogé)*.

3. *(Disposition devenue sans objet : loi nº 85-1403 du 30 décembre 1985, art. 66)*.

4. *(Abrogé)*.

5. Lorsque le bail à construction est soumis à la taxe sur la valeur ajoutée, la base d'imposition est constituée par la valeur du droit de reprise des immeubles qui doivent revenir au bailleur abstraction faite, le cas échéant, de l'indemnité de reprise stipulée au profit du preneur et du montant des loyers, lesquels sont imposés par ailleurs dans les conditions du a du 1.

IMMO-V-930 s. ; MF nº 31040

6. En ce qui concerne les livraisons à soi-même de travaux immobiliers mentionnées au 1º du 3 du I de l'article 257, la taxe sur la valeur ajoutée est assise sur le prix de revient total des travaux.

IMMO-I-17750 ; MF nº 59125

7. *(Abrogé)*.

Art 267 I. Sont à comprendre dans la base d'imposition :

1º Les impôts, taxes, droits et prélèvements de toute nature à l'exception de la taxe sur la valeur ajoutée elle-même ;

Ndlr *Par exception, l'octroi de mer et l'octroi de mer régional ne sont pas compris dans la base d'imposition de la TVA (Loi 2004-639 du 2 juillet 2004 art. 45).*

TVA-VI-2920 s. ; MF nºs 52300 s.

2º Les frais accessoires aux livraisons de biens ou prestations de services tels que commissions, intérêts, frais d'emballage, de transport et d'assurance demandés aux clients.

TVA-VI-3520 s. ; MF nºs 52250 s.

II. Ne sont pas à comprendre dans la base d'imposition :

1º Les escomptes de caisse, remises, rabais, ristournes et autres réductions de prix consenties directement aux clients ;

TVA-VI-1000 s. ; MF nºs 52315 s.

2º Les sommes remboursées aux intermédiaires qui effectuent des dépenses au nom et pour le compte de leurs commettants dans la mesure où ces intermédiaires rendent compte à leurs commettants, portent ces dépenses dans leur comptabilité dans des comptes de passage, et justifient auprès de l'administration des impôts de la nature ou du montant exact de ces débours.

TVA-VI-6200 s. ; MF nºs 52335 s.

III. Les sommes perçues lors des livraisons d'emballages consignés peuvent être exclues de la base d'imposition à la condition que la taxe sur la valeur ajoutée afférente à ces sommes ne soit pas facturée. Elles doivent être incorporées dans la base d'imposition lorsque les emballages n'ont pas été rendus au terme des délais en usage dans la profession.

TVA-XV-4270 s., 4390 s. ; MF nº 61025

Art 267 bis En ce qui concerne les ventes à des agriculteurs, pour les besoins de leur consommation familiale, de produits fabriqués par des entreprises de transformation à partir de produits agricoles fournis par ces agriculteurs, la taxe sur la valeur ajoutée n'est due que sur la différence entre la valeur des produits fabriqués et celle des produits correspondants fournis par les agriculteurs auxquels la vente est consentie.

Pour la détermination de cette différence, les valeurs s'entendent tous frais et taxes compris à l'exclusion de la taxe sur la valeur ajoutée et des prélèvements de toute nature assis en addition à cette taxe et suivant les mêmes règles que celle-ci. En outre, des modalités forfaitaires de calcul pourront être fixées par décret en Conseil d'Etat.

TVA-XII-19650 s. ; MF n°s 59980 s.

Art 268 S'agissant de la livraison d'un terrain à bâtir, ou d'une opération mentionnée au 2° du 5 de l'article 261 pour laquelle a été formulée l'option prévue au 5° bis de l'article 260, si l'acquisition par le cédant n'a pas ouvert droit à déduction de la taxe sur la valeur ajoutée, la base d'imposition est constituée par la différence entre :

1° D'une part, le prix exprimé et les charges qui s'y ajoutent ;

2° D'autre part, selon le cas :

a. soit les sommes que le cédant a versées, à quelque titre que ce soit, pour l'acquisition du terrain ou de l'immeuble ;

b. soit la valeur nominale des actions ou parts reçues en contrepartie des apports en nature qu'il a effectués.

Lorsque l'opération est réalisée par un fiduciaire, les sommes mentionnées aux a et b du 2° s'apprécient, le cas échéant, chez le constituant.

IMMO-I-5850 s. ; MF n°s 58870 s.

Art 268 bis **I.** Le présent article est applicable aux offres d'abonnement comprenant plusieurs services, dont au moins l'un des services mentionnés aux 10° à 12° de l'article 259 B, qui sont fournis en contrepartie d'un prix forfaitaire, lorsqu'elles sont constituées de plusieurs opérations imposables à la taxe sur la valeur ajoutée.

II. La base d'imposition d'une opération comprise dans une offre relevant du I est constituée, lorsqu'il existe une offre identique ne comprenant pas tout ou partie des services de cette opération et commercialisée par le fournisseur dans des conditions comparables, par la différence entre :

1° D'une part, le prix forfaitaire mentionné au même I ;

2° D'autre part, le prix de l'offre identique mentionnée au premier alinéa du présent II.

TVA-VI-17000 s. ; MF n° 52392

Art 268 ter **I.** Des décrets en Conseil d'Etat peuvent fixer des modalités particulières de détermination de la base d'imposition pour l'imposition des ventes d'animaux de grande valeur.

II. *(Disposition devenue sans objet : loi n° 85-1403 du 30 décembre 1985, art. 66).*

SECTION III

Fait générateur et exigibilité

Art 269 **1.** Le fait générateur de la taxe se produit :

a. Au moment où la livraison, l'acquisition intracommunautaire du bien ou la prestation de services est effectué ;

IMMO-I-6350 s. ; TVA-IV-1940 s. ; TVA-VII-300 s. ; MF n°s 49170, 52585 s., 58880

a bis. Pour les livraisons autres que celles qui sont visées au c du 3° du II de l'article 256 ainsi que pour les prestations de services qui donnent lieu à l'établissement de décomptes ou à des encaissements successifs, au moment de l'expiration des périodes auxquelles ces décomptes ou encaissements se rapportent ;

TVA-VII-1600 s., 2570 s. ; MF n°s 52620, 52645 s.

a ter. Pour les livraisons de biens, les prestations de services et les acquisitions intracommunautaires réputées effectuées en application du 1° du V de l'article 256 et du III de l'article 256 bis, au moment où l'opération dans laquelle l'assujetti s'entremet est effectuée ;

TVA-VI-16420 s. ; MF n° 61490

a quater. Pour les prestations de services pour lesquelles la taxe est due par le preneur de services en application du 2 de l'article 283, qui ont lieu de manière continue sur une période supérieure à une année et qui ne donnent pas lieu à des décomptes ou à des paiements durant cette période, à l'expiration de chaque année civile, tant qu'il n'est pas mis fin à la prestation de services ;

TVA-III-3150 s. ; MF n° 49885

a quinquies. Pour les livraisons et transferts mentionnés au I de l'article 262 ter effectués de manière continue pendant une période de plus d'un mois civil, à l'expiration de chaque mois civil ;

TVA-IV-4330

a sexies. Pour les livraisons de biens par un assujetti réputé avoir acquis et livré les biens conformément aux a et b du 2° du V de l'article 256 et pour la livraison à cet assujetti, au moment où le paiement a été accepté ;

FR 40/21 inf. 2 n° 67 p. 5 ; MF n° 49835

b. Pour les livraisons à soi-même d'immeubles neufs taxées en application du 2° du 1 du II de l'article 257, au moment où le dépôt à la mairie de la déclaration prévue par la réglementation relative au permis de construire est exigé *(Voir Annexe II, art. 244 et 245)* ;

IMMO-I-7550 s. ; MF n° 59040

c. *(Abrogé)* ;

d. Pour les livraisons à soi-même de travaux immobiliers mentionnées au 1° du 3 du I de l'article 257, au moment de l'achèvement de l'ensemble des travaux.

Toutefois, par dérogation au précédent alinéa, le fait générateur de la taxe intervient au dernier jour de chaque trimestre pour les livraisons à soi-même de travaux d'entretien effectués au cours de ce trimestre ;

IMMO-I-17870 s. ; MF n° 59125

e. *(Abrogé)*.

2. La taxe est exigible :

a. Pour les livraisons mentionnées aux a et a ter du 1, lors de la réalisation du fait générateur. Toutefois, en cas de versement préalable d'un acompte, la taxe devient exigible au moment de son encaissement, à concurrence du montant encaissé ;

Toutefois, pour les livraisons d'électricité, de gaz, de chaleur, de froid ou de biens similaires donnant lieu à des décomptes ou à des encaissements successifs, l'exigibilité peut, sur option du redevable, intervenir au moment du débit ; elle intervient en tout état de cause dès la perception d'acomptes et à concurrence de leur montant, lorsqu'il en est demandé avant l'intervention du fait générateur ou du débit ;

FR 3/23 inf. 5 p. 6 ; TVA-VII-300 s. ; IMMO-I-6350 s. ; MF n°s 52585 s., 58880

a bis. Pour les livraisons d'immeubles à construire, lors de chaque versement des sommes correspondant aux différentes échéances prévues par le contrat en fonction de l'avancement des travaux ;

IMMO-I-6350 s. ; MF n° 58880

b. Pour les opérations mentionnées aux a sexies, b et d du 1, lors de la réalisation du fait générateur ;

b bis. Pour les prestations de services pour lesquelles la taxe est due par le preneur en application du 2 de l'article 283, lors du fait générateur, ou lors de l'encaissement des acomptes ;

c. Pour les prestations de services autres que celles visées au b bis, lors de l'encaissement des acomptes, du prix, de la rémunération ou, sur option du redevable, d'après les débits *(Voir Annexe III, art. 77)*.

TVA-VII-2500 s., 4000 s. ; MF nos 52645 s.

En cas d'escompte d'effet de commerce ou de transmission de créance, l'exigibilité intervient respectivement à la date du paiement de l'effet par le client ou à celle du paiement de la dette transmise entre les mains du bénéficiaire de la transmission.

TVA-VII-3100 s. ; MF n° 52655

Les entrepreneurs de travaux immobiliers peuvent, dans des conditions et pour les travaux qui sont fixés par décret, opter pour le paiement de la taxe sur les livraisons *(Voir Annexe III, art. 78 à 84)*.

TVA-XV-15310 s. ; MF nos 52680 s.

Par dérogation au premier alinéa du présent c, l'option formulée par un assujetti unique constitué en application de l'article 256 C peut être exercée par secteur d'activité ;

FR 47/22 inf. 1 n° 102 p. 20 ; TVA-VII-4105 ; MF n° 46552 précision d

c bis. Pour le bail à construction, lors de sa conclusion s'agissant de la valeur du droit de reprise visée au 5 de l'article 266 et, s'il y a lieu, lors de l'encaissement pour les loyers ;

IMMO-V-940 ; MF n° 31040

d. Pour les acquisitions intracommunautaires et pour les livraisons et les transferts exonérés en application du I de l'article 262 ter, le 15 du mois suivant celui au cours duquel s'est produit le fait générateur.

Toutefois, la taxe devient exigible lors de la délivrance de la facture à condition qu'elle précède la date d'exigibilité prévue au premier alinéa et qu'il ne s'agisse pas d'une facture d'acompte.

TVA-IV-2050 s., 4330 ; MF nos 49170, 49260

SECTION IV

Liquidation de la taxe

I. Dispositions générales

Art 270 **I.** La taxe sur la valeur ajoutée est liquidée au vu des déclarations souscrites par les assujettis dans les conditions prévues à l'article 287.

Elle frappe les sommes imposables et l'ensemble des éléments servant à la liquidation de la taxe arrondis à l'euro le plus proche ; la fraction d'euro égale à 0,50 étant comptée pour 1.

RIE-IV-8300 s. ; MF nos 53700 s.

II. La liquidation de la taxe exigible au titre des livraisons à soi-même d'immeubles neufs taxées en application du 2° du 1 du II de l'article 257 peut être effectuée jusqu'au 31 décembre de la deuxième année qui suit celle au cours de laquelle est intervenu l'achèvement de l'immeuble. Toutefois, la taxe exigible au titre des livraisons à soi-même d'immeubles neufs mentionnées aux A et C du II de l'article 278 sexies est liquidée au plus tard le dernier jour du sixième mois qui suit celui au cours duquel est intervenu l'achèvement de l'immeuble, sans qu'aucune prorogation puisse être accordée par l'autorité administrative. Elle est déclarée sur la déclaration mentionnée à l'article 287 dans les conditions fixées par un décret en Conseil d'Etat.

FR 2/21 inf. 53 nos 20 à 22 p. 89 ; IMMO-I-8600 s. ; MF n° 59070

II. Déductions

Art 271 **I. 1.** La taxe sur la valeur ajoutée qui a grevé les éléments du prix d'une opération imposable est déductible de la taxe sur la valeur ajoutée applicable à cette opération.

TVA-IX-250 s. ; MF nos 55200 s.

2. Le droit à déduction prend naissance lorsque la taxe déductible devient exigible chez le redevable.

Toutefois, les personnes qui effectuent des opérations occasionnelles soumises à la taxe sur la valeur ajoutée n'exercent le droit à déduction qu'au moment de la livraison.

TVA-IX-21550 s. ; MF n° 56320

3. La déduction de la taxe ayant grevé les biens et les services est opérée par imputation sur la taxe due par le redevable au titre du mois pendant lequel le droit à déduction a pris naissance.

TVA-IX-21950 s., 27150 s. ; MF nos 56320, 56600

II. 1. Dans la mesure où les biens et les services sont utilisés pour les besoins de leurs opérations imposables, et à la condition que ces opérations ouvrent droit à déduction, la taxe dont les redevables peuvent opérer la déduction est, selon le cas :

TVA-IX-800 s. ; MF nos 55235 s.

a. Celle qui figure sur les factures établies conformément aux dispositions de l'article 289 et si la taxe pouvait légalement figurer sur lesdites factures ;

TVA-IX-17200 s. ; MF nos 56260 s.

b. Celle qui est acquittée par les redevables eux-mêmes pour les importations ou sorties des régimes suspensifs mentionnés au I de l'article 277 A ;

FR 9/23 inf. 1 nos 85 s. p. 20 ; TVA-IX-20000 s. ; TVA-XIV-900 s. ; MF nos 56280, 61375

c. Celle qui est acquittée par les redevables eux-mêmes lors de l'achat ou de la livraison à soi-même des biens ou des services ;

TVA-IX-20890 ; MF n° 56290

d. Celle qui correspond aux factures d'acquisition intracommunautaire établies conformément à la réglementation communautaire dont le montant figure sur la déclaration de recettes conformément au b du 5 de l'article 287 ;

TVA-IV-2730 s. ; TVA-IX-20860 ; MF n° 49180

e. *(Abrogé).*

2. La déduction peut être opérée :

a. Pour les livraisons de biens et les prestations de services, si les redevables sont en possession des factures ;

b. Pour les autres opérations, si les redevables ont fait figurer sur la déclaration prévue à l'article 287, conformément au 5 du même article 287, toutes les données nécessaires pour constater le montant de la taxe due au titre de ces opérations et s'ils détiennent :

1° Pour les acquisitions intracommunautaires, des factures établies conformément à la réglementation de l'Union européenne ;

2° Pour les importations, soit la déclaration d'importation, soit les documents mentionnant le numéro, la date de cette déclaration et la base imposable constatée conformément au dernier alinéa de l'article 292, au moyen desquels leur rend compte la personne remplissant, pour leur compte, les obligations prévues au 3 de l'article 293 A ;

3° Pour les sorties des régimes suspensifs mentionnés au I de l'article 277 A, les documents attestant de la sortie de ces régimes ainsi que les factures, déclarations d'importation ou autres documents à partir desquels la base d'imposition a été calculée.

Toutefois, dans les cas prévus au b du présent 2, les redevables qui n'ont pas porté sur la déclaration le montant de la taxe due au titre de ces opérations sont autorisés à opérer la déduction lorsque les conditions de fond sont remplies, sans préjudice de l'application de l'amende prévue au 4 de l'article 1788 A.

FR 9/23 inf. 1 nos 85 s. p. 20 ; TVA-IV-2730 s. ; TVA-IX-17100 s., 20000 s. ; MF nos 49180, 56250 s.

3. Lorsque ces factures ou ces documents font l'objet d'une rectification, les redevables doivent apporter les rectifications correspondantes dans leurs déductions et les mentionner sur la déclaration qu'ils souscrivent au titre du mois au cours duquel ils ont eu connaissance de cette rectification.

TVA-IX-19200 s. ; MF nos 56260 s.

III. A cet effet, les assujettis, qui sont autorisés à opérer globalement l'imputation de la taxe sur la valeur ajoutée, sont tenus de procéder à une régularisation :

TVA-IX-250, 27150 s. ; MF nos 55200, 56600

a. Si les marchandises ont disparu ;

TVA-IX-38150 s. ; MF nos 57510 s.

b. Lorsque l'opération n'est pas effectivement soumise à l'impôt.
(Voir également Annexe II, art. 207, VI)

TVA-IX-38600 s. ; MF nos 57530 s.

IV. La taxe déductible dont l'imputation n'a pu être opérée peut faire l'objet d'un remboursement dans les conditions, selon les modalités et dans les limites fixées par décret en Conseil d'Etat *(Voir Annexe II, art. 242-0 A à 242-0 L)*.

TVA-IX-27400 s. ; MF nos 56620 s.

V. Ouvrent droit à déduction dans les mêmes conditions que s'ils étaient soumis à la taxe sur la valeur ajoutée :

a. Les opérations d'assurances et de réassurances et les opérations de courtages d'assurances et de réassurances lorsqu'elles concernent :

1° Des assurés ou réassurés domiciliés ou établis en dehors de l'Union européenne ;
2° Des exportations de biens ;

TVA-V-12200 s. ; MF nos 47460 s.

b. Les services bancaires et financiers exonérés en application des dispositions des a à e du 1° de l'article 261 C lorsqu'ils sont rendus à des personnes domiciliées ou établies en dehors de l'Union européenne ou se rapportent à des exportations de biens ;

TVA-IX-8520 ; MF n° 60450

c. Les opérations exonérées en application des dispositions du 8 de l'article 261, des articles 262, 262-00 bis et 262 bis, des I et III de l'article 262 ter, de l'article 263, des 1° et 2° bis du II et du 2° du III de l'article 291 ;

FR 2/22 inf. 37 p. 71 ; FR 2/23 inf. 39 p. 64 ; TVA-IX-8400 s. ; MF n° 55550

d. Les opérations non imposables en France réalisées par des assujettis dans la mesure où elles ouvriraient droit à déduction si leur lieu d'imposition se situait en France. Un décret en Conseil d'Etat fixe les modalités et les limites du remboursement de la taxe déductible au titre de ces opérations ; ce décret peut instituer des règles différentes suivant que les assujettis sont domiciliés ou établis dans les Etats membres de l'Union européenne ou dans d'autres pays *(Voir Annexe II, art. 242-0 M à 242-0 Z decies)*.

TVA-III-13700 s. ; TVA-IX-8360 s. ; MF nos 50675, 55550

e. Les opérations exonérées en application du 4° du 2 de l'article 261.

FR 2/24 inf. 58 p. 114 ; MF n° 47555

VI. Pour l'application du présent article, une opération légalement effectuée en franchise, conformément à l'article 275, ou en suspension de paiement, conformément au I de l'article 277 A, de la taxe sur la valeur ajoutée est considérée comme en ayant été grevée à concurrence du montant de la somme bénéficiant de la franchise ou dont le paiement a été suspendu.

TVA-IX-8450 s. ; MF n° 55550

TVA-IX-1 s. ; MF nos 55000 s.

Art 272 **1.** La taxe sur la valeur ajoutée qui a été perçue à l'occasion de ventes ou de services est imputée ou remboursée dans les conditions prévues à l'article 271 lorsque ces ventes ou services sont par la suite résiliés ou annulés ou lorsque les créances correspondantes sont devenues définitivement irrécouvrables.

Toutefois, l'imputation ou le remboursement de la taxe peuvent être effectués dès la date de la décision de justice qui prononce la liquidation judiciaire.

L'imputation ou la restitution est subordonnée à la justification, auprès de l'administration, de la rectification préalable de la facture initiale.

TVA-IX-30400 s. ; MF nos 54400 s.

2. La taxe sur la valeur ajoutée facturée dans les conditions définies au 4 de l'article 283 ne peut faire l'objet d'aucune déduction par celui qui a reçu la facture.

TVA-IX-3300 s. ; MF nos 56260 s.

3. La taxe sur la valeur ajoutée afférente à une livraison de biens ou à une prestation de services ne peut faire l'objet d'aucune déduction lorsqu'il est démontré que l'acquéreur savait ou ne pouvait ignorer que, par son acquisition, il participait à une fraude consistant à ne pas reverser la taxe due à raison de cette livraison ou de cette prestation *(Voir également art. 283, 4 bis)*.

TVA-IX-2850 s. ; MF n° 55270

Art 273 **1.** Des décrets en Conseil d'Etat déterminent les conditions d'application de l'article 271 *(Voir Annexe II, art. 205 à 209).*

Ils fixent notamment :

La date à laquelle peuvent être opérées les déductions *(Voir Annexe II, art. 208, I)* ;

Les régularisations auxquelles elles doivent donner lieu *(Voir Annexe II, art. 207)* ;

Les modalités suivant lesquelles la déduction de la taxe ayant grevé les biens ou services qui ne sont pas utilisés exclusivement pour la réalisation d'opérations imposables doit être limitée ou réduite *(Voir Annexe II, art. 206, II et V).*

2. Ces décrets peuvent édicter des exclusions ou des restrictions et définir des règles particulières, soit pour certains biens ou certains services, soit pour certaines catégories d'entreprises *(Voir Annexe II, art. 206, IV).*

Ils peuvent apporter des atténuations aux conséquences des principes définis à l'article 271, notamment lorsque le redevable aura justifié de la destruction des marchandises *(Voir Annexe II, art. 207, III et VI).*

3. Ils fixent également les conséquences des déductions sur la comptabilisation et l'amortissement des biens *(Voir Annexe II, art. 15 et 209).*

TVA-IX-250 s.

Art 273 septies A La taxe sur la valeur ajoutée afférente aux achats, importations, acquisitions intracommunautaires, livraisons et services effectués à compter du 1er janvier 1993 cesse d'être exclue du droit à déduction en ce qui concerne les véhicules ou engins affectés de façon exclusive à l'enseignement de la conduite.

(Voir également Annexe II, art. 206, IV-2-6°-d)

TVA-II-9400 ; MF n° 55935

Art 273 septies B Les assujettis peuvent déduire la taxe sur la valeur ajoutée afférente à l'électricité consommée par les véhicules terrestres exclus du droit à déduction, lorsque ces véhicules sont utilisés pour les besoins d'opérations ouvrant droit à déduction et qu'ils fonctionnent exclusivement au moyen de l'énergie électrique. Il en va de même lorsque les véhicules de cette nature sont pris en location et que la taxe relative à cette location n'est pas déductible.

TVA-IX-12560 ; MF n° 55945

Art 273 septies C Par dérogation au premier alinéa du 2 de l'article 273, la taxe sur la valeur ajoutée afférente aux livraisons, aux importations, aux acquisitions intracommunautaires et aux prestations de services ne fait l'objet d'aucune exclusion ou restriction du droit à déduction en ce qui concerne les véhicules suivants :

1° Les véhicules tout terrain affectés exclusivement à l'exploitation des remontées mécaniques et des domaines skiables, selon des conditions fixées par décret ;

2° Les véhicules aménagés pour le transport des équidés.

FR 2/24 inf. 57 n° 6 p. 113 ; TVA-IX-13140 s. ; MF n° 55942

Art 273 septies D Une régularisation de la taxe initialement déduite et grevant un bien n'est pas opérée pour les invendus alimentaires et non alimentaires neufs qui ont été donnés aux associations reconnues d'utilité publique présentant un intérêt général de caractère humanitaire, éducatif, social ou charitable dans des conditions fixées par décret.

Ndlr *Voir Annexe III, art. 84 B.*

BF 10/20 inf. 667 ; TVA-II-23400 s. ; MF n° 89555, c

III. Régime suspensif

Art 275 **I.** Les assujettis sont autorisés à recevoir ou à importer en franchise de la taxe sur la valeur ajoutée les biens qu'ils destinent à une livraison à l'exportation, à une livraison exonérée en vertu du I de l'article 262 ter, à une livraison dont le lieu est situé sur le territoire d'un autre Etat membre de l'Union européenne en application du 1° du I de l'article 258 A ou à une livraison située hors de France en application du III de l'article 258 ainsi que les services portant sur ces biens, dans la limite du montant des livraisons de cette nature qui ont été réalisées au cours de l'année précédente et qui portent sur des biens passibles de cette taxe.

Pour bénéficier des dispositions qui précèdent, les intéressés doivent, selon le cas, adresser à leurs fournisseurs, remettre au service des douanes ou conserver une attestation, visée par le service des impôts dont ils relèvent, certifiant que les biens sont destinés à faire l'objet, en l'état ou après transformation, d'une livraison mentionnée au premier alinéa ou que les prestations de services sont afférentes à ces biens. Cette attestation doit comporter l'engagement d'acquitter la taxe sur la valeur ajoutée au cas où les biens et les services ne recevraient pas la destination qui a motivé la franchise.

II. Les dispositions du I s'appliquent aux organismes sans but lucratif dont la gestion est désintéressée qui exportent des biens à l'étranger dans le cadre de leur activité humanitaire, charitable ou éducative.

III. Les assujettis revendeurs qui, en application des dispositions du présent article, reçoivent ou importent en franchise des biens d'occasion, des œuvres d'art, des objets de collection ou d'antiquité ne peuvent pas appliquer, lors de la livraison de ces biens, les dispositions de l'article 297 A.

TVA-XV-3420 s. ; MF nº 60835

TVA-IV-37000 s. ; MF nºs 50550 s.

Art 276 Toute personne ou société qui entend se prévaloir d'une disposition légale ou réglementaire pour recevoir des produits en franchise de la taxe sur la valeur ajoutée, peut être tenue de présenter, au préalable, une caution solvable qui s'engage, solidairement avec elle, à payer les droits et pénalités qui pourraient être mis à sa charge.

Les modalités d'application du présent article sont fixées par arrêté du secrétaire d'Etat à l'économie et aux finances *(Voir Annexe IV, art. 49 à 50 bis)*.

TVA-IV-39150 s. ; TVA-XV-7200 ; MF nºs 50580, 61250

Art 277 A I. Sont effectuées en suspension du paiement de la taxe sur la valeur ajoutée les opérations ci-après :

1º Les livraisons de biens destinés à être placés sous l'un des régimes suivants prévus par les règlements communautaires en vigueur : conduite en douane, magasins et aires de dépôt temporaire, entrepôts d'importation ou d'exportation, perfectionnement actif ;

2º Les livraisons de biens destinés à être placés sous l'un des régimes suivants :

a. Le régime fiscal suspensif ;

b. et c. *(Abrogés)* ;

d. L'entrepôt de stockage de biens négociés sur un marché à terme international et dont la liste est fixée par arrêté du ministre chargé du budget *(Voir Annexe IV, art. 29 A)* ;

e. L'entrepôt destiné à la fabrication de biens réalisée en commun par des entreprises, dont une au moins n'a pas d'établissement en France, en exécution d'un contrat international fondé sur le partage de cette fabrication et la propriété indivise des biens produits entre les entreprises contractantes.

L'autorisation d'ouverture d'un régime mentionné au présent 2º est délivrée par le ministre chargé du budget. Cette autorisation détermine les principales caractéristiques de l'entrepôt ou du régime fiscal suspensif demandé. Des arrêtés du ministre pourront instituer des procédures simplifiées et déléguer le pouvoir de décision à des agents de l'administration des impôts ou des douanes *(Voir Annexe IV, art. 29 B)* ;

3º Les importations de biens destinés à être placés sous un des régimes mentionnés au 2º ;

4º Les acquisitions intracommunautaires de biens destinés à être placés sous l'un des régimes mentionnés aux 1º et 2º ;

5º Les prestations de services afférentes aux opérations mentionnées aux 1º, 2º, 3º et 4º ;

6º Les livraisons de biens et les prestations de services effectuées sous les régimes énumérés aux 1º et 2º, avec maintien, selon le cas, d'une des situations mentionnées auxdits 1º et 2º ;

7º a. Les livraisons de biens placés sous le régime de l'admission temporaire en exonération totale des droits à l'importation, du transit externe ou du transit communautaire interne, avec maintien du même régime ;

b. Les importations de biens mentionnées au 3 de l'article 294 et les importations de biens en provenance d'une partie du territoire douanier de l'Union européenne exclue de son territoire fiscal qui rempliraient les conditions pour bénéficier du régime d'admission temporaire en exonération totale s'il s'agissait de biens en provenance de pays tiers, ainsi que les livraisons de ces biens, avec maintien du même régime ou situation ;

c. Les prestations de services afférentes aux livraisons mentionnées aux a et b.

II. 1. La sortie du bien de l'un des régimes mentionnés au I donne lieu à l'exigibilité de la taxe sur la valeur ajoutée afférente aux opérations pour lesquelles elle a été suspendue.

Les conditions dans lesquelles la taxe ainsi devenue exigible est déclarée et dans lesquelles sa déduction est justifiée sont celles qui sont prévues pour les sorties des régimes suspensifs, sans préjudice, lorsque cette sortie constitue également une importation au sens du b du 2 du I de l'article 291, des obligations relatives à la taxe due pour cette importation.

Le retrait de l'autorisation mentionnée au 2º du I met également fin à la suspension du paiement de la taxe sur la valeur ajoutée. La déduction de cette taxe est effectuée et justifiée dans les mêmes conditions que pour celle due à la sortie du régime mentionnée au premier alinéa.

2. a. Lorsque le bien n'a fait l'objet d'aucune livraison pendant son placement sous le régime, la taxe doit être acquittée, selon le cas, par l'une des personnes mentionnées ci-après :

1º Pour les livraisons visées aux 1º et 2º du I, le destinataire ;

2º Pour l'importation visée au 3º du I, la personne désignée au 2 de l'article 293 A ;

3º Pour l'acquisition intracommunautaire visée au 4º du I, la personne désignée au 2 bis de l'article 283 ;

4º Pour les prestations de services visées au 5º et 6º du I, le preneur.

b. Lorsque le bien a fait l'objet d'une ou plusieurs livraisons mentionnées aux 6° et 7° du I pendant son placement sous le régime, la taxe doit être acquittée par le destinataire de la dernière de ces livraisons.

c. Dans les cas visés aux a et b, la personne qui a obtenu l'autorisation du régime est solidairement tenue au paiement de la taxe.

3. La taxe due est, selon le cas :

1° Lorsque le bien n'a fait l'objet d'aucune livraison pendant son placement sous le régime, la taxe afférente à l'opération mentionnée aux 1°, 2°, 3° ou 4° du I, et, le cas échéant, la taxe afférente aux prestations de services mentionnées aux 5° et 6° du I ;

2° Lorsque le bien a fait l'objet d'une ou plusieurs livraisons mentionnées aux 6° et 7° du I pendant son placement sous le régime, la taxe afférente à la dernière de ces livraisons, augmentée, le cas échéant, de la taxe afférente aux prestations de services mentionnées aux 5°, 6° et 7° du I, effectuées soit après cette dernière livraison soit avant cette dernière livraison si le preneur est la personne mentionnée au b du 2 ;

3° Lorsque le bien ne représente qu'une partie des biens placés sous le régime, la taxe afférente, selon le cas, aux opérations visées aux 1° et 2°, pour leur quote-part se rapportant audit bien ;

4° La taxe due conformément aux 1° à 3° est assortie de l'intérêt de retard mentionné au III de l'article 1727 lorsque les biens placés sous un régime fiscal suspensif, mentionné au a du 2° du I, en vue de leur expédition ou de leur exportation hors de France, sont reversés sur le marché national.

L'intérêt de retard est calculé à compter du premier jour du mois suivant celui au cours duquel la taxe devenue exigible a été suspendue conformément au I, jusqu'au dernier jour du mois précédant celui au cours duquel les biens sont sortis du régime fiscal suspensif.

4. Donnent lieu à une dispense de paiement :

1° Lorsque le bien fait l'objet, directement après la sortie du régime, d'une exportation ou d'une livraison exonérée en application de l'article 262 ou du I de l'article 262 ter, la taxe devenue exigible conformément au 1 du présent II ;

2° Lorsque la sortie du régime constitue une importation, au sens du b du 2 du I de l'article 291, et que le bien n'a fait l'objet d'aucune livraison pour laquelle la taxe a été suspendue conformément aux 1°, 2° et 6° ainsi qu'au a du 7° du I du présent article, la taxe afférente aux prestations de services comprises dans la base d'imposition de l'importation conformément à l'article 292.

III. La personne qui a obtenu l'autorisation d'ouverture d'un régime mentionné au 2° du I doit, au lieu de situation des biens :

1° Tenir un registre des stocks et des mouvements de biens, et un registre devant notamment faire apparaître, pour chaque bien, la nature et le montant des opérations réalisées, les nom et adresse des fournisseurs et des clients. Les prestations de services mentionnées au I doivent faire l'objet d'une indication particulière sur ce dernier registre.

Les assujettis peuvent regrouper les informations contenues dans les registres mentionnés ci-dessus dans une comptabilité matières identifiant les biens placés sous les régimes visés, ainsi que la date d'entrée et de sortie desdits régimes.

Un arrêté du ministre chargé du budget fixe les conditions de tenue des registres et de la comptabilité matières ; *(Voir Annexe IV, art. 29 C à 29 G) ;*

2° Etre en possession du double des factures et des différentes pièces justificatives relatives aux opérations mentionnées au I.

IV. La base d'imposition de la taxe due est constatée par l'administration chargée de la gestion du régime, y compris en cas de régularisation et pour les opérations exonérées ou dispensées du paiement de la taxe.

V. Le redevable désigné au 2 du II communique à l'administration chargée de la gestion du régime, outre les informations nécessaires pour constater la base imposable :

1° Sa dénomination sociale et l'identifiant prévu à l'article 286 ter en cours de validité ;

2° Les autres informations qui sont nécessaires pour liquider la taxe ou en contrôler l'application.

Il indique, le cas échéant, s'il s'agit d'une opération exonérée ou dispensée du paiement de la taxe.

Un arrêté du ministre chargé du budget définit les informations prévues au 2°.
(Voir Annexe III, art. 85 à 85 L)

FR 2/23 inf. 46 p. 72 ; FR 9/23 inf. 1 p. 3 ; TVA-IV-25000 s. ; MF n°s 50740 s.

SECTION V

Calcul de la taxe

I. Taux

Art 278-0 Lorsqu'une opération comprend des éléments autres qu'accessoires relevant de taux différents, le taux applicable à cette opération est le taux le plus élevé parmi les taux applicables à ces différents éléments.

FR 2/21 inf. 46 p. 74 ; MF n° 46480

Art 278-0 B **I.** Les acquisitions intracommunautaires et importations de biens, autres que les œuvres d'art, relèvent du taux prévu pour les livraisons portant sur les mêmes biens.

FR 2/21 inf. 46 n°s 22 à 26 p. 177 ; MF n°s 52932, 53060

Ndlr *Pour les dispositions du présent I applicables à compter du 1er janvier 2025, voir partie Autres textes du présent code loi 2023-1322 du 29 décembre 2023 art. 83, I-5° et II.*

II. La prestation de travail à façon relève du taux prévu pour les livraisons portant sur le bien obtenu au moyen de ce travail à façon lorsque cette prestation porte sur des biens d'origine agricole, de la pêche, de la pisciculture ou de l'aviculture qui sont normalement destinés :

1° à être utilisés dans la production agricole ;

2° à être utilisés dans la préparation de denrées alimentaires ;

3° à être consommés en l'état par l'homme.

FR 2/21 inf. 46 n°s 22 à 26 p. 177 ; FR 2/23 inf. 34 n°s 14 s. p. 57 ; MF n° 52932

III. Les livraisons à soi-même de travaux réalisées en application du 2° du 1 du II de l'article 257 relèvent des taux prévus aux articles 278-0 bis A ou 279-0 bis lorsqu'elles portent sur des travaux répondant aux conditions fixées respectivement aux 1 et 2 de l'article 278-0 bis A et au 1 de l'article 279-0 bis.

FR 2/23 inf. 37 p. 103 ; MF n°s 53048, 53270 s.

A. Taux normal

Art 278 Le taux normal de la taxe sur la valeur ajoutée est fixé à 20 %.

TVA-VIII-750 s. ; MF n° 52900

B. Taux réduits

Art 278-0 bis La taxe sur la valeur ajoutée est perçue au taux réduit de 5,5 % en ce qui concerne :

A. Les livraisons portant sur :

1° Les denrées alimentaires destinées à la consommation humaine, les produits normalement destinés à être utilisés dans la préparation de ces denrées et les produits normalement utilisés pour compléter ou remplacer ces denrées, à l'exception des produits suivants auxquels s'applique le taux prévu à l'article 278 :

FR 34/22 inf. 3 p. 7 ; TVA-VIII-1240 s. ; MF n°s 52945 s.

a. Les produits de confiserie ;

TVA-VIII-2005 ; MF n° 52970

b. Les chocolats et tous les produits composés contenant du chocolat ou du cacao. Toutefois le chocolat, le chocolat de ménage au lait, les bonbons de chocolat, les fèves de cacao et le beurre de cacao sont admis au taux réduit de 5,5 % *(Voir décret 76-692 du 13 juillet 1976, JO du 25, titre Ier de l'annexe)* ;

TVA-VIII-2020 ; MF n° 52975

c. Les margarines et graisses végétales ;

TVA-VIII-2030 s. ; MF n° 52965

d. Le caviar ;

TVA-VIII-2055 s. ; MF n° 52980

e. Les boissons alcooliques ;

1°-00 bis Les denrées alimentaires destinées à la consommation des animaux producteurs de denrées alimentaires elles-mêmes destinées à la consommation humaine, les produits normalement destinés à être utilisés dans la préparation de ces denrées et les produits normalement utilisés pour compléter ou remplacer ces denrées ;

FR 2/23 inf. 34 p. 55 ; MF n°s 52982 s.

1°-0 bis Les produits d'origine agricole, de la pêche, de la pisciculture ou de l'aviculture lorsqu'ils sont d'un type normalement destiné à être utilisé dans la production agricole ;

Ndlr *A noter que les dispositions des présents 1°-00 bis et 1°-0 bis, qui figuraient aux « 1° bis A et 1° bis B » de l'article 278-0 bis du CGI dans sa rédaction issue de la loi précitée, ont été recodifiées par le décret 2023-422 du 31 mai 2023.*

FR 2/23 inf. 34 p. 55 ; MF n° 52986

1° bis Les produits de protection hygiénique féminine ;

TVA-VIII-2200 s. ; MF n° 53010

1° ter Les préservatifs masculins et féminins ;

FR 2/24 inf. 60 p. 115 ; MF n° 53080

2° Les appareillages, équipements et matériels suivants :

a. Les appareillages pour handicapés mentionnés aux chapitres Ier et III à VII du titre II et au titre IV de la liste des produits et des prestations remboursables prévue à l'article L 165-1 du code de la sécurité sociale ;

b. Les appareillages pour handicapés mentionnés au titre III de la liste précitée ou pris en charge au titre des prestations d'hospitalisation définies aux articles L 162-22 et L 162-22-7 du même code et dont la liste est fixée par arrêté conjoint des ministres chargés de la santé et du budget *(Voir Annexe IV, art. 30-0 A)* ;

c. Les équipements spéciaux, dénommés aides techniques et autres appareillages, dont la liste est fixée par arrêté du ministre chargé du budget et qui sont conçus exclusivement pour les personnes handicapées en vue de la compensation d'incapacités graves *(Voir Annexe IV, art. 30-0 B)* ;

d. Les autopiqueurs, les appareils pour lecture automatique chiffrée de la glycémie, les seringues pour insuline, les stylos injecteurs d'insuline et les bandelettes et comprimés pour l'autocontrôle du diabète ;

e. Les appareillages de recueil pour incontinents et stomisés digestifs ou urinaires, les appareillages d'irrigation pour colostomisés, les sondes d'urétérostomie cutanée pour stomisés urinaires, les solutions d'irrigation vésicale et les sondes vésicales pour incontinents urinaires ;

f. Les ascenseurs et matériels assimilés, spécialement conçus pour les personnes handicapées et dont les caractéristiques sont fixées par arrêté du ministre chargé de l'économie et des finances *(Voir Annexe IV, art. 30-0 C)* ;

g. Les appareillages, matériels et équipements pour personnes en situation de handicap bénéficiant du forfait de prise en charge prévu à l'article L 165-1-1 du code de la sécurité sociale pour les produits innovants ou bénéficiant de la prise en charge transitoire prévue à l'article L 165-1-5 du même code ;

FR 2/22 inf. 41 p. 78 ; MF n° 53007

Pour les appareillages, équipements et matériels mentionnés aux c et f du présent 2°, la taxe sur la valeur ajoutée au taux réduit de 5,5 % s'applique également aux opérations définies à l'article 1709 du code civil ;

TVA-VIII-2400 s. ; MF n°s 52990 s.

3° Les livres, y compris leur location. Le présent 3° s'applique aux livres sur tout type de support physique et à ceux qui sont fournis par téléchargement, y compris les livres audio ;

TVA-VIII-3800 s. ; MF n°s 53040 s.

B. Les abonnements relatifs aux livraisons d'électricité d'une puissance maximale inférieure ou égale à 36 kilovoltampères, d'énergie calorifique et de gaz naturel combustible, distribués par réseaux, ainsi que la fourniture de chaleur lorsqu'elle est produite au moins à 50 % à partir de la biomasse, de la géothermie, de l'énergie solaire thermique, des déchets et d'énergie de récupération.

La puissance maximale prise en compte correspond à la totalité des puissances maximales souscrites par un même abonné sur un même site ;

TVA-VIII-5200 s. ; MF n° 53035

C. La fourniture de logement et de nourriture dans les maisons de retraite, les établissements accueillant des personnes handicapées, les logements-foyers mentionnés à l'article L 633-1 du code de la construction et de l'habitation et les établissements mentionnés au b du 5° et aux 8° et 10° du I de l'article L 312-1 du code de l'action sociale et des familles. Ce taux s'applique également aux prestations d'hébergement et d'accompagnement social rendues dans les résidences hôtelières à vocation sociale mentionnées à l'article L 631-11 du code de la construction et de l'habitation s'engageant à réserver plus de 80 % des logements de la résidence à des personnes désignées par le représentant de l'Etat dans le département ou à des personnes mentionnées au II de l'article L 301-1 du même code, au premier alinéa de l'article L 345-2 du code de l'action sociale et des familles ou à l'article L 552-1code de l'entrée et du séjour des étrangers et du droit d'asile ainsi qu'aux prestation exclusivement liées, d'une part, à l'état de dépendance des personnes âgées et, d'autre part, aux besoins d'aide des personnes handicapées, hébergées dans ces établissements et qui sont dans l'incapacité d'accomplir les gestes essentiels de la vie quotidienne ;

TVA-XV-33900 s. ; MF n° 90650

D. Les prestations de services exclusivement liées aux gestes essentiels de la vie quotidienne des personnes handicapées et des personnes âgées dépendantes qui sont dans l'incapacité de les accomplir, fournies par des associations, des entreprises ou des organismes déclarés en application de l'article L 7232-1-1 du code du travail, dont la liste est fixée par décret *(NDLR Voir Annexe III, art. 86, I)*, à titre exclusif ou à titre non exclusif pour celles qui bénéficient d'une dérogation à la condition d'activité exclusive selon l'article L 7232-1-2 du même code ;

TVA-VIII-5700 s. ; MF n° 53015

E. La fourniture de repas par des prestataires dans les établissements publics ou privés d'enseignement du premier et du second degré ;

TVA-VIII-6200 s. ; MF n° 53025

F. 1° Les spectacles suivants : théâtres, théâtres de chansonniers, cirques, concerts ;

spectacles de variétés à l'exception de ceux qui sont donnés dans les établissements où il est d'usage de consommer pendant les séances. Cette exception n'est pas applicable aux établissements affiliés au Centre national de la musique ;

2° Le prix du billet d'entrée donnant accès à des interprétations originales d'œuvres musicales nécessitant la présence physique d'au moins un artiste du spectacle percevant une rémunération dans des établissements où il est servi facultativement des consommations pendant le spectacle et dont l'exploitant est titulaire de la licence de la catégorie mentionnée au 1° de l'article D 7122-1 du code du travail ;

3° Les droits d'entrée des spectateurs aux compétitions de jeux vidéo définies à l'article L 321-8 du code de la sécurité intérieure ;

Ndlr *Le présent 3° est applicable aux prestations de services dont le fait générateur intervient à compter du 1er janvier 2024 (Loi 2023-1322 du 29 décembre 2023 art. 87, II).*

FR 2/24 inf. 56 p. 111 ; TVA-XV-9715 s. ; MF n° 61770

G. Les droits d'entrée dans les salles de spectacles cinématographiques, quels que soient le procédé de fixation ou de transmission et la nature du support des œuvres ou documents audiovisuels qui sont présentés ;

TVA-XV-8945 s. ; MF n° 61770

H. Les cessions de droits patrimoniaux portant sur des œuvres cinématographiques représentées au cours des séances de spectacles cinématographiques mentionnées à l'article L 214-1 du code du cinéma et de l'image animée ou dans le cadre de festivals de cinéma ;

TVA-XV-8200 ; MF n° 61770

I. 1° Les importations d'œuvres d'art, d'objets de collection ou d'antiquité, ainsi que sur les acquisitions intracommunautaires, effectuées par un assujetti ou une personne morale non assujettie, d'œuvres d'art, d'objets de collection ou d'antiquité qu'ils ont importés sur le territoire d'un autre Etat membre de l'Union européenne ;

2° Les acquisitions intracommunautaires d'œuvres d'art qui ont fait l'objet d'une livraison dans un autre Etat membre par d'autres assujettis que des assujettis revendeurs ;

3° Les livraisons d'œuvres d'art effectuées par leur auteur ou ses ayants droit ;

TVA-XV-1290 s.

Ndlr *Pour les dispositions du présent I applicables à compter du 1er janvier 2025, voir partie Autres textes du présent code loi 2023-1322 du 29 décembre 2023 art. 83, I-6° et II.*

TVA-XV-1120 s. ; MF nos 60595 s.

J. Les droits d'entrée perçus par les organisateurs de réunions sportives ;

TVA-XV-9780 ; MF n° 61770

K. Les autotests de détection de l'infection par les virus de l'immunodéficience humaine ;

TVA-VIII-6600 s. ; MF n° 53080

K bis Les masques et les tenues de protection adaptés à la lutte contre la propagation du virus covid-19 dont la liste et les caractéristiques techniques sont fixées par arrêté conjoint des ministres chargés de la santé et du budget ;

Ndlr ***1.*** *Le présent K bis s'applique aux livraisons et acquisitions intracommunautaires dont le fait générateur intervient depuis le 24 mars 2020. Il est abrogé le 1er janvier 2025 (Loi 2020-473 du 25 avril 2020 art. 5 modifié en dernier lieu par loi 2023-1322 du 29 décembre 2023 art. 83, III).*

2. *Voir Annexe IV, art. 30-0 E et 30-0 G.*

FR 2/24 inf. 59 p. 114 ; MF n° 53012

K ter Les produits destinés à l'hygiène corporelle et adaptés à la lutte contre la propagation du virus covid-19 dont les caractéristiques sont fixées par arrêté conjoint des ministres chargés du budget et de l'environnement ;

Ndlr ***1.*** *Le présent K ter s'applique aux livraisons et acquisitions intracommunautaires dont le fait générateur intervient depuis le 1er mars 2020. Il est abrogé le 1er janvier 2025 (Loi 2020-473 du 25 avril 2020 art. 6 modifié en dernier lieu par loi 2023-1322 du 29 décembre 2023 art. 83, III).*

2. *Voir Annexe IV, art. 30-0 F.*

FR 2/24 inf. 59 p. 114 ; MF n° 53012

L. Les droits d'entrée pour la visite d'un parc zoologique répondant aux conditions fixées par arrêté des ministres compétents.

TVA-XV-11950 s. ; MF n° 61770

M. Les prestations de collecte séparée, de collecte en déchetterie, de tri et de valorisation matière des déchets des ménages et des autres déchets que les collectivités mentionnées à l'article L 2224-13 du code général des collectivités territoriales peuvent, eu égard à leurs caractéristiques et aux quantités produites, collecter et traiter sans sujétions techniques particulières, ainsi que les prestations de services qui concourent au bon déroulement de ces opérations ;

BF 7/21 inf. 639 ; TVA-VIII-17700 s. ; MF nos 53030 s.

N. Les prestations de pose, d'installation et d'entretien d'infrastructures de recharge pour véhicules électriques qui répondent aux conditions suivantes :

1° Les infrastructures de recharge sont installées dans des locaux à usage d'habitation et sont destinées aux résidents ;

2° La configuration des infrastructures de recharge répond aux exigences techniques fixées par arrêté conjoint des ministres chargés du budget et de l'énergie *(NDLR Voir Annexe IV, art. 30-0 H, 2)* ;

3° Les prestations sont réalisées par une personne répondant à des critères de qualification définis par l'arrêté mentionné au 2° du présent N *(NDLR Voir Annexe IV, art. 30-0 H, 3)*.

Ndlr *Le présent N s'applique aux prestations remplissant les conditions ci-dessus dont le fait générateur intervient à compter du 6 juillet 2023, à l'exception des acomptes versés avant cette date (Loi 2022-1726 du 30 décembre 2022 art. 65, I-B et VII-A et arrêté ECOE2311568A du 22 juin 2023, JO du 5 juillet).*

FR 33/23 inf. 4 p. 12 ; MF n° 53046

O. L'enseignement et la pratique de l'équitation, les animations et les activités de démonstration aux fins de découverte de l'environnement équestre et de familiarisation avec celui-ci ainsi que l'accès aux installations sportives destinées à l'utilisation des équidés.

FR 2/24 inf. 57 n°s 2 à 5 p. 112 ; MF n° 60010

Art 278-0 bis A I. Relèvent du taux réduit mentionné au premier alinéa de l'article 278-0 bis les prestations de rénovation énergétique qui répondent aux conditions suivantes :

1° Elles sont effectuées dans des locaux achevés depuis au moins deux ans ;

2° Les locaux mentionnés au 1° du présent I sont affectés ou destinés à être affectés, à l'issue des travaux, à un usage d'habitation ;

3° Ces prestations portent sur la pose, l'installation, l'adaptation ou l'entretien de matériaux, d'équipements, d'appareils ou de systèmes ayant pour objet d'économiser l'énergie ou de recourir à de l'énergie produite à partir de sources renouvelables par l'amélioration :

a. De l'isolation thermique ;

b. Du chauffage et de la ventilation ;

c. De la production d'eau chaude sanitaire.

II. Un arrêté conjoint des ministres chargés du budget, du logement et de l'énergie précise la nature et le contenu des prestations mentionnées au 3° du I ainsi que les caractéristiques et les niveaux de performance des matériaux, équipements, appareils et systèmes concernés mentionnés au même 3°.

Ndlr *Jusqu'à l'entrée en vigueur de l'arrêté prévu au présent II, et au plus tard jusqu'au 1er octobre 2024, les prestations éligibles au taux réduit prévu au présent article sont la pose, l'installation et l'entretien des matériaux et équipements mentionnés au 1 de l'article 200 quater du même code, dans sa rédaction antérieure à la loi n° 2017-1837 du 30 décembre 2017 de finances pour 2018, sous réserve des conditions suivantes :*

1° Ces matériaux et équipements respectent les caractéristiques techniques et critères de performances minimales fixés à l'article 18 bis de l'annexe IV au CGI, dans sa rédaction en vigueur le 1er janvier 2021 ou, le cas échéant, dans sa dernière rédaction qui mentionne le matériel ou équipement en cause ;

2° Ces prestations ne relèvent pas du N de l'article 278-0 bis du CGI.

(Loi 2022-1726 du 30 décembre 2022 art. 65, V modifié par loi 2023-1322 du 29 décembre 2023 art. 71, VIII).

III. Par dérogation au I du présent article, le taux prévu à l'article 278 s'applique aux prestations, réalisées sur une période de deux ans au plus :

1° Qui concourent à la production d'un immeuble neuf au sens du 2° du 2 du I de l'article 257 ;

2° A l'issue desquelles la surface de plancher des locaux existants est augmentée de plus de 10 %.

IV. Pour l'application du I du présent article, le preneur de la prestation atteste par écrit que les conditions prévues au même I sont remplies.

Cette attestation est établie en double exemplaire, dont l'un est remis au redevable, qui le conserve à l'appui de sa comptabilité.

Le preneur conserve l'autre exemplaire ainsi que les factures ou notes relatives aux prestations, jusqu'au 31 décembre de la cinquième année qui suit l'émission des factures.

Le preneur est solidairement tenu au paiement du complément de taxe si les mentions portées sur l'attestation s'avèrent inexactes de son fait.

FR 2/23 inf. 36 n°s 11 s. p. 59 ; TVA-VIII-6800 s. ; MF n° 53048

Art 278 bis La taxe sur la valeur ajoutée est perçue au taux réduit de 10 % en ce qui concerne les livraisons portant sur les produits suivants :

1° *(Abrogé)* ;

2° *(Abrogé)* ;

3° *(Abrogé)* ;

3° bis Produits suivants :

a. Bois de chauffage ;

b. Produits de la sylviculture agglomérés destinés au chauffage ;

c. Déchets de bois destinés au chauffage ;

TVA-VIII-9300 s. ; MF n° 53110

d. Produits de l'horticulture et de la floriculture d'ornement n'ayant subi aucune transformation ;

FR 34/22 inf. 3 n°s 56 à 58 p. 19 ; TVA-VIII-9120 s. ; MF n° 53095

4° *(Abrogé)* ;

5° Produits suivants :

a. *(Abrogé)* ;

a bis. *(Abrogé)* ;

a ter. *(Abrogé)* ;

b. Engrais et amendements calcaires mentionnés à l'annexe I au règlement (CE) n° 889/2008 de la Commission du 5 septembre 2008 portant modalités d'application du règlement (CE) n° 834/2007 du Conseil relatif à la production biologique et à l'étiquetage des produits biologiques en ce qui concerne la production biologique, l'étiquetage et les contrôles ;

c. Matières fertilisantes ou supports de culture d'origine organique agricole autorisés à la vente dans les conditions prévues à l'article L 255-2 du code rural et de la pêche maritime ;

d. *(Abrogé)* ;

e. Produits phytopharmaceutiques mentionnés à l'annexe II au règlement (CE) n° 889/2008 de la Commission, du 5 septembre 2008, portant modalités d'application du règlement (CE) n° 834/2007 du Conseil relatif à la production biologique et à l'étiquetage des produits biologiques en ce qui concerne la production biologique, l'étiquetage et les contrôles ;

FR 2/22 inf. 40 p. 75 ; FR 2/23 inf. 34 p. 55 ; TVA-VIII-10500 s. ; MF n° 53135

6° *(Abrogé)*.

Art 278 quater La taxe sur la valeur ajoutée est perçue au taux de 10 % en ce qui concerne les livraisons portant sur les préparations magistrales, produits officinaux et médicaments ou produits pharmaceutiques destinés à l'usage de la médecine humaine et faisant l'objet de l'autorisation de mise sur le marché prévue à l'article L 5121-8 du code de la santé publique, qui ne sont pas visés à l'article 281 octies.

TVA-VIII-11400 s. ; MF n°s 53065 s.

Art 278 sexies I. Pour l'application du présent article :

1° Un logement locatif social s'entend d'un logement auquel s'applique l'aide personnalisée au logement conformément aux 3° ou 5° de l'article L 831-1 du code de la construction et de l'habitation ;

2° Le prêt réglementé s'entend du prêt octroyé pour financer la construction, l'acquisition ou l'amélioration d'un logement locatif social et conditionnant l'application de l'aide personnalisée au logement conformément aux mêmes 3° ou 5° de l'article L 831-1 du même code ;

3° Le prêt locatif aidé d'intégration s'entend du prêt réglementé octroyé pour financer un logement locatif social adapté aux besoins des ménages qui rencontrent des difficultés d'insertion particulières dont la construction, l'acquisition ou l'amélioration est éligible aux aides de l'Etat conditionnant l'application de l'aide personnalisée au logement conformément auxdits 3° ou 5° de l'article L 831-1 dudit code ;

4° Le prêt locatif à usage social s'entend du prêt réglementé, autre que le prêt locatif aidé d'intégration, octroyé pour financer un logement locatif social dont la construction, l'acquisition ou l'amélioration est éligible aux aides de l'Etat conditionnant l'application de l'aide personnalisée au logement conformément aux mêmes 3° ou 5° de l'article L 831-1 du même code ;

5° Le prêt locatif social s'entend du prêt réglementé octroyé à compter du 8 mars 2001 pour financer un logement locatif social dont la construction, l'acquisition ou l'amélioration n'est pas éligible aux aides de l'Etat conditionnant l'application de l'aide personnalisée au logement conformément aux mêmes 3° ou 5° de l'article L 831-1 du même code ;

6° L'acquisition-amélioration s'entend de la succession des opérations suivantes portant sur des locaux affectés ou non à l'habitation :

a. La livraison financée par un prêt réglementé ou la mise à disposition dans le cadre d'un bail emphytéotique consenti par l'Etat, une collectivité territoriale ou un groupement de collectivités territoriales ;

b. La réalisation de travaux d'amélioration, de transformation ou d'aménagement financés par un prêt réglementé ;

7° Le contrat d'accession à la propriété s'entend, dans le cadre d'une opération d'accession à la propriété à usage de résidence principale, du contrat unique de vente ou de construction de logements destinés à des personnes physiques dont les ressources, à la date de signature de l'avant-contrat ou du contrat préliminaire ou, à défaut, à la date du contrat de vente ou du contrat ayant pour objet la construction du logement, ne dépassent pas les plafonds majorés prévus à la première phrase du dixième alinéa de l'article L 411-2 du même code ;

8° Les quartiers prioritaires de la politique de la ville s'entendent de ceux définis à l'article 5 de la loi n° 2014-173 du 21 février 2014 de programmation pour la ville et la cohésion urbaine ;

9° Les conventions de rénovation urbaine s'entendent des conventions pluriannuelles prévues au deuxième alinéa de l'article 10 de la loi n° 2003-710 du 1er août 2003 d'orientation et de programmation pour la ville et la rénovation urbaine ;

10° Les conventions de renouvellement urbain s'entendent des conventions pluriannuelles prévues au premier alinéa du I de l'article 10-3 de la loi n° 2003-710 du 1er août 2003 précitée et, le cas échéant, de leurs protocoles de préfiguration ;

11° Les organismes d'habitations à loyer modéré s'entendent de ceux mentionnés à l'article L 411-2 du code de la construction et de l'habitation ;

12° L'association foncière logement s'entend de celle mentionnée à l'article L 313-34 du même code.

II. Dans le secteur du logement locatif social, relèvent des taux réduits de la taxe sur la valeur ajoutée mentionnés à l'article 278 sexies-0 A du présent code :

A. Les livraisons et livraisons à soi-même des logements neufs suivants :

1° Les logements locatifs sociaux financés par un prêt locatif aidé d'intégration ;

2° Les logements locatifs sociaux financés par un prêt locatif à usage social lorsqu'ils sont situés :

a. Dans un quartier prioritaire de politique de la ville, y compris partiellement, lorsque ces logements font l'objet d'une convention de renouvellement urbain ;

b. En dehors de ces quartiers et :

soit font l'objet d'une convention de renouvellement urbain ;

soit sont intégrés dans un ensemble immobilier pour lequel la proportion de logements relevant d'une telle convention, parmi l'ensemble des logements locatifs sociaux financés par un prêt locatif aidé d'intégration ou à usage social, est au moins égale à 50 % ;

3° Les logements locatifs sociaux autres que ceux mentionnés aux 1° et 2°.

Le présent A s'applique lorsque le destinataire de l'opération est bénéficiaire des aides ou prêts ouvrant droit à l'aide personnalisée au logement pour le logement livré. Le 3° du présent A s'applique également lorsque le destinataire est l'association foncière logement lorsque celle-ci a conclu, pour le logement livré, la convention prévue au 4° de l'article L 831-1 du code de la construction et de l'habitation ;

B. Les opérations suivantes :

1° Les cessions de droits immobiliers démembrés de logements locatifs sociaux lorsque l'usufruitier bénéficie du prêt réglementé et a conclu la convention conditionnant l'application de l'aide personnalisée au logement ;

2° Les livraisons de locaux dans le cadre de l'acquisition-amélioration qui sont financées :

a. Par un prêt locatif aidé d'intégration ou un prêt locatif à usage social ;

b. Ou par un prêt locatif social, lorsque les travaux consistent en une transformation en logements locatifs sociaux de locaux à usage autre que d'habitation.

Le présent 2° s'applique également, dans les mêmes conditions, aux livraisons de logements dans le cadre de l'article L 262-1 du code de la construction et de l'habitation ;

FR 2/22 inf. 44 p. 80

2° bis Les livraisons à soi-même de logements sociaux dans les cas où les travaux réalisés dans ce cadre ont rendu l'immeuble à l'état neuf au sens du 2° du 2 du I de l'article 257 du présent code ;

FR 2/22 inf. 44 p. 80

C. Les livraisons et livraisons à soi-même de logements à usage locatif autres que sociaux destinés à être occupés par des ménages dont le total des ressources n'excède pas celui prévu au 1° du I de l'article 279-0 bis A lorsque le destinataire est :

1° Pour les logements situés dans un quartier faisant l'objet d'une convention de rénovation urbaine ou d'une convention de renouvellement urbain, ou entièrement situés à moins de 300 mètres de la limite de ces quartiers, l'association foncière logement ou des sociétés civiles immobilières dont cette association détient la majorité des parts ;

2° Pour les logements situés sur des terrains octroyés au titre des contreparties mentionnées au onzième alinéa de l'article L 313-3 du code de la construction et de l'habitation, un organisme réalisant, en substitution de l'association foncière logement, des opérations immobilières qui relèvent d'une convention de rénovation urbaine.

III. Dans le secteur de l'accession sociale à la propriété, relèvent des taux réduits de la taxe sur la valeur ajoutée mentionnés à l'article 278 sexies-0 A :

1° Les livraisons et livraisons à soi-même des logements destinés à être occupés par des titulaires de contrats de location-accession conclus dans les conditions prévues par la loi n° 84-595 du 12 juillet 1984 définissant la location-accession à la propriété immobilière lorsqu'ils font l'objet, dans des conditions fixées par décret, d'une convention et d'une décision d'agrément prise par le représentant de l'Etat dans le département ;

2° Les livraisons et livraisons à soi-même des logements et travaux faisant l'objet d'un contrat d'accession à la propriété pour lequel le prix de vente ou de construction n'excède pas le plafond prévu pour les logements mentionnés au 1° du présent III lorsque, à la date du dépôt de la demande de permis de construire, ces logements et travaux :

a. Soit sont situés dans un quartier faisant l'objet d'une convention de rénovation urbaine ou dans un quartier prioritaire de la politique de la ville faisant l'objet d'un contrat de ville prévu à l'article 6 de la loi n° 2014-173 du 21 février 2014 précitée, ou sont entièrement situés à moins de 300 mètres de la limite de ces quartiers ;

b. Soit, dans les situations autres que celles mentionnées au a, sont intégrés à un ensemble immobilier partiellement situé à moins de 300 mètres et entièrement situé à moins de 500 mètres de la limite d'un quartier prioritaire de la politique de la ville faisant l'objet d'un contrat de ville prévu à l'article 6 de la loi n° 2014-173 du 21 février 2014 précitée et d'une convention de renouvellement urbain ;

FR 2/24 inf. 54 n°s 12 à 17 p. 109

3° Les apports des immeubles sociaux neufs aux sociétés civiles immobilières d'accession progressive à la propriété effectués dans les conditions prévues aux articles L 443-6-2 à L 443-6-13 du code de la construction et de l'habitation ;

4° Les opérations suivantes réalisées dans le cadre d'un bail réel solidaire dans les conditions prévues au chapitre V du titre V du livre II du même code :

a. Les livraisons à un organisme de foncier solidaire et les livraisons à soi-même effectuées par ce dernier, d'immeubles destinés, le cas échéant après travaux, à faire l'objet d'un bail réel solidaire ;

b. Les cessions de droits réels immobiliers objets du bail ;

c. *(Abrogé).*

IV. Dans le secteur social et médico-social, relèvent des taux réduits de la taxe sur la valeur ajoutée mentionnés à l'article 278 sexies-0 A les livraisons et livraisons à soi-même de locaux directement destinés ou mis à la disposition des structures suivantes :

1° Les structures d'hébergement temporaire ou d'urgence suivantes :

a. Les centres d'hébergement et de réinsertion sociale relevant du 8° du I de l'article L 312-1 du code de l'action sociale et des familles ;

b. Les structures dénommées « lits halte soins santé », les structures dénommées « lits d'accueil médicalisés » et les appartements de coordination thérapeutique mentionnés au 9° du même I ;

c. Les centres d'hébergement d'urgence déclarés conformément à l'article L 322-1 du même code, lorsqu'ils sont destinés aux personnes sans domicile ;

2° Les établissements suivants, lorsqu'ils agissent sans but lucratif, que leur gestion est désintéressée et qu'ils assurent un accueil temporaire ou permanent :

aa. Les établissements mentionnés au 1° du I de l'article L 312-1 du code de l'action sociale et des familles qui hébergent des mineurs et des majeurs de moins de vingt et un ans relevant des articles L 221-1, L 222-3 et L 222-5 du même code ;

a. Les établissements mentionnés au 2° du I de l'article L 312-1 du code de l'action sociale et des familles qui hébergent des mineurs ou de jeunes adultes handicapés, pour la seule partie des locaux dédiée à l'hébergement ;

b. Les établissements mentionnés au 6° du même I qui hébergent des personnes âgées et qui remplissent les critères d'éligibilité d'un prêt réglementé ;

c. Les établissements mentionnés au 7° dudit I qui hébergent des personnes handicapées ;

d. Les établissements mentionnés à l'article L 633-1 du code de la construction et de l'habitation qui hébergent des jeunes travailleurs et auxquels s'applique l'aide personnalisée au logement conformément au 5° de l'article L 831-1 du même code.

Le présent IV s'applique aux seules opérations faisant l'objet d'une convention entre le propriétaire ou le gestionnaire des locaux et l'Etat formalisant l'engagement d'héberger les publics concernés dans les conditions prévues au présent article et, selon le cas, par le code de l'action sociale et des familles ou le code de la construction et de l'habitation.

V. Relèvent des taux réduits de la taxe sur la valeur ajoutée mentionnés à l'article 278 sexies-0 A les livraisons de terrains à bâtir destinés à la construction de locaux faisant l'objet d'une opération taxable au taux réduit conformément au présent article, autres que celles mentionnées au a du 4° du III, lorsque l'acquéreur atteste de cette destination dans l'acte de vente.

FR 2/21 inf. 53 n°s 11 à 19 p. 89 ;
IMMO-I-12000 s. ;
MF n°s 58895, 59060, 59120 s.

Art 278 sexies-0 A Les taux réduits prévus à l'article 278 sexies sont égaux à :

Secteurs ou locaux concernés	Subdivision de l'article 278 sexies	Taux
Logements locatifs sociaux financés par un prêt locatif aidé d'intégration	1° du A du II	5,5 %

Secteurs ou locaux concernés	Subdivision de l'article 278 sexies	Taux
Logements locatifs sociaux financés par un prêt locatif à usage social et relevant de la politique de renouvellement urbain	2° du A du II	5,5 %
Autres logements locatifs sociaux	3° du A du II	10 %
Locaux faisant l'objet d'une acquisition-amélioration, d'une opération assimilée sous certaines conditions de financement ou d'une opération assimilée au sens du 2° bis du B du II du présent article	2° du B du II	5,5 %
Logements assimilés à des logements locatifs sociaux	C du II	10 %
Accession sociale à la propriété	III	5,5 %
Secteur social et médico-social	IV	5,5 %
Terrains à bâtir destinés à des locaux faisant l'objet d'une opération taxable au taux réduit	V	10 %

Pour les opérations mentionnées au 1° du B du II de l'article 278 sexies, le taux applicable est celui prévu par le tableau du deuxième alinéa du présent article pour la livraison mentionnée au A du II de l'article 278 sexies portant sur la même catégorie de logements.

Par dérogation aux trois premiers alinéas du présent article, le taux applicable aux livraisons des logements, terrains et locaux mentionnés aux II à IV de l'article 278 sexies postérieures à la première livraison ou livraison à soi-même de ces mêmes logements, terrains et locaux est celui applicable à cette première livraison ou livraison à soi-même.

FR 2/22 inf. 44 p. 80 ; IMMO-I-12150 s. ; MF nos 58895, 59060, 59120 s.

Art 278 sexies A **I.** Relèvent des taux réduits mentionnés au II les livraisons à soi-même des travaux suivants :

1° Les travaux d'extension des locaux ou rendant l'immeuble à l'état neuf au sens du 2° du 2 du I de l'article 257, portant sur :

a. Les logements locatifs sociaux faisant l'objet d'une convention conditionnant l'application de l'aide personnalisée au logement ;

b. Les locaux du secteur social et médico-social mentionnés au IV de l'article 278 sexies, lorsque ces travaux sont pris en compte par la convention prévue au dernier alinéa du même IV ;

2° Les travaux dans le cadre de l'acquisition-amélioration qui sont financés :

a. Par un prêt locatif aidé d'intégration ou un prêt locatif à usage social ;

b. Ou par un prêt locatif social, lorsque ces travaux consistent en une transformation en logements locatifs sociaux de locaux à usage autre que d'habitation ;

FR 2/22 inf. 44 p. 80

3° Les travaux d'amélioration, de transformation, d'aménagement ou d'entretien, autres que l'entretien des espaces verts, les travaux de nettoyage et les travaux mentionnés au 2° du présent I, portant sur :

a. Les logements locatifs sociaux faisant l'objet d'une convention conditionnant l'application de l'aide personnalisée au logement, situés dans un quartier prioritaire de la politique de la ville faisant l'objet d'une convention de renouvellement urbain et dont la construction n'a pas été financée par un prêt locatif social ;

b. Les autres logements locatifs sociaux faisant l'objet d'une convention conditionnant l'application de l'aide personnalisée au logement ;

c. Les locaux dont la livraison est éligible au taux réduit conformément au 1° du III et au IV de l'article 278 sexies ;

4° Les travaux de démolition des logements mentionnés au a du 3° du présent I, dans le cadre d'une reconstitution de l'offre des logements locatifs sociaux prévue par la convention de renouvellement urbain ;

5° Les travaux suivants réalisés en vue de la conclusion d'un bail réel solidaire dans les conditions prévues au chapitre V du titre V du livre II du code de la construction et de l'habitation :

a. Ceux acquis par un organisme de foncier solidaire et portant sur un immeuble destiné à faire l'objet d'un bail réel solidaire ;

b. Ceux acquis par le détenteur des droits réels immobiliers avant qu'ils n'aient été cédés à l'occupant ou que les logements n'aient été mis en location et portant sur un immeuble faisant l'objet d'un bail réel solidaire.

6° Les travaux immobiliers qui remplissent les conditions cumulatives suivantes :

a. Ils portent sur des logements qui, à la date de dépôt de l'agrément mentionné au d du présent 6°, sont achevés depuis au moins quarante ans et qui, pendant cette période de quarante ans, remplissent l'une des conditions suivantes :

- être un logement locatif social au sens du 1° du I de l'article 278 sexies ;
- appartenir à ou être géré par un organisme d'habitations à loyer modéré, sous réserve d'avoir été soit construit, soit amélioré, soit acquis et amélioré avec le concours financier de l'Etat ;

b. Ces travaux conduisent à transformer des logements peu performants, très peu performants ou extrêmement peu performants en logements extrêmement performants ou très performants. En métropole, ces niveaux de performance s'entendent au sens de l'article L 173-1-1 du code de la construction et de l'habitation. En Guadeloupe, en Martinique et à La Réunion, ces niveaux s'entendent de critères de performance énergétique et environnementale déterminés par décret ;

c. Les logements résultant de ces travaux respectent les critères de la sécurité d'usage, de qualité sanitaire et à d'accessibilité des bâtiments prévus respectivement au chapitre IV du titre III, au titre V et au titre VI du livre Ier du même code. Un décret détermine les situations et les conditions dans lesquelles le respect de tout ou partie de ces critères n'est pas une condition d'éligibilité au taux réduit en raison d'une incompatibilité avec les contraintes architecturales ou patrimoniales pesant sur le bâtiment ou lorsque les travaux nécessaires font courir un risque à l'intégrité du bâti ;

d. Les logements et les travaux font l'objet d'une décision d'agrément délivrée par le représentant de l'Etat.

Le présent I ne s'applique pas aux travaux pour lesquels l'article 278-0 bis A prévoit un taux réduit inférieur à celui mentionné au II.

II. Les taux réduits prévus au I sont égaux à :

Travaux concernés	Subdivision du présent article	Taux
Travaux dans le cadre d'une opération d'acquisition-amélioration sous certaines conditions de financement	2° du I	5,5 %
Autres travaux portant sur des logements locatifs sociaux situés dans les quartiers relevant de la politique de renouvellement urbain	a du 3° du I	5,5 %
Travaux portant sur les autres logements locatifs sociaux	b du 3° du I	10 %
Travaux portant sur les logements faisant l'objet d'un contrat de location-accession ou sur les locaux relevant du secteur social et médico-social	c du 3° du I	10 %
Travaux de démolition portant sur des logements locatifs sociaux situés dans les quartiers relevant de la politique de renouvellement urbain	4° du I	5,5 %
Travaux réalisés dans le cadre d'un bail réel solidaire	5° du I	5,5 %
Travaux lourds d'amélioration de la qualité énergétique des logements locatifs sociaux d'au moins quarante ans	6° du I	5,5 %

Pour les travaux mentionnés au 1° du I, le taux applicable est celui prévu pour la livraison du local sur lequel ils portent, conformément à l'article 278 sexies-0 A. A cette fin, un logement dont la construction n'a été financée ni par un prêt locatif aidé d'intégration, ni par un prêt locatif à usage social, ni par un prêt locatif social est assimilé à un logement dont la construction a été financée par un prêt locatif à usage social.

FR 2/24 inf. 104 n° 2 p. 177 ;
FR 2/21 inf. 53 n°s 11 à 16 p. 89 ;
IMMO-I-12150 s. ; IMMO-I-17400 s. ;
MF n°s 59120 s.

Art 278 sexies B **I.** Pour l'application du présent article :

1° Sont retenues les définitions prévues au I de l'article 278 sexies ;

2° Les anciens quartiers prioritaires s'entendent des quartiers qui répondent aux conditions cumulatives suivantes :

a. Ils ne sont pas des quartiers prioritaires de la politique de la ville mais répondaient à cette définition le 31 décembre 2023 ;

b. Ils font l'objet d'une convention de renouvellement urbain conclue au plus tard le 31 décembre 2023.

II. A. Sont assimilés à des logements et des travaux situés dans un quartier prioritaire de la politique de la ville ou à proximité d'un tel quartier les logements et les travaux suivants situés dans un ancien quartier prioritaire ou à proximité d'un tel quartier :

1° Pour l'application du a du 2° du A du II de l'article 278 sexies, les logements locatifs sociaux qui ont fait l'objet d'une demande d'aide de l'Etat ou de prêt réglementé au plus tard le 31 décembre 2026 à laquelle l'administration a donné une réponse favorable ;

2° Pour l'application des a et b du 2° du III du même article 278 sexies, les logements et les travaux faisant l'objet d'un contrat d'accession à la propriété pour lesquels la demande de permis de construire est déposée au plus tard le 31 décembre 2026.

B. Pour l'application du a du 3° et du 4° du I de l'article 278 sexies A, sont assimilés à des travaux portant sur des logements situés dans un quartier prioritaire de la politique de la ville les travaux portant sur des logements situés dans un ancien quartier prioritaire qui sont engagés avant le 1er janvier 2027.

III. Pour l'application du 2° du III de l'article 278 sexies aux logements et aux travaux pour lesquels la demande de permis de construire est déposée en 2024 et qui sont situés dans ou à proximité d'un quartier prioritaire de la politique de la ville, la condition tenant à la conclusion d'un contrat de ville est appréciée au 31 décembre 2024.

FR 2/24 inf. 54 nos 12 à 17 p. 109

Art 278 septies La taxe sur la valeur ajoutée est perçue au taux de 10 % :

1° *(Abrogé)* ;

2° *(Abrogé)* ;

3° Sur les livraisons d'œuvres d'art effectuées à titre occasionnel par les personnes qui les ont utilisées pour les besoins de leurs exploitations et chez qui elles ont ouvert droit à déduction de la taxe sur la valeur ajoutée ;

TVA-XV-1210 s. ; MF n° 60605

4° *(Abrogé)*.

Ndlr *Les dispositions du présent article sont abrogées à compter du 1er janvier 2025 (Voir partie Autres textes du présent code loi 2023-1322 du 29 décembre 2023 art. 83, I-8°-b et II).*

Art 279 La taxe sur la valeur ajoutée est perçue au taux réduit de 10 % en ce qui concerne :

a. Les prestations relatives :

A la fourniture d'un hébergement dans le cadre du secteur hôtelier ou de secteurs ayant une fonction similaire et répondant aux conditions fixées au b du 4° de l'article 261 D ;

A la location de logements meublés répondant aux conditions fixées au b bis du même 4° ;

A la fourniture de logements dans les terrains de campings classés et à la location d'emplacement sur les terrains de campings classés ;

A la location d'aires d'accueil ou de terrains de passage des gens du voyage ;

FR 2/24 inf. 48 p. 93 ;
FR 2/21 inf. 46 nos 27 à 30 p. 78 ;
TVA-VIII-12900 s. ; TVA-XV-33495 s., 33650 s. ;
MF n° 90640

a bis. Les recettes provenant de la fourniture des repas dans les cantines d'entreprises et répondant aux conditions qui sont fixées par décret, à l'exclusion de celles relatives aux boissons alcooliques qui relèvent du taux prévu à l'article 278 *(Voir Annexe III, art. 85 bis)* ;

TVA-VIII-14600 s. ; TVA-III-24790 ;
MF nos 53195, 92380

a ter. *(Abrogé)* ;

a quater. *(Abrogé)* ;

a quinquies. Les prestations de soins dispensées par les établissements thermaux autorisés dans les conditions fixées par l'article L 162-21 du code de la sécurité sociale ;

TVA-II-16450 s. ; MF n° 47180

b. 1° Les remboursements et les rémunérations versés par les communes ou leurs groupements aux exploitants des services de distribution d'eau et d'assainissement ;

2° Les taxes, surtaxes et redevances perçues sur les usagers des réseaux d'assainissement ;

TVA-VIII-16350 s. ; MF n° 53215

b bis. Les loteries foraines mentionnées à l'article L 322-5 du code de la sécurité intérieure ;

TVA-XV-12065 s. ; MF n° 61775

b bis a. *(Abrogé)* ;

b ter. *(Abrogé)* ;

b quater. Les transports de voyageurs ;

TVA-VIII-15550 s. ; MF n° 53165

b quinquies. *(Abrogé)* ;

b sexies. *(Abrogé)* ;

b septies. S'ils sont réalisés jusqu'au 31 décembre 2025, les travaux sylvicoles et d'exploitation forestière réalisés au profit d'exploitants agricoles, y compris les travaux d'entretien des sentiers forestiers, ainsi que les travaux de prévention des incendies de forêt menés par des associations syndicales autorisées ayant pour objet la réalisation de ces travaux ;

TVA-XII-7220 s. ; MF n° 53250

b octies. Les abonnements souscrits par les clients afin de recevoir les services de télévision mentionnés à l'article 2 de la loi n° 86-1067 du 30 septembre 1986 relative à la liberté de communication ;

TVA-XV-12905 s. ; MF n° 61825

b nonies. Les droits d'admission aux expositions, sites et installations à caractère culturel, ludique, éducatif ou professionnel.

Le présent b nonies ne s'applique pas aux opérations relevant de l'article 278-0 bis ou aux sommes payées pour utiliser des installations ou des équipements sportifs, assister à des spectacles, faire fonctionner des appareils automatiques ou participer à des jeux d'argent et de hasard ;

TVA-XV-12090 s. ; MF n°s 61765, 61775

b decies. *(Abrogé)* ;

c., d., e. *(Abrogés)* ;

f. *(Abrogé)* ;

g. Les cessions des droits patrimoniaux reconnus par la loi aux auteurs des œuvres de l'esprit et aux artistes-interprètes ainsi que de tous droits portant sur les œuvres cinématographiques et sur les livres.

Cette disposition n'est pas applicable aux cessions de droits portant sur des œuvres d'architecture et des logiciels ainsi qu'aux cessions de droits patrimoniaux portant sur des œuvres cinématographiques représentées au cours des séances de spectacles cinématographiques mentionnées à l'article L 214-1 du code du cinéma et de l'image animée ou dans le cadre de festivals de cinéma ;

TVA-XV-18930 s. ; MF nos 47540, 53045 a, 61690 c, 61770 précision c

h. Lorsqu'elles ne relèvent pas du taux réduit prévu au M de l'article 278-0 bis, les prestations de collecte et de traitement des déchets des ménages et des autres déchets que les collectivités mentionnées à l'article L 2224-13 du code général des collectivités territoriales peuvent, eu égard à leurs caractéristiques et aux quantités produites, collecter et traiter sans sujétions techniques particulières, ainsi que les prestations de services qui concourent au bon déroulement de ces opérations ;

BF 7/21 inf. 639 ; TVA-VIII-17700 s. ; MF n° 53235

i. Les prestations de services fournies à titre exclusif, ou à titre non exclusif pour celles qui bénéficient d'une dérogation à la condition d'activité exclusive selon l'article L 7232-1-2 du code du travail, par des associations, des entreprises ou des organismes déclarés en application de l'article L 7232-1-1 du même code, et dont la liste est fixée par décret *(NDLR Voir Annexe III, art. 86, II)* ;

TVA-VIII-18000 s. ; MF n° 53260

j. Les rémunérations versées par les collectivités territoriales et leurs groupements pour la mise en œuvre d'un contrat d'objectifs et de moyens correspondant à l'édition d'un service de télévision locale ;

TVA-XV-13190 ; MF n° 61825

k. Les remboursements et les rémunérations versés par les communes ou leurs groupements aux exploitants assurant les prestations de balayage des caniveaux et voies publiques lorsqu'elles se rattachent au service public de voirie communale ;

TVA-VIII-16900 s. ; MF n° 53225

l. Les remboursements et les rémunérations versés par les départements, les communes ou leurs groupements aux exploitants assurant les prestations de déneigement des voies publiques lorsqu'elles se rattachent à un service public de voirie communale ou départementale ;

TVA-VIII-17130 s. ; MF n° 53225

m. Les ventes à consommer sur place, à l'exclusion de celles relatives aux boissons alcooliques qui relèvent du taux prévu à l'article 278 ;

TVA-VIII-13100 s. ; MF n° 53195

n. Les ventes à emporter ou à livrer de produits alimentaires préparés en vue d'une consommation immédiate, à l'exclusion de celles relatives aux boissons alcooliques qui relèvent du taux prévu à l'article 278.

TVA-VIII-14100 s. ; MF nos 53205 s.

Art 279-0 bis **1.** La taxe sur la valeur ajoutée est perçue au taux réduit de 10 % sur les travaux d'amélioration, de transformation, d'aménagement et d'entretien autres que ceux mentionnés à l'article 278-0 bis A portant sur des locaux à usage d'habitation, achevés depuis plus de deux ans, à l'exception de la part correspondant à la fourniture d'équipements ménagers ou mobiliers ou à l'acquisition de gros équipements fournis dans le cadre de travaux d'installation ou de remplacement du système de chauffage, des ascenseurs, de l'installation sanitaire ou de système de climatisation dont la liste est fixée par arrêté du ministre chargé du budget *(Voir Annexe IV, art. 30-00 A)*.

2. Par dérogation au 1, le taux prévu à l'article 278 s'applique aux travaux, réalisés sur une période de deux ans au plus :

a. Qui concourent à la production d'un immeuble neuf au sens du 2° du 2 du I de l'article 257 ;

b. A l'issue desquels la surface de plancher des locaux existants est augmentée de plus de dix pour cent.

2 bis. Par dérogation au 1, le taux prévu à l'article 278 s'applique aux travaux de nettoyage ainsi qu'aux travaux d'aménagement et d'entretien des espaces verts.

3. Le taux réduit prévu au 1 est applicable aux travaux facturés au propriétaire ou, le cas échéant, au syndicat de copropriétaires, au locataire, à l'occupant des locaux ou à leur représentant à condition que le preneur atteste que ces travaux se rapportent à des locaux d'habitation achevés depuis plus de deux ans et ne répondent pas aux conditions mentionnées au 2. Il est également applicable dans les mêmes conditions aux travaux réalisés par l'intermédiaire d'une société d'économie mixte intervenant comme tiers financeur. Le prestataire est tenu de conserver cette attestation à l'appui de sa comptabilité.

Le preneur doit conserver copie de cette attestation, ainsi que les factures ou notes émises par les entreprises ayant réalisé des travaux jusqu'au 31 décembre de la cinquième année suivant la réalisation de ces travaux.

Le preneur est solidairement tenu au paiement du complément de taxe si les mentions portées sur l'attestation s'avèrent inexactes de son fait.

TVA-VIII-19200 s. ; MF n°s 53270 s.

Art 279-0 bis A I. Relèvent du taux réduit de 10 % les livraisons de logements répondant aux conditions suivantes :

1° Les logements sont destinés par le preneur à la location à usage de résidence principale en exonération de taxe sur la valeur ajoutée et les conditions cumulatives suivantes sont remplies :

a. Les locataires sont des personnes physiques dont les ressources, appréciées à la date de conclusion du bail, n'excèdent pas les plafonds mentionnés au premier alinéa du III de l'article 199 novovicies ;

b. La location est proposée aux conditions économiques suivantes :

sauf lorsqu'ils relèvent de l'hypothèse prévue au dernier alinéa du présent b, le loyer mensuel n'excède pas, en cas de location nue, les plafonds mentionnés au III de l'article 199 novovicies ou, en cas de location meublée, des plafonds déterminés par décret en fonction de la localisation du logement et de son type ;

lorsqu'ils font partie d'une résidence-services mentionnée à l'article L 631-13 du code de la construction et de l'habitation, la part de la quittance relative au loyer et la part de la quittance relative aux services non individualisables n'excèdent pas des plafonds fixés par décret. Les plafonds de la part de la quittance relative au loyer sont déterminés en fonction de la localisation et du type des logements. Les plafonds se rapportant à la part de la quittance relative aux services non individualisables sont déterminés en fonction de ces mêmes paramètres et de la nature de ces services ;

2° Le destinataire de la livraison ou, en cas de démembrement, l'usufruitier est une personne morale ;

3° Les logements sont situés, à la date du dépôt de la demande de permis de construire :

a. Sur le territoire de communes classées par l'arrêté mentionné au IV de l'article 199 novovicies du présent code ;

b. Sur le territoire de communes de réindustrialisation où sont réalisés des projets d'intérêt national majeur, au sens du I de l'article L 300-6-2 du code de l'urbanisme ;

c. Dans le périmètre d'une grande opération d'urbanisme, au sens de l'article L 312-3 du même code, comportant la transformation d'une zone d'activité économique, au sens de l'article L 318-8-1 dudit code, d'une opération programmée d'amélioration de l'habitat prévue à l'article L 303-1 du code de la construction et de l'habitation ou d'une opération de requalification de copropriétés dégradées prévue à l'article L 741-1 du même code ;

d. Sur le territoire des communes qui ont conclu un contrat de projet partenarial d'aménagement mentionné à l'article L 312-1 du code de l'urbanisme ou une convention d'opération de revitalisation de territoire prévue à l'article L 303-2 du code de la construction et de l'habitation ;

Ndlr *Le respect de la condition prévue au présent 3° est apprécié au 31 décembre 2024 pour les logements qui remplissent les conditions suivantes :*

1° Une demande de permis de construire a été déposée au plus tard le 3 octobre 2023 ;

2° L'ouverture du chantier est intervenue avant le 31 décembre 2024.

4° Les logements répondent aux conditions de localisation mentionnées au A du II du présent article ou sont intégrés au sein d'ensembles immobiliers répondant à la condition de mixité prévue au B du même II. Le présent 4° n'est pas applicable aux logements faisant partie d'une résidence-services mentionnée à l'article L 631-13 du code de la construction et de l'habitation ;

5° Les logements résultent :

a. D'une construction nouvelle ou d'une transformation de locaux affectés à un usage autre que l'habitation par des travaux mentionnés au 2° du 2 du I de l'article 257 du présent code ;

b. D'une opération d'acquisition-amélioration, au sens du 6° du I de l'article 278 sexies, dans des bâtiments ou des parties de bâtiment à usage résidentiel qui conduit à une amélioration de la performance énergétique dans des conditions déterminées par arrêté conjoint des ministres chargés du budget, de l'énergie et du logement.

I bis. Relèvent également du taux mentionné au I du présent article les travaux d'amélioration relevant de l'acquisition-amélioration réalisés par l'acquéreur sur les immeubles mentionnés au b du 5° du même I.

II. A. En application du 4° du I du présent article, les terrains des logements à construire sont situés, à la date du dépôt de la demande de permis de construire, sur le territoire d'une commune comptant déjà plus de 25 % de logements locatifs sociaux, au sens de l'article L 302-5 du code de la construction et de l'habitation, ou dans un quartier prioritaire de la politique de la ville, au sens du 8° du I de l'article 278 sexies du présent code.

Ndlr *Le taux de 25 % s'applique aux livraisons de logements pour lesquels le permis de construire est déposé depuis le 1er janvier 2022 ; il était antérieurement fixé à 35 %. Toutefois, pour les ventes en l'état futur d'achèvement, le taux de 25 % s'applique aux livraisons de logements pour lesquels l'acte de vente ou, le cas échéant, le contrat préliminaire est signé à compter de cette même date (Loi 2021-1900 du 30 décembre 2021 art. 32, III).*

B. En application du 4° du I du présent article, la proportion du nombre des logements locatifs sociaux, au sens du 1° du I de l'article 278 sexies, excède 25 % des logements de l'ensemble immobilier.

FR 2/24 inf. 54 nos 2 à 11 p. 106 ;
FR 2/21 inf. 53 nos 1 à 10 p. 89 ;
FR 2/22 inf. 77 p. 118 ; IMMO-I-19900 s. ;
MF n° 58897

Art 279 bis Les taux réduits de la taxe sur la valeur ajoutée ne s'appliquent pas :

1° Aux opérations, y compris les cessions de droits, portant sur les publications qui ont fait l'objet d'au moins deux des interdictions prévues par l'article 14 de la loi n° 49-956 du 16 juillet 1949 sur les publications destinées à la jeunesse ;

TVA-VIII-4945 s., ; TVA-XV-18975 ;
MF nos 53045 d, 61690 c

2° Aux représentations théâtrales à caractère pornographique, ainsi qu'aux cessions de droits portant sur ces représentations et leur interprétation, désignées par le ministre chargé de la culture après avis d'une commission dont la composition est fixée par arrêté du même ministre *(Arrêté du 22 janvier 1979, JONC du 15 février)*. Les réclamations et recours contentieux relatifs à ces décisions sont instruits par le ministre chargé de la culture ;

TVA-XV-10360, 18975 ; MF nos 61690 c, 61795

3° a. Aux cessions de droits portant sur les films pornographiques ou d'incitation à la violence et sur leur interprétation, ainsi qu'aux droits d'entrée pour les séances au cours desquelles ces films sont projetés.

Les spectacles cinématographiques concernés par cette disposition sont désignés par le ministre chargé de la culture, après avis de la commission de classification des œuvres cinématographiques. Les réclamations et les recours contentieux relatifs à ces décisions sont instruits par le ministre chargé de la culture ;

TVA-XV-9220 s., 18975 ; MF nos 61690 c, 61795

b. Aux cessions de droits portant sur les œuvres pornographiques ou d'incitation à la violence diffusées sur support vidéographique et sur leur interprétation ainsi qu'aux droits d'entrée pour les séances au cours desquelles ces œuvres sont présentées.

Un décret en Conseil d'Etat détermine les conditions de classement des œuvres qui sont diffusées sur support vidéographique et qui ne sont pas également soumises à la procédure de désignation des films cinématographiques prévue au deuxième alinéa du a ;

TVA-XV-9285 s., 10360, 18975 ;
MF nos 61690 c, 61795

4° Aux prestations de services ainsi qu'aux livraisons de biens réalisées dans les établissements dont l'accès est interdit aux mineurs en raison de leur caractère licencieux ou pornographique, soit en application de l'ordonnance n° 59-28 du 5 janvier 1959 réglementant l'accès des mineurs à certains établissements, soit en vertu des pouvoirs de police que le maire et le représentant de l'Etat dans le département tiennent des articles L 2212-2, L 2212-3 et L 2215-1 du code général des collectivités territoriales.

TVA-XV-10405 s. ; MF n° 61795

G. Taux particuliers

Art 281 quater La taxe sur la valeur ajoutée est perçue au taux de 2,10 % en ce qui concerne les recettes réalisées aux entrées des premières représentations théâtrales d'œuvres dramatiques, lyriques, musicales ou chorégraphiques nouvellement créées ou d'œuvres classiques faisant l'objet d'une nouvelle mise en scène, ainsi que des spectacles de cirque comportant exclusivement des créations originales conçues et produites par l'entreprise et faisant appel aux services réguliers d'un groupe de musiciens.

Un décret définit la nature des œuvres et fixe le nombre de représentations auxquelles ces dispositions sont applicables *(Voir Annexe III, art. 89 ter)*.

Ces dispositions ne s'appliquent pas aux recettes provenant :

a. Des représentations théâtrales à caractère pornographique ;

b. *(Disposition devenue sans objet : loi n° 90-1168 du 29 décembre 1990, art. 27-1) ;*

c. De la vente de billets imposée au taux réduit de 5,5 % dans les conditions prévues au 2° du F de l'article 278-0 bis.

TVA-XV-9820 s. ; MF n° 61785

Art 281 sexies La taxe sur la valeur ajoutée est perçue au taux de 2,10 % en ce qui concerne les ventes d'animaux vivants de boucherie et de charcuterie *(Voir Annexe III, art. 65 A)* faites à des personnes non assujetties à cette taxe.

TVA-XII-7500 s. ; MF n° 59835

Art 281 octies La taxe sur la valeur ajoutée est perçue au taux de 2,10 % pour les livraisons portant sur les préparations magistrales, médicaments officinaux, médicaments ou produits pharmaceutiques définis à l'article L 5121-8 du code de la santé publique, qui remplissent les conditions de l'article L 162-17 du code de la sécurité sociale ou qui sont agréés dans les conditions prévues par les articles L 5123-2 et L 5123-3 du code de la santé publique ainsi que, lorsqu'ils sont préparés à partir du sang ou de ses composants, les produits sanguins labiles destinés à des fins de recherche sur la personne humaine et les dispositifs médicaux de diagnostic *in vitro*.

Le taux de 2,10 % s'applique également aux livraisons portant sur les médicaments soumis à une autorisation ou un cadre de prescription compassionnelle prévus aux articles L 5121-12 et L 5121-12-1 du code de la santé publique.

TVA-VIII-11430 s., 11630 s. ; MF n°s 53065 s.

SECTION VI

Redevables de la taxe

Art 283-0 Pour l'application des articles 283 à 285 A, un assujetti qui réalise une livraison de biens ou une prestation de services imposable en France et qui y dispose d'un établissement stable ne participant pas à la réalisation de cette livraison ou de cette prestation est considéré comme un assujetti établi hors de France.

TVA-III-12510 s. ; MF n° 50692

Art 283 1. La taxe sur la valeur ajoutée doit être acquittée par les personnes qui réalisent les opérations imposables, sous réserve des cas visés aux articles 275 à 277 A où le versement de la taxe peut être suspendu.

RIE-IV-8440 s. ; MF n° 54050

Toutefois, lorsqu'une livraison de biens ou une prestation de services mentionnée à l'article 259 A est effectuée par un assujetti établi hors de France, la taxe est acquittée par l'acquéreur, le destinataire ou le preneur, qui agit en tant qu'assujetti et qui dispose d'un numéro d'identification à la taxe sur la valeur ajoutée en France. Le montant dû est identifié sur la déclaration mentionnée à l'article 287.

TVA-III-12700 s. ; MF n° 50695

2. Lorsque les prestations mentionnées au 1° de l'article 259 sont fournies par un assujetti qui n'est pas établi en France, la taxe doit être acquittée par le preneur.

TVA-III-3250 s. ; MF n° 49885

2 bis. Pour les acquisitions intracommunautaires de biens imposables mentionnées à l'article 258 C, la taxe doit être acquittée par l'acquéreur. Toutefois, le vendeur est solidairement tenu avec ce dernier au paiement de la taxe lorsque l'acquéreur est établi hors de France.

TVA-III-1610 ; MF n° 49160

2 ter. Pour les livraisons mentionnées au 2° du I de l'article 258 D, la taxe doit être acquittée par le destinataire. Toutefois, le vendeur est solidairement tenu au paiement de la taxe.

TVA-IV-7550 ; MF n° 49375

2 quater. Pour les livraisons à un autre assujetti d'or sous forme de matière première ou de produits semi-ouvrés d'une pureté égale ou supérieure à 325 millièmes, la taxe est acquittée par le destinataire. Toutefois, le vendeur est solidairement tenu au paiement de la taxe.

TVA-XV-22805 ; MF n° 61850

2 quinquies. Pour les livraisons mentionnées au III de l'article 258, la taxe est acquittée par l'acquéreur qui dispose d'un numéro d'identification à la TVA en France lorsque son fournisseur est établi hors de France.

Pour les livraisons de gaz naturel ou d'électricité mentionnées au b du même III, ainsi que pour les services définis au 13° de l'article 259 B qui leur sont directement liés, la taxe est acquittée par l'acquéreur qui dispose d'un numéro d'identification à la taxe sur la valeur ajoutée en France, y compris lorsque son fournisseur est établi en France.

TVA-III-1180 s. ; MF n° 48990

2 sexies. Pour les livraisons et les prestations de façon portant sur des déchets neufs d'industrie et des matières de récupération, la taxe est acquittée par le destinataire ou le preneur qui dispose d'un numéro d'identification à la taxe sur la valeur ajoutée en France.

RIE-IV-9080 s. ; MF n° 54050

2 septies. Pour les transferts de quotas autorisant les exploitants à émettre des gaz à effet de serre, au sens de l'article 3 de la directive 2003/87/CE du Parlement européen et du Conseil du 13 octobre 2003 établissant un système d'échange de quotas d'émission de gaz à effet de serre dans la Communauté et modifiant la directive 96/61/CE du Conseil, et d'autres unités pouvant être utilisées par les opérateurs en vue de se conformer à cette directive, la taxe est acquittée par l'assujetti bénéficiaire du transfert.

Pour les transferts de certificats de garanties d'origine mentionnées aux articles L 311-20, L 311-22, L 445-3, L 445-15, L 446-18, L 446-22-1, L 821-3, L 824-1 et L 824-2 du code de l'énergie, de certificats de garanties de capacité mentionnées à l'article L. 335-3 du même code et de certificats de production mentionnés à l'article L 446-31 dudit code, la taxe est acquittée par l'assujetti bénéficiaire du transfert.

FR 2/21 inf. 54 p. 92 ; RIE-IV-9440 s., 9530 s. ; MF n° 54050

2 octies. Pour les services de communications électroniques, à l'exclusion de ceux soumis à la taxe mentionnée à l'article L 453-1 du code des impositions sur les biens et services, la taxe est acquittée par l'acquéreur qui dispose d'un numéro d'identification à la taxe sur la valeur ajoutée en France.

RIE-IV-9620 s. ; MF n° 54050

2 nonies. Pour les travaux de construction, y compris ceux de réparation, de nettoyage, d'entretien, de transformation et de démolition effectués en relation avec un bien immobilier par une entreprise sous-traitante, au sens de l'article 1er de la loi n° 75-1334 du 31 décembre 1975 relative à la sous-traitance, pour le compte d'un preneur assujetti, la taxe est acquittée par le preneur.

RIE-IV-9770 s. ; MF n° 54050

2 decies. Lorsqu'il est constaté une urgence impérieuse tenant à un risque de fraude à la taxe sur la valeur ajoutée présentant un caractère soudain, massif et susceptible d'entraîner pour le Trésor des pertes financières considérables et irréparables, un arrêté du ministre chargé du budget prévoit que la taxe est acquittée par l'assujetti destinataire des biens ou preneur des services.

RIE-IV-10200 s. ; MF n° 54050

3. Toute personne qui mentionne la taxe sur la valeur ajoutée sur une facture est redevable de la taxe du seul fait de sa facturation.

RIE-IV-7400 s. ; MF n° 53655

4. Lorsque la facture ne correspond pas à la livraison d'une marchandise ou à l'exécution d'une prestation de services, ou fait état d'un prix qui ne doit pas être acquitté effectivement par l'acheteur, la taxe est due par la personne qui l'a facturée.

RIE-IV-7400 s. ; MF n° 53670

4 bis. L'assujetti en faveur duquel a été effectuée une livraison de biens ou une prestation de services et qui savait ou ne pouvait ignorer que tout ou partie de la taxe sur la valeur ajoutée due sur cette livraison ou sur toute livraison antérieure des mêmes biens, ou sur cette prestation ou toute prestation antérieure des mêmes services, ne serait pas reversée de manière frauduleuse est solidairement tenu, avec la personne redevable, d'acquitter cette taxe.

Les dispositions du premier alinéa et celles prévues au 3 de l'article 272 ne peuvent pas être cumulativement mises en œuvre pour un même bien ou pour un même service.

RIE-IV-10330 s. ; MF n° 54055

4 ter. L'assujetti en faveur duquel a été effectuée une livraison de véhicules terrestres à moteur et qui savait ou ne pouvait ignorer que tout ou partie de cette livraison ou de toute livraison antérieure des mêmes véhicules ne pouvait pas bénéficier du régime prévu à l'article 297 A est solidairement tenu d'acquitter, avec tout assujetti partie à cette livraison ou à toute autre livraison antérieure des mêmes véhicules, la taxe frauduleusement éludée.

TVA-XV-5050 s. ; MF n° 61050

5. Pour les opérations de façon, lorsque le façonnier réalise directement ou indirectement plus de 50 % de son chiffre d'affaires avec un même donneur d'ordre, ce dernier est solidairement tenu au paiement de la taxe à raison des opérations qu'ils ont réalisées ensemble. Le pourcentage de 50 % s'apprécie pour chaque déclaration mensuelle ou trimestrielle.

Toutefois, ces dispositions ne sont pas applicables lorsque le donneur d'ordre établit qu'il n'a pas eu connaissance du non-respect par le façonnier de ses obligations fiscales.

TVA-II-2625 s. ; MF n° 52390

Art 283 bis I. Sont soumis aux dispositions du présent article, quel que soit leur lieu d'établissement, les entreprises qui, en qualité d'opérateurs de plateforme en ligne, mettent en relation à distance, par voie électronique, des personnes en vue de la vente d'un bien, de la fourniture d'un service ou de l'échange ou du partage d'un bien ou d'un service.

II. Lorsqu'il existe des présomptions qu'un assujetti, quel que soit son lieu d'établissement, son domicile ou sa résidence habituelle, qui effectue ou fournit à destination ou au profit de personnes non assujetties, par l'intermédiaire d'une plateforme en ligne, des livraisons de biens ou des prestations de service dont le lieu d'imposition est situé en France en application des articles 258 à 259 D du présent code, se soustrait à ses obligations en matière de déclaration ou de paiement de la taxe sur la valeur ajoutée, l'administration peut signaler cet assujetti à l'opérateur de la plateforme en ligne, afin que celui-ci puisse prendre les mesures de nature à permettre à cet assujetti de régulariser sa situation.

L'opérateur de plateforme en ligne notifie à l'administration les mesures prises au titre du présent II.

III. Si les présomptions persistent après un délai d'un mois à compter de la notification prévue au second alinéa du II ou, à défaut d'une telle notification, à compter du signalement prévu au premier alinéa du même II, l'administration peut mettre en demeure l'opérateur de plateforme en ligne de prendre des mesures supplémentaires ou, à défaut, d'exclure l'assujetti concerné de la plateforme en ligne.

L'opérateur de plateforme en ligne notifie à l'administration les mesures prises au titre du présent III.

IV. En l'absence de mise en œuvre des mesures ou de l'exclusion mentionnées au III après un délai d'un mois à compter de la notification prévue au second alinéa du III ou, à défaut d'une telle notification, à compter de la mise en demeure prévue au premier alinéa du même III, la taxe dont est redevable l'assujetti mentionné au II est solidairement due par l'opérateur de plateforme en ligne.

V. Les modalités d'application du présent article sont définies par arrêté du ministre chargé du budget *(Voir Annexe IV, art. 190 à 192 bis).*

Ndlr *Le présent article n'est pas applicable aux livraisons de biens soumises aux dispositions de l'article 14 bis de la directive TVA, telle que modifiée par la directive 2017/2455 du 5 décembre 2017, transposé à l'article 256, V-2° du CGI.*

RIE-IV-10550 s. ; MF n° 54060

Art 284 I. Toute personne qui a été autorisée à recevoir des biens ou services en franchise, en suspension de taxe en vertu de l'article 277 A ou sous le bénéfice d'un taux réduit est tenue au paiement de l'impôt ou du complément d'impôt, lorsque les conditions auxquelles est subordonné l'octroi de cette franchise, de cette suspension ou de ce taux ne sont pas remplies.

RIE-IV-15000 s. ; MF n° 54050 précision a

II. Tout destinataire des opérations éligibles aux taux réduits conformément à l'article 278 sexies, à l'exception du 4° du III du même article 278 sexies, est tenu au paiement du complément d'impôt lorsque les conditions auxquelles est subordonné l'octroi de ces taux cessent d'être remplies dans les quinze ans qui suivent le fait générateur de l'opération. Ce délai est ramené à dix ans lorsque l'immeuble fait l'objet d'une cession, d'une transformation d'usage ou d'une démolition dans les conditions prévues au chapitre III du titre IV du livre IV du code de la construction et de l'habitation. Il est également ramené à dix ans lorsque le logement a été acquis par des personnes physiques dans les conditions prévues aux 1° et 2° du III de l'article 278 sexies. Toutefois, le complément d'impôt n'est pas dû lorsque les conditions cessent d'être remplies à la suite de la vente à leurs occupants, dans les conditions prévues par la loi n° 84-595 du 12 juillet 1984 définissant la location-accession à la propriété immobilière, de logements mentionnés au 1° du III de l'article 278 sexies ou de terrains à bâtir.

Pour les livraisons des logements visés aux 1° et 3° du III de l'article 278 sexies, le complément d'impôt dû est diminué d'un dixième par année de détention au-delà de la cinquième année. Toutefois, lorsque le logement a été acquis par des personnes physiques dans les conditions prévues aux 1° et 2° du même III, il est diminué d'un dixième par année de détention à compter de la première année.

IMMO-I-14400 s., 15200 s., 15970 s., 16160 s., 16200 s., 16360 s, 16830 s., 17155 s. ; MF n° 58895

II bis. Tout preneur des livraisons soumises au taux réduit conformément à l'article 279-0 bis A est tenu au paiement du complément d'impôt lorsqu'il cesse de louer tout ou partie des logements dans les conditions prévues au 1° ou 4° du I du même article dans les vingt ans qui suivent le fait générateur de l'opération, sauf si cette cessation résulte, à compter de la onzième année, de cessions de logements.

Jusqu'à la seizième année qui suit le fait générateur de l'opération de construction, les cessions ne peuvent porter sur plus de 50 % des logements.

IMMO-I-20220 s. ; MF nº 58897

III. Toute personne qui s'est livré à elle-même des travaux mentionnés à l'article 278 sexies A, à l'exception du 5º du I du même article 278 sexies A, est tenue au paiement du complément d'impôt lorsque les conditions auxquelles est subordonné l'octroi de ces taux cessent d'être remplies dans les trois ans qui suivent le fait générateur de l'opération.

IMMO-I-17830 ; MF nº 59125

IV. Les organismes de foncier solidaire sont tenus au paiement du complément d'impôt lorsque les conditions auxquelles est subordonné l'octroi des taux réduits appliqués conformément au 4º du III de l'article 278 sexies ou au 5º du I de l'article 278 sexies A ne sont pas remplies dans les cinq ans qui suivent le fait générateur de l'opération ou cessent d'être remplies dans les quinze ans qui suivent l'acquisition des droits réels par la personne qui occupe le logement. Dans ce dernier cas, le complément d'impôt est diminué d'un dixième par année de détention au delà de la cinquième année. Lorsque le non-respect des conditions auxquelles est subordonné le taux réduit ne concerne que certains logements au sein d'un ensemble de logements, le complément d'impôt est calculé au prorata de la surface des logements concernés rapporté à la surface de l'ensemble des logements.

FR 2/21 inf. 53 nºs 11 à 16 p. 89 ; MF nº 58895

V. A. Lorsque les conditions des exonérations prévues au 8 de l'article 261 ou au 2º *bis* du II de l'article 291 ne sont plus remplies, l'impôt devient exigible dans les conditions prévues au B du présent V, selon les règles en vigueur à la date de cet évènement.

Les usages éligibles et les personnes éligibles sont ceux désignés par l'autorisation mentionnée au 2º *bis* du II de l'article 291 et, le cas échéant, par les arrêtés mentionnés au 8 de l'article 261 et au 2º *bis* du II de l'article 291.

B. Les personnes destinataires des livraisons et acquisitions intracommunautaires de biens ou redevables de la taxe à l'importation sont tenues au paiement de l'impôt afférent à cette opération :

1º Lorsqu'elles utilisent les biens pour des usages non éligibles ;

2º Lorsqu'elles prêtent, louent ou cèdent les biens à des personnes autres que les victimes des catastrophes concernées ;

3º Lorsqu'elles cessent d'être des personnes éligibles.

Les opérations mentionnées au 2º du présent B donnent lieu à une information préalable de l'administration et, sous réserve du dernier alinéa du présent B, au paiement préalable de l'impôt.

Toutefois, l'impôt n'est pas dû lorsque les biens sont cédés à une personne éligible qui les affecte à un usage éligible. Lorsque les biens ont préalablement été utilisés par les victimes de catastrophes tout en étant conservés par la personne éligible, l'impôt n'est pas non plus dû lorsqu'ils sont cédés à une personne fondée à bénéficier de l'exonération en vue de distribuer ces biens gratuitement à des personnes nécessiteuses et les utilisant effectivement pour cet usage.

FR 2/23 inf. 39 p. 64

Art 285 A Pour les opérations relatives à l'exploitation des biens ou droits d'un patrimoine fiduciaire, le fiduciaire est considéré comme un redevable distinct pour chaque contrat de fiducie, sauf pour l'appréciation des limites de régimes d'imposition et de franchises, pour lesquelles est retenu le chiffre d'affaires réalisé par l'ensemble des patrimoines fiduciaires ayant un même constituant.

DC-IX-54180 ; MF nºs 91070 s.

SECTION VI bis

Retenue de la taxe sur les droits d'auteurs

Art 285 bis **1.** Les éditeurs, organismes de gestion collective de droits et les producteurs qui versent des droits mentionnés au 2 du III de l'article 293 B doivent, sauf lorsque l'auteur a renoncé à ce dispositif en application du 3, retenir sur le montant de ces droits la taxe sur la valeur ajoutée due par l'auteur et acquitter cette taxe au Trésor.

2. A défaut d'indication contraire de l'auteur formulée dans les conditions prévues au 3, les sommes qui lui sont dues par les personnes mentionnées au 1 sont réputées passibles de la retenue de taxe sur la valeur ajoutée, y compris en ce qui concerne les auteurs qui bénéficient de la franchise mentionnée au III de l'article 293 B.

3. La renonciation par l'auteur au dispositif de retenue vaut pour l'ensemble des droits qu'il perçoit.

Cette renonciation doit être notifiée à toutes les personnes visées au 1 qui versent des droits à l'auteur ainsi qu'au service des impôts dont celui-ci relève.

Elle prend effet le premier jour du mois qui suit celui au cours duquel elles est déclarée.

Elle couvre obligatoirement une période de cinq années, y compris celle au cours de laquelle elle est déclarée. Elle est renouvelable par tacite reconduction, sauf dénonciation à l'expiration de chaque période. Toutefois, elle est reconduite de plein droit pour la période de cinq années suivant celle au cours ou à l'issue de laquelle l'auteur ayant notifié cette renonciation a bénéficié d'un remboursement de taxe sur la valeur ajoutée prévu à l'article 271.

4. Les auteurs qui n'ont pas renoncé au dispositif de la retenue et qui reçoivent des droits de personnes autres que celles visées au 1 doivent retenir les modalités de liquidation de la taxe définies au 5. Ils déposent au titre de ces droits une déclaration annuelle de chiffre d'affaires.

5. Pour le calcul du montant de la taxe nette due par l'auteur, les personnes visées au 1 appliquent en France métropolitaine un taux forfaitaire de 0,8 % des droits d'auteur au titre des droits à déduction en France métropolitaine. Ce taux est de 0,4 % dans les départements de la Guadeloupe, de La Réunion et de la Martinique. Cette déduction est exclusive de toute autre déduction.

6. Les personnes visées au 1 doivent déclarer et acquitter la retenue dans les mêmes conditions et sous les mêmes sanctions que leurs propres opérations. La taxe sur la valeur ajoutée acquittée pour le compte de l'auteur par ces personnes n'est pas prise en compte pour la détermination de leur pourcentage de déduction de taxe sur la valeur ajoutée.

Ndlr *Pour les dispositions du présent article qui entreront en vigueur le 1er janvier 2025, voir partie Autres textes du présent code loi 2023-1322 du 29 décembre 2023 art. 82, I-3° et III.*

TVA-XV-20400 s. ; MF n° 61705

SECTION VII

Obligations des redevables

I. Obligations générales

A. Déclarations d'existence et comptabilité

Art 286 I. Toute personne assujettie à la taxe sur la valeur ajoutée doit :

1° Dans les quinze jours du commencement de ses opérations, souscrire au bureau désigné par un arrêté une déclaration conforme au modèle fourni par l'administration. Une déclaration est également obligatoire en cas de cessation d'entreprise *(Voir Annexe IV, art. 32 à 36)* ;

(Voir aussi Annexe II, art. 371 AI à 371 AS)

RIE-V-1100 s. ; MF n°s 53385 s.

2° Fournir, sur un imprimé remis par l'administration, tous renseignements relatifs à son activité professionnelle *(Voir Annexe IV, art. 32 à 36)* ;

(Voir aussi Annexe II, art. 371 AI à 371 AS)

RIE-V-1100 s. ; MF n°s 53385 s.

3° Si elle ne tient pas habituellement une comptabilité permettant de déterminer son chiffre d'affaires tel qu'il est défini par le présent chapitre, avoir un livre aux pages numérotées sur lequel elle inscrit, jour par jour, sans blanc ni rature, le montant de chacune de ses opérations, en distinguant, au besoin, ses opérations taxables et celles qui ne le sont pas *(Voir Annexe IV, art. 37)*.

Chaque inscription doit indiquer la date, la désignation sommaire des objets vendus, du service rendu ou de l'opération imposable, ainsi que le prix de la vente ou de l'achat, ou le montant des courtages, commissions, remises, salaires, prix de location, intérêts, escomptes, agios ou autres profits. Toutefois, les opérations au comptant peuvent être inscrites globalement en comptabilité à la fin de chaque journée lorsqu'elles sont inférieures à 76 € pour les ventes au détail et les services rendus à des particuliers. Le montant des opérations inscrites sur le livre est totalisé à la fin du mois.

Le livre prescrit ci-dessus ou la comptabilité en tenant lieu, ainsi que les pièces justificatives des opérations effectuées par les redevables, notamment les factures d'achat, doivent être conservés selon les modalités prévues aux I et I bis de l'article L 102 B du livre des procédures fiscales ;

RIE-III-10060 ; RIE-IV-250 s., 6320 s. ; MF n°s 53440 s.

3° bis Si elle effectue des livraisons de biens et des prestations de services ne donnant pas lieu à facturation conformément à l'article 289 du présent code et enregistre ces opérations au moyen d'un logiciel ou d'un système de caisse, utiliser un logiciel ou un système satisfaisant à des conditions d'inaltérabilité, de sécurisation, de conservation et d'archivage des données en vue du contrôle de l'administration fiscale, attestées par un certificat délivré par un organisme accrédité dans les conditions prévues à l'article L 433-4 du code de la consommation ou par une attestation individuelle de l'éditeur, conforme à un modèle fixé par l'administration ;

RIE-IV-500 s. ; MF n° 53485

4° Fournir aux agents des impôts, ainsi qu'à ceux des autres services financiers désignés par décrets, pour chaque catégorie d'assujettis, tant au principal établissement que dans les succursales ou agences, toutes justifications nécessaires à la fixation des opérations imposables, sans préjudice des dispositions de l'article L 85 du livre des procédures fiscales *(Voir LPF, art. R 13-2).*

MF n° 54125

II. 1. Les assujettis bénéficiant d'une franchise de taxe mentionnée à l'article 293 B sont dispensés des obligations mentionnées au 3° du I. Ils doivent toutefois tenir et, sur demande du service des impôts, présenter un registre récapitulé par année, présentant le détail de leurs achats, ainsi qu'un livre-journal servi au jour le jour et présentant le détail de leurs recettes professionnelles afférentes à ces opérations, appuyés des factures et de toutes autres pièces justificatives.

2. Les assujettis bénéficiant d'une franchise de taxe mentionnée à l'article 293 B, ceux placés sous le régime du remboursement forfaitaire prévu aux articles 298 quater et 298 quinquies et ceux effectuant exclusivement des opérations ou des prestations exonérées de taxe sur la valeur ajoutée sont dispensés de l'obligation mentionnée au 3° bis du I.

Ndlr *Pour les dispositions du présent 2 qui entreront en vigueur le 1er janvier 2025, voir partie Autres textes du présent code loi 2023-1322 du 29 décembre 2023 art. 82, I-4° et III.*

RIE-II-12430 ; RIE-IV-250 s. ; MF n° 54360

III. L'option formulée au titre du III de l'article 256 C vaut déclaration au sens des 1° et 2° du I du présent article pour l'assujetti unique constitué en application de l'article 256 C. Elle précise la dénomination, la domiciliation et le représentant de l'assujetti unique ainsi que la nature des activités de chacun de ses membres. La déclaration comporte la liste des membres ainsi que les numéros individuels d'identification à la taxe sur la valeur ajoutée qui leur ont été attribués avant leur entrée dans l'assujetti unique.

Chaque membre de l'assujetti unique constitué en application du même article 256 C est tenu de remplir les obligations mentionnées aux 3°, 3° bis et 4° du I du présent article.

FR 47/22 inf. 1 p. 3 ; MF nos 46545 s.

A bis. Identification des personnes ne remplissant plus les conditions pour bénéficier du régime dérogatoire prévu au 2° du I de l'article 256 bis

Art 286 bis Les personnes mentionnées au 2° du I de l'article 256 bis doivent déclarer qu'elles effectuent des acquisitions intracommunautaires de biens dès qu'elles ne remplissent plus les conditions qui leur permettaient de n'être pas soumises à la taxe sur la valeur ajoutée.

Un décret en Conseil d'Etat détermine les conditions d'application du présent article *(Voir Annexe II, art. 242 decies).*

TVA-IV-3405 ; MF n° 49235 b

A ter. Numéro individuel d'identification

Art 286 ter Est identifié par un numéro individuel :

1° Tout assujetti qui effectue des livraisons de biens ou des prestations de services lui ouvrant droit à déduction ;

2° Tout assujetti ou toute personne morale non assujettie qui effectue des acquisitions intracommunautaires de biens soumises à la taxe sur la valeur ajoutée conformément au I de l'article 256 bis ou au I de l'article 298 sexies, toute personne visée à l'article 286 bis, toute personne ayant exercé l'option prévue à l'article 260 CA ainsi que tout assujetti redevable de la taxe sur la valeur ajoutée pour des importations ou des sorties des régimes mentionnés au I de l'article 277 A ;

3° Tout assujetti qui effectue en France des acquisitions intracommunautaires de biens ou qui est redevable de la taxe pour des importations ou des sorties des régimes mentionnés au I de l'article 277 A pour les besoins de ses opérations qui relèvent des activités économiques visées au cinquième alinéa de l'article 256 A et effectuées hors de France ;

4° Tout assujetti preneur d'une prestation de services au titre de laquelle il est redevable de la taxe en France en application du 2 de l'article 283 ;

5° Tout prestataire établi en France d'une prestation de services au titre de laquelle seul le preneur est redevable de la taxe dans un autre Etat membre de l'Union européenne en application de l'article 196 de la directive 2006/112/CE du Conseil, du 28 novembre 2006, relative au système commun de taxe sur la valeur ajoutée ;

6° Tout assujetti unique au sens de l'article 256 C du présent code, sans préjudice du numéro d'identification attribué à ses membres ;

7° Tout assujetti bénéficiant d'une franchise de taxe relevant de l'article 293 B bis qui ne remplit pas, dans l'Etat membre d'établissement, tout ou partie des obligations prévues par les dispositions transposant, dans cet Etat membre, les 1 et 2 de l'article 284 ter de la directive 2006/112/CE du Conseil du 28 novembre 2006 relative au système commun de taxe sur la valeur ajoutée.

Ndlr *Les dispositions du présent 7° s'appliquent à compter du 1er janvier 2025 (Loi 2023-1322 du 29 décembre 2023 art. 82, I-5° et III).*

(Voir également code de commerce, art. D 123-235 et D 123-236)

BF 4/22 inf. 342 ; FR 47/22 inf. 1 n° 50 p. 12 ; FR 9/23 inf. 1 nos 78 s. p. 19 ; RIE-IV-15500 s. ; MF n° 53420

Art 286 ter A **I.** Par dérogation à l'article 286 ter, ne sont pas tenus de s'identifier par un numéro individuel les assujettis qui effectuent, à titre occasionnel, des livraisons de biens ou des prestations de services.

II. Ne sont pas non plus tenus de s'identifier les assujettis qui effectuent exclusivement les opérations suivantes :

1° Des livraisons de biens ou prestations de services pour lesquelles la taxe est due par le destinataire ;

2° Des sorties de biens des régimes prévus au I de l'article 277 A donnant lieu à dispense de paiement en application du 2° du 4 du II du même article 277 A ou des importations exonérées en application du 1° du II de l'article 291 ;

3° Des ventes à distance de biens importés soumises au régime particulier prévu à l'article 298 sexdecies H ainsi que des importations effectuées dans le cadre de ce régime ;

4° Lorsque les assujettis ne sont pas établis en France, des livraisons de biens ou des prestations de services pour lesquelles ils ont recours, dans un autre Etat membre, à l'un des régimes particuliers prévus aux sections 2 à 4 du chapitre VI du titre XII de la directive 2006/112/CE du Conseil du 28 novembre 2006 relative au système commun de taxe sur la valeur ajoutée ;

5° Des importations de biens ne donnant lieu à aucun paiement de la taxe sur la valeur ajoutée, déterminées par décret *(NDLR Voir Annexe III, art. 95 bis)*.

6° Des importations de biens mis en libre pratique ou placés en admission temporaire en exonération partielle de droits sur la base d'une déclaration verbale en application des articles 135 ou 136 du règlement délégué (UE) n° 2015/2446 de la Commission du 28 juillet 2015 complétant le règlement (UE) n° 952/2013 du Parlement européen et du Conseil au sujet des modalités de certaines dispositions du code des douanes de l'Union ;

7° Des importations de biens destinés à être utilisés ou cédés à titre gratuit dans le cadre de foires, d'expositions et de manifestations similaires ;

8° Des opérations mentionnées au 1° du I de l'article 289 A bis du présent code pour lesquelles un mandataire est désigné dans les conditions prévues au même article 289 A bis.

Ndlr *Les dispositions du présent 8° entrent en vigueur le 1er janvier 2025 (Loi 2023-1322 du 29 décembre 2023 art. 112, I-D-8° et VI).*

FR 2/24 inf. 49 n° 19 p. 100 ; FR 2/23 inf. 44 p. 70 ; FR 9/23 inf. 1 nos 78 s. p. 19 ; RIE-IV-15500 s. ; MF n° 53425

A quater. Tenue des registres

Art 286 quater **I. 1.** Tout assujetti tient un registre des biens expédiés ou transportés, par lui-même ou pour son compte, sur le territoire d'un autre Etat membre de l'Union européenne et destinés dans cet Etat à être utilisés dans les conditions prévues aux a et b du III de l'article 256.

2. Tout assujetti tient un registre des biens qu'il transfère ou qui lui sont livrés dans le cadre du régime des stocks sous contrat de dépôt prévu au III bis du même article 256.

FR 2/20 inf. 51 p. 117 ; TVA-IV-5150 s. ; MF n° 49285

II. 1. Tout façonnier doit tenir un registre spécial indiquant les nom et adresse des donneurs d'ordre et mentionnant, pour chacun d'eux, la nature et les quantités de matériaux mis en œuvre et des produits transformés livrés.

RIE-IV-15180 s. ; MF n° 52385

2. *(Abrogé).*

3. Les prestataires de services, autres que les façonniers, qui réalisent des travaux et expertises portant sur des biens meubles corporels, doivent tenir un registre spécial indiquant, pour les biens expédiés à partir d'un autre Etat membre de l'Union européenne par, ou pour le compte, d'un assujetti identifié à la taxe sur la valeur ajoutée dans cet Etat, la date de réception et celle où les biens quittent l'entreprise, la nature et la quantité des biens concernés, le nom et l'adresse du donneur d'ordre ainsi que son numéro de taxe sur la valeur ajoutée intracommunautaire.

TVA-III-3360 ; MF n° 49870

III. Un arrêté du ministre chargé du budget fixe les conditions de tenue de ces registres *(Voir Annexe IV, art. 41 bis à 41 quinquies)*.

RIE-IV-15150 s. ; MF n° 52385

Art 286 quinquies Tout assujetti qui facilite, par l'utilisation d'une interface électronique telle qu'une place de marché, une plateforme, un portail ou un dispositif similaire, la livraison de biens ou la prestation de services à une personne non assujettie est tenu de consigner dans un registre ces livraisons ou prestations. Ce registre est suffisamment détaillé pour permettre de vérifier que la taxe sur la valeur ajoutée a été correctement appliquée *(Voir Annexe IV, art.41 quinquies C)*.

Ce registre est mis à disposition de l'administration, à sa demande, par voie électronique.

Il est conservé pendant dix ans à compter du 31 décembre de l'année au cours de laquelle l'opération a été effectuée.

RIE-IV-15340 s. ; MF nº 49837

Art 286 sexies I. A. Les prestataires de services de paiement mentionnés au I de l'article L 521-1 du code monétaire et financier, à l'exception des prestataires de services d'information sur les comptes, et les offices de chèques postaux tiennent un registre détaillé des bénéficiaires et des paiements correspondant aux services de paiement définis aux 3° à 6° du II de l'article L 314-1 du même code qu'ils fournissent.

Ce registre est tenu sous format électronique et conservé pendant une période de trois années civiles à compter de la fin de l'année civile de la date de paiement.

Sont soumis à l'obligation prévue au premier alinéa du présent A les prestataires de paiement :

1° Dont le siège social est situé en France ou qui, n'ayant pas de siège social conformément à leur droit national, y ont leur administration centrale ;

2° Ou qui ont en France un agent, y détiennent une succursale ou y fournissent des services de paiement.

Les prestataires de services de paiement sont soumis à l'obligation prévue au même premier alinéa lorsque, au cours d'un trimestre civil, ils fournissent des services de paiement correspondant à plus de vingt-cinq paiements transfrontaliers destinés au même bénéficiaire.

Pour les besoins de l'avant-dernier alinéa du présent A, le nombre de paiements transfrontaliers est calculé sur la base des services de paiement fournis par le prestataire de services de paiement par Etat membre de l'Union européenne et par identifiant mentionné aux 5° et 6° du B du présent I. Lorsque le prestataire de services de paiement dispose d'informations indiquant que le bénéficiaire dispose de plusieurs identifiants, le calcul est effectué par bénéficiaire. Ce calcul inclut également les paiements pour lesquels le prestataire de services de paiement a été dispensé de tenir un registre en application du II.

B. Pour l'application du présent article :

1° Constitue un paiement l'opération définie au I de l'article L 133-3 du code monétaire et financier.

Constitue également un paiement la transmission de fonds, définie comme le service pour lequel les fonds sont reçus de la part d'un payeur, sans création d'un compte de paiement au sens du I de l'article L 314-1 du même code au nom du payeur ou du bénéficiaire, à la seule fin de transférer un montant correspondant vers un bénéficiaire ou un autre prestataire de services de paiement agissant pour le compte du bénéficiaire, et pour lequel ou pour lequel de tels fonds sont reçus pour le compte du bénéficiaire et mis à la disposition de celui-ci ;

2° Constitue un paiement transfrontalier un paiement pour lequel le payeur se trouve dans un Etat membre de l'Union européenne et le bénéficiaire se situe dans un autre Etat membre de l'Union européenne ou dans un Etat ou territoire tiers ;

3° Un payeur est une personne physique ou morale, titulaire d'un compte de paiement, qui autorise un ordre de paiement à partir de ce compte ou, en l'absence de compte de paiement, la personne physique ou morale donnant un ordre de paiement ;

4° Un bénéficiaire est une personne physique ou morale qui est le destinataire prévu de fonds ayant fait l'objet d'une opération de paiement ;

5° Le payeur est réputé se trouver dans l'Etat membre de l'Union européenne correspondant :

a. Au numéro de compte bancaire international de son compte de paiement ou à tout autre identifiant qui l'identifie et donne le lieu où il se trouve ;

b. A défaut de tels identifiants, au code d'identification des banques ou à tout autre code d'identification d'entreprise qui identifie le prestataire de services de paiement agissant en son nom et donne le lieu où il se trouve ;

6° Le bénéficiaire est réputé se trouver dans l'Etat membre de l'Union européenne, l'Etat ou le territoire tiers correspondant :

a. Au numéro de compte bancaire international de son compte de paiement ou à tout autre identifiant qui l'identifie et donne le lieu où il se trouve ;

b. A défaut de tels identifiants, au code d'identification des banques ou à tout autre code d'identification d'entreprise qui identifie son prestataire de services de paiement et donne le lieu où il se trouve ;

7° Les références aux territoires des Etats membres de l'Union européenne s'entendent, s'agissant de la France, du territoire métropolitain, de La Réunion et du territoire de la Guadeloupe et de la Martinique.

II. Lorsque, pour un paiement donné, au moins l'un des prestataires de services de paiement du bénéficiaire ayant fourni le service de paiement se trouve dans un Etat membre de l'Union européenne, l'obligation mentionnée au A du I ne s'applique pas au prestataire de services de paiement du payeur.

Pour les besoins du premier alinéa du présent II, le prestataire de services de paiement du bénéficiaire est réputé se trouver dans l'Etat ou le territoire déterminé par son code d'identification des banques ou par tout autre code d'identification d'entreprise qui identifie sans équivoque le prestataire de services de paiement et le lieu où il se situe.

Pour savoir s'il tient un registre des paiements transfrontaliers à destination des Etats et territoires tiers, le prestataire de services de paiement du payeur inclut dans le calcul du seuil des vingt-cinq paiements transfrontaliers chacun de ces paiements destinés au même bénéficiaire.

III. Les prestataires de services de paiement soumis à l'obligation prévue au I transmettent à l'administration fiscale, au plus tard à la fin du mois suivant le trimestre civil auquel les données de paiement se rapportent, les informations figurant au registre mentionné au même I.

IV. Un décret en Conseil d'Etat fixe les modalités d'application du présent article. Ce décret détermine notamment les informations qui doivent figurer sur le registre détaillé des bénéficiaires et des paiements ainsi que leurs modalités de transmission à l'administration fiscale *(NDLR Voir Annexe II, art. 242 vicies et 242 unvicies)*.

FR 2/23 inf. 41 p. 66 ; MF nº 60470

B. Déclarations de recettes

Art 287 **1.** Tout redevable de la taxe sur la valeur ajoutée identifié conformément aux dispositions combinées des articles 286 ter et 286 ter A est tenu de remettre au service des impôts dont il dépend et dans le délai fixé par arrêté *(Voir Annexe IV, art. 32, 33 et 38 à 41)* une déclaration conforme au modèle prescrit par l'administration.

RIE-IV-11000 s. ; MF nº 54160

2. Les redevables soumis au régime réel normal d'imposition déposent mensuellement la déclaration visée au 1 indiquant, d'une part, le montant total des opérations réalisées, d'autre part, le détail des opérations taxables. La taxe exigible est acquittée tous les mois.

RIE-IV-11020 s. ; MF nº 54160

Ces redevables peuvent, sur leur demande, être autorisés, dans des conditions qui sont fixées par arrêté du ministre de l'économie et des finances *(Voir Annexe IV, art. 39 bis)*, à disposer d'un délai supplémentaire d'un mois.

RIE-IV-12800 s. ; MF nºs 54185 s.

Toutefois, lorsque la taxe exigible annuellement est inférieure à 4 000 €, ils sont admis à déposer leurs déclarations par trimestre civil.

RIE-IV-11020 s. ; MF nº 54160

3. Les redevables placés sous le régime simplifié d'imposition prévu à l'article 302 septies A, à l'exception de ceux mentionnés aux 3 bis et 3 ter, déposent au titre de chaque exercice une déclaration qui détermine la taxe due au titre de la période et le montant des acomptes semestriels pour la période ultérieure.

Des acomptes semestriels sont versés en juillet et en décembre. Ils sont égaux, respectivement, à 55 % et 40 % de la taxe due au titre de l'exercice précédent avant déduction de la taxe sur la valeur ajoutée relative aux biens constituant des immobilisations. Le complément d'impôt éventuellement exigible est versé lors du dépôt de la déclaration annuelle mentionnée au premier alinéa.

S'il estime que le montant des acomptes déjà versés au titre de l'exercice est égal ou supérieur au montant de la taxe qui sera finalement due, le redevable peut se dispenser de nouveaux versements en remettant au comptable chargé du recouvrement de ladite taxe, avant la date d'exigibilité du prochain versement à effectuer, une déclaration datée et signée.

S'il estime que la taxe due à raison des opérations réalisées au cours d'un semestre, après imputation de la TVA relative aux biens constituant des immobilisations, est inférieure d'au moins 10 % au montant de l'acompte correspondant, calculé selon les modalités prévues au deuxième alinéa, le redevable peut diminuer à due concurrence le montant de cet acompte, en remettant au comptable chargé du recouvrement, au plus tard à la date d'exigibilité de l'acompte, une déclaration datée et signée. Si ces opérations ont été réalisées au cours d'une période inférieure à six mois, la modulation n'est admise que si la taxe réellement due est inférieure d'au moins 10 % à l'acompte réduit au prorata du temps.

S'il estime que la taxe sera supérieure d'au moins 10 % à celle qui a servi de base aux acomptes, il peut modifier le montant de ces derniers.

Les redevables sont dispensés du versement d'acomptes lorsque la taxe due au titre de l'exercice précédent, avant déduction de la taxe sur la valeur ajoutée relative aux biens constituant des immobilisations, est inférieure à 1 000 €. Dans ce cas, le montant total de l'impôt exigible est acquitté lors du dépôt de la déclaration annuelle mentionnée au premier alinéa.

Les nouveaux redevables sont autorisés, lors de leur première année d'imposition, à acquitter la TVA par acomptes semestriels dont ils déterminent eux-mêmes le montant mais dont chacun doit représenter au moins 80 % de l'impôt réellement dû pour le semestre correspondant.

Les conditions d'application du présent 3, notamment les modalités de versement et de remboursement des acomptes, sont fixées par décret en Conseil d'Etat *(Voir Annexe II, art. 242 sexies à 242 septies L et 383 ter).*

RIE-IV-17400 s. ; MF n°s 54260 s.

3 bis. Les redevables dont le chiffre d'affaires est inférieur aux seuils prévus aux 1° et 2° de l'article L 162-4 du code des impositions sur les biens et services et dont le montant de la taxe exigible au titre de l'année précédente est supérieur à 15 000 € déposent mensuellement la déclaration mentionnée au 1 du présent article.

RIE-IV-17170 s. ; MF n° 53900

3 ter. Les redevables placés sous le régime simplifié d'imposition prévu à l'article 302 septies A déposent mensuellement la déclaration mentionnée au 1 du présent article dès lors qu'ils réalisent des acquisitions intracommunautaires, des importations ou des sorties des régimes suspensifs mentionnés au 2° du I de l'article 277 A. La première de ces déclarations récapitule l'ensemble des opérations pour lesquelles la taxe est devenue exigible depuis le début de l'exercice en cours.

Toutefois, lorsque la taxe exigible annuellement est inférieure à 4 000 €, ils sont admis à déposer leurs déclarations par trimestre civil.

FR 2/22 inf. 46 p. 83 ; FR 9/23 inf. 1 n°s 80 s. p. 19

4. En cas de cession ou de cessation d'une activité professionnelle, les redevables sont tenus de souscrire dans les trente jours la déclaration prévue au 1. Toutefois, ce délai est porté à soixante jours pour les entreprises placées sous le régime simplifié d'imposition *(Voir Annexe II, art. 242 septies et 242 septies L).*

RIE-IV-11300, 17440 ; MF n° 54175

5. Dans la déclaration prévue au 1, doivent notamment être identifiés :

a. Le montant total, hors taxe sur la valeur ajoutée, des livraisons de biens exonérées en vertu du I de l'article 262 ter, des livraisons de biens installés ou montés sur le territoire d'un autre Etat membre de l'Union européenne, des livraisons de gaz naturel, d'électricité, de chaleur ou de froid imposables sur le territoire d'un autre Etat membre de l'Union européenne et des livraisons dont le lieu n'est pas situé en France en application des dispositions du 1° du I de l'article 258 A ;

TVA-III-1250 ; TVA-IV-5120, 5540, 6060 ; MF n°s 49260, 49285

b. Le montant total, hors taxe sur la valeur ajoutée, des acquisitions intracommunautaires mentionnées au I de l'article 256 bis, et, le cas échéant, des livraisons de biens expédiés ou transportés à partir d'un autre Etat membre de l'Union européenne et installés ou montés en France, des livraisons de biens dont le lieu est situé en France en application des dispositions du 2° du I de l'article 258 A, des livraisons de biens effectuées en France pour lesquelles le destinataire de la livraison est désigné comme redevable de la taxe en application des dispositions du 2 ter de l'article 283 et des livraisons de gaz naturel, d'électricité, de chaleur ou de froid pour lesquelles l'acquéreur est désigné comme redevable de la taxe conformément aux dispositions du 2 quinquies de ce dernier article ;

TVA-III-950, 1310 ; TVA-IV-2340 s. ; MF n° 49175

b bis. Le montant hors taxes des opérations mentionnées au 2 sexies de l'article 283 réalisées ou acquises par l'assujetti ;

RIE-IV-9365 s. ; MF n° 54050

b ter. Le montant total, hors taxe sur la valeur ajoutée, des services pour lesquels le preneur est redevable de la taxe en application, d'une part, du second alinéa du 1, d'autre part et distinctement, du 2 de l'article 283 ;

TVA-III-9400 s. ; MF n°s 49885, 50635

b quater. Le montant total, hors taxe sur la valeur ajoutée, des importations et sorties des régimes mentionnés au I de l'article 277 A, autres que celles relevant du b quinquies du présent 5, en distinguant celles qui sont taxables et celles qui ne le sont pas, ainsi que le montant de taxe dû afférent à ces opérations ;

FR 9/23 inf. 1 n°s 80 s. p. 19 ; TVA-IV-16370 s.

b quinquies L'assiette totale afférente aux importations des produits pétroliers définis au 1° du 1 de l'article 298 et aux sorties de ces mêmes produits du régime suspensif prévu au a du 2° du I de l'article 277 A ;

TVA-XIV-880 ; MF n° 61370

c. Le montant total hors taxes des transmissions mentionnées à l'article 257 bis, dont a bénéficié l'assujetti ou qu'il a réalisées.

TVA-II-14095

6. Par dérogation aux 2 et 5, ne sont pas indiquées dans la déclaration mentionnée au 1 :

a. Les opérations mentionnées aux 2° à 4° du II de l'article 286 ter A ;

b. Les opérations soumises au régime particulier prévu à l'article 298 sexdecies G.

c. Les livraisons de biens et les prestations de services couvertes par les franchises prévues aux articles 293 B et 293 B bis. Toutefois, le présent c ne s'applique pas lorsque l'assujetti relevant de l'une des franchises prévues à l'article 293 B bis ne remplit pas, dans l'Etat membre d'établissement, tout ou partie des obligations prévues par les dispositions transposant, dans cet Etat membre, les 1 et 2 de l'article 284 ter de la directive 2006/112/CE du Conseil du 28 novembre 2006 relative au système commun de taxe sur la valeur ajoutée.

Ndlr *Les dispositions du présent c s'appliquent à compter du 1er janvier 2025 (Loi 2023-1322 du 29 décembre 2023 art. 82, I-6° et III).*

FR 40/21 inf. 2 p. 5 ; FR 9/23 inf. 1 n° 81 p. 19

7. Pour chacun de ses membres constitués en secteur d'activité, l'assujetti unique communique les informations figurant sur la déclaration mentionnée au 1 ainsi que des informations sur les opérations réalisées à destination des autres membres, selon des modalités fixées par arrêté du ministre chargé du budget *(NDLR Voir Annexe IV, art. 41-0 bis).*

FR 47/22 inf. 1 nos 89 s. p. 19

C. Factures

Art 289-0 **I.** Les règles de facturation prévues à l'article 289 s'appliquent aux opérations réputées situées en France en application des articles 258 à 259 D, à l'exclusion de celles qui sont réalisées par un assujetti qui a établi le siège de son activité économique dans un autre Etat membre ou qui y dispose d'un établissement stable à partir duquel la livraison de biens ou la prestation de services est effectuée ou, à défaut, son domicile ou sa résidence habituelle, et pour lesquelles l'acquéreur ou le preneur établi en France est redevable de la taxe, sauf si l'assujetti leur a donné mandat pour facturer en son nom et pour son compte.

II. Elles s'appliquent également aux opérations dont le lieu d'imposition n'est pas situé en France qui sont réalisées par un assujetti qui a établi le siège de son activité économique en France ou qui y dispose d'un établissement stable à partir duquel la livraison de biens ou la prestation de services est effectuée ou, à défaut, son domicile ou sa résidence habituelle :

1° Lorsque l'acquéreur ou le preneur établi dans un autre Etat membre est redevable de la taxe, sauf si l'assujetti leur a donné mandat pour facturer en son nom et pour son compte ;

2° Lorsque la livraison de biens ou la prestation de services est réputée ne pas être effectuée dans l'Union européenne en application du titre V de la directive 2006/112/ CE du Conseil du 28 novembre 2006 relative au système commun de taxe sur la valeur ajoutée.

III. Elles s'appliquent également aux opérations pour lesquelles le prestataire se prévaut des régimes particuliers prévus aux articles 298 sexdecies F et 298 sexdecies G.

FR 40/21 inf. 2 p. 5 ; RIE-IV-2910 s. ; TVA-III- 8735 s. ; MF n° 53500

Art 289 **I. 1.** Tout assujetti est tenu de s'assurer qu'une facture est émise, par lui-même, ou en son nom et pour son compte, par son client ou par un tiers :

a. Pour les livraisons de biens ou les prestations de services qu'il effectue pour un autre assujetti, ou pour une personne morale non assujettie, et qui ne sont pas exonérées en application des articles 261 à 261 E ;

b. Pour les livraisons de biens mentionnées à l'article 258 A et pour les livraisons de bien exonérées en application des I et III de l'article 262 ter et du II de l'article 298 sexies, sauf lorsque l'assujetti se prévaut du régime particulier prévu à l'article 298 sexdecies G ;

FR 40/21 inf. 2 p. 5 ; TVA-IV-5500, 6065, 6680 s.

c. Pour les acomptes qui lui sont versés avant que l'une des opérations visées aux a et b ne soit effectuée, à l'exception des livraisons de biens exonérées en application du I de l'article 262 ter et du II de l'article 298 sexies ;

d. Pour les livraisons aux enchères publiques de biens d'occasion, d'œuvres d'art, d'objets de collection ou d'antiquité.

TVA-XV-3895 s. ; MF n° 60960

2. Les factures peuvent être matériellement émises par le client ou par un tiers lorsque l'assujetti leur donne mandat à cet effet. Sous réserve de son acceptation par l'assujetti, chaque facture est alors émise en son nom et pour son compte.

Un décret en Conseil d'Etat précise les modalités particulières d'application du premier alinéa lorsque le mandataire est établi dans un pays avec lequel il n'existe aucun instrument juridique relatif à l'assistance mutuelle ayant une portée similaire à celle prévue par la directive 2010/24/ UE du Conseil du 16 mars 2010 concernant l'assistance mutuelle en matière de recouvrement des créances relatives aux taxes, impôts, droits et autres mesures et par le règlement (UE) n° 904/2010 du Conseil du 7 octobre

2010 concernant la coopération administrative et la lutte contre la fraude dans le domaine de la taxe sur la valeur ajoutée.
(Voir Annexe II, art. 242 nonies).

3. La facture est, en principe, émise dès la réalisation de la livraison ou de la prestation de services.

Pour les livraisons de biens exonérées en application du I de l'article 262 ter et du II de l'article 298 sexies et pour les prestations de services pour lesquelles la taxe est due par le preneur en application de l'article 196 de la directive 2006/112/ CE du Conseil du 28 novembre 2006 relative au système commun de taxe sur la valeur ajoutée, la facture est émise au plus tard le 15 du mois suivant celui au cours duquel s'est produit le fait générateur.

Elle peut être établie de manière périodique pour plusieurs livraisons de biens ou prestations de services distinctes réalisées au profit d'un même acquéreur ou preneur pour lesquelles la taxe devient exigible au cours d'un même mois civil. Cette facture est établie au plus tard à la fin de ce même mois.

4. L'assujetti doit conserver un double de toutes les factures émises.

5. Tout document ou message qui modifie la facture initiale, émise en application de cet article, et qui fait référence à la facture initiale de façon spécifique et non équivoque est assimilé à une facture. Il doit comporter l'ensemble des mentions prévues au II.

II. Un décret en Conseil d'Etat fixe les mentions obligatoires qui doivent figurer sur les factures. Ce décret détermine notamment les éléments d'identification des parties, les données concernant les biens livrés ou les services rendus et celles relatives à la détermination de la taxe sur la valeur ajoutée *(Voir Annexe II, art. 242 nonies A).*

III. *(Abrogé).*

FR 2/21 inf. 50 p. 86

IV. Les montants figurant sur la facture peuvent être exprimés dans toute monnaie, pour autant que le montant de taxe à payer ou à régulariser soit déterminé en euros en utilisant le mécanisme de conversion prévu au 1 bis de l'article 266.

Lorsqu'elle est rédigée dans une langue étrangère, le service des impôts peut, à des fins de contrôle, exiger une traduction en français, dans les conditions prévues au deuxième alinéa de l'article 54.

V. L'authenticité de l'origine, l'intégrité du contenu et la lisibilité de la facture doivent être assurées à compter de son émission et jusqu'à la fin de sa période de conservation.

VI. Les factures électroniques sont émises et reçues sous une forme électronique quelle qu'elle soit. Elles tiennent lieu de factures d'origine pour l'application de l'article 286 et du présent article. Leur transmission et mise à disposition sont soumises à l'acceptation du destinataire.

VII. Pour satisfaire aux conditions prévues au V, l'assujetti peut émettre ou recevoir des factures :

1° Soit sous forme électronique en recourant à toute solution technique autre que celles prévues aux 2°, 3° et 4°, ou sous forme papier, dès lors que des contrôles documentés et permanents sont mis en place par l'entreprise et permettent d'établir une piste d'audit fiable entre la facture émise ou reçue et la livraison de biens ou prestation de services qui en est le fondement ;

2° Soit en recourant à la procédure de signature électronique qualifiée au sens du règlement (UE) n° 910/2014 du Parlement européen et du Conseil du 23 juillet 2014 sur l'identification électronique et les services de confiance pour les transactions électroniques au sein du marché intérieur et abrogeant la directive 1999/93/ CE. Un décret précise les conditions d'émission, de signature et de stockage de ces factures ;

3° Soit sous la forme d'un message structuré selon une norme convenue entre les parties, permettant une lecture par ordinateur et pouvant être traité automatiquement et de manière univoque, dans des conditions précisées par décret.

4° Soit en recourant à la procédure de cachet électronique qualifié au sens du règlement (UE) n° 910/2014 du Parlement européen et du Conseil du 23 juillet 2014 sur l'identification électronique et les services de confiance pour les transactions électroniques au sein du marché intérieur et abrogeant la directive 1999/93/ CE. Un décret précise les conditions d'émission, de cachet et de stockage de ces factures.
(Voir Annexe III, art. 96 F à 96 I bis)

FR 2/23 inf. 42 p. 69 ; FR 35/22 inf. 4 p. 8 ;
RIE-IV-2400 s. ; MF nos 53500 s.

Art 289 bis **I.** Pour l'application de l'article 289 et par dérogation au VI du même article 289, l'émission, la transmission et la réception des factures relatives aux opérations mentionnées aux a et d du 1 du I dudit article 289 ainsi qu'aux acomptes s'y rapportant s'opèrent sous une forme électronique, selon des normes de facturation électronique définies par arrêté du ministre chargé du budget, lorsque l'émetteur de la facture et son destinataire sont des assujettis qui sont établis ou ont leur domicile ou leur résidence habituelle en France.

L'émission, la transmission et la réception des factures électroniques s'effectuent, au choix des intéressés, en recourant au portail public de facturation mentionné à l'article L 2192-5 du code de la commande publique ou à une autre plateforme de dématérialisation.

Les conditions et modalités d'application du présent I sont fixées par décret en Conseil d'Etat.

Ndlr *Voir Annexe II, art. 242 nonies B à 242 nonies P.*

II. Les assujettis mentionnés au I communiquent à l'administration les données relatives aux mentions figurant sur les factures électroniques qu'ils émettent.

A cet effet, les données de facturation émises par les assujettis ayant recours au portail public de facturation mentionné au deuxième alinéa du même I sont transmises par ce portail à l'administration. Les données de facturation émises par les assujettis ayant recours à une autre plateforme de dématérialisation sont transmises par l'opérateur de plateforme de dématérialisation au portail public de facturation, qui les communique à l'administration.

Les transmissions de données prévues au présent II s'effectuent par voie électronique, selon une périodicité, dans des conditions et selon des modalités définies par décret en Conseil d'Etat.

Ndlr *Voir Annexe II, art. 242 nonies J à 242 nonies L.*

III. Par dérogation à l'article L 151-1 du code de commerce, le portail public de facturation met un annuaire central à la disposition des opérateurs de plateforme de dématérialisation. Cet annuaire est constitué et mis à jour à partir des informations transmises par ces opérateurs et recense les informations nécessaires à l'adressage des factures électroniques aux opérateurs de plateforme des destinataires de ces factures.

Dans le cas où l'assujetti recourt directement au portail public de facturation pour transmettre ses factures électroniques, il lui transmet ces informations.

Un décret en Conseil d'Etat précise les informations à transmettre aux fins de constitution et de mise à jour de l'annuaire, qui permettent d'identifier les opérateurs de plateforme intéressés, ainsi que les modalités de cette transmission.

Ndlr *Voir Annexe II, art. 242 nonies H.*

IV. Sans préjudice de l'article L 2392-1 du code de la commande publique, le présent article n'est pas applicable aux opérations faisant l'objet d'une mesure de classification au sens de l'article 413-9 du code pénal.

Ndlr *L'obligation d'émission, de transmission et de réception sous forme de factures électroniques prévue par le présent article s'applique aux factures émises à compter du 1er septembre 2026.*
Toutefois, pour les factures émises par les assujettis relevant des catégories des microentreprises et des petites et moyennes entreprises qui ne sont pas membres d'un assujetti unique mentionné à l'article 256 C du présent code, cette obligation ne s'applique qu'à compter du 1er septembre 2027.
Les dates ci-dessus pourront, le cas échéant, être reportées par décret au plus tard au 1er décembre 2026 et au 1er décembre 2027.
Les catégories d'entreprises mentionnées ci-dessus sont celles prévues pour l'application de l'article 51 de la loi 2008-776 du 4 août 2008.
L'appartenance à une catégorie s'apprécie au niveau de chaque personne juridique au 1er janvier 2025, sur la base du dernier exercice clos avant cette date ou, en l'absence d'un tel exercice, sur celle du premier exercice clos à compter de cette date (Loi 2022-1157 du 16 août 2022 art. 26, III-A modifié par loi 2023-1322 du 29 décembre 2023 art. 91, II).

FR 2/24 inf. 46 p. 87

D. Désignation d'un représentant en France

Art 289 A I. Lorsqu'une personne non établie dans l'Union européenne est redevable de la taxe sur la valeur ajoutée ou doit accomplir des obligations déclaratives, elle est tenue de faire accréditer auprès du service des impôts un représentant assujetti établi en France, qui s'engage à remplir les formalités incombant à cette personne et, en cas d'opérations imposables, à acquitter la taxe à sa place. A défaut, la taxe sur la valeur ajoutée et, le cas échéant, les pénalités qui s'y rapportent, sont dues par le destinataire de l'opération imposable.

Le premier alinéa n'est pas applicable :

1° Aux personnes établies dans un Etat non membre de l'Union européenne avec lequel la France dispose d'un instrument juridique relatif à l'assistance mutuelle ayant une portée similaire à celle prévue par la directive 2010/24/ UE du Conseil du 16 mars 2010 concernant l'assistance mutuelle en matière de recouvrement des créances relatives aux taxes, impôts, droits et autres mesures et par le règlement (UE) nº 904/2010 du Conseil du 7 octobre 2010 concernant la coopération administrative et la lutte contre la fraude dans le domaine de la taxe sur la valeur ajoutée. La liste de ces Etats est fixée par arrêté du ministre chargé du budget *(NDLR Voir arrêté du 15 mai 2013, JO du 4 juillet, modifié par* *arrêté du 28 février 2017, JO du 24 mars, puis par arrêté du 16 février 2021, JO du 26)*;

2° Aux personnes non établies dans l'Union européenne qui réalisent uniquement des opérations mentionnées au I de l'article 277 A en suspension du paiement de la taxe sur la valeur ajoutée ou des livraisons de gaz naturel, d'électricité, de chaleur ou de froid pour lesquelles la taxe est due en France par l'acquéreur en application du 2 quinquies de l'article 283.

TVA-III-11700 s. ; MF n°s 50635, 50645

II. Pour l'application du 2 de l'article 283 et à défaut du paiement de la taxe par le preneur, le prestataire non établi dans l'Union européenne est tenu de désigner un représentant assujetti établi en France, accrédité auprès du service des impôts, qui remplit les formalités afférentes à l'opération en cause et acquitte la taxe.

TVA-III-13375 ; MF n°s 50690 s.

III. Par dérogation au premier alinéa du I, les personnes non établies dans l'Union européenne qui réalisent exclusivement des opérations pour lesquelles elles sont dispensées du paiement de la taxe en application du 4 du II de l'article 277 A ou des opérations exonérées en vertu du 4° du III de l'article 291 peuvent charger un assujetti établi en France, accrédité par le service des impôts, d'accomplir les obligations déclaratives afférentes à l'opération en cause *(Voir Annexe III, art. 95 A)*.

Cet assujetti est redevable de la taxe afférente à l'opération pour laquelle il doit effectuer les obligations déclaratives, ainsi que des pénalités qui s'y rapportent, lorsque les conditions auxquelles sont subordonnées la dispense de paiement ou l'exonération ne sont pas remplies.

Un décret définit les conditions dans lesquelles les obligations déclaratives prévues à l'article 287 sont simplifiées pour ces opérations.

TVA-III-12050 s. ; MF n° 50650

IV. A. Aux fins d'application des I à III du présent article, seule peut être accréditée la personne qui remplit les conditions suivantes :

1° Ni elle ni aucun de ses dirigeants, lorsqu'il s'agit d'une personne morale, n'a commis d'infractions graves ou répétées aux dispositions fiscales, n'a fait l'objet des sanctions prévues aux articles L 651-2, L 653-2 et L 653- 8 du code de commerce au cours des trois années qui précèdent ni ne fait l'objet d'une mesure d'interdiction en cours d'exécution prévue au même article L 653-8 ;

2° Elle dispose d'une organisation administrative et de moyens humains et matériels lui permettant d'assurer sa mission de représentation ;

3° Elle dispose d'une solvabilité financière en relation avec ses obligations de représentant ou d'une garantie financière à hauteur d'un quart des sommes nées de ces obligations, qui résulte d'un engagement de caution pris par une société de caution mutuelle, un organisme de garantie collective, une compagnie d'assurance, une banque ou un établissement financier habilité à donner caution. Toutefois, lorsque ces sommes ne peuvent être déterminées pour une personne représentée, elle dispose, pour les obligations associées à cette personne, d'une garantie financière égale à un niveau fixé par arrêté du ministre chargé du budget *[NDLR Montant fixé forfaitairement à 10 000 € (Arrêté CCPE2138416A du 20 avril 2022, JO du 4 mai)]*.

B. Le service des impôts retire l'accréditation du représentant lorsque celui-ci cesse de remplir les conditions mentionnées au A du présent IV ou lorsqu'il ne respecte pas les obligations déclaratives et de paiement des taxes qui lui incombent pour le compte des personnes qu'il représente ou pour son propre compte.

C. Les modalités de délivrance et de retrait de l'accréditation sont déterminées par décret en Conseil d'Etat *(NDLR Voir Annexe II, art. 242 septdecies à 242 novodecies)*.

FR 2/22 inf. 47 p. 84 ; BF 10/22 inf. 757 ; MF n° 50645

Ndlr *Pour les dispositions du présent article qui entreront en vigueur le 1er janvier 2025, voir partie Autres textes du présent code loi 2023-1322 du 29 décembre 2023 art. 112, I-E et VI.*

Art 289 A bis I. Par dérogation au I de l'article 289 A, l'assujetti qui n'est ni établi ni identifié en France peut désigner un ou plusieurs mandataires qui remplissent, au nom et pour le compte de cet assujetti, les obligations de déclaration, de paiement, de déduction, de remboursement et de tenue de registre ou d'états qui lui incombent, lorsque les seules opérations soumises à la taxe sur la valeur ajoutée en France qu'il réalise sont les suivantes :

1° Des importations pour lesquelles la taxe sur la valeur ajoutée est intégralement déductible en application du II de l'article 271 ;

2° Des opérations, déterminées par décret, portant sur des biens dans le cadre des échanges avec les territoires tiers et faisant l'objet d'une exonération ouvrant droit à déduction, d'une dispense de paiement ou d'une suspension de l'exigibilité.

II. Le mandataire mentionné au I du présent article remplit toutes les conditions suivantes :

1° Il est établi et identifié à la taxe sur la valeur ajoutée en France depuis au moins un an et identifié en tant que mandataire par le service des impôts dont il relève ;

2° Il remplit les conditions mentionnées au 1° du A du IV de l'article 289 A et, pendant au moins un an, a souscrit des déclarations mensuelles ou trimestrielles de taxe sur la valeur ajoutée en son nom propre et pour son compte ;

3° Il dispose d'un mandat écrit de l'assujetti mentionné au I du présent article, qui précise sa période d'application et les conditions dans lesquelles le mandant confie en France des biens à son mandataire en application du 4° du présent II ;

4° Les biens sur lesquels portent les opérations mentionnées aux 1° et 2° du I lui sont confiés en France dans le cadre d'un contrat de vente en consignation, d'ouvraison, de montage, de façon, de location ou d'entreposage ou d'un contrat assurant le transit des biens à destination d'un autre territoire que la France.

III. Le mandataire mentionné au I remplit l'ensemble des obligations de déclaration, de paiement, de déduction, de remboursement et de tenue de registre ou d'états afférentes aux opérations de son mandant qui portent sur les biens qui lui sont confiés dans les conditions prévues au 4° du II.

Il est solidairement tenu au paiement de toute taxe afférente aux biens faisant l'objet du mandat ou aux biens du mandant qui lui ont été confiés conformément au même 4° ainsi que, le cas échéant, des intérêts de retard, majorations et amendes fiscales correspondants.

IV. Les importations et les sorties de régime faisant l'objet d'un mandat et le mandataire sont identifiés en tant que tels lors de l'importation, en application du 3 de l'article 293 A, ou de la sortie de régime, en application du V de l'article 277 A.

Les opérations faisant l'objet d'un mandat sont déclarées par le mandataire distinctement des opérations pour lesquelles il est redevable de la taxe.

V. Un décret détermine les modalités et les conditions d'identification du mandataire, celles selon lesquelles il déclare les opérations faisant l'objet d'un mandat et acquitte et déduit la taxe y afférente ainsi que celles selon lesquelles il tient, à des fins de contrôle par l'administration, un registre dédié aux opérations faisant l'objet d'un mandat. » ;

Ndlr *Les dispositions du présent article entrent en vigueur le 1er janvier 2025 (Loi 2023-1322 du 29 décembre 2023 art. 112, I-F et VI).*

FR 2/24 inf. 62 p. 117

E. Etat récapitulatif des clients

Art 289 B **I.** Tout assujetti identifié à la taxe sur la valeur ajoutée doit déposer, dans un délai et selon des modalités fixées par décret *(Voir Annexe III, art. 96 J à 96 M)*, un état récapitulatif des clients, avec leur numéro d'identification à la taxe sur la valeur ajoutée, auxquels il a livré des biens dans les conditions prévues au I de l'article 262 ter ou auxquels des biens sont destinés dans les conditions prévues au III bis de l'article 256 et un état récapitulatif des clients auxquels il a fourni des services pour lesquels le preneur est redevable de la taxe dans un autre Etat membre de l'Union européenne en application de l'article 196 de la directive 2006/112/CE du Conseil, du 28 novembre 2006, relative au système commun de taxe sur la valeur ajoutée.

II. Dans l'état récapitulatif relatif aux livraisons de biens doivent figurer :

1° Le numéro d'identification sous lequel l'assujetti a effectué ces livraisons de biens ;

2° Le numéro par lequel chaque client est identifié à la taxe sur la valeur ajoutée dans l'Etat membre où les biens lui ont été livrés ;

3° Pour chaque acquéreur, le montant total des livraisons de biens effectuées par l'assujetti. Ces montants sont déclarés au titre du mois au cours duquel la taxe est devenue exigible dans l'autre Etat membre conformément au 1 de l'article 69 de la directive 2006/112/CE du Conseil, du 28 novembre 2006 ;

4° Pour les livraisons de biens exonérées en vertu du 2° du I de l'article 262 ter, le numéro par lequel l'assujetti est identifié à la taxe sur la valeur ajoutée dans l'Etat membre d'arrivée de l'expédition ou du transport ainsi que la valeur du bien, déterminée dans les conditions fixées au c du 1 de l'article 266 ;

5° Le montant des régularisations effectuées en application du 1 de l'article 272. Ces montants sont déclarés au titre du mois au cours duquel la régularisation est notifiée à l'acquéreur ;

6° Le numéro par lequel le client auquel sont destinés les biens est identifié à la taxe sur la valeur ajoutée dans l'Etat membre où les biens sont expédiés ou transportés dans les conditions prévues au III bis de l'article 256 ainsi que tout changement concernant les informations fournies.

III. Dans l'état récapitulatif relatif aux prestations de services doivent figurer :

1° Le numéro d'identification sous lequel l'assujetti a effectué ces prestations de services ;

2° Le numéro par lequel chaque client est identifié à la taxe sur la valeur ajoutée dans l'Etat membre où les services lui ont été fournis ;

3° Pour chaque preneur, le montant total des prestations de services effectuées par l'assujetti. Ces montants sont déclarés au titre du mois au cours duquel la taxe est devenue exigible dans l'autre Etat membre ;

4° Le montant des régularisations effectuées en application du 1 de l'article 272. Ces montants sont déclarés au titre du mois au cours duquel la régularisation est notifiée au preneur *(Voir Annexe III, art. 96 N)*.

IV. A. Les états récapitulatifs mentionnés aux II et III du présent article sont transmis par voie électronique.

Les assujettis bénéficiant du régime de franchise prévu à l'article 293 B peuvent souscrire l'état récapitulatif mentionné au III du présent article au moyen d'un formulaire sur papier conforme au modèle établi par l'administration des douanes.

Ndlr *Pour les dispositions du présent A qui entreront en vigueur le 1er janvier 2025, voir partie Autres textes du présent code loi 2023-1322 du 29 décembre 2023 art. 82, I-7° et III.*

FR 2/23 inf. 43 p. 70

B. Les documents nécessaires à l'établissement de l'état récapitulatif mentionné au même II doivent être conservés par les assujettis pendant un délai de six ans à compter de la date de l'opération ayant donné lieu à cet état.

TVA-III-9600 s. ; TVA-IV-8800 s. ; MF nos 49420 s., 49890

G. Demande de remboursement de la taxe sur la valeur ajoutée supportée dans un autre Etat membre

Art 289 D Les assujettis établis en France peuvent demander le remboursement de la taxe sur la valeur ajoutée supportée dans un autre Etat membre dans les conditions prévues par la directive 2008/9/CE du Conseil, du 12 février 2008, définissant les modalités du remboursement de la taxe sur la valeur ajoutée, prévu par la directive 2006/112/CE, en faveur des assujettis qui ne sont pas établis dans l'Etat membre du remboursement, mais dans un autre Etat membre, en adressant leurs demandes de remboursement souscrites par voie électronique au moyen du portail mis à leur disposition et selon les modalités et dans les délais fixés par voie réglementaire *(Voir Annexe III, art. 96 O)*.

TVA-I-7800 s. ; MF n° 56485

II. Obligations particulières de transmission d'informations

Art 290 I. Les assujettis qui sont établis ou ont leur domicile ou leur résidence habituelle en France communiquent à l'administration sous forme électronique, selon des normes de transmission définies par arrêté du ministre chargé du budget, les informations relatives aux opérations suivantes lorsqu'elles ne sont pas exonérées en application des articles 261 à 261 E :

1° Les livraisons exonérées en application du I de l'article 262 et du I de l'article 262 ter ;

2° Les livraisons de biens expédiés ou transportés à partir de la France à destination d'un autre Etat membre de l'Union européenne dans le cadre de ventes à distance intracommunautaires de biens qui sont réputées ne pas se situer en France en application du 1° du I de l'article 258 A ;

3° Les livraisons de biens dont le lieu d'imposition est situé en France conformément à l'article 258, lorsque le destinataire de la livraison est une personne non assujettie ou une personne assujettie qui n'est pas établie en France ou n'y dispose pas de son domicile ou de sa résidence habituelle ;

4° Les livraisons de biens expédiés ou transportés à partir d'un autre Etat membre à destination de la France dans le cadre de ventes à distance intracommunautaires de biens situées en France en application du 2o du I de l'article 258 A ;

5° Les prestations de services réalisées au profit de preneurs assujettis non établis en France et qui n'y sont pas situées en application des articles 259 et 259 A ;

6° Les prestations de services réputées ne pas être situées en France mentionnées à l'article 259 B ;

7° Les prestations de services situées en France mentionnées au 2° de l'article 259 ;

8° Les acquisitions intracommunautaires de biens meubles corporels réputées être situées en France en application de l'article 258 C ;

9° Les livraisons de biens dont le lieu d'imposition est situé en France conformément à l'article 258 et dont ils sont destinataires, lorsque la livraison est effectuée par une personne assujettie qui n'est pas établie en France ou n'y dispose pas de son domicile ou de sa résidence habituelle ;

10° Les prestations situées en France conformément au 1° de l'article 259 et à l'article 259 A et acquises auprès d'un assujetti qui n'est pas établi en France ou n'y dispose pas de son domicile ou de sa résidence habituelle ;

11° Les livraisons de biens expédiés ou transportés à partir de la France à destination de la Principauté de Monaco ou les acquisitions de biens en provenance de la Principauté de Monaco ainsi que les prestations de services lorsque le preneur est un assujetti qui est établi dans la Principauté de Monaco ou une personne non assujettie qui y a son domicile ou sa résidence habituelle ou l'acquisition de prestations de services pour lesquelles le prestataire est établi dans la Principauté de Monaco.

II. Les assujettis non établis en France ou leur représentant, lorsqu'ils sont tenus d'en désigner un conformément à l'article 289 A, transmettent à l'administration, par voie électronique, des informations relatives aux livraisons de biens et aux prestations de services situées en

France pour lesquelles ils sont redevables de la taxe sur la valeur ajoutée, lorsque le destinataire ou le preneur est un assujetti ou un non-assujetti, à l'exception de celles pour lesquelles l'assujetti se prévaut des régimes particuliers mentionnés aux articles 359, 369 ter et 369 quaterdecies de la directive 2006/112/CE du Conseil du 28 novembre 2006 relative au système commun de taxe sur la valeur ajoutée.

III. Les informations relatives aux opérations mentionnées aux I et II du présent article sont transmises sous forme électronique, en recourant soit au portail public de facturation mentionné à l'article 289 bis, qui les communique à l'administration, soit à un autre opérateur de plateforme de dématérialisation, qui les transmet à ce portail, lequel assure leur communication à l'administration.

Les informations mentionnées aux I et II du présent article ainsi que la périodicité, les conditions et les modalités de leur transmission sont précisées par décret en Conseil d'Etat.

Ndlr *Voir Annexe II, art. 242 nonies M à 242 nonies O.*

IV. Le présent article n'est pas applicable aux opérations faisant l'objet d'une mesure de classification au sens de l'article 413-9 du code pénal ni aux opérations concernées par une clause de confidentialité prévue pour un motif de sécurité nationale par un contrat ayant pour objet des travaux, des fournitures et des services ou la fourniture d'équipements mentionnés aux 1° à 4° de l'article L 1113-1 du code de la commande publique.

Ndlr *L'obligation de transmission des informations prévue par le présent article s'applique aux opérations réalisées à compter du 1er septembre 2026.*
Toutefois, cette obligation ne s'applique qu'aux opérations réalisées à compter du 1er septembre 2027 pour les assujettis relevant des catégories des micro-entreprises et des petites et moyennes entreprises qui ne sont pas membres d'un assujetti unique mentionné à l'article 256 C du présent code.
Les dates ci-dessus pourront, le cas échéant, être reportées par décret au plus tard au 1er décembre 2026 et au 1er décembre 2027.
Les catégories d'entreprises mentionnées ci-dessus sont celles prévues pour l'application de l'article 51 de la loi 2008-776 du 4 août 2008.
L'appartenance à une catégorie s'apprécie au niveau de chaque personne juridique au 1er janvier 2025, sur la base du dernier exercice clos avant cette date ou, en l'absence d'un tel exercice, sur celle du premier exercice clos à compter de cette date (Loi 2022-1157 du 16 août 2022 art. 26, III-B modifié par loi 2023-1322 du 29 décembre 2023 art. 91, II).

FR 2/24 inf. 46 p. 87

Art 290 A **I.** Les données relatives au paiement des opérations relevant de la catégorie des prestations de services mentionnées aux articles 289 bis et 290, à l'exception de celles pour lesquelles la taxe est due par le preneur, sont communiquées à l'administration sous forme électronique, selon des normes de transmission définies par arrêté du ministre chargé du budget, en recourant soit au portail public de facturation, qui les communique à l'administration, soit à un autre opérateur de plateforme de dématérialisation, qui les transmet à ce portail chargé d'assurer leur transmission à l'administration.

Les données mentionnées au premier alinéa du présent I sont transmises :

1° Par l'assujetti soumis à l'obligation d'émission des factures électroniques prévue à l'article 289 bis ;

2° Par l'assujetti soumis à l'obligation de transmission d'informations prévue à l'article 290.

Les données à transmettre nécessaires à la détermination de l'exigibilité de la taxe sur la valeur ajoutée ainsi que la périodicité, les conditions et les modalités de leur transmission à l'administration sont précisées par décret en Conseil d'Etat.

Ndlr *Voir Annexe II, art. 242 nonies P.*

II. Le I s'applique aux factures émises dans le cadre de l'exécution de contrats de la commande publique régis par les deuxième et troisième parties du code de la commande publique, à l'exception des contrats définis à l'article L 1113-1 du même code.

Le I du présent article n'est pas applicable aux opérations mentionnées au IV de l'article 290 du présent code.

Ndlr *L'obligation de transmission des données de paiement prévue par le présent article s'applique aux factures émises ou, à défaut, aux opérations réalisées à compter du 1er septembre 2026.*
Toutefois, cette obligation ne s'applique qu'à compter du 1er septembre 2027 aux factures émises ou, à défaut, aux opérations réalisées par les assujettis relevant des catégories des micro-entreprises et des petites et moyennes entreprises qui ne sont pas membres d'un assujetti unique mentionné à l'article 256 C du présent code.
Les dates ci-dessus pourront, le cas échéant, être reportées par décret au plus tard au 1er décembre 2026 et au 1er décembre 2027.
Les catégories d'entreprises mentionnées ci-dessus sont celles prévues pour l'application de l'article 51 de la loi 2008-776 du 4 août 2008.
L'appartenance à une catégorie s'apprécie au niveau de chaque personne juridique au 1er janvier 2025, sur la base du dernier exercice clos avant cette date ou, en l'absence

d'un tel exercice, sur celle du premier exercice clos à compter de cette date (Loi 2022-1157 du 16 août 2022 art. 26, III-B modifié par loi 2023-1322 du 29 décembre 2023 art. 91, II).

FR 2/24 inf. 46 p. 87

II bis. Plateformes de dématérialisation partenaires

Art 290 B Les plateformes de dématérialisation qui assurent la transmission des factures électroniques ainsi que la transmission au portail public de facturation des données mentionnées aux articles 289 bis, 290 et 290 A sont des opérateurs de dématérialisation identifiés comme partenaires de l'administration dans l'annuaire central mentionné au III de l'article 289 bis.

A cette fin, l'administration fiscale leur délivre un numéro d'immatriculation pour une durée de trois ans renouvelable. Cette délivrance peut être assortie de réserves. Un décret en Conseil d'Etat prévoit les conditions et modalités de délivrance et de renouvellement de ce numéro d'immatriculation.

Ndlr 1. *Sur les modalités d'entrée en vigueur des obligations de transmission des factures électroniques et de transmission au portail public de facturation des données mentionnées aux articles 289 bis, 290 et 290 A susvisés, voir les Ndlr placées sous ces articles.*

2. *Voir Annexe II, art. 242 nonies B à 242 nonies F.*

3. *L'instruction des demandes d'immatriculation ainsi que la délivrance et le renouvellement de l'immatriculation sont assurés par le « service d'immatriculation des plateformes de dématérialisation partenaires » créé, à compter du 1er mai 2023, au sein de la DRFiP des Hauts-de-France et du département du Nord (Arrêté ECOE2306541A du 29 mars 2023, JO du 9 avril).*

FR 2/24 inf. 46 p. 87

III. Agriculture

Art 290 bis Les personnes redevables de la taxe sur la valeur ajoutée qui effectuent des achats auprès d'exploitants agricoles bénéficiaires du remboursement forfaitaire *(Voir art. 298 quater et 298 quinquies)* délivrent chaque année à ceux-ci des attestations indiquant le montant de leurs achats payés l'année précédente.

En outre, ces acheteurs délivrent aux mêmes exploitants un bulletin d'achat ou un bon de livraison pour tout paiement correspondant à des achats.

TVA-XII-13550 ; MF nº 60105

IV. Etablissements de spectacles

Art 290 quater **I.** Sur les lieux où sont organisés des spectacles comportant un prix d'entrée, les exploitants doivent délivrer un billet à chaque spectateur ou enregistrer et conserver dans un système informatisé les données relatives à l'entrée, avant l'accès au lieu du spectacle.

Les modalités d'application du premier alinéa, notamment les obligations incombant aux exploitants d'un lieu de spectacles, ainsi qu'aux fabricants, importateurs ou marchands de billets d'entrée, sont fixées par arrêté *(Voir Annexe IV, art. 50 sexies B à 50 sexies I).*

II. Lorsqu'ils ne délivrent pas de billets d'entrée et qu'ils ne disposent pas d'un système informatisé prévu au I, les exploitants de discothèques et de cafés-dansants sont tenus de remettre à leurs clients un ticket émis par une caisse enregistreuse *(Voir Annexe III, art. 96 B à 96 D).*

III. Les infractions aux dispositions du présent article ainsi qu'aux textes pris pour leur application sont recherchées, constatées, poursuivies et sanctionnées comme en matière de contributions indirectes *(Voir art. 1791, II).*

TVA-XV-10710 s. ; MF nº 61810

V. Travaux immobiliers

Art 290 quinquies Toute prestation de services comprenant l'exécution de travaux immobiliers, assortie ou non de vente, fournie à des particuliers par un redevable de la taxe sur la valeur ajoutée, doit faire l'objet d'une note mentionnant le nom et l'adresse des parties, la nature et la date de l'opération effectuée, le montant de son prix et le montant de la taxe sur la valeur ajoutée. L'original de la note est remis au client au plus tard lors du paiement du solde du prix ; le double est conservé par le prestataire dans la limite du droit de reprise de l'administration.

RIE-IV-14500 s. ; MF nº 53565 précision d

SECTION VIII

Importations

Art 291 **I. 1.** Les importations de biens sont soumises à la taxe sur la valeur ajoutée.

2. Est considérée comme importation d'un bien :

a. L'entrée en France d'un bien, originaire ou en provenance d'un Etat ou d'un territoire n'appartenant pas à l'Union européenne, et qui n'a pas été mis en libre pratique, ou d'un bien en provenance d'un territoire visé au 1° de l'article 256-0 d'un autre Etat membre de l'Union européenne ;

b. La mise à la consommation en France d'un bien placé, lors de son entrée sur le territoire, sous l'un des régimes suivants prévus par les règlements communautaires en vigueur : conduite en douane, magasins et aires de dépôt temporaire, zone franche, entrepôt franc, entrepôt d'importation, perfectionnement actif, admission temporaire en exonération totale des droits à l'importation, transit externe ou sous le régime du transit communautaire interne.

FR 9/23 inf. 1 n°s 29 s. p. 9 ; TVA-IV-12100 s. ; MF n° 49600

II. Toutefois, sont exonérés :

1° L'importation au sens du b du 2 du I de biens qui ont fait l'objet d'une ou plusieurs livraisons mentionnées au 6° ou au 7° du I de l'article 277 A pendant leur placement sous les régimes énumérés audit b ;

TVA-IV-25385 ; MF n° 50765

2° Les biens importés définitivement dans le cadre des franchises fiscales communautaires et qui sont désignés par arrêté *(Voir Annexe IV, art. 50 septies à 50 octies C)*.

Cet arrêté détermine également les modalités d'application du présent paragraphe ;

TVA-IV-12800 s. ; MF n° 49650

2° bis En cas de catastrophe affectant le territoire d'un Etat membre de l'Union européenne, les importations de biens relevant d'une autorisation accordée à la France par une décision de la Commission européenne prise en application du premier alinéa de l'article 53 de la directive 2009/132/CE du Conseil du 19 octobre 2009 déterminant le champ d'application de l'article 143, points b et c, de la directive 2006/112/CE en ce qui concerne l'exonération de la taxe sur la valeur ajoutée de certaines importations définitives de biens. Un arrêté du ministre chargé du budget détermine les obligations de recensement et de suivi des opérations auxquelles est subordonné le bénéfice de l'exonération et, dans la limite où l'autorisation de la Commission européenne le prévoit, précise les biens et personnes concernés par cette exonération. Sont également exonérées les importations en Guadeloupe, en Martinique et à La Réunion réalisées dans les mêmes conditions ;

FR 2/23 inf. 39 p. 64

3° Les produits suivants :

a. Organes, sang et lait humains ;

b. Devises, billets de banque et monnaies qui sont des moyens de paiement légaux, à l'exception des billets et monnaies de collection ;

c. et d. *(Abrogés)* ;

e. *(Abrogé)* ;

4° L'or, sous toutes ses formes, importé par les instituts d'émission ;

TVA-IV-13405 ; MF n° 49645

5° Dans les conditions fixées par arrêté du ministre du budget, les navires, aéronefs, objets incorporés, engins et filets pour la pêche maritime prévus aux 2° à 5° du II de l'article 262 *(Voir Annexe IV, art. 42 à 46)* ;

TVA-IV-13430 s. ; MF n° 49645

6° Les produits de la pêche en l'état ou ayant fait l'objet d'opérations destinées à les préserver en vue de leur commercialisation importés par les entreprises de pêche maritime ;

TVA-IV-13500 s. ; MF n° 49645

7° Les prothèses dentaires importées par les dentistes ou prothésistes dentaires ;

TVA-II-13285 ; MF n° 49645

8° Les œuvres d'art originales, les timbres, objets de collection ou d'antiquité, lorsque l'importation est réalisée directement à destination d'établissements agréés par le ministre de la culture et de la communication ; les conditions d'application de ces dispositions sont fixées par arrêté du ministre du budget *(Voir Annexe IV, art. 50 decies)* ;

TVA-XV-3280 s. ; MF n° 60920

9° *(Abrogé)* ;

10° Les importations de gaz naturel, d'électricité, de chaleur ou de froid ;

TVA-III-1130 ; MF n° 49645

11° Les importations de biens effectuées dans le cadre d'une vente à distance de biens importés mentionnée au B du I de l'article 298 sexdecies H pour lesquelles l'assujetti qui réalise la vente à distance de biens importés a présenté, au plus tard au moment du dépôt de la déclaration d'importation, le numéro d'identification à la taxe sur la valeur ajoutée qui lui a été attribué dans le cadre du régime particulier prévu au même article 298 sexdecies H ou qui lui a été fourni conformément à la législation d'un autre Etat membre au titre de l'article 369 octodecies de la directive 2006/112/CE du Conseil du 28 novembre 2006 relative au système commun de taxe sur la valeur ajoutée.

III. Sont également exonérés de la taxe sur la valeur ajoutée :

1° La réimportation, par la personne qui les a exportés, de biens dans l'état où ils ont été exportés et qui bénéficient de la franchise des droits de douane ou qui en bénéficieraient s'ils étaient soumis à des droits de douane ;

TVA-IV-13605 s. ; MF nº 49655

2º Les prestations de services directement liées au placement d'un bien sous l'un des régimes mentionnés au b du 2 du I *(Voir Annexe III, art. 73 F et 73 G)* ;

TVA-IV-25060 s. ; MF nº 50755

3º Les radoubs, réparations et transformations des navires français à l'étranger à l'exception de celles de ces opérations qui portent sur des bateaux de sport ou de plaisance ;

TVA-IV-13650 ; MF nº 49660

4º Les importations de biens expédiés ou transportés en un lieu situé sur le territoire d'un autre Etat membre de l'Union européenne et qui font l'objet par l'importateur d'une livraison exonérée en vertu du I de l'article 262 ter *(NDLR Voir Annexe III, art. 96 P)*.

TVA-IV-13680 s. ; MF nº 49665

IV. Sont également exonérées de la taxe sur la valeur ajoutée les importations de biens dont la livraison est exonérée en application des I à III de l'article 262-00 bis.

FR 2/23 inf. 38 p. 63 ; FR 2/22 inf. 37 p. 71 ; FR 40/21 inf. 2 p. 5 ; FR 9/23 inf. 1 p. 3

Art 292 La base d'imposition est constituée par la valeur définie par la législation douanière conformément aux règlements communautaires en vigueur.

Toutefois, sont à comprendre dans la base d'imposition :

1º Les impôts, droits, prélèvements et autres taxes qui sont dus en raison de l'importation, à l'exception de la taxe sur la valeur ajoutée elle-même *(NDLR Par exception, l'octroi de mer et l'octroi de mer régional se sont pas compris dans la base d'imposition à l'importation : loi 2004-639 du 2 juillet 2004 art. 45)* ;

2º Les frais accessoires, tels que les frais de commission, d'emballage, de transport et d'assurance intervenant jusqu'au premier lieu de destination des biens à l'intérieur du pays ; par premier lieu de destination, il faut entendre le lieu mentionné sur la lettre de voiture ou tout autre document de transport sous le couvert duquel les biens sont importés ; à défaut de cette mention, le premier lieu de destination est celui de la première rupture de charge ;

3º Les frais accessoires visés au 2º, lorsqu'ils découlent du transport vers un autre lieu de destination à l'intérieur de l'Union européenne, si ce dernier lieu est connu au moment où intervient le fait générateur de la taxe.

Lorsqu'un bien placé sous l'un des régimes mentionnés au b du 2 du I de l'article 291 est mis à la consommation, sont également à comprendre dans la base d'imposition les prestations de services mentionnées au 6º du I de l'article 277 A et au 2º du III de l'article 291, autres que les frais accessoires visés aux 2º et 3º du présent article.

Ne sont pas à comprendre dans la base d'imposition les remises, rabais et autres réductions de prix acquis au moment de l'importation.

Cette base d'imposition est constatée par l'administration des douanes et des droits indirects, y compris en cas de régularisation et pour les catégories d'opérations mentionnées au 2º du 3 de l'article 293 A. A cette fin, elle dispose des pouvoirs prévus par le code des douanes pour l'établissement, le recouvrement et le contrôle des droits de douanes.

TVA-IV-14200 s. ; MF nºs 49615 s.

Art 293 Les biens qui sont exportés temporairement et qui sont réimportés après avoir fait l'objet d'une réparation, d'une transformation, d'une adaptation, d'une façon ou d'une ouvraison hors du territoire des États membres de la Communauté européenne, sont soumis à la taxe, lors de leur réimportation, sur la valeur des biens et services fournis par le prestataire.

TVA-IV-14910 s. ; MF nº 49630 e

Art 293 A **1.** A l'importation, le fait générateur se produit et la taxe devient exigible au moment où le bien est considéré comme importé, au sens du 2 du I de l'article 291.

La déclaration d'importation s'entend de la déclaration en douane, au sens du 12 de l'article 5 du code des douanes de l'Union, y compris pour les échanges mentionnés au 3 de l'article 1er du même code.

FR 2/24 inf. 49 nºs 2 à 12 p. 96 ; FR 40/21 inf. 2 p. 5 ; FR 9/23 inf. 1 nºs 51 s. p. 13 ; TVA-IV-12260 s., 12370 s. ; MF nº 49632

2. Le redevable de la taxe est :

1º Lorsque le bien fait l'objet d'une livraison située en France, conformément aux I à III de l'article 258, la personne qui réalise cette livraison ;

2º Lorsque le bien fait l'objet d'une vente à distance de biens importés :

a. La personne qui réalise cette vente, sauf dans les situations mentionnées aux b ou c du présent 2º ;

b. L'assujetti qui facilite cette vente par l'utilisation d'une interface électronique, telle qu'une place de marché, une plateforme, un portail ou un dispositif similaire, si toutes les conditions suivantes sont remplies :

les biens se trouvent en France au moment de l'arrivée de l'expédition ou du transport à destination de l'acquéreur ;

un tel assujetti intervient sans être réputé avoir réalisé la vente en application du a du 2° du V de l'article 256 ;

c. Le destinataire de cette vente, si toutes les conditions suivantes sont remplies :

les biens se trouvent en France au moment de l'arrivée de l'expédition ou du transport à destination de l'acquéreur ;

aucun assujetti n'a facilité la vente à distance de biens importés par l'utilisation d'une interface électronique, telle qu'une place de marché, une plateforme, un portail ou un dispositif similaire ;

la taxe sur la valeur ajoutée sur la vente à distance de biens importés n'est pas déclarée dans le cadre du régime particulier de déclaration et de paiement prévu à l'article 298 sexdecies H ;

la base d'imposition de la taxe due à l'importation est égale à celle qui serait déterminée pour la vente à distance si elle était localisée en France ;

3° Dans les autres situations :

a. Le destinataire de la vente mentionnée à l'article 128 du règlement d'exécution (UE) 2015/2447 de la Commission du 24 novembre 2015 établissant les modalités d'application de certaines dispositions du règlement (UE) n° 952/2013 du Parlement européen et du Conseil établissant le code des douanes de l'Union, si la valeur en douane est déterminée à partir de la valeur transactionnelle mentionnée à l'article 70 du règlement (UE) n° 952/2013 du Parlement européen et du Conseil du 9 octobre 2013 établissant le code des douanes de l'Union ;

b. Le débiteur de la dette douanière déterminé en application du 3 de l'article 77 ou des 3 et 4 de l'article 79 du règlement (UE) n° 952/2013 du Parlement européen et du Conseil du 9 octobre 2013 précité, si la valeur en douane n'est pas déterminée à partir de la valeur transactionnelle mentionnée à l'article 70 du même règlement ;

FR 2/24 inf. 49 n°s 17 et 18 p. 99

4° Par dérogation aux 1° à 3°, la personne recourant à l'option prévue à l'article 293 A quater.

FR 9/23 inf. 1 n°s 57 s. p. 14 ; MF n° 49634

3. Le redevable assujetti communique à l'administration chargée de la gestion de la déclaration des droits de douanes, outre les informations nécessaires pour constater la base imposable conformément au dernier alinéa de l'article 292 :

1° L'identifiant prévu à l'article 286 ter en cours de validité ou, lorsque l'exonération prévue au 11° du II de l'article 291 s'applique, celui mentionné au même 11° ;

2° Le cas échéant, les autres informations utiles pour le contrôle de la taxe sur la valeur ajoutée.

Il précise, le cas échéant, s'il s'agit d'une opération réalisée en franchise conformément à l'article 275, d'une opération réalisée en suspension conformément au 3° ou au b du 7° du I de l'article 277 A, d'une opération exonérée de la taxe sur la valeur ajoutée en application du 11° du II de l'article 291 ou d'une opération pour laquelle la taxe n'est pas perçue sur un autre fondement.

L'administration chargée de la gestion de la déclaration des droits de douanes transmet ces informations à l'administration chargée de la gestion de la déclaration de la taxe.

Un arrêté du ministre chargé du budget définit les informations prévues au 2° et les modalités de la transmission prévue à l'avant-dernier alinéa du présent 3.

Les manquements aux dispositions du présent 3 sont sanctionnés dans les conditions prévues au chapitre VI du titre XII du code des douanes. Ils sont constatés selon les mêmes procédures et les réclamations sont présentées, instruites et jugées selon les règles applicables aux manquements prévus au même chapitre VI.

MF n° 49615

4. Le représentant en douane, au sens du 6 de l'article 5 du code des douanes de l'Union, lorsqu'il agit en son nom propre et pour le compte d'autrui, est solidaire du paiement de la taxe.

Le représentant en douane transmet au redevable ou lui rend accessible par voie électronique, au plus tard lors de la réception des marchandises par le destinataire, l'information de la base imposable constatée conformément au dernier alinéa de l'article 292 ainsi que les documents nécessaires pour l'exercice du droit à déduction conformément au 2 de l'article 271.

FR 2/24 inf. 49 n°s 17 et 18 p. 99 ;
MF n° 49634 précision a

5. Sans préjudice du 4, dans les cas mentionnés aux b et c du 2° du 2, la personne qui réalise la livraison du bien importé et le destinataire de cette livraison sont solidairement tenus au paiement de la taxe.

FR 9/23 inf. 1 p. 3

Art 293 A bis Les personnes morales non assujetties qui ont acquitté la taxe sur la valeur ajoutée lors de l'importation d'un bien peuvent obtenir le remboursement de la taxe si elles expédient ou transportent ce bien vers un autre Etat membre de la Communauté européenne, à condition de justifier que l'acquisition intracommunautaire a été soumise à la taxe sur la valeur ajoutée dans cet Etat.

FR 9/23 inf. 4 n° 70 p. 17 ; TVA-IV-17800 ; MF n° 49640 précision b

Art 293 A ter I. Sont soumis aux dispositions du présent article, quel que soit leur lieu d'établissement, les entreprises qui, en qualité d'opérateurs de plateforme en ligne, mettent en relation à distance, par voie électronique, des personnes en vue de la vente d'un bien, de la fourniture d'un service ou de l'échange ou du partage d'un bien ou d'un service.

II. Lorsqu'il existe des présomptions qu'une personne, quel que soit son lieu d'établissement, son domicile ou sa résidence habituelle, qui exerce son activité par l'intermédiaire d'une plateforme en ligne se soustrait à ses obligations en matière de déclaration ou de paiement de la taxe sur la valeur ajoutée due en application de l'article 293 A, l'administration peut signaler cette personne à l'opérateur de la plateforme en ligne, afin que celui-ci puisse prendre les mesures de nature à permettre à cette personne de régulariser sa situation.

L'opérateur de plateforme en ligne notifie à l'administration les mesures prises au titre du présent II.

III. Si les présomptions persistent après un délai d'un mois à compter de la notification prévue au second alinéa du II ou, à défaut d'une telle notification, à compter du signalement prévu au premier alinéa du même II, l'administration peut mettre en demeure l'opérateur de plateforme en ligne de prendre des mesures supplémentaires ou, à défaut, d'exclure la personne concernée de la plateforme en ligne.

L'opérateur de plateforme en ligne notifie à l'administration les mesures prises au titre du présent III.

IV. En l'absence de mise en œuvre des mesures ou de l'exclusion mentionnées au III après un délai d'un mois à compter de la notification prévue au second alinéa du III ou, à défaut d'une telle notification, à compter de la mise en demeure prévue au premier alinéa du même III, la taxe dont est redevable la personne mentionnée au II est solidairement due par l'opérateur de plateforme en ligne.

V. Les modalités d'application du présent article sont définies par arrêté du ministre chargé du budget *(Voir Annexe IV, art. 190 à 192 bis).*

Ndlr *Le présent article n'est pas applicable aux livraisons de biens soumises aux dispositions de l'article 14 bis de la directive TVA, telle que modifiée par la directive 2017/2455 du 5 décembre 2017, et transposé à l'article 256, V-2° du CGI.*

RIE-IV-10550 s. ; MF n° 54060

Art 293 A quater I. Conformément au 4° du 2 de l'article 293 A, les personnes mentionnées au II qui déposent la déclaration d'importation ou qui mandatent à cette fin la personne qui dépose la déclaration peuvent opter pour être redevables de la taxe sur la valeur ajoutée à l'importation.

Elles exercent cette option en mentionnant leur identifiant, prévu à l'article 286 ter, en cours de validité sur la déclaration d'importation.

II. Peut opter, lorsqu'il n'est pas désigné comme redevable par les 1° à 3° du 2 de l'article 293 A :

1° En cas de vente à distance de biens importés, l'assujetti réalisant cette livraison ;

2° Dans les autres situations, tout assujetti effectuant des opérations relevant des activités économiques, au sens du dernier alinéa de l'article 256 A, pour les besoins desquelles l'importation est réalisée.

FR 9/23 inf. 1 nos 57 s. p. 14 ; MF n° 49634

SECTION VIII bis

Franchise en base

Art 293-0 B I. Aux fins de la présente section :

1° Est considéré comme un assujetti établi en France :

a. Tout assujetti dont le siège de l'activité économique est situé en France ;

b. Tout assujetti dont le siège de l'activité économique est situé en territoire tiers, qui dispose d'un établissement stable en France et choisit d'être rattaché à la France en application du II ;

2° Est considéré comme un assujetti établi dans un autre Etat membre de l'Union européenne :

a. Tout assujetti dont le siège de l'activité économique est situé dans cet autre Etat membre ;

b. Tout assujetti dont le siège de l'activité économique est situé en territoire tiers, qui dispose d'un établissement stable dans cet autre Etat membre et choisit d'être rattaché à cet Etat membre conformément aux dispositions transposant, dans cet Etat membre, la section 2 du chapitre Ier du titre XII de la directive 2006/112/CE du Conseil du 28 novembre 2006 relative au système commun de taxe sur la valeur ajoutée.

II. L'assujetti dont le siège de l'activité économique est situé en territoire tiers et qui dispose d'un établissement stable en France est rattaché à la France lorsque toutes les conditions suivantes sont remplies :

1° Il a manifesté auprès de l'administration française, dans des conditions déterminées par décret, l'intention de bénéficier de la franchise mentionnée à l'article 293 B ou, au moyen de la notification prévue à l'article 293 B ter, l'intention de bénéficier de la franchise mentionnée au même article 293 B ter dans un ou plusieurs autres Etats membres ;

2° Dans aucun des autres Etats membres :

a. Il ne bénéficie de la franchise prévue par les dispositions transposant le 1 de l'article 284 de la directive 2006/112/CE du Conseil du 28 novembre 2006 précitée ;

b. Il n'est identifié en application des dispositions transposant le b du 3 du même article 284.

> **Ndlr** *Les dispositions du présent article s'appliquent à compter du 1er janvier 2025 (Loi 2023-1322 du 29 décembre 2023 art. 82, I-8° et III).*

FR 2/24 inf. 47 p. 88

Art 293 B **I.** Pour leurs livraisons de biens et leurs prestations de services, les assujettis établis en France, à l'exclusion des redevables qui exercent une activité occulte au sens du deuxième alinéa de l'article L 169 du livre des procédures fiscales, bénéficient d'une franchise qui les dispense du paiement de la taxe sur la valeur ajoutée, lorsqu'ils n'ont pas réalisé :

1° Un chiffre d'affaires supérieur à :

a. 91 900 € l'année civile précédente ;

b. Ou 101 000 € l'année civile précédente, lorsque le chiffre d'affaires de la pénultième année n'a pas excédé le montant mentionné au a ;

2° Et un chiffre d'affaires afférent à des prestations de services, hors ventes à consommer sur place et prestations d'hébergement, supérieur à :

a. 36 800 € l'année civile précédente ;

b. Ou 39 100 € l'année civile précédente, lorsque la pénultième année il n'a pas excédé le montant mentionné au a.

> **Ndlr** *Limites applicables à compter du 1er janvier 2023. Elles étaient fixées respectivement à 85 800 €, 94 300 €, 34 400 € et 36 500 € de 2020 à 2022.*

II. 1. Le I cesse de s'appliquer :

a. Aux assujettis dont le chiffre d'affaires de l'année en cours dépasse le montant mentionné au b du 1° du I ;

b. Ou à ceux dont le chiffre d'affaires de l'année en cours afférent à des prestations de services, hors ventes à consommer sur place et prestations d'hébergement, dépasse le montant mentionné au b du 2° du I.

2. Les assujettis visés au 1 deviennent redevables de la taxe sur la valeur ajoutée pour les prestations de services et les livraisons de biens effectuées à compter du premier jour du mois au cours duquel ces chiffres d'affaires sont dépassés.

III. Le chiffre d'affaires limite de la franchise prévue au I est fixé à 47 700 € :

1. Pour les opérations réalisées par les avocats et les avocats au Conseil d'Etat et à la Cour de cassation dans le cadre de l'activité définie par la réglementation applicable à leur profession ;

> **Ndlr** *La limite de 47 700 € est applicable à compter du 1er janvier 2023. Elle était fixée à 44 500 € de 2020 à 2022.*

RIE-II-13000 s. ; MF n° 53860

2. Pour la livraison de leurs œuvres désignées aux 1° à 12° de l'article L 112-2 du code de la propriété intellectuelle et la cession des droits patrimoniaux qui leur sont reconnus par la loi par les auteurs d'œuvres de l'esprit, à l'exception des architectes ;

3. Pour l'exploitation des droits patrimoniaux qui sont reconnus par la loi aux artistes-interprètes visés à l'article L 212-1 du code de la propriété intellectuelle.

TVA-XV-19200 s. ; MF nos 47540, 53860

IV. Pour leurs livraisons de biens et leurs prestations de services qui n'ont pas bénéficié de l'application de la franchise prévue au III, ces assujettis bénéficient également d'une franchise lorsque le chiffre d'affaires correspondant réalisé au cours de l'année civile précédente n'excède pas 19 600 €.

Cette disposition ne peut pas avoir pour effet d'augmenter le chiffre d'affaires limite de la franchise afférente aux opérations mentionnées au 1, au 2 ou au 3 du III.

> **Ndlr** *La limite de 19 600 € est applicable à compter du 1er janvier 2023. Elle était fixée à 18 300 € de 2020 à 2022.*

V. Les dispositions du III et du IV cessent de s'appliquer aux assujettis dont le chiffre d'affaires de l'année en cours dépasse respectivement 58 600 € et 23 700 €. Ils deviennent redevables de la taxe sur la valeur ajoutée pour les prestations de services et pour les livraisons de biens effectuées à compter du premier jour du mois au cours duquel ces chiffres d'affaires sont dépassés.

> **Ndlr** *Limites applicables aux chiffres d'affaires réalisés à compter de 2023. Elles étaient fixées respectivement à 54 700 € et 22 100 € de 2020 à 2022.*

VI. Les seuils mentionnés aux I à V sont actualisés tous les trois ans dans la même proportion que l'évolution triennale de la limite supérieure de la première tranche du barème de l'impôt sur le revenu et arrondis à la centaine d'euros la plus proche.

VII. *(Abrogé).*

Ndlr *Pour les dispositions du présent article qui entreront en vigueur le 1er janvier 2025, voir partie Autres textes du présent code loi 2023-1322 du 29 décembre 2023 art. 82, I-9° et III.*

Art 293 B bis I. L'article 293 B est applicable aux assujettis établis dans un Etat membre de l'Union européenne autre que la France pour leurs livraisons de biens et leurs prestations de services réalisées en France lorsque les conditions suivantes sont cumulativement remplies :

1° Leur chiffre d'affaires sur le territoire de l'Union européenne n'excède pas 100 000 € lors de l'année précédente et lors de l'année en cours ;

2° L'assujetti a adressé à l'Etat membre dans lequel il est établi une notification préalable ou une mise à jour de celle-ci indiquant qu'il entend faire usage de la franchise en France, selon les formalités prévues par les dispositions transposant, dans cet Etat, les 3 et 4 de l'article 284 de la directive 2006/112/CE du Conseil du 28 novembre 2006 relative au système commun de taxe sur la valeur ajoutée.

II. La franchise mentionnée au I du présent article s'applique :

1° Si l'assujetti a indiqué faire usage de la franchise en France dans sa notification préalable, à compter de la date de communication à l'assujetti de son numéro individuel d'identification pour la notification préalable dans l'Etat membre d'établissement par les autorités compétentes de cet Etat membre, conformément aux dispositions transposant, dans cet Etat membre, le 5 de l'article 284 de la directive 2006/112/CE du Conseil du 28 novembre 2006 précitée ;

2° S'il l'a indiqué à l'occasion d'une mise à jour de la notification préalable, à compter de la date de confirmation à l'assujetti de son numéro individuel d'identification pour la mise à jour de la notification préalable, conformément au 1° du présent II.

III. Sans préjudice du III de l'article 293 B, la franchise mentionnée au I du présent article cesse de s'appliquer :

1° Lorsque le plafond de chiffre d'affaires mentionné au 1° du même I est dépassé, aux opérations intervenant à compter de la date de dépassement ;

2° A la suite de la demande de l'assujetti adressée aux autorités compétentes de l'Etat membre autre que la France dans lequel il est établi, aux opérations intervenant à compter du premier jour du trimestre civil suivant la réception des informations communiquées par cet assujetti à ces autorités ou, lorsque ces informations sont reçues durant le dernier mois d'un trimestre civil, à partir du premier jour du deuxième mois du trimestre civil suivant.

Ndlr *Les dispositions du présent article s'appliquent à compter du 1er janvier 2025 (Loi 2023-1322 du 29 décembre 2023 art. 82, I-10° et III).*

FR 2/24 inf. 47 p. 88

Art 293 B ter I. Pour bénéficier dans un ou plusieurs Etats membres de l'Union européenne autres que la France du régime de franchise prévu par les dispositions transposant dans cet Etat membre ou ces Etats membres la section 2 du chapitre 1 du titre XII de la directive 2006/112/CE du Conseil du 28 novembre 2006 relative au système commun de taxe sur la valeur ajoutée, l'assujetti établi en France, ou souhaitant être rattaché à la France en application du 1° du II de l'article 293-0 B aux fins d'y être établi, adresse une notification préalable à l'administration française.

Cet assujetti est identifié par un numéro individuel d'identification aux fins de l'application de la franchise, délivré par l'administration française.

Il informe l'administration française, au moyen d'une mise à jour de la notification préalable, de toute modification des informations fournies dans la notification mentionnée au premier alinéa du présent I, y compris de l'intention de faire usage de la franchise dans un ou plusieurs Etats membres autres que ceux indiqués dans la notification préalable et de la décision de cesser d'appliquer le régime de franchise dans un ou plusieurs de ces Etats membres.

II. L'administration française communique à l'assujetti le numéro individuel d'identification mentionné au deuxième alinéa du I au plus tard trente-cinq jours ouvrables après la réception de la notification préalable ou de la mise à jour de la notification préalable, sauf dans des cas spécifiques où, pour éviter la fraude ou l'évasion fiscale, elle exige un délai supplémentaire, ne pouvant excéder trente-cinq jours ouvrables, pour effectuer les contrôles nécessaires.

III. A. L'assujetti mentionné au I communique à l'administration française, pour chaque trimestre civil, les informations suivantes, y compris le numéro individuel d'identification mentionné au deuxième alinéa du même I :

1° Le montant total des livraisons de biens et des prestations de services effectuées au cours du trimestre civil en France ou un montant nul si aucune livraison de biens ou prestation de services n'a été effectuée ;

2° Le montant total des livraisons de biens et des prestations de services effectuées au cours du trimestre civil dans chacun des Etats membres autres que la France ou un montant nul si aucune livraison de biens ou prestation de services n'a été effectuée, y compris dans les Etats membres où il ne bénéficie pas du régime de franchise.

B. L'assujetti communique les informations énoncées au A du présent III dans un délai d'un mois à compter de la fin du trimestre civil.

IV. L'assujetti mentionné au I informe l'administration française, dans un délai de quinze jours ouvrables, lorsque son chiffre d'affaires annuel dans l'Union européenne dépasse le montant mentionné au 1° du I de l'article 293 B bis.

Il communique à l'administration, dans le même délai, le montant des livraisons de biens et des prestations de services mentionnées au A du III du présent article qui ont été effectuées entre le début du trimestre civil en cours et la date à laquelle le plafond de chiffre d'affaires annuel dans l'Union européenne a été dépassé.

V. L'administration désactive sans délai le numéro individuel d'identification mentionné au deuxième alinéa du I ou, si l'assujetti continue de faire usage du régime de franchise dans un ou plusieurs autres Etats membres, adapte sans délai les informations qu'il a transmises dans le cadre de la notification préalable ou de ses mises à jour, en ce qui concerne les Etats membres concernés, dans les cas suivants :

1° Le montant total des livraisons de biens et des prestations de services déclaré par l'assujetti dépasse le montant mentionné au 1° du I de l'article 293 B bis ;

2° L'Etat membre octroyant la franchise a notifié que l'assujetti ne peut pas se prévaloir de la franchise ou que la franchise a cessé de s'appliquer dans cet Etat membre ;

3° L'assujetti a fait part à l'administration de sa décision de cesser de faire application du régime de franchise ;

4° L'assujetti a fait savoir ou l'on peut présumer par d'autres moyens que ses activités ont pris fin.

VI. Un décret détermine les modalités d'application du présent article.

Ndlr *Les dispositions du présent article s'appliquent à compter du 1er janvier 2025 (Loi 2023-1322 du 29 décembre 2023 art. 82, I-10° et III).*

FR 2/24 inf. 47 p. 88

Art 293 BA La franchise mentionnée à l'article 293 B n'est pas applicable lorsque l'administration a dressé un procès-verbal de flagrance fiscale, dans les conditions prévues à l'article L 16-0 BA du livre des procédures fiscales, au titre de l'année ou de l'exercice au cours duquel ce procès-verbal est établi.

Ndlr *Pour les dispositions du présent article qui entreront en vigueur le 1er janvier 2025, voir partie Autres textes du présent code loi 2023-1322 du 29 décembre 2023 art. 82, I-11° et III.*

RIE-II-10305 ; MF n° 53800

Art 293 C La franchise mentionnée aux I et IV de l'article 293 B n'est pas applicable :

1° Aux opérations visées au I de l'article 257 ;

2° Aux opérations visées à l'article 298 bis ;

3° Aux opérations soumises à la taxe sur la valeur ajoutée en vertu d'une option prévue aux articles 260, 260 A et 260 B ;

4° Aux livraisons de moyens de transport neufs effectuées dans les conditions prévues à l'article 298 sexies.

Ndlr *Pour les dispositions du présent article qui entreront en vigueur le 1er janvier 2025, voir partie Autres textes du présent code loi 2023-1322 du 29 décembre 2023 art. 82, I-12° et III.*

RIE-II-10450 s. ; MF n° 53800

Art 293 D **I.** Les chiffres d'affaires mentionnés aux I et IV de l'article 293 B sont constitués par le montant hors taxe sur la valeur ajoutée des livraisons de biens et des prestations de services effectuées au cours de la période de référence, à l'exception des opérations exonérées et des cessions de biens d'investissement corporels ou incorporels mais y compris les opérations immobilières, bancaires, financières et des assurances qui n'ont pas le caractère d'opérations accessoires et les opérations visées au I et aux 1° à 7°, 12° et 14° du II de l'article 262 et à l'article 263.

RIE-II-10870 s. ; MF n° 53810

II. Les chiffres d'affaires mentionnés au III de l'article 293 B sont constitués par le montant hors taxe sur la valeur ajoutée, réalisé au cours de la période de référence :

1° Des prestations de services relevant de l'activité réglementée de chacune des professions citées au 1 du III de l'article 293 B ;

RIE-II-13000 s. ; MF n° 53860

2° Des livraisons et des cessions de droits visées au 2 du III de l'article 293 B.

TVA-XV-19355 s. ; MF n° 53860

III. Pour l'application des dispositions prévues à l'article 293 B, les limites mentionnées au I, au III et au IV du même article sont ajustées au prorata du temps d'exploitation de l'entreprise ou d'exercice de l'activité pendant l'année de référence.

TVA-XV-19375 ; RIE-II-10975 s. ; MF n° 53785

Ndlr *Pour les dispositions du présent article qui entreront en vigueur le 1er janvier 2025, voir partie Autres textes du présent code loi 2023-1322 du 29 décembre 2023 art. 82, I-13° et III.*

Art 293 E Les assujettis bénéficiant d'une franchise de taxe mentionnée à l'article 293 B ne peuvent opérer aucune déduction de la taxe sur la valeur ajoutée, ni faire apparaître la taxe sur leurs factures, notes d'honoraires ou sur tout autre document en tenant lieu.

En cas de délivrance d'une facture, d'une note d'honoraires ou de tout autre document en tenant lieu par ces assujettis pour leurs livraisons de biens et leurs prestations de services, la facture, la note d'honoraires ou le document doit comporter la mention : « TVA non applicable, article 293 B du code général des impôts. »

Ndlr *Pour les dispositions du présent article qui entreront en vigueur le 1er janvier 2025, voir partie Autres textes du présent code loi 2023-1322 du 29 décembre 2023 art. 82, I-13° et III.*

TVA-XV-19480 s. ; RIE-II-11300 s. ; MF nos 54350 s.

Art 293 F **I.** Les assujettis susceptibles de bénéficier des franchises mentionnées à l'article 293 B peuvent opter pour le paiement de la taxe sur la valeur ajoutée.

II. Cette option prend effet le premier jour du mois au cours duquel elle est déclarée.

Elle couvre obligatoirement une période de deux années, y compris celle au cours de laquelle elle est déclarée.

Elle est renouvelable par tacite reconduction, sauf dénonciation à l'expiration de chaque période. Toutefois, elle est reconduite de plein droit pour la période de deux ans suivant celle au cours ou à l'issue de laquelle les assujettis ayant exercé cette option ont bénéficié d'un remboursement de taxe sur la valeur ajoutée prévu à l'article 271.

III. L'option et sa dénonciation sont déclarées au service des impôts dans les conditions et selon les mêmes modalités que celles prévues au 1° du I de l'article 286.

TVA-XV-19750 s. ; RIE-II-12000 s. ; MF n° 53825

Art 293 G **I.** Les assujettis visés au III de l'article 293 B qui remplissent les conditions pour bénéficier de la franchise et qui n'ont pas opté pour le paiement de la taxe sur la valeur ajoutée sont exclus du bénéfice de la franchise quand le montant cumulé des opérations visées aux III et IV de l'article 293 B excède la somme des chiffres d'affaires mentionnés respectivement aux III et IV de ce même article l'année de référence ou la somme des chiffres d'affaires mentionnés au V du même article l'année en cours.

Les opérations visées au IV de l'article 293 B ne sont prises en compte que lorsque la franchise prévue par cette disposition est appliquée.

II. Les assujettis visés au I peuvent, le cas échéant, bénéficier de la franchise prévue au I de l'article 293 B pour l'ensemble de leurs opérations.

III. Les franchises prévues au I de l'article 293 B, d'une part, et aux III et IV du même article, d'autre part, ne peuvent pas se cumuler.

IV. *(Dispositions disjointes).*

Ndlr *Pour les dispositions du présent article qui entreront en vigueur le 1er janvier 2025, voir partie Autres textes du présent code loi 2023-1322 du 29 décembre 2023 art. 82, I-14° et III.*

RIE-II-13000 s. ; TVA-XV-20250 ; MF n° 53860

SECTION IX

Régimes spéciaux

I. Départements d'outre-mer

Art 294 **1.** La taxe sur la valeur ajoutée n'est provisoirement pas applicable dans les départements de la Guyane et de Mayotte.

TVA-III-20040 s.

2. Pour l'application de la taxe sur la valeur ajoutée, est considérée comme exportation d'un bien :

1° L'expédition ou le transport d'un bien hors de France métropolitaine à destination des départements de la Guadeloupe, de la Guyane, de Mayotte, de la Martinique ou de La Réunion ;

2° L'expédition ou le transport d'un bien hors des départements de la Guadeloupe ou de la Martinique à destination de la France métropolitaine, d'un autre Etat membre de la Communauté européenne, des départements de la Guyane, de Mayotte, ou de La Réunion ;

3° L'expédition ou le transport d'un bien hors du département de La Réunion à destination de la France métropolitaine, d'un autre Etat membre de la Communauté européenne, des départements de la Guadeloupe, de la Guyane, de Mayotte, ou de la Martinique.

3. Pour l'application de la taxe sur la valeur ajoutée, est considérée comme importation d'un bien :

1° L'entrée en France métropolitaine d'un bien originaire ou en provenance des départements de la Guadeloupe, de la Guyane, de Mayotte, de la Martinique ou de La Réunion ;

2° L'entrée dans les départements de la Guadeloupe ou de la Martinique d'un bien originaire ou en provenance de la France métropolitaine, d'un autre Etat membre de la Communauté européenne, des départements de la Guyane, de Mayotte, ou de La Réunion ;

3° L'entrée dans le département de La Réunion d'un bien originaire ou en provenance de la France métropolitaine, d'un autre Etat membre de la Communauté européenne, des départements de la Guadeloupe, de la Guyane, de Mayotte, ou de la Martinique.

FR 9/23 inf. 1 n°s 29 s. p. 9 ; TVA-III-20200 s. ; MF n°s 91565 s.

Art 295 **1.** Sont exonérés de la taxe sur la valeur ajoutée :

1° Les transports maritimes de personnes et de marchandises effectués dans les limites de chacun des départements de la Guadeloupe, de la Martinique et de La Réunion ;

2° Les ventes et importations de riz dans le département de La Réunion ;

3° *(Abrogé)* ;

4° *(Abrogé)* ;

5° Dans les départements de la Guadeloupe, de la Martinique et de La Réunion :

a. Les importations de matières premières et produits dont la liste est fixée par arrêtés conjoints du ministre de l'économie et des finances et du ministre chargé des départements d'outre-mer *(Voir Annexe IV, art. 50 undecies et 50 duodecies)* ;

b. Les ventes et les livraisons à soi-même des produits de fabrication locale analogues à ceux dont l'importation dans les départements susvisés est exemptée en vertu des dispositions qui précèdent ;

c. La livraison en l'état de biens importés en exonération de la taxe conformément au a ;

6° Les livraisons, importations, services d'intermédiation et prestations de travail à façon portant sur les produits énergétiques et assimilés, autres que les charbons et les gaz naturels, réalisés en Guadeloupe, en Martinique ou à La Réunion ;

7° Les affrètements et locations de courte durée, au sens du a du 1° de l'article 259 A du présent code, de navires de plaisance qui sont d'une longueur de coque supérieure à vingt-quatre mètres et dont la jauge brute est inférieure à trois mille, mis à disposition à partir du territoire de la Guadeloupe ou de la Martinique en vue de réaliser des voyages d'agréments en dehors des eaux territoriales.

2. *(Abrogé).*

3. *(Abrogé).*

[L'exonération totale ou partielle prévue en faveur des entreprises hôtelières établies dans les départements d'outre-mer, sous réserve de l'agrément prévu par l'article 26-2 de la loi 66-10 du 6 janvier 1966, demeure applicable aux entreprises qui ont bénéficié, avant le 1er janvier 1971, dudit agrément (Loi 70-1199 du 21 décembre 1970 art. 66-I-3)].

4. *(Périmé).*

TVA-III-22700 s. ; MF n°s 91590 s.

Art 296 Dans les départements de la Guadeloupe, de la Martinique et de La Réunion, la taxe sur la valeur ajoutée est perçue :

1° a. Au taux réduit de 2,10 % pour les opérations visées aux articles 278-0 bis à 279-0 bis A et à l'article 298 octies ;

b. Au taux normal de 8,50 % dans les autres cas.

2° *(Abrogé).*

TVA-III-21480 ; MF n° 91610

Art 296 bis Dans les départements de la Guadeloupe, de la Martinique et de La Réunion, la taxe sur la valeur ajoutée est perçue au taux de :

a. 1,05 % pour les opérations visées à l'article 281 quater ;

b. 1,75 % pour les opérations visées à l'article 281 sexies ;

c. *(Abrogé)* ;

d. *(Abrogé).*

TVA-III-21530 s. ; MF n° 91610

Art 296 ter Dans les départements de la Guadeloupe, de la Martinique et de La Réunion, la taxe sur la valeur ajoutée est perçue au taux réduit en ce qui concerne :

a. Les travaux de construction de logements évolutifs sociaux, financés dans les conditions prévues par arrêté interministériel en application des articles L 301-1 et L 301-2 du code de la construction et de l'habitation et facturés aux personnes physiques accédant directement à la propriété à titre de résidence principale et qui concourent à la production ou à la livraison d'immeubles au sens du I de l'article 257 du présent code ;

b. Les ventes de logements évolutifs sociaux mentionnés au a qui entrent dans le champ d'application du I de l'article 257, lorsque l'acquéreur bénéficie pour cette acquisition des aides de l'Etat dans les conditions prévues par le même arrêté ;

c. Les livraisons à soi-même mentionnées au I de l'article 257, ainsi que les ventes et apports de terrains à bâtir et de logements neufs lorsque ces opérations sont financées à l'aide d'un prêt aidé accordé ou d'une subvention de l'Etat accordée dans les conditions prévues aux articles R 372-1 et D 372-20 à D 372-24 du code de la construction et de l'habitation ou dans les conditions fixées à l'article 244 quater X du présent code.

Ndlr *Le taux de 2,1 % continue de bénéficier, en application du c de l'article 296 ter dans sa rédaction antérieure à l'article 30 de la loi 2018-1317 du 28 décembre 2018, aux investissements réalisés en application des articles 199 undecies C ou 217 undecies du CGI dans leur rédaction antérieure à ce même article 30 de la loi précitée et qui ont été lancés au plus tard le 24 septembre 2018 (déclaration d'ouverture de chantier ou demande d'agrément parvenue à l'administration à cette date) (Loi 2018-1317 du 28 décembre 2018 art. 30, V-E).*

L'application du taux réduit est subordonnée à la condition que les personnes physiques accédant à la propriété justifient bénéficier d'une aide dans les conditions prévues par l'arrêté mentionné au a. Le prestataire ou le vendeur sont tenus de conserver ce justificatif à l'appui de leur comptabilité.

IMMO-I-19100 s. ; MF n° 92100

Art 296 quater Ne sont pas applicables en Guadeloupe, à La Réunion et en Martinique :

1° Les articles 298 sexdecies G et 298 sexdecies H ;

2° Les autres dispositions relatives à la taxe sur la valeur ajoutée en tant qu'elles font référence aux opérations effectuées dans le cadre des régimes particuliers prévus aux mêmes articles 298 sexdecies G et 298 sexdecies H.

II. Corse

Art 297 I. 1. En Corse, la taxe sur la valeur ajoutée est perçue au taux de :

1° 0,90 % pour les opérations visées aux articles 281 quater et 281 sexies ;

TVA-III-24730 ; MF n° 92375

2° 2,10 % en ce qui concerne :

Les opérations visées aux 1°, 1°-00 bis, 1°-0 bis et 3° du A de l'article 278-0 bis et à l'article 278 bis portant sur des produits livrés en Corse ;

Les prestations de services visées aux B, C, et E à H de l'article 278-0 bis et aux a à b *nonies* de l'article 279 ;

TVA-III-24760 s. ; MF n° 92380

3° *(Disposition devenue sans objet : loi n° 88-1149 du 23 décembre 1988, art. 9-I) ;*

4° *(Abrogé) ;*

5° 10 % en ce qui concerne :

a. Les travaux immobiliers ainsi que les opérations visées au I de l'article 257 ;

b. Les ventes de matériels agricoles livrés en Corse et dont la liste est fixée par arrêté du ministre de l'économie et des finances *(Voir Annexe IV, art. 50 duodecies A)* ;

c. *(Abrogé)* ;

d. Les ventes à consommer sur place autres que celles visées au a bis de l'article 279 ;

e. Les ventes d'électricité effectuées en basse tension ;

f. Les opérations mentionnées à l'article 279-0 bis A ;

FR 2/24 inf. 48 p. 93 ; TVA-III-24870 s. ; MF n° 92385

6° 13 % en ce qui concerne :

a. *(Abrogé) ;*

b. Les ventes de produits pétroliers livrés en Corse ;

TVA-III-25130 ; MF n° 92390

7° *(Abrogé) ;*

8° *(Disposition devenue sans objet : loi n° 88-1149 du 23 décembre 1988, art. 9-I-2, IV-1, 2e al., et 2).*

2. Les mêmes dispositions sont applicables aux importations et acquisitions intracommunautaires en Corse et aux expéditions de France continentale à destination de la Corse, des produits qui sont visés au 1.

II. *(Abrogé).*

III. *(Disposition périmée).*

TVA-III-24650 s. ; MF n°s 92370 s.

II bis. Biens d'occasion, œuvres d'art, objets de collection et d'antiquité

Art 297 A I. 1° La base d'imposition des livraisons par un assujetti revendeur de biens d'occasion, d'œuvres d'art, d'objets de collection ou d'antiquité qui lui ont été livrés par un non-redevable de la taxe sur la valeur ajoutée ou par une personne qui n'est pas autorisée à facturer la taxe sur la valeur ajoutée au titre de cette livraison est constituée de la différence entre le prix de vente et le prix d'achat.

La définition des biens d'occasion, des œuvres d'art, des objets de collection et d'antiquité est fixée par décret *(Voir Annexe III, art. 98 A).*

TVA-XV-1900 s. ; MF n° 60785

2° Pour les livraisons aux enchères publiques de biens d'occasion, d'œuvres d'art, d'objets de collection ou d'antiquité réalisées par un assujetti agissant en son nom propre pour le compte d'un non-redevable de la taxe sur la valeur ajoutée ou d'une personne qui n'est pas autorisée à facturer la taxe sur la valeur ajoutée au titre de sa livraison, la base d'imposition est constituée par la différence entre le prix total payé par l'adjudicataire et le montant net payé par cet assujetti à son commettant.

TVA-XV-3850 ; MF nº 60955

3° Pour les transferts visés au III de l'article 256, effectués par un assujetti revendeur, de biens d'occasion, d'œuvres d'art, d'objets de collection ou d'antiquité qui lui ont été livrés dans des conditions qui permettraient l'application des dispositions prévues au 1° et au 2°, la base d'imposition est constituée par la différence entre la valeur du bien déterminée conformément au c du 1 de l'article 266 et le prix d'achat du bien.

TVA-XV-3065 ; MF nº 60880

4° Pour les assujettis qui ont exercé l'option prévue à l'article 297 B, le prix d'achat mentionné aux 1° et 3° s'entend, selon le cas, du montant de la livraison, de l'acquisition intracommunautaire, ou de la valeur à l'importation, déterminés conformément aux articles 266 ou 292, augmentés de la taxe sur la valeur ajoutée.

Ndlr *Les dispositions du présent 4° sont abrogées à compter du 1er janvier 2025, voir partie Autres textes du présent code loi 2023-1322 du 29 décembre 2023 art. 83, I-8°-c et II.*

TVA-XV-1790 ; MF nº 60775

II. La base d'imposition définie au I peut être déterminée globalement, pour chacune des périodes couvertes par les déclarations mentionnées à l'article 287, par la différence entre le montant total des livraisons et le montant total des achats de biens d'occasion, d'œuvres d'art, d'objets de collection ou d'antiquité effectués au cours de chacune des périodes considérées.

Si au cours d'une période, le montant des achats excède celui des livraisons, l'excédent est ajouté aux achats de la période suivante.

Les assujettis revendeurs qui se placent sous ce régime procèdent à une régularisation annuelle en ajoutant la différence entre le stock au 31 décembre et le stock au 1er janvier de la même année aux achats de la première période suivante, telle que définie au deuxième alinéa, si cette différence est négative, ou en la retranchant si elle est positive.

Cette modalité de calcul de la base d'imposition ne fait naître, au profit des assujettis revendeurs, aucun droit à restitution de la taxe sur la valeur ajoutée au titre de ces opérations.

TVA-XV-2100 s. ; MF nº 60795

III. Pour les livraisons d'œuvres d'art, lorsqu'il n'est pas possible de déterminer avec précision le prix d'achat payé par un assujetti revendeur au vendeur ou lorsque ce prix n'est pas significatif, la base d'imposition peut être constituée par une fraction du prix de vente égale à 30 % de celui-ci.

TVA-XV-2290 s. ; MF nº 60805

Ndlr *Les dispositions du présent III sont abrogées à compter du 1er janvier 2025, voir partie Autres textes du présent code loi 2023-1322 du 29 décembre 2023 art. 83, I-8°-c et II.*

TVA-XV-1500 s. ; MF nos 60750 s.

Art 297 B Les assujettis revendeurs peuvent demander à appliquer les dispositions de l'article 297 A pour les livraisons d'œuvres d'art, d'objets de collection ou d'antiquité subséquentes à une importation, une acquisition intracommunautaire ou une livraison soumises au taux réduit de la taxe sur la valeur ajoutée en application de l'article 278 septies ou du I de l'article 278-0 bis.

L'option est valable à compter du 1er jour du mois suivant celui de la demande et jusqu'à la fin de la deuxième année civile suivante.

Elle est renouvelable par tacite reconduction, par période de deux années civiles, sauf dénonciation formulée avant l'expiration de chaque période.

Ndlr *Les dispositions du présent article sont abrogées à compter du 1er janvier 2025, voir partie Autres textes du présent code loi 2023-1322 du 29 décembre 2023 art. 83, I-8°-d et II.*

TVA-XV-1750 s. ; MF nº 60775

Art 297 C Pour chaque livraison de biens d'occasion, d'œuvres d'art, d'objets de collection ou d'antiquité, les assujettis revendeurs peuvent appliquer les règles de taxe sur la valeur ajoutée applicables aux autres assujettis.

TVA-XV-1660 s. ; MF nº 60770

Art 297 D **I. 1°** La taxe sur la valeur ajoutée incluse dans le prix de vente des biens d'occasion, des œuvres d'art, des objets de collection ou d'antiquité qui ont été taxés conformément aux dispositions de l'article 297 A n'est pas déductible par l'acquéreur ;

TVA-XV-2545 s. ; MF nº 60820

2° Les assujettis revendeurs ne peuvent pas déduire la taxe sur la valeur ajoutée afférente à l'achat, à l'acquisition intracommunautaire, à l'importation ou à la livraison à soi-même des biens d'occasion, des œuvres d'art, des objets de collection ou d'antiquité dont la livraison est taxée conformément aux dispositions de l'article 297 A *(Voir également Annexe II, art. 206, IV-2-9°).*

TVA-XV-2420 s. ; MF n° 60815

II. Les assujettis revendeurs qui ont exercé l'option prévue à l'article 297 B et qui effectuent des livraisons d'œuvres d'art, d'objets de collection ou d'antiquité dans les conditions prévues à l'article 297 C, ne peuvent déduire la taxe sur la valeur ajoutée afférente à ces biens qu'au moment de leur livraison.

Ndlr *Les dispositions du présent II sont abrogées à compter du 1er janvier 2025, voir partie Autres textes du présent code loi 2023-1322 du 29 décembre 2023 art. 83, I-8°-e et II.*

TVA-XV-1695 ; MF n° 60770

Art 297 E Les assujettis qui appliquent les dispositions de l'article 297 A ne peuvent pas faire apparaître la taxe sur la valeur ajoutée sur leurs factures.

TVA-XV-2545 s. ; MF n° 60825

Art 297 F Les assujettis qui effectuent des opérations portant sur des biens d'occasion, des œuvres d'art, des objets de collection ou d'antiquité doivent comptabiliser distinctement par mode d'imposition leurs opérations portant sur ces biens.

TVA-XV-2580 s. ; MF n° 60830

Art 297 G Pour bénéficier du régime prévu à l'article 297 A, l'assujetti revendeur qui effectue une opération portant sur un véhicule terrestre à moteur d'occasion justifie, dans les conditions fixées par décret en Conseil d'Etat, du régime de taxe sur la valeur ajoutée appliqué par le titulaire du certificat d'immatriculation du véhicule lorsque le titulaire est un assujetti.

TVA-XV-4910 s. ; MF n° 61055

III. Produits pétroliers

Art 298 **1.** Pour l'application du présent article :

1° Les produits pétroliers s'entendent des produits pétroliers et assimilés, à l'exclusion du gaz naturel ;

TVA-XIV-150 s. ; MF nos 61340 s.

2° Les régimes suspensifs d'accises s'entendent des régimes mentionnés à l'article L 142-1 du code des impositions sur les biens et services qui suspendent l'accise sur les énergies mentionnée à l'article L 312-1 du même code ;

1 bis. Le régime fiscal suspensif prévu au a du 2° du I de l'article 277 A du présent code s'applique aux produits pétroliers placés sous un régime suspensif d'accises, dans les conditions prévues au même article 277 A et sous réserve des adaptations suivantes :

1° L'autorisation prévue au dernier alinéa du 2° du I dudit article 277 A n'est pas requise ;

2° Par dérogation aux 2° à 6° du I du même article 277 A, sont effectuées en suspension du paiement de la taxe sur la valeur ajoutée les opérations réalisées avant la sortie du régime qui :

a. Soit portent sur les produits pétroliers, à l'exception des opérations de transport qui ne sont pas réalisées par pipe-line ;

b. Soit sont utilisées pour l'extraction, la fabrication, le transport par pipe-line ou le stockage de produits pétroliers ;

3° La sortie du régime mentionnée au 1 du II de l'article 277 A du présent code est constituée par la sortie du régime suspensif d'accises ;

4° Par dérogation au 2 du II de l'article 277 A du présent code, la taxe est due par le redevable de l'accise sur les énergies désigné au 2° de l'article L 311-26 du code des impositions sur les biens et services et, le cas échéant, aux articles L 311-32 et L 311-33 du même code et l'exploitant de l'entrepôt suspensif d'accises est solidairement tenu au paiement de la taxe ;

5° Par dérogation au 3 du II de l'article 277 A du présent code, l'assiette de la taxe est déterminée conformément au 2 du présent article ;

6° Les obligations prises en application du III de l'article 277 A du présent code sont celles régissant les régimes suspensifs d'accises susmentionnés.

FR 10/22 inf. 5 nos 16 à 19 p. 10 ; TVA-XIV-510 s. ; MF nos 61355 s.

2. L'assiette de la taxe sur la valeur ajoutée afférente aux produits pétroliers et exigible à la sortie du régime mentionnée au 3° du 1 bis ou à l'importation est déterminée, à la date de l'exigibilité, conformément aux dispositions ci-après :

1° Sauf en ce qui concerne les gaz de pétrole et autres hydrocarbures gazeux repris aux numéros 27-11-14, ex. 27-11-19, ex. 27-11-21, 27-11-29 du tarif des douanes et non destinés à être utilisés comme carburants, la valeur imposable est fixée forfaitairement, pour chaque année, par décision du directeur général des douanes et des droits indirects, sur proposition du directeur des carburants.

En ce qui concerne les produits autres que le gaz comprimé destiné à être utilisé comme carburant, cette valeur est établie sur la base du prix C.A.F. moyen des produits importés ou faisant l'objet d'une acquisition intracommunautaire, majoré du montant des droits de douane applicables aux produits de l'espèce en régime de droit commun en tarif minimum et des taxes et redevances exigibles à la sortie du régime mentionné au 3° du 1 bis ou à l'importation, à l'exception de la taxe sur la valeur ajoutée.

La valeur imposable peut être révisée au cours de l'année par décision du directeur général des douanes et droits indirects sur proposition du directeur des hydrocarbures, dans le cas où les prix C.A.F. des produits pétroliers accusent une variation en plus ou moins, égale ou supérieure à 10 % par rapport aux prix ayant servi de base au calcul de cette valeur ;

TVA-XIV-820 s. ; MF n° 61370

2° *(Abrogé)* ;
3° *(Abrogé)*.

3. Sous réserve des dispositions du 4, les droits à déduction dont peuvent bénéficier l'industrie et le commerce du pétrole sont déterminés dans les conditions prévues aux articles 271 et 273.

TVA-XIV-900 ; MF n° 61375

4. 1° N'est pas déductible la taxe sur la valeur ajoutée afférente aux achats, importations, acquisitions intracommunautaires, livraisons et services portant sur :

a. Dans la limite de 20 % de son montant, les carburants relevant des catégories fiscales des gazoles et des essences au sens de l'article L 312-22 du code des impositions sur les biens et services pour des véhicules et engins exclus du droit à déduction ainsi que pour des véhicules et engins pris en location quand le preneur ne peut pas déduire la taxe relative à cette location, à l'exception de celles utilisées pour les essais effectués pour les besoins de la fabrication de moteurs ou d'engins à moteur ;

b. *(Abrogé)* ;

c. Dans la limite de 50 % de son montant, les carburants relevant des catégories fiscales des gaz naturels et des gaz de pétrole liquéfiés au sens de l'article L 312-22 du code des impositions sur les biens et services pour les véhicules et engins exclus du droit à déduction ainsi que pour des véhicules et engins pris en location quand le preneur ne peut pas déduire la taxe relative à cette location ;

d. Les carburants relevant de la catégorie fiscale des carburéacteurs au sens de l'article L 312-22 du code des impositions sur les biens et services pour les aéronefs et engins exclus du droit à déduction ainsi que pour les aéronefs et engins pris en location quand le preneur ne peut pas déduire la taxe relative à cette location ;

e. Les produits pétroliers utilisés pour la lubrification des véhicules et engins exclus du droit à déduction ainsi que des véhicules et engins pris en location quand le preneur ne peut pas déduire la taxe relative à cette location.

(Voir aussi Annexe II, art. 206, IV-2-8° et 3)

FR 10/22 inf. 5 n°s 16 à 19 p. 10 ; TVA-XIV-2300 s. ; MF n°s 61395 s.

1° bis Les dispositions du 1° ne s'appliquent pas lorsque les produits sont ultérieurement livrés ou vendus en l'état ou sous forme d'autres produits pétroliers.

TVA-XIV-2110 ; MF n°s 61390

1° ter à 1° sexies *(Abrogés)*.
2° *(Abrogé)*.
3° *(Abrogé)*.
4° *(Abrogé)*.
5. *(Abrogé)*.
6. *(Abrogé)*.
7. *(Transféré sous l'article L 45 C du LPF)*.

TVA-XIV-1 s. ; MF n°s 61340 s.

IV. Exploitants agricoles

Art 298 bis I. Pour leurs opérations agricoles, les exploitants agricoles sont placés sous le régime du remboursement forfaitaire prévu aux articles 298 quater et 298 quinquies. Ils sont dispensés du paiement de la taxe sur la valeur ajoutée et des obligations qui incombent aux assujettis.

TVA-XII-1 s. ; MF n°s 59420 s.

Ils peuvent cependant opter pour leur imposition d'après le régime simplifié ci-après :

1° Ils sont dispensés de l'obligation de déclaration prévue à l'article 287 et doivent seulement déposer chaque année, au plus tard le deuxième jour ouvré suivant le 1er mai *(Voir Annexe III, art. 344 I-0 bis)*, une déclaration indiquant les éléments de liquidation de la taxe sur la valeur ajoutée afférente à l'année écoulée. Si leur exercice comptable ne coïncide pas avec l'année civile, ils peuvent, sur option, déposer une déclaration annuelle correspondant à cet exercice avant le cinquième jour du cinquième mois qui suit la clôture de celui-ci. L'option doit être formulée avant le début du premier exercice pour lequel elle est souscrite. Les modalités d'exercice de cette option sont fixées par décret en Conseil d'Etat *(Voir Annexe II, art. 260 J et 260 K)*. En outre, les exploitants agricoles doivent, au titre de la période comprise entre le 1er janvier et le dernier jour précédant la date d'ouverture du premier exercice concerné par l'option, déposer une déclaration entre une date fixée par décret et au plus tard le deuxième jour ouvré suivant le 1er mai *(Voir Annexe III, art. 344 I-0 bis)*, et le cinquième jour du cinquième mois de cet exercice ;

TVA-XII-9500 s. ; MF n°s 59890 s.

2° L'exigibilité de la taxe sur la valeur ajoutée due à raison des ventes effectuées par eux intervient lors de l'encaissement des acomptes ou du prix ; l'exigibilité de la taxe sur la valeur ajoutée due à raison des acquisitions intracommunautaires qu'ils réalisent intervient dans les conditions fixées au d du 2 de l'article 269 ;

TVA-XII-6250 s. ; MF n° 59820

3° Ils peuvent opérer immédiatement la déduction de la taxe ayant grevé les biens ne constituant pas des immobilisations et les services, par imputation sur la taxe due au titre du trimestre pendant lequel le droit à déduction a pris naissance ;

> **Ndlr** *Disposition devenue sans objet depuis la suppression générale de la règle du décalage d'un mois.*

4° Sous réserve des mesures prévues aux 1° à 3° et aux articles 1693 bis et 1785, les exploitants agricoles assujettis à la taxe sur la valeur ajoutée sont soumis à l'ensemble des dispositions prévues par le présent code.

TVA-XII-5000 s. ; MF n°s 59790 s.

II. Sont soumis de plein droit au régime simplifié prévu au I :

1° Les exploitants agricoles dont les activités sont, par leur nature ou leur importance, assimilables à celles exercées par des industriels ou des commerçants, même si ces opérations constituent le prolongement de l'activité agricole à l'exception de celles de ces opérations considérées comme entrant dans les usages habituels et normaux de l'agriculture *(Voir Annexe II, art. 260 A et 260 B)* ;

TVA-XII-1520 s. ; MF n° 59735

2° *(Abrogé)* ;

3° Pour leurs activités agricoles, les personnes qui effectuent des achats, des livraisons, des importations, des acquisitions intracommunautaires ou des services d'intermédiation portant sur des animaux vivants de boucherie et de charcuterie *(Voir Annexe III, art. 65 A)* ;

TVA-XII-1950 s. ; MF n° 59740

4° Les personnes qui effectuent des livraisons, des importations, des acquisitions intracommunautaires ou des services d'intermédiation portant sur des animaux vivants de boucherie et de charcuterie *(Voir Annexe III, art. 65 A)* ;

TVA-XII-17000 s. ; MF n° 59995

5° Les exploitants agricoles, lorsque le montant moyen des recettes de l'ensemble de leurs exploitations, calculé sur deux années civiles consécutives, dépasse 46 000 €. L'assujettissement prend effet à compter du 1er janvier de l'année suivante.

Lorsque la moyenne des recettes hors taxe sur la valeur ajoutée, calculée sur trois périodes annuelles d'imposition consécutives, devient inférieure à 46 000 €, les exploitants agricoles peuvent cesser d'être soumis au régime simplifié à compter du 1er janvier ou du premier jour de l'exercice suivant, à condition qu'ils le signalent au service des impôts avant le 1er février ou avant le premier jour du deuxième mois de l'exercice et qu'ils n'aient pas bénéficié, au cours de ces trois périodes annuelles d'imposition, y compris, le cas échéant, au cours de la période mentionnée à la dernière phrase du 1° du I, de remboursement de crédit de taxe.

Pour les groupements agricoles d'exploitation en commun dont tous les associés participent effectivement et régulièrement à l'activité du groupement par leur travail personnel, la moyenne des recettes mentionnée aux premier et deuxième alinéas est fixée à 60 % de la limite prévue pour les exploitants individuels multipliée par le nombre d'associés.

Toutefois, elle est égale à la limite prévue pour les exploitants individuels multipliée par le nombre d'associés lorsque la moyenne des recettes du groupement est inférieure ou égale à 138 000 € ;

TVA-XII-700 s., 16250 s., 19265 s. ; MF n°s 59700 s.

6° Les bailleurs de biens ruraux qui ont exercé l'option autorisée par le 6° de l'article 260 ;

TVA-II-26760 s. ; MF n° 46885

7° Pour les prestations de services rendues à leurs sociétaires, les coopératives d'utilisation de matériel agricole et les coopératives d'insémination artificielle.

TVA-XII-19920 s. ; MF n° 59985

II bis. Par dérogation aux dispositions des I et II, en cas de décès d'un exploitant soumis au régime simplifié, ce régime continue de s'appliquer dans les mêmes conditions au conjoint, à l'héritier ou à l'indivision reprenant l'exploitation.

TVA-XII-2830 s. ; MF n° 59875

III. Les conditions et les modalités de l'option mentionnée au deuxième alinéa du I sont fixées par décret en Conseil d'Etat. Ce décret peut notamment prévoir l'identification ou le marquage des animaux et la tenue d'une comptabilité matière les concernant *(Voir Annexe II, art. 260 D à 260 K et 267 quater)*.

Les caractéristiques des activités soumises obligatoirement à la taxe sur la valeur ajoutée en application du II, sont précisées en tant que de besoin par décret en Conseil d'Etat, après avis des organisations professionnelles intéressées *(Voir Annexe II, art. 260 A et 260 B).*

TVA-XII-2500 s. ; MF n°s 59760 s.

III bis. Les recettes accessoires commerciales et non commerciales, passibles de la taxe sur la valeur ajoutée, réalisées par un exploitant agricole soumis pour ses opérations agricoles au régime simplifié prévu au I peuvent être imposées selon ce régime lorsqu'au titre de la période couvrant les trois années d'imposition précédentes, la moyenne annuelle des recettes accessoires, taxes comprises, de ces trois années n'excède pas 100 000 € et 50 % de la moyenne annuelle des recettes, taxes comprises, provenant de ses activités agricoles, au titre desdites années.

Par dérogation au précédent alinéa, les recettes accessoires commerciales et non commerciales, passibles de la taxe sur la valeur ajoutée, réalisées au titre des trois premières années d'activité par un exploitant agricole soumis pour ses opérations agricoles au régime simplifié prévu au I peuvent être imposées selon ce régime sous réserve du respect des dispositions visées au troisième alinéa de l'article 75.

TVA-XII-15560 s. ; MF n° 59960

IV. En cas de cession ou de cessation de leur activité, les exploitants agricoles sont tenus de souscrire dans les trente jours la déclaration prévue au 1° du I ou, le cas échéant, au quatrième alinéa du I de l'article 1693 bis.

TVA-XII-8510, 10545 ; MF n° 59880

V. *(Abrogé).*

Art 298 quater I. Le remboursement forfaitaire est liquidé en fonction du montant :

a. Des livraisons de produits agricoles faites à des assujettis autres que les agriculteurs qui bénéficient en France du remboursement forfaitaire ;

b. Des livraisons de produits agricoles faites à des personnes morales non assujetties qui réalisent des acquisitions intracommunautaires imposables dans l'Etat membre de la Communauté européenne d'arrivée de l'expédition ou du transport des produits agricoles ;

c. Des exportations de produits agricoles.

I bis. Le taux du remboursement forfaitaire est fixé pour les ventes faites à compter du 1er janvier 2014 :

1° A 5,59 % pour le lait, les animaux de basse-cour, les œufs, les animaux de boucherie et de charcuterie définis par décret *(Voir Annexe III, art. 65 A)*, ainsi que les céréales, les graines oléagineuses et les protéagineux mentionnés à l'annexe I du règlement (CE) n° 73/2009 du Conseil du 19 janvier 2009 ;

2° A 4,43 % pour les autres produits.

1 ter. 1. *(Disposition périmée).*

2. *(Abrogé).*

II. Des décrets en Conseil d'Etat fixent, en tant que de besoin, les conditions d'application des I et I bis, notamment les justifications à fournir par les bénéficiaires du remboursement forfaitaire, ainsi que les bases de calcul dudit remboursement dans le cas d'exportation ou de livraisons intracommunautaires d'animaux vivants *(Voir Annexe II, art. 263 à 267 bis).*

III. La déclaration déposée en vue d'obtenir le bénéfice du remboursement forfaitaire *(Voir Annexe II, art. 266)* est recevable jusqu'au 31 décembre de l'année suivant celle au cours de laquelle le droit au remboursement forfaitaire est né.

IV. Les justifications exigées pour l'octroi du remboursement forfaitaire peuvent être modifiées, pour certains secteurs de la production agricole, par décret pris après avis des organisations professionnelles agricoles *(Voir Annexe III, art. 98 bis).*

TVA-XII-12000 s., 13310 ; MF n°s 60040 s.

Art 298 quinquies I. Le remboursement forfaitaire institué par l'article 298 quater bénéficie :

a. Aux exploitants agricoles qui vendent des animaux de boucherie et de charcuterie définis par décret *(Voir Annexe III, art. 65 A)*, soit à une personne redevable de la taxe sur la valeur ajoutée au titre de ces mêmes animaux, soit, en vue de l'abattage, à une personne redevable de la taxe sur la valeur ajoutée au titre de la vente des viandes provenant des animaux susvisés, soit à des personnes morales non assujetties qui réalisent des acquisitions intracommunautaires imposables dans l'Etat membre de la Communauté européenne où arrive le bien expédié ou transporté, soit à l'exportation ;

b. Aux exploitants agricoles qui vendent les mêmes animaux à des exploitants agricoles bénéficiaires du remboursement forfaitaire en vertu des dispositions du a.

II. Le remboursement forfaitaire alloué au revendeur est liquidé sur la différence entre le prix de vente et le prix d'achat de l'animal vivant.

L'application de ces dispositions est subordonnée à la publication d'un décret en Conseil d'Etat pris après avis des organisations professionnelles intéressées *(Voir Annexe II, art. 267 ter).* Ce décret fixe notamment les modalités de contrôle et d'identification des animaux vivants et les formalités administratives auxquelles ce remboursement est soumis, ainsi que les modalités de décompte de l'assiette du remboursement. Le même texte peut fixer la base sur laquelle est décompté le remboursement forfaitaire dans le cas où le prix de cession des animaux excède leur valeur normale en poids de viande *(Voir Annexe II, art. 267 bis, 7)*.

Dans le cas visé au b du I le remboursement forfaitaire est liquidé dans les conditions suivantes :

Le montant global du remboursement forfaitaire alloué au vendeur et au revendeur est décompté à partir des ventes d'animaux vivants réalisées par le revendeur ;

Dans la limite de ces ventes, celui-ci délivre à ses fournisseurs des attestations concernant les achats d'animaux effectués au cours de la même année ou au cours de l'année précédente ;

Le remboursement forfaitaire est versé aux fournisseurs sur la base des attestations qu'ils ont reçues ; il est versé au revendeur sur la différence entre le montant de ses ventes et celui des attestations qu'il a délivrées.

TVA-XII-12000 s. ; MF n°s 60040 s.

V. Opérations intracommunautaires portant sur des moyens de transport neufs ou d'occasion

Art 298 sexies I. Sont soumises à la taxe sur la valeur ajoutée les acquisitions intracommunautaires de moyens de transport neufs effectuées par des personnes mentionnées au 2° du I de l'article 256 bis ou par toute autre personne non assujettie.

II. Est exonérée de la taxe sur la valeur ajoutée la livraison par un assujetti d'un moyen de transport neuf expédié ou transporté sur le territoire d'un autre Etat membre de la Communauté européenne.

III. 1. Sont considérés comme moyens de transport : les bateaux d'une longueur de plus de 7,5 mètres, les aéronefs dont le poids total au décollage excède 1 550 kilogrammes et les véhicules terrestres à moteur d'une cylindrée de plus de 48 centimètres cubes ou d'une puissance de plus de 7,2 kilowatts, destinés au transport de personnes ou de marchandises, à l'exception des bateaux et aéronefs visés aux 2° et 4° du II de l'article 262.

2. Sont considérés comme moyens de transport neufs :

a. Les bateaux et aéronefs dont la livraison est effectuée dans les trois mois suivant la première mise en service ou qui ont, respectivement, navigué moins de 100 heures, ou volé moins de 40 heures ;

b. Les véhicules terrestres dont la livraison est effectuée dans les six mois suivant la première mise en service ou qui ont parcouru moins de 6 000 kilomètres.

IV. Est considérée comme un assujetti toute personne qui effectue à titre occasionnel la livraison d'un moyen de transport neuf expédié ou transporté sur le territoire d'un autre Etat membre de la Communauté européenne, à destination de l'acheteur, par le vendeur, par l'acheteur ou pour leur compte, dans les conditions prévues au II.

V. Le droit à déduction prend naissance au moment de la livraison du moyen de transport neuf.

L'assujetti peut obtenir le remboursement de la taxe sur la valeur ajoutée facturée ou acquittée au titre de la livraison, de l'importation ou de l'acquisition intracommunautaire de ce moyen de transport neuf. Le remboursement ne peut excéder le montant de la taxe sur la valeur ajoutée qui serait due si la livraison n'était pas exonérée *(Voir Annexe II, art. 242 undecies à 242 quindecies)*.

V bis. Tout assujetti ou personne morale non assujettie, autre qu'une personne bénéficiant du régime dérogatoire prévu au 2° du I de l'article 256 bis, qui réalise des acquisitions intracommunautaires de moyens de transport mentionnés au 1 du III est tenu, pour obtenir le certificat fiscal avant d'acquitter effectivement la taxe, de présenter une caution solvable qui s'engage, solidairement avec l'assujetti ou la personne morale non assujettie, à acquitter la taxe sur la valeur ajoutée due au titre de l'acquisition intracommunautaire.

L'assujetti ou la personne morale non assujettie mentionné au premier alinéa peut cependant demander à être dispensé de l'obligation de présentation s'il offre des garanties suffisantes de solvabilité. Il est statué sur la demande de dispense dans un délai de trente jours.

Dans le cas où l'assujetti ou la personne morale non assujettie n'a pas présenté une caution solvable ni offert des garanties suffisantes de solvabilité, le certificat fiscal ne lui est délivré qu'au moment où la taxe est effectivement acquittée.

V ter. Le règlement de la TVA due au titre de l'acquisition intracommunautaire, par une personne physique non assujettie, d'un moyen de transport neuf mentionné au 2 du III, doit être effectué auprès du Trésor public, ou par un chèque libellé à l'ordre du Trésor public, par l'acquéreur. En cas de recours à un mandataire, celui-ci est tenu d'informer le mandant de cette obligation, par écrit, à la signature du contrat, sous peine de nullité de ce dernier, dans des conditions fixées par décret.

VI. Les dispositions de l'article 297 A ne sont pas applicables aux livraisons de moyens de transport neufs visées au II.

VII. Un décret en Conseil d'Etat fixe les conditions d'application des dispositions du présent article et, notamment, en tant que de besoin, les mesures permettant, en vue d'en assurer le contrôle, l'identification des moyens de transport neufs *(Voir Annexe II, art. 242 undecies à 242 sexdecies).*

TVA-IV-6520 s. ; MF n°s 49340 s.

Art 298 sexies A Les assujettis revendeurs soumis aux obligations prévues à l'article 297 G qui souhaitent bénéficier du régime prévu à l'article 297 A et les mandataires sont tenus de demander, pour le compte de leur client ou mandant, le certificat fiscal prévu au V bis de l'article 298 sexies.

Ce certificat est délivré si le demandeur justifie, dans les conditions fixées par décret en Conseil d'Etat, du régime de taxe sur la valeur ajoutée appliqué par le titulaire du certificat d'immatriculation du véhicule *(Voir Annexe II, art. 242 undecies à 242 sexdecies).*

TVA-XV-4910 s. ; MF n° 61055

VI. Régime de la presse et de ses fournisseurs

Art 298 septies Les livraisons et services d'intermédiation portant sur les publications qui remplissent les conditions prévues par les articles 72 et 73 de l'annexe III au présent code pris en application de l'article 52 de la loi du 28 février 1934, sont soumis à la taxe sur la valeur ajoutée au taux de 2,10 % dans les départements de la France métropolitaine et de 1,05 % dans les départements de la Guadeloupe, de la Martinique et de La Réunion.

Sont également soumis aux mêmes taux de la taxe sur la valeur ajoutée les livraisons et services d'intermédiation portant sur les versions numérisées d'une publication mentionnée au premier alinéa du présent article et sur les services de presse en ligne reconnus comme tels en application de l'article 1er de la loi n° 86-897 du 1er août 1986 portant réforme du régime juridique de la presse *(NDLR Voir décret 2009-1340 du 29 octobre 2009 art. 1er reproduit dans la partie Autres textes du présent code).*

FR 9/23 inf. 1 n°s 140 s. p. 29 ; TVA-III-21590 ; TVA-XV-23400 s. ; MF n°s 61570 s.

Art 298 octies Les travaux de composition et d'impression des écrits périodiques sont soumis au taux réduit de 10 % de la taxe sur la valeur ajoutée.

TVA-XV-26600 s. ; MF n° 61635

Sont également soumises au taux réduit de 10 % de la taxe sur la valeur ajoutée les fournitures d'éléments d'information faites par les agences de presse figurant sur la liste prévue à l'article 1er de l'ordonnance n° 45-2646 du 2 novembre 1945 modifiée ainsi que les opérations de cession ou de rétrocession par une entreprise de presse, d'éléments d'information (articles, reportages, dessins, photographies), à une autre entreprise de presse en vue de l'édition des journaux ou publications mentionnés à l'article 298 septies.

TVA-XV-25970 s. ; MF n°s 61605 c, 61625

Art 298 nonies L'exigibilité de la taxe sur la valeur ajoutée intervient lors de l'encaissement des acomptes ou du prix en ce qui concerne les ventes des publications désignées à l'article 298 septies ainsi que les ventes de papier réalisées par les sociétés participant à la constitution, au maintien et au financement d'un stock de précaution de papier de presse équivalant à trois mois de consommation de papier des éditeurs de presse qu'elles fournissent. En ce qui concerne les acquisitions intracommunautaires portant sur ces produits, l'exigibilité de la taxe sur la valeur ajoutée intervient dans les conditions fixées au d du 2 de l'article 269.

TVA-XV-25525 s., 25910, 26490 ; MF n°s 61600 s.

Art 298 decies **I.** Les droits à déduction des entreprises qui éditent les publications désignées à l'article 298 septies sont déterminés dans les mêmes conditions que pour les entreprises qui deviennent redevables de cette taxe, compte tenu, s'il y a lieu, des droits qui ont été exercés antérieurement à cette date.

II. *(Disposition périmée).*

III. Les droits à déduction des sociétés de messagerie de presse régies par la loi n° 47-585 du 2 avril 1947, de la société professionnelle des papiers de presse et des agences de presse figurant sur la liste prévue à l'article 1er de l'ordonnance n° 45-2646 du 2 novembre 1945 modifiée sont déterminés dans les mêmes conditions que pour les entreprises qui deviennent assujetties à la taxe sur la valeur ajoutée, compte tenu, s'il y a lieu, des droits qui ont été exercés antérieurement à cette date. Il en est de même pour les imprimeries qui justifieront qu'elles consacrent plus de 50 % de leur activité à la composition ou à l'impression des publications mentionnées à l'article 298 septies.

TVA-XV-23400 s.

Art 298 undecies Les opérations d'entremise accomplies par des personnes justifiant de la qualité de mandataire régulièrement inscrit à la commission mentionnée à l'article 26 de la loi n° 47-585 du 2 avril 1947 relative au statut des entreprises de groupage et de distribution des journaux et publications périodiques ne donnent pas lieu au paiement de la taxe sur la valeur ajoutée lorsqu'elles concernent des écrits périodiques au sens de la loi du 29 juillet 1881. Les éditeurs des périodiques ainsi diffusés acquittent la taxe sur la valeur ajoutée sur le prix de vente total au public.

Pour le calcul des droits à déduction, les opérations ci-dessus sont considérées comme ayant été effectivement taxées.

TVA-XV-25450 s., 26910 s. ; MF n° 61650

Art 298 terdecies Un décret en Conseil d'Etat fixe les modalités d'application des articles 298 septies à 298 undecies.

VII. Opérations portant sur les tabacs manufacturés

Art 298 quaterdecies **I.** Les opérations portant sur les tabacs manufacturés sont soumises à la taxe sur la valeur ajoutée dans les conditions de droit commun, sous réserve des dispositions ci-après.

II. Le fait générateur de la taxe sur la valeur ajoutée applicable aux ventes dans les départements de France métropolitaine de tabacs manufacturés est constitué par la mise à la consommation au sens de l'article L 311-15 du code des impositions sur les biens et services.

La taxe est assise sur le prix de vente au détail, à l'exclusion de la taxe sur la valeur ajoutée elle-même.

Elle est acquittée par le fournisseur dans le même délai que le droit de consommation.

TVA-VI-15500 s. ; MF n° 52435

Art 298 quindecies En ce qui concerne les tabacs importés dans les départements de France métropolitaine, la taxe sur la valeur ajoutée qui a grevé les éléments de leur prix est déductible de la taxe due au titre des autres opérations imposables effectuées en France par le fournisseur ; à défaut de pouvoir être ainsi déduite, cette taxe peut faire l'objet d'un remboursement dans les conditions prévues au IV de l'article 271.

TVA-VI-15500 s.

Art 298 sexdecies Dans les départements de La Réunion, de la Martinique et de la Guadeloupe, les marges commerciales postérieures à la fabrication ou à l'importation demeurent exclues de la taxe sur la valeur ajoutée.

TVA-III-23490 ; TVA-VI-15500 s.

VIII. Régime applicable à l'or d'investissement

Art 298 sexdecies A **1.** Sont exonérées de la taxe sur la valeur ajoutée :

a. Les livraisons, les acquisitions intracommunautaires et les importations d'or d'investissement, y compris lorsque l'or d'investissement est négocié sur des comptes or ou sous la forme de certificats ou de contrats qui confèrent à l'acquéreur un droit de propriété ou de créance sur cet or ;

b. Les prestations de services rendues par les assujettis qui interviennent au nom et pour le compte d'autrui dans les opérations visées au a.

2. Est considéré comme or d'investissement :

a. L'or sous la forme d'une barre, d'un lingot ou d'une plaquette d'un poids supérieur à un gramme et dont la pureté est égale ou supérieure à 995 millièmes, représenté ou non par des titres ;

b. Les pièces d'une pureté égale ou supérieure à 900 millièmes qui ont été frappées après 1800, ont ou ont eu cours légal dans leur pays d'origine et dont le prix de vente n'excède pas de plus de 80 % la valeur de l'or qu'elles contiennent.

(Voir Annexe III, art. 98 B)

TVA-XV-21580 s., 21800 s. ; MF nos 61860, 61875

Art 298 sexdecies B **1.** Les assujettis qui produisent de l'or d'investissement ou transforment de l'or en or d'investissement peuvent, sur option, soumettre à la taxe sur la valeur ajoutée la livraison de cet or d'investissement à un autre assujetti.

2. Les assujettis qui réalisent habituellement des livraisons d'or destiné à un usage industriel peuvent, sur option, soumettre à la taxe sur la valeur ajoutée chacune des livraisons d'or mentionné au a du 2 de l'article 298 sexdecies A à un autre assujetti.

3. Les assujettis qui interviennent au nom et pour le compte d'autrui dans des opérations mentionnées au a du 1 de l'article 298 sexdecies A peuvent, sur option, soumettre à la taxe sur la valeur ajoutée leur prestation lorsque l'opération dans laquelle ils s'entremettent est imposée en application du 1 ou du 2.

4. Lorsqu'ils ont exercé l'une des options ci-dessus, les assujettis portent sur la facture qu'ils délivrent la mention : « Application des articles 348 à 351 de la directive 2006/112/CE du Conseil, du 28 novembre 2006 ». A défaut, l'option est réputée ne pas avoir été exercée.

TVA-XV-21900 s. ; MF nos 61880 s.

Art 298 sexdecies C **1.** Les assujettis qui réalisent des livraisons d'or exonérées en application de l'article 298 sexdecies A peuvent déduire la taxe sur la valeur ajoutée qui a grevé :

a. Leurs achats d'or d'investissement lorsque ces achats ont été soumis à la taxe en application de l'article 298 sexdecies B ;

b. Leurs achats d'or autre que d'investissement lorsque cet or a été acquis ou importé en vue de sa transformation en or d'investissement ;

c. Les prestations de services ayant pour objet un changement de forme, de poids ou de pureté de l'or, y compris l'or d'investissement.

2. Lorsqu'ils réalisent des livraisons exonérées en application de l'article 298 sexdecies A, les assujettis qui produisent de l'or d'investissement ou transforment de l'or en or d'investissement peuvent déduire la taxe sur la valeur ajoutée qu'ils ont supportée au titre des livraisons, des acquisitions intracommunautaires et des importations des biens ou des services directement liés à la production ou à la transformation de cet or.

TVA-XV-22270 s. ; MF n° 61895

Art 298 sexdecies D Pour les livraisons mentionnées au 1 et au 2 de l'article 298 sexdecies B, la taxe est acquittée par le destinataire. Toutefois, le vendeur est solidairement tenu au paiement de la taxe.

TVA-XV-22170 ; MF n° 61890

Art 298 sexdecies E **1.** Les assujettis qui achètent et revendent de l'or d'investissement tel que défini au 2 de l'article 298 sexdecies A doivent conserver pendant six ans à l'appui de leur comptabilité les documents permettant d'identifier leurs clients pour toutes les opérations d'un montant égal ou supérieur à 15 000 euros.

2. Lorsqu'ils sont astreints aux obligations de l'article 537, les assujettis peuvent répondre à l'obligation mentionnée au 1 par la production du registre prévu à cet article.

Ndlr *Pour les dispositions du présent 2 applicables à compter du 1er juillet 2025, voir partie Autres textes du présent code ordonnance 2023-1210 du 20 décembre 2023 art. 25, 1° et 43.*

3. Les assujettis comptabilisent distinctement les opérations portant sur l'or d'investissement en les distinguant selon qu'elles sont exonérées ou ont fait l'objet de l'option.

TVA-XV-22420 s. ; MF n° 61900

IX. Régimes particuliers applicables aux assujettis qui fournissent des prestations de services à des personnes non assujetties ou qui effectuent des ventes à distance de biens ou certaines livraisons intérieures de biens

A. Régime particulier applicable aux prestations de services fournies par des assujettis non établis sur le territoire de l'Union européenne

Art 298 sexdecies F **1.** Tout assujetti non établi dans l'Union européenne qui fournit des prestations de services à une personne non assujettie qui est établie dans un Etat membre de l'Union européenne, y a son domicile ou sa résidence habituelle, peut se prévaloir du régime particulier exposé au présent article. Ce régime particulier est applicable à l'ensemble de ces services fournis dans l'Union européenne.

Est considéré comme un assujetti non établi dans l'Union européenne un assujetti qui n'a pas établi le siège de son activité économique et ne dispose pas d'établissement stable sur le territoire de l'Union européenne.

Est considéré comme Etat membre d'identification, l'Etat membre auquel l'assujetti non établi dans l'Union européenne choisit de notifier le moment où commence son activité en qualité d'assujetti sur le territoire de l'Union européenne conformément aux dispositions du présent article.

On entend par Etat membre de consommation, l'Etat membre de l'Union européenne dans lequel, conformément au titre V du chapitre 3 de la directive 2006/112/CE du Conseil, du 28 novembre 2006, relative au système commun de taxe sur la valeur ajoutée, les prestations de services sont réputées avoir lieu.

2. Il informe l'administration du moment où il commence son activité imposable, la cesse ou la modifie au point de ne plus pouvoir se prévaloir de ce régime particulier. Il communique cette information et notifie à l'administration toute modification par voie électronique dans les conditions fixées par arrêté *(Voir Annexe IV, art. 50 sexies J)*.

3. L'administration lui attribue et lui communique par voie électronique un numéro individuel d'identification aux fins de l'application du présent régime particulier dont les modalités sont fixées par décret *(Voir Annexe III, art. 97 bis)*.

4. L'administration l'exclut du présent régime particulier dans les cas suivants :

a. S'il notifie qu'il ne fournit plus de services mentionnés au 1 ;

b. Ou si l'administration peut présumer, par d'autres moyens, que ses activités imposables ont pris fin ;

c. Ou s'il ne remplit plus les conditions nécessaires pour être autorisé à se prévaloir du présent régime particulier ;

d. Ou si, de manière systématique, il ne se conforme pas aux règles relatives au présent régime particulier.

Les modalités d'une telle exclusion sont fixées par décret *(Voir Annexe III, art. 97 ter).*

5. Pour chaque trimestre civil, il dépose, par voie électronique, une déclaration de taxe sur la valeur ajoutée, que des services couverts par le présent régime particulier aient été fournis ou non au titre de cette période. La déclaration de taxe sur la valeur ajoutée comporte le numéro d'identification mentionné au 3 et, pour chaque Etat membre de consommation dans lequel la taxe est due, la valeur totale hors taxe sur la valeur ajoutée des prestations de services mentionnées au 1 pour la période imposable et le montant total de la taxe correspondante ventilé par taux d'imposition. Les taux d'imposition applicables et le montant total de la taxe due sont également indiqués. Les modalités de cette déclaration sont fixées par arrêté *(Voir Annexe III, art. 95 D et Annexe IV, art. 41 nonies).*

5 bis. Lorsqu'il est nécessaire d'apporter des modifications à la déclaration de taxe sur la valeur ajoutée après la transmission de celle-ci, ces modifications sont incluses dans une déclaration ultérieure, dans un délai de trois ans à compter de la date à laquelle la déclaration initiale devait être déposée conformément au 5. Cette déclaration de taxe sur la valeur ajoutée ultérieure précise l'Etat membre de consommation concerné, la période imposable et le montant de taxe sur la valeur ajoutée pour lequel des modifications sont nécessaires.

6. La déclaration de taxe sur la valeur ajoutée est libellée en euros.

7. Il acquitte la taxe sur la valeur ajoutée en mentionnant la déclaration de taxe sur la valeur ajoutée sur laquelle est liquidée la taxe, lorsqu'il dépose sa déclaration, au plus tard à l'expiration du délai dans lequel la déclaration doit être déposée. Le paiement est effectué sur un compte bancaire libellé en euros.

8. Un assujetti qui se prévaut, dans un autre Etat membre, du régime particulier prévu à la section 2 du chapitre 6 du titre XII de la directive 2006/112/CE du Conseil du 28 novembre 2006 précitée ne peut, en ce qui concerne ses activités imposables couvertes par ce régime particulier, déduire aucun montant de taxe sur la valeur ajoutée en France. La taxe afférente aux livraisons de biens et prestations de services couvertes par ce régime est remboursée selon les modalités prévues au d du V de l'article 271 du présent code *(Voir Annexe II, art. 242-0 Z decies).*

8 bis. Nonobstant les dispositions du 8 du présent article, si un assujetti qui se prévaut, dans un autre Etat membre, du régime particulier prévu à la section 2 du chapitre 6 du titre XII de la directive 2006/112/CE du Conseil du 28 novembre 2006 précitée est tenu de se faire identifier en France pour des activités non couvertes par ce régime particulier, il opère la déduction de la taxe sur la valeur ajoutée afférente aux biens et services utilisés pour les besoins de ses opérations imposables couvertes par ce régime particulier conformément à l'article 271 du présent code.

9. Il tient un registre des opérations relevant de ce régime particulier. Ce registre doit, sur demande, être mis par voie électronique à la disposition des administrations de l'Etat membre d'identification et de l'Etat membre de consommation. Il est suffisamment détaillé pour permettre à l'administration de l'Etat membre de consommation de vérifier l'exactitude de la déclaration de taxe sur la valeur ajoutée mentionnée au 5 du présent article dans les conditions déterminées par arrêté *(Voir Annexe IV,41 quinquies A).*

Le registre est conservé pendant dix ans à compter du 31 décembre de l'année de l'opération.

10. Les dispositions prévues à l'article 289 A ne s'appliquent pas aux assujettis non établis dans l'Union européenne et relevant de ce régime particulier.

FR 40/21 inf. 2 p. 5 ; TVA-III-8400 s. ; MF nº 50875

B. Régime particulier applicable aux ventes à distance intracommunautaires de biens, aux livraisons de biens effectuées dans un Etat membre par des interfaces électroniques facilitant ces livraisons et aux services fournis par des assujettis établis sur le territoire de l'Union européenne, mais non dans l'Etat membre de consommation

Art 298 sexdecies G I. Peut se prévaloir du régime particulier de déclaration et de paiement exposé au présent article, tout assujetti :

1º Qui a établi en France le siège de son activité économique ou y dispose d'un établissement stable et qui fournit des prestations de services à des personnes non assujetties dont le lieu d'imposition est situé dans un autre Etat membre que la France et dans lequel il n'est pas établi ;

2° Qui effectue des ventes à distance intracommunautaires de biens ;

3° Qui facilite des livraisons de biens conformément au b du 2° du V de l'article 256 lorsque le lieu de départ et le lieu d'arrivée du transport des biens livrés se situent dans le même Etat membre.

Ce régime est applicable à tous les biens et services ainsi fournis dans l'Union européenne.

Est considéré comme un assujetti non établi dans l'Etat membre de consommation un assujetti qui a établi le siège de son activité économique dans l'Union ou y dispose d'un établissement stable mais qui n'a pas établi le siège de son activité économique sur le territoire de l'Etat membre de consommation et n'y dispose pas d'un établissement stable.

Est considéré comme Etat membre de consommation :

a. En cas de prestation de services, l'Etat membre dans lequel la prestation est réputée avoir lieu selon le chapitre 3 du titre V de la directive 2006/112/CE du Conseil du 28 novembre 2006 relative au système commun de taxe sur la valeur ajoutée ;

b. En cas de vente à distance intracommunautaire de biens, l'Etat membre d'arrivée de l'expédition ou du transport des biens à destination de l'acquéreur ;

c. En cas de livraison de biens effectuée par un assujetti qui facilite ces livraisons conformément au b du 2° du V de l'article 256 du présent code lorsque le lieu de départ et d'arrivée de l'expédition ou du transport des biens livrés se situe dans le même Etat membre, ce même Etat membre.

II. L'assujetti informe l'administration du moment où il commence son activité imposable, la cesse ou la modifie au point de ne plus pouvoir se prévaloir de ce régime particulier. Il communique cette information et notifie à l'administration toute modification par voie électronique dans des conditions fixées par arrêté du ministre chargé du budget *(Voir Annexe IV, art. 50 sexies J)*.

III. Un assujetti qui se prévaut du présent régime particulier n'est identifié, pour les opérations imposables dans le cadre de ce régime, qu'en France. A cette fin, il utilise le numéro individuel d'identification qui lui a déjà été attribué en application de l'article 286 ter.

IV. L'administration exclut l'assujetti du présent régime particulier dans les cas suivants :

1° S'il notifie qu'il ne réalise plus de livraisons de biens et de prestations de services couvertes par le présent régime particulier ;

2° Ou si l'administration peut présumer, par d'autres moyens, que ses activités imposables ont pris fin ;

3° Ou s'il ne remplit plus les conditions nécessaires pour être autorisé à se prévaloir du présent régime particulier ;

4° Ou si, de manière systématique, il ne se conforme pas aux règles relatives au présent régime particulier ;

Les modalités d'une telle exclusion sont fixées par décret *(Voir Annexe III, art. 97 ter)*.

V. L'assujetti qui se prévaut du présent régime particulier dépose, pour chaque trimestre civil, par voie électronique une déclaration de taxe sur la valeur ajoutée, que des livraisons de biens et des prestations de services couvertes par le présent régime particulier aient été effectuées ou non au titre de la période. La déclaration de taxe sur la valeur ajoutée comporte le numéro d'identification et, pour chaque Etat membre de consommation dans lequel la taxe est due, la valeur totale hors taxe sur la valeur ajoutée des livraisons de biens et des prestations de services couvertes par le présent régime particulier pour la période imposable ainsi que le montant total de la taxe correspondante ventilé par taux d'imposition. Les taux d'imposition applicables et le montant total de la taxe due sont également indiqués.

Lorsque les biens sont expédiés ou transportés à partir d'un Etat membre autre que la France, ou lorsque l'assujetti fournissant des services couverts par le présent régime particulier dispose d'un ou de plusieurs établissements stables situés ailleurs qu'en France à partir desquels les services sont fournis, la déclaration de taxe sur la valeur ajoutée comporte également les éléments suivants, ventilés par Etat membre de consommation :

1° La valeur totale, hors taxe, des opérations visées, les taux de taxe sur la valeur ajoutée applicables et le montant total de la taxe correspondante ventilé par taux d'imposition ;

2° Le montant total de la taxe sur la valeur ajoutée due pour les opérations visées, pour chaque Etat membre dans lequel l'assujetti dispose d'un établissement stable ou à partir duquel les biens sont expédiés ou transportés ;

3° Le numéro individuel d'identification à la taxe sur la valeur ajoutée ou le numéro d'enregistrement fiscal attribué par chacun de ces Etats membres.

Les modalités de cette déclaration sont fixées par arrêté du ministre chargé du budget *(Voir Annexe III, art. 95 D et Annexe IV, art. 41 nonies)*.

VI. Lorsqu'il est nécessaire d'apporter des modifications à la déclaration de taxe sur la valeur ajoutée après la transmission de celle-ci, ces modifications sont incluses dans une déclaration ultérieure, dans un délai de trois ans à compter de la date à laquelle la déclaration initiale devait être déposée conformément au V. Cette déclaration de taxe sur la valeur ajoutée ultérieure précise l'Etat membre de consommation concerné, la période imposable et le montant de taxe sur la valeur ajoutée pour lequel des modifications sont nécessaires.

VII. La déclaration de taxe sur la valeur ajoutée est libellée en euros.

VIII. L'assujetti qui se prévaut du présent régime particulier acquitte la taxe sur la valeur ajoutée, en mentionnant la déclaration de taxe sur la valeur ajoutée concernée mentionnée au V, au plus tard à l'expiration du délai dans lequel la déclaration doit être déposée. Le paiement est effectué sur un compte bancaire libellé en euros.

IX. 1. Un assujetti qui se prévaut, dans un autre Etat membre, du régime particulier prévu à la section 3 du chapitre 6 du titre XII de la directive 2006/112/CE du Conseil du 28 novembre 2006 précitée ne peut, en ce qui concerne ses activités imposables couvertes par ce régime particulier, déduire aucun montant de taxe sur la valeur ajoutée en France. La taxe afférente aux livraisons de biens et prestations de services couvertes par ce régime particulier est remboursée selon les modalités prévues au d du V de l'article 271 du présent code.

2. Nonobstant les dispositions du 1 du présent IX, si un assujetti qui se prévaut, dans un autre Etat membre, du régime particulier prévu à la section 3 du chapitre 6 du titre XII de la directive 2006/112/CE du Conseil du 28 novembre 2006 précitée est tenu de se faire identifier en France pour des activités non couvertes par ce régime particulier, il opère la déduction de la taxe sur la valeur ajoutée afférente aux biens et services utilisés pour les besoins de ses opérations imposables couvertes par ce régime particulier conformément à l'article 271 du présent code.

X. L'assujetti qui se prévaut du présent régime particulier tient un registre des opérations relevant de ce régime particulier. Ce registre doit, sur demande, être mis par voie électronique à la disposition de l'administration et de l'Etat membre de consommation. Il est suffisamment détaillé pour permettre à l'administration de l'Etat membre de consommation de vérifier l'exactitude de la déclaration de taxe sur la valeur ajoutée mentionnée au V du présent code *(Voir Annexe IV, art.41 quinquies A)*.

Le registre est conservé pendant dix ans à partir du 31 décembre de l'année de l'opération.

FR 40/21 inf. 2 p. 5 ; TVA-III-8400 s. ; MF n°s 50860 s.

C. Régime particulier applicable aux ventes à distance de biens importés de territoires ou de pays tiers

Art 298 sexdecies H I. A. Peut se prévaloir du présent régime particulier :

1° Tout assujetti établi sur le territoire de l'Union européenne effectuant des ventes à distance de biens importés de territoires ou de pays tiers ;

2° Tout assujetti établi ou non sur le territoire de l'Union européenne effectuant des ventes à distance de biens importés de territoires ou de pays tiers et étant représenté par un intermédiaire établi sur le territoire de l'Union européenne. Un assujetti ne peut désigner plus d'un intermédiaire en même temps ;

3° Tout assujetti établi sur le territoire d'un pays tiers avec lequel l'Union a conclu un accord en matière d'assistance mutuelle ayant une portée similaire à la directive 2010/24/ UE du Conseil du 16 mars 2010 concernant l'assistance mutuelle en matière de recouvrement des créances relatives aux taxes, impôts, droits et autres mesures et au règlement (UE) n° 904/2010 du Conseil du 7 octobre 2010 concernant la coopération administrative et la lutte contre la fraude dans le domaine de la taxe sur la valeur ajoutée et qui effectue des ventes à distance de biens importés de ce pays tiers.

Lorsque l'assujetti se prévaut du présent régime particulier, il doit l'appliquer à l'ensemble de ses ventes à distance de biens importés de territoires tiers ou de pays tiers.

B. Aux fins du présent régime, les ventes à distance de biens importés de territoires tiers ou de pays tiers ne couvrent que les biens, à l'exception des produits soumis à accises, contenus dans des envois d'une valeur intrinsèque ne dépassant pas 150 €, ou sa contre-valeur en monnaie nationale.

C. Aux fins du présent régime, est considéré comme :

1° Assujetti non établi sur le territoire de l'Union européenne, un assujetti qui n'a pas établi le siège de son activité économique sur le territoire de l'Union européenne et n'y dispose pas d'établissement stable ;

2° Intermédiaire, une personne établie sur le territoire de l'Union européenne désignée par l'assujetti effectuant des ventes à distance de biens importés de territoires tiers ou de pays tiers comme étant le redevable de la taxe sur la valeur ajoutée et remplissant les obligations prévues par le présent régime particulier au nom et pour le compte de l'assujetti.

Cet intermédiaire est accrédité par l'administration dans les conditions mentionnées au IV de l'article 289 A lorsqu'il est désigné par un assujetti qui n'est pas établi dans l'Union européenne, sauf si cet assujetti est une personne remplissant les conditions mentionnées au 1° du I du même article 289 A ou si cet assujetti est une personne établie dans un Etat avec lequel l'Union européenne a conclu un accord en matière d'assistance mutuelle ayant une portée similaire à la directive 2010/24/UE du Conseil du 16 mars 2010 précitée et au règlement (UE) n° 904/2010 du Conseil du 7 octobre 2010 précité ;

FR 2/22 inf. 47 p. 84

3° Etat membre de consommation, l'Etat membre d'arrivée de l'expédition ou du transport des biens à destination de l'acquéreur.

D. Pour les ventes à distance de biens importés de territoire tiers ou de pays tiers pour lesquelles la taxe sur la valeur ajoutée est déclarée au titre du présent régime particulier, le fait générateur de la taxe intervient et la taxe devient exigible au moment de la livraison. Les biens sont considérés comme ayant été livrés au moment où le paiement a été accepté.

II. L'assujetti qui se prévaut du présent régime particulier ou un intermédiaire agissant pour son compte informe l'administration du moment où il commence son activité dans le cadre du présent régime particulier, la cesse ou la modifie de telle manière qu'il ne remplit plus les conditions requises pour pouvoir se prévaloir du présent régime particulier. Cette information est communiquée par voie électronique. Il communique cette information et notifie à l'administration toute modification par voie électronique selon des modalités fixées par arrêté *(Voir Annexe IV, art. 50 sexies K).*

III. Un assujetti qui se prévaut du présent régime particulier n'est identifié, pour les opérations imposables dans le cadre de ce régime, qu'en France.

1. L'administration attribue à l'assujetti qui se prévaut du présent régime particulier un numéro individuel de taxe sur la valeur ajoutée aux seules fins de l'application du présent régime particulier et informe celui-ci par voie électronique du numéro d'identification qui lui a été attribué.

2. L'administration attribue à un intermédiaire un numéro individuel d'identification et informe celui-ci par voie électronique du numéro d'identification qui lui a été attribué.

3. L'administration attribue à l'intermédiaire, pour chaque assujetti pour lequel celui-ci est désigné, un numéro individuel d'identification de taxe sur la valeur ajoutée aux fins de l'application du présent régime particulier.

Le numéro d'identification de taxe sur la valeur ajoutée attribué au titre des 1, 2 et 3 du présent III n'est utilisé qu'aux fins du présent régime particulier.

IV. 1. L'administration exclut du présent régime particulier les assujettis identifiés directement ou par le biais d'un intermédiaire dans les cas suivants :

a. Si l'assujetti notifie directement à l'administration ou par le biais de son intermédiaire, selon le cas, qu'il n'effectue plus de ventes à distance de biens importés en provenance de pays ou territoires tiers ;

b. Si l'administration peut présumer, par d'autres moyens, que ses activités imposables de ventes à distance de biens importés de territoires tiers ou de pays tiers ont pris fin ;

c. Si l'assujetti ne remplit plus les conditions requises pour pouvoir se prévaloir du présent régime particulier ;

d. Si, de manière systématique, l'assujetti ne se conforme pas aux règles relatives au présent régime particulier ;

e. Si l'intermédiaire informe l'Etat membre d'identification qu'il ne représente plus cet assujetti.

2. L'administration exclut l'intermédiaire du présent régime particulier dans les cas suivants :

a. Si, pendant une période de deux trimestres civils consécutifs, il n'a pas agi en tant qu'intermédiaire pour le compte d'un assujetti qui se prévaut du présent régime particulier ;

b. S'il ne remplit plus les autres conditions nécessaires pour agir en tant qu'intermédiaire ;

c. Si, de manière systématique, il ne se conforme pas aux règles relatives au présent régime particulier.

Les modalités de telles exclusions sont fixées par décret *(Voir Annexe III, art. 97 ter).*

V. Pour chaque mois, l'assujetti qui se prévaut du présent régime particulier ou son intermédiaire transmet, par voie électronique, une déclaration de taxe sur la valeur ajoutée, que des ventes à distance de biens importés de territoires tiers ou de pays tiers aient été effectuées ou non.

La déclaration de taxe sur la valeur ajoutée comporte le numéro d'identification de taxe sur la valeur ajoutée mentionné au III et, pour chaque Etat membre de consommation dans lequel la taxe sur la valeur ajoutée est due, la valeur totale, hors taxe sur la valeur ajoutée, des ventes à distance de biens importés de territoires tiers ou de pays tiers pour lesquelles la taxe est devenue exigible pendant la période imposable et le montant total de la taxe correspondante ventilé par taux d'imposition. Les taux de taxe sur la valeur ajoutée applicables et le montant total de la taxe sur la valeur ajoutée due doivent également figurer sur la déclaration.

Les modalités de cette déclaration sont fixées par arrêté du ministre chargé du budget *(Voir Annexe III, art. 95 D et Annexe IV, art. 41 nonies).*

VI. Lorsqu'il est nécessaire d'apporter des modifications à la déclaration de taxe sur la valeur ajoutée après la transmission de celle-ci, ces modifications sont incluses dans une déclaration ultérieure, dans un délai de trois ans à compter de la date à laquelle la déclaration initiale devait être déposée. Cette déclaration de taxe sur la valeur ajoutée ultérieure précise l'Etat membre de consommation concerné, la période imposable et le montant de taxe sur la valeur ajoutée pour lequel des modifications sont nécessaires.

VII. La déclaration de taxe sur la valeur ajoutée est libellée en euros.

VIII. L'assujetti qui se prévaut du présent régime particulier ou son intermédiaire acquitte la taxe sur la valeur ajoutée, en mentionnant la déclaration de taxe sur la valeur ajoutée concernée, au plus tard à l'expiration du délai dans lequel la déclaration doit être déposée. Le paiement est effectué sur un compte bancaire libellé en euros.

IX. 1. Un assujetti qui se prévaut, dans un autre Etat membre, du régime particulier prévu à la section 4 du chapitre 6 du titre XII de la directive 2006/112/ CE du Conseil du 28 novembre 2006 relative au système commun de taxe sur la valeur ajoutée ne peut, en ce qui concerne ses activités imposables couvertes par ce régime particulier, déduire aucun montant de taxe sur la valeur ajoutée en France. La taxe afférente aux livraisons de biens et prestations de services couvertes par ce régime est remboursée selon les modalités prévues au d du V de l'article 271 du présent code.

2. Nonobstant le 1 du présent IX, si un assujetti qui se prévaut, dans un autre Etat membre, du régime particulier prévu à la section 4 du chapitre 6 du titre XII de la directive 2006/112/ CE du Conseil du 28 novembre 2006 précitée est tenu de se faire identifier en France pour des activités non couvertes par ce régime particulier, il opère la déduction de la taxe sur la valeur ajoutée afférente aux biens et services utilisés pour les besoins de ses opérations imposables couvertes par ce régime conformément à l'article 271 du présent code.

X. L'assujetti qui se prévaut du présent régime particulier, ou l'intermédiaire pour chacun des assujettis qu'il représente, tient un registre des opérations relevant de ce régime particulier. Ce registre doit, sur demande, être mis par voie électronique à la disposition de l'administration et de l'Etat membre de consommation. Il est suffisamment détaillé pour permettre à l'administration de l'Etat membre de consommation de vérifier l'exactitude de la déclaration de taxe sur la valeur ajoutée mentionnée au V du présent article *(Voir Annexe IV, art.41 quinquies B)*.

Ce registre est conservé pendant dix ans à compter du 31 décembre de l'année de l'opération.

XI. Aux fins du présent régime, la contre-valeur en monnaie nationale du montant mentionné au I est déterminée annuellement avec effet au 1er janvier. Elle s'apprécie en fonction des taux de conversion applicables au premier jour ouvrable du mois d'octobre de l'année qui précède. Le montant ainsi converti est arrondi le cas échéant à l'euro le plus proche.

FR 40/21 inf. 2 p. 5 ; FR 6/22 inf. 1p. 2 ; MF nos 50885 s.

X. Régime particulier pour la déclaration et le paiement de la taxe sur la valeur ajoutée à l'importation

Art 298 sexdecies I **I.** Lorsque, pour l'importation de biens faisant l'objet d'une vente à distance de biens importés, à l'exception des produits soumis à accises, contenus dans des envois d'une valeur intrinsèque ne dépassant pas 150 € ou sa contre-valeur en monnaie nationale, le régime particulier prévu à l'article 298 sexdecies H n'est pas utilisé, la personne qui présente les marchandises en douane pour le compte de la personne destinataire des biens peut se prévaloir du régime particulier prévu au présent article pour la déclaration et le paiement de la taxe sur la valeur ajoutée à l'importation en ce qui concerne des biens expédiés ou transportés à destination de la France.

Les marchandises ne sont pas présentées pour le compte de la personne destinataire des biens lorsque la base d'imposition à l'importation diffère de celle qui serait déterminée pour la vente à distance de biens importés si elle était située en France.

II. Lorsqu'il est recouru au présent dispositif, les conditions suivantes sont applicables :

1° Par dérogation au 2 de l'article 293 A, le redevable de la taxe sur la valeur ajoutée est le destinataire du bien indiqué sur la déclaration d'importation et l'option prévue à l'article 293 A quater ne peut être exercée ;

2° La personne qui présente les biens en douane prend les mesures appropriées pour percevoir la taxe sur la valeur ajoutée auprès du destinataire des biens préalablement à son acquittement auprès du service des douanes conformément aux dispositions du présent article ;

3° Par dérogation aux articles 278-0 bis à 281 octies, l'importation des biens est soumise au taux prévu à l'article 278.

III. Les personnes présentant les biens en douane déclarent, par voie électronique, dans une déclaration mensuelle, la taxe sur la valeur ajoutée perçue au titre du présent régime particulier. La déclaration indique le montant total de la taxe sur la valeur ajoutée perçue au cours du mois civil concerné.

IV. La taxe sur la valeur ajoutée due au titre du présent régime particulier est acquittée au plus tard à la fin du mois suivant son exigibilité. Elle est recouvrée et contrôlée selon les mêmes procédures et sous les mêmes sanctions, garanties, sûretés et privilèges que les droits de douane.

V. Les personnes qui présentent les biens en douane prennent les mesures nécessaires afin de s'assurer que la taxe est correctement payée par le destinataire des biens.

VI. Les personnes qui se prévalent du présent régime particulier tiennent un registre des opérations couvertes par le présent régime particulier *(Voir Annexe IV, art.41 quinquies D)*.

Ce registre est conservé pendant dix ans à compter du 31 décembre de l'année de l'opération.

Ce registre est mis à la disposition des administrations fiscales ou douanières, sur leur demande, par voie électronique. Il est suffisamment détaillé pour permettre à ces dernières de vérifier l'exactitude de la déclaration de taxe sur la valeur ajoutée mentionnée au III.

VII. Aux fins du présent régime, la contre-valeur en monnaie nationale du montant mentionné au I est déterminée annuellement avec effet au 1er janvier. Elle s'apprécie en fonction des taux de conversion applicables au premier jour ouvrable du mois d'octobre de l'année qui précède. Le montant ainsi converti est arrondi le cas échéant à l'euro le plus proche.

FR 2/24 inf. 49 nos 2 à 12 p. 96 ; FR 40/21 inf. 2 p. 5 ; MF no 50905

XI. Biens transitant par un entrepôt ou une plateforme logistique de stockage

Art 298 sexdecies J **I.** L'exploitant d'un entrepôt ou d'une plateforme logistique de stockage de biens destinés à faire l'objet d'une livraison au sens du 1° du II de l'article 256 ou d'une opération assimilée mentionnée au III du même article 256 tient à la disposition de l'administration des informations relatives, notamment, à l'origine, la nature, la quantité et la détention des biens stockés ainsi qu'aux propriétaires de ces biens, lorsque les conditions suivantes sont remplies :

1° Les biens stockés sont destinés à faire l'objet d'une vente réalisée par l'entremise d'une plateforme de mise en relation par voie électronique ;

2° Les biens stockés ont fait l'objet d'une importation en France ou dans un autre Etat membre de l'Union européenne en provenance d'un pays tiers ou d'un territoire tiers à l'Union européenne ;

3° Les biens stockés sont la propriété d'un assujetti qui a établi le siège de son activité économique en dehors de l'Union européenne ou qui, à défaut d'un tel siège, a son domicile ou sa résidence habituelle en dehors de l'Union européenne ;

4° Les biens stockés n'ont pas fait l'objet d'une livraison au sens du 1° du II de l'article 256 ou d'une opération assimilée mentionnée au III du même article 256 depuis leur introduction en France.

II. Pour l'application des dispositions du I du présent article, est considérée comme plateforme l'entreprise, quel que soit son lieu d'établissement, qui met en relation à distance, par voie électronique, des personnes en vue de la vente d'un bien, de la fourniture d'un service ou de l'échange ou du partage d'un bien ou d'un service.

III. Les informations tenues à la disposition de l'administration mentionnées au premier alinéa du I sont fixées par arrêté du ministre chargé du budget *(NDLR Voir Annexe IV, art. 50 sexies M)*.

Ces informations sont conservées jusqu'au 31 décembre de la sixième année suivant celle durant laquelle a eu lieu l'opération d'importation.

IV. L'exploitant est tenu de faire toute diligence afin de s'assurer de l'identité des propriétaires des biens mentionnés au premier alinéa du I. Il informe par tous moyens ces propriétaires de leurs obligations en matière de taxe sur la valeur ajoutée en France.

RIE-IV-15830 s. ; MF no 78045, I

SECTION X

Modalités d'application

Art 298 septdecies Les modalités d'application des dispositions du présent chapitre sont fixées, en tant que de besoin, par décrets dans tous les cas où il n'est pas disposé autrement.

Sauf dispositions expresses, les formalités imposées aux redevables sont fixées par arrêté du ministre de l'économie et des finances.

Art 298 octodecies Pour l'application du présent chapitre :

1° Les produits soumis à accise s'entendent au sens de l'article L 311-1 du code des impositions sur les biens et services ;

2° Les boissons alcooliques s'entendent au sens du 2° de l'article L 111-4 du même code ;

TVA-VIII-1310 s. ; MF no 52960

3° Les produits énergétiques, charbons, gaz naturels et produits assimilés aux produits énergétiques s'entendent respectivement au sens des articles L 312-3, L 312-4, L 312-5 et L 312-6 du même code.

CHAPITRE II

Taxe sur certains services fournis par les grandes entreprises du secteur numérique

Ndlr *Depuis le 1er janvier 2024, la taxe sur certains services fournis par les grandes entreprises du secteur numérique est transférée aux articles L 453-45 s. du CIBS sous la dénomination de « taxe sur certains services numériques ».*

Art 300 I. La taxe prévue à l'article 299 est déclarée et liquidée par le redevable selon les modalités suivantes :

1° Pour les redevables de la taxe sur la valeur ajoutée soumis au régime réel normal d'imposition mentionné au 2 de l'article 287, sur l'annexe à la déclaration mentionnée au 1 du même article 287 déposée au titre du mois de mars ou du premier trimestre de l'année qui suit celle au cours de laquelle la taxe est devenue exigible ;

2° Pour les redevables de la taxe sur la valeur ajoutée soumis au régime réel simplifié d'imposition prévu à l'article 302 septies A, sur la déclaration annuelle mentionnée au 3 de l'article 287 déposée au titre de l'exercice au cours duquel la taxe est devenue exigible ;

3° Dans tous les autres cas, sur l'annexe à la déclaration prévue au 1 du même article 287, déposée auprès du service de recouvrement dont relève le siège ou le principal établissement du redevable, au plus tard le 25 avril de l'année qui suit celle au cours de laquelle la taxe est devenue exigible.

II. La taxe est acquittée dans les conditions prévues à l'article 1693 quater, sauf par les redevables soumis au régime réel simplifié d'imposition prévu à l'article 302 septies A, pour lesquels elle est acquittée dans les conditions prévues à l'article 1692. Sans préjudice des dispositions prévues aux articles L 16 C et L 70 A du livre des procédures fiscales, elle est recouvrée et contrôlée selon les mêmes procédures et sous les mêmes sanctions, garanties, sûretés et privilèges que les taxes sur le chiffre d'affaires. Les réclamations sont présentées, instruites et jugées selon les règles applicables à ces mêmes taxes.

III. Tant que le droit de reprise de l'administration est susceptible de s'exercer, conformément à l'article L 177 A du livre des procédures fiscales, les redevables conservent, à l'appui de leur comptabilité, l'information des sommes encaissées mensuellement en contrepartie de chacun des services taxables fournis, en distinguant celles se rapportant à un service fourni en France, au sens des II et III de l'article 299 bis du présent code et, le cas échéant, celles exclues de l'assiette en application du second alinéa du I de l'article 299 quater, ainsi que les éléments quantitatifs mensuels utilisés pour calculer les proportions prévues au IV de l'article 299 bis. L'information sur les sommes encaissées mensuellement précise, le cas échéant, le montant encaissé dans une monnaie autre que l'euro et le montant converti en euro selon les modalités prévues à l'article 299 quinquies, en faisant apparaître le taux de change retenu en application du même article 299 quinquies.

Ces informations sont tenues à la disposition de l'administration et lui sont communiquées à première demande.

IV. Lorsque le redevable n'est pas établi dans un Etat membre de l'Union européenne ou dans tout autre Etat partie à l'accord sur l'Espace économique européen ayant conclu avec la France une convention d'assistance administrative en vue de lutter contre la fraude et l'évasion fiscales ainsi qu'une convention d'assistance mutuelle en matière de recouvrement de l'impôt, il fait accréditer auprès du service des impôts compétent un représentant assujetti à la taxe sur la valeur ajoutée établi en France, qui s'engage, le cas échéant, à remplir les formalités au nom et pour le compte du représenté et à acquitter la taxe à sa place.

Ndlr *Le présent article sera abrogé à compter de l'entrée en vigueur des dispositions prises en application ou pour l'application des dispositions législatives du CIBS susvisées (Ordonnance 2023-1210 du 20 décembre 2023 art. 41, 1°).*

BF 4/24 inf. 264 ; TD-XX-50 ; MF n° 76150

CHAPITRE II BIS

Taxe sur les exploitants de plateformes de mise en relation par voie électronique en vue de fournir certaines prestations de transport

Ndlr *Depuis le 1er janvier 2024, la taxe sur les exploitants de plateformes de mise en relation par voie électronique en vue de fournir certaines prestations de transport est transférée aux articles L 453-35 s. du CIBS sous la dénomination de « taxe sur la mise en relation par voie électronique en vue de fournir certaines prestations de transport ».*

Art 300 sexies **I.** La taxe est déclarée et liquidée par le redevable aux dates déterminées par un arrêté du ministre chargé du budget *(NDLR Voir Annexe IV, art. 50 duodecies A bis)*. La périodicité des déclarations et des paiements est au plus mensuelle et au moins annuelle.

En cas de cessation d'activité du redevable, le montant dû au titre de l'année de la cessation d'activité est établi immédiatement. La taxe est déclarée, acquittée et, le cas échéant, régularisée selon les modalités prévues pour la taxe sur la valeur ajoutée dont il est redevable ou, à défaut, dans les soixante jours suivant la cessation d'activité.

II. La taxe est recouvrée et contrôlée selon les mêmes procédures et sous les mêmes sanctions, garanties, sûretés et privilèges que les taxes sur le chiffre d'affaires. Les réclamations sont présentées, instruites et jugées selon les règles applicables à ces mêmes taxes.

III. Lorsque le redevable n'est pas établi dans un Etat membre de l'Union européenne ou dans l'un des Etats mentionnés au 1° du I de l'article 289 A, il fait accréditer auprès du service des impôts compétent, dans les conditions prévues au IV du même article 289 A, un représentant assujetti à la taxe sur la valeur ajoutée établi en France, qui s'engage à remplir les formalités au nom et pour le compte du redevable et, le cas échéant, à acquitter la taxe à sa place.

Ndlr 1. *Voir Annexe III, art. 98 ter et 98 quater.*
2. *Le présent article sera abrogé à compter de l'entrée en vigueur des dispositions prises en application ou pour l'application des dispositions législatives du CIBS susvisées (Ordonnance 2023-1210 du 20 décembre 2023 art. 41, 1°).*

FR 2/22 inf. 58 p. 97 ; FR 28/22 inf. 4 p. 6 ; BF 4/24 inf. 264 ; TD-XX-13250 s. ; MF n° 76145

CHAPITRE VI

Taxe sur les hydrofluorocarbones

Art 302 bis F **I.** Il est institué une taxe sur les hydrofluorocarbones, au sens du 2 de l'article 2 du règlement (UE) n° 517/2014 du Parlement européen et du Conseil du 16 avril 2014 relatif aux gaz à effet de serre fluorés et abrogeant le règlement (CE) n° 842/2006, autres que les gaz régénérés ou recyclés, au sens des 15 ou 16 du même article 2.

Pour l'application du présent article, les références au même règlement sont celles résultant de sa rédaction en vigueur au 1er janvier 2018.

II. La taxe est due par la personne qui réalise la première livraison des substances mentionnées au I, à titre gratuit ou onéreux, en France, en dehors des collectivités régies par l'article 74 de la Constitution, de la Nouvelle-Calédonie, des Terres australes et antarctiques françaises et de l'île de Clipperton, à raison de cette première livraison.

Sont assimilées à une livraison de ces substances :

1° L'utilisation de ces substances dans le cadre d'une activité économique ;

2° La livraison d'équipements chargés de ces substances.

La taxe est exigible lors de cette première livraison.

III. La taxe est assise, pour chacune des substances énumérées à la section 1 de l'annexe I du règlement (UE) n° 517/2014 du Parlement européen et du Conseil du 16 avril 2014 précité, sur le produit entre :

1° Le poids net, en tonnes, des quantités livrées ;

2° Le potentiel de réchauffement planétaire mentionné à cette même section 1.

IV. Le tarif de la taxe, au sens du 7 de l'article 2 du même règlement , est le suivant :

Année	2025	2026	2027	2028	A compter de 2029
Tarif (en euros par tonne équivalent CO_2)	15	18	22	26	30

V. A. Sont exonérées les livraisons de substance :

1° Destinées à être détruites ;

2° Utilisées par l'acquéreur comme un intermédiaire de synthèse ;

3° Expédiées ou transportées hors de France par le redevable, par l'acquéreur s'il est différent, ou pour leur compte. Une expédition ou un transport hors de France s'entend de l'expédition ou du transport des produits en dehors du territoire national ou à destination des collectivités régies par l'article 74 de la Constitution, de la Nouvelle-Calédonie, des Terres australes et antarctiques françaises et de l'île de Clipperton ;

4° Utilisées par l'acquéreur dans des équipements militaires, au sens du 35 de l'article 2 du règlement (UE) n° 517/2014 du Parlement européen et du Conseil du 16 avril 2014 précité ;

5° Utilisées par l'acquéreur pour la gravure de matériaux semi-conducteurs ou le nettoyage de chambre de dépôt en phase de vapeur par procédé chimique dans l'industrie des semi-conducteurs ;

6° Utilisées par l'acquéreur pour la production d'inhalateurs doseurs pour l'administration de produits pharmaceutiques ;

7° Utilisées par l'acquéreur pour le fonctionnement des unités de réfrigération des camions et remorques frigorifiques, au sens des 26 et 27 de l'article 2 du même règlement ;

8° Utilisées par l'acquéreur dans des applications spécifiques ou dans des catégories spécifiques de produits ou d'équipements pour lesquels, d'une part, des solutions de substitution n'existent pas ou ne peuvent être mises en œuvre pour des raisons techniques ou de sécurité et, *d'autre part, une offre suffisante* d'hydrofluorocarbones ne peut être garantie sans entraîner des coûts disproportionnés. Ces applications ou catégories sont listées par décret.

B. Lorsque les substances sont affectées par l'acquéreur à une autre destination que celles prévues au A, le complément d'impôt est dû par la personne qui réalise cette affectation.

C. Lorsque la destination prévue au A ne figure pas sur l'étiquetage prévu à l'article 12 du règlement (UE) n° 517/2014 du Parlement européen et du Conseil du 16 avril 2014 précité, l'acquéreur établit une attestation certifiant que les substances sont affectées à cette destination. Le cas échéant, un exemplaire est remis au fournisseur.

VI. A. La taxe est déclarée et liquidée par le redevable selon les modalités suivantes :

1° Pour les redevables de la taxe sur la valeur ajoutée soumis au régime réel normal d'imposition mentionné au 2 de l'article 287, sur l'annexe à la déclaration mentionnée au 1 du même article 287 déposée au titre du mois de mars ou du premier trimestre de l'année qui suit celle au cours de laquelle la taxe est devenue exigible ;

2° Pour les redevables de la taxe sur la valeur ajoutée soumis au régime simplifié d'imposition prévu à l'article 302 septies A, sur la déclaration annuelle mentionnée au 3 de l'article 287 déposée au titre de l'exercice au cours duquel la taxe est devenue exigible ;

3° Dans tous les autres cas, sur l'annexe à la déclaration prévue au 1 du même article 287, déposée auprès du service de recouvrement dont relève le siège ou le principal établissement du redevable, au plus tard le 25 avril de l'année qui suit celle au cours de laquelle la taxe est devenue exigible.

B. La taxe est acquittée lors du dépôt de la déclaration. Elle est recouvrée et contrôlée selon les mêmes procédures et sous les mêmes sanctions, garanties, sûretés et privilèges que les taxes sur le chiffre d'affaires. Les réclamations sont présentées, instruites et jugées selon les règles applicables à ces mêmes taxes.

C. Les redevables conservent, à l'appui de leur comptabilité, l'information des quantités mensuelles taxées pour chaque substance, en distinguant celles qui sont livrées et celles qui sont utilisées, ainsi que celles afférentes à chacune des exonérations mentionnées au A du V.

Ces informations sont tenues à la disposition de l'administration et lui sont communiquées à première demande.

D. Les A à C du présent VI s'appliquent également à toute personne qui réalise l'un des changements d'affectation mentionnés au B du V.

E. Lorsque le redevable, ou la personne mentionnée au D, n'est pas établi dans un Etat membre de l'Union européenne ou dans tout autre Etat partie à l'accord sur l'Espace économique européen ayant conclu avec la France une convention fiscale qui contient une clause d'assistance administrative en vue de lutter contre la fraude et l'évasion fiscales ainsi qu'une convention d'assistance mutuelle en matière de recouvrement de l'impôt, il fait accréditer auprès du service des impôts compétent un représentant assujetti à la taxe sur la valeur ajoutée établi en France qui s'engage à remplir les formalités au nom et pour le compte du représenté et, le cas échéant, à acquitter la taxe à sa place.

Ndlr *Les dispositions du présent article entrent en vigueur le 1er janvier 2025 (Loi 2020-1721 du 29 décembre 2020 art. 64, XIV, modifiée par la loi 2022-1726 du 30 décembre 2022 art. 72, IV).*

FR 1/19 inf. 100 p. 203 ; FR 2/23 inf. 77 n° 3 p. 104

CHAPITRE VII

Taxe de l'aviation civile

Art 302 bis K *(Dispositions abrogées et transférées aux articles L 422-13 s. et L 422-41 s. du CIBS depuis le 1er janvier 2022).*

Art 302 bis K bis *(Dispositions abrogées et transférées à l'article L 422-11 du CIBS depuis le 1er janvier 2022).*

CHAPITRE VII OCTIES

Taxe sur les services fournis par les opérateurs de communications électroniques

Art 302 bis KH I. à IV. *(Abrogés).*

V. Les redevables procèdent à la liquidation de la taxe due au titre de l'année civile précédente lors du dépôt de la déclaration mentionnée au 1 de l'article 287 du mois de mars ou du premier trimestre de l'année civile.

VI. *(Abrogé).*

(Voir l'article 1693 sexies)

Ndlr *Depuis le 1er janvier 2024, la taxe sur les services fournis par les opérateurs de communication électronique est transférée aux articles L 453-1 s. du CIBS sous la dénomination de « taxe sur les services de communications électroniques ». Le V du présent article sera abrogé à compter de l'entrée en vigueur des dispositions prises en application ou pour l'application des dispositions législatives du CIBS susvisées (Ordonnance 2023-1210 du 20 décembre 2023 art. 41, 1°).*

BF 4/24 inf. 264 ; TD-V-18000 s. ; MF n° 75954

CHAPITRE VIII BIS

Taxe sur certaines dépenses de publicité

Art 302 bis MA I. à IV. *(Abrogés).*

V. La taxe est déclarée et liquidée sur l'annexe à la déclaration des opérations du mois de mars de l'année au titre de laquelle la taxe est due, déposée en application de l'article 287.

Elle est acquittée au plus tard lors du dépôt de cette déclaration.

VI. *(Abrogé).*

Ndlr *Depuis le 1er janvier 2024, la taxe sur certaines dépenses de publicité est transférée aux articles L 454-29 s. du CIBS sous la dénomination de « taxe sur la publicité diffusée au moyen de documents imprimés ». Le V du présent article sera abrogé à compter de l'entrée en vigueur des dispositions prises en application ou pour l'application des dispositions législatives du CIBS susvisées (Ordonnance 2023-1210 du 20 décembre 2023 art. 41, 1°).*

BF 4/24 inf. 264 ; TD-XX-5000 s. ; MF n° 76160

CHAPITRE VIII TER

Taxe sur le chiffre d'affaires des exploitants agricoles

Art 302 bis MB I. Une taxe est due par les exploitants agricoles au titre de leurs activités agricoles, à l'exclusion de ceux placés sous le régime du remboursement forfaitaire agricole mentionné aux articles 298 quater et 298 quinquies.

II. La taxe est assise sur le chiffre d'affaires de l'année précédente ou du dernier exercice clos, tel que défini à l'article 293 D, auquel sont ajoutés les paiements accordés aux agriculteurs au titre des soutiens directs attribués en application du règlement (CE) n° 73/2009 du Conseil, du 19 janvier 2009, à l'exclusion du chiffre d'affaires issu des activités de sylviculture, de conchyliculture et de pêche en eau douce. Elle est également assise sur le chiffre d'affaires mentionné sur la déclaration prévue à la dernière phrase du 1° du I de l'article 298 bis.

Ndlr *Pour les dispositions du présent II qui entreront en vigueur le 1er janvier 2025, voir partie Autres textes du présent code loi 2023-1322 du 29 décembre 2023 art. 82, I-15° et III.*

III. Le tarif de la taxe est composé d'une partie forfaitaire comprise entre 76 € et 92 € par exploitant et d'une partie variable fixée à 0,19 % jusqu'à 370 000 € de chiffre d'affaires et à 0,05 % au-delà. Le chiffre d'affaires mentionné au II s'entend hors taxe sur la valeur ajoutée.

IV. La taxe est acquittée :

1° Sur la déclaration annuelle visée au 1° du I de l'article 298 bis, pour les exploitants agricoles imposés à la taxe sur la valeur ajoutée selon le régime simplifié mentionné à cet article. Lorsqu'elle est acquittée sur la déclaration mentionnée à la dernière phrase du 1° du I de l'article précité, la partie forfaitaire et le seuil de 370 000 € mentionnés au premier alinéa du III ainsi que les montants au-delà desquels la taxe due est plafonnée en application du second alinéa dudit III sont ajustés prorata temporis ;

2° Sur la déclaration déposée au titre du premier trimestre de l'année ou de l'exercice au titre de laquelle ou duquel la taxe est due, pour les exploitants agricoles ayant opté pour le dépôt de déclarations trimestrielles et mentionnés au quatrième alinéa du I de l'article 1693 bis. Lorsqu'elle est acquittée au titre de la période définie à la dernière phrase du 1° du I de l'article 298 bis, la partie forfaitaire et le seuil de 370 000 € mentionnés au premier alinéa du III du présent article ainsi que les montants au-delà desquels la taxe due est plafonnée en application du second alinéa dudit III sont ajustés prorata temporis ;

3° Sur l'annexe de la déclaration des opérations du premier trimestre ou du mois de mars de l'année au titre de laquelle la taxe est due, déposée en application de l'article 287, pour les exploitants agricoles qui ont été autorisés à soumettre l'ensemble de leurs opérations au régime de droit commun de la taxe sur la valeur ajoutée.

Le paiement de la taxe est effectué au plus tard à la date limite de dépôt des déclarations mentionnées aux 1° à 3°.

V. La taxe est recouvrée et contrôlée selon les procédures et sous les mêmes sanctions, garanties et privilèges que la taxe sur la valeur ajoutée. Les réclamations sont présentées, instruites et jugées selon les règles applicables à cette même taxe.

VI. Un arrêté conjoint du ministre chargé de l'agriculture et du ministre chargé du budget fixe, dans les limites déterminées au III, le montant de la partie forfaitaire de la taxe *(Voir Annexe IV, art. 50 terdecies-0).*
(Dispositions applicables depuis le 1er janvier 2003)

TD-II-50 s. ; MF n° 75910

CHAPITRE IX

Redevance sanitaire d'abattage

Art 302 bis N Toute personne qui fait abattre un animal dans un abattoir acquitte une redevance sanitaire d'abattage au profit de l'Etat. Toutefois, en cas d'abattage à façon, la redevance est acquittée par le tiers abatteur pour le compte du propriétaire.

Cette redevance est également acquittée par toute personne qui fait traiter du gibier sauvage par un atelier ayant reçu l'agrément prévu à l'article L 233-2 du code rural et de la pêche maritime. En cas de traitement à façon, la redevance est acquittée par l'atelier agréé pour le compte du propriétaire.

Le fait générateur de la redevance est constitué par l'opération d'abattage ou, s'agissant du gibier sauvage, par l'opération de traitement des pièces entières.

TD-II-10000 s. ; MF nos 76065 s.

Art 302 bis O Le tarif de cette redevance est fixé par animal de chaque espèce, dans la limite d'un plafond de 150 % des niveaux moyens forfaitaires définis en euros par décision du Conseil de l'Union européenne.

Cette redevance peut être modulée, dans la limite d'une augmentation ou d'une réduction de 20 % de son montant, compte tenu notamment des résultats des contrôles officiels pratiqués dans l'établissement ainsi que des mesures d'autocontrôle et de traçabilité qu'il met en œuvre, au sens de l'article 27 du règlement (CE) n° 882/2004 du Parlement européen et du Conseil du 29 avril 2004 relatif aux contrôles officiels effectués pour s'assurer de la conformité avec la législation sur les aliments pour animaux et les denrées alimentaires et avec les dispositions relatives à la santé animale et au bien-être des animaux.

TD-II-10000 s. ; MF nos 76065 s.

Art 302 bis P La redevance visée à l'article 302 bis N est constatée et recouvrée suivant les mêmes règles, sous les mêmes garanties, privilèges et sanctions qu'en matière de taxe sur la valeur ajoutée.

TD-II-10000 s. ; MF nos 76065 s.

Art 302 bis R Un décret fixe les conditions d'application des articles 302 bis N à 302 bis P *(Voir Annexe III, art. 111 quater A à 111 quater J)*. Il détermine notamment les critères et modalités de modulation de la redevance, en particulier le classement des abattoirs, selon les dispositions posées par les règlements communautaires (CE) n° 852/2004 du Parlement européen et du Conseil du 29 avril 2004 relatif à l'hygiène des denrées alimentaires et (CE) n° 853/2004 du Parlement européen et du Conseil du 29 avril 2004 fixant des règles spécifiques d'hygiène applicables aux denrées alimentaires d'origine animale et, le cas échéant, selon la filière concernée.

Un arrêté conjoint du ministre chargé du budget et du ministre chargé de l'agriculture fixe les taux de la redevance. *(Voir Annexe IV, art. 50 terdecies)*.

TD-II-10000 s. ; MF nos 76065 s.

CHAPITRE X

Redevance sanitaire de découpage

Art 302 bis S Toute personne qui procède à des opérations de découpage de viande avec os acquitte une redevance sanitaire de découpage au profit de l'Etat. La redevance est perçue auprès de l'abatteur, du tiers abatteur ou de l'atelier de traitement du gibier sauvage ayant reçu l'agrément prévu à l'article L 233-2 du code rural et de la pêche maritime, pour le compte du propriétaire des viandes à découper.

Le fait générateur de la redevance est soit l'opération de découpage chez l'abatteur, le tiers abatteur ou dans l'atelier de traitement du gibier sauvage, soit l'enlèvement des viandes à découper chez ces derniers.

La redevance sanitaire de découpage n'est pas due lorsque les viandes à découper font l'objet d'achat par les organismes d'intervention ou sont destinées à être exportées, à faire l'objet d'une livraison exonérée en vertu du I de l'article 262 ter ou d'une livraison dans un lieu situé dans un autre Etat membre de l'Union européenne en application du 1° du I de l'article 258 A, en l'état, et qu'il est justifié de l'exportation, de l'expédition ou du transport.

La redevance sanitaire de découpage est également perçue sur les acquisitions intracommunautaires de viandes avec os à découper. Elle est due par la personne qui réalise l'acquisition intracommunautaire de viandes avec os à découper, lors de l'acquisition.

TD-II-12000 s. ; MF n° 76070

Art 302 bis T Le tarif de la redevance est fixé par tonne de viande avec os à désosser, dans la limite d'un plafond de 150 % du niveau moyen forfaitaire défini en euros par décision du Conseil de l'Union européenne.

Cette redevance peut être modulée, dans la limite d'une augmentation ou d'une réduction de 20 % de son montant, compte tenu notamment des résultats des contrôles officiels pratiqués dans l'établissement ainsi que des mesures d'autocontrôle et de traçabilité qu'il met en œuvre, au sens de l'article 27 du règlement (CE) n° 882/2004 du Parlement européen et du Conseil du 29 avril 2004 relatif aux contrôles officiels effectués pour s'assurer de la conformité avec la législation sur les aliments pour animaux et les denrées alimentaires et avec les dispositions relatives à la santé animale et au bien-être des animaux.

TD-II-12000 s. ; MF nº 76070

Art 302 bis U La redevance sanitaire visée à l'article 302 bis S est constatée et recouvrée suivant les mêmes règles, sous les mêmes garanties, privilèges et sanctions qu'en matière de taxe sur la valeur ajoutée.

TD-II-12000 s. ; MF nº 76070

Art 302 bis V La redevance sanitaire visée à l'article 302 bis S est également perçue à l'importation des viandes, préparées ou non. Elle est due par l'importateur ou le déclarant en douane.

Elle est constatée et recouvrée par le service des douanes selon les mêmes règles, sous les mêmes garanties, privilèges et sanctions qu'en matière de droits de douane.

TD-II-12000 s. ; MF nº 76070

Art 302 bis W Un décret fixe les conditions d'application des articles 302 bis S à 302 bis V et définit notamment les modalités de calcul du poids net de viande *(Voir Annexe III, art. 111 quater L à 111 quater R)*. Il détermine également les critères et modalités de modulation de la redevance, notamment le classement des ateliers de découpe.

Un arrêté conjoint du ministre chargé du budget et du ministre chargé de l'agriculture fixe les taux de la redevance. *(Voir Annexe IV, art. 50 quaterdecies).*

TD-II-12000 s. ; MF nº 76070

CHAPITRE X BIS

Redevances sanitaires sur les produits de la pêche et de l'aquaculture

Art 302 bis WA **I.** Toute personne qui procède au premier achat ou à la première réception de produits de la pêche ou de l'aquaculture acquitte une redevance sanitaire de première mise sur le marché au profit de l'Etat.

II. Cette redevance est assise sur le poids des produits.

III. Le fait générateur de la redevance est constitué par l'opération de première réception ou de première vente.

IV. La redevance n'est pas perçue :

1. Lors de la vente ou de la cession directe sur le marché par un pêcheur, au détaillant ou au consommateur, d'une quantité n'excédant pas celle prévue à l'article 3 du règlement (CEE) nº 3703/85 de la Commission du 23 décembre 1985 établissant les modalités d'application relatives aux normes communes de commercialisation pour certains poissons frais ou réfrigérés ;

2. En cas de retrait définitif dans le cadre de l'organisation commune des marchés instituée par le règlement (CE) nº 104/2000 du Conseil du 17 décembre 1999, portant organisation commune des marchés dans le secteur des produits de la pêche et de l'aquaculture ;

3. En cas de débarquement direct de poissons frais par un navire de pêche battant pavillon d'un pays tiers à la Communauté européenne.

V. Les taux de la redevance sont fixés par tonne de produits de la pêche ou de l'aquaculture dans la limite d'un plafond de 150 % des niveaux forfaitaires définis en euros par décision du Conseil de l'Union européenne. Toutefois :

1. Les opérations de première vente réalisées dans les halles à marées sont soumises à un taux réduit fixé dans la limite d'un plancher égal à 45 % des niveaux forfaitaires ;

2. Les opérations de première vente réalisées en cas d'absence de classification par catégorie de fraîcheur et/ou de calibrage, ou de classification insuffisante, conformément au règlement (CE) nº 2406/96 du Conseil du 26 novembre 1996 fixant des normes communes de commercialisation pour certains produits de la pêche, sont soumises à un taux majoré fixé dans la limite du plafond de 150 % des niveaux forfaitaires définis en euros par décision du Conseil de l'Union européenne ;

3. Un montant maximum par lot est fixé pour certaines espèces dans la limite de 50 €.

Un arrêté conjoint du ministre chargé du budget et du ministre chargé de l'agriculture fixe les taux de la redevance *(Voir Annexe IV, art. 50 quaterdecies-0 A)*.

VI. La redevance est recouvrée et contrôlée selon les mêmes procédures et sous les mêmes sanctions, garanties, sûretés et privilèges que la TVA.

Les réclamations sont présentées, instruites et jugées selon les règles applicables à cette même taxe.

VII. Un décret en Conseil d'Etat fixe les conditions d'application du présent article *(Voir Annexe II, art. 267 quater F).*

TD-II-20000 s. ; MF n° 76080

Art 302 bis WB I. Toute personne qui procède à la préparation ou à la transformation de produits de la pêche ou de l'aquaculture, dans un établissement terrestre ou dans un navire-usine, acquitte une redevance sanitaire de transformation au profit de l'Etat.

II. Cette redevance est assise sur le poids des produits introduits dans un établissement terrestre pour y subir des opérations de préparation ou de transformation ou qui proviennent d'un navire-usine.

III. Le fait générateur de la redevance est constitué par l'introduction des produits dans l'établissement terrestre ou leur débarquement du navire-usine.

IV. Le taux de la redevance est fixé par tonne de produits de la pêche ou de l'aquaculture, dans la limite d'un plafond de 150 % des niveaux forfaitaires définis en euros par décision du Conseil de l'Union européenne.

Un arrêté conjoint du ministre de l'économie, des finances et de l'industrie, du ministre de l'agriculture et de la pêche et du secrétaire d'Etat au budget fixe le taux de la redevance *(Voir Annexe IV, art. 50 quaterdecies-0 A bis).*

V. La redevance est recouvrée et contrôlée selon les mêmes procédures et sous les mêmes sanctions, garanties, sûretés et privilèges que la TVA.

Les réclamations sont présentées, instruites et jugées selon les règles applicables à cette même taxe.

VI. Un décret en Conseil d'Etat fixe les conditions d'application du présent article *(Voir Annexe II, art. 267 quater G).*

TD-II-20000 s. ; MF n° 76080

CHAPITRE X TER

Redevance sanitaire pour le contrôle de certaines substances et de leurs résidus

Art 302 bis WC I. Il est institué au profit de l'Etat une redevance sanitaire pour le contrôle de certaines substances et de leurs résidus.

Cette redevance est due par :

1. *(abrogé)* ;

2. *(abrogé)* ;

3. Les centres de collecte ou les établissements de transformation recevant du lait cru titulaires de l'agrément prévu à l'article L 233-2 du code rural et de la pêche maritime.

La redevance est assise sur le volume de lait cru introduit dans le centre ou l'établissement.

Le fait générateur est constitué par l'introduction du lait cru dans le centre ou l'établissement ;

4. Les établissements de fabrication ou de traitement d'ovoproduits ayant reçu l'agrément prévu à l'article L 233-2 du code rural et de la pêche maritime.

La redevance est assise sur le poids d'œufs de poule en coquille introduits dans ces établissements.

Le fait générateur est constitué par l'introduction des œufs en coquille dans ces établissements.

II. Les taux de la redevance sanitaire pour le contrôle de certaines substances et de leurs résidus applicables au lait sont fixés par produit dans la limite de 150 % du niveau forfaitaire défini en euros par décision du Conseil de l'Union européenne.

Un arrêté conjoint du ministre chargé du budget et du ministre chargé de l'agriculture fixe les taux de la redevance *(Voir Annexe IV, art. 50 quaterdecies-0 A ter).*

Le taux de la redevance applicable aux ovoproduits est fixé, par arrêté conjoint du ministre chargé du budget et du ministre chargé de l'agriculture, dans la limite de 0,76 € par tonne d'œufs en coquille.

III. La redevance est recouvrée et contrôlée selon les mêmes procédures et sous les mêmes sanctions, garanties, sûretés et privilèges que la taxe sur la valeur ajoutée.

Les réclamations sont présentées, instruites et jugées selon les règles applicables à cette même taxe.

IV. Un décret en Conseil d'Etat fixe les conditions d'application du présent article *(Voir Annexe II, art. 267 quater H).*

TD-II-18000 s. ; MF n° 76075

CHAPITRE X QUATER

Redevance pour l'agrément des établissements du secteur de l'alimentation animale

Art 302 bis WD La délivrance à un établissement qui prépare, manipule, entrepose ou cède des substances et des produits destinés à l'alimentation des animaux, de l'agrément prévu à l'article L 235-1 du code rural et de la pêche maritime, le renouvellement de cet agrément et le contrôle du respect des conditions d'agrément donnent lieu à perception auprès de l'établissement concerné d'une redevance sanitaire.

La redevance est déclarée et liquidée par l'établissement principal l'année suivant celle de la délivrance, du renouvellement ou du contrôle de l'agrément de l'établissement mentionné au premier alinéa :

1° Sur l'annexe à la déclaration mentionnée au 1 de l'article 287 déposée au titre du mois de mars ou du premier trimestre de l'année civile ;

2° Pour les redevables de la taxe sur la valeur ajoutée soumis au régime simplifié d'imposition prévu à l'article 302 septies A, sur la déclaration annuelle mentionnée au 3 de l'article 287.

La redevance est acquittée lors du dépôt de la déclaration.

TD-II-21000 s. ; MF nº 76082

Art 302 bis WE Le tarif de cette redevance est fixé à un niveau forfaitaire de 125 € par établissement agréé.

TD-II-21000 s. ; MF nº 76082

Art 302 bis WF La redevance visée à l'article 302 bis WD est constatée et recouvrée suivant les mêmes règles, sous les mêmes garanties, privilèges et sanctions qu'en matière de taxe sur la valeur ajoutée.

TD-II-21000 s. ; MF nº 76082

Art 302 bis WG Un décret fixe les conditions d'application du présent chapitre *(NDLR Voir Annexe III, art. 111 quater U)*.

TD-II-21000 s. ; MF nº 76082

CHAPITRE XIV

Taxe additionnelle à la taxe sur les surfaces commerciales

Art 302 bis ZA **I.** Sont soumises à une taxe additionnelle à la taxe sur les surfaces commerciales prévue par l'article 3 de la loi nº 72-657 du 13 juillet 1972 instituant des mesures en faveur de certaines catégories de commerçants et artisans âgés les personnes assujetties à la taxe sur la valeur ajoutée qui satisfont aux conditions suivantes :

a. elles achètent et revendent en l'état ou après conditionnement à des personnes autres que des personnes assujetties à la taxe sur la valeur ajoutée, agissant en tant que telles, des pommes de terre, des bananes et des fruits ou des légumes mentionnés à la partie IX de l'annexe I au règlement (CE) nº 1234/2007 du Conseil du 22 octobre 2007 portant organisation commune des marchés dans le secteur agricole et dispositions spécifiques en ce qui concerne certains produits de ce secteur ;

b. elles ne sont pas parties à des accords de modération des marges de distribution des fruits et légumes frais mentionnés à l'article L 611-4-1 du code rural et de la pêche maritime.

II. Sont exonérées de cette taxe les personnes mentionnées au I qui satisfont aux conditions suivantes :

a. elles exploitent des établissements dont le chiffre d'affaires annuel afférent aux ventes de fruits et légumes mentionnés au deuxième alinéa du I est inférieur à 100 millions d'euros ;

b. elles ne sont pas liées contractuellement à un groupement de distributeurs dont le chiffre d'affaires annuel afférent aux ventes de fruits et légumes mentionnés au même alinéa est supérieur à 100 millions d'euros.

III. Pour l'application du II, le chiffre d'affaires d'un groupement de distributeurs est réputé correspondre à la somme des chiffres d'affaires des membres de ce groupement.

IV. Le montant de la taxe est égal à trois fois le produit entre, d'une part, le montant dû au titre de la taxe sur les surfaces commerciales par les personnes mentionnées au I et, d'autre part, le rapport entre le montant total des ventes de fruits et légumes mentionnés au deuxième alinéa de ce même I et le chiffre d'affaires total.

V. La taxe est déclarée et acquittée lors du dépôt de la déclaration relative à la taxe sur les surfaces commerciales, et due au titre de l'année.

VI. La taxe est liquidée, recouvrée et contrôlée sous les mêmes sanctions, garanties, sûretés et privilèges que la taxe sur la valeur ajoutée.

Les réclamations sont présentées, instruites et jugées selon les règles applicables à cette même taxe.

VII. L'exonération prévue au II est subordonnée au respect du règlement (UE) n° 1407/2013 de la Commission, du 18 décembre 2013, relatif à l'application des articles 107 et 108 du traité sur le fonctionnement de l'Union européenne aux aides de minimis.

TD-XV-6200 s. ; MF n° 75903

CHAPITRE XV

Taxes dues par les concessionnaires d'autoroutes

Art 302 bis ZB *(Dispositions abrogées et transférées aux articles L 421-175 s. du CIBS à depuis 1er janvier 2022).*

BF 3/22 inf. 257

Art 302 bis ZB bis *(Dispositions abrogées et transférées aux articles L 421-181 s. du CIBS à compter du 1er janvier 2022).*

I à IV. *(Abrogés).*

V. Les redevables procèdent à la liquidation de la taxe lors du dépôt de la déclaration mentionnée au 1 de l'article 287, au titre du deuxième trimestre ou du sixième mois de l'exercice suivant celui pour lequel la taxe est due.

Ils portent sur la déclaration le montant du chiffre d'affaires soumis à taxation ainsi que le montant de la taxe due au titre de l'exercice.

VI. *(Abrogé).*

Ndlr *Les dispositions du V ci-dessus seront abrogées à compter de l'entrée en vigueur des dispositions prises en application ou pour l'application des dispositions législatives du CIBS susvisées (Ordonnance 2021-1843 du 22 décembre 2021 art. 38).*

CHAPITRE XVIII

Contribution sur la cession à un service de télévision des droits de diffusion de manifestations ou de compétitions sportives

Art 302 bis ZE *(Abrogé).*

Ndlr *Depuis le 1er janvier 2024, la contribution sur la cession à un service de télévision des droits de diffusion de manifestations ou de compétitions sportives est transférée aux articles L 455-28 s. du CIBS sous la dénomination de « taxe sur la cession de droits d'exploitation audiovisuelle des manifestations sportives ».*

BF 4/24 inf. 264 ; TD-XX-7000 s. ; MF n° 76180

CHAPITRE XX

Prélèvements sur les jeux et paris

Art 302 bis ZG Il est institué, pour le pari mutuel organisé et exploité par les sociétés de courses dans les conditions fixées par l'article 5 de la loi du 2 juin 1891 ayant pour objet de réglementer l'autorisation et le fonctionnement des courses de chevaux et pour les paris hippiques en ligne mentionnés à l'article 11 de la loi n° 2010-476 du 12 mai 2010 relative à l'ouverture à la concurrence et à la régulation du secteur des jeux d'argent et de hasard en ligne, un prélèvement sur le produit brut des jeux.

Ce prélèvement est dû par le Pari mutuel urbain ou les sociétés de courses intéressées pour les paris organisés dans les conditions fixées par l'article 5 de la loi du 2 juin 1891 précitée et par les personnes devant être soumises, en tant qu'opérateur de paris hippiques en ligne, à l'agrément mentionné à l'article 21 de la loi n° 2010-476 du 12 mai 2010 précitée. Le produit de ce prélèvement est affecté, à concurrence de 15 % et dans la limite de 12 028 307 € *(Limite applicable en 2023)* aux communes mentionnées au V de l'article L 5210-1-1 du code général des collectivités territoriales et, pour moitié aux établissements publics de coopération intercommunale et pour moitié aux communes sur le territoire desquels sont ouverts au public un ou plusieurs hippodromes, au prorata des enjeux des courses hippiques effectivement organisées par lesdits hippodromes, pour 75 % du montant affecté et au prorata du nombre de réunions de courses organisées par ces hippodromes pour les 25 % restants, et dans la limite de 841 983 € *(Limite applicable en 2023)* par commune ou par ensemble intercommunal concerné. L'établissement public de coopération intercommunale est substitué aux communes membres pour la perception du produit de ce prélèvement, sur délibération des communes membres prise dans les conditions prévues à l'article 1639 A bis du présent code. Les limites mentionnées dans la deuxième phrase du présent alinéa sont indexées, chaque année, sur la prévision de l'indice des prix à la consommation hors tabac retenue dans le projet de loi de finances de l'année.

TD-XX-8130 s. ; MF n° 76025

Art 302 bis ZH Il est institué, pour les paris sportifs organisés et exploités dans les conditions fixées par le I de l'article 137 de la loi n° 2019-486 du 22 mai 2019 relative à la croissance et la transformation des entreprises et pour les paris sportifs en ligne organisés et exploités dans les conditions fixées à l'article 12 de la loi n° 2010-476 du 12 mai 2010 relative à l'ouverture à la concurrence et à la régulation du secteur des jeux d'argent et de hasard en ligne, un prélèvement sur le produit brut des jeux, constitué par la différence entre les sommes misées par les joueurs et les sommes versées ou à reverser aux gagnants.

Ce prélèvement est dû par la personne morale chargée de l'exploitation des paris sportifs dans les conditions fixées par le I de l'article 137 de la loi n° 2019-486 du 22 mai 2019 précitée et par les personnes devant être soumises, en tant qu'opérateur de paris sportifs en ligne, à l'agrément mentionné à l'article 21 de la loi n° 2010-476 du 12 mai 2010 précitée.

TD-XX-8180 s. ; MF n° 76025

Art 302 bis ZI Il est institué, pour les jeux de cercle en ligne organisés et exploités dans les conditions fixées par l'article 14 de la loi n° 2010-476 du 12 mai 2010 relative à l'ouverture à la concurrence et à la régulation du secteur des jeux d'argent et de hasard en ligne, un prélèvement sur les sommes engagées par les joueurs.

Ce prélèvement est dû par les personnes devant être soumises, en tant qu'opérateur de jeux de cercle en ligne, à l'agrément mentionné à l'article 21 de la loi n° 2010-476 du 12 mai 2010 précitée.

Le produit de ce prélèvement est affecté à concurrence de 15 % et dans la limite indexée, chaque année, sur la prévision de l'indice des prix à la consommation hors tabac retenue dans le projet de loi de finances de l'année, de 12 028 307 € *(Limite applicable en 2023)* aux communes dans le ressort territorial desquelles sont ouverts au public un ou plusieurs établissements visés au premier alinéa de l'article L 321-1 du code de la sécurité intérieure, au prorata du produit brut des jeux de ces établissements.

TD-XX-8250 s. ; MF n° 76025

Art 302 bis ZJ Le prélèvement mentionné à l'article 302 bis ZG est assis sur le produit brut des jeux, constitué par la part des enjeux collectés, en France métropolitaine et dans les départements d'outre-mer, revenant à l'opérateur au titre de l'organisation des paris, avant déduction des sommes en numéraire ou en nature attribuées à titre gracieux à certains joueurs dans le cadre d'actions commerciales et des impositions de toute nature. Les gains résultant de sommes apportées par l'opérateur, à condition que le joueur puisse en demander le versement en numéraire ou sur son compte de paiement, sont déductibles du produit brut des jeux.

Le prélèvement mentionné à l'article 302 bis ZI est assis sur le montant des sommes engagées par les joueurs. Les gains réinvestis par ces derniers sous forme de nouvelles mises sont également assujettis à ce prélèvement.

Le prélèvement mentionné à l'article 302 bis ZH est assis sur le produit brut des jeux, constitué par la différence entre les sommes misées par les joueurs et les sommes versées ou à reverser aux gagnants. Les sommes engagées par les joueurs à compter du 1er janvier 2020 sont définies comme des sommes misées à compter de la date de réalisation du ou des événements sur lesquels repose le jeu. Les sommes versées ou à reverser aux gagnants sont constituées de l'ensemble des gains en numéraire ou en nature versés ou à reverser aux joueurs à compter de la date de réalisation du ou des événements sur lesquels repose le jeu, y compris les gains résultant de sommes apportées par l'opérateur, à condition que le joueur puisse en demander le versement en numéraire ou sur son compte de paiement.

Pour le calcul du prélèvement mentionné au précédent alinéa du présent article, le montant du produit brut des jeux est multiplié par le rapport entre, d'une part, le montant des mises effectuées sur le jeu en France métropolitaine et dans les départements d'outre-mer et, d'autre part, le montant total des mises effectuées sur le jeu.

S'agissant des jeux de cercle organisés sous forme de tournoi et donnant lieu au paiement, par chaque joueur, d'un droit d'entrée représentatif d'une somme déterminée que celui-ci engagera au jeu, le prélèvement mentionné à l'article 302 bis ZI est assis sur le montant de ce droit d'entrée et, le cas échéant, sur celui du ou des droits d'entrée ultérieurement acquittés par le joueur afin de continuer à jouer.

S'agissant des autres jeux de cercle, le prélèvement mentionné à l'article 302 bis ZI est plafonné à 0,9 € par donne.

TD-XX-8300 s. ; MF n° 76025

Art 302 bis ZK Le taux des prélèvements mentionnés aux articles 302 bis ZH et 302 bis ZI est fixé à :

27,9 % du produit brut des jeux au titre des paris sportifs commercialisés en réseau physique de distribution et 33,7 % du produit brut des jeux au titre des paris sportifs en ligne ;

1,8 % des sommes engagées au titre des jeux de cercle en ligne.

Le taux du prélèvement mentionné à l'article 302 bis ZG est fixé à 20,2 % du produit brut des jeux au titre des paris hippiques régis par le règlement du Pari Mutuel applicable dans le réseau urbain et sur les hippodromes et à 20,2 % du produit brut des jeux au titre des paris hippiques en ligne *(Voir Annexe III, art. 111 quater V).*

TD-XX-8140, 8190, 8250 ; MF n° 76025

Art 302 bis ZL Dans le cas d'un jeu ou d'un pari en ligne, le prélèvement est dû au titre des sommes engagées dans le cadre d'une session de jeu ou de pari réalisée au moyen d'un compte joueur ouvert sur un site dédié tel que défini à l'article 24 de la loi n° 2010-476 du 12 mai 2010 relative à l'ouverture à la concurrence et à la régulation du secteur des jeux d'argent et de hasard en ligne.

L'exigibilité des prélèvements mentionnés aux articles 302 bis ZG et 302 bis ZH est constituée par la réalisation du ou des événements sur lesquels repose le jeu. L'exigibilité du prélèvement mentionné à l'article 302 bis ZI est constituée par l'encaissement des sommes engagées par les joueurs ou les parieurs. L'exigibilité du prélèvement mentionné à l'article 302 bis ZO est constituée par le versement des commissions aux sociétés de courses.

Le produit des prélèvements mentionnés aux articles 302 bis ZG, 302 bis ZH, 302 bis ZI et 302 bis ZO est déclaré et liquidé par les opérateurs de jeux ou de paris en ligne mentionnés au deuxième alinéa de ces mêmes articles ou par le Pari mutuel urbain pour le prélèvement mentionné à l'article 302 bis ZO selon les modalités suivantes : *(Voir Annexe III, art. 344 GD)*

1° Pour les redevables de la taxe sur la valeur ajoutée soumis au régime réel normal d'imposition prévu au 2 de l'article 287, sur l'annexe à la déclaration mentionnée au 1 du même article 287 déposée au titre du mois ou du trimestre au cours duquel l'exigibilité est intervenue ;

2° Pour les redevables de la taxe sur la valeur ajoutée soumis au régime simplifié d'imposition prévu à l'article 302 septies A, sur la déclaration annuelle mentionnée au 3 de l'article 287 déposée au titre de l'exercice au cours duquel l'exigibilité est intervenue ;

3° Pour les personnes non redevables de la taxe sur la valeur ajoutée et les assujettis non établis en France se prévalant d'un des régimes particuliers mentionnés aux articles 359 et 369 ter de la directive 2006/112/CE du Conseil du 28 novembre 2006 relative au système commun de la taxe sur la valeur ajoutée, sur l'annexe à la déclaration prévue au 1 de l'article 287 du présent code déposée auprès du service chargé du recouvrement dont relève le siège ou le principal établissement au plus tard le 25 du mois qui suit celui au cours duquel l'exigibilité est intervenue. *(Voir Annexe III, art. 344 GD).*

TD-XX-8400 ; MF n° 76025

Art 302 bis ZM Les prélèvements mentionnés aux articles 302 bis ZG, 302 bis ZH, 302 bis ZI et 302 bis ZO sont recouvrés et contrôlés selon les mêmes procédures et sous les mêmes sanctions, garanties, sûretés et privilèges que les taxes sur le chiffre d'affaires. Les réclamations sont présentées, instruites et jugées selon les règles applicables à ces mêmes taxes.

TD-XX-8420 ; MF n° 76025

Art 302 bis ZN Lorsqu'une personne non établie en France est redevable de l'un des prélèvements mentionnés aux articles 302 bis ZG, 302 bis ZH et 302 bis ZI, elle est tenue de faire accréditer auprès de l'administration fiscale un représentant établi en France, qui s'engage à remplir les formalités lui incombant et à acquitter les prélèvements à sa place. Il tient à la disposition de l'administration fiscale ainsi que de l'Autorité nationale des jeux la comptabilité de l'ensemble des sessions de jeu ou de pari en ligne mentionnées au premier alinéa de l'article 302 bis ZL.

TD-XX-8450 ; MF nº 76025

Art 302 bis ZO Dans les conditions fixées au III de l'article 15 de la loi de finances pour 1965 (nº 64-1279 du 23 décembre 1964), il est institué pour les paris engagés depuis l'étranger et regroupés en France un prélèvement égal à 12 % de la commission revenant aux sociétés de courses, nette de toute rémunération des organismes habilités et détenteurs de droits étrangers.

Le prélèvement est dû par le groupement d'intérêt économique Pari mutuel urbain pour le compte des sociétés de courses intéressées pour les paris organisés dans les conditions fixées à l'article 5 de la loi du 2 juin 1891 ayant pour objet de réglementer l'autorisation et le fonctionnement des courses de chevaux.

TD-XX-8550 s. ; MF nº 76025

TITRE II BIS

DISPOSITIONS COMMUNES AUX IMPOTS DIRECTS ET AUX TAXES SUR LE CHIFFRE D'AFFAIRES

CHAPITRE I BIS

Régimes simplifiés d'imposition

1° Taxes sur le chiffre d'affaires

Art 302 septies A Le régime simplifié de déclaration des taxes sur le chiffre d'affaires est le régime simplifié de déclaration prévu à l'article L 162-1 du code des impositions sur les biens et services.

FR 10/22 inf. 5 nos 4 à 13 p. 7 ; RIE-I-2525, 7850 s. ; MF nos 53900 s.

RIE-IV-17000 s. ; MF nos 54260 s.

Art 302 septies-0 AA *(Les dispositions du présent article sont abrogées et transférées à l'article L 162-2 du CIBS depuis le 1er janvier 2022).*

Ils *(NDLR Les personnes effectuant des travaux de construction, y compris ceux de réparation, de nettoyage, d'entretien, de transformation et de démolition, en relation avec un bien immobilier)* peuvent demander à bénéficier du régime simplifié prévu à l'article 302 septies A, sous réserve d'en respecter les conditions, à compter du 1er janvier de la seconde année suivant celle au cours de laquelle a débuté ou repris l'activité concernée ou celle au cours de laquelle a été exercée l'option pour le paiement de la taxe sur la valeur ajoutée. Cette demande est formulée au plus tard le 31 janvier de l'année au titre de laquelle les redevables souhaitent bénéficier du régime simplifié.

> **Ndlr** *Le présent alinéa ne sera toutefois abrogé qu'à compter de l'entrée en vigueur des dispositions prises en application ou pour l'application des dispositions législatives du CIBS susvisées (Ordonnance 2021-1843 du 22 décembre 2021 art. 38).*

FR 10/22 inf. 5 nos 4 à 13 p. 7 ; RIE-I-2680 s. ; MF no 53910

Art 302 septies AA L'article L 163-1 du code des impositions sur les biens et services est applicable aux taxes sur le chiffre d'affaires.

FR 10/22 inf. 5 no 14 p. 9

2° Bénéfices industriels et commerciaux

Art 302 septies A bis **I.** En ce qui concerne l'imposition des bénéfices industriels et commerciaux, il est institué un régime du bénéfice réel pour les petites et moyennes entreprises qui comporte des obligations allégées *(Voir également Annexe II, art. 38 bis, 267 septies A et Annexe III, art. 38-III).*

II. *(Abrogé).*

III. Le bénéfice du régime prévu au I est réservé :

a. Sur option, aux entreprises normalement placées sous le régime défini à l'article 50-0 ;

b. Aux autres entreprises dont le chiffre d'affaires de l'année civile précédente n'excède pas les seuils prévus aux 1° et 2° de l'article L 162-4 du code des impositions sur les biens et services ainsi qu'aux sociétés civiles de moyens définies à l'article 36 de la loi n° 66-879 du 29 novembre 1966.

> **Ndlr** *Pour les dispositions du présent alinéa applicables à compter du 1er septembre 2024, voir partie Autres textes du présent code ordonnance 2023-77 du 8 février 2023 art. 133, II-4° et 134, I.*

Les entreprises conservent le bénéfice de ces dispositions pour la première année suivant celle au cours de laquelle le chiffre d'affaires limite fixé au premier alinéa est dépassé, sauf en cas de changement d'activité.

IV. Les personnes morales passibles de l'impôt sur les sociétés dont le chiffre d'affaires n'excède pas les limites définies au b du III sont admises au bénéfice du régime prévu au I.

V. Un décret en Conseil d'Etat fixe les conditions dans lesquelles les entreprises mentionnées au b du III et au IV peuvent renoncer au bénéfice du présent article, ainsi que les conditions d'exercice de l'option prévue au a du III.

VI. Il n'est pas exigé de bilan des exploitants individuels et des sociétés visées à l'article 239 quater A soumis à l'impôt sur le revenu selon le régime d'imposition prévu au I, lorsque leur chiffre d'affaires de l'année civile précédente n'excède pas 176 000 € hors taxes s'il s'agit d'entreprises dont le commerce principal est de vendre des marchandises, objets, fournitures et denrées à emporter ou à consommer sur place, ou de fournir le logement, ou 61 000 € hors taxes s'il s'agit d'autres entreprises.

Ces seuils sont calculés dans les conditions prévues au 1 de l'article 50-0. Ils sont actualisés tous les trois ans dans la même proportion que l'évolution triennale de la limite supérieure de la première tranche du barème de l'impôt sur le revenu et arrondis au millier d'euros le plus proche.

Ces entreprises sont dispensées de présenter leur bilan lors des vérifications de comptabilité.

RIE-III-15830 s.

RIE-I-2500 s. ; RIE-III-15000 s. ; MF n°s 11060, 11080, 11130

Art 302 septies A ter L'option pour le régime simplifié d'imposition des bénéfices industriels et commerciaux peut être exercée chaque année.

Les entreprises nouvelles exercent cette option dans les délais prévus pour le dépôt de la déclaration concernant leur premier exercice ou leur première période d'activité visée à l'article 53 A ou au 1 de l'article 223. Ce délai est également applicable aux entreprises nouvelles qui désirent se placer sous le régime de droit commun d'imposition du bénéfice réel.

RIE-I-4770 s. ; MF n°s 11090 s.

3° Dispositions communes aux taxes sur le chiffre d'affaires et aux bénéfices industriels et commerciaux

Art 302 septies A ter A **1.** Les exploitants individuels et les sociétés visées à l'article 239 quater A soumis au régime défini à l'article 302 septies A bis peuvent tenir une comptabilité super-simplifiée. Cette comptabilité n'enregistre journellement que le détail des encaissements et des paiements. Les créances et les dettes sont constatées à la clôture de l'exercice, sauf en ce qui concerne les dépenses relatives aux frais généraux, qui sont payées à échéances régulières et dont la périodicité n'excède pas un an ; les stocks et les travaux en cours peuvent être évalués selon une méthode simplifiée définie par un arrêté du ministre chargé du budget *(Voir Annexe IV, art. 4 LA)*.

RIE-III-17950 s.

1 bis. A l'exception de celles ayant la qualité de commerçant qui sont contrôlées par une société qui établit des comptes en application de l'article L 233-16 du code de commerce, les personnes morales soumises au régime défini à l'article 302 septies A bis du présent code et qui ne sont pas visées au 1 peuvent n'enregistrer les créances et les dettes qu'à la clôture de l'exercice.

2. Les frais relatifs aux carburants consommés lors des déplacements professionnels de l'exploitant peuvent être enregistrés forfaitairement d'après un barème qui est publié chaque année.

La justification des frais généraux accessoires payés en espèces n'est pas exigée dans la limite de 1 ‰ du chiffre d'affaires réalisé et d'un minimum de 150 €.

3. Un décret précise les modalités d'application de ces dispositions notamment en cas de changement de mode de comptabilisation en vue d'éviter qu'une même charge ne puisse être déduite des résultats de deux exercices *(Voir Annexe III, art. 38 sexdecies-00 A et 38 sexdecies-00 B)*.

RIE-III-17500 s. ; MF n° 11135

Art 302 septies A ter B Les dispositions de l'article 302 septies A bis ne sont pas applicables aux personnes physiques ou morales ni aux groupements de personnes de droit ou de fait qui exercent une activité occulte au sens du deuxième alinéa de l'article L 169 du livre des procédures fiscales.

RIE-I-2620 s. ; MF n° 11060

CHAPITRE I TER

Détermination du prix de revient des terrains ou ensembles immobiliers

Art 302 septies B **I.** Constituent, du point de vue fiscal, un élément du prix de revient du terrain sur lequel est édifiée la construction :

a. La redevance payée, à raison d'une construction donnée, dans le cadre des articles L 520-1 à L 520-22 du code de l'urbanisme ;

b. *(Disposition devenue sans objet : loi n° 2000-1208 du 13 décembre 2000, art. 202, XXXIX)* ;

c. *(Abrogé)*.

BIC-IX- 26100 s. ; MF n° 8527

II. La taxe d'aménagement mentionnée à l'article 1635 quater A constitue du point de vue fiscal un élément du prix de revient de l'ensemble immobilier.

Ndlr *Les dispositions du présent II telles qu'issues de l'ordonnance 2022-883 du 14 juin 2022 art. 5 et 16 s'appliquent à compter du 1er septembre 2022 selon les modalités fixées par l'article 1er du décret 2022-1102 du 1er août 2022.*

BIC-IX-26100 s. ; MF nº 8527

CHAPITRE III

Suppression des avantages fiscaux prévus en faveur des entreprises en cas de non-respect des obligations déclaratives en matière de taxe sur la valeur ajoutée

Art 302 nonies Les allégements d'impôt sur le revenu ou d'impôt sur les sociétés prévus aux articles 44 octies A, 44 terdecies, 44 quaterdecies, 44 quindecies, 44 sexdecies et 44 septdecies ne s'appliquent pas lorsqu'une ou des déclarations de chiffre d'affaires se rapportant à l'exercice concerné n'ont pas été souscrites dans les délais et qu'il s'agit de la deuxième omission successive.

Ndlr *Pour les dispositions du présent article qui s'appliqueront à compter du 1er juillet 2024, voir partie Autres textes du présent code loi 2023-1322 du 29 décembre 2023 art. 73, I-9º et XX-D.*

BIC-XVIII-33345 s. ; MF nº 10355

CHAPITRE IV

Règles applicables aux représentants fiscaux

Art 302 decies Lorsqu'une personne non établie en France est tenue de désigner ou de faire accréditer auprès de l'administration fiscale un représentant établi en France en application du I de l'article 289 A, à l'exception des représentants chargés d'accomplir au nom et pour le compte du représenté les formalités et obligations afférentes au régime fiscal mentionné au 2º du I de l'article 277 A, ou en application des articles 302 bis ZN, 1613 ter, 1613 quater, 1671 du présent code, de l'article 266 undecies du code des douanes ou de l'article L 253-8-2 du code rural et de la pêche maritime, ce représentant est unique et désigné pour l'ensemble des obligations incombant à la personne représentée.

(Voir Annexe III, art. 111 quinquies)

FR 10/22 inf. 5 nos 47 à 50 p. 16 ;
TVA-III-11780 s. ; MF nº 50645

TITRE III

CONTRIBUTIONS INDIRECTES ET TAXES DIVERSES

Comme indiqué dans l'avant-propos, nous ne reproduisons dans le présent code que certains des textes relatifs aux contributions indirectes.

CHAPITRE 0I

Alcools, boissons alcooliques et tabacs manufacturés

Art 302 D à 302 U Articles relatifs aux contributions indirectes, non reproduits (voir l'avant-propos).

CHAPITRE PREMIER

Boissons

SECTION I

Alcools

A. à B bis. Production à Régime du rhum

Art 303 à 363 Articles relatifs aux contributions indirectes, non reproduits (voir l'avant-propos).

C. Régime fiscal

I. Alambics

Art 402 Est interdit tout mélange à l'alcool éthylique des corps appartenant à la famille chimique des alcools ou présentant une fonction chimique alcool, susceptibles de remplacer l'alcool éthylique dans un quelconque de ses emplois lorsque ce mélange est destiné à la consommation humaine ou qu'il présente des dangers pour la santé publique.

Ndlr *Les dispositions du présent article sont abrogées à compter du 1er juillet 2025 (Ordonnance 2023-1210 du 20 décembre 2023 art. 25, 4° et 43).*

II. Droit de consommation

SECTION II

Vins et cidres

A. Production

Art 407 à 433 A Articles relatifs aux contributions indirectes, non reproduits (voir l'avant-propos).

B. Régime fiscal

I. Définition des produits

1° Vins et cidres

Art 434 Il est interdit de fabriquer, d'expédier, de vendre, de mettre en vente ou de détenir en vue de la vente, sous le nom de vin, cidre, poiré ou hydromel, des produits ne répondant pas à la définition donnée, pour le vin, par le règlement (CE) n° 1493/1999 du Conseil du 17 mai 1999, pour les autres boissons, par les décrets en Conseil d'Etat pris pour l'application des articles

L 212-1 à L 215-5, L 215-7 à L 215-9, L 216-1 à L 216-9 du code de la consommation.

Les cidres et poirés ne présentant pas la composition prévue pour être considérés comme propres à la consommation, mais répondant aux caractéristiques définies à l'annexe III au décret n° 87-600 du 29 juillet 1987 modifiant les dispositions du titre II du décret n° 53-978 du 30 septembre 1953, ne peuvent être mis en vente, ou vendus pour la consommation sous quelque dénomination que ce soit.

Ndlr *Les dispositions du présent article sont abrogées à compter du 1er juillet 2025 (Ordonnance 2023-1210 du 20 décembre 2023 art. 25, 4° et 43).*

SECTIONS III à V

Circulation à Régimes particuliers

Art 450 à 520 Articles relatifs aux contributions indirectes, non reproduits (voir l'avant-propos).

CHAPITRES II à V

Garantie des matières d'or, d'argent et de platine à Dispositions communes à l'ensemble des contributions indirectes

Art 521 à 633 Articles relatifs aux contributions indirectes, non reproduits (voir l'avant-propos).

TITRE IV

ENREGISTREMENT, PUBLICITE FONCIERE, TIMBRE, IMPOT SUR LA FORTUNE IMMOBILIERE

CHAPITRE PREMIER

Droits d'enregistrement et taxe de publicité foncière

SECTION I

Dispositions générales

I. Des formalités

A. Champ d'application respectif de la formalité de l'enregistrement et de la formalité fusionnée. Délais

1. Actes et mutations soumis à la formalité de l'enregistrement

a. Actes publics et sous seings privés

Art 635 Doivent être enregistrés dans le délai d'un mois à compter de leur date :

1. Sous réserve des dispositions des articles 637 et 647 :

1° Les actes des notaires à l'exception de ceux visés à l'article 636 ;

ENR-I-2660 s.

2° *(Abrogé)* ;

3° Les actes portant transmission de propriété ou d'usufruit de biens immeubles ;

ENR-I-2930

4° Les actes portant mutation de jouissance à vie ou à durée illimitée de biens immeubles, de fonds de commerce ou de clientèles ;

ENR-I-3000

5° Les actes constatant la transformation d'une société et ceux constatant l'augmentation de son capital, à l'exception des augmentations de capital en numéraire et par incorporation de bénéfices, de réserves ou de provisions et des augmentations nettes de capital de société à capital variable constatées à la clôture d'un exercice ;

ENR-I-3060 s. ; ENR-VI-25 s. ; MF n° 66670

6° *(Abrogé)* ;

ENR-I-3090 ; ENR-VI-25 s.

7° Les actes constatant un partage de biens à quelque titre que ce soit ;

ENR-I-3040 ; ENR-II-450 s.

8° Les actes constatant la formation, la modification ou l'extinction d'un contrat de fiducie, et le transfert de biens ou droits supplémentaires au fiduciaire dans les conditions prévues par l'article 2019 du code civil ;

ENR-IX-16150 s.

9° La transaction prévoyant, en contrepartie du versement d'une somme d'argent ou de l'octroi d'un avantage en nature, le désistement du recours pour excès de pouvoir formé contre un permis de construire, de démolir ou d'aménager.

ENR-I-3160

2. 1° Les décisions des juridictions de l'ordre judiciaire lorsqu'elles donnent ouverture à un droit proportionnel ou progressif ;

ENR-IX-7550 s.

2° *(Abrogé)* ;

ENR-I-3120

3° *(Abrogé)* ;

ENR-I-3130

4° *(Abrogé)* ;

ENR-I-3145

5° Les actes portant transmission de propriété ou d'usufruit de fonds de commerce, de clientèles ou d'offices, ou cession de droit à un bail ou du bénéfice d'une promesse de bail portant sur tout ou partie d'un immeuble ;

ENR-I-2930

6° *(Abrogé)* ;

7° Les actes portant cession d'actions, de parts de fondateurs ou de parts bénéficiaires ou cession de parts sociales dans les sociétés dont le capital n'est pas divisé en actions ;

ENR-I-2990 ; ENR-VI-25 s. ; MF n° 66675

7° bis Les actes portant cession de participations dans des personnes morales à prépondérance immobilière au sens du troisième alinéa du 2° du I de l'article 726, y compris lorsque ces cessions sont réalisées à l'étranger et quelle que soit la nationalité des parties ;

ENR-I-2990 ; ENR-VI-25 s. ; MF n° 66675

8° *(Abrogé)* ;

9° *(Abrogé)* ;

10° Les actes portant cession et rachat taxables de parts de fonds de placement immobilier.

ENR-VI-45540

Art 635 A Les dons manuels mentionnés au deuxième alinéa de l'article 757 doivent être déclarés ou enregistrés par le donataire ou ses représentants dans le délai d'un mois qui suit la date à laquelle le donataire a révélé ce don à l'administration fiscale *(Voir Annexe III, art. 281 E)*.

Toutefois, pour les dons manuels dont le montant est supérieur à 15 000 €, la déclaration doit être réalisée :

a. dans le délai d'un mois qui suit la date à laquelle le donataire a révélé ce don à l'administration fiscale ou, sur option du donataire lors de la révélation du don, dans le délai d'un mois qui suit la date du décès du donateur ;

b. dans le délai d'un mois qui suit la date à laquelle ce don a été révélé, lorsque cette révélation est la conséquence d'une réponse du donataire à une demande de l'administration ou d'une procédure de contrôle fiscal.

ENR-X-57000 s. ; MF n° 69190

Art 636 Les testaments reçus par les notaires doivent être enregistrés dans un délai de trois mois à compter de la date du décès du testateur.

ENR-I-4350 s. ; MF n° 64100

Les testaments-partages déposés chez les notaires ou reçus par eux doivent être enregistrés au plus tard lors de l'enregistrement de l'acte constatant le partage de la succession.

ENR-II-4035 s.

Art 637 Des décrets peuvent instituer pour certaines catégories d'actes une dispense de la formalité d'enregistrement *(Voir Annexe III, art. 245 et Annexe IV, art. 60)*.

ENR-I-2660, 2690 s.

Art 637 bis Les actes de concessions perpétuelles dans les cimetières sont dispensés de la formalité d'enregistrement.

ENR-III-6420 s. ; MF n° 65255

b. Mutations et autres opérations résultant de conventions verbales

Art 638 A défaut d'actes, les mutations de propriété ou d'usufruit de biens immeubles, de fonds de commerce, de clientèles ou d'offices et les cessions de droit à un bail ou du bénéfice d'une promesse de bail portant sur tout ou partie d'un immeuble font l'objet, dans le mois de l'entrée en possession, de déclarations détaillées et estimatives sur des formules spéciales délivrées par l'administration.

ENR-I-3380, 4710, 5320 ; MF n° 65405

Art 638 A A défaut d'acte les constatant, la formation ou la transformation d'une société ou d'un groupement d'intérêt économique, l'augmentation de leur capital, à l'exception des augmentations de capital en numéraire et par incorporation de bénéfices, de réserves ou de provisions et des augmentations nettes de capital de société à capital variable constatées à la clôture d'un exercice, doivent donner lieu au dépôt d'une déclaration au service des impôts compétent dans le mois qui suit leur réalisation.

Ces opérations sont passibles des mêmes droits ou taxes que les actes correspondants.

Un décret fixe les conditions d'application du présent article *(Voir Annexe III, art. 250 A et 251 A)*.

ENR-I-3430, 4710, 5320 ; ENR-VI-40 s. ; MF n° 66670

Art 639 A défaut d'actes, les cessions d'actions, de parts de fondateurs, de parts bénéficiaires des sociétés dont les droits sociaux ne sont pas négociés sur un marché réglementé d'instruments financiers au sens de l'article L 421-1 du code monétaire et financier ou sur un système multilatéral de négociation au sens de l'article L 424-1 du même code, de parts des sociétés dont le capital n'est pas divisé en actions, ou de participations dans des personnes morales à prépondérance immobilière au sens du troisième alinéa du 2° du I de l'article 726 doivent être déclarées dans le mois de leur date *(NDLR Voir Annexe III, art. 281 P)*.

ENR-I-3410, 4710 ; ENR-VI-27980 ; MF n° 66675

Art 640 A défaut d'actes, les mutations de jouissance à vie ou à durée illimitée d'immeubles, de fonds de commerce ou de clientèles doivent être déclarées dans le mois de l'entrée en jouissance.

ENR-I-3390, 4710

Art 640 A A défaut d'actes, les cessions et les rachats taxables de parts de fonds de placement immobilier doivent être déclarés dans le mois de leur date.

ENR-I-4710 ; ENR-VI-45540

c. Mutations par décès

Art 641 Les délais pour l'enregistrement des déclarations que les héritiers, donataires ou légataires ont à souscrire des biens à eux échus ou transmis par décès sont :

De six mois, à compter du jour du décès, lorsque celui dont on recueille la succession est décédé en France métropolitaine ;

D'une année, dans tous les autres cas.

ENR-X-28260 s. ; MF n° 68870

Art 641 bis Les délais prévus à l'article 641 sont portés à vingt-quatre mois pour les déclarations de succession comportant des immeubles ou des droits immobiliers pour lesquels le droit de propriété du défunt n'a pas été constaté avant son décès par un acte régulièrement transcrit ou publié, à la condition que les attestations notariées mentionnées au 3° de l'article 28 du décret n° 55-22 du 4 janvier 1955 portant réforme de la publicité foncière, relatives à ces biens, soient publiées dans ce même délai.

ENR-X-28750 s. ; MF n° 68870

Art 642 Dans les départements de la Guadeloupe, de la Guyane, de la Martinique, de Mayotte et de La Réunion, les délais pour l'enregistrement des déclarations visées à l'article 641 sont :

De six mois à compter du jour du décès, lorsque celui dont on recueille la succession est décédé dans le département où il était domicilié ;

D'une année dans les autres cas.

Toutefois, en ce qui concerne La Réunion, le délai est de deux ans à compter du jour du décès lorsque celui dont on recueille la succession est décédé ailleurs qu'à Madagascar, à l'île Maurice, en Europe ou en Afrique.

Le délai de deux ans mentionné au quatrième alinéa est également applicable à Mayotte lorsque celui dont on recueille la succession est décédé ailleurs qu'à Madagascar, aux Comores, en Europe ou en Afrique.

ENR-X-28260 ; MF n° 91630

Art 644 A l'égard de tous les biens légués aux départements et à tous autres établissements publics ou d'utilité publique, le délai pour le paiement des droits de mutation par décès ne court contre les héritiers ou légataires saisis de la succession qu'à compter du jour où l'autorité compétente a statué sur la demande en autorisation d'accepter le legs, sans que le paiement des droits puisse être différé au-delà de deux années à compter du jour du décès.

Cette disposition ne porte pas atteinte à l'exercice du privilège accordé au Trésor par l'article 1920.

ENR-X-28640 s.

Art 645 Doivent être entendues comme s'appliquant à toute succession comprenant des biens légués aux départements et autres établissements publics ou d'utilité publique, les dispositions de l'article 644 relatives au délai dans lequel les héritiers ou légataires saisis de la succession sont tenus de payer les droits de mutation par décès sur ces biens. Ce délai ne court, pour chaque hérédité, qu'à compter du jour où l'autorité compétente a statué sur la demande en autorisation d'accepter le legs sans que le paiement des droits puisse être différé au-delà de deux années à compter du décès de l'auteur de la succession.

ENR-X-28640 s.

2. *Actes soumis à la formalité fusionnée de l'enregistrement et de la publicité foncière*

Art 647 I. Les formalités de l'enregistrement et de la publicité foncière sont fusionnées pour les actes publiés au fichier immobilier *(Voir décret 55-22 du 4 janvier 1955 modifié, art. 28, 35, 36 et 37)* et les actes portant sur des droits inscrits sur le livre foncier de Mayotte, à l'exclusion des privilèges et hypothèques mentionnés au i du 1° de l'article 2521 du code civil. La nouvelle formalité prend nom de « formalité fusionnée ».

Sont exclus de ce régime : les décisions judiciaires et les actes pour lesquels il est impossible de procéder à la formalité fusionnée *(Voir Annexe III, art. 249)*.

ENR-I-170 s., 420 s. ; MF n°s 63725 s.

II. L'enregistrement des actes soumis à cette formalité et assujettis obligatoirement à la publicité foncière ou de ceux portant sur des droits devant être inscrits sur le livre foncier de Mayotte résulte de leur publicité ou de leur inscription. Il en est de même pour les actes admis à la publicité foncière ou pour ceux portant sur des droits inscrits à titre facultatif lorsque la publicité ou l'inscription est requise en même temps que l'enregistrement.

ENR-I-170 s., 1000, 1560 ; MF nos 63725 s.

III. La formalité fusionnée doit être requise dans le délai d'un mois à compter de la date de l'acte. Toutefois, en cas d'adjudication, ce délai est porté à deux mois. En ce qui concerne les actes dont la publication ou ceux portant sur des droits dont l'inscription est facultative, les formalités de l'enregistrement et de la publicité foncière ou de l'inscription demeurent distinctes si la formalité fusionnée n'a pas été requise dans le délai prévu à l'article 635 pour la formalité de l'enregistrement.

ENR-I-860 s. ; MF n° 63750

IV. En cas de rejet de la formalité de publicité foncière ou de refus avec inscription provisoire conservatoire l'acte est néanmoins réputé enregistré à la date du dépôt *(Voir Annexe II, art. 3)*.

ENR-I-1800 ; MF n° 63765

ENR-I-150 s.

3. Computation des délais

Art 648 Le jour de la date de l'acte ou celui de l'ouverture de la succession n'est pas compté dans les délais impartis pour l'exécution de la formalité de l'enregistrement ou de la formalité fusionnée.

Lorsque l'expiration du délai prévu pour ces formalités ou pour le paiement de l'impôt coïncide avec un jour de fermeture du bureau, ce délai est prorogé jusqu'au premier jour ouvrable qui suit.

ENR-I-4050

4. Régime particulier aux départements de la Moselle, du Bas-Rhin et du Haut-Rhin

Art 649 Les dispositions applicables aux immeubles situés dans les départements de la Moselle, du Bas-Rhin et du Haut-Rhin sont fixées par décret *(Voir Annexe III, art. 250)*.

ENR-I-600 s.

B. Accomplissement des formalités

1. Bureaux compétents

a. Formalité de l'enregistrement

1° Actes et mutations autres que les mutations par décès

Art 650 **1.** Les notaires ne peuvent faire enregistrer leurs actes qu'aux services des impôts dans le ressort desquels ils résident.

ENR-I-3550 s.

2. Les huissiers et tous autres ayant pouvoir de faire des exploits ou procès-verbaux font enregistrer leurs actes, soit au service des impôts de leur résidence, soit à celui du lieu où ils les ont faits.

ENR-I-3600

3. Les secrétaires-greffiers, greffiers et greffiers en chef ainsi que les secrétaires des administrations centrales et municipales font enregistrer les actes qu'ils sont tenus de soumettre à cette formalité aux services des impôts dans le ressort desquels ils exercent leurs fonctions.

ENR-I-3620

ENR-I-3500 s. ; MF n° 63795

Art 652 L'enregistrement des actes sous seings privés, qui doivent être présentés à cette formalité dans un délai fixé par la loi, a lieu, pour ceux d'entre eux portant transmission de propriété, d'usufruit ou de jouissance de biens immeubles, de fonds de commerce ou de clientèle, ou cession d'un droit à un bail ou du bénéfice d'une promesse de bail concernant tout ou partie d'un immeuble, au service des impôts de la situation des biens, et, pour tous les autres, à celui du domicile de l'une des parties contractantes.

ENR-I-3670 s. ; MF n° 63795

Art 653 Les déclarations de mutations verbales d'immeubles, de fonds de commerce ou de clientèles, ainsi que les déclarations de cessions verbales d'un droit à un bail ou du bénéfice d'une promesse de bail portant sur tout ou partie d'un immeuble, doivent être faites au service des impôts de la situation des biens.

ENR-VI-31020 ; MF n° 66675

ENR-I-3800 s.

Art 654 Les actes sous signature privée autres que ceux visés à l'article 652 et les actes passés en pays étrangers peuvent être enregistrés dans tous les services des impôts indistinctement.

ENR-I-3670 s., 3740

Art 655 Les testaments faits en pays étrangers ne peuvent être exécutés sur les biens situés en France, qu'après avoir été enregistrés au service des impôts du domicile du testateur, s'il en a conservé un, sinon à celui de son dernier domicile connu en France ; et dans le cas où le testament contient des dispositions d'immeubles qui y sont situés, il doit être, en outre, enregistré au service des impôts de la situation de ces immeubles, sans que les pénalités prévues aux articles 1727 et suivants soient applicables.

ENR-I-3760 s.

b. Formalité fusionnée de l'enregistrement et de la publicité foncière

Art 657 La formalité fusionnée a lieu au service chargé de la publicité foncière de la situation de l'immeuble. A Mayotte, la formalité fusionnée a lieu au service de la conservation de la propriété immobilière *(Voir décret 55-22 du 4 janvier 1955 modifié, art. 28, 35, 36 et 37. Voir toutefois Annexe III, art. 251 et 253, III).*

ENR-I-800 s. ; MF nº 63750

2. Modalités d'exécution des formalités

Art 658 I. La formalité de l'enregistrement est donnée sur les minutes, brevets ou originaux des actes qui y sont soumis. Toutefois, la formalité peut être donnée :

1º Sur une expédition intégrale des actes notariés à enregistrer ;

2º Sur une copie des actes sous seing privé signés électroniquement à enregistrer, à l'exception des promesses unilatérales de vente mentionnées à l'article 1589-2 du code civil.

Il n'est dû aucun droit d'enregistrement pour les extraits, copies ou expéditions des actes qui doivent être enregistrés sur les minutes ou originaux à l'exception des expéditions et des copies mentionnées aux 1º et 2º du présent I.

ENR-I-5070

II. Des décrets peuvent instituer pour certaines catégories d'actes des modalités particulières d'exécution de la formalité d'enregistrement.

ENR-I-2850 s.

III. Le paiement au comptant des droits d'enregistrement peut être substitué par décret à l'enregistrement en débet.

Art 659 Les modalités d'exécution de la formalité fusionnée sont fixées par décret *(Voir Annexe III, art. 253 à 258).*

ENR-I-1002 ; MF nº 63750

Art 660 Il est fait défense aux comptables publics compétents d'accomplir la formalité de l'enregistrement à l'égard des actes sujets à publicité foncière en exécution du décret nº 55-22 du 4 janvier 1955 modifié et qui ne seraient pas dressés en la forme authentique, conformément aux prescriptions de l'article 4 de ce texte.

Le refus est constaté sur le registre du service, à la date de la présentation de l'acte sous seing privé à la formalité de l'enregistrement. La mention de refus, datée et signée par le comptable, apposée sur chacun des originaux, donne date certaine à l'acte ; un des originaux est conservé au service des impôts.

ENR-I-5570 s. ; MF nº 66015

Art 661 Il est également fait défense aux comptables publics compétents :

1º *(Abrogé)* ;

2º D'enregistrer des protêts d'effets négociables, sans se faire représenter ces effets en bonne forme.

II. Des impositions

A. Champ d'application respectif des droits d'enregistrement et de la taxe de publicité foncière

Art 662 Sous réserve de dispositions particulières, sont passibles des droits d'enregistrement :

1º Lorsqu'ils ne donnent pas lieu à la formalité fusionnée, les actes visés au 1 de l'article 635 ;

2º Les actes visés aux 1º, 5º, 7º et 7º bis du 2 de l'article 635 et à l'article 636 et généralement tous les actes soumis volontairement à la formalité de l'enregistrement ;

3º Les mutations résultant de conventions verbales visées aux articles 638, 639 et 640 ;

4º Les mutations par décès.

ENR-I-15 ; MF nº 63865

Art 663 Donnent lieu à la perception de la taxe de publicité foncière :

1º Les inscriptions d'hypothèques judiciaires ou conventionnelles à l'exception des inscriptions en renouvellement ;

2º Sous réserve des dispositions de l'article 665, les décisions judiciaires, actes, attestations de transmission par décès et documents mentionnés aux articles 28, 35, au 2º de l'article 36 et à l'article 37 du décret nº 55-22 du 4 janvier 1955 modifié et ceux portant sur des droits mentionnés aux articles 2521, à l'exclusion de ceux mentionnés au i de son 1º, et 2522 du code civil.

ENR-I-25 ; ENR-XI-1600 s. ; MF nº 63865

Art 664 Lorsqu'ils donnent lieu à la formalité fusionnée en application de l'article 647, les actes visés au 1 de l'article 635 sont soumis à la taxe de publicité foncière dans les conditions prévues par le présent code. Corrélativement, les droits d'enregistrement ne sont pas exigibles sur les dispositions soumises à cette taxe, à l'exception des mutations à titre gratuit.

ENR-I-30 ; MF nº 63865

Art 665 Les dispositions sujettes à publicité foncière ou à inscription sur le livre foncier de Mayotte des décisions judiciaires et des actes exclus du champ d'application de la formalité fusionnée sont soumises aux droits d'enregistrement.

Ces décisions et actes sont dispensés du paiement de la taxe de publicité foncière lors de la formalité de la publication ou de l'inscription.

ENR-I-35, 420 s. ; MF nº 63865

B. Assiette et liquidation

Art 666 Les droits proportionnels ou progressifs d'enregistrement et la taxe proportionnelle de publicité foncière sont assis sur les valeurs.

ENR-I-13120 s. ; MF nº 64060

Art 667 1. *(Transféré sous l'article L 17 du LPF).*

2. La commission départementale de conciliation prévue à l'article 1653 A peut être saisie pour tous les actes ou déclarations constatant la transmission ou l'énonciation :

1º De la propriété, de l'usufruit ou de la jouissance de biens immeubles, de fonds de commerce, y compris les marchandises neuves qui en dépendent, de clientèles, de navires, de bateaux ou de biens meubles ;

2º D'un droit à un bail ou du bénéfice d'une promesse de bail portant sur tout ou partie d'un immeuble.

ENR-VII-1420 s. ; MF nº 78885

Art 668 bis Pour la liquidation des droits d'enregistrement et de la taxe de publicité foncière, la valeur de la créance détenue sur une fiducie est évaluée à la valeur vénale réelle nette des biens mis en fiducie ou des biens acquis en remploi, à la date du fait générateur de l'impôt.

ENR-IX-16680 ; MF nº 90950

Art 668 ter Pour l'application des droits d'enregistrement, les droits du constituant résultant du contrat de fiducie sont réputés porter sur les biens formant le patrimoine fiduciaire. Lors de la transmission de ces droits, les droits de mutation sont exigibles selon la nature des biens et droits transmis.

ENR-IX-16680 ; MF nº 90950

Art 669 I. Pour la liquidation des droits d'enregistrement et de la taxe de publicité foncière, la valeur de la nue-propriété et de l'usufruit est déterminée par une quotité de la valeur de la propriété entière, conformément au barème ci-après :

Age de l'usufruitier	Valeur de l'usufruit	Valeur de la nue-propriété
Moins de :		
21 ans révolus	90 %	10 %
31 ans révolus	80 %	20 %
41 ans révolus	70 %	30 %
51 ans révolus	60 %	40 %
61 ans révolus	50 %	50 %
71 ans révolus	40 %	60 %
81 ans révolus	30 %	70 %
91 ans révolus	20 %	80 %
Plus de 91 ans révolus	10 %	90 %

Pour déterminer la valeur de la nue-propriété, il n'est tenu compte que des usufruits ouverts au jour de la mutation de cette nue-propriété.

II. L'usufruit constitué pour une durée fixe est estimé à 23 % de la valeur de la propriété entière pour chaque période de dix ans de la durée de l'usufruit, sans fraction et sans égard à l'âge de l'usufruitier.

ENR-X-14500 s. ; MF nº 68460

Art 670 Lorsqu'un acte renferme deux dispositions tarifées différemment, mais qui, à raison de leur corrélation, ne sont pas de nature à donner ouverture à la pluralité des droits ou taxe, la disposition qui sert de base à la perception est celle qui donne lieu au taux le plus élevé.

ENR-I-11450 s. ; MF nº 64005

Art 671 Lorsque, dans un acte quelconque, soit civil, soit judiciaire ou extrajudiciaire, il y a plusieurs dispositions indépendantes ou ne dérivant pas nécessairement les unes des autres, il est dû pour chacune d'elles, et selon son espèce, une taxe ou un droit particulier. La quotité en est déterminée par l'article du présent code dans lequel la disposition se trouve classée, ou auquel elle se rapporte.

ENR-I-11100 s. ; MF nº 64005

Art 672 Sont affranchies de la pluralité édictée par l'article 671, dans les actes civils, les dispositions indépendantes et non sujettes à une imposition proportionnelle ou progressive.

Lorsqu'un acte contient plusieurs dispositions indépendantes donnant ouverture, les unes à une imposition proportionnelle ou progressive, les autres à une imposition fixe, il n'est rien perçu sur ces dernières dispositions, sauf application de l'imposition fixe la plus élevée comme minimum de perception, si le montant des impositions proportionnelles ou progressives exigibles est inférieur.

ENR-I-11520 ; MF n° 64005

Art 673 Lorsque la taxe de publicité foncière ne tient pas lieu des droits d'enregistrement, il n'est dû, en toute hypothèse, qu'une seule taxe proportionnelle sur l'acte principal et sur l'acte portant complément, interprétation, rectification d'erreurs matérielles, acceptation ou renonciation pure et simple, confirmation, approbation, homologation, ratification ou réalisation de condition suspensive.

Les actes dispensés de la taxe proportionnelle en vertu des dispositions du premier alinéa supportent la taxe fixe si la publicité n'en est pas requise en même temps que celle de l'acte passible de la taxe proportionnelle, à moins qu'ils ne contiennent augmentation des prix, valeurs, sommes ou créances exprimées, énoncées, évaluées ou garanties, auquel cas la taxe proportionnelle est perçue seulement sur le montant de cette augmentation.

ENR-XI-3960 s.

Art 674 Il ne peut être perçu moins de 25 € dans les cas où les sommes et valeurs ne produiraient pas 25 € de droit ou taxe proportionnels ou de droit progressif.

ENR-I-13515, 22500 ; MF n° 64045

Art 675 Les impositions proportionnelles ou progressives sont arrondies à l'euro le plus proche. La fraction d'euro égale à 0,50 est comptée pour 1.

ENR-I-13515

C. Mutations et conventions affectées d'une condition suspensive

Art 676 En ce qui concerne les mutations et conventions affectées d'une condition suspensive, le régime fiscal applicable et les valeurs imposables sont déterminés en se plaçant à la date de la réalisation de la condition.

Toutefois, lorsqu'elle ne tient pas lieu des droits d'enregistrement, la taxe de publicité foncière est perçue sur l'acte conditionnel d'après le régime applicable à la date à laquelle la formalité de publicité foncière est requise. Les valeurs imposables sont déterminées en se plaçant à la date de l'acte.

ENR-I-10480 s.

SECTION II

Les tarifs et leur application

I. Dispositions générales

Art 677 Sous réserve de dispositions particulières, sont passibles d'une imposition proportionnelle ou progressive :

1° Les transmissions, soit entre vifs, soit par décès, de propriété ou d'usufruit de biens meubles ou immeubles, ainsi que les décisions judiciaires et les actes portant ou constatant entre vifs constitution de droits réels immobiliers visés au a du 1° de l'article 28 modifié du décret n° 55-22 du 4 janvier 1955 modifié ;

ENR-I-8900 ; MF n° 64055

2° Les transmissions de jouissance de fonds de commerce ou de clientèles ou de biens immeubles ainsi que les quittances ou cessions d'une somme équivalente à trois années de loyers ou fermages non échus, à l'exception des quittances ou cessions liées aux actes prévus à l'article 1048 ter ;

ENR-I-8900 ; MF n° 64055

3° Les actes constatant un apport en société, les actes de formation de groupements d'intérêt économique constitués conformément aux articles L 251-1 à L 251-23 du code de commerce, les apports immobiliers qui sont faits aux associations constituées conformément à la loi du 1er juillet 1901 et au livre Ier de la deuxième partie du code du travail (syndicats professionnels) ;

ENR-I-8900 ; MF n° 64055

4° Les actes constatant un partage de biens meubles ou immeubles ainsi que, d'une manière générale, les décisions judiciaires et les actes déclaratifs lorsqu'ils portent sur des droits soumis à publicité foncière en application du 1° de l'article 28 du décret précité ;

ENR-I-8900 ; MF n° 64055

5° Les inscriptions d'hypothèques judiciaires ou conventionnelles.

ENR-XI-1600 s. ; MF n° 64100

Art 678 Lorsqu'ils ne se trouvent ni exonérés, ni tarifés par aucun autre article du présent code, les décisions judiciaires et les actes qui contiennent des dispositions sujettes à publicité foncière visées à l'article 677 sont soumis à une imposition proportionnelle au taux de 0,70 %.

ENR-I-8915

Art 679 Sont soumis à une imposition fixe :

1° Les actes qui ne comportent aucune disposition entrant dans les prévisions des 1° à 4° de l'article 677 ;

2° Les inscriptions d'hypothèques judiciaires ou conventionnelles non soumises à la taxe proportionnelle ;

3° Les actes exempts de l'enregistrement qui sont présentés volontairement à cette formalité ;

4° Les actes visés à l'article 37 du décret n° 55-22 du 4 janvier 1955 modifié qui sont présentés volontairement à la formalité de la publicité foncière.

ENR-I-350

ENR-I-8760 ; MF n° 64030

Art 680 Tous les actes qui ne se trouvent ni exonérés, ni tarifés par aucun autre article du présent code et qui ne peuvent donner lieu à une imposition proportionnelle ou progressive sont soumis à une imposition fixe de 125 €.

Les transactions mentionnées au 9° du 1 de l'article 635, qui ne sont tarifées par aucun autre article du présent code, sont exonérées de l'imposition fixe prévue au premier alinéa.

ENR-I-8770, 22045 ; MF n° 64035

Art 681 Les taux de la taxe de publicité foncière sont applicables pour la liquidation des droits d'enregistrement dus à raison des dispositions sujettes à publicité foncière des décisions judiciaires et des actes exclus du champ d'application de la formalité fusionnée.

Ce régime ne s'applique pas aux mutations à titre gratuit.

ENR-I-420 s.

II. Mutations de propriété à titre onéreux d'immeubles

(Les droits d'enregistrement et la taxe de publicité foncière exigibles sur les mutations de propriété à titre onéreux d'immeubles ont été transférés aux départements dans les conditions fixées aux articles 1594 A à 1594 E : loi 83-1179 du 29 décembre 1983 art. 28)

0A. Disposition générale

Art 682 A défaut d'acte, les mutations à titre onéreux d'immeubles ou de droits immobiliers sont soumises aux droits d'enregistrement selon le taux prévu pour les opérations de même nature donnant lieu au paiement de la taxe de publicité foncière.

ENR-V-1

A. Régime normal

Art 683 I. Les actes civils et judiciaires translatifs de propriété ou d'usufruit de biens immeubles à titre onéreux sont assujettis à une taxe de publicité foncière ou à un droit d'enregistrement au taux prévu à l'article 1594 D.

La taxe ou le droit sont liquidés sur le prix exprimé, en y ajoutant toutes les charges en capital ainsi que toutes les indemnités stipulées au profit du cédant, à quelque titre et pour quelque cause que ce soit, ou sur une estimation d'experts, dans les cas autorisés par le présent code.

Lorsque la mutation porte à la fois sur des immeubles par nature et sur des immeubles par destination, ces derniers doivent faire l'objet d'un prix particulier et d'une désignation détaillée.

II. Les ventes d'immeubles domaniaux sont soumises aux impositions prévues au I.

ENR-V-300 s. ; MF n°s 66150 s.

Art 683 bis La fraction des apports d'immeubles ou de droits immobiliers réalisée à titre onéreux est assujettie à une taxe de publicité foncière ou à un droit d'enregistrement de 2,20 %.

ENR-VI-6240 s. ; MF n° 66900

Art 684 Les échanges de biens immeubles sont assujettis à une taxe de publicité foncière ou à un droit d'enregistrement de 5 %.

La taxe ou le droit sont perçus sur la valeur d'une des parts lorsqu'il n'y a aucun retour. S'il y a retour, la taxe, ou le droit, est payée à raison de 5 % sur la moindre portion, et comme pour vente sur le retour ou la plus-value. Les retours sont assujettis à l'imposition prévue à l'article 683.

Les immeubles, quelle que soit leur nature, sont estimés d'après leur valeur vénale réelle à la date de la transmission, d'après la déclaration estimative des parties.

Néanmoins, si, dans les deux années qui ont précédé ou suivi l'acte d'échange, les immeubles transmis ont fait l'objet d'une adjudication, soit par autorité de justice, soit volontaire, avec admission des étrangers, les impositions exigibles ne peuvent être calculées sur une somme inférieure au prix de l'adjudication, en y ajoutant toutes les charges en capital, à moins qu'il ne soit justifié que la consistance des immeubles a subi, dans l'intervalle, des transformations susceptibles d'en modifier la valeur.

ENR-IX-400 s. ; MF n° 70505

B. Régimes spéciaux et exonérations

1. Mutations d'une nature particulière

Art 685 Les adjudications sur réitération des enchères de biens immeubles ne sont assujetties à la taxe proportionnelle de publicité foncière ou au droit proportionnel d'enregistrement que sur ce qui excède le prix de la précédente adjudication, si l'impôt en a été acquitté.

Lorsque le prix n'est pas supérieur à celui de la précédente adjudication et si celle-ci a été enregistrée ou soumise à la formalité fusionnée, l'adjudication sur réitération des enchères est assujettie à une imposition fixe de 125 €.

ENR-V-2800 s. ; MF nº 64100

Art 686 Les déclarations ou élections de command ou d'ami, par suite d'adjudication ou contrat de vente de biens immeubles sont assujetties à une imposition fixe de 125 € lorsque la faculté d'élire command a été réservée dans l'acte d'adjudication ou le contrat de vente et que la déclaration est faite par acte public et notifiée dans les vingt-quatre heures de l'adjudication ou du contrat.

Si la déclaration est faite après les vingt-quatre heures de l'adjudication ou du contrat, ou lorsque la faculté d'élire un command n'y a pas été réservée, les déclarations ou élections de command ou d'ami prévues au premier alinéa, sont assujetties à l'impôt aux taux prévus par le présent code.

ENR-V-2900 s. ; MF nº 64100

Art 687 Les déclarations d'adjudicataires faites au greffe conformément à l'article 707 du code de procédure civile sont assujetties à une taxe fixe de publicité foncière de 25 € lorsque la publicité n'en est pas requise en même temps que celle des actes passibles de l'imposition proportionnelle.

(Dispositions applicables aux procédures de saisie immobilière ayant donné lieu au dépôt du cahier des charges prévu à l'article 688 du code de procédure civile avant le 1er janvier 2007)

ENR-V-2870

Art 688 Les retraits exercés après l'expiration des délais convenus par les contrats de vente de biens immeubles sous faculté de rachat sont assujettis à l'impôt aux taux prévus par le présent code.

ENR-V-3290

Art 689 L'acte constitutif de l'emphytéose est assujetti à la taxe de publicité foncière au taux prévu à l'article 742.

ENR-III-5030 ; MF nº 65215

Art 691 bis Les actes d'acquisitions visées au A de l'article 1594-0 G donnent lieu à la perception d'une taxe de publicité foncière ou d'un droit d'enregistrement de 125 €.

ENR-V-10700 s. ; MF nº 66290

2. Mutations soumises à une taxation réduite ou exonérées

c. Régimes spéciaux institués en faveur du commerce et de l'industrie

Art 699 Les échanges portant sur tout ou partie des mines concédées ou amodiées et effectués en vue de la rationalisation de leur exploitation et de l'accroissement de leur productivité bénéficient du régime fiscal édicté par l'article 708, à la condition que l'acte d'échange porte la mention expresse qu'il est fait sous le bénéfice des dispositions du décret nº 54-944 du 14 septembre 1954.

Conformément aux dispositions des articles L 143-1, L 143-8 et L 143-13 du code minier, les échanges prévus au premier alinéa ne pourront être réalisés qu'après autorisation donnée par le ministre chargé des mines. Cette autorisation devra préciser que l'opération bénéficie du régime d'exonération fixé par le présent article.

ENR-IX-2370 s.

Art 700 Pendant la période où des exploitations restent provisoirement sous le régime légal des carrières, en application de l'article L 312-4 ou du second alinéa de l'article L 312-11 du code minier concernant le passage dans la classe des mines de substances antérieurement soumises au régime légal des carrières, les échanges de droits de propriété ou de droits d'exploitation portant sur des carrières de substances nouvellement rendues concessibles par décret, bénéficient, sauf en ce qui concerne les soultes ou plus-values, d'une exonération de tous droits au profit de l'Etat, à condition, d'une part, que l'échange soit préalablement autorisé par un décret rendu sur avis conforme du Conseil d'Etat et contresigné par le ministre de l'économie et des finances et par le ministre chargé des mines et, d'autre part, que l'acte d'échange se réfère expressément au décret d'autorisation. Ce dernier devra constater que l'échange est effectué en vue de rationaliser l'exploitation des gisements et d'accroître leur productivité.

ENR-IX-2380 s.

d. Régimes spéciaux institués en faveur de l'agriculture

Art 707 bis En cas d'éviction d'un acquéreur, l'exercice du droit de préemption institué par les articles L 412-1 à L 412-13 du code rural et de la pêche maritime, relatifs au statut du fermage et du métayage, ou par l'article L 462-21 du même code, relatifs au bail à ferme dans les départements de la Guadeloupe, de la Guyane, de la Martinique, de Mayotte, de La Réunion et à Saint-Pierre-et-Miquelon, ne donne pas ouverture à la perception d'un nouvel impôt proportionnel.

ENR-V-4350

Art 708 Les échanges d'immeubles ruraux effectués conformément aux articles L 124-3 et L 124-4 du code rural et de la pêche maritime sont exonérés de la taxe de publicité foncière ou, le cas échéant, du droit d'enregistrement.

Toutefois, les soultes et plus-values résultant de ces échanges sont passibles de la taxe de publicité foncière ou du droit d'enregistrement au taux prévu pour les ventes d'immeubles.

ENR-IX-1050 s. ; MF nº 70510

g. Immeubles situés à l'étranger

Art 714 Les actes translatifs de propriété ou d'usufruit de biens immeubles situés en pays étrangers ou à Saint-Pierre-et-Miquelon, en Nouvelle-Calédonie, en Polynésie française, dans les îles Wallis-et-Futuna et les Terres australes et antarctiques françaises dans lesquels le droit d'enregistrement n'est pas établi, sont assujettis à un droit de 5 %.

Ce droit est liquidé sur le prix exprimé, en y ajoutant toutes les charges en capital.

ENR-V-2400 s. ; MF nº 66175

h. Dispositions diverses

Art 716 Pendant la durée du remboursement des emprunts contractés en vue de la construction d'un logement, les cessions amiables d'habitations individuelles à loyer modéré ayant pour but de substituer des personnes solvables, remplissant les conditions de la législation sur les habitations à loyer modéré, aux bénéficiaires de cette législation qui justifieraient être dans l'impossibilité de les habiter ou être privés de ressources nécessaires pour faire face à leurs obligations, sont soumises à une imposition de 125 €.

Le bénéfice de cette disposition est subordonné à l'autorisation de l'autorité compétente de l'Etat, après avis du comité régional de l'habitat et de l'hébergement.

ENR-V-25000 s.

Art 717 Les résolutions volontaires ou judiciaires de contrats de vente de maisons individuelles répondant aux conditions fixées pour les habitations à loyer modéré par l'article L 411-1 du code de la construction et de l'habitation et construites par les centres d'action sociale, hospices ou hôpitaux, les caisses d'épargne, les sociétés de construction ou par des particuliers, sont soumises à une imposition de 125 €.

Cette disposition est applicable aux locaux à usage artisanal entrant dans les prévisions de l'article 1er de la loi du 2 août 1932, facilitant la construction de ces locaux.

ENR-V-25600 s.

III. Mutations de propriété à titre onéreux de meubles

0A. Dispositions générales

Mutations à titre onéreux de biens mobiliers étrangers constatées par des actes passés en France

Art 718 Lorsqu'elles s'opèrent par acte passé en France, les transmissions à titre onéreux de biens mobiliers étrangers, corporels ou incorporels, sont soumises aux droits de mutation dans les mêmes conditions que si elles avaient pour objet des biens français de même nature.

ENR-I-9930 ; ENR-VI-27320 ; ENR-IX-4120 ; MF nº 67140

Cession par acte passé à l'étranger de participations dans des sociétés immobilières étrangères dont l'actif est principalement constitué d'immeubles ou de droits immobiliers situés en France

Art 718 bis Lorsqu'elles s'opèrent par acte passé à l'étranger, les cessions de participations dans des personnes morales à prépondérance immobilière définies au 2º du I de l'article 726 sont soumises au droit d'enregistrement dans les conditions prévues à cet article, sauf imputation, le cas échéant, d'un crédit d'impôt égal au montant des droits d'enregistrement effectivement acquittés dans l'Etat d'immatriculation de chacune des personnes morales concernées, conformément à la législation de cet Etat et dans le cadre d'une formalité obligatoire d'enregistrement de chacune de ces cessions. Ce crédit d'impôt est imputable sur l'impôt français afférent à chacune de ces cessions, dans la limite de cet impôt.

ENR-VI-27330 ; MF nº 67140

A. Cessions de fonds de commerce et de clientèles et conventions assimilées

1. Régime normal

Art 719 Les mutations de propriété à titre onéreux de fonds de commerce ou de clientèles sont soumises à un droit d'enregistrement dont les taux sont fixés à :

Fraction de la valeur taxable	Tarif applicable %
N'excédant pas 23 000 €	0
Supérieure à 23 000 € et n'excédant pas 107 000 €	2
Supérieure à 107 000 € et n'excédant pas 200 000 €	0,60
Supérieure à 200 000 €	2,60

Le droit est perçu sur le prix de la vente de l'achalandage, de la cession du droit au bail et des objets mobiliers ou autres servant à l'exploitation du fonds. Ces objets doivent donner lieu à un inventaire, détaillé et estimatif, dans un état distinct dont trois exemplaires, rédigés sur des formules spéciales fournies par l'administration, doivent rester déposés au service des impôts où la formalité est requise.

ENR-IV-200 s. ; MF n°s 65485 s.

Art 720 Les dispositions du présent code applicables aux mutations de propriété à titre onéreux de fonds de commerce ou de clientèles sont étendues à toute convention à titre onéreux, ayant pour effet de permettre à une personne d'exercer une profession, une fonction ou un emploi occupé par un précédent titulaire, même lorsque ladite convention conclue avec ce titulaire ou ses ayants cause ne s'accompagne pas d'une cession de clientèle.

Les droits sont exigibles sur toutes les sommes dont le paiement est imposé, du chef de la convention, sous quelque dénomination que ce soit, au successeur, ainsi que sur toutes les charges lui incombant au même titre.

ENR-IV-800 s. ; MF n°s 65580 s.

2. *Régimes spéciaux et exonérations*

3º Aménagement et développement du territoire

Art 722 bis Le taux de 2 % du droit de mutation prévu à l'article 719 est réduit à 0 % pour les acquisitions de fonds de commerce et de clientèles réalisées dans les zones franches urbaines – territoires entrepreneurs définies au B du 3 de l'article 42 de la loi nº 95-115 du 4 février 1995 d'orientation pour l'aménagement et le développement du territoire, ainsi que dans les zones de revitalisation rurale mentionnées à l'article 1465 A.

Pour bénéficier du taux réduit, l'acquéreur doit prendre, lors de la mutation, l'engagement de maintenir l'exploitation du bien acquis pendant une période minimale de cinq ans à compter de cette date.

Lorsque l'engagement prévu au deuxième alinéa n'est pas respecté, l'acquéreur est tenu d'acquitter, à première réquisition, le complément d'imposition dont il avait été dispensé.

Le bénéfice de la réduction est subordonné au respect du règlement (UE) nº 1407/2013 de la Commission, du 18 décembre 2013, relatif à l'application des articles 107 et 108 du traité sur le fonctionnement de l'Union européenne aux aides de minimis.

Ndlr *Pour les dispositions du présent article qui s'appliqueront à compter du 1er juillet 2024, voir partie Autres textes du présent code loi 2023-1322 du 29 décembre 2023 art. 73, I-11º et XX-D.*

ENR-IV-6700 s. ; MF nº 65530

4º Marchandises neuves

Art 723 Les ventes de marchandises neuves corrélatives à la cession ou à l'apport en société d'un fonds de commerce sont exonérées de tout droit proportionnel d'enregistrement lorsqu'elles donnent lieu à la perception de la taxe sur la valeur ajoutée ou en sont dispensées en application de l'article 257 bis.

Dans le cas contraire, les marchandises neuves garnissant le fonds ne sont assujetties qu'à un droit de 1,50 % à condition qu'il soit stipulé, en ce qui les concerne, un prix particulier, et qu'elles soient désignées et estimées article par article dans un état distinct, dont quatre exemplaires, rédigés sur des formules spéciales fournies par l'administration, doivent rester déposés au service des impôts auprès duquel la formalité est requise.

ENR-IV-5250 s. ; ENR-VI-6430 ; MF nº 65510

B. Cessions d'offices publics et ministériels

Art 724 **I.** Les traités ou conventions ayant pour objet la transmission à titre onéreux d'un office sont soumis à un droit d'enregistrement déterminé selon le tarif prévu à l'article 719. Le droit d'enregistrement est perçu sur le prix exprimé dans l'acte de cession et le capital des charges qui peuvent ajouter au prix.

II. En cas de création de nouvelles charges ou de nomination de nouveaux titulaires sans présentation, par suite de destitution ou pour tout autre motif, s'il est imposé aux nouveaux titulaires le paiement d'une somme déterminée pour la valeur de l'office, le droit est exigible sur cette indemnité au tarif visé au I.

Le droit doit être acquitté avant la prestation de serment du nouveau titulaire.

III. En cas de suppression d'un titre d'office, lorsqu'à défaut de traité, le décret qui prononce l'extinction fixe une indemnité à payer au titulaire de l'office supprimé ou à ses héritiers, l'expédition de ce décret doit être enregistrée dans le mois de la délivrance.

Le droit est perçu sur le montant de l'indemnité, au tarif visé au I.

ENR-IV-12000 s. ; MF nos 65665 s.

C. Cessions de droit à un bail d'immeuble et conventions assimilées

Art 725 Toute cession d'un droit à un bail ou du bénéfice d'une promesse de bail portant sur tout ou partie d'un immeuble, quelle que soit la forme qui lui est donnée par les parties, qu'elle soit qualifiée cession de pas de porte, indemnité de départ ou autrement, est soumise à un droit d'enregistrement déterminé selon le tarif prévu à l'article 719.

Le droit est perçu sur le montant de la somme ou indemnité stipulée par le cédant à son profit ou sur la valeur vénale réelle du droit cédé, déterminée par une déclaration estimative des parties, si la convention ne contient aucune stipulation expresse d'une somme ou indemnité au profit du cédant ou si la somme ou indemnité stipulée est inférieure à la valeur vénale réelle du droit cédé. Le droit ainsi perçu est indépendant de celui qui peut être dû pour la jouissance des biens loués.

Les dispositions du présent code concernant le régime fiscal des cessions de droit à un bail ou du bénéfice d'une promesse de bail portant sur tout ou partie d'un immeuble, sont applicables à tous actes ou conventions, quelles qu'en soient la nature, les modalités, la forme ou la qualification, qui ont pour effet, direct ou indirect, de transférer le droit à la jouissance d'immeubles ou de locaux entrant dans les prévisions des articles L 145-1 à L 145-3 du code de commerce.

ENR-IV-10000 s. ; MF nos 65610 s.

D. Cessions de droits sociaux

1. Régime normal

Art 726 I. Les cessions de droits sociaux sont soumises à un droit d'enregistrement dont le taux est fixé :

1° A 0,1 % :

Pour les actes portant cessions d'actions, de parts de fondateurs ou de parts bénéficiaires des sociétés par actions négociées sur un marché réglementé d'instruments financiers au sens de l'article L 421-1 du code monétaire et financier ou sur un système multilatéral de négociation au sens de l'article L 424-1 du même code ;

Pour les cessions, autres que celles soumises au taux visé au 2°, d'actions, de parts de fondateurs ou de parts bénéficiaires des sociétés par actions non négociées sur un marché réglementé d'instruments financiers au sens de l'article L 421-1 du code monétaire et financier ou sur un système multilatéral de négociation au sens de l'article L 424-1 du même code, et de parts ou titres du capital, souscrits par les clients, des établissements de crédit mutualistes ou coopératifs *(Voir également art. 639)*.

Lorsque les cessions mentionnées aux deuxième et troisième alinéas du présent 1° s'opèrent par acte passé à l'étranger et qu'elles portent sur des actions ou parts de sociétés ayant leur siège en France, ces cessions sont soumises au droit d'enregistrement dans les conditions prévues au présent 1°, sauf imputation, le cas échéant, d'un crédit d'impôt égal au montant des droits d'enregistrement effectivement acquittés dans l'Etat d'immatriculation ou l'Etat de résidence de chacune des personnes concernées, conformément à la législation de cet Etat et dans le cadre d'une formalité obligatoire d'enregistrement de chacune de ces cessions. Ce crédit d'impôt est imputable sur l'impôt français afférent à chacune de ces cessions, dans la limite de cet impôt ;

1° bis A 3 % :

Pour les cessions, autres que celles soumises au taux mentionné au 2°, de parts sociales dans les sociétés dont le capital n'est pas divisé en actions. Dans ce cas, il est appliqué sur la valeur de chaque part sociale un abattement égal au rapport entre la somme de 23 000 € et le nombre total de parts sociales de la société ;

2° A 5 % :

pour les cessions de participations dans des personnes morales à prépondérance immobilière.

Est à prépondérance immobilière la personne morale, quelle que soit sa nationalité, dont les droits sociaux ne sont pas négociés sur un marché réglementé d'instruments financiers au sens de l'article L 421-1 du code monétaire et financier ou sur un système multilatéral de négociation au sens de l'article L 424-1 du même code et dont l'actif est, ou a été au cours de l'année précédant la cession des participations en cause, principalement constitué d'immeubles ou de droits immobiliers situés en France ou de participations dans des personnes morales, quelle que soit sa nationalité, dont les droits sociaux ne sont pas négociés sur un marché réglementé d'instruments financiers au sens de l'article L 421-1 du code monétaire et financier ou sur un système multilatéral de négociation au sens de l'article L 424-1 du même code et elles-mêmes à prépondérance immobilière. Toutefois, les organismes d'habitations à loyer modéré, les sociétés foncières qui remplissent les conditions prévues au 1°, au a du 2° et aux 3° et 4° du 1 du II de l'article 199 terdecies-0 AB du présent code et les sociétés d'économie mixte exerçant une activité de construction ou de gestion de logements sociaux ne sont pas considérés comme des personnes morales à prépondérance immobilière.

I bis Sont assimilées à des cessions de droits sociaux mentionnées au I du présent article les cessions d'entreprises individuelles ou d'entreprises individuelles à responsabilité limitée ayant exercé l'une des options prévues aux 1 et 2 de l'article 1655 sexies.

II. Le droit d'enregistrement prévu au I est assis sur le prix exprimé et le capital des charges qui peuvent ajouter au prix ou sur une estimation des parties si la valeur réelle est supérieure au prix augmenté des charges.

Les perceptions mentionnées au I ne sont pas applicables aux cessions de droits sociaux résultant d'opérations de pensions régies par les articles L 211-27 à L 211-34 du code monétaire et financier.

Les perceptions mentionnées aux 1° et 1° bis du I ne sont pas applicables :

a. aux acquisitions de droits sociaux réalisées dans le cadre du rachat de ses propres titres par une société destinés à être cédés aux adhérents d'un plan d'épargne d'entreprise dans le cadre du titre III du livre III de la troisième partie du code du travail ou d'une augmentation de capital, à l'exception des rachats d'actions effectués dans les conditions prévues à l'article L 225-209-2 du code de commerce ;

b. aux acquisitions de droits sociaux de sociétés placées sous procédure de sauvegarde ou en redressement judiciaire ;

c. aux acquisitions de droits sociaux entre sociétés membres du même groupe, au sens de l'article L 233-3 du code de commerce, au moment de l'acquisition de droits concernée, aux acquisitions de droits entre sociétés du même groupe, au sens de l'article 223 A ou de l'article 223 A bis du présent code, et aux acquisitions intervenant dans les conditions prévues aux articles 210 A et 210 B ;

d. aux opérations taxées au titre de l'article 235 ter ZD.

III. A. Lorsque les cessions de participations mentionnées au 2° du I sont réalisées à l'étranger, elles doivent être constatées dans un délai d'un mois par un acte reçu en la forme authentique par un notaire exerçant en France.

B. Les actes et déclarations ayant pour objet une cession de participations dans une personne morale à prépondérance immobilière mentionnée au 2° du I indiquent expressément si :

1° Cette personne morale est une société mentionnée à l'article 1655 ter ;

2° Les participations cédées confèrent au cessionnaire, direct ou indirect, le droit à la jouissance d'immeubles ou de fractions d'immeubles au sens de l'article 728 ;

3° Le cessionnaire a acquitté ou s'engage à acquitter, directement ou indirectement, des dettes contractées auprès du cédant par cette personne morale, en précisant, le cas échéant, leur montant.

ENR-VI-27000 s. ; MF n°s 67130 s.

2. *Régimes spéciaux*

Art 727 I. 1° Lorsqu'elles interviennent dans les trois ans de la réalisation définitive de l'apport fait à la société, les cessions de parts sociales, dans les sociétés dont le capital n'est pas divisé en actions, sont considérées, au point de vue fiscal, comme ayant pour objet les biens en nature représentés par les titres cédés.

2° Pour la perception de l'impôt, chaque élément d'apport est évalué distinctement, avec indication des numéros des parts attribuées en rémunération à chacun d'eux. A défaut de ces évaluations et indications, les droits sont perçus au tarif immobilier.

3° Les dispositions qui précèdent sont applicables aux cessions d'actions d'apport et de parts de fondateur effectuées pendant la période de non-négociabilité.

4° Dans tous les cas où une cession de parts ou d'actions a donné lieu à la perception du droit de mutation en vertu du présent article, l'attribution pure et simple, à la dissolution de la société, des biens représentés par les titres cédés ne donne ouverture au droit de mutation que si elle est faite à un autre que le cessionnaire.

II. Les dispositions du I ne sont pas applicables aux cessions d'actions ou de parts émises par des personnes morales passibles de l'impôt sur les sociétés.

ENR-VI-31400 s. ; MF n° 67160

Art 728 Sans préjudice des dispositions de l'article 1655 ter, les cessions d'actions ou de parts conférant à leurs possesseurs le droit à la jouissance d'immeubles ou de fractions d'immeubles sont réputées avoir pour objet lesdits immeubles ou fractions d'immeubles pour la perception des droits d'enregistrement *(Voir Annexe II, art. 292).*

ENR-VI-38500 s. ; MF n° 67195

Art 729 Les conventions qui portent sur des parts ou actions et qui sont considérées au regard des droits d'enregistrement comme translatives à titre onéreux de propriété immobilière en vertu des articles 727, 728 et 1655 ter sont soumises à ces droits selon le tarif prévu en ce qui concerne les mutations à titre onéreux d'immeubles ou de droits immobiliers qui donnent lieu au paiement de la taxe de publicité foncière.

ENR-VI-31920, 38440 s. ; MF n° 67195

Art 730 Les cessions de droits sociaux visées au I de l'article 257 qui donnent lieu au paiement de la taxe sur la valeur ajoutée donnent lieu à la perception d'un droit d'enregistrement de 125 €.

ENR-VI-26810 ; MF n°s 67145, 67195

Art 730 bis Les cessions de gré à gré de parts de groupements agricoles d'exploitation en commun et d'exploitations agricoles à responsabilité limitée mentionnées au 5° de l'article 8 sont enregistrées au droit fixe de 125 €.

Les cessions de gré à gré de parts de sociétés civiles à objet principalement agricole, constituées depuis au moins trois ans avant la cession, sont enregistrées au droit fixe de 125 €.

ENR-VI-40410 s. ; MF n° 67215

Art 730 ter Les cessions de parts de groupements fonciers agricoles, de groupements fonciers ruraux et de groupements forestiers représentatives d'apports de biens indivis sont soumises à un droit d'enregistrement de 2,50 % lorsqu'elles interviennent entre les apporteurs desdits biens, leurs conjoints survivants ou leurs ayants droit à titre gratuit, dès lors que ces apporteurs étaient parents ou alliés jusqu'au quatrième degré inclus *(Pour l'application de ces dispositions dans les départements d'outre-mer, se reporter à l'article 793, 1-4° alinéa 8).*

ENR-VI-40480 s. ; MF n° 67215

Art 730 quater Les cessions de parts de fonds communs de placement à risques, de fonds professionnels spécialisés relevant de l'article L 214-37 du code monétaire et financier dans sa rédaction antérieure à l'ordonnance n° 2013-676 du 25 juillet 2013 modifiant le cadre juridique de la gestion d'actifs, de fonds professionnels de capital investissement et de sociétés de libre partenariat n'entraînent l'exigibilité d'aucun droit d'enregistrement.

ENR-VI-45360 ; MF n° 67225

Art 730 quinquies Les cessions de parts ou actions des organismes de placement collectif immobilier et des organismes professionnels de placement collectif immobilier sont exonérées de droit d'enregistrement sauf :

a. Lorsque l'acquéreur détient ou détiendra suite à son acquisition plus de 10 % des parts ou actions de l'organisme de placement collectif immobilier ou de l'organisme professionnel de placement collectif immobilier, directement ou par l'intermédiaire de son conjoint ou de leurs ascendants ou descendants ou de leurs frères ou sœurs, ou indirectement par l'intermédiaire d'une ou plusieurs sociétés dont lui-même ou les personnes précitées détiendraient plus de 50 % des droits financiers et des droits de vote ;

b. Ou lorsque l'acquéreur, personne morale ou fonds, détient ou détiendra suite à son acquisition plus de 20 % des parts ou actions de l'organisme de placement collectif immobilier ou de l'organisme professionnel de placement collectif immobilier au sens de l'article L 214-45 du code monétaire et financier.

Dans les hypothèses mentionnées aux a et b, les cessions sont soumises à un droit d'enregistrement au taux fixé au 2° du I de l'article 726.

ENR-VI-45520 ; MF n° 67225

E. Cessions de brevets d'invention

Art 731 Les cessions de brevets sont enregistrées au droit fixe de 125 €.

ENR-I-22185 ; ENR-IV-8550 s. ; MF n° 65540

F. Cessions d'un fonds agricole ou de certains biens dépendant d'une exploitation agricole

Art 732 Les actes constatant la cession à titre onéreux d'un fonds agricole, composé de tout ou partie des éléments énumérés au dernier alinéa de l'article L 311-3 du code rural et de la pêche maritime, sont enregistrés gratuitement.

ENR-IX-4280 ; MF n° 65585

F bis. Cession d'un navire de pêche artisanal

Art 732 A Les actes constatant la cession de gré à gré d'un navire de pêche artisanale et du matériel servant à son exploitation sont enregistrés gratuitement.

ENR-IX-4320 ; MF n° 65585

F ter. Rachat d'une entreprise par ses salariés ou par des membres de la famille du cédant

Art 732 bis Sont exonérées des droits d'enregistrement les acquisitions de droits sociaux effectuées par une société créée en vue de racheter une autre société dans les conditions prévues à l'article 220 nonies avant le 31 décembre 2022.

ENR-VI-27660 s.

Art 732 ter I. Pour la liquidation des droits d'enregistrement en cas de cession en pleine propriété de fonds artisanaux, de fonds de commerce, de fonds agricoles ou de clientèles d'une entreprise individuelle ou de parts ou actions d'une société, il est appliqué un abattement de 500 000 € sur la valeur du fonds ou de la clientèle ou sur la fraction de la valeur des titres représentative du fonds ou de la clientèle, si les conditions suivantes sont réunies :

1° L'entreprise ou la société exerce une activité industrielle, commerciale, artisanale, agricole ou libérale, à l'exception de la gestion de son propre patrimoine mobilier ou immobilier ;

2° La vente est consentie :

a. Soit au titulaire d'un contrat de travail à durée indéterminée depuis au moins deux ans et qui exerce ses fonctions à temps plein ou d'un contrat d'apprentissage en cours au jour de la cession, conclu avec l'entreprise dont le fonds ou la clientèle est cédé ou avec la société dont les parts ou actions sont cédées ;

b. Soit au conjoint du cédant, à son partenaire lié par un pacte civil de solidarité défini à l'article 515-1 du code civil, à ses ascendants ou descendants en ligne directe ou à ses frères et sœurs ;

3° Lorsque la vente porte sur des fonds ou clientèles ou parts ou actions acquis à titre onéreux, ceux-ci ont été détenus depuis plus de deux ans par le vendeur ;

4° Les acquéreurs poursuivent, à titre d'activité professionnelle unique et de manière effective et continue, pendant les cinq années qui suivent la date de la vente, l'exploitation du fonds ou de la clientèle cédé ou l'activité de la société dont les parts ou actions sont cédées et l'un d'eux assure, pendant la même période, la direction effective de l'entreprise. Dans le cas où l'entreprise fait l'objet d'un jugement prononçant l'ouverture d'une procédure de liquidation judiciaire prévue au titre IV du livre VI du code de commerce dans les cinq années qui suivent la date de la cession, il n'est pas procédé à la déchéance du régime prévu au premier alinéa.

II. Le I ne peut s'appliquer qu'une seule fois entre un même cédant et un même acquéreur.

ENR-IV-5850 s. ; MF n° 65535

G. Autres biens mobiliers

Art 733 Sont assujettis à un droit d'enregistrement de 1,20 % les procès-verbaux constatant une adjudication aux enchères publiques de biens meubles incorporels ou toute autre vente de mêmes biens faite avec publicité et concurrence, lorsque ces ventes ne sont pas soumises, en raison de leur objet, à un tarif différent.

1° *(Abrogé).*

2° *(Abrogé).*

Le droit est assis sur le montant des sommes que contient cumulativement le procès-verbal de la vente, augmenté des charges imposées aux acquéreurs.

Les adjudications sur réitération des enchères de biens mentionnés au premier alinéa sont assujetties au même droit mais seulement sur ce qui excède le prix de la précédente adjudication, si le droit en a été acquitté.

ENR-IX-4500 s. ; MF n° 64100

H. Ventes simultanées de meubles et d'immeubles

Art 735 Lorsqu'un acte translatif de propriété ou d'usufruit comprend des meubles et des immeubles, le droit d'enregistrement est perçu sur la totalité du prix au taux réglé pour les immeubles, à moins qu'il ne soit stipulé un prix particulier pour les objets mobiliers, et qu'ils ne soient désignés et estimés, article par article, dans le contrat.

ENR-V-6300 s. ; MF n° 66210

IV. Mutations de jouissance

A. Baux à durée limitée d'immeubles, de fonds de commerce et de clientèles

1. Droits d'enregistrement

2° Régimes spéciaux et exonérations

Art 738 Sont enregistrées au droit fixe de 125 € :

1° Les cessions, subrogations, rétrocessions et résiliations de baux à durée limitée de biens de toute nature ;

ENR-I-22160 ; ENR-III-1470 ; MF n° 65150 précision b

2° Les concessions de licences d'exploitation de brevets ;

ENR-I-22185 ; ENR-IV-8600 s. ; MF n° 65540

3° *(Abrogé).*

Art 739 Les actes constatant des baux à durée limitée d'immeubles, de fonds de commerce ou de clientèles sont assujettis à un droit fixe de 25 € lorsque l'enregistrement en est requis par les parties.

ENR-III-1720 ; MF n° 65150

2. Taxe de publicité foncière

1° Régime normal

Art 742 Les baux à durée limitée d'immeubles faits pour une durée supérieure à douze années, à l'exception de ceux mentionnés à l'article 1048 ter, sont soumis à la taxe de publicité foncière au taux de 0,70 %.

Cette taxe est liquidée sur le prix exprimé, augmenté des charges imposées au preneur, ou sur la valeur locative réelle des biens loués si cette valeur est supérieure au prix augmenté des charges. Elle est due sur le montant cumulé de toutes les années à courir.

ENR-III-1800 s. ; MF n° 65160

2° Régimes spéciaux

Art 743 Sont exonérés de la taxe de publicité foncière :

1° Les baux à construction ;

2° Les baux à long terme conclus en application des articles L 416-1 à L 416-6, L 416-8 et L 416-9 du code rural et de la pêche maritime ;

3° *(Transféré sous l'article 1594 J) ;*

4° Les baux cessibles conclus en application des articles L 418-1 à L 418-5 du code rural et de la pêche maritime ;

5° Les baux réels solidaires conclus en application de l'article L 255-3 du code de la construction et de l'habitation ;

6° Les baux de plus de douze ans à durée limitée publiés en vue de l'application de la législation sur les habitations à loyer modéré.

ENR-III-1840 s. ; MF n° 65160

Art 743 bis Pour les immeubles loués pour une période supérieure à douze ans dans les conditions prévues au 2 de l'article L 313-7 du code monétaire et financier, l'assiette de la taxe de publicité foncière est réduite du montant de la quote-part de loyers correspondant aux frais financiers versés par le preneur. La quote-part de loyers correspondant aux frais financiers est indiquée distinctement dans le contrat de crédit-bail.

ENR-III-5790 ; MF n° 65235

B. Baux à vie ou à durée illimitée

Art 744 I. Les baux à vie ou à durée illimitée sont soumis aux mêmes impositions que les mutations de propriété des biens auxquels ils se rapportent.

II. Pour les baux dont la durée est illimitée, la valeur servant d'assiette à l'impôt est déterminée par un capital formé de vingt fois la rente ou le prix annuel, et les charges aussi annuelles, en y ajoutant également les autres charges en capital, et les deniers d'entrée, s'il en est stipulé.

Pour les baux à vie, sans distinction de ceux faits sur une ou plusieurs têtes, cette valeur est déterminée par un capital formé de dix fois le prix et les charges annuels, en y ajoutant de même le montant des deniers d'entrée et des autres charges, s'il s'en trouve d'exprimés.

Si le prix en est stipulé payable en nature ou sur la base du cours de certains produits, le droit est liquidé d'après la valeur des produits au jour du contrat.

ENR-III-3000 s. ; MF n° 65180

V. Partages et opérations assimilées

A. Partages

1. Tarif

Art 746 Les partages de biens meubles et immeubles entre copropriétaires, cohéritiers et coassociés, à quelque titre que ce soit, pourvu qu'il en soit justifié, sont assujettis à un droit d'enregistrement ou à une taxe de publicité foncière de 2,50 % *(NDLR Voir également art. 750 bis A, 750 bis B et 750 bis C).* Ce taux est ramené à 1,80 % à compter du 1er janvier 2021 et à 1,10 % à compter du 1er janvier 2022, pour les partages des intérêts patrimoniaux consécutifs à une séparation de corps, à un divorce ou à une rupture d'un pacte civil de solidarité.

ENR-II-400 s., 2150, 2750 s. ; ENR-VI-25950 s. ; MF nos 67095, 70400 s.

2. Assiette et liquidation

1° Régime normal

Art 747 Le droit d'enregistrement ou la taxe de publicité foncière prévus à l'article 746 sont liquidés sur le montant de l'actif net partagé. Lorsque le partage comporte une soulte ou une plus-value, l'impôt sur ce qui en est l'objet est perçu aux taux prévus pour les ventes, au prorata, le cas échéant, de la valeur respective des différents biens compris dans le lot grevé de la soulte ou de la plus-value.

ENR-II-1400 s., 3100 s. ; ENR-VI-26100 s., 26360 s. ; MF n°s 67095, 70400 s.

2° Régime spécial

Art 748 Les partages qui portent sur des biens meubles ou immeubles dépendant d'une succession ou d'une communauté conjugale et qui interviennent uniquement entre les membres originaires de l'indivision, leur conjoint, des ascendants, des descendants ou des ayants droit à titre universel de l'un ou de plusieurs d'entre eux, ne sont pas considérés comme translatifs de propriété dans la mesure des soultes ou plus-values. Il en est de même des partages portant sur des biens indivis issus d'une donation-partage et des partages portant sur des biens indivis acquis par des partenaires ayant conclu un pacte civil de solidarité ou par des époux, avant ou pendant le pacte ou le mariage. En ce qui les concerne, l'imposition est liquidée sur la valeur nette de l'actif partagé déterminée sans déduction de ces soultes ou plus-values.

ENR-II-2300 s. ; MF n°s 70400 s.

Art 748 bis Le droit d'enregistrement ou la taxe de publicité foncière prévus à l'article 746 est applicable au partage d'un groupement foncier agricole pour les biens qui se trouvaient dans l'indivision lors de leur apport et qui sont attribués à des apporteurs, à leurs conjoints survivants ou à leurs ayants droit à titre gratuit, dès lors que les apporteurs étaient parents ou alliés jusqu'au quatrième degré inclus *(Pour l'application de ces dispositions dans les départements d'outre-mer, se reporter à l'article 793,1-4°, alinéa 7).*

ENR-VI-42000 s. ; MF n° 67215

3. Exonérations

Art 749 Sont exonérés du droit d'enregistrement ou de la taxe de publicité foncière prévus à l'article 746 les rachats de parts de fonds communs de placement et parts de fonds de placement immobilier ainsi que la répartition des actifs de ces fonds entre les porteurs.

Lorsque le porteur des parts d'un fonds de placement immobilier se trouve dans l'un des cas mentionnés aux a et b de l'article 730 quinquies, un droit d'enregistrement au taux fixé au 2° du I de l'article 726 est applicable. Toutefois, ce droit d'enregistrement ne s'applique pas lorsque le porteur qui demande le rachat de ses parts est lui-même un organisme de placement collectif immobilier.

ENR-VI-45340, 45530 ; MF n° 67225

Art 749 A Sont exonérés du droit d'enregistrement ou de la taxe de publicité foncière prévus à l'article 746 les partages d'immeubles bâtis, de groupe d'immeubles bâtis ou d'ensembles immobiliers soumis à la loi n° 65-557 modifiée du 10 juillet 1965 fixant le statut de la copropriété des immeubles bâtis, et la redistribution des parties communes qui leur est consécutive.

ENR-II-4900 s. ; MF n° 70430

Art 749 B Sont exonérées du droit d'enregistrement ou de la taxe de publicité foncière prévus à l'article 746 les opérations mentionnées au premier alinéa de l'article 151 octies C.

ENR-VI-15710 ; MF n° 38665

B. Licitations et cessions de droits successifs

Art 750 **I.** Les parts et portions indivises de biens immeubles acquises par licitation sont assujetties à l'impôt aux taux prévus pour les ventes des mêmes biens.

II. Toutefois, les licitations de biens mobiliers ou immobiliers dépendant d'une succession ou d'une communauté conjugale *(NDLR Voir également art. 750 bis A, 750 bis B et 750 bis C)* ainsi que les cessions de droits successifs mobiliers ou immobiliers sont assujetties à un droit d'enregistrement ou à une taxe de publicité foncière de 2,50 % lorsqu'elles interviennent au profit de membres originaires de l'indivision, de leur conjoint, de leurs ascendants ou descendants ou des ayants droit à titre universel de l'un ou de plusieurs d'entre eux. Il en est de même des licitations portant sur des biens indivis issus d'une donation-partage et des licitations portant sur des biens indivis acquis par des partenaires ayant conclu un pacte civil de solidarité ou par des époux, avant ou pendant le pacte ou le mariage.

En ce qui concerne les licitations et cessions mettant fin à l'indivision, l'imposition est liquidée sur la valeur des biens, sans soustraction de la part de l'acquéreur.

ENR-II-5500 s., 7600 s. ; MF n°s 70455 s.

Art 750 bis La licitation des biens d'un groupement foncier agricole, qui se trouvaient dans l'indivision lors de leur apport, est assujettie au droit d'enregistrement ou à la taxe de publicité foncière prévus à l'article 746 lorsque les biens sont attribués à des apporteurs, à leurs conjoints survivants ou à leurs ayants droit à titre gratuit, dès lors que ces apporteurs étaient parents ou alliés jusqu'au quatrième degré inclus.

ENR-VI-42000 s. ; MF nº 67215

C. Corse. Régime temporaire

Art 750 bis A Les actes de partage de succession et les licitations de biens héréditaires répondant aux conditions prévues au II de l'article 750, établis entre le 1er janvier 1986 et le 31 décembre 2014, sont exonérés du droit de 2,50 % à hauteur de la valeur des immeubles situés en Corse. Ces exonérations s'appliquent à condition que l'acte soit authentique et précise qu'il est établi dans le cadre du IV de l'article 11 de la loi nº 85-1403 du 30 décembre 1985.

ENR-II-4800 s.

Art 750 bis B Entre le 1er janvier 2017 et le 31 décembre 2027, les actes de partage de succession et les licitations de biens héréditaires répondant aux conditions prévues au II de l'article 750 sont exonérés du droit de 2,5 % à hauteur de la valeur des immeubles situés en Corse.

ENR-II-4800 s. ; MF nº 92440

D. Collectivités régies par l'article 73 de la Constitution et collectivités de Saint-Barthélemy, de Saint-Martin et de Saint-Pierre-et-Miquelon. Régime temporaire

Art 750 bis C Les actes de partage de succession et les licitations de biens héréditaires répondant aux conditions prévues au II de l'article 750, établis entre le 1er janvier 2018 et le 31 décembre 2028, sont exonérés du droit de 2,50 % à hauteur de la valeur des immeubles situés dans les collectivités régies par l'article 73 de la Constitution, dans les collectivités de Saint-Barthélemy, de Saint-Martin et de Saint-Pierre-et-Miquelon.

ENR-II-4840 s. ; MF nº 91630

VI. Mutations à titre gratuit

A. Champ d'application des droits de mutation à titre gratuit

01. Territorialité

Art 750 ter Sont soumis aux droits de mutation à titre gratuit :

1º Les biens meubles et immeubles situés en France ou hors de France, et notamment les fonds publics, parts d'intérêts, biens ou droits composant un trust défini à l'article 792-0 bis et produits qui y sont capitalisés, créances et généralement toutes les valeurs mobilières françaises ou étrangères de quelque nature qu'elles soient, lorsque le donateur ou le défunt a son domicile fiscal en France au sens de l'article 4 B *(Voir art. 784 A)* ;

2º Les biens meubles et immeubles, que ces derniers soient possédés directement ou indirectement, situés en France, et notamment les fonds publics français, parts d'intérêts, biens ou droits composant un trust défini à l'article 792-0 bis et produits qui y sont capitalisés, créances et valeurs mobilières françaises, lorsque le donateur ou le défunt n'a pas son domicile fiscal en France au sens de l'article précité.

Pour l'application du premier alinéa, tout immeuble ou droit immobilier est réputé possédé indirectement lorsqu'il appartient à des personnes morales ou des organismes dont le donateur ou le défunt, seul ou conjointement avec son conjoint, leurs ascendants ou descendants ou leurs frères et sœurs, détient plus de la moitié des actions, parts ou droits, directement ou par l'intermédiaire d'une chaîne de participations, au sens de l'article 990 D, quel que soit le nombre de personnes morales ou d'organismes interposés. La valeur des immeubles ou droits immobiliers possédés indirectement est déterminée par la proportion de la valeur de ces biens ou des actions, parts ou droits représentatifs de tels biens dans l'actif total des organismes ou personnes morales dont le donateur ou le défunt détient directement les actions, parts ou droits.

Sont considérées comme françaises les créances sur un débiteur qui est établi en France ou qui y a son domicile fiscal au sens du même article ainsi que les valeurs mobilières émises par l'Etat français, une personne morale de droit public française ou une société qui a en France son siège social statutaire ou le siège de sa direction effective, et ce quelle que soit la composition de son actif.

Sont également considérées comme françaises les actions et parts de sociétés ou personnes morales non cotées en bourse dont le siège est situé hors de France et dont l'actif est principalement constitué d'immeubles ou de droits immobiliers situés sur le territoire français, et ce à proportion de la valeur de ces biens par rapport à l'actif total de la société.

Pour l'application des deuxième et quatrième alinéas, les immeubles situés sur le territoire français, affectés par une personne morale, un organisme ou une société à sa propre exploitation industrielle, commerciale, agricole ou à l'exercice d'une profession non commerciale ne sont pas pris en considération ;

3° Les biens meubles et immeubles situés en France ou hors de France, et notamment les fonds publics, parts d'intérêts, biens ou droits composant un trust défini à l'article 792-0 bis et produits qui y sont capitalisés, créances et généralement toutes les valeurs mobilières françaises ou étrangères de quelque nature qu'elles soient, reçus par l'héritier, le donataire, le légataire ou le bénéficiaire d'un trust défini au même article 792-0 bis qui a son domicile fiscal en France au sens de l'article 4 B. Toutefois, cette disposition ne s'applique que lorsque l'héritier, le donataire ou le bénéficiaire d'un trust a eu son domicile fiscal en France pendant au moins six années au cours des dix dernières années précédant celle au cours de laquelle il reçoit les biens.

ENR-X-4500 s. ; MF n° 68010

1. Présomptions de propriété

Art 751 Est réputé, au point de vue fiscal, faire partie, jusqu'à preuve contraire, de la succession de l'usufruitier, toute valeur mobilière, tout bien meuble ou immeuble appartenant, pour l'usufruit, au défunt et, pour la nue-propriété, à l'un de ses présomptifs héritiers ou descendants d'eux, même exclu par testament ou à ses donataires ou légataires institués, même par testament postérieur, ou à des personnes interposées, à moins qu'il y ait eu donation régulière et que cette donation, si elle n'est pas constatée dans un contrat de mariage, ait été consentie plus de trois mois avant le décès ou qu'il y ait eu démembrement de propriété effectué à titre gratuit, réalisé plus de trois mois avant le décès, constaté par acte authentique et pour lequel la valeur de la nue-propriété a été déterminée selon le barème prévu à l'article 669.

La preuve contraire peut notamment résulter d'une donation des deniers constatée par un acte ayant date certaine, quel qu'en soit l'auteur, en vue de financer, plus de trois mois avant le décès, l'acquisition de tout ou partie de la nue-propriété d'un bien, sous réserve de justifier de l'origine des deniers dans l'acte en constatant l'emploi.

Sont réputées personnes interposées les personnes désignées dans le deuxième alinéa de l'article 911 du code civil.

Toutefois, si la *nue-propriété provient* à l'héritier, au donataire, au légataire ou à la personne interposée d'une vente ou d'une donation à lui consentie par le défunt, les droits de mutation acquittés par le nu-propriétaire et dont il est justifié sont imputés sur l'impôt de transmission par décès exigible à raison de l'incorporation des biens dans la succession.

ENR-X-5930 s. ; ENR-XII-5920 ; MF n° 68030

Art 752 Sont présumées, jusqu'à preuve contraire, faire partie de la succession, pour la liquidation et le paiement des droits de mutation par décès, les actions, obligations, parts de fondateur ou bénéficiaires, biens ou droits placés dans un trust défini à l'article 792-0 bis, parts sociales et toutes autres créances dont le défunt a eu la propriété ou a perçu les revenus ou à raison desquelles il a effectué une opération quelconque moins d'un an avant son décès.

La preuve contraire ne peut résulter de la cession à titre onéreux consentie à l'un des héritiers présomptifs ou descendants d'eux, même exclu par testament, ou à des donataires ou légataires institués, même par testament postérieur, ou à des personnes interposées, telles qu'elles sont désignées par le deuxième alinéa de l'article 911 du code civil, à moins que cette cession ait acquis date certaine avant l'ouverture de la succession.

La présomption du premier alinéa n'est pas appliquée aux biens ayant fait l'objet d'une libéralité graduelle ou résiduelle, telle que visée aux articles 1048 à 1061 du code civil.

Les mesures destinées à l'application du présent article sont fixées par décret en Conseil d'Etat *(En ce qui concerne le contrôle, voir LPF, art. L 19 et R* 19-1).*

ENR-X-7100 s. ; ENR-XII-5710 s. ; MF n° 68030

Art 753 Tous les titres, sommes ou valeurs existant chez les dépositaires désignés au I de l'article 806, et faisant l'objet de comptes indivis ou collectifs avec solidarité sont considérés, pour la perception des droits de mutation par décès, comme appartenant conjointement aux déposants et dépendant de la succession de chacun d'eux, pour une part virile, sauf preuve contraire réservée tant à l'administration qu'aux redevables, et résultant pour ces derniers soit des énonciations du contrat de dépôt, soit des titres prévus par le 2° de l'article 773.

ENR-X-7750 s. ; ENR-XII-5760 s. ; MF n° 68030

Art 754 Les sommes, titres ou objets trouvés dans un coffre-fort loué conjointement à plusieurs personnes sont réputés, à défaut de preuve contraire et seulement pour la perception des droits, être la propriété conjointe de ces personnes et dépendre pour une part virile de la succession. Cette disposition est applicable aux plis cachetés et cassettes fermées, remis en dépôt aux banquiers, changeurs, escompteurs et à toute personne recevant habituellement des plis de même nature.

ENR-X-7860 ; ENR-XII-5820 ; MF n° 68030

Art 754 A Les biens recueillis en vertu d'une clause insérée dans un contrat d'acquisition en commun selon laquelle la part du ou des premiers décédés reviendra aux survivants de telle sorte que le dernier vivant sera considéré comme seul propriétaire de la totalité des biens sont, au point de vue fiscal, réputés transmis à titre gratuit à chacun des bénéficiaires de l'accroissement.

Cette disposition ne s'applique pas à l'habitation principale commune à deux acquéreurs lorsque celle-ci a une valeur globale inférieure à 76 000 €, sauf si le bénéficiaire opte pour l'application des droits de mutation par décès.

ENR-X-2350 s. ; MF n° 68250

Art 754 B I. Conformément aux dispositions du IV de l'article L 212-3 du code monétaire et financier, lorsqu'ils ne justifient pas avoir effectué toute diligence pour assurer l'application effective des dispositions de l'article précité, les gérants, le président du conseil d'administration ou du directoire de la société émettrice sont, pour l'application des droits de mutation par décès, présumés, sauf preuve contraire, être les propriétaires des actions qui ne revêtiraient pas la forme nominative ou qui n'auraient pas été vendues dans les conditions prévues au III du même article.

II. Lorsqu'ils ne justifient pas avoir effectué toute diligence pour assurer l'application effective des dispositions des articles L 211-3 et L 211-7 du code monétaire et financier, les gérants, le président du conseil d'administration ou du directoire des sociétés émettrices sont présumés, sauf preuve contraire, être les propriétaires des titres financiers non présentés pour inscription en compte ou qui n'auraient pas été vendus dans les conditions prévues au second alinéa de l'article L 211-13 du code précité.

ENR-X-7680 s. ; ENR-XIII-8250 ; MF n° 71140

Art 755 Les avoirs figurant sur un compte détenu à l'étranger, au sens du deuxième alinéa de l'article 1649 A, ou sur un contrat de capitalisation ou un placement de même nature souscrit à l'étranger, au sens de l'article 1649 AA, et dont l'origine et les modalités d'acquisition n'ont pas été justifiées dans le cadre de la procédure prévue à l'article L 23 C du livre des procédures fiscales sont réputés constituer, jusqu'à preuve contraire, un patrimoine acquis à titre gratuit assujetti, à la date d'expiration des délais prévus au même article L 23 C, aux droits de mutation à titre gratuit au taux le plus élevé mentionné au tableau III de l'article 777.

Ces droits sont calculés sur la valeur la plus élevée connue de l'administration des avoirs figurant sur le compte ou le contrat au cours des dix années précédant l'envoi de la demande d'informations ou de justifications prévue à l'article L 23 C du livre des procédures fiscales, diminuée de la valeur des avoirs dont l'origine et les modalités d'acquisition ont été justifiées.

CF-IX-23060 ; MF n° 78305

2 bis. Renonciation à l'action en réduction

Art 756 bis La renonciation à l'action en réduction prévue à l'article 929 du code civil n'est pas soumise aux droits de mutation à titre gratuit.

ENR-X-50160 ; MF n° 68195

3. Dons manuels

Art 757 Les actes renfermant soit la déclaration par le donataire ou ses représentants, soit la reconnaissance judiciaire d'un don manuel, sont sujets aux droits de mutation à titre gratuit. Ces droits sont calculés sur la valeur du don manuel au jour de sa déclaration ou de son enregistrement, ou sur sa valeur au jour de la donation si celle-ci est supérieure. Le tarif et les abattements applicables sont ceux en vigueur au jour de la déclaration ou de l'enregistrement du don manuel.

La même règle s'applique lorsque le donataire révèle un don manuel à l'administration fiscale.

Ces dispositions ne s'appliquent pas aux dons manuels consentis aux organismes d'intérêt général mentionnés à l'article 200.

ENR-X-56500 s. ; MF n°s 69190 s.

4. Divorce. Versements en capital

Art 757 A Les versements en capital prévus par l'article 373-2-3 du code civil ne sont soumis aux droits de mutation à titre gratuit que pour la fraction qui excède 2 700 € par année restant à courir jusqu'à la majorité du bénéficiaire.

ENR-X-58650 s. ; MF n° 69400

5. Sommes versées en vertu de contrats d'assurances en cas de décès

Art 757 B I. Les sommes, rentes ou valeurs quelconques dues directement ou indirectement par un assureur, à raison du décès de l'assuré, donnent ouverture aux droits de mutation par décès suivant le degré de parenté existant entre le bénéficiaire à titre gratuit et l'assuré à concurrence de la fraction des primes versées après l'âge de soixante-dix ans.

Par exception, les sommes, rentes ou valeurs quelconques dues directement ou indirectement par un assureur, à raison du décès après l'âge de soixante-dix ans du titulaire d'un plan d'épargne retraite mentionné à l'article L 224-1 du code monétaire et financier ou d'un sous-compte français du produit paneuropéen d'épargne-retraite individuelle mentionné à l'article L 225-1 du même code, donnent ouverture aux droits de mutation par décès suivant le degré de parenté existant entre le bénéficiaire à titre gratuit et l'assuré pour leur montant total.

II. L'ensemble des sommes, rentes ou valeurs visées au I dues à raison du ou des contrats conclus sur la tête d'un même assuré fait l'objet d'un abattement global de 30 500 €.

II bis. *(Abrogé).*

III. Les conditions d'application du présent article et notamment les obligations concernant les informations à fournir par les contribuables et les assureurs sont déterminées par décret en Conseil d'Etat *(Voir Annexe II, art. 292 A et 292 B).*

ENR-X-8800 s. ; MF n° 68230

6. Dons consentis en application de l'article 978

Art 757 C Les droits de mutation à titre gratuit ne s'appliquent pas aux dons pris en compte pour la détermination de l'avantage fiscal prévu à l'article 978.

ENR-XIII-30030 s. ; MF n° 72130

B. Assiette des droits de mutation à titre gratuit

1. Dispositions communes aux successions et aux donations

a. Biens mobiliers

Art 758 Pour les transmissions à titre gratuit des biens meubles autres que les valeurs mobilières cotées et les créances à terme, la valeur servant de base à l'impôt est déterminée par la déclaration détaillée et estimative des parties, sans distraction des charges, sauf ce qui est dit aux articles 764, 767 à 770 et 773 à 776 bis.

ENR-X-13720 s., 51700 s. ; ENR-XII-13630 s. ; MF n° 68440 b

Art 759 Pour les valeurs mobilières françaises et étrangères de toute nature admises aux négociations sur un marché réglementé le capital servant de base à la liquidation et au paiement des droits de mutation à titre gratuit est déterminé par le cours moyen au jour de la transmission ou, pour les successions, par la moyenne des trente derniers cours qui précèdent la transmission.

ENR-X-13320 s. ; MF n° 68440 a

Art 760 Pour les créances à terme, le droit est perçu sur le capital exprimé dans l'acte et qui en fait l'objet.

Toutefois, les droits de mutation à titre gratuit sont liquidés d'après la déclaration estimative des parties en ce qui concerne les créances dont le débiteur se trouve en état de faillite, de procédure de sauvegarde, de redressement ou liquidation judiciaires ou de déconfiture au moment de l'acte de donation ou de l'ouverture de la succession.

ENR-X-13600 s. ; ENR-XII-13570 s. ; MF n° 68450

b. Immeubles

Art 761 Pour la liquidation des droits de mutations à titre gratuit, les immeubles, quelle que soit leur nature, sont estimés d'après leur valeur vénale réelle à la date de la transmission, d'après la déclaration détaillée et estimative des parties, sans distraction des charges, sauf, en ce qui concerne celles-ci, ce qui est dit aux articles 767 et suivants.

Pour les immeubles dont le propriétaire a l'usage à la date de la transmission, la valeur vénale réelle mentionnée au premier alinéa est réputée égale à la valeur libre de toute occupation.

Néanmoins, si, dans les deux années qui ont précédé ou suivi, soit l'acte de donation, soit le point de départ des délais pour souscrire la déclaration de succession, les immeubles transmis ont fait l'objet d'une adjudication, soit par autorité de justice, soit volontaire, avec admission des étrangers, les droits exigibles ne peuvent être calculés sur une somme inférieure au prix de l'adjudication, en y ajoutant toutes les charges en capital, à moins qu'il ne soit justifié que la consistance des immeubles a subi, dans l'intervalle, des transformations susceptibles d'en modifier la valeur.

ENR-X-14000 s. ; MF n° 68420

c. Règles communes aux meubles et aux immeubles

Art 762 bis Pour la liquidation des droits de mutation à titre gratuit, la valeur des droits d'habitation et d'usage est de 60 % de la valeur de l'usufruit déterminée conformément au I de l'article 669.

ENR-X-14700 ; MF n° 68470

Art 763 Lorsque la mutation porte seulement sur une nue-propriété ou un usufruit, les actes et déclarations relatifs à des transmissions à titre gratuit doivent faire connaître la date et le lieu de la naissance de l'usufruitier ; et, si la naissance est arrivée hors de France, il est, en outre, justifié de cette date avant l'enregistrement.

A défaut de quoi, il est perçu les droits les plus élevés qui pourraient être dus au Trésor, sauf, comme il est dit à l'article 1965 C, restitution du trop-perçu sur la représentation de l'acte de naissance, dans le cas où la naissance aurait eu lieu hors de France.

ENR-X-14570

d. Droit de retour en faveur des ascendants

Art 763 bis Le droit de retour prévu à l'article 738-2 du code civil ne donne pas lieu à perception de droits de mutation à titre gratuit.

ENR-X-20080 ; MF nº 68195

2. *Dispositions spéciales aux successions*

a. Règles d'évaluation

1º Biens mobiliers

Art 764 **I.** Pour la liquidation des droits de mutation par décès, la valeur de la propriété des biens meubles est déterminée, sauf preuve contraire :

1º Par le prix exprimé dans les actes de vente, lorsque cette vente a lieu publiquement dans les deux années du décès ;

2º A défaut d'actes de vente, par l'estimation contenue dans les inventaires, s'il en est dressé dans les formes prescrites par l'article 789 du code civil, et dans les cinq années du décès, pour les meubles meublants, et par l'estimation contenue dans les inventaires et autres actes, s'il en est passé, dans le même délai, pour les autres biens meubles, sauf les dispositions du II ;

3º A défaut des bases d'évaluation établies aux 1º et 2º, par la déclaration détaillée et estimative des parties ; toutefois, pour les meubles meublants, et sans que l'administration ait à en justifier l'existence, la valeur imposable ne peut être inférieure à 5 % de l'ensemble des autres valeurs mobilières et immobilières de la succession, la preuve contraire étant aussi réservée.

Pour l'application du présent I, les inventaires mentionnés au 2º peuvent être dressés par une personne mentionnée aux I ou II de l'article L 321-4 du code de commerce.

II. En ce qui concerne les bijoux, pierreries, objets d'art ou de collection, la valeur imposable ne peut, sous réserve de ce qui est dit au I, être inférieure à l'évaluation faite dans les contrats ou conventions d'assurances contre le vol ou contre l'incendie en cours au jour du décès et conclus par le défunt, son conjoint ou ses auteurs, moins de dix ans avant l'ouverture de la succession, sauf preuve contraire.

S'il existe plusieurs polices susceptibles d'être retenues, la valeur imposable est égale à la moyenne des évaluations figurant dans ces polices.

III. Les dispositions du présent article ne sont applicables ni aux créances, ni aux rentes, actions, obligations, effets publics et autres biens meubles dont la valeur et le mode d'évaluation sont déterminés par des dispositions spéciales.

ENR-X-12550 s. ; ENR-XII-13730 s. ; MF nº 68430

Art 764 A En cas de décès :

a. Du gérant d'une société à responsabilité limitée ou d'une société en commandite par actions non cotée,

b. De l'un des associés en nom d'une société de personnes,

c. De l'une des personnes qui assument la direction générale d'une société par actions non cotée,

d. De l'exploitant d'un fonds de commerce ou d'une clientèle,

e. Du titulaire d'un office public ou ministériel,

il est tenu compte, pour la liquidation des droits de mutation par décès dus par ses héritiers, légataires ou donataires, de la dépréciation éventuelle résultant dudit décès et affectant la valeur des titres non cotés ou des actifs incorporels ainsi transmis.

ENR-X-15000 ; MF nº 68440 b

2º Biens immobiliers (résidence principale)

Art 764 bis Par dérogation aux dispositions du deuxième alinéa de l'article 761, il est effectué un abattement de 20 % sur la valeur vénale réelle de l'immeuble constituant au jour du décès la résidence principale du défunt lorsque, à la même date, cet immeuble est également occupé à titre de résidence principale par le conjoint survivant, par le partenaire lié au défunt par un pacte civil de solidarité ou par un ou plusieurs enfants mineurs ou majeurs protégés du défunt, de son conjoint ou de son partenaire.

Ces dispositions s'appliquent dans les mêmes conditions lorsque les enfants majeurs du défunt, de son conjoint ou de son partenaire sont incapables de travailler dans des conditions normales de rentabilité, en raison d'une infirmité physique ou mentale, congénitale ou acquise au sens du II de l'article 779.

ENR-X-14020 s. ; MF nº 68420

3º Biens sinistrés ou frappés d'indisponibilité hors de France

Art 766 Les modalités d'assiette des droits de mutation par décès afférents aux titres, sommes, valeurs ou avoirs quelconques frappés d'indisponibilité hors de France par suite de mesures prises par un gouvernement étranger, sont fixées par décret *(Voir Annexe III, art. 280)*.

Les dispositions du présent article sont applicables aux successions ouvertes et non déclarées avant la publication de la loi nº 63-254 du 15 mars 1963.

ENR-X-14850 s.

4º Biens compris dans un patrimoine fiduciaire

Art 766 bis Pour la liquidation des droits de mutation par décès, les biens ou droits transférés dans un patrimoine fiduciaire ou ceux éventuellement acquis en remploi, ainsi que les fruits tirés de l'exploitation de ces biens ou droits, qui font de plein droit retour à la succession du constituant, sont compris dans son patrimoine pour leur valeur vénale nette à la date du décès.

ENR-IX-16900 ; MF nº 90965

b. Passif déductible

1º Legs particuliers

Art 767 Lorsque les héritiers ou légataires universels sont grevés de legs particuliers de sommes d'argent non existantes dans la succession et qu'ils ont acquitté le droit sur l'intégralité des biens de cette même succession, le même droit n'est pas dû pour ces legs ; conséquemment, les droits déjà payés par les légataires particuliers doivent s'imputer sur ceux dus par les héritiers ou légataires universels.

ENR-X-18020

2º Dettes du défunt

Art 768 Pour la liquidation des droits de mutation par décès, les dettes à la charge du défunt sont déduites lorsque leur existence au jour de l'ouverture de la succession est dûment justifiée par tous modes de preuve compatibles avec la procédure écrite.

ENR-X-15420 s. ; ENR-XII-14000 s. ; MF nºs 68495 s.

Art 769 Les dettes à la charge du défunt, qui ont été contractées pour l'achat de biens compris dans la succession et exonérés des droits de mutation par décès ou dans l'intérêt de tels biens, sont imputées par priorité sur la valeur desdits biens.

Il en est de même des dettes garanties par des biens exonérés des droits de mutation par décès, lorsqu'il est établi que le ou les emprunts ont été contractés par le de cujus ou son conjoint en vue de soustraire tout ou partie de son patrimoine à l'application de ces droits.

ENR-X-17720 s. ; ENR-XII-14000 s. ; MF nº 68525

Art 770 Les dettes dont la déduction est demandée sont détaillées, article par article, dans un inventaire certifié par le déposant et annexé à la déclaration de la succession *(Voir LPF, art. L 20 et L 21)*.

A l'appui de leur demande, les héritiers ou leurs représentants doivent indiquer, soit la date de l'acte, le nom et la résidence de l'officier public qui l'a reçu, soit la date de la décision judiciaire et la juridiction dont elle émane.

Ils doivent représenter les autres titres, actes ou écrits que le créancier ne peut, sous peine de dommages-intérêts, se refuser à communiquer sous récépissé.

ENR-X-16030 s. ; MF nº 68505

Art 773 Toutefois ne sont pas déductibles :

1º Les dettes échues depuis plus de trois mois avant l'ouverture de la succession, à moins qu'il ne soit produit une attestation du créancier en certifiant l'existence à cette époque, dans la forme et suivant les règles déterminées à l'article L 20 du livre des procédures fiscales ;

2º Les dettes consenties par le défunt au profit de ses héritiers ou de personnes interposées. Sont réputées personnes interposées les personnes désignées dans le dernier alinéa de l'article 911 du code civil.

Néanmoins, lorsque la dette a été consentie par un acte authentique ou par un acte sous seing privé ayant date certaine avant l'ouverture de la succession autrement que par le décès d'une des parties contractantes, les héritiers, donataires et légataires, et les personnes réputées interposées ont le droit de prouver la sincérité de cette dette et son existence au jour de l'ouverture de la succession ;

3º Les dettes reconnues par testament ;

4º Les dettes hypothécaires garanties par une inscription périmée depuis plus de trois mois, à moins qu'il ne s'agisse d'une dette non échue et que l'existence n'en soit attestée par le créancier dans les formes prévues à l'article L 20 du livre des procédures fiscales ; si l'inscription n'est pas périmée, mais si le chiffre en a été réduit, l'excédent est seul déduit, s'il y a lieu ;

5º Les dettes en capital et intérêts pour lesquelles le délai de prescription est accompli, à moins qu'il ne soit justifié que la prescription a été interrompue.

ENR-X-17100 s., 17500 s. ; ENR-XII-14850 s. ; MF nº 68515

Art 774 Par dérogation aux dispositions du 2º de l'article 773, l'existence et la sincérité des dettes résultant de l'application des articles L 321-13 et suivants du code rural et de la pêche maritime, sont suffisamment prouvées à l'égard de l'administration par tous actes et écrits, même postérieurs au décès d'un exploitant agricole, susceptibles de faire preuve en justice entre les cohéritiers ou représentants de l'exploitant. L'héritier créancier de la succession est toutefois tenu de fournir, dans les formes et suivant les règles déterminées par l'article L 20 du livre des procédures fiscales, une attestation, datée et signée par lui, mentionnant le montant de sa créance sur la succession de l'exploitant.

ENR-X-17450

Art 774 bis I. Ne sont pas déductibles de l'actif successoral les dettes de restitution exigibles qui portent sur une somme d'argent dont le défunt s'était réservé l'usufruit.

Le présent I ne s'applique ni aux dettes de restitution contractées sur le prix de cession d'un bien dont le défunt s'était réservé l'usufruit, sous réserve qu'il soit justifié que ces dettes n'ont pas été contractées dans un objectif principalement fiscal, ni aux usufruits qui résultent de l'application des articles 757 ou 1094-1 du code civil.

II. Par dérogation à l'article 1133 du présent code, la valeur correspondant à la dette de restitution non-déductible de l'actif successoral mentionnée au I du présent article donne lieu à la perception de droits de mutation par décès dus par le nu-propriétaire et calculés d'après le degré de parenté existant entre ce dernier et l'usufruitier, au moment de la succession ou de la constitution de l'usufruit, si les droits dus sont inférieurs.

Pour la liquidation des droits dus lors de la succession, en application du présent II, l'article 784 ne s'applique ni sur la valeur des sommes d'argent dont le défunt s'était réservé l'usufruit ni sur celle des biens dont le défunt s'était réservé l'usufruit du prix de cession.

Les droits acquittés lors de la constitution de l'usufruit sont imputés sur les droits dus par le nu-propriétaire, sans pouvoir donner lieu à restitution.

Ndlr *Les dispositions du présent article s'appliquent aux successions ouvertes à compter de la promulgation de la loi 2023-1322 du 29 décembre 2023 de finances pour 2024 (JO du 30).*

FR 2/24 inf. 85 p. 147 ; MF n° 68518

3° Frais funéraires

Art 775 Les frais funéraires sont déduits de l'actif de la succession pour un montant de 1 500 €, et pour la totalité de l'actif si celui-ci est inférieur à ce montant.

ENR-X-15670 ; MF n° 68500

4° Rentes et indemnités versées en réparation de dommages corporels

Art 775 bis Sont déductibles, pour leur valeur nominale, de l'actif de succession les rentes et indemnités versées ou dues au défunt en réparation de dommages corporels liés à un accident ou à une maladie.

ENR-X-49240 s. ; MF n° 68190

6° Loyers et indemnités d'occupation

Art 775 quater Le montant des loyers ou indemnités d'occupation effectivement remboursé par la succession au conjoint survivant ou au partenaire lié au défunt par un pacte civil de solidarité en application des articles 515-6 et 763 du code civil est déduit de l'actif de succession.

ENR-X-19795 ; MF n° 68500

7° Rémunération du mandataire à titre posthume

Art 775 quinquies La rémunération du mandataire à titre posthume, déterminée de manière définitive dans les six mois suivant le décès, est déductible de l'actif de la succession dans la limite de 0,5 % de l'actif successoral géré.

Cette déduction ne peut excéder 10 000 €.

ENR-X-15720 s. ; MF n° 68500

8° Frais de reconstitution de titres de propriété des biens immeubles et des droits immobiliers

Art 775 sexies Les frais de reconstitution des titres de propriété d'immeubles ou de droits immobiliers pour lesquels le droit de propriété du défunt n'a pas été constaté avant son décès par un acte régulièrement transcrit ou publié, mis à la charge des héritiers par le notaire, sont admis, sur justificatifs, en déduction de l'actif successoral dans la limite de la valeur déclarée de ces biens, à la condition que les attestations notariées mentionnées au 3° de l'article 28 du décret n° 55-22 du 4 janvier 1955 portant réforme de la publicité foncière, relatives à ces biens, soient publiées dans un délai de vingt-quatre mois à compter du décès.

ENR-X-15750 ; MF n° 68500

3. Dispositions spéciales aux donations

Art 776 I. Les dispositions du I de l'article 764 sont applicables à la liquidation des droits de mutation entre vifs, à titre gratuit, toutes les fois que les meubles transmis sont vendus publiquement dans les deux ans de l'acte de donation.

II. En ce qui concerne les bijoux, pierreries, objets d'art ou de collection, la valeur imposable ne peut, sous réserve de ce qui est dit au I, être inférieure à 60 % de l'évaluation faite dans les contrats ou conventions d'assurances contre le vol ou contre l'incendie en cours à la date de la donation et conclus par le donateur, son conjoint ou ses auteurs depuis moins de dix ans.

S'il existe plusieurs polices susceptibles d'être retenues pour l'application du forfait, celui-ci est calculé sur la moyenne des évaluations figurant dans ces polices.

ENR-X-51700 s. ; MF nº 69225

Art 776 A Conformément à l'article 1078-3 du code civil, les conventions prévues par les articles 1078-1 et 1078-2 du même code ne sont pas soumises aux droits de mutation à titre gratuit.

Le premier alinéa s'applique au bien réincorporé dans une donation-partage faite à des descendants de degrés différents conformément à une convention conclue en application de l'article 1078-7 du même code, y compris lorsque ce bien est réattribué à un descendant du premier donataire lors de la donation-partage. Cette opération est soumise au droit de partage.

Par exception au deuxième alinéa, lorsque le bien réincorporé a été transmis par l'ascendant donateur à son enfant par une donation intervenue moins de quinze ans avant la donation-partage *(Délai applicable aux donations-partages consenties à compter du 17 août 2012)* et qu'il est réattribué à un descendant du donataire initial, les droits de mutation à titre gratuit sont dus en fonction du lien de parenté entre l'ascendant donateur et son petit-enfant alloti. Dans ce cas, les droits acquittés lors de la première donation à raison du bien réincorporé sont imputés sur les droits dus à raison du même bien lors de la donation-partage.

ENR-X-55950 s. ; MF nº 69150 précision b

Art 776 bis I. Les dettes qui ont été contractées par le donateur pour l'acquisition ou dans l'intérêt des biens objets de la donation, qui sont mises à la charge du donataire dans l'acte de donation, et dont la prise en charge par le donataire est notifiée au créancier, sont déduites pour la liquidation des droits de mutation à titre gratuit, lorsque la donation porte sur :

a. La totalité ou une quote-part indivise des biens meubles et immeubles corporels et incorporels affectés à l'exploitation d'une entreprise individuelle ayant une activité industrielle, commerciale, artisanale, agricole ou libérale, sous réserve que la dette n'ait pas été contractée par le donateur auprès soit du donataire ou du conjoint de ce dernier, soit de son conjoint ou de ses ascendants, soit de ses frères, sœurs ou descendants, soit de ses ascendants ou de leurs frères et sœurs ;

b. Des biens autres que ceux mentionnés au a, sous réserve que la dette soit contractée auprès d'une personne mentionnée au Titre I du Livre V du code monétaire et financier.

II. Le bénéfice de la déduction mentionnée au I est subordonné à la condition que le donataire démontre qu'il a supporté le paiement effectif des dettes mises à sa charge, sans que cette démonstration puisse être requise par l'administration au-delà de la troisième année suivant celle de leur échéance telle qu'elle est mentionnée dans l'acte de donation.

ENR-X-51900 s. ; MF nº 69235

Art 776 ter Les donations de moins de quinze ans consenties aux petits-enfants en application de l'article 1078-4 du code civil ne sont pas rapportables dans la succession de leur père ou mère.

ENR-X-55750 s. ; MF nº 69260 précision b

Art 776 quater Les frais de reconstitution des titres de propriété d'immeubles ou de droits immobiliers engagés dans les vingt-quatre mois précédant une donation entre vifs pour permettre de constater le droit de propriété du donateur et mis à la charge de ce dernier par le notaire sont admis, sur justificatifs, en déduction de la valeur déclarée des biens transmis, dans la limite de cette valeur, à la condition que les attestations notariées, mentionnées au 3º de l'article 28 du décret nº 55-22 du 4 janvier 1955 portant réforme de la publicité foncière, relatives à ces biens aient été publiées dans les six mois précédant l'acte de donation.

ENR-X-52200 s. ; MF nº 69240

C. Tarif et liquidation

1. Tarif

Art 777 Les droits de mutation à titre gratuit sont fixés aux taux indiqués dans les tableaux ci-après, pour la part nette revenant à chaque ayant droit :

TABLEAU I

Tarif des droits applicables en ligne directe.

FRACTION DE PART NETTE TAXABLE	TARIF applicable
	%
N'excédant pas 8 072 €	5
Comprise entre 8 072 € et 12 109 €	10

FRACTION DE PART NETTE TAXABLE	TARIF applicable
Comprise entre 12 109 € et 15 932 €	15
Comprise entre 15 932 € et 552 324 €	20
Comprise entre 552 324 € et 902 838 €	30
Comprise entre 902 838 € et 1 805 677 €	40
Au-delà de 1 805 677 €	45

TABLEAU II

Tarif des droits applicables entre époux et entre partenaires liés par un pacte civil de solidarité.

FRACTION DE PART NETTE TAXABLE	TARIF applicable
	%
N'excédant pas 8 072 €	5
Comprise entre 8 072 € et 15 932 €	10
Comprise entre 15 932 € et 31 865 €	15
Comprise entre 31 865 € et 552 324 €	20
Comprise entre 552 324 € et 902 838 €	30
Comprise entre 902 838 € et 1 805 677 €	40
Au-delà de 1 805 677 €	45

TABLEAU III

Tarif des droits applicables en ligne collatérale et entre non-parents.

FRACTION DE PART NETTE TAXABLE	TARIF applicable
	%
Entre frères et sœurs vivants ou représentés :	
N'excédant pas 24 430 €	35
Supérieure à 24 430 €	45
Entre parents jusqu'au 4e degré inclusivement	55
Entre parents au-delà du 4e degré et entre personnes non parentes	60

Sous réserve des exceptions prévues au I de l'article 794 et aux articles 795 et 795-0 A, les dons et legs faits aux établissements publics ou d'utilité publique sont soumis aux tarifs fixés pour les successions entre frères et sœurs.

ENR-X-23300 s., 53350 s. ; MF nos 68600 s., 69305

Art 778 Bénéficient du tarif de la ligne directe les libéralités faites au profit d'enfants abandonnés par suite d'événements de guerre, lorsqu'ils ont reçu dans leur minorité des secours et des soins non interrompus pendant cinq ans au moins de la part du disposant et que celui-ci n'a pu légalement les adopter.

ENR-X-23350

Art 778 bis La donation-partage consentie en application de l'article 1076-1 du code civil est soumise au tarif en ligne directe sur l'intégralité de la valeur du bien donné.

ENR-X-55800 s. ; MF no 69260

2. Liquidation

a. Dispositions communes aux successions et aux donations

Art 779 **I.** Pour la perception des droits de mutation à titre gratuit, il est effectué un abattement de 100 000 € sur la part de chacun des ascendants et sur la part de chacun des enfants vivants ou représentés par suite de prédécès ou de renonciation.

Entre les représentants des enfants prédécédés ou renonçants, cet abattement se divise d'après les règles de la dévolution légale.

En cas de donation, les enfants décédés du donateur sont, pour l'application de l'abattement, représentés par leurs descendants donataires dans les conditions prévues par le code civil en matière de représentation successorale.

ENR-X-22130 s. ; MF no 68565

II. Pour la perception des droits de mutation à titre gratuit, il est effectué un abattement de 159 325 € sur la part de tout héritier, légataire ou donataire, incapable de travailler dans des conditions normales de rentabilité, en raison d'une infirmité physique ou mentale, congénitale ou acquise.

Un décret en Conseil d'Etat détermine les modalités d'application du premier alinéa *(Voir Annexe II, art. 293 et 294)*.

ENR-X-22550 s. ; MF no 68580

III. *(Abrogé)*.

IV. Pour la perception des droits de mutation à titre gratuit, il est effectué en cas de donation ou, lorsque les dispositions de l'article 796-0 ter ne sont pas applicables, en cas de succession, un abattement de 15 932 € sur la part de chacun des frères ou sœurs vivants ou représentés par suite de prédécès ou de renonciation.

Entre les représentants des frères et sœurs prédécédés ou renonçants, cet abattement se divise d'après les règles de dévolution légale.

ENR-X-22300 s. ; MF nº 68570

V. Pour la perception des droits de mutation à titre gratuit, il est effectué un abattement de 7 967 € sur la part de chacun des neveux et nièces.

ENR-X-22480 s. ; MF nº 68575

VI. *(Abrogé).*

Art 782 Les droits de mutation à titre gratuit dus par les mutilés de guerre frappés d'une invalidité de 50 % au minimum sont réduits de moitié sans que la réduction puisse excéder 305 €.

ENR-X-23610 s. ; MF nº 68630

Art 783 Sous réserve de traités de réciprocité, les réductions d'impôts ou de taxes, les dégrèvements à la base, les déductions accordées par les lois en vigueur pour des raisons de charges de famille ne sont applicables qu'aux citoyens français et aux personnes originaires de Saint-Pierre-et-Miquelon, de Mayotte, de Nouvelle-Calédonie, de Polynésie française, des îles Wallis-et-Futuna et des Terres australes et antarctiques françaises.

ENR-X-23790

Art 784 Les parties sont tenues de faire connaître, dans tout acte constatant une transmission entre vifs à titre gratuit et dans toute déclaration de succession, s'il existe ou non des donations antérieures consenties à un titre et sous une forme quelconque par le donateur ou le défunt aux donataires, héritiers ou légataires et, dans l'affirmative, le montant de ces donations ainsi que, le cas échéant, les noms, qualités et résidences des officiers ministériels qui ont reçu les actes de donation, et la date de l'enregistrement de ces actes.

La perception est effectuée en ajoutant à la valeur des biens compris dans la donation ou la déclaration de succession celle des biens qui ont fait l'objet de donations antérieures, à l'exception de celles passées depuis plus de quinze ans, et, lorsqu'il y a lieu à application d'un tarif progressif, en considérant ceux de ces biens dont la transmission n'a pas encore été assujettie au droit de mutation à titre gratuit comme inclus dans les tranches les plus élevées de l'actif imposable.

Pour le calcul des abattements et réductions édictés par les articles 779, 790 B, 790 D, 790 E et 790 F, il est tenu compte des abattements et des réductions effectués sur les donations antérieures visées au deuxième alinéa consenties par la même personne.

ENR-X-24100 s., 52510 ; MF nºs 68640, 68880

Art 784 A Dans les cas définis aux 1º et 3º de l'article 750 ter, le montant des droits de mutation à titre gratuit acquitté, le cas échéant, hors de France est imputable sur l'impôt exigible en France. Cette imputation est limitée à l'impôt acquitté sur les biens meubles et immeubles situés hors de France.

ENR-X-4250 s. ; MF nº 68010

Art 784 B En cas de donation-partage faite à des descendants de degrés différents, les droits sont liquidés en fonction du lien de parenté entre l'ascendant donateur et les descendants allotis.

ENR-X-55710 s. ; MF nº 69260

Art 784 C Dans le cas de libéralités graduelles ou résiduelles telles que visées aux articles 1048 à 1061 du code civil, lors de la transmission, le légataire ou le donataire institué en premier est redevable des droits de mutation à titre gratuit sur l'actif transmis dans les conditions de droit commun. Le légataire ou donataire institué en second n'est redevable d'aucun droit.

Au décès du premier légataire ou donataire, l'actif transmis est taxé d'après le degré de parenté existant entre le testateur ou le donateur et le second légataire ou donataire. Le régime fiscal applicable et la valeur imposable des biens transmis au second légataire ou donataire sont déterminés en se plaçant à la date du décès du premier gratifié.

Les droits acquittés par le premier légataire ou donataire sont imputés sur les droits dus sur les mêmes biens par le second légataire ou donataire.

ENR-X-2110 s. ; MF nº 69415

Art 786 Pour la perception des droits de mutation à titre gratuit, il n'est pas tenu compte du lien de parenté résultant de l'adoption simple.

Cette disposition n'est pas applicable aux transmissions entrant dans les prévisions du premier alinéa de l'article 368-1 du code civil, ainsi qu'à celles faites en faveur :

1º D'enfants issus d'un premier mariage du conjoint de l'adoptant ;

2º De pupilles de l'Etat, de la Nation ou de la République ainsi que d'orphelins d'un parent mort pour la France ;

3° D'adoptés mineurs au moment du décès de l'adoptant ou d'adoptés mineurs au moment de la donation consentie par l'adoptant qui, pendant cinq ans au moins, ont reçu de celui-ci des secours et des soins non interrompus au titre d'une prise en charge continue et principale ;

3° bis D'adoptés majeurs qui, soit dans leur minorité et pendant cinq ans au moins, soit dans leur minorité et leur majorité et pendant dix ans au moins, auront reçu de l'adoptant des secours et des soins non interrompus au titre d'une prise en charge continue et principale ;

4° D'adoptés dont le ou les adoptants ont perdu, morts pour la France, tous leurs descendants en ligne directe ;

5° D'adoptés dont les liens de parenté avec la famille naturelle ont été déclarés rompus par le tribunal saisi de la requête en adoption, sous le régime antérieur à l'entrée en vigueur de la loi n° 66-500 du 11 juillet 1966 ;

6° Des successibles en ligne directe descendante des personnes visées aux 1° à 5° ;

7° D'adoptés, anciens déportés politiques ou enfants de déportés n'ayant pas de famille naturelle en ligne directe.

ENR-X-25450 s. ; MF n° 68565 précision a

Art 787 A Les dons et legs consentis aux pupilles de l'Etat, de la Nation ou de la République et aux enfants visés au 3° de l'article L 222-5 du code de l'action sociale et des familles bénéficient du régime fiscal des mutations à titre gratuit en ligne directe lorsque le donateur ou le défunt a pourvu à leur entretien pendant cinq ans au moins au cours de leur minorité.

ENR-X-25800 s. ; MF n° 68565 précision a

Art 787 B Sont exonérées de droit de mutation à titre gratuit, à concurrence de 75 % de leur valeur, les parts ou les actions d'une société dont l'activité principale est industrielle, commerciale, au sens des articles 34 et 35, artisanale, agricole ou libérale transmises par décès, entre vifs ou, en pleine propriété, à un fonds de pérennité mentionné à l'article 177 de la loi n° 2019-486 du 22 mai 2019 relative à la croissance et la transformation des entreprises :

Pour l'application du premier alinéa du présent article, n'est pas considérée comme une activité industrielle, commerciale, artisanale, agricole ou libérale l'exercice par une société d'une activité de gestion de son propre patrimoine mobilier ou immobilier. Est néanmoins considérée comme exerçant une activité commerciale la société qui, outre la gestion d'un portefeuille de participations, a pour activité principale la participation active à la conduite de la politique de son groupe constitué de sociétés contrôlées directement ou indirectement, exerçant une activité industrielle, commerciale, artisanale, agricole ou libérale, et auxquelles elle rend, le cas échéant et à titre purement interne, des services spécifiques, administratifs, juridiques, comptables, financiers et immobiliers.

L'exonération s'applique si les conditions suivantes sont réunies :

a. Les parts ou les actions mentionnées au premier alinéa du présent article doivent faire l'objet d'un engagement collectif de conservation d'une durée minimale de deux ans en cours au jour de la transmission, qui a été pris par le défunt ou le donateur, pour lui et ses ayants cause à titre gratuit, avec d'autres associés. Le présent engagement peut être pris par une personne seule, pour elle et ses ayants cause à titre gratuit, sous les mêmes conditions.

Ndlr *Les dispositions des cinq alinéas précédents telles que modifiées par la loi 2023-1322 du 29 décembre 2023 art. 23, I-A s'appliquent aux transmissions intervenues à compter du 17 octobre 2023 (Loi précitée art. 23, II).*

Lorsque les parts ou actions transmises par décès n'ont pas fait l'objet d'un engagement collectif de conservation, un ou des héritiers ou légataires peuvent entre eux ou avec d'autres associés conclure dans les six mois qui suivent la transmission l'engagement prévu au premier alinéa ;

b. 1. L'engagement collectif de conservation doit porter sur au moins 10 % des droits financiers et 20 % des droits de vote attachés aux titres émis par la société s'ils sont admis à la négociation sur un marché réglementé ou, à défaut, sur au moins 17 % des droits financiers et 34 % des droits de vote, y compris les parts ou actions transmises *(NDLR Les seuils de 10 % et 17 % sont applicables aux engagements collectifs souscrits depuis le 1er janvier 2019).*

Ces pourcentages doivent être respectés tout au long de la durée de l'engagement collectif de conservation. Les associés de l'engagement collectif de conservation peuvent effectuer entre eux des cessions ou donations des titres soumis à l'engagement. Ils peuvent également admettre un nouvel associé dans l'engagement collectif à condition que cet engagement collectif soit reconduit pour une durée minimale de deux ans.

L'engagement collectif de conservation est opposable à l'administration à compter de la date de l'enregistrement de l'acte qui le constate. Dans le cas de titres admis à la négociation sur un marché réglementé, l'engagement collectif de conservation est soumis aux dispositions de l'article L 233-11 du code de commerce.

2. L'engagement collectif de conservation est réputé acquis lorsque les parts ou actions détenues depuis deux ans au moins, directement ou indirectement dans les conditions prévues au 3 du présent b, par une personne physique seule ou avec son conjoint, le partenaire avec lequel elle est liée par un pacte civil de solidarité ou son concubin notoire atteignent les seuils prévus au premier alinéa du 1, sous réserve que cette personne ou son conjoint, le partenaire lié à elle par un pacte civil de solidarité ou son concubin notoire exerce depuis deux ans au moins dans la société concernée son activité professionnelle principale ou l'une des fonctions énumérées au 1° du 1 du III de l'article 975 lorsque la société est soumise à l'impôt sur les sociétés. En cas de détention indirecte, l'exonération partielle est accordée dans les proportions et sous les conditions prévues au 3 du présent b.

3. Pour le calcul des pourcentages prévus au premier alinéa du 1, il est tenu compte des titres détenus par une société possédant directement une participation dans la société dont les parts ou actions font l'objet de l'engagement collectif de conservation visé au a et auquel elle a souscrit.

La valeur des titres de cette société qui sont transmis bénéficie de l'exonération partielle à proportion de la valeur réelle de son actif brut qui correspond à la participation ayant fait l'objet de l'engagement collectif de conservation.

L'exonération s'applique également lorsque la société détenue directement par le redevable possède une participation dans une société qui détient les titres de la société dont les parts ou actions font l'objet de l'engagement de conservation.

Dans cette hypothèse, l'exonération partielle est appliquée à la valeur des titres de la société détenus directement par le redevable, dans la limite de la fraction de la valeur réelle de l'actif brut de celle-ci représentative de la valeur de la participation indirecte ayant fait l'objet d'un engagement de conservation.

Le bénéfice de l'exonération partielle est subordonné à la condition que les participations soient conservées inchangées à chaque niveau d'interposition pendant toute la durée de l'engagement collectif. Toutefois, le bénéfice du régime de faveur n'est pas remis en cause en cas d'augmentation de la participation détenue par les sociétés interposées ;

c. Chacun des héritiers, donataires ou légataires prend l'engagement dans la déclaration de succession ou l'acte de donation, pour lui et ses ayants cause à titre gratuit, de conserver les parts ou les actions transmises pendant une durée de quatre ans à compter de la date d'expiration du délai visé au a.

Le cas échéant, la société dont les titres sont transmis, qui possède directement ou indirectement dans les conditions prévues au 3 du b une participation dans la société dont les parts ou actions font l'objet de l'engagement collectif de conservation mentionné au a, doit conserver cette participation durant cette même période ;

c bis. La condition d'exercice par la société d'une activité industrielle, commerciale, artisanale, agricole ou libérale, prévue au premier alinéa du présent article, doit être satisfaite à compter de la conclusion de l'engagement de conservation prévu au premier alinéa du a et jusqu'au terme de l'engagement de conservation prévu au c. Par dérogation, cette condition doit être satisfaite, dans le cas prévu au second alinéa du a, à compter de la transmission des titres et, dans le cas prévu au 2 du b, depuis deux ans au moins à la date de cette transmission ;

Ndlr *Les dispositions du présent c bis s'appliquent aux transmissions intervenant à compter du 18 juillet 2022 ainsi qu'à celles pour lesquelles, à cette même date, les conditions suivantes sont cumulativement remplies :*
1° L'un des engagements mentionnés au présent c bis est en cours ;
2° La société mentionnée au premier alinéa de l'article 787 B n'a pas cessé d'exercer une activité industrielle, commerciale, artisanale, agricole ou libérale.

d. L'un des associés mentionnés au a ou l'un des héritiers, donataires ou légataires mentionnés au c exerce effectivement dans la société dont les parts ou actions font l'objet de l'engagement collectif de conservation, pendant la durée de l'engagement prévu au a et pendant les trois années qui suivent la date de la transmission, son activité professionnelle principale si celle-ci est une société de personnes visée aux articles 8 et 8 ter, ou l'une des fonctions énumérées au 1° du 1 du III de l'article 975 lorsque celle-ci est soumise à l'impôt sur les sociétés, de plein droit ou sur option ;

d bis. Les parts ou actions ne sont pas inscrites sur un compte PME innovation mentionné à l'article L 221-32-4 du code monétaire et financier. Le non-respect de cette condition par l'un des signataires jusqu'au terme du délai mentionné au c entraîne la remise en cause de l'exonération partielle dont il a bénéficié ;

e. La déclaration de succession ou l'acte de donation doit être appuyée d'une attestation de la société dont les parts ou actions font l'objet de l'engagement collectif de conservation certifiant que les conditions prévues aux a et b ont été remplies jusqu'au jour de la transmission.

L'héritier, le donataire ou le légataire adresse, sur demande de l'administration et dans un délai de trois mois à compter de cette demande, une attestation, que la société dont les parts ou actions font l'objet des engagements de conservation mentionnés aux a et c lui transmet, certifiant que les conditions prévues aux a à d ont été respectées de manière continue depuis la date de la transmission.

Dans un délai de trois mois à compter du terme de l'engagement de conservation mentionné au c, l'héritier, le donataire ou le légataire adresse à l'administration une attestation, que la société lui transmet, certifiant que les conditions prévues aux a à d ont été respectées jusqu'à leur terme.

En cas de détention indirecte des parts ou actions faisant l'objet des engagements de conservation mentionnés aux a et c, chacune des sociétés composant la chaîne de participation transmet aux personnes soumises à ces engagements, dans les cas prévus aux deuxième et troisième alinéas du présent e, une attestation certifiant du respect, à son niveau, des obligations de conservation prévues aux a et c ;

e bis. En cas de non-respect de la condition prévue au a par l'un des signataires, l'exonération partielle n'est pas remise en cause à l'égard des signataires autres que le cédant si :

1° Soit les titres que ces autres signataires détiennent ensemble respectent la condition prévue au b et ceux-ci les conservent jusqu'au terme initialement prévu ;

2° Soit le cessionnaire s'associe à l'engagement collectif à raison des titres cédés afin que le pourcentage prévu au b demeure respecté. Dans ce cas, l'engagement collectif est reconduit pour une durée minimale de deux ans pour l'ensemble des signataires ;

e ter. En cas de non-respect de la condition de conservation prévue au a, par l'un des héritiers, donataires ou légataires à la suite de la cession ou de la donation, à un autre associé de l'engagement mentionné au a d'une partie des parts ou actions qui lui ont été transmises à titre gratuit, l'exonération partielle n'est remise en cause pour le cédant ou le donateur qu'à hauteur des seules parts ou actions cédées ou données ;

f. En cas de non-respect des conditions prévues aux a et c par suite d'un apport partiellement rémunéré par la prise en charge d'une soulte consécutive à un partage ou d'un apport pur et simple de titres d'une société ayant une activité industrielle, commerciale, artisanale, agricole ou libérale à une société dont la valeur réelle de l'actif brut est, à l'issue de l'apport et jusqu'au terme des engagements de conservation mentionnés aux a et c, composée à plus de 50 % de participations dans la société soumises à ces engagements, l'exonération partielle n'est pas remise en cause si les conditions suivantes sont réunies :

1° Les trois-quarts au moins du capital et des droits de vote y afférents de la société bénéficiaire de l'apport sont, à l'issue de l'apport, détenus par les personnes soumises aux obligations de conservation prévues aux a et c. Cette société est dirigée directement par une ou plusieurs de ces personnes. Les conditions tenant à la composition de l'actif de la société, à la détention de son capital et à sa direction doivent être respectées à l'issue de l'opération d'apport et jusqu'au terme des engagements mentionnés aux a et c ;

2° La société bénéficiaire de l'apport prend l'engagement de conserver les titres apportés jusqu'au terme des engagements mentionnés aux a et c ;

3° Les personnes mentionnées au 1°, associées de la société bénéficiaire des apports, doivent conserver, pendant la durée mentionnée au 2°, les titres reçus en contrepartie de l'opération d'apport.

Le présent f s'applique également, sous les mêmes conditions, à l'apport de titres d'une société possédant directement une participation dans la société dont les parts ou actions font l'objet de l'engagement de conservation mentionné aux a ou c. Dans ce cas, à l'issue de l'apport et jusqu'au terme des engagements de conservation mentionnés aux a et c, la valeur réelle de l'actif brut de la société bénéficiaire de l'apport est composée à plus de 50 % de participations indirectes dans la société soumises aux obligations de conservation prévues aux a et c ;

g. En cas de non-respect des conditions prévues aux a ou b, par suite d'une fusion ou d'une scission au sens de l'article 817 A, d'une augmentation de capital ou d'une offre publique d'échange préalable à une fusion ou une scission dès lors que cette fusion ou cette scission est opérée dans l'année qui suit la clôture de l'offre publique d'échange, l'exonération partielle accordée lors d'une mutation à titre gratuit avant l'une de ces opérations n'est pas remise en cause si les signataires respectent l'engagement prévu au a jusqu'à son terme. Les titres reçus en contrepartie de ces opérations doivent être conservés jusqu'au même terme. De même, cette exonération n'est pas non plus remise en cause lorsque la condition prévue au b n'est pas respectée par suite d'une annulation des titres pour cause de pertes ou de liquidation judiciaire ;

h. En cas de non-respect de la condition prévue au c par suite d'une fusion ou d'une scission au sens de l'article 817 A, d'une augmentation de capital, ou d'une offre publique d'échange préalable à une fusion ou une scission dès lors que cette fusion ou cette scission est opérée dans l'année qui suit la clôture de l'offre publique d'échange, l'exonération partielle accordée lors de la mutation à titre gratuit n'est pas remise en cause si les titres reçus en contrepartie de ces opérations sont conservés par le signataire de l'engagement jusqu'à son terme.

De même, cette exonération n'est pas remise en cause lorsque la condition prévue aux b ou c n'est pas respectée par suite d'une annulation des titres pour cause de pertes ou de liquidation judiciaire ;

i. En cas de non-respect de la condition prévue au c par suite d'une donation, l'exonération partielle accordée au titre de la mutation à titre gratuit n'est pas remise en cause, à condition que le ou les donataires soient le ou les descendants du donateur et que le ou les donataires poursuivent l'engagement prévu au c jusqu'à son terme.

Les dispositions du présent article s'appliquent en cas de donation avec réserve d'usufruit à la condition que les droits de vote de l'usufruitier soient statutairement limités aux décisions concernant l'affectation des bénéfices.

Un décret en Conseil d'Etat détermine les modalités d'application du présent article, notamment les obligations déclaratives incombant aux redevables et aux sociétés *(Voir Annexe II, art. 294 bis à 294 quater)*.

ENR-X-42500 s. ; MF n°s 68090 s.

Art 787 C Sont exonérés de droits de mutation à titre gratuit, à concurrence de 75 % de leur valeur, la totalité ou une quote-part indivise de l'ensemble des biens meubles et immeubles, corporels ou incorporels affectés à l'exploitation d'une entreprise individuelle dont l'activité principale est industrielle, commerciale, au sens des articles 34 et 35, artisanale, agricole ou libéraleà l'exclusion de toute activité de gestion de son propre patrimoine mobilier ou immobilier, transmis par décès ou entre vifs si les conditions suivantes sont réunies :

Ndlr *Les dispositions de l'alinéa ci-dessus telles que modifiées par la loi 2023-1322 du 29 décembre 2023 art. 23, I-B s'appliquent aux transmissions intervenues à compter du 17 octobre 2023 (Loi précitée art. 23, II).*

a. L'entreprise individuelle mentionnée cidessus a été détenue depuis plus de deux ans par le défunt ou le donateur lorsqu'elle a été acquise à titre onéreux ;

b. Chacun des héritiers, donataires ou légataires prend l'engagement dans la déclaration de succession ou l'acte de donation, pour lui et ses ayants cause à titre gratuit, de conserver l'ensemble des biens affectés à l'exploitation de l'entreprise pendant une durée de quatre ans à compter de la date de la transmission ;

c. L'un des héritiers, donataires ou légataires mentionnés au b poursuit effectivement pendant les trois années qui suivent la date de la transmission l'exploitation de l'entreprise ;

d. En cas de non-respect de la condition prévue au b par suite d'une donation, l'exonération partielle accordée au titre de la mutation à titre gratuit n'est pas remise en cause, à condition que le ou les donataires soient le ou les descendants du donateur et que le ou les donataires poursuivent l'engagement prévu au b jusqu'à son terme.

(Voir Annexe II, art. 294 quater)

ENR-X-47000 s. ; MF n°s 68105 s.

b. Dispositions spéciales aux successions

Art 788 I. et II. *(Abrogés).*

III. Pour la perception des droits de mutation par décès, il est effectué un abattement sur la part nette de tout héritier, donataire ou légataire correspondant à la valeur des biens reçus du défunt, évalués au jour du décès et remis par celui-ci à une fondation reconnue d'utilité publique répondant aux conditions fixées au b du 1 de l'article 200 ou, à une association reconnue d'utilité publique répondant aux conditions fixées au b du 1 de l'article 200, à l'Etat, à ses établissements publics ou à un organisme mentionné à l'article 794. Cet abattement s'applique à la double condition :

1° Que la libéralité soit effectuée, à titre définitif et en pleine propriété, dans les douze mois suivant le décès ;

2° Que soient jointes à la déclaration de succession des pièces justificatives répondant à un modèle fixé par un arrêté du ministre chargé du budget *[Voir arrêté du 15 octobre 2004 (JO du 24 novembre)]* attestant du montant et de la date de la libéralité ainsi que de l'identité des bénéficiaires.

L'application de cet abattement n'est pas cumulable avec le bénéfice de la réduction d'impôt sur le revenu prévue à l'article 200.

ENR-X-23000 s. ; MF n° 68590

IV. A défaut d'autre abattement, à l'exception de celui mentionné au III, un abattement de 1 594 € est opéré sur chaque part successorale.

ENR-X-22900 s. ; MF n° 68585

V. *(Abrogé).*

Art 788 bis Les biens recueillis par un héritier ou un légataire en application de l'article 1002-1 ou du deuxième alinéa de l'article 1094-1 du code civil sont réputés transmis à titre gratuit par le défunt.

ENR-X-2200 ; MF n° 68660

Art 789 Lorsqu'une succession comprend à la fois des biens imposables en France métropolitaine ou dans les départements d'outre-mer et des biens imposables en Polynésie française, à Saint-Pierre-et-Miquelon, aux îles Wallis-et-Futuna et dans les Terres australes et antarctiques françaises, le montant des droits est liquidé, compte tenu, le cas échéant, de tous abattements, charges ou déductions, sur la valeur de l'intégralité de la succession ; toutefois, les droits ainsi déterminés ne sont exigibles que dans la mesure du rapport existant entre, d'une part, la valeur des biens auxquels s'appliquent les dispositions du présent code et, d'autre part, l'intégralité de l'actif net successoral.

Des arrêtés du ministre de l'économie et des finances rendront applicable cette disposition.

c. Dispositions spéciales aux donations

Art 790 **I.** Les donations en pleine propriété des parts ou actions d'une société ayant une activité industrielle, commerciale, artisanale, agricole ou libérale qui réunissent les conditions énumérées à l'article 787 B bénéficient sur les droits liquidés en application des articles 777 et suivants d'une réduction de 50 % lorsque le donateur est âgé de moins de soixante-dix ans.

II. Les donations en pleine propriété de la totalité ou d'une quote-part indivise de l'ensemble des biens meubles et immeubles, corporels ou incorporels, affectés à l'exploitation d'une entreprise individuelle ayant une activité industrielle, commerciale, artisanale, agricole ou libérale qui réunissent les conditions énumérées à l'article 787 C bénéficient sur les droits liquidés en application des articles 777 et suivants d'une réduction de 50 % lorsque le donateur est âgé de moins de soixante-dix ans.

ENR-X-53550 s. ; MF n° 69320

Art 790 A **I.** Pour la liquidation des droits de mutation à titre gratuit, en cas de donation en pleine propriété de fonds artisanaux, de fonds de commerce, de fonds agricoles ou de clientèles d'une entreprise individuelle ou de parts ou actions d'une société, il est appliqué, sur option du donataire, un abattement de 500 000 € sur la valeur du fonds ou de la clientèle ou sur la fraction de la valeur des titres représentative du fonds ou de la clientèle, si les conditions suivantes sont réunies :

a. L'entreprise ou la société exerce une activité industrielle, commerciale, artisanale, agricole ou libérale ;

b. La donation est consentie aux personnes titulaires d'un contrat de travail à durée indéterminée depuis au moins deux ans et qui exercent leur fonction à temps plein ou d'un contrat d'apprentissage en cours au jour de la transmission, conclu avec l'entreprise dont le fonds de commerce ou la clientèle est transmis ou avec la société dont les parts ou actions sont transmises ;

c. *(Abrogé depuis le 6 août 2008)* ;

d. Lorsqu'ils ont été acquis à titre onéreux, le fonds ou la clientèle mentionnés ci-dessus doivent avoir été détenus depuis plus de deux ans par le donateur ou la société ;

e. Lorsque la transmission porte sur des parts ou actions acquises à titre onéreux, celles-ci ont été détenues depuis plus de deux ans par le donateur ;

f. Les donataires poursuivent à titre d'activité professionnelle unique et de manière effective et continue pendant les cinq années qui suivent la date de la transmission l'exploitation du fonds ou de la clientèle transmis ou l'activité de la société dont les parts ou actions sont transmises et dont l'un d'eux assure, pendant la même période, la direction effective de l'entreprise. Dans le cas où l'entreprise fait l'objet d'une procédure de liquidation judiciaire prévue au titre IV du livre VI du code de commerce dans les cinq années qui suivent la date de la transmission, il n'est pas procédé à la déchéance du régime de faveur prévu au premier alinéa.

II. Lorsque les donataires ont exercé l'option prévue au I, le bénéfice de ses dispositions est exclusif de l'application de l'article 787 B sur la fraction de la valeur des parts représentative des biens autres que le fonds artisanal, le fonds de commerce, le fonds agricole ou la clientèle, et de l'article 787 C à raison de la donation à la même personne des biens autres que le fonds artisanal, le fonds de commerce, le fonds agricole ou la clientèle, affectés à l'exploitation de l'entreprise.

III. Le I ne peut s'appliquer qu'une seule fois entre un même donateur et un même donataire.

ENR-X-63400 s. ; MF n° 69290

Art 790 B Pour la perception des droits de mutation à titre gratuit entre vifs, il est effectué un abattement de 31 865 € sur la part de chacun des petits-enfants.

Les petits-enfants décédés du donateur sont, pour l'application de l'abattement, représentés par leurs descendants donataires dans les conditions prévues par le code civil en matière de représentation successorale.

ENR-X-53120 s. ; MF n° 69280

Art 790 D Pour la perception des droits de mutation à titre gratuit entre vifs, il est effectué un abattement de 5 310 € sur la part de chacun des arrière-petits-enfants du donateur.

ENR-X-53270 s. ; MF n° 69285

Art 790 E Pour la perception des droits de mutation à titre gratuit entre vifs, il est effectué un abattement de 80 724 € sur la part du conjoint du donateur.

ENR-X-53030 ; MF n° 69275

Art 790 F Pour la perception des droits de mutation à titre gratuit entre vifs, il est effectué un abattement de 80 724 € sur la part du partenaire lié au donateur par un pacte civil de solidarité.

Le bénéfice de cet abattement est remis en cause lorsque le pacte prend fin au cours de l'année civile de sa conclusion ou de l'année suivante pour un motif autre que le mariage entre les partenaires ou le décès de l'un d'entre eux.

ENR-X-53060 s. ; MF n° 69275

Art 790 G **I.** Les dons de sommes d'argent consentis en pleine propriété au profit d'un enfant, d'un petit-enfant, d'un arrière-petit-enfant ou, à défaut d'une telle descendance, d'un neveu ou d'une nièce ou par représentation, d'un petit-neveu ou d'une petite-nièce sont exonérés de droits de mutation à titre gratuit dans la limite de 31 865 € tous les quinze ans *(Délai applicable aux donations consenties depuis le 17 août 2012).*

Cette exonération est subordonnée au respect des conditions suivantes :

1° Le donateur est âgé de moins de quatre-vingts ans au jour de la transmission ;

2° Le donataire est âgé de dix-huit ans révolus ou a fait l'objet d'une mesure d'émancipation au jour de la transmission.

Le plafond de 31 865 € est applicable aux donations consenties par un même donateur à un même donataire.

II. Cette exonération se cumule avec les abattements prévus aux I, II et V de l'article 779 et aux articles 790 B et 790 D.

III. Il n'est pas tenu compte des dons de sommes d'argent mentionnés au I pour l'application de l'article 784.

IV. Sous réserve de l'application du 1° du 1 de l'article 635, les dons de sommes d'argent mentionnés au I doivent être déclarés ou enregistrés par le donataire dans le délai d'un mois qui suit la date du don *(NDLR Voir Annexe III, art. 281 N).*

V. *(Abrogé).*

ENR-X-64300 s. ; MF n° 69175

Art 790 H Les donations entre vifs, réalisées en pleine propriété et constatées par un acte authentique signé entre le 1er janvier et le 31 décembre 2015, de terrains à bâtir définis au 1° du 2 du I de l'article 257 sont exonérées de droits de mutation à titre gratuit, dans la limite de la valeur déclarée de ces biens, lorsque l'acte de donation contient l'engagement par le donataire, pris pour lui et ses ayants cause, de réaliser et d'achever des locaux neufs destinés à l'habitation dans un délai de quatre ans à compter de la date de l'acte, à concurrence de :

1° 100 000 €, lorsqu'elles sont consenties au profit d'un descendant ou d'un ascendant en ligne directe, du conjoint ou du partenaire lié par un pacte civil de solidarité ;

2° 45 000 €, lorsqu'elles sont consenties au profit d'un frère ou d'une sœur ;

3° 35 000 €, lorsqu'elles sont consenties au profit d'une autre personne.

L'exonération est subordonnée à la condition que le donataire ou, le cas échéant, ses ayants cause justifient, à l'expiration du délai de quatre ans, de la réalisation et de l'achèvement des locaux destinés à l'habitation mentionnés au premier alinéa du présent article.

L'ensemble des donations consenties par un même donateur ne peuvent être exonérées qu'à hauteur de 100 000 €.

ENR-X-65550 s.

Art 790 I Les donations entre vifs, réalisées en pleine propriété, d'immeubles neufs à usage d'habitation pour lesquels un permis de construire a été obtenu entre le 1er septembre 2014 et le 31 décembre 2016, constatées par un acte authentique signé au plus tard dans les trois ans suivant l'obtention de ce permis, sont exonérées de droits de mutation à titre gratuit, dans la limite de la valeur déclarée de ces biens, à concurrence de :

1° 100 000 €, lorsqu'elles sont consenties au profit d'un descendant ou d'un ascendant en ligne directe, du conjoint ou du partenaire lié par un pacte civil de solidarité ;

2° 45 000 €, lorsqu'elles sont consenties au profit d'un frère ou d'une sœur ;

3° 35 000 €, lorsqu'elles sont consenties au profit d'une autre personne.

L'exonération est subordonnée à la double condition que l'acte constatant la donation soit appuyé de la déclaration attestant l'achèvement et la conformité des travaux prévue à l'article L 462-1 du code de l'urbanisme et que l'immeuble neuf à usage d'habitation n'ait jamais été occupé ou utilisé sous quelque forme que ce soit au moment de la donation.

L'ensemble des donations consenties par un même donateur ne peuvent être exonérées qu'à hauteur de 100 000 €.

ENR-X-66000 s.

Art 791 Le taux de la taxe de publicité foncière est réduit à 0,60 % pour les mutations entre vifs à titre gratuit.

La valeur à retenir pour l'assiette de la taxe ne peut être inférieure, le cas échéant, à celle qui sert de base à la liquidation des droits d'enregistrement suivant les dispositions du présent code.

ENR-X-60200 s. ; MF nº 69040

Art 791 ter En cas de donation en ligne directe de biens antérieurement transmis à un premier donataire en ligne directe et ayant fait retour au donateur en application des articles 738-2, 951 et 952 du code civil, les droits acquittés lors de la première donation sont imputés sur les droits dus lors de la seconde donation. La nouvelle donation doit intervenir dans les cinq ans du retour des biens dans le patrimoine du donateur.

Nonobstant les dispositions prévues au premier alinéa, en cas de retour des biens au donateur en application des articles 738-2, 951 et 952 du code civil, ce retour ouvre droit, dans le délai légal de réclamation à compter du décès du donataire, à restitution des droits de mutation à titre gratuit acquittés lors de la donation résolue.

ENR-X-53900 s. ; MF nº 69425

D. Régimes spéciaux et exonérations

Art 792-0 bis **I. 1.** Pour l'application du présent code, on entend par trust l'ensemble des relations juridiques créées dans le droit d'un Etat autre que la France par une personne qui a la qualité de constituant, par acte entre vifs ou à cause de mort, en vue d'y placer des biens ou droits, sous le contrôle d'un administrateur, dans l'intérêt d'un ou de plusieurs bénéficiaires ou pour la réalisation d'un objectif déterminé.

2. Pour l'application du présent titre, on entend par constituant du trust soit la personne physique qui l'a constitué, soit, lorsqu'il a été constitué par une personne physique agissant à titre professionnel ou par une personne morale, la personne physique qui y a placé des biens et droits.

ENR-IX-18100 s.

II. 1. La transmission par donation ou succession de biens ou droits placés dans un trust ainsi que des produits qui y sont capitalisés est, pour la valeur vénale nette des biens, droits ou produits concernés à la date de la transmission, soumise aux droits de mutation à titre gratuit en fonction du lien de parenté existant entre le constituant et le bénéficiaire.

2. Dans les cas où la qualification de donation et celle de succession ne s'appliquent pas, les biens, droits ou produits capitalisés placés dans un trust qui sont transmis aux bénéficiaires au décès du constituant sans être intégrés à sa succession ou qui restent dans le trust après le décès du constituant sont soumis aux droits de mutation par décès dans les conditions suivantes :

a. Si, à la date du décès, la part des biens, droits ou produits capitalisés qui est due à un bénéficiaire est déterminée, cette part est soumise aux droits de mutation par décès selon le lien de parenté entre le constituant et le bénéficiaire ;

b. Si, à la date du décès, une part déterminée des biens, droits ou produits capitalisés est due globalement à des descendants du constituant, cette part est soumise à des droits de mutation à titre gratuit par décès au taux applicable à la dernière tranche du tableau I de l'article 777 ;

c. La valeur des biens, droits ou produits capitalisés placés dans le trust, nette des parts mentionnées aux a et b du présent 2, est soumise à des droits de mutation à titre gratuit par décès au taux applicable à la dernière tranche du tableau III du même article 777.

Sans préjudice de l'application de l'article 784 à ces droits ainsi qu'aux droits de mutation à titre gratuit mentionnés au 1 du présent II en cas de transmission par donation, la perception des droits de mutation par décès mentionnés au même 1 et au a du présent 2 est effectuée en ajoutant la valeur des biens, droits et produits qu'ils imposent à celle des autres biens compris dans la déclaration de succession pour l'application d'un tarif progressif et pour le calcul des abattements édictés par l'article 779.

Les droits de mutation à titre gratuit mentionnés aux b et c du présent 2 sont acquittés et versés au comptable public compétent par l'administrateur du trust dans les délais prévus à l'article 641, à compter du décès du constituant. A défaut et dans le cas où l'administrateur du trust est soumis à la loi d'un Etat ou territoire non coopératif au sens de l'article 238-0 A ou n'ayant pas conclu avec la France une convention d'assistance mutuelle en matière de recouvrement, les bénéficiaires du trust sont solidairement responsables du paiement des droits.

Par exception, lorsque l'administrateur du trust est soumis à la loi d'un Etat ou territoire non coopératif au sens de l'article 238-0 A autre que ceux mentionnés au 2° du 2 bis du même article 238-0 A ou lorsque le trust a été constitué après le 11 mai 2011 et que, au moment de la constitution du trust, le constituant était fiscalement domicilié en France au sens de l'article 4 B, les droits de donation et les droits de mutation par décès sont dus au taux applicable à la dernière tranche du tableau III de l'article 777.

3. Le bénéficiaire est réputé être un constituant du trust pour l'application du présent II, à raison des biens, droits et produits capitalisés placés dans un trust dont le constituant est décédé à la date de l'entrée en vigueur de la loi n° 2011-900 du 29 juillet 2011 de finances rectificative pour 2011 et à raison de ceux qui sont imposés dans les conditions prévues aux 1 et 2 du même II et de leurs produits capitalisés.

ENR-IX-18300 s. ; MF n° 68670

Art 792 bis Lorsqu'il est constaté une transmission dans une intention libérale de biens ou droits faisant l'objet d'un contrat de fiducie ou des fruits tirés de l'exploitation de ces biens ou droits, les droits de mutation à titre gratuit s'appliquent sur la valeur des biens, droits ou fruits ainsi transférés, appréciée à la date de ce transfert. Ils sont liquidés selon le tarif applicable entre personnes non parentes mentionné au tableau III de l'article 777.

Pour l'application des dispositions mentionnées au premier alinéa, l'intention libérale est notamment caractérisée lorsque la transmission est dénuée de contrepartie réelle ou lorsqu'un avantage en nature ou résultant d'une minoration du prix de cession est accordé à un tiers par le fiduciaire dans le cadre de la gestion du patrimoine fiduciaire. Dans ce dernier cas, les droits de mutation à titre gratuit s'appliquent sur la valeur de cet avantage.
(Voir également art. 1729)

ENR-IX-16750 s. ; MF n° 90945

Art 793 Sont exonérés des droits de mutation à titre gratuit :

1. 1° *(Périmé)* ;

2° *(Abrogé)* ;

3° Les parts d'intérêts détenues dans un groupement forestier à concurrence des trois quarts de la fraction de la valeur nette correspondant aux biens visés au a ci-après et les sommes déposées sur un compte d'investissement forestier et d'assurance prévu au chapitre II du titre V du livre III du code forestier, à condition :

a. Que l'acte constatant la donation ou la déclaration de la succession soit appuyé d'un certificat délivré sans frais par le directeur départemental des territoires ou le directeur départemental des territoires et de la mer *(Voir Annexe III, art. 281 F, 281 H et 281 I)* attestant que :

Les bois et forêts du groupement sont susceptibles de présenter une des garanties de gestion durable prévues aux articles L 124-1 et L 124-3 et à l'article L 313-2 du code forestier ;

Les friches et landes appartenant au groupement sont susceptibles de reboisement et présentent une vocation forestière ;

Les terrains pastoraux appartenant au groupement sont susceptibles d'un régime d'exploitation normale ;

b. Que le groupement forestier prenne, selon le cas, l'un des engagements prévus au b du 2° du 2 et au b du 3.

Ce groupement doit s'engager en outre :

A reboiser ses friches et landes dans un délai de cinq ans à compter de la délivrance du certificat et à les soumettre ensuite au régime défini au b du 2° du 2 ;

A soumettre pendant trente ans ses terrains pastoraux à un régime d'exploitation normale ou, à défaut, à les reboiser ;
(Voir Annexe III, art. 281 J et décret 2007-746 du 9 mai 2007 art. 10, JO du 10)

c. Que les parts aient été détenues depuis plus de deux ans par le donateur ou le défunt, lorsqu'elles ont été acquises à titre onéreux à compter du 5 septembre 1979 *(Voir Annexe III, art. 281 H bis)* ;

ENR-X-34900 s. ; MF n° 68130

4° Les parts des groupements fonciers agricoles et celles des groupements agricoles fonciers, créés conformément à la loi n° 62-933 du 8 août 1962 et répondant aux diverses caractéristiques des articles L 322-1 à L 322-21 et L 322-23 du code rural et de la pêche maritime, à concurrence des trois quarts de la fraction de la valeur nette des biens donnés à bail à long terme ou à bail cessible, sous réserve des dispositions de l'article 793 bis, à condition :

a. Que les statuts du groupement lui interdisent l'exploitation en faire-valoir direct ;

b. Que les immeubles à destination agricole constituant le patrimoine du groupement aient été donnés à bail à long terme dans les conditions prévues par les articles L 416-1 à L 416-6, L 416-8 et L 416-9 du code rural et de la pêche maritime ou à bail cessible dans les conditions prévues par les articles L 418-1 à L 418-5 du code rural et de la pêche maritime ;

c. Que les parts aient été détenues depuis deux ans au moins par le donateur ou le défunt.

Ce délai n'est pas exigé lorsque le donateur ou le défunt ont été parties au contrat de constitution du groupement foncier agricole et, à ce titre, ont effectué des apports constitués exclusivement par des immeubles ou des droits immobiliers à destination agricole.

L'exonération ne s'applique pas aux parts de groupements fonciers agricoles qui sont détenues par une société civile régie par la section 3 du chapitre IV du titre Ier du livre II du code monétaire et financier ou par une entreprise d'assurance ou de capitalisation.

Conformément aux dispositions de l'article L 322-18 du code rural et de la pêche maritime, le remboursement des avantages fiscaux prévus aux articles L 322-1 à L 322-23 du même code n'est pas dû lorsque la condition de parenté prévue à l'article L 322-11 du code précité cesse d'être respectée à la suite de transmissions à titre gratuit.

Ndlr *Voir partie Autres textes du présent code, code rural et de la pêche maritime art. L 322-18.*

Peuvent être étendues aux départements d'outre-mer dans des conditions fixées par décret en Conseil d'Etat, après avis des conseils départementaux desdits départements, les dispositions des articles L 322-1 à L 322-21 et L 322-23 du code rural et de la pêche maritime ;

ENR-X-38200 s. ; MF n°s 68140 s.

5° Les réversions de rentes viagères entre parents en ligne directe ;

ENR-X-49100 s. ; MF n° 68195

6° La transmission par décès du bénéfice du contrat de travail à salaire différé dont la dévolution est régie par l'article L 321-14 du code rural et de la pêche maritime ;

ENR-X-49170 s.

2. 1° *(Abrogé)* ;

2° Les successions et donations entre vifs, à concurrence des trois quarts de leur montant, intéressant les propriétés en nature de bois et forêts, à la condition :

a. Que l'acte constatant la donation ou la déclaration de succession soit appuyé d'un certificat délivré sans frais par le directeur départemental des territoires ou le directeur départemental des territoires et de la mer *(Voir Annexe III, art. 281 F, 281 H et 281 I)* attestant que les bois et forêts sont susceptibles de présenter une des garanties de gestion durable prévues aux articles L 124-1 à L 124-4 et à l'article L 313-2 du code forestier ;

b. Qu'il contienne l'engagement par l'héritier, le légataire ou le donataire, pris pour lui et ses ayants cause :

Soit d'appliquer pendant trente ans aux bois et forêts objets de la mutation l'une des garanties de gestion durable prévues aux articles L 124-1 à L 124-4 et à l'article L 313-2 dudit code ;

Soit lorsque, au moment de la mutation, aucune garantie de gestion durable n'est appliquée aux bois et forêts en cause, de présenter dans le délai de trois ans à compter de la mutation et d'appliquer jusqu'à l'expiration du délai de trente ans précité une telle garantie. Dans cette situation, le bénéficiaire s'engage en outre à appliquer le régime d'exploitation normale prévu au décret du 28 juin 1930 aux bois et forêts pendant le délai nécessaire à la présentation de l'une des garanties de gestion durable.

(Voir Annexe III, art. 281 J et décret 2007-746 du 9 mai 2007 art. 10, JO du 10)

En cas de transmission de bois et forêts à l'Etat ou aux collectivités et organismes mentionnés aux I et II de l'article 1042, l'engagement est réputé définitivement satisfait à concurrence d'une fraction de la valeur des biens exonérée déterminée par le rapport entre la superficie des biens objets de la transmission et la superficie totale des biens sur lesquels l'engagement a été souscrit. La même règle s'applique aux mutations de jouissance ou de propriété au profit d'établissements ou de sociétés, en vue de la réalisation d'équipements, aménagements ou constructions d'intérêt public, qui pourraient donner lieu à l'établissement d'une servitude d'utilité publique au titre de ladite mutation, ainsi qu'aux bois et forêts faisant l'objet d'une interdiction de reconstituer les boisements après coupe rase en application des deuxième à neuvième alinéas de l'article L 126-1 du code rural et de la pêche maritime ;

(Voir Annexe III, art. 281 H bis)

ENR-X-34190 s. ; MF n° 68120

3° Les biens donnés à bail dans les conditions prévues aux articles L 416-1 à L 416-6, L 416-8 et L 416-9 ainsi qu'aux articles L 418-1 à L 418-5 du code rural et de la pêche maritime, à concurrence des trois quarts de leur valeur, sous réserve des dispositions de l'article 793 bis ;

ENR-X-35600 s. ; MF n°s 68140 s.

4° Lors de leur première transmission à titre gratuit, les immeubles acquis neufs ou en état futur d'achèvement dont la déclaration de l'achèvement des travaux prévue par la réglementation de l'urbanisme est déposée avant le 1er juillet 1994 à la mairie de la commune sur le territoire de laquelle l'immeuble concerné a été édifié et dont l'acquisition par le donateur ou le défunt est constatée par un acte authentique signé entre le 1er juin 1993 et le 31 décembre 1994.

L'exonération est subordonnée à la condition que les immeubles aient été exclusivement affectés de manière continue à l'habitation principale pendant une durée minimale de cinq ans à compter de l'acquisition ou de l'achèvement s'il est postérieur. En cas de donation, le délai s'impose au donataire si la durée de cinq ans à compter de la date de l'acquisition ou de l'achèvement, s'il est postérieur, n'est pas expirée.

La condition de cinq ans n'est pas opposable en cas de décès de l'acquéreur durant ce délai.

Les dispositions qui précèdent ne s'appliquent pas aux immeubles dont l'acquéreur a bénéficié des réductions d'impôt prévues aux articles 199 undecies et 199 undecies A *(NDLR Ainsi qu'aux articles 199 decies A et 199 decies B ; voir édition 2002 du code pratique fiscal).*

Un décret en Conseil d'Etat détermine les modalités d'application des dispositions du présent 4°, notamment les obligations déclaratives incombant aux redevables et les pièces justificatives à fournir lors de l'enregistrement de la transmission mentionnée au premier alinéa *(Voir Annexe II, art. 294 E)* ;

ENR-X-49400 s. ; MF n° 68175

5° Lors de leur première transmission à titre gratuit, les immeubles acquis neufs dont la déclaration de l'achèvement des travaux prévue par la réglementation de l'urbanisme a été déposée avant le 31 décembre 1994 à la mairie de la commune sur le territoire de laquelle l'immeuble concerné a été édifié et dont l'acquisition par le donateur ou le défunt est constatée par un acte authentique signé entre le 1er août 1995 et le 31 décembre 1995.

L'exonération est subordonnée à la condition que les immeubles aient été exclusivement affectés de manière continue à l'habitation principale pendant une durée minimale de deux ans à compter de l'acquisition et que le donataire, l'héritier ou le légataire ou leurs ayants cause prennent l'engagement de ne pas affecter les immeubles à un autre usage que l'habitation pendant une durée minimale de trois ans à compter de la transmission à titre gratuit.

La condition de deux ans n'est pas opposable en cas de décès de l'acquéreur durant ce délai.

Les dispositions qui précèdent ne s'appliquent pas aux immeubles dont l'acquéreur a bénéficié des réductions d'impôt prévues aux articles 199 undecies et 199 undecies A *(NDLR Ainsi qu'aux articles 199 decies A et 199 decies B ; voir édition 2002 du code pratique fiscal).*

Un décret en Conseil d'Etat détermine les modalités d'application des dispositions du présent 5° *(Voir Annexe II, art. 294 A)* ;

ENR-X-49470 s. ; MF n° 68175

6° Lors de leur première transmission à titre gratuit, les immeubles ou fractions d'immeubles mentionnés aux articles 710 et 711 *(NDLR Voir code pratique, édition 1998)*, à concurrence des trois quarts de leur valeur, lorsque l'acquisition par le donateur ou le défunt est constatée par un acte authentique signé entre le 1er août 1995 et le 31 décembre 1996 et qu'elle n'a pas donné lieu au paiement de la taxe sur la valeur ajoutée.

L'exonération est subordonnée à la condition que les immeubles aient été donnés en location par le propriétaire dans les conditions prévues aux 3° et 4° de l'article 199 decies B *(NDLR Voir l'article 199 decies B dans l'édition 2002 du code pratique fiscal)*, pendant une durée minimale de neuf ans, à une personne qui les affecte de manière exclusive et continue à son habitation principale.

La location doit avoir pris effet dans les six mois de l'acquisition de l'immeuble.

Lorsqu'au jour de la transmission à titre gratuit, le délai de neuf ans n'est pas expiré, le bénéfice de l'exonération partielle est subordonné à l'engagement des donataires, héritiers ou légataires pour eux et leurs ayants cause de maintenir en location, dans les mêmes conditions, les biens transmis jusqu'à l'expiration de ce délai.

Un décret en Conseil d'Etat détermine les modalités d'application des dispositions du présent 6°, notamment les obligations déclaratives incombant aux redevables et pièces justificatives à fournir lors de l'enregistrement de la transmission mentionnée au premier alinéa *(Voir Annexe II, art. 294 B)* ;

ENR-X-49530 s. ; MF n° 68180

7° Les successions et donations entre vifs, à concurrence des trois quarts de leur montant, intéressant les propriétés non bâties qui ne sont pas en nature de bois et forêt et qui sont incluses dans les espaces naturels délimités en application des articles L 331-2, L 332-2 à L 332-2-2, L 341-2 et L 414-1 du code de l'environnement et de leurs textes d'application, ou délimités en application des articles L 121-23 et L 121-50 du code de l'urbanisme, à la condition :

a. Que l'acte constatant la donation ou la déclaration de succession soit appuyé d'un certificat délivré sans frais par le directeur départemental des territoires ou le directeur départemental des territoires et de la mer *(Voir Annexe III, art. 281 G, 281 H et 281 I)* attestant que les propriétés concernées font l'objet d'un engagement de gestion conforme aux objectifs de conservation de ces espaces ;

b. Qu'il contienne l'engagement par l'héritier, le légataire ou le donataire, pris pour lui et ses ayants cause, d'appliquer pendant dix-huit ans aux espaces naturels objets de la mutation des garanties de gestion conformes aux objectifs de conservation de ces espaces et dont le contenu est défini par décret.

(Voir Annexe III, art. 281 J et décret 2007-746 du 9 mai 2007 art. 10, JO du 10)

Cette exonération n'est pas cumulable avec une autre exonération applicable en matière de droits de mutation à titre gratuit.

En cas de transmission de propriétés non bâties, qui sont incluses dans les espaces naturels délimités en application des articles L 331-2, L 332-2 à L 332-2-2, L 341-2 et L 414-1 du code de l'environnement et de leurs textes d'application, ou délimités en application des articles L 121-23 et L 121-50 du code de l'urbanisme, à l'Etat ou aux collectivités et organismes mentionnés aux I et II de l'article 1042 du présent code, l'engagement est réputé définitivement satisfait à concurrence d'une fraction de la valeur des biens exonérée, celle-ci étant déterminée par le rapport entre la superficie des biens objets de la transmission et la superficie totale des biens sur lesquels l'engagement a été souscrit. La même règle s'applique aux mutations de jouissance ou de propriété au profit d'établissements ou de sociétés, en vue de la réalisation d'équipements, aménagements ou constructions d'intérêt public, qui pourraient donner lieu à l'établissement d'une servitude d'utilité publique au titre de ladite mutation ;

ENR-X-35400 s. ; MF n° 68170

8° Les immeubles et droits immobiliers, à concurrence de 50 % de leur valeur, lors de la première mutation postérieure à la reconstitution des titres de propriété y afférents, sous réserve que ces titres de propriété aient été constatés par un acte régulièrement transcrit ou publié entre le 1er octobre 2014 et le 31 décembre 2027.

Cette exonération est exclusive de l'application au même bien, au titre de la même mutation ou d'une mutation antérieure, de toute autre exonération de droits de mutation à titre gratuit ;

ENR-X-49600 s. ; MF n° 68182

3. Les sommes, à concurrence des trois quarts de leur montant, déposées sur le compte d'investissement forestier et d'assurance mentionné aux articles L 352-1 à L 352-5 du code forestier, à condition :

a. Que l'acte constatant la donation ou la déclaration de succession soit appuyé d'un certificat délivré par le directeur départemental des territoires ou le directeur départemental des territoires et de la mer attestant que les bois et forêts du titulaire du compte sont susceptibles de présenter une des garanties de gestion durable prévues à l'article L 124-1 du code forestier ;

b. Qu'il contienne l'engagement par l'héritier, le légataire ou le donataire, pris pour lui et ses ayants cause, d'employer les sommes objets de la mutation conformément à l'article L 352-3 du même code pendant trente ans.

ENR-X-35500 s. ; MF n° 68167

Art 793 bis L'exonération partielle prévue au 4° du 1 et au 3° du 2 de l'article 793 est subordonnée à la condition que le bien reste la propriété du donataire, héritier et légataire pendant cinq ans à compter de la date de la transmission à titre gratuit. Lorsque cette condition n'est pas respectée, les droits sont rappelés, majorés de l'intérêt de retard visé à l'article 1727.

Lorsque la valeur totale des biens susceptibles de bénéficier de l'exonération partielle visée au premier alinéa, transmis par le donateur ou le défunt à chaque donataire, héritier ou légataire, excède 300 000 €, l'exonération partielle de droits de mutation à titre gratuit est ramenée à 50 % au-delà de cette limite.

La limite mentionnée au deuxième alinéa du présent article est portée à 500 000 € à condition que le donataire, héritier et légataire conserve le bien pendant une durée supplémentaire de cinq ans par rapport à la durée de conservation mentionnée au premier alinéa. Lorsque cette condition n'est pas respectée, les droits sont rappelés, majorés de l'intérêt de retard mentionné à l'article 1727.

Pour l'appréciation des limites mentionnées aux deuxième et troisième alinéas du présent article, il est tenu compte de l'ensemble des donations consenties par la même personne à un titre, à une date et sous une forme quelconques, à l'exception des donations passées depuis plus de quinze ans.

L'exonération partielle visée au premier alinéa ne s'applique pas lorsque le bail a été consenti depuis moins de deux ans au donataire de la transmission, à son conjoint, à un de leurs descendants ou à une société contrôlée par une ou plusieurs de ces personnes.

ENR-X-35600 s. ; MF nos 68140 s.

Art 793 ter L'exonération prévue aux 4°, 5° et 6° du 2 de l'article 793 est plafonnée à 46 000 € par part reçue par chacun des donataires, héritiers ou légataires. Pour l'appréciation de cette limite de 46 000 €, il est tenu compte de l'ensemble des transmissions à titre gratuit consenties par la même personne.

ENR-X-49400 s., 49470 s., 49530 s. ; MF n° 68175

Art 793 quater Lorsque l'engagement prévu au quatrième alinéa du 6° du 2 de l'article 793 n'est pas respecté, les droits sont rappelés, majorés de l'intérêt de retard visé à l'article 1727.

ENR-X-49562

Art 794 **I.** Les régions, les départements, les communes, leurs établissements publics et les établissements publics hospitaliers sont exonérés des droits de mutation à titre gratuit sur les biens affectés à des activités non lucratives qui leur adviennent par donation ou succession.

ENR-X-48570 s.

II. Les dispositions du I sont applicables aux libéralités faites aux organismes d'administration et de gestion de la sécurité sociale ainsi qu'à la caisse générale de prévoyance des marins et de leurs familles en cas d'accident, de maladie, d'invalidité et de maternité *(Voir également art. 1075).*

ENR-X-48900

Art 795 Sont exonérés des droits de mutation à titre gratuit :

1° Les dons et legs d'œuvres d'art, de monuments ou d'objets ayant un caractère historique, de livres, d'imprimés ou de manuscrits, faits aux établissements pourvus de la personnalité civile, autres que ceux visés au I de l'article 794, si ces œuvres et objets sont destinés à figurer dans une collection publique ;

2° Les dons et legs consentis aux établissements publics ou d'utilité publique répondant aux caractéristiques mentionnées aux b ou f bis du 1 de l'article 200 ;

3° *(Abrogé) ;*

4° Les dons et legs faits aux établissements publics charitables autres que ceux visés au I de l'article 794, aux mutuelles, à tous autres organismes reconnus d'utilité publique dont les ressources sont affectées à des œuvres d'assistance et de bienfaisance, à la défense de l'environnement naturel ou à la protection des animaux ainsi qu'aux associations simplement déclarées qui poursuivent un but exclusif d'assistance et de bienfaisance ;

5° Les dons et legs faits aux fondations universitaires, aux fondations partenariales et établissements d'enseignement supérieur reconnus d'utilité publique, aux sociétés d'éducation populaire gratuite reconnues d'utilité publique et subventionnées par l'Etat, aux associations d'enseignement supérieur reconnues d'utilité publique et aux établissements reconnus d'utilité publique ayant pour objet de soutenir des œuvres d'enseignement scolaire et universitaire régulièrement déclarées ;

6° Les dons et legs de sommes d'argent ou d'immeubles faits aux établissements pourvus de la personnalité civile autres que ceux visés au I de l'article 794 avec obligation, pour les bénéficiaires, de consacrer ces libéralités à l'achat d'œuvres d'art, de monuments ou d'objets ayant un caractère historique, de livres, d'imprimés ou de manuscrits, destinés à figurer dans une collection publique, ou à l'entretien d'une collection publique ;

7° Les dons et legs faits aux organismes d'habitations à loyer modéré ou à leurs unions ;

8° *(Périmé) ;*

9° Les dons et legs faits à l'office national des combattants et victimes de guerre ;

10° Les dons et legs faits aux associations cultuelles, aux unions d'associations cultuelles et aux congrégations autorisées ;

11° Les dons et legs faits aux établissements publics ou d'utilité publique autres que ceux visés au I de l'article 794, aux sociétés particulières ou autres groupements régulièrement constitués, en tant qu'ils sont affectés, par la volonté expresse du donateur ou du testateur, à l'érection de monuments aux morts de la guerre ou à la gloire de nos armées et des armées alliées ;

12° Conformément à l'article L 322-8 du code de l'environnement, les dons et legs d'immeubles faits au profit du Conservatoire de l'espace littoral et des rivages lacustres ;

13° Les dons et legs d'immeubles situés dans les cœurs des parcs nationaux, faits au profit de l'établissement public du parc national concerné ;

14° Les dons et legs consentis aux fonds de dotation répondant aux conditions fixées au g du 1 de l'article 200.

ENR-X-48250 s. ; MF nº 68190

Art 795-0 A **I.** Les exonérations de droit de mutation à titre gratuit mentionnées aux articles 794 et 795 s'appliquent également aux dons et legs consentis aux personnes morales ou aux organismes de même nature que ceux mentionnés aux mêmes articles, constitués sur le fondement d'un droit étranger et dont le siège est situé dans un Etat membre de l'Union européenne ou dans un autre Etat partie à l'accord sur l'Espace économique européen ayant conclu avec la France une convention d'assistance administrative en vue de lutter contre la fraude et l'évasion fiscales, lorsqu'ils sont agréés dans les conditions prévues à l'article 1649 nonies. L'agrément est accordé à ces personnes morales ou à ces organismes, sous réserve qu'ils poursuivent des objectifs et présentent des caractéristiques similaires à ceux dont le siège est situé en France répondant aux conditions fixées aux articles 794 et 795. Les dons et legs ainsi reçus par ces personnes morales ou ces organismes doivent être affectés à des activités similaires à celles mentionnées aux mêmes articles.

II. Lorsque les dons et legs ont été effectués au profit d'une personne morale ou d'un organisme non agréé dont le siège est situé dans un Etat membre de l'Union européenne ou dans un autre Etat partie à l'accord sur l'Espace économique européen ayant conclu avec la France une convention d'assistance administrative en vue de lutter contre la fraude et l'évasion fiscales, l'exonération de droit de mutation à titre gratuit n'est pas applicable, sauf lorsque le donataire ou le légataire a produit, dans le délai de dépôt de la déclaration de succession ou de donation, les pièces justificatives attestant, d'une part, qu'il poursuit des objectifs et présente des caractéristiques similaires aux personnes morales ou aux organismes de même nature dont le siège est situé en France répondant aux conditions fixées aux articles 794 et 795 et, d'autre part, que les biens qu'il a ainsi reçus sont affectés à des activités similaires à celles mentionnées à ces mêmes articles.

III. Un décret fixe les conditions d'application du I, notamment la durée de validité ainsi que les modalités de délivrance, de publicité et de retrait de l'agrément.

(Voir Annexe III, art. 281 K à 281 M)

ENR-X-48950 s. ; MF nº 68190

Art 795 A Sont exonérés des droits de mutation à titre gratuit les biens immeubles par nature ou par destination qui sont, pour l'essentiel, classés ou inscrits au titre des monuments historiques, ainsi que les biens meubles qui en constituent le complément historique ou artistique, dès lors que les héritiers, les donataires ou les légataires ont souscrit avec l'autorité administrative compétente, après avis conforme du ministre chargé du budget, une convention à durée indéterminée prévoyant le maintien dans l'immeuble des meubles exonérés et leurs conditions de présentation, les modalités d'accès du public ainsi que les conditions d'entretien des biens exonérés, conformément à des dispositions types approuvées par décret *(Voir Annexe II, art. 294 C, Annexe III, art. 281 bis et Annexe IV, art. 170 ter)*.

En cas de non-respect des règles fixées par cette convention, les biens exonérés sont soumis aux droits de mutation sur la base de leur valeur au jour où la convention n'est pas respectée ou de la valeur déclarée lors de la donation ou du décès si cette valeur est supérieure et aux taux auxquels ils auraient été soumis lors de leur transmission.

(La convention type figure en annexe du décret 2023-103 du 16 février 2023, JO du 25)

Les dispositions des premier et deuxième alinéas s'appliquent, dans les mêmes conditions, aux parts de sociétés civiles qui détiennent en pleine propriété et gèrent des biens mentionnés au premier alinéa et dont les revenus sont imposés dans la catégorie des revenus fonciers. Ces sociétés doivent être constituées uniquement entre personnes parentes en ligne directe ou entre frères et sœurs, leurs conjoints et, le cas échéant, les enfants de ces différentes personnes. Les parts de ces sociétés doivent rester la propriété de ces personnes ou de leurs descendants.

L'exonération de ces parts ne s'applique qu'à concurrence de la fraction de leur valeur nette qui correspond aux biens mentionnés au premier alinéa. Elle est, par ailleurs, subordonnée aux conditions suivantes :

a. Les parts doivent être détenues depuis plus de deux ans par le donateur ou le défunt lorsque celui-ci les a souscrites ou acquises à titre onéreux ;

b. Les parts doivent rester la propriété du donataire, héritier ou légataire pendant un délai de cinq ans à compter de la date de la transmission à titre gratuit. Lorsque cette condition n'est pas respectée, les droits sont rappelés, majorés de l'intérêt de retard visé à l'article 1727 ;

c. Les bénéficiaires de la mutation à titre gratuit doivent prendre l'engagement d'adhérer à la convention mentionnée au premier alinéa qui aura été signée entre la société civile et l'autorité administrative compétente *(Voir Annexe II, art. 294 C)* ;

d. *(Abrogé)*.

Les conditions d'application des troisième à septième alinéas, notamment les obligations déclaratives, sont déterminées par décret *(Voir Annexe III, art. 281 ter)*.

ENR-X-41300 s. ; MF nº 68185

Art 795 B Sont exonérés de droit de mutation à titre gratuit les biens fonciers et immobiliers de l'Etat que celui-ci transfère, en pleine propriété, à un établissement public foncier dans le cadre des opérations de requalification des copropriétés dégradées d'intérêt national mentionnées au titre IV du livre VII du code de la construction et de l'habitation.

Art 796-0 Sont exonérées de droits de mutation par décès les personnes dispensées de dépôt de déclaration de succession en application des dispositions de l'article 800.

ENR-X-27135 ; MF nº 68190

Art 796-0 bis Sont exonérés de droits de mutation par décès le conjoint survivant et le partenaire lié au défunt par un pacte civil de solidarité.

ENR-X-34100 s. ; MF nº 68070

Art 796-0 ter Est exonérée de droits de mutation par décès la part de chaque frère ou sœur, célibataire, veuf, divorcé ou séparé de corps, à la double condition :

1° Qu'il soit, au moment de l'ouverture de la succession, âgé de plus de cinquante ans ou atteint d'une infirmité le mettant dans l'impossibilité de subvenir par son travail aux nécessités de l'existence ;

2° Qu'il ait été constamment domicilié avec le défunt pendant les cinq années ayant précédé le décès.

ENR-X-34150 s. ; MF n° 68080

Art 796-0 quater Les réversions d'usufruit relèvent du régime des droits de mutation par décès.

ENR-X-2650 s. ; MF n° 68260

Art 796-0 quinquies Est exonérée de droits de mutation par décès la transmission de biens ayant fait l'objet d'une spoliation dans le contexte des persécutions antisémites perpétrées entre le 30 janvier 1933 et le 8 mai 1945 lorsque cette transmission résulte :

1° Soit d'une restitution prononcée conformément à la procédure définie aux articles L 115-2 à L 115-4 du code du patrimoine ou à l'article L 451-10-1 du même code ;

2° Soit d'une restitution prononcée sur des biens récupérés, inventoriés et mis en dépôt en application du décret n° 49-1344 du 30 septembre 1949 relatif à la fin des opérations de la commission de récupération artistique, dans sa rédaction en vigueur le 5 octobre 2023 ;

3° Soit d'une restitution effectuée en application d'une décision de justice rendue sur le fondement de l'ordonnance n° 45-770 du 21 avril 1945 portant deuxième application de l'ordonnance du 12 novembre 1943 sur la nullité des actes de spoliation accomplis par l'ennemi ou sous son contrôle et édictant la restitution aux victimes de ces actes de ceux de leurs biens qui ont fait l'objet d'actes de disposition.

> **Ndlr** *Les dispositions du présent article s'appliquent aux biens dont la transmission résulte d'une restitution prononcée à compter du 22 juillet 2023 (Loi 2023-1322 du 29 décembre 2023 art. 25, II).*

Art 796 **I.** Sont exonérées de l'impôt de mutation par décès les successions :

1° Des militaires des armées françaises et alliées, morts sous les drapeaux pendant la durée de la guerre ;

2° Des militaires qui, soit sous les drapeaux, soit après renvoi dans leurs foyers, seront morts, dans les trois années à compter de la cessation des hostilités, de blessures reçues ou de maladies contractées pendant la guerre ;

2° bis Des militaires décédés lors de leur participation à une opération mentionnée aux 2° ou 3° de l'article L 4138-3-1 du code de la défense ou, dans les trois années suivant la fin de celles-ci, des blessures reçues ou des maladies contractées pendant ces opérations ;

2° ter Des militaires décédés dans l'accomplissement de leur mission ou des blessures reçues dans les mêmes circonstances, attributaires de la mention « Mort pour la France » prévue à l'article L 511-1 du code des pensions militaires d'invalidité et des victimes de guerre ou de la mention « Mort pour le service de la Nation » prévue à l'article L 513-1 du même code ;

3° De toute personne ayant la nationalité française ou celle d'un pays allié dont le décès aura été provoqué, soit au cours des hostilités, soit dans les trois années à compter de la cessation des hostilités, par faits de guerre suivant la définition qui en est donnée pour les réparations à accorder aux victimes civiles de la guerre ;

4° Des personnes décédées en captivité ou des conséquences immédiates et directes de leur captivité dans le délai prévu au 2°, après avoir été internées pour faits de résistance ;

5° Des personnes décédées au cours de leur déportation ou des conséquences immédiates et directes de leur déportation, dans le délai prévu au 3° ;

6° Des militaires et civils décédés en Afrique du Nord, victimes d'opérations militaires ou d'attentats terroristes ;

7° Des personnes décédées du fait d'actes de terrorisme visés à l'article L 113-13 du code des pensions militaires d'invalidité et des victimes de guerre ou des conséquences directes de ces actes dans un délai de trois ans à compter de leur réalisation ;

8° Des sapeurs-pompiers professionnels ou volontaires décédés en opération de secours ou des blessures reçues dans cette opération, cités à l'ordre de la Nation ;

9° Des policiers et des gendarmes décédés dans l'accomplissement de leur mission ou des blessures reçues dans les mêmes circonstances, cités à l'ordre de la Nation ;

10° Des agents des douanes décédés dans l'accomplissement de leur mission ou des blessures reçues dans les mêmes circonstances, cités à l'ordre de la Nation ;

11° Des personnes attributaires de la mention « Mort pour le service de la République » prévue à l'article 30 de la loi n° 2021-1520 du 25 novembre 2021 visant à consolider notre modèle de sécurité civile et valoriser le volontariat des sapeurs-pompiers et les sapeurs-pompiers professionnels.

II. *(Abrogé).*

III. L'exonération de l'impôt n'entraîne pas la dispense de la déclaration des successions. Elle est subordonnée à la condition que cette déclaration soit accompagnée :

1° Dans les cas visés aux 1°, et 2° et 2° bis du I, d'un certificat de l'autorité militaire constatant que la mort a été causée par une blessure reçue ou une maladie contractée pendant, selon le cas, la guerre ou l'opération mentionnée aux 2° ou 3° de l'article L 4138-3-1 du code de la défense ;

2° Dans les cas visés aux 3°, 4°, 5° et 6° du I, d'un certificat de l'autorité militaire ou civile compétente établissant les circonstances du décès.

ENR-X-48050 s. ; MF n° 68190

Art 796 bis I. Les dons en numéraire reçus par une personne victime d'un acte de terrorisme, au sens du I de l'article 9 de la loi n° 86-1020 du 9 septembre 1986 relative à la lutte contre le terrorisme, sont exonérés de droits de mutation à titre gratuit.

Si la victime est décédée du fait de l'acte de terrorisme, l'exonération de droits de mutation à titre gratuit s'applique, dans les mêmes conditions, aux dons en numéraire reçus par son conjoint, son partenaire lié par un pacte civil de solidarité, son concubin notoire, ses descendants, ses ascendants et les personnes considérées comme à sa charge, au sens des articles 196 et 196 A bis.

II. L'exonération prévue au I du présent article s'applique, dans les mêmes conditions, aux dons en numéraire reçus par une personne blessée dans les circonstances prévues aux 1° à 2° ter ou aux 8° à 10° du I de l'article 796 par le conjoint, le partenaire lié par un pacte civil de solidarité, le concubin notoire, les descendants, les ascendants et les personnes considérées comme à la charge, au sens des articles 196 et 196 A bis, de toute personne mentionnée aux 1° à 2° ter ou aux 8° à 10° du I de l'article 796.

III. L'exonération prévue aux I et II du présent article est applicable aux dons reçus dans les douze mois suivant l'acte de terrorisme ou, dans les autres situations, le décès. Toutefois, ce délai n'est pas applicable lorsque les dons sont versés par une fondation, une association reconnue d'utilité publique ou une œuvre ou un organisme d'intérêt général.

ENR-X-65000 s. ; MF n° 69187

Art 797 I. Les immeubles non bâtis et les droits portant sur ces immeubles sont exonérés de droits de mutation par décès aux conditions suivantes :

1° Les immeubles considérés sont indivis au sein d'une parcelle cadastrale ;

2° La valeur totale des immeubles considérés est inférieure à 5 000 € lorsqu'ils sont constitués d'une seule parcelle et à 10 000 € lorsqu'ils sont constitués de deux parcelles contiguës ;

3° Le droit de propriété du défunt n'a pas été constaté avant son décès par un acte régulièrement transcrit ou publié ;

4° Les attestations notariées mentionnées au 3° de l'article 28 du décret n° 55-22 du 4 janvier 1955 portant réforme de la publicité foncière et relatives à ces biens sont publiées dans un délai de vingt-quatre mois à compter du décès.

II. L'exonération prévue au I n'est applicable qu'à raison d'une seule parcelle ou de deux parcelles contiguës en indivision par succession.

ENR-X-49700 s. ; MF n° 68195

Art 797 A Sont exonérés de droits de mutation à titre gratuit les versements réalisés par un cédant à une entreprise dans les conditions prévues aux articles L 23-11-1 à L 23-11-4 du code de commerce.

TS-VII-38768 ; MF n° 88690

E. Obligations diverses

1. Dispositions communes aux successions et aux donations

Art 798 Les héritiers, donataires ou légataires, dans les déclarations de mutation par décès, les parties dans les actes constatant une transmission entre vifs à titre gratuit, doivent faire connaître si les bijoux, pierreries, objets d'art ou de collection compris dans la mutation étaient l'objet d'un contrat d'assurance contre le vol ou contre l'incendie en cours au jour du décès ou de l'acte et, au cas de l'affirmative, indiquer la date du contrat, le nom ou la raison sociale et le domicile de l'assureur, ainsi que le montant des risques.

ENR-X-27630

Art 799 En ce qui concerne les déclarations visées à l'article 851, les mutations à titre gratuit des parts du fonds commun de placement donnent lieu à une déclaration comportant la désignation du fonds, ainsi que l'indication du nombre de parts et de leur valeur de rachat à la date de la donation ou du décès, sans qu'il y ait lieu de fournir à l'administration l'énumération de toutes les valeurs comprises dans le fonds et leur cours de bourse *(Voir Annexe III, art. 280 A et 280 B).*

ENR-X-27990 ; MF n° 68440 c

2. Dispositions spéciales aux successions

Art 800 I. Les héritiers, légataires ou donataires, leurs tuteurs ou curateurs, sont tenus de souscrire une déclaration détaillée *(Voir Annexe III, art. 281 O).*

En sont dispensés :

1° Les ayants cause en ligne directe, le conjoint survivant et le partenaire lié par un pacte civil de solidarité lorsque l'actif brut successoral est inférieur à 50 000 € et à la condition que ces personnes n'aient pas bénéficié antérieurement, de la part du défunt, d'une donation ou d'un don manuel non enregistré ou non déclaré ;

2° Les personnes autres que celles visées au 1° lorsque l'actif brut successoral est inférieur à 3 000 €.

II. *(Abrogé).*

ENR-X-27125 s. ; MF n°s 68850 s.

Art 801 La déclaration prévue à l'article 800 doit mentionner les nom, prénoms, date et lieu de naissance de chacun des héritiers, légataires ou donataires.

Si la naissance est arrivée hors de France, il est, en outre, justifié de cette date avant l'enregistrement de la déclaration, à défaut de quoi il est perçu les droits les plus élevés qui pourraient être dus au Trésor sauf restitution du trop-perçu comme il est dit à l'article 1965 C.

ENR-X-27630

Art 802 Toute déclaration de mutation par décès, souscrite par les héritiers, donataires et légataires, leurs tuteurs, curateurs ou administrateurs légaux est terminée par une mention ainsi conçue : « ... Le déclarant affirme sincère et véritable la présente déclaration ; il affirme, en outre, sous les peines édictées par l'article 1837 du code général des impôts, que cette déclaration comprend l'argent comptant, les créances et toutes autres valeurs mobilières françaises ou étrangères qui, à sa connaissance, appartenaient au défunt, soit en totalité, soit en partie ».

Lorsque le déclarant affirme ne savoir ou ne pouvoir signer, lecture de la mention prescrite au premier alinéa lui est donnée, ainsi que de l'article 1837 précité et des articles L 230 et L 231 du livre des procédures fiscales relatifs à l'exercice des poursuites pénales en cas d'affirmation frauduleuse. Certification est faite, au pied de la déclaration, que cette formalité a été accomplie et que le déclarant a affirmé l'exactitude complète de sa déclaration.

ENR-VII-3320 s. ; ENR-X-28150 s.

Art 802 bis Lorsque le notaire, mandaté par les héritiers, légataires ou donataires, leurs tuteurs ou leurs curateurs, transmet une copie de la déclaration prévue au I de l'article 800 au moyen d'un service en ligne mis à disposition par l'administration depuis une plateforme spécifique, il appose sur cette copie les mentions de certification de l'identité des parties et de conformité à l'original.

Ndlr *Les déclarations de succession seront obligatoirement souscrites par voie dématérialisée sur une plateforme dédiée le 1er juillet 2025 au plus tard (Voir art. 1649 quater B quater, XVI).*

FR 2/22 inf. 63 p. 101

1° Immeubles et fonds de commerce situés en France et dévolus à des personnes domiciliées à l'étranger. Obligations imposées à l'acquéreur

Art 803 Tout acquéreur d'un immeuble ou d'un fonds de commerce situé en France et dépendant d'une succession dévolue à un ou plusieurs héritiers, légataires ou donataires ayant à l'étranger leur domicile de fait ou de droit, ne peut se libérer du prix d'acquisition si ce n'est sur la présentation d'un certificat délivré sans frais par le comptable public compétent et constatant soit l'acquittement, soit la non-exigibilité de l'impôt de mutation par décès, à moins qu'il ne préfère retenir, pour la garantie du Trésor, et conserver jusqu'à la présentation du certificat du comptable, une somme égale au montant de l'impôt calculé sur le prix.

ENR-X-30820 s.

2° Polices d'assurances contre l'incendie souscrites par les personnes décédées. Avis à donner par les assureurs

Art 805 Les sociétés, compagnies d'assurances et tous autres assureurs français et étrangers, qui auraient assuré contre le vol ou contre l'incendie, en vertu d'un contrat ou d'une convention en cours à l'époque du décès, des bijoux, pierreries, objets d'art ou de collection, situés en France et dépendant d'une succession qu'ils sauraient ouverte, ou appartenant au conjoint d'une personne qu'ils sauraient décédée, doivent, dans la quinzaine qui suit le jour où ils ont connaissance du décès, adresser à l'autorité compétente de l'Etat de leur département de résidence, une notice faisant connaître :

1° Le nom ou la raison sociale et le domicile de l'assureur ;

2° Les nom, prénoms et domicile de l'assuré, ainsi que la date de son décès ou du décès de son conjoint ;

3° Le numéro, la date et la durée de la police et la valeur des objets assurés.

Ces notices sont établies sur des formulaires mis à disposition par le service des impôts.

ENR-X-30650 s. ; MF n°s 68850, 78380

3° Titres, sommes ou valeurs en dépôt. Sommes dues à raison du décès. Obligations des dépositaires ou débiteurs

Art 806 I. Les administrations publiques, les établissements ou organismes quelconques soumis au contrôle de l'autorité administrative, les sociétés ou compagnies, prestataires de services d'investissement autres que des sociétés de gestion de portefeuille, changeurs, banquiers, escompteurs, officiers publics ou ministériels ou agents d'affaires qui seraient dépositaires, détenteurs ou débiteurs de titres, sommes ou valeurs dépendant d'une succession qu'ils sauraient ouverte doivent adresser, soit avant le paiement, la remise ou le transfert, soit dans la quinzaine qui suit ces opérations, à l'autorité compétente de l'Etat de leur département de résidence, la liste de ces titres, sommes ou valeurs.

II. Ces listes sont établies sur des formulaires mis à disposition par le service des impôts.

III. Les sociétés, compagnies, caisses ou organismes d'assurances et tous autres assureurs français, ainsi que les établissements, agences et succursales en France des sociétés, compagnies, caisses, organismes ou assureurs étrangers, ne peuvent se libérer des sommes, rentes ou émoluments quelconques dus par eux, à raison ou à l'occasion du décès de l'assuré à tout bénéficiaire domicilié en France ou à l'étranger, si ce n'est sur la présentation d'un certificat délivré sans frais par le comptable public compétent et constatant soit l'acquittement, soit la non-exigibilité de l'impôt de mutation par décès.

Ils peuvent, toutefois, sur la demande écrite des bénéficiaires, verser tout ou partie des sommes dues par eux en l'acquit des droits de mutation par décès, au service des impôts où doit être déposée la déclaration de succession.

Les dispositions du présent III ne sont pas applicables lorsque l'ensemble des sommes, rentes ou émoluments quelconques dus par un ou plusieurs assureurs, à raison ou à l'occasion du décès de l'assuré, n'excèdent pas 7 600 € et reviennent à des successibles en ligne directe n'ayant pas à l'étranger un domicile de fait ou de droit. Cette mesure est subordonnée à la condition que le bénéficiaire de l'assurance dépose une demande écrite renfermant la déclaration que l'ensemble desdites indemnités n'excède pas 7 600 €.

Le présent III n'est pas applicable aux sommes, rentes ou émoluments quelconques dus au conjoint survivant ou au partenaire survivant dans le cadre d'un pacte civil de solidarité, ni à ceux dus à un organisme exonéré de droits de mutation à titre gratuit en application des dispositions de l'article 795.

IV. Les organismes mentionnés au I de l'article 990 I ne peuvent se libérer des sommes, rentes ou valeurs quelconques dues par eux, à raison du décès de l'assuré, à tout bénéficiaire qu'après avoir déclaré à l'administration des impôts le dénouement mentionné au I de l'article 1649 ter.

ENR-XI-12800 s. ; MF n° 68236 g

ENR-X-30360 s. ; MF n° 68850

Art 807 Le III de l'article 806, à l'exception de ses troisième et dernier alinéas, est applicable aux administrations publiques, aux établissements, organismes, sociétés, compagnies ou personnes désignés au I de l'article 806 qui seraient dépositaires, détenteurs ou débiteurs de titres, sommes ou valeurs dépendant d'une succession qu'elles sauraient ouverte, et dévolus à un ou plusieurs héritiers, légataires ou donataires ayant à l'étranger leur domicile de fait ou de droit.

ENR-X-30500 s.

Art 808 Les dépositaires désignés au I de l'article 806 doivent, dans la quinzaine de la notification, qui leur est faite par le service des impôts, du décès de l'un des déposants à un compte indivis ou collectif avec solidarité, adresser à l'autorité compétente de l'Etat de leur département de résidence la liste des titres, sommes ou valeurs existant, au jour du décès, au crédit des cotitulaires du compte.

ENR-X-30360 s.

VII. Actes et conventions concernant les sociétés, personnes morales et groupements

A. Dispositions générales

(Voir également art. 1717 bis)

1° Règles de territorialité

Art 808 A I. Les opérations soumises au droit d'apport ou à la taxe de publicité foncière et concernant les sociétés de capitaux sont taxables en France lorsque s'y trouve le siège de direction effective ou le siège statutaire, à condition que, dans ce dernier cas, le siège de direction effective soit situé en dehors des Etats de la Communauté européenne.

ENR-VI-590

II. Sont soumis au droit d'apport ou à la taxe de publicité foncière sur la valeur de l'actif net social le transfert en France :

1° Depuis un Etat n'appartenant pas à la Communauté européenne, du siège de direction effective d'une société de capitaux ou de son siège statutaire, à condition que, dans le premier cas, son siège statutaire ou, dans le second cas, son siège de direction effective ne se trouve pas dans un Etat membre de la Communauté ;

2° Depuis un autre Etat de la Communauté européenne, soit du siège de direction effective d'une société, soit de son siège statutaire dans la mesure où elle n'était pas considérée comme une société de capitaux dans cet autre Etat et à condition que, dans le second cas, son siège de direction effective ne se trouve pas dans un Etat de cette Communauté.

ENR-VI-16405 ; MF n° 67020

2° Apports à une société, personne morale ou groupement

Art 809 I. Sous réserve des dispositions du I de l'article 257 :

1° Les actes de formation de sociétés ou de groupements d'intérêt économique qui ne contiennent pas transmission de biens meubles ou immeubles, entre les associés ou autres personnes, sont assujettis au droit d'enregistrement ou à la taxe de publicité foncière sur le montant des apports déduction faite du passif ;

2° Les apports immobiliers qui sont faits aux associations constituées conformément à la loi du 1er juillet 1901 et au livre Ier de la deuxième partie du code du travail (syndicats professionnels) sont soumis aux mêmes droits ou taxes que les apports aux sociétés civiles ou commerciales ;

ENR-VI-44260 s., 9900 s. ; MF n° 67220

3° Les apports faits à une personne morale passible de l'impôt sur les sociétés par une personne non soumise à cet impôt sont assimilés à des mutations à titre onéreux dans la mesure où ils ont pour objet un immeuble ou des droits immobiliers, un fonds de commerce, une clientèle, un droit à un bail ou à une promesse de bail.

ENR-VI-3600 s. ; MF n° 66870, 66975

I bis. En cas d'apport réalisé dans les conditions fixées au II de l'article 151 octies, par une personne physique à une société de l'ensemble des éléments d'actif immobilisé affectés à l'exercice d'une activité professionnelle, la prise en charge du passif, dont sont grevés les biens de la nature de ceux énumérés au 3° du I qui sont compris dans l'apport, est assimilée à une mutation à titre onéreux.

ENR-VI-7350 s. ; MF n° 66940

II. Lorsqu'une personne morale dont les résultats ne sont pas soumis à l'impôt sur les sociétés devient passible de cet impôt, le changement de son régime fiscal rend les droits et taxes de mutation à titre onéreux exigibles sur les apports purs et simples qui lui ont été faits depuis le 1er août 1965 par des personnes non soumises audit impôt *(Voir Annexe II, art. 295 à 301).* Les droits sont perçus sur la valeur vénale des biens à la date du changement.

ENR-VI-9200 s. ; MF n° 38805

III. *(Abrogé).*

Art 810 I. Les apports sont enregistrés gratuitement.

ENR-VI-9900 s. ; MF n° 66975

II. *(Abrogé).*

III. Le tarif normal du droit d'enregistrement ou de la taxe de publicité foncière perçus sur les apports mentionnés au 3° du I, au I bis et au II de l'article 809 est fixé à 2,20 % pour les apports qui ont pour objet un immeuble ou des droits immobiliers et, selon le tarif prévu à l'article 719, pour ceux qui ont pour objet un fonds de commerce, une clientèle, un droit à un bail ou à une promesse de bail.

Toutefois, sauf pour les immeubles ou droits immobiliers n'étant pas compris dans l'apport de l'ensemble des éléments d'actif immobilisés affectés à l'exercice d'une activité professionnelle, ces apports sont enregistrés gratuitement si l'apporteur, ou les associés en cas de changement de régime fiscal, s'engagent à conserver pendant trois ans les titres remis en contrepartie de l'apport ou détenus à la date de changement de régime fiscal.

En cas de non-respect de l'engagement de conservation des titres, ou, pour les apports mentionnés au I bis de l'article 809, si la société cesse de remplir les conditions qui lui ont permis de bénéficier de cet avantage, le droit prévu au premier alinéa du présent III majoré des taxes additionnelles est exigible immédiatement.

Toutefois, la reprise n'est pas effectuée en cas de donation, si le donataire prend, dans l'acte, et respecte l'engagement de conserver les titres jusqu'au terme de la troisième année suivant l'apport ou le changement du régime fiscal.

Les biens qui n'ont pas été soumis au droit proportionnel mentionné au premier alinéa du présent III sont soumis au droit de mutation à titre onéreux s'ils sont attribués, lors du partage social, à un associé autre que l'apporteur et au régime prévu au 3° du I de l'article 809 s'ils sont apportés à une autre société passible de l'impôt sur les sociétés.

ENR-VI-3600 s., 9900 s. ; MF nos 66880, 66975

III bis. *(Disposition périmée).*

III ter. *(Dispositions devenues sans objet).*

IV. L'enregistrement gratuit mentionné au I se substitue aux droits proportionnels visés au III pour les apports d'immeubles entrant dans le champ d'application de la taxe sur la valeur ajoutée.

ENR-VI-955, 9950 ; MF nº 66860

V. *(Abrogé).*

VI. Les opérations visées aux I et II de l'article 208 septies sont enregistrées gratuitement.

ENR-VI-44410 s. ; MF nº 67220

Art 810 bis Lorsque les apports réalisés à l'occasion de la constitution d'une société sont enregistrés gratuitement conformément à l'article 810, les dispositions figurant dans les actes et déclarations, ainsi que leurs annexes, établis à l'occasion de la constitution de sociétés sont également enregistrés gratuitement.

ENR-VI-7520 s. ; MF nº 66860

Art 810 quater Les actes constatant les apports mobiliers effectués dans les conditions prévues à l'article 220 nonies sont enregistrés gratuitement.

ENR-VI-9980 ; MF nº 67225

Art 811 Sont enregistrés gratuitement :

1° Les actes constatant des prorogations pures et simples de sociétés ;

ENR-VI-17600 s. ; MF nº 66970

2° Les actes de dissolution de sociétés qui ne portent aucune transmission de biens meubles ou immeubles entre les associés ou autres personnes.

ENR-VI-23600 s. ; MF nº 67070

B. Dispositions particulières à certaines conventions

1. Augmentations de capital

Art 812 I. L'augmentation, au moyen de l'incorporation de bénéfices, de réserves ou de provisions de toute nature, du capital des sociétés est enregistrée gratuitement.

II. *(Abrogé).*

ENR-VI-11000 s. ; MF nº 66985

1 bis. Réductions de capital

Art 814 C Sous réserve des dispositions du dernier alinéa du III de l'article 810, sont enregistrés gratuitement :

1° Les réductions de capital de sociétés contre annulation ou réduction du nominal ou du nombre de titres ;

2° Les réductions de capital consécutives au rachat par les sociétés de leurs propres titres, avec attribution de biens sociaux aux associés, y compris du numéraire, lorsqu'un seul acte est établi pour constater les deux opérations ;

3° Les actes de réductions de capital consécutives au rachat par les sociétés de leurs propres titres lorsque deux actes distincts sont dressés pour constater les deux opérations.

ENR-VI-14530 s. ; MF nos 66995 s.

2. Actes de fusion

Art 816 Les actes qui constatent des opérations de fusion auxquelles participent exclusivement des personnes morales ou organismes passibles de l'impôt sur les sociétés, ainsi que la prise en charge du passif dont sont grevés les apports mentionnés dans ces actes, sont enregistrés gratuitement.

ENR-VI-18850 s. ; MF nos 39000 s., 39630

Art 816 A I. *(Abrogé).*

II. Le régime prévu à l'article 816 est applicable, même lorsque la société apporteuse n'est pas passible de l'impôt sur les sociétés, mais à concurrence seulement des apports autres que ceux assimilés à des mutations à titre onéreux en vertu du 3° du I de l'article 809.

ENR-VI-19320 s. ; MF nº 39290

3. Scissions et apports partiels d'actif

Art 817 I. Les dispositions de l'article 816 et du II de l'article 816 A s'appliquent aux scissions et aux apports partiels d'actif.

II. *(Abrogé).*

ENR-VI-20700 s., 21400 s. ;
MF nos 39000 s., 39235

4. Conditions d'application du régime spécial des fusions, scissions et apports partiels d'actif

Art 817 A Un décret en Conseil d'Etat *(Voir Annexe II, art. 301 A à 301 F)* fixe les conditions d'application de l'article 816, du II de l'article 816 A et de l'article 817, notamment la définition des apports partiels d'actif, fusions ou opérations assimilables, au sens de la directive du 9 avril 1973 du Conseil des Communautés européennes, à des fusions ouvrant droit au régime spécial et, pour ces dernières opérations, les cas de déchéance de ce régime.

ENR-VI-20700 s., 21400 s. ; MF n°s 39000 s.

Art 817 B Les dispositions de l'article 816 s'appliquent également aux opérations agréées dans les conditions prévues au 3 de l'article 210 B.

ENR-VI-21660 ; MF n° 39235

C. Régimes spéciaux et exonérations

3. Sociétés à capital variable

Art 825 L'augmentation nette du capital d'une société à capital variable, constatée à la clôture d'un exercice, est enregistrée gratuitement ; la mention « gratuit » est portée sur le procès-verbal de l'assemblée générale des associés qui statue sur les résultats de cet exercice.

ENR-VI-10800 s. ; MF n° 66975 précision b

Le rachat par une société de placement à prépondérance immobilière à capital variable de ses propres actions est soumis à un droit d'enregistrement au taux fixé au 2° du I de l'article 726 lorsque le porteur des actions se trouve dans l'un des cas mentionnés aux a et b de l'article 730 quinquies. Toutefois, ce droit d'enregistrement ne s'applique pas lorsque le porteur qui demande le rachat de ses parts est lui-même un organisme de placement collectif immobilier.

ENR-VI-45530 ; MF n° 67225

5. Sociétés immobilières et assimilées

Art 827 I. Sont enregistrés gratuitement :

1° Les actes constatant l'attribution d'actif net faite à un ou plusieurs organismes attributaires par une société d'habitations à loyer modéré, en vertu du premier alinéa de l'article L 422-11 du code de la construction et de l'habitation, quelle que soit la nature des biens compris dans l'actif net attribué.

Cette disposition est applicable aux sociétés anonymes de crédit immobilier définies à l'article L 422-4 du code précité, ainsi qu'aux sociétés coopératives artisanales et aux groupements de ces mêmes coopératives constitués en conformité de l'article 3 de la loi du 27 décembre 1923 et réalisant les opérations désignées à l'article 1er de la loi du 2 août 1932 facilitant la construction des locaux à usage artisanal ;

ENR-VI-39450 s. ; ENR-X-61140

2° Les attributions de logements faites par les sociétés coopératives en application du deuxième alinéa de l'article 80 de la loi n° 53-80 du 7 février 1953.

ENR-VI-38250 s.

II. *(Abrogé).*

Art 828 I. Sont enregistrés gratuitement :

1° *(Abrogé) ;*

2° Les actes par lesquels les sociétés ayant fonctionné conformément à l'objet défini à l'article 1655 ter augmentent leur capital, prorogent leur durée ou font à leurs membres, par voie de partage en nature à titre pur et simple, attribution exclusive en propriété des fractions, auxquelles ils ont vocation, d'immeubles ou groupes d'immeubles construits, acquis ou gérés par elles ; les sociétés susvisées qui ont bénéficié de prêts pour la réalisation de leur objet social peuvent se prévaloir de ces dispositions même si la répartition de ces prêts a pour effet d'enlever au partage son caractère pur et simple, pourvu que cette répartition ait été effectuée suivant les règles prévues par les organismes prêteurs.

Toutefois, pour les sociétés assujetties à la taxe sur la valeur ajoutée, en application du I de l'article 257, le bénéfice de cette disposition est subordonné à la condition qu'elles justifient du règlement de la taxe due sur les opérations de construction ;

ENR-VI-37990 s., 38160 s. ; MF n° 67195

3° *(Disposition devenue sans objet)* ;

4° Les actes de dissolution et de partage des sociétés civiles immobilières régies par les articles L 443-6-2 et suivants du code de la construction et de l'habitation.

ENR-VI-39200 s.

II. *(Abrogé).*

5 bis. Transformation de SCPI et de SCI « Acavi » en OPCI

Art 828 bis 1. Sont exonérés des droits d'enregistrement, de la taxe de publicité foncière et de la contribution prévue à l'article 879 les transferts de biens, droits et obligations résultant de la transformation :

a. Des sociétés civiles de placement immobilier en organismes de placement collectif immobilier ;

b. Des sociétés civiles à objet strictement immobilier, dont les parts sont détenues par une entreprise d'assurance en représentation de provisions mathématiques relatives aux engagements exprimés en unités de compte de contrats d'assurance sur la vie ou de capitalisation, en sociétés de placement à prépondérance immobilière à capital variable.

2. *(Abrogé).*

ENR-VI-45550

6. Fonds communs de placement

Art 832 Les souscriptions de parts de fonds communs de placement ou de sociétés de libre partenariat sont dispensées de tout droit d'enregistrement.

ENR-VI-45340 ; MF n° 67225

6 bis. Fonds de placement immobilier

Art 832 A Les souscriptions de parts de fonds de placement immobilier sont dispensées de tout droit d'enregistrement.

ENR-VI-45510 ; MF n° 67225

8. Conversion en euros du capital des sociétés

Art 834 bis Les opérations d'augmentation ou de réduction de capital rendues nécessaires par la conversion en euros du capital des sociétés sont exonérées de droits d'enregistrement.

DC-IX-9100 s.

X. Inscriptions de privilèges et d'hypothèques

A. Régime normal

Art 844 La taxe proportionnelle de publicité foncière applicable aux inscriptions d'hypothèques judiciaires ou conventionnelles visées au 1° de l'article 663 est perçue au taux de 0,70 %.

Elle est liquidée sur les sommes garanties en capital, intérêts et accessoires, même indéterminées, éventuelles ou conditionnelles, exprimées ou évaluées dans le bordereau. Il n'est perçu qu'une seule taxe pour chaque créance quel que soit le nombre des créanciers requérants et celui des débiteurs grevés.

Les inscriptions qui échappent à la taxe proportionnelle sont soumises à une taxe fixe de 25 €.

ENR-XI-3400 s. ; MF n° 64100

B. Exonérations

Art 845 Sont exonérés de la taxe de publicité foncière :

1° Les inscriptions requises par l'Etat.

Toutefois, la taxe qui n'a pas été perçue sur une inscription d'hypothèque judiciaire ou conventionnelle doit être acquittée lors de la radiation de l'inscription. A cet effet, le service chargé de la publicité foncière est tenu d'énoncer, tant sur le bordereau destiné aux archives que sur le bordereau remis au requérant, le montant de la taxe non perçue ;

2° Les inscriptions :

a. Des hypothèques conventionnelles pour sûreté des avances consenties par l'Etat aux organismes d'habitations à loyer modéré ;

b. Des hypothèques prises par les organismes d'habitations à loyer modéré et de crédit immobilier pour la sûreté et le recouvrement des prêts individuels qu'ils sont appelés à consentir à des particuliers ;

c. Des hypothèques prises en garantie des prêts d'épargne des travailleurs manuels prévus au deuxième alinéa du III de l'article 80, modifié, de la loi n° 76-1232 du 29 décembre 1976 ;

3° Les actes des prêts spéciaux à la construction désignés à l'article L 312-1 du code de la construction et de l'habitation.

ENR-XI-2280 s. ; MF n° 64100

XI. Actes divers

Art 846 Sont soumises à la taxe proportionnelle de publicité foncière au taux de 0,60 %, les quittances ou cessions d'une somme équivalente à trois années de loyers ou fermages non échus, à l'exception des quittances ou cessions liées aux actes prévus à l'article 1048 ter.

ENR-I-22650

Art 846 bis Les procurations, mainlevées d'hypothèques et actes de notoriété autres que ceux constatant l'usucapion sont soumis à une taxe fixe de publicité foncière ou, le cas échéant, à un droit fixe d'enregistrement de 25 € ;

Le tarif mentionné au premier alinéa s'applique également aux déclarations et états descriptifs de division établis en vue de l'application des articles L 526-1 à L 526-3 du code de commerce.

ENR-I-342, 22485, 22520, 22605 ; MF n° 64100

Art 847 Sont enregistrés gratuitement :

1° Les contrats de mariage, lorsqu'ils ne peuvent donner lieu à la perception d'une imposition proportionnelle ou progressive d'un montant plus élevé ;

2° *(Abrogé).*

ENR-I-22275 ; MF n° 64100

Art 847 bis Sont exonérés des droits d'enregistrement :

1° Les actes prévus à l'article 342-10 du code civil et à l'article L 2141-6 du code de la santé publique ;

2° Les actes de reconnaissance de filiation établis dans le cadre de la procédure prévue aux articles 342-9 à 342-13 du code civil ou dans les conditions prévues au IV de l'article 6 de la loi n° 2021-1017 du 2 août 2021 relative à la bioéthique.

ENR-I-22267, 22670 ; MF n° 64100

Art 848 bis La fraction des parts des groupements fonciers ruraux, prévus par l'article L 322-22 du code rural et de la pêche maritime, représentative de biens de nature forestière et celle représentative de biens de nature agricole sont soumises, dans les mêmes conditions, aux dispositions qui régissent les droits de mutation à titre gratuit ou onéreux respectivement applicables aux parts de groupements forestiers et aux parts de groupements fonciers agricoles.

ENR-VI-40010 ; ENR-X-39900 s. ; MF n°s 67215, 68165

SECTION III

Obligations diverses

I. Obligations des redevables et des officiers publics et ministériels

A. Obligations des redevables

1° Actes sous seings privés. Dépôt d'un double au bureau

Art 849 Les parties qui rédigent un acte sous seing privé soumis à l'enregistrement dans un délai déterminé doivent en établir un double revêtu des mêmes signatures que l'acte lui-même, et qui reste déposé au service des impôts lorsque la formalité est requise *(Voir également LPF, art. L 106)*. Pour les actes mentionnés au 2° du I de l'article 658, la copie est déposée en deux exemplaires.

ENR-I-5090 s.

2° Affirmation de sincérité

Art 850 Dans tout acte ou déclaration ayant pour objet, soit une vente d'immeubles, soit une cession de fonds de commerce ou du droit à un bail ou du bénéfice d'une promesse de bail portant sur tout ou partie d'un immeuble, soit un échange ou un partage comprenant des immeubles ou un fonds de commerce, les vendeurs, acquéreurs, échangistes, copartageants, leurs tuteurs ou administrateurs légaux sont tenus de terminer l'acte ou la déclaration par une mention ainsi conçue : « Les parties affirment, sous les peines édictées par l'article 1837 du code général des impôts que le présent acte *(ou la présente déclaration)* exprime l'intégralité du prix ou de la soulte convenue ».

ENR-VII-3240 s.

3° Déclaration estimative

Art 851 Dans tous les cas où les droits sont perçus d'après une déclaration estimative des parties, la déclaration et l'estimation doivent être détaillées.

Une déclaration de cette nature est, avant l'exécution de l'enregistrement, de la formalité fusionnée ou de la formalité de publicité foncière, souscrite, certifiée et signée au pied du document à formaliser, lorsque les sommes ou valeurs devant servir à l'assiette du droit proportionnel ou progressif n'y sont pas déterminées.

A défaut, la formalité est refusée.

ENR-I-13330 s.

B. Obligations des officiers publics et ministériels

1. Obligations particulières à la formalité de l'enregistrement

1° Actes publics

Art 853 Les notaires, huissiers, greffiers et autorités administratives sont tenus, chaque fois qu'ils présentent des actes, jugements ou arrêts à la formalité de l'enregistrement, de déposer au service des impôts un bordereau récapitulatif de ces actes, jugements ou arrêts établi par eux, en double exemplaire, sur des formules imprimées qui leur sont fournies gratuitement par l'administration.

A défaut, la formalité de l'enregistrement est refusée.

ENR-I-5110 s.

Art 854 Il est défendu à tout notaire ou greffier de recevoir aucun acte en dépôt sans dresser acte du dépôt.

Sont exceptés les testaments déposés chez les notaires par les testateurs.

ENR-I-4590 s.

Art 855 Il est fait mention dans toutes les expéditions des actes publics, civils ou judiciaires, qui doivent être enregistrés sur les minutes et expéditions visées au I de l'article 658, de la quittance des droits, par une transcription littérale et entière de cette quittance.

Pareille mention est faite dans les minutes des actes publics, civils, judiciaires ou extrajudiciaires, qui se font en vertu d'actes sous signatures privées ou passés en pays étrangers et qui sont soumis à l'enregistrement.

ENR-I-4610

2° Enonciation des formalités antérieures

Art 856 Tout acte portant sous-bail, subrogation, cession ou rétrocession de bail doit contenir la reproduction littérale de la mention d'enregistrement du bail cédé en totalité ou en partie, lorsque cette formalité est obligatoire.

Art 857 Toutes les fois qu'une condamnation est rendue sur un acte enregistré, le jugement ou la sentence arbitrale en fait mention et énonce le montant du droit payé, la date du paiement et le nom du service public où il a été acquitté ; en cas d'omission et s'il s'agit d'un acte soumis à la formalité dans un délai déterminé, le comptable public compétent exige le droit si l'acte n'a pas été enregistré dans son service, sauf restitution, dans le délai prescrit, s'il est ensuite justifié de l'enregistrement de l'acte sur lequel le jugement a été prononcé.

ENR-I-4640 s. ; ENR-VII-15050 s.

3° Offices (transmissions, créations et suppressions)

Art 859 Tout traité ou convention ayant pour objet la transmission à titre onéreux ou gratuit d'un office, de la clientèle, des minutes, répertoires, recouvrements et autres objets en dépendant doit être constaté par écrit et enregistré, avant d'être produit à l'appui de la demande de nomination du successeur désigné.

ENR-IV-12150 s.

En cas de transmission de l'office par décès à un héritier ou légataire unique, ce dernier doit produire à l'appui de sa demande de nomination un certificat délivré sans frais par le comptable public compétent constatant l'acquittement du droit de mutation par décès.

ENR-X-30860 s. ; MF n° 65665

2. Autres obligations

1° Extraits d'acte

Art 860 Les notaires, huissiers, greffiers, avoués, avocats et autorités administratives doivent, pour les actes et décisions judiciaires qui contiennent des dispositions soumises à publicité foncière et pour les attestations après décès, établir en double exemplaire un extrait, dit extrait d'acte modèle n° 1 ou modèle n° 2, dans les conditions fixées par l'autorité compétente de l'Etat *(L'extrait d'acte est complété conformément aux dispositions de l'Annexe III, art. 255).*

ENR-I-1155 s.

L'extrait peut être remplacé par une reproduction partielle des actes, décisions judiciaires ou attestations, faite dans les conditions prévues par l'autorité compétente de l'Etat.

ENR-I-1155 s.

Pour les actes visés au premier alinéa du I de l'article 647, les deux exemplaires de l'extrait sont remis, sous peine de refus du dépôt, au service chargé de la publicité foncière, au moment où la formalité fusionnée est requise *(Voir Annexe III, art. 253, II).* Le dépôt est également refusé s'il existe, entre cet extrait et le document à publier, une discordance faisant obstacle à la détermination de l'assiette ou au contrôle de l'impôt.

ENR-I-1155 s.

Pour les actes visés au deuxième alinéa du I du même article, l'un des exemplaires de l'extrait d'acte est déposé au service des impôts compétent pour opérer la formalité de l'enregistrement *(Voir Annexe III, art. 256).*

ENR-I-5145

2° Actes en conséquence

Art 862 Les notaires, huissiers, greffiers et autres officiers publics, les avocats et les autorités administratives ne peuvent faire ou rédiger un acte en vertu ou en conséquence d'un acte soumis obligatoirement à l'enregistrement ou à la formalité fusionnée, l'annexer à leurs minutes, le recevoir en dépôt ni le délivrer en brevet, extrait, copie ou expédition, avant que l'une ou l'autre formalité ait été exécutée, alors même que le délai pour y procéder ne serait pas encore expiré.

Sont exceptés les actes de cette nature qui se signifient à partie ou par affiches et proclamations ainsi que les copies exécutoires des jugements de divorce rendus en application de l'article 232 du code civil.

Les notaires peuvent, toutefois, faire des actes en vertu ou en conséquence d'actes dont le délai d'enregistrement ou d'exécution de la formalité fusionnée n'est pas encore expiré, mais sous la condition qu'ils soient personnellement responsables, non seulement des droits d'enregistrement et de la taxe de publicité foncière, mais encore des pénalités auxquelles cet acte peut se trouver assujetti.

Les dispositions du premier alinéa ne font pas obstacle à l'établissement des extraits, copies ou expéditions destinées à l'accomplissement de la formalité de publicité foncière ou de la formalité fusionnée. Toutefois, pour les actes exclus de cette dernière formalité, les officiers publics ou ministériels, les avocats et les autorités administratives ne peuvent remettre ces documents aux parties avant d'y avoir reproduit la quittance des droits d'enregistrement ou, éventuellement, la mention qui y supplée.

Les greffiers des tribunaux de commerce et des tribunaux judiciaires statuant commercialement ainsi que l'Institut national de la propriété industrielle ne sont soumis aux dispositions des premier et avant-dernier alinéas du présent article qu'au titre des actes mentionnés aux 5°, 7° et 7° bis du 2 de l'article 635.

ENR-I-4530

3° Information des parties de l'existence de sanctions. Affirmation de sincérité

Art 863 Le notaire qui reçoit un acte de vente, d'échange ou de partage est tenu d'informer les parties de l'existence des sanctions édictées par les articles 850 et 1837.

Mention expresse de cette information est faite dans l'acte.

ENR-VII-3280 s.

Art 864 Le notaire qui reçoit un traité de cession d'un office ministériel ou un acte de vente, d'échange ou de partage ou un acte de cession de droit à un bail ou du bénéfice d'une promesse de bail portant sur tout ou partie d'un immeuble est tenu d'informer les parties de l'existence des sanctions édictées au 5 du V de l'article 1754, aux articles 1729 et 1840 B du présent code et à l'article 1202 du code civil, de faire mention de cette information dans l'acte et d'y affirmer qu'à sa connaissance cet acte n'est modifié ou contredit par aucune contre-lettre contenant une augmentation du prix ou de la soulte.

Cette disposition ne s'applique pas aux adjudications publiques.

ENR-VII-3280 s.

4° Etats de frais. Indication du montant des droits payés au Trésor

Art 865 Les états de frais dressés par les avocats, huissiers, greffiers, notaires commis doivent faire ressortir distinctement, dans une colonne spéciale et pour chaque débours, le montant des droits de toute nature payés au Trésor.

ENR-I-19415

5° Huissiers

Art 866 A l'exception des actes en matière pénale et des actes d'avocat à avocat, les huissiers sont tenus d'établir leurs actes et procès-verbaux en double original ; l'un, dispensé de toutes formalités fiscales, est remis à la partie ou à son représentant et l'autre est conservé par l'huissier, dans les conditions qui sont fixées par un décret en Conseil d'Etat.

Par dérogation aux dispositions de l'article R* 200-2 du livre des procédures fiscales, l'original dispensé de toutes formalités fiscales pourra être produit devant toutes juridictions judiciaires ou administratives même s'il vaut requête introductive d'instance.

ENR-IX-9820

6° Répertoire des notaires, huissiers, greffiers, secrétaires, commissaires-priseurs, courtiers de commerce, courtiers d'assurances et autres intermédiaires

Art 867 **I.** Les notaires, huissiers, greffiers et secrétaires des administrations centrales tiennent des répertoires à colonnes, sur lesquels ils inscrivent, jour par jour, et par ordre de numéros, savoir :

1° Les notaires, tous les actes qu'ils reçoivent *(Voir Annexe III, art. 282)* ;

2° Les huissiers, tous les actes de leur ministère *(Voir Annexe III, art. 283)* ;

3° Les greffiers, tous les actes et jugements qui, aux termes du présent code, doivent être enregistrés sur les minutes ainsi que les procès-verbaux mentionnés au 6° du 2 de l'article 635, dans sa rédaction applicable au 31 décembre 2019, qui ne sont pas soumis à un droit proportionnel ou progressif ;

4° Les secrétaires, les actes des administrations dénommés dans les 3° et 4° du 1 et les 5° et 6° du 2 de l'article 635, dans sa rédaction applicable au 31 décembre 2019, y compris ceux qui ne sont pas soumis à un droit proportionnel ou progressif.

Chaque article du répertoire contient :

1° Son numéro ;

2° La date de l'acte ;

3° Sa nature ;

4° Les noms et prénoms des parties et leur domicile ;

5° L'indication des biens, leur situation et le prix, lorsqu'il s'agit d'actes qui ont pour objet la propriété, l'usufruit ou la jouissance de biens fonds ;

6° La relation de l'enregistrement ou de la formalité fusionnée *(Voir Annexe III, art. 284)* ;

7° *(Abrogé).*

II. *(Dispositions abrogées).*

III. Les pages des répertoires des notaires sont numérotées. Elles sont visées et paraphées par le président de la chambre des notaires ou son délégué. La formalité du paraphe peut toutefois être remplacée par l'utilisation d'un procédé empêchant toute substitution ou addition de feuilles.

Les répertoires des greffiers des cours et tribunaux sont cotés et paraphés par le greffier en chef de la juridiction et ceux des huissiers, par le président de la chambre départementale des huissiers ou son délégué.

IV. Les dispositions relatives à la tenue des répertoires sont applicables aux commissaires-priseurs judiciaires et aux courtiers de commerce, mais seulement pour les procès-verbaux de ventes de meubles et de marchandises, et pour les actes faits en conséquence de ces ventes.

V. Les seuls actes dont il doit être tenu répertoire, dans les préfectures et sous-préfectures, sont ceux des autorités administratives et des établissements publics, dénommés dans les 3° et 4° du 1 et les 5° et 6° du 2 de l'article 635, dans sa rédaction applicable au 31 décembre 2019, y compris ceux qui ne sont pas soumis à un droit proportionnel ou progressif.

ENR-IX-9750 s.

Art 868 Indépendamment des obligations qui leur incombent en vertu de l'article 867, les huissiers et les greffiers tiennent, sur un registre, coté et paraphé dans les conditions prévues au second alinéa du III de l'article 867, des répertoires à colonnes sur lesquels ils inscrivent, jour par jour, sans blanc ni interligne et par ordre de numéros, tous les actes, jugements et arrêts qui sont dispensés de la formalitéde l'enregistrement.

Chaque article du répertoire contient :

1° Son numéro ;

2° La date de l'acte ;

3° Sa nature ;

4° Les noms et prénoms des parties et leur domicile.

Chaque acte porté sur ce répertoire doit être annoté de son numéro d'ordre.

Les greffiers sont tenus d'inscrire à ce répertoire les bulletins n° 3 du casier judiciaire par eux délivrés.

ENR-IX-9790

C. Obligations communes

1° Désignation des immeubles dans les actes et jugements, d'après les données du cadastre

Art 870 La désignation des immeubles, d'après les données actuelles du cadastre, est obligatoire dans tous les actes authentiques et sous seings privés, ou jugements translatifs, déclaratifs, constitutifs ou extinctifs de propriété ou droits réels immobiliers.

2° Ventes publiques de meubles

Art 871 Les meubles, effets, marchandises, bois, fruits, récoltes et tous autres objets mobiliers ne peuvent être vendus publiquement et par enchères, qu'en présence et par le ministère d'officiers publics ayant qualité pour y procéder, ou par des courtiers de marchandises assermentés ou des opérateurs de ventes volontaires de meubles aux enchères publiques déclarés.

ENR-IX-4565

Art 873 Chaque objet adjugé est porté de suite au procès-verbal, le prix y est écrit en toutes lettres et tiré hors ligne en chiffres.

Chaque séance est close et signée par l'officier public, le courtier de marchandises assermenté ou la personne habilitée à diriger la vente.

Lorsqu'une vente a lieu par suite d'inventaire, il en est fait mention au procès-verbal, avec indication de la date de l'inventaire, du nom du notaire qui y a procédé et de la quittance de l'enregistrement, le cas échéant.

ENR-IX-4620 s.

Art 876 Les courtiers de marchandises assermentés qui procèdent à des ventes publiques de marchandises en gros ou d'objets donnés en gage, dans les conditions prévues par les articles L 322-8 à L 322-16 du code de commerce et par le deuxième alinéa de l'article 2346 du code civil, se conforment aux dispositions ci-dessus, concernant les ventes publiques de meubles.

ENR-IX-4620 s.

3° Justification du droit à exonération

Art 877 L'octroi d'une exonération de taxe de publicité foncière, lorsqu'elle est corrélative à une exonération des droits d'enregistrement, est subordonné soit à la production d'un certificat délivré par le comptable public attestant que les justifications régulières de cette exonération lui ont été fournies, soit, si la publicité foncière est requise avant enregistrement, à la remise d'une copie, certifiée par l'officier public ou ministériel ou par l'autorité administrative, desdites pièces justificatives.

II. Service public de la publicité foncière

Art 878 Les services chargés de la publicité foncière sont chargés :

1° De l'exécution des formalités civiles prescrites pour la publicité des privilèges et des hypothèques et des autres droits sur les immeubles ;

2° De l'exécution de la formalité fusionnée de publicité foncière et d'enregistrement visée à l'article 647 *(Voir Annexe III, art. 260)* ;

3° De la perception des taxes et de la contribution prévue à l'article 879 exigibles à l'occasion des formalités prévues aux 1° et 2°.

ENR-I-1010 s.

Art 879 I. Une contribution de sécurité immobilière est due à l'Etat par toute personne qui requiert l'accomplissement des formalités prévues aux 1° et 2° de l'article 878.

II. Seules en sont exonérées les formalités requises au profit de l'Etat, ainsi que celles pour lesquelles la loi prévoit expressément et formellement qu'elles sont exonérées de la contribution de sécurité immobilière.

ENR-XI-5200 s.

Art 880 La contribution de sécurité immobilière est payée d'avance par les requérants au service chargé de la publicité foncière.

Le service chargé de la publicité foncière en donne quittance au pied des actes ou certificats qu'il remet ou qu'il délivre ; chaque somme y est mentionnée séparément et le total des sommes perçues est inscrit en toutes lettres.

ENR-XI-5200 s.

Art 881 I. La contribution dont ont été exonérées les inscriptions de privilège ou d'hypothèque requises par l'Etat est due lors de leur radiation.

II. En cas d'acquiescement des débiteurs, les états exécutoires prévus à l'article 85 du décret n° 62-1587 du 29 décembre 1962 portant règlement général sur la comptabilité publique emportent hypothèque.

Dans les mêmes conditions, les états exécutoires émis pour le recouvrement des créances des établissements publics nationaux sont considérés comme de véritables jugements emportant hypothèque.

L'inscription est prise, le cas échéant, au nom du Trésor public, poursuites et diligences de son agent judiciaire.

ENR-XI-5200 s.

Art 881 A L'assiette de la contribution de sécurité immobilière est arrondie à l'euro le plus proche. La fraction d'euro égale ou supérieure à 0,50 est comptée pour un.

Lorsque le service chargé de la publicité foncière, en application de l'article 880, prononce, à défaut de versement d'avance de la contribution, le refus du dépôt des expéditions, extraits, copies ou bordereaux à publier, ce refus est exécuté dans les conditions prévues par décret en Conseil d'Etat. A défaut du même versement, les états et certificats établis sont retenus jusqu'au complet paiement.

ENR-XI-5200 s.

Art 881 B Il est perçu une contribution fixe de 8 € pour tout bordereau rectificatif ou tout complément de bordereau déposé en application du 3 de l'article 34 du décret n° 55-1350 du 14 octobre 1955 pris pour l'application du décret n° 55-22 du 4 janvier 1955 portant réforme de la publicité foncière.

ENR-XI-5200 s.

Art 881 C Il est perçu une contribution fixe de 15 € pour chaque réquisition de publier, d'inscrire ou de mentionner ne donnant pas ouverture à contribution proportionnelle et notamment :

1° Pour chaque déclaration de changement de domicile par acte séparé, pour l'indication d'une créance hypothécaire ou privilégiée déjà inscrite et grevée de substitution et pour chaque mention de prorogation de délai ;

2° Pour la publication de chaque commandement valant saisie immobilière ;

3° Pour la mention de l'assignation et des dénonciations prévues à l'article R 322-9 du code des procédures civiles d'exécution ;

4° Pour l'acte constatant le refus de publier un commandement valant saisie en cas de commandement publié ;

5° Pour la mention prévue à l'article R 321-10 du code des procédures civiles d'exécution ;

6° Pour la radiation de la saisie ;

7° Pour la mention de tout jugement ou ordonnance en marge de la publication d'une saisie ;

8° Pour chaque duplicata de certificat de radiation, subrogation ou résolution ;

9° Pour la publication de chaque état descriptif de division et de chaque acte modificatif d'état descriptif de division ;

10° Pour la publication de chaque convention passée en application de l'article L 831-1 du code de la construction et de l'habitation ;

11° Pour la publication des actes constatant la modification de la forme juridique de personnes morales lorsque cette modification n'emporte pas création d'un être moral nouveau ;

12° Pour la publication des demandes en justice mentionnées au c du 4° de l'article 28 du décret n° 55-22 du 4 janvier 1955 modifié portant réforme de la publicité foncière ainsi que des demandes en justice, procès-verbaux et déclarations visés au 2 de l'article 37 du même décret ;

13° Pour la publication des décisions et des actes constatant les désistements mentionnés au d du 4° de l'article 28 du décret n° 55-22 du 4 janvier 1955 précité ;

14° Pour les actes et attestations rectificatives publiés en application du 3 de l'article 34 du décret n° 55-1350 du 14 octobre 1955 précité ;

15° Pour la publication des actes constatant les opérations mentionnées à l'article 1048 ter du code général des impôts ;

16° Pour la publication de chaque déclaration établie pour l'application des articles L 526-1 à L 526-3 du code de commerce ;

17° Pour l'inscription des avenants prévus par l'article 59 de l'ordonnance n° 2006-346 du 23 mars 2006 relative aux sûretés.

ENR-XI-5200 s.

Art 881 D I. Le tarif de la contribution de sécurité immobilière exigible pour les demandes de renseignements hypothécaires, quelles que soient leurs modalités de traitement, est fixé comme suit :

1° Réquisitions ne comportant pas la désignation des immeubles ou demandes complémentaires afférentes à ce type de réquisitions : 12 € par personne individuellement désignée dans la demande ;

2° Réquisitions formulées sans indication de personne ou demandes complémentaires afférentes à ce type de réquisitions : 12 € par immeuble indiqué.

Est considéré comme immeuble chaque îlot de propriété ou parcelle cadastrale ou chaque lot de copropriété pour les biens faisant l'objet d'un état descriptif de division ou d'un document analogue ;

3° Réquisitions comportant à la fois la désignation individuelle des immeubles et des personnes ou demandes complémentaires afférentes à ce type de réquisitions : 12 € pour celles formulées du chef de trois personnes au maximum et portant sur cinq immeubles au maximum.

Il est perçu en sus de ce tarif :

a. 5 € par personne indiquée au-delà de la troisième ;

b. 2 € par immeuble au-delà du cinquième.

II. Pour les réquisitions déposées en vue de la délivrance de renseignements sous forme de copies de fiches visées à l'article 43 du décret n° 55-1350 du 14 octobre 1955 modifié, il est fait application des tarifs définis aux 1° et 2° du I.

ENR-XI-5200 s.

Art 881 E Le tarif de la contribution de sécurité immobilière exigible lors de la demande de délivrance des copies des documents publiés est fixé à :

1° Copies de documents :

a. 6 € par bordereau d'inscription demandé ;

b. 30 € par états descriptifs de division ou de règlements de copropriété ;

c. 15 € pour la copie d'un document autre que ceux mentionnés aux a et b ;

2° Lorsque le requérant n'indique pas les références aux documents, il est perçu un acompte provisionnel de 15 € non remboursable. Si la contribution recalculée sur la base du tarif prévu au 1° est supérieure à 15 €, le complément est réclamé au requérant lors de la délivrance des copies.

ENR-XI-5200 s.

Art 881 F Le tarif de la contribution exigible pour la délivrance des relevés de formalités prévus à l'article 8 de l'arrêté du 9 avril 1956 portant création et fonctionnement des centres spéciaux d'archives hypothécaires est fixé à 5 € par personne du chef de laquelle les renseignements sont demandés.

ENR-XI-5200 s.

Art 881 G Les tarifs prévus par les articles 881 D et 881 E sont applicables à la délivrance des copies et renseignements prévus par les articles 2 et 3 de l'arrêté du 10 octobre 2008 pris pour l'application des articles 10 du décret n° 55-22 du 4 janvier 1955 et 9 du décret n° 79-1037 du 3 décembre 1979.

Ces dispositions ne sont pas applicables au tarif prévu par l'article 881 F.

ENR-XI-5200 s.

Art 881 H La contribution perçue pour l'inscription de chaque droit d'hypothèque ou privilège est liquidée au taux unique de 0,05 % sur les sommes ou valeurs de la créance garantie, énoncées au bordereau.

En ce qui concerne les inscriptions prises pour sûreté d'une créance indéterminée, la contribution est perçue sur le montant de l'évaluation du droit garanti, à fournir par les requérants.

ENR-XI-5200 s. ; MF n° 97350

Art 881 I La contribution perçue pour chaque déclaration soit de cession d'antériorité, soit de subrogation, soit de subrogation et de changement de domicile par le même acte est liquidée au taux unique de 0,05 % sur les sommes faisant l'objet de la subrogation ou, dans le cas de cession d'antériorité, sur la valeur de la plus faible inscription.

Le même tarif est applicable à la publication de la convention de rechargement prévue à l'article 2416 du code civil.

ENR-XI-5200 s. ; MF n° 97350

Art 881 J La contribution perçue pour chaque radiation d'inscription est liquidée au taux unique de 0,10 % sur les sommes faisant l'objet de la radiation.

En cas de réduction du gage, elle est liquidée sur le montant total des sommes garanties par l'inscription ou sur la valeur de l'immeuble affranchi si cette valeur est déclarée dans l'acte et est inférieure au montant des sommes garanties. En cas de mainlevée partielle ayant pour objet la division de l'hypothèque, de telle sorte que chaque immeuble ou fraction d'immeuble ne garantisse plus qu'une partie de la créance, la contribution afférente à chacun des dégrèvements partiels résultant de la division ne peut être liquidée sur une somme supérieure à la fraction de la créance originaire dont chaque immeuble ou fraction d'immeuble reste grevé.

Par dérogation aux dispositions qui précèdent, la contribution perçue pour la radiation requise conformément au troisième alinéa de l'article 2436 du code civil est liquidée au taux unique de 0,05 % sur les sommes faisant l'objet de la radiation.

ENR-XI-5200 s. ; MF n° 97350

Art 881 K La contribution perçue pour la publication de chaque acte est liquidée au taux unique de 0,10 % sur les sommes énoncées ou la valeur estimée par les requérants, sous peine de refus du dépôt, des immeubles ou des droits faisant l'objet de la publication.

La valeur des biens retenue pour la perception de la contribution ne peut être inférieure à celle servant de base définitive à la perception de la taxe de publicité foncière ou des droits d'enregistrement ou en ce qui concerne les actes non assujettis à une imposition proportionnelle à la valeur réelle des immeubles ou des droits faisant l'objet de la publication.

ENR-XI-5200 s. ; MF n° 97350

Art 881 L **I.** Les formalités hypothécaires pour lesquelles il est perçu une contribution de sécurité immobilière proportionnelle donnent lieu à la perception d'une contribution réduite de moitié, sous réserve des dispositions de l'article 881 M :

1° Lorsqu'elles intéressent les organismes d'habitation à loyer modéré indiqués à l'article L 411-2 du code de la construction et de l'habitation et les autres organismes et collectivités indiqués aux articles L 432-1 à L 432-4 et L 472-1-1 du même code ;

2° Lorsqu'elles se rapportent à la construction, à la première mutation ou à l'attribution des logements économiques ou des logements à réaliser par des personnes groupées en sociétés ou en associations qui s'engagent dans les actes de prêts consentis dans les conditions prévues au décret n° 50-899 du 2 août 1950 relatif à l'attribution de prêts garantis par l'Etat pour la construction d'immeubles d'habitation à faire effectuer par leurs membres des apports en travail ;

3° Pour l'accomplissement des formalités se rapportant :

a. Au paiement fractionné ou différé, autorisé par l'article 1717, du droit d'apport en société, des droits de mutation par décès et des droits de mutation à titre onéreux dus sur les acquisitions effectuées par les Français rapatriés d'outre-mer à l'aide des prêts de reclassement et sur celles effectuées par des migrants agricoles à l'aide de prêts consentis dans le cadre des dispositions de l'article D 341-5 du code rural et de la pêche maritime ;

b. A la vente des biens mis sous séquestre ou en liquidation en conséquence d'une mesure de sûreté générale ;

c. Aux opérations prévues par l'ordonnance n° 45-610 du 10 avril 1945 fixant les modalités d'application de la législation sur la reconstruction et par l'ordonnance n° 45-2064 du 8 septembre 1945 autorisant la construction directe par l'Etat ou par des associations syndicales de reconstruction d'immeubles d'habitation de caractère définitif ;

d. Aux actes, pièces et écrits visés à l'article 1058 et à l'article L 211-11 du code de l'action sociale et des familles concernant les associations familiales et les unions d'associations familiales.

II. Par exception aux dispositions du I, lorsqu'elles se rapportent aux opérations de fusions et d'apports réalisées par les organismes d'habitations à loyer modéré mentionnés à l'article L 411-2 du code de la construction et de l'habitation ainsi que par les sociétés d'économie mixte de construction et de gestion de logements sociaux mentionnées à l'article L 481-1 du même code, les formalités hypothécaires pour lesquelles il est perçu une contribution de sécurité immobilière proportionnelle donnent lieu à la perception d'une contribution au taux de 0,01 % jusqu'au 31 décembre 2021, sous réserve de l'article 881 M du présent code.

ENR-XI-5200 s. ; MF n° 97350

Art 881 M Le montant de la contribution de sécurité immobilière ne peut être inférieur à :

a. 8 € par inscription mentionnée à l'article 881 H ou par déclaration ou convention de rechargement mentionnée à l'article 881 I ;

b. 15 € par radiation mentionnée à l'article 881 J ou par acte pour les publications visées à l'article 881 K.

La contribution mentionnée au b est également exigible lorsque les publications ne donnent pas ouverture à la contribution proportionnelle.

ENR-XI-5200 s. ; MF nº 97350

Art 881 N Les dispositions des articles 879 à 881 M sont applicables aux formalités intéressant les immeubles situés à Saint-Barthélemy, à Saint-Martin et à Saint-Pierre-et-Miquelon.

ENR-XI-5450

Art 881 O La contribution prévue à l'article 879 n'est pas perçue pour l'immatriculation des immeubles au livre foncier de Mayotte, pour l'inscription des droits sur ce même livre et pour l'exécution de la formalité fusionnée au service de la conservation de la propriété immobilière.

ENR-XI-5450

CHAPITRE II

Droits de timbre

SECTION I

Droits de timbre proprement dits

I. Dispositions générales

1º Généralités

Art 886 Il ne peut être perçu moins de 0,08 € dans le cas où l'application des tarifs de l'impôt du timbre ne produirait pas cette somme.

ENR-VIII-20050

Art 887 La contribution du timbre est acquittée, selon les modalités et conditions fixées par décrets, soit par l'emploi de machines à timbrer, soit par l'apposition de timbres mobiles, soit au moyen du visa pour timbre, soit sur déclaration ou sur la production d'états ou d'extraits, soit par la voie électronique au moyen d'un timbre dématérialisé.

ENR-VIII-9300 s.

Art 888 Chaque timbre mobile porte distinctement son prix et a pour légende les mots : « République française ».

ENR-VIII-10200

Art 889 La formalité du visa pour timbre en débet est remplacée par un visa daté et signé du comptable public compétent.

Ce visa contient le détail des droits postérieurement exigibles, libellé en chiffres, et le total de ces droits en toutes lettres.

Le paiement au comptant des droits de timbre peut être substitué par décret au visa pour timbre.

ENR-VIII-10120

Art 890 Dans tous les cas où la loi fiscale prévoit une exemption des droits de timbre, cette exemption emporte également dispense de la formalité.

Art 891 Le ministre de l'économie et des finances est autorisé à consentir aux contribuables une remise de 0,50 % sur le montant des droits perçus par l'apposition d'empreintes au moyen de machines *(Voir Annexe IV, art. 71 à 74)*.

3º Prescriptions et prohibitions diverses

Art 893 Aucune personne ne peut vendre ou distribuer des timbres qu'en vertu d'une commission délivrée par l'autorité compétente de l'Etat.

ENR-VIII-10260

Art 894 L'empreinte du timbre ne peut être couverte d'écriture ni altérée.

ENR-VIII-10350 s.

II. Timbre dématérialisé

Art 899 Le timbre fiscal dématérialisé mentionné à l'article 887 est délivré pour un usage déterminé.

Il est doté d'un identifiant unique.

ENR-VIII-9350 s.

Art 900 Le timbre dématérialisé est valide pendant un délai de douze mois à compter de sa date d'acquisition, quelle que soit l'évolution du tarif applicable.

Ce délai est suspendu, le cas échéant, entre la date du dépôt auprès de l'autorité compétente de la demande pour laquelle le timbre dématérialisé est exigé et la date de fin de l'instruction de cette demande par cette autorité.

ENR-VIII-9370

Art 900 A La demande de remboursement relative à un timbre dématérialisé non consommé doit être présentée au plus tard six mois après l'expiration du délai de validité prévu à l'article 900 .

ENR-VIII-9380

Art 900 B Sans préjudice de l'article 893, les modalités de délivrance du timbre dématérialisé et de sa rétribution sont précisées par arrêté du ministre chargé du budget *(Voir Annexe IV, art. 121 KM).*

III bis. Timbre des formules de chèques

Art 916 A Les formules de chèques ne répondant pas aux caractéristiques de barrement d'avance et de non-transmissibilité par voie d'endossement mentionnées à l'article 85 de la loi nº 78-1239 du 29 décembre 1978 sont soumises à un droit de timbre de 1,5 € par formule *(Voir Annexe III, art. 313 BG bis et 313 BG ter et Annexe IV, art. 121 KL bis et 121 KL ter).*

ENR-VIII-300 s. ; MF nº 78405

SECTION II

Droits de délivrance de documents et perceptions diverses

III. Passeports et titres de voyage

(Voir Annexe III, art. 313 BA)

Art 953 I. Le passeport délivré en France est soumis à un droit de timbre dont le tarif est fixé à 89 €.

Si le demandeur fournit deux photographies d'identité, tel que prévu à l'article 6-1 du décret nº 2005-1726 du 30 décembre 2005 relatif aux passeports, le montant du titre est de 86 €.

Par dérogation au premier alinéa, le tarif du droit de timbre du passeport délivré à un mineur de quinze ans et plus est fixé à 45 €. Pour le mineur de moins de quinze ans ce tarif est fixé à 20 €.

Si le demandeur fournit deux photographies d'identité, tel que prévu à l'article 6-1 du décret nº 2005-1726 du 30 décembre 2005 précité, le montant du titre pour un mineur de quinze ans et plus est fixé à 42 €, et à 17 € pour un enfant de moins de quinze ans.

Par dérogation au premier alinéa, le tarif applicable au passeport délivré à titre exceptionnel et pour un motif d'urgence dûment justifié ou délivré par une autorité qui n'est pas celle du lieu de résidence ou du domicile du demandeur est de 30 €.

Le renouvellement des passeports mentionnés aux premier et troisième alinéas est effectué à titre gratuit, jusqu'à concurrence de leur durée de validité et dans les cas suivants :

a. Modification d'état civil ;

b. Changement d'adresse ;

c. Erreur imputable à l'administration ;

d. Pages du passeport réservées au visa entièrement utilisées.

II. La délivrance des passeports de service et de mission pour les agents civils et militaires de l'Etat se rendant à l'étranger est effectuée gratuitement.

III. *(Abrogé).*

IV. Les titres de voyage biométriques délivrés aux réfugiés, apatrides ou bénéficiaires de la protection subsidiaire titulaires d'une carte de résident sont valables cinq ans et sont soumis à une taxe de 45 €.

Les titres de voyage biométriques délivrés aux apatrides ou bénéficiaires de la protection subsidiaire titulaires d'une carte de séjour pluriannuelle de quatre ans sont valables quatre ans et sont soumis à une taxe de 40 €.

Les titres d'identité et de voyage délivrés aux étrangers non bénéficiaires de la protection internationale sont valables un an et sont soumis à une taxe de 15 €.

Les sauf-conduits délivrés pour une durée de validité maximale de trois mois aux étrangers titulaires d'un titre de séjour sont assujettis à une taxe de 15 €.

V. *(Abrogé).*

(Voir Annexe III, art. 313 BA)

ENR-VIII-1400 s., 1660 s., 20700 s. ; MF nº 76030

Art 954 Chaque visa de passeport étranger, dont la durée de validité ne peut être supérieure à un an, donne lieu à la perception d'un droit de 12 €, si le visa est valable pour l'aller et retour, et de 6 €, s'il n'est valable que pour la sortie. Toutefois, le visa est délivré gratuitement, par mesure de réciprocité, aux ressortissants des puissances étrangères dont la liste est établie par arrêté du ministre des affaires étrangères, du ministre de l'intérieur et du ministre de l'économie et des finances.

Les dispositions du présent article sont applicables aux visas des titres de voyage délivrés aux réfugiés et aux apatrides.

(Voir Annexe III, art. 313 BA)

ENR-VIII-1400 s., 20780

Art 955 Les passeports, les cartes nationales d'identité, ainsi que les visas de passeports à délivrer aux personnes véritablement indigentes et reconnues hors d'état d'en acquitter le montant, sont délivrés gratuitement.

(Voir également art. 1628 bis)

ENR-VIII-1530, 1730,1830

V. Demandes de naturalisation et de réintégration et déclarations d'acquisition de la nationalité à raison du mariage

Art 958 Les demandes de naturalisation, les demandes de réintégration dans la nationalité française et les déclarations d'acquisition de la nationalité présentées au titre des articles 21-2, 21-13-1 et 21-13-2 du code civil sont soumises à un droit de timbre de 55 € perçu dans les formes prévues à l'article R 436-3 du code de l'entrée et du séjour des étrangers et du droit d'asile.

ENR-VIII-1250, 20670

Art 959 Les personnes véritablement indigentes et reconnues hors d'état d'en acquitter le montant sont exonérées du droit de timbre prévu à l'article 958.

ENR-VIII-1260

VI. Navigation intérieure et navigation maritime de plaisance

(Voir Annexe III, art. 313 AZ)

Art 963 **I. à III.** *(Abrogés).*

IV. *(Dispositions abrogées et transférées aux articles L 423-38 s. du CIBS depuis le 1er janvier 2022).*

V. Le droit d'examen pour l'obtention de l'extension hauturière et de l'extension grande plaisance eaux intérieures est fixé à 38 €.

(Voir Annexe III, art. 313 AZ)

Ndlr ***1.*** *Les dispositions du V ci-dessus telles que modifiées par l'article 65, I-2° de la loi 2020-1721 du 29 décembre 2020 s'appliquent à compter du 1er juin 2022.*

2. *Le V ci-dessus sera abrogé à compter de l'entrée en vigueur des dispositions prises en application ou pour l'application des dispositions législatives du CIBS susvisées (Ordonnance 2021-1843 du 22 décembre 2021 art. 38).*

ENR-VIII-1900 s., 20900 ; MF nº 76030

CHAPITRE II BIS

Impôt sur la fortune immobilière

SECTION I

Champ d'application

Art 964 Il est institué un impôt annuel sur les actifs immobiliers désigné sous le nom d'impôt sur la fortune immobilière.

Sont soumises à cet impôt, lorsque la valeur de leurs actifs mentionnés à l'article 965 est supérieure à 1 300 000 € :

1° Les personnes physiques ayant leur domicile fiscal en France, à raison de leurs actifs mentionnés au même article 965 situés en France ou hors de France.

Toutefois, les personnes physiques mentionnées au premier alinéa du présent 1° qui n'ont pas été fiscalement domiciliées en France au cours des cinq années civiles précédant celle au cours de laquelle elles ont leur domicile fiscal en France ne sont imposables qu'à raison des actifs mentionnés au 2°.

Cette disposition s'applique au titre de chaque année au cours de laquelle le redevable conserve son domicile fiscal en France, jusqu'au 31 décembre de la cinquième année qui suit celle au cours de laquelle le domicile fiscal a été établi en France ;

2° Les personnes physiques n'ayant pas leur domicile fiscal en France, à raison des biens et droits immobiliers mentionnés au 1° de l'article 965 situés en France et des parts ou actions de sociétés ou organismes mentionnés au 2° du même article 965, à hauteur de la fraction de leur valeur représentative de ces mêmes biens et droits immobiliers.

Sauf dans les cas prévus aux a et b du 4 de l'article 6, les couples mariés font l'objet d'une imposition commune.

Les partenaires liés par un pacte civil de solidarité défini à l'article 515-1 du code civil et les personnes vivant en concubinage notoire font l'objet d'une imposition commune.

Les conditions d'assujettissement sont appréciées au 1er janvier de chaque année.

ENR-XIII-200 s., 1000 s. ; MF nos 71085, 71100 s.

SECTION II

Assiette de l'impôt

Art 965 L'assiette de l'impôt sur la fortune immobilière est constituée par la valeur nette au 1er janvier de l'année :

1° De l'ensemble des biens et droits immobiliers appartenant aux personnes mentionnées à l'article 964 ainsi qu'à leurs enfants mineurs, lorsqu'elles ont l'administration légale des biens de ceux-ci ;

2° Des parts ou actions des sociétés et organismes établis en France ou hors de France appartenant aux personnes mentionnées au 1° du présent article, à hauteur de la fraction de leur valeur représentative de biens ou droits immobiliers détenus directement ou indirectement par la société ou l'organisme.

Pour déterminer la fraction mentionnée au premier alinéa du présent 2°, il est appliqué à la valeur des parts ou actions déterminée conformément aux dispositions de l'article 973 un coefficient correspondant au rapport entre, d'une part, la valeur vénale réelle des biens ou droits immobiliers imposables et, le cas échéant, la valeur des parts ou actions représentatives de ces mêmes biens et, d'autre part, la valeur vénale réelle de l'ensemble des actifs de la société ou de l'organisme mentionné au premier alinéa du présent 2°.

Ne sont pas prises en compte les parts ou actions de sociétés ou d'organismes mentionnés au même premier alinéa qui ont pour activité une activité industrielle, commerciale, artisanale, agricole ou libérale dont le redevable détient directement et, le cas échéant, indirectement, seul ou conjointement avec les personnes mentionnées au 1°, moins de 10 % du capital et des droits de vote.

Ne sont pas prises en compte, pour la détermination de la fraction mentionnée au premier alinéa du présent 2°, les parts ou actions de sociétés ou d'organismes qui ont pour activité une activité industrielle, commerciale, artisanale, agricole ou libérale détenues, directement ou indirectement, par la société ou l'organisme mentionné au même premier alinéa, lorsque le redevable détient indirectement et, le cas échéant, directement, seul ou conjointement avec les personnes mentionnées au 1°, moins de 10 % du capital et des droits de vote de ces sociétés ou organismes.

Par exception aux troisième et quatrième alinéas du présent 2°, sont pris en compte pour la détermination de la fraction mentionnée au premier alinéa du présent 2°, sous réserve des exclusions prévues aux a et b du présent 2°, les biens et droits immobiliers détenus directement par les sociétés ou organismes que le redevable, seul ou conjointement avec les personnes mentionnées au 1° du présent article, contrôle au sens du 2° du III de l'article 150-0 B ter, ou dont le redevable ou l'une des personnes mentionnées au 1° du présent article se réserve la jouissance en fait ou en droit.

Ne sont pas retenus pour le calcul de la fraction mentionnée au premier alinéa du présent 2° :

a. Les biens ou droits immobiliers détenus directement par la société ou l'organisme mentionné au même premier alinéa ou par une société ou un organisme dont la société ou l'organisme mentionné audit premier alinéa détient directement ou indirectement des parts ou actions, lorsque ces biens ou droits immobiliers sont affectés à l'activité industrielle, commerciale, artisanale, agricole ou libérale de la société ou de l'organisme qui les détient ;

b. Lorsque le redevable détient directement ou indirectement des parts ou actions d'une société ou d'un organisme ayant pour activité une activité industrielle, commerciale, artisanale, agricole ou libérale, les biens ou droits immobiliers détenus directement ou indirectement par cette société ou cet organisme affectés à son activité industrielle, commerciale, artisanale, agricole ou libérale ; à celle de la société ou de l'organisme qui les détient directement ; ou à celle d'une société ou d'un organisme dans lesquels la société ou l'organisme détient directement ou par personne interposée la majorité des droits de vote ou exerce en fait le pouvoir de décision ;

3° Aucun rehaussement n'est effectué si le redevable, de bonne foi, démontre qu'il n'était pas en mesure de disposer des informations nécessaires à l'estimation de la fraction de la valeur des parts ou actions mentionnées au premier alinéa du 2° du présent article représentative des biens ou droits immobiliers qu'il détient indirectement.

Le premier alinéa du présent 3° ne s'applique pas si le redevable contrôle, au sens du 2° du III de l'article 150-0 B ter, la société ou l'organisme qui détient directement les biens ou droits immobiliers imposables ou si l'une des personnes mentionnée au 1° du présent article se réserve, en fait ou en droit, la jouissance des biens ou droits immobiliers que le redevable détient indirectement ou si le redevable détient directement ou indirectement, seul ou conjointement avec les personnes mentionnées au même 1°, plus de 10 % du capital ou des droits de vote de la société ou de l'organisme qui détient directement les biens ou droits immobiliers imposables.

ENR-XIII-1000 s., 3000 s. ; MF n°s 71085 s., 71140 s.

Art 966 I. Pour l'application de l'article 965, n'est pas considérée comme une activité industrielle, commerciale, artisanale, agricole ou libérale l'exercice par une société ou un organisme d'une activité de gestion de son propre patrimoine immobilier.

II. Pour l'application de l'article 965, sont considérées comme des activités commerciales les activités mentionnées aux articles 34 et 35, à l'exception de celles mentionnées au I du présent article.

Sont également considérées comme des activités commerciales les activités de sociétés qui, outre la gestion d'un portefeuille de participations, participent activement à la conduite de la politique de leur groupe et au contrôle de leurs filiales et rendent, le cas échéant et à titre purement interne, des services spécifiques, administratifs, juridiques, comptables, financiers et immobiliers.

ENR-XIII-3880 s. ; MF n° 71170

Art 967 L'article 754 B est applicable à l'impôt sur la fortune immobilière.

ENR-XIII-8250 ; MF n° 71140 précision a

Art 968 Les actifs mentionnés à l'article 965 grevés d'un usufruit, d'un droit d'habitation ou d'un droit d'usage accordé à titre personnel sont compris dans le patrimoine de l'usufruitier ou du titulaire du droit pour leur valeur en pleine propriété.

Toutefois, à condition, pour l'usufruit, que le droit constitué ne soit ni vendu ni cédé à titre gratuit par son titulaire, ces actifs grevés de l'usufruit ou du droit d'usage ou d'habitation sont compris, respectivement, dans les patrimoines de l'usufruitier ou du nu-propriétaire suivant les proportions fixées par l'article 669 lorsque :

1° La constitution de l'usufruit résulte de l'application de l'article 757 du code civil, de l'article 767 du même code dans sa rédaction antérieure à la loi n° 2001-1135 du 3 décembre 2001 relative aux droits du conjoint survivant et des enfants adultérins et modernisant diverses dispositions de droit successoral, de l'article 1094 dudit code dans sa rédaction antérieure à la loi n° 2006-728 du 23 juin 2006 portant réforme des successions et des libéralités ou de l'article 1098 du même code. Les biens dont la propriété est démembrée en application d'autres dispositions, notamment de l'article 1094-1 du même code, ne peuvent faire l'objet de cette imposition répartie ;

2° Le démembrement de propriété résulte de la vente d'un bien dont le vendeur s'est réservé l'usufruit, le droit d'usage ou d'habitation et que l'acquéreur n'est pas l'une des personnes mentionnées à l'article 751 du présent code ;

3° L'usufruit ou le droit d'usage ou d'habitation a été réservé par le donateur d'un bien ayant fait l'objet d'un don ou d'un legs à l'Etat, à un département, à une commune ou à un syndicat de communes ou à leurs établissements publics, à un établissement public national à caractère administratif ou à une association reconnue d'utilité publique.

ENR-XIII-5630 s. ; MF n°s 71275 s.

Art 968 bis Les actifs mentionnés à l'article 965 acquis en commun dans les conditions prévues à l'article 754 A sont inclus dans le patrimoine de chacun des contractants au prorata des sommes investies par chacun des survivants dans le contrat.

ENR-XIII-7600 s. ; MF n° 71300

Art 969 Les actifs mentionnés à l'article 965 transférés dans un patrimoine fiduciaire ou ceux éventuellement acquis en remploi sont compris dans le patrimoine du constituant pour leur valeur vénale nette.

ENR-IX-16700 s. ; MF n° 90955

Art 970 Les actifs mentionnés à l'article 965 placés dans un trust défini à l'article 792-0 bis sont compris, pour leur valeur vénale nette au 1er janvier de l'année d'imposition, selon le cas, dans le patrimoine du constituant ou dans celui du bénéficiaire qui est réputé être un constituant en application du II du même article 792-0 bis.

Le premier alinéa du présent article ne s'applique pas aux trusts irrévocables dont les bénéficiaires exclusifs relèvent de l'article 795 ou sont des organismes de même nature relevant de l'article 795-0 A et dont l'administrateur est soumis à la loi d'un Etat ou territoire ayant conclu avec la France une convention d'assistance administrative en vue de lutter contre la fraude et l'évasion fiscales.

ENR-IX-19050 s. ; MF n° 71310

Art 971 I. Les droits afférents à un contrat de crédit-bail conclu dans les conditions prévues au 2 de l'article L 313-7 du code monétaire et financier sont compris, pour la valeur des actifs mentionnés à l'article 965 qui font l'objet du contrat appréciée au 1er janvier de l'année d'imposition, sous déduction du montant des loyers et du montant de l'option d'achat restant à courir jusqu'à l'expiration du bail, dans le patrimoine du preneur, qu'il soit le redevable mentionné au 1° du même article 965 ou une société ou un organisme mentionné au 2° dudit article 965.

II. Les droits afférents à un contrat de location-accession régi par la loi n° 84-595 du 12 juillet 1984 définissant la location-accession à la propriété immobilière pour la valeur des actifs mentionnés à l'article 965 qui font l'objet du contrat appréciée au 1er janvier de l'année d'imposition, sous déduction des redevances et du montant de l'option d'achat restant à courir jusqu'au terme du délai prévu pour la levée d'option, sont également compris dans le patrimoine de l'accédant.

ENR-XIII-7500 s. ; MF n° 71290

Art 972 La valeur de rachat des contrats d'assurance rachetables et des bons ou contrats de capitalisation exprimés en unités de compte mentionnées au deuxième alinéa de l'article L 131-1 du code des assurances est incluse dans le patrimoine du souscripteur à hauteur de la fraction de leur valeur représentative des unités de compte constituées des actifs mentionnés à l'article 965 appréciée dans les conditions prévues au même article 965 et à l'article 972 bis.

ENR-XIII-7200 s. ; MF n° 71285

Art 972 bis Pour l'application de l'article 965 et sous les mêmes conditions, ne sont pas retenues pour la détermination de l'assiette de l'impôt, lorsque le redevable détient moins de 10 % des droits de l'organisme de placement collectif, seul et le cas échéant conjointement avec les personnes mentionnées au 1° du même article 965, et que l'actif de l'organisme de placement collectif est composé directement ou indirectement, à hauteur de moins de 20 %, de biens ou droits immobiliers imposables dans les conditions prévues au 2° dudit article 965, les parts ou actions :

1° D'organismes de placement collectif en valeurs mobilières mentionnés à l'article L 214-2 du code monétaire et financier ;

2° De fonds d'investissement à vocation générale mentionnés à l'article L 214-24-24 du même code, de fonds de capital investissement mentionnés à l'article L 214-27 dudit code, de fonds de fonds alternatifs mentionnés à l'article L 214-139 du même code, de fonds professionnels à vocation générale mentionnés à l'article L 214-143 du même code, de fonds déclarés mentionnés à l'article L 214-152 du même code et de fonds d'épargne salariale mentionnés à l'article L 214-163 du même code, à l'exception des fonds relevant de l'une de ces catégories qui réservent la souscription ou l'acquisition de leurs parts ou actions en application de l'article L 214-26-1 du même code ;

3° De sociétés d'investissement à capital fixe mentionnées à l'article L 214-127 du même code et d'organismes de financement mentionnés à l'article L 214-166-1 du même code.

ENR-XIII-5250 s. ; MF n° 71220

Art 972 ter Pour l'application de l'article 965 et sous les mêmes conditions, ne sont pas retenues pour la détermination de l'assiette de l'impôt les actions de sociétés d'investissements immobiliers mentionnées au I de l'article 208 C lorsque le redevable détient, directement et, le cas échéant, indirectement, seul ou conjointement avec les personnes mentionnées au 1° de l'article 965, moins de 5 % du capital et des droits de vote de la société.

ENR-XIII-5400 s. ; MF n° 71230

SECTION III

Règles de l'évaluation des biens

Art 973 I. La valeur des actifs mentionnés à l'article 965 est déterminée suivant les règles en vigueur en matière de droits de mutation par décès.

Par dérogation au deuxième alinéa de l'article 761, un abattement de 30 % est effectué sur la valeur vénale réelle de l'immeuble lorsque celui-ci est occupé à titre de résidence principale par son propriétaire. En cas d'imposition commune, un seul immeuble est susceptible de bénéficier de l'abattement précité.

Les valeurs mobilières cotées sur un marché sont évaluées selon le dernier cours connu ou selon la moyenne des trente derniers cours qui précèdent la date d'imposition.

II. Pour la valorisation des parts ou actions mentionnées au 2° de l'article 965, ne sont pas prises en compte les dettes contractées directement ou indirectement, par une société ou un organisme :

1° Pour l'acquisition d'un actif imposable à une personne mentionnée au 1° de l'article 965 qui contrôle, au sens du 2° du III de l'article 150-0 B ter, seule ou conjointement avec les autres personnes mentionnées au 1° de l'article 965, la société ou l'organisme mentionné au premier alinéa du présent II ;

2° Auprès d'une personne mentionnée au 1° de l'article 965, pour l'acquisition d'un actif imposable ou pour des dépenses mentionnées aux 2° et 3° du I de l'article 974 afférentes à un tel actif, à proportion de la participation que détient cette personne dans la société ou l'organisme, seule ou conjointement avec les autres personnes mentionnées au 1° de l'article 965 ;

3° Auprès d'une personne mentionnée au 2° du III de l'article 974, pour l'acquisition d'un actif imposable ou pour des dépenses mentionnées aux 2° et 3° du I du même article 974 afférentes à un tel actif, à proportion de la participation que détient cette personne dans la société ou l'organisme, seule ou conjointement avec les autres personnes mentionnées au 1° de l'article 965 ;

4° Auprès d'une société ou d'un organisme contrôlé, au sens du 2° du III de l'article 150-0 B ter, directement ou par l'intermédiaire d'une ou de plusieurs sociétés ou organismes interposés, par l'une des personnes mentionnées au 1° de l'article 965, seule ou conjointement avec les autres personnes mentionnées au même 1°, leurs ascendants ou descendants ou leurs frères et sœurs, pour l'acquisition d'un actif imposable ou pour des dépenses mentionnées aux 2° et 3° du I de l'article 974 afférentes à un tel actif, à proportion de la participation que détient cette personne dans la société ou l'organisme, seule ou conjointement avec les autres personnes mentionnées au 1° de l'article 965.

Les 1°, 2° et 4° du présent II ne s'appliquent pas si le redevable justifie que le prêt n'a pas été contracté dans un objectif principalement fiscal.

Le 3° du présent II ne s'applique pas si le redevable justifie du caractère normal des conditions du prêt, notamment du respect du terme des échéances, du montant et du caractère effectif des remboursements.

III. Pour la valorisation des parts ou actions mentionnées au 2° de l'article 965, les dettes correspondant aux prêts mentionnés au II de l'article 974 contractées, directement ou indirectement, par une société ou un organisme pour l'achat d'un actif imposable sont prises en compte chaque année à hauteur du montant déductible défini à ce même II.

IV. Pour la valorisation des parts ou actions mentionnées au 2° de l'article 965, ne sont pas prises en compte les dettes qui sont contractées directement ou indirectement par un organisme ou une société et qui ne sont pas afférentes à un actif imposable.

Sans préjudice des II et III du présent article, la valeur imposable à l'impôt sur la fortune immobilière des parts ou actions déterminée conformément au premier alinéa du présent IV ne peut être supérieure à leur valeur vénale déterminée conformément au I ou, si elle est inférieure à cette dernière, à la valeur vénale des actifs imposables de la société diminuée des dettes y afférentes qu'elle a contractées, à proportion de la fraction de capital de la société à laquelle donnent droit les parts ou actions comprises dans le patrimoine du redevable.

Ndlr *Le IV est applicable à l'IFI dû à compter de 2024.*

FR 2/24 inf. 90 p. 152 ; ENR-XIII-22000 s. ; MF n°s 71750 s.

SECTION IV

Passif déductible

Art 974 **I.** Sont déductibles de la valeur des biens ou droits immobiliers et des parts ou actions taxables les dettes, existantes au 1er janvier de l'année d'imposition, contractées par l'une des personnes mentionnées au 1° de l'article 965 et effectivement supportées par celle-ci, afférentes à des actifs imposables et, le cas échéant, à proportion de la fraction de leur valeur imposable :

1° Afférentes à des dépenses d'acquisition de biens ou droits immobiliers ;

2° Afférentes à des dépenses de réparation et d'entretien effectivement supportées par le propriétaire ou supportées pour le compte du locataire par le propriétaire dont celui-ci n'a pu obtenir le remboursement, au 31 décembre de l'année du départ du locataire ;

3° Afférentes à des dépenses d'amélioration, de construction, de reconstruction ou d'agrandissement ;

4° Afférentes aux impositions, autres que celles incombant normalement à l'occupant, dues à raison desdites propriétés. Ne relèvent pas de cette catégorie les impositions dues à raison des revenus générés par lesdites propriétés ;

5° Afférentes aux dépenses d'acquisition des parts ou actions mentionnées au 2° de l'article 965 au prorata de la valeur des actifs mentionnés au 1° du même article 965.

II. Les dettes mentionnées au I correspondant à des prêts prévoyant le remboursement du capital au terme du contrat contractés pour l'achat d'un actif imposable sont déductibles chaque année à hauteur du montant total de l'emprunt diminué d'une somme égale à ce même montant multiplié par le nombre d'années écoulées depuis le versement du prêt et divisé par le nombre d'années total de l'emprunt.

Les dettes mentionnées au même I correspondant à des prêts ne prévoyant pas de terme pour le remboursement du capital, contractées pour l'achat d'un actif imposable, sont déductibles chaque année à hauteur du montant total de l'emprunt diminué d'une somme égale à un vingtième de ce montant par année écoulée depuis le versement du prêt.

III. Ne sont pas déductibles les dettes mentionnées aux I et II correspondant à des prêts :

1° Contractés directement, ou indirectement par l'intermédiaire d'une ou plusieurs sociétés ou organismes interposés, auprès du redevable, de son conjoint, du partenaire lié par un pacte civil de solidarité ou du concubin notoire mentionnés à l'article 964, des enfants mineurs de ces personnes lorsqu'elles ont l'administration légale des biens de ceux-ci ;

2° Contractés directement, ou indirectement par l'intermédiaire d'une ou de plusieurs sociétés ou organismes interposés, auprès d'un ascendant, descendant autre que celui mentionné au 1°, frère ou sœur de l'une des personnes physiques mentionnées au même 1°, sauf si le redevable justifie du caractère normal des conditions du prêt, notamment du respect du terme des échéances, du montant et du caractère effectif des remboursements ;

3° Contractés par l'une des personnes mentionnées au 1° auprès d'une société ou organisme que, seule ou conjointement avec son conjoint, son partenaire lié par un pacte civil de solidarité ou son concubin notoire mentionnés à l'article 964, leurs ascendants ou descendants ou leurs frères et sœurs, elle contrôle au sens du 2° du III de l'article 150-0 B ter, directement ou par l'intermédiaire d'une ou de plusieurs sociétés ou organismes interposés, sauf si le redevable justifie du caractère normal des conditions du prêt, notamment du respect du terme des échéances, du montant et du caractère effectif des remboursements.

IV. Lorsque la valeur vénale des biens ou droits immobiliers et des parts ou actions taxables excède 5 millions d'euros et que le montant total des dettes admises en déduction en application des I, II et III au titre d'une même année d'imposition excède 60 % de cette valeur, le montant des dettes excédant ce seuil n'est admis en déduction qu'à hauteur de 50 % de cet excédent.

Ne sont pas retenues pour l'application du premier alinéa du présent IV les dettes dont le redevable justifie qu'elles n'ont pas été contractées dans un objectif principalement fiscal.

ENR-XIII-24000 s. ; MF n°s 71810 s.

SECTION V

Actifs exonérés

Art 975 **I.** Sont exonérés les biens ou droits immobiliers mentionnés au 1° de l'article 965 et les parts ou actions mentionnées au 2° du même article 965 représentatives de ces mêmes biens ou droits, lorsque ces biens ou droits immobiliers sont affectés à l'activité principale industrielle, commerciale, artisanale, agricole ou libérale des personnes mentionnées au 1° dudit article 965.

Les biens ou droits mentionnés au premier alinéa du présent I affectés à différentes activités pour lesquelles le redevable remplit les conditions prévues au même premier alinéa sont également exonérés lorsque les différentes activités professionnelles exercées sont soit similaires, soit connexes et complémentaires. Toutefois, pour l'application du présent alinéa, la condition d'activité principale s'apprécie au regard de l'ensemble des activités précitées.

ENR-XIII-8600 s. ; MF n°s 72650 s.

II. Sont également exonérés les biens ou droits immobiliers mentionnés au 1° de l'article 965 et les parts ou actions mentionnées au 2° du même article 965 représentatives de ces mêmes biens ou droits, lorsque ces biens et droits immobiliers sont affectés à l'activité industrielle, commerciale, artisanale, agricole ou libérale d'une société de personnes soumise à l'impôt sur le revenu mentionnée aux articles 8 et 8 ter dans laquelle les personnes mentionnées au premier alinéa du I du présent article exercent leur activité principale.

Les biens ou droits mentionnés au premier alinéa du présent II affectés à l'activité industrielle, commerciale, artisanale, agricole ou libérale de plusieurs sociétés de personnes dans lesquelles le redevable remplit les conditions prévues au même premier alinéa sont également exonérés lorsque les sociétés ont des activités soit similaires, soit connexes et complémentaires. Toutefois, pour l'application du présent alinéa, la condition d'activité principale s'apprécie au regard de l'ensemble des sociétés précitées.

ENR-XIII-10800 s. ; MF n°s 72800 s.

III. 1. Sont également exonérés les biens ou droits immobiliers mentionnés au 1° de l'article 965 et les parts ou actions mentionnées au 2° du même article 965 représentatives de ces mêmes biens ou droits, lorsque ces biens et droits immobiliers sont affectés à l'activité industrielle, commerciale, artisanale, agricole ou libérale d'une société soumise, de droit ou sur option, à l'impôt sur les sociétés, sous réserve que le redevable :

1° Exerce dans la société la fonction de gérant, nommé conformément aux statuts d'une société à responsabilité limitée ou en commandite par actions, d'associé en nom d'une société de personnes ou de président, directeur général, président du conseil de surveillance ou membre du directoire d'une société par actions.

Les fonctions mentionnées au premier alinéa du présent 1° doivent être effectivement exercées et donner lieu à une rémunération normale, dans les catégories imposables à l'impôt sur le revenu des traitements et salaires, bénéfices industriels et commerciaux, bénéfices agricoles, bénéfices non commerciaux et revenus des gérants et associés mentionnés à l'article 62, au regard des rémunérations du même type versées au titre de fonctions analogues dans l'entreprise ou dans des entreprises similaires établies en France. Cette rémunération doit représenter plus de la moitié des revenus à raison desquels l'intéressé est soumis à l'impôt sur le revenu dans les mêmes catégories, à l'exclusion des revenus non professionnels ;

2° Détienne 25 % au moins des droits de vote attachés aux titres émis par la société, directement ou par l'intermédiaire de son conjoint, de leurs ascendants ou descendants ou de leurs frères et sœurs.

Les titres détenus dans les mêmes conditions dans une société possédant une participation dans la société dans laquelle le redevable exerce ses fonctions sont pris en compte à proportion de cette participation.

Le respect de la condition de détention de 25 % au moins des droits de vote attachés aux titres émis par la société prévue au premier alinéa du 2° n'est pas exigé après une augmentation de capital si, à compter de la date de cette dernière, le redevable remplit les trois conditions suivantes :

a. Il a respecté cette condition au cours des cinq années ayant précédé l'augmentation de capital ;

b. Il détient 12,5 % au moins des droits de vote attachés aux titres émis par la société, directement ou par l'intermédiaire de son conjoint, de leurs ascendants ou descendants ou de leurs frères et sœurs ;

c. Il est partie à un pacte conclu avec d'autres associés ou actionnaires représentant au total 25 % au moins des droits de vote et exerçant un pouvoir d'orientation dans la société.

Par dérogation au premier alinéa du 2°, la condition de détention de 25 % au moins des droits de vote attachés aux titres émis par la société n'est pas exigée des gérants et associés mentionnés à l'article 62.

2. Sont également exonérés les biens ou droits immobiliers mentionnés au 1 affectés à l'activité industrielle, commerciale, artisanale, agricole ou libérale d'une société soumise, de droit ou sur option, à l'impôt sur les sociétés dont les parts ou actions sont détenues directement par le gérant, nommé conformément aux statuts d'une société à responsabilité limitée ou en commandite par actions, le président, le directeur général, le président du conseil de surveillance ou le membre du directoire d'une société par actions, qui remplit les conditions prévues au 1° du même 1, lorsque la valeur des titres qu'il détient dans cette société excède 50 % de la valeur brute du patrimoine total du redevable, y compris les biens ou droits immobiliers précités.

ENR-XIII-11200 s. ; MF n°s 72810 s.

IV. 1. Sont également exonérés les biens ou droits immobiliers mentionnés au 1° de l'article 965 et les parts ou actions mentionnées au 2° du même article 965 représentatives de ces mêmes biens ou droits, lorsque ces biens et droits immobiliers sont affectés à l'activité industrielle, commerciale, artisanale, agricole ou libérale de plusieurs sociétés soumises, de droit ou sur option, à l'impôt sur les sociétés lorsque chaque participation, prise isolément, satisfait aux conditions prévues au III. Toutefois, la condition de rémunération prévue à la seconde phrase du second alinéa du 1° du 1 du même III est respectée si la somme des rémunérations perçues au titre des fonctions énumérées au premier alinéa du même 1° dans les sociétés dont le redevable possède des parts ou actions représente plus de la moitié des revenus mentionnés à la même phrase.

Lorsque les sociétés mentionnées au premier alinéa du présent 1 ont des activités soit similaires, soit connexes et complémentaires, la condition de rémunération normale s'apprécie au regard des fonctions exercées dans l'ensemble des sociétés dont les parts ou actions répondent aux conditions du III.

2. Sont également exonérés les biens ou droits immobiliers mentionnés au 1 du présent IV affectés par le redevable mentionné aux I ou II dans une ou plusieurs sociétés soumises à l'impôt sur les sociétés lorsque chaque participation, prise isolément, satisfait aux conditions prévues au III.

ENR-XIII-11200 s. ; MF n°s 72810 s.

V. Pour l'application du présent article, les activités commerciales s'entendent de celles définies à l'article 966.

Par exception au premier alinéa du présent V, est considérée comme une activité commerciale pour l'application des I à IV :

1° L'exercice d'une activité de location de locaux d'habitation loués meublés ou destinés à être loués meublés, par une personne mentionnée au 1° de l'article 965 ou par une société ou organisme, sous réserve, s'agissant des personnes mentionnées au même 1°, qu'elles réalisent plus de 23 000 € de recettes annuelles et retirent de cette activité plus de 50 % des revenus à raison desquels le foyer fiscal auquel elles appartiennent est soumis à l'impôt sur le revenu dans les catégories des traitements et salaires, bénéfices industriels et commerciaux, bénéfices agricoles, bénéfices non commerciaux, revenus des gérants et associés mentionnés à l'article 62 ;

2° L'exercice, par une personne mentionnée au 1° de l'article 965 ou par une société ou un organisme, d'une activité de location d'établissements commerciaux ou industriels munis du mobilier ou du matériel nécessaire à leur exploitation.

ENR-XIII-8650 s. ; MF n°s 72880 s.

VI. Les biens ou droits immobiliers affectés à des sociétés mentionnées aux II à IV qui n'en ont pas la propriété sont exonérés à hauteur de la participation du redevable dans les sociétés auxquelles ils sont affectés.

ENR-XIII-14700 s. ; MF n°s 72800 s., 72845

ENR-XIII-8550 s. ; MF n°s 72500 s.

Art 976 I. Les propriétés en nature de bois et forêts sont exonérées à concurrence des trois quarts de leur valeur imposable si les conditions prévues au 2° du 2 de l'article 793 sont satisfaites.

II. Les parts de groupements forestiers sont exonérées à concurrence des trois quarts de la fraction de la valeur nette correspondant aux biens mentionnés au 3° du 1 de l'article 793 et sous les mêmes conditions.

III. Les biens donnés à bail à long terme dans les conditions prévues aux articles L 416-1 à L 416-6, L 416-8 et L 416-9 du code rural et de la pêche maritime et ceux donnés à bail cessible dans les conditions prévues aux articles L 418-1 à L 418-5 du même code sont exonérés à condition, d'une part, que la durée du bail soit au minimum de dix-huit ans et, d'autre part, que le preneur utilise le bien dans l'exercice de sa profession principale et qu'il soit le conjoint, le partenaire lié par un pacte civil de solidarité ou le concubin notoire du bailleur, l'un de leurs frères et sœurs, l'un de leurs ascendants ou descendants ou le conjoint, le partenaire lié par un pacte civil de solidarité ou le concubin notoire de l'un de leurs ascendants ou descendants.

A défaut de remplir les deux dernières conditions du premier alinéa du présent III, ces mêmes biens sont exonérés à concurrence des trois quarts de leur valeur lorsque la valeur totale des biens loués, quel que soit le nombre de baux, n'excède pas 101 897 € et pour moitié au delà de cette limite, sous réserve que la durée du bail soit au minimum de dix-huit ans et que les descendants du preneur ne soient pas contractuellement privés de la faculté de bénéficier de l'article L 411-35 du code rural et de la pêche maritime.

IV. Sous les conditions prévues au 4° du 1 de l'article 793, les parts de groupements fonciers agricoles et de groupements agricoles fonciers soumis à la loi n° 62-933 du 8 août 1962 complémentaire à la loi d'orientation agricole et à l'article 11 de la loi n° 70-1299 du 31 décembre 1970 relative aux groupements fonciers agricoles sont exonérées, sous réserve que ces parts soient représentatives d'apports constitués par des immeubles ou des droits immobiliers à destination agricole et que les baux consentis par le groupement ainsi que leurs preneurs répondent aux conditions prévues au premier alinéa du III du présent article.

A défaut de remplir les deux dernières conditions du premier alinéa du présent IV, ces mêmes biens sont, sous réserve que les baux à long terme ou les baux cessibles consentis par le groupement répondent aux conditions prévues au second alinéa du III, exonérés à concurrence des trois quarts de leur valeur si la valeur totale des parts détenues n'excède pas 101 897 € et pour moitié au-delà de cette limite.

V. Les biens ruraux et les parts de groupements fonciers agricoles et de groupements agricoles fonciers représentatives de ces mêmes biens, donnés à bail dans les conditions prévues au premier alinéa du III à une société à objet principalement agricole contrôlée à plus de 50 % par les personnes mentionnées au même premier alinéa, sont exonérés à concurrence de la participation détenue dans la société locataire par celles des personnes précitées qui y exercent leur activité professionnelle principale.

Les biens ruraux et les parts de groupements fonciers agricoles et de groupements agricoles fonciers représentatives de ces mêmes biens, donnés à bail dans les conditions prévues au premier alinéa du III, lorsqu'ils sont mis à la disposition d'une société mentionnée au premier alinéa du présent V ou lorsque le droit au bail y afférent est apporté à une société de même nature, dans les conditions prévues, respectivement, aux articles L 411-37 et L 411-38 du code rural et de la pêche maritime, sont exonérés dans les mêmes proportions et sous les mêmes conditions que celles définies au premier alinéa du présent V.

Ndlr *Voir Annexe III, art. 313 BK à 313 BN.*

ENR-XIII-20000 s. ; MF n°s 71400 s.

SECTION VI

Calcul de l'impôt

Art 977 1. Le tarif de l'impôt est fixé à :

Fraction de la valeur nette taxable du patrimoine	Tarif applicable (en pourcentage)
N'excédant pas 800 000 €	0

Fraction de la valeur nette taxable du patrimoine	Tarif applicable (en pourcentage)
Supérieure à 800 000 € et inférieure ou égale à 1 300 000 €	0,50
Supérieure à 1 300 000 € et inférieure ou égale à 2 570 000 €	0,70
Supérieure à 2 570 000 € et inférieure ou égale à 5 000 000 €	1
Supérieure à 5 000 000 € et inférieure ou égale à 10 000 000 €	1,25
Supérieure à 10 000 000 €	1,50

2. Pour les redevables dont le patrimoine imposable a une valeur nette taxable égale ou supérieure à 1 300 000 € et inférieure à 1 400 000 €, le montant de l'impôt calculé selon le tarif prévu au tableau du 1 est réduit d'une somme égale à 17 500 € – 1,25 % P, où P est la valeur nette taxable du patrimoine.

ENR-XIII-27100 s. ; MF n°s 71950 s.

Art 978 I. Le redevable peut imputer sur l'impôt sur la fortune immobilière, dans la limite de 50 000 €, 75 % du montant des dons en numéraire et dons en pleine propriété de titres de sociétés admis aux négociations sur un marché réglementé français ou étranger effectués au profit :

1° Des établissements de recherche, d'enseignement supérieur ou d'enseignement artistique publics ou privés, d'intérêt général, à but non lucratif et des établissements d'enseignement supérieur consulaire mentionnés à l'article L 711-17 du code de commerce ;

2° Des fondations reconnues d'utilité publique répondant aux conditions fixées au a du 1 de l'article 200 ;

3° Des entreprises d'insertion et des entreprises de travail temporaire d'insertion mentionnées, respectivement, aux articles L 5132-5 et L 5132-6 du code du travail ;

4° Des associations intermédiaires mentionnées à l'article L 5132-7 du même code ;

5° Des ateliers et chantiers d'insertion mentionnés à l'article L 5132-15 dudit code ;

6° Des entreprises adaptées mentionnées à l'article L 5213-13 du même code ;

7° Des groupements d'employeurs régis par les articles L 1253-1 à L 1253-24 du code du travail qui bénéficient de la reconnaissance de la qualité de groupement d'employeurs pour l'insertion et la qualification mentionnée à l'article L 1253-1 du même code et qui organisent des parcours d'insertion et de qualification dans les conditions mentionnées à l'article L 6325-17 du même code *(L'article L 6325-17 a été abrogé par la loi 2018-1203 du 22 décembre 2018 art. 8, VI-8°)* ;

8° De l'Agence nationale de la recherche ;

9° Des fondations universitaires et des fondations partenariales mentionnées, respectivement, aux articles L 719-12 et L 719-13 du code de l'éducation, lorsqu'elles répondent aux conditions fixées au b du 1 de l'article 200 du présent code ;

10° Des associations reconnues d'utilité publique de financement et d'accompagnement de la création et de la reprise d'entreprises dont la liste est fixée par arrêté conjoint des ministres chargés de l'économie et du budget *(Voir arrêté ECOE1808975A du 24 avril 2018, JO du 29)*.

Ouvrent également droit à la réduction d'impôt les dons et versements effectués au profit d'organismes agréés dans les conditions prévues à l'article 1649 nonies dont le siège est situé dans un Etat membre de l'Union européenne ou dans un autre Etat partie à l'accord sur l'Espace économique européen ayant conclu avec la France une convention d'assistance administrative en vue de lutter contre la fraude et l'évasion fiscales. L'agrément est accordé aux organismes poursuivant des objectifs et présentant des caractéristiques similaires à ceux des organismes dont le siège est situé en France entrant dans le champ d'application du présent I.

Lorsque les dons et versements ont été effectués au profit d'un organisme non agréé dont le siège est situé dans un Etat membre de l'Union européenne ou dans un autre Etat partie à l'accord sur l'Espace économique européen ayant conclu avec la France une convention d'assistance administrative en vue de lutter contre la fraude et l'évasion fiscales, la réduction d'impôt obtenue fait l'objet d'une reprise, sauf lorsque le contribuable a produit dans le délai de dépôt de déclaration les pièces justificatives attestant que cet organisme poursuit des objectifs et présente des caractéristiques similaires à ceux des organismes dont le siège est situé en France répondant aux conditions fixées par le présent article.

Un décret fixe les conditions d'application des douzième et treizième alinéas du présent I, notamment la durée de validité ainsi que les modalités de délivrance, de publicité et de retrait de l'agrément.

Ndlr *Voir Annexe III, art. 313 BP à 313 BQ bis.*

II. Les dons ouvrant droit à l'avantage fiscal mentionné au I sont ceux effectués à compter du jour suivant la date limite de dépôt de la déclaration mentionnée à l'article 982 au titre de l'année précédant celle de l'imposition et jusqu'à la date limite de dépôt de cette même déclaration au titre de l'année d'imposition.

III. La fraction du versement ayant donné lieu à l'avantage fiscal mentionné au I ne peut donner lieu à un autre avantage fiscal au titre d'un autre impôt.

IV. Le bénéfice de l'avantage fiscal prévu au I est subordonné au respect du règlement (UE) n° 1407/2013 de la Commission du 18 décembre 2013 relatif à l'application des articles 107 et 108 du traité sur le fonctionnement de l'Union européenne aux aides de minimis et à la condition que le redevable présente, à la demande de l'administration fiscale, des pièces justificatives attestant le total du montant et la date des versements ainsi que l'identité des bénéficiaires.

V. Un décret fixe les obligations déclaratives incombant aux redevables et aux personnes mentionnées au I.

Ndlr *Voir Annexe III, art. 313 BO et 313 BQ bis.*

ENR-XIII-27300 s. ; MF n°s 72100 s.

Art 979 **I.** L'impôt sur la fortune immobilière du redevable ayant son domicile fiscal en France est réduit de la différence entre, d'une part, le total de cet impôt et des impôts dus en France et à l'étranger au titre des revenus et produits de l'année précédente, calculés avant imputation des seuls crédits d'impôt représentatifs d'une imposition acquittée à l'étranger et des retenues non libératoires et, d'autre part, 75 % du total des revenus mondiaux nets de frais professionnels de l'année précédente, après déduction des seuls déficits catégoriels dont l'imputation est autorisée par l'article 156, ainsi que des revenus exonérés d'impôt sur le revenu et des produits soumis à un prélèvement libératoire réalisés au cours de la même année en France ou hors de France.

Les revenus distribués à une société passible de l'impôt sur les sociétés contrôlée par le redevable sont réintégrés dans le calcul prévu au premier alinéa du présent I si l'existence de cette société et le choix d'y recourir ont pour objet principal d'éluder tout ou partie de l'impôt sur la fortune immobilière en bénéficiant d'un avantage fiscal allant à l'encontre de l'objet ou de la finalité du même premier alinéa. Seule est réintégrée la part des revenus distribués correspondant à une diminution artificielle des revenus pris en compte pour le calcul prévu audit premier alinéa.

En cas de désaccord sur les rectifications notifiées sur le fondement du deuxième alinéa du présent I, le litige est soumis aux dispositions des deux derniers alinéas de l'article L 64 du livre des procédures fiscales.

II. Les plus-values ainsi que tous les revenus sont déterminés sans considération des exonérations, seuils, réductions et abattements prévus au présent code, à l'exception de ceux représentatifs de frais professionnels.

Lorsque l'impôt sur le revenu a frappé des revenus de personnes dont les biens n'entrent pas dans l'assiette de l'impôt sur la fortune immobilière, il est réduit suivant le pourcentage du revenu de ces personnes par rapport au revenu total.

ENR-XIII-30900 s. ; MF n°s 72150 s.

Art 980 Le montant des impôts dont les caractéristiques sont similaires à celles de l'impôt sur la fortune immobilière acquitté, le cas échéant, hors de France est imputable sur l'impôt exigible en France. Cette imputation est limitée à l'impôt sur la fortune immobilière acquitté au titre des biens et droits immobiliers situés hors de France ou sur la valeur des parts et actions définies au 2° de l'article 965 représentative de ces mêmes biens.

ENR-XIII-32600 s. ; MF n° 72210

SECTION VII
Contrôle et contentieux

Art 981 Sauf dispositions contraires, les règles relatives au contrôle et au contentieux des droits d'enregistrement s'appliquent à l'impôt sur la fortune immobilière.

ENR-XIII-36750 s. ; MF n°s 72310 s.

SECTION VIII
Obligations déclaratives

Art 982 **I. 1.** Les redevables mentionnent la valeur brute et la valeur nette taxable des actifs mentionnés à l'article 965 sur la déclaration annuelle prévue à l'article 170. Ils joignent à cette déclaration des annexes conformes à un modèle établi par l'administration, sur lesquelles ils mentionnent et évaluent les éléments de ces mêmes actifs.

La valeur brute et la valeur nette taxable des actifs mentionnés à l'article 965 des concubins notoires et de ceux des enfants mineurs, lorsque les concubins ont l'administration légale de leurs biens, sont portées sur la déclaration de l'un ou l'autre des concubins, à laquelle sont jointes les annexes mentionnées au premier alinéa du présent 1.

2. Les conjoints, sauf dans les cas prévus aux a et b du 4 de l'article 6 et les partenaires liés par un pacte civil de solidarité défini à l'article 515-1 du code civil doivent conjointement signer la déclaration prévue au 1 du présent I.

3. En cas de décès du redevable, le 2 de l'article 204 est applicable.

II. Un décret détermine les modalités d'application du I, notamment les obligations déclaratives incombant aux redevables et aux sociétés ou organismes mentionnés à l'article 965 *(Voir Annexe III, art. 313 BQ à 313 BQ quater).*

ENR-XIII-35100 s. ; MF n° 72300

Art 983 Les personnes possédant des actifs mentionnés à l'article 965 situés en France sans y avoir leur domicile fiscal ainsi que les personnes mentionnées au 2 de l'article 4 B peuvent être invitées par le service des impôts à désigner un représentant en France dans les conditions prévues à l'article 164 D.

Toutefois, l'obligation de désigner un représentant fiscal ne s'applique ni aux personnes qui ont leur domicile fiscal dans un autre Etat membre de l'Union européenne ou dans un autre Etat partie à l'accord sur l'Espace économique européen ayant conclu avec la France une convention d'assistance administrative en vue de lutter contre la fraude et l'évasion fiscales ainsi qu'une convention d'assistance mutuelle en matière de recouvrement de l'impôt, ni aux personnes mentionnées au 2 du même article 4 B qui exercent leurs fonctions ou sont chargées de mission dans l'un de ces Etats.

ENR-XIII-35330 ; MF n° 72325

CHAPITRE III

Autres droits et taxes

SECTION 0I bis

Taxe sur la valeur vénale des immeubles possédés en France par des entités juridiques

Art 990 D Les entités juridiques : personnes morales, organismes, fiducies ou institutions comparables qui, directement ou par entité interposée, possèdent un ou plusieurs immeubles situés en France ou sont titulaires de droits réels portant sur ces biens sont redevables d'une taxe annuelle égale à 3 % de la valeur vénale de ces immeubles ou droits.

Aux fins d'application du présent article, est réputée posséder des biens ou droits immobiliers en France par entité interposée toute entité juridique qui détient une participation, quelles qu'en soient la forme et la quotité, dans une personne morale, un organisme, une fiducie ou une institution comparable, autre qu'une entité juridique visée aux 1°, a et b du 2° et a, b et c du 3° de l'article 990 E, qui est propriétaire de ces biens ou droits ou détenteur d'une participation dans une troisième personne morale, organisme, fiducie ou institution comparable lui-même propriétaire des biens ou droits ou interposé dans la chaîne des participations. Cette disposition s'applique quel que soit le nombre de ces entités juridiques interposées.

ENR-XI-8700 s. ; MF n°s 75965 s.

Art 990 E La taxe prévue à l'article 990 D n'est pas applicable :

1° Aux organisations internationales, aux Etats souverains, à leurs subdivisions politiques et territoriales, ainsi qu'aux personnes morales, organismes, fiducies ou institutions comparables qu'ils contrôlent majoritairement ;

2° Aux entités juridiques : personnes morales, organismes, fiducies ou institutions comparables :

a. Dont les actifs immobiliers, au sens de l'article 990 D, situés en France, représentent moins de 50 % des actifs français détenus directement ou par l'intermédiaire d'une ou plusieurs entités juridiques. Pour l'application de cette disposition, ne sont pas inclus dans les actifs immobiliers les actifs, détenus directement ou indirectement, que les entités juridiques définies à l'article 990 D ou les entités juridiques interposées affectent directement ou indirectement à leur activité professionnelle autre qu'immobilière ou à celle d'une entité juridique avec laquelle elles ont un lien de dépendance au sens du 12 de l'article 39 ;

b. Ou dont les actions, parts et autres droits font l'objet de négociations significatives et régulières sur un marché réglementé, ainsi qu'aux personnes morales dont ces entités détiennent directement ou indirectement la totalité du capital social ;

3° Aux entités juridiques : personnes morales, organismes, fiducies ou institutions comparables qui ont leur siège en France, dans un

Etat membre de l'Union européenne ou dans un pays ou territoire ayant conclu avec la France une convention d'assistance administrative en vue de lutter contre la fraude et l'évasion fiscales ou dans un Etat ayant conclu avec la France un traité leur permettant de bénéficier du même traitement que les entités qui ont leur siège en France :

a. Dont la quote-part du ou des immeubles situés en France ou des droits réels détenus directement ou indirectement portant sur ces biens est inférieure à 100 000 € ou à 5 % de la valeur vénale desdits biens ou autres droits ;

b. Ou instituées en vue de gérer des régimes de retraite, à leurs groupements, ainsi que ceux, reconnus d'utilité publique ou dont la gestion est désintéressée, et dont l'activité ou le financement justifie la propriété des immeubles ou droits immobiliers ;

c. Ou qui prennent la forme de sociétés de placement à prépondérance immobilière à capital variable ou de fonds de placement immobilier régis par les articles L 214-33 et suivants du code monétaire et financier qui ne sont pas constitués sous la forme mentionnée à l'article L 214-148 du même code ou ceux qui sont soumis à une réglementation équivalente dans l'Etat ou le territoire où ils sont établis ;

d. Ou qui communiquent chaque année ou prennent et respectent l'engagement de communiquer à l'administration fiscale, sur sa demande, la situation, la consistance et la valeur des immeubles possédés au 1er janvier, l'identité et l'adresse de l'ensemble des actionnaires, associés ou autres membres qui détiennent, à quelque titre que ce soit, plus de 1 % des actions, parts ou autres droits, ainsi que le nombre des actions, parts ou autres droits détenus par chacun d'eux. L'engagement est pris à la date de l'acquisition par l'entité du bien ou droit immobilier ou de la participation mentionnés à l'article 990 D ou, pour les biens, droits ou participations déjà possédés au 1er janvier 2008, au plus tard le 15 mai 2008 *(Voir Annexe III, art. 313-0 BR et 313-0 BR bis et LPF, art. R 23 B-1)* ;

e. Ou qui déclarent chaque année au plus tard le 15 mai, au lieu fixé par l'arrêté prévu à l'article 990 F, la situation, la consistance et la valeur des immeubles possédés au 1er janvier, l'identité et l'adresse des actionnaires, associés ou autres membres qui détiennent plus de 1 % des actions, parts ou autres droits dont ils ont connaissance à la même date, ainsi que le nombre des actions, parts ou autres droits détenus par chacun d'eux, au prorata du nombre d'actions, parts ou autres droits détenus au 1er janvier par des actionnaires, associés ou autres membres dont l'identité et l'adresse ont été déclarées *(Voir Annexe III, art. 313-0 BR)*.

ENR-XI-9050 s. ; MF nº 75970

Art 990 F La taxe est due à raison des immeubles ou droits immobiliers possédés au 1er janvier de l'année d'imposition, à l'exception des biens régulièrement inscrits dans les stocks des personnes morales qui exercent la profession de marchand de biens ou de promoteur-constructeur. Lorsqu'il existe une chaîne de participations, la taxe est due par la ou les personnes morales qui, dans cette chaîne, sont les plus proches des immeubles ou droits immobiliers et qui ne sont pas exonérées en application du d ou e du 3º de l'article 990 E. Toute personne morale, organisme, fiducie ou institution comparable, interposé entre le ou les débiteurs de la taxe et les immeubles ou droits immobiliers est solidairement responsable du paiement de cette taxe.

La personne morale, l'organisme, la fiducie ou l'institution comparable qui, faute d'avoir respecté l'engagement prévu au d du 3º de l'article 990 E, est entré dans le champ d'application de la taxe prévue à l'article 990 D, peut s'en exonérer à compter de l'année où il communique à l'administration fiscale des informations mentionnées audit d du 3º et prend un nouvel engagement de les lui communiquer ultérieurement sur sa demande.

Les redevables doivent déclarer au plus tard le 15 mai de chaque année, la situation, la consistance et la valeur des immeubles et droits immobiliers en cause. Cette déclaration, accompagnée du paiement de la taxe, est déposée au lieu fixé par arrêté du ministre chargé du budget *(Voir Annexe IV, art. 121 K ter)*.

La taxe est recouvrée selon les règles et sous les sanctions et garanties applicables aux droits d'enregistrement. Sont également applicables à la taxe les dispositions de l'article 223 quinquies A.

En cas de cession de l'immeuble par une personne morale, un organisme, une fiducie ou une institution comparable non établi dans un autre Etat membre de l'Union européenne ou dans un autre Etat partie à l'accord sur l'Espace économique européen ayant conclu avec la France une convention d'assistance administrative en vue de lutter contre la fraude et l'évasion fiscales ainsi qu'une convention d'assistance mutuelle en matière de recouvrement de l'impôt, le représentant visé au IV de l'article 244 bis A est responsable du paiement de la taxe restant due à cette date.

ENR-XI-10230 s. ; MF nº 75975

Art 990 G La taxe prévue à l'article 990 D n'est pas déductible pour l'assiette de l'impôt sur le revenu ou de l'impôt sur les sociétés.

ENR-XI-10650 ; MF nº 75975

SECTION 01 ter

Prélèvement sur les sommes versées par les organismes d'assurances et assimilés à raison des contrats d'assurances en cas de décès

Art 990 I I. Lorsqu'elles n'entrent pas dans le champ d'application de l'article 757 B, les sommes, rentes ou valeurs quelconques dues directement ou indirectement par un ou plusieurs organismes d'assurance et assimilés, à raison du décès de l'assuré, sont assujetties à un prélèvement à concurrence de la part revenant à chaque bénéficiaire de ces sommes, rentes ou valeurs correspondant à la fraction rachetable des contrats et des primes versées au titre de la fraction non rachetable des contrats autres que ceux mentionnés au 1º du I de l'article 199 septies, que ceux mentionnés à l'article 154 bis et au 1º de l'article 998, à l'exception des contrats relevant des articles L 224-1 et suivants du code monétaire et financier, des contrats relevant de l'article L 225-1 du même code ainsi que ceux mentionnés à l'article L 7342-2 du code du travail et souscrits dans le cadre d'une activité professionnelle, diminuée d'un abattement proportionnel de 20 % pour les seules sommes, valeurs ou rentes issues des contrats mentionnés au 1 du I bis et répondant aux conditions prévues au 2 du même I bis, puis d'un abattement fixe de 152 500 €. Le prélèvement s'élève à 20 % pour la fraction de la part taxable de chaque bénéficiaire inférieure ou égale à 700 000 €, et à 31,25 % pour la fraction de la part taxable de chaque bénéficiaire excédant cette limite.

Pour l'application du prélèvement prévu au premier alinéa du présent I, ne sont pas assujetties les sommes, rentes ou valeurs quelconques dues à raison des rentes viagères constituées dans le cadre d'une activité professionnelle, d'un plan d'épargne retraite populaire prévu à l'article L 144-2 du code des assurances, d'un plan d'épargne retraite prévu à l'article L 224-28 du code monétaire et financier ou d'un sous-compte français du produit paneuropéen d'épargne-retraite individuelle mentionné à l'article L 225-1 du même code, moyennant le versement de primes régulièrement échelonnées dans leur montant et leur périodicité pendant une durée d'au moins quinze ans et dont l'entrée en jouissance intervient, au plus tôt, à compter de la date de la liquidation de la pension du redevable dans un régime obligatoire d'assurance vieillesse ou à l'âge fixé en application de l'article L 351-1 du code de la sécurité sociale.

Le bénéficiaire doit produire auprès des organismes d'assurance et assimilés une attestation sur l'honneur indiquant le montant des abattements déjà appliqués aux sommes, rentes ou valeurs quelconques reçues d'un ou plusieurs organismes d'assurance et assimilés à raison du décès du même assuré.

Le bénéficiaire n'est pas assujetti au prélèvement visé au premier alinéa lorsqu'il est exonéré de droits de mutation à titre gratuit en application des dispositions des articles 795, 795-0 A, 796-0 bis et 796-0 ter.

Le bénéficiaire est assujetti au prélèvement prévu au premier alinéa dès lors qu'il a, au moment du décès, son domicile fiscal en France au sens de l'article 4 B et qu'il l'a eu pendant au moins six années au cours des dix années précédant le décès ou dès lors que l'assuré a, au moment du décès, son domicile fiscal en France au sens du même article 4 B.

En cas de démembrement de la clause bénéficiaire, le nu-propriétaire et l'usufruitier sont considérés, pour l'application du présent article, comme bénéficiaires au prorata de la part leur revenant dans les sommes, rentes ou valeurs versées par l'organisme d'assurance, déterminée selon le barème prévu à l'article 669. Les abattements prévus au premier alinéa du présent I sont répartis entre les personnes concernées dans les mêmes proportions.

I bis. 1. Les sommes, valeurs ou rentes qui bénéficient de l'abattement proportionnel de 20 % sont celles qui sont issues des contrats et placements de même nature souscrits à compter du 1er janvier 2014 ou des contrats souscrits avant cette date et ayant subi, entre le 1er janvier 2014 et le 1er janvier 2016, une transformation partielle ou totale entrant dans le champ du I de l'article 1er de la loi nº 2005-842 du 26 juillet 2005 pour la confiance et la modernisation de l'économie ou du 2º du I de l'article 125-0 A du présent code et dans lesquels les primes versées sont représentées par une ou plusieurs unités de compte constituées :

a. De parts ou d'actions d'organismes de placement collectif en valeurs mobilières ;

b. De placements collectifs relevant des articles L 214-24-24 à L 214-32-1 ou L 214-139 à L 214-147 du code monétaire et financier ;

c. D'organismes de même nature que les organismes mentionnés aux a et b établis soit dans un autre Etat membre de l'Union européenne, soit dans un autre Etat partie à l'accord sur l'Espace économique européen ayant conclu avec la France une convention d'assistance administrative en vue de lutter contre la fraude et l'évasion fiscales et qui bénéficient de la procédure de reconnaissance mutuelle des agréments prévue par la directive 2009/65/CE du Parlement européen et du Conseil du 13 juillet 2009 portant coordination des dispositions législatives réglementaires et administratives concernant certains organismes de placement collectif en valeurs mobilières (OPCVM) (refonte) ;

d. De parts ou d'actions de sociétés mentionnées au I de l'article 150 UB du présent code ayant leur siège social sur le territoire de l'un des Etats membres de l'Union européenne ou dans un autre Etat partie à l'accord sur l'Espace économique européen ayant conclu avec la France une convention d'assistance administrative en vue de lutter contre la fraude et l'évasion fiscales ;

e. De parts ou d'actions d'organismes de placement collectif immobilier ou de sociétés civiles de placement immobilier.

2. Bénéficient de l'abattement proportionnel de 20 % mentionné au premier alinéa du I, les sommes, valeurs ou rentes issues des contrats définis au 1 du présent I bis et qui sont investies notamment :

1° En titres et droits mentionnés aux d et e du même 1 et contribuant au financement du logement social ou intermédiaire selon des modalités définies par décret en Conseil d'Etat ;

2° Ou en titres d'organismes de placement collectif mentionnés aux a à c dudit 1 dont l'actif est constitué notamment par :

a. Des parts de fonds communs de placement à risques ou de fonds professionnels de capital investissement ou de sociétés de libre partenariat qui remplissent les conditions prévues au II de l'article 163 quinquies B du présent code, de fonds communs de placement dans l'innovation mentionnés à l'article L 214-30 du code monétaire et financier, de fonds d'investissement de proximité mentionnés à l'article L 214-31 du même code et d'actions de sociétés de capital-risque, qui remplissent les conditions prévues à l'article 1er-1 de la loi n° 85-695 du 11 juillet 1985 portant diverses dispositions d'ordre économique et financier, ou d'un organisme similaire d'un Etat membre de l'Union européenne ou d'un Etat partie à l'accord sur l'Espace économique européen ayant conclu avec la France une convention d'assistance administrative en vue de lutter contre la fraude et l'évasion fiscales ;

b. Des actions ou parts émises par des sociétés exerçant une activité mentionnée à l'article 34 du présent code qui, d'une part, occupent moins de 5 000 personnes et qui, d'autre part, ont un chiffre d'affaires annuel n'excédant pas 1 500 millions d'euros ou un total de bilan n'excédant pas 2 000 millions d'euros, sous réserve que le souscripteur du contrat, son conjoint et leurs ascendants et descendants ne détiennent pas ensemble, pendant la durée du contrat, directement ou indirectement, plus de 25 % des droits dans les bénéfices de la société ou n'ont pas détenu une telle participation à un moment quelconque au cours des cinq années précédant la souscription du contrat ;

c. Des actifs relevant de l'économie sociale et solidaire respectant des conditions définies par décret en Conseil d'Etat.

Les titres et droits mentionnés au b du présent 2° et les titres et droits constituant l'actif des organismes mentionnés aux a et c sont émis par des sociétés qui ont leur siège dans un Etat membre de l'Union européenne ou dans un autre Etat partie à l'accord sur l'Espace économique européen ayant conclu avec la France une convention d'assistance administrative en vue de lutter contre la fraude et l'évasion fiscales, et qui sont soumises à l'impôt sur les sociétés dans les conditions de droit commun au taux normal ou le seraient dans les mêmes conditions si elles exerçaient leur activité en France.

Un décret en Conseil d'Etat détermine les modalités d'appréciation des seuils d'effectif salarié, de chiffre d'affaires et de total de bilan mentionnés au même b.

Les titres mentionnés au 1° et aux a à c du 2° du présent 2 représentent au moins 33 % des actifs dont sont constituées les unités de compte mentionnées au 1.

3. Les règlements ou les statuts des organismes de placement collectif en valeurs mobilières et des placements collectifs mentionnés au 1 prévoient le respect des catégories d'investissement prévues au 2. Un décret en Conseil d'Etat précise les modalités de calcul et d'appréciation du respect des proportions d'investissement ainsi que les justificatifs à produire par les organismes ou sociétés concernés.

4. Lorsque les organismes de placement collectif en valeurs mobilières, les placements collectifs et les sociétés mentionnés au 1 recourent à des instruments financiers à terme, à des opérations de pension ainsi qu'à toute autre opération temporaire de cession ou d'acquisition de titres, ces organismes ou sociétés doivent respecter les règles d'investissement de l'actif prévues au 2, calculées en retenant au numérateur la valeur des titres éligibles à ces règles dont ils perçoivent effectivement les produits. Un décret en Conseil d'Etat précise les modalités de calcul et les justificatifs à produire par les organismes ou sociétés concernés.

5. Les contrats mentionnés au présent I bis peuvent également prévoir qu'une partie des

primes versées est affectée à l'acquisition de droits qui sont exprimés en unités de compte autres que celles mentionnées au 1. Pour ces contrats, la proportion d'investissement que doivent respecter les unités de compte mentionnées au même 1 est au moins égale à la proportion prévue au 2 multipliée par le rapport qui existe entre la prime versée et la part de cette prime représentée par la ou les unités de compte précitées.
(Voir Annexe II, art. 306-0 F bis)

I ter. Le prélèvement prévu au I est applicable aux sommes versées au bénéficiaire par la Caisse des dépôts et consignations en application des articles L 132-27-2 du code des assurances et L 223-25-4 du code de la mutualité, lorsqu'elles entrent dans le champ d'application du I au jour de leur dépôt à la Caisse des dépôts et consignations.
(Voir Annexe III, art. 344 G nonies)

ENR-XI-13000 s.

II. Le prélèvement prévu au I est dû par le bénéficiaire et versé au comptable public compétent par les organismes d'assurance et assimilés ou, dans le cas prévu au I ter, par la Caisse des dépôts et consignations, dans les quinze jours qui suivent la fin du mois au cours duquel les sommes, rentes ou valeurs quelconques dues par eux ont été versées aux bénéficiaires à titre gratuit *(Voir Annexe II, art. 306-0 F)*.

Il est recouvré suivant les mêmes règles, sous les mêmes garanties et les mêmes sanctions que la taxe sur les conventions d'assurance prévue aux articles 991 et suivants.

III. *(Abrogé)*.

ENR-XI-11000 s. ; MF n°s 68235 s.

Art 990 I bis **I. 1.** Lorsqu'elles n'entrent pas dans le champ d'application du II ter de l'article 125-0 A ou du I ter de l'article 990 I, les sommes qui, au jour de leur dépôt à la Caisse des dépôts et consignations, étaient dues, directement ou indirectement, par un ou plusieurs organismes d'assurance et assimilés à raison du décès de l'assuré ou à raison de l'échéance d'un contrat d'assurance sur la vie ou d'un bon ou contrat de capitalisation, et qui sont versées par la Caisse des dépôts et consignations en application des articles L 132-27-2 du code des assurances et L 223-25-4 du code de la mutualité, sont soumises à un prélèvement à concurrence de la part revenant à chaque bénéficiaire de ces sommes, diminuée d'un abattement de 15 000 €. Le prélèvement s'élève à 20 % pour la fraction de la part taxable de chaque bénéficiaire inférieure ou égale à 700 000 € et à 31,25 % pour la fraction de la part taxable de chaque bénéficiaire excédant cette limite.

Le bénéficiaire n'est pas assujetti au prélèvement mentionné au premier alinéa du présent 1 lorsqu'il a été exonéré de droits de mutation à titre gratuit à raison du décès de l'assuré mentionné au même alinéa en application des articles 795, 796-0 bis ou 796-0 ter du présent code.

Le bénéficiaire est assujetti au prélèvement prévu au premier alinéa du présent 1 dès lors qu'il a, au moment du décès de l'assuré mentionné à ce même alinéa, son domicile fiscal en France, au sens de l'article 4 B, et qu'il l'a eu pendant au moins six années au cours des dix années précédant le décès ou que le même assuré a, au moment de son décès, son domicile fiscal en France, au sens du même article 4 B.

2. En cas de démembrement de la clause bénéficiaire au jour du dépôt des sommes à la Caisse des dépôts et consignations en application des articles L 132-27-2 du code des assurances et L 223-25-4 du code de la mutualité, le nu-propriétaire et l'usufruitier sont considérés, pour l'application du présent article, comme bénéficiaires au prorata de la part leur revenant dans les sommes versées par la Caisse des dépôts et consignations, déterminée selon le barème prévu à l'article 669 du présent code. L'abattement prévu au premier alinéa du 1 du présent I est réparti entre les personnes concernées, dans les mêmes proportions.

II. Le 1 du I est également applicable aux sommes versées, à raison du décès du titulaire du compte, par la Caisse des dépôts et consignations en application de l'article L 312-20 du code monétaire et financier.

III. Le prélèvement prévu au I est dû par le bénéficiaire et versé au comptable public compétent par la Caisse des dépôts et consignations dans les quinze jours qui suivent la fin du mois au cours duquel les sommes ont été versées au bénéficiaire.

Il est recouvré et contrôlé suivant les mêmes procédures et sous les mêmes sanctions, garanties et privilèges que la taxe sur les conventions d'assurances prévue aux articles 991 et suivants. Les réclamations sont présentées, instruites et jugées selon les règles applicables à cette même taxe.
(Voir Annexe III, art. 344 G nonies)

ENR-XI-13000 s. ; MF n° 68235

SECTION 0I quater

Prélèvement sur les biens, droits et produits placés dans un trust

Art 990 J **I.** Les personnes physiques constituants ou bénéficiaires d'un trust défini à l'article 792-0 bis sont soumises à un prélèvement fixé au tarif le plus élevé mentionné au 1 de l'article 977.

II. Lorsque leur administrateur est soumis à la loi d'un Etat ou territoire ayant conclu avec la France une convention d'assistance administrative en vue de lutter contre la fraude et l'évasion fiscales, le prélèvement ne s'applique pas aux trusts irrévocables dont les bénéficiaires exclusifs relèvent de l'article 795 ou sont des organismes de même nature relevant de l'article 795-0 A ni à ceux constitués en vue de gérer les droits à pension acquis, au titre de leur activité professionnelle, par les bénéficiaires dans le cadre d'un régime de retraite mis en place par une entreprise ou un groupe d'entreprises.

III. Le prélèvement est dû :

1° Pour les personnes qui ont en France leur domicile fiscal au sens de l'article 4 B, à raison des actifs mentionnés à l'article 965 situés en France ou hors de France placés dans le trust ;

2° Pour les autres personnes, à raison des seuls actifs mentionnés au 2° de l'article 964 placés dans le trust.

Toutefois, le prélèvement n'est pas dû à raison des actifs mentionnés aux 1° et 2° du présent III lorsqu'ils ont été :

a. Inclus dans le patrimoine soumis à l'impôt sur la fortune immobilière, selon le cas, du constituant ou d'un bénéficiaire pour l'application de l'article 970 et régulièrement déclarés à ce titre par ce contribuable ;

b. Déclarés, en application de l'article 1649 AB, dans le patrimoine d'un constituant ou d'un bénéficiaire réputé être un constituant en application du 3 du II de l'article 792-0 bis, dans les cas où le constituant ou le bénéficiaire n'est pas redevable de l'impôt sur la fortune immobilière compte tenu de la valeur nette taxable de son patrimoine, celui-ci incluant les actifs mentionnés à l'article 965 placés dans le trust.

Le prélèvement est assis sur la valeur vénale nette au 1er janvier de l'année d'imposition des actifs mentionnés à l'article 965 composant le trust.

La consistance et la valeur des actifs mentionnés à l'article 965 placés dans le trust sont déclarées et le prélèvement est acquitté et versé au comptable public compétent par l'administrateur du trust au plus tard le 15 juin de chaque année *(Voir Annexe II, art. 369 A)*. A défaut, le constituant et les bénéficiaires, autres que ceux mentionnés aux a et b du présent III, ou leurs héritiers sont solidairement responsables du paiement du prélèvement.

Le prélèvement est assis selon les règles applicables en matière d'impôt sur la fortune immobilière et recouvré selon les règles et sous les sanctions et garanties applicables aux droits de mutation par décès.

ENR-IX-19600 s. ; MF n° 75977

SECTION I

Taxe sur les conventions d'assurances

I. Champ d'application

A. Conventions imposables

Art 991 Toute convention d'assurance conclue avec une société ou compagnie d'assurances ou avec tout autre assureur français ou étranger est soumise, quels que soient le lieu et la date auxquels elle est ou a été conclue, à une taxe annuelle et obligatoire moyennant le paiement de laquelle tout écrit qui constate sa formation, sa modification ou sa résiliation amiable, ainsi que les expéditions, extraits ou copies qui en sont délivrés, sont, quel que soit le lieu où ils sont ou ont été rédigés, enregistrés gratis lorsque la formalité est requise.

La taxe est perçue sur le montant des sommes stipulées au profit de l'assureur et de tous accessoires dont celui-ci bénéficie directement ou indirectement du fait de l'assuré.

La taxe est recouvrée et contrôlée selon les procédures et sous les mêmes sanctions, garanties et privilèges que les droits d'enregistrement. Les réclamations sont présentées, instruites et jugées selon les règles applicables à ces mêmes droits *[NDLR Les dispositions du présent alinéa s'appliquent aux impositions dont le fait générateur intervient à compter du 1er janvier 2024 (Loi 2019-1479 du 28 décembre 2019 art. 166, II-1° et V et décret 2023-962 du 25 octobre 2023 art. 1)].*

ENR-XI-16000 s. ; MF nos 76000 s.

B. Régimes spéciaux et exonérations

Art 995 Sont exonérés de la taxe spéciale sur les conventions d'assurances :

1° Les réassurances, sous réserve de ce qui est dit à l'article 1000 ;

ENR-XI-21500 s.

2° Les assurances bénéficiant, en vertu de dispositions exceptionnelles, de l'exonération de droits d'enregistrement ;

ENR-XI-21600 s.

3° Les contrats d'assurances sur corps, marchandises transportées et responsabilité civile du transporteur, des navires de commerce et des navires de pêche souscrits contre les risques de toute nature de navigation maritime ou fluviale ;

ENR-XI-19500 s.

4° Les contrats d'assurances sur corps, marchandises transportées et responsabilité civile du transporteur, des aéronefs souscrits contre les risques de toute nature de navigation aérienne ;

ENR-XI-19500 s.

5° Les contrats d'assurances sur la vie et assimilés y compris les contrats de rente viagère, à l'exception des contrats d'assurance en cas de décès souscrits en garantie du remboursement d'un prêt ;

ENR-XI-17200 s.

5° bis *(Abrogé)* ;

6° Les contrats d'assurances sur les risques de gel et de tempêtes sur récoltes ou sur bois sur pied ;

ENR-XI-20120 s.

7° Les contrats d'assurances sur marchandises transportées et responsabilité civile du transporteur des transports terrestres ;

ENR-XI-19250

8° Les assurances des crédits à l'exportation ;

ENR-XI-22100 s.

9° Les contrats de garantie souscrits auprès des entreprises d'assurances en application de l'article L 214-174 du code monétaire et financier et de l'article 9 modifié du décret n° 89-158 du 9 mars 1989 portant application des articles 26 et 34 à 42 de la loi n° 88-1201 du 23 décembre 1988 modifiée et relatif aux fonds communs de créances ;

ENR-XI-22300 s.

10° Les contrats souscrits par le Centre national de transfusion sanguine pour le compte des centres de transfusion sanguine auprès du groupement d'assureurs des risques de transfusion sanguine pour satisfaire aux conditions de l'assurance obligatoire des dommages causés aux donneurs et aux receveurs de sang humain et de produits sanguins d'origine humaine ;

ENR-XI-22500 s.

11° Les assurances contre les risques de toute nature relatifs aux véhicules terrestres à moteur utilitaires d'un poids total autorisé en charge supérieur à 3,5 tonnes, à l'exception de la part se rapportant à l'obligation d'assurance en matière de circulation de véhicules terrestres à moteur prévue à l'article L 211-1 du code des assurances ;

ENR-XI-19400 s.

11° bis Les assurances contre les risques de toute nature relatifs aux véhicules terrestres à moteur dont la source d'énergie exclusive est l'électricité et dont le certificat d'immatriculation a été émis entre le 1er janvier 2023 et le 31 décembre 2023, y compris la part se rapportant à l'obligation d'assurance en matière de circulation de véhicules terrestres à moteur prévue au même article L 211-1, au titre de l'intégralité du montant des primes, des cotisations et des accessoires se rapportant à une convention dont l'échéance intervient au 31 décembre 2023. Cette exonération est portée à 75 % du montant de la taxe assise sur les primes, les cotisations et les accessoires se rapportant à une convention dont l'échéance intervient entre le 1er janvier 2024 et le 31 décembre 2024 ;

ENR-XI-19400 s.

11° ter Les assurances contre les risques de toute nature relatifs aux véhicules terrestres à moteur dont la source d'énergie exclusive est l'électricité, y compris la part se rapportant à l'obligation d'assurance en matière de circulation de véhicules terrestres à moteur prévue audit article L 211-1, pour lesquelles la prise d'effet des garanties intervient entre le 1er janvier 2024 et le 31 décembre 2024 au titre des véhicules dont le certificat d'immatriculation a été émis aux mêmes dates.

Cette exonération s'applique à hauteur de 75 % du montant de la taxe assise sur les primes, les cotisations et les accessoires de ces assurances, pendant une durée de vingt-quatre mois à compter de la prise d'effet des garanties afférentes au véhicule.

L'exonération s'applique au premier contrat souscrit après l'émission du certificat d'immatriculation ;

12° Les contrats d'assurance couvrant les risques de toute nature afférents aux récoltes, cultures, cheptel vif, cheptel mort, bâtiments affectés aux exploitations agricoles et exclusivement nécessaires au fonctionnement de celles-ci.

Cette exonération s'applique, dans les mêmes conditions, aux camions, camionnettes, fourgonnettes à utilisations exclusivement utilitaires, à l'exception de la part se rapportant à l'obligation d'assurance en matière de circulation de véhicules terrestres à moteur prévue au même article L 211-1 ;

ENR-XI-20200 s.

13° *(Abrogé)* ;

14° Les contrats d'assurance dépendance ;

ENR-XI-19000 s.

15° *(Abrogé)* ;

16° *(Abrogé)* ;

17° Les cotisations versées par les exploitants de remontées mécaniques dans le cadre du système mutualiste d'assurance contre les aléas climatiques ;

ENR-XI-22600

18° Les contrats d'assurance maladie assujettis à la taxe mentionnée à l'article L 862-4 du code de la sécurité sociale ;

ENR-XI-20600 s.

19° Les contrats d'assurances sur les installations d'énergies marines renouvelables, au sens de l'article L 111-6 du code des assurances.

ENR-XI-17000 s. ; MF n° 76005

Art 998 Par dérogation à l'article 991, sont exonérées de la taxe spéciale :

1° Les assurances de groupe et opérations collectives souscrites par une entreprise ou un groupe d'entreprises au profit de leurs salariés ou par un groupement professionnel représentatif d'entreprises au profit des salariés de celles-ci ou par une organisation représentative d'une profession non salariée ou d'agents des collectivités publiques au profit de ses membres ou dans le cadre de régimes collectifs de retraite organisés conformément aux dispositions des articles L 141-1 et L 441-1 du code des assurances et gérés paritairement par les assurés et les assureurs ou des articles L 932-1, L 932-14 et L 932-24 du code de la sécurité sociale ou L 221-2 et L 222-1 du code de la mutualité, et dont 80 % au moins de la prime ou de la cotisation globale sont affectés à des garanties liées à la durée de la vie humaine, à l'invalidité, à l'incapacité de travail ou au décès par accident, à l'exclusion des remboursements des frais médicaux, chirurgicaux, pharmaceutiques ou dentaires. Dans le cas des assurances souscrites par une entreprise ou pour son compte, l'exonération n'est applicable qu'aux assurances constituant un moyen de satisfaire à une disposition prévue par une convention collective ou un accord d'entreprise ou résultant du contrat de travail de l'ensemble ou d'un nombre significatif de salariés de l'entreprise ;

2° *(Disposition devenue sans objet)* ;

3° La convention d'assurances souscrite par une entreprise afin de garantir aux membres de son personnel salarié une indemnité de fin de carrière lors de leur départ à la retraite ou une indemnité de cessation d'activité versée dans le cadre de l'article 2 de la loi n° 96-126 du 21 février 1996 portant création d'un fonds paritaire d'intervention en faveur de l'emploi, à condition :

a. Que l'entreprise ne puisse disposer, pour toute autre utilisation, de la valeur acquise du contrat ;

b. Que la société ou compagnie d'assurances s'engage à verser à l'entreprise employeur les seules prestations dues aux salariés au titre de l'indemnité de fin de carrière. Lorsque l'entreprise a fait l'objet d'une procédure de sauvegarde ou de redressement judiciaire, la société ou compagnie d'assurances peut, en cas de cession ou de liquidation judiciaire, être autorisée par le tribunal qui a ouvert la procédure à verser les prestations aux salariés de l'entreprise et à apurer ainsi leurs créances.

ENR-XI-18000 s., 18700 s. ; MF n° 76005

Art 999 Sont exonérés de la taxe spéciale sur les conventions d'assurances les versements faits auprès d'organismes d'assurances par les institutions de retraite complémentaire, de prévoyance ou de retraite supplémentaire visées aux articles L 922-1, L 931-1 et L 941-1 du code de la sécurité sociale et à l'article L 727-2 du code rural et de la pêche maritime qui, tout en assurant elles-mêmes le service de leurs prestations, confient à des entreprises d'assurances régies par le livre III du code des assurances le soin de procéder au placement de leurs fonds et à la capitalisation de leurs réserves. Cette exonération est subordonnée à la condition que les contrats conclus à cet effet soient conformes à un contrat-type approuvé par arrêté conjoint signé par le ministre de l'économie et des finances et par le ministre du travail ou le ministre de l'agriculture *(Arrêté du 15 janvier 1962, JO du 18 février)*.

ENR-XI-21300 s. ; MF n° 76005

Art 1000 Sont exonérés de taxe spéciale les contrats d'assurances dont le risque se trouve situé hors de France ou ne se rapporte pas à un établissement industriel, commercial ou agricole sis en France ; à défaut de situation matérielle certaine ou de rapport certain avec un établissement industriel, commercial ou agricole, les risques sont réputés situés au lieu du domicile ou du principal établissement du souscripteur.

Mais il ne peut être fait usage en France de ces contrats, par acte public, ou devant toute autre autorité constituée, s'ils n'ont été préalablement soumis à la formalité du visa pour timbre.

Cette formalité est donnée moyennant le paiement de la taxe sur l'ensemble des sommes stipulées au profit de l'assureur, afférentes aux années restant à courir.

Toutefois, pour les contrats afférents à ces risques situés ou réputés situés à Saint-Pierre-et-Miquelon, en Nouvelle-Calédonie, en Polynésie française, dans les îles Wallis-et-Futuna et les Terres australes et antarctiques françaises, la formalité est donnée gratis, si l'assureur est français, ou au tarif réduit de moitié, dans le cas contraire.

Les réassurances de risques visés ci-dessus sont soumises aux dispositions du présent article.

ENR-XI-16350 s. ; MF nº 76005

II. Tarif

Art 1001 Le tarif de la taxe spéciale sur les contrats d'assurances est fixé :

1º Pour les assurances contre l'incendie :

A 7 % pour les assurances contre l'incendie relatives à des risques agricoles non exonérés ; sont, d'une manière générale, considérées comme présentant le caractère d'assurance de risques agricoles, les assurances de tous les risques des personnes physiques ou morales exerçant exclusivement ou principalement une profession agricole ou connexe à l'agriculture telles que ces professions sont définies par les articles L 722-9 et L 722-28 du code rural et de la pêche maritime, ainsi que les assurances des risques des membres de leurs familles vivant avec eux sur l'exploitation et de leur personnel et les assurances des risques, par leur nature, spécifiquement agricoles ou connexes ;

A 24 % pour les assurances contre l'incendie souscrites auprès des caisses départementales ;

A 30 % pour toutes les autres assurances contre l'incendie.

Toutefois les taux de la taxe sont réduits à 7 % pour les assurances contre l'incendie des biens affectés de façon permanente et exclusive à une activité industrielle, commerciale, artisanale ou agricole, ainsi que des bâtiments administratifs des collectivités locales ;

2º Pour les assurances garantissant les pertes d'exploitation consécutives à l'incendie dans le cadre d'une activité industrielle, commerciale, artisanale ou agricole :

A 7 % ;

2º bis *(Abrogé) ;*

2º ter *(Abrogé) ;*

3º A 19 % pour les assurances contre les risques de toute nature de navigation maritime ou fluviale des bateaux de sport ou de plaisance ;

4º *(Abrogé) ;*

5º *(Abrogé) ;*

5º bis A 18 % pour les assurances contre les risques de toute nature relatifs aux véhicules terrestres à moteur autres que les assurances relatives à l'obligation d'assurance en matière de véhicules terrestres à moteur prévue à l'article L 211-1 du code des assurances ;

5º ter A 12,5 % pour les primes ou cotisations échues à compter du 1er janvier 2016 et à 13,4 % pour les primes ou cotisations échues à compter du 1er janvier 2017, pour les assurances de protection juridique définies aux articles L 127-1 du code des assurances et L 224-1 du code de la mutualité, autres que celles ayant pour objet exclusif ou principal de prendre en charge la défense pénale et le recours de droit commun en vue d'obtenir la réparation d'un préjudice personnel de l'assuré, suite à un accident ;

5º quater A 15 % pour les assurances relatives à l'obligation d'assurance en matière de véhicules terrestres à moteur prévue à l'article L 211-1 du code des assurances et concernant les véhicules terrestres à moteur utilitaires d'un poids total autorisé en charge supérieur à 3,5 tonnes ainsi que les camions, camionnettes et fourgonnettes à utilisations exclusivement utilitaires des exploitations agricoles et exclusivement nécessaires au fonctionnement de celles-ci ;

A 33 % pour les assurances relatives à l'obligation d'assurance en matière de véhicules terrestres à moteur instituée au même article L 211-1 pour les véhicules autres que ceux mentionnés au premier alinéa du présent 5º quater et aux 11º bis et 11º ter de l'article 995 du présent code ;

6º Pour toutes autres assurances :

A 9 %.

Les risques d'incendie couverts par des assurances ayant pour objet des risques de transport sont compris dans les risques désignés sous le 3º ou sous le 5º bis.

Le produit de la taxe est affecté aux départements et, dans les conditions prévues au 2º de l'article L 3662-1 du code général des collectivités territoriales, à la métropole de Lyon, à l'exception :

a. D'une fraction du produit de la taxe afférente aux contrats mentionnés au 5º ter, qui est affectée, à hauteur de 35 millions d'euros en 2016 et de 45 millions d'euros à compter de 2017, au budget général de l'Etat ;

b. D'une fraction correspondant à un taux de 13,3 % du produit de la taxe au taux de 33 % et du produit de la taxe au taux de 15 % mentionnés au 5º quater, qui sont affectés dans les conditions prévues à l'article L 131-8 du code de la sécurité sociale ;

c. Du produit de la taxe afférente aux contrats d'assurance en cas de décès souscrits en garantie du remboursement d'un prêt mentionnés au 5° de l'article 995, qui est affecté au budget général de l'Etat.

Les tarifs mentionnés aux 1° à 6° du présent article sont réduits de moitié pour les primes afférentes à des risques situés dans le Département de Mayotte.

ENR-XI-23000 s. ; MF n° 76010

III. Obligations diverses

Art 1003 Les sociétés et compagnies d'assurances et tous autres assureurs établis en France, dans un Etat membre de l'Union européenne ou un autre Etat partie à l'accord sur l'Espace économique européen agissant en France en libre prestation de services sont tenus, avant de commencer leurs opérations, de faire, auprès du service de l'administration dont dépend leur siège social ou établissement, une déclaration énonçant la nature de ces opérations ainsi que le nom du directeur de la société ou du chef de l'établissement.

Les sociétés et compagnies d'assurances maritimes sont tenues de faire une déclaration distincte au service de l'administration dont dépend chaque agence, en précisant le nom de l'agent.

ENR-XI-26250 s.

Art 1004 Les assureurs étrangers établis en dehors de l'Espace économique européen sont tenus de faire agréer par le service des impôts un représentant français personnellement responsable de la taxe et des pénalités.

Les agréments et les retraits des représentants responsables sont publiés au Journal officiel, à la diligence du service des impôts. L'administration publie, chaque année, au Journal officiel, dans le courant du mois de janvier, une liste des assureurs étrangers ayant un représentant responsable à la date du 31 décembre précédent.

(Voir Annexe II, art. 306 F)

ENR-XI-26370 s. ; MF n° 76000

SECTION II

Taxe d'accroissement

Art 1005 Le droit d'accroissement est payé par toutes les sociétés ou associations civiles dont les statuts admettent l'adjonction de nouveaux membres et contiennent une clause de réversion au profit des membres restants, de la part de ceux qui cessent de faire partie de la société ou association.

Ce droit consiste en une taxe annuelle et obligatoire sur la valeur brute des biens meubles et immeubles possédés par les sociétés et associations désignées dans le premier alinéa.

ENR-I-22015

Art 1006 La taxe est fixée à 0,40 % pour les meubles et à 0,70 % pour les immeubles, de la valeur spécifiée à l'article 1005. Le paiement en est effectué, pour l'année écoulée, dans les trois premiers mois de l'année suivante, au service des impôts du siège social sur la remise d'une déclaration détaillée faisant connaître la consistance et la valeur des biens.

ENR-I-22015

SECTION III

Taxes sur les véhicules à moteur

***Ndlr** Les impositions relatives aux véhicules à moteur sont transférées aux articles L 421-1 s. du CIBS depuis le 1er janvier 2022.*

I. Dispositions communes

Art 1008 I. à III. *(Abrogés).*

IV. Pour les véhicules à moteur autres que ceux mentionnés au II du présent article et, par dérogation au même II, pour les voitures particulières immatriculées avant le 1er juillet 1998, la puissance administrative est déterminée conformément aux règles définies par les circulaires annexées à la loi de finances rectificative pour 1993 (n° 93-859 du 22 juin 1993).

V. *(Abrogé).*

***Ndlr** Le IV ci-dessus sera abrogé à compter de l'entrée en vigueur des dispositions prises en application ou pour l'application des dispositions législatives du CIBS susvisées (Ordonnance 2021-1843 du 22 décembre 2021 art. 38, 11°).*

TD-IV-2340

II. Taxes à l'utilisation

***Ndlr** Depuis le 1er janvier 2022, les taxes à l'utilisation sont transférées aux articles L 421-93 s. du CIBS sous la dénomination de « taxes sur l'affectation des véhicules à des fins économiques ».*

1° Règles communes de fonctionnement

Art 1010 sexies I. Les taxes mentionnées à l'article 1010 sont déclarées et liquidées par le redevable dans les conditions suivantes :

1° Pour les redevables de la taxe sur la valeur ajoutée soumis au régime normal d'imposition mentionné au 2 de l'article 287, sur l'annexe à la déclaration mentionnée au 1 du même article 287 déposée au titre du mois de décembre ou du quatrième trimestre de l'année au cours de laquelle la taxe est devenue exigible ;

2° Pour les redevables de la taxe sur la valeur ajoutée soumis au régime réel simplifié d'imposition prévu à l'article 302 septies A, sur la déclaration annuelle mentionnée au 3 de l'article 287 déposée au titre de l'exercice au cours duquel la taxe est devenue exigible ;

3° Dans tous les autres cas, sur l'annexe à la déclaration prévue au 1 du même article 287, déposée auprès du service de recouvrement dont relève le siège ou le principal établissement du redevable, au plus tard le 25 janvier de l'année qui suit celle au cours de laquelle la taxe est devenue exigible.

Toutefois, aucune déclaration n'est requise lorsque le montant de taxe dû est nul.

II. Les taxes sont recouvrées et contrôlées selon les mêmes procédures et sous les mêmes sanctions, garanties, sûretés et privilèges que les taxes sur le chiffre d'affaires. Les réclamations sont présentées, instruites et jugées selon les règles applicables à ces mêmes taxes.

III. En cas de cessation d'activité du redevable, le montant des taxes devenues exigibles lors de l'année de cessation est établi immédiatement. Les taxes sont déclarées, acquittées et, le cas échéant, régularisées selon les modalités prévues pour la taxe sur la valeur ajoutée dont il est redevable ou, à défaut, dans les soixante jours suivant la cessation d'activité.

IV. Toute entreprise tient, pour chacune des taxes prévues à l'article 1010 dont elle est redevable, un état récapitulatif annuel des véhicules qu'elle utilise et qui sont dans le champ de la taxe.

Cet état récapitulatif fait apparaître, pour chaque véhicule, les paramètres techniques intervenant dans la fixation du tarif, la date de première immatriculation et la date de première immatriculation en France, le mode d'utilisation, au sens du II de l'article 1010 bis, ainsi que la période d'utilisation. Les véhicules exonérés sont présentés distinctement par motif d'exonération.

L'état récapitulatif est à jour au plus tard à la date de la déclaration. Il est tenu à la disposition de l'administration et lui est communiqué à première demande.

V. Lorsque le redevable n'est pas établi dans un Etat membre de l'Union européenne ni dans tout autre Etat partie à l'accord sur l'Espace économique européen ayant conclu avec la France une convention d'assistance administrative en vue de lutter contre la fraude et l'évasion fiscales ainsi qu'une convention d'assistance mutuelle en matière de recouvrement de l'impôt, il fait accréditer auprès du service des impôts compétent un représentant assujetti à la taxe sur la valeur ajoutée établi en France, qui s'engage, le cas échéant, à remplir les formalités au nom et pour le compte du représenté et à acquitter la taxe à sa place.

***Ndlr** Le présent article sera abrogé à compter de l'entrée en vigueur des dispositions prises en application ou pour l'application des dispositions législatives du CIBS susvisées (Ordonnance 2021-1843 du 22 décembre 2021 art. 38, 2°).*

SECTION V bis

Droit fixe de procédure

Art 1018 A Les décisions des juridictions répressives, à l'exception de celles qui ne statuent que sur les intérêts civils, sont soumises à un droit fixe de procédure dû par chaque condamné.

Ce droit est de :

1° 31 € pour les ordonnances pénales en matière contraventionnelle ou correctionnelle ;

2° 31 € pour les autres décisions des tribunaux de police et celles des juridictions qui ne statuent pas sur le fond ;

3° 127 € pour les décisions des tribunaux correctionnels. Toutefois, ce droit est porté à 254 € si le condamné n'a pas comparu personnellement, dès lors que la citation a été délivrée à personne ou qu'il est établi que le prévenu a eu connaissance de la citation, sauf s'il est jugé en son absence dans les conditions prévues par les premier et deuxième alinéas de l'article 411 du code de procédure pénale. Cette majoration ne s'applique pas si le condamné s'acquitte volontairement du montant du droit fixe de procédure dans un délai d'un mois à compter de la date où il a eu connaissance de la décision ;

4° 169 € pour les décisions des cours d'appel statuant en matière correctionnelle et de police ;

5° 527 € pour les décisions des cours d'assises.

Il est de 211 € pour les décisions de la Cour de cassation statuant en matière criminelle, correctionnelle ou de police.

Lorsque la personne a été condamnée pour conduite sous l'influence de substances ou plantes classées comme stupéfiants en application de l'article L 235-1 du code de la route ou du 3° des articles 221-6-1, 222-19-1 ou 222-20-1 du code pénal, les droits fixes de procédure prévus au présent article sont augmentés d'une somme, fixée par arrêté du ministre de la justice, égale au montant, arrondi à la dizaine inférieure, des indemnités maximales prévues pour les différentes analyses toxicologiques permettant d'établir la présence de stupéfiants.

Les décisions rendues sur le fond s'entendent des jugements et arrêts des cours et tribunaux qui statuent sur l'action publique et qui ont pour effet, si aucune voie de recours n'est ouverte ou n'est exercée, de mettre fin à la procédure.

Ce droit n'est pas dû lorsque le condamné est mineur.

Ce droit est recouvré sur chaque condamné comme en matière d'amendes et de condamnations pécuniaires par les comptables publics compétents. Les personnes condamnées pour un même crime ou pour un même délit sont tenues solidairement au paiement des droits fixes de procédure.

Ce droit est aussi recouvré, comme en matière criminelle ou correctionnelle, en cas de décision de non-lieu ou de relaxe sur la partie civile qui a mis en mouvement l'action publique.

Le présent article est applicable sur l'ensemble du territoire national.

ENR-IX-7820 s. ; MF nº 64100

Art 1018 A bis Conformément à l'article L 269-1 du code de justice militaire, le droit fixe de procédure s'applique aux décisions des juridictions des forces armées.

ENR-IX-7840 ; MF nº 64100

SECTION V *ter*

Taxe sur la cession de titres d'un éditeur de service de communication audiovisuelle

Art 1019 *(Alinéas abrogés).*

Cette taxe est due et acquittée auprès du comptable public au plus tard le deuxième jour ouvré qui suit le 1er mai de l'année qui suit celle de l'apport, de la cession ou de l'échange. Le paiement est accompagné d'un état, conforme au modèle fourni par l'administration, faisant apparaître les renseignements nécessaires à l'identification de la personne assujettie et à la détermination du montant dû.

Ndlr *Depuis le 1er janvier 2024, la taxe sur la cession de titres d'un éditeur de service de communication audiovisuelle est transférée aux articles L 455-37 s. du CIBS sous la dénomination de « taxe sur la modification du contrôle d'un service de communication audiovisuelle ». L'alinéa ci-dessus sera abrogé à compter de l'entrée en vigueur des dispositions prises en application ou pour l'application des dispositions législatives du CIBS susvisées (Ordonnance 2023-1210 du 20 décembre 2023 art. 41, 1º).*

TD-V-20000 s.

CHAPITRE IV

Régimes spéciaux et exonérations de portée générale

Disposition générale

Art 1020 Les dispositions sujettes à publicité foncière des actes visés aux articles 1025, 1030, 1031, 1053, 1054, 1055, 1066, 1067 et 1088 ainsi que de ceux relatifs aux opérations visées aux articles 1029, 1037 et 1065, au II de l'article 1069 et aux articles 1070, 1071, 1115, 1131, 1133, 1133 ter et 1133 quater sont assujetties à une taxe de publicité foncière ou à un droit d'enregistrement de 0,70 % lorsqu'elles entrent dans les prévisions des 1º à 4º de l'article 677. Dans le cas contraire, et sauf exonération, ces dispositions sont soumises à une imposition fixe de 25 €. Celle-ci s'applique, dans tous les cas, aux dispositions sujettes à publicité foncière des actes relatifs aux transmissions de biens visés à l'article 1039.

ENR-I-10910 ;
ENR-V-16400 s., 17520 s., 17800 s., 22550 ;
ENR-IX-2230, 16200 ; ENR-X-59250 s.

SECTION I

Agriculture

I. Aménagement rural

1º Irrigation

Art 1021 Les décisions, rapports, extraits, copies, grosses ou expéditions relatifs aux actes de procédure auxquels donne lieu l'application des articles L 152-7 à L 152-10 et L 152-13 du code rural et de la pêche maritime ainsi que les significations qui sont faites de ces actes, sont exonérés des droits d'enregistrement et de la taxe de publicité foncière.

Ils doivent porter mention expresse du présent article.

ENR-V-20620

Art 1022 Les dispositions du I de l'article 1045 sont applicables aux contestations relatives à l'indemnité mentionnée à l'article L 152-4 du code rural et de la pêche maritime à laquelle ouvre droit l'institution de la servitude établie par l'article L 152-3 du même code *(Les modalités d'application de cet article figurent à l'article R 152-16 du code rural et de la pêche maritime).*

ENR-V-20620

2° Aménagement foncier agricole et forestier

Art 1023 Les plans, procès-verbaux, certificats, significations, délibérations, décisions, jugements, contrats, quittances, et généralement tous les actes ou formalités exclusivement relatifs à l'application des chapitres Ier, III, IV, VII et VIII du titre II et des chapitres III et IV du titre III du livre Ier du code rural et de la pêche maritime, ayant pour objet de faciliter l'aménagement foncier de la propriété rurale sont exonérés des droits d'enregistrement ainsi que de la taxe de publicité foncière. Il en est de même des extraits, copies ou expéditions qui en sont délivrés pour l'exécution de ces dispositions. Pour bénéficier de cette exonération, les actes ou réquisitions de formalités doivent porter la mention expresse qu'ils sont faits par application des dispositions susmentionnées.

Au cas où les parties produisent devant les commissions instituées par ces dispositions des actes qui n'ont pas été soumis à l'enregistrement ou à la formalité fusionnée visée à l'article 647 alors qu'ils seraient du nombre de ceux dont les lois ordonnent l'assujettissement à l'une de ces formalités dans un délai déterminé, les commissions doivent ordonner d'office le dépôt de ces actes pour être immédiatement soumis à l'une des formalités susvisées.

ENR-IX-1700 s. ; MF n° 70510

3° Terres incultes. Mise en valeur

Art 1025 Les contrats de concession, certificats, procès-verbaux et, d'une façon générale, tous actes se rapportant au classement ou à la concession des terres incultes ou manifestement sous-exploitées visés aux articles L 125-1 à L 125-13 du code rural et de la pêche maritime sont exonérés, sous réserve des dispositions de l'article 1020, des droits d'enregistrement.

Ces dispositions seront étendues par décret en Guadeloupe, en Guyane, en Martinique, à La Réunion et à Mayotte.

ENR-V-18000 s.

II. Organismes agricoles

1° Caisses de mutualité sociale agricole

Art 1027 **I.** Les avantages fiscaux prévus par les articles 1083 et 1084 sont applicables aux caisses de mutualité sociale agricole.

II. 1. Ainsi qu'il est dit à l'article L 723-4 du code rural et de la pêche maritime, en cas de fusion de plusieurs caisses de mutualité sociale agricole, la circonscription de la nouvelle caisse ainsi créée est constituée par l'ensemble des circonscriptions des caisses fusionnées. Les modalités selon lesquelles sont attribués les biens, droits et obligations des caisses intéressées par la fusion sont fixées par décret. Les opérations entraînées par ce transfert, qui n'apporte aucune modification à l'affectation définitive des ressources attribuées à chacun des régimes précédemment gérés par lesdites caisses, bénéficient de l'exonération prévue par l'article 1085 du code général des impôts.

2. *(Disposition devenue sans objet).*

ENR-V-27480 s. ; ENR-XI-3020

2° Sociétés d'aménagement foncier et d'établissement rural

Art 1028 bis Toutes les acquisitions effectuées par les sociétés d'aménagement foncier et d'établissement rural ne donnent lieu à aucune perception au profit du Trésor.

ENR-V-16400 s. ; MF n° 66340

Art 1028 ter **I.** Toutes les cessions effectuées par les sociétés d'aménagement foncier et d'établissement rural au titre de l'article L 141-1 du code rural et de la pêche maritime, dont la destination répond aux dispositions dudit article et qui sont assorties d'un engagement de l'acquéreur pris pour lui et ses ayants cause de conserver cette destination pendant un délai de dix ans à compter du transfert de propriété, ne donnent lieu à aucune perception au profit du Trésor.

Le présent article ne s'applique qu'aux cessions de biens acquis postérieurement à la date de publication de la loi n° 90-85 du 23 janvier 1990 complémentaire à la loi n° 88-1202 du 30 décembre 1988 relative à l'adaptation de l'exploitation agricole à son environnement économique et social.

II. Les dispositions du I s'appliquent aux acquisitions réalisées par une personne substituée dans les droits à l'achat conférés à une société d'aménagement foncier et d'établissement rural par une promesse de vente ayant acquis date certaine, dans les six mois de la conclusion de ladite promesse.

ENR-V-16400 s. ; MF n° 66340

Art 1028 quater Les conventions conclues en application du premier alinéa de l'article L 142-6 et de l'article L 181-38 du code rural et de la pêche maritime sont exonérées des droits d'enregistrement.

ENR-V-16440

3º Sociétés coopératives agricoles

Art 1029 Sous réserve des dispositions de l'article 1020, la dévolution, faite obligatoirement à des œuvres d'intérêt général agricole, de l'excédent de l'actif net sur le capital social des sociétés coopératives agricoles dissoutes, ne donne lieu, au profit du Trésor, à aucune perception.

ENR-VI-42250

Art 1030 Les actes, pièces et écrits de toute nature concernant les sociétés coopératives agricoles de céréales et leurs unions sont exonérés, sous réserve de l'article 1020, de tous droits d'enregistrement.

Les moulins coopératifs, les coopératives agricoles de meunerie et de meunerie-boulangerie créés et fonctionnant sous le régime prévu par le titre II du livre V du code rural et de la pêche maritime, relatif aux sociétés coopératives agricoles sont considérés comme coopératives de blé.

ENR-V-17520 s. ; ENR-VI-42270

Art 1031 Sous réserve des dispositions de l'article 1020, les actes, pièces et écrits de toute nature, concernant les sociétés coopératives d'insémination artificielle et d'utilisation de matériel agricole et leurs unions sont exonérés de tous droits d'enregistrement.

ENR-V-17800 s. ; ENR-VI-42270

III. Divers

1º Accidents du travail agricole

Art 1033 Les actes faits en vertu et pour l'exécution des dispositions du titre V du livre VII du code rural et de la pêche maritime reproduisant celles du code de commerce sur les accidents du travail, sont dispensés de l'enregistrement.

ENR-I- 22012

4º Contrat de travail à salaire différé

Art 1037 Sous réserve des dispositions de l'article 1020, le paiement du salaire différé ou l'attribution faite au créancier pour le remplir de ses droits de créance ne donne lieu à la perception d'aucun droit d'enregistrement.

Ces dispositions seront étendues par décret aux départements d'outre-mer.

ENR-II-4720 s. ; MF nº 64100

SECTION II

Collectivités publiques, établissements publics ou d'utilité publique

1º Transports de voyageurs en Ile-de-France

Art 1038 Les conventions passées pour l'exécution de l'ordonnance nº 59-151 modifiée du 7 janvier 1959, relative à l'organisation des transports de voyageurs en Ile-de-France, sont enregistrées au droit fixe de 125 €.

2º Etablissements d'utilité publique

Art 1039 Sous réserve des dispositions de l'article 1020, la transmission effectuée, sous quelque forme que ce soit et dans un intérêt général ou de bonne administration, au profit d'un établissement reconnu d'utilité publique, de tout ou partie des biens appartenant à un organisme poursuivant une œuvre d'intérêt public ne donne lieu à aucune perception au profit du Trésor.

Le bénéfice de cette disposition est subordonné à la double condition que les biens dont il s'agit restent affectés au même objet et que leur transmission intervienne dans un intérêt général ou de bonne administration. La réalisation de cette condition est constatée par le décret en Conseil d'Etat ou l'arrêté préfectoral qui autorise le transfert des biens.

ENR-V-22300 s. ; MF nº 66350

3º Comités professionnels de développement économique

Art 1039 A Sous réserve des dispositions de l'article 1020, les transferts, effectués au profit d'un comité professionnel de développement économique régi par la loi nº 78-654 du 22 juin 1978, de biens de toute nature appartenant à un organisme ayant un but similaire, sont exonérés de tous droits de mutation ou d'apport.

ENR-V-22550

4º Etat

Art 1040 I. Les acquisitions et échanges faits par l'Etat, les partages de biens entre lui et les particuliers, et tous autres actes faits à ce sujet sont exonérés des droits d'enregistrement, de la taxe de publicité foncière et de la contribution prévue à l'article 879.

Cette disposition n'est pas applicable aux établissements publics de l'Etat.

Toutefois, elle est applicable aux établissements publics de recherche, d'enseignement, d'assistance et de bienfaisance, et aux établissements publics fonciers créés en application des articles L 321-1 à L 321-13 du code de l'urbanisme *(Voir Annexe IV, art. 169 et 170).*

ENR-V-19130 s. ; ENR-X-48300 ; MF n°s 66260 et 68190

II. Sauf lorsque la taxe de publicité foncière tient lieu des droits d'enregistrement en application de l'article 664, les formalités afférentes aux actes autres que ceux visés au I et dont les frais incomberaient légalement à l'Etat, sont exonérées de ladite taxe.

ENR-X-61120

6° Conservatoire de l'espace littoral et des rivages lacustres

Art 1041 Conformément à l'article L 322-7 du code de l'environnement, les acquisitions et échanges d'immeubles situés dans les zones définies à l'article L 322-1 du code précité et faits par le Conservatoire de l'espace littoral et des rivages lacustres sont exonérés des droits d'enregistrement et de la taxe de publicité foncière.

ENR-V-19400 s.

7° Collectivités locales et établissements publics locaux

Art 1042 **I.** Sous réserve des dispositions du I de l'article 257, les acquisitions immobilières faites à l'amiable et à titre onéreux par les communes ou syndicats de communes, les établissements publics fonciers créés en application des articles L 324-1 et suivants du code de l'urbanisme, les départements, les régions et par les établissements publics communaux, départementaux ou régionaux ne donnent lieu à aucune perception au profit du Trésor.

Il en est de même des acquisitions de fonds de commerce réalisées par les collectivités ou établissements publics mentionnés au premier alinéa dans le cadre des articles L 2251-1 à L 2251-4, L 2253-1, L 3231-1, L 3231-6, L 3232-4, et des 5°, 6°, 7° et 8° de l'article L 4211-1 du code général des collectivités territoriales, sous réserve que la délibération de l'autorité compétente pour décider l'opération fasse référence aux dispositions législatives en cause et soit annexée à l'acte.

ENR-V-19550 s. ; MF n°s 65555, 66260

II. Les acquisitions d'actions réalisées par les communes, les départements, les régions et leurs groupements dans le cadre de l'article L 1522-1 du code général des collectivités territoriales ne donnent lieu à aucune perception au profit du Trésor, sous réserve que la décision de l'assemblée délibérante compétente pour décider de l'opération fasse référence à la disposition législative en cause et soit annexée à l'acte.

ENR-VI-27420 s. ; MF n° 67225

III. Sous réserve du I de l'article 257, les acquisitions faites à l'amiable et à titre onéreux des immeubles domaniaux reconnus inutiles par le ministre de la défense et ayant bénéficié du dispositif prévu à l'article 67 de la loi n° 2008-1425 du 27 décembre 2008 de finances pour 2009, d'une part, par des sociétés publiques locales créées en application de l'article L 1531-1 du code général des collectivités territoriales et, d'autre part, par des sociétés publiques locales d'aménagement créées en application de l'article L 327-2 du code de l'urbanisme ou par des sociétés publiques locales d'aménagement d'intérêt national créées en application de l'article L 327-3 du même code, dès lors que ces sociétés agissent en tant que concessionnaire de l'opération d'aménagement, ne donnent lieu à aucune perception au profit du Trésor public.

ENR-V-20150 s.

Art 1042 A Les transferts de biens, droits et obligations résultant de fusions ou de créations de communes nouvelles sont exonérés du droit d'enregistrement, de la taxe de publicité foncière ainsi que de la contribution prévue à l'article 879. Il en est de même des transferts de biens, droits et obligations effectués entre établissements publics de coopération intercommunale.

ENR-V-19830

Art 1042 B Les règles fiscales concernant les transferts à titre gratuit aux collectivités territoriales ou aux établissements publics de coopération intercommunale à fiscalité propre de biens affectés au logement des étudiants sont définies au onzième alinéa de l'article L 822-1 du code de l'éducation.

8° Etablissements publics de coopération intercommunale

Art 1043 Conformément aux dispositions des articles L 2113-5, L 5212-27, L 5215-28, L 5217-2 et L 5217-6 du code général des collectivités territoriales, les transferts de biens, droits ou obligations qui y sont prévus ne donnent lieu à aucune indemnité, droit, taxe, contribution prévue à l'article 879 ou honoraires.

Les transferts de biens, droits et obligations prévus à l'article L 5211-41 du code général des collectivités territoriales ne donnent lieu à aucune indemnité, droit, taxe, contribution prévue à l'article 879 ou honoraires.

ENR-V-19920, 19940, 19990 s.

8° bis Etablissements de santé visés à l'article L 6112-3 du code de la santé publique

Art 1043-0 A Les transferts de biens, droits et obligations entre établissements de santé visés à l'article L 6112-3 du code de la santé publique sont exonérés du paiement de la contribution prévue à l'article 879 pour l'accomplissement des formalités visées aux 1° et 2° de l'article 878.

ENR-XI-5400

9° Départements d'outre-mer

Art 1043 A Dans le département de la Guyane, les tarifs des droits de timbre prévus par le présent code sont réduits de moitié.

La même réduction est applicable aux tarifs des droits d'enregistrement et de la taxe de publicité foncière, sauf lorsque ces droits et taxe sont perçus au taux prévu à l'article 1594 D.

ENR-I-13540 ; ENR-X-23640 s. ; MF n° 91630

Art 1043 B Dans le Département de Mayotte, à compter du 1er janvier 2018 et jusqu'au 31 décembre 2025, sont exonérés de droit d'enregistrement ou de taxe de publicité foncière lorsqu'ils sont réalisés au profit de propriétaires irréguliers de biens immeubles :

1° Les cessions effectuées par une personne publique ;

2° Les actes de notoriété et les décisions judiciaires constatant l'usucapion.

L'inscription au livre foncier de Mayotte des actes de notoriété mentionnés à l'article 35-2 de la loi n° 2009-594 du 27 mai 2009 pour le développement économique des outre-mer ne donne lieu à aucune perception au profit du Trésor.

ENR-V-29520

10° Ports autonomes

Art 1044 A Les remises de biens aux ports maritimes autonomes, définis à l'article L 5313-1 du code des transports, ne donnent lieu à aucune imposition.

ENR-V-19470

11° Expropriation et servitudes pour cause d'utilité publique

Art 1045 I. Les plans, procès-verbaux, certificats, significations, contrats et autres actes faits en vertu des articles L 141-1, L 251-1, L 331-5, L 441-1 et L 531-1 du code de l'expropriation pour cause d'utilité publique sont dispensés de la formalité de l'enregistrement, à l'exception des décisions judiciaires, des contrats de vente, des actes fixant l'indemnité et des quittances qui, lorsqu'il y a lieu, sont soumis gratuitement à l'enregistrement ou à la formalité fusionnée visée à l'article 647.

Il n'est perçu aucun droit pour l'exécution de la formalité de publicité foncière.

II. Les dispositions du I sont applicables :

1° A tous les actes ou contrats relatifs à l'acquisition de terrains, même clos ou bâtis, poursuivie en exécution d'un plan d'alignement régulièrement approuvé pour l'ouverture, le redressement, l'élargissement des rues ou places publiques, des voies communales et des chemins ruraux ;

2° A tous les actes et contrats relatifs aux terrains acquis pour la voie publique par simple mesure de voirie, dans les conditions prévues par le décret du 26 mars 1852 relatif aux rues de Paris ;

3° Aux plans, procès-verbaux, certificats, jugements, contrats, quittances et autres actes relatifs à l'établissement de servitudes prévues par la législation en vigueur sur l'électricité et le gaz.

ENR-V-20240 s. ; MF n° 66260

12° Parcs nationaux

Art 1045 bis Les acquisitions et échanges d'immeubles situés dans les cœurs d'un parc national faits par l'établissement public de ce parc sont exonérés des droits d'enregistrement et de la taxe de publicité foncière.

ENR-V-20740

13° Terrains communaux

Art 1046 Tous les actes établis en vertu des dispositions du chapitre unique du titre II du livre IV de la deuxième partie du code général des collectivités territoriales relatif au régime de certains biens immobiliers soumis à un droit de jouissance exclusif, qu'ils soient notariés ou passés en la forme administrative, sont exonérés des droits d'enregistrement ainsi que de taxe de publicité foncière.

ENR-V-20760

14° Matelots et pêcheurs de la commune de Fort-Mardyck

Art 1047 Tous les actes établis en vertu de la loi n° 62-883 du 31 juillet 1962, supprimant le privilège des matelots et pêcheurs de la commune de Fort-Mardyck, sont exonérés des droits d'enregistrement ainsi que de la taxe de publicité foncière.

15° Réquisitions

Art 1048 I. Conformément au premier alinéa de l'article L 2234-24 du code de la défense les actes relatifs aux règlements des indemnités consécutives à des réquisitions sont exonérés de droits d'enregistrement.

II. *(Disposition devenue sans objet).*

Ndlr *Pour les dispositions du présent article applicables à compter d'une date fixée par décret, et au plus tard un an après la promulgation de la loi 2023-703 du 1er août 2023, voir partie Autres textes du présent code loi 2023-703 précitée art. 47, VI et XI.*

17° Occupations du domaine public

Art 1048 ter Sont soumis à la perception de l'imposition mentionnée à l'article 680 :

1° Les actes portant autorisation d'occupation temporaire du domaine public constitutifs d'un droit réel immobilier délivrés soit par l'Etat ou l'un de ses établissements publics en application des articles L 2122-5 à L 2122-14 et L 2122-17 à L 2122-19 du code général de la propriété des personnes publiques ou de l'article 13 de l'ordonnance n° 2004-559 du 17 juin 2004 sur les contrats de partenariat, soit par les collectivités territoriales, leurs groupements ou leurs établissements publics, en application des I à III de l'article L 1311-5 et de l'article L 1414-16 du code général des collectivités territoriales, ainsi que les baux emphytéotiques administratifs conclus en application de l'article L 2341-1 du code général de la propriété des personnes publiques ;

2° Les actes portant bail consentis en application de l'article L 2122-15 du code général de la propriété des personnes publiques au profit de l'Etat ;

3° Les actes portant crédit-bail consentis en application de du IV de l'article L 1311-5 du code général des collectivités territoriales au profit des collectivités territoriales, de leurs groupements ou de leurs établissements publics ;

4° Les baux emphytéotiques conclus soit par les collectivités territoriales, leurs groupements ou leurs établissements publics en application des articles L 1311-2 et L 1311-4 du code général des collectivités territoriales, soit en application de l'article L 6148-2 du code de la santé publique ;

5° Les conventions non détachables des autorisations et des baux mentionnés aux 1° et 4° du présent article ;

6° Les actes portant retrait des autorisations mentionnées au 1°.

ENR-III-6680 s. ; MF n° 65160

SECTION III

Construction. Logement

Art 1049 Sauf lorsqu'elle tient lieu des droits d'enregistrement en vertu de l'article 664, la taxe de publicité foncière n'est pas perçue sur les actes publiés en vue de l'application de la législation sur les habitations à loyer modéré.

ENR-V-24450 s.

Art 1050 Les dispositions sujettes à publicité foncière des actes portant transferts de propriété à titre gratuit effectués par les départements ou les communes au nom des organismes d'habitations à loyer modéré ou au nom des sociétés d'économie mixte de construction dont les statuts sont conformes aux clauses types annexées au décret n° 69-295 du 24 mars 1969 et dont la majeure partie du capital est détenue par des collectivités publiques sont soumises à une taxe de publicité foncière ou à un droit d'enregistrement de 0,60 %.

Toutefois ces actes sont soumis à une imposition fixe de 125 € :

1° Lorsqu'ils ne contiennent pas de dispositions sujettes à publicité foncière ;

2° Lorsqu'ils contiennent des dispositions sujettes à publicité foncière et d'autres qui ne le sont pas et que le produit de l'imposition est inférieur à 125 €.

ENR-V-25720 s.

Art 1051 Sont soumis à une imposition fixe de 125 € :

1° Les transferts de biens de toute nature opérés entre organismes d'habitations à loyer modéré, sociétés anonymes de crédit immobilier ou leurs unions et organismes bénéficiant de l'agrément mentionné à l'article L 365-2 du code de la construction et de l'habitation ;

1° bis. Les acquisitions, réalisées avant le 31 décembre 2013, par les organismes d'habitations à loyer modéré, les sociétés anonymes de crédit immobilier ou leurs unions et les organismes bénéficiant de l'agrément mentionné à l'article L 365-2 du même code, de logements faisant l'objet d'un conventionnement mentionné aux articles L 831-1 et L 321-8 du même code, appartenant à des organismes dont l'un des objets est de contribuer au logement des personnes défavorisées et qui ont bénéficié d'un agrément pour construire, acquérir ou réhabiliter lesdits logements ;

2° Les attributions de maisons ou de logements, faites aux membres des sociétés anonymes d'habitations à loyer modéré.

3° Les transferts d'immeubles par un organisme d'habitations à loyer modéré à sa filiale de logements locatifs intermédiaires mentionnée aux articles L 421-1, L 422-2 et L 422-3 du code de la construction et de l'habitation ou à une société sur laquelle il exerce un contrôle conjoint mentionnée aux mêmes articles L 421-1, L 422-2 et L 422-3.

ENR-V-25770 s.

4° *(Abrogé).*

Art 1052 **I.** Les actes nécessaires à la constitution et à la dissolution des organismes d'habitations à loyer modéré définis dans le livre IV du code de la construction et de l'habitation sont soumis gratuitement à la publicité foncière ou à l'enregistrement, s'ils remplissent les conditions visées au 1° du I de l'article 809, c'est-à-dire s'ils ne portent pas transmission de biens meubles ou immeubles entre les associés ou autres personnes.

Les sociétés anonymes d'habitations à loyer modéré ne sont admises au bénéfice des exonérations qui précèdent, qu'autant qu'elles remplissent les conditions énumérées aux articles L 422-2, L 422-5 et suivants du code de la construction et de l'habitation.

II. *(Abrogé).*

III. *(Abrogé).*

ENR-VI-39450 s.

Art 1053 A condition de se référer expressément au code de l'urbanisme, les actes, pièces, écrits et formalités qui concernent l'établissement et la réalisation d'un plan local d'urbanisme pour les communes qui ont subi des destructions importantes par suite de cataclysmes ou d'événements graves sont exonérés, sous réserve des dispositions de l'article 1020, des droits d'enregistrement.

ENR-V-28520

Art 1054 Tous les actes, contrats et marchés passés en application du chapitre VII du titre Ier du livre III du code de l'urbanisme relatif à l'amélioration de certains lotissements sont exonérés, sous réserve des dispositions de l'article 1020, des droits d'enregistrement.

ENR-V-27920 s.

Art 1055 Les actes, pièces et écrits relatifs à la réalisation de remembrements fonciers opérés à l'amiable et portant sur des terrains destinés à la construction d'immeubles à usage d'habitation sont exonérés, sous réserve des dispositions de l'article 1020, des droits d'enregistrement à condition que ces remembrements aient fait l'objet d'une autorisation donnée dans les formes prévues par la réglementation applicable en matière de lotissement.

La même exonération est applicable aux actes, pièces et écrits relatifs à la réalisation de remembrements opérés par les associations foncières urbaines en vertu du 1° de l'article L 322-2 du code de l'urbanisme ou par les associations syndicales constituées en application de l'ordonnance n° 58-1145 du 31 décembre 1958, à condition de se référer expressément à ces textes.

Les procès-verbaux de réorganisation foncière ou de remembrement et les arrêtés en vue du remembrement préalable à la reconstruction ne donnent pas lieu à la perception de la taxe de publicité foncière.

ENR-IX-2220 s. ; MF n° 66260

Art 1055 bis La première cession à titre onéreux d'immeubles mentionnés au 4° du 2 de l'article 793 bénéficie d'un abattement de 91 000 € sur l'assiette des droits d'enregistrement et de la taxe de publicité foncière.

L'application de cet abattement est subordonnée aux conditions suivantes :

1° L'immeuble ne doit pas avoir fait l'objet d'une transmission à titre gratuit depuis son acquisition ;

2° L'immeuble doit avoir été utilisé de manière continue à titre d'habitation principale pendant une durée minimale de cinq ans depuis son acquisition ou son achèvement s'il est postérieur ;

3° L'acquéreur doit prendre l'engagement de ne pas affecter l'immeuble à un autre usage que l'habitation pendant une durée minimale de trois ans à compter de la date de l'acte d'acquisition.

Les dispositions qui précèdent ne s'appliquent pas aux immeubles dont l'acquéreur a bénéficié des réductions d'impôt prévues aux articles 199 undecies et 199 undecies A.

Un décret en Conseil d'Etat détermine les modalités d'application du présent article, notamment les obligations déclaratives incombant aux redevables et les pièces justificatives à fournir lors de l'enregistrement de la transmission mentionnée au premier alinéa *(Voir Annexe II, art. 294 E).*

ENR-V-24000 s. ; MF n° 66360

SECTION IV

Biens sinistrés

1° Réparation, reconstruction et reconstitution des biens et des exploitations sinistrés du fait des hostilités

Art 1056 **I. 1°** Les actes, jugements, pièces et écrits qui concernent l'application de la loi du 28 octobre 1946 sur les dommages de guerre sont, à la condition de s'y référer expressément, exonérés des droits d'enregistrement ainsi que de la taxe de publicité foncière.

Les dispositions du premier alinéa ne s'appliquent pas aux mutations de biens sinistrés et des droits à indemnité y afférents sauf si ces mutations résultent d'acquisitions faites :

a. Par les communes, les départements, les offices publics de l'habitat et les sociétés d'habitations à loyer modéré, en vue de la construction d'habitations à loyer modéré ou de l'aménagement de services publics, dans les conditions de remploi prévues par la loi ;

b. Par des associations syndicales et des coopératives de reconstruction agissant dans le cadre de l'article 16 de la loi n° 50-531 du 2 juin 1950 et par les associations syndicales de remembrement, auprès de certains de leurs associés, en vue de la rétrocession à d'autres membres de l'association dans l'intérêt des opérations de remembrement.

2° Les requêtes formulées en exécution des articles 54 et 55 de la loi n° 46-2389 du 28 octobre 1946, modifiés par les articles 10 et 11 de la loi n° 56-589 du 18 juin 1956 et l'article 1er du décret n° 73-974 du 12 octobre 1973, sont établies en double exemplaire sur papier libre.

II. Les dispositions du premier alinéa du 1° du I sont applicables aux sociétés coopératives de reconstruction, aux associations syndicales de reconstruction et à leurs unions, visées par la loi du 16 juin 1948.

III. Les biens enlevés, ainsi que les biens partiellement ou totalement détruits du fait direct de l'occupation ennemie, sont assimilés aux biens partiellement ou totalement détruits par suite d'actes de guerre.

ENR-V-28500 s.

Art 1057 Le I de l'article 1056 peut être invoqué à l'occasion des mutations de propriété prévues par l'ordonnance du 8 septembre 1945, autorisant la construction directe par l'Etat ou par des associations syndicales de reconstruction d'immeubles d'habitation de caractère définitif, ainsi que des apports de propriétaires sinistrés aux sociétés immobilières visées à l'article 9 de ladite ordonnance. Toutefois, en ce qui concerne la revente des terrains et immeubles bâtis, ainsi que l'attribution des terrains et immeubles bâtis appartenant aux sociétés immobilières, le bénéfice des dispositions du I de l'article 1056 ne peut être invoqué qu'à concurrence d'un prix ou d'un apport au plus égal au montant de la dépense de réparation ou de reconstruction ayant servi de base à la fixation de la participation financière de l'Etat.

ENR-V-28500 s.

Art 1058 Les actes, pièces, écrits qui concernent l'exécution du remembrement prévu par la loi du 14 avril 1947, sont, à la condition de s'y référer expressément, exonérés des droits d'enregistrement ainsi que de la taxe de publicité foncière.

ENR-IX-2260

2° Dommages causés à la propriété privée par l'exécution de travaux publics

Art 1059 Sous réserve des dispositions du 3° de l'article 679, les plans, procès-verbaux, certificats, significations, jugements, contrats, quittances et autres actes faits en vertu de la loi du 29 décembre 1892 sur les dommages causés à la propriété privée par l'exécution des travaux publics sont exonérés des droits d'enregistrement et, le cas échéant, dispensés de la formalité.

ENR-I-10805

SECTION V

Etablissements financiers

2° Caisses d'épargne

Art 1062 Sous réserve des dispositions du 3° de l'article 679, les imprimés, écrits et actes de toute espèce nécessaires pour le service des caisses d'épargne et de la caisse nationale d'épargne sont exonérés des droits d'enregistrement et, le cas échéant, dispensés de la formalité.

ENR-I-10780

Art 1063 Sous réserve des dispositions du 3° de l'article 679, les certificats de propriété et actes de notoriété exigés par les caisses d'épargne et par la caisse nationale d'épargne pour effectuer le remboursement, le transfert ou le renouvellement des livrets appartenant aux titulaires décédés ou déclarés absents sont exonérés des droits d'enregistrement et, le cas échéant, dispensés de la formalité.

ENR-I-10785 ; MF n° 64100

3° Entreprises de crédit différé

Art 1064 Les transferts de leurs engagements et des actifs correspondants effectués par les entreprises de crédit différé à une autre société fonctionnant conformément aux dispositions de la loi n° 52-332 du 24 mars 1952 modifiée sont exonérés de tous droits d'enregistrement et de taxe de publicité foncière.

Les actes et documents, les formalités et, d'une manière générale, toutes les opérations nécessaires à l'exécution des conventions passées en application du I de l'article 1er de la loi n° 54-417 du 15 avril 1954, relative aux sociétés de crédit différé en liquidation ou en faillite sont exonérés de taxe de publicité foncière lorsqu'ils se réfèrent à ce texte.

4° Entreprises d'assurances et de capitalisation

Art 1065 Sous réserve des dispositions de l'article 1020, les transferts de portefeuilles de contrats et des réserves mobilières ou immobilières afférentes à ces contrats sont exonérés de tous droits d'enregistrement lorsqu'ils sont faits en vertu des dispositions des articles L 324-1, L 326-13 et L 384-1 à L 384-3 du code des assurances.

Lorsqu'ils sont faits en vertu du 8° ou du 14° du I de l'article L 612-33 du code monétaire et financier, les transferts de portefeuilles de contrats et des réserves mobilières ou immobilières afférentes à ces contrats sont exonérés de tous droits d'enregistrement et de la taxe de publicité foncière.

ENR-IV-830

SECTION VI

Institutions à caractère social

1° Aide sociale

Art 1066 **I.** Sous réserve des dispositions de l'article 1020 et conformément au deuxième alinéa de l'article L 132-11 du code de l'action sociale et des familles, les actes faits et les décisions rendues dans le cadre de l'attribution des prestations d'aide sociale mentionnées à l'article L 111-1 du même code sont enregistrés gratis lorsqu'il y a lieu à la formalité de l'enregistrement.

ENR-IX-9065

II. Les dispositions du I sont applicables aux acquisitions immobilières réalisées par les établissements ou organismes figurant sur une liste dressée par arrêté du ministre chargé du budget *(Voir Annexe IV, art. 121 VA)*, lorsque ces acquisitions sont faites pour le compte d'associations qui seraient susceptibles d'être admises au bénéfice des mêmes dispositions si elles procédaient directement aux acquisitions considérées.

L'application du premier alinéa est subordonnée à la condition que l'établissement ou l'organisme acquéreur prenne, dans l'acte d'acquisition, l'engagement de transférer la propriété des immeubles acquis à l'association bénéficiaire dans un délai de cinq ans à compter de la date de cet acte et, à défaut, de verser au Trésor, à première réquisition, les droits dont l'acquisition aura été dispensée. Une prolongation annuelle renouvelable du délai de cinq ans peut être accordée par l'autorité compétente de l'Etat du lieu de la situation des immeubles.

ENR-V-27060 s.

2° Assistance et protection de l'enfance

Art 1067 Sans préjudice du bénéfice de la loi du 10 juillet 1991 relative à l'aide juridique, les certificats, significations, contrats et autres actes, faits en vertu des articles L 121-2, L 221-1 à L 221-4, L 221-6 à L 222-6, L 223-1 à L 224-9, L 224-11 et L 224-12, L 225-1 à L 225-9, L 225-20, L 226-1 à L 226-11, L 228-1 à L 228-5 et L 523-1 du code de l'action sociale et des familles relatifs à l'aide sociale à l'enfance, ainsi qu'en vertu de la loi du 19 avril 1898 sur la répression des violences, voies de fait, actes de cruauté et attentats commis envers les enfants, concernant exclusivement le service de l'aide sociale à l'enfance, sont exonérés, sous réserve des dispositions du 3° de l'article 679 et de l'article 1020, des droits d'enregistrement.

Les comptes de tutelle sont approuvés par le conseil de famille et rendus sans frais.

ENR-V-27420 s. ; ENR-IX-9065

3° Assurances maladie et maternité des travailleurs indépendants non agricoles

Art 1069 **I.** Les pièces relatives à l'application de la loi n° 66-509 du 12 juillet 1966 relative à l'assurance maladie et à l'assurance maternité des travailleurs non salariés des professions non agricoles, sont exonérées des droits d'enregistrement à la condition de s'y référer expressément. Cette exonération s'étend à la taxe spéciale sur les conventions d'assurance.

ENR-IX-9065

II. Lorsque des caisses mutuelles régionales créées en application de la loi précitée sont appelées à fusionner, partiellement ou totalement, par le fait d'un regroupement de leurs circonscriptions, un décret fixe les modalités selon lesquelles sont attribués les biens, droits et obligations des caisses intéressées par cette fusion. Les opérations entraînées par ce transfert bénéficient, sous réserve des dispositions de l'article 1020, de l'exonération prévue au I.

ENR-XI-21750

4° Caisse de retraite et de prévoyance des clercs de notaire

Art 1070 Sous réserve des dispositions de l'article 1020, les pièces exclusivement relatives à l'exécution de la loi du 12 juillet 1937 instituant une caisse de retraite et de prévoyance des clercs de notaire sont exonérées des droits d'enregistrement.

5° Croix-Rouge française

Art 1071 Jusqu'à une date qui sera fixée ultérieurement par décret, les dons et legs de toute nature consentis au bénéfice de l'association « La Croix-Rouge Française », reconnue d'utilité publique par la loi du 7 août 1940, sont exonérés de tous droits d'enregistrement, sous réserve de leur acceptation régulière par le comité de direction.

Jusqu'à la même date, l'acquisition et la location par la Croix-Rouge française des immeubles nécessaires à son fonctionnement sont également exonérées, sous réserve des dispositions de l'article 1020, de tous droits d'enregistrement.

ENR-IV-10370 ; ENR-V-27900

6° Indigents

Art 1072 Les extraits des registres de l'état civil, les actes de notoriété, de consentement, de publications, les délibérations de conseil de famille, la notification, s'il y a lieu, les dispenses pour cause de parenté, d'alliance ou d'âge, les actes de reconnaissance d'un enfant, sont dispensés d'enregistrement.

Les actes de notification, comme les actes de consentement, sont exonérés de tous droits, frais et honoraires à l'égard des officiers ministériels qui les dressent ; il en est de même pour les actes de consentement reçus à l'étranger par les agents diplomatiques ou consulaires français.

Sont admises au bénéfice des dispositions du présent article les personnes qui justifient d'un certificat d'indigence à elles délivré par le commissaire de police, ou par le maire dans les communes où il n'existe pas de commissaire de police, sur le vu d'un certificat du comptable public chargé du recouvrement des impôts directs de leur commune portant qu'elles ne sont pas imposées.

Les actes, extraits, copies ou expéditions délivrés mentionnent expressément qu'ils sont destinés à servir à la célébration d'un mariage entre indigents.

Ils ne peuvent servir à d'autres fins.

Le certificat prévu par le troisième alinéa est délivré en plusieurs originaux, lorsqu'il doit être produit à divers officiers de l'état civil.

Néanmoins, les réquisitions des procureurs de la République tiennent lieu des originaux ci-dessus prescrits, pourvu qu'elles mentionnent le dépôt du certificat d'indigence à leur parquet.

L'extrait du rôle ou le certificat négatif du comptable public est annexé aux pièces déposées pour la célébration du mariage.

Les dispositions qui précèdent sont applicables au mariage entre Français et étrangers.

ENR-IX-9065

7° Marine

Art 1074 **1.** Les actes de l'état civil, les actes de notoriété et toutes autres pièces relatives à l'exécution de la loi du 12 avril 1941 concernant le service des pensions de retraite dans la marine, sont exonérés des droits d'enregistrement.

2. *(Abrogé).*

Art 1075 Les dispositions de l'article 1083 sont applicables à la caisse générale de prévoyance des marins et de leurs familles en cas d'accident, de maladie, d'invalidité et de maternité *(Voir également art. 794-II).*

8° Ouvriers mineurs

Art 1077 Tous actes, documents et pièces quelconques, à fournir pour l'exécution de la loi du 25 février 1914, modifiant la loi du 29 juin 1894 et créant une caisse autonome de retraites des ouvriers mineurs, sont exonérés des droits d'enregistrement.

Art 1078 Sous réserve des dispositions du 3° de l'article 679, les certificats, actes de notoriété et autres pièces exclusivement relatifs à l'exécution des dispositions des articles 84 à 96 de la loi du 31 mars 1903 sur la retraite des ouvriers et employés des mines sont exonérés des droits d'enregistrement et dispensés, le cas échéant, de la formalité.

ENR-I-10830

10° Sécurité sociale

Art 1083 Les pièces relatives à l'application de la législation de sécurité sociale sont exonérées des droits d'enregistrement à la condition de s'y référer expressément.

ENR-I-22740

Art 1084 Tous les actes relatifs aux acquisitions d'immeubles et aux prêts que les organismes de sécurité sociale sont autorisés à effectuer sont exonérés des droits d'enregistrement ainsi que de la taxe de publicité foncière.

ENR-I-22740 ; ENR-V-27480 s. ; ENR-XI-3020

Art 1085 Les transferts de biens entre organismes de sécurité sociale mentionnés dans le code de la sécurité sociale sont exonérés de toute perception de droits fiscaux et ne donnent pas lieu à application de l'article 879. Il en est de même pour les transferts de biens de leurs comités sociaux et économiques consécutifs à la fusion d'organismes.

ENR-V-27480 s.

11º Mutuelles

Art 1088 Les certificats, actes de notoriété et autres pièces exclusivement relatifs à l'exécution des dispositions du code de la mutualité sont exonérés, sous réserve de l'article 1020, des droits d'enregistrement.

Art 1089 Les dispositions prévues en ce qui concerne les mutuelles définies par l'article L 111-1 du code de la mutualité sont applicables aux associations d'étudiants reconnues d'utilité publique.

ENR-V-27610

SECTION VII

Juridictions. Procédures diverses

1º Actes de justice devant les juridictions civiles et administratives

Art 1089 A Sauf lorsqu'elles donnent ouverture à un droit proportionnel ou progressif, les décisions des juridictions de l'ordre judiciaire ne sont pas soumises au droit d'enregistrement.

ENR-IX-7470 s. ; MF nº 64100

Art 1089 B Les actes des secrétariats des juridictions judiciaires et administratives ne sont pas soumis au droit d'enregistrement, ni à toute autre taxe prévue par le présent code.

ENR-IX-8000 s. ; MF nº 64100

2º Agence judiciaire de l'Etat

Art 1090 Les droits exigibles sur les décisions judiciaires auxquelles est partie l'agent judiciaire de l'Etat sont liquidés en débet.

Ils sont assimilés pour le recouvrement, les poursuites, la procédure et la prescription, au principal de la condamnation. Toutefois, si le Trésor est condamné, il est dispensé du paiement des droits.

3º Aide juridictionnelle

Art 1090 A **I.** Sauf lorsqu'elles portent mutation de propriété, d'usufruit ou de jouissance, les décisions rendues dans les instances où l'une au moins des parties bénéficie de l'aide juridictionnelle sont exonérées des droits d'enregistrement.

II. Sont liquidés en débet les droits et pénalités d'enregistrement exigibles sur :

a. Les décisions mentionnées au I et qui portent mutation de propriété, d'usufruit ou de jouissance ;

b. Les actes et titres produits par le bénéficiaire de l'aide juridictionnelle pour justifier de ses droits et qualités, lorsqu'ils sont du nombre de ceux soumis par leur nature à l'enregistrement dans un délai déterminé ;

c. *(Abrogé).*

Les sommes ainsi liquidées deviennent exigibles immédiatement après le jugement.

III. *(Abrogé).*

ENR-IX-10000 s. ; MF nº 64100

Art 1090 B Lorsqu'elle tient lieu des droits d'enregistrement en vertu de l'article 664, la taxe de publicité foncière éventuellement exigible est liquidée en débet dans les conditions indiquées, pour les droits d'enregistrement, au II de l'article 1090 A.

Lorsqu'elle ne tient pas lieu des droits d'enregistrement, la taxe de publicité foncière n'est pas exigible sur les formalités requises par les bénéficiaires de l'aide juridictionnelle. Toutefois, la taxe non perçue sur une inscription d'hypothèque judiciaire ou conventionnelle doit être acquittée lors de la radiation de l'inscription. A cet effet, le service chargé de la publicité foncière est tenu d'énoncer, tant sur le bordereau destiné aux archives que sur le bordereau remis au requérant, le montant de la taxe non perçue.

Par dérogation au deuxième alinéa, la taxe tombe en non-valeur lorsque la radiation est requise par le bénéficiaire de l'aide juridictionnelle, condamné.

ENR-IX-10000 s.

Art 1090 D Le retrait de l'aide juridictionnelle et de l'aide à l'intervention de l'avocat dans les procédures non juridictionnelles rend immédiatement exigibles, dans les limites fixées par la décision de retrait, les droits, redevances, honoraires, émoluments, consignations et avances de toute nature dont le bénéficiaire avait été dispensé.

ENR-IX-10000 s.

4° Casier judiciaire. Rectification de mentions

Art 1100 Le droit fixe de procédure mentionné par le 2° de l'article 1018 A, exigible pour les décisions rendues en application de l'article 778 du code de procédure pénale, pour la rectification des mentions portées aux casiers judiciaires est liquidé en débet.

ENR-IX-7862

5° Révision des procès

Art 1109 Les frais des instances en révision des procès criminels et correctionnels, faits postérieurement à l'arrêt de recevabilité, sont avancés par le Trésor.

Si l'arrêt ou le jugement définitif de révision prononce une condamnation, il met à la charge du condamné le remboursement des frais envers l'Etat et envers les demandeurs en révision, s'il y a lieu. Le demandeur en révision qui succombe dans son instance est condamné à tous les frais.

ENR-IX-7920

6° Successions vacantes ou en déshérence

Art 1112 ter A défaut de ressources disponibles, sont liquidés en débet les droits d'enregistrement exigibles sur les actes et procédures nécessaires à l'obtention de la décision déclarant la vacance ainsi qu'à la gestion des successions mentionnées au chapitre V du titre Ier du livre III du code civil.

ENR-I-14465

SECTION IX

Dispositions diverses

1° Achats en vue de la revente

Art 1115 Sous réserve des dispositions de l'article 1020, les acquisitions d'immeubles, de fonds de commerce ainsi que d'actions ou parts de sociétés immobilières réalisées par des personnes assujetties au sens de l'article 256 A sont exonérées des droits et taxes de mutation quand l'acquéreur prend l'engagement de revendre dans un délai de cinq ans.

En cas d'acquisitions successives par des personnes mentionnées au premier alinéa, le délai imparti au premier acquéreur s'impose à chacune de ces personnes.

Pour l'application de l'engagement de revendre, les transferts de droits ou de biens dans un patrimoine fiduciaire et les apports purs et simples effectués à compter du 1er janvier 1996 ne sont pas considérés comme des ventes.

Pour les reventes consistant en des ventes par lots déclenchant le droit de préemption prévu à l'article 10 de la loi 75-1351 du 31 décembre 1975 relative à la protection des occupants de locaux à usage d'habitation ou celui prévu à l'article 15 de la loi 89-462 du 6 juillet 1989 tendant à améliorer les rapports locatifs et portant modification de la loi 86-1290 du 23 décembre 1986, le délai prévu pour l'application de l'engagement de revendre visé au premier alinéa est ramené à deux ans.

ENR-V-9650 s. ; MF n° 66275

2° Actes de dépôt

Art 1116 Les actes de dépôt, au rang des minutes d'un notaire, des actes sous seings privés de vente, d'échange et de partage d'immeubles ou de droits immobiliers, lorsque les sommes et valeurs de toute nature énoncées dans les actes déposés et passibles du droit proportionnel ne dépassent pas 75 €, sont enregistrés gratis.

ENR-I-22030 ; MF n° 64100

3° Actes de l'état civil

Art 1119 Jusqu'à ce que la reconstitution ou la restitution des registres ait été effectuée, les actes de notoriété qui, aux termes de l'article 46 du code civil, peuvent suppléer tous les actes de l'état civil dont les originaux ont été détruits ou sont disparus par suite d'un sinistre ou de faits de guerre, sont, sous réserve des dispositions du 3° de l'article 679 du présent code, exonérés des droits d'enregistrement et dispensés, le cas échéant, de la formalité.

Ces dispositions sont applicables aux actes de notoriété visés à l'article 1er de l'ordonnance n° 62-800 du 16 juillet 1962 facilitant la preuve des actes de l'état civil dressés en Algérie ainsi qu'à l'article 4 de la loi n° 68-671 du 25 juillet 1968 relative à l'état civil des Français ayant vécu en Algérie ou dans les anciens territoires français d'outre-mer ou sous tutelle devenus indépendants.

ENR-I-10810

4° Actes, archives, registres et documents détruits par suite d'événements de guerre, de sinistre ou de tout autre fait

Art 1122 Tous les actes qu'il y a lieu de reconstituer par suite de sinistre ou de faits de guerre, ainsi que toutes les formalités de procédure ayant cette reconstitution pour objet, sont, sous réserve des dispositions du 3° de l'article 679, exonérés des droits d'enregistrement et, dispensés, le cas échéant, de la formalité à moins, en ce qui concerne les actes reconstitués, que les droits applicables à l'acte original n'aient pas été acquittés.

Aucune pénalité d'enregistrement ne peut être réclamée sur les pièces produites à l'occasion de l'application de la loi précitée du 15 décembre 1923, modifiée par la loi du 6 février 1941.

Les dispositions qui précèdent ne s'appliquent pas aux actes détruits par suite d'un sinistre chez un officier public ou ministériel.

ENR-I-10800

Art 1125 Le dépôt d'actes et pièces nécessité par la reconstitution de la documentation hypothécaire détruite par un cas de force majeure est dispensé de tous droits et taxes, ainsi que de la contribution prévue à l'article 879.

ENR-XI-5400 ; MF nº 64100

Art 1125 bis Les actes et pièces de toute nature exclusivement relatifs à la reconstitution prévue par la loi nº 71-1029 du 24 décembre 1971 de registres ou documents conservés dans les greffes de tribunaux de commerce ou d'autres juridictions en cas de destruction ou de disparition totale ou partielle des archives de ces greffes sont dispensés de tout droit d'enregistrement ainsi que de la mention au répertoire des officiers publics et ministériels.

Il ne peut non plus être réclamé ni droits, ni pénalités d'enregistrement sur les pièces produites par les intéressés dans les opérations de reconstitution.

ENR-I-10800

5º Attribution gratuite d'actions ou de parts sociales au personnel des entreprises

Art 1126 L'attribution gratuite par une société à l'ensemble de son personnel d'actions ou parts sociales de son capital ne donne lieu à la perception d'aucun impôt.

L'application de cette disposition est limitée aux opérations réalisées dans des conditions fixées par décret en Conseil d'Etat.

ENR-X-50130

Art 1127 Ne donnent lieu à la perception d'aucun impôt les attributions gratuites d'actions faites en application :

1º *(Abrogé)* ;

2º *(Abrogé)* ;

3º Des articles L 322-13 et L 322-22 du code des assurances relatifs aux entreprises nationales d'assurances ;

TS-VII-88380

4º De la loi nº 73-9 du 4 janvier 1973 relative à la mise en œuvre de l'actionnariat du personnel à la Société nationale industrielle aérospatiale et à la Société nationale d'étude et de construction de moteurs d'aviation.

ENR-X-50130

6º Certificats de vie

Art 1128 Les certificats de vie sont dispensés de l'enregistrement.

ENR-I-10795

9º Mariages. Dissentiment des parents

Art 1129 Sous réserve des dispositions du 3º de l'article 679, les actes énumérés aux articles 154 et 155 du code civil, modifiés par la loi du 2 février 1933, et relatifs au dissentiment des parents en matière de mariage, sont exonérés des droits d'enregistrement et dispensés, le cas échéant, de la formalité.

ENR-I-10825

10º Patrimoine artistique national

Art 1131 **I.** Sous réserve des dispositions de l'article 1020, l'acquéreur, le donataire, l'héritier ou le légataire d'une œuvre d'art, de livres, d'objets de collections ou de documents de haute valeur artistique ou historique, est exonéré des droits de mutation et des taxes annexes afférents à la transmission de ces biens, lorsqu'il en fait don à l'Etat dans le délai prévu pour l'enregistrement de l'acte constatant la mutation ou de la déclaration de la succession.

Le donateur peut stipuler qu'il conservera, sa vie durant, la jouissance du bien donné. Il peut également stipuler que la réserve de jouissance bénéficiera après sa mort à son conjoint. Lorsqu'il s'agit d'une personne morale, la réserve de jouissance prend fin à sa dissolution ; elle ne peut, en tout état de cause, excéder vingt-cinq ans à moins que le bien donné ne soit accessible au public dans des conditions fixées par la décision d'agrément prévue au II.

Lorsque la décision d'agrément prévue au II constate que les biens donnés sont attachés à un immeuble, en raison des motifs historiques ou artistiques et lorsque le donateur prend l'engagement de les conserver dans cet immeuble et d'autoriser le public à les visiter, le donateur peut stipuler que la réserve de jouissance bénéficiera successivement aux personnes auxquelles l'immeuble sera transmis tant qu'elles respecteront elles-mêmes cet engagement.

II. La donation est soumise à un agrément donné dans des conditions fixées par décret en

Conseil d'Etat *(Voir Annexe II, art. 310 G).* Dans les cas prévus aux deuxième et troisième alinéas du I, la décision d'agrément arrête notamment les mesures propres à assurer la conservation et la surveillance des biens donnés à l'Etat.

La donation n'est considérée comme réalisée qu'après acceptation, par le donateur, des conditions prévues par la décision d'agrément.

En cas de refus d'agrément ou de non-acceptation par le donateur dans le délai imparti par la décision d'agrément, les droits et taxes prévus au I, à l'exclusion de toute pénalité de retard, deviennent exigibles dans le délai d'un mois.

III. Le donateur et ses ayants cause peuvent, à tout moment, renoncer à la réserve de jouissance et remettre les biens à l'Etat.

ENR-IX-4900 ; ENR-X-40500 s. ; MF n° 68195

12° Réunion de l'usufruit à la nue-propriété

Art 1133 Sous réserve des dispositions de l'article 1020, la réunion de l'usufruit à la nue-propriété ne donne ouverture à aucun impôt ou taxe lorsque cette réunion a lieu par l'expiration du temps fixé pour l'usufruit ou par le décès de l'usufruitier.

ENR-I-13270 ; ENR-V-3800 s. ; ENR-X-3150 s. ; MF n° 68000

12° ter Versements en capital au titre de la prestation compensatoire

Art 1133 ter Sous réserve de l'application de l'imposition prévue à l'article 1020, les versements en capital effectués en application de l'article 274, du second alinéa de l'article 276 et des articles 278 et 279-1 du code civil et qui ne sont pas soumis aux dispositions de l'article 80 quater sont assujettis, lorsqu'ils proviennent de biens autres que ceux visés à l'article 748, à la perception d'une imposition fixe de 125 €.

Ces dispositions sont applicables aux conversions en capital effectuées en application des articles 276-4 et 280 du code civil.

ENR-X-58750 s. ; MF n° 69405

12° quater Fiducie

Art 1133 quater Sous réserve des dispositions de l'article 1020, les actes constatant la formation, la modification ou l'extinction d'un contrat de fiducie ou constatant le transfert de biens ou droits supplémentaires au fiduciaire sont soumis à un droit fixe de 125 €.

Toutefois, l'article 1020 ne s'applique pas aux actes constatant le retour de tout ou partie du patrimoine fiduciaire au constituant.

ENR-IX-16100 s. ; MF n°s 90930 s.

14° Indivisions successorales en Corse. Régime temporaire

Art 1135 Sous réserve qu'elles soient dressées entre le 1er janvier 1986 et le 31 décembre 2014, les procurations et les attestations notariées après décès sont exonérées de toute perception au profit du Trésor lorsqu'elles sont établies en vue du règlement d'une indivision successorale comportant des biens immobiliers situés en Corse. La même exonération s'applique aux actes de notoriété établis entre le 1er janvier 2002 et le 31 décembre 2014 en vue du règlement d'une indivision successorale comportant des biens et droits immobiliers situés en Corse.

Ces exonérations s'appliquent à condition que l'acte soit authentique et précise qu'il est établi dans le cadre du IV de l'article 11 de la loi n° 85-1403 du 30 décembre 1985.

ENR-II-4820

14° bis Droits de succession. Exonération des immeubles et droits immobiliers situés en Corse

Art 1135 bis I. Sous réserve des dispositions du II, pour les successions ouvertes entre la date de publication de la loi n° 2002-92 du 22 janvier 2002 relative à la Corse et le 31 décembre 2012, les immeubles et droits immobiliers situés en Corse sont exonérés de droits de mutation par décès.

Pour les successions ouvertes entre le 1er janvier 2013 et le 31 décembre 2027, l'exonération mentionnée au premier alinéa est applicable à concurrence de la moitié de la valeur des immeubles et droits immobiliers situés en Corse.

Pour les successions ouvertes à compter du 1er janvier 2028, les immeubles et droits immobiliers situés en Corse sont soumis aux droits de mutation par décès dans les conditions de droit commun.

II. Ces exonérations ne sont applicables aux immeubles et droits immobiliers pour lesquels le droit de propriété du défunt n'a pas été constaté antérieurement à son décès par un acte régulièrement transcrit ou publié qu'à la condition que les attestations notariées mentionnées au 3° de l'article 28 du décret n° 55-22 du 4 janvier 1955 portant réforme de la publicité foncière relatives à ces biens soient publiées dans les vingt-quatre mois du décès.

Ndlr *Ces dispositions ne sont pas applicables aux biens et droits immobiliers situés en Corse acquis à titre onéreux à compter de la publication de la loi 2002-92 du 22 janvier 2002 relative à la Corse (Loi précitée art. 51, c).*

ENR-X-49670 s. ; MF n° 92450

14° ter Droits de mutation à titre gratuit. Exonération des immeubles et droits immobiliers situés à Mayotte

Art 1135 ter Sont exonérés de droits de mutation à titre gratuit les immeubles et droits immobiliers situés à Mayotte, lors de la première transmission postérieure à la reconstitution des titres de propriété y afférents, sous réserve que ces titres de propriété aient été constatés par un acte régulièrement transcrit ou publié entre le 1er janvier 2018 et le 31 décembre 2025.

ENR-X-49730 ; MF n° 91630

15° Privatisations

Art 1136 Les opérations réalisées par l'Etat et régies par le titre III de l'ordonnance n° 2014-948 du 20 août 2014 relative à la gouvernance et aux opérations sur le capital des sociétés à participation publique ne donnent lieu à la perception d'aucun droit de timbre ou d'enregistrement.

16° Acquisition de bois et forêts et de terrains destinés au reboisement

Art 1137 Les acquisitions de propriétés en nature de bois et forêts et de terrains nus non frappés d'interdiction de boisement, constatées par un acte authentique signé avant le 1er janvier 2005, sont exonérées de toute perception au profit du Trésor si l'acquéreur prend l'engagement dans l'acte d'acquisition de reboiser les terrains nus dans un délai de cinq ans et de présenter dans le même délai une des garanties de gestion durable prévues à l'article L 8 du code forestier *(Dans la version du code forestier postérieure à l'ordonnance 2012-92 du 26 janvier 2012, les garanties de gestion sont prévues aux articles L 124-1 à L 124-3 et à l'article L 313-2).*

A compter du 1er janvier 2005, les conseils départementaux et les conseils municipaux peuvent exonérer chacun pour leur part les acquisitions mentionnées au premier alinéa et constatées par un acte authentique signé avant le 1er janvier 2011. La délibération prend effet dans les délais et conditions prévus à l'article 1594 E.

Lorsque, postérieurement à la signature de l'acte, une disposition législative ou réglementaire ou une décision administrative édicte une interdiction de boisement, l'acquéreur est délié de son engagement.

(Voir également art. 1840 G ter)

ENR-V-18100 s.

TITRE V

DISPOSITIONS COMMUNES AUX TITRES I, II ET IV

Art 1378 bis Les mutations de toute nature ayant pour objet, en matière de bail emphytéotique, soit le droit du bailleur, soit le droit du preneur, sont soumises aux dispositions du présent code concernant les transmissions de propriétés d'immeubles.

ENR-III-5090 ; MF nº 65215

Art 1378 ter Les mutations de toute nature qui ont pour objet, en matière de bail à construction, de bail réel immobilier ou de bail réel solidaire, les droits du bailleur ou du preneur sont assujetties aux dispositions fiscales applicables aux mutations d'immeubles.

IMMO-V-1300 s. ; MF nº 31065

Art 1378 quater A La transformation, autorisée par décret en Conseil d'Etat, d'un organisme constitué, sous quelque forme que ce soit, en vue de l'un des objets énoncés à l'article 2 de la loi nº 78-654 du 22 juin 1978, en un comité professionnel de développement économique régi par la même loi, est exonérée de tous droits, impôts ou taxes.

BIC-XIX-17480

Art 1378 sexies Les sociétés coopératives de construction désignées à l'article L 432-2 du code de la construction et de l'habitation, dont les membres sont soumis aux dispositions des articles L 443-1 à L 443-6 du même code relatifs à l'accession à la propriété et qui font appel, à titre de prestataires de services, à un organisme d'habitation à loyer modéré, sont soumises au même régime fiscal que les organismes de cette nature.

IS-IV-5300 ; MF nº 37110

CHAPITRE PREMIER

Mise sous conditions des avantages fiscaux attachés aux dons

Art 1378 octies **I.** Lorsque le ministre chargé du budget reçoit de la Cour des comptes la déclaration mentionnée au troisième alinéa de l'article L 143-2 du code des juridictions financières, il peut, par arrêté pris dans les conditions fixées par un décret en Conseil d'Etat, suspendre de tout avantage fiscal les dons, legs et versements effectués au profit de l'organisme visé dans la déclaration. Cet arrêté est publié au Journal officiel.

Dans le cas contraire, il adresse un rapport motivé au premier président de la Cour des comptes et aux présidents des commissions des finances de l'Assemblée nationale et du Sénat.

II. Lorsqu'un organisme, qui peut être contrôlé en application des articles L 111-9 ou L 111-10 du code précité, est définitivement condamné en application des articles 223-1-1, 313-2, 314-1, 321-1, 324-1, 421-1 à 421-2-6 ou 433-3-1 du code pénal, les dons, legs et versements effectués à son profit ne peuvent plus, à compter du quinzième jour qui suit la condamnation, ouvrir droit à l'avenir au bénéfice d'un avantage fiscal.

III. 1. A compter du quinzième jour qui suit la notification de l'arrêté du ministre chargé du budget prévu au I, les dons, legs et versements effectués au profit de l'organisme visé par l'arrêté sont exclus du bénéfice de tout avantage fiscal.

2. A compter du quinzième jour qui suit la notification de l'arrêté, l'organisme visé par celui-ci indique expressément dans tous les documents, y compris électroniques, destinés à solliciter du public des dons, legs, versements et cotisations, que ceux-ci ne peuvent plus ouvrir droit à aucun avantage fiscal.

3. A compter du quinzième jour qui suit sa condamnation définitive, l'organisme mentionné au II indique expressément dans tous les documents, y compris électroniques, destinés à solliciter du public des dons, legs, versements et cotisations, que ceux-ci ne peuvent plus ouvrir droit à aucun avantage fiscal.

4. Le non-respect des 2 et 3 est puni de l'amende prévue à l'article 1762 decies.

IV. 1. a. A l'expiration d'un délai d'un an suivant la notification de l'arrêté mentionné au I, l'organisme visé par l'arrêté peut saisir le ministre chargé du budget d'une demande tendant au rétablissement du bénéfice des avantages fiscaux pour les dons, legs et versements susceptibles d'être effectués à son profit.

b. La saisine est accompagnée de tous les éléments propres à établir les moyens effectivement mis en œuvre pour rendre conformes aux objectifs poursuivis par cet organisme les dépenses financées par des dons, legs et versements susceptibles d'ouvrir droit au bénéfice d'un avantage fiscal.

c. Le ministre chargé du budget peut abroger l'arrêté mentionné au I après avis de la Cour des comptes. A défaut d'avis de la Cour des comptes dans un délai de six mois à compter de sa saisine, celui-ci est réputé émis.

2. a. A l'expiration d'un délai de trois ans suivant sa condamnation définitive, l'organisme mentionné au II peut saisir le ministre chargé du budget d'une demande tendant au rétablissement du bénéfice des avantages fiscaux pour les dons, legs et versements susceptibles d'être effectués à son profit.

b. La saisine est accompagnée de tous les éléments propres à établir les moyens effectivement mis en œuvre pour rendre conformes aux objectifs poursuivis par cet organisme les dépenses financées par des dons, legs et versements susceptibles d'ouvrir droit au bénéfice d'un avantage fiscal.

c. Le ministre chargé du budget peut rétablir le bénéfice des avantages fiscaux pour les dons, legs et versements susceptibles d'être effectués au profit de cet organisme après avis conforme de la Cour des comptes. A défaut d'avis de la Cour des comptes dans un délai de six mois à compter de sa saisine, celui-ci est réputé favorable.

V. Lorsqu'un commissaire aux comptes d'un organisme mentionné aux articles L 111-9 ou L 111-10 du code des juridictions financières refuse de certifier les comptes de cet organisme, il transmet son rapport au ministre chargé du budget qui procède dans les conditions prévues au I.

VI. Un décret en Conseil d'Etat fixe les conditions d'application du présent article *(NDLR Voir Annexe II, art. 310 G bis à 310 G quinquies)*.

VII. Les I à VI s'appliquent à compter du 1er janvier 2010.

IS-IX-13000 s. ; MF nº 10695

Art 1378 nonies Si la Commission nationale des comptes de campagne et des financements politiques instituée à l'article L 52-14 du code électoral constate qu'un parti ou groupement politique manque aux obligations prévues à l'article 11-7 de la loi nº 88-227 du 11 mars 1988 relative à la transparence financière de la vie politique, elle peut le priver, pour une durée maximale de trois ans, du bénéfice de la réduction d'impôt prévue au 3 de l'article 200 du présent code pour les dons et cotisations consentis à son profit, à compter de l'année suivante.

IRPP-IV-12650 ; MF nº 3185

DEUXIEME PARTIE

IMPOSITIONS PERÇUES AU PROFIT DES COLLECTIVITES LOCALES ET DE DIVERS ORGANISMES

TITRE PREMIER

IMPOSITIONS COMMUNALES

CHAPITRE PREMIER

Impôts directs et taxes assimilées

SECTION I

Généralités

Art 1379 **I.** Les communes perçoivent, dans les conditions déterminées par le présent chapitre :

1° La taxe foncière sur les propriétés bâties, prévue aux articles 1380 et 1381 ;

2° La taxe foncière sur les propriétés non bâties, prévue à l'article 1393 ;

3° La taxe d'habitation sur les résidences secondaires et autres locaux meublés non affectés à l'habitation principale, prévue à l'article 1407 ;

4° La cotisation foncière des entreprises, prévue à l'article 1447 ;

5° *(Abrogé)* ;

Ndlr *Par dérogation, la fraction de 53 % de la cotisation sur la valeur ajoutée des entreprises versée au titre de 2023 et des années suivantes est perçue au profit du budget général de l'Etat : voir partie Autres textes du présent code loi 2022-1726 du 30 décembre 2022 art. 55, XXVI-A et C.*

6° La redevance des mines, prévue à l'article 1519 ;

7° L'imposition forfaitaire sur les pylônes, prévue à l'article 1519 A ;

8° La taxe annuelle sur les installations de production d'électricité utilisant l'énergie mécanique du vent situées dans les eaux intérieures, la mer territoriale ou la zone économique exclusive, prévue à l'article 1519 B, dans les conditions prévues à l'article 1519 C ;

9° Une fraction de la composante de l'imposition forfaitaire sur les entreprises de réseaux relative aux installations de production d'électricité utilisant l'énergie mécanique du vent et aux installations de production d'électricité utilisant l'énergie mécanique hydraulique des courants situées dans les eaux intérieures ou dans la mer territoriale, prévue à l'article 1519 D. Pour ces dernières, le produit est rattaché au territoire où est installé le point de raccordement au réseau public de distribution ou de transport d'électricité.

Pour l'imposition forfaitaire sur les entreprises de réseaux relative aux installations de production d'électricité utilisant l'énergie mécanique du vent, cette fraction est égale à 20 %. Pour l'imposition forfaitaire sur les entreprises de réseaux relative aux installations de production d'électricité utilisant l'énergie mécanique hydraulique des courants, cette fraction est fixée à 50 % ;

10° La moitié de la composante de l'imposition forfaitaire sur les entreprises de réseaux relative aux installations de production d'électricité d'origine nucléaire ou thermique à flamme, prévue à l'article 1519 E ;

11° La moitié de la composante de l'imposition forfaitaire sur les entreprises de réseaux relative aux centrales de production d'énergie électrique d'origine photovoltaïque ou hydraulique, prévue à l'article 1519 F. Le produit de cette composante de l'imposition forfaitaire sur les entreprises de réseaux afférent aux ouvrages hydroélectriques mentionnés au premier alinéa de l'article 1475 est réparti comme les valeurs locatives de ces ouvrages selon les règles fixées par ce même article ;

12° La composante de l'imposition forfaitaire sur les entreprises de réseaux relative aux transformateurs électriques, prévue à l'article 1519 G ;

13° Deux tiers de la composante de l'imposition forfaitaire sur les entreprises de réseaux relative aux stations radioélectriques, dans les conditions prévues à l'article 1519 H ;

13° bis La composante de l'imposition forfaitaire sur les entreprises de réseaux relative aux installations de gaz naturel liquéfié et aux stations de compression du réseau de transport de gaz naturel, la moitié de la composante de cette imposition relative aux stockages souterrains de gaz naturel et la moitié de la composante relative aux canalisations de transport de gaz naturel et d'autres hydrocarbures, prévues à l'article 1519 HA ;

14° La taxe additionnelle à la taxe foncière sur les propriétés non bâties, prévue à l'article 1519 I ;

15° Une fraction égale à 60 % de la composante de l'imposition forfaitaire sur les entreprises de réseaux relative aux installations de production d'électricité d'origine géothermique, prévue à l'article 1519 HB. Pour ces dernières, le produit est rattaché au territoire où est installé le point de raccordement au réseau public de distribution ou de transport d'électricité ;

16° La taxe d'aménagement dans les conditions prévues au 1° du I de l'article 1635 quater A. Sur délibérations concordantes, prises dans les conditions prévues au VI de l'article 1639 A bis, de l'organe délibérant de l'établissement public de coopération intercommunale et du conseil municipal de la commune membre intéressée, la commune peut reverser tout ou partie de la taxe à l'établissement public de coopération intercommunale ou aux groupements de collectivités dont elle est membre, compte tenu de la charge des équipements publics relevant, sur le territoire de cette commune, de sa compétence.

II. Elles peuvent instituer les taxes suivantes :

1° La taxe d'enlèvement des ordures ménagères, dans les conditions prévues à l'article 1520 ;

2° *(Abrogé)* ;

3° La taxe sur la cession à titre onéreux de terrains devenus constructibles, prévue à l'article 1529, et la taxe sur les friches commerciales, prévue à l'article 1530 ;

4° La taxe pour la gestion des milieux aquatiques et la prévention des inondations prévue à l'article 1530 bis ;

5° La taxe d'aménagement dans les conditions prévues au 2° du I de l'article 1635 quater A. Sur délibérations concordantes, prises dans les conditions prévues au VI de l'article 1639 A bis, de l'organe délibérant de l'établissement public de coopération intercommunale et du conseil municipal de la commune membre intéressée, la commune peut reverser tout ou partie de la taxe à l'établissement public de coopération intercommunale ou aux groupements de collectivités dont elle est membre, compte tenu de la charge des équipements publics relevant, sur le territoire de cette commune, de sa compétence.

LOC-I-230 s. ; MF n°s 41500 s.

Art 1379-0 bis I. Perçoivent la cotisation foncière des entreprises, les composantes de l'imposition forfaitaire sur les entreprises de réseaux, prévues aux articles 1519 D, 1519 E, 1519 F, 1519 G, 1519 H et 1519 HA, la taxe foncière sur les propriétés bâties, la taxe foncière sur les propriétés non bâties, la taxe additionnelle à la taxe foncière sur les propriétés non bâties prévue à l'article 1519 I, ainsi que la taxe d'habitation sur les résidences secondaires et autres locaux meublés non affectés à l'habitation principale selon le régime fiscal prévu à l'article 1609 nonies C :

1° Les communautés urbaines, à l'exception de celles mentionnées au 1° du II ;

1° bis Les métropoles ;

2° Les communautés d'agglomération ;

3° Les communautés de communes issues de communautés de villes dans les conditions prévues par l'article 56 de la loi n° 99-586 du 12 juillet 1999 relative au renforcement et à la simplification de la coopération intercommunale ainsi que les communautés de communes issues, dans les conditions prévues au II de l'article 51 de la même loi, de districts substitués aux communes membres pour l'application des dispositions relatives à la taxe professionnelle ;

4° Les communautés de communes dont le nombre d'habitants est supérieur à 500 000 ;

5° *(Abrogé).*

I. bis *(Abrogé).*

II. Perçoivent la taxe foncière sur les propriétés bâties, la taxe foncière sur les propriétés non bâties, la cotisation foncière des entreprises et la taxe d'habitation sur les résidences secondaires et autres locaux meublés non affectés à l'habitation principale dans les conditions prévues à l'article 1636 B sexies :

1° Les communautés urbaines existant à la date de publication de la loi n° 99-586 du 12 juillet 1999 précitée qui ont rejeté avant le 31 décembre 2001 l'application, à compter du 1er janvier 2002, de l'article 1609 nonies C ;

2° Les communautés de communes dont le nombre d'habitants est inférieur ou égal à 500 000, à l'exception de celles mentionnées au 3° du I.

III. 1. Peuvent percevoir la cotisation foncière des entreprises selon le régime fiscal prévu au I de l'article 1609 quinquies C :

1° Les communautés urbaines mentionnées au 1° du II qui ont opté pour ce régime avant la date de publication de la loi n° 99-586 du 12 juillet 1999 précitée ;

2° Les communautés de communes mentionnées au 2° du II ayant créé, créant ou gérant une zone d'activités économiques qui se situe sur le territoire d'une ou de plusieurs communes membres, sur délibération prise à la majorité simple des membres de leur conseil.

Pour les communautés de communes créées, ou issues de la transformation d'un établissement public de coopération intercommunale préexistant, à compter de la date de publication de la loi n° 99-586 du 12 juillet 1999 précitée, seul le conseil d'une communauté de communes de moins de 50 000 habitants ou le conseil d'une communauté de communes de plus de 50 000 habitants et dont la ou les communes centre ont une population inférieure à 15 000 habitants peut décider de faire application du régime prévu au présent 1.

Le régime prévu au présent 1 est applicable aux communautés de communes issues, dans les conditions prévues au II de l'article 51 de la loi n° 99-586 du 12 juillet 1999 précitée, de districts ayant opté pour ces mêmes dispositions.

2. Les communautés de communes mentionnées au 2° du II peuvent, sur délibération prise à la majorité simple des membres de leur conseil, faire application du II de l'article 1609 quinquies C.

IV. Les établissements publics de coopération intercommunale mentionnés aux II et III peuvent opter pour le régime fiscal prévu au I.

Cette décision doit être prise par l'organe délibérant de l'établissement public de coopération intercommunale à la majorité simple de ses membres avant le 31 décembre de l'année en cours pour être applicable au 1er janvier de l'année suivante. Par exception, pour les établissements publics nouvellement créés, cette décision peut être prise jusqu'au 15 janvier de l'année au cours de laquelle leur création prend fiscalement effet. Elle ne peut être rapportée pendant la période d'unification des taux prévue au III de l'article 1609 nonies C.

V. Les établissements publics de coopération intercommunale à fiscalité propre peuvent se substituer à leurs communes membres pour les dispositions relatives à l'imposition forfaitaire sur les pylônes prévue à l'article 1519 A, et la perception du produit de cette taxe, sur délibérations concordantes de l'établissement public et des communes concernées prises dans les conditions prévues au I de l'article 1639 A bis.

Les établissements publics de coopération intercommunale mentionnés aux II et III peuvent, selon les modalités prévues au premier alinéa, se substituer à leurs communes membres pour les dispositions relatives aux composantes de l'imposition forfaitaire sur les entreprises de réseaux prévues aux articles 1519 E, 1519 F, 1519 G, 1519 H et 1519 HA.

Les établissements publics de coopération intercommunale mentionnés au deuxième alinéa peuvent se substituer à leurs communes membres pour les dispositions relatives à la taxe additionnelle à la taxe foncière sur les propriétés non bâties prévue à l'article 1519 I et la perception de son produit, sur délibérations concordantes de l'établissement public et des communes concernées prises dans les conditions prévues au I de l'article 1639 A bis.

V bis. Sans préjudice des dispositions du 2 du II de l'article 1609 quinquies C et du I bis de l'article 1609 nonies C, les établissements publics de coopération intercommunale à fiscalité propre perçoivent :

1° 50 % de l'imposition forfaitaire sur les entreprises de réseaux relative aux installations de production d'électricité utilisant l'énergie mécanique du vent ;

2° 50 % de la composante de l'imposition forfaitaire sur les entreprises de réseaux relative aux stockages souterrains de gaz naturel.

VI. 1. Sont substitués aux communes pour l'application des dispositions relatives à la taxe d'enlèvement des ordures ménagères :

1° Les communautés urbaines ;

1° bis Les métropoles ;

1° ter Les établissements publics territoriaux prévus à l'article L 5219-2 du code général des collectivités territoriales, dès lors qu'ils en exercent la compétence ;

2° Les communautés de communes, les communautés d'agglomération bénéficiant du transfert de la compétence prévue à l'article L 2224-13 du code général des collectivités territoriales et assurant au moins la collecte des déchets des ménages.

ASS-I-580

Les communautés de communes peuvent instituer la taxe d'enlèvement des ordures ménagères, dès la première année d'application du 2° du II, jusqu'au 31 mars, dès lors que les communes qui ont décidé de la création de la communauté de communes, à l'exclusion de toute autre, étaient antérieurement associées dans un même syndicat de communes percevant une taxe d'enlèvement des ordures ménagères.

ASS-I-780

2. Par dérogation au 1, les établissements publics de coopération intercommunale à fiscalité propre qui exercent la totalité de la compétence prévue à l'article L 2224-13 du code général des collectivités territoriales et qui adhèrent, pour l'ensemble de cette compétence, à un syndicat mixte, peuvent décider :

a. Soit d'instituer, avant le 15 octobre d'une année conformément à l'article 1639 A bis, et de percevoir la taxe d'enlèvement des ordures ménagères pour leur propre compte, en déterminant, le cas échéant, les différentes zones de perception, dans le cas où le syndicat mixte ne l'aurait pas instituée avant le 1er juillet de la même année par dérogation au même article 1639 A bis ; lorsque le syndicat mixte décide postérieurement d'instituer la taxe ou la redevance prévue à l'article L 2333-76 du code général des collectivités territoriales, la délibération prise par le syndicat ne s'applique pas sur le territoire de l'établissement public de coopération intercommunale sauf si ce dernier rapporte sa délibération ;

b. Soit de percevoir cette taxe en lieu et place du syndicat mixte qui l'aurait instituée sur l'ensemble du périmètre syndical.

ASS-I-900 s.

VII. Les établissements publics de coopération intercommunale à fiscalité propre peuvent se substituer à leurs communes membres pour la perception de la part communale de taxe sur la consommation finale d'électricité, dans les conditions prévues au 1° des articles L 5214-23, L 5215-32 ou L 5216-8 du code général des collectivités territoriales, lorsque ces établissements publics exercent la compétence d'autorité organisatrice de la distribution publique d'électricité mentionnée à l'article L 2224-31 du même code. Le présent VII est applicable aux établissements publics territoriaux prévus à l'article L 5219-2 du code général des collectivités territoriales.

VIII. Les établissements publics de coopération intercommunale à fiscalité propre peuvent percevoir la taxe de séjour ou la taxe de séjour forfaitaire, dans les conditions prévues à l'article L 5211-21 du code général des collectivités territoriales. Le présent VIII est applicable aux établissements publics territoriaux prévus à l'article L 5219-2 du code général des collectivités territoriales.

IX. 1. Perçoivent la taxe d'aménagement dans les conditions prévues au 1° du I de l'article 1635 quater A :

1° Les métropoles ;

2° Les communautés urbaines.

2. Peuvent percevoir la taxe d'aménagement dans les conditions prévues au II de l'article 1635 quater A, lorsqu'elles sont compétentes en matière de plan local d'urbanisme :

1° Les communautés d'agglomération ;

2° Les communautés de communes.

3. Sur délibération prise dans les conditions prévues au VI de l'article 1639 A bis, les établissements publics de coopération intercommunale mentionnés aux 1 et 2 du présent IX reversent tout ou partie de la taxe d'aménagement à leurs communes membres ou groupements de collectivités, compte tenu de la charge des équipements publics relevant de leurs compétences.

X. Les métropoles, la métropole de Lyon, les communautés urbaines, les communautés d'agglomération et les communautés de communes peuvent se substituer à leurs communes membres pour l'application des dispositions relatives à la taxe pour la gestion des milieux aquatiques et la prévention des inondations prévue à l'article 1530 bis.

Ndlr *Par dérogation, la cotisation sur la valeur ajoutée des entreprises versée au titre de 2023 et des années suivantes est perçue au profit du budget général de l'Etat : voir partie Autres textes du présent code loi 2022-1726 du 30 décembre 2022 art. 55, XXVI-A et C.*

LOC-I-500 s. ; MF nos 41500 s.

Art 1379 bis Les règles d'imposition et d'assiette, ainsi que celles concernant la souscription des déclarations, prévues par le présent code en matière d'impôts directs locaux pour les contribuables mentionnés au deuxième alinéa du 1 de l'article 6 s'appliquent aux partenaires liés par un pacte civil de solidarité qui font l'objet d'une imposition commune à l'impôt sur le revenu.

HAB-I-6150 s. ; HAB-II-4270

SECTION II

Taxes foncières

I. Taxe foncière sur les propriétés bâties

A. Propriétés imposables

Art 1380 La taxe foncière est établie annuellement sur les propriétés bâties sises en France à l'exception de celles qui en sont expressément exonérées par les dispositions du présent code.

FB-I-200 s. ; MF nos 41900 s.

Art 1381 Sont également soumis à la taxe foncière sur les propriétés bâties :

1° Les installations destinées à abriter des personnes ou des biens ou à stocker des produits ainsi que les ouvrages en maçonnerie présentant le caractère de véritables constructions tels que, notamment, les cheminées d'usine, les réfrigérants atmosphériques, les formes de radoub, les ouvrages servant de support aux moyens matériels d'exploitation ;

2° Les ouvrages d'art et les voies de communication ;

3° Les bateaux utilisés en un point fixe et aménagés pour l'habitation, le commerce ou l'industrie, même s'ils sont seulement retenus par des amarres ;

4° Les sols des bâtiments de toute nature et les terrains formant une dépendance indispensable et immédiate de ces constructions à l'exception des terrains occupés par les serres affectées à une exploitation agricole ;

5° A l'exception de ceux mentionnés au dernier alinéa de l'article 1393, les terrains non cultivés employés à un usage commercial ou industriel, tels que chantiers, lieux de dépôt de marchandises et autres emplacements de même nature, soit que le propriétaire les occupe, soit qu'il les fasse occuper par d'autres à titre gratuit ou onéreux ;

6° Les terrains sur lesquels sont édifiées des installations exonérées en application du 11° de l'article 1382 ;

7° Les terrains, cultivés ou non, utilisés pour la publicité commerciale ou industrielle, par panneaux-réclames, affiches écrans ou affiches sur portatif spécial, établis au-delà d'une distance de 100 mètres autour de toute agglomération de maisons ou de bâtiments.

FB-I-3000 s., 5500 s., 6500 s. ; MF n° 41915

A bis. Correction appliquée aux exonérations lors du transfert de la taxe foncière sur les propriétés bâties

Art 1382-0 **I.** Pour chaque commune, le taux de chacune des exonérations de taxe foncière sur les propriétés bâties prévues aux articles 1382 B, 1382 C, 1382 C bis, 1382 D, 1382 E, 1382 G, 1382 H, 1382 I, 1383-0 B, 1383-0 B bis, 1383 C ter, 1383 D, 1383 E, 1383 E bis, 1383 F, 1383 G, 1383 G bis, 1383 G ter, 1383 H, 1383 I et 1383 J, au IV de l'article 1384 A, aux premier et quatrième alinéas de l'article 1384 B, au III de l'article 1384 C ainsi qu'aux articles 1384 E, 1384 F, 1586 A et 1586 B dans leur version en vigueur au 31 décembre 2020, est égal au rapport entre :

1° D'une part, la somme des produits, calculés respectivement pour la commune et le département, du taux d'exonération par le taux d'imposition appliqués en 2020 sur le territoire de la commune ;

2° D'autre part, la somme des taux d'imposition de la taxe foncière sur les propriétés bâties de la commune et du département appliqués en 2020 sur le territoire de la commune.

Ndlr *Pour les dispositions du présent I qui s'appliquent aux impositions établies à compter de 2025, voir partie Autres textes du présent code loi 2023-1322 du 29 décembre 2023 art. 73, I-12° et XX-B.*

II. Pour les locaux professionnels existant au 1er janvier 2020 et évalués en application de l'article 1498, pour l'application du I du présent article, le taux d'exonération est égal, pour chaque local, au rapport entre :

1° D'une part, la somme des produits, calculés respectivement pour la commune et le département, de la base d'imposition à la taxe foncière sur les propriétés bâties déterminée au titre de 2020, après application de l'article 1388, par le produit des taux d'exonération et d'imposition appliqués en 2020 sur le territoire de la commune ;

2° D'autre part, le produit de la somme des taux d'imposition de la taxe foncière sur les propriétés bâties de la commune et du département appliqués en 2020 sur le territoire de la commune et de la base communale d'imposition à la taxe foncière sur les propriétés bâties déterminée au titre de 2020 après application de l'article 1388 et, le cas échéant, du 3 des I et III de l'article 1518 A quinquies.

III. Les I et II cessent de s'appliquer, pour une exonération, dès que la commune délibère pour la modifier en application des articles 1639 A bis ou 1640.

Toutefois, en cas d'application du premier alinéa du présent III, les exonérations applicables en exécution des délibérations prises par les communes et départements, ainsi que les exonérations applicables en l'absence de délibérations contraires adoptées par ces collectivités, en application des articles 1382 C bis, 1382 D, 1383-0 B, 1383-0 B bis, 1383 C ter, 1383 D, 1383 E, 1383 F, 1383 G, 1383 G bis, 1383 G ter, 1383 H, 1383 I et 1383 J, au IV de l'article 1384 A, aux premier et quatrième alinéas de l'article 1384 B, au III de l'article 1384 C ainsi qu'aux articles 1384 E, 1384 F, 1586 A et 1586 B dans leur version applicable au 31 décembre 2020, sont maintenues pour leur durée et quotité initialement prévues.

IV. Les I et II ne s'appliquent pas pour l'établissement des bases d'imposition aux taxes prévues aux articles 1520 et 1530.

FB-II-100 s. ; MF n° 41930

B. Exonérations permanentes

Art 1382 Sont exonérés de la taxe foncière sur les propriétés bâties :

1° Les immeubles de l'Etat et des collectivités territoriales, lorsqu'ils sont affectés à un service public ou d'utilité générale et non productifs de revenus, notamment :

Les palais, châteaux et bâtiments nationaux, le Palais-Bourbon et le Palais du Luxembourg ;

Le Panthéon, l'Hôtel des Invalides, l'Ecole militaire, l'Ecole polytechnique, la Bibliothèque nationale ;

Les bâtiments affectés au logement des ministres, des administrations et de leurs bureaux ;

Les bâtiments occupés par les cours de justice et les tribunaux ;

Les lycées, prytanées, écoles et maisons d'éducation nationale, les bibliothèques publiques et musées ;

Les hôtels des préfectures et sous-préfectures, les maisons communales, les maisons d'école appartenant aux communes ;

Les hospices, dépôts de mendicité, prisons, maisons de détention ;

Les magasins, casernes et autres établissements militaires, à l'exception des arsenaux ;

Les bâtiments formant dépendance nécessaire des cimetières, y compris les cimetières constitués en vertu de l'article L 522-12 du code des pensions militaires d'invalidité et des victimes de guerre pour la sépulture des militaires alliés et dont l'Etat a concédé la libre disposition aux gouvernements intéressés ;

Les haras.

Par exception, les immeubles départementaux situés sur le territoire d'un autre département sont exonérés de la taxe foncière sur les propriétés bâties à hauteur du taux communal appliqué en 2020 et les immeubles communaux situés sur le territoire d'une autre commune sont exonérés de la taxe foncière sur les propriétés bâties à hauteur du taux départemental appliqué en 2020.

Sous réserve des dispositions du 9°, cette exonération n'est pas applicable aux immeubles qui appartiennent à des établissements publics autres que les établissements publics de coopération intercommunale, les syndicats mixtes, les pôles métropolitains, les ententes interdépartementales, les établissements scientifiques, d'enseignement et d'assistance ainsi que les établissements visés aux articles L 451-1, L 451-12, L 452-1 et L 452-22 du code général de la fonction publique, ni aux organismes de l'Etat, des départements ou des communes ayant un caractère industriel ou commercial *(Voir Annexe IV, art. 165 et 167)*. L'exonération est également applicable aux immeubles des groupements de coopération sanitaire dotés de la personnalité morale de droit public mentionnés au I de l'article L 6133-3 du code de la santé publique, lorsqu'ils sont occupés par les établissements publics de santé mentionnés à l'article L 6141-1 du même code, affectés à un service public ou d'utilité générale et non productifs de revenus au regard de ces groupements.

Les immeubles qui sont incorporés gratuitement au domaine de l'Etat, des collectivités locales ou des établissements publics, en vertu d'une convention, sont imposables jusqu'à l'expiration de celle-ci ;

FB-II-300 s. ; MF n° 41940

1° bis Pendant toute la durée du contrat et dans les mêmes conditions que celles prévues au 1°, les immeubles construits dans le cadre de contrats de partenariat, de contrats conclus en application de l'article L 2122-15 du code général de la propriété des personnes publiques, ou de contrats visés au premier alinéa de l'article L 6148-5 du code de la santé publique et qui, à l'expiration du contrat, sont incorporés au domaine de la personne publique conformément aux clauses de ce contrat.

Pour l'application des conditions prévues au 1°, la condition relative à l'absence de production de revenus doit être appréciée au regard de la personne publique au domaine de laquelle l'immeuble doit être incorporé.

Pour bénéficier de cette exonération, le titulaire du contrat doit joindre à la déclaration prévue à l'article 1406 une copie du contrat et tout document justifiant de l'affectation de l'immeuble ;

FB-II-4400 s. ; MF n° 41940

2° Dans les mêmes conditions que celles prévues au premier alinéa du 1°, les propriétés appartenant aux grands ports maritimes et fluvio-maritimes ;

FB-II-5200 s. ; MF n° 41960

3° Les ouvrages établis pour la distribution d'eau potable et qui appartiennent à des communes rurales ou syndicats de communes ;

FB-II-9100 s. ; MF n° 41955

4° Les édifices affectés à l'exercice du culte appartenant à l'Etat, aux départements ou aux communes, ou attribués, en vertu des dispositions de l'article 4 de la loi du 9 décembre 1905, aux associations ou unions prévues par le titre IV de la même loi ainsi que ceux attribués en vertu des dispositions de l'article 112 de la loi du 29 avril 1926 aux associations visées par cet article et ceux acquis ou édifiés par lesdites associations ou unions ; les édifices affectés à l'exercice du culte qui, dans les départements du Bas-Rhin, du Haut-Rhin et de la Moselle, appartiennent à des associations ayant pour objet exclusif l'exercice d'un culte non reconnu ;

FB-II-9250 s. ; MF n° 41955

5° Les bâtiments qui appartiennent aux associations des mutilés de guerre ou du travail reconnues d'utilité publique et sont affectés à l'hospitalisation des membres de ces associations ;

FB-II-10700

6° a. Les bâtiments qui servent aux exploitations rurales tels que granges, écuries, greniers, caves, celliers, pressoirs et autres, destinés, soit à loger les bestiaux des fermes et métairies ainsi que le gardien de ces bestiaux, soit à serrer les récoltes.

L'exonération est toutefois maintenue lorsque ces bâtiments ne servent plus à une exploitation rurale et ne sont pas affectés à un autre usage.

L'exercice d'une activité accessoire mentionnée à l'article 75 n'est pas de nature à remettre en cause l'exonération lorsque la moyenne des recettes tirées de l'exercice de cette activité dans un bâtiment mentionné au premier alinéa du présent a au cours des trois années précédant celle de l'imposition n'excède pas 10 % de la moyenne des recettes tirées de l'activité totale réalisée dans ce bâtiment au cours des mêmes années.

Lorsque les conditions de maintien de l'exonération prévues à l'alinéa précédent cessent d'être remplies, l'exploitant en informe le propriétaire au plus tard le 1er février de l'année d'imposition et le propriétaire souscrit une déclaration, d'après les faits existants au 1er janvier de l'année d'imposition, sur un imprimé établi par l'administration, au plus tard le 1er mars de l'année d'imposition ;

b. Dans les mêmes conditions qu'au premier alinéa du a, les bâtiments affectés à un usage agricole par les sociétés coopératives agricoles, par les associations syndicales ayant un objet exclusivement agricole, leurs unions, les associations foncières, les sociétés d'intérêt collectif agricole, les syndicats professionnels agricoles, les sociétés d'élevage, les associations agricoles reconnues par la loi et dépendant du ministère de l'agriculture ayant pour objet de favoriser la production agricole, leurs unions et fédérations ainsi que les unions de sociétés coopératives agricoles ou unions de coopératives agricoles et de coopératives de consommation constituées et fonctionnant conformément aux dispositions légales qui les régissent, par les groupements d'intérêt économique constitués entre exploitations agricoles ou par les sociétés exclusivement constituées entre associés exploitants agricoles à condition que ces bâtiments ne soient utilisés qu'au titre des exploitations agricoles de ces mêmes associés.

Les coopératives de blé peuvent, sans perdre le bénéfice de l'exonération, louer tout ou partie de leurs magasins à l'Etablissement national des produits de l'agriculture et de la mer (FranceAgriMer) en vue du logement des blés excédentaires.

Une société coopérative agricole peut, sans perdre le bénéfice de l'exonération, mettre à la disposition d'un tiers tout ou partie de ses locaux équipés des moyens de production nécessaires en vue de la transformation exclusive des produits des adhérents de la coopérative, dans le respect d'un ou de plusieurs modes de valorisation des produits agricoles prévus aux articles L 641-5 à L 641-12 du code rural et de la pêche maritime.

Le bénéfice de l'exonération est également maintenu aux coopératives de céréales et à leurs unions pour les opérations qu'elles effectuent avec l'Etablissement national des produits de l'agriculture et de la mer (FranceAgriMer) relativement à l'achat, la vente, la transformation ou le transport de céréales ; il en est de même pour les opérations effectuées par des coopératives de céréales avec d'autres coopératives de céréales dans le cadre de programmes élaborés par l'établissement ou avec son autorisation ;

FB-II-6100 s. ; MF nº 41945

7° Les abris contre les bombardements aériens établis en exécution des lois et règlements relatifs à la défense passive et qui remplissent les conditions fixées par un décret contresigné du ministre de l'économie et des finances et du ministre chargé de la défense passive ;

FB-II-10750

8° Les hangars qui appartiennent à des associations de sauveteurs reconnues d'utilité publique et servent à abriter leurs canots de sauvetage ;

FB-II-10800

9° Les immeubles qui appartiennent aux associations syndicales de propriétaires prévues par l'article 23 de la loi du 11 octobre 1940 modifiée par la loi du 12 juillet 1941 relative à la reconstruction des immeubles d'habitation partiellement ou totalement détruits par suite d'actes de guerre ;

FB-II-10850 s.

10° Les bâtiments provisoires édifiés en application de l'ordonnance nº 45-609 du 10 avril 1945, relative aux travaux préliminaires à la reconstruction, et qui demeurent la propriété de l'Etat ;

FB-II-10900 s.

11° Les outillages et autres installations et moyens matériels d'exploitation des établissements industriels à l'exclusion de ceux visés aux 1° et 2° de l'article 1381 ;

FB-II-9850 s. ; MF n° 41955

12° Les immobilisations destinées à la production d'électricité d'origine photovoltaïque ;

FB-II-10550 s. ; MF n° 41955

13° Les ouvrages d'un centre de stockage réversible en couche géologique profonde de déchets radioactifs mentionné à l'article L 542-10-1 du code de l'environnement. Les ouvrages de surface sont exonérés à hauteur de 90 % ;

FB-II-10630

14° Les installations et bâtiments de toute nature affectés à la production de biogaz, d'électricité et de chaleur par la méthanisation, réalisée dans les conditions fixées à l'article L 311-1 du code rural et de la pêche maritime ;

FB-II-10100 s. ; MF n° 41955

15° Les mâts des éoliennes.

L'exercice d'une activité de production d'électricité d'origine photovoltaïque, qu'elle soit productive de revenus ou non, ayant pour support un immeuble ou bâtiment mentionné aux 1°, 1° bis, 2°, 3°, 4° et 6° n'est pas de nature à remettre en cause l'exonération de la taxe foncière sur les propriétés bâties.

Art 1382 B Les communes et les établissements publics de coopération intercommunale à fiscalité propre peuvent, par délibération prise dans les conditions prévues à l'article 1639 A bis, exonérer, pour la part de taxe foncière sur les propriétés bâties qui leur revient, les bâtiments affectés à l'activité de déshydratation de fourrages, à l'exclusion de ceux abritant les presses et les séchoirs.

FB-II-11300 s. ; MF n° 41950

Art 1382 C Les communes et les établissements publics de coopération intercommunale à fiscalité propre peuvent, par délibération prise dans les conditions prévues à l'article 1639 A bis, exonérer de taxe foncière sur les propriétés bâties, pour la part qui leur revient, les immeubles ou parties d'immeubles qui appartiennent à des établissements assurant le service public hospitalier et qui sont affectés aux activités médicales des groupements de coopération sanitaire mentionnés à l'article L 6133-1 du code de la santé publique qui comptent parmi leurs membres au moins un établissement ou organisme public.

Pour bénéficier de cette exonération, le propriétaire doit adresser, avant le 1er janvier de la première année au titre de laquelle l'exonération est applicable, une déclaration au service des impôts du lieu de situation des biens comportant tous les éléments permettant leur identification.

FB-II-11700 s. ; MF n° 41958

Art 1382 C bis I. Les communes et les établissements publics de coopération intercommunale à fiscalité propre peuvent, par une délibération prise dans les conditions prévues à l'article 1639 A bis, exonérer de taxe foncière sur les propriétés bâties les locaux qui appartiennent à une commune ou à un établissement public de coopération intercommunale et qui sont occupés à titre onéreux par une maison de santé mentionnée à l'article L 6323-3 du code de la santé publique.

Le montant des sommes perçues par le propriétaire, l'année précédant celle de l'imposition, à raison de la mise à disposition des locaux ne doit pas dépasser la somme, pour la même année, d'une part, des dépenses payées par le propriétaire à raison du fonctionnement des locaux et, d'autre part, de l'annuité d'amortissement de ces derniers.

La délibération porte sur la part revenant à chaque commune ou à chaque établissement public de coopération intercommunale à fiscalité propre. Elle détermine la durée d'application de l'exonération à compter de l'année qui suit celle de l'occupation prévue au premier alinéa et fixe un taux unique d'exonération à concurrence de 25 %, 50 %, 75 % ou 100 %.

II. Pour bénéficier de l'exonération, le propriétaire adresse au service des impôts du lieu de situation du bien, avant le 1er janvier de la première année au titre de laquelle l'exonération est applicable, une déclaration comprenant tous les éléments d'identification des locaux et l'ensemble des éléments justifiant que les conditions prévues au I sont remplies. Lorsque la déclaration est souscrite hors délai, l'exonération s'applique à compter du 1er janvier de l'année suivant celle au cours de laquelle la déclaration est déposée.

FB-II-12200 s. ; MF n° 41958

Art 1382 D Les communes et les établissements publics de coopération intercommunale à fiscalité propre peuvent, par délibération prise dans les conditions prévues à l'article 1639 A bis, exonérer de taxe foncière sur les propriétés bâties, pendant toute la durée du titre et dans les mêmes conditions que celles prévues au 1° bis de l'article 1382, les immeubles de l'Etat sur lesquels des titres constitutifs de droits réels mentionnés au deuxième alinéa de l'article L 2341-2 du code général de la propriété des personnes publiques sont délivrés à des sociétés dont le capital est entièrement détenu par des personnes publiques.

Pour bénéficier de cette exonération, le titulaire du titre doit joindre à la déclaration prévue à l'article 1406 du présent code une copie du titre et tout document justifiant de l'affectation de l'immeuble.

FB-II-12800 s. ; MF n° 41940

Art 1382 E **I.** Sont exonérés de taxe foncière sur les propriétés bâties les grands ports maritimes et fluvio-maritimes, pour les propriétés situées dans l'emprise des ports concernés et qui ne sont pas exonérées en application du 2° de l'article 1382.

II. Les communes et les établissements publics de coopération intercommunale à fiscalité propre peuvent, par une délibération prise dans les conditions prévues à l'article 1639 A bis et pour la part de taxe foncière sur les propriétés bâties qui leur revient, supprimer l'exonération prévue au I ou la limiter à 10, 20, 30, 40, 50, 60, 70, 80 ou 90 % de la base imposable.

Cette délibération ne peut être rapportée ou modifiée pendant trois ans.

III. Pour bénéficier de cette exonération, le propriétaire adresse, avant le 1er janvier de la première année au titre de laquelle l'exonération est applicable, une déclaration au service des impôts du lieu de situation des biens comportant tous les éléments nécessaires à l'identification des parcelles et immeubles concernés.

FB-II-5700 s. ; MF n° 41960

Art 1382 G Les communes et les établissements publics de coopération intercommunale à fiscalité propre peuvent, par délibération prise dans les conditions prévues à l'article 1639 A bis, exonérer, pour la part de taxe foncière sur les propriétés bâties qui leur revient, les parties d'une installation hydroélectrique destinées à la préservation de la biodiversité et de la continuité écologique.

FB-II-13200 s. ; MF n° 41958

Art 1382 H **I.** Les communes et les établissements publics de coopération intercommunale à fiscalité propre peuvent, par une délibération prise dans les conditions prévues à l'article 1639 A bis, exonérer partiellement ou totalement de la part de taxe foncière sur les propriétés bâties qui leur revient les immeubles situés dans les zones de revitalisation des centres-villes définies au II de l'article 1464 F.

L'exonération s'applique aux immeubles rattachés au 1er janvier de l'année d'imposition à un établissement remplissant les conditions pour bénéficier de l'exonération de cotisation foncière des entreprises prévue au même article 1464 F.

Les délibérations produisent leurs effets tant qu'elles ne sont pas rapportées ou modifiées.

II. L'exonération prévue au I du présent article cesse de s'appliquer :

1° A compter du 1er janvier de la deuxième année qui suit la période de référence mentionnée à l'article 1467 A au cours de laquelle le redevable de la cotisation foncière des entreprises afférente à l'établissement auquel est rattaché l'immeuble ne remplit plus la condition mentionnée au deuxième alinéa du I de l'article 1464 F ;

2° A compter du 1er janvier de l'année suivant celle au cours de laquelle les immeubles ne sont plus affectés à une activité commerciale ou artisanale.

III. Pour bénéficier de l'exonération, le redevable déclare au service des impôts du lieu de situation des biens, avant le 1er janvier de l'année au titre de laquelle l'exonération est applicable et suivant un modèle établi par l'administration, les éléments d'identification du ou des immeubles concernés. A défaut du dépôt de cette demande dans ce délai, l'exonération n'est pas accordée au titre de l'année concernée.

L'exonération porte sur les éléments déclarés dans le délai prévu au premier alinéa du présent III.

IV. Lorsque les conditions requises pour bénéficier de l'une des exonérations prévues aux articles 1383 A, 1383 C ter, 1383 D, 1383 F, 1383 H, 1383 I, 1383 J ou 1388 quinquies et de celle prévue au présent article sont remplies, la demande du bénéfice de cette dernière exonération dans les conditions prévues au III vaut option pour celle-ci. L'option est irrévocable et vaut pour l'ensemble des communes et établissements publics de coopération intercommunale.

A défaut d'option, le redevable continue de bénéficier de l'application du régime dont il bénéficiait avant l'institution de l'exonération prévue au présent article.

***Ndlr** Pour les dispositions du présent IV qui s'appliqueront à compter du 1er juillet 2024, voir partie Autres textes du présent code loi 2023-1322 du 29 décembre 2023 art. 73, I-13° et XX-D.*

V. Le bénéfice de l'exonération est subordonné au respect du règlement (UE) n° 1407/2013 de la Commission du 18 décembre 2013 relatif à l'application des articles 107 et 108 du traité sur le fonctionnement de l'Union européenne aux aides de minimis.

VI. Dans le cas où l'exonération s'applique à un immeuble ou une fraction d'immeuble loué, le bailleur déduit le montant de l'avantage fiscal ainsi obtenu du montant des loyers, si ce montant de loyers n'intègre pas déjà une réduction correspondante.

Ndlr *Les dispositions du présent article s'appliquent aux impositions établies au titre des années 2020 à 2026 (Loi 2023-1322 du 29 décembre 2023 art. 73, XVIII).*

FB-II-41000 s. ; MF nº 42018

Art 1382 I **I.** Les communes et les établissements publics de coopération intercommunale à fiscalité propre peuvent, par une délibération prise dans les conditions prévues à l'article 1639 A bis, exonérer partiellement ou totalement de la part de taxe foncière sur les propriétés bâties qui leur revient les immeubles situés dans les zones de revitalisation des commerces en milieu rural définies au III de l'article 1464 G.

L'exonération s'applique aux immeubles rattachés au 1er janvier de l'année d'imposition à un établissement remplissant les conditions pour bénéficier de l'exonération de cotisation foncière des entreprises prévue au même article 1464 G.

Les délibérations produisent leurs effets tant qu'elles ne sont pas rapportées ou modifiées.

II. L'exonération prévue au I du présent article cesse de s'appliquer :

1º À compter du 1er janvier de la deuxième année qui suit la période de référence mentionnée à l'article 1467 A au cours de laquelle le redevable de la cotisation foncière des entreprises afférente à l'établissement auquel est rattaché l'immeuble ne remplit plus les conditions mentionnées au II de l'article 1464 G ;

2º Ou à compter du 1er janvier de l'année suivant celle au cours de laquelle les immeubles ne sont plus affectés à une activité commerciale.

III. Pour bénéficier de l'exonération, le redevable déclare au service des impôts du lieu de situation des biens, avant le 1er janvier de l'année au titre de laquelle l'exonération est applicable et suivant un modèle établi par l'administration, les éléments d'identification du ou des immeubles concernés. A défaut du dépôt de cette demande dans ce délai, l'exonération n'est pas accordée au titre de l'année concernée.

L'exonération porte sur les éléments déclarés dans le délai prévu au premier alinéa du présent III.

IV. Lorsque les conditions requises pour bénéficier de l'une des exonérations prévues aux articles 1383 A, 1383 C ter, 1383 D, 1383 F, 1383 H, 1383 I, 1383 J ou 1388 quinquies et de celle prévue au présent article sont remplies, la demande du bénéfice de cette dernière exonération dans les conditions prévues au III vaut option pour celle-ci. L'option est irrévocable et vaut pour l'ensemble des communes et établissements publics de coopération intercommunale.

A défaut d'option, le redevable continue de bénéficier de l'application du régime dont il bénéficiait avant l'institution de l'exonération prévue au présent article.

V. Le bénéfice de l'exonération est subordonné au respect du règlement (UE) nº 1407/2013 de la Commission du 18 décembre 2013 relatif à l'application des articles 107 et 108 du traité sur le fonctionnement de l'Union européenne aux aides de minimis.

VI. Dans le cas où l'exonération s'applique à un immeuble ou une fraction d'immeuble loué, le bailleur déduit le montant de l'avantage fiscal ainsi obtenu du montant des loyers, si ce montant de loyers n'intègre pas déjà une réduction correspondante.

Ndlr *Les dispositions du présent article sont abrogées à compter des impositions établies à compter de 2025, voir partie Autres textes du présent code loi 2023-1322 du 29 décembre 2023 art. 73, I-14º et XX-B.*

FB-II-43000 s. ; MF nº 42018

C. Exonérations temporaires

1. Exonération de deux ans

Art 1383 **I.** Les constructions nouvelles, reconstructions et additions de construction à usage d'habitation sont exonérées de la taxe foncière sur les propriétés bâties durant les deux années qui suivent celle de leur achèvement.

La commune peut, par une délibération prise dans les conditions prévues à l'article 1639 A bis et pour la part qui lui revient, limiter l'exonération prévue au premier alinéa du présent I à 40 %, 50 %, 60 %, 70 %, 80 % ou 90 % de la base imposable. La délibération peut toutefois limiter cette exonération uniquement pour ceux de ces immeubles qui ne sont pas financés au moyen de prêts aidés de l'Etat prévus aux articles L 301-1 à L 301-6 du code de la construction et de l'habitation ou de prêts conventionnés.

L'établissement public de coopération intercommunale peut, par une délibération prise dans les conditions prévues à l'article 1639 A bis du présent code et pour la part qui lui revient, supprimer l'exonération prévue au premier alinéa du présent I. La délibération peut toutefois limiter cette exonération uniquement pour ceux de ces immeubles qui ne sont pas financés au moyen de prêts aidés de l'Etat prévus aux articles L 301-1 à

L 301-6 du code de la construction et de l'habitation ou de prêts conventionnés.

II. Les constructions nouvelles, reconstructions et additions de construction autres que celles à usage d'habitation sont exonérées de la taxe foncière sur les propriétés bâties à hauteur de 40 % de la base imposable durant les deux années qui suivent celle de leur achèvement.

L'exonération temporaire prévue au premier alinéa du présent II ne s'applique pas pour la part de taxe foncière sur les propriétés bâties perçue au profit des établissements publics de coopération intercommunale.

L'exonération temporaire prévue au même premier alinéa ne s'applique pas aux terrains utilisés pour la publicité commerciale ou industrielle par panneaux-réclames, affiches-écrans ou affiches sur portatif spécial, établis au delà d'une distance de 100 mètres autour de toute agglomération de maisons ou de bâtiments.

III. Les I et II s'appliquent également en cas de conversion d'un bâtiment à usage agricole en maison ou en usine et en cas d'affectation de terrains à des usages commerciaux ou industriels tels que chantiers, lieux de dépôts de marchandises et autres emplacements de même nature.

FB-II-18000 s. ; MF nº 41965

1 bis. Exonération comprise entre deux et cinq ans

Art 1383 A I. Les entreprises qui bénéficient des exonérations prévues aux articles 44 sexies et 44 quindecies, peuvent être temporairement exonérées, dans les conditions prévues à l'article 1464 C, de la taxe foncière sur les propriétés bâties dont elles sont redevables, pour les établissements qu'elles ont créés ou repris, à compter de l'année suivant celle de leur création.

II. Les entreprises ne peuvent bénéficier de cette exonération qu'à la condition de déclarer leurs acquisitions au service des impôts de la situation des biens dans les quinze jours de la signature de l'acte.

III. *(Abrogé).*

IV. Le bénéfice de l'exonération est subordonné au respect des dispositions du même règlement communautaire que celui appliqué pour l'exonération dont l'entreprise bénéficie sur le fondement, selon le cas, de l'article 44 sexies ou de l'article 44 quindecies.

Ndlr *Voir aussi partie Autres textes du présent code loi 2005-157 du 23 février 2005 art. 6 et décret 2007-94 du 24 janvier 2007 art. 1 et 2 (délocalisation hors d'une zone de revitalisation rurale d'une activité ayant bénéficié de l'exonération).*

FB-II-60100 s. ; MF nº 41975

2. Exonérations supérieures à deux ans

01° Economies d'énergie

Art 1383-0 B 1. Les communes et les établissements publics de coopération intercommunale dotés d'une fiscalité propre peuvent, par une délibération prise dans les conditions prévues au I de l'article 1639 A bis, exonérer de la taxe foncière sur les propriétés bâties à concurrence d'un taux compris entre 50 % et 100 % les logements achevés avant le 1er janvier 1989 qui ont fait l'objet, par le propriétaire, de dépenses d'équipement mentionnées à l'article 200 quater et réalisées selon les modalités prévues au 6 du même article lorsque le montant total des dépenses payées au cours de l'année qui précède la première année d'application de l'exonération est supérieur à 10 000 € par logement ou lorsque le montant total des dépenses payées au cours des trois années qui précèdent l'année d'application de l'exonération est supérieur à 15 000 € par logement.

Cette exonération s'applique pendant une durée de trois ans à compter de l'année qui suit celle du paiement du montant total des dépenses prévu au premier alinéa. Elle ne peut pas être renouvelée au cours des dix années suivant celle de l'expiration d'une période d'exonération.

La délibération porte sur la part revenant à chaque commune ou établissement public de coopération intercommunale à fiscalité propre.

2. Pour bénéficier de l'exonération prévue au 1, le propriétaire adresse au service des impôts du lieu de situation du bien, avant le 1er janvier de la première année au titre de laquelle l'exonération est applicable, une déclaration comportant tous les éléments d'identification des biens, dont la date d'achèvement des logements. Cette déclaration doit être accompagnée de tous les éléments justifiant de la nature des dépenses et de leur montant.

Lorsque les conditions requises pour bénéficier de l'exonération prévue à l'article 1383 E et celles prévues au 1 sont remplies, l'exonération prévue à l'article 1383 E est applicable. Toutefois, le bénéfice des dispositions du 1 est accordé à l'expiration de la période d'application de l'exonération prévue à l'article 1383 E pour la période restant à courir.

Ndlr *Ces dispositions s'appliquent jusqu'aux impositions établies au titre de 2024. Pour les dispositions applicables à compter des impositions de 2025, voir partie Autres textes du présent code loi 2023-1322 du 29 décembre 2023 art. 143.*

FB-II-63000 s. ; MF nº 41970

Art 1383-0 B bis **I. A.** Les communes et les établissements publics de coopération intercommunale à fiscalité propre peuvent, par une délibération prise dans les conditions prévues au I de l'article 1639 A bis, exonérer de la taxe foncière sur les propriétés bâties, à concurrence d'un taux compris entre 50 % et 100 % et pour la part qui leur revient, les constructions de logements neufs satisfaisant aux critères de performance énergétique et environnementale conditionnant le bénéfice de l'exonération prévue au I bis de l'article 1384 A.

L'exonération s'applique pour une durée de cinq ans à compter de l'année suivant celle de l'achèvement de la construction.

II. Pour bénéficier de l'exonération prévue au I du présent article, le propriétaire doit joindre à la déclaration prévue à l'article 1406 tous les éléments justifiant que la construction remplit les critères de performance énergétique et environnementale mentionnés au I du présent article.

III. Lorsque les conditions requises pour bénéficier de l'exonération prévue à l'article 1383 sont remplies et en l'absence de délibération contraire prise en application du I du même article 1383, l'exonération prévue au I du présent article s'applique à compter de la troisième année qui suit celle de l'achèvement de la construction.

Ndlr *Ces dispositions s'appliquent à compter des impositions établies au titre de 2024. Par dérogation à l'article 1639 A bis, I du CGI, les collectivités concernées ont pu délibérer jusqu'au 29 février 2024 pour instaurer l'exonération à compter des impositions de 2024. Les délibérations prises antérieurement cessent de produire leurs effets à compter de 2024 (Loi 2023-1322 du 29 décembre 2023 art. 143).*

FB-II-63000 s. ; MF n° 41970

1°-0 bis Quartiers prioritaires de la politique de la ville

Art 1383 C ter Sauf délibération contraire de la commune ou de l'établissement public de coopération intercommunale doté d'une fiscalité propre, prise dans les conditions prévues au I de l'article 1639 A bis, les immeubles situés dans les quartiers prioritaires de la politique de la ville définis à l'article 5 de la loi n° 2014-173 du 21 février 2014 de programmation pour la ville et la cohésion urbaine sont exonérés de taxe foncière sur les propriétés bâties pour une durée de cinq ans.

Pour l'application exclusive de la présente exonération, lorsque la limite d'un quartier correspond à une voie publique, les immeubles situés sur chacune des bordures de cette voie sont réputés situés dans le quartier prioritaire.

L'exonération s'applique aux immeubles existant au 1er janvier 2017 et rattachés à cette même date à un établissement remplissant les conditions pour bénéficier de l'exonération de cotisation foncière des entreprises prévue au I septies de l'article 1466 A ainsi qu'aux immeubles rattachés, entre le 1er janvier 2017 et le 31 décembre 2024, à un établissement remplissant les mêmes conditions.

L'exonération s'applique à compter du 1er janvier 2017 ou à compter du 1er janvier de l'année qui suit celle du rattachement à un établissement remplissant les conditions requises, si elle est postérieure.

Elle cesse définitivement de s'appliquer à compter du 1er janvier de la deuxième année qui suit la période de référence, mentionnée à l'article 1467 A, pendant laquelle le redevable ne remplit plus les conditions requises.

Cette exonération cesse de s'appliquer à compter du 1er janvier de l'année suivant celle où les immeubles ne sont plus affectés à une activité commerciale.

En cas de changement d'exploitant au cours d'une période d'exonération, celle-ci est maintenue pour la période restant à courir et dans les conditions prévues pour le prédécesseur.

L'exonération porte sur la totalité de la part revenant à chaque commune ou établissement public de coopération intercommunale doté d'une fiscalité propre.

Lorsque les conditions requises pour bénéficier des exonérations prévues aux articles 1383 A à 1383 I sont remplies, le contribuable doit opter pour l'un ou l'autre de ces régimes avant le 1er janvier de l'année au titre de laquelle l'exonération prend effet. L'option est irrévocable et vaut pour l'ensemble des collectivités.

Ndlr *Pour les dispositions de l'alinéa ci-dessus qui s'appliqueront à compter du 1er juillet 2024, voir partie Autres textes du présent code loi 2023-1322 du 29 décembre 2023 art. 73, I-15°-c et XX-D.*

Les obligations déclaratives des personnes et organismes concernés par les exonérations prévues au présent article sont fixées par décret.

Le bénéfice des exonérations est subordonné au respect du règlement (UE) n° 1407/2013 de la Commission, du 18 décembre 2013, relatif à l'application des articles 107 et 108 du traité sur le fonctionnement de l'Union européenne aux aides de minimis.

FB-II-47000 s. ; MF n° 41985

1° bis Jeunes entreprises innovantes

Art 1383 D **I.** Les communes et leurs établissements publics de coopération intercommunale dotés d'une fiscalité propre peuvent, par une délibération de portée générale prise dans les conditions prévues au I de l'article 1639 A bis, exonérer de taxe foncière sur les propriétés bâties pour une durée de sept ans les immeubles appartenant à une entreprise créée jusqu'au 31 décembre 2025 et répondant, au cours de la période de référence mentionnée à l'article 1467 A, aux conditions fixées par les 1°, 3°, 4° et 5° de l'article 44 sexies-0 A et dans lesquels elle exerce son activité au 1er janvier de l'année d'imposition. Lorsque l'immeuble appartient à une entreprise existant au 1er janvier 2004, celle-ci doit avoir été créée depuis moins de huit ans au 1er janvier de l'année d'imposition.

L'exonération porte sur la totalité de la part revenant à chaque commune ou établissement public de coopération intercommunale doté d'une fiscalité propre. Elle cesse définitivement de s'appliquer à compter de l'année qui suit le septième anniversaire de la création de l'entreprise ou, si elle est antérieure, de la deuxième année qui suit la période mentionnée au premier alinéa pendant laquelle l'entreprise ne remplit plus l'une des conditions fixées par les 1°, 3°, 4° et 5° de l'article 44 sexies-0 A.

Le bénéfice de l'exonération est subordonné au respect du règlement (UE) n° 1407/2013 de la Commission, du 18 décembre 2013, relatif à l'application des articles 107 et 108 du traité sur le fonctionnement de l'Union européenne aux aides de minimis.

Lorsque les conditions requises pour bénéficier de l'exonération prévue à l'article 1383 A ou celles prévues au présent article sont remplies, le contribuable doit opter pour l'un ou l'autre de ces régimes avant le 1er janvier de l'année au titre de laquelle l'exonération prend effet. L'option est irrévocable et vaut pour l'ensemble des collectivités.

II. Pour les immeubles susceptibles d'être exonérés en application du I, une déclaration doit être souscrite avant le 1er janvier de la première année à compter de laquelle le redevable peut, au titre d'un immeuble concerné, bénéficier de l'exonération. Cette déclaration comporte tous les éléments d'identification du ou des immeubles exonérés.

FB-II-61000 s. ; MF n° 41980

1° ter Zones de revitalisation rurale. Logements locatifs acquis et améliorés avec l'aide financière de l'Agence nationale de l'habitat

Art 1383 E **I.** Dans les zones de revitalisation rurale mentionnées à l'article 1465 A, les communes et les établissements publics de coopération intercommunale dotés d'une fiscalité propre peuvent, par une délibération de portée générale prise dans les conditions prévues au I de l'article 1639 A bis, exonérer de taxe foncière sur les propriétés bâties, pendant une durée de quinze ans, les logements visés au 4° de l'article L 831-1 du code de la construction et de l'habitation qui sont, en vue de leur location, acquis puis améliorés au moyen d'une aide financière de l'Agence nationale de l'habitat par des personnes physiques.

L'exonération est applicable à compter de l'année qui suit celle de l'achèvement des travaux d'amélioration. Elle cesse définitivement de s'appliquer à compter du 1er janvier de l'année qui suit une période continue d'au moins douze mois au cours de laquelle les logements n'ont plus fait l'objet d'une location.

La délibération porte sur la totalité de la part revenant à chaque commune ou établissement public de coopération intercommunale à fiscalité propre.

Ndlr *Pour les dispositions du présent I qui s'appliqueront à compter du 1er juillet 2024, voir partie Autres textes du présent code loi 2023-1322 du 29 décembre 2023 art. 73, I-11° et XX-D.*

II. Pour bénéficier de l'exonération prévue au I :

1° La décision de subvention doit intervenir dans un délai de deux ans au plus à compter de l'année suivant celle de l'acquisition des logements ;

2° Les redevables de la taxe foncière sur les propriétés bâties doivent satisfaire aux obligations déclaratives mentionnées au dernier alinéa du I de l'article 1384 C.

Ndlr *Les délibérations prises pour les zones de revitalisation rurale cessent de produire leurs effets à compter du 1er juillet 2024. Toutefois, les contribuables bénéficiant, sur le fondement de ces délibérations, au 30 juin 2024, d'une exonération continuent à en bénéficier jusqu'à son terme (Loi 2023-1322 du 29 décembre 2023 art. 73, XX-E).*

FB-II-49100 s. ; MF n° 42000

Art 1383 E bis Dans les zones de revitalisation rurale mentionnées à l'article 1465 A, les communes et les établissements publics de coopération intercommunale dotés d'une fiscalité propre peuvent, par une délibération de portée générale prise dans les conditions prévues au I de l'article 1639 A bis, exonérer de taxe foncière sur les propriétés bâties :

Ndlr *Pour les dispositions de l'alinéa ci-dessus qui s'appliqueront à compter du 1er juillet 2024, voir partie Autres textes du présent code loi 2023-1322 du 29 décembre 2023 art. 73, I-16° et XX-D.*

a. Les hôtels pour les locaux affectés exclusivement à une activité d'hébergement ;

b. *(Abrogé)* ;

c. Les locaux classés meublés de tourisme dans les conditions prévues à l'article L 324-1 du code du tourisme ;

d. Les chambres d'hôtes au sens de l'article L 324-3 du code du tourisme.

Lorsque les conditions requises pour bénéficier de l'exonération prévue à l'article 1383 A et celles prévues au présent article sont remplies, l'exonération prévue au présent article est applicable.

Pour bénéficier de l'exonération prévue au présent article, le propriétaire adresse au service des impôts du lieu de situation du bien, avant le 1er janvier de chaque année au titre de laquelle l'exonération est applicable, une déclaration accompagnée de tous les éléments justifiant de l'affectation des locaux.

Le bénéfice de l'exonération est subordonné au respect du règlement (UE) n° 1407/2013 de la Commission, du 18 décembre 2013, relatif à l'application des articles 107 et 108 du traité sur le fonctionnement de l'Union européenne aux aides de minimis.

FB-II-50000 s. ; MF n° 90685

1° quater Bassins urbains à dynamiser

Art 1383 F **I.** Sont exonérés de taxe foncière sur les propriétés bâties les immeubles situés dans un bassin urbain à dynamiser défini au II de l'article 44 sexdecies.

L'exonération s'applique aux immeubles rattachés à un établissement remplissant les conditions requises pour bénéficier de l'exonération prévue à l'article 1463 A, dans les mêmes proportions et pendant la même durée que celle-ci. L'abattement ultérieur prévu au dernier alinéa du I du même article 1463 A est applicable.

II. Les communes et les établissements publics de coopération intercommunale à fiscalité propre peuvent, par une délibération prise dans les conditions prévues au I de l'article 1639 A bis, exonérer de taxe foncière sur les propriétés bâties, pour la part non exonérée au titre du I du présent article, les immeubles situés dans un bassin urbain à dynamiser défini au II de l'article 44 sexdecies.

L'exonération s'applique aux immeubles rattachés à un établissement remplissant les conditions requises pour bénéficier de l'exonération prévue à l'article 1466 B, dans les mêmes proportions et pendant la même durée que celle-ci. L'abattement ultérieur prévu au dernier alinéa du I du même article 1466 B est applicable.

III. Les exonérations prévues aux I et II s'appliquent à compter du 1er janvier de l'année qui suit celle au cours de laquelle est intervenu le rattachement à un établissement remplissant les conditions requises.

Elles cessent de s'appliquer à compter du 1er janvier de l'année suivant celle au cours de laquelle les immeubles ne sont plus affectés à une activité entrant dans le champ d'application de la cotisation foncière des entreprises.

IV. Pour bénéficier de l'exonération, le redevable de la taxe foncière sur les propriétés bâties déclare au service des impôts du lieu de situation des biens, avant le 1er janvier de l'année au titre de laquelle l'exonération est applicable et sur un modèle établi par l'administration, les éléments d'identification des immeubles. A défaut du dépôt de cette demande dans ce délai, l'exonération n'est pas accordée au titre de l'année concernée.

L'exonération porte sur les éléments déclarés dans le délai prévu au premier alinéa du présent IV.

V. Lorsque les conditions requises pour bénéficier de l'une des exonérations prévues aux articles 1383 A, 1383 C ter, 1383 D, 1383 H ou 1383 I et de celles prévues au présent article sont remplies, le contribuable doit opter pour l'un ou l'autre de ces régimes avant le 1er janvier de l'année au titre de laquelle l'exonération prend effet. L'option est irrévocable et vaut pour l'ensemble des communes et établissements publics de coopération intercommunale.

Ndlr *Pour les dispositions du présent I qui s'appliqueront à compter du 1er juillet 2024, voir partie Autres textes du présent code loi 2023-1322 du 29 décembre 2023 art. 73, I-17° et XX-D.*

VI. Dans les zones d'aide à finalité régionale, le bénéfice de l'exonération est subordonné au respect des articles 13 et 14 du règlement (UE) n° 651/2014 de la Commission du 17 juin 2014 déclarant certaines catégories d'aides compatibles avec le marché intérieur en application des articles 107 et 108 du traité.

En dehors des zones d'aide à finalité régionale, le bénéfice de l'exonération est subordonné au respect de l'article 17 du règlement (UE) n° 651/2014 de la Commission du 17 juin 2014 précité.

FB-II-51000 s. ; MF n° 41990

1° quinquies Constructions incluses ou édifiées à proximité de sites exposés à des risques particuliers

Art 1383 G Les communes et les établissements publics de coopération intercommunale dotés d'une fiscalité propre peuvent, par une délibération prise dans les conditions prévues au I de l'article 1639 A bis, exonérer de taxe foncière sur les propriétés bâties, à concurrence de 15 % ou de 30 %, les constructions affectées à l'habitation achevées antérieurement à la mise en place d'un plan de prévention des risques technologiques mentionné à l'article L 515-15 du code de l'environnement et situées dans le périmètre d'exposition aux risques prévu par le plan. L'exonération est majorée, le cas échéant, de 15 % pour les constructions affectées à l'habitation situées à l'intérieur des secteurs mentionnés au a du 2° de l'article L 515-16 du code de l'environnement, lorsque de tels secteurs sont délimités par le plan. Elle est majorée de 30 %, le cas échéant, pour les constructions affectées à l'habitation situées à l'intérieur des secteurs mentionnés au b du 2° de l'article L 515-16 du même code, lorsque de tels secteurs sont délimités par le plan.

La délibération porte sur la part revenant à chaque commune ou établissement public de coopération intercommunale à fiscalité propre et fixe un taux unique d'exonération pour les constructions situées dans le périmètre visé au premier alinéa.

Pour bénéficier de cette exonération, le propriétaire doit adresser, avant le 1er janvier de la première année à compter de laquelle l'exonération est applicable, une déclaration au service des impôts du lieu de situation des biens comportant tous les éléments d'identification du ou des immeubles visés au premier alinéa. Lorsque la déclaration est souscrite hors délai, l'exonération s'applique à compter du 1er janvier de l'année suivant celle au cours de laquelle la déclaration est déposée.

Lorsque les conditions requises pour bénéficier de l'exonération prévue à l'article 1383 E et celles prévues au premier alinéa du présent article sont remplies, l'exonération prévue à l'article 1383 E est applicable.

FB-II-13500 s. ; MF n° 41958

Art 1383 G bis Les communes et les établissements publics de coopération intercommunale dotés d'une fiscalité propre peuvent, par une délibération prise dans les conditions prévues au I de l'article 1639 A bis, exonérer de taxe foncière sur les propriétés bâties, à concurrence de 25 % ou de 50 %, les constructions affectées à l'habitation qui :

sont édifiées à moins de trois kilomètres de la limite de propriété d'un établissement comportant au moins une installation figurant sur la liste prévue à l'article L 515-36 du code de l'environnement ;

ont été achevées antérieurement à la construction de l'installation mentionnée à l'alinéa précédent ;

et ne sont pas situées dans un périmètre d'exposition prévu par un plan de prévention des risques technologiques mentionné à l'article L 515-15 du code de l'environnement.

La délibération porte sur la part revenant à chaque commune ou établissement public de coopération intercommunale à fiscalité propre.

Pour bénéficier de cette exonération, le propriétaire doit adresser, avant le 1er janvier de la première année à compter de laquelle l'exonération est applicable, une déclaration au service des impôts du lieu de situation des biens comportant tous les éléments d'identification du ou des immeubles visés au premier alinéa. Lorsque la déclaration est souscrite hors délai, l'exonération s'applique à compter du 1er janvier de l'année suivant celle au cours de laquelle la déclaration est déposée.

Lorsque les conditions requises pour bénéficier de l'exonération prévue à l'article 1383 E et celles prévues au premier alinéa du présent article sont remplies, l'exonération prévue au même article 1383 E est applicable.

FB-II-14300 s. ; MF n° 41958

Art 1383 G ter Les communes et les établissements publics de coopération intercommunale dotés d'une fiscalité propre peuvent, par une délibération prise dans les conditions prévues au I de l'article 1639 A bis, exonérer de taxe foncière sur les propriétés bâties, à concurrence de 25 % ou de 50 %, les constructions affectées à l'habitation achevées antérieurement à la mise en place d'un plan de prévention des risques miniers mentionné à l'article L 174-5 du code minier et situées dans les zones exposées aux risques, définies au 1° du II de l'article L 562-1 du code de l'environnement, et délimitées par le plan.

La délibération porte sur la part revenant à chaque commune ou établissement public de coopération intercommunale à fiscalité propre et fixe un taux unique d'exonération pour les constructions situées dans le périmètre visé au premier alinéa.

Pour bénéficier de cette exonération, le propriétaire doit adresser, avant le 1er janvier de la première année à compter de laquelle l'exonération est applicable, une déclaration au service des impôts du lieu de situation des biens comportant tous les éléments d'identification du ou des immeubles visés au premier alinéa. Lorsque la déclaration est souscrite hors délai, l'exonération s'applique à compter du 1er janvier de l'année suivant celle au cours de laquelle la déclaration est déposée.

Lorsque les conditions requises pour bénéficier de l'exonération prévue à l'article 1383 E et celles prévues au premier alinéa du présent article sont remplies, l'exonération prévue à l'article 1383 E est applicable.

FB-II-15300 s. ; MF n° 41958

1° sexies Bassins d'emploi à redynamiser

Art 1383 H Sauf délibération contraire de la commune ou de l'établissement public de coopération intercommunale doté d'une fiscalité propre prise dans les conditions prévues au I de l'article 1639 A bis, les immeubles situés dans les bassins d'emploi défini au 3 bis de l'article 42 de la loi n° 95-115 du 4 février 1995 d'orientation pour l'aménagement et le développement du territoire *(Voir note sous art. 1466 A)* sont exonérés de taxe foncière sur les propriétés bâties pour une durée de cinq ans.

L'exonération s'applique aux immeubles rattachés, entre le 1er janvier 2007 et le 31 décembre 2024 inclus, à un établissement remplissant les conditions requises pour bénéficier de l'exonération prévue au I quinquies A de l'article 1466 A. Elle s'applique à compter du 1er janvier de l'année qui suit celle où est intervenu le rattachement à un établissement remplissant les conditions requises, si elle est postérieure.

Cette exonération cesse de s'appliquer à compter du 1er janvier de l'année suivant celle où les immeubles ne sont plus affectés à une activité entrant dans le champ d'application de la cotisation foncière des entreprises.

En cas de changement d'exploitant au cours d'une période d'exonération, celle-ci est maintenue pour la période restant à courir et dans les conditions prévues pour le prédécesseur.

L'exonération porte sur la totalité de la part revenant à chaque commune ou établissement public de coopération intercommunale doté d'une fiscalité propre.

Lorsque les conditions requises pour bénéficier de l'exonération prévue à l'article 1383 A et de celle prévue au présent article sont remplies, le contribuable doit opter pour l'un ou l'autre de ces régimes avant le 1er janvier de l'année au titre de laquelle l'exonération prend effet. L'option est irrévocable et vaut pour l'ensemble des collectivités.

Le bénéfice de l'exonération est subordonné au respect du règlement (UE) n° 1407/2013 de la Commission, du 18 décembre 2013, relatif à l'application des articles 107 et 108 du traité sur le fonctionnement de l'Union européenne aux aides de minimis. Toutefois, sur option des entreprises propriétaires d'un immeuble dans une zone d'aide à finalité régionale, le bénéfice de l'exonération est subordonné au respect de l'article 14 du règlement (UE) n° 651/2014 de la Commission, du 17 juin 2014, déclarant certaines catégories d'aides compatibles avec le marché intérieur en application des articles 107 et 108 du traité.

L'option mentionnée au septième alinéa est irrévocable pour la durée de l'exonération. Elle doit être exercée avant le 1er janvier de la première année au titre de laquelle l'exonération prend effet.

(Lorsque l'entreprise exerce l'option au titre du dispositif prévu au présent article ou de l'un des dispositifs prévus à l'article 44 duodecies ou au I quinquies A de l'article 1466 A, cette option vaut pour l'ensemble de dispositifs précités.

Lorsque aucune option n'a été formulée dans les délais requis au titre du dispositif d'exonération du présent article ou de l'un des dispositifs d'exonération prévus à l'article 44 duodecies ou au I quinquies A de l'article 1466 A, l'exercice ultérieur d'options portant sur un de ces dispositifs n'est pas recevable)

Les obligations déclaratives des personnes et organismes concernés par les exonérations prévues au présent article sont fixées par décret *(Voir Annexe III, art. 315 nonies).*

FB-II-53000 s. ; MF n° 41990

1° septies Zones de restructuration de la défense

Art 1383 I Les communes et les établissements publics de coopération intercommunale dotés d'une fiscalité propre peuvent, par une délibération prise dans les conditions prévues au I de l'article 1639 A bis, exonérer de taxe foncière sur les propriétés bâties les immeubles situés dans les zones de restructuration de la défense définies aux 1° et 2° du 3 ter de l'article 42 de la loi n° 95-115 du 4 février 1995 d'orientation pour l'aménagement et le développement du territoire.

L'exonération s'applique aux immeubles rattachés à un établissement remplissant les conditions requises pour bénéficier de l'exonération prévue au I quinquies B de l'article 1466 A et pendant la même durée que celle-ci.

Elle s'applique à compter du 1er janvier de l'année qui suit celle où est intervenu le rattachement à un établissement remplissant les conditions requises.

Cette exonération cesse de s'appliquer à compter du 1er janvier de l'année suivant celle où les immeubles ne sont plus affectés à une activité entrant dans le champ d'application de la cotisation foncière des entreprises.

En cas de changement d'exploitant au cours d'une période d'exonération, celle-ci est maintenue pour la période restant à courir et dans les conditions prévues pour le prédécesseur.

L'exonération porte sur la totalité de la part revenant à chaque commune ou établissement public de coopération intercommunale doté d'une fiscalité propre.

Lorsque les conditions requises pour bénéficier de l'une des exonérations prévues aux articles 1383 A, 1383 D ou 1383 H et de celle prévue au présent article sont satisfaites, le contribuable doit opter pour l'un ou l'autre de ces régimes avant le 1er janvier de l'année au titre de laquelle l'exonération prend effet. L'option est irrévocable et vaut pour l'ensemble des communes et établissements publics de coopération intercommunale.

Ndlr *Pour les dispositions de l'alinéa ci-dessus qui s'appliqueront à compter du 1er juillet 2024, voir partie Autres textes du présent code loi 2023-1322 du 29 décembre 2023 art. 73, I-18° et XX-D.*

Le bénéfice de l'exonération est subordonné au respect du règlement (UE) n° 1407/2013 de la Commission, du 18 décembre 2013, relatif à l'application des articles 107 et 108 du traité sur le fonctionnement de l'Union européenne aux aides de minimis. Toutefois, sur option des entreprises propriétaires d'un immeuble dans une zone d'aide à finalité régionale, le bénéfice de l'exonération est subordonné au respect de l'article 14 du règlement (UE) n° 651/2014 de la Commission du 17 juin 2014 déclarant certaines catégories d'aides compatibles avec le marché intérieur en application des articles 107 et 108 du traité.

L'option mentionnée au huitième alinéa est irrévocable pour la durée de l'exonération. Elle doit être exercée avant le 1er janvier de la première année au titre de laquelle l'exonération prend effet.

(Pour les conséquences de l'option, voir loi 2008-1443 du 30 décembre 2008 art 34, VII).

Les obligations déclaratives des personnes et organismes concernés par l'exonération prévue au présent article sont fixées par décret *(Voir Annexe III, art. 315 terdecies).*

FB-II-55000 s. ; MF n° 41990

1° octies Zones de développement prioritaire

Art 1383 J I. Sont exonérés de taxe foncière sur les propriétés bâties les immeubles situés dans les zones de développement prioritaire définies au II de l'article 44 septdecies.

L'exonération s'applique aux immeubles rattachés à un établissement remplissant les conditions requises pour bénéficier de l'exonération prévue à l'article 1463 B, dans les mêmes proportions et pendant la même durée que celle-ci.

II. Les communes et les établissements publics de coopération intercommunale à fiscalité propre peuvent, par une délibération prise dans les conditions prévues au I de l'article 1639 A bis, exonérer de taxe foncière sur les propriétés bâties, pour la part non exonérée au titre du I, les immeubles situés dans les zones de développement prioritaire définies au II de l'article 44 septdecies.

L'exonération s'applique aux immeubles rattachés à un établissement remplissant les conditions requises pour bénéficier de l'exonération prévue à l'article 1466 B bis, dans les mêmes proportions et pendant la même durée que celle-ci.

III. Les exonérations prévues aux I et II s'appliquent à compter du 1er janvier de l'année qui suit celle où est intervenu le rattachement à un établissement remplissant les conditions requises.

Elles cessent de s'appliquer à compter du 1er janvier de l'année suivant celle où les immeubles ne sont plus affectés à une activité entrant dans le champ d'application de la cotisation foncière des entreprises.

IV. Pour bénéficier de l'exonération, le redevable de la taxe foncière sur les propriétés bâties déclare au service des impôts du lieu de situation des biens, avant le 1er janvier de l'année au titre de laquelle l'exonération est applicable et sur un modèle établi par l'administration, les éléments d'identification des immeubles. A défaut du dépôt de cette demande dans ce délai, l'exonération n'est pas accordée au titre de l'année concernée.

L'exonération porte sur les éléments déclarés dans le délai prévu au premier alinéa du présent IV.

V. Lorsque les conditions requises pour bénéficier de l'une des exonérations prévues aux articles 1383 A, 1383 C ter, 1383 D, 1383 H, 1383 I ou 1383 F et de celles prévues au présent article sont satisfaites, le contribuable doit opter pour l'un ou l'autre de ces régimes avant le 1er janvier de l'année au titre de laquelle l'exonération prend effet. L'option est irrévocable et vaut pour l'ensemble des communes et établissements publics de coopération intercommunale.

Ndlr *Pour les dispositions du présent V qui s'appliqueront à compter du 1er juillet 2024, voir partie Autres textes du présent code loi 2023-1322 du 29 décembre 2023 art. 73, I-19° et XX-D.*

VI. Dans les zones d'aide à finalité régionale, le bénéfice de l'exonération est subordonné au respect de l'article 14 du règlement (UE) n° 651/2014 de la Commission du 17 juin 2014 déclarant certaines catégories d'aides compatibles avec le marché intérieur en application des articles 107 et 108 du traité.

En dehors des zones d'aide à finalité régionale, le bénéfice de l'exonération est subordonné au respect de l'article 17 du même règlement.

FB-II-57000 s. ; MF n° 41990

1° nonies Zones France ruralités revitalisation

Art 1383 K I. Les communes et les établissements publics de coopération intercommunale à fiscalité propre peuvent, par une délibération prise dans les conditions prévues au I de l'article 1639 A bis, exonérer de taxe foncière sur les propriétés bâties les immeubles situés dans les zones France ruralités revitalisation mentionnées aux II et III de l'article 44 quindecies A.

L'exonération s'applique aux immeubles rattachés à un établissement remplissant les conditions pour bénéficier de l'exonération prévue à l'article 1466 G, dans les mêmes proportions et pendant la même durée que celle-ci.

II. Les exonérations prévues au I du présent article s'appliquent à compter du 1er janvier de l'année qui suit celle au cours de laquelle est intervenu le rattachement à un établissement remplissant les conditions requises.

Elles cessent de s'appliquer à compter du 1er janvier de l'année suivant celle où les immeubles ne sont plus affectés à une activité répondant aux conditions des exonérations prévues à l'article 1466 G.

III. Pour bénéficier de l'exonération, le redevable de la taxe foncière sur les propriétés bâties déclare au service des impôts du lieu de situation des biens, avant le 1er janvier de l'année au titre de laquelle l'exonération prend effet et sur un modèle établi par l'administration, les éléments d'identification des immeubles. A défaut de dépôt de cette demande dans ce délai, l'exonération n'est pas accordée au titre de l'année concernée.

Pour les années suivantes, une déclaration est à souscrire, avant le 1er janvier de l'année au titre de laquelle l'exonération est applicable, uniquement en cas de modification d'un élément quelconque servant à l'établissement de l'exonération.

L'exonération porte sur les éléments déclarés dans le délai prévu aux deux premiers alinéas du présent III.

IV. Lorsque les conditions requises pour bénéficier de l'une des exonérations prévues aux articles 1382 H, 1383 C ter, 1383 D, 1383 F, 1383 I ou 1383 J et de celle prévue au présent article sont satisfaites, le contribuable doit opter pour l'un ou l'autre de ces régimes avant le 1er janvier de l'année au titre de laquelle l'exonération prend effet. L'option est irrévocable et vaut pour l'ensemble des communes et des établissements publics de coopération intercommunale à fiscalité propre.

V. Le bénéfice de l'exonération est subordonné au respect du même règlement européen que celui appliqué pour l'exonération de l'activité dont le contribuable bénéficie sur le fondement de l'article 44 quindecies A.

VI. Le XI de l'article 44 quindecies A s'applique au présent article.

Ndlr *Les dispositions du présent article s'appliquent aux impositions établies à compter du 1er janvier 2025. Par dérogation à l'article 1639 A bis, I du CGI, pour que l'exonération soit applicable aux opérations réalisées dès le 1er juillet 2024, les collectivités concernées doivent prendre une délibération en ce sens dans les quatre-vingt-dix jours suivant la publication de l'arrêté fixant la liste des communes classées dans une zone France Ruralités Revitalisation (Loi 2023-1322 du 29 décembre 2023 art. 73, I-20° et XX-B et F).*

FR 2/24 inf. 102 nos 35 à 41 p. 173

2° Habitations à loyer modéré

Art 1384 I. Les constructions neuves affectées à l'habitation principale sont exonérées de la taxe foncière sur les propriétés bâties pendant une durée de quinze ans à compter de l'année qui suit celle de leur achèvement lorsqu'elles ont fait l'objet d'un prêt selon le régime propre aux habitations à loyer modéré.

Cette exonération ne s'applique qu'aux parties de l'immeuble réellement occupées par les logements à loyer modéré.

II. Pour bénéficier de l'exonération, le propriétaire doit produire une demande dans les quatre mois de l'ouverture des travaux, selon les modalités fixées par décret *(Voir Annexe III, art. 314).*

III. L'exonération cesse de plein droit si par suite de transformations ou d'agrandissements, l'immeuble perd le caractère d'une habitation à loyer modéré.

FB-II-21000 s., 23680 s.

2° bis Logements intermédiaires

Art 1384-0 A Les logements neufs affectés à l'habitation principale et achevés avant le 1er janvier 2023 sont exonérés de taxe foncière sur les propriétés bâties pendant une durée de vingt ans à compter de l'année qui suit celle de leur achèvement lorsqu'ils ont bénéficié de l'article 279-0 bis A.

Cette exonération ne s'applique qu'aux logements loués dans les conditions prévues au 1° du I du même article 279-0 bis A.

L'exonération cesse de s'appliquer à tous les logements des opérations de construction concernées à compter de l'année suivant celle au cours de laquelle le bénéfice dudit article 279-0 bis A est remis en cause dans les conditions prévues au II bis de l'article 284.

FB-II-21000 s., 25630 s. ; MF nos 41995 s.

3° Constructions financées au moyen des prêts aidés par l'Etat

Art 1384 A I. Les constructions neuves affectées à l'habitation principale et financées à concurrence de plus de 50 % au moyen des prêts aidés par l'Etat, prévus aux articles L 301-1 et suivants du code de la construction et de l'habitation, sont exonérées de la taxe foncière sur les propriétés bâties pendant une durée de quinze ans à compter de l'année qui suit celle de leur achèvement.

L'exonération s'applique aux constructions de logements locatifs sociaux, au sens du 1° du I de l'article 278 sexies, neufs et affectés à l'habitation principale, lorsqu'ils sont financés à concurrence de plus de 50 % au moyen d'un prêt réglementé, au sens du 2° du même I. Ce seuil est abaissé à 30 % lorsque ces logements ont fait l'objet d'une cession de droits immobiliers dans les conditions mentionnées au 1° du B du II du même article 278 sexies. En Guadeloupe, en Guyane, à la Martinique, à Mayotte et à La Réunion, l'exonération s'applique aux constructions de logements neufs à usage locatif et affectés à l'habitation principale lorsqu'elles sont financées à concurrence de plus de 50 % au moyen d'un prêt prévu à l'article R 372-1 du code de la construction et de l'habitation. Pour les constructions financées dans les conditions prévues aux articles D 331-14 à R 331-16 ou aux articles D 372-9 à D 372-12 du code de la construction et de l'habitation, la condition de financement s'apprécie en tenant compte des subventions versées par l'Etat, l'Agence nationale pour la rénovation urbaine, les collectivités territoriales et les établissements publics de coopération intercommunale ainsi que subventions ou des prêts consentis au titre de la participation des employeurs à l'effort de construction.

Toutefois, la durée de l'exonération est ramenée à dix ans pour les logements en accession à la propriété pour la réalisation desquels aucune demande de prêt n'a été déposée avant le 31 décembre 1983.

Cette exonération ne s'applique pas aux logements financés au moyen de l'avance remboursable ne portant pas intérêt prévue par l'article D 317-1 du code de la construction et de l'habitation.

I bis. Pour les constructions de logements mentionnées au deuxième alinéa du I, la durée de l'exonération est portée à vingt ans lorsque ces constructions satisfont à des critères de performance énergétique et environnementale supérieurs à ceux prévus au titre VII du livre Ier du Code de la construction et de l'habitation.

Pour bénéficier de cette durée d'exonération, le redevable de la taxe doit joindre à la déclaration prévue par l'article 1406 un certificat établi au niveau départemental par l'administration chargée de l'équipement constatant le respect des critères de performance énergétique et environnementale de la construction.

La définition technique de ces critères, le contenu ainsi que les modalités de délivrance du certificat sont fixés par décret en Conseil d'Etat *(Voir Annexe II, art. 310-0 H à 310 0 H ter)*.

I ter. Pour les constructions de logements mentionnées au deuxième alinéa du I, la durée de l'exonération est portée à vingt-cinq ans, lorsqu'elles bénéficient d'une décision d'octroi de subvention ou de prêt aidé prise entre le 1er juillet 2004 et le 31 décembre 2026.

La durée d'exonération mentionnée au I bis est portée à trente ans pour les constructions qui bénéficient d'une décision d'octroi de subvention ou de prêt aidé prise entre le 1er juillet 2004 et le 31 décembre 2026.

I quater. Sont exonérées de taxe foncière sur les propriétés bâties pendant une durée de quinze ans à compter de l'année qui suit celle de leur achèvement les constructions de logements neufs à usage locatif et affectés à l'habitation principale appartenant à l'association mentionnée à l'article L 313-34 du code de la construction et de l'habitation ou aux sociétés civiles immobilières dont cette association détient la majorité des parts lorsqu'elles sont financées à concurrence de plus de 50 % par des subventions versées au titre de la participation des employeurs à l'effort de construction et qu'elles bénéficient des dispositions de la seconde phrase du dernier alinéa du A du II de l'article 278 sexies. La durée d'exonération est portée à vingt-cinq ans pour les constructions qui bénéficient d'une décision d'octroi de subvention prise entre le 1er mars 2007 et le 31 décembre 2018.

II. Pour les logements en accession à la propriété situés dans un groupe d'immeubles ou un ensemble immobilier faisant l'objet des mesures de sauvegarde prévues aux articles L 615-1 à L 615-5 du code de la construction et de l'habitation, la durée d'exonération mentionnée au I est prolongée de cinq ans.

Avant le 31 décembre de chaque année, la commission mentionnée à l'article L 615-1 du code de la construction et de l'habitation adresse à l'autorité compétente de l'Etat *(NDLR Voir Annexe III, art. 350 quindecies)* du lieu de situation de ces logements la liste des logements et de leurs propriétaires répondant aux conditions mentionnées au premier alinéa.

III. Les constructions de logements neufs affectés à l'habitation principale faisant l'objet d'un contrat de location-accession en application de la loi n° 84-595 du 12 juillet 1984 définissant la location-accession à la propriété immobilière sont exonérées de taxe foncière sur les propriétés bâties pendant une durée de quinze ans à compter de l'année suivant celle de leur achèvement lorsqu'elles font l'objet, dans des conditions fixées par décret, d'une convention et d'une décision d'agrément prise par le représentant de l'Etat dans le département. L'exonération est maintenue pour la période restant à courir lorsque le locataire-accédant lève l'option, le cas échéant jusqu'à la date de cession du logement, ou lorsque le logement fait l'objet d'un nouveau contrat de location-accession respectant les mêmes conditions que le précédent contrat ou qu'il est remis en location en faisant l'objet d'une convention prévue par l'article L 353-2 du code de la construction et de l'habitation.

IV. Sur délibération des communes et des établissements publics de coopération intercommunale à fiscalité propre, prise dans les conditions prévues à l'article 1639 A bis, les logements anciens réhabilités affectés à l'habitation principale et faisant l'objet d'un contrat de location-accession en application de la loi n° 84-595 du 12 juillet 1984 définissant la location-accession à la propriété immobilière sont exonérés de taxe foncière sur les propriétés bâties pendant une durée de quinze ans à compter de l'année suivant celle de l'achèvement des travaux de réhabilitation lorsqu'ils font l'objet, dans des conditions fixées par décret, d'une convention et d'une décision d'agrément prise par le représentant de l'Etat dans le département. L'exonération est maintenue pour la période restant à courir lorsque le locataire-accédant lève l'option, le cas échéant jusqu'à la date de cession du logement, ou lorsque le logement fait l'objet d'un nouveau contrat de location-accession respectant les mêmes conditions que le précédent contrat ou qu'il est remis en location en faisant l'objet d'une convention prévue à l'article L 353-2 du code de la construction et de l'habitation.

FB-II-21000 s., 22850 s., 24000 s., 25800 s. ; MF n°s 41995 s.

Art 1384 B Les communes et groupements de communes à fiscalité propre peuvent, par délibération prise dans les conditions prévues à l'article 1639 A bis, exonérer totalement ou partiellement, pour la part de taxe foncière sur les propriétés bâties qui leur revient, pendant une durée qu'ils déterminent, les logements faisant l'objet d'un bail à réhabilitation en application de l'article L 252-1 du code de la construction et de l'habitation.

Les obligations déclaratives des personnes et organismes entrant dans le champ d'application du premier alinéa sont fixées par décret *(Voir Annexe III, art. 315, 315 bis et 315 ter)*.

Les logements pris à bail, à compter du 1er janvier 2005, dans les conditions fixées par les articles L 252-1 à L 252-4 du code de la construction et de l'habitation, sont exonérés de taxe foncière sur les propriétés bâties pendant la durée de ce bail. Les pertes de recettes résultant de cette exonération sont compensées intégralement.

Pour les logements pris à bail dans les conditions fixées aux articles L 252-1 à L 252-4 du code de la construction et de l'habitation, les communes et les établissements publics de coopération intercommunale à fiscalité propre sur le territoire desquels les logements locatifs sociaux, au sens de l'article L 302-5 du même code, représentent au moins 50 % des résidences principales peuvent, par une délibération prise dans les conditions prévues au I de l'article 1639 A bis et pour la part de taxe foncière sur les propriétés bâties qui leur revient, supprimer l'exonération prévue au troisième alinéa du présent article.

Lorsqu'elle est supprimée dans ces conditions, l'exonération continue de s'appliquer pour les logements pris à bail avant la date à laquelle la délibération a été prise.

Au titre de 2009, la compensation des pertes de recettes visées au troisième alinéa est minorée par application d'un taux correspondant à l'écart entre le montant total versé en 2008 au titre de l'ensemble des compensations mentionnées aux I à X de l'article 48 de la loi n° 2008-1425 du 27 décembre 2008 de finances pour 2009 et le montant total de ces mêmes compensations prévu à cette fin pour 2009 par le XI de ce même article.

Au titre de 2010, la compensation calculée selon les dispositions qui précèdent et à laquelle est appliqué le taux d'évolution fixé au titre de 2009 est minorée par application d'un taux correspondant à l'écart entre le montant total à verser en 2009 au titre de l'ensemble des compensations mentionnées aux I à VIII de l'article 47 de la loi n° 2009-1673 du 30 décembre 2009 de finances pour 2010 et le montant total de ces mêmes compensations prévu à cette fin pour 2010 par le IX de ce même article.

Au titre de l'année 2011, les taux à prendre en compte pour les départements pour le calcul de la compensation visée aux alinéas précédents sont les taux de référence relatifs à l'année 2010 définis au B du V de l'article 1640 C.

Au titre de 2011, la compensation calculée selon les dispositions qui précèdent et à laquelle sont appliqués le taux d'évolution fixé au titre de 2009 et le taux d'évolution fixé au titre de 2010 est minorée par application du taux défini au IV de l'article 51 de la loi n° 2010-1657 du 29 décembre 2010 de finances pour 2011.

Au titre de 2012, la même compensation, à laquelle sont appliqués les taux d'évolution fixés au titre de 2009, 2010 et 2011, est minorée par application du taux prévu pour 2012 *(14,5 %)*

au III de l'article 33 de la loi n° 2011-1977 du 28 décembre 2011 de finances pour 2012.

Au titre de 2013, la même compensation, à laquelle sont appliqués les taux d'évolution fixés au titre de 2009, 2010, 2011 et 2012, est minorée par application du taux prévu pour 2013 au IV de l'article 31 de la loi n° 2012-1509 du 29 décembre 2012 de finances pour 2013.

Au titre de 2014, la même compensation, à laquelle sont appliqués les taux d'évolution fixés au titre de 2009, 2010, 2011, 2012 et 2013, est minorée par application du taux prévu pour 2014 au IV de l'article 37 de la loi n° 2013-1278 du 29 décembre 2013 de finances pour 2014.

Au titre de 2015, la même compensation, à laquelle sont appliqués les taux d'évolution fixés depuis 2009, est minorée par application du taux prévu pour 2015 au III de l'article 23 de la loi n° 2014-1654 du 29 décembre 2014 de finances pour 2015.

Au titre de 2016, la même compensation, à laquelle sont appliqués les taux d'évolution fixés depuis 2009, est minorée par application du taux prévu pour 2016 au III de l'article 33 de la loi n° 2015-1785 du 29 décembre 2015 de finances pour 2016.

Au titre de 2017, la même compensation, à laquelle sont appliqués les taux d'évolution fixés depuis 2009, est minorée par application du taux prévu pour 2017 au X de l'article 33 de la loi n° 2016-1917 du 29 décembre 2016 de finances pour 2017.

A compter de 2018, les taux d'évolution fixés depuis 2009 et jusqu'à 2017 sont appliqués à la même compensation.

Pour l'application des dispositions qui précèdent, la Ville de Paris est substituée de plein droit, à compter du 1er janvier 2019, à la commune de Paris.

FB-II-26500 s. ; MF n° 42010

Art 1384 C **I.** Les logements acquis en vue de leur location, avec le concours financier de l'Etat ou avec une subvention de l'Agence nationale pour la rénovation urbaine, en application des 3° et 5° de l'article L 831-1 du code de la construction et de l'habitation ou au moyen d'un financement prévu à l'article R 372-1 du même code, sont exonérés de la taxe foncière sur les propriétés bâties pendant une durée de quinze ans à compter de l'année qui suit celle de leur acquisition. La durée de l'exonération est portée à vingt-cinq ans lorsque la décision de subvention ou de prêt intervient entre le 1er juillet 2004 et le 31 décembre 2026. L'exonération prévue au présent alinéa ne s'applique pas aux logements acquis ou améliorés et qui ont bénéficié d'une exonération en application des articles 1384, 1384 A et 1384 B du présent code, du présent article et de l'article 1384 F.

Sont également exonérés de taxe foncière sur les propriétés bâties pendant une durée de quinze ans les logements visés au 4° de l'article L 831-1 du code de la construction et de l'habitation qui, en vue de leur location ou attribution à titre temporaire aux personnes défavorisées mentionnées à l'article 1er de la loi n° 90-449 du 31 mai 1990 modifiée visant la mise en œuvre du droit au logement, sont améliorés au moyen d'une aide financière de l'Agence nationale de l'habitat par des organismes ne se livrant pas à une exploitation ou à des opérations de caractère lucratif et bénéficiant de l'agrément relatif à l'intermédiation locative et à la gestion locative sociale prévu à l'article L 365-4 du code de la construction et de l'habitation. Le bénéfice de l'exonération est subordonné à la condition que la décision de subvention intervienne dans un délai de deux ans au plus à compter de l'année suivant celle de l'acquisition des logements par ces organismes. L'exonération de quinze ans est applicable à compter de l'année qui suit celle de l'achèvement des travaux d'amélioration. La durée de l'exonération est portée à vingt-cinq ans lorsque la décision de subvention de l'Agence nationale de l'habitat intervient entre le 1er juillet 2004 et le 31 décembre 2026.

La durée de l'exonération est ramenée à quinze ans pour les logements acquis auprès des organismes mentionnés à l'article L 411-5 du code de la construction et de l'habitation et au moyen de prêts mentionnés à la sous-section 3 de la section 1 du chapitre unique du titre III du livre III de la partie réglementaire du même code.

Les obligations déclaratives à la charge des personnes et organismes entrant dans le champ d'application du présent article sont fixées par décret *(Voir Annexe III, art. 315-0 bis, 315 bis et 315 ter)*.

FB-II-27000 s., 28000 s. ; MF n° 42000

II. Sont exonérés de taxe foncière sur les propriétés bâties pendant une durée de quinze ans les logements détenus, directement ou indirectement par le biais d'une filiale à participation majoritaire, par l'Etablissement public de gestion immobilière du Nord-Pas-de-Calais créé par l'article 191 de la loi n° 2000-1208 du 13 décembre 2000 relative à la solidarité et au renouvellement urbains lorsque ces logements sont améliorés au moyen d'une aide financière de l'Agence nationale de l'habitat et qu'ils font l'objet d'une convention avec cette agence ou avec l'Etat fixant les conditions de leur occupation et le niveau de ressources auquel est soumise leur attribution dans des conditions définies par décret *(Voir Annexe III, art. 315-0 bis)*. L'exonération de quinze ans est applicable à compter de l'année qui suit celle de l'achèvement des travaux d'amélioration pour les logements dont lesdits travaux sont achevés depuis le 1er juillet 2004. La durée de l'exonération est portée à vingt-cinq ans lorsque la décision de subvention intervient entre le 1er juillet 2004 et le 31 décembre 2018.

Pour bénéficier de l'exonération, le propriétaire doit satisfaire aux obligations déclaratives prévues au I pour les immeubles mentionnés au 4° de l'article L 831-1 du code de la construction et de l'habitation. La déclaration doit préciser la date de décision et de versement de subvention par l'Agence nationale de l'habitat ainsi que la date d'achèvement des travaux d'amélioration.

Les logements qui font l'objet d'une convention avec l'Agence nationale de l'habitat et qui seront conventionnés à l'aide personnalisée au logement après la transformation en société anonyme d'habitations à loyer modéré de la société de gestion du patrimoine immobilier des houillères du bassin du Nord et du Pas-de-Calais conservent le bénéfice de l'exonération de taxe foncière sur les propriétés bâties dans les conditions prévues aux deux premiers alinéas.

FB-II-28800 s.

III. Les communes et les établissements publics de coopération intercommunale à fiscalité propre sur le territoire desquels les logements locatifs sociaux, au sens de l'article L 302-5 du code de la construction et de l'habitation, représentent au moins 50 % des résidences principales peuvent, par une délibération prise dans les conditions prévues au I de l'article 1639 A bis et pour la part de taxe foncière sur les propriétés bâties qui leur revient, supprimer l'exonération prévue au I ou au II du présent article.

Lorsqu'elle est supprimée dans ces conditions, l'exonération continue de s'appliquer pour les logements acquis avant la date à laquelle la délibération a été prise.

FB-II-27630, 28920

Art 1384 C bis **I.** Sont exonérés de taxe foncière sur les propriétés bâties, pendant une durée de quinze ans à compter de l'année suivant celle de l'achèvement de l'opération unique de travaux de rénovation lourde mentionnés au 4°, les logements locatifs qui remplissent les conditions cumulatives suivantes :

1° Ils étaient achevés depuis au moins quarante ans à la date de dépôt de la demande de l'agrément mentionné au même 4° ;

2° Ils constituent, depuis au moins quarante ans, des logements locatifs sociaux prévus au 1° du I de l'article 278 sexies ou, sous réserve d'avoir été soit construits, soit améliorés, soit acquis et améliorés avec le concours financier de l'Etat, des logements appartenant à un organisme d'habitations à loyer modéré ou gérés par un tel organisme ;

3° Ils avaient, avant les travaux mentionnés au 4° du présent I, un niveau de performance énergétique et environnementale correspondant aux classes E, F ou G au sens de l'article L 173-1-1 du code de la construction et de l'habitation ou, lorsqu'ils sont situés en Guadeloupe, en Guyane, à la Martinique, à Mayotte ou à La Réunion, ils ne respectaient pas des critères de performance énergétique et environnementale fixés par décret ;

4° Ils ont fait l'objet d'une décision d'agrément délivrée par le représentant de l'Etat dans le département à compter du 1er janvier 2024 pour la réalisation de travaux de rénovation lourde permettant :

a. Au bâtiment ou à la partie de bâtiment sur laquelle portent les travaux d'atteindre un niveau de performance énergétique et environnementale correspondant aux classes A ou B au sens du même article L 173-1-1 ou, lorsqu'il est situé en Guadeloupe, en Guyane, à la Martinique, à Mayotte ou à La Réunion, des critères de performance énergétique et environnementale fixés par décret ;

b. Le respect des critères de sécurité d'usage prévus au chapitre IV du titre III du livre Ier du même code, des critères de qualité sanitaire prévus au titre V du même livre Ier et des critères d'accessibilité des bâtiments prévus au titre VI dudit livre Ier.

Un décret précise les conditions dans lesquelles le respect de tout ou partie des critères mentionnés au premier alinéa du présent b n'est pas exigé en cas d'incompatibilité avec les contraintes architecturales ou patrimoniales pesant sur le bâtiment ou lorsque les travaux nécessaires au respect de ces critères font courir un risque sur l'intégrité du bâti ;

5° Ils ont, à l'issue des travaux mentionnés au 4° du présent I, un niveau de performance énergétique et environnementale correspondant aux classes A ou B au sens de l'article L 173-1-1 du code de la construction et de l'habitation ou, lorsqu'ils sont situés en Guadeloupe, en Guyane, à la Martinique, à Mayotte ou à La Réunion, ils respectent les critères fixés par le décret prévu au a du 4° du présent I.

II. La durée de l'exonération prévue au I est portée à vingt-cinq ans lorsque la demande de l'agrément mentionné au 4° du même I a été déposée entre le 1er janvier 2024 et le 31 décembre 2026.

FR 2/24 inf. 104 nos 3 à 13 p. 177

3° bis Locaux acquis ou aménagés avec l'aide de l'Etat

Art 1384 D A compter du 1er janvier 2000, les locaux acquis, aménagés ou construits en vue de la création de structures d'hébergement temporaire ou d'urgence faisant l'objet d'une convention entre le propriétaire ou le gestionnaire des locaux et le représentant de l'Etat dans le département et destinées aux personnes visées au II de l'article L 301-1 du code de la construction et de l'habitation sont exonérés de taxe foncière sur les propriétés bâties pendant une durée de quinze ans. La durée de l'exonération est portée à vingt-cinq ans lorsque la décision d'octroi d'aide de l'Etat intervient entre le 1er juillet 2005 et le 31 décembre 2026.

L'exonération est applicable à compter de l'année qui suit celle de l'achèvement des travaux d'aménagement ou, à défaut de travaux d'aménagement, celle de l'acquisition ou de la construction des locaux ; elle est remise en cause lorsque les locaux ne sont plus affectés à l'hébergement d'urgence.

La définition des locaux entrant dans le champ d'application du présent article ainsi que les obligations déclaratives à la charge des personnes et organismes concernés sont fixées par décret *(Voir Annexe III, art. 315-0 bis A à 315 ter).*

FB-II-29500 s. ; MF nº 42005

Art 1384 E A compter du 1er janvier 2015, sauf délibération contraire de la commune ou de l'établissement public de coopération intercommunale doté d'une fiscalité propre, prise dans les conditions prévues au I de l'article 1639 A bis pour la part de taxe foncière qui lui revient, les logements acquis par un établissement public foncier dans le cadre des opérations de requalification des copropriétés dégradées d'intérêt national mentionnées au titre IV du livre VII du code de la construction et de l'habitation sont exonérés de taxe foncière sur les propriétés bâties pendant une durée de quinze ans à compter de l'année qui suit celle de leur acquisition.

Cette exonération cesse de s'appliquer à compter du 1er janvier de l'année suivant celle au cours de laquelle les logements cessent d'appartenir à l'établissement public foncier.

FB-II-29900 s.

Art 1384 F I. Les communes et les établissements publics de coopération intercommunale à fiscalité propre peuvent, par une délibération prise dans les conditions prévues à l'article 1639 A bis, exonérer, pour la part de taxe foncière sur les propriétés bâties qui leur revient, pendant une durée de cinq ans, les locaux à usage d'habitation affectés à l'habitation principale et issus de la transformation de locaux mentionnés au 1º du III de l'article 231 ter.

Cette exonération s'applique à compter de l'année qui suit celle de l'achèvement des travaux de transformation.

II. Pour bénéficier de l'exonération prévue au I du présent article, le propriétaire adresse au service des impôts du lieu de situation du bien, avant le 1er janvier de la première année au titre de laquelle l'exonération est applicable, une déclaration comprenant tous les éléments d'identification des locaux, une copie de la déclaration prévue à l'article 1406 et l'ensemble des éléments justifiant que les conditions prévues au I du présent article sont remplies.

FB-II-65000 s. ; MF nº 42015

3º ter Dispositions particulières aux opérations de renouvellement urbain faisant l'objet d'une convention avec l'Agence nationale pour la rénovation urbaine

Art 1384 G Les constructions neuves affectées à l'habitation principale issues des opérations de démolition et de reconstitution de l'offre de logements locatifs sociaux démolis dans les conditions prévues aux articles 6 et 9-1 de la loi nº 2003-710 du 1er août 2003 d'orientation et de programmation pour la ville et la rénovation urbaine et prévues dans le cadre des conventions mentionnées à l'article 10-3 de la même loi ne peuvent bénéficier des exonérations prévues aux articles 1384 à 1384 F du présent code lorsque les immeubles auxquels elles se substituent, au sein du périmètre du même quartier prioritaire défini dans la convention susmentionnée, ont bénéficié d'une de ces exonérations et si le nombre total de logements locatifs sociaux, au sens de l'article L 302-5 du code de la construction et de l'habitation, représente sur le territoire de la commune du lieu de situation de ces constructions au moins 50 % des résidences principales.

Les dispositions du premier alinéa s'appliquent aux opérations de reconstitution de l'offre démolie agréées à compter du 1er janvier 2017.

FB-II-33500 ; MF nº 41996

C bis. Correction appliquée aux abattements lors du transfert de la taxe foncière sur les propriétés bâties

Art 1388-0 I. Pour chaque commune, le taux de chacun des abattements de taxe foncière sur les propriétés bâties prévus aux articles 1388 ter, 1388 quinquies, 1388 quinquies A, 1388 quinquies B, 1388 quinquies C, 1388 sexies et 1388 octies est égal au rapport entre :

1° D'une part, la somme des produits, calculés respectivement pour la commune et le département, du taux d'abattement par le taux d'imposition appliqués en 2020 sur le territoire de la commune ;
2° D'autre part, la somme des taux d'imposition de la taxe foncière sur les propriétés bâties de la commune et du département appliqués en 2020 sur le territoire de la commune.
II. Pour les locaux professionnels existants au 1er janvier 2020 et évalués en application de l'article 1498, pour l'application du I du présent article, le taux d'abattement est égal, pour chaque local, au rapport entre :
1° D'une part, la somme des produits, calculés respectivement pour la commune et le département, de la base d'imposition à la taxe foncière sur les propriétés bâties déterminée au titre de 2020 sur le territoire de la commune, après application de l'article 1388, par le produit des taux d'abattement et d'imposition appliqués en 2020 ;
2° D'autre part, le produit de la somme des taux d'imposition de la taxe foncière sur les propriétés bâties de la commune et du département appliqués en 2020 par la base communale d'imposition à la taxe foncière sur les propriétés bâties déterminée au titre de 2020 après application de l'article 1388 et, le cas échéant, du 3 des I et III de l'article 1518 A quinquies.
III. Les I et II cessent de s'appliquer, pour un abattement, dès que la commune délibère pour le modifier en application des articles 1639 A bis ou 1640.

Toutefois, en cas d'application du premier alinéa du présent III, les abattements applicables en exécution des délibérations prises par les communes et départements ainsi que ceux applicables en l'absence de délibérations contraires adoptées par ces collectivités, en application des articles 1388 ter, 1388 quinquies, 1388 quinquies A, 1388 sexies et 1388 octies, sont maintenus pour leur durée et quotité initialement prévues.

FB-III-20 ; MF n° 41930

D. Base d'imposition

Art 1388 La taxe foncière sur les propriétés bâties est établie d'après la valeur locative cadastrale de ces propriétés déterminée conformément aux principes définis par les articles 1494 à 1508 et 1516 à 1518 B et sous déduction de 50 % de son montant en considération des frais de gestion, d'assurances, d'amortissement, d'entretien et de réparation.

FB-III-1 s. ; MF n° 42030

Art 1388 bis I. La base d'imposition à la taxe foncière sur les propriétés bâties des logements à usage locatif mentionnés à l'article L 441-1 du code de la construction et de l'habitation, appartenant à l'un des organismes cités à l'article L 411-2 du même code ou à une société d'économie mixte et ayant bénéficié d'une exonération prévue aux articles 1384, 1384 A, au II bis de l'article 1385 ou acquis avant le 1er janvier 1998 en vue de leur location avec le concours financier de l'Etat en application du 3° de l'article L 831-1 du code de la construction et de l'habitation, fait l'objet d'un abattement de 30 % lorsque ces logements sont situés dans un quartier prioritaire de la politique de la ville défini à l'article 5 de la loi n° 2014-173 du 21 février 2014 de programmation pour la ville et la cohésion urbaine.

Cet abattement s'applique aux logements dont le propriétaire, mentionné au premier alinéa du présent I, est signataire au 1er janvier de l'année d'imposition, dans les quartiers concernés, d'un contrat de ville prévu à l'article 6 de la loi n° 2014-173 du 21 février 2014 de programmation pour la ville et la cohésion urbaine et d'une convention, annexée au contrat de ville, conclue avec la commune, l'établissement public de coopération intercommunale et le représentant de l'Etat dans le département, relative à l'entretien et à la gestion du parc et ayant pour but d'améliorer la qualité du service rendu aux locataires.

L'abattement s'applique aux impositions établies au titre des années 2025 à 2030.
II. Pour bénéficier de l'abattement prévu au I, les organismes concernés adressent au service des impôts du lieu de situation des biens, avant le 1er janvier de la première année d'application de l'abattement, une déclaration conforme au modèle établi par l'administration comportant tous les éléments d'identification des biens. Elle doit être accompagnée d'une copie du contrat de ville. Lorsque la déclaration est souscrite après cette date, l'abattement s'applique pour la période restant à courir après le 31 décembre de l'année de la souscription. Les organismes concernés transmettent annuellement aux signataires du contrat de ville et au conseil citoyen les documents justifiant du montant et du suivi des actions entreprises par ces organismes pour l'amélioration des conditions de vie des habitants en contrepartie de l'abattement prévu au même I.
II bis. à IV. *(Abrogés).*
V. Les I et II s'appliquent aux logements détenus, directement ou indirectement par le biais d'une filiale à participation majoritaire, par l'Etablissement public de gestion immobilière du Nord-Pas-de-Calais créé par l'article 191 de la

loi n° 2000-1208 du 13 décembre 2000 relative à la solidarité et au renouvellement urbains.

Ndlr *Les logements ayant bénéficié de l'abattement de 30 % au titre de l'année 2023 bénéficient de ce même abattement pour les impositions établies au titre de l'année 2024, à l'exception des logements qui ont cessé, au cours de l'année 2023, de respecter l'une des conditions prévues au présent article dans sa rédaction antérieure à l'article 73, I-21° de la loi 2023-1322 du 29 décembre 2023 (Loi précitée art. 73, XIX).*

FB-III-8720 s. ; MF n° 42030

Art 1388 ter I. Dans les départements de la Guadeloupe, de la Guyane, de la Martinique, de Mayotte et de La Réunion et sauf délibération contraire des communes ou des groupements dotés d'une fiscalité propre, prise dans les conditions fixées à l'article 1639 A bis, la base d'imposition à la taxe foncière sur les propriétés bâties des logements à usage locatif mentionnés à l'article L 441-1 du code de la construction et de l'habitation, appartenant à des organismes ou à des sociétés d'économie mixte cités aux articles L 411-2, L 472-1-1 et L 481-1 du même code, fait l'objet d'un abattement de 30 % lorsque ces logements font l'objet de travaux d'amélioration, avec le concours financier de l'Etat en application du 3° de l'article L 301-2 du même code, ayant pour objet de les conforter vis-à-vis des risques naturels prévisibles énumérés au I de l'article L 562-1 du code de l'environnement.

L'abattement est applicable pour les impositions établies au titre des cinq années suivant celle de l'achèvement des travaux qui doit intervenir au plus tard le 31 décembre 2021.

La nature des travaux ouvrant droit à l'abattement ainsi que leur conformité au regard des dispositions du premier alinéa sont fixées par arrêté conjoint du ministre chargé de l'outre-mer, du ministre chargé du logement et du ministre chargé du budget *(Voir arrêté du 9 juin 2004, JO du 17 juillet)*.

II. Pour bénéficier de l'abattement prévu au I, les organismes ou sociétés concernés doivent adresser au service des impôts du lieu de situation des biens, avant le 1er janvier de l'année suivant celle de l'achèvement des travaux, une déclaration conforme au modèle établi par l'administration comportant tous les éléments d'identification des biens. Cette déclaration doit être accompagnée des documents justifiant de l'octroi et du versement de la subvention par l'Etat ainsi que de la réalisation des travaux. Lorsque la déclaration est souscrite hors délai, l'abattement s'applique pour la période restant à courir après le 31 décembre de l'année de la souscription.

Le bénéfice de l'abattement prévu par l'article 1388 bis ne peut être cumulé pour une même période avec l'abattement prévu au présent article.

Lorsque les conditions requises pour bénéficier de l'abattement prévu à l'article 1388 bis et celles prévues par le présent article sont réunies, l'organisme ou la société doit opter pour l'un ou l'autre de ces régimes avant le 1er janvier de la première année au titre de laquelle l'abattement retenu prend effet.

Toutefois, le bénéfice des dispositions du présent article est accordé à l'expiration de la période d'application de l'abattement prévu par l'article 1388 bis sous déduction du nombre d'années au titre desquelles cet abattement a été pratiqué.

DC-IV-6020 s.

Art 1388 quater La base d'imposition à la taxe foncière sur les propriétés bâties des locaux d'habitation affectés exclusivement à l'hébergement de salariés agricoles saisonniers dans les conditions prévues par l'article L 716-1 du code rural et de la pêche maritime, ainsi qu'à l'hébergement des apprentis, dont le statut est régi par les dispositions du livre II de la sixième partie du code du travail, dans les conditions prévues à l'article 6 de la loi n° 89-462 du 6 juillet 1989 tendant à améliorer les rapports locatifs et portant modification de la loi n° 86-1290 du 23 décembre 1986, est calculée au prorata de la durée d'utilisation de ces locaux pour l'hébergement de salariés et d'apprentis l'année précédant celle au titre de laquelle l'imposition est établie ; les salariés s'entendent des personnes autres que le propriétaire du logement, son conjoint, les membres du foyer fiscal, les ascendants et descendants de l'exploitant agricole.

Pour bénéficier des dispositions du premier alinéa, le propriétaire doit adresser aux services des impôts du lieu de situation des biens, avant le 1er janvier de chaque année, une déclaration conforme au modèle établi par l'administration, comportant tous les éléments d'identification des biens. Cette déclaration doit être accompagnée de tous les éléments justifiant de l'affectation des locaux à l'hébergement de travailleurs saisonniers et d'apprentis et de la durée de leur utilisation à ce titre. Lorsque les locaux sont pris à bail par l'exploitant agricole, cette déclaration doit être cosignée par le preneur.

FB-III-9200 s. ; MF n° 42030

Art 1388 quinquies I. Sauf délibération contraire de la commune ou de l'établissement public de coopération intercommunale doté d'une fiscalité propre prise dans les conditions prévues au I de l'article 1639 A bis, la base d'imposition à la taxe foncière sur les propriétés bâties des immeubles ou parties d'immeubles rattachés à compter du 1er janvier 2009 à un établissement réunissant les conditions requises pour bénéficier de l'abattement prévu à l'article 1466 F fait l'objet d'un abattement lorsqu'ils sont situés en Guadeloupe, en Guyane, en Martinique, à Mayotte ou à La Réunion.

La délibération porte sur la totalité de la part revenant à chaque commune ou établissement public de coopération intercommunale.

Cet abattement s'applique aux impositions établies à compter du 1er janvier 2009 ou à compter du 1er janvier de l'année qui suit celle où est intervenu le rattachement à un établissement satisfaisant aux conditions requises, si elle est postérieure.

Cet abattement cesse de s'appliquer à compter du 1er janvier de l'année suivant celle où les immeubles ou parties d'immeubles ne sont plus rattachés à un établissement réunissant les conditions requises pour bénéficier de l'abattement prévu à l'article 1466 F.

II. Le taux de l'abattement est fixé à 50 % de la base d'imposition à la taxe foncière sur les propriétés bâties.

III. Le montant de l'abattement mentionné au II est majoré :

1° Pour les immeubles ou parties d'immeubles situés en Guyane ou à Mayotte qui sont rattachés à un établissement satisfaisant aux conditions requises pour bénéficier de l'abattement prévu à l'article 1466 F ;

2° *(Abrogé)* ;

3° Pour ceux situés en Martinique, en Guadeloupe ou à La Réunion et rattachés à un établissement d'une entreprise qui exerce, à titre principal, une activité relevant d'un des secteurs mentionnés au 3° du III de l'article 44 quaterdecies *(Voir Annexe III, art. 315 sexdecies)* ;

4° Pour les immeubles situés en Guadeloupe, en Martinique ou à La Réunion et rattachés à un établissement d'une entreprise mentionnée au b du 4° du III de l'article 44 quaterdecies.

Le taux de cet abattement est fixé à 80 % de la base d'imposition à la taxe foncière sur les propriétés bâties.

IV. *(Abrogé)*.

V. En cas de changement d'exploitant au cours de la période durant laquelle l'abattement s'applique, le bénéfice de celui-ci est maintenu si le nouvel exploitant réunit les conditions mentionnées au premier alinéa du I.

VI. Pour bénéficier de cet abattement, le redevable de la taxe adresse avant le 1er janvier de chaque année au titre de laquelle l'abattement est applicable une déclaration au service des impôts du lieu de situation des biens comportant tous les éléments d'identification. Cette déclaration est accompagnée de tous les éléments justifiant de l'affectation de l'immeuble ou de la partie d'immeuble à un établissement réunissant les conditions requises pour bénéficier de l'abattement prévu à l'article 1466 F.

VII. Lorsque les conditions requises pour bénéficier de l'une des exonérations prévues aux articles 1383 A, 1383 C ter, 1383 D, 1383 E bis ou 1383 I et de l'abattement prévu au présent article sont réunies, le contribuable peut opter pour l'un ou l'autre de ces régimes. Cette option est irrévocable et vaut pour l'ensemble des communes et des établissements publics de coopération intercommunale.

L'option pour le présent régime doit être exercée avant le 1er janvier de l'année au titre de laquelle le présent régime prend effet.

Lorsqu'un contribuable bénéficie au 1er janvier 2009 de l'une des exonérations prévues aux articles 1383 A, 1383 D, 1383 E bis ou 1383 I et réunit à cette date les conditions pour bénéficier de l'abattement prévu au présent article, le contribuable peut opter pour ce dernier régime au plus tard dans le délai de deux mois à compter de la promulgation de la loi n° 2009-594 du 27 mai 2009 pour le développement économique des outre-mer. A défaut d'option, le contribuable bénéficie, au terme de l'application de celui de ces régimes dont il bénéficie au 1er janvier 2009, de l'abattement prévu par le présent article, pour la période restant à courir et dans les conditions prévues au II ou au III pour les années concernées.

VIII. Le bénéfice de l'abattement mentionné au I est subordonné au respect du règlement (UE) n° 651/2014 de la Commission, du 17 juin 2014, déclarant certaines catégories d'aides compatibles avec le marché intérieur en application des articles 107 et 108 du traité.

DC-IV-6300 s. ; MF n° 91530

Art 1388 quinquies A Sur délibération de la collectivité territoriale ou de l'établissement public de coopération intercommunale doté d'une fiscalité propre, prise dans les conditions prévues au I de l'article 1639 A bis, la base d'imposition à la taxe foncière sur les propriétés bâties des locaux faisant l'objet d'une convention ou d'un contrat de résidence temporaire passé en application de l'article 101 de la loi n° 2009-323 du 25 mars 2009 de mobilisation pour le logement et la lutte contre l'exclusion peut faire l'objet d'un abattement de 25 %.

Pour bénéficier de cet abattement, le redevable de la taxe adresse au service des impôts du lieu de situation des biens, avant le 1er janvier de l'année suivant celle de la signature de la convention ou du contrat, une déclaration conforme au modèle établi par l'administration comportant tous les éléments d'identification. Elle doit être accompagnée d'une copie de la convention ou du contrat de résidence temporaire.

Lorsque la déclaration est souscrite hors délai, l'abattement s'applique pour la durée restant à courir après le 31 décembre de l'année de la souscription.

Cet abattement s'applique aux impositions établies au titre des années 2014 à 2018.

FB-III-9500 s.

Art 1388 quinquies B Sur délibération de la commune ou de l'établissement public de coopération intercommunale à fiscalité propre, prise dans les conditions prévues au I de l'article 1639 A bis, la base d'imposition à la taxe foncière sur les propriétés bâties situées dans le périmètre d'un projet d'intérêt général, au sens de l'article L 102-1 du code de l'urbanisme, justifié par la pollution de l'environnement, peut faire l'objet d'un abattement de 50 %.

Pour bénéficier de l'abattement prévu au premier alinéa du présent article, le propriétaire doit adresser aux services des impôts du lieu de situation des biens, avant le 1er janvier de la première année au titre de laquelle l'abattement est applicable, une déclaration conforme au modèle établi par l'administration et comportant tous les éléments d'identification des biens. Lorsque la déclaration est souscrite hors délai, l'abattement s'applique à compter du 1er janvier de l'année suivant celle au cours de laquelle la déclaration est déposée.

FB-III-10400 ; MF n° 42030

Art 1388 quinquies C Sur délibération de la commune ou de l'établissement public de coopération intercommunale à fiscalité propre, prise dans les conditions prévues au I de l'article 1639 A bis, la base d'imposition à la taxe foncière sur les propriétés bâties des magasins et boutiques au sens de l'article 1498 dont la surface principale est inférieure à 400 mètres carrés et qui ne sont pas intégrés à un ensemble commercial peut faire l'objet d'un abattement pouvant varier de 1 % à 15 %.

Le bénéfice de l'abattement mentionné au premier alinéa est subordonné au respect du règlement (UE) n° 1407/2013 de la Commission du 18 décembre 2013 relatif à l'application des articles 107 et 108 du traité sur le fonctionnement de l'Union européenne aux aides de minimis.

FB-III-14400 ; MF n° 42030

Art 1388 sexies I. A Mayotte, la base d'imposition à la taxe foncière sur les propriétés bâties des propriétés cédées à compter du 18 septembre 2013 et jusqu'au 31 décembre 2016 par une personne publique aux occupants irréguliers des constructions affectées à leur habitation principale sises sur ces propriétés fait l'objet d'un abattement les cinq années suivant celle au cours de laquelle la cession est intervenue.

Lorsque les propriétés mentionnées au premier alinéa du présent I sont cédées entre le 1er janvier 2017 et le 31 décembre 2025, la durée de l'abattement est de trois ans.

En cas de changement de redevable de la taxe au cours de cette période, l'abattement cesse de s'appliquer.

II. Le taux de l'abattement est fixé à :

1° 100 % la première année, 80 % la deuxième année, 60 % la troisième année, 40 % la quatrième année et 20 % la dernière année pour les propriétés mentionnées au premier alinéa du I ;

2° 100 % la première année, 70 % la deuxième année et 30 % la dernière année pour les propriétés mentionnées au deuxième alinéa du I.

III. L'abattement s'applique le cas échéant après celui prévu à l'article 1388 quinquies.

IV. L'abattement s'applique sauf délibération contraire de la commune ou de l'établissement public de coopération intercommunale à fiscalité propre.

Les délibérations sont prises dans les conditions prévues à l'article 1639 A bis et portent sur la totalité de la part revenant à chaque commune ou établissement public de coopération intercommunale.

DC-IV-6630 s. ; MF n° 91530

Art 1388 septies La base d'imposition à la taxe foncière sur les propriétés bâties des biens qui font l'objet d'un transfert de propriété de l'Etat aux grands ports maritimes et fluvio-maritimes en application de l'article L 5312-16 du code des transports fait l'objet d'un abattement dégressif.

Cet abattement s'applique au titre des cinq années qui suivent celle au cours de laquelle le transfert de propriété a été publié au fichier immobilier. Son taux est fixé à 100 % au titre des deux premières années, à 75 % la troisième année, à 50 % la quatrième année et à 25 % la cinquième année.

Il cesse de s'appliquer en cas de changement de redevable au cours de cette période.

FB-III-23500 ; MF n° 41960

Art 1388 octies Les communes et les établissements publics de coopération intercommunale à fiscalité propre peuvent, par délibération prise dans les conditions prévues au I de l'article 1639 A bis, prévoir que la base d'imposition à la taxe foncière sur les propriétés bâties des logements faisant l'objet d'un bail réel solidaire conclu dans les conditions prévues aux articles L 255-2 à L 255-19 du code de la construction et de l'habitation fait l'objet d'un abattement à concurrence de 30 %, 40 %, 50 %, 60 %, 70 %, 80 %, 90 % ou 100 % pendant la durée du bail.

Pour bénéficier de cet abattement, le redevable de la taxe adresse au service des impôts du lieu de situation des biens, avant le 1er janvier de l'année suivant celle de la signature du bail réel solidaire, une déclaration conforme au modèle établi par l'administration comportant tous les éléments d'identification. Elle doit être accompagnée d'une copie du bail réel solidaire.

Lorsque la déclaration est souscrite hors délai, l'abattement s'applique pour la durée restant à courir après le 31 décembre de l'année de la souscription.

FB-III-10500 ; MF nº 42030

Art 1388 nonies **I.** La base d'imposition à la taxe foncière sur les propriétés bâties des immeubles qui appartiennent aux sociétés civiles immobilières dont la société Poste Immo détient, directement ou indirectement, l'intégralité du capital fait l'objet d'un abattement dont le taux est fixé chaque année par décret, dans la limite de 10 %, lorsque ces immeubles sont loués ou mis à la disposition de la société anonyme La Poste par leurs propriétaires et sont exclusivement affectés à une ou plusieurs activités mentionnées au I et aux deux premiers alinéas du II de l'article 2 de la loi nº 90-568 du 2 juillet 1990 relative à l'organisation du service public de la poste et à France Télécom.

II. Pour bénéficier de l'abattement prévu au I du présent article, le redevable de la taxe foncière sur les propriétés bâties déclare au service des impôts du lieu de situation des biens, avant le 1er janvier de la première année au titre de laquelle l'abattement est applicable et sur un modèle établi par l'administration, tous les éléments d'identification des immeubles. Lorsque la déclaration est souscrite hors délai, l'abattement s'applique à compter du 1er janvier de l'année suivant celle au cours de laquelle la déclaration est déposée.

E. Exonérations, dégrèvements spéciaux et réductions d'impôt

Art 1389 **I.** Les contribuables peuvent obtenir le dégrèvement de la taxe foncière en cas de vacance d'une maison normalement destinée à la location ou d'inexploitation d'un immeuble utilisé par le contribuable lui-même à usage commercial ou industriel, à partir du premier jour du mois suivant celui du début de la vacance ou de l'inexploitation jusqu'au dernier jour du mois au cours duquel la vacance ou l'inexploitation a pris fin.

Le dégrèvement est subordonné à la triple condition que la vacance ou l'inexploitation soit indépendante de la volonté du contribuable, qu'elle ait une durée de trois mois au moins et qu'elle affecte soit la totalité de l'immeuble, soit une partie susceptible de location ou d'exploitation séparée.

II. Les réclamations présentées en application du I sont introduites dans le délai indiqué à l'article R* 196-5 du livre des procédures fiscales et dans les formes prévues par ce même livre.

III. Le dégrèvement prévu au premier alinéa du I s'applique également aux logements à usage locatif, attribués sous conditions de ressources conformément à l'article L 441-1 du code de la construction et de l'habitation, vacants depuis plus de trois mois et appartenant à l'un des organismes visés à l'article L 411-2 du même code ou à une société d'économie mixte. Ces logements doivent être situés dans un immeuble destiné soit à être démoli, soit à faire l'objet de travaux définis au 1º de l'article D 323-3 du même code et financés par la subvention prévue aux articles D 323-1 à D 323-12 de ce même code.

Le dégrèvement est subordonné à la présentation par le propriétaire, selon le cas, soit de l'autorisation de démolir prévue à l'article L 443-15-1 du code de la construction et de l'habitation, soit de la décision de subvention des travaux prévue à l'article D 323-5 du même code.

FB-V-200 s. ; MF nº 42335

Art 1390 **I.** Les titulaires de l'allocation de solidarité aux personnes âgées mentionnée à l'article L 815-1 du code de la sécurité sociale ou de l'allocation supplémentaire d'invalidité mentionnée à l'article L 815-24 du même code sont exonérés de la taxe foncière sur les propriétés bâties dont ils sont passibles à raison de leur habitation principale *(L'exonération bénéficie également aux personnes qui, conformément aux dispositions de l'article 2 de l'ordonnance 2004-605 du 24 juin 2004 simplifiant le minimum vieillesse continuent à percevoir l'allocation supplémentaire mentionnée à l'article L 815-2 du code de la sécurité sociale dans sa version applicable avant l'entrée en vigueur de l'ordonnance).*

II. Les contribuables qui ne bénéficient plus de l'exonération prévue au I :

1º Sont exonérés de la taxe foncière sur les propriétés bâties afférente à leur habitation principale la première et la deuxième années suivant celle au titre de laquelle ils ont bénéficié de l'exonération prévue au I pour la dernière fois ;

2° Bénéficient, pour le calcul de la taxe foncière sur les propriétés bâties afférente à leur habitation principale, d'un abattement sur la valeur locative de deux tiers la troisième année et d'un tiers la quatrième année suivant celle au titre de laquelle ils ont bénéficié de l'exonération prévue au I pour la dernière fois.

FB-V-6230 s. ; MF n°s 42315 s.

Art 1391 I. Les redevables âgés de plus de soixante-quinze ans au 1er janvier de l'année de l'imposition sont exonérés de la taxe foncière sur les propriétés bâties pour l'immeuble habité par eux, lorsque le montant des revenus de l'année précédente n'excède pas la limite prévue à l'article 1417.

II. Les contribuables qui ne bénéficient plus de l'exonération prévue au I :

1° Sont exonérés de la taxe foncière sur les propriétés bâties afférente à l'immeuble habité par eux la première et la deuxième années suivant celle au titre de laquelle ils ont bénéficié de l'exonération prévue au même I pour la dernière fois ;

2° Bénéficient, pour le calcul de la taxe foncière sur les propriétés bâties afférente à l'immeuble habité par eux, d'un abattement sur la valeur locative de deux tiers la troisième année et d'un tiers la quatrième année suivant celle au titre de laquelle ils ont bénéficié de l'exonération prévue audit I pour la dernière fois.

FB-V-6620 s. ; MF n°s 42315 s.

Art 1391 B Les redevables âgés de plus de soixante-cinq ans au 1er janvier de l'année d'imposition autres que ceux visés à l'article 1391 bénéficient d'un dégrèvement d'office de 100 € de la taxe foncière sur les propriétés bâties afférente à leur habitation principale lorsque le montant des revenus de l'année précédente n'excède pas la limite prévue à l'article 1417.

FB-V-6000 s. ; MF n°s 42315 s.

Art 1391 B bis Les personnes qui conservent la jouissance de l'habitation qui constituait leur résidence principale avant d'être hébergées durablement dans un établissement ou un service mentionné au 6° du I de l'article L 312-1 du code de l'action sociale et des familles ou dans un établissement délivrant des soins de longue durée, mentionné à l'avant-dernier alinéa de l'article L 6143-5 du code de la santé publique, et comportant un hébergement, à des personnes n'ayant pas leur autonomie de vie dont l'état nécessite une surveillance médicale constante et des traitements d'entretien bénéficient d'une exonération ou d'un abattement de la taxe foncière sur les propriétés bâties afférente à cette habitation, lorsqu'elles remplissent les conditions prévues aux articles 1390 et 1391, ou d'un dégrèvement de 100 €, lorsqu'elles remplissent les conditions prévues à l'article 1391 B.

L'exonération, l'abattement ou le dégrèvement sont accordés à compter de l'année qui suit celle de leur hébergement dans les établissements ou services mentionnés au premier alinéa.

FB-V-7010 s., 7330 s. ; MF n° 42315

Art 1391 B ter I. Il est accordé, sur la cotisation de taxe foncière sur les propriétés bâties afférente à l'habitation principale des contribuables dont les revenus n'excèdent pas le montant prévu au II de l'article 1417, un dégrèvement égal à la fraction de la cotisation supérieure à 50 % du montant total de leurs revenus définis aux II et IV du présent article.

Le premier alinéa n'est pas applicable aux contribuables passibles de l'impôt sur la fortune immobilière au titre de l'année précédant celle de l'imposition à la taxe foncière sur les propriétés bâties.

II. Pour l'application du I, les revenus pris en compte s'entendent des revenus définis au IV de l'article 1417, sans qu'il soit fait application des règles de quotient définies à l'article 163-0 A, diminués du montant des cotisations ou des primes mentionnées au a du 1° du même IV et majorés du montant :

a. Des sommes mentionnées au a du 18° et au 18° bis de l'article 81 et des sommes revenant aux salariés mentionnées à l'article 163 bis AA, sous réserve de la disponibilité de ces sommes ;

b. Des gains nets réalisés depuis l'ouverture d'un plan d'épargne en actions mentionné à l'article 163 quinquies D en cas de retrait ou de rachat après l'expiration de la cinquième année ;

c. Des moins-values imputées l'année précédant celle au titre de laquelle la taxe foncière est établie en application du 11 de l'article 150-0 D ;

d. De l'abattement mentionné au I de l'article 125 A ;

e. Des déficits imputés, en application du I de l'article 156, l'année précédant celle au titre de laquelle la taxe foncière est établie ;

f. Des rentes, rémunérations, intérêts et produits divers mentionnés aux 5° ter à 22° de l'article 157, sous réserve de la disponibilité de ces sommes ;

g. Des abattements sur le revenu global prévus aux articles 157 bis et 196 B.

III. A compter de 2012, le montant du dégrèvement prévu au I est réduit d'un montant égal au produit de la base nette imposable au profit des communes ou des établissements publics de coopération intercommunale à fiscalité propre par la différence entre le taux global de la taxe foncière sur les propriétés bâties constaté dans ces communes ou établissements au titre de l'année d'imposition et ce même taux global constaté en 2011.

Pour l'application du premier alinéa :

a. Lorsque les bases nettes imposables au profit de la commune et de l'établissement public de coopération intercommunale à fiscalité propre sont différentes, la base la moins élevée est retenue ;

b. Le taux global de taxe foncière sur les propriétés bâties comprend le taux des taxes spéciales d'équipement additionnelles à la taxe foncière sur les propriétés bâties ;

c. La réduction n'est pas applicable si elle est inférieure à 15 €.

IV. Pour l'application des I et II, les revenus s'entendent :

a. Des revenus du foyer fiscal du contribuable au nom duquel la taxe est établie ;

b. Lorsque la taxe foncière est établie au nom de plusieurs personnes appartenant à des foyers fiscaux distincts, de la somme des revenus de chacun des foyers fiscaux de ces personnes ;

c. Lorsque les personnes mentionnées aux a et b du présent IV cohabitent avec des personnes qui ne font pas partie de leur foyer fiscal et pour lesquelles la propriété bâtie constitue leur habitation principale, de la somme des revenus de chacun des foyers fiscaux des personnes au nom desquelles l'imposition est établie ainsi que des revenus de chacun des foyers fiscaux des cohabitants.

V. Pour l'application du I, la cotisation de taxe foncière sur les propriétés bâties s'entend des montants perçus au profit des communes et des établissements publics de coopération intercommunale à fiscalité propre ainsi que des taxes additionnelles à ces taxes perçues au profit des établissements et organismes habilités à percevoir ces taxes additionnelles, à l'exception de la taxe d'enlèvement des ordures ménagères.

VI. Le dégrèvement est accordé sur réclamation présentée dans le délai indiqué à l'article R* 196-2 du livre des procédures fiscales et dans les formes prévues par ce même livre.

FB-V-8800 s. ; MF n° 42330

Art 1391 C Les dépenses engagées par les organismes d'habitations à loyer modéré ou par les sociétés d'économie mixte ayant pour objet statutaire la réalisation ou la gestion de logements ou par les organismes mentionnés à l'article L 365-1 du code de la construction et de l'habitation, pour l'accessibilité et l'adaptation des logements aux personnes en situation de handicap sont déductibles de la taxe foncière sur les propriétés bâties versée aux communes.

FB-V-10550 s. ; MF n° 42345

Art 1391 D Il est accordé sur la cotisation de taxe foncière sur les propriétés bâties afférente à des immeubles affectés à l'habitation appartenant aux organismes d'habitations à loyer modéré visés à l'article L 411-2 du code de la construction et de l'habitation ou à des sociétés d'économie mixte ayant pour objet statutaire la réalisation de logements ou aux organismes mentionnés à l'article L 365-1 du même code, ainsi qu'aux immeubles, logements-foyers et centres d'hébergement et de réinsertion sociale visés aux 3° et 4° du IV de l'article L 302-5 du même code un dégrèvement égal aux dépenses payées, à raison des travaux prescrits en application de l'article L 515-16-2 du code de l'environnement, au cours de l'année précédant celle au titre de laquelle l'imposition est due.

Lorsque l'imputation des dépenses ne peut être effectuée dans sa totalité sur les cotisations des immeubles en cause, le solde des dépenses déductibles est imputé sur les cotisations afférentes à des immeubles imposés dans la même commune ou dans d'autres communes relevant du même service des impôts au nom du même bailleur et au titre de la même année.

Le dégrèvement est accordé sur réclamation présentée dans le délai indiqué par l'article R 196-2 du livre des procédures fiscales et dans les formes prévues par ce même livre.

FB-V-11300 s. ; MF n° 42345

Art 1391 E Il est accordé un dégrèvement sur la cotisation de taxe foncière sur les propriétés bâties afférente à des immeubles affectés à l'habitation, appartenant aux organismes d'habitations à loyer modéré visés à l'article L 411-2 du code de la construction et de l'habitation ou aux sociétés d'économie mixte ayant pour objet statutaire la réalisation ou la gestion de logements, ainsi qu'aux organismes mentionnés à l'article L 365-1 du même code.

Ce dégrèvement est égal au quart du montant hors taxe des dépenses de travaux de rénovation, déduction faite des subventions perçues afférentes à ces dépenses, payées au cours de l'année précédant celle au titre de laquelle l'imposition est due, lorsque ces travaux portent sur les locaux mentionnés aux II, 1° du III et IV de l'article 278 sexies, ont pour objet de concourir directement à la réalisation d'économies d'énergie et de fluides et concernent :

1° Les éléments constitutifs de l'enveloppe du bâtiment ;

2° Les systèmes de chauffage ;

3° Les systèmes de production d'eau chaude sanitaire ;

4° Les systèmes de refroidissement dans les départements d'outre-mer ;

5° Les équipements de production d'énergie utilisant une source d'énergie renouvelable ;

6° Les systèmes de ventilation ;

7° Les systèmes d'éclairage des locaux ;

8° Les systèmes de répartition des frais d'eau et de chauffage.

Lorsque l'imputation des dépenses ne peut être effectuée dans sa totalité sur les cotisations des immeubles en cause, le solde des dépenses déductibles est imputé sur les cotisations afférentes à des immeubles imposés dans la même commune ou dans d'autres communes relevant du même service des impôts au nom du même bailleur et au titre de la même année.

Ce dégrèvement ne s'applique pas aux logements locatifs sociaux bénéficiant de l'exonération prévue à l'article 1384 C bis.

FR 2/24 inf. 104 n°s 3 à 13 p. 177 ; FB-V-11800 s. ; MF n° 42345

II. Taxe foncière sur les propriétés non bâties

A. Propriétés imposables

Art 1393 La taxe foncière est établie annuellement sur les propriétés non bâties de toute nature sises en France, à l'exception de celles qui en sont expressément exonérées par les dispositions du présent code.

Elle est notamment due pour les terrains occupés par les chemins de fer, les carrières, mines et tourbières, les étangs, les salines et marais salants ainsi que pour ceux occupés par les serres affectées à une exploitation agricole.

Elle est également due pour les terrains non cultivés affectés à la pratique du golf lorsque l'aménagement de ces terrains ne nécessite pas la construction d'ouvrages en maçonnerie présentant le caractère de véritables constructions.

FNB-I-100 s., 2000 s. ; MF n° 42500

B. Exonérations permanentes

Art 1394 Sont exonérés de la taxe foncière sur les propriétés non bâties :

1° Les routes nationales, les chemins départementaux, les voies communales, y compris les places publiques servant aux foires et marchés ainsi que les chemins des associations foncières d'aménagement foncier agricole et forestier, les rivières ;

2° Les propriétés de l'Etat, les propriétés des régions, les propriétés des départements pour les taxes perçues par les communes et les propriétés des communes pour les taxes perçues par la commune à laquelle elles appartiennent, lorsqu'elles sont affectées à un service public ou d'utilité générale et non productives de revenus.

Tels sont notamment :

Les jardins attenant aux bâtiments publics et hospices visés au 1° de l'article 1382 ;

Le jardin des plantes de Paris, les jardins botaniques des départements, leurs pépinières et celles faites au compte du Gouvernement par l'office national des forêts ;

Les cimetières, y compris ceux constitués en vertu de l'article L 522-12 du code des pensions militaires d'invalidité et des victimes de guerre pour la sépulture des militaires alliés et dont l'Etat a concédé la libre disposition aux gouvernements intéressés, ainsi que les voies d'accès à ces cimetières ;

Les fortifications et glacis qui en dépendent.

Cette exonération n'est pas applicable aux propriétés des établissements publics autres que les établissements scientifiques, d'enseignement et d'assistance, ni à celles des organismes de l'Etat, des départements ou des communes, ayant un caractère industriel ou commercial, ni aux bois et forêts visés à l'article L 221-2 du code forestier *(Voir Annexe IV, art. 165 et 167).*

Les immeubles qui sont incorporés gratuitement au domaine de l'Etat, des collectivités locales ou des établissements publics, en vertu d'une convention, sont imposables jusqu'à l'expiration de celle-ci ;

3° Dans les mêmes conditions que celles prévues au premier alinéa du 2°, les propriétés appartenant aux grands ports maritimes et fluvio-maritimes ;

4° Les jardins attenant aux bâtiments pour lesquels les associations de mutilés de guerre ou du travail sont exonérées de la taxe foncière sur les propriétés bâties en vertu du 5° de l'article 1382 ;

5° Les terrains qui appartiennent aux associations syndicales de propriétaires prévues par l'article 23 de la loi du 11 octobre 1940 modifiée par la loi du 12 juillet 1941 relative à la reconstruction des immeubles d'habitation partiellement ou totalement détruits par suite d'actes de guerre ;

6° Les terrains sis dans les communes de plus de 5 000 habitants, qui appartiennent aux organismes de jardins familiaux, ou dont ils ont la jouissance, et qu'ils utilisent pour la réalisation de leur objet social, tel qu'il est défini à l'article L 561-1 du code rural et de la pêche maritime ;

7° Les sols et terrains passibles de la taxe foncière sur les propriétés bâties.

FNB-II-60 s. ; MF n° 42520

Art 1394 B Les propriétés non bâties classées dans les première, deuxième, troisième, quatrième, cinquième, sixième, huitième et neuvième catégories définies à l'article 18 de l'instruction ministérielle du 31 décembre 1908, non exonérées en application des articles 1395 à 1395 B et qui sont situées en Corse sont, au titre de 1995 et des années suivantes, exonérées en totalité de la taxe foncière sur les propriétés non bâties perçue au profit des communes et de leurs groupements.

FNB-II-4450 s. ; MF n° 92310

Art 1394 B bis I. Les propriétés non bâties classées dans les première, deuxième, troisième, quatrième, cinquième, sixième, huitième et neuvième catégories définies à l'article 18 de l'instruction ministérielle du 31 décembre 1908 sont exonérées de la taxe foncière sur les propriétés non bâties perçue au profit des communes et de leurs établissements publics de coopération intercommunale à concurrence de 20 %.

II. Les dispositions du I ne s'appliquent pas aux propriétés non bâties qui bénéficient des exonérations totales prévues aux articles 1394 B et 1394 C ainsi qu'aux articles 1395 à 1395 E et 1649.

L'exonération partielle prévue au 1° ter de l'article 1395 s'applique après l'exonération prévue au I.

FNB-II-4020 s. ; MF n° 42525

Art 1394 C Les conseils municipaux et les organes délibérants des établissements publics de coopération intercommunale à fiscalité propre peuvent, par une délibération prise dans les conditions prévues au I de l'article 1639 A bis, exonérer de taxe foncière sur les propriétés non bâties les terrains, agricoles ou non, plantés en oliviers.

Pour bénéficier de cette exonération, le propriétaire doit faire, avant le 1er janvier de la première année au titre de laquelle l'exonération est applicable, une déclaration au service des impôts assortie des justifications nécessaires en indiquant notamment la liste des parcelles concernées.

FNB-II-4700 s. ; MF n° 42525

Art 1394 D Les conseils municipaux et les organes délibérants des établissements publics de coopération intercommunale à fiscalité propre peuvent, par délibération prise dans les conditions prévues au I de l'article 1639 A bis du présent code, exonérer de la taxe foncière sur les propriétés non bâties, pour la part qui leur revient, pendant toute la durée du contrat, les propriétés non bâties dont le propriétaire a conclu un contrat mentionné à l'article L 132-3 du code de l'environnement.

Pour bénéficier de cette exonération, le propriétaire adresse au service des impôts du lieu de situation des propriétés, avant le 1er janvier de l'année suivant celle de la signature du contrat, une déclaration comportant tous les éléments nécessaires à l'identification des parcelles concernées. Cette déclaration s'accompagne d'une copie du contrat.

Lorsque la déclaration est souscrite hors délai, l'exonération s'applique pour la période restant à courir après le 31 décembre de l'année de la souscription.

FNB-II-4950 s. ; MF n° 42520

C. Exonérations temporaires

Art 1395 Sont exonérés de la taxe foncière sur les propriétés non bâties :

1° Les terrains ensemencés, plantés ou replantés en bois, pendant les trente premières années du semis, de la plantation ou de la replantation. A compter du 1er janvier de l'année suivant la promulgation de la loi n° 2001-602 du 9 juillet 2001 d'orientation sur la forêt, cette période d'exonération est ramenée à dix ans pour les peupleraies et portée à cinquante ans pour les feuillus et les bois autres que les bois résineux. Toutefois dans les zones dans lesquelles des plantations et semis d'essences forestières sont interdits ou réglementés dans des conditions déterminées par décret en Conseil d'Etat, en vertu des dispositions de l'article L 126-1 du code rural et de la pêche maritime, les plantations ou semis exécutés en violation de ces conditions ne peuvent bénéficier de l'exonération ;

(Ces conditions figurent aux articles R 126-1 à R 126-10 du code rural et de la pêche maritime)

FNB-II-6200 s.

1° bis A compter du 1er janvier de l'année suivant la promulgation de la loi n° 2001-602 du 9 juillet 2001 précitée, les terrains boisés en nature de futaies ou de taillis sous futaie, autres que des peupleraies, qui ont fait l'objet d'une régénération naturelle. Cette exonération est applicable pendant trente ans pour les bois résineux et pendant cinquante ans pour les bois feuillus et autres bois, à partir du 1er janvier de l'année qui suit celle de la déclaration de réussite de la régénération.

Le propriétaire ou l'Office national des forêts pour les forêts domaniales adresse à l'administration des impôts, avant le 1er janvier de la première année au titre de laquelle l'application de l'exonération est demandée, une déclaration indiquant la liste des parcelles concernées et attestant de la réussite de la régénération naturelle ; cette déclaration ne peut intervenir avant le début de la troisième année ni après la fin de la dixième année suivant celle de l'achèvement de la coupe définitive.

Les essences forestières pouvant ouvrir droit à cette exonération, les critères de réussite de l'opération de régénération naturelle et les modalités de déclaration sont définis par un décret qui comporte des dispositions particulières en cas de dégradations naturelles exceptionnelles ;

(Voir Annexe III, art. 315 octies et décret 2006-353 du 23 mars 2006, JO du 25)

FNB-II-6900 s.

1° ter A compter du 1er janvier de l'année suivant la promulgation de la loi n° 2001-602 du 9 juillet 2001 précitée, à concurrence de 25 % du montant de la taxe, les terrains boisés présentant un état de futaie irrégulière en équilibre de régénération pendant quinze ans à partir du 1er janvier de l'année qui suit celle de la déclaration de cet état. Cette exonération est renouvelable.

Le propriétaire ou l'Office national des forêts pour les forêts domaniales adresse, avant le 1er janvier de la première année au titre de laquelle l'application ou le renouvellement de celle-ci est demandé, une déclaration à l'administration des impôts indiquant la liste des parcelles concernées et attestant de l'état de futaie irrégulière en équilibre de régénération au regard des critères définis par décret.

Les essences forestières pouvant ouvrir droit à cette exonération, les critères de l'état d'équilibre de régénération et les modalités de déclaration sont définis par un décret qui comporte des dispositions particulières en cas de dégradations naturelles exceptionnelles ;

(Voir Annexe III, art. 315 octies et décret 2006-353 du 23 mars 2006, JO du 25)

FNB-II-7300 s.

2° *(Abrogé)* ;

3° *(Périmé)*.

(Pour les règles spécifiques de contrôle des déclarations mentionnées aux 1° bis et 1° ter du présent article, voir également LPF, art. L 45 G)

FNB-II-6100 s. ; MF n° 42540

Art 1395 A Les conseils municipaux et les organes délibérants des établissements publics de coopération intercommunale à fiscalité propre peuvent par une délibération prise dans les conditions prévues au I de l'article 1639 A bis, exonérer de taxe foncière sur les propriétés non bâties, pour la part qui leur revient, les terrains nouvellement plantés en noyers.

Cette exonération ne saurait dépasser huit ans.

FNB-II-8000 s. ; MF n° 42540

Art 1395 A bis A compter du 1er janvier 2012, les conseils municipaux et les organes délibérants des groupements de communes à fiscalité propre peuvent , par une délibération prise dans les conditions prévues au I de l'article 1639 A bis, exonérer de taxe foncière sur les propriétés non bâties, pour la part qui leur revient, les vergers, les cultures fruitières d'arbres et arbustes et les vignes.

Cette exonération ne saurait dépasser huit ans et s'applique après les autres exonérations de taxe foncière sur les propriétés non bâties en application du présent code.

FNB-II-8500 s. ; MF n° 42540

Art 1395 A ter En Guyane, les conseils municipaux et les organes délibérants des établissements publics de coopération intercommunale à fiscalité propre peuvent, par une délibération prise dans les conditions prévues au I de l'article 1639 A bis, exonérer de taxe foncière sur les propriétés non bâties les bois et forêts mentionnés au 1° du I de l'article L 211-1 du code forestier.

Pour bénéficier de cette exonération, l'Office national des forêts doit faire, avant le 1er janvier de la première année au titre de laquelle l'exonération est applicable, une déclaration au service des impôts assortie des justifications nécessaires en indiquant notamment la liste des parcelles concernées, leurs conditions d'exploitation et les revenus qui en sont tirés.

Cette exonération ne peut dépasser huit ans et la délibération qui l'institue intervient, au plus tard, le 1er octobre de l'année précédente.

DC-IV-7320 s.

Art 1395 B I. *(Abrogé)*.

II. A compter du 1er janvier 2005, les terrains nouvellement plantés en arbres truffiers sont exonérés de taxe foncière sur les propriétés non bâties pendant les cinquante premières années du semis, de la plantation ou de la replantation.

FNB-II-8900 s. ; MF n° 42540

Art 1395 B bis I. Les propriétés non bâties classées dans les deuxième et sixième catégories définies à l'article 18 de l'instruction ministérielle du 31 décembre 1908 et situées dans les zones humides définies au 1° du I de l'article

L 211-1 du code de l'environnement sont exonérées de la taxe foncière sur les propriétés non bâties perçue au profit des communes et de leurs établissements publics de coopération intercommunale à concurrence de 50 % lorsqu'elles figurent sur une liste dressée par le maire sur proposition de la commission communale des impôts directs et qu'elles font l'objet d'un engagement de gestion pendant cinq ans portant notamment sur le non-retournement des parcelles et la préservation de l'avifaune, sans exclure la pratique de la chasse, sous réserve que celle-ci soit associée à la préservation et à l'entretien des habitats.

L'exonération est applicable pendant cinq ans à compter de l'année qui suit celle de la signature de l'engagement et est renouvelable. Elle ne concerne pas les propriétés non bâties exonérées en application des articles 1394 B et 1649 du présent code.

La liste des parcelles bénéficiant de l'exonération ainsi que les modifications qui sont apportées à cette liste sont communiquées par le maire à l'administration des impôts avant le 1er septembre de l'année qui précède l'année d'imposition. Cette liste ainsi que les modifications qui y sont apportées sont affichées en mairie.

Pour bénéficier de l'exonération, le propriétaire doit fournir au service des impôts, avant le 1er janvier de la première année au titre de laquelle l'exonération est applicable ou renouvelable, l'engagement souscrit pour les parcelles lui appartenant inscrites sur la liste dressée par le maire. Pour les parcelles données à bail en application des articles L 411-1 et suivants du code rural et de la pêche maritime, l'engagement doit être cosigné par le preneur. Les modalités de cet engagement sont définies par décret en Conseil d'Etat *(Voir Annexe II, art. 310-00 H à 310-00 H ter)*.

En cas d'inscription erronée sur la liste ou lorsque les conditions pour bénéficier de l'exonération ne sont pas respectées, les impositions en résultant sont établies au profit de l'Etat, dans les conditions prévues à l'article L 173 du livre des procédures fiscales.

II. L'exonération des propriétés non bâties prévue au I du présent article est portée à 100 % pour les propriétés non bâties situées dans les zones naturelles relevant des articles L 211-3, L 322-1 à L 322-14, L 331-1 à L 333-4, L 341-1 à L 341-15-1, L 411-1, L 411-2 et L 414-1 à L 414-7 du code de l'environnement. L'engagement de gestion pendant cinq ans porte sur le non-retournement des parcelles en cause et sur le respect des chartes et documents de gestion ou d'objectifs approuvés au titre des réglementations visées précédemment.

En cas de coexistence sur une même commune de parcelles pouvant bénéficier de l'exonération de 50 % et de l'exonération de 100 %, deux listes correspondant à chacune des exonérations applicables doivent être dressées par le maire sur proposition de la commission communale des impôts directs.

FNB-II-9300 s. ; MF nº 42540

Art 1395 E I. Les propriétés non bâties classées dans les première, deuxième, troisième, cinquième, sixième et huitième catégories définies à l'article 18 de l'instruction ministérielle du 31 décembre 1908 sont exonérées de la taxe foncière sur les propriétés non bâties perçue au profit des communes et de leurs établissements publics de coopération intercommunale lorsqu'elles figurent sur une liste arrêtée par l'autorité compétente à l'issue de l'approbation du document d'objectifs d'un site Natura 2000 et qu'elles font l'objet d'un engagement de gestion défini à l'article L 414-3 du code de l'environnement pour cinq ans, conformément au document d'objectifs en vigueur.

L'exonération est applicable pendant cinq ans à compter de l'année qui suit celle de la signature du contrat ou de l'adhésion à la charte et est renouvelable.

La liste des parcelles concernées ainsi que les modifications qui sont apportées à cette liste sont communiquées par le préfet à l'administration des impôts avant le 1er septembre de l'année qui précède l'année d'imposition.

L'autorité compétente mentionnée au premier alinéa du présent I et au 1 du II est le représentant de l'Etat dans le département ou, pour les sites Natura 2000 exclusivement terrestres, le président du conseil régional ou, en Corse, le président de la collectivité de Corse.

II. 1. Pour bénéficier de l'exonération, le propriétaire doit fournir au service des impôts avant le 1er janvier de la première année au titre de laquelle l'exonération est applicable ou renouvelable l'engagement souscrit concernant les parcelles lui appartenant inscrites sur la liste dressée par l'autorité compétente. Pour les parcelles données à bail en application des articles L 411-1 et suivants du code rural et de la pêche maritime, l'adhésion à la charte ou le contrat doit être cosigné par le preneur.

2. L'exonération ne concerne pas les propriétés non bâties exonérées en application de l'article 1394 B.

3. Lorsque le contribuable remplit à la fois les conditions requises pour bénéficier de l'une des exonérations mentionnées au 1° et au 1° bis de l'article 1395 et de l'exonération prévue au I, l'exonération prévue au 1° et au 1° bis de l'article 1395 est applicable.

Lorsque le contribuable remplit à la fois les conditions requises pour bénéficier de l'une des exonérations mentionnées à l'article 1394 C, au 1° ter de l'article 1395 et aux articles 1395 A et 1395 B et de l'exonération prévue au I, l'exonération prévue au I est applicable.

Les dispositions du présent 3 sont également applicables aux exonérations en cours au 1er janvier de la première année au titre de laquelle le redevable peut bénéficier de l'exonération prévue au I.

III. En cas d'inscription erronée sur la liste ou lorsque les conditions pour bénéficier de l'exonération ne sont pas respectées, les impositions en résultant sont établies au profit de l'Etat dans les conditions prévues à l'article L 173 du livre des procédures fiscales.

FNB-II-9900 s. ; MF n° 42540

Art 1395 G **I.** Les conseils municipaux et les organes délibérants des établissements publics de coopération intercommunale à fiscalité propre peuvent, par une délibération prise dans les conditions prévues au I de l'article 1639 A bis, exonérer de la taxe foncière sur les propriétés non bâties, pendant une durée de cinq ans, les propriétés non bâties classées dans les première, deuxième, troisième, quatrième, cinquième, sixième, huitième et neuvième catégories définies à l'article 18 de l'instruction ministérielle du 31 décembre 1908 lorsqu'elles sont exploitées selon le mode de production biologique prévu au règlement (CE) n° 834/2007 du Conseil, du 28 juin 2007, relatif à la production biologique et à l'étiquetage des produits biologiques et abrogeant le règlement (CEE) n° 2092/91.

L'exonération est applicable à compter de l'année qui suit celle au titre de laquelle une attestation d'engagement d'exploitation suivant le mode de production biologique a été délivrée pour la première fois par un organisme certificateur agréé. Elle cesse définitivement de s'appliquer à compter du 1er janvier de l'année qui suit celle au cours de laquelle les parcelles ne sont plus exploitées selon le mode de production biologique.

La délibération porte sur la totalité de la part revenant à chaque commune ou établissement public de coopération intercommunale à fiscalité propre.

II. Le I ne s'applique pas aux propriétés non bâties qui bénéficient des exonérations totales prévues aux articles 1394 B, aux 1° et 1° bis de l'article 1395, au II de l'article 1395 B ainsi qu'aux articles 1395 E et 1649.

L'exonération prévue au I s'applique après les exonérations partielles prévues à l'article 1394 B bis et au 1° ter de l'article 1395.

Lorsque les conditions requises pour bénéficier de l'exonération prévue à l'article 1394 C et celles prévues au I sont remplies, l'exonération prévue à l'article 1394 C est applicable. Toutefois, lorsque la délibération prise sur le fondement de ce dernier article est rapportée, le bénéfice des dispositions du I est accordé pour la période restant à courir à compter de l'année au titre de laquelle l'exonération prévue à l'article 1394 C cesse de s'appliquer.

Lorsque les conditions requises pour bénéficier de l'exonération prévue à l'article 1395 A et celles prévues au I sont remplies et que la durée d'exonération applicable conformément à l'article 1395 A est inférieure ou égale à cinq ans, l'exonération prévue au I est applicable. Toutefois, le bénéfice des dispositions du 1395 A est accordé à l'expiration de la période d'application de l'exonération prévue au même I pour la période restant à courir.

Lorsque les conditions requises pour bénéficier de l'exonération prévue à l'article 1395 A et celles prévues au I sont remplies et que la durée d'exonération applicable conformément à l'article 1395 A est supérieure à cinq ans, l'exonération prévue à l'article 1395 A est applicable. Toutefois, le bénéfice des dispositions du I est accordé à l'expiration de la période d'application de l'exonération prévue à l'article 1395 A pour la période restant à courir.

III. Pour bénéficier de l'exonération, le propriétaire ou, si les propriétés concernées sont données à bail, le preneur adresse au service des impôts, avant le 1er janvier de chaque année, la liste des parcelles concernées accompagnée du document justificatif annuel délivré par l'organisme certificateur agréé mentionné au deuxième alinéa du I, conformément à l'article 29 du règlement (CE) n° 834/2007 du Conseil, du 28 juin 2007, précité.

IV. Le bénéfice de l'exonération prévue au I est subordonné au respect du règlement (UE) n° 1408/2013 de la Commission, du 18 décembre 2013, relatif à l'application des articles 107 et 108 du traité sur le fonctionnement de l'Union européenne aux aides de minimis dans le secteur de l'agriculture.

FNB-II-10500 s. ; MF n° 42540

Art 1395 H **I.** Lorsqu'elles sont situées en Guadeloupe, en Guyane, en Martinique, à Mayotte ou à La Réunion, les propriétés non bâties classées dans les première, deuxième, troisième, quatrième, cinquième, sixième, huitième et neuvième catégories définies à l'article 18 de l'instruction ministérielle du 31 décembre 1908 sont exonérées de la taxe foncière sur les propriétés non bâties perçue au profit des communes et de leurs établissements publics de coopération intercommunale à concurrence de 80 %.

II. Le I ne s'applique pas aux propriétés non bâties qui bénéficient des exonérations totales prévues aux articles 1394 C, 1395 à 1395 E et 1649.

Le I de l'article 1394 B bis et l'exonération partielle prévue au 1° ter de l'article 1395 ne s'appliquent pas aux propriétés qui bénéficient de la présente exonération.

Le I du présent article ne s'applique pas aux parcelles visées à l'article L 181-18 du code rural et de la pêche maritime à compter de l'année suivant celle au cours de laquelle soit elles ont fait l'objet d'une des procédures mentionnées aux articles L 181-18 à L 181-24 du du même code, soit elles ont été recensées en application de l'article L 181-15 du même code.

III. Le bénéfice de l'exonération mentionnée au I est subordonné au respect du règlement (UE) n° 651/2014 de la Commission, du 17 juin 2014, déclarant certaines catégories d'aides compatibles avec le marché intérieur en application des articles 107 et 108 du traité.

IV. En Guyane, les bois et forêts mentionnés au 1° du I de l'article L 211-1 du code forestier ne peuvent bénéficier de l'exonération mentionnée au I du présent article au-delà des impositions établies au titre de 2018, tant que les travaux d'évaluation des propriétés domaniales concédées ou exploitées ne sont pas achevés en application des articles 333 I et 333 J de l'annexe II du présent code.

DC-IV-6920 s. ; MF n° 91540

D. Base d'imposition

Art 1396 **I.** La taxe foncière sur les propriétés non bâties est établie d'après la valeur locative cadastrale de ces propriétés déterminée conformément aux règles définies aux articles 1509 à 1518 A et sous déduction de 20 % de son montant.

FNB-III-1 s. ; MF n° 42560

II. A. *(Abrogé).*

B. La valeur locative cadastrale des terrains constructibles situés dans les zones urbaines ou à urbaniser, lorsque les voies publiques et les réseaux d'eau, d'électricité et, le cas échéant, d'assainissement existant à la périphérie de la zone à urbaniser ont une capacité suffisante pour desservir les constructions à implanter dans l'ensemble de cette zone, délimitées par une carte communale, un plan local d'urbanisme, un document d'urbanisme en tenant lieu ou un plan de sauvegarde et de mise en valeur approuvé conformément au code de l'urbanisme, peut, sur délibération du conseil municipal prise dans les conditions prévues au premier alinéa du I de l'article 1639 A bis, être majorée d'une valeur forfaitaire comprise entre 0 et 3 € par mètre carré pour le calcul de la part revenant aux communes et aux établissements publics de coopération intercommunale sans fiscalité propre.

La majoration ne peut excéder 3 % d'une valeur forfaitaire moyenne au mètre carré définie par décret *(NDLR Voir Annexe III, art. 321 H)* et représentative de la valeur moyenne du terrain selon sa situation géographique.

B bis. Sauf délibération contraire de la commune prise dans les conditions prévues au I de l'article 1639 A bis, la superficie retenue pour le calcul de la majoration est réduite de 200 mètres carrés. Cette réduction s'applique à l'ensemble des parcelles contiguës constructibles détenues par un même propriétaire.

C. La liste des terrains constructibles est dressée par le maire. Cette liste ou, le cas échéant, toute modification qui y est apportée est communiquée à l'administration des impôts avant le 1er octobre de l'année qui précède l'année d'imposition. En cas d'inscription erronée, les dégrèvements en résultant sont à la charge du bénéficiaire de la majoration ; ils s'imputent sur les attributions mentionnées à l'article L 2332-2 du code général des collectivités territoriales.

D. 1. La majoration n'est pas applicable :

1° Aux terrains appartenant aux établissements publics fonciers mentionnés aux articles L 321-1 et L 324-1 du code de l'urbanisme, aux agences mentionnées aux articles 1609 C et 1609 D du présent code, à l'établissement public Société des grands projets mentionné à l'article 1609 G, à l'organisme mentionné à l'article 1609 H ;

2° Aux parcelles supportant une construction passible de la taxe foncière sur les propriétés bâties et dont la valeur locative est déterminée en application de l'article 1496 ;

3° Aux terrains classés depuis moins d'un an dans une zone urbaine ou à urbaniser ;

4° Aux terrains appartenant ou donnés à bail à une personne relevant d'un régime de protection sociale agricole, au sens de l'article L 722-1 du code rural et de la pêche maritime, ou mentionnée à l'article L 731-23 du même code et utilisés pour les besoins d'une exploitation agricole, au sens de l'article 63 du présent code.

2. Bénéficient, sur réclamation présentée dans le délai indiqué à l'article R* 196-2 du livre des procédures fiscales et dans les formes prévues par ce même livre, d'un dégrèvement de la fraction de leur cotisation résultant de la majoration, qui s'impute sur les attributions correspondantes mentionnées à l'article L 2332-2 du code général des collectivités territoriales :

1° Les contribuables qui justifient avoir obtenu au 31 décembre de l'année d'imposition, pour le terrain faisant l'objet de la majoration, un permis de construire, un permis d'aménager ou une autorisation de lotir. Toutefois, la majoration est rétablie rétroactivement en cas de péremption du permis de construire, du permis d'aménager ou de l'autorisation de lotir ;

2° Les contribuables qui justifient avoir cédé au 31 décembre de l'année d'imposition le terrain faisant l'objet de la majoration.

3. La majoration n'est pas prise en compte pour l'établissement des taxes spéciales d'équipement prévues aux articles 1607 bis à 1609 H.

FNB-III-7000 s. ; MF n° 42570

Art 1396 bis I. A Mayotte, la base d'imposition à la taxe foncière sur les propriétés non bâties cédées à compter du 1er janvier 2018 et jusqu'au 31 décembre 2025 par une personne publique aux occupants irréguliers de terrains fait l'objet d'un abattement les trois années suivant celle au cours de laquelle la cession est intervenue.

En cas de changement de redevable de la taxe au cours de cette période, l'abattement cesse de s'appliquer.

II. Le taux de l'abattement est fixé à 100 % la première année, 70 % la deuxième année et 30 % la dernière année.

III. L'abattement s'applique sauf délibération contraire de la commune ou de l'établissement public de coopération intercommunale à fiscalité propre prise dans les conditions prévues à l'article 1639 A bis et portant sur la totalité de la part lui revenant.

DC-IV-7130 s. ; MF n° 91540

E. Dégrèvements spéciaux

Art 1397 En cas de disparition d'un immeuble non bâti par suite d'un événement extraordinaire, le dégrèvement de la taxe foncière est accordé au contribuable à partir du premier jour du mois suivant la disparition sur réclamation présentée dans le délai indiqué à l'article R* 196-2 du livre des procédures fiscales et dans les formes prévues par ce même livre.

FNB-V-30 s. ; MF n° 42615

Art 1398 En cas de pertes de récoltes sur pied par suite de grêle, gelée, inondation, incendie ou autres événements extraordinaires, un dégrèvement proportionnel de la taxe foncière afférente pour l'année en cours aux parcelles atteintes est accordé au contribuable, sur réclamation présentée dans les formes et délais prévus par le livre des procédures fiscales.

Lorsque les pertes de récoltes affectent une partie notable de la commune, le maire peut formuler au nom de l'ensemble des contribuables intéressés, une réclamation collective qui est présentée et instruite dans les conditions prévues par le même livre.

Il n'est accordé aucun dégrèvement de taxe foncière pour pertes de récoltes subies du fait de la grêle par les agriculteurs non assurés. Toutefois, jusqu'à la promulgation de la loi visée à l'article 1er de la loi n° 50-960 du 8 août 1950, les agriculteurs sinistrés non assurés contre la grêle bénéficient des dégrèvements prévus au présent article au même titre que les agriculteurs assurés.

En cas de pertes de bétail par suite d'épizootie, l'exploitant peut demander un dégrèvement de la taxe foncière correspondant au montant des pertes subies sur son cheptel, à condition de présenter une attestation du maire de sa commune, accompagnée d'un certificat dûment établi par le vétérinaire traitant.

Le tribunal peut prononcer la déchéance du bénéfice des mesures prévues au présent article à l'encontre des contrevenants aux dispositions des articles L 223-3, L 223-18 et L 223-19 du code rural et de la pêche maritime, relatifs à la vaccination antiaphteuse obligatoire.

(L'article L 223-3 du code rural et de la pêche maritime a été abrogé par l'ordonnance 2011-862 du 22 juillet 2011 art. 2, 3°)

FNB-V-300 s., 800 s. ; MF nos 42625, 42635

Art 1398 A Il est accordé un dégrèvement de la cotisation de taxe foncière sur les propriétés non bâties perçue au profit des communes et groupements de communes à fiscalité propre sur les propriétés non bâties classées dans les 2e et 6e catégories définies à l'article 18 de l'instruction ministérielle du 31 décembre 1908 et comprises dans le périmètre d'une association foncière pastorale relevant des articles L 135-1 à L 135-12 du code rural et de la pêche maritime à laquelle adhère leur propriétaire.

Ce dégrèvement, accordé pour les impositions établies au titre des années 1995 à 2026, est subordonné à la condition que les recettes de l'association foncière pastorale provenant d'activités autres qu'agricoles ou forestières n'excèdent ni 50 % du chiffre d'affaires tiré de l'activité agricole et forestière ni 100 000 €. Ces montants s'apprécient remboursements de frais inclus et taxes comprises.

Le bénéfice du dégrèvement est subordonné à la condition que l'association foncière pastorale souscrive, pour le compte des propriétaires concernés, avant le 31 janvier de chaque année, une déclaration au service des impôts assortie des justifications nécessaires, en indiquant par commune et par propriétaire la liste des parcelles concernées au 1er janvier.

FNB-V-1400 s. ; MF n° 42645

III. Dispositions communes aux taxes foncières sur les propriétés bâties et non bâties

A. Lieu d'imposition

Art 1399 I. Toute propriété foncière, bâtie ou non bâtie, doit être imposée dans la commune où elle est située.

II. Toutefois, pour l'assiette de la taxe foncière sur les propriétés bâties, la valeur locative de la force motrice des chutes d'eau et de leurs aménagements utilisés par les entreprises hydrauliques concédées, ou d'une puissance supérieure à 500 kilowatts est répartie entre les communes sur le territoire desquelles coulent les cours d'eau utilisés ou existent des ouvrages de génie civil, compte tenu de l'importance de ces derniers, de l'existence éventuelle de retenues d'eau et de la puissance hydraulique moyenne devenue indisponible dans la limite de chaque commune, du fait de l'usine. Les pourcentages fixant cette répartition sont déterminés par l'acte d'autorisation ou de concession.

Le mode de détermination des pourcentages prévus au premier alinéa, ainsi que les conditions d'application de cet alinéa sont fixés par décret rendu sur la proposition du ministre de l'économie et des finances, du ministre de l'intérieur et du ministre de l'industrie *(Voir Annexe III, art. 316 à 321 B).*

FNB-IV-1 ; FB-IV-200 s. ; MF n° 41655

B. Débiteur de l'impôt

Art 1400 I. Sous réserve des dispositions des articles 1403 et 1404, toute propriété, bâtie ou non bâtie, doit être imposée au nom du propriétaire actuel.

II. Lorsqu'un immeuble est grevé d'usufruit ou loué soit par bail emphytéotique, soit par bail à construction, soit par bail réel solidaire, soit par bail à réhabilitation ou fait l'objet d'une autorisation d'occupation temporaire du domaine public constitutive d'un droit réel, la taxe foncière est établie au nom de l'usufruitier, de l'emphytéote, du preneur à bail à construction ou à réhabilitation, du preneur du bail réel solidaire ou du titulaire de l'autorisation.

III. Dans les sociétés immobilières de copropriété visées à l'article 1655 ter, la taxe foncière est établie au nom de chacun des membres de la société pour la part lui revenant dans les immeubles sociaux.

IV. Lorsqu'un immeuble a été transféré en application d'un contrat de fiducie, la taxe foncière est établie au nom du fiduciaire.

DC-IX-54560 s. ; MF n° 91160

V. L'Office national des forêts est le redevable de la taxe foncière afférente aux bois et forêts visés à l'article L 221-2 du code forestier.

FNB-IV-1000 s. ; FB-IV-2600 s. ; MF n°s 41665 s.

Art 1401 Les contribuables ne peuvent s'affranchir de l'imposition à laquelle les terres vaines et vagues, les landes et bruyères et les terrains habituellement inondés ou dévastés par les eaux doivent être soumis, que s'il est renoncé à ces propriétés au profit de la commune dans laquelle elles sont situées.

La déclaration détaillée de cet abandon perpétuel est faite par écrit, à la mairie de la commune, par le propriétaire ou par un fondé de pouvoir spécial.

Les cotisations des terrains ainsi abandonnés comprises dans les rôles établis antérieurement à l'abandon restent à la charge du contribuable imposé.

Pour les rôles postérieurs, la taxe foncière est supportée par la commune.

Le paiement de la taxe foncière afférente aux marais et terres vaines et vagues qui n'ont aucun propriétaire particulier ainsi qu'aux terrains connus sous le nom de biens communaux, incombe à la commune tant qu'ils ne sont point partagés.

La taxe due pour des terrains qui ne sont communs qu'à certaines portions des habitants d'une commune est acquittée par la section de commune.

FNB-IV-2040 s., 2380, 2450 s. ; MF n° 41670

C. Mutations cadastrales et changements affectant le débiteur de l'impôt

Art 1402 Les mutations cadastrales consécutives aux mutations de propriété sont faites à la diligence des propriétaires intéressés. Aucune modification à la situation juridique d'un immeuble ne peut faire l'objet d'une mutation si l'acte ou la décision judiciaire constatant cette modification n'a pas été préalablement publié au fichier immobilier *(Les obligations des notaires et des avocats sont précisées à l'article 860. L'obligation de désignation des immeubles dans les actes et jugements d'après les données du cadastre est définie à l'article 870).*

FNB-IV-4000 s. ; FB-IV-1550 s.

Art 1403 Tant que la mutation cadastrale n'a pas été faite, l'ancien propriétaire continue à être imposé au rôle, et lui ou ses héritiers naturels peuvent être contraints au paiement de la taxe foncière, sauf leur recours contre le nouveau propriétaire.

FNB-IV-4000 s. ; FB-IV-1550 s.

Art 1404 **I.** Lorsque au titre d'une année une cotisation de taxe foncière a été établie au nom d'une personne autre que le redevable légal, le dégrèvement de cette cotisation est prononcé à condition que les obligations prévues à l'article 1402 aient été respectées. L'imposition du redevable légal au titre de la même année est établie au profit de l'Etat dans la limite de ce dégrèvement.

II. Les réclamations sont présentées, instruites et jugées comme les demandes en décharge ou réduction de la taxe foncière.

S'il y a contestation sur le droit à la propriété, l'application du I peut intervenir jusqu'au 31 décembre de l'année qui suit le jugement définitif portant sur ce droit.

FNB-IV-5200 s. ; MF n° 41680

Art 1405 Les décisions de l'administration des impôts et les jugements des tribunaux administratifs prononçant les dégrèvements ou impositions prévus par l'article 1404 ont effet, tant pour l'année qu'elles concernent que pour les années suivantes, jusqu'à ce que les rectifications nécessaires aient été effectuées dans les rôles.

FNB-IV-5200 s.

D. Déclaration des constructions nouvelles ainsi que des changements de consistance, d'affectation ou d'utilisation

Art 1406 **I.** Les constructions nouvelles, ainsi que les changements de consistance ou d'affectation des propriétés bâties et non bâties, sont portés par les propriétaires à la connaissance de l'administration, dans les quatre-vingt-dix jours de leur réalisation définitive et selon les modalités fixées par décret. Il en est de même pour les changements d'utilisation des propriétés bâties mentionnées au I de l'article 1498, pour les changements de catégorie des propriétés bâties mentionnées au I de l'article 146 de la loi n° 2019-1479 du 28 décembre 2019 de finances pour 2020 et pour les changements de méthode de détermination de la valeur locative en application des articles 1499-00 A ou 1500 du présent code *(Voir Annexe III, art. 321 E à 321 G bis)*.

I bis. Pour procéder à la mise à jour de la valeur locative des propriétés bâties, les propriétaires sont tenus de souscrire une déclaration sur demande de l'administration fiscale selon des modalités fixées par décret.

II. Le bénéfice des exonérations temporaires de taxe foncière sur les propriétés bâties et non bâties est subordonné à la déclaration du changement qui les motive. Lorsque la déclaration est souscrite hors délais, l'exonération s'applique pour la période restant à courir après le 31 décembre de l'année suivante.

(Les conditions dans lesquelles sont réparées les omissions ou insuffisances consécutives au défaut ou à l'inexactitude des déclarations sont précisées à l'article 1508 et à l'article L 175 du LPF)

FB-III-51140 s. ; MF n°s 42170 s.

SECTION III

Taxe d'habitation

I. Locaux imposables

Art 1407 **I.** La taxe d'habitation sur les résidences secondaires et autres locaux meublés non affectés à l'habitation principale est due :

1° Pour tous les locaux meublés affectés à l'habitation autres que ceux affectés à l'habitation principale ;

2° Pour les locaux meublés conformément à leur destination et occupés à titre privatif par les sociétés, associations et organismes privés et qui ne sont pas retenus pour l'établissement de la cotisation foncière des entreprises ;

3° Pour les locaux meublés sans caractère industriel ou commercial occupés par les organismes de l'Etat, des départements et des communes, ainsi que par les établissements publics autres que ceux visés au 1° du II de l'article 1408.

HAB-I-200 s. ; MF n° 43000

II. Ne sont pas imposables à la taxe :

1° Les locaux passibles de la cotisation foncière des entreprises lorsqu'ils ne font pas partie de l'habitation personnelle des contribuables ;

2° Les bâtiments servant aux exploitations rurales ;

3° Les locaux destinés au logement des élèves dans les écoles et pensionnats ;

4° Les bureaux des fonctionnaires publics ;

5° Les locaux affectés au logement des étudiants dans les résidences universitaires lorsque la gestion de ces locaux est assurée par un centre régional des œuvres universitaires et scolaires ou par un organisme en subordonnant la disposition à des conditions financières et d'occupation analogues. Un décret fixe les justifications à produire par ces organismes *(Voir Annexe III, art. 322 ter et 322 quater)*.

HAB-II-300 s. ; MF n° 43050

III. Dans les zones de revitalisation rurale mentionnées à l'article 1465 A, les communes peuvent, par une délibération de portée générale prise dans les conditions prévues au I de l'article 1639 A bis, exonérer :

Ndlr *Pour les dispositions de l'alinéa ci-dessus qui s'appliqueront à compter du 1er juillet 2024, voir partie Autres textes du présent code loi 2023-1322 du 29 décembre 2023 art. 73, I-16° et XX-D.*

1° *(Abrogé)* ;

2° Les locaux classés meublés de tourisme dans les conditions prévues à l'article L 324-1 du code du tourisme ;

3° Les chambres d'hôtes au sens de l'article L 324-3 du code du tourisme.

La délibération prise par la commune produit ses effets pour la détermination de la part de la taxe d'habitation sur les résidences secondaires et autres locaux meublés non affectés à l'habitation principale afférente à ces locaux revenant à la commune et, le cas échéant, à l'établissement public de coopération intercommunale doté d'une fiscalité propre dont elle est membre. Elle peut concerner une ou plusieurs catégories de locaux.

Pour bénéficier de cette exonération, le redevable de la taxe d'habitation sur les résidences secondaires et autres locaux meublés non affectés à l'habitation principale adresse au service des impôts du lieu de situation du bien, avant le 1er janvier de chaque année au titre de laquelle l'exonération est applicable, une déclaration accompagnée de tous les éléments justifiant de l'affectation des locaux.

HAB-II-1500 s. ; MF nos 43050, 90675

HAB-I-200 s.

Art 1407 bis Les communes autres que celles visées à l'article 232 peuvent, par une délibération prise dans les conditions prévues à l'article 1639 A bis, assujettir à la taxe d'habitation sur les résidences secondaires et autres locaux meublés non affectés à l'habitation principale, pour la part communale et celle revenant aux établissements publics de coopération intercommunale sans fiscalité propre, les logements vacants depuis plus de deux années au 1er janvier de l'année d'imposition. La vacance s'apprécie au sens des V et VI de l'article 232.

Le premier alinéa est applicable aux établissements publics de coopération intercommunale à fiscalité propre, mentionnés aux I ou II de l'article 1379-0 bis, lorsqu'ils ont adopté un programme local de l'habitat défini à l'article L 302-1 du code de la construction et de l'habitation. La délibération prise par l'établissement public de coopération intercommunale n'est pas applicable sur le territoire de ses communes membres ayant délibéré pour instaurer cette taxe conformément au premier alinéa ainsi que sur celui des communes mentionnées à l'article 232.

Toutefois, sont exonérés les logements détenus par les organismes d'habitations à loyer modéré et les sociétés d'économie mixte, destinés à être attribués sous conditions de ressources.

En cas d'imposition erronée liée à l'appréciation de la vacance, les dégrèvements en résultant sont à la charge de la commune ou de l'établissement public de coopération intercommunale à fiscalité propre. Ils s'imputent sur les attributions mentionnées aux articles L 2332-2 et L 3332-1-1 du code général des collectivités territoriales.

HAB-I-1500 s. ; MF n° 43000

Art 1407 ter I. Dans les communes classées dans les zones géographiques mentionnées au I de l'article 232, le conseil municipal peut, par une délibération prise dans les conditions prévues à l'article 1639 A bis, majorer d'un pourcentage compris entre 5 % et 60 % la part lui revenant de la cotisation de taxe d'habitation sur les résidences secondaires et autres locaux meublés non affectés à l'habitation principale due au titre des logements meublés.

Le produit de la majoration mentionnée au premier alinéa du présent I est versé à la commune l'ayant instituée.

Cette majoration n'est pas prise en compte pour l'application des articles 1636 B sexies et 1636 B decies. Toutefois, la somme du taux de taxe d'habitation sur les résidences secondaires et autres locaux meublés non affectés à l'habitation principale de la commune et du taux de taxe d'habitation sur les résidences secondaires et autres locaux meublés non affectés à l'habitation principale de la commune multiplié par le taux de la majoration ne peut excéder le taux plafond de taxe d'habitation sur les résidences secondaires et autres locaux meublés non affectés à l'habitation principale prévu à l'article 1636 B septies.

II. Sur réclamation présentée dans le délai prévu à l'article R* 196-2 du livre des procédures fiscales et dans les formes prévues par ce même livre, bénéficient d'un dégrèvement de la majoration :

1° Pour le logement situé à proximité du lieu où elles exercent leur activité professionnelle, les personnes contraintes de résider dans un lieu distinct de celui de leur habitation principale ;

2° Pour le logement qui constituait leur résidence principale avant qu'elles soient hébergées durablement dans un établissement ou service mentionné au premier alinéa de l'article 1414 B du présent code, les personnes qui bénéficient des dispositions du même article ;

3° Les personnes autres que celles mentionnées aux 1° et 2° qui, pour une cause étrangère à leur volonté, ne peuvent affecter le logement à un usage d'habitation principale.

Les dégrèvements résultant de l'application des 1° à 3° sont à la charge de la commune ; ils s'imputent sur les attributions mentionnées à l'article L 2332-2 du code général des collectivités territoriales.

HAB-IV-200 s. ; MF nº 43150

II. Personnes imposables

Art 1408 I. La taxe est établie au nom des personnes qui ont, à quelque titre que ce soit, la disposition ou la jouissance des locaux imposables. Toutefois, pour l'imposition mentionnée à l'article 1407 bis, la taxe est établie au nom du propriétaire, de l'usufruitier, du preneur du bail à construction ou à réhabilitation ou de l'emphytéote qui dispose du local depuis le début de la période de vacance.

Les fonctionnaires et les employés civils et militaires logés gratuitement dans les bâtiments appartenant à l'Etat, aux départements, aux communes ou aux hospices sont imposables pour les locaux affectés à leur habitation personnelle.

Les sociétés d'attribution d'immeubles en jouissance à temps partagé sont redevables de la taxe d'habitation sur les résidences secondaires et autres locaux meublés non affectés à l'habitation principale afférente aux locaux attribués en jouissance à leurs membres.

HAB-I-1500, 4500 s. ; MF nº 43030

II. Sont exonérés :

1° Les établissements publics scientifiques, d'enseignement et d'assistance, les établissements mentionnés aux I et II de l'article L 313-12 du code de l'action sociale et des familles, ou leurs groupements, ne se livrant pas à une exploitation ou à des opérations à caractère lucratif *(NDLR Sur les obligations déclaratives incombant à ces établissements, voir Annexe III, art. 322 quinquies)*, ainsi que les établissements visés aux articles L 451-1, L 451-2, L 451-12, L 452-1 et L 452-12du code général de la fonction publique ;

1° bis L'établissement public d'insertion de la défense mentionné à l'article L 3414-1 du code de la défense ;

2° Les habitants reconnus indigents par la commission communale des impôts directs, d'accord avec l'agent de l'administration fiscale ;

3° Les ambassadeurs et autres agents diplomatiques de nationalité étrangère dans la commune de leur résidence officielle et pour cette résidence seulement, dans la mesure où les pays qu'ils représentent concèdent des avantages analogues aux ambassadeurs et agents diplomatiques français.

La situation des consuls et agents consulaires est réglée conformément aux conventions intervenues avec le pays représenté, l'exonération de la taxe d'habitation sur les résidences secondaires et autres locaux meublés non affectés à l'habitation principale ne pouvant, en tout état de cause, être accordée que dans la commune de la résidence officielle et pour cette résidence seulement.

HAB-II-2500 s., 7200 ; MF nº 43060

III. Assiette de la taxe

Art 1409 La taxe d'habitation sur les résidences secondaires et autres locaux meublés non affectés à l'habitation principale est calculée d'après la valeur locative des habitations et de leurs dépendances, telles que garages, jardins d'agrément, parcs et terrains de jeux.

Cette valeur locative est déterminée selon les règles définies aux articles 1494 à 1508, 1516 à 1518 A ter et 1518 A quinquies.

HAB-III-200 s. ; MF nº 43120

Art 1411 bis La valeur locative des locaux affectés exclusivement à l'hébergement de salariés agricoles saisonniers dans les conditions prévues par l'article L 716-1 du code rural et de la pêche maritime, ainsi qu'à l'hébergement des apprentis, dont le statut est régi par les dispositions du livre II de la sixième partie du code du travail, dans les conditions prévues à l'article 6 de la loi nº 89-462 du 6 juillet 1989 tendant à améliorer les rapports locatifs et portant modification de la loi nº 86-1290 du 23 décembre 1986, est calculée au prorata de la durée d'utilisation de ces locaux pour l'hébergement de salariés et d'apprentis l'année précédant celle au titre de laquelle l'imposition est établie ; les salariés s'entendent des personnes autres que le propriétaire du logement, son conjoint, les membres du foyer fiscal, les ascendants et descendants de l'exploitant agricole.

Le bénéfice des dispositions du premier alinéa est subordonné au respect des obligations déclaratives prévues par l'article 1388 quater.

HAB-III-5500 s. ; MF nº 42030

Art 1413 I. Les contribuables peuvent réclamer contre leur omission au rôle dans le délai prévu à l'article R* 196-2 du livre des procédures fiscales.

HAB-IV-1690 s.

II. Lorsque, au titre d'une année, une cotisation de taxe d'habitation sur les résidences secondaires et autres locaux meublés non affectés à l'habitation principale a été établie au nom d'une personne autre que le redevable légal de l'impôt, l'imposition de ce dernier, au titre de la même année, est établie au profit de l'Etat dans la limite du dégrèvement accordé au contribuable imposé à tort.

Toutefois, cette cotisation est mise à la charge du propriétaire si celui-ci est une personne morale et n'a pas souscrit, dans le délai prescrit, la déclaration de mutation de jouissance à laquelle il est tenu. Le montant de cette imposition est égal à celui de la cotisation établie à tort et est perçu au profit de l'Etat. Le propriétaire est fondé à en demander le remboursement au nouvel occupant, à concurrence des droits dont ce dernier serait normalement passible, compte tenu de sa situation propre.

HAB-IV-1200 s ; MF nº 43190

IV. Exonérations et dégrèvements

Art 1414 I. *(Abrogé).*

I bis *(Abrogé).*

II. Sont dégrevés d'office de la taxe d'habitation sur les résidences secondaires et autres locaux meublés non affectés à l'habitation principale :

1º Les gestionnaires de foyers de jeunes travailleurs, de foyers de travailleurs migrants et des logements-foyers dénommés résidences sociales, à raison des logements situés dans ces foyers ;

2º Les organismes ne se livrant pas à une exploitation ou à des opérations de caractère lucratif, lorsqu'ils ont conclu une convention avec l'Etat conformément à l'article L 851-1 du code de la sécurité sociale, à raison des logements qu'ils louent en vue de leur sous-location ou de leur attribution à titre temporaire aux personnes défavorisées mentionnées à l'article 1er de la loi nº 90-449 du 31 mai 1990 modifiée visant à la mise en œuvre du droit au logement.

Les obligations déclaratives à la charge des personnes ou organismes entrant dans le champ d'application des premier à troisième alinéas sont fixées par décret *(Voir Annexe III, art. 322 et 322 bis).*

HAB-II-7400 s. ; MF nº 43090

III. *(Abrogé).*

IV. *(Abrogé).*

HAB-II-5750 s.

V. *(Abrogé).*

Art 1414 A Sur réclamation présentée dans le délai prévu à l'article R. 196-2 du livre des procédures fiscales et dans les formes prévues au même code, les personnes domiciliées hors de France bénéficient d'un dégrèvement de la taxe d'habitation sur les résidences secondaires et autres locaux meublés non affectés à l'habitation principale pour le logement qui constituait leur résidence principale à la date du transfert de leur domicile fiscal hors de France, au titre de l'année de leur retour en France, faisant suite à un appel à quitter la zone où était établie leur résidence ou à une opération de retour collectif décidé par le ministre des affaires étrangères ou le chef de la mission diplomatique.

La liste des appels et opérations concernés est fixée chaque année par arrêté conjoint du ministre des affaires étrangères et du ministre chargé du budget.

Art 1414 B Les personnes qui conservent la jouissance de l'habitation qui constituait leur résidence principale avant d'être hébergées durablement dans un établissement ou un service mentionné au 6º du I de l'article L 312-1 du code de l'action sociale et des familles ou dans un établissement délivrant des soins de longue durée, mentionné à l'avant-dernier alinéa de l'article L 6143-5 du code de la santé publique, et comportant un hébergement, à des personnes n'ayant pas leur autonomie de vie dont l'état nécessite une surveillance médicale constante et des traitements d'entretien bénéficient d'une exonération de la taxe d'habitation sur les résidences secondaires et autres locaux meublés non affectés à l'habitation principale afférente à cette habitation.

L'exonération est accordée à compter de l'année qui suit celle de leur hébergement dans les établissements ou services mentionnés au premier alinéa.

HAB-II-4000 s. ; MF nº 43070

Art 1414 B bis Les communes et les établissements publics de coopération intercommunale à fiscalité propre peuvent, par une délibération prise dans les conditions prévues au I de l'article 1639 A bis, exonérer de la part de taxe d'habitation sur les résidences secondaires et autres locaux meublés non affectés à l'habitation principale qui leur revient les fondations et les associations remplissant les conditions prévues aux a ou b du 1 de l'article 200, à l'exception des fondations d'entreprise.

Pour bénéficier de cette exonération, le redevable de la taxe d'habitation sur les résidences secondaires et autres locaux meublés non affectés à l'habitation principale adresse au service des impôts du lieu de situation du bien, avant le 1er mars de la première année au titre de laquelle l'exonération est applicable, une déclaration accompagnée des éléments permettant de justifier de son respect des conditions fixées au premier alinéa du présent article.

FR 2/24 inf. 78 p. 141

SECTION IV

Dispositions communes aux taxes foncières et à la taxe d'habitation

Art 1415 La taxe foncière sur les propriétés bâties, la taxe foncière sur les propriétés non bâties et la taxe d'habitation sur les résidences secondaires et autres locaux meublés non affectés à l'habitation principale sont établies pour l'année entière d'après les faits existants au 1er janvier de l'année de l'imposition.

FNB-IV-200 s. ; FB-IV-1200 s. ; HAB-IV-800 s. ; MF nos 41680, 43190

Art 1416 Lorsqu'il n'y a pas lieu à l'établissement de rôles particuliers *(Voir art. 1508)*, les contribuables omis ou insuffisamment imposés au rôle primitif sont inscrits dans un rôle supplémentaire qui peut être mis en recouvrement au plus tard le 31 décembre de l'année suivant celle de l'imposition.

CF-II-2540 ; MF nos 42275, 42590

Art 1417 I. Les dispositions des articles 1391 et 1391 B sont applicables aux contribuables dont le montant des revenus de l'année précédant celle au titre de laquelle l'imposition est établie n'excède pas la somme de 12 455 €, pour la première part de quotient familial, majorée de 3 326 € pour chaque demi-part supplémentaire *(NDLR 1 663 € en cas de quart de part supplémentaire)*, retenues pour le calcul de l'impôt sur le revenu afférent auxdits revenus. Pour la Martinique, la Guadeloupe et La Réunion, les montants des revenus sont fixés à 14 739 €, pour la première part, majorés de 3 520 € pour la première demi-part et 3 326 € pour chaque demi-part supplémentaire à compter de la deuxième *(NDLR Les deux derniers montants s'élèvent respectivement à 1 760 € et 1 663 € en cas de quart de part supplémentaire)*. Pour la Guyane et Mayotte, ces montants sont fixés respectivement à 15 409 €, 4 241 € et 3 326 € *(NDLR Les deux derniers montants s'élèvent respectivement à 2 121 € et 1 663 € en cas de quart de part supplémentaire)*.

Ndlr *Les montants de revenus s'appliquent pour les impositions établies au titre de 2024.*

I bis. Par dérogation au I du présent article, l'article 1391 est applicable aux contribuables qui remplissent les conditions prévues au même article 1391 et qui ont bénéficié de l'exonération prévue au I de l'article 28 de la loi no 2014-891 du 8 août 2014 de finances rectificative pour 2014 lorsque le montant des revenus de l'année précédant celle au titre de laquelle l'imposition est établie n'excède pas la somme de 15 780 €, pour la première part de quotient familial, majorée de 3 326 € pour chaque demi-part supplémentaire à compter de la deuxième, retenues pour le calcul de l'impôt sur le revenu afférent auxdits revenus. Pour la Martinique, la Guadeloupe et La Réunion, les montants de revenus sont fixés à 18 260 € pour la première part, majorés de 3 326 € pour chaque demi-part supplémentaire à compter de la deuxième. Pour la Guyane et Mayotte, ces montants sont fixés, respectivement, à 19 652 € et 3 326 €.

Ndlr *Les montants de revenus s'appliquent pour les impositions établies au titre de 2024.*

II. Les dispositions de l'article 1391 B ter sont applicables aux contribuables dont le montant des revenus de l'année précédant celle au titre de laquelle l'imposition est établie n'excède pas la somme de 29 288 €, pour la première part de quotient familial, majorée de 6 843 € pour la première demi-part et 5 387 € à compter de la deuxième demi-part supplémentaire, retenues pour le calcul de l'impôt sur le revenu afférent auxdits revenus *(NDLR Les deux derniers montants s'élèvent respectivement à 3 422 € et 2 694 € en cas de quart de part supplémentaire)*. Pour la Martinique, la Guadeloupe et La Réunion, les montants des revenus sont fixés à 35 395 €, pour la première part, majorés de 7 508 € pour la première demi-part, 7 159 € pour la deuxième demi-part et 5 387 € pour chaque demi-part supplémentaire à compter de la troisième *(NDLR Les trois derniers montants s'élèvent respectivement à 3 754 €, 3 580 € et 2 694 € en cas de quart de part supplémentaire)*. Pour la Guyane et Mayotte, ces montants sont fixés à 38 790 € pour la première part, majorés de 7 508 € pour chacune des deux premières demi-parts, 6 392 € pour la troisième demi-part et 5 387 € pour chaque demi-part supplémentaire à compter de la quatrième *(NDLR Les trois derniers montants s'élèvent respectivement à 3 754 €, 3 196 € et 2 694 € en cas de quart de part supplémentaire)*.

Ndlr *Les montants de revenus s'appliquent pour les impositions établies au titre de 2024.*

II bis. *(Abrogé)*.

III. Les montants de revenus prévus aux I, I bis et II sont indexés, chaque année, comme la limite supérieure de la première tranche du barème de l'impôt sur le revenu.

Les majorations mentionnées aux I et II sont divisées par deux pour les quarts de part *(NDLR Elles sont, après division par deux, arrondies le cas échéant à l'euro supérieur).*

Les montants mentionnés aux deux premiers alinéas du présent III sont arrondis à l'euro le plus proche ; la fraction d'euro égale à 0,50 est comptée pour 1.

Ndlr *Les montants s'appliquent pour les impositions établies au titre de 2024.*

IV. 1° Pour l'application du présent article, le montant des revenus s'entend du montant net après application éventuelle des règles de quotient définies à l'article 163-0 A des revenus et plus-values retenus pour l'établissement de l'impôt sur le revenu au titre de l'année précédente.

Ce montant est majoré :

a. Du montant des charges déduites en application de l'article 163 duovicies ainsi que du montant des cotisations ou des primes déduites en application de l'article 163 quatervicies ;

a bis. Du montant des abattements mentionnés aux 1 ter ou 1 quater de l'article 150-0 D, à l'article 150-0 D ter, au 2° du 3 de l'article 158 et au 3 de l'article 200 A, du montant des plus-values en report d'imposition en application de l'article 150-0 B quater, du montant des plus-values soumises au prélèvement prévu à l'article 244 bis A et du montant des plus-values et distributions soumises au prélèvement prévu à l'article 244 bis B ;

b. Du montant des bénéfices exonérés en application des articles 44 sexies, 44 sexies A, 44 octies A, 44 terdecies à 44 septdecies, ainsi que du 9 de l'article 93 ;

c. Du montant des revenus soumis aux prélèvements libératoires prévus au 1 du II et au II bis de l'article 125-0 A, aux II et III de l'article 125 A et au II de l'article 163 bis, du montant des produits et revenus soumis aux retenues à la source prévues à l'article 119 bis, aux articles 182 A, 182 A bis et 182 A ter, à hauteur de la fraction donnant lieu à une retenue libératoire de l'impôt sur le revenu, de ceux soumis aux versements libératoires prévus par l'article 151-0 retenus pour leur montant diminué, selon le cas, de l'abattement prévu au 1 de l'article 50-0 ou au 1 de l'article 102 ter, de ceux visés aux articles 81 quater, 81 A, 81 D et 155 B, de ceux perçus par les fonctionnaires des organisations internationales, de ceux exonérés par application d'une convention internationale relative aux doubles impositions, de ceux exonérés en application de l'article 80 sexdecies ainsi que de ceux exonérés en application des articles 163 quinquies B à 163 quinquies C bis ;

d. Du montant des plus-values exonérées en application des 1, 1 bis et 7 du III de l'article 150-0 A ;

Ndlr *Pour les dispositions du présent d qui entreront en vigueur à une date fixée par décret, et au plus tard le 1er juillet 2024, voir partie Autres textes du présent code loi 2023-1322 du 29 décembre 2023 art. 3, I-5° et III-A renvoyant au III de l'article 34 de la loi 2023-973 du 23 octobre 2023 relative à l'industrie verte.*

e. Des sommes correspondant aux droits visés à l'article L 3152-4 ou à l'article L 3334-8 du code du travail ainsi que des sommes issues des droits inscrits au compte-épargne ou correspondant à des jours de repos non pris exonérés en application du 18° de l'article 81.

Ndlr ***1.*** *Le montant du revenu de référence défini au IV-1° ci-dessus est majoré des pourboires exonérés d'impôt sur le revenu versés en 2022, 2023 et 2024 (voir partie Autres textes du présent code loi 2021-1900 du 30 décembre 2021 art. 5).*

2. *Le montant des rémunérations versées aux salariés au titre des journées ou demi-journées conventionnelles de repos ou de RTT acquises au titre des périodes postérieures au 1er janvier 2022 et jusqu'au 31 décembre 2025 auxquelles ils ont renoncé en accord avec l'employeur, exonérées d'impôt sur le revenu, est inclus dans le montant du revenu fiscal de référence défini au présent 1° (Voir partie Autres textes du présent code loi 2022-1157 du 16 août 2022 art. 5, III).*

2° *(Abrogé).*

HAB-II-4520 s. ; MF nos 42325, 42332, 91535

SECTION IV bis

Dispositions communes à la taxe d'habitation sur les résidences secondaires et autres locaux meublés non affectés à l'habitation principale et à la taxe annuelle sur les locaux vacants

Art 1418 I. Les propriétaires de locaux affectés à l'habitation sont tenus de déclarer à l'administration fiscale, avant le 1er juillet de chaque année, les informations relatives, s'ils s'en réservent la jouissance, à la nature de l'occupation de ces locaux ou, s'ils sont occupés par des tiers, à l'identité du ou des occupants desdits locaux, selon des modalités fixées par décret.

Sont dispensés de cette déclaration les propriétaires des locaux pour lesquels aucun changement dans les informations transmises n'est intervenu depuis la dernière déclaration.

II. Cette déclaration est souscrite par voie électronique par les propriétaires dont la résidence principale est équipée d'un accès à internet.

Ceux de ces propriétaires qui indiquent à l'administration ne pas être en mesure de souscrire cette déclaration par voie électronique ainsi que les propriétaires dont la résidence principale n'est pas équipée d'un accès à internet utilisent les autres moyens mis à leur disposition par l'administration.

SECTION V

Contribution économique territoriale

Art 1447-0 Il est institué une contribution économique territoriale composée d'une cotisation foncière des entreprises et d'une cotisation sur la valeur ajoutée des entreprises.

Ndlr *Les dispositions du présent article sont abrogées à compter du 1er janvier 2027, voir partie Autres textes du présent code loi 2022-1726 du 30 décembre 2022 art. 55, I-D et XXVII-G bis modifié par loi 2023-1322 du 29 décembre 2023 art. 79, III-2°.*

CET-I-1 s. ; MF nos 43500 s.

I. Personnes et activités imposables

Art 1447 **I.** La cotisation foncière des entreprises est due chaque année par les personnes physiques ou morales, les sociétés non dotées de la personnalité morale ou les fiduciaires pour leur activité exercée en vertu d'un contrat de fiducie qui exercent à titre habituel une activité professionnelle non salariée.

Pour l'établissement de la cotisation foncière des entreprises, les activités de location ou de sous-location d'immeubles, autres que les activités de location ou sous-location d'immeubles nus à usage d'habitation, sont réputées exercées à titre professionnel ; toutefois, la cotisation foncière des entreprises n'est pas due lorsque l'activité de location ou de sous-location d'immeubles nus est exercée par des personnes qui, au cours de la période de référence définie à l'article 1467 A, en retirent des recettes brutes hors taxes, au sens de l'article 29, inférieures à 100 000 € ou un chiffre d'affaires, au sens du 1 du I de l'article 1586 sexies, inférieur à 100 000 €.

Lorsque la période de référence ne correspond pas à une période de douze mois, le montant des recettes ou du chiffre d'affaires est ramené ou porté, selon le cas, à douze mois.

Ndlr *Pour les dispositions du présent I qui s'appliquent à compter du 1er janvier 2027, voir partie Autres textes du présent code loi 2022-1726 du 30 décembre 2022 art. 55, I-E et XXVII-G bis modifié par loi 2023-1322 du 29 décembre 2023 art. 79, III-2°.*

II. La cotisation foncière des entreprises n'est pas due par les organismes mentionnés au premier alinéa du 1 bis de l'article 206 qui remplissent les trois conditions fixées par ce même alinéa.

III. Les personnes et sociétés mentionnées au I ne sont pas soumises à la cotisation foncière des entreprises à raison de leurs activités qui ne sont assujetties ni à l'impôt sur les sociétés ni à l'impôt sur le revenu en raison des règles de territorialité propres à ces impôts.

CET-II-300 s. ; IS-I-14000 s. ; MF nos 43525 s., 89460 s., 91145

Art 1447 bis Les activités de construction, de fabrication ou de refonte de matériels militaires exercées par l'Etat dans ses établissements industriels sont imposables à la cotisation foncière des entreprises. Il en va de même pour l'entretien et les grosses réparations, les activités d'étude et de recherche appliquées qui sont effectuées dans ces mêmes établissements et qui ne relèvent pas de la mise en œuvre opérationnelle des forces armées.

CET-II-7220 s., 21000 s ; MF no 43570

II. Exonérations et abattements

Art 1449 Sont exonérés de la cotisation foncière des entreprises :

1° Les collectivités territoriales, les établissements publics et les organismes de l'Etat, pour leurs activités de caractère essentiellement culturel, éducatif, sanitaire, social, sportif ou touristique, quelle que soit leur situation à l'égard de la taxe sur la valeur ajoutée ;

2° Les grands ports maritimes et fluvio-maritimes, les ports autonomes, ainsi que les ports à l'exception des ports de plaisance.

CET-II-21000 s. ; MF no 43570

Art 1450 Les exploitants agricoles, y compris les propriétaires ou fermiers de marais salants, sont exonérés de la cotisation foncière des entreprises.

En sont également exonérés les groupements d'employeurs constitués exclusivement d'exploitants individuels agricoles ou de sociétés civiles agricoles bénéficiant de l'exonération, et fonctionnant dans les conditions fixées au chapitre III du titre V du livre II de la première partie du code du travail *(Voir code du travail art.*

L 1253-1 à L 1253-18) ainsi que les groupements d'intérêt économique constitués entre exploitations agricoles.

Toutefois, ces dispositions ne s'appliquent pas à la production de graines, semences et plants effectuée par l'intermédiaire de tiers lorsque l'entreprise réalise, au cours de la période de référence définie à l'article 1467 A, un chiffre d'affaires supérieur à 4 573 000 € hors taxes.

CET-II-24100 s. ; MF nos 43550 s.

Art 1451 I. Sous réserve des dispositions du II, sont exonérés de la cotisation foncière des entreprises :

1° Les sociétés coopératives agricoles et leurs unions ainsi que les sociétés d'intérêt collectif agricole qui emploient au plus trois salariés ou qui se consacrent :

A l'électrification ;

A l'habitation ou à l'aménagement rural ;

A l'utilisation de matériel agricole ;

A l'insémination artificielle ;

A la lutte contre les maladies des animaux et des végétaux ;

A la vinification ;

Au conditionnement des fruits et légumes ;

Et à l'organisation des ventes aux enchères ;

2° Les coopératives agricoles et vinicoles, pour leurs activités autres que la vinification et quel que soit le mode de commercialisation employé, lorsque l'effectif salarié correspondant n'excède pas trois personnes ;

3° Les organismes suivants, susceptibles d'adhérer aux caisses de crédit agricole mutuel en vertu des dispositions législatives et réglementaires qui régissent le crédit mutuel et la coopération agricole :

Associations syndicales qui ont un objet exclusivement agricole ;

Syndicats professionnels agricoles, à condition que leurs opérations portent exclusivement sur des produits ou instruments nécessaires aux exploitations agricoles elles-mêmes ;

Sociétés d'élevage, associations agricoles reconnues par la loi et dépendant du ministère de l'agriculture, qui ont pour objet de favoriser la production agricole, ainsi que leurs unions et fédérations ;

Chambres d'agriculture ;

4° Les caisses locales d'assurances mutuelles agricoles régies par l'article L 771-1 du code rural et de la pêche maritime qui ont au plus deux salariés ou mandataires rémunérés ;

5° Les sociétés produisant du biogaz, de l'électricité ou de la chaleur par la méthanisation et répondant aux conditions prévues à l'article L 311-1 du code rural et de la pêche maritime.

L'effectif salarié est apprécié selon les modalités prévues au I de l'article L 130-1 du code de la sécurité sociale. Par dérogation au même I, la période à retenir pour apprécier le nombre de salariés est l'avant-dernière année précédant celle de l'imposition. Lorsqu'une entreprise bénéficiant déjà de l'exonération prévue au présent article constate un franchissement de seuil d'effectif mentionné aux 1°, 2° ou 4° du présent I déterminé selon les modalités prévues au II de l'article L 130-1 du code de la sécurité sociale, cette circonstance lui fait perdre le bénéfice de cette exonération.

II. L'exonération prévue aux 1° et 2° du I est supprimée pour :

a. Les sociétés coopératives agricoles, leurs unions et les sociétés d'intérêt collectif agricole dont les parts sont admises aux négociations sur un marché réglementé ou offertes au public sur un système multilatéral de négociation soumis aux dispositions du II de l'article L 433-3 du code monétaire et financier ou dont le capital est détenu à concurrence de 20 % au moins par des associés non coopérateurs au sens du 1 quinquies de l'article 207 du présent code et des titulaires de certificats coopératifs d'investissement lorsque les statuts prévoient qu'ils peuvent être rémunérés ;

b. Les sociétés d'intérêt collectif agricole dont plus de 50 % du capital ou des voix sont détenus directement ou par l'intermédiaire de filiales par des associés autres que ceux visés aux 1°, 2° et 3° de l'article L 522-1 du code rural et de la pêche maritime.

CET-II-24100 s., 28950 s., 31100 s. ; MF nos 43550 s.

Art 1452 Sont exonérés de la cotisation foncière des entreprises :

1° Les ouvriers qui travaillent soit à façon pour les particuliers, soit pour leur compte et avec des matières leur appartenant, qu'ils aient ou non une enseigne ou une boutique, lorsqu'ils n'utilisent que le concours d'un ou plusieurs apprentis âgés de vingt ans au plus au début de l'apprentissage et munis d'un contrat d'apprentissage passé dans les conditions prévues par les articles L 6221-1 à L 6225-8 du code du travail ;

2° La veuve qui continue, avec l'aide d'un seul ouvrier et d'un ou plusieurs apprentis satisfaisant aux mêmes conditions qu'au 1°, la profession précédemment exercée par son mari.

Les personnes mentionnées aux 1° et 2° peuvent, sans perdre le bénéfice de l'exonération prévue au présent article, se faire aider de leur conjoint, du partenaire auquel elles sont liées par un pacte civil de solidarité et de leurs enfants.

Ces dispositions sont applicables, sous les mêmes conditions, aux sociétés imposées dans les conditions prévues au 4° de l'article 8.

Pour l'appréciation du nombre de salariés, la période de référence à retenir est l'année mentionnée à l'article 1467 A.

CET-II-33900 s. ; MF n° 43545

Art 1453 Sont exonérés de la cotisation foncière des entreprises, les chauffeurs et cochers propriétaires d'une ou de deux voitures qu'ils conduisent et gèrent eux-mêmes, à la condition que les deux voitures ne soient pas mises simultanément en service, qu'elles ne comportent pas plus de sept places et que les conditions de transport soient conformes à un tarif réglementaire.

CET-II-37800 s. ; MF n° 43546

Art 1454 Sont exonérées de la cotisation foncière des entreprises, les sociétés coopératives et unions de sociétés coopératives d'artisans, de même que les sociétés coopératives et unions de sociétés coopératives de patrons bateliers, lorsque ces différents organismes sont constitués et fonctionnent conformément aux dispositions législatives et réglementaires qui les régissent.

L'exonération prévue au premier alinéa n'est pas applicable aux sociétés coopératives et unions de sociétés coopératives dont les parts sont admises aux négociations sur un marché réglementé ou offertes au public sur un système multilatéral de négociation soumis aux dispositions du II de l'article L 433-3 du code monétaire et financier ou dont le capital est détenu à concurrence de 20 % au moins par des associés non coopérateurs au sens du 1 quinquies de l'article 207 du présent code et des titulaires de certificats coopératifs d'investissement lorsque les statuts prévoient qu'ils peuvent être rémunérés.

CET-II-38600 s. ; MF n° 43546

Art 1455 Sont exonérés de la cotisation foncière des entreprises :

1° Les pêcheurs utilisant pour leur activité professionnelle un ou deux bateaux, même s'ils en sont propriétaires ;

1° bis Les sociétés de pêche artisanale visées à l'article L 931-2 du code rural et de la pêche maritime lorsqu'un ou plusieurs associés sont embarqués ;

2° Les inscrits maritimes qui se livrent personnellement à la pêche des poissons, crustacés, mollusques et autres produits de la pêche et effectuent eux-mêmes la vente de ces produits ;

3° Les sociétés coopératives maritimes constituées et fonctionnant conformément aux articles L 931-5 à L 931-27 du code rural et de la pêche maritime.

L'exonération prévue ci-dessus n'est pas applicable aux sociétés coopératives maritimes dont les parts sont admises aux négociations sur un marché réglementé ou offertes au public sur un système multilatéral de négociation soumis aux dispositions du II de l'article L 433-3 du code monétaire et financier ou dont le capital est détenu à concurrence de 20 % au moins par des associés non coopérateurs au sens du 1 quinquies de l'article 207 du présent code et des titulaires de certificats coopératifs d'investissement lorsque les statuts prévoient qu'ils peuvent être rémunérés.

CET-II-39800 s. ; MF n° 43546

Art 1456 Sont exonérées de la cotisation foncière des entreprises, les sociétés coopératives de production dont les statuts et le fonctionnement sont reconnus conformes aux dispositions de la loi n° 78-763 du 19 juillet 1978 portant statut des sociétés coopératives de production.

Sont exclues du bénéfice de cette exonération les sociétés coopératives de production dont les parts sont admises aux négociations sur un marché réglementé ou offertes au public sur un système multilatéral de négociation soumis aux dispositions du II de l'article L 433-3 du code monétaire et financier ou dont le capital est détenu pour plus de 50 % par des personnes définies au 1 quinquies de l'article 207 du présent code et des titulaires de certificats coopératifs d'investissement, à l'exception de celles dont la majorité du capital est détenue par une autre société coopérative de production dans les conditions prévues à l'article 25 modifié de la loi n° 78-763 du 19 juillet 1978 portant statut des sociétés coopératives de production.

L'exonération est toutefois applicable aux sociétés coopératives de production issues de la transformation d'autres sociétés dans les conditions prévues aux articles 48 à 52 de la même loi et pour lesquelles les associés non coopérateurs s'engagent, au moment de la transformation et dans des conditions fixées par décret *(Voir décret 2014-1758 du 31 décembre 2014)*, à céder un nombre de parts sociales suffisant pour permettre aux associés coopérateurs de détenir au moins 50 % du capital de la société au plus tard le 31 décembre de la septième année qui suit celle de la transformation en société coopérative de production.

L'exonération est également applicable aux sociétés coopératives de production qui ont constitué entre elles un groupement relevant des articles 47 bis à 47 septies de la loi n° 78-763 du 19 juillet 1978 précitée et dont la majorité du capital est détenue par une ou plusieurs sociétés coopératives membres de ce groupement ou par des salariés employés par les autres sociétés coopératives membres de ce groupement.

En cas de non-respect de l'engagement mentionné au troisième alinéa, la société verse les sommes qu'elle n'a pas acquittées au titre de la cotisation foncière des entreprises en application du même alinéa. Les droits correspondants sont majorés de l'intérêt de retard prévu à l'article 1727, décompté à partir de la date à laquelle ces impositions auraient dû être acquittées.

CET-II-40730 s. ; MF n° 43546

Art 1457 L'activité des personnes mentionnées à l'article L 135-1 du code de commerce dont la rémunération brute totale, perçue au titre de cette activité au cours de la période de référence définie à l'article 1467 A, est inférieure à la limite de 16,5 % du montant annuel du plafond mentionné à l'article L 241-3 du code de la sécurité sociale *(Pour Mayotte, la référence au plafond mentionné à l'article L 241-3 du code de la sécurité sociale est remplacée par la référence au plafond mentionné à l'article 28-1 de l'ordonnance 96-1122 du 20 décembre 1996 : ordonnance 2013-837 du 19 septembre 2013, art. 35-III al. 2)* est exonérée de la cotisation foncière des entreprises.

Le bénéfice de l'exonération est subordonné au respect du règlement (UE) n° 1407/2013 de la Commission, du 18 décembre 2013, relatif à l'application des articles 107 et 108 du traité sur le fonctionnement de l'Union européenne aux aides de minimis.

CET-II-41240 s. ; MF n° 43546

Art 1458 Sont exonérés de la cotisation foncière des entreprises :

1° Les éditeurs de feuilles périodiques et les sociétés dont ils détiennent majoritairement le capital et auxquelles ils confient l'exécution d'opérations de groupage et de distribution ;

1° bis Les sociétés coopératives de groupage de presse et les sociétés agréées de distribution de la presse, en raison de l'activité de distribution groupée des journaux et publications périodiques qu'elles se voient confier et exercent en application de l'article 3 de la loi n° 47-585 du 2 avril 1947 relative au statut des entreprises de groupage et de distribution des journaux et publications périodiques ;

1° ter Les services de presse en ligne reconnus au 1er janvier de l'année d'imposition dans les conditions précisées par le décret prévu au troisième alinéa de l'article 1er de la loi n° 86-897 du 1er août 1986 portant réforme du régime juridique de la presse *(Voir décret 2009-1340 du 29 octobre 2009)* ;

2° Les agences de presse qui figurent sur la liste établie en application de l'article 1er de l'ordonnance n° 45-2646 du 2 novembre 1945 modifiée, en raison de l'activité qu'elles exercent dans le cadre de ce même article 1er tant qu'elles n'ont pas cessé de remplir les conditions déterminées par cette ordonnance ;

3° Les correspondants locaux de la presse régionale ou départementale en raison de l'activité qu'ils exercent conformément aux dispositions de l'article 10 de la loi n° 87-39 du 27 janvier 1987 portant diverses mesures d'ordre social ;

4° Les vendeurs-colporteurs de presse en raison de l'activité qu'ils exercent conformément au I de l'article 22 de la loi n° 91-1 du 3 janvier 1991 tendant au développement de l'emploi par la formation dans les entreprises, l'aide à l'insertion sociale et professionnelle et l'aménagement du temps de travail, pour l'application du troisième plan pour l'emploi.

CET-II-42400 s. ; MF n° 43560

Art 1458 bis **I.** Les établissements qui vendent au public des écrits périodiques en qualité de mandataires inscrits à la commission mentionnée à l'article 26 de la loi n° 47-585 du 2 avril 1947 relative au statut des entreprises de groupage et de distribution des journaux et publications périodiques et qui revêtent la qualité de diffuseur de presse spécialiste au sens de l'article 2 du décret n° 2011-1086 du 8 septembre 2011 instituant une aide exceptionnelle au bénéfice des diffuseurs de presse spécialistes et indépendants, dans sa rédaction en vigueur le 29 décembre 2013, sont exonérés de cotisation foncière des entreprises.

II. Pour bénéficier de l'exonération prévue au I, un établissement doit, au cours de la période de référence mentionnée à l'article 1467 A, relever d'une entreprise qui satisfait aux conditions suivantes :

1° L'entreprise est une petite ou moyenne entreprise, au sens de l'annexe I au règlement (UE) n° 651/2014 de la Commission du 17 juin 2014 déclarant certaines catégories d'aides compatibles avec le marché intérieur en application des articles 107 et 108 du traité ;

2° Le capital de l'entreprise est détenu, de manière continue, à hauteur de 50 % au moins :

a. Par des personnes physiques ;

b. Ou par une société répondant à la condition prévue au 1° du présent II et dont le capital est détenu à hauteur de 50 % au moins par des personnes physiques ;

3° *(Abrogé).*

III. Pour bénéficier de l'exonération, les entreprises en adressent la demande, dans les délais prévus à l'article 1477, au service des impôts dont relève chacun des établissements concernés. A défaut du dépôt de cette demande dans les délais prévus au même article 1477, l'exonération n'est pas accordée au titre de l'année concernée.

L'exonération porte sur les éléments entrant dans son champ d'application et déclarés dans les délais prévus audit article 1477.

IV. L'exonération prévue au I est subordonnée au respect du règlement (UE) n° 1407/2013 de la Commission, du 18 décembre 2013, relatif à l'application des articles 107 et 108 du traité sur le fonctionnement de l'Union européenne aux aides de minimis.

CET-II-44600 s. ; MF n° 43560

Art 1459 Sont exonérés de la cotisation foncière des entreprises :

1° Les propriétaires ou locataires qui louent accidentellement une partie de leur habitation personnelle, lorsque d'ailleurs cette location ne présente aucun caractère périodique ;

2° Les personnes qui louent ou sous-louent en meublé une ou plusieurs pièces de leur habitation principale, sous réserve que les pièces louées constituent pour le locataire ou le sous-locataire en meublé sa résidence principale, et que le prix de location demeure fixé dans des limites raisonnables ;

3° Sauf délibération contraire de la commune ou de l'établissement public de coopération intercommunale doté d'une fiscalité propre :

a. *(Abrogé)* ;

b. Les personnes qui louent en meublé des locaux classés dans les conditions prévues à l'article L 324-1 du code du tourisme, lorsque ces locaux sont compris dans leur habitation personnelle ;

c. Les personnes autres que celles visées aux 1° et 2° du présent article ainsi qu'au b qui louent ou sous-louent en meublé tout ou partie de leur habitation personnelle.

Les délibérations sont prises dans les conditions prévues à l'article 1639 A bis et portent sur la totalité de la part revenant à chaque collectivité ou groupement ; elles peuvent concerner une ou plusieurs des catégories de personnes énumérées ci-dessus.

CET-II-46800 s. ; MF n° 90670

Art 1460 Sont exonérés de la cotisation foncière des entreprises :

1° Les établissements d'enseignement du second degré qui ont passé avec l'Etat un contrat en application de l'article L 442-1 du code de l'éducation et les établissements d'enseignement supérieur qui ont passé une convention en application de l'article L 718-16 du même code ou qui ont fait l'objet d'une reconnaissance d'utilité publique ;

1° bis Les établissements d'enseignement supérieur consulaire mentionnés à l'article L 711-17 du code de commerce pour leurs activités de formation professionnelle initiale et continue ainsi que de recherche ainsi que les organismes mentionnés au premier alinéa du 1 bis de l'article 206 du présent code, au titre de leur participation dans ces établissements ou au titre du financement de leurs activités ;

2° Les peintres, sculpteurs, graveurs et dessinateurs considérés comme artistes auteurs d'œuvres graphiques et plastiques mentionnés à l'article L 382-1 du code de la sécurité sociale et ne vendant que le produit de leur art ;

2° bis Les photographes-auteurs, pour leur activité relative à la réalisation de prises de vues et à la cession de leurs œuvres d'art au sens de l'article 278 septies ou du I de l'article 278-0 bis ou de droits mentionnés au g de l'article 279 et portant sur leurs œuvres photographiques ;

Ndlr *Pour les dispositions du présent 2° bis applicables à compter du 1er janvier 2025, voir partie Autres textes du présent code loi 2023-1322 du 29 décembre 2023 art. 83, I-7° et II.*

3° Les auteurs d'œuvres littéraires et dramatiques, musicales et chorégraphiques, mentionnés à l'article L 382-1 du code de la sécurité sociale, à l'exception des auteurs de logiciels, ainsi que les coauteurs d'une œuvre audiovisuelle réalisée en collaboration mentionnés aux 1° à 4° de l'article L 113-7 du code de la propriété intellectuelle et les auteurs d'une œuvre radiophonique mentionnés à l'article L 113-8 du même code, les professeurs de lettres, sciences et arts d'agrément, les instituteurs primaires ;

4° Les artistes lyriques et dramatiques ;

5° Les sages-femmes et les gardes-malades ;

6° *(Abrogé)* ;

7° Les sportifs pour la seule pratique d'un sport ;

8° Les avocats ayant suivi la formation prévue au chapitre II du titre Ier de la loi 71-1130 du 31 décembre 1971 portant réforme de certaines professions judiciaires et juridiques, pour une période de deux ans à compter de l'année qui suit le début de l'exercice de la profession d'avocat ;

9° Les membres du corps de réserve sanitaire constitué dans les conditions prévues au titre III du livre Ier de la troisième partie du code de la santé publique pour leurs activités exercées à ce titre.

Le bénéfice des exonérations prévues aux 2° et 3° du présent article est subordonné au respect du règlement (UE) n° 1407/2013 de la Commission du 18 décembre 2013 relatif à l'application des articles 107 et 108 du traité sur le fonctionnement de l'Union européenne aux aides de minimis.

CET-II-50600 s., 55000 s., 70200 s. ; MF nos 43555, 43556

Art 1461 Sont exonérés de la cotisation foncière des entreprises :

1° *(Abrogé)* ;

2° Les organismes d'habitations à loyer modéré mentionnés à l'article L 411-2 du code de la construction et de l'habitation, les sociétés anonymes de coordination entre les organismes d'habitations à loyer modéré mentionnées à l'article L 423-1-1 du même code, ainsi que les sociétés ou organismes visés aux articles 239 ter et 239 quater du présent code dès lors qu'ils sont constitués exclusivement par des organismes précités et si leurs activités sont identiques à celles de leurs membres ;

3° *(Abrogé)* ;

4° Les sociétés de bains-douches et les sociétés de jardins ouvriers ;

5° Les organismes de jardins familiaux définis à l'article L 561-2 du code rural et de la pêche maritime, lorsque leur activité, considérée dans son ensemble, s'exerce dans des conditions telles qu'elle peut être tenue pour désintéressée ;

6° L'association mentionnée à l'article L 313-18 du code de la construction et de l'habitation et les sociétés mentionnées aux articles L 313-19 et L 313-20 du même code au titre des activités relevant des opérations énumérées au 14° du 1 de l'article 207 ;

7° Les syndicats professionnels, quelle que soit leur forme juridique, et leurs unions pour leurs activités portant sur l'étude et la défense des droits et des intérêts collectifs matériels ou moraux de leurs membres ou des personnes qu'ils représentent et à condition qu'ils fonctionnent conformément aux dispositions qui les régissent ;

8° Les associations régies par la loi du 1er juillet 1901 relative au contrat d'association, constituées conformément à l'accord du 25 avril 1996 portant dispositions communes à l'Agirc et à l'Arrco, et les associations et groupements d'intérêt économique contrôlés par ces associations et comptant parmi leurs membres soit au moins une fédération ou institution de retraite complémentaire régie par le titre II du livre IX du code de la sécurité sociale, soit au moins une association ou un groupement d'intérêt économique comptant parmi ses membres au moins une telle fédération ou institution, pour leurs seules opérations de gestion et d'administration réalisées pour le compte de leurs membres qui ne sont pas dans le champ d'application de la cotisation foncière des entreprises en application du I de l'article 1447.

CET-II-56000 s. ; MF n° 43575

Art 1461 A Sont exonérées de la cotisation foncière des entreprises les biens affectés à des missions de service public des communautés professionnelles territoriales de santé, lorsque leur projet de santé est validé dans les conditions prévues à l'article L 1434-12 du code de la santé publique et qu'elles ont conclu la convention prévue à l'article L 1434-12-2 du même code.

CET-II-53720 s.

Art 1462 Sont exonérés de la cotisation foncière des entreprises :

1° Les groupements d'emprunts de sinistrés constitués en application des dispositions des articles 44 à 49 de la loi n° 47-580 du 30 mars 1947 ;

2° Les associations de mutilés de guerre et d'anciens combattants reconnues d'utilité publique, qui émettent des participations à la loterie nationale avec l'autorisation du ministre des anciens combattants et sous le contrôle organisé par les textes réglementaires, sous réserve qu'elles assurent elles-mêmes le service d'émission, sans prélèvement forfaitaire d'une partie des bénéfices au profit de tiers.

CET-II-57120 s. ; MF n° 43575

Art 1463 Sont exonérés de la cotisation foncière des entreprises, les concessionnaires de mines, les amodiataires et sous-amodiataires de concessions minières, les titulaires de permis d'exploitation de mines et les explorateurs de mines de pétrole et de gaz combustibles, seulement pour l'extraction, la manipulation et la vente des matières par eux extraites.

Toutefois les entreprises minières qui procèdent à l'agglomération du minerai de fer ne sont pas exonérées pour cette activité.

CET-II-45750 s. ; MF n° 43560

Art 1463 A I. Les entreprises qui bénéficient de l'exonération prévue à l'article 44 sexdecies sont exonérées de cotisation foncière des entreprises pour les établissements situés dans un bassin urbain à dynamiser défini au II du même article 44 sexdecies qu'elles ont créés entre le 1er janvier 2018 et le 31 décembre 2026, à compter de l'année suivant celle de leur création.

L'exonération porte, pendant sept années à compter de l'année qui suit la création, sur la moitié de la base nette imposée au profit de chaque collectivité territoriale ou établissement public de coopération intercommunale doté d'une fiscalité propre.

Au titre des trois années suivant la période d'exonération, la moitié de la base nette imposable des établissements mentionnés au premier alinéa du présent I fait l'objet d'un abattement. Le montant de cet abattement est égal, la première année, à 75 % de la base exonérée de la dernière année d'application de l'exonération prévue au deuxième alinéa, à 50 % la deuxième année et à 25 % la troisième année. Cet abattement ne peut réduire la moitié de la base d'imposition de l'année considérée de plus de 75 % de son montant la première année, 50 % la deuxième année et 25 % la troisième année.

II. Pour bénéficier de l'exonération, les entreprises en adressent la demande, dans les délais prévus à l'article 1477, au service des impôts dont relève chacun des établissements concernés. A défaut du dépôt de cette demande dans les délais prévus à cet article, l'exonération n'est pas accordée au titre de l'année concernée.

L'exonération porte sur les éléments déclarés dans les délais prévus à l'article 1477.

Lorsqu'un établissement remplit les conditions requises pour bénéficier de l'une des exonérations prévues aux articles 1464 A, 1464 B, 1464 D, 1464 F, 1464 G, 1464 I, 1464 M, 1465,1465 A, 1465 B, 1466 D ou 1466 F et celles prévues au I du présent article, le contribuable doit opter pour l'un ou l'autre de ces régimes. L'option, qui est irrévocable, est exercée dans le délai prévu pour le dépôt de la déclaration afférente à la première année au titre de laquelle l'exonération prend effet.

Ndlr *Pour les dispositions de l'alinéa ci-dessus qui s'appliqueront à compter du 1er juillet 2024 et aux impositions établies à compter de 2025, voir partie Autres textes du présent code loi 2023-1322 du 29 décembre 2023 art. 73, I-22°-b et XX-B et D.*

III. Dans les zones d'aide à finalité régionale, le bénéfice de l'exonération est subordonné au respect des articles 13 et 14 du règlement (UE) n° 651/2014 de la Commission du 17 juin 2014 déclarant certaines catégories d'aides compatibles avec le marché intérieur en application des articles 107 et 108 du traité.

En dehors des zones d'aide à finalité régionale, le bénéfice de l'exonération est subordonné au respect de l'article 17 du règlement (UE) n° 651/2014 de la Commission du 17 juin 2014 précité.

CET-II-70700 s. ; MF n° 43565

Art 1463 B I. Les entreprises qui bénéficient de l'exonération prévue à l'article 44 septdecies sont exonérées de cotisation foncière des entreprises pour les établissements situés dans les zones de développement prioritaire définies au II du même article 44 septdecies qu'elles ont créés entre le 1er janvier 2019 et le 31 décembre 2026, à compter de l'année suivant celle de leur création.

L'exonération porte, pendant sept ans à compter de l'année qui suit la création, sur la moitié de la base nette imposée au profit de chaque collectivité territoriale ou établissement public de coopération intercommunale à fiscalité propre.

A l'issue de la période d'exonération et au titre des trois années suivant l'expiration de celle-ci, la moitié de la base nette imposable des établissements mentionnés au premier alinéa du présent I fait l'objet d'un abattement. Le montant de cet abattement est égal, la première année, à 75 % de la base exonérée de la dernière année d'application de l'exonération prévue au deuxième alinéa, à 50 % la deuxième année et à 25 % la troisième année. Cet abattement ne peut réduire la moitié de la base d'imposition de l'année considérée de plus de 75 % de son montant la première année, 50 % la deuxième année et 25 % la troisième année.

II. Pour bénéficier de l'exonération, les entreprises en adressent la demande, dans les délais prévus à l'article 1477, au service des impôts dont relève chacun des établissements concernés. A défaut du dépôt de cette demande dans les délais prévus au même article 1477, l'exonération n'est pas accordée au titre de l'année concernée.

L'exonération porte sur les éléments déclarés dans les délais prévus audit article 1477.

Lorsqu'un établissement remplit les conditions requises pour bénéficier de l'une des exonérations prévues aux articles 1463 A, 1464 A, 1464 B, 1464 D, 1464 F, 1464 G, 1464 I, 1464 M, 1465, 1465 A, 1465 B ou 1466 D et de celles prévues au I du présent article, le contribuable doit opter pour l'un ou l'autre de ces régimes. L'option, qui est irrévocable, est exercée dans le délai prévu pour le dépôt de la déclaration afférente à la première année au titre de laquelle l'exonération prend effet.

Ndlr *Pour les dispositions de l'alinéa ci-dessus qui s'appliqueront à compter du 1er juillet 2024 et aux impositions établies à compter de 2025, voir partie Autres textes du présent code loi 2023-1322 du 29 décembre 2023 art. 73, I-23°-b et XX-B et D.*

III. Dans les zones d'aide à finalité régionale, le bénéfice de l'exonération est subordonné au respect de l'article 14 du règlement (UE) n° 651/2014 de la Commission du 17 juin 2014 déclarant certaines catégories d'aides compatibles avec le marché intérieur en application des articles 107 et 108 du traité.

En dehors des zones d'aide à finalité régionale, le bénéfice de l'exonération est subordonné au respect de l'article 17 du même règlement.

Ndlr *L'exonération prévue au présent article s'applique avant l'abattement prévu à l'article 1472 A ter (Loi 2018-1317 du 28 décembre 2018 art. 135, V).*

CET-II-72500 s. ; MF n° 43567

Art 1464 Les communes ou les établissements publics de coopération intercommunale dotés d'une fiscalité propre peuvent décider d'exonérer de la cotisation foncière des entreprises, en totalité ou en partie, les caisses de crédit municipal.

CET-II-80300 s. ; MF n° 43650

Art 1464 A Les communes et leurs établissements publics de coopération intercommunale dotés d'une fiscalité propre peuvent, par une délibération de portée générale prise dans les conditions définies à l'article 1639 A bis, exonérer de cotisation foncière des entreprises :

1° Dans la limite de 100 %, les entreprises de spectacles vivants relevant des catégories ci-après :

a. Les théâtres nationaux ;

b. Les autres théâtres fixes ;

b bis. Les lieux de diffusion de spectacles vivants, lorsque l'entreprise exerce l'activité d'exploitant de lieux de spectacles aménagés pour les représentations publiques au sens de l'article L 7122-1 du code du travail. Pour bénéficier de l'exonération, l'établissement doit avoir une capacité moyenne d'accueil du public inférieure à 1 500 places ;

c. Les tournées théâtrales et les théâtres démontables exclusivement consacrés à des spectacles d'art dramatique, lyrique ou chorégraphique ;

d. Les concerts symphoniques et autres, les orchestres divers et les chorales ;

e. Les théâtres de marionnettes, les cabarets artistiques, les cafés-concerts, les music-halls et cirques à l'exclusion des établissements où il est d'usage de consommer pendant les séances ;

f. Les spectacles musicaux et de variétés.

L'exonération ne bénéficie pas aux entreprises donnant des représentations mentionnées au 2° de l'article 279 bis.

La délibération peut porter sur une ou plusieurs catégories. Les délibérations prises par les communes et leurs établissements publics de coopération intercommunale dotés d'une fiscalité propre avant l'entrée en vigueur de la loi n° 99-198 du 18 mars 1999 portant modification de l'ordonnance n° 45-2339 du 13 octobre 1945 relative aux spectacles demeurent valables tant qu'elles ne sont pas rapportées ou modifiées ;

2° *(Disposition abrogée pour les impositions établies au titre de 1989 et des années suivantes : loi n° 87-1060 du 30 décembre 1987, art. 82-IV, JO du 31)* ;

3° Dans la limite de 100 %, les établissements de spectacles cinématographiques qui ont réalisé un nombre d'entrées inférieur à 450 000 au cours de l'année précédant celle de l'imposition ;

3° bis Dans la limite de 100 %, les établissements de spectacles cinématographiques qui ont réalisé un nombre d'entrées inférieur à 450 000 au cours de l'année précédant celle de l'imposition et qui bénéficient d'un classement « art et essai » au titre de l'année de référence ;

4° Dans la limite de 33 %, les autres établissements de spectacles cinématographiques.

CET-II-80510 s. ; MF n° 43635

Art 1464 B I. Les entreprises, qui bénéficient des exonérations prévues aux articles 44 sexies et 44 quindecies, peuvent être temporairement exonérées, dans les conditions prévues à l'article 1464 C, de la cotisation foncière des entreprises dont elles sont redevables, pour les établissements qu'elles ont créés ou repris, à compter de l'année suivant celle de leur création.

II. Les entreprises ne peuvent bénéficier de cette exonération qu'à la condition d'en avoir adressé la demande au service des impôts de chacun des établissements concernés, avant le 1er janvier de l'année suivant celle de la création ou de la reprise de l'établissement en attestant qu'elles remplissent les conditions exigées au I ; elles déclarent chaque année les éléments entrant dans le champ d'application de l'exonération.

III. Lorsqu'un établissement remplit les conditions requises pour bénéficier de l'exonération temporaire de cotisation foncière des entreprises prévue à l'article 1465 et de l'exonération de cotisation foncière des entreprises prévue au I, l'entreprise doit opter pour l'un ou l'autre de ces régimes. Cette option est irrévocable.

(Voir également art. 1466 A-II, deuxième alinéa)

III bis. Le bénéfice de l'exonération est subordonné au respect du même règlement communautaire que celui appliqué pour l'exonération dont l'entreprise bénéficie sur le fondement, selon le cas, de l'article 44 sexies ou de l'article 44 quindecies.

IV. Les dispositions du neuvième alinéa de l'article 1465 s'appliquent au présent article.

(Voir loi 2010-1657 du 29 décembre 2010 art. 108, I-G et II-T)

Ndlr *Voir aussi partie Autres textes du présent code loi 2005-157 du 23 février 2005 art. 6 et décret 2007-94 du 24 janvier 2007 art. 1 et 2 (délocalisation hors d'une zone de revitalisation rurale d'une activité ayant bénéficié de l'exonération).*

CET-II-101500 s. ; MF n° 43595

Art 1464 C **I.** L'exonération de la taxe foncière sur les propriétés bâties et de la cotisation foncière des entreprises prévue aux articles 1383 A et 1464 B est subordonnée à une décision de l'organe délibérant des collectivités territoriales ou des établissements publics de coopération intercommunale dotés d'une fiscalité propre dans le ressort desquels sont situés les établissements des entreprises en cause.

La délibération porte sur la totalité de la part revenant à chaque commune ou établissement public de coopération intercommunale.

Lorsque tout ou partie de la part communale de la taxe foncière sur les propriétés bâties ou de la cotisation foncière des entreprises acquittée par les entreprises implantées sur une zone d'activités économiques créée ou gérée par un groupement de communes est affecté à ce groupement en vertu des articles 29 ou 11 modifiés de la loi n° 80-10 du 10 janvier 1980 portant aménagement de la fiscalité directe locale, celui-ci est substitué à la commune pour l'application du présent article.

II. Les délibérations mentionnées au I sont de portée générale. Elles peuvent concerner :

1° La taxe foncière sur les propriétés bâties et la cotisation foncière des entreprises ou l'une de ces deux taxes seulement ;

2° Les établissements créés et les établissements repris par les entreprises visées au I de l'article 1464 B ou l'une seulement de ces deux catégories d'établissements.

Les délibérations fixent la durée des exonérations, qui ne peut être ni inférieure à deux ans ni supérieure à cinq ans.

CET-II-101500 s. ; MF n° 43595

Art 1464 D **I.** Les communes ou leurs établissements publics de coopération intercommunale à fiscalité propre peuvent, par une délibération de portée générale prise dans les conditions définies à l'article 1639 A bis, exonérer de la cotisation foncière des entreprises :

1° A compter de l'année qui suit celle de leur établissement, les médecins ainsi que les auxiliaires médicaux mentionnés au livre Ier et au livre III de la quatrième partie du code de la santé publique et soumis à l'impôt sur le revenu dans la catégorie des bénéfices non commerciaux qui, exerçant leur activité à titre libéral, s'établissent ou se regroupent dans une commune de moins de 2 000 habitants ou une commune située dans l'une des zones de revitalisation rurale définies à l'article 1465 A ;

Ndlr *Pour les dispositions du présent 1° qui s'appliqueront à compter du 1er juillet 2024, voir partie Autres textes du présent code loi 2023-1322 du 29 décembre 2023 art. 73, I-24° et XX-D.*

2° A compter de l'année qui suit celle de leur établissement, les médecins ainsi que les auxiliaires médicaux mentionnés au 1° qui, exerçant leur activité à titre libéral, s'établissent ou se regroupent sur un site distinct de leur résidence professionnelle habituelle et situé dans une commune répondant aux conditions du même 1° ou dans une zone caractérisée par une offre de soins insuffisante ou par des difficultés dans l'accès aux soins au sens de l'article L 1434-4 du code de la santé publique ;

3° Les vétérinaires habilités par l'autorité administrative comme vétérinaires sanitaires au sens de l'article L 203-1 du code rural et de la pêche maritime, dès lors que cette habilitation concerne au moins cinq cents bovins de plus de deux ans en prophylaxie obligatoire ou équivalents ovins ou caprins.

La délibération peut porter sur une ou plusieurs des catégories mentionnées aux 1° à 3°.

Par une délibération de portée générale prise dans les conditions prévues à l'article 1639 A bis, les communes ou leurs établissements publics de coopération intercommunale dotés d'une fiscalité propre peuvent exonérer de la cotisation foncière des entreprises, à compter de l'année qui suit celle de leur établissement, les médecins ainsi que les auxiliaires médicaux mentionnés au livre Ier et au livre III de la quatrième partie du code de la santé publique et soumis à l'impôt sur le revenu dans la catégorie des bénéfices non commerciaux qui, exerçant leur activité à titre libéral, s'établissent ou se regroupent dans une commune de moins de 2 000 habitants ou située dans l'une des zones de revitalisation rurale définies à l'article 1465 A. Ils peuvent, dans les mêmes conditions de délibération, exonérer de la cotisation foncière des entreprises les vétérinaires habilités par l'autorité administrative comme vétérinaire sanitaire au sens de l'article L 203-1 du code rural et de la pêche maritime dès lors que cette habilitation concerne au moins 500 bovins de plus de deux ans en prophylaxie obligatoire ou équivalents ovins/caprins.

La délibération porte sur la totalité de la part revenant à chaque commune ou établissement public de coopération intercommunale doté d'une fiscalité propre et fixe la durée des exonérations, qui ne peut être ni inférieure à deux ans, ni supérieure à cinq ans.

L'exonération ne s'applique pas aux créations d'établissement résultant d'un transfert, lorsque le redevable a, au titre d'une ou plusieurs des cinq années précédant celle du transfert, bénéficié de l'exonération au titre de l'installation dans une zone de revitalisation rurale.

Pour bénéficier de l'exonération, les médecins, les auxiliaires médicaux et les vétérinaires visés aux 1° à 3° doivent apporter les justifications nécessaires au service des impôts compétent avant le 1er janvier de l'année qui suit celle de leur établissement.

II. Le bénéfice des exonérations est subordonné au respect du règlement (UE) n° 1407/2013 de la Commission du 18 décembre 2013 relatif à l'application des articles 107 et 108 du traité sur le fonctionnement de l'Union européenne aux aides de minimis.

Ndlr *Les délibérations prises pour les zones de revitalisation rurale cessent de produire leurs effets à compter du 1er juillet 2024. Toutefois, les contribuables bénéficiant, sur le fondement de ces délibérations, au 30 juin 2024, d'une exonération continuent à en bénéficier jusqu'à son terme (Loi 2023-1322 du 29 décembre 2023 art. 73, I-24° et XX-E).*

CET-II-105200 s. ; MF n° 43630

Art 1464 E **I.** Sous réserve du II du présent article, les communes et leurs établissements publics de coopération intercommunale à fiscalité propre peuvent, par une délibération de portée générale prise dans les conditions définies à l'article 1639 A bis, exonérer de la cotisation foncière des entreprises :

1° Les sociétés coopératives agricoles et leurs unions ainsi que les sociétés d'intérêt collectif agricole qui emploient entre plus de trois et moins de onze salariés ;

2° Les coopératives agricoles et vinicoles, pour leurs activités autres que la vinification et quel que soit le mode de commercialisation employé, lorsque l'effectif salarié correspondant est compris entre plus de trois et moins de onze personnes.

L'effectif salarié est apprécié selon les modalités prévues au I de l'article L 130-1 du code de la sécurité sociale. Par dérogation au même I, la période à retenir pour apprécier le nombre de salariés est l'avant-dernière année précédant celle de l'imposition. Toutefois, lorsqu'une entreprise bénéficiant déjà de l'exonération prévue au présent article constate un franchissement de seuil d'effectif mentionné aux 1° ou 2° du présent I déterminé selon les modalités prévues au II de l'article L 130-1 du code de la sécurité sociale, cette circonstance lui fait perdre le bénéfice de cette exonération.

II. L'exonération prévue aux 1° et 2° du I du présent article n'est pas applicable pour :

1° Les sociétés coopératives agricoles, leurs unions et les sociétés d'intérêt collectif agricole dont les parts sont admises aux négociations sur un marché réglementé ou offertes au public sur un système multilatéral de négociation soumis au II de l'article L 433-3 du code monétaire et financier ou dont le capital est détenu à concurrence de 20 % au moins par des associés non coopérateurs, au sens du 1 quinquies de l'article 207 du présent code, et des titulaires de certificats coopératifs d'investissement lorsque les statuts prévoient qu'ils peuvent être rémunérés ;

2° Les sociétés d'intérêt collectif agricole dont plus de 50 % du capital ou des voix sont détenus directement ou par l'intermédiaire de filiales par des associés autres que ceux mentionnés aux 1° à 3° de l'article L 522-1 du code rural et de la pêche maritime.

III. Pour bénéficier de l'exonération prévue au I du présent article, les entreprises en adressent la demande, dans les délais prévus à l'article 1477, au service des impôts dont relève chacun des établissements concernés. A défaut du dépôt de cette demande dans ces délais, l'exonération n'est pas accordée au titre de l'année concernée.

L'exonération porte sur les éléments entrant dans son champ d'application et déclarés dans les délais prévus au même article 1477.

IV. L'exonération prévue au I du présent article est subordonnée au respect du règlement (UE) n° 1407/2013 de la Commission du 18 décembre 2013 relatif à l'application des articles 107 et 108 du traité sur le fonctionnement de l'Union européenne aux aides de minimis.

CET-II-86700 s. ; MF n° 43647

Art 1464 F **I.** Les communes et les établissements publics de coopération intercommunale à fiscalité propre peuvent, par une délibération prise dans les conditions définies à l'article 1639 A bis, exonérer partiellement ou totalement de cotisation foncière des entreprises les établissements exerçant une activité commerciale ou artisanale dans une zone de revitalisation des centres-villes définie au II du présent article.

Pour bénéficier de cette exonération, l'établissement doit, au cours de la période de référence mentionnée à l'article 1467 A, être exploité par une entreprise appartenant à la catégorie des micro, petites et moyennes entreprises au sens de l'annexe I au règlement (UE) n° 651/2014 de la Commission du 17 juin 2014 déclarant certaines catégories d'aides compatibles avec le marché intérieur en application des articles 107 et 108 du traité.

L'exonération cesse de s'appliquer à compter du 1er janvier de l'année suivant celle au cours de laquelle il n'est plus exercé d'activité commerciale ou artisanale au sein de l'établissement.

Les délibérations produisent leurs effets tant qu'elles ne sont pas rapportées ou modifiées.

II. A. Sont classés en zone de revitalisation des centres-villes les secteurs d'intervention mentionnés au II de l'article L 303-2 du code de la construction et de l'habitation situés dans des communes qui satisfont aux conditions suivantes :

1° Elles ont conclu une convention d'opération de revitalisation de territoire prévue au même article L 303-2, prévoyant notamment des actions mentionnées aux 6°, 8° ou 9° du III dudit article L 303-2. Cette convention doit être signée avant le 1er octobre de l'année qui précède la première année d'application de l'exonération et ne doit pas avoir été résiliée ;

2° Le revenu fiscal médian par unité de consommation de la commune est inférieur à la médiane nationale des revenus fiscaux médians par unité de consommation.

Toutefois, pour les communes de Guadeloupe, de Guyane, de Martinique, de La Réunion et de Mayotte, la condition mentionnée au 2° du présent A n'est pas applicable.

Les données utilisées sont établies par l'Institut national de la statistique et des études économiques à partir de celles disponibles au 1er janvier de l'année de classement.

B. Le classement des communes en zone de revitalisation des centres-villes au 1er janvier de chaque année d'imposition est établi par arrêté des ministres chargés du budget et de l'aménagement du territoire *(NDLR Voir arrêté TERB2021924A du 31 décembre 2020, JO du 6 janvier 2021)*.

III. Pour bénéficier de l'exonération, les entreprises en adressent la demande, dans les délais prévus à l'article 1477, au service des impôts dont relève chacun des établissements concernés. A défaut du dépôt de cette demande dans les délais prévus au même article 1477, l'exonération n'est pas accordée au titre de l'année concernée.

L'exonération porte sur les éléments déclarés dans les délais prévus audit article 1477.

IV. Lorsqu'un établissement remplit les conditions requises pour bénéficier de l'une des exonérations prévues aux articles 1463 A, 1463 B, 1464 A, 1464 B, 1464 E, 1464 I, 1464 I bis, 1464 M, 1465, 1465 A, 1465 B, 1466 A, 1466 D ou 1466 F et de celle prévue au I du présent article, la demande du bénéfice de cette dernière exonération dans les conditions prévues au III vaut option pour celle-ci. L'option est irrévocable et vaut pour l'ensemble des communes et établissements publics de coopération intercommunale.

A défaut d'option, le contribuable continue de bénéficier de l'application du régime dont il bénéficiait avant l'institution de l'exonération prévue au présent article.

Ndlr *Pour les dispositions du présent IV qui s'appliqueront à compter du 1er juillet 2024, voir partie Autres textes du présent code loi 2023-1322 du 29 décembre 2023 art. 73, I-25° et XX-D.*

V. Le bénéfice de l'exonération est subordonné au respect du règlement (UE) n° 1407/2013 de la Commission du 18 décembre 2013 relatif à l'application des articles 107 et 108 du traité sur le fonctionnement de l'Union européenne aux aides de minimis.

Ndlr *Les dispositions du présent article s'appliquent aux impositions établies au titre des années 2020 à 2026 (Loi 2023-1322 du 29 décembre 2023 art. 73, XVIII-2°).*

CET-II-89000 s. ; MF n° 43614

Art 1464 G **I.** Les communes et les établissements publics de coopération intercommunale à fiscalité propre peuvent, par une délibération prise dans les conditions prévues à l'article 1639 A bis, exonérer partiellement ou totalement de cotisation foncière des entreprises les établissements exerçant une activité commerciale dans une zone de revitalisation des commerces en milieu rural définie au III du présent article.

L'exonération cesse de s'appliquer à compter du 1er janvier de l'année suivant celle au cours de laquelle il n'est plus exercé d'activité commerciale au sein de l'établissement.

Les délibérations produisent leurs effets tant qu'elles ne sont pas rapportées ou modifiées.

II. Pour bénéficier de l'exonération prévue au I, un établissement doit relever d'une entreprise qui satisfait aux conditions suivantes :

1° L'entreprise emploie moins de onze salariés.

L'effectif salarié de l'entreprise est apprécié selon les modalités prévues au I de l'article L 130-1 du code de la sécurité sociale. Par dérogation au même I, la période à retenir pour apprécier le nombre de salariés est l'avant-dernière année précédant celle de l'imposition.

Lorsqu'une entreprise bénéficiant déjà de l'exonération prévue au présent article constate un franchissement de seuil d'effectif déterminé selon les modalités prévues au II de l'article L 130-1 du code de la sécurité sociale, cette circonstance lui fait perdre le bénéfice de cette exonération ;

2° L'entreprise a réalisé un chiffre d'affaires annuel hors taxes inférieur à 2 millions d'euros au cours de la période de référence prévue à l'article 1467 A, éventuellement corrigé pour correspondre à une année pleine, ou présente un total de bilan inférieur à 2 millions d'euros.

III. Sont classées en zone de revitalisation des commerces en milieu rural les communes qui, au 1er janvier 2020, satisfont aux conditions suivantes :

1° La population municipale est inférieure à 3 500 habitants ;

2° La commune n'appartient pas à une aire urbaine de plus de 10 000 emplois ;

3° La commune comprend un nombre d'établissements exerçant une activité commerciale inférieur ou égal à dix.

Les données utilisées sont celles disponibles au 1er janvier de l'année de classement et établies par l'Institut national de la statistique et des études économiques, pour l'appréciation des critères définis aux 1° et 2°, et par l'administration fiscale, pour l'appréciation du critère défini au 3°.

Le classement des communes en zone de revitalisation des commerces en milieu rural au 1er janvier 2020 est établi par arrêté conjoint des ministres chargés du budget et de l'aménagement du territoire *(NDLR Voir arrêté TERB2006893A du 16 octobre 2020, JO du 27 novembre).*

IV. Pour bénéficier de l'exonération, les entreprises en font la demande, dans les délais prévus à l'article 1477, au service des impôts dont relève chacun des établissements concernés. A défaut du dépôt de cette demande dans les délais prévus au même article 1477, l'exonération n'est pas accordée au titre de l'année concernée.

L'exonération porte sur les éléments déclarés dans les délais prévus audit article 1477.

V. Lorsqu'un établissement remplit les conditions requises pour bénéficier de l'une des exonérations prévues aux articles 1463 A, 1463 B, 1464 A, 1464 B, 1464 E, 1464 I, 1464 I bis, 1464 M, 1465, 1465 A, 1465 B, 1466 A, 1466 D ou 1466 F et de celle prévue au I du présent article, la demande du bénéfice de cette dernière exonération dans les conditions prévues au IV vaut option pour celle-ci. L'option est irrévocable et vaut pour l'ensemble des communes et établissements publics de coopération intercommunale.

A défaut d'option, le contribuable continue de bénéficier de l'application du régime dont il bénéficiait avant l'institution de l'exonération prévue au présent article.

VI. Le bénéfice de l'exonération est subordonné au respect du règlement (UE) n° 1407/2013 de la Commission du 18 décembre 2013 relatif à l'application des articles 107 et 108 du traité sur le fonctionnement de l'Union européenne aux aides de minimis.

Ndlr ***1.*** *Les dispositions du présent article s'appliquent aux impositions établies au titre des années 2020 à 2024.*

2. *Elles seront abrogées à compter des impositions établies à compter de 2025, voir partie Autres textes du présent code loi 2023-1322 du 29 décembre 2023 art. 73, I-26° et XX-B*

CET-II-87100 s. ; MF n° 43592

Art 1464 H Les communes et leurs établissements publics de coopération intercommunale dotés d'une fiscalité propre peuvent, par une délibération de portée générale prise dans les conditions définies au I de l'article 1639 A bis, exonérer de la cotisation foncière des entreprises les activités des établissements publics administratifs d'enseignement supérieur ou de recherche gérées par des services d'activités industrielles et commerciales mentionnés à l'article L 533-2 du code de la recherche et à l'article L 711-1 du code de l'éducation.

Les établissements concernés doivent déclarer chaque année, au service des impôts, les éléments entrant dans le champ de l'exonération.

CET-II-81500 s. ; MF n° 43650

Art 1464 I **I.** Les communes et leurs établissements publics de coopération intercommunale dotés d'une fiscalité propre peuvent, par une délibération de portée générale prise dans les conditions définies à l'article 1639 A bis, exonérer de cotisation foncière des entreprises les établissements réalisant une activité de vente de livres neufs au détail qui disposent au 1er janvier de l'année d'imposition du label de librairie indépendante de référence.

II. Pour bénéficier de l'exonération prévue au I, un établissement doit, au cours de la période de référence mentionnée à l'article 1467 A, relever d'une entreprise qui satisfait aux conditions suivantes :

1° L'entreprise doit être une petite et moyenne entreprise au sens de l'annexe I au règlement (UE) n° 651/2014 de la Commission du 17 juin 2014 déclarant certaines catégories d'aides compatibles avec le marché intérieur en application des articles 107 et 108 du traité ;

2° Le capital de l'entreprise est détenu de manière continue à hauteur de 50 % au moins :

a. Par des personnes physiques ;

b. Ou par une société répondant aux conditions du 1° et du 3° et dont le capital est détenu à hauteur de 50 % au moins par des personnes physiques ;

3° L'entreprise n'est pas liée à une autre entreprise par un contrat prévu par l'article L 330-3 du code de commerce.

III. Pour bénéficier de l'exonération, les contribuables déclarent, chaque année, dans les conditions prévues à l'article 1477, les éléments entrant dans le champ d'application de l'exonération. Cette demande doit être adressée, pour chaque établissement exonéré, au service des impôts dont relève l'établissement.

IV. Le label de librairie indépendante de référence est délivré par l'autorité administrative aux établissements qui réalisent une activité principale de vente de livres neufs au détail, disposent de locaux ouverts à tout public, et proposent un service de qualité reposant notamment sur une offre diversifiée de titres, la présence d'un personnel affecté à la vente de livres en nombre suffisant et des actions régulières d'animation culturelle, dans les conditions précisées par décret en Conseil d'Etat *(Voir décret 2011-993 du 23 août 2011, JO du 25).*

V. Le bénéfice de l'exonération prévue au I est subordonné au respect de l'article 53 du règlement (UE) n° 651/2014 de la Commission du 17 juin 2014 précité.

CET-II-82500 s. ; MF n° 43640

Art 1464 I bis **I.** Dans le cas où elles ont fait application des dispositions du I de l'article 1464 I, les communes et leurs établissements publics de coopération intercommunale à fiscalité propre peuvent, par une délibération de portée générale prise dans les conditions définies à l'article 1639 A bis, exonérer de cotisation foncière des entreprises les établissements réalisant, dans un local librement accessible au public, une activité de vente de livres neufs au détail représentant au minimum 50 % du chiffre d'affaires au cours de la période de référence mentionnée à l'article 1467 A et qui ne disposent pas du label de librairie indépendante de référence mentionné à l'article 1464 I.

II. Pour bénéficier de l'exonération prévue au I, un établissement doit, au cours de la période de référence mentionnée à l'article 1467 A, disposer du label de librairie de référence au 1er janvier de l'année d'imposition ou relever d'une entreprise qui satisfait aux conditions suivantes :

1° L'entreprise doit être une petite ou moyenne entreprise, au sens de l'annexe I du règlement (UE) n° 651/2014 de la Commission du 17 juin 2014 déclarant certaines catégories d'aides compatibles avec le marché intérieur en application des articles 107 et 108 du traité, ou une entreprise de taille intermédiaire, au sens de l'article 3 du décret n° 2008-1354 du 18 décembre 2008 relatif aux critères permettant de déterminer la catégorie d'appartenance d'une entreprise pour les besoins de l'analyse statistique et économique dans sa rédaction en vigueur au 1er janvier 2019 ;

2° L'entreprise n'est pas liée à une autre entreprise par un contrat prévu à l'article L 330-3 du code de commerce.

III. Pour bénéficier de l'exonération, les contribuables déclarent, chaque année, dans les conditions prévues à l'article 1477, les éléments entrant dans le champ d'application de l'exonération. Cette demande doit être adressée, pour chaque établissement exonéré, au service des impôts dont relève l'établissement.

IV. Le bénéfice de l'exonération prévue au I est subordonné au respect de l'article 53 du règlement (UE) n° 651/2014 de la Commission du 17 juin 2014 précité.

CET-II-83900 s. ; MF n° 43642

Art 1464 M **I.** Les communes et leurs établissements publics de coopération intercommunale à fiscalité propre peuvent, par une délibération de portée générale prise dans les conditions définies à l'article 1639 A bis, exonérer de cotisation foncière des entreprises les établissements ayant pour activité principale la vente au détail de phonogrammes.

II. Pour bénéficier de l'exonération prévue au I, un établissement doit, au cours de la période de référence mentionnée à l'article 1467 A, relever d'une entreprise qui satisfait aux conditions suivantes :

1° L'entreprise est une petite ou moyenne entreprise au sens de l'annexe I au règlement (UE) n° 651/2014 de la Commission du 17 juin 2014 déclarant certaines catégories d'aides compatibles avec le marché intérieur en application des articles 107 et 108 du traité ;

2° Le capital de l'entreprise est détenu, de manière continue, à hauteur de 50 % au moins :

a. Par des personnes physiques ;

b. Ou par une société répondant aux conditions prévues aux 1° et 3° et dont le capital est détenu à hauteur de 50 % au moins par des personnes physiques ;

3° L'entreprise n'est pas liée à une autre entreprise par un contrat prévu à l'article L 330-3 du code de commerce.

III. Pour bénéficier de l'exonération prévue au I, les entreprises en adressent la demande, dans les délais prévus à l'article 1477, au service des impôts dont relève chacun des établissements concernés. A défaut du dépôt de cette demande dans ces délais, l'exonération n'est pas accordée au titre de l'année concernée.

L'exonération porte sur les éléments entrant dans son champ d'application et déclarés dans les délais prévus à l'article 1477.

IV. L'exonération prévue au I est subordonnée au respect du règlement (UE) n° 1407/2013 de la Commission du 18 décembre 2013 relatif à l'application des articles 107 et 108 du traité sur le fonctionnement de l'Union européenne aux aides de minimis.

CET-II-56300 ; MF n° 43645

Art 1465 Dans les zones d'aide à finalité régionale et pour les opérations réalisées à compter du 1er janvier 2007 et jusqu'au 31 décembre 2027, les communes et leurs établissements publics de coopération intercommunale dotés d'une fiscalité propre peuvent, par une délibération de portée générale prise dans les conditions prévues au I de l'article 1639 A bis, exonérer de la cotisation foncière des entreprises en totalité ou en partie les entreprises qui procèdent sur leur territoire, soit à des extensions ou créations d'activités industrielles ou de recherche scientifique et technique, ou de services de direction, d'études, d'ingénierie et d'informatique, soit à une reconversion dans le même type d'activités, soit à la reprise d'établissements en difficulté exerçant le même type d'activités. Pour les entreprises satisfaisant à la définition des petites et moyennes entreprises, au sens de l'annexe I au règlement (UE) n° 651/2014 de la Commission, du 17 juin 2014, déclarant certaines catégories d'aides compatibles avec le marché intérieur en application des articles 107 et 108 du traité, l'exonération s'applique en cas d'investissement initial. Pour les entreprises ne satisfaisant pas à cette définition, l'exonération s'applique uniquement en cas d'investissement initial en faveur d'une nouvelle activité économique dans la zone concernée. La délibération instaurant l'exonération ne peut avoir pour effet de reporter de plus de cinq ans l'application du régime d'imposition de droit commun.

Lorsqu'il s'agit d'extensions ou de créations d'établissements industriels ou de recherche scientifique et technique répondant à des conditions fixées par décret *(Voir Annexe III, art. 322 G à 322 L)* en tenant compte notamment soit du volume des investissements et du nombre des emplois créés, soit du seul volume des investissements, l'exonération est acquise sans autre formalité. Dans les autres cas, elle est soumise à agrément dans les conditions prévues à l'article 1649 nonies *(Voir Annexe IV, art. 121 quinquies DB quater à 121 quinquies DB septies)*.

Quand l'agrément est nécessaire pour des entreprises petites ou moyennes, il est accordé par une procédure décentralisée.

Quand l'agrément n'est pas nécessaire, l'exonération porte sur l'augmentation nette des bases d'imposition résultant des immobilisations nouvelles appréciée par rapport à la dernière année précédant l'opération ou par rapport à la moyenne des trois dernières années si celle-ci est supérieure.

L'entreprise ne peut bénéficier d'une exonération non soumise à agrément qu'à condition de l'avoir indiqué au service des impôts au plus tard lors du dépôt de la première déclaration dans laquelle doivent figurer les éléments nouveaux concernés.

L'entreprise déclare chaque année les éléments entrant dans le champ d'application de l'exonération. Deux périodes d'exonération ne peuvent courir simultanément.

L'exonération cesse pour la période restant à courir lorsqu'au cours de cette période l'entreprise ne remplit plus les conditions exigées pour l'obtention de cette exonération.

Lorsque tout ou partie de la part communale de la cotisation foncière des entreprises acquittée par les entreprises implantées sur une zone d'activités économiques créée ou gérée par un groupement de communes est affectée à ce groupement en vertu de l'article 11 modifié de la loi n° 80-10 du 10 janvier 1980 portant aménagement de la fiscalité directe locale, celui-ci est substitué à la commune pour l'application du présent article.

Nonobstant les dispositions de l'article L 174 du livre des procédures fiscales, toute entreprise qui cesse volontairement son activité pendant une période d'exonération prévue au présent article, ou dans les cinq années suivant la fin de celle-ci, est tenue de verser les sommes qu'elle n'a pas acquittées au titre de la cotisation foncière des entreprises.

Le bénéfice de l'exonération est subordonné au respect de l'article 14 du règlement (UE) n° 651/2014 de la Commission, du 17 juin 2014, précité.

Un décret en Conseil d'Etat fixe les conditions d'application du présent article *(Voir Annexe II, art. 310 HB bis à 310 HB septies)*.

(Voir art. 1466 A-II, deuxième alinéa)

CET-II-107000 s. ; MF nos 43582 s.

Art 1465 A **I.** Sauf délibération contraire de la commune ou de l'établissement public de coopération intercommunale doté d'une fiscalité propre, dans les zones de revitalisation rurale, à l'exception de celles mentionnées au B du II du présent article dans sa rédaction antérieure à la loi n° 2023-1322 du 29 décembre 2023 de finances pour 2024, les entreprises qui procèdent, jusqu'au 30 juin 2024, aux opérations mentionnées au premier alinéa de l'article 1465 dans les conditions et sous réserve, le cas échéant, de l'agrément prévu à cet article, sont exonérées de cotisation foncière des entreprises. Cette exonération ne peut avoir pour effet de reporter de plus de cinq ans l'application du régime d'imposition de droit commun.

Cette exonération s'applique également aux créations d'activités dans les zones de revitalisation rurale réalisées par des artisans qui effectuent principalement des travaux de fabrication, de transformation, de réparation ou des prestations de services et pour lesquels la rémunération du travail représente plus de 50 % du chiffre d'affaires global, tous droits et taxes compris, ou par des entreprises qui exercent une activité professionnelle au sens du premier alinéa de l'article 92. Dans les communes de moins de deux mille habitants, l'exonération s'applique également aux créations d'activités commerciales et aux reprises d'activités commerciales, artisanales ou professionnelles au sens du I de l'article 92, réalisées par des entreprises exerçant le même type d'activité, dès lors qu'au cours de la période de référence prise en compte pour la première année d'imposition, l'activité est exercée dans l'établissement avec moins de cinq salariés.

II. A. Sont classées en zone de revitalisation rurale les communes membres d'un établissement public de coopération intercommunale à fiscalité propre qui satisfait aux conditions suivantes :

1° Sa densité de population est inférieure ou égale à la densité médiane nationale des établissements publics de coopération intercommunale à fiscalité propre métropolitains ou sa population connaît depuis les quatre dernières décennies un déclin de 30 % ou plus à condition qu'il se trouve dans un arrondissement composé majoritairement de communes classées en zone de revitalisation rurale et dont la population est supérieure à 70 % de l'arrondissement ;

2° Son revenu fiscal par unité de consommation médian est inférieur ou égal à la médiane des revenus médians par établissement public de coopération intercommunale à fiscalité propre métropolitain.

Les données utilisées sont établies par l'Institut national de la statistique et des études économiques à partir de celles disponibles au 1er janvier de l'année de classement. La population prise en compte pour le calcul de la densité de population est la population municipale définie à l'article R 2151-1 du code général des collectivités territoriales.

Le classement des communes en zone de revitalisation rurale est établi par arrêté des ministres chargés du budget et de l'aménagement du territoire.

La modification du périmètre d'un établissement public de coopération intercommunale à fiscalité propre n'emporte d'effet sur le classement qu'à compter de la révision mentionnée au cinquième alinéa du présent A.

Pour les communes mentionnées au V de l'article L 5210-1-1 du code général des collectivités territoriales, les critères de classement sont évalués au niveau communal *(Voir arrêté du 16 mars 2017, JO du 29).*

B. Sont classées en zone de revitalisation rurale les communes de Guyane, ainsi que celles de La Réunion comprises dans la zone spéciale d'action rurale délimitée par décret.

***Ndlr** Les dispositions du présent II sont abrogées à compter du 1er juillet 2024, voir partie Autres textes du présent code loi 2023-1322 du 29 décembre 2023 art. 73, I-28°-c et XX-D.*

III. Les cinquième, sixième, septième et neuvième alinéas de l'article 1465 sont applicables à l'exonération prévue au I du présent article. Toutefois, pour l'application du neuvième alinéa de l'article 1465, l'imposition est établie au profit de l'Etat.

L'exonération reste applicable pour sa durée restant à courir lorsque la commune d'implantation de l'entreprise cesse d'être classée en zone de revitalisation rurale après la date de la création ou de la reprise de l'activité.

IV. Le bénéfice des exonérations accordées à compter du 1er janvier 2014 est subordonné au respect du règlement (UE) n° 1407/2013 de la Commission, du 18 décembre 2013, relatif à l'application des articles 107 et 108 du traité sur le fonctionnement de l'Union européenne aux aides de minimis. Toutefois, sur option des entreprises qui procèdent à compter du 1er juillet 2014 aux opérations mentionnées au I dans les zones d'aide à finalité régionale, le bénéfice des exonérations est subordonné au respect de l'article 14 du règlement (UE) n° 651/2014 de la Commission, du 17 juin 2014, déclarant certaines catégories d'aides compatibles avec le marché intérieur en application des articles 107 et 108 du traité.

Cette option, exercée distinctement pour chacun des établissements concernés, est irrévocable pour la durée de l'exonération. Elle doit être exercée, selon le cas, dans le délai prévu pour le dépôt de la déclaration annuelle afférente à la première année au titre de laquelle l'exonération prend effet ou de la déclaration provisoire de cotisation foncière des entreprises visée à l'article 1477.

(Voir également art. 1466 A, II, deuxième alinéa)

CET-II-116000 s. ; MF n° 43590

Art 1465 B L'article 1465 s'applique également pour les opérations réalisées à compter du 1er janvier 2009 et jusqu'au 31 décembre

2027 dans les zones d'aide à l'investissement des petites et moyennes entreprises et dans les limites prévues par l'article 17 du règlement (UE) n° 651/2014 de la Commission, du 17 juin 2014, déclarant certaines catégories d'aides compatibles avec le marché intérieur en application des articles 107 et 108 du traité *(NDLR Pour les zones d'aide à l'investissement des petites et moyennes entreprises, voir décret 2022-968 du 30 juin 2022 rectifié).*

Le premier alinéa s'applique aux entreprises qui, au cours de la période de référence retenue pour le calcul de la base d'imposition, satisfont à la définition des petites et moyennes entreprises, au sens de l'annexe I au règlement (UE) n° 651/2014 de la Commission, du 17 juin 2014, précité. L'effectif moyen de l'entreprise est apprécié par référence au nombre moyen de salariés au cours de cet exercice ou de cette période d'imposition. Le chiffre d'affaires à prendre en compte s'entend de celui réalisé au cours de la même période, éventuellement corrigé pour correspondre à une année pleine et, pour une société mère d'un groupe mentionné à l'article 223 A ou à l'article 223 A bis, de la somme des chiffres d'affaires de chacune des sociétés membres de ce groupe. Le capital des sociétés, entièrement libéré, doit être détenu de manière continue, pour 75 % au moins, par des personnes physiques ou par une société répondant aux mêmes conditions dont le capital est détenu, pour 75 % au moins, par des personnes physiques. Pour la détermination de ce pourcentage, les participations des sociétés de capital-risque, des fonds communs de placement à risques, des fonds professionnels spécialisés relevant de l'article L 214-37 du code monétaire et financier dans sa rédaction antérieure à l'ordonnance n° 2013-676 du 25 juillet 2013 modifiant le cadre juridique de la gestion d'actifs, des fonds professionnels de capital investissement, des sociétés de libre partenariat, des sociétés de développement régional et des sociétés financières d'innovation ne sont pas prises en compte à la condition qu'il n'existe pas de lien de dépendance au sens du 12 de l'article 39 entre la société en cause et ces dernières sociétés ou ces fonds.

La condition d'investissement initial prévue à la deuxième phrase du premier alinéa de l'article 1465 ne s'applique pas au présent article.

(Voir également art. 1466 A, II, deuxième alinéa)

CET-II-107000 s. ; MF n°s 43582 s.

Art 1466 A I. Les communes sur le territoire desquelles sont situés un ou plusieurs quartiers prioritaires de la politique de la ville ou leurs établissements publics de coopération intercommunale dotés d'une fiscalité propre peuvent exonérer de la cotisation foncière des entreprises par délibération prise dans les conditions de l'article 1639 A bis les créations ou extensions d'établissement réalisées dans un ou plusieurs de ces quartiers prioritaires, dans la limite d'un montant de base nette imposable fixé pour 2024 à 32 468 € et actualisé chaque année en fonction de la variation des prix *(NDLR Plafond applicable pour l'imposition établie au titre de 2024).* Seuls les établissements employant moins de 150 salariés peuvent bénéficier de cette mesure.

L'exonération s'applique aux entreprises qui ont employé moins de 250 salariés au cours de la période de référence retenue pour le calcul de la base d'imposition et dont soit le chiffre d'affaires annuel réalisé au cours de la même période n'excède pas 50 millions d'euros, soit le total de bilan, au terme de la même période, n'excède pas 43 millions d'euros. L'effectif à retenir est apprécié par référence au nombre moyen de salariés au cours de la période. Le chiffre d'affaires à prendre en compte est éventuellement corrigé pour correspondre à une année pleine et, pour une société mère d'un groupe mentionné à l'article 223 A ou à l'article 223 A bis, s'entend de la somme des chiffres d'affaires de chacune des sociétés membres de ce groupe.

L'exonération prévue n'est pas applicable aux entreprises dont 25 % ou plus du capital ou des droits de vote sont contrôlés, directement ou indirectement, par une ou plusieurs entreprises ne répondant pas aux conditions fixées par le précédent alinéa. Pour la détermination de ce pourcentage, les participations des sociétés de capital-risque, des fonds communs de placement à risques, des fonds professionnels spécialisés relevant de l'article L 214-37 du code monétaire et financier dans sa rédaction antérieure à l'ordonnance n° 2013-676 du 25 juillet 2013 modifiant le cadre juridique de la gestion d'actifs, des fonds professionnels de capital investissement, des sociétés de développement régional, des sociétés financières d'innovation et des sociétés unipersonnelles d'investissement à risque ne sont pas prises en compte à la condition qu'il n'existe pas de lien de dépendance au sens du 12 de l'article 39 entre la société en cause et ces dernières sociétés ou ces fonds.

La délibération fixe le taux d'exonération, sa durée ainsi que les quartiers prioritaires concernés.

La délibération porte sur la totalité de la part revenant à chaque commune ou établissement public de coopération intercommunale doté d'une fiscalité propre. Elle ne peut avoir pour effet de reporter de plus de cinq ans l'application du régime d'imposition de droit commun.

CET-II-123150 s. ; MF n° 43610

I bis. à I quinquies. *(Abrogés).*

(Voir loi 2010-1657 du 29 décembre 2010 art. 108, I-G et II-T)

I quinquies A. Sauf délibération contraire de la commune ou de l'établissement public de coopération intercommunale doté d'une fiscalité propre prise dans les conditions prévues au I de l'article 1639 A bis, les entreprises sont exonérées de cotisation foncière des entreprises pour les créations et extensions d'établissements qu'elles réalisent entre le 1er janvier 2007 et le 30 juin 2024 dans les bassins d'emploi à redynamiser définis au 3 bis de l'article 42 de la loi n° 95-115 du 4 février 1995 d'orientation pour l'aménagement et le développement du territoire.

Les exonérations prévues au premier alinéa portent pendant cinq ans à compter de l'année qui suit la création ou, en cas d'extension d'établissement, à compter de la deuxième année qui suit celle-ci, sur la totalité de la part revenant à chaque commune ou établissement public de coopération intercommunale doté d'une fiscalité propre.

En cas de changement d'exploitant au cours de la période d'exonération, celle-ci est maintenue pour la période restant à courir et dans les conditions prévues pour le prédécesseur.

Pour l'application des dispositions ci-dessus, les délibérations des communes et de leurs établissements publics de coopération intercommunale dotés d'une fiscalité propre ne peuvent porter que sur l'ensemble des établissements créés ou étendus.

Le bénéfice des exonérations est subordonné au respect du règlement (UE) n° 1407/2013 de la Commission, du 18 décembre 2013, relatif à l'application des articles 107 et 108 du traité sur le fonctionnement de l'Union européenne aux aides de minimis. Toutefois, sur option des entreprises qui procèdent aux opérations mentionnées au premier alinéa dans les zones d'aide à finalité régionale, le bénéfice des exonérations est subordonné au respect de l'article 14 du règlement (UE) n° 651/2014 de la Commission, du 17 juin 2014, déclarant certaines catégories d'aides compatibles avec le marché intérieur en application des articles 107 et 108 du traité.

L'option mentionnée au cinquième alinéa est irrévocable pour la durée de l'exonération. Elle doit être exercée, selon le cas, dans le délai prévu pour le dépôt de la déclaration annuelle afférente à la première année au titre de laquelle l'exonération prend effet ou de la déclaration provisoire de cotisation foncière des entreprises visée à l'article 1477.

(Lorsque l'entreprise exerce l'option au titre du dispositif prévu au présent article ou au titre de l'un des dispositifs prévus aux articles 44 duodecies ou 1383 H, cette option vaut pour l'ensemble des dispositifs précités.
Lorsque aucune option n'a été formulée dans les délais requis au titre du dispositif d'exonération prévu au présent article ou de l'un des dispositifs d'exonération prévus aux articles 44 duodecies ou 1383 H, l'exercice ultérieur d'options portant sur un de ces dispositifs n'est pas recevable)

CET-II-132000 s. ; MF n° 43620

I quinquies B. Les communes et les établissements publics de coopération intercommunale dotés d'une fiscalité propre peuvent, par une délibération prise dans les conditions prévues au I de l'article 1639 A bis, exonérer de cotisation foncière des entreprises les entreprises pour les créations et extensions d'établissements situés dans le périmètre des zones de restructuration de la défense mentionnées aux 1° et 2° du 3 ter de l'article 42 de la loi n° 95-115 du 4 février 1995 d'orientation pour l'aménagement et le développement du territoire qui sont réalisées pendant une période de six ans débutant à la date de publication de l'arrêté prévu au dernier alinéa du même 3 ter ou, si cette seconde date est postérieure, au 1er janvier de l'année précédant celle au titre de laquelle le territoire est reconnu comme zone de restructuration de la défense par cet arrêté.

L'exonération prévue au premier alinéa porte, pendant cinq ans à compter de l'année qui suit la création ou, en cas d'extension d'établissement, à compter de la deuxième année qui suit celle-ci, sur la totalité de la part revenant à chaque commune ou établissement public de coopération intercommunale doté d'une fiscalité propre.

En cas de changement d'exploitant au cours de la période d'exonération, celle-ci est maintenue pour la période restant à courir et dans les conditions prévues pour le prédécesseur.

Pour l'application du présent I quinquies B, les délibérations des communes et de leurs établissements publics de coopération intercommunale dotés d'une fiscalité propre ne peuvent porter que sur l'ensemble des établissements créés ou étendus.

Le bénéfice de l'exonération prévue au premier alinéa est subordonné au respect du règlement (UE) n° 1407/2013 de la Commission, du 18 décembre 2013, relatif à l'application des articles 107 et 108 du traité sur le fonctionnement de l'Union européenne aux aides de minimis. Toutefois, sur option des entreprises qui procèdent aux opérations mentionnées au premier alinéa dans les zones d'aide à finalité régionale, le bénéfice de l'exonération prévue au premier alinéa est subordonné au respect de l'article 14 du règlement (UE) n° 651/2014 de la Commission du 17 juin 2014 déclarant certaines catégories d'aides compatibles avec le marché intérieur en application des articles 107 et 108 du traité.

L'option mentionnée au cinquième alinéa est irrévocable pour la durée de l'exonération. Elle doit être exercée, selon le cas, dans le délai prévu pour le dépôt de la déclaration annuelle afférente à la première année au titre de laquelle l'exonération prend effet ou de la déclaration provisoire de cotisation foncière des entreprises visée à l'article 1477.

(Pour les conséquences de l'option, voir loi 2008-1443 du 30 décembre 2008 art. 34, VII)

(Voir également loi 2010-1657 du 29 décembre 2010 art. 108-VII)

CET-II-138000 s. ; MF n° 43625

I sexies. Sauf délibération contraire de la commune ou de l'établissement public de coopération intercommunale doté d'une fiscalité propre, les établissements qui font l'objet d'une création ou d'une extension entre le 1er janvier 2006 et le 31 décembre 2014 dans les zones franches urbaines – territoires entrepreneurs mentionnés au B du 3 de l'article 42 de la loi n° 95-115 du 4 février 1995 d'orientation pour l'aménagement et le développement du territoire ainsi que les établissements existant au 1er janvier 2006 dans les zones franches urbaines – territoires entrepreneurs mentionnés au deuxième alinéa du même B sont exonérés de cotisation foncière des entreprises dans la limite du montant de base nette imposable fixé, pour 2024, à 87 584 € et actualisé chaque année en fonction de la variation de l'indice des prix *(NDLR Plafond applicable pour l'imposition établie au titre de 2024)*. Les exonérations s'appliquent lorsque les conditions suivantes sont remplies :

1° L'entreprise doit employer au plus cinquante salariés au 1er janvier 2006 ou à la date de sa création ou de son implantation si elle est postérieure et, soit avoir réalisé un chiffre d'affaires inférieur à 10 millions d'euros au cours de la période de référence, soit avoir un total de bilan inférieur à 10 millions d'euros ;

2° Son capital ou ses droits de vote ne doivent pas être détenus, directement ou indirectement, à concurrence de 25 % ou plus par une entreprise ou conjointement par plusieurs entreprises dont l'effectif dépasse deux cent cinquante salariés et dont le chiffre d'affaires annuel hors taxes excède 50 millions d'euros ou le total du bilan annuel excède 43 millions d'euros. Pour la détermination de ce pourcentage, les participations des sociétés de capital-risque, des fonds communs de placement à risques, des fonds professionnels spécialisés relevant de l'article L 214-37 du code monétaire et financier dans sa rédaction antérieure à l'ordonnance n° 2013-676 du 25 juillet 2013 modifiant le cadre juridique de la gestion d'actifs, des fonds professionnels de capital investissement, des sociétés de libre partenariat, des sociétés de développement régional, des sociétés financières d'innovation et des sociétés unipersonnelles d'investissement à risque ne sont pas prises en compte à la condition qu'il n'existe pas de lien de dépendance au sens du 12 de l'article 39 entre la société en cause et ces dernières sociétés ou ces fonds.

Pour l'application du 1° et du 2°, le chiffre d'affaires doit être ramené ou porté le cas échéant à douze mois. Les seuils s'appliquent, pour les établissements existants, à la date de délimitation de la zone et, pour les créations et extensions postérieures, à la date de l'implantation dans la zone. L'effectif de l'entreprise est apprécié par référence au nombre moyen de salariés employés au cours de cet exercice. Pour la société mère d'un groupe mentionné à l'article 223 A ou à l'article 223 A bis, le chiffre d'affaires est apprécié en faisant la somme des chiffres d'affaires de chacune des sociétés membres de ce groupe.

Pour les établissements existant au 1er janvier 2006 mentionnés au premier alinéa, la base exonérée comprend, le cas échéant, dans la limite prévue à cet alinéa, les éléments d'imposition correspondant aux extensions d'établissement intervenues pendant l'année 2005.

L'exonération porte pendant cinq ans à compter de 2006 pour les établissements existant à cette date mentionnés au premier alinéa ou, en cas de création d'établissement, à compter de l'année qui suit la création ou, en cas d'extension d'établissement, à compter de la deuxième année qui suit celle-ci, sur la totalité de la part revenant à chaque commune ou établissement public de coopération intercommunale doté d'une fiscalité propre et s'applique dans les conditions prévues, dans la rédaction du présent code en vigueur au 31 décembre 2009, au septième alinéa du I ter, aux trois dernières phrases du premier alinéa et aux neuvième, dixième et onzième alinéas du I quater, à la dernière phrase du troisième alinéa et au sixième alinéa du I quinquies. Le bénéfice des exonérations prenant effet en 2006 dans les zones mentionnées au deuxième alinéa du B du 3 de l'article 42 de la loi n° 95-115 du 4 février 1995 précitée et de celles prenant effet à compter de 2013 dans les zones franches urbaines – territoires entrepreneurs définis au même B est subordonné au respect du règlement (UE) n° 1407/2013 de la Commission, du 18 décembre 2013, relatif à l'application des articles 107 et 108 du traité sur le fonctionnement de l'Union européenne aux aides de minimis.

(Conformément aux dispositions de l'article 62 de la loi 2007-290 du 5 mars 2007 instituant le droit au logement opposable et portant diverses mesures en faveur de la cohésion sociale, les dispositions du I sexies s'appliquent également aux établissement existant au 1er janvier 2007

dans un périmètre correspondant à certaines extensions des zones franches urbaines opérées en 2007 : voir décret 2007-894 du 15 mai 2007)

CET-II-127870 s. ; MF n° 43615

I septies. Sauf délibération contraire de la collectivité territoriale ou de l'établissement public de coopération intercommunale doté d'une fiscalité propre, prise dans les conditions prévues au I de l'article 1639 A bis, les établissements qui font l'objet d'une création ou d'une extension entre le 1er janvier 2017 et le 31 décembre 2024 dans les quartiers prioritaires de la politique de la ville définis à l'article 5 de la loi n° 2014-173 du 21 février 2014 de programmation pour la ville et la cohésion urbaine, ainsi que les établissements existant au 1er janvier 2017 autres que ceux appartenant à une entreprise qui remplit les conditions prévues aux 1° à 3° du présent I septies, dans sa rédaction antérieure à la loi n° 2016-1918 du 29 décembre 2016 de finances rectificative pour 2016, situés dans ces mêmes quartiers sont exonérés de cotisation foncière des entreprises dans la limite du montant de base nette imposable fixé, pour 2024, à 87 584 € et actualisé chaque année en fonction de la variation de l'indice des prix *(NDLR Plafond applicable pour l'imposition établie au titre de 2024).*

Pour l'application exclusive de la présente exonération, lorsque la limite d'un quartier correspond à une voie publique, les établissements situés sur chacune des bordures de cette voie sont réputés situés dans le quartier prioritaire.

L'exonération porte, pendant cinq ans à compter de 2017 pour les établissements existant à cette date ou, en cas de création d'établissement, à compter de l'année qui suit la création ou, en cas d'extension d'établissement, à compter de la deuxième année qui suit celle-ci, sur la totalité de la part revenant à chaque collectivité territoriale ou établissement public de coopération intercommunale doté d'une fiscalité propre.

A l'issue de la période d'exonération et au titre des trois années suivant l'expiration de celle-ci, la base nette imposable des établissements mentionnés au premier alinéa du présent I septies fait l'objet d'un abattement. Le montant de cet abattement est égal, la première année, à 60 % de la base exonérée de la dernière année d'application de l'exonération prévue au deuxième alinéa, à 40 % la deuxième année et à 20 % la troisième année. Cet abattement ne peut réduire la base d'imposition de l'année considérée de plus de 60 % de son montant la première année, 40 % la deuxième année et 20 % la troisième.

Pour les établissements qui font l'objet d'une création, le bénéfice de l'exonération est subordonné à l'existence, au 1er janvier de l'année d'implantation, du contrat de ville prévu à l'article 6 de la loi n° 2014-173 du 21 février 2014 précitée.

En cas de changement d'exploitant au cours de la période d'exonération, celle-ci est maintenue pour la période restant à courir et dans les conditions prévues pour le prédécesseur.

L'exonération s'applique lorsque les conditions suivantes sont remplies :

1° L'entreprise exerce une activité commerciale ;

2° Elle emploie moins de cinquante salariés et soit a réalisé un chiffre d'affaires annuel hors taxes inférieur à 10 millions d'euros au cours de la période de référence, soit a un total de bilan inférieur à 10 millions d'euros ;

3° Son capital ou ses droits de vote ne sont pas détenus, directement ou indirectement, à concurrence de 25 % ou plus par une entreprise ou conjointement par plusieurs entreprises dont l'effectif dépasse deux cent cinquante salariés et dont le chiffre d'affaires annuel hors taxes excède 50 millions d'euros ou le total du bilan annuel excède 43 millions d'euros. Pour la détermination de ce taux, les participations des sociétés de capital-risque, des fonds communs de placement à risques, des fonds professionnels spécialisés relevant de l'article L 214-37 du code monétaire et financier, dans sa rédaction antérieure à l'ordonnance n° 2013-676 du 25 juillet 2013 modifiant le cadre juridique de la gestion d'actifs, des fonds professionnels de capital investissement, des sociétés de libre partenariat, des sociétés de développement régional, des sociétés financières d'innovation et des sociétés unipersonnelles d'investissement à risque ne sont pas prises en compte à la condition qu'il n'existe pas de lien de dépendance, au sens du 12 de l'article 39 du présent code, entre la société en cause et ces dernières sociétés ou ces fonds.

Pour l'application des 2° et 3° du présent I septies, le chiffre d'affaires est ramené ou porté, le cas échéant, à douze mois. L'effectif salarié de l'entreprise est apprécié, au titre de chaque exercice, selon les modalités prévues au I de l'article L 130-1 du code de la sécurité sociale. Lorsqu'une entreprise bénéficiant déjà de l'exonération prévue au présent article constate un franchissement de seuil d'effectif déterminé selon les modalités prévues au II de l'article L 130-1 du code de la sécurité sociale, cette circonstance lui fait perdre le bénéfice de cette exonération. Pour la société mère d'un groupe mentionné à l'article 223 A du présent code, le chiffre d'affaires est apprécié en faisant la somme des chiffres d'affaires de chacune des sociétés membres de ce groupe.

Le bénéfice des exonérations est subordonné au respect du règlement (UE) n° 1407/2013 de la Commission, du 18 décembre 2013, relatif à l'application des articles 107 et 108 du traité sur le fonctionnement de l'Union européenne aux aides de minimis.

Ndlr *Pour les dispositions du présent I septies qui s'appliquent aux impositions établies à compter de 2025, voir partie Autres textes du présent code loi 2023-1322 du 29 décembre 2023 art. 73, I-30°-b al. 3 et XX-D.*

CET-II-125900 s. ; MF n° 43612

II. Pour bénéficier des exonérations prévues aux I, I quinquies A, I quinquies B, I sexies et I septies, les contribuables déclarent, chaque année, dans les conditions prévues à l'article 1477, les éléments entrant dans le champ d'application de l'exonération.

Lorsqu'un établissement remplit les conditions requises pour bénéficier de l'une des exonérations prévues aux articles 1464 A, 1464 B, 1464 D, 1464 F, 1464 I, 1464 I bis, 1464 M, 1465, 1465 A, 1465 B, 1466 B, 1466 B bis, 1466 D ou 1466 G et de celles prévues aux I, I quinquies A, I quinquies B, I sexies ou I septies le contribuable doit opter pour l'un ou l'autre de ces régimes. L'option qui est irrévocable doit être exercée dans le délai prévu pour le dépôt de la déclaration afférente à la première année au titre de laquelle l'exonération prend effet.

Pour l'application des I, I quinquies A, I quinquies B, I sexies et I septies :

a. Deux périodes d'exonération ne peuvent courir simultanément ;

b. *(Abrogé)* ;

c. Le montant des bases exonérées ne peut excéder chaque année, pour un même établissement, le montant prévu aux I, I quinquies A ou I quinquies B ;

d. Pour l'appréciation de la condition d'exonération fixée au I concernant le nombre de salariés, la période de référence à retenir est l'année mentionnée à l'article 1467 A.

Ndlr *Pour les dispositions du présent II qui s'appliqueront respectivement à compter du 1er juillet 2024 et aux impositions établies à compter de 2025, voir partie Autres textes du présent code loi 2023-1322 du 29 décembre 2023 art. 73, I-30°-c al. 5 et XX-D, art. 73, I-30°-c al. 2 et XX-B.*

III. *(Abrogé)*.

IV. Les obligations déclaratives des personnes et organismes concernés par les exonérations prévues au présent article sont fixées par décret *(Voir Annexe III, art. 322 N et 322 O)*.

Art 1466 B **I.** Les communes et les établissements publics de coopération intercommunale à fiscalité propre peuvent, par une délibération prise dans les conditions prévues au I de l'article 1639 A bis, exonérer de cotisation foncière des entreprises les établissements qui bénéficient de l'exonération prévue à l'article 1463 A.

L'exonération porte, pendant sept années à compter de l'année qui suit la création, sur la moitié non exonérée au titre de l'article 1463 A de la base nette imposée au profit de chaque collectivité territoriale ou établissement public de coopération intercommunale à fiscalité propre.

Au titre des trois années suivant la période d'exonération, la moitié de la base nette imposable des établissements mentionnés au premier alinéa du présent I fait l'objet d'un abattement. Le montant de cet abattement est égal, la première année, à 75 % de la base exonérée de la dernière année d'application de l'exonération prévue au deuxième alinéa, à 50 % la deuxième année et à 25 % la troisième année. Cet abattement ne peut réduire la moitié de la base d'imposition de l'année considérée de plus de 75 % de son montant la première année, 50 % la deuxième année et 25 % la troisième année.

II. Pour bénéficier de l'exonération, les entreprises en adressent la demande, dans les délais prévus à l'article 1477, au service des impôts dont relève chacun des établissements concernés. A défaut du dépôt de cette demande dans les délais prévus à cet article, l'exonération n'est pas accordée au titre de l'année concernée.

L'exonération porte sur les éléments déclarés dans les délais prévus à l'article 1477.

III. Dans les zones d'aide à finalité régionale, le bénéfice de l'exonération est subordonné au respect des articles 13 et 14 du règlement (UE) n° 651/2014 de la Commission du 17 juin 2014 déclarant certaines catégories d'aides compatibles avec le marché intérieur en application des articles 107 et 108 du traité.

En dehors des zones d'aide à finalité régionale, le bénéfice de l'exonération est subordonné au respect de l'article 17 du règlement (UE) n° 651/2014 de la Commission du 17 juin 2014 précité.

CET-II-70700 s. ; MF n° 43627

Art 1466 B bis **I.** Les communes et les établissements publics de coopération intercommunale à fiscalité propre peuvent, par une délibération prise dans les conditions prévues au I de l'article 1639 A bis, exonérer de cotisation foncière des entreprises les établissements qui bénéficient de l'exonération prévue à l'article 1463 B.

L'exonération porte, pendant sept ans à compter de l'année qui suit la création, sur la moitié non exonérée au titre de l'article 1463 B de la base nette imposée au profit de chaque collectivité territoriale ou établissement public de coopération intercommunale à fiscalité propre.

A l'issue de la période d'exonération et au titre des trois années suivant l'expiration de celle-ci, la moitié de la base nette imposable des établissements mentionnés au premier alinéa du présent I fait l'objet d'un abattement. Le montant de cet abattement est égal, la première année, à 75 % de la base exonérée de la dernière année d'application de l'exonération prévue au deuxième alinéa, à 50 % la deuxième année et à 25 % la troisième année. Cet abattement ne peut réduire la moitié de la base d'imposition de l'année considérée de plus de 75 % de son montant la première année, 50 % la deuxième année et 25 % la troisième année.

II. Pour bénéficier de l'exonération, les entreprises en adressent la demande, dans les délais prévus à l'article 1477, au service des impôts dont relève chacun des établissements concernés. A défaut du dépôt de cette demande dans les délais prévus au même article 1477, l'exonération n'est pas accordée au titre de l'année concernée.

L'exonération porte sur les éléments déclarés dans les délais prévus audit article 1477.

III. Dans les zones d'aide à finalité régionale, le bénéfice de l'exonération est subordonné au respect de l'article 14 du règlement (UE) n° 651/2014 de la Commission du 17 juin 2014 déclarant certaines catégories d'aides compatibles avec le marché intérieur en application des articles 107 et 108 du traité.

En dehors des zones d'aide à finalité régionale, le bénéfice de l'exonération est subordonné au respect de l'article 17 du même règlement .

Ndlr *L'exonération prévue au présent article s'applique avant l'abattement prévu à l'article 1472 A ter.*

CET-II-72500 s. ; MF n° 43628

Art 1466 D Les communes et leurs établissements publics de coopération intercommunale dotés d'une fiscalité propre peuvent, par une délibération prise dans les conditions prévues au I de l'article 1639 A bis, exonérer de cotisation foncière des entreprises pour une durée de sept ans les entreprises existant au 1er janvier 2004 ou créées entre cette date et le 31 décembre 2025, et répondant, au cours de la période de référence mentionnée à l'article 1467 A, aux conditions fixées par les 1°, 3°, 4° et 5° de l'article 44 sexies-0 A.

L'exonération porte sur la totalité de la part revenant à chaque commune ou établissement public de coopération intercommunale doté d'une fiscalité propre. Elle cesse définitivement de s'appliquer à compter de l'année qui suit le septième anniversaire de la création de l'entreprise ou, si elle est antérieure, de la deuxième année qui suit la période mentionnée au premier aliéna pendant laquelle l'entreprise ne remplit plus l'une des conditions fixées par les 1°, 3°, 4° et 5° de l'article 44 sexies-0 A.

Le bénéfice de l'exonération est subordonné au respect du règlement (UE) n° 1407/2013 de la Commission, du 18 décembre 2013, relatif à l'application des articles 107 et 108 du traité sur le fonctionnement de l'Union européenne aux aides de minimis.

Pour bénéficier de l'exonération, les contribuables doivent en faire la demande dans les délais prévus à l'article 1477. Cette demande doit être adressée, pour chaque établissement exonéré, au service des impôts dont relève l'établissement. Les contribuables déclarent, chaque année, dans les conditions prévues à l'article 1477, les éléments entrant dans le champ d'application de l'exonération.

Lorsqu'un établissement remplit les conditions requises pour bénéficier de l'une des exonérations prévues aux articles 1464 B, 1464 D, 1464 F, 1464 G, 1465, 1465 A, 1465 B, 1466 A, 1466 B et 1466 G et celles du présent article, le contribuable doit préciser le régime sous lequel il entend se placer. Ce choix, qui est irrévocable, doit être exercé dans le délai prévu pour le dépôt, selon le cas, de la déclaration annuelle ou de la déclaration provisoire de la cotisation foncière des entreprises visées à l'article 1477.

Ndlr *Pour les dispositions du présent article qui s'appliqueront respectivement à compter du 1er juillet 2024 et aux impositions établies à compter de 2025, voir partie Autres textes du présent code loi 2023-1322 du 29 décembre 2023 art. 73, I-31°-b et XX-D, art. 73, I-31°-a et XX-B.*

CET-II-135000 s. ; MF n° 43600

Art 1466 F **I.** Sauf délibération contraire de la commune ou de l'établissement public de coopération intercommunale doté d'une fiscalité propre prise dans les conditions prévues au I de l'article 1639 A bis, la base nette imposable à la cotisation foncière des entreprises des établissements existant au 1er janvier 2009 en Guadeloupe, en Guyane, en Martinique, à La Réunion ou à Mayotte ou faisant l'objet d'une création ou d'une extension à compter du 1er janvier 2009 dans ces départements et exploités par des entreprises répondant, au cours de la période de référence mentionnée à l'article 1467 A, aux conditions fixées au I de l'article 44 quaterdecies fait l'objet d'un abattement dans la limite d'un montant de 150 000 € par année d'imposition.

II. Le taux de l'abattement mentionné au I est égal à 80 % de la base nette imposable pour la cotisation foncière des entreprises.

III. Le taux de l'abattement mentionné au II est majoré dans les cas suivants :

1° Pour les établissements situés en Guyane et à Mayotte ;

2° *(Abrogé) ;*

3° Pour les établissements d'entreprises qui exercent leur activité principale dans l'un des secteurs mentionnés au 3° du III de l'article 44 quaterdecies *(Voir Annexe III, art. 322 R)* ;

4° Pour les établissements relevant d'entreprises mentionnées au b du 4° du III de l'article 44 quaterdecies.

Le taux de cet abattement est égal à 100 % de la base nette imposable à la cotisation foncière des entreprises.

IV. La délibération mentionnée au I porte sur la totalité de la part revenant à chaque commune ou établissement public de coopération intercommunale.

V. Pour bénéficier de l'abattement, les contribuables déclarent, chaque année, dans les conditions prévues à l'article 1477, les éléments entrant dans le champ d'application de l'abattement. Cette demande doit être adressée, pour chaque établissement exonéré, au service des impôts dont relève l'établissement.

VI. Lorsqu'un établissement réunit les conditions requises pour bénéficier de l'une des exonérations prévues aux articles 1464 A, 1464 B, 1464 D, 1464 F, 1464 G, 1464 I, 1464 I bis, 1464 M, 1465, 1465 B, 1466 A ou 1466 D et de l'abattement prévu au présent article, le contribuable peut opter pour ce dernier régime. L'option, qui est irrévocable, vaut pour l'ensemble des communes et de leurs établissements publics de coopération intercommunale et doit être exercée dans le délai prévu pour le dépôt, selon le cas, de la déclaration annuelle ou de la déclaration provisoire de cotisation foncière des entreprises mentionnées à l'article

Ndlr *Pour les dispositions du présent VI qui s'appliquent aux impositions établies à compter de 2025, voir partie Autres textes du présent code loi 2023-1322 du 29 décembre 2023 art. 73, I-32° et XX-B.*

VII. *(Abrogé).*

VIII. Le bénéfice de l'abattement mentionné au I est subordonné au respect du règlement (UE) n° 651/2014 de la Commission, du 17 juin 2014, déclarant certaines catégories d'aides compatibles avec le marché intérieur en application des articles 107 et 108 du traité.

DC-IV-7950 s. ; MF n° 91545

Art 1466 G I. Les communes et les établissements publics de coopération intercommunale à fiscalité propre peuvent, par une délibération prise dans les conditions prévues au I de l'article 1639 A bis, exonérer de cotisation foncière des entreprises les établissements exerçant une activité industrielle, commerciale ou artisanale ou professionnelle non commerciale créés par les entreprises qui bénéficient de l'exonération prévue à l'article 44 quindecies A dans une zone France ruralités revitalisation mentionnée aux II et III du même article 44 quindecies A.

Cette exonération s'applique également aux extensions d'établissement réalisées entre le 1er juillet 2024 et le 31 décembre 2029 dans une zone France ruralités revitalisation « plus » mentionnée au III dudit article 44 quindecies A.

L'exonération s'applique pendant cinq ans sur la base nette imposée au profit de chaque commune ou établissement public de coopération intercommunale à fiscalité propre, à compter de l'année qui suit la création de l'établissement ou de la deuxième année qui suit celle au cours de laquelle l'extension est intervenue.

A l'issue de la période d'exonération et au titre des trois années suivant l'expiration de celle-ci, la base nette imposable des établissements exonérés en application du premier alinéa du présent I fait l'objet d'un abattement. Le montant de cet abattement est égal à 75 % de la base nette imposable la première année, à 50 % la deuxième année et à 25 % la troisième année.

II. Pour bénéficier de cette exonération, les entreprises en adressent la demande, dans les délais prévus à l'article 1477, au service des impôts dont relève chacun des établissements concernés. A défaut de dépôt de cette demande dans les délais prévus au même article 1477, l'exonération n'est pas accordée au titre de l'année concernée. Toutefois, lorsque la déclaration est souscrite après ces délais, l'exonération s'applique pour la période restant à courir après le 31 décembre de l'année de la souscription.

Pour les années suivantes, une déclaration est à souscrire dans les délais prévus audit article 1477 uniquement en cas de modification d'un élément quelconque servant à l'établissement de l'exonération.

L'exonération porte sur les éléments déclarés dans les délais prévus au même article 1477.

III. Lorsqu'un établissement remplit les conditions requises pour bénéficier de l'une des exonérations prévues aux articles 1464 F, 1464 I, 1464 I bis, 1464 M, 1465, 1465 B, 1466 A ou 1466 D et de celle prévue au I du présent article, le contribuable doit opter pour l'un ou l'autre de ces régimes. L'option, qui est irrévocable, est exercée dans le délai prévu pour le dépôt de la déclaration afférente à la première année au titre de laquelle l'exonération prend effet.

IV. Le bénéfice de l'exonération est subordonné au respect du même règlement européen que celui appliqué pour l'exonération de l'activité dont le contribuable bénéficie sur le fondement de l'article 44 quindecies A.

V. Le XI de l'article 44 quindecies A s'applique au présent article.

Ndlr *Ces dispositions s'appliquent à compter des impositions établies au titre de 2025. Par dérogation à l'article 1639 A bis, I du CGI, pour que l'exonération soit applicable aux opérations réalisées dès le 1er juillet 2024, les collectivités concernées doivent prendre une délibération en ce sens dans les 90 jours suivant la publication de l'arrêté fixant la liste des communes classées dans une zone France Ruralités Revitalisation (Loi 2023-1322 du 29 décembre 2023 art. 73, XX-B et F).*

FR 2/24 inf. 102 nos 24 à 34 p. 171

III. Base d'imposition

Art 1467 La cotisation foncière des entreprises a pour base la valeur locative des biens passibles d'une taxe foncière situés en France, à l'exclusion des biens exonérés de taxe foncière sur les propriétés bâties en vertu des 11°, 12° , 13° et 15° de l'article 1382, dont le redevable a disposé pour les besoins de son activité professionnelle pendant la période de référence définie aux articles 1467 A et 1478, à l'exception de ceux qui ont été détruits ou cédés au cours de la même période.

Toutefois, ne sont pas compris dans la base d'imposition à la cotisation foncière des entreprises :

1° Les biens destinés à la fourniture et à la distribution de l'eau lorsqu'ils sont utilisés pour l'irrigation pour les neuf dixièmes au moins de leur capacité ;

2° Les parties communes des immeubles dont dispose l'entreprise qui exerce une activité de location ou de sous-location d'immeubles.

La valeur locative des biens passibles d'une taxe foncière est calculée suivant les règles fixées pour l'établissement de cette taxe.

Pour le calcul de l'impôt, la valeur locative des immobilisations industrielles définie à l'article 1499 est diminuée de 30 %.

Les éléments servant à la détermination des bases de la cotisation foncière des entreprises et des taxes additionnelles sont arrondis à l'euro le plus proche. La fraction d'euro égale à 0,50 est comptée pour 1.

CET-II-150000 s. ; MF nos 43660 s.

Art 1467 A Sous réserve des II, III, IV et VI de l'article 1478, la période de référence retenue pour déterminer les bases de cotisation foncière des entreprises est l'avant-dernière année précédant celle de l'imposition ou le dernier exercice de douze mois clos au cours de cette même année lorsque cet exercice ne coïncide pas avec l'année civile.

CET-II-150400 s. ; MF no 43665

Art 1468 I. La base de la cotisation foncière des entreprises est réduite :

1° Pour les coopératives et unions de coopératives agricoles et les sociétés d'intérêt collectif agricole, de moitié.

Cette réduction ne s'applique pas aux :

a. Sociétés coopératives agricoles, leurs unions et les sociétés d'intérêt collectif agricole dont les parts sont admises aux négociations sur un marché réglementé ou offertes au public sur un système multilatéral de négociation soumis aux dispositions du II de l'article L 433-3 du code monétaire et financier ou dont le capital est détenu à concurrence de 20 % au moins par des associés non coopérateurs au sens du 1 quinquies de l'article 207 du présent code et des titulaires de certificats coopératifs d'investissement lorsque les statuts prévoient qu'ils peuvent être rémunérés ;

b. Sociétés d'intérêt collectif agricole dont plus de 50 % du capital ou des voix sont détenus directement ou par l'intermédiaire de filiales par des associés autres que ceux visés aux 1°, 2° et 3° de l'article L 522-1 du code rural et de la pêche maritime ;

CET-II-154970 s. ; MF no 43688

2° Pour les chefs d'entreprise immatriculés au registre national des entreprises en tant qu'entreprise du secteur des métiers et de l'artisanat qui effectuent principalement des travaux de fabrication, de transformation, de réparation ou des prestations de services et pour lesquels la rémunération du travail représente plus de 50 % du chiffre d'affaires global, tous droits et taxes compris, ainsi que pour les entreprises de la batellerie artisanale mentionnées à l'article L 4430-1 du code des transports et immatriculées conformément aux dispositions de l'article L 4431-1 du même code :

Des trois quarts, lorsqu'ils emploient un salarié ;

De la moitié, lorsqu'ils emploient deux salariés ;

D'un quart, lorsqu'ils emploient trois salariés.

Les apprentis sous contrat ne sont pas comptés au nombre des salariés.

La rémunération du travail s'entend de la somme du bénéfice, des salaires versés et des cotisations sociales y afférentes.

Pour l'appréciation des conditions relatives au nombre de salariés et au chiffre d'affaires, la période de référence à retenir est celle mentionnée à l'article 1467 A ;

CET-II-155250 s. ; MF nº 43687

3º Pour les sociétés coopératives et unions de sociétés coopératives d'artisans, les sociétés coopératives et unions de sociétés coopératives de patrons-bateliers et les sociétés coopératives maritimes, de moitié, lorsque leur capital est détenu à concurrence de 20 % au moins et de 50 % au plus par des associés non coopérateurs au sens du 1 quinquies de l'article 207 et des titulaires de certificats coopératifs d'investissement lorsque les statuts prévoient qu'ils peuvent être rémunérés ;

CET-II-155140 s. ; MF nº 43688

4º Pour les mutuelles et unions régies par le code de la mutualité et les institutions de prévoyance régies par le titre III du livre IX du code de la sécurité sociale :

de 60 % pour l'imposition établie au titre de 2013 ;

de 40 % pour l'imposition établie au titre de 2014.

CET-II-56010

II. *(Dispositions périmées).*

Art 1468 bis I. Pour l'application des dispositions relatives à la cotisation foncière des entreprises, à l'exception de celles prévues aux articles 1465 à 1465 B, l'extension d'établissement s'entend de l'augmentation nette de la base d'imposition par rapport à celle de l'année précédente multipliée, selon les cas, par le coefficient de majoration forfaitaire annuel défini à l'article 1518 bis ou par le coefficient de mise à jour annuelle des valeurs locatives résultant de l'application des dispositions des I et IV de l'article 1518 ter.

Les coefficients mentionnés au premier alinéa du présent I sont ceux applicables pour l'année de référence définie à l'article 1467 A.

La base d'imposition mentionnée au premier alinéa du présent I s'entend, le cas échéant, de celle résultant de l'application de l'article 1647 D.

Ndlr *Pour les dispositions du présent I qui s'appliqueront à compter du 1er juillet 2024, voir partie Autres textes du présent code loi 2023-1322 du 29 décembre 2023 art. 73, I-34º et XX-D.*

II. Pour le calcul de l'augmentation nette de la base d'imposition de l'établissement définie au I, il n'est pas tenu compte de l'évolution de la base d'imposition résultant :

1º Des changements de méthode de détermination de la valeur locative en application des articles 1499-00 A ou 1500 ;

2º Des changements d'utilisation des propriétés bâties mentionnées au I de l'article 1498 ;

3º De la perte du bénéfice des dispositions du III de l'article 1518 A quinquies ;

4º De l'application des articles 1518 A, 1518 A bis, 1518 A quater ;

5º De l'application des II et III de l'article 1518 ter ;

6º De l'application du V de l'article 1478 ;

7º Pour les établissements au sein desquels sont exercées conjointement une activité imposable et une activité exonérée, de l'évolution de la fraction de la valeur locative imposable ;

8º De l'application de l'article 1647 D.

CET-II-181050 s. ; MF nº 43700

4º Réduction des bases en Corse

Art 1472 A ter Les bases de la cotisation foncière des entreprises imposées en Corse au profit des communes et de leurs groupements sont multipliées par un coefficient égal à 0,75.

CET-II-157200 s. ; MF nº 92320

IV. Répartition des bases

Art 1473 La cotisation foncière des entreprises est établie dans chaque commune où le redevable dispose de locaux ou de terrains, en raison de la valeur locative des biens qui y sont situés.

La cotisation foncière des entreprises due à raison des activités de remplacement est établie au lieu du principal établissement mentionné par les intéressés sur leur déclaration de résultats lorsqu'ils ne disposent pas de locaux ou de terrains.

CET-II-175300 s. ; MF nº 43740

Art 1475 Les valeurs locatives des ouvrages hydro-électriques concédés, ou d'une puissance supérieure à 500 kilowatts, sont réparties entre les communes sur le territoire desquelles coulent les cours d'eau utilisés ou existent des ouvrages de génie civil, compte tenu de l'importance de ces derniers, de l'existence éventuelle de retenues d'eau et de la puissance hydraulique moyenne devenue indisponible dans la limite de chaque commune, du fait de l'usine ; les pourcentages fixant cette répartition sont déterminés par l'acte d'autorisation ou de concession.

Un décret rendu sur la proposition du ministre de l'économie et des finances, du ministre de l'intérieur et du ministre de l'industrie précise le mode de détermination des pourcentages prévus au premier alinéa ainsi que les conditions d'application de cet alinéa *(Voir Annexe III, art. 323).*

CET-II-175590 s. ; MF nº 43740

V. Etablissement de la taxe

Art 1476 I. La cotisation foncière des entreprises est établie au nom des personnes qui exercent l'activité imposable, dans les conditions prévues en matière de contributions directes, sous les mêmes sanctions ou recours.

II. Par exception aux dispositions du I, la cotisation foncière des entreprises est établie :

a. Lorsque l'activité est exercée par des sociétés non dotées de la personnalité morale, au nom du ou des gérants ;

b. Lorsque l'activité est exercée en vertu d'un contrat de fiducie, au nom du fiduciaire.

CET-II-500 s. ; DC-IX-54400 s. ; MF nºs 43530, 91145

Art 1477 I. Les contribuables doivent déclarer les éléments servant à l'établissement de la cotisation foncière des entreprises l'année précédant celle de l'imposition au plus tard le deuxième jour ouvré suivant le 1er mai ou, en cas de création d'établissement ou de changement d'exploitant ou d'activité en cours d'année, l'année suivant celle de la création ou du changement au plus tard le deuxième jour ouvré suivant le 1er mai.

II. a. En cas de création d'établissement ou de changement d'exploitant ou d'activité en cours d'année, une déclaration provisoire doit être fournie avant le 1er janvier de l'année suivant celle de la création ou du changement *(Voir Annexe II, art. 310 HQ).*

b. En cas de changement d'exploitant, l'ancien exploitant est tenu d'en faire la déclaration au service des impôts avant le 1er janvier de l'année suivant celle du changement lorsque le changement intervient en cours d'année, ou avant le 1er janvier de l'année du changement lorsque celui-ci prend effet au 1er janvier ; lorsque le changement ne porte que sur une partie de l'établissement, il est tenu de souscrire dans les mêmes délais une déclaration rectificative de ses bases de cotisation foncière des entreprises.

III. *(Abrogé à compter du 1er janvier 2003).*

IV. Les contribuables qui n'emploient aucun salarié en France et qui n'y disposent d'aucun établissement mais qui y exercent une activité de location d'immeubles ou de vente d'immeubles doivent déposer leurs déclarations au lieu de situation de l'immeuble dont la valeur locative foncière est la plus élevée au 1er janvier de l'année d'imposition.

CET-II-188000 s. ; MF nºs 43755 s.

Annualité de la taxe

Art 1478 I. La cotisation foncière des entreprises est due pour l'année entière par le redevable qui exerce l'activité le 1er janvier *(Voir Annexe II, art. 310 HS et 310 HT).*

CET-II-177000 s. ; MF nº 43745

Toutefois, le contribuable qui cesse toute activité dans un établissement n'est pas redevable de la cotisation foncière des entreprises pour les mois restant à courir, sauf en cas de cession de l'activité exercée dans l'établissement ou en cas de transfert d'activité.

CET-II-182000 s. ; MF nº 43750

Lorsqu'au titre d'une année une cotisation foncière des entreprises a été émise au nom d'une personne autre que le redevable légal de l'impôt, l'imposition de ce dernier, au titre de la même année, est établie au profit de l'Etat dans la limite du dégrèvement accordé au contribuable imposé à tort.

II. En cas de création d'un établissement autre que ceux mentionnés au III, la cotisation foncière des entreprises n'est pas due pour l'année de la création.

Pour les deux années suivant celle de la création, la base d'imposition est calculée d'après les biens passibles de taxe foncière dont le redevable a disposé au 31 décembre de la première année d'activité.

En cas de création d'établissement, la base du nouvel exploitant est réduite de moitié pour la première année d'imposition.

CET-II-178000 s. ; MF nº 43748

III. Pour les établissements produisant de l'énergie électrique la cotisation foncière des entreprises est due à compter du raccordement au réseau. Ces établissements sont imposés, au titre de l'année du raccordement au réseau, d'après les salaires et la valeur locative de cette année corrigée en fonction de la période d'activité. Pour les deux années suivant celle du raccordement, leurs bases d'imposition sont calculées dans les conditions définies au deuxième alinéa du II.

CET-II-178 000 s., 178850 s., 178910 ; MF nº 43748

IV. En cas de changement d'exploitant, la base d'imposition est calculée pour les deux années suivant celle du changement, dans les conditions définies au deuxième alinéa du II.

Si le changement d'exploitant prend effet le 1er janvier, le nouvel exploitant est imposé pour l'année du changement sur les bases relatives à l'activité de son prédécesseur.

CET-II-185810 s. ; MF n° 43746

IV bis. *(Abrogé).*

V. La valeur locative est corrigée en fonction de la période d'activité pour les exploitants d'hôtels de tourisme saisonniers classés dans les conditions fixées par le ministre chargé du tourisme, les restaurants, les cafés, les discothèques, les établissements de spectacles ou de jeux ainsi que les établissements thermaux, exerçant une activité à caractère saisonnier, telle que définie par décret *(Voir Annexe II, art. 310 HS).*

Sur décision de l'organe délibérant de la commune et de l'établissement public de coopération intercommunale, les dispositions du premier alinéa s'appliquent également aux parcs d'attractions et de loisirs exerçant une activité saisonnière.

CET-II-155800 s. ; MF n° 43689

VI. Les organismes mentionnés au II de l'article 1447 deviennent imposables dans les conditions prévues au II, à compter de l'année au cours de laquelle l'une des trois conditions prévues au premier alinéa du 1 bis de l'article 206 n'est plus remplie. Lorsque l'organisme se livrait à une activité lucrative l'année précédant celle au cours de laquelle il devient imposable, la réduction de base prévue au troisième alinéa du II n'est pas applicable.

Sous réserve des dispositions du deuxième alinéa du I, l'organisme reste redevable de la cotisation foncière des entreprises au titre de l'année au cours de laquelle il remplit les conditions prévues au premier alinéa du 1 bis de l'article 206, lorsqu'il ne les remplissait pas l'année précécente.

IS-I-14115, 14170 s. ; MF n° 89490

Art 1478 bis **I.** Les création ou extension d'établissement sont exonérées de cotisation foncière des entreprises pendant une durée de trois ans à compter, selon les cas, de l'année qui suit celle de la création ou de la deuxième année qui suit celle au cours de laquelle l'extension d'établissement est intervenue. En cas de création d'établissement, l'exonération s'applique après la réduction de base prévue au dernier alinéa du II de l'article 1478.

L'exonération est subordonnée à une délibération des communes ou des établissements publics de coopération intercommunale à fiscalité propre prise dans les conditions définies au I de l'article 1639 A bis. Elle porte sur la totalité de la part revenant à chaque commune ou établissement public de coopération intercommunale à fiscalité propre.

II. Pour bénéficier de l'exonération prévue au I, les entreprises en adressent la demande, dans les délais prévus à l'article 1477, au service des impôts dont relève chacun des établissements concernés. A défaut du dépôt de cette demande dans les délais prévus au même article 1477, l'exonération n'est pas accordée au titre de l'année concernée.

L'exonération porte sur les éléments déclarés dans les délais prévus audit article 1477.

CET-II-178990 s. ; MF nos 43749, 43751

SECTION VI
Règles d'évaluation de la valeur locative des biens imposables

I. Evaluation des propriétés bâties

A. Généralités

Art 1494 La valeur locative des biens passibles de la taxe foncière sur les propriétés bâties, de la taxe d'habitation sur les résidences secondaires et autres locaux meublés non affectés à l'habitation principale ou d'une taxe annexe établie sur les mêmes bases est déterminée, conformément aux règles définies par les articles 1495 à 1508, pour chaque propriété ou fraction de propriété normalement destinée à une utilisation distincte *(Voir Annexe III, art. 324 A).*

FB-III-300 ; MF nos 42080 s.

Art 1495 Chaque propriété ou fraction de propriété est appréciée d'après sa consistance, son affectation, sa situation et son état, à la date de l'évaluation *(Voir Annexe III, art. 324 B).*

Le premier alinéa n'est pas applicable aux propriétés mentionnées au I de l'article 1498.

FB-III-1600 s. ; MF nos 42080 s.

B. Locaux d'habitation et à usage professionnel

Art 1496 **I.** La valeur locative des locaux affectés à l'habitation ou servant à l'exercice d'une activité salariée à domicile est déterminée par comparaison avec celle de locaux de référence choisis, dans la commune, pour chaque nature et catégorie de locaux.

FB-III-3600 s.

II. La valeur locative des locaux de référence est déterminée d'après un tarif fixé, par commune ou secteur de commune, pour chaque nature et catégorie de locaux, en fonction du loyer des locaux loués librement à des conditions de prix normales et de manière à assurer l'homogénéité des évaluations dans la commune et de commune à commune.

Le tarif est appliqué à la surface pondérée du local de référence, déterminée en affectant la surface réelle de correctifs fixés par décret et destinés à tenir compte de la nature des différentes parties du local, ainsi que de sa situation, de son importance, de son état et de son équipement.

FB-III-7700 s.

II bis. A Mayotte, la valeur locative déterminée en application du II est minorée de 60 %.

DC-IV-5630

III. 1. Pour l'établissement de la taxe foncière sur les propriétés bâties, la valeur locative des locaux loués au 1er janvier 1974 sous le régime de la réglementation des loyers établie par la loi n° 48-1360 du 1er septembre 1948 modifiée, est constituée par le plus faible des deux chiffres suivants :

Soit la valeur locative déterminée dans les conditions prévues au I ;

Soit le loyer réel à la date du 1er janvier 1970 affecté de coefficients triennaux correspondant aux augmentations de loyers intervenues depuis cette date, sans qu'il soit tenu compte des majorations pour insuffisance d'occupation ou pour usage professionnel. Les périodes retenues pour le calcul et l'application de ces coefficients sont celles prévues pour les actualisations. Ces coefficients sont fixés par décret en Conseil d'Etat *(Voir Annexe II, art. 310 I)*.

Les coefficients fixés pour les années 1979 à 1981 demeurent applicables jusqu'à la prochaine actualisation des valeurs locatives foncières des propriétés bâties.

Toutefois, si ce loyer est notablement inférieur aux prix de location généralement constatés pour les locaux de l'espèce, la base de la taxe foncière est évaluée par comparaison avec celle afférente à ces locaux.

2. Lorsqu'un local cesse d'être soumis à la réglementation des loyers établie par la loi précitée, la valeur locative est déterminée dans les conditions prévues au I, à compter du 1er janvier de l'année suivante.

FB-III-8330 s.

Ndlr *Sur la révision des valeurs locatives des locaux d'habitation en 2028, voir l'article 146 de la loi 2019-1479 du 28 décembre 2019 dans la partie Autres textes.*

MF n° 42090

Art 1496 bis

Le conseil municipal d'une commune dont le territoire était, avant l'entrée en vigueur de la loi n° 83-636 du 13 juillet 1983 portant modification du statut des agglomérations nouvelles, partiellement inclus dans la zone de compétence d'un syndicat communautaire d'aménagement créé en application de la loi n° 70-610 du 10 juillet 1970, peut décider, par une délibération prise avant le 1er juillet 1986, que l'ensemble des locaux d'habitation et des locaux à usage professionnel de la commune sera évalué, à compter du 1er janvier 1987, par application des tarifs en vigueur dans la partie du territoire communal située hors de la zone de compétence du syndicat.

Ndlr *Les lois 70-610 du 10 juillet 1970 et 83-636 du 13 juillet 1983 sont abrogées à compter du 1er janvier 2017 (Loi 2015-991 du 7 août 2015 art. 44, I).*

Art 1496 ter

Les propriétaires des biens mentionnés à l'article 1496 faisant l'objet d'une location sont tenus de déclarer à l'administration, avant le 1er juillet de chaque année, les informations relatives à ces biens et au montant du loyer au 1er janvier de l'année de déclaration, selon des modalités fixées par arrêté du ministre chargé du budget.

Cette déclaration est souscrite par voie électronique par ces propriétaires, à l'exception des propriétaires personnes physiques dont la résidence principale n'est pas équipée d'un accès internet ou qui indiquent à l'administration ne pas être en mesure de souscrire cette déclaration par voie électronique.

Ndlr *Les dispositions du présent article entrent en vigueur le 1er janvier 2026 (Loi 2019-1479 du 28 décembre 2019 art. 146, X-A).*

FB-III-64440

Art 1497

Par dérogation au I de l'article 1496, les locaux d'habitation qui présentent un caractère exceptionnel sont évalués dans les conditions prévues à l'article 1498, dans sa rédaction en vigueur le 31 décembre 2016.

Ndlr 1. *Sur la révision des valeurs locatives des locaux d'habitation en 2028, voir l'article 146 de la loi 2019-1479 du 28 décembre 2019 dans la partie Autres textes.*

2. *Sur l'obligation déclarative à la charge des propriétaires de biens mentionnés au présent article pour la mise en œuvre de la révision des valeurs locatives susvisée, voir partie Autres textes du présent code loi 2021-1900 du 30 décembre 2021 art. 114.*

FB-III-15000 s. ; MF n° 42090

C. Locaux professionnels

Art 1498 **I.** La valeur locative de chaque propriété bâtie ou fraction de propriété bâtie, autres que les locaux mentionnés au I de l'article 1496, que les établissements industriels mentionnés à l'article 1499 et que les locaux dont la valeur locative est déterminée dans les conditions particulières prévues à l'article 1501, est déterminée selon les modalités prévues aux II ou III du présent article.

Les propriétés mentionnées au premier alinéa sont classées dans des sous-groupes, définis en fonction de leur nature et de leur destination. A l'intérieur d'un sous-groupe, elles sont classées par catégories, en fonction de leur utilisation, de leurs caractéristiques physiques, de leur situation et de leur consistance. Les sous-groupes et catégories de locaux sont déterminés par décret en Conseil d'Etat *(NDLR Voir Annexe II, art. 310 Q).*

II. A. La valeur locative de chaque propriété bâtie ou fraction de propriété bâtie mentionnée au I est déterminée en fonction de l'état du marché locatif à la date de référence du 1er janvier 2013, sous réserve de la mise à jour prévue au III de l'article 1518 ter.

Elle est obtenue par application d'un tarif par mètre carré déterminé conformément au 2 du B du présent II à la surface pondérée du local définie au C du présent II.

B. 1. Il est constitué, dans chaque département, un ou plusieurs secteurs d'évaluation qui regroupent les communes ou sections cadastrales de communes qui, dans le département, présentent un marché locatif homogène.

Pour l'application du présent 1 :

1° Le territoire de la métropole de Lyon est, avec le territoire du département du Rhône, assimilé au territoire d'un département ;

2° Le territoire de la Ville de Paris est assimilé au territoire d'un département.

2. Les tarifs par mètre carré sont déterminés sur la base des loyers moyens constatés dans chaque secteur d'évaluation par catégorie de propriétés.

A défaut, lorsque les loyers sont en nombre insuffisant ou ne peuvent être retenus, ces tarifs sont déterminés par comparaison avec les tarifs fixés pour les autres catégories de locaux du même sous-groupe du même secteur d'évaluation.

A défaut d'éléments suffisants ou pouvant être retenus au sein du même secteur d'évaluation, ces tarifs sont déterminés par comparaison avec ceux qui sont appliqués pour des propriétés de la même catégorie ou, à défaut, du même sous-groupe dans des secteurs d'évaluation présentant des niveaux de loyers similaires, dans le département ou dans un autre département.

Les tarifs par mètre carré peuvent être majorés de 1,1,1,15,1,2 ou 1,3 ou minorés de 0,7,0,8,0,85 ou 0,9, par application d'un coefficient de localisation destiné à tenir compte de la situation particulière de la parcelle d'assise de la propriété au sein du secteur d'évaluation.

Ndlr *Voir Annexe III, art. 324 Z.*

C. La surface pondérée d'un local est obtenue à partir de la superficie de ses différentes parties, réduite, le cas échéant, au moyen de coefficients fixés par décret, pour tenir compte de leur utilisation et de leurs caractéristiques physiques respectives *(Voir Annexe III, art. 324 Z).*

III. A. La valeur locative des propriétés ou des fractions de propriété qui présentent des caractéristiques exceptionnelles est déterminée en appliquant un taux de 8 % à la valeur vénale de la propriété ou fraction de propriété, telle qu'elle serait constatée si elle était libre de toute location ou occupation à la date de référence définie au B du présent III.

A défaut, la valeur vénale de la propriété ou fraction de propriété est déterminée en ajoutant à la valeur vénale du terrain, estimée à la date de référence par comparaison avec celle qui ressort de transactions relatives à des terrains à bâtir situés dans une zone comparable, la valeur de reconstruction de la propriété à la date de référence.

La valeur locative mentionnée au premier alinéa du présent A est réduite de moitié pour tenir compte de l'impact de l'affectation de la propriété ou fraction de propriété, partielle ou totale, à un service public ou d'utilité générale.

B. La valeur locative des propriétés et fractions de propriétés mentionnées au A du présent III est, sous réserve de la mise à jour prévue au deuxième alinéa du IV de l'article 1518 ter déterminée au 1er janvier 2013 ou, pour celles créées après le 1er janvier 2017, au 1er janvier de l'année de leur création.

FB-III-57000 s. ; MF n° 42100

Art 1498 bis Les contribuables soumis aux obligations déclaratives mentionnées aux articles 53 A, 96, 96 A, 223 et 302 septies A bis sont tenus de faire figurer sur les déclarations mentionnées aux mêmes articles les informations relatives à chacun des locaux mentionnés à l'article 1498 dont ils sont locataires au 1er janvier de l'année de dépôt de la déclaration. La liste des informations demandées est fixée par arrêté des ministres chargés de l'économie et du budget.

Ndlr *Voir Annexe IV, art. 121 quinquies-0 DC.*

FB-III-61270 s. ; MF n° 42100

D. Etablissements industriels

(Voir Annexe III, art. 324 AE à 324 AG)

Art 1499 La valeur locative des immobilisations industrielles passibles de la taxe foncière sur les propriétés bâties est déterminée en appliquant au prix de revient de leurs différents éléments, revalorisé à l'aide des coefficients *(Voir Annexe III, art. 21)* qui avaient été prévus pour la révision des bilans, des taux d'intérêt *(Voir Annexe II, art. 310 M)*.

Avant application éventuelle de ces coefficients, le prix de revient des sols et terrains est majoré de 3 % pour chaque année écoulée depuis l'entrée du bien dans le patrimoine du propriétaire.

Les taux d'intérêt mentionnés au premier alinéa sont égaux à :

1° 4 % pour les sols et terrains ;

2° 6 % pour les constructions et installations.

Sont appliqués au taux d'intérêt mentionné au 2°, les taux d'abattement suivants :

a. 25 % en ce qui concerne les biens acquis ou créés avant le 1er janvier 1976 ;

b. 33,33 % en ce qui concerne les biens acquis ou créés à partir de cette date.

Une déduction complémentaire est, en outre, accordée à certaines catégories d'établissements en raison de leur caractère exceptionnel, apprécié d'après la nature des opérations qui y sont faites ; ces catégories d'établissements sont déterminées par un décret en Conseil d'Etat qui fixe également les limites et conditions d'application de la déduction *(Voir Annexe II, art. 310 K)*.

FB-III-17000 s. ; FB-III-17000 s. ; MF n° 42115

Art 1499-00 A L'article 1499 ne s'applique pas à la détermination de la valeur locative des biens dont disposent les entreprises qui remplissent les conditions prévues à l'article 19 de la loi n° 96-603 du 5 juillet 1996 relative au développement et à la promotion du commerce et de l'artisanat *[NDLR La loi 96-603 du 5 juillet 1996 est abrogée à compter du 1er juillet 2023 et les dispositions de son article 19 sont reprises aux articles L 111-1 à L 112-1 du code de l'artisanat (Ordonnance 2023-208 du 28 mars 2023)]*.

L'article 1499 ne s'applique pas à la détermination de la valeur locative des propriétés ou fractions de propriété comprenant des équipements souterrains indissociables des casiers des installations de stockage de déchets non dangereux soumises à autorisation conformément au titre Ier du livre V du code de l'environnement à compter de l'année suivant celle au cours de laquelle l'achèvement de la couverture finale du dernier casier de l'installation de stockage a été notifié par l'exploitant à l'inspection des installations classées.

La valeur locative des biens mentionnés aux premier et deuxième alinéas est déterminée en application de l'article 1498.

Les dispositions du présent article sont applicables, en cas de cessation d'activité, aux entreprises qui bénéficiaient du premier alinéa, tant que le bien ne fait pas l'objet d'une nouvelle affectation ou d'une nouvelle utilisation.

Une entreprise qui exploite un bien dont elle n'est pas propriétaire et qui remplit pour la première fois les conditions mentionnées au premier alinéa en informe, au plus tard le 31 décembre de l'année au cours de laquelle elle respecte ces conditions, le propriétaire. Il en est de même lorsque l'entreprise ne respecte plus ces conditions.

FB-III-17130, 17160 ; MF n° 42110

Art 1499-0 A Lorsque les biens immobiliers mentionnés à l'article 1499 pris en crédit-bail sont acquis par le crédit-preneur, la valeur locative de ces biens ne peut, pour les impositions établies au titre des années suivantes, être inférieure à celle retenue au titre de l'année d'acquisition.

Lorsque les biens immobiliers mentionnés à l'article 1499 font l'objet d'un contrat de crédit-bail ou de location au profit de la personne qui les a cédés, la valeur locative de ces biens immobiliers ne peut, pour les impositions établies au titre des années suivantes, être inférieure à celle retenue au titre de l'année de cession.

FB-III-20100 s. ; MF n° 42135

Art 1499 A La valeur locative des immobilisations acquises à la suite d'apports, de scissions ou de fusions de sociétés réalisés avant 1976 ne peut être inférieure aux deux tiers de celle qui a été retenue pour l'établissement de la contribution foncière de l'année 1973, majorée dans la proportion de l'augmentation moyenne des bases d'imposition des immobilisations industrielles constatée dans le département à la suite de la révision *(Voir Annexe II, art. 310 K bis)*.

(Pour les opérations réalisées à compter du 1er janvier 1976, la valeur locative est déterminée conformément à l'article 1518 B)

Ndlr *Pour l'application de ces dispositions, le prix de revient utile à la détermination de la valeur locative des immobilisations est multiplié par les taux d'intérêt fixés à l'article 1499 (Loi 2020-1721 du 29 décembre 2020 art. 29, IV-A).*

FB-III-20030 s.

Art 1500 **I. A.** Revêtent un caractère industriel les bâtiments et terrains servant à l'exercice d'une activité de fabrication ou de transformation de biens corporels mobiliers qui nécessite d'importants moyens techniques.

Revêtent également un caractère industriel les bâtiments et terrains servant à l'exercice d'activités autres que celles mentionnées au premier alinéa du présent A qui nécessitent d'importants moyens techniques lorsque le rôle des installations techniques, matériels et outillages mis en œuvre est prépondérant.

B. 1. Toutefois, dans les deux cas mentionnés au A, lorsque la valeur des installations techniques, matériels et outillages présents dans les bâtiments ou sur les terrains et destinés à l'activité ne dépasse pas un montant de 500 000 €, ces bâtiments et terrains ne revêtent pas un caractère industriel.

Le franchissement à la hausse du seuil est pris en compte lorsque ce montant est dépassé pendant les trois années précédant celle au titre de laquelle l'imposition est établie.

Le franchissement à la baisse du seuil est pris en compte lorsque ce montant n'est pas dépassé pendant les trois années précédant celle au titre de laquelle l'imposition est établie.

Par exception, en cas de construction nouvelle ou de début d'activité, le franchissement à la hausse du seuil l'année suivant celle de la construction nouvelle ou du début d'activité est pris en compte dès l'année suivant celle du franchissement.

2. Pour l'appréciation du seuil prévu au 1, est prise en compte la valeur d'origine des installations techniques, matériels et outillages, détenus par l'exploitant ou le propriétaire ou mis à sa disposition, à titre onéreux ou gratuit, pendant une durée totale d'au moins six mois au cours de l'année civile précédant celle au titre de laquelle l'imposition est établie ou, en cas de clôture d'un exercice égal à douze mois au cours de cette même année, au cours de cet exercice.

C. Le B s'applique aux bâtiments et terrains qui sont affectés à une activité entrant dans le champ de la cotisation foncière des entreprises défini à l'article 1447.

D. En cas de franchissement du seuil défini au B, l'exploitant en informe le propriétaire, s'il est différent, au plus tard le 1er février de l'année au cours de laquelle le seuil est franchi.

II. Les bâtiments et terrains industriels sont évalués :

1° Selon les règles fixées à l'article 1499 lorsqu'ils figurent à l'actif du bilan de leur propriétaire ou de leur exploitant, et que celui-ci est soumis aux obligations définies à l'article 53 A ;

2° Selon les règles prévues à l'article 1499, lorsqu'ils figurent à l'actif du bilan d'une entreprise qui a pour principale activité la location de ces biens industriels ;

3° Selon les règles fixées à l'article 1498, lorsque les conditions prévues aux 1° et 2° du présent article ne sont pas satisfaites ou lorsque les dispositions de l'article 1499-00 A sont applicables.

FB-III-17000 s. ; MF nos 42110 s.

E. Dispositions communes aux établissements industriels et aux locaux commerciaux

Art 1501 **I.** Des modalités particulières d'évaluation peuvent être fixées par décret en Conseil d'Etat pour des catégories de locaux, établissements ou installations de caractère industriel ou commercial, lorsqu'il existe dans différentes communes des biens de cette nature présentant des caractéristiques analogues.

(Voir Annexe II, art. 310 M)

Ces modalités d'évaluation ne sont pas applicables aux immobilisations visées au premier alinéa qui sont acquises ou créées à compter du 1er janvier 1974. Ces dernières sont évaluées conformément au dernier alinéa du 1 du II de l'article 1517.

(Cette disposition revêt un caractère interprétatif)

II. La valeur locative des autoroutes et de leurs dépendances à la date de référence de la révision est fixée selon le tarif suivant :

4,85 € par mètre linéaire pour les voies de circulation, les échangeurs et les bretelles de raccordement ;

0,61 € par mètre carré de superficie comportant un revêtement pour les aires de repos, de services, de stationnement et leurs voies d'accès ainsi que pour les zones d'élargissement des gares de péage ;

2 725,79 € pour chaque plate-forme de péage, y compris les auvents et les locaux de contrôle situés à proximité ; cette somme est augmentée de 1 166,54 € par voie de gare de péage.

III. La valeur locative des postes d'amarrage dans les ports de plaisance à la date de la révision est fixée selon le tarif suivant :

110 € pour les ports maritimes de la Méditerranée ;

80 € pour les autres ports maritimes ;

55 € pour les ports non maritimes.

Pour chaque port, ce tarif peut être, après avis des commissions communales et intercommunales des impôts directs prévues aux articles 1650 et 1650 A, minoré ou majoré de 20 % ou 40 % en fonction du nombre de services et d'équipements offerts, pondéré par la capacité moyenne d'accueil d'un poste d'amarrage.

Les modalités d'application de cette modulation sont fixées par décret en Conseil d'Etat *(Voir Annexe II, art. 310 N à 310 P).*

FB-III-21000 s. ; MF n° 42135

Art 1501 bis **I.** Pour l'application des articles 1498 et 1499 dans les ports, à l'exception des ports de plaisance, la valeur locative des quais et des terre-pleins qui se rapportent à ces quais, affectés aux opérations de chargement, déchargement, transbordement et manutention des marchandises ou d'embarquement et débarquement des passagers, ainsi que des formes de radoub est déterminée, sans préjudice des dispositions de l'article 1494, selon les tarifs suivants :

a. 56 € par mètre linéaire de quai pour les quais et terre-pleins affectés au fret de marchandises en conteneurs ou en vrac, hors activité de fret roulier, lorsque la cote d'exploitation du quai est strictement inférieure à 7,50 mètres et, quelle que soit la cote d'exploitation, pour les quais et terre-pleins affectés au trafic de passagers ou à la pêche ainsi que pour les formes de radoub ;

b. 142 € par mètre linéaire de quai pour les quais et terre-pleins affectés au fret de marchandises en conteneurs, lorsque la cote d'exploitation du quai est supérieure ou égale à 7,50 mètres et strictement inférieure à 15 mètres, ainsi que pour les quais et terre-pleins affectés au fret de marchandises en vrac, lorsque la cote d'exploitation du quai est supérieure ou égale à 7,50 mètres, et, quelle que soit la cote d'exploitation, pour les quais et terre-pleins affectés au fret roulier ;

c. 575 € par mètre linéaire de quai pour les quais et terre-pleins affectés au fret de marchandises en conteneurs, lorsque la cote d'exploitation du quai est supérieure ou égale à 15 mètres.

Pour l'application du présent I, la date de référence de l'évaluation est le 1er janvier 2021 ou, pour les biens créés après cette date, le 1er janvier de l'année de leur création.

II. Lorsque des quais et terre-pleins dont la valeur locative est déterminée en application du I sont imposés au nom de plusieurs redevables, la valeur locative est répartie, pour l'établissement des impositions de chacun des redevables, au prorata des surfaces concernées.

III. Les dispositions du présent article ne s'appliquent pas aux bâtiments et installations érigés sur les quais et terre-pleins mentionnés au présent article.

IV. Les valeurs locatives déterminées en application du présent article sont majorées dans les conditions prévues à l'article 1518 bis.

FR 2/21 inf. 63 p. 103 ; MF n° 42135

F. Procédure d'évaluation

Art 1502 **I.** Pour chaque révision des évaluations, les redevables de la taxe foncière ou, à défaut, de la taxe d'habitation sur les résidences secondaires et autres locaux meublés non affectés à l'habitation principale ou d'une taxe annexe établie sur la même base, sont tenus de souscrire des déclarations dans des conditions fixées par décret *(Voir Annexe III, art. 324 AH à 324 AJ).*

Le premier alinéa n'est pas applicable aux personnes redevables de ces impositions à raison d'un bien mentionné au I de l'article 1498.

FB-III-2000 s.

II. Les propriétaires qui exploitent un établissement industriel sont tenus de communiquer au siège de l'exploitation, à la demande de l'administration, tous inventaires, documents comptables et pièces de dépenses de nature à justifier de l'exactitude des déclarations prévues au I et à l'article 1406.

Art 1503 **I.** Le représentant de l'administration et la commission communale des impôts directs dressent la liste des locaux de référence visés à l'article 1496, déterminent leur surface pondérée et établissent les tarifs d'évaluation correspondants.

Le service des impôts procède à l'harmonisation des éléments d'évaluation de commune à commune et les arrête définitivement sauf appel prévu dans les conditions définies au II. Il les notifie au maire qui doit, dans un délai de cinq jours, les afficher à la mairie.

En cas de désaccord entre le représentant de l'administration et la commission, ou lorsque celle-ci refuse de prêter son concours, les éléments d'évaluation sont déterminés par le service des impôts dans les conditions prévues au deuxième alinéa.

II. Dans les trois mois qui suivent l'affichage, ces éléments peuvent être contestés tant par le maire, dûment autorisé par le conseil municipal, que par les propriétaires et les locataires à la condition que les réclamants possèdent ou tiennent en location plus du dixième du nombre total des locaux de la commune ou du secteur de commune intéressé, chaque local n'étant compté qu'une seule fois.

La contestation est soumise à la commission prévue à l'article 1651 qui statue définitivement.

FB-III-2090, 2520 s.

Art 1504 **I. 1.** Pour la détermination des valeurs locatives des propriétés et fractions de propriétés mentionnées au I de l'article 1498, la commission départementale des valeurs locatives prévue à l'article 1650 B dispose d'un délai de trois mois à compter de la date à laquelle lui sont remis les avant-projets élaborés par l'administration fiscale pour établir des projets de :

a. Délimitation des secteurs d'évaluation prévus au 1 du B du II de l'article 1498 ;

b. Tarifs déterminés en application du 2 du même B ;

c. Définition des parcelles auxquelles s'applique le coefficient de localisation mentionné au même 2.

2. A l'expiration du délai de trois mois mentionné au 1 du présent I, l'administration fiscale transmet les projets établis par la commission départementale des valeurs locatives ou, à défaut, les avant-projets mentionnés au même 1 :

a. Aux commissions intercommunales des impôts directs prévues à l'article 1650 A, pour les établissements publics de coopération intercommunale soumis au régime fiscal prévu à l'article 1609 nonies C ;

b. Aux commissions communales des impôts directs prévues à l'article 1650, pour les communes isolées et les communes appartenant à un établissement public de coopération intercommunale mentionné au II de l'article 1379-0 bis n'ayant pas opté pour le régime fiscal prévu à l'article 1609 nonies C.

La situation des communes et des établissements publics de coopération intercommunale est appréciée au 1er janvier de l'année au cours de laquelle les commissions intercommunales et communales sont saisies.

3. A compter de la réception de ces projets ou de ces avant-projets, les commissions communales et intercommunales disposent d'un délai de deux mois pour transmettre leur avis à la commission départementale des valeurs locatives. Cet avis est réputé favorable si la commission ne s'est pas prononcée dans ce délai.

S'il y a accord entre les commissions communales et intercommunales consultées et la commission départementale des valeurs locatives, cette dernière arrête les secteurs d'évaluation, les tarifs applicables et les coefficients de localisation. Ces décisions sont publiées et notifiées dans des conditions fixées par décret en Conseil d'Etat.

4. En cas de désaccord persistant pendant plus de deux mois après réception des avis *mentionnés au premier alinéa du 3* entre la commission départementale des valeurs locatives et l'une des commissions communales et intercommunales consultées, les secteurs d'évaluation, les tarifs et les coefficients de localisation sont arrêtés par le représentant de l'Etat dans le département. Si la décision du représentant de l'Etat dans le département s'écarte de celle de la commission départementale des valeurs locatives, elle est assortie d'une motivation. Ces décisions sont publiées et notifiées dans des conditions fixées par décret en Conseil d'Etat.

5. Les projets de délimitation des secteurs d'évaluation et des tarifs élaborés par la commission des valeurs locatives des locaux professionnels du département du Rhône ou, le cas échéant, les avant-projets définis par l'administration fiscale conservent leurs effets sur le territoire de la métropole de Lyon.

II. *(Abrogé).*

III. Lorsque les décisions relatives aux tarifs prises par la commission départementale des valeurs locatives ne sont manifestement pas conformes au 2 du B du II de l'article 1498, l'administration fiscale saisit, avant leur notification ou publication, la commission départementale des valeurs locatives afin qu'elle élabore de nouveaux tarifs.

A défaut de nouveaux tarifs conformes dans un délai de deux mois, le représentant de l'Etat dans le département arrête les tarifs. Si la décision du représentant de l'Etat dans le département s'écarte de celle de la commission départementale des valeurs locatives, elle est assortie d'une motivation.

Ces décisions sont publiées et notifiées dans des conditions fixées par décret en Conseil d'Etat.

IV. Lorsque l'annulation par la juridiction administrative d'une décision prise par la commission départementale des valeurs locatives ou d'un arrêté préfectoral conduit à l'absence de secteurs d'évaluation, de tarifs ou de coefficients de localisation applicables au 1er janvier de l'année d'imposition, cette commission prend de nouvelles décisions conformément aux I et III.

Les nouveaux secteurs d'évaluation, tarifs ou coefficients de localisation se substituent alors à ceux primitivement fixés.

Ndlr *Voir Annexe II, art. 371 ter S.*

FB-III-59400 s.

Art 1505 Le représentant de l'administration et la commission communale des impôts directs procèdent à l'évaluation des propriétés bâties mentionnées au I de l'article 1496 et aux articles 1497 et 1501.

Après harmonisation avec les autres communes du département, les évaluations sont arrêtées par le service des impôts. Il en est de même en cas de désaccord entre le représentant de l'administration et la commission ou lorsque celle-ci refuse de prêter son concours.

FB-III-2160

Art 1507 I. Sous réserve de l'article 1518 F, les redevables peuvent déposer une réclamation contre l'évaluation attribuée aux propriétés bâties dont ils sont propriétaires ou dont ils ont la disposition, dans le délai et dans les formes prévus par le livre des procédures fiscales en matière d'impôts directs locaux.

II. Lorsque la valeur locative fait l'objet de contestations au titre de la taxe foncière sur les propriétés bâties ou de la taxe d'habitation sur les résidences secondaires et autres locaux meublés non affectés à l'habitation principale, les décisions et jugements pris à l'égard de l'une de ces taxes produisent leurs effets à l'égard de l'autre.

FB-III-2750 s. ; MF nº 42265

Art 1508 Les rectifications pour insuffisances d'évaluation résultant du défaut ou de l'inexactitude des déclarations des propriétés bâties prévues aux articles 1406 et 1502, et de celles prévues au XVII de l'article 34 de la loi nº 2010-1658 du 29 décembre 2010 de finances rectificative pour 2010 font l'objet de rôles particuliers jusqu'à ce que les bases rectifiées soient prises en compte dans les rôles généraux *(Voir également LPF, art. L 175)*.

Les cotisations afférentes à ces rehaussements sont calculées d'après les taux en vigueur pour l'année en cours. Sans pouvoir être plus que quadruplées, elles sont multipliées :

Soit par le nombre d'années écoulées depuis la première application des résultats de la révision,

Soit par le nombre d'années écoulées depuis le 1er janvier de l'année suivant celle de l'acquisition ou du changement, s'il s'agit d'un immeuble acquis ou ayant fait l'objet de l'un des changements visés à l'article 1517 depuis la première application des résultats de la révision.

Pour les locaux évalués selon les règles prévues à l'article 1498, la première année d'application des résultats de la révision s'entend de 2017.

CF-II-2610 ; MF nº 42175

II. Evaluation des propriétés non bâties

A. Dispositions générales

Art 1509 I. La valeur locative des propriétés non bâties établie en raison du revenu de ces propriétés résulte des tarifs fixés par nature de culture et de propriété, conformément aux règles tracées par l'instruction ministérielle du 31 décembre 1908.

FNB-III-460

II. Pour le calcul de la valeur locative, les pépinières exploitées sur terrains non aménagés doivent être comprises dans la catégorie des « terres » à la classe correspondant aux caractéristiques du terrain.

FNB-III-4760

III. La valeur locative prise en compte pour le calcul de la taxe foncière afférente aux bois, aux landes et aux étangs ainsi qu'aux terres utilisées principalement pour la chasse et n'appartenant pas à une commune ou un groupement de communes, inclut celle du droit de chasse effectivement perçu sur ces propriétés à moins :

Que ce droit n'ait été apporté à une association communale ou intercommunale de chasse agréée ;

Ou que la propriété n'ait été classée en réserve naturelle ou en réserve de chasse agréée.

FNB-III-6420

IV. Les terres incultes ou manifestement sous-exploitées figurant à l'état prévu à l'article L 125-5 du code rural et de la pêche maritime sont inscrites dans la catégorie des meilleures terres labourables jusqu'à leur mise en exploitation. Cette disposition prend effet à la date à laquelle le préfet informe le propriétaire, en application du septième alinéa du même article L 125-5 de ce code, des demandes d'attribution formulées conformément à cet article. Toutefois, la mise en recouvrement des sommes complémentaires résultant de cette inscription n'intervient que si, dans le délai de trois ans à compter de cette information, et à défaut d'accord amiable entre les intéressés, le préfet a attribué à l'un des demandeurs l'autorisation d'exploiter.

En outre, il est procédé au remboursement des sommes ainsi perçues si l'arrêté du préfet est annulé par le tribunal administratif, ou si l'attributaire n'a pas procédé à la mise en exploitation dans le délai d'un an à compter de l'attribution.

Ces dispositions ne sont pas applicables aux fonds en nature de bois à la date de la mise en demeure prévue par les articles L 133-9 et L 133-10 du code forestier.

FNB-III-6805

V. Les terrains autres que ceux classés dans la catégorie fiscale des terrains à bâtir et dont la cession entre dans le champ d'application du I de l'article 257 sont imposés à la taxe foncière sur les propriétés non bâties en tant que terrains à bâtir, au titre de l'année de la cession et des deux années précédentes, à l'exception des années antérieures à 1980. Leur valeur locative est déterminée en appliquant à la moitié du prix de cession le taux d'intérêt retenu pour l'évaluation des terrains à bâtir. Les taux applicables au profit de chaque collectivité bénéficiaire sont ceux constatés dans la commune au titre de l'année ayant précédé la cession.

La taxe foncière sur les propriétés non bâties acquittée au titre des années mentionnées au premier alinéa s'impute sur cette imposition. L'imposition définie au premier alinéa est due par le cédant.

FNB-III-6850 s.

MF nº 42570

B. Procédure d'évaluation

1. Règles permanentes

Art 1510 Les tarifs d'évaluation arrêtés soit par le service des impôts d'accord avec la commission communale ou, à défaut de cet accord, par la commission départementale prévue à l'article 1651, sont notifiés au maire par les soins de l'administration des impôts. Le maire doit, dans un délai de cinq jours à compter de la notification, les faire afficher à la porte de la mairie et adresser à l'administration des impôts un certificat attestant que cette formalité a été remplie.

FNB-III-8950 s.

Art 1511 **I.** Lorsque les tarifs d'évaluation mentionnés à l'article 1510 n'ont pas été arrêtés par la commission départementale prévue à l'article 1651, le maire, dûment autorisé par le conseil municipal, est admis à les contester devant elle dans les deux mois qui suivent leur affichage.

Les contribuables sont également admis à contester devant la même commission, dans un délai de deux mois à compter de leur affichage, les tarifs d'évaluation mentionnés à l'article 1510 afférents à une nature de culture ou de propriété arrêtés par le service des impôts d'accord avec la commission communale. Toutefois, la réclamation produite à cet effet n'est recevable que si le ou les signataires possèdent plus de la moitié de la superficie des terrains auxquels s'appliquent les tarifs contestés.

Lorsque la demande concerne des propriétés boisées appartenant à des personnes physiques ou morales de droit privé, il est fait abstraction de la superficie des bois et forêts appartenant à l'Etat, aux départements, aux communes, aux sections de commune et aux établissements publics pour apprécier si la condition mentionnée au deuxième alinéa du présent I se trouve remplie.

Lorsque les contestations contre les tarifs ont été portées devant la commission départementale par les maires ou par les contribuables, les revenus imposables sont néanmoins déterminés conformément à ces tarifs et compris dans les rôles.

Si ces contestations viennent à faire l'objet de décisions favorables aux contribuables, des dégrèvements sont rétroactivement accordés aux intéressés ; dans le cas contraire, il n'est procédé à aucune imposition supplémentaire.

II. Les tarifs fixés en application de l'article 1510 ne peuvent pas être contestés à l'occasion d'un litige relatif à la valeur locative d'une propriété non bâtie.

FNB-III-9010 s. ; MF nº 42590

2. Règles particulières à la révision quinquennale 1970-1974

Art 1515 **I.** Pour la deuxième révision quinquennale des propriétés non bâties les valeurs locatives sont obtenues par application de coefficients d'adaptation à la valeur locative des propriétés, telle qu'elle résulte de la révision précédente.

II. 1. Les coefficients sont fixés, après avis d'une commission consultative départementale des évaluations foncières des propriétés non bâties, par la commission des impôts directs et des taxes sur le chiffre d'affaires compétente pour fixer les tarifs d'évaluation des propriétés non bâties, par région agricole ou forestière et par groupe ou sous-groupe de natures de culture ou de propriété.

(La commission consultative départementale avait été instituée en vue de l'élaboration des tarifs d'évaluation de la révision quinquennale 1970-1974)

2. Les décisions prises par la commission sont notifiées à l'administration des impôts et aux maires des communes du département. Le maire fait afficher lesdites décisions selon la procédure prévue à l'article 1510.

III. Les modalités d'application des I et II sont fixées par décret en Conseil d'Etat, ainsi que la date de référence à retenir pour la détermination des coefficients *(Voir Annexe II, art. 310 ter à 310 vicies)*.

IV. La date d'incorporation dans les rôles des nouvelles évaluations est fixée au 1er janvier 1974.

V. 1. Dans les communes classées en zone de montagne et visées aux articles L 732-19, L 732-21 et L 732-22 du code rural et de la pêche maritime, les coefficients d'adaptation à retenir pour actualiser les valeurs locatives cadastrales des prés, pâturages et herbages, lors de la révision en cause sont égaux aux coefficients arrêtés par les commissions compétentes pour les régions agricoles auxquelles ces communes sont rattachées sous déduction d'une quotité indiciaire égale à 0,30.

2. Les dispositions du 1 ne doivent avoir, en aucun cas, pour effet de ramener la valeur des coefficients concernés au-dessous de 1.

3. Les dispositions des 1 et 2 sont applicables de droit dans les départements dont un quart des communes est classé en zone de montagne et, sur option du conseil général exercée avant le 31 janvier 1974, dans les autres départements.

FNB-III-10100 s. ; MF n° 41515

III. Dispositions communes aux biens passibles des impôts directs locaux

A. Mise à jour périodique de la valeur locative des propriétés bâties et non bâties

Art 1516 **I.** Les valeurs locatives des propriétés bâties mentionnées au I de l'article 1496, des établissements industriels mentionnés à l'article 1499 et des locaux dont la valeur locative est déterminée dans les conditions particulières prévues à l'article 1501 ainsi que celle des propriétés non bâties sont mises à jour suivant une procédure comportant :

1° La constatation annuelle des changements affectant ces propriétés ;

2° L'actualisation, tous les trois ans, des évaluations résultant de la précédente révision générale ;

3° L'exécution de révisions dans les conditions fixées par la loi.

FNB-III-1 s. ; FB-III-50000 s.

II. Les valeurs locatives des propriétés bâties mentionnées à l'article 1498 sont mises à jour selon une procédure comportant :

1° La constatation annuelle des changements affectant ces propriétés ;

2° La modification annuelle des coefficients de localisation dans les conditions prévues au II de l'article 1518 ter ;

3° L'actualisation prévue au III du même article 1518 ter ;

4° La modification annuelle des tarifs dans les conditions prévues au I dudit article 1518 ter.

FB-III-60600 s.
MF n° 41515

Art 1517 **I. 1.** Il est procédé, annuellement, à la constatation des constructions nouvelles et des changements de consistance ou d'affectation des propriétés bâties et non bâties ainsi qu'à la constatation des changements d'utilisation des locaux mentionnés au I de l'article 1498 et des éléments de nature à modifier la méthode de détermination de la valeur locative en application des articles 1499-00 A ou 1500. Il en va de même pour les changements de caractéristiques physiques ou d'environnement.

Les communes et les établissements publics de coopération intercommunale dotés d'une fiscalité propre peuvent, par une délibération concordante prise dans les conditions prévues au I de l'article 1639 A bis, limiter l'augmentation de la valeur locative des locaux affectés à l'habitation déterminée conformément à l'article 1496 lorsque cette augmentation résulte exclusivement de la constatation de changements de caractéristiques physiques ou d'environnement et est supérieure à 30 % de la valeur locative de l'année précédant celle de la prise en compte de ces changements.

L'augmentation de la valeur locative visée au deuxième alinéa est retenue à hauteur d'un tiers la première année, des deux tiers la deuxième année et en totalité à compter de la troisième année suivant celle de la constatation des changements.

La délibération doit être prise par l'ensemble des communes et des établissements publics de coopération intercommunale dotés d'une fiscalité propre qui perçoivent une imposition assise sur la valeur locative foncière du local pour lequel les changements visés au deuxième alinéa ont été constatés.

2. Lorsqu'une propriété non bâtie devient passible de la taxe foncière pour la première fois ou après avoir cessé temporairement d'y être assujettie, il lui est attribué une évaluation.

II. 1. Les valeurs locatives résultant des changements mentionnés au I du présent article sont appréciées :

a. Pour les locaux affectés à l'habitation ou servant à l'exercice d'une activité salariée à domicile, suivant les règles prévues aux articles 1496 et 1497, à la date de référence de la précédente révision générale ;

b. Pour les biens évalués selon les règles prévues au II de l'article 1498, à la date mentionnée au A du même II ;

c. Pour les biens évalués selon les règles prévues au III de l'article 1498, à la date mentionnée au B du même III.

Toutefois, les immobilisations industrielles passibles de la taxe foncière sur les propriétés bâties sont, quelle que soit la date de leur acquisition, évaluées par l'administration d'après leur prix de revient conformément aux dispositions de l'article 1499, lorsqu'elles figurent à l'actif du bilan de leur propriétaire ou de leur exploitant et que celui-ci est soumis aux obligations définies à l'article 53 A. La commission communale des impôts directs est tenue informée de ces évaluations. Lorsqu'une commission intercommunale des impôts directs est constituée, elle est tenue informée de ces évaluations en lieu et place des commissions communales.

2. En ce qui concerne les propriétés non bâties, ces valeurs sont déterminées d'après les tarifs arrêtés pour les propriétés de même nature existant dans la commune ou, s'il n'en existe pas, d'après un tarif établi à cet effet.

FB-III-50100 s. ; FNB-III-12600 s. ; MF n°s 42160 s., 42580

Art 1518 **I.** Dans l'intervalle de deux révisions générales, les valeurs locatives définies aux I et II de l'article 1496 et à l'article 1497, ainsi que celles des locaux commerciaux mentionnés à l'article 1501 et celles des propriétés non bâties et des terrains et sols à usage industriel ou commercial, sont actualisées tous les trois ans au moyen de coefficients correspondant à l'évolution de ces valeurs, entre la date de référence de la dernière révision générale *(Actuellement, 1er janvier 1970)* et celle retenue pour l'actualisation. Toutefois, en ce qui concerne les propriétés non bâties, il sera, jusqu'à la première révision sexennale, tenu compte de l'évolution des valeurs locatives depuis le 1er janvier 1961.

II. Les coefficients visés au I sont fixés, pour les propriétés non bâties, par région agricole ou forestière départementale et par groupe ou sous-groupe de natures de culture ou de propriété et, pour les propriétés bâties, par secteur géographique et par nature ou catégorie de biens.

Ils sont arrêtés par l'autorité compétente de l'Etat *(NDLR Voir Annexe III, art. 350 quindecies)*, après avis d'une commission consultative départementale des évaluations foncières dont la composition, dans laquelle entrent notamment des représentants des collectivités locales et des établissements publics de coopération intercommunale à fiscalité propre ainsi que des contribuables, est déterminée par un arrêté du ministre chargé du budget *(Voir Annexe IV, art. 121 quinquies DC à 121 quinquies DF)*. Les coefficients sont notifiés aux maires des communes intéressées et aux présidents des établissements publics de coopération intercommunale à fiscalité propre. Après application de la procédure d'affichage dans les conditions prévues à l'article 1510 ils peuvent, dans les trente jours, faire l'objet d'un recours administratif de la part du maire ou des représentants des contribuables siégeant à la commission consultative. Ce recours est porté devant la commission instituée par l'article 1651, laquelle prend une décision définitive.

II bis. Pour l'application du présent article la valeur locative de l'ensemble des locaux à usage d'habitation ou servant à l'exercice d'une activité salariée à domicile peut être actualisée au moyen d'un coefficient unique par département.

II ter. *(Abrogé).*

III. L'incorporation dans les rôles d'impôts directs locaux, autres que la taxe professionnelle, des résultats de la première actualisation des valeurs locatives foncières est fixée au 1er janvier 1980. La date de référence est fixée au 1er janvier 1978.

Pour cette première actualisation :

Les valeurs locatives des sols, terrains et bâtiments industriels évaluées à partir du prix de revient conformément aux articles 1499, 1499 A et 1501, sont majorées d'un tiers ;

La valeur locative de l'ensemble des locaux à usage d'habitation peut être actualisée au moyen d'un coefficient unique par département.

Les dispositions relatives à la taxe professionnelle prévues au premier alinéa sont applicables pour l'établissement, à compter de 2010, des impositions de la cotisation foncière des entreprises.

CET-II-153000 ; MF n° 43680

IV. Les actualisations des valeurs locatives foncières prévues pour 1983 et 1986 sont remplacées par une revalorisation forfaitaire dans les conditions prévues à l'article 1518 bis.

V. L'actualisation des valeurs locatives foncières prévue pour 1988 par le III de l'article 29 de la loi n° 86-824 du 11 juillet 1986 est remplacée par une revalorisation forfaitaire effectuée dans les conditions fixées par l'article 1518 bis.

FB-III-54230 s. ; FNB-III-13970 s. ; MF n°s 42225, 42570

Art 1518 bis Dans l'intervalle de deux actualisations prévues par l'article 1518, les valeurs locatives foncières, à l'exception de celles des propriétés évaluées dans les conditions prévues à l'article 1498, sont majorées par application de coefficients forfaitaires fixés par la loi de finances en tenant compte des variations des loyers.

Les coefficients prévus au premier alinéa sont fixés :

a. Au titre de 1981, à 1,10 pour les propriétés bâties de toute nature et à 1,09 pour les propriétés non bâties ;

b. Au titre de 1982, à 1,11 pour les propriétés bâties de toute nature et à 1,09 pour les propriétés non bâties ;

c. Au titre de 1983, à 1,08 pour les immeubles industriels autres que ceux visés à l'article 1500, à 1,13 pour les propriétés bâties autres que les immeubles industriels susvisés, et à 1,10 pour les propriétés non bâties ;
d. Au titre de 1984, à 1,10 pour les immeubles industriels autres que ceux visés à l'article 1500, à 1,12 pour les propriétés bâties autres que les immeubles industriels susvisés et à 1,08 pour les propriétés non bâties ;
e. Au titre de 1985, à 1,06 pour les immeubles industriels autres que ceux visés à l'article 1500 et à 1,08 pour les propriétés bâties autres que les immeubles industriels susvisés ainsi que pour les propriétés non bâties ;
f. Au titre de 1986, à 1,06 pour les immeubles industriels autres que ceux visés à l'article 1500 et à 1,08 pour les propriétés bâties autres que les immeubles industriels susvisés ainsi que pour les propriétés non bâties ;
g. Au titre de 1987, à 1,01 pour les propriétés non bâties, à 1,03 pour les immeubles industriels ne relevant pas de l'article 1500 et à 1,05 pour les autres propriétés bâties ;
h. Au titre de 1988, à 1 pour les propriétés non bâties, à 1,01 pour les immeubles industriels ne relevant pas de l'article 1500 et à 1,03 pour l'ensemble des autres propriétés bâties ;
i. Au titre de 1989, à 1,01 pour les propriétés non bâties, à 1,02 pour les immeubles industriels ne relevant pas de l'article 1500 et à 1,04 pour les autres propriétés bâties ;
j. Au titre de 1990, à 1 pour les propriétés non bâties et pour les immeubles industriels ne relevant pas de l'article 1500, et à 1,01 pour l'ensemble des autres propriétés bâties ;
k. Au titre de 1991, à 1 pour les propriétés non bâties, à 1,01 pour les immeubles industriels ne relevant pas de l'article 1500, et à 1,03 pour l'ensemble des autres propriétés bâties ;
l. Au titre de 1992, à 1 pour les propriétés non bâties et pour les immeubles industriels ne relevant pas de l'article 1500 et à 1,01 pour l'ensemble des autres propriétés bâties ;
m. Au titre de 1993, à 1 pour les propriétés non bâties, à 1,01 pour les immeubles industriels ne relevant pas de l'article 1500 et à 1,03 pour l'ensemble des autres propriétés bâties ;
n. Au titre de 1994, à 1 pour les propriétés non bâties, à 1,01 pour les immeubles industriels ne relevant pas de l'article 1500 et à 1,03 pour l'ensemble des autres propriétés bâties ;
o. Au titre de 1995, à 1 pour les propriétés non bâties et pour les immeubles industriels ne relevant pas de l'article 1500 et à 1,02 pour l'ensemble des autres propriétés bâties ;
p. Au titre de 1996, à 1 pour les propriétés non bâties et pour les immeubles industriels ne relevant pas de l'article 1500 et à 1,01 pour l'ensemble des autres propriétés bâties ;
q. Au titre de 1997, à 1 pour les propriétés non bâties, pour les immeubles industriels ne relevant pas de l'article 1500 et à 1,01 pour l'ensemble des autres propriétés bâties ;
r. Au titre de 1998, à 1 pour les propriétés non bâties et pour les immeubles industriels ne relevant pas de l'article 1500 et 1,011 pour l'ensemble des autres propriétés bâties ;
s. Au titre de 1999, à 1,01 pour les propriétés non bâties, pour les immeubles industriels ne relevant pas de l'article 1500 et pour l'ensemble des autres propriétés bâties ;
t. Au titre de 2000, à 1,01 pour les propriétés non bâties, pour les immeubles industriels ne relevant pas de l'article 1500 et pour l'ensemble des autres propriétés bâties ;
u. Au titre de 2001, à 1,01 pour les propriétés non bâties, pour les immeubles industriels ne relevant pas de l'article 1500 et pour l'ensemble des autres propriétés bâties ;
v. Au titre de 2002, à 1,01 pour les propriétés non bâties, à 1,01 pour les immeubles industriels ne relevant pas de l'article 1500 et pour l'ensemble des autres propriétés bâties ;
w. Au titre de 2003, à 1,015 pour les propriétés non bâties, à 1,015 pour les immeubles industriels ne relevant pas de l'article 1500 et pour l'ensemble des autres propriétés bâties ;
x. Au titre de 2004, à 1,015 pour les propriétés non bâties, à 1,015 pour les immeubles industriels ne relevant pas de l'article 1500 et pour l'ensemble des autres propriétés bâties ;
y. Au titre de 2005, à 1,018 pour les propriétés non bâties, à 1,018 pour les immeubles industriels ne relevant pas de l'article 1500 et pour l'ensemble des autres propriétés bâties ;
z. Au titre de 2006, à 1,018 pour les propriétés non bâties, à 1,018 pour les immeubles industriels ne relevant pas de l'article 1500 et pour l'ensemble des autres propriétés bâties ;
za. Au titre de 2007, à 1,018 pour les propriétés non bâties, à 1,018 pour les immeubles industriels ne relevant pas de l'article 1500 et pour l'ensemble des autres propriétés bâties ;
zb. Au titre de 2008, à 1,016 pour les propriétés non bâties, à 1,016 pour les immeubles industriels ne relevant pas de l'article 1500 et pour l'ensemble des autres propriétés bâties ;
zc. Au titre de 2009, à 1,015 pour les propriétés non bâties, à 1,025 pour les immeubles industriels ne relevant pas de l'article 1500 et pour l'ensemble des autres propriétés bâties ;
zd. Au titre de 2010, à 1,012 pour les propriétés non bâties, à 1,012 pour les immeubles industriels relevant du 1° du II de l'article 1500 et à 1,012 pour l'ensemble des autres propriétés bâties ;

ze. Au titre de 2011, à 1,02 pour les propriétés non bâties, à 1,02 pour les immeubles industriels relevant du 1° du II de l'article 1500 et à 1,02 pour l'ensemble des autres propriétés bâties ;

zf. Au titre de 2012, à 1,018 pour les propriétés non bâties, à 1,018 pour les immeubles industriels relevant du 1° du II de l'article 1500 et à 1,018 pour l'ensemble des autres propriétés bâties ;

zg. Au titre de 2013, à 1,018 pour les propriétés non bâties, à 1,018 pour les immeubles industriels relevant du 1° du II de l'article 1500 et à 1,018 pour l'ensemble des autres propriétés bâties ;

zh. Au titre de 2014, à 1,009 pour les propriétés non bâties, à 1,009 pour les immeubles industriels relevant du 1° du II de l'article 1500 et à 1,009 pour l'ensemble des autres propriétés bâties ;

zi. Au titre de 2015, à 1,009 pour les propriétés non bâties, à 1,009 pour les immeubles industriels relevant du 1° du II de l'article 1500 et à 1,009 pour l'ensemble des autres propriétés bâties ;

zj. Au titre de 2016, à 1,01 pour les propriétés non bâties, à 1,01 pour les immeubles industriels relevant du 1° du II de l'article 1500 et à 1,01 pour l'ensemble des autres propriétés bâties ;

zk. Au titre de 2017, à 1,004 pour les propriétés non bâties, à 1,004 pour les immeubles industriels relevant du 1° du II de l'article 1500 et à 1,004 pour l'ensemble des autres propriétés bâties.

A compter de 2018, dans l'intervalle de deux actualisations prévues à l'article 1518, les valeurs locatives foncières sont majorées par application d'un coefficient égal à 1 majoré du quotient, lorsque celui-ci est positif, entre, d'une part, la différence de la valeur de l'indice des prix à la consommation harmonisé du mois de novembre de l'année précédente et la valeur du même indice au titre du mois de novembre de l'antépénultième année et, d'autre part, la valeur du même indice au titre du mois de novembre de l'antépénultième année.

Ndlr *Le coefficient était égal à 1,012 au titre de 2018, à 1,022 au titre de 2019, à 1,012 au titre de 2020, à 1,002 au titre de 2021, à 1,034 au titre de 2022, à 1,071 au titre de 2023. Il s'établit à 1, 039 au titre de 2024.Toutefois, pour le calcul de la taxe d'habitation afférente à l'habitation principale, il était fixé à 1,009 pour 2020 et n'est pas applicable en 2021 et 2022 (Loi 2019-1479 du 28 décembre 2019 art. 16, I-H-1 et I-J-3).*

FB-III-54850 s. ; FNB-III-14380 ; MF n°s 42230, 42570

Art 1518 ter I. Dans l'intervalle entre deux actualisations prévues au III, les tarifs définis au 2 du B du II de l'article 1498 sont mis à jour par l'administration fiscale à partir de l'évolution des loyers constatés dans les déclarations prévues à l'article 1498 bis. Ces tarifs sont mis à jour chaque année dans des conditions fixées par décret en Conseil d'Etat.

Lorsque ces loyers sont en nombre insuffisant ou ne peuvent, compte tenu de leur montant par rapport au montant du loyer moyen du secteur d'évaluation, être retenus, ces tarifs sont mis à jour dans les conditions prévues au deuxième alinéa du IV ou, pour les propriétés situées sur le territoire de la métropole de Lyon, au dernier alinéa du même IV. Ces tarifs sont publiés et notifiés dans des conditions fixées par décret en Conseil d'Etat.

II. Au cours des troisième et cinquième années qui suivent celle du renouvellement général des conseils municipaux, la commission départementale des valeurs locatives mentionnée à l'article 1650 B peut se réunir afin de modifier l'application des coefficients de localisation mentionnés au 2 du B du II de l'article 1498 après avis des commissions communales ou intercommunales des impôts directs respectivement mentionnées aux articles 1650 et 1650 A. Les décisions de la commission sont publiées et notifiées dans des conditions fixées par décret en Conseil d'Etat et sont transmises à l'administration fiscale avant le 31 décembre de l'année précédant celle de leur prise en compte pour l'établissement des bases.

III. A. L'année qui suit le renouvellement général des conseils municipaux, il est procédé à une actualisation consistant, dans les conditions prévues à l'article 1504, en la délimitation des secteurs d'évaluation mentionnés au 1 du B du II de l'article 1498, en la fixation des tarifs déterminés conformément au 2 du même B et en la définition des parcelles auxquelles s'applique un coefficient de localisation mentionné au même 2.

Les résultats de cette actualisation sont pris en compte pour l'établissement des bases d'imposition de l'année suivante.

Cette actualisation est réalisée :

1° Tous les douze ans, à partir des données de loyer portées à la connaissance de l'administration fiscale en application de l'article 1498 bis. Elle est réalisée sur la base des données correspondant à la situation au 1er janvier de l'année précédant celle de l'actualisation ;

Ndlr *Par dérogation, les opérations prévues l'année suivant celle du renouvellement général des conseils municipaux en 2020 ont été réalisées au cours de l'année 2022 (Loi 2020-1721 du 29 décembre 2020 art. 134, III) et les résultats de cette actualisation seront pris en compte à compter des impositions de 2026 (Loi 2022-*

1726 du 30 décembre 2022 art. 103 modifié par loi 2023-1322 du 29 décembre 2023 art. 152).

2° Tous les douze ans, six ans après l'actualisation mentionnée au 1° du présent A, à partir des données issues d'une campagne déclarative. Cette actualisation consiste également, le cas échéant, en la création, la suppression, la scission ou le regroupement de sous-groupes et catégories de locaux prévus au second alinéa du I de l'article 1498.

Pour la réalisation de l'actualisation prévue au 2° du présent A, les propriétaires des biens évalués conformément au II et, le cas échéant, au III de l'article 1498 souscrivent, avant le 1er juillet de l'année précédant celle de l'actualisation, une déclaration précisant les informations relatives à chacune de ces propriétés au 1er janvier de cette même année. La liste des informations demandées est fixée par arrêté des ministres chargés de l'économie et du budget.

B. Pour l'application du A du présent III, la délimitation des secteurs d'évaluation présentant un marché locatif homogène et l'élaboration des tarifs sur la base des loyers moyens constatés dans chaque secteur d'évaluation par catégorie de propriétés, conformément aux principes fixés par les articles 1498 et 1504 et à partir des données mentionnées au A du présent III, sont réalisées dans des conditions déterminées par décret en Conseil d'Etat.

IV. La valeur locative des propriétés bâties évaluée dans les conditions prévues au II de l'article 1498 est mise à jour, chaque année, par application du tarif par mètre carré, déterminé conformément au I du présent article, à la surface pondérée du local définie au C du II de l'article 1498.

La valeur locative des propriétés bâties évaluée dans les conditions prévues au III de l'article 1498 est mise à jour, chaque année, par application d'un coefficient égal à celui de l'évolution, au niveau départemental, des loyers constatés dans les déclarations prévues à l'article 1498 bis pour les locaux professionnels relevant des catégories qui regroupent le plus grand nombre de locaux et qui, ensemble, représentent au total plus de la moitié des locaux du département.

La valeur locative des propriétés bâties mentionnées au deuxième alinéa du présent IV situées sur le territoire de la métropole de Lyon est mise à jour par application d'un coefficient égal à celui de l'évolution des loyers constatés dans les déclarations prévues à l'article 1498 bis pour les locaux professionnels relevant des catégories qui regroupent le plus grand nombre de locaux et qui, ensemble, représentent au total plus de la moitié des locaux du département du Rhône et de la métropole de Lyon.

Ndlr *Voir Annexe II, art. 334 A et 371 ter S.*

FB-III-60600 s. ; MF nos 42240 s.

A bis. Correction appliquée aux abattements lors du transfert de la part départementale de la taxe foncière sur les propriétés bâties aux communes

Art 1518 quater **I.** Pour chaque commune, pour l'établissement de la base d'imposition à la taxe foncière sur les propriétés bâties, le taux des abattements de valeur locative mentionnés aux articles 1518 A et 1518 A quater est égal au rapport entre :

1° D'une part, la somme des produits, calculés respectivement pour la commune et le département, du taux d'abattement par le taux d'imposition appliqués en 2020 sur le territoire de la commune ;

2° D'autre part, la somme des taux d'imposition de la taxe foncière sur les propriétés bâties de la commune et du département appliqués en 2020 sur le territoire de la commune.

II. Pour les locaux professionnels existant au 1er janvier 2020 et évalués en application de l'article 1498, pour l'application du I du présent article, le taux d'abattement est égal, pour chaque local, au rapport entre :

1° D'une part, la somme des produits, calculés respectivement pour la commune et le département, de la valeur locative servant à l'établissement de la taxe foncière sur les propriétés bâties déterminée au titre de 2020 sur le territoire de la commune, après application de l'article 1518 A quinquies dans sa rédaction applicable au 1er janvier 2020, par le produit des taux d'abattement et d'imposition appliqués en 2020 sur le territoire de la commune ;

2° D'autre part, le produit de la somme des taux d'imposition de la taxe foncière sur les propriétés bâties de la commune et du département appliqués en 2020 sur le territoire de la commune par la valeur locative servant à l'établissement de la taxe foncière sur les propriétés bâties communale déterminée au titre de 2020 en application de l'article 1518 A quinquies dans sa rédaction applicable au 1er janvier 2021.

III. Les I et II cessent de s'appliquer, pour un abattement, dès que la commune délibère pour le modifier en application des articles 1639 A bis ou 1640.

IV. Les I et II ne s'appliquent pas pour l'établissement des bases d'imposition aux taxes prévues aux articles 1520 et 1530.

FB-II-100 s., 19700, 20200

MF n° 41930

B. Réduction de la valeur locative de certains biens

Art 1518 A Les valeurs locatives qui servent à l'établissement des impôts locaux sont prises en compte à raison des deux tiers de leur montant pour les aéroports ainsi que pour les installations destinées à la lutte contre la pollution des eaux et de l'atmosphère faisant l'objet d'un amortissement exceptionnel au titre des articles 39 quinquies E et 39 quinquies F.

A compter du 1er janvier 1991, les valeurs locatives des installations destinées à la lutte contre la pollution des eaux et de l'atmosphère visées au premier alinéa sont prises en compte à raison de la moitié de leur montant.

Les valeurs locatives des matériels faisant l'objet de l'amortissement exceptionnel prévu à l'article 39 AB ou à l'article 39 quinquies DA sont prises en compte à raison de la moitié de leur montant lorsque ces matériels ont été acquis ou créés à compter du 1er janvier 1992.

Pour les installations visées au premier alinéa et les matériels visés au troisième alinéa, acquis ou créés à compter du 1er janvier 2002, et qui sont éligibles à l'un des modes d'amortissement exceptionnel mentionnés aux alinéas précités, la condition relative à la comptabilisation de cet amortissement exceptionnel est supprimée pour l'application du présent article.

Les communes et leurs groupements dotés d'une fiscalité propre peuvent, par une délibération de portée générale prise dans les conditions prévues à l'article 1639 A bis, porter à 100 % la réduction de la valeur locative des installations destinées à la lutte contre la pollution des eaux et de l'atmosphère définies au premier alinéa qui ont été achevées à compter du 1er janvier 1992 ainsi que celle des matériels visés au troisième alinéa. Les entreprises ne peuvent bénéficier de cette disposition qu'à la condition de déclarer chaque année, au service des impôts, les éléments d'imposition entrant dans le champ d'application de la réduction de 100 %.

FB-III-19550 s. ;
CET-II-157400 s., 157500 s., 159100 s. ;
MF nos 42135, 43685

Art 1518 A bis Pour l'établissement des impôts locaux, les valeurs locatives des outillages, équipements et installations spécifiques de manutention portuaire cédés ou ayant fait l'objet d'une cession de droits réels dans les conditions prévues aux articles 7, 8 et 9 de la loi n° 2008-660 du 4 juillet 2008 portant réforme portuaire à un opérateur exploitant un terminal font l'objet d'une réduction égale à 100 % pour les deux premières années au titre desquelles les biens cédés entrent dans la base d'imposition de cet opérateur ; cette réduction est ramenée à 75 %, 50 % et 25 % respectivement pour chacune des trois années suivantes.

Les entreprises qui entendent bénéficier de ces dispositions déclarent chaque année au service des impôts les éléments entrant dans le champ d'application de l'abattement.

Le bénéfice de la réduction est subordonné au respect du règlement (UE) n° 1407/2013 de la Commission, du 18 décembre 2013, relatif à l'application des articles 107 et 108 du traité sur le fonctionnement de l'Union européenne aux aides de minimis.

FB-III-19900 s. ; CET-II-157820 ;
MF nos 42135, 43684

Art 1518 A ter **I.** Les communes et les établissements publics de coopération intercommunale dotés d'une fiscalité propre peuvent, par une délibération concordante prise dans les conditions prévues au I de l'article 1639 A bis, instituer un abattement de 30 % appliqué à la valeur locative des locaux affectés à l'habitation situés dans des immeubles collectifs et issus de la transformation de locaux industriels ou professionnels évalués conformément aux articles 1498 à 1500 et dans des communes sur le territoire desquelles sont situés un ou plusieurs quartiers prioritaires de la politique de la ville au sens de l'article 5 de la loi n° 2014-173 du 21 février 2014 de programmation pour la ville et la cohésion urbaine.

II. Le conseil municipal de la commune sur le territoire de laquelle ces biens sont situés communique à l'administration des impôts avant le 15 février 2016 la liste des adresses des biens susceptibles d'être concernés pour l'établissement des impositions au titre de l'année 2016. Pour les années suivantes, il communique avant le 1er octobre de l'année qui précède l'année d'imposition les modifications apportées à cette liste.

Pour bénéficier de l'abattement prévu au I du présent article, le contribuable porte à la connaissance de l'administration, dans les conditions prévues à l'article 1406, les éléments justifiant que les conditions prévues au I du présent article sont remplies. Les propriétaires des biens qui bénéficiaient déjà de l'abattement prévu au même I avant le 1er janvier 2015 sont dispensés de la fourniture de ces éléments justificatifs.

FB-III-9700 s. ; MF n° 42030

Art 1518 A quater **I.** Les communes et leurs établissements publics de coopération intercommunale à fiscalité propre peuvent, par une délibération prise dans les conditions prévues au I de l'article 1639 A bis, instituer un abattement de 50 % appliqué à la valeur locative des bâtiments qui font l'objet d'une première imposition à compter du 1er janvier 2016, affectés directement aux opérations mentionnées au a du II de l'article 244 quater B et évalués en application de l'article 1499.

Le bénéfice de l'abattement est subordonné au respect de l'article 25 du règlement (UE) n° 651/2014 de la Commission du 17 juin 2014 déclarant certaines catégories d'aides compatibles avec le marché intérieur en application des articles 107 et 108 du traité.

II. A. Pour bénéficier de l'abattement, le redevable de la cotisation foncière des entreprises déclare au service des impôts dont relève l'établissement bénéficiaire, dans les délais prévus à l'article 1477 et sur un modèle établi par l'administration, les éléments d'identification des biens concernés par l'abattement et les documents justifiant de leur affectation.

B. Pour bénéficier de l'abattement, le redevable de la taxe foncière sur les propriétés bâties déclare au service des impôts du lieu de situation des biens, avant le 1er janvier de l'année au titre de laquelle l'abattement est applicable et sur un modèle établi par l'administration, les éléments d'identification des immeubles et les documents justifiant de leur affectation.

FB-III-20200 ; CET-II-159220 s. ;
MF nos 42135, 43686

Art 1518 A quinquies **I. 1.** En vue de l'établissement de la taxe foncière sur les propriétés bâties, de la cotisation foncière des entreprises, de la taxe d'habitation sur les résidences secondaires et autres locaux meublés non affectés à l'habitation principale et de la taxe d'enlèvement des ordures ménagères, la valeur locative des propriétés bâties mentionnées au I de l'article 1498 est corrigée par un coefficient de neutralisation.

Ce coefficient est égal, pour chaque taxe et chaque collectivité territoriale, au rapport entre, d'une part, la somme des valeurs locatives non révisées au 1er janvier 2017 des propriétés bâties mentionnées au même I de l'article 1498 imposables au titre de cette année dans son ressort territorial, à l'exception de celles mentionnées au 2 du présent I, et, d'autre part, la somme des valeurs locatives révisées de ces mêmes propriétés à la date de référence du 1er janvier 2013.

Le coefficient de neutralisation déterminé pour chacune de ces taxes s'applique également pour l'établissement de leurs taxes annexes.

Les coefficients déterminés pour une commune s'appliquent aux bases imposées au profit des établissements publics de coopération intercommunale dont elle est membre.

Pour la Ville de Paris, le coefficient de neutralisation applicable pour l'établissement de la taxe foncière sur les propriétés bâties est égal au coefficient de neutralisation appliqué en 2018 pour la commune de Paris.

2. Par dérogation au 1 du présent I, le coefficient de neutralisation appliqué, pour chaque taxe, à la valeur locative des propriétés bâties mentionnées au I de l'article 1498 et prises en compte dans les bases d'imposition de La Poste, dans les conditions prévues à l'article 1635 sexies, est égal au rapport entre, d'une part, la somme des valeurs locatives non révisées de ces propriétés au 1er janvier 2017 imposables au titre de cette année et, d'autre part, la somme des valeurs locatives révisées de ces propriétés à la date de référence du 1er janvier 2013.

3. Pour les communes, chaque coefficient mentionné aux 1 et 2 appliqué aux valeurs locatives communales servant à l'établissement de la base d'imposition de la taxe foncière sur les propriétés bâties est égal au rapport entre :

1° D'une part, la somme du produit du taux d'imposition de la taxe foncière sur les propriétés bâties de la commune, appliqué en 2020, par le coefficient mentionné aux 1 ou 2 déterminé pour la commune et du produit du taux d'imposition de la taxe foncière sur les propriétés bâties du département, appliqué en 2020, par le coefficient mentionné aux 1 ou 2 déterminé pour le département ;

2° D'autre part, la somme des taux d'imposition de la taxe foncière sur les propriétés bâties de la commune et du département appliqués en 2020.

II. Le I du présent article cesse de s'appliquer l'année de la prise en compte, pour l'établissement des bases, de la révision des valeurs locatives des locaux d'habitation et des locaux servant à l'exercice d'une activité salariée à domicile prévue au B du II de l'article 74 de la loi n° 2013-1279 du 29 décembre 2013 de finances rectificative pour 2013.

III. Pour les impositions dues au titre des années 2017 à 2025 :

1. Lorsque la différence entre la valeur locative non révisée au 1er janvier 2017 et la valeur locative résultant du I est positive, celle-ci est majorée d'un montant égal à la moitié de cette différence ;

2. Lorsque la différence entre la valeur locative non révisée au 1er janvier 2017 et la valeur locative résultant du même I est négative, celle-ci est minorée d'un montant égal à la moitié de cette différence ;

3. Pour les communes, chaque majoration ou minoration mentionnée aux 1 et 2 appliquée aux valeurs locatives communales servant à l'établissement de la base d'imposition de la taxe foncière sur les propriétés bâties est égale au rapport entre :

1° D'une part, la somme du produit de taux d'imposition de la taxe foncière sur les propriétés bâties de la commune, appliqué en 2020, par la majoration ou minoration mentionnée aux 1 ou 2 appliqué à la valeur locative servant à l'établissement de la base d'imposition à la taxe foncière sur les propriétés bâties communale et du produit du taux d'imposition de la taxe foncière sur les propriétés bâties du département, appliqué en 2020, par la majoration ou minoration mentionnée aux 1 et 2 appliquée à la valeur locative servant à l'établissement de la base d'imposition à la taxe foncière sur les propriétés bâties départementale ;

2° D'autre part, la somme des taux d'imposition de la taxe foncière sur les propriétés bâties de la commune et du département appliqués en 2020.

Le présent III n'est applicable ni aux locaux mentionnés au 2 du I du présent article, ni aux locaux concernés par l'application du I de l'article 1406 après le 1er janvier 2017, sauf si le changement de consistance concerne moins de 10 % de la surface de ces locaux.

IV. Pour la détermination des valeurs locatives non révisées au 1er janvier 2017 mentionnées aux I et III, il est fait application des dispositions prévues par le présent code, dans sa rédaction en vigueur le 31 décembre 2016.

V. Le 3 des I et III ne s'applique pas pour l'établissement de la base d'imposition à la taxe prévue à l'article 1530.

FB-III-58700 s., 58830 s. ; MF n° 42100

Art 1518 A sexies I. En cas de changement de méthode de détermination de la valeur locative d'un bâtiment ou terrain industriel en application des articles 1499-00 A ou 1500, la variation de la valeur locative qui en résulte fait l'objet d'une réduction dans les conditions prévues au II du présent article.

Cette réduction s'applique également à la variation de la valeur locative résultant d'un changement d'affectation au sens de l'article 1406 pour les locaux mentionnés au premier alinéa du présent I nouvellement affectés à un usage professionnel ou réciproquement.

II. A. La réduction prévue au I s'applique lorsque la variation de valeur locative excède 30 % de la valeur locative calculée avant la prise en compte du changement prévu au même I et, le cas échéant, après l'application de l'avant-dernier alinéa de l'article 1467 et de l'article 1518 A quinquies.

La réduction est égale à 85 % du montant de la variation de valeur locative la première année où le changement est pris en compte, à 70 % la deuxième année, à 55 % la troisième année, à 40 % la quatrième année, à 25 % la cinquième année et à 10 % la sixième année.

Lorsque l'exploitant change pendant l'application de la réduction prévue au premier alinéa du présent A, ou lorsque le bâtiment ou terrain est concerné par l'application du I de l'article 1406, la réduction de valeur locative cesse de s'appliquer pour les impositions établies au titre de l'année qui suit la réalisation de l'un de ces changements.

B. Lorsqu'un rôle particulier est établi en application de l'article 1508, la réduction de la variation de valeur locative prévue au A du présent II s'applique à compter de la première année au titre de laquelle les bases rectifiées sont prises en compte dans les rôles généraux.

III. Pour les locaux qui bénéficient au 31 décembre 2020 du II du présent article, la réduction est recalculée, pour les années restant à courir, après application du 3 des I et III de l'article 1518 A quinquies et de l'article 1499 dans sa rédaction applicable aux impositions dues au titre de 2021.

FB-III-53520 ; MF n° 42200

C. Valeur locative minimum

Art 1518 B A compter du 1er janvier 1980, la valeur locative des immobilisations corporelles acquises à la suite d'apports, de scissions, de fusions de sociétés ou de cessions d'établissements réalisés à partir du 1er janvier 1976 ne peut être inférieure aux deux tiers de la valeur locative retenue l'année précédant l'apport, la scission, la fusion ou la cession *(Voir également art. 1499 A)*.

Les dispositions du premier alinéa s'appliquent aux seules immobilisations corporelles directement concernées par l'opération d'apport, de scission, de fusion ou de cession, dont la valeur locative a été retenue au titre de l'année précédant l'opération.

Les valeurs locatives des biens passibles d'une taxe foncière déterminées conformément au présent article sont majorées dans les conditions prévues à l'article 1518 bis.

A compter du 1er janvier 1992, la valeur locative des immobilisations corporelles acquises à la suite d'opérations mentionnées au premier alinéa réalisées à compter du 1er janvier 1989 et jusqu'au 31 décembre 1991 ne peut être inférieure à 85 % de la valeur locative retenue l'année précédant l'opération lorsque les bases des établissements concernés par une opération représentaient la même année plus de 20 % des bases de taxe professionnelle imposées au profit de la commune d'implantation.

Pour les opérations mentionnées au premier alinéa réalisées à compter du 1er janvier 1992, la valeur locative des immobilisations corporelles ne peut être inférieure aux quatre cinquièmes de son montant avant l'opération.

Il en est de même pour les transmissions universelles du patrimoine mentionnées à l'article 1844-5 du code civil et réalisées à compter du 1er janvier 2010, pour la valeur locative des seules immobilisations corporelles directement concernées par ces opérations.

Par exception aux dispositions du cinquième alinéa, pour les opérations mentionnées au premier alinéa réalisées à compter du 1er janvier 2005 de reprise d'immobilisations d'une entreprise faisant l'objet d'une procédure de redressement judiciaire, la valeur locative des immobilisations corporelles ne peut, pendant la procédure et dans les deux années suivant la clôture de celle-ci, être inférieure à 50 % de son montant avant l'opération.

Par exception aux cinquième et sixième alinéas, pour les opérations mentionnées au premier alinéa réalisées à compter du 1er janvier 2006 et pour les opérations mentionnées au sixième alinéa, la valeur locative des immobilisations corporelles ne peut être inférieure à :

a. 90 % de son montant avant l'opération pour les opérations entre sociétés membres d'un groupe au sens de l'article 223 A ou de l'article 223 A bis ;

b. Sous réserve des dispositions du a, 50 % de son montant avant l'opération pour les opérations de reprise d'immobilisations prévue par un plan de cession ou comprises dans une cession d'actifs en sauvegarde, en redressement ou en liquidation judiciaire, jusqu'à la deuxième année suivant celle du jugement ordonnant la cession ou autorisant la cession d'actifs en cours de période d'observation.

Par exception aux cinquième et sixième alinéas, pour les opérations réalisées à compter du 1er janvier 2011 et mentionnées au premier alinéa ou au sixième alinéa, la valeur locative des immobilisations corporelles ne peut être inférieure à :

1° 100 % de son montant avant l'opération lorsque, directement ou indirectement, l'entreprise cessionnaire ou bénéficiaire de l'apport contrôle l'entreprise cédante, apportée ou scindée ou est contrôlée par elle, ou ces deux entreprises sont contrôlées par la même entreprise ;

2° 90 % de son montant avant l'opération pour les opérations autres que celles mentionnées au 1° entre sociétés membres d'un groupe au sens de l'article 223 A ou de l'article 223 A bis ;

3° Sous réserve des dispositions des 1° et 2°, 50 % de son montant avant l'opération pour les opérations de reprise d'immobilisations prévue par un plan de cession ou comprises dans une cession d'actifs en sauvegarde, en redressement ou en liquidation judiciaire, jusqu'à la deuxième année suivant celle du jugement ordonnant la cession ou autorisant la cession d'actifs en cours de période d'observation.

Par exception aux cinquième et sixième alinéas, la valeur locative d'une immobilisation corporelle cédée à compter du 1er janvier 2011 et rattachée au même établissement avant et après la cession ne peut être inférieure à 100 % de son montant avant l'opération lorsque, directement ou indirectement, l'entreprise cessionnaire contrôle l'entreprise cédante ou est contrôlée par elle ou lorsque ces deux entreprises sont contrôlées par la même entreprise.

Ndlr *Pour la détermination de la valeur locative servant de base à la cotisation foncière des entreprises, les dispositions de l'alinéa ci-dessus, qui résultent de l'article 108, I-O de la loi 2010-1657 du 29 décembre 2010, s'appliquent aux immobilisations cédées à compter du 1er janvier 2010.*

Le présent article s'applique distinctement aux deux catégories d'immobilisations suivantes : terrains et constructions.

FB-III-20000 s. ; CET-II-153230 s. ; MF nos 42135, 43695

Ndlr *Pour l'application de ces dispositions, le prix de revient utile à la détermination de la valeur locative des immobilisations est multiplié par les taux d'intérêt fixés à l'article 1499 (Loi 2020-1721 du 29 décembre 2020 art. 29, IV-A).*

Art 1518 C Les transferts et transmissions résultant de l'exécution d'un contrat de fiducie sont sans incidence sur la valeur locative des biens concernés.

DC-IX-55420 ; MF n° 91145

Art 1518 D Pour la détermination de la valeur locative des immobilisations industrielles dont la propriété est, en application de la loi n° 2014-872 du 4 août 2014 portant réforme ferroviaire, transférée à la SNCF ou à SNCF Réseau, le prix de revient mentionné à l'article 1499 s'entend de la valeur brute pour laquelle ces immobilisations sont inscrites au bilan de SNCF Voyageurs au 31 décembre 2014.

SECTION VI bis

Règles particulières d'établissement des impôts directs locaux

Art 1518 E I. Pour les biens mentionnés au I de l'article 1498 :

1° Des exonérations partielles d'impôts directs locaux sont accordées au titre des années 2017 à 2025 lorsque la différence entre la cotisation établie au titre de l'année 2017 en application du présent code et la cotisation qui aurait été établie au titre de cette même année sans application du A du XVI de l'article 34 de la loi n° 2010-1658 du 29 décembre 2010 de finances rectificative pour 2010, dans sa rédaction en vigueur le 31 décembre 2016, est positive.

Pour chaque impôt, l'exonération est égale aux neuf dixièmes de la différence définie au premier alinéa du présent 1° pour les impositions établies au titre de l'année 2017, puis réduite chaque année d'un dixième de cette différence.

L'exonération cesse d'être accordée à compter de l'année qui suit celle au cours de laquelle la propriété ou fraction de propriété est concernée par l'application du I de l'article 1406, sauf si le changement de consistance concerne moins de 10 % de la surface de la propriété ou fraction de propriété ;

2° Les impôts directs locaux établis au titre des années 2017 à 2025 sont majorés lorsque la différence entre la cotisation qui aurait été établie au titre de l'année 2017 sans application du A du XVI de l'article 34 de la loi n° 2010-1658 du 29 décembre 2010 précitée, dans sa rédaction en vigueur le 31 décembre 2016, et la cotisation établie au titre de cette même année est positive.

Pour chaque impôt, la majoration est égale aux neuf dixièmes de la différence définie au premier alinéa du présent 2° pour les impositions établies au titre de l'année 2017, puis réduite chaque année d'un dixième de cette différence.

Cette majoration est supprimée à compter de l'année qui suit celle au cours de laquelle la propriété ou fraction de propriété est concernée par l'application du I de l'article 1406, sauf si le changement de consistance concerne moins de 10 % de la surface de la propriété ou fraction de propriété.

II. Pour l'application du I :

1° Les impôts directs locaux s'entendent de la taxe foncière sur les propriétés bâties, de la cotisation foncière des entreprises, de la taxe d'habitation sur les résidences secondaires et autres locaux meublés non affectés à l'habitation principale et de leurs taxes annexes ;

2° La différence définie au premier alinéa des 1° et 2° du même I s'apprécie pour chaque impôt en tenant compte de ses taxes annexes et des prélèvements prévus à l'article 1641.

Elle s'apprécie par propriété ou fraction de propriété bâtie pour la taxe foncière sur les propriétés bâties ;

3° Selon le cas, le coût de l'exonération ou la majoration est réparti entre les collectivités territoriales et, le cas échéant, les établissements publics de coopération intercommunale, les établissements publics fonciers, les chambres de commerce et d'industrie et les chambres de métiers et de l'artisanat au prorata de leur part dans la somme des variations positives de chaque fraction de cotisation leur revenant.

FB-III-58950 s. ; MF n° 42100

SECTION VI ter

Voies de recours spécifiques en matière d'impôts directs locaux

Art 1518 F Les décisions prises en application des articles 1504 et 1518 ter ne peuvent pas être contestées à l'occasion d'un litige relatif à la valeur locative d'une propriété bâtie.

FB-III-60030 ; MF n° 42265

SECTION VII

Autres taxes communales

I. Taxes obligatoires

A. Redevance communale des mines

Art 1519 I. Il est perçu, au profit des communes, une redevance sur chaque tonne nette du produit concédé extrait par les concessionnaires de mines, les amodiataires et sous-amodiataires des concessions minières, par les titulaires de permis d'exploitation de mines et par les explorateurs de mines de pétrole et de gaz combustibles. Cette redevance est applicable aux charbons extraits sous territoire étranger et amenés au jour par des puits et installations sis en France.

Cette redevance ne s'applique pas aux hydrocarbures extraits de gisements situés au-delà de 1 mille marin des lignes de base définies à l'article 2 de l'ordonnance n° 2016-1687 du 8 décembre 2016 relative aux espaces maritimes relevant de la souveraineté ou de la juridiction de la République française *(NDLR L'ordonnance 2016-1687 du 8 décembre 2016 est ratifiée par la loi 2019-1428 du 24 décembre 2019 art. 135, II à compter de sa publication).*

Lorsqu'il existe plusieurs lignes de base, celle qui est la plus proche de la côte est utilisée.

II. 1° A compter du 1er janvier 2023, les tarifs de la redevance communale des mines sont fixés à :

183,50 € par kilogramme d'or contenu pour les minerais aurifères ;

357,20 € par quintal d'uranium contenu pour les minerais d'uranium ;

164,10 € par tonne d'oxyde de tungstène (WO_3) contenu pour les minerais de tungstène ;

298,20 € par quintal d'argent contenu pour les minerais argentifères ;

702,30 € par millier de tonnes nettes livrées pour la bauxite ;

912,90 € par millier de tonnes nettes livrées pour la fluorine ;

pour le chlorure de sodium :

868,20 € par millier de tonnes nettes livrées pour le sel extrait par abattage ;

528,40 € par millier de tonnes nettes livrées pour le sel extrait en dissolution par sondage et livré raffiné ;

176,50 € par millier de tonnes de chlorure de sodium contenu pour le sel extrait en dissolution par sondage et livré en dissolution ;

280,40 € par centaine de tonnes nettes extraites pour le charbon ;

1 347,70 € par centaine de tonnes nettes extraites, pour les gisements de pétrole brut ;

10,20 € par tonne nette livrée pour le propane et le butane ;

9,50 € par tonne nette livrée pour l'essence de dégazolinage ;

3,40 € par tonne de soufre contenu pour les minerais de soufre autres que les pyrites de fer ;

1 073,60 € par millier de tonnes nettes livrées pour les lignites d'un pouvoir calorifique égal ou supérieur à 13 MJ/kg ;

260,80 € par millier de tonnes nettes livrées pour les lignites d'un pouvoir calorifique inférieur à 13 MJ/kg ;

393,10 € par 100 000 mètres cubes extraits à 1 bar et 15° C pour le gaz carbonique ;

1 804,30 € par millier de tonnes nettes livrées pour les calcaires et grès bitumineux ou asphaltiques (non destinés à la distillation pour production d'huiles ou d'essences) ;

60,10 € par millier de tonnes nettes livrées pour les schistes carbobitumineux et schistes bitumineux (à traiter par distillation pour en extraire des huiles et des essences) ;

601,80 € par millier de tonnes nettes livrées pour la pyrite de fer ;

414,60 € par millier de tonnes nettes livrées de minerais de fer ;

14,40 € par tonne d'antimoine contenu dans les minerais d'antimoine ;

757,50 € par centaine de tonnes de plomb contenu dans les minerais de plomb ;

601,80 € par centaine de tonnes de zinc contenu dans les minerais de zinc ;

146,20 € par tonne d'étain contenu dans les minerais d'étain ;

23,50 € par tonne de cuivre contenu dans les minerais de cuivre ;

807,40 € par millier de tonnes d'arsenic contenu dans les minerais d'arsenic ;

70,70 € par tonne de bismuth contenu dans les minerais de bismuth ;

448,30 € par centaine de tonnes de manganèse contenu dans les minerais de manganèse ;

298,20 € par tonne de molybdène contenu dans les minerais de molybdène ;

60,10 € par tonne de Li_2O contenu dans les minerais de lithium ;

316,30 € par centaine de tonnes de K_2O contenu dans les sels de potassium ;

387,70 € par 100 000 mètres cubes extraits, pour les gisements de gaz naturel.

(Voir également art. 1641 et 1644)

1° bis Pour les gisements en mer situés jusqu'à une limite de 1 mille marin au-delà des lignes de base définies à l'article 2 de l'ordonnance n° 2016-1687 du 8 décembre 2016 relative aux espaces maritimes relevant de la souveraineté ou de la juridiction de la République française *(NDLR L'ordonnance 2016-1687 du 8 décembre 2016 est ratifiée par la loi 2019-1428 du 24 décembre 2019 art. 135, II à compter de sa publication)*, les tarifs de la redevance communale des mines sont fixés à :

25,3 € par 100 000 mètres cubes extraits pour le gaz naturel ;

86,1 € par centaine de tonnes nettes extraites pour le pétrole brut.

Lorsqu'il existe plusieurs lignes de base, celle qui est la plus proche de la côte est utilisée.

(Voir également art. 1641 et 1644)

1° ter *(Dispositions abrogées à compter du 1er janvier 2018).*

1° quater *(Dispositions abrogées à compter du 1er janvier 2002).*

2° Les tarifs de la redevance applicables à partir du 1er janvier 1954 aux substances minérales concédées autres que celles mentionnées au 1° sont fixés, compte tenu de la valeur de la substance minérale concédée, par décret pris sur proposition du ministre de l'intérieur, du ministre chargé des mines et du ministre chargé du budget, après avis conforme du conseil général de l'économie, de l'industrie, de l'énergie et des technologies et du Conseil d'Etat. Ce décret peut être complété par l'addition des substances minérales concédées qui n'auraient pas été exploitées en France au 1er janvier 1954 ou qui viendraient à être ultérieurement placées dans la classe des mines par application des articles L 111-2 et L 312-1 du code minier.

III. Les modalités d'application des I et II sont fixées par décret en Conseil d'Etat rendu après avis du conseil général de l'économie, de l'industrie, de l'énergie et des technologies *(Voir Annexe II, art. 311 A à 311 D).*

IV. Les tarifs prévus aux 1° et 2° du II évoluent chaque année comme l'indice de valeur du produit intérieur brut total, tel qu'il est estimé dans la projection économique présentée en annexe au projet de loi de finances de l'année.

Les tarifs sont arrondis au dixième d'euro le plus proche.

IV bis. Pour la métropole du Grand Paris, le produit de cette taxe est obtenu en appliquant, chaque année, aux bases imposables les taux appliqués en 2015 sur le territoire de chacune de ses communes membres.

V. Les modalités d'attribution et de répartition de la redevance communale sont fixées par décrets en Conseil d'Etat *(Voir Annexe II, art. 312, 313 et 315).*

VI. Lorsqu'une commune appartient à un groupement de communes doté d'une fiscalité propre, le produit communal de la redevance des mines sur les hydrocarbures liquides et gazeux qu'elle doit recevoir en application du V lui est versé, à l'exception des ressources provenant d'une répartition nationale ou départementale, à concurrence de 60 %. Le solde de ce produit est directement versé au groupement de communes.

Toutefois, le conseil délibérant du groupement de communes peut, par délibération prise à la majorité des deux tiers de ses membres, réduire la part de la redevance qui lui est directement affectée en application du premier alinéa.

ASS-I-9000 s.

B. Imposition forfaitaire sur les pylônes

Art 1519 A Il est institué une imposition forfaitaire annuelle sur les pylônes supportant des lignes électriques dont la tension est au moins égale à 200 kilovolts. En 2023, le montant de cette imposition forfaitaire est fixé à 3 074 € pour les pylônes supportant des lignes électriques dont la tension est comprise entre 200 et 350 kilovolts et à 6 140 € pour les pylônes supportant des lignes électriques dont la tension est supérieure à 350 kilovolts *(NDLR Tarifs applicables aux impositions établies au titre de l'année 2024).* Ces montants sont révisés chaque année proportionnellement à la variation du produit de la taxe foncière sur les propriétés bâties constatée au niveau national.

Sous réserve des dispositions du premier alinéa du V de l'article 1379-0 bis, l'imposition prévue au premier alinéa est perçue au profit des communes.

L'imposition est déclarée par voie électronique et liquidée :

1° Pour les redevables de la taxe sur la valeur ajoutée, sur l'annexe à la déclaration mentionnée au 1 de l'article 287 déposée au titre du mois de mars ou du premier trimestre de l'année au titre de laquelle l'imposition est due ;

2° Pour les personnes non redevables de la taxe sur la valeur ajoutée, sur l'annexe à la déclaration prévue au 1 du même article 287 déposée auprès du service chargé du recouvrement dont relève leur siège ou principal établissement au plus tard le 25 avril de l'année au cours de laquelle l'imposition est due.

La déclaration comporte notamment la liste par département des communes d'implantation des pylônes avec en regard de chacune d'elles :

a. L'indication du nombre de pylônes taxés, en distinguant selon qu'ils supportent des lignes d'une tension comprise entre 200 et 350 kilovolts ou d'une tension supérieure à 350 kilovolts ;

b. Le produit total revenant à chaque commune et à chaque département ainsi que le produit net total de l'imposition.

L'imposition est acquittée lors du dépôt de la déclaration. Elle est recouvrée et contrôlée selon les procédures et sous les mêmes sanctions, garanties et privilèges que les taxes sur le chiffre d'affaires. Les réclamations sont présentées, instruites et jugées selon les règles applicables à ces taxes.

Le reversement du produit de l'imposition aux bénéficiaires mentionnés au deuxième alinéa intervient avant le 31 décembre de l'année en cours. Les erreurs ou omissions qui feraient l'objet d'une régularisation après le reversement aux bénéficiaires sont soustraites ou ajoutées aux montants reversés au titre de la période suivante.

ASS-I-17000 s.

C. Taxe sur les éoliennes maritimes

Art 1519 B Il est institué une taxe annuelle sur les installations de production d'électricité utilisant l'énergie mécanique du vent situées dans les eaux intérieures, la mer territoriale ou la zone économique exclusive.

Ndlr *Les dispositions de l'alinéa ci-dessus telles qu'issues du a du 2° du I de l'article 101 de la loi 2021-1900 du 30 décembre 2021 s'appliquent aux installations de production d'électricité utilisant l'énergie mécanique du vent en mer situées dans la zone économique exclusive dont les exploitants ont été retenus, à compter du 1er janvier 2022, à l'issue d'une procédure de mise en concurrence, en application de l'article L 311-11 du code de l'énergie.*

La taxe est acquittée par l'exploitant de l'unité de production d'électricité utilisant l'énergie mécanique du vent.

La taxe est assise sur le nombre de mégawatts installés dans chaque unité de production d'électricité utilisant l'énergie mécanique du vent, au 1er janvier de l'année d'imposition. Elle n'est pas due l'année de la mise en service de l'unité.

Le tarif annuel de la taxe est fixé à 19 405 € par mégawatt installé *(NDLR Tarifs applicables aux impositions établies au titre de l'année 2023)*. Ce montant est revalorisé chaque année comme le taux prévisionnel, associé au projet de loi de finances de l'année, d'évolution des prix à la consommation des ménages, hors tabac, pour la même année.

La valeur résultant de cette revalorisation est arrondie, s'il y a lieu, à l'euro le plus proche ; la fraction d'euro égale à 0,50 est comptée pour 1.

La taxe est déclarée et liquidée :

1° Pour les redevables de la taxe sur la valeur ajoutée, sur l'annexe à la déclaration mentionnée au 1 de l'article 287 déposée au titre du mois de mars ou du premier trimestre de l'année au titre de laquelle la taxe prévue au présent article est due ;

2° Pour les personnes non redevables de la taxe sur la valeur ajoutée, sur l'annexe à la déclaration prévue au 1 du même article 287 déposée auprès du service chargé du recouvrement dont relève leur siège ou principal établissement au plus tard le 25 avril de l'année au cours de laquelle la taxe prévue au présent article est due.

La taxe est acquittée lors du dépôt de la déclaration. Elle est recouvrée et contrôlée selon les procédures et sous les mêmes sanctions, garanties et privilèges que les taxes sur le chiffre d'affaires. Les réclamations sont présentées, instruites et jugées selon les règles applicables à ces taxes *(NDLR Voir Annexe III, art. 325)*.

ASS-I-12000 s.

Art 1519 C A l'exception du prélèvement mentionné au XIX de l'article 1647 effectué au profit de l'Etat, le produit de la taxe sur les installations de production d'électricité utilisant l'énergie mécanique du vent en mer mentionnée à l'article 1519 B, pour la part afférente aux installations situées dans les eaux intérieures ou la mer territoriale, est affecté aux organismes et selon les pourcentages suivants :

1° 50 % sont affectés aux communes littorales d'où des installations sont visibles. Il est tenu compte, dans la répartition de ce produit entre les communes, de la distance qui sépare les installations de l'un des points du territoire des communes concernées et de la population de ces dernières. Par exception, lorsque les installations sont visibles de plusieurs départements, la répartition est réalisée conjointement dans les départements concernés ;

2° 35 % sont affectés aux comités mentionnés à l'article L 912-1 du code rural et de la pêche maritime pour le financement de projets concourant au développement durable de la pêche et des élevages marins. Ce pourcentage est réparti à raison de 15 % au profit du Comité national des pêches maritimes et des élevages marins, 10 % pour les comités régionaux des pêches maritimes et des élevages marins dans le ressort desquels les installations ont été implantées et 10 % pour les comités départementaux et interdépartementaux des pêches maritimes et des élevages marins dans le ressort desquels les installations ont été implantées. En cas d'inexistence de comité départemental, le pourcentage bénéficie au comité régional correspondant ;

3° *(Abrogé)* ;

3° bis 10 % sont affectés, à l'échelle de la façade maritime, à l'Office français de la biodiversité ;

4° 5 % sont affectés aux organismes mentionnés à l'article L 742-9 du code de la sécurité intérieure.

Les modalités de répartition, d'affectation et d'utilisation du produit de la taxe, la définition des catégories d'opérations éligibles et l'organisation du contrôle par l'Etat sont précisées par décret.

(Voir Annexe II, art. 315 B à 315 E)

ASS-I-12000 s.

D. Imposition forfaitaire sur les entreprises de réseaux

Art 1519 D **I.** L'imposition forfaitaire mentionnée à l'article 1635-0 quinquies s'applique aux installations terrestres de production d'électricité utilisant l'énergie mécanique du vent et aux installations de production d'électricité utilisant l'énergie mécanique hydraulique des courants situées dans les eaux intérieures ou dans la mer territoriale, dont la puissance électrique installée au sens des articles L 311-1 et suivants du code de l'énergie est supérieure ou égale à 100 kilowatts.

II. L'imposition forfaitaire est due chaque année par l'exploitant de l'installation de production d'électricité au 1er janvier de l'année d'imposition.

III. Le tarif annuel de l'imposition forfaitaire est fixé à 8,36 € par kilowatt de puissance installée au 1er janvier de l'année d'imposition *(NDLR Tarif applicable aux impositions établies au titre de 2024)*.

IV. Le redevable de la taxe déclare *(Voir Annexe III, art. 328 K)*, au plus tard le deuxième jour ouvré suivant le 1er mai de l'année d'imposition :

a. Le nombre d'installations de production d'électricité utilisant l'énergie mécanique du vent par commune et, pour chacune d'elles, la puissance installée ;

b. Pour chaque commune où est installé un point de raccordement d'une installation de production d'électricité utilisant l'énergie mécanique hydraulique au réseau public de distribution ou de transport d'électricité, le nombre de ces installations et, pour chacune d'elles, la puissance installée.

En cas de création d'installation de production d'électricité mentionnée au I ou de changement d'exploitant, la déclaration mentionnée au premier alinéa doit être souscrite avant le 1er janvier de l'année suivant celle de la création ou du changement.

En cas de cessation définitive d'exploitation d'une installation de production d'électricité mentionnée au I, l'exploitant est tenu d'en faire la déclaration au service des impôts dont dépend l'unité de production avant le 1er janvier de l'année suivant celle de la cessation lorsque la cessation intervient en cours d'année, ou avant le 1er janvier de l'année de la cessation lorsque celle-ci prend effet au 1er janvier.

Le contrôle, le recouvrement, le contentieux, les garanties, sûretés et privilèges sont régis comme en matière de cotisation foncière des entreprises.

ASS-I-20100 s.

Art 1519 E **I.** L'imposition forfaitaire mentionnée à l'article 1635-0 quinquies s'applique aux installations de production d'électricité d'origine nucléaire ou thermique à flamme dont la puissance électrique installée au sens des articles L 311-1 et suivants du code de l'énergie est supérieure ou égale à 50 mégawatts.

L'imposition mentionnée au premier alinéa n'est pas due au titre des installations exploitées pour son propre usage par un consommateur final d'électricité ou exploitées sur le site de consommation par un tiers auquel le consommateur final rachète l'électricité produite pour son propre usage.

II. L'imposition forfaitaire est due chaque année par l'exploitant de l'installation de production d'électricité au 1er janvier de l'année d'imposition.

III. Le montant de l'imposition forfaitaire est établi en fonction de la puissance installée dans chaque installation. Il est égal à 3 479 € par mégawatt de puissance installée au 1er janvier de l'année d'imposition *(NDLR Tarif applicable aux impositions établies au titre de 2024)*.

IV. Le redevable de la taxe déclare, au plus tard le deuxième jour ouvré suivant le 1er mai de l'année d'imposition, le nombre d'installations de production d'électricité d'origine nucléaire ou thermique à flamme et dont la puissance électrique installée est supérieure ou égale à 50 mégawatts par commune et, pour chacune d'elles, la puissance électrique installée.

(Voir Annexe III, art. 328 K)

Le contrôle, le recouvrement, le contentieux, les garanties, sûretés et privilèges sont régis comme en matière de cotisation foncière des entreprises.

ASS-I-20350 s.

Art 1519 F **I.** L'imposition forfaitaire mentionnée à l'article 1635-0 quinquies s'applique aux centrales de production d'énergie électrique d'origine photovoltaïque ou hydraulique, à l'exception de celles mentionnées à l'article 1519 D, dont la puissance électrique installée au sens des articles L 311-1 et suivants du code de l'énergie est supérieure ou égale à 100 kilowatts.

L'imposition mentionnée au présent I n'est pas due au titre des centrales exploitées pour son propre usage par un consommateur final d'électricité ou exploitées sur le site de consommation par un tiers auquel le consommateur final rachète l'électricité produite pour son propre usage.

II. L'imposition forfaitaire est due chaque année par l'exploitant de la centrale de production d'énergie électrique d'origine photovoltaïque ou hydraulique au 1er janvier de l'année d'imposition.

Le montant de l'imposition forfaitaire est fixé à 3,479 € par kilowatt de puissance électrique installée au 1er janvier de l'année d'imposition pour les centrales de production d'énergie électrique d'origine hydraulique et à 8,36 € par kilowatt de puissance électrique installée au 1er janvier de l'année d'imposition pour les centrales de production d'énergie électrique d'origine photovoltaïque *(NDLR Tarifs applicables aux impositions établies au titre de 2024)*. Par exception, ce dernier tarif est ramené, pendant les vingt premières années d'imposition, au niveau de celui applicable aux centrales de production d'énergie électrique d'origine hydraulique, pour les centrales mises en service après le 1er janvier 2021. La date de mise en service s'entend de celle du premier raccordement au réseau électrique.

III. Le redevable de la taxe déclare, au plus tard le deuxième jour ouvré suivant le 1er mai de l'année d'imposition, le nombre de centrales de production d'énergie électrique d'origine photovoltaïque ou hydraulique par commune et, pour chacune d'elles, la puissance électrique installée.

(Voir Annexe III, art. 328 K)

En cas de création de centrale de production d'énergie électrique d'origine photovoltaïque ou hydraulique ou de changement d'exploitant, la déclaration mentionnée à l'alinéa précédent doit être souscrite avant le 1er janvier de l'année suivant celle de la création ou du changement.

En cas de cessation définitive d'exploitation d'une centrale de production d'énergie électrique d'origine photovoltaïque ou hydraulique, l'exploitant est tenu d'en faire la déclaration au service des impôts dont dépend la centrale de production avant le 1er janvier de l'année suivant celle de la cessation lorsque la cessation intervient en cours d'année, ou avant le 1er janvier de l'année de la cessation lorsque celle-ci prend effet au 1er janvier.

Le contrôle, le recouvrement, le contentieux, les garanties, sûretés et privilèges sont régis comme en matière de cotisation foncière des entreprises.

ASS-I-20580 s.

Art 1519 G **I.** L'imposition forfaitaire mentionnée à l'article 1635-0 quinquies s'applique aux transformateurs électriques relevant des réseaux publics de transport et de distribution d'électricité au sens du code de l'énergie.

II. L'imposition forfaitaire est due par le propriétaire des transformateurs au 1er janvier de l'année d'imposition. Toutefois, pour les transformateurs qui font l'objet d'un contrat de concession, l'imposition est due par le concessionnaire *(Voir art. 1649 A quater)*.

Les sociétés coopératives agricoles et leurs unions qui se consacrent à l'électrification mentionnées à l'article 1451 sont exonérées de l'imposition mentionnée au I au titre de l'année 2010.

III. Le montant de l'imposition est fixé en fonction de la tension en amont des transformateurs au 1er janvier de l'année d'imposition selon le barème suivant *(NDLR Tarif applicable aux impositions établies au titre de 2024)* :

Tension en amont en kilovolts	Tarif par transformateur en euros
Supérieure à 350	165 420
Supérieure à 130 et inférieure ou égale à 350	56 137
Supérieure à 50 et inférieure ou égale à 130	16 124

La tension en amont s'entend de la tension électrique en entrée du transformateur.

IV. Le redevable de la taxe déclare, au plus tard le deuxième jour ouvré suivant le 1er mai de l'année d'imposition, le nombre de transformateurs électriques par commune et, pour chacun d'eux, la tension en amont.

(Voir Annexe III, art. 328 K)

Le contrôle, le recouvrement, le contentieux, les garanties, sûretés et privilèges sont régis comme en matière de cotisation foncière des entreprises.

ASS-I-20820 s.

Art 1519 H **I.** L'imposition forfaitaire mentionnée à l'article 1635-0 quinquies s'applique aux stations radioélectriques dont la puissance impose un avis, un accord ou une déclaration à l'Agence nationale des fréquences en application de l'article L 43 du code des postes et des communications électroniques, à l'exception des stations appartenant aux réseaux mentionnés au 1° de l'article L 33 et à l'article L 33-2 du même code, ainsi que des installations visées à l'article L 33-3 du même code.

II. L'imposition forfaitaire est due chaque année par la personne qui dispose pour les besoins de son activité professionnelle des stations radioélectriques au 1er janvier de l'année d'imposition.

III. Le montant de l'imposition forfaitaire est fixé à 1 827 € par station radioélectrique dont le redevable dispose au 1er janvier de l'année d'imposition *(NDLR Tarif applicable aux impositions établies au titre de 2024)*. Pour tout émetteur assurant la couverture de zones du territoire national par un réseau de radiocommunications mobiles et pour lequel n'est pas requis l'accord ou l'avis de l'Agence nationale des fréquences, dans les conditions prévues au dernier alinéa du I de l'article L 43 du code des postes et des communications électroniques, le montant de l'imposition forfaitaire est fixé à 10 % du montant mentionné à la première phrase du présent alinéa. Ces montants sont réduits de 75 % *(NDLR Taux applicable aux nouvelles stations installées à compter du 1er janvier 2017)* pour les nouvelles stations au titre des trois premières années d'imposition. Ces montants sont réduits de moitié pour les stations ayant fait l'objet d'un avis, d'un accord ou d'une déclaration à l'Agence nationale des fréquences à compter du 1er janvier 2010 et assurant la couverture par un réseau de radiocommunications mobiles de zones, définies par voie réglementaire *(Voir décret 2010-741 du 30 juin 2010)*, qui n'étaient couvertes par aucun réseau de téléphonie mobile à cette date. Les stations ayant fait l'objet d'un avis, d'un accord ou d'une déclaration à l'Agence nationale des fréquences à compter du 1er janvier 2010 et destinées à desservir les zones dans lesquelles il n'existe pas d'offre haut débit terrestre à cette date ne sont pas imposées. Les stations radioélectriques de téléphonie mobile construites en zone de montagne entre le 1er janvier 2017 et le 31 décembre 2020 ne sont pas soumises à cette imposition. Les stations radioélectriques de téléphonie mobile que les opérateurs de radiocommunications mobiles ont l'obligation d'installer pour couvrir les zones caractérisées par un besoin d'aménagement numérique conformément à leurs autorisations d'utilisation de fréquences radioélectriques prévues à l'article L 42-1 du code des postes et des communications électroniques, et qui sont installées entre le 3 juillet 2018 et le 31 décembre 2022, ne sont pas soumises à cette imposition au titre de leurs cinq premières années d'imposition. Un arrêté du ministre chargé des communications électroniques précise la liste des zones caractérisées par un besoin d'aménagement numérique.

Le montant de l'imposition forfaitaire est fixé à 262 € par station relevant de la loi n° 86-1067 du 30 septembre 1986 relative à la liberté de communication dont le redevable dispose au 1er janvier de l'année d'imposition *(NDLR Tarif applicable aux impositions établies au titre de 2024)*. Les personnes exploitant un service de radiodiffusion sonore qui ne constitue pas un réseau de diffusion à caractère national au sens du b du 4° de l'article 41-3 de la même loi ne sont pas redevables de l'imposition forfaitaire sur la totalité des stations radioélectriques dont elles disposent au 1er janvier de l'année d'imposition si elles disposent de soixante stations radioélectriques au plus.

Lorsque plusieurs personnes disposent d'une même station pour les besoins de leur activité professionnelle au 1er janvier de l'année d'imposition, le montant de l'imposition forfaitaire applicable en vertu du premier alinéa est divisé par le nombre de ces personnes.

IV. Le redevable de la taxe déclare, au plus tard le deuxième jour ouvré suivant le 1er mai de l'année d'imposition, le nombre de stations radioélectriques par commune et département.

(Voir Annexe III, art. 328 K)

Le contrôle, le recouvrement, le contentieux, les garanties, sûretés et privilèges sont régis comme en matière de cotisation foncière des entreprises.

ASS-I-21220 s.

Art 1519 HA I. L'imposition forfaitaire mentionnée à l'article 1635-0 quinquies s'applique aux installations de gaz naturel liquéfié, aux stockages souterrains de gaz naturel, aux canalisations de transport de gaz naturel, aux stations de compression du réseau de transport de gaz naturel, aux canalisations de transport d'autres hydrocarbures et aux canalisations de transport de produits chimiques.

II. L'imposition forfaitaire est due chaque année par l'exploitant des installations, ouvrages et canalisations au 1er janvier de l'année d'imposition.

III. Le montant de l'imposition forfaitaire est fixé à *(NDLR Tarif applicable aux impositions établies au titre de 2024)* :

654 973 € par installation de gaz naturel liquéfié dont la capacité de stockage est inférieure ou égale à 100 000 mètres cubes et dont les tarifs d'utilisation sont fixés en application des articles L 452-1 à L 452-6 du code de l'énergie ;

2 985 941 € par installation de gaz naturel liquéfié dont la capacité de stockage est supérieure à 100 000 mètres cubes et dont les tarifs d'utilisation sont fixés en application des mêmes articles L 452-1 à L 452-6 ;

579 € par kilomètre de canalisation de transport de produits chimiques ;

597 188 € par site de stockage souterrain de gaz naturel dont les capacités sont soumises aux dispositions des articles L 421-3-1 à L 421-12 et L 421-3-1 du code précité ;

597 € par kilomètre de canalisation de transport de gaz naturel appartenant à un réseau dont les tarifs d'utilisation sont fixés en application des articles L 452-1 à L 452-6 du code précité ;

119 437 € par station de compression utilisée pour le fonctionnement d'un réseau dont les tarifs d'utilisation sont fixés en application des articles L 452-1 à L 452-6 du code précité ;

597 € par kilomètre de canalisation de transport d'autres hydrocarbures.

IV. Le redevable de la taxe déclare, au plus tard le deuxième jour ouvré suivant le 1er mai de l'année d'imposition, les ouvrages, les installations et le nombre de kilomètres de canalisations exploitées par commune et par département.

(Voir Annexe III, art. 328 K)

Le contrôle, le recouvrement, le contentieux, les garanties, sûretés et privilèges sont régis comme en matière de cotisation foncière des entreprises.

ASS-I-21900 s.

Art 1519 HB I. L'imposition forfaitaire mentionnée à l'article 1635-0 quinquies s'applique aux installations de production d'électricité d'origine géothermique dont la puissance électrique installée au sens des articles L 311-1 et suivants du code de l'énergie est supérieure ou égale à 12 mégawatts.

II. L'imposition forfaitaire est due chaque année par l'exploitant de l'installation de production d'électricité au 1er janvier de l'année d'imposition.

III. Le montant de l'imposition forfaitaire est établi en fonction de la puissance installée dans chaque installation. Il est égal à 25,66 € par kilowatt de puissance installée au 1er janvier de l'année d'imposition *(NDLR Tarif applicable aux impositions établies au titre de 2024)*.

IV. Le redevable de la taxe déclare, au plus tard le deuxième jour ouvré suivant le 1er mai de l'année d'imposition, le nombre d'installations de production d'électricité d'origine géothermique et, pour chacune d'elles, la puissance électrique installée.

En cas de création de centrale de production d'énergie électrique d'origine géothermique ou de changement d'exploitant, la déclaration mentionnée au premier alinéa du présent IV doit être souscrite avant le 1er janvier de l'année suivant celle de la création ou du changement.

En cas de cessation définitive d'exploitation d'une centrale de production d'énergie électrique d'origine géothermique, l'exploitant est tenu d'en faire la déclaration au service des impôts dont dépend la centrale de production avant le 1er janvier de l'année suivant celle de la cessation lorsque la cessation intervient en cours d'année, ou avant le 1er janvier de l'année de la cessation lorsque celle-ci prend effet au 1er janvier.

Le contrôle, le recouvrement, le contentieux, les garanties, sûretés et privilèges sont régis comme en matière de cotisation foncière des entreprises.

ASS-I-22300 s.

E. Taxe additionnelle à la taxe foncière sur les propriétés non bâties

Art 1519 I I. Il est institué, au profit des communes et des établissements publics de coopération intercommunale à fiscalité propre dans les conditions prévues aux articles 1379 et 1379-0 bis, une taxe additionnelle à la taxe foncière sur les propriétés non bâties pour les propriétés suivantes :

1° carrières, ardoisières, sablières ;

2° terrains à bâtir, rues privées ;

3° terrains d'agrément, parcs et jardins et pièces d'eau ;

4° chemins de fer, canaux de navigation et dépendances ;

5° sols des propriétés bâties et des bâtiments ruraux, cours et dépendances.

II. Cette taxe est acquittée par le redevable de la taxe foncière sur les propriétés non bâties au sens de l'article 1400.

III. L'assiette de cette taxe est établie d'après la valeur locative cadastrale déterminée conformément au I de l'article 1396.

IV. Le produit de cette taxe est obtenu en appliquant, chaque année, aux bases imposables la somme des taux départemental et régional de la taxe foncière sur les propriétés non bâties appliqués en 2010 sur le territoire de l'établissement public de coopération intercommunale ou de la commune, multipliée par un coefficient de 1,0485.

Pour l'application du premier alinéa aux établissements publics de coopération intercommunale dont le territoire est situé sur plusieurs départements, le taux départemental de taxe foncière sur les propriétés non bâties à prendre en compte s'entend de la moyenne des taux départementaux de taxe foncière sur les propriétés non bâties appliqués en 2010 sur le territoire de cet établissement, pondérés par l'importance relative des bases départementales de la taxe situées sur le territoire de cet établissement, telles qu'issues des rôles généraux établis au titre de cette même année.

Pour l'application du premier alinéa aux établissements publics de coopération intercommunale à fiscalité propre dont le territoire est situé sur plusieurs régions, le taux régional de taxe foncière sur les propriétés non bâties à prendre en compte s'entend de la moyenne des taux régionaux de taxe foncière sur les propriétés non bâties appliqués en 2010 sur le territoire de cet établissement, pondérés par l'importance relative des bases régionales de la taxe situées sur le territoire de cet établissement, telles qu'issues des rôles généraux établis au titre de cette même année.

Pour l'application du premier alinéa aux communes et établissements publics de coopération intercommunale dont le territoire se situe au moins en partie dans la région Ile-de-France, le taux régional s'entend pour cette région du taux de l'année 2010 de la taxe additionnelle à la taxe foncière sur les propriétés non bâties prévue à l'article 1599 quinquies dans sa rédaction en vigueur au 1er janvier 2010.

Les deuxième à avant-dernier alinéas du présent IV s'appliquent aux communes nouvelles regroupant des communes qui étaient situées sur le territoire de plusieurs départements ou régions ou sur celui de la région d'Ile-de-France.

IV bis. Pour la métropole du Grand Paris, le produit de cette taxe est obtenu en appliquant, chaque année, aux bases imposables les taux appliqués en 2015 sur le territoire de chacune de ses communes membres.

V. Le contrôle, le recouvrement, le contentieux, les garanties et sanctions sont régis comme en matière de taxe foncière sur les propriétés non bâties.

VI. Cette taxe n'est pas applicable à Mayotte.

ASS-I-25000 s. ; MF nº 45515

II. Taxes facultatives

A. Taxe d'enlèvement des ordures ménagères

Art 1520 **I.** Les communes qui assurent au moins la collecte des déchets des ménages peuvent instituer une taxe destinée à pourvoir aux dépenses du service de collecte et de traitement des déchets ménagers et des déchets mentionnés à l'article L 2224-14 du code général des collectivités territoriales ainsi qu'aux dépenses directement liées à la définition et aux évaluations du programme local de prévention des déchets ménagers et assimilés mentionné à l'article L 541-15-1 du code de l'environnement, dans la mesure où celles-ci ne sont pas couvertes par des recettes ordinaires n'ayant pas le caractère fiscal.

Les dépenses du service de collecte et de traitement des déchets mentionnées au premier alinéa du présent I comprennent :

1º Les dépenses réelles de fonctionnement ;

2º Les dépenses d'ordre de fonctionnement au titre des dotations aux amortissements des immobilisations lorsque, pour un investissement, la taxe n'a pas pourvu aux dépenses réelles d'investissement correspondantes, au titre de la même année ou d'une année antérieure ;

3º Les dépenses réelles d'investissement lorsque, pour un investissement, la taxe n'a pas pourvu aux dépenses d'ordre de fonctionnement constituées des dotations aux amortissements des immobilisations correspondantes, au titre de la même année ou d'une année antérieure.

ASS-I-4400 s.

Lorsqu'une commune assure au moins la collecte et a transféré le reste de la compétence d'élimination à un établissement public de coopération intercommunale à fiscalité propre, elle peut, par délibérations concordantes avec ce dernier, établir un reversement partiel du produit de la taxe d'enlèvement des ordures ménagères au profit de ce dernier.

ASS-I-550

II. Par dérogation au I, les dispositions du a du 2 du VI de l'article 1379-0 bis sont applicables aux communes qui adhèrent, pour l'ensemble de cette compétence, à un syndicat mixte.

ASS-I-900 s.

III. En cas d'institution par les communes de la redevance mentionnée à l'article L 2333-77 du code général des collectivités territoriales, la taxe d'enlèvement des ordures ménagères n'est applicable ni aux terrains de camping ou aménagés pour le stationnement des caravanes ni aux installations à usage collectif implantées sur ces terrains.

L'institution de la redevance mentionnée à l'article L 2333-76 du code précité entraîne la suppression de la taxe d'enlèvement des ordures ménagères et de la redevance prévue à l'article L 2333-77.

Cette suppression prend effet :

A compter du 1er janvier de l'année où est intervenue la décision si cette décision est antérieure au 1er mars ;

A compter du 1er janvier de l'année suivante, dans les autres cas.

ASS-I-360

IV. Le dégrèvement de la taxe consécutif à la constatation, par une décision de justice passée en force de chose jugée, de l'illégalité des délibérations prises par la commune ou l'établissement public de coopération intercommunale, fondée sur la circonstance que le produit de la taxe et, par voie de conséquence, son taux sont disproportionnés par rapport au montant des dépenses mentionnées au premier alinéa du I du présent article et non couvertes par des recettes ordinaires non fiscales, tel qu'il peut être estimé à la date du vote de la délibération fixant ce taux, est à la charge de cette commune ou de cet établissement public de coopération intercommunale. Il s'impute sur les attributions mentionnées aux articles L 2332-2, L 3662-2 et L 5219-8-1 du code général des collectivités territoriales.

L'administration fiscale communique aux communes ou aux établissements publics de coopération intercommunale concernés, dans un délai de deux mois à compter de la date de notification du dégrèvement prononcé en application du présent IV, le montant de la taxe dégrevée, le montant initial de l'imposition contestée ainsi que la référence du jugement à l'origine de la décision de dégrèvement.

ASS-I-5010 s. ; MF nº 45520

Art 1521 **I.** La taxe porte sur toutes les propriétés soumises à la taxe foncière sur les propriétés bâties ou qui en sont temporairement exonérées ainsi que sur les logements des fonctionnaires ou employés civils et militaires visés à l'article 1523.

Sont également assujetties les propriétés exonérées de taxe foncière sur les propriétés bâties en application du I de l'article 1382 E.

II. Sont exonérés :

Les usines ;

Les locaux sans caractère industriel ou commercial loués par l'Etat, les départements, les communes et les établissements publics, scientifiques, d'enseignement et d'assistance et affectés à un service public.

III. 1. Les conseils municipaux déterminent annuellement les cas où les locaux à usage industriel ou commercial peuvent être exonérés de la taxe. La liste des établissements exonérés est affichée à la porte de la mairie.

2. Les conseils municipaux ont également la faculté d'accorder l'exonération de la taxe ou de décider que son montant est réduit d'une fraction n'excédant pas les trois quarts en ce qui concerne les immeubles munis d'un appareil d'incinération d'ordures ménagères répondant aux conditions de fonctionnement fixées par un arrêté du maire ou par le règlement d'hygiène de la commune.

Les immeubles qui bénéficient de cette exonération ou de cette réduction sont désignés par le service des impôts sur la demande du propriétaire adressée au maire. La liste de ces immeubles est affichée à la porte de la mairie. L'exonération ou la réduction est applicable à partir du 1er janvier de l'année suivant celle de la demande.

2 bis Les conseils municipaux peuvent exonérer de la taxe les locaux dont disposent les personnes assujetties à la redevance spéciale prévue à l'article L 2333-78 du code général des collectivités territoriales. Le maire communique à l'administration fiscale, avant le 1er janvier de l'année d'imposition, la liste des locaux concernés.

3. Les exonérations visées aux 1 à 2 bis sont décidées par les organes délibérants des groupements de communes lorsque ces derniers sont substitués aux communes pour l'institution de la taxe d'enlèvement des ordures ménagères.

4. Sauf délibération contraire des communes ou des organes délibérants de leurs groupements, les locaux situés dans la partie de la commune où ne fonctionne pas le service d'enlèvement des ordures sont exonérés de la taxe.

ASS-I-1200 s.

Art 1522 **I.** La taxe est établie d'après le revenu net servant de base à la taxe foncière, défini par l'article 1388.

La base d'imposition des logements occupés par les fonctionnaires et les employés civils ou militaires visés à l'article 1523 est égale à leur valeur locative déterminée dans les conditions prévues à l'article 1494 et diminuée de 50 %.

II. Les communes et leurs établissements publics de coopération intercommunale ainsi que les syndicats mixtes peuvent décider, par une délibération prise dans les conditions prévues au 1 du II de l'article 1639 A bis, de plafonner les valeurs locatives de chaque local à usage d'habitation et de chacune de leurs dépendances dans la limite d'un montant qui ne peut être inférieur à deux fois le montant de la valeur locative moyenne communale des locaux d'habitation.

La valeur locative moyenne est déterminée chaque année en divisant le total des valeurs locatives des locaux d'habitation de la commune, abstraction faite des locaux exceptionnels, par le nombre des locaux correspondants ; elle est majorée chaque année proportionnellement à la variation des valeurs locatives des logements résultant de l'application des articles 1518 et 1518 bis.

Ce plafond, réduit de 50 %, s'applique sur le revenu net défini à l'article 1388.

III. Par dérogation au II du présent article, lorsqu'un établissement public de coopération intercommunale à fiscalité propre fait usage du plafonnement, la valeur locative moyenne des locaux d'habitation peut être calculée à l'échelle de l'établissement public de coopération intercommunale ou du syndicat. Elle est déterminée en divisant le total des valeurs locatives d'habitation des communes membres de l'établissement public de coopération intercommunale à fiscalité propre ou du syndicat, abstraction faite des locaux exceptionnels, par le nombre des locaux correspondants.

ASS-I-3450 s. ; MF nº 45520

Art 1522 bis **I. A.** Les communes et leurs établissements publics de coopération intercommunale peuvent instituer, dans les conditions prévues au 1 du II de l'article 1639 A bis, une part incitative de la taxe, assise sur la quantité et éventuellement la nature des déchets produits, exprimée en volume, en poids et en nombre d'enlèvements. La part incitative s'ajoute à une part fixe déterminée selon les modalités prévues aux articles 1521, 1522 et 1636 B undecies.

La part incitative est déterminée en multipliant la quantité de déchets produits pour chaque local imposable l'année précédant celle de l'imposition par un ou des tarifs par unité de quantité de déchets produits.

Les tarifs de la part incitative sont fixés chaque année par délibération prise dans les conditions prévues à l'article 1639 A, de manière à ce que son produit soit compris entre 10 % et 45 % du produit total de la taxe. Les montants de ces tarifs peuvent être différents selon la nature de déchet ou le mode de collecte. La commune ou l'établissement public de coopération intercommunale peut, par délibération prise dans les conditions prévues au 1 du II de l'article 1639 A bis, exonérer les constructions nouvelles et les reconstructions de la part incitative correspondant à la première année suivant la date d'achèvement.

Lorsque la quantité de déchets produits est connue globalement pour un ensemble de locaux mais n'est pas connue individuellement pour les locaux de cet ensemble, elle est répartie entre eux par la collectivité au prorata de leur valeur locative foncière retenue pour l'établissement de la taxe d'enlèvement des ordures ménagères.

La part incitative s'ajoute à une part fixe déterminée selon les modalités prévues aux articles 1521, 1522 et 1636 B undecies.

B. Lorsqu'un établissement public de coopération intercommunale fait application du A du présent I, il peut ne pas instituer la part incitative sur le territoire de ses communes membres dont la proportion de logements situés dans des immeubles collectifs est supérieure à 20 % du nombre total de logements dans chacune de ces communes.

La proportion de logements situés dans des immeubles collectifs, appréciée sur le territoire de chaque commune, est mise à la disposition de l'établissement public de coopération intercommunale par l'administration fiscale.

Lorsque la condition relative à la proportion de logements situés dans des immeubles collectifs mentionnée au premier alinéa du présent B n'est plus respectée sur le territoire d'une commune, la part incitative y est appliquée à compter de la deuxième année suivant ce constat.

Lorsque cette proportion devient supérieure *au seuil mentionné* au même premier alinéa sur le territoire d'une commune, la part incitative y est maintenue, sauf délibération contraire de l'établissement public de coopération intercommunale.

ASS-I-3700 s.

I bis Les communes et leurs établissements publics de coopération intercommunale peuvent instituer la part incitative de la taxe dans une ou plusieurs parties de leur territoire, dans les conditions prévues au 1 du II de l'article 1639 A bis et pour une période maximale de sept ans. A l'issue de cette période, la part incitative est étendue à l'ensemble du territoire ou maintenue dans les conditions prévues au B du I du présent article, sauf si la commune ou l'établissement public de coopération intercommunale la supprime par une délibération prise dans les mêmes conditions.

ASS-I-5480 s.

II. Les communes et les établissements publics de coopération intercommunale au profit desquels est perçue une part incitative de la taxe font connaître aux services fiscaux, avant le 15 avril de l'année d'imposition, le montant en valeur absolue de cette part incitative par local au cours de l'année précédente.

En l'absence de transmission des éléments mentionnés au premier alinéa du présent II avant le 15 avril les éléments ayant servi à l'établissement de la taxe au titre de l'année précédente sont reconduits.

ASS-I-3820 s.

III. Lorsqu'il est fait application du présent article, l'article 1524 n'est applicable qu'à la part fixe de la taxe.

ASS-I-7110

L'article 1525 n'est pas applicable dans les communes et établissements publics de coopération intercommunale faisant application du présent article.

IV. Le contentieux relatif à l'assiette de la part incitative est instruit par le bénéficiaire de la taxe. En cas d'imposition erronée, les dégrèvements en résultant sont à la charge de la commune ou de l'établissement public de coopération intercommunale. Ils s'imputent sur les attributions mentionnées aux articles L 2332-2 et L 3332-1-1 du code général des collectivités territoriales.

ASS-I-7040 ; MF n° 45520

Art 1523 La taxe est imposée au nom des propriétaires ou usufruitiers et exigible contre eux et leurs principaux locataires *(Voir Annexe II, art. 316 A).*

Les fonctionnaires et les employés civils ou militaires logés dans des bâtiments qui appartiennent à l'Etat, aux départements, à la commune ou à un établissement public, scientifique, d'enseignement ou d'assistance, et exonérés de la taxe foncière sur les propriétés bâties, sont imposables nominativement.

Il en est de même des occupants des bâtiments provisoires édifiés en application de l'ordonnance n° 45-609 du 10 avril 1945 relative aux travaux préliminaires à la reconstruction.

Les dispositions des articles 1502 et 1508 et de l'article L 175 du livre des procédures fiscales leur sont applicables.

ASS-I-6620 s. ; MF n° 45520

Art 1524 En cas de vacance d'une durée supérieure à trois mois, il peut être accordé décharge ou réduction de la taxe sur réclamation présentée dans les conditions prévues en pareil cas, en matière de taxe foncière.

ASS-I-7110 s.

Art 1525 Dans les communes dont la population totale ne dépasse pas 5 000 habitants, les délibérations des conseils municipaux relatives à la taxe d'enlèvement des ordures ménagères peuvent prévoir que le produit total de cette taxe sera réparti entre les propriétaires des immeubles imposables d'après un barème indiciaire tenant compte de la valeur locative réelle de ces immeubles et des conditions de leur occupation.

Un arrêté des ministres de l'intérieur et de l'économie et des finances détermine les modalités d'établissement de ce barème ainsi que les rapports à fixer entre le montant des cotisations afférentes aux diverses catégories d'immeubles.

Art 1526 Des rôles supplémentaires peuvent être établis à raison des faits existants au 1er janvier de l'année de l'imposition.

ASS-I-7240

D. Taxe sur la cession de terrains devenus constructibles

Art 1529 **I.** Les communes peuvent, sur délibération du conseil municipal, instituer une taxe forfaitaire sur la cession à titre onéreux de terrains nus qui ont été rendus constructibles du fait de leur classement par un plan local d'urbanisme ou par un document d'urbanisme en tenant lieu dans une zone urbaine ou dans une zone à urbaniser ouverte à l'urbanisation ou par une carte communale dans une zone constructible.

Lorsqu'un établissement public de coopération intercommunale est compétent pour l'élaboration des documents locaux d'urbanisme mentionnés au premier alinéa, il peut instituer et percevoir cette taxe forfaitaire, en lieu et place et avec l'accord de l'ensemble des communes qu'il regroupe. L'établissement public de coopération intercommunale peut décider de reverser aux communes membres une partie du montant de la taxe *(Voir Annexe II, art. 317 C)*.

II. La taxe s'applique aux cessions réalisées par les personnes physiques et les sociétés et groupements, soumis à l'impôt sur le revenu afférent à la plus-value dans les conditions prévues à l'article 150 U, et par les contribuables qui ne sont pas fiscalement domiciliés en France assujettis à l'impôt sur le revenu, soumis au prélèvement, dans les conditions prévues à l'article 244 bis A.

Elle ne s'applique pas :

a. aux cessions mentionnées aux 3° à 8° du II de l'article 150 U ;

b. aux cessions portant sur des terrains qui sont classés en terrains constructibles depuis plus de dix-huit ans ;

c. lorsque le prix de cession du terrain, défini à l'article 150 VA, est inférieur au prix d'acquisition, effectivement acquitté par le cédant et tel qu'il a été stipulé dans l'acte de cession, majoré d'un montant égal à 200 % de ce prix.

III. La taxe est assise sur un montant égal au prix de cession du terrain défini à l'article 150 VA diminué du prix d'acquisition stipulé dans les actes, actualisé en fonction du dernier indice des prix à la consommation hors tabac publié par l'Institut national de la statistique et des études économiques. En l'absence d'éléments de référence, la taxe est assise sur les deux tiers du prix de cession défini au même article.

La taxe est égale à 10 % de ce montant. Elle est exigible lors de la première cession à titre onéreux du terrain intervenue après son classement en terrain constructible. Elle est due par le cédant.

IV. Une déclaration, conforme à un modèle établi par l'administration, retrace les éléments servant à la liquidation de la taxe. Elle est déposée dans les conditions prévues aux 1° et 4° du I et au II de l'article 150 VG *(Voir Annexe II, art. 317 A à 317 C)*.

Lorsque la cession est exonérée en application du a ou du b du II, aucune déclaration ne doit être déposée. L'acte de cession soumis à la formalité fusionnée ou présenté à l'enregistrement précise, sous peine de refus de dépôt ou de la formalité d'enregistrement, la nature et le fondement de cette exonération ou de cette absence de taxation. Les dispositions des deuxième et troisième alinéas du III de l'article 150 VG sont applicables *(Voir Annexe II, art. 317 B)*.

V. La taxe est versée lors du dépôt de la déclaration prévue au IV. Les dispositions des I et II de l'article 150 VF, du second alinéa du I et des II et III de l'article 150 VH et du IV de l'article 244 bis A sont applicables.

VI. La délibération prévue au I s'applique aux cessions réalisées à compter du premier jour du troisième mois qui suit la date à laquelle cette délibération est intervenue. Elle est notifiée aux services fiscaux au plus tard le premier jour du deuxième mois qui suit la date à laquelle elle est intervenue. A défaut, la taxe n'est pas due.

IMMO-V-35050 s. ; MF nos 31430 s.

E. Taxe sur les friches commerciales

Art 1530 I. Les communes peuvent, par une délibération prise dans les conditions prévues au I de l'article 1639 A bis, instituer une taxe annuelle sur les friches commerciales situées sur leur territoire.

Toutefois, les établissements publics de coopération intercommunale à fiscalité propre ayant une compétence d'aménagement des zones d'activités commerciales peuvent, par une délibération prise dans les conditions prévues au I de l'article 1639 A bis, instituer cette taxe en lieu et place de la commune.

II. La taxe est due pour les biens évalués en application de l'article 1498, à l'exception de ceux visés à l'article 1500, qui ne sont plus affectés à une activité entrant dans le champ de la cotisation foncière des entreprises défini à l'article 1447 depuis au moins deux ans au 1er janvier de l'année d'imposition et qui sont restés inoccupés au cours de la même période.

Pour l'établissement des impositions, le conseil municipal ou l'organe délibérant de l'établissement public de coopération intercommunale communique chaque année à l'administration des impôts, avant le 1er octobre de l'année qui précède l'année d'imposition, la liste des adresses des biens susceptibles d'être concernés par la taxe.

III. La taxe est acquittée par le redevable de la taxe foncière au sens de l'article 1400.

IV. L'assiette de la taxe est constituée par le revenu net servant de base à la taxe foncière sur les propriétés bâties défini par l'article 1388.

V. Le taux de la taxe est fixé à 10 % la première année d'imposition, 15 % la deuxième et 20 % à compter de la troisième année. Par une délibération prise dans les conditions prévues au I de l'article 1639 A bis, ces taux peuvent être majorés dans la limite du double par le conseil municipal ou le conseil de l'établissement public de coopération intercommunale.

VI. La taxe n'est pas due lorsque l'absence d'exploitation des biens est indépendante de la volonté du contribuable.

VII. Le contrôle, le recouvrement, le contentieux, les garanties et les sanctions de la taxe sont régis comme en matière de taxe foncière sur les propriétés bâties.

VIII. Les dégrèvements accordés en application du VI ou par suite d'une imposition établie à tort en application du II sont à la charge de la commune ou de l'établissement public de coopération intercommunale. Ils s'imputent sur les attributions mensuelles de taxes et les impositions perçues par voie de rôle.

ASS-I-19000 s. ; MF no 45545

F. Taxe pour la gestion des milieux aquatiques et la prévention des inondations

Art 1530 bis I. Les communes qui exercent, en application du I bis de l'article L 211-7 du code de l'environnement, la compétence de gestion des milieux aquatiques et de prévention des inondations peuvent, par une délibération prise dans les conditions prévues au I de l'article 1639 A bis du présent code, instituer et percevoir une taxe en vue de financer la gestion des milieux aquatiques et la prévention des inondations, y compris lorsqu'elles ont transféré tout ou partie de cette compétence à un ou plusieurs syndicats mixtes dans les conditions prévues aux articles L 5711-1 à L 5721-9 du code général des collectivités territoriales.

Toutefois, les établissements publics de coopération intercommunale à fiscalité propre qui se substituent à leurs communes membres pour l'exercice de la compétence de gestion des milieux aquatiques et de prévention des inondations définie au I bis de l'article L 211-7 du code de l'environnement peuvent, par une délibération prise dans les conditions prévues au I de l'article 1639 A bis du présent code, instituer et percevoir cette taxe en lieu et place de leurs communes membres.

II. Le produit de cette taxe est arrêté chaque année dans les conditions prévues à l'article 1639 A par l'organe délibérant de la commune ou, le cas échéant, de l'établissement public de coopération intercommunale, dans la limite d'un plafond fixé à 40 € par habitant, au sens de l'article L 2334-2 du code général des collectivités territoriales, résidant sur le territoire relevant de sa compétence.

Sous réserve du respect du plafond fixé au premier alinéa du présent II, le produit voté de la taxe est au plus égal au montant annuel prévisionnel des charges de fonctionnement et d'investissement résultant de l'exercice de la compétence de gestion des milieux aquatiques et de prévention des inondations, telle qu'elle est définie au I bis de l'article L 211-7 du code de l'environnement.

Le produit de cette imposition est exclusivement affecté au financement des charges de fonctionnement et d'investissement, y compris celles constituées par le coût de renouvellement des installations ainsi que par le remboursement des annuités des emprunts, résultant de l'exercice de la compétence de gestion des milieux aquatiques et de prévention des inondations, telle qu'elle est définie au même I bis.

III. Le produit de la taxe prévue au I est réparti entre toutes les personnes physiques ou morales assujetties aux taxes foncières sur les propriétés bâties et non bâties, à la taxe d'habitation sur les résidences secondaires et autres locaux meublés non affectés à l'habitation principale et à la cotisation foncière des entreprises, proportionnellement aux recettes que chacune de ces taxes a procurées l'année précédente :

1° Sur le territoire de la commune qui l'instaure, à ladite commune et aux établissements publics de coopération intercommunale dont elle est membre ;

2° Sur le territoire de l'établissement public de coopération intercommunale à fiscalité propre qui l'instaure, aux communes membres de ce dernier et aux établissements publics de coopération intercommunale dont elles sont membres.

A compter des impositions établies au titre de l'année 2021, le produit réparti, en 2020, entre les personnes assujetties à la taxe foncière sur les propriétés bâties et celles assujetties à la cotisation foncière des entreprises, pour les locaux évalués selon les dispositions de l'article 1499, est pris en charge, pour moitié, par l'Etat.

Pour l'application du premier alinéa du présent III, le produit de la taxe est minoré du montant mentionné au quatrième alinéa du présent III.

A compter des impositions établies au titre de 2022, les recettes de taxe foncière sur les propriétés bâties des communes à prendre en compte pour réaliser cette répartition sont minorées du produit que cette taxe aurait procuré si le taux départemental d'imposition de l'année 2020 avait été appliqué.

Sur le territoire de la Ville de Paris, les recettes de taxe foncière sur les propriétés bâties à prendre en compte pour opérer cette répartition sont minorées de la part que cette taxe aurait procurée si le taux départemental d'imposition de l'année 2018 avait été appliqué.

III bis. 1. Lorsqu'un arrêté de création de commune nouvelle a été pris avant le 1er octobre d'une année, la commune peut prendre les délibérations prévues au I jusqu'au 15 janvier de l'année suivante.

2. La première année où la création de la commune nouvelle produit des effets au plan fiscal :

a. Pour l'application du deuxième alinéa du II, à défaut d'adoption de son budget par la commune nouvelle, le montant annuel prévisionnel des charges de fonctionnement et d'investissement est égal à la somme des charges prévisionnelles de fonctionnement et d'investissement des communes et, le cas échéant, de l'établissement public de coopération intercommunale préexistants ;

b. Pour l'application du III, les recettes prises en compte sont celles procurées l'année précédente aux communes et aux établissements publics de coopération intercommunale préexistants.

III ter. Les établissements publics de coopération intercommunale issus d'une fusion opérée dans les conditions prévues à l'article L 5211-41-3 du code général des collectivités territoriales peuvent prendre les délibérations prévues au I du présent article jusqu'au 15 janvier de l'année qui suit celle de la fusion.

Pour l'année qui suit celle de la fusion :

a. Pour l'application du deuxième alinéa du II, le montant annuel prévisionnel des charges de fonctionnement et d'investissement est égal à la somme des charges prévisionnelles de fonctionnement et d'investissement des établissements publics de coopération intercommunale préexistants et, le cas échéant, des communes qui en étaient membres ;

b. Pour l'application du III, les recettes prises en compte sont celles procurées l'année précédente aux établissements publics de coopération intercommunale participant à la fusion et à leurs communes membres.

IV. La base de la taxe est déterminée dans les mêmes conditions que pour la part communale ou, à défaut de part communale, dans les mêmes conditions que pour la part intercommunale de la taxe principale à laquelle la taxe s'ajoute.

Les organismes d'habitations à loyer modéré et les sociétés d'économie mixte sont exonérés de la taxe prévue au I au titre des locaux d'habitation et des dépendances dont ils sont propriétaires et qui sont attribués sous conditions de ressources. Les redevables au nom desquels une cotisation de taxe d'habitation sur les résidences secondaires et autres locaux meublés non affectés à l'habitation principale est établie au titre de ces locaux sont exonérés de la taxe.

V. Le produit de la taxe, après déduction du prélèvement prévu au A du I et au II de l'article 1641 du présent code, est reversé au bénéficiaire dans les conditions prévues à l'article L 2332-2 du code général des collectivités territoriales.

VI. Les cotisations sont établies, contrôlées, garanties et recouvrées comme en matière de contributions directes.

Les réclamations et les contentieux sont présentés et jugés comme en matière de contributions directes.

VII. Les dégrèvements accordés ou par suite d'une imposition établie à tort sont à la charge de la commune ou de l'établissement public de coopération intercommunale à fiscalité propre. Ils s'imputent sur les attributions mensuelles de taxes et impositions perçues par voie de rôle prévues à l'article L 2332-2 du code général des collectivités territoriales.

VIII. *(Abrogé).*

ASS-I-29000 s. ; MF n° 45550

CHAPITRE II

Contributions indirectes

SECTION I

Taxes obligatoires

II. Impôt sur les maisons de jeux

1° Champ d'application

Art 1559 Les maisons de jeux sont soumises à un impôt dans les formes et selon les modalités déterminées aux articles 1560 à 1566.

2° Tarif

Art 1560 Le tarif d'imposition des maisons de jeux est calculé en appliquant à la fraction de recettes annuelles le taux de :

10 % pour la fraction comprise entre 0 et 100 000 € ;

30 % pour la fraction supérieure à 100 000 € et inférieure ou égale à 1 500 000 € ;

40 % pour la fraction supérieure à 1 500 000 € et inférieure ou égale à 2 600 000 € ;

55 % pour la fraction supérieure à 2 600 000 € et inférieure ou égale à 5 500 000 € ;

70 % pour la fraction supérieure à 5 500 000 €.

Ndlr *Tarif applicable à compter du 1er janvier 2018.*

6° Assiette et liquidation

Art 1563 L'impôt sur les maisons de jeux est calculé sur les recettes brutes, tous droits et taxes compris, comme en matière de taxes sur le chiffre d'affaires. Ces recettes sont arrondies à l'euro le plus proche. La fraction d'euro égale à 0,50 est comptée pour 1. L'impôt n'est pas perçu lorsque son montant n'excède pas 12 €.

Lorsqu'il n'est pas exigé de prix d'entrée dans les établissements où il est d'usage de consommer pendant les séances, ou quand le prix d'entrée est inférieur au montant de la première consommation, l'impôt porte sur le montant de cette consommation elle-même.

Si à la perception de la place est jointe ou substituée obligatoirement celle d'un droit de location, de vestiaire ou celle du prix d'un objet ou d'une redevance quelconque, l'impôt s'applique également au prix reçu à ces divers titres.

7° Obligations des exploitants

Art 1565 Les exploitants de maisons de jeux doivent, vingt-quatre heures avant l'ouverture des établissements, en faire la déclaration auprès de l'administration des douanes et droits indirects.

Art 1565 septies L'impôt sur les maisons de jeux est constaté, recouvré et contrôlé suivant les règles, garanties et sanctions propres aux contributions indirectes.

Art 1565 octies Les conditions d'application des articles 1559 à 1565 septies ainsi que les règles relatives à la communication de la comptabilité des établissements assujettis à l'impôt sont déterminées par arrêtés du ministre chargé du budget.

8° Répartition de l'impôt

Art 1566 Le produit de l'impôt visé aux articles 1559 et 1560 est attribué aux communes sur le territoire desquelles les maisons de jeux ont leur établissement. Il est versé mensuellement, sous déduction d'une retenue de 5 % pour frais d'assiette et de perception. Si la retenue de 5 % s'avérait insuffisante, elle pourrait être augmentée par arrêté ministériel.

La perception de l'impôt est obligatoire dans toutes les communes.

Les communes sont tenues de verser aux centres d'action sociale une fraction du produit de l'impôt au moins égale au tiers des sommes perçues.

Toutefois, le conseil municipal peut, après avis de la commission administrative, réduire le montant de l'attribution minimale précitée au cas où les versements effectués au cours d'une année se révéleraient supérieurs aux besoins réels de l'établissement.

Lorsqu'un établissement est installé sur le territoire de plusieurs communes, l'impôt est perçu d'après le tarif applicable dans la commune la plus imposée et son produit réparti entre les communes intéressées soit au prorata de leurs populations respectives d'après le dernier recensement, soit en fonction des superficies occupées par l'établissement en cause dans les communes limitrophes.

Des délibérations des conseils municipaux intéressés déterminent le critère de répartition à adopter. En cas de désaccord, le produit de la taxe est réparti au prorata des populations des communes susvisées.

SECTION II

Taxes facultatives

II. Contribution sur les eaux minérales

Art 1582 **I.** Les communes sur le territoire desquelles sont situées des sources d'eaux minérales peuvent instituer, à leur profit, une contribution sur ces eaux.

La délibération instituant la contribution ou modifiant son tarif intervient au plus tard le 30 septembre de l'année pour être applicable à compter de l'année suivante. Elle s'applique tant qu'elle n'est pas rapportée.

La contribution ne s'applique pas aux eaux minérales non conditionnées et livrées aux curistes, sur le territoire de la commune où la source de ces eaux est située, par l'exploitant d'une station thermale.

II. La contribution est due par l'exploitant de la source à raison des livraisons des eaux mentionnées au I qu'il réalise, à titre gratuit ou onéreux.

Elle est exigible lors de cette livraison.

III. La contribution est assise sur le volume des eaux mentionnées au I.

La commune fixe le tarif ou les tarifs marginaux, dans la limite de 0,58 € par hectolitre.

Cette limite est portée à 0,70 € par hectolitre pour les communes qui ont perçu, au titre des volumes mis à la consommation en 2002, une recette inférieure à celle qu'elles auraient perçue, pour ces mêmes volumes, en application du mode de calcul de la surtaxe sur les eaux minérales en vigueur avant le 1er janvier 2002.

Le produit de la contribution est reversé aux communes dans les conditions prévues à l'article L 2332-2 du code général des collectivités territoriales.

Lorsque le produit de la contribution excède le montant des recettes réelles de fonctionnement de la commune pour l'exercice précédent, le surplus est attribué au département.

IV. Sont exonérées les livraisons de produits expédiés ou transportés par le redevable, ou pour son compte, en dehors du territoire national ou à destination des collectivités régies par l'article 74 de la Constitution, de la Nouvelle-Calédonie, des Terres australes et antarctiques françaises et de l'île de Clipperton.

V. A. La contribution est déclarée et liquidée par le redevable selon les modalités suivantes :

1° Pour les redevables de la taxe sur la valeur ajoutée soumis au régime réel normal d'imposition mentionné au 2 de l'article 287, sur l'annexe à la déclaration mentionnée au 1 du même article 287 déposée au titre du mois ou du trimestre au cours duquel la contribution est devenue exigible ;

2° Pour les redevables de la taxe sur la valeur ajoutée soumis au régime simplifié d'imposition prévu à l'article 302 septies A, sur la déclaration annuelle mentionnée au 3 de l'article 287 déposée au titre de l'exercice au cours duquel la contribution est devenue exigible ;

3° Dans tous les autres cas, sur l'annexe à la déclaration prévue au 1 de l'article 287, déposée auprès du service de recouvrement dont relève le siège ou le principal établissement du redevable, au plus tard le 25 avril de l'année qui suit celle au cours de laquelle la contribution est devenue exigible.

B. La contribution est acquittée lors du dépôt de la déclaration mentionnée au A. Elle est recouvrée et contrôlée selon les mêmes procédures et sous les mêmes sanctions, garanties, sûretés et privilèges que les taxes sur le chiffre d'affaires. Les réclamations sont présentées, instruites et jugées selon les règles applicables à ces mêmes taxes.

C. Les redevables conservent, à l'appui de leur comptabilité, l'information des volumes mensuels afférents à chacun des tarifs de la contribution, à l'exemption mentionnée au dernier alinéa du I, à l'exonération mentionnée au IV et aux produits non livrés dont ils ne disposent plus.

Ces informations sont tenues à la disposition de l'administration et lui sont communiquées à première demande.

D. *(Abrogé).*

BF 2/20 inf. 130 ; TD-X-10 s. ; MF n° 76115

CHAPITRE III

Enregistrement

SECTION I

Taxe obligatoire

Taxe additionnelle à certains droits d'enregistrement

Art 1584 **1.** Est perçue, au profit des communes de plus de 5 000 habitants, ainsi que de celles d'une population inférieure classées comme stations de tourisme au sens de la sous-section 2 de la section 2 du chapitre III du titre III du livre Ier du code du tourisme, une taxe additionnelle aux droits d'enregistrement ou à la taxe de publicité foncière exigibles sur les mutations à titre onéreux :

1° D'immeubles et de droits immobiliers situés sur leur territoire. La taxe additionnelle n'est pas perçue lorsque la mutation est soumise au droit proportionnel de 0,70 % ;

2° *(Sans objet)* ;

3° D'offices ministériels ayant leur siège dans la commune ;

4° De fonds de commerce ou de clientèle établis sur leur territoire et des marchandises neuves dépendant de ces fonds ;

5° De droit au bail ou de bénéfice d'une promesse de bail portant sur tout ou partie d'un immeuble, quelle que soit la forme donnée par les parties, qu'elle soit qualifiée cession de pas-de-porte, indemnité de départ ou autrement.

Cette taxe, dont la perception est confiée au service des impôts, est fixée à 1,20 %. Le taux est fixé à 0,40 % pour les mutations à titre onéreux visées au 2°. Pour les mutations visées aux 3°, 4° et 5° ci-dessus constatées par un acte passé ou une convention conclue à compter du 1er janvier 2002, les taux de la taxe sont fixés à :

FRACTION DE LA VALEUR TAXABLE	TARIF applicable
	%
N'excédant pas 23 000 €	0
Comprise entre 23 000 € et 107 000 €	0,40
Supérieure à 107 000 €	1,00

La taxe est soumise aux règles qui gouvernent l'exigibilité, la restitution et le recouvrement des droits ou de la taxe auxquels elle s'ajoute.

2. La taxe additionnelle prévue au 1 ne s'applique pas aux ventes publiques de meubles énumérées ci-après :

1° Ventes d'instruments et autres objets mobiliers dépendant d'une exploitation agricole ;

2° *(Abrogé)* ;

3° Ventes d'objets donnés en gage prévues par le deuxième alinéa de l'article 2346 du code civil ;

4° Ventes opérées en vertu de l'article L 342-11 du code rural et de la pêche maritime ;

5° Ventes opérées en vertu du chapitre III du titre II du livre V du code de commerce en cas de non-paiement du warrant ;

6° Ventes de marchandises avariées par suite d'événements de mer et de débris de navires naufragés ;

7° Ventes de véhicules automobiles, de tracteurs agricoles, de cycles à moteur et remorques tractées ou semi-portées assujettis à la déclaration de mise en circulation et à l'immatriculation ;

8° *(Abrogé)* ;

9° Ventes d'aéronefs ainsi que de navires ou de bateaux servant soit à la navigation maritime, soit à la navigation intérieure, autres que les yachts ou bateaux de plaisance ;

10° *(Abrogé)*.

Ndlr *Le 2 est devenu sans objet compte tenu de l'abrogation de l'article 733, 2° depuis le 1er janvier 2015.*

ENR-XI-280 s. ; MF nos 65520, 66220 s.

Art 1584 bis Le conseil municipal peut, sur délibération, réduire le taux de la taxe additionnelle aux droits d'enregistrement ou à la taxe de publicité foncière jusqu'à 0,5 % pour les mutations visées au 1 du 1 de l'article 1584, lorsque les conditions suivantes sont réunies :

1° La mutation s'inscrit dans le cadre d'une opération consistant :

a. Soit en des ventes par lots déclenchant le droit de préemption prévu à l'article 10 de la loi n° 75-1351 du 31 décembre 1975 relative à la protection des occupants de locaux à usage d'habitation ou le droit de préemption prévu à l'article 15 de la loi n° 89-462 du 6 juillet 1989 tendant à améliorer les rapports locatifs et portant modification de la loi n° 86-1290 du 23 décembre 1986 ;

b. Soit en la vente d'un ou plusieurs lots, consécutive à la mise en copropriété d'un immeuble en raison de l'exercice, par l'un des locataires ou occupants de bonne foi, du droit de préemption prévu à l'article 10-1 de la loi n° 75-1351 du 31 décembre 1975 précitée ;

2° La mutation porte sur un logement occupé ;

3° L'acquéreur s'engage dans l'acte d'acquisition à affecter le logement à la location pendant une période minimale de six ans à compter de la date d'acquisition.

Les dispositions de l'article 1594 E sont applicables.

ENR-V-28000 s. ; MF n° 66260

Art 1584 ter Les communes peuvent, par une délibération prise dans les conditions prévues à l'article 1639 A bis, exonérer de la taxe additionnelle aux droits d'enregistrement ou à la taxe de publicité foncière les cessions, autres que la première, de chacune des parts de sociétés civiles immobilières de capitalisation mentionnées à l'article L 443-6-2 du code de la construction et de l'habitation représentatives de fractions d'immeubles.

Les dispositions de l'article 1594 E sont applicables.

ENR-VI-39200 s. ; MF n° 67200

TITRE II

IMPOSITIONS DEPARTEMENTALES

CHAPITRE PREMIER

Impôts directs et taxes assimilées

I. Généralités

Art 1586 I. Les départements perçoivent :

1° *(Abrogé)* ;

2° La redevance des mines, prévue à l'article 1587 ;

3° La part de la fraction de la composante de l'imposition forfaitaire sur les entreprises de réseaux prévue à l'article 1519 D ainsi que la part de la composante de l'imposition forfaitaire sur les entreprises de réseaux relative aux centrales de production d'énergie électrique d'origine photovoltaïque prévue à l'article 1519 F qui ne sont pas affectées à une commune ou à un établissement public de coopération intercommunale à fiscalité propre ;

> **Ndlr** *Les dispositions du présent 3° telles que modifiées par l'article 14, I-1°-a de la loi 2022-1499 du 1er décembre 2022 s'appliquent aux centrales de production d'énergie électrique d'origine photovoltaïque installées à compter du 1er janvier 2023 (Loi 2022-1499 précitée art. 14, II).*

4° La moitié des composantes de l'imposition forfaitaire sur les entreprises de réseaux sur les installations de production d'électricité d'origine nucléaire ou thermique à flamme et les centrales de production d'énergie électrique d'origine hydraulique prévues aux articles 1519 E et 1519 F ;

> **Ndlr** *Les dispositions du présent 4° telles que modifiées par l'article 14, I-1°-b de la loi 2022-1499 du 1er décembre 2022 s'appliquent aux centrales de production d'énergie électrique d'origine photovoltaïque installées à compter du 1er janvier 2023 (Loi 2022-1499 précitée art. 14, II).*

5° Le tiers de la composante de l'imposition forfaitaire sur les entreprises de réseaux relative aux stations radioélectriques dans les conditions prévues à l'article 1519 H ;

5° bis La fraction de la composante de l'imposition forfaitaire sur les entreprises de réseaux relative aux installations de gaz naturel liquéfié, aux stockages souterrains de gaz naturel et aux stations de compression du réseau de transport de gaz naturel et la moitié de la composante de l'imposition forfaitaire sur les réseaux relative aux canalisations de transport de gaz naturel, d'autres hydrocarbures et de produits chimiques prévue à l'article 1519 HA ;

6° *(Abrogé)*.

LOC-I-300 s. ; MF nos 41500 s.

II. Les départements peuvent percevoir la taxe d'aménagement dans les conditions prévues au 2° du I de l'article 1635 quater A.

Toutefois :

1° Pour l'application du présent II aux autorisations d'urbanisme délivrées à compter du 1er janvier 2017, la métropole de Lyon est substituée au département du Rhône dans le périmètre de la métropole de Lyon. Les produits perçus à ce titre reviennent à la métropole de Lyon, en sus de ceux qui lui échoient en vertu du 1 du IX de l'article 1379-0 bis ;

2° Pour l'application du présent II aux autorisations d'urbanisme délivrées à compter du 1er janvier 2019, la Ville de Paris est substituée au département de Paris. Les produits perçus à ce titre reviennent à la Ville de Paris, en sus de ceux qui lui échoient en vertu du premier alinéa du 16° de l'article 1379.

IMMO-V-4100 s. ; MF n° 31102

I bis. Cotisation sur la valeur ajoutée des entreprises

Art 1586 ter I. Les personnes physiques ou morales ainsi que les sociétés non dotées de la personnalité morale et les fiduciaires pour leur activité exercée en vertu d'un contrat de fiducie qui exercent une activité dans les conditions fixées aux articles 1447 et 1447 bis et dont le chiffre d'affaires est supérieur à 152 500 € sont soumises à la cotisation sur la valeur ajoutée des entreprises.

[Dispositions déclarées non conformes à la Constitution par la décision du Conseil constitutionnel n° 2009-599 DC du 29 décembre 2009.]

CET-III-300 s. ; MF nos 43855 s.

II. 1. La cotisation sur la valeur ajoutée des entreprises est égale à une fraction de la valeur ajoutée produite par l'entreprise, telle que définie à l'article 1586 sexies.

Pour la détermination de la cotisation sur la valeur ajoutée des entreprises, on retient la valeur ajoutée produite et le chiffre d'affaires réalisé au cours de la période mentionnée à l'article 1586 quinquies, à l'exception, d'une part, de la valeur ajoutée afférente aux activités exonérées de cotisation foncière des entreprises en application des articles 1449 à 1463 B, à l'exception du 3° de l'article 1459, et, d'autre part, de la valeur ajoutée afférente aux activités exonérées de cotisation sur la valeur ajoutée des entreprises en application des I à III de l'article 1586 nonies, dans sa rédaction antérieure à la loi n° 2023-1322 du 29 décembre 2023 de finances pour 2024. Cette valeur ajoutée fait, le cas échéant, l'objet de l'abattement prévu au IV de l'article 1586 nonies.

Pour les entreprises de navigation maritime ou aérienne qui exercent des activités conjointement en France et à l'étranger, il n'est pas tenu compte de la valeur ajoutée provenant des opérations directement liées à l'exploitation de navires ou d'aéronefs ne correspondant pas à l'activité exercée en France.

Un décret en Conseil d'Etat précise les modalités d'application du troisième alinéa *(Voir Annexe II, art. 317 septies E)*.

CET-III-3000 s. ; MF n° 43885

2. La fraction de la valeur ajoutée mentionnée au 1 est obtenue en multipliant cette valeur ajoutée par un taux prévu à l'article 1586 quater.

CET-III-3300 s. ; MF n° 43885

3. La cotisation sur la valeur ajoutée des entreprises est recouvrée et contrôlée selon les mêmes procédures et sous les mêmes sanctions, garanties, sûretés et privilèges que la taxe sur la valeur ajoutée. Les réclamations sont présentées, instruites et jugées selon les règles applicables à la cotisation foncière des entreprises.

Ndlr *Les dispositions du présent article sont abrogées à compter du 1er janvier 2027 : voir partie Autres textes du présent code loi 2022-1726 du 30 décembre 2022 art. 55, I-J et XXVII-G bis modifié par loi 2023-1322 du 29 décembre 2023 art. 79, III-2°.*

CET-III-24000 s. ; MF n° 44060

Art 1586 quater **I.** Le taux appliqué à la valeur ajoutée mentionnée au 1 du II de l'article 1586 ter est calculé de la manière suivante :

a. Pour les entreprises dont le chiffre d'affaires est inférieur à 500 000 €, le taux est nul ;

b. Pour les entreprises dont le chiffre d'affaires est compris entre 500 000 € et 3 000 000 €, le taux est égal à :

0,094 % x (montant du chiffre d'affaires – 500 000 €)/2 500 000 € ;

c. Pour les entreprises dont le chiffre d'affaires est compris entre 3 000 000 € et 10 000 000 €, le taux est égal à :

0,094 % +0,169 % x (montant du chiffre d'affaires – 3 000 000 €)/7 000 000 € ;

d. Pour les entreprises dont le chiffre d'affaires est compris entre 10 000 000 € et 50 000 000 €, le taux est égal à :

0,263 % + 0,019 % x (montant du chiffre d'affaires – 10 000 000 €)/40 000 000 € ;

e. Pour les entreprises dont le chiffre d'affaires est supérieur à 50 000 000 €, à 0,28 %.

Les taux mentionnés aux b, c et d sont exprimés en pourcentages et arrondis au centième le plus proche.

Pour l'application du présent article, le chiffre d'affaires s'entend de celui mentionné au 1 du II de l'article 1586 ter.

Ndlr *Les taux mentionnés aux présent I s'appliquent à la cotisation sur la valeur ajoutée des entreprises due par les redevables au titre de 2024 (Loi 2023-1322 du 29 décembre 2023 art. 79, I-B et IV-C).*
Pour les taux qui s'appliqueront à la cotisation sur la valeur ajoutée des entreprises due par les redevables au titre des années 2025 et 2026, voir partie Autres textes du présent code loi précitée art. 79, I-B et IV-E et G.

CET-III-3300 s. ; MF nos 44000 s.

I bis. Lorsqu'une entreprise, quels que soient son régime d'imposition des bénéfices, le lieu d'établissement, la composition du capital et le régime d'imposition des bénéfices des entreprises qui la détiennent, remplit les conditions de détention fixées au I de l'article 223 A pour être membre d'un groupe, le chiffre d'affaires à retenir pour l'application du I du présent article s'entend de la somme de son chiffre d'affaires et des chiffres d'affaires des entreprises qui remplissent les mêmes conditions pour être membres du même groupe.

Le premier alinéa du présent I bis s'applique, y compris lorsque les entreprises mentionnées à ce même premier alinéa ne sont pas membres d'un groupe mentionné aux articles 223 A ou 223 A bis.

Ledit premier alinéa n'est pas applicable lorsque la somme des chiffres d'affaires mentionnée au même premier alinéa est inférieure à 7 630 000 €.

CET-III-3600 s. ; MF n° 44003

II. Les entreprises dont le chiffre d'affaires est inférieur à 2 000 000 € bénéficient d'un dégrèvement de 188 € *(NDLR Montant applicable au titre de 2024. Pour les montants qui s'appliqueront au titre de 2025 et 2026, voir partie Autres textes du présent code loi 2023-1322 du 29 décembre 2023 art. 79, I-B et IV-E et G).*

CET-III-4200 ; MF n° 44010

III. En cas d'apport, de cession d'activité ou de scission d'entreprise réalisés à compter du 22 octobre 2009 ou de transmission universelle du patrimoine mentionnée à l'article 1844-5 du code civil réalisée à compter du 1er janvier 2010, le chiffre d'affaires à retenir pour l'application du I du présent article est égal à la somme des chiffres d'affaires des entreprises parties à l'opération lorsque l'entité à laquelle l'activité est transmise est détenue, directement ou indirectement, à plus de 50 % soit par l'entreprise cédante ou apporteuse ou les associés de l'entreprise scindée réunis, soit par une entreprise qui détient, directement ou indirectement, à plus de 50 % l'entreprise cédante ou apporteuse ou les entreprises issues de la scission réunies, soit par une entreprise détenue, directement ou indirectement, à plus de 50 % par l'entreprise cédante ou apporteuse ou par les associés de l'entreprise scindée réunis, tant que les conditions suivantes sont simultanément remplies :

la somme des cotisations dues minorées des dégrèvements prévus au présent article, d'une part, par l'entreprise cédante, apporteuse ou scindée et, d'autre part, par le nouvel exploitant est inférieure, sans application du premier alinéa, d'au moins 10 % aux impositions au titre de la cotisation sur la valeur ajoutée des entreprises qui auraient été dues par ces mêmes entreprises en l'absence de réalisation de l'opération, minorées des dégrèvements prévus au présent article ;

l'activité continue d'être exercée par ces derniers ou par une ou plusieurs de leurs filiales ;

les entreprises en cause ont des activités similaires ou complémentaires.

Les conditions d'exercice de la détention de capital prévues au premier alinéa doivent être remplies à un moment quelconque au cours des six mois qui précèdent la date de réalisation de l'opération mentionnée au premier alinéa.

Le présent III ne s'applique plus à compter de la huitième année suivant l'opération d'apport, de cession d'activité, de scission d'entreprise ou de transmission universelle du patrimoine mentionnée à l'article 1844-5 du code civil en cause.

Ndlr *Les dispositions du présent article sont abrogées à compter du 1er janvier 2027 : voir partie Autres textes du présent code loi 2022-1726 du 30 décembre 2022 art. 55, I-J et XXVII-G bis modifié par loi 2023-1322 du 29 décembre 2023 art. 79, III-2°.*

CET-III-4000 s. ; MF n° 44006

Art 1586 quinquies I. 1. Sous réserve des 2, 3 et 4, la cotisation sur la valeur ajoutée des entreprises est déterminée en fonction du chiffre d'affaires réalisé et de la valeur ajoutée produite au cours de l'année au titre de laquelle l'imposition est établie ou au cours du dernier exercice de douze mois clos au cours de cette même année lorsque cet exercice ne coïncide pas avec l'année civile.

2. Si l'exercice clos au cours de l'année au titre de laquelle l'imposition est établie est d'une durée de plus ou de moins de douze mois, la cotisation sur la valeur ajoutée des entreprises est établie à partir du chiffre d'affaires réalisé et de la valeur ajoutée produite au cours de cet exercice.

3. Si aucun exercice n'est clôturé au cours de l'année au titre de laquelle l'imposition est établie, la cotisation sur la valeur ajoutée des entreprises est établie à partir du chiffre d'affaires réalisé et de la valeur ajoutée produite entre le premier jour suivant la fin de la période retenue pour le calcul de la cotisation sur la valeur ajoutée des entreprises de l'année précédente et le 31 décembre de l'année d'imposition. En cas de création d'entreprise au cours de l'année d'imposition, la période retenue correspond à la période comprise entre la date de création et le 31 décembre de l'année d'imposition.

4. Lorsque plusieurs exercices sont clôturés au cours d'une même année, la cotisation sur la valeur ajoutée des entreprises est établie à partir du chiffre d'affaires réalisé et de la valeur ajoutée produite au cours des exercices clos, quelles que soient leurs durées respectives.

5. Dans les situations mentionnées aux 1 à 4, il n'est pas tenu compte de la fraction d'exercice clos qui se rapporte à une période retenue pour l'établissement de l'impôt dû au titre d'une ou de plusieurs années précédant celle de l'imposition.

II. Le montant du chiffre d'affaires déterminé conformément aux 2, 3 et 4 du I est, pour l'application du premier alinéa du I de l'article 1586 ter et pour l'application de l'article 1586 quater, corrigé pour correspondre à une année pleine.

Ndlr *Les dispositions du présent article sont abrogées à compter du 1er janvier 2027 : voir partie Autres textes du présent code loi 2022-1726 du 30 décembre 2022 art. 55, I-J et XXVII-G bis modifié par loi 2023-1322 du 29 décembre 2023 art. 79, III-2°.*

CET-III-770 s. ; MF nos 43900 s.

Art 1586 sexies I. Pour la généralité des entreprises, à l'exception des entreprises visées aux II bis à VI :

1. Le chiffre d'affaires est égal à la somme :

des ventes de produits fabriqués, prestations de services et marchandises ;

des redevances pour concessions, brevets, licences, marques, procédés, logiciels, droits et valeurs similaires ;

des plus-values de cession d'immobilisations corporelles et incorporelles, lorsqu'elles se rapportent à une activité normale et courante ;

des refacturations de frais inscrites au compte de transfert de charges ;

2. Le chiffre d'affaires des titulaires de bénéfices non commerciaux qui n'exercent pas l'option mentionnée à l'article 93 A s'entend du montant hors taxes des honoraires ou recettes encaissés en leur nom, diminué des rétrocessions, ainsi que des gains divers ;

3. Le chiffre d'affaires des personnes dont les revenus imposables à l'impôt sur le revenu relèvent de la catégorie des revenus fonciers définie à l'article 14 comprend les recettes brutes hors taxes au sens de l'article 29 ;

4. La valeur ajoutée est égale à la différence entre :

a. D'une part, le chiffre d'affaires tel qu'il est défini au 1, majoré :

des autres produits de gestion courante à l'exception, d'une part, de ceux pris en compte dans le chiffre d'affaires et, d'autre part, des quotes-parts de résultat sur opérations faites en commun ;

de la production immobilisée, à hauteur des seules charges qui ont concouru à sa formation et qui figurent parmi les charges déductibles de la valeur ajoutée ; il n'est pas tenu compte de la production immobilisée, hors part des coproducteurs, afférente à des œuvres audiovisuelles ou cinématographiques inscrites à l'actif du bilan d'une entreprise de production audiovisuelle ou cinématographique, ou d'une entreprise de distribution cinématographique pour le montant correspondant au versement du minimum garanti au profit d'un producteur, à condition que ces œuvres soient susceptibles de bénéficier de l'amortissement fiscal pratiqué sur une durée de douze mois ;

des subventions d'exploitation ;

de la variation positive des stocks ;

des transferts de charges déductibles de la valeur ajoutée, autres que ceux pris en compte dans le chiffre d'affaires ;

des rentrées sur créances amorties lorsqu'elles se rapportent au résultat d'exploitation ;

b. Et, d'autre part :

les achats stockés de matières premières et autres approvisionnements, les achats d'études et prestations de services, les achats de matériel, équipements et travaux, les achats non stockés de matières et fournitures, les achats de marchandises et les frais accessoires d'achat ;

diminués des rabais, remises et ristournes obtenus sur achats ;

la variation négative des stocks ;

les services extérieurs diminués des rabais, remises et ristournes obtenus, à l'exception des loyers ou redevances afférents aux biens corporels pris en location ou en sous-location pour une durée de plus de six mois ou en crédit-bail ainsi que les redevances afférentes à ces biens lorsqu'elles résultent d'une convention de location-gérance ; toutefois, lorsque les biens pris en location par le redevable sont donnés en sous-location pour une durée de plus de six mois, les loyers sont retenus à concurrence du produit de cette sous-location ;

les taxes sur le chiffre d'affaires et assimilées, les contributions indirectes, la taxe intérieure de consommation sur les produits énergétiques [Dispositions déclarées non conformes à la Constitution par la décision du Conseil constitutionnel n° 2009-599 DC du 29 décembre 2009] ;

Ndlr *La taxe intérieure de consommation susvisée correspond désormais à la fraction perçue en métropole sur les produits énergétiques autres que les gaz naturels et les charbons de l'accise sur les énergies mentionnée à l'article L 312-1 du CIBS.*

les autres charges de gestion courante, autres que les quotes-parts de résultat sur opérations faites en commun ;

les dotations aux amortissements pour dépréciation afférentes aux biens corporels donnés en location ou sous-location pour une durée de plus de six mois, donnés en crédit-bail ou faisant l'objet d'un contrat de location-gérance, en proportion de la seule période de location, de sous-location, de crédit-bail ou de location-gérance ;

les moins-values de cession d'éléments d'immobilisations corporelles et incorporelles, lorsqu'elles se rapportent à une activité normale et courante ;

5. La valeur ajoutée des contribuables mentionnés au 2 est constituée par l'excédent du chiffre d'affaires défini au 2 sur les dépenses de même nature que les charges admises en déduction de la valeur ajoutée en application du 4, à l'exception de la taxe sur la valeur ajoutée déductible ou décaissée ;

6. La valeur ajoutée des contribuables mentionnés au 3 est égale à l'excédent du chiffre d'affaires défini au 3 diminué des charges de la propriété énumérées à l'article 31, à l'exception des charges énumérées aux c et d du 1° du I du même article 31 ;

7. La valeur ajoutée définie aux 4, 5 et 6 ne peut excéder un pourcentage du chiffre d'affaires mentionné respectivement aux 1, 2 et 3 égal à :

80 % pour les contribuables dont le chiffre d'affaires est inférieur ou égal à 7,6 millions d'euros ;

85 % pour les contribuables dont le chiffre d'affaires est supérieur à 7,6 millions d'euros.

Pour l'application du présent 7, la période retenue pour le chiffre d'affaires est la même que celle retenue pour la valeur ajoutée.

I bis. *(Abrogé).*

II. *(Abrogé).*

II bis. Pour les entreprises soumises au régime d'imposition défini au 1 de l'article 50-0, la valeur ajoutée est calculée selon les modalités prévues au a du I de l'article 1647 B sexies.

III. Pour les établissements de crédit et les sociétés de financement et, lorsqu'elles sont agréées par l'Autorité de contrôle prudentiel et de résolution, les entreprises mentionnées à l'article L 531-4 du code monétaire et financier :

1. Le chiffre d'affaires comprend l'ensemble des produits d'exploitation bancaires et des produits divers d'exploitation autres que les produits suivants :

a. 95 % des dividendes sur titres de participation et parts dans les entreprises liées ;

b. Plus-values de cession sur immobilisations figurant dans les produits divers d'exploitation autres que celles portant sur les autres titres détenus à long terme ;

c. Reprises de provisions spéciales et de provisions sur immobilisations ;

d. Quotes-parts de subventions d'investissement ;

e. Quotes-parts de résultat sur opérations faites en commun ;

2. La valeur ajoutée est égale à la différence entre :

a. D'une part, le chiffre d'affaires tel qu'il est défini au 1, majoré des reprises de provisions spéciales et des récupérations sur créances amorties lorsqu'elles se rapportent aux produits d'exploitation bancaire ;

b. Et, d'autre part :

les charges d'exploitation bancaires autres que les dotations aux provisions sur immobilisations données en crédit-bail ou en location simple ;

les services extérieurs, à l'exception des loyers ou redevances afférents aux biens corporels pris en location ou en sous-location pour une durée de plus de six mois ou en crédit-bail ainsi que les redevances afférentes à ces biens lorsqu'elles résultent d'une convention de location-gérance ; toutefois, lorsque les biens pris en location par le redevable sont donnés en sous-location pour une durée de plus de six mois, les loyers sont retenus à concurrence du produit de cette sous-location ;

les charges diverses d'exploitation, à l'exception des moins-values de cession sur immobilisations autres que celles portant sur les autres titres détenus à long terme et des quotes-parts de résultat sur opérations faites en commun ;

les pertes sur créances irrécouvrables lorsqu'elles se rapportent aux produits d'exploitation bancaire.

IV. Pour les entreprises, autres que celles mentionnées aux III et VI, qui ont pour activité principale la gestion d'instruments financiers au sens de l'article L 211-1 du code monétaire et financier :

1. Le chiffre d'affaires comprend :

le chiffre d'affaires tel qu'il est déterminé pour la généralité des entreprises au 1 du I ;

les produits financiers, à l'exception des reprises sur provisions et de 95 % des dividendes sur titres de participation ;

et les plus-values sur cession des titres, à l'exception des plus-values de cession de titres de participation ;

2. La valeur ajoutée est égale à la différence entre :

d'une part, le chiffre d'affaires tel qu'il est défini au 1, majoré des rentrées sur créances amorties lorsqu'elles se rapportent au chiffre d'affaires défini au 1 ;

et, d'autre part, les services extérieurs mentionnés au 4 du I ; les charges financières, à l'exception des dotations aux amortissements et aux provisions ; les moins-values de cession de titres autres que les titres de participation ; les pertes sur créances irrécouvrables lorsqu'elles se rapportent au chiffre d'affaires défini au 1.

Les entreprises ayant pour activité principale la gestion d'instruments financiers sont celles qui remplissent au moins une des deux conditions suivantes :

les immobilisations financières ainsi que les valeurs mobilières de placement détenues par l'entreprise ont représenté en moyenne au moins 75 % de l'actif au cours de la période mentionnée à l'article 1586 quinquies ;

le chiffre d'affaires de l'activité de gestion d'instruments financiers correspondant aux produits financiers et aux produits sur cession de titres réalisé au cours de la période mentionnée à l'article 1586 quinquies est supérieur au total des chiffres d'affaires des autres activités.

Sauf pour les entreprises dont au moins 50 % des droits de vote sont détenus, directement ou indirectement, par une entreprise mentionnée aux III ou VI ou conjointement par des entreprises mentionnées aux mêmes III ou VI, les conditions mentionnées aux cinquième et sixième alinéas s'apprécient, le cas échéant, au regard de l'actif et du chiffre d'affaires du groupe auquel appartient la société au sens de l'article L 233-16 du code de commerce sur la base des comptes consolidés prévus au I du même article.

V. Pour les sociétés et groupements créés pour la réalisation d'une opération unique de financement d'immobilisations corporelles :

a. Qui sont détenus à 95 % au moins par un établissement de crédit ou une société de financement et qui réalisent l'opération pour le compte de l'établissement de crédit ou de la société de financement ou d'une société elle-même détenue à 95 % au moins par l'établissement de crédit ou la société de financement ;

b. Ou qui sont soumis au 1 du II de l'article 39 C ou aux articles 217 undecies ou 217 duodecies ou 244 quater Y :

1. Le chiffre d'affaires comprend :

le chiffre d'affaires tel qu'il est déterminé pour la généralité des entreprises au 1 du I ;

les produits financiers et les plus-values résultant de la cession au crédit-preneur des immobilisations financées dans le cadre de l'opération visée au premier alinéa du présent V.

2. La valeur ajoutée est égale à la différence entre :

d'une part, le chiffre d'affaires tel qu'il est défini au 1, majoré des rentrées sur créances amorties lorsqu'elles se rapportent au chiffre d'affaires défini au 1 ;

et, d'autre part, les services extérieurs et les dotations aux amortissements mentionnés au 4 du I, les charges financières et les moins-values résultant de la cession au crédit-preneur des immobilisations financées dans le cadre de l'opération visée au premier alinéa du présent V et les pertes sur créances irrécouvrables lorsqu'elles se rapportent au chiffre d'affaires défini au 1.

VI. Pour les mutuelles et unions régies par le livre II du code de la mutualité, les mutuelles et unions de retraite professionnelle supplémentaire mentionnées à l'article L 214-1 du même code, les institutions de prévoyance régies par le titre III du livre IX du code de la sécurité sociale, les institutions de retraite professionnelle supplémentaire mentionnées à l'article L 942-1 du même code, les entreprises d'assurance et de réassurance régies par le code des assurances et les fonds de retraite professionnelle supplémentaire mentionnés à l'article L 381-1 du même code :

1. Le chiffre d'affaires comprend :

les primes ou cotisations ;

les autres produits techniques ;

les commissions reçues des réassureurs ;

les produits non techniques, à l'exception de l'utilisation ou de reprises des provisions ;

et les produits des placements, à l'exception des reprises de provisions pour dépréciation, des plus-values de cession et de 95 % des dividendes afférents aux placements dans des entreprises liées ou avec lien de participation, des plus-values de cession d'immeubles d'exploitation et des quotes-parts de résultat sur opérations faites en commun ;

2. La valeur ajoutée est égale à la différence entre :

a. D'une part, le chiffre d'affaires tel qu'il est défini au 1, majoré :

des subventions d'exploitation ;

de la production immobilisée, à hauteur des seules charges qui ont concouru à sa formation et qui sont déductibles de la valeur ajoutée ;

des transferts ;

b. Et, d'autre part, sous réserve des précisions mentionnées aux alinéas suivants, les prestations et frais payés, les achats, le montant des secours exceptionnels accordés par décision du conseil d'administration ou de la commission des secours lorsque celle-ci existe, les autres charges externes, les autres charges de gestion courante, les variations des provisions pour sinistres ou prestations à payer et des autres provisions techniques, y compris les provisions pour risque d'exigibilité pour la seule partie qui n'est pas admise en déduction du résultat imposable en application du 5° du 1 de l'article 39, la participation aux résultats, les charges des placements à l'exception des moins-values de cession des placements dans des entreprises liées ou avec lien de participation et des moins-values de cession d'immeubles d'exploitation.

Ne sont toutefois pas déductibles de la valeur ajoutée :

les loyers ou redevances afférents aux biens corporels pris en location ou en sous-location pour une durée de plus de six mois ou en crédit-bail ainsi que les redevances afférentes à ces immobilisations lorsqu'elles résultent d'une convention de location-gérance ; toutefois, lorsque les biens pris en location par le redevable sont donnés en sous-location pour une durée de plus de six mois, les loyers sont retenus à concurrence du produit de cette sous-location ;

les charges de personnel ;

les impôts, taxes et versements assimilés, à l'exception des taxes sur le chiffre d'affaires et assimilées, des contributions indirectes, de la taxe intérieure de consommation sur les produits énergétiques [Dispositions déclarées non conformes à la Constitution par la décision du Conseil constitutionnel n° 2009-599 DC du 29 décembre 2009] ;

Ndlr *La taxe intérieure de consommation susvisée correspond désormais à la fraction perçue en métropole sur les produits énergétiques autres que les gaz naturels et les charbons de l'accise sur les énergies mentionnée à l'article L 312-1 du CIBS.*

les quotes-parts de résultat sur opérations faites en commun ;

les charges financières afférentes aux immeubles d'exploitation ;

les dotations aux amortissements d'exploitation ;

les dotations aux provisions autres que les provisions techniques ;

c. *(Abrogé).*

VII. Lorsque les plus-values de cession d'immobilisations ou de titres de nature à être compris dans le chiffre d'affaires et la valeur ajoutée en application des I et III à VI sont réalisées l'année de création de l'entreprise, elles sont comprises dans le chiffre d'affaires et la valeur ajoutée retenus au titre de l'année suivante.

Ndlr *Les dispositions du présent article sont abrogées à compter du 1er janvier 2027 : voir partie Autres textes du présent code loi 2022-1726 du 30 décembre 2022 art. 55, I-J et XXVII-G bis modifié par loi 2023-1322 du 29 décembre 2023 art. 79, III-2°.*

CET-III-6000 s. ; MF nos 43910 s.

Art 1586 septies La cotisation sur la valeur ajoutée des entreprises n'est pas due lorsque son montant annuel n'excède pas 63 euros .

Ndlr *Les dispositions du présent article telles que modifiées par la loi 2023-1322 du 29 décembre 2023 art. 79, I-C s'appliquent à la cotisation sur la valeur ajoutée des entreprises due par les redevables au titre de 2024 à 2026 (Loi précitée art. 79, IV-I).*

Les mêmes dispositions sont abrogées à compter du 1er janvier 2027 : voir partie Autres textes du présent code loi 2022-1726 du 30 décembre 2022 art. 55, I-J et XXVII-G bis modifié par loi 2023-1322 du 29 décembre 2023 art. 79, III-2°.

CET-III-4240 s. ; MF n° 44015

Art 1586 octies **I. 1.** La cotisation sur la valeur ajoutée des entreprises est due par le redevable qui exerce l'activité au 1er janvier de l'année d'imposition.

2. Toutefois, en cas d'apport, de cession d'activité, de scission d'entreprise ou de transmission universelle du patrimoine mentionnée à l'article 1844-5 du code civil, la cotisation sur la valeur ajoutée des entreprises est due également par le redevable qui n'exerce aucune activité imposable au 1er janvier de l'année et auquel l'activité est transmise lorsque l'opération intervient au cours de l'année d'imposition.

CET-III-22030 s. ; MF n° 44030

II. 1. Le montant de la valeur ajoutée fait l'objet, au plus tard le deuxième jour ouvré suivant le 1er mai de l'année suivant celle au titre de laquelle la cotisation sur la valeur ajoutée des entreprises est due, d'une déclaration par les entreprises mentionnées au I de l'article 1586 ter auprès du service des impôts dont relève leur principal établissement.

Cette déclaration mentionne, par établissement ou par lieu d'emploi, le nombre de salariés employés au cours de la période pour laquelle la déclaration est établie. Les salariés exerçant leur activité dans plusieurs établissements ou lieux d'emploi sont déclarés dans celui où la durée d'activité est la plus élevée, y compris si l'entreprise ne dispose pas de locaux dans ce lieu d'emploi dès lors que le salarié y exerce son activité plus de trois mois.

Les effectifs affectés aux véhicules sont déclarés par les entreprises de transport au local ou au terrain qui constitue le lieu de stationnement habituel des véhicules ou, s'il n'en existe pas, au local où ils sont entretenus ou réparés par le redevable ; à défaut, les effectifs sont déclarés au principal établissement de l'entreprise.

Par exception aux deuxième et troisième alinéas, la déclaration des entreprises de transport national ferroviaire mentionne leurs effectifs par établissement, au prorata de la valeur locative foncière imposée à la cotisation foncière des entreprises de ces établissements.

Un décret précise les conditions d'application du présent 1 *(Voir Annexe III, art. 328 G bis à 328 G quinquies).*

2. En cas de transmission universelle du patrimoine mentionnée à l'article 1844-5 du code civil, de cession ou de cessation d'entreprise ou de l'exercice d'une profession commerciale, d'ouverture d'une procédure de sauvegarde, de redressement ou de liquidation judiciaires ou de décès du contribuable, les déclarations mentionnées au 1 du présent II et au dernier alinéa de l'article 1679 septies doivent être souscrites dans un délai de soixante jours décompté soit dans les conditions prévues, selon le cas, aux 1 ou 4 de l'article 201 ou au 1 de l'article 202 soit au jour du jugement d'ouverture de la procédure collective.

Par exception, en cas d'ouverture d'une procédure de sauvegarde, de redressement judiciaire ou de liquidation judiciaire lorsqu'il n'est pas mis fin à la poursuite de l'activité, à défaut de pouvoir procéder à la liquidation définitive de la cotisation sur la valeur ajoutée des entreprises due au titre de l'année du jugement d'ouverture de la procédure collective, seule la déclaration mentionnée au dernier alinéa de l'article 1679 septies doit être souscrite dans un délai de soixante jours décompté au jour de ce jugement. Cette déclaration doit mentionner une estimation du montant de la cotisation sur la valeur ajoutée des entreprises due au titre de l'année au cours de laquelle la procédure collective a été ouverte, déterminée en fonction du chiffre d'affaires et de la valeur ajoutée mentionnés dans la dernière déclaration de résultat exigée. Cette obligation déclarative anticipée ne se substitue pas aux obligations déclaratives mentionnées au 1 du II du présent article et au dernier alinéa de l'article 1679 septies.

CET-III-22440 s. ; MF n°s 44035 s.

III. La valeur ajoutée est imposée dans la commune où le contribuable la produisant dispose de locaux ou emploie des salariés exerçant leur activité plus de trois mois.

Lorsqu'un contribuable dispose de locaux ou emploie des salariés exerçant leur activité plus de trois mois dans plusieurs communes, la valeur ajoutée qu'il produit est imposée dans chacune de ces communes et répartie entre elles au prorata, pour le tiers, des valeurs locatives des immobilisations imposées à la cotisation foncière des entreprises et, pour les deux tiers, de l'effectif qui y est employé, réparti selon les modalités définies au II.

Pour l'application du deuxième alinéa, l'effectif employé dans un établissement pour lequel les valeurs locatives des immobilisations industrielles évaluées dans les conditions prévues aux articles 1499 et 1501 représentent plus de 20 % de la valeur locative des immobilisations imposables à la cotisation foncière des entreprises est pondéré par un coefficient de 5 et la valeur locative des immobilisations industrielles est pondérée par un coefficient de 42 pour celles évaluées dans les conditions prévues à l'article 1499 et par un coefficient de 21 pour celles évaluées dans les conditions prévues à l'article 1501.

Toutefois, lorsqu'un contribuable dispose, dans plus de dix communes, d'établissements comprenant des installations de production d'électricité mentionnées à l'article 1519 E ou des installations de production d'électricité d'origine hydraulique mentionnées à l'article 1519 F, sa valeur ajoutée est répartie entre les communes où sont situés ces établissements et les autres communes où ce contribuable dispose de locaux ou emploie des salariés pendant plus de trois mois en fonction de la part de sa valeur ajoutée provenant directement de l'exploitation de ces installations, telle qu'elle ressort des documents comptables. La valeur ajoutée afférente à ces établissements est répartie entre eux en fonction de la puissance électrique installée. Lorsqu'un établissement est établi sur plusieurs communes, sa valeur ajoutée est répartie entre les communes d'implantation en fonction des bases de cotisation foncière des entreprises, à l'exception de celle afférente aux ouvrages hydroélectriques mentionnés au premier alinéa de l'article 1475, qui est répartie comme la valeur locative de ces ouvrages selon la règle fixée par ce même article. La valeur ajoutée afférente aux autres établissements du contribuable est répartie selon les règles définies aux deuxième et troisième alinéas. Les modalités d'application de ces dispositions sont définies par décret *(NDLR Voir Annexe III, art. 328 G sexies à 328 G nonies)*.

Le quatrième alinéa, à l'exception de sa troisième phrase, est également applicable aux contribuables disposant, dans plus de dix communes, d'établissements comprenant des installations de production d'électricité utilisant l'énergie mécanique du vent mentionnées à l'article 1519 D ou des installations de production d'électricité d'origine photovoltaïque mentionnées à l'article 1519 F. Lorsqu'un établissement de production d'électricité d'origine photovoltaïque mentionné à l'article 1519 F est établi sur plusieurs communes, sa valeur ajoutée est répartie entre les communes en fonction de la puissance électrique installée sur chaque commune. Les modalités d'application de ces dispositions sont définies par décret *(NDLR Voir Annexe III, art. 328 G nonies A à 328 G nonies D)*.

Lorsque la déclaration par établissement mentionnée au II fait défaut, la valeur ajoutée du contribuable est répartie entre les communes à partir des éléments mentionnés dans la déclaration de l'année précédente. A défaut, la valeur ajoutée du contribuable est répartie entre les communes où le contribuable dispose d'immobilisations imposables à la cotisation foncière des entreprises au prorata de leur valeur locative. Dans ce second cas, la valeur locative des immobilisations industrielles est pondérée par un coefficient de 42 pour celles évaluées dans les conditions prévues à l'article 1499 et par un coefficient de 21 pour celles évaluées dans les conditions prévues à l'article 1501.

Pour les contribuables qui n'emploient aucun salarié en France et ne disposent d'aucun établissement en France mais qui y exercent une activité de location d'immeubles ou de vente d'immeubles :

1° Leur valeur ajoutée est répartie entre les lieux de situation de chaque immeuble donné en location ou vendu au prorata de la valeur locative foncière de chacun de ces immeubles ;

2° L'entreprise doit mentionner l'adresse des immeubles loués ou vendus dans la déclaration mentionnée au 1 du II ;

3° Les déclarations mentionnées au 1 du II du présent article et au dernier alinéa de l'article 1679 septies doivent être déposées au lieu de dépôt de la déclaration de résultat.

Pour l'application du présent III, la valeur locative des immobilisations imposables à la cotisation foncière des entreprises s'entend avant application éventuelle de l'abattement prévu à l'avant-dernier alinéa de l'article 1467.

Ndlr *Les dispositions du présent article sont abrogées à compter du 1er janvier 2027 : voir partie Autres textes du présent code loi 2022-1726 du 30 décembre 2022 art. 55, I-J et XXVII-G bis modifié par loi 2023-1322 du 29 décembre 2023 art. 79, III-2°.*

CET-III-17000 s. ; MF nos 44035 s.

Art 1586 nonies I. *(Abrogé).*

II. *(Abrogé).*

III. *(Abrogé).*

IV. Pour la détermination de la cotisation sur la valeur ajoutée des entreprises, la valeur ajoutée des établissements bénéficiant, au 1er janvier 2024, d'un abattement de leur base nette d'imposition à la cotisation foncière des entreprises en application de l'article 1466 F fait l'objet, à la demande de l'entreprise, d'un abattement de même taux dans la limite de 2 millions d'euros de valeur ajoutée.

DC-IV-8470 s. ; MF n° 91545

V. Pour la détermination de la cotisation sur la valeur ajoutée des entreprises, la valeur ajoutée des établissements bénéficiant d'une exonération ou d'un abattement de la base nette d'imposition à la cotisation foncière des entreprises en application des I, I sexies ou I septies de l'article 1466 A fait l'objet, à la demande de l'entreprise, d'une exonération ou d'un abattement de même taux, dans la limite respectivement pour 2022 de 154 732 € et de 420 505 € de valeur ajoutée par établissement et actualisé chaque année en fonction de la variation de l'indice des prix *(NDLR Plafond applicable pour l'imposition établie au titre de 2022).*

VI. Le bénéfice des exonérations de cotisation sur la valeur ajoutée des entreprises prévues aux I à III, dans leur rédaction antérieure à la loi n° 2023-1322 du 29 décembre 2023 de finances pour 2024, et de l'abattement prévu au IV est perdu lorsque les conditions de l'exonération ou de l'abattement correspondant de cotisation foncière des entreprises ne sont plus réunies.

Le bénéfice de l'exonération ou de l'abattement de cotisation sur la valeur ajoutée des entreprises est, le cas échéant, subordonné au respect du même règlement communautaire que celui appliqué pour l'exonération ou l'abattement de cotisation foncière des entreprises dont l'établissement bénéficie.

VII. Lorsqu'une entreprise dispose de plusieurs établissements dans une même commune, sa valeur ajoutée imposée dans la commune est, pour l'application du présent article, répartie entre ces établissements selon les modalités prévues au III de l'article 1586 octies.

Ndlr 1. *Voir aussi partie Autres textes du présent code loi 2005-157 du 23 février 2005 art. 6 et décret 2007-94 du 24 janvier 2007 art. 1 et 2 (délocalisation hors d'une zone de revitalisation rurale d'une activité ayant bénéficié dans cette zone d'une exonération en application de l'article 1586 nonies).*

2. *Les dispositions du présent article sont abrogées à compter du 1er janvier 2027 : voir partie Autres textes du présent code loi 2022-1726 du 30 décembre 2022 art. 55, I-J et XXVII-G bis modifié par loi 2023-1322 du 29 décembre 2023 art. 79, III-2°.*

CET-III-1330 s. ; MF n° 43875

III. Redevance départementale des mines

Art 1587 I. Il est perçu au profit des départements une redevance sur chaque tonne nette du produit concédé, extrait par les concessionnaires de mines, les amodiataires et sous-amodiataires des concessions minières, par les titulaires du permis d'exploitation de mines et par les explorateurs de mines de pétrole et de gaz combustibles. Cette redevance est applicable aux charbons extraits sous territoire étranger et amenés au jour par des puits et installations sis en France.

Cette redevance ne s'applique pas aux hydrocarbures extraits de gisements situés audelà de 1 mille marin des lignes de base définies à l'article 2 de l'ordonnance n° 2016-1687 du 8 décembre 2016 relative aux espaces maritimes relevant de la souveraineté ou de la juridiction de la République française *(NDLR L'ordonnance 2016-1687 du 8 décembre 2016 est ratifiée par la loi 2019-1428 du 24 décembre 2019 art. 135, II à compter de sa publication).*

Lorsqu'il existe plusieurs lignes de base, celle qui est la plus proche de la côte est utilisée.

II. 1° A compter du 1er janvier 2023, les tarifs de la redevance départementale des mines sont fixés à :

36,60 € par kilogramme d'or contenu pour les minerais aurifères ;

70,90 € par quintal d'uranium contenu pour les minerais d'uranium ;

32,10 € par tonne d'oxyde de tungstène (WO_3) contenu pour les minerais de tungstène ;

59,40 € par quintal d'argent contenu pour les minerais argentifères ;

140,30 € par millier de tonnes nettes livrées pour la bauxite ;

185,50 € par millier de tonnes nettes livrées pour la fluorine ;

pour le chlorure de sodium :

176,50 € par millier de tonnes nettes livrées pour le sel extrait par abattage ;

104,20 € par millier de tonnes nettes livrées pour le sel extrait en dissolution par sondage et livré raffiné ;

34,20 € par millier de tonnes de chlorure de sodium contenu pour le sel extrait en dissolution par sondage et livré en dissolution ;

136,20 € par centaine de tonnes nettes extraites pour le charbon ;

1 731,50 € par centaine de tonnes nettes extraites, pour les gisements de pétrole brut ;

8,10 € par tonne nette livrée pour le propane et le butane ;

7,20 € par tonne nette livrée pour l'essence de dégazolinage ;

1,90 € par tonne de soufre contenu pour les minerais de soufre autres que les pyrites de fer ;

212,50 € par millier de tonnes nettes livrées pour les lignites d'un pouvoir calorifique égal ou supérieur à 13 MJ/kg ;

57,80 € par millier de tonnes nettes livrées pour les lignites d'un pouvoir calorifique inférieur à 13 MJ/kg ;

80,30 € par 100 000 mètres cubes extraits à 1 bar et 15° C pour le gaz carbonique ;

359,10 € par millier de tonnes nettes livrées pour les calcaires et grès bitumineux ou asphaltiques (non destinés à la distillation pour production d'huiles ou d'essences) ;

12,40 € par millier de tonnes nettes livrées pour les schistes carbobitumineux et schistes bitumineux (à traiter par distillation pour en extraire des huiles et des essences) ;

122,90 € par millier de tonnes nettes livrées pour la pyrite de fer ;

86,20 € par millier de tonnes nettes livrées de minerais de fer ;

3,30 € par tonne d'antimoine contenu dans les minerais d'antimoine ;

146,20 € par centaine de tonnes de plomb contenu dans les minerais de plomb ;

122,90 € par centaine de tonnes de zinc contenu dans les minerais de zinc ;

28,90 € par tonne d'étain contenu dans les minerais d'étain ;

4,70 € par tonne de cuivre contenu dans les minerais de cuivre ;

164,10 € par millier de tonnes d'arsenic contenu dans les minerais d'arsenic ;

14,30 € par tonne de bismuth contenu dans les minerais de bismuth ;

90,70 € par centaine de tonnes de manganèse contenu dans les minerais de manganèse ;

60,10 € par tonne de molybdène contenu dans les minerais de molybdène ;

12,30 € par tonne de Li_2O contenu dans les minerais de lithium ;

63 € par centaine de tonnes de K_2O contenu dans les sels de potassium ;

566,10 € par 100 000 mètres cubes extraits pour les gisements de gaz naturel.

(Voir également art. 1641 et 1644)

1° bis Pour les gisements en mer situés jusqu'à une limite de 1 mille marin au-delà des lignes de base définies à l'article 2 de l'ordonnance 2016-1687 du 8 décembre 2016 relative aux espaces maritimes relevant de la souveraineté ou de la juridiction de la République française *(NDLR L'ordonnance 2016-1687 du 8 décembre 2016 est ratifiée par la loi 2019-1428 du 24 décembre 2019 art. 135, II à compter de sa publication)*, les tarifs de la redevance départementale des mines sont fixés à :

31,9 € par 100 000 mètres cubes extraits pour le gaz naturel ;

111 € par centaine de tonnes nettes extraites pour le pétrole brut.

Lorsqu'il existe plusieurs lignes de base, celle qui est la plus proche de la côte est utilisée.

(Voir également art. 1641 et 1644)

1° ter *(Dispositions abrogées à compter du 1er janvier 2018).*

1° quater *(Dispositions abrogées à compter du 1er janvier 2002).*

2° Les tarifs de la redevance départementale des mines applicables, à partir du 1er janvier 1954, aux substances minérales concédées autres que celles mentionnées au 1°, sont fixés dans les conditions prévues au II de l'article 1519 pour la redevance communale.

III. Les tarifs visés au 1° et 2° du II varient dans les conditions prévues au premier alinéa du IV de l'article 1519.

Les tarifs sont exprimés ainsi qu'il est prévu au second alinéa du IV de l'article 1519.

ASS-I-9000 s.

Art 1588 **I.** La redevance portant sur des substances autres que le pétrole brut est attribuée au département sur le territoire duquel se trouve la concession. Si la concession s'étend sur plusieurs départements, la redevance est répartie entre ces départements au prorata du tonnage extrait, au cours de l'année écoulée, sous chacun de leurs territoires respectifs.

La redevance sur les charbons extraits sous territoire étranger est attribuée au département dans lequel se trouvent les puits et installations d'extraction.

II. Les modalités de répartition des sommes provenant de la redevance départementale des mines sur le pétrole brut sont fixées par décret en Conseil d'Etat *(Décret 56-297 du 27 mars 1956, JO du 28).*

ASS-I-10550 s.

Art 1589 Un décret en Conseil d'Etat rendu après avis du conseil général de l'économie, de l'industrie, de l'énergie et des technologies détermine les modalités d'application des articles 1587 et 1588 *(Voir Annexe II, art. 317 octies).*

ASS-I-9000 s.

IV. Taxe sur l'exploration d'hydrocarbures

Art 1590 **I.** Il est institué une taxe annuelle, proportionnelle à la surface de chaque permis exclusif de recherches d'hydrocarbures liquides ou gazeux.

La taxe est acquittée par le titulaire du permis exclusif de recherches d'hydrocarbures liquides ou gazeux.

Le barème de la taxe est fixé selon la période de validité du permis exclusif de recherches prévue à l'article L 142-1 ou à l'article L 142-2 du code minier *[NDLR Les dispositions de l'article L 142-2 du code minier sont abrogées à compter de l'entrée en vigueur du décret en Conseil d'Etat pris pour l'application de l'ordonnance 2022-536 du 13 avril 2022 et au plus tard le 1er janvier 2024 (Ordonnance précitée art. 15, 3° et 27, I-2°)]* et selon les tarifs au kilomètre carré suivants :

1° 5 € par kilomètre carré et par an, pour la première période de validité ;

2° 10 € par kilomètre carré et par an, à compter de sa première prolongation ;

3° 30 € par kilomètre carré et par an, à compter de sa seconde prolongation.

II. Le produit de la taxe est perçu au profit des départements, de la collectivité territoriale de Guyane ou de la collectivité territoriale de Martinique, lorsque le périmètre du permis exclusif de recherches d'hydrocarbures est compris sur leur territoire. Si ce périmètre s'étend sur le territoire de plusieurs de ces collectivités, la part revenant à chacune est fixée au prorata de la surface du permis comprise sur le territoire de chacun des bénéficiaires.

III. La taxe est déclarée et liquidée :

1° Pour les redevables de la taxe sur la valeur ajoutée, sur l'annexe à la déclaration mentionnée au 1 de l'article 287 déposée au titre du mois de mars ou du premier trimestre de l'année au titre de laquelle la taxe prévue au présent article est due ;

2° Pour les redevables de la taxe sur la valeur ajoutée soumis au régime simplifié d'imposition prévu à l'article 302 septies A, sur la déclaration annuelle mentionnée au 3 de l'article 287 déposée au titre de l'exercice au cours duquel la taxe prévue au présent article est due ;

3° Pour les personnes non redevables de la taxe sur la valeur ajoutée, sur l'annexe à la déclaration prévue au 1 du même article 287 déposée auprès du service dont relève leur siège ou principal établissement au plus tard le 25 avril de l'année au cours de laquelle la taxe prévue au présent article est due.

La déclaration comporte, le cas échéant, la ventilation de la surface du permis par département ou collectivité mentionnée au II.

IV. La taxe est acquittée lors du dépôt de la déclaration mentionnée au III. Elle est recouvrée et contrôlée selon les procédures et sous les mêmes sanctions, garanties et privilèges que les taxes sur le chiffre d'affaires. Les réclamations sont présentées, instruites et jugées selon les règles applicables à ces mêmes taxes.

V. La taxe est due pour l'année entière à raison des permis existant au 1er janvier.

TD-IX-50 s.

CHAPITRE III

Enregistrement

SECTION I

Droit d'enregistrement et taxe de publicité foncière

I. Dispositions générales

Art 1594 A Sont perçus au profit des départements :

1° Les droits d'enregistrement ou la taxe de publicité foncière exigibles sur les mutations à titre onéreux d'immeubles ou de droits immobiliers situés sur leur territoire ;

2° La taxe de publicité foncière perçue en application de l'article 663 lorsque les inscriptions, décisions, actes, attestations ou documents mentionnés à cet article concernent des immeubles ou des droits immobiliers situés sur leur territoire.

ENR-V-7100 s.

Art 1594 B Les dispositions de l'article 1594 A ne sont pas applicables aux droits dus sur les actes de société, au droit d'échange ainsi qu'aux droits ou taxes fixes.

ENR-V-7100 s.

Art 1594 D Sauf dispositions particulières, le taux de la taxe de publicité foncière ou du droit d'enregistrement prévu à l'article 683 est fixé à 3,80 %.

Il peut être modifié par les conseils départementaux sans que ces modifications puissent avoir pour effet de le réduire à moins de 1,20 % ou de le relever au-delà de 4,50 %.

ENR-V-7250 s. ; MF n°s 66220 s.

Art 1594 E Les délibérations sont notifiées aux services fiscaux dans les conditions prévues à l'article 1639 A.

Les décisions prennent effet le 1er juin. A défaut de vote ou en cas de non-respect des règles énumérées à l'article 1594 D, le taux en vigueur est reconduit.

ENR-V-7330 ; MF n°s 66220 s.

II. Régimes spéciaux

Art 1594 F ter Les conseils départementaux peuvent instituer un abattement sur l'assiette de la taxe de publicité foncière ou du droit d'enregistrement pour les acquisitions :

a. D'immeubles ou de fractions d'immeubles destinés à être affectés à l'habitation à la condition que l'acquéreur prenne l'engagement de ne pas les affecter à un autre usage pendant une durée minimale de trois ans à compter de la date de l'acte d'acquisition ;

b. De terrains ou locaux à usage de garages à la condition que l'acquéreur prenne l'engagement de ne pas affecter les terrains ou locaux à une exploitation à caractère commercial ou professionnel pendant une durée minimale de trois ans à compter de la date de l'acte d'acquisition.

Le montant de cet abattement qui ne peut être ni inférieur à 7 600 € ni supérieur à 46 000 € est fixé, dans ces limites, par fraction de 7 600 €.

Les décisions prises en application des premier à quatrième alinéas peuvent être limitées aux acquisitions portant sur des biens situés dans les zones de revitalisation rurale définies à l'article 1465 A.

Les dispositions de l'article 1594 E sont applicables.

Ndlr *Pour les dispositions du présent article qui s'appliqueront à compter du 1er juillet 2024, voir partie Autres textes du présent code loi 2023-1322 du 29 décembre 2023 art. 73, I-24° et XX-D.*

ENR-V-23100 s. ; MF nº 66355

Art 1594 F quinquies Sont soumises à la taxe de publicité foncière ou au droit d'enregistrement au taux de 0,70 % :

A. A l'exception de celles qui sont visées au I du A de l'article 1594-0 G, les mutations à titre onéreux de terrains à bâtir et d'immeubles neufs mentionnés au 2° du 2 du I de l'article 257 lorsqu'elles sont soumises à la taxe sur la valeur ajoutée, sauf application des modalités prévues à l'article 268 ;

ENR-V-9100 s. ; MF nº 66270

B. Les mutations de propriété faites entre les propriétaires participant aux opérations de rénovation urbaine et l'organisme de rénovation. Toutefois, en ce qui concerne la taxe ou le droit afférents aux biens remis aux anciens propriétaires en contrepartie de leur créance sur un organisme de rénovation, le bénéfice de la réduction de taux ne peut être invoqué qu'à concurrence du montant de la créance sur l'organisme de rénovation ;

ENR-V-20800 s. ; MF nº 66260

C. Les cessions gratuites aux collectivités publiques de terrains classés, visées à l'article L 113-3 du code de l'urbanisme ;

ENR-V-19200 s. ; MF nº 66260

D. I. Les acquisitions d'immeubles ruraux à condition :

1º Qu'au jour de l'acquisition les immeubles soient exploités depuis au moins deux ans :

soit en vertu d'un bail consenti à l'acquéreur personne physique, à son conjoint, à ses ascendants ou aux ascendants de son conjoint ou à la personne morale acquéreur ;

soit en vertu d'une mise à disposition par le preneur au profit de la personne morale acquéreur ;

2º Que l'acquéreur prenne l'engagement, pour lui et ses ayants cause à titre gratuit, de mettre personnellement en valeur lesdits biens pendant un délai minimal de cinq ans à compter de la date du transfert de la propriété. A défaut d'exécution de cet engagement ou si les biens sont aliénés à titre onéreux en totalité ou en partie dans ce délai de cinq ans, l'acquéreur ou ses ayants cause à titre gratuit sont, sous réserve du cas de force majeure, déchus de plein droit du bénéfice du taux réduit pour les immeubles dont ils cessent l'exploitation ou qui sont aliénés à titre onéreux. Toutefois, l'aliénation du bien acquis consentie à titre onéreux par l'acquéreur à un descendant ou au conjoint de celui-ci n'entraîne pas la déchéance du bénéfice du taux réduit, si le sous-acquéreur s'engage à poursuivre personnellement l'exploitation jusqu'à l'expiration du délai de cinq ans à compter de la date du transfert de propriété initial.

Lorsque l'aliénation du bien acquis avec le bénéfice du taux réduit procède d'un échange, l'engagement pris par l'acquéreur est reporté sur les biens ruraux acquis en contre-échange à la condition que ces biens aient une valeur au moins égale à celle des biens cédés.

L'apport du bien acquis dans les conditions prévues au premier et au deuxième alinéa à un groupement foncier agricole, à un groupement d'exploitation en commun, à une exploitation agricole à responsabilité limitée ou à une société civile d'exploitation agricole ne peut avoir pour effet de remettre en cause la perception de la taxe de publicité foncière au taux réduit, sous réserve que l'apporteur prenne dans l'acte d'apport l'engagement pour lui, son conjoint et ses ayants cause à titre gratuit de conserver les parts jusqu'à l'expiration du délai de cinq ans à compter de la date du transfert de propriété initial.

Lorsque la jouissance de biens acquis dans les conditions prévues aux deux premiers alinéas est concédée à titre onéreux à l'une des sociétés visées au troisième alinéa, le bénéfice du taux réduit est maintenu si l'acquéreur ou ses ayants cause à titre gratuit continuent de mettre personnellement en valeur lesdits biens dans le cadre de la société, jusqu'à l'expiration du délai de cinq ans à compter de leur date d'acquisition ;

II. Les acquisitions d'immeubles visées au I faites sous les mêmes conditions en vue de l'installation d'un descendant majeur de l'acquéreur. En pareil cas, l'engagement d'exploiter est pris par le descendant. L'aliénation ou la location du bien acquis consentie à titre onéreux par l'acquéreur au descendant installé n'entraîne pas la déchéance du bénéfice du taux réduit.

ENR-V-13500 s. ; MF nºs 66325 s.

E. I. Les acquisitions d'immeubles ruraux situés et dans les zones de revitalisation rurale définies au II de l'article 1465 A, qui sont effectuées par les agriculteurs bénéficiaires des aides à l'installation des jeunes agriculteurs prévues aux articles D 343-9 et D 343-13 du code rural et de la pêche maritime, que les intéressés soient exploitants individuels ou associés d'une société civile à objet agricole, pour la fraction du prix ou de la valeur n'excédant pas 99 000 €, quel que soit le nombre des acquisitions, sous réserve qu'elles interviennent au cours des quatre années suivant l'octroi des aides, que l'acte précise la valeur des terres acquises depuis cette date par l'acquéreur ayant bénéficié du tarif réduit et soit appuyé d'un certificat délivré sans frais par le directeur départemental de l'agriculture et de la forêt précisant la date de l'octroi des aides.

Ndlr *Pour les dispositions du présent I qui s'appliqueront à compter du 1er juillet 2024, voir partie Autres textes du présent code loi 2023-1322 du 29 décembre 2023 art. 73, I-35º et XX-D.*

II. Les acquisitions d'immeubles ruraux situés dans les zones prévues au I, sous réserve que l'acquéreur prenne, dans l'acte d'acquisition, l'engagement, pour lui et ses ayants cause à titre gratuit, de justifier, au plus tard au terme d'un délai d'un an à compter de la date du transfert de propriété, que le bien acquis a été donné à bail à long terme ou à bail cessible à un jeune agriculteur bénéficiaire des aides à l'installation.

Ce taux s'applique aux acquisitions effectuées par l'acquéreur à hauteur d'une valeur globale n'excédant pas 99 000 € ;

ENR-V-15400 s. ; MF nº 66335

F. *(Abrogé)* ;

ENR-V-18050 ; MF n° 91630

G. *(Dispositions abrogées : loi n° 69-1168 du 26 décembre 1969 art. 16)* ;

H. Les acquisitions, par une société de crédit-bail, d'immeubles dont elle concède immédiatement la jouissance au vendeur par un contrat de crédit-bail, à la condition que ce dernier fasse l'objet d'une publication si cette formalité est obligatoire en application des dispositions de l'article 28 du décret n° 55-22 du 4 janvier 1955 modifié ;

ENR-III-5500 s. ; MF n° 66345

I. *(Dispositions abrogées)* ;

J. *(Dispositions devenues sans objet : ordonnance 2006-460 du 21 avril 2006 art. 7-I et 13)* ;

K. Dans les départements d'outre-mer, les acquisitions de terrains compris dans le périmètre de lotissements qui sont agréés dans des conditions fixées par décret ;

ENR-V-29500 ; MF n° 91630

L. Les acquisitions en vue de leur revente de lots de copropriété faisant l'objet d'un plan de sauvegarde, en application de l'article L 615-1 du code de la construction et de l'habitation, par des sociétés anonymes et des sociétés anonymes coopératives de production d'habitations à loyers modérés, ainsi que par des sociétés d'économie mixte.

ENR-V-25890 s. ; MF n° 66260

Art 1594-0 F sexies Les ventes résultant de l'application des articles L 181-14 à L 181-28 du code rural et de la pêche maritime relatifs à la mise en valeur agricole des terres incultes, des terres laissées à l'abandon et des terres insuffisamment exploitées de la Guadeloupe, de la Guyane, de la Martinique, de La Réunion et de Mayotte sont soumises à la taxe de publicité foncière ou au droit d'enregistrement au taux de 0,70 %.

ENR-V-18050 ; MF n° 91630

Art 1594 F sexies Le conseil départemental peut, sur délibération, réduire le taux de la taxe de publicité foncière ou des droits d'enregistrement jusqu'à 0,70 %, lorsque les conditions suivantes sont réunies :

1° La mutation s'inscrit dans le cadre d'une opération consistant :

a. Soit en des ventes par lots déclenchant le droit de préemption prévu à l'article 10 de la loi n° 75-1351 du 31 décembre 1975 relative à la protection des occupants de locaux à usage d'habitation ou le droit de préemption prévu à l'article 15 de la loi n° 89-462 du 6 juillet 1989 tendant à améliorer les rapports locatifs et portant modification de la loi n° 86-1290 du 23 décembre 1986 ;

b. Soit en la vente d'un ou plusieurs lots, consécutive à la mise en copropriété d'un immeuble en raison de l'exercice, par l'un des locataires ou occupants de bonne foi, du droit de préemption prévu à l'article 10-1 de la loi n° 75-1351 du 31 décembre 1975 précitée ;

2° La vente porte sur un logement occupé ;

3° L'acquéreur s'engage dans l'acte d'acquisition à affecter le logement à la location pendant une période minimale de six ans à compter de la date d'acquisition.

Les dispositions de l'article 1594 E sont applicables.

ENR-V-28000 s. ; MF n° 66260

III. Exonération

Art 1594-0 G Sous réserve de l'article 691 bis, sont exonérés de taxe de publicité foncière ou de droits d'enregistrement :

A. I. Les acquisitions d'immeubles réalisées par une personne assujettie au sens de l'article 256 A, lorsque l'acte d'acquisition contient l'engagement, pris par l'acquéreur, d'effectuer dans un délai de quatre ans les travaux conduisant à la production d'un immeuble neuf au sens du 2° du 2 du I de l'article 257, ou nécessaires pour terminer un immeuble inachevé.

II. Cette exonération est subordonnée à la condition que l'acquéreur justifie à l'expiration du délai de quatre ans, sauf application du IV, de l'exécution des travaux prévus au I.

En cas d'acquisitions successives par des personnes mentionnées au I, l'engagement pris par le cédant peut être repris par l'acquéreur auquel s'impose alors le délai imparti au cédant. La personne à laquelle s'impose l'engagement mentionné au I peut, dans la limite de cinq années à compter de la date à laquelle il a été souscrit par le premier acquéreur, y substituer l'engagement de revendre prévu à l'article 1115 qui est réputé avoir pris effet à compter de cette même date.

L'acquéreur d'un bien qui a pris l'engagement de revendre prévu à l'article 1115 peut y substituer, avant son échéance, un engagement de construire tel que prévu au I. Cet engagement prend effet à compter de la date à laquelle il est souscrit auprès de l'administration et vaut accomplissement de l'engagement de revendre.

ENR-V-10550 s. ; MF n° 66285

III. Cette exonération n'est applicable aux terrains destinés à la construction de maisons individuelles qu'à concurrence d'une superficie de 2 500 mètres carrés par maison, ou de la superficie minimale exigée par la réglementation sur le permis de construire si elle est supérieure.

Elle profite sans limitation de superficie aux terrains destinés à la construction d'immeubles collectifs, à condition que les constructions à édifier couvrent, avec leurs cours et jardins, la totalité des terrains acquis.

Pour les terrains destinés à la construction d'immeubles non affectés à l'habitation pour les trois quarts au moins de leur superficie totale, elle est applicable dans la limite des surfaces occupées par les constructions à édifier et par les dépendances nécessaires à l'exploitation de ces constructions.

IV. Sur demande de l'acquéreur, une prolongation annuelle renouvelable du délai de quatre ans fixé au I peut être accordée par l'autorité compétente de l'Etat du lieu de la situation des immeubles dans des conditions fixées par décret. L'absence de notification d'un refus motivé de l'administration dans les deux mois de la réception de la demande vaut acceptation *(Voir Annexe III, art. 266 bis)*.

IV. bis Une prolongation annuelle renouvelable du délai mentionné au premier alinéa de l'article 1115 peut être accordée, dans des conditions fixées par décret, par l'autorité compétente de l'Etat du lieu de la situation des immeubles situés dans le périmètre d'une zone d'aménagement concerté définie à l'article L 311-1 du code de l'urbanisme et acquis par la personne chargée de l'aménagement ou de l'équipement de cette zone *(Voir Annexe III, art. 266 bis)*.

ENR-V-10000 s.

V. En cas d'acquisition d'un terrain compris dans le périmètre d'une association syndicale de remembrement, le délai de quatre ans ne commence à courir qu'à compter de la décision de clôture des opérations de remembrement.

VI. Pour l'application des dispositions du présent A les immeubles ou fractions d'immeubles destinés à une exploitation à caractère commercial ou professionnel ne sont pas considérés comme affectés à l'habitation.

VII. Les modalités d'application des I à V sont fixées par décret *(Voir Annexe III, art. 266 bis)*.

ENR-V-10700 s. ; MF n°s 66290 s.

B. Les opérations suivantes :

a. Les acquisitions d'immeubles effectuées en vue de l'aménagement de zones à urbaniser par priorité, par les collectivités et par les organismes concessionnaires de cet aménagement ;

b. Les acquisitions d'immeubles situés dans les zones d'aménagement différé, effectuées dans les conditions prévues aux articles L 212-2 et L 212-3 du code de l'urbanisme, dans leur rédaction antérieure à la loi n° 85-729 du 18 juillet 1985, par les collectivités et les organismes bénéficiaires du droit de préemption ;

c. Les rétrocessions et restitutions consenties en application des articles L 212-7 et L 213-1 du code de l'urbanisme, dans leur rédaction antérieure à la loi n° 85-729 du 18 juillet 1985 ;

d. Les acquisitions d'immeubles ou de droits immobiliers portant sur des biens situés dans des zones d'intervention foncière, effectuées dans les conditions prévues aux articles L 211-2, L 211-3 et L 211-7 du code de l'urbanisme, dans leur rédaction antérieure à la loi n° 85-729 du 18 juillet 1985 ;

e. Les rétrocessions consenties en application de l'article L 211-11 du code de l'urbanisme, dans sa rédaction antérieure à la loi n° 85-729 du 18 juillet 1985 ;

f. Les acquisitions de biens soumis au droit de préemption urbain ou au droit de préemption institué dans les zones d'aménagement différé, effectuées dans les conditions prévues aux articles L 211-4, L 211-5, L 212-2, L 212-3 et L 213-1 à L 213-3 du code de l'urbanisme ;

g. Les rétrocessions consenties en application de l'article L 213-11 du code de l'urbanisme ;

h. Les acquisitions de biens soumis au droit de préemption institué dans les zones de préemption créées en application de l'article L 215-1 du code de l'urbanisme, effectuées dans les conditions prévues au chapitre V du titre Ier du livre II dudit code par les collectivités ou établissements publics bénéficiant du droit de préemption, directement, par substitution ou par délégation ;

i. Les rétrocessions consenties en application de l'article L 215-22 du code de l'urbanisme ;

ENR-V-21400 s. ; MF n° 66260

j. Les cessions d'actifs opérées par l'association mentionnée à l'article L 313-34 du code de la construction et de l'habitation ou par les sociétés civiles immobilières dont elle détient la majorité des parts, en faveur des régimes de retraites complémentaires obligatoires des salariés du secteur privé par répartition institués par voie d'accords collectifs interprofessionnels ;

ENR-V-29600

k. Les acquisitions d'immeubles effectuées par un établissement public foncier dans le cadre des opérations de requalification des copropriétés dégradées d'intérêt national mentionnées au titre IV du livre VII du code de la construction et de l'habitation.

Art 1594 G Le conseil départemental peut exonérer de taxe de publicité foncière ou de droits d'enregistrement, les cessions de logements réalisées par les organismes d'habitation à loyer modéré ou par les sociétés d'économie mixte à condition que la mutation entre dans le champ d'application de l'article 61 de la loi n° 86-1290 du 23 décembre 1986 modifiée tendant à favoriser l'investissement locatif, l'accession à la propriété de logements sociaux et le développement de l'offre foncière. L'exonération doit être mentionnée dans l'acte de vente.

Les dispositions de l'article 1594 E sont applicables.

ENR-V-24600 s. ; MF n° 66260

Art 1594 H Le conseil départemental peut, sur délibération, exonérer de taxe de publicité foncière ou de droits d'enregistrement, les acquisitions par les organismes d'HLM ou par les sociétés d'économie mixte d'immeubles d'habitation construits ou acquis par des accédants à la propriété qui ont contracté des prêts aidés par l'Etat (PAP) entre le 1er juillet 1981 et le 31 décembre 1984 et qui ne peuvent honorer leurs échéances, lorsque les accédants à la propriété qui cèdent ces logements sont maintenus dans les lieux par l'organisme acheteur aux termes d'une clause insérée dans l'acte de vente.

La délibération prend effet dans les délais prévus à l'article 1594 E. Toutefois les délibérations antérieures au 30 avril 1989 peuvent s'appliquer aux actes passés à compter du 1er mars 1988.

ENR-V-25220 s. ; MF n° 66260

Art 1594 H-0 bis Le conseil départemental peut, sur délibération, exonérer de taxe de publicité foncière ou de droits d'enregistrement les acquisitions de logements précédemment acquis auprès d'organismes d'habitations à loyer modéré dans les conditions prévues au dixième alinéa de l'article L 411-2 du code de la construction et de l'habitation lorsqu'elles résultent de la mise en œuvre d'une garantie de rachat prévue au titre des garanties visées à ce même article.

La délibération prend effet dans les délais prévus à l'article 1594 E.

ENR-V-25350 s. ; MF n° 66260

Art 1594 H bis Les départements peuvent, par une délibération prise dans les conditions prévues à l'article 1639 A bis, exonérer de taxe de publicité foncière ou de droits d'enregistrement les cessions, autres que la première, de chacune des parts de sociétés civiles immobilières de capitalisation mentionnées à l'article L 443-6-2 du code de la construction et de l'habitation représentatives de fractions d'immeubles.

Les dispositions de l'article 1594 E sont applicables.

ENR-VI-39200 s. ; MF n° 67200

Art 1594 I Le conseil départemental peut, sur délibération, exonérer de taxe de publicité foncière ou de droits d'enregistrement les acquisitions par les mutuelles de retraite des anciens combattants et victimes de guerre qui bénéficient de la majoration de l'Etat prévue à l'article L 222-2 du code de la mutualité.

La délibération prend effet dans les délais prévus à l'article 1594 E.

ENR-V-27620 s. ; MF n° 66260

Art 1594 I bis Les conseils départementaux des départements d'outre-mer peuvent, sur délibération, exonérer de la taxe de publicité foncière ou du droit d'enregistrement les acquisitions d'immeubles que l'acquéreur s'engage à affecter, dans un délai de quatre ans suivant la date de l'acte d'acquisition, à l'exploitation d'un hôtel, d'une résidence de tourisme ou d'un village de vacances classés pour une durée minimale de huit ans.

La délibération prend effet dans les délais prévus à l'article 1594 E.

ENR-V-28620 s.

Art 1594 I ter Les conseils départementaux des départements d'outre-mer peuvent, sur délibération, exonérer de taxe de publicité foncière ou de droits d'enregistrement les cessions de parts de copropriété portant sur des hôtels, des résidences de tourisme ou des villages de vacances classés, acquis sous le régime de défiscalisation prévu par les articles 238 bis HA et 238 bis HD dans leur rédaction issue de l'article 22 de la loi de finances rectificative pour 1986 (n° 86-824 du 11 juillet 1986).

Le bénéfice de l'exonération est subordonné aux conditions que l'acquéreur s'engage, dans l'acte d'acquisition, à affecter l'immeuble à l'exploitation hôtelière pendant au moins cinq ans et à y réaliser des travaux de rénovation, et que le prix de cession au mètre carré soit inférieur à un prix fixé par décret *(NDLR Voir Annexe III, art. 328 G decies)*. En cas d'inobservation de l'engagement d'affectation, les droits non perçus lors de l'acquisition sont exigibles à première réquisition.

Le bénéfice de l'exonération est également subordonné au respect du règlement (UE) n° 1407/2013 de la Commission, du 18 décembre 2013, relatif à l'application des articles 107 et 108 du traité sur le fonctionnement de l'Union européenne aux aides de minimis.

La délibération prend effet dans les délais prévus à l'article 1594 E.

ENR-V-28900 s.

Art 1594 J Sur délibération du conseil départemental, les baux à réhabilitation sont exonérés de taxe de publicité foncière. La délibération prend effet dans les délais prévus à l'article 1594 E.

ENR-III-5150 s. ; MF nº 65160

Art 1594 J bis Le conseil départemental peut, sur délibération, exonérer de taxe de publicité foncière les baux à durée limitée d'immeubles, faits pour une durée supérieure à douze années, relatifs à des résidences de tourisme soumises au classement prévu à l'article L 321-1 du code du tourisme.

La délibération prend effet dans les délais prévus à l'article 1594 E.

ENR-III-1850 ; MF nº 65160

SECTION II

Autres taxes

I. Taxes obligatoires. Taxes additionnelles à certains droits d'enregistrement

Art 1595 Est perçue au profit des départements une taxe additionnelle aux droits d'enregistrement ou à la taxe de publicité foncière exigibles sur les mutations à titre onéreux :

1º D'immeubles ou de droits immobiliers situés sur leur territoire passibles de la taxe de publicité foncière ou de droits d'enregistrement aux taux prévus aux articles 683 bis et 810 ;

2º De meubles corporels vendus publiquement dans le département *(Sous réserve des dispositions de l'article 1595 ter)* *(NDLR Disposition devenue sans objet compte tenu de l'abrogation de l'article 733, 2º depuis le 1er janvier 2015)* ;

3º D'offices ministériels ayant leur siège dans le département ;

4º De fonds de commerce ou de clientèle établis sur leur territoire et de marchandises neuves dépendant de ces fonds ;

5º De droit au bail ou de bénéfice d'une promesse de bail portant sur tout ou partie d'un immeuble quelle que soit la forme donnée par les parties, qu'elle soit qualifiée cession de pas-de-porte, indemnité de départ ou autrement.

Cette taxe, dont la perception est confiée au service des impôts, est fixée à 1,60 %. Le taux est fixé à 0,50 % pour les mutations à titre onéreux visées au 2º. Pour les mutations visées aux 3º, 4º et 5º ci-dessus constatées par un acte passé ou une convention conclue à compter du 1er janvier 2002, les taux de la taxe sont fixés à :

FRACTION DE LA VALEUR TAXABLE	TARIF applicable
	%
N'excédant pas 23 000 €	0
Comprise entre 23 0000 € et 107 0000 €	0,60
Supérieure à 107 0000 €	1,40

Elle est soumise aux règles qui gouvernent l'exigibilité, la restitution et le recouvrement des droits ou de la taxe auxquels elle s'ajoute.

ENR-XI-280 s. ; MF nº 65520

Art 1595 bis Il est perçu au profit d'un fonds de péréquation départemental, dans toutes les communes dont la population n'excède pas 5 000 habitants autres que les communes classées comme stations de tourisme au sens de la sous-section 2 de la section 2 du chapitre III du titre III du livre Ier du code du tourisme, une taxe additionnelle aux droits d'enregistrement ou à la taxe de publicité foncière exigible sur les mutations à titre onéreux :

1º D'immeubles et de droits immobiliers situés sur leur territoire. La taxe additionnelle n'est pas perçue lorsque la mutation est soumise au droit proportionnel de 0,70 % ;

2º De meubles corporels vendus publiquement dans le département *(Sous réserve des dispositions de l'article 1595 ter)* *(NDLR Disposition devenue sans objet compte tenu de l'abrogation de l'article 733, 2º depuis le 1er janvier 2015)* ;

3º D'offices ministériels ayant leur siège dans le département ;

4º De fonds de commerce ou de clientèle établis sur leur territoire et de marchandises neuves dépendant de ces fonds ;

5º De droit au bail ou de bénéfice d'une promesse de bail, portant sur tout ou partie d'un immeuble quelle que soit la forme donnée par les parties, qu'elle soit qualifiée cession de pas-de-porte, indemnité de départ ou autrement.

Cette taxe, dont la perception est confiée au service des impôts, est fixée à 1,20 %. Pour les mutations mentionnées aux 3º, 4º et 5º, les taux de la taxe sont fixés à :

FRACTION DE LA VALEUR TAXABLE	TARIF applicable
	%
N'excédant pas 23 000 €	0
Comprise entre 23 000 € et 107 000 €	0,40
Supérieure à 107 000 €	1,00

La taxe est soumise aux règles qui gouvernent l'exigibilité, la restitution et le recouvrement des droits ou de la taxe auxquels elle s'ajoute.

Les ressources provenant de ce fonds de péréquation seront réparties entre les communes dont la population n'excède pas 5 000 habitants suivant un barème établi par le conseil départemental. Le système de répartition adopté devra tenir compte notamment de l'importance de la population, du montant des dépenses d'équipement brut et de l'effort fiscal fourni par la collectivité bénéficiaire.

ENR-XI-280 s. ; MF n°s 65520, 66220 s.

Art 1595 ter Les taxes additionnelles prévues aux articles 1595 et 1595 bis ne s'appliquent pas aux ventes de meubles visées au 2 de l'article 1584 *(NDLR Disposition devenue sans objet compte tenu de l'abrogation de l'article 733, 2° depuis le 1er janvier 2015).*

TITRE II BIS

IMPOSITIONS PERÇUES AU PROFIT DES REGIONS ET DE LA COLLECTIVITE TERRITORIALE DE CORSE

CHAPITRE PREMIER

Impôts directs et taxes assimilées

I. Généralités

Art 1599 bis Les régions perçoivent :

1° La composante de l'imposition forfaitaire sur les entreprises de réseaux relative au matériel roulant utilisé sur le réseau ferré national pour des opérations de transport de voyageurs, prévue à l'article 1599 quater A.

L'imposition mentionnée à l'article 1599 quater A est répartie entre les régions en fonction du nombre de sillons-kilomètres, au sens de l'article 1649 A ter, réservés l'année qui précède l'année d'imposition par les entreprises de transport ferroviaire auprès de la société SNCF Réseau.

Cette répartition s'effectue selon le rapport suivant :

au numérateur : le nombre de sillons-kilomètres réservés dans chaque région pour des opérations de transport de voyageurs sur le réseau ferré national ;

au dénominateur : le nombre total de sillons-kilomètres réservés pour des opérations de transport de voyageurs sur le réseau ferré national ;

2° La composante de l'imposition forfaitaire sur les entreprises de réseaux relative aux répartiteurs principaux de la boucle locale cuivre et, aux points de mutualisation des réseaux de communications électroniques en fibre optique jusqu'à l'utilisateur final et aux nœuds de raccordement optique des réseaux de communications électroniques en fibre optique avec terminaison en câble coaxial prévue à l'article 1599 quater B ;

3° *(Abrogé)* ;

4° Une fraction égale à 40 % de la composante de l'imposition forfaitaire sur les entreprises de réseaux relative aux installations de production d'électricité d'origine géothermique, prévue à l'article 1519 HB. Pour ces dernières, le produit est rattaché au territoire où est installé le point de raccordement au réseau public de distribution ou de transport d'électricité.

LOC-I-360 s. ; MF n°s 41500 s.

Art 1599 ter *(Pour la fixation du taux d'imposition voir art. 1636 B sexies).*

III bis. Imposition forfaitaire sur le matériel roulant ferroviaire

Art 1599 quater A I. L'imposition forfaitaire mentionnée à l'article 1635-0 quinquies s'applique au matériel roulant utilisé sur le réseau ferré national pour des opérations de transport de voyageurs.

II. L'imposition forfaitaire est due chaque année par l'entreprise de transport ferroviaire qui dispose, pour les besoins de son activité professionnelle au 1er janvier de l'année d'imposition, de matériel roulant ayant été utilisé l'année précédente sur le réseau ferré national pour des opérations de transport de voyageurs.

III. Le montant de l'imposition forfaitaire est établi pour chaque matériel roulant en fonction de sa nature et de son utilisation selon le barème suivant *(NDLR Tarif applicable aux impositions établies au titre de 2024)* :

Catégorie de matériels roulants	Tarifs (en euros)
Engins à moteur thermique	
Automoteur	35 831
Locomotive diesel	35 831
Engins à moteur électrique	
Automotrice	27 471
Locomotive électrique	23 889
Motrice de matériel à grande vitesse	41 805

Catégorie de matériels roulants	Tarifs (en euros)
Automotrice tram-train	13 738
Engins remorqués	
Remorque pour le transport de passagers	5 734
Remorque pour le transport de passagers à grande vitesse	11 943
Remorque tram-train	2 866

Les catégories de matériels roulants sont précisées par arrêté conjoint des ministres chargés du transport et du budget en fonction de leur capacité de traction, de captation de l'électricité, d'accueil de voyageurs et de leur performance *(NDLR Voir Annexe IV, art. 155-0 bis).*

Les matériels roulants retenus pour le calcul de l'imposition sont ceux dont les entreprises ferroviaires ont la disposition au 1er janvier de l'année d'imposition et qui sont destinés à être utilisés sur le réseau ferré national pour des opérations de transport de voyageurs. Par exception, les matériels roulants destinés à être utilisés sur le réseau ferré national pour des opérations de transport international de voyageurs dans le cadre de regroupements internationaux d'entreprises ferroviaires sont retenus pour le calcul de l'imposition des entreprises ferroviaires qui fournissent ces matériels dans le cadre de ces regroupements.

Ne sont pas retenus pour le calcul de l'imposition les matériels roulants destinés à circuler en France exclusivement sur les sections du réseau ferré national reliant, d'une part, une intersection entre le réseau ferré national et une frontière entre le territoire français et le territoire d'un Etat limitrophe et, d'autre part, la gare française de voyageurs de la section concernée la plus proche de cette frontière.

Lorsque du matériel roulant est destiné à être utilisé à la fois sur le réseau ferré national et sur les lignes de transport en commun de voyageurs mentionnées aux articles L 2142-1 et L 2142-2 du code des transports, ce matériel est retenu pour le calcul de l'imposition s'il est destiné à être utilisé principalement sur le réseau ferré national.

III bis. Sans préjudice des dispositions du III :

1° L'imposition forfaitaire n'est pas due par les entreprises de transport ferroviaire qui ont parcouru l'année précédant celle de l'imposition moins de 300 000 kilomètres sur le réseau ferré national pour des opérations de transport de voyageurs ;

2° Pour les entreprises de transport ferroviaire qui ont parcouru l'année précédant celle de l'imposition entre 300 000 et 1 700 000 kilomètres sur le réseau ferré national pour des opérations de transport de voyageurs, le montant de l'imposition forfaitaire est égal au montant mentionné au III multiplié par un coefficient égal à : (nombre de kilomètres parcourus sur le réseau ferré national – 300 000)/1 400 000.

IV. Le redevable de la taxe déclare, au plus tard le deuxième jour ouvré suivant le 1er mai de l'année d'imposition, le nombre de matériels roulants par catégorie et le nombre de kilomètres parcourus l'année précédant celle de l'imposition sur le réseau ferré national pour des opérations de transport de voyageurs.

La déclaration précise les matériels roulants, par catégorie, utilisés dans le cadre de services de voyageurs commandés par les autorités régionales.

(Voir Annexe III, art. 328 M)

Le contrôle, le recouvrement, le contentieux, les garanties, sûretés et privilèges sont régis comme en matière de cotisation foncière des entreprises.

ASS-I-22400 s.

Art 1599 quater A bis I. L'imposition forfaitaire mentionnée à l'article 1635-0 quinquies s'applique au matériel roulant utilisé sur les lignes de transport en commun de voyageurs mentionnées aux articles L 2142-1 et L 2142-2 du code des transports, pour des opérations de transport de voyageurs.

II. L'imposition forfaitaire est due chaque année par les personnes ou organismes qui sont propriétaires au 1er janvier de l'année d'imposition de matériel roulant ayant été utilisé l'année précédente pour des opérations de transport de voyageurs sur les lignes de transport en commun de voyageurs mentionnées au I.

III. Le montant de l'imposition forfaitaire est établi pour chaque matériel roulant en fonction de sa nature et de son utilisation selon le barème suivant *(NDLR Tarif applicable aux impositions établies au titre de 2024)* :

Catégorie de matériels roulants	Tarifs (en euros)
Métro	
Motrice et remorque	14 643
Autre matériel	
Automotrice et motrice	27 471
Remorque	5 734

Les catégories de matériels roulants sont précisées par arrêté conjoint des ministres chargés du transport et du budget en fonction de leur capacité de traction, de captation de l'électricité, d'accueil de voyageurs et de leur performance *(NDLR Voir Annexe IV, art. 155-00 ter et 155-0 ter).*

Les matériels roulants retenus pour le calcul de l'imposition sont ceux dont les personnes ou organismes sont propriétaires au 1er janvier de l'année d'imposition et qui sont destinés à être utilisés pour des opérations de transport de voyageurs sur les lignes de transport en commun de voyageurs mentionnées au I.

Lorsque du matériel roulant est destiné à être utilisé à la fois sur le réseau ferré national et sur les lignes de transport en commun de voyageurs mentionnées au I, ce matériel est retenu pour le calcul de l'imposition s'il est destiné à être utilisé principalement sur ces lignes.

IV. Le redevable de l'imposition déclare, au plus tard le deuxième jour ouvré suivant le 1er mai de l'année d'imposition, le nombre de matériels roulants par catégorie *(Voir Annexe III, art. 328 O).*

Le contrôle, le recouvrement, le contentieux, les garanties, sûretés et privilèges sont régis comme en matière de cotisation foncière des entreprises.

V. La composante de l'imposition forfaitaire sur les entreprises de réseaux prévue au présent article est affectée, dans la limite d'un plafond annuel, au budget de l'établissement public « Société des grands projets » créé par la loi n° 2010-597 du 3 juin 2010 relative au Grand Paris.

ASS-I-23200 s.

III ter. Imposition forfaitaire sur répartiteurs principaux

Art 1599 quater B **I.** L'imposition forfaitaire mentionnée à l'article 1635-0 quinquies s'applique :

a. Aux répartiteurs principaux de la boucle locale cuivre au sens du 4° ter de l'article L 32 du code des postes et des communications électroniques ;

b. Aux points de mutualisation des réseaux de communications électroniques en fibre optique jusqu'à l'utilisateur final au sens de l'article L 34-8-3 du code des postes et des communications électroniques ;

c. Aux nœuds de raccordement optique des réseaux de communications électroniques en fibre optique avec terminaison en câble coaxial.

II. L'imposition forfaitaire est due chaque année par le propriétaire de l'équipement mentionné aux a, b ou c du I au 1er janvier de l'année d'imposition.

III. Le montant de l'imposition est établi de la manière suivante :

Pour chacun des équipements mentionnés aux a, b et c du I, le montant de l'imposition est fonction du nombre de lignes de la partie terminale du réseau qu'il raccorde et qui sont en service au 1er janvier de l'année d'imposition. Le tarif de l'imposition est fixé à 21,19 € par ligne en service.

Ndlr *Tarif applicable aux impositions établies au titre de 2024.*

III bis. 1. Une ligne raccordée par un équipement mentionné aux a, b ou c du I n'est pas prise en compte dans le calcul du montant de l'imposition de l'équipement pendant les cinq années suivant celle de la première installation jusqu'à l'utilisateur final.

2. Les lignes d'un réseau interne de distribution de télévision exclusivement utilisées pour distribuer des services de télévision non subordonnés à la souscription d'un des abonnements mentionnés à l'article 34-1 de la loi n° 86-1067 du 30 septembre 1986 relative à la liberté de communication raccordées à un équipement mentionné au c du I ne sont pas imposées.

IV. Le redevable de la taxe déclare, au plus tard le deuxième jour ouvré suivant le 1er mai de l'année d'imposition, par région, département et commune :

a. Le nombre de répartiteurs principaux et de lignes en service prises en compte dans le calcul de l'imposition que chacun comportait au 1er janvier ;

b. Le nombre de points de mutualisation des réseaux de communications électroniques en fibre optique jusqu'à l'utilisateur final et de lignes en service prises en compte dans le calcul de l'imposition de la partie terminale du réseau que chacun permettait de raccorder au 1er janvier ;

c. Le nombre de nœuds de raccordement optique des réseaux de communications électroniques avec terminaison en câble coaxial et de lignes en service prises en compte dans le calcul de l'imposition de la partie terminale du réseau que chacun permettait de raccorder au 1er janvier.

Le contrôle, le recouvrement, le contentieux, les garanties, sûretés et privilèges sont régis comme en matière de cotisation foncière des entreprises.

Ndlr ***1.*** *Lorsque le montant du produit total de l'imposition forfaitaire sur les entreprises de réseaux relative aux répartiteurs principaux de la boucle locale cuivre, aux points de mutualisation des réseaux de communications électroniques en fibre optique jusqu'à l'utilisateur final et aux nœuds de raccordement optique des réseaux de communications électroniques en fibre optique avec terminaison en câble coaxial prévue à l'article 1599 quater B du CGI perçu au titre d'une année est inférieur à 400 millions d'euros, les montants de l'imposition mentionnés au III du même article 1599 quater B applicables au titre de l'année suivante sont majorés* *par un coefficient égal au quotient d'un montant de 400 millions d'euros par le montant du produit perçu (Loi 2010-1657 du 29 décembre 2010 art. 112, III).*

***2.** Pour les impositions mentionnées au présent article dues à compter de 2024, lorsque le produit total de l'imposition perçu au titre d'une année est supérieur à 400 millions d'euros, le tarif de cette imposition, mentionné au second alinéa du III du présent article, applicable au titre de l'année suivante est minoré par un coefficient égal au quotient de ce montant de 400 millions d'euros par le montant du produit perçu.*

Le montant fixé ci-dessus est revalorisé chaque année par application du taux prévisionnel, associé au projet de loi de finances de l'année, d'évolution des prix à la consommation des ménages, hors tabac, pour la même année (Loi 2023-1322 du 29 décembre 2023 art. 81).

ASS-I-23600 s.

IV. Taxes perçues au profit de la région d'Ile-de-France

Art 1599 quater C **I.** Il est institué une taxe annuelle sur les surfaces de stationnement perçue dans les limites territoriales de la région d'Ile-de-France.

II. Sont soumises à la taxe les personnes privées et publiques propriétaires de surfaces de stationnement ou titulaires d'un droit réel portant sur celles-ci.

La taxe est acquittée par le propriétaire, l'usufruitier, le preneur à bail à construction, l'emphytéote ou le titulaire d'une autorisation d'occupation temporaire du domaine public constitutive d'un droit réel qui dispose, au 1er janvier de l'année d'imposition, d'une surface taxable.

III. Les surfaces de stationnement mentionnées au I s'entendent des locaux ou aires, couvertes ou non couvertes, destinés au stationnement des véhicules et qui font l'objet d'une exploitation commerciale ou sont annexés aux locaux mentionnés aux 1° à 3° du III de l'article 231 ter sans être intégrés topographiquement à un établissement de production.

IV. Sont exclues du champ de la taxe :

1° Les surfaces de stationnement exonérées en application des 1° à 2° bis et 5° du V de l'article 231 ter ;

2° Les surfaces de stationnement mentionnées au III du présent article d'une superficie inférieure à cinq cents mètres carrés.

V. 1. Un tarif au mètre carré est appliqué par circonscription, définie ci-après :

1° Première circonscription : Paris et le département des Hauts-de-Seine ;

2° Deuxième circonscription : les communes de l'unité urbaine de Paris, telle que délimitée par l'arrêté pris pour l'application du 2° du a du 1 du VI de l'article 231 ter, autres que Paris et les communes du département des Hauts-de-Seine ;

3° Troisième circonscription : les autres communes de la région d'Ile-de-France.

2. Les tarifs au mètre carré sont fixés, pour l'année 2023, en application du tableau ci-dessous :

(En euros)

1re circonscription	2e circonscription	3e circonscription
4,77	2,76	1,40

Par dérogation, pour les surfaces de stationnement faisant l'objet d'une exploitation commerciale, les tarifs sont réduits de 75 % pour l'année 2019, de 50 % pour l'année 2020 et de 25 % pour l'année 2021.

3. Ces tarifs sont actualisés au 1er janvier de chaque année en fonction de la prévision de l'indice des prix à la consommation, hors tabac, retenue dans le projet de loi de finances de l'année. Les valeurs sont arrondies, s'il y a lieu, au centime d'euro supérieur.

VI. Pour le calcul des surfaces mentionnées au 2° du IV et au V, il est tenu compte de tous les locaux de même nature, hors parties communes, qu'une personne privée ou publique possède à une même adresse ou, en cas de pluralité d'adresses, dans un même groupement topographique.

Pour l'appréciation du caractère annexé des surfaces de stationnement mentionnées au III, il est également tenu compte des surfaces qui, bien que non intégrées à un groupement topographique comprenant des locaux taxables, sont mises à la disposition, gratuitement ou non, des utilisateurs de locaux taxables situés à proximité immédiate.

VII. Les redevables déposent une déclaration selon les modalités prévues au VII de l'article 231 ter.

VIII. Le contrôle, le recouvrement, le contentieux, les garanties et les sanctions relatifs à la taxe sont régis par les règles applicables en matière de taxe sur les salaires jusqu'au 31 décembre 2003.

IX. Le produit annuel de la taxe est affectée à la région d'Ile-de-France, retracée dans la section d'investissement de son budget, en vue de financer les dépenses d'investissement en faveur des transports en commun, dans la limite du montant prévu à l'article L 4414-5 du code général des collectivités territoriales. Le solde de ce produit est affecté à l'établissement public Société des grands projets mentionné à l'article 7 de la loi n° 2010-597 du 3 juin 2010 relative au Grand Paris, dans la limite d'un plafond annuel.

IMMO-V-34000 s. ; MF n° 31415

Art 1599 quater D Une taxe additionnelle spéciale annuelle est instituée au profit de la région d'Ile-de-France.

Le produit de cette taxe est arrêté, avant le 31 décembre de chaque année, pour l'année suivante, dans la limite d'un plafond de 80 millions d'euros, par le conseil régional d'Ile-de-France et notifié aux services fiscaux. Le produit de la taxe est affecté en section d'investissement du budget de la région d'Ile-de-France, en vue de financer les dépenses d'investissement en faveur des transports en commun.

Ce produit est réparti entre toutes les personnes assujetties à la taxe foncière sur les propriétés bâties et à la cotisation foncière des entreprises dans les communes de la région d'Ile-de-France, proportionnellement aux recettes que chacune de ces taxes a procurées l'année précédente à l'ensemble de ces communes et de leurs établissements publics de coopération intercommunale situés dans le ressort de la région d'Ile-de-France. Les recettes à prendre en compte pour opérer cette répartition s'entendent de celles figurant dans les rôles généraux.

A compter des impositions établies au titre de 2019, les recettes que la taxe foncière sur les propriétés bâties a procurées sur le territoire de la Ville de Paris sont, pour l'application du troisième alinéa, minorées de la part que cette taxe aurait procurée si le taux départemental d'imposition de l'année 2018 avait été appliqué.

A compter des impositions établies au titre de l'année 2021, le produit réparti, en 2020, entre les personnes assujetties à la taxe foncière sur les propriétés bâties et celles assujetties à la cotisation foncière des entreprises, pour les locaux évalués selon les dispositions de l'article 1499, est pris en charge, pour moitié, par l'Etat.

Pour l'application du troisième alinéa du présent article, le produit de la taxe est minoré du montant mentionné au cinquième alinéa.

A compter des impositions établies au titre de 2022, les recettes de taxe foncière sur les propriétés bâties des communes à prendre en compte pour réaliser cette répartition sont minorées du produit que cette taxe aurait procuré si le taux départemental d'imposition de l'année 2020 avait été appliqué.

La base de la taxe est déterminée dans les mêmes conditions que pour la part communale ou, à défaut de part communale, dans les mêmes conditions que la part intercommunale de la taxe principale à laquelle la taxe additionnelle s'ajoute.

Les cotisations sont établies et recouvrées et les réclamations sont présentées et jugées comme en matière de contributions directes.

ASS-I-27000 s. ; MF n° 45517

Art 1599 quater E La région d'Ile-de-France peut percevoir la taxe d'aménagement dans les conditions prévues au 2° du I de l'article 1635 quater A.

IMMO-V-4100 s. ; MF n° 31102

VI. Taxe perçue pour la région de Guyane

Art 1599 quinquies B **I.** Il est perçu chaque année au profit de la région et de l'organisme mentionnés au V une taxe due par les concessionnaires de mines d'or, les amodiataires des concessions de mines d'or et les titulaires de permis et d'autorisations d'exploitation de mines d'or exploitées en Guyane.

II. La taxe est assise sur la masse nette de l'or extrait par les personnes mentionnées au I l'année précédant celle au titre de laquelle la taxe est due. Le tarif par kilogramme d'or extrait est fixé chaque année par arrêté des ministres chargés des mines, de l'intérieur et de l'économie dans les limites suivantes :

1° Pour la taxe due par les entreprises entrant dans la catégorie des petites et moyennes entreprises telles que définies par l'annexe 1 au règlement (UE) n° 651/2014 de la Commission du 17 juin 2014 déclarant certaines catégories d'aides compatibles avec le marché intérieur en application des articles 107 et 108 du traité, le tarif ne peut être supérieur à 1 % du cours moyen annuel de l'or constaté sur le marché de l'or de Londres (London Bullion Market) l'année précédant celle au titre de laquelle la taxe est due sans toutefois être inférieur à 40 € ;

2° Pour la taxe due par les autres entreprises, le tarif ne peut être supérieur à 2 % du cours moyen annuel de l'or constaté sur le marché de l'or de Londres (London Bullion Market) l'année précédant celle au titre de laquelle la taxe est due sans toutefois être inférieur à 80 € *(Voir Annexe IV, art. 155 bis A)*.

III. Les redevables mentionnés au I peuvent déduire de la taxe le montant des investissements réalisés l'année précédant celle de l'imposition pour la réduction des impacts de l'exploitation de l'or sur l'environnement, dans la double limite de 45 % du montant de la taxe et de 5 000 €.

IV. Les redevables mentionnés au I adressent chaque année avant le 1er mars aux services de l'Etat chargés des mines une déclaration indiquant les concessions, amodiations de concession et permis et autorisations d'exploitation dont ils ont disposé au cours de l'année précédente, ainsi que les noms des communes sous le territoire desquelles ont fonctionné lesdites exploitations. La taxe est établie pour chaque titre minier délivré dans la commune du lieu principal d'exploitation.

Cette déclaration fait ressortir, pour chaque exploitation et pour l'ensemble de l'année, la masse nette de l'or extrait. Les services de l'Etat chargés des mines, après avoir vérifié la déclaration, transmettent à la direction des services fiscaux, pour chaque exploitation, les éléments nécessaires au calcul de la taxe.

La taxe est établie par voie de rôle et recouvrée comme en matière de contributions directes. Il en va de même pour la présentation, l'instruction et le jugement des réclamations.

V. La taxe due par les petites et moyennes entreprises définies au 1° du II est affectée à la région de Guyane et, à compter de la création de l'organisme chargé de l'inventaire, de la valorisation et de la conservation de la biodiversité en Guyane, pour moitié à la région et pour moitié à cet organisme. La taxe versée par les autres entreprises est affectée à la région de Guyane et, à compter de la création dudit organisme, à hauteur des trois quarts du montant à la région de Guyane et à hauteur du quart du montant à cet organisme.

VI. Les modalités de détermination de la masse nette de l'or extrait et la nature des investissements réalisés en faveur de la réduction des impacts de l'exploitation de l'or sur l'environnement qui peuvent être déduits de la taxe sont définies par décret en Conseil d'Etat *(NDLR Voir Annexe II, art. 318 B à 318 D).*

DC-IV-8800 s.

CHAPITRE II

Enregistrement, publicité foncière et timbre

SECTION I

Droits d'enregistrement. Taxe de publicité foncière

I. Taxe additionnelle perçue au profit de la région d'Ile-de-France

Art 1599 sexies Il est perçu au profit de la région d'Ile-de-France une taxe additionnelle aux droits d'enregistrement ou à la taxe de publicité foncière exigibles sur les mutations à titre onéreux, autres que celles mentionnées au A de l'article 1594 F quinquies, de locaux à usage de bureaux, de locaux commerciaux et de locaux de stockage mentionnés à l'article L 520-1 du code de l'urbanisme.

Le taux de la taxe est fixé à 0,6 %.

Cette taxe est assise, recouvrée et contrôlée selon les mêmes procédures et sous les mêmes sanctions, garanties, sûretés et privilèges que les droits et taxes auxquels elle s'ajoute.

ENR-XI-750 s. ; MF n° 66240

CHAPITRE III

Autres droits et taxes

Art 1599 vicies *(Dispositions abrogées et transférées aux articles L 422-29 et L 423-57 s. du CIBS depuis le 1er janvier 2022).*

FR 10/22 inf. 5 n° 22 p. 11 ; TD-XX-4000 s. ; MF n° 92410

TITRE III

IMPOSITIONS PERÇUES AU PROFIT DE CERTAINS ETABLISSEMENTS PUBLICS ET D'ORGANISMES DIVERS

CHAPITRE PREMIER

Impôts directs et taxes assimilées

SECTION 0I

Contributions et prélèvements perçus au profit d'organismes divers concourant au financement de la protection sociale et au remboursement de la dette sociale

II. Contribution sociale généralisée perçue au profit de la caisse nationale des allocations familiales, du fonds de solidarité vieillesse et des régimes obligatoires d'assurance maladie

Art 1600-00 C Conformément au II bis de l'article L 136-5 du code de la sécurité sociale, la contribution sociale généralisée sur les revenus d'activité et de remplacement due sur les revenus de source étrangère, sous réserve s'agissant des revenus d'activité qu'elle n'ait pas fait l'objet d'un précompte par l'employeur, et la contribution sociale généralisée due sur l'avantage mentionné au I de l'article 80 bis, ainsi que sur l'avantage mentionné au I de l'article 80 quaterdecies lorsque ce dernier est imposé à l'impôt sur le revenu suivant les règles de droit commun des traitements et salaires, sont établies, recouvrées et contrôlées dans les conditions et selon les modalités prévues au III de l'article L 136-6 du code de la sécurité sociale.

Ndlr *Les articles L 136-5 et L 136-6 du code de la sécurité sociale sont reproduits dans la partie Autres textes du présent code.*

TD-XVI-2460

Art 1600-0 C La contribution sociale généralisée sur les revenus du patrimoine est établie, contrôlée et recouvrée conformément aux dispositions de l'article L 136-6 du code de la sécurité sociale.

Ndlr *L'article L 136-6 du code de la sécurité sociale est reproduit dans la partie Autres textes du présent code.*

Art 1600-0 D La contribution sociale généralisée sur les produits de placements est établie, contrôlée et recouvrée conformément aux dispositions de l'article L 136-7 du code de la sécurité sociale.

Ndlr *L'article L 136-7 du code de la sécurité sociale est reproduit dans la partie Autres textes du présent code.*

TD-XVI-6000 s., 6390 s., 6500 s. ; MF nos 34600 s.

Art 1600-0 E Le taux des contributions sociales sur les revenus du patrimoine et sur les produits de placements est fixé conformément aux dispositions du I de l'article L 136-8 du code de la sécurité sociale.

Ndlr *L'article L 136-8 du code de la sécurité sociale est reproduit dans la partie Autres textes du présent code.*

IV. Contributions pour le remboursement de la dette sociale perçues au profit de la caisse d'amortissement de la dette sociale

Art 1600-0 G La contribution pour le remboursement de la dette sociale assise sur les revenus du patrimoine est établie, contrôlée et recouvrée conformément à l'article 15 de l'ordonnance n° 96-50 du 24 janvier 1996 relative au remboursement de la dette sociale.

Ndlr *L'article 15 de l'ordonnance 96-50 du 24 janvier 1996 est reproduit dans la partie Autres textes du présent code.*

TD-XVI-380, 4000 s. ; MF n°s 34430 s., 34550 s.

Art 1600-0 H La contribution pour le remboursement de la dette sociale prélevée sur les produits de placement est établie, contrôlée et recouvrée conformément à l'article 16 de l'ordonnance n° 96-50 du 24 janvier 1996 relative au remboursement de la dette sociale.

Ndlr *L'article 16 de l'ordonnance 96-50 du 24 janvier 1996 est reproduit dans la partie Autres textes du présent code.*

TD-XVI-380, 6000 s. ; MF n°s 34430 s., 34600 s.

Art 1600-0 I La contribution pour le remboursement de la dette sociale à laquelle sont assujetties les ventes de métaux précieux, bijoux, objets d'art, de collection et d'antiquité est établie, contrôlée et recouvrée conformément à l'article 17 de l'ordonnance n° 96-50 du 24 janvier 1996 relative au remboursement de la dette sociale.

Ndlr *L'article 17 de l'ordonnance 96-50 du 24 janvier 1996 est reproduit dans la partie Autres textes du présent code.*

TD-VII-1240 s. ; MF n° 75930

Art 1600-0 J Le taux des contributions pour le remboursement de la dette sociale mentionnées aux articles 1600-0 G à 1600-0 I est fixé par l'article 19 de l'ordonnance n° 96-50 du 24 janvier 1996 relative au remboursement de la dette sociale.

Ndlr *L'article 19 de l'ordonnance 96-50 du 24 janvier 1996 est reproduit dans la partie Autres textes du présent code.*

TD-XVI-420 ; MF n° 75930

SECTION I

Taxe pour frais de chambres de commerce et d'industrie

Art 1600 I. La taxe pour frais de chambres est constituée de deux contributions : une taxe additionnelle à la cotisation foncière des entreprises et une taxe additionnelle à la cotisation sur la valeur ajoutée des entreprises. Elle est perçue au profit de CCI France et répartie entre les chambres de commerce et d'industrie de région, dans les conditions prévues au 10° de l'article L 711-16 du code de commerce.

Ndlr *Pour les dispositions du précédent alinéa qui s'appliquent aux impositions établies au titre de 2027 et des années suivantes, voir partie Autres textes du présent code loi 2022-1726 du 30 décembre 2022 art. 55, I-K-1° et XXVII-H modifié par loi 2023-1322 du 29 décembre 2023 art. 79, III-2°.*

Sont exonérés de cette taxe :

1° Les redevables qui exercent exclusivement une activité non commerciale au sens du 1 de l'article 92 ;

2° Les loueurs de chambres ou appartements meublés mentionnés au 3° de l'article 1459 ;

3° Les chefs d'institution et maîtres de pension ;

4° Les sociétés d'assurance mutuelles ;

5° Les artisans établis dans la circonscription d'une chambre de métiers et de l'artisanat, régulièrement immatriculés au registre national des entreprises en tant qu'entreprise du secteur des métiers et de l'artisanat et qui ne sont pas portés sur la liste électorale de la chambre de commerce et d'industrie de leur circonscription ;

6° Les caisses de crédit agricole mutuel ;

7° Les caisses de crédit mutuel adhérentes à la Confédération nationale du crédit mutuel ;

8° L'organe central du crédit agricole ;

9° Les caisses d'épargne et de prévoyance ;

10° Les sociétés coopératives agricoles, unions de coopératives agricoles et les sociétés d'intérêt collectif agricole ;

11° Les artisans pêcheurs et les sociétés de pêche artisanale visés aux 1° et 1° bis de l'article 1455 ;

12° Les redevables de la cotisation foncière des entreprises qui bénéficient de l'exonération de cotisation minimum en application du troisième alinéa du 1 du I de l'article 1647 D. Le bénéfice de l'exonération est subordonné au respect du règlement (UE) n° 1407/2013 de la Commission du 18 décembre 2013 relatif à l'application des articles 107 et 108 du traité sur le fonctionnement de l'Union européenne aux aides de minimis.

II. 1. La taxe additionnelle à la cotisation foncière des entreprises mentionnée au I est due par les redevables de cette cotisation proportionnellement à leur base d'imposition.

Cette base d'imposition est réduite de moitié pour les artisans régulièrement immatriculés au registre national des entreprises en tant qu'entreprise du secteur des métiers et de l'artisanat et qui restent portés sur la liste électorale de la chambre de commerce et d'industrie de leur circonscription.

Le taux de cette taxe est égal à 1,12 %.

2. Le produit de la taxe additionnelle à la cotisation foncière des entreprises est affecté à CCI France, dans la limite d'un plafond annuel.

3. *(Abrogé).*

III. 1. La taxe additionnelle à la cotisation sur la valeur ajoutée des entreprises mentionnée au I est égale à une fraction de la cotisation visée à l'article 1586 ter due par les entreprises redevables après application de l'article 1586 quater.

Son taux est égal à 9,23 %.

Ndlr *Le taux ci-dessus est porté respectivement à 13,84 % et 27,68 % pour les impositions établies au titre des années 2025 et 2026 (Voir partie Autres textes du présent code loi 2023-1322 du 29 décembre 2023 art. 79, I-E-2° et 3° et IV-F et H).*

1 bis. La taxe additionnelle à la cotisation sur la valeur ajoutée des entreprises est recouvrée et contrôlée selon les mêmes procédures et sous les mêmes sanctions, garanties, sûretés et privilèges que la cotisation sur la valeur ajoutée des entreprises. Les réclamations sont présentées, instruites et jugées selon les règles applicables à cette dernière.

2. Le produit de la taxe additionnelle à la cotisation sur la valeur ajoutée des entreprises est affecté à CCI France, dans la limite d'un plafond annuel.

Ndlr *Les dispositions du présent III sont abrogées à compter des impositions établies au titre de 2027 et des années suivantes : voir partie Autres textes du présent code loi 2022-1726 du 30 décembre 2022 art. 55, I-K-3° et XXVII-H modifié par loi 2023-1322 du 29 décembre 2023 art. 79, III-2°.*

IV. Il est opéré un prélèvement de 40 millions d'euros sur les fonds de roulement du réseau des chambres de commerce et d'industrie. Ce prélèvement est réparti entre les différents établissements du réseau par CCI France et est reversé au budget général de l'Etat.

(Voir Annexe III, art. 330 et 331)

ASS-II-200 s. ; MF n° 45530

Art 1600 A Par dérogation au II de l'article 1600, la taxe due par les chefs d'entreprise bénéficiant du régime prévu à l'article L 613-7 du code de la sécurité sociale est calculée en appliquant un taux au montant de leur chiffre d'affaires. Ce taux est égal à 0,044 % du chiffre d'affaires pour les redevables exerçant une activité de prestation de services et à 0,015 % pour ceux qui réalisent des opérations de vente de marchandises, d'objets, d'aliments à emporter ou à consommer sur place ou de fourniture de logement. Ce taux est de 0,007 % pour les artisans régulièrement immatriculés au registre national des entreprises en tant qu'entreprise du secteur des métiers et de l'artisanat et qui restent portés sur la liste électorale de la chambre de commerce et d'industrie territoriale de leur circonscription.

Cette taxe est recouvrée et contrôlée par les organismes mentionnés aux articles L 213-1 et L 752-4 du code de la sécurité sociale suivant la périodicité, selon les règles et sous les garanties et les sanctions applicables au recouvrement des cotisations et des contributions de sécurité sociale mentionnées à l'article L 613-7 du même code. Les règles applicables en cas de contentieux sont celles prévues au chapitre II du titre IV du livre Ier dudit code. Le montant des droits recouvrés est reversé aux bénéficiaires, dans des conditions fixées par décret.

Un arrêté conjoint des ministres chargés de la sécurité sociale, du commerce et de l'artisanat prévoit les modalités de la rémunération du service rendu par les organismes chargés du recouvrement de la taxe.

ASS-II-2900 s. ; MF nos 45530 s.

SECTION II

Taxe pour frais de chambres de métiers et de l'artisanat

Art 1601 Une taxe additionnelle à la cotisation foncière des entreprises est perçue au bénéfice de CMA France et des chambres de métiers mentionnées à l'article 1er de la loi n° 48-977 du 16 juin 1948 relative à la taxe pour frais de chambre de métiers applicable dans les départements du Bas-Rhin, du Haut-Rhin et de la Moselle. Elle est affectée à ces bénéficiaires dans la limite d'un plafond individuel fixé de façon à respecter le plafond général annuel prévu pour les chambres de métiers et de l'artisanat.

Ce plafond individuel est obtenu, pour chacun de ces bénéficiaires, en répartissant le montant prévu au même I au prorata des émissions, au profit de ce bénéficiaire, de taxe additionnelle à la cotisation foncière des entreprises figurant dans les rôles généraux de l'année précédente.

Par dérogation au II de l'article 46 de la loi n° 2011-1977 du 28 décembre 2011 précitée, les plafonds individuels portent sur les émissions rattachées aux rôles de l'année de perception sans prise en compte des remboursements et dégrèvements relatifs à cette taxe.

La taxe est acquittée par les chefs d'entreprises individuelles ou les sociétés soumis à l'obligation de s'immatriculer au registre national des entreprises en tant qu'entreprise du secteur des métiers et de l'artisanat ou qui y demeurent immatriculés en tant que telle. Les personnes physiques titulaires de l'allocation de solidarité aux personnes âgées mentionnée à l'article L 815-1 du code de la sécurité sociale ou de l'allocation supplémentaire d'invalidité mentionnée à l'article L 815-24 du même code sont dégrevées d'office de la taxe. Les redevables de la cotisation foncière des entreprises qui bénéficient de l'exonération de cotisation minimum en application du troisième alinéa du 1 du I de l'article 1647 D du présent code sont exonérés de cette taxe. Le bénéfice de cette exonération est subordonné au respect du règlement (UE) n° 1407/2013 de la Commission du 18 décembre 2013 relatif à l'application des articles 107 et 108 du traité sur le fonctionnement de l'Union européenne aux aides de minimis.

Cette taxe est composée :

a. D'un droit fixe par ressortissant arrêté par CMA France dans la limite d'un montant maximal fixé à 0,3275 % du montant annuel du plafond de la sécurité sociale en vigueur au 1er janvier de l'année d'imposition. Ce montant maximal est fixé à 0,065 % du même montant annuel du plafond de la sécurité sociale pour les ressortissants des départements du Bas-Rhin, du Haut-Rhin et de la Moselle ;

b. D'un droit additionnel à la cotisation foncière des entreprises, dont le produit est arrêté par CMA France entre 60 % et 90 % du produit du droit fixe.

c. *(Abrogé).*

Le présent article n'est applicable dans les départements du Bas-Rhin, du Haut-Rhin et de la Moselle qu'en ce qui concerne le droit fixe arrêté par CMA France.

ASS-II-5000 s. ; MF n° 45540

Art 1601-0 A Par dérogation aux a et b de l'article 1601, les droits correspondants dus par les chefs d'entreprise bénéficiant du régime prévu à l'article L 613-7 du code de la sécurité sociale sont calculés en appliquant au montant de leur chiffre d'affaires le taux applicable prévu par le tableau suivant :

(En pourcentage)

	Hors départements du Bas-Rhin, du Haut-Rhin et de la Moselle	Départements du Bas-Rhin et du Haut-Rhin	Département de la Moselle
Prestation de services	0,48	0,65	0,83
Achat-vente	0,22	0,29	0,37

Toutefois, ces droits ne sont pas dus par les redevables de la cotisation foncière des entreprises qui bénéficient de l'exonération de cotisation minimum prévue au troisième alinéa du 1 du I de l'article 1647 D. Le bénéfice de cette exonération est subordonné au respect du règlement (UE) n° 1407/2013 de la Commission du 18 décembre 2013 relatif à l'application des articles 107 et 108 du traité sur le fonctionnement de l'Union européenne aux aides de minimis.

Ces droits sont recouvrés et contrôlés par les organismes mentionnés aux articles L 213-1 et L 752-4 du code de la sécurité sociale suivant la périodicité, selon les règles et sous les garanties et les sanctions applicables au recouvrement des cotisations et des contributions de sécurité sociale mentionnées à l'article L 613-7 du même code. Les règles applicables en cas de contentieux sont celles prévues au chapitre II du titre IV du livre Ier dudit code.

Un arrêté conjoint des ministres chargés de la sécurité sociale et de l'artisanat prévoit les modalités de la rémunération du service rendu par les organismes chargés du recouvrement de ces droits.

ASS-II-7150 s. ; MF n° 45540

SECTION IV

Taxe pour frais de chambres d'agriculture

Art 1604 I. Une taxe calculée sur la même base que la taxe foncière sur les propriétés non bâties est perçue au profit des établissements du réseau défini à l'article L 510-1 du code rural et de la pêche maritime, dans la limite d'un plafond annuel.

Par dérogation au II de l'article 46 de la loi n° 2011-1977 du 28 décembre 2011 de finances pour 2012, ce plafond porte sur les émissions rattachées aux rôles de l'année de référence.

La taxe est établie dans la circonscription territoriale de chaque chambre départementale d'agriculture ou, le cas échéant, de chaque chambre interdépartementale d'agriculture ou de chaque chambre d'agriculture de région.

Le montant des taxes que les chambres d'agriculture sont autorisées à percevoir est, nonobstant toute clause ou disposition contraire, remboursé pour moitié au propriétaire par le locataire fermier ou métayer.

II. Les chambres d'agriculture mentionnées au troisième alinéa du I arrêtent, chaque année, le produit de la taxe mentionnée au même I. Le ministre chargé de l'agriculture notifie préalablement à chaque chambre d'agriculture, sur la base d'un tableau de répartition établi après avis de Chambres d'agriculture France, le montant maximal de la taxe qu'elle peut inscrire à son budget, compte tenu du plafond mentionné au même I, de sa situation financière et, le cas échéant, de l'harmonisation progressive du taux de la taxe prévue au dernier alinéa du présent II. Pour chaque chambre d'agriculture, l'augmentation de la taxe additionnelle autorisée au titre d'une année ramenée au montant de la taxe additionnelle perçue l'année précédente ne peut être supérieure à un taux de 15 %. Le produit à recouvrer au profit de chaque chambre d'agriculture départementale, interdépartementale ou de région est transmis aux services fiscaux par l'autorité de l'Etat chargée de la tutelle de la chambre, dans les conditions prévues au premier alinéa du I de l'article 1639 A. A défaut, les impositions peuvent être recouvrées dans les conditions prévues au III du même article 1639 A.

Le taux de la taxe est calculé en divisant le produit arrêté par la chambre par le total des bases d'imposition de taxe foncière sur les propriétés non bâties de la circonscription de la chambre.

Pour les impositions établies au titre des six années suivant celle de sa création, une chambre interdépartementale d'agriculture ou une chambre d'agriculture de région peut arrêter des produits différents pour chaque département de sa circonscription afin de permettre une harmonisation progressive du taux de la taxe dans la circonscription de la chambre. La somme de ces produits ne peut dépasser le montant maximal défini au premier alinéa du présent II. Des taux différents de la taxe sont alors calculés dans chaque département en divisant le produit arrêté par la chambre pour chaque département par le total des bases d'imposition de taxe foncière sur les propriétés non bâties du département.

Ndlr *Par dérogation au dernier alinéa du II de l'article 1604 du présent code, les chambres interdépartementales d'agriculture et les chambres d'agriculture de région qui ont été créées avant le 1er janvier 2020 peuvent arrêter des produits différents pour chaque département de leur circonscription au titre des années 2020 à 2025, dans les conditions prévues au même dernier alinéa (Loi 2020-1721 du 29 décembre 2020 art. 83, II).*

III. Une part du produit de la taxe mentionnée au I, au minimum de 20 % dans le cas d'une chambre dans la circonscription de laquelle n'évolue pas de chambre régionale d'agriculture ou dans le cas d'une chambre de région et au minimum de 30 % pour les autres chambres, est reversée par les chambres départementales ou interdépartementales d'agriculture à un fonds national de modernisation, de performance et de péréquation constitué au sein du budget de Chambres d'agriculture France et géré dans des conditions définies par décret.

Ce fonds est destiné à fournir aux établissements du réseau définis à l'article L 510-1 du code rural et de la pêche maritime une ressource collective répartie de la manière suivante :

1° Une part du produit de la taxe à hauteur de 10 %, déduction faite des versements mentionnés aux articles L 251-1 et L 321-13 du code forestier, au profit de Chambres d'agriculture France ;

2° Une part du produit de la taxe à hauteur de 2 %, déduction faite des versements mentionnés aux mêmes articles L 251-1 et L 321-13, destinée à des actions de modernisation et de péréquation ;

3° Une part du produit de la taxe à hauteur de 8 %, déduction faite des versements mentionnés auxdits articles L 251-1 et L 321-13, constituant une réserve de performance qui est reversée à chacune des chambres d'agriculture en fonction des résultats de leur performance ;

4° Une part du produit de la taxe perçue par les chambres départementales dans les circonscriptions disposant d'une chambre régionale d'agriculture, au profit de cette dernière. Cette part s'établit au minimum à hauteur de 10 % du produit de la taxe, déduction faite des versements mentionnés aux mêmes articles L 251-1 et L 321-13.

IV. En sus de la part mentionnée au 4° du III versée par le fonds national de modernisation, de performance et de péréquation, les chambres départementales ou interdépartementales d'agriculture peuvent reverser aux chambres régionales d'agriculture de leur circonscription une part de la taxe qu'elles ont inscrite à leur budget.

V. Le produit de la taxe perçue sur tous les immeubles classés au cadastre en nature de bois et forêts, déduction faite des cotisations prévues aux articles L 251-1 et L 321-13 du code forestier et de la contribution prévue au V de l'article 47 de la loi n° 2013-1278 du 29 décembre 2013 de finances pour 2014, est versé par les chambres d'agriculture mentionnées au troisième alinéa du I au fonds national de modernisation, de performance et de péréquation. Les sommes ainsi versées sont affectées aux actions des programmes régionaux « Valorisation du bois et territoire » des services communs « Valorisation du bois et territoire » des chambres régionales d'agriculture ou des chambres d'agriculture de région.

ASS-II-8050 s. ; MF n° 45525

SECTION V ter

Taxe sur la cession à titre onéreux de terrains nus rendus constructibles

Art 1605 nonies I. Il est perçu une taxe sur la cession à titre onéreux des terrains nus ou des droits relatifs à des terrains nus rendus constructibles du fait de leur classement, postérieurement au 13 janvier 2010, par un plan local d'urbanisme ou par un autre document d'urbanisme en tenant lieu, en zone urbaine ou à urbaniser ouverte à l'urbanisation ou par une carte communale dans une zone où les constructions sont autorisées ou par application de l'article L 111-3 du code de l'urbanisme.

Le produit de cette taxe est affecté, dans la limite d'un plafond annuel, à un fonds inscrit au budget de l'Agence de services et de paiement. Ce fonds finance des mesures en faveur de l'installation et de la transmission en agriculture. Il permet de soutenir notamment des actions facilitant la transmission et l'accès au foncier, des actions d'animation, de communication et d'accompagnement, des projets innovants et des investissements collectifs ou individuels.

Celles de ces mesures qui sont dans le champ de compétences de l'Etablissement national des produits de l'agriculture et de la mer mentionné à l'article L 621-1 du code rural et de la pêche maritime sont mises en œuvre par cet établissement dans le cadre d'une convention avec l'Agence de services et de paiement.

II. La taxe est assise sur un montant égal au prix de cession défini à l'article 150 VA, diminué du prix d'acquisition stipulé dans les actes ou, à défaut, de la valeur vénale réelle à la date d'entrée dans le patrimoine du cédant d'après une déclaration détaillée et estimative des parties, actualisé en fonction du dernier indice des prix à la consommation hors tabac publié par l'Institut national de la statistique et des études économiques.

L'assiette de la taxe est réduite d'un dixième par année écoulée à compter de la date à laquelle le terrain a été rendu constructible au-delà de la huitième année.

III. La taxe ne s'applique pas :

1° Aux cessions de terrains pour lesquels une déclaration d'utilité publique a été prononcée en vue d'une expropriation, ni aux terrains dont le prix de cession défini à l'article 150 VA est inférieur à 15 000 € ;

2° Lorsque le rapport entre le prix de cession et le prix d'acquisition ou la valeur vénale, définis au II, est inférieur à 10.

IV. Le taux de la taxe est de 5 % lorsque le rapport entre le prix de cession du terrain et le prix d'acquisition ou la valeur vénale définis au II est supérieur à 10 et inférieur à 30. Au-delà de cette limite, la part de la plus-value restant à taxer est soumise à un taux de 10 %.

La taxe est exigible lors de la première cession à titre onéreux intervenue après que le terrain a été rendu constructible. Elle est due par le cédant.

V. Une déclaration, conforme à un modèle établi par l'administration, retrace les éléments servant à la liquidation de la taxe. Elle est déposée dans les conditions prévues aux 1° et 4° du I et au II de l'article 150 VG.

Lorsque la cession est exonérée en application du III ou par l'effet de l'abattement prévu au second alinéa du II du présent article, aucune déclaration n'est déposée. L'acte de cession soumis à la formalité fusionnée ou présenté à l'enregistrement précise, sous peine de refus de dépôt ou de la formalité d'enregistrement, la nature et le fondement de cette exonération ou de cette absence de taxation. Les deux derniers alinéas du III de l'article 150 VG sont applicables.

(Voir Annexe III, art. 331 K bis et 331 K ter)

VI. La taxe est versée lors du dépôt de la déclaration prévue au V. Les I et II de l'article 150 VF, le second alinéa du I et les II et III de l'article 150 VH et le IV de l'article 244 bis A sont applicables.

IMMO-V-38000 s. ; MF n°s 31470 s.

SECTION 0VII bis

Taxes spéciales d'équipement perçues au profit d'établissements publics. Exonération de certaines terres agricoles

Art 1607 A I. Les propriétés non bâties classées dans les première, deuxième, troisième, quatrième, cinquième, sixième, huitième et neuvième catégories définies à l'article 18 de l'instruction ministérielle du 31 décembre 1908 et non exonérées en application des articles 1395 à 1395 B sont exonérées de la taxe spéciale d'équipement, additionnelle à la taxe foncière sur les propriétés non bâties, perçues au profit d'établissements publics.

II. Pour le calcul de la répartition prévue I de l'article 1636 B octies, il n'est pas tenu compte de la taxe foncière sur les propriétés non bâties afférente aux propriétés visées au I.

III. *(Périmé).*

ASS-I-13340 ; MF n°s 45510, 91550

SECTION VII bis

Taxe spéciale d'équipement perçue au profit des établissements publics fonciers

Art 1607 bis Il est institué, au profit des établissements publics fonciers mentionnés à l'article L 324-1 du code de l'urbanisme ou de l'office foncier de Corse, établissement public de la collectivité de Corse créé par la loi nº 2014-366 du 24 mars 2014 pour l'accès au logement et un urbanisme rénové, une taxe spéciale d'équipement destinée à permettre à ces établissements de financer les acquisitions foncières et immobilières correspondant à leur vocation.

(Voir aussi art. 1607 A)

Le produit de cette taxe est arrêté chaque année par l'établissement public foncier local ou l'office foncier de Corse. Lorsqu'un établissement mentionné au premier alinéa est compétent sur le même territoire qu'un établissement mentionné à l'article L 321-1 du code de l'urbanisme, la taxe spéciale d'équipement est perçue sur ce territoire exclusivement par l'établissement qui y a exercé en premier ses compétences et selon les modalités prévues pour cet établissement. Les établissements concernés peuvent toutefois, par convention, déroger à ces dispositions en désignant l'établissement qui arrête le produit de la taxe sur le territoire commun ou en fixant des modalités de reversement entre les deux établissements.

Pour les trois années suivant celle au cours de laquelle le périmètre de compétence d'un établissement public foncier a été étendu, l'assemblée générale de l'établissement public peut, dans les conditions prévues aux premier et deuxième alinéas du présent article, arrêter un produit différent pour le territoire sur lequel il était compétent avant l'extension de son périmètre et le territoire auquel sa compétence a été étendue.

Pour l'année suivant celle au cours de laquelle le périmètre de compétence d'un établissement public foncier a été étendu, les produits de la taxe sont arrêtés et notifiés avant le 31 mars de la même année.

Pour chaque établissement, la somme du produit de la taxe, du montant mentionné au H du V de l'article 16 de la loi nº 2019-1479 du 28 décembre 2019 de finances pour 2020 et du montant mentionné au 1 du B du III de l'article 29 de la loi nº 2020-1721 du 29 décembre 2020 de finances pour 2021 ne peut dépasser un plafond fixé à 20 € par habitant situé dans son périmètre.

Le produit de la taxe spéciale d'équipement mentionné au deuxième alinéa est réparti, dans les conditions définies au I de l'article 1636 B octies, entre toutes les personnes physiques ou morales assujetties aux taxes foncières sur les propriétés bâties et non bâties, à la taxe d'habitation sur les résidences secondaires et autres locaux meublés non affectés à l'habitation principale et à la cotisation foncière des entreprises dans les communes comprises dans la zone de compétence de l'établissement public.

La base de la taxe est déterminée dans les mêmes conditions que pour la part communale ou, à défaut de part communale, dans les mêmes conditions que la part intercommunale de la taxe principale à laquelle la taxe additionnelle s'ajoute.

Les organismes d'habitations à loyer modéré et les sociétés d'économie mixte sont exonérés de la taxe spéciale d'équipement au titre des locaux d'habitation et dépendances dont ils sont propriétaires et qui sont attribués sous conditions de ressources. Les redevables au nom desquels une cotisation de taxe d'habitation sur les résidences secondaires et autres locaux meublés non affectés à l'habitation principale est établie au titre de ces locaux sont exonérés de la taxe additionnelle.

Les cotisations sont établies et recouvrées, les réclamations sont présentées et jugées comme en matière de contributions directes.

Les conditions d'application du présent article sont fixées par décret en Conseil d'Etat

(Voir le chapitre IV du titre II du livre III de la partie réglementaire du code de l'urbanisme).

ASS-I-13000 s. ; MF nº 45510

Art 1607 ter Il est institué, au profit des établissements publics fonciers mentionnés à l'article L 321-1 du code de l'urbanisme dans la limite d'un plafond annuel, une taxe spéciale d'équipement destinée au financement de leurs interventions foncières et immobilières ainsi qu'au financement de leurs interventions dans le cadre des opérations de requalification de copropriétés dégradées d'intérêt national qui leur sont confiées, par décret en Conseil d'Etat, selon les modalités prévues par l'article L 321-1-1 du code de l'urbanisme.

Le produit de cette taxe est arrêté avant le 31 décembre de chaque année, pour l'année suivante, par le conseil d'administration de l'établissement public, sous réserve de l'application des dispositions prévues au deuxième alinéa de l'article 1607 bis, dans les mêmes conditions que celles prévues au même article. Une partie de ce produit peut être consacrée au financement des opérations d'intérêt national de requalification de copropriétés dégradées qui leur sont confiées par décret en Conseil d'Etat selon les modalités prévues au même article L 321-1-1, dans la limite de 5 € par habitant. Le nombre des habitants à prendre en compte est celui qui résulte du dernier recensement publié. La décision du conseil d'administration est notifiée au ministre chargé de l'économie et des finances. Pour la première année au titre de laquelle l'établissement public foncier perçoit la taxe, le montant de celle-ci est arrêté et notifié avant le 31 mars de la même année.

Pour les trois années suivant celle au cours de laquelle le périmètre de compétence d'un établissement public foncier a été étendu, le conseil d'administration de l'établissement public peut, dans les conditions prévues aux premier et deuxième alinéas du présent article, arrêter des produits différents pour le territoire sur lequel il était compétent avant l'extension de son périmètre et pour le territoire auquel sa compétence a été étendue.

Par dérogation au troisième alinéa, pour l'année suivant celle au cours de laquelle le périmètre de compétence d'un établissement public foncier a été étendu, les produits de la taxe sont arrêtés et notifiés avant le 31 mars de la même année.

Pour chaque établissement, la somme du produit de la taxe, du montant mentionné au H du V de l'article 16 de la loi n° 2019-1479 du 28 décembre 2019 de finances pour 2020 et du montant mentionné au 1 du B du III de l'article 29 de la loi n° 2020-1721 du 29 décembre 2020 de finances pour 2021 ne peut dépasser un plafond fixé à 20 € par habitant résidant sur le territoire relevant de sa compétence.

Le produit est déterminé et la taxe est répartie et recouvrée dans la zone de compétence de l'établissement selon les règles définies aux sixième à avant-dernier alinéas de l'article 1607 bis.

ASS-I-13000 s. ; MF n° 45510

SECTION IX ter

Taxe spéciale d'équipement perçue au profit des établissements publics fonciers et d'aménagement de Guyane et de Mayotte

Art 1609 B En Guyane et dans le Département de Mayotte, il est institué une taxe spéciale d'équipement au profit des établissements publics créés en application de l'article L 321-36-1 du code de l'urbanisme.

Cette taxe est destinée au financement des missions de ces établissements définies aux articles L 321-36-1 et L 321-36-2 du même code.

Le montant de cette taxe est arrêté, dans chaque département, avant le 31 décembre de chaque année, pour l'année suivante, par le conseil d'administration de l'établissement public dans la limite d'un plafond annuel. Pour la première année au titre de laquelle l'établissement public perçoit la taxe, le montant de celle-ci est arrêté avant le 31 mars de la même année.

Le montant mentionné au troisième alinéa du présent article est réparti, dans les conditions définies au I de l'article 1636 B octies, entre toutes les personnes physiques ou morales assujetties aux taxes foncières sur les propriétés bâties et non bâties, à la taxe d'habitation sur les résidences secondaires et autres locaux meublés non affectés à l'habitation principale et à la cotisation foncière des entreprises dans les communes comprises dans la zone de compétence de l'établissement public.

La base de la taxe est déterminée dans les mêmes conditions que pour la part communale ou, à défaut de part communale, dans les mêmes conditions que la part intercommunale de la taxe principale à laquelle la taxe additionnelle s'ajoute.

Les organismes d'habitations à loyer modéré, les sociétés immobilières d'économie mixte créées en application de la loi n° 46-860 du 30 avril 1946 tendant à l'établissement, au financement et à l'exécution de plans d'équipement et de développement des territoires relevant du ministère de la France d'outre-mer et les sociétés d'économie mixte locales sont exonérés de la taxe spéciale d'équipement au titre des locaux d'habitation et dépendances dont ils sont propriétaires et qui sont attribués sous conditions de ressources. Les redevables au nom desquels une cotisation de taxe d'habitation sur les résidences secondaires et autres locaux meublés non affectés à l'habitation principale est établie au titre de ces locaux sont exonérés de la taxe additionnelle.

Les cotisations sont établies et recouvrées, les réclamations sont présentées et jugées comme en matière de contributions directes.

Les conditions d'application du présent article sont fixées par décret en Conseil d'Etat *(Voir décret 2016-1865 du 23 décembre 2016, JO du 27).*

ASS-I-13000 s. ; MF n° 91550

SECTION IX quater

Taxe spéciale d'équipement perçue au profit de l'agence pour la mise en valeur des espaces urbains de la zone dite des cinquante pas géométriques en Guadeloupe

Art 1609 C Il est institué, au profit de l'agence pour la mise en valeur des espaces urbains de la zone dite des cinquante pas géométriques en Guadeloupe créée en application de la loi n° 96-1241 du 30 décembre 1996 relative à l'aménagement, la protection et la mise en valeur de la zone dite des cinquante pas géométriques dans les départements d'outre-mer, une taxe spéciale d'équipement destinée à financer l'exercice en Guadeloupe, par cet organisme, des missions définies à l'article 5 de la loi n° 96-1241 du 30 décembre 1996 précitée.

Le montant de cette taxe est arrêté avant le 31 décembre de chaque année, pour l'année suivante, dans la limite d'un plafond annuel, par le conseil d'administration de l'établissement public et notifié aux services fiscaux.

Les communes concernées sont préalablement consultées par le conseil d'administration.

Le produit est déterminé et la taxe est répartie et recouvrée dans la zone de compétence de l'établissement suivant les règles définies aux quatrième à dernier alinéas de l'article 1609 B.

ASS-I-13000 s. ; MF n° 91550

SECTION IX *quinquies*

Taxe spéciale d'équipement perçue au profit de l'agence pour la mise en valeur des espaces urbains de la zone dite des cinquante pas géométriques en Martinique

Art 1609 D Il est institué, au profit de l'agence pour la mise en valeur des espaces urbains de la zone dite des cinquante pas géométriques en Martinique créée en application de la loi n° 96-1241 du 30 décembre 1996 relative à l'aménagement, la protection et la mise en valeur de la zone dite des cinquante pas géométriques dans les départements d'outre-mer, une taxe spéciale d'équipement destinée à financer l'exercice en Martinique, par cet organisme, des missions définies à l'article 5 de la loi n° 96-1241 du 30 décembre 1996 précitée.

Le montant de cette taxe est arrêté avant le 31 décembre de chaque année, pour l'année suivante, dans la limite d'un plafond annuel, par le conseil d'administration de l'établissement public et notifié aux services fiscaux.

Les communes concernées sont préalablement consultées par le conseil d'administration.

Le produit est déterminé et la taxe est répartie et recouvrée dans la zone de compétence de l'établissement suivant les règles définies aux quatrième à dernier alinéas de l'article 1609 B.

ASS-I-13000 s. ; MF n° 91550

SECTION IX *octies*

Taxe spéciale d'équipement au profit de l'établissement public Société des grands projets

Art 1609 G Il est institué, au profit de l'établissement public Société des grands projets créé par l'article 7 de la loi n° 2010-597 du 3 juin 2010 relative au Grand Paris, une taxe spéciale d'équipement destinée à financer l'exercice, par cet organisme, des missions définies au même article.

Le produit de cette taxe est fixé annuellement.

Le produit mentionné au deuxième alinéa du présent article est réparti entre toutes les personnes physiques ou morales assujetties aux taxes foncières sur les propriétés bâties et non bâties, à la taxe d'habitation sur les résidences secondaires et autres locaux meublés non affectés à l'habitation principale et à la cotisation foncière des entreprises dans les communes de la région d'Ile-de-France proportionnellement aux recettes que chacune de ces taxes a procurées l'année précédente à l'ensemble des communes et de leurs établissements publics de coopération intercommunale situés dans le ressort de la région d'Ile-de-France. Les recettes à prendre en compte pour opérer cette répartition s'entendent de celles figurant dans les rôles généraux.

A compter des impositions établies au titre de l'année 2016, les recettes de taxe d'habitation sur les résidences secondaires et autres locaux meublés non affectés à l'habitation principale à prendre en compte pour opérer cette répartition sont minorées du produit que la majoration mentionnée à l'article 1407 ter a procuré au titre de l'année précédente à l'ensemble des communes situées dans le ressort de la région d'Ile-de-France

A compter des impositions établies au titre de l'année 2019, les recettes que la taxe foncière sur les propriétés bâties a procurées sur le territoire de la Ville de Paris, sont minorées de la part que cette taxe aurait procurée si le taux départemental d'imposition de l'année 2018 avait été appliqué.

A compter des impositions établies au titre de 2022, les recettes de taxe foncière sur les propriétés bâties des communes à prendre en compte pour réaliser cette répartition sont minorées du produit que cette taxe aurait procuré si le taux départemental d'imposition de l'année 2020 avait été appliqué.

La taxe est établie et recouvrée suivant les règles définies aux septième à avant-dernier alinéas de l'article 1607 bis.

ASS-I-13000 s. ; MF nº 45510

SECTION IX *nonies*

Taxe spéciale d'équipement au profit de l'établissement public local Société du grand projet sud-ouest

Art 1609 H Il est institué, au profit de l'établissement public local Société Grand Projet du Sud-Ouest créé à l'article 1er de l'ordonnance nº 2022-307 du 2 mars 2022 relative à la Société du Grand Projet du Sud-Ouest, une taxe spéciale d'équipement destinée à financer l'exercice, par cet organisme, de la mission définie au premier alinéa du II du même article 1er.

Le produit de cette taxe est fixé à 29,5 millions d'euros par an. Ce montant est actualisé au 1er janvier de chaque année en fonction de la prévision de l'indice des prix à la consommation, hors tabac, retenue dans la loi de finances de l'année. Les valeurs sont arrondies, s'il y a lieu, à la dizaine de milliers d'euros supérieure.

Le produit mentionné au deuxième alinéa est réparti entre toutes les personnes, physiques ou morales assujetties aux taxes foncières sur les propriétés bâties et non bâties, à la taxe d'habitation sur les résidences secondaires et autres locaux meublés non affectés à l'habitation principale et à la cotisation foncière des entreprises dans les communes situées à moins de soixante minutes par véhicule automobile d'une gare desservie par la future ligne à grande vitesse, proportionnellement aux recettes que chacune de ces taxes a procurées l'année précédente à ces communes et à leurs établissements publics de coopération intercommunale. Les recettes à prendre en compte pour opérer cette répartition s'entendent de celles figurant dans les rôles généraux.

Pour l'application du troisième alinéa, le point d'arrivée à retenir est la mairie de la commune.

Les données utilisées sont celles qui sont disponibles la première année au titre de laquelle la taxe est instituée, établies par l'Institut national de l'information géographique et forestière et mises à la disposition du public via le site internet Géoportail.

La liste des communes concernées est établie par arrêté conjoint des ministres chargés du budget et des transports *(NDLR Arrêté TRET2233357A du 31 décembre 2022, JO du 1er janvier 2023)*.

Les recettes de taxe d'habitation sur les résidences secondaires et autres locaux meublés non affectés à l'habitation principale à prendre en compte pour opérer cette répartition sont minorées du produit que la majoration mentionnée à l'article 1407 ter a procuré au titre de l'année précédente à l'ensemble des communes listées dans l'arrêté prévu au sixième alinéa du présent article.

La taxe est établie et recouvrée selon les règles définies aux septième à avant-dernier alinéas de l'article 1607 bis.

ASS-I-13000 s.

Art 1609 I Il est institué, au profit de l'établissement public local Société du Grand Projet du Sud-Ouest créé à l'article 1er de l'ordonnance nº 2022-307 du 2 mars 2022 relative à la Société du Grand Projet du Sud-Ouest, pour le financement des missions définies au même article 1er, une taxe spéciale complémentaire à la taxe mentionnée au premier alinéa de l'article 1609 H du présent code.

Le produit de cette taxe est fixé à 21,5 millions d'euros par an. Ce montant est actualisé au 1er janvier de chaque année en fonction de la prévision de l'indice des prix à la consommation, hors tabac, retenue dans la loi de finances de l'année. Les valeurs sont arrondies, s'il y a lieu, à la dizaine de milliers d'euros supérieure.

La taxe est due par toutes les personnes, physiques ou morales, assujetties à la cotisation foncière des entreprises dans les communes figurant sur la liste établie par l'arrêté prévu au même article 1609 H.

Le taux de la taxe est calculé en divisant le produit mentionné au deuxième alinéa du présent article par le total des bases d'imposition de cotisation foncière des entreprises figurant dans les rôles généraux.

La base de la taxe est déterminée dans les mêmes conditions que pour la part communale ou, à défaut de part communale, dans les mêmes conditions que la part intercommunale de la cotisation foncière des entreprises à laquelle la taxe complémentaire s'ajoute.

Les cotisations sont établies et recouvrées, les réclamations sont présentées et jugées comme en matière de contributions directes.

SECTION XI

Impositions perçues au profit des syndicats de communes et des syndicats mixtes

Art 1609 quater Le comité d'un syndicat de communes peut décider, dans les conditions prévues à l'article L 5212-20 du code général des collectivités territoriales, de lever les impositions mentionnées aux 1° à 4° du I de l'article 1379 du présent code en remplacement de tout ou partie de la contribution des communes associées. La répartition de ces impositions s'effectue suivant les modalités définies au III de l'article 1636 B octies.

Ces dispositions sont applicables aux syndicats mixtes constitués exclusivement de communes et d'établissements publics de coopération intercommunale ainsi qu'aux syndicats mixtes au sein desquels la métropole de Lyon est substituée à des communes ou à des établissements publics de coopération intercommunale.

Les syndicats de communes et les syndicats mixtes sont substitués aux communes pour l'institution de la taxe d'enlèvement des ordures ménagères ou des redevances prévues à l'article 1520, lorsqu'ils bénéficient du transfert de la compétence prévue à l'article L 2224-13 du code général des collectivités territoriales et assurent au moins la collecte des déchets des ménages. Ils votent le taux de cette taxe dans les conditions fixées par l'article 1636 B undecies du présent code.

ASS-I-580, 4270

Sous réserve du 2 du VI de l'article 1379-0 bis, les syndicats mixtes sont, dans les mêmes conditions, substitués aux établissements publics de coopération intercommunale à fiscalité propre qui y adhèrent pour l'ensemble de cette compétence.

Lorsqu'ils assurent au moins la collecte des déchets des ménages, les syndicats mixtes sont substitués, dans les conditions du troisième alinéa, aux établissements publics territoriaux prévus à l'article L 5219-2 du code général des collectivités territoriales. Ils votent le taux de la taxe d'enlèvement des ordures ménagères dans les conditions fixées par l'article 1636 B undecies du présent code.

ASS-I-580, 900 s.

Nonobstant les dispositions de l'article L 5731-3 du code général des collectivités territoriales, le présent article n'est pas applicable aux pôles métropolitains constitués en application de l'article L 5731-1 du même code.

ASS-I-590

SECTION XII bis

Impositions perçues au profit des communautés de communes et des établissements publics de coopération intercommunale

Art 1609 quinquies BA **1.** *(Abrogé).*

2. *(Abrogé).*

3. *(Abrogé).*

4. Les établissements publics de coopération intercommunale mentionnés au II de l'article 1379-0 bis peuvent, sur délibérations concordantes de l'établissement public et des communes membres, se substituer à ces dernières pour la perception du reversement du Fonds national de garantie individuelle des ressources communales et intercommunales prévu au 2.1 de l'article 78 de la loi n° 2009-1673 du 30 décembre 2009 de finances pour 2010, à l'exclusion de la fraction calculée selon les modalités prévues aux 1° et 2° du a du D du IV du même 2.1.

Ces établissements publics peuvent, sur délibérations concordantes de l'établissement public et des communes membres, se substituer à ces dernières pour la perception de la dotation de compensation de la réforme de la taxe professionnelle calculée selon les modalités prévues aux II et III du 1.1 du même article 78, à l'exclusion de la part calculée selon les modalités prévues aux a et b du D du IV du même 1.1.

Le cas échéant, sur délibérations concordantes de l'établissement public de coopération intercommunale et des communes membres, le prélèvement sur les ressources calculé selon les modalités prévues aux II et III du 2.1 dudit article 78 peut être mis à la charge de cet établissement public, à l'exclusion de la fraction calculée selon les modalités prévues aux 1° et 2° du a du D du IV du même 2.1.

Par exception au I de l'article 1639 A bis, l'établissement public de coopération intercommunale soumis au présent article et issu d'une fusion ou ayant connu une modification de périmètre et ses communes membres ont jusqu'au 15 janvier pour prendre les délibérations prévues au présent 4.

Art 1609 quinquies C **I.** Les établissements publics de coopération intercommunale mentionnés au 1 du III de l'article 1379-0 bis sont substitués aux communes membres pour les dispositions relatives à la cotisation foncière des entreprises acquittée par les entreprises implantées dans une zone d'activités économiques qui se situe sur le territoire d'une ou plusieurs communes membres, et la perception du produit de cette taxe.

I bis. Le I est applicable aux communautés de communes ayant, avant le 31 décembre 2010, opté, en application de la première phrase du premier alinéa du II dans sa rédaction en vigueur jusqu'à cette date, pour l'application des dispositions de cette phrase.

II. 1. Les établissements publics de coopération intercommunale mentionnés au 2 du III de l'article 1379-0 bis sont substitués aux communes membres pour les dispositions relatives à la cotisation foncière des entreprises afférente aux installations de production d'électricité utilisant l'énergie mécanique du vent implantées sur le territoire de ces communes à compter de la publication de la loi n° 2005-781 du 13 juillet 2005 de programme fixant les orientations de la politique énergétique, et perçoivent le produit de cette taxe.

2. Les établissements publics de coopération intercommunale mentionnés au 1 se substituent également aux communes membres pour la perception :

a. Du produit de l'imposition forfaitaire sur les entreprises de réseaux relatives aux installations de production d'électricité utilisant l'énergie mécanique hydraulique situées dans les eaux intérieures ou dans la mer territoriale et aux installations de production d'électricité utilisant l'énergie mécanique du vent installées avant le 1er janvier 2019, prévue à l'article 1519 D ;

b. Sur délibération de la commune d'implantation des installations prise dans les conditions prévues au I de l'article 1639 A bis, d'une fraction du produit perçu par la commune des composantes de l'imposition forfaitaire sur les entreprises de réseaux relatives aux installations de production d'électricité utilisant l'énergie mécanique du vent installées à compter du 1er janvier 2019, prévue au même article 1519 D.

II bis. Le II est applicable aux communautés de communes ayant, avant le 31 décembre 2010, opté, en application de la deuxième phrase du premier alinéa du même II dans sa rédaction en vigueur jusqu'à cette date, pour l'application des dispositions de cette phrase.

III. 1. a. Le conseil des établissements publics de coopération intercommunale faisant application des I ou II vote les taux de la cotisation foncière des entreprises applicables à ces régimes dans les conditions déterminées à l'article 1636 B decies.

Lorsque l'établissement public de coopération intercommunale décide de faire application du I et du 1 du II, il peut fixer deux taux différents pour chacun de ces régimes. Dans ce cas, et lorsqu'une installation visée au 1 du II est implantée dans une zone mentionnée au I, le 1 du II est applicable.

b. Des taux d'imposition différents du taux communautaire fixé en application du a peuvent être appliqués pour l'établissement des douze premiers budgets de la communauté. Les écarts entre les taux applicables dans chaque commune membre et le taux communautaire sont réduits dans les conditions prévues aux b et c du 1° du III de l'article 1609 nonies C.

2. Le III de l'article 1638 quater est applicable en cas d'incorporation d'une commune ou partie de commune dans une zone d'activités économiques ou en cas de rattachement d'une commune sur le territoire de laquelle sont implantées des installations de production d'électricité utilisant l'énergie mécanique du vent à un établissement public de coopération intercommunale faisant application du II.

2 bis. Les établissements publics de coopération intercommunale mentionnés au III de l'article 1379-0 bis bénéficient de la compensation prévue au IV bis de l'article 6 de la loi de finances pour 1987 (n° 86-1317 du 30 décembre 1986), au lieu et place de leurs communes membres, pour les pertes de bases de la cotisation foncière des entreprises résultant, dans la zone d'activités économiques ou pour les installations de production d'électricité utilisant l'énergie mécanique du vent, de l'application du dernier alinéa du II de l'article 1478.

Pour les établissements publics de coopération intercommunale soumis en 2011 aux dispositions du présent article, le taux de taxe professionnelle à retenir est le taux moyen pondéré de taxe professionnelle constaté en 1986 dans l'ensemble des communes membres de l'établissement public de coopération intercommunale ; ce taux est, le cas échéant, majoré du taux de taxe professionnelle voté en 1986 par l'établissement public de coopération intercommunale qui a opté pour le régime fiscal prévu au 2° du 1 ou au 2 du III de l'article 1379-0 bis ou dont la communauté de communes est issue ; ces taux sont multipliés par 0,960.

Pour les établissements publics de coopération intercommunale soumis pour la première fois à compter de 2012 aux dispositions du présent article, la compensation est calculée en retenant le taux moyen pondéré des communes membres de l'établissement public de coopération intercommunale.

Pour l'application de l'avant-dernier alinéa du présent 2 bis, le taux moyen pondéré est déterminé par le rapport de la somme des compensations au titre de la réduction pour création d'établissement versées aux communes membres au titre de l'année précédant la première année d'application du présent article et de la somme des bases exonérées ou des abattements appliqués au titre de l'année précédant cette même première année d'application.

3. L'établissement public de coopération intercommunale peut verser à la ou les communes dont la ou les zones d'activités économiques lui sont transférées une attribution de compensation égale au plus au produit de la cotisation foncière des entreprises perçu par elles l'année précédant l'institution du taux communautaire.

Le conseil de l'établissement public de coopération intercommunale fixe le montant de cette attribution après consultation de la ou des communes concernées.

4. L'établissement public de coopération intercommunale verse à la ou aux communes dont tout ou partie du territoire est situé à l'intérieur d'une zone de développement de l'éolien ou, en l'absence de zone de développement de l'éolien, aux communes d'implantation des installations mentionnées au II et aux communes limitrophes membres de l'établissement public de coopération intercommunale une attribution visant à compenser les nuisances environnementales liées aux installations utilisant l'énergie mécanique du vent. Cette attribution ne peut être supérieure au produit de la cotisation foncière des entreprises et de la taxe prévue à l'article 1519 D perçues sur ces installations.

Le potentiel fiscal de chaque commune et établissement public de coopération intercommunale à fiscalité propre est corrigé symétriquement pour tenir compte de l'application du présent 4. Cette correction est toutefois supprimée pour l'établissement public de coopération intercommunale à fiscalité propre dans le calcul du potentiel fiscal pris en compte pour déterminer la dotation d'intercommunalité reçue lors de la première année d'adoption du régime prévu à l'article 1609 nonies C.

5. Les établissements publics de coopération intercommunale mentionnés au III de l'article 1379-0 bis peuvent, sur délibérations concordantes de l'établissement public et des communes membres, se substituer à ces dernières pour la perception du reversement du Fonds national de garantie individuelle des ressources communales et intercommunales prévu au 2.1 de l'article 78 de la loi n° 2009-1673 du 30 décembre 2009 de finances pour 2010, à l'exclusion de la fraction calculée selon les modalités prévues aux 1° et 2° du a du D du IV du même 2.1.

Ces établissements publics peuvent, sur délibérations concordantes de l'établissement public et des communes membres, se substituer à ces dernières pour la perception de la dotation de compensation de la réforme de la taxe professionnelle calculée selon les modalités prévues aux II et III du 1.1 du même article 78, à l'exclusion de la part calculée selon les modalités prévues aux a et b du D du IV du même 1.1.

Le cas échéant, sur délibérations concordantes de l'établissement public de coopération intercommunale et des communes membres, le prélèvement sur les ressources calculé selon les modalités prévues aux II et III du 2.1 dudit article 78 peut être mis à la charge de cet établissement public, à l'exclusion de la part calculée selon les modalités prévues aux 1° et 2° du a du D du IV du même 2.1.

Par exception au I de l'article 1639 A bis, l'établissement public de coopération intercommunale soumis au présent article et issu d'une fusion ou ayant connu une modification de périmètre et ses communes membres ont jusqu'au 15 janvier pour prendre les délibérations prévues au présent 5.

LOC-I-3480

SECTION XIII quater

Impositions perçues par les groupements substitués aux communes pour l'application des dispositions relatives à la cotisation foncière des entreprises, à la cotisation sur la valeur ajoutée des entreprises, à l'imposition forfaitaire sur les entreprises de réseaux et à la taxe additionnelle à la taxe foncière sur les propriétés non bâties

Art 1609 nonies C I. Les établissements publics de coopération intercommunale mentionnés aux I de l'article 1379-0 bis sont substitués aux communes membres pour l'application des dispositions relatives à la cotisation foncière des entreprises et pour la perception du produit de cette taxe.

I bis. Ils sont également substitués aux communes membres pour la perception :

1. Du produit des composantes de l'imposition forfaitaire sur les entreprises de réseaux relatives :

a. Aux installations de production d'électricité utilisant l'énergie mécanique du vent et aux installations de production d'électricité utilisant l'énergie mécanique hydraulique situées dans les eaux intérieures ou dans la mer territoriale et aux installations de production d'électricité utilisant l'énergie mécanique du vent installées avant le 1er janvier 2019, prévue à l'article 1519 D ;

b. Aux installations de production d'électricité d'origine nucléaire ou thermique à flamme, prévue à l'article 1519 E ;

c. Aux centrales de production d'énergie électrique d'origine photovoltaïque installées avant le 1er janvier 2023 ou d'origine hydraulique, prévue à l'article 1519 F.

Pour les centrales de production d'énergie électrique d'origine photovoltaïque installées à compter du 1er janvier 2023, les établissements publics de coopération intercommunale mentionnés au I de l'article 1379-0 bis sont substitués aux communes membres à hauteur de 60 % du produit de la composante de l'imposition forfaitaire sur les entreprises de réseaux perçu par ces dernières. Ils perçoivent également 20 % du produit total de la même composante ;

d. Aux transformateurs électriques, prévue à l'article 1519 G ;

e. Aux stations radioélectriques, prévue à l'article 1519 H ;

f. Aux installations de gaz naturel liquéfié, aux stockages souterrains de gaz naturel, aux canalisations de transport de gaz naturel, aux stations de compression du réseau de transport de gaz naturel, aux canalisations de transport d'autres hydrocarbures et aux canalisations de transport de produits chimiques prévue à l'article 1519 HA ;

1 bis. Sur délibération de la commune d'implantation des installations prise dans les conditions prévues au I de l'article 1639 A bis, d'une fraction du produit perçu par la commune des composantes de l'imposition forfaitaire sur les entreprises de réseaux relatives aux installations de production d'électricité utilisant l'énergie mécanique du vent, installées à compter du 1er janvier 2019, prévue à l'article 1519 D ;

1 ter. Sur délibération de la commune d'implantation des installations prise dans les conditions prévues au I de l'article 1639 A bis, d'une fraction du produit perçu par la commune des composantes de l'imposition forfaitaire sur les entreprises de réseaux relatives aux centrales de production d'énergie électrique d'origine photovoltaïque installées à compter du 1er janvier 2023, prévue à l'article 1519 F ;

2. Du produit de la taxe additionnelle à la taxe foncière sur les propriétés non bâties, prévue à l'article 1519 I ;

3. Le cas échéant, sur délibérations concordantes des communes membres et de l'établissement public de coopération intercommunale, du reversement du Fonds national de garantie individuelle des ressources communales et intercommunales prévu au 2.1 de l'article 78 de la loi n° 2009-1673 du 30 décembre 2009 de finances pour 2010, à l'exclusion de la fraction calculée selon les conditions prévues aux 1° et 2° du a du D du IV du même 2.1 ;

4. Le cas échéant, sur délibérations concordantes des communes membres et de l'établissement public de coopération intercommunale, de la dotation de compensation de la réforme de la taxe professionnelle calculée conformément aux II et III du 1.1 de l'article 78 de la loi n° 2009-1673 du 30 décembre 2009 précitée, à l'exclusion de la part calculée dans les conditions prévues aux a et b du D du IV du même 1.1.

I ter. Le cas échéant, sur délibérations concordantes des communes membres et de l'établissement public de coopération intercommunale, le prélèvement sur les ressources calculé selon les conditions prévues aux II et III du 2.1 de l'article 78 de la loi n° 2009-1673 du 30 décembre 2009 précitée peut être mis à la charge de cet établissement public, à l'exclusion de la part calculée selon les conditions prévues aux 1° et 2° du a du D du IV du même 2.1.

I quater. Par exception au I de l'article 1639 A bis, l'établissement public de coopération intercommunale soumis au présent article et issu d'une fusion ou ayant connu une modification de périmètre et ses communes membres ont jusqu'au 15 janvier pour prendre les délibérations prévues aux 3 et 4 du I bis et au I ter du présent article.

II. Le conseil des établissements publics de coopération intercommunale mentionnés au I vote les taux de la taxe d'habitation sur les résidences secondaires et autres locaux meublés non affectés à l'habitation principale, de la taxe foncière sur les propriétés bâties et de la taxe foncière sur les propriétés non bâties.

La première année d'application du présent article, ainsi que l'année qui suit celle au titre de laquelle l'établissement public de coopération intercommunale a voté un taux égal à zéro pour ces trois taxes, les rapports entre les taux de taxe d'habitation sur les résidences secondaires et autres locaux meublés non affectés à l'habitation principale et des taxes foncières votés par le conseil de l'établissement public de coopération intercommunale sont égaux aux rapports constatés l'année précédente entre les taux moyens pondérés de chaque taxe dans l'ensemble des communes membres.

Par dérogation, lorsque l'établissement public de coopération intercommunale percevait une fiscalité additionnelle l'année précédant celle de l'application de ces dispositions, les rapports entre les taux de taxe d'habitation sur les résidences secondaires et autres locaux meublés non affectés à l'habitation principale et des taxes foncières établis par l'établissement public de coopération intercommunale peuvent être égaux aux rapports entre les taux de taxe d'habitation sur les résidences secondaires et autres locaux meublés non affectés à l'habitation principale et de taxes foncières votés par lui l'année précédente.

III. 1° a. Le taux de la cotisation foncière des entreprises est voté par le conseil mentionné au II dans les limites fixées à l'article 1636 B decies.

La première année d'application du présent article, le taux de cotisation foncière des entreprises voté par le conseil de l'établissement public de coopération intercommunale ne peut excéder le taux moyen de la cotisation foncière des entreprises des communes membres constaté l'année précédente, pondéré par l'importance relative des bases de ces communes.

Par dérogation, lorsque l'établissement public de coopération intercommunale percevait une fiscalité additionnelle l'année précédant celle de l'application de ces dispositions, le taux moyen pondéré mentionné au premier alinéa est majoré du taux de la cotisation foncière des entreprises perçue l'année précédente par cet établissement public de coopération intercommunale.

Les deuxième et troisième alinéas s'appliquent également la première année de perception de la cotisation foncière des entreprises par un établissement public de coopération intercommunale faisant application des régimes déterminés à l'article 1609 quinquies C.

b. Le taux de cotisation foncière des entreprises applicable dans chaque commune membre est rapproché du taux de l'établissement public de coopération intercommunale, jusqu'à application d'un taux unique, l'écart étant réduit chaque année par parts égales, dans des proportions dépendant du rapport observé, l'année précédant la première année d'application du I, entre le taux de la commune la moins taxée et celui de la commune la plus taxée.

Lorsque ce rapport est supérieur à 90 % et inférieur à 100 %, le taux de l'établissement public de coopération intercommunale s'applique dès la première année. Lorsque ce rapport est supérieur à 80 % et inférieur à 90 %, l'écart est réduit de moitié la première année et supprimé la seconde. La réduction s'opère par tiers lorsque le rapport est supérieur à 70 % et inférieur à 80 %, par quart lorsqu'il est supérieur à 60 % et inférieur à 70 %, par cinquième lorsqu'il est supérieur à 50 % et inférieur à 60 %, par sixième lorsqu'il est supérieur à 40 % et inférieur à 50 %, par septième lorsqu'il est supérieur à 30 % et inférieur à 40 %, par huitième lorsqu'il est supérieur à 20 % et inférieur à 30 %, par neuvième lorsqu'il est supérieur à 10 % et inférieur à 20 %, et par dixième lorsqu'il est inférieur à 10 %.

c. Le conseil mentionné au II peut, par une délibération adoptée à la majorité simple de ses membres, modifier la durée de la période de réduction des écarts de taux résultant du b, sans que cette durée puisse excéder douze ans.

La délibération doit intervenir dans les conditions prévues à l'article 1639 A, au cours de la première année d'application du I.

Cette délibération ne peut être modifiée ultérieurement, sauf en cas de retrait d'une ou plusieurs communes en application des articles L 5211-41-1, L 5215-40-1 et L 5216-10 du code général des collectivités territoriales, du neuvième alinéa du III, du dernier alinéa du IV et du dixième alinéa du V de l'article 11 de la loi n° 2014-58 du 27 janvier 2014 de modernisation de l'action publique territoriale et d'affirmation des métropoles et du huitième alinéa du I et de l'avant-dernier alinéa des II et III de l'article 35 de la loi n° 2015-991 du 7 août 2015 portant nouvelle organisation territoriale de la République.

Pour l'application du présent c, la réduction des écarts de taux s'opère, chaque année, par parts égales ; dans le cas où le dispositif de réduction des écarts de taux est déjà en cours, l'écart est réduit chaque année, par parts égales en proportion du nombre d'années restant à courir conformément à la durée fixée par la délibération.

d. Lorsqu'un établissement public de coopération intercommunale faisant application du I de l'article 1609 quinquies C opte pour le régime prévu au présent article ou devient soumis à ce régime, le taux constaté dans une commune l'année précédente est le taux appliqué en dehors des zones d'activités économiques existant sur son territoire antérieurement au changement de régime ; le taux constaté l'année précédente dans chaque zone ou fraction de zone si celle-ci est implantée sur le territoire de plusieurs communes est alors assimilé à celui d'une commune membre supplémentaire pour l'application du présent III.

Ce dispositif est applicable dans les mêmes conditions lorsque l'établissement public de coopération intercommunale fait application du II de l'article 1609 quinquies C.

2° En cas de rattachement d'une commune à un établissement public de coopération intercommunale faisant application du présent article, les I, II, II bis et VI de l'article 1638 quater sont applicables.

3° *(Abrogé).*

IV. Il est créé entre l'établissement public de coopération intercommunale soumis aux dispositions fiscales du présent article et les communes membres une commission locale chargée d'évaluer les transferts de charges. Cette commission est créée par l'organe délibérant de l'établissement public qui en détermine la composition à la majorité des deux tiers. Elle est composée de membres des conseils municipaux des communes concernées ; chaque conseil municipal dispose d'au moins un représentant.

La commission élit son président et un vice-président parmi ses membres. Le président convoque la commission et détermine son ordre du jour ; il en préside les séances. En cas d'absence ou d'empêchement, il est remplacé par le vice-président.

La commission peut faire appel, pour l'exercice de sa mission, à des experts. Elle rend ses conclusions l'année de l'adoption de la cotisation foncière des entreprises unique par l'établissement public de coopération intercommunale et lors de chaque transfert de charges ultérieur.

Les dépenses de fonctionnement, non liées à un équipement, sont évaluées d'après leur coût réel dans les budgets communaux lors de l'exercice précédant le transfert de compétences ou d'après leur coût réel dans les comptes administratifs des exercices précédant ce transfert. Dans ce dernier cas, la période de référence est déterminée par la commission.

Le coût des dépenses liées à des équipements concernant les compétences transférées est calculé sur la base d'un coût moyen annualisé. Ce coût intègre le coût de réalisation ou d'acquisition de l'équipement ou, en tant que de besoin, son coût de renouvellement. Il intègre également les charges financières et les dépenses d'entretien. L'ensemble de ces dépenses est pris en compte pour une durée normale d'utilisation et ramené à une seule année.

Le coût des dépenses transférées est réduit, le cas échéant, des ressources afférentes à ces charges.

La commission locale chargée d'évaluer les charges transférées remet dans un délai de neuf mois à compter de la date du transfert un rapport évaluant le coût net des charges transférées. Ce rapport est approuvé par délibérations concordantes de la majorité qualifiée des conseils municipaux prévue au premier alinéa du II de l'article L 5211-5 du code général des collectivités territoriales, prises dans un délai de trois mois à compter de la transmission du rapport au conseil municipal par le président de la commission. Le rapport est également transmis à l'organe délibérant de l'établissement public de coopération intercommunale.

Lorsque le président de la commission n'a pas transmis le rapport précité aux conseils municipaux des communes membres ou à défaut d'approbation de celui-ci dans les conditions susmentionnées, le coût net des charges transférées est constaté par arrêté du représentant de l'Etat dans le département. Il est égal à la moyenne des dépenses figurant sur les comptes administratifs de la collectivité à l'origine du transfert, actualisées en fonction de l'indice des prix hors tabac tel que constaté à la date des transferts sur une période de trois ans précédant le transfert pour les dépenses de fonctionnement et actualisées en fonction de l'indice des prix de la formation brute de capital fixe des administrations publiques, tel que constaté à la date des transferts, sur une période de sept ans précédant le transfert pour les dépenses d'investissement. Il est réduit le cas échéant des ressources afférentes à ces charges.

Lorsqu'il est fait application à un établissement public de coopération intercommunale des dispositions du présent article, la commission d'évaluation des transferts de charges doit rendre ses conclusions sur le montant des charges qui étaient déjà transférées à l'établissement public de coopération intercommunale et celui de la fiscalité ou des contributions des communes qui étaient perçues pour les financer.

A la demande de l'organe délibérant de l'établissement public de coopération intercommunale à fiscalité propre ou du tiers des conseils municipaux des communes membres, la commission fournit une estimation prospective des charges susceptibles d'être transférées par les communes à l'établissement ou par ce dernier aux communes. Cette estimation prospective ne dispense pas la commission d'établir le rapport mentionné au septième alinéa du IV du présent article.

V. 1° L'établissement public de coopération intercommunale verse à chaque commune membre une attribution de compensation. Elle ne peut être indexée.

Lorsque l'attribution de compensation est négative, l'établissement public de coopération intercommunale peut demander à la commune d'effectuer, à due concurrence, un versement à son profit.

Les attributions de compensation fixées conformément aux 2°, 4°, 5° ou, le cas échéant, au 1° bis constituent une dépense obligatoire pour l'établissement public de coopération intercommunale ou, le cas échéant, les communes membres. Le conseil de l'établissement public de coopération intercommunale communique aux communes membres, avant le 15 février de chaque année, le montant prévisionnel des attributions au titre de ces reversements.

Le conseil de l'établissement public de coopération intercommunale ne peut procéder à une réduction des attributions de compensation qu'après accord des conseils municipaux des communes intéressées.

Toutefois, dans le cas où une diminution des bases imposables réduit le produit global disponible des impositions mentionnées au premier alinéa du 2°, l'organe délibérant de l'établissement public de coopération intercommunale peut décider de réduire les attributions de compensation.

Cette réduction des attributions de compensation ne peut pas être supérieure à la perte de produit global disponible mentionnée au cinquième alinéa du présent 1°. L'établissement public de coopération intercommunale peut décider de l'appliquer soit à l'ensemble des communes membres, soit à la seule commune membre sur le territoire de laquelle la perte de produit global disponible a été constatée. La réduction ne peut avoir pour effet de baisser l'attribution de compensation de la commune intéressée d'un montant supérieur au montant le plus élevé entre, d'une part, 5 % de ses recettes réelles de fonctionnement et, d'autre part, le montant qu'elle a perçu, le cas échéant, au titre du prélèvement sur recettes prévu au VIII du 2.1 de l'article 78 de la loi n° 2009-1673 du 30 décembre 2009 de finances pour 2010.

Sous réserve de l'avant-dernier alinéa du présent 1°, un établissement public de coopération intercommunale à fiscalité propre bénéficiant d'un des mécanismes de compensation prévus aux I, II et II bis du 3 de l'article 78 de la loi n° 2009-1673 du 30 décembre 2009 précitée ainsi qu'au III de l'article 79 de la loi n° 2018-1317 du 28 décembre 2018 de finances pour 2019 peut décider de procéder à cette réduction des attributions de compensation sur plusieurs années. Dans ce cas, cette diminution ne peut pas être supérieure, au titre d'une année, à la différence entre, d'une part, la réduction du produit global mentionnée au cinquième alinéa du présent 1° et, d'autre part, le montant de la compensation versée au titre de ces mécanismes de compensation.

1° bis Le montant de l'attribution de compensation et les conditions de sa révision peuvent être fixés librement par délibérations concordantes du conseil communautaire, statuant à la majorité des deux tiers, et des conseils municipaux des communes membres intéressées, en tenant compte du rapport de la commission locale d'évaluation des transferts de charges.

Ces délibérations peuvent prévoir d'imputer une partie du montant de l'attribution de compensation en section d'investissement en tenant compte du coût des dépenses d'investissement liées au renouvellement des équipements transférés, calculé par la commission locale d'évaluation des transferts de charges conformément au cinquième alinéa du IV.

A défaut d'accord, le montant de l'attribution est fixé dans les conditions figurant aux 2°, 4° et 5°.

2° L'attribution de compensation est égale à la somme des produits mentionnés au I et aux 1 et 2 du I bis, de la fraction du produit net de la taxe sur la valeur ajoutée affectée aux communes mentionnée au XXIV de l'article 55 de la loi n° 2022-1726 du 30 décembre 2022 de finances pour 2023 et du produit de la taxe sur les surfaces commerciales prévue à l'article 3 de la loi n° 72-657 du 13 juillet 1972 instituant des mesures en faveur de certaines catégories de commerçants et artisans âgés, perçus par la commune l'année précédant celle de la première application du présent article, diminuée du coût net des charges transférées calculé dans les conditions définies au IV.

L'attribution de compensation est majorée du montant perçu par la commune la même année, d'une part, au titre de la part de la dotation forfaitaire prévue à l'article L 2334-7 du code général des collectivités territoriales correspondant au montant antérieurement versé en application du I du D de l'article 44 de la loi de finances pour 1999 (n° 98-1266 du 30 décembre 1998) diminué du pourcentage prévu au deuxième alinéa de l'article L 5211-28-1 du code général des collectivités territoriales, et, d'autre part, au titre du montant des compensations, hors celui de la compensation prévue au IV bis de l'article 6 de la loi de finances pour 1987 (n° 86-1317 du 30 décembre 1986), allouées :

en application du B de l'article 26 de la loi de finances pour 2003 (n° 2002-1575 du 30 décembre 2002) ;

en application de l'article 53 de la loi de finances pour 2004 (n° 2003-1311 du 30 décembre 2003), sous réserve d'une délibération du conseil de l'établissement public de coopération intercommunale statuant à l'unanimité ;

et, le cas échéant, en application du B de l'article 4 de la loi n° 96-987 du 14 novembre 1996 relative à la mise en œuvre du pacte de relance pour la ville ou du B de l'article 3 de la loi n° 96-1143 du 26 décembre 1996 relative à la zone franche de Corse.

L'attribution de compensation est minorée, le cas échéant, du montant des reversements, autorisés par l'article 11 de la loi n° 80-10 du 10 janvier 1980 portant aménagement de la fiscalité directe locale, perçus au profit de l'établissement public de coopération intercommunale l'année précédant celle de la première application de ces dispositions.

L'attribution de compensation est majorée du produit de la réduction de taux de taxe d'habitation prévue, selon le cas, au VII de l'article 1638 quater ou au IV de l'article 1638-0 bis par les bases de taxe d'habitation de la commune l'année de son rattachement à l'établissement public de coopération intercommunale.

Toutefois, lorsqu'une commune cesse d'appartenir à un établissement public de coopération intercommunale faisant application du régime fiscal du présent article pour adhérer à un autre établissement public de coopération intercommunale faisant application du même régime fiscal, le produit de cotisation foncière des entreprises est majoré du montant perçu, l'année de cette modification, par l'établissement public de coopération intercommunale auquel elle a cessé d'appartenir, au titre de la part de la dotation de compensation prévue à l'article L 5211-28-1 du code général des collectivités territoriales correspondant au montant antérieurement versé en application du I du D de l'article 44 de la loi de finances pour 1999 précitée.

L'attribution de compensation est recalculée, dans les conditions prévues au IV, lors de chaque transfert de charge.

Tous les cinq ans, le président de l'établissement public de coopération intercommunale présente un rapport sur l'évolution du montant des attributions de compensation au regard des dépenses liées à l'exercice des compétences par l'établissement public de coopération intercommunale. Ce rapport donne lieu à un débat au sein de l'organe délibérant de l'établissement public de coopération intercommunale. Il est pris acte de ce débat par une délibération spécifique. Ce rapport est obligatoirement transmis aux communes membres de l'établissement public de coopération intercommunale.

2° bis *(Abrogé)*.

3° *(Abrogé)*.

4° *(Abrogé)*.

5° 1. Lorsqu'à la suite d'une fusion réalisée dans les conditions prévues à l'article L 5211-41-3 du code général des collectivités territoriales, un établissement public de coopération intercommunale fait application du régime prévu au présent article et des dispositions de l'article 1638-0 bis, l'attribution de compensation versée ou perçue à compter de l'année où l'opération de fusion produit pour la première fois ses effets au plan fiscal est égale :

a. Pour les communes qui étaient antérieurement membres d'un établissement public de coopération intercommunale soumis au présent article : à l'attribution de compensation que versait ou percevait cet établissement public de coopération intercommunale l'année précédant celle où cette opération a produit pour la première fois ses effets au plan fiscal, sous réserve des dispositions de l'avant-dernier alinéa du 2° du présent V. Il peut être dérogé au présent a soit par délibérations concordantes de l'établissement public de coopération intercommunale et des communes intéressées dans les conditions du 1° bis, soit, uniquement les trois premières années d'existence du nouvel établissement public de coopération intercommunale par délibération de l'organe délibérant de l'établissement public de coopération intercommunale statuant à la majorité des deux tiers. Dans ce dernier cas, la révision ne peut pas avoir pour effet de minorer ou de majorer l'attribution de compensation de plus de 30 % de son montant, représentant au plus 5 % des recettes réelles de fonctionnement de la commune intéressée l'année précédant la révision ;

b. Pour les communes qui étaient antérieurement membres d'un établissement public de coopération intercommunale ne faisant pas application du présent article : au montant calculé conformément au 2° du présent V.

Lorsque la fusion s'accompagne d'un transfert ou d'une restitution de compétences, cette attribution de compensation est respectivement diminuée ou majorée du montant net des charges transférées, calculé dans les conditions définies au IV.

Un protocole financier général définit les modalités de détermination des attributions de compensation entre l'établissement public de coopération intercommunale fusionné et les communes.

A titre dérogatoire, les établissements publics de coopération intercommunale issus d'une fusion ou d'une modification de périmètre au 1er janvier 2010 et les conseils municipaux de leurs communes membres peuvent, par délibérations concordantes prises à la majorité qualifiée prévue au premier alinéa du II de l'article L 5211-5 du code général des collectivités territoriales, procéder, avant le 31 décembre 2014, à la révision du montant de l'attribution de compensation.

2. Lorsque, dans le cadre d'une modification de périmètre, de l'adhésion individuelle d'une commune ou d'une transformation dans les conditions prévues aux articles L 5211-41-1 et L 5214-26 du même code, un établissement public de coopération intercommunale est soumis au régime prévu au présent article et qu'il est fait application des dispositions de l'article 1638 quater, l'attribution de compensation versée ou perçue à compter de l'année où les opérations précitées ont produit pour la première fois leurs effets au plan fiscal est égale à :

a. Pour les communes qui étaient antérieurement membres d'un établissement public de coopération intercommunale soumis au présent article : à l'attribution de compensation que versait ou percevait cet établissement public de coopération intercommunale l'année précédant celle où les opérations précitées ont produit pour la première fois leurs effets au plan fiscal, sous réserve des dispositions de l'avant-dernier alinéa du 2° du présent V. Il peut être dérogé au présent a soit par délibérations concordantes de l'établissement public de coopération intercommunale et des communes intéressées dans les conditions du 1° bis, soit, uniquement les trois premières années d'existence du nouvel établissement public de coopération intercommunale par délibération de l'organe délibérant de l'établissement public de coopération intercommunale statuant à la majorité des deux tiers. Dans ce dernier cas, la révision ne peut pas avoir pour effet de minorer ou de majorer l'attribution de compensation de plus de 30 % de son montant, représentant au plus 5 % des recettes réelles de fonctionnement de la commune intéressée l'année précédant la révision ;

b. Pour les communes qui étaient antérieurement membres d'un établissement public de coopération intercommunale ne faisant pas application du présent article : au montant calculé conformément au 2° du présent V.

Lorsque l'adhésion d'une commune s'accompagne d'un transfert ou d'une restitution de compétences, cette attribution de compensation est respectivement diminuée ou majorée du montant net des charges transférées calculé dans les conditions définies au IV.

3. *(Abrogé).*

4. L'attribution de compensation versée chaque année aux communes membres qui étaient antérieurement membres d'un établissement public de coopération intercommunale sans fiscalité propre est calculée dans les conditions prévues au 2°.

5. Un protocole financier général établi au plus tard au 31 décembre 2016 définit les modalités de détermination des attributions de compensation entre la métropole de Lyon et les communes situées sur son territoire.

6° Les attributions de compensation fixées conformément aux 2°, 4°, 5° ou, le cas échéant, au 1° bis du présent V sont recalculées dans les conditions prévues au IV lors de chaque nouveau transfert de charges. Elles ne peuvent être indexées.

7° Sous réserve de l'application du 5° du présent V, les établissements publics de coopération intercommunale soumis au présent article et les conseils municipaux de leurs communes membres peuvent procéder, par délibérations concordantes prises à la majorité qualifiée prévue au premier alinéa du II de l'article L 5211-5 du code général des collectivités territoriales, à la diminution des attributions de compensation d'une partie des communes membres lorsque les communes concernées disposent d'un potentiel financier par habitant supérieur de plus de 20 % au potentiel financier par habitant moyen de l'ensemble des communes membres. Cette réduction de leurs attributions de compensation ne peut excéder 5 % du montant de celles-ci.

V bis. 1. Pour les établissements publics de coopération intercommunale qui faisaient application au 31 décembre 2010 du présent article dans sa rédaction en vigueur à cette date, l'attribution de compensation versée chaque année aux communes qui en étaient membres à cette même date est égale à celle qui leur était versée en 2010, sans préjudice des dispositions prévues au V relatives à l'évolution de leur montant.

2. Pour les établissements publics de coopération intercommunale qui font application pour la première fois en 2011 du présent article, le montant de la compensation relais perçue en 2010 par la commune, conformément au II de l'article 1640 B, est substitué aux produits mentionnés au premier alinéa du 2° du V pour le calcul de l'attribution de compensation.

VI. *(Abrogé).*

VII. Pour les communes membres d'un établissement public de coopération intercommunale soumis aux dispositions du présent article, le taux à prendre en compte pour le calcul de la compensation visée au II de l'article 21 de la loi de finances pour 1992 *(nº 91-1322 du 30 décembre 1991)* est majoré, le cas échéant, du taux voté en 1991 par l'établissement public de coopération intercommunale précité. Lorsque les communes sont membres d'un établissement public de coopération intercommunale faisant application du présent article et ayant connu une modification de périmètre, quelle qu'en soit la nature, le taux à prendre en compte pour ce même calcul est majoré, le cas échéant, du taux voté en 1991 par l'établissement public de coopération intercommunale dont elles étaient membres préalablement à la fusion.

VIII. 1° Les sommes versées aux communes en application du IV de l'article 6 de la loi de finances pour 1987 *(nº 86-1317 du 30 décembre 1986)* leur restent acquises lorsqu'elles deviennent membres d'un établissement public de coopération intercommunale soumis aux dispositions du présent article.

2° Les établissements publics de coopération intercommunale soumis aux dispositions du présent article bénéficient de la compensation prévue au IV bis de l'article 6 de la loi de finances pour 1987 précitée au lieu et place de leurs communes membres.

Pour les établissements publics de coopération intercommunale soumis en 2011 aux dispositions du présent article, le taux de taxe professionnelle à retenir est le taux moyen pondéré de taxe professionnelle constaté en 1986 dans l'ensemble des communes membres de l'établissement public de coopération intercommunale ; ce taux est, le cas échéant, majoré du taux de taxe professionnelle voté en 1986 par l'établissement public de coopération intercommunale qui a opté pour le régime fiscal prévu au présent article ou dont la communauté de communes est issue ; ces taux sont multipliés par 0,960.

Pour les établissements publics de coopération intercommunale soumis pour la première fois à compter de 2012 aux dispositions du présent article, la compensation est calculée en retenant le taux moyen pondéré des communes membres de l'établissement public de coopération intercommunale.

Pour l'application de l'avant-dernier alinéa du présent 2°, le taux moyen pondéré est déterminé par le rapport de la somme des compensations au titre de la réduction pour création d'établissement versées aux communes membres au titre de l'année précédant la première année d'application du présent article et de la somme des bases exonérées ou des abattements appliqués au titre de l'année précédant cette même première année d'application.

IX. Les dispositions des I à VIII sont applicables aux communautés de communes ayant, avant le 31 décembre 2010, opté, en application du III de l'article 1609 quinquies C dans sa rédaction en vigueur jusqu'à cette date, pour l'application du présent article.

LOC-I-3480

SECTION XIII sexies

Taxe sur les plus-values de cession d'immeubles autres que des terrains à bâtir

Art 1609 nonies G **I.** Il est institué une taxe sur les plus-values réalisées dans les conditions prévues aux articles 150 U et 150 UB à 150 UD par les personnes physiques ou les sociétés ou groupements qui relèvent des articles 8 à 8 ter et dans celles prévues à l'article 244 bis A par les contribuables non domiciliés fiscalement en France assujettis à l'impôt sur le revenu.

La taxe ne s'applique pas aux plus-values réalisées lors de la cession de terrains à bâtir ou de droits s'y rapportant.

II. La taxe est assise sur le montant imposable des plus-values déterminé dans les conditions prévues, selon le cas, aux articles 150 V à 150 VE ou au II de l'article 244 bis A.

Elle est due par le cédant et exigible lors de la cession.

III. La taxe est due à raison des plus-values imposables d'un montant supérieur à 50 000 €, selon le barème suivant appliqué au montant total de la plus-value imposable :

MONTANT DE LA PLUS-VALUE imposable (En euros)	MONTANT DE LA TAXE
De 50 001 à 60 000	2 % PV - (60 000 - PV) × 1/20
De 60 001 à 100 000	2 % PV
De 100 001 à 110 000	3 % PV - (110 000 - PV) × 1/10
De 110 001 à 150 000	3 % PV
De 150 001 à 160 000	4 % PV - (160 000 - PV) × 15/100
De 160 001 à 200 000	4 % PV
De 200 001 à 210 000	5 % PV - (210 000 - PV) × 20/100
De 210 001 à 250 000	5 % PV
De 250 001 à 260 000	6 % PV - (260 000 - PV) × 25/100
Supérieur à 260 000	6 % PV
(PV = montant de la plus-value imposable)	

IV. Une déclaration, conforme à un modèle établi par l'administration, retrace les éléments servant à la liquidation de la taxe. Elle est déposée dans les conditions prévues aux 1°, 2° et 4° du I et au II de l'article 150 VG.

V. La taxe est versée lors du dépôt de la déclaration prévue au IV. Les I à II bis de l'article 150 VF, le second alinéa du I et les II et III de l'article 150 VH et le IV de l'article 244 bis A sont applicables.

VI. La taxe est contrôlée sous les mêmes garanties et sanctions qu'en matière d'impôt sur le revenu.

IMMO-II-198000 s. ; MF nos 32710 s.

CHAPITRE I BIS

Taxes sur le chiffre d'affaires et taxes diverses assimilées

SECTION II bis

Taxe sur la diffusion en vidéo physique et en ligne de contenus audiovisuels

Art 1609 sexdecies B *(Abrogé).*

Ndlr *Depuis le 1er janvier 2024, la taxe sur la diffusion en vidéo physique et en ligne de contenus audiovisuels est fractionnée en trois taxes différentes et transférée dans le CIBS aux articles L 452-28 s. (« taxe sur les vidéogrammes »), aux articles L 453-25 s. (« taxe sur les services d'accès à des contenus audiovisuels à la demande ») et aux articles L 454-16 s. (« Taxe sur la publicité diffusée au moyen de services d'accès à des contenus audiovisuels »).*

BF 4/24 inf. 264 ; TD-V-14000 s. ; MF nos 76130, 76140, 76160

SECTION II ter

Centre national de la musique

Art 1609 sexdecies C **I.** Il est institué une taxe sur les locations en France de phonogrammes et de vidéomusiques destinés à l'usage privé du public dans le cadre d'une mise à disposition à la demande sur les réseaux en ligne.

Pour l'application de la taxe, est assimilée à une activité de location de phonogrammes ou de vidéomusiques la mise à la disposition du public d'un service offrant, à titre autre qu'accessoire, l'accès à titre onéreux ou à titre gratuit à des enregistrements phonographiques ou vidéomusicaux, sur demande individuelle formulée par un procédé de communication électronique. Le présent alinéa n'est pas applicable au service gratuit dont l'objet principal est d'assurer la fourniture d'informations relatives à des œuvres musicales et leur promotion auprès du public.

II. Les services mentionnés au I sont réputés mis à la disposition du public en France lorsqu'ils sont effectués en faveur des personnes qui sont établies ou ont leur domicile ou leur résidence habituelle en France.

III. Sont redevables de la taxe les personnes, qu'elles soient établies en France ou hors de France, qui encaissent les prix, les sommes ou les revenus mentionnés au IV.

A cette fin, les contreparties encaissées par une personne autre que le fournisseur qui sont reversées sont réputées être encaissées par le bénéficiaire de ce reversement.

Lorsque plusieurs personnes sont redevables au titre d'un même service mentionné au I, le montant de la taxe est établi séparément pour chacune d'elles à partir des seules contreparties qu'elle a encaissées.

IV. La taxe est assise sur le montant hors taxe sur la valeur ajoutée :

1° Du prix acquitté par le public au titre des opérations mentionnées au I ;

2° Des sommes versées par les annonceurs et les parrains pour la diffusion de leurs messages publicitaires sur un service donnant ou permettant l'accès à des enregistrements phonographiques ou vidéomusicaux ou donnant accès gratuitement à des contenus créés par des utilisateurs privés à des fins de partage et d'échanges au sein de communautés d'intérêts. Ces sommes sont prises en compte à hauteur de 34 % de leur montant.

L'assiette est déterminée, chaque année civile, comme la fraction de la somme de ces montants excédant le seuil de 20 millions d'euros. Ce seuil est apprécié séparément pour chaque service mentionné au I. Lorsque plusieurs personnes sont redevables au titre d'un même service mentionné au même I, ce seuil est réparti entre ces redevables en proportion des montants encaissés.

V. Le taux est fixé à 1,2 %.

VI. Le fait générateur intervient à l'achèvement de l'année civile au cours de laquelle des prix, des sommes ou des revenus mentionnés au IV ont été encaissés.

La taxe est exigible à chaque encaissement des montants mentionnés au même IV intervenant à compter du dépassement du seuil mentionné au dernier alinéa dudit IV.

Elle est constatée, liquidée, recouvrée et contrôlée selon les mêmes procédures et sous les mêmes sanctions, garanties, sûretés et privilèges que la taxe sur la valeur ajoutée. Les réclamations sont présentées, instruites et jugées selon les règles applicables à cette même taxe.

VII. Le produit de la taxe est affecté au Centre national de la musique dans la limite d'un plafond annuel.

Ndlr *La taxe sur les locations en France de phonogrammes et de vidéomusiques s'applique depuis le 1er janvier 2024.*

FR 2/24 inf. 68 p. 129 ; MF n° 76190

SECTION VI

Taxe d'aéroport

Art 1609 quatervicies *(Dispositions abrogées et transférées aux articles L 422-13 s. du CIBS et L 422-41 s. du CIBS depuis le 1er janvier 2022).*

SECTION VI bis

Taxe sur les nuisances sonores aériennes

Art 1609 quatervicies A *(Dispositions abrogées et transférées aux articles L 422-49 s. du CIBS depuis le 1er janvier 2022).*

SECTION VIII

Taxe pour le développement de la formation professionnelle dans les métiers de la réparation de l'automobile, du cycle et du motocycle

Art 1609 sexvicies I. Il est institué, à compter du 1er janvier 2004, une taxe au profit de l'Association nationale pour la formation automobile. Elle concourt au financement de la formation professionnelle initiale, notamment de l'apprentissage, et de la formation professionnelle continue dans les métiers de la réparation de l'automobile, du cycle et du motocycle.

La taxe est due par les entreprises ayant une activité principale ou secondaire de réparation, d'entretien, de pose d'accessoires, de contrôle technique, d'échanges de pièces, et autres opérations assimilables, sur les véhicules automobiles, les cycles ou les motocycles, donnant lieu à facturation à des tiers.

Les entreprises qui bénéficient de la franchise prévue à l'article 293 B sont exonérées de la taxe.

Ndlr *Pour les dispositions du présent alinéa qui entrent en vigueur le 1er janvier 2025, voir partie Autres textes du présent code loi 2023-1322 du 29 décembre 2023 art. 82, I-16° et III.*

Le produit de cette taxe contribue au développement de la formation professionnelle dans la branche considérée, particulièrement par le financement des investissements et du fonctionnement des centres de formation d'apprentis et des sections d'apprentissage, par la formation de personnels enseignants et de maîtres d'apprentissage ainsi que par l'acquisition de matériel technique et pédagogique.

II. La taxe est assise sur le montant non plafonné des rémunérations retenues pour le calcul des cotisations de sécurité sociale, versées aux salariés concourant directement au fonctionnement des ateliers et services affectés aux activités visées au deuxième alinéa du I.

III. Le taux de la taxe est fixé à 0,75 %.

IV. Pour les redevables qui acquittent la taxe sur la valeur ajoutée selon les modalités prévues au premier alinéa du 2 de l'article 287, la taxe est calculée sur les salaires tels qu'ils sont définis au II, versés au cours du dernier mois échu et acquittée sur l'annexe à chaque déclaration mensuelle de taxe sur la valeur ajoutée déposée au cours du mois suivant. Pour ceux des redevables mentionnés au dernier alinéa du 2 de l'article 287, la taxe est calculée sur les salaires versés au cours du dernier trimestre échu et acquittée sur l'annexe à la déclaration de taxe sur la valeur ajoutée déposée au cours du mois suivant la fin de chaque trimestre civil.

Pour les redevables qui acquittent la taxe sur la valeur ajoutée selon les modalités prévues au 3 de l'article 287, le montant de la taxe due est porté sur la déclaration mentionnée au premier alinéa de ce 3. Le montant de la taxe est calculé sur les salaires, tels qu'ils sont définis au II, versés au titre de l'année civile précédant celle du dépôt de cette déclaration.

La taxe est recouvrée et contrôlée selon les mêmes procédures et sous les mêmes sanctions, garanties, sûretés et privilèges que les taxes sur le chiffre d'affaires.

Les réclamations sont présentées, instruites et jugées selon les règles applicables à ces mêmes taxes.

V. L'Association nationale pour la formation automobile est placée sous le contrôle économique et financier de l'Etat ; un membre du corps du contrôle général économique et financier est désigné par le ministre chargé du budget.

Un commissaire du gouvernement auprès de l'Association est désigné par le ministre chargé de l'éducation nationale en accord avec le ministre chargé de la formation professionnelle.

Les modalités d'exercice des attributions du membre du corps du contrôle général économique et financier et du commissaire du Gouvernement sont fixées par décret *(Voir décret 2004-1083 du 7 octobre 2004, JO du 14).*

TD-III-6000 s. ; MF n° 76120

SECTION XI

Prélèvements sur les jeux de loterie et les paris sportifs perçus au profit de l'Agence nationale du sport

Art 1609 novovicies Un prélèvement de 5,1 % est effectué sur le produit brut des jeux de loterie commercialisés en réseau physique de distribution et en ligne mentionnés au I de l'article 137 de la loi n° 2019-486 du 22 mai 2019 relative à la croissance et la transformation des entreprises. Le produit brut des jeux est constitué par la différence entre les sommes misées par les joueurs et les sommes versées ou à reverser aux gagnants. Les sommes engagées par les joueurs à compter du 1er janvier 2020 sont définies comme des sommes misées à compter de la date de réalisation du ou des événements sur lesquels repose le jeu, y compris celles apportées par l'opérateur à titre gracieux. Les sommes versées ou à reverser aux gagnants sont constituées de l'ensemble des gains en numéraire ou en nature versés ou à reverser aux joueurs à compter de la date de réalisation du ou des événements sur lesquels repose le jeu, à l'exclusion des sommes en numéraire ou en nature attribuées à titre gracieux à certains joueurs dans le cadre d'actions commerciales.

Pour le calcul du prélèvement, le montant du produit brut des jeux est multiplié par le rapport entre, d'une part, le montant des mises effectuées sur le jeu en France métropolitaine et dans les départements d'outre-mer et, d'autre part, le montant total des mises effectuées sur le jeu.

L'affectation du prélèvement est déterminée par le 1° de l'article L 112-11-1 du code du sport.

L'exigibilité du prélèvement est constituée par la réalisation du ou des événements sur lesquels repose le jeu. Pour les jeux de loterie pour lesquels l'intervention du hasard est antérieure à la mise à disposition du support de jeu, l'exigibilité du prélèvement est constituée par l'affectation au jeu des mises engagées par les joueurs.

TD-XX-8620 s. ; MF n° 76025

Art 1609 tricies Il est institué, pour les paris sportifs, un prélèvement assis sur le produit brut des jeux, constitué par la différence entre les sommes misées par les joueurs et les sommes versées ou à reverser aux gagnants. Les sommes engagées par les joueurs à compter du 1er janvier 2020 sont définies comme des sommes misées à compter de la date de réalisation du ou des événements sur lesquels repose le jeu. Les sommes versées ou à reverser aux gagnants sont constituées de l'ensemble des gains en numéraire ou en nature versés ou à reverser aux joueurs à compter de la date de réalisation du ou des événements sur lesquels repose le jeu, y compris les gains résultant de sommes apportées par l'opérateur, à condition que le joueur puisse en demander le versement en numéraire ou sur son compte de paiement.

Pour le calcul du prélèvement, le montant du produit brut des jeux est multiplié par le rapport entre, d'une part, le montant des mises effectuées sur le jeu en France métropolitaine et dans les départements d'outre-mer et, d'autre part, le montant total des mises effectuées sur le jeu.

Ce prélèvement est dû par la personne morale chargée de l'exploitation des jeux de paris sportifs commercialisés en réseau physique de distribution mentionnée au I de l'article 137 de la loi n° 2019-486 du 22 mai 2019 relative à la croissance et la transformation des entreprises et par les personnes devant être soumises, en tant qu'opérateur de paris sportifs en ligne, à l'agrément mentionné à l'article 21 de la loi n° 2010-476 du 12 mai 2010 relative à l'ouverture à la concurrence et à la régulation du secteur des jeux d'argent et de hasard.

Le taux de ce prélèvement est fixé à 6,6 % du produit des jeux pour les paris sportifs commercialisés en réseau physique de distribution et à 10,6 % pour les paris sportifs en ligne.

L'affectation du prélèvement est déterminée par le 2° de l'article L 112-11-1 du code du sport.

L'exigibilité du prélèvement est constituée par la réalisation du ou des événements sur lesquels repose le jeu.

TD-XX-8700 s. ; MF n° 76025

Art 1609 untricies Les prélèvements mentionnés aux articles 1609 novovicies et 1609 tricies sont déclarés et liquidés par les opérateurs de jeux ou de paris en ligne mentionnés à ces articles selon les modalités suivantes :

1° Pour les redevables de la taxe sur la valeur ajoutée soumis au régime réel normal d'imposition prévu au 2 de l'article 287, sur l'annexe à la déclaration mentionnée au 1 du même article 287 déposée au titre du mois ou du trimestre au cours duquel l'exigibilité est intervenue ;

2° Pour les redevables de la taxe sur la valeur ajoutée soumis au régime simplifié d'imposition prévu à l'article 302 septies A, sur la déclaration annuelle mentionnée au 3 de l'article 287 déposée au titre de l'exercice au cours duquel l'exigibilité est intervenue ;

3° Pour les personnes non redevables de la taxe sur la valeur ajoutée et les assujettis non établis en France se prévalant d'un des régimes particuliers mentionnés aux articles 359 et 369 ter de la directive 2006/112/CE du Conseil du 28 novembre 2006 relative au système commun de la taxe sur la valeur ajoutée, sur l'annexe à la déclaration prévue au 1 de l'article 287 du présent code déposée auprès du service chargé du recouvrement dont relève le siège ou le principal établissement au plus tard le 25 du mois qui suit celui au cours duquel l'exigibilité est intervenue.
(Voir Annexe III, art. 344 GD)

TD-XX-8730 ; MF n° 76025

Art 1609 duotricies Les prélèvements mentionnés aux articles 1609 novovicies et 1609 tricies sont recouvrés et contrôlés selon les mêmes procédures et sous les mêmes sanctions, garanties, sûretés et privilèges que les taxes sur le chiffre d'affaires. Les réclamations sont présentées, instruites et jugées selon les règles applicables à ces mêmes taxes.
(Voir Annexe III, art. 344 GD)

TD-XX-8750 s.

SECTION XII

Redevance sur les paris hippiques en ligne

Art 1609 tertricies Il est institué une redevance perçue au profit des sociétés de courses, destinée à financer les missions de service public définies à l'article 2 de la loi du 2 juin 1891 ayant pour objet de réglementer l'autorisation et le fonctionnement des courses de chevaux. Cette redevance est assise sur le produit brut des jeux, tel que défini au premier alinéa de l'article 302 bis ZJ, issu des paris hippiques en ligne mentionnés à l'article 11 de la loi n° 2010-476 du 12 mai 2010 relative à l'ouverture à la concurrence et à la régulation du secteur des jeux d'argent et de hasard en ligne, au titre des courses organisées par des sociétés de courses françaises. Cette redevance est due par les sociétés devant être soumises, en tant qu'opérateurs de paris hippiques en ligne, à l'agrément mentionné à l'article 21 de la loi n° 2010-476 du 12 mai 2010 précitée.

Le taux de la redevance est fixé par décret. Il ne peut être inférieur à 22 % ni supérieur à 31 % *(Voir Annexe III, art. 331 W)*.

L'exigibilité de cette redevance est constituée par la réalisation du ou des événements sur lesquels repose le jeu. Cette redevance est déclarée et liquidée selon les modalités suivantes :

1° Pour les redevables de la taxe sur la valeur ajoutée soumis au régime réel normal d'imposition prévu au 2 de l'article 287, sur l'annexe à la déclaration mentionnée au 1 du même article 287 déposée au titre du mois ou du trimestre au cours duquel l'exigibilité est intervenue ;

2° Pour les redevables de la taxe sur la valeur ajoutée soumis au régime simplifié d'imposition prévu à l'article 302 septies A, sur la déclaration annuelle mentionnée au 3 de l'article 287 déposée au titre de l'exercice au cours duquel l'exigibilité est intervenue ;

3° Pour les personnes non redevables de la taxe sur la valeur ajoutée et les assujettis non établis en France se prévalant d'un des régimes particuliers mentionnés aux articles 359 et 369 ter de la directive 2006/112/CE du Conseil du 28 novembre 2006 relative au système commun de la taxe sur la valeur ajoutée, sur l'annexe à la déclaration prévue au 1 de l'article 287 du présent code déposée auprès du service chargé du recouvrement dont relève le siège ou le principal établissement au plus tard le 25 du mois qui suit celui au cours duquel l'exigibilité est intervenue
(Voir Annexe III, art. 344 GD).

Elle est recouvrée et contrôlée selon les mêmes procédures et sous les mêmes sanctions, garanties, sûretés et privilèges que la taxe sur la valeur ajoutée. Les réclamations sont présentées, instruites et jugées selon les règles applicables à cette même taxe.

Elle est affectée au prorata des enjeux misés sur chaque spécialité, trot et galop, aux sociétés-mères de courses de chevaux. Ces dernières tiennent une comptabilité distincte à laquelle est rattaché le produit de la redevance.

Ndlr *Les dispositions du présent article telles que modifiées par l'article 28, I-F de la loi 2019-1479 du 28 décembre 2019 relatif au changement d'assiette fiscale de la redevance s'appliquent à compter du 1er septembre 2022 (Décret 2022-1192 du 30 août 2022, JO du 31).*

TD-XX-8800 s. ; MF n° 76025

SECTION XIII

Prélèvements sociaux sur les jeux et paris perçus au profit d'organismes divers concourant au financement de la protection sociale

Art 1609 quatertricies Les prélèvements sociaux sur les jeux et paris sont assis, déclarés, liquidés, recouvrés et contrôlés conformément aux dispositions des articles L 137-20, L 137-21, L 137-22, L 137-23, L 137-25 et L 137-26 du code de la sécurité sociale *(NDLR Ces articles sont reproduits dans la partie Autres textes du présent code).*

TD-XX-8000 s.

CHAPITRE II

Contributions indirectes

SECTION III

Contributions perçues au profit de la Caisse nationale de l'assurance maladie

Art 1613 bis I. Les boissons constituées par :

a. Un mélange préalable de boissons ayant un titre alcoométrique acquis n'excédant pas 1,2 % vol. et de boissons alcooliques au sens du 2° de l'article L 111-4 du code des impositions sur les biens et services,

ou

b. Un ou plusieurs produits soumis à l'accise sur les alcools mentionnés à l'article L 313-2 du code des impositions sur les biens et services qui ne répondent pas aux définitions prévues aux règlements (UE) n° 2019/787 du Parlement européen et du Conseil du 17 avril 2019 et (UE) n° 1308/2013 du Parlement européen et du Conseil du 17 décembre 2013, à l'exclusion des produits mentionnés par le règlement (UE) n° 251/2014 du Parlement européen et du Conseil du 26 février 2014, ainsi que les cidres et poirés répondant à la définition légale de ces boissons et commercialisés dans les conditions fixées par arrêté du ministre chargé du budget pris après avis du ministre chargé de l'agriculture, qui ne bénéficient pas d'indications géographiques protégées ou d'attestations de spécificité au sens de la réglementation communautaire, et qui contiennent plus de 35 grammes de sucre ou une édulcoration équivalente par litre exprimée en sucre inverti,

font l'objet d'une taxe perçue au profit de la Caisse nationale de l'assurance maladie dès lors que la boisson obtenue présente un titre alcoométrique acquis de plus de 1,2 % vol. et inférieur à 12 % vol.

II. Le tarif de la taxe mentionnée au I est fixé à :

1° 3 € par décilitre d'alcool pur pour les boissons relevant des catégories fiscales des vins ou des autres boissons fermentées au sens de l'article L 313-15 du code des impositions sur les biens et services ;

2° 11 € par décilitre d'alcool pur pour les autres boissons.

Les produits exonérés de l'accise sur les alcools en application des articles L 313-7 à L 313-14, L 313-32, L 313-34, L 313-36 et L 313-36-1 du code des impositions sur les biens et services sont également exonérés de la taxe prévue au I du présent article.

III. Les règles relatives au fait générateur, à l'exigibilité, aux personnes soumises aux obligations fiscales et à la constatation et au paiement de la taxe sont celles applicables à l'accise sur les alcools à laquelle sont soumis les produits mentionnés au I et qui sont déterminées aux sections 2 et 4 à 7 du chapitre III du titre Ier du livre III du code des impositions sur les biens et services.

IV. Les règles relatives au contrôle, au recouvrement et au contentieux de la taxe sont celles applicables à l'accise sur les alcools mentionnées à la section 8 du chapitre III du titre Ier du livre III du code des impositions sur les biens et services.

Ndlr *Les dispositions des III et IV ci-dessus s'appliquent aux produits pour lesquels l'accise devient exigible à compter du 1er janvier 2024 (Loi 2023-1322 du 29 décembre 2023 art. 111, VIII-A).*

V. Le produit de cette taxe est versé à l'Agence centrale des organismes de sécurité sociale.

SECTION IV

Prélèvements et perceptions destinés au Fonds de financement des prestations sociales des non-salariés agricoles

0A. Boissons non alcoolisées

Art 1613 ter I. Il est institué une contribution perçue sur les boissons et préparations liquides pour boissons destinées à la consommation humaine :

1° Relevant des codes NC 2009 et NC 2202 du tarif des douanes ;

2° Contenant des sucres ajoutés ;

3° Conditionnées dans des récipients destinés à la vente au détail soit directement, soit par l'intermédiaire d'un professionnel ou préalablement assemblées et présentées dans des récipients non destinés à la vente au détail afin d'être consommables en l'état ;

4° Qui ne sont pas des boissons alcooliques au sens du 2° de l'article L 111-4 du code des impositions sur les biens et services.

Sont exclus du périmètre de cette contribution les laits infantiles premier et deuxième âges, les laits de croissance, les produits de nutrition entérale pour les personnes malades et les boissons à base de soja avec au minimum 2,9 % de protéines issues de la graine de soja.

I bis. La contribution est due par la personne qui réalise la première livraison des produits mentionnés au I, à titre gratuit ou onéreux, en France, en dehors des collectivités régies par l'article 74 de la Constitution, de la Nouvelle-Calédonie, des Terres australes et antarctiques françaises et de l'île de Clipperton, à raison de cette première livraison.

Est assimilée à une livraison la consommation de ces produits dans le cadre d'une activité économique.

La contribution est exigible lors de cette livraison.

II. Le tarif de la contribution mentionnée au I est le suivant *(NDLR Tarif applicable à compter du 1er janvier 2024)* :

QUANTITE DE SUCRE (en kg de sucres ajoutés par hl de boisson)	TARIF APPLICABLE (en euros par hl de boisson)
Inférieure ou égale à 1	3,34
2	3,9
3	4,44
4	4,99
5	6,11
6	7,22
7	8,33
8	10,55
9	12,77
10	14,98
11	17,21
12	19,43
13	21,65
14	23,87
15	26,09

Au-delà de quinze kilogrammes de sucres ajoutés par hectolitre de boisson, le tarif applicable par kilogramme supplémentaire est fixé à 2,21 € par hectolitre de boisson.

Pour le calcul de la quantité en kilogrammes de sucres ajoutés, celle-ci est arrondie à l'entier le plus proche. La fraction de sucre ajouté égale à 0,5 est comptée pour 1.

Les tarifs mentionnés dans le tableau du deuxième alinéa et au troisième alinéa du présent II sont relevés au 1er janvier de chaque année, à compter du 1er janvier 2019, dans une proportion égale au taux de croissance de l'indice des prix à la consommation hors tabac de l'avant-dernière année. Ces montants sont exprimés avec deux chiffres après la virgule, le deuxième chiffre étant augmenté d'une unité si le chiffre suivant est égal ou supérieur à cinq.

III. *(Abrogé).*

IV. 1. Les livraisons de produits expédiés ou transportés hors de France par le redevable, ou pour son compte, sont exonérées.

2. Les livraisons de produits en France par le redevable à une personne qui les destine, dans le cadre de son activité commerciale, à une expédition ou un transport hors de France peuvent être effectuées en suspension de contribution.

A cette fin, l'acquéreur établit, au plus tard à la date de facturation, une attestation en double exemplaire certifiant que le produit est destiné à être expédié ou transporté hors de France et comportant la mention du recours au régime de suspension. Un exemplaire est remis au fournisseur.

En cas de recours au régime de suspension, si les produits ne sont pas expédiés ou transportés hors de France, la contribution est exigible auprès de l'acquéreur dès que les produits sont affectés à une autre destination, au plus tard lors de leur livraison en France ou de tout événement rendant l'expédition ou le transport hors de France impossible.

3. Pour l'application du présent IV, une expédition ou un transport hors de France s'entend de l'expédition ou du transport des produits en dehors du territoire national ou à destination des collectivités régies par l'article 74 de la

Constitution, de la Nouvelle-Calédonie, des Terres australes et antarctiques françaises et de l'île de Clipperton.

V. A. La contribution est déclarée et liquidée par le redevable selon les modalités suivantes :

1° Pour les redevables de la taxe sur la valeur ajoutée soumis au régime réel normal d'imposition mentionné au 2 de l'article 287, sur l'annexe à la déclaration mentionnée au 1 du même article 287 déposée au titre du mois ou du trimestre au cours duquel la contribution est devenue exigible ;

2° Pour les redevables de la taxe sur la valeur ajoutée soumis au régime simplifié d'imposition prévu aux articles 302 septies A et 298 bis, sur la déclaration annuelle mentionnée au 3 de l'article 287 ou au I de l'article 298 bis déposée au titre de l'exercice au cours duquel la contribution est devenue exigible ;

3° Dans tous les autres cas, sur l'annexe à la déclaration prévue au 1 de l'article 287, déposée auprès du service de recouvrement dont relève le siège ou le principal établissement du redevable, au plus tard le 25 avril de l'année qui suit celle au cours de laquelle la contribution est devenue exigible.

B. La contribution est acquittée lors du dépôt de la déclaration mentionnée au A. Elle est recouvrée et contrôlée selon les mêmes procédures et sous les mêmes sanctions, garanties, sûretés et privilèges que les taxes sur le chiffre d'affaires. Les réclamations sont présentées, instruites et jugées selon les règles applicables à ces mêmes taxes.

C. Les redevables conservent, à l'appui de leur comptabilité, l'information des volumes mensuels afférents à chacun des tarifs de la contribution, à chacune des exemptions mentionnées au dernier alinéa du I, à chacune des exonérations et livraisons en suspension mentionnées au IV ainsi qu'aux produits non livrés dont ils ne disposent plus.

Ces informations et les attestations mentionnées au 2 du même IV sont tenues à la disposition de l'administration et lui sont communiquées à première demande.

D. Il appartient au redevable de démontrer que les quantités de sucres comprises dans les produits taxés et non prises en compte dans le calcul de l'impôt ne sont pas des sucres ajoutés. A défaut, le redevable est tenu au paiement du complément d'impôt, y compris dans les situations mentionnées au dernier alinéa du 2 du IV.

E. Les A à C du présent V s'appliquent également à toute personne acquérant les produits en suspension de contribution en application du 2 du IV, pour les quantités concernées.

F. Lorsque le redevable, ou la personne mentionnée au E, n'est pas établi dans un Etat membre de l'Union européenne ou dans l'un des Etats mentionnés au 1° du I de l'article 289 A, il fait accréditer auprès du service des impôts compétent, dans les conditions prévues au IV du même article, un représentant assujetti à la taxe sur la valeur ajoutée établi en France qui s'engage à remplir les formalités au nom et pour le compte du représenté et, le cas échéant, à acquitter la contribution à sa place.

VI. Le produit de la contribution régie par le présent article est affecté à la branche mentionnée au 2° de l'article L 722-8 du code rural et de la pêche maritime.

VII. *(Abrogé).*

BF 2/20 inf. 130 ; TD-X-10 s. ; MF n° 76110

Art 1613 quater I. Il est institué une contribution sur les boissons autres que les boissons alcooliques au sens du 2° de l'article L 111-4 du code des impositions sur les biens et services mentionnées au II.

I bis. La contribution est due par la personne qui réalise la première livraison des produits mentionnés au I, à titre gratuit ou onéreux, en France, en dehors des collectivités régies par l'article 74 de la Constitution, de la Nouvelle-Calédonie, des Terres australes et antarctiques françaises et de l'île de Clipperton, à raison de cette première livraison.

Est assimilée à une livraison la consommation de ces produits dans le cadre d'une activité économique.

La contribution est exigible lors de cette livraison.

II. Le montant de la contribution est fixé à :

1° 0,54 € par hectolitre pour les eaux minérales naturelles ou artificielles, eaux de source et autres eaux potables, eaux de laboratoire filtrées, stérilisées ou pasteurisées, ainsi que pour les boissons autres que les sirops, les jus de fruits ou de légumes et les nectars de fruits, lorsque ces produits sont livrés en fûts, bouteilles ou boîtes ;

2° 3,34 € *(NDLR Tarif applicable à compter du 1er janvier 2024 ; il était antérieurement fixé à 3,17 €)* par hectolitre pour les produits contenant des édulcorants de synthèse, relevant des codes 2009 et 2202 de la nomenclature combinée du tarif des douanes, sans être des denrées destinées à des fins médicales spéciales ou des aliments hyperprotéinés destinés aux personnes dénutries, lorsque ces produits sont conditionnés dans des récipients destinés à la vente au détail soit directement, soit par l'intermédiaire d'un professionnel, ou sont préalablement assemblés et présentés dans des récipients non destinés à la vente au détail afin d'être consommables en l'état. Ce montant est relevé au 1er janvier de chaque année, dans une proportion égale au taux de croissance de l'indice des prix à la consommation hors tabac de l'avant-dernière année. Il est exprimé avec deux chiffres après la virgule, le second chiffre étant augmenté d'une unité si le chiffre suivant est égal ou supérieur à cinq ;

Pour les produits relevant à la fois du 1° et du 2°, chacun des deux montants est dû.

III. *(Abrogé).*

IV. 1. Les livraisons de produits expédiés ou transportés hors de France par le redevable, ou pour son compte, sont exonérées.

2. Les livraisons de produits en France par le redevable à une personne qui les destine, dans le cadre de son activité commerciale, à une expédition ou un transport hors de France peuvent être effectuées en suspension de contribution.

A cette fin, l'acquéreur établit, au plus tard à la date de facturation, une attestation en double exemplaire certifiant que le produit est destiné à être expédié ou transporté hors de France et comportant la mention du recours au régime de suspension. Un exemplaire est remis au fournisseur.

En cas de recours au régime de suspension, si les produits ne sont pas expédiés ou transportés hors de France, la contribution est exigible auprès de l'acquéreur dès que les produits sont affectés à une autre destination, au plus tard lors de leur livraison en France ou de tout événement rendant leur expédition ou leur transport hors de France impossible.

3. Pour l'application du présent IV, une expédition ou un transport hors de France s'entend de l'expédition ou du transport des produits en dehors du territoire national ou à destination des collectivités régies par l'article 74 de la Constitution, de la Nouvelle-Calédonie, des Terres australes et antarctiques françaises et de l'île de Clipperton.

V. A. La contribution est déclarée et liquidée par le redevable, séparément pour chacun des deux montants prévus au II, selon les modalités suivantes :

1° Pour les redevables de la taxe sur la valeur ajoutée soumis au régime réel normal d'imposition mentionné au 2 de l'article 287, sur l'annexe à la déclaration mentionnée au 1 du même article 287 déposée au titre du mois ou du trimestre au cours duquel la contribution est devenue exigible ;

2° Pour les redevables de la taxe sur la valeur ajoutée soumis au régime simplifié d'imposition prévu aux articles 302 septies A et 298 bis, sur la déclaration annuelle mentionnée au 3 de l'article 287 ou au I de l'article 298 bis déposée au titre de l'exercice au cours duquel la contribution est devenue exigible ;

3° Dans tous les autres cas, sur l'annexe à la déclaration prévue au 1 de l'article 287, déposée auprès du service de recouvrement dont relève le siège ou le principal établissement du redevable, au plus tard le 25 avril de l'année qui suit celle au cours de laquelle la contribution est devenue exigible.

B. La contribution est acquittée lors du dépôt de cette déclaration. Elle est recouvrée et contrôlée selon les mêmes procédures et sous les mêmes sanctions, garanties, sûretés et privilèges que les taxes sur le chiffre d'affaires. Les réclamations sont présentées, instruites et jugées selon les règles applicables à ces mêmes taxes.

C. Les redevables conservent, à l'appui de leur comptabilité, l'information des volumes mensuels afférents à chaque tarif de la contribution et à chacune des exonérations et livraisons en suspension mentionnées au IV ainsi qu'aux produits non livrés dont ils ne disposent plus.

Ces informations et les attestations mentionnées au 2 du même IV sont tenues à la disposition de l'administration et lui sont communiquées à première demande.

D. Les A à C du présent V s'appliquent également à toute personne acquérant les produits en suspension de contribution en application du 2 du IV, pour les quantités concernées.

E. Lorsque le redevable, ou la personne mentionnée au D, n'est pas établi dans un Etat membre de l'Union européenne ou dans l'un des Etats mentionnés au 1° du I de l'article 289 A, il fait accréditer auprès du service des impôts compétent, dans les conditions prévues au IV du même article, un représentant assujetti à la taxe sur la valeur ajoutée établi en France qui s'engage à remplir les formalités au nom et pour le compte du représenté et, le cas échéant, à acquitter la contribution à sa place.

VI. Le produit de la contribution mentionnée au I est affecté à la branche mentionnée au 2° de l'article L 722-8 du code rural et de la pêche maritime, à l'exception de la part affectée en application du 4° bis de l'article L 731-3 du même code.

BF 2/20 inf. 130 ; TD-X-10 s. ; MF nº 76112

CHAPITRE III

Enregistrement, publicité foncière et timbre

SECTION I

Taxes à percevoir pour l'alimentation du fonds commun des accidents du travail agricole

Art 1622 Les organismes assureurs contribuent au financement des dépenses mentionnées à l'article L 753-1 du code rural et de la pêche maritime. Cette contribution est calculée au prorata du nombre de personnes assurées auprès de chacun d'eux à la date du 31 mars 2002, en application de l'article L 752-1 du code rural, dans sa rédaction antérieure au 1er avril 2002, et au prorata du nombre de personnes assurées auprès de chacun d'eux à la date du 31 mars 2002 en application de l'article L 752-22 du code rural dans sa rédaction antérieure au 1er avril 2002.

Le montant total de ces contributions est égal à la moitié de la prévision de dépenses mentionnées au même article L 753-1 au titre de l'année, corrigée de la moitié des insuffisances ou excédents constatés au titre de l'année précédente. Il est fixé chaque année par arrêté conjoint des ministres chargés du budget et de l'agriculture, dans la limite d'un plafond annuel de 24 millions d'euros *(Voir arrêté AGRS2120310A du 13 septembre 2021, JO du 15, pour l'année 2021 ; arrêté AGRS2221088A du 9 août 2022, JO du 25, pour l'année 2022; arrêté AGRS2319381A du 13 septembre 2023, JO du 14, pour l'année 2023).*

Le recouvrement de ces contributions forfaitaires est effectué auprès des organismes assureurs par l'Etat. Les organismes concernés effectuent avant le 30 juin de chaque année la déclaration du nombre de personnes assurées. Ces organismes acquittent et liquident les contributions selon les modalités suivantes :

1° Les redevables de la taxe sur la valeur ajoutée acquittent deux acomptes correspondant chacun à 40 % de la contribution de l'année précédente. Ces acomptes sont déclarés sur l'annexe à la déclaration mentionnée au 1 de l'article 287 déposée au titre du mois de mars ou du premier trimestre et du mois de juin ou du second trimestre. Le solde résultant de la différence entre le montant total de la contribution due au titre de l'année en cours et les deux acomptes précédemment versés est déclaré et acquitté sur l'annexe à la déclaration mentionnée au 1 de l'article 287 déposée au titre du mois de septembre ou du troisième trimestre ;

2° Les non-redevables de la taxe sur la valeur ajoutée acquittent deux acomptes correspondant chacun à 40 % de la contribution de l'année précédente. Ces acomptes sont déclarés sur l'annexe à la déclaration mentionnée au 1 de l'article 287 déposée auprès du service chargé du recouvrement dont relève le siège social ou le principal établissement au plus tard le 25 avril et le 25 juillet. Le solde résultant de la différence entre le montant de la contribution due au titre de l'année en cours et les deux acomptes précédemment versés est déclaré et acquitté sur l'annexe à la déclaration mentionnée au 1 de l'article 287 déposée au plus tard le 25 octobre.

Les contributions sont recouvrées et contrôlées selon les procédures et sous les mêmes sanctions, garanties et privilèges que les taxes sur le chiffre d'affaires. Les réclamations sont présentées, instruites et jugées selon les règles applicables à ces taxes.

ENR-XI-27700 s.

Art 1623 Les ordonnances, jugements et arrêts allouant des rentes, en exécution du chapitre Ier du titre V du livre VII du code rural et de la pêche maritime, doivent indiquer si le chef d'entreprise est ou non assuré.

ENR-XI-27700 s.

SECTION I bis

Droit de timbre et taxes assimilées perçus au profit de l'Agence nationale des titres sécurisés

Art 1628 bis En cas de non-présentation de la carte nationale d'identité en vue de son renouvellement, celui-ci est soumis à un droit de timbre dont le tarif est fixé à 25 €.

ENR-VIII-1800 s., 20800 ; MF n° 76030

Art 1628 ter *(Dispositions abrogées et transférées aux articles L 421-168 s. du CIBS depuis le 1er janvier 2022).*

ENR-VIII-5100 s., 21250 ; MF n° 76030

SECTION II

Fonds de garantie des assurances obligatoires de dommages

Art 1629 Les règles d'assiette, les taux, la liquidation et le recouvrement de la contribution pour l'alimentation du fonds de garantie des assurances obligatoires de dommages des responsables d'accidents non assurés sont définis aux articles L 421-4, L 421-4-1 et L 421-4-2 du code des assurances.

Ndlr *Articles reproduits dans la partie Autres textes du présent code.*

ENR-XI-27100 s. ; MF n° 76015 a

SECTION III

Fonds de garantie des victimes des actes de terrorisme et d'autres infractions

Art 1630 Conformément à l'article L 422-1 du code des assurances, le prélèvement sur les contrats d'assurance de biens qui alimente le fonds de garantie des victimes d'actes de terrorisme et d'autres infractions est recouvré et contrôlé suivant les mêmes règles, sous les mêmes garanties et les mêmes sanctions que la taxe sur les conventions d'assurance prévue aux articles 991 et suivants du présent code. Les réclamations sont présentées, instruites et jugées selon les règles applicables à cette même taxe.

Ndlr *Les disposition du présent article s'appliquent aux contributions pour lesquelles un fait générateur d'imposition intervient à compter du 1er janvier 2024 (Loi 2019-1479 du 28 décembre 2019 art. 166, II-2° et VI et décret 2023-962 du 25 octobre 2023 art. 1).*

ENR-XI-28650 ;

SECTION V

Fonds national de gestion des risques en agriculture

Art 1635 bis A Les contributions additionnelles aux primes ou cotisations afférentes à certaines conventions d'assurance alimentant le Fonds national de gestion des risques en agriculture, dans la limite d'un plafond annuel, sont établies, liquidées et recouvrées conformément à l'article L 361-2 du code rural et de la pêche maritime.

(Voir Annexe III, art. 344 undecies, Annexe IV, art. 159 quater et décret 65-842 du 4 octobre 1965 art. 1er modifié)

Ndlr *Ce fonds est financé par deux contributions prévues à l'article L 361-2, 1° et 2° du code rural et de la pêche maritime (texte reproduit dans la partie Autres textes du présent code).*

ENR-XI-27900 s. ; MF n° 76015 b

SECTION V bis

Fonds de garantie des calamités agricoles dans les départements d'outre-mer

Art 1635 bis AA Il est perçu au profit du fonds de garantie des calamités agricoles dans les départements d'outre-mer institué par l'article L 371-6 du code rural et de la pêche maritime, une contribution additionnelle aux primes ou cotisations d'assurance afférentes aux conventions d'assurance couvrant à titre exclusif ou principal les dommages aux sols, récoltes, cultures, bâtiments, et au cheptel mort ou vif affectés aux exploitations agricoles.

La contribution additionnelle est assise sur la totalité des primes ou cotisations. Elle est liquidée et recouvrée selon les mêmes règles, sous les mêmes garanties et les mêmes sanctions que la taxe annuelle sur les conventions d'assurance prévue à l'article 991. Son taux est fixé par la loi de finances et ne peut être supérieur à 10 %.

ENR-XI-28300

SECTION V quinquies

Droits perçus au profit de la Caisse nationale de l'assurance maladie

Art 1635 bis AE I. Est subordonné au paiement d'un droit perçu au profit de la Caisse nationale de l'assurance maladie le dépôt auprès de l'agence mentionnée à l'article L 5311-1 du code de la santé publique de chaque :

1° Demande d'enregistrement mentionnée aux articles L 5121-13 et L 5121-14 du même code, de chaque demande de renouvellement ou de chaque demande ou notification de modification de cet enregistrement ;

2° Demande d'enregistrement mentionnée à l'article L 5121-14-1 du même code, de chaque demande de renouvellement ou de chaque demande ou notification de modification de cet enregistrement ;

3° Demande d'autorisation de mise sur le marché mentionnée à l'article L 5121-8 du même code ou de chaque demande de renouvellement ou de chaque demande ou notification de modification de cette autorisation.

Ne sont pas subordonnées au paiement du droit certaines modifications mineures de type I A mentionnées au 2 de l'article 2 du règlement (CE) n° 1234/2008 de la Commission du 24 novembre 2008 concernant l'examen des modifications des termes d'une autorisation de mise sur le marché de médicaments à usage humain et de médicaments vétérinaires portant sur des informations de nature administrative et technique et ne nécessitant pas une expertise scientifique. Un décret en Conseil d'Etat en fixe la liste *(Voir décret 2019-388 du 30 avril 2019)* ;

4° Demande de reconnaissance par au moins un autre Etat membre de l'Union européenne ou partie à l'accord sur l'Espace économique européen d'une autorisation de mise sur le marché, délivrée par le directeur général de l'agence mentionnée à l'article L 5311-1, mentionnée à l'article L 5121-8 du même code ou de chaque demande ou notification de modification de cette autorisation.

Ne sont pas subordonnées au paiement du droit certaines modifications mineures de type I A mentionnées au 2 de l'article 2 du règlement (CE) n° 1234/2008 de la Commission du 24 novembre 2008 concernant l'examen des modifications des termes d'une autorisation de mise sur le marché de médicaments à usage humain et de médicaments vétérinaires portant sur des informations de nature administrative et technique et ne nécessitant pas une expertise scientifique. Un décret en Conseil d'Etat en fixe la liste *(Voir décret 2019-388 du 30 avril 2019)* ;

5° Demande d'autorisation d'importation parallèle conformément à l'article L 5124-13 du même code et de chaque demande de modification ou de renouvellement de cette autorisation ;

6° Demande de visa ou de renouvellement de visa de publicité, mentionné aux articles L 5122-8 et L 5122-9 du même code ;

7° Demande d'autorisation ou de renouvellement d'autorisation de publicité, mentionnée aux articles L 5213-4 et L 5223-3 du même code.

II. Le montant du droit dû à raison des dépôts mentionnés au I est fixé par décret dans la limite maximale de :

a. 7 600 € pour les demandes mentionnées au 1° du I ;

b. 21 000 € pour les demandes mentionnées au 2° du I ;

c. 60 000 € pour les demandes mentionnées au premier alinéa du 3°, au 4° et au 5° du I ;

d. 1 200 € pour les demandes mentionnées aux 6° et 7° du I.

III. Le versement du droit s'effectue par virement. Il est accompagné d'une déclaration dont le modèle est fixé par l'administration. Le droit est recouvré et contrôlé selon les mêmes garanties et sanctions qu'en matière de droits d'enregistrement. L'administration atteste du versement. A défaut de production de l'attestation de versement à l'appui de son dépôt à l'agence ou en cas de versement d'un montant insuffisant, le dossier de la demande est réputé incomplet.

Lorsque le dossier d'une demande mentionnée au I est complet, le droit versé n'est restituable qu'à concurrence de la fraction de son montant dont l'agence a antérieurement constaté l'insuffisance de versement.

(Voir Annexe III, art. 344 undecies A)

TD-XX-1530 s.

Art 1635 bis AF **I.** Est subordonné au paiement d'un droit perçu au profit de la Caisse nationale de l'assurance maladie le dépôt de toute demande d'inscription, de renouvellement d'inscription ou de modification d'inscription d'un médicament mentionné à l'article L 5121-8 du code de la santé publique sur la liste des spécialités pharmaceutiques remboursables mentionnée au premier alinéa de l'article L 162-17 du code de la sécurité sociale ou sur la liste des médicaments pris en charge et utilisés par les collectivités publiques, dans les conditions mentionnées aux articles L 5123-2 à L 5123-4 du code de la santé publique.

II. Le montant de ce droit est fixé, dans la limite de 5 600 €, par arrêté des ministres chargés du budget, de la santé et de la sécurité sociale. Le montant du droit perçu à l'occasion d'une demande de renouvellement d'inscription ou de modification d'inscription est fixé, dans les mêmes conditions, dans les limites respectives de 60 % et de 20 % du droit perçu pour une demande d'inscription.

Ndlr *Le montant du droit est fixé, à compter du 1er janvier 2014, à :*
– 4 025 € pour les demandes initiales d'inscription ;
– 2 415 € pour les demandes de renouvellement d'inscription ;
– 805 € pour les demandes de modification des conditions d'inscription (Arrêté AFSS1331706A du 20 décembre 2013 art. 1er, JO du 29).

III. Le versement du droit est accompagné d'une déclaration conforme au modèle prescrit par l'administration. Ce droit est recouvré et contrôlé selon les mêmes garanties et sanctions qu'en matière de droits d'enregistrement.

TD-XX-1600 s.

Art 1635 bis AG **I.** Est subordonné au paiement d'un droit perçu au profit de la Caisse nationale de l'assurance maladie le dépôt de toute demande d'inscription, de renouvellement d'inscription ou de modification d'inscription d'un produit de santé sur la liste prévue au I de l'article L 165-11 du code de la sécurité sociale.

II. Le montant de ce droit est fixé, dans la limite de 5 600 €, par arrêté des ministres chargés du budget, de la santé et de la sécurité sociale.

> **Ndlr** *Le montant du droit est fixé, à compter du 1er janvier 2014, à :*
> *– 3 220 € pour les demandes initiales d'inscription ;*
> *– 644 € pour les demandes de modification des conditions d'inscription ou de renouvellement d'inscription (Arrêté AFSS1331706A du 20 décembre 2013 art. 2, JO du 29).*

III. Le versement du droit est accompagné d'une déclaration conforme au modèle prescrit par l'administration. Ce droit est recouvré et contrôlé selon les mêmes garanties et sanctions qu'en matière de droits d'enregistrement.

TD-XX-1630 s.

Art 1635 bis AH **I.** Est subordonné au paiement d'un droit perçu au profit de la Caisse nationale de l'assurance maladie le dépôt de toute demande d'inscription, de renouvellement d'inscription ou de modification d'inscription d'un dispositif médical à usage individuel sur la liste prévue à l'article L 165-1 du code de la sécurité sociale ou d'une activité de télésurveillance médicale sur la liste prévue à l'article L 162-52 du même code.

> **Ndlr** *L'extension du droit en cas d'inscription, de renouvellement d'inscription ou de modification d'inscription d'une activité de télésurveillance médicale s'applique à compter du 26 décembre 2022 (Loi 2022-1616 du 23 décembre 2022 art. 58).*

II. Le montant de ce droit est fixé, dans la limite de 5 600 €, par arrêté des ministres chargés du budget, de la santé et de la sécurité sociale.

> **Ndlr** *Le montant du droit est fixé, à compter du 1er janvier 2014, à :*
> *– 3 220 € pour les demandes initiales d'inscription ;*
> *– 644 € pour les demandes de modification des conditions d'inscription ou de renouvellement d'inscription (Arrêté AFSS1331706A du 20 décembre 2013 art. 3, JO du 29).*

III. Le versement du droit est accompagné d'une déclaration conforme au modèle prescrit par l'administration. Ce droit est recouvré et contrôlé selon les mêmes garanties et sanctions qu'en matière de droits d'enregistrement.

TD-XX-1650 s.

SECTION X

Droit de timbre perçu au profit de l'Office français de la biodiversité

Art 1635 bis N Pour la validation du permis de chasser, il est perçu un droit de timbre annuel de 9 € au profit des agences de l'eau. Ce droit de timbre est toutefois affecté à hauteur de 4 € aux fédérations départementales des chasseurs, lorsque les redevances cynégétiques sont encaissées par un régisseur de recettes de l'Etat placé auprès d'elles.

Le droit de timbre est recouvré par un comptable public de l'Etat ou un régisseur de recettes de l'Etat placé auprès d'une fédération départementale ou interdépartementale de chasseurs et habilité, selon les modalités et sous les sûretés, garanties et sanctions applicables en matière de droits de timbre.

Un décret détermine les modalités du versement du produit de ce droit de timbre à l'une des agences de l'eau créées en application de l'article L 213-8-1 du code de l'environnement.

(Voir Annexe II, art. 326 bis)

ENR-VIII-2050 s.

SECTION XII

Droit affecté au fonds d'indemnisation de la profession d'avoués près les cours d'appel

Art 1635 bis P Il est institué un droit d'un montant de 225 € dû par les parties à l'instance d'appel lorsque la constitution d'avocat est obligatoire devant la cour d'appel. Le droit est acquitté par l'avocat postulant pour le compte de son client par voie électronique. Il n'est pas dû par la partie bénéficiaire de l'aide juridictionnelle.

Le produit de ce droit est affecté au fonds d'indemnisation de la profession d'avoués près les cours d'appel.

Ce droit est perçu jusqu'au 31 décembre 2026.

Les modalités de perception et les justifications de l'acquittement de ce droit sont fixées par décret en Conseil d'Etat *(NDLR Voir Annexe II, art. 326 ter).*

ENR-IX-8400 s. ; MF n° 76060

CHAPITRE IV

Dispositions communes

Art 1635 ter I. *(Disposition devenue sans objet : loi 2001-692 du 1er août 2001 art. 63).*

II. Sauf dispositions contraires, les droits, taxes, redevances et autres impositions perçus, à quelque titre que ce soit, au profit de comptes, fonds ou organismes divers et dont le recouvrement est confié à une administration d'Etat sont perçus suivant les règles, sous les garanties et sous les sanctions prévues pour le recouvrement des taxes ou impôts auxquels ces droits, taxes, redevances ou impositions sont rattachés par arrêtés du ministre de l'économie et des finances.

TITRE IV

IMPOSITIONS PERÇUES AU PROFIT DES COLLECTIVITES TERRITORIALES ET DES ETABLISSEMENTS PUBLICS DE COOPERATION INTERCOMMUNALE

CHAPITRE PREMIER

Section 1

Taxe d'aménagement

Ndlr *Les dispositions des articles 1635 quater A à 1635 quater T ci-dessous s'appliquent aux demandes d'autorisation d'urbanisme initiale déposées depuis le 1er septembre 2022, aux autorisations d'urbanisme s'y rattachant et aux procès-verbaux établis après cette date constatant l'achèvement de constructions ou d'aménagements sans autorisation ou en infraction aux obligations résultant d'une autorisation d'urbanisme initiale dont la demande a été déposée après le 1er septembre 2022 ou d'une autorisation d'urbanisme s'y rattachant (Décret 2022-1102 du 1er août 2022 art. 1).*

Sous-section 1

Généralités

Art 1635 quater A **I. 1°** Sauf délibération contraire, prise dans les conditions prévues au VI de l'article 1639 A bis, une taxe d'aménagement, destinée à pourvoir aux dépenses mentionnées aux articles L 331-1 et L 331-2 du code de l'urbanisme, est instituée dans les communes dotées d'un plan local d'urbanisme ou d'un plan d'occupation des sols.

Toutefois, les établissements publics de coopération intercommunale mentionnés au 1 du IX de l'article 1379-0 bis sont substitués aux communes mentionnées au premier alinéa du présent 1° pour l'institution de la taxe d'aménagement ;

2° Les communes autres que celles mentionnées au premier alinéa du 1°, les départements et la région d'Ile-de-France peuvent, par une délibération prise dans les conditions prévues au VI de l'article 1639 A bis, instituer la taxe mentionnée au 1° afin de pourvoir, chacun pour ce qui le concerne, aux dépenses mentionnées aux articles L 331-1, L 331-2, L 331-3 et L 331-4 du code de l'urbanisme.

II. Les établissements publics de coopération intercommunale mentionnés au 2 du IX de l'article 1379-0 bis compétents en matière de plan local d'urbanisme peuvent se substituer à leurs communes membres, avec leur accord exprimé dans les conditions prévues au II de l'article L 5211-5 du code général des collectivités territoriales, pour instituer la taxe d'aménagement par délibération prise dans les conditions prévues au VI de l'article 1639 A bis.

III. Les délibérations mentionnées aux I et II ne peuvent être rapportées pendant une durée de trois ans à compter de l'année qui suit celle de la délibération.

Ndlr *Les délibérations instituant la taxe d'aménagement ou s'opposant à son institution demeurent applicables tant qu'elles n'ont pas été rapportées ou modifiées par une délibération prise dans les conditions prévues à l'article 1639 A bis du CGI et sous réserve du III du présent article (Ordonnance 2022-883 du 14 juin 2022 art. 13).*
Voir Annexe III, art. 328 R à 328 W.

IMMO-V-4250 s. ; MF n° 31102

Sous-section 2

Opérations et personnes imposables

Art 1635 quater B Les opérations d'aménagement et les opérations de construction, de reconstruction et d'agrandissement des bâtiments, installations ou aménagements de toute nature soumises à un régime d'autorisation en vertu du code de l'urbanisme donnent lieu au paiement de la taxe d'aménagement mentionnée à l'article 1635 quater A, sous réserve des articles 1635 quater D et 1635 quater E.

Donnent également lieu au paiement de la taxe d'aménagement les opérations de construction soumises à déclaration préalable ou à permis de construire qui ont pour effet de changer la destination des locaux mentionnés au 3° du I de l'article 1635 quater D.

IMMO-V-5100 s. ; MF n° 31102

Art 1635 quater C Le redevable de la taxe d'aménagement est la personne bénéficiaire de l'autorisation mentionnée à l'article 1635 quater B à la date d'exigibilité de celle-ci ou, en cas de construction sans autorisation ou en infraction aux obligations résultant de l'autorisation de construire ou d'aménager, la personne responsable de la construction.

IMMO-V-10670 s. ; MF n° 31155

Sous-section 3

Exonérations de plein droit et facultatives

Art 1635 quater D **I.** Sont exonérés de la taxe d'aménagement :

1° Les constructions et aménagements destinés à être affectés à un service public ou d'utilité publique, dont la liste est fixée par décret en Conseil d'Etat. Le bénéfice de l'exonération est subordonné à la condition que l'organisme constructeur s'engage, pour lui et ses ayants cause, à conserver à la construction la même affectation pendant une durée minimale de cinq ans à compter de l'achèvement de cette construction *(NDLR Voir Annexe II, art. 318 E et 318 F)* ;

2° Les constructions de locaux d'habitation et d'hébergement ainsi que de leurs annexes mentionnés aux articles 278 sexies et 296 ter et, en Guyane et à Mayotte, les constructions de mêmes locaux, dès lors qu'elles sont financées dans des conditions définies par décret *(NDLR Voir Annexe III, art. 328 Q)* ;

3° Dans les exploitations et coopératives agricoles, les surfaces de plancher des serres de production, celles des locaux destinés à abriter les récoltes, à héberger les animaux, à ranger et à entretenir le matériel agricole, celles des locaux de production et de stockage des produits à usage agricole, ainsi que celles des locaux de transformation et de conditionnement des produits provenant de l'exploitation ;

4° Dans les centres équestres de loisir, les surfaces des bâtiments affectées aux activités équestres ;

5° Les constructions et aménagements réalisés dans les périmètres des opérations d'intérêt national prévues à l'article L 102-12 du code de l'urbanisme lorsque le coût des équipements publics, dont la liste est fixée par décret en Conseil d'Etat, a été mis à la charge des constructeurs ou des aménageurs *(NDLR Voir Annexe II, art. 318 G)* ;

6° Les constructions et aménagements réalisés dans les zones d'aménagement concerté mentionnées à l'article L 311-1 du code de l'urbanisme, lorsque le coût des équipements publics, dont la liste est fixée par un décret en Conseil d'Etat, a été mis à la charge des constructeurs ou des aménageurs. Cette liste peut être complétée par une délibération du conseil municipal ou de l'organe délibérant de l'établissement public de coopération intercommunale valable pour une durée minimale de trois ans *(NDLR Voir Annexe II, art. 318 H)* ;

7° Les constructions et aménagements réalisés dans les périmètres délimités par une convention de projet urbain partenarial prévue à l'article L 332-11-3 du code de l'urbanisme, dans les limites de durée mentionnées dans cette convention, en application de l'article L 332-11-4 du même code *(NDLR Voir Annexe II, art. 318 I)* ;

8° Les aménagements prescrits par un plan de prévention des risques naturels prévisibles, un plan de prévention des risques technologiques ou un plan de prévention des risques miniers sur des biens construits ou aménagés conformément aux dispositions du code de l'urbanisme avant l'approbation de ce plan et mis à la charge des propriétaires ou exploitants de ces biens ;

9° La reconstruction sur un même terrain, soit à l'identique d'un bâtiment détruit ou démoli depuis moins de dix ans dans les conditions prévues à l'article L 111-15 du code de l'urbanisme, sous réserve du 2° de l'article 1635 quater S du présent code, soit de locaux sinistrés comprenant, à surface de plancher égale, des aménagements rendus nécessaires en application des dispositions d'urbanisme, ainsi que la reconstruction, sur d'autres terrains de la même commune ou des communes limitrophes, de bâtiments de même nature que des locaux sinistrés dont le terrain d'implantation a été reconnu comme extrêmement dangereux et classé inconstructible. Lorsque la reconstruction porte sur des locaux sinistrés, le contribuable justifie que les indemnités versées en réparation des dommages occasionnés à l'immeuble ne comprennent pas le montant de la taxe d'aménagement normalement exigible sur les reconstructions ;

10° Les constructions dont la surface est inférieure ou égale à 5 mètres carrés ;

11° Les surfaces annexes, à usage de stationnement, aménagées au-dessus ou en-dessous des immeubles ou intégrées au bâti, dans un plan vertical.

II. Les organismes d'habitations à loyer modéré mentionnés à l'article L 411-2 du code de la construction et de l'habitation, les sociétés d'économie mixte mentionnées à l'article L 481-1 du même code et les sociétés anonymes de coordination entre les organismes d'habitations à loyer modéré mentionnées à l'article L 423-1-1 du même code sont exonérés au titre du 2° du I du présent article pour les constructions ou les aménagements réalisés au titre du service d'intérêt général défini aux neuvième à treizième alinéas de l'article L 411-2 du code de la construction et de l'habitation.

Le bénéfice de l'exonération prévue au 2° du I du présent article, pour les constructions ou les aménagements qui ne sont pas réalisés au titre de ce service d'intérêt général, est subordonné au respect du règlement (UE) n° 1407/2013 de la Commission du 18 décembre 2013 relatif à l'application des articles 107 et 108 du traité sur le fonctionnement de l'Union européenne aux aides de minimis.

> **Ndlr** *Les dispositions du présent II telles que modifiées par la loi 2023-1322 du 29 décembre 2023 art. 106, I-2° s'appliquent aux opérations pour lesquelles le fait générateur de la taxe d'aménagement intervient à compter du 1er janvier 2024 (Loi précitée art. 106, IV-B).*

III. Les exonérations prévues aux 5° à 7° du I du présent article ne s'appliquent pas à la part de la taxe d'aménagement instituée, le cas échéant, par les départements ou par la région d'Ile-de-France.

IMMO-V-5200 s. ; MF nos 31105 s.

Art 1635 quater E **I.** Par délibération prise dans les conditions prévues au VI de l'article 1639 A bis, les organes délibérants des communes ou des établissements publics de coopération intercommunale à fiscalité propre, les conseils départementaux et le conseil régional d'Ile-de-France peuvent exonérer de la taxe d'aménagement partiellement ou totalement, pour la part leur revenant, chacune des catégories de construction ou aménagement suivantes :

1° Les locaux d'habitation et d'hébergement mentionnés au 1° du I de l'article 1635 quater I qui ne bénéficient pas de l'exonération prévue au 2° du I de l'article 1635 quater D ;

2° Dans la limite de 50 % de leur surface, les surfaces des locaux à usage d'habitation principale qui ne bénéficient pas de l'abattement mentionné au 2° du I de l'article 1635 quater I et qui sont financés à l'aide du prêt ne portant pas intérêt prévu à l'article L 31-10-1 du code de la construction et de l'habitation ;

3° Les locaux industriels et à usage artisanal mentionnés au 3° du I de l'article 1635 quater I ;

4° Les commerces de détail d'une surface de vente inférieure à 400 mètres carrés ;

5° Les immeubles classés ou inscrits au titre des monuments historiques ;

6° Les abris de jardin, les serres de jardin destinées à un usage non professionnel dont la surface est inférieure ou égale à 20 mètres carrés, les pigeonniers et colombiers soumis à déclaration préalable ;

7° Les maisons de santé mentionnées à l'article L 6323-3 du code de la santé publique ;

8° Les constructions et aménagements réalisés sur des terrains réhabilités en application des articles L 512-6-1, L 512-7-6, L 512-12-1 ou L 556-1 du code de l'environnement ou situés dans un secteur d'information sur les sols prévu à l'article L 125-6 du même code.

> **Ndlr** *Les dispositions du présent 8° entreront en vigueur le 1er janvier 2024 (Loi 2022-1726 du 30 décembre 2022 art. 65, VII-E).*
> *Les exonérations et abattements de taxe d'aménagement applicables en exécution des délibérations prévues par le présent article sont maintenus tant qu'ils n'ont pas été rapportés ou modifiés par une délibération prise dans les conditions prévues à l'article 1639 A bis du CGI (Ordonnance 2022-883 du 14 juin 2022 art. 13).*

II. Les organismes d'habitations à loyer modéré mentionnés à l'article L 411-2 du code de la construction et de l'habitation, les sociétés d'économie mixte mentionnées à l'article L 481-1 du même code et les sociétés anonymes de coordination entre les organismes d'habitations à loyer modéré mentionnées à l'article L 423-1-1 du même code sont exonérés au titre du 1° du I du présent article pour les constructions ou les aménagements réalisés au titre du service d'intérêt général défini aux neuvième à treizième alinéas de l'article L 411-2 du code de la construction et de l'habitation.

Le bénéfice de l'exonération prévue au 1° du I du présent article, pour les constructions ou les aménagements qui ne sont pas réalisés au titre de ce service d'intérêt général, est subordonné au respect du règlement (UE) n° 1407/2013 de la Commission du 18 décembre 2013 relatif à l'application des articles 107 et 108 du traité sur le fonctionnement de l'Union européenne aux aides de minimis.

> **Ndlr** *Les dispositions du présent II telles que modifiées par la loi 2023-1322 du 29 décembre 2023 art. 106, I-3° s'appliquent aux opérations pour lesquelles le fait générateur de la taxe d'aménagement intervient à compter du 1er janvier 2024 (Loi précitée art. 106, IV-B).*

III. Pour les autorisations d'urbanisme délivrées à compter du 1er janvier 2017, les exonérations adoptées par la métropole de Lyon s'appliquent simultanément à la part de taxe d'aménagement perçue en application du 1° du 1 du IX de l'article 1379-0 bis du présent code et à celle qui lui revient en application du II de l'article 1586.

IV. Pour les autorisations d'urbanisme délivrées à compter du 1er janvier 2020, les exonérations adoptées par la Ville de Paris relatives à la part de taxe d'aménagement perçue en application du 16° du I de l'article 1379 s'appliquent également à celle qui lui revient en application du II de l'article 1586.

IMMO-V-5200 s. ; MF nº 31115

Sous-section 4

Fait générateur et liquidation de la taxe

Art 1635 quater F **I.** Le fait générateur de la taxe est, selon le cas :

1° La date de délivrance de l'autorisation initiale de construire ou d'aménager ;

2° La date de naissance d'une autorisation initiale tacite de construire ou d'aménager ;

3° La date de la décision de non-opposition à une déclaration préalable initiale ;

4° En cas de constructions ou d'aménagements sans autorisation ou en infraction aux obligations résultant de l'autorisation de construire ou d'aménager, la date du procès-verbal constatant l'achèvement ou, à défaut d'un tel procès-verbal, la date d'achèvement des constructions ou des aménagements en cause.

IMMO-V-10600 s. ; MF nº 31150

II. Les règles applicables à l'établissement de la taxe d'aménagement relatives aux exonérations, aux abattements, aux valeurs par mètre carré et aux taux sont celles en vigueur à la date du fait générateur défini au I. Les caractéristiques présentées par la construction s'apprécient à la date d'exigibilité prévue à l'article 1635 quater G.

Toutefois, conformément au quatrième alinéa de l'article L 410-1 du code de l'urbanisme, si l'autorisation est déposée dans un délai de dix-huit mois à compter de la délivrance d'un certificat d'urbanisme et si le régime de taxation résultant de la valeur, du taux et des exonérations figurant dans ce certificat d'urbanisme est plus favorable, ce régime est appliqué.

IMMO-V-10750 s. ; MF nº 31125

Ndlr *Les services de l'Etat chargés de l'urbanisme sont seuls compétents pour établir la taxe d'aménagement afférente aux autorisations d'urbanisme résultant d'une demande d'autorisation déposée avant le 1er septembre 2022. La taxe d'aménagement afférente aux demandes de permis modificatifs ou de transferts d'autorisation d'urbanisme déposées après cette même date et rattachées à une autorisation d'urbanisme initiale résultant d'une demande déposée avant cette date, ainsi qu'aux procès-verbaux émis après cette même date constatant l'achèvement de constructions ou d'aménagements en infraction aux obligations résultant d'une autorisation d'urbanisme mentionnée au premier alinéa du présent article, reste établie par les seuls services de l'Etat chargés de l'urbanisme jusqu'à une date fixée par décret, qui ne peut être postérieure au 1er janvier 2025. Ces taxes restent assises, liquidées, contrôlées, garanties et recouvrées conformément aux articles L 331-1 et suivants du code de l'urbanisme dans leur version antérieure au 1er septembre 2022. Les réclamations sont présentées, instruites et jugées selon les mêmes dispositions (Ordonnance 2022-883 du 14 juin 2022 art. 14).*

Sous-section 5

Exigibilité de la taxe

Art 1635 quater G La taxe d'aménagement est exigible, selon le cas :

1° A la date d'achèvement des opérations imposables. Cette date s'entend de la date de réalisation définitive des opérations au sens du I de l'article 1406 du présent code ;

2° A la date du procès-verbal constatant l'achèvement.

IMMO-V-10650 s. ; MF nº 31155

Sous-section 6

Assiette de la taxe

Art 1635 quater H L'assiette de la taxe d'aménagement est constituée par :

1° Le produit de la surface de la construction par la valeur par mètre carré de cette surface, fixée forfaitairement à 885 € pour les communes situées hors de la région d'Ile-de-France et à 1 003 € pour les communes situées dans la région d'Ile-de-France *(NDLR Valeurs applicables à compter du 1er janvier 2023).*

La surface de la construction s'entend de la somme des surfaces de plancher de chaque niveau clos et couvert, calculées à partir du nu intérieur des façades du bâtiment dans des conditions définies par décret.

Les valeurs par mètre carré sont actualisées au 1er janvier de chaque année en fonction du dernier indice du coût de la construction publié par l'Institut national de la statistique et des études économiques. Les valeurs sont arrondies, s'il y a lieu, à l'euro inférieur ;

2° La valeur des aménagements et installations, fixée forfaitairement dans les conditions prévues à l'article 1635 quater J.

IMMO-V-8600 s. ; MF n°s 31125 s.

Art 1635 quater I **I.** Un abattement de 50 % est appliqué sur les valeurs mentionnées au 1° de l'article 1635 quater H pour :

1° Les locaux d'habitation et d'hébergement ainsi que leurs annexes mentionnés aux articles 278 sexies et 296 ter et, en Guyane et à Mayotte, les mêmes locaux mentionnés aux mêmes articles 278 sexies et 296 ter ;

2° Les cent premiers mètres carrés des locaux d'habitation et leurs annexes à usage d'habitation principale, cet abattement ne pouvant être cumulé avec l'abattement prévu au 1° ;

3° Les locaux industriels au sens du A du I de l'article 1500 ou les locaux à usage artisanal mentionnés au premier alinéa de l'article 1499-00 A et leurs annexes, les entrepôts et hangars non ouverts au public faisant l'objet d'une exploitation commerciale et les parcs de stationnement couverts faisant l'objet d'une exploitation commerciale.

II. Les organismes d'habitations à loyer modéré mentionnés à l'article L 411-2 du code de la construction et de l'habitation, les sociétés d'économie mixte mentionnées à l'article L 481-1 du même code et les sociétés anonymes de coordination entre les organismes d'habitations à loyer modéré mentionnées à l'article L 423-1-1 du même code bénéficient de l'abattement prévu au 1° du I du présent article pour les constructions ou les aménagements réalisés au titre du service d'intérêt général défini aux neuvième à treizième alinéas de l'article L 411-2 du code de la construction et de l'habitation.

Le bénéfice de l'abattement prévu au 1° du I du présent article, pour les constructions ou les aménagements qui ne sont pas réalisés au titre de ce service d'intérêt général, est subordonné au respect du règlement (UE) n° 1407/2013 de la Commission du 18 décembre 2013 relatif à l'application des articles 107 et 108 du traité sur le fonctionnement de l'Union européenne aux aides de minimis.

Ndlr *Les dispositions du présent II telles que modifiées par la loi 2023-1322 du 29 décembre 2023 art. 106, I-4° s'appliquent aux opérations pour lesquelles le fait générateur de la taxe d'aménagement intervient à compter du 1er janvier 2024 (Loi précitée art. 106, IV-B).*

III. Les valeurs résultant de l'application de l'abattement prévu au présent article sont arrondies, s'il y a lieu, à l'euro inférieur.

IMMO-V-8800 s. ; MF n°s 31125 s.

Art 1635 quater J La valeur forfaitaire des installations et aménagements est fixée comme suit :

1° Pour les emplacements de tentes, caravanes et résidences mobiles de loisirs, 3 000 € par emplacement ;

2° Pour les emplacements des habitations légères de loisirs, 10 000 € par emplacement ;

3° Pour les piscines, 258 € par mètre carré *(NDLR Valeur applicable aux autorisations d'urbanisme délivrées en 2024)* ;

4° Pour les éoliennes d'une hauteur supérieure à 12 mètres, 3 000 € par éolienne ;

5° Pour les panneaux photovoltaïques au sol, 10 € par mètre carré ;

6° Pour les aires de stationnement non comprises dans la surface mentionnée au 1° de l'article 1635 quater H, 3 000 € par emplacement *(NDLR Valeur applicable aux autorisations d'urbanisme délivrées en 2024).*

Le montant prévu au 3° du présent article est actualisé le 1er janvier de chaque année en fonction du dernier indice du coût de la construction publié par l'Institut national de la statistique et des études économiques. Ce montant est arrondi, s'il y a lieu, à l'euro inférieur.

Le montant prévu au 6° du présent article est actualisé au 1er janvier de chaque année en fonction du dernier indice du coût de la construction publié par l'Institut national de la statistique et des études économiques. Ce montant est arrondi, s'il y a lieu, à l'euro inférieur*[NDLR Les dispositions du présent alinéa s'appliquent à compter du 1er janvier 2025 (Loi 2022-1499 du 1er décembre 2022 art. 65, I-H-3° et VII-G)].*

IMMO-V-9300 s. ; MF n° 31130

Art 1635 quater K Les établissements publics de coopération intercommunale à fiscalité propre compétents en matière de plan local d'urbanisme ou de plan d'occupation des sols et les communes peuvent, par une délibération prise dans les conditions prévues au VI de l'article 1639 A bis, porter jusqu'à 6 000 € la valeur forfaitaire mentionnée au 6° de l'article 1635 quater J *(NDLR Valeur applicable aux autorisations d'urbanisme délivrées en 2024).*

La valeur forfaitaire ainsi déterminée sert également d'assiette de la taxe d'aménagement pour la part versée au profit des départements ou de la région d'Ile-de-France.

Le montant prévu au premier alinéa du présent article est actualisé au 1er janvier de chaque année en fonction du dernier indice du coût de la construction publié par l'Institut national de la statistique et des études économiques. Ce montant est arrondi, s'il y a lieu, à l'euro inférieur *[NDLR Les dispositions du présent alinéa s'appliquent à compter du 1er janvier 2025 (Loi 2022-1499 du 1er décembre 2022 art. 65, I-I-2° et VII-G)]*.

Ndlr *S'agissant de l'assiette de la taxe d'aménagement afférente aux autorisations d'urbanisme résultant d'une demande d'autorisation déposée avant le 1er septembre 2022 ou afférente aux demandes de permis modificatifs ou de transferts d'autorisation d'urbanisme déposées après cette même date et rattachées à une autorisation d'urbanisme initiale résultant d'une demande déposée avant cette date, voir la Ndlr sous l'article 1635 quater F du CGI.*

IMMO-V-9430 s. ; MF n° 31130

Sous-section 7

Taux d'imposition

Art 1635 quater L **I. 1.** Sous réserve de l'article 1635 quater N, le conseil municipal ou l'organe délibérant de l'établissement public de coopération intercommunale à fiscalité propre vote le taux de taxe d'aménagement dans les conditions prévues au II de l'article 1639 A et dans les limites prévues au I de l'article 1635 quater M.

Dans les communes et les établissements publics de coopération intercommunale mentionnés au 1° du I de l'article 1635 quater A, à défaut de délibération fixant le taux, ce dernier est fixé à 1 %.

2. Les organes délibérants mentionnés au 1 du présent I peuvent fixer des taux différents par secteur de leur territoire, dans les limites prévues au I de l'article 1635 quater M.

Pour l'application du présent 2 et de l'article 1635 quater N, les secteurs sont définis et présentés par référence aux documents cadastraux à la date de la délibération les instituant, selon des modalités définies par décret. Le cas échéant, leur délimitation figure, à titre d'information, dans une annexe au plan local d'urbanisme ou au plan d'occupation des sols.

II. Les conseils départementaux ayant institué la taxe d'aménagement conformément à l'article 1635 quater A votent le taux de taxe d'aménagement dans les conditions prévues au II de l'article 1639 A et dans la limite prévue au II de l'article 1635 quater M.

III. Le conseil régional d'Ile-de-France ayant institué la taxe d'aménagement conformément à l'article 1635 quater A vote le taux de taxe d'aménagement dans les conditions prévues au II de l'article 1639 A et dans la limite prévue au III de l'article 1635 quater M. Ce taux peut être différent selon les départements de la région.

IMMO-V-9600 s. ; MF nos 31135 s.

Art 1635 quater M **I.** Le taux de taxe d'aménagement fixé par une commune ou un établissement public de coopération intercommunale à fiscalité propre ne peut être inférieur à 1 % et ne peut excéder 5 %.

II. Le taux de taxe d'aménagement fixé par un département ne peut excéder 2,5 %.

III. Le taux de taxe d'aménagement fixé par la région d'Ile-de-France ne peut excéder 1 %.

IMMO-V-9600 s. ; MF nos 31135 s.

Art 1635 quater N Le taux de la part communale ou intercommunale de la taxe d'aménagement peut être augmenté jusqu'à 20 % dans certains secteurs par une délibération motivée prise dans les conditions prévues au II de l'article 1639 A, si l'importance des constructions nouvelles édifiées dans ces secteurs rend nécessaire la réalisation de travaux substantiels de voirie ou de réseaux, de restructuration ou de renouvellement urbain pour renforcer l'attractivité des zones concernées et pour réduire les incidences liées à l'accroissement local de la population, ou la création d'équipements publics généraux.

Les travaux et équipements concernés sont notamment les travaux de recomposition et d'aménagement des espaces publics permettant d'améliorer la qualité du cadre de vie, de lutter contre les îlots de chaleur urbains, de renforcer la biodiversité ou de développer l'usage des transports collectifs et des mobilités actives.

En cas de vote d'un taux supérieur à 5 % dans un ou plusieurs secteurs, les contributions mentionnées au d du 2° et au 3° de l'article L 332-6-1 du code de l'urbanisme, dans leur rédaction antérieure à l'entrée en vigueur de la loi n° 2014-1655 du 29 décembre 2014 de finances rectificative pour 2014, ne sont plus applicables dans ce ou ces secteurs.

IMMO-V-9800 s. ; MF n° 31135

Art 1635 quater O Pour le calcul de la part communale ou intercommunale de la taxe d'aménagement, si le projet de construction ou d'aménagement est réalisé dans des secteurs comportant des taux différents en application des articles 1635 quater L et 1635 quater N du présent code, il est fait application du taux le moins élevé.

IMMO-V-9725 ; MF n° 31135

Sous-section 8

Obligations déclaratives

Art 1635 quater P Le redevable de la taxe d'aménagement déclare, suivant des modalités définies par décret, les éléments nécessaires à l'établissement de celle-ci dans les quatre-vingt-dix jours à compter de la date à laquelle la taxe devient exigible.

Ndlr *Voir Annexe III, art. 344 N.*

Le redevable des acomptes de taxe d'aménagement déclare, suivant des modalités définies par décret, les éléments nécessaires à l'établissement de ceux-ci avant le septième mois qui suit celui de la délivrance de l'autorisation d'urbanisme.

Ndlr *Voir Annexe III, art. 344 O.*

IMMO-V-10780 s. ; MF n° 31155

Sous-section 9

Contrôle et réclamation

Art 1635 quater Q La taxe d'aménagement prévue à l'article 1635 quater A est contrôlée suivant les modalités et sous les garanties et sanctions prévues en matière de contributions directes.

IMMO-V-11750 s. ; MF n° 31160

Art 1635 quater R En matière d'assiette, les réclamations relatives à la taxe d'aménagement sont présentées, instruites et jugées selon les règles applicables en matière d'impôts directs locaux.

IMMO-V-11800 s. ; MF n° 31160

Art 1635 quater S Le redevable de la taxe d'aménagement peut en obtenir la décharge, la réduction ou la restitution totale ou partielle :

1° Si les constructions sont démolies en vertu d'une décision du juge civil ;

2° Dans le cas de catastrophe naturelle, lorsque les locaux ont été détruits ou ont subi des dégâts tels qu'après expertise ou décision administrative, ils sont voués à la démolition. La décharge ou la réduction s'applique, sur demande du contribuable, sur le montant total de la taxe dont le dernier versement n'est pas arrivé à échéance à la date du sinistre. Le contribuable doit justifier que les indemnités versées en réparation des dommages causés à l'immeuble ne comprennent pas le montant des taxes d'urbanisme dues au titre de la construction. Lorsqu'une décharge ou une réduction est accordée, le 9° du I de l'article 1635 quater D ne s'applique pas à la reconstruction du bâtiment.

Ndlr *S'agissant du contrôle et du traitement des réclamations relatives à la taxe d'aménagement afférente aux autorisations d'urbanisme résultant d'une demande d'autorisation déposée avant le 1er septembre 2022 ou afférente aux demandes de permis modificatifs ou de transferts d'autorisation d'urbanisme déposées après cette même date et rattachées à une autorisation d'urbanisme initiale résultant d'une demande déposée avant cette date, voir la Ndlr sous l'article 1635 quater F du CGI.*

IMMO-V-11820 s. ; MF n° 31160

Sous-section 10

Versement de la taxe

Art 1635 quater T La taxe d'aménagement et, le cas échéant, ses acomptes sont versés aux collectivités territoriales et établissements publics de coopération intercommunale bénéficiaires selon des modalités précisées par décret.

Ndlr *S'agissant du recouvrement de la taxe d'aménagement afférente aux autorisations d'urbanisme résultant d'une demande d'autorisation déposée avant le 1er septembre 2022 ou afférente aux demandes de permis modificatifs ou de transferts d'autorisation d'urbanisme déposées après cette même date et rattachées à une autorisation d'urbanisme initiale résultant d'une demande déposée avant cette date, voir la Ndlr sous l'article 1635 quater F du CGI.*

IMMO-V-11050 s.

TITRE V

DISPOSITIONS COMMUNES AUX TITRES I A III BIS

CHAPITRE 00I

Imposition forfaitaire sur les entreprises de réseaux

Art 1635-0 quinquies I. Il est institué au profit des collectivités territoriales ou de leurs établissements publics de coopération intercommunale une imposition forfaitaire sur les entreprises de réseaux. Cette imposition est déterminée dans les conditions prévues aux articles 1519 D, 1519 E, 1519 F, 1519 G, 1519 H, 1519 HA, 1519 HB, 1599 quater A, 1599 quater A bis et 1599 quater B.

II. Les montants et tarifs de l'imposition forfaitaire sur les entreprises de réseaux sont revalorisés chaque année comme le taux prévisionnel, associé au projet de loi de finances de l'année, d'évolution des prix à la consommation des ménages, hors tabac, pour la même année.

ASS-I-20000 s.

CHAPITRE 0I

Champ d'application

Art 1635 quinquies Les impositions mentionnées à la présente partie et perçues au profit des collectivités territoriales et de divers organismes, ne sont pas applicables sur le plateau continental ni dans la zone économique exclusive, à l'exception des contributions indirectes prévues au chapitre II du titre III.

A l'exception de la taxe prévue par l'article 1519 B, ces impositions ne sont pas applicables aux installations de production d'électricité utilisant l'énergie mécanique du vent situées dans les eaux intérieures et la mer territoriale.

Les produits extraits du plateau continental ou de la zone économique exclusive sont considérés, pour l'application de la législation fiscale, comme extraits du territoire français métropolitain.

LOC-I-6000

Art 1635 sexies I. La Poste est assujettie au lieu de son principal établissement, aux impositions directes locales perçues au profit des collectivités territoriales et des établissements et organismes divers suivant les règles fixées pour la détermination des bases de ces impositions.

II. Les impositions visées au I sont établies et perçues dans les conditions suivantes :

1° *(Abrogé)* ;

2° *(Abrogé)* ;

3° Les bases d'imposition de La Poste font l'objet d'un abattement en raison des contraintes de desserte de l'ensemble du territoire national et de participation à l'aménagement du territoire qui s'imposent à cet exploitant. L'abattement ne donne pas lieu à compensation par l'Etat.

Chaque année le taux des abattements prévus au premier alinéa du présent 3° est fixé par décret *(Voir Annexe III, art. 344 quindecies)*, dans la limite de 99 %, de manière à ce que le produit de ces abattements contribue au financement du coût du maillage territorial complémentaire de La Poste tel qu'il est évalué par l'Autorité de régulation des communications électroniques, des postes et de la distribution de la presse, conformément au IV de l'article 6 de la loi n° 90-568 du 2 juillet 1990 relative à l'organisation du service public de la poste et à France Télécom ;

4° Le taux applicable aux bases des taxes foncières et de la cotisation foncière des entreprises est, le taux moyen pondéré national qui résulte des taux appliqués l'année précédente par l'ensemble des collectivités territoriales, des groupements et des établissements et organismes divers habilités à percevoir le produit des impositions directes locales et de leurs taxes additionnelles ;

5° Les règles relatives au contrôle, au recouvrement et au contentieux des impositions directes locales ainsi que les dispositions de l'article 1641 sont applicables. Toutefois, pour les impositions acquittées par La Poste, le taux mentionné au I de cet article est fixé à 1,4 % et les taux mentionnés au II du même article sont fixés à 0,5 % ;

6° Le produit des cotisations afférentes aux impositions visées au I, diminué de la fraction des cotisations afférentes à la taxe mentionnée à l'article 1520, est affecté au budget général de l'Etat.

La fraction du produit des impositions visées au I afférente à la taxe mentionnée à l'article 1520 est répartie, selon des critères fixés par le comité des finances locales, entre les communes ou leurs établissements publics de coopération intercommunale qui ont institué cette taxe et sur le territoire desquels sont implantés des établissements de La Poste.

Un décret en Conseil d'Etat fixe, en tant que de besoin, les conditions d'application du présent article, après consultation du comité des finances locales.

CHAPITRE PREMIER

Fixation des taux à retenir pour le calcul des impositions directes locales

SECTION I

Dispositions générales

Art 1636 B sexies **I. 1.** Sous réserve des dispositions des articles 1636 B septies et 1636 B decies, les conseils municipaux et les instances délibérantes des organismes de coopération intercommunale dotés d'une fiscalité propre votent chaque année les taux des taxes foncières, de la taxe d'habitation sur les résidences secondaires et autres locaux meublés non affectés à l'habitation principale et de la cotisation foncière des entreprises. Ils peuvent :

a. Soit faire varier dans une même proportion les taux des quatre taxes appliqués l'année précédente ;

b. Soit faire varier librement entre eux les taux des quatre taxes. Dans ce cas :

1° Le taux de cotisation foncière des entreprises et le taux de taxe d'habitation sur les résidences secondaires et autres locaux meublés non affectés à l'habitation principale :

ne peuvent, par rapport à l'année précédente, être augmentés dans une proportion supérieure à l'augmentation du taux de la taxe foncière sur les propriétés bâties ou, si elle est moins élevée, à celle du taux moyen des taxes foncières, pondéré par l'importance relative des bases de ces deux taxes pour l'année d'imposition ;

ou doivent être diminués, par rapport à l'année précédente, dans une proportion au moins égale, soit à la diminution du taux de la taxe foncière sur les propriétés bâties ou à celle du taux moyen pondéré des taxes foncières, soit à la plus importante de ces diminutions lorsque ces deux taux sont en baisse ;

2° Le taux de la taxe foncière sur les propriétés non bâties ne peut augmenter plus ou diminuer moins que le taux de la taxe foncière sur les propriétés bâties.

2. Toutefois, le taux de la taxe foncière sur les propriétés bâties ou le taux de la taxe foncière sur les propriétés non bâties peut être diminué jusqu'au niveau du taux moyen national de la taxe constaté l'année précédente pour, selon le cas, les communes et leurs établissements publics de coopération intercommunale, ou, s'il est plus élevé, jusqu'au niveau du taux de la cotisation foncière des entreprises de la collectivité ou de l'établissement public de coopération intercommunale concerné sans que ces diminutions soient prises en compte pour l'application, à la baisse, des dispositions du b du 1.

Pour l'application des dispositions du premier alinéa aux communes membres d'établissements publics de coopération intercommunale dotés ou non d'une fiscalité propre, les taux communaux des taxes foncières et de la taxe professionnelle sont majorés des taux de ces établissements publics de coopération intercommunale pour l'année précédant celle de l'imposition.

Lorsqu'au titre d'une année il est fait application des dispositions du premier alinéa, la variation en hausse du taux de la taxe foncière sur les propriétés bâties ou du taux moyen des taxes foncières à prendre en compte, pour l'application du 1, pour la détermination du taux de la cotisation foncière des entreprises ou du taux de la taxe foncière sur les propriétés non bâties, est réduite de moitié pendant les trois années suivantes.

Lorsqu'au titre d'une année, le taux de la cotisation foncière des entreprises ou le taux de la taxe foncière sur les propriétés non bâties a été augmenté dans ces conditions, il ne peut pas être fait application du premier alinéa pendant les trois années suivantes.

3. Pour les communes, lorsque le taux de la cotisation foncière des entreprises ainsi déterminé est inférieur à la moyenne constatée pour cette taxe l'année précédente dans l'ensemble des collectivités de même nature, il peut faire l'objet d'une majoration au plus égale à 5 % de cette moyenne sans pouvoir la dépasser. Cette majoration ne s'applique pas lorsque le taux moyen pondéré des taxes foncières perçues au profit de la collectivité considérée est inférieur au taux moyen pondéré constaté l'année précédente pour ces deux taxes dans l'ensemble des collectivités de même nature.

4. Pour les communes, lorsque le taux de la taxe d'habitation sur les résidences secondaires et autres locaux meublés non affectés à l'habitation principale ainsi déterminé est inférieur à 75 % de la moyenne constatée pour cette taxe l'année précédente dans l'ensemble des communes du département ou, pour la ville de Paris, constatée l'année précédente au niveau national, il peut faire l'objet d'une majoration dans cette limite, sans que l'augmentation du taux soit supérieure à 5 % de cette moyenne.

5. L'instance délibérante d'un établissement public de coopération intercommunale faisant application de l'article 1609 nonies C et dont le taux de cotisation foncière des entreprises est inférieur à 75 % de la moyenne des établissements publics de coopération intercommunale de sa catégorie faisant application du même article 1609 nonies C, telle que constatée l'année précédente au niveau national peut fixer le taux de cotisation foncière des entreprises dans cette limite, sans que l'augmentation du taux soit supérieure à 5 %.

6. L'instance délibérante d'un établissement public de coopération intercommunale à fiscalité propre dont le taux de la taxe d'habitation sur les résidences secondaires et autres locaux meublés non affectés à l'habitation principale est inférieur à 75 % de la moyenne des établissements publics de coopération intercommunale constatée l'année précédente au niveau national peut fixer le taux de la taxe d'habitation sur les résidences secondaires et autres locaux meublés non affectés à l'habitation principale dans cette limite, sans que l'augmentation du taux soit supérieure à 5 % de cette moyenne.

I bis. 1. Dans les communes où le taux ou les bases de la cotisation foncière des entreprises étaient nuls l'année précédente, le conseil municipal peut fixer le taux de cette taxe. Toutefois, le rapport entre le taux ainsi voté et le taux moyen constaté pour la cotisation foncière des entreprises l'année précédente dans l'ensemble des communes ne doit pas excéder le rapport entre d'une part, le taux moyen des taxes foncières, pondéré par l'importance relative des bases de ces deux taxes dans la commune pour l'année d'imposition, et, d'autre part, le taux moyen pondéré de ces deux taxes constaté l'année précédente dans l'ensemble des communes.

Dans les communes où le taux ou les bases de la taxe d'habitation sur les résidences secondaires et autres locaux meublés non affectés à l'habitation principale étaient nuls l'année précédente, le conseil municipal peut fixer le taux de cette taxe, dans les conditions prévues au premier alinéa du présent 1.

2. Dans les établissements publics de coopération intercommunale à fiscalité propre additionnelle où le taux de la cotisation foncière des entreprises était nul l'année précédente, l'organe délibérant de l'établissement public de coopération intercommunale peut fixer le taux de cette taxe. Toutefois, le rapport entre le taux ainsi voté et le taux moyen constaté pour la cotisation foncière des entreprises l'année précédente dans l'ensemble des communes membres de l'établissement public de coopération intercommunale ne doit pas excéder le rapport entre d'une part, le taux moyen des taxes foncières, pondéré par l'importance relative des bases de ces deux taxes dans l'établissement public de coopération intercommunale pour l'année d'imposition et, d'autre part, le taux moyen pondéré de ces deux taxes constaté l'année précédente dans l'ensemble des communes membres de l'établissement public.

Dans les établissements publics de coopération intercommunale à fiscalité propre additionnelle où le taux de la taxe d'habitation sur les résidences secondaires et autres locaux meublés non affectés à l'habitation principale était nul l'année précédente, l'organe délibérant de l'établissement public de coopération intercommunale peut fixer le taux de cette taxe dans les conditions prévues au premier alinéa du présent 2.

I ter. 1. Dans les communes où le taux ou les bases de la taxe foncière sur les propriétés non bâties étaient nuls l'année précédente, le conseil municipal peut fixer le taux de cette taxe. Toutefois, le rapport entre le taux ainsi voté et le taux moyen constaté pour la taxe foncière sur les propriétés non bâties l'année précédente dans l'ensemble des communes ne doit pas excéder le rapport entre le taux de taxe foncière sur les propriétés bâties de la commune pour l'année d'imposition et le taux moyen constaté pour la taxe foncière sur les propriétés bâties l'année précédente dans l'ensemble des communes.

2. Dans les établissements publics de coopération intercommunale à fiscalité propre où le taux de la taxe foncière sur les propriétés non bâties était nul l'année précédente, l'organe délibérant de l'établissement public de coopération intercommunale peut fixer le taux de cette taxe. Toutefois, le rapport entre le taux ainsi voté et le taux moyen constaté pour la taxe foncière sur les propriétés non bâties l'année précédente dans l'ensemble des communes membres de l'établissement public de coopération intercommunale ne doit pas excéder le rapport entre le taux de taxe foncière sur les propriétés bâties de l'établissement public de coopération intercommunale pour l'année d'imposition et le taux moyen constaté pour la taxe foncière sur les propriétés bâties l'année précédente dans l'ensemble des communes membres de l'établissement public.

II. En cas de création d'un établissement public de coopération intercommunale doté d'une fiscalité propre, les rapports entre les taux des quatre taxes établies par l'établissement public de coopération intercommunale doivent être égaux, la première année, aux rapports constatés l'année précédente entre les taux moyens pondérés de chaque taxe dans l'ensemble des communes membres.

Les dispositions du premier alinéa sont applicables l'année qui suit celle au titre de laquelle l'établissement public de coopération intercommunale a voté un taux égal à zéro pour les quatre taxes.

III. *(Abrogé).*

LOC-I-3000 s.

Art 1636 B septies I. Les taux des taxes foncières et de la taxe d'habitation sur les résidences secondaires et autres locaux meublés non affectés à l'habitation principale votés par une commune ne peuvent excéder deux fois et demie le taux moyen constaté l'année précédente pour la même taxe dans l'ensemble des communes du département ou deux fois et demie le taux moyen constaté au niveau national s'il est plus élevé.

Pour l'application du premier alinéa aux communes situées sur le territoire de la métropole de Lyon, le taux moyen d'une taxe constaté l'année précédente dans l'ensemble des communes du département s'entend du taux moyen constaté l'année précédente dans l'ensemble des communes situées sur le territoire de la métropole de Lyon.

II. et III. *(Disjoints).*

IV. Le taux de la cotisation foncière des entreprises voté par une commune ne peut excéder deux fois le taux moyen de cette taxe constaté l'année précédente au niveau national pour l'ensemble des communes.

V. Pour les communes membres d'un groupement doté d'une fiscalité propre, les taux plafonds prévus aux I et IV sont réduits du taux appliqué l'année précédente au profit du groupement.

VI. *(Abrogé).*

VII. *(Abrogé).*

VIII. Le taux de la cotisation foncière des entreprises voté par la métropole du Grand Paris ne peut excéder deux fois le taux moyen constaté l'année précédente au niveau national pour l'ensemble des établissements publics de coopération intercommunale soumis à l'article 1609 nonies C.

IX. Les taux de la taxe foncière sur les propriétés bâties, de la taxe foncière sur les propriétés non bâties et de la taxe d'habitation sur les résidences secondaires et autres locaux meublés non affectés à l'habitation principale votés par la Ville de Paris ne peuvent excéder deux fois et demie le taux moyen communal constaté l'année précédente au niveau national.

LOC-I-3100 s.

Art 1636 B octies I. Les produits des taxes spéciales d'équipement perçues au profit des établissements publics fonciers visés aux articles L 321-1 et L 324-1 du code de l'urbanisme, de l'Etablissement public foncier et d'aménagement de la Guyane et des agences pour la mise en valeur des espaces urbains de la zone dite « des cinquante pas géométriques » en Guadeloupe et en Martinique sont répartis entre les taxes foncières, la taxe d'habitation sur les résidences secondaires et autres locaux meublés non affectés à l'habitation principale et la cotisation foncière des entreprises proportionnellement aux recettes que chacune de ces taxes a procurées l'année précédente à l'ensemble des communes et de leurs établissements publics de coopération intercommunale situés dans le ressort de ces établissements.

Lorsqu'il est fait application des troisième et quatrième alinéas de l'article 1607 bis et des troisième et quatrième alinéas de l'article 1607 ter, les produits de la taxe spéciale d'équipement perçue au profit de l'établissement public foncier sont répartis entre les taxes foncières, la taxe d'habitation sur les résidences secondaires et autres locaux meublés non affectés à l'habitation principale et la cotisation foncière des entreprises proportionnellement aux recettes que chacune de ces taxes a procurées l'année précédente, dans chaque partie de son territoire, à l'ensemble des communes et de leurs établissements publics de coopération intercommunale.

II. Pour l'application du I, les recettes s'entendent de celles figurant dans des rôles généraux. Elles sont majorées du montant perçu l'année précédente au titre de la part de la dotation forfaitaire prévue à l'article L 2334-7 du code général des collectivités territoriales ou, le cas échéant, au titre de la part de la dotation de compensation prévue à l'article L 5211-28-1 du même code, correspondant au montant antérieurement versé en application du I du D de l'article 44 de la loi de finances pour 1999 (nº 98-1266 du 30 décembre 1998), de la compensation prévue au B de l'article 26 de la loi de finances pour 2003 (nº 2002-1575 du 30 décembre 2002) versée au titre de l'année précédente en contrepartie de la réduction de la fraction imposable des recettes visée au 2º de l'article 1467, ainsi qu'à compter des impositions établies au titre de l'année 2011, de la différence entre, d'une part, la somme des compensations relais communale et intercommunale, versées en application du II de l'article 1640 B, afférentes aux établissements situés dans le territoire de chaque établissement public foncier et, d'autre part, le produit de la cotisation foncière des entreprises au titre de l'année 2010 afférent à ces mêmes établissements.

A compter des impositions établies au titre de l'année 2012, les recettes de la taxe foncière sur les propriétés bâties sont, pour l'application du I, minorées de la différence entre, d'une part, le produit que la taxe aurait procuré à l'ensemble des communes et de leurs établissements publics de coopération intercommunale situés dans le ressort de l'établissement public foncier si les taux de l'année 2010 avaient été appliqués et, d'autre part, le produit que cette taxe aurait procuré à ces mêmes communes et établissements publics, avec les mêmes taux, si les dispositions prévues au premier alinéa de l'article 1518 A en faveur des biens mentionnés à l'article 310 unvicies de l'annexe II au présent code, dans sa version en vigueur au 31 décembre 2009, avaient été appliquées.

A compter des impositions établies au titre de l'année 2021, les recettes de taxe d'habitation sur les résidences secondaires et autres locaux meublés non affectés à l'habitation principale sont, pour l'application du I, minorées du produit de la différence entre, d'une part, le produit que la taxe d'habitation a procuré au titre de l'année 2011 à l'ensemble des communes et de leurs établissements publics de coopération intercommunale situés dans le ressort de l'établissement public foncier et, d'autre part, le produit que la taxe d'habitation aurait procuré au titre de l'année 2011 à ces mêmes communes et établissements publics si les taux de l'année 2010 avaient été appliqués, par le rapport entre, d'une part, le produit que la taxe d'habitation afférente aux locaux meublés non affectés à l'habitation principale a procuré à ces mêmes communes et établissements au titre de l'année 2020 et, d'autre part, le produit que la taxe d'habitation a procuré à ces mêmes communes et établissements au titre de l'année 2020.

A compter des impositions établies au titre de l'année 2016, les recettes de taxe d'habitation sur les résidences secondaires et autres locaux meublés non affectés à l'habitation principale sont, pour l'application du I du présent article, minorées du produit que la majoration mentionnée à l'article 1407 ter a procuré au titre de l'année précédente à l'ensemble des communes situées dans le ressort de l'établissement public foncier.

A compter des impositions établies au titre de l'année 2019, les recettes que la taxe foncière sur les propriétés bâties a procurées sur le territoire de la Ville de Paris sont, pour l'application du I, minorées de la part que cette taxe aurait procurée si le taux départemental d'imposition de l'année 2018 avait été appliqué.

A compter des impositions établies au titre de 2022, les recettes de taxe foncière sur les propriétés bâties des communes à prendre en compte pour l'application du I sont minorées du produit que cette taxe aurait procuré si le taux départemental d'imposition de l'année 2020 avait été appliqué.

III. Le produit fiscal à recouvrer dans chacune des communes membres au profit d'un syndicat de communes est réparti entre les taxes foncières, la taxe d'habitation sur les résidences secondaires et autres locaux meublés non affectés à l'habitation principale et la cotisation foncière des entreprises proportionnellement aux recettes que chacune de ces taxes procurerait à la commune si l'on appliquait les taux de l'année précédente aux bases de l'année d'imposition.

IV. Pour l'application du III, les recettes afférentes à la cotisation foncière des entreprises sont majorées de la part, calculée à partir du seul taux communal, du montant perçu en 2003, en application du D de l'article 44 de la loi de finances pour 1999 (nº 98-1266 du 30 décembre 1998) et du 1 du III de l'article 29 de la loi de finances pour 2003 (nº 2002-1575 du 30 décembre 2002), indexé chaque année comme la dotation forfaitaire prévue par l'article L 2334-7 du code général des collectivités territoriales, du montant de la compensation prévue pour l'année d'imposition au B de l'article 26 de la loi de finances pour 2003 précitée en contrepartie de la réduction de la fraction imposable des recettes visée au 2º de l'article 1467, ainsi qu'à compter des impositions établies au titre de l'année 2011, de la différence entre, d'une part, la compensation relais communale, versée au titre de l'année 2010 en contrepartie de la suppression de la taxe professionnelle en application du II de l'article 1640 B, afférente aux établissements situés sur le territoire de la commune et, d'autre part, le produit de la cotisation foncière des entreprises au titre de l'année 2010 afférent à ces mêmes établissements.

A compter des impositions établies au titre de l'année 2011, les recettes de la taxe foncière sur les propriétés bâties sont majorées de la différence entre, d'une part, le produit qu'a procuré au titre de l'année 2010 à la commune la taxation de l'ensemble des locaux situés sur son territoire et, d'autre part, le produit qu'aurait procuré au titre de l'année 2011 à cette même commune la taxation de ces mêmes locaux, si les taux de l'année 2010 avaient été appliqués.

A compter des impositions établies au titre de l'année 2021, les recettes de taxe d'habitation sur les résidences secondaires et autres locaux meublés non affectés à l'habitation principale sont, pour l'application du III, minorées du produit de la différence entre, d'une part, le produit qu'a procuré au titre de l'année 2011 à la commune la taxation de l'ensemble des locaux situés dans son ressort et, d'autre part, le produit qu'aurait procuré au titre de l'année 2011 à cette même commune la taxation de ces mêmes locaux si le taux de l'année 2010 avait été appliqué, par le rapport entre, d'une part, le produit que la taxe d'habitation afférente aux locaux meublés non affectés à l'habitation principale a procuré à ces mêmes communes au titre de l'année 2020 et, d'autre part, le produit que la taxe d'habitation a procuré à ces mêmes communes au titre de l'année 2020.

A compter des impositions établies au titre de l'année 2016, les recettes de taxe d'habitation sur les résidences secondaires et autres locaux meublés non affectés à l'habitation principale sont, pour l'application du III du présent article, minorées du produit que la majoration mentionnée à l'article 1407 ter a procuré au titre de l'année précédente à chaque commune.

A compter des impositions établies au titre de l'année 2021, le produit réparti, en 2020, entre les personnes assujetties à la taxe foncière sur les propriétés bâties et celles assujetties à la cotisation foncière des entreprises, pour les locaux évalués selon les dispositions de l'article 1499, est pris en charge, pour moitié, par l'Etat.Pour l'application du III, le produit fiscal à recouvrer est minoré du montant mentionné au cinquième alinéa du présent IV.

A compter des impositions établies au titre de 2022, les recettes de taxe foncière sur les propriétés bâties des communes à prendre en compte pour l'application du III sont minorées du produit que cette taxe aurait procuré si le taux départemental d'imposition de l'année 2020 avait été appliqué.

Pour l'application du III, le produit fiscal à recouvrer est minoré de la part, reversée par la commune au syndicat, du montant perçu en 2003, en application du D de l'article 44 de la loi de finances pour 1999 précitée et du 1 du III de l'article 29 de la loi de finances pour 2003 précitée, indexé chaque année comme la dotation forfaitaire prévue par l'article L 2334-7 du code général des collectivités territoriales ainsi que du montant de la compensation mentionnée au premier alinéa.

Art 1636 B nonies Dans les communautés urbaines, les conseils délibérants peuvent décider, à la majorité des deux tiers des communes représentant la moitié de la population ou de la moitié des communes représentant les deux tiers de la population, de maintenir totalement ou partiellement les écarts de taux existant en 1979 entre les communes groupées pour la taxe d'habitation sur les résidences secondaires et autres locaux meublés non affectés à l'habitation principale perçue par l'établissement public de coopération intercommunale. A défaut d'une telle décision, les différences existant entre les taux de chaque commune membre et le taux moyen sont réduites d'un cinquième chaque année à compter de 1980.

Les conseils délibérants peuvent également décider d'instituer, par délibération prise à l'unanimité des conseils municipaux, une procédure de lissage progressif des taux sur une période maximale de douze ans permettant à terme de supprimer les écarts de taux de taxe d'habitation sur les résidences secondaires et autres locaux meublés non affectés à l'habitation principale entre l'ensemble des communes membres.

Art 1636 B decies **I.** Les communes membres d'un établissement public de coopération intercommunale soumis à l'article 1609 nonies C votent le taux de la taxe d'habitation sur les résidences secondaires et autres locaux meublés non affectés à l'habitation principale et des taxes foncières conformément aux dispositions applicables aux communes.

II. Les établissements publics de coopération intercommunale faisant application de l'article 1609 nonies C, ou du I ou du II de l'article 1609 quinquies C votent le taux de la cotisation foncière des entreprises dans les limites définies au b du 1, au 2, au 3 et au 5 du I de l'article 1636 B sexies et à l'article 1636 B septies.

Toutefois, l'obligation de diminuer le taux de cotisation foncière des entreprises dans une proportion au moins égale soit à la diminution du taux de la taxe foncière sur les propriétés bâties ou à celle du taux moyen pondéré des taxes foncières, soit à la plus importante de ces diminutions lorsque ces deux taux sont en baisse, prévue au b du 1 du I de l'article 1636 B sexies, ne s'applique pas.

Pour l'application du b du 1, du 2, du 3 et du 5 du I de l'article 1636 B sexies :

1° Le taux de la taxe foncière sur les propriétés bâties est égal au taux moyen de cette taxe constaté dans l'ensemble des communes membres de l'établissement public de coopération intercommunale. Pour les établissements publics de coopération intercommunale qui font application des dispositions du II de l'article 1609 nonies C, le taux moyen pondéré tient compte du produit perçu par l'établissement public de coopération intercommunale ;

2° Le taux moyen pondéré des taxes foncières est égal à la somme des taux moyens constatés pour chacune de ces taxes dans l'ensemble des communes membres de l'établissement public de coopération intercommunale pondérés par l'importance relative des bases de ces deux taxes pour l'année visée au 3° ; toutefois, pour l'application du 3 du I de l'article 1636 B sexies, pour le calcul des taux moyens pondérés constatés pour chacune de ces taxes, il n'est pas tenu compte des taux inférieurs aux trois quarts du taux moyen pondéré des communes membres du groupement constaté pour chaque taxe l'année précédente. Pour les établissements publics de coopération intercommunale qui font application des dispositions du II de l'article 1609 nonies C, le taux moyen pondéré tient compte du produit perçu par l'établissement public de coopération intercommunale ;

3° La variation des taux définis aux 1° et 2° est celle constatée l'année précédant celle au titre de laquelle l'établissement public de coopération intercommunale vote son taux de cotisation foncière des entreprises ou celui applicable dans la zone d'activités économiques.

Lorsque les taux définis aux 1° et 2° n'ont pas varié l'année précédant celle au titre de laquelle l'établissement public de coopération intercommunale vote son taux de cotisation foncière des entreprises ou celui applicable dans la zone d'activité économique, la variation prise en compte est celle constatée au titre de l'antépénultième année.

III. Pour l'application du 3 du I de l'article 1636 B sexies, le taux de cotisation foncière des entreprises à prendre en compte correspond au taux moyen national constaté pour cette taxe l'année précédente pour les communes et leurs établissements publics de coopération intercommunale.

IV. Pour les établissements publics de coopération intercommunale visés au II, la différence constatée au titre d'une année entre le taux maximum de cotisation foncière des entreprises résultant des dispositions du deuxième alinéa du b du 1 du I de l'article 1636 B sexies et le taux de cotisation foncière des entreprises voté conformément à ces mêmes dispositions peut être, sous réserve des dispositions de l'article 1636 B septies, ajoutée, partiellement ou totalement, au taux de cotisation foncière des entreprises voté par l'établissement public de coopération intercommunale au titre de l'une des trois années suivantes.

La majoration du taux de cotisation foncière des entreprises dans les conditions visées au premier alinéa n'est pas applicable l'année au titre de laquelle l'établissement public de coopération intercommunale fait application des dispositions du 3 du I de l'article 1636 B sexies, du deuxième alinéa ou du dernier alinéa du II.

Les décisions relatives aux taux transmises aux services fiscaux dans les conditions prévues au I de l'article 1639 A doivent indiquer le montant à reporter conformément au premier alinéa ainsi que les modalités selon lesquelles le taux de l'année est majoré dans les conditions prévues audit alinéa.

V. *(Périmé).*

VI. *(Abrogé).*

VII. Pour l'application du II à la métropole du Grand Paris :

1° La référence au taux de la taxe foncière sur les propriétés bâties est remplacée par la référence au taux moyen de cette taxe constaté dans l'ensemble des communes situées dans le périmètre de la métropole du Grand Paris ;

2° La référence au taux moyen pondéré des taxes foncières est remplacée par la référence à la somme des taux moyens constatés pour chacune de ces taxes dans l'ensemble des communes situées dans le périmètre de la métropole du Grand Paris pondérés par l'importance relative des bases de ces deux taxes pour l'année précédant celle au titre de laquelle le conseil de la métropole du Grand Paris vote son taux de cotisation foncière des entreprises ; toutefois, pour l'application du 3 du I du même article 1636 B sexies, pour le calcul des taux moyens pondérés constatés pour chacune de ces taxes, il n'est pas tenu compte des taux inférieurs aux trois quarts du taux moyen pondéré des communes constaté pour chaque taxe l'année précédente.

Art 1636 B undecies **1.** Les communes et leurs établissements publics de coopération intercommunale ayant institué la taxe d'enlèvement des ordures ménagères conformément aux articles , 1520 et 1609 quater votent le taux de cette taxe dans les conditions fixées à l'article 1639 A.

ASS-I-4250 s.

2. Ils peuvent définir, dans les conditions prévues au 1 du II de l'article 1639 A bis, des zones de perception de la taxe d'enlèvement des ordures ménagères sur lesquelles ils votent des taux différents en vue de proportionner le montant de la taxe à l'importance du service rendu apprécié en fonction des conditions de réalisation du service et de son coût. Les communes ou les établissements publics de coopération intercommunale sur le territoire desquels est située une installation de transfert ou de traitement des déchets prévue par un plan régional de prévention et de gestion des déchets peuvent également définir une zone, d'un rayon d'un kilomètre au maximum, sur laquelle ils votent un taux différent ; dans ce cas, la commune ou l'établissement public de coopération intercommunale ne peut définir sur ce périmètre des zones en fonction de l'importance du service rendu.

ASS-I-5480 s.

Toutefois, à titre dérogatoire, l'établissement public de coopération intercommunale ayant institué la taxe peut, pour une période qui ne peut excéder dix ans, voter des taux différents sur son périmètre, afin de limiter les hausses de cotisations liées à l'harmonisation du mode de financement. Cette dérogation peut également être mise en œuvre en cas de rattachement d'une ou plusieurs communes. L'établissement public de coopération intercommunale décide, dans les conditions prévues au 1 du II de l'article 1639 A bis, de l'application de ce dispositif et de la délimitation des zones sur lesquelles des taux différents sont votés.

ASS-I-6170

3. Pour l'application du 2 :

a. Pour les établissements publics de coopération intercommunale qui perçoivent la taxe dans les conditions prévues au b du 2 du VI de l'article 1379-0 bis, le syndicat mixte définit, dans les conditions prévues au 1 du II de l'article 1639 A bis, les zones de perception de la taxe en fonction de l'importance du service rendu. Il décide, dans les mêmes conditions, de l'application du second alinéa du 2 et du périmètre sur lequel ce dispositif est mis en œuvre ;

ASS-I-5520

b. La période durant laquelle des taux différents peuvent être votés en application du second alinéa du 2 s'applique à compter du 1er janvier 2005 pour tous les syndicats de communes et syndicats mixtes qui perçoivent la taxe à cette date et à compter de la première année au titre de laquelle l'établissement public de coopération intercommunale perçoit la taxe pour ceux qui se mettent en conformité avec la loi n° 99-586 du 12 juillet 1999 relative au renforcement et à la simplification de la coopération intercommunale ainsi que pour les groupements nouvellement constitués. Elle s'applique à compter de l'année qui suit celle du rattachement en cas de rattachement de communes ;

c. Les premier et second alinéas du 2 peuvent être appliqués simultanément.

ASS-I-5450

4. Par exception au 2, les communautés de communes instituant la taxe d'enlèvement des ordures ménagères dans les conditions prévues au second alinéa du 2° du 1 du VI de l'article 1379-0 bis ne peuvent, la première année, voter que le taux de cette taxe, à l'exclusion de toute modification de ses règles d'établissement. Toutefois, lorsque la transformation est intervenue postérieurement au 15 octobre, les zones de perception en fonction de l'importance du service rendu instituées par le syndicat avant sa transformation en communauté de communes restent applicables l'année qui suit cette transformation.

ASS-I-5590

5. Les communes et les établissements publics de coopération intercommunale ayant institué la part incitative de la taxe d'enlèvement des ordures ménagères conformément à l'article 1522 bis votent les tarifs de cette part dans les conditions prévues à l'article 1639 A.

ASS-I-5200

6. La première année d'application des dispositions de l'article 1522 bis, le produit de la taxe d'enlèvement des ordures ménagères ne peut excéder de plus de 10 % le produit total de cette taxe tel qu'issu des rôles généraux au titre de l'année précédente.

ASS-I-5250 s.

SECTION II

Dispositions particulières

Art 1636 C Les taux des taxes additionnelles perçues au profit des établissements publics mentionnés aux articles L 321-1 et

L 324-1 du code de l'urbanisme sont, sous réserve de l'article 1636 B octies et des dispositions régissant ces organismes, fixés suivant des règles analogues à celles appliquées pour les impositions levées par les syndicats de communes visés à l'article 1609 quater.

Le premier alinéa est également applicable pour la détermination des taux des taxes additionnelles perçues au profit de l'Etablissement public foncier et d'aménagement de la Guyane et au profit de l'agence pour la mise en valeur des espaces urbains de la zone dite des cinquante pas géométriques en Guadeloupe et en Martinique.

Art 1638 I. En cas de création de commune nouvelle, des taux d'imposition différents, en ce qui concerne chacune des taxes mises en recouvrement en vertu des 1° à 4° du I de l'article 1379, peuvent être appliqués, selon le territoire des communes préexistantes, pendant une période transitoire. La délibération instituant cette procédure d'intégration fiscale progressive en détermine la durée, dans la limite de douze ans. A défaut, la procédure est applicable aux douze premiers budgets de la commune nouvelle. Cette décision est prise, soit par le conseil municipal de la commune nouvelle, soit en exécution de délibérations de principe concordantes prises antérieurement à la création de la commune nouvelle par les conseils municipaux des communes intéressées. La durée de la période de réduction des écarts de taux d'imposition ne peut être modifiée ultérieurement. La procédure d'intégration fiscale progressive est également applicable de plein droit sur la demande du conseil municipal d'une commune appelée à faire partie d'une commune nouvelle.

Les différences qui affectent les taux d'imposition appliqués sur le territoire des communes préexistantes sont réduites chaque année par parts égales.

Le présent I est également applicable dans le cas de réunion d'une section de commune ou d'une portion du territoire d'une commune à une autre commune. Un décret en Conseil d'Etat précise les conditions d'application du présent alinéa *(Voir Annexe II, art. 327)*.

II. *(Abrogé)*.

III. L'arrêté de création de commune nouvelle pris par le représentant de l'Etat dans le département ne produit ses effets au plan fiscal à compter de l'année suivante qu'à la condition qu'il intervienne avant le 1er octobre de l'année.

(Conformément au I de l'article 25 de la loi 2010-1563, les communes fusionnées avant le 17 décembre 2010 sont régies par les dispositions de l'article 1638 antérieures à cette loi)

LOC-I-3500 s.

Art 1638-00 bis L'arrêté de scission de communes pris par le représentant de l'Etat dans le département ne produit ses effets au plan fiscal à compter de l'année suivante qu'à la condition qu'il intervienne avant le 1er octobre de l'année.

Lorsque l'arrêté de scission intervient postérieurement au 30 septembre mais au plus tard le 15 avril de l'année suivante, les décisions relatives aux taux à prendre au titre de cette dernière année conformément à l'article 1639 A doivent faire l'objet de délibérations concordantes des conseils municipaux des communes issues de la scission. A défaut, les impositions sont recouvrées selon les décisions prises par la commune préexistantes au titre de l'année précédente.

LOC-I-3500 s.

Art 1638-0 bis I. En cas de fusion d'établissements publics de coopération intercommunale à fiscalité propre additionnelle, réalisée dans les conditions prévues par l'article L 5211-41-3 du code général des collectivités territoriales, l'établissement public de coopération intercommunale issu de la fusion est soumis de plein droit au régime de la fiscalité additionnelle, sauf délibération du conseil communautaire optant pour le régime prévu à l'article 1609 nonies C, statuant à la majorité simple de ses membres, prise au plus tard le 15 janvier de l'année au cours de laquelle la fusion prend fiscalement effet. Il en est de même en cas de fusion d'établissements publics de coopération intercommunale à fiscalité additionnelle et d'établissements publics de coopération intercommunale sans fiscalité propre. Cette délibération ne peut être rapportée pendant la période d'unification des taux prévue au III de l'article 1609 nonies C.

Les taux de fiscalité additionnelle de l'établissement public de coopération intercommunale issu de la fusion sont fixés la première année suivant celle de la fusion selon les modalités suivantes :

1° Soit dans les conditions prévues par le I de l'article 1636 B sexies. Pour l'application de cette disposition, les taux de l'année précédente sont égaux au taux moyen de chaque taxe des établissements publics de coopération intercommunale à fiscalité propre additionnelle pondéré par l'importance des bases de ces établissements publics de coopération intercommunale. Dans le cas d'une fusion entre un établissement public de coopération intercommunale à fiscalité propre additionnelle et un établissement public de coopération intercommunale sans fiscalité propre, les taux retenus sont ceux de l'établissement à fiscalité propre additionnelle.

Toutefois, des taux d'imposition de taxe d'habitation sur les résidences secondaires et autres locaux meublés non affectés à l'habitation principale, de taxes foncières et de cotisation foncière des entreprises différents peuvent être appliqués sur le territoire des établissements publics de coopération intercommunale préexistants pendant une période transitoire. La délibération qui institue cette procédure d'intégration fiscale progressive en détermine la durée, dans la limite de douze ans. A défaut, la procédure est applicable aux douze premiers budgets de l'établissement public de coopération intercommunale issu de la fusion. Cette décision est prise soit par délibérations concordantes des établissements publics de coopération intercommunale préexistants avant la fusion, soit par une délibération de l'établissement public de coopération intercommunale issu de la fusion. La durée de la période d'intégration fiscale progressive peut être modifiée ultérieurement, sans que la période totale d'intégration ne puisse excéder douze ans.

Les différences qui affectent les taux d'imposition appliqués sur le territoire des établissements publics de coopération intercommunale préexistants sont réduites chaque année par parts égales ;

2° Soit dans les conditions prévues par le II de l'article 1636 B sexies. Pour l'application de cette disposition, le taux moyen pondéré de chacune des quatre taxes tient compte des produits perçus par les établissements publics de coopération intercommunale préexistants.

Lorsque l'établissement public de coopération intercommunale issu de la fusion opte pour le régime prévu à l'article 1609 nonies C, le taux de la cotisation foncière des entreprises qu'il vote la première année ne peut excéder le taux moyen de la cotisation foncière des entreprises constaté l'année précédente dans les communes membres, pondéré par l'importance relative des bases de ces communes. Le taux moyen pondéré tient compte des produits perçus par les établissements publics de coopération intercommunale préexistants.

II. En cas de fusion d'établissements publics de coopération intercommunale soumis à l'article 1609 quinquies C, réalisée dans les conditions prévues par l'article L 5211-41-3 du code général des collectivités territoriales, l'établissement public de coopération intercommunale issu de la fusion est soumis de plein droit au régime prévu par ces mêmes dispositions, sauf délibération du conseil communautaire optant pour le régime prévu à l'article 1609 nonies C, statuant à la majorité simple de ses membres, prise au plus tard le 15 janvier de l'année au cours de laquelle la fusion prend fiscalement effet. Il en est de même en cas de fusion, d'une part, d'établissements publics de coopération intercommunale faisant application du régime prévu à l'article 1609 quinquies C et, d'autre part, d'établissements publics de coopération intercommunale à fiscalité propre additionnelle ou d'établissements publics de coopération intercommunale sans fiscalité propre. Cette délibération ne peut être rapportée pendant la période d'unification des taux prévue au III de l'article 1609 nonies C.

Pour la première année suivant celle de la fusion :

1° Le taux de la cotisation foncière des entreprises de zone ainsi que le taux de la cotisation foncière des entreprises afférent aux installations de production d'électricité utilisant l'énergie mécanique du vent votés par l'établissement public de coopération intercommunale issu de la fusion ne peuvent excéder le taux moyen de la cotisation foncière des entreprises constaté l'année précédente dans les communes membres, pondéré par l'importance relative des bases de ces communes ; le taux moyen pondéré tient compte des produits perçus par les établissements publics de coopération intercommunale préexistants et des bases imposées à leur profit en application de l'article 1609 quinquies C. Toutefois, lorsque ce taux moyen pondéré est inférieur à un ou aux taux de la cotisation foncière des entreprises de zone, l'établissement public de coopération intercommunale issu de la fusion peut décider de fixer son taux dans la limite du ou des taux de la cotisation foncière des entreprises de zone votés l'année précédente par les établissements publics de coopération intercommunale préexistants. Il en est de même pour le taux de la cotisation foncière des entreprises afférent aux installations de production d'électricité utilisant l'énergie mécanique du vent.

Le b du 1 du III de l'article 1609 quinquies C est applicable à l'établissement public de coopération intercommunale issu de la fusion. Dans le cas d'établissements intercommunaux préexistants faisant application du dispositif de réduction des écarts de taux, il est tenu compte du taux effectivement appliqué sur le territoire de la commune au titre de l'année précédente ;

2° Le I est applicable aux bases d'imposition à la cotisation foncière des entreprises autres que celles soumises à l'article 1609 quinquies C.

Lorsque l'établissement public de coopération intercommunale issu de la fusion opte pour le régime prévu à l'article 1609 nonies C, le taux de la cotisation foncière des entreprises qu'il vote la première année ne peut excéder le taux moyen de la cotisation foncière des entreprises constaté l'année précédente dans les communes membres, pondéré par l'importance relative des bases de ces communes. Le taux moyen pondéré tient compte des produits perçus par les établissements publics de coopération intercommunale préexistants et des bases imposées à leur profit en application de l'article 1609 quinquies C.

III. En cas de fusion d'établissements publics de coopération intercommunale soumis à l'article 1609 nonies C, réalisée dans les conditions prévues par l'article L 5211-41-3 du code général des collectivités territoriales, l'établissement public de coopération intercommunale issu de la fusion est soumis de plein droit au régime prévu par ces mêmes dispositions. Il en est de même en cas de fusion, d'une part, d'établissements publics de coopération intercommunale soumis à l'article 1609 nonies C et, d'autre part, d'établissements publics de coopération intercommunale à fiscalité propre additionnelle faisant ou non application de l'article 1609 quinquies C ou d'établissements publics de coopération intercommunale sans fiscalité propre.

Pour la première année suivant celle de la fusion, le taux de la cotisation foncière des entreprises voté par l'établissement public de coopération intercommunale issu de la fusion ne peut pas excéder le taux moyen de cette taxe constaté l'année précédente dans les communes membres, pondéré par l'importance relative des bases imposées sur le territoire de ces communes ; le taux moyen pondéré tient compte des produits perçus au profit des établissements publics de coopération intercommunale préexistants et des bases imposées à leur profit en application de l'article 1609 nonies C ou de l'article 1609 quinquies C. Les articles 1636 B decies et 1609 nonies C s'appliquent à ce taux moyen pondéré.

Le b et les premier et troisième alinéas du c du 1° du III de l'article 1609 nonies C sont applicables à l'établissement public de coopération intercommunale issu de la fusion. Pour l'application de ces dispositions, il est tenu compte du taux constaté dans chaque zone et du taux effectivement appliqué sur le territoire de la commune au titre de l'année précédente pour les établissements publics de coopération intercommunale préexistants faisant application du dispositif de réduction des écarts de taux.

Pour la première année suivant celle de la fusion, les taux de la taxe d'habitation sur les résidences secondaires et autres locaux meublés non affectés à l'habitation principale et des taxes foncières de l'établissement public de coopération intercommunale issu de la fusion sont fixés :

1° Soit dans les conditions prévues à l'article 1636 B sexies, à l'exclusion du a du 1 du I, et à l'article 1636 B decies. Pour l'application de cette disposition, les taux de l'année précédente sont égaux au taux moyen de chaque taxe des établissements publics de coopération intercommunale à fiscalité propre, pondéré par l'importance des bases de ces établissements publics de coopération intercommunale. Dans le cas d'une fusion entre un établissement public de coopération intercommunale à fiscalité propre et un établissement public de coopération intercommunale sans fiscalité propre, les taux retenus sont ceux de l'établissement public de coopération intercommunale à fiscalité propre.

Par dérogation, des taux d'imposition de taxe d'habitation sur les résidences secondaires et autres locaux meublés non affectés à l'habitation principale et de taxes foncières différents peuvent être appliqués selon le territoire des établissements publics de coopération intercommunale préexistants pendant une période transitoire. La délibération qui institue cette procédure d'intégration fiscale progressive en détermine la durée, dans la limite de douze ans. A défaut, la procédure est applicable aux douze premiers budgets de l'établissement public de coopération intercommunale issu de la fusion. Cette décision est prise soit par délibérations concordantes des établissements publics de coopération intercommunale préexistants avant la fusion, soit par une délibération de l'établissement public de coopération intercommunale issu de la fusion. La durée de la période d'intégration fiscale progressive ne peut être modifiée ultérieurement.

Les différences qui affectent les taux d'imposition appliqués sur le territoire des établissements publics de coopération intercommunale préexistants sont réduites chaque année par parts égales.

Dans le cas d'une fusion visée à la dernière phrase du premier alinéa du présent III impliquant un établissement public de coopération intercommunale qui faisait application en 2011 de l'article 1609 nonies C, le taux moyen pondéré de taxe d'habitation sur les résidences secondaires et autres locaux meublés non affectés à l'habitation principale mentionné au premier alinéa du présent 1° tient compte du produit résultant du transfert de la part départementale de cette taxe perçu par les communes qui en 2011 étaient isolées ou membres d'un établissement public de coopération intercommunale à fiscalité additionnelle faisant ou non application de l'article 1609 quinquies C ;

2° Soit dans les conditions prévues au deuxième alinéa du II de l'article 1609 nonies C. Pour l'application de cette disposition, le taux moyen pondéré de chacune des trois taxes tient compte des produits perçus par les établissements publics de coopération intercommunale préexistants.

IV. Le taux de taxe d'habitation sur les résidences secondaires et autres locaux meublés non affectés à l'habitation principale des communes membres en 2011 d'un établissement public de coopération intercommunale à fiscalité propre additionnelle faisant ou non application de l'article 1609 quinquies C ou d'un établissement public sans fiscalité propre qui fusionne avec un établissement public de coopération intercommunale qui faisait application en 2011 de l'article 1609 nonies C est réduit l'année suivant celle de la fusion de la différence entre, d'une part, le taux de référence de taxe d'habitation calculé pour la commune conformément à l'article 1640 C et, d'autre part, le taux communal de taxe d'habitation applicable en 2010 dans la commune.

La réduction du taux de taxe d'habitation sur les résidences secondaires et autres locaux meublés non affectés à l'habitation principale prévue au premier alinéa s'applique également aux communes membres d'un établissement public de coopération intercommunale soumis au 1er janvier 2011 à la fiscalité propre additionnelle et qui applique, l'année précédant la fusion, l'article 1609 nonies C. Ces dispositions sont applicables aux communes qui n'étaient pas membre en 2011 d'un établissement public de coopération intercommunale faisant application de l'article 1609 nonies C et qui, à la suite d'une fusion, deviennent membres d'un établissement issu d'une ou de plusieurs fusions d'établissements publics de coopération intercommunale dont l'un au moins faisait application en 2011 du même article 1609 nonies C. Ces dispositions sont également applicables aux communes nouvelles dont les anciennes communes n'étaient pas membre en 2011 d'un établissement public de coopération intercommunale faisant application de l'article 1609 nonies C et qui, à la suite d'une fusion, deviennent membres d'un établissement issu d'une ou de plusieurs fusions d'établissements publics de coopération intercommunale dont l'un au moins faisait application en 2011 du même article 1609 nonies C.

LOC-I-3500 s.

Art 1638 quater I. En cas de rattachement volontaire d'une commune à un établissement public de coopération intercommunale soumis à l'article 1609 nonies C ou à la suite d'une transformation dans les conditions prévues à l'article L 5211-41-1 du code général des collectivités territoriales, le taux de la cotisation foncière des entreprises de la commune rattachée est rapproché du taux de cotisation foncière des entreprises de l'établissement public dans les conditions suivantes :

a. L'écart constaté, l'année au cours de laquelle le rattachement est décidé, entre ces deux taux est réduit chaque année par parts égales, jusqu'à application d'un taux unique, dans les proportions définies au second alinéa du b du 1° du III de l'article 1609 nonies C et dépendant du rapport entre le moins élevé de ces deux taux et le plus élevé.

Le c du 1° du III de l'article 1609 nonies C est applicable ;

b. *(Abrogé).*

II. Pour l'application des dispositions du I, le taux de cotisation foncière des entreprises de la commune doit, lorsque celle-ci appartient également à une communauté urbaine ou à une communauté de communes, être majoré du taux de cotisation foncière des entreprises voté par ces établissements publics de coopération intercommunale l'année au cours de laquelle le rattachement est décidé.

II bis. 1. Toutefois, par exception aux dispositions du I et pour l'année suivant celle du rattachement de la commune, l'établissement public de coopération intercommunale peut, sur délibération du conseil communautaire statuant à la majorité simple de ses membres dans les conditions prévues par l'article 1639 A, voter son taux de cotisation foncière des entreprises dans la limite du taux moyen de la cotisation foncière des entreprises de l'établissement public de coopération intercommunale et de la commune rattachée constaté l'année précédente, pondéré par l'importance relative des bases imposées au profit de l'établissement public de coopération intercommunale et de la commune.

2. Pour l'application du 1 :

a. Lorsque la commune rattachée était membre d'un établissement public de coopération intercommunale substitué à la commune pour l'application des dispositions relatives à la cotisation foncière des entreprises, le taux moyen pondéré tient compte des produits perçus par cet établissement public de coopération intercommunale et des bases imposées à son profit sur le territoire de la commune ;

b. Lorsque la commune rattachée était membre d'un établissement public de coopération intercommunale sans fiscalité propre ou à fiscalité propre additionnelle, le taux moyen pondéré tient compte des produits perçus au profit de ces établissements sur le territoire de la commune ;

c. Les dispositions des b et c du 1° du III de l'article 1609 nonies C sont applicables.

Pour l'application de ces dispositions, il est tenu compte des taux effectivement appliqués sur le territoire des communes lorsqu'un processus de réduction des écarts de taux était en cours ou, à défaut, du taux de l'établissement public de coopération intercommunale qui était substitué aux communes pour l'application des dispositions de la cotisation foncière des entreprises. Lorsque la commune rattachée était membre d'un établissement public de coopération intercommunale sans fiscalité propre ou à fiscalité propre additionnelle, le taux de la commune est majoré du taux de l'établissement public de coopération intercommunale.

3. Les dispositions du IV de l'article 1636 B decies ne sont pas applicables au montant reporté au titre de l'année de rattachement et des deux années antérieures.

III. Les dispositions des I et II sont également applicables dans les communes ou parties de communes qui sont incorporées dans une zone d'activités économiques où il est fait application des dispositions du I de l'article 1609 quinquies C. Ces dispositions sont également applicables en cas de rattachement d'une commune sur le territoire de laquelle sont implantées des installations de production d'électricité utilisant l'énergie mécanique du vent à un établissement public de coopération intercommunale faisant application du II du même article.

Toutefois, le conseil municipal de la commune et l'organe délibérant de l'établissement public de coopération intercommunale peuvent décider, par délibérations concordantes, que le taux de cotisation foncière des entreprises appliqué dans la commune ou partie de commune incorporée dans la zone ou aux installations de production d'électricité utilisant l'énergie mécanique du vent est, dès la première année, celui fixé par l'établissement public de coopération intercommunale.

III bis. *(Abrogé).*

IV. En cas de rattachement volontaire ou à la suite d'une transformation dans les conditions prévues à l'article L 5211-41-1 du code général des collectivités territoriales d'une commune à un établissement public de coopération intercommunale à fiscalité additionnelle, l'organe délibérant vote les taux de taxe d'habitation sur les résidences secondaires et autres locaux meublés non affectés à l'habitation principale, de foncier bâti, de foncier non bâti et de cotisation foncière des entreprises dans les conditions prévues à l'article 1636 B sexies.

IV bis. Dans les cas prévus aux I et IV, par délibérations concordantes de l'organe délibérant de l'établissement public de coopération intercommunale et du conseil municipal de la commune concernée, les taux de taxe d'habitation sur les résidences secondaires et autres locaux meublés non affectés à l'habitation principale, de taxe foncière sur les propriétés bâties, de taxe foncière sur les propriétés non bâties et, le cas échéant, de cotisation foncière des entreprises votés par l'organe délibérant de l'établissement public de coopération intercommunale peuvent être appliqués de manière progressive, par fractions égales, sur une période maximale de douze années.

Lorsque, l'année du rattachement, la commune était membre d'un établissement public de coopération intercommunale à fiscalité propre, la procédure d'intégration fiscale progressive prévue au premier alinéa du présent IV bis ne concerne que la différence entre le taux qui aurait été appliqué sur le territoire de la commune l'année du rattachement s'il avait déjà pris fiscalement effet et le taux effectivement appliqué sur ce même territoire la même année *(Dispositions applicables aux rattachements de communes prenant fiscalement effet à compter du 1er janvier 2013 : loi 2012-1510 du 29 décembre 2012, art. 41).*

V. Les I, II et III sont également applicables aux communes faisant l'objet d'un rattachement à une communauté urbaine ou à une communauté d'agglomération dont le périmètre est étendu en application du renouvellement de la procédure prévue aux articles L 5215-40-1 et L 5216-10 du code général des collectivités territoriales.

VI. Lorsqu'il fait application des dispositions des I, II et III à la suite du rattachement volontaire d'une commune à un établissement public de coopération intercommunale à fiscalité propre, le produit communiqué à l'établissement public en début d'exercice par les services fiscaux et qui découle de l'état de notification des bases tient compte du taux applicable dans la commune rattachée.

VII. En cas de rattachement dans les conditions mentionnées au I à un établissement public de coopération intercommunale qui faisait application en 2011 de l'article 1609 nonies C d'une commune qui n'était pas membre en 2011 d'un tel établissement, le taux communal de taxe d'habitation sur les résidences secondaires et autres locaux meublés non affectés à l'habitation principale est réduit de la différence entre, d'une part, le taux de référence de taxe d'habitation calculé pour la commune conformément à l'article 1640 C, d'autre part, le taux communal de taxe d'habitation applicable en 2010 dans la commune. Ces dispositions sont applicables en cas de rattachement à un établissement public de coopération intercommunale issu d'une ou plusieurs fusions d'établissements publics de coopération intercommunale dont l'un au moins faisait application en 2011 de l'article 1609 nonies C. Ces dispositions sont également applicables en cas de rattachement à un établissement public de coopération intercommunale issu d'une ou plusieurs fusions d'établissements publics de coopération intercommunale, dont l'un au moins faisait application en 2011 de l'article 1609 nonies C, de communes nouvelles dont les anciennes communes n'étaient pas membres en 2011 d'un établissement public de coopération intercommunale faisant application du même article 1609 nonies C.

LOC-I-3500 s.

Art 1638 quinquies **I.** En cas de retrait d'une commune dans les conditions prévues aux articles L 5214-26 et L 5216-11 du code général des collectivités territoriales, l'établissement public de coopération intercommunale soumis aux dispositions de l'article 1609 nonies C peut, sur délibération de l'organe délibérant statuant à la majorité simple de ses membres dans les conditions prévues à l'article 1639 A, voter un taux de cotisation foncière des entreprises dans la limite du taux moyen de la cotisation foncière des entreprises effectivement appliquée l'année précédente dans les communes membres, à l'exclusion de la commune qui s'est retirée, pondérée par l'importance relative des bases imposées sur le territoire de ces communes à l'exclusion de la commune qui s'est retirée.

II. Les dispositions des b et c du 1° du III de l'article 1609 nonies C sont applicables. Pour l'application de ces dispositions, il est tenu compte des taux effectivement appliqués sur le territoire des communes lorsqu'un processus de réduction des écarts de taux était en cours.

III. *(Abrogé).*

Art 1639 A **I.** Sous réserve des dispositions de l'article 1639 A bis, les collectivités locales et organismes compétents font connaître aux services fiscaux, avant le 15 avril de chaque année, les décisions relatives soit aux taux, soit aux produits, selon le cas, des impositions directes perçues à leur profit.

Toutefois, lorsque la communication aux collectivités locales des informations indispensables à l'établissement de leur budget, telle qu'elle est prévue aux articles L 1612-2 et L 1612-3 du code général des collectivités territoriales, n'intervient pas avant le 31 mars, la notification aux services fiscaux s'effectue dans un délai de quinze jours à compter de la communication de ces informations. L'année où intervient le renouvellement des conseils municipaux, généraux ou régionaux, la date de notification est reportée, pour les conseils municipaux, généraux ou régionaux concernés par ce renouvellement, du 15 avril au 30 avril.

II. Par dérogation au I, les délibérations fixant le taux de la taxe d'aménagement conformément à l'article 1635 quater L sont prises avant le 1er juillet pour être applicables à compter de l'année suivante. Elles sont notifiées aux services fiscaux dans un délai de deux mois à compter de la date à laquelle elles ont été adoptées *(NDLR Sur les modalités de transmission de ces informations, voir arrêté ECOE2225752A du 12 octobre 2022)*. Ces délibérations produisent leurs effets tant qu'elles ne sont pas rapportées ou modifiées.

Avant le 1er mars de chaque année, les services fiscaux communiquent aux collectivités territoriales et établissements publics de coopération intercommunale bénéficiaires de la taxe d'aménagement les éléments concernant l'année civile précédente nécessaires à l'établissement des prévisions de recettes, en vue de la préparation de leur budget.

IMMO-V-9610 ; MF n° 31102

III. La notification a lieu par l'intermédiaire des services préfectoraux pour les collectivités locales et leurs groupements et directement dans les autres cas.

A défaut, les impositions peuvent être recouvrées selon les décisions de l'année précédente.

LOC-I-2200 s.

Art 1639 A bis **I.** Les délibérations des collectivités locales et des organismes compétents relatives à la fiscalité directe locale, autres que celles fixant soit les taux, soit les produits des impositions et que celles instituant la taxe d'enlèvement des ordures ménagères mentionnée à l'article 1520 ou la taxe d'aménagement mentionnée à l'article 1635 quater A doivent être prises avant le 1er octobre pour être applicables l'année suivante. Elles sont soumises à la notification prévue à l'article 1639 A au plus tard quinze jours après la date limite prévue pour leur adoption.

LOC-I-1100 s.

Les délibérations prévues au 2° du 1 et au 2 du III de l'article 1379-0 bis ainsi que les délibérations fixant le périmètre de la zone d'activités économiques visée au premier alinéa du 2° du 1 du III de l'article 1379-0 bis, sont prises dans les conditions prévues au premier alinéa.

II. 1. Les délibérations des communes et de leurs établissements publics de coopération intercommunale instituant la taxe d'enlèvement des ordures ménagères conformément à l'article 1520, au VI de l'article 1379-0 bis et à l'article 1609 quater et les décisions visées au III de l'article 1521 et à l'article 1522 doivent être prises avant le 15 octobre d'une année pour être applicables à compter de l'année suivante. Elles sont soumises à la notification prévue à l'article 1639 A au plus tard quinze jours après la date limite prévue pour leur adoption.

Toutefois, les établissements publics de coopération intercommunale à fiscalité propre ne résultant pas d'une substitution ou d'une transformation de groupement préexistant peuvent prendre les délibérations afférentes à la taxe d'enlèvement des ordures ménagères conformément au VI de l'article 1379-0 bis ainsi qu'au III de l'article 1521 et à l'article 1522 jusqu'au 15 janvier de l'année qui suit celle de leur création. A défaut, les délibérations prises par les communes et par les établissements publics de coopération intercommunale dissous restent applicables l'année qui suit celle de la création ; dans ce cas, le nouvel établissement public de coopération intercommunale perçoit la taxe d'enlèvement des ordures ménagères aux lieu et place des établissements publics de coopération intercommunale dissous.

ASS-I-670, 780, 21900 s., 3490, 5560 s.

Par exception aux dispositions du premier alinéa, les établissements publics de coopération intercommunale à fiscalité propre qui bénéficient du transfert de la compétence prévu à l'article L 2224-13 du code général des collectivités territoriales par un arrêté préfectoral pris postérieurement au 15 octobre d'une année peuvent prendre, jusqu'au 15 janvier de l'année qui suit celle du transfert, la délibération afférente à l'institution de la taxe d'enlèvement des ordures ménagères à l'exclusion des délibérations prévues aux articles 1521 et 1522 et au 2 de l'article 1636 B undecies. A défaut, les délibérations prises en matière de taxe d'enlèvement des ordures ménagères par les communes restent applicables l'année qui suit celle du transfert.

Par exception aux dispositions du premier alinéa, en cas de rattachement d'une commune ou d'un établissement public de coopération intercommunale à un groupement de communes, ce dernier peut, jusqu'au 15 janvier de l'année qui suit celle du rattachement, prendre les délibérations afférentes à l'application, sur le territoire de la commune ou de l'établissement public de coopération intercommunale rattaché, de l'article 1636 B undecies ; toutefois, ces délibérations ne peuvent pas délimiter des zones infracommunales ou supracommunales différentes de celles définies sur le territoire de la commune ou de l'établissement public de coopération intercommunale antérieurement au rattachement. A défaut de délibération, les zones définies sur le territoire de la commune ou de l'établissement public de coopération intercommunale avant le rattachement sont supprimées.

ASS-I-6070

2. Au 15 octobre 2005, les communes ou les établissements publics de coopération intercommunale devront s'être mis en conformité avec la loi pour pouvoir continuer à percevoir la taxe d'enlèvement des ordures ménagères au 1er janvier 2006. A défaut, ces collectivités perdront le bénéfice de la perception de cette taxe.

III. L'établissement public de coopération intercommunale issu de la fusion en application de l'article L 5211-41-3 du code général des collectivités territoriales peut prendre les délibérations afférentes à la taxe d'enlèvement des ordures ménagères jusqu'au 15 janvier de l'année qui suit celle de la fusion ou dans les conditions prévues au 1 du II du présent article.

A défaut de délibération, le régime applicable en matière de taxe d'enlèvement des ordures ménagères sur le territoire des établissements publics de coopération intercommunale ayant fait l'objet de la fusion ou sur le territoire des communes incluses dans le périmètre de l'établissement public de coopération intercommunale issu de la fusion, en application du sixième alinéa du I de l'article L 5211-41-3 du code général des collectivités territoriales, est maintenu. Pour l'application de ces dispositions, l'établissement public de coopération intercommunale issu de la fusion perçoit la taxe au lieu et place des établissements publics de coopération intercommunale ayant fait l'objet de la fusion.

Les dispositions des premier et deuxième alinéas sont également applicables aux syndicats mixtes issus d'une fusion en application de l'article L 5711-2 du code général des collectivités territoriales. Elles sont également applicables en cas de modification de périmètre d'un établissement public de coopération intercommunale suivant l'intégration d'une commune ou d'un établissement de coopération intercommunale.

ASS-I-780, 2200 s., 3490, 5610

Par exception au III de l'article 1520 du présent code, lorsque les communes transfèrent la collecte des déchets des ménages à une communauté d'agglomération issue d'un syndicat d'agglomération nouvelle qui assurait antérieurement le reste de la compétence prévue à l'article L 2224-13 du code général des collectivités territoriales, cette communauté d'agglomération peut instituer, selon le cas, la redevance d'enlèvement des ordures ménagères et la taxe d'enlèvement des ordures ménagères sur le territoire des communes où elles étaient en vigueur préalablement au transfert de compétence.

IV. En cas de rattachement d'une commune ou d'un établissement public de coopération intercommunale ne faisant pas application des dispositions de l'article 1522 bis à un établissement public de coopération intercommunale ou à un syndicat mixte en faisant application, l'application de ces dispositions sur le territoire de la commune ou de l'établissement public de coopération intercommunale rattaché peut être reportée à la cinquième année qui suit celle du rattachement.

Dans ce cas, pour l'année du rattachement, les délibérations antérieures relatives à la taxe d'enlèvement des ordures ménagères restent, le cas échéant, en vigueur. L'établissement public de coopération intercommunale ou le syndicat mixte auquel sont rattachés les communes ou l'établissement public de coopération intercommunale perçoit la taxe d'enlèvement des ordures ménagères en lieu et place des communes rattachées et des établissements publics de coopération intercommunale dissous.

ASS-I-810

V. A. La commune nouvelle ou, par des délibérations de principe concordantes prises avant le 15 octobre de l'année précédant celle de sa création, les communes et, le cas échéant, l'établissement public de coopération intercommunale à fiscalité propre participant à sa création prennent les délibérations mentionnées au premier alinéa du 1 du II du présent article, ainsi que les délibérations relatives à l'application du premier alinéa du I de l'article 1522 bis.

B. A défaut de délibérations prises en application du A du présent V, le régime applicable en matière de taxe d'enlèvement des ordures ménagères sur le territoire des communes participant à la création de la commune est maintenu pour une durée qui ne peut excéder cinq années à compter de l'année où la création prend fiscalement effet.

ASS-I-790

VI. Les délibérations des communes, des établissements publics de coopération intercommunale, des départements ou de la région d'Ile-de-France relatives à la taxe d'aménagement mentionnée à l'article 1635 quater A, autres que celles fixant le taux de cette taxe, doivent être prises avant le 1er juillet pour être applicables à compter de l'année suivante. Elles sont notifiées aux services fiscaux dans un délai de deux mois à compter de la date à laquelle elles ont été adoptées *(NDLR Sur les modalités de transmission de ces informations, voir arrêté ECOE2225752A du 12 octobre 2022)*.

Sous réserve du III de l'article 1635 quater A, ces délibérations produisent leurs effets tant qu'elles ne sont pas rapportées ou modifiées.

IMMO-V-9610 ; MF nº 31102

Art 1639 A ter I. Les délibérations prises en matière de cotisation foncière des entreprises par un établissement public de coopération intercommunale antérieurement à la date de la décision le plaçant sous le régime fiscal de l'article 1609 nonies C demeurent applicables tant qu'elles ne sont pas rapportées ou modifiées.

Les délibérations prises en matière de cotisation foncière des entreprises par les communes membres d'un établissement public de coopération intercommunale soumis aux dispositions fiscales prévues à l'article 1609 nonies C ne résultant pas d'une substitution ou d'une transformation de groupement préexistant sont applicables aux opérations réalisées l'année de création de l'établissement public de coopération intercommunale.

Les dispositions du deuxième alinéa sont également applicables aux délibérations prises en matière de cotisation foncière des entreprises pour l'application des dispositions de l'article 1609 nonies C ou du I et du 1 du II de l'article 1609 quinquies C, par un établissement public de coopération intercommunale dissous, lorsque les communes appartenant à ces établissements publics de coopération intercommunale deviennent membres d'un établissement public de coopération intercommunale soumis aux dispositions de l'article 1609 nonies C ne résultant pas d'une substitution ou d'une transformation de groupement préexistant.

II. Les dispositions du I sont applicables sur le territoire de la zone d'activités économiques des établissements publics de coopération intercommunale faisant application des dispositions du I de l'article 1609 quinquies C. Elles sont également applicables aux installations de production d'électricité utilisant l'énergie mécanique du vent soumises au régime prévu par le 1 du II du même article.

Ces établissements publics de coopération intercommunale peuvent prendre, en matière de cotisation foncière des entreprises, des délibérations propres à la zone d'activités économiques et aux installations de production d'électricité utilisant l'énergie mécanique du vent.

Les établissements publics de coopération intercommunale faisant application du régime prévu au I de l'article 1609 quinquies C qui optent pour le régime prévu à l'article 1609 nonies C ou deviennent soumis à ce régime doivent, dans le cas où des délibérations différentes étaient appliquées hors de la zone d'activités économiques et dans la zone d'activités économiques, antérieurement à la décision les plaçant sous le régime de l'article 1609 nonies C, prendre une délibération précisant les délibérations applicables sur l'ensemble de leur territoire. Cette délibération doit retenir le régime appliqué soit dans la zone d'activités économiques, soit hors de la zone d'activités économiques. Elle doit être prise lors de la décision de l'établissement public de coopération intercommunale le plaçant sous le régime de l'article 1609 nonies C ; à défaut, les délibérations en vigueur hors de la zone d'activités sont applicables. Ce dispositif est applicable dans les mêmes conditions lorsque l'établissement public de coopération intercommunale faisant application du 1 du II de l'article 1609 quinquies C opte pour le régime prévu à l'article 1609 nonies C ou devient soumis à ce régime.

III. Les exonérations applicables antérieurement à la création d'un établissement public de coopération intercommunale soumis aux dispositions fiscales prévues à l'article 1609 nonies C en exécution des délibérations des conseils des communes membres ou du groupement préexistant sont maintenues, pour la quotité et la durée initialement prévues, en proportion du taux d'imposition de la commune et du taux d'imposition du groupement l'année précédant l'application de l'article 1609 nonies C. Ces dispositions sont applicables aux établissements publics de coopération intercommunale faisant application du I et du 1 du II de l'article 1609 quinquies C.

Lorsqu'un établissement public de coopération intercommunale, faisant application du régime prévu au I de l'article 1609 quinquies C, opte pour le régime prévu à l'article 1609 nonies C ou devient soumis à ce régime :

a. Les exonérations applicables antérieurement à la modification du régime hors de la zone d'activités économiques en exécution des délibérations des conseils des communes membres ou de l'établissement public de coopération intercommunale sont applicables dans les conditions prévues au premier alinéa ;

b. Les exonérations applicables antérieurement à la modification du régime dans la zone d'activités économiques sont maintenues pour la quotité et la durée initialement prévues. Les dispositions du premier alinéa sont maintenues lorsqu'elles étaient appliquées antérieurement à la modification du régime fiscal de l'établissement public de coopération intercommunale.

Les dispositions des deuxième, troisième et quatrième alinéas sont applicables dans les mêmes conditions lorsque l'établissement public de coopération intercommunale fait application du 1 du II de l'article 1609 quinquies C.

IV. 1. L'établissement public de coopération intercommunale issu de la fusion, réalisée dans les conditions prévues par l'article L 5211-41-3 du code général des collectivités territoriales ou, lorsque le périmètre du nouvel établissement public de coopération intercommunale a été fixé par arrêté du représentant de l'Etat, les conseils municipaux des communes membres ou l'organe délibérant du ou des établissements publics de coopération intercommunale doivent prendre avant le 1er octobre de l'année de la fusion les délibérations applicables à compter de l'année suivante en matière de cotisation foncière des entreprises sur l'ensemble du territoire.

2. A défaut de délibérations prises dans les conditions prévues au 1, les délibérations adoptées antérieurement par chaque établissement public de coopération intercommunale préexistant :

a. Sont maintenues pour leur durée et leur quotité lorsqu'elles sont prises en application des articles 1464 B, 1464 D, 1464 I, 1464 I bis, 1464 M, 1465, 1465 A, 1465 B, du I de l'article 1466 A et des articles 1466 B, 1466 B bis, 1466 F et 1478 bis, et que les dispositions prévues par ces articles sont en cours d'application ou sont applicables pour la première fois l'année suivant celle de la fusion. Lorsque le nouvel établissement public de coopération intercommunale est soumis aux dispositions du I de l'article 1609 nonies C, il en est de même pour les délibérations prises, d'une part, par les communes visées au sixième alinéa du I de l'article L 5211-41-3 du code général des collectivités territoriales et, d'autre part, par les communes membres d'un établissement public de coopération intercommunale préexistant à fiscalité propre additionnelle ou sans fiscalité propre ; toutefois, dans ce dernier cas, les exonérations sont maintenues en proportion du taux d'imposition de la commune et de l'établissement public de coopération intercommunale l'année de la fusion ;

b. Sont maintenues pour la première année suivant celle de la fusion lorsqu'elles sont prises en application du 3° de l'article 1459 et des articles 1464, 1464 A, 1464 F, 1464 G, 1464 H, 1518 A et 1647 D. Il en est de même pour les délibérations prises par les communes visées au sixième alinéa du I de l'article L 5211-41-3 du code général des collectivités territoriales lorsque le nouvel établissement public de coopération intercommunale est soumis aux dispositions du I de l'article 1609 nonies C.

Ndlr *Pour les dispositions du présent article qui s'appliqueront respectivement à compter du 1er juillet 2024 et aux impositions établies à compter de 2025, voir partie Autres textes du présent code loi 2023-1322 du 29 décembre 2023 art. 73, I-36° et XX-B et D.*

V. *(Abrogé).*

LOC-I-1000 s.

Art 1639 A quater

I. *(Abrogé).*

II. 1. L'établissement public de coopération intercommunale issu de la fusion en application de l'article L 5211-41-3 du code général des collectivités territoriales ou, lorsque le périmètre du nouvel établissement public de coopération intercommunale a été fixé par arrêté du représentant de l'Etat, les conseils municipaux des communes membres ou l'organe délibérant du ou des établissements publics de coopération intercommunale doivent prendre avant le 1er octobre de l'année de la fusion les délibérations applicables à compter de l'année suivante en matière de taxe d'habitation sur les résidences secondaires et autres locaux meublés non affectés à l'habitation principale et de taxes foncières sur l'ensemble du territoire.

2. A défaut de délibérations dans les conditions prévues au 1, les délibérations adoptées par chaque établissement public de coopération intercommunale préexistant sont maintenues dans les conditions suivantes :

a. Pour leur durée et leur quotité lorsqu'elles sont prises en application des articles 1382 C bis, 1382 D, 1383, 1383-0 B, 1383-0 B bis, 1383 C ter, 1383 D, 1383 E, 1383 F, 1383 H, 1383 I et 1383 J, du IV de l'article 1384 A, du premier alinéa de l'article 1384 B, du III de l'article 1384 C ainsi que des articles 1384 E, 1384 F, 1388 ter, 1388 sexies, 1388 octies, 1394 D, 1395 A, 1395 A bis, 1395 G, 1396 bis et 1647-00 bis et que les dispositions prévues par ces articles sont en cours d'application ou sont applicables pour la première fois l'année suivant celle de la fusion ;

b. Pour la première année suivant celle de la fusion lorsqu'elles sont prises en application des articles 1382 B, 1382 C, 1382 E, 1382 G, 1382 H, 1382 I, 1383 E bis, 1383 G, 1383 G bis et 1383 G ter, du quatrième alinéa de l'article 1384 B ainsi que des articles 1388 quinquies, 1388 quinquies B, 1388 quinquies C, 1394 C, 1395 A ter, 1396, 1407, 1407 bis, 1407 ter, 1518 A, 1518 A ter et 1518 A quater.

Ndlr *Pour les dispositions du présent 2 qui s'appliqueront respectivement à compter du 1er juillet 2024 et aux impositions établies à compter de 2025, voir partie Autres textes du présent code loi 2023-1322 du 29 décembre 2023 art. 73, I-36°-a al. 3 et b et XX-D, art. 73, I-36°-a al. 2 et XX-B.*

III. 1. L'établissement public de coopération intercommunale issu de la fusion en application de l'article L 5211-41-3 du code général des collectivités territoriales ou, lorsque le périmètre du nouvel établissement public de coopération intercommunale a été fixé par arrêté du représentant de l'Etat, les conseils municipaux des communes membres ou l'organe délibérant du ou des établissements publics de coopération intercommunale doivent prendre, avant le 1er juillet de l'année de la fusion, les délibérations applicables à compter de l'année suivante en matière de taxe d'aménagement.

2. A défaut de délibérations dans les conditions prévues au 1, les délibérations adoptées antérieurement par chaque établissement public de coopération intercommunale préexistant sont maintenues pour la première année suivant celle de la fusion.

Art 1640 I. La commune nouvelle ou, par des délibérations de principe concordantes prises avant le 1er octobre de l'année précédant celle de sa création, les communes et, le cas échéant, l'établissement public de coopération intercommunale à fiscalité propre participant à sa création prennent les délibérations applicables à compter de l'année suivante sur son territoire en matière de taxe d'habitation sur les résidences secondaires et autres locaux meublés non affectés à l'habitation principale, de taxe foncière sur les propriétés bâties, de taxe foncière sur les propriétés non bâties et de cotisation foncière des entreprises.

II. A défaut de délibérations prises dans les conditions prévues au I du présent article :

1° Les délibérations adoptées antérieurement par les communes participant à la création de la commune sont maintenues dans les conditions suivantes :

a. Pour leur durée et leur quotité lorsqu'elles sont prises en application des articles 1382 C bis, 1382 D, 1383, 1383-0 B, 1383-0 B bis, 1383 B, 1383 C ter, 1383 D, 1383 E, 1383 F, 1383 H, 1383 I1383 J et 1383 K, du IV de l'article 1384 A, du premier alinéa de l'article 1384 B, du III de l'article 1384 C, des articles 1384 E, 1384 F, 1388 ter, 1388 sexies, 1388 octies, 1394 D, 1395 A, 1395 A bis, 1395 G, 1396 bis, 1464 B, 1464 D, 1465, 1465 A et 1465 B, des I, I quinquies A, I quinquies B, I sexies et I septies de l'article 1466 A ainsi que des articles 1466 D, 1466 E, 1466 F, 1478 bis et 1647-00 bis et que ces dispositions sont en cours d'application ou sont applicables pour la première fois l'année où la création prend fiscalement effet ;

Ndlr *Pour les dispositions du présent a qui s'appliqueront à compter du 1er juillet 2024, voir partie Autres textes du présent code loi 2023-1322 du 29 décembre 2023 art. 73, I-38°-a al. 2 et XX-D.*

b. Pour l'année où la création de la commune nouvelle prend fiscalement effet lorsqu'elles sont prises en application des articles 1382 B, 1382 C, 1382 E, 1382 G, 1382 H, 1382 I, 1383 E bis, 1383 G, 1383 G bis et 1383 G ter, du troisième alinéa de l'article 1384 B, des articles 1388 quinquies, 1388 quinquies B, 1388 quinquies C, 1394 C, 1395 A ter, 1396, 1407, 1407 bis, 1407 ter, du 3° de l'article 1459 ainsi que des articles 1464, 1464 A, 1464 F, 1464 G, 1464 H, 1464 I, 1464 M, 1469 A quater, 1518 A, 1518 A ter, 1518 A quater et 1647 D ;

Ndlr *Pour les dispositions du présent b qui s'appliquent aux impositions établies à compter de 2025, voir partie Autres textes du présent code loi 2023-1322 du 29 décembre 2023 art. 73, I-38°-b et XX-B.*

2° Les délibérations prises par l'établissement public de coopération intercommunale soumis aux dispositions de l'article 1609 nonies C et participant à la création de la commune nouvelle en application du I de l'article L 2113-5 du code général des collectivités territoriales sont maintenues dans les conditions suivantes :

a. Pour leur durée et leur quotité lorsqu'elles sont prises en application des articles 1464 B, 1464 D, 1465,1465 A et 1465 B, des I, I quinquies A, I quinquies B, I sexies et I septies de l'article 1466 A et des articles 1466 B, 1466 B bis, 1466 D, 1466 E, 1466 F et 1478 bis du présent code et que ces dispositions sont en cours d'application ou sont applicables pour la première fois l'année où la création prend fiscalement effet ;

b. Pour l'année où la création de la commune prend fiscalement effet lorsqu'elles sont prises en application du 3° de l'article 1459 et des articles 1464,1464 A, 1464 F, 1464 G, 1464 H, 1464 I, 1464 I bis, 1464 M, 1469 A quater, 1518 A et 1647 D.

III. A. La commune nouvelle ou, par des délibérations de principe concordantes prises avant le 1er octobre de l'année précédant celle de sa création, les communes et, le cas échéant, l'établissement public de coopération intercommunale à fiscalité propre participant à sa création prennent les délibérations applicables à compter de l'année suivante sur son territoire en matière de taxes prévues aux articles 1529 et 1530.

B. A défaut de délibérations prises dans les conditions prévues au A du présent III, les délibérations adoptées antérieurement par les communes et, le cas échéant, par l'établissement public de coopération intercommunale à fiscalité propre participant à la création de la commune sont maintenues pour l'année où la création de la commune prend fiscalement effet, hormis celles relatives à la taxe prévue à l'article 1530.

IV. A. La commune nouvelle ou, par des délibérations de principe concordantes prises avant le 1er juillet de l'année précédant celle de sa création, les communes et, le cas échéant, l'établissement public de coopération intercommunale participant à sa création prennent les délibérations applicables à compter de l'année suivante sur son territoire et relatives à la taxe d'aménagement mentionnée à l'article 1635 quater A.

B. A défaut de délibérations prises dans les conditions prévues au A du présent IV, les délibérations adoptées antérieurement par les communes et, le cas échéant, par l'établissement public de coopération intercommunale participant à la création de la commune sont maintenues pour l'année où la création de la commune prend fiscalement effet.

Art 1640 B I. Pour le calcul des impositions à la cotisation foncière des entreprises au titre de l'année 2010, les communes et établissements publics de coopération intercommunale à fiscalité propre votent un taux relais, dans les conditions et limites prévues pour le taux de la taxe professionnelle par le présent code dans sa rédaction en vigueur au 31 décembre 2009, à l'exception du 4 du I de l'article 1636 B sexies.

Les impositions à la cotisation foncière des entreprises établies au titre de l'année 2010 sont perçues au profit du budget général de l'Etat. Elles sont calculées en faisant application des délibérations relatives aux exonérations et abattements prévues au I du 5. 3. 2 de l'article 2 de la loi n° 2009-1673 du 30 décembre 2009 de finances pour 2010 et en appliquant les taux communaux et intercommunaux de référence définis aux 1 à 6 du I de l'article 1640 C.

L'Etat perçoit 3 % du montant des impositions de cotisation foncière des entreprises établies au titre de l'année 2010. Ces sommes sont ajoutées au montant de ces impositions.

II. 1. a. Par dérogation aux dispositions des articles L 2331-3, L 3332-1, L 4331-2, L 5214-23, L 5215-32 et L 5216-8 du code général des collectivités territoriales et des articles 1379, 1586, 1599 bis, 1609 bis, 1609 quinquies C, 1609 nonies B et 1609 nonies C du présent code, les collectivités territoriales, à l'exception de la région Ile-de-France, et les établissements publics de coopération intercommunale dotés d'une fiscalité propre reçoivent au titre de l'année 2010, en lieu et place du produit de la taxe professionnelle, une compensation relais.

Le montant de cette compensation relais est, pour chaque collectivité ou établissement public de coopération intercommunale à fiscalité propre, égal au plus élevé des deux montants suivants :

le produit de la taxe professionnelle qui résulterait pour cette collectivité territoriale ou cet établissement public de l'application, au titre de l'année 2010, des dispositions relatives à cette taxe dans leur version en vigueur au 31 décembre 2009. Toutefois, pour le calcul de ce produit, d'une part, il est fait application des délibérations applicables en 2009 relatives aux bases de taxe professionnelle, d'autre part, le taux retenu est le taux de taxe professionnelle de la collectivité territoriale ou de l'établissement public pour les impositions au titre de l'année 2009 dans la limite du taux voté pour les impositions au titre de l'année 2008 majoré de 1 % ;

le produit de la taxe professionnelle de la collectivité territoriale ou de l'établissement public au titre de l'année 2009.

Pour les établissements publics de coopération intercommunale faisant application, en 2009, de l'article 1609 nonies C et qui fusionnent au 1er janvier 2010, le montant de la compensation relais est, à la demande du conseil de la communauté résultant de la fusion, formulée par une délibération prise avant le 1er mars 2010, égal à la somme des montants de compensation relais de chacun des établissements publics de coopération intercommunale participant à la fusion, établis distinctement pour chacun de ces établissements.

b. Par dérogation aux dispositions de l'article L 4414-2 du code général des collectivités territoriales et de l'article 1599 quinquies du présent code, la région Ile-de-France reçoit au titre de l'année 2010, en lieu et place de la taxe additionnelle à la taxe professionnelle prévue au deuxième alinéa du I de l'article 1599 quinquies, une compensation relais.

Le montant de cette compensation relais est égal au plus élevé des deux montants suivants :

le produit de cette taxe additionnelle qui résulterait de l'application, au titre de l'année 2010, des dispositions relatives à cette taxe dans leur version en vigueur au 31 décembre 2009. Toutefois, pour le calcul de ce produit, d'une part, il est fait application des délibérations applicables en 2009 relatives aux bases de cette taxe, d'autre part, le taux retenu est le taux de cette taxe additionnelle voté par le conseil régional pour les impositions au titre de l'année 2009 dans la limite du taux voté pour les impositions au titre de l'année 2008 majoré de 1 % ;

le produit de cette taxe additionnelle au titre de l'année 2009.

2. Pour chaque commune ou établissement public de coopération intercommunale à fiscalité propre, la compensation relais définie au 1 est augmentée du produit des bases communales ou intercommunales de cotisation foncière des entreprises des établissements situés sur le territoire de cette commune ou de cet établissement imposées au profit du budget général de l'Etat conformément au deuxième alinéa du I par la différence, si elle est positive, entre le taux relais voté par cette commune ou cet établissement public conformément au premier alinéa du même I et le taux de taxe professionnelle voté par cette commune ou cet établissement public pour les impositions au titre de l'année 2009, multipliée par un coefficient de 0,84.

(Les articles 1599 quinquies, 1609 bis et 1609 nonies B sont abrogés par le 1 du C du XIX de l'article 108 de la loi 2010-1657 du 29 décembre 2010 de finances pour 2011)

3. Pour l'application des 1 et 2 :

a. Lorsqu'un établissement public de coopération intercommunale fait application en 2010 de l'article 1609 nonies C et n'en faisait pas application en 2009, n'existait pas en 2009 ou avait en 2009 un périmètre différent de celui de l'année 2010 :

le produit de la taxe professionnelle de l'année 2009 s'entend de la somme des produits de l'année 2009 des communes qui sont membres dudit établissement en 2010 et des produits de l'année 2009, afférents au territoire de ces communes, des établissements publics de coopération intercommunale à fiscalité propre dont elles étaient membres en 2009 ;

le taux de l'année 2009 s'entend de la moyenne des taux communaux applicables en 2009 sur chaque partie de son territoire, pondérés par l'importance des bases imposées à leur profit au titre de 2009. Pour le calcul de cette moyenne, les taux communaux applicables en 2009 s'entendent, pour chaque partie de territoire, de la somme des taux de taxe professionnelle de la commune et de l'établissement public de coopération intercommunale à fiscalité propre ;

b. Lorsqu'une commune était membre en 2009 d'un établissement public de coopération intercommunale faisant application de l'article 1609 nonies C et n'est plus membre en 2010 d'un tel établissement public, le produit de taxe professionnelle de l'année 2009 s'entend du produit intercommunal de l'année 2009 afférent à son territoire et le taux 2009 s'entend du taux intercommunal de l'année 2009 applicable sur son territoire ;

c. Lorsqu'un établissement public de coopération intercommunale fait application en 2010 de l'article 1609 nonies C et n'en faisait pas application en 2008, n'existait pas en 2008 ou avait en 2008 un périmètre différent de celui de l'année 2010, le taux de l'année 2008 s'entend de la moyenne des taux communaux applicables en 2008 sur chaque partie de son territoire, pondérés par l'importance des bases imposées à leur profit au titre de 2008. Pour le calcul de cette moyenne, les taux communaux applicables en 2008 s'entendent pour chaque partie de territoire de la somme des taux de taxe professionnelle de la commune et de l'établissement public de coopération intercommunale à fiscalité propre ;

d. Lorsqu'une commune était membre en 2008 d'un établissement public de coopération intercommunale faisant application de l'article 1609 nonies C et n'est plus membre en 2010 d'un tel établissement public, le taux 2008 s'entend du taux intercommunal de taxe professionnelle applicable en 2008 sur son territoire ;

e. Sous réserve des dispositions du f, les établissements publics de coopération intercommunale à fiscalité additionnelle créés à compter du 1er janvier 2010 peuvent se voir attribuer une fraction de la compensation relais de leurs communes membres. Cette fraction est décidée par délibérations concordantes de l'organe délibérant de l'établissement public et des conseils municipaux se prononçant dans les conditions de majorité requise pour la création de l'établissement public de coopération intercommunale. Le montant de la compensation relais perçue par chaque commune membre est réduit à due concurrence de cette fraction ;

f. Lorsqu'un établissement public de coopération intercommunale à fiscalité additionnelle est issu d'une fusion prenant effet sur le plan fiscal en 2010, ou avait en 2009 un périmètre différent de celui de l'année 2010, le produit de taxe professionnelle 2009 s'entend de la somme des produits de taxe professionnelle des établissements publics fusionnés et le taux de taxe professionnelle de l'année 2009 s'entend du rapport entre ce produit et les bases correspondantes.

Lorsqu'un établissement public de coopération intercommunale à fiscalité additionnelle est issu d'une fusion prenant effet sur le plan fiscal en 2009 ou 2010, ou avait en 2008 un périmètre différent de celui de l'année 2010, le taux de taxe professionnelle de l'année 2008 s'entend du rapport entre les produits intercommunaux de taxe professionnelle de l'année 2008 et les bases correspondantes.

III. Les services fiscaux opèrent sur les bases de taxe professionnelle de 2010 les contrôles qu'ils auraient opérés si la taxe professionnelle avait été acquittée en 2010. La compensation relais versée en 2010 aux collectivités territoriales en application du II fait l'objet d'une actualisation correspondant aux contrôles effectués jusqu'au 30 juin 2012.

IV. Pour l'application des 1 et 2 du II, les bases de taxe professionnelle des communes et établissements publics de coopération intercommunale s'entendent comme incluant les bases antérieurement écrêtées en application des articles 1648 A et 1648 AA du code général des impôts dans leur rédaction en vigueur au 31 décembre 2009.

Art 1640 C **I.** Pour l'application du deuxième alinéa du I de l'article 1640 B, les taux communaux et intercommunaux de référence sont définis comme suit.

1. Pour les communes qui ne sont pas membres en 2010 d'un établissement public de coopération intercommunale à fiscalité propre, le taux communal de référence est la somme :

a. Du taux communal relais déterminé conformément au premier alinéa du I de l'article 1640 B ;

b. Des taux départemental et régional de taxe professionnelle applicables sur le territoire de la commune pour les impositions au titre de l'année 2009, déterminés, le cas échéant, dans les conditions prévues au 7 ;

c. Le cas échéant, du taux de la cotisation de péréquation prévue par l'article 1648 D applicable dans la commune pour les impositions au titre de l'année 2009.

2. Pour les établissements publics de coopération intercommunale soumis au régime fiscal prévu à l'article 1609 nonies C, le taux intercommunal de référence est, sans préjudice de l'application du 4, la somme :

a. Du taux intercommunal relais déterminé conformément au premier alinéa du I de l'article 1640 B ;

b. Des taux départemental et régional de taxe professionnelle applicables sur le territoire de l'établissement public de coopération intercommunale pour les impositions au titre de l'année 2009, déterminés, le cas échéant, dans les conditions prévues au 7 ;

c. Le cas échéant, du taux de la cotisation de péréquation prévue par l'article 1648 D applicable sur le territoire de l'établissement public de coopération intercommunale pour les impositions au titre de l'année 2009.

3. 1° Pour les établissements publics de coopération intercommunale à fiscalité additionnelle, le taux intercommunal de référence est la somme :

a. D'une part, du taux intercommunal relais déterminé conformément au premier alinéa du I de l'article 1640 B ;

b. D'autre part, d'une fraction de la somme des taux départemental et régional de taxe professionnelle applicables sur le territoire de l'établissement public de coopération intercommunale pour les impositions au titre de l'année 2009, déterminés, le cas échéant, dans les conditions prévues au 7.

Corrélativement, pour les communes membres en 2010 de ces établissements publics de coopération intercommunale, le taux communal de référence est la somme :

c. D'une part, du taux communal relais déterminé conformément au premier alinéa du I de l'article 1640 B ;

d. D'autre part, de la fraction complémentaire de la somme mentionnée au b ;

e. Le cas échéant, du taux de la cotisation de péréquation prévue par l'article 1648 D applicable dans la commune pour les impositions au titre de l'année 2009.

La fraction destinée à l'établissement public de coopération intercommunale, mentionnée au b, est le rapport, exprimé en pourcentage, entre, d'une part, le taux intercommunal relais mentionné au a et, d'autre part, la somme de ce taux et de la moyenne des taux communaux relais des communes membres mentionnés au c, pondérée par l'importance relative des bases retenues pour le calcul de la compensation relais versée à ces communes en application du deuxième alinéa du a du 1 du II de l'article 1640 B.

La fraction complémentaire destinée aux communes, mentionnée au d, est le complémentaire à 100 % de la fraction définie à l'alinéa précédent.

2° Les taux intercommunaux de référence afférents aux régimes prévus au II de l'article 1609 quinquies C dans sa rédaction en vigueur au 31 décembre 2009 sont déterminés selon des modalités identiques à celles décrites au 2 pour les établissements publics de coopération intercommunale soumis au régime fiscal prévu à l'article 1609 nonies C dans sa rédaction en vigueur au 31 décembre 2009.

4. Lorsque l'application en 2010 des dispositions relatives à la taxe professionnelle dans leur rédaction en vigueur au 31 décembre 2009 aurait conduit à l'application d'une des procédures de réduction progressive des écarts de taux de taxe professionnelle prévues au 1° du III de l'article 1609 nonies C, à l'article 1638, au troisième alinéa du 1 du III de l'article 1638-0 bis et au I de l'article 1638 quater, le taux de référence utilisé pour l'application du I de l'article 1640 B dans chaque commune ou portion de commune concernée est la somme :

a. D'une part, du taux déterminé conformément aux 1 à 3 ;

b. D'autre part, de la différence qui aurait résulté de l'application de ces procédures entre le taux communal ou intercommunal de taxe professionnelle voté et le taux de taxe professionnelle applicable.

5. Les taux de référence définis aux 1 à 4 sont multipliés par un coefficient de 0,84.

6. Les taux de référence définis aux 1 à 4 et corrigés conformément au 5 sont multipliés par un coefficient de 1,0485.

7. Pour l'application des 1 à 3 à des établissements publics de coopération intercommunale dotés d'une fiscalité propre dont le territoire se situe sur celui de plusieurs départements, le taux départemental de taxe professionnelle de 2009 à prendre en compte s'entend de la moyenne des taux départementaux de taxe professionnelle de 2009 concernés, pondérés par l'importance relative des bases de cette taxe notifiées aux départements au titre de l'année 2009 et situées dans le territoire de l'établissement public de coopération intercommunale.

Pour l'application des 1 à 3 à des établissements publics de coopération intercommunale dotés d'une fiscalité propre dont le territoire se situe sur celui de plusieurs régions, le taux régional de taxe professionnelle de 2009 à prendre en compte s'entend de la moyenne des taux régionaux de taxe professionnelle de 2009 concernés, pondérés par l'importance relative des bases de cette taxe notifiées aux régions au titre de l'année 2009 et situées dans le territoire de l'établissement public de coopération intercommunale.

(L'article 1648 D a été abrogé par l'article 2-6.1.35 de la loi 2009-1673 du 30 décembre 2009 de finances pour 2010)

II. *(Abrogé).*

III. Pour l'application du I aux communes, établissements publics de coopération intercommunale dotés d'une fiscalité propre et départements dont le territoire se situe au moins en partie dans la région Ile-de-France, les taux régionaux s'entendent pour cette région des taux de l'année 2009 de la taxe additionnelle à la taxe professionnelle prévue à l'article 1599 quinquies dans sa rédaction en vigueur au 31 décembre 2009.

IV. Pour l'application au titre de l'année 2010 du 4° du II de l'article 1635 sexies, le taux moyen pondéré national de cotisation foncière des entreprises de l'année précédente s'entend du taux moyen pondéré national de la taxe professionnelle de l'année 2009, multiplié par un coefficient de 0,84.

V. Pour l'application, au titre de l'année 2011, de l'article 1636 B sexies, les taux de référence relatifs à l'année 2010 retenus pour la fixation du taux de la cotisation foncière des entreprises, de taxe d'habitation et des taxes foncières sont calculés dans les conditions prévues au présent V.

A. Les taux de référence de cotisation foncière des entreprises relatifs à l'année 2010 sont les taux définis aux 1 à 4 du I, corrigés conformément aux 5 et 6 du I.

B. Les taux de référence de taxe foncière sur les propriétés bâties sont calculés de la manière suivante :

1. Pour les communes et établissements publics de coopération intercommunale à fiscalité propre, ce taux est le taux de l'année 2010. Ce taux ne fait pas l'objet de la correction prévue au IX ;

2. Pour les départements, le taux de référence relatif à l'année 2010 est la somme :

a. D'une part, du taux départemental de l'année 2010 ;

b. D'autre part, du taux régional de taxe foncière sur les propriétés bâties appliqué en 2010 sur le territoire du département.

Ce taux de référence est corrigé dans les conditions prévues au IX.

C. Les taux de référence de taxe d'habitation sont calculés de la manière suivante :

1. Pour les communes qui ne sont pas membres d'un établissement public de coopération intercommunale à fiscalité propre en 2011, le taux de référence relatif à l'année 2010 est la somme :

a. D'une part, du taux communal de l'année 2010 ;

b. D'autre part, du taux départemental de taxe d'habitation appliqué en 2010 sur le territoire de la commune, déterminé, le cas échéant, dans les conditions prévues au V bis.

Ce taux de référence est corrigé dans les conditions prévues au IX.

Pour les communes membres en 2011 d'un établissement public de coopération intercommunale soumis au régime fiscal prévu à l'article 1609 nonies C, le taux de référence relatif à l'année 2010 est le taux communal de cette même année. Ce taux de référence ne fait pas l'objet de la correction prévue au IX.

2. Pour les établissements publics de coopération intercommunale soumis au régime fiscal prévu à l'article 1609 nonies C, le taux de référence relatif à l'année 2010 est la somme :

a. D'une part, du taux intercommunal de l'année 2010 ;

b. D'autre part, du taux départemental de taxe d'habitation appliqué en 2010 sur son territoire, déterminé, le cas échéant, dans les conditions prévues au V bis.

Ce taux de référence est corrigé dans les conditions prévues au IX.

3. Pour les établissements publics de coopération intercommunale à fiscalité additionnelle, le taux de référence relatif à l'année 2010 est la somme :

a. D'une part, du taux intercommunal de l'année 2010 ;

b. D'autre part, d'une fraction du taux départemental de taxe d'habitation appliqué en 2010 sur le territoire de l'établissement public de coopération intercommunale, déterminé, le cas échéant, dans les conditions prévues au V bis.

Ce taux de référence est corrigé dans les conditions prévues au IX.

Corrélativement, pour les communes membres de ces établissements publics de coopération intercommunale en 2011, le taux de référence relatif à l'année 2010 est la somme :

c. D'une part, du taux communal de l'année 2010 ;

d. D'autre part, de la fraction complémentaire du taux départemental de taxe d'habitation appliqué en 2010 sur le territoire de l'établissement public de coopération intercommunale, déterminé, le cas échéant, dans les conditions prévues au V bis.

Ce taux de référence est corrigé dans les conditions prévues au IX.

La fraction mentionnée au b est celle définie au huitième alinéa du 1° du 3 du I. Toutefois, pour les établissements publics de coopération intercommunale faisant application des dispositions du II de l'article 1609 quinquies C dans sa rédaction en vigueur au 31 décembre 2009, cette fraction est égale au rapport, exprimé en pourcentage, entre, d'une part, la compensation relais versée à l'établissement public de coopération intercommunale en application des 1 et 2 du II de l'article 1640 B et, d'autre part, la somme de cette compensation relais et de celles versées aux communes en application de ces mêmes alinéas.

La fraction complémentaire destinée aux communes membres d'un établissement public de coopération intercommunale à fiscalité additionnelle, mentionnée au d du présent 3, est le complémentaire à 100 % de la fraction définie au neuvième alinéa du 1° du 3 du I et celle destinée aux communes membres d'un établissement public de coopération intercommunale faisant application des dispositions du II de l'article 1609 quinquies C dans sa rédaction en vigueur au 31 décembre 2009 est le complémentaire à 100 % de la fraction définie à la seconde phrase du neuvième alinéa du présent 3.

D. Les taux de référence de taxe foncière sur les propriétés non bâties sont calculés de la manière suivante :

1. Pour les communes membres en 2011 d'un établissement public de coopération intercommunale soumis au régime fiscal prévu à l'article 1609 nonies C, le taux de référence relatif à l'année 2010 est le taux communal de cette même année. Ce taux de référence ne fait pas l'objet de la correction prévue au IX.

Pour les communes autres que celles visées au premier alinéa, le taux de référence relatif à l'année 2010 est le taux communal de cette même année. Ce taux de référence est corrigé dans les conditions prévues au IX.

2. Pour les établissements publics de coopération intercommunale à fiscalité propre, le taux de référence relatif à l'année 2010 est le taux intercommunal de cette même année. Ce taux de référence est corrigé dans les conditions prévues au IX.

V bis. Pour l'application du V à des établissements publics de coopération intercommunale à fiscalité propre dont le territoire se situe sur celui de plusieurs départements, le taux départemental 2010 à prendre en compte s'entend, pour chaque taxe, de la moyenne des taux départementaux 2010 concernés, pondérés par l'importance relative des bases notifiées aux départements au titre de l'année 2010 et situées dans le territoire de cet établissement public de coopération intercommunale.

Pour l'application du V à des établissements publics de coopération intercommunale à fiscalité propre dont le territoire se situe sur celui de plusieurs régions, le taux régional 2010 à prendre en compte s'entend, pour chaque taxe, de la moyenne des taux régionaux 2010 concernés, pondérés par l'importance relative des bases notifiées aux régions au titre de l'année 2010 et situées dans le territoire de cet établissement public de coopération intercommunale.

VI. A. Les taux de référence définis au V sont également retenus pour l'application en 2011 des articles 1636 B septies, 1636 B decies, 1638-0 bis, 1638 quater et 1638 quinquies et du second alinéa du III de l'article 1639 A.

Lorsque ces articles mentionnent des taux moyens de l'année 2010, ceux-ci s'entendent des moyennes des taux de référence définis au V, les pondérations éventuellement utilisées pour le calcul de ces moyennes n'étant pas modifiées.

Toutefois, pour l'application des quatrième, cinquième et sixième alinéas du II de l'article 1636 B decies, les taux moyens relatifs à l'année 2010 s'entendent, pour la cotisation foncière des entreprises, des moyennes des taux relais définis au I de l'article 1640 B et, pour la taxe d'habitation et les taxes foncières, des taux appliqués en 2010 ; pour l'application des II et III de l'article 1609 nonies C, du dernier alinéa du I de l'article1638-0 bis, des II et III du même article et du I de l'article 1638 quinquies, les taux moyens de cotisation foncière des entreprises relatifs à l'année 2010 s'entendent des moyennes des taux relais définis au I de l'article 1640 B, ces moyennes étant majorées puis corrigées conformément aux 2, 5 et 6 du I pour déterminer le taux maximum de cotisation foncière des entreprises qui peut être voté en 2011.

Les taux de référence définis au V ainsi que le deuxième alinéa du présent A sont également retenus pour l'application en 2012 du premier alinéa du 3° du II de l'article 1636 B decies et pour l'application en 2013 du second alinéa du même 3°.

B. Pour l'application, à compter de l'année 2011, des procédures de réduction des écarts de taux prévues au b du 1° du III de l'article 1609 nonies C, à l'article 1638, au troisième alinéa du III de l'article 1638-0 bis et au I de l'article 1638 quater :

1. Lorsque la période d'intégration des taux commence en 2010 et ne se termine pas en 2011, les écarts de taux résiduels 2010 sont calculés sur la base de taux de référence relatifs à l'année 2010 déterminés conformément au V ; les écarts ainsi recalculés sont, chaque année à compter de 2011, réduits par parts égales, en proportion du nombre d'années restant à courir jusqu'à l'application d'un taux unique ;

2. Lorsque la période d'intégration des taux commence en 2011, les écarts de taux sont calculés à partir des taux de référence relatifs à l'année 2010 définis au I.

C. Pour les établissements publics de coopération intercommunale qui font application de l'article 1609 nonies C pour la première fois en 2011 ou qui avaient voté en 2010 des taux nuls pour la taxe d'habitation et les taxes foncières, le taux de référence défini au C du V est ajouté au taux de taxe d'habitation déterminé conformément aux deuxième et troisième alinéas du II du même article 1609 nonies C.

VII. Pour l'application au titre de l'année 2011 du 4° du II de l'article 1635 sexies, les taux de cotisation foncière des entreprises appliqués l'année précédente par l'ensemble des collectivités s'entendent des taux de référence définis au I pour ces collectivités.

VIII. *(Abrogé).*

IX. Une correction des taux de référence est opérée :

1° Pour les taux de taxe d'habitation des établissements publics de coopération intercommunale dotés d'une fiscalité propre ne faisant pas application de l'article 1609 nonies C, de leurs communes membres ainsi que des communes n'appartenant pas en 2011 à un établissement public de coopération intercommunale à fiscalité propre, en multipliant le taux de référence par 1,0340 ;

2° Pour les taux de taxe foncière sur les propriétés non bâties des établissements et communes visés au 1°, en multipliant les taux de référence par 1,0485 ;

3° Pour les taux de taxe d'habitation des établissements publics de coopération intercommunale faisant application de l'article 1609 nonies C, en multipliant le taux de référence par 1,0340 puis en lui ajoutant la moyenne des taux communaux de taxe d'habitation applicables en 2010 dans les communes membres, pondérés par l'importance relative des bases de taxe d'habitation de ces communes telles qu'issues des rôles généraux établis au titre de l'année 2010 et multipliés par 0,0340 ;

4° Pour les taux de taxe foncière sur les propriétés non bâties des établissements visés au 3°, en multipliant le taux de référence par 1,0485 puis en lui ajoutant la moyenne des taux communaux de cette taxe applicables en 2010 dans les communes membres, pondérés par l'importance relative des bases communales de cette même taxe telles qu'issues des rôles généraux établis au titre de l'année 2010 et multipliés par 0,0485 ;

5° Pour les taux de la taxe foncière sur les propriétés bâties des départements, en multipliant le taux de référence par 1,0485 puis en lui ajoutant la moyenne des taux communaux de cette taxe applicables en 2010 dans le département, pondérés par l'importance relative des bases communales de cette même taxe telles qu'issues des rôles généraux établis au titre de l'année 2010 et multipliés par 0,0485.

Pour l'application du premier alinéa du présent 5°, le taux communal de taxe foncière sur les propriétés bâties est le cas échéant augmenté du taux de cette même taxe voté par l'établissement public de coopération intercommunale à fiscalité propre pour les impositions au titre de la même année ;

6° Il n'est procédé à aucune correction pour les taux de taxe d'habitation, de taxe foncière sur les propriétés bâties et de taxe foncière sur les propriétés non bâties des communes membres en 2011 des établissements visés au 3°.

X. Pour l'application des V et V bis aux communes, établissements publics de coopération intercommunale à fiscalité propre et départements dont le territoire se situe au moins en partie dans la région d'Ile-de-France, les taux régionaux de taxe foncière sur les propriétés bâties s'entendent des taux de l'année 2010 de la taxe additionnelle à la taxe foncière sur les propriétés bâties prévue à l'article 1599 quinquies dans sa rédaction en vigueur au 1er janvier 2010.

Art 1640 D Les communes qui n'étaient pas membres d'un établissement public de coopération intercommunale à fiscalité propre au 1er janvier 2011 et qui se rattachent à un établissement public de coopération intercommunale à fiscalité additionnelle bénéficiaire en 2011 du transfert de la part départementale de taxe d'habitation peuvent décider que le taux de référence retenu pour le vote du taux de taxe d'habitation sur les résidences secondaires et autres locaux meublés non affectés à l'habitation principale applicable l'année où leur rattachement prend fiscalement effet est, pour l'application de l'article 1636 B sexies, diminué du nombre de points correspondant à la fraction mentionnée au premier alinéa du b du 3 du C du V de l'article 1640 C multipliée par 1,034.

Cette décision résulte d'une délibération prise avant le 31 janvier de l'année au cours de laquelle le rattachement prend fiscalement effet. Elle est soumise à la notification prévue à l'article 1639 A, au plus tard quinze jours après la date limite prévue pour son adoption.

Art 1640 E Pour l'application du 1 du I de l'article 1636 B sexies aux communes situées sur le territoire de la métropole du Grand Paris qui étaient membres au 1er janvier 2015 d'un établissement public de coopération intercommunale à fiscalité propre, le taux de référence de la taxe d'habitation, de la taxe foncière sur les propriétés bâties et de la taxe foncière sur les propriétés non bâties relatif à l'année 2016 est égal à la somme :

a. D'une part, du taux communal de l'année 2015 ;

b. Et, d'autre part, du taux intercommunal de l'année 2015.

Art 1640 F Pour l'application du 1 du I de l'article 1636 B sexies à la Ville de Paris, le taux de référence de la taxe foncière sur les propriétés bâties relatif à l'année 2019 est égal à la somme du taux communal de l'année 2018 et du taux départemental de la même année.

Art 1640 G **I. 1.** Pour l'application de l'article 1636 B sexies, le taux de référence communal de la taxe foncière sur les propriétés bâties relatif à l'année 2021 est égal à la somme des taux communal et départemental appliqués en 2020 sur le territoire de la commune.

Le premier alinéa du présent 1 n'est pas applicable à la Ville de Paris.

2. Par dérogation au premier alinéa du 1, pour l'application de l'article 1636 B sexies, le taux de référence communal de la taxe foncière sur les propriétés bâties des communes de la métropole de Lyon relatif à l'année 2021 est égal à la somme du taux communal appliqué en 2020 et du taux appliqué en 2014 au profit du département du Rhône.

II. Le taux de référence de la taxe foncière sur les propriétés bâties pour la métropole de Lyon relatif à l'année 2021 est égal au taux de la métropole de Lyon appliqué en 2020, diminué du taux appliqué en 2014 au profit du département du Rhône.

Art 1640 H Pour l'application des articles 1609 nonies C, 1636 B sexies, 1636 B decies, 1638-0 bis, 1638 et 1638 quater aux communes et aux établissements publics de coopération intercommunale à fiscalité propre, les taux de référence de la taxe d'habitation sur les résidences secondaires et autres locaux meublés non affectés à l'habitation principale relatifs à l'année 2023 sont égaux aux taux de taxe d'habitation appliqués respectivement sur le territoire de la commune et de l'établissement en 2022.

CHAPITRE II

Frais d'assiette, de non-valeurs et de recouvrement

SECTION I

Taxes établies et recouvrées comme en matière de contributions directes au profit des collectivités locales et organismes divers

Art 1641 **I. A.** En contrepartie des frais de dégrèvement et de non-valeurs qu'il prend à sa charge, l'Etat perçoit 2 % du montant des taxes suivantes :

a. Taxe foncière sur les propriétés bâties ;

b. Taxe foncière sur les propriétés non bâties ;

c. Taxe d'habitation sur les résidences secondaires et autres locaux meublés non affectés à l'habitation principale ;

d. Cotisation foncière des entreprises ;

e. Imposition forfaitaire sur les entreprises de réseaux prévue aux articles 1519 D, 1519 E, 1519 F, 1519 G, 1519 H, 1519 HA, 1519 HB, 1599 quater A, 1599 quater A bis et 1599 quater B ;

f. Taxe additionnelle à la taxe foncière sur les propriétés non bâties prévue à l'article 1519 I ;

g. Taxe pour la gestion des milieux aquatiques et la prévention des inondations prévue à l'article 1530 bis ;

h. Par dérogation au d du 1 du B, la taxe d'enlèvement des ordures ménagères au titre des cinq premières années au cours desquelles est mise en œuvre la part incitative mentionnée au I de l'article 1522 bis.

B. 1. En contrepartie des frais de dégrèvement visés au A, l'Etat perçoit 3,6 % du montant des taxes suivantes :

a. Taxe pour frais de chambres d'agriculture ;

b. Taxe additionnelle à la cotisation foncière des entreprises mentionnée au II de l'article 1600 ;

c. Taxe pour frais de chambres de métiers et de l'artisanat ;

d. Taxe d'enlèvement des ordures ménagères, sauf dans le cas prévu au h du A ;

e. *(Abrogé).*

2. Sauf dispositions contraires, il en est de même pour les contributions et taxes qui sont établies et recouvrées comme en matière de contributions directes au profit des collectivités territoriales, de leurs établissements publics de coopération intercommunale et de fonds, établissements ou organismes divers.

3. *(Abrogé).*

II. Pour les frais d'assiette et de recouvrement, l'Etat perçoit 1 % du montant des taxes visées au A du I et 5,4 % du montant de celles visées au B du même I. Pour les impositions visées au même B et perçues au profit des collectivités locales et de leurs groupements, ce taux est réduit à 4,4 %.

LOC-I-4000 s. ; MF n°s 41535 s.

Art 1644 Les sommes à percevoir par l'Etat en vertu de l'article 1641 sont ajoutées au produit des impositions directes devant revenir aux collectivités locales et organismes divers.

LOC-I-4020 ; MF n° 41535

SECTION II

Autres droits, taxes et redevances perçus au profit des collectivités locales et organismes divers

Art 1647 **I.** Pour frais d'assiette et de recouvrement, l'Etat effectue un prélèvement sur le montant :

a. *(Abrogé) ;*

b. Des droits, taxes, redevances et autres impositions visés au II de l'article 1635 ter.

Le taux de ce prélèvement est fixé à 4 % du montant des recouvrements , à l'exception du prélèvement sur les contrats d'assurance de biens mentionné à l'article 1630.

Ndlr *L'exception mentionnée au présent b s'applique aux contributions pour lesquelles un fait générateur d'imposition est intervenu à compter du 1er janvier 2024 (Loi 2019-1479 du 28 décembre 2019 art. 166, II-3° et VI modifié par loi 2020-1721 du 29 décembre 2020 art. 194).*

II. *(Dispositions devenues sans objet : loi 2003-1311 du 30 décembre 2003 art. 42-III).*

III. Pour frais de recouvrement, l'Etat effectue un prélèvement sur les impositions, taxes et autres contributions perçues au profit des organismes de sécurité sociale, des organismes concourant à leur financement, à l'amortissement de leur dette ou à la mise en réserve de recettes à leur profit ou des organismes finançant et gérant des dépenses relevant de l'objectif national de dépenses d'assurance maladie. Le taux de ce prélèvement et les modalités de remboursement sont fixés par arrêté des ministres chargés du budget et de la sécurité sociale *(Voir arrêtés du 30 décembre 1988, JO du 11 janvier 1989 et du 19 décembre 2017, JO du 23).*

III bis. Pour frais d'assiette et de recouvrement, l'Etat effectue un prélèvement de 0,5 % sur le montant des droits mentionnés aux articles 1635 bis AE, 1635 bis AF, 1635 bis AG et 1635 bis AH.

TD-XX-1675

IV. *(Dispositions devenues sans objet : loi n° 98-535 du 1er juillet 1998 art. 18-XIV).*

V. L'Etat perçoit au titre de frais d'assiette, de recouvrement, de dégrèvements et de non-valeurs un prélèvement de :

a. 2,37 % en sus du montant de la taxe de publicité foncière ou des droits d'enregistrement perçus au profit des départements en application de l'article 1594 A ;

ENR-V-7500 s. ; MF nos 66220 s.

b. 2,14 % en sus du montant de la taxe de publicité foncière ou des droits d'enregistrement perçus au profit des départements au taux de 0,70 % ;

ENR-V-7500 s. ; MF n° 66230

c. *(Abrogé).*

VI. Pour frais d'assiette et de recouvrement, l'Etat effectue un prélèvement de 1 % sur le montant de la taxe sur la distance parcourue sur le réseau autoroutier concédé mentionnée à l'article L 421-175 du code des impositions sur les biens et services.

VII. Pour frais d'assiette et de recouvrement, l'Etat prélève 2,5 % des sommes recouvrées au titre des impositions ou fraction d'impositions suivantes :

1° La majoration outre-mer de la taxe sur le transport aérien de passagers mentionnée à l'article L 422-30 du code des impositions sur les biens et services ;

2° La taxe annuelle sur les engins maritimes à usage personnel mentionnée à l'article L 423-4 du même code ;

3° La taxe sur le transport maritime de passagers à destination d'espaces naturels protégés mentionnée à l'article L 423-47 du même code ;

4° La taxe sur le transport maritime de passagers dans certains territoires côtiers mentionnée à l'article L 423-57 du même code.

Ndlr *Pour les dispositions du présent VII qui entrent en vigueur le 1er janvier 2026 et sont applicables aux impositions dont le fait générateur intervient à compter de cette date, voir partie Autres textes du présent code loi 2023-1322 du 29 décembre 2023 art. 111, I-3° et VIII-B.*

VIII. Pour frais d'assiette et de recouvrement, l'Etat effectue un prélèvement de 2,5 % sur le montant des taxes mentionnées à l'article 1609 sexvicies et au 2° de l'article L 421-30 du code des impositions sur les biens et services.

ENR-VIII-3230

IX. Pour frais d'assiette et de recouvrement, l'Etat effectue un prélèvement de 2,5 % sur le montant des taxes mentionnées respectivement aux articles L 452-28, L 453-25 et L 454-16 du code des impositions sur les biens et services.

X. Pour frais de recouvrement, l'Etat prélève 5 % des sommes recouvrées par la direction générale des finances publiques en application de l'article L 256 D du livre des procédures fiscales au titre des impositions suivantes :

1° La taxe sur les spectacles vivants mentionnée à l'article L 452-14 du code des impositions sur les biens et services ;

2° Les taxes sur les produits de l'industrie et de l'artisanat mentionnée à l'article L 471-1 du même code.

XI. *(Abrogé).*

XII. *(Abrogé).*

XIII. *(Dispositions devenues sans objet : loi 2008-1330 du 17 décembre 2008 art. 17, I et IV).*

XIV. *(Abrogé).*

XV. *(Abrogé).*

XVI. Pour frais de recouvrement, l'Etat prélève 1 % des sommes recouvrées au titre de la contribution de supervision pour le compte de la Banque de France dans les conditions prévues par le VIII de l'article L 612-20 du code monétaire et financier.

XVII. Pour frais d'assiette et de recouvrement, l'Etat prélève 0,5 % du produit des taxes mentionnées à l'article L 6431-6 du code des transports, à l'exception de celui résultant des tarifs de l'aviation civile prévus respectivement au 1° de l'article L 422-20 et au 1° de l'article L 422-45 du code des impositions sur les biens et services.

Ce prélèvement est affecté dans les conditions prévues au IV de l'article 125 de la loi n° 90-1168 du 29 décembre 1990 de finances pour 1991.

XVIII. Pour frais d'assiette et de recouvrement, l'Etat effectue un prélèvement de 0,5 % sur le montant de la taxe mentionnée à l'article L 253-8-2 du code rural et de la pêche maritime.

XIX. Pour frais d'assiette et de recouvrement, l'Etat effectue un prélèvement de 1,5 % sur le montant de la taxe mentionnée à l'article 1519 B.

ASS-I-12370 ; MF n° 41535

XX. L'Etat effectue un prélèvement de 3 % sur le montant de la taxe mentionnée à l'article 1635 quater A au titre des frais d'assiette et de recouvrement.

IMMO-V-4100 ; MF n° 31150

SECTION III

Règles d'arrondissement

Art 1647-00 A Les prélèvements pour frais d'assiette et de recouvrement mentionnés aux articles 1641 et 1647 sont arrondis à l'euro le plus proche. La fraction d'euro égale à 0,50 est comptée pour 1.

CHAPITRE 0II BIS

Dégrèvement de la taxe foncière sur les propriétés non bâties afférente aux parcelles exploitées par de jeunes agriculteurs

Art 1647-00 bis **I.** Sur délibération de portée générale prise, chacun pour ce qui le concerne, dans les conditions prévues à l'article 1639 A bis, par les collectivités territoriales et leurs groupements dotés d'une fiscalité propre, il est accordé le dégrèvement de la taxe foncière sur les propriétés non bâties afférente aux parcelles exploitées par les jeunes agriculteurs installés à compter du 1er janvier 1992 et qui bénéficient de la dotation d'installation prévue par le décret n° 81-246 du 17 mars 1981 modifié et par les articles D 343-9 à D 343-12 du code rural et de la pêche maritime.

Lorsque les jeunes agriculteurs sont associés ou deviennent associés d'une société civile au cours des cinq années suivant celle de leur installation, le dégrèvement s'applique aux parcelles qu'ils apportent à la société ou mettent à sa disposition.

Ce dégrèvement est accordé pour une période ne pouvant excéder cinq ans à compter de l'année suivant celle de l'installation de l'exploitant.

Pour bénéficier de ce dégrèvement, l'exploitant doit souscrire, avant le 31 janvier de l'année suivant celle de son installation, une déclaration par commune et par propriétaire des parcelles exploitées au 1er janvier de l'année. Pour les quatre années suivantes et en cas de modifications apportées à la consistance parcellaire de l'exploitation, l'exploitant souscrit avant le 31 janvier de chaque année, une déclaration mentionnant ces modifications. Lorsque ces déclarations sont souscrites hors délai, le dégrèvement est accordé pour la durée restant à courir après le 31 décembre de l'année de souscription.

Le montant du dégrèvement bénéficie au fermier dans les conditions prévues à l'article premier de la loi n° 57-1260 du 12 décembre 1957.

Ces dégrèvements sont à la charge des collectivités territoriales et de leurs groupements. Ils s'imputent sur les attributions mentionnées à l'article 34 de la loi n° 77-754 du 7 juin 1977 portant diverses dispositions d'ordre économique et financier.

Les délibérations prises par les collectivités locales et leurs groupements dotés d'une fiscalité propre pour l'application des dispositions ci-dessus s'appliquent également, à compter de 1995, et dans les mêmes conditions, aux jeunes agriculteurs qui s'installent à compter du 1er janvier 1994 et qui bénéficient des prêts à moyen terme spéciaux prévus par les articles D 343-13 à D 343-16 du code rural et de la pêche maritime.

II. Pour les jeunes agriculteurs installés à compter du 1er janvier 1995 et bénéficiaires de la dotation d'installation aux jeunes agriculteurs ou des prêts à moyen terme spéciaux prévus par les articles D 343-9 à D 343-16 du code rural et de la pêche maritime, il est accordé un dégrèvement égal à 50 % de la taxe foncière sur les propriétés non bâties afférente aux parcelles qu'ils exploitent pendant les cinq années suivant celle de leur installation. Les obligations déclaratives et le bénéficiaire de ce dégrèvement sont ceux mentionnés au I.

Le dégrèvement accordé en application du I pour les parcelles exploitées par ces jeunes agriculteurs est fixé à 50 %.

FNB-V-1700 s. ; MF n° 42655

CHAPITRE II BIS

Dégrèvements de contribution économique territoriale

SECTION I

Dégrèvements de cotisation foncière des entreprises

Art 1647 bis Les redevables dont les bases d'imposition à la cotisation foncière des entreprises diminuent bénéficient, sur leur demande, d'un dégrèvement correspondant à la différence entre les bases de l'avant-dernière année et celles de la dernière année précédant l'année d'imposition. Ce dégrèvement est pris en charge par le Trésor au titre des articles 1641 à 1644.

La diminution des bases résultant d'une modification des règles d'assiette décidée par le législateur est sans incidence sur le montant du dégrèvement.

CET-II-165000 s. ; MF n° 43720

SECTION II

Plafonnement de la contribution économique territoriale

Art 1647 B sexies **I.** Sur demande du redevable effectuée dans le délai légal de réclamation prévu pour la cotisation foncière des entreprises, la contribution économique territoriale de chaque entreprise est plafonnée en fonction de sa valeur ajoutée.

Cette valeur ajoutée est :

a. Pour les contribuables soumis à un régime d'imposition défini au 1 de l'article 50-0 ou à l'article 102 ter, égale à 80 % de la différence entre le montant des recettes et, le cas échéant, celui des achats réalisés au cours de l'année d'imposition ;

b. Pour les autres contribuables, celle définie à l'article 1586 sexies.

La valeur ajoutée prise en compte est celle produite au cours de la période mentionnée au I de l'article 1586 quinquies. En l'absence de cession ou de cessation d'entreprise au cours de l'année d'imposition, le montant de la valeur ajoutée mentionnée au b est corrigé pour correspondre à une année pleine.

Le taux de plafonnement est fixé à 1,531 % de la valeur ajoutée.

Ndlr *Pour les taux applicables à la cotisation foncière des entreprises due au titre des années 2025 et 2026, voir partie Autres textes du présent code loi 2022-1726 du 30 décembre 2022 art. 55, I-Q-1°-f et g et XXVII-I ter et I quater modifié par loi 2023-1322 du 29 décembre 2023 art. 79, III.*

II. Le plafonnement prévu au I s'applique sur la cotisation foncière des entreprises et la cotisation sur la valeur ajoutée des entreprises diminuées, le cas échéant, de l'ensemble des réductions et dégrèvements dont ces cotisations peuvent faire l'objet, à l'exception du crédit d'impôt prévu à l'article 1647 C septies *(NDLR Article abrogé par l'article 36 de la loi 2022-1726 du 30 décembre 2022)* et des dégrèvements prévus aux articles 1647 C quinquies B et 1647 C quinquies C.

Il ne s'applique pas aux taxes visées aux articles 1600 à 1601-0 A ni aux prélèvements opérés par l'Etat sur ces taxes en application de l'article 1641. Il ne s'applique pas non plus à la cotisation minimum prévue à l'article 1647 D.

La cotisation foncière des entreprises s'entend de la somme des cotisations de chaque établissement établies au titre de l'année d'imposition. La cotisation de chaque établissement est majorée du montant de la taxe prévue à l'article 1530 bis et des taxes spéciales d'équipement additionnelles à la cotisation foncière des entreprises prévues aux articles 1599 quater D, 1607 bis, 1607 ter et 1609 B à 1609 H ainsi que du montant de la taxe prévue à l'article 1609 I, calculées dans les mêmes conditions.

(Dispositions déclarées non conformes à la Constitution par la décision du conseil constitutionnel n° 2014-413 QPC du 19 septembre 2014 et abrogées à la date du 1er janvier 2015.)

III. Le dégrèvement s'impute sur la cotisation foncière des entreprises.

IV. Le dégrèvement ne peut avoir pour effet de ramener la contribution économique territoriale à un montant inférieur à celui résultant de l'application de l'article 1647 D.

V. Le reversement des sommes indûment restituées est demandé selon les mêmes règles de procédure et sous les mêmes sanctions qu'en matière de cotisation foncière des entreprises. Les réclamations sont présentées, instruites et jugées selon les règles de procédure applicables en matière de cotisation foncière des entreprises.

VI. Les dégrèvements résultant de l'application du présent article sont ordonnancés dans les six mois suivant celui du dépôt de la demande.

Ndlr *Pour les dispositions du présent article qui s'appliquent à la cotisation foncière des entreprises due au titre de 2027 et des années suivantes, voir partie Autres textes du présent code loi 2022-1726 du 30 décembre 2022 art. 55, I-Q et XXVII-I modifié par loi 2023-1322 du 29 décembre 2023 art. 79, III-4°.*

CET-IV-200 s. ; MF n°s 44100 s.

CHAPITRE II TER

Cotisation foncière des entreprises : cotisation minimum

Art 1647 D **I. 1.** Les redevables de la cotisation foncière des entreprises sont assujettis à une cotisation minimum établie au lieu de leur principal établissement ; cette cotisation est établie à partir d'une base dont le montant est fixé par le conseil municipal selon le barème suivant *(NDLR Tarif valable pour la cotisation foncière des entreprises due au titre de 2024)* :

Montant du chiffre d'affaires ou des recettes *(En euros)*	Montant de la base minimum *(En euros)*
Inférieur ou égal à 10 000	Entre 237 et 565
Supérieur à 10 000 et inférieur ou égal à 32 600	Entre 237 et 1 130
Supérieur à 32 600 et inférieur ou égal à 100 000	Entre 237 et 2 374
Supérieur à 100 000 et inférieur ou égal à 250 000	Entre 237 et 3 957
Supérieur à 250 000 et inférieur ou égal à 500 000	Entre 237 et 5 652
Supérieur à 500 000	Entre 237 et 7 349

Toutefois, les redevables réalisant un montant de chiffre d'affaires ou de recettes inférieur ou égal à 5 000 € sont exonérés de la cotisation minimum. Le bénéfice de l'exonération est subordonné au respect du règlement (UE) n° 1407/2013 de la Commission du 18 décembre 2013 relatif à l'application des articles 107 et 108 du traité sur le fonctionnement de l'Union européenne aux aides de minimis.

[Dispositions déclarées non conformes à la Constitution par la décision du Conseil constitutionnel n° 2013-685 DC du 29 décembre 2013.]

Le montant du chiffre d'affaires ou des recettes à prendre en compte s'entend de celui, hors taxes, réalisé au cours de la période de référence définie à l'article 1467 A. Lorsque la période de référence ne correspond pas à une période de douze mois, le montant du chiffre d'affaires ou des recettes est ramené ou porté, selon le cas, à douze mois.

[Dispositions déclarées non conformes à la Constitution par la décision du Conseil constitutionnel n° 2013-685 DC du 29 décembre 2013.]

Lorsqu'un établissement public de coopération intercommunale, soumis à l'article 1609 nonies C, a été constitué, il fixe, en lieu et place des communes membres, le montant de la base minimum dans les limites fixées au tableau annexé au premier alinéa.

Lorsqu'un établissement public de coopération intercommunale fait application du I de l'article 1609 quinquies C, il fixe, en lieu et place des communes membres, le montant de la base minimum applicable dans la zone d'activités économiques concernée, dans les limites fixées au tableau annexé au premier alinéa.

Les limites de base minimum mentionnées au tableau annexé au premier alinéa, les montants résultant de délibérations et ceux mentionnés au 1 bis, aux a et b du 2 et au 2 bis sont, à compter de l'année suivant celle au titre de laquelle ils s'appliquent pour la première fois, revalorisés chaque année comme le taux prévisionnel, associé au projet de loi de finances de l'année, d'évolution des prix à la consommation des ménages, hors tabac, pour la même année.

1 bis. Pour les communes et les établissements publics de coopération intercommunale sur le territoire desquels s'appliquent des montants de base minimum pour les trois tranches de chiffre d'affaires ou de recettes, en application du 1 du présent article ou du troisième alinéa du I de l'article 1639 A bis dans leur rédaction en vigueur au 31 décembre 2013, et qui n'ont pas pris de nouvelle délibération, le montant de la base minimum applicable est égal à celui qui a été appliqué au titre de l'année 2013 ou, le cas échéant, à celui qui a été fixé par une délibération prise entre le 22 janvier et le 1er octobre 2013 pour une application à compter de l'année 2014.

2. A défaut de délibération pour l'une des tranches de chiffre d'affaires ou de recettes mentionnées dans le tableau annexé au premier alinéa du 1, le montant de la base minimum qui est applicable est égal :

a. Pour les communes existant au 31 décembre 2012 et les établissements publics de coopération intercommunale soumis à l'article 1609 nonies C ou au I de l'article 1609 quinquies C à la même date : au montant de la base minimum applicable sur leur territoire au titre de l'année 2012 ;

b. Pour les communes nouvelles créées à compter du 1er janvier 2013, pour celles rattachées à un établissement public de coopération intercommunale soumis à l'article 1609 nonies C ou au I de l'article 1609 quinquies C à compter de la même date ainsi que pour les établissements publics soumis à l'un de ces régimes pour la première fois à compter de cette date à la suite d'une création, d'une fusion ou d'un changement de régime fiscal :

l'année où, pour la première fois, cette opération produit ses effets au plan fiscal : au montant applicable l'année précédente sur le territoire de chacune des communes ou de chacun des établissements publics de coopération intercommunale concernés ;

les années suivantes : à la moyenne des bases minimum applicables sur leur territoire la première année pondérée par le nombre de redevables soumis à la cotisation minimum au titre de la même année.

2 bis. Lorsque le montant de la base minimum s'appliquant aux redevables dont le chiffre d'affaires ou les recettes sont compris dans l'une des trois premières tranches de chiffre d'affaires ou de recettes mentionnées dans le tableau annexé au premier alinéa du 1 est déterminé dans les conditions définies aux 1 bis, 2 ou 3 et excède la limite supérieure de la base minimum applicable à la tranche dont ils relèvent, il est ramené à cette limite.

3. Lorsque, à la suite d'une création, d'un changement de régime fiscal ou d'une fusion, un établissement public de coopération intercommunale fait application du régime prévu à l'article 1609 nonies C ou du I de l'article 1609 quinquies C, le montant de la base minimum applicable l'année où, pour la première fois, cette opération produit ses effets au plan fiscal est égal à celui applicable l'année précédente sur le territoire de chacune des communes ou de chacun des établissements publics de coopération intercommunale concernés.

L'année suivant celle où cette opération produit pour la première fois ses effets au plan fiscal, les établissements publics de coopération intercommunale qui, par une délibération prise dans les conditions prévues au I de l'article 1639 A bis et au 1 du présent I, fixent, pour chacune des tranches de chiffre d'affaires ou de recettes mentionnées dans le tableau annexé au premier alinéa du 1 ou pour l'une d'entre elles seulement, le montant de la base minimum peuvent, par une délibération prise dans les mêmes conditions, décider d'appliquer, pour la tranche de chiffre d'affaires ou de recettes concernée, des bases minimum différentes selon le territoire des communes ou des établissements publics de coopération intercommunale préexistants, pendant une période maximale de dix ans.

Les écarts entre, d'une part, les bases minimum appliquées sur le territoire de l'établissement public de coopération intercommunale l'année au cours de laquelle l'opération a pour la première fois produit ses effets au plan fiscal et, d'autre part, celle qu'il a fixée sont réduits par fractions égales sur la durée qu'il a retenue.

Le dispositif de convergence défini aux deuxième et troisième alinéas du 3 n'est pas applicable lorsque le rapport entre la base minimum la plus faible applicable sur le territoire de l'établissement public de coopération intercommunale et celle qu'il a fixée est supérieur à 80 %. Ce rapport s'apprécie séparément pour chacune des tranches de chiffre d'affaires ou de recettes mentionnées dans le tableau annexé au premier alinéa du 1.

4. Le dispositif de convergence prévu au 3 s'applique également :

a. En cas de création d'une commune nouvelle ;

b. En cas de rattachement d'une commune à un établissement public de coopération intercommunale faisant application du régime prévu au I de l'article 1609 quinquies C ou à l'article 1609 nonies C ;

c. Aux établissements publics de coopération intercommunale faisant application au 31 décembre 2012 du régime prévu au I de l'article 1609 quinquies C ou à l'article 1609 nonies C, n'ayant pas délibéré pour fixer une base minimum en application du 1 du présent I et sur le territoire desquels s'appliquent les bases minimum de leurs communes membres.

I bis. Dans le Département de Mayotte :

1° Les montants mentionnés au premier alinéa du 1 du I, à l'exception des montants de 250 000 €, 100 000 € et 10 000 €, sont réduits de moitié ;

2° A défaut de délibération et par exception aux dispositions du 2 du I, le montant de la base minimum est égal à la moitié du premier montant mentionné au 1 du I.

Les montants résultant de l'application des 1° et 2° sont arrondis à l'euro le plus proche, la fraction d'euro égale à 0,50 est comptée pour 1.

DC-IV-8530 s.

II. Quand ils ne disposent d'aucun local ou terrain :

1. Les redevables domiciliés en application d'un contrat de domiciliation commercial ou d'une autre disposition contractuelle sont redevables de la cotisation minimum au lieu de leur domiciliation ;

2. Les redevables non sédentaires sont redevables de la cotisation minimum établie au lieu de la commune d'élection de domicile, au sens de l'article L 264-1 du code de l'action sociale et des familles, ou, à défaut, au lieu de leur habitation principale ;

3. Les redevables situés à l'étranger qui réalisent une activité de location ou de vente portant sur un ou plusieurs immeubles situés en France sont redevables de la cotisation minimum au lieu de situation de l'immeuble dont la valeur locative foncière est la plus élevée au 1er janvier de l'année d'imposition ;

4. Les redevables domiciliés fiscalement au lieu de leur habitation sont redevables de la cotisation minimum à ce lieu.

CET-II-162300 s. ; MF n° 43715

CHAPITRE III

Fonds de péréquation

SECTION I

Fonds régional et départemental

Art 1648 A I. Les fonds départementaux de péréquation de la taxe professionnelle existants en 2011 perçoivent à compter de 2013 une dotation de l'Etat d'un montant global de 423 291 955 €.

A compter de 2017, il est appliqué une minoration à cette dotation. Au titre de 2017, le montant de cette dotation est minoré par application du taux prévu pour 2017 au V de l'article 33 de la loi n° 2016-1917 du 29 décembre 2016 de finances pour 2017. Au titre de 2018, le montant de cette dotation, auquel est appliqué le taux d'évolution prévu pour 2017 au V de l'article 33 de la loi n° 2016-1917 du 29 décembre 2016 précitée, est minoré par application du taux prévu pour 2018 au VII de l'article 41 de la loi n° 2017-1837 du 30 décembre 2017 de finances pour 2018. Au titre de 2019, le montant de cette dotation est minoré par application d'un taux qui, appliqué au montant total à verser au titre de l'année 2018, aboutit à un montant total de 284 278 401 €. Au titre de 2020, le montant à verser est égal au montant versé en 2019. Au titre de 2021, le montant à verser est égal au montant versé en 2020. Au titre de 2022, le montant à verser est égal au montant versé en 2021. Au titre de 2023, le montant à verser est égal au montant versé en 2022. Au titre de 2024, le montant de cette dotation est minoré par application d'un taux qui, appliqué au montant total à verser au titre de l'année 2023, aboutit à un montant total de 271 278 401 €.

A compter de 2012, le montant global mentionné au premier alinéa est réparti entre les fonds départementaux proportionnellement aux montants versés par ces fonds départementaux au titre de 2009 en application du 1° du II et du b du 1° du IV bis du présent article dans sa rédaction en vigueur au 31 décembre 2009.

A compter de 2015, une fraction des ressources revenant au département du Rhône est affectée à un fonds de péréquation dont la répartition est assurée par la métropole de Lyon. Cette quote-part est égale à 40,77 % du montant calculé conformément à l'alinéa précédent au profit du département du Rhône.

A compter de 2014, pour procéder aux éventuelles régularisations à opérer sur le montant attribué à un ou plusieurs fonds départementaux de péréquation de la taxe professionnelle au titre d'un précédent exercice, les sommes nécessaires sont prélevées sur les crédits de l'exercice en cours, avant leur répartition entre les fonds départementaux.

II. Les ressources de chaque fonds départemental de péréquation de la taxe professionnelle sont réparties, l'année de versement de la dotation de l'Etat, par le conseil départemental. La répartition est réalisée par ce dernier, à partir de critères objectifs qu'il définit à cet effet, entre les communes, les établissements publics de coopération intercommunale et les agglomérations nouvelles défavorisés par la faiblesse de leur potentiel fiscal, déterminé selon la législation en vigueur au 1er janvier de l'année de la répartition ou par l'importance de leurs charges.

Le conseil de la métropole de Lyon est substitué au conseil départemental du Rhône pour l'application du présent II dans le périmètre de la métropole de Lyon.

LOC-I-5010 s.

Art 1648 AA **I.** Il est créé un fonds régional de péréquation de la cotisation sur la valeur ajoutée des entreprises.

A. 1. A compter de 2012, il est calculé, chaque année, le rapport entre le produit total de cotisation sur la valeur ajoutée des entreprises au titre de l'exercice précédent et celui de la cotisation sur la valeur ajoutée des entreprises au titre de l'année 2010.

2. Pour chaque région, à compter de 2012, il est calculé, chaque année, la différence entre :

le produit de la cotisation sur la valeur ajoutée des entreprises perçu en application de l'article 1599 bis, minoré du prélèvement au bénéfice du fonds prévu au I du 2. 3 de l'article 78 de la loi n° 2009-1673 du 30 décembre 2009 de finances pour 2010 ou majoré du reversement des ressources de ce même fonds ; et

le montant de la cotisation sur la valeur ajoutée des entreprises perçu en 2011 en application de l'article 1599 bis, minoré du prélèvement effectué en 2011 au bénéfice du fonds prévu au I du 2. 3 de l'article 78 de la loi n° 2009-1673 du 30 décembre 2009 précitée ou majoré du reversement des ressources de ce même fonds, puis multiplié par le rapport défini au 1 du présent A.

3. Lorsque, pour une région :

d'une part, le potentiel fiscal par habitant est supérieur à la moyenne ;

d'autre part, la différence définie au 2 est positive,

les ressources fiscales de la région sont diminuées d'un prélèvement égal à la moitié de cette différence, au profit du fonds régional de péréquation de la cotisation sur la valeur ajoutée des entreprises.

B. Les ressources du fonds sont réparties entre les régions pour lesquelles le potentiel fiscal par habitant est inférieur à la moyenne, au prorata du produit de l'écart à cette moyenne par la population de la région.

C. La collectivité territoriale de Corse est considérée comme une région pour l'application des A et B.

II. Il est créé un fonds départemental de péréquation de la cotisation sur la valeur ajoutée des entreprises.

A. 1. A compter de 2012, il est calculé, chaque année, le rapport entre le produit total de cotisation sur la valeur ajoutée des entreprises au titre de l'exercice précédent et celui de la cotisation sur la valeur ajoutée des entreprises au titre de l'année 2010.

2. Pour chaque département, à compter de 2012, il est calculé, chaque année, la différence entre :

le produit de la cotisation sur la valeur ajoutée des entreprises perçu en application de l'article 1586, minoré du prélèvement au bénéfice du fonds prévu au I du 2. 2 de l'article 78 de la loi n° 2009-1673 du 30 décembre 2009 précitée ou majoré du reversement des ressources de ce même fonds ; et

le montant de la cotisation sur la valeur ajoutée des entreprises perçu en 2011 en application de l'article 1586, minoré du prélèvement effectué en 2011 au bénéfice du fonds prévu au I du 2. 2 de l'article 78 de la loi n° 2009-1673 du 30 décembre 2009 précitée ou majoré du reversement des ressources de ce même fonds, puis multiplié par le rapport défini au 1 du présent A.

3. Lorsque pour un département :

d'une part, le potentiel financier par habitant est supérieur à la moyenne ;

d'autre part, la différence définie au 2 est positive,

les ressources fiscales du département sont diminuées d'un prélèvement égal à la moitié de cette différence, au profit du fonds départemental de péréquation de la cotisation sur la valeur ajoutée des entreprises.

B. Les ressources du fonds sont réparties entre les départements pour lesquels le potentiel financier par habitant est inférieur à la moyenne, au prorata du produit de l'écart à cette moyenne par la population du département.

III. Un décret en Conseil d'Etat précise les modalités d'application du présent article.

LOC-I-5200 s.

Art 1648 AB **I.** Il est créé un fonds régional de péréquation de la cotisation sur la valeur ajoutée des entreprises.

A. A compter de 2011, les recettes fiscales des régions sont diminuées chaque année d'un prélèvement au profit de ce fonds, dont le montant est égal au quart des recettes de cotisation sur la valeur ajoutée des entreprises perçues la même année en application de l'article 1599 bis.

B. Les ressources du fonds sont réparties entre les régions :

a. Pour le tiers, au prorata de la population de chaque région ;

b. Pour le tiers, au prorata de l'effectif des élèves scolarisés dans les lycées publics et privés et celui des stagiaires de la formation professionnelle de chaque région ;

c. Pour le tiers, au prorata de sa superficie, retenue dans la limite du double du rapport entre, d'une part, le nombre d'habitants de la région et, d'autre part, la densité de population moyenne de l'ensemble des régions.

C. La collectivité territoriale de Corse est considérée comme une région pour l'application des A et B.

II. Il est créé un fonds départemental de péréquation de la cotisation sur la valeur ajoutée des entreprises.

A. A compter de 2011, les recettes fiscales des départements sont diminuées chaque année d'un prélèvement au profit de ce fonds, dont le montant est égal au quart des recettes de cotisation sur la valeur ajoutée des entreprises perçues la même année en application de l'article 1586.

B. Les ressources du fonds sont réparties entre les départements :

a. Pour le tiers, au prorata de la population de chaque département ;

b. Pour le tiers, au prorata du nombre de bénéficiaires des minima sociaux et de l'allocation personnalisée d'autonomie de chaque département ;

c. Pour le tiers, au prorata de la longueur de la voirie départementale de chaque département.

III. Un décret en Conseil d'Etat précise les modalités d'application du présent article.

LOC-I-5200 s.

SECTION I bis

Fonds de compensation des nuisances aéroportuaires

Art 1648 AC **I.** A compter du 1er janvier 2000, il est créé un Fonds de compensation des nuisances aéroportuaires des communes riveraines de l'aéroport de Paris-Charles-de-Gaulle, ainsi qu'un Fonds de compensation des nuisances aéroportuaires des communes riveraines de l'aéroport de Paris-Orly.

II. Ces fonds sont alimentés par :

1° Une dotation de l'Etat. A compter de 2013, le montant de cette dotation est fixé à 6 550 076 € pour le fonds de l'aéroport Roissy-Charles-de-Gaulle et à 271 847 € pour le fonds de l'aéroport d'Orly ;

2° Une contribution annuelle de la société Aéroports de Paris, sur délibération de son conseil d'administration.

III. Les ressources du Fonds de compensation des nuisances aéroportuaires des communes riveraines de l'aéroport de Paris-Charles-de-Gaulle sont attribuées aux communes ou groupements de communes membres de la communauté aéroportuaire de l'aéroport de Paris-Charles-de-Gaulle, créée en application de la loi n° 2004-172 du 23 février 2004 portant création des communautés aéroportuaires.

Les ressources du Fonds de compensation des nuisances aéroportuaires des communes riveraines de l'aéroport de Paris-Orly sont attribuées aux communes ou groupements de communes membres de la communauté aéroportuaire de l'aéroport de Paris-Orly, créée en application de la loi n° 2004-172 du 23 février 2004 précitée.

IV. Les ressources des fonds de compensation des nuisances aéroportuaires sont réparties entre les communes éligibles, en application des dispositions du III, au prorata de la population communale concernée par le plan de gêne sonore, majorée du quart de la population communale située hors du plan de gêne sonore et en proportion de l'écart relatif entre le potentiel fiscal moyen par habitant des communes situées dans le plan de gêne sonore et le potentiel fiscal par habitant de la commune.

Toutefois, lorsqu'une communauté aéroportuaire a été créée, le conseil d'administration de la communauté aéroportuaire fixe par délibération les critères de répartition du Fonds de compensation des nuisances aéroportuaires. Les ressources de ce fonds sont réparties chaque année entre les communes ou groupements de communes éligibles, par arrêté du président de la communauté aéroportuaire, après avis du conseil d'administration.

V. Les conditions d'application du présent article sont fixées par décret *(Voir décret 2000-903 du 18 septembre 2000, JO du 20).*

LOC-I-5350 s.

CHAPITRE IV

Départements d'outre-mer

Art 1649 Un décret en Conseil d'Etat fixe la date et les conditions dans lesquelles les dispositions relatives à la taxe foncière sur les propriétés bâties, à la taxe foncière sur les propriétés non bâties et à la taxe d'habitation sur les résidences secondaires et autres locaux meublés non affectés à l'habitation principale et aux taxes annexes seront applicables dans les départements d'outre-mer, ainsi que les mesures d'adaptation nécessaires *(Voir Annexe II, art. 329 à 333 J)*.

Des décrets en Conseil d'Etat fixent les conditions dans lesquelles les lois n° 73-1229 du 31 décembre 1973, n° 75-678 du 29 juillet 1975 et n° 77-616 du 16 juin 1977 relatives aux taxes foncières, à la taxe d'habitation et à la taxe professionnelle sont applicables dans les départements d'outre-mer. Ils fixent également les mesures d'adaptation nécessaires pour introduire par étapes les réformes intervenues dans la métropole *(Voir Annexe II, art. 329 à 333 J)*.

Un décret fixe la date et les conditions dans lesquelles les dispositions relatives à la mise à jour périodique de la valeur locative des propriétés bâties et non bâties seront applicables dans les départements d'outre-mer, ainsi que, le cas échéant, les mesures d'adaptation nécessaires.

Un décret en Conseil d'Etat fixe la date d'entrée en vigueur et les adaptations nécessaires à l'application dans les départements d'outre-mer des articles 1465, 1518, 1518 bis, 1636 B sexies et 1636 B septies *(Voir Annexe II, art. 329 à 333 J)*.

DC-IV-5500 s.

TROISIEME PARTIE

DISPOSITIONS COMMUNES AUX PREMIERE ET DEUXIEME PARTIES

TITRE PREMIER

ASSIETTE ET CONTROLE DE L'IMPOT

CHAPITRE PREMIER

Obligations des contribuables

0I. Déclarations relatives aux comptes financiers, aux contrats d'assurance-vie, aux trusts et aux dispositifs transfrontières

Art 1649 A Les administrations publiques, les établissements ou organismes soumis au contrôle de l'autorité administrative, les établissements bénéficiant des dispositions des articles L 511-22 et L 511-23 du code monétaire et financier pour leurs opérations avec des résidents français et toutes personnes qui reçoivent habituellement en dépôt des valeurs mobilières, titres ou fonds doivent déclarer à l'administration des impôts l'ouverture et la clôture des comptes de toute nature ainsi que la location de coffres-forts *(Voir Annexe IV, art. 164 FB à 164 FF)*.

Ndlr *Pour les comptes déjà déclarés au 1er septembre 2020, les établissements ont jusqu'au 31 décembre 2024 pour déclarer les locations de coffres-forts et procéder à l'ajout des données prévues à l'article 164 FD de l'annexe IV dans sa rédaction résultant de l'arrêté ECOT2010494A du 24 avril 2020 art. 1.*

RM-VIII-7000 s. ; MF nº 26940

Les personnes physiques, les associations, les sociétés n'ayant pas la forme commerciale, domiciliées ou établies en France, sont tenues de déclarer, en même temps que leur déclaration de revenus ou de résultats, les références des comptes ouverts, détenus, utilisés ou clos à l'étranger. Les modalités d'application du présent alinéa sont fixées par décret *(Voir Annexe III, art. 344 A et 344 B)*.

CF-IX-21500 s. ; MF nº 78305

Les sommes, titres ou valeurs transférés à l'étranger ou en provenance de l'étranger par l'intermédiaire de comptes non déclarés dans les conditions prévues au deuxième alinéa constituent, sauf preuve contraire, des revenus imposables.

CF-IX-21500 s.

Art 1649 AA Lorsque des contrats de capitalisation ou des placements de même nature, notamment des contrats d'assurance vie, sont souscrits auprès d'organismes mentionnés au I de l'article 1649 ter qui sont établis hors de France, les souscripteurs sont tenus de déclarer, en même temps que leur déclaration de revenus, les références des contrats ou placements concernés, la date d'effet et la durée de ces contrats ou placements, les opérations de remboursement et de versement des primes effectuées au cours de l'année précédente et, le cas échéant, la valeur de rachat ou le montant du capital garanti, y compris sous forme de rente, au 1er janvier de l'année de la déclaration. Les modalités d'application du présent alinéa sont fixées par décret *(Voir Annexe III, art. 344 C)*.

Les versements faits à l'étranger ou en provenance de l'étranger par l'intermédiaire de contrats non déclarés dans les conditions prévues au premier alinéa constituent, sauf preuve contraire, des revenus imposables.

CF-IX-24000 s. ; MF nº 78305

Art 1649 AB **I.** L'administrateur d'un trust défini à l'article 792-0 bis dont le constituant ou l'un au moins des bénéficiaires a son domicile fiscal en France ou qui comprend un bien ou un droit qui y est situé, l'administrateur d'un trust défini à l'article 792-0 bis établi ou résidant en dehors de l'Union européenne lorsqu'il acquiert un bien immobilier ou qu'il entre en relation d'affaires en France au sens de l'article

L 561-2-1 du code monétaire et financier ainsi que l'administrateur qui a son domicile fiscal en France sont tenus de déclarer les informations suivantes :

1° La constitution, la modification ou l'extinction, ainsi que le contenu des termes du trust ;

2° Les informations relatives aux nom, prénoms, adresse, date, lieu de naissance et nationalité des bénéficiaires effectifs des trusts, qui s'entendent comme toutes personnes physiques ayant la qualité d'administrateur, de constituant, de bénéficiaire et, le cas échéant, de protecteur ainsi que de toute autre personne physique exerçant un contrôle effectif sur le trust ou exerçant des fonctions équivalentes ou similaires ;

3° La valeur vénale au 1er janvier de l'année :

a. Pour les personnes qui ont en France leur domicile fiscal au sens de l'article 4 B, des biens et droits situés en France ou hors de France et des produits capitalisés placés dans le trust ;

b. Pour les autres personnes, des seuls biens et droits situés en France et des produits capitalisés placés dans le trust.

II. Les informations mentionnées au I sont conservées dans un registre placé sous la responsabilité du ministre chargé du budget.

Les modalités d'application du présent article sont fixées par décret en Conseil d'Etat *(Voir Annexe II, art. 368 à 369 B).*

ENR-IX-20200 s. ; MF n° 78307

Art 1649 AC **I.** Les teneurs de compte, les organismes d'assurance et assimilés et toute autre institution financière mentionnent, sur une déclaration déposée dans des conditions et délais fixés par décret *(NDLR Voir décret 2016-1683 du 5 décembre 2016)*, les informations requises pour l'application du 3 bis de l'article 8 de la directive 2011/16/UE du Conseil du 15 février 2011 relative à la coopération administrative dans le domaine fiscal et abrogeant la directive 77/799/CEE et des conventions conclues par la France permettant un échange automatique d'informations relatives aux comptes financiers en matière fiscale. Ces informations peuvent notamment concerner tout revenu de capitaux mobiliers ainsi que les soldes des comptes et la valeur de rachat des bons ou contrats de capitalisation et placements de même nature.

Afin de satisfaire aux obligations mentionnées au premier alinéa, ils mettent en œuvre, y compris au moyen de traitements de données à caractère personnel, les diligences nécessaires à l'identification des comptes, des paiements et des personnes. Ils collectent à cette fin les éléments relatifs aux résidences fiscales et, le cas échéant, les numéros d'identification fiscale de l'ensemble des titulaires de comptes et des personnes physiques les contrôlant.

Ils informent chaque personne physique concernée par la déclaration prévue au premier alinéa que celles de ses données qui sont transférées à l'administration fiscale française peuvent être communiquées à l'administration fiscale d'un autre Etat membre de l'Union européenne ou d'un Etat ou territoire ayant conclu avec la France une convention permettant un échange automatique d'informations à des fins fiscales.

Ils conservent les données mentionnées au deuxième alinéa du présent I et les éléments prouvant les diligences effectuées jusqu'à la fin de la cinquième année qui suit celle au cours de laquelle la déclaration doit être déposée.

Les traitements mentionnés au deuxième alinéa sont soumis à la loi n° 78-17 du 6 janvier 1978 relative à l'informatique, aux fichiers et aux libertés.

II. Aux fins de l'application du I, les titulaires de compte remettent aux institutions financières les informations nécessaires à l'identification de leurs résidences fiscales et, le cas échéant, de leurs numéros d'identification fiscale sauf lorsque l'institution financière, dans le cadre des modalités définies au même I, n'est pas tenue de les recueillir.

Les mêmes informations sont requises des titulaires de compte en ce qui concerne les personnes physiques qui les contrôlent.

INT-GENA-30000 s. ; MF n° 26960

Art 1649 AD **I.** Une déclaration d'un dispositif transfrontière est souscrite auprès de l'administration fiscale, sous forme dématérialisée, par l'intermédiaire ayant participé à la mise en œuvre de ce dispositif ou par le contribuable concerné.

II. Pour l'application des dispositions du I, est considéré comme transfrontière tout dispositif prenant la forme d'un accord, d'un montage ou d'un plan ayant ou non force exécutoire et concernant la France et un autre Etat, membre ou non de l'Union européenne, dès lors que l'une au moins des conditions suivantes est satisfaite :

a. Au moins un des participants au dispositif n'est pas fiscalement domicilié ou résident en France ou n'y a pas son siège ;

b. Au moins un des participants au dispositif est fiscalement domicilié, résident ou a son siège dans plusieurs Etats ou territoires simultanément ;

c. Au moins un des participants au dispositif exerce une activité dans un autre Etat ou territoire par l'intermédiaire d'un établissement stable situé dans cet Etat ou territoire, le dispositif constituant une partie ou la totalité de l'activité de cet établissement stable ;

d. Au moins un des participants au dispositif exerce une activité dans un autre Etat ou territoire sans y être fiscalement domicilié ou résident ni disposer d'établissement stable dans cet Etat ou territoire ;

e. Le dispositif peut avoir des conséquences sur l'échange automatique d'informations entre Etats ou territoires ou sur l'identification des bénéficiaires effectifs.

III. Pour l'application des dispositions du I, est considéré comme devant faire l'objet d'une déclaration tout dispositif transfrontière comportant au moins l'un des marqueurs mentionnés au II de l'article 1649 AH.

Un dispositif transfrontière comportant un marqueur relevant de la catégorie A, mentionnée au A du II du même article 1649 AH, de la catégorie B mentionnée au B du même II ou au i du b et aux c et d du 1° de la catégorie C mentionnée au C du même II, ne fait l'objet d'une déclaration que s'il satisfait au critère de l'avantage principal défini au I du même article 1649 AH.

Un dispositif transfrontière peut être constitué par une série de dispositifs. Il peut comporter plusieurs étapes ou parties.

IV. Les informations contenues dans la déclaration mentionnée au I du présent article sont précisées par décret *(NDLR Voir Annexe III, art. 344 G octies A)*.

CF-IX-35000 s. ; MF n° 78308

Art 1649 AE **I. 1°** L'intermédiaire mentionné à l'article 1649 AD est toute personne qui conçoit, commercialise ou organise un dispositif transfrontière devant faire l'objet d'une déclaration, le met à disposition aux fins de sa mise en œuvre ou en gère la mise en œuvre.

Est également considérée comme intermédiaire toute personne qui, compte tenu des faits et circonstances pertinents et sur la base des informations disponibles ainsi que de l'expertise en la matière et de la compréhension qui sont nécessaires pour fournir de tels services, sait ou pourrait raisonnablement être censée savoir qu'elle s'est engagée à fournir, directement ou par l'intermédiaire d'autres personnes, une aide, une assistance ou des conseils concernant la conception, la commercialisation ou l'organisation d'un dispositif transfrontière devant faire l'objet d'une déclaration, ou concernant sa mise à disposition aux fins de mise en œuvre ou la gestion de sa mise en œuvre ;

2° L'intermédiaire souscrit la déclaration prévue à l'article 1649 AD s'il remplit l'une au moins des conditions suivantes :

a. Etre fiscalement domicilié, résident ou avoir son siège en France.

Les établissements stables situés hors de France d'un intermédiaire fiscalement domicilié ou résident en France, pour les dispositifs se rattachant à leur activité, ne sont pas concernés par l'obligation de déclaration mentionnée à l'article 1649 AD ;

b. Posséder en France un établissement stable par l'intermédiaire duquel sont fournis les services concernant le dispositif ;

c. Etre constitué en France ou régi par le droit français ;

d. Etre enregistré auprès d'un ordre ou d'une association professionnelle en rapport avec des services juridiques, fiscaux ou de conseil, ou bénéficier d'une autorisation d'exercer en France délivrée par un tel ordre ou association professionnelle ;

3° Lorsque plusieurs intermédiaires participent à la mise en œuvre d'un même dispositif, l'obligation déclarative incombe à chacun d'entre eux. Un intermédiaire est cependant dispensé de l'obligation déclarative s'il peut prouver, par tout moyen, qu'une déclaration comportant l'ensemble des informations requises a déjà été souscrite par un autre intermédiaire, en France ou dans un autre Etat membre de l'Union européenne ;

4° L'intermédiaire soumis à une obligation de secret professionnel dont la violation est prévue et réprimée par l'article 226-13 du code pénal souscrit, avec l'accord de son client, la déclaration mentionnée à l'article 1649 AD.

A défaut de cet accord, l'intermédiaire notifie à tout autre intermédiaire ayant la qualité de client l'obligation déclarative qui lui incombe.

En l'absence d'autre intermédiaire, la notification d'obligation déclarative est adressée au contribuable concerné par le dispositif transfrontière. L'intermédiaire transmet également au contribuable concerné, le cas échéant, les informations nécessaires au respect de son obligation déclarative.

Les notifications prévues ci-dessus sont effectuées par tout moyen permettant de leur conférer date certaine ;

5° Dans tous les cas, en l'absence de tout intermédiaire soumis à l'obligation déclarative de l'article 1649 AD, cette obligation incombe au contribuable concerné par le dispositif transfrontière.

II. Le contribuable concerné par un dispositif transfrontière est toute personne à qui un dispositif transfrontière devant faire l'objet d'une déclaration est mis à disposition aux fins de sa mise en œuvre, ou qui est disposée à mettre en œuvre un dispositif transfrontière devant faire l'objet d'une déclaration, ou qui a mis en œuvre la première étape d'un tel dispositif.

Lorsqu'il existe plusieurs contribuables concernés, l'obligation déclarative incombe au contribuable concerné qui occupe la première place dans la liste ci-après :

a. Le contribuable concerné a arrêté avec l'intermédiaire le dispositif transfrontière devant faire l'objet d'une déclaration ;

b. Le contribuable concerné gère la mise en œuvre du dispositif.

Tout contribuable concerné n'est dispensé de l'obligation déclarative que dans la mesure où il peut prouver, par tout moyen, qu'un autre contribuable concerné a déjà souscrit une déclaration comportant l'ensemble des informations requises.

CF-IX-35000 s. ; MF nº 78308

Art 1649 AF **I.** Lorsqu'un intermédiaire est soumis à une obligation déclarative similaire à celle prévue à l'article 1649 AD dans plusieurs Etats membres de l'Union européenne, le dispositif transfrontière est déclaré exclusivement auprès de l'administration fiscale française quand la France est l'Etat membre de l'Union européenne qui occupe la première place dans la liste ci-après :

a. L'Etat membre dans lequel l'intermédiaire est fiscalement domicilié ou résident ou a son siège social ;

b. L'Etat membre dans lequel l'intermédiaire possède un établissement stable par l'intermédiaire duquel les services concernant le dispositif sont fournis ;

c. L'Etat membre dans lequel l'intermédiaire est constitué ou par le droit duquel il est régi ;

d. L'Etat membre dans lequel l'intermédiaire est enregistré auprès d'un ordre ou d'une association professionnelle en rapport avec des services juridiques, fiscaux ou de conseil.

II. Lorsqu'en application du I, il subsiste une obligation de déclaration multiple, l'intermédiaire est dispensé de la souscription de la déclaration dès lors qu'il peut prouver par tout moyen que le dispositif transfrontière a fait l'objet d'une déclaration dans un autre Etat membre de l'Union européenne.

III. Lorsqu'un contribuable concerné est soumis à une obligation déclarative similaire à celle prévue à l'article 1649 AD dans plusieurs Etats membres de l'Union européenne, le dispositif transfrontière est déclaré exclusivement auprès de l'administration fiscale française quand la France est l'Etat membre de l'Union européenne qui occupe la première place dans la liste ci-après :

a. L'Etat membre dans lequel le contribuable concerné est fiscalement domicilié, résident ou a son siège social ;

b. L'Etat membre dans lequel le contribuable concerné possède un établissement stable qui bénéficie du dispositif ;

c. L'Etat membre dans lequel le contribuable concerné perçoit des revenus ou y réalise des bénéfices ;

d. L'Etat membre dans lequel le contribuable concerné exerce une activité bien qu'il ne soit résident à des fins fiscales et ne possède d'établissement stable dans aucun Etat membre.

IV. Lorsqu'en application du III, il subsiste une obligation de déclaration multiple, le contribuable concerné est dispensé de la souscription de la déclaration dès lors qu'il peut prouver par tout moyen que le dispositif transfrontière a fait l'objet d'une déclaration dans un autre Etat membre de l'Union européenne.

CF-IX-35000 s. ; MF nº 78308

Art 1649 AG **I. 1°** L'intermédiaire souscrit la déclaration prévue à l'article 1649 AD dans un délai de trente jours à compter de la première des dates suivantes :

a. Le lendemain du jour de la mise à disposition aux fins de mise en œuvre du dispositif transfrontière devant faire l'objet d'une déclaration ;

b. Le lendemain du jour où le dispositif transfrontière devant faire l'objet d'une déclaration est prêt à être mis en œuvre ;

c. Le jour de la réalisation de la première étape de la mise en œuvre du dispositif transfrontière ;

2° Nonobstant les dispositions du 1° du présent I, les intermédiaires mentionnés au second alinéa du 1° du I de l'article 1649 AE sont tenus de souscrire la déclaration prévue à l'article 1649 AD dans un délai de trente jours à compter du lendemain du jour où ils ont fourni, directement ou par l'intermédiaire d'autres personnes, une aide, une assistance ou des conseils ;

3° *(Abrogé)* ;

4° L'intermédiaire communique également tous les trois mois une mise à jour des informations précisées par décret relatives à des dispositifs conçus, commercialisés, prêts à être mis en œuvre ou mis à disposition aux fins de mise en œuvre sans avoir besoin d'être adaptés de façon importante. Les modalités de cette mise à jour sont précisées par décret *(NDLR Voir Annexe III, art. 344 G octies B)*.

II. 1° Le contribuable concerné à qui incombe l'obligation de déclaration prévue à l'article 1649 AD souscrit la déclaration dans un délai de trente jours à compter de la première des dates suivantes :

a. Le lendemain du jour de la mise à disposition aux fins de mise en œuvre du dispositif transfrontière devant faire l'objet d'une déclaration ;

b. Du lendemain du jour où le dispositif transfrontière devant faire l'objet d'une déclaration est prêt à être mis en œuvre ;

c. Du jour de la réalisation de la première étape de la mise en œuvre du dispositif transfrontière ;

2° Nonobstant les dispositions du 1° du présent II, lorsque le contribuable concerné a reçu notification de son obligation déclarative en application du 4° du I, il souscrit la déclaration dans un délai de trente jours à compter du jour de la réception de cette notification.

Chaque contribuable concerné par un dispositif transfrontière devant faire l'objet d'une déclaration déclare chaque année l'utilisation qu'il en a faite au titre de l'année précédente selon les modalités fixées par un arrêté du ministre chargé du budget.

III. Pour l'application des dispositions des I et II, la première étape de la mise en œuvre s'entend de tout acte juridique ou opération économique, comptable ou d'option fiscale en vue de mettre en œuvre le dispositif transfrontière.

CF-IX-35000 s. ; MF n° 78308

Art 1649 AH Pour l'application du III de l'article 1649 AD, le critère de l'avantage principal et les marqueurs des dispositifs transfrontières faisant l'objet d'une obligation déclarative sont ainsi définis :

I. Les marqueurs généraux relevant de la catégorie A mentionnée au A du II du présent article et les marqueurs spécifiques relevant de la catégorie B mentionnée au B du II précité ainsi que du i du b et aux c et d du 1° de la catégorie C mentionnée au C du II précité, ne peuvent être pris en compte que lorsqu'ils remplissent le critère de l'avantage principal.

Ce critère est rempli s'il est établi que l'avantage principal ou l'un des avantages principaux qu'une personne peut raisonnablement s'attendre à retirer d'un dispositif, compte tenu de l'ensemble des faits et circonstances pertinents, est l'obtention d'un avantage fiscal.

Dans le cas d'un marqueur relevant du 1° de la catégorie C précitée, la présence des conditions prévues au i du b ou aux c et d du 1° de cette catégorie, ne constitue pas à elle seule une raison de conclure qu'un dispositif remplit le critère de l'avantage principal.

II. A. Un dispositif comprend un marqueur général lié au critère de l'avantage principal ou « marqueur de catégorie A », lorsqu'il présente l'une des caractéristiques suivantes :

1° Le contribuable concerné ou un participant au dispositif s'engage à respecter une clause de confidentialité selon laquelle il peut lui être demandé de ne pas divulguer à d'autres intermédiaires ou aux autorités fiscales comment le dispositif pourrait procurer un avantage fiscal ;

2° L'intermédiaire est en droit de percevoir des honoraires, intérêts ou rémunération pour financer les coûts et autres frais, pour le dispositif et ces honoraires, intérêts ou rémunération sont fixés par référence :

a. Au montant de l'avantage fiscal découlant du dispositif ; ou

b. Au fait qu'un avantage fiscal découle effectivement du dispositif. Cela peut inclure une obligation pour l'intermédiaire de rembourser partiellement ou entièrement les honoraires si l'avantage fiscal escompté découlant du dispositif n'a pas été complètement ou partiellement généré ;

3° Le dispositif dont la documentation et/ ou la structure sont en grande partie normalisées et qui est à la disposition de plus d'un contribuable concerné sans avoir besoin d'être adapté de façon importante pour être mis en œuvre.

B. Un dispositif comprend un marqueur spécifique lié au critère de l'avantage principal, ou « marqueur de catégorie B », lorsqu'il présente l'une des caractéristiques suivantes :

1° Un participant au dispositif prend artificiellement des mesures qui consistent à acquérir une société réalisant des pertes, à mettre fin à l'activité principale de cette société et à utiliser les pertes de celle-ci pour réduire sa charge fiscale, y compris par le transfert de ces pertes à une autre juridiction ou par l'accélération de l'utilisation de ces pertes ;

2° Il a pour effet de convertir des revenus en capital, en dons ou en d'autres catégories de recettes qui sont taxées à un niveau inférieur ou ne sont pas taxées ;

3° Il inclut des transactions circulaires ayant pour résultat un « carrousel » de fonds, à savoir au moyen d'entités interposées sans fonction commerciale primaire ou d'opérations qui se compensent ou s'annulent mutuellement ou qui ont d'autres caractéristiques similaires.

C. Un dispositif comprend un marqueur spécifique lié aux opérations transfrontières, ou « marqueur de catégorie C », lorsqu'il présente l'une des caractéristiques suivantes :

1° Il prévoit la déduction des paiements transfrontières effectués entre deux ou plusieurs entreprises associées et l'une au moins des conditions suivantes est remplie :

a. Le bénéficiaire ne réside à des fins fiscales dans aucune juridiction fiscale ;

b. Même si le bénéficiaire réside à des fins fiscales dans une juridiction, cette juridiction :

i. Ne lève pas d'impôt sur les sociétés ou lève un impôt sur les sociétés à taux zéro ou presque nul ; ou

ii. Figure sur une liste de juridictions de pays tiers qui ont été évaluées par les Etats membres collectivement ou dans le cadre de l'Organisation de coopération et de développement économiques comme étant non coopératives ;

c. Le paiement bénéficie d'une exonération fiscale totale dans la juridiction où le bénéficiaire réside à des fins fiscales ;

d. Le paiement bénéficie d'un régime fiscal préférentiel dans la juridiction où le bénéficiaire réside à des fins fiscales ;

2° Il prévoit que des déductions pour le même amortissement d'un actif sont demandées dans plus d'une juridiction ;

3° Il prévoit qu'un allègement au titre de la double imposition pour le même élément de revenu ou de capital est demandé dans plusieurs juridictions ;

4° Il inclut des transferts d'actifs et il existe dans les juridictions concernées une différence importante dans le montant considéré comme étant payable en contrepartie des actifs.

D. Un dispositif comprend un marqueur spécifique concernant l'échange automatique d'informations et les bénéficiaires effectifs, ou « marqueur de catégorie D », lorsqu'il présente l'une des caractéristiques suivantes :

1° Il est susceptible d'avoir pour effet de porter atteinte à l'obligation de déclaration en vertu du droit mettant en œuvre la législation de l'Union européenne ou tout accord équivalent concernant l'échange automatique d'informations sur les comptes financiers, y compris des accords avec des pays tiers, ou qui tire parti de l'absence de telles dispositions ou de tels accords. De tels dispositifs incluent au moins ce qui suit :

a. L'utilisation d'un compte, d'un produit ou d'un investissement qui n'est pas ou dont l'objectif est de ne pas être un compte financier, mais qui possède des caractéristiques substantiellement similaires à celles d'un compte financier ;

b. Le transfert de comptes ou d'actifs financiers vers des juridictions qui ne sont pas liées par l'échange automatique d'informations sur les comptes financiers avec l'Etat de résidence du contribuable concerné, ou le recours à de telles juridictions ;

c. La requalification de revenus et de capitaux en produits ou en paiements qui ne sont pas soumis à l'échange automatique d'informations sur les comptes financiers ;

d. Le transfert ou la conversion d'une institution financière, d'un compte financier ou des actifs qui s'y trouvent en institution financière, en compte financier ou en actifs qui ne sont pas à déclarer en vertu de l'échange automatique d'informations sur les comptes financiers ;

e. Le recours à des entités, constructions ou structures juridiques qui suppriment ou visent à supprimer la déclaration d'un ou plusieurs titulaires de compte ou personnes détenant le contrôle dans le cadre de l'échange automatique d'informations sur les comptes financiers ;

f. Les dispositifs qui portent atteinte aux procédures de diligence raisonnable utilisées par les institutions financières pour se conformer à leurs obligations de déclarer des informations sur les comptes financiers, ou qui exploitent les insuffisances de ces procédures, y compris le recours à des juridictions appliquant de manière inadéquate ou insuffisante la législation relative à la lutte contre le blanchiment de capitaux, ou ayant des exigences insuffisantes en matière de transparence en ce qui concerne les personnes morales ou les constructions juridiques ;

2° Il fait intervenir une chaîne de propriété formelle ou effective non transparente par le recours à des personnes, des constructions juridiques ou des structures :

a. Qui n'exercent pas une activité économique substantielle s'appuyant sur des effectifs, des équipements, des ressources et des locaux suffisants ; et

b. Qui sont constitués, gérés, contrôlés ou établis ou qui résident dans toute juridiction autre que la juridiction de résidence de l'un ou plusieurs des bénéficiaires effectifs des actifs détenus par ces personnes, constructions juridiques ou structures ; et

c. Lorsque les bénéficiaires effectifs de ces personnes, constructions juridiques ou structures, au sens de la directive (UE) 2015/849 du Parlement Européen et du Conseil du 20 mai 2015 relative à la prévention de l'utilisation du système financier aux fins du blanchiment de capitaux ou du financement du terrorisme, modifiant le règlement (UE) n° 648/2012 du Parlement européen et du Conseil et abrogeant la directive 2005/60/CE du Parlement européen et du Conseil et la directive 2006/70/CE de la Commission, sont rendus impossibles à identifier.

E. Un dispositif comprend un marqueur spécifique concernant les prix de transfert, ou « marqueur de catégorie E », lorsqu'il présente l'une des caractéristiques suivantes :

1° Il prévoit l'utilisation de régimes de protection unilatéraux ;

2° Il prévoit le transfert d'actifs incorporels difficiles à évaluer, qui sont des actifs incorporels ou des droits sur des actifs incorporels pour lesquels, au moment de leur transfert entre des entreprises associées :

a. Il n'existe pas d'éléments de comparaison fiables ; et

b. Au moment où l'opération a été conclue, les projections concernant les futurs flux de trésorerie ou revenus attendus de l'actif incorporel transféré, ou les hypothèses utilisées pour évaluer cet actif incorporel sont hautement incertaines, et il est donc difficile de prévoir dans quelle mesure l'actif incorporel débouchera finalement sur un succès au moment du transfert ;

3° Il met en jeu un transfert transfrontière de fonctions et/ ou de risques et/ ou d'actifs au sein du groupe, si le bénéfice avant intérêts et impôts annuel prévu, dans les trois ans suivant le transfert, du ou des cédants, est inférieur à 50 % du bénéfice avant intérêts et impôts annuel prévu de ce cédant ou de ces cédants si le transfert n'avait pas été effectué.

CF-IX-35000 s. ; MF n° 78308

0I bis. Déclaration des avances remboursables ne portant pas intérêt

Art 1649 A bis Les administrations, établissements, organismes ou personnes visés au premier alinéa de l'article 1649 A qui octroient ou qui gèrent des avances remboursables ne portant pas intérêt prévues par l'article 244 quater J ou 244 quater U, des prêts avance mutation ne portant pas intérêt prévus à l'article 244 quater T ou des prêts ne portant pas intérêt prévus à l'article 244 quater V doivent déclarer ces opérations à l'administration des impôts dans les conditions et délais fixés par décret et sous peine des sanctions prévues au 2 du IV de l'article 1736.

(Voir Annexe III, art. 344 G quater et 344 G quinquies)

CF-IX-93200 s. ; MF n° 78370

0I ter. Déclaration de l'établissement public Réseau ferré de France

Art 1649 A ter La société SNCF Réseau déclare chaque année à l'administration des impôts les entreprises de transport ferroviaire ayant réservé des sillons-kilomètres pour des opérations de transport de voyageurs l'année précédente et le nombre de sillons-kilomètres ainsi réservés. La déclaration précise la répartition par région et pour chaque région et le nombre de sillons-kilomètres commandés par les autorités régionales. Cette déclaration s'effectue dans des conditions et délais fixés par décret et sous peine des sanctions prévues au V de l'article 1736 *(NDLR Voir Annexe III, art. 328 N)*.

Un sillon-kilomètre correspond au trajet réservé sur une ligne ferroviaire à un horaire donné auprès de la société SNCF Réseau par une entreprise de transport ferroviaire.

ASS-I-22940 s.

0I quater. Déclaration des propriétaires de transformateurs électriques

Art 1649 A quater Le propriétaire de transformateurs électriques mentionnés à l'article 1519 G qui font l'objet d'un contrat de concession déclare chaque année à l'administration des finances publiques l'identité du concessionnaire, le nombre de transformateurs électriques par commune qui font l'objet d'un contrat de concession et, pour chacun d'eux, la tension en amont. Cette déclaration s'effectue dans des conditions et délais fixés par décret *(Voir Annexe III, art. 328 P)* et sous peine des sanctions prévues au VI de l'article 1736.

ASS-I-20970 s.

0II. Déclaration des versements effectués au titre de la publicité par panneaux-réclame, par affiches et par enseignes

Art 1649 B Les personnes effectuant des versements de toute nature au titre des contrats visés à l'article L 581-25 du code de l'environnement, sont tenues de déclarer les noms et adresses des bénéficiaires ainsi que le montant des sommes versées lorsque celles-ci dépassent 76 € par an pour un même bénéficiaire. La même obligation s'impose au syndic de copropriété en cas de mise à la disposition des copropriétaires de leur quote-part des sommes perçues par le syndicat au titre de ces mêmes contrats.

Cette déclaration est faite dans les conditions et délais fixés par décret *(Voir Annexe III, art. 344 GA à 344 GC)*.

CF-IX-95200 s. ; MF n° 27600

I. Achat au détail de métaux ferreux et non ferreux

Art 1649 bis Toute personne physique ou morale se livrant à titre habituel à l'achat au détail de métaux ferreux et non ferreux est tenue de remettre, avant le 31 janvier de chaque année, à la direction départementale des finances publiques du lieu de son domicile ou du siège de l'établissement une déclaration, dont le contenu est fixé par décret *(NDLR Voir Annexe III, art. 344 GE)*, qui fait notamment apparaître l'identité et l'adresse des vendeurs et le cumul annuel des achats effectués auprès de chacun de ces derniers.

Les dispositions de l'article 89 A s'appliquent au présent article.

CF-IX-94200 s. ; MF n° 78385

I bis. Déclaration des ventes autres que les ventes au détail

Art 1649 bis A Sans préjudice des dispositions de l'article L 85 du livre des procédures fiscales concernant le droit de communication de l'administration des impôts, les commerçants et artisans, en ce qui concerne l'imposition de leur bénéfice ou de leur chiffre d'affaires, peuvent être tenus, suivant des modalités qui seront fixées par décret, de déclarer à l'administration le montant total, par client, des ventes autres que les ventes au détail, réalisées au cours de l'année civile ou de leur exercice comptable lorsque cet exercice ne coïncide pas avec l'année civile *(Voir Annexe III, art. 344 H à 344 I)*.

Pour l'application du présent article, il faut entendre par ventes au détail les ventes faites à un prix de détail portant sur des quantités qui n'excèdent pas les besoins privés normaux d'un consommateur.

Ne sont pas considérées comme faites au détail :

Les ventes portant sur des objets qui, en raison de leur nature ou de leur emploi, ne sont pas usuellement utilisés par de simples particuliers ;

Les ventes faites à des prix identiques, qu'elles soient réalisées en gros ou en détail ;

Les ventes de produits destinés à la revente, quelle que soit l'importance des quantités livrées.

CF-IX-91000 s. ; MF n° 78375

I ter. Apposition de marques

Art 1649 bis B Des arrêtés du ministre de l'économie et des finances peuvent rendre obligatoire l'apposition sur certains produits, par les entreprises qui les fabriquent, les conditionnent ou les importent, de marques fournies ou agréées par l'administration fiscale. La vente et la détention en vue de la vente par toute personne de produits ne comportant pas ces marques sont interdites.

Les infractions aux dispositions du présent article sont recherchées, poursuivies, sanctionnées et les amendes recouvrées comme il est prévu en matière de contributions indirectes, au livre II du présent code. Des décrets en Conseil d'Etat fixent les modalités d'application du présent article.

I quater. Déclaration relative aux actifs numériques

Art 1649 bis C Les personnes ou les entités juridiques, domiciliées ou établies en France, sont tenues de déclarer, en même temps que leur déclaration de revenus ou de résultats, les références des comptes d'actifs numériques mentionnés à l'article L 54-10-1 du code monétaire et financier ouverts, détenus, utilisés ou clos auprès d'entreprises, personnes morales, institutions ou organismes établis à l'étranger.

Les modalités d'application du présent article sont fixées par décret *(NDLR Voir Annexe III, art. 344 G decies et 344 G undecies)*.

RM-VII-50100 s. ; MF n° 33630

II. Déclaration des contrats d'assurance-vie

Art 1649 ter I. Les entreprises d'assurance, les institutions de prévoyance et les unions mentionnées au I de l'article L 132-9-3 du code des assurances, ainsi que les mutuelles ou unions mentionnées à l'article L 223-10-2 du code de la mutualité et les organismes assimilés, établis en France, déclarent la souscription et le dénouement des contrats de capitalisation ou des placements de même nature, notamment des contrats d'assurance vie.

II. Les entreprises, personnes morales, institutions et organismes mentionnés au I déclarent également chaque année au titre de ces contrats :

1° Pour les contrats d'assurance vie non rachetables souscrits depuis le 20 novembre 1991, le montant cumulé des primes versées entre le soixante-dixième anniversaire du souscripteur et le 1er janvier de l'année de la déclaration, lorsque ce montant est supérieur ou égal à 7 500 € ;

2° Pour les autres contrats, quelle que soit leur date de souscription, le montant cumulé des primes versées au 1er janvier de l'année de la déclaration et la valeur de rachat ou le montant du capital garanti, y compris sous forme de rente, à la même date, lorsque ce montant ou cette valeur est supérieur ou égal à 7 500 €.

III. Les déclarations prévues aux I et II s'effectuent dans les conditions et délais fixés par décret en Conseil d'Etat.

RM-VIII-8000 s. ; MF nº 26950

III. Déclaration des opérateurs de plateforme de mise en relation par voie électronique

Art 1649 ter A I. L'entreprise ou l'organisme qui, en qualité d'opérateur de plateforme, met à la disposition d'utilisateurs un dispositif permettant une mise en relation par voie électronique afin d'effectuer, directement ou indirectement, des opérations de vente d'un bien, de fourniture d'un service par des personnes physiques, de location d'un mode de transport ou de location d'un bien immobilier de toute nature souscrit auprès de l'administration fiscale une déclaration relative aux opérations réalisées par des vendeurs et prestataires par son intermédiaire.

II. La déclaration prévue au I comporte les informations suivantes :

1º Les éléments d'identification de l'opérateur de plateforme ainsi que la raison commerciale des plateformes pour lesquelles l'opérateur de plateforme effectue la déclaration ;

2º Les éléments d'identification de chaque vendeur ou prestataire à déclarer en application de l'article 1649 ter C ainsi que chaque Etat ou territoire dont le vendeur ou prestataire à déclarer est résident ;

3º Le montant total de la contrepartie perçue par chaque vendeur ou prestataire au cours de chaque trimestre et le nombre d'opérations pour lesquelles elle a été perçue, ainsi que tous frais, commissions ou taxes retenus ou prélevés par l'opérateur de plateforme au cours de chaque trimestre ;

4º Lorsqu'ils sont disponibles, l'identifiant du compte financier sur lequel la contrepartie est versée ainsi que les éléments d'identification du titulaire de ce compte, s'il diffère du vendeur ou prestataire à déclarer. Toutefois, ces informations ne sont pas déclarées lorsque le vendeur ou prestataire est résident d'un Etat ou territoire n'ayant pas l'intention d'utiliser ces informations, dont la liste est fixée par arrêté du ministre chargé du budget *(NDLR Voir Arrêté ECOE2235772A du 26 décembre 2022 art. 1, JO du 28)* ;

5º Lorsque les opérations consistent en la location de biens immobiliers :

a. L'adresse et, le cas échéant, le numéro d'enregistrement foncier de chaque lot ;

b. Le cas échéant, le nombre de jours et le type de location pour chaque lot.

III. La déclaration prévue au I est souscrite par voie électronique au plus tard le 31 janvier de l'année suivant celle au cours de laquelle les opérations ont été réalisées.

***Ndlr** Voir Annexe III, art. 344 G duodecies à 344 G vicies.*

DC-I-4100 s. ; MF nºs 78412 s.

Art 1649 ter B I. L'opérateur de plateforme souscrit la déclaration prévue à l'article 1649 ter A lorsqu'il se trouve dans l'une des situations suivantes :

1º Il est résident de France ;

2º Il n'est pas résident de France mais remplit l'une des conditions suivantes :

a. Il est constitué conformément à la législation française ;

b. Son siège de direction se trouve en France ;

c. Il possède un établissement stable en France.

Toutefois, l'opérateur de plateforme n'est pas tenu de souscrire la déclaration prévue à l'article 1649 ter A lorsqu'il remplit également au moins une des conditions prévues au présent 2º dans un ou plusieurs autres Etats membres de l'Union européenne et qu'il s'acquitte auprès de l'un de ces autres Etats membres des obligations déclaratives qui lui incombent en application de la directive 2011/16/UE du Conseil du 15 février 2011 relative à la coopération administrative dans le domaine fiscal et abrogeant la directive 77/799/CEE ;

3º Il n'est ni résident d'un Etat membre de l'Union européenne, ni constitué ou géré dans un Etat membre et il ne possède pas d'établissement stable dans un Etat membre mais remplit les conditions cumulatives suivantes :

a. Il facilite des opérations mentionnées au I de l'article 1649 ter A qui sont réalisées par des personnes fiscalement domiciliées dans un Etat membre ou, s'agissant de la location de biens immobiliers, qui sont afférentes à des biens situés dans un Etat membre ;

b. Il choisit de remplir ses obligations déclaratives au titre de ces opérations auprès de l'administration fiscale française.

Toutefois, l'opérateur de plateforme qui est résident d'un Etat ou d'un territoire autre qu'un Etat membre de l'Union européenne ayant conclu avec la France une convention permettant un échange automatique d'informations concernant les opérations réalisées par des vendeurs ou prestataires par l'intermédiaire de plateformes numériques et reconnue, au moyen d'actes d'exécution de la Commission européenne, comme étant d'effet équivalent à l'obligation prévue à l'article 1649 ter A ne déclare que les opérations mentionnées au même article qui sont réalisées par son intermédiaire et qui n'entrent pas dans le champ de cette convention.

Il en va de même pour l'opérateur de plateforme qui, sans être résident de cet Etat ou territoire, y est constitué conformément à la législation de cet Etat ou territoire ou y a son siège de direction.

II. L'opérateur de plateforme qui justifie annuellement que le modèle commercial de sa plateforme est tel qu'il ne compte aucun vendeur ou prestataire à déclarer en application de l'article 1649 ter C n'est tenu ni de souscrire la déclaration prévue à l'article 1649 ter A, ni de mettre en œuvre les procédures d'identification prévues à l'article 1649 ter D.

Ndlr *Voir Annexe III, art. 344 G duodecies à 344 G vicies.*

DC-I-4100 s. ; MF n°s 78412 s.

Art 1649 ter C I. L'opérateur de plateforme mentionne dans la déclaration prévue à l'article 1649 ter A les informations relatives aux vendeurs ou prestataires utilisateurs de sa plateforme lorsqu'ils remplissent les conditions suivantes :

1° Ils ont réalisé des opérations mentionnées à l'article 1649 ter A ou ont perçu une contrepartie à raison de ces opérations ;

2° Ils sont résidents de France, d'un autre Etat membre de l'Union européenne ou d'un Etat ou territoire ayant conclu avec la France une convention permettant un échange automatique d'informations concernant les opérations réalisées par des vendeurs ou prestataires par l'intermédiaire de plateformes numériques ou ont réalisé des opérations de location de biens immobiliers situés dans un ou plusieurs de ces Etats ou territoires.

II. Le I ne s'applique pas aux vendeurs ou prestataires utilisateurs de plateforme qui sont :

1° Une entité publique ;

2° Une entité dont les actions font l'objet de transactions régulières sur un marché boursier réglementé ou une entité liée à une entité dont les actions font l'objet de transactions régulières sur un marché boursier réglementé ;

3° Une entité pour laquelle l'opérateur de plateforme a facilité plus de deux mille opérations de location de biens immobiliers en lien avec un lot au cours de la période de déclaration ;

4° Une personne ayant effectué, au cours de la période de déclaration, moins de trente opérations de vente de biens pour lesquelles le montant total de la contrepartie n'excède pas 2 000 €.

Ndlr *Voir Annexe III, art. 344 G duodecies à 344 G vicies.*

DC-I-4100 s. ; MF n°s 78412 s.

Art 1649 ter D I. L'opérateur de plateforme met en œuvre, y compris au moyen de traitements de données à caractère personnel, les diligences nécessaires à l'identification :

1° Des vendeurs ou prestataires qui effectuent une ou plusieurs opérations mentionnées au I de l'article 1649 ter A et, le cas échéant, des biens immobiliers loués. Il collecte à cette fin les éléments relatifs aux résidences fiscales et, le cas échéant, les numéros d'identification fiscale des vendeurs ou prestataires concernés ainsi que les références des biens immobiliers loués ;

2° Le cas échéant, des personnes détentrices des comptes financiers sur lesquels les contreparties devant faire l'objet d'une déclaration ont été perçues.

L'opérateur de plateforme vérifie la fiabilité des informations collectées.

Les vendeurs ou prestataires qui effectuent des opérations mentionnées au I de l'article 1649 ter A remettent à l'opérateur de plateforme les informations nécessaires à l'application du même article 1649 ter A.

Lorsque, après deux rappels de l'opérateur de plateforme, un vendeur ou un prestataire ne fournit pas les informations nécessaires à l'application du présent I, l'opérateur de plateforme ferme le compte du vendeur ou du prestataire dans un délai ne pouvant être inférieur à soixante jours et empêche celui-ci de s'enregistrer de nouveau sur la plateforme. Toutefois, après la fermeture du compte, l'opérateur de plateforme peut autoriser le vendeur ou le prestataire à s'enregistrer de nouveau, à la condition que ce dernier ait présenté des garanties suffisantes de son engagement à fournir l'ensemble des informations nécessaires à l'application de l'article 1649 ter A.

L'opérateur de plateforme tient un registre des démarches entreprises et des informations collectées qui sont nécessaires à la correcte exécution de ses obligations. Il conserve les données de ce registre pendant une période de dix ans.

Ces traitements éventuels sont soumis à la loi n° 78-17 du 6 janvier 1978 relative à l'informatique, aux fichiers et aux libertés.

II. L'opérateur de plateforme informe chaque vendeur ou prestataire, personne physique, concerné par la déclaration prévue à l'article 1649 ter A que les données le concernant qui sont transférées à l'administration fiscale peuvent être communiquées à l'administration fiscale d'un autre Etat membre de l'Union européenne ou d'un Etat ou territoire ayant conclu avec la France une convention permettant un échange automatique des informations prévues au I du même article 1649 ter A.

III. L'opérateur de plateforme fournit à chaque vendeur ou prestataire qui réalise des opérations mentionnées au I de l'article 1649 ter A, dans le délai prévu au III du même article, les informations transmises à l'administration fiscale le concernant.

Ndlr *Voir Annexe III, art. 344 G duodecies à 344 G vicies.*

DC-I-4100 s. ; MF n°s 78412 s.

Art 1649 ter E I. L'opérateur de plateforme soumis à l'obligation déclarative prévue à l'article 1649 ter A en application du 3° du I de l'article 1649 ter B s'enregistre auprès de l'administration fiscale, qui lui attribue un numéro d'enregistrement individuel.

II. Nonobstant l'article 1740 E, le numéro d'enregistrement prévu au I du présent article est retiré dans les cas suivants :

1° L'opérateur de plateforme a notifié à l'administration fiscale qu'il n'exerce plus aucune activité en cette qualité ;

2° Il existe des raisons de supposer que l'activité de l'opérateur de plateforme a cessé ;

3° L'opérateur de plateforme ne remplit plus les conditions prévues au 3° du I de l'article 1649 ter B.

Le retrait du numéro d'enregistrement prend effet à l'expiration d'un délai de trois mois à compter de sa notification à l'opérateur de plateforme.

III. A l'expiration d'un délai de six mois à compter de la prise d'effet du retrait, l'opérateur de plateforme dont le numéro d'enregistrement a été retiré peut déposer une nouvelle demande d'enregistrement dans les conditions prévues au I du présent article.

Ndlr *Voir Annexe III, art. 344 G duodecies à 344 G vicies.*

DC-I-4100 s. ; MF n°s 78412 s.

CHAPITRE I BIS

Mesures de contrôle des opérations réalisées en espèces et des transferts de sommes, titres ou valeurs

Art 1649 quater A Les transferts d'argent liquide, au sens du règlement (UE) 2018/1672 du Parlement européen et du Conseil du 23 octobre 2018 relatif aux contrôles de l'argent liquide entrant dans l'Union ou sortant de l'Union et abrogeant le règlement (CE) n° 1889/2005 réalisés par des personnes physiques vers un Etat membre de l'Union européenne ou en provenance d'un Etat membre de l'Union européenne sont effectués conformément aux articles L 152-1 à L 152-1-2 du code monétaire et financier.

L'argent liquide, au sens du règlement (UE) 2018/1672 du Parlement européen et du Conseil du 23 octobre 2018 précité, transféré vers l'étranger ou en provenance de l'étranger constitue, sauf preuve contraire, un revenu imposable lorsque le contribuable n'a pas rempli les obligations prévues aux articles L 152-1 à L 152-1-2 du code monétaire et financier et au règlement (UE) 2018/1672 du Parlement européen et du Conseil du 23 octobre 2018 précité.

Ndlr *Les articles L 152-1 à L 152-1-2 du code monétaire et financier sont reproduits dans la partie Autre textes du présent code.*

CF-IX-18680 s. ; MF n°s 78300 s.

CHAPITRE 000I TER

Dispositifs spécifiques de présomption de revenu et de taxation forfaitaire en fonction des éléments de train de vie

Art 1649 quater-0 B bis 1. Lorsqu'il résulte des constatations de fait opérées dans le cadre d'une des procédures prévues aux articles 53, 75 et 79 du code de procédure pénale et que l'administration fiscale est informée dans les conditions prévues aux articles L 82 C, L 101 ou L 135 L du livre des procédures fiscales qu'une personne a eu la libre disposition d'un bien objet d'une des infractions mentionnées au 2, cette personne est présumée, sauf preuve contraire appréciée dans le cadre des procédures prévues aux articles L 10 et L 12 de ce même livre, avoir perçu un revenu imposable équivalent à la valeur vénale de ce bien au titre de l'année au cours de laquelle cette disposition a été constatée.

La présomption peut être combattue par tout moyen et procéder notamment de l'absence de libre disposition des biens mentionnés au premier alinéa, de la déclaration des revenus ayant permis leur acquisition ou de l'acquisition desdits biens à crédit.

Il en est de même des biens meubles qui ont servi à les commettre ou étaient destinés à les commettre.

Lorsqu'il résulte des constatations de fait opérées dans le cadre d'une des procédures prévues aux articles 53, 75 et 79 du code de procédure pénale et que l'administration fiscale est informée dans les conditions prévues aux articles L 82 C, L 101 ou L 135 L du livre des procédures fiscales qu'une personne a eu la libre disposition d'une somme d'argent, produit direct d'une des infractions visées aux 2 ou 3 du présent article, cette personne est présumée, sauf preuve contraire appréciée dans le cadre des procédures prévues aux articles L 10 et L 12 de ce même livre, avoir perçu un revenu imposable égal au montant de cette somme au titre de l'année au cours de laquelle cette disposition a été constatée.

La présomption peut être combattue par tout moyen et procéder notamment de l'absence de libre disposition des sommes mentionnées au quatrième alinéa, du caractère non imposable de ces sommes ou du fait qu'elles ont été imposées au titre d'une autre année.

Lorsque plusieurs personnes ont la libre disposition des biens ou de la somme mentionnés respectivement au premier et au quatrième alinéas, la base du revenu imposable est, sauf preuve contraire, répartie proportionnellement entre ces personnes.

2. Le 1 s'applique aux infractions suivantes :

a. crimes et délits de trafic de stupéfiants prévus par les articles 222-34 à 222-39 du code pénal ;

b. crimes en matière de fausse monnaie prévus par les articles 442-1 à 442-7 du même code ;

c. crimes et délits en matière de législation sur les armes prévus par les articles L 2339-2 à L 2339-11 du code de la défense et portant sur des armes de la première à la cinquième catégorie au sens de l'article L 2331-1 du même code ;

d. délits à la réglementation sur les alcools et le tabac prévus à l'article 1810 du présent code ;

Ndlr *Pour les dispositions du présent d applicables à compter du 1er juillet 2025, voir partie Autres textes du présent code ordonnance 2023-1210 du 20 décembre 2023 art. 25, 3° et 43.*

e. délit de contrefaçon prévu à l'article L 716-9 du code de la propriété intellectuelle.

3. Les trois derniers alinéas du 1 s'appliquent également aux délits en matière d'habitat indigne prévus à l'article L 1337-4 du code de la santé publique, aux IV et VI de l'article L 123-3 du code de la construction et de l'habitation *(NDLR Voir articles L 184-4 et L 184-6 du même code à compter du 1er juillet 2021)*, aux I et II de l'article L 511-6 du même code et au I de l'article L 521-4 dudit code.

CF-IX-87100 s. ; MF n° 78395

Art 1649 quater-0 B ter **1.** Lorsque l'administration fiscale est informée, dans le cadre de la lutte contre les activités lucratives non déclarées portant atteinte à l'ordre public et à la sécurité publique et dans les conditions prévues aux articles L 82 C, L 101 ou L 135 L du livre des procédures fiscales, qu'un contribuable dispose d'éléments mentionnés ci-après, elle peut, en cas de disproportion marquée entre son train de vie et ses revenus, porter la base d'imposition à l'impôt sur le revenu à une somme forfaitaire déterminée en appliquant à ce ou ces éléments de train de vie le barème ci-après, compte tenu, le cas échéant, de la majoration prévue au 2.

Eléments du train de vie	Base
1. Valeur locative cadastrale de la résidence principale, déduction faite de celle s'appliquant aux locaux ayant un caractère professionnel	Cinq fois la valeur locative cadastrale
2. Valeur locative cadastrale des résidences secondaires, déduction faite de celle s'appliquant aux locaux ayant un caractère professionnel	Cinq fois la valeur locative cadastrale
3. Voitures automobiles destinées au transport des personnes	La valeur de la voiture neuve avec abattement de 50 % après trois ans d'usage ou, dans le cas d'une prise en location, cinq fois le prix toutes taxes comprises de cette location
4. Motocyclettes de plus de 450 cm^3	La valeur de la motocyclette neuve avec abattement de 50 % après trois ans d'usage

Eléments du train de vie	Base
5. Clubs de sports et de loisirs	Le montant des dépenses
6. Voyages, séjours en hôtels, locations saisonnières et dépenses y afférentes	Le montant des dépenses
7. Appareils électroménagers, équipements son-hifi-vidéo, matériels informatiques	La valeur du bien neuf, lorsque celle-ci est supérieure à 1 000 €
8. Articles de joaillerie et métaux précieux	La valeur vénale du bien

Les éléments dont il est fait état pour la détermination de la base d'imposition sont ceux dont ont disposé, pendant l'année de l'imposition, les membres du foyer fiscal désignés aux 1 et 3 de l'article 6.

Pour les éléments dont disposent conjointement plusieurs personnes, la base est fixée proportionnellement aux droits de chacune d'entre elles.

Les revenus visés au présent article sont ceux qui résultent de la déclaration du contribuable et, en cas d'absence de déclaration, ils sont comptés pour zéro.

2. La somme forfaitaire déterminée en application du barème est majorée de 50 % lorsque le contribuable a disposé de plus de quatre éléments du train de vie figurant au barème.

Pour l'appréciation du nombre d'éléments de train de vie dont le contribuable a disposé, chaque élément des catégories 1 à 4 est décompté pour un. Pour les catégories 5 à 8, plusieurs éléments d'une même catégorie sont décomptés pour un.

3. La disproportion marquée entre le train de vie d'un contribuable et ses revenus est établie lorsque la somme forfaitaire qui résulte de l'application du barème et de la majoration prévus aux 1 et 2 est, pour l'année d'imposition, au moins égale au double du montant du revenu net global déclaré, y compris les revenus exonérés ou taxés selon un taux proportionnel ou libérés de l'impôt par l'application d'un prélèvement.

4. Le contribuable peut apporter la preuve que ses revenus ou l'utilisation de son capital ou les emprunts qu'il a contractés lui ont permis d'assurer son train de vie.

CF-IX-87750 s. ; MF n° 78398

CHAPITRE 00I TER

Transmission des déclarations par voie électronique

Art 1649 quater B bis Les déclarations d'une entreprise destinées à l'administration et souscrites par voie électronique, à titre obligatoire ou facultatif, sont transmises selon des conditions fixées par décret.

Les déclarations souscrites par voie électronique par un prestataire habilité par l'administration dans les conditions fixées par décret sont réputées faites au nom et pour le compte de l'entreprise identifiée dans la déclaration.

BNC-III-3935 ; BA-IV-14600 ; RIE-III-2650 s. ; MF n°s 10970, 13495, 16050

Art 1649 quater B ter Les dispositions de l'article 1649 quater B bis s'appliquent aux déclarations souscrites par les particuliers auprès de l'administration fiscale.

(Voir arrêté du 22 mars 2002 modifié, art. 6, JO du 3 mai).

IRPP-V-3200 s. ; MF n° 3675

Art 1649 quater B quater I. Les déclarations d'impôt sur les sociétés et leurs annexes relatives à un exercice sont souscrites par voie électronique.

Cette obligation s'applique également aux entreprises qui appartiennent à l'une des catégories suivantes :

1° Les personnes physiques ou morales ou groupements de personnes de droit ou de fait dont, à la clôture de l'exercice, le chiffre d'affaires hors taxes ou le total de l'actif brut figurant au bilan est supérieur ou égal à 400 millions d'euros ;

2° Les personnes physiques ou morales ou groupements de personnes de droit ou de fait détenant à la clôture de l'exercice, directement ou indirectement, plus de la moitié du capital ou des droits de vote d'une personne morale ou d'un groupement mentionné au 1° ;

3° Les personnes morales ou groupements de personnes de droit ou de fait dont plus de la moitié du capital ou des droits de vote est détenue à la clôture de leur exercice, directement ou indirectement, par une personne ou un groupement mentionné au 1° ;

4° *(Périmé)* ;

5° Les personnes morales qui appartiennent à un groupe relevant du régime fiscal prévu à l'article 223 A ou à l'article 223 A bis lorsque celui-ci comprend au moins une personne mentionnée aux 1°, 2° et 3°.

Pour les entreprises mentionnées aux 1° à 3°, cette obligation s'applique aux déclarations qui doivent être souscrites à compter du 1er février de la deuxième année suivant celle au cours de laquelle l'une au moins des conditions prévues aux 1° à 3° est remplie à la clôture de l'exercice. Pour les entreprises mentionnées au 5°, cette obligation s'applique à compter du 1er févier de la première année suivant celle de leur entrée dans le groupe *(Voir Annexe III, art. 344-0 C-II)*.

Pour les entreprises mentionnées aux 1° à 5°, cette obligation continue à s'appliquer jusqu'au 31 janvier de la quatrième année suivant celle au cours de laquelle les conditions ont cessé d'être remplies à la clôture de l'exercice. Par dérogation aux dispositions de l'alinéa précédent, si, au cours de cette période, les conditions sont à nouveau remplies à la clôture d'un exercice, cette obligation continue de s'appliquer à compter du début du premier exercice suivant.

Cette obligation s'applique en outre aux personnes morales ou groupements de personnes de droit ou de fait qui ont opté pour le dépôt de leurs déclarations fiscales auprès du service chargé des grandes entreprises dans des conditions fixées par décret.

RIE-III-2100 s. ; MF nos 36385, 87445

II. Les déclarations de bénéfices industriels et commerciaux, de bénéfices non commerciaux et de bénéfices agricoles ainsi que leurs annexes sont souscrites par voie électronique.

RIE-III-2100 s. ; MF nos 10970, 13495, 16050

III. Les déclarations de taxe sur la valeur ajoutée, leurs annexes et les demandes de remboursement de crédit de cette taxe, ainsi que les déclarations de taxes assimilées aux taxes sur le chiffre d'affaires et leurs annexes sont souscrites par voie électronique.

RIE-IV-12300 s. ; MF nos 54100 s.

IV. Les déclarations de cotisation sur la valeur ajoutée des entreprises sont obligatoirement souscrites par voie électronique.

Ndlr *Pour les dispositions du présent IV qui sont abrogées à compter des impositions établies au titre de 2027, voir partie Autres textes du présent code loi 2022-1726 du 30 décembre 2022 art. 55, I-T et XXVII-J modifié par loi 2023-1322 du 29 décembre 2023 art. 79, III-3°.*

CET-III-22300 s., 22630 ; MF nos 44035 s.

V. L'état récapitulatif mentionné au III de l'article 289 B est souscrit par voie électronique. Toutefois, les assujettis bénéficiant du régime visé à l'article 293 B peuvent le déposer sur support papier.

Ndlr *Pour les dispositions du présent V qui entrent en vigueur le 1er janvier 2025, voir partie Autres textes du présent code loi 2023-1322 du 29 décembre 2023 art. 82, I-17° et III.*

TVA-III-9700 s. ; MF n° 49890

VI. Les déclarations de résultats des sociétés immobilières non soumises à l'impôt sur les sociétés ainsi que leurs annexes sont souscrites par voie électronique.

IMMO-IV-6000 s. ; MF n° 30740

VII. Les déclarations mentionnées à l'article 568 ainsi que les déclarations relatives à l'impôt sur les maisons de jeux prévu à l'article 1559 sont souscrites par voie électronique. Les opérateurs qui ne disposent pas, en raison de l'absence de couverture du lieu où ils sont établis par un ou plusieurs réseaux offrant un accès aux communications électroniques, d'un système d'information permettant d'accéder à internet, établissent ces déclarations sur papier.

VIII. Les redevables mentionnés au II de l'article 117 quater et au I de l'article 125 A souscrivent leurs déclarations par voie électronique lorsqu'ils sont uniquement redevables des prélèvements mentionnés :

1° A l'article 117 quater ;

2° A l'article 125 A, sur les intérêts de comptes courants et sur les intérêts versés au titre des sommes mises à la disposition de la société dont les personnes physiques sont associées ou actionnaires et portées sur un compte bloqué individuel et sur les intérêts dus par les offices notariaux au titre des produits de compte de consignation, de dépôt spécifique et de titres consignés ;

3° A l'article L 138-21 du code de la sécurité sociale, opérés sur les revenus soumis aux prélèvements mentionnés aux 1° et 2° du présent VIII.

RM-III-740 ; RM-IV-1220 s. ; MF nos 24590, 25385

IX. Les redevables des prélèvements et retenues à la source prévus aux articles 117 quater, 119 bis, 125-0 A, 125 A et 1678 bis du présent code et à l'article L 138-21 du code de la sécurité sociale souscrivent leurs déclarations par voie électronique.

RM-III-740 s. ; RM-IV-6700 s., 1220 s. ; MF nos 24590, 25385

X. Les déclarations relatives à la retenue à la source mentionnée à l'article 1673 bis sont souscrites par voie électronique.

RM-III-13420 ; MF n° 24896

XI. La déclaration récapitulative de réductions et crédits d'impôts prévue en matière d'impôt sur les sociétés, de bénéfices industriels et commerciaux, de bénéfices non commerciaux et de bénéfices agricoles est souscrite par voie électronique.

RIE-III-7130 s.

XII. Les déclarations mentionnées aux articles 990 E et 990 F sont souscrites par voie électronique.

ENR-XI-10400 ; MF n° 75975

XIII. La déclaration de crédit d'impôt pour dépenses de recherche mentionné à l'article 244 quater B est souscrite par voie électronique.

Ndlr *Les dispositions du présent XIII s'appliquent aux déclarations devant être déposées à compter du 1er janvier 2020.*

IS-IX-7200 s. ; MF n° 10502

XIV. Les déclarations de taxe sur les salaires sont souscrites par voie électronique.

TPS-I-18100 s. ; MF n° 73550

XV. Les déclarations de la taxe sur les conventions d'assurance mentionnée à l'article 991, des taxes assimilées prévues aux articles 990 I, 1635 bis A et 1635 bis AD et de la contribution forfaitaire annuelle mentionnée au V de l'article L 426-1 du code des assurances sont souscrites par voie électronique *[(NDLR Les dispositions du présent XV s'appliquent aux impositions dont le fait générateur est intervenu à compter du 1er janvier 2024 (Loi 2019-1479 du 28 décembre 2019 art. 166, II-4° et V modifié par loi 2020-1721 du 29 décembre 2020 art. 64, I-11° et 194 ; décret 2023-962 du 19 octobre 2023)]*.

XVI. Un décret *(NDLR Voir décret 2020-772 du 24-6-2020, art. 1)* précise les autres déclarations qui sont souscrites par voie électronique, sous peine de l'application de l'article 1738.

(Sur les modalités de transmission des déclarations professionnelles par voie électronique, voir Annexe III, art. 344 I ter et 344 I quater)

Art 1649 quater B quinquies La déclaration prévue à l'article 170 et ses annexes sont souscrites par voie électronique par les contribuables dont la résidence principale est équipée d'un accès à internet.

Ceux de ces contribuables qui indiquent à l'administration ne pas être en mesure de souscrire cette déclaration par voie électronique utilisent les autres moyens prévus au premier alinéa du 1 de l'article 173.

Les contribuables personnes physiques qui résident dans des zones où aucun service mobile n'est disponible sont dispensés de l'obligation de télédéclaration de leurs revenus et de télépaiement de leurs impôts jusqu'au 31 décembre 2024.

IRPP-V-3200 s. ; MF nos 3675, 76715

CHAPITRE I TER

Centres de gestion agréés, associations de gestion et de comptabilité et associations agréées des professions libérales et organismes mixtes de gestion agréés

I. Centres de gestion agréés

Art 1649 quater C Des centres de gestion, dont l'objet est d'apporter aux industriels, commerçants, artisans et agriculteurs une assistance en matière de gestion et de leur fournir une analyse des informations économiques, comptables et financières en matière de prévention des difficultés économiques et financières, peuvent être agréés dans des conditions définies par un décret en Conseil d'Etat *(Voir Annexe II, art. 371 A à 371 LE)*.

Ces centres sont créés à l'initiative soit d'experts-comptables ou de sociétés membres de l'ordre, soit de chambres de commerce et d'industrie territoriales, de chambres de métiers et de l'artisanat ou de chambres d'agriculture, soit d'organisations professionnelles légalement constituées d'industriels, de commerçants, d'artisans ou d'agriculteurs.

DC-II-1 s., 11100 s. ; MF nos 87765 s.

Art 1649 quater E Les centres sont notamment habilités à élaborer, pour le compte de leurs adhérents placés sous un régime réel d'imposition, les déclarations destinées à l'administration fiscale ; un agent de l'administration fiscale apporte son assistance technique au centre de gestion agréé, dans les conditions prévues par la convention passée entre le centre et l'administration fiscale. Les modalités d'assistance et de contrôle des centres de gestion agréés par l'administration fiscale sont précisées dans la convention visée à l'article 371 C de l'annexe II.

Les centres demandent à leurs adhérents tous renseignements et documents utiles afin de procéder, sous leur propre responsabilité, à un examen annuel en la forme des déclarations de résultats et de leurs annexes, de taxes sur le chiffre d'affaires, de cotisation sur la valeur ajoutée des entreprises et, le cas échéant, de revenus encaissés à l'étranger, puis à l'examen annuel de leur cohérence, de leur vraisemblance et de leur concordance et à un examen périodique de sincérité selon des modalités définies par décret en Conseil d'Etat. Cet examen ne constitue pas le début d'une des procédures mentionnées aux articles L 12 et L 13 du livre des procédures fiscales.

Les centres ont l'obligation de procéder aux contrôles de concordance, de cohérence et de vraisemblance des déclarations de résultats, de taxes sur le chiffre d'affaires, de cotisation sur la valeur ajoutée des entreprises et, le cas échéant, de revenus encaissés à l'étranger de leurs adhérents dans les six mois à partir de la date de réception des déclarations des résultats par le centre, délai porté à neuf mois pour les adhérents faisant l'objet d'un examen de sincérité.

Les centres sont tenus d'adresser à leurs adhérents un compte rendu de mission dans les deux mois qui suivent la fin des opérations de contrôle. Dans le même délai, une copie de ce compte rendu est transmise, par le centre, au service des impôts des entreprises dont dépend l'adhérent concerné.

Les modèles de compte rendu de mission et les modalités de leur transmission aux services fiscaux sont définis par arrêté ministériel *(Voir arrêté du 16 janvier 2017, JO du 27).*

Les centres ont l'obligation de dématérialiser et de télétransmettre aux services fiscaux, selon la procédure prévue par le système de transfert des données fiscales et comptables, les attestations qu'ils délivrent à leurs adhérents, ainsi que les déclarations de résultats, leurs annexes et les autres documents les accompagnant. Ils doivent recevoir mandat de leurs adhérents pour transmettre les informations correspondant à leurs obligations déclaratives, selon des modalités définies par arrêté ministériel.

Ndlr *Pour les dispositions du présent article qui s'appliquent à compter des impositions établies au titre de 2027, voir partie Autres textes du présent code loi 2022-1726 du 30 décembre 2022 art. 55, I-U et XXVII-J modifié par loi 2023-1322 du 29 décembre 2023 art. 79, III-3°.*

DC-II-4000 s. ; MF n°s 87790 s., 87835

Art 1649 quater E bis Les adhérents des centres de gestion agréés sont soumis à l'obligation d'accepter les règlements soit par carte bancaire, soit par chèques. Dans ce dernier cas, ils doivent faire libeller ces chèques à leur ordre et ne pas les endosser sauf pour remise directe à l'encaissement. Ils doivent en informer leur clientèle. Les conditions d'application du présent article sont fixées par décret en Conseil d'Etat *(Voir Annexe II, art. 371 LA à 371 LE).*

DC-II-16000 s. ; MF n° 87820

II. Associations agréées des professions libérales

Art 1649 quater F Des associations ayant pour objet de développer l'usage de la comptabilité, de fournir une assistance en matière de gestion, de leur fournir une analyse des informations économiques, comptables et financières en matière de prévention des difficultés économiques et financières et de faciliter l'accomplissement de leurs obligations administratives et fiscales par les membres des professions libérales et les titulaires des charges et offices peuvent être agréées dans des conditions fixées par décret en Conseil d'Etat *(Voir Annexe II, art. 371 M à 371 V bis).*

Ces associations ont pour fondateurs soit des ordres ou des organisations professionnelles légalement constituées des membres des professions mentionnées au premier alinéa, soit des experts-comptables ou des sociétés inscrites à l'ordre des experts-comptables.

Peuvent adhérer à ces associations les membres des professions libérales et les titulaires de charges et offices qui souscrivent à l'engagement pris, dans des conditions fixées par décret, par les ordres ou les organisations professionnelles dont ils relèvent, d'améliorer la connaissance des revenus de leurs ressortissants *(Voir Annexe II, art. 371 W à 371 Z).*

Peuvent également adhérer à ces associations agréées tous les contribuables qui disposent de revenus non professionnels imposés dans la catégorie des bénéfices non commerciaux, soumis au régime de la déclaration contrôlée de droit ou sur option, et qui auront souscrit un engagement d'amélioration de la connaissance des revenus, selon un modèle fixé par arrêté ministériel *(Voir arrêté du 26 juin 2009, JO du 8 octobre).*

DC-II-460 s., 6600 s., 11250 s. ; MF n°s 87865 s.

Art 1649 quater G Les documents tenus par les adhérents des associations définies à l'article 1649 quater F en application de l'article 99 doivent être établis conformément à l'un des plans comptables professionnels agréés par le ministre de l'économie et des finances *(Voir arrêté du 30 janvier 1978, JO du 4 février).*

Les documents comptables mentionnés au premier alinéa comportent, quelle que soit la profession exercée par l'adhérent, l'identité du client ainsi que le montant, la date et la forme du versement des honoraires *(Voir également LPF, art. L 86 A).*

DC-II-6670 s., 15830 s., 15930 ; MF n° 87910

Art 1649 quater H Les associations mentionnées à l'article 1649 quater F s'assurent de la régularité des déclarations de résultats, de taxes sur le chiffre d'affaires, de cotisation sur la valeur ajoutée des entreprises et, le cas échéant, de revenus encaissés à l'étranger que leur soumettent leurs adhérents. A cet effet, elles leur demandent tous renseignements et documents utiles de nature à établir, chaque année, la concordance, la cohérence et la vraisemblance entre :

1° Les résultats fiscaux et la comptabilité établie conformément aux plans comptables visés à l'article 1649 quater G ;

2° Les déclarations de résultats, les déclarations de taxes sur le chiffre d'affaires, les déclarations de cotisation sur la valeur ajoutée des entreprises et, le cas échéant, les déclarations de revenus encaissés à l'étranger.

Elles leur demandent également tous renseignements et documents utiles afin de réaliser un examen périodique de sincérité selon des modalités définies par décret en Conseil d'Etat. Cet examen ne constitue pas le début d'une des procédures mentionnées aux articles L 12 et L 13 du livre des procédures fiscales.

Elles sont habilitées à élaborer pour le compte de leurs adhérents, placés sous un régime réel d'imposition, les déclarations destinées à l'administration fiscale.

Les modalités d'assistance et de contrôle des associations agréées par l'administration fiscale sont précisées dans la convention visée à l'article 371 O de l'annexe II.

Les associations ont l'obligation de procéder aux contrôles de concordance, cohérence et vraisemblance des déclarations de résultats, de taxes sur le chiffre d'affaires, de cotisation sur la valeur ajoutée des entreprises et, le cas échéant, de revenus encaissés à l'étranger de leurs adhérents dans les six mois à partir de la date de réception des déclarations des résultats par l'association, délai porté à neuf mois pour les adhérents faisant l'objet d'un examen de sincérité.

Les associations sont tenues d'adresser à leur adhérent un compte rendu de mission dans les deux mois qui suivent la fin des opérations de contrôle. Dans le même délai, une copie de ce compte rendu est transmise, par l'association, au service des impôts des entreprises dont dépend l'adhérent concerné.

Les modèles de compte rendu de mission et les modalités de leur transmission aux services fiscaux sont définis par arrêté ministériel *(Voir arrêté du 16 janvier 2017, JO du 27).*

Les associations ont l'obligation de dématérialiser et de télétransmettre aux services fiscaux, selon la procédure prévue par le système de transfert des données fiscales et comptables, les attestations qu'elles délivrent à leurs adhérents, ainsi que les déclarations de résultats, leurs annexes et les autres documents les accompagnant. Elles doivent recevoir mandat de leurs adhérents pour transmettre les informations correspondant à leurs obligations déclaratives, selon des modalités définies par arrêté ministériel.

Ndlr *Pour les dispositions du présent article qui s'appliquent à compter des impositions établies au titre de 2027, voir partie Autres textes du présent code loi 2022-1726 du 30 décembre 2022 art. 55, I-V et XXVII-J modifié par loi 2023-1322 du 29 décembre 2023 art. 79, III-3°.*

DC-II-7230 s. ; MF n°s 87885 s.

III. Dispositions communes

Art 1649 quater I Le directeur départemental des finances publiques ou son représentant assiste, avec voix consultative, aux délibérations des organes dirigeants des centres de gestion agréés, des associations agréées et des organismes mixtes de gestion agréés, lorsqu'elles sont relatives au budget et aux conditions de fonctionnement de ceux-ci. A cet effet, les documents utiles lui sont communiqués huit jours au moins avant la date de ces délibérations.

DC-II-8400 s.

Art 1649 quater J Le renouvellement des agréments des centres de gestion agréés, des associations agréées et des organismes mixtes de gestion agréés intervient, à l'exception du premier renouvellement, tous les six ans *(Voir aussi Annexe II, art. 371 J, 371 U et 371 Z undecies).*

DC-II-2100 s.

Art 1649 quater K Après avoir informé les intéressés des manquements constatés dans l'exécution des missions telles qu'elles sont définies aux articles 1649 quater C à 1649 quater H et les avoir mis en mesure de présenter leurs observations, l'autorité administrative désignée par décret peut subordonner le maintien ou le renouvellement de l'agrément d'un centre, d'une association ou d'un organisme mixte de gestion agréé au changement par ces organismes de leur équipe dirigeante.
(Voir Annexe II, art. 371 G, 371 S et 371 Z nonies)

DC-II-2400 s.

Art 1649 quater K bis La composition des conseils d'administration des centres de gestion, associations et organismes mixtes de gestion agréés est fixée par décret en Conseil d'Etat.
(Voir Annexe II, art. 371 E, 371 Q et 371 Z sexies)

DC-II-840 s.

Art 1649 quater K ter Les centres de gestion mentionnés à l'article 1649 quater C et les associations agréées mentionnées à l'article 1649 quater F peuvent avoir pour adhérents l'ensemble des contribuables mentionnés aux mêmes articles, sous réserve d'obtenir un agrément spécifique d'organisme mixte de gestion agréé, auprès de l'autorité administrative désignée par décret.

Selon que la qualité de leurs adhérents relève de l'article 1649 quater C ou de l'article 1649 quater F, lesdits organismes mixtes réalisent pour ces adhérents les services et missions des centres de gestion agréés, prévus aux articles 1649 quater C à 1649 quater E, ou des associations agréées, prévues aux articles 1649 quater F à 1649 quater H, dans les conditions prévues aux mêmes articles.

Les adhérents des organismes mixtes de gestion agréés sont soumis aux obligations prévues à l'article 1649 quater E bis, si leur qualité relève de l'article 1649 quater C, et aux articles 1649 quater F et 1649 quater G, si leur qualité relève de l'article 1649 quater F.
(Pour les dispositions du présent chapitre relatives aux organismes mixtes de gestion agréés, voir Annexe II, art. 371 Z bis à 371 Z sexdecies)

DC-II-11300 ; MF nº 87920

Art 1649 quater K quater Les centres de gestion agréés, associations agréées et organismes mixtes de gestion agréés se soumettent à un contrôle spécifique de l'administration fiscale qui ne constitue ni à leur égard ni à l'égard de leurs adhérents le début d'une des procédures mentionnées aux articles L 12 et L 13 du livre des procédures fiscales.

CHAPITRE I QUATER

Professionnels de l'expertise comptable

Art 1649 quater L Pour l'application des dispositions du 1º du 7 de l'article 158, les professionnels de l'expertise comptable doivent disposer d'une autorisation délivrée par le commissaire du Gouvernement auprès du conseil régional de l'ordre des experts-comptables dans le ressort duquel ils sont inscrits, après avis du conseil régional si elle est demandée par un expert-comptable indépendant ou une société d'expertise comptable, ou après avis de la commission nationale d'inscription prévue à l'article 42 bis de l'ordonnance nº 45-2138 du 19 septembre 1945 portant institution de l'Ordre des experts-comptables et réglementant le titre et la profession d'expert-comptable si elle est demandée par une association de gestion et de comptabilité.

Ils doivent, en outre, conclure avec l'administration fiscale une convention portant sur une période de trois ans et dans laquelle ils s'engagent :

1º A viser les documents fiscaux transmis par leurs clients ou leurs adhérents, ou les documents fiscaux qu'ils établissent pour le compte de leurs clients ou adhérents, après s'être assurés de leur régularité et avoir demandé à leurs clients ou adhérents tous renseignements et documents utiles de nature à établir la concordance entre les résultats fiscaux et la comptabilité ;

2º A réaliser à l'égard de leurs clients ou adhérents, selon la nature de leur activité, l'ensemble des missions prévues aux articles 1649 quater C à 1649 quater E ou aux articles 1649 quater F à 1649 quater H, dans les conditions prévues aux mêmes articles ;

3º A se soumettre à un contrôle spécifique de l'administration fiscale qui ne constitue ni à leur égard ni à l'égard de leurs clients ou adhérents le début d'une des procédures mentionnées aux articles L 12 et L 13 du livre des procédures fiscales ;

4º à 6º *(Abrogés).*

Les conditions et les modalités de la délivrance de l'autorisation, de la conclusion de la convention avec l'administration fiscale et du contrôle sont précisées par décret en Conseil d'Etat *(NDLR Voir Annexe II, art. 371 bis C et 371 bis E).*

Les clients ou adhérents des professionnels de l'expertise comptable sont soumis à l'obligation prévue à l'article 1649 quater E bis *(NDLR Voir Annexe II, art. 371 bis M et 371 bis N).*

DC-II-17200 s.

Art 1649 quater M Après avoir informé les intéressés des manquements constatés dans l'exécution de la convention mentionnée à l'article 1649 quater L et les avoir entendus, le commissaire du Gouvernement peut retirer l'autorisation. Les clients ou adhérents du professionnel doivent être informés de cette décision.

DC-II-16720 s.

CHAPITRE I QUINQUIES

Certificateurs à l'étranger

Art 1649 quater N Pour l'application du c du 1° du 7 de l'article 158, les professionnels ou organismes n'ayant pas d'établissement stable en France mais qui sont établis dans un Etat membre de l'Union européenne ou dans un autre Etat partie à l'accord sur l'Espace économique européen et qui procurent une assistance technique permettant une meilleure connaissance des revenus non salariaux perçus dans cet Etat par leurs clients ou adhérents et assurant la sincérité de leurs déclarations fiscales concluent avec le directeur général des finances publiques ou son délégataire une convention, portant sur une période de trois ans, dans laquelle ils s'engagent à procéder chaque année, pour les déclarations de revenus encaissés à l'étranger et les déclarations de résultats déposées à l'étranger de leurs clients ou adhérents, aux contrôles prévus à l'article 1649 quater E pour les centres de gestion à l'égard de leurs adhérents, dans les conditions prévues au même article.

Les conditions et modalités de la délivrance de l'autorisation, de la conclusion de la convention avec l'administration fiscale et de son contrôle sont précisées par décret en Conseil d'Etat *(Voir Annexe II, art. 371 ter A à 371 ter F).*

DC-II-17600 s.

Art 1649 quater O Après avoir informé les intéressés des manquements constatés dans l'exécution de la convention mentionnée à l'article 1649 quater N et les avoir mis en mesure de présenter leurs observations sur les faits qui leur sont reprochés, le directeur général des finances publiques ou son délégataire peut dénoncer ladite convention. Les clients ou adhérents du certificateur sont informés de cette décision *(Voir Annexe II, art. 371 ter G et 371 ter H).*

DC-II-17630

CHAPITRE II

Casier fiscal

Art 1649 quinquies 1. Il est institué, dans chaque département, sous l'autorité du ministre chargé du budget, un ou plusieurs centres de casier fiscal.

2. Le centre de casier fiscal réunit les divers documents et informations intéressant la situation fiscale des redevables.

3. Les services de l'administration des impôts et l'administration du contrôle et des enquêtes économiques sont tenus de fournir au centre de casier fiscal l'original ou une copie, totale ou partielle, des documents, renseignements ou références qu'ils détiennent, et qui sont relatifs à la situation fiscale des contribuables.

4. Les services de l'administration des impôts et l'administration du contrôle et des enquêtes économiques obtiennent communication des documents, renseignements ou références réunis par les centres de casier fiscal et les utilisent pour l'accomplissement de leur tâche.

5. A partir de la date fixée par l'arrêté prévu au 7, tout acte, déclaration, enregistrement ou opération effectué auprès d'un service de l'administration des impôts doit être accompagné des renseignements de nature à assurer l'identification des personnes intéressées.

6. *(Abrogé).*

7. L'organisation des centres de casier fiscal et les modalités d'application des 1 à 5 sont déterminées par arrêté du ministre chargé du budget.

CHAPITRE IV

Exonérations fiscales contractuelles et agréments

Art 1649 octies Tous contrats, accords ou conventions passés par les administrations publiques et prévoyant l'exonération d'impôts, droits ou taxes perçus par l'Etat pour son propre compte ou pour celui des collectivités publiques seront de nul effet en ce qui concerne ces exonérations, lorsqu'ils n'auront pas reçu l'agrément préalable du ministre de l'économie et des finances ou de ses représentants et pour autant qu'ils n'auront pas été ratifiés par le Parlement.

Les dispositions des articles L 131-1 à L 131-20 du code des juridictions financières *(NDLR Sanctions des fautes de gestion commises à l'égard de l'Etat et de diverses collectivités)* seront éventuellement applicables en ce cas.

DC-III-1300 s.

Art 1649 nonies I. Nonobstant toute disposition contraire, les agréments auxquels est subordonné l'octroi d'avantages fiscaux prévus par la loi sont délivrés par le ministre chargé du budget. Sauf disposition expresse contraire, toute demande d'agrément auquel est subordonnée l'application d'un régime fiscal particulier doit être déposée préalablement à la réalisation de l'opération qui la motive.

Des arrêtés du ministre pourront instituer des procédures simplifiées et déléguer le pouvoir de décision à des agents de l'administration des impôts ayant au moins le grade de directeur départemental *(Voir Annexe IV, art. 170 quinquies à 170 decies).*

II. Des arrêtés du ministre chargé du budget, pris après avis d'un organisme désigné par décret *(Voir Annexe III, art. 344 K)*, peuvent définir, compte tenu de l'importance, de la nature ou du lieu d'exercice des activités considérées, les conditions des agréments auxquels des exonérations fiscales sont attachées en vertu des dispositions législatives ou réglementaires.

DC-III-1300 s.

Art 1649 nonies A 1. L'inexécution des engagements souscrits en vue d'obtenir un agrément administratif ou le non-respect des conditions auxquelles l'octroi de ce dernier a été subordonné entraîne le retrait de l'agrément, la déchéance des avantages fiscaux qui y sont attachés et l'exigibilité des impositions non acquittées du fait de celui-ci assorties de l'intérêt de retard prévu à l'article 1727, décompté de la date à laquelle ces impôts auraient dû être acquittés.

Par dérogation aux dispositions ci-dessus, le ministre chargé du budget est autorisé à limiter les effets de la déchéance à une fraction des avantages obtenus du fait de l'agrément.

2. Lorsque le bénéficiaire d'avantages fiscaux accordés du fait d'un agrément administratif ou d'une convention passée avec l'Etat se rend coupable, postérieurement à la date de l'agrément ou de la signature de la convention, d'une infraction fiscale reconnue frauduleuse par une décision judiciaire ayant autorité de chose jugée, il est déchu du bénéfice desdits avantages et les impôts dont il a été dispensé depuis la date de l'infraction deviennent immédiatement exigibles, sans préjudice de l'intérêt de retard prévu à l'article 1727 et décompté de la date à laquelle ils auraient dû être acquittés.

DC-III-3200 s. ; MF nº 90205

CHAPITRE V

Départements d'outre-mer. Etablissement et conservation du cadastre

Art 1649 decies I. Dans les départements de la Guadeloupe, de la Guyane, de la Martinique, de Mayotte et de La Réunion, il est procédé, aux frais de l'Etat, à l'établissement et à la conservation d'un cadastre parcellaire destiné à servir de support aux évaluations à retenir pour l'assiette de la contribution foncière des propriétés bâties, de la contribution foncière des propriétés non bâties et des taxes annexes à ces contributions. Ce cadastre est également destiné à servir de moyen d'identification et de détermination physique des immeubles, en vue de la mise en œuvre de la réforme de la publicité foncière réalisée par le décret n° 55-22 du 4 janvier 1955 modifié et les textes pris pour son application.

Dans le Département de Mayotte, le cadastre parcellaire établi dans la collectivité territoriale de Mayotte s'applique. Ses conditions de réfection et de conservation sont régies et adaptées par décret en Conseil d'Etat.

II. La documentation cadastrale peut recevoir les utilisations prévues au I au fur et à mesure de sa constitution dans chaque commune.

III. Des décrets en Conseil d'Etat fixent les conditions d'application du présent article. L'un de ces décrets doit prévoir les modalités selon lesquelles il est tenu compte, pour la répartition des cotisations perçues au profit du département et de divers organismes, des modifications de la base imposable pouvant résulter de la mise en service du cadastre dans chaque commune.

CHAPITRE VI

Règles d'arrondissement des bases d'imposition

Art 1649 undecies Les bases des impositions de toute nature sont arrondies à l'euro le plus proche. La fraction d'euro égale à 0,50 est comptée pour 1.

DC-IX-1000 s. ; MF n° 97510

TITRE II

DISPOSITIONS DIVERSES

CHAPITRE PREMIER

Commissions administratives des impôts et comité de l'abus de droit fiscal

I. Commission communale des impôts directs

Art 1650 **1.** Dans chaque commune, il est institué une commission communale des impôts directs composée de sept membres, à savoir : le maire ou l'adjoint délégué, président, et six commissaires.

Dans les communes de plus de 2 000 habitants, le nombre de commissaires siégeant à la commission communale des impôts directs ainsi que celui de leurs suppléants est porté de six à huit.

Les commissaires doivent être de nationalité française ou ressortissants d'un Etat membre de l'Union européenne, être âgés de 18 ans révolus, jouir de leurs droits civils, être inscrits aux rôles des impositions directes locales dans la commune, être familiarisés avec les circonstances locales et posséder des connaissances suffisantes pour l'exécution des travaux confiés à la commission.

Peuvent participer à la commission communale des impôts directs, sans voix délibérative, les agents de la commune, dans les limites suivantes :

un agent pour les communes dont la population est inférieure à 10 000 habitants ;

trois agents au plus pour les communes dont la population est comprise entre 10 000 et 150 000 habitants ;

cinq agents au plus pour les communes dont la population est supérieure à 150 000 habitants.

2. Les commissaires ainsi que leurs suppléants en nombre égal sont désignés par le directeur départemental des finances publiques sur une liste de contribuables, en nombre double, remplissant les conditions sus-énoncées, dressée par le conseil municipal.

La désignation des commissaires et de leurs suppléants est effectuée de manière que les personnes respectivement imposées à la taxe foncière, à la taxe d'habitation sur les résidences secondaires et autres locaux meublés non affectés à l'habitation principale et à la cotisation foncière des entreprises soient équitablement représentées.

3. La durée du mandat des membres de la commission communale des impôts directs est la même que celle du mandat du conseil municipal.

Leur nomination a lieu dans les deux mois qui suivent le renouvellement général des conseils municipaux. A défaut de liste de présentation, ils sont nommés d'office par le directeur départemental des finances publiques un mois après mise en demeure de délibérer adressée au conseil municipal. Le directeur peut, sans mise en demeure, procéder à des désignations d'office si la liste de présentation ne contient pas soit vingt-quatre noms dans les communes de 2 000 habitants ou moins, soit trente-deux noms dans les communes de plus de 2 000 habitants, ou contient des noms de personnes ne remplissant pas les conditions exigées au 1.

En cas de décès, de démission ou de révocation de trois au moins des membres de la commission, il est procédé dans les mêmes conditions à de nouvelles désignations.

Le mandat des commissaires ainsi désignés prend fin avec celui des commissaires choisis lors du renouvellement général du conseil municipal.

4. *(Dispositions devenues sans objet à compter de la date d'entrée en vigueur de la loi n° 96-142 du 21 février 1996, JO du 24).*

DC-VII-17500 s.

I bis. Commission intercommunale des impôts directs

Art 1650 A **1.** Dans chaque établissement public de coopération intercommunale soumis de plein droit ou sur option au régime fiscal prévu à l'article 1609 nonies C, il est institué une commission intercommunale des impôts directs composée de onze membres, à savoir le président de l'établissement public de coopération intercommunale ou un vice-président délégué et dix commissaires.

Les commissaires doivent remplir les mêmes conditions que celles édictées au troisième alinéa du 1 de l'article 1650 pour être membres de la commission communale des impôts directs à l'exception de la quatrième condition. Mais ils doivent être inscrits aux rôles des impositions directes locales de l'établissement public de coopération intercommunale ou des communes membres.

Peuvent participer à la commission intercommunale des impôts directs, sans voix délibérative, les agents de l'établissement public de coopération intercommunale, dans les limites suivantes :

un agent pour les établissements publics de coopération intercommunale dont la population est inférieure à 10 000 habitants ;

trois agents au plus pour les établissements publics de coopération intercommunale dont la population est comprise entre 10 000 et 150 000 habitants ;

cinq agents au plus pour les établissements publics de coopération intercommunale dont la population est supérieure à 150 000 habitants.

2. Les commissaires ainsi que leurs suppléants en nombre égal sont désignés par le directeur départemental des finances publiques sur une liste de contribuables, en nombre double, remplissant les conditions prévues au 1, dressée par l'organe délibérant de l'établissement public de coopération intercommunale sur proposition de ses communes membres.

3. La condition prévue au deuxième alinéa du 2 de l'article 1650 doit être respectée. La durée du mandat des membres de la commission est la même que celle de l'organe délibérant de l'établissement public de coopération intercommunale.

4. *(Abrogé).*

5. Les modalités d'application du présent article sont précisées par décret *(Voir Annexe III, art. 346 à 346 B).*

DC-VII-18500 s.

I ter. Commissions départementales des valeurs locatives

Art 1650 B Il est institué dans chaque département une commission départementale des valeurs locatives comprenant deux représentants de l'administration fiscale, dix représentants des collectivités territoriales et des établissements publics de coopération intercommunale à fiscalité propre, neuf représentants des contribuables désignés par le représentant de l'Etat dans le département ainsi que l'ensemble des députés et sénateurs élus dans le département. Le nombre de parlementaires n'est pas pris en compte pour le calcul d'un quorum.

Les représentants de l'administration fiscale participent aux travaux de la commission avec voix consultative.

Pour la Ville de Paris, les représentants des élus locaux sont dix membres en exercice du conseil de Paris.

La commission départementale des valeurs locatives du département du Rhône est compétente pour le département du Rhône et le territoire de la métropole de Lyon. Elle est dénommée commission départementale des valeurs locatives du département du Rhône et de la métropole de Lyon. Au sein de cette commission, les représentants des élus locaux sont un membre en exercice du conseil départemental et trois membres du conseil de la métropole, deux maires en exercice représentant les communes du département du Rhône et deux maires en exercice représentant les communes situées sur le territoire de la métropole de Lyon ainsi que deux représentants en exercice des établissements publics de coopération intercommunale à fiscalité propre.

Pour les autres départements, ces représentants comprennent deux membres en exercice du conseil départemental ou deux conseillers à l'Assemblée de Corse élus en son sein, quatre maires en exercice et quatre représentants en exercice des établissements publics de coopération intercommunale à fiscalité propre.

Le président de la commission est élu parmi les représentants des collectivités territoriales et des établissements publics de coopération intercommunale à fiscalité propre. Il a voix prépondérante en cas de partage égal.

Les modalités d'application du présent article sont fixées par décret en Conseil d'Etat.

Ndlr Voir Annexe II, art. 371 ter à 371 ter M.

FB-III-59530 s.

II. Commission départementale des impôts directs et des taxes sur le chiffre d'affaires

Art 1651 Il est institué, dans le ressort de chaque tribunal administratif, une commission des impôts directs et des taxes sur le chiffre d'affaires. Elle est présidée par le président du tribunal administratif, par un membre de ce tribunal désigné par lui ou par un membre de la cour administrative d'appel désigné, à la demande du président du tribunal, par le président de la cour. Elle comprend en outre trois représentants des contribuables et deux représentants de l'administration ayant au moins le grade d'inspecteur divisionnaire ou d'inspecteur régional. Pour les matières visées aux articles 1651 A et 1651 B, l'un des représentants des contribuables est un expert-comptable.

Le président a voix prépondérante.

DC-VII-5300 s. ; MF n°s 78850 s.

Art 1651 A I. Pour la détermination du bénéfice industriel et commercial, et sous réserve des dispositions du II, les représentants des contribuables sont désignés par les chambres de commerce et d'industrie ou les chambres de métiers et de l'artisanat compétentes dans le ressort du tribunal administratif.

Pour la détermination du bénéfice agricole, les représentants des contribuables sont désignés par les fédérations départementales des syndicats d'exploitants agricoles compétentes dans le ressort du tribunal administratif.

Pour la détermination du bénéfice non commercial, les représentants des contribuables sont désignés par l'organisation ou l'organisme professionnel intéressé.

Pour la détermination du chiffre d'affaires, les mêmes règles sont applicables par catégorie professionnelle.

Les représentants des contribuables, autres que l'expert-comptable mentionné à l'article 1651, sont choisis parmi les professionnels de leur catégorie.

II. Pour les associations régies par la loi du 1er juillet 1901 ou la loi locale maintenue en vigueur dans les départements de la Moselle, du Bas-Rhin et du Haut-Rhin et pour les fondations, deux représentants des contribuables sont désignés par les organismes représentatifs de ces associations ou fondations compétents dans le ressort du tribunal administratif et le troisième par les chambres de commerce et d'industrie ou les chambres de métiers et de l'artisanat compétentes dans le ressort du tribunal administratif.

Le contribuable peut demander que l'un des représentants désignés par les organismes représentatifs des associations ou fondations soit remplacé par un expert-comptable.

III. Le contribuable peut demander que l'un des représentants des contribuables soit désigné par une organisation ou un organisme professionnel ou interprofessionnel, national, régional ou local, de son choix. Ce représentant doit être membre de cette organisation ou de cet organisme ou, à défaut, y exercer des fonctions salariées.

DC-VII-6120 s. ; MF n° 78850

Art 1651 B Pour l'examen des différends relatifs à la déduction des rémunérations visées au 1° du 1 de l'article 39 ou à l'imposition des rémunérations visées au d de l'article 111, les représentants des contribuables comprennent deux membres désignés par les chambres de commerce et d'industrie ou par les chambres de métiers et de l'artisanat compétentes dans le ressort du tribunal administratif et un salarié désigné par les organisations ou organismes les plus représentatifs des ingénieurs et des cadres supérieurs.

DC-VII-6900 s.

Art 1651 C Pour la détermination de la valeur vénale retenue pour l'assiette de la taxe sur la valeur ajoutée, dans les cas prévus au 4° du 1 de l'article L 59 A du livre des procédures fiscales, la commission comprend, outre le président, trois agents de l'administration, un notaire désigné par les chambres des notaires compétentes dans le ressort du tribunal administratif et trois représentants des contribuables.

Les représentants des contribuables sont désignés respectivement par les fédérations départementales des syndicats d'exploitants agricoles compétentes dans le ressort du tribunal administratif, les organisations ou organismes représentatifs des propriétaires d'immeubles bâtis et les chambres de commerce et d'industrie ou les chambres de métiers et de l'artisanat compétentes dans le même ressort.

Le contribuable peut demander que l'un des représentants des contribuables soit désigné par une organisation ou un organisme professionnel ou interprofessionnel, national, régional ou local de son choix. Ce représentant doit être membre de cette organisation ou de cet organisme ou, à défaut, y exercer des fonctions salariées.

DC-VII-7020 s.

Art 1651 D Pour la fixation des tarifs des évaluations foncières des propriétés non bâties ou des coefficients d'actualisation, la commission comprend, outre le président, quatre représentants des contribuables désignés par les chambres d'agriculture compétentes dans le ressort du tribunal administratif et trois représentants de l'administration.

DC-VII-7150

Art 1651 E Pour la fixation des valeurs locatives des propriétés bâties autres que celles mentionnées au I de l'article 1498 et des coefficients d'actualisation, la commission comprend, outre le président, quatre représentants de l'administration, un conseiller départemental parmi ceux élus dans le ressort du tribunal administratif, deux représentants des communes et des établissements publics de coopération intercommunale à fiscalité propre et quatre représentants de contribuables. Parmi ces derniers, trois sont désignés par les organisations ou organismes représentatifs des propriétaires d'immeubles bâtis compétents dans le ressort du tribunal administratif, le quatrième par les organisations ou organismes représentatifs des locataires compétents dans le ressort du même tribunal.

En Corse, chaque commission comprend, outre le président, quatre représentants de l'administration, un conseiller à l'Assemblée de Corse élu en son sein, un représentant des communes et des établissements publics de coopération intercommunale à fiscalité propre et quatre représentants de contribuables.

DC-VII-7160

Art 1651 F Lorsqu'elle est saisie en application du premier alinéa de l'article L 76 du livre des procédures fiscales, la commission des impôts directs et des taxes sur le chiffre d'affaires comprend, outre le président, deux représentants des contribuables, choisis par le président parmi ceux visés aux trois premiers alinéas du I de l'article 1651 A et à l'article 1651 B, et un représentant de l'administration.

DC-VII-7270 s.

Art 1651 G Pour des motifs de confidentialité, le contribuable peut demander la saisine d'une autre commission relevant du ressort de la cour administrative d'appel territorialement compétente. Cette commission est choisie par le président de la cour administrative d'appel.

DC-VII-4790 s.

Lorsque des rehaussements fondés sur les mêmes motifs sont notifiés à des sociétés membres d'un groupe au sens de l'article 223 A ou de l'article 223 A bis, les contribuables peuvent demander la saisine de la commission compétente pour la société mère.

DC-VII-4920 s.

Les contribuables dont les bases d'imposition ont été rehaussées en vertu du d de l'article 111 peuvent demander la saisine de la commission compétente pour l'entreprise versante.

DC-VII-5060 s.
MF nº 78845

II bis. Commission nationale des impôts directs et des taxes sur le chiffre d'affaires

Art 1651 H 1. Il est institué une Commission nationale des impôts directs et des taxes sur le chiffre d'affaires.

Cette commission est présidée par un membre du Conseil d'Etat désigné par le vice-président du Conseil d'Etat. Le président de la commission peut être suppléé par un magistrat administratif nommé dans les mêmes conditions. Elle comprend en outre trois représentants des contribuables et deux représentants de l'administration ayant au moins le grade d'inspecteur divisionnaire ou d'inspecteur régional. Pour les matières mentionnées aux articles 1651 I et 1651 J, l'un des représentants des contribuables est un expert-comptable.

Le président a voix prépondérante.

2. Cette commission est compétente pour les litiges relatifs à la détermination du bénéfice ainsi que du chiffre d'affaires des entreprises qui exercent une activité industrielle ou commerciale et dont le chiffre d'affaires hors taxes excède 50 000 000 € s'il s'agit d'entreprises dont le commerce principal est de vendre des marchandises, objets, fournitures et denrées à emporter ou à consommer sur place ou de fournir le logement, ou de 25 000 000 € s'il s'agit d'autres entreprises.

DC-VII-15000 s. ; MF nos 78870 s.

Art 1651 I I. Pour la détermination du bénéfice industriel et commercial et du chiffre d'affaires, les représentants des contribuables, autres que l'expert-comptable, de la commission nationale visée à l'article 1651 H sont désignés par CCI France.

II. Le contribuable peut demander que l'un des représentants des contribuables soit désigné par une organisation ou un organisme professionnel ou interprofessionnel, national, régional ou local de son choix. Ce représentant doit être membre de cette organisation ou de cet organisme ou, à défaut, y exercer des fonctions salariées.

DC-VII-15000 s.

Art 1651 J Pour l'examen des différends relatifs à la déduction des rémunérations visées au 1° du 1 de l'article 39 ou à l'imposition des rémunérations visées au d de l'article 111, les représentants des contribuables de la commission nationale visée à l'article 1651 H comprennent deux membres désignés par CCI France et un salarié désigné par les organisations ou organismes nationaux représentatifs des ingénieurs et des cadres supérieurs.

DC-VII-15000 s.

Art 1651 K Pour la détermination de la valeur vénale retenue pour l'assiette de la taxe sur la valeur ajoutée, dans le cas prévu au 4º du I de l'article L 59 A du livre des procédures fiscales, la commission comprend, par dérogation à l'article 1651 H, outre le président, trois agents de l'administration, un notaire et trois représentants des contribuables.

Les représentants des contribuables sont désignés respectivement par les fédérations nationales des syndicats d'exploitants agricoles, les organisations ou organismes représentatifs des propriétaires d'immeubles bâtis et par CCI France.

Le contribuable peut demander que l'un des représentants des contribuables soit désigné par une organisation ou un organisme professionnel ou interprofessionnel national, régional ou local de son choix. Ce représentant doit être membre de cette organisation ou de cet organisme ou, à défaut, y exercer des fonctions salariées.

DC-VII-15000 s.

Art 1651 L Lorsque des rehaussements fondés sur les mêmes motifs sont notifiés à des sociétés membres d'un groupe au sens de l'article 223 A ou de l'article 223 A bis, chaque contribuable peut demander la saisine de la commission nationale mentionnée à l'article 1651 H si au moins l'une de ces sociétés réunit les conditions fixées au 2 de cet article. La commission nationale est alors compétente sur l'ensemble des désaccords persistant sur les rehaussements notifiés à ce contribuable et relevant de ses attributions.

Les contribuables dont les bases d'imposition ont été rehaussées en vertu du d de l'article 111 peuvent demander la saisine de la commission nationale visée à l'article 1651 H si l'entreprise versante relève de cette dernière.

DC-VII-15000 s. ; MF nº 78870

II bis A. Commission nationale des taxes aéronautiques

Art 1651 L bis Il est institué une Commission nationale des taxes aéronautiques compétente pour examiner les différends mentionnés à l'article L 59 C bis du livre des procédures fiscales.

Cette commission est présidée par le président de la cour administrative d'appel dans le ressort de laquelle est situé le service désigné par le directeur général de l'aviation civile en application de l'article L 6431-6 du code des transports, ou par tout magistrat de cette cour qu'il aura délégué.

Elle comprend, en outre, trois représentants des redevables des taxes mentionnées au deuxième alinéa ainsi que trois représentants de l'administration.

Un agent de catégorie A de la direction générale de l'aviation civile remplit les fonctions de secrétaire et assiste aux séances de la commission avec voix consultative.

II ter. Dispositions communes aux commissions mentionnées aux articles 1651, 1651 H et 1651 L bis

Art 1651 M Le président de la commission des impôts directs et des taxes sur le chiffre d'affaires prévue à l'article 1651, de la Commission nationale des impôts directs et des taxes sur le chiffre d'affaires prévue à l'article 1651 H ou de la Commission nationale des taxes aéronautiques prévue à l'article 1651 L bis peut solliciter, à la demande du contribuable et aux frais de celui-ci, toute personne dont l'expertise est susceptible d'éclairer la commission.

La commission peut communiquer à cette personne, sans méconnaître la règle du secret professionnel, les renseignements destinés à lui permettre de remplir sa mission.

Les personnes consultées sont tenues au secret professionnel dans les conditions prévues par l'article L 103 du livre des procédures fiscales.

DC-VII-11080 s. ; MF nº 78855

IV. Dispositions communes aux commissions visées aux articles 1650 à 1652 bis

Art 1653 Les dispositions concernant le fonctionnement de la commission communale et de la commission intercommunale ainsi que le fonctionnement, les modalités de désignation des représentants des contribuables et des conseillers départementaux et le secrétariat des commissions prévues aux articles 1651 à 1651 M sont fixées par décret *(Voir Annexe III, art. 345 à 348 C)*.

V. Commission départementale de conciliation

(Voir Annexe III, art. 350 A et 350 C)

Art 1653 A I. Il est institué, dans chaque département, une commission de conciliation composée :

1° D'un magistrat du siège, désigné par arrêté du ministre de la justice, qui assure les fonctions de président ;

2° Du directeur départemental des finances publiques ou de son délégué ;

3° De trois fonctionnaires de la direction générale des finances publiques ayant au moins le grade d'inspecteur départemental ;

4° D'un notaire désigné par la ou les chambres de notaires du département, ou de son suppléant ;

5° De trois représentants des contribuables, savoir :

a. Un titulaire et deux suppléants désignés par la ou les chambres de commerce et d'industrie territoriales parmi les commerçants ou industriels, ou anciens commerçants ou industriels, éligibles aux tribunaux de commerce ; si ce titulaire n'appartient pas à la profession exercée par le contribuable dont la situation est examinée, celui-ci peut demander son remplacement par un représentant de l'une des organisations professionnelles dont il fait partie ;

b. Un titulaire et deux suppléants désignés par les fédérations départementales des syndicats d'exploitants agricoles du département, parmi les propriétaires ruraux passibles de l'impôt sur les bénéfices de l'exploitation agricole. Lorsqu'il existe dans un département plusieurs fédérations de syndicats d'exploitants agricoles, les membres de la commission sont nommés par le préfet, sur proposition de ces fédérations ;

c. Un titulaire et deux suppléants choisis par la ou les chambres syndicales de propriétaires du département.

Les représentants ainsi désignés doivent être de nationalité française, âgés de vingt-cinq ans au moins et jouir de leurs droits civils.

II. Un agent de catégorie A de la direction générale des finances publiques remplit les fonctions de secrétaire et assiste aux séances avec voix consultative.

III. Les membres non fonctionnaires de la commission sont nommés pour un an et leur mandat est renouvelable. Ils sont soumis aux obligations du secret professionnel.

IV. La commission se réunit sur la convocation du directeur départemental des finances publiques.

La commission délibère valablement, à condition qu'il y ait au moins cinq membres présents, y compris le président. En cas de partage des voix, celle du président est prépondérante.

ENR-VII-1320 s. ; MF n° 78890

Art 1653 B **1.** La commission départementale de conciliation compétente est celle dans le ressort de laquelle les biens sont situés ou immatriculés s'il s'agit de navires ou de bateaux.

Lorsque des biens ne formant qu'une seule exploitation sont situés sur plusieurs départements, la commission compétente est celle du département sur le territoire duquel se trouve le siège de l'exploitation ou, à défaut de siège, la partie des biens présentant le plus grand revenu d'après la matrice cadastrale.

La commission départementale de conciliation de Paris est compétente lorsque, en vertu des autres dispositions du présent code, les biens ne sont situés dans le ressort territorial d'aucune autre commission départementale de conciliation.

Pour l'application du présent article, les biens meubles corporels autres que ceux mentionnés au premier alinéa sont réputés être situés au lieu de dépôt de l'acte ou de la déclaration mentionnée à l'article 667.

2. *(Transféré sous l'article R* 59 B-1 du LPF).*

ENR-VII-1600 s. ; MF n° 78885

Art 1653 BA Le président de la commission de conciliation prévue à l'article 1653 A peut solliciter, à la demande du contribuable et aux frais de celui-ci, toute personne dont l'expertise est susceptible d'éclairer la commission.

La commission peut communiquer à cette personne, sans méconnaître la règle du secret professionnel, les renseignements destinés à lui permettre de remplir sa mission.

Les personnes consultées sont tenues au secret professionnel dans les conditions prévues par l'article L 103 du livre des procédures fiscales.

ENR-VII-2170 ; MF n° 78890

VI. Comité de l'abus de droit fiscal

Art 1653 C Le comité prévu à l'article L 64 du livre des procédures fiscales comprend :

a. Un conseiller d'Etat, président ;

b. Un conseiller à la Cour de cassation ;

c. Un avocat ayant une compétence en droit fiscal ;

d. Un conseiller maître à la Cour des comptes ;

e. Un notaire ;

f. Un expert-comptable ;

g. Un professeur des universités, agrégé de droit ou de sciences économiques.

Les membres du comité sont nommés par le ministre chargé du budget sur proposition du Conseil national des barreaux pour la personne mentionnée au c, du Conseil supérieur du notariat pour la personne mentionnée au e et du

Conseil national de l'ordre des experts-comptables pour la personne mentionnée au f.

Des suppléants sont nommés dans les mêmes conditions.

Le ministre chargé du budget désigne en outre un ou plusieurs agents de catégorie A de la direction générale des finances publiques pour remplir les fonctions de rapporteur auprès du comité.

CF-VI-33100

Art 1653 D **I.** Tout membre du comité de l'abus de droit fiscal doit informer le président :

1° Des intérêts qu'il a détenus au cours des deux ans précédant sa nomination, qu'il détient ou vient à détenir ;

2° Des fonctions dans une activité économique ou financière qu'il a exercées au cours des deux ans précédant sa nomination, qu'il exerce ou vient à exercer ;

3° De tout mandat au sein d'une personne morale qu'il a détenu au cours des deux ans précédant sa nomination, qu'il détient ou vient à détenir.

Ces informations ainsi que celles concernant le président sont tenues à la disposition des membres du comité.

Aucun membre du comité ne peut délibérer dans une affaire dans laquelle lui-même ou, le cas échéant, une personne morale au sein de laquelle il a, au cours des deux ans précédant la délibération, exercé des fonctions ou détenu un mandat, a ou a eu un intérêt au cours de la même période. Il ne peut davantage participer à une délibération concernant une affaire dans laquelle lui-même ou, le cas échéant, une personne morale au sein de laquelle il a, au cours des deux ans précédant la délibération, exercé des fonctions ou détenu un mandat, a représenté une des parties intéressées au cours de la même période.

Le président du comité prend les mesures appropriées pour assurer le respect de ces obligations et interdictions.

CF-VI-33180 s.

II. Les membres et les personnels du comité de l'abus de droit fiscal sont tenus au respect des règles de secret professionnel définies à l'article L 103 du livre des procédures fiscales.

Ce secret n'est pas opposable à l'autorité judiciaire agissant dans le cadre d'une procédure pénale.

CF-VI-33200

III. Nul ne peut être membre de ce comité s'il a été condamné au cours des cinq années passées, selon les modalités prévues à l'article 131-27 du code pénal, à une peine d'interdiction d'exercer une profession commerciale ou industrielle, de diriger, d'administrer, de gérer ou de contrôler à un titre quelconque, directement ou indirectement, pour son propre compte ou pour le compte d'autrui, une entreprise commerciale ou industrielle ou une société commerciale.

CF-VI-33120

Art 1653 E Lorsque le comité de l'abus de droit fiscal est saisi, le contribuable et l'administration sont invités par le président à présenter leurs observations.

CF-VI-33290 ; MF nº 79195

VII. Comité consultatif du crédit d'impôt pour dépenses de recherche

Art 1653 F **I.** Il est institué un comité consultatif des crédits d'impôt pour dépenses de recherche.

Ce comité est présidé par un membre de la juridiction administrative désigné par le vice-président du Conseil d'Etat. Le président peut être suppléé par un ou deux magistrats administratifs nommés dans les mêmes conditions.

II. Pour l'examen des litiges relatifs aux dépenses prévues aux a à j du II de l'article 244 quater B ou aux dépenses mentionnées au I de l'article 244 quater B bis, le comité comprend un agent appartenant à un des corps de catégorie A du ministère chargé de la recherche et un agent de l'administration fiscale ayant au moins le grade d'inspecteur divisionnaire.

Pour l'examen des litiges relatifs aux dépenses prévues au k du II de l'article 244 quater B, le comité comprend un agent appartenant à un des corps de catégorie A du ministère chargé de l'innovation et un agent de l'administration fiscale ayant au moins le grade d'inspecteur divisionnaire.

Pour l'examen des litiges relatifs à la fois aux dépenses mentionnées aux premier et deuxième alinéas du présent II, le comité comprend un agent appartenant à un des corps de catégorie A du ministère chargé de la recherche, un agent appartenant à un des corps de catégorie A du ministère chargé de l'innovation et un agent de l'administration fiscale ayant au moins le grade d'inspecteur divisionnaire.

L'agent du ministère chargé de la recherche et l'agent du ministère chargé de l'innovation peuvent, s'ils l'estiment utile, être assistés par toute personne susceptible d'apporter une expertise sur la qualification des dépenses prises en compte pour la détermination des crédits d'impôt. Cette personne ne prend pas part aux votes.

Les personnes ayant déjà eu à connaître du litige ne peuvent siéger au comité saisi sur ce litige.

Le président a voix prépondérante.

Ndlr *L'extension de la compétence du comité au crédit d'impôt en faveur de la recherche collaborative, prévu à l'article 244 quater B bis du CGI, s'applique pour les dépenses facturées au titre des contrats de collaboration conclus à compter du 1er janvier 2022.*

IS-IX-8420 s. ; MF nº 10505

CHAPITRE II

Régime de certains organismes et sociétés

I. Etablissements publics et autres organismes

Art 1654 Les établissements publics, les exploitations industrielles ou commerciales de l'Etat ou des collectivités locales, les entreprises concessionnaires ou subventionnées, les entreprises bénéficiant de statuts, de privilèges, d'avances directes ou indirectes ou de garanties accordées par l'Etat ou les collectivités locales, les entreprises dans lesquelles l'Etat ou les collectivités locales ont des participations, les organismes ou groupements de répartition, de distribution ou de coordination, créés sur l'ordre ou avec le concours ou sous le contrôle de l'Etat ou des collectivités locales doivent sous réserve des dispositions des articles 133, 207, 208, 1040, 1382, 1394 et 1449 à 1463 acquitter, dans les conditions de droit commun, les impôts et taxes de toute nature auxquels seraient assujetties des entreprises privées effectuant les mêmes opérations *(Voir Annexe IV, art. 165 à 170).*

La Banque de France acquitte les impôts dans les conditions de droit commun, sous réserve des dispositions de l'article 38 quinquies A.

IS-I-8000 s. ; ENR-V-19290

II. Cercles privés

Art 1655 Les personnes qui, sous le couvert d'associations régies par la loi du 1er juillet 1901 ou par la loi locale maintenue en vigueur dans les départements du Haut-Rhin, du Bas-Rhin et de la Moselle, servent des repas, vendent des boissons à consommer sur place ou organisent des spectacles où divertissements quelconques sont soumises à toutes les obligations fiscales des commerçants et aux dispositions relatives à la réglementation administrative des débits de boissons ou à la police des spectacles.

Lorsque leur exploitation ne revêt pas un caractère commercial, les cercles privés ne sont pas soumis à la réglementation administrative des débits de boissons, s'ils servent exclusivement des boissons sans alcool, du vin, de la bière, du cidre, du poiré, de l'hydromel, des vins doux naturels bénéficiant du régime fiscal des vins et si leurs adhérents sont seuls admis à consommer.

Sur l'avis du maire de la commune et sur la proposition du préfet, il peut être délivré une licence de plein exercice, attachée au cercle et incessible, aux cercles privés régulièrement déclarés à la date du 1er janvier 1948 et comptant, à cette date, quinze années ininterrompues de fonctionnement, les années 1939 à 1945 n'étant pas prises en considération dans ce décompte. Ces cercles peuvent bénéficier des dispositions du deuxième alinéa.

II bis. Coopératives d'administration ou d'entreprise

Art 1655 A Toute coopérative d'administration ou d'entreprise qui vend directement ou indirectement des marchandises à des personnes autres que les membres du personnel de l'administration ou de l'entreprise titulaires de la carte de coopérateur, est assujettie aux mêmes impositions que celles dont sont redevables les entreprises commerciales.

IS-I-4730 s.

IV. Sociétés immobilières de copropriété

Art 1655 ter Sous réserve des dispositions de l'article 60, du 2º du I de l'article 827 et du 2º du I de l'article 828, les sociétés qui ont, en fait, pour unique objet soit la construction ou l'acquisition d'immeubles ou de groupes d'immeubles en vue de leur division par fractions destinées à être attribuées aux associés en propriété ou en jouissance, soit la gestion de ces immeubles ou groupes d'immeubles ainsi divisés, soit la location pour le compte d'un ou plusieurs des membres de la société de tout ou partie des immeubles ou fractions d'immeubles appartenant à chacun de ces membres, sont réputées, quelle que soit leur forme juridique, ne pas avoir de personnalité distincte de celle de leurs membres pour l'application des impôts directs, des droits d'enregistrement, de la taxe de publicité foncière exigible sur les actes qui donnent lieu à la formalité fusionnée en application de l'article 647, ainsi que des taxes assimilées *(Voir Annexe II, art. 372 à 375)*.

Notamment, les associés ou actionnaires sont personnellement soumis à l'impôt sur le revenu ou à l'impôt sur les sociétés, suivant le cas, pour la part des revenus sociaux correspondant à leurs droits dans la société.

IMMO-IV-9100 s. ; ENR-VI-37600 s. ; MF n°s 30770 s.

V. Organisme commun de stockage pétrolier

Art 1655 quater **I.** La société constituée entre les professionnels pour la conservation du stock de produits pétroliers prévu aux articles L 642-2, L 642-4 et L 651-1 du code de l'énergie et dont les statuts sont approuvés par décret *(Voir décret 93-1442 du 27 décembre 1993 modifié)*, est exonérée d'impôt sur les sociétés.

La société est tenue de distribuer chaque année les bénéfices de l'exercice. Toutefois, les ministres peuvent autoriser le réinvestissement des bénéfices.

La société ne peut céder ses stocks qu'à un prix supérieur ou égal au coût moyen pondéré d'acquisition. Cette cession ne peut intervenir que dans les deux cas suivants :

a. Sur injonction du ministre chargé des hydrocarbures, prise en vertu des dispositions réglementaires en vigueur ;

b. A la demande du comité professionnel institué en application des articles L 642-5 et L 642-6 du code de l'énergie.

A quantités constantes, les mouvements du stock, produit par produit, destinés à maintenir sa qualité physique, se font valeur pour valeur.

Les versements des associés à la société sont déductibles de leurs résultats imposables à concurrence des frais de gestion et des charges financières de la société et d'une somme de 61 000 000 € représentant les premières charges de remboursement de l'emprunt souscrit par la société pour constituer son stock initial.

Les actions de cette société ne peuvent être cédées qu'avec l'autorisation des ministres. Dans ce cas, les sommes qui ont été déduites au titre du remboursement de l'emprunt sont rapportées au résultat imposable de l'associé.

II. A compter du 1er janvier 1993, le régime fiscal défini au I est subordonné à la réalisation par la société anonyme de gestion des stocks de sécurité des prestations mentionnées à l'article L 642-6 du code de l'énergie à l'exclusion de toute autre.

IS-IV-34500 s.

VI. Sociétés par actions simplifiées

Art 1655 quinquies Pour l'application du présent code et de ses annexes, la société par actions simplifiée est assimilée à une société anonyme.

IS-I-200 ; MF nº 35665

VII. Entrepreneur individuel et entrepreneur individuel à responsabilité limitée

Art 1655 sexies **1.** Pour l'application du présent code et de ses annexes, à l'exception du 2 de l'article 206, du 5º du 1 de l'article 635 et de l'article 638 A, l'entrepreneur individuel mentionné aux articles L 526-22 et suivants du code de commerce qui ne bénéficie pas des régimes définis aux articles 50-0, 64 bis et 102 ter du présent code peut opter pour l'assimilation à une entreprise unipersonnelle à responsabilité limitée ou à une exploitation agricole à responsabilité limitée dont cet entrepreneur tient lieu d'associé unique. Lorsque l'option est exercée, l'article 151 sexies s'applique aux biens utiles à l'exercice de son activité professionnelle. La liquidation de l'entreprise individuelle emporte alors les mêmes conséquences fiscales que la cessation d'entreprise et l'annulation des droits sociaux d'une entreprise unipersonnelle à responsabilité limitée ou d'une exploitation agricole à responsabilité limitée.

> ***Ndlr*** *L'entrepreneur individuel peut opter pour son assujettissement à l'impôt sur les sociétés en optant pour l'assimilation de son entreprise individuelle à une EURL ou à une EARL depuis le 15 mai 2022.*

2. Pour l'application du présent code et de ses annexes, à l'exception du 2 de l'article 206, du 5º du 1 de l'article 635 et de l'article 638 A, l'entrepreneur individuel qui exerce son activité dans le cadre d'une entreprise individuelle à responsabilité limitée ne bénéficiant pas des régimes définis aux articles 50-0, 64 bis et 102 ter peut opter pour l'assimilation à une entreprise unipersonnelle à responsabilité limitée ou à une exploitation agricole à responsabililité limitée dont la personne mentionnée à l'article L 526-6 du code de commerce tient lieu d'associé unique. Lorsque l'option est exercée, l'article 151 sexies s'applique aux biens nécessaires à l'exercice de son activité professionnelle. La liquidation de l'entreprise individuelle à responsabilité limitée emporte alors les mêmes conséquences fiscales que la cessation d'entreprise et l'annulation des droits sociaux d'une entreprise unipersonnelle à responsabilité limitée ou d'une exploitation agricole à responsabilité limitée.

Ndlr *Depuis le 15 février 2022, il n'est plus possible de recourir au statut de l'EIRL. Les EIRL existant à cette date continuent, toutefois, d'être régies par ce statut.*

3. Les options mentionnées aux 1 et 2, exercées dans des conditions fixées par décret, sont irrévocables et valent option pour l'impôt sur les sociétés.

L'entreprise peut cependant renoncer à l'option pour l'impôt sur les sociétés dans les conditions mentionnées au troisième alinéa du 1 de l'article 239. Sous réserve des dispositions de l'article 221 bis, la révocation de cette option emporte les conséquences fiscales prévues au deuxième alinéa du 2 de l'article 221.

Ndlr *Voir Annexe III, art. 350 bis.*

DC-IX-35660 s. ; MF n°s 87240 s., 87360 s.

Art 1655 sexies A Pour l'imposition de leurs bénéfices et celle de leurs associés, les sociétés de libre partenariat mentionnées à l'article L 214-154 du code monétaire et financier sont assimilées à un fonds professionnel de capital investissement constitué sous la forme d'un fonds commun de placement pour l'application du présent code et de ses annexes et elles sont soumises aux mêmes obligations déclaratives que ces fonds.

BIC-VII-48055 s. ; RM-VII-2800 s. ; MF nº 26305

VIII. Organismes chargés de l'organisation d'une compétition sportive internationale

Art 1655 septies I. Les organismes chargés de l'organisation en France d'une compétition sportive internationale et, le cas échéant, les filiales dont ils détiennent directement ou indirectement plus de la moitié du capital ne sont pas redevables :

1° A raison des bénéfices réalisés en France et des revenus de source française, lorsque ces bénéfices et ces revenus sont directement liés à l'organisation de la compétition sportive internationale :

a. De l'impôt sur les sociétés prévu à l'article 205 du présent code ;

b. De l'impôt sur le revenu au titre des bénéfices industriels et commerciaux définis aux articles 34 et 35 ;

c. De la retenue à la source prévue à l'article 119 bis applicable aux sommes perçues par les organismes et leurs filiales mentionnés au premier alinéa du présent I ;

d. De la retenue à la source prévue aux b et c du I de l'article 182 B applicable aux sommes perçues par les organismes et leurs filiales mentionnés au premier alinéa du présent I ;

2° A raison des rémunérations versées aux salariés de l'organisme et des sociétés mentionnées au premier alinéa du présent I, lorsque les fonctions exercées par ces salariés sont directement liées à l'organisation de la compétition sportive internationale :

a. De la taxe sur les salaires prévue à l'article 231 ;

b. De la participation mentionnée à l'article 235 bis ;

c. Des contributions mentionnées aux 2° et 3° du I de l'article L 6131-1 du code du travail ;

d. *(Abrogé)* ;

3° Sous réserve du 2°, des impôts prévus aux titres Ier à II bis de la deuxième partie du présent livre, à l'exception des taxes foncières sur les propriétés bâties et non bâties et de leurs taxes annexes, lorsque leur fait générateur est directement lié à l'organisation de la compétition sportive internationale.

Ndlr *L'extension du champ d'application des présentes dispositions aux sous-filiales de l'organisme chargé de l'organisation d'une compétition sportive internationale et la limitation des exonérations des retenues à la source aux sommes perçues par ces organismes s'appliquent aux compétitions pour lesquelles la décision d'attribution est intervenue à compter du 1er janvier 2022.*

II. La compétition sportive internationale dont l'organisation ouvre droit au bénéfice du régime défini au I s'entend de celle satisfaisant aux critères cumulatifs suivants :

1° Etre attribuée dans le cadre d'une sélection par un comité international, sur candidature d'une personne publique ou d'une fédération sportive nationale délégataire, définie à l'article L 131-14 du code du sport ;

2° Etre de niveau au moins équivalent à un championnat d'Europe ;

3° Etre organisée de façon exceptionnelle sur le territoire français ;

4° Entraîner des retombées économiques exceptionnelles.

La qualité de compétition sportive internationale, au sens du présent II, est reconnue par décret *(NDLR Voir décret 2015-910 du 23 juillet 2015, décret 2018-260 du 9 avril 2018 et décret 2020-796 du 27 juin 2020).*

III. *(Abrogé).*

IV. Les commissions permanentes chargées des finances et les commissions permanentes compétentes en matière de sport de l'Assemblée nationale et du Sénat reçoivent pour information, au moment du dépôt du dossier de candidature au comité international par la personne publique ou la fédération mentionnée au 1° du II, les lettres d'engagement de l'Etat pour l'accueil en France d'une compétition sportive internationale susceptible de bénéficier du régime fiscal défini au I.

IS-IV-35000 s.

CHAPITRE III

Métropole de Lyon

Art 1656 I. Les dispositions du présent code applicables aux établissements publics de coopération intercommunale soumis à l'article 1609 nonies C s'appliquent à la métropole de Lyon.

Pour l'application de ces dispositions, la référence au conseil communautaire est remplacée par la référence au conseil de la métropole de Lyon.

I bis. Pour l'application des dispositions relatives à la taxe d'aménagement, la métropole de Lyon est assimilée à une métropole.

II. Les dispositions du présent code applicables aux départements s'appliquent à la métropole de Lyon.

Pour l'application de ces règles, la référence au conseiller départemental est remplacée par la référence au conseil de la métropole de Lyon.

III. 1. Pour l'application des dispositions du présent code, les communes situées sur le territoire de la métropole de Lyon sont assimilées à des communes membres d'un établissement public de coopération intercommunale soumis à l'article 1609 nonies C.

2. Pour l'application de l'article 1382-0, du douzième alinéa du 1° de l'article 1382, des articles 1388-0 et 1518 quater, du 3 des I et III de l'article 1518 A quinquies et des articles 1530 bis et 1638 B octies, la référence au taux départemental appliqué en 2020 est remplacée par la référence au taux appliqué en 2014 au profit du département du Rhône.

LOC-I-560

CHAPITRE IV

Métropole du Grand Paris

Art 1656 bis I. 1° Les dispositions du présent code, applicables aux établissements publics de coopération intercommunale soumis à l'article 1609 nonies C, s'appliquent à la métropole du Grand Paris.

Pour l'application de ces dispositions, la référence au conseil communautaire est remplacée par la référence au conseil de la métropole du Grand Paris.

2° Toutefois :

a. Par exception aux dispositions du I de l'article 1379-0 bis, la métropole du Grand Paris ne perçoit ni la taxe d'habitation sur les résidences secondaires et autres locaux meublés non affectés à l'habitation principale, ni la taxe foncière sur les propriétés bâties, ni la taxe foncière sur les propriétés non bâties ;

b. Les dispositions du III de l'article 1609 nonies C, de l'article 1635 quater A et du IV de l'article 1636 B septies ne sont pas applicables à la métropole du Grand Paris.

II. Pour l'application du présent code, les communes situées sur le territoire de la métropole du Grand Paris sont assimilées à des communes membres d'un établissement public de coopération intercommunale soumis à l'article 1609 nonies C.

LOC-I-550

CHAPITRE V

Collectivité de Corse

Art 1656 ter Sauf dispositions contraires, les dispositions du présent code applicables aux départements et aux régions s'appliquent à la collectivité de Corse.

Pour l'application de ces dispositions :

1° Les références au département et à la région sont remplacées par les références à la collectivité de Corse ;

2° Les références au conseil départemental et au conseil régional sont remplacées par la référence à l'Assemblée de Corse ;

3° Les références aux présidents du conseil départemental et du conseil régional sont remplacées par la référence au président du conseil exécutif de Corse.

LOC-I-380

CHAPITRE VI

Ville de Paris

Art 1656 quater I. Les dispositions du présent code applicables aux communes, à l'exception des I, IV et V de l'article 1636 B septies, s'appliquent à la Ville de Paris.

Pour l'application de ces dispositions :

1° La référence au conseil municipal est remplacée par la référence au conseil de Paris ;

2° La Ville de Paris est assimilée à une commune membre d'un établissement public de coopération intercommunale à fiscalité professionnelle unique.

II. Les dispositions du présent code applicables aux départements s'appliquent à la Ville de Paris.

Pour l'application de ces dispositions, la référence au conseil départemental est remplacée par la référence au conseil de Paris.

III. Pour l'application des articles 1382 et 1394, la Ville de Paris est assimilée à un département. Toutefois, les propriétés de la Ville de Paris qui, au 31 décembre 2018 appartenaient à la commune ou au département de Paris et étaient exonérées de taxe foncière sur les propriétés bâties ou de taxe foncière sur les propriétés non bâties en application des articles 1382 et 1394, continuent de bénéficier de ces exonérations dans les mêmes conditions lorsqu'elles sont affectées à un service public ou d'utilité générale et non productives de revenus.

IV. Les articles 1382-0 et 1388-0 ainsi que le 3 des I et III de l'article 1518 A quinquies ne s'appliquent pas à la Ville de Paris.

A compter de 2022, l'avant-dernier alinéa du III de l'article 1530 bis, le cinquième alinéa de l'article 1599 quater D, l'avant-dernier alinéa de l'article 1609 G ainsi que le dernier alinéa du II et l'avant-dernier alinéa du IV de l'article 1636 B octies ne s'appliquent pas à la Ville de Paris.

LOC-I-270

LIVRE II

RECOUVREMENT DE L'IMPOT

CHAPITRE PREMIER

Paiement de l'impôt

SECTION I

Impôts directs et taxes assimilées

I. Rôles et avis d'imposition

1. Etablissement et mise en recouvrement des rôles

Art 1657 **1.** Les bases de cotisation des impôts directs sont arrondies à l'euro le plus proche. La fraction d'euro égale à 0,50 est comptée pour 1.

Les bases des taxes foncières et de la taxe d'habitation sur les résidences secondaires et autres locaux meublés non affectés à l'habitation principale ainsi que celles des taxes annexes correspondantes sont arrondies selon les modalités définies au premier alinéa.

Les taux applicables aux bases de cotisations pour le calcul des impositions directes locales sont exprimés avec trois chiffres significatifs, le troisième chiffre étant augmenté d'une unité si le chiffre suivant est égal ou supérieur à 5.

LOC-I-6050

Les cotisations d'impôts directs de toute nature sont arrondies selon les modalités définies au premier alinéa. Il en est de même du montant des majorations, réductions et dégrèvements.

Les tarifs par élément imposable prévus pour le calcul de certaines taxes perçues au profit des départements, des communes et de divers établissements sont, s'il y a lieu et nonobstant les maxima fixés par les dispositions les régissant, arrondis à l'euro le plus proche dans les mêmes conditions.

En ce qui concerne les impositions locales perçues au profit des collectivités locales et organismes compétents, les différences en plus ou en moins résultant de l'arrondissement des taux et du montant des cotisations viennent en augmentation ou en diminution du produit des sommes revenant à l'Etat pour frais de dégrèvement et non-valeurs et pour frais d'assiette et de recouvrement.

DC-IX-1000 s. ; MF n° 97510

1 bis. Les cotisations initiales d'impôt sur le revenu ne sont pas mises en recouvrement lorsque leur montant, avant imputation de tout crédit d'impôt, est inférieur à 61 €.

IRPP-III-17070 s. ; MF n° 2335

2. Les cotisations d'impôts directs dont le montant total par article de rôle est inférieur à 12 € ne sont pas mises en recouvrement si elles sont perçues au profit du budget de l'Etat ; elles sont allouées en non-valeurs si elles sont perçues au profit d'un autre budget.

REC-I-2540 ; MF n° 76522

Art 1658 Les impôts directs et les taxes assimilées sont recouvrés en vertu soit de rôles rendus exécutoires par arrêté du directeur général des finances publiques ou du préfet, soit d'avis de mise en recouvrement.

(Voir aussi LPF, art. L 252 A)

Pour l'application de la procédure de recouvrement par voie de rôle prévue au premier alinéa, le représentant de l'Etat dans le département peut déléguer ses pouvoirs aux agents de catégorie A placés sous l'autorité des directeurs départementaux des finances publiques ou des responsables de services à compétence nationale, détenant au moins un grade fixé par décret en Conseil d'Etat *(Voir Annexe II, art. 376-0 bis)*. La publicité de ces délégations est assurée par la publication des arrêtés de délégation au recueil des actes administratifs de la préfecture.

Le directeur général des finances publiques peut, par arrêté publié au Journal officiel, déléguer sa signature à des fonctionnaires de catégorie A.

(Voir également les décrets 2001-1262 du 21 décembre 2001, JO du 28 et 2011-303 du 21 mars 2011, JO du 23 modifié par décret 2013-1193 du 19 décembre 2013, JO du 21 et par décret 2017-1615 du 28 novembre 2017, JO du 29)

REC-I-1410 s.

Art 1659 La date de mise en recouvrement des rôles est fixée par l'autorité compétente pour les homologuer en application de l'article 1658. Cette date est indiquée sur le rôle ainsi que sur les avis d'imposition délivrés aux contribuables.

Lorsque des erreurs d'expédition sont constatées dans les rôles, un état de ces erreurs est dressé par le directeur départemental des finances publiques et approuvé dans les mêmes conditions que ces rôles, auxquels il est annexé à titre de pièce justificative. Le directeur rédige de nouveaux avis d'imposition et les fait parvenir aux intéressés.

REC-I-1410 s.

Art 1659 A Les rôles primitifs des impôts directs locaux ainsi que des taxes directes perçues au profit de certains établissements publics et organismes divers peuvent être mis en recouvrement dans le même délai que les rôles supplémentaires.

CF-II-390

II. Exigibilité de l'impôt

1. Impôts directs et taxes assimilées. Impôt sur le revenu. Impôt sur les sociétés. Droits et pénalités

Art 1663 **1.** Les impôts directs, produits et taxes assimilés, visés par le présent code, sont exigibles trente jours après la date de la mise en recouvrement du rôle.

REC-II-250 s. ; MF n° 76650

2. Le déménagement hors du ressort du service chargé du recouvrement, à moins que le contribuable n'ait fait connaître, avec justifications à l'appui, son nouveau domicile, et la vente volontaire ou forcée entraînent l'exigibilité immédiate de la totalité de l'impôt, dès la mise en recouvrement du rôle. Entraîne également l'exigibilité immédiate et totale l'application d'une majoration pour non-déclaration ou déclaration tardive ou insuffisante des revenus et bénéfices imposables.

En cas de déménagement à l'étranger, les impôts déjà mis en recouvrement ou en cours d'établissement, sont exigibles immédiatement.

Leur paiement peut toutefois être différé sur production d'une garantie estimée suffisante par le comptable chargé du recouvrement.

3. En cas de cession ou de cessation d'entreprise ou de l'exercice d'une profession non commerciale, ou de décès de l'exploitant ou du contribuable, l'impôt sur le revenu et l'impôt sur les sociétés établis dans les conditions prévues aux articles 201, 202, 204 et au 2 de l'article 221 sont immédiatement exigibles pour la totalité. Par exception, le montant dû par les sociétés ayant opté pour le régime du II de l'article 208 C et par les sociétés de placement à prépondérance immobilière à capital variable mentionnées au 3° nonies de l'article 208 au titre de l'imposition des plus-values visées au IV de l'article 219 est exigible le 15 décembre de l'année d'option pour le quart de son montant, le solde étant versé par fraction égale au plus tard le 15 décembre des trois années suivant le premier paiement *(Voir Annexe III, art. 361).*

Sont également exigibles immédiatement pour la totalité les droits et pénalités visés aux articles 1679 bis, 1729 B et 1731.

4. En cas d'application d'une majoration prévue à l'article 1729 G, l'impôt sur le revenu et les autres impositions figurant sur le même article de rôle sont exigibles en totalité dès leur mise en recouvrement.

REC-II-4300 s. ; MF n° 76660

Art 1663 bis Lorsque le contribuable imposé dans les conditions du 1 de l'article 202 devient, dans un délai de trois mois à compter de la date de cessation d'activité, associé d'une société d'exercice libéral mentionnée à l'article 2 de la loi n° 90-1258 du 31 décembre 1990 relative à l'exercice sous forme de sociétés des professions libérales soumises à un statut législatif ou réglementaire ou dont le titre est protégé ou associé d'une société mentionnée aux articles 8 et 8 ter, exerçant une activité libérale, pour y exercer sa profession, le paiement de l'impôt correspondant aux créances acquises visées au premier alinéa du 1 de l'article 202 peut, sur demande expresse et irrévocable de sa part, être fractionné par parts égales, soit sur l'année de cessation et les deux années suivantes, soit sur l'année de cessation et les quatre années suivantes. Le fractionnement donne lieu au paiement de l'intérêt, au taux légal, recouvré dans les mêmes conditions et sous les mêmes garanties et sanctions que l'impôt en principal.

Ndlr *Pour les dispositions du présent alinéa applicables à compter du 1er septembre 2024, voir partie Autres textes du présent code ordonnance 2023-77 du 8 février 2023 art. 133, II-3° et 134, I.*

Ces dispositions sont également applicables lorsqu'une société mentionnée aux articles 8 et 8 ter, exerçant une activité libérale, cesse d'être soumise au régime prévu par ces articles du fait d'une option pour le régime applicable aux sociétés de capitaux exercée dans les conditions prévues au 1 de l'article 239.

En cas de transfert du domicile hors de France, de décès, de retrait de l'associé de la société ou de non-paiement de l'une des fractions de l'impôt, le solde restant dû, augmenté de l'intérêt couru, est exigible immédiatement.

BNC-III-11900 s. ; MF nº 13665

Art 1663 B **1.** Après imputation des réductions et crédits d'impôt, prélèvements, retenues à la source et acomptes, le solde de l'impôt sur le revenu et des autres impositions figurant sur le même article de rôle est recouvré dans les conditions fixées par les articles 1663 et 1730.

2. A défaut d'option contraire, ce solde est prélevé par l'administration fiscale dans les conditions prévues à l'article 1680 A.

3. Par dérogation aux articles 1663 et 1681 sexies, lorsque son montant excède 300 €, ce solde est recouvré par prélèvements mensuels d'égal montant à partir du deuxième mois qui suit la mise en recouvrement du rôle. Le dernier prélèvement intervient en décembre.

En cas de décès du contribuable, le solde est acquitté dans les conditions fixées par les articles 1663 et 1730.

Les prélèvements mensuels sont arrondis à l'euro le plus proche. La fraction d'euro égale à 0,50 est comptée pour 1.

4. Le 3 n'est pas applicable aux impositions mises en recouvrement après le 30 septembre ou exigibles dès la mise en recouvrement du rôle ou résultant de la mise en œuvre d'une rectification ou d'une procédure d'imposition d'office.

IRPP-VI-43000 ; MF nº 3860

Art 1663 C **1.** L'acompte calculé par l'administration fiscale dans les conditions prévues à l'article 204 E est versé par douzième au plus tard le 15 de chaque mois de l'année, selon les modalités prévues à l'article 1680 A.

2. Sur option du contribuable, l'acompte est versé par quart au plus tard les 15 février, 15 mai, 15 août et 15 novembre.

L'option est exercée auprès de l'administration fiscale, dans les conditions prévues à l'article 204 N, au plus tard le 1er octobre de l'année qui précède celle au cours de laquelle l'option s'applique. Elle est tacitement reconduite, sauf dénonciation par le contribuable dans le même délai que celui de l'exercice de l'option.

3. Lorsqu'il est fait application des articles 204 J, 204 K ou 204 M, le montant de l'acompte à verser ou restant à verser est réparti sur le nombre de mois ou de trimestres restant à courir sur l'année civile, selon que le contribuable opte ou non pour un paiement trimestriel.

4. Les versements mentionnés aux 1 et 2 sont arrondis à l'euro le plus proche. La fraction d'euro égale à 0,50 est comptée pour 1.

5. Par dérogation aux 1 et 2, au cours d'une même année civile et à hauteur de la part d'acompte correspondant aux bénéfices industriels et commerciaux, aux bénéfices agricoles et aux bénéfices non commerciaux ainsi qu'aux revenus mentionnés aux 1 bis, 1 ter et 1 quater de l'article 93 lorsqu'ils sont imposés suivant les règles prévues en matière de traitements et salaires, le contribuable peut demander le report de paiement d'au maximum trois échéances sur l'échéance suivante, en cas de paiement mensuel, ou d'une échéance sur la suivante, en cas d'option pour le paiement trimestriel. Cette demande est prise en compte pour l'échéance qui suit le mois de la demande. Elle ne peut conduire à reporter, l'année suivante, une partie des versements dus lors de l'année civile en cours.

6. Les versements inférieurs à 5 € ne sont pas dus.

7. A défaut de paiement, le recouvrement de l'acompte est assuré et poursuivi selon les mêmes modalités et sous les mêmes garanties et sûretés que l'impôt sur le revenu. Le rôle d'impôt sur le revenu servant de base au calcul de l'acompte vaut titre exécutoire en vue de l'exercice des poursuites consécutives à son non-paiement.

8. La succession de tout contribuable célibataire, divorcé ou veuf est dispensée du versement de l'acompte.

IRPP-VI-40020 s. ; MF nº 3860

Art 1665 Un décret fixe les modalités d'application des articles 1663 B et 1663 C *(Voir Annexe III, art. 357 E et 383-0 à 383-0 quinquies).*

Art 1665 bis Les contribuables perçoivent, au plus tard le 1er mars de l'année de la liquidation de l'impôt afférent aux revenus de l'année précédente, un acompte sur le montant des avantages fiscaux prévus à l'article 199 quater C, aux b à e du 2 de l'article 199 undecies A ainsi qu'aux articles 199 quindecies, 199 sexdecies, 199 sexvicies, 199 septvicies, 199 novovicies, 199 tricies, 200 et 200 quater B, régularisé lors de la liquidation de l'impôt, après imputation éventuelle des différents crédits d'impôt.

Cet acompte est égal à 60 % du montant des avantages qui leur ont été accordés lors de la liquidation de l'impôt afférent aux revenus de l'avant-dernière année. Toutefois, pour les contribuables qui relèvent du II de l'article 204 H, cet acompte est égal à 60 % de la différence entre, d'une part, la somme de ces avantages et, d'autre part, le montant de l'impôt afférent, résultant de l'application des 1 à 4 du I de l'article 197.

Pour l'application du deuxième alinéa du présent article, l'acompte est calculé en fonction :

1° Du montant du crédit d'impôt prévu à l'article 199 sexdecies, après imputation de l'aide spécifique prévue au 5° du II de l'article L 133-5-12 du code de la sécurité sociale servie au cours de l'avant-dernière année. Lorsque le montant de l'aide spécifique servie excède le montant du crédit d'impôt, ce dernier est retenu pour une valeur nulle ;

2° Du montant du crédit d'impôt prévu à l'article 200 quater B du présent code, après imputation de l'aide spécifique prévue au 6° du II de l'article L 133-5-12 du code de la sécurité sociale servie au cours de l'avant-dernière année. Lorsque le montant de l'aide spécifique servie excède le montant du crédit d'impôt, ce dernier est retenu pour une valeur nulle.

Le montant de l'acompte, calculé dans les conditions prévues aux deuxième à cinquième alinéas du présent article, est réduit du montant de l'aide spécifique mentionnée au 5° du II de l'article L 133-5-12 du code de la sécurité sociale servie au cours des huit premiers mois de l'année précédant celle du versement de l'acompte, dans la limite de la fraction de l'acompte correspondant au crédit d'impôt prévu à l'article 199 sexdecies du présent code.

Le montant de l'acompte, calculé dans les conditions prévues aux deuxième à cinquième alinéas du présent article, est réduit du montant de l'aide spécifique mentionnée au 6° du II de l'article L 133-5-12 du code de la sécurité sociale perçue au cours des huit premiers mois de l'année précédant celle du versement de l'acompte, dans la limite de la fraction de l'acompte correspondant au crédit d'impôt prévu à l'article 200 quater B du présent code.

Les contribuables peuvent demander à l'administration fiscale, avant le 1er décembre de l'année qui précède celle au cours de laquelle l'acompte est perçu, à percevoir un montant inférieur à celui déterminé dans les conditions prévues aux deuxième à septième alinéas du présent article.

L'acompte n'est pas versé lorsqu'il est inférieur au montant prévu à l'article 1965 L.

IRPP-IV-500 s. ; MF n° 3805

Art 1665 ter I. Le montant de l'aide spécifique mentionnée au 5° du II de l'article L 133-5-12 du code de la sécurité sociale, constitutive d'un acompte du crédit d'impôt prévu à l'article 199 sexdecies du présent code, s'impute sur le montant du crédit d'impôt dont bénéficie l'intéressé au titre de l'année au cours de laquelle les dépenses sont réalisées. Le montant de cet acompte n'est pas déduit des dépenses effectivement supportées mentionnées au 3 du même article 199 sexdecies. Lorsque le montant de l'acompte excède celui du crédit d'impôt, l'excédent est régularisé lors de la liquidation de l'impôt.

II. Le montant de l'aide spécifique mentionnée au 6° du II de l'article L 133-5-12 du code de la sécurité sociale, constitutive d'un acompte du crédit d'impôt prévu à l'article 200 quater B du présent code, s'impute sur le montant du crédit d'impôt dont bénéficie l'intéressé au titre de l'année au cours de laquelle les dépenses sont réalisées. Le montant de cet acompte n'est pas déduit des dépenses effectivement supportées mentionnées au premier alinéa du même article 200 quater B. Lorsque le montant de l'acompte excède celui du crédit d'impôt, l'excédent est régularisé lors de la liquidation de l'impôt.

IRPP-IV-590 ; MF n° 3805

Art 1668 1. L'impôt sur les sociétés donne lieu au versement, au comptable public compétent, d'acomptes trimestriels déterminés à partir des résultats du dernier exercice clos. Le montant total de ces acomptes est égal à un montant d'impôt sur les sociétés calculé sur le résultat imposé au taux fixé au deuxième alinéa du I de l'article 219, sur le résultat imposé au taux fixé au b du I de l'article 219 et sur le résultat imposé dans les conditions prévues à l'article 238 du dernier exercice. Les sociétés nouvellement créées ou nouvellement soumises, de plein droit ou sur option, à l'impôt sur les sociétés sont dispensées du versement d'acomptes au cours de leur premier exercice d'activité ou de leur première période d'imposition arrêtée conformément au deuxième alinéa du I de l'article 209.

Les acomptes mentionnés au premier alinéa sont arrondis à l'euro le plus proche. La fraction d'euro égale à 0,50 est comptée pour 1.

Les paiements doivent être effectués au plus tard les 15 mars, 15 juin, 15 septembre et 15 décembre de chaque année.

IS-III-500 s. ; MF nos 36525 s.

Les organismes mentionnés au premier alinéa du 1 bis de l'article 206 et dont le chiffre d'affaires du dernier exercice clos est inférieur à 84 000 € ainsi que les personnes morales ou organismes imposés au taux de l'impôt sur les sociétés prévu à l'article 219 bis sont dispensés du versement des acomptes.

IS-I-13850 s. ; MF nos 89620, 89655

Toutefois, le montant du dernier acompte versé au titre d'un exercice ne peut être inférieur :

a. Pour les entreprises ayant réalisé un chiffre d'affaires compris entre 250 millions d'euros et 1 milliard d'euros au cours du dernier exercice clos ou de la période d'imposition, ramené s'il y a lieu à douze mois, à la différence entre 95 % du montant de l'impôt sur les sociétés estimé au titre de cet exercice selon les mêmes modalités que celles définies au premier alinéa et le montant des acomptes déjà versés au titre du même exercice ;

b. Pour les entreprises ayant réalisé un chiffre d'affaires supérieur à 1 milliard d'euros au cours du dernier exercice clos ou de la période d'imposition, ramené s'il y a lieu à douze mois, à la différence entre 98 % du montant de l'impôt sur les sociétés estimé au titre de cet exercice selon les mêmes modalités que celles définies au premier alinéa et le montant des acomptes déjà versés au titre du même exercice ;

c. *(Abrogé).*

Pour l'application des dispositions des a et b, le chiffre d'affaires est apprécié, pour la société mère d'un groupe mentionné à l'article 223 A ou à l'article 223 A bis, en faisant la somme des chiffres d'affaires de chacune des sociétés membres de ce groupe.

IS-III-870 s. ; IS-V-50940 s. ; MF n°s 36545, 40595

1 bis. et 1 ter. *(Abrogés).*

2. Il est procédé à une liquidation de l'impôt dû à raison des résultats de la période d'imposition mentionnée par la déclaration prévue au 1 de l'article 223.

S'il résulte de cette liquidation un complément d'impôt, il est acquitté lors du dépôt du relevé de solde au plus tard le 15 du quatrième mois qui suit la clôture de l'exercice. Si l'exercice est clos au 31 décembre ou si aucun exercice n'est clos en cours d'année, le relevé de solde est à déposer au plus tard le 15 mai de l'année suivante.

Si la liquidation fait apparaître que les acomptes versés sont supérieurs à l'impôt dû, l'excédent, défalcation faite des autres impôts directs dus par l'entreprise, est restitué dans les trente jours à compter de la date de dépôt du relevé de solde et de la déclaration prévue au 1 de l'article 223.

IS-III-2500 s. ; MF n°s 36600 s.

3. *(Transféré sous le 5).*

4. *(Dispositions devenues sans objet : loi n° 92-1376 du 30 décembre 1992 article 11-II).*

4 bis. L'entreprise qui estime que le montant des acomptes déjà versés au titre d'un exercice est égal ou supérieur à la cotisation totale d'impôt sur les sociétés dont elle sera redevable au titre de l'exercice concerné, avant imputation des crédits d'impôt, peut se dispenser de nouveaux versements d'acomptes.

IS-III-1680 s. ; MF n° 36565

4 ter. *(Abrogé).*

5. Les modalités d'application du présent article sont fixées par décret *(Voir Annexe III, art. 358 à 362).*

IS-III-1 s. ; MF n°s 36460 s.

1 bis. Contribution exceptionnelle sur l'impôt sur les sociétés

Art 1668 B La contribution mentionnée à l'article 235 ter ZAA est payée spontanément au comptable public compétent, au plus tard à la date prévue au 2 de l'article 1668 pour le versement du solde de liquidation de l'impôt sur les sociétés.

Elle donne lieu à un versement anticipé à la date prévue pour le paiement du dernier acompte d'impôt sur les sociétés de l'exercice ou de la période d'imposition.

Le montant du versement anticipé est fixé :

a. Pour les entreprises ayant réalisé un chiffre d'affaires compris entre 250 millions d'euros et 1 milliard d'euros au cours du dernier exercice clos ou de la période d'imposition, ramené s'il y a lieu à douze mois, aux trois quarts du montant de la contribution exceptionnelle estimée au titre de l'exercice ou de la période d'imposition en cours et déterminée selon les modalités prévues au I de l'article 235 ter ZAA ;

b. Pour les entreprises ayant réalisé un chiffre d'affaires supérieur à 1 milliard d'euros au cours du dernier exercice clos ou de la période d'imposition, ramené s'il y a lieu à douze mois, à 95 % du montant de la contribution exceptionnelle estimée au titre de l'exercice ou de la période d'imposition en cours et déterminée selon les modalités prévues au même I.

Pour l'application des a et b, le chiffre d'affaires est apprécié, pour la société mère d'un groupe mentionné à l'article 223 A ou à l'article 223 A bis, en faisant la somme des chiffres d'affaires de chacune des sociétés membres de ce groupe.

Si le montant du versement anticipé est supérieur à la contribution due, l'excédent est restitué dans les trente jours à compter de la date de dépôt du relevé de solde de l'impôt sur les sociétés mentionné au 2 de l'article 1668 et de la déclaration prévue au 1 de l'article 223.

IS-VIII-3550 s.

1 quater. Contribution sociale sur l'impôt sur les sociétés. Droits et pénalités

Art 1668 D I. La contribution sociale mentionnée à l'article 235 ter ZC est recouvrée comme l'impôt sur les sociétés et sous les mêmes garanties et sanctions.

Elle est payée spontanément au comptable public compétent, au plus tard à la date prévue au 2 de l'article 1668 pour le versement du solde de liquidation de l'impôt sur les sociétés.

Elle donne lieu au préalable à quatre versements anticipés aux dates prévues pour le paiement des acomptes d'impôt sur les sociétés de l'exercice ou de la période d'imposition. Le montant des versements anticipés est fixé à 3,3 % du montant de l'impôt sur les sociétés calculé sur les résultats imposables aux taux mentionnés au I de l'article 219 de l'exercice ou de la période d'imposition qui précède et diminué d'un montant qui ne peut excéder celui de l'abattement défini au premier alinéa du I de l'article 235 ter ZC.

Lorsque le montant des versements anticipés déjà payés au titre d'un exercice ou d'une période d'imposition en application du deuxième alinéa est égal ou supérieur à la contribution dont l'entreprise prévoit qu'elle sera finalement redevable au titre de ce même exercice ou de cette même période, l'entreprise peut se dispenser du paiement de nouveaux versements.

II. Les modalités d'application du présent article sont fixées par décret *(Voir Annexe III, art. 366 L à 366 M)*.

IS-VIII-1300 s. ; MF nos 36730 s.

3. Retenue à la source sur les salaires, pensions et rentes viagères à titre gratuit

Art 1671 **1.** La retenue à la source prévue au 1° du 2 de l'article 204 A est effectuée par le débiteur lors du paiement des sommes et avantages mentionnés à l'article 204 F.

Lorsque le débiteur de la retenue à la source n'est pas établi en France, il est tenu de faire accréditer auprès de l'administration fiscale un représentant établi en France, qui s'engage à remplir les formalités lui incombant et, le cas échéant, à acquitter les prélèvements à sa place.

L'obligation de désigner un représentant fiscal ne s'applique pas au débiteur établi dans un autre Etat membre de l'Union européenne ou dans un Etat non membre de l'Union européenne avec lequel la France dispose d'un instrument juridique relatif à l'assistance mutuelle ayant une portée similaire à celle prévue par la directive 2010/24/UE du Conseil du 16 mars 2010 concernant l'assistance mutuelle en matière de recouvrement des créances relatives aux taxes, impôts, droits et autres mesures et par le règlement (UE) n° 904/2010 du Conseil du 7 octobre 2010 concernant la coopération administrative et la lutte contre la fraude dans le domaine de la taxe sur la valeur ajoutée. La liste de ces Etats est fixée par arrêté du ministre chargé du budget.

(Voir Annexe III, art. 111 quinquies)

2. Le débiteur de la retenue à la source prévue au 1° du 2 de l'article 204 A applique le taux calculé par l'administration fiscale, au plus tard le deuxième mois suivant sa transmission par l'administration. A défaut de taux transmis par l'administration, le débiteur applique le taux mentionné au III de l'article 204 H.

Les sommes prélevées en application de la retenue à la source prévue au 1° du 2 de l'article 204 A sont déclarées dans les conditions prévues à l'article 87 A et versées au comptable public compétent désigné par arrêté du ministre chargé du budget.

Ce versement intervient à une date fixée par décret le mois suivant celui au cours duquel a eu lieu le prélèvement ou, si le débiteur est un employeur dont la paie est effectuée après la période mensuelle d'emploi, le mois au cours duquel a eu lieu le prélèvement *(Voir Annexe III, art. 357 H ter)*.

Par dérogation au troisième alinéa du présent 2, l'employeur dont l'effectif est de moins de onze salariés peut opter, dans des conditions fixées par décret, pour un versement au plus tard le premier mois du trimestre suivant celui au cours duquel ont eu lieu les prélèvements *(Voir Annexe III, art. 357 H quater)*.

3. Par dérogation au 2, lorsque les employeurs ont recours aux dispositifs simplifiés prévus à l'article L 133-5-6 du code de la sécurité sociale ou à l'article L 7122-23 du code du travail, la retenue à la source est reversée au comptable public par l'intermédiaire des organismes mentionnés aux articles L 133-5-10 ou L 133-9 du code de la sécurité sociale, dans les conditions prévues par ces mêmes articles.

4. Sauf dans les cas mentionnés à l'article L 133-5-6 du code de la sécurité sociale ou à l'article L 7122-23 du code du travail, la retenue à la source prévue au 2 du présent article est acquittée par télérèglement.

5. La retenue à la source est recouvrée et contrôlée selon les mêmes modalités et sous les mêmes garanties et sûretés que la taxe sur la valeur ajoutée.

Les réclamations du débiteur ou du bénéficiaire des revenus sont présentées, instruites et jugées selon les règles applicables à cette taxe, selon des modalités précisées par décret en Conseil d'Etat *(Voir LPF, art. R* 196-1-1)*.

Par dérogation au premier alinéa du présent 5, lorsque la retenue à la source prévue au 2 a été avancée par les institutions de garantie mentionnées à l'article L 3253-14 du code du travail, elle est garantie par un privilège de même rang que celui des revenus sur lesquels elle a été précomptée.

IRPP-VI-21650 s. ; MF nos 3840 s.

3 bis. Retenues à la source sur les salaires, rémunérations, pensions, rentes, produits et gains versés à des personnes non domiciliées fiscalement en France

Art 1671 A Les retenues prévues aux articles 182 A, 182 A bis et 182 B sont opérées par le débiteur des sommes versées et celle prévue à l'article 182 A ter est opérée par la personne mentionnée au IV dudit article. Les retenues sont remises au service des impôts accompagnées d'une déclaration conforme au modèle fixé par l'administration, au plus tard le 15 du mois suivant le trimestre civil au cours duquel a eu lieu le paiement. Les dispositions des articles 1771 et 1920 sont applicables à ces retenues.

La retenue à la source n'est ni opérée, ni versée au Trésor lorsque son montant n'excède pas 8 € par mois pour un même salarié, pensionné, crédirentier ou bénéficiaire des versements donnant lieu à l'une de ces retenues.

a. *(Abrogé).*

b. *(Abrogé).*

TS-VII-71400 s. ; IRPP-VII-17630 s., 19190 s., 20350 s. ; MF n° 4580

3 quater. Prélèvement sur les dividendes

Art 1671 C Le prélèvement visé à l'article 117 quater est versé au Trésor dans les quinze premiers jours du mois qui suit celui du paiement des revenus et sous les mêmes sanctions que la retenue à la source prévue au 2 de l'article 119 bis. Ces sanctions sont également applicables au prélèvement dû en application du III de l'article 117 quater, sauf si le contribuable justifie qu'il a donné mandat à la personne qui assure le paiement des revenus pour déclarer les revenus et acquitter le prélèvement dans les conditions prévues au b du 1 du même III.

Le prélèvement ne peut être pris en charge par le débiteur.

RM-III-700 s. ; MF n°s 24590, 24896

4. Retenues à la source et prélèvements sur les revenus de valeurs mobilières

a. Retenue à la source afférente aux revenus des actions et parts et revenus assimilés, dont les bénéficiaires n'ont pas leur domicile réel ou leur siège en France, et aux intérêts et produits des obligations

Art 1672 **1.** La retenue à la source prévue au 1 de l'article 119 bis est payée par la personne qui effectue la distribution, à charge pour elle d'en retenir le montant sur les sommes versées aux bénéficiaires desdits revenus.

RM-IV-6700 s. ; MF n° 25610

2. La retenue à la source prévue au 2 de l'article 119 bis est déclarée et versée au Trésor par la personne établie en France qui assure le paiement des revenus.

RM-III-7950 s. ; MF n° 24865

3. Lorsque la personne mentionnée au 2 assure le paiement de produits de titres admis aux négociations sur un marché d'instruments financiers dont le fonctionnement est assuré par une entreprise de marché ou un prestataire de services d'investissement autres que des sociétés de gestion de portefeuille ou tout autre organisme similaire au profit d'une personne morale établie hors de France, cette dernière peut acquitter la retenue à la source prévue au 2 de l'article 119 bis lorsqu'elle remplit les conditions suivantes :

a. Elle est établie dans un Etat membre de l'Union européenne ou dans un autre Etat partie à l'accord sur l'Espace économique européen ayant conclu avec la France une convention d'assistance administrative en vue de lutter contre la fraude et l'évasion fiscales ;

b. Elle a conclu avec l'administration fiscale française une convention établie conformément au modèle délivré par cette administration, qui organise les modalités déclaratives et de paiement de la retenue à la source précitée et prévoit la transmission à cette même administration de tout document justificatif de ces déclarations et paiements ;

c. Elle est mandatée par la personne mentionnée au 2, qui demeure le redevable légal de l'impôt, pour effectuer en son nom et pour son compte la déclaration et le paiement de la retenue à la source.

4. Un décret fixe les modalités et les conditions d'application des 2 et 3 et, notamment, les obligations auxquelles doivent se soumettre les personnes chargées d'opérer la retenue *(Voir Annexe II, art. 48 et 75 à 79 et Annexe III, art. 381 A et 381 A bis).*

RM-III-7950 s. ; RM-IV-6700 s. ; MF n° 24865

Art 1672 bis **1.** Il est interdit aux sociétés et personnes morales de prendre à leur charge le montant de la retenue afférente :

1° Aux dividendes et autres produits répartis aux associés, actionnaires et porteurs de parts ou aux membres des conseils d'administration des sociétés anonymes *(Voir également art. 1655 quinquies)* ;

2° Aux revenus visés au 1° de l'article 118 et afférents à des valeurs émises à compter du 1er janvier 1965.

Ces dispositions ne sont pas applicables en cas de remboursement d'actions gratuites.

2. Dans la mesure où elles ne sont pas contraires aux dispositions du 1, les clauses des statuts ou des contrats d'émission, en vertu desquelles les sociétés ou entreprises débitrices étaient tenues de prendre à leur charge la taxe proportionnelle antérieurement en vigueur, s'appliquent de plein droit à la retenue à la source visée au 1 de l'article 1672.

RM-III-7970 ; RM-IV-6580 s. ; MF nos 24860, 25610

Art 1673 La retenue à la source afférente aux revenus de capitaux mobiliers entrant dans les prévisions des articles 118, 119 et 1678 bis, et visée au 1 des articles 119 bis et 1672 est déclarée et recouvrée suivant des règles fixées par décret *(Voir Annexe III, art. 381 K et 381 Q)*.

RM-IV-6790 s.

Art 1673 bis La retenue à la source exigible en vertu des dispositions de l'article 115 quinquies est déclarée et versée au Trésor par la société au plus tard le quinzième jour du quatrième mois qui suit la clôture de l'exercice. Si l'exercice est clos le 31 décembre ou si aucun exercice n'est clos en cours d'année, le versement est effectué au plus tard le 15 mai *(Voir Annexe II, art. 379)*.

RM-III-13400 s. ; MF n° 24896

b. Retenue à la source afférente aux intérêts des bons de caisse

Art 1678 bis **1.** Les intérêts des bons de caisse émis par les entreprises industrielles et commerciales et, quel que soit leur objet, par les personnes morales visées à l'article 108 donnent lieu, au moment de leur paiement et même lorsque ces bons ne présentent pas le caractère de titres négociables, à l'application de la retenue à la source prévue au 1 de l'article 119 bis et du prélèvement prévu à l'article 125 A.

2. *(Abrogé)*.

3. Un arrêté ministériel fixe les modalités d'application et la date d'entrée en vigueur des dispositions du présent article *(Voir Annexe IV, art. 188 B à 188 F)*.

RM-IV-26000 s. ; MF n° 25730

d. Prélèvement sur les produits de placements à revenu fixe

Art 1678 quater **I.** Le prélèvement sur les produits de placements à revenu fixe visé à l'article 125 A, la retenue à la source afférente aux intérêts des bons de caisse mentionnée à l'article 1678 bis et les prélèvements sur les produits attachés aux bons ou contrats de capitalisation ainsi qu'aux placements de même nature mentionnés aux 1 ou 2 du II de l'article 125-0 A sont déclarés et versés au Trésor dans les quinze premiers jours du mois qui suit le paiement des revenus et sous les mêmes sanctions que la retenue à la source prévue au 2 de l'article 119 bis. Ces sanctions sont également applicables au prélèvement dû en application du I de l'article 125 D, sauf si le contribuable justifie qu'il a donné mandat à la personne qui assure le paiement des revenus pour déclarer les revenus et acquitter le prélèvement dans les conditions prévues au IV du même article 125 D. Toutefois, ces sanctions ne sont pas applicables au prélèvement dû à raison des produits et gains mentionnés au II de l'article 125 D.

Les prélèvements mentionnés à la première phrase du premier alinéa du présent I ne peuvent être pris en charge par le débiteur.

Les modalités et conditions d'application de ces prélèvements sont fixées par décret *(Voir Annexe III, art. 381 S)*.

RM-IV-1100 s. ; MF nos 25385 s.

II. **1.** La retenue à la source prévue au 1 de l'article 119 bis appliquée sur les produits mentionnés à l'article 1678 bis ainsi que les prélèvements ou retenues à la source prévus au 2 du même article 119 bis, aux 1 ou 2 du II de l'article 125-0 A et à l'article 125 A font l'objet d'un acompte égal à 90 % du montant de ces prélèvements ou retenues à la source dus au titre du mois de décembre de l'année précédente.

Sont exclus de ce versement :

a. Les prélèvements sur les intérêts des comptes courants et des comptes bloqués d'associés ;

b. Les prélèvements sur les intérêts dus par les offices notariaux au titre des produits de compte de consignation, de dépôt spécifique et de titres consignés.

Son paiement intervient au plus tard le 15 octobre.

2. Lors du dépôt de la déclaration en janvier, l'établissement payeur procède à la liquidation des prélèvements ou retenues.

Lorsque le montant du versement effectué en application du 1 du présent II est supérieur aux montants des prélèvements ou retenues réellement dus, le surplus est imputé sur le prélèvement ou la retenue dû à raison des autres produits de placement et, le cas échéant, sur les autres prélèvements ou retenues. L'excédent est restitué.

3. Si l'établissement payeur estime que le montant du versement dû en application du 1 du présent II est supérieur au montant du prélèvement ou de la retenue dont il sera redevable au titre du mois de décembre, il peut en réduire le montant à concurrence de l'excédent présumé.

Lorsque le montant du prélèvement ou de la retenue réellement dû au titre du mois de décembre est supérieur au montant du versement réduit par l'établissement payeur en application du premier alinéa du présent 3, la majoration prévue au 1 de l'article 1731 s'applique à cette différence. L'assiette de cette majoration est toutefois limitée à la différence entre le montant du versement dû en application du 1 du présent II et celui du versement réduit par l'établissement payeur.

4. Le versement effectué en application du 1 du présent II est contrôlé et recouvré selon les mêmes règles et sous les mêmes garanties, sûretés, privilèges et sanctions que le prélèvement prévu à l'article 125 A. Les réclamations sont présentées, instruites et jugées selon les règles applicables à ce prélèvement.

RM-IV-1270 s., 34200 s. ; MF nº 25685

6. Taxe sur les salaires

Art 1679 Les sommes dues par les employeurs au titre de la taxe sur les salaires visée à l'article 231 doivent être remises au comptable public compétent dans les conditions et délais qui sont fixés par décret *(Voir Annexe III, art. 369 à 374).*

La taxe n'est pas due lorsque son montant annuel n'excède pas 1 200 €. Lorsque ce montant est supérieur à 1 200 € sans excéder 2 040 €, l'impôt exigible fait l'objet d'une décote égale aux trois quarts de la différence entre 2 040 € et ce montant.

TPS-I-16100 s., 16400 s. ; MF nºs 73510, 73530 s.

Art 1679 A La taxe sur les salaires due par les associations régies par la loi du 1er juillet 1901, les fondations reconnues d'utilité publique, les centres de lutte contre le cancer mentionnés à l'article L 6162-1 du code de la santé publique, les syndicats professionnels et leurs unions mentionnés au titre III du livre Ier de la deuxième partie du code du travail, les mutuelles régies par le code de la mutualité lorsqu'elles emploient moins de trente salariés ou lorsqu'elles relèvent du livre III du même code et emploient au moins trente salariés, ainsi que par leurs groupements mentionnés à l'article 239 quater D lorsqu'ils sont exclusivement constitués de personnes morales mentionnées au présent article n'est exigible, au titre d'une année, que pour la partie de son montant dépassant une somme fixée à 23 616 € *(NDLR Le montant susvisé s'applique à la taxe sur les salaires due à raison des rémunérations versées à compter du 1er janvier 2024. Il était fixé antérieurement à 22 535 €).* Ce montant est relevé chaque année dans la même proportion que la limite supérieure de la première tranche du barème de l'impôt sur le revenu. Le résultat obtenu est arrondi s'il y a lieu à l'euro le plus proche.

La mutuelle qui, entre le 1er janvier 2015 et le 31 décembre 2018, constate un dépassement du seuil d'effectif mentionné au premier alinéa conserve le bénéfice des dispositions qui y sont prévues pour la détermination de la taxe sur les salaires due au titre de l'année du franchissement de ce seuil ainsi que des trois années suivantes.

TPS-I-15800 s. ; MF nº 73500

Art 1679 bis Toute personne, association ou organisme qui n'a pas versé dans les délais prescrits la taxe sur les salaires dont il est redevable est personnellement imposé par voie d'avis de mise en recouvrement d'une somme égale à celle qu'il aurait dû verser.

TPS-I-18300 ; MF nº 73530

7 bis. Participation des employeurs au développement de la formation professionnelle continue

Art 1679 bis B **1.** *(Dispositions devenues sans objet : loi 2004-391 du 4 mai 2004 art. 34).*

2. *(Dispositions devenues sans objet : ordonnance 2004-602 du 24 juin 2004 art. 15-1).*

3. Les versements exigibles au titre du contrôle de la formation professionnelle continue sont effectués conformément aux règles mentionnées à l'article L 6362-12 du code du travail.

4. *(Abrogé).*

8. Impôt sur la fortune immobilière

Art 1679 ter L'impôt sur la fortune immobilière est recouvré selon les modalités prévues à l'article 1658 et acquitté dans les conditions prévues au 1 de l'article 1663 et sous les mêmes sûretés, privilèges, garanties et sanctions que l'impôt sur le revenu.

ENR-XIII-36200 s. ; MF nºs 72330 s.

10. Cotisation foncière des entreprises

Art 1679 quinquies La cotisation foncière des entreprises et les taxes additionnelles sont recouvrées par voie de rôles suivant les modalités et sous les garanties et sanctions prévues en matière de contributions directes.

Elles donnent lieu au versement d'un acompte, égal à 50 % du montant des taxes mises en recouvrement au titre de l'année précédente, avant le 1er avril de l'année courante. L'acompte n'est pas dû si ce montant est inférieur à 3 000 €.

L'acompte est exigible le 31 mai. Cet acompte est arrondi à l'euro le plus proche ; la fraction d'euro égale à 0,50 est comptée pour 1.

Le redevable qui estime que sa base d'imposition sera réduite d'au moins 25 % ou qui prévoit la cessation de son activité en cours d'année, au sens du I de l'article 1478, peut réduire le montant de son acompte en remettant au comptable public, chargé du recouvrement de la cotisation foncière des entreprises du lieu d'imposition, quinze jours avant la date d'exigibilité de l'acompte, une déclaration datée et signée.

A défaut de paiement volontaire, le recouvrement des acomptes exigibles est assuré et poursuivi dans les conditions fixées pour les impôts directs par le titre IV du livre des procédures fiscales et assorti des garanties et sûretés prévues par le présent code.

Le versement du solde est exigible à partir du 1er décembre. Le solde de l'impôt est recouvré par voie de rôles dans les conditions fixées par l'article 1663.

Toutefois, par dérogation aux règles du même article 1663, l'impôt restant dû est exigible en totalité dès la mise en recouvrement des rôles si tout ou partie d'un acompte n'a pas été versé le 15 du mois suivant celui au cours duquel il est devenu exigible.

Les redevables peuvent, sous leur responsabilité, réduire le montant du solde de cotisation foncière des entreprises du montant du dégrèvement attendu du plafonnement de la contribution économique territoriale due au titre de la même année, en remettant au comptable public chargé du recouvrement de la cotisation foncière des entreprises une déclaration datée et signée.

CET-II-190300 s. ; MF nos 43775 s.

11. Cotisation sur la valeur ajoutée des entreprises

Art 1679 septies Les entreprises dont la cotisation sur la valeur ajoutée des entreprises de l'année précédant celle de l'imposition est supérieure à 1 500 € doivent verser :

au plus tard le 15 juin de l'année d'imposition, un premier acompte égal à 50 % de la cotisation sur la valeur ajoutée des entreprises ;

au plus tard le 15 septembre de l'année d'imposition, un second acompte égal à 50 % de la cotisation sur la valeur ajoutée des entreprises.

La cotisation sur la valeur ajoutée des entreprises retenue pour le paiement des premier et second acomptes est calculée d'après la valeur ajoutée mentionnée dans la dernière déclaration de résultat exigée en application de l'article 53 A à la date du paiement des acomptes. Le cas échéant, le montant du second acompte est ajusté de manière à ce que le premier acompte corresponde à la valeur ajoutée mentionnée dans la déclaration de résultat exigée en application de l'article 53 A à la date du paiement du second acompte.

Les redevables peuvent, sous leur responsabilité, réduire le montant de leurs acomptes de manière à ce que leur montant ne soit pas supérieur à celui de la cotisation qu'ils estiment effectivement due au titre de l'année d'imposition. Pour déterminer cette réduction, ils tiennent compte de la réduction de leur valeur ajoutée imposable du fait des exonérations mentionnées au 1 du II de l'article 1586 ter et du dégrèvement prévu à l'article 1586 quater.

Pour l'application des exonérations ou des abattements de cotisations sur la valeur ajoutée des entreprises prévus à l'article 1586 nonies, les entreprises sont autorisées à limiter le paiement des acomptes de leur cotisation sur la valeur ajoutée des entreprises dans la proportion entre :

d'une part, le montant total correspondant aux exonérations et abattements de cotisations foncières des entreprises au titre de l'année précédente, en application du 3° de l'article 1459, des articles 1464 à 1464 I bis, de l'article 1464 M, des articles 1465 à 1466 F et de l'article 1478 bis ;

et, d'autre part, le montant visé au septième alinéa majoré du montant total des cotisations foncières des entreprises dû au titre de l'année précédente.

Un décret précise les conditions d'application des sixième à huitième alinéas.

L'année suivant celle de l'imposition, le redevable doit procéder à la liquidation définitive de la cotisation sur la valeur ajoutée des entreprises sur une déclaration à souscrire au plus tard le deuxième jour ouvré suivant le 1er mai. Cette dernière est accompagnée, le cas échéant, du versement du solde correspondant. Si la liquidation définitive fait apparaître que les acomptes versés sont supérieurs à la cotisation effectivement due, l'excédent, déduction faite des autres impôts directs dus par le redevable, est restitué dans les soixante jours suivant le deuxième jour ouvré suivant le 1er mai.

Ndlr *Les dispositions du présent article sont abrogées à compter des impositions établies au titre de 2027 : voir partie Autres textes du présent code loi 2022-1726 du 30 décembre 2022 art. 55, I-W et XXVII-J modifié par loi 2023-1322 du 29 décembre 2023 art. 79, III-3°.*

CET-III-22620 s. ; MF nos 44045 s.

12. Taxe d'aménagement

Art 1679 octies Par dérogation à l'article 1658, la taxe d'aménagement prévue à l'article 1635 quater A est recouvrée dans les conditions prévues à l'article L 255 A du livre des procédures fiscales.

Le recouvrement de la taxe fait l'objet de l'émission de deux titres de perception correspondant à deux fractions égales à la moitié de la somme totale à acquitter, ou de l'émission d'un titre unique lorsque le montant n'excède pas 1 500 €.

Le titre unique ou le premier titre est émis à compter de quatre-vingt-dix jours après la date d'exigibilité de la taxe. Le second titre est émis six mois après la date d'émission du premier titre.

Les pénalités dont la taxe d'aménagement peut être assortie font l'objet de l'émission d'un titre unique de perception distinct de celui de la taxe. Les sommes recouvrées sont versées au profit des collectivités territoriales ou des établissements publics de coopération intercommunale percevant la taxe d'aménagement correspondant à ces pénalités.

IMMO-V-11050 s. ; MF no 31155

Art 1679 nonies Lorsque la surface de la construction au sens du 1° de l'article 1635 quater H et de l'article 1635 quater I est supérieure ou égale à 5 000 mètres carrés, le redevable de la taxe d'aménagement verse :

1° Un premier acompte dont le montant est égal à 50 % du montant de la taxe d'aménagement ;

2° Un second acompte dont le montant est égal à 35 % du montant de la taxe d'aménagement.

Par dérogation au II de l'article 1635 quater F, la taxe d'aménagement retenue pour le paiement des acomptes est calculée en retenant les caractéristiques présentées par la construction appréciées à la date du fait générateur.

Les premier et second acomptes sont exigibles respectivement le neuvième et le dix-huitième mois suivant celui de la délivrance de l'autorisation d'urbanisme.

Leur montant est arrondi à l'euro le plus proche ; la fraction d'euro égale à 0,50 est comptée pour 1.

Ils s'imputent sur le montant définitif de la taxe d'aménagement due. Lorsque le montant de la somme imputable est supérieur au montant de la taxe effectivement due, l'excédent est restitué.

Le recouvrement de chaque acompte fait l'objet d'un titre unique de perception émis à compter de sa date d'exigibilité.

IMMO-V-11090 s. ; MF no 31155

13. Imposition minimale mondiale des groupes d'entreprises multinationales et des groupes nationaux

Art 1679 decies **I.** L'impôt complémentaire mentionné au deuxième alinéa de l'article 223 VJ est acquitté par télérèglement à l'appui du relevé de liquidation mentionné au III de l'article 223 WW par :

1° L'entité mère du groupe mentionnée à l'article 223 WG pour l'impôt complémentaire dû au titre de la règle d'inclusion du revenu prévue aux articles 223 WG à 223 WI ;

2° Les entités constitutives redevables de l'impôt national complémentaire en application de l'article 223 WF ;

3° Les entités constitutives redevables conformément à l'article 223 WJ pour l'impôt complémentaire dû au titre de la règle relative aux bénéfices insuffisamment imposés prévue aux articles 223 WJ à 223 WK quater.

Par dérogation aux 2° et 3° du présent I, les entités constitutives d'un groupe situées en France et redevables de l'impôt complémentaire dû au titre de l'impôt national complémentaire ou de la règle des bénéfices insuffisamment imposés peuvent, sur option, désigner une seule entité parmi les entités constitutives redevables du groupe pour acquitter la totalité de cet impôt complémentaire et déposer le relevé de liquidation mentionné au III de l'article 223 WW pour leur compte.

II. Cet impôt complémentaire est exigible à la date de dépôt du relevé de liquidation ou, en l'absence du dépôt de celui-ci dans les délais prévus au II de l'article 223 WW, à l'expiration de ceux-ci.

Ndlr *Les dispositions du présent article sont applicables aux exercices ouverts à compter du 31 décembre 2023 (Loi 2023-1322 du 29 décembre 2023 art. 33, I-3° et IV-A).*

FR 7/24 inf.10 p. 109 s. ; MF nos 41440 s.

Art 1679 undecies A l'exception du versement d'acomptes trimestriels prévu à l'article 1668, les impositions mentionnées au deuxième alinéa de l'article 223 VJ sont recouvrées et contrôlées selon les mêmes procédures et sous les mêmes garanties, sanctions, sûretés et privilèges que l'impôt sur les sociétés. En matière d'assiette, les réclamations sont présentées, instruites et jugées selon les règles applicables à ce même impôt.

Ndlr *Les dispositions du présent article sont applicables aux exercices ouverts à compter du 31 décembre 2023 (Loi 2023-1322 du 29 décembre 2023 art. 33, I-3° et IV-A).*

FR 7/24 inf.10 p. 109 s. ; MF n°s 41440 s.

III. Paiement de l'impôt

1. Dispositions générales

Art 1680 Les impositions de toute nature et les recettes recouvrées par un titre exécutoire, mentionné à l'article L 252 A du livre des procédures fiscales, sont payables en espèces, dans la limite de 300 €, selon le cas à la caisse du comptable public chargé du recouvrement ou auprès du ou des prestataires désignés en application du A du I de l'article 201 de la loi n° 2018-1317 du 28 décembre 2018 de finances pour 2019.

Les arrérages échus de rentes sur l'Etat peuvent être affectés au paiement de l'impôt direct.

REC-III-560, 840

(Voir Annexe III, art. 382 A à 382 D)

REC-III-800 s. , 840 ; MF n° 76720

Art 1680 A Les prélèvements opérés à l'initiative de l'administration fiscale sont effectués sur un compte ouvert par le contribuable dans un établissement habilité à cet effet, qui peut être :

1° Un compte de dépôt dans un établissement de crédit établi en France ou dans l'espace unique de paiement en euros, une caisse de crédit agricole régie par la section 3 du chapitre II du titre Ier du livre V du code monétaire et financier, une caisse de crédit mutuel, une caisse de crédit municipal ou un centre de chèques postaux ;

2° Un livret A, sous réserve que l'établissement teneur du livret le prévoie dans ses conditions générales de commercialisation, ou un livret A ou un compte spécial sur livret du Crédit mutuel relevant du 2 du I de l'article 146 de la loi n° 2008-776 du 4 août 2008 de modernisation de l'économie.

Ces opérations n'entraînent aucun frais pour le contribuable.

IRPP-VI-40290 ; REC-III-1825

Art 1681 **1.** Les versements provisionnels effectués par les contribuables sont constatés au crédit du compte ouvert à leur nom.

2. *(Abrogé).*

REC-III-5810

2 bis. Paiement échelonné de l'impôt sur le revenu afférent aux plus-values de cession de petite entreprise

Art 1681 F **I.** Sur demande du redevable, l'impôt sur le revenu afférent aux plus-values à long terme réalisées par une entreprise individuelle à l'occasion de la cession à titre onéreux de l'ensemble des éléments de l'actif immobilisé affectés à l'exercice d'une activité professionnelle ou d'une branche complète d'activité ou à l'occasion de la cession d'un fonds de commerce, d'un fonds artisanal ou d'une clientèle peut faire l'objet d'un plan de règlement échelonné lorsque les parties sont convenues d'un paiement différé ou échelonné du prix de cession portant sur une entreprise.

I bis. Sur demande du redevable, l'impôt sur le revenu afférent aux gains nets retirés de la cession à titre onéreux de droits sociaux mentionnés au 1 du I de l'article 150-0 A peut faire l'objet d'un plan de règlement échelonné lorsque les parties sont convenues d'un paiement différé ou échelonné de la totalité ou d'une partie du prix de cession de ces droits sociaux.

RM-VI-17880 s. ; MF n° 33225

II. La demande de plan de règlement échelonné doit être formulée au plus tard à la date limite de paiement portée sur l'avis d'imposition.

III. L'octroi du plan de règlement échelonné est subordonné aux conditions cumulatives suivantes :

1° L'entreprise individuelle ou la société emploie moins de cinquante salariés, a un total de bilan ou a réalisé un chiffre d'affaires n'excédant pas dix millions d'euros au titre de l'exercice au cours duquel la cession a lieu et répond à la définition de petite entreprise au sens de l'annexe I du règlement (UE) n° 651/2014 de la Commission du 17 juin 2014 déclarant certaines catégories d'aides compatibles avec le marché intérieur en application des articles 107 et 108 du traité ;

1° bis Lorsqu'il s'agit d'une société, la cession mentionnée au I bis du présent article porte sur la majorité du capital social. A l'issue de la cession, la société n'est pas contrôlée, au sens du 2° du III de l'article 150-0 B ter, par le cédant ;

2° L'imposition ne résulte pas de la mise en œuvre d'une rectification ou d'une procédure d'imposition d'office ;

3° Le redevable respecte ses obligations fiscales courantes ;

4° Le redevable constitue auprès du comptable public compétent des garanties propres à assurer le recouvrement de l'impôt afférent à la plus-value.

IV. La durée du plan de règlement échelonné ne peut excéder celle prévue pour le paiement total du prix de cession ni se prolonger au delà du 31 décembre de la cinquième année qui suit celle de la cession. Les échéances de versement de l'impôt sont fixées selon les modalités de paiement du prix de cession prévues dans l'acte.

V. En cas de dépréciation ou d'insuffisance des garanties constituées, le comptable public compétent peut, à tout moment, demander un complément de garanties.

VI. A défaut de constitution du complément de garanties mentionné au V ou de respect par le redevable des échéances du plan de règlement échelonné ou de ses obligations fiscales courantes, le plan de règlement échelonné est dénoncé.

VII. Lorsque les versements sont effectués aux échéances mentionnées au IV du présent article, la majoration prévue à l'article 1730 du présent code est plafonnée, pour chaque versement, au montant de l'intérêt légal mentionné à l'article L 313-2 du code monétaire et financier. Le taux de l'intérêt légal est celui applicable au jour de la demande de plan.

VIII. Le bénéfice du plan de règlement échelonné mentionné au I du présent article est subordonné au respect du règlement (UE) n° 1407/2013 de la Commission du 18 décembre 2013 relatif à l'application des articles 107 et 108 du traité sur le fonctionnement de l'Union européenne aux aides de minimis, du règlement (UE) n° 1408/2013 de la Commission du 18 décembre 2013 relatif à l'application des articles 107 et 108 du traité sur le fonctionnement de l'Union européenne aux aides de minimis dans le secteur de l'agriculture et du règlement (UE) n° 717/2014 de la Commission du 27 juin 2014 relatif à l'application des articles 107 et 108 du traité sur le fonctionnement de l'Union européenne aux aides de minimis dans le secteur de la pêche et de l'aquaculture.

BIC-XIX-10560 s. ; MF n° 18110

4. Paiement de la taxe d'habitation, des taxes foncières et de la contribution à l'audiovisuel public due par les particuliers

Art 1681 ter 1. La taxe d'habitation sur les résidences secondaires et autres locaux meublés non affectés à l'habitation principale et les taxes foncières sont recouvrées dans les conditions prévues au 1 de l'article 1663 et à l'article 1730. Toutefois, le contribuable peut opter pour des prélèvements mensuels sur un compte ouvert par lui et répondant aux conditions de l'article 1680 A.

L'option est exercée expressément et renouvelée tacitement chaque année.

2. Les prélèvements effectués chaque mois, de janvier à octobre, sont égaux au dixième de l'impôt établi l'année précédente.

Toutefois, le contribuable peut demander la suspension des prélèvements ou la modification de leur montant. Cette demande précise le montant présumé de l'impôt. Elle ne peut être postérieure au 30 juin et est prise en compte le mois qui suit celui au cours duquel elle est formulée.

Le solde de l'impôt est prélevé en novembre à concurrence du montant mentionné au premier alinéa du présent 2. Le complément éventuel est prélevé en décembre. Lorsque le prélèvement de décembre est supérieur d'au moins 100 % à l'une des mensualités, le solde de l'impôt est recouvré par prélèvement d'égal montant à partir de la troisième mensualité qui suit la mise en recouvrement du rôle.

Toutefois, si l'impôt est mis en recouvrement après le 31 octobre, le solde est acquitté dans les conditions prévues aux articles 1663 et 1730.

Il est mis fin aux prélèvements dès qu'ils ont atteint le montant de l'impôt mis en recouvrement. Le trop-perçu éventuel est remboursé au contribuable au plus tard à la fin du mois qui suit celui au cours duquel il est constaté.

Il est également mis fin aux prélèvements mensuels en cas de décès du contribuable. Le solde de l'impôt est acquitté dans les conditions fixées aux mêmes articles 1663 et 1730.

Lorsque, après la mise en recouvrement, le montant du dernier prélèvement de l'année est inférieur au montant mentionné au 2 de l'article 1657, il est ajouté à celui de la mensualité précédente.

3. Les modalités d'application du présent article sont fixées par décret *(Voir Annexe III, art. 382-0 C à 382 E)*.

FB-IV-7150 s. ; HAB-IV-1430 s. ; MF n° 41560

4 bis. Paiement de la cotisation foncière des entreprises et des taxes additionnelles

Art 1681 quater A A. La cotisation foncière des entreprises et les taxes additionnelles sont recouvrées, soit dans les conditions prévues à l'article 1679 quinquies, soit, sur demande du contribuable, au moyen de prélèvements mensuels opérés conformément à l'article 1680 A.

B. De janvier à octobre, chaque prélèvement est égal au dixième du montant des taxes mises en recouvrement au titre de l'année précédente jusqu'au 31 décembre de cette même année, éventuellement diminuées du montant du dégrèvement attendu au titre de l'article 1647 B sexies.

S'il estime que les prélèvements mensuels effectués ont atteint le montant des taxes qui seront mises en recouvrement, le contribuable peut demander la suspension des prélèvements suivants.

S'il estime que le montant des taxes mises en recouvrement différera de celui qui a servi de base aux prélèvements, il peut demander la modification du montant de ces derniers.

Dans l'un ou l'autre cas, la demande, qui ne peut être postérieure au 30 septembre de chaque année, doit préciser le montant présumé des taxes et doit être formulée auprès de l'administration fiscale au plus tard le dernier jour du mois qui précède celui du prélèvement effectif.

Si le montant des taxes présumé par le contribuable est inférieur de plus de 20 % au montant des taxes mises en recouvrement, une majoration de 5 % est appliquée à la différence entre la moitié des taxes dues et les prélèvements effectués entre le mois de janvier et le mois de juin. Cette différence ainsi que la majoration s'ajoutent au montant du prélèvement qui a lieu le deuxième mois qui suit le mois de la mise en recouvrement des taxes.

C. Le solde des taxes est prélevé en novembre à concurrence du montant de l'un des prélèvements visés au B. Le complément éventuel est prélevé en décembre.

Toutefois, si les taxes sont mises en recouvrement après le 31 octobre, le solde est acquitté dans les conditions fixées par les articles 1663, 1731 et 1731 A.

D. Il est mis fin aux prélèvements mensuels dès qu'ils ont atteint le montant des taxes mises en recouvrement. Le trop-perçu qui apparaît éventuellement lors de la mise en recouvrement des taxes est immédiatement, et au plus tard à la fin du mois qui suit la constatation du trop-perçu, remboursé au contribuable.

E. *(Dispositions reprises sous l'article 1724 quinquies).*

F. Un décret fixe les modalités d'application du présent article *(Voir Annexe III, art. 382-0 C à 382 E).*

CET-II-191160 s. ; MF n° 43790

5. Paiement par virement ou par prélèvements opérés à l'initiative du Trésor public

1° Paiement par virement des prélèvements libératoires, des retenues à la source et de la contribution annuelle sur les revenus locatifs

Art 1681 quinquies 1. Les prélèvements prévus aux articles 117 quater et 125 A et les prélèvements établis, liquidés et recouvrées selon les mêmes règles, ainsi que la retenue à la source prévue à l'article 119 bis et les retenues liquidées et recouvrés selon les mêmes règles sont acquittés par virement directement opéré sur le compte du Trésor ouvert dans les écritures de la Banque de France lorsque leur montant excède 1 500 €. Cette disposition ne s'applique pas à la retenue à la source acquittée dans les conditions prévues au 3 de l'article 1672, ainsi qu'aux prélèvements dus dans les conditions du III de l'article 117 quater et de l'article 125 D.

RM-III-770, 910, 13430 ; RM-IV-6860 ; MF nos 24865, 25385, 25610

2. *(Périmé).*

3. *(Abrogé).*

4. Les paiements afférents à la contribution prévue à l'article 234 nonies due par une société ou un groupement mentionné à l'article 234 terdecies sont effectués par virement directement opéré sur le compte du Trésor ouvert dans les écritures de la Banque de France lorsque leur montant excède 50 000 €.

IMMO-VI-11780 ; MF n° 74870

5. *(Abrogé).*

2° Paiement des impôts directs et taxes assimilées par virement ou par prélèvements

Art 1681 sexies 1. Sous réserve des 2, 3 et 4, lorsque leur montant excède 50 000 €, les impôts exigibles dans les conditions fixées à l'article 1663 sont acquittés, au choix du contribuable, par virement directement opéré sur le compte du Trésor ouvert dans les écritures de la Banque de France ou par prélèvements opérés à l'initiative de l'administration fiscale sur un compte visé à l'article 1680 A.

REC-III-1910

2. Lorsque leur montant excède 300 €, l'impôt sur le revenu, la taxe d'habitation sur les résidences secondaires et autres locaux meublés non affectés à l'habitation principale, les taxes foncières ainsi que les impositions recouvrées selon les mêmes règles que ces impositions sont acquittés par prélèvements opérés à l'initiative du Trésor public sur un compte mentionné à l'article 1680 A. Les contribuables qui résident dans un Etat figurant sur une liste établie par arrêté conjoint du ministre des affaires étrangères et du ministre chargé du budget peuvent acquitter ces impôts, quel que soit leur montant, par virement directement opéré sur le compte du Trésor ouvert dans les écritures de la Banque de France *[NDLR La liste précitée est composée des Etats suivants : La Barbade,*

Cuba, les Iles Vierges britanniques, l'Iran, le Kenya, le Liban, le Maroc, le Soudan, le Venezuela, le Zimbabwe (Arrêté CCPE2200396A du 24 janvier 2022, JO 3 février 2022)].

REC-III-1920 ; MF n°s 41555 s.

3. La cotisation foncière des entreprises, ses taxes additionnelles, l'imposition forfaitaire sur les entreprises de réseaux, les frais mentionnés sur le rôle ainsi que leur acompte sont acquittés par prélèvements opérés à l'initiative du Trésor public sur un compte mentionné aux 1° ou 2° de l'article 1680 A.

CET-II-190000 s. ; MF n° 43770

4. Quel que soit leur montant, la cotisation foncière des entreprises et l'imposition forfaitaire sur les entreprises de réseaux, recouvrées par voie de rôles, ne peuvent pas être acquittées par virement. Cette interdiction s'applique également aux frais mentionnés sur les rôles, à l'acompte et aux taxes additionnelles mentionnés à l'article 1679 quinquies. Toutefois, les contribuables mentionnés au 2 du présent article peuvent acquitter ces impôts, quel que soit leur montant, par virement directement opéré sur le compte du Trésor ouvert dans les écritures de la Banque de France.

CET-II-190000 s. ; MF n° 43770

6. Impôts acquittés par télérèglement

Art 1681 septies **1.** Par dérogation aux dispositions de l'article 1681 quinquies et du 1 de l'article 1681 sexies, l'impôt sur les sociétés ainsi que les impositions recouvrées dans les mêmes conditions, la cotisation foncière des entreprises et ses taxes additionnelles ainsi que la taxe sur les salaires sont acquittés par télérèglement, par les contribuables qui sont définis aux deuxième à dixième alinéas du I de l'article 1649 quater B quater.

DC-IX-13950 s. ; MF n° 87460

2. Le paiement par télérèglement des taxes foncières sur les propriétés bâties et non bâties et de leurs taxes additionnelles et annexes est également obligatoire pour les contribuables qui ont opté pour le paiement de ces taxes auprès du service chargé des grandes entreprises au sein de l'administration fiscale dans des conditions fixées par décret *(Voir Annexe III, art. 406 terdecies).*

DC-IX-14600 s. ; MF n° 87465

3. Le paiement de la cotisation sur la valeur ajoutée des entreprises est effectué par télérèglement.

Ndlr *Les dispositions du présent 3 sont abrogées à compter des impositions établies au titre de 2027 : voir partie Autres textes du présent code loi 2022-1726 du 30 décembre 2022 art. 55, I-X et XXVII-J modifié par loi 2023-1322 du 29 décembre 2023 art. 79, III-3°.*

CET-III-22630 s. ; MF n° 44040

4. Les paiements mentionnés à l'article 1668 sont effectués par télérèglement.

IS-III-3550 s. ; MF n°s 36525, 36610

5. Les paiements de la taxe sur les salaires mentionnée à l'article 231 sont effectués par télérèglement.

TPS-I-16450 s. ; MF n° 73530

6. Les paiements mentionnés aux 2 et 3 de l'article 1681 sexies peuvent également être effectués par télérèglement.

CET-II-190000 s. ; REC-III-2254 ; MF n°s 41555, 43770

7. Par dérogation au 1 de l'article 1681 quinquies, les prélèvements prévus aux VIII, IX et X de l'article 1649 quater B quater sont acquittés par télérèglement.

RM-III-770, 8110 ; RM-IV-1220 s. ; MF n°s 24590, 24896, 25385, 41555 s., 43770

7 bis. Le paiement de la taxe sur la valeur vénale des immeubles possédés en France, mentionnée à l'article 990 D, est effectué par télérèglement.

ENR-XI-10520 ; MF n° 75975

(Voir Annexe III, art. 382 E)

8. Les paiements de la taxe sur les conventions d'assurance mentionnée à l'article 991, des taxes assimilées prévues aux articles 990 I, 1635 bis A et 1635 bis AD et de la contribution forfaitaire annuelle mentionnée au V de l'article L 426-1 du code des assurances sont effectués par télérèglement.

Ndlr *Les dispositions du présent 8 s'appliquent aux impositions dont le fait générateur est intervenu à compter du 1er janvier 2024 (Loi 2019-1479 du 28 décembre 2019 art. 166, I-5° et V modifié par loi 2020-1721 du 29 décembre 2020 art. 64, I-11° et 194 et loi 2022-1726 du 30 décembre 2022 art. 80, V-1°-a ; décret 2023-962 du 19 octobre 2023).*

ENR-XI-25865 ; MF n° 76000

9. Un décret précise les autres impositions qui sont acquittées par télérèglement, sous peine de l'application de l'article 1738 *(NDLR Voir partie Autres textes du présent code décret 2020-772 du 24 juin 2020 art. 2).*

ENR-VI-31150 ; ENR-X-57340, 64870

IV. Obligations des tiers

Art 1682 Le rôle, régulièrement mis en recouvrement, est exécutoire non seulement contre le contribuable qui y est inscrit, mais contre ses représentants ou ayants cause.

REC-IV-15600 s. ; MF nº 77280

Art 1684 **1.** En cas de cession d'une entreprise industrielle, commerciale, artisanale ou minière, qu'elle ait lieu à titre onéreux ou à titre gratuit, qu'il s'agisse d'une vente forcée ou volontaire, le cessionnaire peut être rendu responsable solidairement avec le cédant du paiement de l'impôt sur le revenu afférent aux bénéfices réalisés par ce dernier pendant l'année ou l'exercice de la cession jusqu'au jour de celle-ci, ainsi qu'aux bénéfices de l'année ou de l'exercice précédent lorsque, la cession étant intervenue dans le délai normal de déclaration, ces bénéfices n'ont pas été déclarés par le cédant avant la date de la cession.

Toutefois, le cessionnaire n'est responsable que jusqu'à concurrence du prix du fonds de commerce, si la cession a été faite à titre onéreux, ou de la valeur retenue pour la liquidation du droit de mutation entre vifs, si elle a eu lieu à titre gratuit, et il ne peut être mis en cause que pendant un délai de quatre-vingt-dix jours qui commence à courir du jour de la déclaration prévue au 1 de l'article 201 si elle est faite dans le délai imparti par ledit paragraphe, ou du dernier jour de ce délai, à défaut de déclaration.

Lorsqu'il s'agit de la vente ou de la cession de fonds de commerce, le délai mentionné au deuxième alinéa commence à courir le jour du dépôt de la déclaration mentionnée aux 3 et 3 bis de l'article 201. Ce délai est ramené à trente jours lorsque les conditions suivantes sont réunies :

a. L'obligation mentionnée au deuxième alinéa du 1 de l'article 201 a été respectée ;

b. Le cédant a déposé la déclaration mentionnée aux 3 et 3 bis de l'article 201 dans le délai prévu au même article 201 ;

c. Le cédant respecte, au dernier jour du mois qui précède la vente ou la cession du fonds, ses obligations déclaratives et de paiement en matière fiscales.

A défaut, le délai est fixé à quatre-vingt-dix jours et commence à courir à compter de l'expiration du délai imparti pour déposer la déclaration de résultat.

Les dispositions du présent 1 sont applicables dans les mêmes conditions en ce qui concerne l'impôt sur les sociétés et la taxe d'apprentissage.

2. En cas de cession à titre onéreux soit d'une charge ou d'un office, soit d'une entreprise ou du droit d'exercer une profession non commerciale, le successeur du contribuable peut être rendu responsable solidairement avec son prédécesseur du paiement de l'impôt sur le revenu afférent aux bénéfices réalisés par ce dernier pendant l'année de la cession jusqu'au jour de celle-ci ainsi qu'aux bénéfices de l'année précédente lorsque, la cession étant intervenue pendant le délai normal de déclaration, ces bénéfices n'ont pas été déclarés avant la date de la cession.

Toutefois, le successeur du contribuable n'est responsable que jusqu'à concurrence du prix de cession et il ne peut être mis en cause que pendant un délai de trois mois qui commence à courir du jour de la déclaration prévue au 1 de l'article 202, si elle est faite dans le délai imparti par ledit paragraphe, ou du dernier jour de ce délai, à défaut de déclaration.

Les dispositions du présent paragraphe sont applicables dans les mêmes conditions en ce qui concerne l'impôt sur les sociétés.

3. Le propriétaire d'un fonds de commerce est solidairement responsable avec l'exploitant de cette entreprise, des impôts directs établis à raison de l'exploitation de ce fonds jusqu'à la publication du contrat de location-gérance.

Le premier alinéa du présent 3 n'est applicable que lorsque les impositions en cause ont fait l'objet des majorations prévues aux b ou c du 1 de l'article 1728 ou à l'article 1729 et à la condition que le propriétaire ait connu ou n'ait pu ignorer l'existence des manquements ayant entraîné l'application de ces majorations.

REC-IV-14900 s.

4. Les tiers visés aux 1 à 3 sont tenus solidairement avec les contribuables d'effectuer, en l'acquit des impositions dont ils sont responsables en vertu du présent article, les versements prévus par l'article 1663 B à concurrence de la fraction de ces versements calculés sur les cotisations correspondantes mises à la charge du redevable dans les rôles concernant la dernière année au titre de laquelle il a été imposé.

5. Un décret fixe, en ce qui concerne l'impôt sur le revenu, les conditions d'application du présent article *(Voir Annexe III, art. 383 bis et 383 ter).*

REC-IV-14500 s. ; MF nº 77280

Art 1686 Les propriétaires et, à leur place, les principaux locataires, doivent, un mois avant l'époque du déménagement de leurs locataires, se faire représenter par ces derniers les quittances de leur taxe d'habitation sur les résidences secondaires et autres locaux meublés non affectés à l'habitation principale. Lorsque les locataires ne représentent pas ces quittances, les propriétaires ou principaux locataires sont tenus, sous leur responsabilité personnelle, de donner, dans le délai d'un mois, avis du déménagement au comptable public chargé du recouvrement des impôts directs.

Dans le cas de déménagement furtif, les propriétaires et, à leur place, les principaux locataires sont responsables des sommes dues au titre de la taxe d'habitation sur les résidences secondaires et autres locaux meublés non affectés à l'habitation principale par leurs locataires s'ils n'ont pas, dans les trois mois, fait donner avis du déménagement au comptable public.

Dans tous les cas, et nonobstant toute déclaration de leur part, les propriétaires ou principaux locataires sont responsables de la taxe d'habitation sur les résidences secondaires et autres locaux meublés non affectés à l'habitation principale des personnes logées par eux en garni.

REC-IV-16100 s. ; MF n° 77280

Art 1687 Les propriétaires et, à leur place, les principaux locataires qui n'ont pas, un mois avant le terme fixé par le bail ou par les conventions verbales, donné avis au comptable public chargé du recouvrement des impôts directs du déménagement de leurs locataires, sont responsables des sommes dues par ceux-ci pour la cotisation foncière des entreprises.

Dans le cas où ce terme est devancé, comme dans le cas de déménagement furtif, les propriétaires et, à leur place, les principaux locataires deviennent responsables de la taxe de leurs locataires, s'ils n'ont pas, dans les trois mois, donné avis du déménagement au comptable public.

La part de la taxe laissée à la charge des propriétaires ou principaux locataires par les premier et deuxième alinéas comprend seulement la fraction afférente à l'exercice de la profession au cours du mois précédent et du mois courant.

REC-IV-16100 s. ; MF n° 77280

Art 1688 En garantie du paiement des impôts dont elle peut être redevable, toute personne locataire d'un bureau meublé est tenue de verser au Trésor, à la fin de chaque mois, sous la responsabilité du loueur du bureau et par son entremise, une somme égale à 25 % du prix de location.

Le loueur du bureau meublé peut être mis en cause, dans les conditions prévues par le premier alinéa, pour le recouvrement des versements prévus par l'article 1663 B.

REC-IV-16300 s. ; MF n° 77280

Art 1691 Les individus qui, en application de l'article 1742, ont été condamnés comme complices de contribuables s'étant frauduleusement soustraits ou ayant tenté de se soustraire frauduleusement au paiement de leurs impôts soit en organisant leur insolvabilité, soit en mettant obstacle, par d'autres manœuvres, au paiement de l'impôt, sont tenus solidairement avec les contribuables au paiement desdits impôts.

Les personnes qui, en exécution des dispositions des articles 1777 et 1778, ont été condamnées comme coauteurs ou complices du délit visé à l'article 1771, sont tenues, solidairement avec la personne ou l'organisme redevable, au paiement des retenues à la source opérées au titre de l'impôt sur le revenu, et des majorations et amendes fiscales correspondantes.

REC-IV-16400 s. ; MF n° 77280

V. Solidarité entre époux et partenaires liés par un pacte civil de solidarité

Art 1691 bis **I.** Les époux et les partenaires liés par un pacte civil de solidarité sont tenus solidairement au paiement :

1° De l'impôt sur le revenu lorsqu'ils font l'objet d'une imposition commune ;

2° De la taxe d'habitation sur les résidences secondaires et autres locaux meublés non affectés à l'habitation principale lorsqu'ils vivent sous le même toit ;

3° De la taxe d'aménagement et des pénalités afférentes ;

4° De la taxe d'archéologie préventive mentionnée à l'article 235 ter ZG.

Ndlr *Les dispositions des 3° et 4° s'appliquent aux demandes d'autorisation d'urbanisme initiale déposées depuis le 1er septembre 2022, aux autorisations d'urbanisme s'y rattachant et aux procès-verbaux établis après cette date constatant l'achèvement de constructions ou d'aménagements sans autorisation ou en infraction aux obligations résultant d'une autorisation d'urbanisme initiale dont la demande a été déposée après le 1er septembre 2022 ou d'une autorisation d'urbanisme s'y rattachant (Décret 2022-1102 du 1er août 2022 art. 1).*

II. 1. Les personnes divorcées ou séparées peuvent demander à être déchargées des obligations de paiement prévues au I ainsi qu'à l'article 1723 ter-00 B lorsque, à la date de la demande :

a. Le jugement de divorce ou de séparation de corps a été prononcé ou la convention de divorce par consentement mutuel prenant la forme d'un acte sous signature privée contresigné par avocats a été déposée au rang des minutes d'un notaire ;

b. La déclaration conjointe de dissolution du pacte civil de solidarité établie par les partenaires ou la signification de la décision unilatérale de dissolution du pacte civil de solidarité de l'un des partenaires a été enregistrée au greffe du tribunal judiciaire ;

c. Les intéressés ont été autorisés à avoir des résidences séparées ;

d. L'un ou l'autre des époux ou des partenaires liés par un pacte civil de solidarité a abandonné le domicile conjugal ou la résidence commune.

2. La décharge de l'obligation de paiement est accordée en cas de disproportion marquée entre le montant de la dette fiscale et, à la date de la demande, la situation financière et patrimoniale, nette de charges, du demandeur. La situation financière nette du demandeur est appréciée sur une période n'excédant pas trois années. La décharge de l'obligation de paiement est alors prononcée selon les modalités suivantes :

a. Pour l'impôt sur le revenu, la décharge est égale à la différence entre le montant de la cotisation d'impôt sur le revenu établie pour la période d'imposition commune et la fraction de cette cotisation correspondant aux revenus personnels du demandeur et à la moitié des revenus communs du demandeur et de son conjoint ou de son partenaire de pacte civil de solidarité.

Pour l'application du présent a, les revenus des enfants mineurs du demandeur non issus de son mariage avec le conjoint ou de son union avec le partenaire de pacte civil de solidarité sont ajoutés aux revenus personnels du demandeur ; la moitié des revenus des enfants mineurs du demandeur et de son conjoint ou de son partenaire de pacte civil de solidarité est ajoutée à la moitié des revenus communs.

Les revenus des enfants majeurs qui ont demandé leur rattachement au foyer fiscal des époux ou des partenaires liés par un pacte civil de solidarité ainsi que ceux des enfants infirmes sont pris en compte dans les conditions définies à l'alinéa précédent.

La moitié des revenus des personnes mentionnées au 2° de l'article 196 ainsi qu'à l'article 196 A bis est ajoutée à la moitié des revenus communs du demandeur et de son conjoint ou de son partenaire de pacte civil de solidarité ;

b. Pour la taxe d'habitation sur les résidences secondaires et autres locaux meublés non affectés à l'habitation principale, la décharge est égale à la moitié de la cotisation de taxe d'habitation sur les résidences secondaires et autres locaux meublés non affectés à l'habitation principale mise à la charge des personnes mentionnées au I ;

c. Pour l'impôt sur la fortune immobilière, la décharge est égale à la différence entre le montant de la cotisation d'impôt sur la fortune immobilière dû par les personnes mentionnées à l'article 1723 ter-00 B et la fraction de cette cotisation correspondant à l'actif net du patrimoine imposable propre du demandeur et à la moitié de l'actif net du patrimoine imposable commun du demandeur et de son conjoint ou de son partenaire de pacte civil de solidarité.

Pour l'application du présent c, le patrimoine imposable des enfants mineurs du demandeur non issus de son mariage avec le conjoint ou de son union avec le partenaire de pacte civil de solidarité est ajouté au patrimoine imposable propre du demandeur ; la moitié du patrimoine imposable des enfants mineurs du demandeur et de son conjoint ou de son partenaire de pacte civil de solidarité est ajoutée à la moitié du patrimoine imposable commun ;

d. Pour les intérêts de retard et les pénalités mentionnées aux articles 1727, 1728, 1729, 1732 et 1758 A consécutifs à la rectification d'un bénéfice ou revenu propre au conjoint ou au partenaire de pacte civil de solidarité du demandeur, la décharge de l'obligation de paiement est prononcée en totalité. Elle est prononcée, dans les autres situations, dans les proportions définies respectivement au a pour l'impôt sur le revenu, au b pour la taxe d'habitation sur les résidences secondaires et autres locaux meublés non affectés à l'habitation principale et au c pour l'impôt sur la fortune immobilière.

3. Le bénéfice de la décharge de l'obligation de paiement est subordonné au respect des obligations déclaratives du demandeur prévues par les articles 170 et 982 à compter de la date de la fin de la période d'imposition commune.

La décharge de l'obligation de paiement ne peut pas être accordée lorsque le demandeur et son conjoint ou son partenaire lié par un pacte civil de solidarité se sont frauduleusement soustraits, ou ont tenté de se soustraire frauduleusement, au paiement des impositions mentionnées aux 1° et 2° du I ainsi qu'à l'article 1723 ter-00 B, soit en organisant leur insolvabilité, soit en faisant obstacle, par d'autres manœuvres, au paiement de l'impôt.

(Dispositions applicables aux demandes en décharge de l'obligation de paiement déposées à compter du 1er janvier 2008)

III. Les personnes en situation de gêne et d'indigence qui ont été déchargées de l'obligation de paiement d'une fraction des impôts, conformément au II, peuvent demander à l'administration de leur accorder une remise totale ou partielle de la fraction des impositions mentionnées aux 1° et 2° du I restant à leur charge.

Pour l'application de ces dispositions, la situation de gêne et d'indigence s'apprécie au regard de la seule situation de la personne divorcée ou séparée à la date de demande de remise.

IV. L'application des II et III ne peut donner lieu à restitution.

(Voir également Annexe II, art. 382 bis à 382 quinquies)

REC-IV-13500 s. ; MF nº 77280

V bis. Autres solidarités

Art 1691 bis A Les établissements qui sont garants de l'achèvement de la construction sont solidaires du paiement de la taxe d'aménagement prévue à l'article 1635 quater A avec le ou les redevables mentionnés à l'article 1635 quater C.

IMMO-V-11150 ; MF nº 31155

VI. Décharge de paiement et dégrèvement en cas de décès du fait d'un acte de terrorisme, de la participation à une opération extérieure ou de sécurité intérieure ou dans des circonstances ayant entraîné une citation à l'ordre de la Nation

Art 1691 ter Il est accordé aux ayants droit et, le cas échéant, aux cohabitants redevables des personnes mentionnées aux 1º à 2º ter et aux 7º à 10º du I de l'article 796 :

1º *(Abrogé)* ;

2º Pour l'impôt sur le revenu, une décharge de paiement égale aux cotisations d'impôt sur le revenu et des autres impositions figurant sur le même article de rôle restant dues à la date du décès ou à devoir, au titre de l'imposition des revenus perçus ou réalisés par le défunt. Cette décharge ne peut couvrir les impositions dues sur les revenus afférents aux années antérieures à celle précédant l'année du décès. Les sommes versées avant le décès en application des articles 1664 et 1681 A, au titre des revenus du défunt, ne sont pas restituées. Les ayants droit sont dispensés de déclarer les revenus mentionnés à la première phrase du présent 2º.

Les ayants droit peuvent renoncer au bénéfice des dispositions prévues au 2º et opter pour les règles de droit commun relatives à la déclaration des revenus et à l'établissement de l'impôt. Dans le cas où le montant de l'impôt, au titre des revenus perçus ou réalisés par le défunt, s'avérerait inférieur au montant des prélèvements et acomptes versés avant le décès au titre des mêmes revenus, la différence est restituée. Dans le cas contraire, l'option est révocable.

Ndlr *Les articles 1664 et 1681 A du CGI, qui concernaient les acomptes provisionnels et les prélèvements mensuels d'impôt sur le revenu, ont été abrogés à compter de l'imposition des revenus de 2018 par l'article 60, I de la loi 2016-1917 du 29 décembre 2016 modifié par l'article 1er de l'ordonnance 2017-1390 du 22 septembre 2017.*

IRPP-VII-34500

SECTION II

Taxes sur le chiffre d'affaires et taxes assimilées

I. Régime général

Art 1692 Les redevables sont tenus d'acquitter le montant des taxes exigibles au moment même où ils déposent la déclaration de leurs opérations.

RIE-IV-8300 s. ; MF nº 54160

II. Régime spécial des acomptes provisionnels

Art 1693 Les redevables de la taxe sur la valeur ajoutée autorisés à disposer du délai supplémentaire d'un mois prévu au 2 de l'article 287 pour remettre la déclaration visée au 1 du même article sont tenus de verser, à titre d'acompte, dans le délai prévu audit 1, une somme déterminée par eux en fonction de leur chiffre d'affaires, des taxes auxquelles ils sont assujettis et des déductions auxquelles ils peuvent prétendre. Cette somme doit être au moins égale à 80 % de la somme réellement due. La différence éventuellement constatée entre la somme ainsi versée et celle effectivement due fait l'objet, soit d'une imputation sur les acomptes afférents aux mois suivants, soit d'un versement complémentaire qui doit être effectué au moment même où ces redevables déposent la déclaration de leurs affaires.

RIE-IV-12880 s. ; MF nºs 54185 s.

II bis. Régime spécial des exploitants agricoles

Art 1693 bis **I.** Les exploitants agricoles assujettis à la taxe sur la valeur ajoutée acquittent cette taxe par acomptes trimestriels égaux, au minimum, au cinquième de l'impôt dû au titre de l'année précédente ou du dernier exercice clos. Le complément d'impôt éventuellement exigible au vu de la déclaration annuelle visée au 1° du I de l'article 298 bis est versée lors du dépôt de celle-ci. S'il estime que les acomptes déjà payés au titre de l'année ou de l'exercice atteignent le montant de l'impôt dont il sera finalement redevable, l'exploitant peut surseoir au paiement des acomptes suivants. Si le montant de l'impôt est supérieur de plus de 30 % au montant des acomptes versés, l'intérêt de retard prévu à l'article 1727 et la majoration prévue à l'article 1731 sont applicables.

La taxe est également exigible au vu de la déclaration prévue à la dernière phrase du 1° du I de l'article 298 bis et est versée lors du dépôt de celle-ci, sous déduction éventuelle des acomptes acquittés au titre de la période couverte par cette déclaration.

Les exploitants agricoles sont dispensés du versement d'acomptes lorsque la taxe due au titre de l'année civile précédente ou du dernier exercice clos, avant déduction de la taxe sur la valeur ajoutée relative aux biens constituant des immobilisations, est inférieure à 1 000 €.

Toutefois, les exploitants agricoles peuvent, sur option quinquennale de leur part, acquitter l'impôt au vu de déclarations trimestrielles ou mensuelles indiquant d'une part le montant total des opérations réalisées et d'autre part le détail de leurs opérations taxables.

TVA-XII-9500 s. ; MF n°s 59885 s.

II. Les nouveaux assujettis sont autorisés, lors de leur première période d'imposition, à acquitter la taxe sur la valeur ajoutée par acomptes trimestriels dont ils déterminent eux-mêmes le montant mais dont chacun doit représenter plus de 70 % de l'impôt réellement dû pour le trimestre correspondant.

TVA-XII-9578 s. ; MF n° 59890

III. Lorsque la durée d'un exercice n'est pas égale à douze mois et que les exploitants agricoles ont opté pour une déclaration annuelle telle que définie à la deuxième phrase du 1° du I de l'article 298 bis, cette dernière ne peut couvrir une période excédant douze mois. Si l'exercice est supérieur à douze mois, ils doivent, au titre de cet exercice, déposer deux déclarations. La première doit couvrir la période comprise entre le premier jour de l'exercice et le dernier jour du douzième mois qui suit, et est déposée avant le cinquième jour du cinquième mois qui suit le dernier jour de la période couverte. La seconde déclaration doit couvrir la période comprise entre le premier jour du mois qui suit la période couverte par la première déclaration et le dernier jour de l'exercice concerné, et doit être déposée avant le cinquième jour du cinquième mois qui suit la clôture de l'exercice. Si l'exercice considéré a une durée inférieure à douze mois, elle est déposée avant le cinquième jour du cinquième mois qui suit la date de clôture de l'exercice. Les taxes dues en vertu des articles 298 bis et 302 bis MB, calculées ainsi qu'il est dit au III et le cas échéant au 1° ou 2° du IV de ce dernier article, sont liquidées lors du dépôt de ces déclarations.

TVA-XII-10075 ; MF n° 59892

II ter. Paiement consolidé de la taxe sur la valeur ajoutée au sein d'un groupe de sociétés

Art 1693 ter 1. Par dérogation aux dispositions de l'article 1692, un redevable de la taxe sur la valeur ajoutée peut choisir d'acquitter la taxe sur la valeur ajoutée et les taxes, contributions et redevances déclarées sur l'annexe à la déclaration prévue au 2 de l'article 287 dues par des membres du groupe qu'il constitue avec des assujettis dont il détient, directement ou indirectement, plus de la moitié du capital ou des droits de vote, et d'obtenir le remboursement des excédents de taxe déductible dont ceux-ci bénéficient.

Cette option ne peut être exercée qu'avec l'accord des membres du groupe intéressés.

L'option peut aussi être exercée par un organe central ou une caisse départementale ou interdépartementale ayant opté pour le régime mentionné au cinquième alinéa du I de l'article 223 A, pour l'ensemble des banques, caisses et sociétés mentionnées à ce même alinéa *(Voir Annexe III, art. 384 D).*

Elle ne concerne que les groupes dont les membres remplissent les conditions cumulatives suivantes :

a. Ils relèvent des catégories mentionnées au I de l'article 1649 quater B quater et sont soumis aux modalités déclaratives prévues par cet article ;

b. Ils ouvrent et clôturent leurs exercices comptables aux mêmes dates ;

c. Ils déposent leurs déclarations dans les conditions prévues au premier alinéa du 2 de l'article 287.

La détention mentionnée au premier alinéa du présent article doit être continue sur la période couverte par l'option.

2. Le redevable mentionné au 1 formule l'option auprès du service des impôts dont il dépend. Celle-ci prend effet pour le paiement de la taxe sur la valeur ajoutée, ainsi que des taxes, contributions et redevances mentionnées au 1 exigibles, à compter du premier jour du premier exercice comptable suivant celui au cours duquel elle a été exprimée.

A compter du troisième exercice comptable suivant celui de prise d'effet de l'option, celle-ci peut être dénoncée par le redevable mentionné au 1 dans le délai d'un mois qui suit la clôture de l'exercice précédent. Cette dénonciation prend effet à compter du premier jour de l'exercice qu'elle vise.

Le redevable mentionné au 1 peut, avec leur accord, exclure certains membres du groupe ou en introduire de nouveaux. Ces modifications ne peuvent prendre effet qu'à compter du second exercice compris dans la période d'option. Elles s'opèrent selon des modalités analogues à celles décrites au premier alinéa. L'introduction de nouveaux membres dans le groupe est sans incidence sur la durée initiale de l'option.

L'appartenance d'un membre au groupe cesse à compter du premier jour du mois suivant celui au cours duquel les conditions mentionnées au 1 cessent d'être remplies.

3. Chaque mois, aux dates fixées par arrêté conjoint des ministres chargés de l'économie et du budget *(Voir Annexe IV, art. 39)*, les assujettis membres du groupe déposent leurs déclarations mentionnées au 2 de l'article 287 et le redevable mentionné au 1 du présent article :

a. Dépose une déclaration récapitulative conforme au modèle défini par l'administration ;

b. Acquitte un montant de taxe sur la valeur ajoutée égal à la différence entre la somme des taxes nettes dues et la somme des crédits de taxe portés sur les déclarations prévues au 2 de l'article 287, déposées au titre du même mois par chacun des membres du groupe. Lorsque ce solde est négatif, le redevable mentionné au 1 du présent article peut soit en obtenir le remboursement auprès de l'administration dans les conditions fixées par décret en Conseil d'Etat *(Voir Annexe II, art. 242-0 L)*, soit le reporter sur la déclaration déposée au titre du mois suivant. En cas de dénonciation ou de caducité de l'option, le crédit de taxe existant à l'issue de la période couverte par l'option fait l'objet d'une restitution au redevable mentionné au 1 ;

c. Acquitte les taxes, contributions et redevances mentionnées au 1 qui figurent sur les déclarations mentionnées au b.

4. Les déclarations mentionnées au c du 1 et l'annexe mentionnée au premier alinéa du 1 restent soumises au contrôle de l'administration dans les conditions prévues par le livre des procédures fiscales. Le redevable mentionné au 1 acquitte les droits et les intérêts de retard et pénalités mentionnés au chapitre II du livre II en conséquence des infractions commises par les assujettis membres du groupe.

5. Chaque assujetti membre du groupe est tenu solidairement avec le redevable mentionné au 1 au paiement de la taxe sur la valeur ajoutée, des taxes, contributions et redevances mentionnées au 1 et, le cas échéant, des pénalités correspondantes que le redevable mentionné au 1 est chargé d'acquitter, à hauteur des droits et pénalités dont il serait redevable si l'option mentionnée au 1 n'avait pas été exercée.

RIE-IV-13050 s. ; MF n°s 54200 s.

Art 1693 ter A Le crédit de taxe sur la valeur ajoutée constaté par un assujetti membre du groupe au titre d'une période antérieure à l'entrée en vigueur de l'option prévue à l'article 1693 ter ne peut faire l'objet d'un report sur une déclaration dont les éléments sont pris en compte pour le calcul de la différence mentionnée au b du 3 du même article. Ce crédit donne lieu à remboursement à ce membre dans les conditions prévues au IV de l'article 271 *(Voir Annexe II, art. 242-0 C)*.

Le crédit de taxe sur la valeur ajoutée constaté sur la déclaration mentionnée au c du 1 de l'article 1693 ter pendant l'application du régime optionnel prévu au même article ne peut faire l'objet d'un report sur une déclaration ultérieure de l'assujetti membre du groupe. Il est définitivement transmis au redevable mentionné au même 1 dans les conditions mentionnées au b du 3 du même article.

RIE-IV-13050 s. ; MF n° 54215

II quater. Régime spécial de la taxe sur certains services fournis par les grandes entreprises du secteur numérique

Ndlr *Depuis le 1er janvier 2024, la taxe sur certains services fournis par les grandes entreprises du secteur numérique, initialement codifiée aux articles 299 à 300 du CGI, est transférée aux articles L 453-45 s. du CIBS sous la dénomination de « taxe sur certains services numériques ».*

Art 1693 quater **I.** Les redevables de la taxe prévue à l'article 299 autres que ceux soumis au régime réel simplifié d'imposition prévu à l'article 302 septies A ou admis à déposer leurs déclarations par trimestre civil conformément au dernier alinéa du 2 de l'article 287 acquittent cette taxe au moyen de deux acomptes versés lors de l'année au cours de laquelle elle devient exigible et au moins égaux à la moitié du montant dû au titre de l'année précédente.

Le premier acompte est versé lors de la déclaration de la taxe devenue exigible l'année précédente.

Le second acompte est versé :

1° Pour les redevables de la taxe sur la valeur ajoutée soumis au régime réel normal d'imposition mentionné au 2 de l'article 287, lors du dépôt de l'annexe à la déclaration mentionnée au 1 du même article 287 déposée au titre du mois de septembre ;

2° Dans les autres cas, au plus tard le 25 octobre, lors du dépôt de l'annexe à la déclaration prévue au même 1 déposée auprès du service de recouvrement dont relève le siège ou le principal établissement du redevable.

II. Les redevables qui estiment que le paiement d'un acompte conduirait à excéder le montant de la taxe définitivement dû peuvent surseoir au paiement de ce dernier ou minorer son montant.

Lorsqu'un redevable fait usage de la faculté prévue au premier alinéa du présent II et que le montant de la taxe finalement dû est supérieur de plus de 20 % au montant des acomptes versés, l'intérêt de retard prévu à l'article 1727 et la majoration prévue à l'article 1731 sont applicables.

L'intérêt de retard et la majoration mentionnés au deuxième alinéa du présent II sont appliqués à la différence positive entre, d'une part, la somme du montant de chacun des deux acomptes qui auraient été versés en l'absence de modulation à la baisse et, d'autre part, la somme du montant de chacun des deux acomptes effectivement versés.

III. Le montant de taxe dû est régularisé lorsqu'elle est déclarée. Le cas échéant, les montants à restituer aux redevables sont imputés sur l'acompte acquitté lors de cette déclaration puis, si nécessaire, sur celui acquitté postérieurement la même année ou, en cas d'absence ou d'insuffisance des acomptes, remboursés.

***Ndlr** Le présent article sera abrogé à compter de l'entrée en vigueur des dispositions prises en application ou pour l'application des dispositions législatives du CIBS susvisées (Ordonnance 2023-1210 du 20 décembre 2023 art. 41, 1°).*

BF 4/24 inf. 264 ; TD-XX-50 ; MF n° 76150

Art 1693 quater A En cas de cessation d'activité du redevable, le montant de la taxe prévue à l'article 299 qui est dû au titre de l'année de cessation d'activité est établi immédiatement. Elle est déclarée, acquittée et, le cas échéant, régularisée selon les modalités prévues pour la taxe sur la valeur ajoutée dont il est redevable ou, à défaut, dans les soixante jours suivant la cessation d'activité.

***Ndlr** Le présent article sera abrogé à compter de l'entrée en vigueur des dispositions prises en application ou pour l'application des dispositions législatives du CIBS susvisées (Ordonnance 2023-1210 du 20 décembre 2023 art. 41, 1°).*

BF 4/24 inf. 264 ; TD-XX-50 ; MF n° 76150

Art 1693 quater B **I.** Un redevable de la taxe prévue à l'article 299 qui n'est pas soumis au régime réel simplifié d'imposition prévu à l'article 302 septies A ni admis à déposer ses déclarations par trimestre civil conformément au dernier alinéa du 2 de l'article 287 peut choisir de déclarer et d'acquitter la taxe pour l'ensemble des redevables du groupe, au sens du dernier alinéa du III de l'article 299, auquel il appartient. Dans ce cas, l'article 1693 ter ne s'applique pas à cette taxe.

Cette option est exercée avec l'accord de l'ensemble des redevables du groupe concerné.

II. Le redevable recourant à l'option prévue au I du présent article formule sa demande auprès du service des impôts dont il dépend. Cette option prend effet pour les paiements et remboursements intervenant à compter de la déclaration déposée l'année suivant la réception de la demande par ce service.

III. L'option est exercée pour au moins trois années.

Le redevable renonçant à l'option formule sa demande de renonciation auprès du service des impôts dont il dépend. Cette renonciation prend effet pour les paiements et remboursements intervenant à compter de la déclaration de l'année déposée l'année suivant la réception de la demande par ce service.

L'option s'applique pour la taxe due par tout nouveau membre du groupe concerné. En cas de désaccord de ce dernier, il est renoncé à l'option dans les conditions prévues au deuxième alinéa du présent III.

IV. La déclaration déposée par le redevable recourant à l'option mentionne les montants dus par chaque membre du groupe.

V. Le redevable recourant à l'option prévue au I obtient les remboursements de la taxe due par les redevables membres du groupe consolidé, le cas échéant, par imputation des montants dus par les autres membres et acquitte les droits et les intérêts de retard et pénalités prévus au chapitre II du présent livre en conséquence des infractions commises par les redevables membres du groupe.

VI. Chaque redevable membre du groupe est tenu solidairement avec le redevable recourant à l'option prévue au I au paiement de la taxe et, le cas échéant, des intérêts de retard et pénalités correspondants que le redevable recourant à l'option prévue au même I est chargé d'acquitter, à hauteur des droits, intérêts et pénalités dont le redevable membre du groupe serait redevable si l'option mentionnée audit I n'avait pas été exercée.

***Ndlr** Le présent article sera abrogé à compter de l'entrée en vigueur des dispositions prises en application ou pour l'application des dispositions législatives du CIBS susvisées (Ordonnance 2023-1210 du 20 décembre 2023 art. 41, 1°).*

BF 4/24 inf. 264 ; TD-XX-50 ; MF n° 76150

II sexies. Régime spécial des redevables de la taxe sur les services fournis par les opérateurs de communications électroniques

Ndlr *Depuis le 1er janvier 2024, la taxe sur les services fournis par les opérateurs de communications électroniques, initialement codifiée à l'article 302 bis KH du CGI, est transférée aux articles L 453-1 s. du CIBS sous la dénomination de « taxe sur les services de communications électroniques ».*

Art 1693 sexies Les redevables de la taxe prévue à l'article 302 bis KH acquittent cette taxe par acomptes mensuels ou trimestriels au moins égaux, respectivement, au douzième ou au quart du montant de la taxe due au titre de l'année civile précédente.

Le complément de taxe exigible au vu de la déclaration mentionnée au V de l'article 302 bis KH est versé lors du dépôt de celle-ci.

Les redevables qui estiment que les acomptes déjà payés au titre de l'année atteignent le montant de la taxe dont ils seront en définitive redevables peuvent surseoir aux paiements des acomptes suivants. Si le montant de la taxe est supérieur de plus de 20 % au montant des acomptes versés, l'intérêt de retard prévu à l'article 1727 et la majoration prévue à l'article 1731 sont applicables.

BF 4/24 inf. 264 ; TD-V-18350 s. ; MF n° 76135

III bis. Régime simplifié

Art 1694 bis Les conditions dans lesquelles les personnes soumises au régime simplifié de déclaration des taxes sur le chiffre d'affaire mentionné à l'article 302 septies A acquittent les impositions relevant de ce régime sont déterminées dans les conditions prévues à l'article L 171-1 du code des impositions sur les biens et services *(Voir Annexe II, art. 204 quater, 242 sexies à 242 septies L et 383 ter).*

RIE-IV-17000 s. ; MF nos 54260 s.

IV. Dispositions applicables aux taxes à l'importation, aux produits pétroliers et à la sortie d'un régime d'entrepôt

Art 1695 I. La taxe sur la valeur ajoutée est déclarée et perçue lorsqu'elle devient exigible, pour les opérations suivantes :

1° Les importations pour lesquelles le redevable est une personne non assujettie et non identifiée conformément aux dispositions combinées des articles 286 ter et 286 ter A ;

2° Les opérations mentionnées aux 6° et 7° du II de l'article 286 ter A, lorsque le redevable est un assujetti qui n'est pas tenu d'être identifié, conformément aux dispositions combinées des articles 286 ter et 286 ter A.

3° *(Abrogé).*

Dans ces situations, la taxe sur la valeur ajoutée est recouvrée et contrôlée selon les mêmes procédures et sous les mêmes sanctions, garanties, sûretés et privilèges que les droits de douanes.

II. *(Abrogé).*

III. *(Abrogé).*

IV. *(Abrogé).*

V. *(Abrogé).*

FR 2/24 inf. 49 nos 19 et 20 p. 100 ; FR 9/23 inf. 1 p. 3 ; TVA-III-19000 s. ; MF nos 49600, 49636

IV ter. Paiement de la taxe sur la valeur ajoutée par virement ou par télérèglement

Art 1695 quater Les redevables acquittent la taxe sur la valeur ajoutée ainsi que les taxes assimilées aux taxes sur le chiffre d'affaires par télérèglement.

RIE-IV-12300 s. ; MF nos 54100 s., 87460

V. Modalités d'application

Art 1696 Les modalités d'application des dispositions contenues dans la présente section sont fixées par arrêté ministériel *(Voir Annexe IV, art. 189).*

SECTION III

Contributions indirectes

Art 1698 D Le paiement de l'impôt mentionné à l'article 1559 dont le montant total à l'échéance excède 50 000 € doit être fait par virement directement opéré sur le compte du Trésor ouvert dans les écritures de la Banque de France.

Les opérateurs soumis à l'obligation de télédéclaration prévue au VII de l'article 1649 quater B quater acquittent les droits, impôts ou taxes correspondants par télérèglement.

Art 1700 Le mode de perception par voie d'exercice ou par abonnement, est déterminé par arrêtés ministériels dans les établissements assujettis à l'impôt établi par les articles 1559 et 1560 *(Voir Annexe IV, art. 139, non reproduit dans le présent code).*

SECTION IV

Enregistrement, publicité foncière, impôt sur la fortune, timbre

(Voir Annexe IV, art. 199 à 204 en ce qui concerne le paiement par chèque)

I. Paiement des droits

Art 1701 Les droits des actes et ceux des mutations par décès sont payés avant l'exécution de l'enregistrement, de la publicité foncière ou de la formalité fusionnée, aux taux et quotités réglés par le présent code.

Nul ne peut en atténuer ni différer le paiement sous le prétexte de contestation sur la quotité, ni pour quelque autre motif que ce soit, sauf à se pourvoir en restitution s'il y a lieu.

A défaut de paiement préalable de la taxe de publicité foncière, le dépôt est refusé *(Voir Annexe III, art. 257. Voir toutefois art. 1717, I).*

ENR-I-14300 s. ; ENR-XI-4530 s. ; MF nº 64080

Art 1702 Aucune autorité publique, ni l'administration fiscale, ni ses préposés, ne peuvent suspendre ou faire suspendre le recouvrement des droits d'enregistrement, de la taxe de publicité foncière et des peines encourues sans en devenir personnellement responsables.

ENR-I-9470

Art 1702 bis Lorsqu'il est nécessaire de requérir dans plusieurs services chargés de la publicité foncière, soit la publicité d'un même acte ne donnant pas lieu à la formalité fusionnée et soumis à la taxe de publicité foncière au taux fixe, soit celle d'une même décision judiciaire soumise à la taxe à ce même taux, soit l'inscription d'hypothèques conventionnelles ou judiciaires garantissant une même créance, la taxe de publicité foncière et la contribution de sécurité immobilière sont acquittées en totalité dans le service où la formalité est requise en premier lieu. Elles ne sont acquittées dans aucun des autres services, à condition que le service où la publicité a été requise en premier lieu soit explicitement désigné dans la réquisition déposée aux autres services et qu'un duplicata de la quittance constatant le paiement entier des taxes dans le service ainsi désigné soit représenté.

Le service chargé de la publicité foncière qui a perçu la taxe et la contribution de sécurité immobilière est tenu de délivrer au requérant autant de duplicata de la quittance mentionnée à l'article 880 et au 3 de l'article 1704 qu'il lui en est demandé.

ENR-I-2120 ; ENR-XI-4550 s.

II. Obligations des agents

Art 1703 Les comptables publics compétents ne peuvent, sous aucun prétexte, lors même qu'il y aurait lieu à l'expertise, différer l'enregistrement des actes et mutations dont les droits ont été payés aux taux réglés par la présente codification.

Ils ne peuvent, non plus, suspendre ou arrêter le cours des procédures en retenant des actes ou significations ; cependant, si un acte dont il n'y a pas de minute ou une signification contient des renseignements dont la trace puisse être utile pour la découverte des droits dus, l'agent a la faculté d'en tirer copie, et de la faire certifier conforme à l'original par l'officier qui l'a présenté. En cas de refus, il peut réserver l'acte pendant vingt-quatre heures seulement, pour s'en procurer une collation en forme, à ses frais, sauf répétition, s'il y a lieu.

Cette disposition est applicable aux actes sous signature privée qui sont présentés à l'enregistrement.

ENR-I-4920 s.

Art 1704 1. La quittance de l'enregistrement est mise sur l'acte enregistré ou sur l'extrait de la déclaration du nouveau possesseur.

Il y est exprimé en toutes lettres la date de l'enregistrement, le folio du registre, le numéro et la somme des droits perçus.

Lorsque l'acte renferme plusieurs dispositions opérant chacune un droit particulier, l'agent compétent les indique sommairement dans sa quittance et y énonce distinctement la quotité de chaque droit perçu.

2. *(Abrogé).*

3. Lorsqu'il s'agit de formalités autres que la formalité fusionnée, la quittance de la taxe de publicité foncière est mise au pied des extraits, expéditions, copies, bordereaux ou certificats remis ou délivrés par le service chargé de la publicité foncière ; chaque somme y est mentionnée séparément, et le total est inscrit en toutes lettres.

ENR-I-5220 s.

III. Obligation au paiement

Art 1705 Les droits des actes à enregistrer ou à soumettre à la formalité fusionnée sont acquittés, savoir :

1° Par les notaires, pour les actes passés devant eux ;

2° Par les huissiers et autres ayant pouvoir de faire des significations et procès-verbaux pour ceux de leur ministère ;

3° Par les greffiers, pour les actes et jugements, sauf le cas prévu par l'article 1840 D, et ceux passés et reçus aux greffes ;

4° Par les comptables publics assignataires, pour les actes passés en la forme administrative qui sont soumis à la formalité de l'enregistrement ou à la formalité fusionnée, sauf aussi le cas prévu par l'article 1840 D ;

5° Par les parties, pour les actes sous signature privée, et ceux passés en pays étrangers, qu'elles ont à faire enregistrer ; pour les ordonnances sur requêtes ou mémoires, et les certificats qui leur sont immédiatement délivrés par les juges ; et pour les actes et décisions qu'elles obtiennent des arbitres si ceux-ci ne les ont pas fait enregistrer ;

6° Et par les héritiers, légataires et donataires, leurs tuteurs et curateurs, et les exécuteurs testamentaires, pour les testaments et autres actes de libéralité à cause de mort.

ENR-I-19450 s. ; MF n° 64080

Art 1706 Les greffiers ne sont personnellement tenus de l'acquittement des droits que dans les cas prévus par l'article 1840 C. Ils continuent de jouir de la faculté accordée par l'article 1840 D pour les jugements et actes y énoncés.

ENR-I-19650

Art 1707 Les parties sont solidaires vis-à-vis du Trésor pour le paiement des droits simples et des pénalités exigibles sur les sentences arbitrales et les décisions judiciaires.

ENR-IX-7630

Art 1708 Dans tous les cas, les assureurs, leur représentant responsable, leurs agents, directeurs d'établissements ou de succursales, ou leurs représentants, les courtiers et intermédiaires et les assurés sont tenus solidairement pour le paiement de la taxe spéciale sur les conventions d'assurances et ses pénalités.

Cette taxe est perçue dans des conditions qui sont fixées par décret *(Voir Annexe III, art. 385 à 390)*.

ENR-XI-26040 ; MF n° 76000

Art 1709 Les droits des déclarations des mutations par décès sont payés par les héritiers, donataires ou légataires.

Les cohéritiers, à l'exception de ceux exonérés de droits de mutation par décès, sont solidaires.

ENR-I-19800 s. ; ENR-X-28960 ; MF n° 68910

Art 1710 L'action solidaire pour le recouvrement des droits de mutation par décès, conférée au Trésor par l'article 1709, ne peut être exercée à l'encontre des cohéritiers auxquels profite l'exemption prévue par l'article 796.

ENR-I-19800 s.

IV. Contribution au paiement

Art 1711 Les officiers publics qui, aux termes des articles 1705 et 1706, ont fait, pour les parties, l'avance des droits d'enregistrement ou de la taxe de publicité foncière peuvent en poursuivre le paiement conformément aux dispositions de la loi du 24 décembre 1897 relative au recouvrement des frais dus aux notaires, avoués et huissiers.

ENR-I-20075

Art 1712 Les droits des actes civils et judiciaires emportant translation de propriété ou d'usufruit de meubles ou immeubles, sont supportés par les nouveaux possesseurs, et ceux de tous les autres actes le sont par les parties auxquelles les actes profitent, lorsque, dans ces divers cas, il n'a pas été stipulé de dispositions contraires dans les actes.

ENR-I-20010 s. ; MF n° 64080

V. Paiement en valeurs du Trésor ou en créances sur l'Etat

Art 1715 Le paiement des droits de mutation par décès peut être effectué en valeurs du Trésor dans la proportion fixée respectivement par le conseil d'administration de la caisse autonome de gestion des bons de la défense nationale, d'exploitation industrielle des tabacs et d'amortissement de la dette publique et par arrêté du ministre de l'économie et des finances.

La valeur de reprise de ces divers titres est fixée par décret.

La liste des valeurs susceptibles d'être ainsi reçues en paiement est établie par arrêté du ministre de l'économie et des finances, après avis du conseil d'administration de la caisse susvisée.

ENR-I-17210

Art 1716 A Lorsque leur auteur a acquis, en application de la loi n° 78-1 du 2 janvier 1978 relative à l'indemnisation des rapatriés d'outre-mer dépossédés de leurs biens et de la loi n° 87-549 du 16 juillet 1987 modifiée relative au règlement de l'indemnisation des rapatriés, une créance sur l'Etat, les droits de mutation par décès exigibles sur la créance revenant à chaque ayant droit peuvent être acquittés par imputation sur cette créance *(Disposition applicable aux titres remis aux créanciers mentionnés au chapitre 1er du titre IV de la loi du 15 juillet 1970 qui ont formé opposition conformément aux prescriptions de l'article 50 de la même loi et dont l'opposition a été validée dans les conditions prévues par le décret 70-813 du 11 septembre 1970 : voir décret 78-231 du 2 mars 1978 art. 3).*

ENR-X-29180 s. ; MF n° 68920

V bis. Dation en paiement

Art 1716 bis **I.** Les droits de mutation à titre gratuit, l'impôt sur la fortune immobilière et le droit de partage peuvent être acquittés par la remise d'œuvres d'art, de livres, d'objets de collection, de documents, de haute valeur artistique ou historique, ou d'immeubles situés dans les zones d'intervention du Conservatoire de l'espace littoral et des rivages lacustres définies à l'article L 322-1 du code de l'environnement dont la situation ainsi que l'intérêt écologique ou paysager justifient la conservation à l'état naturel ou d'immeubles en nature de bois, forêts ou espaces naturels pouvant être incorporés au domaine forestier de l'Etat.

Le premier alinéa est applicable lorsque le montant des droits que l'intéressé propose d'acquitter par dation est au moins égal à 10 000 €, au titre de chaque imposition considérée.

L'offre de dation ne peut être retirée dans le délai de six mois suivant la date de son dépôt. Ce délai peut être prorogé de trois mois par décision motivée de l'autorité administrative, notifiée à l'intéressé.

Cette procédure exceptionnelle de règlement des droits est subordonnée à un agrément donné dans des conditions fixées par décret en Conseil d'Etat *(Voir Annexe II, art. 384 A à 384 A ter).*

La décision d'agrément fixe la valeur libératoire qu'elle reconnaît aux biens offerts en paiement. La dation en paiement n'est parfaite que par l'acceptation par l'intéressé de ladite valeur.

Si l'intéressé ne donne pas son acceptation à l'agrément des biens offerts en paiement pour la valeur proposée dans l'offre de dation ou s'il retire son offre de dation avant la notification de la décision d'agrément, les droits dus sont assortis de l'intérêt de retard prévu à l'article 1727, calculé à compter du premier jour du mois suivant celui au cours duquel les droits devaient être acquittés jusqu'au dernier jour du mois du paiement.

Lorsque l'Etat accepte les biens offerts en paiement pour une valeur libératoire différente de celle proposée par l'intéressé dans son offre, ce dernier dispose de trente jours pour confirmer son offre à cette nouvelle valeur ou pour y renoncer. S'il renonce, l'intérêt de retard est calculé à compter du premier jour du mois suivant l'expiration du délai de trente jours précité, jusqu'au dernier jour du mois du paiement.

L'offre de dation n'est pas recevable :

1° Si les biens offerts en paiement ont précédemment donné lieu à deux refus d'agrément ;

2° Lorsqu'ils sont détenus depuis moins de cinq ans par l'intéressé. Cette condition ne s'applique pas s'ils sont entrés en sa possession par mutation à titre gratuit.

II. *(Abrogé).*

ENR-I-19000 s. ; MF n° 68920

VI. Paiement fractionné ou différé des droits

Art 1717 **I.** Par dérogation aux dispositions de l'article 1701, le paiement des droits d'enregistrement et de la taxe de publicité foncière peut être fractionné ou différé selon des modalités fixées par décret *(Voir Annexe III, art. 396 à 404 GD).*

II. *(Disposition devenue sans objet : décret n° 77-498 du 11 mai 1977 art. 16-1).*

III. *(Abrogé).*

ENR-I-14700 s. ; MF nos 64080, 66880, 68930 s.

Art 1717 bis Lors de leur présentation à la formalité de l'enregistrement ou à la formalité fusionnée, dans le délai prévu à l'article 635 et au III de l'article 647, les actes constatant la formation de sociétés commerciales sont provisoirement enregistrés gratis. Sous réserve des dispositions de l'article 1717, les droits et taxes normalement dus sont exigibles, au plus tard, à l'expiration d'un délai de trois mois à compter de la date de ces actes.

ENR-VI-530 s. ; MF n° 66685

Art 1722 bis Dans le cas prévu aux articles 832 et 924-3 du code civil, lorsque l'attributaire ou le bénéficiaire du don ou du legs dispose de délais pour le règlement des soultes ou récompenses dont il est redevable envers ses cohéritiers, le paiement des droits de mutation par décès incombant à ces derniers peut être différé dans les conditions fixées par décret, à concurrence de la fraction correspondant au montant des soultes ou récompenses payables à terme *(Voir Annexe III, art. 397, 2°).*

ENR-I-16400 s. ; MF n° 68940

Art 1722 ter Les modalités de paiement des droits de mutation par décès afférents aux titres, sommes, valeurs ou avoirs quelconques frappés d'indisponibilité hors de France par suite de mesures prises par un gouvernement étranger sont fixées par décret *(Voir Annexe III, art. 280).*

Ces dispositions sont applicables aux successions ouvertes et non déclarées avant la publication de la loi n° 63-254 du 15 mars 1963.

ENR-X-14850 s.

Art 1722 quater Conformément aux dispositions des articles L 230-1 et L 230-2 du code de l'urbanisme, lorsqu'un terrain concerné par un droit de délaissement fait l'objet d'une transmission pour cause de décès, les ayants droit du propriétaire décédé peuvent demander, dans les conditions prévues par ces articles, qu'il soit sursis, à concurrence du montant de son prix, au recouvrement des droits de mutation afférents à la succession tant que ce prix n'aura pas été payé.

ENR-I-16600 s.

VII. Modes particuliers de perception des droits

Art 1723 ter Les droits exigibles sur les décisions judiciaires et les actes dispensés de la formalité de l'enregistrement, ainsi que ceux afférents aux actes visés au II de l'article 658, sont recouvrés soit selon les modalités prévues lors de l'entrée en vigueur de la loi n° 69-1168 du 26 décembre 1969, soit par voie d'apposition de timbre ou sur état, dans des conditions fixées par décret.

ENR-I-10740 ; ENR-IX-8960

VII-0 A. Impôt sur la fortune immobilière

Art 1723 ter-00 B Les époux et les partenaires liés par un pacte civil de solidarité défini par l'article 515-1 du code civil sont solidaires pour le paiement de l'impôt sur la fortune immobilière.

ENR-XIII-36240 s. ; MF n° 72335

VII A. Droits de timbre

Art 1723 ter-0 A Le droit de timbre prévu à l'article 916 A est supporté par la personne qui demande la délivrance de formules de chèques ne répondant pas aux caractéristiques indiquées à cet article. Il est payé par l'organisme émetteur. Celui-ci ne peut en aucun cas le prendre à sa charge *(Voir Annexe III, art. 313 BG bis et 313 BG ter et Annexe IV, art. 121 KL bis et 121 KL ter).*

ENR-VIII-410 ; MF n° 78405

SECTION V
Dispositions communes

Art 1724 La liquidation de toute somme à recevoir, à quelque titre et pour quelque cause que ce soit, est arrondie à l'euro le plus proche. La fraction d'euro égale à 0,50 est comptée pour 1.

Il est procédé à cet arrondissement au niveau du décompte de chaque impôt ou taxe.

DC-IX-1000 s. ; MF n° 97510

Art 1724 A Les créances de toute nature dont la perception incombe aux comptables publics désignés par décret et non acquittées à l'échéance ne sont mises en recouvrement que lorsque leur montant cumulé excède 16 € *(Voir Annexe III, art. 406 duodecies).*

REC-I-10350 s. ; MF n° 76522

Art 1724 bis Les prélèvements opérés à l'initiative de l'administration fiscale pour le paiement des impôts, droits et taxes mentionnés au présent code n'entraînent aucun frais pour le contribuable.

REC-III-1820

Art 1724 quater Toute personne qui ne procède pas aux vérifications prévues à l'article L 8222-1 du code du travail ou qui a été condamnée pour avoir recouru directement ou par personne interposée aux services de celui qui exerce un travail dissimulé est, conformément à l'article L 8222-2 du même code, tenue solidairement au paiement des sommes mentionnées à ce même article dans les conditions prévues à l'article L 8222-3 du code précité.

Ndlr *Les articles L 8222-1, L 8222-2 et L 8222-3 du code du travail sont reproduits dans la partie Autres textes du présent code.*

REC-IV-16500 s. ; MF n° 77280

Art 1724 quater B Le maître de l'ouvrage ou le donneur d'ordre informé par écrit de l'intervention d'un sous-traitant ou d'un subdélégataire en situation irrégulière au regard des dispositions sur le travail dissimulé et qui n'a pas enjoint son cocontractant de faire cesser cette situation est, conformément à l'article L 8222-5 du code du travail, tenu solidairement au paiement des sommes mentionnées à l'article L 8222-2 du même code, dans les conditions prévues à l'article L 8222-3 du code précité.

Ndlr *Les articles L 8222-2, L 8222-3 et L 8222-5 du code du travail sont reproduits dans la partie Autres textes du présent code.*

REC-IV-16500 s. ; MF n° 77280

Art 1724 quater C Conformément à l'article L 8222-4 du code du travail, lorsque le cocontractant est établi ou domicilié à l'étranger, les obligations dont le respect fait l'objet de vérifications sont celles qui résultent de la réglementation de son pays d'origine et celles qui lui sont applicables au titre de son activité en France.

Ndlr *L'article L 8222-4 du code du travail est reproduit dans la partie Autres textes du présent code.*

REC-IV-16500 s. ; MF n° 77280

Art 1724 quinquies I. Si un prélèvement mensuel, prévu à l'article 1681 ter et au B de l'article 1681 quater A, n'est pas opéré à la date limite fixée, la somme qui devait être prélevée est acquittée avec le prélèvement suivant.

II. En cas de deuxième retard de paiement au cours de la même année, le contribuable perd pour cette année le bénéfice de son option et est soumis soit aux dispositions du 2 de l'article 1663 et de l'article 1730 soit, en matière de cotisation foncière des entreprises et de taxes additionnelles, aux dispositions de l'article 1679 quinquies.

III. Si un prélèvement mensuel prévu au 3 de l'article 1663 B n'est pas opéré, le contribuable est soumis aux dispositions du 4 de l'article 1663 et de l'article 1730.

III bis. *(Abrogé).*

IV. Un décret fixe les modalités d'application du présent article *(Voir Annexe III, art. 382-0 C septies).*

FB-IV-7980 s. ; CET-II-191160 s. ; MF n° 43790

CHAPITRE II

Pénalités

SECTION I

Dispositions communes

A. Intérêt de retard

Art 1727 I. Toute créance de nature fiscale, dont l'établissement ou le recouvrement incombe aux administrations fiscales, qui n'a pas été acquittée dans le délai légal donne lieu au versement d'un intérêt de retard. A cet intérêt s'ajoutent, le cas échéant, les sanctions prévues au présent code.

II. L'intérêt de retard n'est pas dû :

1. Au titre des éléments d'imposition pour lesquels un contribuable fait connaître, par une indication expresse portée sur la déclaration ou l'acte, ou dans une note annexée, les motifs de droit ou de fait qui le conduisent à ne pas les mentionner en totalité ou en partie, ou à leur donner une qualification qui entraînerait, si elle était fondée, une taxation atténuée, ou fait état de déductions qui sont ultérieurement reconnues injustifiées ;

CF-VIII-6900 s. ; MF n° 79865

2. Au titre des éléments d'imposition afférents à une déclaration souscrite dans les délais prescrits, lorsque le principe ou les modalités de la déclaration de ces éléments se heurtent, soit à une difficulté d'interprétation d'une disposition fiscale entrée en vigueur à compter du 1er janvier de l'année précédant l'échéance déclarative, soit à une difficulté de détermination des incidences fiscales d'une règle comptable, et que les conditions suivantes sont remplies :

1° Le contribuable de bonne foi a joint à sa déclaration la copie de la demande, déposée avant l'expiration du délai de déclaration, par laquelle il a sollicité de l'administration, de manière précise et complète, une prise de position sur la question sans obtenir de réponse ;

2° L'administration n'a pas formellement pris position sur la question avant l'expiration du délai de déclaration ;

CF-VIII-7600 s. ; MF n° 80020

2 bis. Si la cause du rehaussement poursuivi par l'administration est un différend sur la valeur locative des biens mentionnés au I de l'article 1496 et à l'article 1498 et s'il est démontré, d'une part, que le contribuable de bonne foi a acquitté l'imposition sur la base du rôle établi par l'administration et, d'autre part, que celui-ci ne résultait ni d'un défaut ni d'une inexactitude de déclaration ;

CF-VIII-8000 ; MF n° 80025

3. Sauf manquement délibéré, lorsque l'insuffisance des chiffres déclarés, appréciée pour chaque bien, n'excède pas le dixième de la base d'imposition en ce qui concerne les droits d'enregistrement ou la taxe de publicité foncière ;

CF-VIII-8100 s. ; MF nº 80030

4. Sauf manquement délibéré, lorsque l'insuffisance des chiffres déclarés n'excède pas le vingtième de la base d'imposition en ce qui concerne l'impôt sur le revenu et l'impôt sur les sociétés.

Sont assimilées à une insuffisance de déclaration lorsqu'elles ne sont pas justifiées :

a. Les dépenses de tenue de comptabilité et d'adhésion à un centre de gestion ou à une association agréés ouvrant droit à la réduction d'impôt prévue à l'article 199 quater B ;

b. Les charges ouvrant droit aux réductions d'impôt prévues à l'article 199 septies ;

c. Les dépenses ouvrant droit aux crédits d'impôts prévus aux articles 200 quater et 200 quater A ;

d. Les dépenses de recherche ouvrant droit au crédit d'impôt prévu à l'article 244 quater B ;

e. Les dépenses de recherche collaborative ouvrant droit au crédit d'impôt prévu à l'article 244 quater B bis.

En cas de rectifications apportées aux résultats des sociétés appartenant à des groupes mentionnés à l'article 223 A ou à l'article 223 A bis, l'insuffisance des chiffres déclarés s'apprécie pour chaque société.

CF-VIII-8100 s. ; MF nº 80030

III. Le taux de l'intérêt de retard est de 0,20 % par mois. Il s'applique sur le montant des créances de nature fiscale mises à la charge du contribuable ou dont le versement a été différé.

CF-VIII-8510. ; MF nº 79860

IV. 1. L'intérêt de retard est calculé à compter du premier jour du mois suivant celui au cours duquel l'impôt devait être acquitté jusqu'au dernier jour du mois du paiement.

Toutefois, en matière d'impôt sur le revenu et à l'exception de l'impôt afférent aux plus-values réalisées sur les biens mentionnés aux articles 150 U à 150 UC, le point de départ du calcul de l'intérêt de retard est le 1er juillet de l'année suivant celle au titre de laquelle l'imposition est établie.

En matière d'impôt sur la fortune immobilière, le point de départ du calcul de l'intérêt de retard est le 1er juillet de l'année au titre de laquelle l'imposition est établie.

En cas d'imposition établie dans les conditions fixées aux articles 201 à 204, le point de départ du calcul de l'intérêt de retard est le premier jour du quatrième mois suivant celui de l'expiration du délai de déclaration.

CF-VIII-8750 s. ; MF nº 80090

2. L'intérêt de retard cesse d'être décompté lorsque la majoration prévue à l'article 1730 est applicable.

CF-VIII-9720 s. ; MF nº 79860

3. Lorsqu'il est fait application de l'article 1728, le décompte de l'intérêt de retard est arrêté au dernier jour du mois de la proposition de rectification ou du mois au cours duquel la déclaration ou l'acte a été déposé.

CF-VIII-9010 ; MF nº 80090

4. Lorsqu'il est fait application de l'article 1729, le décompte de l'intérêt de retard est arrêté au dernier jour du mois de la proposition de rectification ou, en cas d'échelonnement des impositions supplémentaires, du mois au cours duquel le rôle doit être mis en recouvrement.

CF-VIII-9040 s. ; MF nº 80015

5. En cas de retard de paiement d'une créance de nature fiscale devant être acquittée auprès d'un comptable des administrations fiscales, l'intérêt de retard est calculé à compter du premier jour du mois qui suit la date limite de dépôt de la déclaration ou de l'acte comportant reconnaissance par le contribuable de sa dette ou, à défaut, la réception de l'avis de mise en recouvrement émis par le comptable. Pour toute créance de nature fiscale devant être acquittée sans déclaration préalable, l'intérêt est calculé à partir du premier jour du mois suivant celui au cours duquel le principal aurait dû être acquitté jusqu'au dernier jour du mois du paiement.

6. Lorsqu'il est fait application de l'article L 188 A du livre des procédures fiscales, le décompte de l'intérêt de retard est arrêté au dernier jour du mois de la proposition de rectification intervenue dans le délai initial de reprise ou, à défaut, au dernier jour de ce délai.

CF-VIII-9120 s. ; MF nº 80015

7. En cas de manquement aux engagements pris en application des b du 2º et 7º du 2 de l'article 793, l'intérêt de retard est décompté au taux prévu au III pour les cinq premières annuités de retard, ce taux étant pour les annuités suivantes réduit respectivement d'un cinquième, d'un quart ou d'un tiers selon que le manquement est constaté avant l'expiration de la dixième, vingtième ou trentième année suivant la mutation.

ENR-X-34650, 35400 s. ; MF nºs 68120, 68170

8. Lorsque la convention prévue au premier alinéa de l'article 795 A prend fin dans les conditions définies par les dispositions types mentionnées au même alinéa, l'intérêt de retard est calculé à compter du premier jour du mois suivant celui au cours duquel la convention a pris fin.

ENR-X-41860 ; MF nº 68185

V. Le montant dû au titre de l'intérêt de retard est réduit de 50 % en cas de dépôt spontané par le contribuable, avant l'expiration du délai prévu pour l'exercice par l'administration de son droit de reprise, d'une déclaration rectificative à condition, d'une part, que la régularisation ne concerne pas une infraction exclusive de bonne foi et, d'autre part, que la déclaration soit accompagnée du paiement des droits simples ou, s'agissant des impositions recouvrées par voie de rôle, que le paiement soit effectué au plus tard à la date limite de paiement portée sur l'avis d'imposition.

A défaut de paiement immédiat des droits simples ou, s'agissant des impositions recouvrées par voie de rôle, de paiement effectué au plus tard à la date limite de paiement portée sur l'avis d'imposition, le bénéfice de la réduction de 50 % de l'intérêt de retard prévu au premier alinéa du présent V est conservé en cas d'acceptation par le comptable public d'un plan de règlement des droits simples.

CF-VIII-9310 s. ; MF nº 79867

CF-VIII-6100 s.

Art 1727-0 A Les dispositions de l'article 1727 s'appliquent aux contributions indirectes, aux droits, taxes, redevances, impositions ou sommes obéissant aux mêmes règles, établis ou recouvrés par la direction générale des douanes et droits indirects.

B. Sanctions fiscales

1. Infractions relatives aux déclarations et actes comportant l'indication d'éléments à retenir pour l'assiette ou la liquidation de l'impôt

a. Défaut ou retard de déclaration

Art 1728 1. Le défaut de production dans les délais prescrits d'une déclaration ou d'un acte comportant l'indication d'éléments à retenir pour l'assiette ou la liquidation de l'impôt entraîne l'application, sur le montant des droits mis à la charge du contribuable ou résultant de la déclaration ou de l'acte déposé tardivement, d'une majoration de :

a. 10 % en l'absence de mise en demeure ou en cas de dépôt de la déclaration ou de l'acte dans les trente jours suivant la réception d'une mise en demeure, notifiée par pli recommandé, d'avoir à le produire dans ce délai ;

b. 40 % lorsque la déclaration ou l'acte n'a pas été déposé dans les trente jours suivant la réception d'une mise en demeure, notifiée par pli recommandé, d'avoir à le produire dans ce délai ;

c. 80 % en cas de découverte d'une activité occulte ou, s'agissant de la taxe d'aménagement prévue à l'article 1635 quater A, en cas de construction ou d'aménagement sans autorisation.

2. Pour les déclarations prévues à l'article 800, la majoration de 10 % est applicable à partir du premier jour du septième mois suivant celui de l'expiration des délais de six mois et de vingt-quatre mois prévus respectivement aux articles 641 et 641 bis.

La majoration de 40 % s'applique lorsque cette déclaration n'a pas été déposée dans les quatre-vingt-dix jours suivant la réception d'une mise en demeure, notifiée par pli recommandé d'avoir, à la produire dans ce délai.

3. En cas de retard dans l'exécution de la formalité fusionnée prévue à l'article 647, il n'est pas tenu compte de la période comprise entre le dépôt de l'acte refusé et la nouvelle présentation à la formalité si celle-ci intervient dans le mois de la notification du refus.

4. Lorsque la déclaration d'ensemble des revenus prévue à l'article 170 déposée hors délai comporte des éléments provenant d'une ou plusieurs déclarations de revenus catégoriels également déposées hors délai et que plusieurs majorations de taux différents sont encourues, ces dernières sont appliquées à l'impôt sur le revenu réparti proportionnellement aux revenus représentatifs de chaque infraction. Toutefois, le taux de la majoration encourue au titre de la déclaration d'ensemble des revenus s'applique à la totalité de l'impôt lorsqu'il est supérieur à celui applicable au titre des autres déclarations.

5. Pour les obligations déclaratives prévues à l'article 982, la majoration de 10 % prévue au a du 1 du présent article est portée à 40 % lorsque le dépôt fait suite à la révélation d'avoirs à l'étranger qui n'ont pas fait l'objet des obligations déclaratives prévues aux articles 1649 A, 1649 AA et 1649 AB.

CF-VIII-11500 s. ; MF nºs 80075 s.

b. Insuffisance de déclaration

Art 1729 Les inexactitudes ou les omissions relevées dans une déclaration ou un acte comportant l'indication d'éléments à retenir pour l'assiette ou la liquidation de l'impôt ainsi que la restitution d'une créance de nature fiscale dont le versement a été indûment obtenu de l'Etat entraînent l'application d'une majoration de :

a. 40 % en cas de manquement délibéré ;

b. 80 % en cas d'abus de droit au sens de l'article L 64 du livre des procédures fiscales ; elle est ramenée à 40 % lorsqu'il n'est pas établi que le contribuable a eu l'initiative principale du ou des actes constitutifs de l'abus de droit ou en a été le principal bénéficiaire ;

c. 80 % en cas de manœuvres frauduleuses ou de dissimulation d'une partie du prix stipulé dans un contrat ou en cas d'application de l'article 792 bis.

CF-VI-34350 s. ; CF-VIII-13300 s. ; ENR-VII-3060 s. ; MF n°s 80000 s.

Art 1729-0 A **I.** Une majoration de 80 % s'applique aux droits dus en cas de rectification du fait :

a. Des sommes figurant ou ayant figuré sur un ou plusieurs comptes qui auraient dû être déclarés en application du deuxième alinéa de l'article 1649 A.

Le montant de cette majoration ne peut être inférieur au montant de l'amende prévue au 2 du IV de l'article 1736 ;

CF-IX-22650 s. ; MF nº 78305

b. Des sommes figurant ou ayant figuré sur un ou plusieurs contrats de capitalisation ou placement de même nature qui auraient dû être déclarés en application de l'article 1649 AA.

Le montant de cette majoration ne peut être inférieur au montant de l'amende prévue à l'article 1766 ;

CF-IX-24200 s. ; MF nº 78305

c. Des actifs mentionnés aux 1º et 2º du III de l'article 990 J qui auraient dû être déclarés en application de l'article 1649 AB.

Le montant de cette majoration ne peut être inférieur au montant de l'amende prévue au IV bis de l'article 1736.

ENR-IX-21200 s. ; MF nº 78307

II. L'application de la majoration prévue au I exclut celle des majorations prévues aux articles 1728, 1729 et 1758 à raison des mêmes droits, ainsi que l'application des amendes prévues au 2 du IV ou au IV bis de l'article 1736 ou à l'article 1766.

III. La majoration prévue au I ne s'applique pas aux droits dus en application de l'article 755.

c. Application simultanée de plusieurs pénalités

Art 1729 A **1.** Lorsque des rehaussements opérés sur une déclaration souscrite dans les délais sont passibles de pénalités n'ayant pas le même taux, les pénalités sont calculées en ajoutant les rehaussements aux éléments déclarés en suivant l'ordre décroissant des différents taux applicables. La même règle s'applique lorsque des rehaussements réduisent un déficit ou un crédit et que des pénalités sont appliquées au titre de l'année ou de l'exercice d'imputation.

CF-VIII-14100 s. ; MF nº 80050

2. Lorsque des rehaussements sont opérés sur une déclaration tardive, la majoration prévue par l'article 1728 s'applique, à l'exclusion des majorations prévues par l'article 1729, tant aux droits résultant de la déclaration tardive qu'aux droits résultant des rehaussements apportés à la déclaration. Toutefois, les majorations prévues par l'article 1729 se substituent à la majoration pour retard sur la fraction des droits résultant des rehaussements lorsque leur taux est supérieur.

CF-VIII-17010 s. ; MF nº 80050

Art 1729 A bis **I.** Les amendes ou majorations appliquées à l'encontre de personnes morales à raison de manquements graves caractérisés par un montant de droits fraudés d'un minimum de 50 000 € et le recours à une manœuvre frauduleuse, au sens des b et c de l'article 1729, peuvent faire l'objet d'une publication, sauf si ces manquements ont fait l'objet d'un dépôt de plainte pour fraude fiscale par l'administration.

Cette publication porte sur la nature et le montant des droits fraudés et des amendes et majorations appliquées, la dénomination du contribuable ainsi que, le cas échéant, l'activité professionnelle et le lieu d'exercice de cette activité.

La décision de publication est prise par l'administration après avis conforme et motivé de la commission prévue au II de l'article L 228 du livre des procédures fiscales qui apprécie, au vu des manquements et des circonstances dans lesquels ils ont été commis, si la publication est justifiée. La décision de publication prise par l'administration est notifiée au contribuable.

La publication ne peut être effectuée avant l'expiration d'un délai de soixante jours à compter de la notification de la décision de publication.

La publication est effectuée sur le site internet de l'administration fiscale pendant une durée qui ne peut excéder un an.

II. Lorsque la commission prévue au II de l'article L 228 du livre des procédures fiscales est saisie, une copie de la saisine est adressée au contribuable, qui est invité à présenter à la commission ses observations écrites dans un délai de trente jours.

Les recours portant sur les impositions et les amendes ou majorations correspondantes présentés avant l'expiration du délai mentionné à l'avant-dernier alinéa du I du présent article ont pour effet de suspendre la publication tant que les impositions et les amendes ou majorations ne sont pas devenues définitives. En cas de recours portant sur les impositions et les amendes ou majorations présentés après l'expiration de ce même délai, la publication est retirée du site internet de l'administration fiscale tant que n'est pas intervenue une décision juridictionnelle confirmant de manière définitive le bien-fondé de la décision de publication.

L'administration est tenue de rendre publique sur son site internet toute décision juridictionnelle revenant sur les impositions et les amendes ou majorations ayant fait l'objet d'une publication.

III. Un décret en Conseil d'Etat précise les conditions d'application du présent article.

CF-VIII-27000 s. ; MF n° 80325

2. Infractions relatives aux autres documents

Art 1729 B 1. Le défaut de production dans les délais prescrits d'un document qui doit être remis à l'administration fiscale, autre que ceux mentionnés aux articles 1728 et 1729, entraîne l'application d'une amende de 150 €.

L'amende est portée à 1 500 € s'agissant de la déclaration prévue à l'article 238 bis, de la déclaration prévue à l'article 242 sexies et de l'état prévu au premier alinéa du III bis de l'article 244 quater B. Elle est également portée à 1 500 € en cas d'infraction pour la deuxième année consécutive à l'obligation de dépôt de la déclaration prévue à l'article 222 bis.

2. Sauf cas de force majeure, les omissions ou inexactitudes constatées dans un document mentionné au 1 entraînent l'application d'une amende de 15 € par omission ou inexactitude, sans que le total des amendes applicables aux documents devant être produits simultanément puisse être inférieur à 60 € ni supérieur à 10 000 €.

L'amende est portée à 150 € s'agissant de la déclaration prévue à l'article 242 sexies.

3. Les amendes prévues aux 1 et 2 ne sont pas applicables, en cas de première infraction commise au cours de l'année civile en cours et des trois années précédentes, lorsque l'intéressé a réparé l'infraction, soit spontanément, soit dans les trente jours suivant une demande de l'administration.

4. Les amendes prévues aux 1 et 2 du présent article ne sont pas applicables aux déclarations de changement de situation mentionnées au 2 de l'article 204 I.

IRPP-VI-16040

CF-VIII-17600 s. ; IS-IX-7315 ; MF n° 80190

Art 1729 C Le défaut de production dans le délai prescrit de l'une des déclarations mentionnées à l'article 1406, à l'article 1496 ter, au III de l'article 1518 ter et au VI de l'article 146 de la loi n° 2019-1479 du 28 décembre 2019 de finances pour 2020 entraîne l'application d'une amende de 150 €. Les omissions ou inexactitudes constatées dans les mêmes déclarations entraînent l'application d'une amende de 15 € par omission ou inexactitude, sans que le total des amendes applicables par déclaration puisse être inférieur à 60 € ni supérieur à 150 €.

FB-III-52140, 64450 ; MF n°s 42175 et 42255

Art 1729 C bis Le dépôt hors délai de la liste mentionnée au premier alinéa de l'article L 102 AG du livre des procédures fiscales est sanctionné par une amende fiscale de 200 € par titulaire de compte omis.

INT-GENA-35110 ; MF n° 26960

Art 1729 C ter Les manquements à une obligation de déclaration ou de notification prévue aux articles 1649 AD, 1649 AE et 1649 AG entraînent l'application d'une amende qui ne peut excéder 10 000 €. Le montant de l'amende ne peut excéder 5 000 € lorsqu'il s'agit de la première infraction de l'année civile en cours et des trois années précédentes.

L'amende ne s'applique pas aux manquements à l'obligation déclarative prévue au dernier alinéa du II de l'article 1649 AG.

Le montant de l'amende appliquée à un même intermédiaire ou à un même contribuable concerné ne peut excéder 100 000 € par année civile.

CF-IX-37700 ; MF n° 78308

2 bis. Infraction à l'obligation de présenter la comptabilité sous forme dématérialisée

Art 1729 D I. Le défaut de présentation de la comptabilité selon les modalités prévues au I de l'article L 47 A du livre des procédures fiscales entraîne l'application d'une amende égale à 5 000 € ou, en cas de rectification et si le montant est plus élevé, d'une majoration de 10 % des droits mis à la charge du contribuable.

CF-IV-46500 s. ; MF n° 78140

II. Le défaut de transmission de la comptabilité dans les délais et selon les modalités prévus au 1 de l'article L 47 AA du même livre entraîne l'application d'une amende de 5 000 €.

CF-IV-49340 ; MF n° 78190

Art 1729 E Le défaut de présentation de la comptabilité analytique mentionnée au II de l'article L 13 du livre des procédures fiscales ou des comptes consolidés mentionnée au III du même article est passible d'une amende égale à 20 000 €.

CF-IV-47200 ; MF n° 78138

Art 1729 F Le défaut de production, dans le délai prescrit, de la déclaration mentionnée à l'article 223 quinquies C entraîne l'application d'une amende qui ne peut excéder 100 000 €.

CF-IX-33220 ; MF n° 8972

Art 1729 F bis **I.** Lorsqu'ils n'entraînent pas l'application d'une majoration d'un montant plus élevé, sont passibles d'une amende :

1° D'un montant de 100 000 €, le défaut de souscription ou le retard dans le dépôt de la déclaration d'informations ou du relevé de liquidation prévus à l'article 223 WW ;

2° D'un montant total ne pouvant excéder 50 000 € par déclaration, pour l'ensemble des autres manquements aux obligations déclaratives prévues au même article 223 WW.

II. Lorsque plusieurs entités constitutives situées en France font partie d'un même groupe d'entreprises multinationales ou d'un même groupe national, au sens respectivement des 27° et 28° de l'article 223 VK, le total des amendes forfaitaires mentionnées au I du présent article ne peut excéder 1 000 000 € au titre d'un même exercice. Ce montant est réparti entre les entités constitutives concernées en tenant compte de la part de chaque entité dans le total des amendes forfaitaires avant plafonnement.

Ndlr *Les dispositions du présent article sont applicables aux exercices ouverts à compter du 31 décembre 2023 (Loi 2023-1322 du 29 décembre 2023 art. 33, I-4° et IV-A).*

FR 7/24 inf. 10 p. 109 s. ; MF n°s 41440 s.

Art 1729 G **1.** Tout retard dans le paiement des sommes dues au titre de l'acompte prévu au 2° du 2 de l'article 204 A ou du complément de retenue à la source prévu au IV de l'article 204 H donne lieu à l'application d'une majoration de 10 % des sommes non acquittées dans les délais prescrits.

Toutefois, lorsque le versement d'un complément de retenue à la source s'avère inférieur de plus de 30 % au montant du complément qui aurait dû être versé, le taux de cette majoration est égal à la moitié de la différence entre le montant du complément dû et celui du complément acquitté, rapportée à ce premier montant.

2. La modulation à la baisse du prélèvement prévue à l'article 204 J donne lieu à l'application d'une majoration de 10 % lorsque le montant du dernier prélèvement estimé, calculé selon les modalités prévues au 3 du III du même article 204 J et majoré, le cas échéant, du montant des versements non restitués en application du 2° du 6 du même III, s'avère inférieur de plus de 10 % au montant du prélèvement qui aurait été effectué selon les modalités prévues au 3 du même III, les revenus pris en compte étant ceux effectivement constatés au titre de l'année et l'impôt sur le revenu y afférent étant celui résultant de l'application à ces revenus des règles prévues aux 1 à 4 du I de l'article 197 ou, le cas échéant, à l'article 197 A, dans leur rédaction en vigueur à la date de la modulation.

L'assiette de la pénalité est égale à la différence, lorsqu'elle est positive, entre le montant du prélèvement qui aurait été effectué, mentionné au premier alinéa du présent 2, retenu dans la limite du montant du prélèvement qui aurait été effectué en l'absence de modulation, et le montant du prélèvement effectué.

Toutefois, lorsque le montant du prélèvement effectué s'avère inférieur de plus de 30 % au premier montant mentionné au deuxième alinéa du présent b, le taux de la majoration est égal à la moitié de la différence entre ce premier montant et le montant du prélèvement effectué, rapportée à ce premier montant.

3. La majoration prévue au 2 ne s'applique pas lorsque le contribuable justifie que l'estimation erronée de sa situation ou de ses revenus a été, en tout ou partie, réalisée de bonne foi à la date de sa demande de modulation ou provient d'éléments difficilement prévisibles à cette date, ou lorsque le contribuable justifie que le prélèvement qui aurait été effectué en l'absence de modulation à la baisse est différent de celui calculé en application du premier alinéa du a du 2, en raison de la répartition de ses revenus au cours de l'année.

La majoration prévue au 2 ne s'applique pas aux sommes majorées en application du 1.

IRPP-VI-18500 ; MF n°s 3816, 3833, 3852

Art 1729 H Donne lieu à l'application d'une amende égale à 5 000 € ou, en cas de rectification et si le montant en est plus élevé, d'une majoration de 10 % des droits mis à la charge du contribuable :

1° Le défaut de présentation des documents, données et traitements nécessaires à la mise en œuvre des investigations prévues au II de l'article L 47 A du livre des procédures fiscales ;

2° Le défaut de mise à disposition des copies des documents, données et traitements soumis à contrôle dans les délais et selon les normes prévus au II du même article L 47 A.

CF-IV-46650 ; MF nº 78140

3. Retard de paiement des impôts recouvrés par les comptables des administrations fiscales

Art 1730 **1.** Donne lieu à l'application d'une majoration de 10 % tout retard dans le paiement des sommes dues au titre de l'impôt sur le revenu, des contributions sociales recouvrées comme en matière d'impôt sur le revenu, de la taxe d'habitation sur les résidences secondaires et autres locaux meublés non affectés à l'habitation principale, des taxes foncières sur les propriétés bâties et non bâties, des impositions recouvrées comme les impositions précitées et de l'impôt sur la fortune immobilière.

2. La majoration prévue au 1 s'applique :

a. Aux sommes comprises dans un rôle ou mentionnées sur un avis de mise en recouvrement qui n'ont pas été acquittées dans les quarante-cinq jours suivant la date de mise en recouvrement du rôle ou de la notification de l'avis de mise en recouvrement, sans que cette majoration puisse être appliquée avant le 15 septembre pour les impôts établis au titre de l'année en cours ;

b. *(Abrogé) ;*

c. *(Abrogé).*

IRPP-VI-1370 s.

Les dispositions du a ne s'appliquent pas aux sommes déjà majorées en application du 1 ou du 2 de l'article 1729 G.

3. *(Abrogé).*

4. *(Abrogé).*

5. Pour les personnes physiques qui acquittent par télérèglement les acomptes ou les soldes d'imposition dont elles sont redevables, les dates des majorations mentionnées au a du 2 peuvent être reportées dans la limite de quinze jours. La durée et les conditions de cette prorogation sont fixées par arrêté du ministre chargé du budget.

Ndlr *Les conditions de la prorogation visée au 5 ci-dessus sont fixées par l'article 382 D, 3 de l'annexe III au CGI.*

CF-VIII-9700 s. ; MF nº 80150

Art 1731 **1.** Donne lieu à l'application d'une majoration de 5 % tout retard dans le paiement des sommes qui doivent être versées aux comptables de l'administration fiscale au titre des impositions autres que celles mentionnées à l'article 1730.

2. La majoration prévue au 1 n'est pas applicable lorsque le dépôt tardif d'une déclaration ou d'un acte comportant l'indication d'éléments à retenir pour l'assiette ou la liquidation de l'impôt est accompagné du paiement de la totalité des droits correspondants.

3. La majoration prévue au 1 s'applique au contribuable qui a minoré ses acomptes dans les conditions prévues à l'article 1679 septies lorsqu'à la suite de la liquidation définitive les versements effectués sont inexacts de plus du dixième.

Ndlr *Les dispositions du présent 3 sont abrogées à compter des impositions établies au titre de 2027, voir partie Autres textes du présent code loi 2022-1726 du 30 décembre 2022 art. 55, I-Y et XXVII-J modifié par loi 2023-1322 du 29 décembre 2023 art. 79, III-3º.*

CET-III-22850, 23070 ; MF nº 44045

4. La majoration prévue au 1 s'applique aux versements prévus à l'article 1671 qui n'ont pas été effectués dans les délais prescrits.

CF-VIII-10900 s. ; MF nºs 80160 s.

Art 1731-0 A Les dispositions de l'article 1731 s'appliquent aux contributions indirectes, aux droits, taxes, redevances, impositions ou sommes obéissant aux mêmes règles, établis ou recouvrés par la direction générale des douanes et droits indirects.

Art 1731 A L'intérêt de retard prévu à l'article 1727 et la majoration prévue à l'article 1731 sont appliqués à la différence entre, d'une part, respectivement 95 % ou 98 % du montant de l'impôt dû au titre d'un exercice sur le résultat imposé au taux fixé au deuxième alinéa du I de l'article 219 et sur le résultat imposé dans les conditions prévues à l'article 238 et, d'autre part, respectivement 95 % ou 98 % du montant d'impôt sur les sociétés estimé au titre du même exercice servant de base au calcul du dernier acompte en application du a ou du b du 1 de l'article 1668, sous réserve que cette différence soit supérieure à 25 % de ce même montant dû et à 8 millions d'euros lorsque la société réalise un chiffre d'affaires supérieur à 1 milliard d'euros ou à 2 millions d'euros lorsque la société réalise un chiffre d'affaires compris entre 250 millions d'euros et 1 milliard d'euros. Toutefois, ces dispositions ne s'appliquent pas si le montant d'impôt sur les sociétés estimé a été déterminé à partir du compte de résultat prévisionnel mentionné à l'article L 232-2 du code de commerce, révisé dans les quatre mois qui suivent l'ouverture du second semestre de l'exercice, avant déduction de l'impôt sur les sociétés. Pour la société mère d'un groupe mentionné à l'article 223 A ou à l'article 223 A bis, le compte de résultat prévisionnel s'entend de la somme des comptes de résultat prévisionnels des sociétés membres du groupe.

IS-III-960 s. ; MF nos 36545 s.

Art 1731 A bis L'intérêt de retard prévu à l'article 1727 et la majoration prévue à l'article 1731 sont appliqués :

1° Pour les entreprises mentionnées au a de l'article 1668 B, à la différence entre, d'une part, trois quarts du montant de la contribution exceptionnelle sur l'impôt sur les sociétés due au titre d'un exercice et, d'autre part, trois quarts du montant de cette contribution estimée au titre du même exercice servant de base au calcul du versement anticipé en application du même article 1668 B, sous réserve que cette différence soit supérieure à 20 % du montant de la contribution et à 100 000 € ;

2° Pour les entreprises mentionnées au b dudit article 1668 B, à la différence entre, d'une part, 95 % du montant de la contribution mentionnée au 1° du présent article et, d'autre part, 95 % du montant de cette contribution estimée dans les conditions mentionnées au même 1°, sous réserve que cette différence soit supérieure à 20 % du montant de la contribution et à 400 000 €.

Toutefois, l'intérêt de retard et la majoration mentionnés au premier alinéa ne sont pas appliqués si le montant estimé de la contribution mentionnée au 1° a été déterminé à partir de l'impôt sur les sociétés, lui-même estimé à partir du compte de résultat prévisionnel mentionné à l'article L 232-2 du code de commerce, révisé dans les quatre mois qui suivent l'ouverture du second semestre de l'exercice, avant déduction de l'impôt sur les sociétés. Pour la société mère d'un groupe mentionné à l'article 223 A ou à l'article 223 A bis du présent code, le compte de résultat prévisionnel s'entend de la somme des comptes de résultat prévisionnels des sociétés membres du groupe.

Art 1731 B Pour la cotisation foncière des entreprises, la majoration prévue au 1 de l'article 1731 s'applique :

1° Aux sommes mentionnées sur un rôle qui n'ont pas été acquittées dans les quarante-cinq jours suivant la date de mise en recouvrement de ce rôle, sans que cette majoration puisse être appliquée avant le 15 septembre pour les impôts établis au titre de l'année en cours ;

2° Aux acomptes qui n'ont pas été versés le 15 du mois suivant celui au cours duquel ils sont devenus exigibles.

Le 1° ne s'applique pas aux sommes déjà majorées en application du présent 2° ;

3° A la totalité du montant de l'acompte dont le contribuable s'est dispensé du paiement lorsque, à la suite de la mise en recouvrement du rôle, les versements effectués sont inexacts de plus du dixième.

Toutefois, aucune majoration n'est appliquée lorsque la différence constatée résulte d'une loi entrée en vigueur postérieurement à la date du dépôt de la déclaration prévue au quatrième alinéa de l'article 1679 quinquies.

CET-II-192050 s. ; MF n° 80170

3 bis. Autres sanctions relatives aux infractions constitutives de manquements graves

Art 1731 bis **1.** Pour l'établissement de l'impôt sur le revenu, les déficits mentionnés au I de l'article 156 et les réductions d'impôt ne peuvent s'imputer sur les rehaussements et droits donnant lieu à l'application de l'une des majorations prévues aux b et c du 1 de l'article 1728, à l'article 1729, au I de l'article 1729-0 A, au a de l'article 1732 et aux premier et dernier alinéas de l'article 1758.

Ces déficits et réductions d'impôt ne peuvent s'imputer, en cas d'application du deuxième alinéa de l'article 1758, ni sur les rehaussements effectués en application du second alinéa de l'article 1649 quater A ni sur les droits en résultant.

2. Pour le calcul de l'impôt sur la fortune immobilière, l'avantage prévu à l'article 978 ne peut s'imputer sur les droits donnant lieu à l'application de l'une des majorations prévues aux b et c du 1 et au 5 de l'article 1728, à l'article 1729, au I de l'article 1729-0 A et au a de l'article 1732.

CF-VIII-28500 s. ; MF n° 79880

Art 1731 ter Le non-respect, constaté à l'occasion d'un contrôle, de l'une des obligations prévues à l'article 242 bis est sanctionné par une amende forfaitaire globale fixée dans la limite d'un plafond de 50 000 €.

DC-I-7870 ; MF nos 78412 s.

4. Opposition à fonction et obstacle au contrôle de l'impôt

Art 1732 La mise en œuvre de la procédure d'évaluation d'office prévue à l'article L 74 du livre des procédures fiscales entraîne :

a. L'application d'une majoration de 100 % aux droits rappelés ou aux créances de nature fiscale qui doivent être restituées à l'Etat ;
b. L'interdiction de participer aux travaux des commissions instituées par les articles 1650 à 1651 M et 1653 A.

CF-VIII-19100 s., 29500 s. ; MF nº 79100

Art 1734 Le refus de communication des documents et renseignements demandés par l'administration dans l'exercice de son droit de communication ou tout comportement faisant obstacle à la communication entraîne l'application d'une amende de 10 000 €. Cette amende s'applique pour chaque demande, dès lors que tout ou partie des documents ou renseignements sollicités ne sont pas communiqués. Une amende de même montant est applicable en cas d'absence de tenue de ces documents ou de destruction de ceux-ci avant les délais prescrits.

CF-III-34100 s. ; MF nº 78070

Une amende égale à 1 500 € est applicable, pour chaque document, sans que le total des amendes puisse être supérieur à 50 000 €, en cas d'opposition à la prise de copie mentionnée à l'article L 13 F et au deuxième alinéa de l'article L 16 H du livre des procédures fiscales.

CF-IV-17600 s. ; MF nº 78125 e

Les manquements aux obligations prévues aux articles L 96 J et L 102 D du livre des procédures fiscales entraînent l'application d'une amende égale à 10 000 € par logiciel, application ou système de caisse vendu ou par client pour lequel une prestation a été réalisée dans l'année.

CF-III-9150 s. ; MF nº 78070

Art 1735 **I.** Entraîne l'application d'une amende égale à 50 % des sommes non communiquées le fait de ne pas se conformer aux obligations de l'article L 96 A du livre des procédures fiscales. Le taux de l'amende est réduit à 5 % lorsque le contrevenant établit que l'Etat n'a subi aucun préjudice et son montant est plafonné à 750 € lorsqu'il s'agit de la première infraction de l'année civile en cours et des trois années précédentes.

CF-III-1650 s. ; MF nº 78070

II. Le défaut de réponse à la demande faite en application de l'article L 13 B du livre des procédures fiscales entraîne l'application d'une amende de 10 000 € pour chaque exercice visé par cette demande.

CF-IX-4410 s. ; MF nº 78270 a

Art 1735 ter Le défaut de réponse ou la réponse partielle à la mise en demeure mentionnée au III de l'article L 13 AA et au second alinéa de l'article L 13 AB du livre des procédures fiscales entraîne l'application, pour chaque exercice vérifié, d'une amende pouvant atteindre, compte tenu de la gravité des manquements, le plus élevé des deux montants suivants :
1º 0,5 % du montant des transactions concernées par les documents ou compléments qui n'ont pas été mis à disposition de l'administration après mise en demeure ;
2º 5 % des rectifications du résultat fondées sur l'article 57 du présent code et afférentes aux transactions mentionnées au 1º du présent article.

Le montant de l'amende ne peut être inférieur à 50 000 € *(NDLR Ce seuil s'applique aux infractions commises à compter du 1er janvier 2024).*

FR 2/24 inf. 93 p. 55 ; BIC-IX-57680 ;
MF nº 8967 précision c

Art 1735 quater L'obstacle à l'accès aux pièces ou documents sur support informatique, y compris distant, à leur lecture ou à leur saisie, mentionné au IV bis de l'article L 16 B et aux 4 et 4 bis de l'article L 38 du livre des procédures fiscales entraîne l'application d'une amende égale à :
1º 50 000 €, ou 5 % des droits rappelés si ce dernier montant est plus élevé, lorsque cet obstacle est constaté dans les locaux occupés par le contribuable mentionné au I de l'article L 16 B du même livre ou par la personne susceptible d'avoir commis les infractions mentionnées au 1 de l'article L 38 dudit livre ;
2º 10 000 € dans les autres cas, portée à 50 000 € lorsque cet obstacle est constaté dans les locaux occupés par le représentant en droit ou en fait du contribuable ou de la personne mentionnés au 1º du présent article.

CF-IX-73870 ; MF nº 78322

5. Infractions commises par les tiers déclarants

Art 1736 **I. 1.** Entraîne l'application d'une amende égale à 50 % des sommes non déclarées le fait de ne pas se conformer aux obligations prévues à l'article 240 et au 1 de l'article 242 ter et à l'article 242 ter B. L'amende n'est pas applicable, en cas de première infraction commise au cours de l'année civile en cours et des trois années précédentes, lorsque les intéressés ont réparé leur omission, soit spontanément, soit à la première demande de l'administration, avant la fin de l'année au cours de laquelle la déclaration devait être souscrite.

La personne tenue d'effectuer une déclaration en application de l'article 240 peut régulariser les déclarations des trois années précédentes sans encourir l'application de l'amende prévue au premier alinéa du présent 1 lorsque les conditions suivantes sont réunies : elle présente une demande de régularisation pour la première fois et est en mesure de justifier, notamment par une attestation des bénéficiaires, que les rémunérations non déclarées ont été comprises dans les propres déclarations de ces derniers déposées dans les délais légaux, à condition que le service puisse être en mesure de vérifier l'exactitude des justifications produites. Cette demande de régularisation peut avoir lieu au cours du contrôle fiscal de la personne soumise à l'obligation déclarative.

RM-VIII-3500 s. ; DC-I-2080 s. ; MF n°s 26900, 78360

2. L'amende fiscale prévue au 1 est plafonnée à 750 € par déclaration lorsque des revenus distribués sont déclarés à tort comme non éligibles à l'abattement de 40 % mentionné au 2° du 3 de l'article 158. Les personnes soumises aux obligations prévues à l'article 242 ter et à l'article 242 ter B, autres que les sociétés distributrices, sont déchargées de toute responsabilité pour l'individualisation des revenus distribués payés au regard de leur éligibilité à l'abattement de 40 % mentionné au 2° du 3 de l'article 158, lorsque cette individualisation correspond à celle qui a été déclarée ou communiquée par les sociétés distributrices en application de l'article 243 bis.

Les personnes soumises aux obligations de l'article 242 ter et de l'article 242 ter B sont déchargées de toute responsabilité pour l'individualisation des revenus distribués ou répartis par des organismes ou sociétés mentionnés au 4° du 3 de l'article 158, au regard de leur éligibilité à l'abattement de 40 % prévu au 2° du 3 de l'article 158, lorsque cette individualisation correspond à la ventilation effectuée par ces organismes ou sociétés en application du sixième alinéa dudit 4°. Cette disposition ne concerne pas les dépositaires des actifs des organismes ou sociétés correspondants.

RM-VIII-3710, 7000 s. ; MF n° 26900

3. L'organisme ou l'entité ou, à défaut de personnalité morale, son gérant ou représentant au regard des tiers, qui mentionne sur les documents prévus au neuvième alinéa du 1 de l'article 242 ter et à l'article 242 ter B des informations qui conduisent à tort à ne pas considérer les revenus réalisés lors des cessions, remboursements ou rachats de leurs parts ou actions comme des intérêts au sens du huitième alinéa du 1 de l'article 242 ter est passible d'une amende fiscale annuelle de 25 000 €.

4. Par dérogation au 1, l'absence d'individualisation des sommes prévues à l'article 242 ter B ainsi que l'insuffisance de déclaration des sommes en cause sont sanctionnées par une amende fiscale de 150 € par information omise ou erronée, dans la limite de 500 € par déclaration. Cette amende n'est pas applicable pour les infractions commises sur la base des informations fournies à l'établissement payeur dans les conditions prévues à l'article 242 ter B.

RM-VIII-3720

5. Le dépôt hors délai de la déclaration mentionnée au I de l'article 1649 AC est sanctionné par une amende fiscale de 200 € par compte à déclarer.

INT-GENA-35110 ; MF n° 26960

II. *(Disjoint).*

III. Entraîne l'application d'une amende égale à 5 % des sommes non déclarées le non-respect des obligations prévues par l'article 88, s'agissant des seules rentes viagères à titre onéreux, et par l'article 241, s'agissant des droits d'auteur imposés suivant les règles applicables aux bénéfices non commerciaux et des droits d'inventeur.

Ndlr *Pour les dispositions du présent III applicables à compter d'une date fixée par décret, et au plus tard le 1er janvier 2027, voir partie Autres textes du présent code loi 2021-1900 du 30 décembre 2021 art. 132, I-3° et II modifié par loi 2022-1726 du 30 décembre 2022 art. 96.*

TS-VI-3668, 4450 ; DC-I-2940 ; MF n°s 22585, 78365, 78412 s.

IV. 1. Les infractions au premier alinéa de l'article 1649 A sont passibles d'une amende de 1 500 € par ouverture ou clôture de compte non déclarée.

Sauf cas de force majeure, les omissions de déclaration de modification de compte et les inexactitudes ou omissions constatées dans les déclarations mentionnées au même premier alinéa entraînent l'application d'une amende de 150 € par omission ou inexactitude, sans que le total des amendes applicables aux informations devant être produites simultanément puisse être supérieur à 10 000 €.

RM-VIII-7500 ; MF n° 26940

2. Les infractions aux dispositions du deuxième alinéa de l'article 1649 A et de l'article 1649 A bis sont passibles d'une amende de 1 500 € par compte ou avance non déclaré. Toutefois, pour l'infraction aux dispositions du deuxième alinéa de l'article 1649 A, ce montant est porté à 10 000 € par compte non déclaré lorsque l'obligation déclarative concerne un Etat ou un territoire qui n'a pas conclu avec la France une convention d'assistance administrative en vue de lutter contre la fraude et l'évasion fiscales permettant l'accès aux renseignements bancaires.

CF-IX-22700 s., 93320 s. ; MF nº 78307

IV bis. Les infractions à l'article 1649 AB sont passibles d'une amende de 20 000 €.

ENR-IX-21100 s. ; MF nº 78307

V. Les infractions à l'article 1649 A ter font l'objet d'une amende de 100 € par sillon-kilomètre non déclaré et qui ne peut excéder 10 000 €.

ASS-I-22940 s.

VI. Les infractions mentionnées à l'article 1649 A quater font l'objet d'une amende de 1 000 € par transformateur non déclaré et qui ne peut excéder 10 000 €.

ASS-I-20970 s.

VI bis. Les infractions à l'article 1649 ter sont passibles d'une amende de 1 500 € par absence de dépôt de déclaration et, dans la limite de 10 000 € par déclaration, de 150 € par omission ou inexactitude déclarative.

RM-VIII-8190

VII. 1. En cas de manquement à ses obligations déclaratives mentionnées au IX de l'article 235 ter ZD, le dépositaire central acquitte une amende de 20 000 € pour absence de dépôt de la déclaration et, dans la limite de 20 000 € par déclaration, de 150 € par omission ou inexactitude déclarative.

2. En cas de manquement à son obligation de mise à disposition de l'administration des informations mentionnées au X du même article 235 ter ZD, le dépositaire central acquitte une amende de 20 000 €.

TD-VI-2190 s.

VIII. Le défaut de production, sur demande de l'administration, de l'attestation mentionnée à l'article 242 quater par les personnes qui assurent le paiement des revenus mentionnés au premier alinéa du 1 du I de l'article 117 quater et au premier alinéa du I de l'article 125 A entraîne l'application d'une amende de 150 €.

RM-III-470 ; RM-IV-680 ; MF nº 24580

IX. Les infractions à l'article 242 ter E sont passibles d'une amende de 100 € par profit ou par perte non déclaré et qui ne peut excéder 50 000 € par déclaration. L'amende n'est pas applicable, en cas de première infraction commise au cours de l'année civile en cours et des trois années précédentes, lorsque les intéressés ont réparé leur omission soit spontanément, soit à la première demande de l'administration avant la fin de l'année au cours de laquelle la déclaration devait être souscrite.

RM-VII-21130 ; MF nº 33430

X. Les infractions à l'article 1649 bis C sont passibles d'une amende de 750 € par compte non déclaré ou de 125 € par omission ou inexactitude, dans la limite de 10 000 € par déclaration.

Les montants de 750 € et 125 € mentionnés au premier alinéa du présent X sont respectivement portés à 1 500 € et 250 € lorsque la valeur vénale des comptes d'actifs numériques ouverts, détenus, utilisés ou clos auprès d'entreprises, personnes morales, institutions ou organismes établis à l'étranger est supérieure à 50 000 € à un moment quelconque de l'année concernée par l'obligation déclarative prévue à l'article 1649 bis C.

RM-VII-50150 ; MF nº 33630

XI. Les infractions à l'article 1649 ter A et aux I ou III de l'article 1649 ter D sont passibles d'une amende forfaitaire qui ne peut excéder 50 000 €.

DC-I-7820 s. ; MF nº 78414

XI. Le défaut de transmission dans les délais prescrits des informations mentionnées au III de l'article 286 sexies ainsi que les inexactitudes ou les omissions relevées dans le registre prévu au A du I du même article 286 sexies entraînent l'application d'une amende de 15 euros par paiement non déclaré ou déclaré tardivement ou par inexactitude, dans la limite de 500 000 euros par prestataire de services de paiement et par trimestre civil auquel l'information se rattache. L'amende n'est pas applicable en cas de première infraction commise au cours de l'année civile en cours et des trois années précédentes, lorsque les intéressés ont réparé leur omission soit spontanément, soit à la première demande de l'administration avant la fin de la période de transmission des registres.

Ndlr *Les dispositions du présent XI s'appliquent aux paiements réalisés à compter du 1er janvier 2024 (Loi 2022-1726 du 30 décembre 2022 art. 87, II).*

On notera que les infractions relatives à la tenue par les prestataires de services de paiement d'un registre des paiements transfrontaliers et à la transmission des informations figurant dans ce registre à l'administration mentionnées ci-dessus ont été, par erreur, codifiées par l'article 87, I-2° de la loi 2022-1726 du 30 décembre 2022 au XI du présent article, lequel comprend deux paragraphes XI à compter du 1er janvier 2024.

FR 2/23 inf. 41 nº 12 p. 68 ; MF nº 60470

XII. Les infractions à l'obligation déclarative prévue à l'article 87-0 A bis sont passibles d'une amende qui, sans pouvoir être inférieure à 500 € ni supérieure à 50 000 € par déclaration, est égale :

1° A 5 % des sommes qui auraient dû être déclarées, en cas d'omissions ou d'inexactitudes ;

2° A 10 % des sommes qui auraient dû être déclarées, en cas de non-dépôt de la déclaration dans les délais prescrits.

Cette amende n'est pas applicable, en cas d'absence d'infraction à l'obligation déclarative au cours des trois années précédant celle au cours de laquelle la déclaration devait être souscrite, lorsque l'intéressé a réparé son erreur spontanément avant la fin de la même année.

Ndlr *Les dispositions du présent XII s'appliquent aux revenus perçus à compter du 1er janvier 2023 (Loi 2022-1726 du 30 décembre 2022 art. 3, II).*

FR 2/23 inf. 3 p. 22 ;
FR 2/22 inf. 69 n° 22 p. 107

6. Infractions aux règles de facturation

Art 1737 **I.** Entraîne l'application d'une amende égale à 50 % du montant :

1. Des sommes versées ou reçues, le fait de travestir ou dissimuler l'identité ou l'adresse de ses fournisseurs ou de ses clients, les éléments d'identification mentionnés aux articles 289 et 289 B et aux textes pris pour l'application de ces articles ou de sciemment accepter l'utilisation d'une identité fictive ou d'un prête-nom ;

CF-VIII-19710 s.

2. De la facture, le fait de délivrer une facture ne correspondant pas à une livraison ou à une prestation de service réelle ;

CF-VIII-20100 s.

3. De la transaction, le fait de ne pas délivrer une facture ou la note prévue à l'article 290 quinquies et de ne pas comptabiliser la transaction. Le client professionnel est solidairement tenu au paiement de cette amende, qui ne peut excéder 375 000 € par exercice. Toutefois, lorsque la transaction a été comptabilisée, l'amende est réduite à 5 % et ne peut excéder 37 500 € par exercice ;

CF-VIII-20200 s.

4. *(Abrogé).*

Les dispositions des 1 à 3 ne s'appliquent pas aux ventes au détail et aux prestations de services faites ou fournies à des particuliers, à l'exception des prestations de services mentionnées à l'article 290 quinquies soumises à la délivrance d'une note.

RIE-IV-14500 s. ; MF n° 53565 précision d

II. Toute omission ou inexactitude constatée dans les factures ou documents en tenant lieu mentionnés aux articles 289 et 290 quinquies donne lieu à l'application d'une amende de 15 €. Toutefois, le montant total des amendes dues au titre de chaque facture ou document ne peut excéder le quart du montant qui y est ou aurait dû y être mentionné.

RIE-IV-2555 s.

III. Le non-respect par l'assujetti de l'obligation d'émission d'une facture sous une forme électronique dans les conditions prévues à l'article 289 bis donne lieu à l'application d'une amende de 15 € par facture, sans que le total des amendes appliquées au titre d'une même année civile puisse être supérieur à 15 000 €.

IV. Toute omission ou tout manquement par un opérateur d'une plateforme de dématérialisation aux obligations de transmission de données mentionnées au II de l'article 289 bis donne lieu à une amende de 15 € par facture mise à la charge de cette plateforme, sans que le total des amendes appliquées au titre d'une même année civile puisse être supérieur à 45 000 €.

Ndlr *Sur les modalités d'entrée en vigueur de l'article 289 bis susvisé, voir la Ndlr placée sous cet article.*

RIE-IV-5075 s.

V. Les amendes mentionnées au 3 du I et aux II, III et IV du présent article ne sont pas applicables en cas de première infraction commise au cours de l'année civile en cours et des trois années précédentes lorsque l'infraction a été réparée spontanément ou dans les trente jours suivant une première demande de l'administration.

CF-VIII-19500 s. ; MF n° 80195

7. Non-respect des obligations de déclaration ou paiement par voie électronique

Art 1738 **1.** Le non-respect de l'obligation de souscrire par voie électronique une déclaration et ses annexes ou de payer un impôt par virement, télérèglement ou prélèvement opéré à l'initiative du Trésor public entraîne l'application d'une majoration de 0,2 % du montant des droits correspondant aux déclarations déposées selon un autre procédé ou du montant des sommes dont le versement a été effectué selon un autre mode de paiement. Le montant de la majoration ne peut être inférieur à 60 €.

En l'absence de droits, le dépôt d'une déclaration ou de ses annexes selon un autre procédé que celui requis entraîne l'application d'une amende de 15 € par document sans que le total des amendes applicables aux documents devant être produits simultanément puisse être inférieur à 60 € ni supérieur à 150 €.

REC-III-700 s. ; RIE-III-4200 s. ; RIE-IV-12480 s. ; MF nº 80200

2. Le non-respect de l'obligation de souscrire selon un procédé électronique une déclaration de sommes versées à un tiers entraîne l'application d'une amende de 15 € par bénéficiaire de ces sommes.

RM-VIII-6980 s. ; MF nº 26900

3. Le non-respect de l'interdiction de payer un impôt par virement entraîne l'application d'une majoration de 0,2 % du montant des sommes dont le versement a été effectué par ce mode de paiement. Le montant de la majoration ne peut être inférieur à 60 €. Cette majoration ne s'applique pas aux sommes déjà majorées en application du 1.

REC-III-700 s. ; MF nº 80200

4. Par dérogation au 1, le non-respect de l'article 1649 quater B quinquies entraîne l'application d'une amende forfaitaire de 15 € par déclaration ou annexe à compter de la deuxième année au cours de laquelle un manquement est constaté.

IRPP-V-3200 s. ; MF nº 3675

5. Par dérogation au 1, le montant de la majoration prévue au même 1, lorsqu'elle sanctionne le non-respect du 2 de l'article 1681 sexies, ne peut être inférieur à 15 €.

RIE-III-4200 s. ; REC-III-700 s. ; MF nº 80200

Les contribuables personnes physiques qui résident dans des zones où aucun service mobile n'est disponible sont dispensés de l'obligation de télédéclaration de leurs revenus et de télépaiement de leurs impôts jusqu'au 31 décembre 2024.

IRPP-V-3200 s. ; REC-III-716 ; MF nº 76715

8. Non-respect des conditions auxquelles sont subordonnés des avantages fiscaux

Art 1739 Les infractions à l'article L 221-35 du code monétaire et financier sont constatées conformément à l'article L 221-36 du même code et sanctionnées par l'amende prévue au deuxième alinéa de l'article L 221-35 dudit code.

CF-VIII-19250 s.

Art 1739 A Sans préjudice de l'imposition des intérêts indûment exonérés en vertu du 7° de l'article 157, les personnes physiques qui ont sciemment ouvert un livret A en contravention des dispositions du troisième alinéa de l'article L 221-3 du code monétaire et financier sont passibles d'une amende fiscale égale à 2 % de l'encours du livret surnuméraire. L'amende n'est pas recouvrée si son montant est inférieur à 50 €.

RM-IV-9070

Art 1740 Lorsque l'octroi des avantages fiscaux prévus par les articles 199 undecies A, 199 undecies B, 199 undecies C, 217 undecies, 217 duodecies, 244 quater W, 244 quater X et 244 quater Y est soumis à la délivrance d'un agrément du ministre chargé du budget, dans les conditions définies à ces articles, toute personne qui, afin d'obtenir pour autrui les avantages fiscaux susmentionnés, a fourni volontairement à l'administration de fausses informations ou n'a volontairement pas respecté les éventuels engagements pris envers elle est redevable d'une amende égale au montant de l'avantage fiscal indûment obtenu, sans préjudice des sanctions de droit commun.

Toute personne qui, afin d'obtenir pour autrui les avantages fiscaux mentionnés au premier alinéa, s'est livrée à des agissements, manœuvres ou dissimulations ayant conduit à la reprise par l'administration des avantages fiscaux est redevable d'une amende, dans les mêmes conditions que celles mentionnées au premier alinéa.

DC-IV-17550 s. ; MF nº 91710 précision a

Art 1740-00 A **1.** Le non-respect par l'entreprise locataire ou par l'entreprise bénéficiaire des souscriptions des engagements prévus au trente-deuxième alinéa du I de l'article 199 undecies B, au dernier alinéa du I et au deuxième alinéa du II de l'article 217 undecies, au deuxième alinéa du A et au deuxième alinéa du 2° du B du VII de l'article 244 quater Y à l'issue de la période de cinq ans mentionnée au vingt-cinquième alinéa du I de l'article 199 undecies B, au quinzième alinéa du I et au premier alinéa du II de l'article 217 undecies, au deuxième alinéa du 1 du A du I et au premier alinéa du 2° du B du VII de l'article 244 quater Y entraîne l'application, à la charge de cette entreprise, d'une amende égale à 60 % du montant de la rétrocession qu'elle a obtenue en application du vingt-cinquième alinéa du I de l'article 199 undecies B, du dix-neuvième alinéa du I et du II quinquies de l'article 217 undecies ou du 5° du 1 du A du I et du 3° du 2 du B du II de l'article 244 quater Y. Le montant de l'amende est diminué d'un abattement égal au produit de ce montant par le rapport entre le nombre d'années échues d'exploitation du bien au delà de cinq ans et la durée d'engagement d'utilisation de ce bien excédant cinq ans.

2. Le 1 n'est pas applicable :

a. Lorsque les investissements exploités par l'entreprise locataire sont cédés, si le cessionnaire s'engage à maintenir leur affectation initiale pendant la fraction du délai d'utilisation restant à courir. L'engagement est pris dans l'acte constatant la transmission ou, à défaut, dans un acte sous seing privé ayant date certaine, établi à cette occasion. En cas de non-respect de cet engagement, le cessionnaire est redevable de l'amende dans les conditions prévues au 1 ;

b. Lorsque le non-respect de l'engagement résulte du décès de l'entrepreneur individuel ou de la liquidation judiciaire de l'entreprise ou lorsque la réduction d'impôt, ou déduction du résultat imposable, afférente aux investissements exploités par l'entreprise locataire a fait l'objet d'une reprise dans les conditions prévues à l'article 199 undecies B, à l'article 217 undecies ou à l'article 244 quater Y ;

> **Ndlr** *La non-application de l'amende lorsque la réduction d'impôt a fait l'objet d'une reprise dans les conditions de l'article 244 quater Y du CGI s'applique aux investissements réalisés à compter du 1er janvier 2023 (Loi 2022-1726 du 30 décembre 2022 art. 14, II-A).*

c. En cas de force majeure.

3. L'administration fait connaître par un document au redevable le montant de l'amende qu'elle se propose d'appliquer et les motifs de celle-ci. Elle avise l'intéressé de la possibilité de présenter ses observations dans un délai de trente jours à compter de la notification de ce document.

DC-IV-17150 s. ; MF nº 91885

Art 1740-00 AB Le non-respect des obligations mentionnées à l'article 242 septies entraîne le paiement d'une amende dont le montant ne peut excéder 50 000 €.

L'amende n'est pas applicable, en cas de première infraction commise au cours de l'année civile en cours et des trois années précédentes, lorsque l'intéressé a réparé son omission, soit spontanément, soit dans les trente jours suivant une demande de l'administration.

DC-IV-9210 s. ; MF nº 91710 précision a

Art 1740-0 A Le non-respect de l'obligation de déclaration mentionnée à l'article 242 sexies entraîne le paiement d'une amende d'un montant égal à la moitié de l'avantage fiscal obtenu en application des articles 199 undecies A, 199 undecies B, 199 undecies C, 217 undecies, 217 duodecies, 244 quater W, 244 quater X ou 244 quater Y.

DC-IV-16122 s. ; MF nº 91880

Art 1740-0 B La présentation d'une attestation sur l'honneur par une personne physique ne remplissant pas la condition prévue au troisième alinéa du 1 du I de l'article 117 quater et au dernier alinéa du I de l'article 125 A pour bénéficier d'une dispense des prélèvements prévus aux mêmes I entraîne l'application d'une amende égale à 10 % du montant de ces prélèvements ayant fait l'objet de la demande de dispense à tort.

RM-III-470 ; MF nº 24580

Art 1740-0 C Le défaut de réponse ou la réponse partielle à la mise en demeure mentionnée au II de l'article L 13 BA du livre des procédures fiscales entraîne l'application, pour chaque exercice vérifié, d'une amende égale à 5 % du montant des revenus ayant été imposés en application de l'article 238 du présent code tirés du ou des actifs concernés par les documents ou compléments qui n'ont pas été mis à la disposition de l'administration après mise en demeure.

BIC-VIII-2245

9. Sanctions à l'égard des tiers

Art 1740 A Le fait de délivrer sciemment des documents, tels que certificats, reçus, états, factures ou attestations, permettant à un contribuable d'obtenir indûment une déduction du revenu ou du bénéfice imposables, un crédit d'impôt ou une réduction d'impôt entraîne l'application d'une amende. Le taux de l'amende est égal à celui de la réduction d'impôt ou du crédit d'impôt en cause et son assiette est constituée par les sommes indûment mentionnées sur les documents délivrés au contribuable. Lorsque ces derniers ne mentionnent pas une somme ou lorsqu'ils portent sur une déduction du revenu ou du bénéfice, l'amende est égale au montant de l'avantage fiscal indûment obtenu.

L'amende prévue au premier alinéa du présent article s'applique, dans les mêmes conditions, en cas de délivrance irrégulière de l'attestation mentionnée à la seconde phrase du 2º du g du 1 des articles 200 et 238 bis.

CF-VIII-20700 s. ; MF nº 80205

Art 1740 A bis **I.** Lorsque l'administration fiscale a prononcé à l'encontre du contribuable une majoration de 80 % sur le fondement du c du 1 de l'article 1728, des b ou c de l'article 1729 ou de l'article 1729-0 A, toute personne physique ou morale qui, dans l'exercice d'une activité professionnelle de conseil à caractère juridique, financier ou comptable ou de détention de biens ou de fonds pour le compte d'un tiers, a intentionnellement fourni à ce contribuable une prestation permettant directement la commission par ce contribuable des agissements, manquements ou manœuvres ainsi sanctionnés est redevable d'une amende dans les conditions prévues au II du présent article.

La prestation mentionnée au premier alinéa du présent I consiste à :

1° Permettre au contribuable de dissimuler son identité par la fourniture d'une identité fictive ou d'un prête-nom ou par l'interposition d'une personne physique ou morale ou de tout organisme, fiducie ou institution comparable établis à l'étranger ;

2° Permettre au contribuable de dissimuler sa situation ou son activité par un acte fictif ou comportant des mentions fictives ou par l'interposition d'une entité fictive ;

3° Permettre au contribuable de bénéficier à tort d'une déduction du revenu, d'un crédit d'impôt, d'une réduction d'impôt ou d'une exonération d'impôt par la délivrance irrégulière de documents ;

4° Ou réaliser pour le compte du contribuable tout acte destiné à égarer l'administration.

II. L'amende est égale à 50 % des revenus tirés de la prestation fournie au contribuable. Son montant ne peut être inférieur à 10 000 €.

Cette amende est établie selon les modalités prévues à l'article L 80 D du livre des procédures fiscales.

En cas de désaccord portant sur les agissements, manquements ou manœuvres du contribuable mentionnés au I du présent article, les garanties et voies de recours qui lui sont offertes bénéficient également à la personne contre laquelle l'amende mentionnée au premier alinéa du présent II a été prononcée.

Lorsque les majorations mentionnées au I font l'objet d'un dégrèvement ou d'une décharge pour un motif lié à leur bien-fondé, l'amende qui a été prononcée à l'encontre du tiers fait l'objet d'une décision de dégrèvement.

L'amende n'est pas applicable en cas de poursuites engagées contre le professionnel sur le fondement des articles 1742 ou 1744.

III. La personne sanctionnée par l'amende prévue au II n'est pas admise à participer aux travaux des organismes institués aux articles 1650 à 1651 M, 1653 A, 1653 C et 1653 F du présent code ni à ceux de la commission prévue au II de l'article L 228 du livre des procédures fiscales.

CF-VIII-21500 s. ; MF n° 80215

10. Flagrance fiscale

Art 1740 B **I.** L'ensemble des faits constatés par un procès-verbal de flagrance fiscale, mentionnés aux I à I ter de l'article L 16-0 BA du livre des procédures fiscales, entraîne l'application d'une amende égale à 5 000 €.

Le montant de cette amende est porté à 10 000 € si, à la date du constat de flagrance fiscale, le chiffre d'affaires hors taxes ou le montant des recettes brutes excède les limites prévues au 1 des articles 50-0 ou 102 ter ou au I de l'article 69, selon la nature de l'activité. Il est également porté à 10 000 € si, à cette même date, le revenu imposable établi dans les conditions prévues à l'article 1649 quater-0 B bis excède le seuil de la troisième tranche du barème de l'impôt sur le revenu fixé au I de l'article 197.

Ce même montant est porté à 20 000 € si, à la date du constat de flagrance fiscale, le chiffre d'affaires hors taxes ou le montant des recettes brutes excède les seuils prévus aux 1° et 2° de l'article L 162-4 du code des impositions sur les biens et services ou au b du II de l'article 69, selon la nature de l'activité. Il est également porté à 20 000 € si, à cette même date, le revenu imposable établi dans les conditions prévues à l'article 1649 quater-0 B bis excède le seuil de la quatrième tranche du barème de l'impôt sur le revenu fixé au I de l'article 197.

Ce même montant est porté à 30 000 € si, à la date du constat de flagrance fiscale, le revenu imposable établi dans les conditions prévues à l'article 1649 quater-0 B bis excède le seuil de la cinquième tranche du barème de l'impôt sur le revenu fixé au I de l'article 197.

II. Lorsque les pénalités prévues au c du 1 de l'article 1728 et aux b et c de l'article 1729 et l'amende prévue à l'article 1737 sont encourues pour les mêmes faits que ceux visés aux I à I ter de l'article L 16-0 BA du livre des procédures fiscales constitutifs d'une flagrance fiscale et au titre de la même période, celles-ci ne sont appliquées que si leur montant est supérieur à celui de l'amende visée au I du présent article. Dans ce cas, le montant de cette amende s'impute sur celui de ces pénalités et amende.

CF-IX-79220 s. ; MF n° 78335

11. Infractions commises par les titulaires de compte

Art 1740 C Sauf application du premier alinéa de l'article L 564-1 du code monétaire et financier, le défaut de remise par un titulaire de compte, dans les conditions prévues à l'article L 102 AG du livre des procédures fiscales, des informations mentionnées au II de l'article

1649 AC du présent code est sanctionné par une amende de 1 500 €.

Le premier alinéa du présent article n'est pas applicable pour la mise en œuvre de l'accord entre le Gouvernement de la République française et le Gouvernement des Etats-Unis d'Amérique en vue d'améliorer le respect des obligations fiscales à l'échelle internationale et de mettre en œuvre la loi relative au respect des obligations fiscales concernant les comptes étrangers signé à Paris le 14 novembre 2013.

INT-GENA-35120 s. ; MF n° 26960

12. Opérateurs de plateforme non coopératifs

Art 1740 D **I.** Si un opérateur de plateforme au sens du I de l'article 1649 ter A fait l'objet, en moins de douze mois, d'au moins deux mesures parmi celles mentionnées au II du présent article, la mise en œuvre de la seconde mesure peut être accompagnée de la publication, sur une liste des opérateurs de plateformes non coopératifs, de la dénomination commerciale de l'opérateur de plateforme ainsi que, le cas échéant, de son activité professionnelle et de son Etat ou territoire de résidence.

II. Les mesures mentionnées au I consistent en la mise en recouvrement :

1° De la taxe dont l'opérateur est solidairement redevable en application du IV des articles 283 bis ou 293 A ter. La mise en demeure prévue au IV des mêmes articles 283 bis ou 293 A ter mentionne la sanction de publication prévue au présent article ;

2° De l'amende prévue au premier alinéa de l'article 1734 pour absence de réponse à une demande de communication d'informations fondée sur le deuxième alinéa de l'article L 81 ou sur l'article L 82 AA du livre des procédures fiscales. La demande de communication d'informations mentionne la sanction de publication prévue au présent article ;

3° De l'amende prévue au XI de l'article 1736 ;

4° D'une imposition résultant de l'application de la procédure de taxation d'office prévue au 3° de l'article L 66 du livre des procédures fiscales, lorsque la taxe sur la valeur ajoutée est due par l'opérateur sur le fondement du quatrième alinéa du 1 de l'article 293 A ou du 2° du V de l'article 256 du présent code. La notification prévue à l'article L 76 du livre des procédures fiscales mentionne la sanction de publication prévue au présent article ;

5° *D'une imposition résultant de l'application de* la procédure de taxation d'office prévue à l'article L 70 A du livre des procédures fiscales.

III. La décision de publication prévue au I du présent article est prise par l'administration après avis conforme et motivé de la commission prévue au II de l'article L 228 du livre des procédures fiscales qui apprécie, au vu des manquements et des circonstances dans lesquels ils ont été commis, si la publication est justifiée. Lorsque la commission est saisie, une copie de la saisine de la commission est adressée à l'opérateur de plateforme, qui est invité à présenter à la commission ses observations écrites dans un délai de trente jours.

La décision de publication prise par l'administration est notifiée à l'opérateur de plateforme. La notification mentionne à l'opérateur de plateforme concerné la sanction que l'administration se propose d'appliquer, les motifs de la sanction et la possibilité dont dispose l'intéressé de présenter ses observations dans un délai de soixante jours à compter de la notification.

La publication ne peut être effectuée avant l'expiration du délai prévu au deuxième alinéa du présent III.

La publication est effectuée sur le site internet de l'administration fiscale pendant une durée qui ne peut excéder un an. Lorsque l'opérateur de plateforme a acquitté l'intégralité des impositions ou amendes ayant motivé la publication, celle-ci est retirée sans délai du site internet de l'administration fiscale.

L'administration est tenue de rendre publique sur son site internet toute décision juridictionnelle prononçant la décharge d'une imposition ou annulant une amende ayant fait l'objet d'une publication.

IV. Un décret en Conseil d'Etat précise les conditions d'application du présent article.

CF-VIII-27000 s. ; MF n° 80330

Art 1740 E Lorsque l'administration fiscale constate le non-respect par un opérateur de plateforme relevant du 3° du I de l'article 1649 ter B des obligations déclaratives prévues à l'article 1649 ter A, elle le met en demeure de s'y conformer dans un délai de trois mois.

Si l'opérateur de plateforme n'a pas régularisé sa situation à l'expiration du délai prévu au premier alinéa du présent article, l'administration fiscale le met en demeure de se conformer à ses obligations déclaratives dans un délai de trente jours.

Si l'opérateur de plateforme n'a pas régularisé sa situation à l'expiration du délai prévu au deuxième alinéa, son numéro d'enregistrement individuel est retiré à l'expiration d'un délai de trois mois à compter de cette seconde mise en demeure.

L'opérateur de plateforme dont le numéro d'enregistrement individuel a été retiré en application des trois premiers alinéas peut déposer, à l'expiration d'un délai de six mois à compter de la prise d'effet du retrait, une nouvelle demande de numéro d'enregistrement unique, à la condition de présenter des garanties suffisantes de son engagement à remplir ses obligations déclaratives, y compris celles auxquelles il ne s'est pas précédemment conformé et qui ont motivé le retrait.

DC-I-7840 s.

C. Sanctions pénales

Art 1741 Sans préjudice des dispositions particulières relatées dans la présente codification, quiconque s'est frauduleusement soustrait ou a tenté de se soustraire frauduleusement à l'établissement ou au paiement total ou partiel des impôts visés dans la présente codification, soit qu'il ait volontairement omis de faire sa déclaration dans les délais prescrits, soit qu'il ait volontairement dissimulé une part des sommes sujettes à l'impôt, soit qu'il ait organisé son insolvabilité ou mis obstacle par d'autres manœuvres au recouvrement de l'impôt, soit en agissant de toute autre manière frauduleuse, est passible, indépendamment des sanctions fiscales applicables, d'un emprisonnement de cinq ans et d'une amende de 500 000 €, dont le montant peut être porté au double du produit tiré de l'infraction.

Les peines sont portées à sept ans d'emprisonnement et à une amende de 3 000 000 €, dont le montant peut être porté au double du produit tiré de l'infraction, lorsque les faits ont été commis en bande organisée ou réalisés ou facilités au moyen :

1° Soit de comptes ouverts ou de contrats souscrits auprès d'organismes établis à l'étranger ;

2° Soit de l'interposition de personnes physiques ou morales ou de tout organisme, fiducie ou institution comparable établis à l'étranger ;

3° Soit de l'usage d'une fausse identité ou de faux documents, au sens de l'article 441-1 du code pénal, ou de toute autre falsification ;

4° Soit d'une domiciliation fiscale fictive ou artificielle à l'étranger ;

5° Soit d'un acte fictif ou artificiel ou de l'interposition d'une entité fictive ou artificielle.

Toutefois, cette disposition n'est applicable, en cas de dissimulation, que si celle-ci excède le dixième de la somme imposable ou le chiffre de 153 €.

Toute personne condamnée en application des dispositions du présent article peut être privée des droits civiques, civils et de famille, suivant les modalités prévues aux articles 131-26 et 131-26-1 du code pénal.

Le prononcé des peines complémentaires d'interdiction des droits civiques, civils et de famille, mentionnés à l'article 131-26 du code pénal, est obligatoire à l'encontre de toute personne coupable du délit prévu aux deuxième à huitième alinéas du présent article, du recel de ce délit ou de son blanchiment. Toutefois, la juridiction peut, par une décision spécialement motivée, décider de ne pas prononcer lesdites peines complémentaires, en considération des circonstances de l'infraction et de la personnalité de son auteur. La condamnation à l'inéligibilité est mentionnée pendant toute sa durée au bulletin n° 2 du casier judiciaire prévu à l'article 775 du code de procédure pénale. Ces interdictions ne peuvent excéder dix ans à l'encontre d'une personne exerçant une fonction de membre du Gouvernement ou un mandat électif public au moment des faits, et cinq ans pour toute autre personne.

Toute personne coupable du délit prévu aux deuxième à huitième alinéas du présent article, du recel de ce délit ou de son blanchiment peut également être privée, à titre de peine complémentaire, du droit à l'octroi de réductions ou de crédits d'impôt sur le revenu ou d'impôt sur la fortune immobilière, pour une durée ne pouvant excéder trois ans à compter de l'imposition des revenus de l'année qui suit celle de la condamnation.

Les crédits d'impôt octroyés sur le fondement d'une convention internationale ayant pour objet l'élimination de la double imposition en matière d'impôts sur le revenu et sur la fortune sont exclus du champ d'application de cette peine complémentaire.

La juridiction ordonne l'affichage de la décision prononcée et la diffusion de celle-ci dans les conditions prévues aux articles 131-35 ou 131-39 du code pénal. Elle peut toutefois, par une décision spécialement motivée, décider de ne pas ordonner l'affichage de la décision prononcée et la diffusion de celle-ci, en considération des circonstances de l'infraction et de la personnalité de son auteur.

La durée de la peine privative de liberté encourue par l'auteur ou le complice d'un des délits mentionnés au présent article est réduite de moitié si, ayant averti l'autorité administrative ou judiciaire, il a permis d'identifier les autres auteurs ou complices.

Les poursuites sont engagées dans les conditions prévues aux articles L 229 à L 231 du livre des procédures fiscales.

CF-VIII-40100 s. ; MF nos 80260 s., 80290

Art 1741 A La commission des infractions fiscales prévue à l'article L 228 du livre des procédures fiscales est composée, sous la présidence d'un conseiller d'Etat, en activité ou honoraire, élu par l'assemblée générale du Conseil d'Etat, de :

1° Huit membres du Conseil d'Etat, en activité ou honoraires, élus par l'assemblée précitée ;

2° Huit magistrats de la Cour des comptes élus par la chambre du conseil en formation plénière de la Cour des comptes ;

3° Huit magistrats honoraires à la Cour de cassation, élus par l'assemblée générale de la Cour de cassation ;

4° Deux personnalités qualifiées, désignées par le président de l'Assemblée nationale ;

5° Deux personnalités qualifiées, désignées par le président du Sénat.

Les élections et les désignations mentionnées aux six premiers alinéas du présent article respectent le principe de parité entre les femmes et les hommes.

Le mandat du président et des membres de la commission ainsi que celui de leurs suppléants est de trois ans. Le président, les membres de la commission et leurs suppléants sont tenus au secret professionnel.

La commission peut se réunir en sections présidées par le président de la commission ou son représentant. Elle peut s'adjoindre des rapporteurs. En cas de partage égal des voix, celle du président est prépondérante.

Un décret en Conseil d'Etat fixe la composition et les conditions de fonctionnement de la commission *(Voir Annexe II, art. 384 septies-0 A à 384 septies-0 D et 384 septies-0 I à 384 septies-0 K et également LPF, art. L 228 et L 230).*

CF-VIII-41460 s. ; MF n° 80290

Art 1742 Les articles 121-6 et 121-7 du code pénal sont applicables aux complices des délits visés à l'article 1741, sans préjudice des sanctions disciplinaires, s'ils sont officiers publics ou ministériels ou experts-comptables.

CF-VIII-46800 s.

Art 1743 Est également puni des peines prévues à l'article 1741 :

1° Quiconque a sciemment omis de passer ou de faire passer des écritures ou a passé ou fait passer des écritures inexactes ou fictives au livre-journal prévu par les articles L 123-12 à L 123-14 du code de commerce, ou dans les documents qui en tiennent lieu.

La présente disposition ne met pas obstacle à l'application des peines de droit commun ;

CF-VIII-49050 s. ; MF n°s 80260 s.

2° Quiconque, en vue de faire échapper à l'impôt tout ou partie de la fortune d'autrui, s'entremet, soit en favorisant les dépôts de titres à l'étranger, soit en transférant ou faisant transférer des coupons à l'étranger pour y être encaissés ou négociés, soit en émettant ou en encaissant des chèques ou tous autres instruments créés pour le paiement des dividendes, intérêts, arrérages ou produits quelconques de valeurs mobilières.

Quiconque, dans le même but, a tenté d'effectuer l'une quelconque des opérations visées au premier alinéa est puni des mêmes peines ;

CF-VIII-49400 s.

3° Quiconque a fourni sciemment des renseignements inexacts en vue de l'obtention des agréments prévus aux articles 199 undecies A, 199 undecies B, 199 undecies C, 217 undecies, 217 duodecies, 244 quater W, 244 quater X et 244 quater Y ou de l'autorisation préalable prévue à l'article 199 undecies A.

(En ce qui concerne le dépôt des plaintes voir LPF, art. L 228 à L 230)

Ndlr *L'extension de la sanction applicable en cas de fourniture de renseignements inexacts en vue d'obtenir un agrément aux demandes d'agrément présentées pour le bénéfice de la réduction d'impôt prévue à l'article 199 undecies C du CGI s'applique aux investissements réalisés à compter du 1er janvier 2023 (Loi 2022-1726 du 30 décembre 2022 art. 14, II-A).*

DC-IV-12800 ; CF-VIII-49600 s.

Art 1744 I. Est punie de trois ans d'emprisonnement et d'une amende de 250 000 € la mise à disposition, à titre gratuit ou onéreux, d'un ou de plusieurs moyens, services, actes ou instruments juridiques, fiscaux, comptables ou financiers ayant pour but de permettre à un ou plusieurs tiers de se soustraire frauduleusement à l'établissement ou au paiement total ou partiel des impôts mentionnés au présent code. Ces moyens, services, actes ou instruments consistent en :

1° L'ouverture de comptes ou la souscription de contrats auprès d'organismes établis à l'étranger ;

2° L'interposition de personnes physiques ou morales ou d'organismes, de fiducies ou d'institutions comparables établis à l'étranger ;

3° La fourniture d'une fausse identité ou de faux documents, au sens de l'article 441-1 du code pénal, ou de toute autre falsification ;

4° La mise à disposition ou la justification d'une domiciliation fiscale fictive ou artificielle à l'étranger ;

5° La réalisation de toute autre manœuvre destinée à égarer l'administration.

Les peines sont portées à cinq ans d'emprisonnement et à 500 000 € d'amende lorsque la mise à disposition mentionnée au premier alinéa du présent I est commise en utilisant un service de communication au public en ligne.

II. Les articles L 227 à L 233 du livre des procédures fiscales ne sont pas applicables.

III. Les personnes physiques coupables des infractions définies au I du présent article encourent également les peines complémentaires prévues aux articles 1741 et 1750.

IV. Les personnes morales déclarées responsables pénalement, dans les conditions prévues à l'article 121-2 du code pénal, des infractions définies au I du présent article encourent, outre l'amende régie par les articles 131-37 et 131-38 du code pénal, les peines prévues aux 1° à 6°, 9° et 12° de l'article 131-39 du même code.

L'interdiction mentionnée au 2° du même article 131-39 porte sur l'activité dans l'exercice ou à l'occasion de laquelle l'infraction a été commise.

FR 2/24 inf. 97 p. 163 ; MF n° 80285

Art 1745 Tous ceux qui ont fait l'objet d'une condamnation définitive, prononcée en application des articles 1741, 1742 ou 1743 peuvent être solidairement tenus, avec le redevable légal de l'impôt fraudé, au paiement de cet impôt ainsi qu'à celui des pénalités fiscales y afférentes.

CF-VIII-47950 s. ; MF n° 80270

Art 1746 **1.** Le fait de mettre les agents habilités à constater les infractions à la législation fiscale dans l'impossibilité d'accomplir leurs fonctions est puni d'une amende de 25 000 €, prononcée par le tribunal correctionnel. En cas de récidive de cette infraction, le tribunal peut, outre cette amende, prononcer une peine de six mois d'emprisonnement.

2. L'opposition collective à l'établissement de l'assiette de l'impôt est punie de six mois d'emprisonnement et de 7 500 € d'amende.

3. Les dispositions de l'article L 228 du livre des procédures fiscales ne sont pas applicables aux infractions définies au présent article.

CF-VIII-58050 s. ; MF n° 79100

Art 1747 Quiconque, par voies de fait, menaces ou manœuvres concertées, aura organisé ou tenté d'organiser le refus collectif de l'impôt, sera puni des peines prévues à l'article 1er de la loi du 18 août 1936 réprimant les atteintes au crédit de la nation.

Sera puni d'une amende de 3 750 € et d'un emprisonnement de six mois quiconque aura incité le public à refuser ou à retarder le paiement de l'impôt.

CF-VIII-58700 s. ; MF n° 80280

Art 1748 La procédure de mise en demeure préalable instituée par les trois derniers alinéas de l'article 52 de la loi du 22 mars 1924 n'est pas applicable aux poursuites correctionnelles prévues par les lois en vigueur, en ce qui concerne les impôts perçus par l'administration fiscale.

Art 1750 Les personnes physiques coupables de l'une des infractions en matière d'impôts directs, de taxe sur la valeur ajoutée et autres taxes sur le chiffre d'affaires, de droit d'enregistrement, de taxe de publicité foncière et de droit de timbre encourent les peines complémentaires suivantes :

1° L'interdiction, suivant les modalités prévues par l'article 131-27 du code pénal, d'exercer directement ou indirectement, pour son propre compte ou pour le compte d'autrui, une profession libérale, commerciale ou industrielle, de diriger, d'administrer, de gérer ou de contrôler à un titre quelconque, directement ou indirectement, pour son propre compte ou pour le compte d'autrui, une entreprise commerciale ou industrielle ou une société commerciale ;

2° La suspension, pour une durée de trois ans au plus, ou de six ans au plus en cas de récidive, du permis de conduire, la juridiction pouvant limiter cette peine à la conduite en dehors de l'activité professionnelle.

CF-VIII-47580 s. ; MF n° 80315

Art 1751 **1.** *(Abrogé).*

2. Dans tous les cas où est constaté un manquement aux règles de facturation telles que prévues aux articles L 441-9 et L 443-3 du code de commerce *(Voir également LPF, art. L 246)*, l'entreprise de l'auteur du délit peut être placée sous séquestre jusqu'à l'exécution de la décision définitive. La mesure de séquestre pourra être étendue à l'ensemble du patrimoine de l'auteur du délit.

La mise sous séquestre peut être ordonnée par le juge d'instruction ou par le tribunal correctionnel saisis, en tout état de la procédure, sur réquisition du procureur de la République. Elle peut l'être également, hors le cas de la saisine du juge d'instruction ou du tribunal correctionnel, par le président du tribunal statuant en référé dans les conditions prévues aux articles 485 et 486 du code de procédure civile. Dans tous les cas, la décision ordonnant le séquestre est, de plein droit, exécutoire par provision et sur minute, avant enregistrement.

Le séquestre est confié au service des domaines dans les formes et conditions prévues par la loi validée du 5 octobre 1940, relative aux biens mis sous séquestre en conséquence d'une mesure de sûreté générale.

3. Un décret pris sur le rapport du garde des sceaux, ministre de la justice, du ministre de l'économie et des finances et du secrétaire d'Etat au budget détermine les conditions d'application du présent article *(Voir Annexe III, art. 406 A 12 à 406 A 16)*.

CF-VIII-55500 s.

Art 1751 A La révélation des nom et prénom du bénéficiaire d'une autorisation délivrée en application des articles L 286 B et L 286 BA du livre des procédures fiscales ou de tout élément permettant son identification personnelle ou sa localisation est punie des peines prévues au IV de l'article 15-4 du code de procédure pénale.

FR 2/20 inf. 92 p. 199

Art 1753 Ne sont pas admises à participer aux travaux des commissions instituées par les articles 1650 à 1651 M, 1653 A, 1653 C et 1653 F, les personnes qui, à l'occasion de fraudes fiscales ou d'oppositions au contrôle fiscal, ont fait l'objet d'une condamnation, prononcée par le tribunal, à l'une des peines prévues au I de l'article 1737, au 1 de l'article 1738, aux articles 1741 à 1747, 1751, au 5 du V de l'article 1754, au 2 de l'article 1761, aux articles 1771 à 1775, 1777, 1778, 1783 A, à l'article 1788 A, aux articles 1789 et 1790, 1810 à 1815, 1819, 1821, aux articles 1837 à 1839, 1840 B, 1840 I et 1840 O à 1840 Q.

Ndlr *Pour les dispositions du présent article applicables à compter du 1er juillet 2025, voir partie Autres textes du présent code ordonnance 2023-1210 du 20 décembre 2023 art. 2, 3o-a et 43.*

CF-VIII-29500 s. ; MF no 80265

Art 1753 bis A Toute personne qui, à l'occasion des actions tendant à obtenir une condamnation pécuniaire mentionnées à l'article L 143 du livre des procédures fiscales aura, en dehors de la procédure relative à l'action considérée, de quelque manière que ce soit, publié ou divulgué tout ou partie des renseignements figurant dans des documents d'ordre fiscal versés aux débats, ou fait usage desdits renseignements sans y être légalement autorisée encourt six mois d'emprisonnement et 6 000 € d'amende.

DC-VI-9420

Art 1753 bis B Tout contrevenant à l'obligation prévue au deuxième alinéa de l'article L 287 du livre des procédures fiscales est puni des peines mentionnées à l'article 226-21 du code pénal.

DC-VI-4030

D. Recouvrement et contentieux des pénalités et solidarité

Art 1754 **I.** Le recouvrement et le contentieux des pénalités calculées sur un impôt sont régis par les dispositions applicables à cet impôt.

CF-VIII-23800 s. ; MF no 76522

II. Le recouvrement et le contentieux des autres pénalités sont régis par les dispositions applicables aux taxes sur le chiffre d'affaires.

CF-VIII-23800 s. ; MF no 76522

III. Par dérogation aux dispositions du I :

1. Sont constatées, poursuivies et sanctionnées comme en matière de contributions indirectes les infractions aux obligations imposées en vertu du I de l'article 268 ter et du III de l'article 298 bis, en vue du contrôle des opérations d'importation, d'achat, de vente, de commission et de courtage portant sur les animaux vivants de boucherie et de charcuterie ;

TVA-XII-9150 s.

2. En cas de non-respect de l'un des engagements prévus à l'article 1137, les infractions sont constatées par des procès-verbaux dressés par les agents du service départemental de l'agriculture.

ENR-V-18500

III bis. Par dérogation au II du présent article, le recouvrement et le contentieux des amendes prévues aux articles 1729 C et 1770 terdecies sont régis par les dispositions applicables aux taxes foncières.

FB-III-52140 ; MF no 42175

III ter. Par dérogation aux I et II du présent article :

1o Les amendes, pénalités et confiscations prévues au code des douanes sont recouvrées dans les conditions prévues au même code ;

2o Les amendes, pénalités et confiscations réprimant des infractions recherchées, constatées et poursuivies comme en matière de contributions indirectes sont recouvrées selon les règles applicables à ces mêmes contributions, sous réserve, lorsqu'elles sont prononcées par une juridiction, de l'article 345-0 bis du code des douanes.

Ndlr *Les dispositions du présent III ter s'appliquent aux amendes, pénalités et confiscations en valeur pour lesquelles les jugements sont rendus à compter du 1er avril 2023 (Loi 2022-1726 du 30 décembre 2022 art. 80, II et IX-B).*

IV. En cas de décès du contrevenant ou s'il s'agit d'une société, en cas de dissolution, les amendes, majorations et intérêts dus par le défunt ou la société dissoute constituent une charge de la succession ou de la liquidation.

CF-VIII-24110 s.

V. 1. En cas d'abus de droit ou de dissimulation d'une partie du prix stipulé dans un contrat, toutes les parties à l'acte ou à la convention sont tenues solidairement, avec le redevable de la cotisation d'impôt ou de la restitution d'une créance indue, au paiement de l'intérêt de retard et de la majoration prévue à l'article 1729.

CF-VI-34700 s. ; ENR-VII-3060 ; MF nº 79200

2. Les dirigeants de droit ou de fait des personnes morales émettrices des documents mentionnés à l'article 1740 A, qui étaient en fonction au moment de la délivrance, sont solidairement responsables du paiement de l'amende, en cas de manquement délibéré.

CF-VIII-20700 s. ; MF nº 80205

3. Les dirigeants sociaux mentionnés à l'article 62 et aux 1º, 2º et 3º du b de l'article 80 ter ainsi que les dirigeants de fait gestionnaires de la société à la date du versement ou, à défaut de connaissance de cette date, à la date de déclaration des résultats de l'exercice au cours duquel les versements ont eu lieu, sont solidairement responsables du paiement de l'amende prévue à l'article 1759.

RM-II-7350 s. ; MF nº 24775

4. Le prétendu créancier qui a faussement attesté l'existence d'une dette dont la déduction est demandée pour la perception des droits de mutation par décès est tenu, solidairement avec le déclarant, au paiement de l'intérêt de retard et de la majoration prévue à l'article 1729.

ENR-X-32140

5. En cas de dissimulation d'une partie du prix stipulé dans un contrat, celui qui s'est rendu complice de manœuvres destinées à éluder le paiement des droits d'enregistrement ou de la taxe de publicité foncière est solidairement tenu avec les contractants au paiement des droits, de l'intérêt de retard et de la majoration prévue à l'article 1729.

ENR-VII-3180

6. Sont solidaires pour le paiement des sanctions fiscales encourues en matière de droits de timbre toutes les parties à un acte ou écrit non timbré ou insuffisamment timbré, les prêteurs et les emprunteurs, pour les obligations, les officiers ministériels qui ont reçu ou rédigé des actes énonçant des actes ou livres non timbrés.

ENR-VIII-11470

7. Lorsque la déchéance du bénéfice du taux réduit prévue par le 2º du I du D de l'article 1594 F quinquies est encourue du fait du sous-acquéreur, ce dernier est tenu solidairement avec l'acquéreur d'acquitter sans délai le complément de taxe.

ENR-V-15270

8. Le constituant et les bénéficiaires soumis au prélèvement de l'article 990 J sont solidairement responsables avec l'administrateur du trust du paiement de l'amende prévue au IV bis de l'article 1736.

ENR-IX-21150 ; MF nº 78307

E. Mesures diverses

Art 1755 1. Sauf en cas de manœuvres frauduleuses, les majorations fiscales, de quelque nature qu'elles soient, ne sont pas applicables aux contribuables qui auront fait connaître spontanément, par lettre recommandée expédiée dans les trois mois suivant leur adhésion à un centre de gestion, une association ou un organisme mixte de gestion agréés, les insuffisances, inexactitudes ou omissions que comportent les déclarations.

2. Le bénéfice de cette mesure est subordonné à la double condition :

a. Que ces insuffisances, inexactitudes ou omissions n'aient pas fait l'objet, antérieurement à la date d'expédition de la lettre recommandée mentionnée au 1º, de l'engagement d'aucune procédure administrative ou judiciaire ni d'aucune proposition de rectification ;

b. Que l'impôt en principal soit acquitté dans les nouveaux délais impartis.

DC-II-13700 s. ; MF nº 88010

Art 1756 I. En cas de sauvegarde ou de redressement ou de liquidation judiciaires, les frais de poursuite et les pénalités fiscales encourues en matière d'impôts directs et taxes assimilées, de taxes sur le chiffre d'affaires et taxes assimilées, de droits d'enregistrement, taxe de publicité foncière, droits de timbre et autres droits et taxes assimilés, de retenue à la source prévue à l'article 204 A, dus à la date du jugement d'ouverture, sont remis, à l'exception des majorations prévues aux b et c du 1 de l'article 1728 et aux articles 1729 et 1732 et des amendes mentionnées aux articles 1737 et 1740 A ainsi qu'aux 3º et 4º de l'article 1759-0 A.

II. En cas de mise en œuvre de la procédure de rétablissement personnel prévue aux articles L 741-1 à L 741-3 et L 742-3 à L 742-7 du code de la consommation, les majorations, frais de poursuites et pénalités fiscales encourus en matière d'impôts directs dus à la date à laquelle la commission recommande un rétablissement personnel sans liquidation judiciaire ou à la date du jugement d'ouverture d'une procédure de rétablissement personnel avec liquidation judiciaire sont remis, à l'exception des majorations prévues aux b et c du 1 de l'article 1728 ainsi qu'aux articles 1729 et 1732.

CF-VIII-24500 s.

SECTION II

Dispositions particulières

A. Impôts directs et taxes assimilées

1. Majorations de droits

Art 1757 Lorsque le rachat d'une entreprise a été réalisé avec l'accord préalable du ministre chargé du budget conformément à l'article 220 quater B, les droits rappelés et les crédits d'impôt à rembourser en application , du III de l'article 160 A sont assortis de l'intérêt de retard prévu à l'article 1727, d'une majoration de 20 %, et, le cas échéant, de la majoration pour manœuvres frauduleuses mentionnée à l'article 1729.

CF-VIII-6510 ; ENR-VI-27680

Art 1758 En cas d'application des dispositions prévues au troisième alinéa de l'article 1649 A, au second alinéa de l'article 1649 AA et au deuxième alinéa de l'article 1649 quater A, le montant des droits est assorti d'une majoration de 40 %.

Dans les cas où la méconnaissance des obligations énoncées à l'article 1649 quater A est punie de la sanction prévue au I de l'article L 152-4 du code monétaire et financier, la majoration prévue au premier alinéa n'est pas mise en œuvre.

Ndlr *L'article L 152-4 du code monétaire et financier est reproduit dans la partie Autres textes du présent code.*

CF-IX-20630 s., 22820, 24320 ; MF n°s 78300 s.

En cas d'application des dispositions du septième alinéa du I de l'article 238 bis-0 I, le montant des droits éludés est assorti de la majoration prévue au premier alinéa.

CF-IX-10860 ; MF nº 78275

En cas d'application des dispositions prévues à l'article 1649 quater-0 B bis, le montant des droits est assorti d'une majoration de 80 %.

CF-IX-87580 ; MF nº 78395

Art 1758 A I. Le retard ou le défaut de souscription des déclarations qui doivent être déposées en vue de l'établissement de l'impôt sur le revenu ainsi que les inexactitudes ou les omissions relevées dans ces déclarations, qui ont pour effet de minorer l'impôt dû par le contribuable ou de majorer une créance à son profit, donnent lieu au versement d'une majoration égale à 10 % des droits mis à la charge du contribuable ou de la créance indue.

La majoration est portée à 20 % en cas de dépôt tardif effectué dans les trente jours d'une mise en demeure.

II. Cette majoration n'est pas applicable :

a. Lorsque le contribuable a corrigé sa déclaration spontanément ou dans un délai de trente jours à la suite d'une demande de l'administration ;

b. Ou lorsqu'il est fait application des majorations prévues par les b et c du 1 de l'article 1728, par l'article 1729 ou par le a de l'article 1732.

III. La majoration prévue au I s'applique à l'exclusion de celle prévue au a du 1 de l'article 1728.

CF-VIII-12000 s., 13720 s. ; MF n°s 80035, 80100

2. Amendes fiscales

Art 1759-0 A Les infractions à l'obligation d'effectuer la retenue à la source prévue à l'article 1671 et aux obligations déclaratives prévues à l'article 87-0 A entraînent l'application d'une amende qui, sans pouvoir être inférieure à 250 € par déclaration, est égale à :

1º 5 % des retenues qui auraient dû être effectuées ou déclarées, en cas d'omissions ou d'inexactitudes ;

2º 10 % des retenues qui auraient dû être effectuées ou déclarées, en cas de non-dépôt de la déclaration dans les délais prescrits ;

3º 40 % des retenues qui auraient dû être effectuées ou déclarées, en cas de non-dépôt de la déclaration dans les trente jours suivant une mise en demeure ou en cas d'inexactitudes ou d'omissions délibérées ;

4º 80 % des retenues qui ont été effectuées mais délibérément non déclarées et non versées au comptable public.

IRPP-VI-25500 ; MF nº 3847

Art 1759 Les sociétés et les autres personnes morales passibles de l'impôt sur les sociétés qui versent ou distribuent, directement ou par l'intermédiaire de tiers, des revenus à des personnes dont, contrairement aux dispositions des articles 117 et 240, elles ne révèlent pas l'identité, sont soumises à une amende égale à 100 % des sommes versées ou distribuées. Lorsque l'entreprise a spontanément fait figurer dans sa déclaration de résultat le montant des sommes en cause, le taux de l'amende est ramené à 75 %.

RM-II-4800 s. ; MF n° 24775

Art 1760 Toute infraction aux dispositions du troisième alinéa du 1 de l'article 170 donne lieu à l'application d'une amende égale à 5 % des sommes non déclarées, sans que le montant de cette amende puisse être inférieur à 150 € ou supérieur à 1 500 € ; lorsqu'aucune infraction aux dispositions du 1 de l'article 170 n'a été commise au cours des trois années précédentes, ces montants sont réduits respectivement à 75 € et 750 €.

IRPP-V-2010

Art 1760 bis Le non-respect des obligations prévues au IV de l'article 210-0 A entraîne l'application, pour chaque opération, d'une amende de 10 000 €.

IS-VI-52350 ; MF n° 39260

Art 1761 Entraînent l'application d'une amende égale à 25 % du montant des droits éludés :

1. Les infractions aux dispositions du I de l'article 244 bis A ;

IMMO-II-194300 s. ; MF n° 32695

2. Les infractions aux articles 150 VI à 150 VM.

TD-VII-1705 s. ; MF n° 75931 c

Art 1761 bis Le contribuable qui a bénéficié du crédit d'impôt prévu à l'article 200 quater en contravention avec les dispositions du c du 6 ter du même article 200 quater est redevable d'une amende égale à 50 % de l'avantage fiscal indûment obtenu, sans pouvoir être inférieure à 1 500 €.

FR 2/20 inf. 15 n° 12 p. 40

Art 1762 Toute infraction aux dispositions de l'article L 111 du livre des procédures fiscales, relatif à la publicité de l'impôt, est punie d'une amende égale au montant des impôts divulgués.

DC-VI-43960 s. ; MF n° 78420

Art 1762 decies A défaut du respect des obligations prévues aux 2 et 3 du III de l'article 1378 octies, les organismes mentionnés à ces 2 et 3 sont passibles d'une amende égale à 25 % du montant des dons, legs et versements qui ont été effectués à leur profit.

IS-IX-13012 s.

Art 1763 I. Entraîne l'application d'une amende égale à 5 % des sommes omises le défaut de production ou le caractère inexact ou incomplet des documents suivants :

a. Tableau des provisions prévu en application des dispositions de l'article 53 A ;

BIC-XII-2610 s.

b. Relevé détaillé de certaines catégories de dépenses prévu à l'article 54 quater ;

RIE-III-6460 s.

c. Etat prévu au premier alinéa de l'article 223 Q ;

IS-V-47660 s., 47850

d. Registre mentionné au II de l'article 54 septies ;

RIE-III-6170

e. Etat prévu au 7 quinquies de l'article 38, au IV de l'article 41, au I de l'article 54 septies, au II de l'article 151 octies ou au 2 du II et au VI de l'article 151 nonies au titre de l'exercice au cours duquel est réalisée l'opération visée par ces dispositions ou au titre des exercices ultérieurs ;

FR 2/22 inf. 25 p. 51 ; DC-V-12235, 12775, 13265 ; RIE-III-5920 s.

f. Etat mentionné au onzième alinéa du a ter du I de l'article 219 ;

g. Etat de suivi mentionné au dernier alinéa du a septies du I de l'article 219 ;

BIC-VII-33840

h. L'état mentionné au dernier alinéa du 2 de l'article 221.

BIC-XIX-2731

Pour les documents mentionnés aux a, b et c, l'amende s'applique au seul exercice au titre duquel l'infraction est mise en évidence et le taux est ramené à 1 % lorsque les sommes correspondantes sont réellement déductibles.

BIC-VII-38035

L'amende n'est pas applicable, en cas de première infraction commise au cours de l'année civile en cours et des trois années précédentes, lorsque les intéressés ont réparé leur omission soit spontanément, soit à la première demande de l'administration avant la fin de l'année qui suit celle au cours de laquelle le document devait être présenté.

II. *(Abrogé).*

III. Entraîne l'application d'une amende égale à 5 % du prix de revient du bien donné en location ou mis à disposition sous toute autre forme le défaut de production de la déclaration prévue à l'article 54 octies.

BIC-X-35005 s.

IV. Entraîne l'application d'une amende de 1 500 €, ou 10 % des droits rappelés si ce dernier montant est plus élevé, pour chaque manquement constaté par personne ou groupement de personnes au titre d'un exercice, le défaut de réponse ou la réponse partielle à une mise en demeure de produire les listes des personnes ou groupements de personnes de droit ou de fait prévues en application des articles 53 A, 172, 172 bis et 223. La majoration de 10 % est calculée sur le montant des droits rappelés, à raison des éléments retenus pour l'assiette ou la liquidation de l'impôt relatifs à ces personnes ou groupements de personnes.

CF-VIII-21300 s. ; MF n° 80192

Art 1763 A Entraîne l'application d'une amende de 1 500 €, pour chaque manquement constaté par entité au titre d'un exercice, ou de la majoration prévue au b du 1 de l'article 1728 ou à l'article 1729, si l'application de cette majoration aboutit à un montant supérieur, le défaut de réponse ou la réponse partielle à une mise en demeure de produire la déclaration prévue au IV de l'article 209 B.

CF-IX-8570 s. ; MF n° 78280

Art 1763 B **1.** La société de gestion d'un fonds commun de placement à risques ou d'un fonds professionnel de capital investissement ou le gérant d'une société de libre partenariat qui a porté sur la déclaration prévue au I de l'article 242 quinquies des informations erronées ayant conduit à la dissimulation du non-respect du quota de 50 % prévu au 1° du II de l'article 163 quinquies B est redevable d'une amende fiscale égale à 5 % de la valeur des investissements portés sur la déclaration précitée et retenus à tort dans le quota d'investissement de 50 % ou pour le calcul de la limite prévue au III de l'article L 214-28 du code monétaire et financier. Le montant de cette amende est diminué d'un abattement égal à la proportion du montant des souscriptions réalisées par des personnes n'ayant pas, en France, leur domicile fiscal ou leur siège social sur le montant des souscriptions émises par le fonds. Cette proportion s'apprécie au premier jour de chaque exercice. Le montant de l'amende est plafonné, par déclaration, à la moitié du montant des sommes qui lui sont dues par le fonds au titre des frais de gestion pour l'exercice concerné.

La société de capital-risque qui a porté sur l'état prévu au II de l'article 242 quinquies des informations erronées ayant conduit à la dissimulation du non-respect du quota de 50 % prévu au troisième alinéa du 1° de l'article 1er -1 de la loi n° 85-695 du 11 juillet 1985 portant diverses dispositions d'ordre économique et financier est redevable d'une amende fiscale égale à 5 % de la valeur des investissements portés sur la déclaration précitée et retenus à tort dans le quota d'investissement de 50 % ou pour le calcul de la limite prévue au quatrième alinéa du 1° de l'article 1er -1 précité. Le montant de cette amende est plafonné, par déclaration, à la moitié du montant des charges d'exploitation de la société de capital-risque au titre de l'exercice concerné.

1 bis. La société de gestion d'un fonds commun de placement à risques ou d'un fonds professionnel de capital investissement ou le gérant d'une société de libre partenariat qui a porté sur la déclaration prévue au I de l'article 242 quinquies des informations conduisant à une application erronée du 2° du 5 de l'article 38 ou du a sexies du I de l'article 219 est redevable d'une amende fiscale égale à 5 % du montant de la répartition concernée. Le montant de cette amende est diminué d'un abattement égal à la proportion du montant des souscriptions réalisées par des personnes n'ayant pas, en France, leur domicile fiscal ou leur siège social sur le montant des souscriptions émises par le fonds. Cette proportion s'apprécie au premier jour de chaque exercice. Le montant de l'amende est plafonné, par déclaration, à la moitié du montant des sommes qui lui sont dues par le fonds au titre des frais de gestion pour l'exercice concerné.

La société de capital-risque qui a porté sur l'état prévu au II de l'article 242 quinquies des informations conduisant à une application erronée du 5 de l'article 39 terdecies ou du a sexies du I de l'article 219 est redevable d'une amende fiscale égale à 5 % du montant de la distribution concernée. Le montant de cette amende est plafonné, par déclaration, à la moitié du montant des charges d'exploitation de la société de capital-risque au titre de l'exercice concerné.

2. A défaut de production de la déclaration ou de l'état prévu à l'article 242 quinquies dans les délais prescrits, l'administration adresse, par pli recommandé avec accusé de réception, une mise en demeure d'avoir à déposer la déclaration ou l'état susmentionné dans un délai de trente jours.

En cas de non-production du document dans les trente jours suivant la réception de cette mise en demeure, la société de gestion du fonds ou la société de capital-risque est redevable d'une amende égale à la moitié du montant des sommes qui sont dues à la société de gestion par le fonds au titre des frais de gestion ou à la moitié du montant des charges d'exploitation de la société de capital-risque pour l'exercice concerné.

Ndlr *Le recouvrement et le contentieux de ces amendes sont assurés selon les règles applicables en matière de taxes sur le chiffre d'affaires (Loi 2005-1720 du 30 décembre 2005 art. 32, VI-3).*

RM-VII-4420 s. ; IS-IV-22235 s. ;
MF n°s 26310, 26385

Art 1763 C Lorsque l'administration établit qu'un fonds commun de placement à risques, qu'un fonds professionnel de capital investissement ou qu'une société de libre partenariat dont le règlement ou les statuts prévoient que les porteurs de parts ou associés pourront bénéficier des avantages fiscaux prévus au 2° du 5 de l'article 38 et aux articles 163 quinquies B, 150-0 A, 209-0 A et 219 n'a pas respecté son quota d'investissement prévu au 1° du II de l'article 163 quinquies B, la société de gestion du fonds ou le gérant de la société de libre partenariat est redevable d'une amende égale à 20 % du montant des investissements qui permettraient d'atteindre un quota d'investissement de 50 %. Le montant de cette amende est toutefois limité au montant des sommes qui lui sont dues par le fonds au titre des frais de gestion pour l'exercice concerné.

Lorsque l'administration établit qu'un fonds commun de placement dans l'innovation ou qu'un fonds d'investissement de proximité n'a pas respecté, dans les délais prévus aux VI à VII de l'article 199 terdecies-0 A lorsque leurs porteurs de parts bénéficient de la réduction d'impôt sur le revenu prévue à ce même article, son quota d'investissement prévu, selon le cas, au I de l'article L 214-30 du code monétaire et financier, au I de l'article L 214-31 du même code ou au VII de l'article 199 terdecies-0 A, la société de gestion du fonds est redevable d'une amende égale à 20 % du montant des investissements qui permettraient d'atteindre, selon le cas, la moitié au moins ou la totalité du quota d'investissement de 70 %. Le montant de cette amende est toutefois limité au montant des sommes qui lui sont dues par le fonds au titre des frais de gestion pour l'exercice concerné.

L'amende prévue aux précédents alinéas est exclusive de l'amende prévue à l'article 1763 B. Le montant de l'amende prévue aux précédents alinéas est diminué d'un abattement égal à la proportion du montant des souscriptions réalisées par des personnes n'ayant pas, en France, leur domicile fiscal ou leur siège social sur le montant des souscriptions émises par le fonds. Cette proportion s'apprécie au premier jour de l'exercice au cours duquel le quota d'investissement n'a pas été respecté.

Lorsque l'administration établit qu'un fonds commun d'investissement de proximité ou un fonds commun de placement dans l'innovation n'a pas respecté, dans les délais prévus au 3° du A du VI de l'article 199 terdecies-0 A, ses quotas d'investissement susceptibles de faire bénéficier les porteurs de parts de l'avantage fiscal prévu au même article, la société de gestion du fonds est redevable d'une amende égale à 20 % du montant des investissements qui permettraient d'atteindre, selon le cas, 50 % ou 100 % de ces quotas. Le montant de cette amende ou, le cas échéant, de ces amendes est toutefois limité au montant des sommes qui lui sont dues par le fonds au titre des frais de gestion pour l'exercice au titre duquel le manquement est constaté.

Lorsque l'administration établit qu'une société ne respecte pas les obligations établies à l'avant-dernier alinéa du D du I de l'article 199 terdecies-0 A , la société est redevable d'une amende égale à 1 % du montant de la souscription qui a ouvert droit, pour chaque souscripteur, à la réduction d'impôt prévue au A du même I, pour l'exercice concerné. Le montant de cette amende est toutefois limité au montant des sommes qui lui sont dues au titre des frais de gestion pour l'exercice concerné.

Lorsque l'administration établit qu'un fonds d'investissement de proximité ou, un fonds commun de placement dans l'innovation ne respecte pas les obligations établies au C du VI de l'article 199 terdecies-0 A, le fonds est redevable d'une amende égale à 1 % du montant de la souscription qui a ouvert droit, pour chaque souscripteur, à la réduction d'impôt prévue au A du même VI, pour l'exercice concerné. Le montant de cette amende est toutefois limité au montant des sommes qui lui sont dues au titre des frais de gestion pour l'exercice concerné.

Lorsque l'administration établit qu'une société n'a pas respecté l'obligation d'information préalable des souscripteurs prévue au 5° du D du I du même article 199 terdecies-0 A, la société est redevable pour l'exercice concerné d'une amende égale à 10 % du montant des souscriptions qui ont ouvert droit, pour chaque souscripteur, à la réduction d'impôt prévue au même D. Le montant de cette amende est toutefois limité aux sommes dues à la société au titre des frais de gestion pour l'exercice concerné.

Lorsque l'administration établit qu'une société ne lui a pas adressé avant le 30 avril l'état récapitulatif des sociétés financées, conformément au dernier alinéa du D du I de l'article 199 terdecies-0 A, la société est redevable pour l'exercice concerné d'une amende égale à 10 % du montant des souscriptions qui ont ouvert droit, pour chaque souscripteur, à la réduction d'impôt prévue au A du même I. Le montant de cette amende est toutefois limité aux sommes dues à la société au titre des frais de gestion pour l'exercice concerné.

Ndlr 1. *Le recouvrement et le contentieux de ces amendes sont assurés selon les règles applicables en matière de taxes sur le chiffre d'affaires (Loi 2005-1720 du 30 décembre 2005 art. 32, VII).*

2. *Les dispositions du présent article telles que modifiées par la loi 2023-1322 du 29 décembre 2023 art. 48, I-5º et III s'appliquent à compter du 1er janvier 2024.*

RM-VII-4420 s. ; IRPP-IV-51380, 51410, 51450 ; MF nos 2615, 26310

Art 1763 E Lorsque l'administration établit qu'une société définie à l'article 238 bis HE n'a pas respecté l'engagement prévu au second alinéa du 3 de l'article 199 unvicies ou l'un de ceux prévus aux a et b du même 3, la société est redevable d'une amende égale respectivement à 8 % ou à 12 % du montant des souscriptions versées par les contribuables qui ont bénéficié du taux majoré de la réduction d'impôt prévue au même article. Ces deux amendes peuvent se cumuler.

IRPP-IV-69060 s. ; MF nº 2730

Art 1764 I. *(Devenu sans objet).*

IS-IV-28680

II. *(Devenu sans objet).*

BIC-VII-18300

III. La société cessionnaire qui ne respecte pas l'engagement de transformation ou de construction mentionné au II de l'article 210 F est redevable d'une amende égale au montant de l'économie d'impôt réalisée par le cédant en application du même article 210 F. La société absorbante substituée aux droits de la société cessionnaire est redevable de la même amende lorsqu'elle ne respecte pas l'engagement de transformation ou de construction.

Ndlr *Les nouvelles modalités de calcul de l'amende s'appliquent à compter du 1er janvier 2021 mais également, compte tenu du principe d'application immédiat de la loi plus douce, aux amendes mises à la charge des cessionnaires pour la période antérieure. Le montant de l'amende était en effet égal auparavant à 25 % de la valeur de cession de l'immeuble ou du terrain à bâtir.*

BIC-VII-16840 s. ; MF nº 19452

IV. La personne cessionnaire qui ne respecte pas l'engagement d'achèvement des locaux destinés à l'habitation mentionné au II de l'article 238 octies A est redevable d'une amende dont le montant est égal à 25 % de la valeur de cession du droit de surélévation *(NDLR Dispositions applicables aux cessions à titre onéreux réalisées du 1er janvier 2012 au 31 décembre 2014).*

Art 1765 Si l'une des conditions prévues pour l'application, selon le cas, des articles L 221-30, L 221-31 et L 221-32 ou des articles L 221-32-1, L 221-32-2 et L 221-32-3 du code monétaire et financier n'est pas remplie, le plan est clos, dans les conditions définies au 2 du II de l'article 150-0 A et à l'article L 221-32 du code monétaire et financier à la date où le manquement a été commis et les cotisations d'impôt résultant de cette clôture sont immédiatement exigibles.

Sans préjudice des dispositions prévues au premier alinéa du présent article, le titulaire du plan qui a sciemment contrevenu à la condition prévue à la seconde phrase du dernier alinéa des articles L 221-30 ou L 221-32-1 du code monétaire et financier est passible d'une amende fiscale égale à 2 % du montant des versements surnuméraires.

RM-VII-42050 s. ; MF nº 26185

Art 1766 Les infractions aux dispositions du premier alinéa de l'article 1649 AA sont passibles d'une amende de 1 500 € par contrat non déclaré. Ce montant est porté à 10 000 € par contrat non déclaré lorsque l'obligation déclarative concerne un Etat ou territoire qui n'a pas conclu avec la France une convention d'assistance administrative en vue de lutter contre la fraude et l'évasion fiscales permettant l'accès aux renseignements bancaires.

CF-IX-24240 s.

Art 1767 1. Les sociétés qui ne se conforment pas aux prescriptions énoncées à l'article 243 bis sont passibles d'une amende fiscale égale à 5 % du montant des revenus concernés qui ne peut excéder 750 € par distribution. Celles qui, en application des dispositions du même article, mentionnent à tort les revenus qu'elles distribuent comme éligibles à l'abattement de 40 % sont passibles d'une amende fiscale égale à 25 % du montant des revenus en cause. Ces amendes ne sont pas applicables lorsque les sociétés concernées apportent la preuve que le Trésor n'a subi aucun préjudice.

RM-III-2160 s.

2. Les personnes mentionnées à l'article 243 ter qui ne se conforment pas aux prescriptions de cet article ou qui identifient à tort les revenus qu'elles paient comme éligibles à l'abattement de 40 % sont passibles d'une amende fiscale égale à 5 % du montant des revenus en cause, ne pouvant excéder 750 € pour chaque mise en paiement.

RM-VIII-1100

3. Les sociétés ou organismes mentionnés au 4° du 3 de l'article 158 ou, à défaut de personnalité morale, leur gérant ou représentant à l'égard des tiers, qui procèdent à une ventilation de leurs distributions ou répartitions conformément aux dispositions du septième alinéa du 4° du 3 du même article conduisant à les considérer à tort comme éligibles à l'abattement de 40 % mentionné au 2° du 3 de l'article précité sont passibles d'une amende fiscale égale à 25 % du montant des revenus concernés. Cette amende n'est pas applicable lorsque cette ventilation erronée des distributions ou répartitions est faite sur la base des informations déclarées ou communiquées par les sociétés distributrices en application de l'article 243 bis ou, s'agissant de revenus perçus d'autres sociétés ou organismes mentionnés au 4° du 3 de l'article 158, lorsque cette ventilation correspond à celle opérée par ces derniers.

RM-VII-2325 s.

4. Le non-respect des modalités de ventilation des revenus distribués ou répartis par les sociétés ou organismes mentionnés au 4° du 3 de l'article 158 en application du septième alinéa dudit 4° est passible d'une amende annuelle de 1 500 €. Cette amende n'est pas applicable lorsque celle mentionnée au 3 est appliquée pour les mêmes revenus.

RM-VII-2350

Art 1770 decies Tout manquement, erreur ou omission au titre des obligations prévues au II de l'article 1586 octies est sanctionné par une amende égale à 200 € par salarié concerné, dans la limite d'un montant fixé à 100 000 €.

Ndlr *Les dispositions du présent article sont abrogées à compter des impositions établies au titre de 2027, voir partie Autres textes du présent code loi 2022-1726 du 30 décembre 2022 art. 55, I-Z et XXVII-J modifié par loi 2023-1322 du 29 décembre 2023 art. 79, III-3°.*

CET-III-19490 ; MF n° 44036 d

Art 1770 undecies I. Les personnes mentionnées à l'article L 96 J du livre des procédures fiscales qui mettent à disposition les logiciels ou les systèmes de caisse mentionnés au même article sont passibles d'une amende lorsque les caractéristiques de ces logiciels ou systèmes ou l'intervention opérée ont permis, par une manœuvre destinée à égarer l'administration, la réalisation de l'un des faits mentionnés au 1° de l'article 1743 en modifiant, supprimant ou altérant de toute autre manière un enregistrement stocké ou conservé au moyen d'un dispositif électronique, sans préserver les données originales.

L'amende prévue au premier alinéa s'applique également aux distributeurs de ces produits qui savaient ou ne pouvaient ignorer qu'ils présentaient les caractéristiques mentionnées au même alinéa.

Cette amende est égale à 15 % du chiffre d'affaires provenant de la commercialisation de ces logiciels ou systèmes de caisse ou des prestations réalisées.

II. Les personnes mentionnées au I sont solidairement responsables du paiement des droits rappelés mis à la charge des entreprises qui se servent de ces logiciels et systèmes de caisse dans le cadre de leur exploitation et correspondant à l'utilisation de ces produits.

CF-VIII-21000 s. ; MF n° 80210

Art 1770 duodecies Le fait, pour une personne assujettie à la taxe sur la valeur ajoutée, de ne pas justifier, par la production de l'attestation ou du certificat prévus au 3° bis du I de l'article 286, que le ou les logiciels ou systèmes de caisse qu'elle détient satisfont aux conditions d'inaltérabilité, de sécurisation, de conservation et d'archivage des données prévues par ces mêmes dispositions est sanctionné par une amende de 7 500 € par logiciel ou système de caisse concerné.

Lorsqu'il lui est fait application de l'amende mentionnée au premier alinéa du présent article, l'assujetti dispose d'un délai de soixante jours pour se mettre en conformité avec l'obligation prévue au 3° bis du I de l'article 286. Ce délai court à compter de la remise ou de la réception du procès-verbal mentionné à l'article L 80 O du livre des procédures fiscales, de la proposition prévue au premier alinéa de l'article L 57 du même livre ou de la notification mentionnée au premier alinéa de l'article L 76 de ce livre.

Passé ce délai, l'assujetti qui ne s'est pas mis en conformité est passible à nouveau de l'amende mentionnée au premier alinéa du présent article.

RIE-IV-1120 s. ; MF n° 53485 précision d

Art 1770 terdecies La méconnaissance de l'obligation prévue à l'article 1418 entraîne l'application d'une amende de 150 € par local pour lequel les informations requises n'ont pas été communiquées à l'administration. La même amende est due en cas d'omission ou d'inexactitude. Cette amende n'est pas applicable lorsqu'il est fait application à raison des mêmes faits d'une autre amende ou majoration plus élevée.

FR 6/23 inf. 5 n° 15 p. 17 ; FR 23/23 inf. 10 p. 19 ; MF n° 43210

3. Sanctions pénales

Art 1771 Toute personne, association ou organisme qui n'a pas effectué dans les délais prescrits le versement des retenues opérées au titre de l'impôt sur le revenu (art. 1671 A) ou n'a effectué que des versements insuffisants est passible, si le retard excède un mois, d'une amende pénale de 9 000 € et d'un emprisonnement de cinq ans.

CF-VIII-53850 s. ; MF nº 4585

Art 1771 A Est passible des peines prévues pour les contraventions de cinquième classe le débiteur mentionné à l'article 1671 qui n'a ni déclaré ni versé au comptable public les retenues qu'il a effectuées en application du même article 1671, si le retard excède un mois.

En cas de récidive dans un délai de trois ans, le débiteur est puni de deux ans d'emprisonnement et de 3 750 € d'amende ou de l'une de ces deux peines seulement.

IRPP-VI-25500 ; MF nº 3847

Art 1772 **1.** Sont passibles, indépendamment des sanctions fiscales édictées par le présent code, d'une amende de 4 500 € et d'un emprisonnement de cinq ans :

1° Tout agent d'affaires, expert et toute autre personne qui fait profession, soit pour son compte, soit comme dirigeant ou agent salarié de société, association, groupement ou entreprise quelconque, de tenir les écritures comptables de plusieurs clients et qui est convaincu d'avoir établi ou aidé à établir de faux bilans, inventaires, comptes et documents, de quelque nature qu'ils soient, produits pour la détermination des bases des impôts dus par lesdits clients ;

CF-VIII-53060 s. ; MF nº 80280

2° Quiconque, encaissant directement ou indirectement des revenus à l'étranger, ne les a pas mentionnés séparément dans sa déclaration conformément aux prescriptions du 2 des articles 170 et 173 lorsque la dissimulation est établie ;

CF-VIII-53350 s. ; MF nº 80280

3° Quiconque est convaincu d'avoir encaissé sous son nom des coupons appartenant à des tiers en vue de faire échapper ces derniers à l'application de l'impôt ;

CF-VIII-53450 s. ; MF nº 80280

4° Quiconque, en vue de s'assurer, en matière d'impôts directs, ou de taxes assimilées, le bénéfice de dégrèvements de quelque nature que ce soit, produit des pièces fausses ou reconnues inexactes ;

CF-VIII-53550 s. ; MF nº 80280

5° Quiconque publie ou fait publier, par tout autre moyen que celui prévu à l'article L 111 du livre des procédures fiscales, tout ou partie des listes de contribuables visées audit article.

DC-VI-44000 s. ; MF nº 78420

2. Les personnes visées aux 1° et 3° du 1 sont en outre, le cas échéant, tenues solidairement avec leurs clients au paiement des sommes, tant en principal qu'en pénalités et amendes, dont la constatation aurait été compromise par leurs manœuvres.

CF-VIII-53260

3. Quiconque est convaincu d'avoir opéré sciemment une inscription sous une rubrique inexacte des dépenses supportées par une entreprise, en vue de dissimuler des bénéfices ou revenus imposables au nom de l'entreprise elle-même ou d'un tiers, est passible des peines prévues au 1.

CF-VIII-53650 s.

Art 1773 Est puni de l'amende prévue au 1 de l'article 1772 le contribuable qui a commis sciemment dans la déclaration des revenus de valeurs et capitaux mobiliers pour l'établissement de l'impôt sur le revenu une omission ou insuffisance excédant le dixième de son revenu imposable ou la somme de 153 €.

CF-VIII-53750 s.

Art 1774 Les personnes coupables de l'une des infractions visées aux 1° à 4° du 1 de l'article 1772 et à l'article 1773 peuvent être privées des droits civiques, civils et de famille, suivant les modalités prévues aux articles 131-26 et 131-26-1 du code pénal.

CF-VIII-53220

Art 1775 En cas de récidive ou de pluralité de délits constatée par un ou plusieurs jugements, la personne condamnée en vertu du 1° du 1 de l'article 1772 encourt l'interdiction d'exercer les professions d'agent d'affaires, de conseil fiscal, d'expert ou de comptable, même à titre de dirigeant ou d'employé et, s'il y a lieu, la fermeture de l'établissement.

Toute personne qui contrevient à cette interdiction, soit en exerçant la profession qui lui est interdite, soit en employant sciemment les services d'un tiers auquel l'exercice de la profession est interdite en vertu du présent article, est passible d'une amende de 18 000 € et d'un emprisonnement de deux ans au plus.

CF-VIII-53240 s.

Art 1776 En ce qui concerne les infractions visées aux articles 1771 à 1775, le tribunal ordonne, à la requête de l'administration, que le jugement soit publié intégralement ou par extraits dans le Journal officiel de la République française, ainsi que dans les journaux désignés par lui et affiché pendant trois mois sur les panneaux réservés à l'affichage des publications officielles de la commune où le condamné a son domicile, à la porte extérieure de l'immeuble de ce domicile et du ou des établissements professionnels du condamné. Les frais de ces publications et de cet affichage sont intégralement à la charge de ce dernier.

Les dispositions des deuxième à septième alinéas de l'article L 216-3 du code de la consommation sont applicables dans la mesure où elles ne sont pas contraires à celles du présent article.

Ndlr *Les références aux dispositions de l'article L 216-3 du code de la consommation, dans leur rédaction antérieure à leur abrogation, opérée par l'article 34 de l'ordonnance 2016-301 du 14 mars 2016 à compter du 1er juillet 2016, sont remplacées par des références aux dispositions correspondantes du code de la consommation dans leur rédaction issue de cette ordonnance (Ordonnance précitée art. 2).*

CF-VIII-53225

Art 1777 Lorsque le délinquant est une société ou une association, les peines prévues à l'article 1771 et au deuxième alinéa de l'article 1775 sont applicables personnellement aux présidents, directeurs généraux, directeurs, gérants et, en général, à toute personne ayant qualité pour représenter la société ou l'association.

CF-VIII-53248, 53855 ; DC-VI-44030

Art 1778 Les articles 121-6 et 121-7 du code pénal sont applicables aux complices des délits visés aux articles 1771 à 1775 et 1777, sans préjudice des sanctions disciplinaires s'ils sont officiers publics ou ministériels ou experts-comptables.

CF-VIII-53190 ; DC-VI-44030

Art 1783 A Indépendamment des sanctions fiscales applicables, les infractions aux dispositions du 2 de l'article 119 bis, des 1 et 2 de l'article 187 et du 2 de l'article 1672 et à celles du décret qui fixe les modalités et conditions de leur application donnent lieu à des poursuites correctionnelles engagées sur la plainte de l'administration fiscale et sont punies d'un emprisonnement d'un an et d'une amende de 3 750 €. Les articles 121-6 et 121-7 du code pénal sont applicables aux complices.

Quiconque a tiré ou tenté de tirer profit de l'infraction commise est, aussi, passible personnellement des peines prévues au premier alinéa.

CF-VIII-53950 s.

Art 1783 B Les infractions aux dispositions du 3 de l'article 242 ter sont punies des peines prévues à l'article 1741.

CF-VIII-54050 s. ; MF nº 26925

B. Taxes sur le chiffre d'affaires et taxes assimilées

1. Sanctions fiscales

Art 1784 Par dérogation aux dispositions des articles 1727 et 1731, aucun intérêt de retard ni aucune majoration n'est applicable dans le cas où l'acompte déterminé selon les règles fixées à l'article 1693 se révèle inférieur de 20 % au plus à la somme réellement due.

RIE-IV-12895 ; MF nº 54190

Art 1785 Par dérogation aux dispositions des articles 1727 et 1731, aucun intérêt de retard ni aucune majoration n'est applicable aux exploitants agricoles nouvellement assujettis à la taxe sur la valeur ajoutée dans le cas où un ou plusieurs des acomptes qu'ils ont versés lors de leur première année d'imposition se révèlent inférieurs de 30 % au plus au montant de l'impôt réellement dû pour le trimestre correspondant.

TVA-XII-9640 ; MF nº 59890

Art 1785 A *(Transféré sous l'article 1731 A).*

Art 1786 Pour l'application des sanctions prévues en cas de manœuvres frauduleuses, tout achat pour lequel il n'est pas représenté de facture régulière et conforme à la nature, à la quantité et à la valeur des marchandises cédées est réputé avoir été effectué en fraude des taxes sur le chiffre d'affaires et taxes assimilées, quelle que soit la qualité du vendeur au regard desdites taxes. En pareil cas, l'acheteur est, soit personnellement, soit solidairement avec le vendeur si celui-ci est connu, tenu de payer lesdites taxes sur le montant de cet achat, ainsi que la pénalité exigible.

CF-VIII-15010 s. ; MF nº 80005

Art 1788 A **1.** Entraîne l'application d'une amende de 750 € :

a. Le défaut de production dans les délais des états prévus à l'article 289 B.

Ndlr Les dispositions du présent alinéa s'appliquent aux opérations pour lesquelles la déclaration ou l'état récapitulatif est exigé au titre d'une période engagée après le 1er janvier 2022 (Loi 2021-1900 du 30 décembre 2021 art. 30, I-24° et III-D).

L'amende est portée à 1 500 € à défaut de production de la déclaration dans les trente jours d'une mise en demeure ;

b. Le défaut de présentation ou de tenue des registres, du double des factures ou des documents en tenant lieu et des différentes pièces justificatives prévus au III de l'article 277 A.

2. Entraîne l'application d'une amende de 15 € :

a. Chaque omission ou inexactitude relevée dans les états prévus à l'article 289 B ; cette amende est plafonnée à 1 500 € ;

Ndlr Les dispositions du présent a s'appliquent aux opérations pour lesquelles la déclaration ou l'état récapitulatif est exigé au titre d'une période engagée après le 1er janvier 2022 (Loi 2021-1900 du 30 décembre 2021 art. 30, I-24° et III-D).

b. Chaque omission ou inexactitude relevée dans les renseignements devant figurer sur les registres prévus au 1° du III de l'article 277 A.

3. Les manquants ou excédents constatés, dans le cadre de la mise en œuvre de la procédure prévue aux articles L 80 K et L 80 L du livre des procédures fiscales, par rapport aux documents prévus au III de l'article 277 A, donnent lieu à des amendes d'un montant égal à 80 % de la taxe sur la valeur ajoutée calculée sur la valeur d'achat sur le marché intérieur, à la date de constatation de l'infraction, de biens ou services similaires.

4. Lorsqu'au titre d'une opération donnée le redevable de la taxe sur la valeur ajoutée est autorisé à la déduire, le défaut de mention de la taxe exigible sur la déclaration prévue au 1 de l'article 287, qui doit être déposée au titre de la période concernée, entraîne l'application d'une amende égale à 5 % de la somme déductible.

Toutefois, lorsque l'opération mentionnée au premier alinéa est une livraison à soi-même de biens prévue par l'article 257, le montant de l'amende est multiplié par le rapport entre les coûts ou les dépenses non grevés de taxe sur la valeur ajoutée figurant dans la base d'imposition de la livraison à soi-même telle qu'elle résulte de l'article 266 et la totalité de cette base d'imposition.

5. Les infractions prévues aux 1 à 3 peuvent être constatées par la direction générale des finances publiques ou la direction générale des douanes et droits indirects.

Les amendes prévues au présent article sont prononcées, dans le même délai de reprise qu'en matière de taxe sur la valeur ajoutée, par l'administration qui constate l'infraction. Le recouvrement et le contentieux sont assurés et suivis par l'administration qui prononce l'amende suivant les mêmes procédures, et sous les mêmes garanties, sûretés et privilèges que ceux prévus pour cette taxe.

Lorsqu'une infraction a fait l'objet d'une amende prononcée par l'une des deux administrations, elle ne peut plus être sanctionnée par l'autre.

TVA-IV-10600 s., 26360 s. ; TVA-IX-21000 s. ; MF nos 49425, 50775, 56290

Art 1788 B Le défaut de présentation ou de tenue des registres prévus à l'article 286 quater donne lieu à l'application d'une amende de 750 €.

Les omissions ou inexactitudes relevées dans les renseignements devant figurer sur ces registres donnent lieu à l'application d'une amende de 15 € par omission ou inexactitude.

RIE-IV-15280 ; MF n° 52385

Art 1788 C **I.** Le défaut de transmission des informations mentionnées au VII de l'article 235 ter ZD entraîne l'application d'une majoration de 40 % du montant de la taxe due qui ne peut être inférieure à 1 000 € ou, lorsqu'aucune taxe n'est due, d'une amende de 1 000 €.

II. Le retard de transmission des informations mentionnées au VII de l'article 235 ter ZD entraîne l'application d'une majoration de 20 % du montant de la taxe due qui ne peut être inférieure à 500 € ou, lorsqu'aucune taxe n'est due, d'une amende de 500 €.

III. Les inexactitudes ou les omissions relevées dans les informations mentionnées au VII de l'article 235 ter ZD entraînent l'application d'une amende de 150 € par omission ou inexactitude relevée dans la déclaration, qui ne peut pas excéder 40 % de la taxe omise.

TD-VI-2150 s.

Art 1788 D **I.** Le non-respect par l'assujetti des obligations prévues aux articles 290 et 290 A donne lieu à l'application d'une amende égale à 250 € par transmission, sans que le total des amendes appliquées au titre d'une même année civile au titre de chacun des mêmes articles 290 et 290 A puisse être supérieur à 15 000 €.

II. Le non-respect par un opérateur de plateforme de dématérialisation des obligations de transmission prévues au III de l'article 290 et au I de l'article 290 A donne lieu à une amende de 750 € par transmission, sans que le total des amendes appliquées au titre d'une même année civile au titre de chacun des mêmes articles 290 et 290 A puisse être supérieur à 45 000 €.

III. Les amendes mentionnées aux I et II du présent article ne sont pas applicables en cas de première infraction commise au cours de l'année civile en cours et des trois années précédentes lorsque l'infraction a été réparée spontanément ou dans les trente jours suivant une première demande de l'administration.

Ndlr *Sur les modalités d'entrée en vigueur des articles 290 et 290 A susvisés, voir les Ndlr placées sous ces articles.*

FR 2/24 inf. 46 p. 87 ; RIE-IV-5075 s.

Art 1788 E I. Le numéro d'immatriculation délivré en application de l'article 290 B peut être retiré :

1° Lorsque l'opérateur d'une plateforme de dématérialisation a été sanctionné au titre du IV de l'article 1737 ou du II de l'article 1788 D à au moins trois reprises au cours de deux années consécutives pour un montant cumulé au moins égal à 60 000 € et qu'il commet une nouvelle infraction prévue aux mêmes articles 1737 ou 1788 D au cours de la deuxième année ou au cours de l'année suivante ;

2° Lorsque l'administration a constaté le non-respect par l'opérateur d'une plateforme des conditions auxquelles est subordonné la délivrance ou le renouvellement du numéro d'immatriculation prévu à l'article 290 B ou des obligations de transmission d'informations prévues au III de l'article 289 bis et que, l'administration l'ayant mis en demeure de se conformer à ses obligations dans un délai de trois mois, cet opérateur ne lui a pas communiqué dans ce délai tout élément de preuve de nature à établir qu'il s'est conformé à ses obligations ou qu'il a pris les mesures nécessaires pour assurer sa mise en conformité dans un délai raisonnable.

II. Le retrait prononcé en application du I du présent article prend effet à l'expiration d'un délai de trois mois à compter de sa notification à l'opérateur de plateforme.

Le retrait prononcé en application du 1° du même I exclut l'application des amendes prévues au IV de l'article 1737 et au II de l'article 1788 D.

L'opérateur de plateforme dont le numéro d'immatriculation est retiré en informe ses clients dans un délai d'un mois à compter de la notification de la décision de retrait. L'administration y procède également dans le même délai.

III. A l'expiration d'un délai de six mois, l'opérateur de plateforme dont le numéro d'immatriculation a été retiré peut déposer une nouvelle demande d'immatriculation dans les conditions prévues à l'article 290 B.

Ndlr *Sur les modalités d'entrée en vigueur du numéro d'immatriculation délivré en application de l'article 290 B susvisé, voir la Ndlr placée sous cet article.*

FR 2/24 inf. 46 p. 87 ; RIE-IV-5075 s.

Art 1788 bis Lorsque les personnes mentionnées aux 1° à 3° du II de l'article L 80 P du livre des procédures fiscales s'abstiennent de mettre en œuvre, dans le délai prévu au dernier alinéa du même II, les mesures que l'administration leur demande de prendre en application dudit II, il leur est appliqué une amende de 500 euros par jour de retard, au plus tard jusqu'à l'expiration de la durée de quatre mois, portée le cas échéant à huit mois, mentionnée au même II.

Ndlr *Les dispositions du présent article s'appliquent depuis le 1er janvier 2024.*

FR 2/24 inf. 63 p. 119 ; MF n° 50060

2. Sanctions pénales

Art 1789 Au cas où un contrevenant ayant fait l'objet depuis moins de trois ans d'une des amendes fiscales ou d'une majoration prévues aux articles 1729, 1729 B et 1734 commet intentionnellement une nouvelle infraction prévue par l'un de ces textes, il peut être traduit devant le tribunal correctionnel, à la requête de l'administration compétente, et puni d'un emprisonnement de six mois. Le tribunal correctionnel peut ordonner, à la demande de l'administration, que le jugement soit publié intégralement ou par extrait dans les journaux qu'il désigne et affiché dans les lieux qu'il indique, le tout aux frais du condamné. Toutes les dispositions de l'article L 216-3 du code de la consommation sont applicables dans ce cas.

Ndlr *Les références aux dispositions de l'article L 216-3 du code de la consommation, dans leur rédaction antérieure à leur abrogation, opérée par l'article 34 de l'ordonnance 2016-301 du 14 mars 2016 à compter du 1er juillet 2016, sont remplacées par des références aux dispositions correspondantes du code de la consommation dans leur rédaction issue de cette ordonnance (Ordonnance précitée art. 2).*

CF-VIII-54300 s. ; MF n° 80280

3. Importation

Art 1790 Les sanctions relatives aux infractions commises en matière de taxes recouvrées et contrôlées selon les mêmes procédures et sous les mêmes sanctions, garanties, sûretés et privilèges que les droits de douanes sont définies par le code des douanes.

C. Contributions indirectes

Art 1791-0 Les infractions réprimées par les dispositions du présent C sont recherchées, constatées, poursuivies et jugées dans les conditions prévues par les dispositions du livre des procédures fiscales applicables aux contributions indirectes.

Ndlr *Les dispositions du présent article entrent en vigueur à compter du 1er juillet 2025 (Ordonnance 2023-1210 du 20 décembre 2023 art. 26, 2° et 43).*

Art 1791-0 bis Il est interdit à quiconque de laisser enlever de chez lui, sans accomplissement des formalités réglementaires, des objets, produits ou marchandises soumis au régime des contributions indirectes.

Ndlr *Les dispositions du présent article entrent en vigueur à compter du 1er juillet 2025 (Ordonnance 2023-1210 du 20 décembre 2023 art. 26, 2° et 43).*

Art 1791 **I.** Sous réserve des dispositions spéciales prévues aux articles ci-après, toute infraction aux dispositions du titre III de la première partie du livre Ier, et des lois régissant les contributions indirectes, ainsi que des décrets et arrêtés pris pour leur exécution, toute manœuvre ayant pour but ou pour résultat de frauder ou de compromettre les droits, taxes, redevances, soultes et autres impositions établies par ces dispositions sont punies d'une amende de 100 € à 750 €, d'une pénalité dont le montant est compris entre une et trois fois celui des droits, taxes, redevances, soultes ou autres impositions fraudés ou compromis, sans préjudice de la confiscation des objets, produits ou marchandises saisis en contravention, ainsi que de la confiscation des biens et avoirs qui sont le produit direct ou indirect de l'infraction.

II. L'amende prévue au I est remplacée par une amende de 15 à 30 € pour les infractions aux dispositions de l'article 290 quater.

Ndlr *Pour les dispositions du présent article applicables à compter du 1er juillet 2025, voir partie Autres textes du présent code ordonnance 2023-1210 du 20 décembre 2023 art. 26, 3° et 43.*

TVA-XV-11245 s. ; MF n° 61810

Art 1791 bis **I.** Pour les infractions à l'article 290 quater, le montant de l'amende prévue au 1° de l'article 1791 est compris entre 15 € et 30 €.

II. Pour les infractions aux dispositions relatives aux impôts sur les maisons de jeux, si les droits fraudés ou compromis ne peuvent être déterminés avec précision, le tribunal fixe la pénalité proportionnelle mentionnée au 2° de l'article 1791 d'après les éléments d'information qui peuvent lui être fournis par l'administration, avec un minimum de 75 €. Les deux derniers alinéas de l'article 1791 ne sont alors pas applicables.

Sont tenues solidairement des condamnations toutes personnes dirigeant, administrant ou exploitant la maison de jeux à un titre quelconque comme aussi toutes celles qui ont participé à la fraude ou l'ont sciemment favorisée.

III. En cas de fabrication, de détention, de vente ou de transport de produits du tabac mentionnés à l'article L 314-3 du code des impositions sur les biens et services en méconnaissance de l'obligation d'acquitter l'accise ou des règles de suivi et de gestion mentionnées à l'article L 311-39 du même code, les sanctions prévues à l'article 1791 sont remplacées par celles prévues aux articles. L 3515-6-5 et L 3515-6-6 du code de la santé publique, sans préjudice des peines additionnelles prévues à l'article L 3515-6-12 du même code.

Ndlr *Les dispositions du présent article entrent en vigueur à compter du 1er juillet 2025 (Ordonnance 2023-1210 du 20 décembre 2023 art. 26, 4° et 43).*

Art 1791 ter à 1825 F Pour les raisons indiquées dans l'avant-propos, ces articles ne sont pas reproduits dans le présent code.

5. Compétence des agents des douanes

Art 1825 G Les agents des douanes sont compétents pour rechercher, constater et poursuivre les infractions en matière de contributions indirectes, droits, taxes, redevances et impositions obéissant aux mêmes règles.

Ndlr *Pour les dispositions du présent alinéa applicables à compter du 1er juillet 2025, voir partie Autres textes du présent code ordonnance 2023-1210 du 20 décembre 2023 art. 26, 14° et 43.*

Le présent article ne s'applique pas aux infractions aux dispositions de l'article 290 quater.

TVA-XV-11245 s. ; MF n° 61810

Art 1825 H Les agents des douanes sont compétents pour rechercher, constater et poursuivre, comme en matière de contributions indirectes, les infractions dans les matières suivantes, dans la mesure où elles sont régies par le présent code ou le livre des procédures fiscales :

1° Garantie des matières d'or, d'argent et de platine ;

2° Réglementation non fiscale dans le domaine de la viticulture, des céréales, des tabacs et des alcools.

> **Ndlr** *Les dispositions du présent article sont abrogées à compter du 1er juillet 2025 (Ordonnance 2023-1210 du 20 décembre 2023 art. 26, 16°-m et 43).*

D. Enregistrement et publicité foncière

1. Sanctions fiscales

Art 1826 Est punie d'une amende égale à 50 % du supplément de droit exigible toute contravention aux dispositions du III de l'article 806 et de l'article 807 ; en outre, les dépositaires, détenteurs ou débiteurs ayant contrevenu aux dispositions des articles 806 et 807 sont personnellement tenus des droits exigibles, sauf recours contre le redevable.

ENR-X-32060

Art 1827 Quiconque a contrevenu aux dispositions de l'article 803 est personnellement tenu des droits et pénalités exigibles, sauf recours contre le redevable.

Le notaire qui a reçu l'acte constatant le paiement du prix est solidairement responsable des droits et pénalités prévus au premier alinéa.

ENR-X-32120

2. Sanctions pénales

Art 1837 **I.** Celui qui a formulé frauduleusement les affirmations prescrites par les dispositions du chapitre Ier du titre IV de la 1re partie du livre Ier et les textes pris pour leur exécution, est puni de trois ans d'emprisonnement et de 45 000 € d'amende. Le tribunal peut également prononcer l'interdiction des droits civiques, civils et de famille prévue par les articles 131-26 et 131-26-1 du code pénal.

Lorsque l'affirmation jugée frauduleuse émane d'un ou de plusieurs des cohéritiers solidaires, ou que la déclaration a été souscrite par un mandataire, les autres héritiers solidaires, ou le mandant, sont passibles des mêmes peines, s'il est établi qu'ils ont eu connaissance de la fraude, et s'ils n'ont pas complété la déclaration dans un délai de six mois.

II. Les peines correctionnelles édictées au I se cumulent avec les peines dont les lois fiscales frappent les omissions et les dissimulations.

III. Les articles 121-6 et 121-7 du code pénal sont applicables au délit spécifié au présent article *(En ce qui concerne les poursuites et la compétence du tribunal, voir LPF, art. L 230 et L 231).*

ENR-VII-3380 s. ; MF nos 78245, 80280

Art 1838 En cas de récidive dans les dix ans d'une décision disciplinaire antérieure devenue définitive, l'officier public ou ministériel, convaincu de s'être, d'une façon quelconque, rendu complice de manœuvres destinées à éluder le paiement de l'impôt, est frappé de destitution, en cas de complicité du délit spécifié à l'article 1837.

ENR-VII-3535

Art 1839 La fausse mention d'enregistrement ou de formalité fusionnée soit dans une minute, soit dans une expédition, est punie des peines prévues pour le faux par l'article 441-4 du code pénal.

Les poursuites sont engagées par le ministère public sur la dénonciation du préposé de la régie.

ENR-VII-3530

3. Autres sanctions et mesures diverses

Art 1840 B L'officier public ou ministériel cessionnaire ou cédant d'un office convaincu d'avoir consenti ou stipulé à son profit un prix supérieur à celui exprimé dans l'acte de cession est frappé de destitution.

ENR-VII-3200 s.

Art 1840 C Les notaires, les huissiers et autres agents ayant pouvoir de faire des actes et procès-verbaux, les greffiers et les autorités administratives qui ont négligé de soumettre à l'enregistrement ou à la formalité fusionnée, dans les délais fixés, les actes qu'ils sont tenus de présenter à l'une ou l'autre de ces formalités sont personnellement passibles de la majoration prévue au 1 de l'article 1728. Ils sont, en outre, tenus du paiement des droits ou taxes, sauf leur recours contre les parties pour ces droits ou taxes seulement.

ENR-I-4162, 4580

Ces dispositions sont applicables aux officiers d'administration de la marine.

Les notaires sont également personnellement passibles de la majoration prévue aux a et b du 1 et au 5 de l'article 1728 lorsqu'ils ont accepté à la demande des ayants droit d'assumer les obligations déclaratives mentionnées au 2 de l'article 204 et au I de l'article 982, sauf leur recours contre les parties.

IRPP-VII-32810 s. ; ENR-XII-35415

ENR-I-19860 s., 19882

Art 1840 D Par dérogation aux dispositions de l'article 1840 C, lorsque les droits d'enregistrement ou la taxe de publicité foncière et les taxes assimilées, afférents aux jugements rendus à l'audience qui doivent être enregistrés sur les minutes, aux actes et procès-verbaux de vente de prises et de navires ou bris de navires et aux actes administratifs, n'ont pas été consignés aux mains des greffiers et des autorités administratives, dans les délais prescrits pour l'enregistrement ou la formalité fusionnée, le recouvrement en est poursuivi contre les parties qui supportent, en outre, la majoration prévue au 1 de l'article 1728.

A cet effet, les greffiers et les autorités administratives fournissent aux agents des impôts, dans la décade qui suit l'expiration des délais, des extraits par eux certifiés des actes, procès-verbaux et jugements, dont les droits ou taxes ne leur ont pas été remis par les parties, à peine, pour chaque acte, procès-verbal et jugement, de l'amende prévue au 1 de l'article 1729 B, et d'être, en outre, personnellement contraints au paiement des droits ou taxes et pénalités exigibles.

Il leur est délivré récépissé, sur papier libre, de ces extraits.

Ce récépissé est inscrit sur leur répertoire.

ENR-I-19650, 19700, 19860

Art 1840 E Sous les réserves formulées aux articles 1840 C et 1840 D les personnes qui sont au regard du Trésor solidaires pour le paiement de l'impôt sont aussi solidaires pour le paiement des pénalités.

ENR-I-19850 s.

Art 1840 F Lorsqu'ils ont négligé de faire, dans les délais prescrits, les déclarations des biens transmis par décès aux héritiers, donataires ou légataires, les tuteurs et curateurs supportent personnellement les peines prévues à l'article 1728 et au 1 de l'article 1729 B.

ENR-X-31580 s.

Art 1840 G **I.** En cas de manquement à l'engagement pris par un groupement forestier dans les conditions prévues au 3° du 1 de l'article 793 pour l'amélioration de la production et de la structure foncière des forêts françaises, ce groupement et ses ayants cause sont tenus, solidairement avec les donataires, héritiers, légataires ou leurs ayants cause à titre universel, d'acquitter, à première réquisition, le complément de droit d'enregistrement, et, en outre, un droit supplémentaire égal respectivement à 30 %, 20 % et 10 % de la réduction consentie selon que le manquement est constaté avant l'expiration de la dixième, vingtième ou trentième année suivant la mutation.

II. En cas d'infraction aux règles de jouissance qu'il a pris l'engagement de suivre dans les conditions prévues aux b du 2° et 7° du 2 de l'article 793, l'héritier, le donataire ou le légataire, ou leurs ayants cause sont tenus d'acquitter à première réquisition le complément de droit d'enregistrement ou de taxe de publicité foncière et, en outre, un supplément de droit ou taxe égal respectivement à 30 %, 20 % et 10 % de la réduction consentie selon que le manquement est constaté avant l'expiration de la dixième, vingtième ou trentième année.

II bis. En cas de manquement à l'engagement prévu au b du 3 de l'article 793, et à due concurrence du manquement constaté, l'héritier, le donataire ou le légataire, ou leurs ayants cause, sont tenus d'acquitter à première réquisition le complément de droit d'enregistrement et, en outre, un supplément de droit égal, respectivement, à 30 %, 20 % et 10 % de la réduction consentie selon que le manquement est constaté avant l'expiration de la dixième, vingtième ou trentième année.

ENR-X-35570 s. ; MF n° 68167

III. Pour l'application des I et II, lorsque le manquement ou l'infraction porte sur une partie des biens, le rappel du complément et du supplément de droit d'enregistrement est effectué à concurrence du rapport entre la superficie sur laquelle le manquement ou l'infraction a été constaté et la superficie totale des biens sur lesquels l'engagement a été souscrit. Sous réserve de l'application du sixième alinéa du 2° et du cinquième alinéa du 7° du 2 de l'article 793, l'engagement se poursuit sur les autres biens.

IV. Les infractions visées aux I et II sont constatées par des procès-verbaux dressés par les ingénieurs, techniciens et agents de l'Etat chargés des forêts.

(Voir également décret 2007-746 du 9 mai 2007 art. 9 et 10, JO du 10)

ENR-X-34650, 35300, 35480 ; MF n°s 68120, 68130, 68170

Art 1840 G bis La violation de l'engagement prévu au I de l'article 1131 met fin de plein droit à la réserve de jouissance et les biens donnés doivent être remis à l'Etat à la première réquisition, sous peine d'une astreinte de 150 € au plus par jour de retard, établie et recouvrée selon les règles applicables en matière de droits d'enregistrement.

ENR-X-40850

Art 1840 G ter **I.** Lorsqu'une exonération ou une réduction de droits d'enregistrement, de taxe de publicité foncière ou de taxe additionnelle aux droits d'enregistrement ou à la taxe de publicité foncière a été obtenue en contrepartie du respect d'un engagement ou de la production d'une justification, le non-respect de l'engagement ou le défaut de production de la justification entraîne l'obligation de payer les droits dont la mutation a été exonérée. Les droits, majorés de l'intérêt de retard prévu à l'article 1727, doivent être acquittés dans le mois qui suit, selon le cas, la rupture de l'engagement ou l'expiration du délai prévu pour produire la justification requise.

(Voir également décret 2007-746 du 9 mai 2007 art. 9 et 10, JO du 10)

IMMO-I-43750 s., 44350 ; ENR-V-15250 s., 15900 s., 16330 s., 17360, 24200 s., 27370, 28870 ; ENR-X-45310, 47850

II. En cas de non-respect des engagements prévus au II de l'article 1135 bis, à l'article 1137 et au I bis de l'article 1594, un droit supplémentaire de 1 % s'ajoute aux droits et à l'intérêt de retard prévu à l'article 1727.

Ndlr *Le I bis de l'article 1594 cité au II est en réalité l'article 1594 I bis.*

ENR-V-18500, 28870 ; ENR-X-28875, 49688

III. En cas de non-respect des conditions ouvrant droit aux exonérations prévues aux articles 790 H et 790 I, le donataire ou ses ayants cause acquittent un droit complémentaire égal à 15 % du montant déterminé au I du présent article, hors intérêts de retard.

Le présent III n'est pas applicable en cas de licenciement, d'invalidité correspondant aux 2° et 3° de l'article L 341-4 du code de la sécurité sociale, de décès du donataire ou de l'une des personnes soumises à imposition commune avec lui ou lorsque le donataire ne respecte pas les conditions mentionnées au premier alinéa du présent III en raison de circonstances exceptionnelles indépendantes de sa volonté.

ENR-X-65920 s., 66230 s.

E. Droits de timbre. Autres droits et taxes

1. Sanctions fiscales

Art 1840 H Toute infraction aux textes qui réglementent le paiement des droits de timbre en compte avec le Trésor est passible d'une amende de 15 €.

ENR-VIII-9610, 11430

Art 1840 I Toute fraude ou tentative de fraude et, en général, toute manœuvre ayant pour but ou ayant eu pour résultat de frauder ou de compromettre l'impôt, commise dans l'emploi des machines à timbrer est punie des peines prévues pour chaque impôt éludé. Toutefois, en cas d'utilisation d'une machine sans autorisation de l'administration, l'amende ne peut être inférieure à 15 €.

ENR-VIII-11450

Art 1840 J Les infractions aux dispositions des articles L 112-6 à L 112-6-2 du code monétaire et financier sont passibles d'une amende conformément aux dispositions des deuxième et troisième phrases de l'article L 112-7 du même code.

Ndlr *Les articles L 112-6 à L 112-6-2 du code monétaire et financier sont reproduits dans la partie Autres textes du présent code.*

CF-IX-89720 s. ; MF n° 78401

2. Sanctions pénales

Art 1840 O La peine contre ceux qui abuseraient des timbres pour timbrer est la même que celle qui est prononcée par le code pénal contre les contrefacteurs des timbres.

ENR-VIII-11500

Art 1840 P **1.** Ceux qui ont sciemment employé, vendu ou tenté de vendre des timbres mobiles ayant déjà servi, sont poursuivis devant le tribunal correctionnel et punis d'une amende de 3 750 €. En cas de récidive, la peine est d'un emprisonnement d'un mois et l'amende est doublée.

Les dispositions du présent article sont applicables dans tous les cas où un impôt, une taxe ou un droit quelconque recouvré par l'administration fiscale est acquitté au moyen de l'apposition de timbres mobiles.

2. Les dispositions du premier alinéa du 1 sont applicables à ceux qui, dans une intention frauduleuse, ont altéré, employé, vendu ou tenté de vendre des papiers timbrés ayant déjà servi.

ENR-VIII-11500

Art 1840 Q Sans préjudice des pénalités prévues à l'article 1840 I, toute imitation, contrefaçon ou falsification des empreintes, tout usage d'empreintes falsifiées seront punis des peines portées à l'article 443-2 du code pénal.

ENR-VIII-11500

3. Autres sanctions et mesures diverses

Art 1840 R Les timbres saisis chez ceux qui s'en permettent le commerce en contravention aux dispositions de l'article 893 sont confisqués au profit du Trésor.

ENR-VIII-11520

F. Contribution à l'audiovisuel public

Art 1840 W ter **1.** Les inexactitudes dans les déclarations prévues au 4° de l'article 1605 bis entraînent l'application d'une amende de 150 €.

2. Les omissions ou inexactitudes dans les déclarations prévues aux 5° et 6° de l'article 1605 ter ou le défaut de souscription de ces déclarations dans les délais prescrits entraînent l'application d'une amende de 150 € par appareil récepteur de télévision ou dispositif assimilé.

3. Le défaut de production dans les délais de la déclaration mentionnée à l'article 1605 quater entraîne l'application d'une amende de 150 €. Lorsque la déclaration n'a pas été déposée dans les trente jours d'une première mise en demeure, l'amende est de 150 € par appareil récepteur de télévision ou dispositif assimilé. Les omissions dans les déclarations entraînent l'application d'une amende de 150 € par appareil récepteur de télévision ou dispositif assimilé *(L'amende est recouvrée selon les modalités de l'article L 256 du LPF : voir arrêté du 14 novembre 2006, JO du 28).*

4. La mise en œuvre, le recouvrement et le contentieux des amendes prévues au 1 et au 2 sont régis par les mêmes règles que celles applicables à la taxe à laquelle elles se rattachent, c'est-à-dire les règles applicables en matière de taxe d'habitation pour la contribution à l'audiovisuel public due par les particuliers et celles applicables en matière de taxe sur le chiffre d'affaires pour la contribution à l'audiovisuel public due par les professionnels.

Ndlr *Les dispositions du présent article sont abrogées à compter du 1er janvier 2025 (Loi 2022-1157 du 16 août 2022 art. 6, II-10° et XIII-C).*

FR 35/22 inf. 12 n° 9 p. 14 ; TD-V-3700 s.

Art 1840 W quater Les établissements mentionnés à l'article L 96 E du livre des procédures fiscales qui s'abstiennent volontairement de fournir les renseignements demandés par l'administration dans le cadre du contrôle de la taxe prévue au I de l'article 1605 ou qui auront fourni des renseignements inexacts ou incomplets sont passibles d'une amende de 15 € par information inexacte ou manquante *(L'amende est recouvrée selon les modalités de l'article L 256 du LPF : voir arrêté du 14 novembre 2006, JO du 28).*

Ndlr *Les dispositions du présent article sont abrogées à compter du 1er janvier 2025 (Loi 2022-1157 du 16 août 2022 art. 6, II-10° et XIII-C).*

FR 35/22 inf. 12 n° 9 p. 14 ; TD-V-3750

G. Taxes contrôlées par des organismes autres que l'administration fiscale

Art 1840 X Pour la taxe sur les spectacles vivants mentionnée à l'article L 452-14 du code des impositions sur les biens et services et pour les taxes sur les produits de l'industrie et de l'artisanat mentionnées à l'article L 471-1 du même code, sont applicables les sanctions suivantes :

1° Les insuffisances, inexactitudes ou omissions dans la déclaration donnent lieu à l'application d'une majoration de 10 % exclusive de l'intérêt de retard prévu à l'article 1727 ;

2° Tout retard de paiement de la taxe préalablement constatée donne lieu à l'application d'une majoration de 10 % ;

3° La mise en œuvre de la procédure de taxation d'office mentionnée à l'article L 67 B du livre des procédures fiscales donne lieu à l'application d'une majoration de 40 %.

FR 10/22 inf. 5 nos 44 à 46 p. 14 ; BF 4/24 inf. 264

Art 1840 Y Pour les taxes mentionnées aux 1°, 2°, 3° et 6° de l'article L 115-1 du code du cinéma et de l'image animée, sont applicables les sanctions suivantes :

1° Les insuffisances, inexactitudes ou omissions dans la déclaration et le défaut de déclaration dans les délais prescrits donnent lieu à l'application d'une majoration de 10 % des droits non déclarés. En l'absence du dépôt d'une déclaration dans les délais prescrits, le taux de cette majoration est porté à 40 % lorsque le redevable n'a pas régularisé sa situation dans les trente jours suivant la réception d'une mise en demeure ;

2° L'insuffisance de paiement dans les délais prescrits de tout ou partie de la taxe donne lieu à une majoration de 5 % et d'un intérêt de retard de 0,40 % par mois, assis sur les sommes dont le paiement a été différé ou éludé. Cette majoration n'est pas applicable lorsque le dépôt tardif de la déclaration est accompagné du paiement total de la taxe ;

3° L'inobservation des modalités de dépôt des déclarations ou des modalités de paiement donne lieu à une majoration de 0,2 % des sommes ainsi déclarées ou payées. Le montant de cette majoration ne peut être inférieur à 60 euros, ce seuil étant apprécié séparément pour les obligations déclaratives et les obligations de paiement.

BF 4/24 inf. 264

CHAPITRE III
Procédures

SECTION I
Impôts directs et taxes assimilées

Art 1849 L'annulation ou la réduction de l'imposition contestée entraînent de plein droit allocation totale ou proportionnelle en non-valeurs du coût des actes de poursuites signifiés au réclamant ainsi que de la majoration du dixième pour paiement tardif prévue à l'article 1730.

CF-VIII-25060 ; REC-V-1820 s.

SECTION IV
Droits d'enregistrement, taxe de publicité foncière, droits de timbre, autres droits et taxes

I. Modes de preuve. Constatation des infractions

2. Mutations

Art 1881 La mutation d'un immeuble en propriété ou usufruit est suffisamment établie, pour la demande du droit d'enregistrement et la poursuite du paiement contre le nouveau possesseur, soit par l'inscription de son nom au rôle de la taxe foncière, et des paiements par lui faits d'après ce rôle, soit par des baux par lui passés, ou enfin par des transactions ou autres actes constatant sa propriété ou son usufruit.

ENR-V-1160 s. ; ENR-X-5880 ; ENR-XII-5850 ; MF n° 68030

Art 1882 La mutation de propriété des fonds de commerce ou des clientèles est suffisamment établie, pour la demande et la poursuite des droits d'enregistrement et des amendes, par les actes ou écrits qui révèlent l'existence de la mutation ou qui sont destinés à la rendre publique, ainsi que par l'inscription au rôle des contributions du nom du nouveau possesseur, et des paiements faits en vertu de ces rôles, sauf preuve contraire.

ENR-IV-4110 s. ; ENR-X-5880 ; ENR-XII-5850 ; MF n° 68030

Art 1883 La jouissance, à titre de ferme, ou de location, ou d'engagement d'un immeuble, est aussi suffisamment établie, pour la demande et la poursuite du paiement des droits et, le cas échéant, de la taxe additionnelle, afférents aux baux ou engagements non enregistrés ou non déclarés, par les actes qui la font connaître, ou par des paiements de contributions imposées aux fermiers, locataires et détenteurs temporaires.

ENR-I-12850

II. Poursuites et instances

Art 1894 Les frais de poursuites payés par les comptables publics compétents pour des articles tombés en non-valeur pour cause d'insolvabilité reconnue des parties condamnées leur sont remboursés sur l'état qu'ils en rapportent à l'appui de leurs comptes. L'état est taxé sans frais par le tribunal judiciaire du département et appuyé des pièces justificatives.

SECTION V
Dispositions communes aux impositions dont le recouvrement incombe aux comptables de la direction générale des finances publiques

Art 1912 **1.** Les frais de poursuites mis à la charge des redevables au titre des produits recouvrés par le comptable public chargé du recouvrement sont calculés par application d'un pourcentage qui ne peut excéder 5 % du montant total des créances dont le paiement leur est réclamé, dans la limite de 500 €. Un décret en Conseil d'Etat fixe, pour chaque catégorie d'acte, le tarif des frais applicables et les modalités d'application du présent alinéa.

Les frais accessoires aux poursuites sont fixés par décret *(NDLR Voir Annexe II, art. 396 B et 396 C)*.

2. Ces frais sont recouvrés par le comptable public chargé du recouvrement des produits mentionnés au 1.

REC-V-1500 s. ; MF n° 77025

CHAPITRE IV

Privilège du Trésor et sa publicité

SECTION I

Privilège du Trésor

Art 1920 **1.** Les impositions de toutes natures et taxes assimilées, les amendes fiscales et pénales, le droit fixe de procédure mentionné à l'article 1018 A et les créances de toutes natures en matière de contributions indirectes, recouvrés par les comptables publics, bénéficient d'un privilège de paiement appelé privilège du Trésor.

Le privilège du Trésor produit ses effets dans les mêmes conditions et au même rang aux droits en principal, à leurs accessoires ainsi qu'aux acomptes devant être versés en l'acquit d'impositions.

Le privilège du Trésor s'exerce avant tous les autres sur les meubles et effets mobiliers appartenant aux redevables, en quelque lieu qu'ils se trouvent. Toutefois, pour les créances de toutes natures en matière de contributions indirectes, ce privilège s'exerce après le privilège des frais de justice et autres frais privilégiés et après le privilège du bailleur prévu à l'article 2332 du code civil, dans la limite de six mois de loyer.

Le privilège du Trésor en matière de contributions directes, de taxes sur le chiffre d'affaires et de taxes assimilées s'exerce, lorsqu'il n'existe pas d'hypothèque conventionnelle, sur le matériel servant à l'exploitation d'un établissement commercial, même lorsque ce matériel est réputé immeuble en application du premier alinéa de l'article 524 du code civil.

Le privilège du Trésor ne préjudicie pas aux droits que, comme tout créancier, le comptable public peut exercer sur les biens des redevables.

2. *(Abrogé).*

3. Les fournisseurs de tabacs mentionnés à l'article 565, les fabricants de spiritueux composés et de boissons à base de céréales ainsi que les expéditeurs de boissons sont, en ce qui concerne les droits de consommation et de circulation, subrogés au privilège conféré à l'administration par le présent article pour le recouvrement des droits qu'ils ont payés pour le compte de leurs clients, sans toutefois que cette subrogation puisse préjudicier aux droits et privilèges de l'administration.

Ndlr *Pour les dispositions du présent 3 applicables à compter du 1er juillet 2025, voir partie Autres textes du présent code ordonnance 2023-1210 du 20 décembre 2023 art. 26, 15° et 43.*

REC-IV-50 s. ; MF nos 77200 s.

SECTION V

Publicité du privilège du Trésor

Art 1929 quater **1.** Donnent lieu à publicité, dans les conditions prévues aux 2 à 5, les sommes restant dues à titre privilégié par des commerçants et personnes morales de droit privé, même non commerçantes, au titre de l'impôt sur le revenu, de l'impôt sur les bénéfices des sociétés et autres personnes morales, de la taxe sur les salaires, de la cotisation foncière des entreprises et des taxes annexes, des taxes sur le chiffre d'affaires et des taxes annexes, et des contributions indirectes.

N'est pas soumise à la publicité la part de la cotisation foncière des entreprises correspondant à la réduction effectuée par le redevable au titre du plafonnement en fonction de la valeur ajoutée, en application des articles 1647 B sexies et 1679 quinquies.

2. La publicité est faite à la diligence de l'administration chargée du recouvrement.

3. L'inscription ne peut être faite qu'à compter, selon la nature de la créance, de l'émission du titre exécutoire ou de la date à laquelle le redevable a encouru une majoration pour défaut de paiement.

4. La publicité est obligatoire lorsque le montant des sommes dues par un redevable à un même poste comptable ou service assimilé et susceptibles d'être publiées dépasse, au terme d'un semestre civil, un seuil fixé par décret *(NDLR Voir Annexe III, art. 416 bis).*

Il n'est pas procédé à l'inscription des sommes mentionnées au premier alinéa lorsque le débiteur :

1° Respecte un plan d'apurement échelonné de sa dette ainsi que ses obligations fiscales courantes. Lorsque le plan est dénoncé, le comptable public procède à l'inscription dans un délai de deux mois *(Voir Annexe III, art. 416 ter)*;

2° A déposé, dans les conditions prévues aux articles L 196 et L 197 du livre des procédures fiscales, une réclamation d'assiette recevable assortie d'une demande expresse de sursis de paiement prévue à l'article L 277 du même livre. Dès l'expiration du délai dont dispose le redevable pour saisir le tribunal compétent après notification de la décision de l'administration ou, en cas de poursuite du litige, dès la notification du jugement de la juridiction saisie, le comptable public procède à l'inscription dans un délai de deux mois.

5. En cas de paiement avec subrogation, le subrogé aux droits du Trésor est tenu des obligations et formalités mises par le présent article à la charge de l'administration, quel que soit le montant du paiement.

Si le paiement par le subrogé a lieu sans émission de titre exécutoire prévu au 3, l'inscription ne peut être requise que six mois au moins après le paiement.

6. Les frais de l'inscription du privilège sont à la charge du Trésor.

7. En cas de procédures de sauvegarde, de redressement ou de liquidation judiciaires du redevable ou d'un tiers tenu légalement au paiement des sommes visées au 1, le Trésor ou son subrogé ne peut exercer son privilège pour les créances qui étaient soumises à titre obligatoire à la publicité prévue aux 1 à 5 et dont l'inscription n'a pas été régulièrement requise à l'encontre du redevable.

8. *(Abrogé).*

8 bis. Le comptable compétent demande, dans un délai d'un mois, la radiation totale de l'inscription devenue sans objet, dès lors que le débiteur s'est acquitté de sa dette.

9. Les modalités d'application du présent article et notamment les formes et délais des inscriptions et de leur radiation sont fixées par un décret en Conseil d'Etat *(Voir Annexe II, art. 396 bis).*

REC-IV-3000 s. ; MF nº 77230

CHAPITRE V

Dégrèvements et restitutions d'impôts

SECTION II

Juridiction contentieuse

7. Dispositions particulières aux impôts directs et taxes assimilées

Art 1960 **1.** En matière d'impôts directs et de taxes assimilées, les dégrèvements de toute nature, les frais remboursés au contribuable ainsi que les frais d'expertise mis à la charge de l'administration sont supportés, soit par le Trésor, s'il s'agit d'impôts ou de taxes donnant lieu à un prélèvement pour frais de non-valeurs au profit de l'Etat, soit par la collectivité intéressée s'il s'agit d'autres taxes.

2. Lorsqu'un tribunal administratif annule une décision portant décharge ou réduction d'impôts directs ou de taxes assimilées ou met des frais à la charge d'un contribuable, l'autorité compétente de l'Etat *(NDLR Voir Annexe III, art. 350 quindecies)* établit un rôle qui est recouvré par le comptable public chargé du recouvrement des impôts directs et dont le montant est immédiatement exigible.

CONT-IV-67010 s.

8. Dispositions particulières aux droits d'enregistrement, à la taxe de publicité foncière, aux droits de timbre et à la taxe spéciale sur les conventions d'assurances

Art 1961 Les droits d'enregistrement ou la taxe de publicité foncière lorsqu'elle tient lieu de ces droits et la contribution prévue à l'article 879, ne sont pas sujets à restitution dès l'instant qu'ils ont été régulièrement perçus sur les actes ou contrats ultérieurement révoqués ou résolus par application des articles 954, à 958, 1224 à 1230, 1304 et 1304-7, 1654 et 1659 du code civil.

En cas de rescision d'un contrat pour cause de lésion, ou d'annulation d'une vente pour cause de vices cachés et, au surplus, dans tous les cas où il y a lieu à annulation, les impositions visées au premier alinéa perçues sur l'acte annulé, résolu ou rescindé ne sont restituables que si l'annulation, la résolution ou la rescision a été prononcée par un jugement ou un arrêt passé en force de chose jugée.

L'annulation, la révocation, la résolution ou la rescision prononcée, pour quelque cause que ce soit, par jugement ou arrêt, ne donne pas lieu à la perception du droit proportionnel d'enregistrement et de la contribution prévue à l'article 879.

ENR-I-12700

ENR-VII-15090 s. ; MF nº 66165

Art 1961 bis Sauf lorsqu'elle tient lieu des droits d'enregistrement en vertu de l'article 664, la taxe de publicité foncière n'est restituable qu'en cas d'erreur du service chargé de la publicité foncière.

Sous cette même réserve, en cas de rejet de la formalité de publicité foncière prononcé, notamment, en vertu de l'article 2428 du code civil ou de l'article 34 modifié du décret n° 55-22 du 4 janvier 1955 modifié, la taxe acquittée lors du dépôt est, à la demande des parties, imputée sur celle qui est due à l'occasion de la même formalité requise ultérieurement dans des conditions régulières ; la quittance de la taxe est donnée sous forme d'extrait de la recette au registre des dépôts, sur l'avis par lequel le rejet est notifié au requérant.

ENR-XI-4620 s.

Art 1961 ter Lorsque les prescriptions prévues à l'article 1702 bis ne sont pas observées, la taxe de publicité foncière perçue une nouvelle fois n'est pas restituable.

ENR-XI-4555

Art 1962 En matière d'expropriation pour cause d'utilité publique, les droits d'enregistrement ou la taxe de publicité foncière, perçus sur les acquisitions amiables faites antérieurement à la déclaration d'utilité publique sont restitués lorsque, dans les délais fixés par l'article R* 196-1 du livre des procédures fiscales, il est justifié que les immeubles acquis sont visés par cette déclaration d'utilité publique ou par l'arrêté de cessibilité. La restitution des droits ne peut s'appliquer qu'à la portion des immeubles qui a été reconnue nécessaire à l'exécution des travaux.

ENR-VII-15380 s.

Art 1963 Les dispositions de l'article 1962 sont applicables :

1° A tous les actes ou contrats relatifs à l'acquisition de terrains, même clos ou bâtis, poursuivie en exécution d'un plan d'alignement régulièrement approuvé pour l'ouverture, le redressement, l'élargissement des rues ou places publiques, des voies communales et des chemins ruraux, ainsi qu'à tous les actes ou contrats relatifs aux terrains acquis pour la voie publique par simple mesure de voirie dans les conditions prévues par le décret-loi du 26 mars 1852 relatif aux rues de Paris ;

2° Aux plans, procès-verbaux, certificats, jugements, contrats, quittances et autres actes faits en vertu des articles L 521-8 et L 521-10, L 521-11 et L 521-12 du code de l'énergie ;

3° *(Abrogé).*

ENR-VII-15380 s.

Art 1964 Les droits perçus sur les transmissions d'offices en vertu de l'article 724 sont sujets à restitution toutes les fois que la transmission n'a pas été suivie d'effet.

S'il y a lieu seulement à réduction de prix, tout ce qui a été perçu sur l'excédent est également restitué.

La demande en restitution doit être faite dans les délais fixés par l'article R* 196-1 du livre des procédures fiscales.

ENR-VII-15510 s. ; MF n° 65665

Art 1965 Lorsque l'existence de la personne dont l'absence avait entraîné le paiement de droits de mutation par décès est judiciairement constatée, ces droits peuvent être restitués à l'exception de ceux correspondants au droit de jouissance dont ont bénéficié les héritiers.

ENR-VII-15590 s.

Art 1965 A **1.** Les héritiers ou légataires sont admis, dans le délai fixé à l'article R* 196-1 du livre des procédures fiscales, à réclamer, sous les justifications prescrites à l'article 770, la déduction des dettes établies par les opérations de la liquidation des biens ou du règlement judiciaire *(pour les procédures ouvertes avant le 1er janvier 1986)*, de sauvegarde, du redressement ou de la liquidation judiciaires ou par le règlement définitif de la distribution par contribution postérieure à la déclaration et à obtenir le remboursement des droits qu'ils auraient payés en trop.

ENR-VII-15650 s.

2. En cas de décès du débiteur d'une rente viagère ou d'une rente perpétuelle constituée entre particuliers, ses héritiers, tenus du service des majorations en exécution de la loi n° 49-420 du 25 mars 1949 modifiée, peuvent, à partir de la date à laquelle ces majorations sont fixées d'une manière définitive et dans le délai prévu à l'article R* 196-1 du livre des procédures fiscales, déposer une déclaration de succession rectificative en vue de la déduction du passif nouveau et de la restitution partielle des droits.

ENR-VII-15690 s.

Art 1965 B Dans le cas d'usufruits successifs, l'usufruit éventuel venant à s'ouvrir, le nu-propriétaire a droit à la restitution d'une somme égale à ce qu'il aurait payé en moins si le droit acquitté par lui avait été calculé d'après l'âge de l'usufruitier éventuel.

ENR-VII-15750 s.

Art 1965 C A défaut des indications ou justifications prescrites par l'article 763, les droits les plus élevés sont perçus, conformément au même article, sauf restitution du trop-perçu, sur demande présentée dans le délai prévu à l'article R* 196-1 du livre des procédures fiscales et sur la représentation de l'acte de naissance, dans le cas où la naissance aurait eu lieu hors de France.

ENR-VII-15810 s.

Art 1965 E **1.** La taxe spéciale sur les conventions d'assurances et les pénalités payées à tort peuvent être restituées.

2. La taxe dûment payée ne peut être restituée qu'en cas de résiliation, d'annulation ou de résolution judiciaire de la convention, à concurrence de la fraction afférente :

a. Aux sommes stipulées au profit de l'assureur et à leurs accessoires dont le remboursement à l'assuré est ordonné par le jugement ou arrêt ;

b. Aux sommes stipulées au profit de l'assureur et à leurs accessoires qui, ayant donné lieu à un paiement effectif de la taxe, bien que n'ayant pas encore été payées à l'assureur, ne peuvent plus, d'après les dispositions de la décision judiciaire, être exigées par lui de l'assuré.

ENR-VII-15870 s.

9. Dispositions particulières aux contributions indirectes

Art 1965 FA Lorsqu'une personne a indûment acquitté des droits indirects régis par le présent code, elle peut en obtenir le remboursement à moins que les droits n'aient été répercutés sur l'acheteur.

Ndlr *Principe valant à titre général pour toutes les actions en restitution régies par le code des douanes (Voir l'article 352 bis de ce code reproduit dans la partie Autres textes du présent code).*

SECTION IV

Dispositions communes

Art 1965 L Les dégrèvements ou restitutions de toutes impositions ou créances fiscales d'un montant inférieur à 8 € ne sont pas effectués.

Ce montant s'apprécie par cote, exercice ou affaire.

REC-III-5050 s.

ANNEXES AU CODE GENERAL DES IMPOTS

ANNEXE I

DISPOSITIONS REVETANT LA FORME DE REGLEMENT D'ADMINISTRATION PUBLIQUE

Art 27 à 220 Les dispositions revêtant la forme de règlement d'administration publique actuellement codifiées à l'**Annexe I** au code général des impôts ont toutes trait aux contributions indirectes. Comme indiqué dans l'avant-propos, elles ne sont pas reproduites dans le présent code.

ANNEXE II

DISPOSITIONS REVETANT LA FORME DE DECRET EN CONSEIL D'ETAT

SOMMAIRE DE L'ANNEXE II

LIVRE PREMIER

ASSIETTE ET LIQUIDATION DE L'IMPOT

PREMIERE PARTIE

IMPOTS D'ETAT

TITRE PREMIER

IMPOTS DIRECTS ET TAXES ASSIMILEES

CHAPITRE PREMIER

Impôt sur le revenu

SECTION I

Détermination des bénéfices ou revenus nets des diverses catégories de revenus

I. Revenus fonciers

Art 1 Pour l'application du f du 1° du I de l'article 31 du code général des impôts, la déduction au titre de l'amortissement est calculée :

1° Pour les logements acquis neufs, en l'état futur d'achèvement ou après réhabilitation, sur le prix d'acquisition majoré des frais afférents à l'acquisition ;

2° Pour les logements que le contribuable fait construire, sur le prix payé pour la construction du logement, augmenté du prix d'acquisition du terrain ou, en cas d'acquisition à titre gratuit, de la valeur pour laquelle le terrain est entré dans le patrimoine du contribuable, ainsi que des frais afférents à la construction et à l'acquisition du terrain ;

3° Pour les locaux acquis par le contribuable en vue de leur transformation en logement, sur le prix payé pour l'acquisition du local et la réalisation des travaux de transformation, majoré des frais afférents à ces opérations ; les travaux de transformation s'entendent des travaux de reconstruction, d'agrandissement, de réparation et d'amélioration ;

4° Pour les logements qui font l'objet des dépenses de reconstruction, d'agrandissement et d'amélioration mentionnées aux 1 et 2 du f du 1° du I de l'article 31 du code général des impôts, sur le montant de ces dépenses majoré des frais qui leur sont afférents.

FONC-VII-40340 s.

Art 1 A Pour la première année, la déduction calculée sur les bases d'amortissement mentionnées à l'article 1 est admise dans la proportion existant entre, d'une part, le nombre de mois décompté à partir de celui mentionné aux premier, deuxième et septième alinéas du f du 1° du I de l'article 31 du code général des impôts jusqu'à la fin de l'année, et, d'autre part, le nombre 12.

Lorsque la déduction au titre de l'amortissement prend fin en cours d'année, elle est admise dans la proportion existant entre, d'une part, le nombre de mois compris entre le 1er janvier et le premier jour du mois au cours duquel expire l'annuité d'amortissement et, d'autre part, le nombre 12.

Lorsque le taux d'amortissement est réduit de 10 % à 2 % en cours d'année, chaque période est décomptée selon les modalités définies aux premier et deuxième alinéas.

FONC-VII-40340 s.

Art 1 B L'option prévue au f du 1° du I de l'article 31 du code général des impôts doit être formulée dans une note établie conformément à un modèle fixé par l'administration qui comporte l'adresse et la date d'acquisition ou d'achèvement de l'immeuble concerné, la date de sa première location, le cas échéant, ainsi que les modalités de décompte de la déduction au titre de l'amortissement.

Ce document doit être accompagné des justificatifs suivants :

1° Pour les immeubles que le contribuable fait construire, une copie de la déclaration d'ouverture de chantier mentionnée à l'article R* 424-16 du code de l'urbanisme et de la déclaration d'achèvement des travaux accompagnées des pièces attestant de leur réception en mairie ;

2° Pour les locaux que le contribuable transforme en logement, une copie de la déclaration d'achèvement des travaux, accompagnée d'une pièce attestant de sa réception en mairie et d'une note précisant la nature de l'affectation précédente des locaux.

Pour les immeubles transmis à titre gratuit, l'option des héritiers, légataires ou donataires doit comporter la date d'acquisition de l'immeuble par le précédent propriétaire ainsi que l'identité et l'adresse de ce dernier.

Chaque année, le contribuable joint à la déclaration de ses revenus un état établi conformément à un modèle fixé par l'administration et faisant apparaître pour chaque logement le détail du calcul du montant de la déduction pratiquée au titre de l'amortissement.

FONC-VII-40340 s.

Art 1 C Lorsque l'immeuble appartient à une société, les obligations fixées à l'article 1 B incombent à cette société.

L'option est jointe par la société à sa déclaration du résultat de l'année d'achèvement du logement ou de son acquisition si elle est postérieure. Cette option comporte l'engagement de la société de louer les logements nus pendant une durée de neuf ans.

La société doit, chaque année, au plus tard le deuxième jour ouvré suivant le 1er mai, faire parvenir à ses associés une attestation en double exemplaire établie conformément à un modèle fixé par l'administration et comportant, pour l'année précédente, les renseignements suivants :

1° L'identité et l'adresse de l'associé ;

2° Le nombre et les numéros des parts détenues au 1er janvier et au 31 décembre et, le cas échéant, des parts souscrites, acquises et transmises au cours de l'année ainsi que la date de ces opérations ;

3° Le montant de l'amortissement correspondant aux droits de l'associé ;

4° Le montant du revenu net foncier correspondant aux droits de l'associé déterminé dans les conditions de droit commun et le montant de ce revenu déterminé compte tenu de la déduction au titre de l'amortissement ;

5° En cas de non-respect par la société ou un associé de leurs engagements, la quote-part des déductions que l'associé doit ajouter au revenu foncier de l'année au cours de laquelle la rupture est intervenue.

Un exemplaire de cette attestation est joint par la société à sa déclaration de résultat.

La société joint chaque année à sa déclaration de résultat l'état mentionné au sixième alinéa de l'article 1 B. Elle y indique, en outre, l'identité et l'adresse des associés ainsi que la part des revenus des immeubles de la société correspondant aux droits de chaque associé.

FONC-VII-42100 s.

Art 1 D I. L'engagement de conservation des titres prévu au huitième alinéa du f du 1° du I de l'article 31 du code général des impôts est constaté lors du dépôt de la déclaration des revenus de l'année au titre de laquelle les parts ont été souscrites ou acquises ou, si elle est postérieure, l'année de l'acquisition ou de l'achèvement de l'immeuble.

II. Les parts détenues par les associés qui entendent bénéficier de la déduction au titre de l'amortissement sont déposées dans un compte ouvert au nom de l'associé par la société dans les trente jours suivant la date limite de dépôt de la déclaration de revenus mentionnée au I. Les documents relatifs aux opérations ayant affecté ce compte sont conservés jusqu'à la fin de la troisième année suivant celle de l'expiration de l'engagement mentionné au I.

III. Les associés joignent à chacune de leurs déclarations des revenus un exemplaire de l'attestation mentionnée à l'article 1 C.

FONC-VII-42100 s.

I bis. Bénéfices industriels et commerciaux

1. Imposition de certains profits immobiliers

Art 3 L'accomplissement, selon le cas, de la formalité fusionnée, prévue à l'article 647 du code général des impôts, ou de la formalité de l'enregistrement est subordonné, pour tout acte constatant la cession de biens désignés à l'article 35 dudit code, à la condition que le cédant mentionne au pied de l'acte :

Le lieu de son domicile réel ou, s'il s'agit d'une société, celui de son siège social ;

Le cas échéant, le lieu de l'établissement qu'il possède en France ;

L'adresse du service des impôts dont il dépend éventuellement pour la déclaration de ses revenus ou bénéfices.

Les contribuables passibles du prélèvement prévu à l'article 244 bis du même code doivent souscrire une déclaration spéciale rédigée sur une formule délivrée par l'administration.

Cette déclaration est appuyée, le cas échéant, de toutes les justifications utiles.

Lorsque la cession dont résulte la plus-value fait l'objet d'un acte ou d'une déclaration soumis à la formalité de l'enregistrement, la déclaration spéciale doit être déposée au moment de la présentation à cette formalité de l'acte, ou de la déclaration qui en tient lieu, au service des impôts où la présentation est faite.

IMMO-III-6080 s.

3. Amortissement des biens d'investissement ouvrant droit à déduction de la taxe sur la valeur ajoutée

Art 15 En ce qui concerne les biens d'investissement ouvrant droit à déduction de la taxe sur la valeur ajoutée, en application des dispositions de l'article 271 du code général des impôts, les amortissements sont, pour l'assiette de l'impôt, calculés sur la base du prix d'achat ou de revient déterminé conformément aux dispositions du II de l'article 209.

BIC-IV-16200 s. ; MF nº 9195

3 bis. Amortissement des immobilisations par composants

Art 15 bis I. Pour la détermination du bénéfice imposable résultant de l'application aux immobilisations de la méthode par composants, sont regardés comme des composants les éléments principaux d'une immobilisation corporelle :

1° Ayant une durée réelle d'utilisation différente de celle de cette immobilisation ;

2° Et devant être remplacés au cours de la durée réelle d'utilisation de cette immobilisation.

II. L'application de la méthode par composant implique :

1° La comptabilisation séparée à l'actif du bilan, dès l'origine et lors de leur remplacement, de chacun des composants satisfaisant aux conditions prévues au I.

Les coûts de remplacement d'un composant sont comptabilisés comme l'acquisition d'un actif séparé et la valeur nette comptable du composant remplacé est comptabilisée en charges.

Les éléments principaux d'une immobilisation corporelle, qui n'ont pas été identifiés dès l'origine comme des composants, sont comptabilisés séparément à l'actif du bilan dès qu'il est ultérieurement constaté qu'ils satisfont aux conditions prévues au I ;

2° L'application d'un plan d'amortissement distinct pour chacun des composants ainsi comptabilisés.

Lorsqu'un composant est identifié dans les conditions mentionnées au troisième alinéa du 1°, un nouveau plan d'amortissement propre à ce composant est appliqué à compter de sa comptabilisation séparée à l'actif.

Le système d'amortissement dégressif mentionné à l'article 39 A du code général des impôts est applicable à un composant lorsque l'immobilisation corporelle à laquelle il se rattache est elle-même éligible à ce système ou, dans le cas contraire, lorsqu'il est par lui-même éligible à ce système.

BIC-X-2140 s. ; MF nº 9185

4 bis. Provisions pour risques afférents à certaines opérations d'assurance et de réassurance

Art 16 A I. La dotation annuelle de la provision prévue au I de l'article 39 quinquies G du code général des impôts est limitée à 75 % du bénéfice technique de la catégorie des risques concernés.

Le montant global de cette provision ne peut excéder, par rapport au montant des primes ou cotisations, nettes d'annulation et de réassurance, émises au cours de l'exercice :

200 % pour l'assurance grêle ;

300 % pour les risques dus à la garantie légale des catastrophes naturelles ;

300 % pour les autres risques dus à des éléments naturels ;

300 % pour les risques spatiaux et pour les risques liés au transport aérien ;

500 % pour le risque atomique et pour les risques liés aux attentats et au terrorisme ;

500 % pour les risques de responsabilité civile dus à la pollution.

II. La dotation annuelle de la provision prévue au II de l'article 39 quinquies G du code général des impôts est limitée à 90 % du montant du bénéfice résultant de la somme des bénéfices techniques associés à chaque catégorie de risques concernée.

Le montant global de cette provision ne peut excéder dix fois le montant moyen, sur les trois dernières années, du minimum de capital requis prévu par l'article L 352-5 du code des assurances.

Ndlr *Les dispositions du présent II s'appliquent aux comptes afférents aux exercices ouverts à compter du 1er janvier 2023 (Décret 2023-449 du 7 juin 2023 art. 2, 1° et 3).*

FR 29/23 inf. 1 p. 3 ; IS-IV-12030 s.

Art 16 B Le bénéfice technique net de cession à retenir pour le calcul de la dotation annuelle est déterminé avant d'appliquer la réintégration prévue au troisième alinéa du I et du II de l'article 39 quinquies G du code général des impôts. Il s'entend de la différence entre, d'une part, les primes de l'exercice nettes d'annulation et diminuées de la dotation aux provisions de primes et, d'autre part, le montant des charges de sinistres nettes de recours augmenté des frais directement imputables à la branche considérée ainsi que d'une quote-part des autres charges ventilées selon les modalités fixées au plan comptable de l'assurance.

IS-IV-12030 s.

Art 16 C Les entreprises qui constituent des provisions en vertu de l'article 39 quinquies G du code général des impôts doivent compléter le tableau prévu au II de l'article 38 de l'annexe III au code précité par la production :

1° Pour chacune des catégories ou sous-catégories de risques faisant l'objet de la provision d'un compte d'exploitation établi dans les formes fixées par le règlement de l'Autorité des normes comptables relatif au cadre comptable des entreprises d'assurance et sous déduction des produits financiers nets. Les entreprises de réassurance sont tenues de fournir des renseignements analogues à ceux qui doivent figurer dans cet état ;

2° D'un état faisant ressortir séparément le montant des dotations de chaque exercice et comportant l'indication du montant des sommes utilisées dans les conditions prévues au troisième alinéa du I et du II de l'article 39 quinquies G précité ainsi que du montant de la dotation antérieure qui a été rapportée au bénéfice imposable.

IS-IV-13370

Art 16 E Pour la détermination du bénéfice technique défini au IV de l'article 39 quinquies GA du code général des impôts :

a. Le montant des primes acquises au cours de l'exercice, diminuées des dotations aux provisions légalement constituées, correspond aux primes de l'exercice nettes d'annulation et diminuées de la dotation aux provisions de primes autres que la provision pour égalisation ;

b. La ventilation des charges autres que les frais directement imputables à la branche assurance-crédit est effectuée selon les modalités fixées par le plan comptable de l'assurance.

IS-IV-12240

Art 16 F Les dispositions de l'article 16 C s'appliquent aux provisions constituées par les entreprises d'assurances et de réassurances en vertu de l'article 39 quinquies GA du code général des impôts.

IS-IV-13375

Art 16 G Les entreprises qui constituent des provisions en application de l'article 39 quinquies GB du code général des impôts doivent compléter le tableau prévu au II de l'article 38 de l'annexe III par la production :

1° Pour chaque contrat ou, si leurs résultats sont mutualisés, pour chaque ensemble de contrats de même nature faisant l'objet de la provision, d'un compte d'exploitation récapitulatif établi dans les formes fixées par arrêté du ministre chargé de l'économie et excluant les produits financiers, autres que les intérêts techniques mentionnés au III de l'article 39 quinquies GB ;

2° D'un état récapitulatif indiquant séparément le montant des dotations de chaque exercice, le montant des sommes utilisées dans les conditions prévues au IV de l'article 39 quinquies GB, le reliquat de la dotation antérieure rapportée au bénéfice imposable et l'effectif assuré à la clôture de chaque exercice au titre duquel la provision a été constituée.

Lorsque l'effectif concerné est compris entre deux des nombres mentionnés au II de l'article 39 quinquies GB, le taux visé au même II est celui applicable à l'effectif immédiatement supérieur, majoré du produit de l'écart entre ce dernier et celui applicable à l'effectif immédiatement inférieur par le rapport entre, d'une part, la différence entre l'effectif supérieur et l'effectif concerné et, d'autre part, la population de l'intervalle dans lequel se situe ce dernier effectif.

Pour la détermination du bénéfice technique, la quote-part des autres charges mentionnée au III de l'article 39 quinquies GB est celle mise à la charge du souscripteur par le contrat.

IS-IV-13380

5. Provision pour investissement en faveur des entreprises de presse

Art 17 Pour l'application des dispositions de l'article 39 bis A du code général des impôts, sont regardés comme consacrés pour une large part à l'information politique et générale les publications et services de presse en ligne réunissant les caractéristiques suivantes :

1° Apporter de façon permanente et continue sur l'actualité politique et générale, locale, nationale ou internationale des informations et des commentaires tendant à éclairer le jugement des citoyens ;

2° Consacrer au moins le tiers de leur surface rédactionnelle à cet objet.
(Voir Annexe III, art. 10 G-0 bis)

BIC-XII-40585 s. ; MF n° 10030

6. Amortissement dégressif des biens d'équipement

Art 22 Les entreprises passibles de l'impôt sur les sociétés ou de l'impôt sur le revenu au titre des bénéfices industriels et commerciaux peuvent amortir suivant un système dégressif – dans les conditions fixées aux articles 23 à 25 – les immobilisations acquises ou fabriquées par elles à compter du 1er janvier 1960 et énumérées ci-après :

- Matériels et outillages utilisés pour des opérations industrielles de fabrication, de transformation ou de transport ;
- Matériels de manutention ;
- Installations destinées à l'épuration des eaux et à l'assainissement de l'atmosphère ;
- Installations productrices de vapeur, chaleur ou énergie ;
- Installations de sécurité et installations à caractère médico-social ;
- Machines de bureau, à l'exclusion des machines à écrire ;
- Matériels et outillages utilisés à des opérations de recherche scientifique ou technique ;
- Installations de magasinage et de stockage sans que puissent y être compris les locaux servant à l'exercice de la profession ;
- Immeubles et matériels des entreprises hôtelières.

Sont exclus du bénéfice de l'amortissement dégressif les biens qui étaient déjà usagés au moment de leur acquisition par l'entreprise ainsi que ceux dont la durée normale d'utilisation est inférieure à trois ans.

BIC-X-21700 s. ; MF n° 9330

Art 23 Le montant de l'annuité d'amortissement afférente à chacune des immobilisations énumérées à l'article 22 peut être déterminé :

1° En ce qui concerne l'exercice en cours à la date de l'acquisition ou de la construction de l'immobilisation, en appliquant au prix de revient de ladite immobilisation le taux d'amortissement de cette immobilisation, calculé en application du 1 de l'article 39 A du code général des impôts. L'annuité ainsi calculée est réduite, s'il y a lieu, selon la proportion existant entre, d'une part, la durée de la période allant du premier jour du mois d'acquisition ou de la construction à la date de clôture de l'exercice et, d'autre part, la durée totale dudit exercice ;

2° En ce qui concerne chacun des exercices suivants, et sous réserve des dispositions de l'article 25, en appliquant le même taux à la valeur résiduelle comptable de l'immobilisation considérée.

Lorsque l'annuité dégressive d'amortissement ainsi calculée pour un exercice devient inférieure à l'annuité correspondant au quotient de la valeur résiduelle par le nombre d'années d'utilisation restant à courir à compter de l'ouverture dudit exercice, l'entreprise a la faculté de faire état d'un amortissement égal à cette dernière annuité.

BIC-X-24900 s. ; MF nos 9370 s.

Art 24 **1.** Pour l'application des dispositions du deuxième alinéa du 1 de l'article 39 A du code général des impôts, le taux de l'amortissement linéaire afférent à une immobilisation donnée s'entend du chiffre, exprimé par rapport à 100, qui est obtenu en divisant 100 par le nombre d'années de la durée normale d'utilisation de ladite immobilisation, compte tenu, le cas échéant, des circonstances particulières pouvant influer sur cette durée.

2. *(Abrogé).*

BIC-X-25100 s. ; MF nos 9360 s.

Art 25 **1.** Les amortissements calculés dans les conditions fixées à l'article 23, qui auraient été différés au cours d'exercices déficitaires, peuvent être prélevés en franchise d'impôt sur les résultats des premiers exercices suivants qui laissent apparaître un bénéfice suffisant, en plus de l'annuité afférente à ces exercices. Cette dernière annuité est alors calculée en partant du chiffre obtenu en retranchant de la valeur résiduelle comptable le montant des amortissements qui, précédemment différés, sont ainsi admis en déduction.

BIC-X-30480 s. ; MF n° 9470

2. Les amortissements différés au cours d'exercices bénéficiaires peuvent être prélevés en franchise d'impôt dans les conditions prévues au 2° de l'article 23 sur les résultats des exercices suivants, mais seulement dans la mesure où ils excèdent le montant de l'amortissement linéaire afférent aux immobilisations considérées.

L'amortissement linéaire ainsi différé pourra être pratiqué soit au taux linéaire habituel après l'expiration de la durée normale d'utilisation des éléments correspondants si ces éléments sont encore en service, soit en totalité au moment de la mise hors de service desdits éléments.

BIC-X-30760 s. ; MF n° 9470

7. Plus-values provenant de cessions d'éléments de l'actif immobilisé

Art 29 A Les plus ou moins-values dégagées lors de la cession d'un bien ayant bénéficié de l'aide fiscale à l'investissement instituée par l'article 1er de la loi n° 75-408 du 29 mai 1975 sont calculées d'après leur prix de revient diminué de l'aide obtenue.

La fraction de la plus-value correspondant au montant de l'aide fiscale constitue une plus-value à court terme au sens du 2 de l'article 39 duodecies du code général des impôts.

Si l'imputation ou le remboursement, effectués dans les conditions prévues à l'article 1er de la loi précitée, interviennent après la cession du bien, l'aide fiscale correspondante est soumise à l'impôt au titre de l'exercice d'imputation ou de remboursement ; elle peut bénéficier de l'étalement applicable aux plus-values à court terme en vertu du 1 de l'article 39 quaterdecies du code général des impôts.

8. Amortissement des biens donnés en location ou mis à disposition

Art 30 Les biens donnés en location sont amortis sur leur durée normale d'utilisation, quelle que soit la durée de la location.

BIC-X-33600 s.

Art 32 Les dispositions de l'article 39 C du code général des impôts s'appliquent également aux biens mis par une entreprise à la disposition de l'un de ses dirigeants ou d'un membre de son personnel.

Dans ce cas, le loyer versé par l'intéressé est augmenté, s'il y a lieu, de la valeur déclarée à l'administration au titre de l'avantage en nature accordé à celui-ci.

BIC-X-35350 s. ; MF n° 9575

8 quater. Majoration d'amortissement des immobilisations acquises ou créées au moyen de certaines primes

Art 32 C Pour l'application de l'article 39 quinquies FA du code général des impôts, la moitié du montant de la prime est ajoutée à la valeur d'origine des immobilisations amortissables et répartie entre elles proportionnellement à leur valeur d'origine.

BIC-X-64300 s. ; MF n° 9515

8-0 quinquies. Jeunes entreprises innovantes

Art 32 C bis I. La convention prévue par le b du 3° de l'article 44 sexies-0 A du code général des impôts est conclue entre l'autorité compétente pour engager l'établissement d'enseignement supérieur, en vertu des dispositions du livre VII du code de l'éducation qui lui sont applicables, et la personne ayant qualité pour engager l'entreprise bénéficiaire. Elle mentionne nommément la ou les personnes dirigeant l'entreprise ou détenant, seules ou conjointement, au moins 10 % de son capital qui ont participé personnellement aux travaux de recherche que l'entreprise valorise.

II. La convention précise les travaux de recherche que l'entreprise valorise. Ces travaux doivent avoir été conduits, soit au sein d'une unité de recherche relevant de l'établissement, soit dans le cadre d'une formation sanctionnée par un diplôme délivré par l'établissement et conférant au moins le grade de master. Ils peuvent avoir été réalisés sous la seule responsabilité de l'établissement ou dans le cadre d'une convention de coopération conclue par lui avec un ou plusieurs autres établissements ou organismes d'enseignement supérieur ou de recherche. Dans ce dernier cas, la convention indique le ou les autres établissements ou organismes en association avec lesquels la recherche a été réalisée.

La convention fait apparaître les titres de propriété intellectuelle ou industrielle portant sur les travaux mentionnés au premier alinéa et prévoit les conditions dans lesquelles les auteurs ou inventeurs dirigeant l'entreprise ou détenant, seuls ou conjointement, une part au moins égale à 10 % de son capital sont autorisés à en faire usage dans son activité.

En l'absence de titres, la convention précise les publications ou mémoires originaux présentant les résultats de ces travaux. A cette fin, l'autorité compétente mentionnée au I atteste, après avis du conseil scientifique de l'établissement ou de l'instance en tenant lieu, le caractère original de ces publications ou mémoires. Dans le cas où les travaux de recherche qui y sont retracés ont pour coauteurs des personnes autres que celles dirigeant l'entreprise ou détenant une part au moins égale à 10 % de son capital, cette autorité précise dans les mêmes conditions la part du résultat des travaux, exprimée en pourcentage, revenant à ces coauteurs non engagés dans l'entreprise. Il en est fait mention dans la convention.

III. 1. La convention prévoit la rémunération de l'établissement d'enseignement supérieur par l'entreprise.

Cette rémunération est évaluée de manière à préserver les intérêts matériels et moraux de l'établissement d'enseignement supérieur. Son montant est déterminé par les signataires de la convention en tenant compte :

a. de la valeur des titres de propriété intellectuelle ou industrielle utilisés dans la valorisation des travaux de recherche mentionnés par la convention ;

b. de la valeur des travaux de recherche non couverts par des titres mentionnés au a ;

c. de la valeur des prestations de service énumérées au IV.

2. La rémunération prend la forme de versements financiers dont la convention détermine le montant et la périodicité.

Toutefois, la convention peut prévoir que tout ou partie de cette rémunération peut prendre la forme d'une participation au capital de l'entreprise si celle-ci est constituée en société. Le montant de cette participation est fixé en équivalence du versement prévu au premier alinéa.

La durée de détention par l'établissement de la participation prévue au deuxième alinéa est indépendante de celle de la validité de la convention.

3. En sus de la rémunération, la convention prévoit les modalités selon lesquelles l'entreprise devra faire référence à ses liens avec l'établissement d'enseignement supérieur dans les publications dont elle prend l'initiative ou dans toute autre forme de communication extérieure sur ses activités faisant usage des travaux de recherche mentionnés dans la convention.

IV. Le cas échéant, la convention prévoit, pour la durée qu'elle couvre, les prestations fournies par l'établissement d'enseignement supérieur à l'entreprise pour poursuivre la valorisation des travaux de recherche mentionnés au II. Ces prestations peuvent prendre les formes suivantes :

a. la mise à disposition, en vue de ces travaux de recherche, de locaux, de matériels et d'équipements, ainsi que du personnel en assurant le service ;

b. la réalisation d'études de développement ou de faisabilité nécessaires aux travaux de recherche faisant l'objet de l'activité de l'entreprise, incluant les charges de personnel induites par ces études, ou la prise en charge de telles études confiées à des tiers ;

c. toute autre prestation de services utile à l'activité de l'entreprise.

Les prestations susmentionnées sont décrites dans une annexe de la convention. Leur réalisation fait l'objet d'états financiers établis pour chaque année par l'autorité compétente de l'établissement et assortis des justificatifs nécessaires.

V. La convention est conclue pour une durée de trois ans. Elle est renouvelable dans la limite d'une durée totale de huit années à compter de la date de création de l'entreprise.

BIC-XVIII-14010 s.

8 quinquies. Abattement des entreprises de pêche maritime

Art 32 D **I.** Les artisans pêcheurs et les pêcheurs associés d'une société de pêche artisanale mentionnés à l'article 44 nonies du code général des impôts satisfont aux conditions de formation exigées par le premier alinéa de cet article s'ils ont effectué un stage agréé de formation en vue de leur installation. Les conditions d'agrément des organismes dispensant ce stage ainsi que le contenu et les modalités d'organisation de celui-ci sont fixés par arrêté conjoint du ministre chargé de la formation maritime et du ministre chargé des pêches maritimes.

A l'achèvement du stage, l'organisme de formation délivre une attestation indiquant la période pendant laquelle la formation a été suivie par l'artisan pêcheur ou le pêcheur associé.

II. Le plan d'installation mentionné au premier alinéa de l'article 44 nonies du code général des impôts doit comporter les renseignements suivants :

a. Statut juridique de l'entreprise et, s'il y a lieu, montant et composition du capital de la société ;

b. Plan de financement ;

c. Bilan et compte de résultat prévisionnels pour les trois premières années d'exploitation ;

d. Caractéristiques du navire et, en ce qui concerne les associés d'une société de pêche artisanale, nature des droits de propriété sur le navire et, s'il y a lieu, identité et statut juridique du ou des propriétaires ;

e. Zone de pêche et espèces concernées par l'exploitation ;

f. Prévisions de production et de commercialisation.

III. Le contribuable joint à la première déclaration de résultat au titre duquel il bénéficie de l'abattement une copie de l'attestation et du plan d'installation mentionnés respectivement au I et au II.

BIC-XVIII-80650 s.

9. Contrôle des frais généraux. Obligations des entreprises

Art 34 Les bénéfices imposables mentionnés au dixième alinéa du 5 de l'article 39 du code général des impôts sont déterminés en faisant abstraction :

a. Des plus-values ou moins-values provenant de la cession des éléments de l'actif immobilisé ;

b. Des déficits reportables des exercices antérieurs.

RIE-III-6615 ; MF n° 9055

Art 35 La comparaison prévue au dixième alinéa du 5 de l'article 39 du code général des impôts est faite par référence à l'exercice qui précède immédiatement celui au cours duquel les dépenses litigieuses ont été exposées.

Lorsque les deux exercices ont une durée différente, les chiffres afférents à l'exercice de référence sont ajustés au prorata de la durée de l'exercice pour lequel la comparaison est effectuée.

RIE-III-6620 ; MF n° 9055

Art 36 Le relevé des frais généraux prévu à l'article 54 quater du code général des impôts doit comporter les renseignements propres à l'exercice pour lequel il est fourni et ceux qui se rapportent à l'exercice précédent.

RIE-III-6620 ; MF n° 9055

12. Régime simplifié d'imposition

Art 38 bis **I.** Les petites et moyennes entreprises placées sous le régime du bénéfice réel avec obligations allégées défini à l'article 302 septies A bis du code général des impôts souscrivent, chaque année, au plus tard le deuxième jour ouvré suivant le 1er mai, la déclaration prévue à l'article 53 A du même code.

Toutefois, les personnes morales passibles de l'impôt sur les sociétés en vertu de l'article 206 du code général des impôts, à l'exception de celles désignées au 5 de l'article précité, et dont l'exercice ne coïncide pas avec l'année civile sont tenues de déposer cette déclaration dans les trois mois de la clôture de l'exercice.

II. A l'appui de cette déclaration, les entreprises fournissent les documents prévus au III de l'article 38 de l'annexe III au code général des impôts.

RIE-III-16500 s. ; MF n° 11145

II. Traitements et salaires

1° Titres-restaurant

Art 39 Pour bénéficier de l'exonération prévue au 19° de l'article 81 du code général des impôts, le salarié doit inscrire son nom sur les titres-restaurant si cette mention n'a pas été apposée par l'employeur ou par le comité social et économique.

TS-III-10040

II bis. Bénéfices des professions non commerciales

1° Récompenses internationales de niveau équivalent au prix Nobel

Art 39 A Pour l'application du 2° de l'article 92 A du code général des impôts, constituent des récompenses internationales de niveau équivalent au prix Nobel dans les domaines littéraire, artistique ou scientifique les récompenses suivantes :

a. Le prix de la Banque de Suède en sciences économiques en mémoire d'Alfred Nobel ;

b. Le prix Turing pour l'informatique ;

c. Le prix Pritzker pour l'architecture ;

d. Le prix Abel et la médaille Fields pour les mathématiques ;

e. Le prix Crafoord pour l'astronomie et les mathématiques, les géosciences et les biosciences et les travaux sur la polyarthrite ;

f. Les prix Wolf pour l'agriculture, l'art, la médecine, la physique, la chimie et les mathématiques ;

g. Les prix Balzan dans la catégorie des lettres, sciences morales et arts et dans la catégorie des sciences physiques, naturelles, médicales et mathématiques ;

h. Le Japan Prize en sciences et en technologie ;

i. Les prix Lasker pour la recherche médicale ;

j. Les prix Gairdner pour la recherche médicale ;

k. Les prix Dan David pour les sciences, la technologie et les humanités ;

l. Les prix « Breakthrough Prize » dans le domaine des sciences de la vie, des mathématiques et de la physique fondamentale ;

m. Les prix « Shaw » pour l'astronomie, les sciences de la vie et la médecine, les mathématiques ;

n. Le prix « Queen Elizabeth Prize for Engineering » dans le domaine de l'ingénierie ;

o. Le prix « Holberg International Memorial Prize » dans les domaines des humanités, des sciences sociales, des arts, du droit et de la théologie ;

p. Les « ENI Awards » dans le domaine de l'énergie et de l'environnement ;

q. Le prix « Bower Award and Prize for Achievement in Science » dans les domaines de la chimie, de l'ingénierie mécanique, des sciences cognitives et informatiques, des sciences de la terre et de l'environnement, de l'ingénierie électrique, des sciences de la vie et de la physique ;

r. Le prix Massry dans le domaine des sciences biomédicales et de la santé ;

s. Le prix « Warren Alpert Foundation Prize » dans le domaine des sciences biomédicales et de la santé ;

t. Le prix « Millenium Technology Prize » dans le domaine de la technologie ;

u. Les prix Kavli pour l'astrophysique, les nanosciences et les neurosciences.

BNC-II-5280

III. Revenus des capitaux mobiliers

1. Détermination de la masse des revenus distribués

Art 40 Pour chaque période d'imposition retenue en vue de l'établissement de l'impôt sur les sociétés, la masse imposable des revenus distribués est déterminée dans les conditions prévues aux articles 41 à 47.

RM-II-4550 s.

Art 41 Il est procédé à la comparaison du total des postes de capital, de réserves et de résultats figurant au bilan à la clôture de la période considérée avec le total des mêmes postes figurant au bilan à la clôture de la période précédente.

En ce qui concerne les sociétés nouvelles, le second terme de la comparaison prévue au premier alinéa est fourni par le total des postes visés audit alinéa, tels qu'ils existent au moment de la constitution définitive de la société.

RM-II-4550 s.

Art 42 Si la période d'imposition est bénéficiaire, la masse des revenus distribués est constituée selon le cas par :

L'excédent du bénéfice sur l'accroissement résultant de la comparaison prévue à l'article 41 ;

Le total du bénéfice et de la diminution résultant de ladite comparaison.

Si la période d'imposition est déficitaire, la masse des revenus distribués correspond à l'excédent de la diminution résultant de la comparaison prévue à l'article 41 sur la perte.

La masse des revenus distribués ainsi déterminée est :

Augmentée, s'il y a lieu, des sommes mises à la disposition des associés, actionnaires ou porteurs de parts et réputées imposables en vertu du 2° du 1 de l'article 109 et des b et c de l'article 111 du code général des impôts ;

Diminuée :

a. Des sommes qui, en vertu des articles 112 à 115 du code général des impôts, ne sont pas considérées comme des distributions imposables ;

b. Des sommes payées à titre de transactions, amendes, confiscations, pénalités de toute nature sanctionnant des contraventions aux dispositions légales régissant les prix, le ravitaillement, la répartition des divers produits et l'assiette des impôts, contributions et taxes.

Toutefois, ces augmentations ou ces diminutions ne sont opérées que dans la mesure où il n'en a pas été déjà tenu compte pour la détermination soit des résultats de la période considérée, soit des variations des postes visés à l'article 41.

RM-II-4550 s.

Art 44 Pour l'application de l'article 41 :

a. Le capital ne comprend pas la fraction non appelée ;

b. Sont considérés comme des réserves les reports bénéficiaires à nouveau, les provisions et les amortissements ayant supporté l'impôt sur les bénéfices industriels et commerciaux ou l'impôt sur les sociétés, ainsi que les provisions pour renouvellement des stocks, décotes et dotations sur stocks constituées conformément aux dispositions légales.

RM-II-4550 s.

Art 45 Toute augmentation de capital réalisée par voie d'apport ou tout appel de capital au cours d'une période d'imposition n'est retenu, pour la comparaison prévue à l'article 41, qu'à partir de la période suivante.

Ne sont également retenues qu'à partir de la période suivante les réserves provenant des primes d'émission ou de fusion, les réserves de réévaluation et toutes autres réserves constituées en franchise de l'impôt sur les sociétés.

RM-II-4550 s.

Art 46 En vertu du deuxième alinéa de l'article 110 du code général des impôts et pour l'application des articles 41 et 42, sont notamment comprises, pour la totalité, dans le poste « résultats », les plus-values visées à l'article 39 duodecies et à l'article 238 octies dudit code.

RM-II-4550 s.

Art 47 Toute rectification du bénéfice imposable à l'impôt sur les sociétés au titre d'une période sera prise en compte au titre de la même période pour le calcul des sommes distribuées.

RM-II-4550 s.

2. Assiette de la retenue à la source sur les produits des actions, parts sociales et revenus assimilés versés à des personnes qui n'ont pas leur domicile réel ou leur siège en France

Art 48 **1.** La retenue à la source mentionnée au 2 de l'article 119 bis du code général des impôts est liquidée sur le montant brut des revenus mis en paiement.

2. *(Abrogé).*

RM-III-7320 s.

3-0 bis. Revenus des valeurs mobilières émises hors de France et revenus assimilés

Art 50 bis **I.** Pour apprécier si la proportion de 10 % mentionnée au 1 de l'article 123 bis du code général des impôts est atteinte, il y a lieu de retenir le pourcentage de la participation de la personne physique constaté à la clôture de l'exercice de la personne morale, de l'organisme, de la fiducie ou de l'institution comparable, établi ou constitué hors de France ou, en l'absence d'exercice clos au cours d'une année, le 31 décembre. Toutefois, s'il est plus élevé, le pourcentage à retenir est celui de la participation détenue pendant au moins 183 jours au cours de l'exercice ou de l'année civile, suivant le cas.

II. Lorsqu'une personne physique domiciliée en France n'a pas produit dans les délais prévus la déclaration mentionnée à l'article 50 septies et que l'administration établit que cette personne physique a détenu une participation dans une personne morale, un organisme, une fiducie ou une institution comparable, établi ou constitué hors de France, dont le pourcentage a été égal ou supérieur à celui mentionné au 1 de l'article 123 bis du code général des impôts à un moment quelconque de l'exercice de cette personne morale, de cet organisme, de cette fiducie ou de cette institution comparable, autre que la date de clôture ou, en l'absence de clôture d'exercice, à un moment quelconque de l'année civile, autre que le 31 décembre, elle peut demander à cette personne physique de lui indiquer la durée de détention de cette participation ainsi que les conditions et les dates de son acquisition et de sa cession. Si, dans un délai de trente jours, la personne physique ne défère pas à cette demande ou fournit une réponse insuffisante, l'administration lui adresse une mise en demeure de produire dans le même délai la déclaration prévue à l'article 50 septies.

CF-IX-25550

Art 50 ter **I.** Au titre de la première année d'imposition pour laquelle le régime défini à l'article 123 bis du code général des impôts est applicable, la personne physique doit établir un bilan de départ pour chaque personne morale, organisme, fiducie ou institution comparable, établi ou constitué hors de France, mentionné au 1 de ce même article. L'actif net de ce bilan sert de base à la détermination des résultats de cette personne morale, de cet organisme, de cette fiducie ou de cette institution comparable, et notamment de base pour l'imposition minimum prévue au deuxième alinéa du 3 de l'article 123 bis du code général des impôts.

II. Les éléments figurant au bilan de départ doivent être retenus pour la valeur comptable résiduelle qu'ils comportaient au regard de la législation fiscale qui leur était applicable dans le pays ou le territoire concerné à la date d'ouverture de la première période d'imposition.

CF-IX-26550 s.

Art 50 quater Les bénéfices ou revenus positifs de chaque personne morale, organisme, fiducie ou institution comparable, établi ou constitué hors de France, mentionnés au 1 de l'article 123 bis du code général des impôts sont déterminés selon les règles fixées au 3 de cet article à partir du bilan de départ établi dans les conditions fixées à l'article 50 ter. Ils sont convertis en euros sur la base du taux de change publié par la Banque de France à partir du cours fixé par la Banque centrale européenne, en vigueur, suivant le cas, à la clôture de l'exercice ou le 31 décembre.

CF-IX-26550 s.

Art 50 quinquies Les montants d'impôts acquittés hors de France, déductibles du revenu réputé constituer un revenu de capitaux mobiliers de la personne physique concernée, en application de l'article 123 bis du code général des impôts, sont convertis en euros sur la base du taux de change publié par la Banque de France à partir du cours fixé par la Banque centrale européenne, en vigueur, suivant le cas, à la clôture de l'exercice de la personne morale, de l'organisme, de la fiducie ou de l'institution comparable ou, en l'absence d'exercice clos au cours d'une année, le 31 décembre. Il incombe à la personne physique de justifier du paiement effectif de ces impôts.

CF-IX-27620 s.

Art 50 sexies Les prélèvements qui sont effectués conformément aux conventions fiscales internationales sur les distributions à la personne physique de bénéfices ou revenus positifs réputés constituer pour elle un revenu de capitaux mobiliers, en application de l'article 123 bis du code général des impôts, sont imputables sur l'impôt sur le revenu correspondant audit revenu.

CF-IX-27720 s.

Art 50 septies La personne physique qui est dans le champ d'application de l'article 123 bis du code général des impôts doit produire, dans le même délai que la déclaration d'ensemble de ses revenus, une déclaration comportant les renseignements et documents suivants :

a. Le nom ou la raison sociale ainsi que l'adresse du siège social, l'objet, l'activité, le lieu de la résidence fiscale et la proportion de la participation mentionnée à l'article 50 bis pour chaque personne morale, organisme ou institution comparable, établi ou constitué hors de France et soumis à un régime fiscal privilégié, dans lesquelles elle détient, directement ou indirectement au sens du premier alinéa du 2 de l'article 123 bis du code général des impôts, 10 % au moins des actions, parts, droits financiers ou droits de vote ; pour chaque fiducie ou institution comparable, le nom ou la raison sociale du fiduciaire ou personne exerçant des fonctions comparables, l'adresse de son domicile ou de son siège social et le lieu de sa résidence fiscale, l'objet de la fiducie ou de l'institution comparable, la proportion des droits financiers détenus directement ou indirectement au sens du premier alinéa du 2 de l'article 123 bis du code général des impôts dans cette fiducie ou institution comparable ;

b. Pour chaque personne morale, organisme, fiducie ou institution comparable, l'ensemble des documents qui sont exigés des sociétés passibles de l'impôt sur les sociétés, y compris le bilan et le compte de résultats établis selon les règles fixées par les articles 50 ter et 50 quater ;

c. Le bilan et le compte de résultats de chaque personne morale, organisme, fiducie ou institution comparable fournis à l'administration fiscale du pays ou territoire où il est établi ou constitué, dans tous les cas où cette administration fiscale exige le dépôt de tels documents ;

d. Un état faisant apparaître pour chaque personne morale, organisme, fiducie ou institution comparable mentionné au 1 de l'article 123 bis du code général des impôts, d'une part, le montant des prélèvements fiscaux déductibles du revenu imposable de la personne physique en application de l'article 50 quinquies et, d'autre part, le montant des crédits d'impôt imputables sur l'impôt sur le revenu dû par elle en application de l'article 50 sexies ;

e. Pour chaque personne morale, organisme, fiducie ou institution comparable, le montant cumulé des bénéfices ou revenus positifs imposés au titre de l'article 123 bis du code général des impôts et le montant des distributions reçues de cette personne morale, organisme, fiducie ou institution comparable.

CF-IX-28000 s.

3-0 A bis. Bons ou contrats de capitalisation ou placements de même nature investis en actions

Art 50 octies La ventilation des primes versées sur un bon ou contrat mentionné au I quinquies de l'article 125-0 A du code général des impôts, au moment de la souscription ou postérieurement à celle-ci, peut être effectuée en tout ou partie sur des droits qui ne sont pas exprimés en unités de compte ou qui sont exprimés en unités de compte autres que celles mentionnées au premier alinéa du 1 du I quinquies du même article. Chaque unité de compte mentionnée au premier alinéa du 1 du I quinquies du même article doit respecter, à la date de chaque versement, les proportions d'investissement calculées conformément au 3 du I quinquies du même article, en retenant, au numérateur du rapport mentionné au 3 du I quinquies du même article, les primes nettes de frais versées depuis la date de souscription sous déduction de celles déjà remboursées au titre de rachats partiels antérieurs et, au dénominateur, la part de ces primes nettes de frais représentées par la ou les unités de compte mentionnées au premier alinéa du 1 du I quinquies du même article.

RM-IV-17100 s., 17250 s.

Art 50 nonies I. Lorsque des rachats partiels sont réalisés sur des bons ou contrats mentionnés au 3 du I quinquies de l'article 125-0 A du code général des impôts, chaque unité de compte mentionnée au premier alinéa du 1 du I quinquies du même article doit respecter, à la date de chaque rachat partiel, les proportions d'investissement mentionnées au 3 du I quinquies de cet article et calculées dans les mêmes conditions que celles prévues à l'article 50 octies.

II. La conversion des droits exprimés en unités de compte mentionnées au premier alinéa du 1 du I quinquies de l'article 125-0 A du code général des impôts en droits qui ne sont pas exprimés en de telles unités de compte est admise, quelle que soit la date de l'avenant, sous la même condition que celle prévue au I. La conversion par avenant en droits exprimés en unités de compte mentionnées au premier alinéa du 1 du I quinquies du même article est libre.

RM-IV-17260 s.

Art 50 decies **I.** La proportion d'investissement de 30 % mentionnée au premier alinéa du I quinquies de l'article 125-0 A du code général des impôts s'apprécie chaque jour de calcul de la valeur liquidative de l'organisme ou du placement collectif relevant de la section 2 du chapitre IV du titre Ier du livre II du code monétaire et financier concerné telle qu'elle est déterminée conformément à la réglementation en vigueur, en retenant la valeur des titres figurant à cette date dans le portefeuille de l'organisme de placement collectif en valeurs mobilières ou du placement collectif relevant de la section 2 du chapitre IV du titre Ier du livre II du même code.

Les proportions d'investissement de 10 % et 5 % mentionnées au dixième alinéa du 1 du I quinquies de l'article 125-0 A mentionné ci-dessus et de 75 % mentionnée au c du 1 du I quinquies du même article s'apprécient, pour les organismes soumis à l'article L 214-17 du code monétaire et financier, comme pour les organismes de la nature de ceux mentionnés au c du 2° du I de l'article L 221-31 du même code, à la fin de chacun des semestres de l'exercice, en retenant la valeur des titres figurant à cette date dans le portefeuille de l'organisme de placement collectif en valeurs mobilières ou du placement collectif relevant de la section 2 du chapitre IV du titre Ier du livre II du même code.

II. La proportion d'investissement de 50 % mentionnée au g du 1 du I quinquies de l'article 125-0 A mentionné ci-dessus s'apprécie, pour chaque catégorie de fonds énuméré au d du 1 du I quinquies du même article, dans les conditions fixées par le code monétaire et financier et, pour les sociétés de capital-risque, dans les conditions fixées à l'article 171 AM.

RM-IV-16950 s.

Art 50 undecies **I.** Pour l'application du 2 du I quinquies de l'article 125-0 A du code général des impôts, le numérateur est égal à la valeur d'inventaire des titres mentionnés aux a à g du 1 du I quinquies du même article, après prise en compte des corrections suivantes :

1° En ce qui concerne les cessions ou acquisitions temporaires de titres ainsi que les opérations de pension, la valeur des titres cédés ou mis en pension est réintégrée et celle des titres acquis ou pris en pension est déduite.

2° En ce qui concerne les opérations sur instruments financiers à terme ci-après mentionnées :

a. En cas de contrat d'achat ou de vente à terme, la valeur des titres achetés à terme est intégrée et celle des titres vendus à terme est déduite ;

b. En cas d'achat d'une option d'achat, ou de vente d'une option de vente, de titres mentionnés au premier alinéa du I et inscrits ou non inscrits à l'actif, aucune correction n'est à apporter au numérateur ;

c. En cas de vente d'une option d'achat, ou d'achat d'une option de vente, de titres mentionnés au premier alinéa du I et inscrits à l'actif, la valeur de ces titres est déduite ;

d. En cas d'opérations mentionnées au c afférentes à des titres non inscrits à l'actif, aucune correction n'est à apporter au numérateur.

3° En ce qui concerne les contrats d'échange et les autres instruments financiers à terme, la valeur des titres mentionnés au premier alinéa du I pour lesquels des produits ou revenus sont à verser est déduite et celle des mêmes titres pour lesquels des produits ou revenus sont à recevoir est intégrée.

II. Pour l'application du I, les organismes ou les sociétés de capital-risque ou, à défaut de personnalité morale, leur gérant ou représentant à l'égard des tiers, tiennent à la disposition de l'administration fiscale tout document justifiant, d'une part, de la nature des opérations réalisées et, d'autre part, de la valeur retenue pour la détermination des proportions d'investissement dans les conditions prévues au I.

RM-IV-17220 s.

Art 50 duodecies **I.** Pour l'application du f du I quater et du f du 1 du I quinquies de l'article 125-0 A du code général des impôts, la capitalisation boursière d'une société est déterminée par le produit du nombre de ses actions admises à la négociation à l'ouverture du jour de négociation précédant celui de l'investissement par la moyenne des cours d'ouverture des soixante jours de négociation précédant celui de l'investissement.

Toutefois, lorsque, durant ces soixante jours, les actions de la société sont pour la première fois admises à la négociation, la moyenne retenue est celle des cours d'ouverture des jours de négociation depuis le jour de l'admission à la négociation jusqu'au jour précédant celui de l'investissement. Il en est de même en cas d'augmentation de capital, d'opération de fusion, scission ou apport partiel d'actif réalisée durant ces soixante jours et emportant admission à la négociation de nouvelles actions de la société absorbante ou bénéficiaire.

II. Par dérogation aux dispositions du I, en cas d'investissement le jour de la première cotation des titres d'une société, sa capitalisation boursière est déterminée par le produit du nombre des actions ainsi admises à la négociation par le prix auquel ces titres sont placés dans le public, à savoir le prix auquel ces titres sont vendus au public avant la première cotation.

De même, en cas d'investissement le jour où de nouvelles actions de la société sont admises à la négociation à la suite d'une augmentation de capital ou d'une opération de fusion, scission ou apport partiel d'actif, sa capitalisation boursière est déterminée par le produit du nombre total des actions de la société absorbante ou bénéficiaire admises à la négociation à l'issue de l'opération par le cours de clôture du dernier jour de négociation précédant l'admission à la négociation de ces nouvelles actions.

III. Le jour de l'investissement mentionné aux I et II s'entend du jour d'acquisition ou de souscription des actions admises à la négociation.

RM-IV-16820, 17700

3 bis. Primes de remboursement et intérêts capitalisés

Art 50 A Pour l'application des I à III de l'article 238 septies B du code général des impôts, le prélèvement prévu à l'article 125 A du même code est opéré à la date anniversaire du titre.

Ce prélèvement est pratiqué par la personne chez laquelle les titres ou droits correspondants sont déposés sur le compte approvisionné par le contribuable à cet effet.

La personne qui pratique le prélèvement est tenue de déclarer à l'administration l'identité, l'adresse des bénéficiaires ainsi que les sommes versées pour le compte de chacun d'eux.

4. Emission d'obligations en France par les organismes étrangers ou internationaux. Régime spécial des titres émis avant le 1er janvier 1987

Art 51 Les obligations que les organismes étrangers ou internationaux émettent en France avec l'autorisation du ministre de l'économie et des finances doivent porter, dès leur création matérielle, une mention spéciale ainsi libellée en langue française :

« Le présent titre, émis en France, est placé, en vertu du 2 de l'article 6 de la loi française n° 65-566 du 12 juillet 1965, sous le régime fiscal des obligations françaises, pour l'application de la retenue à la source frappant les intérêts, lots, primes de remboursement et autres produits des emprunts négociables ».

RM-IV-33100 s.

Art 52 Sauf dispositions contraires des conventions internationales, l'émission de titres comportant la mention visée à l'article 51 entraîne l'obligation pour l'organisme émetteur d'opérer, sur les produits de ces titres et pendant toute la durée de ceux-ci, la retenue à la source édictée par le 1 de l'article 119 bis du code général des impôts.

Le montant de cette retenue doit être versé au comptable désigné par l'administration, dans les conditions et suivant les modalités fixées par le 1 de l'article 1672 et l'article 1673 dudit code.

RM-IV-33100 s.

Art 53 Avant l'ouverture de l'émission, l'émetteur doit faire agréer un représentant responsable du versement de la retenue à la source pour toute la durée de l'emprunt ou, à défaut, fournir des garanties jugées suffisantes.

RM-IV-33100 s.

6. Contrôle des revenus mobiliers. Obligations des collectivités émettrices et des intermédiaires

Art 57 **1.** Toute personne ou société qui fait profession de payer des intérêts, dividendes, revenus et autres produits de valeurs mobilières ou dont la profession comporte à titre accessoire des opérations de cette nature, ne peut effectuer de ce chef aucun paiement ni ouvrir aucun compte sans exiger du requérant la justification de son identité et l'indication de son domicile réel.

RM-VIII-100

Elle est, en outre, tenue de remettre à la direction départementale ou, le cas échéant, régionale des finances publiques du lieu de l'établissement payeur, dans des conditions qui sont arrêtées par le ministre chargé du budget *(Voir Annexe IV, art. 7 à 17)*, le relevé des sommes payées par elle, sous quelque forme que ce soit, sur présentation ou remise de coupons ou d'instruments représentatifs de coupons.

Les mêmes obligations incombent aux collectivités pour les dividendes et intérêts de leurs propres actions, parts ou obligations qu'elles payent à des personnes ou sociétés autres que celles qui sont chargées du service de leurs coupons.

Des arrêtés du ministre chargé du budget *(Voir Annexe IV, art. 7 à 17)* fixent les conditions dans lesquelles les caisses publiques sont tenues d'appliquer les dispositions du présent article.

2. Les coupons présentés sont, sauf preuve contraire, réputés propriété du requérant. Dans le cas où celui-ci présente des coupons pour le compte de tiers, il a la faculté de remettre à l'établissement payeur une liste indiquant, outre ses nom, prénoms et domicile réel, les noms, prénoms et domiciles réels des propriétaires véritables, ainsi que le montant des coupons appartenant à chacun d'eux.

Art 60 Le relevé prévu à l'article 57 indique distinctement, pour chaque requérant ou titulaire de compte, ses nom et prénoms, son domicile réel, ainsi que le montant de la retenue à la source à laquelle lesdits revenus ont effectivement donné lieu et le montant du crédit d'impôt y attaché.

Le ministre de l'économie et des finances peut prescrire, par arrêté, que ces mentions soient détaillées par nature de valeurs.

7. Sociétés de capital-risque. Obligations des actionnaires

Art 60 A Pour l'application de l'article 163 quinquies C du code général des impôts l'actionnaire joint à sa déclaration de revenus un relevé indiquant :

1° Le nombre d'actions de la société de capital-risque souscrites ou acquises, la date et le montant global de la souscription ou de l'acquisition ;

2° Le nombre et le montant de ces actions qu'il entend conserver pendant cinq ans ;

3° Le nombre et le montant des actions cédées ainsi que leurs dates d'acquisition et de cession en distinguant, d'une part, les cessions réalisées avant l'expiration du délai de conservation de cinq ans ou portant sur des titres pour lesquels l'engagement de conservation n'a pas été pris et, d'autre part, celles réalisées après l'expiration de ce délai ;

4° Le montant des produits réinvestis dans la société de capital-risque sous forme de souscription ou d'achat d'actions ;

5° La date et le montant des dépôts effectués sur le compte bloqué ouvert à son nom dans la société de capital-risque ainsi que le montant et la date des retraits éventuels ;

6° En cas de non-respect du délai de conservation ou de la condition de réinvestissement, le détail des sommes précédemment exonérées qui doivent être ajoutées au revenu imposable de l'année de rupture de l'engagement.

IS-IV-22300

Art 60 B I. L'actionnaire personne physique d'une société de capital-risque informe ladite société :

1° Des engagements qu'il prend en application de l'article 163 quinquies C du code général des impôts lors de la souscription ou de l'acquisition des actions ;

2° Des modalités qu'il retient pour le réinvestissement prévu au 3° du 2 du II de l'article 163 quinquies C du code précité ;

3° Des cessions d'actions de la société auxquelles il procède.

II. L'actionnaire personne morale non résidente mentionnée au b du 2 de l'article 119 bis du code général des impôts informe la société de capital-risque du lieu de son siège de direction effective et des modalités d'imposition des distributions reçues dans l'Etat où il a son siège.

IS-IV-22305

V. Plus-values de cession à titre onéreux de biens ou de droits de toute nature

1. Valeurs mobilières, droits sociaux et titres assimilés

Art 74-0 B Le prix de cession et le prix d'acquisition définis au premier alinéa du 1 de l'article 150-0 D du code général des impôts comprennent toutes les charges et indemnités stipulées au profit du cédant ou d'un tiers, à quelque titre que ce soit, en rémunération de l'opération.

RM-VI-5060 s. ; MF n°s 33030, 33040

Art 74-0 C Les soultes reçues lors des partages de biens indivis autres que ceux mentionnés au IV de l'article 150-0 A du code général des impôts constituent, pour leurs bénéficiaires, le prix des droits cédés à cette occasion aux autres copartageants.

En cas de cession ultérieure d'un bien attribué à charge de soulte, dans les mêmes cas, le prix d'acquisition de ce bien est constitué par la valeur des droits originaires du cédant augmentée du montant de la soulte versée.

RM-VI-8400 s.

Art 74-0 D En cas d'acquisition ou de cession de titres moyennant le paiement d'une rente viagère, le prix d'acquisition ou de cession à retenir pour le calcul du produit imposable correspond à la valeur en capital de la rente, à l'exclusion des intérêts.

RM-VI-5320 ; MF nº 33030

Art 74-0 E Pour les opérations sur valeurs mobilières qui ne se traduisent pas par la livraison effective ou la levée des titres, le gain ou la moins-value est égal à la différence reçue ou versée par l'opérateur.

RM-VI-9830

Art 74-0 E bis En cas de cession de titres après leur retrait d'un plan d'épargne en actions défini à l'article 163 quinquies D du code général des impôts dans les conditions prévues à la troisième phrase du 2 du II de l'article 150-0 A du même code, leur prix d'acquisition est réputé égal à leur valeur à la date de ce retrait.

RM-VII-41310

Art 74-0 E ter I. Lorsque les titres ou droits cédés ont fait partie du patrimoine privé du cédant avant d'être loués ou d'être considérés comme des éléments d'actif affectés à l'exercice de la profession en application des dispositions des articles 93 ou 151 nonies du code général des impôts ou d'être inscrits à l'actif d'une entreprise, le gain net imposable suivant les règles des articles 150-0 A à 150-0 E du même code est déterminé par différence entre la valeur réelle au moment de l'entrée dans le patrimoine professionnel et le prix d'acquisition des titres ou, en cas d'acquisition à titre gratuit, la valeur retenue pour la détermination des droits de mutation.

La valeur réelle mentionnée à l'alinéa précédent s'entend soit de la valeur d'inscription des titres à l'actif d'une entreprise, soit de la valeur des titres à la date à laquelle ils sont considérés comme des éléments de l'actif professionnel en application de l'article 93 ou du I de l'article 151 nonies précités.

II. Lorsque les titres ou droits cédés ont été loués ou considérés comme des éléments d'actifs affectés à l'exercice de la profession en application des dispositions des articles 93 ou 151 nonies du code général des impôts ou inscrits à l'actif d'une entreprise, puis sont revenus dans le patrimoine privé du contribuable, le gain net imposable suivant les règles des articles 150-0 A à 150-0 E du même code est déterminé par la différence entre le prix effectif de cession et la valeur réelle des titres au jour de leur retrait du patrimoine professionnel du contribuable.

La valeur réelle mentionnée à l'alinéa précédent s'entend soit de la valeur des titres lors de leur retrait de l'actif d'une entreprise, soit de la valeur des titres à la date à laquelle ils cessent d'être considérés comme des éléments de l'actif professionnel en application de l'article 93 ou du I de l'article 151 nonies précités.

III. Lorsque les titres ou droits cédés ont successivement fait partie du patrimoine privé, été inscrits à l'actif d'une entreprise ou considérés comme des éléments d'actifs affectés à l'exercice de la profession en application des dispositions des articles 93 ou 151 nonies du code général des impôts ou été loués, puis sont revenus dans le patrimoine privé, la somme des gains nets relatifs aux périodes de détention des titres dans le patrimoine privé est égale à la somme algébrique de ces gains afférents à chacune des périodes et calculés selon les modalités mentionnées au I et au II.

IV. *(Abrogé).*

BIC-VII-88000 s.

Art 74-0 F Les contribuables qui réalisent des opérations imposables en application de l'article 150-0 A du code général des impôts sont tenus de souscrire, dans le délai prévu à l'article 175 du même code, une déclaration spéciale des plus-values sur une formule délivrée par l'administration indiquant :

a. *(Abrogé) ;*

b. Le montant du gain net ou de la distribution imposable assorti des éléments nécessaires à sa détermination ;

b bis. Le montant de la soulte éventuellement perçue lors de l'opération d'échange ou d'apport réalisée dans les conditions prévues à l'article 150-0 B du code général des impôts, ainsi que le montant de la soulte imposable au titre de cette opération ;

c. Le cas échéant, le montant des abattements prévus au 1 de l'article 150-0 D et à l'article 150-0 D ter du code général des impôts ainsi que les éléments nécessaires à leur détermination.

Toutefois, les contribuables peuvent se libérer de cette obligation en fournissant, pour les titres en dépôt ou inscrits en compte auprès d'un intermédiaire habilité, un document établi par ce dernier et faisant apparaître les mêmes éléments. La dispense de déclaration prévue à la première phrase ne s'applique pas lorsque le contribuable a bénéficié de la réduction d'impôt prévue à l'article 199 terdecies-0 A du code général des impôts au titre de la souscription des titres cédés ou lorsque le gain net ouvre droit au bénéfice des abattements mentionnés au 1 quater de l'article 150-0 D ou à l'article 150-0 D ter du code précité.

RM-VI-19270 s. ; MF nº 33260

Art 74-0 F bis Pour l'application des dispositions des 1 à 1 quinquies de l'article 150-0 D et de l'article 150-0 D ter du code général des impôts, les contribuables produisent à l'administration fiscale, sur sa demande, tout document de nature à justifier la durée de détention des titres ou droits cédés et le caractère continu de cette détention.

Ils justifient, selon les mêmes modalités que celles prévues au premier alinéa, du respect de l'ensemble des conditions d'application des abattements prévus par les articles précités.

RM-VI-16500 s.

Art 74-0 G Pour l'application des dispositions des 12 et 13 de l'article 150-0 D du code général des impôts, les contribuables doivent joindre à la déclaration spéciale des plus-values prévue à l'article 74-0 F :

a. Soit la copie d'un extrait d'un des jugements mentionnés au premier alinéa du 12 de l'article 150-0 D du code général des impôts ou au deuxième alinéa, en cas d'exercice de l'option prévue à cet alinéa, soit la copie de l'une des formalités assurant la publicité de ces jugements dans les conditions prévues à l'article R 621-8 du code de commerce dont les dispositions sont applicables aux procédures de redressement judiciaire en vertu de l'article R 631-7 du même code ;

b. Une copie d'un document justifiant du nombre de titres détenus à la date du jugement ;

c. Le montant des pertes constatées ainsi que les éléments nécessaires à leur détermination.

RM-VI-10580 ; MF n° 33260

Art 74-0 G bis L'option prévue au deuxième alinéa du 12 de l'article 150-0 D du code général des impôts est formulée sur la déclaration mentionnée à l'article 74-0 F.

RM-VI-10790

Art 74-0 H Pour l'application des dispositions du 14 de l'article 150-0 D du code général des impôts, les contribuables qui demandent la décharge ou la réduction de l'imposition initiale, résultant de l'imputation sur le prix de cession du reversement de tout ou partie de son montant effectué en exécution d'une clause de garantie de passif ou d'actif net, doivent notamment fournir à l'appui de leur réclamation les pièces justificatives suivantes :

a. Copie de la convention figurant dans l'acte de cession ou annexée à ce dernier mentionnant les termes de la clause de garantie de passif ou d'actif net ;

b. Copie de tout document de nature à établir la réalité, la date et le montant du versement effectué en exécution de la convention ainsi que son caractère définitif.

RM-VI-9580 ; MF n° 33145

Art 74-0 I **1.** Les sociétés de personnes ou groupements qui, en tant que personnes interposées, réalisent des opérations mentionnées à l'article 150-0 A du code général des impôts sont tenus de souscrire :

a. Dans les trois mois de leur constitution, une déclaration en double exemplaire, accompagnée des statuts, indiquant la dénomination ou raison sociale, la forme juridique, l'objet, la durée et le lieu du siège de la société ou du groupement ainsi que l'identité des dirigeants ou gérants ; lorsque ces indications ont cessé d'être exactes, la déclaration doit être renouvelée dans les trois mois du changement intervenu ;

b. Dans le délai prévu à l'article 175 du code général des impôts, une déclaration établie sur une formule délivrée par l'administration et indiquant pour l'année précédente :

1° L'identité des membres, le nombre de parts dont ils étaient titulaires au 1er janvier de ladite année, la date des cessions ou acquisitions de parts intervenues en cours d'année ainsi que l'identité du cédant ou du cessionnaire ;

2° Les éléments prévus à l'article 74-0 F et leur répartition entre chacun des membres.

2. Ces sociétés ou groupements doivent présenter à toute demande de l'administration des impôts les documents comptables ou sociaux, bordereaux d'opérations et autres pièces de recettes et de dépenses de nature à justifier l'exactitude des renseignements portés sur la déclaration prévue au b du 1.

3. Pour l'application des dispositions des 1 à 1 quinquies de l'article 150-0 D et de l'article 150-0 D ter du code général des impôts, les sociétés ou groupements, agissant en tant que personnes interposées, produisent à l'administration fiscale, sur sa demande, tout document de nature à justifier la durée de détention des titres ou droits cédés et le caractère continu de cette détention.

RM-VI-19450 s. ; MF n° 33265

Art 74-0 J Les prestataires de services d'investissement et les établissements de crédit ou organismes habilités à détenir et à négocier des valeurs mobilières pour le compte des particuliers doivent déclarer à l'administration le montant global, compte non tenu des frais, des cessions effectuées par chacun de leurs clients, ainsi que le montant des soultes reçues lors d'opérations d'échange ou d'apport entrant dans les prévisions des articles 150-0 B ou 150-0 B ter du code général des impôts.

Ces renseignements doivent parvenir, avant le 16 février de chaque année pour les opérations de l'année précédente, au service d'assiette dont relève la résidence ou le principal établissement du déclarant. Ils figurent sur la déclaration prévue au 1 de l'article 242 ter du code général des impôts lorsque celle-ci doit être souscrite.

Les sociétés de personnes ou groupements mentionnés à l'article 74-0 I doivent déclarer dans les mêmes conditions la quote-part du montant des cessions correspondant aux droits de chacun de leurs membres dans la société ou le groupement.

RM-VI-19535, 19600 ; MF n° 33270

Art 74-0 M **1.** Le montant des plus-values de cession ou d'échange de valeurs mobilières ou de droits sociaux dont l'imposition a été reportée est mentionné, selon le cas, sur la déclaration spéciale prévue à l'article 74-0 F ou à l'article 74 SH et souscrite au titre de l'année au cours de laquelle l'expiration du report est intervenue. Cette déclaration comporte la désignation des sociétés concernées et, le cas échéant, la désignation de la société ou du groupement interposé qui a réalisé l'opération, ainsi que la nature et la date de l'opération.
2. Les contribuables joignent à cette déclaration un état conforme à celui mentionné au 1 de l'article 74-0 N.

RM-VI-27960 s., 29535

Art 74-0 N **1.** L'état prévu au 2 de l'article 74-0 M, établi sur une formule délivrée par l'administration, fait apparaître, pour chaque plus-value dont le report n'est pas expiré :
a. La nature et la date de l'opération ainsi que le régime d'imposition applicable ;
b. La désignation des sociétés concernées ;
c. Le montant de ces plus-values au 31 décembre de l'année d'imposition et au 31 décembre de l'année précédente ;
d. La nature et la date de l'événement ayant entraîné la modification de ce montant ;
e. Le cas échéant, la désignation de la société ou du groupement interposé qui a réalisé l'opération d'échange de titres ainsi que la quote-part des droits détenus dans la société ou le groupement à la date de l'échange.
2. Pour l'application du 2° du I de l'article 150-0 B ter du code général des impôts, les contribuables joignent, le cas échéant, à la formule prévue au 1 une copie des attestations mentionnées à l'article 41 quatervicies A de l'annexe III à ce même code.

RM-VI-27960 s., 29535

Art 74-0 O Lorsque les titres grevés d'un report d'imposition sont eux-mêmes échangés dans les conditions du II de l'article 150 UB, de l'article 150-0 B ou du IV de l'article 150-0 B ter du code général des impôts, les contribuables doivent joindre à la déclaration prévue au 1 de l'article 170 du même code un état établi sur une formule délivrée par l'administration, qui fait apparaître, en plus des éléments mentionnés à l'article 74-0 N, la nature et la date de la nouvelle opération d'échange ainsi que le nombre de titres remis et de titres reçus lors de cette opération.

RM-VI-27960 s., 29540

Art 74-0 P Pour l'application du c du 2° du II de l'article 150-0 D ter du code général des impôts, la date à laquelle le cédant fait valoir ses droits à la retraite s'entend de la date à laquelle il entre en jouissance des droits qu'il a acquis dans le régime obligatoire de base d'assurance vieillesse auquel il a été affilié à raison de ses fonctions de direction ou, s'il n'a été affilié auprès d'aucun régime obligatoire de base pour cette activité, dans le régime obligatoire de base d'assurance vieillesse auquel il a été affilié au titre de sa dernière activité.

Le contribuable produit à l'administration fiscale, sur sa demande, les pièces que lui a adressées son régime mentionné au premier alinéa, sur lesquelles figure la date prévue audit alinéa.

RM-VI-14800 ; MF n° 33110

2. Biens et droits mobiliers ou immobiliers

Art 74 SA Lorsqu'une vente est réalisée sous condition suspensive, la cession est considérée comme effective à la date de la réalisation de la condition.

IMMO-II-179990 s. ; MF n° 32395

Art 74 SC **I.** L'indemnité d'expropriation à retenir pour le calcul de la plus-value imposable est constituée par l'ensemble des indemnités allouées en espèces ou en nature à un même bénéficiaire, à l'exception de celles qui ne sont pas représentatives de la valeur de cession des biens expropriés.

Les acomptes perçus en application de l'article L 323-3 du code de l'expropriation pour cause d'utilité publique sont rattachés à l'indemnité dont ils constituent un élément.

Lorsque, dans le cadre des dispositions de l'article L 322-12 du code précité, l'indemnité a été remplacée par l'attribution d'un local de réinstallation, la somme à retenir pour le calcul de la plus-value est constituée par le montant de l'indemnité d'expropriation, fixée au préalable.

II. S'il est fait application de l'article L 321-5 du code de l'expropriation pour cause d'utilité publique, le supplément de valeur acquis par le reste de la propriété, tel qu'il est fixé par le juge, est considéré comme faisant partie de l'indemnité d'expropriation ; en cas de cession ultérieure, il est assimilé à une dépense d'amélioration pour la détermination de la plus-value.

Lorsqu'à l'inverse, une indemnité accessoire est attribuée en raison de la dépréciation du reste de la propriété, cette indemnité n'est pas considérée comme faisant partie de l'indemnité d'expropriation ; en cas de cession ultérieure du reste de la propriété, elle est retranchée du prix d'acquisition.

IMMO-II-157200 s. ; MF nº 32580

Art 74 SD Lorsque la cession porte sur une partie seulement d'un bien, le prix d'acquisition à retenir pour la détermination de la plus-value imposable est celui de cette seule partie.

IMMO-II-177000 s.

Art 74 SE Si la cession a pour objet la nue-propriété, l'usufruit ou tout autre droit portant sur un bien acquis en pleine propriété, la plus-value imposable est déterminée en tenant compte, d'une part, du prix du droit cédé et, d'autre part, du prix d'acquisition afférent à ce droit. Ce prix d'acquisition est réputé égal à une fraction, appréciée au jour de la cession, du prix d'acquisition de la pleine propriété du bien. En cas d'usufruit ou de nue-propriété, cette fraction est déterminée en appliquant le barème institué par l'article 669 du code général des impôts.

IMMO-II-5450 ; MF nº 32310

Art 74 SF Dans les cas prévus aux articles 74 SD et 74 SE, la fraction des charges et indemnités et des frais d'acquisition à retenir pour la détermination de la plus-value imposable est la même que celle retenue pour la détermination du prix d'acquisition.

IMMO-II-5450, 177000 s. ; MF nº 32310

Art 74 SG I. Lorsque le bien ou le droit cédé a fait partie du patrimoine privé du cédant avant d'être inscrit à l'actif d'une entreprise, la plus-value imposable au titre des articles 150 U à 150 UB du code général des impôts est déterminée par différence entre la valeur d'inscription à l'actif au jour de cette inscription et le prix d'acquisition du bien.

II. Lorsque le bien ou le droit cédé a été inscrit à l'actif d'une entreprise, puis repris dans le patrimoine privé du cédant, le prix d'acquisition à retenir pour la détermination de la plus-value imposable au titre des articles 150 U à 150 UB précités s'entend de la valeur réelle du bien au jour du retrait du bien ou du droit de l'actif.

III. Lorsque le bien ou le droit a successivement fait partie du patrimoine privé de l'exploitant, a été inscrit à l'actif d'une entreprise, puis repris dans le patrimoine privé, la plus-value imposable au titre des articles 150 U à 150 UB précités est déterminée à la date de la cession par application successive des dispositions prévues aux I et II.

BIC-VII-88000 s.

Art 74 SH I. La déclaration mentionnée à l'article 150 VG du code général des impôts doit être déposée pour chaque bien ou droit cédé par le contribuable :

1º En un seul exemplaire en cas de cession d'immeubles ;

2º En double exemplaire en cas de cession de biens meubles ou de droits sociaux. Le service des impôts indique sur chacun d'entre eux les références du dépôt et le montant des sommes reçues en paiement de l'impôt afférent à la plus-value telle qu'elle a été liquidée sur la déclaration. Un exemplaire de cette déclaration annotée est remis au vendeur ou à son mandataire.

II. La déclaration doit être signée par le cédant ou par son mandataire. Dans ce dernier cas, le mandat doit figurer dans l'acte de cession ou être joint à l'appui de la déclaration. Il comporte, outre l'acceptation du mandataire, l'indication des nom, prénoms et adresse du mandant, l'habilitation du mandataire à signer les déclarations et, le cas échéant, à verser l'impôt correspondant à celles-ci ainsi que la reconnaissance, par le mandant, qu'il demeurera personnellement responsable de l'impôt, et notamment des suppléments de droits et pénalités qui pourraient être réclamés à la suite d'un contrôle.

IMMO-II-180730 s.

Art 74 SI Les pièces justifiant des frais ou charges mentionnés au III de l'article 150 VA et au II de l'article 150 VB du code général des impôts sont fournies par le contribuable sur demande de l'administration. Il en est de même des pièces justifiant du remploi de l'indemnité pour le bénéfice de l'exonération prévue au 4º du II de l'article 150 U du même code.

IMMO-II-180745 ; MF nº 32425

Art 74 SJ L'accomplissement de la formalité de l'enregistrement ou de la formalité fusionnée est subordonné, pour tout acte ou toute déclaration constatant la cession à titre onéreux de biens entrant dans le champ d'application des articles 150 U à 150 VH du code général des impôts, à la mention dans l'acte ou dans la déclaration :

1° De l'adresse du service des impôts dont le cédant dépend pour la déclaration de ses revenus ou bénéfices ou, pour les cessions mentionnées aux 1° et 3° du II de l'article 150 VG, de l'adresse du service des impôts du domicile du cédant ;

2° Du prix de cession de chacun des biens ;

3° Du prix d'acquisition du bien ou, s'il s'agit d'une acquisition à titre gratuit, du nom du précédent propriétaire, de son domicile et, éventuellement, de la date de son décès.

IMMO-II-180850 s. ; MF n° 32430

VI. Taxe sur les métaux précieux, les bijoux, les objets d'art, de collection et d'antiquité

Art 74 S bis Pour l'application des articles 150 VI et 150 VJ du code général des impôts, les cessions de métaux précieux, de bijoux et d'objets d'art, de collection ou d'antiquité sont regardées comme réalisées dans l'Etat dans lequel se situe physiquement le bien cédé au jour de l'opération.

TD-VII-622

Art 74 S ter Pour le bénéfice de l'exonération prévue au 5° de l'article 150 VJ du code général des impôts, l'exportateur doit justifier, lors de l'accomplissement des formalités douanières, être fiscalement domicilié hors de France et présenter, selon le cas, l'un des documents suivants :

a. un document, tel que prévu par la législation douanière en vigueur, prouvant que le bien a fait antérieurement l'objet d'une importation en France ou dans un autre Etat membre de l'Union européenne par ses soins ;

b. *(Abrogé)* ;

c. un document mentionnant explicitement le bien concerné et établissant que celui-ci a été acquis par voie de succession ou de donation d'une personne résidant en France ou dans un autre Etat membre de l'Union européenne ;

d. un document prouvant que le bien a été acquis à titre onéreux, en France ou dans un autre Etat membre de l'Union européenne. En cas d'acquisition auprès d'un professionnel, ce document s'entend de la facture délivrée par ce dernier ;

e. *(Abrogé)*.

TD-VII-930

Art 74 S quater Pour le bénéfice de l'exonération prévue au 5° de l'article 150 VJ du code général des impôts et lorsqu'un intermédiaire participe à la transaction, ou, en l'absence d'intermédiaire, lorsque l'acquéreur est un assujetti à la taxe sur la valeur ajoutée établi en France, la responsabilité de cet intermédiaire ou de cet acquéreur est dégagée, sous réserve qu'il justifie de l'identité et de la résidence du cédant ou de l'exportateur du bien au moyen d'une copie de la pièce d'identité délivrée au nom de celui-ci et d'une attestation sur l'honneur, établie par l'intéressé, de sa résidence fiscale à l'étranger. Ces documents sont conservés par l'intermédiaire ou l'acquéreur assujetti à la taxe sur la valeur ajoutée établi en France, et annexés aux pièces comptables correspondant à l'opération. En cas d'exportation, ils sont produits auprès du service des douanes lors de l'accomplissement des obligations douanières.

TD-VII-900

Art 74 S quinquies Pour l'application du I de l'article 150 VK du code général des impôts, l'intermédiaire s'entend de toute personne domiciliée fiscalement en France participant à la transaction qui agit au nom et pour le compte du vendeur ou de l'acquéreur, ou qui fait l'acquisition du bien en son nom concomitamment à sa revente à un acquéreur final.

En cas d'option pour le régime de droit commun des plus-values sur biens meubles en application de l'article 150 VL du code général des impôts, l'intermédiaire ou l'acquéreur assujetti à la taxe sur la valeur ajoutée établi en France est dégagé de toute responsabilité tant en raison des renseignements fournis par le vendeur ou l'exportateur que, le cas échéant, du calcul de la plus-value imposable.

TD-VII-1405, 2085

Art 74 S sexies La déclaration mentionnée à l'article 150 VM du code général des impôts indique :

a. en cas de cession, l'identité du vendeur ou, le cas échéant, celle de l'intermédiaire participant à la transaction ou de l'acquéreur assujetti à la taxe sur la valeur ajoutée établi en France ;

b. en cas d'exportation, l'identité de l'exportateur et, le cas échéant, celle de l'intermédiaire participant à la transaction ;

c. la date de l'opération ;

d. la désignation et la nature du bien cédé ou exporté ainsi que, selon le cas, le prix de cession ou la valeur en douane de ce bien.

TD-VII-1307

Art 74 S septies L'option mentionnée à l'article 150 VL du code général des impôts est irrévocable.

TD-VII-2200 ; MF n° 75915

Lorsque cette option est exercée, le vendeur ou l'exportateur présente, à l'appui de la déclaration prévue par l'article 150 VM du même code, les éléments permettant d'établir la date et le prix d'acquisition du bien cédé ou exporté ou de justifier que ce dernier est détenu depuis plus de vingt-deux ans.

TD-VII-2062, 2085

En cas d'exportation, la déclaration mentionnée au deuxième alinéa doit être déposée, accompagnée du paiement de l'impôt éventuellement dû, par l'exportateur ou, le cas échéant, par l'intermédiaire participant à la transaction, au service des impôts mentionné aux 1° et 3° du I de l'article 150 VM du code précité, préalablement à l'accomplissement des formalités douanières. Elle doit ensuite être présentée à la recette des douanes compétente conformément au 2° du I du même article pour valoir justificatif de non-paiement de la taxe forfaitaire prévue à l'article 150 VI du code général des impôts.

TD-VII-2080

SECTION II

Revenu global

I. Paiement des revenus de capitaux mobiliers. Obligations des établissements payeurs. Plans d'épargne d'entreprise

Art 75 Sont regardés comme établissements payeurs :

1° Les personnes ou organismes, y compris les caisses publiques, qui payent ou prennent à l'encaissement des coupons ou instruments représentatifs de coupons afférents à des valeurs mobilières ainsi que ceux qui achètent de tels coupons ou instruments déjà échus ou mis en paiement, ou qui s'entremettent dans leur négociation ;

2° Les personnes ou organismes qui payent des revenus de capitaux mobiliers, en l'absence de coupons ou d'instruments représentatifs de coupons ;

3° Les personnes et collectivités débitrices de revenus de capitaux mobiliers qu'elles payent, soit directement, soit par l'intermédiaire d'établissements situés hors de France s'il s'agit de sociétés ou collectivités françaises ;

4° Les sociétés visées à l'article 8 du code général des impôts, pour les revenus définis au 4 de l'article 79.

RM-VIII-60 s.

Art 76 Les établissements payeurs sont tenus d'exiger des bénéficiaires des revenus, des présentateurs ou des vendeurs, la justification de leur identité, notamment de leurs date et lieu de naissance s'il s'agit de personnes physiques, ainsi que de leur domicile réel ou siège social.

Un arrêté détermine les modalités de cette justification et définit les documents qui doivent être présentés à cette fin *(Voir Annexe IV, art. 17, 17 A et 188 H).*

Toutefois, les établissements payeurs peuvent se dispenser, sous leur responsabilité, d'exiger la production de ces documents des personnes dont l'identité, la date, le lieu de naissance et le domicile leur sont connus.

RM-VIII-100 s.

Art 77 **1.** Lorsque le domicile réel du bénéficiaire des revenus, ou son siège social s'il s'agit d'une personne morale, est situé en France métropolitaine ou dans un département d'outre-mer, l'établissement payeur :

a. N'a pas à opérer la retenue à la source mentionnée au 2 de l'article 119 bis du code général des impôts sur les produits d'actions, de parts sociales ou de parts bénéficiaires et sur les revenus assimilés répartis par des sociétés françaises ;

b. Est tenu de délivrer au présentateur un certificat libellé au nom du bénéficiaire.

2. Le montant du crédit d'impôt mentionné sur le certificat prévu au b du 1 comprend :

a. *(Abrogé)* ;

b. Le crédit d'impôt correspondant aux retenues prélevées en vertu du 1 des articles 119 bis et 1678 bis du code général des impôts ou réputées prélevées sur les revenus de valeurs mobilières françaises et assimilées ;

c. Le crédit d'impôt correspondant à l'impôt retenu à la source à l'étranger ou à la décote en tenant lieu, tel qu'il est prévu par les conventions internationales.

RM-VIII-140

Art 78 **I.** Lorsque le domicile réel ou le siège social du bénéficiaire des revenus est situé hors de la France métropolitaine et des départements d'outre-mer, l'établissement payeur :

a. Est tenu, sous réserve des dispositions des conventions internationales, de prélever sur les produits d'actions, de parts sociales ou de parts bénéficiaires et sur les revenus assimilés répartis par des sociétés françaises la retenue à la source visée au 2 de l'article 119 bis du code général des impôts ;

b. Est tenu de délivrer au présentateur un certificat libellé au nom du bénéficiaire.

II. Le crédit d'impôt mentionné sur le certificat prévu au b du I correspond aux retenues prélevées ou réputées prélevées sur les produits payés.

RM-VIII-140

Art 79 1. Les certificats prévus aux articles 77 et 78 sont établis sur des formules dont les modèles sont fixés par arrêté.

2. Les établissements payeurs autres que les sociétés ou collectivités débitrices sont déchargés de toute responsabilité quant au montant du crédit d'impôt inscrit sur les certificats délivrés par eux lorsque ce montant correspond à celui qui leur a été notifié par lesdites sociétés ou collectivités.

3. Les établissements payeurs sont tenus d'établir le relevé prévu à l'article 57 pour tous les revenus payables sur présentation de coupons ou d'instruments représentatifs de coupons.

4. Les sociétés visées au 4° de l'article 75 sont réputées verser à chacun de leurs associés la quote-part des revenus correspondant à ses droits, le jour où elles ont elles-mêmes encaissé lesdits revenus ou ont été créditées de leur montant. Elles prélèvent à la même date la retenue à la source visée au 2 de l'article 119 bis du code général des impôts qui est due, à raison de leurs quotes-parts respectives, par les associés dont le domicile réel ou le siège social est situé hors de la France métropolitaine et des départements d'outre-mer.

Art 80 L'utilisation, par les bénéficiaires de revenus de capitaux mobiliers, du crédit d'impôt attaché à ces revenus, est subordonnée à la production par les intéressés des certificats correspondants établis par les établissements payeurs en application des dispositions des articles 77 et 78.

Les certificats sont obligatoirement joints à la déclaration de revenus ou de résultats dans laquelle sont compris les revenus qui ont donné lieu à leur délivrance.

Art 81 1. Les certificats délivrés aux sociétés d'investissement et aux sociétés assimilées servent à justifier le crédit d'impôt attaché aux dividendes qu'elles distribuent à leurs actionnaires.

2. Les certificats délivrés aux sociétés visées à l'article 8 du code général des impôts servent à justifier le montant de ceux qu'elles délivrent elles-mêmes à leurs membres en application du 4 de l'article 79 ainsi que l'assiette de la retenue à la source prélevée par elles, le cas échéant.

3. Les sociétés visées au présent article sont tenues de conserver les certificats qui leur ont été délivrés jusqu'à l'expiration du délai de reprise fixé par le premier alinéa de l'article L 169 du livre des procédures fiscales.

Art 81 bis I. Le crédit d'impôt attaché aux revenus des valeurs mobilières attribuées aux salariés ou acquises pour leur compte en application des articles L 3322-1 à L 3326-2 du code du travail, donne lieu à la délivrance d'un certificat distinct, conformément aux dispositions de l'article 77.

II. Lorsque ces revenus sont totalement exonérés, conformément aux dispositions de l'article 163 bis AA du code général des impôts, le certificat est établi pour la totalité du crédit d'impôt au nom de l'organisme chargé de la conservation des titres et la restitution du crédit d'impôt mentionné sur ce certificat est demandée par cet organisme.

Lorsque l'exonération ne porte que sur la moitié de ces revenus le certificat établi au nom de l'organisme chargé de la conservation des titres ne mentionne que la moitié du crédit d'impôt qui s'attache à ces revenus. La restitution demandée par l'organisme porte alors sur un montant réduit de moitié.

III. La demande de restitution, accompagnée du certificat, est adressée au service des impôts du siège de l'organisme qui l'a établie.

La restitution est opérée au profit de cet organisme, à charge pour lui d'employer les sommes correspondantes de la même façon que les revenus auxquels elles se rattachent.

Art 82 I. Le crédit d'impôt attaché aux revenus du portefeuille collectif ou des titres détenus individuellement qui sont acquis en application des articles L 3335-1 à L 3335-2 du code du travail, et dans les conditions fixées à ces articles donne lieu à la délivrance d'un certificat distinct conformément aux dispositions de l'article 77.

II. Lorsque ces revenus sont totalement exonérés, conformément aux dispositions des deux premières phrases du II de l'article 163 bis B du code général des impôts, le certificat est établi pour la totalité du crédit d'impôt au nom de l'organisme chargé de la conservation des titres et la restitution du crédit d'impôt mentionné sur ce certificat est demandée par cet organisme.

III. La demande de restitution accompagnée du certificat est adressée au service des impôts du siège de l'organisme qui l'a établie.

La restitution est opérée au profit de cet organisme, à charge pour lui d'employer les sommes correspondantes de la même façon que les revenus auxquels elles se rattachent.

TS-VII-37400

II. Distribution de primes à la construction par les sociétés immobilières d'investissement et les sociétés immobilières de gestion

Art 83 Pour être admises au bénéfice de l'exonération prévue au I de l'article 159 quinquies du code général des impôts, les primes à la construction encaissées par les sociétés immobilières d'investissement et les sociétés immobilières de gestion doivent être distribuées en espèces aux actionnaires ou porteurs de parts au plus tard lors de la mise en paiement du dividende afférent à l'exercice au cours duquel elles ont été perçues. Si aucun dividende n'est réparti au titre dudit exercice, la distribution des primes doit avoir lieu, au plus tard, dans les vingt jours qui suivent l'assemblée générale statuant sur les résultats de cet exercice.

IMMO-IV-26580 s.

Art 84 I. Par dérogation aux dispositions de l'article 4 du décret n° 48-1683 du 30 octobre 1948, fixant certaines caractéristiques des valeurs mobilières, les coupons ou instruments représentatifs de coupons, contre remise desquels sont opérées les distributions de primes à la construction conformes aux prescriptions de l'article 83 sont obligatoirement distincts de ceux servant au paiement des dividendes et autres produits des actions ou parts. Ils ne donnent pas lieu à l'établissement du relevé prévu à l'article 57.

II. En cas de distribution soit de primes à la construction ne satisfaisant pas aux conditions exigées à l'article 83, soit de sommes ne provenant pas de primes à la construction encaissées par la société, les sommes ou valeurs ainsi réparties sont réputées versées à des bénéficiaires non identifiés et soumises au régime des rémunérations et avantages occultes mentionnés au c de l'article 111 du code général des impôts.

IMMO-IV-26580 s.

IV. Options de souscription ou d'achat d'actions au bénéfice du personnel des sociétés

Art 91 bis I. 1° L'entreprise ou la société mentionnée au 2° délivre un état individuel aux bénéficiaires d'options sur titres attribuées jusqu'au 27 septembre 2012 dans les conditions prévues au I de l'article 163 bis C du code général des impôts dans sa rédaction antérieure à celle résultant de l'article 11 de la loi n° 2012-1509 du 29 décembre 2012 de finances pour 2013, au plus tard le 1er mars de l'année de dépôt de leur déclaration de revenus souscrite au titre de l'année de la levée des options. Les bénéficiaires doivent le conserver jusqu'à l'expiration du délai de reprise et le présenter sur demande de l'administration fiscale.

Cet état mentionne :

a. L'objet pour lequel il est établi : application de l'article 163 bis C du code général des impôts dans sa rédaction antérieure à celle résultant de la loi n° 2012-1509 du 29 décembre 2012 de finances pour 2013, pour les options sur titres attribuées jusqu'au 27 septembre 2012 ;

b. La raison sociale et le siège social de la société émettrice des titres et, le cas échéant, celle de l'entreprise qui établit l'état ;

c. L'identité et l'adresse du bénéficiaire ;

d. Le nombre, le prix de souscription ou d'achat et la valeur des actions acquises à la date de la levée des options ;

e. La fraction du gain de levée d'option de source française ;

f. Les dates d'attribution et de levée des options ;

g. Lorsque les dispositions du II de l'article 80 bis du code général des impôts trouvent à s'appliquer, le montant de la différence définie à cet article.

2° La société émettrice qui a son siège social en France et dans laquelle le titulaire des options sur titres exerce son activité ou l'entreprise mentionnée au III de l'article 80 bis du code général des impôts transmet à l'administration fiscale, dans la déclaration prévue à l'article 87 du même code, les informations mentionnées au i du 2° de l'article 39 de l'annexe III audit code.

Lorsque le titulaire exerce son activité dans une entreprise différente de la société ou de l'entreprise mentionnée à l'alinéa précédent au moment de la levée des options, cette information est transmise, selon les mêmes modalités, par l'entreprise dans laquelle il exerce son activité lorsqu'elle dispose des informations nécessaires.

Dans les autres cas, la société émettrice ou l'entreprise mentionnée au premier alinéa adresse au service des impôts des entreprises dont elle relève, au plus tard le 1er mars de l'année qui suit celle au cours de laquelle a eu lieu la levée des options, un duplicata de l'état individuel mentionné au 1°.

3° Lorsque les actions issues des options sur titres sont inscrites sur un compte titres qui n'est pas tenu par l'entreprise ou la société mentionnée au 2°, celle-ci communique, soit au plus tard le 1er mars de l'année qui suit celle de la levée des options, soit lors de la cession des titres lorsqu'elle intervient avant cette date, une copie de l'état prévu au 1° à l'établissement chargé de la tenue du compte titres qui est redevable de la retenue à la source prévue à l'article 182 A ter du code général des impôts.

En cas de transfert des titres sur un autre compte, l'établissement mentionné à l'alinéa précédent transmet une copie du duplicata au nouveau redevable de la retenue à la source.

II. 1° En cas de conversion au porteur, de mise en location ou de cession d'actions issues d'options sur titres attribuées jusqu'au 27 septembre 2012, avant le terme de la période d'indisponibilité prévue au I de l'article 163 bis C du code général des impôts dans sa rédaction antérieure à celle résultant de l'article 11 de la loi n° 2012-1509 du 29 décembre 2012 de finances pour 2013, l'entreprise ou la société mentionnée au 2° du I du présent article adresse au service des impôts des entreprises dont elle relève, au plus tard le 1er mars de l'année qui suit celle au cours de laquelle a eu lieu l'opération, un état individuel qui mentionne la date et la nature de l'opération, le nombre d'actions concernées, les informations mentionnées aux b à g du 1° du I et, le cas échéant, la survenance d'un événement prévu à l'article 91 ter.

Elle communique une copie de cet état au titulaire des options et, le cas échéant, à l'établissement mentionné au 3° du I.

2° En cas d'échange sans soulte d'actions issues d'options sur titres attribuées jusqu'au 27 septembre 2012 et résultant d'une opération mentionnée au I bis de l'article 163 bis C du code général des impôts dans sa rédaction antérieure à celle résultant de l'article 11 de la loi n° 2012-1509 du 29 décembre 2012 de finances pour 2013, l'entreprise ou la société mentionnée au 2° du I du présent article adresse au service des impôts des entreprises dont elle relève, au plus tard le 1er mars de l'année qui suit celle au cours de laquelle a eu lieu l'opération, un état individuel qui mentionne la date et la nature de l'opération, le nombre d'actions reçues en échange, la raison sociale et l'adresse de la société dont les actions sont remises en échange ainsi que les informations mentionnées aux b à g du 1° du I.

Elle communique une copie de cet état au titulaire des options et, le cas échéant, à l'établissement mentionné au 3° du I.

Ndlr *S'agissant des obligations déclaratives pour les options sur actions attribuées à compter du 28 septembre 2012, voir l'article 38 septdecies de l'Annexe III.*

TS-VII-65550 s.

Art 91 ter Le bénéficiaire d'options sur titres attribuées jusqu'au 27 septembre 2012 peut exceptionnellement disposer des actions avant le terme de la période d'indisponibilité fixée au I de l'article 163 bis C du code général des impôts dans sa rédaction antérieure à celle résultant de l'article 11 de la loi n° 2012-1509 du 29 décembre 2012 de finances pour 2013, sans perte du bénéfice des dispositions prévues à cet article, dans les situations suivantes :

1° licenciement du titulaire ;

2° mise à la retraite du titulaire ;

3° invalidité du titulaire correspondant au classement dans la deuxième ou la troisième des catégories prévues à l'article L 341-4 du code de la sécurité sociale ;

4° décès du titulaire.

Dans les situations définies aux 1° et 2° les options doivent avoir été levées au moins trois mois avant la date de réalisation de l'événement invoqué.

TS-VII-64590 s.

IV bis. Bons de souscription de parts de créateur d'entreprise. Evaluation de la capitalisation boursière

Art 91 ter A I. Pour l'application du 4 du II de l'article 163 bis G du code général des impôts, la capitalisation boursière d'une société est déterminée par le produit du nombre de ses titres de capital admis à la négociation à l'ouverture du jour de négociation précédant celui de l'émission des bons par la moyenne des cours d'ouverture des soixante jours de négociation précédant celui de l'émission des bons.

Toutefois, lorsque les titres de capital de la société sont pour la première fois admis à la négociation durant ces soixante jours, la moyenne retenue est celle des cours d'ouverture des jours de négociation depuis le jour de l'admission à la négociation jusqu'au jour précédant celui de l'émission des bons. Il en est de même en cas d'augmentation de capital ou d'opération de fusion, de scission ou d'apport partiel d'actif réalisée durant ces soixante jours et emportant admission à la négociation de nouveaux titres de capital de la société absorbante ou bénéficiaire.

II. Par dérogation aux dispositions du I, en cas d'émission des bons le jour de la première cotation des titres de capital d'une société, sa capitalisation boursière est déterminée par le produit du nombre de titres de capital ainsi admis à la négociation par le prix auquel ces titres sont placés dans le public, à savoir le prix auquel ces titres sont vendus au public avant la première cotation.

De même, en cas d'émission des bons le jour où de nouveaux titres de capital de la société sont admis à la négociation à la suite d'une augmentation de capital ou d'une opération de fusion, de scission ou d'apport partiel d'actif, sa capitalisation boursière est déterminée par le produit du nombre total des titres de capital de la société absorbante ou bénéficiaire admis à la négociation à l'issue de l'opération par le cours de clôture du dernier jour de négociation précédant l'admission à la négociation de ces nouveaux titres de capital.

TS-VII-85430

V. Plan d'épargne populaire

Art 91 quater La date d'ouverture d'un plan d'épargne populaire est fixée conformément aux dispositions de l'article R 221-69 du code monétaire et financier.

(Art. R 221-69 : La date d'ouverture du plan d'épargne populaire est celle du premier versement effectué sur le compte ou au titre du contrat d'assurance)

RM-VII-36370

Art 91 quater A Les produits visés au 2e alinéa du III de l'article 109 de la loi no 89-935 du 29 décembre 1989 sont constitués par la différence entre les sommes remboursées au titulaire du plan d'épargne populaire et le montant de ses versements sur le plan d'épargne populaire.

Art 91 quater B **I.** En cas de clôture du plan d'épargne populaire avant huit ans, le titulaire du plan présente, le cas échéant, à l'organisme gestionnaire un document qui atteste la survenance du décès de son conjoint ou de l'un des événements visés au 22° de l'article 157 du code général des impôts dans les deux ans qui précèdent la clôture.

L'exonération d'impôt en cas de clôture du plan avant huit ans ne s'applique qu'aux plans ouverts avant le décès du conjoint ou la survenance de l'un des événements mentionnés au 22° de l'article 157 du code général des impôts.

II. L'organisme auprès duquel un plan d'épargne populaire a été ouvert adresse aux services fiscaux, avant le 16 février de chaque année, les renseignements suivants relatifs à l'année précédente en les mentionnant sur la déclaration prévue au 1 de l'article 242 ter du code général des impôts :

Les nom, prénoms et adresse du titulaire ;

Les références du plan d'épargne populaire ;

La date d'ouverture du plan.

Le cas échéant, l'organisme fait également figurer distinctement le montant des produits payés non soumis à l'impôt sur le revenu en application du 22° de l'article 157 du code général des impôts.

RM-VIII-2100

V bis. Plans d'épargne en actions

Art 91 quater E Les modalités d'ouverture d'un plan d'épargne en actions et d'un plan d'épargne en actions destiné au financement des petites et moyennes entreprises et des entreprises de taille intermédiaire sont respectivement prévues par les articles R 221-111 et D 221-113-3 du code monétaire et financier.

RM-VII-38700 s.

Art 91 quater G L'organisme auprès duquel un plan d'épargne en actions mentionné à l'article 163 quinquies D du code général des impôts est ouvert adresse au service d'assiette dont relève sa résidence, avant le 16 février de chaque année, les renseignements suivants relatifs à l'année précédente en les mentionnant sur la déclaration prévue au 1 de l'article 242 ter du même code :

a. Les nom, prénom et adresse du titulaire ;

b. Les références du plan ;

c. La date d'ouverture du plan.

L'organisme fait également figurer distinctement la date du premier retrait de sommes ou de valeurs figurant sur le plan ou celle du premier rachat du contrat de capitalisation.

En cas de clôture du plan avant ou, dans les conditions prévues au 2 bis du II de l'article 150-0 A du code général des impôts, après l'expiration de la cinquième année ou, en l'absence de clôture du plan, en cas de retrait ou rachat effectué sur celui-ci dans les conditions prévues au troisième alinéa du II de l'article L 221-32 du code monétaire et financier ou au IV du même article, il indique :

a. La valeur liquidative du plan ou la valeur de rachat du contrat de capitalisation à la date de clôture ou de retrait ou rachat, diminuée des sommes ou valeurs correspondant à des retraits ou à des rachats réalisés, concomitamment à la clôture ou au retrait ou rachat mentionné à l'alinéa précédent, en vue de la création ou de la reprise d'une entreprise ;

b. Le montant cumulé des versements effectués depuis l'ouverture du plan, diminué du montant des versements correspondant à de précédents retraits ou rachats n'entraînant pas la clôture de ce plan ;

c. Le montant du retrait ou du rachat effectué dans les conditions prévues au troisième alinéa du II de l'article L 221-32 du code monétaire et financier ou au IV du même article.

L'organisme indique distinctement le montant des produits procurés par des placements pour lesquels, en vertu du 5° bis de l'article 157 du code général des impôts, l'exonération est susceptible d'être limitée. L'organisme indique également distinctement le montant de la cession ou du retrait des obligations remboursables en actions ou des actions reçues en remboursement.

RM-VII-42350 s.

Art 91 quater H Le titulaire d'un plan d'épargne en actions mentionné à l'article 163 quinquies D du code général des impôts détermine à partir de la valeur d'acquisition ou de souscription des titres concernés le montant des produits et des plus-values qui ne bénéficient pas de l'exonération prévue au 5° bis de l'article 157 du code général des impôts, et fait apparaître distinctement le revenu correspondant sur la déclaration prévue au 1 de l'article 170 du même code.

RM-VII-42500

Art 91 quater I Le transfert d'un plan d'épargne en actions mentionné à l'article 163 quinquies D du code général des impôts d'un organisme gestionnaire à un autre ne constitue pas un retrait si le titulaire remet au premier organisme gestionnaire un certificat d'identification du plan sur lequel le transfert doit avoir lieu ; ce certificat est établi par l'organisme auprès duquel le plan est transféré.

Dans ce cas, le premier organisme gestionnaire communique au nouveau gestionnaire :

a. La date d'ouverture du plan ;

b. Le montant cumulé des versements effectués sur le plan, diminué du montant des versements correspondant aux retraits ou rachats effectués précédemment au transfert du plan et n'ayant pas entraîné sa clôture ;

c. Les renseignements mentionnés à l'article R 96 D-1 du livre des procédures fiscales ;

d. Les renseignements nécessaires au nouveau gestionnaire pour la détermination de l'assiette et du montant des prélèvements sociaux qui seront, le cas échéant, dus ultérieurement.

RM-VII-42700 s.

Art 91 quater J Le gain net défini au 6 de l'article 150-0 D du code général des impôts réalisé depuis l'ouverture d'un plan d'épargne en actions mentionné à l'article 163 quinquies D du code général des impôts est, le cas échéant, diminué du montant des produits et des plus-values qui n'ont pas bénéficié de l'exonération prévue au 5° bis de l'article 157 du même code. Le contribuable joint à la déclaration mentionnée à l'article 74-0 F les éléments nécessaires à la détermination de cette correction.

Lorsque la clôture du plan intervient avant l'expiration de la cinquième année, cette déclaration doit faire apparaître sous une rubrique spéciale le montant du gain net visé au premier alinéa assorti des éléments nécessaires à sa détermination.

RM-VII-42530 s.

Art 91 quater K Afin de bénéficier des dispositions du deuxième alinéa du II de l'article L 221-32 du code monétaire et financier, le titulaire d'un plan d'épargne en actions mentionné à l'article 163 quinquies D du code général des impôts adresse à l'organisme gestionnaire du plan un document attestant sur l'honneur que les sommes ou valeurs dont il demande le retrait, ou le rachat s'agissant d'un contrat de capitalisation, sont destinées à être affectées au financement de la création ou de la reprise d'une entreprise dans les conditions fixées par la troisième phrase du 2 du II de l'article 150-0 A du code général des impôts.

Dans les quatre mois qui suivent le retrait ou le rachat, le titulaire du plan adresse à l'organisme gestionnaire :

a. En cas d'affectation des sommes au financement de la création d'une entreprise exerçant une activité industrielle, commerciale, artisanale, agricole ou libérale, tout document officiel comportant l'immatriculation de l'entreprise et son identification ;

b. En cas d'affectation des sommes au financement de la reprise d'une entreprise exerçant une activité mentionnée au a, la copie du document constatant l'opération, soumis à la formalité de l'enregistrement et mentionné aux articles 635, 638 ou 639 du code général des impôts, accompagnée de tout document officiel comportant l'immatriculation de l'entreprise et son identification ;

c. Une attestation sur l'honneur délivrée par l'entrepreneur individuel, la société ou, s'agissant de la reprise d'une entreprise, le cédant, mentionnant la date et le montant des sommes ou valeurs investies dans l'entreprise par le titulaire du plan conformément aux conditions fixées par la troisième phrase du 2 du II de l'article 150-0 A précité ;

d. L'identité et l'adresse de la ou des personnes exerçant dans la société créée ou reprise l'une des fonctions énumérées au 1° du 1 du III de l'article 975 du code général des impôts ou de l'exploitant individuel de l'entreprise créée ou reprise et, si nécessaire, la justification que l'un de ceux-ci est le conjoint ou le partenaire lié par un pacte civil de solidarité, l'ascendant ou le descendant du titulaire du plan.

En cas de non-respect des formalités prévues au présent article, le retrait ou le rachat entraîne la clôture du plan d'épargne en actions en application du premier alinéa du II de l'article L 221-32 du code monétaire et financier et l'imposition du gain net réalisé depuis l'ouverture du plan dans les conditions prévues à la première phrase du 2 du II de l'article 150-0 A du code général des impôts.

RM-VII-41400 s.

Art 91 quater K bis Afin de bénéficier des dispositions du troisième alinéa du II de l'article L 221-32 du code monétaire et financier, le titulaire d'un plan d'épargne en actions mentionné à l'article 163 quinquies D du code général des impôts adresse à l'organisme gestionnaire du plan, préalablement au retrait ou au rachat, un document attestant sur l'honneur que les retraits de liquidités ou les rachats effectués sur le plan résultent de l'un des évènements mentionnés à ce même alinéa.

Art 91 quater K ter Afin de bénéficier des dispositions du IV de l'article L 221-32 du code monétaire et financier, le titulaire d'un plan d'épargne en actions mentionné à l'article 163 quinquies D du code général des impôts adresse à l'organisme gestionnaire du plan, préalablement au retrait ou au rachat, une copie de la décision faisant état de la mise en œuvre de la procédure de liquidation mentionnée à ce même IV.

Art 91 quater L I. Afin de mettre les porteurs de parts ou actionnaires des organismes mentionnés au 2° du I de l'article L 221-31 du code monétaire et financier en mesure de justifier de l'éligibilité de leur investissement au plan d'épargne en actions, ces organismes ou, en l'absence de personnalité morale, leur gérant ou leur représentant à l'égard des tiers doivent s'engager, dans un document destiné à l'information des souscripteurs et devant être produit à l'Autorité des marchés financiers en vue de la commercialisation en France des titres concernés, à investir leurs actifs de manière permanente à 75 % au moins en titres ou droits mentionnés aux a et b du 1° du I de l'article L 221-31 précité.

Ils doivent en outre indiquer, dans leurs rapports annuel ou semestriel, dont l'administration peut demander la communication, la proportion d'investissement de leurs actifs en titres et droits mentionnés au premier alinéa effectivement réalisée au titre de l'année ou du semestre concerné.

II. Les porteurs de parts ou actionnaires des organismes mentionnés au I justifient de l'éligibilité de leur investissement au plan d'épargne en actions par la production, sur demande de l'administration, du document prévu au premier alinéa du I.

RM-VII-39520 s.

VI. Déduction des pensions alimentaires

Art 91 quinquies Le contribuable qui a versé le capital constitutif de la rente prévue à l'article 373-2-3 du code civil peut, sous réserve des dispositions du 2° du II de l'article 156 du code général des impôts, déduire annuellement de son revenu imposable une somme égale au montant du capital versé divisé par le nombre d'années au cours desquelles la rente doit être servie.

La déduction ne peut excéder, pour chaque enfant, la limite prévue au premier alinéa du 2° du II de l'article 156 du code général des impôts.

Le contribuable est tenu de joindre à la déclaration des revenus de l'année au titre de laquelle il pratique pour la première fois la déduction mentionnée au premier alinéa une attestation délivrée par l'organisme accrédité chargé du versement de la rente et comportant les indications suivantes :

Identité et adresse du contribuable ayant constitué la rente ;

Identité, adresse, date et lieu de naissance de l'enfant bénéficiaire de la rente ;

Identité et adresse du parent qui a la garde de l'enfant ;

Montant du capital versé et date du versement ;

Dates du point de départ et du terme du service de la rente.

IRPP-II-9840 s. ; MF n° 1280

SECTION III

Calcul de l'impôt

II. Crédit d'impôt attaché aux revenus de capitaux mobiliers

Imputation prévue à l'article 199 ter, I et II du code général des impôts

Art 92 En vue de l'imputation ou de la restitution prévues aux I et II de l'article 199 ter du code général des impôts, les personnes physiques bénéficiaires de revenus de capitaux mobiliers ont droit à un crédit d'impôt du chef des revenus de cette nature qui entrent en compte pour la détermination de leur revenu net global, dans la mesure où lesdits revenus ont effectivement donné lieu à la retenue à la source prévue à l'article 119 bis du même code.

RM-IV-7050 s.

Le montant du crédit d'impôt est calculé d'après la législation en vigueur au jour de la mise en paiement des revenus y ouvrant droit si les sociétés ou collectivités débitrices ont leur siège en France métropolitaine ou dans les départements d'outre-mer.

RM-IV-7050

Art 93 Les personnes mentionnées à l'article 92 qui ont leur domicile réel en France et qui ne peuvent pas exercer intégralement le droit à imputation que leur confèrent les I et II de l'article 199 ter du code général des impôts, soit parce qu'elles ne sont pas redevables de l'impôt sur le revenu, soit parce que le crédit dont elles disposent excède le montant dudit impôt, ont droit à la restitution totale ou partielle de ce crédit suivant le cas.

La somme à restituer est égale à l'excédent du crédit sur l'impôt dû par le contribuable avant l'application, le cas échéant, des intérêts de retard et, s'il y a lieu, des majorations visées aux articles 1728 et 1729 du code précité.

RM-IV-7050 s.

Art 94 **I.** La restitution est ordonnée d'office par l'administration au profit des contribuables tenus de souscrire la déclaration prévue à l'article 170 du code général des impôts, à la condition que cette déclaration ait été régulièrement produite dans les délais fixés à l'article 175 dudit code.

II. La restitution à laquelle les personnes non astreintes à souscrire la déclaration susvisée peuvent prétendre est opérée sur demande des intéressés, rédigée sur un imprimé fourni par l'administration et adressée au service des impôts dans la circonscription duquel est située leur résidence ou, si elles ont plusieurs résidences en France, leur principal établissement.

La demande en restitution doit être présentée avant le 1er mars de l'année suivant celle de l'encaissement des revenus.

Toutefois, lorsque le montant net des revenus mobiliers encaissés au cours d'une année et donnant droit au crédit d'impôt n'atteint pas 8 €, la demande en restitution peut n'être produite que dans les deux premiers mois de l'année suivant celle où le montant cumulé desdits revenus perçus au cours de plusieurs années est au moins égal à 8 €, sans que la prolongation de délai résultant de la présente disposition puisse excéder quatre ans.

III. Le dépôt volontaire dans le délai légal de la déclaration prévue à l'article 170 du code général des impôts tient lieu de la demande de restitution à raison du crédit d'impôt afférent aux revenus de capitaux mobiliers qui y sont mentionnés.

RM-IV-7050 s.

Art 95 Le mandatement des sommes à restituer est fait par le directeur départemental ou, le cas échéant, régional des finances publiques du département dans lequel la déclaration ou la demande de restitution a été déposée.

RM-IV-7050 s.

III. Réduction d'impôt accordée au titre de certains investissements réalisés outre-mer

Art 95 K Les investissements productifs neufs réalisés dans les départements d'outre-mer, à Saint-Pierre-et-Miquelon, à Saint-Barthélemy, à Saint-Martin, en Nouvelle-Calédonie, en Polynésie française, dans les îles Wallis-et-Futuna et les Terres australes et antarctiques françaises qui ouvrent droit à la réduction d'impôt prévue au I de l'article 199 undecies B du code général des impôts sont les acquisitions ou créations d'immobilisations corporelles, neuves et amortissables, affectées aux activités relevant des secteurs éligibles en vertu des dispositions du I de cet article.

DC-IV-11220 s.

Art 95 M Les activités qui relèvent du secteur de la maintenance mentionné au i du I de l'article 199 undecies B du code général des impôts sont celles qui concourent, pour l'essentiel, à l'entretien ou à la réparation du matériel technique de production de biens ou de services.

DC-IV-10285

Art 95 N Les activités qui relèvent du secteur de la production audiovisuelle et cinématographique mentionné au j du I de l'article 199 undecies B du code général des impôts sont celles qui concourent directement à la création ou à l'extension outre-mer soit d'établissements qui y assurent la production d'œuvres audiovisuelles et cinématographiques, soit d'industries techniques de production de telles œuvres. Le secteur de la diffusion comprend les activités qui concourent directement à la création ou à l'extension d'établissements implantés outre-mer et qui y assurent la diffusion d'œuvres audiovisuelles et cinématographiques, quel que soit le support technique utilisé, à l'exclusion des activités d'achat-revente et de la location des supports techniques.

DC-IV-10325

Art 95 O Les activités qui relèvent du secteur des services informatiques ne constituent pas des services fournis aux entreprises au sens du i de l'article 199 undecies B du code général des impôts.

DC-IV-10452

Art 95 P Les activités qui relèvent du secteur de la navigation de croisière mentionné au h du I de l'article 199 undecies B du code général des impôts sont celles qui sont organisées sur des navires autorisés à embarquer plus de cinquante passagers.

DC-IV-10872

Art 95 Q La réduction d'impôt prévue au I de l'article 199 undecies B du code général des impôts est pratiquée, sous réserve des dispositions de la deuxième phrase du vingtième alinéa du I du même article, au titre de l'année au cours de laquelle l'immobilisation est mise en service ou est mise à la disposition de l'entreprise dans le cadre d'un contrat de crédit-bail. Lorsque l'immobilisation fait l'objet d'un contrat de crédit-bail, la réduction d'impôt est pratiquée par le contribuable crédit preneur ou par les associés ou membres de l'entreprise qui est crédit preneur.

Elle est déterminée en tenant compte du montant des aides publiques obtenues ou demandées et non encore accordées au 31 décembre de l'année mentionnée au premier alinéa. S'il y a lieu, la régularisation de la réduction d'impôt est effectuée au titre de la même année sur demande du contribuable.

DC-IV-11730 s., 13300 s., 13472

Art 95 S La réduction d'impôt prévue au I de l'article 199 undecies B du code général des impôts n'est pas imputable sur l'impôt résultant de la reprise des réductions d'impôt antérieurement pratiquées ou sur l'impôt résultant de la majoration du revenu global effectuée en application des vingt-troisième, vingt-cinquième et vingt-sixième alinéas de ce même I et du 7 de l'article 199 undecies A du même code.

De même, la créance sur l'Etat prévue au I de l'article 199 undecies B ne peut être utilisée pour le paiement de l'impôt résultant des reprises de réductions d'impôt, des majorations du revenu global et des réintégrations au revenu net global mentionnées à l'alinéa précédent.

DC-IV-13927 s.

Art 95 T I. Les contribuables qui bénéficient de la réduction d'impôt prévue au I de l'article 199 undecies B du code général des impôts doivent joindre à la déclaration des revenus de l'année au titre de laquelle la réduction d'impôt est pratiquée un état faisant apparaître pour chaque investissement à raison duquel elle est pratiquée :

a. Le nom et l'adresse du siège social de l'entreprise propriétaire de l'investissement ou, lorsque ce dernier fait l'objet d'un contrat de crédit-bail, de celle qui en est locataire, ainsi que le chiffre d'affaires de l'entreprise qui exploite l'investissement, apprécié selon les modalités définies au premier alinéa du I de l'article 199 undecies B du code général des impôts ;

b. S'il y a lieu, le pourcentage des droits aux résultats détenus directement ou indirectement par le contribuable dans la société ou le groupement propriétaire de l'investissement ;

c. La nature précise de l'investissement ;

d. Le prix de revient hors taxe de l'investissement, la valeur réelle des biens remplacés et le montant des aides publiques obtenues ou demandées et non encore accordées pour son financement ;

e. La date à laquelle l'investissement a été mis en service ou, en cas de construction ou d'acquisition d'un immeuble à construire, celle à laquelle les fondations sont achevées, ou, s'il s'agit d'un bien faisant l'objet d'un contrat de crédit-bail, celle à laquelle il a été mis à la disposition de l'entreprise ;

f. La ou les dates de décision d'octroi des aides publiques ;

g. Le nom, l'adresse et la nature de l'activité de l'établissement dans lequel l'investissement est exploité ;

h. S'il y a lieu, la copie de la décision d'agrément.

II. *(Périmé).*

III. Les sociétés propriétaires d'un hôtel, d'une résidence de tourisme ou d'un village de vacances classés qui ont fait l'objet de travaux de rénovation et de réhabilitation ayant ouvert droit au profit de leurs associés à la réduction d'impôt prévue au dix-huitième alinéa du I de l'article 199 undecies B du code général des impôts doivent joindre à leur déclaration de résultats, lorsque l'hôtel, la résidence de tourisme ou le village de vacances classés est donné en location dans les conditions prévues au vingt-sixième alinéa du I de l'article 199 undecies B, un état indiquant :

a. Le montant global de l'investissement ;

b. Le montant des travaux de rénovation et de réhabilitation ayant ouvert droit au profit des associés à la réduction d'impôt prévue au dix-huitième alinéa du I de l'article 199 undecies B ;

c. *(Périmé) ;*

d. La liste des associés mentionnant leurs noms et adresses ainsi que le pourcentage de leurs droits aux résultats de la société ;

e. *(Périmé).*

DC-IV-16030 s.

Art 95 U Le taux de rétrocession mentionné aux vingt-sixième et vingt-neuvième alinéas du I de l'article 199 undecies B du code général des impôts est calculé par le rapport existant entre :

a. Au numérateur, la différence entre, d'une part, le montant hors taxes de l'investissement diminué de la fraction de son prix de revient financée par une aide publique et, d'autre part, la valeur actualisée de l'ensemble des sommes mises à la charge du locataire lui permettant d'obtenir la disposition du bien et d'en acquérir la propriété au terme de la location ;
b. Au dénominateur, le montant de la réduction d'impôt.

La valeur actualisée des sommes payées par le locataire est déterminée en retenant un taux d'actualisation égal à la moyenne pondérée, en fonction du montant des emprunts, des taux d'intérêts des emprunts souscrits pour le financement de l'investissement par le bailleur. Lorsque les emprunts sont rémunérés par un taux d'intérêt variable, seul le premier taux connu est retenu pour le calcul de la moyenne. Il n'est pas tenu compte pour ce calcul de l'avantage consenti en application de ces mêmes dispositions par les associés ou membres de cette entreprise.

DC-IV-11877

SECTION IV

Tiers de confiance

Art 95 ZA Le tiers de confiance mentionné à l'article 170 ter du code général des impôts qui a conclu avec l'administration fiscale la convention individuelle mentionnée à l'article 95 ZG signe avec son client un contrat qui définit sa mission ainsi que les droits et les obligations de chaque partie.

La mission du tiers de confiance prend effet à la date de signature du contrat conclu avec le client.

IRPP-V-2880, 2960

Art 95 ZB Le tiers de confiance conserve les pièces mentionnées au I de l'article 170 ter du code général des impôts sous format papier ou sous forme dématérialisée.

Les pièces conservées sous forme dématérialisée doivent pouvoir être éditées à tout moment dans le délai de conservation. Le tiers de confiance garantit la parfaite conformité et inaltérabilité de ces éditions.

IRPP-V-2880

Art 95 ZC Le tiers de confiance transmet les pièces justificatives, ainsi que leur liste récapitulative accompagnée des montants qu'elles comportent, dans un délai de trente jours à compter de la notification de la demande de l'administration.

IRPP-V-2880 s.

Art 95 ZD En application du contrat prévu à l'article 95 ZA, le tiers de confiance transmet à l'administration fiscale par voie électronique, pour le compte de ses clients, les déclarations annuelles de revenus et leurs annexes. L'obligation de télétransmission du tiers de confiance ne porte pas sur les déclarations à souscrire au titre des revenus perçus au cours de l'année durant laquelle s'achève la mission de tiers de confiance.

Le contribuable mentionné au I de l'article 170 ter du code général des impôts est regardé, pour une année donnée, comme client d'un tiers de confiance s'il est lié avec celui-ci par le contrat prévu à l'article 95 ZA, conclu au plus tard lors du dépôt, par le professionnel, de la déclaration annuelle des revenus.

IRPP-V-2885, 2965

Art 95 ZE Le client d'un tiers de confiance qui souhaite bénéficier de ce dispositif s'engage, dans le contrat prévu à l'article 95 ZA, à donner son accord pour permettre la télétransmission de sa déclaration annuelle de revenus.

Dans ce contrat, le client reconnaît avoir été informé par le tiers de confiance :
1° Que les modalités de contrôle de l'administration fiscale à son égard ne sont pas modifiées par le dispositif prévu à l'article 170 ter du code général des impôts ;
2° Qu'il doit conserver un exemplaire des pièces justificatives afin de répondre, le cas échéant, aux demandes de l'administration.

IRPP-V-2960, 2970

Art 95 ZF La convention nationale prévue au IV de l'article 170 ter du code général des impôts est conclue entre la direction générale des finances publiques et les organismes représentant au niveau national les professions concernées, selon un modèle défini par arrêté du ministre chargé du budget *(Voir arrêté du 1er mars 2012, JO du 9)*.

La convention nationale reste valide jusqu'à sa dénonciation par l'une des parties signataires.

IRPP-V-2910 s.

Art 95 ZG La personne qui souhaite exercer la mission de tiers de confiance demande par écrit la signature d'une convention individuelle *(Voir arrêté du 1er mars 2012, JO du 9)* auprès du directeur de la direction départementale ou régionale des finances publiques dans le ressort de laquelle cette personne est établie ou, en cas de pluralité d'établissements, dans le ressort de la direction départementale ou régionale dont relève son établissement principal.

Les tiers de confiance qui n'ont pas d'établissement en France adressent leur demande au directeur général des finances publiques.

IRPP-V-2930 s.

Art 95 ZH Dans le mois qui suit la notification de la demande de conventionnement, selon le cas, le directeur départemental ou régional des finances publiques ou le délégataire du directeur général des finances publiques statue sur la demande après avoir examiné la situation du demandeur ainsi que celle des dirigeants et des administrateurs s'il s'agit d'une personne morale.

Il peut refuser de conclure la convention si, dans la période de cinq ans qui précède la demande, il a été constaté à l'encontre du demandeur et des dirigeants et administrateurs s'il s'agit d'une personne morale :

a. Des manquements aux obligations fiscales déclaratives ou de paiement ;

b. L'application de pénalités prévues aux articles 1728, 1729, 1730 à 1734 et 1737 du code général des impôts ;

c. Une condamnation définitive pour fraude fiscale en application des articles 1741, 1743, 1746 et 1747 du code général des impôts ou pour escroquerie à la TVA ou autre impôt ou taxe, ainsi que pour complicité à ces infractions ;

d. L'application de sanctions disciplinaires comportant une suspension ou une interdiction définitive d'exercer ;

e. L'application d'une amende fiscale prononcée par un tribunal.

Le délai pour statuer peut être porté à trois mois en cas de difficulté pour l'autorité administrative à obtenir les éléments qui lui sont nécessaires pour prendre une décision.

En cas de refus, la décision est notifiée au demandeur par lettre recommandée avec demande d'avis de réception. Ce refus est motivé.

En cas d'acceptation, le directeur départemental ou régional des finances publiques ou le délégataire du directeur général des finances publiques adresse au demandeur une convention individuelle dont le modèle est établi par arrêté du ministre chargé du budget. La convention est datée et signée par le directeur départemental ou régional des finances publiques ou le délégataire du directeur général des finances publiques et par le tiers de confiance ou une personne habilitée pour le représenter. Chacune des parties conserve un exemplaire de ce document.

IRPP-V-2930 s.

Art 95 ZI La convention signée par le professionnel en qualité de tiers de confiance n'est ni cessible ni transmissible.

En cas d'incapacité temporaire ou définitive d'exercer son activité, de démission ou de décès du professionnel, s'il s'agit d'une personne physique ou en cas de cessation ou de cession d'activité du professionnel, s'il s'agit d'une personne morale, l'administrateur provisoire désigné doit demander par écrit la signature d'une convention auprès du directeur départemental ou régional des finances publiques ou du délégataire du directeur général des finances publiques selon les modalités fixées à l'article 95 ZG. Le directeur départemental ou régional ou le délégataire du directeur général statue sur cette demande et informe l'administrateur provisoire de sa décision dans les conditions prévues à l'article 95 ZH.

L'administrateur provisoire dont la demande est rejetée en informe ses clients et leur restitue l'ensemble des pièces justificatives qu'il détient dans les trois mois qui suivent la notification du refus du directeur départemental ou régional ou du délégataire du directeur général.

Dans les hypothèses prévues au deuxième alinéa, la convention mentionnée à l'article 95 ZG cesse de produire ses effets et devient caduque.

IRPP-V-2945

Art 95 ZJ La convention individuelle est conclue pour une période de trois ans. Elle est renouvelable une fois par tacite reconduction pour la même durée, sauf dénonciation par le directeur départemental ou régional ou le délégataire du directeur général des finances publiques ou par le professionnel trois mois au moins avant la date d'expiration de la convention en cours.

Elle peut ensuite être renouvelée pour la même durée selon la procédure prévue aux articles 95 ZG et 95 ZH sur demande présentée trois mois au moins avant la date d'expiration de la convention en cours.

Le directeur départemental ou régional ou le délégataire du directeur général des finances publiques statue sur la demande et informe le demandeur de sa décision dans les conditions prévues à l'article 95 ZH.

Le tiers de confiance dont la convention prévue à l'article 95 ZG n'est pas renouvelée en informe ses clients et leur restitue l'ensemble des pièces justificatives qu'il détient dans les trois mois qui suivent la date de notification du non-renouvellement.

Le directeur départemental ou régional ou le délégataire du directeur général des finances publiques informe l'organisme représentant au niveau national la profession dont le tiers de confiance demandeur est membre de l'ensemble des décisions qu'il a prises concernant la convention individuelle prévue à l'article 95 ZG.

Les organismes représentant au niveau national la profession concernés sont chargés d'assurer l'établissement, la mise à jour et la publicité de la liste des professionnels exerçant la mission de tiers de confiance. Cette liste est transmise à l'administration fiscale avant le 30 avril de chaque année.

IRPP-V-2935

Art 95 ZK Le directeur départemental ou régional ou le délégataire du directeur général des finances publiques peut résilier la convention s'il constate que le tiers de confiance ou la société dans laquelle il exerce sa profession et, dans ce dernier cas, les dirigeants ou administrateurs ont fait l'objet :

a. De manquements au respect des obligations fiscales déclaratives ou de paiement ;

b. De pénalités prévues aux articles 1728, 1729, 1730 à 1734 et 1737 du code général des impôts ;

c. D'une condamnation définitive pour fraude fiscale en application des articles 1741, 1743, 1746 et 1747 du code général des impôts ou pour escroquerie à la TVA ou à un autre impôt ou taxe ainsi que pour complicité à ces infractions ;

d. De sanctions disciplinaires comportant une suspension ou une interdiction définitive d'exercer ;

e. D'une amende fiscale prononcée par un tribunal ;

f. De manquements à l'une des obligations stipulées dans la convention individuelle prévue à l'article 95 ZG.

Avant de prendre sa décision, le directeur départemental ou régional ou le délégataire du directeur général des finances publiques met le tiers de confiance en mesure de présenter ses observations sur les faits qui lui sont reprochés.

La décision de résiliation est notifiée au tiers de confiance par lettre recommandée avec demande d'avis de réception. Cette décision est motivée.

IRPP-V-2945

Art 95 ZL Le tiers de confiance dont la convention prévue à l'article 95 ZG est résiliée en informe ses clients et leur restitue l'ensemble des pièces justificatives qu'il détient dans les trois mois qui suivent la date de notification de la résiliation.

IRPP-V-2945

Art 95 ZM Le tiers de confiance dont la convention est caduque ou a été résiliée en application des dispositions des articles 95 ZI ou 95 ZK ne peut déposer une nouvelle demande de convention qu'à l'expiration d'un délai de six mois, sous réserve qu'il ne fasse plus l'objet d'une suspension et qu'il soit toujours membre de l'organisme représentant sa profession au niveau national.

La demande de nouvelle convention est soumise à la procédure prévue aux articles 95 ZG et 95 ZH.

IRPP-V-2945

Art 95 ZN Les déductions du revenu global, les réductions ou les crédits d'impôts pour lesquels le bénéfice du dispositif du tiers de confiance peut être sollicité sont ceux prévus aux articles 199 quater C, 199 quater F, 199 septies, 199 decies I, 199 decies E, 199 decies EA, 199 decies F, 199 decies G et 199 decies H, 199 undecies A, 199 undecies B, 199 undecies C et 199 undecies D, aux I à VI ter de l'article 199 terdecies-0 A, à l'article 199 terdecies-0B, aux 1 à 4 de l'article 199 sexdecies, aux articles 199 tervicies, 199 sexvicies, aux articles 200, 200 quater, 200 quater A, 200 quater B et 200 decies A du code général des impôts et à l'article 18 bis de l'annexe IV à ce code.

IRPP-V-2860

CHAPITRE PREMIER BIS

Prélèvement à la source de l'impôt sur le revenu

Art 95 ZO **I.** La personne tenue d'effectuer la retenue à la source mentionnée au 1° du 2 de l'article 204 A du code général des impôts qui constate qu'une erreur a été commise dans une déclaration souscrite au titre d'un mois peut la régulariser, au moyen d'une inscription distincte, dans une déclaration souscrite au titre d'un mois de la même année civile.

II. Lorsque l'erreur qui est régularisée a abouti à un excédent de retenue à la source, cet excédent s'impute sur le montant de retenue à la source due au titre du mois pour lequel la déclaration est souscrite et, si l'excédent est supérieur à ce montant, la différence est remboursée dans les conditions prévues à l'article L 190 du livre des procédures fiscales. La différence dont le remboursement a été demandé ne peut être imputée.

IRPP-VI-25000 s.

CHAPITRE II

Impôt sur les bénéfices des sociétés et autres personnes morales

SECTION I

Détermination du bénéfice imposable

1° Bénéfice imposable des caisses de crédit agricole

Art 102 I Les plus-values ou moins-values réalisées par les caisses de crédit agricole lors de la cession d'éléments d'actif immobilisé ou de titres de placement ne sont soumises à l'impôt que pour leur fraction acquise à compter du 1er janvier 1979.

Pour les titres cotés cette fraction est calculée en retenant comme prix de revient leur cours moyen pendant le mois de décembre 1978.

Pour les titres de participation non cotés et les autres éléments d'actif immobilisés, ainsi que pour les titres de placement non cotés, la fraction acquise à compter du 1er janvier 1979 est calculée en proportion de la durée de détention du bien depuis cette date par rapport à sa durée totale de détention. En outre, pour les biens amortissables détenus depuis plus de deux ans, la partie de la plus-value ou moins-value réputée à court terme ne peut excéder le montant des amortissements déduits à compter du 1er janvier 1979 pour le calcul de l'impôt.

IS-I-5860

Art 102 J A moins que, en vue de faire face aux risques afférents à leurs opérations de crédit à moyen et à long terme, elles n'aient constitué au 31 décembre 1978, pour un montant total égal ou supérieur à 0,50 % de l'encours de ces crédits, des provisions individualisées répondant aux conditions du premier alinéa du 5° du 1 de l'article 39 du code général des impôts, les caisses de crédit agricole sont tenues de faire figurer au 1er janvier 1979 à leur bilan la provision prévue au quinzième alinéa du même 5°. Le taux de cette provision est fixé à 0,50 %.

IS-I-5860

Art 102 K **I.** A moins que, en vue de faire face aux risques afférents à leurs opérations de crédit à court terme, elles n'aient constitué au 31 décembre 1978 pour un montant total supérieur à 1,50 % de l'encours de ces crédits, des provisions individualisées répondant aux conditions du premier alinéa du 5° du 1 de l'article 39 du code général des impôts, les caisses de crédit agricole sont tenues de faire figurer tant à leur bilan du 1er janvier 1979 qu'aux bilans de clôture de chacun des exercices 1979 à 1983 une provision forfaitaire provisoire destinée à couvrir les risques de cette nature.

II. La provision forfaitaire provisoire est calculée en appliquant à l'encours des crédits à court terme un taux de 1,50 %. A la clôture de chacun des exercices 1979 à 1983, le calcul est effectué après imputation sur la provision des pertes ayant affecté ces crédits.

Toutefois, si à la clôture de l'un quelconque de ces exercices, le total des provisions individualisées susceptibles d'être constituées en conformité avec l'article précité fait apparaître un taux effectif de couverture supérieur à 1,50 %, ces provisions sont retenues pour la détermination du résultat imposable, dans la mesure où elles ont été comptabilisées.

III. Lorsque la provision forfaitaire figurant au bilan du 31 décembre 1983 est supérieure au total des provisions individualisées susceptibles d'être constituées à la même date en conformité avec le premier alinéa du 5° du 1 de l'article 39 du code précité, la différence est rattachée, après correction, au résultat imposable de l'exercice 1983. Cette correction est opérée en réduisant la différence mentionnée ci-dessus du montant dont aurait été amputée la provision forfaitaire figurant au bilan du 1er janvier 1979 si le taux effectif de couverture constaté au 31 décembre 1983 avait été substitué au taux de 1,50 %.

Dans le cas inverse, le résultat imposable de l'exercice 1983 est augmenté de la somme dont aurait été majorée la provision forfaitaire figurant au bilan du 1er janvier 1979 si le taux effectif de couverture constaté au 31 décembre 1983 avait été substitué au taux de 1,50 %.

IV. En ce qui concerne l'organe central du crédit agricole, les crédits à court terme portant sur des effets publics ou garantis par l'Etat, ou consentis à des caisses de crédit agricole mutuel, sont exclus de la base de calcul de la provision forfaitaire provisoire.

IS-I-5860

Art 102 L Les provisions forfaitaires prévues aux articles 102 J et 102 K et devant figurer au bilan du 1er janvier 1979 sont constituées en ajoutant aux provisions individualisées pour risques sur crédit à moyen ou long terme et sur crédit à court terme comptabilisées au 31 décembre 1978 et répondant aux conditions du premier alinéa du 5° du 1 de l'article 39 du code général des impôts, les sommes nécessaires pour compléter celles-ci à hauteur respectivement de 0,50 % et de 1,50 % des encours de ces crédits.

Ces compléments, prélevés sur les provisions à caractère général ou, à défaut, sur les réserves, sont inscrits de façon distincte au bilan.

IS-I-5860

Art 102 M Les provisions comptabilisées au 31 décembre 1978 qui n'auraient pas été déductibles de l'assiette de l'impôt sur les sociétés peuvent, sans préjudice des dispositions de l'article 102 L, être portées en réserve ou maintenues en franchise d'impôt.

Si les provisions comptabilisées à la même date, autres que les provisions pour risques sur crédits à long, moyen ou court terme mentionnées aux articles 102 J et 102 K et qui auraient été fiscalement déductibles, deviennent sans objet, elles ne sont pas rapportées au résultat imposable. Si le risque auquel elles sont destinées à faire face se réalise, la perte est imputée sur leur montant.

IS-I-5860

Art 102 N Les rémunérations dites quotes-parts d'intérêts versées par les caisses régionales de crédit agricole mutuel aux caisses locales qui sont soumises à l'impôt sur les sociétés dans les conditions prévues au 2° du 6 de l'article 206 du code général des impôts ne sont pas déductibles par les caisses régionales pour la détermination de leurs bénéfices imposables.

IS-I-5860

2° Bénéfice imposable de la caisse centrale et des caisses départementales et interdépartementales de crédit mutuel

Art 102 O Les plus-values ou moins-values réalisées par la caisse centrale et les caisses départementales et interdépartementales de crédit mutuel lors de la cession d'éléments d'actif immobilisé ou de titres de placement ne sont soumises à l'impôt que pour leur fraction acquise à compter du 1er janvier 1980.

Pour les titres cotés, cette fraction est calculée en retenant comme prix de revient leur cours moyen pendant le mois de décembre 1979.

Pour les titres de participation non cotés et les autres éléments d'actif immobilisé, ainsi que pour les titres de placement non cotés, la fraction acquise à compter du 1er janvier 1980 est calculée en proportion de la durée de détention du bien depuis cette date par rapport à sa durée totale de détention. En outre, pour les biens amortissables détenus depuis plus de deux ans, la partie de la plus-value ou moins-value réputée à court terme ne peut excéder le montant des amortissements déduits à compter du 1er janvier 1980 pour le calcul de l'impôt.

IS-I-6020

Art 102 Q La provision de 0,50 % devant figurer au bilan du 1er janvier 1980 est constituée en ajoutant aux provisions pour risques sur crédit à moyen ou long terme comptabilisées au 31 décembre 1979 les sommes nécessaires, prélevées sur les provisions à caractère général ou, à défaut, sur les réserves. Ce complément est inscrit de façon distincte au bilan.

IS-I-6020

Art 102 R Les autres provisions existant au bilan du 31 décembre 1979 sont regardées comme des réserves exonérées de l'impôt si elles ne répondent pas aux conditions du 5° du 1 de l'article 39 du code général des impôts ou si elles deviennent sans objet.

IS-I-6020

SECTION I bis

Bénéfices réalisés par l'intermédiaire d'entités juridiques établies dans des pays à régime fiscal privilégié

Art 102 SA **I.** La personne morale établie en France et passible de l'impôt sur les sociétés mentionnée au 1 du I de l'article 209 B du code général des impôts s'entend d'une personne morale dont le siège est situé en France ou d'une entreprise exploitée en France par une personne morale dont le siège est situé hors de France, passibles de l'impôt sur les sociétés.

II. Pour apprécier si le taux de détention mentionné au 1 du I de l'article 209 B du code général des impôts est atteint, il y a lieu de retenir le pourcentage de participation constaté à la clôture de l'exercice de l'entité juridique établie ou constituée hors de France, ou, en l'absence d'exercice clos au cours d'une année, à la clôture de l'exercice de la personne morale établie en France et passible de l'impôt sur les sociétés. Toutefois, le pourcentage à retenir est celui, s'il est plus élevé, de la participation détenue pendant une période continue ou discontinue d'au moins 183 jours au cours de l'exercice de l'entité juridique établie ou constituée hors de France ou, à défaut, à la clôture de l'exercice de la personne morale établie en France et passible de l'impôt sur les sociétés.

III. Les revenus positifs mentionnés au 1 du I de l'article 209 B du code général des impôts s'entendent du profit net ou de son équivalent réalisé par une entité juridique établie ou constituée hors de France et qui, à raison du droit qui lui est applicable, n'est pas qualifié de résultat.

CF-IX-5030, 5190, 5310 s.

Art 102 T Les bénéfices ou revenus positifs de l'exercice de chaque entité juridique établie ou constituée hors de France sont réputés, en application du 1 du I de l'article 209 B du code général des impôts, constituer un revenu de capitaux mobiliers de la personne morale établie en France et passible de l'impôt sur les sociétés dans la proportion des actions, parts ou droits financiers détenus directement et indirectement au sens du premier alinéa du 2 du I de ce même article.

Cette proportion est calculée conformément aux dispositions du II de l'article 102 SA.

Toutefois, il n'est pas tenu compte des actions, parts et droits financiers détenus par l'intermédiaire d'autres personnes morales établies en France et passibles de l'impôt sur les sociétés au titre de l'article 209 B précité, à raison des mêmes bénéfices ou revenus positifs.

CF-IX-6300 s.

Art 102 U I. Au titre de la première période d'imposition pour laquelle le régime défini à l'article 209 B du code général des impôts est applicable, la personne morale établie en France et passible de l'impôt sur les sociétés doit établir un bilan de départ pour chaque entreprise ou entité juridique établie ou constituée hors de France, mentionnée au 1 du I de ce même article. L'actif net de ce bilan sert de base à la détermination des résultats de cette entreprise ou de cette entité juridique.

II. Les éléments figurant au bilan de départ doivent être retenus pour la valeur nette comptable qu'ils comportaient au regard de la législation fiscale qui leur était applicable dans le pays ou le territoire concerné à la date d'ouverture de la première période d'imposition.

CF-IX-6500 s.

Art 102 V Les bénéfices ou revenus positifs de chaque entreprise ou entité juridique établie ou constituée hors de France, mentionnée au 1 du I de l'article 209 B du code général des impôts, sont déterminés selon les règles fixées au 3 du I de cet article à partir du bilan de départ établi dans les conditions fixées à l'article 102 U. Ils sont convertis en euros sur la base du taux de change en vigueur, à la clôture de l'exercice de l'entreprise ou de l'entité juridique établie ou constituée hors de France ou, à défaut, de celui de la personne morale établie en France et passible de l'impôt sur les sociétés.

CF-IX-6500 s.

Art 102 W Les montants d'impôts acquittés hors de France sont imputables sur le montant de l'impôt sur les sociétés dont la personne morale établie en France et passible de l'impôt sur les sociétés est redevable à raison des bénéfices ou revenus positifs qui, lorsqu'il s'agit d'une entreprise, constituent pour elle un bénéfice ou qui, lorsqu'il s'agit d'une entité juridique établie ou constituée hors de France, sont réputés, en application du 1 du I de l'article 209 B du code général des impôts, constituer un revenu de capitaux mobiliers. Ces montants sont convertis en euros sur la base du taux de change en vigueur, à la date de clôture de l'exercice de l'entreprise ou de l'entité juridique établie ou constituée hors de France ou, à défaut, de celui de la personne morale établie en France. Il incombe à la personne morale établie en France et passible de l'impôt sur les sociétés de justifier du paiement effectif de ces impôts.

CF-IX-7200 s.

Art 102 X Lorsque des bénéfices ou revenus positifs ont fait l'objet d'une imposition en vertu de l'article 209 B du code général des impôts, les prélèvements effectués sur les distributions de ces bénéfices ou revenus positifs à la personne morale établie en France et passible de l'impôt sur les sociétés, conformément à une convention fiscale conclue par la France en vue d'éliminer les doubles impositions, sont imputables sur le montant de l'impôt sur les sociétés dû par cette personne morale.

CF-IX-7320

Art 102 XA Les retenues à la source effectuées sur les dividendes, intérêts ou redevances, compris dans les revenus de l'entreprise ou de l'entité juridique soumise à un régime fiscal privilégié et qui proviennent d'un Etat ou territoire autre que celui dans lequel cette entreprise ou entité juridique est établie ou constituée, sont imputables sur le montant de l'impôt sur les sociétés dû par la personne morale établie en France et passible de l'impôt sur les sociétés dans les conditions mentionnées au 5 du I de l'article 209 B du code général des impôts.

CF-IX-7270 s.

Art 102 Y Dans la limite de la quote-part des bénéfices ou revenus positifs d'une entité juridique établie ou constituée hors de France qui sont réputés, en application de l'article 209 B du code général des impôts, constituer un revenu de capitaux mobiliers de la personne morale établie en France et passible de l'impôt sur les sociétés, à raison duquel elle a été soumise à cet impôt, cette personne morale établie en France et passible de l'impôt sur les sociétés retranche de son bénéfice net total les dividendes et produits de participation reçus de l'entité juridique établie ou constituée hors de France.

A cette fin, elle tient un compte séparé pour chaque entité juridique établie ou constituée hors de France faisant apparaître le montant cumulé des bénéfices ou revenus positifs soumis à l'impôt sur les sociétés et les distributions reçues de cette entité juridique postérieurement à la première application de l'article 209 B du code général des impôts.

CF-IX-7340 s.

Art 102 Z I. Lorsqu'elle relève du I de l'article 209 B du code général des impôts, la personne morale établie en France et passible de l'impôt sur les sociétés doit joindre à sa déclaration de résultats une déclaration comportant les renseignements et documents suivants :

a. Le nom ou la raison sociale ainsi que l'adresse du siège social, l'objet, l'activité, le lieu de la résidence fiscale, les noms, prénoms ou raisons sociales et l'adresse des associés et la proportion de la participation mentionnée à l'article 102 SA en ce qui concerne les entités juridiques établies ou constituées hors de France soumises à un régime fiscal privilégié, dans lesquelles son taux de détention, direct ou indirect en actions, parts, droits financiers ou droits de vote au sens du premier alinéa du 2 du I de l'article 209 B du code général des impôts, excède le seuil mentionné au 1 du I de ce dernier article ;

b. Le lieu d'exercice et l'objet de l'activité de chaque entreprise établie hors de France soumise à un régime fiscal privilégié ;

c. Pour chaque entité juridique mentionnée au a ou chaque entreprise mentionnée au b, l'ensemble des documents qui sont exigés des sociétés passibles de l'impôt sur les sociétés, y compris le bilan et le compte de résultats établis selon les règles fixées par les articles 102 U et 102 V ;

d. Le bilan et le compte de résultats de chaque entreprise ou entité juridique, fournis à l'administration fiscale du pays ou territoire où elle est située, dans tous les cas où cette administration exige le dépôt de tels documents ;

e. Un état faisant apparaître de manière détaillée les bénéfices ou revenus de capitaux mobiliers déterminés selon les règles fixées au 3 du I de l'article 209 B du code général des impôts ;

f. Pour chacune des entités juridiques établies ou constituées hors de France, un état faisant apparaître le montant cumulé des bénéfices ou revenus positifs ayant fait l'objet d'une imposition au titre de l'article 209 B du code général des impôts et le montant cumulé des distributions reçues de ces sociétés.

II. Lorsque la personne morale établie en France et passible de l'impôt sur les sociétés estime relever des dispositions du II ou du III de l'article 209 B du code général des impôts, elle joint à sa déclaration de résultats une déclaration contenant les renseignements mentionnés aux a et b du I du présent article. La production de cette déclaration vaut indication expresse au sens du 1 du II de l'article 1727 du même code.

CF-IX-8200 s.

Art 102 ZA Lorsqu'une personne morale établie en France et passible de l'impôt sur les sociétés n'a pas produit, dans les délais prévus, la déclaration mentionnée à l'article 102 Z et que l'administration établit que cette personne morale a détenu dans une entité juridique établie ou constituée hors de France une participation dont le pourcentage a été supérieur au pourcentage mentionné au 1 du I de l'article 209 B du code général des impôts à un moment quelconque de l'exercice de cette entité juridique autre que la date de clôture, elle peut demander à cette personne morale de lui indiquer la durée de détention de cette participation au cours de l'exercice ainsi que les conditions et les dates de son acquisition et de sa cession.

Si, dans un délai de trente jours, la personne morale établie en France et passible de l'impôt sur les sociétés ne défère pas à cette demande ou fournit une réponse insuffisante, l'administration lui adresse une mise en demeure de produire dans le même délai la déclaration prévue à l'article 102 Z.

CF-IX-8270

Art 102 ZB Lorsqu'elle relève du I de l'article 209 B du code général des impôts, la personne morale établie en France et passible de l'impôt sur les sociétés doit joindre avec le relevé de solde d'impôt sur les sociétés prévu au 2 de l'article 1668 du même code qu'elle dépose auprès du comptable de la direction générale des finances publiques du lieu d'imposition défini à l'article 218 A du même code, un état faisant apparaître le montant des prélèvements fiscaux et des retenues à la source imputables sur l'impôt sur les sociétés par application des articles 102 W, 102 X et 102 XA. Cet état précise notamment leur montant, la nature du revenu correspondant, leur taux et leur Etat d'origine.

CF-IX-8300

SECTION III

Imputation de l'impôt sur le revenu (retenue à la source) sur le montant de l'impôt sur les sociétés

Art 135 Les personnes morales et associations assujetties à l'impôt sur les sociétés en vertu de l'article 206 du code général des impôts, à l'exception de celles désignées au 5 du même article, sont, en ce qui concerne les revenus de valeurs mobilières figurant à leur actif, admises à demander l'imputation, sur le montant de l'impôt sur les sociétés dont elles sont redevables, de la retenue opérée à la source sur lesdits revenus, dans les conditions et sous les réserves prévues aux 1 et 4 de l'article 220 et aux deuxième et troisième alinéas du 1 de l'article 223 dudit code et aux articles 136 à 140.

IS-II-10800 s.

Art 136 La somme restant due au titre de l'impôt sur les sociétés est déterminée en appliquant au montant de cet impôt, calculé en ne prenant en compte que les revenus mobiliers nets, une déduction égale, dans la limite de ce montant pour chaque période d'imposition, à la différence entre :

a. La retenue à la source supportée ou réputée supportée dans les limites prévues au 1 de l'article 220 du code général des impôts à raison des revenus de valeurs mobilières compris dans les bénéfices retenus en vue de l'établissement de l'impôt sur les sociétés ;

b. Le produit obtenu en multipliant par le taux de l'impôt sur les sociétés le montant du crédit d'impôt attaché aux revenus visés au a.

IS-II-11320 s.

Art 138 En ce qui concerne les sociétés en commandite simple et les sociétés en participation soumises à l'impôt sur les sociétés en vertu du 4 de l'article 206 du code général des impôts, la déduction prévue à l'article 136 est calculée d'après la fraction des revenus de valeurs mobilières entrant en compte pour la détermination des bénéfices passibles dudit impôt.

Sauf preuve contraire, cette fraction est réputée correspondre aux droits, dans les bénéfices totaux de la société, des commanditaires et des associés dont les noms et adresses n'ont pas été indiqués à l'administration.

DC-V-15580

Art 139 Pour bénéficier de l'imputation prévue au 1 de l'article 220 du code général des impôts, les intéressés sont tenus de fournir, dans la déclaration visée aux deuxième et troisième alinéas du 1 de l'article 223 du même code, le détail du calcul de la somme à retrancher, le cas échéant, par catégories de revenus de valeurs mobilières taxés à un taux différent.

Ils doivent tenir à la disposition des agents chargés d'établir leur imposition toutes justifications utiles ainsi que tous documents employés ou établis par eux pour effectuer ce calcul.

IS-II-11800 s.

Art 140 Le fait pour une société de demander l'imputation d'une somme trop élevée est regardé comme une insuffisance pour l'application des pénalités prévues à l'article 1729 du code général des impôts.

IS-II-11850

SECTION IV

Lieu d'imposition

Art 140 bis Le lieu d'imposition des caisses locales de crédit agricole mutuel sociétaires d'une caisse régionale de crédit agricole mutuel dont l'activité couvre un seul département est fixé au siège de la caisse régionale. Au cas où l'activité d'une caisse régionale s'étend sur plusieurs départements, le lieu d'imposition des caisses locales sociétaires de cette caisse est fixé par l'administration, dans chaque département, au siège de l'une des caisses locales.

IS-I-5845

SECTION VI

Déduction des investissements réalisés outre-mer

Art 140 quater Les investissements productifs réalisés dans les départements d'outre-mer, à Saint-Pierre-et-Miquelon, à Saint-Barthélemy, à

Saint-Martin, en Nouvelle-Calédonie, en Polynésie française, dans les îles Wallis-et-Futuna et les Terres australes et antarctiques françaises mentionnés au I, I bis et II de l'article 217 undecies du code général des impôts s'entendent des acquisitions ou créations d'immobilisations corporelles, neuves et amortissables, affectées aux activités relevant des secteurs éligibles en vertu des dispositions du I de l'article 199 undecies B du code général des impôts.

DC-IV-11220 s.

Art 140 octies I. La déduction prévue au premier alinéa du I de l'article 217 undecies du code général des impôts est pratiquée par l'entreprise propriétaire ou, si l'immobilisation fait l'objet d'un contrat de crédit-bail, par l'entreprise locataire.

II. Sous réserve des dispositions de la neuvième phrase du premier alinéa du I de l'article 217 undecies du code général des impôts, la déduction est opérée sur les résultats imposables de l'exercice au cours duquel l'immobilisation est mise en service ou, en cas de construction ou d'acquisition d'un immeuble à construire, l'exercice au cours duquel les fondations sont achevées, ou celui au cours duquel l'immobilisation est mise à la disposition de l'entreprise dans le cadre d'un contrat de crédit-bail.

Cette déduction est déterminée en tenant compte du montant des aides publiques ou, lorsque l'investissement consiste en l'acquisition ou la construction d'un logement neuf, des subventions publiques obtenues ou demandées et non encore accordées à la date de clôture de l'exercice mentionné au premier alinéa. S'il y a lieu, la régularisation de la déduction est effectuée au titre de l'exercice au cours duquel intervient la décision concernant leur octroi et leur montant.

III. Les résultats imposables de l'exercice sont déterminés, sous réserve des dispositions du IV bis de l'article 217 undecies du code général des impôts, avant tout autre déduction ou abattement.

DC-IV-21000 s., 21850 s.

Art 140 nonies Lorsqu'une entreprise entend bénéficier de la déduction prévue aux sixième à huitième alinéas du I et au I bis de l'article 217 undecies du code général des impôts, elle est tenue, pour chaque logement, de joindre à sa déclaration de résultat de l'exercice au titre duquel elle pratique la déduction des documents dont la liste est fixée par décret *(Voir Annexe III, art. 46 quater-0 ZZ ter)*.

Si le bail n'est pas signé à la date de souscription de la déclaration susmentionnée, les documents relatifs au bail et au locataire sont joints à la déclaration de l'exercice au cours duquel le bail est signé. Il en est de même en cas de changement de locataire pendant une période d'une durée fixée par décret.

Pour l'application du huitième alinéa du I de l'article 217 undecies du code général des impôts, les montants annuels du loyer et des ressources du locataire ne peuvent excéder des limites fixées par décret.

Ndlr *Voir Annexe III, art. 46 quater-0 ZZ ter*

DC-IV-27500 s.

Art 140 decies Les souscriptions dont la déduction est autorisée par les II et II ter de l'article 217 undecies du code général des impôts s'entendent des souscriptions en numéraire au capital des sociétés de développement régional des départements d'outre-mer et des entreprises passibles de l'impôt sur les sociétés qui exercent exclusivement leur activité, outre-mer, dans les secteurs mentionnés aux premier, troisième, sixième, septième et huitième alinéas du I de ce même article ou qui réalisent des investissements mentionnés aux quatrième et cinquième alinéas de ce même I.

La valeur d'origine des éléments d'actif autres que ceux nécessaires à l'exercice de l'activité ouvrant droit à déduction ne doit pas excéder 10 % du montant total de l'actif brut de la société.

DC-IV-24920

Art 140 undecies La déduction prévue par les II et II ter de l'article 217 undecies du code général des impôts est pratiquée, au titre de l'exercice au cours duquel les fonds ont été versés, sur les résultats imposables de l'entreprise qui réalise la souscription, déterminés, sous réserve des dispositions du IV bis du même article, avant tout autre déduction ou abattement.

En cas de versements échelonnés, ceux-ci sont pris en compte au titre de chacun des exercices au cours desquels ils ont été effectués.

DC-IV-25500 s.

Art 140 duodecies Lorsqu'une entreprise entend bénéficier de la déduction prévue par le II ou le II ter de l'article 217 undecies du code général des impôts à raison de la souscription d'actions ou de parts d'une société mentionnée à l'article 140 decies, elle doit joindre à sa déclaration de résultat de l'exercice au cours duquel la déduction est pratiquée une attestation délivrée par cette société précisant que cette dernière exerce son activité dans les conditions prévues à l'article 140 decies et s'engage à réaliser, dans les délais prévus au II de l'article 217 undecies du code précité, des investissements productifs pour un montant au moins égal à celui des fonds versés et indiquant le montant des fonds versés, la date du versement, le nombre de parts ou actions souscrites et, le cas échéant, leurs numéros.

DC-IV-25750 s.

Art 140 terdecies Pour l'application du III de l'article 217 undecies du code général des impôts, l'avis du ministre chargé de l'outre-mer est donné dans un délai de trente jours à compter de la date d'envoi de la demande du ministre chargé du budget.

Lorsque le ministre chargé du budget a délégué son pouvoir de décision aux directeurs régionaux ou, le cas échéant, départementaux des finances publiques des départements d'outre-mer, en application des dispositions du I de l'article 1649 nonies du code général des impôts, le ministre chargé de l'outre-mer peut déléguer son pouvoir au préfet du département d'outre-mer concerné.

DC-IV-12675

Art 140 quaterdecies I. Le taux de rétrocession mentionné au dix-neuvième alinéa (5°) du I et au 3° du I bis de l'article 217 undecies du code général des impôts est calculé par le rapport existant entre :

a. Au numérateur, la différence entre, d'une part, le montant hors taxe de l'investissement diminué de la fraction de son prix de revient financée par une aide publique ou, lorsque l'investissement consiste en l'acquisition ou la construction d'un logement neuf, une subvention publique et, d'autre part, la valeur actualisée de l'ensemble des sommes mises à la charge du locataire lui permettant d'obtenir la disposition du bien et d'en acquérir la propriété au terme de la location ;

b. Au dénominateur, la valeur actualisée des économies d'impôt sur les sociétés procurée par la déduction pratiquée au titre de l'investissement, par l'imputation du déficit procuré par la location du bien acquis et de la moins-value réalisée lors de la cession de ce bien et des titres de la société bailleresse.

La valeur actualisée des sommes payées par le locataire est déterminée en retenant un taux d'actualisation égal à la moyenne pondérée, en fonction du montant des emprunts, des taux d'intérêts des emprunts souscrits pour le financement de l'investissement par le bailleur. Lorsque les emprunts sont rémunérés par un taux d'intérêt variable, seul le premier taux connu est retenu pour le calcul de la moyenne. Il n'est pas tenu compte pour ce calcul de l'avantage consenti en application de ces mêmes dispositions par les associés ou membres de cette entreprise.

II. Pour l'application du II quinquies de l'article 217 undecies du code général des impôts, le taux de rétrocession est calculé par le rapport existant entre :

a. Au numérateur, la différence entre, d'une part, le montant de la souscription et, d'autre part, la valeur actualisée des sommes mises à la charge de la société bénéficiaire de la souscription lui permettant d'acquérir la propriété des titres souscrits ;

b. Au dénominateur, la valeur actualisée des économies d'impôt sur les sociétés procurée par la déduction pratiquée au titre de la souscription et, le cas échéant, par la moins-value réalisée lors de la cession des titres reçus lors de la souscription.

La valeur actualisée des sommes payées par la société bénéficiaire de la souscription est déterminée en retenant un taux d'actualisation égal à la moyenne pondérée, en fonction du montant des emprunts, des taux d'intérêt des emprunts souscrits pour le financement de la souscription par la société qui la réalise. Lorsque les emprunts sont rémunérés par un taux d'intérêt variable, seul le premier taux connu est retenu pour le calcul de la moyenne. Il n'est pas tenu compte pour ce calcul de l'avantage consenti en application de ces mêmes dispositions par les associés ou membres de cette entreprise.

DC-IV-20570

CHAPITRE III

Taxe sur les salaires

SECTION I

Taux majorés

Art 142 Sous réserve de la régularisation prévue à l'article 143, le montant de la majoration de la taxe sur les salaires visée à l'article 231 du code général des impôts est déterminé, pour chaque mois, à raison de :

4,25 % de la fraction des traitements et salaires individuels, payés au cours du mois, qui est comprise entre les douzièmes des seuils d'application des taux majorés de 8,50 % et de 13,60 % figurant à l'article 231 du code général des impôts ;

9,35 % de la fraction de ces traitements et salaires dépassant le douzième du seuil d'application du taux majoré de 13,60 % figurant au même article.

En ce qui concerne les rémunérations qui sont payées suivant une périodicité ou à des intervalles excédant un mois, l'impôt peut être déterminé en ramenant au mois le paiement imposable et en appliquant au montant des droits, calculé conformément aux dispositions des premier à troisième alinéas sur la somme ainsi obtenue, la proportion qui existe entre la période à laquelle s'applique le paiement et le mois.

TPS-I-15380 s. ; MF n° 73485

Art 143 La régularisation des droits dus en vertu de l'article 231 du code général des impôts et des articles 142 et 383 est effectuée par année.

Pour cette régularisation, le montant des droits exigibles au titre de la majoration de la taxe sur les salaires est déterminé en appliquant le taux de 4,25 % à la fraction de la rémunération effectivement allouée à chaque salarié au cours de l'année civile, qui est comprise entre 8 985 € et 17 936 € et le taux de 9,35 % à la fraction excédant 17 936 €, et en multipliant le chiffre ainsi déterminé par le rapport qui existe entre le montant de la rémunération qui a été payée pendant la période d'application de la majoration et le montant total de la rémunération annuelle.

Les droits dus ne peuvent toutefois excéder le chiffre obtenu en appliquant au montant de la rémunération dont chaque salarié a bénéficié au cours de la période d'application de la majoration les taux de :

4,25 % à la fraction de cette rémunération qui, ajustée à l'année, est comprise entre 8 985 € et 17 936 € ;

9,35 % à la fraction de cette rémunération qui, ajustée à l'année, dépasse 17 936 €.

Ndlr *Les limites de 8 985 € et 17 936 € sont applicables pour la taxe due à raison des rémunérations versées à compter du 1er janvier 2024. Elles étaient fixées à 8 573 € et 17 114 € pour la taxe due à raison des rémunérations versées en 2023.*

TPS-I-15380 s. ; MF nos 73485, 73550 s.

Art 144 La déclaration des traitements et salaires que les employeurs sont tenus de souscrire en exécution des dispositions de l'article 87 du code général des impôts doit, pour ceux d'entre eux qui sont redevables en totalité ou partiellement de la taxe sur les salaires, faire ressortir distinctement, pour chaque bénéficiaire dont la rémunération individuelle annuelle a excédé 8 985 €, le montant des salaires et rétributions payés en argent ou en nature durant la période d'application de la majoration de la taxe sur les salaires *(NDLR Cette limite s'applique aux rémunérations versées à compter du 1er janvier 2024. Elle était fixée antérieurement à 8 573 € pour les rémunérations versées en 2023).*

Elle doit comporter, en outre, l'indication du montant des compléments de droits acquittés en application de l'article 142 à raison des rémunérations payées pendant cette même période.

TPS-I-18600 s. ; MF nos 73550 s.

CHAPITRE VI

Cotisation perçue au titre de la participation des employeurs à l'effort de construction

Art 162 **I.** La cotisation prévue au 1 de l'article 235 bis du code général des impôts est établie, contrôlée et recouvrée conformément aux dispositions de l'article R 313-3 du code de la construction et de l'habitation.

Les réclamations sont présentées, instruites et jugées comme en matière de taxes sur le chiffre d'affaires conformément au deuxième alinéa de l'article R 313-3 précité.

Ndlr *La cotisation anciennement prévue à l'article 235 bis, 1 du CGI est désormais prévue à l'article L 131-4 du code de la construction et de l'habitation. Voir code de la construction et de l'habitation, art. L 313-4 et R 313-3 reproduits dans la partie Autres textes du présent code.*

II. La cotisation prévue au 2 de l'article 235 bis du code général des impôts est établie, contrôlée et recouvrée conformément aux dispositions de l'article R 716-29 du code rural et de la pêche maritime.

Les réclamations sont présentées, instruites et jugées comme en matière de taxes sur le chiffre d'affaires conformément au deuxième alinéa de l'article R 716-29 précité.

Ndlr *La cotisation anciennement prévue à l'article 235 bis, 2 du CGI est désormais prévue à l'article L 716-3 du code rural et de la pêche maritime. Voir code rural et de la pêche maritime, art. L 716-3 et R 716-29 reproduits dans la partie Autres textes du présent code.*

TPS-IV-6930, 8140 s.

CHAPITRE VI TER

Participation des employeurs au développement de la formation professionnelle continue

Ndlr Les dispositions réglementaires ci-après sont devenues sans objet compte tenu de la réforme du financement de la formation professionnelle initiée par l'article 37 de la loi 2018-771 du 5 septembre 2018. Les dispositions applicables aux contributions dédiées au financement de la formation professionnelle et de l'alternance, qui ne sont plus soumises à la réglementation fiscale mais recouvrées par les organismes de sécurité sociale depuis le 1er janvier 2022, sont désormais prévues par le code du travail.

I. Dispositions générales

Art 163 nonies Pour la détermination du montant de la participation des employeurs au développement de la formation professionnelle continue, l'effectif de l'entreprise est calculé conformément à l'article R 6331-1 du code du travail.

IV. Régimes spéciaux

Départements d'outre-mer

Art 163 sexdecies Les employeurs des départements d'outre-mer, de Saint-Barthélemy et de Saint-Martin employant des salariés à temps partiel, d'une manière intermittente ou travaillant à domicile sont soumis à l'obligation de participer au financement de la formation professionnelle continue dans les conditions prévues à l'article R 6523-2 du code du travail.

CHAPITRE VIII

Dispositions communes à l'impôt sur le revenu et à l'impôt sur les sociétés

0I. Primes de remboursement et intérêts capitalisés

Art 164 En cas de cession des titres ou droits mentionnés à l'article 238 septies B du code général des impôts, les plus-values sont déterminées en faisant abstraction des annuités d'intérêts et de primes calculées et échues depuis l'acquisition dans les conditions prévues au même article.

BIC-V-13130 s., 13390

I. Plus-values réalisées à l'occasion des opérations de construction et de ventes d'immeubles

Art 165 Pour l'application du II de l'article 219 et de l'article 238 octies du code général des impôts, les immeubles sont considérés comme achevés à la date de délivrance du récépissé de la déclaration prévue aux articles R 460-1 à R 460-4 du code de l'urbanisme *(NDLR Les articles R 460-1 à R 460-4 du code de l'urbanisme ont été abrogés par le décret 2007-18 du 5 janvier 2007 art. 9 à compter du 1er octobre 2007)*.

Art 166 Les ventes en l'état futur d'achèvement et les ventes à terme d'immeubles ou de fractions d'immeubles sont assimilées à des ventes d'immeubles achevés au sens de l'article 165 lorsque les conditions prévues aux articles L 261-10 et suivants du code de la construction et de l'habitation sont remplies.

Art 167 Lorsque la cession d'actions ou de parts de sociétés visées à l'article 1655 ter du code général des impôts porte sur des titres donnant droit à l'attribution d'immeuble ou de fraction d'immeuble non encore achevé, cette cession peut néanmoins être assimilée à une vente d'immeuble achevé pour l'application du II de l'article 219 et de l'article 238 octies dudit code lorsque les conditions suivantes sont remplies :

a. La cession est postérieure à l'achèvement des fondations de l'immeuble ;

b. Le contrat de cession qui devra revêtir la forme d'un acte authentique à compter d'une date qui sera fixée par arrêté du ministre de l'économie et des finances précise :

1° La consistance et les conditions techniques d'exécution des travaux ;

2° Le prix à payer au cédant tant pour la cession des titres que pour le remboursement des sommes qu'il a déjà versées à la société ;

3° Les versements qui restent à faire à la société pour achever l'immeuble ou la fraction d'immeuble auquel les actions ou parts cédées donnent vocation à la date de la cession, sous réserve de l'application au coût de construction des clauses de variation stipulées dans les marchés et les contrats conclus par la société ;

c. Le cédant s'engage vis-à-vis du cessionnaire à couvrir les appels de fonds de la société correspondant au coût de construction dans la mesure où les versements exigés à ce titre excéderaient le montant des versements définis au 3° du b.

Cet engagement doit être garanti par une caution solidaire donnée par un établissement de crédit, une société de financement ou une société de caution mutuelle constituée conformément aux dispositions des articles L 512-2, L 512-20, L 515-4 et L 513-2 du code monétaire et financier.

A défaut de pouvoir fournir cette caution, l'intéressé doit constituer un cautionnement en numéraire dans un organisme habilité à cet effet et désigné dans le contrat. Le montant de ce cautionnement doit être au moins égal à 10 % du montant des versements restant à faire à la société tels qu'ils sont définis au 3° du b. Le cautionnement doit être maintenu jusqu'à la date de règlement des comptes de construction de la société. Toutefois, il peut être libéré à l'expiration d'un délai d'un an après l'achèvement de l'immeuble ou de la fraction d'immeuble représenté par les actions ou parts cédées, si le cessionnaire n'a intenté aucune action dans ce délai à l'encontre du cédant ;

d. La société de construction doit intervenir à l'acte de cession et justifier qu'elle bénéficie de l'engagement pris par un établissement de crédit, une société de financement ou une société de caution mutuelle constituée conformément aux dispositions des articles L 512-2, L 512-20, L 515-4 et L 513-2 du code monétaire et financier, de répondre aux appels de fonds de la société en cas de défaillance des associés.

Art 168 Les dispositions du II de l'article 219 et du I de l'article 238 octies du code général des impôts ne sont pas applicables aux plus-values provenant de ventes d'immeubles ou de cession d'actions ou de parts qui ont été précédées de versements d'acomptes ou d'avances faits, à quelque titre que ce soit, directement ou par personne interposée.

Ne sont pas considérés comme des acomptes ou avances au sens du premier alinéa les dépôts de garantie effectués, préalablement à la conclusion d'une vente ou d'une cession, à un compte spécial ouvert au nom de l'acquéreur par un organisme habilité à cet effet, sous réserve que ces dépôts n'excèdent pas 5 % du prix de la vente ou de la cession.

Art 169 En cas de vente d'un immeuble en l'état futur d'achèvement définie à l'article 166, la plus-value est réputée réalisée à la date de délivrance du récépissé de la déclaration visée à l'article 165.

Lorsqu'il a constitué le cautionnement prévu au troisième alinéa du c de l'article 167, le cédant des droits sociaux peut différer le paiement de l'impôt afférent à la plus-value réalisée jusqu'à la libération de ce cautionnement, sans que ledit paiement puisse être reporté au-delà d'un an après l'achèvement de l'immeuble ou de la fraction d'immeuble représenté par les actions ou parts cédées.

Art 170 En cas de cessions successives par un contribuable de fractions d'un même immeuble ou d'un même groupe d'immeubles, il est procédé à la régularisation des impôts précédemment établis du chef des cessions antérieures lorsqu'une des cessions fait ressortir une moins-value. Cette régularisation est faite en tenant compte des résultats d'ensemble des opérations ainsi effectuées.

Pour l'application des dispositions du présent article, les groupes d'immeubles s'entendent de ceux dans lesquels les immeubles affectés ou destinés à être affectés à un usage autre que l'habitation constituent le complément normal de l'habitation, lorsque les conditions ci-après sont remplies.

La construction des immeubles qui composent le groupe doit constituer une opération d'ensemble, conformément à un plan masse faisant l'objet d'un accord préalable unique ou d'un permis de construire unique.

Cette opération doit être réalisée sur un terrain appartenant à une seule personne physique ou morale, à une copropriété régie par la loi nº 65-557 du 10 juillet 1965 modifiée ou à une indivision.

La superficie développée des immeubles ou parties d'immeubles affectés ou destinés à être affectés à l'habitation doit être égale aux trois quarts au moins de la superficie développée totale des immeubles composant le groupe.

Lorsque cette dernière condition n'est pas remplie, chaque immeuble doit être considéré isolément pour l'application de l'article 238 octies du code général des impôts.

IMMO-III-16360

II. Participation des salariés aux résultats de l'entreprise

Art 171 bis La constitution en franchise d'impôt de la provision prévue au II de l'article 237 bis A du code général des impôts est subordonnée au respect de la condition de forme impartie par le 5º du 1 de l'article 39 du même code.

Le tableau des provisions prévu au II de l'article 38 de l'annexe III au code général des impôts doit être complété par la production :

a. D'un état faisant apparaître distinctement les modalités de calcul des sommes affectées au compte de la réserve spéciale de participation et au compte de la provision pour investissement ;

b. D'un état comportant indication de l'emploi de la provision, dans les deux ans qui ont suivi sa constitution.

TS-VII-23120 s.

III. Prélèvement sur les plus-values réalisées par des personnes physiques ou sociétés qui ne sont pas fiscalement domiciliées en France

Art 171 quater Les personnes passibles du prélèvement institué par l'article 244 bis A du code général des impôts doivent accréditer, auprès de l'administration chargée du recouvrement, un représentant domicilié en France qui s'engage à remplir les formalités auxquelles elles sont soumises et à acquitter ce prélèvement en leur lieu et place, y compris, le cas échéant, l'amende prévue au 1 de l'article 1761 du code précité.

La déclaration de plus-value, portant mention du représentant accrédité et visée par l'intéressé, est déposée :

A l'appui de la réquisition de publier ou de la présentation à l'enregistrement s'il s'agit d'une cession constatée par un acte ;

Au service des impôts dont relève le domicile du représentant accrédité dans le cas contraire.

Il est fait application, dans le premier cas, des règles d'exigibilité et de recouvrement prévues aux articles 1701 à 1712 du code général des impôts et, dans le second cas, de celles qui sont prévues au titre IV du livre des procédures fiscales pour les impôts recouvrés par voie d'avis de mise en recouvrement.

IMMO-II-192700 s., 192900 s. ; MF nº 32687

IV. Réévaluation des immobilisations non amortissables

Art 171 quinquies La réévaluation des immobilisations non amortissables est subordonnée à la tenue d'un bilan ou d'un état en tenant lieu, en application de l'article 238 bis I du code général des impôts.

BIC-VII-90800 s.

Art 171 sexies L'obligation de réévaluation prévue par le troisième alinéa du I de l'article 238 bis I du code général des impôts s'applique aux sociétés dans lesquelles des sociétés cotées en Bourse détiennent des participations entrant effectivement dans le champ d'établissement des derniers comptes consolidés qu'elles ont publiés ou dans celui des comptes consolidés défini par arrêté du ministre de l'économie et des finances *(Voir arrêté du 20 mars 1968, JO du 10 avril).*

Les sociétés cotées dont il s'agit doivent publier en annexe à leur bilan la liste des sociétés consolidées tenues à l'obligation de réévaluation, accompagnée des informations utiles sur le champ d'établissement de leur consolidation.

BIC-VII-90800 s.

Art 171 septies L'opération de réévaluation porte sur la totalité des immobilisations non amortissables faisant partie de l'actif immobilisé à la clôture du premier exercice arrêté à dater du 31 décembre 1976 et qui existent encore dans l'actif de l'entreprise à la date de l'opération.

Pour les personnes physiques ou morales qui, à la date d'effet du décret n° 78-737 du 11 juillet 1978 relatif à la réévaluation des immobilisations amortissables, n'ont pas procédé à la réévaluation des immobilisations non amortissables dans les conditions prévues par les articles 171 quinquies à 171 quaterdecies, la réévaluation des immobilisations non amortissables est indissociable de celle des immobilisations amortissables prévue par l'article 238 bis J du code général des impôts.

Cette opération peut être fractionnée entre les exercices mentionnés au deuxième alinéa du I de l'article 238 bis I du code précité.

BIC-VII-90800 s.

Art 171 septies A La réévaluation des immobilisations figurant à l'actif comprend celle des immobilisations affectées à une activité civile lorsqu'elle est accessoire à l'exercice d'une activité de caractère commercial, industriel, artisanal, agricole ou libéral.

BIC-VII-90800 s.

Art 171 octies La valeur à retenir pour chaque immobilisation non amortissable est celle correspondant aux sommes qu'un chef d'entreprise prudent et avisé accepterait de décaisser pour obtenir cette immobilisation s'il avait à l'acquérir compte tenu de l'utilité que sa possession présenterait pour la réalisation des objectifs de l'entreprise.

L'entreprise utilise la technique qu'elle estime la mieux appropriée.

Pour l'établissement de la valeur recherchée, le coût peut être calculé, en particulier, par référence :

Aux cours pratiqués sur un marché approprié ;

A la valeur d'entrée en comptabilité affectée d'un indice de prix spécifique à la famille de biens à laquelle appartient l'immobilisation ;

A la valeur d'entrée affectée d'un indice exprimant les variations du niveau général des prix.

Les sociétés qui procèdent à la réévaluation doivent, sans préjudice des dispositions de l'article L 232-6 du code de commerce, fournir des informations sur les techniques appliquées pour la réévaluation des différentes catégories de biens. Les sociétés qui sont tenues de publier leurs comptes annuels sont également tenues de publier ces informations.

BIC-VII-90800 s.

Art 171 octies A Lorsque la valeur réévaluée d'une construction est plafonnée en application du 2 de l'article 171 D, la valeur de réévaluation à retenir, au sens de l'article 171 octies, pour le sol supportant la construction, s'entend de l'excédent, sur la valeur nette réévaluée de la construction, du coût estimé d'acquisition de cet ensemble immobilier, ou de sa reconstitution en l'état, en fonction de l'utilité que sa possession présentait pour l'entreprise au 31 décembre 1976.

S'il en résulte une correction de la valeur réévaluée du sol, les rectifications nécessaires sont apportées aux écritures antérieures.

BIC-VII-90800 s.

Art 171 nonies Les augmentations d'actif constatées à l'occasion de la réévaluation des immobilisations non amortissables sont inscrites distinctement au bilan ou dans l'état en tenant lieu. Cette information peut figurer en annexe de ces documents.

Ces augmentations n'affectent pas les résultats de l'exercice de réévaluation. Leur contrepartie est inscrite directement dans un poste « Ecart de réévaluation » figurant au passif du bilan ou de l'état en tenant lieu, sur une ligne distincte ouverte pour la réserve réglementée ainsi constituée.

BIC-VII-90800 s.

Art 171 decies La réserve de réévaluation ne peut être utilisée pour compenser des pertes.

BIC-VII-90800 s.

Art 171 undecies En cas de cession d'une immobilisation réévaluée, la totalité de la plus-value de réévaluation qui n'a pas été incorporée au capital est virée au crédit du compte de pertes et profits de l'exercice en cours à la date d'aliénation de cette immobilisation.

Le montant de ce virement fait partie des éléments distribuables.

BIC-VII-90800 s.

Art 171 duodecies La provision constituée en vue de faire face à la dépréciation d'une immobilisation réévaluée est, à concurrence de l'augmentation de valeur de cette immobilisation, dotée par imputation sur la réserve réglementée figurant au poste « Ecart de réévaluation ». Dans la limite de cette augmentation de valeur, la provision n'est pas déduite pour l'assiette de l'impôt, que cette réserve ait ou non été incorporée au capital.

BIC-VII-90800 s.

Art 171 terdecies En cas d'incorporation de la réserve de réévaluation au capital, la partie de celui-ci provenant de l'incorporation de cette réserve est mentionnée de façon distincte en annexe au bilan ou à l'état en tenant lieu. Cette mention est modifiée au fur et à mesure de la cession des biens réévalués.

BIC-VII-90800 s.

Art 171 quaterdecies Les personnes qui ne sont pas astreintes par la législation fiscale à produire un bilan, si elles désirent se prévaloir des II et III de l'article 238 bis I du code général des impôts doivent fournir les pièces mentionnées à l'article 171 quinquies à l'appui de leurs déclarations souscrites pour l'imposition de leurs bénéfices.

L'état tenant lieu de bilan pour les membres des professions libérales est établi conformément à un modèle fixé par arrêté du ministre délégué à l'économie et aux finances *(Voir arrêté du 16 octobre 1978, JO du 26 novembre)*.

BIC-VII-90800 s.

V. Réévaluation des immobilisations amortissables

Art 171 A Les obligations prévues aux articles 171 quinquies, 171 sexies et 171 quaterdecies s'appliquent à la réévaluation des immobilisations amortissables figurant au bilan du premier exercice clos à dater du 31 décembre 1976.

BIC-VII-90800 s.

Art 171 B La réévaluation porte sur la totalité des immobilisations amortissables comprises dans l'actif de l'entreprise à la clôture du premier exercice arrêté à dater du 31 décembre 1976 et qui y figurent encore à la date de l'opération.

Pour les personnes physiques ou morales qui, à la date d'effet du décret n° 78-737 du 11 juillet 1978, n'ont pas procédé à la réévaluation des immobilisations non amortissables dans les conditions prévues par les articles 171 quinquies à 171 quaterdecies, la réévaluation des immobilisations amortissables est indissociable de celle des immobilisations non amortissables.

Cette opération peut être fractionnée entre les exercices mentionnés au IV de l'article 238 bis J du code général des impôts.

BIC-VII-90800 s.

Art 171 C La réévaluation des immobilisations figurant à l'actif comprend celle des immobilisations affectées à une activité civile lorsqu'elle est accessoire à l'exercice d'une activité de caractère commercial, industriel, artisanal, agricole ou libéral.

BIC-VII-90800 s.

Art 171 D 1. La valeur à retenir pour chaque immobilisation amortissable est celle correspondant aux sommes qu'un chef d'entreprise prudent et avisé accepterait de décaisser pour obtenir cette immobilisation s'il avait à l'acquérir, compte tenu de l'utilité que sa possession présente pour la réalisation des objectifs de l'entreprise.

L'entreprise utilise la technique qu'elle estime la mieux appropriée.

2. Toutefois, cette valeur ne peut dépasser les montants obtenus en appliquant aux valeurs nettes comptables les indices fixés par l'arrêté du ministre délégué à l'économie et aux finances en date du 24 mars 1978 *(Voir Annexe IV, art. 23 L bis)*. Les indices à retenir sont ceux correspondants à la date d'acquisition de l'immobilisation ou, dans le cas de production de celle-ci par l'entreprise, à la date de l'achèvement, ou à la date à laquelle les dépenses ont été exposées chaque fois qu'il peut en être justifié. Lorsque les indices s'appliquent à un bien déjà réévalué, la date à retenir s'entend de celle de la dernière réévaluation.

Les entreprises dont l'exercice était en cours au 31 décembre 1976 comparent, à leur choix, la valeur d'utilité appréciée à cette date soit avec la valeur nette comptable à l'arrêté des comptes, soit avec la valeur nette reconstituée au 31 décembre, l'une et l'autre étant indexées dans les conditions prévues au premier alinéa.

BIC-VII-90800 s.

Art 171 E A l'actif du bilan, ou dans l'état en tenant lieu, les valeurs nettes réévaluées des immobilisations amortissables sont présentées sous forme de différences entre d'une part les valeurs brutes comptables au 31 décembre 1976, ou à la date d'arrêté des comptes dans le cas prévu au deuxième alinéa du 2 de l'article 171 D et, d'autre part, les amortissements cumulés correspondants, ces valeurs et ces amortissements ayant été réévalués au préalable en appliquant pour chaque élément le même coefficient effectif de réévaluation. Ce coefficient est égal au rapport entre la valeur réévaluée et la valeur nette comptable.

Les dotations globales d'amortissement ainsi réévaluées sont majorées des amortissements pratiqués depuis le 31 décembre 1976, ou depuis la clôture de l'exercice en cours à cette date dans le cas prévu au deuxième alinéa du 2 de l'article 171 D.

BIC-X-29100

Art 171 F Les augmentations d'actif constatées à l'occasion de la réévaluation des immobilisations amortissables n'affectent pas les résultats de l'exercice de réévaluation. Leur contrepartie est inscrite directement dans un poste « Ecart de réévaluation » figurant au passif du bilan, ou de l'état en tenant lieu, sur une ligne « Provision réglementée » ouverte pour enregistrer distinctement la provision spéciale de réévaluation prévue au II de l'article 238 bis J du code général des impôts.

BIC-VII-90800 s.

Art 171 G Les dotations d'amortissement calculées à partir des valeurs réévaluées en application du deuxième alinéa du II de l'article 238 bis J du code général des impôts sont inscrites dans les charges d'exploitation des exercices ouverts après le 31 décembre 1976 ou après la clôture de l'exercice en cours à cette date dans le cas prévu au deuxième alinéa du 2 de l'article 171 D.

Lorsque les opérations de réévaluation sont réalisées au cours de l'exercice postérieur au deuxième exercice clos à dater du 31 décembre 1976, les ajustements à apporter au calcul des amortissements déjà pratiqués sont inscrits au débit du compte des pertes et profits sur la ligne des « pertes sur exercices antérieurs ».

Art 171 H La réévaluation des immobilisations amortissables ne modifie pas les plans d'amortissements en vigueur au 31 décembre 1976.

Art 171 I Les amortissements différés en méconnaissance des dispositions de l'article 39 B du code général des impôts, soit à la date du 31 décembre 1976, soit à la clôture de l'exercice en cours à cette date, sont ajoutés aux résultats imposables des exercices clos postérieurement suivant les modalités édictées au II de l'article 238 bis J du code précité pour le rapport de la provision spéciale de réévaluation.

Les excédents d'amortissements non admis du point de vue fiscal à ces mêmes dates viennent en déduction des résultats imposables des exercices arrêtés ultérieurement suivant les modalités prévues au premier alinéa.

BIC-X-29090 s.

Art 171 J **1.** Pour l'application de l'article 39 B du code général des impôts, le montant des amortissements effectivement pratiqués à la clôture d'un exercice postérieur à celui qui est clos le 31 décembre 1976, ou à celui qui est en cours à cette date, s'entend du total des amortissements réévalués et de ceux pratiqués depuis la réévaluation.

Le montant cumulé des amortissements linéaires à comparer à ce total pour apprécier si l'obligation d'amortissement minimal est satisfaite, est déterminé en retenant, comme base de calcul, la valeur d'origine réévaluée dans les conditions fixées par l'article 171 E.

2. Lorsqu'une insuffisance d'amortissement est constatée au 31 décembre 1976, ou à la clôture de l'exercice en cours à cette date, le montant des amortissements effectivement pratiqués défini au 1 est majoré de la somme résultant de l'application à l'insuffisance, elle-même affectée du coefficient de réévaluation de l'immobilisation, du rapport entre la durée d'utilisation résiduelle appréciée à la clôture de l'exercice considéré et celle qui restait à courir à la clôture de l'exercice arrêté le 31 décembre 1976 ou en cours à cette date.

BIC-X-29090 s.

Art 171 L Au titre de chaque exercice compris dans la période de dépréciation de l'immobilisation amortissable correspondante, la provision inscrite au poste « Ecart de réévaluation » dans les conditions définies à l'article 171 F est débitée, pour le montant dont le rapport est prévu au II de l'article 238 bis J du code général des impôts, par le crédit du compte de pertes et profits. La fraction ainsi rapportée figure sur une ligne distincte dans les « profits exceptionnels ».

Lorsqu'il s'agit d'une régularisation qui concerne des exercices antérieurs à celui de la réalisation effective des opérations de réévaluation, la somme rapportée au crédit du compte de pertes et profits est inscrite sur une ligne distincte dans les « profits sur exercices antérieurs ».

BIC-VII-90800 s.

Art 171 M La provision réglementée inscrite au poste « Ecart de réévaluation » ne peut recevoir une utilisation autre que la réintégration au compte de pertes et profits.

Toutefois, lorsque les entreprises font usage de la faculté prévue au VI de l'article 238 bis J du code général des impôts, les sommes rapportées au compte de pertes et profits suivant les modalités énoncées à l'article 171 L ne sont pas retenues pour la détermination des résultats imposables dans le cas où le montant initial de la provision réglementée est égal ou inférieur à celui du déficit fiscalement reportable au 31 décembre 1976, ou à la clôture de l'exercice en cours à cette date. Si la provision est d'un montant supérieur, les sommes rapportées ne sont retenues dans les résultats imposables que pour la part de la provision qui n'a pas été effectivement imputée sur le déficit fiscalement reportable.

Pour l'application du deuxième alinéa, les déficits ayant déjà affecté la détermination des revenus imposables à la date des opérations effectives de réévaluation ne peuvent être utilisés pour compenser la réintégration de la provision.

BIC-VII-90800 s.

Art 171 N La fraction de la provision rapportée chaque année aux résultats suivant les modalités définies au II de l'article 238 bis J du code général des impôts est comprise dans les bases d'imposition soumises au régime de droit commun.

Pour l'application du régime spécial défini aux articles 39 duodecies et suivants du code précité, le reliquat de la provision spéciale de réévaluation est ajouté au prix de cession de l'immobilisation réévaluée.

Pour les biens acquis ou créés depuis au moins deux ans, si le prix de cession excède la valeur d'origine du bien aliéné, ou sa valeur réévaluée à la suite d'une précédente réévaluation, la plus-value dégagée par la cession est considérée comme à long terme à concurrence de cet excédent et à court terme pour le surplus.

BIC-VII-90800 s.

Art 171 O Lorsque la valeur des stocks est augmentée par suite de la réévaluation des immobilisations amortissables au 31 décembre 1976, ils sont inscrits au bilan sous déduction d'une correction de valeur mentionnée distinctement et correspondant à la marge supplémentaire d'amortissement incorporée dans leur coût du fait de cette réévaluation.

Cette correction de valeur figure en diminution du compte de stocks à l'actif du bilan de clôture des exercices arrêtés à dater de la réévaluation. Un compte de correction est créé en débitant le compte de pertes et profits à due concurrence. Ce débit, dont le montant est admis en déduction du point de vue fiscal, est enregistré sur une ligne distincte dans les pertes exceptionnelles ou dans les pertes sur exercices antérieurs selon que la marge d'amortissement supplémentaire correspondante est ou non rattachable à l'exercice concerné.

Les sommes inscrites au compte de correction sont rapportées aux résultats au fur et à mesure de la vente des produits stockés correspondants ou de la facturation des travaux auxquels elles s'appliquent.

Le montant des stocks ainsi corrigé sert de référence pour le calcul de la provision à constituer en vue de faire face à une dépréciation.

BIC-VI-6270

Art 171 P Les personnes physiques ou morales qui procèdent à la réévaluation de leurs immobilisations amortissables au 31 décembre 1976 doivent faire apparaître, en annexe aux bilans arrêtés après cette opération, les montants, éventuellement corrigés des mouvements intervenus au cours de l'exercice, des valeurs d'origine réévaluées et des amortissements pratiqués en vue de tenir compte de leur dépréciation, ainsi que des augmentations de valeur et des suppléments de marge d'amortissement résultant de l'évaluation de l'actif en application de la méthode définie à l'article 171 E.

Ces montants sont présentés séparément par grandes rubriques comptables et selon les mêmes postes que ceux des immobilisations au bilan.

Les variations sont présentées sous la forme d'écarts. Les augmentations de valeur sont obtenues par comparaison entre les valeurs brutes comptables après et avant réévaluation. Les suppléments d'amortissement sont déterminés à partir des valeurs réévaluées et non réévaluées.

L'extrait de l'annexe prévue au premier alinéa mentionne séparément par grandes rubriques comptables, les suppléments de marge d'amortissement utilisés au cours de l'exercice ainsi que leurs montants cumulés à la date de clôture de l'exercice et fait apparaître le montant résiduel de la provision spéciale pour réévaluation par différence avec les augmentations de valeurs brutes comptables. Cet extrait établi conformément à un modèle fixé par arrêté du ministre du budget tient lieu d'état détaillé à fournir, en application du premier alinéa du II de l'article 238 bis J du code général des impôts, à l'appui des déclarations souscrites pour l'imposition des bénéfices *(Voir arrêté du 16 octobre 1978 en ce qui concerne l'extrait à fournir soit par les entreprises industrielles, commerciales et artisanales soit par les personnes physiques ou morales exerçant une activité libérale, JO des 25 et 28 novembre. Voir également arrêté du 14 février 1979 en ce qui concerne l'extrait à fournir par les exploitants agricoles, JONC du 17 mars).*

BIC-VII-90800 s.

VII bis. Sociétés de capital-risque

Art 171 AL Pour l'application des dispositions du premier alinéa du 1° de l'article 1er-1 de la loi n° 85-695 du 11 juillet 1985, en cas de dépassement d'une des limites relatives au total de bilan, au chiffre d'affaires hors taxes des prestations de services accessoires et au bénéfice afférent à ces prestations, le dépassement s'apprécie par référence à la moyenne de cette limite constatée l'année du dépassement et l'année précédente. Cette disposition n'est pas applicable lorsque le dépassement est constaté à la clôture du premier exercice d'option pour le régime prévu au 3° septies de l'article 208 du code général des impôts.

IS-IV-20135 s.

Art 171 AM I. Pour l'appréciation du quota de 50 % prévu au troisième alinéa du 1° de l'article 1er-1 de la loi n° 85-695 du 11 juillet 1985 :

a. La situation nette comptable d'une société de capital-risque s'apprécie après déduction de la valeur nette comptable des participations détenues dans d'autres sociétés de capital-risque ;

b. Lorsqu'une société dont les titres ou droits sont inclus dans le quota de 50 % fait l'objet d'une liquidation judiciaire, de l'ouverture d'une procédure de sauvegarde ou de redressement judiciaire ou de la constatation d'une dépréciation, les titres ou droits en cause sont réputés maintenus à l'actif de la société de capital-risque pour leur valeur d'acquisition pendant cinq ans à compter du jugement ou de la constatation de la provision ;

c. Lorsque des titres ou droits inclus dans le quota de 50 % font l'objet d'une cession, les titres ou droits cédés sont réputés maintenus à l'actif de la société de capital-risque pour leur valeur nette comptable pendant une durée de deux ans à compter de la date de la cession ;

d. Lorsque des titres ou droits reçus en échange de titres ou droits inclus dans le quota de 50 % ne sont pas eux-mêmes éligibles à ce quota, les titres ou droits remis à l'échange sont réputés maintenus à l'actif de la société de capital-risque pour leur valeur nette comptable pendant une durée de deux ans à compter de l'échange ou jusqu'à la fin de la période pendant laquelle la société de capital-risque s'est engagée à conserver les titres dans son actif si cette durée est supérieure ;

e. Les droits représentatifs d'un placement financier dans des entités mentionnées au d du 1° de l'article 1er-1 de la loi n° 85-695 du 11 juillet 1985 sont pris en compte à proportion de l'investissement direct de ces entités dans des titres éligibles au quota de 50 %, à l'exclusion des droits dans d'autres entités de même nature. Cette proportion d'investissement direct s'apprécie par référence :

1° Soit au dernier inventaire de l'actif connu desdites entités ;

2° Soit aux engagements statutaires ou contractuels d'investissement direct pris par ces entités ;

f. Ne sont pas prises en compte les participations détenues par la société de capital-risque pour le compte de tiers ou financées grâce au concours de tiers qui en assument les risques financiers.

II. Pour l'application du quatrième alinéa du 1° de l'article 1er-1 de la loi n° 85-695 du 11 juillet 1985, la capitalisation boursière d'une société est déterminée conformément au II de l'article R 214-35 du code monétaire et financier.

IS-IV-20610 s.

Art 171 AN En cas de non-respect du quota de 50 % prévu au troisième alinéa du 1° de l'article 1er-1 de la loi n° 85-695 du 11 juillet 1985 lors d'un inventaire, la société de capital-risque ne perd pas le bénéfice de son régime fiscal si elle régularise sa situation au plus tard lors de l'inventaire suivant sous réserve, d'une part, qu'elle en ait informé le service des impôts auprès duquel elle dépose sa déclaration de résultats dans le mois qui suit l'inventaire ayant fait apparaître que le quota n'a pas été respecté et, d'autre part, qu'il s'agisse du premier manquement.

IS-IV-21250

Art 171 AO Une société de capital-risque ne peut employer en titres d'une même société plus de 25 % de sa situation nette comptable appréciée comme indiqué à l'article 171 AM. Si ce pourcentage est dépassé du fait d'une diminution de la situation nette comptable, la société de capital-risque doit régulariser sa situation au plus tard à l'expiration du cinquième exercice qui suit celui du dépassement.

IS-IV-20825

Art 171 AP I. Pour l'application du f du 1° de l'article 1er-1 de la loi n° 85-695 du 11 juillet 1985, la proportion de l'actif des sociétés mentionnées à la première phrase du même f investi directement, ou indirectement par l'intermédiaire d'autres sociétés mentionnées à cette même première phrase, dans des sociétés qui répondent aux conditions prévues au troisième alinéa du 1° du même article 1er-1 est calculée en additionnant au numérateur :

1° le prix de souscription ou d'acquisition des titres mentionnés au troisième alinéa du 1° du même article 1er-1 et éligibles au quota de 50 % prévu à ce même troisième alinéa et la valeur brute comptable des avances en compte courant consenties aux sociétés émettrices de ces titres ;

2° et le prix de souscription ou d'acquisition des titres émis par une société mentionnée à la première phrase du f du 1° du même article 1er-1, ainsi que la valeur brute comptable des avances en compte courant consenties à cette même société, retenus à hauteur de la proportion des investissements directs, ou indirects par l'intermédiaire d'autres sociétés mentionnées à la première phrase du même f, de son actif brut comptable dans des sociétés qui répondent aux conditions prévues au troisième alinéa du 1° du même article 1er-1.

Le dénominateur est égal à l'actif brut comptable de la société.

II. Les dispositions du I s'appliquent également aux investissements réalisés par des sociétés mentionnées à la première phrase du f du 1° de l'article 1er-1 de la loi n° 85-695 du 11 juillet 1985 directement, ou indirectement par l'intermédiaire d'autres sociétés mentionnées à cette même première phrase du f, dans des sociétés répondant aux conditions prévues au quatrième alinéa du 1° du même article 1er-1.

IS-IV-20595

Art 171 AP bis I. Pour l'application du d du 1° de l'article 1er-1 de la loi n° 85-695 du 11 juillet 1985, la proportion de l'actif de l'entité mentionnée à ce même d investi directement, ou indirectement par l'intermédiaire de sociétés mentionnées à la première phrase du f du 1° du même article 1er-1, dans des sociétés qui répondent aux conditions prévues au troisième alinéa du même 1°, s'applique au montant des souscriptions effectivement libérées par la société de capital-risque. Elle est calculée par référence au dernier inventaire de l'actif de ladite entité en additionnant au numérateur :

1° le prix de souscription ou d'acquisition des titres mentionnés au troisième alinéa du 1° du même article 1er-1 et éligibles au quota de 50 % prévu à ce même troisième alinéa et le montant des avances en compte courant consenties aux sociétés émettrices de ces titres ;

2° et le prix de souscription ou d'acquisition des titres émis par une société mentionnée à la première phrase du f du 1° du même article 1er-1, ainsi que le montant des avances en compte courant consenties à cette même société, retenus à hauteur de la proportion des investissements directs, ou indirects par l'intermédiaire d'autres sociétés mentionnées à la première phrase du même f, de son actif dans des sociétés qui répondent aux conditions prévues au troisième alinéa du 1° susmentionné.

Le dénominateur est égal à l'actif de ladite entité.

II. Les dispositions du I s'appliquent également aux investissements effectués par une entité mentionnée au d du 1° de l'article 1er-1 de la loi n° 85-695 du 11 juillet 1985 directement, ou indirectement par l'intermédiaire de sociétés mentionnées à la première phrase du f du même 1°, dans des sociétés qui répondent aux conditions prévues au quatrième alinéa du 1° de ce même article 1er-1.

IS-IV-20595

Art 171 AQ I. A compter de la clôture du cinquième exercice suivant celui au titre duquel une société a opté pour le régime prévu au 3° septies de l'article 208 du code général des impôts ou lorsqu'une augmentation de capital est effectuée postérieurement, à compter de la clôture du cinquième exercice suivant celui au cours duquel elle est intervenue, une société de capital-risque peut, sur décision de son assemblée générale extraordinaire, mettre fin à son activité d'investissement après en avoir informé le service des impôts mentionné à l'article 171 AN.

II. A compter de l'ouverture du premier exercice d'effet de la décision mentionnée au I, la société de capital-risque :

a. N'est plus tenue au respect ni du quota de 50 % prévu au troisième alinéa du 1° de l'article 1er-1 de la loi n° 85-695 du 11 juillet 1985 ni de la limite de 25 % mentionné à l'article 171 AO ;

b. Ne peut plus procéder à de nouvelles augmentations de capital ;

c. Doit cesser ses activités de prestations de services accessoires ;

d. Ne peut réinvestir qu'en parts, actions, obligations remboursables, obligations convertibles ou titres participatifs ainsi qu'en avances en comptes courants dans des sociétés non admises aux négociations sur un marché réglementé ou dans des entités visées au d du 1° de l'article 1er-1 de la loi n° 85-695 du 11 juillet 1985 dont les titres ou droits figurent déjà à son actif.

III. A compter de l'ouverture de l'exercice suivant le début de la période mentionnée au II, la société de capital-risque peut limitativement détenir à son actif :

a. Des parts, actions, obligations remboursables, obligations convertibles, titres participatifs de sociétés non admises aux négociations sur un marché réglementé, des avances en comptes courants à ces mêmes sociétés ainsi que des droits dans des entités visées au d du 1° de l'article 1er-1 de la loi n° 85-695 du 11 juillet 1985 ;

b. Les biens meubles et immeubles nécessaires à son fonctionnement ;

c. Le placement d'une trésorerie au plus égale à 20 % de sa situation nette comptable.

En outre, les sommes à répartir aux actionnaires au titre d'un exercice peuvent être conservées et placées jusqu'à leur répartition qui doit intervenir au plus tard à la clôture de l'exercice suivant leur réalisation.

IS-IV-21300

Art 171 AR L'option prévue au 4° de l'article 1er-1 de la loi n° 85-695 du 11 juillet 1985 pour le régime fiscal du 3° septies de l'article 208 du code général des impôts s'effectue par lettre simple adressée au service des impôts auprès duquel la société de capital-risque dépose sa déclaration de résultats.

IS-IV-21120

Art 171 AS **I.** *(Abrogé).*

II. Les sociétés de capital-risque qui réalisent des prestations de services accessoires au sens du premier alinéa du 1° de l'article 1er-1 de la loi n° 85-695 du 11 juillet 1985 joignent à leur déclaration de résultats un relevé indiquant, pour l'exercice considéré, le montant du chiffre d'affaires hors taxes et du bénéfice retirés de ces prestations.

III. Les sociétés de capital-risque joignent à leur déclaration de résultats un état, établi selon un modèle fourni par l'administration, des bénéfices et réserves distribuables réalisés ou constituées à compter de l'ouverture du premier exercice au titre duquel elles ont opté pour le régime fiscal du 3° septies de l'article 208 du code général des impôts.

IS-IV-22255

Art 171 AS bis **I.** L'état prévu au II de l'article 242 quinquies du code général des impôts, établi sur papier libre, mentionne pour chaque investissement retenu pour le calcul du quota de 50 % prévu au troisième alinéa du 1° de l'article 1er-1 de la loi n° 85-695 du 11 juillet 1985 :

1° La dénomination de la société ou de l'entité, l'adresse de son siège social et de son siège de direction effective ;

2° L'activité principale de la société ;

3° La capitalisation boursière de la société si ses titres sont admis à la négociation sur un marché d'instruments financiers d'un Etat membre de la Communauté européenne ou d'un autre Etat partie à l'accord sur l'Espace économique européen dont le fonctionnement est assuré par une entreprise de marché ou un prestataire de services d'investissement ;

4° Le montant et la nature des investissements retenus pour le calcul du quota de 50 % précité et pour la limite de 20 % prévue au quatrième alinéa du 1° de l'article 1er-1 précité.

II. Les sociétés de capital-risque qui ont investi dans des sociétés mentionnées à la première phrase du f du 1° de l'article 1er-1 de la loi n° 85-695 du 11 juillet 1985 ou dans des entités mentionnées au d du même 1° joignent en outre à l'état mentionné au I :

1° Un état, établi sur papier libre, qui fait apparaître, pour chaque investissement dans des sociétés mentionnées à la première phrase du f du 1° de l'article 1er-1 de la loi du 11 juillet 1985 susmentionnée, les éléments permettant d'apprécier le montant des titres de la société retenu pour l'appréciation du quota d'investissement de 50 % prévu au troisième alinéa du 1° du même article 1er-1 et pour le calcul de la limite de 20 % prévue au quatrième alinéa du même 1° de l'article 1er-1. Cet état indique notamment la dénomination sociale des sociétés dont les titres sont éligibles au quota de 50 %, l'adresse de leur siège social ou de leur siège de direction effective si elle est différente, la nature de leur activité et leur capitalisation boursière si leurs titres sont admis à la négociation sur un marché réglementé ou organisé d'un Etat membre de la Communauté européenne ou d'un autre Etat partie à l'accord sur l'Espace économique européen ;

2° Un état, établi sur une formule délivrée par l'administration, qui fait apparaître, pour chaque investissement dans des entités mentionnées au d du 1° de l'article 1er-1 de la loi n° 85-695 du 11 juillet 1985, les éléments permettant d'apprécier le montant des droits représentatifs du placement financier de la société de capital-risque dans l'entité retenu dans le quota d'investissement de 50 % prévu au troisième alinéa du 1° du même article 1er-1 et pour le calcul de la limite de 20 % prévue au quatrième alinéa du 1° de ce même article 1er-1.

IS-IV-22200 s.

VII ter. Fonds communs de placement à risques et fonds professionnels de capital investissement

Art 171 AT Le porteur de parts, personne physique, d'un fonds commun de placement à risques ou d'un fonds professionnel de capital investissement informe la société de gestion du fonds des engagements pris en application de l'article 163 quinquies B du code général des impôts lors de la souscription des parts du fonds et des modalités retenues pour le réinvestissement prévu au 2° du II de ce même article, ainsi que de la cession de parts.

RM-VII-4245

Art 171 AU **I.** Pour l'application du 1° quater du II de l'article 163 quinquies B du code général des impôts, la proportion de l'actif des sociétés mentionnées au premier alinéa du même 1° quater investi directement, ou indirectement par l'intermédiaire d'autres sociétés mentionnées à ce même premier alinéa du 1° quater, dans des sociétés qui répondent aux conditions prévues au 1° du II du même article 163 quinquies B et dont les titres ne sont pas admis aux négociations sur un marché mentionné au I de l'article L 214-28 du code monétaire et financier est calculée en additionnant au numérateur :

1° le prix de souscription ou d'acquisition des titres mentionnés au I de l'article L 214-28 du code monétaire et financier et éligibles au quota de 50 % prévu au 1° du II de l'article 163 quinquies B du code général des impôts et la valeur brute comptable des avances en compte courant consenties aux sociétés émettrices de ces titres ;

2° et le prix de souscription ou d'acquisition des titres émis par une société mentionnée au premier alinéa du 1° quater du II de l'article 163 quinquies B du code général des impôts, ainsi que la valeur brute comptable des avances en compte courant consenties à cette même société, retenus à hauteur de la proportion des investissements directs, ou indirects par l'intermédiaire d'autres sociétés mentionnées à ce même premier alinéa du 1° quater, de son actif brut comptable dans des sociétés qui répondent aux conditions prévues au 1° du II du même article 163 quinquies B et dont les titres ne sont pas admis aux négociations sur un marché mentionné au I de l'article L 214-28 du code monétaire et financier.

Le dénominateur est égal à l'actif brut comptable de la société.

II. Les dispositions du I s'appliquent également aux investissements réalisés par des sociétés mentionnées au premier alinéa du 1° quater du II de l'article 163 quinquies B du code général des impôts directement, ou indirectement par l'intermédiaire d'autres sociétés mentionnées à ce même premier alinéa du 1° quater, dans des sociétés qui répondent aux conditions prévues au 1° du II du même article 163 quinquies B et dont les titres sont admis aux négociations sur un marché dans les conditions du III de l'article L 214-28 du code monétaire et financier.

RM-VII-3050 s.

Art 171 AV I. Pour l'application du 1° quinquies du II de l'article 163 quinquies B du code général des impôts, la proportion de l'actif de l'entité mentionnée à ce même 1° quinquies investi directement, ou indirectement par l'intermédiaire de sociétés mentionnées au premier alinéa du 1° quater du même II, dans des sociétés qui répondent aux conditions prévues au 1° du même II et dont les titres ne sont pas admis aux négociations sur un marché mentionné au I de l'article L 214-28 du code monétaire et financier s'applique au montant des souscriptions effectivement libérées par le fonds. Elle est calculée par référence au dernier inventaire de l'actif de ladite entité en additionnant au numérateur :

1° le prix de souscription ou d'acquisition des titres mentionnés au I de l'article L 214-28 du code monétaire et financier éligibles au quota de 50 % prévu au 1° du II de l'article 163 quinquies B du code général des impôts et le montant des avances en compte courant consenties aux sociétés émettrices de ces titres ;

2° et le prix de souscription ou d'acquisition des titres émis par une société mentionnée au premier alinéa du 1° quater du II de l'article 163 quinquies B du code général des impôts, ainsi que le montant des avances en compte courant consenties à cette même société, retenus à hauteur de la proportion des investissements directs, ou indirects par l'intermédiaire d'autres sociétés mentionnées au même premier alinéa du 1° quater, de son actif dans des sociétés qui répondent aux conditions prévues au 1° du II du même article 163 quinquies B et dont les titres ne sont pas admis aux négociations sur un marché mentionné au I de l'article L 214-28 du code monétaire et financier.

Le dénominateur est égal à l'actif de ladite entité.

II. Les dispositions du I s'appliquent également aux investissements effectués par une entité mentionnée au 1° quinquies du II de l'article 163 quinquies B du code général des impôts directement, ou indirectement par l'intermédiaire de sociétés mentionnées au premier alinéa du 1° quater du même II, dans des sociétés qui répondent aux conditions prévues au 1° du même II et dont les titres sont admis aux négociations sur un marché dans les conditions du III de l'article L 214-28 du code monétaire et financier.

RM-VII-3200 s.

Art 171 AW I. La société de gestion du fonds commun de placement à risques ou du fonds professionnel de capital investissement adresse, dans les quatre mois qui suivent la clôture de l'exercice du fonds, la déclaration prévue au I de l'article 242 quinquies du code général des impôts, établie sur papier libre, qui mentionne pour chaque investissement retenu pour le calcul du quota de 50 % prévu au 1° du II de l'article 163 quinquies B du même code :

1° La dénomination de la société ou de l'entité, l'adresse de son siège social et de son siège de direction effective si elle est différente ;

2° L'activité principale de la société ;

3° La capitalisation boursière de la société si ses titres sont admis à la négociation sur un marché d'instruments financiers d'un Etat partie à l'accord sur l'Espace économique européen dont le fonctionnement est assuré par une entreprise de marché ou un prestataire de services d'investissement ;

4° Le montant et la nature des investissements retenus pour le calcul du quota de 50 % précité et pour la limite de 20 % prévue au III de l'article L 214-28 du code monétaire et financier.

II. Lorsque le fonds commun de placement à risques ou le fonds professionnel de capital investissement investit dans des sociétés mentionnées au premier alinéa du 1° quater du II de l'article 163 quinquies B du code général des impôts ou dans des entités mentionnées au 1° quinquies du même II, la société de gestion joint en outre à la déclaration mentionnée au I :

1° Un état, établi sur papier libre, qui fait apparaître, pour chaque investissement dans des sociétés mentionnées au premier alinéa du 1° quater du II de l'article 163 quinquies B susmentionné, les éléments permettant d'apprécier le montant des titres de la société retenu pour l'appréciation du quota d'investissement de 50 % prévu au 1° du II du même article 163 quinquies B et pour le calcul de la limite de 20 % prévue au III de l'article L 214-28 du code monétaire et financier. Cet état indique notamment la dénomination sociale des sociétés dont les titres sont éligibles au quota de 50 %, l'adresse de leur siège social et de leur siège de direction effective si elle est différente, la nature de leur activité et leur capitalisation boursière si leurs titres sont admis à la négociation sur un marché réglementé ou organisé d'un Etat membre de la Communauté européenne ou d'un autre Etat partie à l'accord sur l'Espace économique européen ;

2° Un état, établi sur une formule délivrée par l'administration, qui fait apparaître, pour chaque investissement dans des entités mentionnées au 1° quinquies du II de l'article 163 quinquies B du code général des impôts, les éléments permettant d'apprécier le montant des droits représentatifs du placement financier du fonds dans l'entité retenu dans le quota d'investissement de 50 % prévu au 1° du II du même article 163 quinquies B et pour le calcul de la limite de 20 % prévue au III de l'article L 214-28 du code monétaire et financier.

RM-VII-4360

VIII. Réductions d'impôts pour l'achat de biens culturels

Art 171 BA Lorsque le prix de cession d'un bien culturel ayant le caractère de trésor national a fait l'objet d'un accord entre l'Etat et le propriétaire en application de l'article L 121-1 du code du patrimoine, le ministre chargé de la culture, s'il estime que l'acquisition de ce bien peut donner lieu aux versements mentionnés à l'article 238 bis-0 A du code général des impôts, publie un avis au Journal officiel de la République française. Cet avis informe les entreprises susceptibles de bénéficier de la réduction d'impôt prévue par le même article qu'elles peuvent présenter une offre de versement en faveur de l'achat de ce bien.

Lorsque l'acquisition par l'Etat d'un bien culturel proposé à la vente présente un intérêt majeur pour le patrimoine national du point de vue de l'histoire, de l'art ou de l'archéologie au sens du deuxième alinéa de l'article 238 bis-0 A, le ministre chargé de la culture saisit la commission consultative des trésors nationaux mentionnée à l'article L 111-4 du code du patrimoine, afin que celle-ci se prononce sur l'intérêt de l'acquisition du bien et sur la valeur de ce dernier. S'il estime que l'acquisition de ce bien peut donner lieu au versement mentionné au deuxième alinéa de l'article 238 bis-0 A précité et lorsque le prix de cession de ce bien fait l'objet d'un accord entre l'Etat et le propriétaire, le ministre chargé de la culture publie un avis au Journal officiel de la République française selon les modalités fixées au premier alinéa du présent article.

IS-IX-15450

Art 171 BB L'entreprise qui souhaite bénéficier de la réduction d'impôt mentionnée à l'article 171 BA adresse son offre au ministre chargé de la culture, en indiquant notamment le montant du versement envisagé.

Le ministre dispose d'un délai d'un mois à compter de la réception de cette offre pour instruire celle-ci. S'il estime que l'offre ne peut être acceptée, il en informe l'entreprise avant l'expiration de ce délai. Dans le cas contraire, il saisit le ministre chargé du budget.

IS-IX-15460 s.

Art 171 BC La décision conjointe des ministres chargés de la culture et du budget est notifiée à l'entreprise, par lettre recommandée avec demande d'avis de réception, dans les trois mois suivant la présentation de l'offre. A défaut de notification d'une décision dans ce délai, l'offre est réputée rejetée.

Lorsque l'offre est acceptée, l'entreprise procède au versement auprès de l'agent comptable de l'Etablissement public de la Réunion des musées nationaux et du Grand Palais des Champs-Elysées, dans les conditions définies par la décision. Il en est délivré récépissé.

IS-IX-15460 s.

Art 171 BD En cas de résolution de la vente d'un bien culturel pour lequel une offre de versement a été acceptée, en application des dispositions du septième alinéa de l'article 9-1 de la loi du 31 décembre 1992 précitée, le bénéfice de la réduction d'impôt demeure acquis à l'entreprise qui a procédé à des versements, dans les conditions suivantes.

Le ministre chargé de la culture et le ministre chargé du budget proposent à l'entreprise d'affecter ses versements à l'acquisition d'autres trésors nationaux dans les douze mois qui suivent. Si l'entreprise refuse, elle perd le bénéfice de la réduction d'impôt. Les sommes qu'elle a versées lui sont alors restituées.

IS-IX-15525

IX. Crédit d'impôt au titre d'une avance remboursable ne portant pas intérêt

Art 171 BI Les modalités de calcul du crédit d'impôt prévu par l'article 244 quater J sont fixées par les articles R 318-14, R 318-15 et R 318-16 du code de la construction et de l'habitation.

Art 171 BJ Les conséquences du remboursement anticipé de l'avance sur l'utilisation des fractions du crédit d'impôt restant à imputer sont définies par l'article R 318-17 du code de la construction et de l'habitation.

X. Déclaration des investissements réalisés outre-mer et mise en concurrence des intermédiaires en défiscalisation

Art 171 BK I. Les entreprises mentionnées au premier alinéa de l'article 242 septies du code général des impôts souscrivent une déclaration annuelle, conforme à un modèle établi par l'administration, relative aux opérations qu'elles réalisent en application des dispositions mentionnées à ce même alinéa.

Cette déclaration comporte :

1. Les informations suivantes relatives à l'entreprise déclarante :

a. Sa dénomination et sa forme juridique ;

b. L'adresse de son siège social ;

c. Son numéro d'identité tel que défini au premier alinéa de l'article R 123-221 du code de commerce ;

2. Pour chaque opération ouvrant droit à l'un des avantages fiscaux mentionnés au premier alinéa de l'article 242 septies précité :

a. Les éléments mentionnés au dixième alinéa du même article ;

b. La référence à l'article du code général des impôts sur le fondement duquel l'opération est réalisée ;

c. La dénomination et l'adresse de l'exploitant ainsi que son numéro d'identité tel que défini au premier alinéa de l'article R 123-221 du code de commerce ;

d. Le cas échéant, si l'investissement consiste en la souscription au capital d'une société, la dénomination de celle-ci, l'adresse de son siège social et son numéro d'identité tel que défini au premier alinéa de l'article R 123-221 du code de commerce.

II. Pour les entreprises dont le siège social est situé en métropole ou dans les départements d'outre-mer, la déclaration mentionnée au I est déposée, selon le cas, auprès du service des impôts des entreprises dont elles relèvent ou de la direction des grandes entreprises de la direction générale des finances publiques. Pour les autres entreprises, la déclaration est déposée auprès du service des impôts des non-résidents de la direction générale des finances publiques.

III. La déclaration mentionnée au I est déposée dans le même délai que celui prévu pour le dépôt de la déclaration de résultats souscrite au titre :

a. Soit de l'exercice au titre duquel les investissements mentionnés au premier alinéa de l'article 242 septies précité ouvrent droit aux avantages fiscaux ;

b. Soit, lorsque l'investissement porte sur un bien immobilier, de l'exercice au cours duquel l'immeuble est achevé.

IV. La charte de déontologie mentionnée au huitième alinéa de l'article 242 septies précité est annexée au présent article.

Ndlr *ANNEXE*

CHARTE DE DEONTOLOGIE

I. – Préambule

L'article 242 septies du code général des impôts subordonne l'exercice, par une entreprise, de l'activité professionnelle consistant à obtenir pour autrui les avantages fiscaux prévus aux articles 199 undecies A, 199 undecies B, 217 undecies, 217 duodecies du même code à l'inscription sur un registre tenu par le représentant de l'Etat dans le département ou la collectivité dans lequel cette entreprise a son siège social. Pour être inscrite à ce registre, une entreprise doit satisfaire aux conditions suivantes :

1° Justifier de l'aptitude professionnelle des dirigeants et associés ;

2° Etre à jour de ses obligations fiscales et sociales ;

3° Contracter une assurance contre les conséquences pécuniaires de sa responsabilité civile professionnelle ;

4° Présenter, pour chacun des dirigeants et associés, un bulletin n° 3 du casier judiciaire vierge de toute condamnation ;

5º Justifier d'une certification annuelle de ses comptes par un commissaire aux comptes ;

6º Avoir signé une charte de déontologie. La présente charte de déontologie fournit un cadre de référence pour l'exercice de l'activité professionnelle mentionnée au premier alinéa de l'article 242 septies précité. En tant que code de bonne conduite, elle précise les obligations déontologiques que toute entreprise exerçant cette activité doit respecter, en complément des dispositions légales et réglementaires qui lui sont applicables.

II. Définitions

Au sens de la présente charte de déontologie :

– un « monteur en défiscalisation outre-mer » est une entreprise exerçant l'activité professionnelle consistant à obtenir pour autrui les avantages fiscaux prévus par les articles199 undecies A, undecies B199 undecies C, 217 undecies, 217 duodecies, 244 quater W du CGI ;

– un « exploitant » est une entreprise souhaitant réaliser et exploiter outre-mer un ou plusieurs investissements dans le cadre des dispositions d'aide fiscale à l'investissement précitées ;

– un « programme d'investissement » désigne le regroupement par une entreprise implantée outre-mer d'un ou plusieurs investissements au sein d'un même projet dont le schéma de financement comprend un recours à l'aide fiscale à l'investissement ;

– un « investisseur fiscal » est une personne physique ou morale participant au financement d'un programme d'investissement dans le but d'en retirer un avantage fiscal ;

– la « syndication » désigne l'opération consistant à regrouper et organiser l'intervention des investisseurs fiscaux dans les opérations d'investissement ;

– le « véhicule d'investissement » désigne la structure juridique ayant vocation à regrouper les investisseurs fiscaux désireux de prendre part à une opération éligible aux dispositions d'aide fiscale à l'investissement précitées.

III. – Principes généraux

Le monteur en défiscalisation outre-mer exerce ses fonctions avec probité et intégrité, conformément à la loi et dans le respect des intérêts respectifs de l'exploitant et des investisseurs fiscaux.

Il exerce l'activité mentionnée au premier alinéa de l'article 242 septies du CGI à titre principal.

Le monteur en défiscalisation outre-mer veille à ne pas se trouver, directement ou par l'intermédiaire de ses dirigeants, en situation de conflit d'intérêts à l'occasion d'une opération dont il a la charge.

En particulier, il ne peut, directement ou indirectement :

– assurer la direction de droit ou de fait d'une entreprise exploitant un investissement dont il a organisé le financement ;

– détenir des intérêts dans une entreprise exploitant un investissement dont il a monté le financement ;

– percevoir, directement ou indirectement, au titre d'un investissement ou d'un programme d'investissement dont il a la charge, de rémunérations autres que celles relatives à ses prestations de montage, de syndication et de gestion d'opérations d'investissement outre-mer dans le cadre des dispositifs d'aide fiscale précités et notamment toute commission de la part des fournisseurs des biens objets des programmes d'investissement ;

– verser de rémunérations ou avantages quelconques à toute personne liée au projet dans le but d'obtenir un mandat pour réaliser le montage d'une opération, à l'exclusion des commissions versées aux apporteurs d'affaires dûment déclarés.

En ce qui concerne la sélection des opérations d'investissement, le monteur en défiscalisation outre-mer s'assure :

– que les projets présentés aux investisseurs fiscaux correspondent à une réalité économique et contribuent au développement économique du département ou de la collectivité d'outre-mer où ils sont situés ;

– de la validité des pouvoirs de ses cocontractants ;

– que l'exploitant est doté de moyens financiers et humains adaptés pour mener à bien le projet envisagé et est à jour de ses déclarations fiscales et sociales ;

– que, pour la part du financement provenant de l'exploitant, l'origine des fonds est justifiée ;

– le cas échéant, du respect des procédures de mise en concurrence.

S'agissant de la gestion des opérations dont il a la charge, et sans préjudice des règles énoncées aux points IV, V et VI, le monteur en défiscalisation outre-mer :

– s'assure du respect des obligations comptables, fiscales et sociales du véhicule d'investissement, lorsqu'il en est le mandataire social ;

– ne prélève des frais de gestion au niveau du véhicule d'investissement qu'au prorata temporis de sa mission ;

– vérifie que ses éventuels sous-traitants disposent des compétences professionnelles suffisantes pour l'accomplissement des missions qu'il leur confie.

IV. – Relations avec les investisseurs fiscaux

Le monteur en défiscalisation outre-mer veille à fournir aux investisseurs fiscaux :

– une présentation claire et exhaustive des opérations fiscales proposées, notamment sur la nature de l'investissement, sa localisation, l'identité de l'exploitant et, le cas échéant, les termes de l'agrément fiscal obtenu ;

– une information claire sur les risques inhérents à leur participation, sur les obligations fiscales, notamment déclaratives, liées à l'opération d'investissement et conditionnant le bénéfice de l'avantage fiscal et sur les

sanctions pénales auxquelles ils s'exposent en cas de fraude ;
– les éléments ainsi que l'assistance nécessaire leur permettant de calculer le montant de l'avantage fiscal auquel ouvre droit leur participation à l'opération d'investissement, compte tenu, le cas échéant, des règles de plafonnement.
Lorsque l'opération d'investissement a été présentée aux investisseurs fiscaux par l'intermédiaire de prestataires en services d'investissements (PSI) ou de conseillers en investissements financiers (CIF), le monteur en défiscalisation outre-mer communique à ces professionnels les éléments nécessaires pour leur permettre d'apporter aux investisseurs fiscaux l'assistance nécessaire dans le calcul de l'avantage fiscal et du montant du plafonnement ;
– les informations demandées par les investisseurs fiscaux à l'occasion d'une demande d'information ou d'un contrôle de l'administration fiscale.
Dans l'hypothèse d'une défaillance de l'exploitant, le monteur en défiscalisation outre-mer :
– participe à la protection des intérêts du véhicule d'investissement au cours de la procédure collective suivie à l'égard de l'exploitant ;
– recherche un nouvel exploitant en vue de la remise en location des biens acquis par le véhicule d'investissement.
Dans l'hypothèse d'un sinistre affectant les biens loués, le monteur en défiscalisation outre-mer s'assure que l'exploitant procède à leur remise en état ou, s'il y a lieu, à leur remplacement par des biens similaires.
V. – Relations avec les exploitants
Le monteur en défiscalisation outre-mer :
– soumet à l'exploitant une proposition financière claire, compréhensible et dépourvue d'ambiguïté ;
– formalise ses relations avec l'exploitant dans un cadre contractuel ;
– fournit à l'exploitant une information suffisante sur les règles applicables aux dispositifs d'aide fiscale à l'investissement outre-mer, notamment sur les seuils de déclenchement de la procédure d'agrément, les conditions d'exploitation des investissements et les sanctions pénales encourues en cas de fraude ;
– vérifie que l'exploitant est à jour de ses déclarations fiscales et sociales ;
– s'assure que, pour la part de financement provenant de l'exploitant, l'origine des fonds est justifiée ;
– rétrocède, le cas échéant, à l'exploitant les aides publiques perçues au titre de la réalisation des investissements.
VI. – Relations avec l'administration
De manière générale, le monteur en défiscalisation outre-mer coopère loyalement avec les autorités administratives compétentes, de métropole et des départements ou collectivités d'outre-mer.
En particulier, il veille à répondre, dans les meilleurs délais, aux demandes de renseignements qui lui sont adressées.
Il s'assure de la véracité et de la cohérence des informations transmises à l'administration en vue de l'obtention d'un agrément préalable, en informant l'exploitant et ses éventuels fournisseurs des sanctions pénales encourues, en application de l'article 1743 (3°) du CGI, en cas de fourniture de renseignements inexacts.

DC-IV-9180 s.

Art 171 BL I. Dans le cas où ne seraient applicables ni les dispositions de l'ordonnance n° 2005-649 du 6 juin 2005 relative aux marchés passés par certaines personnes publiques ou privées non soumises au code des marchés publics, ni les dispositions de droit local applicables en matière de commande publique dans les collectivités d'outre-mer, la mise en concurrence prévue par le douzième alinéa de l'article 242 septies du code général des impôts est effectuée conformément aux dispositions du II.

II. Le contrat conclu avec une entreprise mentionnée au premier alinéa de l'article 242 septies précité est passé selon des modalités librement définies par la société exploitant l'investissement mentionnée au douzième alinéa de l'article 242 septies précité, dans le respect des principes de transparence et d'égalité de traitement des candidats.

La société exploitant l'investissement publie un avis au Bulletin officiel des annonces des marchés publics. Cet avis précise notamment les caractéristiques essentielles du contrat et la date limite de présentation des candidatures.

Lorsque, après une première mise en concurrence, aucune offre n'a été déposée, l'exploitant peut conclure un contrat avec une entreprise mentionnée au premier alinéa de l'article 242 septies précité sans nouvelle mise en concurrence, sous réserve que les caractéristiques initiales du contrat n'aient pas été substantiellement modifiées.

DC-IV-9240

TITRE II

TAXES SUR LE CHIFFRE D'AFFAIRES ET TAXES ASSIMILEES

CHAPITRE PREMIER

Taxe sur la valeur ajoutée

SECTION I

Champ d'application

I. Opérations obligatoirement imposables

2° Livraisons et prestations à soi-même

Art 173 Les prélèvements, utilisations et affectations de biens prévus au II de l'article 257 du code général des impôts, lorsqu'ils sont faits pour des besoins autres que ceux de l'entreprise, ne sont imposables que dans le cas où la taxe qui a grevé l'acquisition ou l'importation de ces biens ainsi que des biens et services utilisés pour leur fabrication était partiellement ou totalement déductible.

TVA-II-23305 ; MF n°s 47370 s.

Art 175 La taxe due en application du II de l'article 257 du code général des impôts est exigible à la date de la première utilisation du bien ou lorsque la prestation de service est effectuée.

TVA-II-23810 s., 24225

3° Prestations d'hébergement fournies dans les résidences de tourisme classées

Art 176 L'application des dispositions du a du 4° de l'article 261 D du code général des impôts à une résidence de tourisme classée est subordonnée à l'engagement de son exploitant soit de dépenser, pendant les vingt-quatre premiers mois d'exploitation, une somme au moins égale à 1,5 % des recettes d'exploitation de la résidence pour la recherche de la clientèle étrangère, soit de conclure pendant la même période avec des organisateurs de voyages ou de séjours des contrats de mise à disposition tels que 20 % au moins des unités d'hébergement de la résidence soient réservés à des touristes étrangers.

L'engagement est souscrit sur papier libre et remis au service des impôts dont relève l'exploitant.

Ndlr *Les dispositions du a de l'article 261 D, 4° du CGI, qui fixaient notamment des conditions spécifiques pour la taxation des résidences de tourisme classées, sont supprimées à compter du 1er janvier 2024 (Loi 2023-1322 du 29 décembre 2023 art. 84, 1°-a).*

FR 2/24 inf. 48 p. 93 ; TVA-XV-34930 s.

Art 177 Dans le délai de trois mois qui suit l'expiration de la période mentionnée à l'article 176, l'exploitant de la résidence de tourisme classée doit justifier auprès du service des impôts qu'il a rempli son engagement en produisant un état récapitulatif des dépenses qu'il a engagées ou des contrats qu'il a conclus.

Ndlr *Les dispositions du a de l'article 261 D, 4° du CGI, qui fixaient notamment des conditions spécifiques pour la taxation des résidences de tourisme classées, sont supprimées à compter du 1er janvier 2024 (Loi 2023-1322 du 29 décembre 2023 art. 84, 1°-a).*

FR 2/24 inf. 48 p. 93 ; TVA-XV-34930 s.

II. Opérations imposables sur option

3. Location de locaux nus

Art 193 L'option prévue au 2° de l'article 260 du code général des impôts est ouverte même lorsque l'immeuble n'est pas encore achevé.

Les personnes qui donnent en location plusieurs immeubles ou ensembles d'immeubles doivent exercer une option distincte pour chaque immeuble ou ensemble d'immeubles.

Dans les immeubles ou ensembles d'immeubles comprenant à la fois des locaux nus donnés en location ouvrant droit à l'option en application du 2° de l'article 260 du code général des impôts et d'autres locaux, l'option ne s'étend pas à ces derniers mais elle s'applique globalement à l'ensemble des locaux de la première catégorie.

TVA-II-25660, 26050 s. ; MF n°s 46875 s.

Art 194 L'option peut être dénoncée à partir du 1er janvier de la neuvième année civile qui suit celle au cours de laquelle elle a été exercée.

Dans le cas d'une option au titre d'un immeuble non encore achevé, la dénonciation peut intervenir à compter du 1er janvier de la neuvième année qui suit celle au cours de laquelle l'immeuble a été achevé.

L'option ou sa dénonciation prend effet à compter du premier jour du mois au cours duquel elle est formulée auprès du service des impôts.

Toutefois, lorsque tout ou partie des immeubles intéressés cesse, au cours de la période couverte par l'option, d'être destiné à un usage pour lequel celle-ci est possible, la dénonciation est obligatoire en ce qui concerne les locaux qui ont, de ce fait, changé de destination.

TVA-II-25975 s., 26105 s. ; MF n°s 46875 s.

Art 195 L'option et sa dénonciation sont déclarées dans les conditions et selon les modalités prévues par le 1° du I de l'article 286 du code général des impôts pour les assujettis à la taxe sur la valeur ajoutée, en cas de commencement ou de cessation d'entreprise.

TVA-II-25840 s.

Art 195 A Les personnes qui exercent l'option sont soumises à l'ensemble des obligations qui incombent aux assujettis à la taxe sur la valeur ajoutée. Les règles relatives à l'assiette, à la liquidation, au recouvrement, au contrôle et au contentieux de ladite taxe leur sont applicables.

TVA-II-26250 s.

3 bis. Vente d'articles fabriqués par des groupements d'aveugles ou de travailleurs handicapés

Art 195 B L'option exercée couvre obligatoirement une période de cinq années, y compris celle au cours de laquelle elle est déclarée.

Elle est renouvelable par tacite reconduction, sauf dénonciation à l'expiration de chaque période.

TVA-V-2440 s.

Art 195 C L'option et sa dénonciation sont déclarées dans les conditions et selon les modalités prévues par le 1° du I de l'article 286 du code général des impôts pour les assujettis à la taxe sur la valeur ajoutée, en cas de commencement ou de cessation d'entreprise.

TVA-V-2470 s.

Art 195 D Les personnes qui exercent l'option sont soumises à l'ensemble des obligations qui incombent aux assujettis à la taxe sur la valeur ajoutée. Les règles relatives à l'assiette, à la liquidation, au recouvrement, au contrôle et au contentieux de ladite taxe leur sont applicables.

TVA-V-2490

5. Livraisons de certains biens immobiliers

Art 201 quater L'option prévue au 5° bis de l'article 260 du code général des impôts s'exerce distinctement par immeuble, fraction d'immeuble ou droit immobilier mentionné au 1 du I de l'article 257 de ce code, relevant d'un même régime au regard des articles 266 et 268 du même code. Il doit être fait mention de cette option dans l'acte constatant la mutation.

IMMO-I-4000 s. ; MF n° 58830

5 bis. Personnes qui ont passé un bail à construction

Art 201 quater A L'option pour l'imposition d'un bail à construction à la taxe sur la valeur ajoutée doit être formulée dans l'acte.

IMMO-V-900 s.

6. Collectivités locales

Art 201 quinquies Les collectivités territoriales, leurs groupements ou leurs établissements publics qui, en application de l'article 260 A du code général des impôts, optent pour leur assujettissement à la taxe sur la valeur ajoutée au titre des opérations relatives aux services énumérés à cet article ou à certains d'entre eux prennent une décision distincte pour chaque service.

L'option peut être dénoncée à partir du 1er janvier de la cinquième année civile qui suit celle au cours de laquelle elle a été exercée. L'option ou sa dénonciation prend effet à compter du premier jour du mois suivant celui au cours duquel elle est formulée auprès du service des impôts.

TVA-II-26960 s. ; MF n°s 47235 s.

Art 201 octies Les collectivités locales, leurs groupements ou leurs établissements publics qui exercent l'option sont soumis à l'ensemble des obligations qui incombent aux assujettis à la taxe sur la valeur ajoutée. Les règles relatives à l'assiette, à la liquidation, au paiement, au contrôle et au contentieux de cette taxe leur sont applicables.

Chaque service couvert par l'option doit faire l'objet, conformément au code général des collectivités territoriales, d'une comptabilité distincte s'inspirant du Plan comptable général faisant apparaître un équilibre entre :

D'une part, l'ensemble des charges du service, y compris les amortissements techniques des immobilisations ;

D'autre part, l'ensemble des produits et recettes du service.

TVA-II-27420 s.

7. Bailleurs de biens ruraux

Art 202 L'option pour le paiement de la taxe sur la valeur ajoutée exercée par les personnes qui donnent en location des terres et bâtiments d'exploitation à usage agricole peut être dénoncée à partir du 1er janvier de la cinquième année civile qui suit celle au cours de laquelle elle a été exercée.

L'option ou sa dénonciation prend effet à compter du premier jour du mois au cours duquel elle est formulée auprès du service des impôts.

TVA-II-26650 s. ; MF n° 46885

III. Exonérations

1. Attestation pour l'exonération de la TVA

Art 202 A **I.** Pour obtenir l'attestation mentionnée au a du 4° du 4 de l'article 261 du code général des impôts, les personnes de droit privé exerçant une activité de formation professionnelle continue souscrivent une demande sur un imprimé conforme au modèle établi par un arrêté conjoint des ministres chargés de la formation professionnelle continue et du budget *(Demande à produire en quatre exemplaires sur un imprimé disponible dans les services des impôts. Voir arrêté BUDF9400023A du 30 décembre 1994, JO du 21 janvier 1995).* Cette demande est adressée par lettre recommandée avec accusé de réception à la direction régionale de l'économie, de l'emploi, du travail et des solidarités et la direction de l'économie, de l'emploi, du travail et des solidarités pour les départements d'outre-mer dont le demandeur relève ou, s'agissant des organismes paritaires titulaires d'un des agréments mentionnés au II, auprès de l'autorité qui a procédé à leur agrément.

II. Seules les personnes qui ont souscrit la déclaration mentionnée à l'article L 6351-1 du code du travail ou qui bénéficient d'un des agréments mentionnés aux articles L 6332-1 et L 6332-7 du même code peuvent obtenir l'attestation.

En outre, l'attestation ne peut être délivrée qu'à la condition que l'activité du demandeur entre dans le cadre de la formation professionnelle continue telle que définie conjointement par les articles L 6311-1 et L 6313-1 du code du travail ou relève des missions légalement dévolues aux organismes paritaires agréés. Le demandeur doit être à jour de ses obligations résultant de l'article L 6352-11 du code du travail.

III. La direction régionale de l'économie, de l'emploi, du travail et des solidarités et la direction de l'économie, de l'emploi, du travail et des solidarités pour les départements d'outre-mer dont relève le demandeur ou le ministre chargé de la formation professionnelle continue pour les organismes soumis aux agréments, mentionnés au II, dispose d'un délai de trois mois à compter de la réception de la demande pour délivrer l'attestation. A défaut de décision dans ce délai, l'attestation est réputée accordée. Le refus de délivrance de l'attestation doit être motivé. Un exemplaire de l'attestation ou de la décision de refus est adressé au demandeur et à la direction départementale ou, le cas échéant, régionale des finances publiques dont il relève.

TVA-II-9870 s. ; MF nos 47075 s.

Art 202 B La délivrance de l'attestation entraîne l'exonération de taxe sur la valeur ajoutée au jour de la réception de la demande.

L'attestation ne vaut que pour les opérations effectuées dans le cadre de la formation professionnelle continue ou des missions dévolues aux organismes paritaires agréés. Elle s'applique obligatoirement à l'ensemble de ces opérations réalisées par le titulaire de l'attestation.

TVA-II-9870 s.

Art 202 C En cas de caducité de la déclaration visée au II de l'article 202 A du fait de l'application des dispositions de l'article L. 6351-6 du code du travail, il est mis fin à l'attestation par une décision qui doit être motivée et notifiée par l'autorité qui l'a délivrée, au titulaire de l'attestation. Il en va de même en cas de retrait d'un des agréments mentionnés au II de l'article 202 A.

Cette décision a pour effet de remettre en cause l'exonération de taxe sur la valeur ajoutée des opérations mentionnées à l'article 202 B qui deviennent imposables à la taxe sur la valeur ajoutée à partir de la date de sa notification.

Un exemplaire de cette notification est adressé à la direction départementale ou, le cas échéant, régionale des finances publiques dont relève le titulaire.

TVA-II-9870 s.

Art 202 D Les agents de l'administration des impôts contrôlent l'application des articles 202 A à 202 C et s'assurent notamment que les opérations qui ouvrent droit à exonération relèvent d'une activité entrant dans le cadre de la formation professionnelle continue.

TVA-II-9870 s.

2. Agrément relatif à l'activité d'opérateur de détaxe

A. Demande d'agrément

Art 202 E I. La demande d'agrément relatif à l'activité d'opérateur de détaxe mentionnée à l'article 262-0 bis du code général des impôts est déposée, par voie électronique ou, en cas de recours à la voie postale, par lettre recommandée avec demande d'avis de réception, auprès du directeur interrégional des douanes et droits indirects territorialement compétent ou, en Guadeloupe, en Guyane, à La Réunion et à Mayotte, auprès du directeur régional des douanes et droits indirects. Elle est établie au moyen d'un formulaire dont le modèle est fixé par arrêté du ministre chargé des douanes *(NDLR Arrêté CPAD1800889A du 13 janvier 2018, JO 19).*

II. La demande d'agrément est accompagnée des pièces suivantes :

1° Le numéro unique d'identification ou tout autre document datant de moins de trois mois d'une autorité fiscale de l'Union européenne sur lequel figure le numéro d'identification à la taxe sur la valeur ajoutée (TVA) de l'opérateur ;

2° Les écritures comptables ou toute autre information disponible telles que définies au 2° du I de l'article 262-0 bis du code général des impôts ;

3° Le bulletin n° 3 du casier judiciaire des représentants de la personne morale ;

4° Le dossier comportant les éléments, définis par arrêté du ministre chargé des douanes, nécessaires à la certification de la plate-forme d'échange de données informatisées mentionnée au I de l'article 262-0 bis du code général des impôts, en ce qui concerne, notamment, les standards de communication et de modélisation des messages, les conditions de connexion au système informatique de l'administration des douanes et le fonctionnement technique du traitement.

TVA-IV-22180 s. ; MF n° 49730 b

Art 202 F Le directeur interrégional ou le directeur régional des douanes et droits indirects territorialement compétent, mentionné à l'article 202 E, dispose d'un délai de trente jours à compter de la date de l'accusé de réception, électronique ou postal, de la demande d'agrément pour se prononcer sur la recevabilité de la demande au regard des pièces fournies ainsi que du bulletin n° 2 du casier judiciaire de l'opérateur, dont il demande communication au service compétent.

Dans le cas où la demande d'agrément est incomplète, le délai d'obtention fixé par le directeur interrégional ou régional territorialement compétent pour la réception des pièces et informations supplémentaires proroge d'autant la période de recevabilité.

Si, à l'issue du délai prévu au premier alinéa, le directeur interrégional ou le directeur régional territorialement compétent a notifié à l'opérateur qu'il considère sa demande irrecevable, le demandeur bénéficie d'un délai de trente jours à compter de cette notification pour faire valoir ses observations écrites ou orales. Le directeur interrégional ou le directeur régional territorialement compétent se prononce ensuite définitivement sur la recevabilité de la demande.

TVA-IV-22180 s. ; MF n° 49730 b

B. Certification, audit et délivrance de l'agrément

Art 202 G I. Lorsque la demande est recevable, les services informatiques de la direction générale des douanes et droits indirects mettent à disposition du demandeur un environnement de certification et une équipe l'accompagne dans le cadre de l'obtention de la certification de sa plate-forme informatique. La certification est délivrée par le directeur interrégional ou le directeur régional des douanes et droits indirects territorialement compétent, mentionné à l'article 202 E.

II. Le directeur interrégional ou le directeur régional des douanes et droits indirects territorialement compétent, mentionné au I, informe l'intéressé de la programmation d'un audit afin de vérifier que les conditions d'obtention de l'agrément sont satisfaites et de s'assurer de la capacité de l'opérateur à respecter les obligations que lui impose la réglementation au titre de l'activité de détaxe.

L'audit est réalisé, dans les conditions prévues à l'article L 80 I du livre des procédures fiscales, sur la base de critères contenus au sein de grilles d'audit publiées par arrêté du ministre chargé des douanes. Chaque grille détaille l'ensemble des spécifications nécessaires au bon fonctionnement de l'activité d'opérateur de détaxe *(NDLR Voir Annexe IV, art. 50 sexies L).*

III. La décision d'agrément est prise par le directeur interrégional ou le directeur régional des douanes et droits indirects territorialement compétent, mentionné au I. Elle est rendue sur la base des résultats de l'audit mené par les services de l'administration des douanes.

La décision d'agrément est prise dans un délai de cent vingt jours à compter de la délivrance de la certification informatique. Elle est accompagnée du rapport d'audit.

Ce délai peut être prorogé de soixante jours par décision expresse du directeur interrégional ou du directeur régional des douanes et droits indirects territorialement compétent, mentionné au I, en cas d'impossibilité pour lui d'effectuer l'audit prévu à l'article 202 F dans le délai précité.

Sous réserve des dispositions du troisième alinéa du présent III, le défaut de réponse de l'autorité compétente pour délivrer l'agrément dans le délai prévu aux deuxième et troisième alinéas vaut acceptation.

TVA-IV-22180 s. ; MF nº 49730 b

Art 202 H Lorsqu'il est envisagé de refuser l'agrément, les motifs en sont notifiés au demandeur. Le demandeur dispose d'un délai de trente jours à compter de la communication de ces motifs pour faire valoir ses observations écrites ou orales.

Il est ensuite statué définitivement sur la demande.

TVA-IV-22180 s. ; MF nº 49730 b

C. Durée de validité de l'agrément et demande de renouvellement

Art 202 I L'agrément d'opérateur de détaxe a une durée de validité de trois ans à compter de sa date de délivrance.

La demande de renouvellement de l'agrément est présentée, trois mois au moins avant sa date d'expiration, dans les conditions prévues par les articles 202 E, 202 F, 202 G et 202 H.

L'administration des douanes transmet à l'opérateur de détaxe une attestation de réception de sa demande de renouvellement afin de lui permettre de poursuivre son activité jusqu'à la nouvelle décision.

TVA-IV-22180 s. ; MF nº 49730 b

D. Audit de suivi

Art 202 J Au cours de la durée de validité de l'agrément d'opérateur de détaxe, des audits de suivi peuvent être réalisés par les agents des douanes, dans les conditions de l'article L 80 I du livre des procédures fiscales. Ces audits de suivi peuvent notamment être diligentés lorsque l'administration des douanes souhaite vérifier le respect par l'opérateur de détaxe des obligations auxquelles il est astreint dans l'exercice de son activité.

TVA-IV-22180 s. ; MF nº 49730 b

E. Obligations des opérateurs de détaxe

Art 202 K Afin de respecter les obligations énumérées au II de l'article 262-0 bis du code général des impôts, les opérateurs de détaxe se conforment aux modalités techniques suivantes :

1° La transmission des données électroniques des bordereaux de vente à l'exportation qui sont émis par l'opérateur de détaxe ou par les vendeurs qui lui sont affiliés à la base informatique douanière est effectuée en temps réel et au plus tard dans l'heure suivant l'émission du bordereau par le vendeur. Le respect de cette obligation est contrôlé par les relevés statistiques issus du système informatique douanier dédié à la détaxe ;

2° L'utilisation d'un système d'évaluation et de gestion des risques liés au processus de détaxe se caractérise par la mise en place d'outils permettant de détecter toute anomalie relative à la transmission, à l'intégration ou à l'intégrité des données des bordereaux de vente à l'exportation. L'opérateur vérifie, de manière régulière, les outils mis en place afin de remédier aux anomalies constatées ;

3° Les conditions de formation et d'information régulières sont considérées comme satisfaites par la mise en place d'outils ou de processus permettant l'acquisition des connaissances juridiques nécessaires par le personnel de l'entreprise et de ses commerçants affiliés, ainsi que la diffusion des informations légales transmises par l'administration des douanes ;

4° Le délai prévu au 4° du II de l'article 262-0 bis du code général des impôts est de trente jours à compter du changement intervenu.

TVA-IV-22180 s. ; MF nº 49730 b

F. Sanctions

Art 202 L 1. Le manquement à l'obligation prévue au 1° du II de l'article 262-0 bis du code général des impôts et au 1° de l'article 202 K se caractérise par la non-transmission et l'absence de bordereaux de vente à l'exportation dans la base de données informatique douanière lorsque le voyageur procède au visa douanier. Ce manquement est de la responsabilité de l'opérateur de détaxe, qu'il résulte de son système informatique ou de celui mis en œuvre chez les commerçants qui lui sont affiliés.

Ce manquement est sanctionné par une amende dont le montant est précisé dans le tableau qui suit :

NOMBRE DE BORDEREAUX DE VENTE à l'exportation inexistants par mois		BASE D'IMPOSITION (en euros par bordereau de vente à l'exportation)
De 1 à	500	10
De 501 à	1 000	12

NOMBRE DE BORDEREAUX DE VENTE à l'exportation inexistants par mois		BASE D'IMPOSITION (en euros par bordereau de vente à l'exportation)
De 1 001 à	2 000	15
De 2 001 à	3 000	20
De 3 001 à	4 000	25
De 4 001 à	5 000	30
De 5 001 à	6 000	35
De 6 001 à	7 000	40
De 7 001 à	8 000	45
De 8 001 à	9 000	50
De 9 001 à	10 000	55
De 10 001 et plus		60

2. Le non-respect de chacune des obligations prévues aux 2° à 4° du II de l'article 262-0 bis du code général des impôts et aux 2° à 4° de l'article 202 K est sanctionné par une amende d'un montant maximal de 300 000 euros. L'amende est proportionnée à la gravité du manquement, à la situation de l'opérateur sanctionné ainsi qu'à l'éventuelle réitération de manquements à ces obligations.

3. Les manquements prévus au 1 du présent article sont constatés par les agents des douanes, au vu des relevés statistiques trimestriels issus du système informatique douanier dédié à la détaxe.

Les manquements prévus au 2 du présent article sont constatés à l'occasion de leurs contrôles par les agents des douanes ou lors d'audits de suivi.

Les amendes sont prononcées par le directeur interrégional des douanes et droits indirects territorialement compétent ou, en Guadeloupe, en Guyane, à La Réunion et à Mayotte, par le directeur régional des douanes et droits indirects. Elles ne peuvent être prononcées avant l'expiration d'un délai de trente jours à compter de la notification du document par lequel l'administration a fait connaître à l'opérateur concerné la sanction qu'elle se propose d'appliquer, les motifs de celle-ci et la possibilité dont dispose l'intéressé de présenter dans ce délai ses observations. Elles sont recouvrées selon les règles, privilèges et garanties applicables en matière douanière.

Dans les deux cas, l'accès au dossier concernant l'intéressé a lieu à la demande écrite de ses représentants légaux.

TVA-IV-22180 s. ; MF n° 49730 b

G. Suspension et retrait de l'agrément

Art 202 M Lorsque l'opérateur de détaxe ne remplit plus l'une ou plusieurs des conditions auxquelles a été soumise la délivrance de l'agrément ou qu'il apparaît qu'il n'est plus en mesure de se conformer aux obligations qui lui incombent, le directeur interrégional ou le directeur régional des douanes et droits indirects ayant délivré l'agrément, mentionné à l'article 202 G, l'informe de son intention de suspendre l'agrément et des motifs qui justifient cette suspension.

Le titulaire dispose d'un délai de trente jours à compter de la communication des motifs de la suspension envisagée pour se mettre en conformité avec les obligations en cause ou pour faire valoir ses observations, écrites ou orales.

Si, à l'issue de ce délai de trente jours, les conditions du maintien de l'agrément ne sont pas réunies, le directeur interrégional ou le directeur régional des douanes et droits indirects ayant délivré l'agrément, mentionné à l'article 202 G, suspend l'agrément. La période de suspension prononcée par l'administration ne peut excéder une année.

En cas de suspension, le titulaire de l'agrément a interdiction d'émettre des bordereaux de vente à l'exportation. Il reste néanmoins tenu aux obligations qui lui incombent au titre des bordereaux émis précédemment.

Dès réception de la décision de suspension, l'opérateur de détaxe prévient par tout moyen ses commerçants affiliés de cet état afin que ces derniers ne produisent plus, par son intermédiaire, de bordereaux de vente à l'exportation, quelle que soit leur forme.

Lorsque l'administration est saisie par l'opérateur de détaxe qui estime être à nouveau en conformité, la décision de lever la suspension de l'agrément est prise par le directeur interrégional ou le directeur régional, mentionné au premier alinéa, après qu'un audit de suivi a pu établir le respect, par l'opérateur, des critères requis pour l'exercice de son activité. La durée de validité de l'agrément intègre les périodes durant lesquelles l'agrément de l'opérateur a été suspendu.

TVA-IV-22180 s. ; MF n° 49730 b

Art 202 N L'agrément peut être retiré par décision du directeur interrégional ou le directeur régional des douanes et droits indirects, mentionné à l'article 202 G, si l'opérateur de détaxe ne s'est pas mis en conformité avec ses obligations durant le délai de suspension de son agrément.

L'agrément ne peut être retiré qu'après que son titulaire a été informé des raisons qui motivent ce retrait. Ce dernier bénéficie d'un délai de trente jours, à compter de la communication de ces motifs, pour faire valoir ses observations écrites ou orales.

En cas de retrait de son agrément, l'opérateur de détaxe a interdiction d'émettre des bordereaux de vente à l'exportation. Il reste néanmoins tenu aux obligations qui lui incombent au titre des bordereaux précédemment émis.

Dès réception de la décision de retrait d'agrément, l'opérateur de détaxe prévient par tout moyen ses commerçants affiliés afin que ces derniers ne produisent plus, par son intermédiaire, de bordereaux de vente à l'exportation, quelle que soit leur forme.

En cas de retrait, le demandeur ne peut présenter de nouvelle demande d'agrément dans un délai d'un an à compter de la notification de ce retrait.

TVA-IV-22180 s. ; MF nº 49730 b

Art 202 O Si l'opérateur de détaxe souhaite cesser son activité, il en informe le directeur interrégional ou le directeur régional des douanes et droits indirects ayant délivré l'agrément, mentionné à l'article 202 G, au plus tard trois mois avant la date de fin de l'activité.

Ce dernier accuse réception de la demande et enregistre une date de fin de validité de l'agrément détenu par l'opérateur de détaxe, correspondant à la date de fin d'activité déclarée par ce dernier.

L'opérateur de détaxe reste tenu à ses obligations pendant une durée de sept mois à compter de la date d'émission de chacun des bordereaux de vente à l'exportation précédemment émis.

TVA-IV-22180 s. ; MF nº 49730 b

SECTION III

Liquidation de la taxe

I. Régime simplifié d'imposition

Art 204 ter A **1.** Les entreprises placées sous le régime simplifié d'imposition mentionné au premier alinéa du I de l'article 267 quinquies peuvent renoncer aux modalités simplifiées de liquidation de la taxe sur la valeur ajoutée prévues au 3 de l'article 287 du code général des impôts.

Dans ce cas, elles souscrivent leurs déclarations dans les conditions prévues au 2 du même article.

2. L'option est exercée pour deux ans et notifiée par lettre recommandée avec demande d'avis de réception.

Elle prend effet le 1er janvier de l'année en cours si elle est notifiée avant la date mentionnée au premier alinéa de l'article 242 sexies. Dans ce cas, la première déclaration mentionnée au 2 de l'article 287 du code général des impôts est déposée le mois qui suit la notification de l'option et comporte l'ensemble des opérations réalisées entre le 1er janvier et la fin du mois au cours duquel l'option a été notifiée.

Elle prend effet le 1er janvier de l'année suivante si elle est notifiée après la date mentionnée au premier alinéa de l'article 242 sexies.

RIE-IV-19230 s. ; MF nº 54310

Art 204 quater Ne peuvent bénéficier des modalités simplifiées de liquidation de la taxe sur la valeur ajoutée :

Les importations ;

Les opérations visées au I de l'article 257 du code général des impôts ;

Les opérations effectuées à titre occasionnel, y compris les manifestations de bienfaisance ou de soutien organisées par les organismes agissant sans but lucratif désignés au a du 1º du 7 de l'article 261 du code général des impôts.

RIE-I-2640 s. ; MF nº 53910

II. Déductions

1. Modalités d'exercice

A. Détermination du quantum de taxe déductible

Art 205 La taxe sur la valeur ajoutée grevant un bien ou un service qu'un assujetti à cette taxe acquiert, importe ou se livre à lui-même est déductible à proportion de son coefficient de déduction.

TVA-IX-7150 ; MF nº 55360

Art 206 **I.** Le coefficient de déduction mentionné à l'article 205 est égal au produit des coefficients d'assujettissement, de taxation et d'admission.

TVA-IX-7155 ; MF nº 55360

II. Le coefficient d'assujettissement d'un bien ou d'un service est égal à sa proportion d'utilisation pour la réalisation d'opérations imposables. Les opérations imposables s'entendent des opérations situées dans le champ d'application de la taxe sur la valeur ajoutée en vertu des articles 256 et suivants du code général des impôts, qu'elles soient imposées ou légalement exonérées.

TVA-IX-7300 s. ; MF nos 55500 s.

III. 1. Le coefficient de taxation d'un bien ou d'un service est égal à l'unité lorsque les opérations imposables auxquelles il est utilisé ouvrent droit à déduction.

2. Le coefficient de taxation d'un bien ou d'un service est nul lorsque les opérations auxquelles il est utilisé n'ouvrent pas droit à déduction.

3. Lorsque le bien ou le service est utilisé concurremment pour la réalisation d'opérations imposables ouvrant droit à déduction et d'opérations imposables n'ouvrant pas droit à déduction, le coefficient de taxation est calculé selon les modalités suivantes :

1° Ce coefficient est égal au rapport entre :

a. Au numérateur, le montant total annuel du chiffre d'affaires afférent aux opérations ouvrant droit à déduction, y compris les subventions directement liées au prix de ces opérations ;

b. Et, au dénominateur, le montant total annuel du chiffre d'affaires afférent aux opérations imposables, y compris les subventions directement liées au prix de ces opérations.

Les sommes mentionnées aux deux termes de ce rapport s'entendent tous frais et taxes compris, à l'exclusion de la taxe sur la valeur ajoutée ;

2° Lorsqu'un assujetti a constitué des secteurs distincts d'activité en application de l'article 209, le chiffre d'affaires à retenir pour le calcul du rapport défini au 1° est celui du ou des secteurs pour lesquels le bien ou le service est utilisé ou, lorsqu'un assujetti unique mentionné à l'article 256 C du code général des impôts le décide et que le bien ou service est utilisé par plusieurs de ses membres, celui de l'ensemble du chiffre d'affaires afférent aux opérations imposables de cet assujetti unique ;

FR 31/23 inf. 4 p. 6 ; MF no 46553

3° Pour l'application des dispositions du 1°, il est fait abstraction du montant du chiffre d'affaires afférent :

a. Aux cessions des biens d'investissements corporels ou incorporels ;

b. Au produit des opérations immobilières et financières accessoires exonérées de la taxe sur la valeur ajoutée. Sont considérées comme accessoires les opérations qui présentent un lien avec l'activité principale de l'entreprise et dont la réalisation nécessite une utilisation limitée au maximum à 10 % des biens et des services grevés de taxe sur la valeur ajoutée qu'elle a acquis. Ce pourcentage est apprécié en fonction de la proportion d'utilisation pour ces opérations de chaque bien et service grevé de taxe sur la valeur ajoutée. Cette proportion est appliquée à la valeur d'acquisition par le redevable de chacun de ces biens et services pour déterminer leur valeur d'utilisation. Le pourcentage résulte du rapport entre, au numérateur, la somme des valeurs d'utilisation ainsi déterminées et, au dénominateur, le montant total de la valeur d'acquisition de ces biens et services.

TVA-IX-7850 s. ; MF nos 55540 s.

IV. 1. Le coefficient d'admission d'un bien ou d'un service est égal à l'unité, sauf dans les cas décrits aux 2 à 4.

TVA-IX-11500 s. ; MF no 55860

2. Le coefficient d'admission est nul dans les cas suivants :

1° Lorsque le bien ou le service est utilisé par l'assujetti à plus de 90 % à des fins étrangères à son entreprise ;

TVA-IX-11540 s. ; MF no 55875

2° Lorsque le bien ou le service est relatif à la fourniture à titre gratuit du logement des dirigeants ou du personnel de l'entreprise, à l'exception de celui du personnel de gardiennage, de sécurité ou de surveillance sur les chantiers ou dans les locaux de l'entreprise ;

TVA-IX-11620 s. ; MF nos 55885 s.

3° Lorsque le bien est cédé sans rémunération ou moyennant une rémunération très inférieure à son prix normal, notamment à titre de commission, salaire, gratification, rabais, bonification, cadeau, quelle que soit la qualité du bénéficiaire ou la forme de la distribution, sauf quand il s'agit de biens de très faible valeur. Un arrêté du ministre chargé du budget en fixe la valeur maximale *(Voir Annexe IV, art. 28-00 A)* ;

TVA-IX-11960 s. ; MF nos 55970 s.

4° Lorsque le bien ou le service est utilisé pour des publicités prohibées par les articles L 3323-2, L 3323-4 et L 3323-5 du code de la santé publique ;

TVA-IX-13435 s. ; MF no 56005

5° Pour les prestations de transport de personnes et les prestations accessoires à ce transport, à l'exclusion de celles réalisées soit pour le compte d'une entreprise de transports publics de voyageurs, soit en vertu d'un contrat permanent de transport conclu par les entreprises pour amener leur personnel sur les lieux de travail ;

TVA-IX-13310 s. ; MF nos 55955 s.

6° Pour les véhicules ou engins, quelle que soit leur nature, conçus pour transporter des personnes ou à usages mixtes, à l'exception de ceux :

a. Destinés à être revendus à l'état neuf ;

b. Donnés en location ;

c. Comportant, outre le siège du conducteur, plus de huit places assises et utilisés par des entreprises pour amener leur personnel sur les lieux du travail ;

d. Affectés de façon exclusive à l'enseignement de la conduite ;

e. De type tout terrain affectés exclusivement à l'exploitation des remontées mécaniques et des domaines skiables, dans des conditions fixées par décret *(Voir Annexe III, art. 84 A)* ;

f. Acquis par les entreprises de transports publics de voyageurs et affectés de façon exclusive à la réalisation desdits transports ;

TVA-IX-12500 s. ; MF n°s 55900 s.

7° Pour les éléments constitutifs, pièces détachées et accessoires des véhicules et engins mentionnés au premier alinéa du 6° ;

TVA-IX-12500 s. ; MF n°s 55900 s.

8° A l'exception des cas prévus au 1° bis du 4 de l'article 298 du code général des impôts :

a. Pour les carburéacteurs mentionnés au d du 1° du même 4 ;

b. Pour les produits pétroliers mentionnés au e du 1° du même 4 ;

TVA-XIV-2300 s. ; MF n° 61400

9° Pour les biens acquis ou construits ainsi que les services acquis dont la valeur d'achat, de construction ou de livraison à soi-même est prise en compte pour l'application des dispositions du e du 1 de l'article 266 du code général des impôts ainsi que de l'article 297 A du code général des impôts ;

TVA-XV-2420 s., 17220 s. ; MF n°s 60815, 61545

10° Pour les prestations de services de toute nature, notamment la location, afférentes aux biens dont le coefficient d'admission est nul en application des dispositions du 1° au 8°.

TVA-IX-13480 s. ; MF n° 55995

3. A l'exception des cas prévus au 1° bis du 4 de l'article 298 du code général des impôts, le coefficient d'admission est calculé en application des dispositions relatives à l'exclusion du droit à déduction fixées aux a, b *(NDLR Abrogé depuis le 1er janvier 2022)* et c du 1° du même 4 concernant, respectivement, les essences, les gazoles et le superéthanol E 85 et les gaz de pétrole et autres hydrocarbures présentés à l'état gazeux et le pétrole lampant.

TVA-XIV-2300 s. ; MF n° 61405

4. *(Abrogé).*

V. 1. L'assujetti peut, par année civile, retenir :

1° Pour l'ensemble de ses biens et services utilisés concurremment à des opérations imposables et à des opérations non imposables, un coefficient d'assujettissement unique, sous réserve d'en justifier ;

TVA-IX-7650 ; MF n° 55520

2° Pour l'ensemble de ses biens et services, un coefficient de taxation unique calculé dans les conditions du 3 du III.

Cette option est exercée séparément pour chacun des secteurs mentionnés au deuxième alinéa de l'article 209 et aux 1° à 5° du I du même article. Elle s'applique aux biens et services utilisés pour les besoins des opérations imposables de ce secteur.

TVA-IX-11300 s. ; MF n° 55830

2. Les quatre coefficients mentionnés au I sont arrondis par excès à la deuxième décimale. Ils sont définitivement arrêtés avant le 25 avril de l'année suivante ou le 31 décembre de l'année suivante pour ceux qui deviennent redevables de la taxe sur la valeur ajoutée en cours d'année.

Toutefois, lorsque l'option prévue au VI est exercée pour l'un des membres d'un assujetti unique, les coefficients mentionnés au I, compte tenu, le cas échéant, des arrondis prévus à l'alinéa ci-dessus, sont définitivement arrêtés avant le 25 mai de l'année suivante.

FR 31/23 inf. 4 p. 6 ; TVA-IX-7200 s., 7250 ; MF n°s 46553 précision c, 55360, 55365

VI. Lorsqu'il est recouru à l'option mentionnée au 2° du 1 du V pour l'un des membres d'un assujetti unique constitué en application de l'article 256 C du code général des impôts, cette option s'applique à l'ensemble des dépenses de ce membre. Dans ce cas, le rapport prévu au 1° du 3 du III pour la détermination du coefficient de taxation est ainsi établi :

a. Au numérateur, le montant total annuel du chiffre d'affaires afférent aux opérations ouvrant droit à déduction, y compris les subventions directement liées au prix de ces opérations, majoré du produit entre, d'une part, le montant total annuel du chiffre d'affaires afférent aux opérations effectuées par le membre à destination des autres membres de l'assujetti unique et qui auraient été imposables en l'absence de constitution de cet assujetti unique, en faisant abstraction du montant afférent aux opérations mentionnées au 3° du 3 du III, d'autre part, un coefficient de taxation de l'assujetti unique déterminé à partir de l'ensemble du chiffre d'affaires de ses opérations imposables ;

b. Au dénominateur, le montant total annuel du chiffre d'affaires afférent aux opérations imposables, y compris les subventions directement liées au prix de ces opérations, majoré du montant total annuel du chiffre d'affaires afférent aux opérations effectuées par le membre à destination des autres membres de l'assujetti unique et qui auraient été imposables en l'absence de constitution de cet assujetti unique, en faisant abstraction du montant afférent aux opérations mentionnées au 3° du 3 du III.

FR 31/23 inf. 4 p. 6 ; MF n° 46553

Lorsque l'option prévue au 2° du 1 du V de l'article 206 est exercée pour un membre d'un assujetti unique constitué en application de l'article 256 C du code général des impôts, la régularisation est effectuée avant le 25 mai de l'année suivante.

FR 31/23 inf. 4 p. 6 ; MF n° 46553 précision c

5. Les dispositions qui précèdent ne sont pas applicables :

1° Aux biens immobilisés dont le coefficient d'assujettissement de référence est nul ;

2° Aux immeubles livrés, acquis, apportés ou utilisés pour la première fois avant le 1er janvier 1996.

6. Pour la détermination des coefficients de référence mentionnés au 2 et au 4, il n'est pas tenu compte des dispositions du 1° et du 2° du 2 du V au titre de l'année où il est fait application de ces dispositions.

TVA-IX-33900 s. ; MF nos 57205 s.

B. Régularisations et reversements

Art 207 I. Sous réserve des dispositions qui suivent, la déduction opérée dans les conditions mentionnées aux articles 205 et 206 est définitivement acquise à l'entreprise.

TVA-IX-33000 ; MF n° 56800

II. 1. Pour les biens immobilisés, une régularisation de la taxe initialement déduite est opérée chaque année pendant cinq ans, dont celle au cours de laquelle ils ont été acquis, importés, achevés, utilisés pour la première fois ou transférés entre secteurs d'activité constitués en application de l'article 209.

2. Chaque année, la régularisation est égale au cinquième du produit de la taxe initiale par la différence entre le coefficient de déduction de l'année et le coefficient de déduction de référence mentionné au 2 du V. Elle prend la forme d'une déduction complémentaire si cette différence est positive, d'un reversement dans le cas contraire.

3. Par dérogation à la durée mentionnée au 1 et à la fraction mentionnée au 2, cette régularisation s'opère pour les immeubles immobilisés par vingtième pendant vingt années.

Toutefois, pour les immeubles donnés en location dans les conditions prévues au 2 de l'article L 313-7 du code monétaire et financier, cette durée est égale au nombre d'années qui courent jusqu'à l'échéance du contrat de bail, arrondi à l'entier supérieur, sans pouvoir excéder vingt années, et la régularisation s'opère par fractions égales à l'inverse de cette durée.

4. La régularisation doit être effectuée avant le 25 avril de l'année suivante. Aucune régularisation n'est effectuée si la différence entre le produit des coefficients d'assujettissement et de taxation de l'année, d'une part, et le produit des coefficients d'assujettissement et de taxation de référence mentionnés au 2 du V, d'autre part, n'est pas supérieure, en valeur absolue, à un dixième.

III. 1. Une régularisation de la taxe initialement déduite et grevant un bien immobilisé est également opérée :

1° Lorsqu'il est cédé ou apporté, sans que cette opération soit soumise à la taxe sur le prix total, sur la valeur totale ou dans les conditions fixées à l'article 268 du code général des impôts, ou est transféré entre secteurs d'activité constitués en application de l'article 209 ;

2° Lorsqu'il est cédé ou apporté, et que cette opération est soumise à la taxe sur le prix total, sur la valeur totale ou dans les conditions fixées à l'article 268 du code général des impôts ;

3° Lorsque la réglementation modifie la valeur de son coefficient d'admission en cours d'utilisation ;

4° Lorsqu'il vient en cours d'utilisation à être utilisé à des opérations ouvrant droit à déduction ou, sous réserve du 5°, lorsqu'il cesse d'être utilisé à des opérations ouvrant droit à déduction ;

5° Lorsqu'il cesse d'être utilisé à des opérations imposables.

2. Cette régularisation est égale à la somme des régularisations qui auraient été effectuées jusqu'au terme de la période de régularisation en application des 1, 2, 3 et 5 du II, en considérant que pour chacune des années restantes de cette période :

1° Dans les cas visés au 1° du 1, le coefficient de taxation est égal à zéro ;

2° Dans les cas visés au 2° du 1, le coefficient de déduction est égal à l'unité ;

3° Dans le cas visé au 3° du 1, le coefficient d'admission est égal à sa nouvelle valeur ;

4° Dans les cas visés au 4° du 1, le coefficient de taxation est égal à sa nouvelle valeur ;

5° Dans le cas visé au 5° du 1, le coefficient d'assujettissement est égal à zéro.

3. Dans les cas visés au 1° du 1, sous réserve que le bien constitue également une immobilisation pour le bénéficiaire de la cession, de l'apport ou du transfert, celui-ci peut déduire une fraction du montant de taxe sur la valeur ajoutée ayant grevé initialement le bien, à proportion du rapport entre le nombre d'années restant à courir, pour le cédant ou l'apporteur, jusqu'au terme de la période de régularisation et le nombre d'années total de celle-ci. A cette fin, le cédant ou l'apporteur délivre au bénéficiaire une attestation mentionnant le montant de la taxe qu'il est en droit de déduire. Cette déduction est opérée dans les conditions prévues à l'article 206.

4. Les dispositions des 1 à 3 ne sont pas applicables :

1° Aux cessions ou apports dispensés de taxe sur la valeur ajoutée en application de l'article 257 bis du code général des impôts ;

2° Aux biens immobilisés :

a. Qui ont été volés ou détruits, dès lors qu'il est justifié du vol ou de la destruction ;

b. Dont le coefficient d'assujettissement de référence est nul.

TVA-IX-34600 s. ; MF n°s 57270 s.

IV. 1. *(Abrogé).*

2. Lorsqu'un bien en stock, ou un bien immobilisé non encore utilisé, vient à être utilisé à des opérations ouvrant droit à déduction, la taxe initiale peut être déduite à proportion du coefficient de déduction résultant de ce changement.

TVA-IX-36160 s., 38850 s. ; MF n°s 57380, 57500

3. Pour l'application du II et des 1° et 2° du 1 du III, un immeuble ou une fraction d'immeuble en stock est considéré comme immobilisé lorsque, au 31 décembre de la deuxième année qui suit celle au cours de laquelle est intervenu l'achèvement de l'immeuble, il est utilisé pendant plus d'un an pour une opération relevant d'une activité économique mentionnée à l'article 256 A du code général des impôts.

IMMO-I-10200 s. ; MF n° 58915

V. 1. La taxe initiale s'entend, selon le cas, de la taxe mentionnée au 1 du II de l'article 271 du code général des impôts ou de la fraction de taxe mentionnée sur les attestations prévues au 3 du III du présent article.

TVA-IX-33600 s. ; MF n° 57120

2. Les coefficients d'assujettissement, de taxation et d'admission de référence sont initialement égaux aux coefficients retenus pour le calcul de la déduction opérée en application de l'article 206 lors de l'acquisition, de l'importation ou de la livraison à soi-même du bien. Le cas échéant :

1° Après chaque déduction opérée en application des dispositions du 3 du III du présent article lors d'un transfert entre secteurs d'activité mentionné au 1° du 1 de ce même III, ils prennent la valeur des coefficients retenus pour la détermination du montant de cette déduction ;

2° Après chaque régularisation opérée en application des dispositions des 3° à 5° du 1 du III du présent article, ils prennent la valeur des coefficients mentionnés respectivement aux 3° à 5° du 2 de ce même III.

Le coefficient de déduction de référence est égal au produit des coefficients d'assujettissement, de taxation et d'admission de référence résultant des dispositions qui précèdent.

TVA-IX-33650 s. ; MF n°s 57140 s.

(Pour les biens immobilisés en cours d'utilisation au 1er janvier 2008 et pour lesquels le délai de régularisation n'était pas expiré, les coefficients de référence ont pris les valeurs mentionnées au II de l'art. 3 du décret 2007-566 du 16 avril 2007, JO du 19)

VI. Le montant de la taxe dont la déduction a déjà été opérée doit être reversé dans les cas suivants :

1° Lorsque les marchandises ont disparu ;

TVA-IX-38150 s. ; MF n°s 57510 s.

2° Lorsque les biens ou services ayant fait l'objet d'une déduction de la taxe qui les avait grevés ont été utilisés pour une opération qui n'est pas effectivement soumise à l'impôt.

Ce reversement doit être opéré avant le 25 du mois qui suit celui au cours duquel l'événement qui motive le reversement est intervenu. Toutefois, ces reversements ne sont pas exigés lorsque les biens ont été détruits avant toute utilisation ou cession, ou volés, et qu'il est justifié de cette destruction ou de ce vol.

TVA-IX-38600 s. ; MF n°s 57530 s.

C. Dispositions diverses

a. Obligations déclaratives et comptables

Art 208 I. Le montant de la taxe déductible doit être mentionné sur les déclarations déposées pour le paiement de la taxe sur la valeur ajoutée. Toutefois, à condition qu'elle fasse l'objet d'une inscription distincte, la taxe dont la déduction a été omise sur cette déclaration peut figurer sur les déclarations ultérieures déposées avant le 31 décembre de la deuxième année qui suit celle de l'omission. Les régularisations prévues à l'article 207 doivent également être mentionnées distinctement sur ces déclarations.

TVA-IX-22300 s., 22500 s. ; MF n°s 56330 s.

II. Lorsque, sur une déclaration, le montant de la taxe déductible excède le montant de la taxe due, l'excédent de taxe dont l'imputation ne peut être faite est reporté, jusqu'à épuisement, sur les déclarations suivantes. Toutefois, cet excédent peut faire l'objet de remboursements dans les conditions fixées par les articles 242-0 A à 242-0 J.

TVA-IX-27100 s. ; MF nos 56600 s.

Art 209 **I.** Les opérations situées hors du champ d'application de la taxe sur la valeur ajoutée et les opérations imposables doivent être comptabilisées dans des comptes distincts pour l'application du droit à déduction.

Il en va de même pour les secteurs d'activité qui ne sont pas soumis à des dispositions identiques au regard de la taxe sur la valeur ajoutée.

Sont constitués en secteurs d'activité :

1° Chaque immeuble ou ensemble d'immeubles ou fraction d'immeuble dont la livraison à soi-même est imposable en application du II de l'article 278 sexies du code général des impôts ou dans lequel sont réalisés des travaux d'amélioration, de transformation ou d'aménagement de logement dont les livraisons à soi-même sont imposables en application du 1° du 3 du I de l'article 257 du même code ;

2° Les immeubles, ensembles d'immeubles ou fractions d'immeubles dont la location est imposée en application du 2° de l'article 260 du code général des impôts ;

3° Les services mentionnés à l'article 260 A du code général des impôts ;

4° Pour les organismes agissant sans but lucratif désignés au a du 1° du 7 de l'article 261 du code général des impôts :

a. L'ensemble de leurs opérations qui ne sont pas soumises à la taxe sur la valeur ajoutée et des ventes qu'ils consentent à leurs membres au-delà de 10 % de leurs recettes totales ;

b. Chacune des manifestations de bienfaisance ou de soutien qu'ils organisent et dont les recettes sont imposables à la taxe sur la valeur ajoutée ;

5° Chaque opération de lotissement ou d'aménagement de zone réalisée par les collectivités territoriales ou leurs groupements ;

6° Chaque membre d'un assujetti unique mentionné à l'article 256 C du code général des impôts, sans préjudice des secteurs constitués par ce membre conformément au deuxième alinéa et aux 1° à 5° du présent I.

FR 31/23 inf. 4 p. 6 ; MF no 46553

II. Les biens d'investissement ouvrant droit à déduction sont inscrits dans la comptabilité de l'entreprise pour leur prix d'achat ou de revient diminué de la déduction à laquelle ils donnent droit, rectifié, le cas échéant, conformément aux dispositions de l'article 207.

TVA-IX-7370 s., 14000 s. ; MF nos 56030 s.

2 bis. Remboursement de crédits de taxe déductible non imputable

Art 242-0 A Le remboursement de la taxe sur la valeur ajoutée déductible dont l'imputation n'a pu être opérée doit faire l'objet d'une demande des assujettis. Le remboursement porte sur le crédit de taxe déductible constaté au terme de chaque année civile *(Voir également art. 242 septies J pour les entreprises imposées selon le régime simplifié)*.

TVA-IX-27400 s., 27820, 28025 ; MF nos 56630, 56650

Art 242-0 C **I. 1.** Les demandes de remboursement doivent être déposées au cours du mois de janvier et porter sur un montant au moins égal à 150 €.

2. Pour les assujettis placés sous le régime simplifié d'imposition, le crédit de taxe déductible résulte des énonciations de leur déclaration annuelle. La demande de remboursement est déposée avec cette déclaration.

Pour les assujettis qui ont exercé l'option prévue au 2 de l'article 204 ter A, le remboursement du crédit de taxe déductible apparaissant le 31 décembre peut être demandé dans les conditions déterminées au 1.

II. Par dérogation aux dispositions du I, les assujettis soumis de plein droit ou sur option au régime normal d'imposition peuvent demander un remboursement lorsque la déclaration mentionnée au 2 de l'article 287 du code général des impôts fait apparaître un crédit de taxe déductible. La demande de remboursement doit porter sur un montant au moins égal à 760 €.

Les dispositions du premier alinéa s'appliquent également aux exploitants agricoles ayant exercé l'option prévue au quatrième alinéa du I de l'article 1693 bis du code général des impôts pour acquitter l'impôt au vu de déclarations mensuelles ou trimestrielles.

TVA-IX-28670 ; MF no 59850

II bis. Il n'est pas fait application des montants minimaux prévus au 1 du I et au II aux assujettis membres du groupe désignés au 1 de l'article 1693 ter du code général des impôts, s'agissant des demandes de remboursement mentionnées au premier alinéa de l'article 1693 ter A du même code.

RIE-IV-13450 ; MF no 54215

III. Par dérogation aux dispositions du I, les assujettis placés sous le régime d'acomptes prévu au 3 de l'article 287 du code général des impôts peuvent demander, lors du dépôt du relevé mentionné au dernier alinéa de l'article 242 sexies relatif à l'acompte de juillet ou d'un relevé mentionné au 3 de l'article 242 septies A, un remboursement du crédit constitué par la taxe déductible ayant grevé l'acquisition de biens constituant des immobilisations lorsque son montant est au moins égal à 760 €.

Les remboursements s'effectuent dans les conditions prévues à l'article 242 septies J.

TVA-IX-28465 s. ; MF n° 56685

TVA-IX-27400 s. ; MF n°s 56620 s.

Art 242-0 D **1.** *(Abrogé).*

2. *(Disposition devenue sans objet : loi n° 98-1266 du 30 décembre 1998, art. 7, I-1).*

3. Pour les assujettis placés sous le régime simplifié des exploitants agricoles, autres que ceux qui ont opté pour le régime des déclarations trimestrielles ou mensuelles, le crédit de taxe déductible résulte des énonciations de leur déclaration annuelle et, lorsqu'ils ont exercé l'option prévue à l'article 260 J, des déclarations relatives à des périodes d'une durée inférieure à un an. La demande de remboursement doit être déposée avec cette déclaration.

TVA-IX-28630 s. ; MF n° 59850

Art 242-0 E Le crédit de taxe déductible dont le remboursement a été demandé ne peut donner lieu à imputation ; il est annulé lors du remboursement.

TVA-IX-27940 s. ; MF n° 56665

Art 242-0 G Lorsqu'un redevable perd cette qualité, le crédit de taxe déductible dont il dispose peut faire l'objet d'un remboursement pour son montant total.

TVA-IX-29340 s. ; MF n° 56690

Art 242-0 I Les sociétés qui effectuent à titre habituel et principal les opérations de crédit-bail visées au 1 de l'article L 313-7 du code monétaire et financier bénéficient du remboursement de leur crédit de taxe déductible non imputable résultant de droits à déduction nés depuis le 1er janvier 1972. Une demande de restitution peut être déposée, au titre de chaque trimestre civil, dès lors qu'elle porte sur un montant minimum de 760 €.

Les crédits de taxe déductible au 31 décembre 1971 détenus par ces sociétés ne peuvent faire l'objet d'aucun remboursement.

Ces sociétés sont tenues de distinguer en comptabilité les recettes provenant de contrats conclus postérieurement au 1er janvier 1972 ainsi que les droits à déduction visés au premier alinéa.

TVA-IX-28760

Art 242-0 J Toute personne qui demande le bénéfice des dispositions des articles 242-0 A à 242-0 I peut, à la demande de l'administration, être tenue de présenter une caution solvable qui s'engage, solidairement avec elle, à reverser les sommes dont elle aurait obtenu indûment le remboursement.

TVA-IX-29750 s. ; MF n° 56655

Art 242-0 L Le remboursement du crédit de taxe déductible mentionné au b du 3 de l'article 1693 ter du code général des impôts est opéré au profit du redevable du groupe selon les conditions et modalités décrites au 1 du I et au premier alinéa du II de l'article 242-0 C.

RIE-IV-13540 ; MF n° 54215

2 ter. Remboursement de la taxe aux assujettis établis hors de France

A. Assujettis établis dans l'Union européenne

Art 242-0 M Aux fins de l'application des articles 242-0 N à 242-0 Z ter, on entend par :

1° assujetti non établi en France, tout assujetti établi dans un autre Etat membre de l'Union européenne qui n'a en France ni le siège de son activité économique, ni un établissement stable à partir duquel les opérations sont effectuées, ni, à défaut d'un tel siège ou d'un tel établissement, son domicile ou sa résidence habituelle. Est toutefois considéré comme établi en France un assujetti dont le siège est situé dans un autre Etat membre mais qui dispose en France d'une structure qui, bien que fournissant exclusivement des services à son siège, est identifiée sur le fondement du 4° de l'article 286 ter du code général des impôts ;

2° requérant, l'assujetti non établi en France qui introduit en France une demande de remboursement de la taxe sur la valeur ajoutée ;

3° service des impôts, le service des impôts chargé de procéder aux remboursements de taxe sur la valeur ajoutée aux assujettis non établis en France.

TVA-III-13700 s. ; MF n°s 50675 s.

Art 242-0 N Un assujetti non établi en France peut obtenir le remboursement de la taxe sur la valeur ajoutée ayant grevé les biens qui lui ont été livrés ou les services qui lui ont été fournis en France par d'autres assujettis ou ayant grevé l'importation de biens en France, dans la mesure où ces biens et services sont utilisés pour les besoins des opérations suivantes :

1° les opérations dont le lieu d'imposition se situe hors de France mais qui ouvriraient droit à déduction si ce lieu d'imposition était situé en France ;

2° les opérations mentionnées au 2° de l'article 242-0 O.

TVA-III-13700 s. ; MF nos 50675 s.

Art 242-0 O Un assujetti non établi en France doit satisfaire aux conditions suivantes pour obtenir le remboursement de la taxe sur la valeur ajoutée mentionné à l'article 242-0 N :

1° au cours de la période sur laquelle porte la demande de remboursement, l'assujetti doit avoir été établi hors de France au sens du 1° de l'article 242-0 M ;

2° au cours de la période sur laquelle porte la demande de remboursement, l'assujetti ne doit avoir effectué aucune livraison de biens ni prestations de services en France à l'exception des opérations suivantes :

a. les prestations de services de transports et les opérations accessoires qui sont exonérées en application du I, des 7° à 11° bis et 14° du II de l'article 262 du code général des impôts, des articles 262 bis, 263, ainsi que du 2° du III de l'article 291 du même code ;

b. les opérations pour lesquelles la taxe est acquittée par l'acquéreur, le destinataire ou le preneur mentionnées au second alinéa du 1 et aux 2, 2 ter, 2 quinquies, 2 sexies de l'article 283 du code général des impôts ;

c. les livraisons et les prestations mentionnées aux 1°, 2°, 5°, 6° et 7° du I de l'article 277 A du code général des impôts ;

d. Les prestations de services mentionnées à l'article 259 D du code général des impôts lorsqu'elles sont déclarées selon le régime particulier prévu aux articles 369 bis à 369 duodecies de la directive 2006/112/CE du 28 novembre 2006.

TVA-III-13700 s. ; MF nos 50675 s.

Art 242-0 P La demande de remboursement présentée ne peut pas porter sur :

1° les montants de taxe sur la valeur ajoutée facturés par erreur ;

2° les montants de taxe sur la valeur ajoutée facturés pour des livraisons de biens qui sont exonérées, ou peuvent l'être en application du 2° du I de l'article 262 du code général des impôts, du I de l'article 262 ter et du II de l'article 298 sexies du même code.

TVA-III-13700 s. ; MF nos 50675 s.

Art 242-0 Q **I.** Pour bénéficier d'un remboursement, un assujetti non établi en France doit effectuer des opérations ouvrant droit à déduction dans l'Etat membre de l'Union européenne dans lequel il est établi.

II. Lorsqu'un assujetti non établi en France effectue dans l'Etat membre où il est établi à la fois des opérations ouvrant droit à déduction et des opérations n'ouvrant pas droit à déduction, le montant de taxe sur la valeur ajoutée mentionné à l'article 242-0 N n'est remboursé qu'à hauteur de la proportion de cette taxe qui est afférente aux premières opérations telle qu'elle est déterminée dans l'Etat d'établissement de cet assujetti, conformément à l'article 173 de la directive 2006/112/CE du 28 novembre 2006.

Si, après l'introduction de la demande de remboursement, la proportion déductible est corrigée selon les dispositions de l'article 175 de la directive 2006/112/CE, le requérant doit rectifier en conséquence le montant demandé ou déjà remboursé.

La correction s'effectue à l'occasion d'une nouvelle demande de remboursement déposée durant la même année civile pour une période postérieure à celle au titre de laquelle le remboursement à rectifier a été demandé ou obtenu, ou, si le requérant ne fait aucune demande de remboursement durant cette année civile, par la transmission d'une déclaration spéciale via le portail électronique mis à sa disposition par l'Etat membre dans lequel il est établi.

TVA-III-13700 s. ; MF nos 50675 s.

Art 242-0 R **I.** Pour bénéficier du remboursement de la taxe sur la valeur ajoutée, l'assujetti non établi en France doit adresser au service des impôts une demande de remboursement. Cette demande est introduite par voie électronique au moyen du portail mis à sa disposition par l'Etat de l'Union européenne où l'assujetti est établi. La demande de remboursement est introduite au plus tard le 30 septembre de l'année civile qui suit la période à laquelle elle s'applique.

La demande n'est réputée introduite qu'à la condition que le requérant ait fourni toutes les informations prévues au second alinéa de l'article 242-0 T.

II. L'assujetti mentionné au I doit joindre par voie électronique à la demande de remboursement une copie de la facture ou du document d'importation lorsque la base d'imposition figurant sur la facture ou le document d'importation est égale ou supérieure à un montant de 1 000 €. Toutefois, lorsque la facture porte sur des dépenses de carburant, ce seuil est fixé à 250 €.

TVA-III-13700 s. ; MF nos 50675 s.

Art 242-0 S La demande de remboursement peut porter sur :

1° l'achat de biens ou de services qui a été facturé au cours de la période du remboursement, à condition que la taxe soit devenue exigible avant ou au moment de la facturation, ou pour lesquels la taxe est devenue exigible au cours de la période du remboursement, à condition que l'achat ait été facturé avant que la taxe ne soit devenue exigible ;

2° l'importation de biens effectuée au cours de la période du remboursement ;

3° des factures ou des documents d'importation qui n'ont pas fait l'objet de demandes de remboursement antérieures pour autant qu'ils portent sur des opérations effectuées au cours de l'année civile dans laquelle s'inscrit la période de remboursement.

TVA-III-13700 s. ; MF n°s 50675 s.

Art 242-0 T La demande de remboursement porte sur une période qui ne doit être ni supérieure à une année civile, ni inférieure à trois mois civils. Toutefois, cette demande peut porter sur une période inférieure à trois mois si elle constitue le solde d'une année civile.

Les informations devant figurer dans la demande de remboursement sont fixées par arrêté du ministre chargé du budget *(Voir Annexe IV, art. 41 decies et 41 undecies)*.

TVA-III-13700 s. ; MF n°s 50675 s.

Art 242-0 U Si la demande de remboursement porte sur une période d'une durée inférieure à une année civile mais égale ou supérieure à trois mois, le montant de la taxe sur la valeur ajoutée auquel elle se rapporte ne peut être inférieur à la somme de 400 €.

Si la période de remboursement correspond à une année civile ou au solde d'une année civile, le montant de la taxe sur la valeur ajoutée ne peut être inférieur à la somme de 50 €.

TVA-III-13700 s. ; MF n°s 50675 s.

Art 242-0 V **I.** Le service des impôts notifie dans les meilleurs délais au requérant, par voie électronique, la date à laquelle la demande a été reçue.

II. Sous réserve des dispositions de l'article 242-0 X, le service des impôts notifie au requérant sa décision d'accepter ou de rejeter la demande de remboursement dans un délai de quatre mois à compter de sa réception.

TVA-III-14855 s. ; MF n°s 50675 s.

Art 242-0 W **I.** Le service des impôts peut demander par voie électronique dans le délai mentionné au II de l'article 242-0 V des informations complémentaires, notamment auprès du requérant ou des autorités compétentes de l'Etat membre de l'Union européenne dans lequel il est établi, lorsqu'il estime ne pas être en possession de toutes les informations nécessaires pour statuer sur la totalité ou une partie de la demande de remboursement introduite par le requérant. Lorsque ces informations complémentaires sont demandées à une autre personne que le requérant ou que les autorités compétentes d'un Etat membre, la demande doit être transmise par voie électronique si le destinataire de la demande est équipé en conséquence.

S'il le juge utile, le service des impôts peut demander de nouvelles informations complémentaires.

Dans le cadre de ces demandes, le service des impôts pourra solliciter du requérant la communication de l'original d'une facture ou d'un document d'importation lorsqu'il a des raisons de douter de la validité ou de l'exactitude d'une créance particulière. La demande peut viser toutes les opérations sans considération de leur montant.

II. Les informations complémentaires exigées conformément aux dispositions du I doivent être fournies dans un délai d'un mois à compter de la date de réception de la demande d'informations par le destinataire.

TVA-III-14880 s. ; MF n°s 50675 s.

Art 242-0 X Lorsque le service des impôts demande des informations complémentaires, il notifie au requérant sa décision d'accepter ou de rejeter sa demande dans un délai de deux mois à compter de la date de réception des informations demandées ou, si aucune réponse à la demande n'a été reçue, dans un délai de deux mois à compter de l'expiration du délai mentionné au II de l'article 242-0 W.

Toutefois, lorsqu'il n'a adressé qu'une seule demande d'informations complémentaires, le service des impôts dispose de six mois au moins à compter de la réception de la demande de remboursement pour notifier sa décision.

Lorsque le service des impôts a demandé de nouvelles informations complémentaires, il est tenu de notifier sa décision dans un délai de huit mois maximum à compter de la date à laquelle il a reçu la demande de remboursement.

TVA-III-14880 s. ; MF n°s 50675 s.

Art 242-0 Y Lorsque la demande de remboursement est acceptée, le service des impôts doit procéder au remboursement du montant accepté dans un délai de dix jours ouvrables à compter de l'expiration du délai mentionné au II de l'article 242-0 V ou, dans le cas où des informations complémentaires ont été demandées, à l'expiration des délais mentionnés à l'article 242-0 X.

Si le requérant demande que le remboursement soit effectué dans l'Etat où il est établi, les frais bancaires sont à sa charge.

TVA-III-14980 s. ; MF n°s 50675 s.

Art 242-0 Z En cas de rejet total ou partiel de sa demande de remboursement, les motifs de ce rejet doivent être communiqués au requérant par le service des impôts en même temps que la décision. En l'absence de décision du service des impôts dans le délai imparti, le requérant peut saisir de sa réclamation le tribunal administratif compétent dès son expiration.

TVA-III-14970, 15570 ; MF nos 50675 s.

Art 242-0 Z bis Dans le cas où un remboursement a été obtenu de façon frauduleuse ou d'une manière incorrecte, le service des impôts procède directement à la mise en recouvrement des sommes indûment versées, ainsi que des pénalités et intérêts éventuels.

Lorsque des pénalités ou des intérêts ont été mis en recouvrement mais n'ont pas été payés, le service des impôts est autorisé à suspendre tout remboursement supplémentaire à l'assujetti concerné à concurrence du montant non payé.

TVA-III-15550

Art 242-0 Z ter Lorsque la correction prévue au II de l'article 242-0 Q est opérée à l'occasion d'une nouvelle demande déposée dans la même année civile que celle dont le montant doit faire l'objet d'une rectification, le service des impôts opère la régularisation par majoration ou diminution du montant à rembourser. Lorsque la correction procède d'une déclaration spéciale, la régularisation fait l'objet d'un paiement ou d'un recouvrement spécifique.

TVA-III-14400

B. Assujettis établis hors de l'Union européenne

Art 242-0 Z quater I. Les assujettis établis hors de l'Union européenne peuvent obtenir le remboursement de la taxe sur la valeur ajoutée qui leur a été régulièrement facturée si, au cours du trimestre ou de l'année auquel se rapporte la demande de remboursement, ils n'ont pas eu en France le siège de leur activité ou un établissement stable, ou, à défaut, leur domicile ou leur résidence habituelle et n'y ont pas réalisé, durant la même période, de livraisons de biens ou de prestations de services situées en France.

Est toutefois considéré comme établi en France un assujetti dont le siège est situé en pays tiers mais qui dispose en France d'une structure qui, bien que fournissant exclusivement des services à son siège, est identifiée sur le fondement du 4° de l'article 286 ter du code général des impôts.

Les dispositions du premier alinéa ne s'appliquent pas aux assujettis établis dans un pays ou territoire qui n'accorde pas d'avantages comparables en ce qui concerne les taxes sur le chiffre d'affaires aux assujettis établis en France, et qui figure sur une liste fixée par un arrêté du ministre chargé du budget.

II. Pour l'application du I, ne sont pas considérées comme réalisées en France les opérations visées au 2° de l'article 242-0 O.

TVA-III-13700 s. ; MF nos 50675 s.

Art 242-0 Z quinquies Est remboursée aux assujettis établis hors de l'Union européenne la taxe sur la valeur ajoutée qui a grevé les services qui leur ont été rendus et les biens meubles qu'ils ont acquis ou importés en France au cours de l'année ou du trimestre prévu à l'article 242-0 Z quater dans la mesure où ces biens et services sont utilisés pour la réalisation ou pour les besoins d'opérations visées à l'article 242-0 N.

TVA-III-13700 s. ; MF nos 50675 s.

Art 242-0 Z sexies La taxe sur la valeur ajoutée n'est remboursée aux assujettis établis hors de l'Union européenne en application des articles 242-0 Z quater à 242-0 Z decies que si elle est au moins égale à une somme de 50 € ou 400 €, selon que le remboursement est demandé au titre d'une année ou d'un trimestre.

TVA-III-13700 s. ; MF nos 50675 s.

Art 242-0 Z septies I. Pour les assujettis établis hors de l'Union européenne, le remboursement doit être demandé au service des impôts avant la fin du sixième mois suivant l'année civile au cours de laquelle la taxe est devenue exigible.

II. La demande de remboursement de l'assujetti établi hors de l'Union européenne est transmise par voie électronique par le représentant assujetti établi en France, désigné conformément à l'article 242-0 Z octies.

Est joint à la demande un tableau récapitulatif faisant apparaître l'ensemble des factures ou documents d'importation justifiant le montant du remboursement demandé. Ce tableau comprend,

pour chaque facture ou document d'importation, les informations suivantes :

1° Le numéro d'ordre, qui doit être reporté sur la facture ou le document d'importation ;

2° Le nom et l'adresse complète du fournisseur ou du prestataire ;

3° Le numéro d'identification à la taxe sur la valeur ajoutée du fournisseur ou du prestataire ;

4° La date et le numéro de la facture ou du document d'importation ;

5° La base d'imposition et le montant de la taxe sur la valeur ajoutée, libellés en euros.

La demande est accompagnée de la copie des factures ou documents d'importation lorsque la base d'imposition figurant sur la facture ou le document d'importation est égale ou supérieure à un montant de 1 000 €. Toutefois, lorsque la facture porte sur des dépenses de carburant, ce seuil est fixé à 250 €.

L'assujetti établi hors de l'Union européenne certifie qu'il remplit les conditions prévues à l'article 242-0 Z quater.

La demande n'est réputée introduite qu'à la condition qu'elle comprenne l'ensemble des informations prévues aux deuxième à huitième alinéas du présent II.

III. Si l'assujetti établi hors de l'Union européenne demande que le remboursement soit effectué dans l'Etat où il est établi, les frais bancaires sont à sa charge.

IV. Les originaux des documents mentionnés au huitième alinéa du II sont mis à disposition de l'administration, à sa demande, dans un délai d'un mois à compter de la date de réception de la demande.

BF 6/21 inf. 521 ; TVA-III-15100 s. ; MF n°s 50675 s.

Art 242-0 Z octies Les assujettis établis hors de l'Union européenne sont tenus de faire accréditer auprès du service des impôts un représentant assujetti établi en France qui s'engage à remplir les formalités et obligations qui leur incombent, notamment celles prévues à l'article 242-0 Z septies. Ce représentant peut, en outre, être tenu de présenter une caution solvable qui s'engage, solidairement avec lui, à reverser les sommes remboursées indûment.

TVA-III-15280 s. ; MF n°s 50675 s.

Art 242-0 Z nonies Pour les assujettis établis hors de l'Union européenne qui auraient obtenu un remboursement de façon frauduleuse donnant lieu à des poursuites pénales, tout remboursement ultérieur peut être suspendu jusqu'à la décision définitive sur les pénalités encourues.

TVA-III-15480

Art 242-0 Z decies Les assujettis établis hors de l'Union européenne qui se prévalent du régime spécial prévu à l'article 298 sexdecies F du code général des impôts bénéficient du remboursement visé à l'article 242-0 Z quater.

Les dispositions du troisième alinéa du I de l'article 242-0 Z quater et de l'article 242-0 Z octies ne s'appliquent pas aux assujettis mentionnés au premier alinéa.

TVA-III-8720 ; MF n° 50875

4. Organismes sans but lucratif

Art 242 C **I.** Pour l'application du d du 1° du 7 de l'article 261 du code général des impôts, la transparence financière des organismes qui décident de verser une rémunération à leurs dirigeants est établie lorsque les conditions suivantes sont satisfaites :

a. Le montant des rémunérations versées à chacun des dirigeants concernés est indiqué dans une annexe aux comptes de l'organisme ;

b. Le représentant statutaire, ou le commissaire aux comptes, présente un rapport à l'organe délibérant sur les conventions prévoyant une telle rémunération ;

c. Les comptes de l'organisme sont certifiés par un commissaire aux comptes.

II. L'adéquation de la rémunération aux sujétions imposées aux dirigeants désignés au d du 1° du 7 de l'article 261 du même code est réputée acquise lorsque, dans la limite du montant prévu au neuvième alinéa du d précité, les conditions suivantes sont satisfaites :

a. La rémunération versée est la contrepartie de l'exercice effectif de son mandat par le dirigeant concerné ;

b. La rémunération est proportionnée aux sujétions effectivement imposées aux dirigeants concernés, notamment en termes de temps de travail ;

c. La rémunération est comparable à celles couramment versées pour des responsabilités de nature similaire et de niveau équivalent.

III. Pour l'appréciation des montants de ressources mentionnés aux quatrième, cinquième, sixième et huitième alinéas du d du 1° du 7 de l'article 261 du même code :

a. Sont prises en compte les ressources financières versées aux organismes concernés, à quelque titre que ce soit, par des personnes physiques ou par des personnes morales de droit privé sauf si ces dernières sont contrôlées

en droit ou en fait et financées majoritairement par des personnes morales de droit public ;

b. Ne sont pas pris en compte les contributions ou apports effectués en nature ou en industrie ;

c. Sont prises en compte, le cas échéant, les ressources financières, hors versements publics, des associations membres de l'organisme concerné et qui remplissent les conditions leur permettant de bénéficier des dispositions du d du 1° du 7 de l'article 261 du même code ;

d. Les ressources financières perçues par un organisme ne peuvent être prises en compte que pour l'appréciation de son propre montant de ressources et, le cas échéant, pour l'appréciation du montant des ressources d'un seul des organismes dont il est membre.

IV. L'organisme qui rémunère, en application du d du 1° du 7 de l'article 261 du même code, un ou plusieurs de ses dirigeants, doit communiquer chaque année à la direction départementale ou, le cas échéant, régionale des finances publiques dont il dépend un document attestant du montant de ses ressources mentionnées au huitième alinéa du d précité, constaté dans les conditions prévues à ce même alinéa et précisant l'identité des dirigeants rémunérés.

Ce document doit être déposé au plus tard dans les six mois suivant la clôture de l'exercice au titre duquel les rémunérations ont été versées.

IS-I-9530 s. ; MF nº 89415

SECTION III ter

Obligations des redevables

I. Régime simplifié d'imposition

1° Entreprises dont l'exercice comptable coïncide avec l'année civile

Art 242 sexies Les entreprises placées sous le régime simplifié souscrivent chaque année, au plus tard le deuxième jour ouvré suivant le 1er mai, la déclaration mentionnée au 3 de l'article 287 du code général des impôts suivant le modèle prescrit par l'administration.

Cette déclaration détermine les acomptes exigibles en juillet et décembre suivants. Les dates de versement des acomptes sont fixées par arrêté *(Voir Annexe IV, art. 39)*.

Chaque versement est accompagné d'un relevé indiquant son échéance, son montant et, le cas échéant, les éléments permettant de déterminer le montant du crédit de taxe déductible sur les immobilisations mentionné au III de l'article 242-0 C.

RIE-IV-17420 s., 18150 s. ; MF nos 54260 s.

Art 242 septies En cas de cession, de cessation, de redressement ou de liquidation judiciaires, les entreprises sont tenues de souscrire dans les soixante jours la déclaration visée à l'article 242 sexies relative à l'année en cours ainsi que, le cas échéant, celle qui n'aurait pas encore été déposée au titre de l'année civile précédente.

RIE-IV-17440 s. ; MF nº 54290

2° Entreprises dont l'exercice comptable ne coïncide pas avec l'année civile. Régime optionnel

Art 242 septies A **1.** Les entreprises soumises au régime simplifié d'imposition des taxes sur le chiffre d'affaires qui clôturent leur exercice au terme d'un mois autre que celui de décembre doivent déposer, dans les trois mois qui suivent sa clôture, une déclaration conforme au modèle prescrit par l'administration et faisant ressortir les taxes sur le chiffre d'affaires dues au titre de cet exercice. Cette déclaration se substitue à celle prévue à l'article 242 sexies.

2. La déclaration annuelle, déposée dans le délai prévu au 1, détermine les acomptes ultérieurement exigibles selon la périodicité suivante :

DATE LIMITE DE DEPOT de la déclaration annuelle au cours de l'année N	ACOMPTES DES ANNEES N ET N + 1 déterminés par cette déclaration
Janvier, février, avril, mai N	Juillet N, décembre N
Juin, juillet, août, septembre, octobre N	Décembre N, juillet N + 1
Novembre, décembre N .	Juillet N + 1, décembre N + 1

Lorsque deux déclarations successives déterminent des acomptes pour des mois identiques, la nouvelle périodicité se substitue à l'ancienne.

3. Chaque versement des acomptes est accompagné d'un relevé indiquant son échéance, son montant et, le cas échéant, les éléments permettant de déterminer le montant

du crédit de taxe déductible sur les immobilisations mentionné au III de l'article 242-0 C.

RIE-IV-17420 s. ; MF n° 54295

Art 242 septies B Les entreprises qui sont soumises à l'obligation mentionnée à l'article 242 septies A souscrivent, dans les trois premiers mois du premier exercice couvert par cette obligation, une déclaration conforme à celle prévue à l'article 242 sexies pour la période de l'année antérieure à la date d'ouverture de cet exercice.

RIE-IV-17590

Art 242 septies C Lorsque la période de référence servant de base au calcul des acomptes est inférieure à douze mois, les acomptes, déterminés dans les conditions prévues aux articles 242 sexies et 242 septies A, sont calculés à partir d'une taxe ajustée pour correspondre à une période de douze mois.

RIE-IV-18305 ; MF n° 54275

Art 242 septies D Lorsque aucun exercice n'a été clôturé au cours d'une année civile, une déclaration est déposée l'année suivante, au plus tard le deuxième jour ouvré suivant le 1er mai. Elle couvre la période écoulée depuis la date de clôture de l'exercice précédent jusqu'au 31 décembre de l'année au cours de laquelle aucun exercice n'a été clôturé. Une nouvelle période d'imposition s'ouvre le 1er janvier suivant.

RIE-IV-17550 ; MF n° 54295

Art 242 septies F **1.** Les entreprises soumises à l'obligation prévue à l'article 242 septies A qui deviennent imposables, de plein droit ou sur option, d'après le chiffre d'affaires réel au 1er janvier de l'année suivant cet exercice, doivent souscrire une déclaration pour la période comprise entre la date de clôture du dernier exercice entièrement couvert par l'obligation et le 31 décembre de la dernière année d'imposition au régime simplifié. Cette déclaration doit être souscrite l'année suivante, au plus tard le deuxième jour ouvré suivant le 1er mai.

2. Les dispositions prévues au 1 sont également applicables aux assujettis qui bénéficient de la franchise de taxe sur la valeur ajoutée prévue à l'article 293 B du code général des impôts au titre de l'année civile suivant le dernier exercice couvert par l'obligation prévue à l'article 242 septies A.

RIE-IV-17570

Art 242 septies G En cas de dépôt tardif ou d'absence de dépôt de la déclaration annuelle mentionnée aux articles 242 sexies et 242 septies A, les acomptes de la dernière période d'imposition ayant donné lieu à versements sont provisoirement reconduits. Ils donnent lieu à régularisation lors du dépôt spontané de la déclaration ou en cas de taxation d'office.

RIE-IV-18305 ; MF n° 54275

Art 242 septies I Pour chaque période d'imposition, le rapport prévu au 1° du 3 du III de l'article 206 est calculé à partir des éléments de l'année civile au cours de laquelle la période d'imposition s'est ouverte. Lorsque la période d'imposition s'est ouverte et achevée la même année, ce rapport est calculé à partir des éléments de l'année précédente.

RIE-IV-17515

Art 242 septies J Les remboursements prévus au III de l'article 242-0 C ne peuvent être obtenus que sur présentation, avec la demande déposée auprès du service local des impôts simultanément au dépôt des relevés mentionnés aux quatre derniers alinéas du présent article, de la ou des factures qui mentionnent notamment la taxe déductible sur les immobilisations à l'origine du crédit.

Les remboursements ont un caractère provisionnel : ils donnent lieu à régularisation lors du dépôt de la déclaration annuelle prévue aux articles 242 sexies et 242 septies A.

Pour les entreprises soumises au dépôt de la déclaration mentionnée au premier alinéa de l'article 242 sexies, le montant du remboursement est indiqué sur le relevé mentionné au dernier alinéa de cet article relatif à l'acompte de juillet et calculé en fonction des opérations réalisées sur la période comprise entre le 1er janvier et le 30 juin.

Pour les entreprises soumises au dépôt de la déclaration mentionnée à l'article 242 septies A, le montant du remboursement est indiqué sur le relevé mentionné au 3 de l'article 242 septies A relatif aux acomptes de :

1° Juillet. Il est calculé en fonction des opérations réalisées sur la période d'imposition en cours au 30 juin comprise entre le 1er décembre de l'année précédente ou la date d'ouverture de la période d'imposition si elle est intervenue postérieurement au 1er décembre de l'année précédente, et le 30 juin de l'année en cours ;

2° Décembre. Il est calculé en fonction des opérations réalisées sur la période d'imposition en cours au 30 novembre comprise entre le 1er juillet ou la date d'ouverture de la période d'imposition si elle est intervenue postérieurement au 1er juillet, et le 30 novembre.

TVA-IX-28500 s. ; MF n° 56685

Art 242 septies L En cas de cession, de cessation, de redressement ou de liquidation judiciaires, les entreprises souscrivent dans les soixante jours une déclaration pour l'exercice en cours ainsi que, le cas échéant, celle qui n'aurait pas encore été déposée au titre d'une période d'imposition précédente.

RIE-IV-17440 s.

II. Organismes sans but lucratif

Art 242 octies Les organismes agissant sans but lucratif, désignés au a du 1° du 7 de l'article 261 du code général des impôts, demeurent soumis, lorsqu'ils réalisent des opérations imposables à la taxe sur la valeur ajoutée, aux obligations prévues aux articles 286 à 289 C du code général des impôts, sous réserve des dispositions des alinéas suivants.

Ces organismes doivent se conformer, le cas échéant, aux dispositions de l'article 290 quater du même code.

Les organismes qui réalisent de manière permanente des opérations soumises à la taxe sur la valeur ajoutée ne mentionnent les ventes qu'ils consentent à leurs membres et les déductions correspondantes que globalement en fin d'année civile sur la déclaration afférente aux opérations du dernier mois ou du dernier trimestre.

Les organismes qui ne réalisent des opérations imposables qu'à titre occasionnel sont dispensés de souscrire les déclarations prévues aux 1° et 2° du I de l'article 286 du code général des impôts. Ils souscrivent les déclarations prescrites par l'article 287 de ce code, dans les trente jours suivant la réalisation des opérations imposables, auprès du service des impôts dont dépend leur siège. En ce qui concerne les ventes qu'ils consentent à leurs membres, les règles du troisième alinéa sont applicables.

Lorsqu'ils organisent une manifestation de bienfaisance ou de soutien pour laquelle ils entendent bénéficier de l'exonération prévue au c du 1° du 7 de l'article 261 du code général des impôts, les organismes mentionnés aux troisième et quatrième alinéas en informent le service des impôts de leur siège au moins vingt-quatre heures avant le début de la manifestation.

Dans les trente jours qui suivent une manifestation exonérée, les organisateurs adressent au même service un relevé détaillé des recettes et des dépenses afférentes à la manifestation.

TVA-V-1905 s. ; MF n° 89625

III. Factures

Art 242 nonies Pour l'application du deuxième alinéa du 2 du I de l'article 289 du code général des impôts :

a. Un mandat écrit et préalable doit être établi ;

b. L'assujetti en informe l'administration par écrit en indiquant le nom et l'adresse du client ou tiers ainsi mandaté lorsque ce dernier établit de manière régulière des factures au nom et pour le compte de cet assujetti. A cette fin, il dépose un état auprès de son service des impôts dans les mêmes délais que sa déclaration de résultats ou de bénéfices ;

c. Les factures concernées sont émises dès la réalisation de la livraison de biens ou de la prestation de services sans que puisse être utilisée la possibilité de délivrer des factures périodiques dans les conditions prévues au troisième alinéa du 3 du I de l'article 289 du code général des impôts.

RIE-IV-3350 s. ; MF n° 53575

Art 242 nonies A I. Les mentions obligatoires qui doivent figurer sur les factures en application du II de l'article 289 du code général des impôts sont les suivantes :

1° Le nom complet et l'adresse de l'assujetti et de son client ;

2° Le numéro individuel d'identification attribué à l'assujetti en application de l'article 286 ter du code précité et sous lequel il a effectué la livraison de biens ou la prestation de services ;

3° Les numéros d'identification à la taxe sur la valeur ajoutée du vendeur et de l'acquéreur pour les livraisons désignées au I de l'article 262 ter du code précité ;

4° Le numéro d'identification à la taxe sur la valeur ajoutée du prestataire ainsi que celui fourni par le preneur pour les prestations pour lesquelles le preneur est redevable de la taxe ;

5° Lorsque le redevable de la taxe est un représentant fiscal au sens de l'article 289 A du code précité, le numéro individuel d'identification attribué à ce représentant fiscal en application de l'article 286 ter du même code, ainsi que son nom complet et son adresse ;

5° bis Lorsque la livraison de biens ou la prestation de services est effectuée par le membre d'un assujetti unique constitué en application de l'article 256 C du code général des impôts, la mention "Membre d'un assujetti unique" ainsi que le nom, l'adresse et le numéro individuel d'identification à la taxe sur la valeur ajoutée de ce membre ;

FR 31/23 inf. 4 p. 6 ; MF n° 46552 précision e

6° Sa date d'émission ;

7° Un numéro unique basé sur une séquence chronologique et continue ; la numérotation peut être établie dans ces conditions par séries distinctes lorsque les conditions d'exercice de l'activité de l'assujetti le justifient ; l'assujetti doit faire des séries distinctes un usage conforme à leur justification initiale ;

8° Pour chacun des biens livrés ou des services rendus, la quantité, la dénomination précise, le prix unitaire hors taxes et le taux de taxe sur la valeur ajoutée légalement applicable ou, le cas échéant, le bénéfice d'une exonération ;

9° Tous rabais, remises, ristournes ou escomptes acquis et chiffrables lors de l'opération et directement liés à cette opération ;

10° La date à laquelle est effectuée, ou achevée, la livraison de biens ou la prestation de services ou la date à laquelle est versé l'acompte visé au c du 1 du I de l'article 289 du code précité, dans la mesure où une telle date est déterminée et qu'elle est différente de la date d'émission de la facture ;

11° Le montant de la taxe à payer et, par taux d'imposition, le total hors taxe et la taxe correspondante mentionnés distinctement ;

12° En cas d'exonération, la référence à la disposition pertinente du code général des impôts ou à la disposition correspondante de la directive 2006/112/CE du 28 novembre 2006 relative au système commun de taxe sur la valeur ajoutée ou à toute autre mention indiquant que l'opération bénéficie d'une mesure d'exonération ;

13° Lorsque l'acquéreur ou le preneur est redevable de la taxe, la mention : « Autoliquidation » ;

14° Lorsque l'acquéreur ou le preneur émet la facture au nom et pour le compte de l'assujetti, la mention : « Autofacturation » ;

15° Lorsque l'assujetti applique le régime particulier des agences de voyage, la mention « Régime particulier – Agences de voyages » ;

16° En cas d'application du régime prévu par l'article 297 A du code précité, la mention « Régime particulier – Biens d'occasion », « Régime particulier – Objets d'art » ou « Régime particulier – Objets de collection et d'antiquité » selon l'opération considérée ;

17° Les caractéristiques du moyen de transport neuf telles qu'elles sont définies au III de l'article 298 sexies du code précité pour les livraisons mentionnées au II de ce même article ;

18° De manière distincte, le prix d'adjudication du bien, les impôts, droits, prélèvements et taxes ainsi que les frais accessoires tels que les frais de commission, d'emballage, de transport et d'assurance demandés par l'organisateur à l'acheteur du bien, pour les livraisons aux enchères publiques visées au d du 1 du I de l'article 289 du code précité effectuées par un organisateur de ventes aux enchères publiques agissant en son nom propre, soumises au régime de la marge bénéficiaire mentionné à l'article 297 A du même code. Cette facture ne doit pas mentionner de taxe sur la valeur ajoutée.

> **Ndlr** *Pour les dispositions du présent I applicables, pour les opérations mentionnées aux articles 289 bis, 290 et 290 A du CGI, aux factures émises, ou à défaut, aux opérations réalisées à compter du 1er juillet 2024, voir partie Autres textes du présent code décret 2022-1299 du 7 octobre 2022 art. 1, 1° et 3.*
> *Toutefois, les nouvelles mentions obligatoires à porter sur les factures prévues par le décret susvisé devraient, selon nous, s'appliquer à compter du 1er septembre 2026, compte tenu du report de la généralisation de la facturation électronique.*
>
> FR 2/24 inf. 46 p. 87 ; BF 12/22 inf. 946

II. Les factures dont le montant est inférieur ou égal à 150 € hors taxe ainsi que celles mentionnées au 5 du I de l'article 289 du code général des impôts peuvent ne pas comporter les mentions énoncées aux 2° et 12° du I du présent article.

Les dispositions du premier alinéa ne s'appliquent pas :

a. Aux livraisons de biens visées aux articles 258 A et 258 B du code précité ;

b. Aux livraisons de biens exonérées en application du I de l'article 262 ter et du II de l'article 298 sexies du même code ;

c. Aux livraisons de biens et prestations de services visées au 1° du II de l'article 289-0 du code précité pour lesquelles, toutefois, la facture peut ne pas comporter les mentions visées au 9° du I du présent article, le prix unitaire hors taxe, le taux de la taxe applicable et son montant.

RIE-IV-3900 s. ; MF n° 53625

III bis. Factures électroniques et obligations particulières de transmission d'informations à l'administration fiscale

1. Les opérateurs de plateformes de dématérialisation partenaires et le portail public de facturation

A. Obtention de la qualité d'opérateur de plateforme de dématérialisation partenaire

Art 242 nonies B I. Pour obtenir le numéro d'immatriculation mentionné à l'article 290 B du code général des impôts, l'opérateur de dématérialisation produit à l'appui de sa demande introduite auprès de l'administration fiscale :

1° Son numéro d'identification mentionné au premier alinéa de l'article R 123-221 du code de commerce et, pour les opérateurs non établis en France, un document équivalent à l'extrait d'immatriculation au registre du commerce et des sociétés de moins de trois mois.

Lorsque les autorités compétentes du pays d'origine ou d'établissement du demandeur ne délivrent pas les documents justificatifs mentionnés à l'alinéa précédent, ils peuvent être remplacés par une déclaration sous serment ou, dans les pays où une telle procédure n'existe pas, une déclaration solennelle faite par l'intéressé devant une autorité judiciaire ou administrative, un notaire ou un organisme professionnel qualifié de son pays d'origine ou d'établissement ;

2° Lorsqu'il n'est pas établi en France, une attestation de moins de trois mois délivrée par l'administration du lieu d'établissement justifiant du respect de ses obligations fiscales déclaratives et de paiement ;

3° Un document présentant de manière précise les moyens mis en œuvre pour assurer la sécurité des données à caractère personnel en application de l'article 32 du règlement (UE) 2016/679 du Parlement européen et du Conseil du 27 avril 2016 relatif à la protection des personnes physiques à l'égard du traitement des données à caractère personnel et à la libre circulation de ces données ;

4° Lorsque l'opérateur de dématérialisation recourt à un prestataire d'hébergement, la référence ou la copie de la décision de qualification "SecNumCloud" délivrée par l'Agence nationale de la sécurité des systèmes d'information en cours de validité le concernant. Dans le cas où la procédure de qualification est en cours, ces éléments peuvent être apportés au plus tard lors de la remise du rapport d'audit mentionné au c du 6° du présent I ;

5° L'attestation de certification ISO/IEC/27001 en cours de validité relative à son système d'information, incluant l'ensemble des infrastructures, outils, services et éléments d'organisation informatique qui contribuent à réaliser son activité d'émission, de transmission et de réception des factures et de transmission des données de facturation, de transaction et de paiement, assortie de l'engagement de l'opérateur de dématérialisation d'exploiter son système d'information depuis le territoire d'un Etat membre de l'Union européenne.

Il s'engage également à s'assurer qu'aucun transfert en-dehors de l'Union européenne des données hébergées du service qu'il opère n'est possible et fournit à cet effet les éléments justificatifs permettant de le vérifier.

Ces exigences s'entendent pour l'opérateur lui-même ainsi que pour l'ensemble des tiers sur lesquels il peut choisir de s'appuyer dès lors qu'ils ont la possibilité technique d'obtenir les données opérées par le service ;

6° Une déclaration par laquelle il s'engage à :

a. Fournir et mettre à jour les informations relatives à ses utilisateurs permettant d'assurer le fonctionnement de l'annuaire central prévu au III de l'article 289 bis du code général des impôts ;

b. Utiliser l'annuaire central à la seule fin d'assurer l'adressage des factures électroniques aux plateformes de dématérialisation partenaires de leurs destinataires ;

c. Produire, au plus tard dans le délai d'un an à compter de la notification de la délivrance du numéro d'immatriculation, un rapport d'audit de conformité réalisé par un organisme spécialisé ou toute autre personne physique ou morale respectant une méthode d'audit assurant un examen impartial et exhaustif, présentant des garanties d'indépendance, d'intégrité et d'honorabilité et accomplissant sa mission en évitant tout conflit d'intérêts. Ce rapport porte sur les points de conformité dont la liste est établie par arrêté du ministre chargé du budget *(NDLR Voir Annexe IV, art. 41 septies A)*. Il comporte également en annexe les conclusions des audits réalisés pendant l'année en cours relatifs à la qualification "SecNumCloud" et à la certification ISO/IEC/27001 ;

7° Une documentation technique constituée des éléments suivants :

a. Un descriptif du dispositif d'authentification de ses utilisateurs qui précise les moyens mis en œuvre pour vérifier l'identité et la qualité de l'utilisateur et sécuriser les conditions d'accès à la plateforme et à ses services dans les conditions prévues à l'article 242 nonies F ;

b. Un descriptif technique du processus d'envoi et de réception des factures électroniques, de réception des données de facturation, de transaction et de paiement précisant les formats proposés par la plateforme et les mesures de sécurisation mises en œuvre pour assurer l'authenticité de l'origine, l'intégrité du contenu et la lisibilité des factures électroniques à compter de leur émission jusqu'à la fin de la période de conservation ;

c. Un descriptif des modalités d'extraction et de transmission des données de facturation, de transaction et de paiement et des garanties apportées pour transmettre ces données dans les délais requis par l'administration fiscale ;

d. Des comptes rendus de tests techniques établissant l'interopérabilité de la plateforme en émission, réception et transmission avec, d'une part, le portail public de facturation et, d'autre part, une autre plateforme de dématérialisation partenaire dans le cadre d'une convention d'interopérabilité bilatérale ou de son adhésion à un protocole d'échange d'information en réseau ;

e. Le protocole de communication sécurisé utilisé pour transmettre les factures et les données de facturation, de transaction et de paiement et répondant aux conditions précisées par arrêté du ministre chargé du budget *(NDLR Voir Annexe IV, art. 41 septies I).*

La demande d'immatriculation est présentée par le représentant légal de l'opérateur de dématérialisation ou son mandataire et comporte, dans ce dernier cas, les documents permettant d'établir sa qualité.

La demande ainsi que l'ensemble des pièces justificatives mentionnées au présent I sont produits en langue française ou, à défaut, accompagnés d'une traduction certifiée en langue française.

II. Seul un opérateur de dématérialisation qui respecte ses obligations fiscales déclaratives et de paiement peut obtenir un numéro d'immatriculation.

III. L'administration fiscale délivre, dans un délai de deux mois à compter de la réception de la demande complète qui lui est présentée, un numéro d'immatriculation enregistré dans l'annuaire central à l'opérateur de dématérialisation qui satisfait aux conditions prévues aux I et II pour la durée prévue à l'article 290 B du code général des impôts sous réserve de la production du document mentionné au c du 6° du I dans le délai imparti, ou, à défaut, lui notifie un refus motivé.

IV. En cas de défaut de production du rapport mentionné au c du 6° du I dans le délai imparti, l'administration fiscale informe, dans un délai de deux mois à compter de l'expiration du délai précité, l'opérateur de plateforme de dématérialisation de l'expiration de la validité du numéro d'immatriculation qui prend effet dans les deux mois à compter de cette notification.

Lorsque le rapport d'audit produit par l'opérateur de plateforme de dématérialisation constate une ou plusieurs non-conformités, celui-ci est tenu, lors de sa transmission à l'administration fiscale, de l'informer des mesures correctrices prises pour y remédier et de leur délai de mise en œuvre. Ce dernier ne peut excéder trois mois après la date de remise du rapport d'audit à cette administration. A défaut de cette information ou s'il apparait que les mesures correctrices envisagées par l'opérateur sont insuffisantes, les dispositions du premier alinéa s'appliquent.

Ndlr *A l'exception des dispositions de l'article 290 B du CGI relatif à la définition et à l'identification des plateformes de dématérialisation partenaires (PDP), l'entrée en vigueur des articles 289 bis, 290 et 290 A du CGI afférents aux obligations de facturation électronique et de transmission des données de transaction et de paiement intervient à compter du 1er septembre 2026 selon les modalités précisées en Ndlr sous chacun de ces articles du CGI.*

FR 2/24 inf. 46 p. 87 ; BF 12/22 inf. 946

Art 242 nonies C I. Pour obtenir le renouvellement de son numéro d'immatriculation, l'opérateur de plateforme de dématérialisation partenaire produit à l'appui de sa demande, au plus tard cinq mois avant la date d'expiration de sa validité, les documents suivants :

1° Un nouveau rapport d'audit de conformité établi dans les conditions énoncées au c du 6° du I de l'article 242 nonies B ;

2° Les documents prévus à l'article 242 nonies B, à l'exception de ceux mentionnés au 1° et au c du 6° du I de cet article.

II. Seul un opérateur de plateforme de dématérialisation partenaire qui respecte ses obligations fiscales déclaratives et de paiement peut obtenir le renouvellement de son numéro d'immatriculation.

III. Au plus tard dans un délai de deux mois à compter de la réception de la demande complète de renouvellement, l'administration fiscale notifie à l'opérateur de plateforme de dématérialisation le renouvellement du numéro d'immatriculation ou un refus motivé.

Ndlr *A l'exception des dispositions de l'article 290 B du CGI relatif à la définition et à l'identification des plateformes de dématérialisation partenaires (PDP), l'entrée en vigueur des articles 289 bis, 290 et 290 A du CGI afférents aux obligations de facturation électronique et de transmission des données de transaction et de paiement intervient à compter du 1er septembre 2026 selon les modalités précisées en Ndlr sous chacun de ces articles du CGI.*

FR 2/24 inf. 46 p. 87 ; BF 12/22 inf. 946

Art 242 nonies D L'administration fiscale rend publics la liste des plateformes de dématérialisation partenaires et leur statut au regard de la procédure d'immatriculation dans des conditions définies par arrêté du ministre chargé du budget *(NDLR Voir Annexe IV, art. 41 septies B).*

Ndlr *A l'exception des dispositions de l'article 290 B du CGI relatif à la définition et à l'identification des plateformes de dématérialisation partenaires (PDP), l'entrée en vigueur des articles 289 bis, 290 et 290 A du CGI afférents aux obligations de facturation électronique et de transmission des données de transaction et de paiement intervient à compter du 1er septembre 2026 selon les modalités précisées en Ndlr sous chacun de ces articles du CGI.*

FR 2/24 inf. 46 p. 87 ; BF 12/22 inf. 946

B. Obligations des opérateurs de plateformes de dématérialisation partenaires

Art 242 nonies E Les opérateurs de plateformes de dématérialisation partenaires sont tenus de proposer les services suivants :

1° Permettre à leurs utilisateurs de saisir, déposer, émettre ou transmettre leurs factures électroniques dans des conditions de nature à en garantir l'authenticité de l'origine, l'intégrité du contenu et la lisibilité, ainsi que les données mentionnées aux articles 242 nonies J et 242 nonies P ;

2° Effectuer les contrôles mentionnés à l'article 242 nonies K et identifier les destinataires des factures électroniques au moyen de l'annuaire central ;

3° Fournir et mettre à jour les informations relatives à leurs utilisateurs nécessaires au fonctionnement de l'annuaire central ;

4° Assurer la transmission des factures électroniques aux plateformes de dématérialisation partenaires choisies par leurs destinataires ou au portail public de facturation, selon les modalités d'interopérabilité définies à l'article 242 nonies I et dans des conditions de nature à en garantir l'authenticité de l'origine, l'intégrité du contenu et la lisibilité à compter de leur émission jusqu'à la fin de la période de conservation ;

5° Recevoir et mettre à disposition de leurs destinataires les factures électroniques adressées par les autres plateformes de dématérialisation partenaires ou le portail public de facturation ;

6° Assurer la gestion des statuts de traitement des factures électroniques en garantissant :

a. La mise à disposition à leurs utilisateurs des informations relatives à ces statuts ;

b. La possibilité pour leurs utilisateurs de mettre à jour les informations relatives aux statuts de traitement lorsqu'il y a lieu ;

c. La transmission des informations relatives aux statuts de traitement au portail public de facturation ainsi qu'aux plateformes de dématérialisation partenaires des parties aux transactions *(NDLR Voir Annexe IV, art. 41 septies G)*;

7° Extraire les données de facturation destinées à l'administration fiscale en application des dispositions du II de l'article 289 bis du code général des impôts et en assurer la transmission au portail public de facturation dans les conditions et modalités prévues aux articles 242 nonies J à 242 nonies L ;

8° Recueillir, extraire les données relatives aux opérations mentionnées aux articles 290 et 290 A du code général des impôts et en assurer la transmission au portail public de facturation dans les conditions et modalités prévues aux articles 242 nonies M à 242 nonies P.

Les modalités d'application du présent article sont précisées par arrêté du ministre chargé du budget *(NDLR Voir Annexe IV, art. 41 septies G)*.

Ndlr *A l'exception des dispositions de l'article 290 B du CGI relatif à la définition et à l'identification des plateformes de dématérialisation partenaires (PDP), l'entrée en vigueur des articles 289 bis, 290 et 290 A du CGI afférents aux obligations de facturation électronique et de transmission des données de transaction et de paiement intervient à compter du 1er septembre 2026 selon les modalités précisées en Ndlr sous chacun de ces articles du CGI.*

FR 2/24 inf. 46 p. 87 ; BF 12/22 inf. 946

Art 242 nonies F Les opérateurs de plateformes de dématérialisation partenaires assurent un niveau de garantie substantiel des moyens d'identification électronique de la personne utilisatrice au sens des dispositions du règlement d'exécution 2015/1502 de la Commission du 8 septembre 2015 fixant les spécifications techniques et procédures minimales relatives aux niveaux de garantie des moyens d'identification électronique visés à l'article 8, paragraphe 3 du règlement (UE) n° 910/2014 du Parlement européen et du Conseil du 23 juillet 2014 sur l'identification électronique et les services de confiance pour les transactions électroniques au sein du marché intérieur.

Toutefois, au plus tard jusqu'au 31 décembre 2027, ils peuvent recourir à un autre niveau de garantie à la double condition que le dispositif mis en œuvre repose sur :

a. Une vérification fiable de l'identité de la personne utilisatrice et de sa qualité de représentant légal, mandataire ou délégataire de l'assujetti, au moment de la création d'un compte sur la plateforme ou de l'adhésion aux services proposés par celle-ci ;

b. Un mécanisme d'authentification à deux facteurs, dont l'un dynamique.

Ndlr *A l'exception des dispositions de l'article 290 B du CGI relatif à la définition et à l'identification des plateformes de dématérialisation partenaires (PDP), l'entrée en vigueur des articles 289 bis, 290 et 290 A du CGI afférents aux obligations de facturation électronique et de transmission des données de transaction et de paiement intervient à compter du 1er septembre 2026 selon les modalités précisées en Ndlr sous chacun de ces articles du CGI.*

FR 2/24 inf. 46 p. 87 ; BF 12/22 inf. 946

C. Le portail public de facturation

Art 242 nonies G Le portail public de facturation assure les missions suivantes :

1° Administrer l'annuaire central prévu au III de l'article 289 bis du code général des impôts ;

2° Garantir à ses utilisateurs les fonctionnalités mentionnées à l'article 242 nonies E.

Pour la conservation de leurs factures électroniques, les assujettis peuvent recourir au portail public de facturation qui peut les conserver pour une durée égale au délai dans lequel s'exerce le droit de reprise de l'administration fiscale mentionné au deuxième alinéa de l'article L 169 du livre des procédures fiscales ;

3° Recueillir les données de facturation, de transaction et de paiement mentionnées aux articles 242 nonies J, 242 nonies M et 242 nonies P ainsi que les informations relatives aux statuts de traitement pour le compte de l'administration fiscale.

Les dispositions de l'article 242 nonies F lui sont applicables.

Ndlr *A l'exception des dispositions de l'article 290 B du CGI relatif à la définition et à l'identification des plateformes de dématérialisation partenaires (PDP), l'entrée en vigueur des articles 289 bis, 290 et 290 A du CGI afférents aux obligations de facturation électronique et de transmission des données de transaction et de paiement intervient à compter du 1er septembre 2026 selon les modalités précisées en Ndlr sous chacun de ces articles du CGI.*

FR 2/24 inf. 46 p. 87 ; BF 12/22 inf. 946

Art 242 nonies H **I.** Sont enregistrés dans l'annuaire central :

1° Les assujettis soumis aux obligations prévues par l'article 289 bis du code général des impôts ;

2° Les personnes morales de droit public soumises à une obligation de facturation électronique en application des articles L 2192-1, L 2192-2, L 3133-1 et L 3133-2 du code de la commande publique ;

3° Les opérateurs de plateformes de dématérialisation partenaires mentionnés à l'article 290 B du code général des impôts.

II. L'annuaire central est constitué :

1° Des données d'identification suivantes de l'entité destinataire :

a. La dénomination de l'entité concernée ;

b. Le numéro d'identification prévu au 1° du I de l'article 242 nonies A ;

c. Le code ligne d'adressage ;

d. Le statut de la ligne de facturation ;

e. Le cas échéant, le numéro prévu au second alinéa de l'article R 123-221 du code du commerce, le code de routage, le libellé du code de routage et le type de routage ;

2° Des données d'identification de l'opérateur de la plateforme de réception des factures :

a. La mention de l'opérateur de plateforme désigné ainsi que son numéro d'immatriculation ;

b. La date de début d'utilisation de la plateforme par l'entité destinataire et, le cas échéant, la date de fin ;

c. Le statut de la ligne de facturation ;

3° Le cas échéant, en cas d'adhésion à un protocole d'échange d'information en réseau, l'adresse du point d'accès à ce réseau.

III. L'annuaire central est mis à jour quotidiennement par le portail public de facturation sur la base du répertoire des entreprises et des établissements prévu aux articles R 123-220 à R 123-234 du code de commerce tenu par l'Institut national de la statistique et des études économiques, des référentiels de l'administration fiscale et des données transmises par les utilisateurs du portail public de facturation et des plateformes de dématérialisation partenaires relatives à :

1° La plateforme de dématérialisation partenaire choisie ou à la modification de ce choix ;

2° La création, modification ou suppression d'une ou plusieurs données mentionnées au II.

Dès qu'un opérateur de plateforme de dématérialisation partenaire a connaissance d'un changement de situation concernant un de ses utilisateurs, il transmet au portail public de facturation ces informations en vue de l'actualisation de l'annuaire.

IV. Les opérateurs de plateformes de dématérialisation partenaires consultent l'annuaire central aux fins d'adressage des factures en respectant les engagements pris en application du 6° du I de l'article 242 nonies B. Ils ne peuvent communiquer aux assujettis pour le compte desquels ils agissent, pour des besoins identifiés d'adressage, que les informations mentionnées au 1° du II du présent article.

Un arrêté du ministre chargé du budget fixe les modalités d'accès à l'annuaire central *(NDLR Voir Annexe IV, art. 41 septies I).*

Ndlr *A l'exception des dispositions de l'article 290 B du CGI relatif à la définition et à l'identification des plateformes de dématérialisation partenaires (PDP), l'entrée en vigueur des articles 289 bis, 290 et 290 A du CGI afférents aux obligations de facturation électronique et de transmission des données de transaction et de paiement intervient à compter du 1er septembre 2026 selon les modalités précisées en Ndlr sous chacun de ces articles du CGI.*

FR 2/24 inf. 46 p. 87 ; BF 12/22 inf. 946

D. Interopérabilité des plateformes

Art 242 nonies I Les opérateurs de plateformes de dématérialisation partenaires et le portail public de facturation assurent l'interopérabilité des échanges en recourant à une convention d'interopérabilité bilatérale ou un protocole d'échange d'information en réseau *(NDLR Voir Annexe IV, art. 41 septies C).*

Ndlr *A l'exception des dispositions de l'article 290 B du CGI relatif à la définition et à l'identification des plateformes de dématérialisation partenaires (PDP), l'entrée en vigueur des articles 289 bis, 290 et 290 A du CGI afférents aux obligations de facturation électronique et de transmission des données de transaction et de paiement intervient à compter du 1er septembre 2026 selon les modalités précisées en Ndlr sous chacun de ces articles du CGI.*

FR 2/24 inf. 46 p. 87 ; BF 12/22 inf. 946

2. Transmission des factures électroniques et des données à l'administration

A. Transmission des factures électroniques et des données de facturation

Art 242 nonies J Les factures électroniques mentionnées à l'article 289 bis du code général des impôts comportent les données à transmettre à l'administration sous une forme structurée parmi les mentions obligatoires prévues au I de l'article 242 nonies A, aux articles L 441-9, R 123-237 et R 123-238 du code de commerce et à l'article L 541-10 du code de l'environnement, à l'exception de la dénomination précise du bien livré ou du service rendu, conformément aux obligations des personnes dépositaires du secret professionnel prévues par l'article 226-13 du code pénal. La liste de ces données, dont le nombre varie en fonction des normes de formats, est précisée par arrêté du ministre chargé du budget *(NDLR Voir Annexe IV, art. 41 septies D, 41 septies E et 41 septies H).*

Ndlr *A l'exception des dispositions de l'article 290 B du CGI relatif à la définition et à l'identification des plateformes de dématérialisation partenaires (PDP), l'entrée en vigueur des articles 289 bis, 290 et 290 A du CGI afférents aux obligations de facturation électronique et de transmission des données de transaction et de paiement intervient à compter du 1er septembre 2026 selon les modalités précisées en Ndlr sous chacun de ces articles du CGI.*

FR 2/24 inf. 46 p. 87 ; BF 12/22 inf. 946

Art 242 nonies K Pour la mise en œuvre des 4°, 5° et 7° de l'article 242 nonies E, les opérateurs de plateformes de dématérialisation partenaires ou le portail public de facturation procèdent à des contrôles de conformité des données de facturation précisés par arrêté du ministre chargé du budget *(NDLR Voir Annexe IV, art. 41 septies F).*

Ndlr *A l'exception des dispositions de l'article 290 B du CGI relatif à la définition et à l'identification des plateformes de dématérialisation partenaires (PDP), l'entrée en vigueur des articles 289 bis, 290 et 290 A du CGI afférents aux obligations de facturation électronique et de transmission des données de transaction et de paiement intervient à compter du 1er septembre 2026 selon les modalités précisées en Ndlr sous chacun de ces articles du CGI.*

FR 2/24 inf. 46 p. 87 ; BF 12/22 inf. 946

Art 242 nonies L Lorsque les factures sont échangées par l'intermédiaire de deux plateformes de dématérialisation partenaires ou de la même plateforme de dématérialisation partenaire, les données de facturation sont transmises au portail public de facturation par celle de l'émetteur dans un délai de vingt-quatre heures à compter du dépôt de la facture électronique sur cette plateforme dans des conditions prévues par arrêté du ministre chargé du budget *(NDLR Voir Annexe IV, art. 41 septies H).*

Ndlr *A l'exception des dispositions de l'article 290 B du CGI relatif à la définition et à l'identification des plateformes de dématérialisation partenaires (PDP), l'entrée en vigueur des articles 289 bis, 290 et 290 A du CGI afférents aux obligations de facturation électronique et de transmission des données de transaction et de paiement intervient à compter du 1er septembre 2026 selon les modalités précisées en Ndlr sous chacun de ces articles du CGI.*

FR 2/24 inf. 46 p. 87 ; BF 12/22 inf. 946

B. Transmission des données de transaction

Art 242 nonies M I. Pour les transactions mentionnées aux I et II de l'article 290 du code général des impôts réalisées avec des personnes non assujetties, les données attendues de l'assujetti sont :

1° Son numéro d'identification mentionné au 1° du I de l'article 242 nonies A ;

2° La période au titre de laquelle la transmission est effectuée, ou, pour les opérations donnant lieu à une facture électronique, la date de la facture ;

3° La mention "option pour le paiement de la taxe d'après les débits" lorsqu'il y a lieu ;

4° La catégorie de transaction :

a. Livraisons de biens soumises à la taxe sur la valeur ajoutée ;

b. Prestations de services soumises à la taxe sur la valeur ajoutée ;

c. Livraisons de biens et prestations de services réalisées par des assujettis établis en France et qui ne sont pas situées en France en application du 1° du I de l'article 258 A et de l'article 259 B du code général des impôts ;

d. Opérations donnant lieu à l'application des régimes prévus au e du 1 de l'article 266 et aux articles 268 et 297 A du même code ;

5° Par taux d'imposition, le montant total hors taxe et le montant de la taxe correspondante ;

6° Le montant total de la taxe due en France en application des articles 258 à 259 D du même code. Celui-ci doit être exprimé en euros pour les transactions établies en devise étrangère ;

7° La devise ;

8° La date des transactions ;

9° Pour les opérations ne donnant pas lieu à une facture électronique, le nombre de transactions quotidiennes ;

10° Pour les opérations donnant lieu à une facture électronique, le numéro de facture.

II. Pour les transactions mentionnées aux I et II de l'article 290 du code général des impôts autres que celles réalisées avec des personnes non assujetties, les données attendues de l'assujetti sont celles mentionnées à l'article 242 nonies J. En l'absence de numéro d'identification prévu au 1° du I de l'article 242 nonies A, la facture comporte un identifiant défini par arrêté du ministre chargé du budget *(NDLR Voir Annexe IV, art. 41 septies K)*.

III. Un arrêté du ministre chargé du budget définit le format et les modalités de transmission des données mentionnées aux I et II *(NDLR Voir Annexe IV, art. 41 septies J à 41 septies M)*.

> **Ndlr** *A l'exception des dispositions de l'article 290 B du CGI relatif à la définition et à l'identification des plateformes de dématérialisation partenaires (PDP), l'entrée en vigueur des articles 289 bis, 290 et 290 A du CGI afférents aux obligations de facturation électronique et de transmission des données de transaction et de paiement intervient à compter du 1er septembre 2026 selon les modalités précisées en Ndlr sous chacun de ces articles du CGI.*

FR 2/24 inf. 46 p. 87 ; BF 12/22 inf. 946

Art 242 nonies N Lors de la transmission des données de transaction mentionnées à l'article 242 nonies M, les opérateurs de plateformes de dématérialisation partenaires et le portail public de facturation procèdent à des contrôles de conformité précisés par arrêté du ministre chargé du budget *(NDLR Voir Annexe IV, art. 41 septies K)*.

> **Ndlr** *A l'exception des dispositions de l'article 290 B du CGI relatif à la définition et à l'identification des plateformes de dématérialisation partenaires (PDP), l'entrée en vigueur des articles 289 bis, 290 et 290 A du CGI afférents aux obligations de facturation électronique et de transmission des données de transaction et de paiement intervient à compter du 1er septembre 2026 selon les modalités précisées en Ndlr sous chacun de ces articles du CGI.*

FR 2/24 inf. 46 p. 87 ; BF 12/22 inf. 946

Art 242 nonies O L'assujetti communique conformément au III de l'article 290 du code général des impôts les données mentionnées à l'article 242 nonies M :

1° Lorsqu'il est soumis au régime réel normal mensuel d'imposition prévu au 2 de l'article 287 du même code, à raison d'au moins trois transmissions par mois ;

2° Lorsqu'il est soumis au régime réel normal trimestriel d'imposition prévu au 2 de l'article 287 du même code, à raison d'au moins une transmission par mois ;

3° Lorsqu'il est soumis aux régimes simplifiés d'imposition prévus au 1° du I de l'article 298 bis et à l'article 302 septies A du même code, à raison d'au moins une transmission par mois ;

4° Lorsqu'il bénéficie de la franchise en base prévue à l'article 293 B du même code ou du régime de remboursement forfaitaire prévu aux articles 298 quater et 298 quinquies de ce code, à raison d'au moins une transmission tous les deux mois.

Un arrêté du ministre chargé du budget fixe les échéances de ces transmissions *(NDLR Voir Annexe IV, art. 41 septies M)*.

> **Ndlr** *A l'exception des dispositions de l'article 290 B du CGI relatif à la définition et à l'identification des plateformes de dématérialisation partenaires (PDP), l'entrée en vigueur des articles 289 bis, 290 et 290 A du CGI afférents aux obligations de facturation électronique et de transmission des données de transaction et de paiement intervient à compter du 1er septembre 2026 selon les modalités précisées en Ndlr sous chacun de ces articles du CGI.*

FR 2/24 inf. 46 p. 87 ; BF 12/22 inf. 946

C. Transmission des données relatives au paiement

Art 242 nonies P **I.** Pour l'application de l'article 290 A du code général des impôts, les données de paiement à transmettre sont :

1° Le numéro d'identification mentionné au 1° du I de l'article 242 nonies A ;

2° La période au titre de laquelle la transmission est effectuée ou, pour les opérations donnant lieu à une facture électronique, la date de la facture ;

3° La date d'encaissement effectif ;

4° Le montant encaissé, par taux d'imposition de la taxe sur la valeur ajoutée ;

5° Pour les opérations donnant lieu à facture, le numéro de facture.

Un arrêté du ministre chargé du budget définit les modalités de transmission de ces données *(NDLR Voir Annexe IV, art. 41 septies N et 41 septies O)*.

II. Lors de la transmission des données de paiement, les opérateurs de plateformes de dématérialisation partenaires et le portail public de facturation procèdent aux contrôles permettant de s'assurer de la complétude des données attendues sous une forme structurée.

III. L'assujetti communique les données mentionnées au I :

1° Lorsqu'il est soumis aux régimes d'imposition prévus au 2 de l'article 287, au 1° du I de l'article 298 bis ou à l'article 302 septies A du code général des impôts, à raison d'au moins une transmission par mois ;

2° Lorsqu'il bénéficie de la franchise en base prévue à l'article 293 B du même code ou du régime de remboursement forfaitaire prévu aux articles 298 quater et 298 quinquies de ce code, à raison d'au moins une transmission tous les deux mois.

Un arrêté du ministre chargé du budget fixe les échéances de ces transmissions *(NDLR Voir Annexe IV, art. 41 septies P)*.

Ndlr *A l'exception des dispositions de l'article 290 B du CGI relatif à la définition et à l'identification des plateformes de dématérialisation partenaires (PDP), l'entrée en vigueur des articles 289 bis, 290 et 290 A du CGI afférents aux obligations de facturation électronique et de transmission des données de transaction et de paiement intervient à compter du 1er septembre 2026 selon les modalités précisées en Ndlr sous chacun de ces articles du CGI.*

FR 2/24 inf. 46 p. 87 ; BF 12/22 inf. 946

IV. Personnes ne remplissant plus les conditions pour bénéficier du régime dérogatoire prévu au 2° du I de l'article 256 bis

Art 242 decies Dès lors qu'elles ne peuvent plus bénéficier du régime dérogatoire prévu au 2° du I de l'article 256 bis du code général des impôts, les personnes visées audit 2° sont tenues d'en informer par écrit et sans délai le service des impôts auprès duquel elles déposent leur déclaration de bénéfice ou, à défaut, celui dont relève leur principal établissement.

En outre, ces personnes doivent remplir un document dont le modèle est fourni par l'administration, sauf lorsqu'elles ont déjà satisfait à l'obligation de déclaration d'existence prévue au 1° du I de l'article 286 du code général des impôts et qu'elles détiennent le numéro d'identification de leur établissement délivré par l'Insee.

Conformément au 2° de l'article 286 ter du code général des impôts, le service des impôts leur attribue un numéro individuel d'identification.

TVA-IV-3405 ; MF nº 49235 b

V. Opérations intracommunautaires portant sur des moyens de transport neufs ou d'occasion

Art 242 undecies Les factures délivrées par les assujettis désignés au II de l'article 298 sexies du code général des impôts doivent comporter les éléments suivants :

1° Le nom et l'adresse de l'assujetti qui effectue la livraison ;

2° Le nom et l'adresse de l'acquéreur, ainsi que l'indication du nom de l'Etat membre à destination duquel le moyen de transport neuf est expédié ou transporté ;

3° L'identification complète du moyen de transport :

a. Nature,

b. Genre,

c. Marque,

d. Type,

e. Numéro dans la série du type,

f. Cylindrée ou puissance pour un véhicule terrestre,

g. Poids total au décollage pour un aéronef,

h. Longueur, vitesse maximale pour un bateau et, le cas échéant, puissance du ou des moteurs,

i. Date de première mise en circulation ou, pour les bateaux, date du permis de navigation ou, pour les aéronefs, date de délivrance du premier certificat de navigabilité ou certificat de navigabilité export,

j. Numéro ou marque d'immatriculation ;

4° La date de la livraison ;

5° La distance parcourue (véhicules terrestres), le nombre d'heures de vol effectuées (aéronefs), le nombre d'heures de navigation effectuées (bateaux) entre la date de première mise en circulation et celle de la livraison ou, lorsque le moyen de transport n'a pas déjà été mis en circulation, une mention selon laquelle le bien n'a fait l'objet d'aucune utilisation ;

6° Le prix de vente hors taxe sur la valeur ajoutée ;

7° La mention « exonération de la taxe sur la valeur ajoutée, art. 298 sexies du code général des impôts ».

TVA-IV-6700 s. ; MF n° 49365

Art 242 duodecies Pour les assujettis visés au IV de l'article 298 sexies du code général des impôts, le remboursement de la taxe sur la valeur ajoutée qu'ils ont acquittée lors de l'achat du moyen de transport, de son importation ou de son acquisition intracommunautaire, s'effectue au vu d'une demande établie sur un imprimé dont le modèle est fixé par l'administration.

Le demandeur établit que le moyen de transport est affecté aux besoins d'un résident d'un autre Etat membre.

La demande est déposée auprès du service des impôts dans le ressort duquel est situé le siège de l'activité ou, à défaut, le domicile.

Le remboursement est subordonné à la production, à l'appui de la demande :

a. Du document justifiant que le demandeur a précédemment acquitté la taxe sur la valeur ajoutée sur le moyen de transport neuf qu'il vend : facture d'achat, déclaration d'importation ou document en tenant lieu, certificat délivré par l'administration des impôts dans les conditions prévues à l'article 242 quaterdecies ;

b. De la facture de vente établie par le demandeur, conformément à l'article 242 undecies ;

c. De l'original ou d'une copie certifiée :

Du certificat d'immatriculation annotée conformément à la réglementation applicable en matière d'immatriculation des véhicules terrestres à moteur,

Du certificat de radiation de l'immatriculation pour les aéronefs et les bateaux destinés à la navigation intérieure,

Du certificat de radiation de la francisation pour les autres bateaux.

TVA-IV-6810 s. ; MF n° 49360

Art 242 terdecies **I.** Toute personne qui acquiert un moyen de transport mentionné au 1 du III de l'article 298 sexies du code général des impôts, en provenance d'un autre Etat membre de l'Union européenne, est tenue de demander auprès de l'administration fiscale dont elle relève le certificat fiscal prévu au V bis de l'article 298 sexies du code général des impôts.

Le certificat doit être obligatoirement présenté pour obtenir l'immatriculation ou la francisation d'un moyen de transport mentionné au premier alinéa et provenant d'un autre Etat membre de l'Union européenne.

Lorsqu'un véhicule terrestre à moteur d'occasion est acquis auprès d'un assujetti revendeur qui a appliqué le régime prévu à l'article 297 A du code général des impôts à la revente du véhicule, le certificat est demandé par cet assujetti revendeur ou, si l'opération a été réalisée par l'intermédiaire d'un mandataire agissant au nom et pour le compte de l'acquéreur du véhicule, par ce mandataire.

II. Pour les moyens de transport qui ne sont pas soumis à immatriculation, ce certificat doit être conservé par l'utilisateur pour être présenté à toute demande de l'administration.

TVA-IV-6940 s. ; MF n° 49355

Art 242 quaterdecies Pour l'application de l'article 242 terdecies :

1° L'assujetti et la personne morale non assujettie, autres qu'une personne bénéficiant du régime dérogatoire prévu au 2° du I de l'article 256 bis du code général des impôts, indiquent sur le certificat fiscal mentionné au I de l'article 242 terdecies, selon le cas, que la taxe sera acquittée sur leur déclaration de chiffre d'affaires, qu'elle a déjà été acquittée ou que l'acquisition intracommunautaire n'est pas taxable. L'administration appose un visa sur ce certificat. Elle subordonne son visa à la mise en œuvre des dispositions prévues à l'article 242 quindecies ;

2° Les personnes mentionnées au 1° sont tenues de joindre à la déclaration de chiffre d'affaires prévue à l'article 287 du code général des impôts un relevé détaillé établi sur papier libre, indiquant pour la période couverte par cette déclaration :

a. L'identification, le prix et la date de chacune des acquisitions intracommunautaires de moyens de transport taxables en application du 1° du I de l'article 256 bis du code général des impôts ;

b. L'identification, le prix et la date de chacune des acquisitions intracommunautaires de moyens de transport non taxables en application du 2° bis du I du même article ;

c. L'identification, le prix et la date de chacune des acquisitions de moyens de transport en provenance d'un autre Etat membre de l'Union européenne qui ne relèvent pas des deux catégories ci-dessus ;

3° Les personnes autres que celles qui sont mentionnées au 1° indiquent sur le certificat fiscal mentionné au I de l'article 242 terdecies, selon le cas, que la taxe sur la valeur ajoutée exigible a été acquittée ou qu'au vu des renseignements communiqués aucune taxe n'est due au titre de cette opération.

4° L'assujetti revendeur ou, selon le cas, le mandataire mentionné au dernier alinéa du I de l'article 242 terdecies joint à sa demande de certificat fiscal :

a. Une copie du certificat définitif d'immatriculation délivré à l'étranger, lorsque le véhicule y a fait l'objet de cette formalité ;

b. Une copie de la facture d'achat du véhicule remise à l'assujetti revendeur ;

c. Lorsque l'assujetti revendeur n'a pas acquis le véhicule directement auprès du titulaire du certificat d'immatriculation, une copie de la facture de vente du véhicule par ce titulaire indiquant que cette vente n'a pas été soumise à la taxe sur la valeur ajoutée ou, à défaut, une attestation signée par ce titulaire, mentionnant ses nom et prénom ou sa raison sociale, son adresse, son numéro individuel d'identification à la taxe sur la valeur ajoutée, le numéro et la date d'émission de la facture de vente, les nom et prénom ou la raison sociale et l'adresse de l'acquéreur ainsi que les caractéristiques du véhicule. L'attestation mentionne que le titulaire du certificat d'immatriculation n'a pas soumis cette vente à la taxe sur la valeur ajoutée ou, le cas échéant, qu'il n'est pas un assujetti à la taxe sur la valeur ajoutée. Lorsque l'attestation est rédigée dans une autre langue que le français, une traduction certifiée est jointe à cette attestation.

L'administration peut demander la communication des originaux des documents mentionnés aux a et b. Les documents originaux sont ensuite restitués au demandeur. Le défaut de production de ces documents originaux constitue un motif de refus de délivrance du certificat fiscal.

TVA-IV-6940 s. ; MF n° 49355

Art 242 quindecies **I.** Pour l'application du premier alinéa du V bis de l'article 298 sexies du code général des impôts, le service des impôts dont relève l'assujetti ou la personne morale non assujettie détermine le montant de la caution exigée.

II. La dispense de caution prévue au deuxième alinéa du V bis de l'article 298 sexies du code général des impôts est accordée pour une période de trois mois, renouvelable par tacite reconduction. Toutefois, si au cours de cette période ou au terme de celle-ci, l'administration constate que le demandeur ne présente plus de garanties suffisantes de solvabilité, la dispense de caution est rapportée. Cette décision, motivée, est notifiée au demandeur.

TVA-IV-7120 s. ; MF n° 49355

Art 242 sexdecies L'assujetti revendeur d'un véhicule terrestre à moteur d'occasion est tenu de fournir à l'administration, lorsque celle-ci lui en fait la demande, une copie des documents mentionnés au 4° de l'article 242 quaterdecies.

TVA-XV-5015

VI. Accréditation des représentants fiscaux

1° Délivrance de l'accréditation

Art 242 septdecies **I.** La demande d'accréditation relative à l'activité de représentation fiscale mentionnée à l'article 289 A du code général des impôts est déposée par voie électronique ou, en cas de recours à la voie postale, par lettre recommandée avec demande d'avis de réception, auprès du service des impôts dont relève la personne qui sollicite l'accréditation.

II. Une accréditation est sollicitée pour chaque assujetti représenté. La demande d'accréditation est accompagnée des pièces suivantes :

1° Le numéro unique d'identification du représentant demandant l'accréditation ;

2° Un descriptif de l'organisation administrative ainsi que des moyens humains et matériels dont il dispose pour effectuer son activité de représentation ;

3° Un bulletin n° 3, datant de moins de trois mois, du casier judiciaire du demandeur ou de ses représentants légaux s'il est une personne morale ;

4° La justification de sa solvabilité financière ou d'une garantie financière prévue au 3° du A du IV de l'article 289 A du code général des impôts.

Pour l'appréciation de la solvabilité financière lui permettant de s'acquitter de ses obligations de représentant fiscal, compte tenu des activités de l'assujetti représenté et, le cas échéant, de ses autres engagements de représentation, le demandeur présente ses comptes annuels ou d'autres informations financières disponibles.

Lorsque, après examen, le service des impôts estime que les justifications de solvabilité financière ne sont pas suffisantes, le demandeur transmet dans un délai de 30 jours la garantie financière prévue au 3° du A du IV de l'article 289 A du code général des impôts ;

5° Le nom ou la dénomination sociale de l'assujetti représenté, l'adresse de son domicile ou de son siège social, le lieu de ses activités, son adresse électronique et une description des activités au titre desquelles il réalise en France des opérations justifiant la désignation d'un représentant fiscal ;

6° Un document par lequel le demandeur s'engage à remplir les formalités et obligations fiscales incombant à la personne représentée ainsi qu'à acquitter la taxe due par cette dernière conformément aux dispositions des I à III de l'article 289 A du code général des impôts ;

7° Un document par lequel la personne représentée désigne le demandeur en tant que représentant fiscal au sens de l'article 289 A du code général des impôts.

BF 10/22 inf. 757

Art 242 octodecies Lorsque la demande est incomplète, l'administration fiscale invite la personne qui sollicite l'accréditation à compléter sa demande dans le délai d'un mois à compter de la réception de la demande de compléments adressée par l'administration.

BF 10/22 inf. 757

2° Retrait de l'accréditation

Art 242 novodecies L'accréditation mentionnée à l'article 289 A du code général des impôts est retirée :

1° Sur demande du représentant fiscal ou de l'assujetti représenté. Le retrait prend effet dès la réception de la demande par le service des impôts dont relève le représentant. Ce service en informe par courrier électronique l'assujetti représenté lorsque le retrait est à l'initiative du représentant fiscal ;

2° A l'initiative de l'administration fiscale dans les hypothèses mentionnées au B du IV de l'article 289 A du code général des impôts.

Le service des impôts informe préalablement le représentant fiscal de son intention de procéder au retrait de l'accréditation ainsi que des motifs qui justifient ce retrait et lui indique qu'il dispose d'un délai de trente jours pour présenter ses observations ou le cas échéant régulariser sa situation. Le retrait lui est notifié par lettre recommandée avec demande d'avis de réception et prend effet à la date de réception de la lettre. L'assujetti représenté est également informé par courrier électronique de la perte d'accréditation de son représentant fiscal.

Ndlr *Pour les accréditations demandées avant le 23 avril 2022, le respect de la condition prévue à l'article 289 A, IV-A-3° du CGI (condition de solvabilité financière) n'est vérifié par l'administration fiscale, pour l'application du présent 2°, qu'à compter du 1er janvier 2024 (Décret 2022-589 du 20 avril 2022 art. 2).*

BF 10/22 inf. 757

VII. Tenue des registres

Art 242 vicies Le registre détaillé des bénéficiaires et des paiements mentionné au premier alinéa du A du I de l'article 286 sexies du code général des impôts comporte les informations suivantes :

1° Informations relatives au prestataire de services de paiement : le code BIC (Bank Identifier Code) ou tout autre code d'identification d'entreprise qui l'identifie sans équivoque ;

2° Informations relatives au bénéficiaire, lorsqu'il s'agit d'une personne morale :

a. Son nom, sa raison sociale et son nom commercial, tels qu'ils figurent dans les registres du prestataire de services de paiement ;

b. S'il est disponible, son numéro d'identification à la taxe sur la valeur ajoutée ainsi que tout autre numéro fiscal le concernant ;

c. Son numéro IBAN (International Bank Account Number) ou, s'il n'est pas disponible, tout autre identifiant qui l'identifie sans équivoque, ainsi que le lieu où il se trouve ;

d. Si elles sont disponibles, son adresse, son adresse de courriel et l'adresse de son site internet, telles qu'elles figurent dans les registres du prestataire de services de paiement, y compris, le cas échéant, l'adresse légale, l'adresse commerciale et l'adresse de l'entrepôt ;

e. Le code BIC ou tout autre code d'identification d'entreprise qui identifie sans équivoque le prestataire de services de paiement agissant en son nom et qui donne le lieu où il se trouve, s'il reçoit les fonds sans avoir aucun compte de paiement ;

3° Informations relatives au bénéficiaire, lorsqu'il s'agit d'une personne physique :

a. Son nom, son prénom et son nom commercial, tels qu'ils figurent dans les registres du prestataire de services de paiement ;

b. S'il est disponible, son numéro d'identification à la taxe sur la valeur ajoutée ainsi que tout autre numéro fiscal le concernant ;

c. Son numéro IBAN (International Bank Account Number) ou, s'il n'est pas disponible, tout autre identifiant qui l'identifie sans équivoque ainsi que le lieu où il se trouve ;

d. Si elles sont disponibles, son adresse, son adresse de courriel et l'adresse de son site internet, telles qu'elles figurent dans les registres du prestataire de services de paiement ;

e. Le code BIC ou tout autre code d'identification d'entreprise qui identifie sans équivoque le prestataire de services de paiement agissant en son nom et qui donne le lieu où il se trouve, s'il reçoit les fonds sans avoir aucun compte de paiement ;

4° Informations relatives aux paiements transfrontaliers mentionnés au 2° du B du I de l'article 286 sexies du code général des impôts :

a. Les détails de tout paiement transfrontalier ainsi que les détails de tout remboursement de paiement identifié comme se rapportant à un paiement transfrontalier et le cas échéant, le lien avec l'opération de paiement déclarée :

i. La date et l'heure du paiement ou du remboursement du paiement ;

ii. Le montant et la monnaie du paiement ou du remboursement du paiement ;

iii. Toute autre référence qui identifie sans équivoque le paiement ;

iv. S'il y a lieu, les informations indiquant que le paiement est initié dans les locaux du commerçant ;

b. L'Etat membre d'origine du paiement reçu par le bénéficiaire ou en son nom, l'Etat membre de destination du remboursement, selon le cas, et les informations utilisées pour déterminer l'origine ou la destination du paiement ou du remboursement de paiement, conformément aux 5° et 6° du B du I de l'article 286 sexies du code général des impôts.

Ndlr *Les dispositions du présent article entrent en vigueur à compter du 1er janvier 2024 (Décret 2023-1149 du 6 décembre 2023 art. 2).*

BF 2/24 inf. 87 ; MF n° 60470

Art 242 unvicies **I.** Le prestataire de services de paiement ou le prestataire tiers qu'il désigne transmet les informations figurant dans le registre mentionné au I de l'article 286 sexies du code général des impôts à la direction générale des finances publiques par voie électronique sur un support informatique, par un dispositif sécurisé, dont elle détermine les caractéristiques.

II. Le prestataire de services de paiement informe ses clients personnes physiques que les données devant figurer sur le registre mentionné au I de l'article 286 sexies du code général des impôts et transférées à l'administration fiscale française sont communiquées à l'administration fiscale d'un autre Etat membre de l'Union européenne.

III. Le prestataire de services de paiement conserve sous format électronique le registre mentionné au I de l'article 286 sexies du code général des impôts selon des modalités propres à garantir la confidentialité des informations qui y figurent pendant une période de trois années à compter de la fin de l'année civile de la date du paiement.

Ndlr *Les dispositions du présent article entrent en vigueur à compter du 1er janvier 2024 (Décret 2023-1149 du 6 décembre 2023 art. 2).*

BF 2/24 inf. 87 ; MF n° 60470

SECTION IV

Dispositions particulières aux opérations concourant à la production ou à la livraison d'immeubles

I. Dispositions relatives aux livraisons à soi-même

Art 244 **I.** Pour les livraisons à soi-même mentionnées au 2° du 1 du II de l'article 257 du code général des impôts et pour l'application de l'article 270 de ce code, le redevable est tenu de déposer une déclaration spéciale au service des impôts dont il dépend dans le mois de l'achèvement tel qu'il est défini au b du 1 de l'article 269 de ce code. Sur la déclaration mentionnée à l'article 287 du même code, le redevable insère une mention particulière se référant à la déclaration spéciale et informant l'administration du montant de la livraison à soi-même ainsi que de la liquidation de la taxe.

II. Pour les livraisons à soi-même mentionnées au 2° du 3 du I de l'article 257 du code général des impôts, dès qu'il dispose de tous les éléments d'information nécessaires à la liquidation de la taxe à la suite de l'achèvement tel qu'il est défini au I, le redevable est tenu de déposer au service des impôts du lieu de la situation de l'immeuble une déclaration particulière conforme au modèle fixé par l'administration *(Voir également Annexe IV, art. 32).*

IMMO-I-8150 ; MF n° 59040

Art 245 Des prorogations du délai prévu au II de l'article 270 du code général des impôts peuvent être accordées par le directeur départemental ou régional des finances publiques dont dépend le service des impôts mentionné au I de l'article 244, sur demande motivée par l'impossibilité d'établir la base taxable définitive avant l'expiration de ce délai. La taxe exigible sur la livraison à soi-même doit néanmoins être acquittée préalablement à toute mutation intervenant avant l'expiration de ce délai prorogé sur la base des éléments connus à la date de cette mutation.

IMMO-I-8640 s. ; MF n° 59070

Art 245 A **I.** Pour l'application du d du 2° du 2 du I de l'article 257 du code général des impôts, les éléments de second œuvre à prendre en compte sont les suivants :

a. les planchers ne déterminant pas la résistance ou la rigidité de l'ouvrage ;

b. les huisseries extérieures ;

c. les cloisons intérieures ;
d. les installations sanitaires et de plomberie ;
e. les installations électriques ;
f. et, pour les opérations réalisées en métropole, le système de chauffage.

II. La proportion prévue au d du 2° du 2 du I de l'article 257 du code général des impôts est fixée à deux tiers pour chacun des éléments mentionnés au I.

IMMO-I-3510 ; MF n° 58800

II. Dispositions relatives aux mutations

Art 251 Le bénéfice des dispositions du A de l'article 1594 F quinquies du code général des impôts est subordonné à la justification de la prise en charge de la taxe sur la valeur ajoutée par les services des impôts compétents.

ENR-V-9400 s. ; MF n° 66270

SECTION V

Régimes spéciaux

I. Exploitants agricoles

A. Opérations imposables de plein droit

Art 260 A Sont passibles de la taxe sur la valeur ajoutée, dans les conditions prévues aux articles 298 bis, 1693 bis et 1785 du code général des impôts, les opérations ci-après réalisées par les exploitants agricoles :

a. Ventes de produits agricoles réalisées :

Soit sur les marchés, à place fixe, avec l'aide d'un personnel exclusivement affecté à ces ventes,

Soit dans un magasin ou une installation spécialement agencé pour la vente,

Soit à l'aide de moyens publicitaires relevant des usages commerciaux ou avec le concours de représentants ou placiers lorsque ces produits sont vendus sous un conditionnement et présentés sous une marque ;

b. Ventes de produits agricoles transformés, préparés ou conservés, lorsque l'intéressé utilise pour les opérations de transformation, de préparation ou de mise en conserve, des installations, agencements ou matériels importants de la nature de ceux dont se servent pour les opérations semblables les industriels ou les commerçants.

TVA-XII-1540 s. ; MF n° 59735

Art 260 B Les opérations de vente prévues à l'article 260 A sont considérées comme constituant globalement une entreprise distincte de l'activité agricole non assujettie à la taxe sur la valeur ajoutée.

TVA-XII-1760 s. ; MF n° 59735

B. Opérations imposables sur option

Art 260 D L'option pour l'imposition d'après le régime simplifié prévue à l'article 298 bis du code général des impôts est ouverte aux exploitants agricoles, qu'ils soient propriétaires, fermiers ou métayers.

En cas de métayage et à défaut d'option conjointe, l'option peut être exercée séparément par le propriétaire ou par le métayer pour la part de la récolte lui revenant. Dans ce cas, les droits à déduction de celui qui a opté sont calculés dans les conditions prévues pour les personnes qui ne réalisent pas exclusivement des opérations ouvrant droit à déduction. La totalité des recettes de la métairie est inscrite au second terme du rapport défini au 1° du 3 du III de l'article 206.

TVA-XII-2500 s., 16420 s. ; MF n°s 59760 s.

Art 260 E L'option s'applique à l'ensemble des opérations réalisées par les exploitants agricoles.

TVA-XII-2500 s., 16420 s. ; MF n° 59760

Art 260 G L'option entraîne l'imposition à la taxe sur la valeur ajoutée d'après le régime simplifié pendant une période de trois ans et est ensuite renouvelable par tacite reconduction pour des périodes de cinq ans.

Lorsque la date d'échéance de l'option ne coïncide pas avec le dernier jour de la période annuelle d'imposition choisie par le redevable, l'option est prorogée jusqu'à cette date.

TVA-XII-2730 s. ; MF n°s 59760 s.

Art 260 I L'option est exercée par l'accomplissement pour la première fois des obligations déclaratives et liquidatives qu'elle entraîne.

Elle prend effet au 1er janvier de la première année de la période qu'elle recouvre. Dans le cas où le début de l'exploitation agricole est postérieur au 1er janvier, l'option prend effet à la date du début d'exploitation et est réputée avoir été exercée au 1er janvier pour le décompte des périodes prévues à l'article 260 G.

La renonciation à cette option est formulée par lettre recommandée adressée au service des impôts dont dépend l'exploitation intéressée deux mois au moins avant l'expiration de la période fixée à l'article 260 G.

TVA-XII-2705 s. ; MF nos 59760 s.

Art 260 J L'option pour l'imposition selon l'exercice comptable prévue au I de l'article 298 bis du code général des impôts est adressée par lettre recommandée avec accusé de réception au service des impôts dont dépend l'exploitation intéressée.

L'option entraîne l'imposition selon l'exercice comptable pour une période de cinq ans. Elle est ensuite renouvelable par tacite reconduction par période de cinq ans. Lorsque la date d'échéance de l'option ne coïncide pas avec le dernier jour de la période annuelle d'imposition choisie par le redevable, l'option est prorogée jusqu'à cette date.

Toutefois, lorsque l'exploitant agricole a opté pour l'imposition d'après le régime simplifié, l'option entraîne l'imposition selon l'exercice comptable jusqu'à l'échéance fixée à l'article 260 G et est ensuite renouvelable par tacite reconduction jusqu'à l'échéance suivante.

La renonciation à cette option est formulée par lettre recommandée adressée au service des impôts dont dépend l'exploitation intéressée deux mois au moins avant son expiration.

TVA-XII-9970 s. ; MF no 59892

Art 260 K Le rapport prévu au 1° du 3 du III de l'article 206 est calculé par période annuelle d'imposition. Lorsque la période d'imposition est inférieure à un an, ce rapport est calculé à partir des éléments de la période annuelle d'imposition précédente. Les obligations prévues au 2 du V de l'article 206 et au II de l'article 207 sont accomplies avant le cinquième jour du cinquième mois suivant la clôture de la période d'imposition.

Les facultés prévues au 1 du V de l'article 206 s'exercent par période d'imposition.

TVA-XII-10055 ; MF no 59845 précision c

C. Remboursement forfaitaire

Art 263 Le remboursement forfaitaire est liquidé sur le montant net des encaissements correspondant aux ventes ou aux livraisons qui ouvrent droit à ce remboursement.

TVA-XII-12900 s. ; MF nos 60075 s.

Art 265 Tout paiement d'un achat effectué auprès d'un agriculteur non redevable de la taxe sur la valeur ajoutée par une entreprise redevable de cette taxe au titre de la revente des produits achetés doit faire l'objet d'un bulletin d'achat ou d'un bon de livraison délivré par l'acheteur et indiquant la date, la nature et la valeur de cet achat. La contexture du bulletin d'achat ou du bon de livraison est fixée par l'administration.

En cas de paiement par acomptes, un bulletin d'achat ou un bon de livraison est délivré lors du versement de chaque acompte et du versement du solde.

TVA-XII-13500 s. ; MF nos 60100 s.

Art 266 I. Pour obtenir le remboursement forfaitaire, l'exploitant agricole doit établir une déclaration annuelle des encaissements déterminés comme il est dit à l'article 263 et perçus au cours de l'année écoulée.

Cette déclaration doit mentionner à part les livraisons en France, les livraisons donnant lieu à expédition ou transport dans un autre Etat membre de la Communauté européenne à destination d'assujettis ou de personnes morales non assujetties qui réalisent des acquisitions intracommunautaires imposables dans cet Etat et les exportations.

En outre, elle doit être appuyée, selon le cas :

Des attestations des clients de l'exploitant indiquant les versements faits pendant l'année considérée *(Voir toutefois Annexe III, art. 98 bis)*. Ces attestations sont conformes aux modèles indiqués par l'administration ;

De la copie des déclarations en douane ;

Des doubles des factures relatives aux livraisons de produits agricoles expédiés ou transportés dans un autre Etat membre de la communauté.

II. La déclaration prévue au I est formulée sur les imprimés établis par l'administration et adressée au service des impôts dont relève l'exploitant agricole intéressé pour l'application du I et des articles 263 et 265.

TVA-XII-13500 s. ; MF nos 60100 s.

Art 267 bis 1. à 4. *(Abrogés).*

5. Le remboursement forfaitaire n'est pas accordé pour les ventes ou les livraisons d'animaux qui ont été importés.

TVA-XII-12520

6. *(Abrogé).*

7. Lorsque le prix de cession des animaux vivants de boucherie et de charcuterie excède leur valeur normale en poids de viande, la base du calcul du remboursement forfaitaire est déterminée par référence au prix de vente sur les marchés d'abattage et fixée forfaitairement chaque année par le ministre de l'économie et des finances. Dans ce cas, le prix mentionné sur le bulletin d'achat et l'attestation est réduit à due concurrence.

TVA-XII-13050 ; MF n° 60080 a

8. *(Abrogé).*

Art 267 ter 1. Le contrôle des animaux prévu au II de l'article 298 quinquies du code général des impôts peut être opéré soit par identification, soit par marquage.

Pour l'application du présent article :

L'identification est une opération qui permet de déterminer à toute époque l'identité propre de l'animal ;

Le marquage consiste à apposer sur l'animal une marque indiquant la personne qui en est propriétaire ou qui en a la garde.

2. Pour les animaux auxquels sont applicables les dispositions de la loi n° 66-1005 du 28 décembre 1966 sur l'élevage, l'identification prévue par le présent article se confond avec celle à laquelle il est procédé en application de cette loi.

3. Pour les équidés, les systèmes d'identification admis sont les suivants :

Identification par les livres généalogiques ou zootechniques ;

Identification réalisée sous l'égide du ministre de l'agriculture pour le contrôle sanitaire des animaux ; dans ce cas, le nom et l'adresse du propriétaire de l'animal doivent être portés sur le certificat sanitaire ;

Identification réalisée sous l'égide du ministre de l'économie et des finances, pour les animaux des zones franches ;

Sous réserve de l'accord du service des impôts, identification effectuée sous le contrôle de groupements de producteurs constitués pour la réalisation des objectifs définis par la loi d'orientation agricole n° 60-808 du 5 août 1960.

4. A titre transitoire, l'identification ou, éventuellement, le marquage peut, nonobstant les dispositions des 2 et 3, être effectué pour tous les animaux :

a. Soit selon l'un des systèmes prévus au 3 ;

b. Soit selon les dispositions du 5, par le propriétaire de l'animal ou par la personne qui en a la garde.

5. a. Toute personne tenue de faire marquer ses animaux et désireuse de bénéficier des dispositions du b du 4 doit en faire la demande au service des impôts qui lui affecte un indicatif personnel de marque comprenant notamment le numéro de code Insee de son département.

Cet indicatif est éventuellement complété pour chaque animal, dans les conditions fixées par le service des impôts, par un numéro individuel ;

b. L'identification ou le marquage sont opérés par tatouage ou par des procédés agréés par le service des impôts après avis des organisations professionnelles intéressées ;

c. L'opération d'identification ou de marquage doit être réalisée :

Dans un délai de trente jours à compter de la naissance pour les animaux nés sur l'exploitation ;

Dès l'achat ou la prise en garde des animaux, dans les autres cas.

Elle doit, en tout état de cause, être réalisée avant toute commercialisation ; toutefois, le service des impôts peut, pour les catégories d'animaux qu'il désigne, retarder la réalisation de cette opération.

TVA-XII-8850 s. ; MF n° 59920

II. Obligations des assujettis qui réalisent des opérations portant sur les animaux vivants de boucherie et de charcuterie

Art 267 quater I. Les personnes redevables de la taxe sur la valeur ajoutée qui effectuent des opérations d'achat, d'importation, d'acquisition intracommunautaire, de vente, de commission ou de courtage portant sur les animaux vivants de boucherie et de charcuterie doivent :

a. N'avoir la propriété ou la garde que d'animaux ayant fait l'objet de mesures d'identification ou de marquage ; il est procédé à ces mesures selon les modalités fixées par l'article 267 ter ;

b. Tenir une comptabilité matières retraçant au jour le jour les mouvements de ces animaux ; les caractéristiques de cette comptabilité sont fixées par l'administration ;

c. Indiquer sur les factures de vente, la dénomination précise de l'animal, comportant notamment son numéro d'identification ou sa marque ;

d. *(Dispositions abrogées).*

II. Lorsque les personnes mentionnées au I vendent des animaux à des personnes non redevables de la taxe sur la valeur ajoutée au titre d'activités portant sur lesdits animaux, la facture doit expressément porter mention de cette qualité des acheteurs.

TVA-XII-8800 s. ; MF n°s 59915 s.

CHAPITRE III

Redevances sanitaires sur les produits de la pêche et de l'aquaculture

Art 267 quater F I. Le poids des produits mentionné au II de l'article 302 bis WA du code général des impôts s'entend d'un poids net exprimé en kilogrammes.

II. Les espèces mentionnées au 3 du V de l'article 302 bis WA du code général des impôts sont les suivantes :

a. Harengs de l'espèce Clupea harengus ;

b. Sardines de l'espèce Sardina pilchardus ;

c. Maquereaux de l'espèce Scomber scombrus ;

d. Maquereaux de l'espèce Scomber japonicus ;

e. Chinchards de l'espèce Trachurus spp ;

f. Anchois de l'espèce Engraulis spp ;

g. Picarels de l'espèce Maena smaris ;

h. Sprat de l'espèce Sprattus sprattus.

Pour l'application de ces dispositions, un lot s'entend de la quantité de poissons d'une ou plusieurs des espèces susmentionnées, déchargée du même navire, et achetée ou réceptionnée par la même personne.

III. Les personnes redevables de la redevance sanitaire de première mise sur le marché des produits de la pêche ou de l'aquaculture doivent la déclarer et l'acquitter avec le dépôt :

1° De chaque déclaration mensuelle de taxe sur la valeur ajoutée pour les redevables qui acquittent cette taxe selon les modalités prévues au premier alinéa du 2 de l'article 287 du code général des impôts ;

2° De chaque déclaration trimestrielle de taxe sur la valeur ajoutée pour les redevables qui acquittent cette taxe selon les modalités prévues au dernier alinéa du 2 du même article 287 ;

3° De la déclaration mentionnée au 3 du même article 287 pour les redevables placés sous le régime simplifié d'imposition prévu à l'article 302 septies A du même code.

IV. Les saisies pratiquées par les services d'inspection sanitaire ainsi que les exportations ou les expéditions vers les Etats membres de l'Union européenne ne donnent pas lieu au remboursement de la redevance.

V. La perception de la redevance de première mise sur le marché ne fait pas obstacle à la perception de la redevance sanitaire de transformation, prévue à l'article 302 bis WB du code général des impôts, en cas d'opérations de préparation ou de transformation ultérieures sur les produits.

TD-II-20000 s. ; MF n° 76080

Art 267 quater G I. Les opérations mentionnées au I de l'article 302 bis WB du code général des impôts s'entendent des opérations de préparation consistant en la modification de l'intégrité anatomique, telle que l'éviscération, l'étêtage, le filetage, le hachage ou des opérations de transformation consistant en l'application d'un procédé physique ou chimique, tel que le chauffage, le salage, la dessiccation, le marinage.

II. Le poids des produits mentionné au II de l'article 302 bis WB du code général des impôts s'entend d'un poids net exprimé en kilogrammes.

III. Les dispositions prévues aux III et IV de l'article 267 quater F s'appliquent à la redevance sanitaire de transformation des produits de la pêche ou de l'aquaculture.

TD-II-20000 s.

CHAPITRE IV

Redevance sanitaire pour le contrôle de certaines substances et de leurs résidus

Art 267 quater H I. Les personnes redevables de la redevance sanitaire pour le contrôle de certaines substances et de leurs résidus prévue à l'article 302 bis WC du code général des impôts doivent la déclarer et l'acquitter avec le dépôt :

1° De chaque déclaration mensuelle de taxe sur la valeur ajoutée pour les redevables qui acquittent cette taxe selon les modalités prévues au premier alinéa du 2 de l'article 287 du code général des impôts ;

2° De chaque déclaration trimestrielle de taxe sur la valeur ajoutée pour les redevables qui acquittent cette taxe selon les modalités prévues au dernier alinéa du 2 du même article 287 ;

3° De la déclaration mentionnée au 3 du même article 287 pour les redevables placés sous le régime simplifié d'imposition prévu à l'article 302 septies A du même code.

II. *(Dispositions devenues sans objet).*

III. *(Dispositions devenues sans objet).*

IV. Les saisies pratiquées par les services d'inspection sanitaire et les exportations ou les expéditions vers les Etats membres de l'Union européenne ne donnent pas lieu au remboursement de la redevance.

TD-II-18000 s. ; MF nº 76075

TITRE II BIS

DISPOSITIONS COMMUNES AUX IMPOTS DIRECTS ET AUX TAXES SUR LE CHIFFRE D'AFFAIRES

CHAPITRE PREMIER

Régimes réels d'imposition

1° Taxes sur le chiffre d'affaires

Art 267 quinquies I. Les redevables de la taxe sur la valeur ajoutée dont le chiffre d'affaires n'excède pas les limites fixées par le I de l'article 302 septies A du code général des impôts *(NDLR Depuis le 1er janvier 2022, les limites précitées sont fixées par l'article L 162-4 du CIBS)* sont passibles des taxes sur le chiffre d'affaires selon un régime simplifié, dans les conditions définies ci-après *(Voir également art. 204 quater)*.

Ils peuvent cependant opter pour le régime de l'imposition d'après leur chiffre d'affaires réel.

II. *(Abrogé)*.

III. 1. L'option mentionnée au I est notifiée à l'administration avant le 1er février de la première année au titre de laquelle les redevables désirent appliquer le régime de l'imposition d'après leur chiffre d'affaires réel. L'option est valable pour ladite année et l'année suivante pendant lesquelles elle est irrévocable.

Pour les entreprises nouvelles, l'option doit être exercée dans les trois mois suivant le début de leur activité. Cette option est valable jusqu'au 31 décembre de l'année suivante.

2. L'option mentionnée au I est reconduite tacitement par période de deux ans. Elle est irrévocable pendant cette période.

Les redevables qui désirent renoncer à leur option doivent notifier leur choix à l'administration avant le 1er février de l'année suivant la période pour laquelle ladite option a été exercée ou reconduite tacitement.

RIE-I-5550 s. ; MF nº 53940

Art 267 septies En ce qui concerne les règles autres que celles propres au régime simplifié d'imposition *(Voir notamment art. 287,3 du CGI et voir également Annexe II, art. 204 quater, 242-0 C-I-2 et III, 242 sexies à 242 septies L, et 383 ter)*, les entreprises placées sous ledit régime sont soumises aux dispositions applicables aux entreprises qui sont imposées d'après leur chiffre d'affaires réel.

RIE-IV-17110

2° Bénéfices industriels et commerciaux

Art 267 septies A Les entreprises placées de plein droit sous le régime simplifié de bénéfice réel défini à l'article 302 septies A bis du code général des impôts peuvent opter pour le régime de bénéfice réel. Cette option doit être notifiée à l'administration dans les délais applicables au dépôt de la déclaration souscrite au titre des résultats de la période précédant celle au titre de laquelle cette même option s'applique.

En cas de création d'entreprise, l'option est exercée dans les délais applicables au dépôt de la déclaration souscrite au titre de l'année de la première période d'activité.

L'option mentionnée au premier alinéa est valable un an et reconduite tacitement chaque année pour un an.

Les redevables peuvent renoncer à leur option en notifiant leur choix à l'administration dans les délais applicables au dépôt de la déclaration souscrite au titre des résultats de la période précédant celle au titre de laquelle la renonciation s'applique.

RIE-I-5650 s. ; MF nº 10915

TITRE III

CONTRIBUTIONS INDIRECTES

Art 267 nonies à 289 Comme indiqué dans l'avant-propos, les articles de ce titre ne sont pas reproduits dans le présent code.

TITRE IV

ENREGISTREMENT, PUBLICITE FONCIERE, TIMBRE

CHAPITRE PREMIER

Droits d'enregistrement et taxe de publicité foncière

SECTION II

Les tarifs et leur application

II. Mutations de propriété à titre onéreux de meubles : cessions de droits sociaux

Art 292 Les actions ou parts sociales dont la cession est soumise au régime fiscal défini à l'article 728 du code général des impôts s'entendent de celles qui, à la date de ladite cession, confèrent en fait ou sont destinées à conférer à leurs titulaires le droit à la jouissance d'immeubles ou de fraction d'immeubles, quels que soient l'objet statutaire et l'activité réelle de la société émettrice.

ENR-VI-38510

III. Mutations à titre gratuit

A. Champ d'application

Sommes versées en vertu de contrats d'assurances en cas de décès

Art 292 A Tous les contrats d'assurance en cas de vie ou en cas de décès souscrits à compter du 20 novembre 1991 et conclus sur la tête d'un même assuré, en vertu desquels des primes ont été versées après son soixante-dixième anniversaire doivent être déclarés par les bénéficiaires, au décès de l'assuré, dans les conditions fixées pour les déclarations de succession. La déclaration doit préciser pour chaque contrat, la date de souscription et le montant des primes versées après le soixante-dixième anniversaire de l'assuré.

Les plans d'épargne retraite mentionnés à l'article L 224-1 du code monétaire et financier ayant donné lieu à l'adhésion à un contrat d'assurance dont le titulaire décède après l'âge de soixante-dix ans sont déclarés par les bénéficiaires dans les conditions fixées pour les déclarations de succession. La déclaration précise, pour chaque plan d'épargne retraite, la date de souscription ainsi que le montant total des sommes, rentes ou valeurs dues à raison du décès.

Les assureurs sont tenus, sur la demande des bénéficiaires, de leur communiquer les informations mentionnées ci-dessus.

ENR-X-9300 s. ; MF nº 68230

Art 292 B I. Les assureurs qui doivent verser des sommes, rentes ou émoluments quelconques au titre des contrats mentionnés à l'article 292 A déclarent à l'administration fiscale, dans les soixante jours qui suivent le jour où ils ont connaissance du décès de l'assuré sur la tête duquel un ou plusieurs contrats en cause ont été souscrits, les éléments mentionnés aux I et II de l'article 370 C, le montant des primes versées après le soixante-dixième anniversaire de l'assuré ou, s'agissant de plans d'épargne retraite mentionnés à l'article L 224-1 du code monétaire et financier, le montant total des sommes, rentes ou valeurs dues aux bénéficiaires et leurs modalités de versement, en capital ou sous forme de rente temporaire ou viagère. La déclaration indique la répartition des montants entre chacun des bénéficiaires pour chaque contrat.

Les mêmes obligations incombent aux assureurs pour les contrats souscrits avant le 20 novembre 1991, lorsque des avenants prévus à l'article L 112-3 du code des assurances de nature à transformer l'économie même de ces contrats ont été souscrits après cette date. Les dates, les références ou numéros de police de ces avenants sont alors déclarés.

Ces éléments sont déclarés dans les conditions prévues aux V à VII de l'article 370 C.

II. Les assureurs ne peuvent se libérer des sommes, rentes ou émoluments quelconques dus au titre des contrats mentionnés à l'article 292 A que dans les conditions prévues aux premier et deuxième alinéas du III de l'article 806 du code général des impôts ou dans celles prévues au troisième alinéa du même III, sous réserve de la production d'un certificat du comptable de la direction générale des finances publiques chargé de la formalité de l'enregistrement attestant le dépôt d'une déclaration contenant les références du ou des contrats ainsi que les indications prévues à l'article 292 A et qu'après avoir satisfait aux obligations édictées au I du présent article.

ENR-X-9350 s. ; MF nº 68230

B. Liquidation

Dispositions communes aux successions et aux donations

Art 293 Pour l'application de l'abattement institué en matière de droits de mutation à titre gratuit par le II de l'article 779 du code général des impôts, il est tenu compte de toutes les infirmités, congénitales ou acquises, existant au jour de la donation ou de l'ouverture de la succession.

ENR-X-22610 s.

Art 294 L'héritier, légataire ou donataire, qui invoque son infirmité, doit justifier que celle-ci l'empêche soit de se livrer dans des conditions normales de rentabilité à toute activité professionnelle, soit, s'il est âgé de moins de dix-huit ans, d'acquérir une instruction ou une formation professionnelle d'un niveau normal.

Il peut justifier de son état par tous éléments de preuve, et notamment invoquer une décision de la commission des droits et de l'autonomie des personnes handicapées mentionnée à l'article L 146-9 du code de l'action sociale et des familles le classant dans la catégorie correspondant aux handicaps graves ou le déclarant relever soit d'une entreprise adaptée définie à l'article L 5213-13 du code du travail, soit d'un établissement ou service d'aide par le travail défini à l'article L 344-2 du code de l'action sociale et des familles.

ENR-X-22615

Art 294 bis **I.** Les héritiers, donataires ou légataires d'actions ou de parts de sociétés mentionnées au premier alinéa de l'article 787 B du code général des impôts, qui demandent à bénéficier des dispositions de cet article, doivent remettre au service des impôts compétent pour enregistrer la déclaration de succession, de don manuel ou l'acte de donation, dans les délais prévus pour cet enregistrement, les documents suivants :

1º Une copie de l'acte enregistré constatant l'engagement de conservation pris en application du premier alinéa du a de cet article, en cours au jour de la transmission à titre gratuit, signé par le défunt ou le donateur pour lui et ses ayants cause à titre gratuit, seul ou avec un ou plusieurs autres associés et comportant les éléments suivants :

a. L'identité du ou des associés ayant souscrit cet engagement, le nombre de titres détenus par chaque associé au jour de l'enregistrement de l'acte et soumis à cet engagement, ainsi que leur nombre total et les pourcentages y afférents des droits mentionnés au 1 du b de l'article 787 B du code général des impôts ;

b. L'identité de la personne ayant souscrit l'engagement qui satisfait à la condition prévue au d du même article.

2º Une attestation de la société dont les parts ou actions font l'objet de l'engagement de conservation certifiant que :

a. L'engagement de conservation souscrit par le défunt ou le donateur, pour lui et ses ayants cause à titre gratuit, seul ou avec un ou plusieurs autres associés, d'une durée minimale de deux ans, est en cours au jour de la transmission à titre gratuit ;

b. Cet engagement a été respecté pour le pourcentage et le nombre de titres prévus au a du 1º lors de sa souscription jusqu'au jour de la transmission à titre gratuit. En cas d'interposition d'une ou plusieurs sociétés entre un associé partie à l'engagement autre que le bénéficiaire mentionné au premier alinéa du présent I et la société dont les parts ou actions font l'objet de cet engagement, cette dernière fournit les attestations mentionnées au 1º du IV du présent article, transmises par la ou les sociétés interposées ;

c. Ses statuts limitent les droits de l'usufruitier dans les conditions prévues par l'avant-dernier alinéa de l'article 787 B précité en cas de donation de titres consentie avec réserve d'usufruit.

3º *(Abrogé).*

II. Lorsque l'engagement de conservation est conclu dans les conditions mentionnées au deuxième alinéa du a de l'article 787 B du code général des impôts, les héritiers ou légataires qui demandent à bénéficier de l'exonération doivent remettre au service des impôts compétent pour enregistrer la déclaration de succession, dans les délais prévus pour cet enregistrement, les documents suivants :

1º Une copie de l'acte enregistré constatant l'engagement de conservation, mentionné au deuxième alinéa du a de l'article 787 B précité, signé par le ou les héritiers ou légataires entre eux ou avec un ou plusieurs autres associés et comportant les éléments suivants :

a. L'identité du ou des associés ayant souscrit cet engagement, le nombre de titres détenus par chacun d'entre eux au jour de l'enregistrement de l'acte et soumis à cet engagement, ainsi que leur nombre total et les pourcentages y afférents des droits mentionnés au 1 du b de l'article 787 B précité ;

b. L'identité de la personne ayant souscrit l'engagement prévu au deuxième alinéa du a de l'article 787 B précité qui satisfait à la condition prévue au d du même article ;

2° Une attestation de la société dont les parts ou actions font l'objet de l'engagement de conservation certifiant qu'il a été souscrit par le ou les héritiers ou légataires, pour eux et leurs ayants cause à titre gratuit, entre eux ou avec un ou plusieurs autres associés pour une durée d'au moins deux ans. En cas d'interposition d'une ou plusieurs sociétés entre un associé partie à l'engagement autre que le bénéficiaire mentionné au premier alinéa du présent II et la société dont les parts ou actions font l'objet de cet engagement, cette dernière fournit les attestations mentionnées au 1° du IV du présent article, transmises par la ou les sociétés interposées ;

3° *(Abrogé).*

III. Lorsque l'engagement de conservation mentionné au premier alinéa du a de l'article 787 B du code général des impôts est réputé acquis au sens des dispositions du 2 du b du même article, les héritiers, donataires ou légataires d'actions ou de parts de sociétés qui demandent à bénéficier du régime prévu par cet article doivent remettre au service des impôts compétent pour enregistrer la déclaration de succession, de don manuel ou l'acte de donation, dans les délais prévus pour cet enregistrement, une attestation de la société dont les parts ou actions font l'objet de l'engagement de conservation réputé acquis certifiant que :

1° Le pourcentage des parts ou actions détenues depuis deux ans au moins par le défunt ou le donateur, seul ou avec son conjoint, son concubin notoire ou le partenaire avec lequel il est lié par un pacte civil de solidarité atteignait, au moment de la transmission à titre gratuit, les seuils prévus au premier alinéa du 1 du b de l'article 787 B précité ;

2° Le défunt, le donateur, ou son conjoint, son concubin notoire ou le partenaire avec lequel il est lié par un pacte civil de solidarité, exerçait, au moment de la transmission à titre gratuit depuis deux ans au moins dans cette société, son activité professionnelle principale ou l'une des fonctions énumérées au 1° du 1 du III de l'article 975 du code général des impôts lorsque la société est soumise à l'impôt sur les sociétés ;

3° Ses statuts limitent les droits de l'usufruitier dans les conditions prévues par l'avant-dernier alinéa de l'article 787 B précité en cas de donation de titres consentie avec réserve d'usufruit.

IV. Pour l'application des I à III, dans le cas où la transmission à titre gratuit porte sur des titres d'une société interposée entre le bénéficiaire de l'exonération, d'une part, et la société dont les parts ou actions font l'objet de l'engagement mentionné au a de l'article 787 B du code général des impôts ou une société détenant directement une participation dans celle-ci, d'autre part, les héritiers, donataires ou légataires joignent, en lieu et place des documents mentionnés aux 2° des I et II et au III, sous les mêmes conditions, les documents suivants :

1° Une attestation de chaque société composant la chaîne de participation entre le bénéficiaire de l'exonération et la société dont les parts ou actions font l'objet de l'engagement certifiant :

a. L'identité de celui ou ceux de ses associés soumis aux obligations de conservation prévues au a et au dernier alinéa du 3 du b de l'article 787 B précité et le nombre de parts ou actions soumises à ces obligations, ainsi que les pourcentages de son capital et de ses droits de vote afférents, détenues par chacun d'eux de manière continue depuis la souscription de l'engagement de conservation ou, le cas échéant, durant les deux ans précédant la date de la transmission opérée dans les conditions prévues au 2 du b de l'article 787 B précité ;

b. Le nombre de parts ou actions qu'elle détient de manière continue depuis la souscription de l'engagement de conservation ou, le cas échéant, durant les deux ans précédant la date de la transmission opérée dans les conditions prévues au 2 du b de l'article 787 B précité, dans la société dont les parts ou actions font l'objet de l'engagement de conservation prévu au a de l'article 787 B précité ou dans une société possédant directement une participation dans la société dont les parts ou actions font l'objet de cet engagement ;

c. Le cas échéant, la limitation, par ses statuts, des droits de l'usufruitier dans les conditions prévues par l'avant-dernier alinéa de l'article 787 B précité en cas de donation de titres consentie avec réserve d'usufruit ;

2° Une attestation de la société dont les parts ou actions font l'objet de l'engagement mentionné au a de l'article 787 B précité certifiant :

a. Le nombre de parts ou actions soumises aux obligations de conservation prévues au a et au dernier alinéa du 3 du b de l'article 787 B précité, ainsi que les pourcentages de son capital et de ses droits de vote afférents, détenues de manière continue par celui ou ceux de ses associés soumis à ces obligations depuis la souscription de l'engagement de conservation ou, le cas échéant, durant les deux ans précédant la date de transmission opérée dans les conditions du 2 du b de l'article 787 B précité.

En cas d'interposition d'une ou plusieurs sociétés entre un associé partie à l'engagement autre que le bénéficiaire mentionné au premier alinéa du présent IV et la société dont les parts ou actions font l'objet de cet engagement, cette dernière fournit la ou les attestations mentionnées au 1° du présent IV transmises par la ou les sociétés interposées ;

b. Le cas échéant, la limitation, par ses statuts, des droits de l'usufruitier dans les conditions prévues par l'avant-dernier alinéa de l'article 787 B précité en cas de donation de titres consentie avec réserve d'usufruit.

ENR-X-44850 s. ; MF n° 68097

Art 294 ter I. Pour l'application des trois derniers alinéas du e de l'article 787 B du code général des impôts, chacun des héritiers, donataires ou légataires bénéficiaire de l'exonération prévue à cet article adresse au service des impôts à l'origine de la demande ou, à défaut d'une telle demande, à celui dont dépend le domicile du défunt ou celui du lieu de dépôt de l'acte de donation ou de la déclaration de don manuel, les documents mentionnés ci-après aux II à IV.

La transmission de ces documents intervient dans les trois mois du terme de l'engagement de conservation mentionné au c du même article ou, le cas échéant, de la demande du service des impôts compétent.

II. La société dont les parts ou actions font l'objet des engagements de conservation mentionnés aux a et c de l'article 787 B du code général des impôts transmet, sur demande de l'héritier, donataire ou légataire et dans les trente jours à compter de celle-ci, une attestation indiquant l'identité de la personne qui remplit ou a rempli la condition prévue au d du même article et certifiant que :

1° A compter de la transmission à titre gratuit :

a. l'engagement de conservation des parts ou actions prévu au a de cet article a été respecté jusqu'à son terme ou, le cas échéant, jusqu'à la date de la demande ;

b. cet engagement a porté de manière continue sur le pourcentage mentionné au 1 du b du même article et sur le nombre de titres prévu lors de sa souscription ;

2° A compter du terme de l'engagement de conservation mentionné au a du même article 787 B, l'engagement individuel de conservation des parts ou actions prévu au c du même article a été respecté jusqu'à son terme ou, le cas échéant, jusqu'à la date de la demande.

III. Pour l'application du dernier alinéa du e de l'article 787 B du code général des impôts, chaque société interposée entre le bénéficiaire de l'exonération et la société dont les parts ou actions font l'objet de l'engagement transmet à l'héritier, donataire ou légataire mentionné aux deuxième et troisième alinéas du même e, sur sa demande et dans les trente jours à compter de celle-ci, une attestation certifiant :

a. que ceux de ses associés soumis aux obligations de conservation prévues aux a à c de l'article 787 B précité ont respecté ces obligations de manière continue jusqu'au terme de ces obligations ou, le cas échéant, jusqu'à la date de la demande ;

b. qu'elle détient les titres dont elle a antérieurement attesté de la propriété en application du 1° du IV de l'article 294 bis de manière continue depuis la date de la transmission à titre gratuit jusqu'à celle de la demande ou qu'elle les a détenus jusqu'au terme de l'engagement de conservation prévu au c de l'article 787 B précité.

IV. 1° En cas d'opération d'apport mentionnée au f de l'article 787 B du code général des impôts, chacun des héritiers, légataires ou donataires associés de la société bénéficiaire de l'apport joint aux attestations prévues aux II et III :

a. une copie de l'engagement de conservation pris par cette société conformément au 2° du même f ;

b. une attestation de cette société, transmise dans les trente jours à compter de sa demande, certifiant que les conditions prévues au même f sont satisfaites.

2° En cas d'opération de fusion, de scission, d'augmentation de capital ou d'offre publique d'échange préalable à une fusion ou une scission telles que prévues aux g et h de l'article 787 B précité, chacun des héritiers, donataires ou légataires détenant directement ou indirectement des parts ou actions de la société, objet de l'opération, mentionnée au premier alinéa du II, joint aux attestations prévues aux II et III une attestation qui lui est fournie par la ou les sociétés dont il est associé à l'issue de l'opération certifiant du respect des conditions prévues aux g et h mentionnés ci-dessus jusqu'à la date d'établissement de l'attestation ou jusqu'aux termes respectifs des engagements de conservation mentionnés aux mêmes g et h.

3° Dans le cas prévu au i de l'article 787 B précité, le donateur joint aux attestations prévues aux II et III une copie de l'acte de donation. L'attestation mentionnée au 2° du II et au III du présent article certifie dans cette hypothèse du respect par le donataire de l'obligation prévue au même i.

ENR-X-44850 s. ; MF n° 68097

Art 294 quater **I.** Pour les biens mentionnés à l'article 787 C du code général des impôts, chacun des héritiers, donataires ou légataires mentionnés au b de cet article remet la déclaration de succession, la déclaration de don manuel ou l'acte de donation mentionnant l'engagement de conservation prévu à ce même b au service des impôts compétent pour l'enregistrer dans les délais prévus pour cet enregistrement.

Il lui joint une attestation certifiant que la condition prévue au a de cet article est remplie.

II. En cas de demande de l'administration ainsi qu'au terme de l'engagement prévu au b de l'article 787 C du code général des impôts, chacun des héritiers, donataires ou légataires mentionnés au même b adresse au service des impôts à l'origine de la demande ou, au terme de l'engagement, à celui dont dépend le domicile du défunt ou à celui du lieu de dépôt de l'acte de donation ou de la déclaration de don manuel, une attestation certifiant que les obligations prévues aux b et c de l'article précité étaient remplies depuis la date de transmission et jusqu'à la date de la demande ou jusqu'au terme de ces obligations.

La transmission intervient dans les trois mois de la demande du service des impôts et du terme de l'engagement de conservation mentionné au même b.

III. Dans le cas prévu au d de l'article 787 C du code général des impôts, le donateur joint à l'attestation mentionnée au II une copie de l'acte de donation et une attestation certifiant que les obligations prévues aux b et c de cet article étaient remplies depuis la date de transmission de l'ensemble des biens affectés à l'exploitation de l'entreprise et jusqu'à la date de la demande ou du terme des obligations précitées.

ENR-X-47750 s. ; MF n° 68105

C. Régimes spéciaux et exonérations

Art 294 A **I.** Lorsque les biens immobiliers visés au 5° du 2 de l'article 793 du code général des impôts font l'objet d'une première transmission à titre gratuit depuis leur acquisition, l'acte de donation ou la déclaration de succession doit comporter les indications suivantes :

1. Outre les références de la publication de l'acte d'acquisition du bien, telles qu'elles sont prévues au 2 de l'article 32 du décret n° 55-1350 du 14 octobre 1955 pris pour l'application du décret n° 55-22 du 4 janvier 1955 modifié portant réforme de la publicité foncière, la date d'acquisition des biens, l'identité des parties ainsi que les nom, qualités et résidence du rédacteur de l'acte ;

2. La déclaration que l'immeuble a été exclusivement affecté de manière continue à l'habitation principale à compter de son acquisition pendant une période minimale de deux ans en cas de donation, ou jusqu'au jour du décès lorsque celui-ci intervient dans les deux années de l'acquisition ;

3. L'affirmation que le donateur ou le défunt n'a pas bénéficié pour cet immeuble des réductions d'impôts prévues aux articles 199 undecies et 199 undecies A du code général des impôts ;

4. L'engagement mentionné au deuxième alinéa du 5° du 2 de l'article 793 du même code.

II. Lors de leur dépôt à la formalité, l'acte de donation ou la déclaration de succession doit être appuyé d'une copie de la déclaration d'achèvement des travaux mentionnée au premier alinéa du 5° du 2 de l'article 793 du code général des impôts.

ENR-X-49510 s. ; MF n° 68175

Art 294 B **I.** Lorsque les biens immobiliers visés au 6° du 2 de l'article 793 du code général des impôts font l'objet d'une première transmission à titre gratuit depuis leur acquisition, l'acte de donation ou la déclaration de succession doit comporter les indications suivantes :

1. Outre les références de la publication de l'acte d'acquisition du bien, telles qu'elles sont prévues au 2 de l'article 32 du décret n° 55-1350 du 14 octobre 1955 pris pour l'application du décret n° 55-22 du 4 janvier 1955 modifié portant réforme de la publicité foncière, la date d'acquisition des biens, l'identité des parties ainsi que les nom, qualités et résidence du rédacteur de l'acte ;

2. L'engagement mentionné au quatrième alinéa du 6° du 2 de l'article 793 du code général des impôts lorsque la transmission à titre gratuit est effectuée avant l'expiration de la durée minimale de mise en location du bien transmis.

II. Lors de leur dépôt à la formalité, l'acte de donation ou la déclaration de succession doit être appuyé des documents suivants :

1. Une copie des baux d'habitation conclus depuis l'acquisition des biens avec le ou les preneurs successifs ;

2. Une copie de l'avis d'imposition du ou des locataires successifs établi au titre des revenus de l'année précédant celle de la conclusion de leur bail ou à défaut une déclaration sur l'honneur souscrite par ces locataires attestant du montant de leurs revenus nets de frais professionnels figurant sur leur avis d'imposition établi au titre des revenus de l'année précitée.

ENR-X-49576 s. ; MF n° 68180

Art 294 C Le préfet de région du lieu de situation du bien est l'autorité administrative compétente mentionnée au premier alinéa et au c de l'article 795 A du code général des impôts.

III bis. Dispositions communes

Art 294 E I. Lorsque les biens immobiliers visés au 4° du 2 de l'article 793 du code général des impôts font l'objet d'une première transmission à titre gratuit ou à titre onéreux depuis leur acquisition, l'acte de donation, la déclaration de succession ou l'acte de vente doit comporter les indications suivantes :

1° Outre les références de la publication de l'acte d'acquisition du bien, telles qu'elles sont prévues au 2 de l'article 32 du décret n° 55-1350 du 14 octobre 1955 modifié pris pour l'application du décret du 4 janvier 1955 portant réforme de la publicité foncière, la date d'acquisition des biens, l'identité des parties ainsi que les nom, qualités et résidence du rédacteur de l'acte ;

2° La déclaration que l'immeuble a été exclusivement affecté de manière continue à l'habitation principale à compter de son acquisition ou de son achèvement s'il est postérieur, et ce pendant une période minimale de cinq ans en cas de donation ou de vente ;

3° L'affirmation que le donateur, le défunt ou le vendeur n'a pas bénéficié pour cet immeuble des réductions d'impôt prévues aux articles 199 undecies et 199 undecies A du code général des impôts ;

4° En cas de vente, l'engagement mentionné au 3° de l'article 1055 bis du code général des impôts.

II. Lors de leur dépôt à la formalité, les actes de vente, de donation ou la déclaration de succession doivent être appuyés d'une copie de la déclaration d'achèvement des travaux mentionnée au 4° du 2 de l'article 793 du code général des impôts.

ENR-X-49456 s. ; MF n° 68175

IV. Actes et conventions concernant les sociétés, personnes morales et groupements

A. Dispositions générales

Art 295 Toute personne morale non assujettie à l'impôt sur les sociétés qui devient passible de cet impôt sur tout ou partie de ses résultats est tenue de produire une déclaration en vue de la liquidation des droits et taxes de mutation dont elle est redevable en application du II de l'article 809 du code général des impôts.

La déclaration est établie en double exemplaire. Elle comporte l'estimation détaillée des immeubles, droits immobiliers, fonds de commerce, clientèles, droits au bail ou à des promesses de bail d'immeubles que la société a reçus en apport pur et simple, depuis le 1er août 1965, de personnes physiques ou de personnes morales non passibles de l'impôt sur les sociétés, et dont elle était propriétaire ou titulaire à la date du changement de régime fiscal.

ENR-VI-9320 s.

Art 296 La déclaration est adressée au service des impôts dont dépend le lieu d'établissement de l'impôt sur les sociétés.

ENR-VI-9320 s.

Art 297 La déclaration est souscrite au plus tard dans les trois mois de la clôture du premier exercice au cours duquel la société est devenue passible de cet impôt.

Toutefois, en cas d'option pour le régime des sociétés de capitaux dans les conditions prévues à l'article 239 du code général des impôts, la déclaration doit être produite dans le délai fixé pour la notification de cette option.

Si le changement de régime fiscal résulte d'un acte assujetti à la formalité de l'enregistrement dans un délai déterminé, la déclaration doit être souscrite dans le même délai et présentée au même service des impôts.

ENR-VI-9320 s.

Art 298 Chacun des biens ou droits est porté sur la déclaration pour sa valeur vénale estimée au jour de l'ouverture de la première période d'imposition à l'impôt sur les sociétés.

ENR-VI-9320 s.

Art 299 Le dépôt de la déclaration est accompagné du versement des droits et taxes exigibles.

Toutefois, si la personne morale a présenté une demande régulière de paiement fractionné, seul le premier versement est acquitté lors du dépôt de la déclaration.

ENR-VI-9320 s.

Art 301 Les dispositions des articles 295 à 299 s'appliquent uniquement à ceux des biens des sociétés françaises ou étrangères qui ont, selon la nature corporelle ou incorporelle de ces biens, soit leur assiette matérielle, soit leur assiette juridique en France.

ENR-VI-9260 ; MF nº 38810

B. Dispositions particulières à certaines conventions

2. Fusions de sociétés et opérations assimilées

Art 301 A Le régime spécial prévu aux articles 816 à 817 A du code général des impôts, s'applique aux fusions et scissions de sociétés et aux apports partiels d'actif définis par les articles 301 B à 301 F.

ENR-VI-18200 s.

Art 301 B Constitue une fusion :

Soit la formation d'une société relevant du statut fiscal des sociétés de capitaux par plusieurs sociétés qui transfèrent l'ensemble de leur actif et de leur passif à la nouvelle société ;

Soit le transfert à une société relevant du statut fiscal des sociétés de capitaux par une ou plusieurs sociétés de l'ensemble de leur actif et de leur passif, lorsque, dans les deux cas, la ou les sociétés apporteuses sont dissoutes et les apports rémunérés dans les conditions prévues à l'article 301 F.

ENR-VI-18800 s. ; MF nºs 39200 s.

Art 301 C **I.** Est assimilée à une fusion, l'opération qui aboutit au transfert à une société relevant du statut fiscal des sociétés de capitaux, en voie de formation ou préexistante, de droits représentant 75 % au moins du capital d'une société relevant du même statut, lorsque les deux sociétés ont leur siège de direction effective ou leur siège statutaire soit en France, soit dans un autre Etat membre de l'Union européenne et que les apports sont rémunérés dans les conditions prévues à l'article 301 F.

Lorsque le pourcentage de 75 % est atteint à la suite de plusieurs opérations, le régime spécial n'est applicable qu'à l'opération permettant d'atteindre ce pourcentage et à celles qui l'augmentent.

II. Dans le cas prévu au I et sous peine de déchéance du bénéfice du régime spécial, la société à laquelle les droits sont apportés doit les conserver pendant un délai de cinq ans à compter de la date du transfert soit sous forme nominative, soit dans les conditions prévues au a du 1 de l'article 145 du code général des impôts. Les droits acquis antérieurement et détenus à la même date par la société doivent être conservés dans les mêmes conditions.

Le bénéfice du régime spécial reste acquis si les droits sont compris, avant l'expiration du délai, dans une opération de fusion ou assimilée, de scission, d'apport partiel d'actif ou s'ils sont cédés dans le cadre de la liquidation de la société à laquelle les droits ont été apportés.

ENR-VI-18890 s. ; MF nºs 39200 s.

Art 301 D Constitue une scission l'opération par laquelle une société transfère à compter de la même date l'ensemble de son actif et de son passif à plusieurs sociétés relevant du statut fiscal des sociétés de capitaux, en voie de formation ou préexistantes, lorsque la société apporteuse est dissoute et les apports rémunérés dans les conditions prévues à l'article 301 F.

ENR-VI-20730 s. ; MF nº 39220

Art 301 E Constitue un apport partiel d'actif l'opération par laquelle une société apporte à une société relevant du statut fiscal des sociétés de capitaux, en voie de formation ou préexistante, l'ensemble des éléments qui forment soit une, soit plusieurs branches complètes et autonomes d'activité, lorsque l'opération n'entraîne pas la dissolution de la société apporteuse et qu'elle est rémunérée dans les conditions prévues à l'article 301 F.

ENR-VI-21440 s. ; MF nºs 39235 s.

Art 301 F Les apports visés aux articles 301 B à 301 E doivent être rémunérés par l'attribution de droits représentatifs du capital de la société bénéficiaire. Toutefois, ils peuvent faire l'objet de règlements sous une autre forme dans la limite de 10 % de la valeur nominale des droits attribués.

La condition tenant à l'attribution de droits représentatifs du capital de la société bénéficiaire prévue à l'alinéa précédent n'est pas requise dans les situations prévues au II de l'article L 236-3 du code de commerce.

ENR-VI-18800 s., 18890 s., 20730 s., 21440 s. ; MF nºs 39200 s.

CHAPITRE II

Droits de timbre

SECTION I

Droits de timbre proprement dits

I. Timbre de dimension

Prescriptions et prohibitions

Art 302 Indépendamment des mentions prescrites par l'article 67 du code de procédure civile, les huissiers sont tenus d'indiquer distinctement au bas de l'original et des copies de chaque exploit :

1° Le nombre des feuilles de papier employées, tant pour les copies de l'original que pour les copies des pièces signifiées ;

2° Le montant des droits de timbre dus à raison de la dimension de ces feuilles.

Art 302 A Il ne peut être alloué en taxe, et les officiers ministériels ne peuvent demander et se faire payer, à titre de remboursement de droit de timbre des copies, aucune somme excédant la valeur des timbres mobiles apposés en exécution des dispositions qui précèdent.

CHAPITRE III

Autres droits et taxes

00I. Prélèvement sur les sommes versées par les organismes d'assurance et assimilés à raison des contrats d'assurances en cas de décès

Art 306-0 F **I.** Les organismes d'assurance et assimilés qui doivent verser des sommes, rentes ou valeurs quelconques entrant dans le champ d'application de l'article 990 I du code général des impôts ne peuvent se libérer de ces sommes, rentes ou valeurs dues par eux à raison du décès de l'assuré à chaque bénéficiaire désigné au contrat qu'après avoir déclaré à l'administration fiscale dans les soixante jours qui suivent le jour où ils ont eu connaissance du décès de l'assuré les éléments mentionnés aux I et II de l'article 370 C, et au titre de chaque contrat et pour chaque bénéficiaire :

a. L'assiette du prélèvement ;

b. Le montant des différents abattements pratiqués ;

c. Le montant du prélèvement acquitté au titre des sommes, rentes ou valeurs dues à chaque bénéficiaire ;

d. La date de souscription et le numéro de police du ou des avenants prévus par l'article L 112-3 du code des assurances de nature à transformer l'économie même du contrat ;

e. Pour la fraction rachetable de chaque contrat mentionné au I de l'article 990 I précité : la part de la valeur de rachat au jour du décès de l'assuré qui correspond aux sommes, rentes ou valeurs dues à raison des primes versées à compter du 13 octobre 1998 ; pour la fraction rachetable de chaque contrat contenant une clause prévoyant un différé de paiement du capital par l'assureur au bénéficiaire, la valeur de rachat déterminée au jour du versement des sommes, rentes ou valeurs quelconques ;

f. Pour la fraction non rachetable de chaque contrat mentionné au I de l'article 990 I précité : le produit résultant de la multiplication du montant du capital-décès dû, diminué de la valeur de rachat au jour du décès de l'assuré, par le taux de mortalité qui correspond à l'âge de l'assuré lors de son décès dans la table de mortalité applicable à cette date ; pour les contrats non rachetables : la prime annuelle ou le montant de la prime unique versée à la souscription du contrat, lorsque celle-ci est intervenue à compter du 13 octobre 1998 ;

II. Les éléments mentionnés au I sont déclarés dans les conditions prévues aux V à VII de l'article 370 C.

III. *(Dispositions devenues sans objet).*

ENR-XI-12800 s.

Art 306-0 F bis **I.** Le patrimoine immobilier des sociétés mentionnées au d et au e du 1 du I bis de l'article 990 I du code général des impôts et l'actif des organismes de placement collectif mentionnés au même e sont composés d'immeubles bâtis respectant les conditions mentionnées aux a à c de l'article 279-0 bis A du code précité ou d'immeubles bâtis financés dans les conditions mentionnées aux articles D 331-17 à D 331-21 du code de la construction et de l'habitation ou de droits réels portant sur ces derniers immeubles.

II. Le nombre de salariés, le chiffre d'affaires et le total de bilan de la société émettrice des titres mentionnés au b du 2° du 2 du I bis de l'article 990 I du code général des impôts sont appréciés dans les conditions définies aux articles 1er, 3,5 et 6 de l'annexe I au règlement (CE) n° 800/2008 de la Commission du 6 août 2008 déclarant certaines catégories d'aide compatibles avec le marché commun en application des articles 87 et 88 du traité.

Lorsque la société émettrice des titres a pour objet principal de détenir des participations dans d'autres sociétés, le respect des conditions mentionnées à l'alinéa précédent s'apprécie au niveau de cette société et de chacune des sociétés dans laquelle elle détient des participations.

Les données retenues pour apprécier le respect des conditions mentionnées au premier alinéa du II sont celles afférentes au dernier exercice comptable, déposé au greffe du tribunal de commerce ou rendu public par un dispositif équivalent, et qui précède la date d'acquisition des titres. Elles sont calculées sur une base annuelle.

II bis. Sont considérés comme des actifs relevant de l'économie sociale et solidaire, au titre du c du 2° du 2 du I bis de l'article 990 I du code général des impôts, les titres émis par les entreprises agréées « entreprise solidaire d'utilité sociale » en application de l'article L 3332-17-1 du code du travail ainsi que les parts ou actions d'organismes de placement collectif comprenant au minimum 5 % de titres émis par ces entreprises.

III. Le respect de la proportion d'investissement prévue au neuvième alinéa du 2 du I bis de l'article 990 I du code général des impôts s'apprécie au regard du rapport entre la valeur des titres mentionnés au 1° et aux a à c du 2° du 2 du I bis de l'article 990 I du code précité, calculée sur la base de la dernière valeur connue et hors frais d'assurance, et la valeur totale des actifs composant chaque unité de compte du contrat.

A l'issue du premier versement de primes, ce rapport est au moins égal à 33 %.

Toute opération d'arbitrage entre unités de compte, de rachat partiel ou de versement de nouvelles primes ne peut conduire à une diminution de ce rapport que si celui-ci était supérieur à 33 % préalablement à l'opération. Dans ce cas, l'opération ne peut conduire à ce que ce rapport devienne inférieur à 33 %.

Dans le cas où préalablement à l'opération précitée ce rapport était inférieur à 33 %, l'opération ne peut avoir pour conséquence de diminuer ce dernier.

Si, en dehors des opérations susmentionnées, le rapport devient inférieur à 33 %, le contrat est réputé respecter la proportion d'investissement.

Lorsqu'un contrat prévoit la possibilité d'acquérir des engagements exprimés en euros ou donnant lieu à des provisions de diversification, il est réputé respecter le taux précité si et seulement si l'ensemble des primes versées est affecté à des engagements exprimés en unités de compte respectant les conditions prévues au présent III.

IV. Les organismes ou sociétés mentionnés aux 3 et 4 du I bis de l'article 990 I du code général des impôts, ou, à défaut de personnalité morale, leur gérant ou représentant à l'égard des tiers, tiennent à la disposition de l'administration fiscale tout document justifiant de la valeur retenue pour la détermination de la proportion d'investissement prévue au neuvième alinéa du 2 du I bis de l'article 990 I du code général des impôts dans les conditions prévues au présent article.

ENR-XI-11750 s. ; MF n° 68237

0I. Taxe sur les conventions d'assurances

Art 306 F Les décisions relatives à l'agrément du représentant désigné par l'assureur étranger en application de l'article 1004 du code général des impôts sont prises par le directeur départemental ou, le cas échéant, régional des finances publiques.

ENR-XI-26455

CHAPITRE IV

Régimes spéciaux et exonérations de portée générale

SECTION UNIQUE

Dispositions diverses

2° Patrimoine artistique national

Art 310 G I. L'acquéreur, le donataire, l'héritier ou le légataire, qui désire bénéficier de l'exonération de droits et taxes prévue à l'article 1131 du code général des impôts, doit déposer au service des impôts compétent pour enregistrer l'acte constatant la mutation ou la déclaration de la succession une offre de donation à l'Etat, précisant le ou les biens qui en font l'objet, et, le cas échéant, les conditions auxquelles cette offre est soumise. Il en est délivré récépissé.

L'offre doit être faite dans le délai prévu pour l'enregistrement de l'acte constatant la mutation ou de la déclaration de la succession.

II. L'offre de donation est adressée par le service des impôts à une commission dont la composition est fixée par arrêté conjoint du premier ministre, du ministre chargé de la culture et du ministre chargé du budget.

Avant de se prononcer, cette commission recueille l'avis du ministre intéressé par l'affectation éventuelle des biens qui font l'objet de l'offre de donation ; ce ministre est invité à désigner un représentant pour participer, avec voix consultative, aux travaux de la commission relatifs à cette offre.

Elle consulte le ou les organismes compétents, selon le cas, en matière d'acquisition d'œuvres d'art, de livres, d'objets de collection ou de documents de haute valeur artistique ou historique.

Elle émet un avis tant sur l'intérêt artistique ou historique que sur la valeur du bien offert.

Au vu de l'avis de la commission, le ministre compétent propose au ministre de l'économie et des finances l'octroi ou le refus de l'agrément.

La décision est notifiée au demandeur par pli recommandé avec demande d'avis de réception.

III. En cas d'agrément, le demandeur dispose du délai fixé par la décision d'agrément pour accepter les conditions auxquelles celui-ci est subordonné.

Il fait connaître son acceptation au ministre de l'économie et des finances, par pli recommandé avec demande d'avis de réception.

IV. En l'absence de décision notifiée dans le délai d'un an à compter de la date du récépissé de l'offre, celle-ci est considérée comme refusée.

ENR-X-40660 s.

TITRE V

DISPOSITIONS COMMUNES AUX TITRES Ier, II ET IV

CHAPITRE UNIQUE

Suspension des avantages fiscaux attachés aux dons, legs et versements effectués au profit de certains organismes

Art 310 G bis Lorsque, en application des dispositions des I et V de l'article 1378 octies du code général des impôts, le ministre chargé du budget envisage de suspendre les avantages fiscaux attachés aux dons, legs et versements effectués au profit d'un organisme, il en informe celui-ci, par lettre recommandée avec demande d'avis de réception postale.

L'organisme dispose d'un délai de trente jours pour présenter, assisté, le cas échéant, de la personne de son choix, ses observations écrites et, à sa demande, ses observations orales.

Au vu des éléments du dossier et, le cas échéant, des observations formulées, le ministre chargé du budget dispose d'un délai de six mois à compter de la réception de la déclaration ou du rapport prévus respectivement aux I et V de l'article 1378 octies du code général des impôts pour décider la suspension ou le maintien des avantages fiscaux mentionnés au premier alinéa.

L'arrêté de suspension précise les motifs de la décision prise ainsi que les conditions dans lesquelles l'organisme peut déposer une demande tendant au rétablissement des avantages fiscaux ainsi suspendus. Il est notifié par lettre recommandée avec demande d'avis de réception postale.

La décision de ne pas suspendre les avantages fiscaux mentionnés au premier alinéa est notifiée par lettre simple.

IS-IX-13008

Art 310 G ter La demande mentionnée aux 1 et 2 du IV de l'article 1378 octies du code général des impôts tendant au rétablissement des avantages fiscaux attachés aux dons et legs est adressée à la direction générale des finances publiques par lettre recommandée avec demande d'avis de réception postale.

Cette demande est transmise, dans un délai d'un mois à compter de sa date de réception, à la Cour des comptes pour avis.

IS-IX-13018

Art 310 G quater Lorsque le ministre chargé du budget rétablit le bénéfice des avantages fiscaux suspendus, sa décision est notifiée à l'organisme par lettre simple dans un délai de trois mois à compter de la réception de l'avis rendu par la Cour des comptes ou, le cas échéant, à compter de l'expiration du délai de six mois mentionné au IV de l'article 1378 octies du code général des impôts.

La décision abrogeant l'arrêté de suspension prévu au quatrième alinéa de l'article 310 G bis est publiée au Journal officiel de la République française.

IS-IX-13020

Art 310 G quinquies Lorsque le ministre chargé du budget rejette la demande tendant au rétablissement des avantages fiscaux suspendus, sa décision motivée est notifiée à l'organisme, par lettre recommandée avec demande d'avis de réception postale, dans un délai de trois mois à compter de la réception de l'avis rendu par la Cour des comptes ou, le cas échéant, à compter de l'expiration du délai de six mois prévu au IV de l'article 1378 octies du code général des impôts.

IS-IX-13020

DEUXIEME PARTIE

IMPOSITIONS PERÇUES AU PROFIT DES COLLECTIVITES LOCALES ET DE DIVERS ORGANISMES

TITRE PREMIER

IMPOSITIONS COMMUNALES

CHAPITRE PREMIER

Impôts directs et taxes assimilées

SECTION 0I

Taxes foncières

Art 310-00 H L'engagement de gestion prévu à l'article 1395 B bis du code général des impôts porte sur la conservation du caractère humide des parcelles ainsi que sur leur maintien en nature de prés et prairies naturels, d'herbages, de pâturages, de landes, de marais, de pâtis, de bruyères et de terres vaines et vagues.

Dans les zones visées au II de cet article, il porte en outre sur le respect des mesures définies en vue de la conservation des zones humides dans les chartes et documents de gestion ou d'objectifs approuvés.

FNB-II-9540

Art 310-00 H bis L'engagement de gestion prévu à l'article 1395 B bis du code général des impôts comporte les éléments suivants :

1° L'identité et l'adresse du redevable de la taxe foncière sur les propriétés non bâties mentionné à l'article 1400 du même code et, le cas échéant, celles du preneur des parcelles faisant l'objet de l'engagement de gestion ;

2° Les références cadastrales, les natures de culture et de propriété définies dans l'instruction ministérielle du 31 décembre 1908 et la superficie des parcelles sur laquelle l'exonération de taxe foncière sur les propriétés non bâties est demandée ;

3° Les mesures de conservation à mettre en œuvre en vue de respecter les engagements mentionnés à l'article 310-00 H.

FNB-II-9550

Art 310-00 H ter Préalablement à son envoi au service des impôts par le propriétaire, l'engagement de gestion prévu à l'article 1395 B bis du code général des impôts doit être visé par le préfet du lieu de situation des parcelles, qui vérifie sa conformité aux conditions et modalités définies aux articles 310-00 H et 310-00 H bis.

Le préfet s'assure du respect des engagements souscrits dans le cadre de l'engagement de gestion. A cet effet, les agents des services de l'Etat et de ses établissements publics peuvent procéder à des vérifications sur place. Ils informent le propriétaire et, le cas échéant, le preneur des parcelles faisant l'objet de l'engagement de gestion et leur proposent d'assister au contrôle.

Si, lors du contrôle, l'une des obligations prévues par l'engagement de gestion n'est pas respectée, ce constat fait l'objet d'un signalement au service des impôts du lieu de situation de la parcelle avant le 1er janvier de l'année suivant celle de la réalisation du contrôle.

FNB-II-9610

Art 310-0 H Les critères de performance énergétique et environnementale mentionnés au I bis de l'article 1384 A du code général des impôts sont ainsi définis :

1° En France métropolitaine, la construction doit atteindre les résultats minimaux déterminés selon les modalités mentionnées en annexe à l'article R 172-4 du code de la construction et de l'habitation, en respectant :

a. S'agissant du coefficient Icénergie_max-moyen :

Pour les constructions dont les demandes de permis de construire sont déposées à compter du 1er janvier 2024 et jusqu'au 31 décembre 2024, la valeur fixée au II du chapitre III de l'annexe susmentionnée pour les années 2025 à 2027 ;

Pour les constructions dont les demandes de permis de construire sont déposées à compter du 1er janvier 2025, la valeur fixée au même II à compter de 2028 ;

b. S'agissant du coefficient Icconstruction_maxmoyen :

Pour les constructions pour lesquelles l'ouverture du chantier intervient dans les conditions prévues au B du VII de l'article 65 de la loi n° 2022-1726 du 30 décembre 2022 et dont les demandes de permis de construire sont déposées jusqu'au 31 décembre 2024, la valeur fixée au III du même chapitre III pour les années 2025 à 2027 ;

Pour les constructions dont les demandes de permis de construire sont déposées entre le 1er janvier 2025 et le 31 décembre 2027, la valeur fixée au même III pour les années 2028 à 2030 ;

Pour les constructions dont les demandes de permis de construire sont déposées à compter du 1er janvier 2028, la valeur fixée au même III à compter de 2031 ;

L'évaluation du respect de ces résultats minimaux est réalisée suivant la méthode de calcul prévue à l'article R 172-6 du code de la construction et de l'habitation ;

2° En Guadeloupe, en Guyane, en Martinique, à La Réunion et à Mayotte, la construction doit atteindre les résultats minimaux déterminés selon la réglementation applicable dans chacune de ces collectivités et respecter les critères de performance énergétique et environnementale suivants :

a. A l'exception des constructions mentionnées aux b et d du présent 2°, les facteurs solaires des parois opaques horizontales et des parois opaques verticales des pièces principales, en contact avec l'extérieur, doivent être respectivement inférieurs ou égaux aux valeurs maximales Smax suivantes :

Pour les constructions pour lesquelles l'ouverture du chantier intervient dans les conditions prévues au B du VII de l'article 65 de la loi n° 2022-1726 du 30 décembre 2022 et dont les demandes de permis de construire sont déposées jusqu'au 31 décembre 2027 :

TYPE DE PAROI	Smax
Paroi opaque verticale des pièces principales (en contact avec l'extérieur)	0,07

Pour les constructions dont les demandes de permis de construire sont déposées à compter du 1er janvier 2028 :

TYPE DE PAROI	Smax
Paroi opaque horizontale (toiture en contact avec l'extérieur)	0,025
Paroi opaque verticale des pièces principales (en contact avec l'extérieur)	0,06

b. Pour les constructions situées à La Réunion à une altitude supérieure à 600 mètres, les coefficients de transmission surfacique des parois opaques horizontales et des parois opaques verticales, en contact avec l'extérieur, doivent respectivement être inférieurs ou égaux aux valeurs maximales Umax suivantes :

Pour les constructions pour lesquelles l'ouverture du chantier intervient dans les conditions prévues au B du VII de l'article 65 de la loi n° 2022-1726 du 30 décembre 2022 et dont les demandes de permis de construire sont déposées jusqu'au 31 décembre 2027 :

TYPE DE PAROI	Umax ($W/m^2.K$)
Paroi opaque verticale (en contact avec l'extérieur)	1,5

Pour les constructions dont les demandes de permis de construire sont déposées à compter du 1er janvier 2028 :

TYPE DE PAROI	Umax ($W/m^2.K$)
Paroi opaque horizontale (toiture en contact avec l'extérieur)	0,4
Paroi opaque verticale (en contact avec l'extérieur)	1

c. A l'exception des constructions mentionnées au d du présent 2°, et à l'exception des baies des pièces de service dont la surface est inférieure à 0,5 m^2, le facteur solaire S de chaque baie des logements, en contact avec l'extérieur, doit être inférieur ou égal, selon la localisation de la construction et l'orientation de la façade, aux valeurs maximales suivantes :

Pour les constructions pour lesquelles l'ouverture du chantier intervient dans les conditions prévues au B du VII de l'article 65 de la loi n° 2022-1726 du 30 décembre 2022 et dont les demandes de permis de construire sont déposées jusqu'au 31 décembre 2027 :

LOCALISATION		NORD	SUD	EST	OUEST
Guyane		-	-	0,5	0,5
Mayotte		0,6	0,7	0,5	0,5
Martinique		-	0,55	0,5	0,5
La Réunion	Altitude inférieure à 400 mètres		-	0,5	0,5
	Altitude comprise entre 400 et 600 mètres		-	0,5	0,5

Pour les constructions dont les demandes de permis de construire sont déposées à compter du 1er janvier 2028 :

LOCALISATION		NORD	SUD	EST	OUEST
Guyane		0,6	0,6	0,4	0,4
Mayotte		0,5	0,6	0,4	0,4
Martinique		0,65	0,45	0,4	0,4
La Réunion	Altitude inférieure à 400 mètres	0,4	0,7	0,4	0,4
	Altitude comprise entre 400 et 600 mètres	0,5	-	0,4	0,4

d. Pour les constructions situées en Guadeloupe, l'indicateur ICT, à l'échelle de chaque logement, déterminé selon les modalités fixées dans la délibération du conseil régional de la Guadeloupe CR/19-1155 du 31 octobre 2019 susvisée est inférieur de :

10 % au moins au seuil ICT_max déterminé selon les modalités fixées au chapitre V de cette même délibération pour les constructions pour lesquelles l'ouverture de chantier intervient dans les conditions prévues au B du VII de l'article 65 de la loi no 2022-1726 du 30 décembre 2022 et dont les demandes de permis de construire sont déposées jusqu'au 31 décembre 2027 ;

15 % au moins au seuil ICT_max déterminé selon les modalités fixées au chapitre V de cette même délibération pour les constructions dont les demandes de permis de construire sont déposées à compter du 1er janvier 2028 ;

e. Chaque logement dispose d'un système de production d'eau chaude sanitaire produite pour une part au moins égale à 70 % des besoins de ce logement à partir d'une ou plusieurs sources de chaleur renouvelable au sens du premier alinéa de l'article L 211-2 du code de l'énergie. Les systèmes considérés peuvent être connectés au réseau électrique uniquement pour l'alimentation des auxiliaires et des appoints intégrés ;

f. L'ensemble des robinetteries des logements dispose de mitigeurs avec dispositifs hydro-économes et la chasse d'eau des WC est équipée d'un mécanisme à double commande ;

3o Les critères de performance énergétique et environnementale qui ne sont pas mentionnés aux 1o et 2o du présent article doivent être au moins égaux à ceux prévus au titre VII du livre Ier du code de la construction et de l'habitation.

FB-II-25370

Art 310-0 H bis **I.** En vue de l'établissement du certificat mentionné au I bis de l'article 1384 A du code général des impôts par la direction départementale des territoires, la direction départementale des territoires et de la mer ou la direction de l'environnement, de l'aménagement et du logement dans le ressort de laquelle se situe la construction, le maître d'ouvrage transmet à cette direction une attestation délivrée par un organisme accrédité selon la norme NF EN ISO/ CEI 17065 pour cette activité de certification par le Comité français d'accréditation ou par tout autre organisme d'accréditation signataire de l'accord multilatéral pris dans le cadre de la coordination européenne des organismes d'accréditation et ayant signé une convention à cet effet avec le ministre chargé de la construction.

Cette attestation mentionne que le maître d'ouvrage a obtenu une certification de produit établissant pour la construction le respect de l'ensemble des critères de performance énergétique et environnementale définis à l'article 310-0 H et qu'il a pris toutes dispositions pour que la construction satisfasse à ces critères.

II. Le directeur départemental des territoires, le directeur départemental des territoires et de la mer ou le directeur de l'environnement, de l'aménagement et du logement établit un certificat constatant que la construction respecte l'ensemble des critères de performance énergétique et environnementale définis à l'article 310-0 H.

III. La transmission du certificat au centre des impôts foncier du lieu de situation de la construction doit être accompagnée de la déclaration mentionnée à l'article 1406 du code général des impôts.

FB-II-25380

Art 310-0 H ter Si postérieurement à la délivrance du certificat mentionné à l'article 310-0 H bis, il est constaté, lors d'un contrôle réalisé par un agent assermenté relevant de la direction départementale des territoires ou de la direction départementale des territoires et de la mer géographiquement compétente, le non-respect par le maître d'ouvrage de l'un des critères figurant dans le certificat délivré en application du II du même article, ce constat fait l'objet d'un signalement par cette direction au centre des impôts foncier du lieu de situation de la construction.

FB-II-25380

SECTION I

Taxe d'habitation

Art 310 H I. La valeur locative moyenne communale prévue au IV de l'article 1411 du code général des impôts est calculée, chaque année, en retenant les valeurs locatives des locaux d'habitation autres qu'exceptionnels, compris dans les rôles émis au titre de l'année précédente avant le 31 décembre de ladite année.

II. *(Disposition devenue sans objet à compter de la date d'entrée en vigueur de l'article 26 de la loi n° 98-546 du 2 juillet 1998, JO du 3).*

HAB-III-2360 s.

SECTION II

Cotisation foncière des entreprises

I. Dispositions générales

Art 310 HA Pour l'application de la cotisation foncière des entreprises et des taxes additionnelles :

Le nombre de salariés est calculé sur la période de référence définie à l'article 1467 A du code général des impôts, et pour l'ensemble de l'entreprise ; pour le calcul de ce nombre, les travailleurs à mi-temps ou saisonniers sont retenus à concurrence de la durée de leur travail ;

Les apprentis sous contrat s'entendent des titulaires d'un contrat d'apprentissage passé dans les conditions prévues aux articles L 6221-1 à L 6225-8 du code du travail ; les handicapés physiques s'entendent des travailleurs handicapés reconnus par la commission des droits et de l'autonomie des personnes handicapées mentionnée à l'article L 146-9 du code de l'action sociale et des familles ;

L'établissement s'entend de toute installation utilisée par une entreprise en un lieu déterminé, ou d'une unité de production intégrée dans un ensemble industriel ou commercial lorsqu'elle peut faire l'objet d'une exploitation autonome.

CET-II-177200 s.

II. Exonérations

Art 310 HB bis La quotité et la durée de l'exonération prévue à l'article 1465 du code général des impôts doivent être identiques pour toutes les opérations d'une même catégorie définies au premier alinéa de cet article.

Art 310 HB ter Sauf délibération contraire, les délibérations prises en application de l'article 1465 du code général des impôts dans sa rédaction antérieure à la loi n° 80-10 du 10 janvier 1980, qui étaient en vigueur au 1er janvier 1980, restent applicables.

Art 310 HB quater Les zones dans lesquelles l'aménagement du territoire justifie une exonération temporaire de cotisation foncière des entreprises en faveur des entreprises qui procèdent aux opérations énumérées à l'article 1465 du code général des impôts sont définies par arrêté du ministre du budget.

Art 310 HB sexies En ce qui concerne les opérations non soumises à agrément, l'augmentation nette des bases d'imposition est, pour l'application du quatrième alinéa de l'article 1465 du code général des impôts, déterminée en retenant l'investissement net, égal à la différence entre le prix de revient des immobilisations nouvelles et celui des immobilisations supprimées.

Art 310 HB septies Lorsqu'une période d'exonération temporaire est en cours, l'entreprise peut demander l'ouverture d'une nouvelle période d'exonération temporaire pour les investissements répondant aux conditions nécessaires, et réalisés à partir de la troisième année suivant celle au cours de laquelle est intervenue l'opération ayant motivé l'exonération en cours.

VI. Etablissement de la cotisation

Art 310 HQ Lorsqu'un changement d'exploitant prend effet le 1er janvier d'une année donnée, la déclaration afférente à cette même année est souscrite par l'ancien exploitant.

VII. Annualité de la cotisation

Art 310 HS Pour effectuer les corrections à apporter à la valeur locative des immobilisations en application du III de l'article 1478 du code général des impôts, tout mois commencé est considéré comme entier.

Pour effectuer la correction à apporter à la valeur locative des immobilisations des établissements exerçant une activité à caractère saisonnier en application du V de l'article 1478 précité, toute semaine commencée est considérée comme entière. Une activité a un caractère saisonnier lorsque la durée annuelle d'ouverture, continue ou fractionnée sur plusieurs périodes, de l'établissement qui l'exerce est comprise entre douze et quarante et une semaines.

CET-II-156990 s.

Art 310 HT Lorsqu'un redevable suspend son activité dans un établissement pendant au moins douze mois consécutifs, l'opération constitue, au regard de l'article 1478 du code général des impôts, une cessation d'activité suivie d'une création d'établissement.

CET-II-184000 ; MF no 43753

SECTION III

Règles d'évaluation de la valeur locative des biens imposables

I. Evaluation des propriétés bâties

A. Locaux d'habitation

Art 310 I Les coefficients prévus au 1 du III de l'article 1496 du code général des impôts qui doivent être utilisés, à compter du 1er janvier 1979, jusqu'à la prochaine actualisation des valeurs locatives foncières des propriétés bâties pour la détermination de la base d'imposition à la taxe foncière sur les propriétés bâties des locaux d'habitation loués sous le régime de la réglementation édictée par la loi no 48-1360 du 1er septembre 1948 modifiée, sont fixés comme suit :

CATEGORIES	COEFFICIENT
Catégorie II A	2,83
Catégorie II B	2,49
Catégorie II C	2,14
Catégorie III A	1,93
Catégorie III B	1,75
Catégorie IV	1,00
Catégorie des locaux soumis au régime du loyer forfaitaire de l'article 34 de la loi du 1er septembre 1948	1,93

FB-III-8400 s.

B. Immobilisations industrielles

Art 310 K La déduction complémentaire prévue par le dernier alinéa de l'article 1499 du code général des impôts est applicable à l'usine marémotrice de la Rance, sise à Saint-Malo et La Richardais *(Ille-et-Vilaine) (Voir également art. 333 E).*

Le taux de la déduction complémentaire est fixé à 50 %.

FB-III-19400 s.

Art 310 K bis Le coefficient départemental moyen d'augmentation des bases d'imposition des immobilisations industrielles prévu par l'article 1499 A du code général des impôts est obtenu en divisant les bases totales d'imposition des établissements industriels à la taxe foncière sur les propriétés bâties de 1974 par le total des bases d'imposition de ces mêmes établissements à la contribution foncière des propriétés bâties établie en 1973, diminué du revenu net des outillages et installations exonérés par le 11° de l'article 1382 du code général des impôts.

FB-III-20030 s.

C. Locaux commerciaux et établissements industriels

Art 310 M I. Lorsqu'il existe dans différentes communes des locaux, établissements ou installations de caractère industriel ou commercial qui présentent des caractéristiques analogues et sont affectés au transport public par voie ferrée, à la production ou à la distribution publique d'énergie électrique, de gaz ou d'eau potable, ou à la radiodiffusion et à la télévision, leur valeur locative est évaluée dans les conditions fixées aux II à IV.

II. Les immobilisations qui présentent des caractéristiques analogues sont classées par catégories pour chacun des secteurs d'activité mentionnés au I.

III. La valeur locative des immobilisations de chaque catégorie est obtenue par application d'un tarif fixé par arrêté du ministre de l'économie et des finances et du ministre de l'intérieur, publié au Journal officiel, en fonction de la valeur locative d'immobilisations de référence particulièrement représentatives de la catégorie en raison de leurs caractéristiques techniques, de leur importance et de l'année de leur mise en service *(Voir arrêtés du 22 mai 1974, JO du 9 juin et du 9 janvier 1976, JO du 6 février)*.

IV. La valeur locative des immobilisations de référence est déterminée selon les règles d'évaluation applicables soit aux établissements industriels, soit aux locaux commerciaux.

FB-III-21000 s.

D. Ports de plaisance

Art 310 N La modulation prévue au III de l'article 1501 du code général des impôts est déterminée en fonction du nombre pondéré d'équipements et de services offerts selon le barème suivant :

NOMBRE PONDERE D'EQUIPEMENTS et de services offerts	MODULATION
Entre 0 et 20	- 40 %
Entre 21 et 40	- 20 %
Entre 41 et 60	0 %
Entre 61 et 80	+ 20 %
Entre 81 et 100	+ 40 %

FB-III-23000

Art 310 O Pour la détermination du nombre d'équipements et services mentionnés à l'article 310 N, sont pris en compte les équipements et services présents dans les limites administratives portuaires suivants, chaque alinéa étant retenu pour un :

a. L'accessibilité à l'ensemble des bassins à toute heure, aux navires présentant un tirant d'eau maximum supérieur à un mètre ou un tirant d'air maximum supérieur à trois mètres ;

b. La mise à disposition d'un site et d'aménagements dont les profondeurs nécessaires à la navigation peuvent être maintenues sans nécessité de recourir à des opérations de dragage pour en garantir l'exploitation ;

c. La mise à disposition d'emplacements de stationnement de véhicules terrestres à moteur réservés aux plaisanciers ;

d. La présence de commerces ;

e. La présence d'équipements de sûreté ;

f. L'exécution de prestations de gardiennage ;

g. L'exécution de prestation de collecte des eaux usées des navires ;

h. La présence d'une station d'avitaillement ;

i. La mise à disposition d'une aire de carénage ;

j. La présence de moyens de levage d'une capacité supérieure à 30 tonnes.

FB-III-23000

Art 310 P Pour la détermination de la pondération mentionnée à l'article 310 N, est prise en compte, pour chaque port de plaisance, la capacité moyenne d'accueil d'un poste d'amarrage selon le barème suivant :

CAPACITE MOYENNE D'ACCUEIL D'UN POSTE d'amarrage (en mètres)	COEFFICIENT de pondération
Inférieure ou égale à 8	2
Supérieure à 8 et inférieure ou égale à 10	4
Supérieure à 10 et inférieure ou égale à 14	6
Supérieure à 14 et inférieure ou égale à 18	8
Supérieure à 18	10

La capacité moyenne d'accueil d'un poste d'amarrage est égale au rapport, exprimé en mètres, entre la somme des longueurs des navires pouvant stationner sur chaque poste d'amarrage et la somme des postes d'amarrage présents au sein du port de plaisance. Ne sont pas inclus les dispositifs permanents d'amarrage par un corps mort ou directement par ancre présents dans la rade d'un port ainsi que les postes qui se situent dans les zones d'échouage.

Le nombre pondéré d'équipements et de services offerts mentionné à l'article 310 N est égal au produit du nombre de services et équipements effectivement offerts mentionnés à l'article 310 O par le coefficient de pondération prévu au tableau annexé au premier alinéa.

FB-III-23000

E. Locaux professionnels

Art 310 Q Pour l'application du second alinéa du I de l'article 1498 du code général des impôts, les propriétés bâties mentionnées au premier alinéa de ce même I sont classées selon les sous-groupes et catégories suivants :

Sous-groupe I : magasins et lieux de vente :

Catégorie 1 : boutiques et magasins sur rue.

Catégorie 2 : commerces sans accès direct sur la rue.

Catégorie 3 : magasins appartenant à un ensemble commercial.

Catégorie 4 : magasins de grande surface (surface principale comprise entre 400 et 2 500 m^2).

Catégorie 5 : magasins de très grande surface (surface principale supérieure ou égale à 2 500 m^2).

Catégorie 6 : stations-service, stations de lavage et assimilables.

Catégorie 7 : marchés.

Sous-groupe II : bureaux et locaux divers assimilables :

Catégorie 1 : locaux à usage de bureaux d'agencement ancien.

Catégorie 2 : locaux à usage de bureaux d'agencement récent.

Catégorie 3 : locaux assimilables à des bureaux, mais présentant des aménagements spécifiques.

Sous-groupe III : lieux de dépôt ou de stockage et parcs de stationnement :

Catégorie 1 : lieux de dépôt à ciel ouvert et terrains à usage commercial ou industriel.

Catégorie 2 : lieux de dépôt couverts.

Catégorie 3 : parcs de stationnement à ciel ouvert.

Catégorie 4 : parcs de stationnement couverts.

Catégorie 5 : installations spécifiques de stockage.

Sous-groupe IV : ateliers et autres locaux assimilables :

Catégorie 1 : ateliers artisanaux.

Catégorie 2 : locaux utilisés pour une activité de transformation, de manutention ou de maintenance.

Catégorie 3 : chenils, viviers et autres locaux assimilables.

Sous-groupe V : hôtels et locaux assimilables :

Catégorie 1 : hôtels « confort » (4 étoiles et plus, ou confort identique).

Catégorie 2 : hôtels « supérieur » (2 ou 3 étoiles, ou confort identique).

Catégorie 3 : hôtels « standard » (1 étoile, ou confort identique).

Catégorie 4 : foyers d'hébergement, centres d'accueil, auberges de jeunesse.

Catégorie 5 : hôtels-clubs, villages de vacances et résidences hôtelières.

Sous-groupe VI : établissements de spectacles, de sports et de loisirs :

Catégorie 1 : salles de spectacles et locaux assimilables.

Catégorie 2 : établissements ou terrains réservés à la pratique d'un sport ou à usage de spectacles sportifs.

Catégorie 3 : salles de loisirs diverses.

Catégorie 4 : terrains de camping confortables (3 étoiles et plus, ou confort identique).

Catégorie 5 : terrains de camping ordinaires (1 ou 2 étoiles, ou confort identique).

Catégorie 6 : établissements de détente et de bien-être.

Catégorie 7 : centres de loisirs, centres de colonies de vacances, maisons de jeunes.

Sous-groupe VII : établissements d'enseignement et locaux assimilables :

Catégorie 1 : écoles et institutions privées exploitées dans un but non lucratif.

Catégorie 2 : établissements d'enseignement à but lucratif.

Sous-groupe VIII : cliniques et établissements du secteur sanitaire et social :

Catégorie 1 : cliniques et établissements hospitaliers.

Catégorie 2 : centres médico-sociaux, centres de soins, crèches, haltes-garderies.

Catégorie 3 : maisons de repos, maisons de retraite (médicalisées ou non).

Catégorie 4 : centres de rééducation, de thalassothérapie, établissements thermaux.

Sous-groupe IX : carrières et établissements industriels non évalués selon la méthode comptable :

Catégorie 1 : établissements industriels nécessitant un outillage important autres que les carrières et assimilés.

Catégorie 2 : carrières et établissements assimilables.

Sous-groupe X : établissements présentant des caractéristiques exceptionnelles :

Catégorie 1 : locaux ne relevant d'aucune des catégories précédentes par leurs caractéristiques sortant de l'ordinaire.

FB-III-57670

III. Dispositions communes aux biens passibles des impôts directs locaux

Art 310 unvicies L'abattement d'un tiers pratiqué sur la valeur locative des usines nucléaires en application de l'article 1518 A du code général des impôts concerne les usines de traitement des combustibles nucléaires et les centrales nucléaires.

Ndlr *Dispositions devenues sans objet. L'abattement a été supprimé à compter du 1er janvier 2010 par l'article 2 de la loi 2009-1673 du 30 décembre 2009.*

SECTION IV

Autres taxes communales

I. Redevance communale des mines

Art 311 A Les tonnages nets des produits extraits chaque année et d'après lesquels sera calculée l'année suivante la redevance communale des mines sont définis de la façon suivante :

Pour la houille et les lignites : tonnages du combustible marchand livré dans l'année, y compris la consommation des exploitations en cause et les livraisons à leur personnel ;

Pour les minerais de fer, la pyrite, les schistes bitumineux ou carbobitumineux, les calcaires et grès bitumineux ou asphaltiques, la bauxite et la fluorine : tonnages des produits marchands qui, après préparation mécanique s'il y a lieu, sont livrés dans l'année par la mine soit à ses usines annexes de traitement chimique ou physique, soit directement à d'autres consommateurs ;

Pour les minerais divers qui doivent être imposés d'après la quantité de métal, de métalloïde ou d'oxyde contenu : tonnage résultant des tonnages et teneurs des minerais devenus marchands après avoir subi dans les usines annexes aux exploitations la préparation mécanique précédant le traitement métallurgique ; toutefois, pour les minerais aurifères, l'évaluation a pour base la quantité de métal précieux effectivement extraite par le traitement métallurgique.

Pour le chlorure de sodium, la redevance est calculée :

a. Pour le sel extrait par abattage, d'après les tonnages nets livrés dans l'année par la mine à ses usines annexes ou directement à d'autres consommateurs, sous forme de sel tout venant, trié, égrugé ou trié et égrugé ;

b. Pour le sel extrait en dissolution par sondage puis raffiné, d'après les tonnages nets de sel raffiné livrés dans l'année par l'atelier d'évaporation de la mine, soit à des usines annexes de la mine, soit directement à d'autres consommateurs ;

c. Pour le sel extrait en dissolution par sondage et non ensuite raffiné, d'après les tonnages de chlorure de sodium contenu dans les dissolutions livrées dans l'année par la mine à ses usines annexes ou directement à d'autres consommateurs.

En ce qui concerne les hydrocarbures, la redevance est calculée d'après soit les tonnages pour les hydrocarbures liquides, soit les volumes pour les hydrocarbures gazeux des produits livrés dans l'année par la mine, y compris la consommation des exploitations en cause, les livraisons à leur personnel et les livraisons à leurs usines annexes de traitement chimique ou physique autre que le dégazolinage et la désulfuration, mais à l'exclusion du gaz réinjecté dans le gisement producteur ou brûlé dans les torches. Pour les hydrocarbures gazeux, la redevance pourra être établie soit sur le gaz naturel brut s'il est livré en cet état, soit sur les produits hydrocarburés issus du dégazolinage ou de la désulfuration du gaz naturel brut.

Pour le gaz carbonique la redevance est calculée d'après le volume du gaz livré dans l'année aux utilisateurs.

ASS-I-9520 s.

Art 311 B La redevance communale est établie pour chaque concession, chaque permis d'exploitation et chaque exploitation de pétrole et gaz combustibles avec ou sans permis, dans la commune du lieu principal d'exploitation ou d'exploration.

ASS-I-9920

Art 311 C Les exploitants concessionnaires, amodiataires ou sous-amodiataires de mines, les titulaires de permis d'exploitation des mines et les explorateurs de mine de pétrole et de gaz combustibles adressent chaque année avant le 1er mars, à l'ingénieur en chef des mines, une déclaration indiquant les concessions, permis d'exploitation et explorations avec ou sans permis exclusif dont ils ont disposé au cours de l'année précédente, ainsi que les noms des communes sous le territoire desquelles ont fonctionné lesdites exploitations ou explorations.

Cette déclaration fait ressortir, pour chaque exploitation ou exploration et pour l'ensemble de l'année, en le décomposant par communes intéressées, le tonnage net du produit extrait, et, s'il y a lieu, le tonnage contenu de chacun des métaux dont la taxation est prévue au II de l'article 1519 du code général des impôts, ces divers chiffres étant évalués comme il est prescrit à l'article 311 A.

L'ingénieur en chef, après avoir vérifié la déclaration, transmet à la direction départementale ou, le cas échéant, régionale des finances publiques, pour chaque exploitation ou exploration, les éléments nécessaires au calcul des deux redevances départementale et communale, ainsi qu'à la répartition de la redevance communale *(Voir art. 312 et 315).*

ASS-I-9980

Art 311 D Les rôles de la redevance communale des mines sont établis et recouvrés et les réclamations présentées, instruites et jugées comme en matière de contributions directes.

ASS-I-9950, 10010, 10040

1º Répartition du produit de la redevance : substances minérales autres que les hydrocarbures liquides et gazeux

Art 312 La redevance communale des mines est divisée en trois fractions respectives de 35 %, 10 %, 55 %.

La fraction de 35 % est attribuée pour chaque concession de mines ou chaque société minière aux communes sur les territoires desquelles fonctionnent les exploitations assujetties et, au cas où il y a plusieurs communes intéressées, répartie proportionnellement au revenu net des propriétés bâties à raison duquel l'exploitation est imposée à la taxe foncière dans chacune d'elles, augmentée du revenu net que comportent par comparaison les propriétés bâties de l'exploitant qui sont temporairement exonérées de ladite taxe. Dans cette répartition, il n'est fait état que des propriétés bâties affectées à l'extraction et à la vente des matières extraites ainsi qu'aux opérations commerciales et industrielles consécutives et accessoires à l'exploitation minière proprement dite.

La fraction de 10 % est répartie entre les communes intéressées au prorata de la partie du tonnage extrait de leurs territoires respectifs au cours de l'année écoulée. Toutefois, la fraction de 10 % de la redevance frappant les charbons extraits sous territoire étranger et amenés au jour par des puits et installations sis en France est répartie par le conseil départemental entre les communes qu'il désigne et selon les modalités qu'il choisit.

La fraction de 55 % forme pour l'ensemble de la France un fonds commun qui est réparti chaque année entre les communes où se trouvent domiciliés les ouvriers ou employés occupés à l'exploitation des mines et aux industries annexes, et au prorata du nombre de ces ouvriers ou employés. Ne sont pas comprises dans cette répartition les communes pour lesquelles ce nombre est inférieur à dix ni celles dans lesquelles le nombre d'ouvriers ou d'employés ne représente pas un pour mille de la population totale communale.

ASS-I-10240 s.

Art 313 Un arrêté du ministre de l'intérieur et du ministre de l'économie et des finances détermine les modalités d'établissement, d'envoi et de contrôle des relevés nominatifs des ouvriers et employés que les exploitants de mines doivent faire parvenir, chaque année, à la préfecture en vue de l'application des dispositions de l'article 312 *(Voir Annexe IV, art. 121 sexies).*

2º Répartition du produit de la redevance : les hydrocarbures liquides et gazeux

Art 315 La redevance communale des mines sur les hydrocarbures liquides et gazeux est divisée en deux fractions égales :

1º La première moitié est répartie dans les conditions fixées par les articles 312 et 313 ;

2º a. Les 30 % de la seconde moitié sont répartis entre les communes sur le territoire desquelles les hydrocarbures ont été extraits et en fonction du tonnage extrait des territoires respectifs desdites communes au cours de l'année écoulée.

Toutefois, aucune commune ne pourra percevoir annuellement à ce titre une attribution supérieure au montant moyen de ses autres recettes ordinaires pour les trois dernières années ;

b. Les sommes éventuellement retenues au titre du quatrième alinéa et les 70 % de la seconde moitié sont répartis par le conseil départemental entre les communes qu'il désigne et selon les modalités qu'il choisit.

Si les hydrocarbures ont été extraits sur le territoire de plusieurs départements, la part de l'ensemble des communes de chaque département dans les recettes visées au b sera fixée au prorata du tonnage extrait sur le territoire de chacun des départements producteurs.

ASS-I-10400 s.

II. Taxes facultatives

A. Taxe d'enlèvement des ordures ménagères

Art 316 I. Les matrices de la taxe d'enlèvement des ordures ménagères sont dressées par le service des impôts avec le concours de la commission communale des impôts directs.

II. Les rôles de la taxe d'enlèvement des ordures ménagères sont établis et recouvrés et les réclamations présentées, instruites et jugées comme en matière de contributions directes.

ASS-I-6950

Art 316 A Lorsque la taxe d'enlèvement des ordures ménagères est établie au nom d'un contribuable autre que celui qui était passible au 1er janvier de l'année de l'imposition, le dégrèvement peut être prononcé soit d'office, dans les conditions prévues aux articles R* 211-1 et R* 211-2 du livre des procédures fiscales, soit sur la réclamation de l'un ou l'autre des intéressés.

Les décisions prononçant des dégrèvements ont effet tant pour l'année qu'elles concernent que pour les années suivantes, jusqu'à ce que les rectifications nécessaires aient été effectuées dans les rôles.

ASS-I-7170

C. Taxe sur la cession de terrains devenus constructibles

Art 317 A Les dispositions du II de l'article 74 SH s'appliquent à la déclaration mentionnée au premier alinéa du IV de l'article 1529 du code général des impôts.

IMMO-V-37360 s. ; MF nº 31460

Art 317 B **I.** Pour l'application du deuxième alinéa du IV de l'article 1529 du code général des impôts, l'accomplissement de la formalité de l'enregistrement ou de la formalité fusionnée est subordonné, pour tout acte constatant la cession à titre onéreux d'un terrain nu situé sur le territoire d'une commune ou d'un établissement public de coopération intercommunale dans lequel la taxe est exigible, à la mention, selon le cas, dans l'acte, que :

1º Le cédant n'est pas soumis à l'impôt sur le revenu afférent à la plus-value dans les conditions prévues au I de l'article 150 U du code général des impôts ou au prélèvement prévu à l'article 244 bis A du même code ;

2º La plus-value réalisée par le cédant est exonérée d'impôt sur le revenu en application du II de l'article 150 U du même code en précisant les références aux dispositions de l'article précité en vertu desquelles elle est exonérée ;

3º Le terrain n'est pas situé dans une des zones mentionnées au premier alinéa du I de l'article 1529 du code général des impôts ;

4º Le terrain n'est pas constructible, alors même qu'il est situé dans une des zones mentionnées au premier alinéa du I de l'article 1529 du code général des impôts ;

5º Le terrain est constructible depuis plus de dix-huit ans ;

6º Le terrain a fait l'objet, depuis la date à laquelle il a été rendu constructible, d'une cession à titre onéreux antérieure à la mutation constatée dans l'acte.

II. Les éléments mentionnés au 4º du I sont justifiés par le cédant au moyen d'un certificat d'urbanisme mentionné à l'article L 410-1 du code de l'urbanisme, précisant que le terrain ne peut faire l'objet, du fait de sa localisation, de sa desserte ou de ses caractéristiques, d'aucune autorisation de construction.

III. Les éléments mentionnés au 5º du I sont justifiés par le cédant au moyen d'un certificat d'urbanisme ou d'une attestation, établi par la commune ou, le cas échéant, par l'établissement public de coopération intercommunale, et précisant la date à laquelle le terrain est devenu constructible ou, à défaut, que cet événement est intervenu depuis plus de dix-huit ans.

IMMO-V-37510 ; MF nº 31460

Art 317 C Lorsque la taxe forfaitaire mentionnée à l'article 1529 du code général des impôts est instituée par un établissement public de coopération intercommunale dans les conditions prévues au deuxième alinéa du I de cet article, la liste des communes qu'il regroupe est jointe à la notification, mentionnée au VI de ce même article, de la délibération aux services fiscaux.

IMMO-V-35235

TITRE II

IMPOSITIONS DEPARTEMENTALES

CHAPITRE PREMIER

Impôts directs et taxes assimilées

I bis. Cotisation sur la valeur ajoutée des entreprises

Art 317 septies E Les entreprises de navigation aérienne et maritime qui exercent conjointement des activités en France et à l'étranger sont assujetties à la cotisation sur la valeur ajoutée des entreprises à raison de la part de la valeur ajoutée provenant des opérations effectuées dans les limites du territoire national directement liées à l'exploitation d'aéronefs et de navires.

Sont considérées comme des opérations effectuées dans les limites du territoire national celles dont le point de départ et le point d'arrivée sont situés en France. Les points de départ et d'arrivée s'entendent des embarquements et débarquements.

La part de la valeur ajoutée imposable mentionnée au premier alinéa est proportionnelle à la part, dans les recettes totales hors taxes de l'entreprise afférentes aux opérations directement liées à l'exploitation d'aéronefs et de navires armés au commerce, des recettes provenant de celles de ces opérations qui sont effectuées dans les limites du territoire national. Toutefois, lorsque le trafic assuré par l'entreprise est majoritairement en provenance ou à destination de la France, la proportion retenue ne peut être inférieure au dixième.

Ndlr *Les dispositions du présent article sont abrogées au 1er janvier 2027 (Décret 2023-581 du 10 juillet 2023 art. 1-3° et 2, modifié par décret 2023-1328 du 29 décembre 2023 art. 1).*

CET-III-3100 s. ; MF n° 43885

II. Redevance départementale des mines

Art 317 octies La redevance départementale des mines instituée par l'article 1587 du code général des impôts est établie dans les conditions prévues aux articles 311 A à 311 D en ce qui concerne la redevance communale.

ASS-I-9000 s.

TITRE III

Impositions perçues au profit des régions et de la collectivité de Corse

CHAPITRE UNIQUE

Impôts directs et taxes assimilées

II. Taxe perçue pour la région de Guyane

Art 318 B La masse nette de l'or extrait chaque année, d'après laquelle est calculée l'année suivante la taxe prévue à l'article 1599 quinquies B du code général des impôts, est définie d'après la quantité d'or effectivement extraite par un traitement métallurgique.

DC-IV-8830

Art 318 C Les investissements suivants peuvent être déduits de la taxe prévue à l'article 1599 quinquies B du code général des impôts :

1° Acquisition de matériels et d'équipements de mesure permettant de contrôler la qualité des rejets dans le milieu naturel ;

2° Achat de matériels et équipements concourant à l'étanchéité des digues et parcs à résidus ;

3° Achat de bacs de rétention ;

4° Travaux de réhabilitation et de revégétalisation des sites d'exploitation ;

5° Travaux de récupération, de traitement et d'élimination du mercure résultant d'anciens chantiers orpaillés ;

6° Réalisation d'études d'impact ou de notices d'impact préalables à des travaux ou investissements ayant pour effet de réduire les impacts de l'exploitation sur le milieu naturel ;

7° Réalisation d'études et de travaux concourant à la stabilité des digues et parcs à résidus ;

8° Autres investissements permettant soit d'évaluer les effets quantitatifs et qualitatifs des recherches ou des modalités d'extraction sur le milieu naturel, soit de réduire les impacts de l'exploitation sur ce dernier, soit d'adopter de nouvelles technologies réduisant les nuisances environnementales ou de concourir à la réhabilitation des sites après exploration ou exploitation.

Les bénéficiaires de la déduction doivent présenter, tous les ans, aux services déconcentrés chargés des mines les justificatifs attestant de la réalisation effective des investissements qui ont fait l'objet de déduction.

DC-IV-8860

Art 318 D Le représentant de l'Etat dans le département contrôle la réalisation et le bon emploi des investissements mentionnés à l'article 318 C.

Il dispose à cet effet des services déconcentrés chargés des mines, qui peuvent opérer des vérifications sur place.

DC-IV-8860

TITRE III BIS

IMPOSITIONS PERÇUES AU PROFIT DES COLLECTIVITES TERRITORIALES ET DES ETABLISSEMENTS PUBLICS DE COOPERATION INTERCOMMUNALE

CHAPITRE UNIQUE

Taxe d'aménagement

Art 318 E Pour l'application du 1° du I de l'article 1635 quater D du code général des impôts, sont exonérés de la taxe d'aménagement les constructions et aménagements suivants :

1° Les constructions édifiées par l'Etat, les collectivités territoriales et leurs groupements et exonérées de la taxe foncière sur les propriétés bâties en application du 1° de l'article 1382 du code général des impôts ;

2° Les constructions, exonérées de la taxe foncière sur les propriétés bâties en application du 1° de l'article 1382 du code général des impôts, édifiées pour le compte de l'Etat, des collectivités territoriales ou de leurs groupements, en vertu d'un marché de partenariat prévu à l'article L 1112-1 du code de la commande publique, d'un bail emphytéotique administratif prévu à l'article L 1311-2 du code général des collectivités territoriales ou à l'article L 2341-1 du code général de la propriété des personnes publiques, d'un marché public mentionné à l'article L 111-3 du code pénitentiaire ou au 1° et au 2° de l'article L 2171-4 du code de la commande publique, ou d'une autorisation d'occupation du domaine public assortie de droits réels, qui sont incorporées au domaine de la personne publique conformément aux clauses du contrat, au plus tard à l'expiration de ce contrat ;

La condition relative à l'absence de production de revenus prévue au premier alinéa du 1° de l'article 1382 du code général des impôts doit être appréciée au regard de la personne publique au domaine de laquelle l'immeuble doit être incorporé ;

3° Les constructions destinées à recevoir une affectation d'assistance, de bienfaisance, de santé, d'enseignement ou culturelle, scientifique ou sportive et édifiées par, ou, dans le cadre d'un des contrats, marchés, baux ou autorisations mentionnés au 2°, pour le compte :

a. Des établissements publics n'ayant pas un caractère industriel ou commercial ;

b. Des groupements d'intérêt public exerçant une activité à caractère administratif, des fondations de coopération scientifique et des fondations partenariales ;

c. Des associations, des unions d'associations ou des fondations reconnues d'utilité publique ;

d. Des établissements congréganistes légalement reconnus ou autorisés ;

e. Des associations déclarées qui ont pour but exclusif l'assistance ou la bienfaisance ou dont l'objet et la gestion présentent un caractère désintéressé au sens du premier alinéa du 1 bis de l'article 206 du code général des impôts ;

f. Des organismes mentionnés à l'article R 111-1 du code de la sécurité sociale ;

g. Des mutuelles, des unions de mutuelles ou des fédérations d'union de mutuelles, dont les statuts sont établis conformément aux articles L 114-4 et suivants du code de la mutualité ;

4° Les constructions édifiées par les associations cultuelles ou unions d'associations cultuelles et, en Guyane et à Mayotte, par les missions religieuses ou, dans le cadre d'un des contrats, marchés, baux ou autorisations mentionnés au 2°, pour le compte de ces associations, unions ou missions ;

5° Les constructions édifiées par des groupements autres que des associations cultuelles et des missions religieuses mentionnées au 4° ou, dans le cadre d'un des contrats, marchés, baux ou autorisations mentionnés au 2°, pour leur compte, destinées à être exclusivement affectées à l'exercice public d'un culte ;

6° Les constructions édifiées dans les départements du Bas-Rhin, du Haut-Rhin ou de la Moselle par les établissements publics du culte et par les associations ayant pour objet exclusif l'exercice d'un culte non reconnu ou, dans le cadre d'un des contrats, marchés, baux ou autorisations mentionnés au 2°, pour le compte de ces établissements et associations ;

7° Les constructions édifiées soit par les Etats étrangers ou, dans le cadre d'un des contrats, marchés, baux ou autorisations mentionnés au 2°, pour leur compte, à usage de locaux diplomatiques ou consulaires ou pour la résidence d'un chef de poste consulaire de carrière, soit par les organisations internationales intergouvernementales ou, dans le cadre d'un des mêmes contrats, pour leur compte, pour la réalisation de leur objet sous réserve des accords passés entre la France et ces organisations.

IMMO-V-5300 s. ; MF n° 31105

Art 318 F Lorsque le constructeur est une société mentionnée au premier alinéa de l'article 1655 ter du code général des impôts, il n'est pas tenu compte, pour l'imposition à la taxe d'aménagement, des locaux destinés à être attribués aux organismes mentionnés à l'article 318 E et qui reçoivent l'une des affectations prévues au même article.

Pour qu'ils puissent bénéficier des dispositions de l'article 318 E, les organismes constructeurs doivent avoir une activité strictement conforme à leur objet légal ou statutaire.

IMMO-V-5400 s., 6600 s. ; MF n° 31105

Art 318 G Dans le périmètre des opérations d'intérêt national, l'exonération prévue au 5° du I de l'article 1635 quater D du code général des impôts s'applique lorsque les équipements suivants ont été réalisés ou seront pris en charge par l'aménageur ou le constructeur, autre qu'une collectivité territoriale ou qu'un établissement public de coopération intercommunale à fiscalité propre :

a. Les voies publiques intérieures à la ou les zones concernées et les réseaux publics rendus nécessaires par la ou les opérations d'aménagement et de construction et desservant la ou les zones concernées ;

b. Les espaces verts et les aires de stationnement publics correspondant aux seuls besoins des futurs habitants ou usagers des constructions à édifier dans la ou les zones concernées.

Une attestation de l'aménageur, remise à l'acquéreur lors de la cession du terrain à bâtir ou des droits à construire ou lors du dépôt de la demande d'autorisation de construire, certifie qu'il a réalisé ou prendra en charge l'intégralité des travaux mentionnés aux a et b ou qu'ils seront, totalement ou partiellement, pris en charge par le constructeur.

IMMO-V-7150 s. ; MF n° 31110

Art 318 H Dans les zones d'aménagement concerté, l'exonération prévue au 6° du I de l'article 1635 quater D du code général des impôts est subordonnée à la condition que soit pris en charge par l'aménageur ou le constructeur au moins le coût des équipements publics suivants :

1° Dans le cas des zones d'aménagement concerté de rénovation urbaine :

a. Les voies d'accès aux immeubles inclus dans le périmètre de rénovation et les réseaux qui leur sont rattachés ;

b. Les espaces verts et les aires de stationnement correspondant aux seuls besoins des habitants des immeubles concernés ;

2° Dans le cas de zones d'aménagement concerté autres que celles prévues au 1° :

a. Les voies et les réseaux publics intérieurs à la zone ;

b. Les espaces verts et les aires de stationnement correspondant aux seuls besoins des futurs habitants ou usagers de la zone.

IMMO-V-7250 s. ; MF n° 31110

Art 318 I Pour l'application du 7° du I de l'article 1635 quater D du code général des impôts, l'exonération de la part communale ou intercommunale de la taxe d'aménagement prend effet dès l'exécution des formalités prévues au premier alinéa de l'article R* 332-25-2 du code de l'urbanisme, la date à prendre en compte pour l'affichage étant celle du premier jour où celui-ci est effectué.

IMMO-V-7450 s. ; MF n° 31110

Art 318 J Pour la détermination de la surface de la construction mentionnée au 1° de l'article 1635 quater H du code général des impôts, sont déduites :

a. Les surfaces correspondant à l'épaisseur des murs entourant les embrasures des portes et fenêtres donnant sur l'extérieur ;

b. Les vides et les trémies afférentes aux escaliers et ascenseurs ;

c. Les surfaces de plancher sous une hauteur de plafond inférieure ou égale à 1,80 mètre.

IMMO-V-8650 ; MF n° 31125

TITRE IV

IMPOSITIONS PERÇUES AU PROFIT DE CERTAINS ETABLISSEMENTS PUBLICS ET D'ORGANISMES DIVERS

CHAPITRE II

Enregistrement, publicité foncière et timbre

SECTION V

Droit de timbre perçu au profit de l'Office national de la chasse et de la faune sauvage

Art 326 bis Le droit de timbre prévu à l'article 1635 bis N du code général des impôts est acquitté conformément aux dispositions de l'article R 423-13 du code de l'environnement.

ENR-VIII-2080, 20850

SECTION VI

Droit affecté au fonds d'indemnisation de la profession d'avoués près les cours d'appel

Art 326 ter Pour l'application de l'article 1635 bis P du code général des impôts, les conditions dans lesquelles il est justifié de l'acquittement du droit dans le cadre des appels et la sanction d'un défaut d'acquittement sont déterminées conformément aux articles 963 et 964-1 du code de procédure civile.

ENR-IX-8460

TITRE V

DISPOSITIONS COMMUNES AUX TITRES I A IV

CHAPITRE PREMIER

Fixation des taux à retenir pour le calcul des impositions directes locales

Art 327 Les dispositions du troisième alinéa du I de l'article 1638 du code général des impôts ne sont applicables que lorsque la section de commune ou la portion du territoire communal réunie à une autre commune compte au moins cinquante habitants à la date de la décision prononçant la mesure de rattachement.

CHAPITRE III

Dispositions relatives à la fiscalité directe locale applicables dans les départements d'outre-mer

Art 329 Les dispositions du code général des impôts relatives à la taxe foncière sur les propriétés bâties, la taxe foncière sur les propriétés non bâties, la taxe d'habitation, la cotisation foncière des entreprises et leurs taxes annexes sont applicables dans les départements de la Guadeloupe, de la Guyane, de la Martinique, de Mayotte et de La Réunion, sous réserve de l'application des articles 330 à 333 J.

DC-IV-5500 s. ; MF n°s 91525 s.

I. Taxes foncières

1° Taxe foncière sur les propriétés non bâties

Art 330 Le redevable de la taxe foncière sur les propriétés non bâties est exonéré lorsque la valeur locative totale des parcelles qu'il possède dans la commune n'excède pas 30 % de la valeur locative d'un hectare de terre de la meilleure catégorie existant dans la commune.

DC-IV-6880 ; MF n° 91540

2° Dispositions communes aux propriétés bâties et non bâties

Art 330 A Les constructions nouvelles, les changements de consistance ou d'affectation des propriétés bâties ou non bâties ainsi que les changements d'utilisation des propriétés bâties mentionnées au I de l'article 1498 du code général des impôts survenus après le début des travaux d'évaluation sont déclarés à l'administration dans les conditions fixées par l'article 1406 du même code.

Les propriétaires peuvent demander l'aide des agents de l'administration pour la souscription des formules de déclaration.

DC-IV-5800

III. Dispositions communes aux taxes foncières et à la taxe d'habitation

Art 332 Le redevable occupant à titre d'habitation principale un immeuble dont la valeur locative n'excède pas 40 % de la valeur locative moyenne des locaux d'habitation de la commune est exonéré pour cet immeuble de taxe foncière sur les propriétés bâties. Le conseil municipal peut porter le seuil d'exonération à 50 %.

DC-IV-5940, 7620 s.

Art 332 A Par dérogation à l'article 310 H, la valeur locative moyenne à prendre en compte pour l'application des dispositions de l'article 332 est, à compter de 1991, celle retenue pour l'établissement des rôles de 1989, majorée en 1990 et chacune des années suivantes proportionnellement à la variation des valeurs locatives des logements résultant de l'application des articles 1518 et 1518 bis du code général des impôts.

Pour le Département de Mayotte, la valeur locative moyenne communale à prendre en compte pour l'application des dispositions de l'article 332 est, au titre des impositions de 2014, celle calculée en retenant les valeurs locatives des locaux d'habitation, autres qu'exceptionnels, présents sur le territoire de la commune au 1er janvier 2014. A compter de 2015, la valeur locative moyenne est déterminée conformément à l'article 310 H.

DC-IV-7790, 7830

IV. Règles d'évaluation de la valeur locative des biens imposables

Art 333 La valeur locative des propriétés bâties et non bâties qui sont situées dans les départements de la Guadeloupe, de la Guyane, de la Martinique, de Mayotte et de La Réunion est déterminée conformément aux règles applicables dans les autres départements sous réserve des adaptations fixées par les articles 333 A à 333 J.

Pour le Département de Mayotte, par dérogation aux articles 333 A à 333 J, la valeur locative des propriétés non bâties et des propriétés bâties autres que celles mentionnées au I de l'article 1498 du code général des impôts est déterminée à la date du 1er janvier 2012.

DC-IV-5570 s. ; MF nos 91525 s.

A. Evaluation des propriétés bâties

Art 333 A Sous réserve des articles 333 B à 333 H, la valeur locative des propriétés bâties autres que celles mentionnées au I de l'article 1498 du code général des impôtsest déterminée à la date du 1er janvier 1975 en application :

1° Des articles 1494 à 1497, 1499 à 1503, 1505 à 1508 du code général des impôts ;

2° De l'article 310 K ;

3° Des articles 324 A à 324 X et 324 AE à 324 AJ de l'annexe III au même code.

DC-IV-5600 s.

1° Locaux d'habitation

Art 333 B Les équivalences superficielles prévues par le I de l'article 324 T et le II de l'article 324 U de l'annexe III au code général des impôts sont complétées comme suit : « ... climatiseur par pièce et annexe d'hygiène : 2 mètres carrés ».

DC-IV-5620

3° Etablissements industriels

Art 333 D Pour la détermination de la valeur locative des immobilisations industrielles, il est fait application des coefficients fixés pour la révision des bilans par l'article 21 de l'annexe III au code général des impôts.

DC-IV-5670 s.

Art 333 E Les dispositions de l'article 310 K relatif à la déduction complémentaire accordée à certains établissements sont applicables au centre national d'études spatiales de Kourou.

DC-IV-5710

Art 333 F Les dates de 1976 et 1973 fixées à l'article 1499 A du code général des impôts relatif aux immobilisations acquises à la suite d'apports, de scissions ou de fusions de sociétés sont remplacées respectivement par celles de 1979 et de 1978.

DC-IV-5720

4° Procédure

Art 333 H Pour l'exécution de la première révision quinquennale des évaluations foncières des propriétés bâties, les déclarations prévues à l'article 1502 du code général des impôts sont souscrites dans les départements de la Guadeloupe, de la Martinique et de La Réunion par les redevables de la contribution foncière des propriétés bâties et dans le département de la Guyane par les redevables de l'impôt locatif. Lorsqu'une propriété bâtie n'est pas passible de la contribution foncière ou de l'impôt locatif, la déclaration est souscrite par l'occupant des locaux.

Pour la première évaluation des locaux dans le Département de Mayotte, les redevables de l'impôt foncier sur les terrains ou de la contribution des patentes sont tenus de souscrire les déclarations prévues à l'article 1502 du code général des impôts.

Les déclarations prévues à l'alinéa précédent pour les locaux à usage professionnel ou commercial sont souscrites par le redevable de la contribution des patentes au 1er janvier 2013 de manière commune avec les déclarations prévues au XVII de l'article 34 de la loi n° 2010-1658 du 29 décembre 2010 de finances rectificative pour 2010 sur un modèle déclaratif unique, adapté par arrêté préfectoral sur proposition du directeur régional des finances publiques.

Lorsqu'une propriété bâtie n'est pas passible de la contribution des patentes, la déclaration est souscrite par le propriétaire des locaux.

Ces déclarations peuvent être rédigées avec le concours d'agents désignés par le directeur départemental des finances publiques. Ces agents assurent la collecte de ces documents.

Les dates limites de souscription des déclarations sont fixées par arrêté préfectoral sur proposition du directeur départemental des finances publiques.

DC-IV-5730 s.

B. Evaluation des propriétés non bâties

Art 333 I La valeur locative des propriétés non bâties est déterminée à la date du 1er janvier 1975, en application des articles 1509 à 1511 du code général des impôts.

DC-IV-5760 s.

Art 333 J Dans le département de la Guyane, les travaux d'évaluation ne sont pas effectués pour les propriétés domaniales qui ne sont ni concédées, ni exploitées.

Il en est de même pour les terrains cédés aux communes en application des dispositions du 3° de l'article L 5142-1 du code général de la propriété des personnes publiques qui ne sont ni concédés ni exploités, tant qu'ils sont exonérés en application des dispositions de l'article 1394 du code général des impôts.

DC-IV-5570

TITRE V BIS

DISPOSITIONS RELATIVES A LA MISE A JOUR ANNUELLE DES TARIFS ET DES VALEURS LOCATIVES DES LOCAUX PROFESSIONNELS

CHAPITRE UNIQUE

Mise à jour annuelle

Art 334 A I. Pour l'application du I de l'article 1518 ter du code général des impôts, les tarifs sont mis à jour chaque année, en vue de l'établissement des impositions de l'année suivante, en appliquant des coefficients d'évolution aux derniers tarifs publiés.

Pour chaque secteur d'évaluation, le coefficient d'évolution est calculé, pour chaque catégorie, en faisant la moyenne de l'évolution annuelle des loyers des trois années précédant l'année de la mise à jour.

L'évolution annuelle des loyers du secteur d'évaluation est appréciée, pour chaque catégorie, en faisant le rapport entre la moyenne des loyers de l'année et la moyenne des loyers de l'année précédente. Les loyers retenus pour ce calcul sont ceux qui remplissent les conditions prévues au II.

Si le nombre de loyers respectant les conditions mentionnées au II est inférieur à quatre, l'évolution annuelle des loyers est appréciée dans les conditions prévues au III.

II. Pour une année et un secteur d'évaluation donnés, les loyers retenus sont les loyers constatés dans les déclarations prévues à l'article 1498 bis pour les locaux professionnels et vérifiant les conditions suivantes :

1° Le loyer correspond à un local dont la surface et la catégorie n'ont pas varié depuis l'année précédente ;

2° Le montant du loyer n'est pas nul ou significativement éloigné du loyer moyen dans le secteur d'évaluation ;

3° Le montant du loyer n'a pas fait l'objet d'une variation supérieure à 10 % depuis l'année précédente.

Chaque loyer est exprimé en euros par mètre carré en faisant le rapport entre le loyer annuel déclaré et la surface pondérée du local.

III. Le coefficient d'évolution départemental mentionné aux deuxième et troisième alinéas du IV de l'article 1518 ter précité est calculé en faisant la moyenne des coefficients d'évolution départementaux annuels des trois années précédant l'année de la mise à jour.

Le coefficient d'évolution départemental annuel est calculé en faisant le rapport entre la moyenne des loyers de l'année et la moyenne des loyers de l'année précédente.

Les loyers retenus sont ceux qui remplissent les conditions du II déterminées au niveau du département et qui, en outre, relèvent des catégories qui regroupent le plus grand nombre de locaux professionnels et qui ensemble, représentent au total plus de la moitié des locaux du département.

Ce coefficient d'évolution départemental est également appliqué aux valeurs locatives des propriétés bâties évaluées dans les conditions prévues au III de l'article 1498 du code général des impôts.

FB-III-60630 ; MF n° 42240

TITRE VI

DISPOSITIONS RELATIVES A L'ACTUALISATION DES PARAMETRES COLLECTIFS D'EVALUATION DES LOCAUX PROFESSIONNELS

CHAPITRE UNIQUE

DETERMINATION DES PARAMETRES COLLECTIFS D'EVALUATION

Art 335 **I.** L'actualisation des paramètres collectifs d'évaluation des locaux professionnels mentionnée au 1° du A du III de l'article 1518 ter du code général des impôts est réalisée à partir des loyers constatés dans les déclarations prévues à l'article 1498 bis de ce code. Elle est réalisée sur la base des données cadastrales et géographiques disponibles correspondant à la situation du local au 1er janvier de l'année précédant celle de l'actualisation.

II. L'actualisation des paramètres collectifs d'évaluation des locaux professionnels mentionnée au 2° du A du III de l'article 1518 ter du code général des impôts est réalisée à partir des données issues d'une campagne déclarative générale à l'attention des propriétaires de l'ensemble des locaux évalués conformément aux dispositions de l'article 1498 du même code. Cette actualisation prend en compte, le cas échéant, l'évolution du classement des locaux résultant d'une modification de l'article 310 Q.

III. Pour les actualisations mentionnées aux I et II et pour l'application des articles 337 et 338, les données retenues sont celles relatives aux locaux professionnels loués qui remplissent les conditions suivantes :

1° Les caractéristiques des locaux ont été déclarées par les propriétaires ou constatées par l'administration depuis la mise en œuvre au 1er janvier 2017 de la révision des valeurs locatives des locaux professionnels ;

2° Le montant du loyer annuel n'est pas nul ou égal à 1 euro ;

3° Le montant du loyer est inférieur à 4 000 euros par an et par mètre carré.

Pour chaque catégorie de locaux, sont exclues les valeurs extrêmes correspondant aux locaux ayant les montants de loyer le plus faible et le plus élevé.

Chaque loyer est exprimé en euros par mètre carré en faisant le rapport entre le loyer annuel déclaré et la surface pondérée du local telle que définie au C du II de l'article 1498 du code général des impôts.

BF 4/22 inf. 348

Art 336 **I.** A partir des données retenues en application des dispositions de l'article 335, un avant-projet d'actualisation de la délimitation des secteurs d'évaluation et de la détermination des tarifs est élaboré dans chaque département.

Cet avant-projet comprend :

1° Un découpage du département en secteurs d'évaluation déterminés selon les dispositions de l'article 337, représenté par une liste des communes et sections cadastrales par secteur d'évaluation ;

2° Une grille tarifaire déterminée conformément à l'article 338.

L'avant-projet est soumis à la commission départementale des valeurs locatives dans les conditions prévues à l'article 1504 du code général des impôts.

II. La commission départementale des valeurs locatives définit, conformément au c du 1 du I de l'article 1504 du code général des impôts, les parcelles auxquelles s'applique un coefficient de localisation qu'elle détermine.

BF 4/22 inf. 348

Art 337 **I.** Le département est découpé en secteurs d'évaluation correspondant à des zones géographiques caractérisées par l'homogénéité du marché locatif.

Le nombre de secteurs d'évaluation d'un département et leur périmètre géographique sont les mêmes pour toutes les catégories de locaux mentionnées à l'article 310 Q.

II. Les secteurs d'évaluation sont déterminés selon la méthode suivante :

1° La catégorie de locaux la plus représentée dans le département est déterminée ; elle est celle qui regroupe le plus grand nombre de locaux professionnels parmi les catégories des sous-groupes I, II et IV de l'article 310 Q.

Si le nombre de locaux le plus élevé est rencontré pour des locaux relevant de plusieurs de ces sous-groupes, le sous-groupe dont le numéro de classement figurant à l'article 310 Q est le plus faible est retenu. Si le nombre de locaux le plus élevé est rencontré pour des locaux relevant de plusieurs catégories de ce sous-groupe, la catégorie dont le numéro de classement figurant à l'article 310 Q est le plus faible est retenue ;

2° Un loyer moyen départemental en euros au mètre carré est ainsi déterminé :

a. Le rapport entre la somme des loyers et le nombre de locaux de la catégorie la plus représentée dans le département est calculé ;

b. Les locaux de loyer inférieur au dixième du rapport calculé au a ou supérieur à dix fois ce rapport sont exclus.

Le loyer moyen départemental est égal au rapport entre la somme des loyers des locaux retenus au terme du b et le nombre de ces locaux ;

3° Les locaux retenus en application du 1° sont répartis en neuf tranches. Chaque tranche correspond à un intervalle avec une borne inférieure et une borne supérieure :

le premier intervalle comprend les locaux dont le loyer en euros par mètre carré est compris entre le loyer le plus faible et 30 % du loyer moyen départemental, arrondi à la décimale inférieure ;

le deuxième intervalle, ceux dont le loyer est compris entre 30 %, arrondi à la décimale supérieure, et 50 % du loyer moyen départemental, arrondi à la décimale inférieure ;

le troisième intervalle, ceux dont le loyer est compris entre 50 %, arrondi à la décimale supérieure, et 70 % du loyer moyen départemental, arrondi à la décimale inférieure ;

le quatrième intervalle, ceux dont le loyer est compris entre 70 %, arrondi à la décimale supérieure, et 90 % du loyer moyen départemental, arrondi à la décimale inférieure ;

le cinquième intervalle, ceux dont le loyer est compris entre 90 %, arrondi à la décimale supérieure, et 110 % du loyer moyen départemental, arrondi à la décimale inférieure ;

le sixième intervalle, ceux dont le loyer est compris entre 110 %, arrondi à la décimale supérieure, et 130 % du loyer moyen départemental, arrondi à la décimale inférieure ;

le septième intervalle, ceux dont le loyer est compris entre 130 %, arrondi à la décimale supérieure, et 150 % du loyer moyen départemental, arrondi à la décimale inférieure ;

le huitième intervalle, ceux dont le loyer est compris entre 150 %, arrondi à la décimale supérieure, et 170 % du loyer moyen départemental, arrondi à la décimale inférieure ;

le neuvième intervalle, ceux dont le loyer est compris entre 170 % du loyer moyen départemental, arrondi à la décimale supérieure, et le loyer le plus élevé ;

4° Le nombre des secteurs d'évaluation est déterminé par regroupement des neuf tranches définies au 3°, de sorte que chacune d'elle inclut un nombre suffisant de locaux. Une tranche est réputée inclure un nombre suffisant de locaux si elle comprend au moins 10 % du nombre total de locaux de la catégorie la plus représentée dans le département et au moins vingt locaux de cette même catégorie. Pour obtenir un nombre suffisant de locaux par secteur d'évaluation, les intervalles définis au 3° sont, le cas échéant, regroupés en partant du premier intervalle.

III. 1. Chaque commune est rattachée à un secteur d'évaluation en fonction du loyer moyen communal. Le cas échéant, le rattachement à un secteur d'évaluation est effectué à l'échelle de la section cadastrale de commune en fonction du loyer moyen de la section cadastrale défini comme loyer moyen communal au niveau de la section cadastrale de commune.

Le loyer moyen communal et, le cas échéant, le loyer moyen de la section cadastrale sont calculés selon les modalités définies aux 2 et 3 ;

2. En présence dans la commune d'un nombre de loyers de la catégorie de locaux la plus représentée dans le département égal ou supérieur à quatre, un loyer moyen communal est calculé en effectuant le rapport entre la somme des loyers et le nombre des locaux de cette catégorie dans la commune.

Si au moins 75 % de ces locaux ont un loyer par mètre carré compris entre 70 % et 130 % du loyer moyen communal ou si le nombre de ces locaux est inférieur ou égal à trente-neuf, l'ensemble de la commune est rattaché à l'un des secteurs d'évaluation défini au II en fonction de son loyer moyen communal.

Si moins de 75 % de ces locaux ont un loyer par mètre carré compris entre 70 % et 130 % du loyer moyen communal et si le nombre de ces locaux est égal ou supérieur à quarante, un loyer moyen de chaque section cadastrale est calculé en effectuant le rapport entre la somme des loyers et le nombre des locaux de cette catégorie dans chaque section cadastrale. Chaque section cadastrale est rattachée à l'un des secteurs d'évaluation défini au II en fonction de son loyer moyen de section cadastrale ;

3. En présence dans la commune ou dans la section cadastrale de commune d'un nombre de loyers de la catégorie la plus représentée dans le département inférieur à quatre locaux, le rattachement à un secteur d'évaluation est effectué :

1° Pour la commune, par la détermination d'un loyer moyen communal égal à la moyenne des loyers moyens communaux des communes limitrophes du même département pondérés par les longueurs des limites territoriales de ces communes ;

2° Pour la section cadastrale de commune, par la détermination d'un loyer moyen de la section cadastrale égal à la moyenne des loyers moyens communaux au niveau des sections cadastrales de commune limitrophes de la commune pondérés par les longueurs des limites territoriales de ces sections cadastrales de commune.

BF 4/22 inf. 348

Art 338 **I.** Dans chaque département, une grille tarifaire présente, dans chaque secteur d'évaluation, l'ensemble des tarifs pour les différentes catégories de locaux à l'exception de la catégorie relevant du sous-groupe des établissements présentant des caractéristiques exceptionnelles.

II. La grille tarifaire comporte quatre parties :

1° Une première partie présente les tarifs par secteur d'évaluation des catégories de locaux déterminés à partir d'un nombre de loyers retenus égal ou supérieur à quatre par secteur d'évaluation ;

2° Une deuxième partie présente les tarifs par secteur d'évaluation des catégories de locaux déterminés à partir d'un nombre de loyers retenus compris entre un et trois par secteur d'évaluation ;

3° Une troisième partie présente les tarifs par secteur d'évaluation des catégories de locaux pour lesquelles aucun loyer n'est retenu dans la catégorie, mais auxquelles appartiennent des locaux dans le secteur d'évaluation ;

4° Une quatrième partie présente les tarifs par secteur d'évaluation des catégories de locaux auxquelles n'appartient aucun local dans le secteur d'évaluation.

III. Pour les première et deuxième parties de la grille tarifaire, dans chaque secteur d'évaluation et pour chaque catégorie de locaux, les tarifs sont déterminés en effectuant le rapport entre la somme des loyers retenus et le nombre de locaux de la catégorie, après exclusion des locaux dont les loyers sont inférieurs au dixième ou supérieurs à dix fois le loyer moyen de la catégorie dans le secteur d'évaluation.

Pour les troisième et quatrième parties de la grille tarifaire, l'administration propose des tarifs selon les modalités décrites au 2 du B du II de l'article 1498 du code général des impôts afin de pouvoir procéder à l'évaluation des locaux.

BF 4/22 inf. 348

Art 339 Les projets établis par les commissions départementales des valeurs locatives en application des a et b du 1 du I de l'article 1504 du code général des impôts, et les avis émis par les commissions communales ou intercommunales des impôts directs dans les conditions prévues au 3 du I du même article, qui s'écartent de l'avant-projet élaboré par l'administration tiennent compte de la situation particulière du marché locatif local et doivent être motivés.

BF 4/22 inf. 348

Art 340 Pour la mise en œuvre de l'actualisation prévue au III de l'article 1518 ter du code général des impôts, les dispositions du I du même article ne s'appliquent pas l'année de cette actualisation pour l'établissement des impositions de l'année suivante.

BF 4/22 inf. 348

TROISIEME PARTIE

DISPOSITIONS COMMUNES AUX PREMIERE ET DEUXIEME PARTIES

CHAPITRE PREMIER

Obligations des contribuables

SECTION I

Obligations déclaratives des administrateurs de trusts

Art 368 I. Un traitement automatisé de données à caractère personnel dénommé "Registre des trusts" est mis en œuvre par la direction générale des finances publiques.

II. Les informations traitées, issues du traitement dénommé "Base nationale des données patrimoniales", sont les suivantes :

1° La dénomination du trust et son adresse ;

2° La date de constitution, la date d'extinction du trust ;

3° La date et la nature de la déclaration de trust mentionnée à l'article 1649 AB du code général des impôts ;

4° Les éléments d'identification du constituant, du bénéficiaire, de l'administrateur du trust et, s'il diffère de ces personnes, du bénéficiaire effectif.

Les éléments d'identification du constituant, du bénéficiaire et du bénéficiaire effectif sont leurs nom, prénoms, adresse, date et lieu de naissance, nationalité et, le cas échéant, date de décès.

Les éléments d'identification de l'administrateur sont ses nom, prénoms, adresse, date et lieu de naissance.

Les éléments d'identification d'une personne morale sont sa dénomination sociale, l'adresse *de son siège social ou de son* établissement et son numéro SIREN.

III. Les informations mentionnées au II sont conservées pendant dix ans après la date d'extinction du trust.

IV. Les consultations du traitement automatisé aux fins d'accéder aux données traitées font l'objet d'un enregistrement comprenant l'identification du consultant, la date, l'heure et l'objet de la consultation. Ces informations sont conservées pendant un délai de trois ans.

Art 369 La déclaration mentionnée au I de l'article 1649 AB du code général des impôts est déposée à la recette des non-résidents dans le mois qui suit la constitution, la modification ou l'extinction d'un trust défini à l'article 792-0 bis du même code.

Cette déclaration est souscrite en langue française sur un imprimé conforme à un modèle établi par l'administration et comporte les indications suivantes :

1° L'identification du ou des constituants ou bénéficiaires réputés constituants : nom et prénom ou raison sociale, numéro SIREN, adresse, date et lieu de naissance, nationalité et, s'il y a lieu, date et lieu de décès ;

2° L'identification du ou des bénéficiaires effectifs : nom et prénom ou raison sociale, numéro SIREN, adresse, date et lieu de naissance, nationalité et, s'il y a lieu, date et lieu de décès ;

3° L'identification de l'administrateur du trust : nom et prénom ou dénomination sociale, numéro SIREN, adresse, date et lieu de naissance ;

4° L'identification du trust : dénomination et adresse ;

5° Le contenu des termes du trust : contenu de l'acte de trust et des éventuelles stipulations complémentaires régissant son fonctionnement, notamment l'indication de sa révocabilité ou de son irrévocabilité, de son caractère discrétionnaire ou non et des règles régissant l'attribution des biens ou droits placés dans le trust ainsi que de leurs produits ;

6° La nature et la date de survenance de l'événement qui a généré l'obligation déclarative ;

7° Le cas échéant, la consistance, appréciée au jour de l'événement mentionné au 6°, des biens ou droits placés dans le trust, et celle des biens, droits ou produits transmis, attribués ou sortis du trust du fait de cet événement ;

8° Pour chaque bien ou droit placé dans le trust mentionné dans la déclaration conformément au 7°, les nom et prénom ou raison sociale, l'adresse, les date et lieu de naissance et, s'il y a lieu, de décès, et la nationalité des personnes les plaçant dans le trust ;

9° Pour chaque bien, droit ou produit transmis, attribué ou sorti du trust mentionné dans la déclaration conformément au 7°, les nom et prénom ou la raison sociale, l'adresse, les date et lieu de naissance, la nationalité et s'il y a lieu les date et lieu de décès des personnes auxquelles ce bien, droit ou produit est transmis, attribué ou sorti du trust concerné.

Pour l'application du présent article, on entend par modification du trust tout changement dans ses termes, mode de fonctionnement, constituant, bénéficiaire réputé constituant, bénéficiaire effectif, administrateur, tout décès de l'un d'entre eux, toute nouvelle entrée dans le trust ou toute sortie du trust de biens ou droits, toute transmission ou attribution de biens, droits ou produits du trust et, plus généralement, toute modification de droit ou de fait susceptible d'affecter l'économie ou le fonctionnement du trust concerné.

ENR-IX-20200 s. ; MF n° 78307

Art 369 A L'administrateur d'un trust défini à l'article 792-0 bis du code général des impôts dépose à la recette des non-résidents, au plus tard le 15 juin de chaque année, la déclaration mentionnée au premier alinéa de l'article 1649 AB.

Cette déclaration est souscrite en langue française sur un imprimé conforme à un modèle établi par l'administration et comporte les indications suivantes :

1° L'identification du ou des constituants ou bénéficiaires réputés constituants : nom et prénom ou raison sociale, numéro SIREN, adresse, date et lieu de naissance, nationalité et, s'il y a lieu, date et lieu de décès ;

2° L'identification du ou des bénéficiaires effectifs : nom et prénom ou raison sociale, numéro SIREN, adresse, date et lieu de naissance, nationalité et, s'il y a lieu, date et lieu de décès ;

3° L'identification de l'administrateur du trust : nom et prénom ou dénomination sociale, numéro SIREN, adresse, date et lieu de naissance ;

4° L'identification du trust : dénomination et adresse ;

5° Le contenu des termes du trust : contenu de l'acte de trust et des éventuelles stipulations complémentaires régissant son fonctionnement, notamment l'indication de sa révocabilité ou de son irrévocabilité, de son caractère discrétionnaire ou non et des règles régissant l'attribution des biens ou droits placés dans le trust ainsi que de leurs produits ;

6° Si l'un au moins des constituants, bénéficiaires réputés constituants ou bénéficiaires effectifs a son domicile fiscal en France, l'inventaire détaillé des biens, droits et produits capitalisés situés en France ou hors de France et placés dans le trust ainsi que leur valeur vénale au 1er janvier de l'année ;

7° Si aucun des constituants, bénéficiaires réputés constituants ou bénéficiaires effectifs n'a son domicile fiscal en France, l'inventaire détaillé des biens, droits et produits capitalisés situés en France et placés dans le trust, ainsi que leur valeur vénale au 1er janvier de l'année.

L'administrateur du trust est dispensé d'indiquer les informations mentionnées au 5° si la déclaration prévue au premier alinéa de l'article 1649 AB du code précité a été précédemment déposée.

La déclaration mentionnée au premier alinéa est accompagnée, le cas échéant, du paiement du montant correspondant au prélèvement prévu à l'article 990 J du code précité.

ENR-IX-20200 s. ; MF n° 78307

Art 369 B Pour l'application de l'article 1649 AB, le domicile fiscal est apprécié au 1er janvier de chaque année.

ENR-IX-20200 s. ; MF n° 78307

SECTION I bis

Obligations déclaratives des entreprises d'assurance et organismes assimilés

Art 370 C I. Les déclarations de souscription et de dénouement mentionnées au I de l'article1649 ter du code général des impôts comportent les indications suivantes :

1° Le nom ou la raison sociale et la domiciliation de l'organisme ;

2° La nature du contrat ou placement ;

3° La date de souscription du contrat ou placement ;

4° La référence du contrat ou placement, ou son numéro de police ;

5° Les noms, prénoms, date et lieu de naissance, et domicile du ou des souscripteurs personnes physiques ainsi que la raison sociale, l'adresse du siège et le numéro SIREN ou RNA du ou des souscripteurs personnes morales ;

6 Les nom, prénoms, date et lieu de naissance, et domicile du ou des assurés ;

7° En cas de dénouement du contrat ou placement, la date et la cause de ce dénouement ;

8° En cas de décès du souscripteur n'entraînant pas le dénouement du contrat, la date du décès ainsi que les noms, prénoms, date et lieu de naissance, et domicile du ou des ayants droit.

II. En cas de dénouement du contrat ou placement par décès de l'assuré, les éléments mentionnés aux articles 292 B ou 306-0 F sont également déclarés ainsi que :

1° Les noms, prénoms, date et lieu de naissance, et domicile du ou des bénéficiaires personnes physiques ;

2° La raison sociale, l'adresse du siège et le numéro SIREN ou RNA du ou des bénéficiaires personnes morales ;

3° Le montant des sommes, rentes ou valeurs quelconques devant être versées à chacun des bénéficiaires ;

4° En cas de démembrement de la clause bénéficiaire, la qualité de nu-propriétaire ou d'usufruitier des bénéficiaires concernés et la part leur revenant dans les sommes, rentes ou valeurs quelconques devant être versées.

III. En cas de versement à la Caisse des dépôts et consignations de sommes en application des articles L 132-27-2 du code des assurances et L 223-25-4 du code de la mutualité, la date et le montant des sommes ainsi versées sont également déclarés.

IV. Les déclarations mentionnées au II de l'article 1649 ter du code général des impôts comportent les indications mentionnées aux 1° à 5° du présent I.

V. Les déclarations prévues aux I et II de l'article 1649 ter du code général des impôts s'effectuent de manière dématérialisée. Les déclarations mentionnées au I de l'article précité s'effectuent, selon le cas, dans les soixante jours suivant la souscription ou le dénouement du contrat, ou en cas de dénouement du contrat par décès de l'assuré, dans les soixante jours de la date de prise de connaissance du décès de l'assuré. La déclaration mentionnée au II de ce même article s'effectue au plus tard le 15 juin de l'année.

Ces déclarations font l'objet d'un traitement informatisé dénommé « gestion du fichier des contrats de capitalisation et d'assurance-vie » qui recense, sur support informatique, les contrats et placements mentionnés à l'article 1649 ter du code général des impôts et porte à la connaissance des services autorisés à consulter ce fichier, pour chaque contrat ou placement, les éléments mentionnés à l'article précité et aux I à IV.

VI. En cas de modification des éléments mentionnés aux I à IV, une nouvelle déclaration comportant les éléments modifiés est effectuée dans les conditions prévues au V, dans les soixante jours de la prise de connaissance de ces modifications par les personnes morales mentionnées au I de l'article 1649 ter du code général des impôts.

VII. Si les éléments mentionnés au II ne peuvent pas être déclarés dans les soixante jours de la date de prise de connaissance du décès de l'assuré, une nouvelle déclaration comportant les nouveaux éléments est effectuée, dans les conditions prévues au V, dans les soixante jours de la prise de connaissance de ces nouveaux éléments par les personnes morales mentionnées au I de l'article 1649 ter du code général des impôts.

Si les éléments mentionnés au 8° du I ne peuvent pas être déclarés dans les soixante jours de la date de prise de connaissance du décès du souscripteur, une nouvelle déclaration doit être effectuée dans les mêmes conditions que celles prévues au premier alinéa du présent VII.

VIII. Pour les contrats souscrits avant le 1er janvier 1998 et placés sous le régime fiscal de l'anonymat, le contrat est déclaré conformément aux dispositions du présent article lorsque le souscripteur ou le bénéficiaire opte pour la levée de l'anonymat.

IX. Les déclarations mentionnées à l'article 1649 ter du code général des impôts sont conservées jusqu'à la fin de la trentième année suivant celle du dépôt de la déclaration de dénouement.

En cas de versement prévu au III et par exception à l'alinéa précédant, les déclarations sont conservées jusqu'à la fin de la vingtième année suivant celle de ce versement.

RM-VIII-8000 s. ; MF n° 26950

SECTION II

Personnes n'ayant en France ni domicile ni résidence fixe

Art 371 Les personnes sans domicile ni résidence fixe sont tenues d'accomplir leurs obligations fiscales auprès des services des impôts dont relève la commune où est situé l'organisme auprès duquel elles ont fait élection de domicile dans les conditions prévues à l'article L 264-1 du code de l'action sociale et des familles.

Lorsque, pour une même commune, il existe plusieurs services des impôts à compétence territoriale déterminée, les obligations fiscales sont accomplies auprès du service désigné par l'administration des impôts.

CF-IX-92060

CHAPITRE I BIS

Centres de gestion agréés et associations agréées des professions libérales

SECTION I

Centres de gestion agréés

Art 371 A Pour bénéficier de l'agrément prévu par l'article 1649 quater C du code général des impôts, les centres de gestion doivent avoir la forme d'une association légalement constituée dont les membres fondateurs sont soit des experts comptables ou des sociétés membres de l'ordre, soit des chambres de commerce et d'industrie territoriales, des chambres de métiers et de l'artisanat ou des chambres d'agriculture, soit des organisations professionnelles légalement constituées d'industriels, de commerçants, d'artisans ou d'agriculteurs.

Les organisations professionnelles mentionnées au premier alinéa comprennent les syndicats professionnels et leurs unions institués conformément aux dispositions des articles L 2111-1 et suivants du code du travail et les associations professionnelles de personnes exerçant la même profession, des métiers similaires ou des métiers connexes ainsi que leurs unions.

Les centres doivent avoir pour objet de fournir à leurs adhérents industriels, commerçants, artisans ou agriculteurs :

1° Une assistance en matière de gestion dans les domaines de l'assistance technique et de la formation et l'information ayant trait au droit, à la fiscalité, à la comptabilité ou à la gestion ;

2° Une analyse des informations économiques, comptables et financières en matière de prévention des difficultés économiques et financières.

Les formations proposées par l'organisme agréé sont également offertes au représentant de l'adhérent.

Ils ne peuvent agir en qualité de mandataires de leurs membres.

Toutefois, les centres doivent recevoir mandat de leurs membres en vue de la télétransmission des déclarations de résultats, de leurs annexes et des autres documents les accompagnant selon la procédure prévue par le système de transfert des données fiscales et comptables.

BF 12/21 inf. 1019 ; DC-II-230 s. ; MF n°s 87775, 87790 s.

Art 371 A bis Les centres bénéficiant de l'agrément prévu par l'article 1649 quater C du code général des impôts peuvent fournir à toute entreprise exerçant dans les domaines de l'industrie, du commerce, de l'artisanat et de l'agriculture des services d'assistance en matière de gestion, notamment dans les domaines suivants :

1° La dématérialisation et la télétransmission de ses déclarations fiscales ;

2° La formation et l'information ayant trait au droit, à la fiscalité, à la comptabilité ou à la gestion ;

3° La restitution de statistiques ;

4° L'examen de conformité fiscale prévu par le décret n° 2021-25 du 13 janvier 2021 portant création de l'examen de conformité fiscale ;

5° L'audit technique lié à son activité ;

6° Aux microentreprises au sens de l'article 3 du décret n° 2008-1354 du 18 décembre 2008 relatif aux critères permettant de déterminer la catégorie d'appartenance d'une entreprise pour les besoins de l'analyse statistique et économique, l'aide à la création de microentreprise ainsi que l'accompagnement en matière commerciale et dans les domaines de la communication et de la transition numérique.

BF 12/21 inf. 1019

Art 371 B Le nombre des adhérents d'un centre doit être au minimum de cinq cents personnes physiques ou morales ayant la qualité d'industriel, de commerçant, d'artisan ou d'agriculteur et imposées à l'impôt sur le revenu d'après leur bénéfice réel ainsi que tous les contribuables qui disposent de revenus non professionnels imposés dans la catégorie des bénéfices industriels et commerciaux, soumis au régime simplifié d'imposition selon le bénéfice réel ou le régime normal d'imposition selon le bénéfice réel.

L'agrément d'un centre n'est pas renouvelé si le nombre des adhérents n'atteint pas mille dans un délai de trois ans à compter de la date d'agrément.

Pour l'ouverture ou le maintien de chaque bureau secondaire, le centre justifie d'un nombre de cinq cents adhérents supplémentaires au-delà du seuil mentionné au deuxième alinéa et confie à ce bureau la réalisation des contrôles prévus à l'article 1649 quater E du code général des impôts pour au moins cinq cents adhérents.

Les dispositions du présent article concernant le nombre d'adhérents ne sont pas applicables aux centres et bureaux secondaires établis :

en Corse ;

en Guadeloupe, en Guyane, en Martinique, à Mayotte et à La Réunion.

DC-II-1240 s. ; MF nº 87775

Art 371 C En application de l'article 1649 quater E du code général des impôts, les centres doivent conclure avec l'administration fiscale une convention précisant le rôle du ou des agents de cette administration chargés d'apporter leur assistance technique au centre *(NDLR Voir Annexe IV, art. 164 F vicies)*. Un modèle de cette convention est fixé par arrêté du ministre chargé du budget *(Voir arrêté du 16 janvier 2017, JO du 27)*.

L'administration peut refuser de conclure une convention avec des centres créés ou dirigés en fait par des syndicats ou organisations professionnelles qui eux-mêmes ont été dirigés au cours des cinq dernières années par des personnes ayant été condamnées depuis moins de cinq ans pour avoir organisé ou tenté d'organiser le refus collectif de l'impôt au sens de l'article 1747 du code général des impôts.

DC-II-615, 1410 s.

Art 371 D Les centres doivent établir, par la production de certificats délivrés par l'administration fiscale sur demande des intéressés, que les personnes qui les dirigent ou les administrent ont respecté leurs obligations déclaratives et de paiement en matière fiscale pendant la période de cinq ans qui précède la demande d'agrément et ne font pas l'objet des mesures prévues à l'article 1750 du code général des impôts ou n'ont pas fait l'objet au cours des cinq dernières années :

D'une condamnation figurant au bulletin nº 2 prévu à l'article 775 du code de procédure pénale, à l'exception des condamnations pour blessures, coups ou homicide involontaires et pour infraction au code de la route ;

D'une amende fiscale prononcée par un tribunal ;

D'une sanction fiscale prononcée par l'administration pour manœuvres frauduleuses.

Les centres établissent, par la production d'attestations sur l'honneur faites par les intéressés, que les personnes qui les administrent ne sont pas frappées par les interdictions prévues aux articles 371 K bis et 371 V bis.

DC-II-600 s.

Art 371 E Les statuts du centre précisent les conditions de participation à la gestion du centre des personnes ou organismes qui ont pris l'initiative de sa création. Au sein du conseil d'administration ou de tout autre organe dirigeant, les adhérents doivent être représentés à hauteur d'un minimum d'un tiers des sièges. Les personnes ou organismes autres que les membres mentionnés à l'article 1649 quater C du code général des impôts et autres que les adhérents peuvent être membres associés et participer au conseil d'administration ou à tout autre organe dirigeant, à hauteur d'un maximum d'un tiers des sièges.

DC-II-840 s.

Chaque membre du conseil d'administration dispose d'une voix.

Il ne peut être attribué plus d'un tiers des sièges à des personnes exerçant une activité salariée, libérale ou d'administrateur bénévole au sein d'une même personne morale, ou de personnes morales liées entre elles au sens du 12 de l'article 39 du code général des impôts, ou adhérentes ou affiliées les unes aux autres.

Les statuts doivent comporter en outre les stipulations suivantes :

1º Le centre fournit à ses membres adhérents imposés d'après leur bénéfice réel dans un délai de deux mois suivant la date de réception de la déclaration de résultats par le centre et au plus tard de neuf mois suivant la clôture de leur exercice comptable lorsque celui-ci ne coïncide pas avec l'année civile, un dossier comprenant :

a. Les ratios et les autres éléments caractérisant la situation financière et économique de l'entreprise : la nature de ces ratios et autres éléments est fixée par arrêté du ministre du budget, du ministre de l'agriculture, du ministre de l'industrie et du ministre du commerce et de l'artisanat ;

b. Un commentaire sur la situation financière et économique de l'entreprise ;

c. A partir de la clôture du deuxième exercice suivant celui de l'adhésion et dans les délais prévus au premier alinéa du présent 1º, le centre fournit à ses adhérents une analyse comparative des bilans et des comptes de résultat de l'entreprise. Toutefois, pour les entreprises soumises au régime simplifié d'imposition, seule l'analyse comparative des comptes d'exploitation doit être fournie ;

DC-II-1020, 3500 s. ; MF nº 87795

d. Un document de synthèse présentant une analyse des informations économiques, comptables et financières de l'entreprise et lui indiquant, le cas échéant, les démarches à accomplir ;

2° Le centre élabore pour ceux de ses membres adhérents qui sont placés sous un régime réel d'imposition les déclarations afférentes à leur exploitation destinées à l'administration fiscale, lorsque ces membres en font la demande.

Toutefois, ces déclarations ne peuvent porter que sur une période au cours de laquelle les intéressés étaient membres du centre ;

DC-II-4000 s. ; MF nº 87795

3° L'adhésion au centre implique pour les membres adhérents imposés d'après leur bénéfice réel :

a. L'engagement de produire à la personne ou à l'organisme chargé de tenir et de présenter leurs documents comptables tous les éléments nécessaires à l'établissement d'une comptabilité sincère de leur exploitation ;

b. *(Abrogé)* ;

c. L'obligation de communiquer au centre le bilan, les comptes de résultat, tous documents annexes, ainsi que tout document sollicité par le centre dans le cadre des contrôles réalisés en application de l'article 1649 quater E du code général des impôts ;

d. *(Abrogé)* ;

e. L'autorisation pour le centre de communiquer à l'administration fiscale, dans le cadre de l'assistance que cette dernière lui apporte, les documents mentionnés au présent article, à l'exception des documents, quels qu'ils soient, fournissant une vision exhaustive des opérations comptables de l'entreprise.

En cas de manquements graves ou répétés aux engagements ou obligations sus-énoncés l'adhérent est exclu du centre. Il doit être mis en mesure, avant toute décision d'exclusion, de présenter sa défense sur les faits qui lui sont reprochés ;

DC-II-1055

4° Le centre réalise un examen périodique de sincérité de pièces justificatives de ses adhérents dans le but de vérifier que leurs déclarations fiscales sont correctement établies. Cet examen suit une méthode établie par le centre pour l'ensemble de ses adhérents. Pour déterminer les adhérents faisant l'objet, au titre d'une année donnée, d'un examen périodique de pièces justificatives, le centre sélectionne des adhérents selon une méthode fixée par arrêté du ministre chargé du budget assurant la réalisation de cet examen au moins tous les six ans lorsque les comptes de l'adhérent sont tenus *ou présentés annuellement* par un professionnel de l'expertise comptable et au moins tous les trois ans dans le cas contraire *(Voir arrêté du 9 janvier 2017, JO du 2 février, modifié par arrêté ECOE2122040A du 21 juillet 2021, JO du 29 octobre)*. Le nombre des pièces examinées est modulé selon la taille de l'entreprise. Le choix des pièces examinées prend appui sur la remise, par l'adhérent, d'un document fournissant une vision exhaustive des opérations comptables de l'entreprise. Ce document est détruit par le centre une fois l'examen réalisé. Il n'est en aucun cas fourni par le centre à l'administration fiscale. L'adhérent est mis en mesure de présenter ses observations en réponse aux éventuelles questions et critiques formulées par le centre dans le cadre de cet examen.

Cet examen fait l'objet du compte rendu de mission tel que prévu à l'article 1649 quater E du code général des impôts ;

DC-II-4500 s.

5° Le centre assure la traçabilité de l'ensemble de ses missions de contrôle ;

6° Le centre contrôle la capacité de ses adhérents à respecter, le cas échéant, le I de l'article L 47 A du livre des procédures fiscales ;

DC-II-4600 s.

7° Le centre se soumet à un contrôle de l'administration destiné à vérifier la conformité de son organisation et de ses travaux aux dispositions du code général des impôts.

DC-II-1020 s. ; MF nº 87795

Art 371 EA Les statuts des centres doivent contenir des stipulations selon lesquelles les centres s'engagent :

1° S'ils ont recours à la publicité, à ne pas porter atteinte à l'indépendance, à la dignité et à l'honneur de l'institution, pas plus qu'aux règles du secret professionnel, à la loyauté envers les adhérents et les autres centres se livrant à la même activité, quel que soit le support utilisé, et à n'avoir recours au démarchage que sous réserve de procurer au public visé une information utile, exempte de tout élément comparatif, ne contenant aucune inexactitude ni induisant le public en erreur, mise en œuvre avec discrétion et adoptant une expression décente et empreinte de retenue ;

2° A faire figurer sur leur correspondance et sur tous les documents établis par leurs soins leur qualité de centres de gestion agréés et les références de la décision d'agrément ;

3° A informer l'administration fiscale des modifications apportées à leurs statuts et des changements intervenus en ce qui concerne les personnes qui les dirigent ou les administrent, dans le délai d'un mois à compter de la réalisation de ces modifications ou changements ; pour ces personnes, le centre doit fournir à l'administration fiscale le certificat prévu à l'article 371 D ;

4° A souscrire un contrat auprès d'une société d'assurance ou d'un assureur agréé en application du livre III du code des assurances les garantissant contre les conséquences pécuniaires de la responsabilité civile professionnelle qu'ils peuvent encourir en raison des négligences et fautes commises dans l'exercice de leurs activités ;

5° Au cas où l'agrément leur serait retiré, à en informer leurs adhérents dès réception de la notification de la décision de retrait ;

6° A réclamer une cotisation dont le montant est identique, pour l'ensemble des adhérents. Toutefois la cotisation réclamée aux adhérents relevant des régimes prévus aux articles 64 bis ou 50-0 du code général des impôts, ainsi qu'aux entreprises adhérant à un centre au cours de leur première année d'activité peut être réduite ;

7° A ne pas sous-traiter les missions prévues à l'article 1649 quater E du même code à des professionnels de l'expertise comptable ou avocats dont l'adhérent a utilisé les services au titre de l'exercice contrôlé, ainsi que les structures dans lesquelles ceux-ci exercent.

DC-II-910 s., 980 s., 1030, 7830 s.

Art 371 EB Les centres s'engagent à exiger de toute personne collaborant à leurs travaux le respect du secret professionnel.

DC-II-7790 s.

Art 371 F Les demandes d'agrément sont remises au directeur départemental ou, le cas échéant, régional des finances publiques du département dans lequel le centre de gestion a son siège.

Toute demande d'agrément d'un centre de gestion doit être accompagnée des documents suivants :

1° Un exemplaire des statuts et, le cas échéant, du règlement intérieur du centre ;

2° La justification de l'exécution des formalités prévues par la législation en vigueur pour la création et la régularité du fonctionnement de l'association ;

3° La liste des personnes qui dirigent ou administrent le centre avec, pour chacune d'elles, l'indication de leur nom, prénoms, date et lieu de naissance, domicile, profession et de la nature de l'activité exercée dans le centre ;

4° Pour chacun des dirigeants ou administrateurs, le certificat prévu à l'article 371 D ;

5° La liste des membres à la date de la présentation de la demande avec indication du nom, de la profession et du lieu d'exercice de celle-ci ;

6° Une copie du contrat d'assurance mentionné au 4° de l'article 371 EA ;

7° L'engagement prévu à l'article 371 EB ;

8° Le texte de la convention conclue avec l'administration fiscale ;

9° Une notice indiquant la nature des services rendus par le centre à ses membres adhérents ;

10° Un rapport des personnes ou organismes qui ont pris l'initiative de la création du centre ;

11° Une attestation sur l'honneur de chacun des administrateurs, selon laquelle ils ne sont pas frappés par les interdictions prévues aux articles 371 K bis, 371 V bis et 371 Z terdecies.

Après s'être assuré que le dossier est complet, le directeur départemental ou, le cas échéant, régional des finances publiques en délivre récépissé.

DC-II-1605 s.

Art 371 G La décision d'agrément est prise par le directeur régional des finances publiques de la région dans laquelle le centre demandeur a son siège.

DC-II-1620 s. ; MF n° 87775

Art 371 H Le directeur mentionné à l'article 371 G se prononce dans le délai de quatre mois suivant la date de délivrance du récépissé prévu à l'article 371 F.

L'absence de décision dans le délai fixé vaut acceptation de la demande. Le refus d'agrément est motivé.

Art 371 J L'agrément est délivré pour une période de trois ans. Il peut être renouvelé selon la procédure prévue aux articles 371 F à 371 H sur demande présentée au plus tard six mois avant l'expiration de l'agrément en cours.

Le renouvellement de l'agrément intervient, à l'exception du premier renouvellement, tous les six ans.

Lors de l'examen de la demande de renouvellement de l'agrément, il sera tenu compte de l'action exercée par le centre pour améliorer la gestion des entreprises adhérentes et s'assurer de la sincérité des résultats qu'elles déclarent.

DC-II-1895, 2105, 2150 s.

Art 371 K Le directeur mentionné à l'article 371 G, après avoir mis en demeure le centre de présenter ses observations sur les faits qui lui sont reprochés, peut lui retirer l'agrément :

1° En cas d'inexécution des engagements pris par le centre ou de violation des obligations qui lui incombent en vertu des statuts ou du règlement intérieur ;

2° En cas de non-respect de la convention prévue à l'article 371 C entraînant la dénonciation de celle-ci par l'administration fiscale ;

3° Au cas où le nombre des adhérents du centre, tel qu'il est défini à l'article 371 B, est inférieur pendant plus d'un an au seuil fixé à cet article ;

4° Au cas où le centre conserve parmi ses dirigeants ou administrateurs une personne n'ayant pas respecté ses obligations déclaratives ou de paiement en matière fiscale ou ayant fait l'objet, postérieurement à l'agrément, d'une des sanctions prévues à l'article 371 D ;

5° Au cas où le centre ne prononce pas l'exclusion des adhérents qui ne respectent pas les obligations leur incombant en vertu des statuts ou du règlement intérieur ;

6° En cas de maintien d'un bureau secondaire ne respectant pas les conditions prévues à l'article 371 B pendant plus d'un an.

DC-II-2500 s.

Art 371 K bis Un centre ayant fait l'objet d'une décision de non-renouvellement ou de retrait d'agrément, pour un motif autre que les conditions posées à l'article 371 B, ne peut déposer de nouvelle demande d'agrément au cours des deux années suivant ladite décision.

Ses administrateurs ne peuvent siéger au sein du conseil d'administration d'un centre, d'une association agréé ou d'un organisme mixte de gestion agréé au cours des deux années suivant la décision de non-renouvellement ou de retrait d'agrément.

DC-II-690, 2505

Art 371 L Pour l'application du 7 de l'article 158 du code général des impôts, un contribuable mentionné au 1° de ce 7 n'est pas adhérent d'un centre de gestion agréé s'il n'a pas été membre adhérent d'un tel centre pendant toute la durée de l'exercice considéré. Cette condition n'est toutefois pas exigée :

a. En cas d'agrément postérieur à l'adhésion, pour l'imposition du bénéfice de l'exercice ouvert depuis moins de trois mois à la date de l'agrément ;

b. En cas de première adhésion à un centre agréé pour l'imposition du bénéfice de l'exercice ouvert depuis moins de cinq mois à la date de l'adhésion. Le contribuable ayant repris une activité après cessation est considéré comme adhérant pour la première fois ;

c. En cas de retrait ou de non-renouvellement d'agrément, pour l'imposition du bénéfice de l'année ou de l'exercice en cours déclaré dans les conditions prévues à l'article 53 A du code général des impôts ;

d. En cas de démission d'un centre de gestion agréé suivie, dans le délai maximum de trente jours à la date de la démission, de l'adhésion à un autre centre de gestion agréé ;

e. En cas de première adhésion à un centre de gestion agréé avant la clôture de l'exercice comptable pour les contribuables franchissant les limites de chiffre d'affaires des régimes définis aux articles 64 bis ou 50-0 du code général des impôts.

Les déclarations de résultats des membres adhérents d'un centre de gestion agréé, mentionnés au premier alinéa, doivent être accompagnées d'une attestation fournie par le centre indiquant la date d'adhésion et, le cas échéant, la date à laquelle est intervenue la perte de la qualité d'adhérent. Le centre de gestion agréé et le membre adhérent sont identifiés sur cette attestation.

DC-II-12070 s., 12800 s.

Art 371 LA Pour l'application de l'article 1649 quater E bis du code général des impôts, la clientèle des industriels, commerçants, artisans et agriculteurs est informée de leur qualité d'adhérent d'un centre de gestion agréé et de ses conséquences en ce qui concerne l'acceptation des règlements par chèque ou par carte bancaire selon les modalités fixées par les articles 371 LB à 371 LE.

DC-II-16000 s.

Art 371 LB L'information mentionnée à l'article 371 LA comprend :

1° L'apposition, dans les locaux destinés à recevoir la clientèle ainsi que dans les emplacements ou véhicules aménagés en vue d'effectuer des ventes ou des prestations de services, d'un document écrit reproduisant de façon apparente le texte mentionné à l'article 371 LC, mentionnant le nom du centre de gestion auquel adhère le professionnel et placé de manière à pouvoir être lu sans difficulté par cette clientèle ;

2° La reproduction dans la correspondance et sur les documents professionnels adressés ou remis aux clients, du texte mentionné à l'article précité ; ce texte doit être nettement distinct des mentions relatives à l'activité professionnelle figurant sur ces correspondances et documents.

DC-II-16000 s. ; MF n° 87820

Art 371 LC Le texte prévu à l'article 371 LB est le suivant :

« Acceptant le règlement des sommes dues par chèques libellés à son nom ou par carte bancaire en sa qualité de membre d'un centre de gestion agréé par l'administration fiscale. »

DC-II-16000 s. ; MF n° 87820

Art 371 LD Les centres de gestion agréés portent les obligations définies aux articles 371 LB et 371 LC à la connaissance de leurs adhérents.

Ceux-ci doivent informer par écrit le centre de gestion agréé dont ils sont membres de l'exécution de ces obligations. Le centre s'assure de leur exécution effective.

DC-II-16000 s.

Art 371 LE En cas de manquements graves ou répétés aux dispositions des articles 371 LA et 371 LC, les adhérents sont exclus du centre dans les conditions prévues à l'article 371 E.

DC-II-16000 s. ; MF n° 87830

SECTION II

Associations agréées des professions libérales

Art 371 M Pour bénéficier de l'agrément prévu à l'article 1649 quater F du code général des impôts, les associations de membres de professions libérales et de titulaires de charges et offices doivent être légalement constituées. Leurs membres fondateurs sont exclusivement soit des ordres professionnels ou des organisations professionnelles légalement constituées de membres de professions libérales ou de titulaires de charges et offices, soit des experts comptables ou des sociétés d'expertise comptable.

Les organisations professionnelles mentionnées au premier alinéa comprennent les organismes professionnels dont l'existence est prévue par la législation relative aux professions ci-dessus désignées, les syndicats professionnels et leurs unions institués conformément aux dispositions des articles L 2111-1 et suivants du code du travail, et les associations professionnelles de personnes exerçant la même profession ainsi que leurs unions.

Les unions ou fédérations d'associations professionnelles regroupant des professions différentes sont également autorisées à prendre l'initiative de la création d'une association agréée lorsque chacune des associations qui les composent peut être regardée individuellement comme ayant vocation à créer une telle association.

Les associations doivent avoir pour objet :

1° De développer chez leurs membres l'usage de la comptabilité, sous réserve des dispositions de l'ordonnance n° 45-2138 du 19 septembre 1945 portant institution de l'ordre des experts-comptables et réglementant le titre et la profession d'expert-comptable ;

2° De leur faciliter l'accomplissement de leurs obligations administratives et fiscales ;

3° De leur fournir une assistance en matière de gestion dans les domaines de l'assistance technique et de la formation et l'information ayant trait au droit, à la fiscalité, à la comptabilité ou à la gestion ;

4° De leur fournir une analyse des informations économiques, comptables et financières en matière de prévention des difficultés économiques et financières.

Les formations proposées par l'organisme agréé sont également offertes au représentant de l'adhérent.

Elles ne peuvent agir en qualité de mandataires de leurs membres.

Toutefois, les associations doivent recevoir mandat de leurs membres en vue de la télétransmission des déclarations de résultats, de leurs annexes et des autres documents les accompagnant selon la procédure prévue par le système de transfert des données fiscales et comptables.

DC-II-230 s., 6600 s., 11250 s. ; MF n°s 87875, 87885

Art 371 M bis Les associations bénéficiant de l'agrément prévu par l'article 1649 quater F du code général des impôts peuvent fournir à tout professionnel exerçant une profession libérale ou titulaire de charges et offices des services d'assistance en matière de gestion, notamment dans les domaines suivants :

1° La dématérialisation et la télétransmission de ses déclarations fiscales ;

2° La formation et l'information ayant trait au droit, à la fiscalité, à la comptabilité ou à la gestion ;

3° La restitution de statistiques ;

4° L'examen de conformité fiscale prévu par le décret n° 2021-25 du 13 janvier 2021 portant création de l'examen de conformité fiscale ;

5° L'audit technique lié à son activité ;

6° Aux microentreprises au sens de l'article 3 du décret n° 2008-1354 du 18 décembre 2008 relatif aux critères permettant de déterminer la catégorie d'appartenance d'une entreprise pour les besoins de l'analyse statistique et économique, l'aide à la création de microentreprise ainsi que l'accompagnement en matière commerciale et dans les domaines de la communication et de la transition numérique.

BF 12/21 inf. 1019

Art 371 N Le nombre des adhérents d'une association doit être au minimum de cinq cents personnes physiques ou morales ayant la qualité de membres de professions libérales ou de titulaires de charges et offices et assujetties à l'impôt sur le revenu selon le régime de la déclaration contrôlée.

L'agrément d'une association n'est pas renouvelé si le nombre des adhérents n'atteint pas mille dans un délai de trois ans à compter de la date d'agrément.

Pour l'ouverture ou le maintien de chaque bureau secondaire, l'association justifie d'un nombre de cinq cents adhérents supplémentaires au-delà du seuil mentionné au deuxième alinéa et confie à ce bureau la réalisation des contrôles prévus à l'article 1649 quater H du code général des impôts pour au moins cinq cents adhérents.

Les dispositions du présent article concernant le nombre d'adhérents ne sont pas applicables aux associations et bureaux secondaires établis :

en Corse ;

en Guadeloupe, en Guyane, en Martinique, à Mayotte et à La Réunion.

DC-II-1290 s.

Art 371 O En application de l'article 1649 quater H du code général des impôts, les associations doivent conclure avec l'administration fiscale une convention précisant le rôle du ou des agents de cette administration chargés d'apporter leur assistance technique à l'association. Un modèle de cette convention est fixé par arrêté du ministre chargé du budget *(Voir arrêté du 16 janvier 2017, JO du 27)*.

L'administration peut refuser de conclure une convention avec des associations créées ou dirigées en fait par des organisations professionnelles qui elles-mêmes ont été dirigées au cours des cinq dernières années par des personnes ayant été condamnées depuis moins de cinq ans pour avoir organisé ou tenté d'organiser le refus collectif de l'impôt au sens de l'article 1747 du code précité.

DC-II-615, 1410 s.

Art 371 P Les associations sont soumises aux obligations prévues à l'article 371 D.

DC-II-600 s.

Art 371 Q Les statuts de l'association précisent les conditions de participation à sa gestion des personnes ou organismes fondateurs. Au sein du conseil d'administration ou de tout autre organe dirigeant, les adhérents doivent être représentés à hauteur d'un minimum d'un tiers des sièges. Les personnes ou organismes autres que les membres mentionnés à l'article 1649 quater F du code général des impôts et autres que les adhérents peuvent être membres associés et participer au conseil d'administration ou à tout autre organe dirigeant, à hauteur d'un maximum d'un tiers des sièges.

DC-II-840 s.

Chaque membre du conseil d'administration dispose d'une voix.

Il ne peut être attribué plus d'un tiers des sièges à des personnes exerçant une activité salariée, libérale ou d'administrateur bénévole au sein d'une même personne morale, ou de personnes morales liées entre elles au sens du 12 de l'article 39 du code général des impôts, ou adhérentes ou affiliées les unes aux autres.

Les statuts des associations doivent contenir les clauses suivantes :

1° L'association a pour objet de fournir à ses membres adhérents des services ou informations qui leur permettent de développer l'usage de la comptabilité et qui facilitent l'accomplissement de leurs obligations administratives et fiscales. L'association fournit à ses membres adhérents, dans un délai de deux mois suivant la date de réception de la déclaration de résultats par l'association, un document de synthèse présentant une analyse des informations économiques, comptables et financières de l'entreprise et lui indiquant, le cas échéant, les démarches à accomplir afin de régler ces difficultés.

La nature des ratios et autres éléments caractérisant la situation économique et financière de l'entreprise et devant figurer dans ce document de synthèse est fixée par arrêté du ministre chargé du budget et du ministre chargé des professions libérales *(Voir arrêté du 22 février 2008 JO du 9 avril)* ;

2° L'association élabore pour ceux de ses membres adhérents qui relèvent d'un régime réel d'imposition les déclarations relatives à leur activité professionnelle destinées à l'administration fiscale, lorsque ces membres en font la demande.

Toutefois, ces déclarations ne peuvent porter que sur une période au cours de laquelle les intéressés étaient membres de l'association ;

3° L'adhésion à l'association implique :

a. L'engagement par les membres soumis à un régime réel d'imposition de suivre les recommandations qui leur ont été adressées, conformément aux articles 371 X à 371 Z, par les ordres et organisations dont ils relèvent, en vue d'améliorer la connaissance des revenus de leurs ressortissants ;

b. L'engagement par ceux de ces membres dont les déclarations de bénéfices sont élaborées par l'association de fournir à celle-ci tous les éléments nécessaires à l'établissement de déclarations sincères et complètes ainsi que tout document sollicité par l'association dans le cadre des contrôles réalisés en application de l'article 1649 quater H du code général des impôts ;

c. L'engagement par ceux de ces membres qui ne font pas élaborer leur déclaration par l'association, de lui communiquer préalablement à l'envoi au service des impôts des entreprises de la déclaration prévue à l'article 97 du code général des impôts, le montant du résultat imposable et l'ensemble des données utilisées pour la détermination de ce résultat ;

d. L'autorisation pour l'association de communiquer à l'administration fiscale, dans le cadre de l'assistance que cette dernière lui apporte, les documents mentionnés au présent article, à l'exception des documents comptables, quels qu'ils soient, fournissant une vision exhaustive des opérations comptables de l'entreprise ;

e. En cas de manquements graves ou répétés aux engagements énoncés ci-dessus, l'adhérent sera exclu de l'association. Il devra être mis en mesure, avant toute décision d'exclusion, de présenter sa défense sur les faits qui lui sont reprochés ;

DC-II-16200 s.

4° L'association réalise un examen périodique de sincérité de pièces justificatives de ses adhérents dans le but de vérifier que leurs déclarations fiscales sont correctement établies. Cet examen suit une méthode établie par l'association pour l'ensemble de ses adhérents. Pour déterminer les adhérents faisant l'objet, au titre d'une année donnée, d'un examen périodique de pièces justificatives, l'association sélectionne des adhérents selon une méthode fixée par arrêté du ministre chargé du budget assurant la réalisation de cet examen au moins tous les six ans lorsque les comptes de l'adhérent sont tenus ou présentés annuellement par un professionnel de l'expertise comptable et au moins tous les trois ans dans le cas contraire *(Voir arrêté du 9 janvier 2017, JO du 2 février, modifié par arrêté ECOE2122040A du 21 juillet 2021, JO du 29 octobre)*. Le nombre des pièces examinées est modulé selon la taille de l'entreprise. Le choix des pièces examinées prend appui sur la remise, par l'adhérent, d'un document fournissant une vision exhaustive des opérations comptables de l'entreprise. Ce document est détruit par l'association une fois l'examen réalisé. Il n'est en aucun cas fourni par l'association à l'administration fiscale. L'adhérent est mis en mesure de présenter ses observations en réponse aux éventuelles questions et critiques formulées par l'association dans le cadre de cet examen.

Cet examen fait l'objet du compte rendu de mission tel que prévu à l'article 1649 quater H du code général des impôts ;

5° L'association assure la traçabilité de l'ensemble de ses missions de contrôle ;

6° L'association contrôle la capacité de ses adhérents à respecter, le cas échéant, le I de l'article L 47 A du livre des procédures fiscales ;

7° L'association se soumet à un contrôle de l'administration destiné à vérifier la conformité de son organisation et de ses travaux aux dispositions du code général des impôts.

DC-II-1110 s.

Art 371 QA Les statuts doivent comporter des clauses selon lesquelles les associations s'engagent :

1° Si elles ont recours à la publicité, à ne pas porter atteinte à l'indépendance, à la dignité et à l'honneur de l'institution, pas plus qu'aux règles du secret professionnel, à la loyauté envers les adhérents et les autres associations se livrant à la même activité, quel que soit le support utilisé, et à n'avoir recours au démarchage que sous réserve de procurer au public visé une information utile, exempte de tout élément comparatif, ne contenant aucune inexactitude ni induisant le public en erreur, mise en œuvre avec discrétion et adoptant une expression décente et empreinte de retenue ;

2° A faire figurer sur leur correspondance et sur tous les documents établis par leurs soins leur qualité d'associations agréées et les références de la décision d'agrément ;

3° A informer l'administration fiscale des modifications apportées à leurs statuts et des changements intervenus en ce qui concerne les personnes qui les dirigent ou les administrent, dans le délai d'un mois à compter de la réalisation de ces modifications ou changements ; pour ces personnes, l'association doit fournir à l'administration fiscale le certificat prévu à l'article 371 D ;

4° A souscrire un contrat auprès d'une société d'assurances ou d'un assureur agréé en application du livre III du code des assurances les garantissant contre les conséquences pécuniaires de la responsabilité civile professionnelle qu'elles peuvent encourir en raison des négligences et fautes commises dans l'exercice de leurs activités ;

5° A exiger de toute personne collaborant à leurs travaux le respect du secret professionnel ;

6° Au cas où l'agrément leur serait retiré, à en informer leurs adhérents dès réception de la notification de la décision de retrait d'agrément ;

7° A réclamer une cotisation dont le montant est identique pour l'ensemble des adhérents. Toutefois, la cotisation réclamée aux adhérents relevant du régime prévu à l'article 102 ter du code général des impôts, ainsi qu'aux entreprises adhérant à une association, au cours de leur première année d'activité peut être réduite. La cotisation réclamée aux adhérents, sociétés de personnes et sociétés en participation n'ayant pas opté pour le régime fiscal des sociétés de capitaux ou sociétés civiles professionnelles constituées entre personnes réalisant des bénéfices non commerciaux, peut être majorée ;

8° A ne pas sous-traiter les missions prévues à l'article 1649 quater H à des professionnels de l'expertise comptable ou avocats dont l'adhérent a utilisé les services au titre de l'exercice contrôlé, ainsi que les structures dans lesquelles ceux-ci exercent.

DC-II-910 s., 980, 7830 s.

Art 371 R Les demandes d'agrément sont remises au directeur départemental ou, le cas échéant, régional des finances publiques du département dans lequel l'association a son siège.

Toute demande d'agrément d'une association agréée doit être accompagnée des documents suivants :

1° Un exemplaire des statuts et, le cas échéant, du règlement intérieur de l'association ;

2° La justification de l'exécution des formalités prévues par la législation en vigueur pour la création et la régularité du fonctionnement de l'association ;

3° La liste des personnes qui dirigent ou administrent l'association avec, pour chacune d'elles, l'indication de leurs nom, prénoms, date et lieu de naissance, domicile, profession et de la nature de l'activité exercée dans l'association ;

4° Pour chacun des dirigeants ou administrateurs, le certificat prévu à l'article 371 D ;

5° La liste des membres à la date de la présentation de la demande avec indication du nom, de la profession et du lieu d'exercice de celle-ci ;

6° Une copie du contrat d'assurance mentionné au 4° de l'article 371 QA ;

7° L'engagement prévu au 5° de l'article 371 QA ;

8° Le texte de la convention conclue avec l'administration fiscale ;

9° Une notice indiquant la nature des services rendus par l'association à ses membres adhérents ;

10° Un rapport des personnes, ordres ou organisations professionnelles ayant pris l'initiative de la création de l'association ;

11° Une attestation sur l'honneur de chacun des administrateurs, selon laquelle ils ne sont pas frappés par les interdictions prévues aux articles 371 K bis, 371 V bis et 371 Z terdecies.

Après s'être assuré que le dossier est complet, le directeur départemental ou, le cas échéant, régional des finances publiques en délivre récépissé.

DC-II-1605 s.

Art 371 S La décision d'agrément est prise par le directeur régional des finances publiques de la région dans laquelle l'association a son siège.

Dans les départements d'outre-mer, la décision est prise par le directeur régional ou, le cas échéant, départemental des finances publiques.

Art 371 T Le directeur mentionné à l'article 371 S se prononce dans le délai de quatre mois suivant la date de délivrance du récépissé prévu à l'article 371 R.

L'absence de décision dans le délai fixé vaut acceptation de la demande. Le refus d'agrément doit être motivé.

DC-II-1850

Art 371 U L'agrément est délivré pour une période de trois ans. Il peut être renouvelé selon la procédure prévue aux articles 371 R à 371 T sur demande présentée au plus tard six mois avant l'expiration de l'agrément en cours.

Le renouvellement de l'agrément intervient, à l'exception du premier renouvellement, tous les six ans.

Lors de l'examen de la demande de renouvellement de l'agrément, il sera tenu compte de l'action exercée par l'association pour améliorer la connaissance des revenus des adhérents.

DC-II-1890, 2150 s.

Art 371 V Le directeur mentionné à l'article 371 S, après avoir mis en demeure l'association de présenter ses observations sur les faits qui lui sont reprochés, peut lui retirer l'agrément :

1° En cas d'inexécution des engagements pris par l'association ou de violation des obligations qui lui incombent en vertu des statuts ou du règlement intérieur ;

2° En cas de non-respect de la convention prévue à l'article 371 O entraînant la dénonciation de celle-ci par l'administration fiscale ;

3° Au cas où le nombre des adhérents de l'association, tel qu'il est défini à l'article 371 N est inférieur pendant plus d'un an au seuil fixé à cet article ;

4° Au cas où l'association conserve parmi ses dirigeants ou administrateurs une personne n'ayant pas respecté ses obligations déclaratives ou de paiement en matière fiscale ou ayant fait l'objet, postérieurement à l'agrément, d'une des sanctions prévues à l'article 371 D ;

5° Au cas où l'association ne prononce pas l'exclusion des adhérents qui ne respectent pas les obligations leur incombant en vertu des statuts ou du règlement intérieur ;

6° En cas de maintien d'un bureau secondaire ne respectant pas les conditions prévues à l'article 371 N pendant plus d'un an.

DC-II-2500 s.

Art 371 V bis Une association ayant fait l'objet d'une décision de non-renouvellement ou de retrait d'agrément, pour un motif autre que les conditions posées à l'article 371 N, ne peut déposer de nouvelle demande d'agrément au cours des deux années suivant ladite décision.

Ses administrateurs ne peuvent siéger au sein du conseil d'administration d'un centre, d'une association agréée, ou d'un organisme mixte de gestion agréé au cours des deux années suivant la décision de non-renouvellement ou de retrait d'agrément.

DC-II-690, 2505

Art 371 W Pour l'application du 7 de l'article 158 du code général des impôts, un contribuable mentionné au 1° de ce 7 n'est pas adhérent d'une association agréée s'il n'a pas été membre adhérent de cette association pendant toute la durée de l'exercice considéré.

Cette condition n'est toutefois pas exigée :

a. En cas d'agrément postérieur à l'adhésion, pour l'imposition du bénéfice de l'exercice ouvert depuis moins de trois mois à la date de l'agrément ;

b. En cas de première adhésion à une association agréée pour l'imposition du bénéfice de l'année ou de la période d'imposition commencée depuis moins de cinq mois à la date de l'adhésion. Le contribuable ayant repris une activité après cessation est considéré comme adhérant pour la première fois ;

c. En cas de retrait ou de non-renouvellement d'agrément, pour l'imposition du bénéfice de l'année ou de l'exercice en cours déclaré dans les conditions prévues à l'article 97 du code général des impôts ;

d. En cas de démission d'une association agréée suivie, dans le délai maximum de trente jours à la date de la démission, de l'adhésion à une autre association agréée ;

e. En cas de première adhésion à une association agréée avant la clôture de l'exercice comptable pour les contribuables franchissant les limites de chiffre d'affaires du régime défini à l'article 102 ter du code général des impôts.

Les déclarations de résultats des membres adhérents d'une association agréée, mentionnés au premier alinéa, doivent être accompagnées d'une attestation fournie par l'association indiquant la date d'adhésion et, le cas échéant, la date à laquelle est intervenue la perte de la qualité d'adhérent. L'association agréée et le membre adhérent sont identifiés sur cette attestation.

DC-II-12070 s., 12800 s.

Art 371 X L'engagement prévu au troisième alinéa de l'article 1649 quater F du code général des impôts peut être pris par les ordres ou organisations des professions libérales et des titulaires de charges et offices mentionnés à l'article 371 M.

Cet engagement est formulé par écrit et adressé au ministre chargé des finances.

Art 371 Y Par l'engagement prévu à l'article 371 X, les ordres et organisations mentionnés à l'article précité s'obligent notamment à faire à leurs ressortissants les recommandations suivantes :

1° Tenir les documents prévus à l'article 99 du code général des impôts conformément à l'un des plans comptables professionnels agréés par le ministre de l'économie et des finances ;

2° En ce qui concerne les adhérents non soumis au secret professionnel en application des articles 226-13 et 226-14 du code pénal, mentionner, outre les indications prévues par l'article 1649 quater G du code général des impôts, la nature des prestations fournies ;

3° Accepter le règlement des honoraires par carte bancaire ou par chèques libellés dans tous les cas à leur ordre et ne pas endosser ces chèques, sauf pour remise directe à l'encaissement ;

4° Informer leurs clients de leur qualité d'adhérent à une association agréée, si tel est le cas, et de ses conséquences en ce qui concerne notamment l'acceptation du paiement des honoraires par chèque ou par carte bancaire selon les modalités cumulatives suivantes :

a. Par apposition dans les locaux destinés à recevoir la clientèle d'un document écrit et placé de manière à pouvoir être lu sans difficulté par cette clientèle, mentionnant le nom de l'association agréée et reproduisant le texte suivant : « Membre d'une association agréée par l'administration fiscale acceptant à ce titre le règlement des honoraires par carte bancaire ou par chèques libellés à son nom » ;

b. Par la reproduction dans la correspondance et sur les documents professionnels adressés ou remis aux clients du texte mentionné au a ; ce texte doit être placé de manière à n'engendrer aucune confusion avec les titres ou qualités universitaires et professionnelles.

Les associations agréées portent les obligations définies aux a et b à la connaissance de leurs adhérents. Ceux-ci informent par écrit l'association agréée à laquelle ils appartiennent de l'exécution de ces obligations. L'association s'assure de leur exécution effective *(Voir Annexe IV, art. 164 F quatervicies à 164 F octovicies)* ;

5° Pour les membres des professions de santé, inscrire sur les feuilles de maladie ou de soins, conformément aux dispositions de l'article L 97 du livre des procédures fiscales et du décret n° 72-480 du 12 juin 1972, l'intégralité des honoraires effectivement perçus même s'ils ne peuvent que partiellement donner lieu à remboursement pour les assurés *(Voir également LPF, art. R* 97-2)*.

DC-II-6670 s.

Art 371 Z En cas de manquements graves et répétés aux recommandations prévues à l'article 371 Y, les adhérents des associations agréées sont exclus de l'association dans les conditions fixées au e du 3° de l'article 371 Q.

DC-II-16200 s.

SECTION III

Organismes mixtes de gestion agréés

Art 371 Z bis Pour bénéficier de l'agrément prévu par l'article 1649 quater K ter du code général des impôts, les organismes mixtes doivent avoir pour objet de fournir à leurs adhérents industriels, commerçants, artisans ou agriculteurs les services mentionnés à l'article 371 A, dans les conditions prévues par cet article, et à leurs adhérents membres de professions libérales et titulaires de charges et offices les services mentionnés à l'article 371 M, dans les conditions prévues par cet article.

DC-II-1120 s. ; MF n° 87920

Art 371 Z ter Le nombre des adhérents d'un organisme mixte respecte le seuil minimum de cinq cents personnes physiques ou morales fixé aux articles 371 B et 371 N lors de la demande initiale d'agrément.

L'agrément d'un organisme mixte n'est pas renouvelé si le nombre des adhérents n'atteint pas mille dans un délai de trois ans à compter de la date d'agrément.

Pour l'ouverture de tout bureau secondaire, l'organisme mixte respecte les conditions prévues par les articles 371 B et 371 N.

Les dispositions du présent article concernant le nombre d'adhérents ne sont pas applicables aux organismes mixtes établis :

en Corse ;

en Guadeloupe, en Guyane, en Martinique, à Mayotte et à La Réunion.

DC-II-1320 s.

Art 371 Z quater En application de l'article 1649 quater K ter du code général des impôts, les organismes mixtes concluent avec l'administration fiscale une convention précisant le rôle du ou des agents de cette administration chargés d'apporter leur assistance technique à l'organisme mixte. Un modèle de cette convention est fixé par arrêté du ministre chargé du budget *(Voir arrêté du 22 novembre 2016, JO du 18 décembre)*.

L'administration peut refuser de conclure une convention avec des organismes mixtes créés ou dirigés en fait par des organisations professionnelles qui elles-mêmes ont été dirigées au cours des cinq dernières années par des personnes ayant été condamnées depuis moins de cinq ans pour avoir organisé ou tenté d'organiser le refus collectif de l'impôt au sens de l'article 1747 du code précité.

L'agrément spécifique d'organisme mixte de gestion agréé prévu à l'article 1649 quater K ter du même code se substitue à l'agrément délivré au centre de gestion mentionné à l'article 1649 quater C ou à l'association agréée mentionnée à l'article 1649 quater F du même code.

DC-II-1410 s., 1640 s.

Art 371 Z quinquies Les organismes mixtes sont soumis aux obligations prévues à l'article 371 D.

DC-II-600 s.

Art 371 Z sexies Les statuts de l'organisme mixte prévoient les conditions de participation à sa gestion des personnes ou organismes qui ont pris l'initiative de sa création, ainsi que la composition de son conseil d'administration, dans les conditions prévues par les articles 371 E et 371 Q.

Ils prévoient en outre les clauses suivantes :

1° Les organismes mixtes fournissent les services et documents prévus par le 1° de l'article 371 E pour leurs adhérents industriels, commerçants, artisans ou agriculteurs et par le 1° de l'article 371 Q pour leurs adhérents membres de professions libérales et titulaires de charges et offices ;

2° L'organisme mixte élabore pour ceux de ses membres adhérents placés sous un régime réel d'imposition les déclarations afférentes à leur exploitation destinées à l'administration fiscale, lorsque ces membres en font la demande, dans les conditions prévues par le 2° de l'article 371 E et le 2° de l'article 371 Q ;

3° L'adhésion à l'organisme mixte implique pour les membres industriels, commerçants, artisans ou agriculteurs imposés d'après leur bénéfice réel le respect des engagements et obligations prévus par le 3° de l'article 371 E et pour les membres de professions libérales et titulaires de charges et offices le respect des engagements prévus par le 3° de l'article 371 Q.

En cas de manquements graves ou répétés à ces obligations et engagements, l'adhérent est exclu de l'organisme mixte. Il est mis en mesure, avant toute décision d'exclusion, de présenter sa défense sur les faits qui sont reprochés ;

4° L'organisme mixte réalise un examen périodique de sincérité des pièces justificatives de ses adhérents dans les conditions prévues par le 4° de l'article 371 E et le 4° de l'article 371 Q *(Voir arrêté ECFE1631269A du 9 janvier 2017, JO du 2 février, modifié par arrêté ECOE2122040A du 21 juillet 2021, JO du 29 octobre)* ;

5° L'organisme mixte assure la traçabilité de l'ensemble de ses missions de contrôle ;

6° L'organisme mixte contrôle la capacité de ses adhérents à respecter, le cas échéant, le I de l'article L 47 A du livre des procédures fiscales ;

7° L'organisme mixte se soumet à un contrôle de l'administration destiné à vérifier la conformité de son organisation et de ses travaux aux dispositions du code général des impôts.

DC-II-770 s.

Art 371 Z septies Les statuts des organismes mixtes comportent les clauses selon lesquelles ces organismes prennent les engagements mentionnés aux articles 371 EA, 371 EB et 371 QA.

Sous réserve des exceptions prévues aux articles 371 EA et 371 QA, une cotisation de montant unique s'applique à l'ensemble des adhérents des organismes mixtes. Toutefois, l'organisme mixte peut appliquer une cotisation différenciée selon la catégorie d'imposition de ses adhérents, sans que l'écart entre les cotisations demandées soit supérieur à 20 %.

DC-II-910 s.

Art 371 Z octies Les demandes d'agrément sont remises au directeur départemental ou, le cas échéant, régional des finances publiques du département dans lequel l'organisme de gestion a son siège.

Toute demande d'agrément d'un organisme mixte est accompagnée des documents suivants :

1° Un exemplaire des statuts et, le cas échéant, du règlement intérieur de l'organisme ;

2° La justification de l'exécution des formalités prévues par la législation en vigueur pour la création et la régularité du fonctionnement de l'association ;

3° La liste des personnes qui dirigent ou administrent l'organisme avec, pour chacune d'elles, l'indication de leurs nom, prénoms, date et lieu de naissance, domicile, profession et de la nature de l'activité exercée dans l'organisme ;

4° Pour chacun des dirigeants ou administrateurs, le certificat prévu à l'article 371 D ;

5° La liste des membres à la date de la présentation de la demande avec indication du nom, de la profession et du lieu d'exercice de celle-ci ;

6° Une copie du contrat d'assurance mentionné au 4° des articles 371 EA et 371 QA ;

7° L'engagement prévu à l'article 371 EB et au 5° de l'article 371 QA ;

8° Le texte de la convention conclue avec l'administration fiscale ;

9° Une notice indiquant la nature des services rendus par l'organisme à ses membres adhérents ;

10° Un rapport des personnes, ordres ou organisations professionnelles ayant pris l'initiative de la création de l'organisme ;

11° Une attestation sur l'honneur de chacun des administrateurs, selon laquelle ils ne sont pas frappés par les interdictions prévues aux articles 371 K bis, 371 V bis et 371 Z terdecies.

Après s'être assuré que le dossier est complet, le directeur départemental ou, le cas échéant, régional des finances publiques en délivre récépissé.

DC-II-1620 s.

Art 371 Z nonies La décision d'agrément est prise par le directeur régional des finances publiques de la région dans laquelle l'organisme de gestion demandeur a son siège.

DC-II-1670 s.

Art 371 Z decies Le directeur mentionné à l'article 371 Z nonies se prononce dans le délai de quatre mois suivant la date de délivrance du récépissé prévu à l'article 371 Z octies.

L'absence de décision dans le délai fixé vaut acceptation de la demande. Le refus d'agrément est motivé.

DC-II-1850 s.

Art 371 Z undecies L'agrément est délivré pour une période de trois ans. Il peut être renouvelé selon la procédure prévue aux articles 371 Z octies à 371 Z decies sur demande présentée au plus tard six mois avant l'expiration de l'agrément en cours.

Le renouvellement de l'agrément intervient, à l'exception du premier renouvellement, tous les six ans.

Lors de l'examen de la demande de renouvellement de l'agrément, il est tenu compte de l'action exercée par l'organisme mixte pour, d'une part, améliorer la gestion des entreprises adhérentes et s'assurer de la sincérité des résultats qu'elles déclarent s'agissant de ses adhérents industriels, commerçants, artisans et agriculteurs et, d'autre part, pour améliorer la connaissance des revenus de ses adhérents membres des professions libérales et titulaires de charges et offices.

DC-II-1890 s.

Art 371 Z duodecies Le directeur mentionné à l'article 371 Z nonies, après avoir mis en demeure l'organisme mixte de présenter ses observations sur les faits qui lui sont reprochés, peut lui retirer l'agrément :

1° En cas d'inexécution des engagements pris par l'organisme mixte ou de violation des obligations qui lui incombent en vertu des statuts ou du règlement intérieur ;

2° En cas de non-respect de la convention prévue à l'article 371 Z quater, entraînant la dénonciation de celle-ci par l'administration fiscale ;

3° Si le nombre des adhérents de l'organisme mixte est inférieur, pendant plus d'un an, au seuil fixé à l'article 371 Z ter ;

4° Si l'organisme mixte conserve parmi ses dirigeants ou administrateurs une personne n'ayant pas respecté ses obligations déclaratives ou de paiement en matière fiscale ou ayant fait l'objet, postérieurement à l'agrément, d'une des sanctions prévues à l'article 371 D ;

5° Si l'organisme mixte ne prononce pas l'exclusion des adhérents qui ne respectent pas les obligations leur incombant en vertu des statuts ou du règlement intérieur ;

6° En cas de maintien d'un bureau secondaire ne respectant pas les conditions prévues à l'article 371 Z ter pendant plus d'un an.

DC-II-2500 s.

Art 371 Z terdecies Un organisme mixte ayant fait l'objet d'une décision de non-renouvellement ou de retrait d'agrément, pour un motif autre que les conditions posées à l'article 371 Z ter, ne peut déposer de nouvelle demande d'agrément au cours des deux années suivant ladite décision.

Ses administrateurs ne peuvent siéger au sein du conseil d'administration d'un centre, d'une association agréée, ou d'un organisme mixte de gestion agréé au cours des deux années suivant la décision de non-renouvellement ou de retrait d'agrément.

DC-II-690, 2505

Art 371 Z quaterdecies Pour l'application du 7 de l'article 158 du code général des impôts, un contribuable mentionné au 1° de ce 7 n'est pas adhérent d'un organisme mixte de gestion agréé s'il n'a pas été membre adhérent de cet organisme pendant toute la durée de l'exercice considéré.

Cette condition n'est toutefois pas exigée dans les cas prévus aux a, b, c, d et e des articles 371 L et 371 W.

Les déclarations de résultats des membres adhérents d'un organisme mixte agréé, mentionnés au premier alinéa, sont accompagnées d'une attestation fournie par l'organisme mixte indiquant la date d'adhésion et, le cas échéant, la date à laquelle est intervenue la perte de la qualité d'adhérent. L'organisme mixte et le membre adhérent sont identifiés sur cette attestation.

DC-II-12070 s., 12800 s.

Art 371 Z quindecies Pour l'application de l'article 1649 quater E bis du code général des impôts, la clientèle des industriels, commerçants, artisans et agriculteurs est informée de leur qualité d'adhérent d'un organisme mixte de gestion agréé et de ses conséquences en ce qui concerne l'acceptation des règlements par chèque et par carte bancaire selon les modalités fixées par les articles 371 LB à 371 LD.

En cas de manquements graves ou répétés à ces obligations, les adhérents sont exclus de l'organisme mixte dans les conditions prévues à l'article 371 Z sexies.

DC-II-16000 s., 16200 s.

Art 371 Z sexdecies Pour l'application de l'article 1649 quater F du code général des impôts, les membres des professions libérales et titulaires de charges et offices adhérents d'un organisme mixte agréé respectent les recommandations prévues à l'article 371 Y.

En cas de manquements graves et répétés à ces recommandations, ils sont exclus de l'organisme mixte dans les conditions prévues à l'article 371 Z sexies.

DC-II-6670 s., 16200 s.

CHAPITRE I BIS A

Professionnels de l'expertise comptable

Art 371 bis A L'autorisation prévue à l'article 1649 quater L du code général des impôts est délivrée par le commissaire du Gouvernement auprès du conseil régional compétent, lors de l'inscription d'un expert-comptable, d'une société d'expertise comptable ou d'une succursale d'expertise comptable au tableau de l'ordre des experts-comptables ou lors de l'inscription d'une association de gestion et de comptabilité à la suite de ce tableau. Cette autorisation est délivrée après avis favorable du commissaire du Gouvernement à l'inscription de l'intéressé.

DC-II-16640 s.

Art 371 bis B Pour l'application des dispositions du b du 1° du 7 de l'article 158 du code général des impôts, le professionnel de l'expertise comptable sollicite par écrit la signature d'une convention auprès du commissaire du Gouvernement près le conseil régional de l'ordre des experts-comptables dans le ressort duquel ce professionnel de l'expertise comptable est inscrit et, en cas de pluralité d'établissements, dans le ressort du conseil régional de son établissement principal. Un modèle de cette convention est fixé par arrêté du ministre chargé du budget *(Voir arrêté ECFE1633223A du 22 novembre 2016, JO du 18 décembre).*

La demande est accompagnée d'un certificat délivré par l'administration fiscale, sur demande de l'expert-comptable, de la société d'expertise comptable, de l'association de gestion et de comptabilité ou de chacun de leurs dirigeants et administrateurs. Ce certificat atteste que l'expert-comptable, les dirigeants et administrateurs ont respecté leurs obligations déclaratives et de paiement en matière fiscale pendant la période de cinq ans qui précède la demande d'agrément et ne font pas l'objet des mesures prévues à l'article 1750 du code général des impôts ou n'ont pas fait l'objet au cours des cinq dernières années :

a. D'une condamnation figurant au bulletin n° 2 prévu à l'article 775 du code de procédure pénale, à l'exception des condamnations pour blessures, coups ou homicide involontaires et pour infraction au code de la route ;

b. D'une amende fiscale prononcée par un tribunal ;

c. D'une sanction fiscale prononcée par l'administration pour manœuvres frauduleuses.

DC-II-16782 s.

Art 371 bis C Le commissaire du Gouvernement peut refuser de conclure la convention :

a. En cas de manquements constatés au respect des obligations fiscales et sociales de l'expert-comptable, de la société d'expertise comptable, de l'association de gestion et de comptabilité ou de leurs dirigeants dans la période de cinq ans qui précède la demande ;

b. Si le professionnel de l'expertise comptable a fait l'objet de l'une des sanctions disciplinaires prévues aux cinquième (4°), sixième (5°) ou septième alinéas de l'article 53 de l'ordonnance n° 45-2138 du 19 septembre 1945.

En cas de refus, la décision est notifiée au demandeur par lettre recommandée avec demande d'avis de réception postal. Ce refus est motivé.

Dans le cas contraire, le commissaire du Gouvernement adresse au demandeur une convention dont le modèle est fixé par arrêté du ministre chargé du budget *(Voir arrêté ECFE1633223A du 22 novembre 2016, JO du 18 décembre).*

DC-II-16792 s.

Art 371 bis C bis Pour être conventionné en application des articles 1649 quater L et 1649 quater M du code général des impôts, le professionnel de l'expertise comptable justifie d'un nombre de clients ou adhérents d'au minimum cinq cents personnes physiques ou morales imposées à l'impôt sur le revenu d'après leur bénéfice réel et respectant les dispositions du b du 1° du 7 de l'article 158 du même code.

La convention du professionnel n'est pas renouvelée si le nombre des clients ou adhérents vis-à-vis desquels le professionnel exerce la mission prévue à l'article 1649 quater L précité n'atteint pas mille dans un délai de trois ans à compter de la date de conclusion de la convention.

Pour attribuer à un établissement secondaire l'exercice de la mission prévue à l'article 1649 quater L précité, le professionnel justifie, pour chaque établissement concerné, d'un nombre de cinq cents clients ou adhérents supplémentaires au-delà du seuil mentionné au deuxième alinéa et confie à cet établissement la réalisation des contrôles prévus à l'article 1649 quater L précité pour au moins cinq cents adhérents ou clients.

DC-II-16811 s.

Art 371 bis D La convention signée par le professionnel de l'expertise comptable n'est ni cessible ni transmissible. En cas de décès d'un expert-comptable personne physique ou d'incapacité temporaire à exercer son activité, pour l'application à ses clients des dispositions du b du 1° du 7 de l'article 158 du code général des impôts, l'administrateur provisoire éventuellement désigné devra disposer de l'autorisation et avoir conclu la convention prévues à l'article 1649 quater L du même code.

Lorsque l'administrateur provisoire ne satisfait pas aux conditions de l'article 1649 quater L précité, les clients disposent, conformément aux dispositions de l'article 371 bis L, d'un délai de soixante jours à compter de la nomination de l'administrateur provisoire pour signer une nouvelle lettre de mission ou adhérer à un organisme agréé.

DC-II-16845

Art 371 bis E La convention est conclue pour une période de trois ans. Elle est renouvelée une fois par tacite reconduction pour la même durée, sauf dénonciation, au plus tard trois mois avant l'expiration de la convention en cours, par le commissaire du Gouvernement ou par le professionnel de l'expertise comptable.

Elle peut être ensuite renouvelée pour la même durée selon la procédure prévue aux articles 371 bis B et 371 bis C sur demande présentée, au plus tard, trois mois avant l'expiration de la convention en cours.

Le commissaire du Gouvernement examine la situation du demandeur conformément aux dispositions de l'article 371 bis B.

En cas de refus de renouvellement, la décision est notifiée au demandeur par lettre recommandée avec demande d'avis de réception postal. Cette décision est motivée.

Le professionnel de l'expertise comptable dont la convention prévue à l'article 371 bis B n'est pas renouvelée en informe ses clients ou adhérents concernés par les dispositions du b du 1° du 7 de l'article 158 du code général des impôts dans le mois qui suit la date de notification du non-renouvellement.

Le commissaire du Gouvernement informe le conseil régional de l'ordre des experts-comptables de l'ensemble des décisions prises en matière de convention prévue à l'article 371 bis B.

DC-II-16832 s.

Art 371 bis F Le professionnel de l'expertise comptable qui a conclu la convention prévue à l'article 371 bis B :

1° Transmet à ses clients ou adhérents imposés d'après leur bénéfice réel, dans un délai de deux mois suivant la date de réception de la déclaration de résultats et au plus tard de neuf mois suivant la clôture de leur exercice comptable lorsque celui-ci ne coïncide pas avec l'année civile, un dossier comprenant :

a. Les ratios et les autres éléments caractérisant la situation financière et économique de l'entreprise ;

b. Un commentaire sur la situation financière et économique de l'entreprise ;

c. A partir de la clôture du deuxième exercice suivant le début de leur relation contractuelle, une analyse comparative des bilans et des comptes de résultat de l'entreprise. Toutefois, pour les entreprises soumises au régime simplifié d'imposition, seule l'analyse comparative des comptes de résultat est adressée ;

d. Un document de synthèse présentant une analyse économique en matière de prévention des difficultés économiques et financières de l'entreprise avec l'indication, le cas échéant, des démarches à accomplir ;

2° Réalise un examen périodique de sincérité de pièces justificatives de ses clients ou adhérents dans le but de vérifier que leurs déclarations fiscales sont correctement établies. Cet examen suit une méthode établie par le professionnel pour l'ensemble de ses clients ou adhérents. Pour déterminer les clients ou adhérents faisant l'objet, au titre d'une année donnée, d'un examen périodique de pièces justificatives, le professionnel sélectionne des clients ou adhérents selon une méthode fixée par arrêté du ministre chargé du budget assurant la réalisation de cet examen au moins tous les trois ans *(Voir arrêté ECFE1631269A du 9 janvier 2017, JO du 2 février, modifié par arrêté ECOE2122040A du 21 juillet 2021, JO du 29 octobre)*. Le nombre des pièces examinées est modulé selon la taille de l'entreprise. Le choix des pièces examinées prend appui sur un document fournissant une vision exhaustive des opérations comptables de l'entreprise. Il n'est en aucun cas fourni par le professionnel à l'administration fiscale. Le client ou l'adhérent est mis en mesure de présenter ses observations en réponse aux éventuelles questions et critiques formulées par le professionnel dans le cadre de cet examen.

Cet examen et les contrôles annuels effectués par le professionnel font l'objet du compte rendu de mission tel que prévu aux articles 1649 quater E et 1649 quater H du code général des impôts ;

3° Le professionnel assure la traçabilité de l'ensemble de ses missions de contrôles ;

4° Le professionnel contrôle la capacité de leurs clients ou adhérents à respecter, le cas échéant, le I de l'article L 47 A du livre des procédures fiscales.

DC-II-17250

Art 371 bis G Le respect des engagements prévus par la convention est examiné, une fois au moins tous les trois ans, dans le cadre du contrôle de qualité mis en œuvre par l'administration fiscale et destiné à vérifier la conformité de son organisation et de ses travaux aux dispositions du code général des impôts.

Les résultats de ce contrôle sont transmis au commissaire du Gouvernement dans un délai de trois mois après sa conclusion.

DC-II-17400 s.

Art 371 bis H Le commissaire du Gouvernement peut résilier la convention :

a. En cas de condamnation définitive du professionnel de l'expertise comptable à une sanction disciplinaire pour des motifs fiscaux ;

b. En cas de condamnation définitive du professionnel de l'expertise comptable à une sanction disciplinaire à la suite d'un contrôle diligenté conformément à l'article 371 bis G ;

c. En cas de condamnation définitive du professionnel de l'expertise comptable ou de ses représentants légaux en application des articles 1741, 1743, 1746 et 1747 du code général des impôts ou pour escroquerie à la taxe sur la valeur ajoutée ou à tout autre impôt ou taxe, ainsi que pour complicité à ces infractions ;

d. Dans le cas où le professionnel de l'expertise comptable s'abstient de résilier la lettre de mission relative à l'application des dispositions du b du 1° du 7 de l'article 158 du code général des impôts, alors même qu'il constate des manquements graves et répétés aux obligations comptables, fiscales et sociales de son client ou adhérent ;

e. En cas d'inobservation par le professionnel de l'expertise comptable de ses obligations stipulées dans la convention prévue à l'article 371 bis B ;

f. Au cas où le nombre des clients ou adhérents du professionnel, tel qu'il est défini à l'article 371 bis C bis, est inférieur pendant plus d'un an au seuil fixé à cet article ;

g. En cas de maintien d'un établissement secondaire ne respectant pas les conditions prévues à l'article 371 bis C bis pendant plus d'un an.

Le commissaire du Gouvernement met préalablement le professionnel de l'expertise comptable en mesure de présenter ses observations sur les faits qui lui sont reprochés.

La décision de résiliation est notifiée par lettre recommandée avec demande d'avis de réception postal. Cette décision est motivée.

DC-II-16860

Art 371 bis I Le professionnel de l'expertise comptable dont la convention prévue à l'article 371 bis B est résiliée en informe ses clients ou adhérents concernés par les dispositions du b du 1° du 7 de l'article 158 du code général des impôts dans le mois qui suit la notification de la résiliation.

DC-II-16870

Art 371 bis J L'autorisation et la convention mentionnées à l'article 1649 quater L du code général des impôts deviennent caduques lorsque le professionnel de l'expertise comptable fait l'objet d'une radiation du tableau ou d'une suspension de son inscription au tableau ou à la suite de celui-ci, prononcée à sa demande ou à titre de sanction disciplinaire non assortie d'un sursis.

DC-II-16730

Art 371 bis K Le professionnel de l'expertise comptable dont l'autorisation ou la convention sont devenues caduques en vertu de l'article 371 bis J ou dont la convention a été résiliée en vertu de l'article 371 bis H pour un motif autre que le non-respect des conditions posées à l'article 371 bis C bis ne peut déposer une nouvelle demande d'autorisation ou de convention qu'à l'expiration d'un délai de deux ans suivant la date à laquelle elles sont devenues caduques ou la convention a été résiliée, à condition qu'il ne fasse plus l'objet d'une suspension et qu'il soit inscrit au tableau de l'ordre des experts-comptables ou à la suite de celui-ci.

La demande d'autorisation formulée à la suite d'une suspension est adressée par écrit au commissaire du Gouvernement mentionné à l'article 371 bis B. Celui-ci examine la situation du demandeur au regard de ses obligations fiscales et sociales et il diligente notamment une nouvelle enquête de moralité.

La demande de nouvelle convention est soumise à la procédure prévue aux articles 371 bis B et 371 bis C.

DC-II-16877 s.

Art 371 bis L Pour l'application du 7 de l'article 158 du code général des impôts, un contribuable mentionné au b du 1° n'est pas considéré pour un exercice donné, comme client ou adhérent d'un professionnel de l'expertise comptable ayant signé la convention prévue à l'article 371 bis B, s'il n'a pas été lié avec ce dernier par la lettre de mission spécifique prévue par le code de déontologie des professionnels de l'expertise comptable pendant toute la durée de l'exercice considéré.

Cette condition n'est toutefois pas exigée :

a. Pour l'exercice au cours duquel intervient la signature de la première lettre de mission avec un professionnel de l'expertise comptable, à condition que celle-ci soit intervenue dans le délai de cinq mois suivant la date d'ouverture de l'exercice donné ;

b. En cas de résiliation de la convention du professionnel de l'expertise comptable par le commissaire du Gouvernement, à condition que la signature de la lettre de mission avec le nouveau professionnel de l'expertise comptable ou l'adhésion à un organisme agréé soit intervenue dans le délai maximum de soixante jours suivant la date de réception de la notification au client ou à l'adhérent de la résiliation de la convention ;

c. En cas de désignation d'un administrateur provisoire ne satisfaisant pas aux conditions de l'article 1649 quater L du code général des impôts, à condition que la signature de la lettre de mission avec le nouveau professionnel de l'expertise comptable ou l'adhésion à un organisme agréé soit intervenue dans le délai maximum de soixante jours suivant la date de nomination de l'administrateur provisoire ;

d. En cas de changement de professionnel de l'expertise comptable ou d'adhésion à un organisme agréé à l'initiative du client ou de l'adhérent pour d'autres motifs que ceux mentionnés aux b et c, à condition que la signature de la lettre de mission avec le nouveau professionnel de l'expertise comptable ou l'adhésion à l'organisme agréé soit intervenue dans le délai maximum de trente jours suivant la date de la résiliation de la lettre de mission avec l'ancien professionnel de l'expertise comptable ;

e. En cas de démission d'un centre de gestion agréé ou d'une association agréée suivie, dans le délai maximum de trente jours, de la conclusion d'une lettre de mission avec un professionnel de l'expertise comptable ;

f. En cas de signature d'une première lettre de mission avec un professionnel de l'expertise comptable avant la clôture de l'exercice comptable pour les contribuables franchissant les limites de chiffre d'affaires des régimes définis aux articles 50-0,64 bis et 102 ter du code général des impôts.

Les déclarations de résultats des clients ou adhérents mentionnés au premier alinéa sont accompagnées d'une attestation fournie par le professionnel de l'expertise comptable indiquant la date de signature de la lettre de mission spécifique et le montant de leur résultat imposable. Le professionnel de l'expertise comptable et le contribuable sont identifiés sur cette attestation. Cette attestation est dématérialisée et télétransmise aux services fiscaux selon la procédure prévue par le système de transfert des données fiscales et comptables.

DC-II-17035 s., 17326

Art 371 bis M Pour l'application du dernier alinéa de l'article 1649 quater L du code général des impôts, les clients ou adhérents d'un professionnel de l'expertise comptable ayant signé la convention prévue à l'article 371 bis B informent leur clientèle de leur recours aux services dudit professionnel et de ses conséquences en ce qui concerne l'acceptation des règlements par carte bancaire ou par chèque selon les modalités cumulatives suivantes :

1° Par apposition dans les locaux destinés à recevoir la clientèle, ainsi que dans les emplacements ou véhicules aménagés en vue d'effectuer des ventes ou des prestations de services, d'un document écrit et placé de manière à pouvoir être lu sans difficulté par cette clientèle reproduisant le texte suivant : « Client ou adhérent d'un viseur fiscal conventionné par l'administration fiscale acceptant à ce titre le règlement des honoraires par carte bancaire ou par chèques libellés à son nom » ;

2° Par la reproduction dans la correspondance et sur les documents professionnels adressés ou remis aux clients du texte mentionné au 1° ; ce texte est placé de manière à n'engendrer aucune confusion avec les titres ou qualités universitaires et professionnelles.

Les professionnels de l'expertise comptable ayant signé la convention prévue à l'article 371 bis B portent les obligations définies aux 1° et au 2° à la connaissance de leurs clients ou adhérents. Ceux-ci informent par écrit le professionnel de l'expertise comptable conventionné auquel ils ont recours de l'exécution de ces obligations. Le professionnel de l'expertise comptable ayant signé la convention prévue à l'article 371 bis B s'assure de leur exécution effective.

DC-II-17022 s.

Art 371 bis N En cas de manquements graves ou répétés aux dispositions de l'article 371 bis M, la lettre de mission des clients ou adhérents du professionnel de l'expertise comptable est résiliée.

DC-II-17032

CHAPITRE I BIS B

Certificateurs à l'étranger

Art 371 ter A La convention prévue à l'article 1649 quater N du code général des impôts est délivrée par le directeur général des finances publiques sur demande accompagnée de justificatifs d'identité, de résidence, de moralité fiscale attestant que le professionnel ou organisme a respecté ses obligations déclaratives et de paiement en matière fiscale au regard de la législation de son pays d'établissement.

DC-II-17600 s.

Art 371 ter B Les demandes de conventionnement, accompagnées des justificatifs désignés à l'article 371 ter A, sont remises au directeur général des finances publiques.

Après s'être assuré que le dossier est complet, le directeur général des finances publiques en délivre récépissé.

Le directeur général des finances publiques se prononce dans le délai de quatre mois suivant la date de délivrance du récépissé.

L'absence de décision dans le délai fixé vaut acceptation de la demande.

DC-II-17615

Art 371 ter C Le directeur général des finances publiques peut refuser de conclure la convention :

a. En cas de manquements constatés aux obligations déclaratives et de paiement en matière fiscale au regard de la législation de son pays d'établissement ;

b. En cas de non-respect des conditions de résidence et de qualité professionnelle fixées à l'article 1649 quater N du code général des impôts.

En cas de refus, une décision motivée est notifiée au demandeur par pli recommandé avec demande d'avis de réception.

Dans le cas contraire, le directeur général des finances publiques adresse au professionnel ou à l'organisme une convention dont le modèle est fixé par arrêté du ministre chargé du budget *(Voir arrêté ECFE1701315A du 2 février 2017, JO du 10 mars).*

DC-II-17620

Art 371 ter D La convention n'est ni cessible ni transmissible.

DC-II-17625

Art 371 ter E La convention est conclue pour une période de trois ans. Elle est renouvelable une fois par tacite reconduction pour la même durée, sauf dénonciation par le directeur général des finances publiques ou par le professionnel ou organisme trois mois au moins avant la date d'expiration de la convention en cours.

Elle peut être renouvelée pour la même durée selon la procédure initiale sur demande présentée trois mois au moins avant la date d'expiration de la convention en cours.

Le directeur général des finances publiques statue sur la demande et informe le demandeur de sa décision dans les mêmes conditions qu'une demande initiale.

Le certificateur à l'étranger dont la convention n'est pas renouvelée en informe ses clients ou adhérents dans le mois qui suit la date de notification du non-renouvellement.

DC-II-17625

Art 371 ter F Le demandeur s'engage par la convention :

1° A respecter une stricte indépendance dans l'examen des déclarations fiscales de son client ou adhérent en confiant cet examen à une personne n'ayant pas participé à la tenue de la comptabilité de ce dernier ;

2° A contrôler la déclaration des revenus encaissés à l'étranger et la déclaration de résultats déposée à l'étranger afférente aux revenus de source étrangère provenant d'un Etat membre de l'Union européenne ou d'un autre Etat partie à l'accord sur l'Espace économique européen ayant conclu avec la France une convention d'assistance administrative en vue de lutter contre la fraude et l'évasion fiscales ;

3° A adresser un compte rendu de mission à son adhérent ou client dans les deux mois qui suivent la fin des opérations de contrôles et au plus tard dans les huit mois de la réception de la déclaration des revenus encaissés à l'étranger par un contribuable domicilié en France. Dans le même délai, le certificateur transmet une copie de ce compte rendu par voie dématérialisée à la direction générale des finances publiques.

DC-II-17610 s.

Art 371 ter G Le directeur général des finances publiques peut résilier la convention s'il constate que le certificateur à l'étranger ou la société dans laquelle il exerce sa profession ont fait l'objet de manquements à l'une des obligations stipulées dans la convention individuelle.

Avant de prendre sa décision, le directeur général des finances publiques met le certificateur à l'étranger en mesure de présenter ses observations sur les faits qui lui sont reprochés.

La décision de résiliation motivée est notifiée au certificateur à l'étranger par pli recommandé avec demande d'avis de réception.

Le certificateur à l'étranger dont la convention est résiliée en informe ses clients ou adhérents dans le mois qui suit la date de notification du non-renouvellement.

DC-II-17630

Art 371 ter H Le certificateur à l'étranger dont la convention est caduque ou a été résiliée en application des dispositions du présent chapitre ne peut déposer une nouvelle demande de convention qu'à l'expiration d'un délai de deux ans.

DC-II-17630

CHAPITRE I BIS C

Modalités de mise en place et de fonctionnement des commissions départementales des valeurs locatives des locaux professionnels et des commissions départementales des impôts directs locaux

SECTION I

Commissions départementales des valeurs locatives des locaux professionnels

Art 371 ter I **I.** Les membres de la commission départementale des valeurs locatives mentionnée à l'article 1650 B du code général des impôts, autres que les parlementaires, sont désignés dans les conditions définies aux II à V.

II. Les membres du conseil de Paris sont désignés par celui-ci dans les deux mois qui suivent son renouvellement. La durée de leur mandat est la même que celle du mandat des conseillers de Paris.

Les membres du conseil départemental sont désignés par celui-ci dans les deux mois qui suivent son renouvellement. La durée de leur mandat est la même que celle du mandat des conseillers départementaux.

Les membres du conseil de la Métropole de Lyon sont désignés par celui-ci dans les deux mois qui suivent son renouvellement. La durée de leur mandat est la même que celle du mandat des conseillers de la Métropole.

Les maires sont désignés par l'association départementale des maires dans les deux mois qui suivent le renouvellement général des conseils municipaux. La durée de leur mandat est la même que celle du mandat des conseillers municipaux.

Les représentants des établissements publics de coopération intercommunale à fiscalité propre sont désignés par l'association départementale des maires dans les trois mois qui suivent le renouvellement général des conseils municipaux. La durée de leur mandat est la même que celle du mandat des membres de l'organe délibérant des établissements publics de coopération intercommunale à fiscalité propre.

III. S'il existe plusieurs associations de maires dans le département, les maires et les représentants des établissements publics de coopération intercommunale à fiscalité propre sont désignés par le représentant de l'Etat dans le département après consultation desdites associations.

S'il n'existe aucune association de maires dans le département, les maires et les représentants des établissements publics de coopération intercommunale à fiscalité propre sont désignés par le représentant de l'Etat dans le département.

A défaut de désignation dans les délais prévus au II, les membres du conseil de Paris, les membres du conseil départemental, les membres du conseil de la Métropole de Lyon, les maires et les représentants des établissements publics de coopération intercommunale à fiscalité propre sont désignés par le représentant de l'Etat dans le département.

IV. Les représentants des contribuables sont désignés par le représentant de l'Etat dans le département, pour six ans, dans les trois mois qui suivent le renouvellement général des conseils municipaux. Ils comprennent :

a. Trois personnes désignées après consultation des chambres de commerce et d'industrie territoriales ou, en Ile-de-France, des chambres de commerce et d'industrie départementales d'Ile-de-France ;

b. Deux personnes désignées après consultation des chambres de métiers et de l'artisanat départementales ou, à défaut, de région ;

c. Trois personnes désignées après consultation des organisations d'employeurs au niveau interprofessionnel les plus représentatives dans le département ;

d. Une personne désignée après consultation des organisations représentatives des professions libérales dans le département.

V. Les représentants de l'administration fiscale sont désignés par le directeur départemental ou, le cas échéant, régional des finances publiques.

FB-III-59580 s.

Art 371 ter J I. Des suppléants, en nombre égal à celui des titulaires mentionnés aux II à V de l'article 371 ter I, sont désignés dans les mêmes conditions pour remplacer les membres de la commission en cas d'absence ou d'empêchement.

II. Chaque représentant des collectivités territoriales et des établissements publics de coopération intercommunale à fiscalité propre peut être accompagné aux séances de la commission soit de son suppléant, soit d'un fonctionnaire relevant de l'article L 4 du code général de la fonction publique *(NDLR La référence à l'article L 4 du code général de la fonction publique s'applique à compter du 1er mars 2022 : ordonnance 2021-1574 du 24 novembre 2021 art. 3, II-11°, 4 et 11).*

Chaque représentant des contribuables peut être accompagné aux séances de la commission soit de son suppléant, soit, après autorisation du président de la commission, d'une personne choisie, selon le cas, parmi :

a. Le personnel des chambres de commerce et d'industrie ;

b. Le personnel des chambres de métiers et de l'artisanat ;

c. Les membres ou le personnel des organisations d'employeurs au niveau interprofessionnel les plus représentatives dans le département ;

d. Les membres ou le personnel des organisations représentatives des professions libérales dans le département.

Chaque représentant de l'administration fiscale peut être accompagné de son suppléant aux séances de la commission.

Les fonctionnaires mentionnés au premier alinéa, les personnes choisies conformément au deuxième alinéa et, sauf dans les cas prévus au I, les suppléants ne participent pas aux débats de la commission.

III. Une personne désignée à plusieurs titres comme membre titulaire ou suppléant de la commission choisit dans un délai d'une semaine la qualité en laquelle elle siège au sein de la commission.

FB-III-59560 s.

Art 371 ter K Un arrêté préfectoral fixe la liste des membres de la commission départementale des valeurs locatives, autres que les parlementaires et les représentants de l'administration fiscale, dès leur désignation dans les conditions prévues aux articles 371 ter I et 371 ter J.

Cet arrêté est publié au recueil des actes administratifs du département.

FB-III-59540

Art 371 ter L I. Il est procédé à une nouvelle désignation lorsqu'un des membres de la commission ou son suppléant démissionne, perd la qualité au titre de laquelle il a été désigné ou est hors d'état d'exercer ses fonctions. La personne ainsi désignée exerce ses fonctions jusqu'à l'expiration du mandat de la personne qu'elle remplace. La désignation est faite par les personnes et dans les conditions prévues à l'article 371 ter I, les délais étant calculés à compter de l'événement qui déclenche une nouvelle désignation.

La commission siège valablement durant le temps nécessaire pour pourvoir au remplacement des membres dans les cas prévus au premier alinéa.

II. Il est également procédé à une nouvelle désignation :

a. Des conseillers départementaux en cas de renouvellement général des conseils départementaux ;

b. Des conseillers métropolitains en cas de renouvellement général du conseil de la Métropole de Lyon ;

c. Des conseillers de Paris, des maires, des représentants des établissements publics de coopération intercommunale à fiscalité propre et des représentants des contribuables en cas de renouvellement général des conseils municipaux.

La commission suspend ses travaux le vendredi précédant le renouvellement général des conseils départementaux ou des conseils municipaux. Les travaux de la commission reprennent au plus tard une semaine après la désignation des nouveaux membres de la commission.

Art 371 ter M I. Les membres de la commission sont réunis, à l'initiative du directeur départemental ou, le cas échéant, régional des finances publiques, dans les huit jours suivant la publication de l'arrêté prévu à l'article 371 ter K, afin d'élire, parmi les représentants des collectivités territoriales et des établissements publics de coopération intercommunale à fiscalité propre, le président de la commission et un vice-président chargé de remplacer le président en cas d'absence ou d'empêchement de celui-ci.

La séance est présidée par le doyen d'âge. Le scrutin est secret. Nul ne peut être élu s'il n'a recueilli, lors des deux premiers tours de scrutin, la majorité des suffrages exprimés. A défaut, il est procédé à un troisième tour de scrutin. Le candidat qui a recueilli le plus grand nombre de suffrages est déclaré élu. En cas d'égalité de suffrages, le candidat le plus âgé est déclaré élu.

II. La commission est convoquée par son président, soit de sa propre initiative, soit à la demande de la moitié au moins de ses membres, soit à la demande du directeur départemental ou, le cas échéant, régional des finances publiques. Les membres de la commission sont convoqués au moins huit jours francs avant la date fixée pour la réunion.

Les séances de la commission ne sont pas publiques. Toutefois, le président peut décider d'entendre toute personne pouvant apporter des informations utiles à la commission.

III. La commission ne délibère que si la moitié au moins de ses membres est présente. Dans le cas où le quorum n'est pas atteint, il est aussitôt procédé à une nouvelle convocation et, à l'issue d'un délai d'au moins trois jours francs après cette dernière, la commission peut délibérer quel que soit le nombre des membres présents.

Les décisions de la commission sont prises à la majorité des suffrages exprimés.

Les représentants de l'administration fiscale ne prennent pas part aux votes.

Le président a voix prépondérante en cas de partage égal des voix.

FB-III-59620 s.

CHAPITRE I BIS D

Modalités de publication et de notification des décisions prises en vue de la détermination des paramètres d'évaluation des valeurs locatives des locaux professionnels

Art 371 ter S **I.** Les décisions prises par la commission départementale des valeurs locatives en application du 3 du I et du III de l'article 1504 du code général des impôts ou du II de l'article 1518 ter du même code sont notifiées :

1° Au président du conseil départemental, ou, le cas échéant, en Martinique ou en Guyane, au président de l'assemblée délibérante de la collectivité territoriale unique, au président du conseil de la Métropole de Lyon, ainsi qu'au maire de Paris ;

2° Aux maires des communes et aux présidents des établissements publics de coopération intercommunale à fiscalité propre du département.

Elles sont transmises sans délai au directeur départemental ou, le cas échéant, régional des finances publiques.

Les décisions prises par la commission départementale des valeurs locatives en application du IV de l'article 1504 du code général des impôts sont également notifiées dans les conditions prévues à l'alinéa précédent.

II. Les arrêtés pris en application du III ou du IV de l'article 1504 précité sont notifiés :

1° Au président du conseil départemental, ou, le cas échéant, en Martinique ou en Guyane, au président de l'assemblée délibérante de la collectivité territoriale unique, au président du conseil de la Métropole de Lyon, ainsi qu'au maire de Paris ;

2° Aux maires des communes et aux présidents des établissements publics de coopération intercommunale à fiscalité propre du département ;

3° Au président de la commission départementale des valeurs locatives des locaux professionnels et au président de la commission départementale des impôts directs locaux.

III. Les tarifs pris en application du I de l'article 1518 ter du code général des impôts sont notifiés :

1° Au président du conseil départemental ou, le cas échéant, en Martinique ou en Guyane, au président de l'assemblée délibérante de la collectivité territoriale unique, au président du conseil de la Métropole de Lyon, ainsi qu'au maire de Paris ;

2° Aux maires des communes et aux présidents des établissements publics de coopération intercommunale à fiscalité propre du département.

IV. Les décisions et les arrêtés mentionnés aux I à III sont publiés au recueil des actes administratifs de la préfecture du département.

V. Les notifications et les transmissions prévues par le présent article sont effectuées par voie électronique ou, si nécessaire, par lettre recommandée avec demande d'avis de réception ou par voie administrative avec récépissé.

FB-III-59460

CHAPITRE I TER

Contrôle et validation des données des entreprises étrangères sans établissement en France

Art 371 AI Les inscriptions d'informations et les dépôts de pièces au Registre national des entreprises prévu à l'article L 123-36 du code de commerce sont validés par la direction générale des finances publiques pour les entreprises étrangères répondant cumulativement aux critères suivants :

1° Elles exercent sur le territoire français une activité de nature commerciale, artisanale, agricole ou indépendante, sans y avoir d'établissement stable ;

2° Elles n'emploient pas de personne affiliée à un régime de sécurité sociale en France ;

3° Elles ont une obligation fiscale en France.

Ndlr *Les dispositions du présent article telles que rétablies par le décret 2022-1014 du 19 juillet 2022 art. 15, 2° s'appliquent à compter du 1er janvier 2023 (Décret précité art. 45).*

DC-IX-3000 s.

Art 371 AJ La transmission des informations et pièces à la direction générale des finances publiques est réalisée par l'organisme unique mentionné à l'article R 123-1 du code de commerce, dans les conditions prévues à l'article R 123-7 du même code.

Ndlr *Les dispositions du présent article telles que rétablies par le décret 2022-1014 du 19 juillet 2022 art. 15, 3° s'appliquent à compter du 1er janvier 2023 (Décret précité art. 45).*

DC-IX-3000 s.

Art 371 AK Le teneur du Registre national des entreprises, sur demande de la direction générale des finances publiques, procède à la radiation de toute entreprise inscrite à ce registre qui ne respecte pas son obligation de faire accréditer un représentant assujetti établi en France dans les conditions de l'article 289 A du code général des impôts.

La radiation est effectuée par l'intermédiaire de l'organisme unique mentionné à l'article R 123-1 du code de commerce, dans les conditions prévues à l'article R 123-7 du même code.

Ndlr *Les dispositions du présent article s'appliquent à compter du 1er janvier 2023 (Décret 2022-1620 du 23 décembre 2022 art. 3).*

DC-IX-3000 s.

CHAPITRE II

Sociétés immobilières de copropriété

Art 372 I. Entrent dans les prévisions de l'article 1655 ter du code général des impôts :

1° Les sociétés qui apportent la justification qu'à la date de publication de la loi n° 63-254 du 15 mars 1963, elles n'exerçaient pas, en fait, d'autres activités que celles concourant à la réalisation de l'objet défini audit article 1655 ter, et qui n'ont pas cessé depuis cette date de se conformer aux dispositions de cet article ;

2° Les sociétés constituées après la date de publication de la même loi qui n'ont pas cessé depuis leur création d'avoir une activité conforme à celle prévue au 1°.

Le régime défini à l'article 1655 ter du code général des impôts est applicable aux sociétés visées aux premier, deuxième et troisième alinéas ainsi qu'à leurs membres jusqu'à la date à laquelle elles auront, le cas échéant, cessé de remplir les conditions prévues à ces mêmes alinéas.

II. A l'égard des sociétés autres que celles visées au I et de leurs membres, le régime fiscal défini à l'article 1655 ter du code général des impôts ne devient, le cas échéant, applicable dans les conditions énoncées au 2 bis de l'article 221 dudit code qu'à compter de la date à laquelle les sociétés en cause modifient leurs statuts et leur activité réelle en vue de se conformer aux dispositions dudit article 1655 ter.

III. Par dérogation aux dispositions du II les nouvelles règles d'assiette de la taxe foncière et des taxes assimilées y afférentes ne deviennent, le cas échéant, applicables qu'à partir du 1er janvier de l'année suivant celle au cours de laquelle les modifications motivant le changement du régime d'imposition sont intervenues.

IMMO-IV-10850 s.

Art 373 Les sociétés visées à l'article 372 sont tenues de remettre au service des impôts du lieu de leur principal établissement, dans un délai de trois mois à compter de la date à laquelle les dispositions de l'article 1655 ter du code général des impôts leur sont devenues applicables, une déclaration souscrite en triple exemplaire sur un imprimé conforme au modèle annexé au décret n° 63-679 du 9 juillet 1963 *(Voir JO du 12 juillet 1963, p. 6319).*

Deux exemplaires des statuts en vigueur à la même date sont annexés à cette déclaration.

Lorsque ses indications ont cessé d'être exactes, la déclaration doit être renouvelée dans les trois mois du changement intervenu.

IMMO-IV-15750 s. ; MF n° 30785

Art 374 Indépendamment des renseignements dont la production est déjà prévue par le code général des impôts, les sociétés visées à l'article 372 sont tenues de faire parvenir au service des impôts du lieu de leur principal établissement, au plus tard le deuxième jour ouvré suivant le 1er mai, une déclaration en double exemplaire indiquant la part revenant ou incombant à chaque associé pour l'année précédente :

a. Dans les revenus bruts sociaux ;

b. Dans le montant des dépenses de réparation et d'entretien, des frais de gérance et de rémunération des gardes et concierges effectivement supportés par la société ;

c. Dans le montant des impositions, autres que celles incombant normalement à l'occupant, perçues, à raison des immeubles sociaux, au profit des collectivités locales ou de certains établissements publics et d'organismes divers ;

d. Dans le montant des intérêts des dettes contractées pour la conservation, l'acquisition, la construction, la réparation ou l'amélioration des immeubles sociaux ;

e. Dans les frais de gestion et d'assurance payés par la société ;

f. Et, le cas échéant, dans toutes autres charges non énumérées ci-dessus, mais effectivement supportées par la société.

Cette déclaration est vérifiée dans les conditions prévues à l'article L 53 du livre des procédures fiscales.

IMMO-IV-15850 s. ; MF n° 30805

Art 375 **I.** Lorsqu'une entreprise relevant de l'impôt sur le revenu, au titre des bénéfices industriels et commerciaux, ou de l'impôt sur les sociétés possède dans son actif des actions ou des parts d'une société visée à l'article 372 l'amortissement de la fraction des immeubles sociaux correspondant aux droits de l'entreprise considérée doit être pratiqué dans sa comptabilité pour la détermination du revenu net afférent auxdites actions ou parts.

Sous réserve des dispositions du II, cet amortissement est calculé sur le prix de revient de ces actions ou parts ou, en cas de révision des bilans, sur leur valeur nette de réévaluation.

II. Pour l'application des dispositions du I, la fraction des immeubles sociaux représentée par les actions ou parts figurant à l'actif de l'entreprise à la date d'ouverture du premier exercice arrêté après le 31 août 1963 par la société immobilière doit être réputée déjà amortie, à la date de cette ouverture, d'une somme égale au montant des amortissements dont ladite entreprise a précédemment fait état pour la détermination des revenus imposables de ces actions ou parts. Il en est ainsi, que les amortissements aient été pratiqués par la société immobilière ou par l'entreprise actionnaire ou associée. Ces amortissements doivent être inscrits ou maintenus, selon le cas, au passif du bilan de cette dernière entreprise.

L'amortissement des immeubles définis au premier alinéa est calculé sur la valeur d'actif des actions ou parts correspondantes, diminuée du montant des amortissements visés ci-dessus, et en fonction du nombre d'années restant à courir de la période normale d'utilisation de ces immeubles.

IMMO-IV-12400 s.

LIVRE II

RECOUVREMENT DE L'IMPOT

CHAPITRE PREMIER

Paiement de l'impôt

SECTION I

Impôts directs et taxes assimilées

Art 376-0 bis Le grade mentionné au second alinéa de l'article 1658 du code général des impôts est celui d'administrateur des finances publiques adjoint.

REC-I-1490

III. Sociétés étrangères ayant des exploitations en France. Retenue à la source

Art 379 **1.** Les sociétés étrangères qui réalisent des bénéfices en France, sans y avoir leur siège social, sont tenues de produire une déclaration en vue de la liquidation de la retenue à la source exigible en vertu des dispositions de l'article 115 quinquies du code général des impôts.

2. Cette déclaration est adressée au service des impôts dont dépend le lieu d'établissement de l'impôt sur les sociétés, dans le même délai que la déclaration des résultats.

La déclaration, souscrite sur des imprimés fournis par l'administration, fait apparaître distinctement le montant en euros :

Des bénéfices et plus-values à retenir pour l'assiette de l'impôt sur les sociétés ;

De l'impôt correspondant ;

Des bénéfices et plus-values réalisés en France et exonérés dudit impôt.

3. Elle est accompagnée du versement de la retenue exigible.

RM-III-13420

Art 380 **I.** La société peut demander que la retenue à la source acquittée dans les conditions définies à l'article 379 fasse l'objet d'une nouvelle liquidation sur la base de ses distributions effectives.

Les distributions à retenir pour l'application de cette disposition s'entendent des distributions au sens des articles 109 et suivants du code général des impôts qui ont été effectuées au cours de la période de douze mois qui suit la clôture de l'exercice ou de la période dont les résultats ont été retenus pour le calcul de la retenue à la source, quel que soit l'exercice auquel elles se rapportent.

II. La demande de révision est produite dans les trois mois qui suivent l'expiration de la période de douze mois définie au I.

Elle mentionne, pour chaque distribution :

Sa date ;

Son montant en euros d'après le cours des changes du jour de la mise en paiement.

III. La société est tenue de produire, à l'appui de sa demande de révision, des copies, accompagnées, le cas échéant, de traductions en langue française des décisions ou délibérations relatives aux distributions ainsi mentionnées, ainsi que des procès-verbaux ou comptes rendus des assemblées générales d'actionnaires ou d'associés qui ont approuvé les comptes de l'exercice.

RM-III-13500 s.

Art 381 La retenue à la source opérée en vertu de l'article 379 peut également être restituée dans la mesure où la société justifie que les bénéficiaires des distributions définies à l'article 380 ont leur domicile réel ou leur siège social en France.

La société doit produire, à l'appui de sa demande de révision, une liste détaillée mentionnant pour chacune des personnes visées ci-dessus :

Ses nom et prénoms ou sa raison sociale ;

L'adresse de son domicile réel ou de son siège ;

Le montant des sommes versées et la date de leur mise en paiement.

La demande de révision peut être présentée jusqu'au 31 décembre de l'année suivant celle de la mise en paiement des produits.

La restitution est subordonnée à la justification par la société, du transfert des sommes correspondantes aux bénéficiaires des distributions.

RM-III-13500 s.

Art 382 Les révisions prévues aux articles 380 et 381 ne sont applicables qu'au montant principal de la retenue à la source, à l'exception de toute majoration ou pénalité.

RM-III-13500 s.

III bis. Solidarité entre époux et partenaires liés par un pacte civil de solidarité

Art 382 bis La demande en décharge de responsabilité prévue par les dispositions du II de l'article 1691 bis du code général des impôts est adressée au directeur départemental des finances publiques du lieu d'établissement des impositions concernées ou, s'agissant d'impositions et de pénalités recouvrées par un service à compétence nationale, au directeur chargé de ce service. Elle est appuyée de toutes les justifications nécessaires à l'appréciation de la situation financière et patrimoniale, nette de charges, du demandeur.

REC-IV-13870 s., 13880

Art 382 ter Le directeur départemental des finances publiques ou le directeur chargé du service à compétence nationale se prononce dans un délai de six mois à compter de la date de sa réception sur la demande de décharge de responsabilité. Ce délai peut être prorogé dans la limite de trois mois après information du demandeur par lettre simple.

Lorsque l'administration demande la production de pièces complémentaires nécessaires à l'instruction de la demande, le délai d'instruction mentionné au premier alinéa est suspendu jusqu'à la date fixée pour produire les pièces requises. Toutefois, la production de ces pièces avant l'expiration du délai fixé met fin à cette suspension.

REC-IV-13876

Art 382 quater Si aucune décision n'a été prise dans les délais prévus à l'article 382 ter ou lorsque la décision, notifiée par lettre recommandée avec demande d'avis de réception, ne lui donne pas satisfaction, le demandeur doit, à peine de forclusion, porter l'affaire devant le tribunal compétent dans le délai de deux mois à compter :

a. Soit de la date d'expiration du délai mentionné au premier alinéa de l'article 382 ter ;

b. Soit de la date de notification de la décision prise sur la demande en décharge.

La procédure ne peut, à peine d'irrecevabilité, être engagée avant ces dates.

Le demandeur ne peut soumettre au juge des pièces justificatives autres que celles qu'il a déjà produites à l'appui de la demande de décharge de responsabilité qu'il a présentée au directeur départemental des finances publiques ou au directeur en charge du service à compétence nationale, ni invoquer des faits autres que ceux exposés dans cette demande.

REC-IV-13870 s., 13941 s.

Art 382 quinquies La demande prévue au III de l'article 1691 bis du code général des impôts tendant à obtenir la remise partielle ou totale des impositions laissées à la charge d'une personne ayant bénéficié d'une décharge de responsabilité solidaire en application du II de l'article 1691 bis est adressée au directeur départemental des finances publiques du lieu d'établissement des impositions concernées ou, s'agissant d'impositions et pénalités recouvrées par un service à compétence nationale, au directeur chargé de ce service. Elle peut lui être adressée simultanément ou postérieurement au dépôt d'une demande en décharge de responsabilité solidaire.

REC-IV-13937

IV. Taxe sur les salaires. Taux majorés

Art 383 L'ensemble des droits exigibles au titre de la taxe sur les salaires en application des dispositions des 1 et 2 bis de l'article 231 du code général des impôts et des articles 142 à 143 de la présente annexe est versé globalement au Trésor dans les conditions et délais et sous les sanctions prévus aux articles 1679, 1679 A, 1679 bis, 1727, 1728, 1729, 1731 et aux I et IV de l'article 1754 du code général des impôts ainsi qu'aux articles 51, 369 et au 1 de l'article 374 de l'annexe III à ce code.

TPS-I-16405

SECTION I bis

Taxes sur le chiffre d'affaires et taxes assimilées

I. Taxe sur la valeur ajoutée

Art 383 ter Les versements d'acomptes effectués en application du 3 de l'article 287 du code général des impôts sont imputés sur l'impôt dû.

En cas d'insuffisance des versements d'acomptes, le complément d'impôt dû doit être acquitté au moment du dépôt de la déclaration annuelle.

En cas d'excédent des versements d'acomptes, celui-ci est imputé sur les acomptes ultérieurement exigibles. Le redevable peut toutefois en demander la restitution.

RIE-IV-18600, 18640 ; MF n°s 54270 s., 54290

SECTION III

Enregistrement, publicité foncière, timbre

I. Dation en paiement

1° Remise d'œuvres d'art, de livres, d'objets de collection, de documents de haute valeur artistique ou historique

Art 384 A **I.** Le redevable qui désire acquitter tout ou partie des droits dus par la remise d'œuvres d'art, de livres, d'objets de collection, de documents, de haute valeur artistique ou historique mentionnés à l'article 1716 bis du code général des impôts, dépose une offre de dation à l'Etat, précisant la nature et la valeur de chacun des biens qu'il envisage de remettre à l'Etat, au service des impôts compétent pour enregistrer la déclaration de succession ou l'acte constatant la mutation à titre gratuit ou le partage ou, s'agissant de l'impôt sur la fortune immobilière, pour recevoir la déclaration mentionnée au 1 du I de l'article 982 du code général des impôts. Il en est délivré récépissé.

II. L'offre de dation est soumise aux conditions fixées à l'article 384-0 A bis.

III. En l'absence de décision notifiée dans le délai de deux ans à compter de la date du récépissé de l'offre, celle-ci est considérée comme refusée.

ENR-I-19100 s.

Art 384-0 A bis **I.** L'offre de dation d'œuvres d'art, de livres, d'objets de collection, de documents, de haute valeur artistique ou historique prévue à l'article 1716 bis du code général des impôts, est faite dans le délai prévu pour l'enregistrement de la déclaration de succession ou de l'acte constatant la mutation à titre gratuit ou le partage ou, s'agissant de l'impôt sur la fortune immobilière, dans le délai de dépôt de la déclaration mentionnée au 1 du I de l'article 982 du code général des impôts.

II. L'offre est adressée par le service des impôts à la commission prévue au II de l'article 310 G.

La commission peut consulter toute personne ou organisme dont l'expertise est susceptible de l'éclairer en matière d'acquisition d'œuvres d'art, de livres, d'objets de collection ou de documents, de haute valeur artistique ou historique.

La commission peut, le cas échéant, ne retenir que certains biens présentés dans l'offre ou proposer au demandeur la substitution ou l'adjonction d'autres biens à son offre. Cette proposition est notifiée au demandeur par le président de la commission par pli recommandé avec demande d'avis de réception. Dans ce dernier cas, le demandeur présente le nouveau contenu de son offre au service de l'administration fiscale en charge de son instruction, ou lui fait part de son refus.

La commission émet un avis tant sur l'intérêt artistique ou historique que sur la valeur des biens offerts.

Au vu de l'avis de la commission, le ministre chargé de la culture propose au ministre chargé du budget l'octroi ou le refus de l'agrément.

La décision est notifiée au demandeur par pli recommandé avec demande d'avis de réception.

III. Le service des impôts compétent notifie au demandeur la valeur libératoire des biens offerts en paiement, par pli recommandé avec demande d'avis de réception, lorsqu'elle est différente de celle qu'il a proposée dans son offre. Le demandeur dispose du délai prévu au septième alinéa de l'article 1716 bis à compter de la date de réception de la notification pour l'accepter. S'il ne répond pas dans ce délai, il est considéré que le demandeur a retiré son offre et les droits redeviennent exigibles.

ENR-I-19100 s.

2° Remise d'immeubles au conservatoire de l'espace littoral et des rivages lacustres

Art 384 A bis **I.** Le redevable qui désire acquitter tout ou partie des droits dus par la remise d'immeubles mentionnés à l'article 1716 bis du code général des impôts dépose une offre de dation à l'Etat, indiquant la nature, la situation et la valeur de chacun des biens qu'il envisage de remettre à l'Etat. Cette offre est déposée au service des impôts compétent pour enregistrer la déclaration de succession ou l'acte constatant la mutation à titre gratuit ou le partage, ou, s'agissant de l'impôt sur la fortune immobilière, pour recevoir la déclaration mentionnée au 1 du I de l'article 982 du code général des impôts. Il en est délivré récépissé.

L'offre de dation en paiement est faite dans le délai prévu pour l'enregistrement de la déclaration de succession ou de l'acte constatant la mutation à titre gratuit ou le partage ou, s'agissant de l'impôt sur la fortune immobilière, dans le délai de dépôt de la déclaration mentionnée au 1 du I de l'article 982 précité.

II. *(Abrogé).*

III. Après avoir recueilli l'avis du Conservatoire de l'espace littoral et des rivages lacustres, le ministre chargé de la protection de la nature propose au ministre chargé du budget l'octroi ou le refus de l'agrément.

IV. La décision est notifiée au demandeur par pli recommandé avec demande d'avis de réception.

V. En cas d'agrément, le demandeur dispose du délai fixé par la décision d'agrément pour accepter par lettre simple, le cachet de la poste faisant foi, la valeur libératoire reconnue au bien offert en paiement des droits.

ENR-I-19100 s.

3° Remise d'immeubles en nature de bois et forêts ou espaces naturels

Art 384 A ter I. Le redevable qui désire acquitter tout ou partie des droits dus par la remise d'immeubles en nature de bois et forêts ou espaces naturels pouvant être incorporés au domaine forestier de l'Etat mentionnés à l'article 1716 bis du code général des impôts dépose une offre de dation à l'Etat, indiquant la nature, la situation et la valeur de chacun des biens qu'il envisage de remettre à l'Etat. Cette offre est déposée au service des impôts compétent pour enregistrer la déclaration de succession ou l'acte constatant la mutation à titre gratuit ou le partage, ou, s'agissant de l'impôt sur la fortune immobilière, pour recevoir la déclaration mentionnée au 1 du I de l'article 982 du code général des impôts. Il en est délivré récépissé.

L'offre de dation en paiement est faite dans le délai prévu pour l'enregistrement de la déclaration de succession ou de l'acte constatant la mutation à titre gratuit ou le partage ou, s'agissant de l'impôt sur la fortune immobilière, dans le délai de dépôt de la déclaration mentionnée au 1 du I de l'article 982 précité.

II. Le ministre chargé du budget adresse l'offre, accompagnée d'un avis sur la valeur libératoire proposée, au ministre chargé des forêts.

Le ministre chargé des forêts, après consultation de l'Office national des forêts, émet un avis sur l'existence d'un intérêt économique, environnemental ou social du bien offert, sur les conditions de sa gestion, sur la contribution de ce bien à l'enrichissement de l'ensemble foncier auquel il pourrait être, le cas échéant, incorporé ainsi que sur la valeur libératoire proposée.

III. Au vu des avis mentionnés au II, le ministre chargé du budget décide d'agréer ou non l'offre de dation en précisant la valeur libératoire retenue.

IV. La décision du ministre chargé du budget est notifiée au demandeur par pli recommandé avec demande d'avis de réception.

V. En cas d'agrément, le demandeur dispose du délai fixé par la décision d'agrément pour accepter par lettre simple, le cachet de la poste faisant foi, la valeur libératoire reconnue au bien offert en paiement des droits.

ENR-I-19100 s.

CHAPITRE I BIS

Pénalités

SECTION I

Commission des infractions fiscales

Art 384 septies-0 A Sont élus, dans les mêmes conditions que les membres titulaires élus de la commission des infractions fiscales mentionnés aux 1° à 3° de l'article 1741 A du code général des impôts, douze membres suppléants :

1° Quatre membres du Conseil d'Etat, en activité ou honoraires ;

2° Quatre magistrats de la Cour des comptes ;

3° Quatre magistrats honoraires à la Cour de cassation.

La liste des membres de la commission ainsi que chacune de ses modifications sont publiées au Journal officiel de la République française.

CF-VIII-41520 s.

Art 384 septies-0 B I. La commission comprend quatre sections. Chaque section est composée de sept membres titulaires :

1° Deux membres du Conseil d'Etat, en activité ou honoraires ;

2° Deux magistrats de la Cour des comptes ;

3° Deux magistrats honoraires à la Cour de cassation ;

4° Une des personnalités qualifiées mentionnées aux 4° et 5° de l'article 1741 A du code général des impôts.

L'une des sections est présidée par le président de la commission. Chacune des trois autres est présidée par un de ses membres mentionnés aux 1° à 3° de l'article 1741 A du code général des impôts, qui a la qualité de représentant du président de la commission. Toutefois, le président de la commission peut décider de présider certaines séances de ces sections. Dans ce cas, la section peut comporter huit membres, y compris le président.

Le président de la commission répartit les membres titulaires entre les sections. Il désigne son suppléant parmi les membres du Conseil d'Etat membres titulaires ou suppléants de la commission. Il désigne également ses trois représentants et leurs suppléants issus de la même juridiction que ces derniers.

En cas d'empêchement d'un représentant, celui-ci est remplacé par son suppléant. En cas d'empêchement du président de la commission, la présidence de la section dont il a la charge est assurée par son suppléant. Celui-ci peut aussi présider une section à la demande du président empêché.

En cas d'empêchement de l'un des autres membres de la commission mentionnés aux 1° à 3° de l'article 1741 A du code général des impôts, le président de la commission désigne, pour chaque séance de la commission ou de la section, son remplaçant parmi les membres suppléants issus de la même juridiction.

II. En vue d'assurer la continuité de l'activité de la commission, le président de celle-ci ou, en cas d'absence ou d'empêchement, son suppléant peut constituer une section temporaire, pour une durée qui ne peut excéder trois mois. Il la préside et désigne six autres membres de la section, ainsi que, le cas échéant, leurs suppléants, parmi les membres de la commission.

En cas d'absence ou d'empêchement du président de la commission et de son suppléant, la présidence de la section temporaire est assurée par l'un des représentants du président, présidant une section, ou son suppléant, selon l'ordre arrêté par le président de la commission ou son suppléant.

Lorsqu'un représentant du président, présidant une section, ou son suppléant, assure la présidence de la section temporaire, il exerce, pour le fonctionnement de celle-ci, les attributions dévolues au président de la commission par les articles 384 septies-0 C et 384 septies-0 D et, le cas échéant, par les articles R* 228-3 et R* 228-6 du livre des procédures fiscales.

CF-VIII-41520 s.

Art 384 septies-0 C Pour chaque affaire, le président de la commission désigne un rapporteur parmi ceux qui figurent sur une liste arrêtée par le ministre du budget sur proposition du président. Les rapporteurs doivent avoir la qualité de fonctionnaire ou de magistrat. Ils sont placés, pour l'exercice de leurs fonctions, sous l'autorité du président de la commission.

CF-VIII-41520 s.

Art 384 septies-0 D Le secrétariat de la commission des infractions est placé sous l'autorité du président. Il est dirigé par un secrétaire nommé, sur proposition du président de la commission, parmi les fonctionnaires de la direction générale des finances publiques ayant au moins le grade d'inspecteur principal.

Les moyens nécessaires au fonctionnement du secrétariat, notamment les moyens en personnel, sont mis à la disposition du président de la commission par le ministre du budget.

CF-VIII-41520 s.

Art 384 septies-0 I Les rapporteurs, qui ont voix consultative, formulent des propositions devant la commission ou les sections.

CHAPITRE II

Procédures

III. Dispositions communes

Art 396 B Le comptable chargé du recouvrement mentionné au 1 de l'article 1912 est le comptable compétent de la direction générale des finances publiques.

REC-V-1544

Art 396 C Le pourcentage mentionné au 1 de l'article 1912 est fixé à :

a. 3 % pour un commandement de payer ;

b. 5 % pour une saisie portant sur des biens meubles corporels ou incorporels ;

c. 2,5 % pour une opposition sur saisie antérieure ;

d. 1,5 % pour une signification de vente ou l'apposition d'affiches ;

e. 1 % pour un inventaire des biens saisis ou pour un procès-verbal de vente.

Les frais de saisie sont ramenés à 1 % :

1° En cas de saisie interrompue par un versement immédiat du redevable auprès de l'huissier ou du comptable mentionné à l'article 396 B ;

2° Lorsque le redevable s'acquitte du montant de sa dette dans le délai d'un jour franc à compter de la saisie.

Les frais mis à la charge des redevables comportent un minimum par acte fixé respectivement à 7,5 euros pour le commandement de payer et à 15 euros pour les autres actes de poursuite.

REC-V-1548

CHAPITRE II BIS

Sûretés et privilèges

SECTION I

Publicité du privilège du Trésor

Art 396 bis **1.** L'inscription des sommes privilégiées dues au Trésor prescrite au 1 de l'article 1929 quater du code général des impôts est soumise aux dispositions des articles R 521-1 et suivants du code de commerce, sous réserve des dispositions du présent article.

2. Lorsque la publicité est faite, en application du premier alinéa du 4 de l'article 1929 quater du code général des impôts, l'inscription des sommes déterminées dans les conditions fixées au 3 dudit article doit être requise dans le mois qui suit le semestre civil mentionné au 4 de l'article 1929 quater et au plus tard :

a) Le 31 janvier pour les sommes dues au 31 décembre de l'année précédente ;

b) Le 31 juillet pour les sommes dues au 30 juin de l'année courante.

3. Le comptable public chargé du recouvrement requiert l'inscription des sommes privilégiées dues au Trésor auprès du greffier compétent.

Le comptable public avise le redevable qu'il a requis une inscription à son encontre.

4. *(Abrogé).*

5. *(Abrogé).*

6. Chaque nouvelle inscription requise par un même comptable public à l'encontre du même redevable rend caduque l'inscription précédente.

En cas de paiement partiel, le comptable public ayant requis l'inscription établit à la demande du redevable une attestation constatant ce paiement. En ce cas, le redevable pourra requérir du greffier compétent une inscription modificative.

Toute inscription modificative consécutive à un dégrèvement partiel, ou toute radiation consécutive à un dégrèvement total est faite à l'initiative du comptable public qui avait requis l'inscription. Il est de même procédé à l'inscription modificative ou à la radiation sur l'initiative du comptable public en cas d'erreur commise par celui-ci sur le montant des sommes privilégiées ou sur l'identité du redevable.

Le greffier mentionne les inscriptions modificatives et les radiations en marge de l'inscription correspondante.

7. En cas de subrogation dans les droits du Trésor, le comptable public chargé du recouvrement établit pour le subrogé une attestation de subrogation.

Pour inscrire son privilège, le subrogé produit cette attestation au greffier compétent. Si la créance ayant fait l'objet d'une subrogation est comprise dans une inscription, l'attestation est communiquée au greffier compétent pour requérir une inscription modificative de cette inscription, à due concurrence.

8. *(Abrogé).*

9. *(Abrogé).*

10. Les attestations délivrées par le comptable public en cas de paiement partiel de la créance ou de subrogation sont déterminées par un arrêté *(Voir Annexe IV, art. 207 sexies).*

11. *(Abrogé).*

REC-IV-3000 s.

CHAPITRE II TER

Dégrèvements et restitutions d'impôts

SECTION II

Juridiction gracieuse. Comité du contentieux fiscal, douanier et des changes

Art 396 ter A Le comité du contentieux fiscal, douanier et des changes prévu à l'article R* 247-12 du livre des procédures fiscales peut être consulté par le ministre chargé du budget sur toute question générale ou particulière relative au contentieux fiscal.

Il peut également faire, de sa propre initiative, au ministre chargé du budget les observations et recommandations qu'il estime utiles. Tout assujetti au respect de la réglementation fiscale et tout organisme représentatif de ces assujettis peut informer le comité des difficultés rencontrées en matière contentieuse.

CONT-IX-4500

Art 396 quater Le comité du contentieux fiscal, douanier et des changes est composé, sous la présidence d'un membre du Conseil d'Etat, de douze membres titulaires et de douze membres suppléants.

Ces membres sont des membres du Conseil d'Etat, des membres de la Cour de cassation et des magistrats de la Cour des comptes, en activité ou à la retraite. Le nombre des membres titulaires en activité ne peut être inférieur à six.

Le président du comité et son suppléant sont choisis parmi les membres du Conseil d'Etat membres du comité.

Le président et les membres du comité ainsi que leurs suppléants sont nommés par décret pour trois ans.

En cas de partage égal des voix, celle du président est prépondérante.

CONT-IX-4520

Art 396 quinquies Le comité comprend quatre sections. Chaque section est composée de trois membres.

L'une des sections est présidée par le président du comité. Chacune des trois autres est présidée par un de ses membres qui a la qualité de représentant du président du comité. Toutefois, le président du comité peut décider de présider certaines séances de ces sections. Dans ce cas, la section peut comporter quatre membres, y compris le président.

En cas d'empêchement d'un représentant, celui-ci est remplacé par son suppléant. En cas d'empêchement du président du comité, la présidence de la section dont il a la charge est assurée par son suppléant. Celui-ci peut aussi présider une section à la demande du président empêché.

La répartition des membres titulaires et suppléants entre les sections est établie par arrêté du ministre du budget. Les trois représentants du président et leurs suppléants sont désignés par ce même arrêté qui est pris sur proposition du président du comité.

CONT-IX-4520

Art 396 sexies Pour chaque affaire, le président du comité désigne un rapporteur parmi ceux qui figurent sur une liste arrêtée par le ministre du budget sur proposition du président. Les rapporteurs doivent avoir la qualité de fonctionnaire ou de magistrat. Ils sont placés, pour l'exercice de leurs fonctions, sous l'autorité du président du comité.

CONT-IX-4520

Art 396 septies Le secrétariat du comité du contentieux est placé sous l'autorité du président. Il est dirigé par un secrétaire nommé, sur proposition du président du comité, parmi les fonctionnaires de la direction générale des finances publiques ou de la direction générale des douanes et des droits indirects ayant au moins le grade d'inspecteur principal.

Les moyens nécessaires au fonctionnement du secrétariat, notamment les moyens en personnel, sont mis à la disposition du président du comité par le ministre du budget.

CONT-IX-4520

Art 396 undecies Les dossiers sont répartis par le président entre les différentes sections. L'avis rendu par la section saisie constitue l'avis du comité.

Le président peut soumettre une affaire au comité siégeant en formation plénière. Chaque section peut renvoyer une affaire à la formation plénière.

Le comité ne peut délibérer que si huit au moins de ses membres, titulaires ou suppléants, sont présents. Une section ne peut délibérer que si deux au moins de ses membres, titulaires ou suppléants, sont présents.

Les sections ou le comité se prononcent à la majorité des voix. En cas de partage égal des voix, le président a voix prépondérante.

CONT-IX-4520

Art 396 duodecies Les rapporteurs, qui ont voix consultative, formulent des propositions devant le comité ou les sections.

CONT-IX-4520

Art 396 quindecies Pour l'exécution des enquêtes auxquelles procèdent les membres du comité du contentieux fiscal, douanier et des changes en vue de l'élaboration du rapport annuel prévu à l'article L 138 du livre des procédures fiscales, le comité fait appel aux corps ou services habilités à contrôler l'activité des services déconcentrés de la direction générale des finances publiques.

Il peut demander au directeur général des finances publiques de désigner des agents à cette fin.

CONT-IX-4520

CHAPITRE V

Compétence des fonctionnaires de la direction générale des finances publiques ou de la direction générale des douanes et droits indirects

Art 408 I. 1° Le directeur départemental des finances publiques ou le directeur interrégional des douanes et droits indirects ou, en Guadeloupe, en Guyane, à La Réunion et à Mayotte, le directeur régional des douanes et droits indirects ou, s'agissant des impositions et pénalités établies à l'initiative d'une direction spécialisée des finances publiques ou d'un service à compétence nationale, le directeur chargé de cette direction ou de ce service a seul pouvoir de :

a. Statuer sur les réclamations contentieuses mentionnées à l'article L 190 du livre des procédures fiscales ;

b. *(Abrogé)* ;

c. Prononcer d'office des dégrèvements et restitutions ;

d. Statuer sur les demandes gracieuses présentées sur le fondement des dispositions du III de l'article 1691 bis du code général des impôts ou de l'article L 247 du livre des procédures fiscales, dans les limites fixées aux articles R* 247-4 et R* 247-5 de ce livre ;

e. *(Abrogé)* ;

1° bis Le directeur départemental ou, le cas échéant, régional des finances publiques du département dans lequel est situé le siège du tribunal administratif ou, s'agissant des impositions et pénalités établies par une direction spécialisée des finances publiques ou un service à compétence nationale, le directeur chargé de cette direction ou de ce service, a seul pouvoir de soumettre d'office au tribunal administratif les réclamations contentieuses mentionnées à l'article L 190 du livre des procédures fiscales, de représenter l'Etat devant le tribunal administratif dans les instances engagées à la suite de ces réclamations ainsi que dans les instances afférentes aux demandes gracieuses mentionnées au d du 1° et de prononcer les dégrèvements et restitutions afférents à ces instances ;

1° ter Le pouvoir de soumettre d'office au tribunal compétent de l'ordre judiciaire les réclamations contentieuses mentionnées à l'article L 190 du livre des procédures fiscales, de représenter l'Etat devant les juridictions des premier et second degrés de l'ordre judiciaire dans les instances engagées à la suite de ces réclamations et de prononcer les dégrèvements et restitutions afférents à ces instances est conféré à un ou plusieurs directeurs départementaux ou, le cas échéant, régionaux des finances publiques désignés par arrêté du ministre chargé du budget *(NDLR Voir arrêté FCPE1621154A du 22 août 2016, JO du 30)* ;

1° quater Le directeur interrégional des douanes et droits indirects ou, en Guadeloupe, en Guyane, à La Réunion et à Mayotte, le directeur régional des douanes et droits indirects a seul pouvoir de soumettre d'office au tribunal compétent les réclamations contentieuses mentionnées à l'article L 190 du livre des procédures fiscales et de représenter l'Etat devant le tribunal administratif et devant les juridictions des premier et second degrés de l'ordre judiciaire dans les instances engagées contre l'administration à la suite de ces réclamations ainsi que dans les instances afférentes aux demandes gracieuses mentionnées au d du 1° ;

2° Le directeur départemental des finances publiques ou le directeur interrégional des douanes et droits indirects ou, en Guadeloupe, en Guyane, à La Réunion et à Mayotte, le directeur régional des douanes et droits indirects ou, s'agissant des impositions et pénalités recouvrées par une direction spécialisée des finances publiques ou un service à compétence nationale, le directeur chargé de cette direction ou de ce service, a seul pouvoir de :

a. Statuer sur les demandes de décharge de l'obligation de paiement solidaire fondées sur les dispositions du II de l'article 1691 bis du code général des impôts ;

b. Statuer sur les demandes de décharge de l'obligation de paiement solidaire fondées sur les dispositions du septième alinéa de l'article L 247 du livre des procédures fiscales, dans les limites fixées aux articles R 247-10 et R 247-11 du même livre ;

c. Représenter l'Etat devant le tribunal administratif et devant les juridictions des premier et second degrés de l'ordre judiciaire dans les instances relatives aux affaires mentionnées aux a et b ;

3° Le directeur départemental des finances publiques ou le directeur interrégional des douanes et droits indirects ou, en Guadeloupe, en Guyane, à La Réunion et à Mayotte, le directeur régional des douanes et droits indirects ou, s'agissant des impositions et pénalités recouvrées par une direction spécialisée des finances publiques ou un service à compétence nationale, le directeur chargé de cette direction ou de ce service a seul pouvoir de :

a. Statuer sur les contestations relatives au recouvrement prévues par les articles L 281 et L 283 du livre des procédures fiscales ;

b. Représenter l'Etat devant le tribunal administratif dans les instances relatives aux affaires mentionnées au a qui relèvent de la juridiction administrative.

II. Pour l'exercice de leurs attributions en matière contentieuse et gracieuse, les directeurs mentionnés au I peuvent déléguer leur signature, dans les limites et conditions fixées par arrêté du ministre chargé du budget, aux agents placés sous leur autorité qui ne bénéficient pas de la délégation mentionnée au III.

III. A compter du jour où prend effet l'acte les nommant dans leurs fonctions, les responsables des services dont la liste est fixée par arrêté du ministre chargé du budget et les agents chargés de leur intérim peuvent signer, au nom du directeur sous l'autorité duquel ils sont placés, les décisions et actes mentionnés au I. Cet arrêté fixe également les conditions et les limites de la délégation.

Le changement de directeur ne met pas fin à la délégation.

A compter du jour où prend effet l'acte les nommant dans leurs fonctions, pour ce qui concerne l'administration des douanes et droits indirects, les chefs des services spécialisés ou les directeurs régionaux des douanes et droits indirects, à l'exception des directeurs régionaux des douanes et droits indirects en Guadeloupe, en Guyane, à La Réunion et à Mayotte, et les agents chargés de leur intérim peuvent signer, au nom du directeur interrégional des douanes et droits indirects sous l'autorité duquel ils sont placés, les décisions et actes mentionnés au I. Un arrêté du ministre chargé du budget fixe les conditions et les limites de la délégation.

Le changement de directeur interrégional des douanes et droits indirects ne met pas fin à la délégation.

IV. Les responsables de service mentionnés au III ou, le cas échéant, les agents chargés de leur intérim peuvent, dans les conditions fixées par arrêté du ministre chargé du budget, donner délégation aux agents placés sous leur autorité pour signer les décisions et actes relatifs aux affaires pour lesquelles ils ont eux-mêmes reçu délégation.

Cette délégation prend fin en même temps que les fonctions de celui qui l'a donnée.

Les directeurs régionaux des douanes et droits indirects ou les chefs des services spécialisés mentionnés au troisième alinéa du III ou, le cas échéant, les agents chargés de leur intérim peuvent, dans les conditions fixées par arrêté du ministre chargé du budget, donner délégation aux agents placés sous leur autorité pour signer les décisions et actes relatifs aux affaires pour lesquelles ils ont eux-mêmes reçu délégation.

Cette délégation prend fin en même temps que les fonctions de celui qui l'a donnée.

V. Les délégations prévues au II et au IV font l'objet :

a. Lorsqu'elles sont accordées à un agent d'une direction spécialisée des finances publiques ou d'un service à compétence nationale, d'une publication, selon le cas, au Bulletin officiel des finances publiques ou au Bulletin officiel des douanes ;

b. Dans les autres cas, d'une publication au recueil des actes administratifs du département du siège de la direction dont relève l'agent concerné ou d'un affichage dans les locaux du service dans lequel il est affecté.

La liste nominative des responsables de service disposant de la délégation prévue au III et ses modifications font l'objet d'une publication :

a. Selon le cas, au Bulletin officiel des finances publiques ou au bulletin officiel des douanes, pour les agents relevant d'une direction spécialisée des finances publiques ou d'un service à compétence nationale ;

b. Au recueil des actes administratifs du département du siège de la direction dont ils relèvent, dans les autres cas.

La liste nominative des directeurs régionaux des douanes et droits indirects ou des chefs des services spécialisés disposant de la délégation prévue au troisième alinéa du III et ses modifications font l'objet d'une publication au recueil des actes administratifs du département du siège de la direction interrégionale dont ils relèvent et au recueil des actes administratifs du département du siège de la direction régionale concernée ou du service spécialisé.

(Voir Annexe IV, art. 212 à 219)

CONT-III-15600 s. ; CONT-IV-1780 ; REC-IV-13874, 13937-a

Art 408 bis **I.** Les observations en défense sur les recours pour excès de pouvoir exercés à l'encontre des décisions prises par les directeurs départementaux ou, le cas échéant, régionaux des finances publiques ou par les agents placés sous leur autorité dans les matières énumérées à l'article 33 du décret n° 2004-374 du 29 avril 2004 relatif aux pouvoirs des préfets, à l'organisation et à l'action des services de l'Etat dans les régions et les départements sont présentées par le directeur départemental ou, le cas échéant, régional des finances publiques du département dans lequel le tribunal administratif a son siège.

II. Les observations en défense sur les recours pour excès de pouvoir exercés à l'encontre des décisions prises par le directeur chargé d'un service à compétence nationale ou déconcentré des finances publiques autre que ceux mentionnés au I ou des décisions prises par les agents placés sous son autorité, dans les matières énumérées à l'article 33 du décret n° 2004-374 du 29 avril 2004 précité, sont présentées par ce directeur.

Art 409 Lorsque les besoins du service le requièrent et qu'il n'existe aucun fonctionnaire apte à exercer les fonctions définies aux deuxième à cinquième alinéas, celles-ci peuvent être confiées par intérim à d'anciens fonctionnaires des mêmes catégories ou grades.

Les fonctions dont il s'agit sont :

Celles exercées par les directeurs en application de l'article 408 ;

Celles prévues par l'article 350 terdecies de l'annexe III au code général des impôts pour la fixation des bases d'imposition ou la proposition des rectifications ;

Celles prévues par le l'article R* 81-1 du livre des procédures fiscales relatif au droit de communication.

CONT-III-15630 ; CONT-IV-1780 ; CF-I-7720

Art 410 Chaque fonctionnaires de la direction générale des finances publiques ou chaque fonctionnaire des douanes et droits indirects peut déléguer sa signature aux agents placés sous son autorité dans les conditions fixées par le directeur général des finances publiques ou le directeur général des douanes et droits indirects, selon le cas.

CONT-III-15680 ; CF-I-7720

ANNEXE III

DISPOSITIONS REVETANT LA FORME DE DECRET

SOMMAIRE DE L'ANNEXE III

LIVRE PREMIER

ASSIETTE ET LIQUIDATION DE L'IMPOT

PREMIERE PARTIE

IMPOTS D'ETAT

TITRE PREMIER

IMPOTS DIRECTS ET TAXES ASSIMILEES

CHAPITRE PREMIER

Impôt sur le revenu

SECTION I

Détermination des bénéfices ou revenus nets des diverses catégories de revenus

II. Revenus fonciers

Art 2 sexies Lorsque la durée d'un bail à construction est comprise entre dix-huit et trente ans, le revenu brut foncier correspondant à la valeur des constructions remises sans indemnité au bailleur en fin de bail est égal au prix de revient de ces constructions, sous déduction d'une décote égale à 8 % par année de bail au-delà de la dix-huitième.

IMMO-V-350 ; MF n° 31050

2° Mise aux normes des bâtiments agricoles. Déduction des dépenses d'amélioration et de construction

Art 2 undecies Les dépenses prévues au c bis du 2° du I de l'article 31 du code général des impôts sont les dépenses d'amélioration et de construction, qui s'incorporent aux bâtiments d'exploitation rurale affectés aux activités définies dans la nomenclature des installations classées pour la protection de l'environnement prévue à l'article L 511-2 du code de l'environnement et qui sont rendues obligatoires.

Le bailleur doit joindre à sa déclaration de revenus au titre de l'année au cours de laquelle est payée la dépense :

1° une copie, selon le cas, de l'autorisation préfectorale prévue à l'article L 512-1 du code de l'environnement ou de la déclaration prévue à l'article L 512-8 du même code accompagnée du récépissé délivré par le préfet ;

2° les factures des dépenses effectuées mentionnant distinctement les travaux obligatoires, leur description précise et leur montant, ainsi que la désignation des immeubles sur lesquels ils sont réalisés.

FONC-IV-4200 s.

3° Dispositions particulières applicables aux bailleurs de logements intermédiaires et sociaux

Art 2 duodecies Pour l'application du premier alinéa du j du 1° du I de l'article 31 du code général des impôts, les plafonds de loyer et de ressources du locataire sont les suivants :

a. Pour les baux conclus en 2024, les plafonds de loyer mensuel, charges non comprises, sont fixés à 20,76 € par mètre carré en zone A, 13,57 € en zone B et 9,84 € en zone C. Ces plafonds sont révisés au 1er janvier de chaque année selon les modalités prévues au premier alinéa de l'article L 353-9-2 du code de la construction et de l'habitation, et arrondis au centime d'euro le plus proche. Toutefois, pour les conventions conclues à compter du 1er janvier 2015 pour l'application du premier alinéa du m du 1° du I de l'article 31 du code général des impôts, les plafonds de loyer sont égaux à ceux fixés au 1 du I de l'article 2 terdecies D, ou, le cas échéant, en application du III de ce même article, ou, pour les logements situés en outre-mer, au 1 du I de l'article 2 terdecies F, ou, le cas échéant, en application du III de ce même article. Pour ces mêmes conventions, les plafonds de loyer applicables pour les logements situés dans la zone C sont égaux à ceux fixés au présent alinéa pour les logements situés dans la zone B2 du 1 du I de l'article 2 terdecies D précité. Les plafonds fixés par arrêté du représentant de l'Etat dans la région en application des III des articles 2 terdecies D et 2 terdecies F ne s'appliquent qu'aux conventions conclues à compter de l'entrée en vigueur de l'arrêté.

Pour l'application du présent article, les zones A, B et C sont définies par arrêté des ministres chargés du budget et du logement.

La surface à prendre en compte pour l'appréciation du plafond de loyer s'entend de la surface habitable au sens de l'article R 156-1 du code de la construction et de l'habitation, augmentée de la moitié, dans la limite de 8 mètres carrés par logement, de la surface des annexes mentionnées aux articles D 353-16 et D 331-10 du même code ;

b. Les ressources du locataire s'entendent du revenu fiscal de référence au sens du 1° du IV de l'article 1417 du code général des impôts, figurant sur l'avis d'imposition établi au titre de l'avant-dernière année précédant celle de la signature du contrat de location.

Pour les baux conclus en 2024, les plafonds annuels de ressources sont les suivants :

COMPOSITION du foyer locataire	LIEU DE LA LOCATION		
	Zone A (en €)	Zone B (en €)	Zone C (en €)
Personne seule	55 042	42 539	37 223
Couple	82 261	56 807	50 031
Personne seule ou couple ayant une personne à charge	98 881	68 311	59 897
Personne seule ou couple ayant deux personnes à charge	118 443	82 463	72 490
Personne seule ou couple ayant trois personnes à charge	140 217	97 007	85 077
Personne seule ou couple ayant quatre personnes à charge	157 780	109 325	95 969
Majoration par personne à charge à partir de la cinquième	+ 17 587	+ 12 192	+ 10 901

Ces plafonds sont révisés au 1er janvier de chaque année en fonction de l'évolution annuelle de l'indice des prix à la consommation hors tabac et arrondis à l'euro le plus proche. Cette variation est appréciée entre le 1er octobre de l'avant-dernière année et le 1er octobre de l'année précédente.

Toutefois, pour les conventions conclues à compter du 1er janvier 2015 pour l'application du premier alinéa du m du 1° du I de l'article 31 du code général des impôts, les plafonds annuels de ressources sont égaux à ceux fixés au 2 du I de l'article 2 terdecies D, ou, pour les logements situés en outre-mer, au 2 du I de l'article 2 terdecies F. Pour ces mêmes conventions, les plafonds annuels de ressources applicables pour les logements situés dans la zone C sont égaux à ceux fixés au présent alinéa pour les logements situés dans la zone B2 du tableau annexé au a du 2 du I de l'article 2 terdecies D précité.

Les personnes à charge pour l'application des présentes dispositions s'entendent des personnes mentionnées aux articles 196 à 196 B du code général des impôts.

FONC-VII-30600 s., 30730 s. ; MF n° 28260

Art 2 terdecies Pour l'application du troisième alinéa du g du 1° du I de l'article 31 du code général des impôts, les plafonds de loyer et de ressources du locataire sont les suivantes :

a. Pour les baux conclus entre le 1er janvier et le 31 décembre 2024, les plafonds de loyer mensuel, charges non comprises, sont fixés à 18,59 € par mètre carré en zone I bis, 16,46 € en zone I, 12,72 € en zone II et 12,01 € en zone III. Les plafonds sont relevés chaque année, au 1er janvier, selon les mêmes modalités que les plafonds de loyer prévus à l'article 2 duodecies.

Pour l'application du présent article, les zones I bis à III sont définies par arrêté des ministres chargés du budget et du logement *(Voir arrêté du 29 mars 1999, JO du 30)*. La surface à prendre en compte pour l'appréciation du plafond de loyer est la même que celle prévue pour l'application de l'article 2 duodecies ;

b. Les ressources du locataire s'apprécient de la même façon que pour l'application de l'article 2 duodecies.

FONC-VII-30600 s. ; MF n° 28310

Art 2 terdecies A Pour l'application du troisième alinéa du h du 1° du I de l'article 31 du code général des impôts dans sa rédaction en vigueur avant la publication de la loi n° 2006-872 du 13 juillet 2006 portant engagement national pour le logement, les plafonds de loyer mensuel, charges non comprises, sont fixés, pour les baux conclus en 2024, à 25,96 € par mètre carré en zone A, 18,05 € en zone B et 13,01 € en zone C. Les plafonds sont relevés chaque année, au 1er janvier, selon les mêmes modalités que les plafonds de loyer prévus à l'article 2 duodecies.

Pour l'application du présent article, les zones A, B et C sont définies par arrêté des ministres chargés du budget et du logement. La surface à prendre en compte pour l'appréciation du plafond de loyer est la même que celle prévue pour l'application de l'article 2 duodecies.

FONC-VII-18150 s. ; MF no 28270

Art 2 terdecies B Pour l'application du troisième alinéa du h du 1° du I de l'article 31 du code général des impôts, les plafonds de loyer mensuel, par mètre carré, charges non comprises, sont fixés :

a. S'agissant des logements autres que ceux visés au b ci-dessous, pour les baux conclus en 2024, à 25,96 € en zone A, 18,05 € en zone B 1, 14,77 € en zone B 2 et 10,81 € en zone C ;

b. S'agissant des logements acquis ou construits à compter du 1er janvier 2011 ou des logements acquis par des sociétés civiles de placement immobilier en tout ou partie au moyen de souscriptions réalisées à compter de cette même date, pour les baux conclus en 2024, à 25,81 € en zone A bis, 19,14 € dans le reste de la zone A, 15,43 € en zone B 1, 12,60 € en zone B 2 et 8,76 € en zone C.

Les plafonds mentionnés aux a et b sont révisés au 1er janvier de chaque année selon les modalités prévues au premier alinéa du a de l'article 2 duodecies.

Pour les baux conclus en 2024, les plafonds de loyer mensuel, charges non comprises, relatifs aux logements situés outre-mer qui ouvrent droit à la réduction d'impôt prévue à l'article 199 septvicies du code général des impôts sont égaux aux montants mentionnés au cinquième alinéa de l'article 2 terdecies C, majorés :

d'un quart pour les départements d'outre-mer, Saint-Barthélemy et Saint-Martin ;

d'un cinquième pour la Polynésie française, la Nouvelle-Calédonie, Saint-Pierre-et-Miquelon et les îles Wallis-et-Futuna.

Les résultats ainsi obtenus sont arrondis au centime d'euro le plus proche.

Pour l'application des deuxième et troisième alinéas, les zones A, A bis, B 1, B 2 et C sont définies par arrêté des ministres chargés du budget et du logement *(Voir arrêté du 29 avril 2009, JO du 3 mai, et arrêté du 22 décembre 2010, JO du 23)* et la surface habitable à prendre en compte pour l'appréciation des plafonds de loyer est la même que celle prévue au troisième alinéa du a de l'article 2 duodecies. Pour l'application du cinquième alinéa, la surface habitable à prendre en compte pour l'appréciation des plafonds de loyer est celle déterminée au III de l'article 46 AG terdecies.

IRPP-IV-89700 s., 103650 s. ; FONC-VII-18150 s. ; MF nos 2890, 28270, 92070

Art 2 terdecies C Pour l'application du l du 1° du I de l'article 31 du code général des impôts, les plafonds de loyer et de ressources du locataire sont les suivants :

a. Les plafonds de loyer mensuel, charges non comprises, sont fixés aux quatre cinquièmes, arrondis au centime d'euro le plus proche, de ceux mentionnés au :

a de l'article 2 terdecies B, pour les baux conclus en 2024, s'agissant de logements autres que ceux visés au b de ce même article ;

b de l'article 2 terdecies B, pour les baux conclus en 2024, s'agissant de logements visés au b de ce même article.

Pour les baux conclus en 2024, les plafonds de loyer mensuel, charges non comprises, relatifs aux logements situés outre-mer qui ouvrent droit à la réduction d'impôt prévue à l'article 199 septvicies du code général des impôts sont égaux, par mètre carré de surface habitable, à 12,13 € dans les départements d'outre-mer, à Saint-Barthélemy et Saint-Martin et à 15,68 € en Polynésie française, en Nouvelle-Calédonie, à Saint-Pierre-et-Miquelon et dans les îles Wallis-et-Futuna. Ces plafonds sont relevés au 1er janvier de chaque année selon les modalités définies au 1 de l'article 46 AG duodecies ;

b. Les ressources du locataire s'entendent du revenu fiscal de référence au sens du 1° du IV de l'article 1417 du code général des impôts, figurant sur l'avis d'impôt sur le revenu établi au titre de l'avant-dernière année précédant celle de la signature du contrat de location.

Pour les baux conclus en 2024, les plafonds annuels de ressources sont les suivants :

COMPOSITION du foyer locataire	LIEU DE LA LOCATION			
	Zone A (en €)	Zone B1 (en €)	Zone B2 (en €)	Zone C (en €)
Personne seule	55 042	40 886	37 478	37 223
Couple	82 261	60 040	55 037	50 031
Personne seule ou couple ayant une personne à charge	98 881	71 875	65 888	59 897
Personne seule ou couple ayant deux personnes à charge	118 443	86 984	79 739	72 490
Personne seule ou couple ayant trois personnes à charge	140 217	102 094	93 589	85 077
Personne seule ou couple ayant quatre personnes à charge	157 780	115 164	105 567	95 969
Majoration par personne à charge supplémentaire à partir de la cinquième	+ 17 587	+ 13 081	+ 11 992	+ 10 901

Ces plafonds sont révisés chaque année, au 1er janvier, selon les mêmes modalités que les plafonds de ressources prévus à l'article 2 duodecies.

Pour les baux conclus en 2024, les ressources des locataires de logements situés outre-mer qui ouvrent droit à la réduction d'impôt prévue à l'article 199 septvicies du code général des impôts sont les suivants :

COMPOSITION du foyer locataire	DEPARTEMENTS D'OUTRE-MER Saint-Martin, Saint-Barthélemy (en euros)	POLYNESIE FRANÇAISE, Nouvelle-Calédonie, Saint-Pierre-et-Miquelon, îles Wallis-et-Futuna (en euros)
Personne seule	32 665	28 070
Couple	43 619	51 908
Personne seule ou couple ayant une personne à charge	52 455	54 908
Personne seule ou couple ayant deux personnes à charge	63 317	57 910
Personne seule ou couple ayant trois personnes à charge	74 489	61 922
Personne seule ou couple ayant quatre personnes à charge	83 947	65 936
Majoration par personne à charge supplémentaire à partir de la cinquième	+ 9 371	+ 4 217

Ces plafonds sont relevés au 1er janvier de chaque année selon les modalités définies au 1 de l'article 46 AG duodecies.

Les personnes à charge pour l'application des présentes dispositions s'entendent des personnes mentionnées aux articles 196 à 196 B du code général des impôts.

Pour l'application du présent article, les zones A, A bis, B 1, B 2 et C sont définies par arrêté des ministres chargés du budget et du logement *(Voir arrêté du 29 avril 2009, JO du 3 mai, et arrêté du 22 décembre 2010, JO du 23)* et la surface habitable à prendre en compte pour l'appréciation des plafonds de loyer mentionnés au premier alinéa du a est la même que celle prévue au troisième alinéa du a de l'article 2 duodecies. Pour l'application du quatrième alinéa du a, la surface habitable à prendre en compte pour l'appréciation des plafonds de loyer est celle déterminée au III de l'article 46 AG terdecies.

FONC-VII-26470 s., 26600 s. ;
IRPP-IV-102100, 103650 s. ;
MF nos 2890, 28280, 92071

Art 2 terdecies D I. Pour l'application du premier alinéa du III de l'article 199 novovicies du code général des impôts :

1. Les plafonds de loyer mensuel, par mètre carré, charges non comprises, sont fixés, pour les baux conclus en 2024, à 18,89 € en zone A bis, 14,03 € dans le reste de la zone A, 11,31 € en zone B 1 et 9,83 € en zone B 2 et en zone C. Ces plafonds sont révisés au 1er janvier de chaque année selon les modalités prévues au premier alinéa du a de l'article 2 duodecies.

Aux plafonds de loyer définis à l'alinéa précédent, il est fait application d'un coefficient multiplicateur calculé selon la formule suivante :

0,7 + 19/ S,

dans laquelle S est la surface du logement. Le coefficient ainsi obtenu est arrondi à la deuxième décimale la plus proche et ne peut excéder 1,2.

Pour l'application du présent 1, la surface à prendre en compte s'entend de celle prévue au dernier alinéa du a de l'article 2 duodecies ;

2. Les plafonds de ressources sont les suivants :

a. Pour les baux conclus en 2024, les plafonds annuels de ressources des locataires sont les suivants :

COMPOSITION DU FOYER LOCATAIRE	LIEU DE SITUATION DU LOGEMENT			
	Zone A bis (en €)	Reste de la Zone A (en €)	Zone B1 (en €)	Zone B2 et C (en €)
Personne seule	43 475	43 475	35 435	31 892
Couple	64 976	64 976	47 321	42 588
Personne seule ou couple ayant une personne à charge	85 175	78 104	56 905	51 215
Personne seule ou couple ayant deux personnes à charge	101 693	93 556	68 699	61 830
Personne seule ou couple ayant trois personnes à charge	120 995	110 753	80 816	72 735
Personne seule ou couple ayant quatre personnes à charge	136 151	124 630	91 078	81 971
Majoration par personne à charge supplémentaire à partir de la cinquième	+15 168	+ 13 886	+ 10 161	+9 142

Ces plafonds sont révisés au 1er janvier de chaque année selon les modalités prévues au troisième alinéa du b de l'article 2 duodecies ;

b. Les ressources du locataire s'entendent du revenu fiscal de référence au sens du 1° du IV de l'article 1417 du code général des impôts, figurant sur l'avis d'impôt sur le revenu établi au titre de l'avant-dernière année précédant celle de la signature du contrat de location et les personnes à charge s'entendent des personnes mentionnées aux articles 196 à 196 B du même code.

II. Les zones A, A bis, B 1, B 2 et C mentionnées au I sont celles définies à l'article D 304-1 du code de la construction et de l'habitation.

III. Pour l'application du second alinéa du III de l'article 199 novovicies du code général des impôts, les plafonds de loyer mentionnés au premier alinéa du 1 du I, lorsqu'ils ne sont pas sensiblement inférieurs aux loyers pratiqués dans le parc privé, peuvent être réduits dans les conditions et selon les modalités suivantes :

1. Les plafonds de loyer réduits sont, par commune ou ensemble de communes appartenant à une même zone, compris entre le niveau du loyer pratiqué pour les logements du parc locatif privé et les plafonds de loyer applicables aux logements financés dans les conditions prévues aux articles D 331-17 à D 331-21 du code de la construction et de l'habitation. Le niveau du loyer pratiqué dans le parc locatif privé est apprécié par tous moyens, notamment à partir des informations recueillies dans les observatoires et bases de données disponibles ou figurant dans les programmes locaux de l'habitat prévus aux articles L 302-1 et L 302-4-1 du même code.

2. Le représentant de l'Etat dans la région soumet pour avis son projet d'arrêté :

1° Au comité régional de l'habitat et de l'hébergement mentionné à l'article L 364-1 du code de la construction et de l'habitation ;

2° Aux communes et établissements publics de coopération intercommunale disposant d'un programme local de l'habitat exécutoire ainsi qu'aux départements qui ont conclu la convention avec l'Etat prévue à l'article L 301-5-2 du code de la construction et de l'habitation, sur le territoire desquels il est envisagé d'appliquer la réduction. Les collectivités et établissements disposent d'un délai de deux mois pour émettre leur avis. A l'expiration de ce délai, ils sont réputés s'être prononcés.

3. Aux plafonds de loyer réduits, il est fait application du coefficient multiplicateur défini au 1 du I.

4. Les plafonds de loyer réduits sont révisés au 1er janvier de chaque année dans les conditions prévues au premier alinéa du 1 du I.

5. L'arrêté fixant des plafonds de loyer réduits s'applique aux logements dont l'acte authentique d'acquisition est signé ou, s'agissant des logements que le contribuable fait construire, dont la demande de permis de construire est déposée postérieurement à l'entrée en vigueur de l'arrêté.

IRPP-IV-115500 s., 116200 s. ; MF n°s 2811 s.

Art 2 terdecies E Pour l'application du deuxième alinéa du IV de l'article 199 novovicies du code général des impôts, dans sa rédaction en vigueur au 31 décembre 2017, les zones géographiques se caractérisant par un déséquilibre entre l'offre et la demande de logements, autres que celles mentionnées au premier alinéa du IV de ce même article, s'entendent des communes classées dans la zone B 2, telle qu'elle est définie à l'article D 304-1 du code de la construction et de l'habitation.

Pour l'application du quatrième alinéa du IV de l'article 199 novovicies du code général des impôts, dans sa rédaction en vigueur au 31 décembre 2017, les zones géographiques autres que celles mentionnées aux premier et deuxième alinéas du IV de ce même article s'entendent des communes classées dans la zone C, telle qu'elle est définie à l'article D 304-1 du code de la construction et de l'habitation.

IRPP-IV-113340 s. ; MF n° 2809

Art 2 terdecies F I. Les plafonds de loyer et de ressources du locataire mentionnés au 2° du XII de l'article 199 novovicies du code général des impôts sont fixés comme suit :

1. Les plafonds de loyer mensuel, par mètre carré, charges non comprises, sont, pour les baux conclus en 2024, fixés à 11,65 € en Guadeloupe, en Guyane, en Martinique, à La Réunion et à Mayotte ainsi qu'à Saint-Martin et à Saint-Pierre-et-Miquelon, et à 14,18 € en Nouvelle-Calédonie, en Polynésie française et dans les îles Wallis-et-Futuna.

Aux plafonds de loyer définis à l'alinéa précédent, il est fait application du coefficient multiplicateur défini au 1 du I de l'article 2 terdecies D.

Pour l'application du présent 1, la surface à prendre en compte s'entend de celle prévue au III de l'article 46 AG terdecies.

2. Les plafonds annuels de ressources des locataires sont, pour les baux conclus en 2024, les suivants :

COMPOSITION du foyer locataire	LIEU DE SITUATION DU LOGEMENT : Guadeloupe, Guyane, Martinique, La Réunion, Mayotte, Saint-Martin ou Saint-Pierre-et-Miquelon (en euros)	LIEU DE SITUATION DU LOGEMENT : Nouvelle-Calédonie, Polynésie française, îles Wallis-et-Futuna (en euros)
Personne seule	31 589	34 369
Couple	42 186	45 896
Personne seule ou couple ayant une personne à charge	50 731	55 192
Personne seule ou couple ayant deux personnes à charge	61 243	66 630
Personne seule ou couple ayant trois personnes à charge	72 044	78 380
Personne seule ou couple ayant quatre personnes à charge	81 192	88 333
Majoration par personne à charge supplémentaire à partir de la cinquième	+ 9 063	+ 9 859

Pour l'application du présent 2, les ressources du locataire s'entendent du revenu fiscal de référence au sens du 1° du IV de l'article 1417 du code général des impôts, figurant sur l'avis d'impôt sur le revenu établi au titre de l'avant-dernière année précédant celle de la signature du contrat de location et les personnes à charge s'entendent des personnes mentionnées aux articles 196 à 196 B du même code.

II. Les plafonds de loyer mentionnés au premier alinéa du 1 du I et les plafonds de ressources mentionnés au 2 du même I sont révisés au 1er janvier de chaque année selon les modalités définies aux 1° des 1 et 1 bis de l'article 46 AG duodecies pour les départements de la Guadeloupe, la Guyane, la Martinique, La Réunion et Mayotte ainsi que pour Saint-Martin et Saint-Pierre-et-Miquelon, et selon celles définies au 2° du 1 et aux 2° et 3° du 1 bis du même article pour la Polynésie française, la Nouvelle-Calédonie et les îles Wallis-et-Futuna.

III. La réduction des plafonds de loyer définis au premier alinéa du 1 du I s'applique en Guadeloupe, en Guyane, en Martinique, à La Réunion et à Mayotte dans les mêmes conditions et selon les mêmes modalités que celles prévues au III de l'article 2 terdecies D, sous réserve des dispositions suivantes :

1° Les plafonds de loyer réduits sont révisés au 1er janvier de chaque année dans les conditions prévues au II du présent article ;

2° Pour la consultation prévue au 1° du 2 du III de l'article 2 terdecies D, le conseil départemental de l'habitat et de l'hébergement mentionné à l'article L 364-1 du code de la construction et de l'habitation est substitué au comité régional de l'habitat et de l'hébergement.

IRPP-IV-115750 s., 116300 s. ; MF n° 92065

Art 2 terdecies G Pour l'application du o du 1° du I de l'article 31 du code général des impôts :

1° Les plafonds de loyer sont les suivants :

a. Pour les logements donnés en location dans le cadre d'une convention mentionnée à l'article L 321-4 du code de la construction et de l'habitation, les plafonds de loyer mensuel, par mètre carré, charges non comprises, sont égaux à ceux fixés au 1 du I de l'article 2 terdecies D, ou, pour les logements situés en Guadeloupe, en Guyane, en Martinique, à La Réunion ou à Mayotte, à ceux fixés au 1 du I de l'article 2 terdecies F pour ces mêmes collectivités.

Pour l'application du premier alinéa, les plafonds de loyer applicables pour les logements situés dans la zone C sont égaux à ceux fixés au premier alinéa pour les logements situés dans la zone B2 du 1 du I de l'article 2 terdecies D. La zone C mentionnée au présent alinéa est celle définie à l'article D 304-1 du code de la construction et de l'habitation ;

b. Pour les logements donnés en location dans le cadre d'une convention mentionnée à l'article L 321-8 du code de la construction et de l'habitation, les plafonds de loyer mensuel, par mètre carré, charges non comprises, sont fixés, pour les baux conclus en 2024, à :

	Zone A bis (en €)	Zone A (en €)	Zone B1 (en €)	Zone B2 (en €)	Zone C (en €)
Loyer social	13,21	10,16	8,75	8,40	7,80
Loyer très social	10,29	7,92	6,82	6,53	6,05

Ces plafonds sont révisés au 1er janvier de chaque année selon les modalités prévues au premier alinéa du a de l'article 2 duodecies.

Les zones A, A bis, B1, B2 et C mentionnées au présent b sont celles définies à l'article D 304-1 du code de la construction et de l'habitation ;

c. Pour l'application du présent 1, la surface à prendre en compte s'entend de celle prévue au dernier alinéa du a de l'article 2 duodecies ;

d. *Le loyer maximum prévu dans le cadre des conventions mentionnées aux articles L 321-4 et L 321-8 du code de la construction et de l'habitation peut être fixé à un niveau inférieur aux plafonds prévus aux a et b du présent 1 en application de l'article D 321-27 du même code ;*

2° Les plafonds de ressources sont les suivants :

a. Pour les logements donnés en location dans le cadre d'une convention mentionnée à l'article L 321-4 du code de la construction et de l'habitation, les plafonds annuels de ressources des locataires sont égaux à ceux fixés au a du 2 du I de l'article 2 terdecies D, ou, pour les logements situés en Guadeloupe, en Guyane, en Martinique, à La Réunion ou à Mayotte, à ceux fixés au 2 du I de l'article 2 terdecies F pour ces mêmes collectivités.

Les plafonds annuels de ressources applicables pour les logements situés dans la zone C sont égaux à ceux fixés au premier alinéa pour les logements situés dans la zone B2 du tableau annexé au a du 2 du I de l'article 2 terdecies D. La zone C mentionnée au présent alinéa est celle définie à l'article D 304-1 du code de la construction et de l'habitation ;

b. Pour les logements donnés en location dans le cadre d'une convention mentionnée à l'article L 321-8 du code de la construction et de l'habitation, les plafonds annuels de ressources des locataires, sont égaux à ceux fixés aux annexes I et II de l'arrêté pris en application de l'article R 441-1 du même code ;

c. Pour l'application du présent 2, les ressources du locataire s'entendent du revenu fiscal de référence au sens du 1° du IV de l'article 1417 du code général des impôts, figurant sur l'avis d'impôt sur le revenu établi au titre de l'avant-dernière année précédant celle de la signature du contrat de location et les personnes à charge s'entendent des personnes mentionnées aux articles 196 à 196 B du même code.

FONC-VII-5300 s., 5700 s. ; MF nº 27850

Art 2 terdecies H Les plafonds de loyer et de ressources mentionnés au 3° du A du I de l'article 199 tricies du code général des impôts sont fixés comme suit :

I. 1. Les plafonds de loyer mensuel sont définis au niveau de la commune, ou, pour Paris, Lyon et Marseille, de l'arrondissement.

Pour les baux conclus ou renouvelés en 2022, ils sont fixés à partir d'une estimation d'un loyer de marché hors charges déterminée selon la méthode suivante :

a. Dans les communes ou arrondissements couverts par les observatoires locaux des loyers mentionnés à l'article 16 de la loi nº 89-462 du 6 juillet 1989, l'estimation du loyer de marché hors charges correspond aux loyers médians, exprimés en euros par mètre carré, payés par les locataires qui ont emménagé depuis moins d'un an dans leur logement, calculés par les observatoires des loyers à partir des données pour 2018 sur chaque zone du territoire d'observation et publiés sur leur site internet, révisés à partir de la variation de l'indice de référence des loyers entre le troisième trimestre 2017 et le troisième trimestre 2021 publié par l'Institut national de la statistique et des études économiques au 1er décembre 2021.

Lorsqu'une même commune est couverte par plusieurs des zones mentionnées à l'alinéa précédent, l'estimation du loyer de marché hors charges de référence de cette commune, déterminé dans les conditions prévues à l'alinéa précédent, correspond à la moyenne des loyers médians de ces zones, pondérée par le nombre de logements de la commune en stock dans le parc de chacune de ces zones ;

b. Dans les communes non couvertes par un observatoire local des loyers, l'estimation du loyer de marché hors charges correspond à l'indicateur des «loyers-appartements» exprimé en euros par mètre carré établi pour les appartements-type de 49 mètres carrés mis en location au troisième trimestre 2018 servant à la confection de la carte des loyers publiée sur le site internet du ministère en charge du logement, révisé à partir de la variation de l'indice de référence des loyers entre le troisième trimestre 2017 et le troisième trimestre 2021 publié par l'Institut national de la statistique et des études économiques au 1er décembre 2021, et auquel est retranché, après révision, un montant forfaitaire pour les charges locatives de 1,3 euro par mètre carré.

Pour les baux conclus ou renouvelés en 2023, les plafonds de loyer sont définis à partir de l'estimation du loyer de marché hors charges déterminée au a ou b du présent 1, et actualisés au 1er janvier 2023 selon les modalités prévues à la deuxième phrase du premier alinéa du a de l'article 2 duodecies.

Pour les baux conclus, reconduits ou renouvelés en 2024 et les années paires ultérieures, les plafonds de loyer sont définis annuellement au 1er janvier de chaque année, à partir d'une nouvelle estimation des loyers de marché hors charges déterminée selon la méthode fixée au a et au b du présent 1. Les données à retenir, notamment leur année de collecte, et les modalités de leur actualisation s'il y a lieu, sont fixées par arrêté conjoint des ministres chargés du logement et de l'économie *(NDLR Voir arrêté TREL2335049A du 28 décembre 2023 art. 1er)*.

Pour les baux conclus, reconduits ou renouvelés en 2025 et les années impaires ultérieures, les plafonds de loyer définis à partir de l'estimation du loyer de marché hors charges déterminée à l'alinéa précédent sont actualisés selon les modalités prévues à la deuxième phrase du premier alinéa du a de l'article 2 duodecies.

2. Une décote est appliquée sur l'estimation du loyer de marché définie au 1 du présent I en fonction de l'affectation du logement à la location intermédiaire, sociale ou très sociale. Cette décote est égale à :

15 % pour le logement affecté à la location intermédiaire dans le cadre de la convention mentionnée à l'article L 321-4 du code de la construction et de l'habitation ;

30 % pour le logement affecté à la location sociale dans le cadre de la convention mentionnée à l'article L 321-8 du même code ;

45 % pour le logement affecté à la location très sociale dans le cadre de la convention mentionnée au même article L 321-8.

3. Les valeurs des plafonds de loyer hors charges pour le logement affecté à la location intermédiaire, sociale ou très sociale par commune et par arrondissement, résultant de l'application du 2 du présent I, sont arrondies au centime d'euro le plus proche et publiées chaque année par arrêté conjoint des ministres chargés du logement et de l'économie *(NDLR Voir arrêté TREL2236488A du 21 décembre 2022, pour les baux conclus ou renouvelés en 2023 et arrêté TREL2335049A du 28 décembre 2023 art. 2, pour les baux conclus, reconduits ou renouvelés en 2024)*.

4. Par dérogation aux 1 et 2 du présent I, les plafonds de loyer mensuel des logements situés à Mayotte sont fixés en 2024 à :

Affectation du logement	Montant du plafond de loyer par mètre carré hors charges (en euros €)
Intermédiaire	11,51
Social	8,75
Très social	6,82

Ces plafonds de loyer sont actualisés au 1er janvier de chaque année selon les modalités prévues à la deuxième phrase du premier alinéa du a de l'article 2 duodecies.

5. Aux plafonds de loyer ainsi définis aux 3 et 4 du présent I, il est fait application d'un coefficient multiplicateur calculé selon la formule suivante :

0,7 + 19/S,

dans laquelle S est la surface du logement exprimée en mètres carré de surface habitable. Le coefficient ainsi obtenu est arrondi à la deuxième décimale la plus proche et ne peut excéder 1,2.

6. Pour la détermination des plafonds de loyer et pour l'application du 5 du présent I, la surface du logement exprimée en mètres carré de surface habitable à prendre en compte s'entend de celle prévue au dernier alinéa du a de l'article 2 duodecies et, pour les logements situés en Guadeloupe, en Guyane, en Martinique, à La Réunion et à Mayotte, de celle prévue au dernier alinéa du 1 du I de l'article 2 terdecies F.

II. Les plafonds de ressources sont les suivants :

1. Pour le logement donné en location intermédiaire dans le cadre d'une convention mentionnée à l'article L 321-4 du code de la construction et de l'habitation, les plafonds annuels de ressources des locataires sont égaux à ceux fixés au a du 2 de l'article 2 terdecies G.

2. Pour le logement donné en location dans le cadre d'une convention mentionnée à l'article L 321-8 du code de la construction et de l'habitation, les plafonds annuels de ressources des locataires sont, pour les baux conclus en 2024 :

a. lorsque le logement est affecté à la location sociale :

COMPOSITION DU FOYER LOCATAIRE	LIEU DE SITUATION DU LOGEMENT						
	Zone A bis (en €)	Zone A Métropole (en €)	Zone A Outre-Mer (en €)	Zone B1 Métropole (en €)	Zone B1 Outre-Mer (en €)	Zone B2 (en €)	Zone C (en €)
Personne seule	31 827	31 827	31 305	25 942	25 515	23 347	23 347
Couple	47 570	47 570	46 790	34 645	34 075	31 180	31 180
Personne seule ou couple ayant une personne à charge	62 357	57 180	56 242	41 661	40 977	37 495	37 495
Personne seule ou couple ayant deux personnes à charge	74 451	68 494	67 368	50 296	49 470	45 266	45 266
Personne seule ou couple ayant trois personnes à charge	88 581	81 083	79 751	59 166	58 195	53 250	53 250
Personne seule ou couple ayant quatre personnes à charge	99 681	91 247	89 747	66 682	65 587	60 014	60 014
Majoration par personne à charge supplémentaire à partir de la cinquième	+ 11 108	+ 10 168	+ 10 001	+ 7 439	+ 7 318	+ 6 694	+ 6 694

b. lorsque le logement est affecté à la location très sociale :

COMPOSITION DU FOYER LOCATAIRE	LIEU DE SITUATION DU LOGEMENT						
	Zone A bis (en €)	Zone A Métropole (en €)	Zone A Outre-Mer (en €)	Zone B1 Métropole (en €)	Zone B1 Outre-Mer (en €)	Zone B2 (en €)	Zone C (en €)
Personne seule	17 504	17 504	17 218	14 268	14 034	12 840	12 840
Couple	28 543	28 543	28 075	20 788	20 447	18 708	18 708
Personne seule ou couple ayant une personne à charge	37 415	34 309	33 746	24 997	24 587	22 497	22 497
Personne seule ou couple ayant deux personnes à charge	41 172	37 877	37 255	27 813	27 357	25 033	25 033
Personne seule ou couple ayant trois personnes à charge	48 721	44 598	43 866	32 544	32 009	29 289	29 289
Personne seule ou couple ayant quatre personnes à charge	54 825	50 186	49 362	36 675	36 073	33 008	33 008
Majoration par personne à charge supplémentaire à partir de la cinquième	+ 6 108	+ 5 591	+ 5 501	+ 4 090	+ 4 025	+ 3 681	+ 3 681

Ces plafonds sont révisés au 1er janvier de chaque année, selon les modalités prévues au troisième alinéa du b de l'article 2 duodecies, ou, pour les logements situés en Guadeloupe, en Guyane, en Martinique, à La Réunion ou à Mayotte, selon celles prévues au II de l'article 2 terdecies F pour ces mêmes collectivités.

3. Pour l'application du présent II, les ressources du locataire s'entendent du revenu fiscal de référence au sens du 1° du IV de l'article 1417 du code général des impôts, figurant sur l'avis d'impôt sur le revenu établi au titre de l'avant-dernière année précédant celle de la signature du contrat de location et les personnes à charge s'entendent des personnes mentionnées aux articles 196 à 196 B du même code.

IRPP-IV-53050 s., 53400 s. ; MF nos 2860 s.

Art 2 terdecies I Pour l'application du deuxième alinéa du V de l'article 199 tricies du code général des impôts, les conditions prévues au I dudit article s'apprécient en tenant compte du montant :

1° Du loyer payé au bailleur par l'organisme locataire ;

2° Du loyer payé le cas échéant à cet organisme par la personne occupant le logement ;

3° Des ressources de la personne occupant le logement.

IRPP-IV-53300, 53720 ; MF n° 2860

Art 2 quaterdecies I. Pour l'application du premier alinéa du j du 1° du I de l'article 31 du code général des impôts, les contribuables sont tenus de joindre à leur déclaration des revenus de l'année au cours de laquelle a pris effet la location dont les revenus peuvent bénéficier de la déduction calculée en fonction du revenu brut :

1° Une note annexe, établie sur un imprimé fourni par l'administration, qui comporte les éléments suivants :

a. L'identité et l'adresse du contribuable ;

b. L'adresse, la date d'acquisition ou d'achèvement du logement concerné et la surface à prendre en compte pour l'appréciation du plafond de loyer telle qu'elle est définie par l'article 2 duodecies ;

c. Le montant du loyer mensuel, charges non comprises, tel qu'il résulte du bail ;

d. L'engagement de louer le logement non meublé, pendant une durée de six ans au moins, à des personnes qui en font leur habitation principale ;

2° Une copie du bail ;

3° *(Abrogé)* ;

4° Une copie de l'avis d'imposition ou de non-imposition du locataire établi au titre de l'avant-dernière année précédant celle de la signature du contrat de location.

II. En cas de changement de locataire au cours de la période couverte par l'engagement de location mentionné au d du 1° du I, le contribuable joint à sa déclaration des revenus de l'année au cours de laquelle le changement est intervenu une copie du nouveau bail ainsi qu'une copie de l'avis d'imposition ou de non-imposition du locataire entrant dans les lieux établi au titre de l'avant-dernière année précédant celle de la signature du contrat de location.

FONC-VII-34100 s.

Art 2 quaterdecies B Pour l'application du premier alinéa du j du 1° du I de l'article 31 du code général des impôts, les logements doivent répondre aux normes définies par le décret n° 2002-120 du 30 janvier 2002.

FONC-VII-29690

Art 2 quindecies I. Pour bénéficier de la déduction au titre de l'amortissement prévue au g du 1° du I de l'article 31 du code général des impôts, les contribuables sont tenus de joindre à leur déclaration des revenus de l'année d'achèvement de l'immeuble ou de son acquisition si elle est postérieure :

1° L'option formulée dans une note annexe établie sur un imprimé fourni par l'administration, qui comporte les éléments suivants :

a. L'identité et l'adresse du contribuable ;

b. L'adresse du logement concerné, sa date d'acquisition ou d'achèvement, la date de sa première location et la surface à prendre en compte pour l'appréciation du plafond de loyer telle qu'elle est définie par l'article 2 terdecies ;

c. Le montant du loyer mensuel, charges non comprises, tel qu'il résulte du bail ;

d. L'engagement de louer le logement non meublé, pendant une durée de neuf ans au moins, à des personnes qui en font leur habitation principale ;

e. Les modalités de décompte de la déduction au titre de l'amortissement ;

2° Une copie du bail ;

3° Une copie de l'avis d'imposition ou de non-imposition du locataire établi au titre de l'avant-dernière année précédant celle de la signature du contrat de location ;

4° Les documents suivants :

a. Pour les immeubles que le contribuable fait construire, une copie de la déclaration d'ouverture de chantier mentionnée à l'article R* 424-16 du code de l'urbanisme et de la déclaration d'achèvement des travaux, accompagnées des pièces attestant de leur réception en mairie ;

b. Pour les locaux que le contribuable transforme en logement, une copie de la déclaration d'achèvement des travaux, accompagnée d'une pièce attestant de sa réception en mairie et d'une note précisant la nature de l'affectation précédente des locaux.

Si le logement n'est pas loué au moment du dépôt de la déclaration des revenus de l'année d'achèvement de l'immeuble ou de son acquisition si elle est postérieure, les documents mentionnés aux 2° et 3° sont joints à la déclaration des revenus de l'année en cours de laquelle le bail est signé.

II. L'engagement de location prévu au 1 du g du 1° du I de l'article 31 du code général des impôts doit être formulée dans une note annexe à la déclaration des revenus de l'année d'achèvement des travaux, établie conformément à un modèle fixé par l'administration et comportant l'indication des modalités de décompte de la déduction au titre de l'amortissement.

III. L'option prévue au cinquième alinéa du g du 1° du I de l'article 31 du code général des impôts doit être formulée dans une note établie conformément à un modèle fixé par l'administration, qui doit être jointe à la déclaration des revenus souscrite par le conjoint survivant au titre de l'année du décès de son conjoint pour la période postérieure à cet événement. Elle comporte l'engagement de louer le logement non meublé à des personnes, qui en font leur habitation principale, pour la fraction de la période de neuf ans couverte par l'engagement de location initial restant à courir à la date du décès.

IV. Pendant la période couverte par l'engagement de location mentionné aux I, II et III, le contribuable joint à chacune de ses déclarations des revenus un état établi conformément à un modèle fixé par l'administration et faisant apparaître, pour chaque logement, le détail du calcul du montant de la déduction pratiquée au titre de l'amortissement ainsi qu'une note indiquant le nom des locataires de l'immeuble. En outre, en cas de changement de locataire au cours de cette période, il joint à sa déclaration des revenus de l'année au cours de laquelle le changement est intervenu une copie du nouveau bail ainsi qu'une copie de l'avis d'imposition ou de non-imposition du locataire entrant dans les lieux établi au titre de l'avant-dernière année précédant celle de la signature du contrat de location.

FONC-VII-34250 s.

Art 2 quindecies A **I.** Pour le bénéfice de la déduction au titre de l'amortissement prévue au h du 1° du I de l'article 31 du code général des impôts, les contribuables sont tenus de joindre à leur déclaration des revenus de l'année d'achèvement de l'immeuble ou de son acquisition si elle est postérieure, les mêmes documents que ceux visés au I de l'article 2 quindecies à l'exception de celui visé au 3° du même I.

Pour le bénéfice de la réduction d'impôt prévue à l'article 199 septvicies du code précité, les contribuables sont tenus de joindre à leur déclaration des revenus de l'année d'achèvement de l'immeuble, ou de son acquisition si elle est postérieure, une note annexe établie conformément à un modèle fixé par l'administration et faisant apparaître les renseignements mentionnés aux a, b, c et d du 1° du I de l'article 2 quindecies. Ils doivent également joindre les documents mentionnés au 2° et au 4° du I de l'article 2 quindecies précité. Les dispositions du treizième alinéa du même I de cet article sont applicables.

En outre, pour les logements que le contribuable acquiert en vue de les réhabiliter, les contribuables sont tenus de joindre à leur déclaration des revenus de l'année d'achèvement des travaux les états et attestations prévus à l'article 2 quindecies C ainsi que, lorsque ces états sont requis, les états prévus aux articles L 1334-5 et L 1334-13 du code de la santé publique fournis par le vendeur lors de la promesse de vente ou annexés à l'acte authentique de vente du logement.

II. L'engagement de location prévu au 1 du h du 1° du I de l'article 31 du code général des impôts doit être formulé dans une note annexe à la déclaration des revenus de l'année d'achèvement des travaux, établie conformément à un modèle fixé par l'administration et comportant l'indication des modalités de décompte de la déduction au titre de l'amortissement.

III. L'option prévue au quatrième alinéa du h du 1° du I de l'article 31 du code général des impôts doit être formulée dans une note établie selon les mêmes modalités que celles prévues au III de l'article 2 quindecies.

IV. Pendant la période couverte par l'engagement de location mentionné aux I, II et III, le contribuable joint à chacune de ses déclarations des revenus un état établi conformément à un modèle fixé par l'administration et faisant apparaître, pour chaque logement, le détail du calcul du montant de la déduction pratiquée au titre de l'amortissement ou de la réduction d'impôt ainsi qu'une note indiquant le nom des locataires de l'immeuble. En outre, en cas de changement de locataire au cours de cette période, il joint à sa déclaration des revenus de l'année au cours de laquelle le changement est intervenu une copie du nouveau bail.

FONC-VII-20600 s. ; IRPP-IV-104130 s.

Art 2 quindecies B I. Le logement qui ne satisfait pas aux caractéristiques de décence au sens du deuxième alinéa du h du 1° du I de l'article 31, du c du 2 du I de l'article 199 septvicies ou du 3° du B du I de l'article 199 novovicies du code général des impôts s'entend de celui qui ne répond pas, pour au moins quatre des rubriques figurant sur l'attestation prévue au 1° de l'article 2 quindecies C, aux caractéristiques de la décence définies par le décret n° 2002-120 du 30 janvier 2002 relatif aux caractéristiques du logement décent.

II. Les travaux de réhabilitation visés au deuxième alinéa du h du 1° du I de l'article 31, au c du 2 du I de l'article 199 septvicies ou au 3° du B du I de l'article 199 novovicies du code général des impôts s'entendent des travaux réalisés sur le logement, et le cas échéant sur les parties communes, qui permettent de donner au logement l'ensemble des performances techniques fixées par arrêté des ministres chargés du budget et du logement *(Voir arrêté du 19 décembre 2003, art. 4, JO du 21)*. Au moins six de ces performances techniques doivent avoir été obtenues à la suite de ces travaux.

III. Les travaux d'amélioration mentionnés au 5° du B du I de l'article 199 novovicies du code général des impôts s'entendent de tous travaux, à l'exception de ceux portant sur des locaux ou des équipements d'agrément, ayant pour objet la création de surfaces habitables nouvelles ou de surfaces annexes, la modernisation, l'assainissement ou l'aménagement des surfaces habitables ou des surfaces annexes ainsi que les travaux destinés à réaliser des économies d'énergie pour l'ensemble de ces surfaces.

Constituent des surfaces annexes au sens du premier alinéa du présent III les surfaces des :

a. Garages, emplacements de stationnement et locaux collectifs à usage commun ;

b. Dépendances suivantes : loggias, balcons, terrasses accessibles privatives, vérandas, séchoirs extérieurs au logement, caves d'une surface d'au moins 2 mètres carrés ainsi que, en habitat individuel uniquement, garages individuels et combles accessibles.

FONC-VII-17430 s. ; IRPP-IV-85600 s., 111700 s., 124300 s. ; MF n° 2807

Art 2 quindecies C Pour le bénéfice de la déduction au titre de l'amortissement prévue au h du 1° du I de l'article 31 du code général des impôts ou des réductions d'impôt prévues aux articles 199 septvicies ou 199 novovicies du même code applicables aux logements acquis par le contribuable en vue de les réhabiliter, le contribuable fait établir par un contrôleur technique ou un technicien de la construction qualifié, indépendant des personnes physiques ou morales susceptibles de réaliser les travaux de réhabilitation et couvert par une assurance pour cette activité :

1° Avant la réalisation des travaux, un état descriptif du logement contenant les rubriques fixées par un arrêté des ministres chargés du budget et du logement *(Voir arrêté du 19 décembre 2003, art. 3, JO du 21)*. La personne qui établit cet état fournit également une attestation indiquant les rubriques pour lesquelles le logement ne correspond pas aux caractéristiques de la décence mentionnées au I de l'article 2 quindecies B ;

2° Après la réalisation des travaux, un état descriptif du logement contenant les mêmes rubriques que celles mentionnées au 1°. La personne qui établit cet état fournit également une attestation indiquant d'une part que les travaux de réhabilitation ont permis de donner au logement l'ensemble des caractéristiques d'un logement décent mentionnées au I de l'article 2 quindecies B et d'autre part, que l'ensemble des performances techniques mentionnées au II du même article est respecté et qu'au moins six d'entre elles ont été obtenues à la suite des travaux de réhabilitation. Dans une copropriété, cette attestation indique que l'état apparent des parties communes qui desservent le logement est considéré comme décent, que celles-ci aient ou non fait l'objet de travaux ; l'appréciation est faite au regard des mêmes caractéristiques que celles prises en compte pour un logement individuel.

FONC-VII-20720 ; IRPP-IV-85650 s., 111740 s. ; MF n° 2816

Art 2 quindecies D Pour le bénéfice des dispositions prévues au 1 du 1° du I de l'article 31 du code général des impôts, les contribuables sont tenus de fournir, en complément des documents prévus à l'article 2 quindecies A, les justificatifs prévus au 3° du I de l'article 2 quindecies.

En outre, en cas de changement de locataire au cours de la période d'engagement de location, le contribuable joint, à sa déclaration des revenus de l'année au cours de laquelle le changement est intervenu, une copie de l'avis d'imposition ou de non-imposition du locataire entrant dans les lieux établi au titre de l'avant-dernière année précédant celle de la signature du contrat de location.

FONC-VII-27500

Art 2 sexdecies Pour l'application du deuxième alinéa du j et du troisième alinéa du g du 1° du I de l'article 31 du code général des impôts :

1° Le personnel des organismes publics ou privés, sous-locataire du logement, s'entend des personnes employées par ces organismes et dont les rémunérations principales entrent dans la catégorie des traitements et salaires au sens de l'article 79 du code général des impôts ;

2° Les conditions prévues au premier alinéa du j et au troisième alinéa du g du 1° du I de l'article 31 du code général des impôts s'apprécient en tenant compte du montant :

a. Du loyer payé au bailleur par l'organisme locataire ;

b. Du loyer payé à cet organisme par le sous-locataire ;

c. Des ressources du sous-locataire ;

3° Les contribuables doivent joindre à leur déclaration des revenus de l'année au cours de laquelle a pris effet la location dont les revenus peuvent bénéficier de la déduction calculée en fonction du revenu brut ou, pour l'application du régime de la déduction au titre de l'amortissement, à leur déclaration des revenus de l'année d'achèvement de l'immeuble ou de son acquisition si elle est postérieure :

a. La note annexe prévue au I de l'article 2 quaterdecies ou au 1 ° du I de l'article 2 quindecies complétée du nom du sous-locataire et des nom et adresse de son employeur ;

b. Une copie du bail conclu avec l'organisme locataire ;

c. *(Abrogé)* ;

d. Une copie de l'avis d'imposition ou de non-imposition du sous-locataire établi au titre de l'avant-dernière année précédant celle de la signature du contrat de sous-location ainsi qu'un document faisant mention du montant du loyer payé par le sous-locataire ;

4° Si le bail ou le contrat de sous-location n'est pas signé à la date de la déclaration susmentionnée, les documents énumérés aux b et d du 3° sont joints à la déclaration des revenus de l'année au cours de laquelle le bail ou le contrat de sous-location est signé. Il en est de même en cas de changement de locataire ou de sous-locataire pendant la période couverte par l'engagement de location mentionné au d du 1° du I de l'article 2 quaterdecies et aux I, II et III de l'article 2 quindecies.

FONC-VII-34820 s., 30460 s.

Art 2 sexdecies-0 A ter Pour l'application du troisième alinéa du h du 1° du I de l'article 31 du code général des impôts ou du troisième alinéa du 4 du I et du III de l'article 199 septvicies du même code :

1° La condition de loyer s'apprécie en tenant compte du montant du loyer payé au bailleur par l'organisme locataire et du loyer payé à cet organisme par le sous-locataire.

Il n'est toutefois pas tenu compte de la redevance versée par le sous-locataire, en sus du loyer et des charges locatives, à un organisme indépendant de l'organisme locataire et représentative des frais de gestion, d'assurance, de gardiennage, d'amortissement des locaux collectifs, d'équipement des logements et, le cas échéant, d'ameublement. Cette disposition s'applique à la condition que le logement soit situé dans une résidence dotée de services collectifs et composée d'un ensemble homogène de dix logements au moins à usage d'habitation principale et que le montant annuel de la redevance n'excède pas le montant annuel des loyers payés par le sous-locataire ;

2° Les contribuables doivent joindre à leur déclaration des revenus de l'année d'achèvement de l'immeuble ou de son acquisition si elle est postérieure, la note annexe prévue au II de l'article 2 quindecies A, une copie de bail conclu avec l'organisme locataire ainsi qu'une copie du contrat de sous-location faisant apparaître le montant de la redevance payée par le sous-locataire ;

3° Lorsque le contribuable demande l'application des dispositions du 1 du 1° du I de l'article 31 du code général des impôts, la condition de ressources s'apprécie en tenant compte des ressources du sous-locataire.

Les contribuables doivent joindre à leur déclaration des revenus de l'année au cours de laquelle a pris effet la location une copie de l'avis d'impôt sur le revenu du sous-locataire établi au titre de l'avant-dernière année précédant celle de la signature du contrat de sous-location.

FONC-VII-18200, 20760 ; IRPP-IV-89880, 104180

Art 2 sexdecies-0 A quater **I.** Pour l'application du sixième alinéa du m du 1° du I de l'article 31 du code général des impôts et du 5 du o du 1° du I du même article 31, les conditions prévues respectivement au cinquième alinéa du m précité ou au 4 du o précité s'apprécient en tenant compte du montant :

a. Du loyer payé au bailleur par l'organisme locataire ;

b. Du loyer payé le cas échéant à cet organisme par la personne occupant le logement ;

c. Des ressources de la personne occupant le logement.

II. Les contribuables doivent joindre à leur déclaration des revenus de l'année au cours de laquelle la location à cet organisme ouvre droit pour la première fois à la déduction calculée en fonction du revenu brut :

a. Une copie de la convention conclue avec l'Agence nationale de l'habitat signée par les deux parties ;

b. Une copie du bail conclu avec l'organisme locataire ;

c. Le cas échéant, une copie de l'avis d'impôt sur le revenu du sous-locataire ou de l'occupant du logement établi au titre de l'avant-dernière année précédant celle pour laquelle la location à cet organisme ouvre droit pour la première fois à la déduction calculée en fonction du revenu brut ainsi qu'un document faisant mention du montant du loyer payé par la personne occupant le logement ;

d. *(Abrogé).*

III. Lorsque le logement est la propriété d'une société non soumise à l'impôt sur les sociétés, les associés personnes physiques doivent joindre à la déclaration de revenus de l'année au cours de laquelle la location à l'organisme locataire ouvre droit pour la première fois à la déduction calculée en fonction du revenu brut, outre les pièces justificatives mentionnées aux a, b et c du II :

a. Une copie de l'engagement de location souscrit par la société propriétaire ;

b. L'engagement de conserver leurs parts pendant toute la durée de la convention.

IV. Si le bail, le contrat de sous-location ou la convention d'occupation n'est pas signé à la date de la déclaration susmentionnée, les documents énumérés aux b et c du II sont joints à la déclaration des revenus de l'année au cours de laquelle l'un de ces documents est signé. Il en est de même en cas de changement de locataire ou d'occupant pendant la période couverte par l'engagement de location.

FONC-VII-13050 s., 14200, 14440

Art 2 sexdecies A Pendant la période de mise à disposition du logement prévue au premier alinéa du j et au deuxième alinéa du I du 1° du I de l'article 31 du code général des impôts, le contribuable joint chaque année à sa déclaration de revenu une note annexe établie conformément à un modèle fixé par l'administration qui comporte les éléments suivants :

a. L'identité et l'adresse du contribuable ;

b. L'adresse du logement concerné ;

c. La date de prise d'effet du bail initial et la date de la mise à disposition du logement au profit d'un ascendant ou d'un descendant du contribuable ;

d. L'identité de l'ascendant ou du descendant du contribuable occupant le logement ;

e. La nature de la mise à disposition.

La note jointe à la déclaration de revenus de l'année de mise à disposition du logement et de l'année de reprise de l'engagement de location mentionne en outre les modalités de décompte de la déduction au titre de l'amortissement pratiquée pour ces mêmes années.

La note jointe à la déclaration de revenus de l'année de reprise de l'engagement de location mentionne en outre la date du départ des lieux de l'ascendant ou descendant du contribuable.

FONC-VII-36300, 49000

Art 2 septdecies I. Lorsque l'immeuble appartient à une société, les obligations fixées par les articles 2 quaterdecies, 2 quindecies, 2 quindecies A, 2 quindecies D, 2 sexdecies, 2 sexdecies-0 A ter, 2 sexdecies-0 A quater et 2 sexdecies A incombent à cette société. L'engagement prévu à l'article 2 quaterdecies et à l'article 2 sexdecies-0 A quater est joint par la société à sa déclaration du résultat de l'année au cours de laquelle a pris effet la location dont les revenus peuvent bénéficier de la déduction calculée en fonction du revenu brut. Les options prévues aux articles 2 quindecies, 2 quindecies A et 2 quindecies D sont jointes par la société, selon le cas, à sa déclaration du résultat de l'année d'achèvement du logement ou de son acquisition si elle est postérieure, ou à sa déclaration du résultat de l'année d'achèvement des travaux.

II. La société doit, au plus tard le deuxième jour ouvré suivant le premier mai de chaque année, faire parvenir à ses associés un document établi en double exemplaire, conformément à un modèle fixé par l'administration et comportant, pour l'année précédente, les renseignements suivants :

1° L'identité et l'adresse de l'associé ;

2° Le nombre et les numéros des parts détenues au 1er janvier et au 31 décembre et, le cas échéant, des parts souscrites, acquises et transmises au cours de l'année ainsi que la date de ces opérations ;

3° L'attestation que la location et, le cas échéant, la sous-location remplissent les conditions prévues par les articles 2 duodecies, 2 terdecies, 2 terdecies A, 2 terdecies B, 2 terdecies C, 2 terdecies G, 2 sexdecies, 2 sexdecies-0 A ter et 2 sexdecies-0 A quater ;

4° Lorsqu'il y a lieu, le montant de l'amortissement ou de la réduction d'impôt correspondant aux droits de l'associé ;

5° Le montant du revenu net foncier correspondant aux droits de l'associé déterminé dans les conditions de droit commun et, s'il y a lieu, le montant de ce revenu déterminé compte tenu, selon le cas, de la déduction calculée en fonction du revenu brut ou de la déduction au titre de l'amortissement ;

6° En cas de non-respect par la société ou un associé de ses engagements, la quote-part de supplément de déduction calculée en fonction du revenu brut ou des déductions au titre de l'amortissement que l'associé doit ajouter au revenu foncier de l'année au cours de laquelle la rupture de l'engagement ou la cession du logement ou des parts sociales est intervenue ou de la quote-part de la réduction d'impôt que l'associé doit ajouter à l'impôt sur le revenu dû au titre de la même année ;

7° Lorsqu'un logement est mis à la disposition d'un ascendant ou d'un descendant de l'un des associés dans les conditions prévues au premier alinéa du j et au deuxième alinéa du l du 1° du I de l'article 31 du code général des impôts, les éléments figurant sur la note annexe prévue à l'article 2 sexdecies A.

Un exemplaire de ce document est joint par la société à sa déclaration de résultat.

III. La société joint chaque année à sa déclaration de résultat l'état mentionné au IV des articles 2 quindecies et 2 quindecies A. Elle y indique, en outre, l'identité et l'adresse des associés ainsi que la part des revenus des immeubles de la société correspondant aux droits de chaque associé.

FONC-VII-20900 s., 34550 s., 34600, 36330, 49930 ; IRPP-IV-104300 s.

Art 2 octodecies **I.** L'engagement de conservation des titres prévu au premier alinéa du j du 1° du I de l'article 31 du code général des impôts est constaté lors du dépôt de la déclaration des revenus de l'année au cours de laquelle a pris effet la location dont les revenus peuvent bénéficier de la déduction calculée en fonction du revenu brut ou, si elle est postérieure, de l'année au cours de laquelle les parts ont été acquises.

Pour l'application du dixième alinéa du g et du neuvième alinéa du h du 1° du I de l'article 31 du code précité et de l'article 199 septvicies du même code, l'engagement de conservation des titres est constaté lors du dépôt de la déclaration des revenus de l'année au titre de laquelle les parts ont été souscrites ou acquises ou, si elle est postérieure, de l'année de l'acquisition ou de l'achèvement de l'immeuble. Pour le bénéfice de la déduction au titre de l'amortissement des dépenses de reconstruction et d'agrandissement, l'engagement de conservation des titres doit être joint à la déclaration des revenus de l'année d'achèvement des travaux. L'engagement de conservation des titres formulé par le conjoint survivant doit être joint à la déclaration des revenus souscrite par ce dernier au titre de l'année du décès de son conjoint pour la période postérieure à cet événement.

L'engagement de conservation des titres prévu au cinquième alinéa du m ou au B du 4 du o du 1° du I de l'article 31 du code général des impôts est constaté lors du dépôt de la déclaration des revenus de l'année au cours de laquelle la location au locataire ouvre droit pour la première fois à la déduction calculée en fonction du revenu brut.

II. Les parts détenues par les associés qui entendent bénéficier de la déduction calculée en fonction du revenu brut ou de la déduction au titre de l'amortissement ou de la réduction d'impôt sont inscrites, dans les trente jours suivant la date limite de dépôt de la déclaration des revenus mentionnée au I, sur un compte ouvert au nom de l'associé dans la comptabilité de la société ou sur un registre spécial. Les documents relatifs aux opérations ayant affecté ce compte sont conservés jusqu'à la fin de la troisième année suivant celle de l'expiration de l'engagement mentionné au I.

III. Les associés joignent à chacune de leurs déclarations des revenus y compris pendant la période de mise à disposition du logement prévue au premier alinéa du j et au deuxième alinéa du l du 1° du I de l'article 31 du code général des impôts un exemplaire du document mentionné au II de l'article 2 septdecies.

FONC-VII-21060 s., 34620, 34670 s. ; IRPP-IV-104400 s.

Art 2 octodecies A **I.** L'engagement de conservation des titres prévu au deuxième alinéa de l'article 31 bis du code général des impôts et au neuvième alinéa du VIII de l'article 199 septvicies du même code est constaté lors du dépôt de la déclaration des revenus de l'année au titre de laquelle les parts ont été souscrites.

II. Les parts détenues par les associés qui entendent bénéficier de la déduction au titre de l'amortissement ou de la réduction d'impôt sont inscrites, dans les trente jours suivant la date limite de dépôt de la déclaration des revenus mentionnée au I, sur un compte ouvert au nom de l'associé dans la comptabilité de la société ou sur un registre spécial. Les documents relatifs aux opérations ayant affecté ce compte sont conservés jusqu'à la fin de la troisième année suivant celle de l'expiration de l'engagement mentionné au I.

III. Les associés joignent à chacune de leurs déclarations des revenus un exemplaire des documents mentionnés à l'article 2 octodecies B ainsi que les modalités de décompte de la déduction au titre de l'amortissement ou de la réduction d'impôt.

FONC-VII-23450 s. ; IRPP-IV-104600 s.

Art 2 octodecies B La société civile de placement immobilier mentionnée au premier alinéa de l'article 31 bis du code général des impôts ou au VIII de l'article 199 septvicies du même code doit, au plus tard le deuxième jour ouvré suivant le premier mai de chaque année, faire parvenir à ses associés un document établi en double exemplaire conformément à un modèle fixé par l'administration et comportant les éléments suivants :

1° L'identité et l'adresse des associés ;

2° Le nombre et les numéros des parts ou actions souscrites pour lesquelles le bénéfice de la déduction ou de la réduction d'impôt est demandé ainsi que le montant du capital souscrit correspondant ;

3° La date de souscription des parts ou actions et du versement des fonds ;

4° Le nombre et les numéros des parts détenues au 1er janvier et au 31 décembre et, le cas échéant, des parts souscrites, acquises et transmises au cours de l'année ainsi que la date de ces opérations ;

5° L'attestation que 95 % de la souscription, appréciés sans tenir compte des frais de collecte, pour laquelle le bénéfice de la déduction ou de la réduction d'impôt a été demandé, servent exclusivement à financer un investissement pour lequel les conditions d'application des déductions prévues au h ou au l du 1° du I de l'article 31 du code général des impôts ou de la réduction d'impôt prévue à l'article 199 septvicies du même code sont réunies ;

6° La nature des investissements réalisés au moyen des parts ou actions souscrites pour lesquelles le bénéfice de la déduction ou de la réduction d'impôt a été demandé, l'adresse des logements concernés, leur date d'acquisition ou d'achèvement, la date de leur première location et la surface à prendre en compte pour l'appréciation du plafond de loyer telle qu'elle est définie par les articles 2 terdecies A, 2 terdecies B et 2 terdecies C ;

7° L'attestation que le produit de la souscription annuelle est intégralement investi dans les dix-huit mois qui suivent la clôture de celle-ci ;

8° L'engagement par la société de louer le logement dans les conditions et limites prévues au h ou au l du 1° du I de l'article 31 du code général des impôts ou à l'article 199 septvicies du même code. La société indique également le montant du loyer mensuel, charges non comprises, tel qu'il résulte du bail.

Un exemplaire de ce document est joint par la société à sa déclaration de résultat.

FONC-VII-23600 s. ; IRPP-IV-104500 s.

Art 2 novodecies Pour l'application du g du 1° du I de l'article 31 du code général des impôts la déduction au titre de l'amortissement est calculée :

1° Pour les logements acquis neufs, en l'état futur d'achèvement ou après réhabilitation, sur le prix d'acquisition majoré des frais afférents à l'acquisition ;

2° Pour les logements que le contribuable fait construire, sur le prix payé pour la construction du logement, augmenté du prix d'acquisition du terrain nu ou, en cas d'acquisition à titre gratuit, de la valeur pour laquelle le terrain nu est entré dans le patrimoine du contribuable, ainsi que des frais afférents à l'acquisition du terrain et à la construction, à l'exclusion des frais de démolition des constructions existantes ;

3° Pour les locaux acquis par le contribuable en vue de leur transformation en logement, sur le prix payé pour l'acquisition du local et la réalisation des travaux de transformation, majoré des frais afférents à ces opérations ; les travaux de transformation s'entendent des travaux de reconstruction, d'agrandissement, de réparation et d'amélioration ayant pour effet de rendre habitables des locaux qui ne l'étaient pas auparavant ;

4° Pour les logements qui font l'objet des dépenses de reconstruction, d'agrandissement et d'amélioration mentionnées aux 1 et 2 du g du 1° du I de l'article 31 du code général des impôts, sur le montant de ces dépenses majoré des frais qui leur sont afférents.

FONC-VII-32550 s., 33340

Art 2 novodecies A Pour l'application du h et du l du 1° du I de l'article 31 du code général des impôts, la déduction au titre de l'amortissement est calculée dans les conditions prévues à l'article 2 novodecies.

Pour les logements acquis par le contribuable en vue de les réhabiliter, la déduction au titre de l'amortissement est calculée sur le prix payé pour l'acquisition du logement et la réalisation des travaux de réhabilitation mentionnés à l'article 2 quindecies B, majoré des frais afférents à ces opérations. Il est tenu compte notamment des prestations d'études, d'organisation et de suivi des travaux de réhabilitation et des frais liés à l'établissement des états et attestations prévus à l'article 2 quindecies C.

FONC-VII-18800 s.

Art 2 novodecies B Pour l'application de l'article 31 bis du code général des impôts, la déduction au titre de l'amortissement est calculée sur 95 % du montant de la souscription effectivement versée par le contribuable au 31 décembre de l'année au titre de laquelle la souscription a été effectuée.

FONC-VII-22700 s.

Art 2 vicies Pour la première année, la déduction calculée sur les bases d'amortissement mentionnées aux articles 2 novodecies, 2 novodecies A et 2 novodecies B est admise dans la proportion existant entre, d'une part, le nombre de mois décompté à partir de celui mentionné aux premier, deuxième et neuvième alinéas du g et aux premier, deuxième et huitième alinéas du h du 1° du I de l'article 31 du code général des impôts et au premier alinéa de l'article 31 bis du même code jusqu'à la fin de l'année, et, d'autre part, le nombre 12.

Lorsque la déduction au titre de l'amortissement prend fin en cours d'année, elle est admise dans la proportion existant entre, d'une part, le nombre de mois compris entre le 1er janvier et le premier jour du mois au cours duquel expire l'annuité d'amortissement et, d'autre part, le nombre 12.

Lorsque le taux d'amortissement est réduit en cours d'année, chaque période est décomptée selon les modalités définies aux premier et deuxième alinéas. Il en est de même l'année de reprise de l'engagement par le conjoint survivant prévue aux cinquième et dixième alinéas du g et aux cinquième et dixième alinéas du h du 1° du I de l'article 31 du code général des impôts.

FONC-VII-19410 s., 22860 s., 27390, 33120 s.

5° Déduction pour travaux de restauration et de gros entretiens effectués dans certains espaces naturels

Art 2 duovicies Pour l'application du c quinquies du 2° du I de l'article 31 du code général des impôts, les contribuables sont tenus de joindre à la déclaration des revenus de l'année au titre de laquelle la déduction est pratiquée :

a. Une copie de la décision administrative permettant d'établir que les parcelles sur lesquelles sont réalisés les travaux de restauration ou de gros entretien sont incluses dans un espace protégé mentionné au c quinquies du 2° du I de l'article 31 du code général des impôts ou, à défaut, une attestation de l'autorité compétente mentionnée à l'article 2 tervicies ;

b. Une copie de l'accord préalable à la réalisation des travaux, délivré par l'autorité compétente mentionnée au même article 2 tervicies ;

c. Les pièces justifiant de la nature, du montant et du paiement des travaux.

FONC-IV-4550

Art 2 tervicies L'autorité compétente vérifie la compatibilité des travaux de restauration ou de gros entretien, mentionnés au c quinquies du 2° du I de l'article 31 du code général des impôts, avec les objectifs qui ont justifié la mesure de classement et, le cas échéant, avec le document de gestion ou d'objectifs approuvé au titre de la réglementation concernée. En ce qui concerne les espaces remarquables du littoral au sens de l'article L 121-23 du code de l'urbanisme, tels qu'ils figurent dans le document d'urbanisme de la commune, devenu définitif et doté d'un règlement conforme aux dispositions de l'article R 121-5 du code de l'urbanisme, cette vérification porte sur la conformité des travaux aux dispositions de l'article L 121-23 et du 5° de l'article R 121-5 du code de l'urbanisme.

Les autorités compétentes sont les suivantes :

a. Pour un parc national : le directeur de l'établissement public du parc national ;

b. Pour une réserve naturelle nationale : le préfet ;

c. Pour une réserve naturelle régionale : le président du conseil régional ;

d. Pour une réserve naturelle de Corse : le président de la collectivité de Corse ;

e. Pour un site classé : soit le préfet pour les travaux hors permis de construire ou assimilés, soit le ministre chargé de l'environnement pour les travaux de niveau permis de construire ;

f. Pour un arrêté de biotope : le préfet ;

g. Pour un site Natura 2000 (zone spéciale de conservation ou zone de protection spéciale) : le préfet.

FONC-IV-4520

III. Bénéfices industriels et commerciaux

A. Opérations réalisées sur des marchés financiers à terme

Art 2 A Les titres reçus par une entreprise qui exerce une option d'achat portant sur les valeurs mobilières sont inscrits à son actif au cours du marché à la date de l'exercice de l'option.

BIC-VII-55755

Art 2 B Le document mentionné au 2° du 6 de l'article 38 du code général des impôts doit comporter les renseignements suivants :

1. Pour chacun des contrats à terme : nature, valeur nominale, date d'ouverture, date d'échéance, prix d'acquisition, cours à la clôture de l'exercice, produit à la clôture de l'exercice ;

2. Pour chacune des opérations des deux exercices suivants : valeur nominale, date d'ouverture, date d'échéance.

Ce document est annexé à la déclaration des résultats de l'exercice au cours duquel les contrats à terme d'instruments financiers ont été conclus et, le cas échéant, de l'exercice suivant. Il est établi conformément au modèle fixé par l'administration.

BIC-V-14115

Art 2 C Le document qui doit être annexé à la déclaration de résultats de chaque exercice en application du 3° du 6 de l'article 38 du code général des impôts mentionne les positions symétriques prises au cours de l'exercice et celles qui sont en cours à la clôture de l'exercice. Il comporte pour chacune des positions symétriques les renseignements suivants : nature, montant ou valeur nominale, date d'ouverture, prix d'achat et date d'échéance.

Ces renseignements doivent être mentionnés distinctement selon que les positions sont ou non prises sur des instruments financiers à terme soumis au régime défini au 1° du 6 de l'article 38 du code général des impôts ; les positions prises sur des valeurs mobilières, des devises, des titres de créances négociables, des prêts ou des emprunts ou des engagements portant sur ces éléments sont également mentionnées distinctement.

Ce document est établi conformément au modèle fixé par l'administration.

BIC-V-14445

A-0 bis. Attribution de ristournes sous forme de parts sociales

Art 2 C bis L'option pour le report d'imposition prévue à l'article 38 sexies du code général des impôts s'exerce par le dépôt de l'état de suivi prévu à l'article 2 C ter.

Art 2 C ter L'état de suivi nécessaire à l'application du report d'imposition prévu à l'article 38 sexies du code général des impôts est établi conformément au modèle fixé par l'administration.

Cet état mentionne notamment :

a. Le nom et l'adresse de l'associé coopérateur ;

b. La dénomination et l'adresse de la coopérative agricole dont il est associé ;

c. Pour chaque attribution de parts sociales, le montant du produit comptabilisé au titre des ristournes et les informations nécessaires pour le suivi des produits en report d'imposition.

IS-IV-2470 ; MF n° 15962 d

Art 2 C quater L'état de suivi prévu à l'article 2 C ter est joint chaque année jusqu'à l'exercice comptable de cession, de transmission ou d'apport des parts attribuées ou l'exercice comptable de cessation d'activité si celle-ci est antérieure à la déclaration annuelle de résultat que l'associé coopérateur exerçant une activité professionnelle agricole est tenu de déposer en application de l'article 53 A du code général des impôts.

A bis. Frais d'émission d'emprunts

Art 2 D I. Pour l'application du 1° quater du 1 de l'article 39 du code général des impôts, l'option irrévocable et globale de l'émetteur pour une période de deux ans est exercée par la première inscription en comptabilité des frais d'émission d'un emprunt en charges à répartir sur plusieurs exercices.

II. La période de deux ans court à partir du premier jour de l'exercice au cours duquel l'option a été exercée selon les modalités du I.

III. L'option visée au I est reconduite tacitement par période de deux ans. Elle est irrévocable pendant cette période.

IV. Les entreprises qui désirent renoncer à leur option doivent notifier leur choix à l'administration par une mention expresse jointe à leur déclaration de résultat déposée au titre de l'exercice suivant la période pour laquelle ladite option a été exercée ou reconduite tacitement.

BIC-XI-3900 s. ; MF n° 8780

A ter. Régime fiscal des contrats d'échange de taux d'intérêt ou de devises réalisés par les établissements de crédit

Art 2 E Pour l'application des dispositions du troisième alinéa de l'article 38 bis C du code général des impôts, les taux d'intérêt du marché retenus comme taux d'actualisation des flux de trésorerie futurs sont les taux de coupons zéro, correspondant à chaque échéance des flux à payer ou à recevoir, calculés à partir des taux d'intérêt des contrats d'échange de taux d'intérêt ou de devises.

BIC-V-16332

A quater. Entreposage de produits agricoles

Art 2 F Pour l'application de l'article 38 quinquies du code général des impôts :

I. Constitue une convention d'entreposage de productions agricoles faisant l'objet d'un dépôt non individualisé un contrat qui remplit les conditions suivantes :

1° La convention porte sur la livraison de la production et son stockage, en vue de sa reprise par l'exploitant ou de sa vente, et prévoit, le cas échéant, sa transformation ou d'autres prestations réalisées par l'entreprise d'entreposage ;

2° La production est constituée de biens agricoles fongibles qui sont entreposés dans des conditions qui ne permettent pas d'en attribuer l'origine à un exploitant déterminé.

II. Chaque récolte entreposée est inscrite distinctement dans les stocks au bilan de l'exploitant pour sa valeur à la date de clôture de l'exercice au cours duquel l'entreposage est intervenu, majorée des seuls frais facturés par l'organisme entrepositaire.

III. La reprise est réputée à l'équivalent lorsque :

1° Les produits repris par l'exploitant sont issus de la transformation des produits qu'il a apportés ou de produits identiques ;

2° Les quantités de produits reprises par l'exploitant correspondent à celles qu'il a apportées ;

3° La valeur des produits fournis par l'entreprise d'entreposage diminuée de la valeur de sa prestation de transformation et de conditionnement n'excède pas la valeur des matières apportées par l'exploitant.

IV. En cas de reprise de la production, le transfert du contrôle et des avantages économiques futurs intervient au titre de l'exercice de livraison ou de consommation de cette production par l'exploitant.

V. Les stocks des produits agricoles entreposés inscrits au bilan de l'exploitant sont crédités du montant des acomptes perçus sur les sommes représentatives de leur cession diminué de la décote mentionnée à l'article 38 sexdecies JC.

Les sommes représentatives de la cession ou les acomptes sont pris en compte pour la détermination du résultat de l'exercice au cours duquel ils sont perçus.

BIC-V-2090 s.

C. Provisions pour hausse des prix

Art 10 nonies **1.** Pour chaque matière, produit ou approvisionnement, le montant maximal de la dotation pouvant être porté au compte « Provisions pour hausse des prix » est déterminé à la clôture de chaque exercice en multipliant les quantités de ladite matière ou dudit produit ou approvisionnement existant en stock à la date de cette clôture par la différence entre :

1° La valeur unitaire d'inventaire de la matière, du produit ou de l'approvisionnement à cette date ;

2° Une somme égale à 110 % de sa valeur unitaire d'inventaire à l'ouverture de l'exercice précédent ou, si elle est inférieure, de sa valeur unitaire d'inventaire à l'ouverture de l'exercice considéré.

Toutefois, lorsqu'elle est déterminée en partant de la valeur unitaire à l'ouverture de l'exercice précédent, la dotation ainsi obtenue est, le cas échéant, diminuée du montant de la dotation effectivement pratiquée à la clôture dudit exercice.

2. Par dérogation aux dispositions du 1, les entreprises existant au 30 juin 1959 doivent, à la clôture du premier et du deuxième exercices arrêtés postérieurement à cette date, faire état, dans le deuxième terme de la différence ci-dessus définie, d'une somme égale à 110 % du prix de revient unitaire au 30 juin 1959 ou, si elle est inférieure, de la valeur unitaire d'inventaire à la clôture de l'exercice en cours à cette dernière date. Lorsqu'elle est déterminée en partant du prix de revient unitaire au 30 juin 1959, la dotation ainsi calculée à la clôture du deuxième exercice arrêté postérieurement au 30 juin 1959 est, le cas échéant, diminuée du montant de la dotation effectivement pratiquée à la clôture de l'exercice précédent.

BIC-XII-47300 s.

Art 10 decies La provision pour hausse des prix est inscrite au passif du bilan de l'entreprise sous une rubrique spéciale faisant ressortir séparément le montant des dotations de chaque exercice.

BIC-XII-48205

Art 10 undecies La provision pour hausse des prix est rapportée de plein droit aux bénéfices imposables à l'expiration du délai prévu au douzième alinéa du 5° du 1 de l'article 39 du code général des impôts.

Lorsqu'elle est retenue pour l'application de cette disposition, la durée normale de rotation du stock d'une entreprise est forfaitairement exprimée en mois par le chiffre obtenu en divisant le nombre de mois compris dans les trois premiers exercices clos après le 30 juin 1959 par le rapport existant entre, d'une part, le prix de revient global des marchandises vendues au cours desdits exercices et, d'autre part, la moyenne des valeurs des stocks à la clôture des mêmes exercices.

BIC-XII-48395 s.

Art 10 duodecies **1.** En cas de cession ou de cessation d'entreprise ou de décès de l'exploitant, la provision pour hausse des prix figurant au dernier bilan est considérée comme un élément du bénéfice immédiatement imposable dans les conditions fixées par l'article 201 et le 2 de l'article 204 du code général des impôts.

Il en est de même dans le cas où l'entreprise a cédé la totalité de son stock et a changé d'objet ou de mode d'exploitation.

En cas de cession d'un établissement, de cession ou de cessation d'une branche d'activité, la provision pour hausse des prix est rattachée aux bénéfices imposables de l'exercice en cours à la date de la cession ou de la cessation dans la mesure où elle est afférente aux matières, produits et approvisionnements se rapportant à l'établissement ou à la branche d'activité cédé ou abandonné.

2. Par dérogation aux dispositions du 1, la provision n'est pas rapportée aux bénéfices imposables lorsque l'exploitation du fonds est continuée dans les conditions prévues aux articles 41 ou 210 du code général des impôts.

L'application des dispositions du premier alinéa est subordonnée à l'obligation, pour les nouveaux exploitants, pour la société absorbante ou nouvelle ou pour la société bénéficiaire de l'apport :

a. D'inscrire immédiatement à leur passif la provision figurant dans les écritures du précédent exploitant, des sociétés fusionnées ou de la société apporteuse et qui était afférente aux éléments transférés, en distinguant, suivant les modalités fixées à l'article 10 decies, le montant des dotations de chaque exercice ;

b. De rattacher ultérieurement ces dotations à leurs bénéfices imposables dans les mêmes conditions qu'aurait dû le faire le précédent exploitant en application du douzième alinéa du 5° du 1 de l'article 39 du code général des impôts et de l'article 10 undecies.

Cet engagement doit être joint à la déclaration des résultats de l'exercice de cession, de cessation ou de décès.

BIC-XII-48525 s.

Art 10 terdecies **1.** Les entreprises doivent fournir au service des impôts, à l'appui de la déclaration des résultats de chaque exercice, tous renseignements utiles sur les éléments de calcul de la provision pour hausse des prix.

Elles doivent indiquer notamment :

a. Les quantités de chacune des matières et de chacun des produits et approvisionnements existant à la clôture de l'exercice considéré et à raison desquels l'entreprise entend pratiquer une provision ;

b. La valeur unitaire d'inventaire de chacun des éléments à la clôture dudit exercice et ses valeurs unitaires d'inventaire à l'ouverture et à la clôture de l'exercice précédent ou, pour le premier et le deuxième exercices arrêtés après le 30 juin 1959, son prix de revient unitaire à cette dernière date et sa valeur unitaire d'inventaire à la clôture de l'exercice en cours à la même date ;

c. Le montant de la dotation au compte « Provision » pouvant être pratiquée à la clôture de l'exercice considéré ;

d. Le montant de la dotation effectivement pratiquée ;

e. Et, le cas échéant, le montant de la dotation antérieure qui a été rapportée au bénéfice imposable.

2. Les entreprises dont la durée normale de rotation des stocks est supérieure à trois ans devront joindre à la déclaration des résultats du troisième exercice arrêté après le 30 juin 1959 une note faisant connaître les divers éléments ayant servi à la détermination de cette durée.

BIC-XII-48700 s. ; MF n° 9805

C bis. Provisions pour dépréciation des titres de participation et des immeubles de placement

Art 10 quaterdecies Pour l'application des dispositions des dix-neuvième, vingtième, trente-troisième et trente-quatrième alinéas du 5° du 1 de l'article 39 du code général des impôts, les entreprises doivent joindre à leur déclaration de résultat de chaque exercice un état de suivi des provisions pour dépréciation des titres de participation et des immeubles de placement non admises en déduction, conforme au modèle fourni par l'administration.

BIC-VII-34600 s. ; MF n° 9805

D-0 bis. Provisions pour investissements en faveur des entreprises de presse

Art 10 G-0 bis Sur saisine des services fiscaux compétents ou des entreprises concernées, la commission paritaire des publications et agences de presse est chargée de donner un avis sur le respect, par les publications et services de presse en ligne, des critères prévus à l'article 17 de l'annexe II au code général des impôts, pour l'application de l'article 39 bis A du même code.

E. Provisions pour investissement à l'étranger

Art 10 GA Les dispositions de l'article 39 octies A du code général des impôts sont applicables aux établissements de crédit et aux sociétés de financement enregistrés par l'Autorité de contrôle prudentiel et de résolution et habilités à effectuer des opérations de crédit ou de crédit-bail au profit des entreprises.

BIC-XII-70290

Art 10 GA bis I. Les éléments figurant au bilan de départ mentionné au III de l'article 39 octies D du code général des impôts doivent être retenus pour la valeur, exprimée en monnaie locale, qu'ils comportaient au regard de la législation fiscale française à la date d'ouverture de l'exercice au cours duquel l'entreprise française acquiert le capital.

Les immobilisations sont inscrites au bilan pour leur valeur d'origine. Le compte d'amortissement correspondant à chaque immobilisation amortissable est crédité du montant total des amortissements qui auraient été admis en déduction en application des règles fiscales françaises depuis la date d'acquisition du bien par la filiale étrangère.

Les immobilisations dont la durée d'utilisation n'est pas achevée continuent à être amorties d'après la valeur d'origine et selon les mêmes modalités que celles qui sont retenues pour le calcul des amortissements mentionnés au deuxième alinéa.

II. Les éléments du bilan de départ et des bilans suivants qui correspondent à des établissements ou à des participations dans des filiales qui ont pour objet l'activité de commercialisation définie au I et au IV de l'article 39 octies D du code général des impôts et qui sont situés dans un autre Etat que celui du siège de la filiale mentionnée à cet article sont inscrits dans des comptes spéciaux.

Les provisions et charges à payer qui ne sont pas déductibles du résultat en application des dispositions du code général des impôts sont inscrites distinctement au passif du bilan de la filiale étrangère.

BIC-XII-68000 s.

Art 10 GA ter Les résultats de la filiale étrangère mentionnés au III de l'article 39 octies D du code général des impôts s'entendent des pertes subies et des bénéfices réalisés, au titre de l'activité définie au I du même article, dans l'Etat où est situé le siège de cette filiale.

Pour la détermination de ces pertes ou bénéfices, il n'est pas tenu compte des plus-values ou moins-values résultant de la cession d'immobilisations.

De même, les résultats des opérations effectuées par les établissements ou filiales mentionnés au II de l'article 10 GA bis ainsi que les charges ou produits résultant de leur détention ne sont pas pris en considération.

Les résultats mentionnés au premier alinéa sont convertis en euros sur la base du taux de change en vigueur à la clôture de l'exercice de la filiale étrangère.

BIC-XII-68000 s.

Art 10 GA quater Les entreprises qui constituent des provisions en application des dispositions de l'article 39 octies A du code général des impôts doivent joindre à leur déclaration de résultats de chaque exercice :

Pour les filiales situées dans un Etat qui n'est pas membre de la Communauté européenne, un bilan dont la traduction est certifiée par un traducteur juré ;

Pour chacune des filiales situées dans un Etat de la Communauté européenne, outre le bilan de départ établi dans les conditions prévues à l'article 10 GA bis :

a. Un bilan et un compte de résultats des comptes sociaux, certifiés par un commissaire aux comptes de l'Etat d'implantation ;

b. Un bilan et un compte de résultats déterminés dans les conditions prévues à l'article 10 GA ter ;

c. Des états faisant apparaître le détail des immobilisations, amortissements et provisions figurant au bilan de la filiale étrangère, tel qu'il est défini au b ;

d. Un état détaillé des rectifications apportées au résultat étranger pour le rendre conforme aux dispositions du code général des impôts ;

e. Un état mentionnant la répartition du capital à la clôture de chaque exercice de la filiale.

Ces renseignements sont présentés sur des documents conformes au modèle établi par l'administration.

BIC-XII-68000 s.

Art 10 GA quinquies Les dispositions des articles 10 GA bis et 10 GA ter sont applicables aux établissements et filiales mentionnés aux I et IV de l'article 39 octies D du code général des impôts.

BIC-XII-68605 s.

Art 10 GA sexies I. Les dispositions de l'article 10 GA quater relatives aux filiales situées dans un Etat de la Communauté européenne sont applicables aux établissements et filiales mentionnés aux I et IV de l'article 39 octies D du code général des impôts.

II. Les documents mentionnés au a de l'article 10 GA quater sont, en outre, certifiés par un traducteur juré pour les établissements et filiales visés au I.

G. Réinvestissement des plus-values. Exclusion des acquisitions de biens de caractère somptuaire

Art 10 H Le remploi prévu à l'article 40 du code général des impôts ne peut pas être effectué dans l'acquisition des biens meubles ou immeubles de caractère somptuaire énumérés ci-après lorsqu'ils ne sont pas acquis dans l'intérêt de l'ensemble du personnel de l'entreprise :

1° Terrains de chasse ou de pêche et toutes autres immobilisations correspondantes ;

2° Résidences de plaisance ou d'agrément, à l'exception des immeubles classés dans les conditions prévues à l'article 1er de la loi du 31 décembre 1913 sur les monuments historiques ;

3° Yachts ou bateaux de plaisance à voile ou à moteur ;

4° Voitures de tourisme, pour la fraction de leur prix d'acquisition qui dépasse 3 049 € ;

5° Bijoux, objets d'art, à l'exception des objets mobiliers classés dans les conditions prévues à l'article 14 de la loi du 31 décembre 1913 susvisée, modifié par l'article unique de la loi n° 46-985 du 10 mai 1946 ;

6° Terrains ou locaux appelés à être affectés à la pratique de sports et installations correspondantes.

G bis. Plus-values réalisées à l'occasion de transmissions à titre gratuit d'entreprises individuelles

Art 10 H-0 bis Les états dont la production est prévue aux b, c et d du IV de l'article 41 du code général des impôts sont établis conformément aux modèles fixés par l'administration. Ces états mentionnent notamment les noms et adresses des bénéficiaires concernés, la dénomination commerciale et l'adresse de l'entreprise transmise et détaillent, pour tous les biens immobilisés compris dans la transmission, par nature d'élément, les informations nécessaires pour le suivi des plus-values en report d'imposition.

BIC-XIX-26810 s. ; MF n° 19860

H. Application de l'article 238 octies du code général des impôts

Art 10 H bis Les dispositions de l'article 238 octies du code général des impôts cessent de s'appliquer aux profits de construction provenant de la cession d'immeubles pour lesquels la délivrance du permis de construire ou le dépôt de la déclaration en tenant lieu est postérieur au 31 décembre 1971.

J. Subventions. Etablissements hôteliers ou thermaux

Art 10 K Les dispositions du 1 de l'article 42 septies du code général des impôts sont applicables aux établissements hôteliers ou thermaux dans les conditions prévues par l'article 21 du décret n° 97-663 du 29 mai 1997 pris en application de l'article 34 de la loi n° 95-1347 du 30 décembre 1995 de finances rectificative pour 1995.

BIC-V-21245

K. Révision des bilans (loi n° 59-1472 du 28 décembre 1959)

Art 21 Les coefficients prévus pour la révision des bilans des exercices clos le 29 décembre 1959 sont fixés aux chiffres ci-après :

a. En ce qui concerne les biens situés dans la métropole ou dans les départements de la Guadeloupe, de la Guyane et de la Martinique :

ANNEES	COEFFICIENT	ANNEES	COEFFICIENT
1914 et antér.	243	1937	43
1915	170,1	1938	38
1916	129,6	1939	36,5
1917	89,1	1940	29,3
1918	72,9	1941	26,8
1919	70,4	1942	24,3
1920	48,6	1943	17,8
1921	72,9	1944	16,3
1922	78,5	1945	8,1
1923	60,8	1946	5,1
1924	51,8	1947	4
1925	46,1	1948	2,3
1926	35,5	1949	1,9
1927	38,9	1950	1,6
1928	38,9	1951	1,25
1929	39,6	1952	1,15
1930	44,6	1953	1,20
1931	48,6	1954	1,25
1932	56,8	1955	1,25
1933	62,4	1956	1,20
1934	64,8	1957	1,15
1935	72,9	1958	1,05
1936	60,8	1959	1

b. En ce qui concerne les biens situés dans le département de La Réunion :

ANNEES	COEFFICIENT	ANNEES	COEFFICIENT
1914 et antér.	121,5	1937	21,5
1915	85	1938	19
1916	64,9	1939	18,3
1917	44,6	1940	14,6
1918	36,5	1941	13,4
1919	35,3	1942	12,1
1920	24,3	1943	8,9
1921	36,5	1944	8,1

ANNEES	COEFFICIENT	ANNEES	COEFFICIENT
1922	39,3	1945	6,9
1923	30,4	1946	4,4
1924	25,9	1947	3,5
1925	23,1	1948	2,3
1926	17,8	1949	1,9
1927	19,5	1950	1,6
1928	19,5	1951	1,25
1929	19,9	1952	1,15
1930	22,3	1953	1,20
1931	24,3	1954	1,25
1932	28,4	1955	1,25
1933	31,1	1956	1,20
1934	32,4	1957	1,15
1935	36,5	1958	1,05
1936	30,4	1959	1

FB-III-19000 ; DC-IV-5695

L. Déclarations et documents

Art 38 **I.** La déclaration dont la production est prévue aux articles 53 A et 302 septies A bis du code général des impôts et ses annexes bis et ter doivent mentionner :

a. La récapitulation des éléments concourant à la détermination du résultat, ainsi que le montant des recettes nettes soumises à la contribution mentionnée à l'article 234 nonies du code général des impôts ;

b. Le nom et l'adresse du ou des comptables ou experts chargés de tenir la comptabilité ou d'en contrôler les résultats généraux en précisant si ces techniciens font partie ou non du personnel salarié de l'entreprise ;

c. Eventuellement le nom et l'adresse du centre de gestion agréé auquel le contribuable a adhéré ;

d. Les renseignements nécessaires à l'établissement et au contrôle de l'impôt.

I bis. *(Dispositions devenues sans objet : loi n° 92-1376 du 30 décembre 1992, article 11-II).*

II. Les contribuables visés à l'article 53 A du code général des impôts sont tenus de joindre à la déclaration et aux annexes visées au I, le bilan, le compte de résultat, le tableau des immobilisations, le tableau des amortissements, le tableau des provisions et l'état des échéances des créances et des dettes.

Ils doivent également joindre :

1° La liste, suivant modèle fourni par l'administration, des personnes détenant au moins 10 % de leur capital, en précisant pour chacune d'entre elles le nombre de parts ou d'actions et le taux de détention et, pour les personnes morales, leur dénomination, adresse et numéro d'identification au répertoire national des établissements (numéro Siret), pour les personnes physiques leurs nom, prénoms, adresse, date et lieu de naissance ;

2° La liste, suivant modèle fourni par l'administration, de leurs filiales et de leurs participations, en précisant pour chacune d'entre elles le taux de détention et son numéro d'identification au répertoire national des établissements *(numéro Siret)* ;

3° Le tableau de calcul de la valeur ajoutée définie à l'article 1586 sexies du code précité, suivant le modèle établi par l'administration, lorsqu'ils sont soumis à l'obligation prévue au II de l'article 1586 octies du même code ;

4° Une information détaillée ayant trait aux points suivants :

a. Dérogations aux prescriptions comptables ;

b. Modifications affectant les méthodes d'évaluation et la présentation de comptes annuels ;

c. Produits à recevoir et charges à payer ;

d. Produits et charges figurant au bilan sous les postes Comptes de régularisation.

RIE-III-4670 s., 4830 s.

Les contribuables ayant la qualité de commerçant sont tenus de produire, sur demande de l'administration, les éléments de l'annexe comptable qui ne sont pas énumérés ci-dessus.

Doivent en outre être joints à la déclaration le tableau de détermination du résultat fiscal, l'état des déficits et des provisions non déductibles, l'état des renseignements divers, le tableau des éléments soumis au régime fiscal des plus-values et moins-values et, le cas échéant, le tableau des écarts de réévaluation.

III. Les contribuables visés à l'article 302 septies A bis du code général des impôts sont tenus de joindre à la déclaration et aux annexes visées au I le bilan et le compte de résultats simplifiés, les tableaux des immobilisations, des amortissements et des éléments soumis au régime fiscal des plus-values et moins-values, le relevé des provisions, le relevé des provisions non déductibles, l'état des déficits et, le cas échéant, le tableau des écarts de réévaluation.

Les personnes morales doivent également joindre :

1° La liste, suivant modèle fourni par l'administration, des personnes détenant au moins 10 % de leur capital, en précisant pour chacune d'entre elles le nombre de parts ou d'actions et le taux de détention et, pour les personnes morales, leur dénomination, adresse et numéro d'identification au répertoire national des établissements *(numéro Siret)*, pour les personnes physiques leurs nom, prénoms, adresse, date et lieu de naissance ;

2° La liste, suivant modèle fourni par l'administration, de leurs filiales et de leurs participations, en précisant pour chacune d'entre elles le taux de détention et son numéro d'identification au répertoire national des établissements *(numéro Siret)*.

IV. Les déclarations et les documents qui y sont joints doivent être remis en double exemplaire au service des impôts du siège de la direction de l'entreprise ou, à défaut, du lieu du principal établissement.

Par dérogation au premier alinéa :

1° Les personnes physiques qui exercent une activité professionnelle dans la Principauté de Monaco déposent leur déclaration auprès du service désigné par le ministre chargé du budget *(Voir Annexe IV, art. 121 Z quinquies)* ;

2° Les sociétés ayant pour objet la construction d'immeubles en vue de la vente et dont l'activité porte sur un seul immeuble ou groupe d'immeubles souscrivent cette déclaration auprès du service des impôts du lieu de situation des constructions.

Il en est délivré récépissé sur demande du contribuable.

RIE-III-1150 s., 15300 s.

Art 38 A Le compte de résultat dont la production est prévue à l'article 38 est présenté « hors taxes ».

BIC-VI-7500 s. ; RIE-III-4690 ; MF n° 7415

Art 38 B Pour l'application du 9 de l'article 38 du code général des impôts, les entreprises joignent à la déclaration de leurs résultats de chaque exercice un état établi sur un document conforme au modèle fixé par l'administration.

Cet état mentionne notamment, pour chaque participation, le prix d'acquisition, la valeur réelle, la valeur d'équivalence et le montant de la dépréciation définie au dix-septième alinéa du 5° du 1 de l'article 39 du code précité.

BIC-VII-32340

M. Renseignements à fournir par les entreprises à l'appui de la déclaration prévue à l'article 53 A du code général des impôts

2. Définitions

Art 38 ter Le stock est constitué par l'ensemble des marchandises, des matières premières, des matières et fournitures consommables, des productions en cours, des produits intermédiaires, des produits finis, des produits résiduels et des emballages non destinés à être récupérés, qui sont la propriété de l'entreprise à la date de l'inventaire et dont la vente en l'état ou au terme d'un processus de production à venir ou en cours permet la réalisation d'un bénéfice d'exploitation.

Les productions en cours sont les biens ou les services en cours de formation au travers d'un processus de production.

Les produits intermédiaires sont les produits qui, ayant atteint un stade d'achèvement, sont destinés à entrer dans une nouvelle phase du cycle de production.

Les produits finis sont ceux qui ont atteint un stade d'achèvement définitif dans le cycle de production.

Les produits résiduels sont constitués par les déchets et rebuts de fabrication.

Les emballages commerciaux comprennent, d'une part, les emballages perdus qui sont destinés à être livrés avec leur contenu sans consignation ni reprise et, d'autre part, les emballages récupérables qui sont susceptibles d'être provisoirement conservés par la clientèle et que le livreur s'engage à reprendre dans des conditions déterminées. En principe, les premiers sont seuls à inclure dans les stocks, les seconds constituant normalement des immobilisations. Toutefois, lorsqu'ils ne sont pas commodément identifiables, les emballages récupérables peuvent être assimilés à des stocks.

BIC-IV-9300 s. ; MF n° 7520 a

BIC-VI-200 s. ; MF n° 7675

Art 38 quater Les entreprises doivent respecter les définitions édictées par le plan comptable général, sous réserve que celles-ci ne soient pas incompatibles avec les règles applicables pour l'assiette de l'impôt.

RIE-III-4510 s.

3. Règles d'évaluation

Art 38 quinquies **1.** Les immobilisations sont inscrites au bilan pour leur valeur d'origine.

Cette valeur d'origine s'entend :

a. Pour les immobilisations acquises à titre onéreux, du coût d'acquisition, c'est-à-dire du prix d'achat minoré des remises, rabais commerciaux et escomptes de règlement obtenus et majoré des coûts directement engagés pour la mise en état d'utilisation du bien et des coûts d'emprunt dans les conditions prévues à l'article 38 undecies.

Sous réserve des dispositions du VII de l'article 209 du code général des impôts, les droits de mutation, honoraires ou commissions et frais d'acte liés à l'acquisition peuvent être, au choix de l'entreprise, soit portés à l'actif du bilan en majoration du coût d'acquisition de l'immobilisation à laquelle ils se rapportent, soit déduits immédiatement en charges. Ce choix est exercé distinctement pour les titres immobilisés et les titres de placement, d'une part, pour les autres immobilisations acquises, d'autre part. Il est irrévocable.

Pour les biens acquis moyennant le paiement d'une rente viagère, le prix d'achat s'entend du prix stipulé ou, à défaut, de la valeur réelle du bien estimée au jour de l'acquisition.

Pour les biens acquis en échange d'un ou plusieurs biens, le prix d'achat s'entend de la valeur vénale ;

b. Pour les immobilisations acquises à titre gratuit, de la valeur vénale ;

c. Pour les immobilisations apportées à l'entreprise par des tiers, de la valeur d'apport ;

d. Pour les immobilisations créées par l'entreprise, du coût d'acquisition des matières ou fournitures consommées, augmenté de toutes les charges directes ou indirectes de production et des coûts d'emprunt dans les conditions prévues à l'article 38 undecies.

Les coûts administratifs sont exclus du coût d'acquisition et du coût de production définis ci-dessus, à l'exception du coût des structures dédiées.

2. La valeur d'origine des immobilisations définie au 1 est majorée des coûts engagés pour le remplacement des composants mentionnés à l'article 15 bis de l'annexe II. La valeur nette comptable du composant remplacé est comptabilisée en charges.

BIC-IV-13500 ; MF nos 7550 s.

Art 38 sexies La dépréciation des immobilisations qui ne se déprécient pas de manière irréversible donne lieu à la constitution de provisions dans les conditions prévues au 5° du 1 de l'article 39 du code général des impôts.

BIC-XII-11120 s. ; MF n° 9800

Art 38 septies Les valeurs mobilières constituant des titres de placement sont inscrites au bilan pour leur valeur d'origine majorée, sous réserve de l'option mentionnée au quatrième alinéa du 1 de l'article 38 quinquies, des droits de mutation, honoraires ou commissions et frais d'acte liés à leur acquisition.

A la fin de chaque exercice, il est procédé à une estimation de ces titres.

Les titres cotés sont évalués au cours moyen du dernier mois de l'exercice. Les titres non cotés sont évalués à leur valeur probable de négociation.

Les titres cotés s'entendent des valeurs admises aux négociations sur un marché réglementé.

Les plus-values ou moins-values résultant de cette estimation sont appréciées, pour chaque catégorie de titres de même nature, par rapport à la valeur d'origine globale de l'ensemble de ces titres.

Les plus-values ne sont pas comptabilisées ; par contre, les moins-values sont inscrites au compte de provisions.

Toutefois, en cas de baisse anormale de certains titres cotés apparaissant comme momentanée, l'entreprise a, sous sa responsabilité, la faculté de ne pas comprendre dans la provision tout ou partie de la moins-value constatée sur ces titres, mais seulement dans la mesure où il peut être établi une compensation avec les plus-values normales constatées sur d'autres titres.

BIC-VII-35600 s. ; MF nos 18390, 18985 s.

Art 38 octies Les cessions de titres en portefeuille sont réputées porter par priorité sur les titres de même nature acquis ou souscrits à la date la plus ancienne.

Les plus-values ou moins-values résultant des cessions en cause sont déterminées en fonction de la valeur d'origine pour laquelle les titres figuraient au bilan.

BIC-VII-32530 s. ; MF nos 18400, 18855

Art 38 nonies **1.** Les marchandises, matières premières, matières et fournitures consommables, emballages perdus, produits en stock et productions en cours au jour de l'inventaire sont évalués pour leur coût de revient, qui s'entend :

a. Pour les biens acquis à titre onéreux, du prix d'achat minoré des remises, rabais commerciaux et escomptes de règlement obtenus et majoré des frais de transport, de manutention et autres coûts directement engagés pour l'acquisition des biens et des coûts d'emprunt dans les conditions prévues à l'article 38 undecies ;

b. Pour les biens produits par l'entreprise, du coût de production qui comprend les coûts directement engagés pour la production ainsi que les frais indirects de production variables ou fixes et des coûts d'emprunt dans les conditions prévues à l'article 38 undecies. La quote-part de charges correspondant à la sous-activité n'est pas incorporable au coût de production.

Les coûts administratifs sont exclus du coût d'acquisition et du coût de production définis ci-dessus, à l'exception du coût des structures dédiées.

2. Le coût des stocks est déterminé par l'identification spécifique des coûts individuels, fournis par la comptabilité analytique ou, à défaut, par des calculs ou évaluations statistiques.

BIC-VI-4700 s. ; MF n°s 7700 s.

Art 38 decies Si le cours du jour à la date de l'inventaire des marchandises, matières premières, matières et fournitures consommables, produits intermédiaires, produits finis et emballages commerciaux perdus en stock au jour de l'inventaire est inférieur au coût de revient défini à l'article 38 nonies, l'entreprise doit constituer, à due concurrence, des provisions pour dépréciation.

BIC-VI-8880 s. ; MF nº 7690

Art 38 undecies Les coûts d'emprunt engagés pour l'acquisition ou la production d'une immobilisation, corporelle ou incorporelle, ou d'un élément inscrit en stock ou en encours, peuvent être, au choix de l'entreprise, soit compris dans le coût d'origine de l'immobilisation ou du stock, soit déduits en charge au titre de l'exercice au cours duquel les intérêts sont courus.

Les dispositions du premier alinéa s'appliquent aux coûts d'emprunt attribuables aux éléments d'actif et engagés jusqu'à la date d'acquisition ou de réception définitive du bien qui exigent une période de préparation ou de construction en principe supérieure à douze mois avant de pouvoir être utilisés ou cédés.

Le choix offert au premier alinéa est irrévocable et s'applique à tous les coûts d'emprunt servant à financer l'acquisition ou la production d'immobilisations, de stocks et d'encours.

BIC-VI-5055

4. Dispositions diverses

Art 38 terdecies Les dispositions des articles 38 ter à 38 decies sont applicables aux entreprises industrielles et commerciales passibles de l'impôt sur le revenu suivant un régime de bénéfice réel et aux personnes morales relevant de l'impôt sur les sociétés, sous réserve des mesures dérogatoires qui pourront être prises en faveur des entreprises soumises au contrôle de l'Etat et astreintes à des règles comptables particulières.

RIE-III-4510

Art 38 terdecies A Les entreprises dont l'activité est partiellement exercée à l'étranger sont également tenues de produire en double exemplaire, sur des imprimés identiques à ceux visés aux II et III de l'article 38, les renseignements afférents aux seules opérations qui participent à la réalisation du résultat imposable en France.

RIE-III-4580 s.

Art 38 quaterdecies En ce qui concerne les entreprises dont le siège est situé hors du territoire de la République française, les renseignements à fournir s'entendent exclusivement de ceux afférents aux exploitations sises en France.

RIE-III-4580 s.

M bis. Renseignements à fournir par les entreprises sur les états de suivi et de situation de propriété prévus à l'article 54 septies du code général des impôts

Art 38 quindecies I. L'état dont la production est prévue au I de l'article 54 septies du code général des impôts mentionne la date de réalisation et la nature de l'opération, les nom ou dénomination et adresse des personnes physiques et morales concernées et, par nature d'élément :

1º Pour les biens non amortissables :

a. La valeur comptable,

b. La valeur fiscale servant pour le calcul du résultat imposable de cessions ultérieures,

c. Le montant de la soulte éventuellement perçue lors de l'opération,

d. Le montant de la soulte imposée lors de l'opération d'échange ou d'apport,

e. La valeur d'échange ou d'apport des biens ;

2º Pour les biens amortissables :

a. Le montant des plus-values et moins-values réalisées lors de l'opération,

b. La durée de réintégration de ces plus-values,

c. Le montant des plus-values déjà réintégrées dans les résultats des exercices précédents,

d. Le montant des plus-values réintégrées dans les résultats de l'exercice,

e. Le montant des plus-values restant à réintégrer ;

3º Pour le mali technique de fusion :

a. La valeur brute à l'ouverture et à la fin de l'exercice,

b. La diminution en cours d'exercice,

c. Le montant des dépréciations comptables à l'ouverture et à la fin de l'exercice,

d. Les augmentations et diminutions des dépréciations comptables en cours d'exercice.

RIE-III-5840 s.

II. Il est souscrit un état par opération et par exercice tant qu'il existe, au titre de l'opération concernée, des éléments auxquels est attaché un sursis d'imposition prévu par l'un des régimes mentionnés au I de l'article 54 septies du code général des impôts.

RIE-III-5845

III. *(Devenu sans objet).*

IV. L'état dont la production est prévue au deuxième alinéa de l'article 221 bis du code général des impôts doit mentionner pour chacune des immobilisations qui fait l'objet d'une réévaluation lors du premier exercice au titre duquel l'option a été exercée :

1° La valeur comptable ;

2° La valeur fiscale servant pour le calcul du résultat imposable de cessions ultérieures ;

3° La valeur réévaluée.

IS-IV-19350 ; MF n° 30950

N. Renseignements à fournir par les entreprises à l'appui de la déclaration prévue à l'article 54 octies du code général des impôts

Art 38 quindecies A **I.** La déclaration, dont la production est prévue à l'article 54 octies du code général des impôts, est souscrite pour chaque bien, dans le délai fixé par le même article, auprès du service chargé des grandes entreprises, suivant un modèle fixé par l'administration.

Lorsqu'un bien fait l'objet d'une nouvelle opération de location, la déclaration est souscrite dans le mois qui suit la conclusion du nouveau contrat.

II. La déclaration mentionnée au I comporte les renseignements suivants :

a. l'identité de la société, de la copropriété ou du groupement qui consent la location ou la mise à disposition, ainsi que celle de ses associés, copropriétaires ou membres ;

b. la nature du bien et tout élément permettant de l'identifier distinctement ;

c. le prix d'acquisition ou de revient et la date d'acquisition du bien donné en location ou mis à disposition ;

d. pour chaque exercice jusqu'au terme du contrat de location ou de mise à disposition, un tableau suivant un modèle fixé par l'administration indiquant le résultat prévisionnel de la société, de la copropriété ou du groupement.

BIC-X-34975 ; MF n° 9565

O. Opérations de crédit-bail

1. Crédit-bail sur fonds de commerce, fonds artisanal ou sur l'un de leurs éléments incorporels non amortissables

Art 38 quindecies E Le locataire d'un fonds de commerce, d'un fonds artisanal ou de l'un des éléments incorporels non amortissables loué dans les conditions prévues au 3 de l'article L 313-7 du code monétaire et financier doit joindre une attestation délivrée par l'entreprise bailleresse à la déclaration de résultats de l'exercice au cours duquel le contrat de crédit-bail a été conclu.

Cette attestation comporte les renseignements suivants :

L'identité et l'adresse du locataire ;

La date et la durée du contrat ;

Le prix convenu pour l'acceptation de la promesse unilatérale de vente prévue au contrat ;

Pour chaque échéance, le montant des loyers dus et la quote-part de ces loyers prise en compte pour la fixation de ce prix ;

Les modalités stipulées en cas de résiliation du contrat ou de non-acceptation de la promesse unilatérale de vente.

L'attestation est établie sur papier libre conformément au modèle fixé par l'administration.

BIC-VII-82380 s.

2. Crédit-bail mobilier, immobilier et sur les éléments incorporels amortissables d'un fonds de commerce ou d'un fonds artisanal

Art 38 quindecies F Le locataire d'un bien loué dans les conditions prévues au 1 et 2 de l'article L 313-7 du code monétaire et financier et au 3 du même article en ce qu'il concerne les éléments incorporels amortissables d'un fonds de commerce ou d'un fonds artisanal, qui cède le contrat de crédit-bail ou le bien acquis à l'échéance d'un tel contrat, joint à la déclaration de résultats de l'exercice en cours lors de la cession un état établi sur un document conforme au modèle fixé par l'administration.

BIC-VII-78540

Art 38 quindecies G Pour l'application de l'article 39 duodecies A du code général des impôts, l'acquéreur des droits afférents à un contrat de crédit-bail conclu dans les conditions prévues au 2 de l'article L 313-7 du code monétaire et financier, joint à la déclaration de résultats de l'exercice en cours lors de l'acquisition un état établi sur un document conforme au modèle fixé par l'administration. Cet état comporte notamment les renseignements nécessaires à la ventilation du prix d'acquisition des droits entre sa fraction représentative des constructions et celle représentative du terrain.

BIC-VII-78650 s.

3. Crédit-bail immobilier

Art 38 quindecies H **I.** Les entreprises qui donnent en location des biens immobiliers dans les conditions prévues au 2 de l'article L 313-7 du code monétaire et financier doivent, pour chaque opération réalisée, conserver à l'appui de leur comptabilité pendant toute la durée du contrat un état récapitulant les conditions générales et un tableau faisant apparaître, pour chaque loyer, la quote-part de ce dernier prise en compte pour la fixation du prix de cession éventuelle de l'immeuble à l'issue du contrat.

II. L'état récapitulatif visé au I comporte les renseignements suivants :

a. L'identité et l'adresse du locataire ;

b. La date de conclusion et la durée du contrat ;

c. Le prix convenu pour l'acquisition de l'immeuble à l'issue du contrat ou les informations permettant de déterminer celui-ci ;

d. Le prix des éléments non amortissables et des éléments amortissables figurant à l'actif du bilan de l'entreprise bailleresse ainsi que les frais d'acquisition de l'immeuble ;

e. Le lieu de situation.

Lorsque l'économie du contrat est modifiée en raison de changements dans la situation du preneur ou des biens pris en crédit-bail, un état récapitulatif modifié doit être établi par le bailleur.

III. Le tableau visé au I doit faire apparaître, pour chaque échéance, la quote-part du loyer prise en compte pour la fixation du prix de cession éventuelle de l'immeuble à l'issue du contrat ou les informations permettant de déterminer celle-ci, ainsi que son affectation au financement respectif des frais d'acquisition, des éléments amortissables et des éléments non amortissables.

IV. Un exemplaire de l'état récapitulatif et du tableau mentionnés aux II et III est délivré au locataire à la prise d'effet du contrat et des avenants éventuels.

BIC-VII-77620 s.

Art 38 quindecies I Le locataire d'un immeuble loué dans les conditions prévues au 2° de l'article 1er de la loi n° 66-455 du 2 juillet 1966 relative aux entreprises pratiquant le crédit-bail doit conserver, à l'appui de sa comptabilité pendant toute la durée de la location, les documents mentionnés au IV de l'article 38 quindecies H délivrés par l'entreprise bailleresse ainsi qu'un tableau récapitulatif faisant apparaître pour chaque échéance la quote-part non déductible pour la détermination de son bénéfice imposable. En cas de cession du contrat, une copie de ces documents est remise au cessionnaire.

BIC-VII-78180 s.

Art 38 quindecies J Le locataire d'un bien loué dans les conditions prévues au 2 de l'article L 313-7 du code monétaire et financier, qui cède le contrat de crédit-bail ou acquiert le bien pris en location, joint à la déclaration de résultats de l'exercice en cours lors de la cession ou de l'acquisition un état comportant le montant de la quote-part des loyers non déduite pour la détermination du résultat imposable au titre de chaque échéance de la période de location, en distinguant, le cas échéant, la quote-part afférente à des éléments non amortissables de celle relative aux éléments amortissables.

BIC-VII-79180

Art 38 quindecies K Les documents visés aux articles 38 quindecies H à 38 quindecies J sont établis sur papier libre conformément aux modèles fixés par l'administration.

Q. Régime super-simplifié de comptabilité

Art 38 sexdecies-00 A L'option pour la comptabilité super-simplifiée prévue à l'article 302 septies A ter A du code général des impôts est exercée, au titre de chaque exercice, sur la déclaration de résultats prévue à l'article 53 A du code général des impôts.

RIE-III-17630 s.

Art 38 sexdecies-00 B Pour l'application du premier alinéa du 2 de l'article 302 septies A ter A du code général des impôts, les exploitants exercent, au titre de chaque exercice, l'option pour la déduction forfaitaire des dépenses relatives aux carburants sur un état joint à leur déclaration de résultats. Cet état mentionne également :

Le type et l'immatriculation du ou des véhicules concernés ;

Le nombre total de kilomètres parcourus en distinguant ceux effectués pour les besoins de l'entreprise ;

Le montant forfaitaire des frais de carburant ;

Les modalités de comptabilisation de ces frais.

RIE-III-18175 s.

V. Bénéfices de l'exploitation agricole

A. Détermination du régime réel d'imposition

Art 38 sexdecies A Les recettes à retenir pour l'appréciation des limites prévues à l'article 69 du code général des impôts s'entendent de toutes les sommes encaissées au cours de l'année civile augmentées de la valeur des produits prélevés dans l'exploitation et alloués soit au personnel salarié, soit au propriétaire du fonds en paiement du fermage.

Toutefois, il n'est pas tenu compte des opérations portant sur les éléments de l'actif immobilisé ou effectuées dans le cadre de l'entraide agricole, des subventions et primes d'équipement, des redevances ayant leur origine dans le droit de propriété et des recettes accessoires provenant d'activités n'ayant pas un caractère agricole.

En outre, un abattement de 30 % est appliqué au montant des recettes provenant d'élevages pour lesquels le pourcentage moyen du bénéfice brut par rapport aux recettes est inférieur à 20 %. Un arrêté du ministre chargé du budget fixe la liste des élevages qui peuvent bénéficier de cette disposition *(Voir Annexe IV, art. 4 M).*

BA-II-1200 s. ; MF n°s 15530 s.

B. Détermination et imposition du bénéfice des exploitants soumis à un régime réel

Art 38 sexdecies C Sous réserve des dispositions des articles 38 sexdecies JC, 38 sexdecies JD, 38 sexdecies RB et 38 sexdecies RB bis, le bénéfice de l'exploitation agricole soumise à un régime réel d'imposition est déterminé et imposé selon les dispositions prévues à l'article 72 du code général des impôts et celles prévues à la présente section.

BA-IV-300

Art 38 sexdecies D I. Les immeubles bâtis ou non bâtis appartenant à l'exploitant et utilisés pour les besoins de l'exploitation sont obligatoirement inscrits à l'actif du bilan.

Toutefois, l'exploitant peut demander de conserver les terres dans son patrimoine privé. Cette option s'applique à la totalité des terres dont l'exploitant est propriétaire ou qu'il acquiert pendant la durée de l'exercice. Elle est reconduite tacitement pour l'exercice suivant, sauf renonciation expresse de l'exploitant. L'option ou la renonciation à cette option doit être jointe à la déclaration des résultats de l'exercice auquel elle s'applique.

La maison d'habitation dont l'exploitant est propriétaire peut être inscrite à l'actif sous réserve qu'elle fasse partie de l'exploitation et qu'elle ne présente pas le caractère d'une maison de maître.

BA-IV-1800 s. ; MF n°s 15895 s.

II. Peuvent être considérés comme des immobilisations amortissables les équidés et les bovidés utilisés comme animaux de trait ou affectés exclusivement à la reproduction ainsi que les chevaux de course mis à l'entraînement et les chevaux de concours soumis à un entraînement en vue de la compétition âgés de deux ans au moins au sens de la réglementation des courses.

Tous les autres animaux, y compris ceux nés dans l'exploitation, sont obligatoirement compris dans les stocks.

BA-IV-2950 s. ; MF n° 15915

Art 38 sexdecies E Les matériels et équipements utilisés par les entreprises agricoles peuvent être amortis suivant un système dégressif dans les conditions fixées par le 1 de l'article 39 A du code général des impôts et les dispositions réglementaires prises pour son application *(Voir Annexe II, art. 22 à 25).*

Le même régime est étendu aux bâtiments d'exploitation remplissant les conditions prévues au 2° du 2 de l'article 39 A du même code.

BA-IV-11860 s. ; MF n° 15990

Art 38 sexdecies GB La valeur comptable des stocks apportés dans les conditions mentionnées au sixième alinéa du I de l'article 151 octies du code général des impôts est déterminée dans les conditions prévues selon le cas aux articles 38 sexdecies O et 38 sexdecies OE, lorsque les régimes d'imposition de l'apporteur et de la société bénéficiaire de l'apport sont différents.

Elle est reprise pour la même valeur dans les inventaires suivants dans la mesure où les stocks apportés n'ont pas encore été vendus.

BIC-XIX-22225 ; MF n° 19765

Art 38 sexdecies H Sous réserve des dispositions des articles 38 sexdecies I, 38 sexdecies O et 38 sexdecies OE, les stocks sont évalués suivant les règles définies aux articles 38 nonies et 38 decies.

BA-IV-6250 s. ; MF n° 15940

Art 38 sexdecies I I. Le prix de revient des produits de l'exploitation compris dans les stocks peut être déterminé forfaitairement en appliquant au cours du jour à la clôture de l'exercice une décote correspondant au bénéfice brut susceptible d'être réalisé lors de la vente. Cette décote est appréciée par l'exploitant, sous le contrôle de l'administration.

II. Le prix de revient des produits en cours de fabrication peut être déterminé forfaitairement par référence à des coûts standard ou à tous autres éléments statistiques.

BA-IV-6480 s. ; MF nº 15940

Régime réel simplifié

Art 38 sexdecies JC Lorsque l'option prévue au b de l'article 74 du code général des impôts est exercée, les stocks sont évalués en appliquant au cours du jour à la clôture de l'exercice une décote de 20 % ; ce taux est porté à 30 % pour les bovins et les produits de la viticulture.

En outre, la variation du prix à retenir entre la date d'ouverture et de clôture d'un même exercice est limitée à 20 %. L'exploitant peut toutefois renoncer à cette limitation.

Les options prévues au b de l'article 74 précité et au deuxième alinéa doivent être formulées au plus tard dans le délai de déclaration des résultats du premier exercice auquel elles s'appliquent. Elles sont valables pour cinq exercices, tant que le contribuable est soumis au régime simplifié d'imposition. Elles se reconduisent tacitement par période de cinq exercices, sauf décision contraire notifiée au service des impôts dans le délai de dépôt de la déclaration des résultats du dernier exercice de chaque période d'option.

BA-IV-20400 s. ; MF nº 15955

Art 38 sexdecies JD Lorsque l'option prévue à l'article 38 sexdecies JC est exercée, les produits prélevés par l'exploitant à des fins personnelles, dont la valeur est ajoutée aux recettes pour la détermination du résultat de l'exploitation, sont évalués dans les conditions prévues par cet article.

BA-IV-20290 s. ; MF nº 15965

C. Option pour l'un des régimes réels

Art 38 sexdecies JE L'option souscrite en application du second alinéa du III de l'article 69 du code général des impôts est valable pour l'exercice au titre duquel elle est exercée et pour l'exercice suivant. Elle se reconduit tacitement par période de deux exercices, sauf renonciation adressée au service des impôts dans le délai de dépôt de la déclaration des résultats du dernier exercice de chaque période.

BA-II-8400 s. ; MF nº 15665

D. Dispositions applicables en cas de changement de régime d'imposition

1º Passage du régime des micro-exploitations à un régime réel

Art 38 sexdecies-0 K Les exploitants imposés d'après un régime réel d'imposition peuvent inscrire au bilan d'ouverture du premier exercice soumis à l'un de ces régimes une somme correspondant à la valeur, à la date du changement de régime, des améliorations du fonds représentant le résultat des pratiques culturales, lorsque les transactions en usage dans leur région en font état.

Cette valeur est appréciée d'après les usages locaux, et notamment ceux qui sont suivis en matière d'expropriation.

La somme ainsi portée au premier bilan demeure inscrite aux bilans ultérieurs pour le même montant ; elle ne peut pas faire l'objet d'amortissements.

Lors de la cession des améliorations du fonds, cette somme vient, pour le calcul de la plus-value imposable éventuelle, en déduction du prix reçu par le cédant.

BA-VI-900 s. ; MF nºs 16110 s.

Art 38 sexdecies K Les immobilisations acquises ou créées avant la date d'ouverture du premier exercice dont les résultats sont déterminés selon un régime réel d'imposition sont inscrites au bilan :

a. Pour leur valeur d'origine lorsqu'elles ne sont pas amortissables ;

BA-VI-1150 s.

b. Pour leur valeur nette comptable à la date d'ouverture de ce premier exercice, lorsqu'elles sont amortissables.

BA-VI-1300 s.

MF nºs 16110 s.

Art 38 sexdecies L **I.** La valeur nette comptable des éléments amortissables est obtenue en appliquant à la valeur d'origine le rapport existant entre :

a. D'une part, leur durée probable d'utilisation restant à courir à la date d'ouverture du premier exercice dont les résultats sont déterminés selon un régime réel d'imposition ;

b. D'autre part, leur durée totale d'utilisation appréciée à la même date.

BA-VI-1400 s.

II. La valeur d'origine des biens acquis avant le 1er janvier 1959 est réévaluée à l'aide des coefficients prévus à l'article 21.

BA-VI-1510

III. La valeur nette comptable déterminée en application des dispositions qui précèdent ne peut excéder la valeur de réalisation du bien.

MF nos 16110 s.

Art 38 sexdecies M Les amortissements résiduels sont calculés sur la base des valeurs nettes comptables déterminées conformément à l'article 38 sexdecies L.

Ils sont répartis sur la durée d'utilisation restant à courir, telle qu'elle est retenue pour l'application du même article.

BA-VI-1600 s. ; MF nos 16110 s.

Art 38 sexdecies O En cas de passage du régime des micro-exploitations prévu à l'article 64 bis du code général des impôts à un régime réel d'imposition, les éléments figurant dans le stock initial du premier exercice sont évalués à leur prix de revient. Alternativement, ce stock peut être évalué en retenant le cours du jour à l'ouverture de l'exercice.

Toutefois, le stock initial est évalué au cours du jour à la date de changement de régime d'imposition, lorsque le cours du jour de ce stock est inférieur au prix de revient.

Aucune modification n'est apportée à la valeur des éléments figurant dans le stock initial tant qu'ils figurent à l'actif de l'exploitation.

MF nos 16110 s.

Art 38 sexdecies OB En cas de passage du régime prévu à l'article 64 bis du code général des impôts à un régime réel d'imposition, les créances figurant dans le bilan initial du premier exercice sont évaluées à leur valeur au jour du changement de régime.

MF nos 16110 s.

3° Passage d'un régime réel au régime des micro-exploitations

Art 38 sexdecies OD En cas de passage d'un régime réel d'imposition au régime prévu à l'article 64 bis du code général des impôts, la fraction des subventions d'équipement soumises au régime de l'article 42 septies du même code et non encore rapportée aux bases de l'impôt est comprise dans les résultats du dernier exercice imposé selon le mode réel.

BA-VI-3350 ; MF no 16135

4° Passage du régime normal au régime simplifié et du régime simplifié au régime normal

Art 38 sexdecies OE En cas de passage du régime normal d'imposition au régime simplifié ou du régime simplifié au régime normal, aucune modification n'est apportée à l'évaluation des immobilisations et des stocks.

BA-VI-4500 ; MF no 16145

E. Obligations des exploitants

1° Obligations applicables aux régimes réels

Art 38 sexdecies P I. Les exploitants placés sous régime réel d'imposition doivent tenir et présenter aux agents de l'administration :

a. Un livre-journal servi au jour le jour et enregistrant le détail de leurs opérations ;

b. Un livre d'inventaire ;

c. Les factures et autres pièces justificatives relatives aux recettes, aux dépenses et aux stocks.

II. Quelle que soit leur situation au regard de la taxe sur la valeur ajoutée, les éleveurs d'animaux de boucherie ou de charcuterie doivent se conformer aux obligations définies au I de l'article 267 quater de l'annexe II au code général des impôts.

III. Les documents comptables et pièces justificatives énumérés ci-dessus doivent être conservés selon les modalités prévues au I de l'article L 102 B du livre des procédures fiscales.

BA-IV-14300 s. ; MF no 16030

Art 38 sexdecies Q Les exploitants placés sous un régime réel d'imposition sont soumis à l'ensemble des obligations déclaratives incombant aux contribuables désignés à l'article 53 A du code général des impôts. Ils produisent leurs déclarations dans les délais prévus au premier alinéa de l'article 175 du même code.

BA-IV-14400 s. ; MF nos 16050 s.

Art 38 sexdecies R Indépendamment des documents visés à l'article 38 sexdecies Q, les contribuables qui deviennent imposables selon un régime réel d'imposition sont tenus de fournir, en même temps que leur première déclaration, les renseignements énumérés ci-après :

1° Une copie du bilan d'ouverture ;

2° Des tableaux présentant :

a. Pour chaque élément de l'actif immobilisé : l'année ou, à défaut, la période d'acquisition ainsi que le prix d'achat ou de revient ;

b. Pour les éléments amortissables :

Le prix de revient réévalué lorsqu'il s'agit de biens acquis ou créés avant le 1er janvier 1959 ;

La valeur nette comptable restant à amortir ;

La durée d'utilisation restant à courir ;

c. *(abrogé)* ;

3° Une note indiquant de manière détaillée la composition et le mode d'évaluation du stock initial.

BA-VI-3000

3° Obligations particulières au régime simplifié

Art 38 sexdecies RB Les exploitants placés sous le régime simplifié d'imposition doivent établir ou produire les documents et déclarations mentionnés aux articles 38 sexdecies P et 38 sexdecies Q, selon les modalités particulières ci-après :

a. Le livre-journal enregistre le détail des recettes et des dépenses ;

b. Le tableau des immobilisations et des amortissements et le compte simplifié du résultat fiscal prévus à l'article 74 A du code général des impôts sont reportés sur le livre d'inventaire ;

c. La déclaration annuelle des résultats qui est faite sur un imprimé établi par l'administration comporte un compte simplifié de résultat fiscal, un tableau des immobilisations et des amortissements, un relevé des provisions et un état des provisions non déductibles ; les pièces annexes mentionnées au II de l'article 38 ne sont pas produites, à l'exception, pour les sociétés, des listes prévues aux 1° et 2°.

BA-IV-21620 s. ; MF n°s 16035, 16050

Art 38 sexdecies RB bis Pour l'application du c de l'article 74 du code général des impôts, les exploitants exercent, au titre de chaque exercice, l'option pour la déduction forfaitaire des dépenses relatives aux carburants sur un état joint à leur déclaration de résultats. Cet état mentionne également :

a. Le type et l'immatriculation du ou des véhicules concernés ;

b. Le nombre total de kilomètres parcourus, en distinguant ceux effectués pour les besoins de l'exploitation ;

c. Le montant forfaitaire des frais de carburant ;

d. Les modalités de comptabilisation de ces frais.

BA-IV-22050 s.

G. Transmission ou rachat des droits d'un associé personne physique dans une société exerçant une activité agricole

Art 38 sexdecies U Les dispositions du premier alinéa de l'article 73 D du code général des impôts s'appliquent sur demande signée conjointement :

a. En cas de transmission des titres, d'une part, par l'associé dont les titres sont transmis ou, si la transmission résulte du décès de cet associé, par ses ayants cause et, d'autre part, par le ou les bénéficiaires de la transmission ;

b. En cas de rachat des titres par la société, par l'associé dont les titres sont rachetés et par les associés présents dans la société à la date du rachat.

Cette demande, établie sur papier libre, doit être adressée par la société, en simple exemplaire, à la direction départementale ou, le cas échéant, régionale des finances publiques auprès de laquelle elle souscrit ses déclarations de résultats, dans un délai de soixante jours à compter du jour de la transmission ou du rachat des titres.

L'associé dont les titres sont transmis ou rachetés doit joindre une copie de cette demande à la déclaration de ses revenus prévue à l'article 170 du code général des impôts qui est établie en vue de l'imposition immédiate. Lorsque la transmission résulte du décès du contribuable, cette copie est jointe par les ayants cause du défunt à la déclaration établie au nom de ce dernier et prévue au 2 de l'article 204 du code précité.

BA-VII-31000 s.

Art 38 sexdecies V Pour l'application des dispositions du premier alinéa de l'article 73 D du code général des impôts, le résultat réalisé par la société depuis la fin de la dernière période d'imposition jusqu'à la date de la transmission ou du rachat des titres est déterminé sur une déclaration spéciale établie conformément aux dispositions des articles 38 sexdecies Q ou 38 sexdecies RB.

L'associé dont les titres sont transmis ou rachetés est immédiatement imposable sur la quote-part lui revenant dans le résultat de la société arrêté dans les conditions prévues au premier alinéa. Cette quote-part doit être inscrite sur le formulaire de déclaration prévu à l'article 48.

Les déclarations mentionnées aux premier et deuxième alinéas ainsi que la déclaration mentionnée à la première phrase du dernier alinéa de l'article 38 sexdecies U doivent être adressées, dans un délai de soixante jours à compter du jour de la transmission ou du rachat des titres, à la direction départementale ou, le cas échéant, régionale des finances publiques auprès de laquelle la société souscrit ses déclarations. Toutefois, lorsque la transmission résulte du décès du contribuable, ces déclarations sont adressées à cette même direction dans le délai prévu au 2 de l'article 204 du code général des impôts.

BA-VII-31000 s.

Art 38 sexdecies W Pour l'application des dispositions du deuxième alinéa de l'article 73 D du code général des impôts, l'associé bénéficiaire de la transmission des titres ou, en cas de rachat de titres, les associés présents dans la société à la clôture de l'exercice doivent joindre à leur déclaration de revenus prévue à l'article 170 du même code une note établie sur papier libre mentionnant le détail de la détermination de la quote-part du résultat de la société imposable à leur nom telle qu'elle résulte des dispositions précitées.

BA-VII-31000 s.

VI. Traitements, salaires, pensions et rentes viagères

0-A. Attribution gratuite d'actions aux salariés ou mandataires sociaux jusqu'au 27 septembre 2012

Art 38-0 septdecies I. **1°** L'entreprise ou la société mentionnée au 2° délivre un état individuel aux bénéficiaires d'actions gratuites attribuées jusqu'au 27 septembre 2012 dans les conditions prévues par l'article 80 quaterdecies du code général des impôts dans sa rédaction antérieure à celle résultant de l'article 11 de la loi n° 2012-1509 du 29 décembre 2012 de finances pour 2013, au plus tard le 1er mars de l'année de dépôt de leur déclaration de revenus souscrite au titre de l'année d'acquisition définitive de ces actions. Les bénéficiaires doivent le conserver jusqu'à l'expiration du délai de reprise et le présenter à la demande de l'administration fiscale.

Cet état mentionne :

a. L'objet pour lequel il est établi : application de l'article 80 quaterdecies du code général des impôts dans sa rédaction antérieure à celle résultant de l'article 11 de la loi n° 2012-1509 du 29 décembre 2012 de finances pour 2013, pour les actions gratuites attribuées jusqu'au 27 septembre 2012 ;

b. La raison sociale et le siège social de la société émettrice des titres et, le cas échéant, celle de l'entreprise qui établit l'état ;

c. L'identité et l'adresse du bénéficiaire ;

d. Le nombre d'actions acquises et leur valeur unitaire à la date d'acquisition définitive ;

e. La fraction du gain d'acquisition de source française ;

f. Les dates d'attribution et d'acquisition définitive des titres ;

g. La date de fin de la période d'indisponibilité des titres.

2° La société émettrice qui a son siège social en France et dans laquelle le bénéficiaire des actions gratuites exerce son activité ou l'entreprise mentionnée au II de l'article 80 quaterdecies du code général des impôts dans sa rédaction antérieure à celle résultant de l'article 11 de la loi n° 2012-1509 du 29 décembre 2012 de finances pour 2013 transmet à l'administration fiscale, dans la déclaration prévue à l'article 87 du même code, les informations mentionnées au j du 2° de l'article 39.

Lorsque le bénéficiaire exerce son activité dans une entreprise différente de la société ou de l'entreprise mentionnée à l'alinéa précédent au moment de l'acquisition définitive, cette information est transmise, selon les mêmes modalités, par l'entreprise dans laquelle il exerce son activité lorsqu'elle dispose des informations nécessaires.

Dans les autres cas, la société émettrice ou l'entreprise mentionnée au premier alinéa adresse au service des impôts des entreprises dont elle relève, au plus tard le 1er mars de l'année qui suit celle au cours de laquelle a eu lieu l'acquisition définitive, un duplicata de l'état individuel mentionné au 1°.

3° Lorsque les actions gratuites sont inscrites sur un compte titres qui n'est pas tenu par l'entreprise ou la société mentionnée au 2°, celle-ci communique, soit au plus tard le 1er mars de l'année qui suit celle de l'acquisition définitive, soit lors de la cession des titres lorsqu'elle intervient avant cette date, une copie de l'état prévu au 1° à l'établissement chargé de la tenue du compte titres qui est redevable de la retenue à la source prévue à l'article 182 A ter du code général des impôts.

En cas de transfert des actions gratuites sur un autre compte, l'établissement mentionné à l'alinéa précédent transmet une copie du duplicata au nouveau redevable de la retenue à la source.

II. 1° En cas de mise en location ou de cession d'actions gratuites attribuées jusqu'au 27 septembre 2012 avant le terme de la période d'indisponibilité prévue au I de l'article 80 quaterdecies du code général des impôts dans sa rédaction antérieure à celle résultant de l'article 11 de la loi n° 2012-1509 du 29 décembre 2012 de finances pour 2013, l'entreprise ou la société mentionnée au 2° du I du présent article adresse au service des impôts des entreprises dont elle relève, au plus tard le 1er mars de l'année qui suit celle au cours de laquelle a eu lieu l'opération, un état individuel qui mentionne la date et la nature de l'opération, le nombre d'actions concernées, les informations mentionnées aux b à g du 1° du I et, le cas échéant, la survenance d'un événement prévu au sixième alinéa du I de l'article L 225-197-1 du code de commerce ou au deuxième alinéa de l'article L 225-197-3 du même code.

Elle communique une copie de cet état au bénéficiaire des actions gratuites et, le cas échéant, à l'établissement mentionné au 3° du I.

2° En cas d'échange sans soulte d'actions gratuites attribuées jusqu'au 27 septembre 2012 et résultant d'une opération mentionnée au deuxième alinéa du I de l'article 80 quaterdecies du code général des impôts dans sa rédaction antérieure à celle résultant de l'article 11 de la loi n° 2012-1509 du 29 décembre 2012 de finances pour 2013, l'entreprise ou la société mentionnée au 2° du I du présent article adresse au service des impôts des entreprises dont elle relève, au plus tard le 1er mars de l'année qui suit celle au cours de laquelle a eu lieu l'opération, un état individuel qui mentionne la date et la nature de l'opération, le nombre d'actions reçues en échange, la raison sociale et l'adresse de la société dont les actions sont remises en échange ainsi que les informations mentionnées aux b à g du 1° du I.

Elle communique une copie de cet état au bénéficiaire des actions gratuites et, le cas échéant, à l'établissement mentionné au 3° du I.

TS-VII-81900 s.

A. Options sur titres et actions gratuites attribuées aux salariés ou mandataires sociaux à compter du 28 septembre 2012

Art 38 septdecies I. 1° L'entreprise ou la société mentionnée au 2° délivre un état individuel aux bénéficiaires d'options sur titres ou d'actions gratuites attribuées à compter du 28 septembre 2012 dans les conditions prévues respectivement par l'article 80 bis et par l'article 80 quaterdecies du code général des impôts, au plus tard le 1er mars de l'année de dépôt de leur déclaration de revenus souscrite au titre de l'année de la levée des options ou de l'acquisition définitive des actions gratuites. Les bénéficiaires doivent le conserver jusqu'à l'expiration du délai de reprise et le présenter à la demande de l'administration fiscale.

Cet état mentionne :

a. L'objet pour lequel il est établi :

Options sur titres : application de l'article 80 bis du code général des impôts ;

Actions gratuites : application de l'article 80 quaterdecies du code général des impôts ;

b. La raison sociale et le siège social de la société émettrice des titres et, le cas échéant, celle de l'entreprise qui établit l'état ;

c. L'identité et l'adresse du bénéficiaire ;

d. Pour les options sur titres, le nombre, le prix de souscription ou d'achat et la valeur des actions acquises à la date de la levée des options ; pour les actions gratuites, le nombre d'actions acquises et leur valeur unitaire à la date d'acquisition définitive ;

e. La fraction de source française du gain de levée d'option sur titre ou du gain d'acquisition définitive des actions gratuites ;

f. Les dates d'attribution et de levée des options et les dates d'attribution et d'acquisition définitive des actions attribuées gratuitement ;

g. Lorsque les dispositions du II de l'article 80 bis du code général des impôts trouvent à s'appliquer, le montant de la différence définie à cet article.

2° Pour les options sur titres, la société émettrice qui a son siège social en France et dans laquelle le bénéficiaire des options sur titres exerce son activité ou l'entreprise mentionnée au III de l'article 80 bis du code général des impôts transmet à l'administration fiscale, dans la déclaration prévue à l'article 87 du même code, les informations mentionnées au i du 2° de l'article 39 de la présente annexe.

Pour les actions gratuites, la société émettrice qui a son siège social en France et dans laquelle le bénéficiaire des actions gratuites exerce son activité ou l'entreprise mentionnée au IV de l'article 80 quaterdecies du code général des impôts transmet à l'administration fiscale, dans la déclaration prévue à l'article 87 du même code, les informations mentionnées au j du 2° de l'article 39 de la présente annexe.

Lorsque le bénéficiaire exerce son activité dans une entreprise différente de la société ou de l'entreprise mentionnée aux alinéas précédents au moment de la levée des options ou de l'acquisition définitive des actions gratuites, les informations sont transmises, selon les mêmes modalités, par l'entreprise dans laquelle il exerce son activité lorsqu'elle dispose des informations nécessaires.

Dans les autres cas, la société émettrice ou l'entreprise mentionnée aux deux premiers alinéas du présent 2° adresse au service des impôts des entreprises dont elle relève, au plus tard le 1er mars de l'année qui suit celle au cours de laquelle a eu lieu la levée des options ou l'acquisition définitive, un duplicata de l'état individuel mentionné au 1°.

3° Lorsque les actions issues des options sur titres ou les actions gratuites définitivement acquises sont inscrites sur un compte titres qui n'est pas tenu par l'entreprise ou la société mentionnée au 2°, celle-ci communique, soit au plus tard le 1er mars de l'année qui suit celle de la levée des options ou de l'acquisition définitive des actions gratuites, soit lors de la cession des titres lorsqu'elle intervient avant cette date, une copie de l'état prévu au 1° à l'établissement chargé de la tenue du compte titres qui est redevable de la retenue à la source prévue à l'article 182 A ter du code général des impôts.

En cas de transfert des titres sur un autre compte, l'établissement mentionné à l'alinéa précédent transmet une copie du duplicata au nouveau redevable de la retenue à la source.

II. En cas d'échange sans soulte d'actions résultant d'une opération mentionnée, pour les actions issues d'options sur titre attribuées à compter du 28 septembre 2012, au II bis de l'article 80 bis du code général des impôts et, pour les actions gratuites attribuées à compter du 28 septembre 2012 et définitivement acquises, au III de l'article 80 quaterdecies du même code, l'entreprise ou la société mentionnée au 2° du I du présent article adresse au service des impôts des entreprises dont elle relève, au plus tard le 1er mars de l'année qui suit celle au cours de laquelle a eu lieu l'opération, un état individuel qui mentionne la date et la nature de l'opération, le nombre d'actions reçues en échange, la raison sociale et l'adresse de la société dont les actions sont remises en échange ainsi que les informations mentionnées aux b à g du 1° du I.

Elle communique une copie de cet état au titulaire des options ou des actions gratuites et, le cas échéant, à l'établissement mentionné au 3° du I.

Ndlr *Voir Annexe II, art. 91 bis pour les obligations déclaratives des options sur actions attribuées avant le 28 septembre 2012.*

TS-VII-65550 s., 81900 s.

C. Rachat d'une entreprise par ses salariés

1° Dispositions applicables aux emprunts contractés entre le 15 avril 1987 et le 31 décembre 1991

Art 38 septdecies F En cas de souscription à une augmentation du capital d'une société mentionnée au premier alinéa du I de l'article 220 quater A du code général des impôts, effectuée au cours de l'année de sa création, le bénéfice de la déduction prévue au II de l'article 83 bis du même code est subordonné à la réduction des emprunts mentionnés au deuxième alinéa du même article 220 quater A dans un délai de deux mois à compter de cette augmentation de capital.

(L'article 83 bis du CGI a été abrogé pour les emprunts contractés à compter du 1er janvier 2017 : loi 2013-1278 du 29 décembre 2013 art. 26, I-j)

Art 38 septdecies G Le contribuable qui, dans les conditions prévues aux II et III de l'article 83 bis du code général des impôts, déduit du salaire brut versé par la société rachetée les intérêts d'un emprunt contracté pour souscrire au capital de la société nouvelle constituée exclusivement pour le rachat doit joindre à la déclaration des revenus de l'année au titre de laquelle il effectue la première déduction de ces intérêts une copie du contrat de prêt et le tableau des échéances de celui-ci.

Il doit joindre également à la déclaration des revenus de l'année au cours de laquelle la souscription au capital de la société nouvelle a eu lieu une attestation établie par cette société précisant qu'elle est soumise à l'impôt sur les sociétés dans les conditions de droit commun et mentionnant :

a. La raison sociale et le siège de cette société ;

b. La date de sa création ;

c. La date, le montant et la nature de la souscription ;

d. La désignation de l'intermédiaire agréé chez lequel les titres souscrits sont déposés ou inscrits en compte.

En cas d'acquisition d'actions en exécution des options mentionnées au III du même article 83 bis, le contribuable doit joindre à la déclaration des revenus de l'année au cours de laquelle la levée de l'option a eu lieu une attestation délivrée par la société qui a consenti l'option. Cette attestation mentionne :

a. La raison sociale et le siège de la société dont les titres ont été acquis ;

b. La date à laquelle l'option a été consentie ;

c. Le nombre de titres acquis ;

d. La date d'acquisition et le prix payé par le salarié.

Les intermédiaires agréés mentionnés ci-dessus sont :

a. 1° La Banque de France ;

2° La Caisse des dépôts et consignations ;

3° Les établissements de crédit ;

4° Les prestataires de services d'investissement ;

5° *(Disposition devenue sans objet : loi n° 96-597 du 2 juillet 1996 art. 20)* ;

b. 1° Les entreprises gérant des valeurs acquises dans le cadre de la législation sur les plans d'épargne d'entreprise ou de l'actionnariat des salariés ;

2° Les sociétés dont les actions ne sont pas cotées ou ne sont pas assimilées à des actions cotées pour la souscription de celles-ci ;

3° Les sociétés à responsabilité limitée pour la souscription de leurs parts ;

4° Les gestionnaires ou dépositaires de fonds communs de placement pour la souscription des parts du fonds ;

5° Les sociétés commerciales pour la souscription des actions reçues en dépôt en application des articles L 225-25 et L 225-72 du code de commerce ;

6° Les coopératives artisanales et leurs unions, les coopératives d'entreprises de transports, les coopératives artisanales de transport fluvial ainsi que les coopératives maritimes et leurs unions, mentionnées aux titres Ier et II de la loi n° 83-657 du 20 juillet 1983 relative au développement de certaines activités d'économie sociale *[NDLR Les dispositions de la loi 83-657 du 20 juillet 1983 sont abrogées par l'article 5, II-2° de l'ordonnance 2023-208 du 28 mars 2023 et reprises aux articles L 134-1 et suivants du Code de l'artisanat à compter du 1er juillet 2023 (Ordonnance précitée art. 2 et 6)]* et aux articles L 931-5 à L 931-27 du code rural et de la pêche maritime, lorsque ces sociétés fonctionnent conformément aux dispositions de la loi et du code précités, pour la souscription ou la cession de leurs parts ou actions ;

7° Les sociétés coopératives agricoles et leurs unions régies par les articles L 521-1 à L 526-2 du code rural et de la pêche maritime pour la souscription ou la cession de leurs parts ou actions ;

8° Les caisses locales de crédit agricole mutuel ainsi que les caisses de crédit mutuel agricole et rural régies par le titre Ier du livre V du code rural et de la pêche maritime, pour la souscription ou la cession de leurs parts.

(L'article 83 bis du CGI a été abrogé pour les emprunts contractés à compter du 1er janvier 2017 : loi 2013-1278 du 29 décembre 2013 art. 26, I-j)

D. Obligations des employeurs

Art 39 La déclaration mentionnée à l'article 87 du code général des impôts doit comporter, par établissement, les indications suivantes :

1° Concernant le déclarant :

a. Les noms et prénoms ou raison sociale, adresse, numéro Siret et code APE *(activité principale exercée)*. Les entreprises à établissements multiples indiquent l'établissement qui a déposé la déclaration de résultats ;

b. L'effectif au dernier jour de la période déclarée ;

c. Pour les employeurs assujettis à la taxe sur les salaires, l'assiette au taux normal et aux taux majorés ou, pour ceux n'entrant pas dans le champ d'application de l'article L 133-5-3 du code de la sécurité sociale, le montant de la taxe sur les salaires ;

d. *(Devenu sans objet)* ;

e. Pour les employeurs assujettis à la participation au développement de la formation professionnelle continue conformément aux articles L 6331-2 et L 6331-9 du code du travail, le montant des rémunérations défini respectivement au deuxième et au troisième alinéas de ces mêmes articles ainsi que, le cas échéant, le montant des rémunérations versées aux titulaires d'un contrat à durée déterminée défini au deuxième alinéa de l'article L 6322-37 du même code *(L'article L 6322-37 précité a été abrogé à compter du 1er janvier 2019 par l'article 1, VII- A et IX de la loi 2018-771 du 5 septembre 2018)* ;

f. Pour les employeurs assujettis à la participation des employeurs à l'effort de construction conformément à l'article L 313-1 du code de la construction et de l'habitation ou à la participation des employeurs agricoles à l'effort de construction conformément à l'article L 716-2 du code rural et de la pêche maritime, le montant des rémunérations définies au premier alinéa de ces mêmes articles.

Pour les employeurs entrant dans le champ d'application de l'article L 133-5-3 du code de la sécurité sociale, les informations prévues aux c à f sont déclarées sur la dernière déclaration déposée au titre de l'année civile ;

g. Pour les employeurs assujettis à la cotisation sur la valeur ajoutée des entreprises prévue à l'article 1586 ter du code général des impôts :

Les cinq caractères du numéro complémentaire au numéro d'identité mentionné au premier alinéa de l'article R 123-221 du code de commerce, et correspondant à l'établissement de localisation des salariés défini conformément au 1 du II de l'article 1586 octies du code général des impôts et à l'article 328 G bis ;

Le code INSEE, sur cinq caractères, de la commune de localisation des salariés défini conformément au 1 du II de l'article 1586 octies du code général des impôts et à l'article 328 G bis ;

Le type de salariés déclarés selon qu'ils sont employés dans un établissement de l'entreprise ou dans un lieu d'emploi définis au 1 du II de l'article 1586 octies du code général des impôts ;

Le nombre de salariés déclarés ;

L'année au titre de laquelle le nombre de salariés est déclaré ;

Les cinq chiffres du numéro complémentaire au numéro d'identité, mentionné au second alinéa de l'article R 123-221 du code de commerce, attribué au siège de l'entreprise de l'établissement déclarant ;

Le code APE relatif au siège de l'entreprise de l'établissement déclarant ;

Les dates de début et de fin de la période de référence définie à l'article 1586 quinquies du code général des impôts comprenant le mois au titre duquel la déclaration sociale nominative est déposée ;

2° Concernant chaque salarié rétribué au cours de la période déclarée :

a. Son identification : nom patronymique, le cas échéant nom d'usage, prénoms, sexe, date et lieu de naissance, numéro d'inscription au répertoire national d'identification des personnes physiques pour les seules déclarations des personnes ou organismes mentionnés au I de l'article R* 81 A-1 du livre des procédures fiscales ;

b. La dernière adresse connue de son domicile au moment de la déclaration du revenu ;

c. La nature, la période et les conditions d'exercice de l'emploi ainsi que le code emploi PCS *(Nomenclature des professions et catégories socioprofessionnelles)* ;

d. Le montant des sommes payées au titre de la période déclarée, en distinguant :

Le montant brut des rémunérations entendu au sens des chapitres Ier et II du titre IV du livre II du code de la sécurité sociale ou du chapitre II du titre II et du chapitre Ier du titre IV du livre VII du code rural et de la pêche maritime pour les employeurs des salariés mentionnés à l'article L 722-20 de ce même code ;

Le total des versements en argent et en nature après déduction des cotisations ouvrières aux assurances sociales et au chômage et des retenues pour la retraite ;

Le montant net des rémunérations ainsi déterminé, après déduction des allocations chômage et de préretraite, ainsi que des indemnités et rémunérations mentionnées au 3° du II de l'article L 136-2 du code de la sécurité sociale ;

La valeur et le type des avantages en nature ;

Le montant des indemnités pour frais d'emploi et des remboursements de frais, avec l'indication de leur caractère forfaitaire ou réel ou de leur prise en charge directe par l'employeur ;

Le montant des sommes versées au titre des chèques-vacances ;

Le montant des cotisations ou primes versées par le salarié et l'employeur qui, en application du 2° de l'article 83 du code général des impôts ou, au titre de la retraite, du 2°-0 ter du même article, sont, selon le cas, déductibles pour la détermination de la rémunération imposable ou ne sont pas ajoutées à cette rémunération ;

Le montant des sommes versées par l'employeur à un plan d'épargne pour la retraite collectif défini aux articles L 3334-1 à L 3334-16 du code du travail et exonérées en application du 18° de l'article 81 du code général des impôts ;

e. L'option choisie par l'entreprise pour l'assiette des taxes assises sur les salaires ;

f. Le montant de la retenue effectuée au titre de l'impôt sur le revenu, en application de l'article 182 A du code général des impôts ;

g. Lorsque l'établissement est assujetti à la taxe sur les salaires, le montant brut servant de base à la taxe au titre de la période considérée et, pour les établissements n'entrant pas dans le champ d'application de l'article L 133-5-3 du code de la sécurité sociale, l'assiette des taux majorés au titre de la période considérée et les renseignements utiles à la liquidation de la taxe lorsque le salarié a été payé par plusieurs établissements dépendant d'une même entreprise ;

h. *(Abrogé)* ;

i. Au titre de la période de levée des options définies à l'article 80 bis du code général des impôts, le nombre d'actions acquises, leur valeur unitaire à la date de la levée des options, leur prix de souscription, la fraction du gain de levée d'options de source française ainsi que les dates d'attribution et de levée des options, conformément aux dispositions du 2° du I de l'article 91 bis de l'annexe II au code général des impôts et de l'article 38 septdecies de la présente annexe ;

TS-VII-65620

j. Au titre de la période d'acquisition définitive des actions gratuites définies à l'article 80 quaterdecies du code général des impôts, le nombre d'actions acquises, leur valeur unitaire à la date d'acquisition définitive, la fraction du gain d'acquisition de source française ainsi que les dates d'attribution et d'acquisition définitive des titres, conformément aux dispositions du 2° du I de l'article 38-0 septdecies et de l'article 38 septdecies ;

TS-VII-82000

k. Au titre de la période de souscription des titres définis à l'article 163 bis G du code général des impôts, les date, nombre et prix d'acquisition des titres correspondants, la fraction du gain constaté lors de l'exercice des bons de source française ainsi que la durée d'exercice de l'activité du bénéficiaire dans la société, conformément aux dispositions du 2° de l'article 41 V bis ;

TS-VII-86740

I. Lorsque l'établissement est rattaché à une entreprise assujettie à la cotisation sur la valeur ajoutée des entreprises prévue à l'article 1586 ter du code général des impôts, le code INSEE de la commune, sur cinq caractères, dans laquelle l'activité exercée est déclarée conformément au 1 du II de l'article 1586 octies du code général des impôts et à l'article 328 G bis ;

3° Le total pour l'ensemble des salariés de l'établissement et de l'entreprise des sommes mentionnées au 2°.

TS-VI-1500 s.

Art 39-0 A Les employeurs tenus au dépôt de la déclaration mentionnée à l'article 87 du code général des impôts communiquent au plus tard le 31 janvier de chaque année aux personnes concernées les montants des cotisations ou primes et des sommes mentionnés respectivement aux huitième et neuvième alinéas du d du 2° de l'article 39 et versés au cours de l'année civile précédente.

TS-VI-40 ; DC-VIII-41485, 43670

Art 39 A La déclaration prévue à l'article 88 du code général des impôts comporte les indications suivantes :

1° Concernant le déclarant, ses nom, prénoms ou raison sociale, adresse et, pour les entreprises, le numéro Siret ;

2° Concernant chaque bénéficiaire de pension ou rente viagère payée au cours de l'année précédente :

a. Son identification : nom de famille, le cas échéant nom de l'époux, prénoms, sexe, date et lieu de naissance, numéro d'allocataire, numéro d'inscription au répertoire national d'identification des personnes physiques pour les seules déclarations des personnes ou organismes mentionnés au I de l'article R* 81 A-1 du livre des procédures fiscales ;

b. L'adresse de son domicile au 31 décembre de l'année du revenu ;

c. La nature des sommes versées et l'année normale d'échéance si elle diffère de celle du paiement ;

d. Le montant versé, après déduction des cotisations aux assurances sociales ou, pour les contribuables pensionnés au 31 décembre 1986 dont la pension a fait l'objet d'un premier versement mensuel en 1987, le montant des arrérages défini au e du 5 de l'article 158 du code général des impôts, sous réserve des dispositions du 1 de l'article 204 du même code ;

e. Le montant de la retenue effectuée au titre de l'impôt sur le revenu, en application de l'article 182 A du code général des impôts ;

f. Le cas échéant, la date du décès ;

3° Le total pour l'ensemble des allocataires des sommes mentionnées au 2°.

TS-VI-4260 s.

Art 39 B Sont souscrites auprès de la direction départementale ou, le cas échéant, régionale des finances publiques du lieu du domicile de la personne ou du siège de l'établissement ou du bureau qui a assuré le paiement :

1° La déclaration prévue à l'article 87 du code général des impôts lorsqu'elle concerne des traitements, émoluments, salaires ou rétributions versés à des personnes n'entrant pas dans le champ d'application de l'article L 133-5-3 du code de la sécurité sociale ;

2° La déclaration prévue à l'article 88 du même code ;

3° La déclaration concernant des indemnités journalières ou des allocations d'assurance et de solidarité mentionnées aux articles 80 quinquies ou 231 bis D du code précité.

Ces déclarations peuvent être souscrites soit par la communication d'un support informatique, soit par l'envoi de formulaires normalisés, dont les caractéristiques et le modèle sont fixés par l'administration.

TS-VI-2700 s.

Art 39 C La déclaration mentionnée à l'article 87-0 A du code général des impôts comporte :

1° Pour la personne tenue d'effectuer la retenue à la source :

a. Les numéros d'identité mentionnés à l'article R 123-221 du code de commerce ;

b. Le numéro de la nomenclature d'activités française mentionné au 1° de l'article R 123-223 du même code ;

2° Pour l'émetteur de la déclaration, lorsqu'il n'est pas la personne mentionnée à l'article 87-0 A du code général des impôts : le nom ou la raison sociale et les numéros d'identités mentionnés à l'article R 123-221 du code de commerce ;

3° Pour chaque bénéficiaire de revenu :

a. Les éléments d'identification mentionnés aux a, b, c, e et g du 3° du V de l'article R 133-14 du code de la sécurité sociale ;

b. La dernière adresse connue de son domicile ;

c. La date à laquelle les sommes ou avantages imposables ont été versées ou accordés ;

d. Le montant net imposable à l'impôt sur le revenu, déterminé dans les conditions prévues à l'article 204 F du code général des impôts, des sommes et avantages mentionnés au c ;

e. Le taux du prélèvement à la source appliqué ;

f. Le montant de prélèvement à la source, arrondi à la deuxième décimale la plus proche, la fraction de décimale égale à 0,005 comptant pour 0,01 ;

g. L'identifiant du taux de prélèvement à la source mentionné au b du 2° de l'article 46 F ;

h. Le cas échéant, la date de fin de la relation contractuelle avec la personne mentionnée au 1° ;

4° Concernant le télérèglement :

a. Les dates de début et de fin de la période au titre de laquelle la déclaration est déposée ;

b. Le numéro de compte bancaire international (IBAN) et le code d'identification des banques (BIC) du compte depuis lequel est effectué le versement ;

c. Le montant global du versement ;

d. S'il diffère du numéro d'identité mentionné au a du 1°, le numéro d'identité mentionné au second alinéa de l'article R 123-221 du code de commerce de l'établissement qui effectue le versement.

TS-VI-2700 s.

Art 39 D I. La déclaration mentionnée à l'article 87-0 A du code général des impôts est transmise le mois suivant celui au cours duquel les sommes ou avantages ont été versées ou accordés :

1° Pour les personnes entrant dans le champ de l'article L 133-5-3 du code de la sécurité sociale, aux dates résultant des I et II de l'article R 133-14 du même code ;

2° Pour les personnes n'entrant pas dans le champ de l'article L 133-5-3 précité, au plus tard à la date fixée par l'arrêté prévu au 2° de l'article 87 A du code général des impôts.

II. 1. Les personnes entrant dans le champ de l'article L 133-5-3 du code de la sécurité sociale sont tenues de déposer une déclaration, y compris lorsqu'elles n'ont versé aucune somme ou accordé aucun avantage, tant qu'elles n'ont pas demandé la radiation de leur compte auprès de l'organisme de recouvrement des cotisations de sécurité sociale dont elles relèvent.

2. Aussi longtemps qu'elles n'ont pas porté à la connaissance de l'administration fiscale toute radiation ou cessation d'activité ou tout autre événement qui met fin à l'obligation déclarative, les personnes n'entrant pas dans le champ de l'article L 133-5-3 mentionné ci-dessus sont tenues de déposer une déclaration, y compris lorsqu'elles n'ont versé aucune somme ou accordé aucun avantage le mois précédant celui au cours duquel la déclaration doit être transmise.

III. La déclaration est déposée sur le portail internet de l'organisme désigné par arrêté du ministre chargé du budget *(Voir arrêté ECFE1711669A du 9 mai 2017, JO du 10)* et transmise :

1° Pour les personnes entrant dans le champ de l'article L 133-5-3 du code de la sécurité sociale, aux organismes et dans les conditions mentionnés à l'article R 133-13 du même code ;

2° Pour les personnes n'entrant pas dans le champ de l'article L 133-5-3 précité, à l'administration fiscale selon une norme technique approuvée par arrêté des ministres chargés du budget et de la sécurité sociale.

TS-VI-2700 s.

Art 39 E A réception d'une déclaration mentionnée à l'article 87-0 A du code général des impôts, les organismes mentionnés au III de l'article 39 D adressent à son émetteur un certificat de conformité à la norme d'échanges :

1° Mentionnée au III de l'article R 133-13 du code de la sécurité sociale pour les personnes entrant dans le champ de l'article L 133-5-3 du même code ;

2° Mentionnée au 2° du III de l'article 39 D pour les personnes n'entrant pas dans le champ de l'article L 133-5-3 mentionné ci-dessus.

La délivrance du certificat de conformité ne fait pas obstacle aux demandes effectuées par l'administration fiscale auprès de la personne tenue d'effectuer la retenue à la source de rectifier ou mettre à jour les données inexactes ou incomplètes dans la déclaration du ou des mois suivants.

TS-VI-2700 s.

Art 39 F La déclaration mentionnée à l'article 87-0 A du code général des impôts est transmise au service des impôts des entreprises dont dépend le siège de l'établissement tenu d'opérer la retenue à la source prévue au 1° du 2 de l'article 204 A du code précité.

Lorsque la personne tenue d'effectuer la retenue à la source n'est pas établie en France, cette déclaration relève de la compétence du service des impôts des entreprises étrangères.

Art 39 G Les documents mis à disposition des contribuables qui mentionnent le montant de revenus qui ont fait l'objet d'un prélèvement prévu au 1° du 2 de l'article 204 A du code général des impôts mentionnent également le montant de ce prélèvement.

VII. Bénéfices des professions non commerciales

C. Déclarations spéciales

Art 40 A I. Les contribuables soumis obligatoirement au régime de la déclaration contrôlée mentionné à l'article 96 du code général des impôts ou qui ont opté pour ce régime sont tenus de produire, au plus tard le deuxième jour ouvré suivant le premier mai de chaque année, une déclaration indiquant :

a. La nature de l'activité qu'ils exercent ;

b. Le cas échéant, la dénomination et l'adresse de la société ou du groupement au sein de laquelle ils exercent leur activité, ainsi que de la société civile de moyens dont ils font partie ;

c. La nature et le montant des services assurés de façon régulière et rémunérés par des salaires ;

d. Le nombre total des salariés qu'ils emploient et le montant des salaires versés sous déduction des rémunérations payées à des apprentis ou handicapés ;

e. Le nom et l'adresse du comptable ou du conseil dont ils utilisent éventuellement les services ;

f. Le montant des plus-values nettes ;

g. Le tableau des immobilisations affectées à l'exercice de la profession et des amortissements correspondants ;

h. La nature et le montant des recettes concourant à la détermination du résultat, ainsi que le montant des recettes nettes soumises à la contribution mentionnée à l'article 234 nonies du code général des impôts ;

i. La nature et le montant de leurs dépenses professionnelles ;

j. Le montant du bénéfice imposable ou du déficit ;

k. Le montant de la taxe sur la valeur ajoutée incluse dans les recettes ;

l. En ce qui concerne les adhérents à une association agréée : le nom et l'adresse de l'association ;

m. Le calcul de la valeur ajoutée définie à l'article 1586 sexies du code précité, suivant le modèle établi par l'administration, lorsqu'ils sont soumis à l'obligation prévue au II de l'article 1586 octies du même code.

II. Les personnes morales doivent également joindre :

1° La liste, suivant modèle fourni par l'administration, des personnes détenant au moins 10 % de leur capital, en précisant pour chacune d'entre elles le nombre de parts ou d'actions et le taux de détention et, pour les personnes morales, leur dénomination, adresse et numéro d'identification au répertoire national des établissements *(numéro Siret)*, pour les personnes physiques leurs nom, prénoms, adresse, date et lieu de naissance ;

2° La liste, suivant modèle fourni par l'administration, de leurs filiales et de leurs participations, en précisant pour chacune d'entre elles le taux de détention et son numéro d'identification au répertoire national des établissements *(numéro Siret)*.

III. Cette déclaration et, le cas échéant, les listes visées au II, sont adressées au service des impôts dont dépend le lieu d'exercice de la profession ou le principal établissement, en simple exemplaire, à l'aide d'imprimés établis par l'administration.

Les personnes physiques qui exercent une activité professionnelle dans la Principauté de Monaco déposent leur déclaration auprès du service désigné par le ministre chargé du budget *(Voir Annexe IV, art. 121 Z quinquies)*.

BNC-III-3850 s. ; MF n° 13495

Art 41-0 bis Les membres des professions libérales et les titulaires de charges et offices qui procèdent à la réévaluation de leurs immobilisations sont tenus de fournir, en annexe aux déclarations spéciales dont la production est prévue par l'article 97 du code général des impôts, sur un imprimé établi par l'administration, un tableau des immobilisations et des amortissements faisant apparaître les augmentations de valeur des immobilisations consécutives à la réévaluation ainsi que les suppléments de marge d'amortissements dégagés par cette dernière.

D. Option pour les créances acquises et les dépenses engagées

Art 41-0 bis A I. La demande d'option prévue à l'article 93 A du code général des impôts, établie sur papier libre, doit parvenir, en simple exemplaire, au service des impôts dont dépend le lieu d'exercice de la profession ou le principal établissement du demandeur, avant le 1er février de la première année au titre de laquelle l'impôt sur le revenu est établi conformément aux dispositions de l'article 93 A précité.

Toutefois, dans la situation prévue au troisième alinéa du I de l'article 93 A du code général des impôts, ce délai est prolongé jusqu'à la limite prévue pour le dépôt de la déclaration visée à l'article 97 du même code.

II. Les contribuables renoncent au bénéfice des dispositions de l'article 93 A du code précité selon les modalités fixées au premier alinéa du I.

BNC-II-1360 s. ; MF n° 13255

Art 41-0 bis B I. Pour l'application des dispositions de l'article 93 A du code général des impôts, les recettes encaissées et les dépenses payées qui correspondent à des créances acquises ou à des dépenses engagées au cours d'une année antérieure à celle de l'option et au titre de laquelle le bénéfice était déterminé en application de l'article 93 du code général des impôts sont respectivement ajoutées ou déduites du bénéfice de l'année de leur encaissement ou de leur paiement. Les avances, acomptes ou provisions encaissés et les acomptes sur dépenses payés au cours d'une année antérieure à l'application de l'article 93 A du code précité et au titre de laquelle le bénéfice était déterminé en application de l'article 93 du même code sont, lorsqu'il y a lieu, déduits du montant des créances acquises ou des dépenses engagées correspondantes.

II. L'année au titre de laquelle le contribuable renonce aux dispositions de l'article 93 A du code général des impôts et, le cas échéant, les années suivantes, les dépenses payées et les recettes encaissées au cours des mêmes années qui correspondent à des dépenses engagées ou à des créances acquises au cours d'une année antérieure à celle de la renonciation à l'option et au titre de laquelle le bénéfice était déterminé en application de cet article sont respectivement ajoutées ou déduites du bénéfice imposable déterminé en application de l'article 93 du même code. Les avances, acomptes ou provisions encaissés et les acomptes sur dépenses payés pendant la période d'application de l'article 93 A du code déjà cité et qui ne correspondaient pas à des créances acquises ou à des dépenses engagées sont ajoutés, selon le cas, au montant des recettes encaissées ou des dépenses payées au cours de l'année au titre de laquelle la renonciation à l'option prend effet.

BNC-II-1580 s. ; MF nº 13255

Art 41-0 bis C La première année au titre de laquelle l'impôt est établi en application de l'article 93 A du code général des impôts, les contribuables sont tenus de fournir en annexe à la déclaration spéciale, dont la production est prévue par l'article 97 du code général des impôts, un état des créances et des dettes au 31 décembre de l'année qui précède celle au titre de laquelle l'option est exercée, établie conformément à un modèle fixé par l'administration.

Chaque année, tant que l'option n'est pas dénoncée, un état de ces créances et de ces dettes actualisé au 31 décembre de l'année d'imposition est adressé à l'administration selon les mêmes modalités. Ce document doit être accompagné, lorsqu'il y a lieu, d'une note établie sur papier libre comportant le détail des corrections opérées en application de l'article 41-0 bis B. Cette note doit mentionner le nom et l'adresse des débiteurs ou des créanciers concernés, la date de l'opération qui avait entraîné la constatation de la créance ou de la dette, son montant ainsi que le montant sur lequel porte chacune des corrections.

BNC-II-1700 ; MF nº 13255

E. Sociétés de personnes exerçant une activité professionnelle non commerciale. Transmission ou rachat des droits d'un associé personne physique

Art 41-0 bis D Les dispositions du premier alinéa de l'article 93 B du code général des impôts s'appliquent sur demande signée conjointement :

en cas de transmission des titres, d'une part, par l'associé dont les titres sont transmis ou, si la transmission résulte du décès de cet associé, par ses ayants cause et, d'autre part, par le (ou les) bénéficiaire(s) de la transmission ;

en cas de rachat des titres par la société, par l'associé dont les titres sont rachetés et par les associés présents dans la société à la date du rachat.

Cette demande, établie sur papier libre, doit être adressée par la société, en simple exemplaire, à la direction départementale ou, le cas échéant, régionale des finances publiques auprès de laquelle elle souscrit ses déclarations de résultats, dans un délai de soixante jours à compter du jour de la transmission ou du rachat des titres.

L'associé dont les titres sont transmis ou rachetés doit joindre une copie de cette demande à la déclaration de ses revenus prévue à l'article 170 du code général des impôts afférente à l'année de la transmission des titres. Lorsque la transmission résulte du décès du contribuable, cette copie est jointe par les ayants cause du défunt à la déclaration établie au nom de ce dernier et prévue au 2 de l'article 204 du code précité.

BNC-III-12950 s.

Art 41-0 bis E Pour l'application des dispositions du premier alinéa de l'article 93 B du code général des impôts, le résultat réalisé par la société depuis la fin de la dernière période d'imposition jusqu'à la date de la transmission ou du rachat des titres est déterminé sur une déclaration spéciale établie conformément aux dispositions de l'article 40 A.

L'associé dont les titres sont transmis ou rachetés est immédiatement imposable sur la quote-part lui revenant dans le résultat de la société arrêté dans les conditions prévues au premier alinéa.

Cette quote-part doit être inscrite sur le formulaire de déclaration prévu à l'article 48.

Les déclarations mentionnées aux premier et deuxième alinéas doivent être adressées, dans un délai de soixante jours à compter du jour de la transmission ou du rachat des titres, à la direction départementale ou, le cas échéant, régionale des finances publiques auprès de laquelle la société souscrit ses déclarations. Toutefois, lorsque la transmission résulte du décès du contribuable, ces déclarations sont adressées à cette même direction dans le délai prévu au 2 de l'article 204 du code général des impôts.

BNC-III-13000 s.

Art 41-0 bis F Pour l'application des dispositions du second alinéa de l'article 93 B du code général des impôts, l'associé bénéficiaire de la transmission des titres ou, en cas de rachat de titres, les associés présents dans la société au 31 décembre de l'année d'imposition doivent joindre à leur déclaration de revenus prévue à l'article 170 du même code une note établie sur papier libre mentionnant le détail de la détermination de la quote-part du résultat de la société imposable à leur nom telle qu'elle résulte des dispositions précitées.

BNC-III-13000 s.

VIII. Revenus des capitaux mobiliers

A. Amortissement du capital social des sociétés concessionnaires

Art 41 bis Les sociétés qui entendent bénéficier des dispositions du 2° de l'article 112 du code général des impôts, doivent, dans les vingt jours de la date à laquelle l'opération d'amortissement a été décidée, déposer au bureau compétent pour l'assiette de la retenue à la source sur le revenu des capitaux mobiliers, une demande spéciale accompagnée d'un état détaillé et estimatif de tous les biens qui composent l'actif social au jour de la demande, ainsi que de tous les éléments du passif.

L'estimation de l'actif est faite d'après sa valeur réelle, nonobstant toute évaluation des bilans et autres documents.

RM-II-18020 s.

Art 41 ter La demande prévue à l'article 41 bis est, en outre, accompagnée :

a. Lorsqu'elle est fondée sur la caducité de tout ou partie de l'actif social, notamment sur son dépérissement progressif, d'une déclaration faisant connaître les causes, la nature et l'importance de la moins-value qui doit se produire dans l'actif social ;

b. Lorsqu'elle est fondée sur l'obligation de remise en fin de concession à l'autorité concédante de tout ou partie de l'actif social, d'une déclaration détaillée et, s'il y a lieu, estimative, d'une part, de l'actif social actuel et, d'autre part, des biens à remettre en fin de concession à l'autorité concédante.

RM-II-18020 s.

Art 41 quater En cas de contestation sur les déclarations estimatives prévues aux articles 41 bis et 41 ter, la procédure instituée par le 2 de l'article 667 du code général des impôts pour la saisine de la commission départementale de conciliation et l'article L 55 du livre des procédures fiscales relatif à la procédure de rectification contradictoire est applicable.

RM-II-18020 s.

Art 41 quinquies Pour chaque opération d'amortissement, l'exonération prévue au 2° de l'article 112 du code général des impôts est accordée dans la mesure où le capital social ne pourrait se retrouver, compte tenu des amortissements qui ont été déjà effectués en franchise d'impôt, au moment où elle est réalisée.

RM-II-18060

B. Primes de remboursement des obligations et autres emprunts négociables

Art 41 octies Lorsque les obligations, les effets publics et tous autres titres d'emprunt négociables, dont les primes de remboursement sont assujetties à la retenue à la source sur le revenu des capitaux mobiliers, par l'article 118 du code général des impôts, ont été émis à un taux unique, ce taux sert de base à la liquidation de l'impôt sur les primes.

Si le taux d'émission a varié, il est déterminé, pour chaque emprunt, par une moyenne établie en divisant, par le nombre de titres correspondant à cet emprunt, le montant brut de l'emprunt total sous la seule déduction des intérêts courus au moment de chaque vente.

A l'égard des emprunts, dont l'émission faite à des taux variables n'est pas terminée, la moyenne est établie d'après la situation de l'emprunt au 31 décembre de l'année qui a précédé celle du tirage.

RM-IV-25650

Art 41 nonies Lorsque le taux d'émission ne peut pas être établi conformément à l'article 41 octies, ce taux est représenté par un capital formé de vingt fois l'intérêt annuel stipulé, lors de l'émission, au profit du porteur du titre.

A défaut de stipulation d'intérêts, il est pourvu à la fixation du taux d'émission par une déclaration estimative certifiée et signée.

RM-IV-25650

Art 41 decies Les sociétés, compagnies, entreprises et tous autres assujettis au paiement de la retenue à la source sont tenus de communiquer aux agents des impôts, tant au siège social que dans les succursales ou agences, les documents et écritures relatifs aux lots et primes de remboursement.

Art 41 undecies Les dispositions qui précèdent sont applicables aux obligations, effets publics et titres d'emprunt des sociétés et collectivités étrangères désignées aux 1°, 2° et 7° de l'article 120 du code général des impôts.

RM-I-7040

Art 41 duodecies La déclaration estimative visée au deuxième alinéa de l'article 41 nonies doit être certifiée et signée par les représentants de la personne morale émettrice.

C. Prélèvement sur les produits de placements à revenu fixe

Art 41 duodecies A Les personnes, sociétés et organismes définis à l'article 75 de l'annexe II au code général des impôts, dénommés ci-après « établissements payeurs » qui payent, à quelque titre que ce soit, des intérêts, arrérages et autres produits visés au I de l'article 125 A du code précité doivent se conformer aux dispositions des articles 41 duodecies B à 41 duodecies G et 381 S.

RM-IV-1100 s.

Art 41 duodecies B Les établissements payeurs sont tenus d'exiger des bénéficiaires des revenus, des présentateurs ou des vendeurs de coupons la justification de leur identité et de leur domicile réel ou siège social dans les conditions prévues à l'article 76 de l'annexe II au code général des impôts.

Toutefois, cette justification n'est pas exigée pour les revenus, autres que les produits d'obligations, qui donnent lieu à l'application du prélèvement prévu à l'article 125 A du code précité.

RM-IV-1100 s.

Art 41 duodecies C Lorsque le domicile réel ou le siège social du bénéficiaire des revenus est situé hors de la France métropolitaine et des départements d'outre-mer, l'établissement payeur est tenu, sous réserve des dispositions des conventions internationales, d'opérer le prélèvement prévu au III de l'article 125 A du code général des impôts.

Toutefois, ce prélèvement n'est pas applicable :

1° *(Abrogé)* ;

1° bis *(Abrogé)* ;

2° Aux intérêts des dépôts en devises effectués auprès des établissements de crédit installés en France ;

3° Aux revenus provenant d'opérations de trésorerie à court terme réalisées entre des établissements de crédit ou des sociétés de financement installés en France d'une part, et des banques établies à l'étranger, des organismes internationaux ou des institutions financières publiques étrangères, d'autre part ;

4° Aux intérêts provenant d'opérations à court terme perçus par les banques établies à l'étranger à raison des effets représentatifs de créances hypothécaires détenus par elles et susceptibles d'être acquis par le crédit foncier de France ;

5° Aux intérêts des comptes étrangers en euros ouverts auprès d'établissements de crédit établis en France par des personnes dont le domicile fiscal ou le siège social est situé hors de France.

RM-IV-3460 s.

Art 41 duodecies D Le débiteur des revenus qui sont soumis au prélèvement en vertu des dispositions du II de l'article 125 A du code général des impôts opère lui-même le prélèvement, même s'il n'assure pas en personne le paiement de ces produits.

RM-IV-3400 s., 3750

Art 41 duodecies E Dans les cas autres que ceux prévus aux articles 41 duodecies C et 41 duodecies D le prélèvement ne doit être opéré par l'établissement payeur que si le bénéficiaire des revenus opte pour son assujettissement à ce prélèvement, dans les conditions définies aux I et IV de l'article 125 A du code général des impôts.

L'option, qui est irrévocable, est exercée au plus tard lors de l'encaissement des revenus.

RM-IV-3100 s.

Art 41 duodecies F Lorsqu'il a été appliqué aux produits des bons de caisse émis par les établissements de crédit, le prélèvement tient lieu de la retenue à la source prévue au 1 de l'article 1678 bis du code général des impôts.

RM-IV-3750

Art 41 duodecies G Les sociétés visées au 4° de l'article 75 de l'annexe II au code général des impôts sont réputées verser à chacun de leurs associés la quote-part des revenus correspondant à ses droits, le jour même où elles ont encaissé lesdits revenus ou ont été créditées de leur montant.

Elles effectuent à la même date le prélèvement prévu à l'article 41 duodecies C sur la quote-part des revenus revenant aux associés dont le domicile réel ou le siège social est situé hors de la France métropolitaine et des départements d'outre-mer.

Les dispositions du présent article ne sont pas applicables aux sociétés qui exercent une activité industrielle, commerciale, artisanale ou agricole ou une profession non commerciale.

RM-IV-1100 s.

Art 41 duodecies H **1.** Les obligations émises en France par les organismes étrangers ou internationaux sont assimilées à des obligations françaises pour l'application de l'article 125 A du code général des impôts.

2. Les dispositions de cet article ne sont pas applicables aux obligations que les entreprises françaises ont été autorisées à émettre à l'étranger dans les conditions prévues à l'article 131 ter du même code.

3. En ce qui concerne les obligations françaises et étrangères, l'option prévue au I de l'article 125 A précité ne peut être exercée que si l'emprunt n'est pas assorti d'une clause d'indexation.

RM-IV-33100 s.

E. Titres de créances négociables

Art 41 duodecies J Le prélèvement prévu par l'article 125 A du code général des impôts et dû à raison des gains mentionnés à l'article 124 B du même code est pratiqué sur le compte approvisionné par le contribuable à cet effet par la personne chez laquelle les titres de créances sont inscrits en compte ou déposés en application des dispositions du premier alinéa de l'article 124 D du code déjà cité ou par la personne désignée par le contribuable pour acquitter ce prélèvement.

Ces dispositions ne sont pas applicables au prélèvement dû à raison des gains mentionnés au I de l'article 125 D du code précité.

Art 41 duodecies K Pour l'application de l'article 125 A du code général des impôts aux gains mentionnés à l'article 41 duodecies J, la cession des titres comporte les effets du paiement au jour de la cession.

Art 41 duodecies L L'option pour le prélèvement est exercée par le cédant auprès des personnes mentionnées à l'article 41 duodecies J au moment où il communique le montant de la cession qu'il a effectuée et au plus tard dix jours à partir de la date de cession. A cette occasion, il indique le montant du gain pour lequel l'option est formulée.

Ces dispositions ne sont pas applicables au prélèvement dû à raison des revenus, produits et gains mentionnés aux I et II de l'article 125 D du code général des impôts.

Art 41 duodecies M Par exception aux dispositions des articles 41 duodecies J et 41 duodecies L, lorsque les gains sont réalisés par l'intermédiaire d'une société mentionnée à l'article 8 du code général des impôts, la société effectue le prélèvement prévu à l'article 125 A du même code et l'option est exercée auprès de cette société dans les conditions définies à l'article 41 duodecies G, sous réserve du délai mentionné à l'article 41 duodecies L.

Art 41 duodecies N Le contribuable qui demande à bénéficier d'un report de pertes subies au cours des cinq années antérieures est tenu de joindre à sa déclaration d'impôt sur le revenu une note indiquant par année le détail des pertes reportées.

RM-IV-29920

Art 41 duodecies O Les dispositions prévues au 1 de l'article 242 ter du code général des impôts et à l'article 41 duodecies A sont applicables aux personnes et aux gains mentionnés aux articles 41 duodecies J et 41 duodecies M.

Art 41 duodecies P Les personnes mentionnées aux articles 41 duodecies J et 41 duodecies M doivent tenir à la disposition de l'administration un document indiquant pour chaque cession :

La date de réalisation du gain et son montant ;

Le montant du prélèvement opéré ou, à défaut, l'identité et le domicile réel du bénéficiaire des gains.

RM-IV-28000 s.

F. Emission par les sociétés françaises d'obligations à l'étranger. Régime spécial

Art 41 terdecies Pour être admises à bénéficier du régime fiscal prévu au 1 de l'article 131 ter du code général des impôts, les sociétés, compagnies ou entreprises françaises qui se proposent d'émettre à l'étranger des séries spéciales d'obligations, doivent déposer au préalable une demande spéciale à la direction générale des finances publiques.

Cette demande indique la date et les conditions de l'émission ainsi que le nombre, le montant et les numéros des titres à émettre.

Art 41 quaterdecies L'autorisation est accordée par le directeur général des finances publiques.

Art 41 quindecies Les séries émises antérieurement à la publication au Journal officiel du décret n° 55-486 du 30 avril 1955 peuvent, sur la production d'une demande conforme à celle visée à l'article 41 terdecies, bénéficier d'une autorisation dont les effets leur sont applicables en ce qui concerne les intérêts échus depuis la date d'entrée en vigueur dudit décret.

Sous la réserve ci-dessus, le régime institué par le 1 de l'article 131 ter du code général des impôts n'a d'effet pour aucune émission qu'à dater de la notification de l'autorisation ministérielle.

Art 41 sexdecies Les titres émis à l'étranger porteront uniformément la mention suivante :

« En application du décret français n° 55-486 du 30 avril 1955 (code général des impôts, art. 131 ter-1), la présente obligation est soumise en France au régime fiscal des valeurs mobilières étrangères (décision du directeur général des finances publiques en date du...). »

G. Fonds communs de placement, fonds professionnels de capital investissement et fonds professionnels spécialisés

Art 41 sexdecies A Dans le mois de l'agrément délivré par l'Autorité des marchés financiers prévu à l'article L 214-3 du code monétaire et financier ou dans le mois de la déclaration faite à l'Autorité des marchés financiers pour les fonds qui ne sont pas soumis à cet agrément, le gérant dépose auprès de la direction départementale ou, le cas échéant, régionale des finances publiques dans le ressort de laquelle il souscrit sa déclaration de résultats, une déclaration d'existence du fonds et un exemplaire du règlement de celui-ci.

Le gérant d'un fonds commun de placement informe la direction départementale ou, le cas échéant, régionale des finances publiques mentionnée au premier alinéa de la transformation, de la fusion, de la scission ou de la liquidation du fonds prévues à l'article L 214-3 du code monétaire et financier dans le délai mentionné au premier alinéa.

RM-VII-2600 s.

Art 41 sexdecies C Le gérant d'un fonds commun de placement doit, dans les trente jours de la date de mise en distribution des produits des actifs compris dans le fonds, et au plus tard dans les trente jours suivant le délai de cinq mois prévu à l'article L 214-17-2 du code monétaire et financier, déposer auprès de la direction départementale ou, le cas échéant, régionale des finances publiques désignée au premier alinéa de l'article 41 sexdecies A, un état sur papier libre comportant l'indication :

a. Des dates d'ouverture et de clôture de l'exercice dont les produits ont été mis en distribution ;

b. De la date de mise en distribution ;

c. Du nombre de parts du fonds commun de placement existant à chacune de ces trois dernières dates ;

d. Du montant, déterminé conformément aux dispositions du 1° du I de l'article L 214-17-2 précité, de la répartition effectuée au titre de l'exercice considéré et de la part de la répartition éligible à l'abattement de 40 % mentionné au 2° du 3 de l'article 158 du code général des impôts ;

e. Le cas échéant, de la date de distribution et du montant de chacun des acomptes versés au titre du même exercice.

RM-VII-2400 s.

Art 41 sexdecies D Pour toute répartition globale unique effectuée par un fonds commun de placement au titre d'un exercice déterminé, le gérant est tenu de rédiger et de produire à toute demande de l'administration, un état mentionnant :

1° Le montant des sommes ou valeurs distribuées au profit de chaque part du fonds avec l'indication de la nature des produits soumis à des règles fiscales différentes qui entrent dans leur composition ; une ventilation doit être faite, s'il y a lieu, pour les produits de source étrangère par Etat d'origine de ces produits ;

2° La nature et le montant des produits de l'exercice éventuellement non distribués ;

3° Le montant global des crédits d'impôt mentionnés sur les certificats délivrés au fonds pendant l'exercice, déterminé comme si tous les propriétaires de parts avaient en France leur domicile fiscal ou leur siège social.

Ce montant fait éventuellement l'objet d'une ventilation tenant compte de la nature et de l'origine française ou étrangère des produits encaissés à répartir ;

4° Le montant total des crédits d'impôt déterminé comme si tous les propriétaires de parts étaient domiciliés ou avaient leur siège social hors de France et étaient placés hors du champ d'application d'une convention internationale en matière d'impôt sur les revenus ; ce montant est éventuellement ventilé comme il est dit au 3° ;

5° *(Abrogé)* ;

6° La fraction des crédits d'impôt attachés aux produits encaissés par le fonds commun au cours de l'exercice, qui n'a pu être transférée aux propriétaires de parts.

L'utilisation de cette fraction demeure possible au titre des deux exercices annuels suivant celui au cours duquel les produits auxquels se rattachent les crédits d'impôt auraient pu normalement être répartis compte tenu de la date de leur encaissement ;

RM-VII-940

7° Le nombre de parts existant effectivement au jour de la mise en distribution des produits et ouvrant droit à cette répartition ainsi qu'à l'utilisation d'une quote-part soit de la somme imputable prévue au 3°, soit de la somme imputable prévue au 4° ;

8° Le montant du crédit d'impôt unitaire calculé en se plaçant dans chacune des deux hypothèses envisagées respectivement au 3° et au 4° en fonction du lieu du domicile fiscal ou du siège social du propriétaire de parts ;

9° La ventilation du crédit d'impôt unitaire selon la nature et l'origine des produits entrant dans la composition des sommes ou valeurs réparties.

RM-VII-2400 s.

Art 41 sexdecies E **I.** En cas de distribution d'un acompte, le gérant du fonds commun de placement doit, dans le mois de cette distribution partielle comme dans le cas d'une distribution globale prévue à l'article 41 sexdecies C, produire un état comportant l'indication du montant et de la date de mise en distribution de cet acompte, de l'exercice au titre duquel il est versé ainsi que du nombre de parts ayant vocation à cette répartition et de la part de cet acompte éligible à l'abattement de 40 % mentionné au 2° du 3 de l'article 158 du code général des impôts.

II. Pour chaque acompte, le gérant est tenu de rédiger un état analogue à celui prévu à l'article 41 sexdecies D mais tenant compte uniquement, pour la détermination des divers montants qui doivent y être mentionnés, des produits du fonds compris dans l'acompte et des crédits d'impôt attachés à ces produits.

III. Lors de la répartition pour solde des produits d'un exercice déterminé, des états analogues à ceux prévus respectivement aux articles 41 sexdecies C et 41 sexdecies D doivent être rédigés. Ils rappellent, en les récapitulant, les éléments afférents aux acomptes déjà versés, d'une part, et mentionnent, d'autre part, les éléments relatifs à ce solde.

RM-VII-2425 s.

Art 41 sexdecies F Le dépositaire des actifs du fonds doit, dans les conditions et sous les sanctions prévues aux articles 57, 75 à 79 de l'annexe II au code général des impôts et aux articles 17 à 17 D de l'annexe IV au même code :

a. Etablir en fonction des dispositions des articles 41 sexdecies C à 41 sexdecies E le relevé des sommes payées à adresser à l'administration fiscale ainsi que les certificats de crédit d'impôt à remettre aux bénéficiaires des répartitions ;

b. Conserver en application de l'article R 87-1 du livre des procédures fiscales les pièces justificatives de chacun des paiements effectués.

RM-VII-2450

Fonds communs de placement à risques

Art 41 sexdecies G Le gérant d'un fonds commun de placement à risques, d'un fonds professionnel spécialisé relevant de l'article L 214-37 du code monétaire et financier dans sa rédaction antérieure à l'ordonnance n° 2013-676 du 25 juillet 2013 modifiant le cadre juridique de la gestion d'actifs ou d'un fonds professionnel de capital investissement ou le dépositaire des actifs de ce fonds agissant pour le compte du gérant est soumis aux obligations définies aux articles 41 sexdecies A à 41 sexdecies F.

RM-VII-4280, 4930 s.

G bis. Modalités d'imposition et conditions de ventilation des revenus distribués ou répartis par des organismes de placement collectif en valeurs mobilières (OPCVM). Obligation des établissements payeurs et des contribuables

Art 41 sexdecies H **1.** Pour l'application du sixième alinéa du 4° du 3 de l'article 158 du code général des impôts, et sans préjudice des autres dispositions fiscales qui leur sont applicables, les sociétés, organismes ou placements collectifs mentionnés au même 4° ou, à défaut de personnalité morale, leur gérant ou représentant à l'égard des tiers, ventilent leurs distributions ou répartitions en distinguant la part éligible à l'abattement de 40 % mentionné au 2° du 3 de l'article 158 du code précité de celle non éligible à cet abattement.

La ventilation de ces distributions ou répartitions est communiquée à l'établissement payeur soumis aux obligations de l'article 242 ter du code précité lors de leur mise en paiement, et est tenue à la disposition des actionnaires, des porteurs de parts et de tout établissement payeur soumis aux obligations de l'article 242 ter qui en feraient la demande, ainsi que de l'administration fiscale.

La part éligible à l'abattement de 40 % mentionné au premier alinéa est indiquée sur les rapports annuels ou semestriels prévus par le règlement général de l'Autorité des marchés financiers pour les sociétés, organismes ou placements collectifs mentionnés au a du 4° du 3 de l'article 158 du code général des impôts ainsi que sur les rapports annuels et semestriels mentionnés à l'article 27 de la directive 85/611/CEE du Conseil du 20 décembre 1985 portant coordination des dispositions législatives, réglementaires et administratives concernant certains organismes de placement collectif en valeurs mobilières (OPCVM), pour les organismes mentionnés au b du 4° du 3 du même article 158.

2. Pour l'application du 1, les personnes mentionnées au premier alinéa du 1 prélèvent les revenus distribués ou répartis éligibles à l'abattement de 40 % mentionné au 2° du 3 de l'article 158 du code précité sur les revenus identifiés comme tels dans les conditions du 3 dans le respect de leurs obligations en matière de distributions de leurs bénéfices ou résultats.

3. Pour l'application du 1, les personnes mentionnées au premier alinéa du 1 identifient les revenus perçus au regard de leur éligibilité à l'abattement de 40 % mentionné au 2° du 3 de l'article 158 du code général des impôts selon les modalités suivantes :

1° Elles identifient, sous leur propre responsabilité, la fraction des revenus distribuables ou à répartir mais non distribués ou non répartis au 1er janvier 2005 éligibles à l'abattement de 40 % mentionné au 2° du 3 de l'article 158 précité et tiennent à la disposition de l'administration fiscale les justificatifs correspondants ;

2° Elles identifient la part des revenus qu'elles perçoivent à compter du 1er janvier 2005 éligibles à l'abattement de 40 % mentionné au 1°.

4. Pour l'application du 1, les personnes mentionnées au premier alinéa du 1 établissent et produisent à toute demande de l'administration fiscale un état de suivi des revenus perçus et distribués ou répartis suivant un modèle établi par l'administration fiscale.

RM-VII-2200 s.

Art 41 sexdecies I Le contribuable qui perçoit directement ou indirectement par l'intermédiaire de sociétés ou organismes mentionnés au 4° du 3 de l'article 158 du code général des impôts des revenus distribués déclare le montant de ces revenus dans les conditions prévues au 1 de l'article 170 du code général des impôts en distinguant parmi ceux-ci la part éligible à l'abattement de 40 % mentionné au 2° du 3 de l'article 158 du même code.

Art 41 sexdecies J Les contribuables qui perçoivent des revenus distribués ou répartis directement par des organismes de placement collectif en valeurs mobilières ou placements collectifs mentionnés au b du 4° du 3 de l'article 158 du code général des impôts tiennent à la disposition de l'administration fiscale l'état de suivi des distributions ou répartitions prévu au 4 de l'article 41 sexdecies H ainsi que les rapports mentionnés au troisième alinéa du 1 du même article justifiant de cette ventilation. Ces dispositions sont également applicables aux établissements payeurs soumis aux obligations de l'article 242 ter du code précité.

G ter. Prélèvement sur les produits de placements à revenu fixe et les produits de bons ou contrats de capitalisation de source européenne

Art 41 sexdecies K **I.** La déclaration mentionnée à l'article 125 D du code général des impôts est souscrite sur un formulaire normalisé. Elle comporte :

a. la nature et le montant des revenus, produits et gains pour lesquels l'option est exercée ;

b. le montant du prélèvement dû ;

c. le montant des contributions et prélèvements sociaux dus.

Cette déclaration mentionne en outre la dénomination et l'adresse de la personne visée au IV de l'article 125 D précité qui est mandatée par le contribuable pour effectuer en son nom et pour son compte les formalités déclaratives et de paiement dudit prélèvement, ainsi que son numéro d'identification en cas de conclusion de la convention prévue au VI du même article 125 D.

II. La déclaration mentionnée au I est déposée, accompagnée du paiement des impôts dus, dans les délais prévus au IV de l'article 125 D précité au service des impôts désigné par le ministre chargé du budget *(NDLR Voir Annexe IV, art. 188-0 I).*

RM-IV-1570

Art 41 sexdecies L La convention mentionnée au VI de l'article 125 D du code général des impôts organise les modalités déclaratives et de paiement des impôts prévues à l'article 41 sexdecies K pour les personnes visées au IV de l'article 125 D précité qui sont mandatées par plusieurs contribuables pour effectuer en leur nom et pour leur compte lesdites formalités déclaratives et de paiement des impôts.

Cette convention doit être conforme au modèle délivré par l'administration.

RM-IV-1650

G quater. Sociétés unipersonnelles d'investissement à risque. Obligations de l'associé

Art 41 sexdecies M L'associé de la société unipersonnelle d'investissement à risque, qui bénéficie de l'exonération prévue à l'article 163 quinquies C bis du code général des impôts, conserve l'état individuel mentionné à l'article 46 ter D jusqu'à la fin de la troisième année qui suit celle au titre de laquelle il a bénéficié de cette exonération.

IS-IV-23680

VIII bis. Profits réalisés sur les instruments financiers à terme

1° Profits réalisés sur les marchés à terme

Art 41 septdecies H Pour l'application de l'article 150 ter du code général des impôts, le dénouement d'un contrat intervient à la date de clôture définitive de la position ouverte par ce contrat.

RM-VII-17730 s.

Art 41 septdecies I Pour l'application de l'article 150 ter du code général des impôts, les contribuables indiquent sur une déclaration conforme à un modèle établi par l'administration le montant du profit net imposable ou de la perte nette ainsi que les éléments nécessaires à leur détermination.

Les contribuables qui demandent à bénéficier d'un report des pertes subies au cours des dix années antérieures sont tenus d'indiquer sur cette déclaration le détail des pertes reportées par année.

RM-VII-18400 s.

Art 41 septdecies K Lorsque les opérations sur les instruments financiers à terme entrant dans le champ d'application de l'article 150 ter du code général des impôts sont réalisées par l'intermédiaire d'une société mentionnée à l'article 8 du code général des impôts, la société doit déclarer à l'administration, selon les modalités définies à l'article 242 ter E du même code, la quote-part des profits et des pertes correspondant aux droits de chacun de ses membres dans la société.

RM-VII-21000 s.

X. Plus-values de cession à titre onéreux de biens ou de droits de toute nature

Art 41 duovicies D En cas de rachat de parts, le gérant d'un fonds commun de placement ou le dépositaire des actifs du fonds agissant pour le compte du gérant, doit tenir à la disposition du propriétaire de parts les éléments nécessaires à la détermination de la valeur moyenne pondérée d'acquisition des parts rachetées.

RM-VII-2550

Art 41 duovicies E Le gérant du fonds commun de placement ou le dépositaire des actifs de ce fonds agissant pour le compte du gérant, adresse, avant le 1er février de chaque année, à la direction départementale ou, le cas échéant, régionale des finances publiques désignée au premier alinéa de l'article 41 sexdecies A un document faisant apparaître :

1° Dans l'hypothèse où l'un des propriétaires de parts a détenu plus de 10 % des parts pendant une partie de l'année, la période pendant laquelle la limite de 10 % a été dépassée, l'identité et le domicile fiscal de l'intéressé mentionnés au 3° du I de l'article 49 E ainsi que le nombre des parts qu'il détient ;

2° *(Disposition devenue sans objet : loi n° 82-1126 du 29 décembre 1982 art. 7-I)* ;

3° Le montant global des rachats de parts effectués au profit de chaque propriétaire au cours de l'année précédente, lorsqu'il excède 1 500 € ;

4° Dans la même limite que celle fixée au 3°, la valeur globale des apports en nature de valeurs mobilières effectués par chaque propriétaire de parts ;

5° En cas de dissolution du fonds :

La date de la dissolution ;

L'identité et l'adresse de chaque propriétaire de parts mentionné au 3° du I de l'article 49 E ;

Le nombre de parts dont il disposait et leur valeur pondérée d'acquisition ;

Le montant des attributions en espèces ou en nature autres que celles présentant le caractère de revenus de capitaux mobiliers revenant à la suite de la liquidation.

RM-VII-2550

Art 41 duovicies F En cas de rachat ou de cession de parts, le gérant ou le dépositaire des actifs d'un fonds commun de placement à risques, d'un fonds professionnel spécialisé relevant de l'article L 214-37 du code monétaire et financier dans sa rédaction antérieure à l'ordonnance n° 2013-676 du 25 juillet 2013 modifiant le cadre juridique de la gestion d'actifs ou d'un fonds professionnel de capital investissement, doit fournir au propriétaire des parts rachetées ou cédées tous les éléments de calcul de la plus-value, et notamment :

a. Les éléments nécessaires à la détermination de la valeur moyenne pondérée d'acquisition des parts rachetées ou cédées ;

b. La date et le montant de ces rachats ou cessions de parts ;

c. *(Abrogé).*

En cas de cession de parts effectuée sans l'intervention du gérant, le cédant fait connaître au gérant ou au dépositaire le nombre et la catégorie des parts cédées, l'identité et le domicile du cessionnaire ainsi que la date et le montant de la cession.

RM-VII-4930 s.

Art 41 duovicies G Le gérant ou le dépositaire des actifs d'un fonds commun de placement à risques, d'un fonds professionnel spécialisé relevant de l'article L 214-37 du code monétaire et financier dans sa rédaction antérieure à l'ordonnance n° 2013-676 du 25 juillet 2013 modifiant le cadre juridique de la gestion d'actifs ou d'un fonds professionnel de capital investissement, adresse, avant le 16 février de chaque année, à la direction départementale ou, le cas échéant, régionale des finances publiques auprès de laquelle il souscrit sa déclaration de résultats un relevé des opérations de l'année précédente mentionnant :

1° Pour chaque propriétaire, le montant global des cessions de parts qu'il a effectuées et des rachats opérés par le fonds ;

2° La valeur globale des apports en nature de titres effectués par chaque propriétaire de parts ;

3° Dans l'hypothèse où l'un des propriétaires de parts a détenu plus de 10 % des parts pendant une partie de l'année, la période pendant laquelle la limite de 10 % a été dépassée, les renseignements mentionnés au 3° du I de l'article 49 E concernant l'intéressé, ainsi que le nombre de parts qu'il détient ;

4° En cas de dissolution du fonds ou de distribution par le fonds d'une partie de ses avoirs entraînant annulation d'une fraction des parts de ce fonds :

a. La date de la dissolution ou de la distribution des avoirs ;

b. Les renseignements mentionnés au 3° du I de l'article 49 E concernant chaque propriétaire de parts ainsi que le nombre et la catégorie des parts dont il disposait avant la dissolution ou, en cas de distribution d'avoirs, le nombre de ses parts annulées, leur catégorie et leur valeur moyenne pondérée d'acquisition ;

c. Le montant des attributions en nature ou en espèces, autres que celles présentant le caractère de revenus de capitaux mobiliers revenant à chaque propriétaire ;

5° En cas de distribution d'une partie des avoirs du fonds effectuée sans annulation de parts :

a. La date de la distribution ;

b. Les renseignements mentionnés au 3° du I de l'article 49 E concernant chaque propriétaire de parts ainsi que le nombre et la catégorie de parts détenues ouvrant droit à la distribution et leur valeur moyenne pondérée d'acquisition ;

c. Le montant de la distribution, qu'elle soit en nature ou en espèces, revenant à chaque propriétaire ;

d. *(Abrogé).*

RM-VII-4280, 4930 s.

Art 41 duovicies-0 H **I.** Pour l'application du 1° bis du II de l'article 150 U du code général des impôts, l'acte constatant la cession à titre onéreux d'un logement au titre de laquelle le bénéfice de l'exonération est demandé mentionne :

1° L'identité du bénéficiaire de l'exonération ;

2° Les droits du bénéficiaire sur le prix de cession ;

3° La fraction du prix de cession correspondant à ses droits, que le bénéficiaire destine au remploi à l'acquisition ou la construction d'un logement affecté à sa résidence principale ;

4° Le montant de la plus-value exonérée.

II. Les mentions prévues au I sont portées distinctement pour chaque bénéficiaire de l'exonération.

IMMO-II-60010 s. ; MF n° 32140

Art 41 duovicies H Pour l'application du III de l'article 150 VA du code général des impôts, les frais supportés par le vendeur à l'occasion de la cession ne peuvent être admis en diminution du prix de cession que si leur montant est justifié. Ils s'entendent exclusivement :

1° Des frais versés à un intermédiaire ou à un mandataire ;

2° Des frais liés aux certifications et diagnostics rendus obligatoires par la législation en vigueur au jour de la cession ;

3° Des indemnités d'éviction versées au preneur par le propriétaire qui vend le bien loué libre d'occupation ;

4° Des honoraires versés à un architecte à raison de travaux permettant d'obtenir un accord préalable à un permis de construire ;

5° Des frais exposés par le vendeur d'un immeuble en vue d'obtenir d'un créancier la mainlevée de l'hypothèque grevant cet immeuble.

IMMO-II-160000 s. ; MF nº 32210

Art 41 duovicies I **I.** Pour l'application du II de l'article 150 VB du code général des impôts, les frais supportés par le vendeur à l'occasion de l'acquisition du bien cédé ne peuvent être admis en majoration du prix d'acquisition que si leur montant est justifié. Ils s'entendent exclusivement :

1° Lorsque le bien ou le droit cédé a été acquis à titre gratuit, des droits de mutation payés et des frais d'acte et de déclaration afférents à ce bien ou droit, ainsi que, le cas échéant, des frais de timbre et de publicité foncière. Les droits de mutation sont pris en compte à proportion de la fraction de leur valeur représentative des biens ou droits ;

2° Lorsque le bien ou le droit cédé a été acquis à titre onéreux, des frais et coûts du contrat tels qu'ils sont prévus à l'article 1699 du code civil et des droits d'enregistrement ou de la taxe sur la valeur ajoutée supportés effectivement par le contribuable.

II. Lorsque la cession porte sur une partie d'un bien ou sur un droit immobilier, les frais d'acquisition sont pris en compte dans la même proportion que le prix d'acquisition lui-même.

IMMO-II-170000 s., 171500 s. ; MF nºs 32220 s.

Art 41 duovicies J **I.** Pour l'application de l'article 150 VH bis du code général des impôts, le redevable indique sur l'annexe mentionnée au V de cet article, pour chaque cession à titre onéreux d'actifs numériques imposable en vertu des I et II du même article, les informations suivantes :

1° le prix de cession tel que défini au A du III du même article 150 VH bis, en détaillant :

a. le cas échéant, les frais qu'il a supportés à l'occasion de cette cession ;

b. le cas échéant, la soulte qu'il a reçue ou qu'il a versée lors de cette cession ;

2° le prix total d'acquisition du portefeuille d'actifs numériques, tel que défini au B du III de l'article 150 VH bis du code général des impôts, en détaillant :

a. la somme des prix et valeurs d'acquisition à retenir ;

b. le cas échéant, la somme des fractions de capital initial contenues dans la valeur ou le prix de chacune des différentes cessions d'actifs numériques ou droits s'y rapportant antérieurement réalisées, à titre gratuit ou onéreux, hors échanges qui n'ont pas été imposés en application du A du II de l'article 150 VH bis mentionné ci-dessus ;

c. le cas échéant, le montant de chaque soulte reçue par le cédant à l'occasion d'échanges réalisés antérieurement à la cession imposable ;

3° la valeur globale du portefeuille d'actifs numériques, telle que définie au C du III de l'article 150 VH bis mentionné ci-dessus, évaluée au moment de cette cession ;

4° le montant de la plus ou moins-value réalisée au titre de cette cession.

II. Le redevable indique sur cette même annexe la somme de l'ensemble des plus et moins-values réalisées au cours de l'année d'imposition au titre des cessions imposables.

III. Pour les cessions exonérées en application du B du II de l'article 150 VH bis du code général des impôts, le contribuable n'indique sur l'annexe mentionnée au I que les informations prévues au 1° du même I.

IV. Lorsque la cession mentionnée au I est réalisée par l'intermédiaire d'une personne interposée, le redevable ne mentionne sur l'annexe mentionnée au même I que la quote-part de la plus ou moins-value correspondant à ses droits, telle que déclarée par la personne interposée en application de l'article 41 duovicies K.

V. Les pièces justifiant des informations mentionnées aux I à IV, notamment des dates et prix ou valeurs d'acquisition retenus pour le calcul de la somme mentionnée au b du 2° du I, sont fournies par le contribuable sur demande de l'administration dans un délai de trente jours suivant cette demande.

RM-VII-49850 s. ; MF nº 33620

Art 41 duovicies K **I.** Les sociétés ou groupements qui, en tant que personnes interposées, réalisent des opérations mentionnées à l'article 150 VH bis du code général des impôts sont tenus d'indiquer, sur une annexe conforme à un modèle établi par l'administration, les informations prévues à l'article 41 duovicies J, dans les conditions prévues par ce même article, ainsi que la répartition de l'assiette imposable au titre de cet article entre chacun de leurs associés ou membres.

II. Ces sociétés ou groupements produisent à l'administration, sur sa demande et dans un délai de trente jours suivant cette demande, tout élément de nature à justifier les informations mentionnées au I.

RM-VII-49850 s. ; MF nº 33620

X bis. Modalités d'imposition des revenus et des plus-values en cas de transfert du domicile fiscal hors de France

Art 41 tervicies Le contribuable renseigne, sur la déclaration prévue au 1 de l'article 170 du code général des impôts établie l'année suivant celle du transfert du domicile fiscal hors de France, le montant total des plus-values latentes, des créances trouvant leur origine dans une clause de complément de prix et des plus-values en report, imposables en application des premier et deuxième alinéas du 1 du I et du II de l'article 167 bis du même code.

Sont précisés, sur un formulaire distinct, la date du transfert du domicile fiscal hors de France, l'adresse du nouveau domicile fiscal, le montant des plus-values latentes, des créances trouvant leur origine dans une clause de complément de prix et des plus-values en report, ainsi que les éléments nécessaires à leur détermination.

Le formulaire mentionné au deuxième alinéa est déposé au service des impôts des particuliers dont dépendait le domicile fiscal du contribuable en France avant son transfert, à l'appui de la déclaration mentionnée au premier alinéa.

RM-VI-43320 s.

Art 41 tervicies A Le contribuable qui entend bénéficier du sursis de paiement prévu au V de l'article 167 bis du code général des impôts en fait la demande sur le formulaire mentionné au deuxième alinéa de l'article 41 tervicies.

Dans ce cas, le formulaire est déposé, au plus tard quatre-vingt-dix jours avant le transfert du domicile fiscal hors de France, au service des impôts des particuliers non résidents.

Le contribuable y indique le nom ou la dénomination sociale ainsi que l'adresse de son représentant fiscal. Celui-ci s'engage, sur ce même document, à représenter le contribuable dans les conditions prévues au quatrième alinéa du V de l'article 167 bis précité.

RM-VI-43290 ; MF nº 33376

Art 41 tervicies B Lorsque le contribuable bénéficie du sursis de paiement prévu au IV ou au V de l'article 167 bis du code général des impôts, l'impôt afférent aux plus-values latentes, aux créances trouvant leur origine dans une clause de complément de prix et aux plus-values en report fait l'objet d'une mise en recouvrement spécifique et d'une prise en charge des rôles correspondants par le service des impôts des particuliers non résidents.

RM-VI-42000

Art 41 tervicies C Les moins-values mentionnées au premier et au dernier alinéas du 4 bis du VIII de l'article 167 bis du code général des impôts, imputables dans les conditions prévues au même 4 bis, font l'objet d'un suivi sur le formulaire mentionné au premier alinéa du 3 du IX de l'article précité et, le cas échéant, sur celui mentionné au 2 du même IX.

RM-VI-43420

Art 41 tervicies D Lorsque le contribuable demande à bénéficier de l'option prévue à l'avant-dernier alinéa du VIII bis de l'article 167 bis du code général des impôts, il utilise le formulaire prévu au premier alinéa du 3 du IX du même article. Ce formulaire est déposé l'année suivant la survenance du premier de l'un des événements prévus au VII de l'article précité.

RM-VI-43480

Art 41 tervicies E Pour l'application des 2 et 3 du IX de l'article 167 bis du code général des impôts, le formulaire mentionné au premier alinéa du 3 du IX de l'article 167 bis du code précité dûment renseigné est déposé au service des impôts des particuliers non résidents, à l'appui de la déclaration prévue au 1 de l'article 170 du même code, dans le délai prévu à l'article 175 de ce code.

Les transferts de domicile fiscal intervenant postérieurement au transfert de domicile fiscal hors de France sont portés à la connaissance du service des impôts des particuliers non résidents dans les conditions prévues au 5 du IX de l'article 167 bis précité.

Pour l'application du 4 du IX de l'article 167 bis précité, l'exigibilité de l'impôt en sursis de paiement est rétablie lorsque le contribuable n'a pas satisfait à ses obligations déclaratives dans les trente jours suivant la notification d'une mise en demeure qui lui est adressée, ou est adressée, le cas échéant, à son représentant fiscal.

RM-VI-43440

Art 41 tervicies F Pour l'application du 5 du VIII de l'article 167 bis du code général des impôts, l'impôt acquitté hors de France est imputable, dans les conditions de ce même 5, sous réserve que :

a) L'impôt acquitté hors de France soit un impôt personnel sur le revenu assis sur les plus-values de cession de valeurs mobilières ou de droits sociaux ;

b) Et que l'impôt mentionné au a du présent article soit calculé à partir du prix ou de la valeur d'acquisition des titres concernés retenu pour l'application du premier alinéa du 2 du I de l'article 167 bis précité.

Cet impôt, dont il incombe au contribuable de justifier du paiement effectif, est converti en euros sur la base du taux de change en vigueur à la date dudit paiement.

RM-VI-42960 ; MF nº 33373

Art 41 tervicies G Lorsque les droits sociaux, valeurs, titres ou droits sur lesquels une plus-value latente a été constatée lors du transfert du domicile fiscal hors de France font l'objet d'une opération d'échange ou d'apport entrant dans le champ d'application des articles 150-0 B ou 150-0 B ter du code général des impôts, le contribuable mentionne sur le formulaire prévu au premier alinéa du 3 du IX de l'article 167 bis du même code, déposé l'année suivant la réalisation de cette opération, l'article du code général des impôts dans le champ duquel entre cette opération, la nature et la date de l'opération ainsi que le nombre de titres remis et de titres reçus lors de cette opération et, le cas échéant, le montant de la soulte reçue.

RM-VI-43430

Art 41 tervicies H Lors du paiement de l'impôt définitif, le contribuable joint aux documents mentionnés au premier alinéa du 3 du IX de l'article 167 bis du code général des impôts une copie des avis d'imposition établis en application des dispositions de l'article 41 tervicies B.

RM-VI-43470

Art 41 tervicies I Pour l'application du deuxième alinéa du 3 du IX de l'article 167 bis du code général des impôts, le contribuable demande la restitution de l'impôt déjà acquitté sur le formulaire prévu au premier alinéa du 3 du IX de l'article 167 bis du même code et déposé, l'année suivant la réalisation de l'événement entraînant la restitution, selon les modalités prévues au premier alinéa de l'article 41 tervicies E.

Il indique la nature et la date de l'événement à l'origine de sa demande et joint, à l'appui du formulaire, les éléments de calcul et les justificatifs correspondant au montant de la restitution demandée.

Art 41 tervicies J Pour l'application du dernier alinéa du 3 du IX de l'article 167 bis du code général des impôts, le contribuable demande le dégrèvement de l'impôt bénéficiant du sursis de paiement ou la restitution de l'impôt acquitté sur le formulaire prévu au premier alinéa du 3 du IX de l'article 167 bis du même code et déposé l'année suivant la réalisation de l'événement entraînant le dégrèvement ou la restitution, selon les modalités prévues au premier alinéa de l'article 41 tervicies E.

Il indique la nature et la date de l'événement à l'origine de sa demande et joint, à l'appui du formulaire, les éléments de calcul et les justificatifs correspondant au montant du dégrèvement ou de la restitution demandé.

RM-VI-43540

Art 41 tervicies K Dans les cas prévus au VIII de l'article 167 bis du code général des impôts, le contribuable demande le dégrèvement de l'impôt bénéficiant du sursis de paiement sur le formulaire prévu au premier alinéa du 3 du IX de l'article 167 bis du même code et déposé, l'année suivant la réalisation de l'événement entraînant le dégrèvement, selon les modalités prévues au premier alinéa de l'article 41 tervicies E.

Il indique la nature et la date de l'événement à l'origine de sa demande et joint, à l'appui du formulaire, les éléments de calcul et les justificatifs correspondant au montant du dégrèvement demandé.

Art 41 tervicies L Dans les cas prévus au 3 du IX de l'article 167 bis du code général des impôts, les garanties prises en vertu du quatrième alinéa du V de cet article sont levées à hauteur de l'impôt acquitté ou du montant d'impôt dégrevé.

Dans les cas de dégrèvement prévus au VIII et au dernier alinéa du 3 du IX de l'article 167 bis précité, il est procédé au remboursement des frais de constitution de garanties supportés par le contribuable, dans les conditions prévues aux articles R* 208-3 à R* 208-6 du livre des procédures fiscales, à hauteur du montant d'impôt dégrevé.

RM-VI-43510, 43550

X ter. Report d'imposition de la plus-value constatée lors d'une opération d'apport à une société contrôlée par l'apporteur et établi sur le fondement de l'article 150-0 B ter du code général des impôts

Art 41 quatervicies 1. Le contribuable qui réalise une opération relevant du champ d'application du régime du report d'imposition prévu à l'article 150-0 B ter du code général des impôts mentionne distinctement sur la déclaration spéciale des plus-values prévue à l'article 74-0 F de l'annexe II au présent code le montant de la plus-value réalisée au titre de cette opération ainsi que les éléments nécessaires à sa détermination.

Le contribuable mentionne en outre les informations suivantes :

a. La date de l'opération d'apport ;

b. La dénomination et l'adresse du siège social ou du principal établissement de la société bénéficiaire de l'apport et, le cas échéant, de la société ou du groupement interposé qui a réalisé l'apport de titres ;

c. La nature juridique des droits apportés ;

d. Le nombre de titres apportés ainsi que leur valeur réelle unitaire à la date de l'apport ;

e. Le nombre de titres reçus ainsi que leur valeur nominale et leur valeur réelle unitaire à la date de l'apport ;

f. La valeur globale des titres apportés à la date de l'apport ;

g. La valeur unitaire et la valeur globale d'acquisition des titres apportés ;

h. Le cas échéant, le montant de la soulte reçue immédiatement imposable ou de la soulte versée, ainsi que celui de la plus-value d'apport dont l'imposition est reportée.

2. Le contribuable fournit, dans un délai de trente jours à compter de la demande de l'administration, une attestation émise lors de l'apport par la société bénéficiaire de cet apport précisant qu'elle est informée que les titres qui lui ont été apportés sont grevés d'une plus-value en report d'imposition en application de l'article 150-0 B ter précité.

RM-VI-27980 s.

Art 41 quatervicies A **1.** Lorsque, dans les trois années suivant la date de l'apport, délai décompté de date à date, les titres apportés sont affectés par l'un des événements mentionnés à la première phrase du 2° du I de l'article 150-0 B ter du code général des impôts, la société bénéficiaire de l'apport mentionne sur une attestation annexée à sa déclaration de résultat de l'exercice de survenance de l'événement les informations suivantes :

a. La nature et la date de l'événement ayant affecté les titres qui lui ont été apportés ;

b. Le nombre de titres affectés par cet événement ainsi que, le cas échéant, leur prix de cession à la date de l'événement ;

c. Le cas échéant, l'engagement de réinvestir, dans les conditions prévues au 2° du I de l'article 150-0 B ter précité, le produit de la cession des titres concernés, au plus tard à l'expiration d'un délai de deux ans à compter de la date de la cession ou, le cas échéant, à compter de la date de perception d'un complément de prix afférent à cette cession.

2. a. Lorsque la société qui s'est engagée à réinvestir le produit de la cession dans les conditions prévues au 2° du I de l'article 150-0 B ter précité satisfait à cet engagement, elle joint à sa déclaration de résultat de chaque exercice au cours duquel un réinvestissement est effectué une attestation mentionnant les informations suivantes :

1° Le montant du produit de cession ou du complément de prix réinvesti ;

2° La nature et la date du réinvestissement ;

3° Le cas échéant, la dénomination, la catégorie et la forme ainsi que l'adresse du siège de la société, du fonds ou de l'organisme bénéficiaire du réinvestissement.

b. Lorsque le produit de la cession des titres est réinvesti en application du d du 2° du I de l'article 150-0 B ter du code général des impôts :

1° La société mentionnée au premier alinéa du a informe le fonds, la société ou l'organisme émetteur des parts ou actions souscrites que cette souscription est effectuée dans le cadre d'un réinvestissement réalisé en application de cette disposition ;

2° Elle joint, le cas échéant, à sa déclaration de résultat de chaque exercice au cours duquel elle a signé un bulletin de souscription en application des deuxième et troisième phrases du d du 2° du I de l'article 150-0 B ter précité, une copie de ce bulletin de souscription.

3. a. La société qui a satisfait à l'engagement de réinvestissement dans les conditions prévues au 2° du I de l'article 150-0 B ter du code général des impôts joint à sa déclaration de résultat de l'exercice au cours duquel les délais de conservation prévus au septième alinéa du même 2° expirent, une attestation du fonds, de la société ou de l'organisme bénéficiaire du réinvestissement certifiant que l'obligation de conservation des biens ou titres ainsi acquis ou souscrits a été satisfaite.

b. La société qui a satisfait à l'engagement de réinvestissement dans les conditions prévues au d du 2° du I de l'article 150-0 B ter du code général des impôts joint à sa déclaration de résultat de l'exercice au cours duquel le délai de cinq ans prévu au même d expire, une attestation mentionnant les sommes effectivement versées au fonds, à la société ou à l'organisme bénéficiaire du réinvestissement.

4. Lorsque la société ne prend pas l'engagement mentionné au c du 1 ou lorsque le réinvestissement effectué ne répond pas aux conditions prévues au 2° du I de l'article 150-0 B ter précité, elle joint à la déclaration de résultat de l'exercice de cession des titres apportés sans engagement de réinvestissement, ou de l'exercice au cours duquel l'une des conditions de réinvestissement n'est pas respectée, une attestation précisant que le produit de la cession des titres apportés n'est pas réinvesti conformément aux dispositions du 2° du I de l'article 150-0 B ter précité.

5. Une copie des attestations mentionnées aux 1 à 4 est transmise par la société concernée au contribuable ayant réalisé l'apport des titres grevés d'une plus-value en report d'imposition ou, le cas échéant, au donataire desdits titres.

RM-VI-28080 s. ; MF n° 33312

Art 41 quinvicies **1.** Pour l'application du II de l'article 150-0 B ter du code général des impôts, le donateur communique au donataire les éléments mentionnés à l'article 41 quatervicies lui permettant de déclarer la plus-value en report d'imposition afférente aux titres transmis.

Lorsque la donation intervient dans le délai de trois ans suivant la date de l'apport, délai décompté de date à date, le donateur informe la société bénéficiaire de l'apport de l'identité et de l'adresse du donataire.

2. Le donateur mentionne sur le formulaire prévu à l'article 74-0 F de l'annexe II au présent code, souscrit au titre de l'année de la transmission, l'identité et l'adresse du donataire, la date de la transmission, le nombre de titres transmis et le montant de la plus-value en report d'imposition afférente à ces titres.

3. Le donataire mentionne sur le formulaire prévu à l'article 74-0 F de l'annexe II précité, souscrit au titre de l'année de la transmission, l'identité et l'adresse du donateur, le nombre de titres transmis, la date de la transmission, le montant de la plus-value en report d'imposition afférente à ces titres, la dénomination et l'adresse du siège social ou du principal établissement de la société dont les titres font l'objet de la transmission et les éléments mentionnés au premier alinéa du 1. Le cas échéant, sur demande de l'administration, le donataire transmet l'attestation mentionnée au 2 de l'article 41 quatervicies.

RM-VI-28150 s.

Art 41 sexvicies **1.** La société de gestion d'un fonds commun de placement à risque ou d'un fonds professionnel de capital investissement, le gérant d'une société de libre partenariat ou la société de capital-risque mentionnés au d du 2° du I de l'article 150-0 B ter du code général des impôts sont tenus de souscrire et d'adresser, au service des impôts auprès duquel ils souscrivent leur déclaration de résultats, une déclaration détaillée permettant d'apprécier le quota d'investissement de 75 % prévu au d susmentionné, sur la base de l'inventaire semestriel au cours duquel le délai de cinq ans fixé au même d expire.

2. La déclaration prévue au 1 est adressée dans les quatre mois qui suivent la clôture de l'exercice comptable correspondant. Elle mentionne, pour chaque investissement retenu pour le calcul du quota de 75 % prévu au d du 2° du I de l'article 150-0 B ter susmentionné, les éléments suivants :

a. La dénomination de la société ou de l'entité ainsi que l'adresse de son siège social et de son siège de direction effective si elle est différente ;

b. L'activité principale de la société ;

c. La capitalisation boursière de la société si ses titres sont admis à la négociation sur un marché d'instruments financiers d'un Etat partie à l'accord sur l'Espace économique européen dont le fonctionnement est assuré par une entreprise de marché ou un prestataire de services d'investissement ;

d. Pour les titres dont l'acquisition a été réalisée dans les conditions prévues au d du 2° du I de l'article 150-0 B ter susmentionné, les éléments permettant d'apprécier le respect de la condition de contrôle ou de la condition de détention d'une participation minimale de la société émettrice des titres.

3. Dans ce même délai de quatre mois, le fonds, la société ou l'organisme émetteur des parts ou actions souscrites communique à la société mentionnée au premier alinéa du a du 2 de l'article 41 quatervicies A, une attestation indiquant si, à l'expiration du délai de cinq ans mentionné au d du 2° du I de l'article 150-0 B ter susmentionné, la condition tenant au quota d'investissement de 75 % en titres éligibles prévue au même d est satisfaite et indiquant le pourcentage de l'actif de ce fonds, de cette société ou de cet organisme constitué par ces titres.

4. Une copie de l'attestation mentionnée au 3 est transmise par la société mentionnée au premier alinéa du a du 2 de l'article 41 quatervicies A au contribuable ayant réalisé l'apport des titres grevés d'une plus-value en report d'imposition ou, le cas échéant, au donataire desdits titres.

RM-VI-28095 s.

X quater. Report d'imposition de la plus-value constatée lors de la levée de l'option d'achat d'un immeuble acquis en crédit-bail et précédemment donné en sous-location

Art 41 novovicies **I.** Pour l'application du IV de l'article 93 quater du code général des impôts, la demande de report d'imposition de la plus-value doit être formulée par les nouveaux propriétaires ou, si le propriétaire des immeubles est une société mentionnée à l'article 8 du code général des impôts, par ceux des associés qui entendent bénéficier du report d'imposition de la plus-value imposable à leur nom.

II. Les nouveaux propriétaires ou, le cas échéant, les associés qui entendent bénéficier du report d'imposition doivent indiquer sur la déclaration prévue à l'article 97 du code général des impôts le montant de la plus-value dont le report est demandé. Ils joignent à cette déclaration :

a. Une note annexe dans laquelle sont indiqués le nom ou la raison sociale et l'adresse des parties à l'acte, le lieu de situation de l'immeuble, objet du transfert de propriété, la date du transfert ainsi que le montant de la plus-value dont le report d'imposition est demandé ;

b. Un extrait ou une copie de l'acte comportant la demande de report d'imposition de la plus-value.

III. Lorsque intervient un des événements mettant fin au report d'imposition de la plus-value, celle-ci doit être mentionnée sur la déclaration prévue à l'article 170 du code général des impôts, souscrite au titre de l'année au cours de laquelle intervient cet événement.

BIC-VII-81260

XI. Dispositions communes aux différentes catégories de revenus

1° Informations complémentaires à joindre aux déclarations des contribuables relevant de la Direction des grandes entreprises

Art 41-00 A Les personnes morales ou groupements de droit ou de fait, dont le chiffre d'affaires hors taxes ou le total de l'actif brut figurant au bilan est supérieur ou égal à 400 millions d'euros à la clôture de l'exercice sont tenues de joindre à la déclaration prévue aux articles 172, 172 bis ou 223 du code précité :

1° La liste des personnes ou groupements de personnes de droit ou de fait détenant au moins 10 % de leur capital, en précisant, pour chacune d'entre elles, le nombre de parts ou d'actions et le taux de détention ainsi que, pour les personnes morales, leur dénomination, adresse et, pour celles établies en France, leur numéro d'identification au répertoire national des établissements *(numéro Siret)* ou pour les personnes physiques leurs nom, prénoms, adresse, date et lieu de naissance ;

2° La liste des personnes morales ou groupements de personnes de droit ou de fait détenant à la clôture de l'exercice, indirectement, plus de la moitié de leur capital ou des droits de vote, ainsi que des personnes ou groupements qui, quel que soit le taux de détention, sont interposés dans la chaîne des participations, en indiquant leur dénomination, leur adresse, le taux de détention et, pour ceux établis en France, leur numéro d'identification au répertoire national des établissements *(numéro Siret)* ;

3° La liste des personnes morales ou groupements de personnes de droit ou de fait dont elles détiennent à la clôture de l'exercice, directement ou indirectement, plus de la moitié du capital ou des droits de vote, ainsi que des personnes ou groupements qui, quel que soit le taux de détention, sont interposés dans la chaîne des participations, en indiquant leur dénomination, leur adresse, le taux de détention et, pour ceux établis en France, leur numéro d'identification au répertoire national des établissements *(numéro Siret)* ;

4° *(Périmé).*

(Voir également l'article 344-0 A)

DC-IX-12100 s. ; MF n° 87425

2° Plus-values réalisées dans le cadre d'une activité agricole, artisanale, commerciale ou libérale

Art 41-0 A I. Pour l'application du III de l'article 151 septies du code général des impôts, les travaux agricoles et forestiers sont définis comme suit :

1° Travaux agricoles :

a. Labours, préparation et entretien des sols de cultures ;

b. Semis et plantations ;

c. Entretien et traitement des cultures et plantations ;

d. Récoltes ;

2° Travaux forestiers :

a. Préparation et entretien des sols ;

b. Plantations et replantations ;

c. Exploitation des bois : abattage, ébranchage, élagage, éhouppage, travaux précédant ou suivant normalement ces opérations, notamment débroussaillement et nettoyage des coupes ;

d. Lorsqu'ils sont effectués sur le parterre de la coupe, travaux de façonnage, de conditionnement du bois, de sciage et de carbonisation ;

e. Enlèvement jusqu'aux aires de chargement.

BIC-VII-22990 s.

II. 1° Constituent des matériels agricoles ou forestiers au sens du III de l'article 151 septies du même code, les biens d'équipement qui sont exclusivement affectés à la réalisation des travaux visés au I ;

2° Les entrepreneurs de travaux agricoles ou forestiers s'entendent de ceux qui effectuent à titre principal, pour le compte de tiers exploitants agricoles ou forestiers, les travaux énumérés au I. Cette activité doit procurer à l'entreprise plus de 50 % de ses recettes annuelles.

BIC-VII-23010

III. Le montant des recettes prises en compte pour l'application du III de l'article 151 septies précité s'entend du montant total des recettes de l'entreprise.

2° bis Indemnité compensatrice versée aux agents généraux d'assurances à l'occasion du départ à la retraite

Art 41-00 A bis I. Pour l'application de la taxe exceptionnelle prévue au 2 du V de l'article 151 septies A du code général des impôts, le tarif annexé au premier alinéa de l'article 719 du code précité s'applique sur le montant brut des indemnités compensatrices dues en cas de cessation de mandat par les compagnies d'assurances en vertu des statuts réglementant la profession d'agent général d'assurances approuvés dans les conditions prévues à l'article L 540-2 du code des assurances.

Lorsque l'indemnité compensatrice est versée sous forme de rente, le tarif mentionné au premier alinéa s'applique sur le capital représentatif de la rente.

II. Les crédits d'impôts et les prélèvements ou retenues non libératoires de l'impôt sur le revenu s'imputent sur la taxe exceptionnelle.

III. En vue de l'établissement de la taxe exceptionnelle, les agents généraux d'assurance indemnisés doivent au titre de l'année au cours de laquelle l'indemnité est acquise :

1° Indiquer le montant brut total des indemnités mentionnées au I sur la déclaration prévue à l'article 170 du code général des impôts ;

2° Joindre à la déclaration mentionnée à l'article 97 ou à l'article 170 du code général des impôts, déposée dans les conditions prévues à l'article 202 du même code :

a. Un état établi sur papier libre indiquant le montant brut des indemnités compensatrices mentionnées au I, les noms et adresses des compagnies d'assurances versantes, la date de conclusion du ou des mandats d'agents d'assurances indemnisés et la date de cessation desdits mandats ;

b. Le document mentionné au IV ou un engagement de le produire auprès du service des impôts dont dépend l'agent indemnisé lorsque ce document n'a pas pu être établi par la compagnie d'assurances au moment du dépôt de la déclaration prévue à l'article 97 ou à l'article 170 du code général des impôts ;

c. Le document attestant de la date d'entrée en jouissance des droits qu'a acquis l'agent indemnisé dans le régime de retraite de base auprès duquel il est affilié ou un engagement de le produire auprès du service des impôts dont il dépend lorsque ce document n'a pas pu être établi au moment du dépôt de la déclaration prévue à l'article 97 ou à l'article 170 du code général des impôts.

IV. Les compagnies d'assurances redevables de l'indemnité compensatrice établissent, sur papier libre, un document comportant les informations suivantes :

1° Nom et adresse du nouvel agent poursuivant l'activité de l'agent indemnisé ;

2° Lieu d'exercice de l'activité professionnelle par ce nouvel agent ;

3° Date de reprise de l'activité par le nouvel agent.

Ce document doit être fourni à l'agent général d'assurances indemnisé le mois qui suit la reprise de l'activité par le nouvel agent.

BNC-II-7660 s.

3° Plus-values réalisées à l'occasion d'apports en sociétés

Art 41-0 A bis I. L'état dont la production est prévue au sixième alinéa du II de l'article 151 octies du code général des impôts mentionne les éléments suivants :

a. Le nom de l'apporteur, son adresse au moment de la production de l'état et l'adresse du siège de la direction de l'entreprise à laquelle étaient affectés les éléments d'actif apportés ou du lieu de son principal établissement ;

b. Au moment de la production de l'état, la forme, la dénomination sociale, le numéro Siret, l'adresse du principal établissement ou du siège de la direction de la société bénéficiaire de l'apport et, si elle est différente, l'adresse de son siège social ;

c. La date de l'apport ;

d. Le nombre de titres reçus en rémunération de l'apport et leur valeur à cette date correspondant à la valeur des apports ;

e. Pour chaque élément non amortissable apporté, l'état mentionne les renseignements visés aux a, b et e du 1° du I de l'article 38 quindecies ainsi que le montant de la plus ou moins-value réalisée lors de l'apport et son régime fiscal à cette date ;

f. En cas de cession de tout ou partie des éléments non amortissables apportés, la nature du ou des biens cédés et la date de la cession par la société bénéficiaire de l'apport ;

g. En cas de cession à titre onéreux, de rachat ou d'annulation de tout ou partie des droits sociaux reçus en rémunération de l'apport, la nature et la date de l'opération ainsi que le nombre de titres concernés ;

h. En cas de transmission à titre gratuit, les nom et adresse du ou des bénéficiaires ;

i. En cas de transformation de la société bénéficiaire de l'apport, la date de l'opération, la forme nouvelle adoptée par la société.

II. Les dispositions du I s'appliquent au bénéficiaire de la transmission mentionné au premier alinéa du a du I de l'article 151 octies du code général des impôts qui prend l'engagement visé à ce même a.

BIC-XIX-50000

Art 41-0 A bis A **I.** L'état dont la production est prévue au V de l'article 151 octies B du code général des impôts mentionne les éléments suivants :

a. Le nom de l'apporteur, son adresse et l'adresse du siège de la direction de l'entreprise apporteuse ou du lieu de son principal établissement ;

b. La forme, la dénomination sociale, le numéro Siret, l'adresse du principal établissement ou du siège de la direction de la société bénéficiaire de l'apport et, si elle est différente, l'adresse de son siège social ;

c. La date de l'apport ;

d. Le nombre de titres apportés et leur prix de revient fiscal chez l'apporteur ;

e. La forme, la dénomination sociale, le numéro Siret, l'adresse du principal établissement ou du siège de la direction de la société dont les titres sont apportés ;

f. Le nombre de titres reçus en rémunération de l'apport et leur valeur à cette date correspondant à la valeur de l'apport ;

g. Le montant de la plus-value réalisée lors de l'apport et dont l'imposition est reportée ;

h. En cas de cession des titres apportés, le nombre de titres cédés et la date de cession par la société bénéficiaire de l'apport ;

i. En cas de cession à titre onéreux, de rachat ou d'annulation de tout ou partie des droits sociaux reçus en rémunération de l'apport, la nature et la date de l'opération ainsi que le nombre de titres concernés ;

j. En cas de transmission à titre gratuit par l'apporteur des droits sociaux reçus en rémunération de l'apport dans le cadre d'une opération visée à l'article 41 du code général des impôts, les nom et adresse du bénéficiaire lorsqu'il a pris l'engagement d'acquitter l'impôt sur la plus-value en report ;

k. En cas de fusion ou de scission de la société dont les droits ou parts ont été apportés ou de la société bénéficiaire de l'apport sans remise en cause du report, le nombre de titres reçus ainsi que la forme, la dénomination sociale, le numéro Siret, l'adresse du principal établissement ou du siège de la société ou des sociétés dont les titres ont été remis à l'échange ;

l. En cas de transformation de la société bénéficiaire de l'apport, la date de l'opération, la forme nouvelle adoptée par la société.

II. Les dispositions du I s'appliquent au bénéficiaire de la transmission mentionné au 2° du IV de l'article 151 octies B du code général des impôts qui prend l'engagement visé à ce même 2°.

BIC-VII-42500 s. ; MF n° 18425

Art 41-0 A bis B L'état dont la production est prévue par le cinquième alinéa de l'article 151 octies C du code général des impôts mentionne les éléments suivants :

a. L'adresse du siège de la direction ou du principal établissement de la société ou de l'organisme transformé, sa forme, sa dénomination sociale et le numéro d'identité qui lui a été attribué dans les conditions du premier alinéa de l'article R 123-221 du code de commerce ;

b. La liste des associés de la société ou de l'organisme transformé à la date de la transformation ;

c. La date de la transformation ;

d. L'adresse du principal établissement ou du siège de la direction de l'association d'avocats, sa dénomination et le numéro d'identité qui lui a été attribué dans les conditions du premier alinéa de l'article R 123-221 du code de commerce ;

e. La liste des associés et la proportion de leurs droits dans l'association, à la date de la transformation et au 31 décembre de l'année d'imposition ainsi que, le cas échéant, les événements ayant conduit à une variation de la proportion des droits dans l'association au cours de l'année d'imposition ;

f. Le nom de l'associé déclarant, son adresse, le nombre de parts qu'il détenait dans la société ou l'organisme transformé et la plus-value ou moins-value constatée lors de la transformation ;

g. Le montant, la nature et l'origine des plus-values dont le report d'imposition est maintenu au nom de l'associé déclarant lors de la transformation.

DC-V-22933

3° bis Plus-values réalisées sur des droits ou parts de sociétés de personnes dans lesquelles les contribuables exercent leur activité professionnelle

Art 41-0 A ter **I.** Pour l'application du II de l'article 151 nonies du code général des impôts, les deux états à joindre à leur déclaration de revenus par les bénéficiaires de la transmission et dont la production est prévue au 2 du II et au VI du même article sont établis conformément aux modèles fixés par l'administration. Ces états mentionnent la date de l'opération de transmission, les noms et adresses des bénéficiaires concernés, la dénomination sociale et l'adresse de la société dont les droits ou parts sont transmis, le nombre et le pourcentage des droits ou parts transmis ainsi que la nature des droits des bénéficiaires sur ces droits ou parts et les informations nécessaires pour le suivi des plus-values en report d'imposition.

L'état prévu au 2 du II de l'article 151 nonies précité mentionne en outre le montant des plus-values réalisées lors de la transmission et dont l'imposition est reportée.

L'état prévu au VI de l'article 151 nonies précité mentionne également les opérations réalisées ou les événements survenus au cours de l'année de nature à mettre fin au report d'imposition ou à le transmettre à un nouveau bénéficiaire, ainsi que le montant des plus-values demeurant en report d'imposition.

II. Pour l'application des III et IV de l'article 151 nonies du code général des impôts, l'état dont la production est prévue au VI du même article est établi conformément à un modèle fixé par l'administration. Cet état mentionne les nom et adresse du bénéficiaire du report d'imposition, la dénomination sociale et l'adresse de la société dont les droits ou parts sont détenus, le nombre de droits ou parts détenus, la nature de l'opération ou de l'événement ayant entraîné le report d'imposition, les opérations réalisées ou les événements survenus au cours de l'année de nature à mettre fin au report d'imposition ou à le transmettre à un nouveau bénéficiaire, ainsi que le montant des plus-values demeurant en report d'imposition et les informations nécessaires pour le suivi des plus-values en report d'imposition.

DC-V-12230 s., 12770 s., 13260

4° Versements à fonds perdus en faveur de la construction

Art 41 A Peuvent, quel que soit leur montant, être compris dans les charges déductibles pour l'établissement de l'impôt sur le revenu ou de l'impôt sur les sociétés, les versements à fonds perdus remplissant les conditions spécifiées à l'article 41 B, lorsqu'ils bénéficient à des organismes habilités à collecter les versements que font les employeurs en vue de satisfaire à l'obligation de participer à la construction instituée par l'article L 313-1 du code de la construction et de l'habitation *(Voir Code de la construction et de l'habitation, art. R 313-2 à R 313-45)* et qu'ils sont effectués par des entreprises industrielles et commerciales, par des contribuables exerçant une profession non commerciale et par des entreprises agricoles ayant opté pour le régime de l'imposition d'après le bénéfice réel.

BIC-IX-62800 s.

Art 41 B Les versements à fonds perdus visés à l'article 41 A doivent remplir les conditions suivantes :

1° a. Lorsqu'ils sont effectués par des employeurs assujettis à la participation à l'effort de construction, les versements doivent être considérés comme des investissements valables au regard de la réglementation de la participation des employeurs à l'effort de construction ;

b. Lorsqu'ils sont effectués par d'autres employeurs, ils doivent être destinés à permettre la construction d'habitations qui doivent respecter les caractéristiques et les prix fixés pour l'octroi des primes à la construction ;

2° L'entreprise versante doit perdre complètement et définitivement tout droit sur les sommes versées ;

3° Les dirigeants de l'entreprise versante au sens du 3 de l'article 39 et 211 bis du code général des impôts et le chef d'entreprise, s'il s'agit d'un exploitant individuel, ainsi que leurs conjoints et leurs enfants non émancipés ne doivent retirer aucun avantage de ces versements ;

4° *(Abrogé).*

BIC-IX-62800 s.

Art 41 D Les sociétés qui ne sont pas, par elles-mêmes, passibles de l'impôt sur les sociétés ne sont pas comprises dans la liste des sociétés et organismes prévue à l'article 39 quinquies du code général des impôts.

BIC-IX-62800 s.

5° Obligations des gestionnaires de fonds salariaux

Art 41 DA Les gestionnaires désignés par la convention ou l'accord agréé créant le fonds salarial doivent déclarer annuellement, pour chaque salarié, la nature et la valeur des opérations inscrites au compte ouvert à son nom dans le fonds, en distinguant :

1° *(Disposition devenue sans objet : loi n° 96-1181 du 30 décembre 1996 art. 90)* ;

2° Les retraits opérés par le salarié, au cours de l'année, ventilés selon l'origine des sommes déposées ;

3° Les produits servis aux salariés au cours de l'année.

Ces renseignements sont mentionnés sur la déclaration prévue au 1 de l'article 242 ter du code général des impôts *(Les conditions et délais dans lesquels cette déclaration doit être faite sont définis aux articles 49 D à 49 I).*

TS-VII-89430 s.

6° bis Taux minimal d'investissement dans certaines structures de capital-risque

Art 41 DGA I. Le taux applicable à titre dérogatoire, mentionné au dernier alinéa du b du 2° du 8 du II de l'article 150-0 A du code général des impôts et au dernier alinéa du b du 2° du 1 du II de l'article 163 quinquies C du même code, est fixé à 0,25 % du montant total des souscriptions dans le fonds commun de placement à risques, le fonds professionnel spécialisé relevant de l'article L 214-37 du code monétaire et financier dans sa rédaction antérieure à l'ordonnance n° 2013-676 du 25 juillet 2013 modifiant le cadre juridique de la gestion d'actifs, le fonds professionnel de capital investissement, la société de capital-risque ou l'entité mentionnée au dernier alinéa du 8 du II de l'article 150-0 A précité, lorsque l'objet principal du fonds, de la société ou de l'entité est d'investir, directement ou indirectement par l'intermédiaire d'autres fonds, sociétés ou entités :

1° Dans des sociétés innovantes qui satisfont à la condition prévue au 1° ou au 2° du I de l'article L 214-30 du code monétaire et financier, dont les titres ne sont admis aux négociations ni sur un marché réglementé d'instruments financiers français ou étranger, ni sur un marché non réglementé d'instruments financiers d'un Etat qui n'est pas partie à l'accord sur l'Espace économique européen ;

2° Dans des petites ou moyennes entreprises au sens de l'annexe I au règlement (CE) n° 800/2008 de la Commission du 6 août 2008 déclarant certaines catégories d'aides compatibles avec le marché commun en application des articles 87 et 88 du traité (règlement général d'exemption par catégorie), dont les titres ne sont admis aux négociations ni sur un marché réglementé d'instruments financiers français ou étranger, ni sur un marché non réglementé d'instruments financiers d'un Etat qui n'est pas partie à l'accord sur l'Espace économique européen. Pour apprécier la composition du capital des petites et moyennes entreprises, il n'est pas tenu compte des participations des sociétés de capital-risque, des fonds communs de placement à risques, des fonds professionnel spécialisé relevant de l'article L 214-37 du code monétaire et financier dans sa rédaction antérieure à l'ordonnance n° 2013-676 du 25 juillet 2013 modifiant le cadre juridique de la gestion d'actifs, des fonds professionnels de capital investissement, des sociétés de développement régional, des sociétés financières d'innovation et des sociétés unipersonnelles d'investissement à risque ou des structures équivalentes établies dans un autre Etat membre de la Communauté européenne ou dans un Etat ou territoire ayant conclu avec la France une convention fiscale qui contient une clause d'assistance administrative en vue de lutter contre la fraude ou l'évasion fiscale.

Le taux d'investissement de 0,25 % mentionné au premier alinéa du I s'applique également au montant total des souscriptions dans un fonds commun de placement dans l'innovation mentionné à l'article L 214-30 du code monétaire et financier et dans un fonds d'investissement de proximité mentionné à l'article L 214-31 du même code.

Toutefois, le taux d'investissement de 0,25 % ne s'applique pas lorsque les parts, actions ou droits du fonds, de la société ou de l'entité donnant lieu à des droits différents sur leur actif net ou leurs produits et attribués en fonction de la qualité de la personne donnent droit à un pourcentage supérieur à 20 % des plus-values et produits réalisés par le fonds, la société ou l'entité au-delà des souscriptions reçues.

II. Lorsque les parts, actions ou droits du fonds, de la société ou de l'entité donnant lieu à des droits différents sur leur actif net ou leurs produits et attribués en fonction de la qualité de la personne donnent droit à un pourcentage inférieur à 20 % des plus-values et produits réalisés par le fonds, la société ou l'entité au-delà des souscriptions reçues, les taux d'investissement prévus aux deuxième et troisième alinéas du b du 2° du 8 du II de l'article 150-0 A du code général des impôts et aux deuxième et troisième alinéas du b du 2° du 1 du II de l'article 163 quinquies C du même code, ainsi que le taux de 0,25 % prévu au I, sont diminués dans la proportion existant entre le pourcentage auquel donnent droit ces parts, actions ou droits et le pourcentage de 20 %.

III. Le ministre chargé de l'économie peut autoriser l'application d'un taux inférieur à celui de 1 % prévu au deuxième alinéa du b du 2° du 8 du II de l'article 150-0 A du code général des impôts et au deuxième alinéa du b du 2° du 1 du II de l'article 163 quinquies C du même code lorsque l'objet principal du fonds commun de placement à risques, du fonds professionnel spécialisé relevant de l'article L 214-37 du code monétaire et financier dans sa rédaction antérieure à l'ordonnance n° 2013-676 du 25 juillet 2013 modifiant le cadre juridique de la gestion d'actifs, du fonds professionnel de capital investissement, de la société de capital-risque ou de l'entité mentionnée au dernier alinéa du 8 du II de l'article 150-0 A précité est d'investir dans des conditions particulières au regard des pratiques courantes de marché, compte tenu des types d'investissement pratiqués et du niveau de risque qui en résulte.

Cette autorisation fixe le taux d'investissement applicable au fonds, à la société ou à l'entité, qui ne peut être inférieur à 0,5 %, ainsi que les conditions d'application de la dérogation accordée.

IV. Les demandes de dérogation au taux d'investissement de 1 % prévu au deuxième alinéa du b du 2° du 8 du II de l'article 150-0 A du code général des impôts et au deuxième alinéa du b du 2° du 1 du II de l'article 163 quinquies C du même code, présentées auprès du directeur de la législation fiscale, sont instruites au vu des éléments transmis par le fonds, la société ou l'entité et relatifs à son orientation de gestion et à sa stratégie d'investissement.

La décision de dérogation se prononce sur le taux d'investissement retenu pour le fonds, la société ou l'entité concerné, sur la durée de la dérogation accordée et sur les modalités de sa mise en œuvre.

RM-VII-5380 s.

8° Option pour le versement forfaitaire libératoire de l'impôt sur le revenu

Art 41 DG ter I. L'option pour le versement forfaitaire libératoire prévue au I de l'article 151-0 du code général des impôts est exercée selon les modalités prévues à l'article R 613-7 du code de la sécurité sociale.

II. La déclaration de chiffre d'affaires ou de recettes ainsi que le versement de l'impôt dû s'effectuent selon les règles fixées aux articles R 613-8 à R 613-13 du code de la sécurité sociale.

III. En cas de cessation d'activité, d'abandon ou de perte du régime mentionné au IV de l'article 151-0 du code général des impôts, le contribuable est soumis aux obligations prévues à l'article R 613-14 du code de la sécurité sociale.

IV. En cas de non-paiement des sommes dues ou de paiement partiel de ces dernières aux dates mentionnées à l'article R 613-8 du code de la sécurité sociale, leur recouvrement s'effectue selon les dispositions mentionnées aux articles R 243-18 et R 243-19 à R 243-21 du même code.

RIE-I-12940 s.

SECTION II

Revenu global

0I. Déduction de certaines cotisations sociales et primes d'assurance groupe

Art 41 DN bis Le bénéfice imposable retenu pour la détermination des limites de déduction des cotisations ou primes mentionnées au II de l'article 154 bis et au I de l'article 154 bis-0 A du code général des impôts s'entend du bénéfice imposable avant déduction de ces mêmes cotisations ou primes.

DC-VIII-17730

Art 41 DN ter Les organismes auprès desquels sont versées au titre du risque vieillesse des cotisations ou primes mentionnées au deuxième alinéa du I de l'article 154 bis du code général des impôts ou au I de l'article 154 bis-0 A du même code délivrent aux cotisants, avant le 1er mars de chaque année, une attestation mentionnant le montant des cotisations ou primes versées au cours de l'année civile précédente ou au cours du dernier exercice clos. Un double de cette attestation est produit dans le même délai à l'administration fiscale.

DC-VIII-41560 s., 44100 ; RM-VIII-4320

0I bis. Rehaussement jusqu'à 21 400 euros du déficit foncier imputable sur le revenu global à concurrence des dépenses déductibles de travaux de rénovation énergétique

Art 41 DO La limite d'imputation sur le revenu global des déficits fonciers est rehaussée en application du quatrième alinéa du 3° du I de l'article 156 du code général des impôts sous réserve du respect des conditions suivantes :

1. Les dépenses déductibles de travaux de rénovation énergétique, pour l'application de ces dispositions, sont celles qui, au jour de l'acceptation d'un devis accompagné du versement d'un acompte ou, à défaut, à celui de leur paiement, sont énumérées à l'article D 319-17 du code de la construction et de l'habitation et qui sont afférentes aux travaux et audits justifiant du respect des dispositions définies à l'article D 319-16 du même code, y compris les dépenses éligibles à la prime de transition énergétique mentionnée au 1° ter du I de ce dernier article, et à l'exclusion, d'une part, des travaux mentionnés au 3° de ce I et, d'autre part, des travaux de pose d'une chaudière à très haute performance énergétique réalisés en application du d du 1° du même I ;

2. Le déficit foncier à raison duquel le contribuable demande le rehaussement de la limite d'imputation sur son revenu global est mentionné sur la déclaration de revenus de l'année au titre de laquelle ce déficit est constaté ;

3. Le contribuable fournit à la demande de l'administration, outre les devis et factures justifiant du respect des dispositions définies à l'article D 319-16 du code de la construction et de l'habitation, un diagnostic de performance énergétique au sens de l'article L 126-26 du code de la construction et de l'habitation établissant que le bien objet des dépenses mentionnées au 1 respecte un niveau de performance énergétique au sens de l'article L 173-1-1 du même code correspondant aux classes :

E, F ou G, en cours de validité à une date comprise entre le 1er janvier 2023 et la veille de la réalisation des travaux et audits mentionnés au 1 ;

A, B, C ou D, en cours de validité à l'issue des travaux et audits mentionnés au 1 et réalisés au plus tard le 31 décembre 2025.

Ndlr *Les dispositions du présent article s'appliquent au titre des dépenses de rénovation énergétique pour lesquelles le contribuable justifie de l'acceptation d'un devis intervenue à compter du 5 novembre 2022 et qui sont payées entre le 1er janvier 2023 et le 31 décembre 2025.*

I. Monuments historiques. Charges déductibles

Art 41 E Dans la mesure où elles ne sont pas déduites des revenus visés au deuxième alinéa de l'article 29 du code général des impôts, les charges foncières afférentes aux immeubles classés ou inscrits au titre des monuments historiques et dont le propriétaire se réserve la jouissance peuvent être admises en déduction du revenu global servant de base à l'impôt sur le revenu dans les conditions et limites définies aux articles 41 F à 41 I.

FONC-II-6000 s. ; MF nº 28380

Art 41 F I. Les charges visées à l'article 41 E comprennent tout ou partie des dépenses de réparation et d'entretien ainsi que des autres charges foncières énumérées aux a à e du 1° et au a du 2° du I de l'article 31 du code général des impôts.

Ces charges sont déductibles pour leur montant total si le public est admis à visiter l'immeuble et pour 50 % de leur montant dans le cas contraire.

II. Toutefois, les participations aux travaux de réparation ou d'entretien exécutés ou subventionnés par l'administration des affaires culturelles sont déductibles pour leur montant total.

FONC-II-6270, 6550 s. ; MF nº 28380

Art 41 G Lorsque les travaux de réparation ou d'entretien donnent lieu à l'attribution de subventions, les dépenses correspondantes ne sont prises en compte, chaque année, que dans la mesure où elles doivent rester définitivement à la charge du propriétaire après déduction de la quote-part y afférente des subventions, quelle que soit la date de versement de celles-ci.

FONC-II-6550 s. ; MF nº 28380

Art 41 I Pour l'application de l'article 41 F, un arrêté détermine les conditions auxquelles il doit être satisfait pour que l'immeuble soit considéré comme ouvert au public *(Voir Annexe IV, art. 17 ter à 17 quinquies).*

FONC-II-2380 s., 5580 s., 7950 s. ; MF nº 28380

Art 41 I bis I. A. Pour les immeubles qui, bien que non classés ou inscrits au titre des monuments historiques, font partie du patrimoine national à raison du label délivré par la « Fondation du patrimoine », les charges déductibles afférentes à ces immeubles sont exclusivement celles qui correspondent aux travaux de réparation et d'entretien.

Pour les immeubles bâtis, seuls les travaux de cette nature afférents aux murs, aux façades et aux toitures ouvrent droit à déduction.

Pour les immeubles bâtis non habitables, les travaux intérieurs de cette nature reconnus comme indissociables de l'intérêt historique, artistique ou culturel que présente le bien par l'unité départementale de l'architecture et du patrimoine territorialement compétente ouvrent également droit à déduction.

Pour les immeubles non bâtis, seuls les travaux de réparation et d'entretien pérenne et qui ne nécessitent pas de renouvellement pendant la durée de validité du label ouvrent droit à déduction.

B. Pour les immeubles mentionnés au A, les travaux de destruction, de reconstruction, de restauration et de remise en état qui ont pour objet de restaurer l'immeuble dans sa situation d'origine ouvrent également droit à déduction lorsqu'ils sont prescrits par l'unité départementale de l'architecture et du patrimoine.

II. Pour l'application de l'engagement prévu au sixième alinéa de l'article L 143-2 du code du patrimoine, l'immeuble est rendu accessible au public lorsqu'il satisfait, pour chaque année courant pendant la durée de validité du label, les conditions déterminées par l'arrêté prévu par l'article 41 I.

Pour les immeubles mentionnés au troisième ou quatrième alinéa du A du I, l'engagement est satisfait à condition que les travaux dont ils ont fait l'objet soient eux-mêmes visibles ou accessibles au public dans les conditions prévues à l'alinéa précédent.

III. La déduction des charges est limitée à 50 % de leur montant. Cette déduction est toutefois portée à 100 % lorsque les travaux sont subventionnés par la « Fondation du patrimoine » à hauteur de 20 % au moins de leur montant. Ces pourcentages de déduction s'appliquent à la seule fraction des travaux non couverte par une subvention.

FONC-II-6930 s. ; MF nº 28380

Art 41 J Pour bénéficier de la déduction des charges énumérées aux articles 41 F et 41 I bis, les propriétaires d'immeubles classés, inscrits au titre des monuments historiques ou bénéficiant du label délivré par la « Fondation du patrimoine » mentionné à l'article 41 I bis sont tenus de joindre à la déclaration annuelle de leurs revenus une note indiquant :

Le détail des sommes dont la déduction est demandée ;

La date du décret, de l'arrêté ou de la décision qui a classé ou inscrit l'immeuble ou certaines parties de l'immeuble au titre des monuments historiques.

Pour les monuments classés, elle est accompagnée d'une attestation de l'administration des affaires culturelles certifiant que les travaux exécutés ont effectivement le caractère de travaux d'entretien et de réparation et indiquant d'une part, le montant du devis correspondant établi par l'architecte en chef des monuments historiques et, d'autre part, le cas échéant, le taux de la subvention accordée.

Pour les immeubles ayant reçu le label délivré par la « Fondation du patrimoine », elle est accompagnée d'une copie de la décision d'octroi de ce label.

FONC-II-7750 s. ; MF nº 28380

0II bis. Gains de cession de titres acquis en exercice de bons de souscriptions de parts de créateur d'entreprise

Art 41 V bis **1º** La société mentionnée au 2º délivre un état individuel aux bénéficiaires des bons de souscription de parts de créateur d'entreprise mentionnés à l'article 163 bis G du code général des impôts, au plus tard le 1er mars de l'année de dépôt de leur déclaration de revenus souscrite au titre de l'année d'exercice des bons. Les bénéficiaires doivent le conserver jusqu'à l'expiration du délai de reprise et le présenter à la demande de l'administration fiscale.

Cet état mentionne :

a. L'objet pour lequel il est établi : application de l'article 163 bis G du code général des impôts ;

b. La raison sociale et le siège social de la société émettrice des titres ;

c. L'identité et l'adresse du bénéficiaire ;

d. Les date, nombre et prix d'acquisition des titres ;

e. La fraction du gain constaté lors de l'exercice des bons de source française ;

f. A la date d'exercice des bons, la date depuis laquelle le bénéficiaire exerce son activité dans la société ou, s'il n'y exerce plus son activité, la date de son départ et son ancienneté dans la société à cette date.

La société atteste, en outre, sur cet état que les bons ont été émis et attribués conformément aux dispositions de l'article 163 bis G précité et, en particulier, qu'à la date de leur émission elle remplissait l'ensemble des conditions prévues à cet article.

2º La société émettrice des bons dans laquelle le titulaire des bons exerce son activité transmet à l'administration fiscale, dans la déclaration prévue à l'article 87 du code général des impôts, les informations mentionnées au k du 2º de l'article 39.

Lorsque le titulaire exerce son activité dans une entreprise différente de la société ou de l'entreprise mentionnée à l'alinéa précédent au moment de l'exercice des bons, cette information est transmise, selon les mêmes modalités, par l'entreprise dans laquelle il exerce son activité lorsqu'elle dispose des informations nécessaires.

Dans les autres cas, la société émettrice adresse au service des impôts dont elle relève, au plus tard le 1er mars de l'année qui suit celle de l'exercice des bons, un duplicata de l'état individuel mentionné au 1º.

3º Lorsque les titres issus de l'exercice des bons sont inscrits sur un compte titres qui n'est pas tenu par l'entreprise ou la société mentionnée au 2º, celle-ci communique, soit au plus tard le 1er mars de l'année qui suit celle de l'exercice des bons, soit lors de la cession des titres lorsqu'elle intervient avant cette date, une copie de l'état prévu au 1º à l'établissement chargé de la tenue du compte titres qui est redevable de la retenue à la source prévue à l'article 182 A ter du code général des impôts.

En cas de transfert des titres sur un autre compte, l'établissement mentionné à l'alinéa précédent transmet une copie du duplicata au nouveau redevable de la retenue à la source.

TS-VII-86700 s.

II bis. Fonds communs de placement à risques

Art 41 W L'engagement prévu au I de l'article 163 quinquies B du code général des impôts est constaté par un acte établi à l'occasion de chaque souscription.

Il précise le nombre de parts, leur catégorie, la date et le montant total de la souscription réalisée.

RM-VII-4200 s.

Art 41 X Le gérant d'un fonds commun de placement à risques ou d'un fonds professionnel de capital investissement, ou le dépositaire des actifs de ce fonds agissant pour le compte du gérant adresse avant le 16 février de chaque année, à la direction départementale ou, le cas échéant, régionale des finances publiques désignée à l'article 41 duovicies G :

a. Une copie de l'engagement prévu au I de l'article 163 quinquies B du code général des impôts ;

b. Un état individuel mentionnant la date, le nombre, la catégorie et le montant des parts cédées ou rachetées.

Les documents relatifs aux opérations réalisées dans le cadre du fonds doivent être conservés jusqu'à la fin de la sixième année suivant celle de l'expiration de l'engagement.

RM-VII-4200 s.

Art 41 Y En cas de rupture de l'engagement prévu au I de l'article 163 quinquies B du code général des impôts, le gérant ou le dépositaire des actifs du fonds doit mentionner :

1° Sur le relevé prévu à l'article 41 sexdecies F le montant global des sommes ou valeurs auxquelles donnent droit les parts initialement souscrites et qui ont bénéficié de l'exonération instituée par le I de l'article 163 quinquies B susvisé ;

2° Sur le relevé prévu à l'article 41 duovicies G les renseignements visés audit article concernant les rachats ou cessions de parts.

RM-VII-4200 s.

II sexies. Epargne retraite

Art 41 ZZ bis Pour l'application des dispositions du a du 2 du I de l'article 163 quatervicies du code général des impôts, le plafond mentionné à l'article L 241-3 du code de la sécurité sociale *(Pour Mayotte, la référence au plafond mentionné à l'article L 241-3 du code de la sécurité sociale est remplacée par la référence au plafond mentionné à l'article 28-1 de l'ordonnance 96-1122 du 20 décembre 1996 : ordonnance 2013-837 du 19 septembre 2013 art. 35-III al. 2)* est celui de l'année civile précédant celle du versement des cotisations ou primes mentionnées au 1 du I de l'article 163 quatervicies précité.

DC-VIII-40720

Art 41 ZZ ter Pour l'application des dispositions du 2 du I de l'article 163 quatervicies du code général des impôts, les cotisations ou primes versées au cours d'une année s'imputent en priorité sur le plafond de déduction déterminé au titre de la même année conformément au a du 2 du I de l'article précité, puis, le cas échéant, sur les soldes non utilisés des plafonds de déduction des trois années précédentes définis au b du 2 du I du même article, en commençant par le plus ancien.

DC-VIII-41270 ; MF n° 1385

Art 41 ZZ quater Les organismes gestionnaires des plans, contrats ou régimes mentionnés au 1 du I de l'article 163 quatervicies du code général des impôts délivrent aux cotisants, avant le 1er mars de chaque année, une attestation indiquant le montant des cotisations ou primes versées au cours de l'année civile écoulée ouvrant droit à déduction du revenu global. Pour les régimes de retraite complémentaire mentionnés au c du 1 du I de l'article 163 quatervicies précité, cette attestation fait apparaître distinctement, le cas échéant, le montant des cotisations ou primes correspondant aux rachats mentionnés au c du 2 du I du même article.

Un double de l'attestation mentionnée au premier alinéa est produit dans le même délai à l'administration fiscale.

DC-VIII-41540 s. ; DC-VIII-44480

Art 41 ZZ quinquies Les organismes gestionnaires des plans d'épargne retraite mentionnés à l'article L 224-1 du code monétaire et financier déclarent à l'administration fiscale le montant des versements effectués sur ces plans par chacun de leurs souscripteurs au cours de l'année civile précédente ou au cours du dernier exercice clos et qui sont susceptibles d'être déduits dans les conditions mentionnées au d du 1 du I de l'article 163 quatervicies, au troisième alinéa du I de l'article 154 bis ou au deuxième alinéa du I de l'article 154 bis-0 A du code général des impôts.

Ces renseignements parviennent à l'administration fiscale avant le 16 février de chaque année pour les versements réalisés l'année précédente.

Ils figurent sur la déclaration prévue au 1 de l'article 242 ter du code général des impôts.

RM-VIII-2220 ; MF n° 96600 précision f

III. Présentation et contenu des déclarations

Art 42 La déclaration prévue au 1 de l'article 170 du code général des impôts est rédigée sur des imprimés établis par l'administration conformément aux modèles arrêtés par le ministre de l'économie et des finances.

IRPP-V-3405 s. ; MF n° 3680

La déclaration comporte notamment l'indication du montant, détaillé par nature de revenu et déterminé selon les modalités propres à chacun d'eux, des éléments qui composent le revenu brut global du contribuable.

IRPP-V-2000 s.

Les contribuables doivent également déclarer, séparément, les revenus mentionnés au troisième alinéa du 1 de l'article 49 F.

IRPP-V-2030

La déclaration mentionne séparément le montant des revenus, de quelque nature qu'ils soient, encaissés directement ou indirectement à Saint-Pierre-et-Miquelon, en Nouvelle-Calédonie, en Polynésie française, dans les îles Wallis-et-Futuna et dans les Terres australes et antarctiques françaises et à l'étranger.

IRPP-V-2060 s.

Art 43 Les déclarants doivent fournir toutes indications nécessaires au sujet de leur situation et de leurs charges de famille.

IRPP-V-1930 s.

Ils doivent également, pour avoir droit au bénéfice des déductions ou des réductions d'impôt prévues aux articles 156 et 199 septies du code général des impôts, produire l'état des charges à retenir pour déterminer le revenu imposable ou le montant des réductions d'impôt.

IRPP-V-2190

Cet état précise, au sujet des dettes contractées et des rentes payées à titre obligatoire et gratuit, le nom et le domicile du créancier, la date du titre constatant la créance et la nature de ce titre comportant, s'il y a lieu, l'indication du nom et de la résidence de l'officier public qui a dressé l'acte ou de la juridiction dont émane le jugement, enfin le chiffre des intérêts ou arrérages annuels.

En ce qui concerne les intérêts des dettes contractées pour la conservation, l'acquisition, la construction, la réparation ou l'amélioration des propriétés et dont la déduction est demandée pour la détermination des revenus nets des propriétés foncières bâties et non bâties, le déclarant doit fournir les mêmes renseignements que ceux qui sont prévus au troisième alinéa.

FONC-VI-6390

Art 43 bis **I. 1°** Chacun des époux ou partenaire lié par un pacte civil de solidarité exerce l'option mentionnée au deuxième alinéa du 5 de l'article 6 du code général des impôts, sur la déclaration d'ensemble de ses revenus, prévue au 1 de l'article 170 du même code.

Il mentionne sur sa déclaration l'identité de son époux, épouse ou partenaire ;

2° Si l'option n'est pas exercée par chacun des époux ou partenaires dans les conditions mentionnées au 1° et dans les délais prévus au premier alinéa de l'article 175 du code général des impôts, les époux ou partenaires sont soumis à l'imposition commune dans les conditions de droit commun.

II. 1° En cas d'imposition distincte, constituent des revenus personnels les traitements, salaires, les pensions et rentes viagères, les rémunérations allouées aux gérants et associés de certaines sociétés, les bénéfices non commerciaux, les bénéfices industriels et commerciaux et les bénéfices agricoles ;

2° Les autres revenus ou profits dont le couple a disposé au cours de l'année du mariage, de la séparation, du divorce, de la conclusion ou de la dissolution du pacte civil de solidarité sont réputés constituer des revenus communs.

III. 1° Pour justifier de la répartition de la quote-part des revenus communs mentionnée au deuxième alinéa du 5 et au premier alinéa du 6 de l'article 6 du code général des impôts, le contribuable doit démontrer la propriété exclusive ou la répartition réelle des revenus et profits par tout document de nature à établir l'origine de propriété des biens ou sommes concernés ;

2° Sont considérés comme tels :

a. L'acte authentique mentionnant l'origine de propriété et, selon les cas, la répartition dans l'indivision ou le démembrement ;

b. Tout justificatif établi par les établissements payeurs, les prestataires de services d'investissement, les établissements de crédit ou organismes habilités à détenir et à négocier des valeurs mobilières pour le compte de particuliers au nom du ou des bénéficiaires des revenus ou produits attestant du montant de ces revenus ou produits ainsi que de leur date de mise à disposition ;

c. Tout justificatif attestant de l'origine de propriété des droits sociaux ou valeurs mobilières ainsi que de la date de réalisation et du montant des gains correspondants en cas de cession de ces droits sociaux ou valeurs mobilières pendant l'année d'imposition.

Les contribuables produisent à l'administration fiscale, sur sa demande, ces documents.

IRPP-I-8040 s., 8120, 8140 s.

Art 45 Les déclarations dûment signées sont remises ou adressées par les contribuables au service des impôts du lieu de leur résidence ou de leur principal établissement dans le délai prévu à l'article 175 du code général des impôts.

Il en est délivré récépissé.

IRPP-V-3500 s., 3540 s.

Les personnes physiques qui résident habituellement dans la Principauté de Monaco et sont fiscalement domiciliées en France sont tenues de déposer les déclarations auprès du service désigné par le ministre chargé du budget *(Voir Annexe IV, art. 121 Z quinquies).*

DC-VI-1680

Art 46 Le ministre de l'économie et des finances peut décider par arrêté que les déclarations visées aux articles 42 à 45 et les déclarations spéciales prévues par les articles 53 A et 97 du code général des impôts doivent être fournies en plusieurs exemplaires.

IRPP-V-3530

Art 46-0 A L'administration fiscale ne met pas à la disposition du contribuable le document prévu au premier alinéa de l'article 171 du code général des impôts lorsque ce dernier se trouve dans au moins l'une des situations suivantes :

1° L'impôt sur le revenu de l'année précédente n'a pas été établi ;

2° L'impôt sur le revenu de l'année précédente a été établi en intégrant l'un des revenus suivants :

a. Bénéfices industriels et commerciaux, bénéfices agricoles, bénéfices non commerciaux ;

b. Revenus fonciers ;

c. Rentes viagères à titre onéreux ;

d. Revenus mentionnés à l'article 62 du code précité ;

e. Revenus mentionnés aux 1 bis, 1 ter ou 1 quater de l'article 93 du code précité, lorsqu'ils ont été imposés suivant les règles prévues en matière de traitements et salaires ;

f. Revenus ayant bénéficié des dispositions de l'article 80 sexies du code précité ou de la deuxième phrase du premier alinéa du 1° de l'article 81 du code précité ;

g. Revenus de source étrangère ;

h. pensions alimentaires ;

3° Le contribuable a déclaré, au titre de l'année précédente, un changement d'adresse, l'un des changements de situation mentionnés aux 1° à 3° du 1 de l'article 204 I du code précité, ou un montant d'acompte selon les modalités prévues à l'article 204 K du code précité pour un revenu mentionné au 2° du présent article, ou a déclaré, au titre de l'avant-dernière année, des revenus soumis au versement libératoire prévu à l'article 151-0 du code précité ;

4° Le contribuable a, au cours de l'avant-dernière année, ouvert, détenu, utilisé ou clos un compte, un contrat ou un placement mentionnés aux articles 1649 A et 1649 AA du code précité ;

5° Le contribuable a été passible au titre de l'année précédente de l'impôt sur la fortune immobilière ;

6° Le contribuable était, au 31 décembre de l'avant-dernière année, fiscalement domicilié hors de France, résident de la principauté de Monaco, du département de Mayotte ou des collectivités de Saint-Martin ou Saint-Barthélemy, ou relevait du 2 de l'article 4 B du code précité ;

7° Le contribuable a perçu des produits de contrats et bons de capitalisation et produits d'assurance-vie de plus de huit ans afférents à des versements effectués à compter du 27 septembre 2017, ou a effectué des versements sur un plan d'épargne retraite individuel mentionné à l'article L 224-28 du code monétaire et financier ;

8° Les éléments détenus par l'administration fiscale lors de la mise à disposition du document visé au premier alinéa du présent article ne permettent pas d'identifier correctement le contribuable ou les membres de son foyer fiscal.

IRPP-V-3010 s. ; MF n° 3672

SECTION III

Calcul de l'impôt

2° Réduction d'impôt pour certains investissements dans des résidences de tourisme

Art 46 AGD I. Pour l'application du cinquième alinéa de l'article 199 decies E du code général des impôts, les contribuables sont tenus de joindre à leur déclaration de revenus de l'année au titre de laquelle le bénéfice de la réduction d'impôt est demandé :

1° Une note annexe, établie conformément à un modèle fixé par l'administration, qui comporte les éléments suivants :

a. L'identité et l'adresse du contribuable ;

b. L'adresse du logement concerné ;

c. Le prix d'acquisition du logement ;

d. La date d'achèvement du logement ou de son acquisition si elle est postérieure ;

e. L'engagement de louer le logement nu, pendant une durée d'au moins neuf ans, à l'exploitant de la résidence de tourisme ;

2° Une copie du bail conclu avec l'exploitant de la résidence de tourisme mentionnant la date d'effet de la location ainsi que, lorsqu'il y a lieu, la durée totale, par année civile, des périodes d'occupation du logement que le propriétaire se réserve ;

3° Le cas échéant, une copie de l'engagement pris par l'exploitant de la résidence de tourisme de réserver une proportion significative de son parc immobilier pour le logement des saisonniers, proportion au moins équivalente au nombre de salariés de la résidence.

II. En cas de changement d'exploitant de la résidence au cours de la période couverte par l'engagement mentionné au I, le contribuable joint à sa déclaration des revenus de l'année au cours de laquelle le changement est intervenu une copie du bail conclu avec le nouvel exploitant comportant les mentions définies au 2° du I.

III. Pour l'application du septième alinéa de l'article 199 decies E du code général des impôts, le conjoint survivant joint à la déclaration de revenus qu'il souscrit au titre de l'année du décès pour la période postérieure à cet événement une note établie conformément à un modèle fixé par l'administration qui comporte l'engagement de louer le logement nu à l'exploitant de la résidence de tourisme pour la fraction de la période de neuf ans couverte par l'engagement de location initial et restant à courir à la date du décès.

En cas de changement d'exploitant de la résidence, les dispositions du II sont applicables.

IRPP-IV-22620 s.

Art 46 AGE I. Lorsque le logement appartient à une société non soumise à l'impôt sur les sociétés, les obligations fixées à l'article 46 AGD incombent à cette société. L'engagement prévu par cet article est joint par la société à sa déclaration du résultat de l'année d'achèvement du logement ou de son acquisition si elle est postérieure.

II. La société doit, avant le 16 février de chaque année, faire parvenir à ses associés, un document établi en double exemplaire conformément à un modèle fixé par l'administration et comportant, pour l'année précédente, les renseignements suivants :

a. L'identité et l'adresse de l'associé ;

b. Le nombre et les numéros des parts détenues au 1er janvier et au 31 décembre et, le cas échéant, des parts souscrites, acquises et transmises au cours de l'année ainsi que la date de ces opérations ;

c. L'attestation que l'acquisition de l'immeuble et les conditions de sa location satisfont aux conditions d'application de la réduction d'impôt. Cette attestation précise que la société s'engage à louer l'immeuble nu pendant une durée d'au moins neuf ans à l'exploitant de la résidence de tourisme ;

d. Le montant de la fraction du prix d'acquisition du logement correspondant aux droits de l'associé.

Un exemplaire de ce document est joint par la société à sa déclaration de résultat.

IRPP-IV-22730, 22740

Art 46 AGF I. Pour le bénéfice de la réduction d'impôt mentionnée à l'article 199 decies E du code général des impôts, l'engagement de conservation de la totalité des titres prévu à l'article 199 decies G du même code est constaté lors du dépôt de la déclaration des revenus de l'année au cours de laquelle les parts ont été souscrites ou acquises ou, si elle est postérieure, de l'année de l'acquisition ou de l'achèvement de l'immeuble. L'engagement de conservation des titres formulé par le conjoint survivant doit être joint à la déclaration de revenus qu'il souscrit au titre de l'année du décès de son conjoint pour la période postérieure à cet événement.

IRPP-IV-22770

II. Les parts détenues par les associés qui entendent bénéficier de la réduction d'impôt sont inscrites, dans les trente jours suivant la date limite de dépôt de la déclaration de revenus mentionnée au I, sur un compte ouvert au nom de l'associé dans la comptabilité de la société ou sur un registre spécial. Les documents relatifs aux opérations ayant affecté ce compte sont conservés jusqu'à la fin de la troisième année suivant celle de l'expiration de l'engagement mentionné au I.

IRPP-IV-22750

III. Les associés joignent à chacune de leurs déclarations de revenus un exemplaire du document mentionné au II de l'article 46 AGE.

IRPP-IV-22800

Art 46 AGF bis Pour l'application de l'article 199 decies EA du code général des impôts, les travaux de réhabilitation des logements s'entendent des travaux qui permettent après leur réalisation de satisfaire à l'ensemble des performances techniques mentionnées au II de l'article 2 quindecies B. Le coût des travaux de réhabilitation une fois achevés doit s'élever à un montant au moins égal à 20 % du prix d'acquisition du logement avant travaux.

IRPP-IV-21360

Art 46 AGF ter I. Pour l'application de l'article 199 decies EA du code général des impôts, les contribuables sont tenus de joindre à leur déclaration des revenus de l'année au titre de laquelle le bénéfice de la réduction d'impôt est demandé l'ensemble des engagements, documents et éléments prévus au I de l'article 46 AGD, à l'exception de ceux mentionnés au d du 1° et au 3°. Ils doivent en outre indiquer, sur la note annexe prévue au 1° du I de l'article précité, la date et le prix d'acquisition du logement, la date d'achèvement du logement et des travaux de réhabilitation, ainsi que le montant des travaux de réhabilitation effectivement payé.

Une copie des factures des entreprises ayant réalisé les travaux est jointe. Ces factures doivent mentionner l'adresse de réalisation des travaux, leur nature et leur montant. Une copie de l'engagement mentionné à l'article 46 AGF sexies est également jointe.

II. Les dispositions du II et du III de l'article 46 AGD s'appliquent au présent article.

IRPP-IV-22680 s.

Art 46 AGF quater I. Lorsque le logement appartient à une société non soumise à l'impôt sur les sociétés, les obligations fixées à l'article 46 AGF ter incombent à cette société. L'engagement prévu par cet article est joint par la société à sa déclaration du résultat de l'année d'achèvement des travaux de réhabilitation.

IRPP-IV-22730

II. La société doit, avant le 16 février de chaque année, faire parvenir à ses associés un document établi en double exemplaire conformément à un modèle fixé par l'administration et comportant, pour l'année précédente, outre les éléments mentionnés au a et au b du II de l'article 46 AGE, les renseignements suivants :

a. L'attestation que l'acquisition de l'immeuble, la réalisation des travaux de réhabilitation et les conditions de sa location satisfont aux conditions d'application de la réduction d'impôt. Cette attestation précise que la société s'engage à louer l'immeuble nu pendant une durée d'au moins neuf ans à l'exploitant de la résidence de tourisme ;

b. Le montant de la fraction du prix de revient du logement majoré des travaux de réhabilitation, correspondant aux droits de l'associé.

Un exemplaire de ce document est joint par la société à sa déclaration de résultat.

IRPP-IV-22745

Art 46 AGF quinquies I. Pour le bénéfice de la réduction d'impôt mentionnée à l'article 199 decies EA du code général des impôts, l'engagement de conservation de la totalité des titres prévu à l'article 199 decies G du même code est constaté lors du dépôt de la déclaration des revenus de l'année au cours de laquelle les parts ont été souscrites ou acquises ou, si elle est postérieure, de l'année d'achèvement des travaux de réhabilitation. L'engagement de conservation des titres formulé par le conjoint survivant doit être joint à la déclaration de revenus qu'il souscrit au titre de l'année du décès de son conjoint pour la période postérieure à cet événement.

IRPP-IV-22770

II. Les parts détenues par les associés qui entendent bénéficier de la réduction d'impôt sont inscrites, dans les trente jours suivant la date limite de dépôt de la déclaration de revenus mentionnée au I, sur un compte ouvert au nom de l'associé dans la comptabilité de la société ou sur un registre spécial. Les documents relatifs aux opérations ayant affecté ce compte sont conservés jusqu'à la fin de la troisième année suivant celle de l'expiration de l'engagement mentionné au I.

IRPP-IV-22750

III. Les associés joignent à chacune de leurs déclarations de revenus un exemplaire du document mentionné au II de l'article 46 AGF quater.

IRPP-IV-22800

Art 46 AGF sexies Pour l'application du cinquième alinéa de l'article 199 decies EA du code général des impôts, l'exploitant de la résidence de tourisme prend par écrit l'engagement de réserver un pourcentage d'au moins 15 % de logements pour les salariés saisonniers. Cet engagement est joint à la déclaration de résultat de l'exploitant. Une copie de cet engagement est délivrée à l'acquéreur d'un logement dans la résidence.

Les salariés saisonniers s'entendent des salariés qui occupent un emploi au sens du 3° de l'article L 1242-2 du code du travail et qui sont liés par un contrat de travail avec au moins une entreprise, une association ou un organisme établis sur la commune du lieu d'implantation de la résidence ou bien sur une commune limitrophe ou membre du groupement de communes.

Le pourcentage mentionné au premier alinéa s'apprécie en tenant compte du nombre de logements situés dans la résidence de tourisme réhabilitée. Les logements réservés peuvent être situés dans cette résidence ou, le cas échéant, dans les autres résidences gérées par le même exploitant dès lors qu'elles respectent les mêmes normes de classement et sont situées dans la même commune ou dans une commune limitrophe incluse dans une zone mentionnée au premier alinéa de l'article 199 decies EA précité.

IRPP-IV-21890

Art 46 AGG **I.** Pour l'application de l'article 199 decies F du code général des impôts, les contribuables sont tenus de joindre à leur déclaration des revenus de l'année au titre de laquelle le bénéfice de la réduction d'impôt est demandé pour la première fois :

1° Une note, établie selon un modèle fourni par l'administration, comportant les éléments suivants :

a. L'identité et l'adresse du contribuable ;

b. L'adresse du logement concerné ;

c. Le type d'investissement concerné ;

d. La date d'achèvement du logement pour les logements mentionnés aux b et c du 1° de l'article 199 decies F du code général des impôts ;

e. Le montant des travaux et la ou les dates de leur paiement ;

f. Pour les logements mentionnés aux a et c du 1 de l'article 199 decies F du code général des impôts, l'engagement de louer nu dans le mois qui suit la date d'achèvement des travaux, pendant une durée d'au moins neuf ans, à l'exploitant de la résidence de tourisme ou du village résidentiel de tourisme classé ;

g. Pour les logements mentionnés au b du 1 de l'article précité, l'engagement de louer meublé à des personnes physiques à raison de douze semaines au minimum par année et pendant les neuf années suivant celle de l'achèvement des travaux ;

h. Une note sur papier libre dans laquelle le contribuable renonce à la faculté de déduire les dépenses afférentes aux travaux mentionnés au 1 de l'article 199 decies F du code général des impôts, pour leur montant réel ou sous la forme d'une déduction de l'amortissement, pour la détermination des revenus catégoriels ainsi qu'au bénéfice des dispositions prévues à l'article 32 ou à l'article 50-0 du code précité ;

2° Pour les logements mentionnés au b du 1 de l'article 199 decies F du code général des impôts, une copie de la décision attestant du classement du logement en qualité de meublé de tourisme ou, pour les logements mentionnés au c du même article, une copie de la délibération du conseil municipal ou de l'organe délibérant de l'établissement de coopération intercommunale compétent, attestant de l'inclusion du village résidentiel de tourisme classé dans le périmètre d'une opération de réhabilitation de l'immobilier de loisir ;

3° *(Abrogé)* ;

4° Une copie du bail conclu avec l'exploitant de la résidence de tourisme ou du village résidentiel de tourisme classé mentionnant la date d'effet de la location ainsi que, lorsqu'il y a lieu, la durée totale, en nombre de semaines par an, des périodes d'occupation du logement que le propriétaire se réserve ;

5° Une copie des factures des entreprises ayant réalisé les travaux. Les factures doivent mentionner l'adresse de réalisation des travaux, leur nature et leur montant.

II. Pour les meublés de tourisme définis au b du 1 de l'article 199 decies F du code général des impôts, les contribuables sont tenus de joindre chaque année à leur déclaration de revenus et pendant les neuf années couvertes par l'engagement de location la liste des occupants, la période et la durée d'occupation du logement.

III. En cas de changement d'exploitant de la résidence de tourisme ou du village résidentiel de tourisme classé pour les investissements mentionnés aux a et c du 1 de l'article 199 decies F du code général des impôts au cours de la période couverte par l'engagement, le contribuable joint à sa déclaration des revenus de l'année au cours de laquelle le changement est intervenu une copie du bail conclu avec le nouvel exploitant comportant les mentions définies au 4° du I.

IV. Pour le bénéfice des dispositions du troisième alinéa du 4 de l'article 199 decies F du code général des impôts, le conjoint survivant joint à la déclaration de revenus qu'il souscrit au titre de l'année du décès pour la période postérieure à cet événement une note établie conformément à un modèle fixé par l'administration qui comporte les éléments suivants :

1° L'engagement de louer le logement nu à l'exploitant de la résidence de tourisme ou du village résidentiel de tourisme classé pour la fraction de la période de neuf ans couverte par l'engagement de location initial et restant à courir à la date du décès ;

2° L'engagement de louer le logement meublé à des personnes physiques à raison de douze semaines au minimum par année pour la fraction de la période de neuf ans couverte par l'engagement initial et restant à courir à la date du décès.

IRPP-IV-24600 s.

Art 46 AGG bis I. Pour l'application des sixième et septième phrases du cinquième alinéa de l'article 199 decies E et du dernier alinéa du 4 de l'article 199 decies F du code général des impôts, les copropriétaires détenant au moins 50 % des appartements de la résidence peuvent faire réaliser par une ou plusieurs entreprises l'ensemble des prestations additionnelles à l'hébergement mentionnées au b du 4° de l'article 261 D du code général des impôts :

1° Soit en contractant chacun directement avec celles qu'ils ont choisies conjointement ;

2° Soit en créant une entreprise qui contracte avec elles.

II. Dans les cas prévus au I, il peut être dérogé à la condition de gestion de la résidence de tourisme par une seule personne physique ou morale prévue à la dernière phrase de l'article D 321-1 du code du tourisme.

IRPP-IV-21730

2° bis Crédit d'impôt au titre d'investissements forestiers

Art 46 AGH I. Pour l'application des 1°, 4° et 6° du II de l'article 200 quindecies du code général des impôts, les contribuables tiennent à la disposition de l'administration fiscale une note établie conformément à un modèle fixé par l'administration qui comporte les éléments suivants :

a. L'identité et l'adresse du contribuable ;

b. La désignation de la ou des parcelles de terrain en nature de bois et forêts ou de terrain nu à boiser concernées ;

c. Pour l'application du 1° du II de l'article 200 quindecies précité, le prix et la date d'acquisition du ou des terrains concernés ;

d. Pour l'application du 4° du II de l'article 200 quindecies précité, la nature, le montant et la date de paiement des travaux forestiers réalisés ; le cas échéant, les contribuables tiennent également à la disposition de l'administration fiscale le document du fournisseur des matériels forestiers de reproduction utilisés mentionné à l'article R 153-16 du code forestier et une attestation sur l'honneur selon laquelle est respecté l'arrêté régional relatif aux matériels forestiers de reproduction éligibles aux aides de l'Etat à l'investissement forestier ainsi que, dans le cas où le contribuable est titulaire d'un compte d'investissement forestier et d'assurance prévu à l'article L 352-1 du code forestier, une attestation sur l'honneur selon laquelle les sommes dépensées pour la réalisation des travaux et pour lesquelles le bénéfice du crédit d'impôt est demandé, ne proviennent pas de ce même compte ;

d bis. *(Abrogé)* ;

e. Pour l'application du 4° du II de l'article 200 quindecies précité, la nature de la garantie de gestion durable applicable à la propriété concernée ;

f. Pour l'application des 1° et 4° du II de l'article 200 quindecies précité, la déclaration d'engagement prévue par ces dispositions ;

g. *(Abrogé).*

II. a. Pour l'application du 6° du II de l'article 200 quindecies précité, le contribuable présente, à la demande de l'administration fiscale, l'attestation de l'entreprise d'assurance précisant l'identité et l'adresse de l'assureur, la nature des risques couverts, le nombre d'hectares assurés contre le risque de tempête ou le risque d'incendie, le montant de la cotisation d'assurance versée pour couvrir notamment, l'un au moins de ces risques au titre de l'année civile ainsi que, dans le cas où le contribuable est titulaire d'un compte d'investissement forestier et d'assurance prévu à l'article L 352-1 du code forestier, une attestation sur l'honneur selon laquelle les sommes dépensées pour le paiement des cotisations relatives au contrat d'assurance précité et pour lesquelles le bénéfice du crédit d'impôt est demandé, ne proviennent pas de ce même compte.

b. *(Abrogé).*

IRPP-IV-27350 s. ; MF n°s 2935, 2940

Art 46 AGI I. Lorsqu'un contribuable entend bénéficier du crédit d'impôt en application des 2° et 3° du II de l'article 200 quindecies du code général des impôts, il informe de cette intention le groupement forestier ou la société d'épargne forestière dont il a souscrit ou acquis les parts au plus tard le 31 décembre de l'année de souscription ou d'acquisition. Le groupement ou la société joint à la déclaration de résultat de cette même année les déclarations d'engagement prévues par ces dispositions, établies conformément à des modèles fixés par l'administration.

Pour l'application du 5° du II de l'article 200 quindecies précité, le groupement ou la société joint à sa déclaration de résultat de l'année où les travaux sont payés les déclarations d'engagement prévues par ces dispositions, établies conformément à des modèles fixés par l'administration. Lorsque le groupement n'est pas soumis à une obligation de souscrire une déclaration de résultat, les déclarations d'engagements sont produites auprès du service des impôts dont dépend son siège social ou, à défaut de siège social, la commune dans le ressort de laquelle se situe la surface la plus importante de bois et forêts du groupement, au plus tard le deuxième jour ouvré suivant le 1er mai de l'année suivant celle où les travaux sont payés.

II. Le groupement ou la société délivre, avant le 16 février de l'année civile qui suit celle de la souscription ou l'acquisition de parts, celle du paiement des travaux forestiers réalisés par le groupement ou la société ou celle du versement de la cotisation d'assurance, un document établi conformément à un modèle fixé par l'administration à ses associés ou à ses membres qui entendent bénéficier du crédit d'impôt. Toutefois, lorsque les travaux forestiers sont réalisés par un groupement d'intérêt économique et environnemental forestier dont le contribuable qui entend bénéficier du crédit d'impôt est membre indirectement par l'intermédiaire d'un groupement forestier ou d'une société d'épargne forestière, le document est délivré à ce groupement forestier ou à cette société d'épargne forestière, qui en tient compte pour établir le document de même nature à délivrer à ses propres associés dans les conditions du présent alinéa. Ce document comporte pour l'année précédente, les renseignements suivants :

a. La raison sociale et l'adresse du siège social du groupement ou de la société, ainsi que, lorsque le groupement est un groupement d'intérêt économique et environnemental forestier dépourvu de siège social, l'identification de la commune dans le ressort de laquelle se situe la surface la plus importante de bois et forêts du groupement ;

b. Dans les cas prévus aux 2°, 3° et 5° du II de l'article 200 quindecies précité, l'attestation que les engagements mentionnés au I ont été pris et sont respectés ;

c. Dans le cas prévu au 5° du II de l'article 200 quindecies précité, la nature de la garantie de gestion durable applicable à la propriété concernée, la nature, le montant total et la date de paiement des travaux forestiers ; le cas échéant, le groupement ou la société délivre également le document du fournisseur des matériels forestiers de reproduction utilisés mentionné à l'article R 153-16 du code forestier et une attestation sur l'honneur selon laquelle est respecté l'arrêté régional relatif aux matériels forestiers de reproduction éligibles aux aides de l'Etat à l'investissement forestier ;

c bis. *(Abrogé)* ;

d. Dans les cas prévus au 5° du II de l'article 200 quindecies précité, le nombre et le pourcentage de parts du groupement ou de la société détenues par l'associé ou le membre, ou, en l'absence de parts d'un groupement d'intérêt économique et environnemental forestier, la quote-part du montant des travaux forestiers affectée au membre ;

e. Dans le cas prévu au 6° du II de l'article 200 quindecies précité, l'attestation de l'entreprise d'assurance précisant l'identité et l'adresse de l'assureur, la nature des risques couverts, le nombre d'hectares assurés contre le risque de tempête ou le risque d'incendie et le montant de la cotisation d'assurance versée pour couvrir notamment l'un au moins de ces risques au titre de l'année civile.

III. Chaque année, le groupement ou la société joint à sa déclaration de résultat ou, lorsque le groupement n'est pas soumis à une obligation de souscrire une déclaration de résultat, produit auprès du service des impôts dont dépend son siège social ou, à défaut de siège social, la commune dans le ressort de laquelle se situe la surface la plus importante de bois et forêts du groupement au plus tard le deuxième jour ouvré suivant le 1er mai de l'année suivant celle où les travaux sont payés, un document établi conformément à un modèle fixé par l'administration et comportant les renseignements suivants :

a. La raison sociale et l'adresse du siège social du groupement ou de la société ainsi que, lorsque le groupement est un groupement d'intérêt économique et environnemental forestier dépourvu de siège social, l'identification de la commune dans le ressort de laquelle se situe la surface la plus importante de bois et forêts du groupement ;

b. L'attestation que les engagements mentionnés au I ont été pris et sont respectés ;

c. L'identité et l'adresse de chacun des associés ou membres ;

d. Le nombre, les numéros et les valeurs nominales des parts détenues par chacun des associés ou des membres au 1er janvier et au 31 décembre de l'année précédente et, le cas échéant, des parts souscrites, acquises et transmises au cours de l'année ainsi que la date de ces opérations. Lorsque le groupement n'émet pas de parts, le document mentionne la liste des membres au 1er janvier et au 31 décembre de l'année précédente, qui précise, le cas échéant, les dates d'adhésion au groupement et de sortie du groupement au cours de l'année ;

e. Pour l'application des 4° et 5° du II de l'article 200 quindecies du code général des impôts la nature, le montant et la date de paiement des travaux forestiers éligibles au crédit d'impôt, ainsi que la désignation de la ou des parcelles de terrain en nature de bois et forêts ou de terrain nu à boiser concernées. Le cas échéant, le groupement ou la société joint le document du fournisseur des matériels forestiers de reproduction utilisés mentionné à l'article R 153-16 du code forestier et une attestation sur l'honneur selon laquelle est respecté l'arrêté régional relatif aux matériels forestiers de reproduction éligibles aux aides de l'Etat à l'investissement forestier ;

f. *(Abrogé)* ;

g. L'attestation de l'entreprise d'assurance précisant l'identité et l'adresse de l'assureur mentionné au 6° du II de l'article 200 quindecies précité, la nature des risques couverts, le nombre d'hectares assurés contre le risque de tempête ou le risque d'incendie et le montant de la cotisation d'assurance versée pour couvrir notamment l'un au moins de ces risques au titre de l'année civile.

IV. Les parts détenues par les associés ou les membres qui entendent bénéficier du crédit d'impôt sont inscrites, dans les trente jours suivant la date limite de dépôt de la déclaration de revenus de l'année au cours de laquelle le crédit d'impôt a été demandé, sur un compte ouvert au nom de l'associé ou du membre dans la comptabilité du groupement ou de la société ou sur un registre spécial. Lorsque le groupement est un groupement d'intérêt économique et environnemental forestier qui n'émet pas de parts, l'identité et l'adresse des membres qui entendent bénéficier du crédit d'impôt sont inscrites, dans le même délai que celui mentionné à la phrase précédente, sur un registre spécial. Le groupement ou la société tient ce compte ou ces registres et conserve les documents relatifs aux opérations qui les affectent jusqu'à la fin de la troisième année suivant celle de l'expiration de l'engagement de conservation des parts ou de l'engagement de rester membre du groupement d'intérêt économique et environnemental forestier, prévus aux 2°, 3° et 5° du II de l'article 200 quindecies du code général des impôts.

IRPP-IV-27350 s. ; MF n°s 2935, 2940

Art 46 AGJ **I.** Les contribuables tiennent à la disposition de l'administration fiscale l'engagement de conservation des parts ou l'engagement de rester membre du groupement d'intérêt économique et environnemental forestier, prévus aux 2°, 3° et 5° du II de l'article 200 quindecies du code général des impôts, établi conformément à un modèle fixé par l'administration.

II. Les associés ou les membres tiennent à la disposition de l'administration fiscale le document mentionné au II de l'article 46 AGI.

IRPP-IV-27350 s. ; MF n°s 2935, 2940

Art 46 AGK **I.** Pour l'application des 4° et 5° du II de l'article 200 quindecies du code général des impôts, sont éligibles au crédit d'impôt les travaux de plantation, de reconstitution, de renouvellement, de sauvegarde et d'amélioration des peuplements et les travaux de création et d'amélioration des dessertes.

II. La garantie afférente au contrat d'assurance mentionné au 6° du II de l'article 200 quindecies précité couvre notamment le risque de tempête ou le risque d'incendie touchant des terrains en nature de bois et forêts.

Ndlr *Les dispositions du présent article telles que modifiées par le décret 2023-524 du 29 juin 2023 s'appliquent aux opérations forestières réalisées à compter du 1er janvier 2023 (Décret 2023-524 précité art. 2).*

IRPP-IV-26150, 26410 ; MF n°s 2940, 2950

2° ter Réduction d'impôt accordée au titre des investissements dans des résidences hôtelières à vocation sociale

Art 46 AGL **I.** Pour l'application de l'article 199 decies I du code général des impôts, les contribuables joignent à leur déclaration des revenus de l'année au titre de laquelle le bénéfice de la réduction d'impôt est demandé une note annexe, établie conformément à un modèle fixé par l'administration, qui comporte les éléments suivants :

a. L'identité et l'adresse du contribuable ;

b. L'adresse du logement concerné ;

c. Le prix d'acquisition du logement ;

d. La date, selon le cas :

d'achèvement du logement neuf ou de son acquisition si elle est postérieure ;

de réception des travaux du logement rénové dans les conditions prévues à l'article L 262-2 du code de la construction et de l'habitation ;

e. L'engagement de louer le logement nu, pendant une durée d'au moins neuf ans, à l'exploitant de la résidence hôtelière à vocation sociale ;

f. Le numéro, la date et le lieu de signature de l'arrêté portant agrément de la résidence hôtelière à vocation sociale, tel que prévu à l'article R 631-9 du code de la construction et de l'habitation ;

g. Le numéro, la date et le lieu de signature de l'arrêté portant agrément délivré à l'exploitant de la résidence hôtelière à vocation sociale, tel que prévu à l'article R 631-12 du code de la construction et de l'habitation ;

h. La date de conclusion du bail avec l'exploitant de la résidence hôtelière à vocation sociale ainsi que la date d'effet de la location.

II. En cas de changement d'exploitant de la résidence au cours de la période couverte par l'engagement mentionné au e du I, le contribuable joint à sa déclaration des revenus de l'année au cours de laquelle le changement est intervenu une note annexe établie conformément à un modèle fixé par l'administration, qui comporte les éléments suivants :

1° La date de conclusion du bail avec le nouvel exploitant de la résidence hôtelière à vocation sociale ainsi que la date d'effet de la location ;

2° Le numéro, la date et le lieu de signature de l'arrêté portant agrément délivré au nouvel exploitant de la résidence hôtelière à vocation sociale, tel que prévu à l'article R 631-12 précité.

III. Les contribuables qui bénéficient de la réduction d'impôt sur le revenu prévue à l'article 199 decies I précité conservent, pour justifier de son bien-fondé et jusqu'à l'expiration du délai au cours duquel l'administration est susceptible d'exercer son droit de reprise :

1° La copie de l'arrêté portant agrément de la résidence hôtelière à vocation sociale, tel que prévu à l'article R 631-9 précité ;

2° La copie de l'arrêté portant agrément délivré à l'exploitant de la résidence hôtelière à vocation sociale, tel que prévu à l'article R 631-12 précité ;

3° Le bail conclu avec l'exploitant de la résidence hôtelière à vocation sociale mentionnant la date d'effet de la location.

IV. Pour l'application du VI de l'article 199 decies I précité, le conjoint survivant joint à la déclaration des revenus qu'il souscrit au titre de l'année du décès pour la période postérieure à cet événement une note établie conformément à un modèle fixé par l'administration qui comporte l'engagement de louer le logement nu à l'exploitant de la résidence hôtelière à vocation sociale pour la fraction de la période de neuf ans couverte par l'engagement de location initial et restant à courir à la date du décès.

En cas de changement d'exploitant de la résidence, les dispositions du II sont applicables.

IRPP-IV-67500 s.

3° Réduction d'impôt au titre de certains investissements réalisés outre-mer

Art 46 AG sexies Pour l'application du troisième alinéa du 4 de l'article 199 undecies du code général des impôts :

1. Les organismes publics ou privés, signataires du bail, s'entendent de l'Etat et de ses organismes et des personnes de droit public ou privé dotées de la personnalité morale.

2. Le personnel de ces organismes, sous locataire du logement, s'entend des personnes employées par ces organismes et dont les rémunérations principales entrent dans la catégorie des traitements et salaires au sens de l'article 79 du code général des impôts, à l'exception :

Des personnes mentionnées à l'article 80 ter du même code et de leurs conjoints, descendants et ascendants ;

Des conjoints, des descendants ou ascendants des associés des sociétés mentionnées à l'article 8 du code déjà cité.

Art 46 AG septies La destination finale est la location non meublée à usage de résidence principale. Le prix de la location doit être normal par référence aux loyers habituellement constatés dans le voisinage pour des logements comparables.

Art 46 AG octies Les contribuables qui bénéficient de la réduction d'impôt en application du troisième alinéa du 4 de l'article 199 undecies du code général des impôts doivent joindre à la déclaration de revenus au titre de l'année au cours de laquelle la réduction est demandée :

1. Un engagement de louer le logement non meublé à usage de résidence principale dans le délai et pendant la durée mentionnés au 1 de l'article 199 undecies du code général des impôts ;

2. Une copie du bail ;

3. Une note comportant les éléments suivants :

Identité et adresse du contribuable ;

Adresse et surface du logement concerné ;

Prix de revient ou d'acquisition du logement et justificatifs ;

Date d'achèvement du logement ou d'acquisition si elle est postérieure ;

Nom du sous-locataire et nom et adresse de son employeur.

Si un bail n'est pas signé à la date de souscription de la déclaration susvisée, les documents énumérés aux 2 et 3 sont joints à la déclaration au titre de l'année au cours de laquelle le bail est signé.

Il en est de même en cas de changement de locataire ou de sous-locataire pendant la durée d'engagement mentionnée au 1 de l'article 199 undecies du code déjà cité.

Art 46 AG nonies Lorsque le logement est construit par une société, les obligations déclaratives énumérées à l'article 46 AG octies incombent au gérant de la société.

Les documents sont adressés avec la déclaration d'achèvement dans les six mois de l'achèvement du logement à la direction départementale ou, le cas échéant, régionale des finances publiques auprès de laquelle la société souscrit ses déclarations de résultats.

Le gérant de la société délivre en double exemplaire aux souscripteurs de titres un document attestant que la location et la sous-location remplissent les conditions fixées aux articles 46 AG sexies à 46 AG nonies, le souscripteur en joint un exemplaire à sa déclaration de revenus de l'année au titre de laquelle le bail est signé.

Art 46 AG undecies Pour l'application du troisième alinéa du 7 de l'article 199 undecies A du code général des impôts, le personnel des organismes publics ou privés, sous-locataire du logement, s'entend des personnes employées par ces organismes et dont les rémunérations principales entrent dans la catégorie des traitements et salaires au sens de l'article 79 du code général des impôts, à l'exception :

a. Du propriétaire du logement, de son conjoint, des membres de son foyer fiscal ou de ses ascendants ou descendants ;

b. Des conjoints, des membres du foyer fiscal ou des descendants ou ascendants des associés des sociétés mentionnées à l'article 8 du code déjà cité.

DC-IV-40760

Art 46 AG duodecies Pour l'application du 2° du 6 de l'article 199 undecies A du code général des impôts, les plafonds de loyer et de ressources du locataire sont les suivants :

1. Pour les baux conclus en 2024, les plafonds annuels de loyer, charges non comprises, sont fixés par mètre carré de surface habitable à :

1° 200 € dans les départements d'outre-mer, à Saint-Barthélemy et à Saint-Martin. Ce plafond est révisé chaque année, le 1er janvier, dans la même proportion que la variation la plus élevée de la moyenne annuelle des indices des prix à la consommation hors tabac de chacun des cinq départements d'outre-mer ;

2° 243 € en Polynésie française, dans les îles Wallis-et-Futuna et les Terres australes et antarctiques françaises, à Saint-Pierre-et-Miquelon et en Nouvelle-Calédonie. Ce plafond est révisé chaque année, le 1er janvier, dans la même proportion que la variation la plus élevée de la moyenne annuelle des indices des prix à la consommation de la Polynésie française et de la Nouvelle-Calédonie *(Pour la surface habitable à prendre en compte, voir art. 46 AG terdecies, III)*.

1 bis. Pour le calcul des plafonds mentionnés au 1, il est fait application :

1° Dans les départements d'outre-mer, à Saint-Barthélemy et à Saint-Martin, de la dernière variation annuelle publiée par l'Institut national de la statistique et des études économiques au 1er décembre de l'année qui précède celle de la conclusion du bail ;

2° En Polynésie française, dans les îles Wallis-et-Futuna et les Terres australes et antarctiques françaises et à Saint-Pierre-et-Miquelon, de la dernière variation annuelle publiée par l'Institut de la statistique de la Polynésie française au 1er décembre de l'année qui précède celle de la conclusion du bail ;

3° En Nouvelle-Calédonie, de la dernière variation annuelle publiée par l'Institut territorial de la statistique et des études économiques au 1er décembre de l'année qui précède celle de la conclusion du bail.

2. Les ressources du locataire s'entendent des revenus nets de frais professionnels qui figurent sur son avis d'imposition établi au titre des revenus de l'année précédant celle de la conclusion du bail ou, à défaut, de l'année antérieure.

Pour les baux conclus en 2024, les plafonds annuels de ressources sont les suivants :

COMPOSITION DU FOYER DU LOCATAIRE	PLAFOND ANNUEL de ressources (en euros)	
	Départements d'outre-mer, Saint-Barthélemy et Saint-Martin	Polynésie française, Nouvelle Calédonie, Iles Wallis-et-Futuna, Terres australes et antarctiques françaises et Saint-Pierre-et-Miquelon
Personne seule	36 559	34 545
Couple	67 605	63 885
Personne seule ou couple ayant une personne à charge	71 515	67 577
Personne seule ou couple ayant deux personnes à charge	75 427	71 274
Personne seule ou couple ayant trois personnes à charge	80 650	76 208
Personne seule ou couple ayant quatre personnes à charge	85 876	81 146
Majoration par personne à charge à partir de la cinquième	+ 5 492	+ 5 190

Ces plafonds sont relevés chaque année selon les modalités définies au 1.

Les personnes à charge pour l'application des présentes dispositions s'entendent des personnes mentionnées aux articles 196 à 196 B du code général des impôts.

3. Dans le cas mentionné au troisième alinéa du 7 de l'article 199 undecies A du code général des impôts, les conditions prévues au 1 et au 2 s'apprécient en tenant compte du montant :

a. Du loyer payé au bailleur par l'organisme locataire ;

b. Du loyer payé à cet organisme par le sous-locataire ;

c. Des ressources du sous-locataire.

DC-IV-26960 s., 27030 s.

Art 46 AG terdecies **I.** La surface à prendre en compte pour l'application des dispositions du a du 2, du 5 de l'article 199 undecies A et du sixième alinéa du I de l'article 217 undecies du code général des impôts et du 1 de l'article 46 AG duodecies est définie au III.

II. Pour l'application du a du 2 de l'article 199 undecies A du code général des impôts, les limites de surface habitable s'établissent, selon le nombre de personnes destinées à occuper à titre principal le logement, comme suit :

NOMBRE DE PERSONNES DESTINEES à occuper à titre principal le logement	LIMITES DE SURFACE habitable (en m²)
Personne seule	65
Couple	77,5
Personne seule ou couple ayant une personne à charge	90
Majoration par personne à charge supplémentaire, dans la limite de cinq personnes	12

Les personnes à charge s'entendent de celles mentionnées aux articles 196 à 196 B du code général des impôts.

III. La surface à prendre en compte s'entend de la surface habitable au sens de l'article R 156-1 du code de la construction et de l'habitation. Il est toutefois tenu compte de la surface des varangues dans une limite maximale de 14 mètres carrés.

DC-IV-27005 s., 27300, 48400 s.

Art 46 AG terdecies A Pour l'application du e du 2 de l'article 199 undecies A du code général des impôts, les travaux de réhabilitation des logements s'entendent des travaux de modification ou de remise en état du gros œuvre ou des travaux d'aménagement interne qui, par leur nature, équivalent à de la reconstruction, ainsi que des travaux d'amélioration qui leur sont indissociables.

DC-IV-40450 s.

Art 46 AG quaterdecies Le contribuable doit joindre à sa déclaration de revenus de l'année au titre de laquelle il demande le bénéfice de la réduction d'impôt les documents suivants :

I. Lorsque le logement neuf est destiné à devenir son habitation principale :

1. L'engagement prévu au a du 2 de l'article 199 undecies A du code général des impôts qui comporte les éléments suivants :

a. L'identité et l'adresse du contribuable ;

b. L'adresse et la surface habitable du logement concerné ;

c. Le prix de revient ou le prix d'acquisition du logement accompagné des justificatifs ;

d. La date d'achèvement du logement ou de son acquisition si elle est postérieure ;

2. Une copie de la notification de l'arrêté délivrant le permis de construire lorsqu'il s'agit d'un logement que le contribuable fait construire ;

3. Pour le bénéfice de la majoration du taux de la réduction d'impôt prévue au huitième alinéa du 6 de l'article 199 undecies A du code général des impôts, selon le cas, soit une attestation du constructeur, du vendeur ou de l'entreprise ayant procédé à l'installation des équipements de production d'énergie utilisant une source d'énergie renouvelable et comportant l'adresse de réalisation des travaux ainsi que la désignation de ces équipements, soit une facture de ces équipements comportant, outre les mentions prévues à l'article 289 du code général des impôts, l'adresse de réalisation des travaux, leur nature ainsi que la désignation et le montant des équipements.

II. Lorsque le logement neuf est destiné à la location :

1. L'engagement prévu au b du 2 ou au 1° du 6 de l'article 199 undecies A du code général des impôts qui comporte les éléments définis aux a, b, c et d du I ainsi que, lorsque le bien est loué à un organisme public ou privé pour le logement à usage d'habitation principale de son personnel, le nom du sous-locataire et les nom et adresse de son employeur ;

2. Une copie de la notification de l'arrêté délivrant le permis de construire lorsqu'il s'agit d'un logement que le contribuable fait construire ;

3. Une copie du bail ;

4. Une copie de l'avis d'imposition ou de non-imposition du locataire ou du sous-locataire afférent aux revenus de l'année visée au premier alinéa du 2 de l'article 46 AG duodecies lorsque la location est consentie dans les conditions du 2° du 6 de l'article 199 undecies A du code général des impôts ;

5. Les factures mentionnées au 3 du I pour le contribuable qui bénéficie des dispositions du huitième alinéa du 6 de l'article 199 undecies A du code général des impôts.

Si un bail n'est pas signé à la date de souscription de la déclaration susvisée, les documents énumérés aux 1.3 et 4 sont joints à la déclaration de l'année au cours de laquelle le bail est signé. Il en est de même en cas de changement de locataire ou de sous-locataire pendant la durée de l'engagement mentionné au 1.

III. Lorsque le logement qui fait l'objet des travaux définis à l'article 46 AG terdecies A est destiné à devenir son habitation principale ou à être loué, l'engagement prévu au e du 2 de l'article 199 undecies A du code général des impôts comporte les éléments définis aux a, b, c, d du 1 du I.

Il comporte également la date d'achèvement des travaux et la copie des factures des entreprises ayant réalisé les travaux qui précisent, outre les mentions prévues à l'article 289 du code général des impôts, l'adresse de réalisation des travaux, leur nature et leur montant.

IV. Lorsque le logement est construit par une société, les obligations déclaratives prévues au II incombent à la société. Les documents sont adressés avec la déclaration d'achèvement dans les six mois de l'achèvement du logement à la direction départementale ou, le cas échéant, régionale des finances publiques auprès de laquelle la société souscrit sa déclaration de résultats.

La société délivre en double exemplaire à chaque souscripteur un document attestant que la location et, le cas échéant, la sous-location remplissent les conditions prévues aux articles 46 AG undecies à 46 AG terdecies. Le souscripteur en joint un exemplaire à sa déclaration de revenus de l'année au cours de laquelle le bail est signé.

V. Pour bénéficier de l'avantage fiscal prévu à l'article 199 undecies A du code général des impôts, les contribuables sont tenus de joindre à la déclaration de revenus de chacune des années ouvrant droit au bénéfice de la réduction d'impôt une note annexe établie sur un imprimé fourni par l'administration et comportant, selon la nature des investissements et le taux qui leur est applicable, les modalités de calcul de la réduction d'impôt.

DC-IV-49130 s.

Art 46 AG quindecies **I.** Les sociétés spécialisées dans le financement d'entreprises exerçant exclusivement leur activité outre-mer (Sofiom), mentionnées au g du 2 de l'article 199 undecies A du code général des impôts, doivent revêtir la forme de société anonyme et être soumises à l'impôt sur les sociétés dans les conditions de droit commun.

II. Les souscriptions au capital d'une Sofiom donnent lieu à l'attribution d'actions qui doivent revêtir la forme nominative.

Une même personne ne peut détenir plus de 5 % de son capital. En outre, les personnes physiques qui ont entre elles des liens de nature à établir une véritable communauté d'intérêts ne peuvent détenir ensemble plus de 25 % de ce même capital.

Les souscripteurs des actions d'une Sofiom ne peuvent se voir offrir une garantie de rachat de leurs actions pour un prix supérieur à 75 % de leur valeur nominale.

III. Chaque Sofiom doit financer au minimum dix entreprises exerçant leur activité exclusivement outre-mer dans un secteur éligible défini au I de l'article 199 undecies B du code général des impôts sans liens de capital entre elles.

95 % du montant des souscriptions en numéraire agréées par le ministre du budget doivent être affectés au financement, par souscriptions en numéraire au capital ou par prêts participatifs, d'entreprises exerçant leur activité exclusivement outre-mer dans un secteur éligible défini au I de l'article 199 undecies B du code général des impôts.

Dans les douze mois de la clôture des souscriptions agréées, les sommes correspondantes doivent être affectées par l'entreprise exerçant exclusivement son activité outre-mer à l'acquisition ou à la création d'un investissement productif neuf en vue de son exploitation par cette même entreprise pendant la période minimale de cinq ans suivant cette clôture.

Une Sofiom ne peut détenir une participation supérieure à un seuil atteignant la minorité de blocage du capital de l'entreprise exerçant son activité exclusivement outre-mer dans un secteur éligible défini au I de l'article 199 undecies B du code général des impôts. Pour l'appréciation de ce seuil, il n'est pas tenu compte des titres cédés mentionnés au V.

IV. La part des prêts participatifs mentionnés au g du 2 de l'article 199 undecies A du code général des impôts dans le total du financement de l'investissement apporté par la Sofiom à l'entreprise exerçant exclusivement son activité outre-mer ne peut excéder 70 %.

La rémunération d'un prêt participatif accordé par une Sofiom ne peut excéder le dernier taux issu du calcul mentionné au 3° du 1 de l'article 39 du code général des impôts connu à la date de ce prêt, majoré au maximum de 1,5 point. En outre, le taux d'intérêt fixe ne peut être supérieur à la moitié du taux d'intérêt légal à la date de la réalisation de l'opération.

V. La rétrocession mentionnée au troisième alinéa du g du 2 de l'article 199 undecies A du code général des impôts doit être organisée par la cession, par la Sofiom, de titres de l'entreprise exerçant exclusivement son activité outre-mer.

A hauteur du montant de cette rétrocession, la Sofiom procède à la cession de ses titres, dans les douze mois de la clôture des souscriptions agréées au capital de la Sofiom, à l'entreprise exerçant exclusivement son activité outremer pour un euro symbolique ; la moins-value correspondante est déductible de l'assiette de l'impôt sur les sociétés pour 15 % de son montant.

VI. L'agrément prévu au g du 2 de l'article 199 undecies A du code général des impôts est délivré dans les conditions prévues à l'article 1649 nonies du même code et après avis du ministre chargé de l'outre-mer :

1° Si l'investissement financé, en tout ou partie, par la Sofiom présente un intérêt économique pour la collectivité d'outre-mer où il est réalisé ;

2° S'il poursuit comme l'un de ses buts principaux la création ou le maintien d'emplois dans cette collectivité ;

3° S'il s'intègre dans la politique d'aménagement du territoire, de l'environnement et de développement durable ;

4° Et si les modalités de réalisation de l'opération financée par la Sofiom permettent de garantir la protection des investisseurs.

VII. Pour bénéficier de l'avantage fiscal prévu à l'article 199 undecies A du code général des impôts, le souscripteur au capital d'une Sofiom doit joindre à sa déclaration de revenus de chacune des années ouvrant droit à la réduction d'impôt un relevé délivré par cette société faisant état :

1° Du montant du capital de la Sofiom, du nombre et des numéros des actions souscrites, du montant et de la date de leur souscription ;

2° Eventuellement, du taux de la garantie accordée pour le rachat à terme de sa participation et l'identité du garant ;

3° Du nom et de l'adresse du siège social des entreprises qui acquièrent des investissements financés par les souscriptions agréées ;

4° De la nature des investissements, de leur prix, et du montant des versements effectués, dans les douze mois de la clôture des souscriptions agréées au capital de la Sofiom, par les entreprises aux fournisseurs concernés ;

5° Du montant du financement de l'investissement apporté par la Sofiom à ces entreprises ainsi que la proportion des prêts participatifs dans ce financement ;

6° Du pourcentage de participation de la Sofiom dans le capital de chacune desdites entreprises.

Lorsque les actions cédées au cours d'une année ont été souscrites depuis moins de cinq ans par le cédant, la Sofiom adresse avant le 16 février de l'année suivante à la direction départementale ou, le cas échéant, régionale des finances publiques du domicile du cédant le relevé mentionné ci-dessus ou un duplicata de ce relevé.

Ce relevé est établi sur papier libre à l'en-tête de la Sofiom.

DC-IV-47615 s.

Art 46 AG sexdecies

I. Les plafonds annuels de ressources mentionnés au 2° du I de l'article 199 undecies C du code général des impôts sont égaux :

1° A Saint-Martin et à Saint-Barthélemy, aux plafonds annuels de ressources prévus pour l'application dans les départements d'outre-mer de l'article D 372-21 du code de la construction et de l'habitation ;

2° A Saint-Pierre-et-Miquelon, en Nouvelle-Calédonie, en Polynésie française et à Wallis-et-Futuna, à 81,25 % des plafonds annuels de ressources mentionnés au 2 de l'article 46 AG duodecies et applicables sur ces territoires.

II. Les plafonds annuels de loyers mentionnés au 3° du I de l'article 199 undecies C du code général des impôts sont égaux :

1° *(Abrogé)* ;

2° A Saint-Barthélemy et à Saint-Martin, aux plafonds annuels de loyers prévus pour l'application de l'article D 372-21 du code de la construction et de l'habitation dans le département de Guadeloupe ;

3° *(Abrogé)* ;

4° A Saint-Pierre-et-Miquelon, en Nouvelle-Calédonie, en Polynésie française et à Wallis-et-Futuna, à 90 % des plafonds annuels de loyers mentionnés au 1 de l'article 46 AG duodecies et applicables sur ces territoires.

III. 1. La part minimale mentionnée au 5° du I de l'article 199 undecies C du code général des impôts est fixée à 30 %.

2. Les plafonds annuels de ressources mentionnés au 5° du I de l'article 199 undecies C du code général des impôts sont égaux :

1° A Saint-Martin et à Saint-Barthélemy, aux plafonds annuels de ressources prévus pour l'application dans les départements d'outre-mer de l'article D 372-7 du code de la construction et de l'habitation ;

2° A Saint-Pierre-et-Miquelon, en Nouvelle-Calédonie, en Polynésie française et à Wallis-et-

Futuna, à dix treizièmes des plafonds annuels de ressources mentionnés au 2° du I.

3. Les plafonds annuels de loyers mentionnés au 5° du I de l'article 199 undecies C du code général des impôts sont égaux :

1° *(Abrogé)* ;

2° A Saint-Barthélemy et à Saint-Martin, aux plafonds annuels de loyers prévus pour l'application de l'article D 372-7 du code de la construction et de l'habitation dans le département de Guadeloupe ;

3° *(Abrogé)* ;

4° A Saint-Pierre-et-Miquelon, en Nouvelle-Calédonie, en Polynésie française et à Wallis-et-Futuna, aux deux tiers des plafonds annuels de loyers mentionnés au 4° du II.

IV. La fraction mentionnée au 6° du I de l'article 199 undecies C du code général des impôts est égale à 4,5 % du coût de la construction au sens des 4° et 5° du VI lorsque tous les logements sont équipés d'une installation d'eau chaude sanitaire et à 3,5 % dans les autres cas.

V. Les plafonds annuels de ressources mentionnés au 7° du I de l'article 199 undecies C du code général des impôts sont ceux prévus pour l'application dans les départements d'outre-mer de l'article D 331-76-5-1 du code de la construction et de l'habitation.

VI. Le prix de revient mentionné au II de l'article 199 undecies C du code général des impôts inclut, pour leur montant réel et justifié, les sommes suivantes :

1° Selon le cas, le prix d'acquisition du terrain viabilisé hors taxes, frais et commissions de toute nature, ou le prix d'acquisition du terrain hors taxes, frais et commissions de toute nature et les dépenses de viabilisation. Lorsque le terrain est acquis par un organisme ou une société mentionnée au 1° du I de l'article 199 undecies C du code général des impôts, le prix d'acquisition du terrain est celui de sa première entrée dans son patrimoine foncier, mentionné dans l'acte authentique ;

2° Les études de sol et sondages éventuels ;

3° Les dépenses de construction des voies, réseaux et branchements privés ;

4° Les fondations, travaux de terrassement, voies de circulation et d'accès aux immeubles, constructions, aménagements et équipements nécessaires à l'usage des locaux d'habitation, selon les normes en vigueur, et leurs annexes privatives et communes éventuelles, directement intégrées au bâtiment abritant les logements ou liées à leur fonctionnement ;

5° Les emplacements de stationnement de véhicules dépendant des logements, dans la limite d'un emplacement par logement ;

6° Les travaux d'accessibilité de l'immeuble locatif et de ses annexes aux personnes en situation de handicap ;

7° Les équipements de production d'énergie renouvelable, les appareils utilisant une source d'énergie renouvelable et les matériaux d'isolation exclusivement affectés aux logements et définis par arrêté conjoint des ministres chargés de l'économie, du budget, de l'écologie, de l'énergie, du développement durable et de l'outre-mer ;

8° Les dépenses de plantations, espaces verts et aménagements paysagers attenants aux habitations, dans la limite globale de 0,80 % du montant total des dépenses mentionnées au 4° ;

9° Les honoraires de géomètres, architectes, techniciens de réalisation de plans, d'études techniques préalables, de direction d'opération, de pilotage, de coordination, de contrôle et de sécurité, de maîtrise d'ouvrage et maîtrise d'ouvrage déléguée, de certification, d'assurance dommage obligatoire et en application de l'article L 242-1 du code des assurances, dans la limite globale de 12 % du montant total des dépenses mentionnées du 3° au 7°. Cette limite peut être portée à 15 % pour les programmes ou ensembles d'investissements d'un montant inférieur à 10 millions d'euros.

VII. 1. Pour l'application des dispositions de l'article 199 undecies C du code général des impôts, les ressources du locataire, les personnes composant son foyer ou à sa charge et la surface à prendre en compte sont déterminées ainsi qu'il est dit aux articles 46 AG duodecies et 46 AG terdecies.

2. Les travaux de réhabilitation mentionnés au VI et au VI bis de l'article 199 undecies C du code général des impôts s'entendent de ceux qui satisfont aux conditions prévues à l'article 46 AG terdecies A.

VIII. *(Devenu sans objet).*

DC-IV-60550 s., 60800 s.

5° Réduction d'impôt au titre des souscriptions en numéraire au capital de sociétés non cotées

Art 46 AI bis **I. 1.** Lorsqu'un contribuable souscrit au capital d'une société dans les conditions prévues aux 1° et 2° du I de l'article 199 terdecies-0 A du code général des impôts et dont les titres ne sont pas admis aux négociations sur un marché d'instruments financiers français ou étranger, cette société lui délivre un état individuel qui mentionne :

a. L'objet pour lequel il est établi : application de l'article 199 terdecies-0 A du code général des impôts ;

b. La raison sociale, l'objet social et le siège social de la société ;

c. L'identité et l'adresse du souscripteur ;

d. Le nombre des titres souscrits, le montant et la date de leur souscription ;

e. La date et le montant des versements effectués au titre de la souscription au capital initial ou aux augmentations de capital.

Cet état précise, pour chacune des conditions mentionnées aux 1° et 2° du I de l'article 199 terdecies-0 A précité si elles sont ou non satisfaites.

2. Les dispositions du premier alinéa du 1 s'appliquent également en cas de souscription au capital d'une société mentionnée au premier alinéa du 3° du I de l'article 199 terdecies-0 A précité et dont les titres ne sont pas admis aux négociations sur un marché d'instruments financiers français ou étranger.

Dans ce cas, outre les informations prévues au 1, cette société mentionne également sur l'état individuel précité, pour chacun des versements effectués avant la date de clôture de son exercice au titre de ses souscriptions au capital de sociétés mentionnées au 1 et correspondant aux capitaux qu'elle a reçus au cours de ce même exercice à raison de la constitution de son capital initial ou de l'augmentation de son capital :

a. La raison sociale, l'objet social et le siège social de la société bénéficiaire de la souscription ;

b. Le nombre de titres souscrits, le montant et la date de leur souscription ;

c. La date et le montant des versements effectués au titre de la souscription au capital initial ou aux augmentations de capital.

3. Afin de permettre au contribuable de bénéficier de la réduction d'impôt sur le revenu prévue aux 1° et 3° du I de l'article 199 terdecies-0 A du code général des impôts, la société au capital de laquelle il a souscrit et dont les titres sont admis, dans les conditions prévues au 2° du I du même article, sur un système multilatéral de négociation s'engage, dans le prospectus prévu par la directive 2003/71/CE du Parlement européen et du Conseil du 4 novembre 2003, à satisfaire, selon le cas, aux conditions prévues aux 1° et 2° ou au 3° du I de l'article 199 terdecies-0 A précité. A défaut de prospectus, elle délivre au contribuable l'état individuel mentionné au premier alinéa du 1.

4. Lorsqu'un contribuable souscrit au capital d'une société remplissant les conditions prévues au premier alinéa du 3° du I de l'article 199 terdecies-0 A du code général des impôts et dont les titres sont admis sur un système multilatéral de négociation mentionné au 3, il informe la société afin qu'elle lui délivre un état individuel qui mentionne les informations prévues au 2.

II. 1. En cas de souscription au capital d'une société dont les titres ne sont pas admis sur un système multilatéral de négociation mentionné au 3 du I, le contribuable produit, à la demande de l'administration fiscale, les documents qui lui ont été remis conformément au I.

2. En cas de souscription au capital d'une société dont les titres sont admis sur un système multilatéral de négociation mentionné au 3 du I, le contribuable produit, à la demande de l'administration fiscale, les documents suivants :

a. L'avis d'opéré remis par l'établissement financier teneur de son compte sur lequel sont inscrits les titres souscrits ;

b. La copie de l'information publique publiée par un prestataire de services d'investissement ou l'entreprise de marché concernés ou tout autre organisme similaire étranger, indiquant le ratio de titres de capital correspondant à des titres nouvellement émis ;

c. Et, le cas échéant, les états individuels prévus au 3 et au 4 du I.

Le contribuable précise par ailleurs le nombre de titres mentionnés sur l'avis d'opéré pour lesquels il entend bénéficier de la réduction d'impôt sur le revenu prévue au I de l'article 199 terdecies-0 A du code général des impôts.

Le contribuable justifie de l'éligibilité de son investissement à la réduction d'impôt sur le revenu par la production, sur demande de l'administration fiscale, du prospectus prévu au 3 du I.

III. 1. Le contribuable produit, à la demande de l'administration fiscale, tout document de nature à justifier :

a. La durée de détention des titres reçus en contrepartie des souscriptions dont les versements ont ouvert droit à l'avantage fiscal prévu au 1° du I de l'article 199 terdecies-0 A du code général des impôts ;

b. La durée de détention par la société mentionnée au premier alinéa du 3° du I de l'article 199 terdecies-0 A précité des titres reçus en contrepartie des souscriptions qu'elle a effectuées au capital de sociétés vérifiant l'ensemble des conditions prévues au 2° du I du même article 199 terdecies-0 A et dont les versements ont ouvert droit à l'avantage fiscal prévu au 3° du I de ce même article.

2. En cas de cession mentionnée au IV de l'article 199 terdecies-0 A précité, le contribuable produit, à la demande de l'administration fiscale, une attestation de la société dont il a cédé les titres indiquant :

a. Le nombre de titres cédés ;

b. Le montant et la date de la cession.

Cette attestation précise le caractère obligatoire de la cession, au sens du IV de l'article 199 terdecies-0 A précité.

Le contribuable produit également, à la demande de l'administration fiscale, une attestation de la société dont il a souscrit les titres en remploi du prix de cession des titres dont la souscription avait ouvert droit à la réduction d'impôt sur le revenu prévue au I de l'article 199 terdecies-0 A précité.

Cette attestation comporte les mentions prévues au 1 du I.

Le contribuable produit, à la demande de l'administration fiscale, tout document de nature à justifier la durée de détention des titres souscrits en remploi du prix de cession des titres dont la souscription avait ouvert droit à la réduction d'impôt sur le revenu prévue au I de l'article 199 terdecies-0 A précité.

IV. *(Abrogé).*

Ndlr *L'article 199 terdecies-0 A du CGI a été réécrit par l'article 48 de la loi 2023-1322 du 29 décembre 2023 : voir tableau de concordance au FR 2/24 inf. 4 nº 3 p. 20.*

IRPP-IV-51250 s., 51530 s. ; MF nº 2610

6º Réduction d'impôt au titre des souscriptions de parts de fonds communs de placement dans l'innovation

Art 46 AI ter **I.** La société de gestion d'un fonds commun de placement dans l'innovation ou le dépositaire des actifs de ce fonds agissant pour le compte de la société de gestion informe la direction départementale ou, le cas échéant, régionale des finances publiques dans le ressort de laquelle est souscrite sa déclaration de résultats, de la constitution d'un fonds commun de placement dans l'innovation ou, le cas échéant, de la transformation d'un fonds commun de placement à risques, d'un fonds professionnel spécialisé relevant de l'article L 214-37 du code monétaire et financier dans sa rédaction antérieure à l'ordonnance nº 2013-676 du 25 juillet 2013 modifiant le cadre juridique de la gestion d'actifs ou d'un fonds professionnel de capital investissement existant en fonds commun de placement dans l'innovation. Cette déclaration intervient dans le mois qui suit la création ou la transformation du fonds.

II. La société de gestion du fonds ou le dépositaire des actifs de ce fonds est soumis aux obligations définies aux articles 41 sexdecies A à 41 sexdecies F et 280 A de la présente annexe ainsi qu'à l'article R 87-1 du livre des procédures fiscales.

III. En cas de cession ou de rachat de parts, de dissolution du fonds ou de distribution d'une partie de ses avoirs, la société de gestion du fonds ou le dépositaire des actifs de ce fonds est soumis aux obligations définies aux articles 41 duovicies F et 41 duovicies G.

IV. La société de gestion du fonds ou le dépositaire des actifs de ce fonds adresse, à la direction départementale ou, le cas échéant, régionale des finances publiques désignée au I, un état de chacun des inventaires semestriels de l'actif du fonds prévus à l'article D 214-60 du code monétaire et financier, à l'appui du bilan et du compte de résultats.

V. La société de gestion du fonds ou le dépositaire des actifs de ce fonds délivre, au plus tard le 16 février de l'année civile qui suit celle de la souscription des parts, aux souscripteurs qui entendent bénéficier de la réduction d'impôt prévue au VI de l'article 199 terdecies-0 A du code général des impôts, un état individuel qui mentionne :

a. L'objet pour lequel il est établi : application du VI de l'article 199 terdecies-0 A du code général des impôts ;

b. La dénomination du fonds, la raison sociale et l'adresse de la société de gestion ;

c. L'identité et l'adresse du souscripteur ;

d. Le nombre de parts souscrites, le montant et la date de leur souscription.

Cet état précise que les conditions mentionnées à l'article L 214-30 du code monétaire et financier et au 1 du VI de l'article 199 terdecies-0 A du code général des impôts sont remplies.

VI. La société de gestion du fonds ou le dépositaire des actifs de ce fonds isole dans un compte spécial les parts dont la souscription ouvre droit au bénéfice de la réduction d'impôt. Il tient ce compte jusqu'à l'expiration de la cinquième année qui suit celle de la souscription.

VII. Lorsque, au cours des cinq années qui suivent leur souscription, les parts du fonds sont cédées ou rachetées ou lorsque, dans ce même délai, l'une des conditions prévues à l'article L 214-30 du code monétaire et financier cesse d'être remplie, la société de gestion du fonds ou le dépositaire des actifs de ce fonds adresse, au souscripteur et à la direction départementale ou, le cas échéant, régionale des finances publiques désignée au I, un état individuel qui comprend, outre les informations indiquées au V, le nombre des parts cédées ou rachetées, le montant et la date de la cession ou du rachat ainsi que, le cas échéant, la nature de la condition qui cesse d'être remplie.

Cet état doit être délivré avant le 16 février de l'année qui suit celle de la cession ou du rachat des parts ou du non-respect de l'une des conditions prévues à l'article L 214-30 du code monétaire et financier.

Ndlr *L'article 199 terdecies-0 A du CGI a été réécrit par l'article 48 de la loi 2023-1322 du 29 décembre 2023 : voir tableau de concordance au FR 2/24 inf. 4 nº 3 p. 20.*

IRPP-IV-163000 s. ; MF nºs 2660 s.

Art 46 AI quater **I.** L'engagement de conservation des parts prévu au 1 du VI de l'article 199 terdecies-0 A du code général des impôts est constaté par un document, établi en double exemplaire à l'occasion de chaque souscription, qui précise le nombre de parts, la date et le montant total de la souscription réalisée.

II. Pour bénéficier de la réduction d'impôt prévue au VI de l'article 199 terdecies-0 A du code général des impôts, le contribuable produit, à la demande de l'administration fiscale, les documents qui lui ont été remis conformément au V de l'article 46 AI ter ainsi qu'une copie de l'engagement de conservation mentionné au I.

III. Lorsque le fonds ou le contribuable cesse de remplir l'une des conditions fixées à l'article L 214-30 du code monétaire et financier et au 1 du VI de l'article 199 terdecies-0 A du code général des impôts, le contribuable qui a bénéficié de la réduction d'impôt prévue à cet article procède au calcul de la reprise d'impôt et porte le montant correspondant sur la déclaration d'impôt sur le revenu déposée au titre de l'année considérée.

Ndlr *L'article 199 terdecies-0 A du CGI a été réécrit par l'article 48 de la loi 2023-1322 du 29 décembre 2023 : voir tableau de concordance au FR 2/24 inf. 4 nº 3 p. 20.*

IRPP-IV-163000 s. ; MF nºs 2660 s.

6º bis Réduction d'impôt au titre des souscriptions de parts de fonds d'investissement de proximité

Art 46 AI quinquies **I.** La société de gestion d'un fonds d'investissement de proximité mentionné à l'article L 214-31 du code monétaire et financier ou le dépositaire des actifs de ce fonds agissant pour le compte de la société de gestion est soumis aux obligations définies aux I à III de l'article 46 AI ter et à celles définies aux V à VII de ce même article lorsque les souscripteurs des parts de ce fonds entendent bénéficier de la réduction d'impôt prévue au VI ou au VI ter de l'article 199 terdecies-0 A du code général des impôts.

II. A chaque inventaire semestriel, la société de gestion d'un fonds d'investissement de proximité ou le dépositaire des actifs de ce fonds agissant pour le compte de la société de gestion s'assure que les sociétés dont les titres ou avances en compte courant sont retenus pour le calcul de la proportion mentionnée au I de l'article L 214-31 du code monétaire et financier remplissent, à la date de clôture de leur dernier exercice précédant l'inventaire, les conditions posées à cet article L 214-31.

La société de gestion du fonds ou le dépositaire de ses actifs adresse, à la direction départementale ou, le cas échéant, régionale des finances publiques dont il relève, un état de chacun des inventaires semestriels de l'actif du fonds mentionnés au précédent alinéa, à l'appui du bilan et du compte de résultats.

III. Les dispositions de l'article 46 AI quater s'appliquent au contribuable qui entend bénéficier de la réduction d'impôt prévue au VI ou au VI ter de l'article 199 terdecies-0 A du code général des impôts pour la souscription en numéraire de parts de fonds d'investissement de proximité mentionnés à l'article L 214-31 du code monétaire et financier.

Ndlr *L'article 199 terdecies-0 A du CGI a été réécrit par l'article 48 de la loi 2023-1322 du 29 décembre 2023 : voir tableau de concordance au FR 2/24 inf. 4 nº 3 p. 20.*

IRPP-IV-163000 s. ; MF nºs 2660 s.

6º bis A Réduction d'impôt au titre de la souscription en numéraire au capital des entreprises d'utilité sociale

Art 46 AI quinquies A Pour l'application du b du 2º de l'article 199 terdecies-0 AA du code général des impôts, le seuil de chiffre d'affaires de l'entreprise caractérisant la première vente commerciale est fixé à 250 000 € hors taxe sur la valeur ajoutée. Ce montant s'entend de celui constaté à la clôture de l'exercice.

La durée de dix ans prévue au même b du 2º court à compter de la date d'ouverture de l'exercice suivant celui au titre duquel le chiffre d'affaires de l'entreprise excède pour la première fois le seuil de 250 000 €.

IRPP-IV-47520 ; MF nº 2610

6º ter Réduction d'impôt accordée au titre d'emprunts souscrits pour la reprise d'une entreprise

Art 46 AI sexies **I.** Lorsqu'un contribuable entend bénéficier de la réduction d'impôt prévue à l'article 199 terdecies-0 B du code général des impôts, la société dont il a acquis les titres lui délivre un état individuel qui mentionne :

a. L'objet pour lequel il est établi : application de l'article 199 terdecies-0 B du code général des impôts ;

b. La raison sociale, l'objet social et le siège social de la société reprise ;

c. L'identité et l'adresse du contribuable, ainsi que, le cas échéant, celles des personnes mentionnées au b du I de l'article 199 terdecies-0 B précité qui participent à l'opération de reprise de la société avec ce contribuable ;

d. Le nombre de titres acquis par les personnes mentionnées au c et la date de leur acquisition, ainsi que le pourcentage de droits de vote et de droits dans les bénéfices sociaux de la société reprise que confèrent à ces personnes lesdits titres ;

e. La fonction de direction exercée dans la société par le contribuable ainsi que la date de début d'exercice de cette fonction ou, à défaut, l'identité du ou des personnes exerçant une fonction de direction dans la société et la nature et la date de début d'exercice de la fonction.

Cet état doit préciser que la société remplit les conditions mentionnées aux d, e et f du I de l'article 199 terdecies-0 B du code général des impôts.

II. Pour bénéficier de la réduction d'impôt sur le revenu prévue à l'article 199 terdecies-0 B précité, le contribuable joint à sa déclaration de revenus de l'année d'acquisition des titres de la société reprise l'état individuel mentionné au I que cette société lui a remis.

Le contribuable précise par ailleurs :

a. Le prix d'acquisition des titres de la société reprise ;

b. Le montant, la durée et la date de l'emprunt contracté pour acquérir les titres de la société reprise, ainsi que le nom et l'adresse de l'organisme prêteur ;

c. Le montant des intérêts qui seront dus chaque année au titre de l'emprunt susvisé, tel que prévu dans le contrat initial conclu au titre de cet emprunt.

III. Le contribuable produit à l'administration fiscale, sur sa demande, tout document de nature à justifier :

a. Du montant des intérêts retenus chaque année pour le calcul de la réduction d'impôt sur le revenu prévue à l'article 199 terdecies-0 B précité ;

b. De la durée de détention des titres dont l'acquisition ouvre droit à cette réduction d'impôt sur le revenu.

IRPP-IV-17785 s. ; MF n° 2780

6° quater Réduction d'impôt accordée au titre des souscriptions au capital d'entreprises de presse

Art 46 AI septies **I. 1.** Lorsqu'un contribuable souscrit au capital d'une société remplissant les conditions prévues au premier alinéa du a du 1 de l'article 199 terdecies-0 C du code général des impôts, cette société lui délivre un état individuel qui mentionne :

a. L'objet pour lequel il est établi ;

b. La raison sociale, l'objet social, le siège social et le régime fiscal de la société ;

c. L'identité et l'adresse du souscripteur ;

d. Le nombre des titres souscrits, le montant et la date de leur souscription ;

e. La date et le montant des versements effectués.

La société atteste sur cet état qu'elle répond aux conditions mentionnées au premier alinéa du a du 1 et au 5 de l'article 199 terdecies-0 C du code général des impôts.

2. Lorsque la société bénéficiaire de la souscription a le statut d'entreprise solidaire de presse d'information, au sens de l'article 2-1 de la loi n° 86-897 du 1er août 1986 portant réforme du régime juridique de la presse, elle l'indique sur l'état mentionné au 1 du présent I.

I bis 1. Lorsqu'un contribuable souscrit au capital d'une société mentionnée au premier alinéa du b du 1 de l'article 199 terdecies-0 C du code général des impôts, cette société lui délivre un état individuel qui mentionne les informations prévues au 1 du I du présent article.

La société atteste sur cet état qu'elle répond aux conditions mentionnées au premier alinéa du b du 1 de l'article 199 terdecies-0 C du même code.

Lorsque la société a pour objet statutaire exclusif de détenir des participations dans des entreprises mentionnées au second alinéa du a du 1 du même article, elle l'indique sur cet état.

2. A la clôture de l'exercice au cours duquel le contribuable a souscrit à son capital, et pour chacun des versements qu'il a effectués, cette société lui délivre une attestation de réinvestissement mentionnant les informations suivantes pour chacun des versements qu'elle a effectués au capital de sociétés de presse mentionnées au a du 1 de l'article 199 terdecies-0 C du code général des impôts avant la date de clôture de cet exercice et afférents à la souscription à laquelle se rapporte le versement effectué par le contribuable :

a. La raison sociale, l'objet social et le siège social de la ou des sociétés de presse éligibles bénéficiaires de la souscription ;

b. Le nombre de titres souscrits, le montant et la date de leur souscription ;

c. La date et le montant des versements effectués par la société considérée au titre de la souscription au capital de la ou des sociétés mentionnées au a du présent 2.

Cette attestation est accompagnée d'un document, délivré par chaque société de presse au capital de laquelle elle a souscrit, attestant que cette société de presse répond aux conditions mentionnées au premier alinéa du a du 1 et au 5 de l'article 199 terdecies-0 C du même code.

3. La société mentionnée au premier alinéa du b du 1 de l'article 199 terdecies-0 C du code général des impôts prend l'engagement, sur l'attestation mentionnée au 2, d'informer le contribuable en cas de cession des titres souscrits au capital de sociétés de presse éligibles mentionnées au a du 1 du même article intervenant avant le 31 décembre de la cinquième année suivant celle de leur souscription.

Lorsque tout ou partie des titres souscrits par la société mentionnée au premier alinéa du b du 1 de l'article 199 terdecies-0 C du même code sont cédés avant le 31 décembre de la cinquième année suivant celle de leur souscription, cette société adresse au contribuable un état individuel qui mentionne la raison sociale, l'objet social et le siège social de la ou des sociétés de presse dont les titres sont cédés, le nombre de titres cédés, le montant et la date de cession.

II. Le contribuable produit à l'administration fiscale, sur sa demande, l'état mentionné au I et, le cas échéant, les états et l'attestation mentionnés au I bis, ainsi que tout document de nature à justifier la durée de détention des titres dont la souscription par celui-ci, ou par l'intermédiaire d'une société mentionnée au b du 1 de l'article 199 terdecies-0 C du code général des impôts a ouvert droit à la réduction d'impôt sur le revenu prévue au même article.

IRPP-IV-16700 s. ; MF n°s 2700 s.

8° bis Réduction ou crédit d'impôt accordé au titre des sommes versées pour l'emploi d'un salarié à domicile, à une association agréée ou à un organisme habilité ou conventionné ayant le même objet

Art 46 AO bis Conformément aux dispositions du premier alinéa de l'article D 7233-4 du code du travail, la personne morale ou l'entrepreneur individuel qui assure la fourniture de prestations de services ouvrant droit à l'aide prévue à l'article 199 sexdecies du code général des impôts communique à chacun de ses clients une attestation fiscale comportant les informations mentionnées à l'article D 7233-4 précité.

Ndlr *L'article D 7233-4 du code du travail est reproduit dans la partie Autres textes du présent code.*

IRPP-IV-30450

11° bis Réduction d'impôt accordée au titre des dons faits par les particuliers

Art 46 AW bis La demande d'agrément mentionnée au 4 bis de l'article 200 du code général des impôts est présentée en langue française sur papier libre, conformément à un modèle fixé par arrêté des ministres chargés de l'économie et du budget, auprès des services centraux de la direction générale des finances publiques par l'organisme ayant son siège dans un Etat membre de l'Union européenne ou dans un Etat partie à l'Espace économique européen ayant conclu avec la France une convention d'assistance administrative en vue de lutter contre la fraude et l'évasion fiscales.

Sont jointes à la demande les pièces justificatives dont la liste est fixée par arrêté des ministres chargés de l'économie et du budget et leur traduction en langue française, attestant que l'organisme poursuit des objectifs et présente des caractéristiques similaires aux organismes dont le siège est situé en France répondant aux conditions prévues à l'article 200 du code général des impôts.

Les demandes de renouvellement d'agrément sont présentées selon les mêmes modalités *(Voir Annexe IV, art. 121 Z sexies et arrêté du 28 février 2011 art. 1, JO du 2 mars).*

IRPP-IV-9890

Art 46 AW ter I. La décision d'agrément est prise par le ministre chargé du budget. Sa décision est notifiée à l'organisme, elle est motivée en cas de refus.

II. L'agrément accordé au titre d'une première demande porte sur la période comprise entre la date de sa notification et le 31 décembre de la troisième année qui suit cette date.

Les demandes de renouvellement doivent être présentées au plus tard le 30 juin de la dernière année couverte par l'agrément. En cas de renouvellement, l'agrément est accordé pour une période de trois ans courant à compter du 1er janvier suivant. En cas de refus de renouvellement d'agrément, l'agrément en cours produit ses effets jusqu'à son terme.

III. La liste des organismes agréés est publiée sur le site internet de l'administration fiscale. Cette liste est actualisée à chaque décision d'agrément.

IV. L'agrément peut être retiré par décision motivée du ministre chargé du budget lorsqu'il est établi que l'organisme, en totalité ou en partie, ne poursuit plus d'objectifs ou ne présente plus de caractéristiques similaires aux organismes dont le siège est situé en France répondant aux conditions prévues à l'article 200 du code général des impôts. Cette décision est notifiée à l'organisme et la liste mentionnée au III est actualisée.

IRPP-IV-9890

Art 46 AW quater I. Le montant des dons aux organismes mentionnés au 4 bis de l'article 200 du code général des impôts est indiqué distinctement sur la déclaration de revenus prévue à l'article 170 du même code de l'année au titre de laquelle les dons sont effectués.

II. Pour l'application du deuxième alinéa du 4 bis de l'article 200 du code général des impôts, les pièces à fournir sont celles mentionnées au deuxième alinéa de l'article 46 AW bis.

14° Crédit d'impôt en faveur des étudiants en vue du financement de leurs études supérieures

Art 46 AZ Les établissements de crédits qui consentent des prêts à la consommation ouvrant droit aux dispositions de l'article 200 terdecies du code général des impôts *(NDLR Article abrogé par l'article 110 de la loi 2023-1322 du 29 décembre 2023)* délivrent dans les trois premiers mois de chaque année à l'emprunteur concerné une attestation mentionnant :

1° L'identité et l'adresse du prêteur et du ou des emprunteurs ;

2° La nature et la date de conclusion du contrat ; cette date est réputée être celle de l'offre préalable de crédit ;

3° Le montant du capital emprunté et la durée du crédit ;

4° La désignation du bien ou du service financé pour les prêts affectés ;

5° Le montant annuel des intérêts payés ; ceux-ci s'entendent comme étant composés par l'ensemble des éléments constitutifs du taux effectif global au sens de l'article L 313-1 du code de la consommation *(L'article L 313-1 du code de la consommation, dans sa version en vigueur jusqu'au 30 juin 2016 a été abrogé par l'ordonnance 2016-301 du 14 mars 2016 art. 34, 1).*

IRPP-IV-60800 s.

Art 46 AZ bis Les contribuables qui bénéficient du crédit d'impôt sur le revenu prévu à l'article 200 terdecies du code général des impôts *(NDLR Article abrogé par l'article 110 de la loi 2023-1322 du 29 décembre 2023)* conservent, pour justifier de son bien-fondé et jusqu'à l'expiration du délai au cours duquel l'administration est susceptible d'exercer son droit de reprise :

1° L'attestation établie par le prêteur ;

2° La copie de leur certificat de scolarité permettant de justifier de leur inscription dans un cycle de l'enseignement supérieur au moment de la souscription du prêt.

IRPP-IV-60800 s.

15° Crédit d'impôt au titre des dépenses de remplacement pour congé de certains exploitants agricoles

Art 46 AZA La condition d'une activité requérant la présence du contribuable sur l'exploitation chaque jour de l'année, mentionnée à l'article 200 undecies du code général des impôts, est réputée satisfaite lorsque l'exploitant exerce une activité d'élevage qui nécessite des travaux, des soins ou de la surveillance quotidiennement.

BA-VII-28570 ; MF nº 16350 précision c

Art 46 AZA bis Si l'exploitant agricole exerce une activité autre que celle définie à l'article 46 AZA, cette activité peut être éligible au crédit d'impôt si l'exploitant fournit avec la déclaration spéciale mentionnée à l'article 46 AZA quater un calendrier des travaux de ses différentes productions montrant que celles-ci nécessitent sa présence tous les jours de l'année.

BA-VII-28575

Art 46 AZA ter Les dépenses de remplacement mentionnées au I de l'article 200 undecies du code général des impôts comprennent les rémunérations et leurs accessoires ainsi que les charges sociales, dans la mesure où celles-ci correspondent à des cotisations sociales obligatoires.

Le taux horaire minimum garanti permettant d'apprécier le plafond du crédit d'impôt prévu au II de l'article 200 undecies précité est celui en vigueur, en application des articles L 3231-4 à L 3231-12 du code du travail, au 31 décembre de l'année au titre de laquelle le crédit d'impôt est calculé.

BA-VII-28612 ; MF nº 16350

Art 46 AZA quater Pour l'application des dispositions de l'article 200 undecies du code général des impôts, les contribuables exerçant une activité dont les revenus sont imposés dans la catégorie des bénéfices agricoles sont tenus de souscrire une déclaration spéciale conforme à un modèle établi par l'administration.

Cette déclaration doit être jointe à la déclaration annuelle de résultat que le contribuable exerçant une activité professionnelle agricole est tenue de déposer en vertu de l'article 53 A du code général des impôts.

Les exploitants individuels et les associés personnes physiques de sociétés de personnes ou de groupements assimilés, dont les groupements agricoles d'exploitation en commun, qui ne seraient pas tenus au dépôt de la déclaration annuelle de résultat prévue à l'article 53 A précité joignent la déclaration spéciale mentionnée au premier alinéa à leur déclaration de revenus de l'année au titre de laquelle le bénéfice du crédit d'impôt est demandé.

Pour les associés personnes physiques de sociétés de personnes ou de groupements assimilés, dont les groupements agricoles d'exploitation en commun, la déclaration spéciale indique la quote-part du crédit d'impôt revenant à chaque associé en fonction de sa participation dans le groupement concerné.

BA-VII-28840 s.

Art 46 AZA quinquies Les contribuables sont également tenus de joindre à la déclaration spéciale mentionnée à l'article 46 AZA quater une copie de la facture de la prestation de service de remplacement ou une copie du contrat de travail mentionnant le coût du salaire horaire du remplaçant et le nombre de jours de remplacement de l'exploitant.

BA-VII-28870

16° Crédit d'impôt au titre des intérêts d'emprunts supportés pour l'acquisition ou la construction de l'habitation principale

Art 46 AZA sexies Le contribuable qui demande le bénéfice des dispositions de l'article 200 quaterdecies du code général des impôts au titre des intérêts du ou des prêts immobiliers supportés à raison de l'acquisition d'un logement mentionné au I de l'article précité présente, sur demande de l'administration fiscale, les documents suivants :

1. Lorsque l'acquisition est effectuée directement par le contribuable ou un membre de son foyer fiscal désigné au 1 et 3 de l'article 6 du code général des impôts :

1° Une copie de l'acte authentique d'acquisition du logement ;

2° Une déclaration signée d'affectation du logement à l'habitation principale de l'emprunteur, précisant la date à compter de laquelle cette affectation est effective, ou en cas de construction ou d'acquisition en état futur d'achèvement, l'engagement d'affecter le logement à cet usage dès l'achèvement et au plus tard le 31 décembre de la deuxième année suivant celle de la conclusion du prêt ;

3° L'échéancier de remboursement établi par l'établissement financier prêteur faisant notamment apparaître le montant des intérêts dus. Lorsque le prêt est souscrit à un taux variable, un document établi par l'établissement financier prêteur et récapitulant les intérêts effectivement versés par l'emprunteur au cours de l'année ;

4° Le cas échéant, les factures de travaux, autres que les factures d'acompte, établies par les entreprises ;

5° Le cas échéant, l'acte authentique d'acquisition du terrain nu et les mémoires des entrepreneurs et architectes, en charge des travaux de construction, la déclaration d'ouverture de chantier prévue à l'article R* 424-16 du code de l'urbanisme accompagnée d'une pièce attestant de sa réception en mairie et la copie des factures des travaux de construction du logement, respectant les mentions prévues par l'article 242 nonies A de l'annexe II, lorsque le contribuable fait construire son logement.

2. Lorsque l'acquisition du logement est effectuée par l'intermédiaire d'une société non soumise à l'impôt sur les sociétés qui le met à la disposition gratuite d'un associé au titre de son habitation principale, outre les documents mentionnés au 1, une attestation sur l'honneur signée conjointement par lui et par la société propriétaire dans laquelle :

1° La société atteste que le logement est mis à la disposition gratuite de l'associé personne physique en précisant ses nom et prénoms, ainsi que la quote-part correspondant au logement concerné représentative de ses droits dans le capital social ;

2° L'associé atteste qu'il affecte ce logement à son habitation principale.

Cette attestation précise également l'adresse du logement acquis, la référence du ou des prêts immobiliers souscrits pour son financement, les coordonnées du ou des organismes prêteurs, la date de signature de l'acte authentique d'acquisition, ainsi que la date à compter de laquelle le logement est affecté à l'habitation principale de l'associé personne physique bénéficiaire de la mise à disposition gratuite.

Lorsque la société fait construire le logement ou l'acquiert en état futur d'achèvement, l'attestation mentionne que la mise à disposition et l'affectation à l'habitation principale doivent intervenir dès l'achèvement et au plus tard le 31 décembre de la deuxième année suivant celle de la conclusion du prêt.

IRPP-IV-73100 s.

Art 46 AZA septies Les logements mentionnés au troisième alinéa du III de l'article 200 quaterdecies du code général des impôts s'entendent de ceux qui répondent aux conditions d'attribution du label « bâtiment basse consommation énergétique, BBC 2005 » mentionné au 5° de l'article 2 de l'arrêté du 3 mai 2007 relatif au contenu et aux conditions d'attribution du label « haute performance énergétique » *(Voir aussi arrêté du 26 octobre 2010 relatif aux caractéristiques thermiques et aux exigences de performance énergétique des bâtiments nouveaux et des parties nouvelles de bâtiments art 53).*

IRPP-IV-72720 s.

17° Réduction d'impôt accordée au titre des investissements locatifs

Art 46 AZA octies I. Les logements mentionnés au troisième alinéa du II de l'article 199 septvicies du code général des impôts s'entendent :

1° Pour les logements acquis neufs ou, sous réserve du 2°, pour les logements acquis en l'état futur d'achèvement ou que le contribuable fait construire, de ceux qui bénéficient du label

« bâtiment basse consommation énergétique, BBC 2005 » mentionné au 5° de l'article 2 de l'arrêté du 3 mai 2007 relatif au contenu et aux conditions d'attribution du label « haute performance énergétique » ;

2° Pour les logements qui font ou qui ont fait l'objet de travaux mentionnés aux b, c et d du 2 du I de l'article 199 septvicies susmentionné ou pour les logements acquis en l'état futur d'achèvement mentionnés au 1 du I de ce même article lorsqu'ils ne sont pas soumis aux dispositions de l'article L 171-1 du code de la construction et de l'habitation :

a. Soit de ceux qui bénéficient du label « haute performance énergétique rénovation, HPE rénovation 2009 » ou du label « bâtiment basse consommation énergétique rénovation, BBC rénovation 2009 » mentionnés aux 1° et 2° de l'article 2 de l'arrêté du 29 septembre 2009 relatif au contenu et aux conditions d'attribution du label « haute performance énergétique rénovation » *(NDLR L'arrêté précité a été abrogé par l'arrêté TREL2306395A du 3 octobre 2023 art. 9 : JO 12, pour les demandes de labellisation intervenant à compter du 1er janvier 2024) (Voir également arrêté du 5 mars 2012 art. 6, JO du 7)* ;

b. Soit de ceux qui respectent les exigences de performance énergétique globale, définies par arrêté du ministre chargé de la construction *(NDLR Arrêté du 5 mars 2012, JO du 7)*, pour au moins deux des quatre catégories suivantes :

isolation de la toiture ou des murs donnant sur l'extérieur ;

fenêtres ;

système de chauffage ;

système de production d'eau chaude sanitaire.

II. Les logements mentionnés au cinquième alinéa du IV de l'article 199 septvicies du code général des impôts s'entendent de ceux qui bénéficient du label « bâtiment basse consommation énergétique, BBC 2005 » mentionné au 5° de l'article 2 de l'arrêté du 3 mai 2007 relatif au contenu et aux conditions d'attribution du label « haute performance énergétique ».

IRPP-IV-88520 s., 100840 s. ; MF n° 2890

Art 46 AZA octies-0 A Les logements mentionnés au II de l'article 199 novovicies du code général des impôts s'entendent :

1° Pour les logements acquis neufs, ou, sous réserve du 2°, pour les logements acquis en l'état futur d'achèvement ou que le contribuable fait construire :

a. Soit de ceux qui bénéficient du label mentionné au 1° du I de l'article 46 AZA octies ;

b. Soit de ceux qui respectent les caractéristiques thermiques et conditions mentionnées à l'article R 172-2 du code de la construction et de l'habitation, selon les prescriptions fixées par l'arrêté prévu à l'article R 172-3 du même code.

Pour justifier du respect de la condition prévue à l'alinéa précédent, le contribuable présente, sur demande de l'administration fiscale, l'attestation mentionnée à l'article 6 de l'arrêté du 11 octobre 2011 relatif aux attestations de prise en compte de la réglementation thermique et de réalisation d'une étude de faisabilité relative aux approvisionnements en énergie pour les bâtiments neufs ou les parties nouvelles de bâtiments ;

2° Pour les logements qui font ou qui ont fait l'objet de travaux mentionnés aux 2°, 3° et 4° du B du I de l'article 199 novovicies du code général des impôts ou pour les logements acquis en l'état futur d'achèvement mentionnés au premier alinéa du I de ce même article lorsqu'ils ne sont pas soumis aux dispositions de l'article L 171-1 du code de la construction et de l'habitation :

a. Soit de ceux qui bénéficient d'un des labels mentionnés au a du 2° du I de l'article 46 AZA octies ;

b. Soit de ceux qui respectent les exigences de performance énergétique globale dans les mêmes conditions et selon les mêmes modalités que celles définies au b du 2° du I de l'article 46 AZA octies ;

3° Pour les logements qui font ou qui ont fait l'objet de travaux mentionnés au 5° du B du I de l'article 199 novovicies du code général des impôts :

a. Soit de ceux qui permettent d'atteindre une diminution de la consommation conventionnelle d'énergie primaire du bâtiment définie par un arrêté conjoint des ministres chargé du budget et du logement et d'atteindre une consommation conventionnelle d'énergie primaire après travaux inférieure à un seuil défini par ce même arrêté ;

b. Soit de ceux qui respectent les exigences de performance énergétique, définies par l'arrêté mentionné au a du présent 3°, pour au moins deux des cinq catégories suivantes, et qui permettent d'atteindre une consommation conventionnelle d'énergie primaire après travaux inférieure à un seuil défini par ce même arrêté :

1. isolation de la toiture ;

2. isolation des murs donnant sur l'extérieur ;

3. isolation des parois vitrées donnant sur l'extérieur ;

4. systèmes de chauffage ;

5. système de production d'eau chaude sanitaire.

Les modalités de justification du respect des exigences prévues au a et au b du présent 3° sont définies par ce même arrêté *(NDLR Voir arrêté LOGL1903827A du 26 mars 2019, JO du 27).*

IRPP-IV-113720 s., 125220 s. ; MF n° 2808

Art 46 AZA octies-0 AA Les logements mentionnés au II de l'article 199 novovicies du code général des impôts, lorsqu'ils sont situés outre-mer, s'entendent :

1° Pour les logements situés en Guyane, en Martinique et à La Réunion, sous réserve du 3°, de ceux qui respectent les prescriptions prévues aux articles R 162-1 et R 192-2 du code de la construction et de l'habitation ;

2° Pour les logements situés en Guadeloupe, sous réserve du 3°, de ceux qui respectent les dispositions prévues par les délibérations du 19 avril 2011 du conseil régional de la Guadeloupe relevant du domaine du règlement relatives à la réglementation thermique et aux caractéristiques thermiques de l'enveloppe des bâtiments nouveaux et des parties nouvelles de bâtiments, à la production d'eau chaude sanitaire par énergie renouvelable ou par énergie de récupération dans les bâtiments en Guadeloupe et aux systèmes de refroidissement et à la performance énergétique des appareils de climatisation individuels ;

3° Pour les logements situés en Guadeloupe, en Guyane, en Martinique et à La Réunion, et qui font ou qui ont fait l'objet de travaux mentionnés aux 2°, 3°, 4° et 5° du B du I de l'article 199 novovicies du code général des impôts ou qui sont acquis en l'état futur d'achèvement lorsqu'ils ne sont pas soumis aux prescriptions des articles R 162-1 et R 192-2 précités ou aux dispositions prévues par les délibérations du 19 avril 2011 du conseil régional de la Guadeloupe précitées, de ceux qui respectent cumulativement :

a. Une exigence thermique qui s'entend de l'intégration au logement de l'un des dispositifs mentionnés au c du 1 du I de l'article 18 quater de l'annexe IV au code général des impôts ;

b. Une exigence énergétique qui s'entend de l'intégration au logement d'un au moins des équipements mentionnés aux 4,5 et 6 du même I de l'article précité et selon les mêmes conditions ;

4° Pour les logements situés en Nouvelle-Calédonie, en Polynésie française, à Saint-Martin et dans les îles Wallis-et-Futuna, de ceux qui respectent les exigences prévues aux a et b du 3° ;

5° Pour les logements situés à Saint-Pierre-et-Miquelon, de ceux qui respectent cumulativement :

a. Une exigence thermique qui s'entend de l'intégration au logement de matériaux d'isolation thermique mentionnés aux 1° et 2° du b du 2 du I de l'article 18 bis de l'annexe IV au code général des impôts ou d'appareils de régulation de chauffage mentionnés au c du même 2 de l'article précité ;

b. Une exigence énergétique qui s'entend de l'intégration au logement d'un au moins des équipements mentionnés aux 4, 5 et 6 du I de l'article 18 quater de l'annexe IV au code général des impôts et selon les mêmes conditions.

IRPP-IV-113900 s. ; MF n° 92065

Art 46 AZA octies A Les plafonds par mètre carré de surface habitable mentionnés au premier alinéa du IV de l'article 199 septvicies du code général des impôts sont fixés à 5 000 € pour les logements situés en zone A, 4 000 € pour ceux situés en zone B1 ainsi que dans les départements d'outre-mer, les collectivités d'outre-mer et la Nouvelle-Calédonie, mentionnés au XI du même article, 2 100 € pour ceux situés en zone B2 et 2 000 € pour ceux situés en zone C.

Les zones A, B1, B2 et C sont celles définies à l'article D 304-1 du code de la construction et de l'habitation.

La surface habitable à prendre en compte s'entend de celle définie au troisième alinéa du a de l'article 2 duodecies. Toutefois, pour les départements d'outre-mer, les collectivités d'outre-mer et la Nouvelle-Calédonie, mentionnés au XI de l'article 199 septvicies susvisé, la surface habitable à prendre en compte est celle prévue au III de l'article 46 AG terdecies.

IRPP-IV-90820 s., 103500 ; MF n°s 2890, 92070

Art 46 AZA octies B Le plafond par mètre carré de surface habitable mentionné au premier alinéa du A du V de l'article 199 novovicies du code général des impôts est fixé à 5 500 €.

La surface habitable à prendre en compte s'entend, pour les logements situés en métropole, de celle prévue au dernier alinéa du a de l'article 2 duodecies et, pour ceux situés outre-mer, de celle prévue au III de l'article 46 AG terdecies.

IRPP-IV-117450 s. ; MF n° 2813

Art 46 AZA nonies **I.** Pour l'application de l'article 199 sexvicies du code général des impôts, le contribuable joint à sa déclaration de revenus de l'année au titre de laquelle le bénéfice de la réduction d'impôt est demandé :

1° Une note annexe, établie conformément au modèle fixé par l'administration, qui comporte les éléments suivants :

a. Ses identité et adresse ;

b. L'adresse du logement concerné ;

c. Pour les logements acquis en l'état futur d'achèvement ou les logements achevés depuis au moins quinze ans, la date d'achèvement du logement ;

d. Le nom et le type d'établissement ou de résidence dans lequel le logement est situé ;

e. L'engagement de louer le logement meublé pendant une durée de neuf ans au moins à l'exploitant de l'établissement ou de la résidence ;

f. Le prix d'acquisition ou de revient du logement retenu pour la détermination de la base de la réduction d'impôt ;

2° Une copie du bail conclu avec l'exploitant de l'établissement ou de la résidence mentionnant la date de prise d'effet de la location ainsi que, s'il y a lieu, la durée totale, par année civile, des périodes d'occupation du logement que le propriétaire se réserve ;

3° Une copie de l'acte authentique d'acquisition du logement ;

4° Pour les logements achevés depuis au moins quinze ans ayant fait l'objet de travaux de réhabilitation :

a. Les états descriptifs du logement mentionnés aux 1° et 2° de l'article 2 quindecies C. La personne mentionnée au premier alinéa de cet article qui établit ces états fournit également une attestation indiquant que l'ensemble des performances techniques mentionnées au II de l'article 2 quindecies B est respecté, dont au moins une d'entre elles à la suite des travaux de réhabilitation concernés ;

b. Lorsqu'ils sont requis, les états prévus aux articles L 1334-5 et L 1334-13 du code de la santé publique fournis par le vendeur lors de la promesse de vente ou annexés à l'acte authentique de vente du logement ;

5° Pour les logements achevés depuis au moins quinze ans qui font l'objet de travaux de réhabilitation :

a. Les états et attestation mentionnés au 4° ;

b. Lorsque le logement fait l'objet de travaux de la part de l'acquéreur, une copie des factures des entreprises ayant réalisé les travaux ; ces factures doivent mentionner l'adresse de réalisation des travaux, leur nature et leur montant ;

6° Pour les logements situés dans les résidences de tourisme, une copie de l'arrêté préfectoral portant classement de la résidence ;

7° Pour les logements situés dans des résidences avec services pour personnes âgées ou handicapées, une copie attestant de la délivrance de l'agrément prévue à l'article L 7232-1 du code du travail, par le gestionnaire des services.

II. En cas de changement d'exploitant au cours de la période couverte par l'engagement de location, le contribuable joint à sa déclaration des revenus de l'année au cours de laquelle le changement est intervenu une copie du bail conclu avec le nouvel exploitant comportant les mentions définies au 2° du I.

III. Pour l'application du dernier alinéa du III de l'article 199 sexvicies du code général des impôts, le conjoint survivant joint à la déclaration des revenus qu'il souscrit au titre de l'année du décès de son conjoint, pour la période postérieure à cet événement, une note établie conformément à un modèle fixé par l'administration qui comporte l'engagement de louer le logement meublé à l'exploitant de l'établissement ou de la résidence pour la fraction de la période de neuf ans couverte par l'engagement de location initial restant à courir à la date du décès.

En cas de changement d'exploitant de l'établissement ou de la résidence, les dispositions du II sont applicables.

IRPP-IV-82000 s. ; MF n° 90598

Art 46 AZA decies Pour justifier du respect de la condition prévue au premier alinéa du II de l'article 199 septvicies du code général des impôts, pour les logements neufs, acquis achevés ou en l'état futur d'achèvement, le contribuable présente, sur demande de l'administration fiscale, l'un des documents suivants :

a. La synthèse d'étude thermique mentionnée au 2 de l'article 10 de l'arrêté du 24 mai 2006 relatif aux caractéristiques thermiques des bâtiments nouveaux et des parties nouvelles de bâtiments ;

b. L'attestation mentionnée à l'article 6 de l'arrêté du 11 octobre 2011 relatif aux attestations de prise en compte de la réglementation thermique et de réalisation d'une étude de faisabilité relative aux approvisionnements en énergie pour les bâtiments neufs ou les parties nouvelles de bâtiments ;

c. Le récapitulatif standardisé d'étude thermique mentionné à l'article 9 de l'arrêté du 26 octobre 2010 relatif aux caractéristiques thermiques et aux exigences de performance énergétique des bâtiments nouveaux et des parties nouvelles de bâtiments ;

d. Le certificat mentionnant l'attribution d'un label « haute performance énergétique », délivré par un organisme de certification selon les critères et dans les conditions fixées par l'arrêté du 3 mai 2007 relatif au contenu et aux conditions d'attribution du label « haute performance énergétique ».

IRPP-IV-88710 s. ; MF n° 2890

Art 46 AZA undecies I. Pour l'application de l'article 199 novovicies du code général des impôts, le contribuable joint à sa déclaration des revenus de l'année, selon le cas, d'achèvement de l'immeuble ou des travaux, ou de son acquisition si elle est postérieure :

1° Une note annexe, établie conformément au modèle fixé par l'administration, qui comporte les éléments suivants :

a. Ses identité et adresse ;

b. L'adresse du logement concerné, sa date d'acquisition ou d'achèvement, la date de sa première mise en location et la surface à prendre en compte pour l'appréciation du plafond de loyer telle qu'elle est définie, selon le cas, aux articles 2 terdecies D ou 2 terdecies F ;

c. Le montant du loyer mensuel, charges non comprises, tel qu'il résulte du bail ;

d. L'engagement de louer le logement non meublé à usage d'habitation principale du locataire, pendant une durée minimale de :

neuf ans, à une personne autre qu'un membre de son foyer fiscal, un de ses ascendants ou descendants, pour les investissements réalisés avant le 1er septembre 2014 ;

six ou neuf ans, selon l'option choisie, à une personne autre qu'un membre de son foyer fiscal, un de ses ascendants ou descendants, pour les investissements réalisés du 1er septembre au 31 décembre 2014 ;

six ou neuf ans, selon l'option choisie, à une personne autre qu'un membre de son foyer fiscal, pour les investissements réalisés à compter du 1er janvier 2015.

Cet engagement prévoit en outre que le loyer n'excède pas les plafonds prévus, selon le cas, aux articles 2 terdecies D ou 2 terdecies F ;

e. Les modalités de calcul de la réduction d'impôt ;

2° Une copie du bail ;

3° Une copie de l'avis d'imposition ou de non-imposition du ou des locataires établi au titre de l'avant-dernière année précédant celle de la signature du contrat de location ;

4° Les documents suivants, selon la nature de l'investissement :

a. Pour les logements acquis en l'état futur d'achèvement, une copie de la déclaration d'achèvement des travaux accompagnée d'une pièce attestant de sa réception en mairie ainsi que :

une copie de la déclaration d'ouverture de chantier mentionnée à l'article R* 424-16 du code de l'urbanisme, pour les investissements réalisés avant le 1er septembre 2014 ;

une attestation notariée de propriété, pour les investissements réalisés à compter du 1er septembre 2014 ;

b. Pour les logements que le contribuable fait construire, une copie du dépôt de la demande du permis de construire, un document attestant de la date de l'obtention du permis de construire ainsi qu'une copie de la déclaration d'achèvement des travaux accompagnée d'une pièce attestant de sa réception en mairie ;

c. Pour les logements qui font l'objet de travaux mentionnés au 2° du B du I de l'article 199 novovicies du code général des impôts, une copie de la déclaration d'achèvement des travaux accompagnée d'une pièce attestant de sa réception en mairie ;

d. Pour les logements que le contribuable acquiert en vue de les réhabiliter, une copie de la déclaration d'achèvement des travaux accompagnée d'une pièce attestant de sa réception en mairie, les états et attestations prévus aux 1° et 2° de l'article 2 quindecies C ainsi que, le cas échéant, ceux prévus aux articles L 1334-5 et L 1334-13 du code de la santé publique fournis par le vendeur lors de la promesse de vente ou annexés à l'acte authentique de vente du logement ;

e. Pour les logements que le contribuable acquiert réhabilités, les documents mentionnés au d à l'exception de la copie de la déclaration d'achèvement des travaux ;

f. Pour les locaux que le contribuable transforme en logement, une copie de la déclaration d'achèvement des travaux accompagnée d'une pièce attestant de sa réception en mairie ainsi qu'une note précisant la nature de l'affectation précédente des locaux ;

g. Pour les logements qui font ou qui ont fait l'objet de travaux mentionnés au 5° du B du I de l'article 199 novovicies du code général des impôts, une note récapitulant les travaux réalisés ainsi que leur montant. Le contribuable tient à la disposition de l'administration les documents permettant de justifier du respect des conditions prévues au III de l'article 2 quindecies B et au 3° de l'article 46 AZA octies-0 A.

I bis . Pour les investissements réalisés à compter du 1er septembre 2014 :

1. Lorsque le contribuable proroge son engagement de location mentionné au I de l'article 199 novovicies du code général des impôts dans les conditions prévues au VII bis du même article, pour une première période triennale, il joint à sa déclaration des revenus de l'année au cours de laquelle intervient le terme de l'engagement initial :

1° Une note établie conformément au modèle fixé par l'administration, qui comporte les éléments suivants :

a. Ses identité et adresse ;

b. L'adresse du logement concerné, sa date d'acquisition ou d'achèvement, la durée de l'engagement initial de location, ainsi que la date de prise d'effet du premier bail afférent à cet engagement ;

c. L'engagement de louer le logement non meublé à usage d'habitation principale du locataire, pendant une période de trois ans à compter du premier jour suivant celui de l'expiration de l'engagement initial de location :

- à une personne autre qu'un membre de son foyer fiscal, un de ses ascendants ou un de ses descendants, pour les investissements réalisés du 1er septembre 2014 au 31 décembre 2014 ;
- à une personne autre qu'un membre de son foyer fiscal, pour les investissements réalisés à compter du 1er janvier 2015.

Cet engagement prévoit en outre que le loyer n'excède pas les plafonds prévus, selon les cas, aux articles 2 terdecies D ou 2 terdecies F ;

d. Le montant du loyer mensuel, charges non comprises, tel qu'il résulte du bail ;

e. Les modalités de calcul de la réduction d'impôt ;

2° Une copie du bail ;

3° Une copie de l'avis d'imposition ou de non-imposition du ou des locataires établi au titre de l'avant-dernière année précédant celle de la signature du contrat de location ;

2. Lorsque le contribuable proroge son engagement de location pour une seconde période triennale, il joint à sa déclaration des revenus de l'année au cours de laquelle intervient le terme de la première période triennale de prorogation les documents mentionnés aux 1° à 3° du 1.

Dans ce cas, l'engagement de louer le logement, mentionné au c du 1° du 1, court à compter du premier jour suivant celui du terme de la première période triennale de prorogation.

II. Lorsque le logement n'est pas loué au moment du dépôt de la déclaration des revenus de l'année d'achèvement de l'immeuble ou des travaux, ou de son acquisition si elle est postérieure, les documents mentionnés aux 2° et 3° du I sont joints à la déclaration des revenus de l'année au cours de laquelle le bail est signé.

Lorsque le logement n'est pas loué au titre de la période de l'année postérieure à la date de prorogation de l'engagement de location mentionnée aux 1 et 2 du I bis, les documents mentionnés aux 2° et 3° du 1 du I bis sont joints à la déclaration des revenus de l'année au cours de laquelle le bail est signé.

En cas de changement de locataire au cours de la période d'engagement de location, le cas échéant prorogé, le contribuable joint à sa déclaration des revenus de l'année au cours de laquelle le changement est intervenu une copie du nouveau bail ainsi qu'une copie de l'avis d'imposition ou de non-imposition du ou des locataires entrant dans les lieux établi au titre de l'avant-dernière année précédant celle de la signature du contrat de location.

IRPP-IV-118900 s., 127400 s. ; MF n° 2816

Art 46 AZA duodecies I. Pour l'application du deuxième alinéa du D du I et du premier alinéa du III de l'article 199 novovicies du code général des impôts :

1° La condition de loyer s'apprécie en tenant compte du montant du loyer payé au bailleur par l'organisme locataire et du loyer payé à cet organisme par le sous-locataire.

Il n'est toutefois pas tenu compte de la redevance versée par le sous-locataire, en sus du loyer et des charges locatives, à un organisme indépendant de l'organisme locataire et représentative des frais de gestion, d'assurance, de gardiennage, d'amortissement des locaux collectifs, d'équipement des logements et, le cas échéant, d'ameublement. Cette disposition s'applique à la condition que le logement soit situé dans une résidence dotée de services collectifs et composée d'un ensemble homogène de dix logements au moins à usage d'habitation principale et que le montant annuel de la redevance n'excède pas le montant annuel des loyers payés par le sous-locataire ;

2° La condition de ressources s'apprécie en tenant compte des ressources du sous-locataire ;

3° Les contribuables joignent à leur déclaration des revenus de l'année d'achèvement de l'immeuble ou des travaux, ou de l'acquisition de l'immeuble si elle est postérieure, les documents suivants :

a. La note annexe prévue au 1° du I de l'article 46 AZA undecies et, lorsqu'il y a lieu, les documents mentionnés au 4° du même I ;

b. Une copie du bail conclu avec l'organisme locataire ;

c. Une copie du contrat de sous-location faisant apparaître le montant de la redevance payée par le sous-locataire ;

d. Une copie de l'avis d'impôt sur le revenu du sous-locataire établi au titre de l'avant-dernière année précédant celle de la signature du contrat de sous-location ;

4° Pour les investissements réalisés à compter du 1er septembre 2014, lorsque le contribuable proroge son engagement de location dans les conditions prévues aux 1 et 2 du I bis de l'article 46 AZA undecies, il joint à sa déclaration des revenus de l'année au cours de laquelle intervient le terme de l'engagement initial ou celui de la première période triennale de prorogation :

a. Les documents mentionnés aux b à d du 3° ;

b. La note annexe prévue au 1° du 1 du I bis de l'article 46 AZA undecies.

II. Lorsque le contrat de location ou de sous-location n'est pas signé au moment du dépôt de la déclaration des revenus de l'année d'achèvement de l'immeuble ou des travaux, ou de l'acquisition de l'immeuble si elle est postérieure, les documents mentionnés aux b à d du 3° du I sont joints à la déclaration des revenus de l'année au cours de laquelle le contrat de location ou le contrat de sous-location est signé.

Lorsque le contrat de location ou de sous-location n'est pas signé au titre de la période de l'année postérieure à la date de prorogation de l'engagement de location mentionnée aux 1 et 2 du I bis de l'article 46 AZA undecies, les documents mentionnés aux b à d du 3° du I sont joints à la déclaration des revenus de l'année au cours de laquelle le contrat de location ou le contrat de sous-location est signé.

En cas de changement de locataire ou de sous-locataire au cours de la période couverte par l'engagement de location, le cas échéant prorogé, le contribuable joint à sa déclaration des revenus de l'année au cours de laquelle le changement est intervenu :

a. Une copie du nouveau bail conclu avec l'organisme locataire ;

b. Une copie du nouveau contrat de sous-location faisant apparaître le montant de la redevance payée par le sous-locataire ;

c. Une copie de l'avis d'imposition ou de non-imposition du sous-locataire entrant dans les lieux établi au titre de l'avant-dernière année précédant celle de la signature du contrat de sous-location.

IRPP-IV-116100, 116750, 118980 s. ; MF n° 2816

Art 46 AZA terdecies **I. 1.** Lorsque l'immeuble appartient à une société autre qu'une société civile de placement immobilier, les obligations prévues aux articles 46 AZA undecies et 46 AZA duodecies incombent à cette société. Les documents à produire comportent l'engagement de la société de louer l'immeuble pendant une durée minimale de :

1° Neuf ans, à une personne autre que les associés, un membre de leur foyer fiscal ou un de leurs ascendants ou descendants, pour les investissements réalisés avant le 1er septembre 2014 ;

2° Six ou neuf ans, selon l'option choisie, à une personne autre que les associés, un membre de leur foyer fiscal ou un de leurs ascendants ou descendants, pour les investissements réalisés du 1er septembre au 31 décembre 2014 ;

3° Six ou neuf ans, selon l'option choisie, à une personne autre que les associés ou un membre de leur foyer fiscal, pour les investissements réalisés à compter du 1er janvier 2015.

Ces documents sont joints à la déclaration de résultat de la société au titre de l'année, selon le cas, d'achèvement de l'immeuble ou des travaux, ou de l'acquisition de l'immeuble si elle est postérieure.

2. La société fait parvenir, au plus tard le deuxième jour ouvré suivant le 1er mai de chaque année, à chacun de ses associés, un document établi en double exemplaire conformément au modèle fixé par l'administration et comportant, pour l'année précédente, les renseignements suivants :

1° L'identité et l'adresse de l'associé ;

2° Le nombre et les numéros des parts détenues au 1er janvier et au 31 décembre et, le cas échéant, des parts souscrites, acquises et transmises au cours de l'année ainsi que la date de ces opérations ;

3° La quote-part des revenus des immeubles de la société correspondant aux droits de l'associé ;

4° L'adresse du ou des immeubles ouvrant droit à la réduction d'impôt ;

5° L'attestation que la location et, le cas échéant, la sous-location remplissent les conditions de loyer et de ressources prévues, selon le cas, aux articles 2 terdecies D ou 2 terdecies F ;

6° La part du revenu net foncier correspondant aux droits de l'associé déterminé dans les conditions de droit commun ;

7° Le montant de la réduction d'impôt correspondant aux droits de l'associé ;

8° En cas de non-respect par la société ou un associé de ses engagements, la quote-part de la réduction d'impôt que l'associé doit ajouter à l'impôt sur le revenu de l'année au cours de laquelle la rupture de l'engagement ou la cession du logement ou des parts est intervenue.

Un exemplaire de ce document est joint par la société à sa déclaration de résultat.

II. 1. L'engagement de conservation des titres prévu au second alinéa du A du I de l'article 199 novovicies du code général des impôts est constaté lors du dépôt de la déclaration des revenus de l'année au titre de laquelle les parts ont été souscrites ou, si elle est postérieure, de l'année de l'acquisition ou de l'achèvement de l'immeuble ou des travaux. L'engagement de conservation des titres formulé par le conjoint survivant est joint à la déclaration des revenus souscrite par celui-ci au titre de l'année du décès de son conjoint pour la période postérieure à cet événement.

2. Les parts détenues par les associés qui entendent bénéficier de la réduction d'impôt sur le revenu prévue à l'article 199 novovicies du code général des impôts sont inscrites, dans les trente jours suivant la date limite de dépôt de la déclaration des revenus mentionnée au 1, sur un compte ouvert au nom de l'associé dans la comptabilité de la société ou sur un registre spécial. Les documents relatifs aux opérations ayant affecté ce compte sont conservés jusqu'à la fin de la troisième année suivant celle de l'expiration de l'engagement mentionné au 1.

3. Les associés joignent à chacune de leurs déclarations de revenus un exemplaire du document mentionné au 2 du I.

IRPP-IV-119100 s. ; MF n° 2816

Art 46 AZA quaterdecies I. 1. L'engagement de conservation des titres prévu au C du VIII de l'article 199 novovicies du code général des impôts est constaté lors du dépôt de la déclaration de revenus de l'année au titre de laquelle les parts ont été souscrites.

2. Les parts détenues par les associés qui entendent bénéficier de la réduction d'impôt sur le revenu prévue à l'article 199 novovicies du code général des impôts sont inscrites, dans les trente jours suivant la date limite de dépôt de la déclaration des revenus mentionnée au 1, sur un compte ouvert au nom de l'associé dans la comptabilité de la société ou sur un registre spécial. Les documents relatifs aux opérations ayant affecté ce compte sont conservés jusqu'à la fin de la troisième année suivant celle de l'expiration de l'engagement mentionné au 1.

Les associés joignent à chacune de leurs déclarations des revenus un exemplaire des documents mentionnés au II ainsi que les modalités de calcul de la réduction d'impôt.

II. La société civile de placement immobilier mentionnée au A du VIII de l'article 199 novovicies du code général des impôts fait parvenir à ses associés, au plus tard le deuxième jour ouvré suivant le 1er mai de chaque année, un document établi en double exemplaire, conformément au modèle fixé par l'administration et comportant les éléments suivants :

1° L'identité et l'adresse des associés ;

2° Le nombre et les numéros des parts ou actions souscrites pour lesquelles le bénéfice de la réduction d'impôt est demandé ainsi que le montant du capital souscrit correspondant ;

3° La date de souscription des parts ou actions et du versement des fonds ;

4° Le nombre et les numéros des parts détenues au 1er janvier et au 31 décembre et, le cas échéant, des parts souscrites, acquises et transmises au cours de l'année ainsi que la date de ces opérations ;

5° L'attestation que 95 % de la souscription, appréciés sans tenir compte des frais de collecte, pour laquelle le bénéfice de la réduction d'impôt a été demandé servent exclusivement à financer un ou plusieurs investissements pour lesquels les conditions d'application prévues à l'article 199 novovicies du code général des impôts sont réunies ;

6° La nature des investissements réalisés au moyen des parts ou actions souscrites pour lesquelles le bénéfice de la réduction d'impôt a été demandé, l'adresse des logements concernés, leur date d'acquisition ou d'achèvement, la date de leur première location et la surface à prendre en compte pour l'appréciation du plafond de loyer telle qu'elle est définie, selon le cas, par les articles 2 terdecies D ou 2 terdecies F ;

7° L'attestation que le produit de la souscription annuelle est intégralement investi dans les dix-huit mois qui suivent la clôture de celle-ci ;

8° L'engagement, le cas échéant prorogé, par la société de louer le logement dans les conditions prévues à l'article 199 novovicies du code général des impôts. La société indique également le montant du loyer mensuel, charges non comprises, tel qu'il résulte du bail.

Un exemplaire de ce document ainsi qu'une copie de l'avis d'imposition ou de non-imposition du ou des locataires établi au titre de l'avant-dernière année précédant celle de la signature du contrat de location est joint par la société à sa déclaration de résultat.

IRPP-IV-119300 s. ; MF n° 2816

Art 46 AZA quindecies I. Pour l'application de l'article 199 tricies du code général des impôts, le contribuable joint à sa déclaration des revenus de l'année au titre de laquelle le bénéfice de la réduction d'impôt est demandé pour la première fois au titre du logement concerné :

1° Une copie de la convention conclue avec l'Agence nationale de l'habitat signée par les deux parties ;

2° Une copie du bail conclu avec le locataire ;

3° Une copie de l'avis d'imposition ou de non-imposition à l'impôt sur le revenu du ou des locataires établi au titre de l'avant-dernière année précédant celle de la signature du contrat de location.

II. 1. Lorsque le logement est donné en location dans les conditions prévues au quatrième alinéa du IV et au V de l'article 199 tricies du code général des impôts, le contribuable joint à sa déclaration des revenus de l'année au titre de laquelle le bénéfice de la réduction d'impôt est demandé pour la première fois au titre du logement concerné :

a. Une copie de la convention conclue avec l'Agence nationale de l'habitat signée par les deux parties ;

b. Une copie du bail conclu avec l'organisme locataire ;

c. Le cas échéant, une copie de l'avis d'impôt sur le revenu du sous-locataire ou de l'occupant du logement établi au titre de l'avant-dernière année précédant celle pour laquelle la location à cet organisme ouvre droit pour la première fois à la réduction d'impôt ainsi qu'un document faisant mention du montant du loyer payé par la personne occupant le logement.

2. Lorsque le logement est la propriété d'une société non soumise à l'impôt sur les sociétés, les associés personnes physiques doivent joindre à la déclaration de revenus de l'année au cours de laquelle la location ouvre droit pour la première fois à la réduction d'impôt, outre les pièces justificatives mentionnées aux b et c du 1 du présent II :

a. Une copie de la convention conclue entre l'Agence nationale de l'habitat et la société propriétaire ;

b. L'engagement de conserver leurs parts pendant toute la durée de la convention.

3. Si le bail, le contrat de sous-location ou la convention d'occupation n'est pas signé à la date de la déclaration mentionnée au 1 du présent II, les documents énumérés aux b et c du même 1 sont joints à la déclaration des revenus de l'année au cours de laquelle l'un de ces documents est signé. Il en est de même en cas de changement de locataire ou d'occupant pendant la période couverte par l'engagement de location au titre de la convention.

III. Le contribuable tenu au respect des obligations prévues au I et aux 1 et 2 du II du présent article produit à l'appui de la déclaration d'imposition due au titre de l'année de conclusion d'un nouveau bail les documents prévus aux 2° et 3° du I et du 1 du II précités. En cas de renouvellement du bail, il produit une copie du bail renouvelé.

IRPP-IV-54420 s. ; MF n° 2882

Art 46 AZA sexdecies **I.** Lorsque l'immeuble appartient à une société, les obligations fixées par l'article 46 AZA quindecies incombent à cette société.

La convention conclue avec l'Agence nationale de l'habitat signée par les deux parties est jointe par la société à sa déclaration du résultat de l'année au cours de laquelle a pris effet la location ouvrant droit au bénéfice de la réduction d'impôt pour l'associé, en application du B du I de l'article 199 tricies du code général des impôts.

II. La société fait parvenir, au plus tard le deuxième jour ouvré suivant le 1er mai de chaque année, à chacun de ses associés, un document établi en double exemplaire conformément à un modèle fixé par l'administration et comportant, pour l'année précédente, les renseignements suivants :

1° L'identité et l'adresse de l'associé ;

2° Le nombre et les numéros des parts détenues au 1er janvier et au 31 décembre et, le cas échéant, des parts souscrites, acquises et transmises au cours de l'année ainsi que la date de ces opérations ;

3° La quote-part des revenus bruts des immeubles de la société correspondant aux droits de l'associé ;

4° L'adresse du ou des immeubles ouvrant droit à la réduction d'impôt ;

5° L'attestation que la location et, le cas échéant, la sous-location ou l'occupation remplissent les conditions de loyers et de ressources prévues, selon le cas, par les articles 2 terdecies H et 2 terdecies I ;

6° La part du revenu net foncier correspondant aux droits de l'associé déterminé dans les conditions de droit commun et la quote-part des frais et charges déductibles des revenus fonciers ;

7° Le montant de la réduction d'impôt correspondant aux droits de l'associé ;

8° En cas de non-respect par la société ou un associé de ses engagements, la quote-part de la réduction d'impôt que l'associé doit ajouter à l'impôt sur le revenu dû au titre de l'année au cours de laquelle la rupture de l'engagement ou la cession du logement ou des parts sociales est intervenue.

Un exemplaire de ce document est joint par la société à sa déclaration de résultat.

IRPP-IV-54520 s. ; MF n° 2882

Art 46 AZA septdecies **I.** L'engagement de conservation des titres prévu au 1° du B du I de l'article 199 tricies du code général des impôts est constaté lors du dépôt de la déclaration des revenus de l'année au cours de laquelle la location au locataire ouvre droit pour la première fois à la réduction d'impôt.

II. Les parts détenues par les associés qui entendent bénéficier de la réduction d'impôt sont inscrites, dans les trente jours suivant la date limite de dépôt de la déclaration des revenus mentionnée au I, sur un compte ouvert au nom de l'associé dans la comptabilité de la société ou sur un registre spécial. Les documents relatifs aux opérations ayant affecté ce compte sont conservés jusqu'à la fin de la troisième année suivant celle de l'expiration de l'engagement mentionné au I.

III. Les associés joignent à chacune de leurs déclarations de revenus un exemplaire du document mentionné au II de l'article 46 AZA sexdecies.

IRPP-IV-54570 s. ; MF n° 2882

18° Réduction d'impôt accordée au titre des dépenses relatives aux travaux de conservation ou de restauration d'objets mobiliers classés monuments historiques

Art 46 AZB La condition d'exposition au public prévue au 2° du II de l'article 199 duovicies du code général des impôts est satisfaite :

1° Lorsque l'objet est exposé au public dans un immeuble ouvert à la visite dans les conditions prévues à l'article 41 I.

La condition d'exposition au public est réputée être réalisée même lorsque l'objet n'est pas exposé de manière continue jusqu'au terme de la période minimale de cinq années mentionnée au 2° du II de l'article 199 duovicies susmentionné, dès lors que les restrictions à l'exposition au public sont prescrites par les services de l'Etat chargés des monuments historiques ;

2° Lorsqu'il est confié, en vue de son exposition au public, à l'un des organismes suivants :

a. Un musée auquel a été attribuée l'appellation « musée de France » prévue à l'article L 441-1 du code du patrimoine ou un musée d'une collectivité territoriale ;

b. La Bibliothèque nationale de France ou une autre bibliothèque de l'Etat, d'une collectivité territoriale ou d'une autre personne publique ;

c. Un service d'archives de l'Etat, d'une collectivité territoriale ou d'une autre personne publique.

La condition d'exposition au public est réputée être réalisée même lorsque l'organisme mentionné aux a à c n'expose pas l'objet qui lui est confié de manière continue, dès lors que l'objet demeure confié à cet organisme jusqu'au terme de la période minimale de cinq années ;

3° Lorsqu'il est confié, en vue de son exposition au public, à une personne publique ou privée occupant le domaine public maritime, fluvial, ferroviaire ou aéronautique, ayant conclu à cet effet une convention avec le propriétaire de l'objet et les services de l'Etat chargés des monuments historiques.

Cette convention prévoit les conditions et les modalités pratiques de l'exposition au public de l'objet, notamment en fonction de sa nature, de sa destination et des contraintes liées à sa conservation. Elle peut prévoir que la personne dépositaire de l'objet n'exposera pas ce dernier de manière continue, dès lors que l'objet demeure confié à cette personne jusqu'au terme de la période minimale de cinq années.

IRPP-IV-75530, 75620 ; MF n° 3440

18° bis Réduction d'impôt accordée au titre des dépenses de restauration immobilière dans les secteurs sauvegardés, les quartiers anciens dégradés et les zones protégées

Art 46 AZC **I.** Pour l'application de l'article 199 tervicies du code général des impôts, le contribuable joint à sa déclaration des revenus de l'année au titre de laquelle il demande à bénéficier de la réduction d'impôt sur le revenu concernée :

1. Une note annexe, établie conformément à un modèle fixé par l'administration, qui comporte les éléments suivants :

a. Son identité et son adresse ;

b. L'adresse du local concerné et la mention qu'il est situé, selon le cas, dans un secteur sauvegardé, un quartier ancien dégradé, une zone de protection du patrimoine architectural, urbain et paysager ou une aire de mise en valeur de l'architecture et du patrimoine ;

c. La date, selon le cas, d'approbation du plan de sauvegarde et de mise en valeur ou de la déclaration d'utilité publique de l'opération de restauration ;

d. La date de délivrance du permis de construire ou d'expiration du délai d'opposition à la déclaration préalable ;

e. L'affectation, à usage d'habitation ou à usage autre que l'habitation, du local concerné avant et après la réalisation des travaux ;

f. Le montant des travaux effectivement payés ayant donné lieu à facturation et la ou les dates de leur paiement ;

g. L'engagement de louer, selon le cas, le logement nu à usage de résidence principale du locataire ou le local à usage autre que d'habitation, pendant au moins les neuf années suivant l'achèvement des travaux, à une personne autre qu'un membre de son foyer fiscal, un ascendant ou un descendant ;

h. Lorsque les travaux sont achevés, la date de leur achèvement ;

i. Lorsque le logement est mis en location, la date de prise d'effet du bail.

2. Une copie des documents suivants :

a. La déclaration d'utilité publique de l'opération de restauration, sauf si ce document a déjà été produit au titre d'une année antérieure ;

b. L'autorisation d'urbanisme, accompagnée de l'avis de l'architecte des Bâtiments de France, sauf si ce document a déjà été produit au titre d'une année antérieure ;

c. Les factures des entreprises ayant réalisé les travaux ou, dans le cas d'une vente d'immeuble à rénover, le contrat. Les factures ou le contrat doivent mentionner l'adresse de réalisation des travaux ainsi que leur nature et leur montant ;

d. Lorsque les travaux sont achevés, la déclaration d'achèvement des travaux, accompagnée d'une pièce attestant de sa réception en mairie, ainsi qu'une note précisant la nature de l'affectation précédente des locaux ;

e. Le bail. Si le local n'est pas loué au moment du dépôt de la déclaration des revenus de l'année au titre de laquelle le bénéfice de la réduction d'impôt est demandé, le bail est joint à la déclaration des revenus de l'année au cours de laquelle celui-ci est signé. En cas de changement de locataire au cours de la période d'engagement de location, une copie du nouveau bail est jointe à la déclaration des revenus de l'année au cours de laquelle le changement est intervenu.

II. 1. Lorsque l'immeuble est la propriété d'une société non soumise à l'impôt sur les sociétés autre qu'une société civile de placement immobilier, les obligations fixées au I incombent à cette société. Les documents à produire, qui comportent l'engagement de la société de louer l'immeuble pendant une durée de neuf ans, sont joints à la déclaration de résultat de l'année au titre de laquelle le bénéfice de la réduction d'impôt est demandé.

2. La société doit, au plus tard le deuxième jour ouvré suivant le 1er mai de chaque année, faire parvenir à ses associés un document établi en double exemplaire conformément à un modèle établi par l'administration et comportant, pour l'année précédente, les renseignements suivants :

a. L'identité et l'adresse de l'associé ;

b. Le nombre et les numéros des parts détenues au 1er janvier et au 31 décembre et, le cas échéant, des parts souscrites, acquises ou transmises au cours de l'année ainsi que la date de ces opérations ;

c. La part des revenus des immeubles de la société correspondant aux droits de l'associé ;

d. L'adresse du ou des immeubles ouvrant droit à la réduction d'impôt ;

e. Les modalités de calcul de la réduction d'impôt correspondant aux droits de l'associé ;

f. La quote-part du revenu net foncier correspondant aux droits de l'associé déterminé dans les conditions de droit commun ;

g. En cas de non-respect par la société ou un associé de ses engagements, la quote-part de la réduction d'impôt que l'associé doit ajouter à l'impôt sur le revenu de l'année au cours de laquelle la rupture de l'engagement ou la cession du bien ou des parts est intervenue.

Un exemplaire de ce document est joint par la société à sa déclaration de résultat.

3. Les associés personnes physiques doivent joindre à la déclaration des revenus de l'année au titre de laquelle le bénéfice de la réduction est demandé, outre les pièces justificatives mentionnées au 2 du I :

a. Une copie de l'engagement de location souscrit par la société propriétaire ;

b. Une copie du document fourni par la société, tel que mentionné au 2 du présent II ;

c. L'engagement de conserver leurs parts jusqu'au terme de l'engagement de location souscrit par la société propriétaire.

III. L'engagement de conservation des titres prévu à la seconde phrase du 3 du IV bis de l'article 199 tervicies du code général des impôts est constaté lors du dépôt de la déclaration des revenus au titre de laquelle les parts ont été souscrites.

Les parts détenues par les associés qui entendent bénéficier de la réduction d'impôt sont inscrites, dans les trente jours suivant la date limite de dépôt de la déclaration des revenus de l'année mentionnée au premier alinéa, sur un compte ouvert au nom de l'associé dans la comptabilité de la société ou sur un registre spécial. Les documents relatifs aux opérations ayant affecté ce compte sont conservés jusqu'à la fin de la troisième année suivant celle de l'expiration de l'engagement mentionné au premier alinéa.

Les associés joignent à chacune de leurs déclarations des revenus un exemplaire des documents mentionnés au IV ainsi que les modalités de calcul de la réduction d'impôt.

IV. La société civile de placement immobilier mentionnée au 1 du IV bis de l'article 199 tervicies du code général des impôts doit, au plus tard le deuxième jour ouvré suivant le 1er mai de chaque année, faire parvenir à ses associés un document établi en double exemplaire conformément au modèle fixé par l'administration et comportant les éléments suivants :

1° L'identité et l'adresse des associés ;

2° Le nombre et les numéros des parts ou actions souscrites pour lesquelles le bénéfice de la réduction d'impôt est demandé ainsi que le montant du capital souscrit et les modalités de calcul de la réduction d'impôt correspondant aux droits des associés ;

3° La date de souscription des parts ou actions et du versement des fonds correspondant ;

4° Le nombre et les numéros des parts détenues au 1er janvier et au 31 décembre de l'année précédente et, le cas échéant, des parts souscrites, acquises et transmises au cours de l'année ainsi que la date de ces opérations ;

5° L'attestation qu'au minimum 65 % du montant de la souscription servent exclusivement à financer des dépenses mentionnées au I de l'article 199 tervicies précité et que 30 % au minimum servent exclusivement à financer l'acquisition d'un ou plusieurs immeubles mentionnés au même I. Ces pourcentages s'apprécient au regard du montant total de la souscription concernée, diminué du montant des frais de collecte ;

6° L'adresse des immeubles concernés, leur date d'acquisition, la date du dépôt de la demande de permis de construire ou de la déclaration de travaux et la date d'achèvement des travaux ;

7° L'attestation que le produit de la souscription annuelle est intégralement investi dans les dix-huit mois qui suivent la clôture de celle-ci ;

8° L'engagement par la société de louer l'immeuble dans les conditions prévues au IV de l'article 199 tervicies précité.

Un exemplaire de ce document est joint par la société à sa déclaration de résultat.

V. Pour l'application du 2° du VI de l'article 199 tervicies du code général des impôts, le conjoint survivant joint à la déclaration des revenus qu'il souscrit au titre de l'année du décès, pour la période postérieure à cet événement, une note établie conformément à un modèle fixé par l'administration, qui comporte l'engagement de louer le bien pour la fraction de la période de neuf ans couverte par l'engagement de location initial et restant à courir à la date du décès.

IRPP-IV-109850 s. ; MF n° 2915

19° Plafonnement de certains avantages fiscaux au titre de l'impôt sur le revenu

Art 46-0 B L'avantage en impôt procuré par les déductions au titre de l'amortissement mentionnées aux h et l du 1° du I de l'article 31 et à l'article 31 bis du code général des impôts est calculé dans les conditions mentionnées au 1 du I de l'article 197 du même code sur la base d'un montant déterminé par différence entre le résultat net foncier déclaré et le résultat net foncier calculé en excluant les déductions précitées.

En présence d'un déficit foncier dont le montant excède la limite d'imputation sur le revenu global, la base de l'avantage en impôt mentionné au premier alinéa est limitée au montant mentionné, selon le cas, au deuxième ou au troisième alinéa du 3° du I de l'article 156 du code précité.

IRPP-III-18890 ; MF n° 4850

Art 46-0 B bis Pour l'appréciation de la limite mentionnée au 1 de l'article 200-0 A du code général des impôts :

1° Les revenus soumis à l'impôt sur le revenu, sur option du contribuable selon une base moyenne, notamment en application des articles 75-0 B, 84 A ou 100 bis du code général des impôts, ou fractionnée, notamment en application de l'article 75-0 A du même code, sont pris en compte, pour le montant soumis à l'impôt, dans les conditions mentionnées au I de l'article 197 du code précité ;

2° Les revenus soumis à l'impôt sur le revenu selon les modalités prévues aux articles 163-0 A et 163-0 A bis du code général des impôts sont pris en compte, pour le montant soumis à l'impôt, dans les conditions mentionnées au I de l'article 197 du code précité, avant multiplication de la cotisation supplémentaire obtenue.

IRPP-III-18800 et 18810 ; MF n° 4860

Art 46-0 B ter Les contribuables doivent faire figurer distinctement sur la déclaration prévue à l'article 170 du code général des impôts les éléments suivants :

1° Le montant des déductions au titre de l'amortissement mentionnées aux h et l du 1° du I de l'article 31 et à l'article 31 bis du code général des impôts, retenues pour l'application du plafonnement mentionné au 1 de l'article 200-0 A du code général des impôts ;

2° Le montant des sommes ouvrant droit aux réductions d'impôt et crédits d'impôt retenus pour l'application du plafonnement précité.

IRPP-III-19020

SECTION IV

Obligations incombant à certaines sociétés immobilières

Art 46 B I. Les sociétés immobilières visées à l'article 172 bis du code général des impôts sont tenues de remettre au service des impôts du lieu de leur principal établissement, dans les trois mois de leur constitution, une déclaration souscrite en double exemplaire indiquant :

1° La dénomination ou raison sociale, la forme juridique, l'objet, la durée, le siège de la société ainsi que le lieu de son principal établissement ;

2° Les nom, prénoms et domicile des dirigeants ou gérants de la société.

II. Deux exemplaires des statuts sont annexés à cette déclaration.

III. Lorsque ces indications ont cessé d'être exactes, la déclaration doit être renouvelée dans les trois mois du changement intervenu.

IMMO-IV-5700 s.

Art 46 C I. Indépendamment des renseignements dont la production est déjà prévue par le code général des impôts, les sociétés visées à l'article 46 B sont tenues de remettre au service des impôts du lieu de leur principal établissement, au plus tard le deuxième jour ouvré suivant le premier mai de chaque année, une déclaration indiquant, pour l'année précédente :

a. Les nom, prénoms, adresse, date et lieu de naissance pour les personnes physiques et les dénomination, adresse et numéro d'identification au répertoire national des établissements *(numéro Siret)* pour les personnes morales, des associés, le nombre et le montant des parts dont ils sont titulaires, la date des cessions ou acquisitions de parts intervenues en cours d'année, ainsi que l'identité du cédant et du cessionnaire ;

b. La liste des immeubles de la société ;

c. Les nom, prénoms, adresse des personnes, associés ou tiers, qui bénéficient gratuitement de la jouissance de tout ou partie de ces immeubles ;

d. La part des revenus des immeubles de la société correspondant aux droits de chacun des associés et déterminée dans les conditions prévues aux articles 28 à 31 du code général des impôts. Toutefois, les sociétés dont certains membres relèvent de l'impôt sur les sociétés ou comprennent leur part de revenus dans les résultats d'une entreprise industrielle et commerciale déterminent la part des bénéfices revenant à ces membres selon les règles définies aux articles 38 et 39 du même code ;

e. Le montant des recettes nettes soumises à la contribution mentionnée à l'article 234 nonies du code général des impôts.

II. La déclaration est établie en double exemplaire sur une formule délivrée par l'administration. La procédure de vérification de cette déclaration est suivie directement entre le service des impôts et la société.

III. Lorsqu'elles sont soumises à l'obligation prévue au II de l'article 1586 octies du code précité, les sociétés visées à l'article 46 B doivent joindre à la déclaration mentionnée au I le tableau de calcul de la valeur ajoutée définie à l'article 1586 sexies du code précité, suivant le modèle établi par l'administration.

IMMO-IV-5700 s. ; MF n° 30740

Art 46 D Les sociétés visées aux articles 46 B et 46 C sont tenues de présenter à toute réquisition du service des impôts tous documents comptables ou sociaux, inventaires, copies de lettres, pièces de recettes et de dépenses de nature à justifier l'exactitude des renseignements portés sur les déclarations prévues auxdits articles 46 B et 46 C.

IMMO-IV-5700 s.

SECTION V

Disposition applicable en cas de perte du statut fiscal des sociétés de personnes

Art 46 E I. Pour l'application du premier alinéa du II de l'article 202 ter du code général des impôts, les produits acquis non encore perçus et les dépenses engagées non encore payées sont, pour l'établissement de l'impôt sur le revenu, rattachés à la période d'imposition close par la perte totale ou partielle d'assujettissement à l'un des régimes mentionnés par ce texte.

Le revenu net soumis à l'impôt sur le revenu au titre de la période d'imposition visée au premier alinéa est établi sous déduction des provisions répondant aux conditions prévues au 5° du 1 de l'article 39 du code général des impôts, si elles sont reprises au bilan d'ouverture de la première période ou du premier exercice d'assujettissement à l'impôt sur les sociétés mentionné au III de l'article 202 ter du même code.

II. Pour l'application du premier alinéa du II de l'article 202 ter du code général des impôts, les produits encaissés et les dépenses payées au cours de la dernière période d'imposition à l'impôt sur le revenu, qui correspondent à des créances acquises ou à des dettes devenues certaines postérieurement à cette période, ne sont pas retenus pour la détermination du revenu soumis à l'impôt au titre de cette période.

BIC-XIX-18480 s.

SECTION VI

Prélèvement à la source de l'impôt sur le revenu

Art 46 F L'administration fiscale met chaque mois à la disposition de la personne tenue d'effectuer la retenue à la source un compte rendu comportant notamment :

1° Un identifiant propre à ce compte rendu ;

2° Pour chaque bénéficiaire de revenu :

a. Les identifiants mentionnés aux e et g du 3° du V de l'article R 133-14 du code de la sécurité sociale ;

b. Le taux du prélèvement à la source applicable, sauf lorsque s'applique le taux prévu au III de l'article 204 H du code général des impôts ;

3° Les anomalies figurant dans la déclaration mentionnée à l'article 87-0 A du code général des impôts et détectées par l'administration fiscale.

IRPP-VI-22120 s.

CHAPITRE I BIS

Impôt sur les sociétés

SECTION 0I bis

Exonération en faveur des sociétés d'investissements immobiliers cotées, de leurs filiales et des filiales de sociétés de placement à prépondérance immobilière à capital variable

Art 46 ter A I. L'option mentionnée aux II et III bis de l'article 208 C du code général des impôts est notifiée sur papier libre ou par voie électronique au service des impôts auprès duquel est souscrite la déclaration de résultat.

La société d'investissements immobiliers cotée doit, lors de la notification de l'option, fournir la liste de ses filiales qui optent en indiquant leur dénomination, l'adresse de leur siège social, le numéro d'identité tel que défini au premier alinéa de l'article R 123-221 du code de commerce et la répartition de leur capital. Cette liste, mise à jour, doit être fournie chaque année lors du dépôt de la déclaration de résultat.

Les filiales doivent indiquer, lors de la notification de leur option et du dépôt des déclarations de résultats ultérieurs, le nom, l'adresse du siège social et le numéro d'identité de la société d'investissements immobiliers cotée ou de la société de placement à prépondérance immobilière à capital variable tel que défini au premier alinéa de l'article R 123-221 du code de commerce.

L'engagement prévu au deuxième alinéa de l'article 221 bis du code général des impôts figure dans l'option souscrite dans les conditions visées au premier alinéa.

II. Les sociétés qui ont opté conformément au premier alinéa du I doivent joindre à leur déclaration de résultat un état, conforme au modèle établi par l'administration, qui fait apparaître la décomposition de leur résultat fiscal et de celui des organismes visés à l'article 8 du code général des impôts selon les opérations visées aux deuxième, troisième et quatrième alinéas du II de l'article 208 C du code précité ainsi que les obligations de distribution y afférentes et le respect des obligations antérieures.

IS-IV-17600, 19310 ; MF n° 30950

SECTION 0I bis-0 A

Exonération en faveur des sociétés de placement à prépondérance immobilière à capital variable

Art 46 ter A bis I. Les sociétés de placement à prépondérance immobilière à capital variable doivent joindre à leur déclaration de résultat du premier exercice d'application du régime d'exonération prévu au 3° nonies de l'article 208 du code général des impôts la copie de l'agrément délivré par l'Autorité des marchés financiers en application de l'article L 214-35 du code monétaire et financier ou, le cas échéant, l'avis de réception par l'Autorité des marchés financiers de la demande d'agrément mentionnant la date d'expiration du délai à compter de laquelle l'agrément est réputé accordé à défaut d'agrément exprès, ainsi que la liste de leurs filiales qui optent dans les conditions du III bis de l'article 208 C du code général des impôts, en indiquant leur dénomination, l'adresse de leur siège social, le numéro d'identité qui leur a été attribué dans les conditions du premier alinéa de l'article R 123-221 du code de commerce et la répartition de leur capital.

II. Les sociétés de placement à prépondérance immobilière à capital variable doivent joindre à leur déclaration de résultat la liste mentionnée au I, actualisée, ainsi qu'un état, conforme au modèle établi par l'administration, qui fait apparaître :

1° La décomposition de leurs sommes distribuables définies au I de l'article L 214-69 du code monétaire et financier, selon les opérations visées au II de ce même article ;

2° Les obligations de distribution résultant des II et III de ce même article.

IMMO-IV-36600 s. ; MF n° 30490

SECTION 01 bis A

Exonération édictée en faveur des sociétés unipersonnelles d'investissement à risque

Art 46 ter B La condition relative à l'exclusivité de l'objet social de la société unipersonnelle d'investissement à risque, prévue au 1 du I de l'article 208 D du code général des impôts, doit être respectée par la société unipersonnelle d'investissement à risque de façon constante tout au long de l'exercice.

Les titres reçus en échange des actions ou parts de sociétés répondant aux conditions définies au I de l'article 208 D précité, à l'exception de ceux reçus dans le cadre d'un apport de titres à une société, sont pris en compte pour l'appréciation de la condition d'exclusivité prévue au premier alinéa, pour leur valeur d'inscription à l'actif de la société unipersonnelle d'investissement à risque, pendant une durée de deux ans à compter de l'échange ou jusqu'à la fin de la période pendant laquelle la société unipersonnelle d'investissement à risques s'est engagée à les conserver à son actif, si cette durée est supérieure.

Lorsque les actions ou parts de sociétés répondant aux conditions définies au I de l'article 208 D précité sont admises à la négociation sur un marché d'instruments financiers d'un Etat partie à l'accord sur l'Espace économique européen, dont le fonctionnement est assuré par une entreprise de marché ou un prestataire de services d'investissement autres qu'une société de gestion de portefeuille ou tout autre organisme similaire étranger, elles continuent à être prises en compte pour l'appréciation de la condition d'exclusivité prévue au premier alinéa pendant une durée de cinq ans à compter de leur admission.

Les sommes reçues lors de la cession des actions ou parts de sociétés répondant aux conditions définies au I de l'article 208 D précité et du remboursement des avances en compte courant consenties à ces mêmes sociétés, non réinvesties dans d'autres actifs, ne sont pas retenues pour le calcul de la limite de 5 % mentionnée au 4 du I du même article 208 D précité, pendant une durée de deux ans à compter de la cession de ces titres ou du remboursement des avances en compte courant.

IS-IV-23040 s.

Art 46 ter C **I.** La société unipersonnelle d'investissement à risque joint à sa déclaration de résultats un état permettant d'apprécier le respect de la condition relative à son objet social exclusif au sens de l'article 46 ter B. Cet état, établi sur papier libre, mentionne, pour chacune des sociétés dans lesquelles la société unipersonnelle d'investissement à risque détient, ou a détenu au cours de l'exercice, des actions ou parts :

a. La dénomination sociale de la société, l'adresse de son siège social et sa date de création ;

b. Les dates, nombres de titres et montants de chacune des souscriptions en numéraire effectuées ou, lorsque les titres ont été reçus en échange dans les conditions prévues au deuxième alinéa de l'article 46 ter B, la date de l'échange, le nombre de titres reçus en échange et la valeur d'inscription de ces titres à l'actif ;

c. Le nombre de titres cédés en cours d'exercice et le montant des cessions ;

d. Le pourcentage de détention dans le capital de la société, en droits financiers et droits de vote, à l'ouverture et à la clôture de l'exercice ;

e. Le montant brut des avances en compte courant consenties à ces sociétés.

L'état prévu au premier alinéa mentionne également le montant des autres actifs, ainsi que leur proportion dans l'actif brut comptable de la société, avant et après prise en compte des sommes mentionnées au quatrième alinéa de l'article 46 ter B.

II. A compter de l'exercice au cours duquel la société unipersonnelle d'investissement à risque est imposable à l'impôt sur les sociétés, elle joint à sa déclaration de résultats un état, établi sur papier libre, des bénéfices et réserves non distribués qui ont été exonérés d'impôt sur les sociétés.

Ces dispositions ne sont pas applicables lorsque les bénéfices et réserves distribuables mentionnés à l'alinéa précédent sont totalement distribués.

IS-IV-23650 s.

Art 46 ter D La société unipersonnelle d'investissement à risque délivre, au plus tard le 16 février de l'année civile qui suit celle au cours de laquelle elle a mis en paiement des revenus distribués, à l'associé qui entend bénéficier des dispositions de l'article 163 quinquies C bis du code général des impôts un état individuel qui mentionne :

a. La dénomination sociale et l'adresse de la société ;

b. Les dates et les montants des revenus distribués à l'associé et prélevés sur des bénéfices exonérés d'impôt sur les sociétés conformément aux dispositions de l'article 208 D du code général des impôts ;

c. Le montant des cotisations et prélèvements sociaux prélevés en application du 8° du II de l'article L 136-7 du code de la sécurité sociale et du II de l'article 16 de l'ordonnance n° 96-50 du 24 janvier 1996 modifiée relative au remboursement de la dette sociale.

Cet état précise que l'associé mentionné au premier alinéa est le souscripteur initial des actions de la société ou qu'il a reçu ses actions dans le cadre d'une transmission à titre gratuit à la suite du décès de l'associé initial.

IS-IV-23665

SECTION II

Monuments historiques. Charges déductibles pour les organismes non lucratifs

Art 46 quater-0 A Les dispositions des articles 41 F à 41 J sont applicables pour la détermination de la base de l'impôt sur les sociétés dû par les organismes non lucratifs visés au 5 de l'article 206 du code général des impôts à raison des immeubles dont ils se réservent la jouissance.

FONC-II-2030

SECTION III

Intérêts de livrets supplémentaires de caisses d'épargne

Art 46 quater-0 B L'exonération prévue au a de l'article 208 ter du code général des impôts n'est pas applicable aux intérêts des sommes inscrites sur les livrets supplémentaires que les caisses d'épargne ont été autorisées à ouvrir par décret *(NDLR L'ouverture de livrets supplémentaires n'est plus possible depuis le 1er janvier 2009).*

SECTION III bis

Détermination et suivi des charges financières nettes non déductibles et des capacités de déduction inemployées en application de l'article 212 bis du code général des impôts

Art 46 quater-0 BA Pour l'application des dispositions de l'article 212 bis du code général des impôts, les entreprises joignent à leur déclaration de résultat de chaque exercice un état faisant apparaître les charges financières nettes non admises en déduction du résultat de l'exercice en application des I, VI et VII de l'article 212 bis précité, ainsi que le suivi des charges financières nettes non admises en déduction au titre des exercices précédents et des capacités de déduction inemployées au titre des cinq exercices précédents, en application du VIII de ce même article 212 bis.

BIC-XI-13530

SECTION IV bis

Modalités de l'exonération de la retenue à la source ou du prélèvement applicable aux dividendes, intérêts et redevances distribués ou payés entre sociétés associées d'Etats membres de la Communauté européenne

Art 46 quater-0 FB L'engagement prévu au c du 2 de l'article 119 ter, au deuxième alinéa du 1 de l'article 119 quater et au 2 de l'article 182 B bis du code général des impôts doit faire l'objet d'une déclaration qui est adressée à la fois à l'établissement payeur en France des dividendes ou au débiteur ou à la personne qui assure le paiement des intérêts ou des redevances et à la direction des impôts des non-résidents *(service des impôts des entreprises étrangères).* Cette déclaration doit être souscrite par la personne morale bénéficiaire des dividendes, intérêts et redevances avant la date de leur première mise en paiement suivant la date d'inscription en compte des titres de la société émettrice.

Elle comprend les renseignements suivants :

a. L'engagement prévu au c du 2 de l'article 119 ter, au deuxième alinéa du 1 de l'article 119 quater et au 2 de l'article 182 B bis du code précité ;

b. Le nombre et la nature des titres composant le capital de la société émettrice ;

c. Le nombre et la nature des titres détenus par la personne morale dans la société émettrice ;

d. La répartition en pourcentage des droits de vote et des droits financiers détenus par la personne morale dans la société émettrice ;

e. Le numéro du compte de la personne morale tenu par l'émetteur ou par l'intermédiaire financier chez lequel les titres sont inscrits ;

f. La date de leur acquisition et la date de leur inscription en compte si elle est différente ;

g. Le nom et l'adresse de la personne ou de l'organisme qui assure le paiement des dividendes, intérêts et redevances ;

h. Le nom et l'adresse de la personne désignée comme représentant.

RM-III-9120 s. ; MF n° 24875

Art 46 quater-0 FC La déclaration visée à l'article 46 quater-0 FB sera accompagnée de la reconnaissance par le représentant désigné qu'il est responsable, en cas de non-respect de l'engagement mentionné au même article, du paiement des retenues à la source ou du prélèvement mentionnés au 1 de l'article 119 ter et au premier alinéa du 1 de l'article 119 quater du code général des impôts.

Ces dispositions sont applicables à l'exonération de la retenue à la source opérée sur les paiements de redevances prévue à l'article 182 B bis du code général des impôts.

RM-III-9120 s.

Art 46 quater-0 FD Le délai de deux ans prévu au c du 2 de l'article 119 ter et au deuxième alinéa du 1 de l'article 119 quater du code général des impôts, pendant lequel les titres doivent être conservés, est décompté de la date de leur inscription en compte, à moins qu'il ne soit établi que la date d'acquisition des titres est différente.

Ces dispositions sont applicables à l'exonération de la retenue à la source opérée sur les paiements de redevances prévue à l'article 182 B bis du code général des impôts.

RM-III-9070

SECTION V

Profits de construction

III. Dispositions diverses

Art 46 quater-0 R **I.** Pour bénéficier du régime défini à l'article 209 quater D du code général des impôts, les bénéfices placés sous le régime de l'exonération conditionnelle prévue à l'article 238 octies du même code doivent avoir été préalablement réinvestis selon les modalités fixées à ce dernier article. Ils peuvent ensuite être affectés à un sous-compte distinct de la réserve spéciale des profits de construction.

Les délais de quatre et sept ans visés à l'article 209 quater D précité se décomptent à partir de la clôture de l'exercice de réalisation des profits concernés jusqu'à la clôture de l'exercice au titre duquel la distribution a eu lieu. La date de réalisation de ces profits n'est pas prise en considération pour l'exigibilité du prélèvement prévu à l'article 95 de la loi de finances pour 2004 (n° 2003-1311 du 30 décembre 2003).

II. Les dispositions de l'article 238 octies précité cessent de s'appliquer aux profits réalisés à compter du 1er janvier 1972.

SECTION V bis

Rachat d'une entreprise par ses salariés

Art 46 quater-0 RA Pour l'application de l'article 220 quater A du code général des impôts, les intérêts qui servent de base au calcul du crédit d'impôt s'entendent de ceux qui viennent à échéance au cours de l'exercice au titre duquel le crédit d'impôt est accordé et dont le montant correspond à une période au plus égale à la durée de l'exercice.

La proportion des droits sociaux que la société nouvelle détient dans la société rachetée correspond au taux de la participation qu'elle détenait de façon continue au cours de l'exercice précédant celui au titre duquel le crédit d'impôt est demandé.

Pour le premier exercice, cette proportion est appréciée au premier jour de l'exercice.

Si l'exercice de la société nouvelle est d'une durée inférieure à celle de l'exercice précédent de la société rachetée, l'impôt sur les sociétés acquitté au titre de ce dernier exercice est retenu dans la limite du rapport entre les durées respectives de ces deux exercices.

Art 46 quater-0 RB Pour l'application de l'article 220 quater A du code général des impôts, les droits détenus indirectement par des sociétés dans la société nouvelle s'entendent des droits détenus par des personnes physiques ou morales qui ont avec des sociétés des liens de nature à établir une véritable communauté d'intérêts ou qui exercent des fonctions de direction dans des sociétés. Les fonctions de direction s'entendent des fonctions de gérant ou de président du conseil d'administration ou du directoire.

Art 46 quater-0 RC Pour l'application de l'article 220 quater A du code général des impôts, la direction de la société rachetée est considérée comme assurée par une ou plusieurs des personnes salariées mentionnées au c du II du même article si celles-ci exercent les fonctions de gérant ou de président du conseil d'administration ou du directoire et détiennent la majorité des droits de vote dans les organes de gestion de la société rachetée.

Sont considérés comme détenus indirectement par un salarié les droits de vote de la société nouvelle ou de la société rachetée qui sont détenus par les membres de son foyer fiscal, ainsi que par les ascendants du salarié ou de son conjoint et ceux qui sont détenus par des sociétés avec lesquelles le salarié ou les personnes désignées ci-dessus ont des liens de nature à établir une véritable communauté d'intérêts ou dans lesquelles ils exercent des fonctions de direction. Les fonctions de direction s'entendent des fonctions de gérant ou de président du conseil d'administration ou du directoire.

Pour l'application du deuxième alinéa du d du II de l'article 220 quater A du même code, l'obligation de céder les titres de la société rachetée à la société nouvelle contre remise de titres de cette dernière société ne s'applique pas aux ascendants du salarié ou de son conjoint si la cession intervient lors de la création de la société nouvelle.

Art 46 quater-0 RD Les salariés retenus pour l'appréciation de l'effectif de salariés mentionné au b du II de l'article 220 quater A du code général des impôts sont les salariés qui bénéficient d'un contrat de travail à durée indéterminée ou d'une durée de six mois au moins. Cet effectif est calculé en tenant compte de la durée de présence de ces personnes pendant l'exercice.

Art 46 quater-0 RE Les échéances d'intérêts des emprunts mentionnés au deuxième alinéa du I de l'article 220 quater A du code général des impôts sont fixées à la date de clôture des exercices de la société nouvelle.

Art 46 quater-0 RF La demande d'accord du ministre chargé des finances pour l'application des dispositions de l'article 220 quater A du code général des impôts est présentée par l'ensemble des repreneurs ; elle est signée par chacun d'eux. Elle est adressée au directeur général des finances publiques.

Art 46 quater-0 RG Pour obtenir le remboursement ou l'imputation du crédit d'impôt dans les conditions prévues à l'article 220 quater A du code général des impôts, la société constituée pour le rachat doit :

Fixer son siège social à la même adresse que la société rachetée, arrêter ses exercices à la même date que celle-ci et souscrire ses déclarations au même lieu d'imposition que la société rachetée ;

Présenter une demande de remboursement ou d'imputation sur des documents conformes aux modèles établis par l'administration.

La demande de remboursement ou d'imputation est accompagnée :

D'un document attestant le versement de l'impôt sur les sociétés par la société nouvelle et par la société rachetée pour l'exercice précédant celui au titre duquel le remboursement ou l'imputation sont demandés ;

D'une copie des contrats de prêt consentis au profit de la société nouvelle mentionnant le taux d'intérêt nominal et le taux actuariel brut de ces prêts ainsi que le montant et la date des échéances d'amortissement et d'intérêts.

Le remboursement du crédit d'impôt est subordonné à la remise au comptable de la direction générale des finances publiques du lieu d'imposition défini à l'article 218 A du code général des impôts d'une copie de la quittance certifiant du paiement des intérêts dont le montant sert de base au calcul du crédit d'impôt.

SECTION V *ter*

Cession de titres de participation détenus depuis moins de deux ans entre sociétés liées

Art 46 quater-0 RH L'état prévu au dernier alinéa du a septies du I de l'article 219 du code général des impôts mentionne :

1° La dénomination de l'entreprise cédante, l'adresse de son siège social et le numéro d'identité tel que défini au premier alinéa de l'article R 123-221 du code de commerce ;

2° En ce qui concerne les moins-values réalisées au cours de l'exercice : la dénomination de la société dont les titres sont cédés et leur nombre, leur date et leur valeur d'acquisition, leur date et leur valeur de cession, le montant de la moins-value en report, le cas échéant, la mention de l'utilisation de la méthode du coût unitaire moyen pondéré, l'identification de l'entreprise cessionnaire au moyen de sa dénomination, de l'adresse de son siège social et, le cas échéant, de son numéro d'identité tel que défini au premier alinéa de l'article R 123-221 du code de commerce, et la nature du lien de dépendance unissant les entreprises cédante et cessionnaire ;

3° En ce qui concerne les moins-values placées en report au titre d'exercices antérieurs : la dénomination de la société dont les titres sont cédés et leur nombre, leur date d'acquisition, leur date de cession, le montant de la moins-value en report, l'identification de l'entreprise cessionnaire au moyen de sa dénomination, de l'adresse de son siège social et, le cas échéant, de son numéro d'identité tel que défini au premier alinéa de l'article R 123-221 du code de commerce, et la nature du lien de dépendance unissant les entreprises cédante et cessionnaire ;

4° En ce qui concerne les moins-values placées en report au titre d'exercices antérieurs et dont le report prend fin au cours de l'exercice : la dénomination de la société dont les titres sont cédés et leur nombre, leur date d'acquisition, le montant et le régime de la moins-value dont le report prend fin, la nature et la date de l'événement entraînant la fin du report d'imposition.

BIC-VII-33837 ; MF nº 19075

SECTION VI

Report en arrière des déficits

Art 46 quater-0 S Pour l'application des premier et deuxième alinéas du I de l'article 220 quinquies du code général des impôts :

1° Le déficit constaté au titre d'un exercice s'entend du résultat fiscal déclaré passible de l'impôt sur les sociétés au taux normal prévu au deuxième alinéa du I de l'article 219 du code précité ;

BIC-XIV-6430 s.

1° bis Le bénéfice constaté au titre d'un exercice s'entend du bénéfice fiscal déclaré qui a été soumis à l'impôt sur les sociétés indifféremment aux taux prévus au deuxième alinéa et au b du I de l'article 219 du code général des impôts, à l'exclusion de la fraction de ce bénéfice qui a été distribuée, de celle qui a donné lieu à un impôt payé au moyen de crédits d'impôt et de celle qui a été prise en compte pour la détermination du crédit d'impôt prévu aux articles 220 quater et 220 quater A du même code ;

BIC-XIV-6650 s.

2° La fraction non distribuée du bénéfice défini au 1° bis est obtenue en déduisant de ce bénéfice le montant des distributions effectuées par prélèvement sur ce même bénéfice ;

BIC-XIV-6950 s.

3° Seule la fraction du déficit qui n'a pas pu être imputée sur le bénéfice de l'exercice précédant l'exercice déficitaire continue d'être reportable dans les conditions prévues au I de l'article 209 du code général des impôts.

BIC-XIV-7610

Art 46 quater-0 U **I.** Si l'entreprise détient plusieurs créances, celles-ci ne peuvent être imputées sur l'impôt sur les sociétés qu'en respectant l'ordre dans lequel elles sont apparues.

BIC-XIV-8470 s.

II. En cas de cession à titre de garantie à un établissement de crédit ou une société de financement, la créance ne peut plus, à compter de la date de cession, être imputée sur l'impôt sur les sociétés dû par l'entreprise.

BIC-XIV-9095

Art 46 quater-0 W **I.** L'entreprise qui exerce l'option prévue au premier alinéa du I de l'article 220 quinquies du code général des impôts doit joindre à son relevé de solde de l'exercice au titre duquel cette option est exercée, une déclaration conforme au modèle fixé par l'administration.

Lorsque cette déclaration est déposée par une société qui a fait l'objet d'un rachat dans les conditions prévues aux articles 220 quater ou 220 quater A du code général des impôts, elle est accompagnée d'un document attestant le montant du crédit d'impôt obtenu par la société constituée pour le rachat, au titre de l'exercice qui suit celui au cours duquel a été réalisé le bénéfice sur lequel un déficit est reporté en arrière.

BIC-XIV-6120

II. *(Abrogé pour les créances constatées à compter du 1er novembre 2004).*

SECTION VI bis

Option de souscription, achat ou attribution gratuite d'actions

Art 46 quater-0 YD Pour l'application des dispositions du II de l'article 217 quinquies du code général des impôts, les entreprises doivent joindre à leur déclaration de résultats de l'exercice au titre duquel elles pratiquent la déduction prévue au premier alinéa du II de cet article un état, conforme au modèle établi par l'administration, précisant les éléments de détermination du montant de la déduction pratiquée et les modalités juridiques de l'émission d'actions à l'origine de cette déduction.

TS-VII-80300 s.

SECTION VI ter

Déclaration pays par pays

Art 46 quater-0 YE **I.** Les personnes morales mentionnées au 1 du I de l'article 223 quinquies C du code général des impôts sont celles qui établissent des comptes consolidés conformément à une obligation légale.

II. Le terme « groupe » désigne l'ensemble formé par une personne morale au sens du I, les filiales intégrées dans les états financiers consolidés ainsi que leurs succursales.

Une filiale ou une succursale laissée en dehors du périmètre de consolidation pour la seule raison qu'elle représente un intérêt négligeable par rapport à l'objectif défini à l'article L 233-21 du code de commerce appartient au groupe. La personne morale déclarante reporte les agrégats y afférents.

Une déclaration prévue par une réglementation étrangère est considérée comme similaire à celle prescrite par l'article 223 quinquies C précité lorsqu'elle comporte les mêmes informations et couvre l'ensemble du groupe.

III. La déclaration prévue à l'article 223 quinquies C précité comprend, pour chaque Etat ou territoire d'implantation du groupe, les données agrégées suivantes relatives à l'exercice considéré :

1° Le chiffre d'affaires résultant des transactions intragroupe ;

2° Le chiffre d'affaires résultant des transactions avec des parties indépendantes ;

3° Le chiffre d'affaires total ;

4° Le bénéfice ou la perte avant impôts sur les bénéfices ;

5° Les impôts sur les bénéfices acquittés ;

6° Les impôts sur les bénéfices dus ;

7° Le capital social ;

8° Les bénéfices non distribués à la fin de l'exercice ;

9° Le nombre d'employés en équivalent temps plein ;

10° Les actifs corporels hors trésorerie et équivalents de trésorerie.

IV. Les données mentionnées au III, à l'exception de celles prévues au 9°, sont déclarées en euros ou dans la monnaie utilisée pour établir les comptes consolidés.

V. 1. La déclaration fait apparaître, pour chaque Etat ou territoire d'implantation, l'identité de toutes les entités qui y sont établies, y compris les succursales rattachées à une personne morale située dans un autre Etat ou territoire.

2. Lorsqu'une entité est établie dans un Etat ou territoire différent de celui dans lequel elle a été constituée, ce deuxième Etat ou territoire est également mentionné.

3. La nature des principales activités de chaque entité est choisie parmi la liste suivante :

a. Recherche et développement ;

b. Détention ou gestion de droits de propriété intellectuelle ;

c. Achats ou approvisionnements ;

d. Fabrication ou production ;

e. Vente, commercialisation ou distribution ;

f. Services administratifs, de gestion ou de soutien ;

g. Fourniture de services à des parties indépendantes ;

h. Financement interne du groupe ;

i. Services financiers réglementés ;

j. Assurance ;

k. Détention d'actions ou d'autres instruments de fonds propres ;

l. Activités dormantes ;

m. Autres.

VI. La personne morale tenue au dépôt de la déclaration mentionnée à l'article 223 quinquies C précité utilise les données tirées des états financiers consolidés, des comptes sociaux propres à chaque entité ou des comptes de gestion internes. Les sources de données choisies sont mentionnées dans la déclaration et sont utilisées de manière cohérente d'une année sur l'autre, sauf si des circonstances particulières exposées à l'administration justifient un changement.

VII. Les données mentionnées au V sont afférentes à l'exercice de la tête de groupe.

Pour les filiales et succursales, la déclaration indique de manière cohérente :

a. Soit les informations relatives à l'exercice des filiales et succursales s'achevant le même jour que celui de la tête de groupe ou s'achevant au cours des douze mois précédant cette date ;

b. Soit les informations relatives à l'exercice de la tête de groupe.

VIII. 1. La personne morale mentionnée au 1 du I de l'article 223 quinquies C susmentionné indique sur sa déclaration de résultat qu'elle est tenue d'accomplir l'obligation déclarative prévue à cet article.

2. La personne morale mentionnée au 2 du même I indique sur sa déclaration de résultat qu'elle a été désignée pour accomplir l'obligation déclarative ou qu'une autre entité, dont elle précise l'identité et la localisation, assure ce dépôt.

IX. Il est satisfait aux obligations résultant de l'article 223 quinquies C susmentionné par la communication d'un support informatique dont les caractéristiques sont fixées par la direction générale des finances publiques.

CF-IX-32500 s. ; MF n° 8972

SECTION VI *quater*

Crédit d'impôt pour dépenses de production déléguée d'œuvres cinématographiques ou audiovisuelles

Art 46 quater-0 YL Les œuvres cinématographiques de longue durée dont les dépenses de production ouvrent droit au bénéfice du crédit d'impôt prévu aux articles 220 sexies et 220 F du code général des impôts sont celles définies au 1° de l'article 6 du décret n° 99-130 du 24 février 1999 relatif au soutien financier de l'industrie cinématographique.

Les entreprises de production déléguées qui peuvent bénéficier du crédit d'impôt pour dépenses de production d'œuvres cinématographiques prévu aux articles 220 sexies et 220 F du code général des impôts sont celles définies au 5° de l'article 6 du décret précité.

Les entreprises de production déléguées qui peuvent bénéficier du crédit d'impôt pour dépenses de production d'œuvres audiovisuelles prévu aux articles 220 sexies et 220 F précités sont celles définies au II de l'article 3 du décret n° 95-110 du 2 février 1995 relatif au soutien financier à la production, à la préparation et à la distribution d'œuvres audiovisuelles.

IS-IX-42180

Art 46 quater-0 YM Pour la détermination des dépenses mentionnées au III de l'article 220 sexies du code général des impôts, il y a lieu de retenir :

1. Pour les œuvres cinématographiques ou audiovisuelles de fiction, les œuvres cinématographiques ou audiovisuelles documentaires et les œuvres d'adaptation audiovisuelle de spectacles :

a. Au titre des rémunérations et charges sociales afférentes aux auteurs énumérés à l'article L 113-7 du code de la propriété intellectuelle : les rémunérations versées par l'entreprise de production aux auteurs en contrepartie de la commande et de l'acquisition des droits nécessaires à la réalisation de l'œuvre, y compris, en ce qui concerne les œuvres d'adaptation audiovisuelle de spectacles, les compléments de droits artistiques versés aux auteurs, ainsi que les charges sociales afférentes dans la mesure où elles correspondent à des cotisations sociales obligatoires ;

b. Au titre des rémunérations et charges sociales afférentes aux artistes-interprètes mentionnés à l'article L 212-4 du code de la propriété intellectuelle et aux artistes de complément : la part de leur rémunération versée par l'entreprise de production correspondant aux rémunérations minimales prévues par les conventions collectives et accords collectifs de la production cinématographique ou audiovisuelle, y compris, en ce qui concerne les œuvres d'adaptation audiovisuelle de spectacles, la part de la rémunération complémentaire versée aux artistes-interprètes pour la fixation audiovisuelle du spectacle et l'exploitation de l'œuvre audiovisuelle, ainsi que les charges sociales afférentes dans la mesure où elles correspondent à des cotisations sociales obligatoires ;

c. Au titre des salaires et charges sociales afférents aux personnels de la réalisation et de la production : les rémunérations et leurs accessoires versés par l'entreprise de production aux techniciens et ouvriers de la production, ainsi que les charges sociales dans la mesure où elles correspondent à des cotisations sociales obligatoires. Lorsque les techniciens et ouvriers de la production sont employés par l'entreprise de production à titre permanent, seuls sont pris en compte les salaires et charges sociales correspondant à la période durant laquelle ces personnels ont été effectivement employés à la réalisation de l'œuvre éligible au crédit d'impôt ;

d. Au titre des dépenses liées au recours aux industries et autres prestataires de la création cinématographique et audiovisuelle :

1° Les dépenses liées à l'utilisation de studios de prises de vues, y compris la construction de décors, d'effets spéciaux de tournage, de costumes et de coiffures et maquillage, à savoir : les dépenses de location des plateaux de tournage et annexes, de location de lieux loués spécifiquement pour le tournage à l'exclusion des lieux d'habitation, de construction de décors sur les lieux de tournage, d'éclairage, de préparation et de réalisation des effets spéciaux de tournage, y compris les cascades, de location et de fabrication des costumes, coiffures et de maquillage ;

2° Les dépenses de matériels techniques de tournage, à savoir : les dépenses de matériels de prises de vues, de machinerie, d'éclairage et de prise de son ;

3° Les dépenses de postproduction, y compris les effets spéciaux, à savoir : les dépenses de laboratoire image, de montage des images, d'enregistrement des voix, de bruitage et création sonore, de mixage, de montage du son, d'effets spéciaux numériques et de génériques et bandes-annonces ;

4° Les dépenses de pellicules et autres supports d'images et les dépenses de laboratoire, à savoir : les dépenses de pellicules négatives image, de pellicules magnétiques son et plus généralement de tous supports analogiques ou numériques d'images et de son, de laboratoires de tournage, de laboratoires de finition, de laboratoire vidéo et de sous-titrage ;

d bis. Au titre des dépenses effectivement payées au producteur du spectacle pour les œuvres d'adaptation audiovisuelle de spectacles :

1° Le complément de droits artistiques qui correspond à la part de rémunération complémentaire prévue respectivement aux a et b du présent 1 lorsqu'elle est acquittée par le producteur de spectacle ;

2° Le coût plateau qui correspond :

aux compléments de salaires et charges sociales des auteurs et artistes-interprètes dès lors qu'ils rémunèrent une représentation spécifiquement mise en place pour son adaptation audiovisuelle ;

aux compléments de rémunérations et charges sociales des collaborateurs de création du spectacle et des personnels rattachés à la représentation du spectacle dès lors qu'ils rémunèrent une représentation spécifiquement mise en place pour son adaptation audiovisuelle ;

au montant de l'autorisation de fixation audiovisuelle du spectacle versée au producteur du spectacle ;

e. Au titre des dépenses de transport, de restauration et d'hébergement : les dépenses de transport de biens et de matériels artistiques et techniques, ainsi que les dépenses de transport, de restauration et d'hébergement des équipes artistiques et techniques, strictement nécessaires aux besoins de la production de l'œuvre.

Les dépenses de transport des équipes artistiques et techniques sont comprises dans l'assiette du crédit d'impôt dans la limite de 200 euros par trajet et par personne en France métropolitaine et de 500 euros par trajet effectué par personne entre la France métropolitaine et les départements et autres collectivités d'outre-mer ou entre la France et un autre pays, lorsqu'une partie du temps de tournage est réalisée dans ce pays pour des raisons artistiques tenant à un scénario imposant le recours à des décors naturels ou historiques.

Les dépenses de restauration sont comprises dans l'assiette du crédit d'impôt dans la limite de 30 euros par repas et par personne.

Les dépenses d'hébergement sont comprises dans l'assiette du crédit d'impôt dans la limite de 270 euros par nuitée dans la ville de Paris et les départements des Hauts-de-Seine, de la Seine-Saint-Denis et du Val-de-Marne, et de 200 euros dans les autres départements.

2. Pour les œuvres cinématographiques ou audiovisuelles d'animation :

a. Au titre des rémunérations et charges sociales afférentes aux auteurs énumérés à l'article L 113-7 du code de la propriété intellectuelle : les rémunérations versées par l'entreprise de production aux auteurs en contrepartie de la commande et de l'acquisition des droits nécessaires à la réalisation de l'œuvre, ainsi que les charges sociales afférentes dans la mesure où elles correspondent à des cotisations sociales obligatoires ;

b. Au titre des rémunérations et charges sociales afférentes aux artistes-interprètes visés à l'article L 212-4 du code de la propriété intellectuelle : la part de la rémunération versée aux artistes-interprètes correspondant aux rémunérations minimales prévues par les conventions collectives et accords collectifs de la production cinématographique ou audiovisuelle, ainsi que les charges sociales afférentes dans la mesure où elles correspondent à des cotisations sociales obligatoires ;

c. Au titre des salaires et charges sociales afférents aux personnels de la réalisation et de la production : les rémunérations et leurs accessoires versés par l'entreprise de production aux techniciens de la production et aux collaborateurs chargés de la préparation et de la fabrication de l'animation, ainsi que les charges sociales dans la mesure où elles correspondent à des cotisations sociales obligatoires. Lorsque les techniciens de la production et les collaborateurs chargés de la préparation et de la fabrication de l'animation sont employés par l'entreprise de production à titre permanent, seuls sont pris en compte les salaires et charges sociales correspondant à la période durant laquelle ces personnels ont été effectivement employés à la réalisation de l'œuvre éligible au crédit d'impôt ;

d. Au titre des dépenses liées au recours aux industries techniques et autres prestataires de la création cinématographique ou audiovisuelle :

1° Les dépenses liées au recours à des prestataires spécialisés dans les travaux de préparation et de fabrication de l'animation, à savoir : les dépenses correspondant aux travaux facturés par les entreprises qui effectuent, pour le compte des entreprises de production, la préparation et la fabrication de l'animation ainsi que les dépenses de construction de décors ;

2° Les dépenses de matériels techniques nécessaires à la fabrication des images, à savoir : les dépenses de matériels de prise de vues et d'éclairage ainsi que les dépenses d'équipements, de fournitures, de matériels et logiciels informatiques directement affectés à la mise en place et à la fabrication de l'animation d'une œuvre déterminée. Les logiciels informatiques précités doivent être amortis au cours de la période de réalisation de l'œuvre pour laquelle ils ont été spécialement créés ou acquis ;

3° Les dépenses de postproduction, y compris les effets spéciaux, à savoir : les dépenses de laboratoire image, de montage des images, d'enregistrement des voix, de bruitage et création sonore, de mixage, de montage du son, d'effets spéciaux numériques et de génériques et bandes-annonces ;

4° Les dépenses de pellicules et autres supports d'images et des dépenses de laboratoires, à savoir : les dépenses de pellicules négatives image, de pellicules magnétiques son et plus généralement de tous supports analogiques ou numériques d'images et de son, de laboratoires de finition, de laboratoire vidéo et de sous-titrages ;

e. Au titre des dépenses de transport, de restauration et d'hébergement : les dépenses de transport de biens et de matériels artistiques et techniques, ainsi que les dépenses de transport, de restauration et d'hébergement des équipes artistiques et techniques, strictement nécessaires aux besoins de la production de l'œuvre.

Les dépenses de transport des équipes artistiques et techniques sont comprises dans l'assiette du crédit d'impôt dans la limite de 200 euros par trajet et par personne en France métropolitaine et de 500 euros par trajet effectué par personne entre la France métropolitaine et les départements et autres collectivités d'outre-mer ou entre la France et un autre pays, lorsqu'une partie du temps de tournage est réalisée dans ce pays pour des raisons artistiques tenant à un scénario imposant le recours à des décors naturels ou historiques.

Les dépenses de restauration sont comprises dans l'assiette du crédit d'impôt dans la limite de 30 euros par repas et par personne.

Les dépenses d'hébergement sont comprises dans l'assiette du crédit d'impôt dans la limite de 270 euros par nuitée dans la ville de Paris et les départements des Hauts-de-Seine, de la Seine-Saint-Denis et du Val-de-Marne, et de 200 euros dans les autres départements.

IS-IX-42930 s.

Art 46 quater-0 YN Pour la détermination des dépenses visées au d du 1 du III de l'article 220 sexies du code général des impôts, il y a lieu de retenir les dotations aux amortissements fiscalement déductibles afférentes aux immobilisations détenues par l'entreprise de production déléguée et affectées directement à la réalisation de l'œuvre cinématographique ou de l'œuvre audiovisuelle ouvrant droit au crédit d'impôt. Seules sont prises en compte les dotations aux amortissements correspondant à la période durant laquelle l'immobilisation a été effectivement utilisée pour la réalisation de l'œuvre éligible au crédit d'impôt.

IS-IX-43230 s.

Art 46 quater-0 YO **I.** Les artistes-interprètes et les artistes de complément mentionnés au b du 1 et au b du 2 de l'article 46 quater-0 YM comprennent :

a. Les acteurs assurant les rôles principaux et les rôles secondaires des œuvres appartenant au genre de la fiction, les artistes-interprètes intervenant dans le spectacle pour les œuvres appartenant au genre de l'adaptation audiovisuelle de spectacles, ainsi que les artistes-interprètes assurant le commentaire ou la post-synchronisation des œuvres appartenant au genre du documentaire et au genre de l'animation. Pour les œuvres appartenant au genre de la fiction, sont considérés comme rôles principaux les rôles pour lesquels la présence à l'écran des artistes-interprètes est requise pour la moitié au moins des scènes de l'œuvre et comme rôles secondaires les rôles d'au moins quatre cachets ;

b. Les artistes musiciens engagés pour l'enregistrement sonore de leur interprétation ou exécution d'œuvres musicales destinées à être incorporées aux œuvres cinématographiques ou audiovisuelles ;

c. Les artistes du spectacle considérés comme artistes de complément par les usages professionnels, notamment par les conventions et accords collectifs de la production cinématographique ou audiovisuelle, ainsi que les artistes-interprètes assurant des rôles de moins de quatre cachets.

II. Les personnels mentionnés au c du 1 et au c du 2 de l'article 46 quater-0 YM comprennent :

1° Pour les œuvres cinématographiques ou audiovisuelles de fiction, les œuvres cinématographiques ou audiovisuelles documentaires et les œuvres d'adaptation audiovisuelle de spectacles :

a. Les techniciens de la production qui sont ceux en charge : de la réalisation, de la préparation et de l'assistance de réalisation ; de la technique et de la qualité artistique des prises de vues ; de la technique et de la qualité artistique des enregistrements sonores ; de la création artistique et de l'exécution des décors ; de la création artistique des costumes, perruques et accessoires vestimentaires ; de la confection des costumes et accessoires vestimentaires ; de l'habillage et de l'entretien des costumes ; du maquillage de composition des acteurs ; de la confection des perruques et postiches et de l'exécution des coiffures ; des accessoires de plateau et de décor ; de l'assemblage artistique et technique des images et des sons ; de la préparation et de la réalisation des effets spéciaux de tournage, y compris les cascades ; de la direction artistique et du développement ; de la direction et de la gestion administrative, technique et comptable de la production ;

b. Les ouvriers de la production qui sont ceux en charge : de la machinerie ; de l'éclairage ; de la construction des décors ;

2° Pour les œuvres cinématographiques ou audiovisuelles d'animation :

a. Les techniciens de la production qui sont ceux en charge : de la réalisation, de l'assistance de réalisation, de la direction artistique et de la direction d'écriture de l'œuvre cinématographique ou audiovisuelle ; de la direction artistique et du développement ; de la direction et de la gestion administrative, technique et comptable de la production ;

b. Les collaborateurs chargés de la préparation de l'animation qui sont ceux en charge : de la création du scénarimage ; de la conception et de la modélisation des personnages ; de la conception et de la modélisation des décors ; des feuilles d'exposition ;

c. Les collaborateurs chargés de la fabrication de l'animation qui sont ceux en charge : de la mise en place de l'animation ; de l'exécution de l'animation ; de la mise en place des décors ; de l'exécution des décors ; du traçage-gouachage, de la colorisation, du rendu et de l'éclairage ; de l'assemblage numérique ; des effets spéciaux ; de l'assemblage artistique et technique des images et du son.

IS-IX-42990

Art 46 quater-0 YP Pour l'application des dispositions des articles 220 sexies et 220 F du code général des impôts, les entreprises déclarent les réductions et crédits d'impôt selon le format établi par l'administration dans les mêmes délais que la déclaration annuelle de résultat qu'elles sont tenues de souscrire en application de l'article 223 du code précité.

La société mère d'un groupe au sens de l'article 223 A du code précité déclare les réductions et crédits d'impôt pour le compte des sociétés du groupe, y compris ceux la concernant, lors du dépôt de la déclaration relative au résultat d'ensemble du groupe.

IS-IX-44200 s.

Art 46 quater-0 YR Le crédit d'impôt en faveur des entreprises de production cinématographique et des entreprises de production audiovisuelle est imputé sur l'impôt dû après les prélèvements non libératoires et les crédits d'impôt non restituables.

IS-IX-43720

SECTION VI quinquies

Crédit d'impôt pour dépenses de production d'œuvres phonographiques

Art 46 quater-0 YS Les dépenses mentionnées au III de l'article 220 octies du code général des impôts s'entendent des dépenses suivantes :

1. S'agissant des dépenses correspondant aux frais de production d'un enregistrement phonographique ou vidéographique musical :

a. Au titre des frais de personnel autre que le personnel permanent de l'entreprise : les salaires et charges sociales afférents aux artistes-interprètes de la musique signataires d'un contrat d'exclusivité avec le producteur phonographique, au chef d'orchestre, aux artistes-interprètes musiciens, aux artistes de chœurs, aux artistes choristes, aux diseurs, aux artistes-interprètes dramatiques, au réalisateur, à l'ingénieur du son et aux techniciens suivants ayant directement participé à la réalisation de la production :

Le premier assistant son, le deuxième assistant son, l'animateur, l'assistant monteur, le monteur adjoint, l'assistant opérateur du son, l'assistant du son, l'assistant réalisateur, l'assistant styliste, l'attaché, l'assistant de postproduction, le chef coiffeur, le chef coiffeur perruquier, le chef costumier, le chef de plateau, le régisseur de plateau, le chef décorateur, l'architecte décorateur, le chef maquilleur, le chef maquilleur posticheur, le chef monteur, le chef opérateur programmation, l'ingénieur programmation, le coiffeur, le coiffeur perruquier, le conseiller artistique, le conseiller technique, le costumier, les créateurs de costumes, le décorateur, le développeur, le disc-jockey, le graphiste, l'habilleur, l'iconographe, l'illustrateur, l'illustrateur sonore, le machiniste, le maquettiste, le maquilleur, le mixeur, le monteur, le monteur son, le musicien copiste, le copiste musical, l'opérateur programmation, le peintre, le photographe, le preneur de son, l'opérateur du son, le programmateur musical, le réalisateur de phonogrammes, le rédacteur, le régisseur, le régisseur de tournées, le tour manager, le régisseur d'extérieur, le régisseur d'orchestre, le régisseur général, le régisseur son, le répétiteur, le sonorisateur, le styliste, le technicien instruments, le technicien backliner, le technicien lumière, le technicien plateau, le technicien son, le tourneur de pages, le traducteur ;

b. Au titre des dépenses liées à l'utilisation des studios d'enregistrement ainsi qu'à la location et au transport de matériels et d'instruments : la location de studios pour la réalisation de prises de son, la location de studios pour la réalisation de mixages, la location du matériel et des instruments nécessaires à l'enregistrement de l'œuvre ;

c. Au titre des dépenses liées à la conception graphique d'un enregistrement phonographique : les frais d'acquisition des droits des auteurs des photographies, des illustrations et créations graphiques, des biographies ;

d. Au titre des frais de personnel permanent : les salaires et charges sociales correspondant à la période pendant laquelle les personnels permanents mentionnés au a bis du 1° du III de l'article 220 octies du code général des impôts ont été effectivement employés à la production d'une œuvre phonographique ou vidéographique musicale éligible au crédit d'impôt ;

e. Au titre des dépenses liées à la réalisation et à la production d'images associées à l'enregistrement phonographique : les frais d'acquisition des droits des auteurs des photographies, des illustrations et créations graphiques ; les frais correspondant aux autorisations délivrées par des producteurs de spectacles, par des exploitants de salles ou par des organisateurs de festivals dans le cas d'utilisation d'extraits de captation ; les frais techniques nécessaires à la réalisation de ces images ; les frais de captation (son, image, lumière) ; les frais d'acquisition d'images préexistantes ; les cessions de droits facturés par l'ensemble des ayants droit d'auteurs et droits voisins ; les dépenses liées à l'utilisation des studios ou de lieux de tournage à l'exclusion des lieux d'habitation ; les dépenses relatives aux décors, costumes, coiffures et maquillage ; les frais de transport de matériels et d'instruments ; les dépenses de postproduction (création et intégration d'effets spéciaux, frais de montage, d'étalonnage, de mixage, de codage et de matriçage) ; les salaires et charges sociales afférents aux artistes et artistes-interprètes et aux personnels techniques ayant participé à la réalisation de ces opérations ;

Dans le cas d'un disque numérique polyvalent musical : les frais de conception technique tels que la création d'éléments d'interactivité, d'une arborescence, ou le recours à des effets spéciaux.

2. S'agissant des dépenses liées au développement de productions phonographiques ou vidéographiques musicales mentionnées au 2° du III de l'article 220 octies du code général des impôts :

a. Au titre des dépenses engagées afin de soutenir la production de concerts de l'artiste en France ou à l'étranger, dont le montant global est fixé dans le cadre d'un contrat d'artiste ou de licence : la création d'affiches, de tracts, les prestations d'attaché de presse, les frais techniques indispensables à la réalisation de la tournée, les rémunérations versées aux artistes et aux techniciens, y compris dans le cadre de concerts promotionnels ;

b. Au titre des dépenses engagées pour la participation de l'artiste à des émissions de télévision ou de radio dans le cadre de la promotion de l'œuvre agréée, prévues par le contrat d'artiste ou de licence : les cachets versés aux artistes, les salaires et charges sociales afférents aux personnels et les frais de transport de matériel et de personnes nécessaires à la réalisation de ces opérations ;

c. Au titre des dépenses liées à la réalisation et à la production d'images, notamment de vidéogrammes, de documentaires musicaux ou de dossiers de presse en images, autres que celles mentionnées au f du 1° du III de l'article 220 octies du code général des impôts, permettant le développement de la carrière de l'artiste : les frais d'acquisition des droits des auteurs des photographies, des illustrations et créations graphiques, ainsi que les frais techniques nécessaires à la réalisation de ces créations, les frais de captation (son, image, lumière), les frais d'acquisition d'images préexistantes, les cessions de droits facturés par l'ensemble des ayants droit d'auteurs et droits voisins, les frais correspondant aux autorisations délivrées par des producteurs de spectacles, par des exploitants de salles ou par des organisateurs de festivals, les dépenses de postproduction (frais de montage, d'étalonnage, de mixage, de codage et de matriçage), les salaires et charges sociales afférents aux personnels techniques nécessaires à la réalisation de ces opérations.

Dans le cas d'un disque numérique polyvalent musical : les frais de conception technique tels que la création d'éléments d'interactivité, d'une arborescence, ou le recours à des effets spéciaux ;

d. Au titre des dépenses liées à la création d'un site internet dédié à l'artiste dans le cadre du développement de sa carrière dans l'environnement numérique : les frais de création (interactivité, arborescence, graphisme). Ces dispositions sont également applicables en cas de création d'un site internet consacré à plusieurs artistes tels que visés au b du II de l'article 220 octies du code général des impôts ;

e. Au titre des frais de personnel permanent : les salaires et charges sociales correspondant à la période pendant laquelle ces personnels ont été effectivement employés au développement d'une production phonographique ou vidéographique musicale éligible au crédit d'impôt.

IS-IX-52800 s.

Art 46 quater-0 YT Pour l'application des dispositions des articles 220 octies et 220 Q du code général des impôts, les entreprises déposent une déclaration spéciale conforme à un modèle établi par l'administration avec le relevé de solde mentionné à l'article 360 auprès du comptable de la direction générale des finances publiques du lieu d'imposition défini à l'article 218 A du code général des impôts.

S'agissant des sociétés relevant du régime des groupes de sociétés prévu à l'article 223 A du code général des impôts, la société mère joint les déclarations spéciales des sociétés du groupe au relevé de solde relatif au résultat d'ensemble.

Une copie de la déclaration spéciale est adressée dans le même délai au Centre national de la musique.

IS-IX-53800 s.

Art 46 quater-0 YU Le crédit d'impôt prévu à l'article 220 octies du code général des impôts est imputé sur l'impôt dû après les prélèvements non libératoires et les crédits d'impôt non restituables.

IS-IX-53510

SECTION VI sexies

Crédit d'impôt pour dépenses d'édition d'œuvres musicales

Art 46 quater-0 YV Pour la détermination des dépenses mentionnées aux a du 1°, a du 2° et a du 3° du III de l'article 220 septdecies du code général des impôts, le plafond de la rémunération du dirigeant prise en compte est fixé à 45 000 € par an.

IS-IX-54200 s.

Art 46 quater-0 YW Pour la détermination des dépenses mentionnées au j du 3° du III de l'article 220 septdecies du code général des impôts, il y a lieu de retenir les dotations aux amortissements fiscalement déductibles afférentes aux immobilisations détenues par l'entreprise et affectées directement à la publication, la diffusion et l'exploitation commerciale d'œuvres ouvrant droit au crédit d'impôt.

IS-IX-54200 s.

Art 46 quater-0 YW bis Pour la détermination des dépenses mentionnées au c du 1° du III de l'article 220 septdecies du code général des impôts, les dépenses d'hébergement sont comprises dans l'assiette du crédit d'impôt dans la limite de 270 € dans la ville de Paris et les départements des Hauts-de-Seine, de la Seine-Saint-Denis et du Val-de-Marne, et de 200 € dans les autres départements.

Pour la détermination des dépenses mentionnées au d du 3° du III de l'article 220 septdecies du code général des impôts, les dépenses d'hébergement sont comprises dans l'assiette du crédit d'impôt dans la limite de 270 €.

IS-IX-54200 s.

Art 46 quater-0 YW ter Pour l'application des articles 220 septdecies et 220 Q bis du code général des impôts, les entreprises déposent une déclaration spéciale conforme à un modèle établi par l'administration avec le relevé de solde mentionné à l'article 360 auprès du comptable de la direction générale des finances publiques du lieu d'imposition défini à l'article 218 A du code général des impôts.

S'agissant des sociétés relevant du régime des groupes de sociétés prévu à l'article 223 A du code général des impôts, la société mère joint les déclarations spéciales des sociétés du groupe au relevé de solde relatif au résultat d'ensemble.

Une copie de la déclaration spéciale est adressée dans le même délai au Centre national de la musique.

IS-IX-54450 s.

Art 46 quater-0 YW quater Le crédit d'impôt prévu à l'article 220 septdecies du code général des impôts est imputé sur l'impôt dû après les prélèvements non libératoires et les crédits d'impôt non restituables.

IS-IX-54420 s.

SECTION VI septies

Crédit d'impôt pour le rachat du capital d'une société

Art 46 quater-0 YX Pour l'application des dispositions de l'article 220 nonies du code général des impôts, le montant de l'impôt sur les sociétés dû retenu pour le calcul du crédit d'impôt s'entend de l'impôt sur les sociétés dû avant imputation des réductions et crédits d'impôt.

IS-IX-20625

Art 46 quater-0 YY Les intérêts dus pris en compte dans le calcul du crédit d'impôt prévu à l'article 220 nonies du code général des impôts s'entendent de ceux qui viennent à échéance au cours de l'exercice au titre duquel le crédit d'impôt est calculé.

IS-IX-20755

Art 46 quater-0 YZ Pour le calcul du crédit d'impôt prévu à l'article 220 nonies du code général des impôts, la proportion des droits sociaux que les salariés détiennent indirectement dans le capital de la société rachetée correspond à la proportion de droits sociaux détenus de manière continue au cours de l'exercice au titre duquel le crédit d'impôt est calculé. Pour le premier exercice au titre duquel le crédit d'impôt est calculé, cette proportion est appréciée au dernier jour de l'exercice.

IS-IX-20662

Art 46 quater-0 YZA Pour l'application des dispositions de l'article 220 nonies du code général des impôts, les salariés s'entendent des personnes rémunérées directement par l'entreprise et titulaires d'un contrat de travail, à durée déterminée ou non, quelle que soit leur situation ou leur affectation et quelle que soit la nature du contrat de travail.

IS-IX-20410

Art 46 quater-0 YZB Pour l'application des dispositions des articles 220 nonies et 220 R du code général des impôts, les entreprises déclarent les réductions et crédits d'impôt selon le format établi par l'administration dans les mêmes délais que la déclaration annuelle de résultat qu'elles sont tenues de souscrire en application de l'article 223 du code précité.

La société mère d'un groupe au sens de l'article 223 A du code précité déclare les réductions et crédits d'impôt pour le compte des sociétés du groupe, y compris ceux la concernant, lors du dépôt de la déclaration relative au résultat d'ensemble du groupe.

IS-IX-21000 s.

Art 46 quater-0 YZC Le crédit d'impôt prévu à l'article 220 nonies du code général des impôts est imputé sur l'impôt dû après les prélèvements non libératoires et les autres crédits d'impôt.

IS-IX-20910

SECTION VI octies

Réduction d'impôt en faveur des entreprises qui souscrivent au capital de sociétés de presse

Art 46 quater-0 YZD **I.** Pour l'application des dispositions de l'article 220 undecies du code général des impôts, les entreprises déclarent les réductions d'impôt selon le format établi par l'administration dans les mêmes délais que la déclaration annuelle de résultat qu'elles sont tenues de souscrire en application de l'article 223 du même code.

La société mère d'un groupe au sens de l'article 223 A du code général des impôts déclare les réductions d'impôt pour le compte des sociétés du groupe, y compris celles la concernant, lors du dépôt de la déclaration relative au résultat d'ensemble du groupe.

II. Lorsqu'une entreprise souscrit au capital d'une société de presse remplissant les conditions prévues au I de l'article 220 undecies du code général des impôts, cette société de presse lui délivre un état individuel qui mentionne :

a. L'objet pour lequel il est établi ;

b. La raison sociale, l'objet social, le siège social et le régime fiscal de la société ;

c. L'identité et l'adresse de l'entreprise souscriptrice ;

d. Le nombre des titres souscrits, le montant et la date de leur souscription ;

e. La date et le montant des versements effectués.

La société de presse atteste sur cet état qu'elle répond aux conditions mentionnées au I et au VII de l'article 220 undecies du code général des impôts.

BF 6/21 inf. 540 ; IS-IX-95400

SECTION VI nonies

Réduction d'impôt pour mise à disposition d'une flotte de vélos

Art 46 quater-0 YZE Pour la détermination des frais mentionnés au I de l'article 220 undecies A du code général des impôts, il y a lieu de retenir les dépenses suivantes :

a. Dotations aux amortissements fiscalement déductibles relatives à l'acquisition de vélos ;

b. Dotations aux amortissements ou charges déductibles afférentes aux achats ou locations d'équipements nécessaires à la sécurité (notamment casques, protections, gilets réfléchissants, antivols) ;

c. Frais d'assurance contre le vol et couvrant les déplacements en vélo des salariés entre leur domicile et leur lieu de travail ;

d. Frais d'entretien des vélos ;

e. Dotations aux amortissements fiscalement déductibles relatives à la construction ou à l'aménagement d'une aire de stationnement ou d'un local destiné aux vélos ;

f. Frais afférents à la location d'une aire de stationnement ou d'un local destiné aux vélos.

La réduction d'impôt mentionnée à l'article 220 undecies A précité s'applique aux cycles et cycles à pédalage assisté au sens des 6.10 et 6.11 de l'article R 311-1 du code de la route.

IS-IX-72220 s.

Art 46 quater-0 YZF Pour l'application des dispositions de l'article 220 undecies A du code général des impôts, les entreprises déclarent les réductions d'impôt selon le format établi par l'administration dans les mêmes délais que la déclaration annuelle de résultat qu'elles sont tenues de souscrire en application de l'article 223 du code précité.

La société mère d'un groupe au sens de l'article 223 A du code précité déclare les réductions d'impôt pour le compte des sociétés du groupe, y compris ceux la concernant, lors du dépôt de la déclaration relative au résultat d'ensemble du groupe.

IS-V-50440 ; IS-IX-72600 s.

SECTION VI decies

Crédit d'impôt en faveur des créateurs de jeux vidéo

Art 46 quater-0 YZG Les dépenses mentionnées au IV de l'article 220 terdecies du code général des impôts s'entendent des dépenses suivantes :

1. Au titre des dotations aux amortissements mentionnées au 1° du 1 : les dotations aux amortissements fiscalement déductibles. Seules sont prises en compte les dotations aux amortissements correspondant à la période durant laquelle l'immobilisation a été effectivement utilisée pour la création du jeu vidéo éligible au crédit d'impôt ;

2. Au titre des dépenses mentionnées au 2° du 1 : les rémunérations versées par l'entreprise ainsi que les charges sociales afférentes, dans la mesure où elles correspondent à des cotisations sociales obligatoires ;

3. Au titre des dépenses mentionnées au 3° du 1 : les rémunérations et leurs accessoires ainsi que les charges sociales afférentes, dans la mesure où elles correspondent à des cotisations sociales obligatoires. Lorsque les salariés sont employés par l'entreprise de création à titre permanent, seuls sont pris en compte les salaires et charges sociales correspondant à la période durant laquelle ces personnels ont été effectivement employés à la création du jeu vidéo éligible au crédit d'impôt.

IS-IX-55550 s.

Art 46 quater-0 YZH Pour l'application des dispositions des articles 220 terdecies et 220 X du code général des impôts, les entreprises déposent une déclaration spéciale conforme à un modèle établi par l'administration avec le relevé de solde mentionné à l'article 360 auprès du service des impôts.

S'agissant des sociétés relevant du régime des groupes de sociétés prévu à l'article 223 A du code général des impôts, la société mère joint les déclarations spéciales des sociétés du groupe au relevé de solde relatif au résultat d'ensemble.

Une copie de la déclaration spéciale est adressée dans le même délai au Centre national du cinéma et de l'image animée.

IS-IX-56040

Art 46 quater-0 YZI Le crédit d'impôt prévu à l'article 220 terdecies du code général des impôts est imputé sur l'impôt dû après les prélèvements non libératoires et les crédits d'impôt non restituables.

IS-IX-55925 s.

SECTION VII

Bénéfice imposable des caisses de crédit mutuel agricole et rural

Art 46 quater-0 Z Les plus-values ou moins-values réalisées par les caisses de crédit mutuel agricole et rural lors de la cession d'éléments d'actif immobilisés ou de titres de placement ne sont soumises à l'impôt que pour leur fraction acquise à compter du 1er janvier 1985.

Pour les titres cotés, cette fraction est calculée en retenant comme prix de revient leur cours moyen pendant le mois de décembre 1984.

Pour les titres de participation non cotés et les autres éléments d'actif immobilisés, ainsi que pour les titres de placement non cotés, la fraction acquise à compter du 1er janvier 1985 est calculée en proportion de la durée de détention du bien depuis cette date par rapport à sa durée totale de détention. En outre, pour les biens amortissables détenus depuis plus de deux ans, la partie de la plus-value ou moins-value réputée à court terme ne peut excéder le montant des amortissements déduits à compter du 1er janvier 1985 pour le calcul de l'impôt.

IS-I-5910

Art 46 quater-0 ZC Les provisions, autres que les provisions pour risques sur crédit à moyen ou long terme mentionnées à l'article 46 quater-0 ZB existant au bilan de clôture de l'exercice 1984, sont regardées comme des réserves exonérées de l'impôt si elles ne répondent pas aux conditions du 5° du 1 de l'article 39 du code général des impôts ou si elles deviennent sans objet.

IS-I-5910

SECTION VIII

Régime des groupes de sociétés

Art 46 quater-0 ZD Les options mentionnées aux premier, deuxième, quatrième et cinquième alinéas du I de l'article 223 A du code général des impôts sont notifiées au service des impôts auprès duquel est souscrite la déclaration du résultat d'ensemble.

La société mère adresse à ce même service :

1. Lors de la notification de l'option :

a. La liste des personnes morales et des établissements stables qui seront membres du groupe. Cette liste indique, pour chaque société mentionnée au b, sa désignation, l'adresse de son siège social et la répartition de son capital et, pour chaque autre personne morale, sa désignation, l'adresse de son siège social et, le cas échéant, celle de son établissement stable, et la nature du lien qui l'unit à l'entité tête du groupe formé en application du quatrième ou cinquième alinéa du I de l'article 223 A du code général des impôts ;

a bis. La liste des personnes morales et des établissements stables qui seront qualifiés de sociétés intermédiaires. Cette liste indique, pour chaque société mentionnée au b bis, sa désignation, l'adresse de son siège social, l'impôt étranger équivalent à l'impôt sur les sociétés auquel elle est soumise et la répartition de son capital et, pour chaque autre personne morale, sa désignation, l'adresse de son siège social et, le cas échéant, celle de son établissement stable, l'impôt étranger équivalent à l'impôt sur les sociétés auquel elle ou son établissement stable est soumis et la nature du lien qui l'unit à l'entité tête du groupe formé en application du quatrième ou cinquième alinéa du I de l'article 223 A du code général des impôts ;

a ter. La liste des personnes morales et des établissements stables qui seront qualifiés de sociétés étrangères, comportant aussi la désignation de l'entité mère non résidente. Cette liste indique, pour chaque société étrangère et pour l'entité mère non résidente, sa désignation, l'adresse de son siège social, l'impôt étranger équivalent à l'impôt sur les sociétés auquel elle est soumise et la répartition de son capital et, pour chaque autre personne morale, sa désignation, l'adresse de son siège social et, le cas échéant, celle de son établissement stable, l'impôt étranger équivalent à l'impôt sur les sociétés auquel elle ou son établissement stable est soumis ;

b. Des attestations par lesquelles les sociétés filiales font connaître leur accord pour que la société mère retienne leurs propres résultats pour la détermination du résultat d'ensemble ;

b bis. Des attestations par lesquelles les sociétés filiales font connaître leur accord pour qu'elles soient qualifiées de sociétés intermédiaires ;

b ter. Des attestations par lesquelles l'entité mère non résidente et les sociétés étrangères font connaître leur accord pour l'option de la société mère dans les conditions du deuxième alinéa du I de l'article 223 A du code général des impôts.

Les sociétés membres d'un groupe constitué en application du deuxième alinéa du I de l'article 223 A du code général des impôts, autres que la société mère, accompagnent leurs attestations mentionnées au b d'attestations par lesquelles l'entité mère non résidente et, s'il y a lieu, les sociétés étrangères, font connaître leur accord pour que les résultats de ces sociétés soient retenus pour la détermination du résultat d'ensemble ;

c. Le cas échéant, le document visé au premier alinéa du c du 6 de l'article 223 L du code général des impôts ou au deuxième alinéa du g du 6 du même article, qui comporte la liste et les attestations précédemment mentionnées ;

2. Au plus tard à l'expiration du délai de dépôt de la déclaration de résultat de chacun des exercices arrêtés au cours de la période de validité de l'option :

a. La liste des sociétés qui seront membres du groupe défini à l'article 223 A du code général des impôts, au titre de l'exercice suivant ;

a bis. La liste des sociétés intermédiaires définies à l'article 223 A du code général des impôts ainsi que des sociétés qui cessent d'être qualifiées de sociétés intermédiaires au titre de l'exercice suivant ;

a ter. La liste des sociétés qui seront qualifiées de sociétés étrangères au sens de l'article 223 A du code général des impôts, au titre de l'exercice suivant, ainsi que la liste des sociétés qui cessent d'être qualifiées de sociétés étrangères au titre de cet exercice suivant ;

b. Les attestations mentionnées au b du 1 produites par les sociétés qui seront membres du groupe à compter de cet exercice suivant ;

b bis. Les attestations mentionnées au b bis du 1 produites par les sociétés qui seront qualifiées de sociétés intermédiaires à compter de cet exercice suivant ;

b ter. Les attestations mentionnées au b ter du 1 par lesquelles l'entité mère non résidente et les sociétés étrangères font connaître leurs accords mentionnés au même b ter du 1, applicables à compter de cet exercice suivant ;

c. Le cas échéant, l'extrait de l'annexe comptable comportant les informations suivantes sur les comptes combinés : nom de l'entreprise combinante, liste des entreprises du périmètre de combinaison et description de la nature des liens qui permettent de fonder les critères de sélection des entreprises dont les comptes sont combinés, ainsi que l'indication des motifs qui justifient la non-combinaison de certaines entreprises ;

d. Le cas échéant, la référence de l'agrément collectif délivré par l'Autorité de contrôle prudentiel et de résolution pour elle-même et pour les caisses locales qui la détiennent ;

2 bis. Dans les trois mois de l'acquisition des titres d'une société du groupe ou d'une autre société intermédiaire ou d'une société étrangère, l'attestation mentionnée au b bis du 1 produite par la société qui sera qualifiée de société intermédiaire à compter de l'exercice au cours duquel est intervenue cette acquisition, ou celle mentionnée, selon le cas, au premier ou au second alinéa du b ter du 1 produite par la société qui sera qualifiée de société étrangère à compter de l'exercice au cours duquel est intervenue cette acquisition ;

3. En même temps que la déclaration du résultat d'ensemble de l'exercice au cours duquel le capital de la société mère vient à être détenu à hauteur de 95 % au moins, directement ou indirectement, par une personne morale passible de l'impôt sur les sociétés dans les conditions prévues au premier alinéa du d du 6 de l'article 223 L du code général des impôts, une lettre signée des représentants dûment mandatés de la société mère et de la société détentrice des titres qui indique, de manière précise la nature, les circonstances et les justifications juridiques, économiques ou sociales de l'opération à l'origine de la détention en cause.

Les dispositions du premier alinéa s'appliquent également lorsque le capital de l'entité mère non résidente vient à être détenu à hauteur de 95 % au moins, directement ou indirectement par une autre personne morale passible de l'impôt sur les sociétés, ou par une autre société ou un autre établissement stable remplissant les conditions définies au deuxième alinéa du I de l'article 223 A du code général des impôts, dans les conditions prévues au premier alinéa du d du 6 de l'article 223 L du même code. Dans ce cas, la lettre mentionnée au premier alinéa est signée des représentants dûment mandatés de l'entité mère non résidente et de la personne morale détentrice des titres.

4. L'accord d'une société étrangère, mentionné au deuxième alinéa du k du 6 de l'article 223 L du code général des impôts, pour se substituer à l'entité mère non résidente lorsque l'Etat dans lequel cette dernière est soumise à un impôt équivalent à l'impôt sur les sociétés se retire de l'Union européenne ou de l'accord sur l'Espace économique européen. Cet accord est adressé au plus tard à l'expiration du délai de dépôt de la déclaration de résultat de l'exercice au cours duquel intervient le retrait.

IS-V-6265 s., 6940 s., 6953 s. ; MF n° 40285

Art 46 quater-0 ZE Les sociétés filiales qui acceptent de faire partie du groupe défini à l'article 223 A du code général des impôts adressent l'attestation mentionnée à l'article 46 quater-0 ZD au service dont elles relèvent au plus tard à l'expiration du délai de dépôt de la déclaration de résultat de l'exercice précédant celui au titre duquel le régime défini à l'article 223 A précité s'applique. L'accord est valable jusqu'à la sortie du groupe de la société filiale concernée. Il peut être dénoncé au plus tard à l'expiration du délai de dépôt de la déclaration de résultat du dernier exercice précédant la période couverte par le renouvellement de l'option prévu au deuxième alinéa du III de l'article 223 A précité.

Les sociétés filiales dont les résultats d'un exercice cesseront d'être pris en compte dans le résultat d'ensemble par décision de la société mère en informent le service des impôts dont elles relèvent au plus tard à l'expiration du délai de dépôt de la déclaration de résultat de l'exercice précédent.

Pour remplir les obligations prévues au présent article et à l'article 46 quater-0 ZD, la société doit utiliser des documents conformes aux modèles établis par l'administration.

IS-V-6555 s. ; MF nº 40285

Art 46 quater-0 ZF Pour l'application des dispositions de l'article 223 A du code général des impôts, les droits détenus indirectement à 95 % au moins s'entendent des droits détenus par l'intermédiaire d'une chaîne de participation. Le pourcentage de ces droits est apprécié en multipliant entre eux les taux de détention successifs. Toutefois, pour cette appréciation, la société qui détient 95 % au moins du capital d'une autre société est considérée comme détenant ce capital en totalité. La phrase précédente ne s'applique pas pour l'appréciation de la détention du capital de la société mère d'un groupe formé en application des premier, quatrième ou cinquième alinéas du I de l'article 223 A du code général des impôts, ni pour l'appréciation de la détention du capital d'une entité mère non résidente au sens du deuxième alinéa du I de l'article 223 A précité.

Peuvent être membres du groupe les sociétés détenues, dans les conditions mentionnées au sixième alinéa du I de l'article 223 A du code général des impôts, par une société établie hors de France dont l'établissement stable est membre du groupe, à la condition que leurs titres soient inscrits à l'actif du bilan fiscal de cet établissement stable.

IS-V-5600 s., 5845 s. ; MF nº 40245

Art 46 quater-0 ZG La subvention indirecte mentionnée au premier alinéa de l'article 223 R du code général des impôts et déduite pour la détermination du résultat des exercices ouverts avant le 1er janvier 2019 s'entend des renonciations à recettes qui proviennent des prêts ou d'avances sans intérêt ou à un taux d'intérêt inférieur au taux du marché. Elle s'entend également de la livraison de biens ou de la prestation de services entre sociétés du groupe sans contrepartie ou pour un prix inférieur à leur prix de revient ou, s'agissant de biens composant l'actif immobilisé, pour un prix inférieur à leur valeur réelle.

Constituent également une subvention indirecte au sens de l'article 223 R précité déjà cités les excédents de charges qui proviennent des emprunts contractés, des avances reçues qui sont assortis d'un taux d'intérêt plus élevé que celui du marché. Il en est de même des achats de biens ou de services pour un prix plus élevé que leur valeur réelle.

IS-V-21120 s. ; MF nº 40530

Art 46 quater-0 ZH **I.** *(Disposition devenue sans objet : loi nº 89-935 du 29 décembre 1989 art. 23-II-1).*

II. Pour l'application des dispositions de l'article 223 F du code général des impôts, la société mère doit :

1. Réintégrer au résultat d'ensemble de chaque exercice une somme égale à la fraction de l'annuité fiscale d'amortissements pratiquée par la société cessionnaire, qui excède la dotation fiscale calculée dans les mêmes conditions et au même taux que cette annuité, sur la valeur nette que l'immobilisation amortissable avait, du point de vue fiscal, dans les écritures de la société du groupe qui a effectué la première cession à une autre société du même groupe. Cette dernière valeur est, le cas échéant, diminuée des amortissements différés en contravention aux dispositions de l'article 39 B du code déjà cité.

En cas de cessions successives d'un même bien à l'intérieur du groupe, les valeurs nettes mentionnées au premier alinéa sont diminuées, lors de chaque cession, d'une somme égale aux amortissements calculés sur ces mêmes valeurs et admis en déduction du résultat d'ensemble depuis la précédente cession ;

2. Comprendre dans le résultat ou plus-value ou moins-value nette à long terme d'ensemble de l'exercice de cession hors du groupe d'une immobilisation, autre que la cession de titres d'une société du groupe, la plus-value ou la moins-value calculée par différence entre :

D'une part, le prix de vente de l'élément cédé ;

Et, d'autre part, sa valeur d'origine dans les écritures de la société du groupe qui a effectué la première cession à une autre société du même groupe. Pour une immobilisation amortissable, cette valeur est diminuée d'un montant égal à la différence entre les amortissements effectivement déduits pour l'assiette de l'impôt pendant sa période d'utilisation par les sociétés du groupe et les sommes réintégrées au titre du 1 ci-dessus.

Le cas échéant, la plus-value ainsi calculée est majorée des amortissements différés en contravention aux dispositions de l'article 39 B du code général des impôts.

En cas de moins-value, celle-ci est diminuée des mêmes amortissements différés ;

3. Comprendre dans le résultat ou la plus-value ou moins-value nette à long terme d'ensemble de l'exercice de cession le montant cumulé des plus-values ou des moins-values de cession de titres qui n'ont pas été retenues pour le calcul du résultat ou de la plus-value ou moins-value nette à long terme d'ensemble en application de l'article 223 F lorsque :

a. La cession est réalisée par une société du groupe à une société autre qu'une société du groupe ou autre qu'une société intermédiaire, une société étrangère ou une entité mère non résidente, et porte sur des titres d'une autre société du groupe ;

b. La cession est réalisée par une société intermédiaire, une société étrangère ou une entité mère non résidente, à une société autre qu'une société du groupe ou autre qu'une société intermédiaire, une société étrangère ou une entité mère non résidente et porte sur des titres d'une société qui demeure dans le groupe et qui ont été préalablement acquis auprès d'une société du groupe.

III. 1. Les dispositions du 2 du II s'appliquent également lors de la sortie du groupe d'une des sociétés qui ont cédé une immobilisation à une autre société du groupe ou lors de la sortie du groupe de la société qui est propriétaire de cette immobilisation ou lors de l'apport d'une immobilisation amortissable entre sociétés du groupe lorsque cet apport bénéficie des dispositions de l'article 210 A du code général des impôts.

Dans ce cas, la plus-value ou la moins-value est calculée en prenant pour premier terme de la différence :

Pour une immobilisation amortissable, sa valeur nette comptable dans les écritures de la société qui en est propriétaire ;

Pour une immobilisation non amortissable, son prix d'acquisition par la société qui en est propriétaire.

2. Les dispositions du 3 du II s'appliquent également lors de la sortie du groupe d'une des sociétés qui ont cédé des titres d'une société du groupe à une autre société du groupe ou à une société intermédiaire, ou à une société étrangère ou à une entité mère non résidente, ou lors de la sortie du groupe de la société qui est propriétaire de ces titres, ou lors de la sortie du groupe d'une société dont les titres ont fait l'objet d'une cession à une société intermédiaire, ou à une société étrangère ou à une entité mère non résidente.

IV. Pour déterminer le montant brut de la plus-value servant de base au calcul de la quote-part de frais et charges mentionnée au troisième alinéa de l'article 223 F du code général des impôts :

1. Les dispositions du 2 du II s'appliquent en cas de cession de titres autres que ceux d'une société du groupe et les dispositions du 3 du II s'appliquent en cas de cession de titres d'une société du groupe ;

2. Les dispositions du 1 du III s'appliquent en cas de sortie du groupe de la société propriétaire de titres autres que ceux d'une société du groupe et les dispositions du 2 du III s'appliquent lorsque la société propriétaire des titres d'une société du groupe, selon le cas, sort du groupe ou perd la qualité de société intermédiaire, de société étrangère ou d'entité mère non résidente.

Pour l'application du présent IV, les sommes comprises dans la plus-value ou moins-value nette à long terme d'ensemble en application du deuxième alinéa de l'article 223 F précité au titre d'exercices ouverts à compter du 1er janvier 2019 sont considérées comme n'ayant pas été retenues pour le calcul de cette plus-value ou moins-value nette à long terme d'ensemble.

IS-V-19620 s., 37010 s. ; MF n° 40475

Art 46 quater-0 ZJ Pour l'application du 2 de l'article 223 N du code général des impôts, les acomptes que la société mère doit verser pour le compte de la société qui cesse de faire partie du groupe sont payés au comptable de la direction générale des finances publiques du lieu d'imposition de cette dernière société. Ces acomptes sont déterminés d'après le résultat de cette même société selon les modalités prévues à l'article 1668 du même code.

IS-V-51260 s. ; MF n° 40595 précision d

Art 46 quater-0 ZJ bis **1.** La fraction du déficit pour laquelle le bénéfice de l'application des dispositions du 5 de l'article 223 I du code général des impôts est demandée est calculée après qu'il a été, le cas échéant, procédé aux réintégrations mentionnées aux c, d, e, f, i ou j du 6 de l'article 223 L du même code. Cette fraction du déficit qui correspond à celui des sociétés membres du groupe ayant cessé ou des sociétés apportées et faisant partie du nouveau groupe, ou à celui des sociétés membres du groupe ayant cessé absorbées par les sociétés précitées ou scindées à leur profit dans les conditions prévues au 5 de l'article 223 I du code général des impôts, est calculée par application au déficit restant à reporter du rapport existant, pour chaque exercice, entre la somme des déficits pris en compte pour la détermination du résultat d'ensemble au titre de ces sociétés et la somme des déficits de même nature pris en compte pour l'ensemble des sociétés du groupe. Cette fraction ne peut excéder le montant dont le transfert a été admis, le cas échéant, dans le cadre d'une décision d'agrément prise en application du 6 ou du 7 de l'article 223 I du code général des impôts.

Lorsque la cessation du groupe résulte d'une scission, le déficit d'ensemble est, préalablement au calcul effectué au premier alinéa, réparti entre les branches apportées en fonction de l'origine de ce déficit. Le déficit qui ne peut être affecté à une branche est réparti selon les modalités prévues au deuxième membre de la deuxième phrase du premier alinéa du e du 6 de l'article 223 L du code général des impôts. Pour chacun des nouveaux groupes, la fraction du déficit restant à reporter et qui peut être imputée dans les conditions prévues au 5 de l'article 223 I de ce code est alors calculée, au titre de chaque exercice, selon les modalités précisées au premier alinéa.

La liste des sociétés pour lesquelles le bénéfice des dispositions du 5 de l'article 223 I du code général des impôts est demandé est jointe à l'option et figure de manière distincte sur le document prévu aux c, d, e, g, i ou j du 6 de l'article 223 L de ce code concernant l'identité des sociétés membres du nouveau groupe.

IS-V-65540 s. ; MF n°s 40755 s.

2. Pour l'application du troisième alinéa de l'article 223 R du code général des impôts :

a. La partie du déficit qui ne peut plus être imputée lorsqu'une société qui y est mentionnée sort du groupe est calculée en considérant que les déficits déjà imputés correspondent à ceux de cette société et à ceux des sociétés qu'elle avait absorbées au sein du groupe ayant cessé ou qui avaient été scindées à son profit au sein du groupe ayant cessé dans les conditions mentionnées au 5 de l'article 223 I du code général des impôts ;

IS-V-65540

b. La somme ainsi calculée est imputée sur le déficit encore reportable subi au titre de l'exercice le plus ancien ;

c. La partie du déficit qui demeure imputable dans les conditions prévues au 5 de l'article 223 I du code général des impôts est réduite à due concurrence.

3. La société qui sort d'un groupe d'intégration fiscale dans les conditions prévues au deuxième alinéa de l'article 223 E du code général des impôts conserve le droit d'imputer sur son bénéfice :

a. Dans le cas où le résultat d'ensemble du groupe est déficitaire, le montant de son déficit pris en compte pour la détermination du résultat d'ensemble de l'exercice, multiplié par le rapport entre, au numérateur, le déficit d'ensemble de l'exercice et, au dénominateur, la somme des déficits des sociétés du groupe pris en compte pour la détermination du résultat d'ensemble de l'exercice, auquel s'ajoute le montant qu'elle aurait pu imputer sur son bénéfice en sortant du groupe au cours de l'exercice précédent ;

b. Dans le cas où le résultat d'ensemble du groupe est nul, une proportion des déficits d'ensemble reportables égale à celle qu'elle aurait obtenue en sortant du groupe au cours de l'exercice précédent.

Le montant déterminé conformément au a ou au b est réduit dans le rapport entre la fraction du déficit d'ensemble susceptible d'être imputé dans les conditions prévues à l'article 223 G du code général des impôts et le montant global du déficit d'ensemble encore reportable à la clôture de l'exercice du groupe précédant celui au cours duquel intervient la sortie de la société.

La moins-value nette à long terme que la société conserve le droit d'imputer sur ses plus-values nettes à long terme est déterminée selon les mêmes modalités.

IS-V-65500 s.

Art 46 quater-0 ZK La déclaration de résultats visée à l'article 53 A du code général des impôts comporte les éléments nécessaires au contrôle du résultat d'ensemble. Elle est souscrite en double exemplaire par chaque société membre du groupe, qui doit joindre en outre :

a. L'état des rectifications apportées à son résultat pour la détermination du résultat d'ensemble ;

b. L'état de détermination du bénéfice et de la plus-value nette à long terme ouvrant droit à exonération en application du III de l'article 44 octies A, du III de l'article 44 duodecies et du III de l'article 44 terdecies du code général des impôts.

La société mère dépose, au plus tard à l'expiration du délai de dépôt de son relevé de solde auprès du comptable de la direction générale des finances publiques, la liste des sociétés membres du groupe, des sociétés intermédiaires, de l'entité mère non résidente et des sociétés étrangères, ainsi que des sociétés qui cessent d'être membres de ce groupe défini à l'article 223 A du code général des impôts ou qui cessent d'être qualifiées de sociétés intermédiaires, d'entité mère non résidente ou de sociétés étrangères. Cette liste indique le taux de détention directe et indirecte par la société mère ou l'entité mère non résidente. Cette liste constitue une annexe à la déclaration d'impôt sur les sociétés au sens de l'article 1649 quater B quater du code général des impôts pour la modalité de souscription par voie électronique.

IS-V-6505 s., 47100 s.

Art 46 quater-0 ZL La déclaration du résultat d'ensemble visée à l'article 223 Q du code général des impôts comprend les éléments nécessaires à la détermination et au contrôle de ce résultat. La société mère doit joindre à cette déclaration :

1. Un état des subventions directes ou indirectes et des abandons de créances consentis ou reçus par chacune des sociétés membres du groupe, au cours d'exercices ouverts avant le 1er janvier 2019, indiquant la dénomination des sociétés concernées ainsi que la nature et le montant de ces subventions ou abandons ;

1 bis. Un état des plus-values ou moins-values de cession d'actifs immobilisés non retenues pour le calcul du résultat ou de la plus ou moins-value nette à long terme d'ensemble en application de l'article 223 F du code général des impôts, indiquant, pour chaque immobilisation concernée :

a. La nature du bien ;

b. L'identité de son propriétaire (dénomination, adresse, le cas échéant numéro d'identité tel que défini au premier alinéa de l'article R 123-221 du code de commerce) à la clôture de l'exercice ;

c. Le cas échéant, l'identité de ses propriétaires successifs au cours de l'exercice ;

d. La valeur d'origine du bien à l'actif de la société du groupe qui a réalisé la première cession ;

e. Le montant des amortissements cumulés effectivement déduits pour l'assiette de l'impôt pendant la période d'utilisation du bien par les sociétés du groupe ;

f. Le montant des suppléments d'amortissements calculés selon les modalités du 1 du II de l'article 46 quater 0-ZH ;

g. Le montant cumulé des plus-values ou moins-values qui n'ont pas été retenues pour le calcul du résultat ou de la plus-value ou moins-value nette à long terme d'ensemble en application de l'article 223 F précité ;

IS-V-47750

1 ter. Un état des plus-values ou moins-values de cession de titres de participation non retenues dans la plus-value ou moins-value nette à long terme d'ensemble au titre des exercices ouverts avant le 1er janvier 2019 et à raison desquelles la quote-part de frais et charges mentionnée au troisième alinéa de l'article 223 F du code général des impôts n'a pas encore été appliquée. Cet état mentionne les indications prévues aux a à d et au g du 1 bis ;

IS-V-37330

2. Pour chacune des sociétés membres du groupe, l'état des rectifications mentionné au a de l'article 46 quater-0 ZK ;

3. Un tableau de synthèse de ces rectifications ;

4. Un tableau de détermination du résultat d'ensemble du groupe ;

5. Des états faisant apparaître les déficits d'ensemble, les plus-values nettes ou moins-values nettes à long terme d'ensemble et les crédits d'impôt susceptibles d'être utilisés par la société mère ;

6. Dans les situations visées aux c, d, e, f, g, i ou j du 6 de l'article 223 L du code général des impôts, des états faisant apparaître :

a. La quotité du déficit qui peut s'imputer sur les résultats des sociétés membres du groupe ayant cessé ou des sociétés apportées et qui font partie du nouveau groupe, mentionnée au 5 de l'article 223 I du même code, et la quote-part de ce déficit qui provient de chacune des sociétés pour lesquelles le bénéfice de cette imputation a été demandé et de chacune des sociétés membres du groupe ayant cessé absorbées par les sociétés précitées ou scindées à leur profit dans les conditions mentionnées au 5 de l'article 223 I du code général des impôts ;

b. L'imputation de ce déficit sur le bénéfice de la société qui en est titulaire et sur les bénéfices des sociétés membres du groupe ayant cessé ou des sociétés apportées et qui font partie du nouveau groupe ;

c. Le montant du déficit qui ne peut plus être imputé du fait de la sortie du groupe de l'une des sociétés membres du groupe ayant cessé ou des sociétés apportées et qui font partie du nouveau groupe, en application des dispositions du troisième alinéa de l'article 223 R du code général des impôts ;

IS-V-65685

6 bis. Dans les situations mentionnées au h du 6 de l'article 223 L du code général des impôts, des états faisant apparaître, par société sortie du groupe, la quotité du déficit et de la moins-value nette à long terme d'ensemble mentionnée au deuxième alinéa de l'article 223 E du code général des impôts revenant à chacune d'elles ;

7. *(Disposition périmée)* ;

8. Un document indiquant les sociétés du groupe relevant des dispositions des articles 44 octies A, 44 duodecies et 44 terdecies du code général des impôts, comportant les éléments nécessaires au calcul de la fraction du bénéfice et de la plus-value nette à long terme d'ensemble exonérés en application du III de l'article 44 octies, du III de l'article 44 octies A, du III de l'article 44 duodecies et du III de l'article 44 terdecies du code général des impôts ;

9. Un état faisant apparaître les charges financières nettes non admises en déduction du résultat d'ensemble de l'exercice en application des I, VI et VII de l'article 223 B bis du code général des impôts, ainsi que le suivi des charges financières nettes non admises en déduction au titre des exercices précédents et des capacités de déduction inemployées au titre des cinq exercices précédents, en application du VIII de l'article 223 B bis précité ;

10. Un état des rectifications prévues aux deuxième, troisième et sixième alinéas de l'article 223 B et à l'article 223 D du code général des impôts qui sont afférentes aux opérations réalisées entre des sociétés du groupe et des sociétés intermédiaires, des sociétés étrangères ou l'entité mère non résidente.

Ces renseignements sont présentés sur des documents conformes aux modèles établis par l'administration.

IS-V-47500 ; MF nos 40535, 40580

Art 46 quater-0 ZM Les règles prévues à la présente annexe concernant la société mère d'un groupe au sens de l'article 223 A du code général des impôts sont applicables à l'établissement public industriel et commercial qui se constitue seul redevable de l'impôt sur les sociétés en application des dispositions de l'article 223 A bis du même code. Les règles prévues à la présente annexe concernant les sociétés membres d'un groupe sont applicables aux établissements publics industriels et commerciaux et aux sociétés membres d'un groupe au sens de l'article 223 A bis du code précité.

Les documents qu'adresse, en application du 2 de l'article 46 quater-0 ZD, l'établissement public qui s'est constitué seul redevable de l'impôt sur les sociétés dû sur l'ensemble des résultats d'un groupe au sens de l'article 223 A bis du code général des impôts sont complétés, dans le délai prévu au même 2, de l'extrait de l'annexe comptable comportant les informations suivantes sur les comptes consolidés établis dans les conditions prévues au premier alinéa de l'article L 233-18 du code de commerce : nom de l'établissement public industriel et commercial qui établit les comptes consolidés, liste des établissements du périmètre de consolidation et description de la nature des liens qui permettent de fonder les critères de sélection des établissements dont les comptes sont consolidés, ainsi que l'indication des motifs qui justifient la non-consolidation de certains établissements.

IS-V-89425

SECTION VIII bis

Régime de taxation au tonnage

Art 46 quater-0 ZS bis Les entreprises doivent exercer l'option mentionnée au III de l'article 209-0 B du code général des impôts au plus tard à la date limite de dépôt de la déclaration de résultat du premier exercice de la période pour laquelle elles désirent bénéficier du régime prévu audit article.

L'option est notifiée sur papier libre ou par voie électronique au service des impôts auprès duquel est souscrite la déclaration de résultat.

BIC-XVIII-18480

Art 46 quater-0 ZS bis A Les entreprises qui ont exercé l'option mentionnée au III de l'article 209-0 B du code général des impôts doivent joindre aux déclarations de résultat qu'elles sont tenues de souscrire un état de détermination des bénéfices conforme au modèle établi par l'administration.

BIC-XVIII-17940, 18485

SECTION VIII ter

Régime de faveur des fusions

Art 46 quater-0 ZS ter La déclaration spéciale mentionnée au IV de l'article 210-0 A du code général des impôts mentionne :

1° La date de réalisation et la nature de l'opération, les nom ou dénomination et adresses des personnes concernées par cette opération, y compris, le cas échéant, celles de l'établissement stable situé en France de la personne morale étrangère, les liens capitalistiques entre ces mêmes personnes avant la réalisation de l'opération et la nature exacte de l'activité exercée par la personne morale étrangère mentionnée au IV de l'article 210-0 A précité ;

2° Les motifs et buts de l'opération réalisée, notamment les améliorations recherchées, ainsi que les éventuelles opérations de cession, de fusion, de scission ou d'apport partiel d'actif préalables et subséquentes en lien avec cette opération ;

3° Les conséquences économiques et fiscales de l'opération réalisée, notamment sur les activités, moyens et fonctions maintenus en France et transférés à l'étranger.

IS-VI-52330 s.

SECTION XI

Crédit d'impôt pour dépenses de production exécutive d'œuvres cinématographiques et audiovisuelles

Art 46 quater-0 ZY bis Les œuvres cinématographiques ou audiovisuelles dont les dépenses de production ouvrent droit au bénéfice du crédit d'impôt prévu aux articles 220 quaterdecies et 220 Z bis du code général des impôts sont celles qui satisfont aux conditions prévues à la section 3 du chapitre 1er du titre III du livre III de la partie réglementaire du code du cinéma et de l'image animée pris pour l'application des articles 220 quaterdecies et 220 Z bis du code général des impôts et relatif à l'agrément des œuvres cinématographiques et audiovisuelles ouvrant droit au crédit d'impôt pour dépenses de production exécutive en France d'œuvres cinématographiques ou audiovisuelles étrangères.

Les entreprises de production exécutive qui peuvent bénéficier du crédit d'impôt prévu aux articles 220 quaterdecies et 220 Z bis du code général des impôts sont celles définies à l'article D 331-38 du code du cinéma et de l'image animée.

IS-IX-48000 s.

Art 46 quater-0 ZY ter Pour la détermination des dépenses mentionnées au III de l'article 220 quaterdecies du code général des impôts, il y a lieu de retenir :

1. Au titre des rémunérations versées aux auteurs énumérés à l'article L 113-7 du code de la propriété intellectuelle et des charges sociales y afférentes : les avances à valoir sur les recettes d'exploitation versées par l'entreprise de production exécutive aux auteurs en contrepartie de la commande et de l'acquisition des droits nécessaires à la réalisation de l'œuvre, ainsi que les charges sociales y afférentes lorsqu'elles correspondent à des cotisations sociales obligatoires ;

2. Au titre des rémunérations versées aux artistes-interprètes mentionnés à l'article L 212-4 du code de la propriété intellectuelle et aux artistes de complément et des charges sociales y afférentes : la part de la rémunération versée par l'entreprise de production exécutive aux artistes-interprètes et artistes de complément, correspondant aux rémunérations minimales prévues par les conventions et accords collectifs de la production cinématographique ou audiovisuelle, ainsi que les charges sociales y afférentes lorsqu'elles correspondent à des cotisations sociales obligatoires ;

3. Au titre des salaires versés aux personnels de la réalisation et de la production et des charges sociales y afférentes : les rémunérations et leurs accessoires versés par l'entreprise de production exécutive aux techniciens de la production, aux ouvriers de la production et aux collaborateurs chargés de la préparation et de la fabrication de l'animation, ainsi que les charges sociales y afférentes lorsqu'elles correspondent à des cotisations sociales obligatoires. Lorsque les personnels de la réalisation et de la production sont employés par l'entreprise de production exécutive à titre permanent, seuls sont pris en compte les salaires et charges sociales correspondant à la période durant laquelle ces personnels ont été effectivement employés à la réalisation de l'œuvre éligible au crédit d'impôt ;

4. Au titre des dépenses liées au recours aux industries techniques et autres prestataires de la création cinématographique et audiovisuelle :

a. Les dépenses liées à l'utilisation de studios de prises de vues, y compris la construction de décors, d'effets spéciaux de tournage, de costumes, de coiffures et maquillage, à savoir : les dépenses de location des plateaux de tournage et annexes, de location de lieux loués spécifiquement pour le tournage à l'exclusion des lieux d'habitation, de construction de décors sur les lieux de tournage, de location de biens meubles strictement nécessaires à la construction ou l'élaboration des décors, d'éclairage, de préparation et de réalisation des effets spéciaux de tournage, y compris les cascades, de location et de fabrication des costumes, de coiffures et de maquillage ;

b. Les dépenses de matériels techniques de tournage, à savoir : les dépenses de matériels de prises de vues, de machinerie, d'éclairage et de prise de son ;

c. Les dépenses liées au recours à des prestataires spécialisés dans les travaux de préparation et de fabrication de l'animation, à savoir : les dépenses correspondant aux travaux facturés par les entreprises qui effectuent, pour le compte des entreprises de production exécutive, la préparation et la fabrication de l'animation ainsi que les dépenses de construction de décors ;

d. Les dépenses de matériels techniques nécessaires à la fabrication des images, à savoir : les dépenses de matériels de prise de vues et d'éclairage ainsi que les dépenses d'équipements, de fournitures, de matériels et logiciels informatiques directement affectés à la mise en place et à la fabrication de l'animation d'une œuvre déterminée. Les logiciels informatiques précités doivent être amortis au cours de la période de réalisation de l'œuvre pour laquelle ils ont été spécialement créés ou acquis ;

e. Les dépenses de postproduction, y compris les effets spéciaux, à savoir : les dépenses de laboratoire image, de montage des images, d'enregistrement des voix, de bruitage et création sonore, de mixage, de montage du son, d'effets spéciaux numériques et de génériques et bandes-annonces ;

f. Les dépenses de pellicules et autres supports d'images et les dépenses de laboratoire, à savoir : les dépenses de pellicules négatives image, de pellicules magnétiques son et plus généralement de tous supports analogiques ou numériques d'images et de son, de laboratoires de tournage, de laboratoires de finition, de laboratoire vidéo et de sous-titrage ;

5. Au titre des dépenses de transport, de restauration et d'hébergement : les dépenses de transport de biens et de matériels artistiques et techniques, ainsi que les dépenses de transport et de restauration des équipes artistiques et techniques, strictement nécessaires aux besoins de la production de l'œuvre.

Les dépenses de transport des équipes artistiques et techniques sont comprises dans l'assiette du crédit d'impôt dans la limite de 200 euros par trajet et par personne en France métropolitaine et de 500 euros par trajet effectué par personne entre la France métropolitaine et les départements et autres collectivités d'outre-mer ou entre la France et le pays dont sont ressortissants les membres des équipes artistiques et techniques.

Les dépenses de restauration sont comprises dans l'assiette du crédit d'impôt dans la limite de 30 euros par repas et par personne.

Les dépenses d'hébergement sont comprises dans l'assiette du crédit d'impôt dans la limite de 270 euros par nuitée dans la ville de Paris et les départements des Hauts-de-Seine, de la Seine-Saint-Denis et du Val-de-Marne, et de 200 euros dans les autres départements.

IS-IX-48200 s.

Art 46 quater-0 ZY quater Pour la détermination des dépenses mentionnées au d du 1 du III de l'article 220 quaterdecies du code général des impôts, il y a lieu de retenir les dotations aux amortissements fiscalement déductibles afférentes aux immobilisations détenues par l'entreprise de production exécutive et affectées directement à la réalisation de l'œuvre cinématographique ou de l'œuvre audiovisuelle ouvrant droit au crédit d'impôt. Seules sont prises en compte les dotations aux amortissements correspondant à la période durant laquelle l'immobilisation a été effectivement utilisée pour la réalisation de l'œuvre éligible au crédit d'impôt.

IS-IX-48200 s.

Art 46 quater-0 ZY quinquies **I.** Les artistes-interprètes et les artistes de complément mentionnés au b du 1 du III de l'article 220 quaterdecies du code général des impôts comprennent :

1. Les acteurs et les artistes-interprètes assurant le doublage, le commentaire, la voix hors champ ou la postsynchronisation ;

2. Les artistes musiciens engagés pour l'enregistrement sonore de leur interprétation ou exécution d'œuvres musicales destinées à être incorporées aux œuvres cinématographiques ou audiovisuelles ;

3. Les artistes du spectacle considérés comme artistes de complément par les usages professionnels, notamment par les conventions et accords collectifs de la production cinématographique ou audiovisuelle.

II. Les personnels mentionnés au c du 1 du III de l'article 220 quaterdecies du code général des impôts comprennent :

1. Les techniciens de la production qui sont ceux en charge : de la direction artistique et du développement ; de la réalisation ; de la préparation et de l'assistance de réalisation ; de la direction d'écriture ; de la technique et de la qualité artistique des prises de vues ; de la technique et de la qualité artistique des enregistrements sonores ; de la création artistique et de l'exécution des décors ; de la création artistique des costumes, perruques et accessoires vestimentaires ; de la confection des costumes et accessoires vestimentaires ; de l'habillage et de l'entretien des costumes ; du maquillage de composition des acteurs ; de la confection des perruques et postiches et de l'exécution des coiffures ; des accessoires de plateau et de décor ; de l'assemblage artistique et technique des images et des sons ; de la préparation et de la réalisation des effets spéciaux de tournage, y compris les cascades ; de la direction et de la gestion administrative, technique et comptable de la production ;

2. Les ouvriers de la production qui sont ceux en charge : de la machinerie ; de l'éclairage ; de la construction des décors ;

3. Les collaborateurs chargés de la préparation de l'animation qui sont ceux en charge : de la création du scénarimage ; de la conception et de la modélisation des personnages ; de la conception et de la modélisation des décors ; des feuilles d'exposition ; de la prévisualisation ;

4. Les collaborateurs chargés de la fabrication de l'animation qui sont ceux en charge : de la mise en place de l'animation ; de la rotoscopie ; du suivi de mouvement ; de l'exécution de l'animation ; de la capture de mouvement ; de la mise en place des décors ; de l'exécution des décors ; du traçage-gouachage, de la colorisation, du rendu et de l'éclairage ; de l'assemblage numérique ; des effets spéciaux ; de l'assemblage artistique et technique des images et du son.

IS-IX-48200 s.

Art 46 quater-0 ZY sexies Le crédit d'impôt prévu à l'article 220 quaterdecies du code général des impôts est imputé sur l'impôt dû après les prélèvements non libératoires et les autres crédits d'impôt.

IS-IX-48600 s.

Art 46 quater-0 ZY septies Pour l'application des dispositions des articles 220 Z bis et 220 quaterdecies du code général des impôts, les entreprises déclarent les réductions et crédits d'impôt selon le format établi par l'administration dans les mêmes délais que la déclaration annuelle de résultat qu'elles sont tenues de souscrire en application de l'article 223 du code précité.

La société mère d'un groupe au sens de l'article 223 A du code précité déclare les réductions et crédits d'impôt pour le compte des sociétés du groupe, y compris ceux la concernant, lors du dépôt de la déclaration relative au résultat d'ensemble du groupe.

IS-IX-48700 s.

SECTION XI bis

Crédit d'impôt pour dépenses de création, d'exploitation et de numérisation d'un spectacle vivant musical ou de variétés

Art 46 quater-0 ZY octies Pour la détermination des dépenses mentionnées au a du 1° du III de l'article 220 quindecies du code général des impôts, le plafond de la rémunération du dirigeant prise en compte est fixé à 45 000 € par an.

IS-IX-57345

Art 46 quater-0 ZY nonies Pour la détermination des dépenses mentionnées au g du 1° du III de l'article 220 quindecies du code général des impôts, il y a lieu de retenir les dotations aux amortissements fiscalement déductibles afférentes aux immobilisations détenues par l'entreprise et affectées directement à la réalisation du spectacle vivant musical ou de variétés ouvrant droit au crédit d'impôt. Seules sont prises en compte les dotations aux amortissements correspondant à la période durant laquelle l'immobilisation a été effectivement utilisée pour la réalisation du spectacle éligible au crédit d'impôt.

Art 46 quater-0 ZY decies Pour la détermination des dépenses mentionnées au i du 1° du III de l'article 220 quindecies du code général des impôts, les dépenses d'hébergement sont comprises dans l'assiette du crédit d'impôt dans la limite de 270 € dans la ville de Paris et les départements des Hauts-de-Seine, de la Seine-Saint-Denis et du Val-de-Marne, et de 200 € dans les autres départements.

Art 46 quater-0 ZY undecies Pour l'application des articles 220 quindecies et 220 S du code général des impôts, les entreprises déclarent les réductions et crédits d'impôt selon le format établi par l'administration dans les mêmes délais que la déclaration annuelle de résultat qu'elles sont tenues de souscrire en application de l'article 223 du code précité.

La société mère d'un groupe au sens de l'article 223 A du code précité déclare les réductions et crédits d'impôt pour le compte des sociétés du groupe, y compris ceux la concernant, lors du dépôt de la déclaration relative au résultat d'ensemble du groupe.

Art 46 quater-0 ZY duodecies Le crédit d'impôt prévu à l'article 220 quindecies du code général des impôts est imputé sur l'impôt dû après les prélèvements non libératoires et les crédits d'impôt non restituables.

SECTION XI ter

Crédit d'impôt en faveur des représentations théâtrales d'œuvres dramatiques

Art 46 quater-0 ZY terdecies Pour la détermination des dépenses mentionnées au a du 1° du III de l'article 220 sexdecies du code général des impôts, le plafond de la rémunération du dirigeant prise en compte est fixé à 45 000 € par an.

IS-IX-58335

Art 46 quater-0 ZY quaterdecies Pour la détermination des dépenses mentionnées au g du 1° du III de l'article 220 sexdecies du code général des impôts, il y a lieu de retenir la part des dotations aux amortissements fiscalement déductibles afférentes aux immobilisations détenues par l'entreprise et affectées directement à la réalisation des soixante premières représentations théâtrales d'œuvres dramatiques ouvrant droit au crédit d'impôt.

IS-IX-58380 s.

Art 46 quater-0 ZY quindecies Pour la détermination des dépenses mentionnées au i du 1° du III de l'article 220 sexdecies du code général des impôts, les dépenses d'hébergement sont comprises dans l'assiette du crédit d'impôt dans la limite de 270 € dans la ville de Paris et les départements des Hauts-de-Seine, de la Seine-Saint-Denis et du Val-de-Marne, et de 200 € dans les autres départements.

IS-IX-58370

Art 46 quater-0 ZY sexdecies Pour l'application des articles 220 sexdecies et 220 T du code général des impôts, les entreprises déclarent les crédits d'impôt selon le format établi par l'administration dans les mêmes délais que la déclaration annuelle de résultat qu'elles sont tenues de souscrire en application de l'article 223 du même code.

La société mère d'un groupe au sens de l'article 223 A du code précité déclare les crédits d'impôt pour le compte des sociétés du groupe, y compris ceux la concernant, lors du dépôt de la déclaration relative au résultat d'ensemble du groupe.

IS-IX-59000 s.

Art 46 quater-0 ZY septdecies Le crédit d'impôt prévu à l'article 220 sexdecies du code général des impôts est imputé sur l'impôt dû après les prélèvements non libératoires et les crédits d'impôt non restituables.

IS-IX-58865

SECTION XII

Réduction du taux de l'impôt sur les sociétés pour certaines sociétés

Art 46 quater-0 ZZ La réserve spéciale visée au septième alinéa du f du I de l'article 219 du code général des impôts doit être individualisée dans un sous-compte distinct des autres comptes de réserves au passif du bilan.

Art 46 quater-0 ZZ bis Pour bénéficier des dispositions du f du I de l'article 219 du code général des impôts, le contribuable doit joindre à la déclaration des résultats de la période d'imposition considérée les documents suivants conformes aux modèles établis par l'administration :

a. Un état de la répartition du capital social ;

b. Un engagement à souscrire au titre du premier de la série de trois exercices bénéficiaires pour lequel la société entend bénéficier des dispositions déjà citées ;

c. Un état de suivi des bénéfices imposés au taux réduit et à incorporer au capital.

SECTION XII bis

Réduction du taux de l'impôt sur les sociétés pour les petites entreprises

Art 46 quater-0 ZZ bis A Pour bénéficier des dispositions du b du I de l'article 219 du code général des impôts, le contribuable doit joindre à la déclaration des résultats de la période d'imposition considérée un état de détermination des bénéfices imposés au taux réduit, conforme au modèle établi par l'administration.

La personne mentionnée au premier alinéa doit également joindre un état de la répartition de son capital social, conforme au modèle établi par l'administration.

IS-II-8630 s. ; MF nº 36090

SECTION XII ter

Réduction du taux de l'impôt sur les sociétés pour les sociétés d'investissements immobiliers cotées, leurs filiales, les filiales de sociétés de placement à prépondérance immobilière à capital variable et les sociétés se transformant en sociétés de placement à prépondérance immobilière à capital variable

Art 46 quater-0 ZZ bis B Les sociétés qui ont opté pour l'exonération de l'impôt sur les sociétés en application des II et III bis de l'article 208 C du code général des impôts et les sociétés soumises à l'impôt sur les sociétés qui se transforment en sociétés de placement à prépondérance immobilière à capital variable doivent joindre à leur déclaration visée au 3 de l'article 201 du même code un détail des plus-values soumises à la taxation prévue au IV de l'article 219 du même code.

Celles qui ont opté pour l'exonération de l'impôt sur les sociétés en application du II de l'article 208 C du code général des impôts doivent également joindre à leur déclaration de résultat de l'exercice au titre duquel leur impôt sur les sociétés est majoré des taxations prévues à la dernière phrase du premier alinéa du IV de ce même article un détail des plus-values latentes qui y sont soumises.

IS-IV-17000 s. ; MF n°s 30490, 30950

SECTION XII quater

Réduction du taux de l'impôt sur les sociétés applicable à certaines plus-values réalisées lors de la cession d'immeubles, de droits afférents à un immeuble ou de terrains à bâtir

Art 46 quater-0 ZZ bis D **I.** L'engagement de transformation ou de construction prévu au premier alinéa du II de l'article 210 F du code général des impôts est pris dans l'acte constatant la cession, selon le cas, du local ou du terrain à bâtir. Une copie de l'engagement mentionné au premier alinéa doit être jointe à la déclaration de résultat de la personne morale cédante et de la personne morale, de l'organisme ou de l'association cessionnaire, afférente à l'exercice au cours duquel est réalisée la cession.

II. La copie de l'engagement prévu au troisième alinéa du II de l'article 210 F du code général des impôts doit être jointe à la déclaration de résultat de la société absorbante, afférente à l'exercice au cours duquel est réalisée la fusion.

BIC-VII-16810

Art 46 quater-0 ZZ bis E Pour l'application de l'avant-dernier alinéa du I de l'article 210 F du code général des impôts, les communes situées dans des zones géographiques se caractérisant par un déséquilibre particulièrement important entre l'offre et la demande de logements s'entendent de celles classées dans les zones A bis et A telles qu'elles sont définies à l'article D 304-1 du code de la construction et de l'habitation.

BIC-VII-16787

Art 46 quater-0 ZZ bis F La demande de prolongation du délai de quatre ans mentionnée au III de l'article 210 F du code général des impôts est formulée au plus tard trois mois avant l'expiration de ce délai initial.

Elle précise la consistance des travaux prévus dans l'engagement de transformation ou de construction et les motifs pour lesquels ces travaux ne seront pas achevés dans le délai initial.

L'autorité compétente de l'Etat mentionnée au même III est le directeur départemental ou, le cas échéant, régional des finances publiques du lieu de situation de l'immeuble.

La demande de renouvellement de la prolongation est formulée dans les conditions prévues aux deux alinéas précédents et au plus tard trois mois avant l'expiration de la prolongation initiale.

BIC-VII-16785 s.

SECTION XIII

Déduction des investissements réalisés outre-mer

Art 46 quater-0 ZZ ter Les documents mentionnés au premier alinéa de l'article 140 nonies de l'annexe II au code général des impôts sont ceux énumérés au II de l'article 46 AG quaterdecies. La période mentionnée au second alinéa de l'article 140 nonies déjà cité est celle indiquée au 1° du I de l'article 217 undecies du code général des impôts.

Pour l'application du troisième alinéa de l'article 140 nonies précité, les montants annuels du loyer et des ressources du locataire ne peuvent excéder les limites mentionnées aux 1 et 2 de l'article 46 AG duodecies.

DC-IV-27500 s.

Le prix de revient mentionné au sixième alinéa du I de l'article 217 undecies du code général des impôts inclut, pour leur montant réel et justifié, les sommes indiquées au VI de l'article 46 AG sexdecies.

Art 46 quater-0 ZZ ter A Pour l'application du troisième alinéa du I de l'article 217 undecies du code général des impôts, les véhicules strictement indispensables à l'activité de l'exploitant sont définis par arrêté du ministre chargé du budget *(Voir Annexe IV, art. 23 L quater)*.

CHAPITRE II

Dispositions communes à l'impôt sur le revenu et à l'impôt sur les sociétés

SECTION 01

Sociétés de personnes et assimilées

I. Sociétés à responsabilité limitée. Option pour le régime fiscal des sociétés de personnes

Art 46 terdecies A Les sociétés à responsabilité limitée exerçant une activité industrielle, commerciale, artisanale ou agricole et formées uniquement entre personnes parentes en ligne directe ou entre frères et sœurs, ainsi que les conjoints qui, en application de l'article 239 bis AA du code général des impôts, désirent opter à compter d'un exercice déterminé pour le régime fiscal des sociétés de personnes doivent notifier leur option avant la date d'ouverture de cet exercice au service des impôts auprès duquel doit être souscrite la déclaration de résultats.

IS-I-1520 s. ; MF nº 36965

Art 46 terdecies B Pour les sociétés nouvelles, l'option prévue à l'article 239 bis AA du code général des impôts produit immédiatement effet tant en matière de droit d'apport que d'impôt sur les bénéfices, si elle est formulée dans l'acte constatant la création. Cet acte précise alors les liens de parenté entre les associés ; une copie en est adressée au service des impôts auprès duquel doit être souscrite la déclaration de résultats.

Il en est de même, sous les mêmes conditions, lorsqu'une société déjà soumise au régime fiscal des sociétés de personnes se transforme, sans création d'une personne morale nouvelle, en une société à responsabilité limitée mentionnée à l'article 46 terdecies A ou lorsque l'associé unique d'une société à responsabilité limitée cède des parts à l'une ou plusieurs des personnes parentes visées au même article. L'acte mentionné au premier alinéa est alors celui qui constate soit la transformation de la société soit la cession de ses parts par l'associé unique.

IS-I-1520 s. ; MF nº 36965

Art 46 terdecies C Les sociétés qui ont exercé l'option mentionnée à l'article 46 terdecies A et désirent y renoncer doivent notifier cette renonciation au service des impôts auprès duquel est souscrite la déclaration de résultats avant la date d'ouverture du premier exercice auquel elle s'applique.

Dans ce cas, elles n'ont plus la possibilité d'opter à nouveau pour le régime des sociétés de personnes.

IS-I-2250 s. ; MF nº 36970

Art 46 terdecies D Les notifications effectuées par les sociétés au service des impôts en application des articles 46 terdecies A et 46 terdecies C doivent être signées par l'ensemble des associés. Elles comportent l'indication de la raison sociale, du lieu du siège et, s'il est différent, du principal établissement. Elles mentionnent également la répartition du capital, les nom, prénoms, adresse et lien de parenté des associés.

IS-I-1600 s.,1660 s., 2250 s.

I bis. Sociétés anonymes, sociétés par actions simplifiées et sociétés à responsabilité limitée. Option pour le régime fiscal des sociétés de personnes

Art 46 terdecies DA I. La notification de l'option des sociétés anonymes, sociétés par actions simplifiées ou sociétés à responsabilité limitée pour le régime fiscal des sociétés de personnes en application des dispositions de l'article 239 bis AB du code général des impôts s'effectue selon le modèle établi par l'administration.

La notification comporte la date d'effet de l'option, l'indication de la dénomination sociale, de l'adresse du siège et, si elle est différente, du principal établissement de la société qui opte ainsi que le numéro d'identité qui lui a été attribué dans les conditions du premier alinéa de l'article R 123-221 du code de commerce.

Elle est accompagnée de la liste des associés à la date d'ouverture du premier exercice

auquel l'option s'applique, avec la mention de leurs nom, prénoms, dénomination sociale et adresse et, le cas échéant, des fonctions exercées par ces associés dans la société.

Cette notification est signée par l'ensemble des associés, à l'exclusion des associés mentionnés au deuxième alinéa du I de l'article 239 bis AB précité.

II. Les sociétés qui ont opté pour le régime prévu à l'article 239 bis AB du code général des impôts joignent aux déclarations de résultats déposées au titre des exercices pendant lesquels l'option s'applique un état conforme au modèle établi par l'administration, mentionnant :

1° L'identité, l'adresse du siège et, si elle est différente, celle du principal établissement de la société ayant opté pour le régime prévu à l'article 239 bis AB du code général des impôts ;

2° La composition du capital, en titres et en droits de vote, à la clôture de l'exercice, avec les modifications intervenues en cours d'exercice ;

3° Le cas échéant, l'identité des associés définis au deuxième alinéa du I de l'article 239 bis AB du code général des impôts, avec l'indication de leur dénomination, de leur adresse et de la quote-part du capital et des droits de vote qu'ils ont détenue ensemble au cours de l'exercice ;

4° Les nom, prénoms et adresse des associés personnes physiques qui ont détenu ensemble au cours de l'exercice, selon les modalités mentionnées au deuxième alinéa du I de l'article 239 bis AB du code général des impôts, au moins 50 % du capital et des droits de vote ;

5° Les nom, prénoms, adresse et fonction dans la société des associés personnes physiques exerçant une des fonctions de direction mentionnées au premier alinéa du I de l'article 239 bis AB du code général des impôts, qui ont détenu ensemble au cours de l'exercice, selon les modalités mentionnées au deuxième alinéa du I de l'article précité, au moins 34 % du capital et des droits de vote ;

6° La quote-part du capital et des droits de vote déterminée selon les modalités mentionnées au deuxième alinéa du I de l'article 239 bis AB du code général des impôts, détenue au cours de l'exercice par chacun des associés mentionnés aux 4° et 5°.

III. La renonciation au régime fiscal des sociétés de personnes s'effectue sur papier libre. Elle comporte l'indication de la dénomination sociale de la société, du lieu du siège et, s'il est différent, du principal établissement de la société, ainsi que l'indication de l'exercice auquel elle s'applique.

IS-I-2650 s., 2800, 2860 ; MF n° 36985

II. Détermination de la part de bénéfices correspondant aux droits détenus dans une société de personnes, un groupement d'intérêt économique, un groupement d'intérêt public ou un groupement européen d'intérêt économique

Art 46 terdecies E Pour l'application de la dernière phrase du deuxième alinéa du I de l'article 238 bis K du code général des impôts, la société ou le groupement dont les modalités d'imposition de tout ou partie du résultat suivent les règles applicables en matière d'impôt sur les sociétés joint à la déclaration de résultats de chaque exercice un état établi sur un document conforme au modèle fixé par l'administration.

Cet état comprend notamment les renseignements permettant d'apporter la preuve qu'une fraction des droits dans la société ou le groupement est indirectement détenue par des personnes physiques ou des entreprises qui entrent dans le champ d'application du II de l'article 238 bis K du code général des impôts.

DC-V-2785

III. Sociétés civiles de moyens

Art 46 terdecies F I. Pour l'application des dispositions de l'article 239 quater A du code général des impôts, les recettes encaissées et les dépenses payées au cours d'un exercice dont tout ou partie du bénéfice imposable est déterminé selon les règles prévues à l'article 93 du code général des impôts, et qui correspondent à des créances acquises au sens des 2 et 2 bis de l'article 38 du code précité ou à des dépenses engagées au titre d'un exercice dont le résultat, ou une fraction de celui-ci, a été déterminé en application des articles 38 et 39 du code général des impôts, ne sont pas prises en compte pour la détermination de ce bénéfice imposable.

Corrélativement, pour la détermination du bénéfice imposable selon les règles prévues à l'article 93 du code général des impôts, les versements reçus à l'avance en paiement du prix et les acomptes sur dépenses payés, au cours d'un exercice dont le résultat a été, en tout ou partie, déterminé en application des articles 38 et 39 du code précité et qui correspondent à des créances non encore acquises ou à des dépenses non encore engagées au titre de ce même exercice sont ajoutés, selon le cas, au montant des recettes encaissées ou des dépenses payées au

cours de l'exercice de leur acquisition ou de leur engagement et dont le bénéfice imposable est, en tout ou partie, déterminé selon les règles prévues à l'article 93 précité.

II. Les recettes encaissées et les dépenses payées au cours d'un exercice dont le résultat est, en tout ou partie, déterminé en application des articles 38 et 39 du code général des impôts et qui correspondent à des créances acquises au sens des 2 et 2 bis de l'article 38 précité et à des dépenses engagées au titre d'un exercice antérieur dont le résultat, ou une fraction de celui-ci, a été déterminé selon les règles prévues à l'article 93 du code général des impôts, sont respectivement ajoutées ou déduites du résultat, imposable en tout ou partie dans la catégorie des bénéfices industriels et commerciaux, de l'exercice de leur encaissement ou de leur paiement.

Corrélativement, les versements reçus à l'avance du paiement du prix et les acomptes sur dépenses payés au cours d'un exercice dont le résultat a été, en tout ou partie, déterminé selon les règles prévues à l'article 93 du code général des impôts, sont respectivement déduits du montant des créances acquises au sens des 2 et 2 bis de l'article 38 du code précité ou des dépenses engagées correspondantes qui sont retenues pour la détermination d'un résultat imposable, en tout ou partie, selon les règles prévues aux articles 38 et 39 du code général des impôts.

BNC-IV-27450 s. ; MF nº 13895

Art 46 terdecies G Les sociétés civiles de moyens mentionnées à l'article 239 quater A du code général des impôts sont tenues de déposer la déclaration prévue, selon le cas, par les articles 53 A ou 97 du même code, conforme au modèle fixé par l'administration, indiquant pour l'année précédente :

a. Le résultat d'exploitation déterminé, selon le cas, suivant les règles prévues aux articles 38, 39, 93 et 93 A du code général des impôts ;

b. Les noms, prénoms et domicile des associés et l'identification de ceux d'entre eux dont les droits dans la société sont affectés à l'exercice d'une activité dont les revenus sont imposables dans la catégorie des bénéfices non commerciaux ;

c. La part des bénéfices de l'exercice ou des exercices clos au cours de l'année précédente, correspondant aux droits de chacun des associés dans la société ;

d. Un tableau retraçant les amortissements pratiqués sur les biens possédés par la société ;

e. Le montant des dépenses réparties entre les associés en distinguant notamment les achats effectués pour le compte des associés, les frais de personnel, les frais afférents aux locaux, au mobilier et au matériel, les frais de bureaux et les autres frais généraux ;

f. Un bilan, lorsque la société ne remplit pas les conditions prévues au VI de l'article 302 septies A bis du code général des impôts.

BNC-IV-27860

Art 46 terdecies H Lorsque les résultats de deux exercices consécutifs sont soumis à des règles d'imposition différentes, la société civile de moyens est tenue de fournir en annexe à la déclaration prévue à l'article 46 terdecies G un état des créances acquises et des dépenses engagées au cours du premier de ces exercices ainsi que des versements reçus à l'avance du prix et des acomptes sur dépenses payés au cours de ce même exercice et correspondant à des créances non encore acquises ou à des dépenses non encore engagées à la clôture de celui-ci.

Ce document doit être produit chaque année jusqu'à l'extinction des créances et des dettes. Il doit être accompagné, lorsqu'il y a lieu, d'une note établie sur papier libre comportant le détail des corrections opérées en application de l'article 46 terdecies F. Cette note doit mentionner le nom et l'adresse des débiteurs ou des créanciers concernés, la date de l'opération qui avait entraîné la constatation de la créance ou de la dette, son montant ainsi que le montant sur lequel porte chacune des corrections.

BNC-IV-27900

SECTION 01 bis

Personnes morales passibles de l'impôt sur les sociétés, ayant pour objet de transférer gratuitement à leurs membres la jouissance d'un bien meuble ou immeuble

Art 46 quaterdecies Les personnes morales qui bénéficient de l'exonération d'impôt sur les sociétés prévue à l'article 239 octies du code général des impôts sont tenues de joindre à la déclaration des résultats prévue à l'article 223 du même code, une déclaration établie sur un imprimé fourni par l'administration indiquant, pour la période d'imposition en cause :

Les noms, prénoms, adresses des associés qui jouissent gratuitement des biens

sociaux ainsi que le nombre de parts ou actions dont ces associés sont titulaires ;

La désignation précise des biens et des périodes au cours desquelles chacun d'eux en a la jouissance ;

Le montant des dépenses communes, ventilées par catégorie, et leur répartition entre les associés.

IMMO-IV-17100

SECTION 0I ter

Déductions fiscales ou réductions d'impôt accordées au titre de certains investissements réalisés outre-mer

Art 46 quaterdecies V La commission consultative prévue au deuxième alinéa du 2 du III de l'article 217 undecies du code général des impôts rend un avis motivé au ministre chargé du budget sur le respect des conditions prévues au 1 du III de l'article 217 undecies précité.

En l'absence de demande de saisine de la commission consultative, un délai d'une durée identique à celle mentionnée au premier alinéa du 2 du III de l'article 217 undecies précité court à compter de l'expiration du délai de quinze jours.

La commission consultative est nationale lorsque l'agrément est délivré par le ministre chargé du budget ou locale lorsqu'en application des dispositions de l'article 1649 nonies du code général des impôts et dans les conditions prévues à l'article 170 decies de l'annexe IV au code général des impôts l'agrément est délivré par le directeur régional ou, le cas échéant, départemental des finances publiques du département dans lequel le programme d'investissement est réalisé.

Tout dossier pour lequel une demande d'agrément a été déposée après la date de promulgation de la loi n° 2003-660 du 21 juillet 2003 de programme pour l'outre-mer et qui est susceptible de faire l'objet d'une décision de retrait d'agrément doit également être transmis à la commission pour avis selon les mêmes modalités.

DC-IV-12730 s.

Art 46 quaterdecies W La commission consultative nationale est composée comme suit :

a. Le directeur des affaires économiques, sociales et culturelles du ministère de l'outre-mer, président ;

b. Le sous-directeur des affaires économiques du ministère de l'outre-mer ;

c. L'inspecteur général des finances chargé de l'outre-mer ;

d. Le directeur général des finances publiques ;

e. Le directeur du budget ;

f. Le directeur général du Trésor ou son représentant ;

g. Le délégué général à l'emploi et à la formation professionnelle ;

h. Le ou les représentants des ministres concernés par l'activité ;

i. Le directeur général de l'Agence française de développement,

ou leurs représentants.

Le secrétariat de la commission centrale est assuré par les services de la direction des affaires économiques, sociales et culturelles du ministère de l'outre-mer.

La commission se réunit sur convocation du président. Sauf en cas d'urgence dûment motivé, ses membres sont convoqués huit jours au moins avant la date fixée pour la réunion. Elle délibère valablement à condition qu'il y ait au moins quatre membres présents. En cas de partage égal des voix, la voix du président est prépondérante.

La commission entend, à titre consultatif, les personnalités et experts dont elle estime utile de prendre l'avis.

Les membres de la commission, ainsi que les personnalités ou experts entendus, sont tenus au secret professionnel.

Les avis sont émis par la commission en présence des seuls membres ayant voix délibérative.

DC-IV-12730 s.

Art 46 quaterdecies X En Guadeloupe, en Guyane, à la Martinique, à La Réunion et à Mayotte, la commission locale est composée comme suit :

a. Le préfet, président ;

b. Le directeur départemental ou, le cas échéant, régional des finances publiques ;

c. Le secrétaire général des affaires économiques ou le fonctionnaire en tenant lieu ;

d. *(Abrogé) ;*

e. Le directeur du travail et de l'emploi ;

f. Le ou les chefs de service concernés par l'activité ;

g. Le directeur local de l'Agence française de développement,

ou leurs représentants.

Le secrétariat de la commission est assuré par le secrétaire général des affaires économiques ou le fonctionnaire en tenant lieu.

La commission se réunit sur convocation de son président. Sauf en cas d'urgence dûment motivé, ses membres sont convoqués huit jours au moins avant la date fixée pour la réunion. Elle délibère valablement à condition qu'il y ait au moins trois membres présents. En cas de partage égal des voix, la voix du président est prépondérante.

La commission entend, à titre consultatif, les personnalités et experts dont elle estime utile de prendre l'avis.

Les membres de la commission, ainsi que les personnalités ou experts, sont tenus au secret professionnel.

Les avis sont émis par la commission en présence des seuls membres ayant voix délibérative.

Chaque commission consultative locale établit un rapport annuel sur le bilan de ses activités et l'adresse, avant le 30 avril de chaque année, à la commission interministérielle nationale pour la mise au point de sa contribution au rapport annuel de suivi du dispositif d'aide fiscale à l'investissement du Gouvernement au Parlement.

DC-IV-12737

Art 46 quaterdecies Y **I. 1.** Pour l'application de l'article 242 sexies du code général des impôts, la personne morale réalisant des investissements transmet à l'administration fiscale :

1° Les éléments permettant son identification : dénomination sociale, adresse, code activité et numéro attribué, conformément aux dispositions du premier alinéa de l'article R 123-221 du code de commerce ;

2° L'identité de ses associés ou de ses membres (nom, prénoms, dénomination sociale, adresse, numéro attribué, conformément aux dispositions du premier alinéa de l'article R 123-221 du code de commerce) et la répartition de leurs droits dans les résultats ;

3° La nature de l'investissement et le secteur d'investissement, conformément à la liste fixée par l'administration fiscale, auquel il est affecté ;

4° La collectivité sur le territoire de laquelle est situé ou exploité à titre principal l'investissement (Martinique, Guadeloupe, Guyane, Réunion, Saint-Martin, Saint-Barthélemy, Saint-Pierre-et-Miquelon, Mayotte, Nouvelle-Calédonie, Polynésie française, Wallis-et-Futuna, Terres australes et antarctiques françaises) ;

5° Le nom de la commune ou, à Wallis-et-Futuna, de la circonscription, sur le territoire de laquelle est situé ou exploité à titre principal l'investissement ;

6° La date de livraison ou d'achèvement, la date de début d'exploitation, ainsi que, le cas échéant, la date de mise en location de l'investissement ;

7° Le prix de revient total hors taxes de l'investissement ;

8° S'il y a lieu, la date d'attribution, la nature et le montant de chacune des aides publiques accordées pour financer l'investissement, ainsi que le montant et la nature des aides accordées au titre d'un régime fiscal local d'aide à l'investissement ;

9° Le montant de la base de calcul de l'avantage fiscal et, s'il y a lieu, le taux de la réduction d'impôt appliquée ;

10° L'identification de chacune des entreprises exploitantes et, le cas échéant, des entreprises locataires : dénomination sociale ou commerciale, adresse, code activité et numéro attribué conformément aux dispositions du premier alinéa de l'article, et le montant de chiffre d'affaires réalisé, apprécié selon les modalités définies au I de l'article 199 undecies B du code général des impôts R 123-221 du code de commerce ainsi que, s'il y a lieu, la nature de ses liens avec les personnes morales mentionnées au 1°, et le montant de chiffre d'affaires réalisé, apprécié selon les modalités définies au I de l'article 199 undecies B du code général des impôts ;

11° Le cas échéant, la quote-part de l'aide fiscale rétrocédée à l'exploitant ;

12° Le cas échéant, le nombre d'emplois directs, en équivalent temps plein, devant être créés ou maintenus pendant les cinq, sept, dix ou quinze premières années d'exploitation de l'investissement ;

13° Le cas échéant, la date de l'accord, de l'agrément ou de l'autorisation préalable de l'administration.

2. Lorsque l'investissement consiste en la réalisation de logements et ouvre droit aux dispositions prévues aux articles 199 undecies A, 199 undecies C, 217 undecies, 217 duodecies, 244 quater W, 244 quater X ou 244 quater Y du code général des impôts, la personne morale précise, en outre :

1° Si l'investissement consiste en l'acquisition, la construction ou la réhabilitation de logements ;

2° Le cas échéant, si les logements sont spécialement adaptés à l'hébergement de personnes âgées de plus de soixante-cinq ans ou de personnes handicapées ;

3° Le nombre et le type de ces logements ;

4° Si la location de ces logements relève du secteur libre, intermédiaire ou social, ou, le cas échéant, répond à la condition prévue au 5° du I de l'article 199 undecies C, au d du 1 du I de l'article 244 quater X et au d du 2° du D du I de l'article 244 quater Y du code général des impôts ;

5° Le cas échéant, la nature des équipements de production d'énergie renouvelable, des appareils utilisant une source d'énergie renouvelable, ou des matériaux d'isolation ;

6° Si les logements sont situés sur le territoire de quartiers prioritaires de la politique de la ville définis à l'article 5 de la loi n° 2014-173 du 21 février 2014 de programmation pour la ville et la cohésion urbaine ;

7° S'il y a lieu, l'identité de l'organisme d'habitations à loyer modéré mentionné à l'article L 411-2 du code de la construction et de l'habitation ou de l'entreprise qui prend en location le logement ;

8° S'il y a lieu, l'identité de la personne signataire du contrat de location-accession mentionnée au 1° du I bis de l'article 217 undecies, au a du 3° du 4 du I de l'article 244 quater W et au 3° du D du I de l'article 244 quater Y du code général des impôts ou de la convention prévue au 7° du I de l'article 199 undecies C ou au g du 2° du D du I de l'article 244 quater Y du même code ;

9° Le cas échéant, le montant, la date d'octroi et la référence du prêt mentionné au 2° du I bis de l'article 217 undecies, au b du 3° du 4 du I de l'article 244 quater W et du prêt mentionné au I de l'article D 331-76-5-1 du code de la construction et de l'habitation octroyé dans le cadre du contrat de location-accession mentionné au a du 3° du D du I de l'article 244 quater Y du code général des impôts ;

10° Le cas échéant, la quote-part de l'aide fiscale rétrocédée à la personne physique signataire du contrat de location-accession ou à l'organisme d'habitations à loyer modéré locataire.

II. Lorsque la personne réalisant directement l'investissement est une personne physique, elle déclare ses nom, prénoms et adresse ainsi que :

1° Les éléments mentionnés aux 3° à 9° du 1 du I, lorsque l'investissement est réalisé dans le cadre des dispositions de l'article 199 undecies B du code général des impôts ;

1° bis Les éléments mentionnés aux 3° à 9° du 1 du I complétés de ceux mentionnés aux 12° et 13° du 1 du I, lorsque l'investissement est réalisé dans le cadre des dispositions de l'article 244 quater W du code général des impôts ;

2° Les éléments mentionnés au 2 du I, lorsque l'investissement est réalisé dans le cadre des dispositions de l'article 199 undecies C du code général des impôts ;

3° Les éléments mentionnés aux 1°, 3°, 4°, 5° et 6° du 2 du I, lorsque l'investissement est réalisé dans le cadre des dispositions des b et e du 2 de l'article 199 undecies A du code général des impôts ;

4° La superficie du logement et le nombre d'occupants à titre principal, lorsque l'investissement est réalisé dans le cadre des dispositions du a du 2 de l'article 199 undecies A du code général des impôts.

DC-IV-16110 s.

SECTION 01 quater

Financement en capital d'œuvres cinématographiques ou audiovisuelles

Art 46 quindecies A L'agrément du capital des sociétés pour le financement de l'industrie cinématographique et audiovisuelle (Sofica) définies à l'article 238 bis HE du code général des impôts est délivré dans les conditions prévues à l'article 1649 nonies du même code.

IRPP-IV-68250

Art 46 quindecies B **I.** Pour satisfaire à la condition d'exclusivité de l'activité prévue à l'article 238 bis HE du code général des impôts, les sociétés anonymes concernées doivent affecter le capital social souscrit, à hauteur d'une fraction minimale de 90 % de son montant brut, et dans un délai de douze mois à compter de la libération, à la réalisation des investissements mentionnés à l'article 238 bis HG du même code.

II. La fraction non affectée à la réalisation des investissements mentionnés au I doit être placée sous forme de dépôts à vue ou de dépôts à terme effectués auprès d'un établissement de crédit avec lequel est passée une convention écrite. Le siège de cet établissement est établi dans un Etat membre de la Communauté européenne ou partie à l'accord sur l'Espace économique européen.

Les sommes versées sur des dépôts à terme doivent, en outre, respecter chacune des trois conditions suivantes :

1° Leur terme est inférieur ou égal à douze mois ;

2° Elles peuvent être remboursées ou retirées à tout moment à la demande de la société pour le financement de l'industrie cinématographique ou audiovisuelle (Sofica) ;

3° La somme versée en réponse à une demande de remboursement, diminuée des éventuels frais ou pénalités de remboursement anticipé, et augmentée des intérêts éventuels, est au moins égale à la valeur initiale du dépôt.

IRPP-IV-68370 s.

Art 46 quindecies C Pour l'application de l'article 238 bis HH du code général des impôts les droits détenus indirectement dans une Sofica s'entendent de ceux détenus :

1° Par l'intermédiaire d'une chaîne de participation ; le pourcentage de détention est calculé en multipliant entre eux les taux de participation successifs ;

2° Par les personnes physiques ou morales qui ont entre elles des liens de nature à établir une véritable communauté d'intérêts.

IRPP-IV-68270 s.

Art 46 quindecies D Les contrats d'association à la production mentionnés au b de l'article 238 bis HG du code général des impôts comportent une clause prévoyant que l'œuvre ne sera pas financée pour plus de 50 % de son coût total définitif par de tels contrats.

IRPP-IV-68510

Art 46 quindecies E **I.** Pour bénéficier de l'avantage fiscal prévu à l'article 199 unvicies du code général des impôts, le souscripteur au capital agréé d'une Sofica doit produire sur demande du service, à l'appui de sa déclaration de revenus ou de résultats un relevé délivré par cette société et comprenant :

L'identité et l'adresse de l'actionnaire ;

Le montant du capital agréé et la date de l'agrément ;

Le nombre et les numéros des actions souscrites, le montant et la date de leur souscription ;

La quote-part du capital détenue par le souscripteur ;

La date et le montant des versements effectués au titre de la souscription des actions ;

Le cas échéant, le nombre et les numéros des actions cédées par l'actionnaire ainsi que le montant et la date des cessions.

Lorsque les actions cédées au cours d'une année ont été souscrites depuis moins de cinq ans par le cédant, la Sofica adresse avant le 31 mars de l'année suivante à la direction départementale ou, le cas échéant, régionale des finances publiques du domicile du cédant le relevé mentionné ci-dessus ou un duplicata de ce relevé.

Ce relevé est établi sur papier libre, conformément au modèle fixé par l'administration.

II. Lorsque la majoration du taux de la réduction d'impôt prévue au deuxième alinéa du 3 de l'article 199 unvicies du code général des impôts est applicable, les souscripteurs produisent également, sur demande du service, à l'appui de leur déclaration de revenus, une copie de l'annexe à la décision d'agrément du capital délivré par le ministre chargé du budget sur laquelle figure l'engagement de la société de réaliser au moins 10 % de ses investissements dans les conditions prévues au a de l'article 238 bis HG du code général des impôts.

II bis. Lorsque la majoration du taux de la réduction d'impôt prévue au troisième alinéa du 3 de l'article 199 unvicies du code général des impôts est applicable, les souscripteurs produisent également, sur demande du service, à l'appui de leur déclaration de revenus, une copie de l'annexe à la décision d'agrément du capital délivrée par le ministre chargé du budget sur laquelle figure, en plus de l'engagement mentionné au II, l'engagement de la société de consacrer au moins 10 % de ses investissements aux dépenses ou aux versements prévus respectivement au a ou au b du 3 de l'article 199 unvicies précité.

III. Pour l'application de l'article 199 unvicies du code général des impôts, le relevé mentionné au I doit être délivré par la société avant le 31 mars de l'année suivant celle de la souscription.

IRPP-IV-68900 s. ; MF n° 2730

Art 46 quindecies F Les sociétés de réalisation mentionnées au a de l'article 238 bis HG du code général des impôts doivent produire pour chaque œuvre cinématographique ou audiovisuelle une attestation indiquant que l'œuvre remplit les conditions prévues pour l'octroi de l'agrément mentionné à l'article 238 bis HE du même code.

Le président du Centre national du cinéma et de l'image animée délivre, à la demande des sociétés concernées, les attestations visées au premier alinéa.

IRPP-IV-68460

SECTION 01 quinquies

Financement en capital de la pêche artisanale

Art 46 quindecies G Les apports au capital des sociétés pour le financement de la pêche artisanale mentionnées à l'article 238 bis HO du code général des impôts font l'objet d'un agrément délivré dans les conditions prévues à l'article 1649 nonies dudit code.

Art 46 quindecies H Pour l'application de l'article 238 bis HP du code général des impôts, le délai de cinq ans pendant lequel une même personne ne peut détenir, directement ou indirectement, plus de 25 % du capital de la société agréée est décompté de la date de souscription au capital initial de la société ou, en cas d'apports ultérieurs, de la date de la dernière augmentation de capital.

Art 46 quindecies I Pour l'application de l'article 238 bis HP du code général des impôts, les droits qu'une personne détient indirectement dans une société pour le financement de la pêche artisanale s'entendent de ceux détenus :

a. Par l'intermédiaire d'une chaîne de participation ; le pourcentage de détention est calculé en multipliant entre eux les taux de participation successifs ;

b. Par les personnes physiques ou morales ayant avec cette personne un lien de dépendance au sens du12 de l'article 39 du code général des impôts.

Art 46 quindecies J Le délai de détention de cinq ans des parts de copropriétés de navires de pêche mentionné à l'article 238 bis HP du code général des impôts est décompté du jour de la mise en service du navire ou de la date de constitution de la copropriété si elle est postérieure.

Art 46 quindecies K Pour bénéficier de l'avantage fiscal prévu aux articles 163 duovicies et 217 decies du code général des impôts, le souscripteur au capital agréé d'une société pour le financement de la pêche artisanale doit joindre à sa déclaration de revenus ou de résultats un relevé délivré par cette société et comprenant :

a. L'identité et l'adresse de l'actionnaire ;

b. Le montant du capital agréé et la date de l'agrément ;

c. Le nombre et les numéros des actions souscrites, le montant et la date de leur souscription ;

d. La quote-part du capital détenue par le souscripteur ;

e. La date et le montant des versements effectués au titre de la souscription des actions ;

f. Le cas échéant, le nombre et les numéros des actions cédées par l'actionnaire ainsi que le montant et la date des cessions.

Lorsque les actions cédées au cours d'une année ont été souscrites depuis moins de cinq ans par le cédant, la société pour le financement de la pêche artisanale adresse, avant le 16 février de l'année suivante, à la direction départementale ou, le cas échéant, régionale des finances publiques du domicile du cédant le relevé mentionné au premier alinéa ou un duplicata de ce relevé.

Ce relevé est établi sur papier libre, conformément au modèle fixé par l'administration.

Art 46 quindecies L Les sociétés anonymes mentionnées à l'article 238 bis HP du code général des impôts joignent à leur déclaration annuelle de résultats une attestation indiquant que les navires de pêche acquis sont exploités de façon directe et continue par des artisans pêcheurs ou des sociétés de pêche répondant aux conditions mentionnées à l'article 44 nonies du même code.

SECTION 01 sexies

Mécénat d'entreprises

Art 46 quindecies M Les statuts des organismes bénéficiaires des dons mentionnés au 4 de l'article 238 bis du code général des impôts prévoient qu'ils poursuivent un but non lucratif, que les résultats ne peuvent être distribués aux membres, que le boni de liquidation ne peut pas être partagé entre les membres et doit être attribué gratuitement à des organismes ayant un objet comparable.

Ils prévoient également qu'aucune aide ne peut être consentie au profit d'une entreprise ayant des liens directs ou indirects avec les donateurs, les membres ou le personnel de l'organisme qui est associé à la prise de décision.

Ils prévoient en outre que les organismes s'engagent à accorder des aides compatibles avec l'un des règlements suivants :

a. règlement (UE) n° 1407/2013 de la Commission du 18 décembre 2013 relatif à l'application des articles 107 et 108 du traité sur le fonctionnement de l'Union européenne aux aides de minimis ;

b. règlement (UE) n° 717/2014 de la Commission du 27 juin 2014 concernant l'application des articles 107 et 108 du traité sur le fonctionnement de l'Union européenne aux aides de minimis dans le secteur de la pêche et de l'aquaculture ;

c. règlement (UE) n° 1408/2013 de la Commission du 18 décembre 2013 relatif à l'application des articles 107 et 108 du traité sur le fonctionnement de l'Union européenne aux aides de minimis dans le secteur de l'agriculture ;

d. règlement (UE) n° 651/2014 de la Commission du 17 juin 2014 déclarant certaines catégories d'aides compatibles avec le marché intérieur en application des articles 107 et 108 du traité.

Ces règlements sont annexés à leurs statuts.

IS-IX-12380 s.

Art 46 quindecies N Les statuts doivent contenir une clause aux termes de laquelle ne peuvent être membres des organismes :

1° Les personnes condamnées pour crime de droit commun ou pour l'un des délits prévus et réprimés par le livre III du code pénal, les chapitres II, III et IV du titre III du livre IV du code pénal, les titres IV et V du livre IV du code pénal, le titre VI du livre Ier du code monétaire et financier, ou pour tentative ou complicité de l'un de ces crimes ou délits ;

2° Les personnes empêchées d'exercer un commerce en vertu du chapitre VIII du titre II du livre premier du code de commerce, ainsi que les personnes condamnées en application soit du chapitre VIII du titre II du livre III et de la section IV du chapitre IV du titre Ier du livre V du code des assurances, soit du titre VII du livre V du code monétaire et financier ;

3° Les personnes qui se sont rendues coupables d'une infraction fiscale reconnue frauduleuse en application de l'article 1741 du code général des impôts par une décision judiciaire ayant autorité de chose jugée ;

4° Les personnes qui se sont rendues coupables d'infractions aux interdictions prévues à l'article L 8221-1 du code du travail ;

5° Les faillis non réhabilités par application de l'article L 653-11 du code de commerce ;

6° Les anciens officiers ministériels destitués ou révoqués ;

7° Les personnes révoquées d'un ordre professionnel par mesure disciplinaire.

IS-IX-12385

Art 46 quindecies O Les aides financières non rémunérées sont accordées sous forme de subventions, prêts ou cautions. Ces dernières peuvent également être accordées par des fonds de garantie constitués par des organismes répondant aux conditions fixées aux articles 46 quindecies M à 46 quindecies Q.

Sont considérées comme non rémunérées, au sens du 4 de l'article 238 bis du code général des impôts, les aides qui ne donnent lieu à aucune ristourne, rémunération ou contrepartie au profit de l'organisme.

IS-IX-12707

Un organisme mentionné au 4 de l'article 238 bis du code général des impôts peut agir en tant qu'intermédiaire pour le compte d'établissements financiers qui verseraient des aides rémunérées à condition de ne percevoir aucune rémunération à ce titre.

La décision par laquelle l'organisme notifie l'octroi d'une aide à une entreprise précise que l'aide accordée doit être conforme à l'un des règlements suivants :

a. règlement (UE) n° 1407/2013 de la Commission du 18 décembre 2013 relatif à l'application des articles 107 et 108 du traité sur le fonctionnement de l'Union européenne aux aides de minimis ;

b. règlement (UE) n° 717/2014 de la Commission du 27 juin 2014 concernant l'application des articles 107 et 108 du traité sur le fonctionnement de l'Union européenne aux aides de minimis dans le secteur de la pêche et de l'aquaculture ;

c. règlement (UE) n° 1408/2013 de la Commission du 18 décembre 2013 relatif à l'application des articles 107 et 108 du traité sur le fonctionnement de l'Union européenne aux aides de minimis dans le secteur de l'agriculture ;

d. règlement (UE) n° 651/2014 de la Commission du 17 juin 2014 déclarant certaines catégories d'aides compatibles avec le marché intérieur en application des articles 107 et 108 du traité.

La décision leur notifiant l'octroi de l'aide précise que ces règlements sont à leur disposition au siège de l'organisme et sur le site internet de l'Union européenne « europa.eu ».

Art 46 quindecies P Pendant la période de validité de l'agrément, les organismes agréés adressent chaque année à l'autorité qui a délivré l'agrément un relevé précisant l'origine, le montant et l'utilisation des sommes recueillies et un tableau récapitulant, par entreprise bénéficiaire des aides, leur nom, numéro d'immatriculation au registre du commerce et des sociétés et adresse, le montant détaillé des aides reçues de l'organisme agréé au cours de l'année, ainsi que le montant total des autres aides qu'elles ont obtenues, afin de justifier du respect des dispositions du 4 de l'article 238 bis du code général des impôts. Pour les aides de minimis, l'organisme agréé reporte sur le tableau, pour chaque entreprise aidée, le montant total des autres aides de minimis qu'elle a reçues au cours des deux précédents exercices fiscaux et de l'exercice fiscal d'octroi de l'aide de minimis par l'organisme agréé.

Ces organismes adressent également à l'autorité qui a délivré l'agrément leurs comptes et leur bilan annuels certifiés par un commissaire aux comptes, ainsi que leur rapport annuel d'activité approuvé par l'assemblée générale.

Ils communiquent, sur sa demande, à l'autorité qui a délivré l'agrément, tous renseignements permettant de garantir la conformité des aides accordées à l'un des règlements suivants :

a. règlement (UE) n° 1407/2013 de la Commission du 18 décembre 2013 relatif à l'application des articles 107 et 108 du traité sur le fonctionnement de l'Union européenne aux aides de minimis ;

b. règlement (UE) n° 717/2014 de la Commission du 27 juin 2014 concernant l'application des articles 107 et 108 du traité sur le fonctionnement de l'Union européenne aux aides de minimis dans le secteur de la pêche et de l'aquaculture ;

c. règlement (UE) n° 1408/2013 de la Commission du 18 décembre 2013 relatif à l'application des articles 107 et 108 du traité sur le fonctionnement de l'Union européenne aux aides de minimis dans le secteur de l'agriculture ;

d. règlement (UE) n° 651/2014 de la Commission du 17 juin 2014 déclarant certaines catégories d'aides compatibles avec le marché intérieur en application des articles 107 et 108 du traité.

Les documents et informations relatifs à l'organisme agréé et aux entreprises bénéficiaires des aides sont conservés par l'organisme agréé jusqu'au 31 décembre de la dixième année suivant la date d'octroi d'une aide, en vue de leur mise à disposition de l'administration fiscale.

IS-IX-12420 s.

Art 46 quindecies Q L'agrément peut être retiré par le directeur départemental ou, le cas échéant, régional des finances publiques territorialement compétent ou, le cas échéant, le ministre chargé du budget aux organismes qui, notamment, ne peuvent justifier d'une utilisation des sommes recueillies conforme aux dispositions des articles 46 quindecies M et 46 quindecies O ou qui n'ont pas fait diligence pour utiliser ces fonds.

L'autorité compétente pour accorder et retirer l'agrément peut, en cas de défaillance grave, enjoindre aux organismes de transférer à un organisme identique désigné par lui l'actif net constitué au moyen des sommes recueillies. Ces décisions sont publiées dans les formes et conditions fixées par arrêté.

IS-IX-12355

Art 46 quindecies QA La demande d'agrément mentionnée au 4 bis de l'article 238 bis du code général des impôts est présentée en langue française sur papier libre, conformément à un modèle fixé par arrêté des ministres de l'économie et du budget, auprès des services centraux de la direction générale des finances publiques par l'organisme ayant son siège dans un Etat membre de l'Union européenne ou dans un Etat partie à l'accord sur l'Espace économique européen ayant conclu avec la France une convention d'assistance administrative en vue de lutter contre la fraude et l'évasion fiscales.

Sont jointes à la demande les pièces justificatives dont la liste est fixée par arrêté des ministres chargés de l'économie et du budget et leur traduction en langue française, attestant que l'organisme poursuit des objectifs et présente des caractéristiques similaires aux organismes dont le siège est situé en France répondant aux conditions prévues à l'article 238 bis du code général des impôts.

Les demandes de renouvellement d'agrément sont présentées selon les mêmes modalités.

(Voir Annexe IV, art. 121 Z sexies et arrêté du 28 février 2011 art. 1, JO du 2 mars)

IS-IX-10880 s.

Art 46 quindecies QB **I.** La décision d'agrément est prise par le ministre chargé du budget. Sa décision est notifiée à l'organisme, elle est motivée en cas de refus.

II. L'agrément accordé au titre d'une première demande porte sur une période comprise entre la date de sa notification et le 31 décembre de la troisième année qui suit cette date.

Les demandes de renouvellement doivent être présentées au plus tard le 30 juin de la dernière année couverte par l'agrément. En cas de renouvellement, l'agrément est accordé pour une période de trois ans courant à compter du 1er janvier suivant. En cas de refus de renouvellement d'agrément, l'agrément en cours produit ses effets jusqu'à son terme.

III. La liste des organismes agréés est publiée sur le site internet de l'administration fiscale. Cette liste est actualisée à chaque décision d'agrément.

IV. L'agrément peut être retiré par décision motivée du ministre chargé du budget lorsqu'il est établi que l'organisme, en totalité ou en partie, ne poursuit plus d'objectifs ou ne présente plus de caractéristiques similaires aux organismes dont le siège est situé en France répondant aux conditions prévues à l'article 238 bis du code général des impôts. Cette décision est notifiée à l'organisme et la liste mentionnée au III est actualisée.

IS-IX-10880 s.

Art 46 quindecies QC **I.** Le montant des dons aux organismes mentionnés au 4 bis de l'article 238 bis du code général des impôts est indiqué distinctement sur la déclaration des réductions d'impôt prévue à l'article 49 septies X.

II. Pour l'application du deuxième alinéa du 4 bis de l'article 238 bis du même code, les pièces à fournir dans le délai de dépôt de la déclaration des réductions et crédits d'impôt sont celles mentionnées au deuxième alinéa de l'article 46 quindecies QA.

IS-IX-10880 s.

SECTION 01 septies

Financement en capital des sociétés d'approvisionnement à long terme d'électricité

Art 46 quindecies R L'agrément du capital des sociétés d'approvisionnement à long terme d'électricité définies à l'article 238 bis HV du code général des impôts est délivré dans les conditions prévues à l'article 1649 nonies du même code.

La demande d'agrément comporte les renseignements permettant d'apprécier que les statuts confèrent les mêmes droits et obligations aux actionnaires de la société agréée, quelle que soit la date d'entrée au capital de cette dernière. Les modifications statutaires envisagées après la constitution de la société doivent être soumises, préalablement à leur adoption, à l'autorité qui a délivré l'agrément.

Art 46 quindecies S Pour l'application de l'article 238 bis HW du code général des impôts, un site s'entend d'un établissement identifié par son numéro national d'identité au répertoire national des entreprises et des établissements, tel que défini article R 123-220 du code de commerce. Les sites d'un associé pris en compte pour l'application de l'article 238 bis HW précité peuvent inclure les sites de sociétés liées au sens du 12 de l'article 39 du code précité, sous réserve que ces sociétés ne soient pas elles-mêmes associées de la société agréée.

Art 46 quindecies T Les arrêts exceptionnels mentionnés au b de l'article 238 bis HW du code général des impôts s'entendent de diminutions de la consommation électrique résultant d'événements indépendants de la volonté de l'exploitant du ou des sites concernés.

Art 46 quindecies U Pour l'application du huitième alinéa de l'article 238 bis HW du code général des impôts, les droits détenus indirectement dans une société agréée d'approvisionnement à long terme d'électricité s'entendent de ceux détenus par les entreprises qui ont entre elles des liens de dépendance au sens du 12 de l'article 39 du code précité.

En cas de détention par l'intermédiaire d'une chaîne de participation, le pourcentage de détention est calculé en multipliant entre eux les taux de participation successifs.

Art 46 quindecies V Pour l'application des quatrième, cinquième et sixième alinéas de l'article 238 bis HW du code général des impôts, lorsqu'un investissement supplémentaire afférent à un site répondant aux conditions fixées à l'article 238 bis HW précité a été décidé au plus tard à l'expiration du délai visé au deuxième alinéa du 1 de l'article 223 du même code, pour la déclaration du dernier exercice clos en 2005, la consommation supplémentaire liée à cet investissement est prise en compte dans la consommation du site concerné.

Pour l'application de ces mêmes alinéas, il n'est pas tenu compte de l'électricité produite par l'associé sur un site de consommation pour son usage propre dans les volumes d'électricité ou d'énergie consommées.

Art 46 quindecies W Pour bénéficier de l'avantage fiscal prévu à l'article 217 quindecies du code général des impôts, le souscripteur au capital agréé d'une société agréée d'approvisionnement à long terme d'électricité doit joindre à sa déclaration de résultats un relevé délivré par cette société et comprenant :

a. L'identité et l'adresse des actionnaires ;

b. Le montant du capital agréé et la date de l'agrément ;

c. Le nombre et les numéros des actions souscrites, le montant et la date de leur souscription ;

d. La quote-part du capital détenue par le souscripteur ;

e. La quote-part du capital agréé détenue par le souscripteur ;

f. La date et le montant des versements effectués au titre de la souscription des actions.

Lorsque des actions de la société agréée ont été cédées au cours d'une année, la société agréée adresse avant le 16 février de l'année suivante au service qui a délivré l'agrément et à la direction départementale ou, le cas échéant, régionale des finances publiques dont elle dépend le relevé mentionné ci-dessus relatif à l'associé cédant et à l'associé cessionnaire, ou un duplicata de ce relevé.

Ces relevés sont établis sur papier libre.

SECTION I

Déclarations des commissions, courtages, ristournes, honoraires et droits d'auteur

Art 47 Les déclarations de commissions, courtages, ristournes et honoraires ainsi que les déclarations de droits d'auteur prévues respectivement aux articles 240 et 241 du code général des impôts doivent indiquer, pour les paiements ayant donné lieu à l'application de la retenue à la source sur les sommes et produits mentionnés aux articles 182 A bis et 182 B du même code et payés à des personnes ou des sociétés qui n'ont pas en France d'installation professionnelle permanente, en plus des renseignements qu'elles doivent contenir en vertu desdits articles, le montant de ces paiements et le montant des retenues effectuées.

DC-I-750 s., 2885

Art 47 bis Pour les paiements ayant donné lieu à l'application de la retenue de taxe sur la valeur ajoutée mentionnée à l'article 285 bis du code général des impôts, la déclaration de droits d'auteur prévue à l'article 241 du même code doit indiquer distinctement le montant, taxe sur la valeur ajoutée comprise, des droits versés et le montant de la taxe nette acquittée au Trésor pour le compte de l'auteur.

DC-I-2895

Art 47 A Les déclarations prévues aux articles 240 et 241 du code général des impôts sont souscrites auprès de la direction départementale ou, le cas échéant, régionale des finances publiques du lieu du domicile de la personne ou du siège de l'établissement ou du bureau qui a assuré le paiement lorsqu'elles sont produites par des personnes qui n'emploient aucun salarié ou qui n'entrent pas dans le champ d'application de l'article L 133-5-3 du code de la sécurité sociale.

Ces déclarations peuvent être souscrites soit par la communication d'un support informatique, soit par l'envoi de formulaires normalisés, dont les caractéristiques et le modèle sont fixés par l'administration.

DC-I-1840

SECTION II

Déclaration de certaines rémunérations d'associés et parts de bénéfices

Art 48 **1.** Les sociétés en nom collectif ou en commandite simple qui n'ont pas opté pour le régime fiscal des sociétés de capitaux et les sociétés ou groupements exerçant une activité libérale ou agricole non passibles de l'impôt sur les sociétés sont tenus de fournir au service des impôts, en même temps que la déclaration annuelle prévue aux articles 53 A ou 97 du code général des impôts, un état indiquant :

1° Les noms, prénoms, date et lieu de naissance et domiciles des associés ;

2° La part des bénéfices de l'exercice ou des exercices clos au cours de l'année précédente correspondant aux droits de chacun des associés en nom collectif ou commandités dans la société ;

3° En ce qui concerne les sociétés en commandite simple, le montant des bénéfices distribués aux commanditaires au cours de l'année précédente.

Les sociétés anonymes, les sociétés par actions simplifiées et les sociétés à responsabilité limitée ayant opté pour le régime des sociétés de personnes sont soumises aux mêmes obligations.

DC-V-4080 s.

1 bis. *(Abrogé).*

2. Les gérants des sociétés en participation et des sociétés de copropriétaires de navires qui n'ont pas opté pour le régime fiscal des sociétés de capitaux sont tenus de fournir, dans les conditions prévues au 1, un état indiquant :

1° Les noms, prénoms, date et lieu de naissance, professions et domiciles des associés gérants et des coparticipants ;

2° La part des bénéfices de l'exercice ou des exercices clos au cours de l'année précédente revenant à chaque associé-gérant ou coparticipant.

DC-V-4080 s.

3. Les gérants des sociétés à responsabilité limitée n'ayant pas opté pour le régime fiscal des sociétés de personnes sont tenus de fournir au service des impôts, en même temps que la déclaration prévue au 1 de l'article 223 du code général des impôts, un état indiquant :

1° Les noms, prénoms, date et lieu de naissance, qualités et domiciles des associés ;

2° Le nombre de parts sociales appartenant en toute propriété ou en usufruit à chaque associé ;

3° Le montant des sommes versées à chacun des associés pendant la période retenue pour l'assiette de l'impôt sur les sociétés, à titre de traitements, émoluments et indemnités, remboursements forfaitaires de frais ou autres rémunérations de leurs fonctions dans la société, et l'année au cours de laquelle ces versements ont été effectués.

RIE-III-6840

4. Les sociétés en commandite par actions sont tenues de fournir, dans les conditions prévues au 3, un état indiquant :

1° Les noms, prénoms, date et lieu de naissance et domiciles des associés gérants ;

2° Le montant des sommes versées à chacun des associés gérants pendant la période retenue pour l'assiette de l'impôt sur les sociétés, à titre de traitements, émoluments et indemnités, remboursements forfaitaires de frais ou autres rémunérations de leurs fonctions dans la société, et l'année au cours de laquelle ces versements ont été effectués.

RIE-III-6840

5. Les gérants des sociétés en nom collectif ou en commandite simple ayant opté pour le régime fiscal des sociétés de capitaux sont tenus de fournir, dans les conditions prévues au 3, un état indiquant, outre les renseignements visés au 1° du 1, le montant des sommes versées à chacun des associés en nom ou commandités, pendant la période retenue pour l'assiette de l'impôt sur les sociétés, à titre de traitements, émoluments et indemnités, remboursements forfaitaires de frais ou autres rémunérations de leurs fonctions dans la société et l'année au cours de laquelle ces versements ont été effectués.

RIE-III-6840

6. Les gérants des sociétés en participation et des sociétés de copropriétaires de navires ayant opté pour le régime fiscal des sociétés de capitaux sont tenus de fournir, dans les conditions prévues au 3, un état indiquant, outre les renseignements visés au 1° du 2, le montant des sommes versées à chaque associé-gérant ou coparticipant, pendant la période retenue pour l'assiette de l'impôt sur les sociétés, à titre de traitements, émoluments et indemnités, remboursements forfaitaires de frais ou autres rémunérations de leurs fonctions dans la société, et l'année au cours de laquelle ces versements ont été effectués.

RIE-III-6840

SECTION II bis

Déclarations concernant les revenus de capitaux mobiliers

1° Contrats de prêt

Art 49 B **1.** Les personnes physiques ou morales qui interviennent, à titre de partie ou d'intermédiaire, dans la conclusion des contrats de prêts ou dans la rédaction des actes qui les constatent sont tenues de déclarer les noms et adresses du prêteur et de l'emprunteur, la date, le montant et les conditions du prêt, notamment sa durée, le taux et la périodicité des intérêts ainsi que les modalités de remboursement du principal.

2. Ces dispositions ne sont pas applicables :

a. Aux contrats de prêts qui sont définis par un arrêté du ministre de l'économie et des finances *(Voir Annexe IV, art 23 L)* ;

b. Aux contrats de prêts dont le principal n'excède pas un montant fixé par ce même arrêté. Toutefois, lorsque plusieurs contrats de prêts sont conclus au cours d'une année au nom d'un même débiteur ou d'un même créancier et que leur total en principal dépasse le montant visé ci-dessus, tous les contrats ainsi conclus doivent être déclarés.

3. La déclaration est souscrite par l'intermédiaire ou, en l'absence d'intermédiaire, par le débiteur ; dans la situation visée au b du 2, elle est faite, suivant le cas, par le débiteur ou le créancier au nom duquel l'ensemble des contrats ont été conclus.

Lorsque la déclaration est souscrite par l'intermédiaire, celle-ci est adressée dans le premier mois de chaque année à la direction départementale ou, le cas échéant, régionale des finances publiques du lieu du domicile réel ou du principal établissement de la personne physique ou morale déclarante.

Lorsque le débiteur ou le créancier est tenu de souscrire la déclaration en application des dispositions du premier alinéa, celle-ci est adressée au service des impôts dont il dépend en même temps que la déclaration de ses revenus ou que la déclaration de ses résultats.

La déclaration mentionne les contrats de prêts conclus au cours de la précédente année. Elle est établie sur une formule délivrée par l'administration.

RM-VIII-5000 s. ; MF n°s 26920 s.

2° Paiement de revenus de valeurs mobilières

Art 49 D Les personnes visées à l'article 242 ter du code général des impôts doivent produire, avant le 16 février de chaque année, la déclaration des sommes payées ou des caractéristiques des contrats de prêt ayant fait l'objet d'opérations au cours de l'année précédente.

RM-VIII-2800 s.

Art 49 E **I.** La déclaration prévue à l'article 49 D doit comprendre :

1° L'identification du déclarant : nom et prénoms ou raison sociale, adresse complète et numéro Siret lorsqu'il a été attribué par l'Insee ;

2° L'identification de la nature des opérations réalisées et la référence aux comptes concernés ;

3° L'identification du souscripteur, du bénéficiaire ou du cocontractant :

a. Pour les personnes physiques, nom de famille, nom marital, prénoms, sexe, date et lieu de naissance, adresse du dernier domicile connu au 1er janvier de l'année de souscription de la déclaration ;

b. Pour les personnes morales, raison sociale, numéro Siret, adresse du siège social ou du principal établissement au 1er janvier de l'année de souscription de la déclaration.

Lorsque la personne ayant encaissé les revenus déclare le faire pour le compte d'un tiers sans révéler son identité, l'identification du bénéficiaire est remplacée par celle de l'intermédiaire et suivie de la mention « P.C. tiers » ;

4° Le détail des opérations réalisées dans l'année, en distinguant les revenus imposables, ceux qui ont été soumis à un prélèvement libératoire de l'impôt sur le revenu, les revenus exonérés et les opérations en capital sur les bons de caisses, de capitalisation et placements de même nature.

II. Il est justifié des éléments d'identification de la personne au nom de laquelle la déclaration est effectuée dans des conditions fixées par arrêté.

RM-VIII-200 s.

Art 49 F **1.** Pour les revenus imposables, la déclaration doit mentionner distinctement, par nature et en fonction de leur régime fiscal, le montant brut des revenus payés.

Le montant du crédit d'impôt attaché à ces revenus est mentionné séparément.

Doivent également être mentionnés séparément les produits et revenus imposables à l'impôt sur le revenu et pour lesquels les contributions et prélèvements sociaux sur les produits de placement ont déjà été appliqués.

2. Lorsque les revenus ou les gains sont libérés de l'impôt sur le revenu par application d'un prélèvement, la déclaration comporte l'indication de celui-ci ainsi que le montant du revenu brut ou du gain qui lui a servi de base.

3. Lorsqu'ils ne sont pas dispensés de déclaration par le 1 de l'article 242 ter du code général des impôts, les produits exonérés de l'impôt sur le revenu sont déclarés pour leur montant net.

RM-VIII-800 s.

Art 49 H Il est satisfait aux obligations résultant des articles 49 D à 49 F par la communication d'un support informatique ou par l'envoi de formulaires normalisés *(Voir arrêté du 6 mai 2009 relatif au traitement automatisé des déclarations annuelles prévues par l'article 242 ter du CGI, JO du 25 juin).*

Les caractéristiques du support informatique et le modèle de formulaire normalisé sont fixés par la direction générale des finances publiques.

Les déclarations, accompagnées d'un bordereau récapitulatif, sont remises à la direction départementale ou, le cas échéant, régionale des finances publiques du lieu de la résidence ou du principal établissement du déclarant.

RM-VIII-3110

Art 49 I Le déclarant remet à son client, dans tous les cas, un état rédigé sur le modèle de formulaire normalisé visé à l'article 49 H. Ce document tient lieu, le cas échéant, du certificat de crédit d'impôt visé aux articles 77 et 78 de l'annexe II au code général des impôts.

RM-VIII-3220

3° Obligations des établissements auprès desquels ont été souscrits des bons, titres ou contrats nominatifs

Art 49 I bis Pour les bons, titres ou contrats, les établissements sont tenus :

I. D'établir un document sur lequel figurent dans une suite continue par date d'émission ou de souscription :

1° Le numéro du bon, titre ou contrat ;

2° Le montant des sommes versées par le souscripteur et la date du versement ;

3° Le terme du bon, titre ou contrat ;

4° L'identité, la date de naissance et le domicile du souscripteur et de la personne nominativement désignée initialement ;

5° Et, lors du remboursement, l'identité, la date de naissance et le domicile de la personne qui obtient le remboursement du bon, titre ou contrat, lorsque celle-ci bénéficie du régime fiscal de droit commun.

Les établissements indiquent également sur ce document la nature des pièces justificatives d'identité et de domicile présentées lors de la souscription et du remboursement par le souscripteur et la personne nominativement désignée initialement, si elle est différente, ainsi que, le cas échéant, par l'ayant droit à titre gratuit et, dans ce dernier cas, précisent la nature de la pièce produite justifiant la qualité d'ayant droit ;

II. De faire figurer sur ces bons, titres ou contrats les indications suivantes :

1° Le numéro du bon, titre ou contrat ;

2° Le montant des sommes versées par le souscripteur et la date du versement ;

3° Et le terme du bon, titre ou contrat.

RM-IV-34625 s.

SECTION II ter

Déclaration à produire par les entreprises nouvelles bénéficiant des dispositions de l'article 44 sexies

Art 49 J Les entreprises nouvelles qui bénéficient de l'exonération d'impôt prévue à l'article 44 sexies du code général des impôts doivent joindre à la déclaration de leurs résultats de chaque exercice un état de leur situation et, s'il s'agit de sociétés, de celle de leurs associés, au regard des conditions mentionnées à l'article précité.

Cet état est établi sur papier libre conformément au modèle fixé par l'administration.

BIC-XVIII-90080

SECTION II quater

Entreprises implantées dans les zones franches urbaines – territoires entrepreneurs

Art 49 K Lorsque le début ou le terme de la période d'exonération prévue au I de l'article 44 octies A ne coïncide pas avec le début ou le terme de l'année ou de l'exercice d'imposition, la règle du prorata du temps est appliquée pour déterminer la fraction du bénéfice imposable et celle du bénéfice exonéré.

BIC-XVIII-33815, 35770

Art 49 L Le contribuable qui peut bénéficier des dispositions de l'article 44 octies A du code général des impôts doit joindre à la déclaration du résultat de la période d'imposition considérée un document conforme à un modèle établi par l'administration comportant les éléments nécessaires à la détermination du bénéfice ouvrant droit à exonération.

BIC-XVIII-33710

Art 49 N Les bailleurs d'immeubles visés au 5° du I de l'article 35 du code général des impôts bénéficiant des dispositions de l'article 44 octies A de ce code doivent joindre à la déclaration du résultat de chaque période d'imposition des bénéfices un document mentionnant le lieu d'implantation de chaque immeuble donné à bail. Lorsque tous leurs moyens d'exploitation ne sont pas situés dans les zones franches urbaines – territoires entrepreneurs, ils doivent également joindre en annexe à cette déclaration un compte séparé faisant apparaître, pour chaque immeuble situé dans ces zones, le bénéfice net provenant de son exploitation.

BIC-XVIII-35070 s.

Art 49 O En cas de transfert d'activité dans une zone franche urbaine – territoire entrepreneur, le contribuable est tenu d'indiquer le ou les lieux antérieurs d'exercice de cette activité et le service des impôts auprès duquel les déclarations de résultat ont été souscrites. Il indique également, le cas échéant, la nature et le montant des subventions et aides qui lui ont été accordées par l'Etat et les collectivités publiques.

BIC-XVIII-34670

Art 49 P L'option mentionnée au troisième alinéa du III de l'article 44 octies A du code général des impôts est notifiée, sur papier libre, au service des impôts auprès duquel est souscrite la déclaration du résultat.

BIC-XVIII-34865

SECTION II sexies

Entreprises implantées dans les bassins d'emploi à redynamiser

Art 49 U Lorsque le début ou le terme de la période d'exonération prévus au I de l'article 44 duodecies du code général des impôts ne coïncident pas avec le début ou le terme de l'année ou de l'exercice d'imposition, la règle du prorata du temps est appliquée pour déterminer la fraction du bénéfice imposable et celle du bénéfice exonéré.

Art 49 V Le contribuable qui peut bénéficier des dispositions de l'article 44 duodecies du code général des impôts doit joindre à sa déclaration afférente au résultat de chaque période d'imposition des bénéfices :

1. Un document conforme à un modèle établi par l'administration comportant les éléments nécessaires à la détermination et au suivi du bénéfice ouvrant droit à exonération ainsi qu'à la vérification du respect des conditions et limites prévues par les règlements mentionnés au huitième alinéa du II de l'article 44 duodecies du code général des impôts ;

2. Le cas échéant, pour les bailleurs d'immeubles mentionnés au 5° du I de l'article 35 du code général des impôts, un document mentionnant le lieu d'implantation de chaque immeuble donné à bail ainsi qu'un compte séparé joint en annexe à la déclaration de résultat indiquant, pour chaque immeuble situé dans les bassins d'emploi à redynamiser, le bénéfice net provenant de son exploitation, lorsque tous leurs moyens d'exploitation ne sont pas situés dans ces bassins ;

3. Le cas échéant, en cas de transfert d'activité dans un bassin d'emploi à redynamiser, un état mentionnant les lieux antérieurs d'exercice de l'activité, le service des impôts auprès duquel les déclarations de résultat ont été souscrites, la nature et le montant des subventions et aides accordées par l'Etat et les collectivités publiques.

BIC-XVIII-44250

Art 49 W L'option mentionnée au deuxième alinéa du III de l'article 44 duodecies du code général des impôts est notifiée sur un document conforme à un modèle établi par l'administration, au service des impôts auprès duquel est souscrite la déclaration de résultat.

BIC-XVIII-43500 s.

SECTION II septies

Activités créées dans les zones de restructuration de la défense

Art 49 X Lorsque le début ou le terme de la période d'exonération prévus au I de l'article 44 terdecies du code général des impôts ne coïncident pas avec le début ou le terme de l'année ou de l'exercice d'imposition, la règle du prorata du temps est appliquée pour déterminer la fraction du bénéfice imposable et celle du bénéfice exonéré.

BIC-XVIII-45435

Art 49 Y Le contribuable qui peut bénéficier des dispositions de l'article 44 terdecies du code général des impôts joint à sa déclaration afférente au résultat de chaque période d'imposition des bénéfices :

1. Un document conforme à un modèle établi par l'administration comportant les éléments nécessaires à la détermination et au suivi du bénéfice ouvrant droit à exonération ainsi qu'à la vérification du respect des conditions et limites prévues par les règlements mentionnés au huitième alinéa du II de l'article 44 terdecies précité ;

2. Le cas échéant, pour les bailleurs d'immeubles mentionnés au 5° du I de l'article 35 du code général des impôts, un document mentionnant le lieu d'implantation de chaque immeuble donné à bail ainsi qu'un compte séparé joint en annexe à la déclaration de résultat indiquant, pour chaque immeuble situé dans les zones de restructuration de la défense et les emprises foncières libérées mentionnées au premier alinéa du I de l'article 44 terdecies précité, le bénéfice net provenant de son exploitation, lorsque tous leurs moyens d'exploitation ne sont pas situés dans ces zones ;

3. Le cas échéant, en cas de transfert d'activité dans une zone de restructuration de la défense ou une emprise foncière libérée mentionnées au premier alinéa du I de l'article 44 terdecies précité, un état mentionnant les lieux antérieurs d'exercice de l'activité, le service des impôts auprès duquel les déclarations de résultats ont été souscrites, la nature et le montant des subventions et aides accordées par l'Etat et les collectivités publiques.

BIC-XVIII-45900 s.

Art 49 Z L'option mentionnée au deuxième alinéa du III de l'article 44 terdecies du code général des impôts est notifiée sur papier libre, au service des impôts auprès duquel est souscrite la déclaration de résultat.

BIC-XVIII-45810

SECTION II octies

Entreprises implantées dans les zones franches d'activités des départements d'outre-mer

Art 49 ZB **I. 1.** Le contribuable qui peut bénéficier des dispositions de l'article 44 quaterdecies du code général des impôts joint à sa déclaration afférente au résultat de chaque période d'imposition des bénéfices un document conforme à un modèle établi par l'administration comportant les éléments nécessaires à la détermination et au suivi du bénéfice ouvrant droit à abattement ainsi qu'à la vérification du respect des conditions posées par cet article. Sont notamment portés sur ce document :

1° Le chiffre d'affaires de l'exercice, ramené, le cas échéant, à douze mois, et l'effectif des salariés à la clôture de l'exercice ;

2° L'adresse et l'activité principale de chaque exploitation dont l'imposition des bénéfices peut bénéficier de ces dispositions, le montant desdits bénéfices et le taux d'abattement qui leur est applicable ainsi que les modalités de répartition du bénéfice global de l'entreprise entre ces exploitations ;

3° *(Devenu sans objet) ;*

4° Lorsque le contribuable peut bénéficier des dispositions du b du 4° du III de l'article 44 quaterdecies du code général des impôts, la référence de l'autorisation délivrée par le service des douanes lui permettant de bénéficier du régime du perfectionnement actif défini à l'article 256 du règlement (UE) n° 952/2013 du Parlement européen et du Conseil du 9 octobre 2013 établissant le code des douanes de l'Union ainsi que le montant du chiffre d'affaires afférent à des opérations mettant en œuvre des marchandises ayant bénéficié de ce régime.

2. *(Abrogé).*

3. Lorsque l'entreprise n'est pas soumise à un régime réel d'imposition, le document mentionné au 1 est joint à la déclaration d'ensemble des revenus du contribuable.

II. L'option mentionnée au VII de l'article 44 quaterdecies du code général des impôts est notifiée sur papier libre au service des impôts auprès duquel est souscrite la déclaration de résultat de l'entreprise ou la déclaration d'ensemble des revenus du contribuable dont l'entreprise n'est pas soumise à un régime réel d'imposition.

BF 2/23 inf. 148 ; DC-IV-3160 s.

Art 49 ZC **I. 1.** Pour l'application du a du 3° du III de l'article 44 quaterdecies du code général des impôts, les activités suivantes relèvent du secteur de la recherche et du développement :

1° Recherche-développement en biotechnologie ;

2° Recherche-développement en autres sciences physiques et naturelles ;

3° Recherche-développement en sciences humaines et sociales.

2. Pour l'application du b du 3° du III de l'article 44 quaterdecies du code général des impôts, les activités suivantes relèvent du secteur des technologies de l'information et de la communication :

1° Télécommunications filaires ;

2° Télécommunications sans fil ;

3° Télécommunications par satellite ;

4° Autres activités de télécommunication ;

5° Programmation informatique ;

6° *(Abrogé) ;*

7° Tierce maintenance de systèmes et d'applications informatiques ;

8° Gestion d'installations informatiques ;

9° Autres activités informatiques ;

10° Traitement de données, hébergement et activités connexes ;

11° Portails internet ;

12° Activités cinématographiques, vidéo et de télévision, en ce compris la production audiovisuelle ;

13° Programmation et diffusion ;

14° Conception, réalisation et productions rédactionnelles, multimédia, flux informatiques et numériques, y compris la presse produite localement et activités s'y rapportant.

3. Pour l'application du c du 3° du III de l'article 44 quaterdecies du code général des impôts, les activités suivantes relèvent du secteur du tourisme :

1° Hôtels et hébergement similaire ;

2° Hébergement touristique et autre hébergement de courte durée ;

3° Terrains de camping et parcs pour caravanes ou véhicules de loisirs ;

4° Activités des parcs d'attractions et parcs à thèmes, à l'exception de l'exploitation de jeux d'argent et de hasard ;

5° Autres activités récréatives et de loisirs, à l'exception de l'exploitation de jeux d'argent et de hasard et sous réserve que ces activités s'intègrent directement et à titre principal à une activité hôtelière ou touristique ;

6° Enseignement de disciplines sportives et d'activités de loisirs, sous réserve que ces activités s'intègrent directement et à titre principal à une activité hôtelière ou touristique ;

7° Activités liées au sport, sous réserve que ces activités s'intègrent directement et à titre principal à une activité hôtelière ou touristique ;

8° Entretien corporel, pour les activités suivantes : activités thermales, de balnéothérapie ou de thalassothérapie ;

9° Location de courte durée de voitures et de véhicules automobiles légers, pour les seules locations d'une durée inférieure à un mois ; la part de cette activité s'inscrivant dans le cadre de prestations touristiques peut être évaluée à 75 % du bénéfice tiré de telles locations ;

10° Transports maritimes et côtiers de passagers, en ce compris l'exploitation de bateaux d'excursion, de croisière ou de tourisme, au départ et à destination des départements d'outre-mer, à l'exclusion de l'exploitation des lignes régulières ;

11° Transports fluviaux de passagers, en ce compris l'exploitation de bateaux d'excursion, de croisière ou de tourisme au départ et à destination des départements d'outre-mer, à l'exclusion de l'exploitation des lignes régulières ;

12° Transports aériens de passagers, en ce compris les vols de tourisme, au départ et à destination des départements d'outre-mer, à l'exclusion de l'exploitation des lignes régulières, et sous réserve que ces activités s'intègrent directement et à titre principal à une activité touristique ;

13° Transports de voyageurs par taxis ; la part de cette activité s'inscrivant dans le cadre de prestations touristiques peut être évaluée à 50 % du bénéfice ;

14° Autres transports routiers de voyageurs, à l'exclusion de l'exploitation des lignes régulières ;

15° Activités des agences de voyage, voyagistes, services de réservation et activités connexes, lorsqu'ils sont physiquement implantés sur le territoire du département d'outre-mer ;

16° Organisation de foires, salons professionnels et congrès ;

17° Restauration traditionnelle ; la part de cette activité s'inscrivant dans le cadre de prestations touristiques peut être évaluée à 50 % du bénéfice.

4. Pour l'application du d du 3° du III de l'article 44 quaterdecies du code général des impôts, les activités suivantes relèvent du secteur de l'agronutrition :

1° Culture et production animale, chasse et services annexes ;

2° Sylviculture et exploitation forestière ;

3° Pêche et aquaculture ;

4° Industries alimentaires ;

5° Fabrication de boissons.

5. Pour l'application du e du 3° du III de l'article 44 quaterdecies du code général des impôts, les activités suivantes relèvent du secteur de l'environnement :

1° Captage, traitement et distribution d'eau ;

2° Collecte et traitement des eaux usées ;

3° Collecte des déchets non dangereux ;

4° Collecte des déchets dangereux ;

5° Traitement et élimination des déchets non dangereux ;

6° Traitement et élimination des déchets dangereux ;

7° Démantèlement d'épaves ;

8° Récupération de déchets triés ;

9° Dépollution et autres services de gestion des déchets ;

10° Travaux d'isolation : isolation thermique.

6. Pour l'application du f du 3° du III de l'article 44 quaterdecies du code général des impôts, les activités suivantes relèvent du secteur des énergies renouvelables :

1° Production d'électricité, à partir d'énergies renouvelables (production éolienne, géothermique, hydraulique, marémotrice, solaire, ou à partir de la biomasse ou de la mer) ;

2° Production de combustibles gazeux, à partir d'énergies renouvelables (production éolienne, géothermique, hydraulique, marémotrice, solaire, ou à partir de la biomasse ou de la mer) ;

3° Production de vapeur et d'air conditionné, à partir d'énergie renouvelable (production éolienne, géothermique, hydraulique, marémotrice, solaire, ou à partir de la biomasse ou de la mer) ;

4° Production ou pose d'équipements ou d'installations destinés à réduire la consommation d'énergie ou à améliorer la performance énergétique de tout type de construction ainsi que l'installation d'équipements thermiques, lorsque ces équipements respectent des normes d'éco-conditionnalité fixées par arrêté.

II. Sauf lorsqu'il en est disposé autrement, les secteurs mentionnés au I s'entendent de ceux définis par la nomenclature d'activités françaises, en ce que ses rubriques incluent ou excluent comme activités. Seule est prise en compte l'activité réellement exercée.

BF 2/23 inf. 148 ; DC-IV-2940 s.

SECTION III

Restitution d'impôts consécutive au remboursement des sommes visées à l'article 111-a du code général des impôts

Art 49 bis Tout remboursement fait depuis le 1er janvier 1960 et portant sur des sommes qui, lors de leur versement à titre d'avances, prêts ou acomptes par une personne morale visée à l'article 108 du code général des impôts, ont été considérées comme revenus distribués en application du a de l'article 111 dudit code ou de l'article 41 du décret n° 48-1986 du 9 décembre 1948 ouvre droit, dans les conditions fixées par les articles 49 ter à 49 sexies, à la restitution au profit du bénéficiaire des avances, prêts ou acomptes ou de ses ayants cause, des impositions auxquelles le versement a donné lieu.

En cas de pluralité d'avances, prêts ou acomptes consentis à un même bénéficiaire, les remboursements partiels s'imputent conformément aux dispositions des articles 1253 à 1256 du code civil.

(Les articles 1253 à 1256 du code civil dans leur version en vigueur jusqu'au 30 septembre 2016 ont été abrogé par l'ordonnance 2016-131 du 10 février 2016 art. 3. L'ordre d'imputation des paiements est désormais régi par l'article 1342-10 du code civil)

RM-II-16440

Art 49 ter I. La somme à restituer en vertu de l'article 49 bis est égale, en ce qui concerne chacune des impositions énumérées à l'article 49 quater, à la différence entre :

D'une part, le montant de l'impôt régulièrement liquidé et effectivement acquitté pour l'année ou l'exercice au titre duquel l'acompte, le prêt ou l'avance a été pris en compte pour la détermination de la base d'imposition ;

D'autre part, le même impôt liquidé en faisant abstraction de la fraction de l'acompte, prêt ou avance qui a fait l'objet du remboursement.

II. Le décompte prévu au I est opéré sur le principal des droits, à l'exclusion de tous intérêts ou indemnités de retard, majorations de droits et amendes fiscales.

RM-II-16580 s.

Art 49 quater I. Dans le cas où le bénéficiaire a été assujetti du fait de l'encaissement de l'avance, du prêt ou de l'acompte, à l'impôt sur le revenu, les impositions qui font l'objet, à raison des sommes remboursées, de la révision prévue à l'article 49 ter s'entendent :

1° De la taxe proportionnelle et de la surtaxe progressive, si l'avance, le prêt ou l'acompte a été versé entre le 1er janvier 1949 et le 31 décembre 1958 ;

2° De la taxe proportionnelle et de l'impôt sur le revenu des personnes physiques, si le versement a eu lieu au cours de l'année 1959 ;

3° De la retenue à la source frappant les revenus de capitaux mobiliers et de l'impôt sur le revenu des personnes physiques, si le versement a eu lieu entre le 1er janvier 1960 et le 31 décembre 1961 ;

4° De la taxe complémentaire, si le versement a eu lieu entre le 1er janvier 1962 et le 31 décembre 1969 ;

5° De l'impôt sur le revenu, si le versement a eu lieu postérieurement au 31 décembre 1961.

II. Dans le cas où le bénéficiaire a été assujetti, du fait de l'encaissement de l'avance, du prêt ou de l'acompte, à l'impôt sur les sociétés, les impositions qui font l'objet, à raison des sommes remboursées, de la révision prévue à l'article 49 ter s'entendent :

1° De la taxe proportionnelle et de l'impôt sur les sociétés, si l'avance, le prêt ou l'acompte a été versé entre le 1er janvier 1949 et le 31 décembre 1959 ;

2° De la retenue à la source frappant les revenus de capitaux mobiliers et de l'impôt sur les sociétés, si le versement a eu lieu entre le 1er janvier 1960 et le 31 décembre 1961 ;

3° De l'impôt sur les sociétés, si le versement a eu lieu postérieurement au 31 décembre 1961.

Toutefois, lorsque l'avance, le prêt ou l'acompte a été consenti à une société remplissant, du chef de sa participation dans le capital de la société versante, les conditions requises pour se prévaloir des dispositions de l'article 145 du code général des impôts, la restitution à opérer, du fait du remboursement, au titre de la taxe proportionnelle ou de la retenue à la source, n'est ordonnée que dans la limite de l'excédent de cette taxe ou retenue acquittée par la société versante, sur l'imposition de même nature dont la société bénéficiaire a été, le cas échéant, dispensée à raison de ses propres distributions en vertu desdits articles.

III. Lorsque la révision des bases d'imposition à l'impôt sur le revenu ou à l'impôt sur les sociétés fait apparaître un déficit pour l'année ou la période d'imposition en cause, ce déficit peut être reporté, s'il y a lieu, sur les revenus ou bénéfices ultérieurs de l'intéressé, selon les règles en vigueur à l'époque pour laquelle le report est sollicité.

RM-II-16650 s.

Art 49 quinquies I. La restitution est ordonnée sur la demande de l'intéressé, adressée au directeur départemental ou, le cas échéant, régional des finances publiques du département dans lequel le requérant avait son domicile ou son principal établissement au 1er janvier de l'année de la réclamation.

II. La demande de restitution doit être présentée par l'associé ou par ses ayants cause au plus tard le 31 décembre de l'année suivant celle au cours de laquelle le remboursement a été opéré.

III. Les requérants doivent y mentionner, outre la dénomination et le siège de la société, le montant et la date du remboursement :

a. Pour la taxe proportionnelle ou la retenue à la source : le service des impôts où cette imposition a été acquittée, la date à laquelle la déclaration ayant servi de base à ladite imposition a été déposée ainsi que le montant de l'avance, du prêt ou de l'acompte inclus dans la base d'imposition de la société ;

b. Pour la surtaxe progressive ou l'impôt sur le revenu et pour la taxe complémentaire : l'année d'imposition, le montant de l'avance, du prêt ou de l'acompte inclus dans le revenu imposable de ladite année ainsi que l'indication de l'article du rôle sous lequel l'imposition a été établie et la date à laquelle le rôle a été mis en recouvrement ;

c. Pour l'impôt sur les sociétés : la période d'imposition, le montant de l'avance, du prêt ou de l'acompte inclus dans le bénéfice net imposable de ladite période ainsi que, le cas échéant, l'indication de l'article du rôle sous lequel l'imposition a été établie et la date à laquelle le rôle a été mis en recouvrement.

A l'appui des renseignements visés aux b ou c, les requérants doivent produire une attestation régulière du comptable justifiant du paiement de l'impôt.

IV. Dans le cas visé au cinquième alinéa du II de l'article 49 quater, la demande doit mentionner, en outre, tous renseignements permettant de déterminer le montant de la taxe proportionnelle ou de la retenue à la source dont la société bénéficiaire de l'avance, du prêt ou de l'acompte a été, le cas échéant, dispensée, à raison de ses propres distributions, en vertu de l'article 145 du code général des impôts.

RM-II-16700 s.

Art 49 sexies Pour autant qu'elles ne sont pas contraires à celles de l'article 49 quinquies, les dispositions prévues au titre III du livre des procédures fiscales en ce qui concerne les formes et délais de réclamation, la procédure devant le tribunal administratif et les dégrèvements d'office, sont applicables aux demandes définies à l'article précité.

RM-II-16400 s.

SECTION V

Crédit d'impôt pour dépenses de recherche effectuées par les entreprises industrielles et commerciales ou agricoles

Art 49 septies F Pour l'application des dispositions de l'article 244 quater B du code général des impôts, sont considérées comme opérations de recherche scientifique ou technique :

a. Les activités ayant un caractère de recherche fondamentale qui concourent à l'analyse des propriétés, des structures, des phénomènes physiques et naturels, en vue d'organiser, au moyen de schémas explicatifs ou de théories interprétatives, les faits dégagés de cette analyse ;

b. Les activités ayant le caractère de recherche appliquée qui visent à discerner les applications possibles des résultats d'une recherche fondamentale ou à trouver des solutions nouvelles permettant à l'entreprise d'atteindre un objectif déterminé choisi à l'avance.

Le résultat d'une recherche appliquée consiste en un modèle probatoire de produit, d'opération ou de méthode ;

c. Les activités ayant le caractère d'opérations de développement expérimental effectuées, au moyen de prototypes ou d'installations pilotes, dans le but de réunir toutes les informations nécessaires pour fournir les éléments techniques des décisions, en vue de la production de nouveaux matériaux, dispositifs, produits, procédés, systèmes, services, ou en vue de leur amélioration substantielle. Par amélioration substantielle, on entend les modifications qui ne découlent pas d'une simple utilisation de l'état des techniques existantes et qui présentent un caractère de nouveauté.

IS-IX-970 s.

Art 49 septies G Le personnel de recherche comprend :

1. Les chercheurs qui sont les scientifiques ou les ingénieurs travaillant à la conception ou à la création de connaissances, de produits, de procédés, de méthodes ou de systèmes nouveaux. Sont assimilés aux ingénieurs les salariés qui, sans posséder un diplôme, ont acquis cette qualification au sein de leur entreprise.

2. Les techniciens, qui sont les personnels travaillant en étroite collaboration avec les chercheurs, pour assurer le soutien technique indispensable aux travaux de recherche et de développement expérimental.

Notamment :

Ils préparent les substances, les matériaux et les appareils pour la réalisation d'expériences ;

Ils prêtent leur concours aux chercheurs pendant le déroulement des expériences ou les effectuent sous le contrôle de ceux-ci ;

Ils ont la charge de l'entretien et du fonctionnement des appareils et des équipements nécessaires à la recherche et au développement expérimental.

Dans le cas des entreprises qui ne disposent pas d'un département de recherche, les rémunérations prises en compte pour le calcul du crédit d'impôt sont exclusivement les rémunérations versées aux chercheurs et techniciens à l'occasion d'opérations de recherche.

IS-IX-2460 s.

Art 49 septies H **I.** L'agrément des organismes de recherche ou des experts scientifiques ou techniques mentionné au d bis du II de l'article 244 quater B du code général des impôts est délivré par décision du ministère chargé de la recherche, sur présentation d'une demande établie conformément à un modèle fixé par l'administration, auprès des services centraux de la direction générale de la recherche et de l'innovation du ministère chargé de la recherche.

Sont jointes à la demande d'agrément les pièces justificatives attestant que dans l'année précédant sa demande l'organisme de recherche ou l'expert scientifique ou technique a mené sous sa responsabilité des opérations de recherche scientifique et technique, dont il a défini la démarche scientifique et réalisé les travaux avec ses propres moyens. La liste des pièces justificatives est fixée par arrêté conjoint des ministres chargés du budget et de la recherche *(NDLR Voir Annexe IV, art. 23 L duodecies)*.

Les demandes de renouvellement d'agrément sont présentées selon les mêmes modalités.

II. L'agrément est accordé pour une durée de trois ans. Cette durée est fixée à un an lorsque les organismes ou experts n'ont achevé aucune opération de recherche dans les douze mois précédant la demande.

L'agrément peut être accordé pour une durée de cinq ans à compter de la troisième demande de renouvellement formulée par les organismes ou experts agréés de manière continue depuis neuf ans minimum au 31 décembre de l'année d'expiration, lorsqu'ils ont achevé une opération de recherche dans les douze mois précédant la demande.

III. La première demande d'agrément doit être déposée avant le 31 mars lorsqu'elle porte sur l'année en cours. Les demandes de renouvellement doivent être déposées avant la fin de l'année d'expiration.

IS-IX-3220 s.

Art 49 septies I Pour la détermination des dépenses de recherche visées aux a, b, f et au 2° du h du II de l'article 244 quater B du code général des impôts, il y a lieu de retenir :

a. Les dotations aux amortissements fiscalement déductibles ;

IS-IX-2270 s.

b. Au titre des dépenses de personnel, les rémunérations et leurs accessoires ainsi que les charges sociales, dans la mesure où celles-ci correspondent à des cotisations sociales obligatoires.

IS-IX-2690

Art 49 septies I bis Les réunions officielles de normalisation visées au 3° du g du II de l'article 244 quater B du code général des impôts sont celles organisées par :

Les organismes chargés d'élaborer les normes françaises : l'association française de normalisation et les bureaux de normalisation agréés dans les conditions définies par le décret n° 84-74 du 26 janvier 1984 modifié fixant le statut de la normalisation ;

Les organismes chargés d'élaborer des normes au niveau européen qui sont visés en annexe à la directive communautaire CEE n° 83-189 du 28 mars 1983 modifiée prévoyant une procédure d'information dans le domaine des normes et réglementations techniques ;

Les organismes chargés d'élaborer des normes au niveau mondial : l'organisation internationale de normalisation et la commission électro-technique internationale.

IS-IX-4120 s.

Art 49 septies I ter L'agrément des stylistes ou bureaux de style, auxquels est confiée l'élaboration de nouvelles collections par les entreprises industrielles du secteur textile-habillement-cuir, prévu au i du II de l'article 244 quater B du code général des impôts, est accordé par décision du ministre chargé de la recherche et de la technologie, sur avis conforme du ministre chargé de l'industrie.

Il est attribué après examen d'un dossier visant à s'assurer que le styliste concerné dispose d'une expérience significative dans cette activité ou que le bureau de style dispose d'un personnel répondant au même critère.

IS-IX-4615 s.

Art 49 septies I quater Pour l'application du j du II de l'article 244 quater B du code général des impôts, la veille technologique s'entend comme un processus de mise à jour permanent ayant pour objectif l'organisation systématique du recueil d'informations sur les acquis scientifiques, techniques et relatifs aux produits, procédés, méthodes et systèmes d'informations afin d'en déduire les opportunités de développement.

Art 49 septies I quinquies L'agrément des entreprises et des bureaux d'études et

de la recherche sur présentation d'une demande, établie conformément à un modèle fixé par l'administration, auprès des services centraux de la direction générale de la recherche et de l'innovation du ministère chargé de la recherche.

2. Sont joints à la demande d'agrément :

a. Les pièces justificatives attestant que l'organisme de recherche répond à la définition d'organisme de recherche et de diffusion des connaissances donnée par la communication de la Commission européenne nº 2014/C 198/01 relative à l'encadrement des aides d'Etat à la recherche, au développement et à l'innovation ;

b. L'agrément mentionné au d bis du II de l'article 244 quater B du code général des impôts.

Pour justifier de sa qualité d'organisme de recherche et de diffusion des connaissances, le demandeur fournit l'attestation en cours de validité, délivrée par l'Agence nationale de la recherche, reconnaissant sa qualité d'organisme de recherche et de diffusion des connaissances ou, à défaut, le formulaire conforme à un modèle établi par l'administration comportant notamment des informations relatives à la nature de ses activités.

L'instruction de ce formulaire peut être confiée par les services centraux de la direction générale de la recherche et de l'innovation à l'agence nationale de la recherche.

3. Les demandes de renouvellement d'agrément sont présentées selon les mêmes modalités avant la fin de l'année d'expiration.

II. L'agrément prévu au I est accordé pour une durée de trois ans ou pour la durée restant à courir avant la fin de validité de l'agrément mentionné au d bis du II de l'article 244 quater B du code général des impôts si elle est inférieure.

III. L'agrément prévu au I peut être retiré par le ministère chargé de la recherche si l'organisme de recherche ne remplit plus l'un des critères de qualification d'organisme de recherche et de diffusion des connaissances au sens de la communication de la Commission européenne nº 2014/C 198/01 relative à l'encadrement des aides d'Etat à la recherche, au développement et à l'innovation.

IV. La première demande d'agrément doit être déposée avant le 31 mars lorsqu'elle porte sur l'année en cours.

Ndlr *Par dérogation au présent IV, la première demande d'agrément au titre de l'année 2022 doit être déposée avant le 30 septembre 2022 (Décret 2022-1006 du 15 juillet 2022 art. 3).*

IS-IX-9070 s.

Art 49 septies VB En application du VI de l'article 244 quater B bis du code général des impôts, le ou les organismes de recherche doivent supporter au moins 10 % des dépenses de recherche exposées pour la réalisation des opérations de recherche définies à l'article 49 septies V, prévues au contrat de collaboration.

Ce seuil de 10 % est calculé par le rapport entre les dépenses de recherche effectivement supportées par le ou les organismes de recherche et le total des dépenses de recherche exposées par l'ensemble des parties pour la réalisation des opérations de recherche prévues au contrat de collaboration.

IS-IX-9140

Art 49 septies VC Quelle que soit la date de clôture des exercices et quelle que soit leur durée, le crédit d'impôt est calculé par référence aux dépenses facturées au cours de l'année civile. En cas de clôture d'exercice en cours d'année, le montant du crédit d'impôt prévu à l'article 244 quater B bis du code général des impôts est calculé en prenant en compte les dépenses éligibles facturées au titre de la dernière année civile écoulée.

IS-IX-9200

Art 49 septies VD Le crédit d'impôt en faveur de la recherche collaborative est imputé sur l'impôt dû après les prélèvements non libératoires et les autres crédits d'impôt.

Art 49 septies VE **I.** Pour l'application des dispositions des articles 199 ter B bis, 220 B bis et 244 quater B bis du code général des impôts, les entreprises souscrivent une déclaration spéciale conforme à un modèle établi par l'administration.

Les personnes morales passibles de l'impôt sur les sociétés déposent cette déclaration spéciale auprès du service des impôts avec le relevé de solde mentionné à l'article 360.

S'agissant des sociétés relevant du régime des groupes de sociétés prévu à l'article 223 A du code général des impôts, la société mère dépose les déclarations spéciales pour le compte des sociétés du groupe. Elle les joint, y compris celle la concernant, au relevé de solde relatif au résultat d'ensemble du groupe.

Les autres entreprises déposent la déclaration spéciale dans les mêmes délais que la déclaration annuelle de résultat qu'elles sont tenues de souscrire en application de l'article 53 A du code général des impôts.

L'associé d'une société de personnes ou d'un groupement mentionnés aux articles 8, 238 bis L, 239 quater, 239 quater B, 239 quater C et 239 quater D du code général des impôts, non soumis à l'impôt sur les sociétés, dépose une déclaration spéciale indiquant la quote-part des crédits d'impôt provenant de chacune des sociétés de personnes ou groupements assimilés dont il est associé. Toutefois, lorsque l'associé est une personne physique, il est dispensé de déposer la déclaration spéciale lorsqu'il ne dispose pas d'un crédit d'impôt mentionné à l'article 244 quater B bis du code général des impôts autre que celui issu de sa participation dans la société de personnes ou le groupement.

II. Les services relevant du ministère chargé de la recherche ont accès aux informations portées sur ces déclarations.

Art 49 septies VF La réalité de l'affectation à la recherche des dépenses prises en compte pour le calcul du crédit d'impôt peut être vérifiée dans les conditions prévues à l'article R 45 B-1 du livre des procédures fiscales.

SECTION V quater

Crédit d'impôt pour certains investissements réalisés et exploités en Corse

Art 49 septies WB Pour l'application des dispositions de l'article 244 quater E du code général des impôts, les personnes morales passibles de l'impôt sur les sociétés déposent auprès du comptable de la direction générale des finances publiques du lieu d'imposition défini à l'article 218 A du code précité une déclaration spéciale avec le relevé de solde mentionné à l'article 360 de l'exercice ou de la période d'imposition en cours lors de la réalisation de l'investissement. S'agissant des sociétés relevant du régime des groupes de sociétés prévu à l'article 223 A du code précité, la société mère joint les déclarations spéciales des sociétés du groupe au relevé de solde relatif au résultat d'ensemble. Les sociétés du groupe sont dispensées d'annexer la déclaration spéciale les concernant à la déclaration de résultat qu'elles sont tenues de déposer en vertu du 1 de l'article 223 du code précité. Les autres entreprises joignent la déclaration spéciale à la déclaration de résultat de l'exercice ou de la période d'imposition en cours lors de la réalisation des investissements.

L'option prévue au premier alinéa du II de l'article 244 quater E précité est réputée exercée au moment du dépôt de la déclaration spéciale mentionnée au premier alinéa au titre du premier exercice ou de la première période d'imposition au cours de laquelle un investissement éligible au crédit d'impôt pour investissement en Corse est réalisé.

BIC-XVIII-21960

BIC-XVIII-22600 s.

Art 49 septies WC Pour la détermination du montant du crédit d'impôt pour investissement défini à l'article 244 quater E du code général des impôts, le prix de revient des immobilisations est diminué du montant des subventions publiques obtenues ou demandées et non encore accordées au 31 décembre de l'année mentionnée, selon le cas, à la première ou deuxième phrase du premier alinéa de l'article 199 ter D du code précité.

Pour les redevables de l'impôt sur les sociétés, le montant des subventions à retenir est apprécié à la date de clôture de l'exercice au titre duquel les investissements ouvrant droit au crédit d'impôt sont acquis, créés ou pris en crédit-bail.

S'il y a lieu, la régularisation du crédit d'impôt est effectuée au titre de la même année sur demande du contribuable.

BIC-XVIII-21575

Art 49 septies WD Pour l'application des dispositions de l'article 199 ter D du code général des impôts, les personnes physiques titulaires du crédit d'impôt doivent joindre à leur déclaration d'impôt sur le revenu ou à leur déclaration de résultat de l'exercice, s'il s'agit d'exploitant individuel, un état de suivi du crédit d'impôt conforme à un modèle fourni par l'administration.

BIC-XVIII-21680

Art 49 septies WE En cas de réalisation, au titre de plusieurs années ou de plusieurs exercices, d'investissements ouvrant droit au crédit d'impôt pour investissement en Corse défini à l'article 244 quater E du code général des impôts, le crédit d'impôt correspondant aux investissements réalisés au titre de l'année ou de l'exercice au titre duquel l'impôt est calculé est utilisé en paiement de cet impôt avant les crédits d'impôts reportables provenant de la réalisation d'investissements au titre d'années ou d'exercices antérieurs. Lorsque le redevable dispose de crédits d'impôts reportables provenant de la réalisation d'investissements au titre de plusieurs années ou exercices antérieurs, ceux-ci s'imputent par ordre d'ancienneté.

Le crédit d'impôt pour investissement défini à l'article 244 quater E du code général des impôts ne peut être utilisé en paiement de l'impôt résultant de la reprise des crédits d'impôts antérieurement imputés, effectuée en application du III de cet article.

BIC-XVIII-21675, 21745

Art 49 septies WF Les demandes de remboursement du crédit d'impôt pour investissement en Corse prévues à l'article 199 ter D du code général des impôts sont présentées au comptable chargé du recouvrement de l'impôt sur le revenu ou de l'impôt sur les sociétés du demandeur en lui adressant l'état de suivi mentionné à l'article 49 septies WD.

BIC-XVIII-21835 s.

Art 49 septies WG Lorsqu'une partie seulement des investissements ayant ouvert droit au crédit d'impôt défini à l'article 244 quater E du code général des impôts au titre d'une année ou d'un exercice est affectée par un des événements mentionnés au III de cet article, la part du crédit d'impôt de cette année ou de cet exercice déjà utilisée en paiement de l'impôt est réputée provenir de la réalisation des investissements de cette année ou cet exercice qui ne sont pas affectés par ces événements.

BIC-XVIII-22225

Art 49 septies WH En cas de réalisation de l'un des événements mentionnés au III de l'article 244 quater E du code général des impôts entraînant la remise en cause de tout ou partie du crédit d'impôt, l'entreprise propriétaire des investissements ayant ouvert droit au crédit d'impôt délivre dans les deux mois suivant l'un de ces événements au contribuable ou à l'entreprise concerné un relevé d'information comprenant :

a. L'identité et l'adresse du bénéficiaire du crédit d'impôt ;

b. L'année du crédit d'impôt à reprendre ;

c. La date de cession ou de changement d'affectation des immobilisations ou de cessation d'activité ;

d. Le montant du crédit d'impôt devant être repris.

Ce relevé est établi conformément à un modèle fixé par l'administration.

Une copie de ce relevé d'informations est adressée sous les mêmes délais au service chargé de l'assiette de l'impôt dont dépend l'entreprise propriétaire des biens.

BIC-XVIII-22290

SECTION V quinquies

Réduction d'impôt pour versement de dons aux œuvres et organismes d'intérêt général prévue à l'article 238 bis du code général des impôts

Art 49 septies X Pour l'application des dispositions de l'article 238 bis du code général des impôts, les entreprises déclarent les réductions d'impôt ainsi que les informations prévues au premier alinéa du 6 du même article 238 bis selon le format établi par l'administration dans les mêmes délais que la déclaration annuelle de résultat qu'elles sont tenues de souscrire en application des articles 53 A et 223 du code précité.

La société mère d'un groupe au sens de l'article 223 A du code précité déclare les réductions d'impôt ainsi que les informations prévues au premier alinéa du 6 de l'article 238 bis du code précité pour le compte des sociétés du groupe, y compris celles la concernant, lors du dépôt de la déclaration relative au résultat d'ensemble du groupe.

IS-IX-13705 s.

Art 49 septies XA 1. Pour l'application des dispositions de l'article 200 bis du code général des impôts, les personnes physiques titulaires de la réduction d'impôt doivent joindre à leur déclaration de revenus ou à leur déclaration de résultat de l'exercice, s'il s'agit d'exploitant individuel, un état de suivi conforme à un modèle établi par l'administration.

2. *(Abrogé).*

IS-IX-13715

Art 49 septies XB La réduction d'impôt correspondant aux versements de dons aux œuvres et organismes d'intérêt général effectués au cours de l'année ou de l'exercice au titre duquel l'impôt est calculé est utilisée en paiement de cet impôt avant les réductions d'impôt de même nature calculées au titre d'années ou d'exercices antérieurs. Lorsque le redevable dispose de réductions d'impôts reportables, celles-ci s'imputent par ordre d'ancienneté.

IS-IX-13450

Art 49 septies XC La liste des prestations et produits mentionnés au 2 de l'article 238 bis du code général des impôts est fixée comme suit :

1° Fourniture gratuite de repas à des personnes en difficulté ;

2° Logement de personnes en difficulté ;

3° Lorsqu'elle est exercée à titre principal, la fourniture gratuite à des personnes en difficulté de :

a. soins mentionnés au 1° du 4 de l'article 261 du code précité ;

b. matériels mentionnés à l'article 2 du décret n° 2015-981 du 31 juillet 2015 fixant la liste des éléments de mobilier d'un logement meublé *(NDLR Voir partie Autres textes du présent code décret 2015-981 du 31 juillet 2015 art. 2)*, ainsi que meubles de rangement, linge de maison, équipements de salle de bain et de puériculture, biberons et matériels pour nourrissons et enfants en bas âge, petits et gros appareils électroménagers ;

c. matériels et équipements conçus spécialement pour les personnes handicapées ou à mobilité réduite à savoir les appareillages, équipements et matériels mentionnés aux a à c et f du 2° du A de l'article 278-0 bis du code précité ;

d. fournitures scolaires, y compris jouets et jeux d'éveil et éducatifs ;

e. vêtements, y compris chaussures ;

f. produits sanitaires, y compris d'entretien ménager, et produits d'hygiène bucco-dentaire et corporelle ;

g. produits de protection hygiénique féminine ;

h. couches pour nourrissons ;

i. produits et matériels utilisés pour l'incontinence ;

j. produits contraceptifs.

IS-IX-13070 s.

SECTION V sexies

Crédit d'impôt famille

Art 49 septies Y Pour l'application des dispositions prévues au 1 du Ide l'article 244 quater F du code général des impôts, il y a lieu de retenir :

a. Les dépenses engagées par l'entreprise pour financer la création ou le fonctionnement d'un des établissements visés au premier alinéa de l'article L 2324-1 du code de la santé publique exploité directement par l'entreprise et assurant l'accueil des enfants de moins de trois ans de ses salariés ;

b. Les versements effectués directement par l'entreprise, en contrepartie de prestations d'accueil des enfants de moins de trois ans de ses salariés, au profit d'organismes publics ou privés exploitant un des établissements visés aux deux premiers alinéas de l'article L 2324-1 du code de la santé publique. A la demande de l'administration, l'entreprise devra apporter tous justificatifs relatifs à l'affectation effective des versements qu'elle aura effectués à l'activité d'accueil des enfants de moins de trois ans de ses salariés.

IS-IX-24230 s.

Art 49 septies YA En cas de clôture d'exercice en cours d'année, le crédit d'impôt et le montant du plafond de ce dernier, prévus à l'article 244 quater F du code général des impôts, sont calculés en prenant en compte les dépenses éligibles engagées au titre de la dernière année civile écoulée.

IS-IX-24800 s., 24900, 25155

Art 49 septies YB Le crédit d'impôt prévu à l'article 244 quater F du code général des impôts est imputé sur l'impôt dû après les prélèvements non libératoires et les autres crédits d'impôt.

IS-IX-25165

Art 49 septies YC Pour l'application des dispositions des articles 199 ter E, 220 G et 244 quater F du code général des impôts, les entreprises doivent annexer une déclaration spéciale à la déclaration de résultat qu'elles sont tenues de déposer auprès du service des impôts dont elles dépendent.

Les personnes morales passibles de l'impôt sur les sociétés doivent déposer cette déclaration spéciale auprès du comptable de la direction générale des finances publiques du lieu d'imposition défini à l'article 218 A du code général des impôts, avec le relevé de solde mentionné à l'article 360 de l'exercice concerné. S'agissant des sociétés relevant du régime des groupes de sociétés prévu à l'article 223 A du code général des impôts, la société mère joint les déclarations spéciales du groupe au relevé de solde relatif au résultat d'ensemble. Les sociétés du groupe sont dispensées d'annexer la déclaration spéciale les concernant à la déclaration de résultat qu'elles sont tenues de déposer en vertu du 1 de l'article 223 du code précité.

Une copie de la déclaration spéciale doit être adressée dans le même délai au ministre chargé de la famille.

IS-IX-25300 s.

SECTION V nonies

Crédit d'impôt au titre des avances remboursables ne portant pas intérêt pour financer l'acquisition ou la construction d'une résidence principale

Art 49 septies YP En cas de clôture d'exercice en cours d'année, le crédit d'impôt prévu à l'article 244 quater J du code général des impôts est calculé en prenant en compte les avances remboursables sans intérêt versées au titre de la dernière année civile écoulée.

Art 49 septies YQ Pour le calcul du crédit d'impôt prévu à l'article 244 quater J du code général des impôts au titre d'une année, les avances remboursables doivent être prises en compte dans leur totalité à compter du premier déblocage des fonds.

Les éléments de nature à modifier le montant et les conditions de remboursement de l'avance remboursable sans intérêt doivent être pris en compte pour la production de l'attestation portant le calcul du crédit d'impôt et délivrée par l'organisme mentionné au cinquième alinéa de l'article L 312-1 du code de la construction et de l'habitation à l'établissement de crédit ou à la société de financement.

Par exception, lorsque les emprunteurs dont le ou les avis d'imposition font apparaître, par rapport aux revenus fiscaux de référence déclarés, un écart justifiant une baisse de l'avantage dont ils ont bénéficié et qu'ils ont régularisé cette situation auprès de l'établissement de crédit ou de la société de financement entre le 1er janvier et le 31 mars de l'année suivant celle de l'offre, les éléments ayant modifié le montant et les conditions de remboursement de l'avance peuvent être pris en compte sur l'attestation délivrée par l'organisme mentionné au deuxième alinéa au plus tard la deuxième année qui suit celle de l'émission de l'offre.

Art 49 septies YR Le crédit d'impôt prévu à l'article 244 quater J du code général des impôts est imputé sur l'impôt dû après les prélèvements non libératoires et les autres crédits d'impôts.

Art 49 septies YS Pour l'application des dispositions des articles 199 ter I, 220 K et 244 quater J du code général des impôts, les établissements de crédit et les sociétés de financement mentionnés au I de l'article 244 quater J précité doivent annexer une déclaration spéciale à la déclaration de résultat qu'elles sont tenues de déposer auprès du service des impôts dont elles dépendent.

Toutefois, les personnes morales passibles de l'impôt sur les sociétés doivent déposer cette déclaration spéciale auprès du comptable de la direction générale des finances publiques du lieu d'imposition défini à l'article 218 A du code général des impôts, avec le relevé de solde mentionné à l'article 360 de l'exercice. S'agissant des sociétés relevant du régime des groupes de sociétés prévu à l'article 223 A du code général des impôts, la société mère joint les déclarations spéciales des sociétés membres du groupe au relevé de solde relatif au résultat d'ensemble du groupe. Les sociétés du groupe sont dispensées d'annexer la déclaration spéciale les concernant à la déclaration de résultats qu'elles sont tenues de déposer en vertu du 1 de l'article 223 du code précité.

Art 49 septies YT L'organisme mentionné au troisième alinéa de l'article L 312-1 du code de la construction et de l'habitation est tenu de transmettre au service chargé des grandes entreprises, dans les quatre mois de la clôture de l'exercice de chaque établissement de crédit ou société de financement, un état relatif au crédit d'impôt en faveur de la première accession à la propriété pour chaque établissement de crédit ou société de financement tenu de déposer une déclaration spéciale lui ayant déclaré des avances remboursables sans intérêt.

Cet état doit faire apparaître les éléments suivants :

a. Le montant global des avances remboursables sans intérêt ainsi que des crédits d'impôts dégagés au cours des années antérieures et de l'année concernée ;

b. Le suivi des crédits d'impôts ;

c. Les crédits d'impôts ou fractions de crédit d'impôt reversés ou non imputés suite au non-respect des conditions d'octroi des avances remboursables mentionnées au I de l'article 244 quater J du code général des impôts, au non-respect des conditions relatives à l'affectation du logement et à ses caractéristiques mentionnées au I de l'article susmentionné, aux remboursements totaux ou partiels d'avances remboursables sans intérêts intervenant pendant la durée de remboursement de l'avance ainsi que l'origine du reversement ou de l'arrêt d'imputation du crédit d'impôt.

SECTION V duodecies

Crédit d'impôt en faveur de l'agriculture biologique

Art 49 septies Z Pour déterminer si l'entreprise respecte le seuil de 40 % mentionné au premier alinéa du I de l'article 244 quater L du code général des impôts, il convient d'établir le rapport entre :

a. D'une part, le montant des recettes qui proviennent des activités mentionnées à l'article 63 du code général des impôts qui ont fait l'objet d'une certification en agriculture biologique au sens du règlement (UE) 2018/848 du Parlement européen et du Conseil du 30 mai 2018 relatif à la production biologique et à l'étiquetage des produits biologiques, et abrogeant le règlement (CE) n° 834/2007 du Conseil ;

b. Et, d'autre part, le montant des recettes qui proviennent des activités mentionnées à l'article 63 du code précité.

BA-VII-29077

Art 49 septies ZB Le crédit d'impôt prévu à l'article 244 quater L du code général des impôts est imputé sur l'impôt dû après les prélèvements non libératoires et les autres crédits d'impôt. L'excédent de crédit d'impôt non imputé est restitué.

BA-VII-29370

Art 49 septies ZB bis Pour l'application des dispositions des articles 199 ter K, 220 M et 244 quater L du code général des impôts, les entreprises doivent souscrire une déclaration spéciale conforme à un modèle établi par l'administration.

Les personnes morales passibles de l'impôt sur les sociétés doivent déposer cette déclaration spéciale auprès du comptable de la direction générale des finances publiques du lieu d'imposition défini à l'article 218 A du code général des impôts avec le relevé de solde mentionné à l'article 360. S'agissant des sociétés relevant du régime des groupes de sociétés prévu à l'article 223 A du code général des impôts, la société mère dépose les déclarations spéciales pour le compte des sociétés du groupe. Elle les joint, y compris celle la concernant, au relevé de solde relatif au résultat d'ensemble du groupe.

Les autres entreprises joignent la déclaration spéciale à la déclaration annuelle de résultat qu'elles sont tenues de déposer en vertu de l'article 53 A du code général des impôts.

Pour les sociétés de personnes et les groupements assimilés, dont les groupements agricoles d'exploitation en commun, qui ne seraient pas tenus au dépôt de la déclaration annuelle de résultat prévue à l'article 53 A du code général des impôts, la déclaration spéciale mentionnée au premier alinéa est adressée au service des impôts des entreprises dont relève la société de personnes ou le groupement assimilé dans le même délai que la déclaration de revenus des associés lorsque ceux-ci sont des personnes physiques ou que la déclaration annuelle de résultat lorsque les associés sont des personnes morales tenues de déposer cette déclaration en application de l'article 53 A précité.

Les associés personnes physiques joignent à leur déclaration de revenus une déclaration spéciale indiquant les quotes-parts de crédit d'impôt issues de leur participation dans les groupements susvisés.

Les associés personnes morales joignent cette même déclaration spéciale à leur déclaration annuelle de résultat lorsqu'elles sont tenues de la déposer en application de l'article 53 A du code général des impôts.

Les exploitants individuels non tenus au dépôt de la déclaration annuelle de résultat prévue à l'article 53 A précité joignent la déclaration spéciale mentionnée au premier alinéa à leur déclaration de revenus.

BA-VII-29500 s.

SECTION V terdecies

Crédit d'impôt pour formation des dirigeants

Art 49 septies ZC Pour l'application des dispositions de l'article 244 quater M du code général des impôts, les chefs d'entreprise s'entendent des exploitants individuels, des gérants, des présidents, des administrateurs, des directeurs généraux et des membres du directoire.

IS-IX-28080 s.

Art 49 septies ZD Les formations ouvrant droit au crédit d'impôt sont celles qui entrent dans le champ d'application des dispositions relatives à la formation professionnelle continue mentionnées à l'article L 6313-1 du code du travail et réalisées dans les conditions prévues par l'article L 6353-1 du même code, dont les dépenses correspondantes sont admises en déduction du bénéfice imposable.

IS-IX-28120 s.

Art 49 septies ZE Le taux horaire du salaire minimum de croissance mentionné au I de l'article 244 quater M du code général des impôts est celui en vigueur au 31 décembre de l'année au titre de laquelle est calculé le crédit d'impôt.

IS-IX-28200 s.

Art 49 septies ZF Le crédit d'impôt prévu à l'article 244 quater M du code général des impôts est plafonné au niveau de chaque entreprise, y compris pour les sociétés de personnes, par année civile. En cas de clôture d'exercice en cours d'année, le crédit d'impôt est calculé en prenant en compte les heures passées par le ou les dirigeants en formation au cours de la dernière année civile écoulée.

IS-IX-28215 s.

Art 49 septies ZG Le crédit d'impôt prévu à l'article 244 quater M du code général des impôts est imputé sur l'impôt dû après les prélèvements non libératoires et les autres crédits d'impôt.

IS-IX-28310 s.

Art 49 septies ZH Pour l'application des dispositions des articles 199 ter L, 220 N et 244 quater M du code général des impôts, les entreprises déclarent les réductions et crédits d'impôt selon le format établi par l'administration dans les mêmes délais que la déclaration annuelle de résultat qu'elles sont tenues de souscrire en application des articles 53 A et 223 du code précité.

La société mère d'un groupe au sens de l'article 223 A du code précité déclare les réductions et crédits d'impôt pour le compte des sociétés du groupe, y compris ceux la concernant, lors du dépôt de la déclaration relative au résultat d'ensemble du groupe.

IS-IX-28500 s.

SECTION V quindecies

Crédit d'impôt en faveur des métiers d'art

Art 49 septies ZM Le taux majoré de crédit d'impôt prévu au II de l'article 244 quater O du code général des impôts s'applique à l'ensemble des dépenses éligibles exposées au cours d'une année lorsque l'entreprise est titulaire, au 31 décembre de cette même année, du label mentionné au 3° du III de ce même article.

IS-IX-60520

Art 49 septies ZN Le crédit d'impôt prévu à l'article 244 quater O du code général des impôts est imputé sur l'impôt dû après les prélèvements non libératoires et les autres crédits d'impôt.

IS-IX-60700 s.

Art 49 septies ZO Pour l'application des dispositions des articles 199 ter N, 220 P et 244 quater O du code général des impôts, les entreprises doivent souscrire une déclaration spéciale conforme à un modèle établi par l'administration.

Les personnes morales passibles de l'impôt sur les sociétés doivent déposer cette déclaration spéciale auprès du comptable de la direction générale des finances publiques du lieu d'imposition défini à l'article 218 A du code général des impôts avec le relevé de solde mentionné à l'article 360. S'agissant des sociétés relevant du régime des groupes de sociétés prévu à l'article 223 A du code général des impôts, la société mère dépose les déclarations spéciales pour le compte des sociétés du groupe. Elle les joint, y compris celle la concernant, au relevé de solde relatif au résultat d'ensemble du groupe.

Les autres entreprises joignent la déclaration spéciale à la déclaration annuelle de résultat qu'elles sont tenues de déposer en vertu de l'article 53 A du code général des impôts.

L'associé ou membre d'une société de personnes ou d'un groupement mentionnés aux articles 8, 238 bis L, 239 quater, 239 quater B et 239 quater C du code général des impôts et ayant engagé des dépenses ouvrant droit au crédit d'impôt mentionné à l'article 244 quater O du même code dépose une déclaration spéciale indiquant la quote-part des crédits d'impôt provenant de chacune des sociétés de personnes ou groupement assimilé dont il est associé ou membre. Toutefois, lorsque l'associé ou membre est une personne physique, il est dispensé de déposer la déclaration spéciale lorsqu'il ne dispose pas d'un crédit d'impôt mentionné à l'article 244 quater O précité autre que celui issu de sa participation dans la société de personnes ou le groupement assimilé.

IS-IX-60850 s.

SECTION V vicies

Crédit d'impôt au titre des avances remboursables ne portant pas intérêt pour le financement de travaux d'amélioration de la performance énergétique des logements anciens

Art 49 septies ZZA En cas de clôture d'exercice en cours d'année, le crédit d'impôt prévu à l'article 244 quater U du code général des impôts est calculé en prenant en compte les avances remboursables sans intérêt versées au titre de la dernière année civile écoulée.

IS-IX-69130

Art 49 septies ZZB Pour le calcul du crédit d'impôt prévu à l'article 244 quater U du code général des impôts au titre d'une année, les avances remboursables doivent être prises en compte dans leur totalité à compter du premier versement.

Les éléments de nature à modifier le montant du crédit d'impôt doivent être pris en compte pour la production de l'attestation portant le calcul du crédit d'impôt et délivrée par l'organisme mentionné au cinquième alinéa de l'article L 312-1 du code de la construction et de l'habitation. Ces éléments doivent figurer sur l'attestation délivrée au plus tard le 31 mars qui suit l'expiration de la période de six mois mentionnée au c du II de l'article D 319-14 du code de la construction et de l'habitation pour la communication par l'établissement de crédit ou la société de financement des informations concernant les avances qui font apparaître un avantage indûment perçu par l'emprunteur. Par dérogation, les éléments de nature à modifier le montant du crédit d'impôt en raison de l'avantage indûment perçu par l'emprunteur mentionné à l'article D 319-30 du même code doivent figurer sur l'attestation délivrée au plus tard le 31 mars qui suit l'expiration de la période de neuf mois mentionnée à la deuxième phrase du même article.

IS-IX-69140

Art 49 septies ZZB bis Le montant du crédit d'impôt prévu à l'article 244 quater U du code général des impôts accordé à l'établissement de crédit ou à la société de financement pour compenser l'absence d'intérêt perçus sur une avance remboursable ne portant pas intérêt est égal au produit du montant de l'avance par un taux S. Le taux S, calculé chaque trimestre, est le résultat du produit des deux termes suivants, arrondi à la quatrième décimale :

1° La somme, actualisée par les facteurs d'actualisation définis aux quatrième et cinquième alinéas du présent I, des différences de mensualités entre deux prêts de 1 euro à mensualités constantes de même durée initiale de remboursement que l'avance : d'une part, d'un prêt consenti au taux d'intérêt de référence i, augmenté d'une prime p, et, d'autre part, d'un prêt sans intérêt ;

2° L'inverse de la moyenne des facteurs d'actualisation à 6, 18, 30, 42 et 54 mois, sans que cette moyenne puisse être supérieure à 1.

Pour chaque maturité t (en mois), le facteur d'actualisation βt est calculé à partir de la moyenne zt des taux d'intérêt zéro-coupon du marché interbancaire de même maturité observés entre le dixième jour du deuxième mois et le dixième jour du dernier mois du trimestre précédant l'offre de prêt :

$$\beta_t = (1 + z_t)^{-t/12}$$

Le taux d'intérêt de référence i est le taux d'intérêt annuel qui annule la valeur actualisée nette, actualisée à partir des facteurs définis aux quatrième et cinquième alinéas du présent I, d'un prêt à mensualités constantes de même durée que le prêt ne portant pas intérêt (notée T mois, la durée totale) consenti à ce taux i :

$$\sum_{t=1}^{T} (1+i)^{-t/12} = \sum_{t=1}^{T} \beta_t$$

La prime p est fixée, en fonction de la nature de l'avance remboursable mentionnée au a et au b de l'article R 319-1 du code de la construction et de l'habitation, dans le tableau ci-après :

Nature de l'avance	Avance remboursable octroyée à titre individuel (a de l'article D 319-1 du code de la construction et de l'habitation)	Avance remboursable octroyée au titre d'un syndicat de copropriété (b de l'article D 319-1 du code de la construction et de l'habitation)
Prime p	100 points de base	220 points de base

La durée de la période de remboursement du prêt est arrondie au multiple de six mois inférieur.

Le taux S ainsi calculé par l'organisme mentionné au cinquième alinéa de l'article L 312-1 du code de la construction et de l'habitation est applicable aux avances remboursables ne portant pas intérêt faisant l'objet d'une offre de prêt au cours d'un même trimestre.

Art 49 septies ZZC Le crédit d'impôt prévu à l'article 244 quater U du code général des impôts est imputé sur l'impôt dû après les prélèvements non libératoires et les autres crédits d'impôts.

IS-IX-69520

Art 49 septies ZZD Pour l'application des dispositions des articles 199 ter S, 220 Z et 244 quater U du code général des impôts, les établissements de crédit et les sociétés de financement mentionnés au I de l'article 244 quater U précité doivent annexer une déclaration spéciale à la déclaration de résultat qu'elles sont tenues de déposer auprès du service des impôts dont elles dépendent.

Toutefois, les personnes morales passibles de l'impôt sur les sociétés doivent déposer cette déclaration spéciale auprès du comptable de la direction générale des finances publiques du lieu d'imposition défini à l'article 218 A du code précité avec le relevé de solde de l'exercice mentionné à l'article 360. S'agissant des sociétés relevant du régime des groupes de sociétés prévu à l'article 223 A du code général des impôts, la société mère joint les déclarations spéciales des sociétés membres du groupe au relevé de solde relatif au résultat d'ensemble du groupe. Les sociétés du groupe sont dispensées d'annexer la déclaration spéciale les concernant à la déclaration de résultats qu'elles sont tenues de déposer en vertu du 1 de l'article 223 du code précité.

IS-IX-68750

Art 49 septies ZZE L'organisme mentionné à l'article D 319-12 du code de la construction et de l'habitation est tenu de transmettre au service chargé des grandes entreprises, dans les quatre mois de la clôture de l'exercice de chaque établissement de crédit ou société de financement, un état relatif au crédit d'impôt pour chaque établissement de crédit ou société de financement tenu de déposer une déclaration spéciale lui ayant déclaré des avances remboursables sans intérêt.

Cet état doit faire apparaître les éléments suivants :

a. Le montant global des avances remboursables sans intérêt ainsi que des crédits d'impôts dégagés au cours des années antérieures et de l'année concernée ;

b. Le suivi des crédits d'impôts ;

c. Les crédits d'impôts ou fractions de crédit d'impôt reversés ou non imputés suite au non-respect des conditions d'octroi des avances remboursables mentionnées au I de l'article 244 quater U du code général des impôts, au non-respect des conditions relatives à l'affectation du logement et à ses caractéristiques mentionnées au I de l'article susmentionné, aux remboursements totaux ou partiels d'avances remboursables sans intérêts intervenant pendant la durée de remboursement de l'avance ainsi que l'origine du reversement ou de l'arrêt d'imputation du crédit d'impôt.

IS-IX-68770

SECTION V unvicies

Crédit d'impôt au titre des prêts ne portant pas intérêt consentis pour financer la primo-accession à la propriété

Art 49 septies ZZF En cas de clôture d'exercice en cours d'année, le crédit d'impôt prévu à l'article 244 quater V du code général des impôts est calculé en prenant en compte les prêts ne portant pas intérêt versés au titre de la dernière année civile écoulée.

IS-IX-64110 s.

Art 49 septies ZZG Pour le calcul du crédit d'impôt prévu à l'article 244 quater V du code général des impôts au titre d'une année, les prêts ne portant pas intérêt doivent être pris en compte dans leur totalité à compter du premier versement.

Les éléments de nature à modifier le montant du crédit d'impôt doivent être déclarés par les établissements de crédit ou les sociétés de financement au plus tard le 31 mars qui suit l'année du premier versement des prêts ne portant pas intérêt à l'organisme mentionné au cinquième alinéa de l'article L 312-1 du code de la construction et de l'habitation pour la production de l'attestation portant le calcul du crédit d'impôt et délivrée par cet organisme à ces établissements ou sociétés.

Par exception, les événements mentionnés aux II et III de l'article 199 ter T du code général des impôts doivent être déclarés dans les trois mois qui suivent leur déclaration par l'emprunteur à l'établissement de crédit ou la société de financement ou l'expiration du délai de déclaration laissé à l'emprunteur pour justifier de certaines conditions du prêt en application de l'arrêté mentionné à l'article D 31-10-4 du code de la construction et de l'habitation. Ils doivent alors être pris en compte pour la production de l'attestation le 31 mars suivant.

IS-IX-64700 s.

Art 49 septies ZZH Le montant du crédit d'impôt accordé à l'établissement de crédit ou la société de financement pour compenser l'absence d'intérêts perçus sur un prêt ne portant pas intérêt est le produit du montant du prêt par un taux S. Le taux S, calculé chaque trimestre, est le résultat du produit de deux termes, arrondi à la quatrième décimale :

1° La somme, actualisée par les facteurs d'actualisation définis au quatrième alinéa, des différences de mensualités entre deux prêts de 1 € : d'une part, un prêt à mensualités constantes de même durée totale de remboursement que le prêt ne portant pas intérêt, consenti au taux d'intérêt de référence i, augmenté d'une prime p, et, d'autre part, un prêt sans intérêt de mêmes caractéristiques d'amortissement que le prêt ne portant pas intérêt ;

2° L'inverse de la moyenne des facteurs d'actualisation à 6, 18, 30, 42 et 54 mois.

Pour chaque maturité t (en mois), le facteur d'actualisation βt est calculé à partir de la moyenne zt des taux d'intérêt zéro-coupon du marché interbancaire de même maturité observés entre le 10e jour du 2e mois et le 10e jour du dernier mois du trimestre précédant l'offre de prêt :

$$\beta_t = (1+z_t)^{-t/12}$$

Le taux d'intérêt de référence i est le taux d'intérêt annuel qui annule la valeur actualisée nette, actualisée à partir des facteurs définis à l'alinéa précédent, d'un prêt à remboursements constants de même durée que le prêt ne portant pas intérêt (notée T mois) consenti à ce taux i :

$$\sum_{t=1}^{T}(1+i)^{-t/12} = \sum_{t=1}^{T}\beta_t$$

La prime p est fixée, en fonction de l'appartenance à l'une des tranches mentionnées à l'article L 31-10-12 du code de la construction et de l'habitation, dans le tableau ci-après :

TRANCHES	1	2 à 3
Prime p	75 points de base	55 points de base

Dans ce qui précède, la durée de la première période de remboursement du prêt est arrondie au multiple inférieur de six mois.

Le taux S ainsi calculé par l'organisme mentionné au cinquième alinéa de l'article L 312-1 du code de la construction et de l'habitation, est applicable aux prêts ne portant pas intérêt faisant l'objet d'une offre de prêt au cours d'un même trimestre.

IS-IX-64050 s.

Art 49 septies ZZI Le crédit d'impôt prévu à l'article 244 quater V du code général des impôts est imputé sur l'impôt dû après les prélèvements non libératoires et les autres crédits d'impôt.

IS-IX-64310

Art 49 septies ZZJ Pour l'application des dispositions des articles 199 ter T, 220 Z ter et 244 quater V du code général des impôts, les établissements de crédit et les sociétés de financement mentionnés au I de l'article 244 quater V précité doivent annexer une déclaration spéciale à la déclaration de résultat qu'ils sont tenus de déposer auprès du service des impôts dont ils dépendent.

Toutefois, les personnes morales passibles de l'impôt sur les sociétés doivent déposer cette déclaration spéciale auprès du comptable de la direction générale des finances publiques avec le relevé de solde de l'exercice. S'agissant des sociétés relevant du régime des groupes de sociétés prévu à l'article 223 A du code général des impôts, la société mère joint les déclarations spéciales des sociétés membres du groupe au relevé de solde relatif au résultat d'ensemble du groupe. Les sociétés du groupe sont dispensées d'annexer la déclaration spéciale les concernant à la déclaration de résultats qu'elles sont tenues de déposer en vertu du 1 de l'article 223 du code précité.

IS-IX-65000 s.

Art 49 septies ZZK L'organisme mentionné au cinquième alinéa de l'article L 312-1 du code de la construction et de l'habitation est tenu de transmettre au service chargé des grandes entreprises, dans les quatre mois de la clôture de l'exercice de chaque établissement de crédit ou société de financement, un état relatif au crédit d'impôt pour chaque établissement de crédit ou société de financement tenu de déposer une déclaration spéciale lui ayant déclaré des prêts ne portant pas intérêt.

Cet état doit faire apparaître les éléments suivants :

a. Le montant global des prêts ne portant pas intérêt ainsi que des crédits d'impôt dégagés au cours des années antérieures et de l'année concernée ;

b. Le suivi des crédits d'impôt ;

c. Les crédits d'impôt ou fractions de crédit d'impôt reversés ou non imputés suite au non-respect des conditions des prêts mentionnées au chapitre X du titre Ier du livre III du code de la construction et de l'habitation, au non-respect des conditions de maintien des prêts mentionnées à l'article L 31-10-6 du même code, aux remboursements anticipés de prêts ne portant pas intérêt ainsi que l'application de la majoration de 40 % mentionnée aux II et III de l'article 199 ter T du code général des impôts et l'origine de ce reversement ou de cet arrêt d'imputation.

IS-IX-65060

SECTION V duovicies

Crédit d'impôt en faveur des investissements productifs neufs réalisés outre-mer

Art 49 septies ZZL Les investissements productifs neufs réalisés dans les départements d'outre-mer qui ouvrent droit au crédit d'impôt prévu au I de l'article 244 quater W du code général des impôts sont les acquisitions ou créations d'immobilisations corporelles, neuves et amortissables, affectées aux activités relevant des secteurs éligibles en vertu des dispositions du I de l'article 199 undecies B du code général des impôts.

DC-IV-32550 s.

Art 49 septies ZZM Le crédit d'impôt prévu au I de l'article 244 quater W du code général des impôts est déterminé en tenant compte du montant des aides publiques ou, lorsque l'investissement consiste en l'acquisition ou la construction de logements neufs, des subventions publiques, obtenues ou demandées et non encore accordées à la date de clôture de l'exercice au cours duquel l'investissement est réalisé. S'il y a lieu, le montant du crédit d'impôt est régularisé au titre de l'exercice au cours duquel intervient la décision concernant leur octroi et leur montant.

DC-IV-32940 s.

Art 49 septies ZZN Le crédit d'impôt prévu au I de l'article 244 quater W du code général des impôts n'est pas imputable sur l'impôt résultant de la reprise des crédits d'impôt prévus à cet article ou à l'article 244 quater X du même code antérieurement obtenus ou des réductions d'impôt prévues aux articles 199 undecies B et 244 quater Y du code général des impôts et des déductions fiscales prévues à l'article 217 undecies du même code antérieurement pratiquées, ni sur l'impôt résultant de la majoration du revenu global effectuée en application des vingt-troisième, vingt-cinquième et vingt-sixième alinéas du I de l'article 199 undecies B du même code.

DC-IV-33525

Art 49 septies ZZO Pour l'application du a du 2 du I de l'article 244 quater W du code général des impôts, les véhicules strictement indispensables à l'activité de l'exploitant sont définis par arrêté du ministre chargé du budget *(Voir Annexe IV, art. 23 L quater).*

DC-IV-32565

Art 49 septies ZZP Pour l'application du b du 1° du 4 du I de l'article 244 quater W du code général des impôts, le loyer et les ressources du locataire ne peuvent excéder les plafonds mentionnés respectivement au 1° du 1 et au 2 de l'article 46 AG duodecies.

Le prix de revient mentionné au 4 du II de l'article 244 quater W du code général des impôts inclut, pour leur montant réel et justifié, les sommes mentionnées au VI de l'article 46 AG sexdecies

Ndlr *Les dispositions du présent alinéa s'appliquent aux livraisons intervenant à compter du 19 juin 2023 et aux constructions d'immeubles ou aux acquisitions d'immeubles à construire dont l'achèvement des fondations intervient à compter de la même date (Décret 2023-470 du 16 juin 2023 art. 2).*

DC-IV-32600 s.

Art 49 septies ZZQ L'option mentionnée au V de l'article 244 quater W du code général des impôts est formulée sur un document conforme à un modèle établi par l'administration, auprès du service des impôts du lieu de dépôt de la déclaration de résultat de l'exercice, avec la déclaration de résultat de l'exercice au titre duquel le crédit d'impôt est accordé en application du IV de l'article 244 quater W susmentionné.

DC-IV-32375

Art 49 septies ZZR **1.** Pour l'application des dispositions des articles 199 ter U, 220 Z quater et 244 quater W du code général des impôts, les entreprises souscrivent une déclaration spéciale conforme au modèle établi par l'administration, qu'elles déposent auprès du service des impôts dont elles dépendent, au titre de l'exercice au cours duquel l'investissement est mis en service ou est mis à leur disposition dans le cadre d'un contrat de location avec option d'achat ou de crédit-bail ou, en cas d'acquisition d'immeuble à construire ou de construction d'immeuble, au titre de chacun des exercices au cours desquels interviennent l'achèvement des fondations, la mise hors d'eau et la livraison de l'immeuble ou, en cas de rénovation ou de réhabilitation d'immeuble, au titre de l'exercice d'achèvement des travaux.

Les personnes morales passibles de l'impôt sur les sociétés déposent cette déclaration spéciale dans les mêmes délais que le relevé de solde mentionné à l'article 360 de la présente annexe.

S'agissant des sociétés relevant du régime des groupes de sociétés prévu aux articles 223 A et

223 A bis du code général des impôts, la société mère dépose les déclarations spéciales pour le compte des sociétés du groupe, y compris celle la concernant, dans les mêmes délais que le relevé de solde relatif au résultat d'ensemble du groupe.

Les autres entreprises déposent la déclaration spéciale dans les mêmes délais que la déclaration annuelle de résultat qu'elles sont tenues de souscrire en application de l'article 53 A du code général des impôts.

L'associé d'une société de personnes ou d'un groupement mentionnés au VI de l'article 244 quater W susmentionné dépose une déclaration spéciale indiquant la quote-part des crédits d'impôt provenant de chacune des sociétés de personnes ou groupements assimilés dont il est associé. L'associé personne physique qui ne bénéficie que d'un crédit d'impôt correspondant à sa participation dans ces sociétés de personnes ou groupements est dispensé de déposer la déclaration spéciale correspondante.

En cas de pluralité d'investissements au titre d'un même exercice, les exploitants souscrivent également une déclaration récapitulative dans les mêmes délais que la déclaration spéciale mentionnée au premier alinéa.

2. Pour l'application du 4 du I de l'article 244 quater W du code général des impôts, les entreprises joignent à la déclaration spéciale mentionnée au 1 les documents énumérés au II de l'article 46 AG quaterdecies.

Si le bail n'est pas signé à la date de souscription de la déclaration susmentionnée, les documents relatifs au bail et au locataire sont joints à la déclaration de l'exercice au cours duquel le bail est signé. Il en est de même en cas de changement de locataire pendant la période indiquée au a du 1° du 4 du I de l'article 244 quater W du code général des impôts.

DC-IV-33920 s.

Art 49 septies ZZS La créance mentionnée au deuxième alinéa de l'article 199 ter U du code général des impôts ne peut faire l'objet que d'une seule cession ou d'un seul nantissement, pour son montant total ou partiel. En cas de pluralité d'investissements au titre d'un exercice, la créance mentionnée à cet article est déterminée de manière distincte par programme d'investissements, au titre de l'ensemble des investissements d'un même programme au titre dudit exercice. Lorsque, en cas d'acquisition d'immeuble à construire ou de construction d'immeuble, le crédit d'impôt est accordé au titre de plusieurs exercices distincts en application du a du 2 du IV de l'article 244 quater W du code général des impôts, la créance mentionnée à l'article 199 ter U susmentionné est déterminée distinctement au titre de chacun des exercices concernés.

Le comptable de la direction générale des finances publiques adresse à l'établissement de crédit cessionnaire :

1° A réception de la notification de la cession ou du nantissement de la créance, un certificat indiquant si la créance mentionnée au premier alinéa a déjà fait ou non l'objet d'une cession ou d'un nantissement antérieur ;

2° A réception de la déclaration spéciale faisant état d'une cession ou d'un nantissement de créance mentionné au premier alinéa souscrite par l'entreprise bénéficiaire du crédit d'impôt prévu à l'article 244 quater W du code général des impôts, un certificat de créance mentionnant le montant à hauteur duquel la cession ou le nantissement peut être pris en compte.

DC-IV-33650 s.

SECTION V tervicies

Crédit d'impôt en faveur des organismes d'habitations à loyer modéré qui réalisent des investissements dans les logements neufs en outre-mer

Art 49 septies ZZT Pour l'application de l'article 244 quater X du code général des impôts :

1° Le montant annuel des ressources mentionnées au b du 1 du I ne peut excéder les plafonds annuels de ressources prévus pour l'application de l'article D 372-21 du code de la construction et de l'habitation ;

2° Le montant des loyers mentionnés au c du 1 du I ne peut excéder les plafonds annuels de loyers prévus pour l'application de l'article D 372-21 du code de la construction et de l'habitation ;

3° a. La part minimale de la surface habitable des logements mentionnée au d du 1 du I est fixée à 30 % ;

b. Le montant annuel des ressources mentionnées au d du 1 du I ne peut excéder les plafonds annuels de ressources prévus pour l'application de l'article D 372-7 du code de la construction et de l'habitation ;

c. Le montant des loyers mentionnés au d du 1 du I ne peut excéder les plafonds annuels de loyers prévus pour l'application de l'article D 372-7 du code de la construction et de l'habitation ;

4° La fraction mentionnée au e du 1 du I est égale à 4,5 % du coût de la construction au sens des 4° et 5° du VI de l'article 46 AG sexdecies lorsque tous les logements sont équipés d'une installation d'eau chaude sanitaire et à 3,5 % dans les autres cas ;

5° Le prix de revient mentionné au 1 du II inclut, pour leur montant réel et justifié, les sommes indiquées au VI de l'article 46 AG sexdecies ;

6° a. Les ressources du locataire, les personnes composant son foyer ou à sa charge sont déterminées conformément aux premier et quatrième alinéas du 2 de l'article 46 AG duodecies ;

b. La surface à prendre en compte est déterminée conformément au III de l'article 46 AG terdecies ;

c. Les travaux de réhabilitation mentionnés au 3 et au 4 du I s'entendent de ceux qui satisfont aux conditions prévues à l'article 46 AG terdecies A.

DC-IV-65740 s.

Art 49 septies ZZU Le crédit d'impôt prévu au I de l'article 244 quater X du code général des impôts n'est pas imputable sur l'impôt résultant de la reprise des crédits d'impôt prévus à cet article ou à l'article 244 quater W du même code antérieurement obtenus ou des réductions d'impôt prévues à l'article 244 quater Y du code général des impôts et des déductions fiscales prévues à l'article 217 undecies du même code antérieurement pratiquées.

DC-IV-66535

Art 49 septies ZZV Pour l'application des dispositions des articles 220 Z quinquies et 244 quater X du code général des impôts, les organismes et les entreprises soumises à l'impôt sur les sociétés souscrivent une déclaration spéciale conforme au modèle établi par l'administration, qu'ils déposent auprès du service des impôts du lieu de dépôt de leur déclaration de résultat.

Cette déclaration spéciale est déposée dans les mêmes délais que la déclaration annuelle de résultat que les organismes et les entreprises soumises à l'impôt sur les sociétés sont tenus de souscrire en application de l'article 53 A du code général des impôts au titre de l'exercice au cours duquel intervient l'acquisition de l'immeuble ou sa mise à disposition dans le cadre d'un contrat de crédit-bail. En cas de construction d'immeuble, la déclaration spéciale est déposée au titre de chacun des exercices au cours desquels interviennent l'achèvement des fondations, la mise hors d'eau et la livraison de l'immeuble. En cas de réhabilitation de logements, la déclaration spéciale est déposée au titre de l'exercice d'achèvement des travaux.

En cas de pluralité d'investissements au titre d'un même exercice, les organismes et les entreprises soumises à l'impôt sur les sociétés souscrivent également une déclaration récapitulative dans les mêmes délais que la déclaration spéciale visée au premier alinéa.

DC-IV-66850 s.

Art 49 septies ZZW La créance mentionnée au troisième alinéa de l'article 220 Z quinquies du code général des impôts ne peut faire l'objet que d'une seule cession ou d'un seul nantissement, pour son montant total ou partiel. En cas de pluralité d'investissements au titre d'un exercice, la créance mentionnée à la phrase précédente est déterminée de manière distincte par programme d'investissements, au titre de l'ensemble des investissements d'un même programme au titre dudit exercice. Lorsque, en cas de construction d'immeuble, le crédit d'impôt est accordé au titre de plusieurs exercices distincts en application du a du 2 du IV de l'article 244 quater X du même code, la créance mentionnée à l'article 220 Z quinquies susmentionné est déterminée distinctement au titre de chacun des exercices concernés.

Le comptable de la direction générale des finances publiques adresse à l'établissement de crédit cessionnaire :

1° A réception de la notification de la cession ou du nantissement de la créance, un certificat indiquant si la créance mentionnée au premier alinéa a déjà fait ou non l'objet d'une cession ou d'un nantissement antérieur ;

2° A réception de la déclaration spéciale faisant état d'une cession ou d'un nantissement de créance mentionné au premier alinéa souscrite par l'organisme ou l'entreprise soumise à l'impôt sur les sociétés bénéficiaire du crédit d'impôt prévu à l'article 244 quater X du code général des impôts, un certificat de créance mentionnant le montant à hauteur duquel la cession ou le nantissement peut être pris en compte.

DC-IV-66600 s.

Art 49 septies ZZX La fraction minimale de 5 % de financement par subvention publique des logements, mentionnée au f du 1 du I de l'article 244 quater X du code général des impôts, est déterminée, pour chaque programme d'investissement, par rapport au montant retenu pour le calcul du crédit d'impôt prévu à l'article 244 quater X susmentionné, selon les modalités prévues au 1 du II du même article.

DC-IV-65830 s.

SECTION V *quatervicies*

Réduction d'impôt au titre de certains investissements réalisés outre-mer

Art 49 septies ZZY Les investissements productifs neufs réalisés à Saint-Pierre-et-Miquelon, à Saint-Barthélemy, à Saint-Martin, en Nouvelle-Calédonie, en Polynésie française, dans les îles Wallis et Futuna et les Terres australes et antarctiques françaises qui ouvrent droit à la réduction d'impôt prévue aux I et II de l'article 244 quater Y du code général des impôts sont les acquisitions ou créations d'immobilisations corporelles, neuves et amortissables, affectées aux activités relevant des secteurs éligibles en vertu des dispositions du I de l'article 199 undecies B du même code.

DC-IV-35230

Art 49 septies ZZY bis Pour l'application du 1° du 2 du A du I de l'article 244 quater Y du code général des impôts, les véhicules strictement indispensables à l'activité de l'entreprise locataire sont définis par arrêté du ministre chargé du budget *(NDLR Voir Annexe IV, art. 23 L quater)*.

DC-IV-35280

Art 49 septies ZZY ter I. Le taux de rétrocession mentionné au 5° du 1 du A du I et aux e du 1°, f du 2° et c du 3° du D du I de l'article 244 quater Y du code général des impôts est calculé par le rapport existant entre :

a. Au numérateur, la différence entre, d'une part, le montant hors taxe de l'investissement diminué de la fraction de son prix de revient financée par une aide publique, ou, lorsque l'investissement consiste en l'acquisition ou la construction de logements neufs, des subventions publiques, et, d'autre part, la valeur actualisée de l'ensemble des sommes mises à la charge du locataire lui permettant d'obtenir la disposition du bien et d'en acquérir la propriété au terme de la location ;

b. Au dénominateur, la valeur actualisée des économies d'impôt sur les sociétés procurées par la réduction d'impôt obtenue au titre de l'investissement et par l'imputation du déficit procuré par la location du bien acquis et de la moins-value réalisée lors de la cession de ce bien ou des titres de la société bailleresse.

La valeur actualisée des sommes payées par le locataire est déterminée en retenant un taux d'actualisation égal à la moyenne pondérée, en fonction du montant des emprunts, des taux d'intérêts des emprunts souscrits pour le financement de l'investissement par le bailleur. Lorsque les emprunts sont rémunérés par un taux d'intérêt variable, seul le premier taux connu est retenu pour le calcul de la moyenne. Il n'est pas tenu compte pour ce calcul de l'avantage consenti en application de ces mêmes dispositions par les associés ou membres de cette entreprise.

II. Pour l'application du 3° du 2 du B du II de l'article 244 quater Y du code général des impôts, le taux de rétrocession est calculé par le rapport existant entre :

a. Au numérateur, la différence entre, d'une part, le montant de la souscription et, d'autre part, la valeur actualisée des sommes mises à la charge de la société bénéficiaire de la souscription lui permettant d'acquérir la propriété des titres souscrits ;

b. Au dénominateur, la valeur actualisée des économies d'impôt sur les sociétés procurée par la réduction d'impôt obtenue au titre de la souscription et, le cas échéant, par la moins-value réalisée lors de la cession des titres reçus lors de la souscription.

La valeur actualisée des sommes payées par la société bénéficiaire de la souscription est déterminée en retenant un taux d'actualisation égal à la moyenne pondérée, en fonction du montant des emprunts, des taux d'intérêt des emprunts souscrits pour le financement de la souscription par la société qui la réalise. Lorsque les emprunts sont rémunérés par un taux d'intérêt variable, seul le premier taux connu est retenu pour le calcul de la moyenne. Il n'est pas tenu compte pour ce calcul de l'avantage consenti en application de ces mêmes dispositions par les associés ou membres de cette entreprise.

DC-IV-35370 s.

Art 49 septies ZZY quater Pour l'application du D du I de l'article 244 quater Y du code général des impôts :

1° Les montants du loyer et des ressources du locataire mentionnés au c du 1° ne peuvent excéder les plafonds mentionnés respectivement aux 1 et 2 de l'article 46 AG duodecies ;

2° a. Le montant des ressources mentionnées au b du 2° ne peut excéder les plafonds indiqués au I de l'article 46 AG sexdecies ;

b. Le montant des loyers mentionnés au c du 2° ne peut excéder les plafonds indiqués aux 2° et 4° du II de l'article 46 AG sexdecies ;

3° a. La part minimale de la surface habitable des logements mentionnée au d du 2° est fixée à 30 % ;

b. Le montant des ressources mentionnées au d du 2° ne peut excéder les plafonds indiqués au 2 du III de l'article 46 AG sexdecies ;

c. Le montant des loyers mentionnés au d du 2° ne peut excéder les plafonds indiqués au 3 du III de l'article 46 AG sexdecies ;

d. Les plafonds annuels de ressources mentionnés au g du 2° sont ceux prévus au V de l'article 46 AG sexdecies ;

4° a. Les ressources du locataire et les personnes composant son foyer ou à sa charge sont déterminées conformément aux premier et dernier alinéas du 2 de l'article 46 AG duodecies ;

b. La surface est déterminée conformément au III de l'article 46 AG terdecies ;

5° La fraction mentionnée aux d du 1°, e du 2° et b du 3° est égale à 4,5 % du coût de la construction au sens des 4° et 5° du VI de l'article 46 AG sexdecies lorsque tous les logements sont équipés d'une installation d'eau chaude sanitaire et à 3,5 % dans les autres cas ;

6° Le prix de revient mentionné au F du III inclut, pour leur montant réel et justifié, les sommes indiquées au VI de l'article 46 AG sexdecies.

DC-IV-35660 s.

Art 49 septies ZZY quinquies 1. Pour l'application des dispositions des articles 244 quater Y et 220 Z sexies du code général des impôts, les entreprises souscrivent une déclaration spéciale conforme au modèle établi par l'administration, déposée auprès du service des impôts dont elles dépendent, au titre de l'exercice au cours duquel l'investissement est mis en service. En cas d'acquisition d'immeuble à construire ou de construction d'immeuble, la déclaration est déposée au titre de l'exercice au cours duquel les fondations sont achevées, ou en cas de rénovation ou de réhabilitation d'immeuble, au titre de l'exercice d'achèvement des travaux.

Cette déclaration spéciale est déposée dans les mêmes délais que le relevé de solde mentionné à l'article 360.

S'agissant des sociétés relevant du régime des groupes de sociétés prévu aux articles 223 A et 223 A bis du code général des impôts, la société mère dépose les déclarations spéciales pour le compte des sociétés du groupe, y compris celle la concernant, dans les mêmes délais que le relevé de solde relatif au résultat d'ensemble du groupe.

L'associé d'une société de personnes ou d'un groupement mentionnés au A du II de l'article 244 quater Y du code général des impôts dépose une déclaration spéciale indiquant la quote-part de la réduction d'impôt provenant de chacune des sociétés de personnes ou groupements assimilés dont il est associé.

En cas de pluralité d'investissements au titre d'un même exercice, les entreprises soumises à l'impôt sur les sociétés souscrivent également une déclaration récapitulative dans les mêmes délais que la déclaration spéciale prévue au premier alinéa.

2. Lorsqu'une entreprise entend bénéficier de la réduction d'impôt prévue au B du II de l'article 244 quater Y précité, elle doit joindre à sa déclaration de résultat de l'exercice au titre duquel la réduction d'impôt est pratiquée une attestation délivrée par la société mentionnée au 1 du même B précisant que cette dernière exerce son activité dans les conditions prévues au 2 du même B et s'engage à réaliser, dans les délais prévus aux B et C du VII de l'article 244 quater Y précité, des investissements productifs ou des investissements dans le secteur du logement intermédiaire ou social pour un montant au moins égal à celui des fonds versés. Cette attestation doit également indiquer le montant des fonds versés, la date du versement, le nombre de parts ou actions souscrites et, le cas échéant, leurs numéros.

DC-IV-37100 s.

Art 49 septies ZZY sexies La réduction d'impôt prévue à l'article 244 quater Y du code général des impôts n'est pas imputable sur l'impôt résultant de la reprise des réductions d'impôt prévues à cet article antérieurement obtenues ou des crédits d'impôt prévus aux articles 244 quater W et 244 quater X du code général des impôts et des déductions fiscales prévues à l'article 217 undecies du même code antérieurement pratiquées.

DC-IV-36905

SECTION VI

Indemnités de congé payé

Art 49 octies Si, au cours de son premier exercice clos à compter du 31 décembre 1987, une société soumise au régime prévu au premier alinéa du 1° bis du 1 de l'article 39 du code général des impôts absorbe une autre entreprise, la période neutralisée qui est retenue pour le calcul de l'indemnité de congé payé non déductible en application du 9 de l'article 39 du même code est, pour les salariés transférés, celle durant laquelle ont été acquis des droits qui n'ont pas été utilisés par ces salariés à la date de la fusion ou à sa date d'effet lorsque les parties lui ont donné un caractère rétroactif. La durée de cette période ne peut être inférieure à celle de la période d'acquisition des droits à congé payé non utilisés à la clôture de l'exercice de la société absorbante qui est en cours lors de la fusion.

Si la charge déduite des résultats imposables de cet exercice par la société absorbante au titre des droits effectivement utilisés durant ce même exercice par les salariés transférés est inférieure à l'indemnité correspondant à la période neutralisée définie au premier alinéa, la différence est réintégrée aux résultats imposables de cet exercice en application du deuxième alinéa du II de l'article 7 de la loi nº 86-1317 du 30 décembre 1986.

Art 49 octies A Pour l'application des dispositions de l'article 236 bis du code général des impôts, la date d'effet de l'opération remplace celle de la fusion lorsque celle-ci a un caractère rétroactif.

BIC-XII-17640 s.

Art 49 octies B Une entreprise soumise au régime prévu au deuxième alinéa du 1° bis du 1 de l'article 39 du code général des impôts, qui absorbe une entreprise soumise au régime défini au premier alinéa du 1° bis du 1 de ce même article, ne peut pas déduire de son résultat imposable l'indemnité de congé payé versée aux salariés transférés et correspondant à des droits acquis et non utilisés par ceux-ci avant la date de la fusion ou sa date d'effet si les parties lui ont donné un caractère rétroactif.

BIC-XII-17640 s.

Art 49 octies C Lorsqu'une entreprise soumise au régime défini au premier alinéa du 1° bis du 1 de l'article 39 du code général des impôts absorbe une entreprise qui a opté pour le régime prévu au deuxième alinéa du 1° bis du 1 du même article, l'indemnité qui correspond aux droits acquis et non utilisés par les salariés transférés à la date de l'opération, ou à sa date d'effet lorsque les parties lui ont donné un caractère rétroactif, n'est pas déductible pour la détermination du résultat imposable de la société apporteuse.

BIC-XII-17640 s.

Art 49 octies D Les dispositions des articles 49 octies à 49 octies C s'appliquent aux apports partiels d'actif, aux scissions et aux transferts de salariés avec maintien du contrat de travail.

BIC-XII-17640 s.

SECTION VII

Opérations de crédit-bail

Art 49 octies E Pour l'application des articles 239 sexies B et 239 sexies C du code général des impôts, le locataire acquéreur joint une attestation délivrée par l'organisme bailleur à la déclaration de résultats de l'exercice en cours lors de l'acquisition de l'immeuble. Cette attestation est établie sur un document conforme au modèle fixé par l'administration.

BIC-VII-79160 s.

CHAPITRE III

Taxes diverses

SECTION I

Taxe sur les salaires

II. Base de la taxe

Art 51 1. *(Disposition devenue sans objet : loi nº 2000-1352 du 30 décembre 2000 art. 10-I-1° -b et V).*

2. La taxe à la charge des personnes ou organismes mentionnés à l'article 231 du code général des impôts est calculée sur le montant total des rémunérations effectivement payées par ces personnes ou organismes à l'ensemble de leur personnel – y compris la valeur des avantages en nature – quels que soient l'importance des rémunérations et le lieu du domicile des bénéficiaires.

TPS-I-1630, 8520 s.

3. L'assiette de la taxe est constituée par une partie des rémunérations versées, déterminée en appliquant à l'ensemble des rémunérations définies au 2 le rapport existant, au titre de l'année civile précédant celle du paiement desdites rémunérations, entre le chiffre d'affaires qui n'a pas été passible de la taxe sur la valeur ajoutée et le chiffre d'affaires total.

TPS-I-2550 s. ; MF nº 73380

4. *(Disposition devenue sans objet : loi nº 2000-1352 du 30 décembre 2000 art. 10-I-1° -b et V).*

III. Dispositions spéciales aux professions relevant du régime agricole au regard des lois sur la sécurité sociale

Art 53 Un décret spécial détermine les conditions d'application de la taxe sur les salaires afférente aux salaires payés par les employeurs appartenant aux professions qui relèvent du régime agricole au regard des lois sur la sécurité sociale.

TPS-I-3900 s.

Art 53 bis Doivent acquitter la taxe sur les salaires visée à l'article 231 du code général des impôts, dans les conditions et délais et sous les sanctions prévus par les articles 1679, 1679 A, 1679 bis, 1727, 1728, 1729, 1731 et par les I et IV de l'article 1754 dudit code et les articles 51, 369 et le 1 de l'article 374, les organismes coopératifs, mutualistes et professionnels agricoles énumérés ci-après :

Caisses de mutualité sociale agricole ainsi que les caisses d'assurances mutuelles agricoles constituées conformément à l'article L 771-1 du code rural et de la pêche maritime ;

Caisses de crédit agricole mutuel ;

Sociétés coopératives agricoles ;

Sociétés d'intérêt collectif agricoles ;

Syndicats agricoles ;

Chambres d'agriculture ;

Unions ou fédérations des organismes précités et, généralement, tous groupements coopératifs mutualistes et professionnels agricoles régulièrement constitués.

Toutefois, le présent article n'est applicable à l'égard des sociétés coopératives de culture en commun et des sociétés coopératives d'utilisation en commun de matériel agricole qu'en ce qui concerne les salariés occupés dans leurs services administratifs et leurs ateliers de réparation.

TPS-I-4350 s. ; MF n° 73405

Art 53 ter Les employeurs agricoles autres que ceux visés à l'article 53 bis doivent acquitter la taxe sur les salaires à raison des traitements et salaires payés au personnel affecté :

1° Aux établissements distincts séparés de l'exploitation agricole dans lesquels ils vendent des produits provenant des terrains qu'ils exploitent ou du bétail qu'ils y élèvent, qu'ils y entretiennent ou qu'ils y engraissent :

a. Soit lorsque les ventes sont effectuées suivant des méthodes commerciales en ce qui concerne, notamment, l'agencement matériel et la recherche des débouchés ;

b. Soit lorsque ces ventes ne portent pas exclusivement sur les produits ci-dessus visés ;

c. Soit lorsque la totalité ou une partie desdits produits a subi une préparation ou une manipulation qui en modifie le caractère et qui ne s'impose pas pour les rendre propres à la consommation ou à l'utilisation en l'état ;

2° Aux établissements dans lesquels la préparation ou la manipulation visée au c du 1° est effectuée.

TPS-I-4900 s. ; MF n° 73405

Art 53 quater Les dispositions des articles 53 bis et 53 ter ne sont pas applicables aux organismes professionnels et autres employeurs agricoles qui sont établis dans les départements d'outre-mer.

DC-IV-5030 ; MF n° 73405

SECTION II

Taxe d'archéologie préventive

Art 54 La demande prévue au dernier alinéa du VIII de l'article 235 ter ZG du code général des impôts est effectuée dans le délai légal de réclamation prévu par l'article R* 196-2 du livre des procédures fiscales.

La demande précise :

1° Le nom ou la raison sociale et l'adresse postale du demandeur ;

2° Les références des parcelles cadastrales, préfixe, section et numéro, du ou des terrains concernés.

IMMO-V-25700 ; MF n° 31350

Art 55 La demande est adressée à la direction départementale ou, le cas échéant, régionale des finances publiques dont dépend le service auprès duquel le contribuable est tenu de satisfaire à ses obligations déclaratives en matière de taxe d'archéologie préventive.

Elle est accompagnée d'une copie du titre de perception mentionnant le montant de la redevance d'archéologie préventive acquittée en application de l'avant-dernier alinéa de l'article L 524-4 du code du patrimoine.

IMMO-V-25700 ; MF n° 31350

SECTION III

Contribution annuelle sur les revenus locatifs

Art 58-0 A bis **I.** Pour l'application du 11° du III de l'article 234 nonies du code général des impôts, les travaux de réhabilitation des logements s'entendent des travaux de modification ou de remise en état du gros œuvre ou des travaux d'aménagement interne qui, par leur nature, équivalent à de la reconstruction ainsi que des travaux d'amélioration qui leur sont indissociables.

II. Les contribuables doivent pouvoir justifier, sur demande de l'administration, de la date d'achèvement du logement et des travaux de réhabilitation, du montant des travaux de réhabilitation effectivement payé et du montant de la subvention versée à ce titre par l'Agence nationale de l'habitat.

IMMO-VI-3200 s.

Art 58 A La déclaration spéciale prévue à l'article 234 quaterdecies du code général des impôts doit être souscrite auprès du service des impôts du siège de la direction de la personne morale ou de l'organisme ou, à défaut, du lieu du principal établissement.

IMMO-VI-13350

SECTION VII

Taxes sur les transactions financières

Art 58 Q **I.** Les informations transmises en application du VIII de l'article 235 ter ZD du code général des impôts, qu'elles concernent des opérations taxées ou exonérées, sont les suivantes :

a. Le nom ou la raison sociale du redevable et, si ce dernier en est doté, son code d'identification bancaire (code BIC), son numéro de taxe sur la valeur ajoutée intracommunautaire ou, à défaut, son numéro d'identité tel que défini au premier alinéa de l'article R 123-221 du code de commerce ;

b. L'adresse du siège social ou du principal établissement du redevable ;

c. Si le dépositaire central teneur du compte d'émission du titre est soumis au 3° du II de l'article L 621-9 du code monétaire et financier, le code attribué par ce dépositaire à l'adhérent chargé du paiement de la taxe en application du VII de l'article 235 ter ZD du code général des impôts ;

d. Le code d'identification du titre de capital ou titre assimilé (code ISIN) dont l'acquisition est soumise à la taxe ;

e. La date de la transaction ;

f. La date de règlement/livraison du titre de capital ou titre assimilé ;

g. La référence attribuée, dans le système de gestion interne du redevable, aux acquisitions ou, si une partie des transactions ne donne pas lieu à transfert de propriété et que seule la position nette acheteuse de l'acquéreur est soumise à la taxe, la référence attribuée à cette position nette acheteuse ;

h. La valeur des transactions, qui s'entend comme le nombre de titres multiplié par la valeur unitaire d'acquisition des titres.

Si une partie des transactions ne donne pas lieu à transfert de propriété et que seule la position nette acheteuse de l'acquéreur est soumise à la taxe, le montant des acquisitions est égal au nombre de titres dont la propriété est transférée multiplié par la valeur moyenne des titres ainsi acquis au cours de la période au terme de laquelle la position nette acheteuse est calculée.

La position nette acheteuse servant d'assiette à la taxe se calcule pour un titre donné et par acquéreur, sans prendre en compte les acquisitions exonérées prévues au II de l'article 235 ter ZD du code général des impôts et les ventes associées à ces exonérations.

Le redevable soustrait du nombre de titres d'une société soumise à la taxe au sens du I de l'article 235 ter ZD précité acquis par un acquéreur au cours d'une période le nombre de titres de cette société cédés par ce même acquéreur au cours de la même période.

Le nombre ainsi obtenu, qui correspond au nombre de titres dont la propriété est transférée à l'acquéreur, est multiplié par le prix unitaire moyen des acquisitions du titre non exonérées au cours de la période au terme de laquelle la position nette acheteuse est calculée.

La somme des positions nettes acheteuses ainsi calculées pour chaque titre et chaque acquéreur constitue la base d'imposition du redevable ;

i. Pour chaque acquisition exonérée conformément au II de l'article 235 ter ZD du code général des impôts, la catégorie d'exonération dont elle relève ;

j. Les régularisations éventuelles mentionnées au IV ;

k. Le montant de la taxe à acquitter au titre de la déclaration. Le montant de la taxe est, pour chaque acquisition, arrondi au centime le plus proche.

II. Par exception aux dispositions du I du présent article, les acquisitions exonérées en application du 9° du II de l'article 235 ter ZD du code général des impôts n'ont pas à être déclarées au dépositaire central.

III. L'omission des informations mentionnées aux a, c et k du I entraîne le rejet de la déclaration.

IV. La régularisation de la taxe payée à tort ou omise doit être effectuée par imputation ou rectification mentionnée sur les déclarations ultérieures déposées auprès du dépositaire central avant le 31 décembre de la deuxième année qui suit celle du paiement à tort ou de l'omission. Cette régularisation fait l'objet d'une inscription déclarative distincte, laquelle précise notamment les opérations et la période auxquelles elles se rattachent.

Lorsque le montant de la taxe payée par le redevable excède le montant de la taxe due, l'excédent de taxe dont l'imputation ne peut pas être faite au cours du mois où cet excédent est constaté peut être soit imputé sur la taxe due le mois suivant, soit remboursé par l'administration fiscale dans les conditions prévues à l'article R* 196-1 du livre des procédures fiscales.

TD-VI-1400

Art 58 R **I.** Les opérations liées à la collecte de la taxe par le dépositaire central soumis au 3° du II de l'article L 621-9 du code monétaire et financier font l'objet d'une comptabilisation dans un journal spécifique faisant partie des livres comptables du dépositaire central. Les coûts et les produits liés à ces opérations doivent donner lieu annuellement à une reddition des comptes que l'administration se réserve le droit d'auditer.

II. Les montants de taxe collectés par le dépositaire central sont virés, avant le 6 du mois suivant les acquisitions taxées, sur le compte Banque de France dédié à la collecte de la taxe ouvert par le dépositaire central puis déposés auprès de l'Agence France Trésor jusqu'à leur reversement au service chargé des grandes entreprises avant le 25 de ce même mois.

III. La déclaration prévue au IX de l'article 235 ter ZD du code général des impôts est établie mensuellement, conformément à un modèle établi par l'administration.

Pour chaque redevable, les informations transmises par le dépositaire central par voie dématérialisée incluent :

a. Le nom ou la raison sociale du redevable et, si ce dernier en est doté, son code d'identification bancaire (code BIC), son numéro de taxe sur la valeur ajoutée intracommunautaire ou, à défaut, son numéro d'identité tel que défini au premier alinéa de l'article R 123-221 du code de commerce ;

b. L'adresse du siège social ou du principal établissement du redevable ;

c. La période d'imposition ;

d. La base imposable, le montant de la taxe due et acquittée au titre du mois concerné ;

e. La date de dépôt de la déclaration et de paiement auprès du dépositaire central ;

f. Le montant mensuel des opérations exonérées regroupées par motif d'exonération ;

g. Le montant mensuel et le motif des régularisations mentionnées au IV de l'article 58 Q.

IV. 1. Avant le 25 du second mois suivant l'acquisition du titre de capital ou du titre assimilé, le dépositaire central dresse la liste des redevables dont les déclarations présentent les caractéristiques suivantes :

a. L'assiette taxable n'est pas cohérente avec le montant de la taxe déclaré ou acquitté ;

b. Aucune acquisition n'est déclarée sur les trente titres les plus fréquemment déclarés comme acquis en moyenne sur le mois précédent par les redevables ;

c. Concernant les livraisons de titres effectuées par les redevables adhérents directs du dépositaire central dans les livres de ce dernier, le redevable a payé au cours du mois des achats pour un montant supérieur au montant des acquisitions déclarées.

Cette liste précise pour chacun des redevables concernés le ou les motifs mentionnés aux a, b et c d'inclusion dans cette liste.

2. Avant le 25 du second mois suivant l'acquisition du titre de capital ou du titre assimilé, le dépositaire calcule, pour chaque redevable et en moyenne pour l'ensemble des redevables :

a. Le taux de variation, par rapport au mois précédent, du nombre et du montant des acquisitions déclarées. Les redevables ayant déposé une déclaration le mois précédent mais n'en déposant aucune pour le mois courant sont considérés avoir réduit leurs acquisitions déclarées de 100 % ;

b. La part, en nombre et en montant, des acquisitions exonérées parmi l'ensemble des acquisitions déclarées et la part relative de chaque motif d'exonération au sein des acquisitions exonérées ;

c. La variation par rapport au mois précédent du taux d'exonération en nombre et en montant.

3. Le dépositaire central réalise des recoupements entre les opérations qui lui sont déclarées et celles connues des plates-formes de négociation et des chambres de compensation, quel que soit leur lieu d'établissement, avec lesquelles le dépositaire central a préalablement conclu une convention à cette fin.

V. Le dépositaire central transmet au service chargé des grandes entreprises lors du dépôt de la déclaration prévue au IX de l'article 235 ter ZD du code général des impôts les informations mentionnées aux 1 et 2 du IV du présent article.

VI. Le dépositaire central soumis au 3° du II de l'article L 621-9 du code monétaire et financier rend compte à la direction générale des finances publiques, par un rapport remis au plus tard le 31 mars de chaque année, des diligences mises en œuvre au cours de l'année écoulée dans le cadre du dispositif de contrôle mentionné au IV du présent article et des résultats de ce contrôle.

VII. Le dépositaire central soumis au 3° du II de l'article L 621-9 du code monétaire et financier tient à la disposition de la direction générale des finances publiques, sous forme dématérialisée, l'ensemble des données collectées et des documents élaborés dans l'exercice de ses missions. Ces documents et données sont conservés pendant le délai prévu à l'article L 102 B du livre des procédures fiscales.

L'accès aux données et documents tenus à la disposition de la direction générale des finances publiques est autorisé aux fonctionnaires titulaires des corps de catégorie A ou B de cette direction, qui, sur simple demande, peuvent consulter et prendre copie de ces informations par tout moyen et sur tout support.

VIII. Le dépositaire central ne peut exploiter les informations qu'il reçoit en application du VIII de l'article 235 ter ZD du code général des impôts à d'autres fins que la transmission de ces informations, brutes ou retraitées, à la direction générale des finances publiques.

Le dépositaire central soumis au 3° du II de l'article L 621-9 du code monétaire et financier prend les mesures techniques nécessaires pour assurer la sécurité et l'intégrité des données récoltées, leur protection contre l'indexation par des moteurs de recherche et leur confidentialité. Le dépositaire central se conforme aux dispositions de la loi n° 78-17 du 6 janvier 1978 modifiée relative à l'informatique, aux fichiers et aux libertés en accomplissant auprès de la Commission nationale de l'informatique et des libertés les formalités nécessaires pour le traitement de données qu'il met en œuvre pour l'application du VII.

TD-VI-1400

Art 58 S **I.** Le seuil mentionné au II de l'article 235 ter ZD bis du code général des impôts est fixé à une demi-seconde. Le dépassement de ce seuil s'apprécie au regard du temps de latence séparant à titre habituel deux événements affectant un titre donné, entendu comme la durée séparant une instruction d'achat ou de vente du titre et une instruction visant soit à modifier, soit à annuler ladite instruction d'achat ou de vente.

II. Le seuil mentionné au IV de l'article 235 ter ZD bis du code général des impôts est fixé à 80 %.

TD-VI-1800

CHAPITRE IV

Dispositions communes aux impôts et taxes, revenus et bénéfices visés aux chapitres I à III

SECTION I

Impôt sur le revenu et impôt sur les sociétés

Art 64 bis L'impôt acquitté hors de France, mentionné au sixième alinéa du I de l'article 238 bis-0 I du code général des impôts, qui est éventuellement imputable sur le montant de l'impôt sur les sociétés dont l'entreprise française est redevable à raison des résultats qui proviennent de la gestion ou de la disposition des actifs transférés ou des biens acquis en remploi, est converti sur la base du taux de change en vigueur à la date de clôture de l'exercice de cette entreprise. Celle-ci doit apporter la preuve de son paiement effectif.

CF-IX-10610

Art 64 ter L'état qui est joint à la déclaration des résultats de l'entreprise française, en application des troisième et quatrième alinéas du I de l'article 238 bis-0 I du code général des impôts, est établi sur un document conforme au modèle fixé par l'administration.

CF-IX-10520

Art 64 quater La déclaration des résultats qui proviennent de la gestion ou de la disposition des actifs transférés ou des biens acquis en remploi, mentionnée au cinquième alinéa du I de l'article 238 bis-0 I du code général des impôts est accompagnée de l'ensemble des documents qui sont exigés des entreprises conformément aux dispositions de l'article 38.

Cette déclaration est établie sur un document conforme au modèle fixé par l'administration.

CF-IX-10540

SECTION II

Dispositions spéciales applicables aux opérations de nationalisation

Art 65 La liste des intermédiaires agréés prévue à l'article 248 C du code général des impôts est fixée comme suit :

a. Les prestataires de services d'investissement autres que les sociétés de gestion de portefeuille ;

b. La société anonyme Natexis ou toute société qu'elle contrôle au sens de l'article L 233-3 du code de commerce ;

c. La Banque de France ;

d. Les établissements de crédit ;

e. La Caisse centrale des banques populaires et les banques populaires agréées par leur banque fédérale ;

f. La Caisse centrale de crédit coopératif ;

g. La Caisse centrale de crédit mutuel et les caisses départementales et interdépartementales de crédit mutuel ;

h. La Caisse des dépôts et consignations ;

i. L'organe central du crédit agricole et les caisses régionales de crédit agricole mutuel ;

j. Le Crédit foncier communal d'Alsace et de Lorraine ;

k. Le Crédit foncier de France.

TITRE II

TAXES SUR LE CHIFFRE D'AFFAIRES ET TAXES ASSIMILEES

CHAPITRE PREMIER

Taxe sur la valeur ajoutée

SECTION I

Champ d'application

I. Opérations obligatoirement imposables

A. Animaux de boucherie et de charcuterie

Art 65 A Par animaux de boucherie et de charcuterie, il faut entendre les animaux suivants :

Equidés : chevaux et juments, mulets, mules et bardots, ânes et ânesses, baudets, étalons ;

Bovidés : bœufs et taureaux, vaches, veaux, bouvillons, taurillons et génisses ;

Ovidés : béliers et moutons, brebis et agneaux gris, agneaux de lait ;

Suidés : porcs mâles et femelles, cochons de lait ;

Caprins : boucs et chèvres ainsi que les chevreaux dont le poids après l'abattage est supérieur à 7 kilogrammes de viande nette.

TVA-XII-12435 ; MF nº 59740

B. Prestations de transport

Art 68 Pour les prestations de transport désignées au 4º de l'article 259 A du code général des impôts et effectuées partie en France, partie hors de France, les transporteurs doivent justifier du prix du transport réalisé en France. Lorsque ce prix n'est pas déterminé, il est calculé en appliquant au prix du transport le rapport entre la longueur du transport effectué en France et la longueur totale du transport.

TVA-III-19000 s.

I bis. Opérations imposables sur option

Art 70 sexies Pour l'application de l'article 260 B du code général des impôts, les activités bancaires ou financières s'entendent des activités exercées par les établissements de crédit, les prestataires de services d'investissement, changeurs, escompteurs et remisiers.

Il en est de même des opérations se rattachant aux activités énumérées au premier alinéa et réalisées par des personnes non visées à cet alinéa lorsqu'elles constituent l'activité principale de ces personnes.

TVA-XV-29860 s. ; MF nº 60380

Art 70 septies Par dérogation aux dispositions de l'article 70 sexies, les dispositions de l'article 260 B du code général des impôts ne s'appliquent pas aux opérations qui ne se rattachent pas spécifiquement au commerce des valeurs et de l'argent et aux opérations de crédit-bail.

TVA-XV-29860 s.

II. Opérations exonérées

A. Gestion des placements collectifs

Art 71 Pour l'application du f du 1º de l'article 261 C du code général des impôts, les organismes présentant des caractéristiques similaires aux organismes de placement collectif en valeurs mobilières mentionnés au paragraphe 2 de l'article 1er de la directive 2009/65/CE du Parlement européen et du Conseil du 13 juillet 2009 portant coordination des dispositions législatives, réglementaires et administratives concernant certains organismes de placement collectif en valeurs mobilières (OPCVM) sont les suivants :

1. Les fonds ouverts à des investisseurs non professionnels, qui comprennent :

a. Les fonds d'investissement à vocation générale relevant des articles L 214-24-24 à L 214-26-2 du code monétaire et financier ;

b. Les fonds de capital investissement relevant des articles L 214-27 à L 214-32-1 du code monétaire et financier, qui prennent la forme de fonds communs de placement à risques, de fonds communs de placement dans l'innovation ou de fonds d'investissement de proximité ;

c. Les organismes de placement collectif immobilier relevant des articles L 214-33 à L 214-85 du code monétaire et financier, qui prennent la forme de sociétés professionnelles de placement à prépondérance immobilière à capital variable, de fonds de placement immobilier et d'organismes de placement collectif immobilier à compartiments ;

d. Les sociétés civiles de placement immobilier, sociétés d'épargne forestière et groupements forestiers d'investissement relevant des articles L 214-86 à L 214-125 du code monétaire et financier ;

e. Les sociétés d'investissement à capital fixe relevant des articles L 214-127 à L 214-138 du code monétaire et financier ;

f. Les fonds de fonds alternatifs relevant des articles L 214-139 à L 214-142 du code monétaire et financier ;

2. Les fonds ouverts à des investisseurs professionnels qui comprennent :

a. Les fonds professionnels à vocation générale relevant des articles L 214-143 à L 214-147 du code monétaire et financier ;

b. Les organismes professionnels de placement collectif immobilier relevant des articles L 214-148 à L 214-151 du code monétaire et financier ;

c. Les fonds professionnels spécialisés relevant des articles L 214-154 à L 214-158 du code monétaire et financier ;

d. Les fonds professionnels de capital investissement relevant des articles L 214-159 à L 214-162 du code monétaire et financier ;

e. Les sociétés de libre partenariat relevant des articles L 214-162-1 à L 214-162-12 du code monétaire et financier ;

3. Les fonds d'épargne salariale relevant des articles L 216-163 à L 214-166 du code monétaire et financier, qui prennent la forme de fonds communs de placement d'entreprise ou de sociétés d'investissement à capital variable d'actionnariat salarié ;

4. Les organismes de financement relevant des articles L 214-166-1 à L 214-190-3 du code monétaire et financier, qui comprennent :

a. Les organismes de titrisation, qui prennent la forme soit de fonds communs de titrisation, soit de sociétés de titrisation ;

b. Les organismes de financement spécialisé, qui prennent la forme soit de fonds de financement spécialisé, soit de sociétés de financement spécialisé ;

5. Les sociétés ayant opté pour le régime fiscal des sociétés de capital-risque prévu au 3° septies de l'article 208 du code général des impôts.

FR 24/20 inf. 3 p. 29 ; MF n° 60345

B. Presse et impression

Art 72 Pour bénéficier des avantages fiscaux prévus à l'article 298 septies du code général des impôts, les journaux et écrits périodiques présentant un lien direct avec l'actualité, apprécié au regard de l'objet de la publication, doivent :

I. Présenter un contenu original composé d'informations ayant fait l'objet d'un traitement à caractère journalistique, notamment dans la recherche, la collecte, la vérification et la mise en forme de ces informations. Ce traitement, qui peut être apporté par des agences de presse agréées au sens de l'ordonnance du 2 novembre 1945, est réalisé par une équipe rédactionnelle composée de journalistes professionnels au sens de l'article L 7111-3 du code du travail.

La composition de cette équipe est appréciée en fonction de la taille de l'entreprise éditrice, de l'objet de la publication et de sa périodicité.

II. Remplir les conditions suivantes :

1° Avoir un caractère d'intérêt général quant à la diffusion de la pensée : instruction, éducation, information, récréation du public ;

2° Satisfaire aux obligations de la loi du 29 juillet 1881 sur la liberté de la presse, notamment :

a. Porter l'indication du nom et du domicile de l'imprimeur *(Ces indications doivent se rapporter à l'imprimeur qui imprime réellement la publication)* ;

b. Avoir un directeur de la publication dont le nom est imprimé sur tous les exemplaires ;

c. *(Abrogé)* ;

3° Paraître régulièrement au moins une fois par trimestre sans qu'il puisse y avoir un intervalle supérieur à quatre mois entre deux parutions ;

4° Faire l'objet d'une vente effective au public, au numéro ou par abonnement, à un prix marqué ayant un lien réel avec les coûts, sans que la livraison du journal ou périodique considéré soit accompagnée de la fourniture gratuite ou payante de marchandises ou de prestations de services n'ayant aucun lien avec l'objet principal de la publication.

Un arrêté conjoint du ministre chargé du budget, du ministre chargé de la communication et du ministre chargé des postes précise, en tant que de besoin, les modalités d'application de la présente disposition ;

5° Avoir au plus les deux tiers de leur surface consacrés aux annonces classées, sans que ces dernières excèdent la moitié de la surface totale, à la publicité et aux annonces judiciaires et légales ;

5° bis Respecter l'obligation d'information du lecteur quant à l'identification des publicités publiées, en application du dernier alinéa de l'article 10 de la loi n° 86-897 du 1er août 1986 portant réforme du régime juridique de la presse ;

6° N'être assimilables, malgré l'apparence de journaux ou de revues qu'elles pourraient présenter, à aucune des publications visées sous les catégories suivantes :

a. Feuilles d'annonces, tracts, guides, prospectus, catalogues, almanachs, répertoires, index, lexiques ;

b. Ouvrages publiés par livraison et dont la publication embrasse une période de temps limitée ou qui constituent le complément ou la mise à jour d'ouvrages déjà parus ; toutefois, ce complément ou cette mise à jour peut bénéficier des avantages fiscaux pour la partie qui, au cours d'une année, n'accroît pas le nombre de pages que comportait l'ouvrage au 31 décembre de l'année précédente ;

c. Publications ayant pour objet principal la recherche ou le développement des transactions d'entreprises commerciales, industrielles, bancaires, d'assurances ou d'autre nature, dont elles sont, en réalité, les instruments de publicité ou de communication ou qui apparaissent comme étant l'accessoire d'une activité commerciale ou industrielle ;

d. Publications ayant pour objet principal la publication d'horaires, de programmes, de modèles, plans ou dessins, ou de cotations, à l'exception des publications ayant pour objet essentiel l'insertion à titre d'information des programmes de radiodiffusion et de télévision, et des cotes de valeurs mobilières ;

e. Publications ayant pour objet principal d'informer sur la vie interne d'un groupement, quelle que soit sa forme juridique, ou constituant un instrument de publicité ou de propagande pour celui-ci ;

f. Publications dont le prix est compris dans une cotisation à une association ou à un groupement quelconque ;

7° Pour les suppléments, les numéros spéciaux ou hors-série de journaux ou de publications périodiques, répondre, en outre, aux conditions suivantes :

a. Le supplément doit satisfaire aux mêmes conditions de fond et de forme que la publication principale et porter la mention « supplément » suivie de l'indication du titre et de la date ou du numéro de la publication à laquelle il se rattache.

Pour l'application du présent article, est considérée comme supplément à un journal ou à un écrit périodique toute publication détachée paraissant périodiquement ou constituant une addition occasionnée par l'abondance des sujets traités ou destinée à compléter ou à illustrer le texte d'une publication. Le supplément ne peut pas être vendu isolément ni faire l'objet d'un abonnement séparé ;

b. Le numéro spécial ou hors-série doit satisfaire aux mêmes conditions de fond et de forme que la publication principale et porter la mention « numéro spécial » ou « hors-série ». Toutefois, dans la limite d'un numéro par an pour les publications trimestrielles et de deux numéros par an pour les publications paraissant à des intervalles moindres, le numéro spécial ou hors-série peut être consacré à un thème unique, à condition que le sujet traité présente un lien manifeste avec le contenu habituel de la publication principale.

Pour l'application du présent article, est considérée comme numéro spécial ou hors-série d'un journal ou d'un écrit périodique toute publication proposée au public en dehors de la parution normale, à l'occasion d'un événement ou d'une manifestation importante ;

8° N'être pas susceptible de choquer le lecteur par une représentation dégradante de la personne humaine portant atteinte à sa dignité et à la décence ou présentant sous un jour favorable la violence.

III. Sous réserve de répondre aux dispositions du II et à condition qu'elles présentent un lien direct avec l'actualité ainsi qu'un contenu original, les publications d'associations ou de groupements peuvent bénéficier des avantages fiscaux prévus à l'article 298 septies du code général des impôts.

TVA-XV-23840 s. ; MF n° 61585

Art 73 Sous réserve de répondre aux dispositions des 1°, 2° et 3° du II de l'article 72, de n'entrer dans aucune des catégories mentionnées aux a, b, c, d et e du 6° du II de ce même article et à condition qu'elles présentent un lien avec l'actualité et que la publicité et les annonces n'excèdent pas 20 % de la surface totale, peuvent bénéficier des avantages fiscaux prévus à l'article 298 septies du code général des impôts les publications suivantes :

1° Les publications d'anciens combattants, mutilés ou victimes de guerre ;

2° Les publications d'information professionnelle éditées par les organisations syndicales représentatives de salariés ;

3° Les publications ayant pour objet essentiel de promouvoir une action ou une philosophie politique, qui ne sont pas éditées par ou pour le compte d'une personne morale de droit public ;

4° Les publications éditées par les sociétés mutuelles régies par le code de la mutualité ainsi que celles éditées par les groupements constitués et fonctionnant conformément audit code ;

5° Les publications, de diffusion nationale ou internationale, éditées par des organismes à but non lucratif et ayant pour objet de contribuer, à titre manifestement désintéressé, à lutter par des actions ou programmes, contre les atteintes ou menaces graves à la dignité, à la santé et à la vie humaines, sous réserve d'être destinées à un public large et diversifié et de faire appel au soutien du lecteur ;

6° Les journaux scolaires publiés ou imprimés, sous la direction et la responsabilité des instituteurs ou des professeurs, dans le but d'éduquer les enfants et de renseigner sur la vie et le travail de l'école les parents d'élèves et les écoles correspondantes.

TVA-XV-23840 s. ; MF n° 61585

C. Transports, opérations et services exonérés

Art 73 A Pour bénéficier de l'exonération prévue au I de l'article 262 du code général des impôts en ce qui concerne les transports de marchandises vers un port ou un aéroport en vue de leur transbordement à destination d'un Etat qui n'appartient pas à la Communauté européenne ou des collectivités et départements d'outre mer, le transporteur doit présenter une attestation délivrée par le propriétaire de la marchandise, par l'expéditeur ou par le commissionnaire de transports, visée par le service des impôts dont ils dépendent et certifiant la destination des produits.

Cette disposition s'applique également au transport de marchandises vers un port ou un aéroport en vue de leur transbordement à destination d'un territoire d'un autre Etat membre de la Communauté mentionné au 1° de l'article 256-0 du code général des impôts.

TVA-III-18070 ; MF n° 50225

Art 73 B La liste des prestations de services effectuées pour les besoins directs des bateaux désignés au 2° du II de l'article 262 du code général des impôts est fixée comme il suit :

Pilotage ;

Remorquage ;

Amarrage ;

Utilisation des installations portuaires ;

Opérations d'entretien du navire et du matériel de bord ;

Gardiennage et services de prévention et de lutte contre l'incendie ;

Visites de sécurité, examens de carènes, expertises techniques ;

Assistance et sauvetage du navire ;

Opérations des courtiers conducteurs et interprètes de navires ;

Opérations des consignataires, gérants de navires et agents maritimes ;

Expertises ayant trait à l'évaluation des dommages subis par les navires et des indemnités d'assurances destinées à réparer le préjudice en résultant.

TVA-IV-31420 s. ; MF n° 50480

Art 73 C La liste des prestations de services effectuées pour les besoins directs de la cargaison des bateaux désignés au 2° du II de l'article 262 du code général des impôts est fixée comme il suit :

Chargement et déchargement du bateau ;

Manutention de la marchandise accessoire au chargement et au déchargement du bateau ;

Location de matériel pour le chargement et le déchargement du bateau ;

Location de contenants et de matériel de protection de la marchandise ;

Gardiennage de la marchandise ;

Stationnement et traction des wagons de marchandises sur les voies de quai ;

Magasinage de la marchandise nécessaire au transport par voie d'eau, dans la limite des quinze jours qui précèdent l'embarquement ou qui suivent le débarquement de la marchandise ;

Usage des halles à marée pour la vente aux enchères des produits de la pêche maritime ;

Embarquement et débarquement des passagers et de leurs bagages ;

Location de matériels et d'équipements nécessaires aux opérations d'embarquement et de débarquement des passagers et de leurs bagages ;

Usage des gares maritimes ;

Expertises ayant trait à l'évaluation des dommages subis par les passagers et les marchandises ainsi que des indemnités d'assurances destinées à réparer le préjudice en résultant.

TVA-IV-31650 s. ; MF n° 50480

Art 73 D La liste des prestations de services effectuées pour les besoins directs des aéronefs désignés au 4° du II de l'article 262 du code général des impôts est fixée comme il suit :

Atterrissage et décollage ;

Usage des dispositifs d'éclairage ;

Stationnement, amarrage et abri des aéronefs ;

Usage des installations aménagées pour la réception des passagers et des marchandises ;

Usage des installations destinées à l'avitaillement des aéronefs ;

Opérations techniques afférentes à l'arrivée, au stationnement et au départ des aéronefs ;

Opérations de nettoyage, d'entretien et de réparation de l'aéronef et des matériels et équipements de bord ;

Gardiennage et service de prévention et de lutte contre l'incendie ;

Visites de sécurité, expertises techniques ;

Relevage et sauvetage des aéronefs ;

Opérations des consignataires d'aéronefs et agents aériens ;

Expertises ayant trait à l'évaluation des dommages subis par les aéronefs et des indemnités d'assurances destinées à réparer le préjudice en résultant.

TVA-IV-32510 s. ; MF n° 50510

Art 73 E La liste des prestations de services effectuées pour les besoins directs de la cargaison des aéronefs désignés au 4° du II de l'article 262 du code général des impôts est fixée comme il suit :

Embarquement et débarquement des passagers et de leurs bagages ;

Chargement et déchargement des aéronefs ;

Manutention des marchandises accessoire au chargement et au déchargement des aéronefs ;

Opérations d'assistance aux passagers, opérations relatives à l'enregistrement des passagers et à celui de leurs bagages ;

Emission et réception de messages de trafic ;

Opérations de trafic et de transit-correspondance ;

Location de matériels et d'équipements nécessaires au trafic aérien et utilisés sur l'aire des aéroports ;

Location de contenants et de matériels de protection des marchandises ;

Gardiennage des marchandises ;

Magasinage des marchandises nécessaire au transport par voie aérienne dans la limite des quinze jours qui précèdent l'embarquement ou qui suivent le débarquement des marchandises ;

Expertises ayant trait à l'évaluation des dommages subis par les passagers et les marchandises ainsi que des indemnités d'assurances destinées à réparer le préjudice en résultant.

TVA-IV-32600 s. ; MF n° 50510

Art 73 F Pour bénéficier de l'exonération prévue au 10° du II de l'article 262 et au 2° du III de l'article 291 du code général des impôts et relative aux transports par route, en provenance et à destination de l'étranger, de marchandises et de voyageurs étrangers circulant en groupe d'au moins dix personnes, le transporteur routier doit, lorsque le transport comporte un transbordement dans un port ou un aéroport français, présenter une feuille de route comportant le numéro d'immatriculation du véhicule, le parcours effectué, la nature et la quantité de la marchandise ou le nombre de voyageurs transportés en groupe. Ce document est visé, à l'entrée et à la sortie, par le service des douanes du point d'entrée et du point de sortie ou, à défaut, par le service des douanes le plus proche du point d'entrée ou du point de sortie. A défaut, le transport effectué sur le territoire français est normalement imposable.

TVA-III-17600 s.

Art 73 G L'exonération prévue au I de l'article 262 et au 2° du III de l'article 291 du code général des impôts s'applique aux prestations de service ci-après :

1° Transports de marchandises à destination ou en provenance d'un Etat ou d'un territoire n'appartenant pas à la Communauté européenne, d'un territoire d'un autre Etat membre de la Communauté européenne mentionné au 1° de l'article 256-0 du code précité ou d'un département d'outre-mer, ou en provenance et à destination d'un tel Etat, territoire ou département ; commissions afférentes à ces transports ;

2° Chargement et déchargement des véhicules de transport et manutentions accessoires des marchandises désignées au 1° ;

3° Locations de véhicules et de matériels utilisés pour les opérations mentionnées au 1° et au 2° ; locations de contenants et de matériels pour la protection des marchandises ;

4° Gardiennage et magasinage des marchandises et, en cas d'application d'un des régimes douaniers communautaires mentionnés au b du 2 du I de l'article 291 du code précité, dans la limite de la durée d'application de ce régime ;

5° Emballage des marchandises destinées à l'exportation ;

6° Opérations effectuées par les commissionnaires agréés en douane et inhérentes à l'exportation ou aux régimes douaniers communautaires mentionnés au b du 2 du I de l'article 291 du code précité, à l'exception, dans ce dernier cas, de celles qui sont concomitantes ou postérieures à la mise à la consommation ;

7° *(Abrogé)* ;

8° Prestations qui consistent à convoyer un moyen de transport entre deux points, sans transporter à titre onéreux des passagers ou des marchandises.

TVA-IV-25070, 27110 s. ; MF n°s 50135, 50755 c

Art 73 H **I.** Pour bénéficier des dispositions de l'article 73 G :

1° Les entreprises installées à l'étranger doivent délivrer aux prestataires des services portant sur des marchandises exportées des attestations par lesquelles elles certifient que les opérations commandées portent sur des marchandises destinées à l'exportation ;

TVA-III-18090 ; TVA-IV-25075 ; MF n° 50140

2° Les preneurs des services portant sur des marchandises placées, lors de leur entrée sur le territoire, sous l'un des régimes douaniers communautaires mentionnés au b du 2 du I de l'article 291 du code général des impôts doivent délivrer aux prestataires des attestations certifiant que ces marchandises sont placées sous l'un de ces régimes.

MF n° 50755 c

II. Les prestataires de services sont tenus, pour leur part :

1° D'inscrire, jour par jour, dans leur comptabilité ou, à défaut, sur le livre spécial prévu au 3° du I de l'article 286 du code général des impôts, les services rendus, avec l'indication de la date de l'inscription et des noms et adresses des donneurs d'ordre ;

2° De mettre à l'appui de leur comptabilité les attestations qui leur sont délivrées par les donneurs d'ordres et, en outre, pour les services se rapportant à des marchandises exportées, les copies des factures qui leur sont renvoyées par les clients étrangers, dûment annotées des références (numéros, dates, points de sortie) aux déclarations d'exportation de ces marchandises.

MF n° 50140

TVA-III-18090 ; TVA-IV-25075, 27470

Art 73 I Pour application du 6° du II de l'article 262 du code général des impôts et aux seules fins de cette réglementation, la petite pêche côtière s'entend de la pêche pratiquée au moyen de bateaux dont la longueur hors tout est inférieure à douze mètres, n'utilisant que des engins non remorqués et dont la sortie en mer n'excède pas 24 heures.

TVA-IV-33068 ; MF n° 50525

D. Exportation

Art 74 **1.** Les livraisons réalisées par les assujettis et portant sur des objets ou marchandises exportés sont exonérées de la taxe sur la valeur ajoutée à condition :

a. Que l'assujetti exportateur, lorsqu'il ne tient pas habituellement une comptabilité permettant de déterminer son chiffre d'affaires, inscrive les envois sur le registre prévu au 3° du I de l'article 286 du code général des impôts ;

b. *(Abrogé)* ;

c. Que l'assujetti exportateur établisse pour chaque envoi une déclaration d'exportation, conforme au modèle donné par l'administration et détienne à l'appui de sa comptabilité ou du registre prévu au a l'exemplaire numéro 3 de la déclaration d'exportation visé par l'autorité douanière compétente, conformément au code des douanes communautaires et ses dispositions d'application. Lorsque la déclaration d'exportation est établie dans le cadre de la procédure électronique telle que prévue par le règlement (CEE) n° 2913/92 du Conseil du 12 octobre 1992 modifié établissant le code des douanes communautaires et les textes pris pour son application, il produit la certification de sortie délivrée par le bureau d'exportation. Toutefois, lorsque la sortie du territoire communautaire effectuée à partir de la France est réalisée par l'entremise d'un intermédiaire agissant au nom et pour le compte d'autrui désigné comme expéditeur des biens sur la déclaration d'exportation, ou lorsque des opérateurs interviennent dans une livraison commune de marchandises à l'exportation, ou en cas de groupage, les assujettis exportateurs qui ne figurent pas dans la rubrique exportateur de la déclaration en douane mettent à l'appui de leur comptabilité ou du registre prévu au a un exemplaire de leurs factures visées par la personne habilitée ou autorisée à déclarer en douane et annotées des références permettant d'identifier la déclaration en douane correspondante.

Lorsque l'intermédiaire est habilité ou autorisé à déclarer en douanes et a obtenu de l'administration des douanes et droits indirects un agrément spécifique à la procédure du dédouanement des envois express, l'assujetti exportateur met à l'appui de sa comptabilité ou du registre prévu au a le document comportant tous les éléments d'information requis par l'administration, qui lui a été remis par cet intermédiaire ;

d. Que, dans les cas où l'assujetti exportateur ne produit pas les justificatifs prévus au c et, à l'exclusion des opérations mentionnées aux quatrième à huitième alinéas du I de l'article 262 du code général des impôts, il mette à l'appui de sa comptabilité ou du registre mentionné au a l'un des éléments de preuve alternatifs ci-après, pour justifier de la sortie des biens expédiés vers un pays n'appartenant pas à la Communauté européenne, un territoire mentionné au 1° de l'article 256-0 du code général des impôts ou un département d'outre-mer :

1° La déclaration en douane authentifiée par l'administration des douanes du pays de destination finale des biens ou une attestation de cette administration accompagnée, le cas échéant, d'une traduction officielle ;

2° Tout document de transport des biens vers un pays n'appartenant pas à la Communauté européenne, un territoire mentionné au 1° de l'article 256-0 du code général des impôts ou un département d'outre-mer ou tout document afférent au chargement du moyen de transport qui quitte la Communauté européenne pour se rendre dans le pays ou le territoire de destination finale hors de la Communauté ;

3° Tout document douanier visé par le service des douanes compétent et utilisé pour la surveillance de l'acheminement des biens vers leur destination finale hors de la Communauté, lorsqu'il s'agit de biens soumis à des contrôles particuliers ;

4° Les documents mentionnés à l'article 302 M du code général des impôts, émis sur support papier ou transmis par voie électronique dans le cadre du système d'informatisation du suivi des mouvements de produits soumis à accises visés par le bureau des douanes du point de sortie de la Communauté ou de tout autre élément de preuve alternatif accepté par l'administration chargée de la surveillance des mouvements de produits soumis à accises ;

5° Pour tous les produits autres que ceux soumis à accises et lorsqu'il s'agit d'une livraison effectuée dans les conditions prévues au premier alinéa du 2° du I de l'article 262 du code général des impôts, une déclaration du transporteur ou du transitaire qui a pris en charge les biens, accompagnée de la preuve du paiement des biens par le client établi dans un pays n'appartenant pas à la Communauté européenne, un territoire mentionné au 1° de l'article 256-0 du code général des impôts ou un département d'outre-mer.

2. Pour les envois de marchandises effectués par La Poste, la preuve de l'exportation est apportée par un exemplaire de la déclaration en douane CN23. Toutefois, lorsque la valeur de l'envoi postal excède 8 000 €, l'assujetti exportateur peut également détenir à l'appui de sa comptabilité ou du registre prévu au a du 1 le document administratif unique.

3 et 4. *(Abrogés).*

4 bis. Toutes vérifications utiles sont effectuées à la sortie des objets ou marchandises par le service des douanes, et chez les assujettis exportateurs et les personnes habilitées ou autorisées à déclarer en douane par les agents du service compétent, auxquels doivent être représentés les registres et factures prescrits par le présent article ainsi que, le cas échéant, toutes autres pièces susceptibles de venir à l'appui des énonciations desdits documents.

5. Les livraisons de biens d'avitaillement effectuées soit directement, soit en sortie d'un régime suspensif mentionné au I de l'article 277 A du code général des impôts, pour les besoins des navires visés au 6° du II de l'article 262 du même code, sont exonérées de la taxe sur la valeur ajoutée, à condition que l'assujetti exportateur établisse pour chaque livraison une déclaration en douane conforme au modèle fourni par l'administration ou tout autre document en tenant lieu prévu par la réglementation douanière. L'assujetti exportateur conserve à l'appui de sa comptabilité ces documents, après avis du service des douanes chargé du contrôle de la mise à bord des biens.

6. *(Abrogé).*

TVA-IV-20500 s., 21350 s., 21500 s., 33240 s. ; MF n°s 49705, 50525

Art 75 Dans le cadre de la procédure prévue aux deuxième à sixième alinéas du 2° du I de l'article 262 du code général des impôts, le titre justificatif de l'exportation est constitué par un bordereau de vente à l'exportation numéroté dans une série continue et conforme au modèle établi par la direction générale des douanes et droits indirects. Ce document est délivré le jour de la transaction par le vendeur au voyageur éligible à la procédure et muni de son passeport.

Le bordereau de vente à l'exportation est édité par voie informatique dans le cadre d'un téléservice. La procédure de secours prévue à l'article 75 A constitue la seule exception à ce principe.

Un arrêté du ministre chargé du budget fixe la forme, les conditions d'établissement et d'apurement du titre mentionné au premier alinéa *(NDLR Voir arrêté CCPD2131536A du 10 décembre 2021, JO du 1er janvier 2022).*

(Voir Annexe IV, art. 24 ter)

TVA-IV-22540 s. ; MF n° 49730 a

Art 75 A Le vendeur, préalablement affilié à un opérateur de détaxe ou habilité au téléservice mentionné au second alinéa de l'article 75, est autorisé à recourir à la procédure de secours dans les cas suivants :

1° Indisponibilité générale du téléservice mentionné au second alinéa de l'article 75 ;

2° Panne des outils informatiques du vendeur permettant l'émission des bordereaux de vente à l'exportation ;

3° Interruption de la connexion internet du vendeur.

Les modalités de recours à la procédure de secours sont prévues par arrêté du ministre chargé du budget *(NDLR Voir arrêté CCPD2131536A du 10 décembre 2021, JO du 1er janvier 2022).*

TVA-IV-22540 s.

SECTION II

Assiette de la taxe

Régime du chiffre d'affaires réel

Art 76 **1.** En cas d'échange, le chiffre d'affaires imposable est constitué par la valeur des objets reçus en contrepartie de ceux livrés, majorée de la soulte.

2. *(Abrogé).*

3. *(Dispositions devenues sans objet : loi n° 91-716 du 26 juillet 1991, art. 3-I et II).*

TVA-VI-2105 s. ; MF nos 52230 s.

SECTION III

Fait générateur et exigibilité de la taxe

I. Paiement de la taxe d'après les débits

Art 77 **1.** Les redevables qui effectuent des opérations passibles de la taxe sur la valeur ajoutée lors de l'encaissement du prix ou de la rémunération et qui entendent acquitter cette taxe d'après les débits doivent en faire la déclaration écrite auprès du service des impôts dont ils relèvent pour son paiement.

L'option s'applique à l'ensemble des opérations réalisées ; elle demeure valable tant que les redevables n'expriment pas, par demande écrite, leur désir de revenir au régime du paiement d'après les encaissements.

2. L'option prévue au 1 s'applique aux opérations réalisées à compter du premier jour du mois suivant celui au cours duquel elle a été exercée.

En cas de renonciation à l'option, le régime du paiement d'après les encaissements s'applique aux opérations réalisées à compter du premier jour du mois suivant celui au cours duquel cette renonciation a été déclarée.

TVA-VII-4070 s. ; MF no 52665

II. Entrepreneurs de travaux immobiliers

Art 78 **1.** Les entrepreneurs peuvent acquitter la taxe sur la valeur ajoutée au moment de la livraison, pour les travaux immobiliers exécutés dans le cadre d'un marché unique comportant la fourniture de biens meubles et l'installation ou l'incorporation à un ouvrage immobilier des matériels et appareils fournis.

2. L'option mentionnée au 1 n'est admise que si la valeur de vente des matériels ou appareils ainsi fournis et indispensables au fonctionnement de l'installation ou incorporés à l'ouvrage immobilier excède 50 % du montant total du marché.

3. L'option prévue au 1 ne s'applique pas :

a. Aux travaux immobiliers concourant :

1° A la construction, à la livraison, à la réparation ou à la réfection des voies et bâtiments de l'Etat et des collectivités locales, ainsi que de leurs établissements publics autres que ceux à caractère industriel ou commercial assujettis à la taxe sur la valeur ajoutée ;

2° A la construction et à la livraison des immeubles destinés à être affectés à l'habitation pour les trois quarts au moins de leur superficie ;

3° A la réparation et à la réfection des locaux d'habitation ainsi que des parties communes des immeubles dont les trois quarts au moins de la superficie sont affectés à l'habitation ;

4° A la construction, à la livraison, à la réparation et à la réfection des immeubles affectés à l'exercice public du culte et des locaux annexes nécessaires à cette activité ;

b. Aux travaux immobiliers réalisés par les redevables inscrits au Registre national des entreprises en tant qu'entreprise du secteur des métiers et de l'artisanat placés par option sous le régime simplifié d'imposition.

TVA-XV-15330 s. ; MF nos 52680 s.

Art 79 L'option pour le paiement de la taxe lors de la livraison des travaux immobiliers est subordonnée au dépôt, par l'entrepreneur, auprès du service des impôts dont il dépend, d'une déclaration par laquelle il prend l'engagement d'acquitter la taxe lors de la livraison des travaux immobiliers pour tous les marchés qui sont passés à compter de la date de cette déclaration et remplissent les conditions définies à l'article 78.

Cette déclaration doit être déposée, en ce qui concerne les entreprises nouvelles ou les entreprises ayant modifié leur activité, dans les quinze jours de leur installation ou du commencement de leur nouvelle activité.

TVA-XV-16120 ; MF nos 52680 s.

Art 80 Pour bénéficier de l'option, l'entrepreneur doit mentionner expressément, dans les contrats établis pour les marchés en cause, qu'il a opté pour le paiement de la taxe sur la valeur ajoutée lors de la livraison des travaux immobiliers et reproduire cette mention sur tous les mémoires afférents à ces marchés.

TVA-XV-16130 ; MF nos 52680 s.

Art 81 L'entrepreneur qui exerce l'option ne peut facturer la taxe sur la valeur ajoutée avant que la livraison des travaux ne soit intervenue. La livraison s'entend de la remise des ouvrages en la possession du maître de l'ouvrage ; elle ne peut se situer postérieurement à l'occupation ou à l'utilisation réelle des locaux et installations.

TVA-XV-16145 ; MF nos 52680 s.

Art 82 La facturation de la taxe sur la valeur ajoutée à l'occasion de l'encaissement d'un seul acompte précédant la livraison ainsi que le défaut d'inscription sur les contrats, factures ou mémoires des mentions prévues à l'article 80 entraînent l'annulation de l'option et rendent la taxe immédiatement exigible sur tous les encaissements reçus au titre des marchés en cours.

TVA-XV-16135 ; MF nos 52680 s.

Art 83 L'entrepreneur peut renoncer à tout moment à l'option pour le paiement de la taxe lors de la livraison des travaux immobiliers. Il est tenu d'en faire la déclaration au service des impôts dont il dépend. La renonciation prend effet à la date de cette déclaration et rend exigible le paiement immédiat de la taxe afférente aux encaissements reçus au titre des marchés en cours.

TVA-XV-16155 ; MF nos 52680 s.

Art 84 L'entrepreneur qui a renoncé à l'option ne peut formuler une nouvelle option qu'à l'expiration d'un délai d'un an compté de la date de cette renonciation.

TVA-XV-16165 ; MF nos 52680 s.

SECTION IV

Liquidation de la taxe. Régime suspensif

0I. Déductions

Art 84 A Pour l'application des dispositions de l'article 273 septies C du code général des impôts, le demandeur certifie sur l'honneur :

1° Que le certificat d'immatriculation du véhicule, ou, le cas échéant, le contrat de location du véhicule, est établi au nom d'un exploitant de remontées mécaniques ou de domaines skiables ;

2° Que le véhicule concerné est affecté exclusivement à l'exploitation de ces infrastructures ;

3° Que le véhicule comprend, d'origine ou à la suite de travaux, trois au moins des équipements techniques suivants :

a. Plateau de chargement ;

b. Arceau de sécurité pour habitacle ;

c. Portique de levage ;

d. Crochet d'attelage ;

e. Treuil frontal ;

f. Bac de benne ;

g. Blocage de différentiel ;

h. Boîte de transfert ;

i. Arceau porte-échelle arrière de cabine ;

j. Plusieurs points d'arrimage sur les côtés des ridelles ;

k. Pneus mixtes.

TVA-IX-13145

Art 84 B **1°** Pour l'application des dispositions de l'article 273 septies D du code général des impôts, les associations bénéficiaires de dons d'invendus alimentaires et non alimentaires neufs établissent, au profit des assujettis donateurs, une attestation en deux exemplaires mentionnant les informations suivantes :

a. Le nom, l'adresse et l'objet de l'association bénéficiaire ;

b. La date et le numéro du décret de reconnaissance d'utilité publique, tel qu'il figure au Journal officiel ;

c. Le nom et l'adresse du donateur ;

d. Un inventaire détaillé retraçant la date du don, la nature et la quantité des biens donnés.

L'attestation peut être établie au titre d'une pluralité de dons effectués par un même donateur perçus sur une période n'excédant pas une année civile.

2° L'attestation mentionnée au 1° peut être émise et délivrée par un tiers dûment mandaté agissant au nom et pour le compte de l'association bénéficiaire.

3° L'association bénéficiaire et l'assujetti donateur conservent chacun un exemplaire de l'attestation prévue au 1° dans les conditions prévues au I de l'article L 102 B du livre des procédures fiscales. Cette conservation peut être assurée, dans les mêmes conditions, par un tiers dûment mandaté agissant au nom et pour le compte du bénéficiaire ou du donateur.

BF 8-9/20 inf. 571 ; TVA-II-23400 s. ; MF n° 89555 c

I. Régime suspensif

A. Ouverture d'un régime ou d'un entrepôt fiscal suspensif

Art 85 **1.** La demande d'autorisation d'ouverture d'un régime mentionné au 2° du I de l'article 277 A du code général des impôts est présentée par la personne assujettie à la taxe sur la valeur ajoutée, destinataire des opérations de livraisons, d'acquisitions intracommunautaires, d'importations ou de prestations de services, qui souhaite bénéficier du régime de suspension de la taxe sur la valeur ajoutée mentionné au I de l'article 277 A précité.

Lorsque le demandeur est établi dans un autre Etat membre de l'Union européenne, il doit être identifié à la taxe sur la valeur ajoutée en France et y avoir désigné un mandataire pour accomplir en son nom et pour son compte les formalités et obligations afférentes au régime fiscal sollicité.

Lorsque le demandeur est établi en dehors de l'Union européenne, il doit avoir désigné en France un représentant fiscal dans les conditions mentionnées au I de l'article 289 A du code général des impôts pour accomplir en son nom et pour son compte les formalités et obligations afférentes au régime fiscal sollicité, sous réserve des dispositions énoncées au III de ce même article.

2. La demande est déposée :

a. Pour les régimes mentionnés aux a et d du 2° du I de l'article 277 A précité, par l'assujetti qui souhaite bénéficier du régime de suspension de la taxe sur la valeur ajoutée mentionné au I de l'article 277 A précité pour les opérations de livraison, d'acquisition intracommunautaire ou d'importation dont il est destinataire ou de prestation de services dont il est le preneur.

Cette demande peut également être déposée, pour le compte de l'assujetti, par la personne qui souhaite gérer le régime sollicité et qui est dénommée gestionnaire ou entreposeur selon le régime sollicité ;

b. Pour les régimes visés au e du 2° du I de l'article 277 A précité, par l'assujetti qui souhaite effectuer ou faire effectuer les opérations envisagées.

3. La demande comporte les renseignements demandés par l'administration concernant le demandeur, le cas échéant le gestionnaire ou l'entreposeur selon le régime sollicité, l'objet du régime et, dans le cas du régime fiscal suspensif prévu au a du 2° du I de l'article 277 A précité, les fonctions pour les besoins desquelles le régime est demandé, les opérations envisagées, la nature des biens, le ou les lieux où ceux-ci seront situés ou utilisés, les locaux ou les autres installations éventuellement utilisés ainsi que tous autres renseignements utiles aux contrôles de l'administration.

BF 10/22 inf. 759 ; TVA-IV-25785 s.

Art 85 A **1.** La décision autorisant l'ouverture d'un régime mentionné au 2° du I de l'article 277 A du code général des impôts détermine les éléments constitutifs de ce régime, ses conditions d'octroi et de fonctionnement. Elle est conditionnée au respect par le demandeur de ses obligations déclaratives et de paiement liées à son activité professionnelle.

La décision autorisant l'ouverture est réputée avoir été accordée tacitement à l'expiration d'un délai de 30 jours pour les entreprises créées depuis plus de deux ans. Ce délai commence à courir à compter de la date de réception de la demande par le service.

Sans préjudice de l'application des dispositions de l'article 1788 A du code général des impôts et des articles L 80 K et L 80 L du livre des procédures fiscales, l'autorisation désigne, selon le cas, le service des impôts chargé de la gestion des régimes mentionnés aux a, d et e du 2° du I de l'article 277 A du code général des impôts ou le service des douanes chargé de la gestion du régime fiscal suspensif mentionné au a du 2° du I de l'article 277 A précité.

2. En cas de demande soumise à autorisation, elle prend effet à la date fixée par l'administration.

BF 10/22 inf. 759 ; TVA-IV-25845 s.

B. Modification du fonctionnement d'un régime ou d'un entrepôt fiscal suspensif

Art 85 B Tout changement qui affecte les éléments constitutifs des régimes autorisés tels qu'ils figurent dans la demande d'ouverture est soumis à autorisation.

Cette autorisation prend la forme d'une décision modificative de l'autorisation d'ouverture, valable à compter de la date fixée par l'administration. Cette décision modificative est prise dans les mêmes conditions que l'autorisation d'ouverture.

TVA-IV-25870 s.

C. Fermeture d'un régime ou d'un entrepôt fiscal suspensif

Art 85 C La fermeture d'un régime fiscal suspensif mentionné au 2° du I de l'article 277 A du code général des impôts peut être prononcée à la demande du titulaire de l'autorisation d'ouverture, formulée deux mois au moins avant la date d'effet.

Elle peut également être prononcée sur l'initiative de l'administration :

1. En cas d'inactivité du régime durant un an. La fermeture du régime prend effet le premier jour du mois qui suit celui au cours duquel la décision de l'administration est intervenue.

2. Lorsque les règles de fonctionnement du régime ou l'exécution des formalités et obligations liées audit régime ne sont pas respectées. La fermeture prend effet dès la notification des constatations effectuées.

3. Lorsque les obligations déclaratives et de paiement ne sont pas respectées. La fermeture prend effet dès la notification des constatations effectuées.

BF 10/22 inf. 759 ; TVA-IV-25915 s.

D. Entrée et sortie des biens d'un régime ou d'un entrepôt fiscal suspensif

Art 85 D Au sein du régime visé au a du 2° du I de l'article 277 A du code général des impôts, le transfert de biens entre fonctions énoncées à l'article 85 E est autorisé sous réserve de laisser à l'administration les moyens de contrôler le suivi des biens.

BF 10/22 inf. 759 ; TVA-IV-25935 s.

E. Fonctions du régime fiscal suspensif

Art 85 E 1. Un régime fiscal suspensif couvre une ou plusieurs des fonctions suivantes :

a. Stockage ou entreposage de biens importés conformément au 2 du I de l'article 291 du code général des impôts ou au 3 de l'article 294 du même code ;

b. Stockage ou entreposage de biens pris sur le marché national ou communautaire destinés à être exportés au sens du I de l'article 262 du code général des impôts ou du 2 de l'article 294 du même code ou expédiés vers un autre Etat membre de l'Union européenne.

Sont considérés comme placés dans cette situation les biens acquis par une personne établie dans un pays tiers à l'Union européenne, destinés à faire l'objet d'une exportation ou d'une expédition hors de France, lorsque par leur nature même ces biens nécessitent leur maintien temporaire sur le territoire français, pour des raisons techniques telles que la mise au point, l'adaptation ou pour les besoins de la formation des personnels chargés, à l'étranger, de la mise en œuvre ou de l'utilisation des biens. La durée du séjour des biens en France ne pourra excéder la durée, fixée au contrat, pour la réalisation desdites opérations. En tout état de cause, elle ne pourra excéder trois ans.

A l'exclusion des biens placés dans la situation prévue au précédent alinéa et lorsque ces opérations sont dûment justifiées, le versement des biens sur le territoire de la France métropolitaine sous réserve de l'acquittement de l'intérêt de retard prévu au 4° du 3 du II de l'article 277 A du code général des impôts peut être autorisé à titre exceptionnel ;

c. Stockage ou entreposage dans les boutiques hors taxe ou les comptoirs de vente situés dans les ports et aéroports de biens importés, acquis en provenance d'un autre Etat membre de l'Union européenne ou pris sur le marché national et destinés à faire l'objet, en exonération de la taxe sur la valeur ajoutée, de ventes à emporter à des voyageurs se rendant dans un pays tiers à l'Union européenne ou un territoire considéré comme tel ;

d. Opérations de travaux, d'entretien ou de construction, afférentes à des infrastructures ou installations situées en France, exploitées par une personne qui y est établie et qui est assujettie à la taxe sur la valeur ajoutée, à l'exclusion des locaux des ambassades et des consulats, utilisées dans le cadre d'accords internationaux ou de traités pour le compte d'organismes internationaux qui financent les coûts desdites opérations ;

e. Utilisation de biens importés conformément au 2 du I de l'article 291 du code général des impôts ou au 3 de l'article 294 du même code qui sont destinés à faire l'objet d'une livraison exonérée au sens de l'article 262, du 2 de l'article 294 ou du I de l'article 262 ter du code général des impôts ou expédiés hors de France, après avoir subi l'une ou l'autre des opérations suivantes : opérations d'ouvraisons, y compris le montage, l'assemblage ou l'adaptation à d'autres biens, opérations de transformation et de réparation, y compris la remise en état et la mise au point, opérations d'utilisation dans un processus de fabrication en vue de permettre ou de faciliter l'obtention d'autres produits destinés à être exportés ou expédiés hors de France, même si ces biens disparaissent au cours de l'opération.

Les assujettis qui ont sollicité cette fonction peuvent également utiliser sous ce régime, avec les biens importés en provenance de pays tiers à l'Union européenne ou considérés comme tels, des biens pris sur le territoire de la France métropolitaine ou sur le territoire communautaire. Le versement des biens sur le territoire de la France métropolitaine, lorsqu'il est dûment justifié, peut être autorisé à titre exceptionnel par le service des impôts ou le service des douanes compétent.

2. Lorsque, en raison de leur nature, les biens destinés à faire l'objet d'un placement sous le régime du régime fiscal suspensif présentent un risque particulier en matière de sécurité ou de fraude, l'administration peut exiger le placement de ces biens dans des locaux ou installations agréés par celle-ci.

BF 10/22 inf. 759 ; TVA-IV-25600 s.

F. Biens admissibles sous un régime ou un entrepôt fiscal suspensif

Art 85 F **1.** Ne peuvent pas être placés sous un régime mentionné au 2° du I de l'article 277 A du code général des impôts :

1° *(Abrogé)* ;

2° Les biens destinés à être livrés au commerce de détail, sous réserve des dispositions du c du 1 de l'article 85 E.

2. a. Pour chacune des fonctions mentionnées au 1 de l'article 85 E, la durée de séjour des biens sous le régime fiscal suspensif est celle nécessaire à la réalisation des opérations envisagées ;

b. *(Abrogé)* ;

c. *(Abrogé)* ;

d. Sont admissibles sous le régime de l'entrepôt de stockage de biens négociés sur un marché à terme international, les marchandises nationales ou communautaires ainsi que les biens importés conformément au 2 du I de l'article 291 ou au 3 de l'article 294 du code général des impôts ;

e. Sont admissibles sous le régime de l'entrepôt destiné à la fabrication de biens réalisée en commun les marchandises nationales ou communautaires ainsi que les biens importés conformément au 2 du I de l'article 291 ou au 3 de l'article 294 du code général des impôts, destinés, en exécution d'un contrat international, à faire l'objet d'une ou plusieurs des opérations suivantes : ouvraison, y compris le montage, l'assemblage et l'adaptation à d'autres biens, transformation, réparation, y compris la remise en état et la mise au point, utilisation dans un processus de fabrication en vue de permettre ou de faciliter l'obtention des produits fabriqués, même si les biens disparaissent au cours de l'opération.

Les biens placés sous ce régime doivent être utilisés pour la fabrication de biens dont les entreprises contractantes demeurent propriétaires dans l'indivision jusqu'à la livraison au client final. Pour l'application du présent alinéa, chaque fabricant doit être propriétaire soit de la partie du bien qu'il a produite, soit d'une quote-part du bien livré.

3. Sont admissibles sous l'un des régimes mentionnés au 2° du I de l'article 277 A du code général des impôts les biens qui sont utilisés pour la réalisation des opérations destinées à assurer la conservation, à améliorer la présentation ou la qualité marchande ou à préparer la distribution ou la revente des marchandises placées sous ces régimes.

BF 10/22 inf. 759 ; TVA-IV-25580 s.

G. Définition des opérations effectuées en suspension du paiement de la taxe sur la valeur ajoutée

Art 85 G Les opérations effectuées en suspension du paiement de la taxe sur la valeur ajoutée en vertu du I de l'article 277 A du code général des impôts ne doivent pas aboutir à une utilisation finale ou à une consommation finale des biens, sous réserve de l'application du c du 1 de l'article 85 E.

TVA-IV-25595

Art 85 H **1.** Pour les biens destinés à être placés sous les régimes douaniers communautaires mentionnés au 1° du I de l'article 277 A du code général des impôts, la suspension du paiement de la taxe sur la valeur ajoutée s'applique aux livraisons et aux acquisitions intracommunautaires visées aux 1° et 4° du I de l'article 277 A précité, qui sont afférentes aux biens dont le stockage ou l'utilisation sous lesdits régimes est autorisé par les règlements communautaires en vigueur.

BF 10/22 inf. 759 ; TVA-IV-25165

2. Pour les biens placés sous les régimes douaniers communautaires mentionnés aux 1° et 7° du I de l'article 277 A du code général des impôts, la suspension du paiement de la taxe sur la valeur ajoutée s'applique aux livraisons visées aux 6° et 7° du I de l'article 277 A précité, qui sont autorisées par les règlements communautaires en vigueur.

TVA-IV-25080 s.

Art 85 I **1.** Pour les biens destinés à être placés sous l'un des régimes mentionnés au 2° du I de l'article 277 A du code général des impôts, la suspension du paiement de la taxe sur la valeur ajoutée s'applique aux livraisons, aux importations et aux acquisitions intracommunautaires visées aux 2°, 3° et 4° du I de l'article 277 A précité, qui sont afférentes aux biens dont le stockage ou l'utilisation sous lesdits régimes est autorisé par la décision mentionnée à l'article 85 A.

2. Pour les biens placés sous l'un des régimes mentionnés au 2° du I de l'article 277 A du code général des impôts, la suspension du paiement de la taxe sur la valeur ajoutée s'applique aux livraisons visées au 6° du I de l'article 277 A précité, qui sont autorisées par la décision mentionnée à l'article 85 A.

TVA-IV-25530 s.

Art 85 J La suspension du paiement de la taxe sur la valeur ajoutée prévue aux 5°, 6° et 7° du I de l'article 277 A du code général des impôts s'applique aux prestations de services ci-après :

1° Transports de marchandises, commissions afférentes à ces transports ;

2° Chargement et déchargement des véhicules de transport et manutentions accessoires des marchandises désignées au 1° ;

3° Locations de véhicules et de matériels utilisés pour les opérations mentionnées au 1° et au 2° ; locations de contenants et de matériels pour la protection des marchandises ;

4° Gardiennage et magasinage des marchandises ;

5° Emballage des marchandises ;

6° Opérations effectuées par les commissionnaires agréés en douane et inhérentes à l'exportation ou aux régimes douaniers communautaires mentionnés au 1° du I de l'article 277 A du code précité ;

7° Manipulations et ouvraisons autorisées par les règlements communautaires en vigueur et portant sur des marchandises soumises à l'un des régimes douaniers communautaires mentionnés aux 1° et 7° du I de l'article 277 A du code précité ;

8° Manipulations et ouvraisons identiques à celles mentionnées au 7° portant sur des biens placés sous le régime du régime fiscal suspensif prévu au a du 2° du I de l'article 277 A du code général des impôts ;

9° Manipulations usuelles destinées à assurer la conservation des marchandises placées en entrepôt de stockage de biens négociés sur un marché à terme international, à améliorer leur présentation ou leur qualité marchande ou à préparer leur distribution ou leur revente ;

10° Manipulations, montage, assemblage, adaptation à d'autres marchandises, transformation, réparation, remise en état et mise au point de marchandises placées en entrepôt destiné à la fabrication de biens réalisés en commun par des entreprises, en exécution d'un contrat international.

TVA-IV-25140, 25565 ; MF n° 50755

Art 85 K Les formalités afférentes à l'utilisation temporaire des biens mentionnés au b du 7° du I de l'article 277 A du code général des impôts en suspension du paiement de la taxe sur la valeur ajoutée sont les mêmes que celles prévues par les dispositions douanières communautaires relatives à l'admission temporaire en exonération totale.

H. Factures

Art 85 L Les assujettis qui effectuent des livraisons ou des prestations de services en suspension de la taxe sur la valeur ajoutée conformément aux dispositions des 1°, 2°, 5°, 6° et 7° du I de l'article 277 A du code général des impôts sont tenus d'indiquer sur leurs factures le numéro de l'autorisation d'ouverture du régime douanier communautaire ou du régime fiscal mentionnés aux 1° et 2° du I de l'article 277 A du code général des impôts ainsi que le nom du titulaire du régime et du gestionnaire ou de l'entreposeur lorsqu'il s'agit d'une personne distincte.

En application du I de l'article 284 du code général des impôts, le destinataire de la livraison ou le preneur de la prestation est tenu au paiement de la taxe lorsque les biens ne reçoivent pas la destination prévue ou lorsque la prestation n'a pas porté sur des biens qui sont placés ou destinés à être placés sous un régime communautaire ou sous un régime fiscal mentionné au I de l'article 277 A du code général des impôts.

TVA-IV-25180, 26395 ; MF n° 50790

SECTION V

Calcul de la taxe

I. Taux

A. Taux réduit

1. Cantines d'entreprises

Art 85 bis L'application du taux réduit de la taxe sur la valeur ajoutée aux recettes provenant de la fourniture des repas dans les cantines d'entreprises est subordonnée à la réalisation des conditions suivantes :

a. L'objet de la cantine consiste à fournir de façon habituelle des repas au personnel, qui doit être en mesure de justifier de son appartenance à l'entreprise ;

b. Conformément aux dispositions de l'article R 2323-21 du code du travail *[L'article R 2323-21 est remplacé par l'article R 2312-36 à compter du 1er janvier 2018 (Décret 2017-1819 du 29 décembre 2017 art. 1, I)]*, la cantine est gérée par le comité d'entreprise ou par l'employeur ou par une association ou par un groupement de comités d'entreprise ou d'employeurs. Son fonctionnement est, en tout état de cause, soumis au contrôle de représentants du personnel et de l'entreprise ;

c. Les repas doivent être fournis dans les locaux dont le gestionnaire de la cantine a la libre disposition ;

d. Le prix des repas doit être sensiblement inférieur à celui pratiqué, pour des prestations similaires, par les restaurants ouverts au public ;

e. Les opérations réalisées dans le cadre de la cantine font l'objet d'une comptabilisation distincte par le gestionnaire ;

f. Dans le cas où il fait appel à un prestataire extérieur, le gestionnaire de la cantine doit conclure avec ce dernier un contrat prévoyant les conditions de la fourniture des repas. Le prestataire doit, dans le mois de sa signature par les parties, déposer un exemplaire de ce contrat auprès du service des impôts dont il dépend et de celui dont relève le gestionnaire de la cantine.

Les opérations effectuées dans le cadre de chacun des contrats doivent être comptabilisées distinctement par le prestataire extérieur.

TVA-VIII-14870 s. ; MF n° 92380

2. Activités de services à la personne

Art 86 **I.** Les activités de services à la personne soumises au taux réduit de taxe sur la valeur ajoutée prévu à l'article 278-0 bis du code général des impôts en application des dispositions du D du même article sont les suivantes :

1° Assistance aux personnes âgées ou aux personnes qui ont besoin d'une aide personnelle à leur domicile, à l'exclusion d'actes de soins relevant d'actes médicaux ;

2° Garde-malade, à l'exclusion des soins ;

3° Assistance aux personnes handicapées, y compris les activités d'interprète en langue des signes, de technicien de l'écrit et de codeur en langage parlé complété ;

4° Prestation de conduite du véhicule personnel des personnes dépendantes, du domicile au travail, sur le lieu de vacances, pour les démarches administratives ;

5° Aide à la mobilité et transport de personnes ayant des difficultés de déplacement ;

6° Accompagnement des personnes âgées ou handicapées dans leurs déplacements en dehors de leur domicile (promenades, transport, actes de la vie courante).

II. Les activités de services à la personne soumises au taux réduit de taxe sur la valeur ajoutée prévu à l'article 279 du code précité en application des dispositions du i du même article sont les suivantes :

1° Entretien de la maison et travaux ménagers ;

2° Travaux de petit bricolage dits « homme toutes mains » ;

3° Garde d'enfants à domicile ;

4° Soutien scolaire à domicile ;

5° Soins d'esthétique à domicile pour les personnes dépendantes ;

6° Préparation de repas à domicile, y compris le temps passé aux commissions ;

7° Livraison de repas à domicile ;

8° Collecte et livraison à domicile de linge repassé ;

9° Livraison de courses à domicile ;

10° Soins et promenades d'animaux de compagnie, à l'exception des soins vétérinaires et du toilettage, pour les personnes dépendantes ;

11° Assistance administrative à domicile ;

12° Accompagnement des enfants dans leurs déplacements en dehors de leur domicile (promenades, transport, actes de la vie courante).

III. Les activités mentionnées aux 4°, 5°, 6° du I et aux 7°, 8°, 9° et 12° du II du présent article n'ouvrent droit au bénéfice des taux réduits prévus au D de l'article 278-0 bis ou au i de l'article 279 du code précité qu'à la condition que la prestation soit comprise dans une offre de services incluant un ensemble d'activités réalisées à domicile.

TVA-VIII-5750 s., 18450 s. ; MF nos 53015, 53260

D. Taux particuliers

Art 89 ter **1.** Les dispositions prévues à l'article 281 quater du code général des impôts s'appliquent aux 140 premières séances où le public est admis moyennant paiement, à l'exclusion des séances entièrement gratuites.

2. Est considérée comme œuvre classique l'œuvre d'un auteur décédé depuis plus de cinquante ans ou d'un auteur décédé dont le nom figure sur une liste fixée par arrêté conjoint du ministre chargé des affaires culturelles et du ministre de l'économie et des finances *(Voir arrêté du 10 août 2001, JO du 7 septembre)*.

3. La reprise d'une œuvre classique est considérée comme faisant l'objet d'une nouvelle mise en scène, lorsque celle-ci est réalisée dans une présentation nouvelle par rapport à des réalisations antérieures, en ce qui concerne l'interprétation ou la scénographie.

TVA-XV-9820 s. ; MF n° 61785

SECTION VI

Obligations des redevables

Art 95-0 Les personnes mentionnées aux 4° et 5° de l'article 286 ter du code général des impôts qui ne sont pas identifiées par un numéro individuel en application des 1° à 3° de l'article 286 ter du même code doivent demander au service des impôts dont elles dépendent l'attribution d'un numéro individuel d'identification.

BF 4/22 inf. 342 ; TVA-III-9315

Art 95 I. Les assujettis établis dans un autre Etat membre de l'Union européenne, identifiés à la taxe sur la valeur ajoutée en France, ainsi que les personnes établies dans un Etat non membre de l'Union européenne qui remplit les conditions mentionnées au 1° du I de l'article 289 A du code général des impôts, doivent souscrire les déclarations prescrites par l'article 286 et le 1 de l'article 287 du code général des impôts auprès de la direction des impôts des non-résidents.

Par dérogation aux dispositions du premier alinéa, les assujettis établis dans un autre Etat membre de l'Union européenne, ainsi que les personnes établies dans un Etat non membre de l'Union européenne qui remplit les conditions mentionnées au 1° du I de l'article 289 A du code général des impôts, qui disposent en France d'immeubles donnés en location et ne réalisent pas d'autres opérations pour lesquelles ils sont redevables de la taxe en France, déposent les déclarations mentionnées au premier alinéa auprès du service des impôts du lieu de situation de l'immeuble. Si l'application de cette règle conduit à une pluralité de lieux de dépôt, les redevables souscrivent leurs obligations déclaratives auprès de la direction des impôts des non-résidents à l'exception des personnes propriétaires d'immeubles loués meublés, et dont les loyers sont imposés à l'impôt sur le revenu dans la catégorie des bénéfices industriels et commerciaux, qui déposent leurs déclarations auprès du service des impôts du lieu de situation du bien générateur du chiffre d'affaires le plus élevé.

Par dérogation aux dispositions des premier et deuxième alinéas, les personnes établies dans un Etat non membre de l'Union européenne mentionnées au 1° du I de l'article 289 A du code général des impôts, qui avaient désigné en France un représentant mentionné au premier alinéa du I de l'article 289 A précité, continuent de déposer les déclarations mentionnées au premier alinéa auprès du service des impôts dont dépendait le lieu d'imposition de ce représentant.

II. Les assujettis établis dans un autre Etat membre de l'Union européenne ne sont pas tenus de solliciter en France un numéro d'identification à la taxe sur la valeur ajoutée et de déposer une déclaration lorsqu'ils y réalisent exclusivement des opérations mentionnées au I de l'article 277 A du code général des impôts.

III. Les assujettis établis dans un autre Etat membre de l'Union européenne, ainsi que les personnes établies dans un etat non membre de l'Union européenne qui remplit les conditions mentionnées au 1° du I de l'article 289 A du code général des impôts, qui réalisent des opérations imposables en France ou qui doivent y accomplir des formalités, peuvent désigner un mandataire pour effectuer, sous la responsabilité exclusive de leur mandant, tout ou partie des formalités incombant à ces personnes et, en cas d'opérations imposables, pour acquitter la taxe en leur nom.

TVA-III-11110 s. ; MF n°s 50635 s.

Art 95 bis Les importations de biens ne donnant lieu à aucun paiement de la taxe sur la valeur ajoutée mentionnées au 5° du II de l'article 286 ter A du code général des impôts sont celles qui remplissent les conditions cumulatives suivantes :

a. Elles sont effectuées par un assujetti non établi en France ;

b. Elles sont exonérées conformément aux 2°, 2° bis, 5° et 10° du II et au IV de l'article 291 du même code.

FR 32/23 inf. 5 p. 7 ; MF n° 53425

Art 95 A I. Pour l'application de l'article 287 du code général des impôts, les représentants désignés en vertu du III de l'article 289 A du même code doivent souscrire auprès du service des impôts un état trimestriel comportant les informations suivantes :

1. Le nom ou la dénomination et l'adresse du représentant, et le numéro d'identification à la taxe sur la valeur ajoutée sous lesquels sont effectuées les opérations visées au III de l'article 289 A du code général des impôts ;

2. Pour les opérations visées au 4 du II de l'article 277 A du code général des impôts :

a. Le nom ou la dénomination et l'adresse de la personne qui a désigné le représentant ;

b. La nature du bien et le montant de l'opération qui aurait dû être soumise à la taxe sur la valeur ajoutée lors de la sortie du bien de l'entrepôt, et la contre-valeur en euros lorsque ce montant est exprimé en devises ;

c. Le montant de la livraison exonérée en vertu du I de l'article 262 ter du code général des impôts ou de l'exportation avec, dans ce dernier cas, la référence de la déclaration d'exportation et la contre-valeur en euros lorsque ce montant est exprimé en devises ;

3. Pour les opérations visées au 4° du III de l'article 291 du code général des impôts :

a. Le nom ou la dénomination et l'adresse de la personne qui a désigné le représentant ;

b. La nature du bien, le montant de l'importation et la contre-valeur en euros lorsque ce montant est exprimé en devises, et la référence de la déclaration d'importation ;

c. La nature du bien et le montant de la livraison exonérée en vertu du I de l'article 262 ter du code général des impôts, et la contre-valeur en euros lorsque ce montant est exprimé en devises.

II. L'état mentionné au I est souscrit par le représentant, pour l'ensemble des opérations pour lesquelles il a été désigné, sur support papier ou informatique selon les modalités prévues par l'administration, au plus tard le 25 du mois qui suit chaque trimestre civil.

FR 2/24 inf. 62 p. 117 ; TVA-III-12185 s. ; MF n° 50650

Art 95 B **I.** Les assujettis établis dans un autre Etat membre de la Communauté européenne qui réalisent, en France, exclusivement des opérations mentionnées au 4 du II de l'article 277 A du code général des impôts ou au 4° du III de l'article 291 du même code peuvent, sans avoir à solliciter auprès des services fiscaux un numéro d'identification à la taxe sur la valeur ajoutée en France, recourir aux services d'un mandataire ponctuel. Ce mandataire, tacitement désigné, est chargé d'accomplir, au nom et pour le compte de ses mandants, les formalités qui leur incombent et, le cas échéant, d'acquitter la taxe devenue exigible.

II. Le mandat ponctuel s'applique obligatoirement :

a. Au dépôt des déclarations trimestrielles mentionnées au III ;

b. Au dépôt des états récapitulatifs des clients mentionnés à l'article 289 B du code général des impôts ;

c. Au paiement de la taxe devenue éventuellement exigible lorsque les conditions de la dispense de paiement ou de l'exonération applicables aux opérations mentionnées au I ne sont pas remplies.

III. Pour l'application de l'article 287 du code général des impôts, le mandataire ponctuel mentionné au I doit souscrire auprès du service des impôts un état trimestriel comportant les informations suivantes :

1. Le nom ou la dénomination, l'adresse du mandataire ponctuel ainsi que le numéro d'identification à la taxe sur la valeur ajoutée sous lequel sont effectuées les opérations mentionnées au I ;

2. Pour les opérations visées au 4 du II de l'article 277 A du code général des impôts :

a. Le nom ou la dénomination, l'adresse et le numéro d'identification à la taxe sur la valeur ajoutée dans un autre Etat membre de la Communauté européenne de l'assujetti mandant ;

b. La nature du bien et le montant de l'opération qui aurait dû être soumise à la taxe sur la valeur ajoutée lors de la sortie des biens du régime douanier communautaire ou du régime suspensif fiscal et la contre-valeur en euros de ce montant lorsqu'il est exprimé en devises ;

c. Le montant de livraison exonérée conformément aux dispositions du I de l'article 262 ter du code général des impôts ou de l'exportation et, dans ce dernier cas, la référence à la déclaration en douane d'exportation, ainsi que la contre-valeur en euros de ces montants lorsqu'ils sont exprimés en devises ;

3. Pour les opérations mentionnées au 4° du III de l'article 291 du code général des impôts :

a. Le nom ou la dénomination, l'adresse et le numéro d'identification à la taxe sur la valeur ajoutée dans un autre Etat membre de la Communauté européenne de l'assujetti mandant ;

b. La nature du bien, le montant de l'importation et sa contre-valeur en euros lorsque ce montant est exprimé en devises et la référence à la déclaration en douane d'importation ;

c. La nature du bien et le montant de la livraison exonérée conformément aux dispositions du I de l'article 262 ter du code général des impôts et la contre-valeur en euros de ce montant lorsqu'il est exprimé en devises.

IV. L'état trimestriel mentionné au III est souscrit par le mandataire ponctuel pour l'ensemble des opérations pour lesquelles il a été mandaté, sur support papier ou informatique, selon les modalités prévues par l'administration, au plus tard le 25 du mois qui suit chaque trimestre civil.

FR 2/24 inf. 62 p. 117 ; TVA-III-11520 s. ; MF n° 50640 e

Art 95 C Les assujettis établis dans la Principauté de Monaco et réalisant des travaux immobiliers en France déposent les déclarations prescrites par le 1 de l'article 287 du code général des impôts auprès du service des impôts de Menton.

Les établissements bancaires ayant leur siège à Monaco et disposant d'un établissement stable en France sont tenus à la même obligation.

Art 95 D Les déclarations prévues au 5 de l'article 298 sexdecies F, au V de l'article 298 sexdecies G et au V de l'article 298 sexdecies H du code général des impôts, ainsi que les paiements, sont transmis à la direction départementale des finances publiques de l'Oise. Cette direction est également chargée du recouvrement de la taxe sur la valeur ajoutée due, en application du IV de l'article 258, de l'article 258 A et de l'article 259 D du même code, par les assujettis qui se prévalent de l'un des régimes particuliers mentionnés aux articles 359, 369 ter et 369 quaterdecies de la directive 2006/112/CE du Conseil du 28 novembre 2006 relative au système commun de taxe sur la valeur ajoutée.

TVA-III-8740 ; MF n°s 50865, 50895

Art 96 A Les sociétés de moyens qui bénéficient de l'exonération de la taxe sur la valeur ajoutée prévue à l'article 261 B du code général des impôts sont tenues de joindre à leur déclaration de résultat une déclaration établie sur un imprimé fourni par l'administration indiquant, pour la période d'imposition en cause :

Les éléments nécessaires à l'identification des associés et à leurs droits dans le capital social ;

Le montant des dépenses réparties entre les associés en distinguant notamment les achats effectués pour le compte des associés, les frais de personnel, les frais afférents aux locaux, au mobilier et au matériel, les frais de bureau et les autres frais généraux.

TVA-V-9200 s. ; MF nº 47305

1º Entreprises de spectacles

Art 96 B Les tickets que les exploitants de discothèques et de cafés-dansants sont tenus de remettre à leurs clients en application du II de l'article 290 quater du code général des impôts doivent porter, en caractères imprimés par les caisses enregistreuses, les indications suivantes :

Le nom de l'exploitant ou la raison sociale de l'établissement ;

L'adresse de l'établissement ;

La date (jour, mois et année) de la prestation ;

Le nombre de consommations servies par catégorie ou tarif ;

Le prix total exigé ;

Le numéro d'ordre du ticket.

Ces tickets sont remis aux clients en même temps que les prestations dont ils constatent le service.

TVA-XV-11320 s. ; MF nº 61810

Art 96 C Les caisses enregistreuses utilisées pour l'émission des tickets prévus à l'article 96 B doivent présenter les caractéristiques suivantes :

1º Etre munies au minimum :

a. D'un compteur d'opérations aux numéros consécutifs comportant au moins trois chiffres et augmentant d'une unité à chaque opération ;

b. D'un compteur des opérations de remise à zéro des compteurs totalisateurs comportant au moins trois chiffres et augmentant d'une unité après chaque opération ;

c. D'un compteur totalisateur général ;

2º Posséder deux stations d'impression permettant d'émettre simultanément :

a. Le ticket destiné aux consommateurs ;

b. Une bande de contrôle reprenant les indications, relatives aux prestations de services, portées sur les tickets et mentionnant :

Le montant cumulé des sommes encaissées ;

Le total cumulé des recettes obtenu lors des opérations de lecture ou de remise à zéro ;

3º Ne pas être dotées de dispositif permettant :

a. D'exclure de la totalisation les sommes figurant sur le ticket ou sur la bande de contrôle, en dehors des relevés obtenus lors d'une opération de lecture ;

b. De remettre à zéro :

Le compteur des opérations de remise à zéro ;

Le numéro consécutif des opérations ;

Le grand total ;

4º Etre dotées :

a. D'un dispositif permettant leur fonctionnement manuel ou sur batterie en cas d'interruption accidentelle de l'alimentation en courant électrique ;

b. En ce qui concerne les caisses électroniques, de dispositifs permettant de garder en mémoire les données des compteurs totalisateurs et interdisant la remise à zéro des compteurs d'opérations en cas d'interruption de fonctionnement. Si cette interruption excède la durée de conservation des données en mémoire, celles-ci devront être portées sur la bande de contrôle ;

5º Etre munies d'un dispositif permettant d'avertir l'utilisateur de la fin imminente du rouleau d'approvisionnement de la bande de contrôle sans que leur fonctionnement en soit affecté.

TVA-XV-11320 s.

Art 96 D Les exploitants de discothèques et de cafés-dansants doivent pouvoir justifier de la nature et de la date de toutes réparations et autres interventions techniques effectuées sur leurs caisses enregistreuses. Lors de l'installation de ces caisses, ils doivent se faire délivrer par les fournisseurs ou installateurs une attestation mentionnant :

a. Le numéro de la caisse ;

b. Le relevé du compteur des opérations de remise à zéro et des compteurs totalisateurs avant la première opération commerciale.

Ils doivent conserver les bandes de contrôle pendant six ans et les présenter à toute réquisition des agents des impôts.

TVA-XV-11320 s.

2° Factures transmises par voie électronique

Art 96 F I. Les factures émises dans les conditions prévues au 2° du VII de l'article 289 du code général des impôts tiennent lieu de factures lorsque l'authenticité de leur origine et l'intégrité de leur contenu sont garanties au moyen d'une signature électronique qualifiée.

Constitue une signature électronique qualifiée une signature électronique avancée au sens de l'article 26 du règlement (UE) n° 910/2014 du Parlement européen et du Conseil du 23 juillet 2014 sur l'identification électronique et les services de confiance pour les transactions électroniques au sein du marché intérieur et abrogeant la directive 1999/93/CE qui est créée à l'aide d'un dispositif de création de signature électronique qualifié répondant aux exigences de l'article 29 du règlement précité, et qui repose sur un certificat qualifié de signature électronique répondant aux exigences de l'article 28 du même règlement.

La signature électronique est constituée d'un ensemble de données sous forme électronique, qui sont jointes ou associées à d'autres données électroniques et sert de méthode d'authentification du signataire, de garantie de l'intégrité du document signé et du consentement du signataire.

Le signataire est une personne physique qui détient et met en œuvre le moyen de création de la signature électronique et qui agit pour son propre compte ou pour celui d'une personne physique ou morale qu'il représente.

Le certificat qualifié de signature électronique est délivré par un prestataire de services de confiance qualifié qui remplit les missions et satisfait les conditions prévues à l'article 24 du même règlement (UE) n° 910/2014 du Parlement européen et du Conseil du 23 juillet 2014.

II. Les factures, la signature électronique à laquelle elles sont liées et le certificat électronique qui lui est attaché sont conservés dans leur forme et contenu originels par l'entreprise chargée de s'assurer qu'une facture est émise au sens du I de l'article 289 du code général des impôts, dans les conditions et délais fixés par l'article L 102 B du livre des procédures fiscales.

BF 7/23 inf. 494 ; RIE-IV-5750 s. ; MF n° 53595

Art 96 F bis I. Lorsque l'entreprise destinataire d'une facture électronique garantie au moyen d'une signature électronique qualifiée dans les conditions prévues au 2° du VII de l'article 289 du code général des impôts s'est assurée de l'authenticité de l'origine et de l'intégrité du contenu de la facture reçue, cette signature électronique qualifiée vaut méthode de sécurisation pour l'entreprise.

Afin de s'assurer de l'authenticité de l'origine et de l'intégrité du contenu de la facture reçue, l'entreprise peut :

1° Soit vérifier la signature électronique au moyen des données de vérification contenues dans le certificat électronique ainsi que l'authenticité et la validité du certificat attaché à la signature électronique ;

2° Soit recourir à un service de validation qualifié des signatures électroniques qualifiées au sens du règlement (UE) n° 910/2014 du Parlement européen et du Conseil du 23 juillet 2014 sur l'identification électronique et les services de confiance pour les transactions électroniques au sein du marché intérieur et abrogeant la directive 1999/93/CE permettant de satisfaire aux deux exigences définies au 1°.

II. L'entreprise mentionnée au I conserve la facture, la signature électronique à laquelle elle est liée et le certificat électronique qui lui est attaché dans leur forme et contenu originels, dans les conditions et dans les délais fixés par l'article L 102 B du livre des procédures fiscales.

BF 7/23 inf. 494 ; RIE-IV-5945 s. ; MF n° 53595

Art 96 F ter I. Les factures émises dans les conditions prévues au 4° du VII de l'article 289 du code général des impôts tiennent lieu de factures lorsque l'authenticité de leur origine et l'intégrité de leur contenu sont garanties au moyen d'un cachet électronique qualifié.

Constitue un cachet électronique qualifié un cachet électronique avancé, conforme à l'article 36 du règlement (UE) n° 910/2014 du Parlement européen et du Conseil du 23 juillet 2014 sur l'identification électronique et les services de confiance pour les transactions électroniques au sein du marché intérieur et abrogeant la directive 1999/93/CE qui est créé à l'aide d'un dispositif de création de cachet électronique qualifié répondant aux exigences de l'article 39 du règlement précité et qui repose sur un certificat qualifié de cachet électronique répondant aux exigences de l'article 38 du même règlement.

Le cachet électronique est constitué d'un ensemble de données sous forme électronique, qui sont jointes ou associées logiquement à d'autres données sous forme électronique pour garantir l'origine et l'intégrité de ces dernières.

Le créateur d'un cachet électronique est une personne morale.

Le certificat qualifié de cachet électronique est délivré par un prestataire de services de confiance qui remplit les missions et satisfait les conditions prévues à l'article 24 du même règlement (UE) n° 910/2014 du Parlement européen et du Conseil du 23 juillet 2014.

II. Les factures, le cachet électronique auquel elles sont associées et le certificat électronique qui lui est attaché sont conservés dans leur forme et contenu originels par l'entreprise chargée de s'assurer qu'une facture est émise au sens du I de l'article 289 du code général des impôts, dans les conditions et dans les délais fixés par l'article L 102 B du livre des procédures fiscales.

BF 7/23 inf. 494 ; MF n° 53595

Art 96 F quater I. Lorsque l'entreprise destinataire d'une facture électronique garantie au moyen d'un cachet électronique qualifié dans les conditions prévues au 4° du VII de l'article 289 du code général des impôts s'est assurée de l'authenticité de l'origine et de l'intégrité du contenu de la facture reçue, ce cachet électronique qualifié vaut méthode de sécurisation pour l'entreprise.

Afin de s'assurer de l'authenticité de l'origine et de l'intégrité du contenu de la facture reçue, l'entreprise peut :

1° Soit vérifier le cachet électronique au moyen des données de vérification contenues dans le certificat électronique ainsi que l'authenticité et la validité du certificat attaché au cachet électronique ;

2° Soit recourir à un service de validation qualifié de cachets électroniques qualifiés au sens du règlement (UE) n° 910/2014 du Parlement européen et du Conseil du 23 juillet 2014 sur l'identification électronique et les services de confiance pour les transactions électroniques au sein du marché intérieur et abrogeant la directive 1999/93/CE permettant de satisfaire aux deux exigences définies au 1°.

II. L'entreprise mentionnée au I conserve la facture, le cachet électronique auquel elle est liée et le certificat électronique qui lui est attaché dans leur forme et contenu originels, dans les conditions et dans les délais fixés par l'article L 102 B du livre des procédures fiscales.

BF 7/23 inf. 494 ; MF n° 53595

Art 96 G I. Pour l'application du 3° du VII de l'article 289 du code général des impôts, les factures transmises par voie électronique qui se présentent sous la forme d'un message structuré selon une norme convenue entre les parties, permettant une lecture par ordinateur et pouvant être traité automatiquement et de manière univoque, constituent, sous réserve des II et III, des documents tenant lieu de factures d'origine.

II. Les entreprises qui transmettent leurs factures dans les conditions prévues au I recourent à un système de télétransmission répondant à des normes équivalentes à celle définie à l'article 2 de la recommandation 1994/820/CE de la Commission du 19 octobre 1994 concernant les aspects juridiques de l'échange de données informatisées, lorsque l'accord relatif à cet échange prévoit l'utilisation de procédures garantissant l'authenticité de l'origine et l'intégrité des données.

III. L'entreprise doit s'assurer que les informations émises en application du I, par elle-même, ou par un tiers ou client mandaté à cet effet, sont accessibles et conservées dans leur forme et contenu originels et dans l'ordre chronologique de leur émission dans les conditions et dans les délais fixés par l'article L 102 B du livre des procédures fiscales.

L'entreprise destinataire de ces informations doit, quelle que soit la personne qui les a reçues en son nom et pour son compte, s'assurer qu'elles sont accessibles et conservées dans leur forme et contenu originels et dans l'ordre chronologique de leur réception dans les conditions et dans les délais fixés par l'article L 102 B précité.

L'entreprise, qui émet ou reçoit des factures dans les conditions mentionnées au I, doit, quelle que soit la personne qui a matériellement émis ou reçu les messages, en son nom et pour son compte, s'assurer qu'est tenue et conservée sur support informatique, pendant le délai fixé au premier alinéa du I de l'article L 102 B précité, une liste récapitulative séquentielle de tous les messages émis et reçus et de leurs anomalies éventuelles.

IV. Les systèmes de télétransmission des factures prévus par le présent article respectent les spécifications fixées par arrêté du ministre chargé du budget.

(Voir Annexe IV, art. 41 septies)

RIE-IV-6080 s. ; MF n° 53595

Art 96 H La liste récapitulative mentionnée au III de l'article 96 G est restituable sur écran ou sur support informatique. La restitution doit pouvoir être effectuée d'une façon sélective en fonction des informations obligatoires que la liste doit comporter.

RIE-IV-6165 ; MF nº 53595

Art 96 I Les factures sous forme papier ou électronique, dont l'authenticité de l'origine, l'intégrité du contenu et la lisibilité sont assurées par des contrôles visés au 1º du VII de l'article 289 du code général des impôts ainsi que les éléments constitutifs de ces contrôles sont conservés dans leur forme et contenu originels par l'entreprise chargée de s'assurer qu'une facture est émise au sens du I de l'article 289 précité et par l'entreprise destinataire de ces factures, dans les conditions et dans les délais fixés par l'article L 102 B du livre des procédures fiscales.

RIE-IV-6870

Art 96 I bis Les informations des factures, sous forme papier ou électronique, émises et reçues doivent être identiques. Sur demande de l'administration, elles sont restituées en langage clair par l'entreprise chargée de s'assurer qu'une facture est émise au sens du I de l'article 289 du code général des impôts, quelle que soit la personne qui a émis les factures en son nom et pour son compte. Elles sont, en outre, restituées dans les mêmes conditions par l'entreprise destinataire de ces factures, quelle que soit la personne qui les a reçues en son nom et pour son compte.

Les informations des factures sous forme électronique sont, à la demande de l'administration, restituables sur écran, sur support informatique ou sur papier. La restitution porte sur l'intégralité des informations émises et reçues, qu'elles soient obligatoires ou facultatives. Elle doit pouvoir être opérée de manière sélective.

Les données sont restituées lisiblement en mode caractères, en langage clair et intelligible.

RIE-IV-6920

3º Etat récapitulatif des clients

Art 96 J L'état récapitulatif prévu à l'article 289 B du code général des impôts se rapportant aux opérations portant sur les biens est souscrit par l'assujetti ou, le cas échéant, par son représentant désigné en application de l'article 289 A du même code ou par son mandataire ponctuel mentionné à l'article 95 B.

BF 4/22 inf. 318 ; TVA-IV-9000 s. ; MF nºs 49420 s.

Art 96 K L'état récapitulatif mentionné à l'article 96 J contient les informations prévues par les dispositions du II de l'article 289 B du code général des impôts relatives aux opérations et, le cas échéant, aux régularisations, pour lesquelles l'obligation de déclaration prévue par cet article est née au cours du même mois civil.

L'état est transmis à l'administration des douanes au plus tard le dixième jour ouvrable du mois suivant le mois considéré. Il est souscrit, daté et signé par la personne mentionnée à l'article 96 J ou par la tierce personne mandatée à cet effet.

BF 4/22 inf. 318 ; TVA-IV-8800 s. ; MF nºs 49420 s.

Art 96 M Les omissions ou inexactitudes constatées par le déclarant défini au second alinéa de l'article 96 K ou portées à sa connaissance font l'objet, dès leur constat, d'un état récapitulatif rectificatif souscrit par l'intéressé.

Cet état récapitulatif rectificatif, souscrit auprès de l'administration des douanes, comporte les mentions prévues au II de l'article 289 B du code général des impôts. Il est déposé sans délai jusqu'à l'expiration d'une période de six ans décomptée à partir du mois au titre duquel les omissions ou inexactitudes ont été commises.

BF 4/22 inf. 318 ; TVA-IV-8800 s. ; MF nºs 49420 s.

4º Déclaration européenne des services

Art 96 N **I.** Toute personne identifiée à la taxe sur la valeur ajoutée en France qui fournit un service pour lequel le preneur est redevable de la taxe sur la valeur ajoutée dans un autre Etat membre de l'Union européenne en application de l'article 196 de la directive 2006/112/CE du 28 novembre 2006 est tenue de souscrire l'état récapitulatif prévu au III de l'article 289 B du code général des impôts.

II. L'état récapitulatif prévu au III de l'article 289 B du code général des impôts est déposé auprès de l'administration des douanes par voie électronique, au plus tard le dixième jour ouvrable du mois qui suit celui au cours duquel la taxe est devenue exigible dans l'autre Etat membre conformément aux articles 63 à 66 de la directive 2006/112/CE du 28 novembre 2006.

III. Les assujettis bénéficiant du régime de franchise prévu à l'article 293 B du code général des impôts peuvent souscrire l'état récapitulatif au moyen d'un formulaire papier conforme au modèle établi par l'administration des douanes *(Voir arrêté du 23 juillet 2010, JO du 6 août, relatif aux modalités de transmission de la déclaration européenne des services).*

IV. L'état récapitulatif prévu au III de l'article 289 B du code général des impôts mentionne :

1° Le numéro d'assujetti à la taxe sur la valeur ajoutée du prestataire ;

2° L'adresse et la raison ou la dénomination sociale du prestataire ;

3° La période au titre de laquelle l'état est établi ;

4° Le numéro d'identification à la taxe sur la valeur ajoutée du preneur des services attribué par l'Etat membre dans lequel il est redevable de la taxe en application de l'article 196 de la directive 2006/112/CE du 28 novembre 2006 ;

5° Le montant total, en euros et hors taxe sur la valeur ajoutée, des prestations de services effectuées ;

6° S'il y a lieu, le montant des régularisations commerciales effectuées en application du 1 de l'article 272 du code général des impôts.

V. Les omissions et les inexactitudes constatées par le déclarant ou portées à sa connaissance font l'objet, dès leur constat, d'un état rectificatif.

L'état rectificatif, souscrit par le même déclarant auprès de l'administration des douanes, comporte les mentions prévues au IV.

TVA-III-9600 s. ; MF n° 49890

5° Remboursement de la taxe sur la valeur ajoutée supportée dans un autre Etat membre de l'Union européenne

Art 96 O I. La demande de remboursement prévue à l'article 289 D du code général des impôts doit être introduite avant le 30 septembre suivant l'année civile au cours de laquelle la taxe est devenue exigible.

II. La demande de remboursement est réputée introduite lorsque toutes les informations que l'Etat membre de remboursement peut exiger en application des articles 8, 9 et 11 de la directive 2008/9/CE du 12 février 2008 ont été fournies.

III. L'administration ne transmet pas la demande à l'Etat membre de remboursement lorsque, au cours de la période de remboursement, le requérant établi en France :

1° N'était pas assujetti à la taxe sur la valeur ajoutée ;

2° N'a effectué que des livraisons de biens ou des prestations de services exonérées sans droit à déduction de la taxe sur la valeur ajoutée payée à un stade antérieur en vertu des articles 261 à 261 E du code général des impôts ;

3° A bénéficié de la franchise en base prévue à l'article 293 B du code général des impôts ;

4° A bénéficié du régime forfaitaire agricole prévu aux articles 298 bis, 298 quater et 298 quinquies du code général des impôts.

IV. La décision de transmettre ou non la demande prise par l'administration est notifiée à l'assujetti par voie électronique.

TVA-I-7800 s. ; MF n° 56485

SECTION VII

Importations

Art 96 P Le 4° du III de l'article 291 du code général des impôts s'applique lorsque l'expédition du bien vers un autre Etat membre de l'Union européenne est consécutive à son importation et que l'assujetti importateur fournit, au moment de l'importation, les informations suivantes :

1° a. Le numéro d'identification à la taxe sur la valeur ajoutée qui lui a été attribué s'il est établi en France ;

b. Le numéro d'identification à la taxe sur la valeur ajoutée qui lui a été attribué en France s'il est établi dans un autre Etat membre de l'Union européenne ou, le cas échéant, le numéro attribué à son mandataire ponctuel désigné conformément au I de l'article 95 B ;

c. Le numéro d'identification à la taxe sur la valeur ajoutée qui lui a été attribué et sous lequel agit son représentant fiscal, désigné conformément au I de l'article 289 A du code général des impôts, s'il est établi en pays tiers ou, le cas échéant, le numéro d'identification à la taxe sur la valeur ajoutée sous lequel agit son représentant désigné conformément au III de l'article 289 A précité ;

2° a. Le numéro d'identification à la taxe sur la valeur ajoutée attribué dans un autre Etat membre à l'assujetti auquel les biens sont livrés en exonération de taxe sur la valeur ajoutée conformément au 1° du I de l'article 262 ter du code général des impôts ;

b. Le numéro d'identification à la taxe sur la valeur ajoutée attribué à cet importateur dans l'Etat membre d'arrivée de l'expédition ou du transport des biens lorsque ces derniers font l'objet d'un transfert exonéré de taxe sur la valeur ajoutée conformément au 2° du I de l'article 262 ter du code général des impôts ;

3° Un élément de preuve justifiant que les biens importés sont destinés à être transportés ou expédiés vers un autre Etat membre. A cette fin, l'assujetti importateur peut, notamment, produire l'un des documents suivants :

a. Un document de transport ;

b. Une facture du transporteur ou un contrat d'assurance relatif au transport des biens vers un autre Etat membre ;
c. Un contrat conclu avec l'acquéreur ou une correspondance commerciale mentionnant un lieu de destination dans un autre Etat membre ;
d. Un bon de commande écrit émanant de l'acquéreur et indiquant que les biens doivent être expédiés ou transportés vers un autre Etat membre ;
e. Un bon de livraison ou un bon d'enlèvement mentionnant un lieu de destination dans un autre Etat membre.

TVA-IV-13680 s. ; MF n° 49665

SECTION VII bis

Identification des assujettis fournissant des services ou réalisant des livraisons de biens dans le cadre du commerce électronique

Art 97 bis Le numéro individuel d'identification prévu au 3 de l'article 298 sexdecies F du code général des impôts est composé de l'acronyme « EU », suivi de trois chiffres propres à l'Etat membre d'identification, des cinq chiffres de l'identifiant unique et d'un chiffre clef.

TVA-III-8575 ; MF n° 50875

Art 97 ter Lorsque l'administration le radie du registre d'identification dans les cas prévus au 4 de l'article 298 sexdecies F, au III de l'article 298 sexdecies G et au IV de l'article 298 sexdecies H du code général des impôts, l'assujetti ou son intermédiaire en est informé par voie électronique. Cette information reprend les motifs de la radiation.

TVA-III-8610 ; MF n° 50875

SECTION VIII

Régimes spéciaux

II. Biens d'occasion, œuvres d'art, objets d'occasion et d'antiquité

Art 98 A I. Sont considérés comme biens d'occasion les biens meubles corporels susceptibles de remploi, en l'état ou après réparation, autres que des œuvres d'art et des objets de collection ou d'antiquité et autres que des métaux précieux ou des pierres précieuses.

MF n° 60570

II. Sont considérées comme œuvres d'art les réalisations ci-après :

1° Tableaux, collages et tableautins similaires, peintures et dessins, entièrement exécutés à la main par l'artiste, à l'exclusion des dessins d'architectes, d'ingénieurs et autres dessins industriels, commerciaux, topographiques ou similaires, des articles manufacturés décorés à la main, des toiles peintes pour décors de théâtres, fonds d'ateliers ou usages analogues ;

2° Gravures, estampes et lithographies originales tirées en nombre limité directement en noir ou en couleurs, d'une ou plusieurs planches entièrement exécutées à la main par l'artiste, quelle que soit la technique ou la matière employée, à l'exception de tout procédé mécanique ou photomécanique ;

3° A l'exclusion des articles de bijouterie, d'orfèvrerie et de joaillerie, productions originales de l'art statuaire ou de la sculpture en toutes matières dès lors que les productions sont exécutées entièrement par l'artiste ; fontes de sculpture à tirage limité à huit exemplaires et contrôlé par l'artiste ou ses ayants droit ;

4° Tapisseries et textiles muraux faits à la main, sur la base de cartons originaux fournis par les artistes, à condition qu'il n'existe pas plus de huit exemplaires de chacun d'eux ;

5° Exemplaires uniques de céramique, entièrement exécutés par l'artiste et signés par lui ;

6° Emaux sur cuivre, entièrement exécutés à la main, dans la limite de huit exemplaires numérotés et comportant la signature de l'artiste ou de l'atelier d'art, à l'exclusion des articles de bijouterie, d'orfèvrerie et de joaillerie ;

7° Photographies prises par l'artiste, tirées par lui ou sous son contrôle, signées et numérotées dans la limite de trente exemplaires, tous formats et supports confondus.

MF n° 60575

III. Sont considérés comme objets de collection les biens suivants, à l'exception des biens neufs :

1° Timbres-poste, timbres fiscaux, marques postales, enveloppes premier jour, entiers postaux et analogues, oblitérés ou bien non oblitérés mais n'ayant pas cours et n'étant pas destinés à avoir cours ;

2° Collections et spécimens pour collections de zoologie, de botanique, de minéralogie, d'anatomie, ou présentant un intérêt historique, archéologique, paléontologique, ethnographique ou numismatique.

MF n° 60580

IV. Les objets d'antiquité sont les biens meubles, autres que des œuvres d'art et des objets de collection, ayant plus de cent ans d'âge.

MF n° 60585

TVA-XV-20 s.

III. Régime applicable à l'or d'investissement

Art 98 B Afin de bénéficier de l'exonération de taxe sur la valeur ajoutée prévue à l'article 298 sexdecies A du code général des impôts, la facture relative aux opérations portant sur les pièces d'or d'investissement désignées au b du 2 de cet article mentionne pour ces pièces :

a. Leur dénomination ;

b. L'année et le pays de leur émission ;

c. Leur poids en or ;

d. Le cours de l'or fin sur le marché libre au jour de la livraison.

TVA-XV-22460 ; MF n° 61875

IV. Services fournis par voie électronique

Art 98 C Sont considérés notamment comme des services fournis par voie électronique au sens du 12° de l'article 259 B du code général des impôts :

a. La fourniture et l'hébergement de sites informatiques, la maintenance à distance de programmes et d'équipement ;

b. La fourniture de logiciels et la mise à jour de ceux-ci ;

c. La fourniture d'images, de textes et d'informations et la mise à disposition de bases de données ;

d. La fourniture de musique, de films et de jeux, y compris les jeux d'argent et de hasard, et d'émissions ou de manifestations politiques, culturelles, artistiques, sportives, scientifiques ou de divertissement ;

e. La fourniture de services d'enseignement à distance.

Lorsque le prestataire de services et le preneur communiquent par courrier électronique, cela ne signifie pas en soi que le service est fourni par voie électronique.

TVA-III-7800 s. ; MF n° 50055

SECTION IX

Exploitants agricoles

Art 98 bis **1.** Les exploitants agricoles qui bénéficient du régime du remboursement forfaitaire prévu aux articles 298 bis, 298 quater et 298 quinquies du code général des impôts peuvent, pour leurs ventes de fruits et légumes, recevoir mandat de leurs clients redevables de la taxe sur la valeur ajoutée de rédiger en leur lieu et place les attestations qu'ils doivent joindre à la déclaration annuelle prévue au I de l'article 266 de l'annexe II au code général des impôts.

2. Le mandat doit être donné par écrit et figurer soit sur un document valable pour une année civile, soit sur les bulletins d'achat que les acheteurs délivrent à leurs fournisseurs exploitants agricoles. En ce dernier cas, le mandat ne concerne que les produits faisant l'objet des bulletins sur lesquels il figure.

3. Les clients qui donnent le mandat prévu au 1 ne peuvent pas délivrer, pour l'année considérée, l'attestation annuelle prévue par l'article 290 bis du code général des impôts.

4. Les exploitants agricoles visés au 1 établissent une attestation pour chaque client redevable de la taxe sur la valeur ajoutée. Cette attestation doit reprendre les bulletins d'achat ou les bons de livraison que ce client leur a délivrés au cours de l'année précédente en application de l'article 290 bis du code général des impôts ; elle se substitue à celle prévue par ce texte et est opposable au client qu'elle concerne.

5. Les exploitants agricoles visés au 1 doivent conserver les bulletins d'achat ou les bons de livraison correspondant aux attestations qu'ils ont établies eux-mêmes, selon les modalités prévues au I de l'article L 102 B du livre des procédures fiscales et les représenter à toute demande des agents de l'administration des impôts.

6. Les attestations annuelles rédigées par les exploitants agricoles sont conformes au modèle indiqué par l'administration.

TVA-XII-13900 s.

CHAPITRE I BIS

Taxe sur les exploitants de plateformes de mise en relation par voie électronique en vue de fournir certaines prestations de transport

Art 98 ter La taxe sur les exploitants de plateformes de mise en relation par voie électronique en vue de fournir certaines prestations de transport prévue à l'article 300 bis du code général des impôts est déclarée et liquidée :

1° Pour les redevables de la taxe sur la valeur ajoutée soumis au régime réel normal d'imposition mentionné au 2 de l'article 287 du code général des impôts, sur l'annexe à la déclaration mentionnée au 1 du même article 287 ;

2° Pour les redevables de la taxe sur la valeur ajoutée soumis au régime réel simplifié d'imposition prévu à l'article L 162-1 du code des impositions sur les biens et services, sur l'annexe à la déclaration annuelle mentionnée au 3 de l'article 287 du code général des impôts ;

3° Dans tous les autres cas, sur l'annexe à la déclaration prévue au 1 du même article 287 déposée auprès du service de recouvrement dont relève le siège ou le principal établissement du redevable.

BF 4/24 inf. 264 ; TD-XX-13250 s.

Art 98 quater Les redevables acquittent la taxe sur les exploitants de plateformes de mise en relation par voie électronique en vue de fournir certaines prestations de transport par voie dématérialisée lors du dépôt de la déclaration.

CHAPITRE II

Taxe de solidarité sur les billets d'avion

Art 99 Pour l'application des dispositions du VI de l'article 302 bis K du code général des impôts, constituent un système aéroportuaire les aéroports de Paris-Charles-de-Gaulle, de Paris-Orly et de Paris-Le Bourget.

CHAPITRE IV

Redevance sanitaire d'abattage

Art 111 quater A La redevance sanitaire d'abattage est perçue par le service des impôts dans tous les établissements où il est procédé à l'abattage des animaux ou au traitement du gibier sauvage dans les établissements bénéficiant de l'agrément prévu à l'article L 233-2 du code rural et de la pêche maritime. Elle est assise sur le nombre de carcasses d'animaux de chaque espèce.

TD-II-10000 s.

Art 111 quater G Toute personne qui, habituellement ou occasionnellement, se livre, pour son compte ou pour le compte de tiers, aux opérations d'abattage d'animaux de boucherie et de charcuterie, de volailles, de lapins domestiques, de gibier d'élevage ou de traitement du gibier sauvage doit :

1° Souscrire, préalablement à toute opération, une déclaration d'existence auprès du service des impôts dont dépend le lieu d'abattage ou de traitement du gibier sauvage ;

2° Tenir un registre permettant de dégager, jour par jour, et sans blanc ni rature, les éléments nécessaires à la constatation, à la liquidation et au contrôle de la redevance sanitaire d'abattage ;

3° Déclarer et acquitter la redevance, selon le cas, sur l'annexe à chaque déclaration mensuelle de taxe sur la valeur ajoutée pour les redevables qui acquittent cette taxe selon les modalités prévues au premier alinéa du 2 de l'article 287 du code général des impôts susvisé ou sur celle déposée au cours du mois suivant la fin de chaque trimestre civil pour les redevables mentionnés au troisième alinéa du 2 du même article. Pour les redevables placés sous le régime simplifié d'imposition prévu à l'article 302 septies A du même code, la redevance est déclarée et acquittée lors du dépôt de la déclaration mentionnée au 3 de l'article 287 précité.

Lors du dépôt de la déclaration, le redevable adresse au directeur départemental de l'agriculture et de la forêt un relevé des éléments déclarés.

Les obligations prévues aux 1° et 2° ci-dessus ne s'appliquent pas aux personnes assujetties à la taxe sur la valeur ajoutée qui sont astreintes aux obligations prévues au II de l'article 286 quater du code général des impôts et par ses textes d'application.

TD-II-10705 s., 10800 s.

Art 111 quater I Les saisies totales ou partielles pratiquées dans les abattoirs ou dans les établissements agréés de traitement du gibier sauvage par les services d'inspection sanitaire et les exportations ou les expéditions vers les Etats membres de l'Union européenne ne donnent pas lieu au remboursement de la redevance sanitaire d'abattage.

TD-II-10000 s.

Art 111 quater J La redevance sanitaire d'abattage mentionnée à l'article 302 bis N du code général des impôts est modulée en fonction du classement des établissements ou, le cas échéant, de leurs chaînes d'abattage au regard de la fréquence des contrôles officiels à réaliser, au sens du 1 de l'article 3 du règlement (CE) n° 882/2004 du Parlement européen et du Conseil du 29 avril 2004 relatif aux contrôles officiels effectués pour s'assurer de la conformité avec la législation sur les aliments pour animaux et les denrées alimentaires et avec les dispositions relatives à la santé animale et au bien-être des animaux.

La redevance due pour les abattages réalisés dans les établissements ou sur les chaînes d'abattage classés au 31 décembre de l'année précédente en catégorie A ou B en application de l'article D 233-15 du code rural et de la pêche maritime est modulée à la baisse. La redevance due pour les abattages réalisés dans les établissements ou sur les chaînes d'abattage classés au 31 décembre de l'année précédente en catégorie D ou E en application de ce même article est modulée à la hausse.

La redevance due pour les abattages ou traitements réalisés dans les établissements ou sur les chaînes d'abattage classés au 31 décembre de l'année précédente en catégorie A ou B en application des articles D 233-16 ou D 233-17 du code rural et de la pêche maritime est modulée à la baisse. La redevance due pour les abattages ou traitements réalisés dans les établissements ou sur les chaînes d'abattage classés au 31 décembre de l'année précédente en catégorie C ou D en application de ces mêmes articles est modulée à la hausse.

Le taux de modulation de la redevance est fixé par arrêté conjoint des ministres chargés de l'agriculture et du budget.

Ndlr *En ce qui concerne les tarifs applicables, voir l'article 50 terdecies de l'annexe IV.*
En ce qui concerne les taux de modulation de ces tarifs, voir partie Autres textes du présent code arrêté du 12 octobre 2012 art. 1 à 4 (JO du 14).

TD-II-10600 s. ; MF n° 76066

CHAPITRE V

Redevance sanitaire de découpage

Art 111 quater L La redevance sanitaire de découpage est perçue par le service des impôts auprès des mêmes personnes que la redevance sanitaire d'abattage et conformément aux dispositions de l'article 111 quater G.

Elle est assise sur le poids de viande fraîche net, tel qu'il est défini à l'article 111 quater LA, constaté lors de la pesée et atténué des abattements prévus au même article.

TD-II-12000 s. ; MF n° 76070

Art 111 quater LA I. Pour les animaux des espèces bovine, ovine, caprine et pour ceux des espèces chevaline, asine et leurs croisements ainsi que pour les gibiers ongulés d'élevage ou sauvages, le poids de viande net est celui des quatre quartiers de l'animal abattu, saigné, dépouillé et éviscéré, défalcation faite :

a. De la tête qui doit être enlevée par section au niveau de l'articulation de l'occiput et de la première vertèbre cervicale, la section étant effectuée suivant un plan perpendiculaire au grand axe des vertèbres cervicales ;

b. D'une partie des membres sectionnés à l'articulation du genou pour les antérieurs et à celle du jarret pour les postérieurs ;

c. Des organes contenus dans les cavités thoracique, abdominale et pelvienne mais à l'exclusion des rognons et des graisses de rognons pour les veaux et les ovins ;

d. Des organes génitaux et mammaires ;

e. Pour les gros bovins, du parage des gouttières jugulaires dans la limite d'un kilogramme par animal et des graisses externes des régions dorsales et latérales sans que cette élimination puisse mettre à nu le tissu musculaire.

II. Pour les animaux de l'espèce porcine, le poids de viande net est celui de l'animal abattu, saigné et éviscéré en carcasse entière ou divisée par le milieu, y compris la tête et les pieds, sans les soies, les sabots, les organes génitaux, la langue, la panne, les rognons et le diaphragme.

Toutefois, les carcasses de porc peuvent être présentées à la pesée avec la langue. Dans ce cas, le poids de viande net constaté à chaud donne lieu à un abattement de 0,5 % qui s'ajoute à celui prévu au V ci-après.

III. Les volailles s'entendent des coqs, poules, poulets, canards, oies, dindes et pintades, ainsi que des autres oiseaux élevés et abattus comme des animaux domestiques.

Pour les volailles, les lapins domestiques et les gibiers d'élevage ou sauvages autres qu'ongulés, le poids de viande net à retenir est celui de la carcasse découpée ou non.

IV. Toute partie de l'animal attenant à la carcasse au moment de la pesée est incluse dans le poids de viande net.

V. Pour les animaux de boucherie et de charcuterie, la pesée doit être effectuée dans l'heure qui suit l'étourdissement de l'animal. Le poids de viande net constaté donne lieu à un abattement de 2,5 % pour les viandes provenant des animaux de l'espèce porcine et de 2 % pour celles provenant des animaux des espèces bovine, ovine et caprine et des espèces chevaline, asine et leurs croisements.

Pour les volailles, le lapin domestique et le gibier d'élevage ou sauvage, la pesée doit être effectuée dans les vingt-quatre heures qui suivent l'abattage ou le traitement pour le gibier sauvage, pour chacun des lots d'animaux abattus ou traités par un même propriétaire ou pour son compte.

Les quantités de viandes nettes reportées sur la déclaration mentionnée à l'article 111 quater G sont arrondies au kilogramme le plus voisin. Elles donnent lieu aux abattements ci-après, également arrondis :

a. De 10 % du poids de viande net pour les viandes provenant des animaux de l'espèce porcine pour tenir compte de la tête et des pieds pesés avec la carcasse ;

b. De 5 % du poids de viande net pour les volailles lorsque le foie et le gésier ont été détachés de la carcasse, mais pesés et emballés avec celle-ci.

TD-II-12000 s.

Art 111 quater M Pour les viandes de volailles, de lapin domestique ou de gibier d'élevage ou sauvage autre qu'ongulé, la redevance sanitaire de découpage n'est pas due sur les carcasses pour lesquelles l'abatteur, le tiers abatteur, la personne qui procède au traitement du gibier sauvage, celle qui réalise des acquisitions intracommunautaires, l'importateur ou le déclarant en douane justifie d'une destination autre qu'un atelier de découpe agréé en application de l'article L 233-2 du code rural et de la pêche maritime.

TD-II-12000 s. ; MF nº 76070

Art 111 quater N Les saisies totales ou partielles pratiquées dans les abattoirs ou dans les établissements agréés de traitement du gibier sauvage par les services d'inspection sanitaire et les viandes qui font l'objet d'achats effectués par les organismes d'intervention ne donnent pas lieu à la perception de la redevance sanitaire de découpage.

TD-II-12000 s.

Art 111 quater O La redevance sanitaire de découpage n'est pas due pour les viandes en carcasse de toutes espèces, les viandes en carcasse, demi-carcasse ou demi-carcasse découpée en un maximum de trois morceaux de gros ou de quartiers des espèces bovine, ovine, caprine, porcine et des espèces chevaline, asine ou leurs croisements ainsi que pour les gibiers ongulés d'élevage ou sauvages qui sont exportées ou expédiées vers les Etats membres de la Communauté européenne.

TD-II-12000 s. ; MF nº 76070

Art 111 quater P A l'importation, la redevance sanitaire de découpage est perçue dans les conditions prévues à l'article 111 quater R sur les viandes reprises au tableau ci-dessous déclarées pour la mise à la consommation dans le territoire douanier.

NUMEROS du tarif des douanes	DESIGNATION DES MARCHANDISES
Ex-0201	Viandes des animaux domestiques de l'espèce bovine fraîches ou réfrigérées.

NUMEROS du tarif des douanes	DESIGNATION DES MARCHANDISES
Ex-0202	Viandes des animaux domestiques de l'espèce bovine congelées.
Ex-0203	Viandes des animaux domestiques de l'espèce porcine fraîches, réfrigérées ou congelées.
Ex-0204	Viandes des animaux domestiques des espèces ovine, caprine, fraîches, réfrigérées ou congelées.
Ex-0205.00.00	Viandes des animaux domestiques des espèces chevaline, asine, mulassière, fraîches, réfrigérées ou congelées.
Ex-0207	Viandes fraîches, réfrigrérées ou congelées des volailles du numéro 0105.
0208	Autres viandes comestibles, fraîches, refrigérées ou congelées
0209	Lard sans parties maigres, graisse de porc et graisse de volailles non fondues, frais, réfrigérés, congélés, salés ou en saumure, séchés ou fumés.
Ex-0210	Viandes comestibles des animaux domestiques repris aux numéros 0101 à 0105 inclus, salées ou en saumure, séchées ou fumées.
1501	Saindoux ; autres graisses de porc et graisses de volailles fondues, même pressées ou extraites à l'aide de solvants.
Ex-1601	Saucisses, saucissons et produits similaires de viandes d'animaux domestiques repris aux numéros 0101 à 0105 inclus et préparations alimentaires à base de ces produits.
Ex-1602	Autres préparations et conserves de viandes d'animaux domestiques repris aux numéros 0101 à 0105 inclus.
Ex-1902.20.30	Pâtes alimentaires farcies contenant en poids plus de 20 % de saucisses, saucissons et produits similaires de viandes d'animaux domestiques repris aux numéros 0101 à 0105 inclus.

Le tarif de la redevance sanitaire de découpage à retenir pour les préparations et conserves de viandes de boucherie, de charcuterie, de volailles *(n^os Ex-16-01 et Ex-16-02 du tarif des douanes),* de lapin domestique et de gibier d'élevage ou sauvage dans la composition desquelles entrent des viandes d'espèces animales différentes est égal à celui prévu pour la viande dont le tarif est le plus faible.

TD-II-12000 s.

Art 111 quater Q Pour les viandes en provenance des autres Etats membres de la Communauté européenne, la redevance sanitaire de découpage est perçue dans les conditions prévues à l'article 111 quater R sur les viandes en carcasse, demi-carcasse ou demi-carcasse découpée en un maximum de trois morceaux de gros ou quartiers des animaux des espèces bovine, ovine, caprine, porcine et des espèces chevaline, asine ou leurs croisements ainsi que des gibiers ongulés d'élevage ou sauvages, reprises au tableau ci-dessous :

NUMEROS du tarif des douanes	DESIGNATION DES MARCHANDISES
Ex-0201	Viandes des animaux domestiques de l'espèce bovine fraîches ou réfrigérées.
Ex-0202	Viandes des animaux domestiques de l'espèce bovine congelées.
Ex-0203	Viandes des animaux domestiques de l'espèce porcine fraîches, réfrigérées ou congelées.
Ex-0204	Viandes des animaux domestiques des espèces ovine, caprine, fraîches, réfrigérées ou congelées.
Ex-0205.00.00	Viandes des animaux domestiques des espèces chevaline, asine, mulassière, fraîches, réfrigérées ou congelées.
0208	Autres viandes comestibles, fraîches, refrigérées ou congelées

TD-II-12000 s.

Art 111 quater R La redevance prévue aux articles 111 quater P et 111 quater Q est perçue sur le poids net de la viande, déduction faite du poids des abats et arrondi au kilogramme le plus voisin.

Il est éventuellement affecté d'un abattement de 5 %, également arrondi, pour les volailles dont le foie et le gésier ont été détachés de la carcasse mais pesés et emballés avec celle-ci.

TD-II-12000 s.

CHAPITRE VIII

Redevance pour l'agrément des établissements du secteur de l'alimentation animale

Art 111 quater U Tout établissement qui prépare, manipule, entrepose ou cède des substances et des produits destinés à l'alimentation des animaux et dont l'activité est soumise à agrément en application de l'article L 235-1 du code rural et de la pêche maritime doit :

1° Déclarer et acquitter la redevance, selon le cas, sur l'annexe à la déclaration de taxe sur la valeur ajoutée relative au mois de mars ou du premier trimestre pour les redevables qui acquittent cette taxe selon les modalités prévues au 2 de l'article 287 du code général des impôts. Pour les redevables placés sous le régime simplifié d'imposition prévu à l'article 302 septies A du même code, la redevance est déclarée et acquittée lors du dépôt de la déclaration mentionnée au 3 de l'article 287 précité.

2° *(Abrogé).*

TD-II-21050 ; MF n° 76082

CHAPITRE IX

Prélèvements sur les jeux et paris

Art 111 quater V Le taux du prélèvement prévu à l'article 302 bis ZG du code général des impôts est fixé à 5,3 %.

BF 2/20 inf. 134 ; TD-XX-8130 s. ; MF n° 76025

TITRE II BIS

DISPOSITIONS COMMUNES AUX IMPOTS DIRECTS ET AUX TAXES SUR LE CHIFFRE D'AFFAIRES

CHAPITRE PREMIER

Règles applicables aux représentants fiscaux

Art 111 quinquies Dès lors qu'il est tenu d'accomplir, en application de l'article 1671 du code général des impôts, les obligations incombant à une personne représentée, le représentant unique prévu à l'article 302 decies du même code s'acquitte de l'ensemble des obligations incombant à cette même personne auprès du service des impôts des entreprises étrangères de la direction des impôts des non-résidents.

TVA-III-11788 ; MF nº 50645

TITRE III

CONTRIBUTIONS INDIRECTES ET TAXES DIVERSES

CHAPITRE 0I

Alcools, boissons alcooliques et tabacs manufacturés

Art 111-00 D à 111 N Comme indiqué dans l'avant-propos, les articles de ce chapitre ne sont pas reproduits dans le présent code.

CHAPITRE PREMIER

Boissons

SECTION I

Alcools

A. Production

Art 118 Article non reproduit (voir l'avant-propos).

B. Régime économique

Art 143 A à 144 bis Articles non reproduits (voir l'avant-propos).

C. Régime fiscal

Art 169-0 A Le certificat permettant d'attester que le rhum traditionnel des départements d'outre-mer répond à la définition établie par le 1° du I de l'article 403 du code général des impôts est conforme au modèle fixé par l'administration et reprend, notamment, les informations suivantes :

a. Les noms de l'expéditeur et du destinataire, la période contingentaire, le département d'origine, le pays de destination, la désignation des marchandises et les quantités expédiées ;

b. L'engagement de l'exportateur relatif au respect des règles en vigueur et l'attestation de qualité et d'origine visée par l'autorité compétente.

Il peut être délivré par l'administration ou par un organisme agréé par elle. Cet agrément est publié au Bulletin officiel des douanes.

SECTION II

Vins et cidres

B. Régime fiscal

Art 171 Pour l'application du 2° des I et II de l'article 435 du code général des impôts, les vins, les boissons ou les produits fermentés mousseux sont ceux qui sont présentés dans des bouteilles fermées par un bouchon « champignon » maintenu à l'aide d'attaches ou de liens ou ceux qui ont une surpression due à l'anhydride carbonique en solution égale ou supérieure à 3 bar.

Art 172 Quels que soient le lieu où elle est effectuée, la qualité de l'opérateur *(viticulteur, cave coopérative ou négociant)*, les pourcentages d'enrichissement alcoolique des boissons et de réduction du volume initial de ces dernières, toute opération de congélation de vins, en vue de leur concentration partielle, doit être déclarée, au préalable, au bureau de déclarations de la direction générale des douanes et droits indirects dont dépend l'atelier de concentration.

Art 173 La déclaration doit mentionner :

1° Les nom, prénoms et domicile du déclarant ;

2° La quantité, la couleur et la richesse alcoolique totale *(richesse acquise et richesse en puissance)* des vins à concentrer ;

3° La nature des vins *(vins de coupage, vins de pays, vins bénéficiant d'une appellation d'origine simple ou contrôlée)* et l'indication, le cas échéant, du nom de pays ou de l'appellation d'origine des vins ;

4° Le lieu, le jour et l'heure du commencement et la durée probable des opérations.

Art 174 A la fin des travaux ou, si ceux-ci durent plus de cinq jours, à la fin de chaque journée, la déclaration prévue à l'article 173 est complétée par l'indication du volume et de la richesse alcoolique totale des vins obtenus après concentration.

Lorsque la concentration doit porter successivement sur des vins de coupage, des vins de pays et des vins déclarés sous une appellation d'origine, le préparateur est tenu d'inscrire ses opérations sur un registre conforme au modèle établi par l'administration et coté et paraphé par le chef de service local. Il mentionne séparément pour les vins de coupage, pour les vins de pays et pour les vins déclarés sous une appellation d'origine le volume et la richesse alcoolique totale des vins mis en œuvre et également des vins obtenus après concentration. Le cas échéant, à l'égard des vins déclarés sous appellation d'origine, l'inscription doit distinguer, appellation par appellation, les lots de vins en traitement.

Les diverses catégories de vins, en instance de traitement ou déjà traités, doivent être logées dans des cuves, foudres ou vaisseaux distincts, revêtus d'étiquettes libellées en caractères indélébiles et permettant de les identifier.

Art 175 A partir du moment où la déclaration de concentration a été souscrite et jusqu'à l'expiration d'un délai de quinze jours compté de la date de cessation des travaux, le préparateur est soumis, dans ses ateliers, magasins, caves et celliers, aux vérifications des agents du service des douanes et droits indirects et du service de la répression des fraudes. Il est tenu de leur représenter tous les vins en instance ou en cours de traitement, ou déjà traités, existant en sa possession. Les agents peuvent prélever gratuitement des échantillons de ces vins.

Art 176 Les concentrateurs munis d'une autorisation personnelle accordée par le service des douanes et droits indirects peuvent être dispensés de souscrire la déclaration prévue à l'article 172, à condition de consigner, avant toute fabrication, les éléments de cette déclaration sur un registre fourni par eux, coté et paraphé par le chef de service local de l'administration des douanes et droits indirects. Ce registre doit être représenté à toute réquisition des agents du service des douanes et droits indirects ou du service de la répression des fraudes. L'autorisation prévue au présent article peut être retirée en cas d'abus.

Art 178 Quand la concentration de vins est déclarée et opérée régulièrement et dans les limites fixées, la perte de volume subie par les vins traités est admise en décharge pour l'assiette du droit de circulation.

Art 178-0 bis Les entrepositaires agréés, les destinataires enregistrés, les expéditeurs enregistrés, les importateurs et les personnes qui réalisent des acquisitions intracommunautaires, redevables du droit de circulation dans les conditions visées à l'article 302 D du code général des impôts, ne peuvent bénéficier du tarif prévu pour les vins visés au a bis du 2° de l'article 438 du même code obtenus conformément aux dispositions prévues par le règlement (CE) n° 1234/2007 du Conseil du 22 octobre 2007 qu'après justification auprès du bureau de déclaration de la direction générale des douanes et droits indirects que l'alcool contenu dans le produit résulte entièrement d'une fermentation et que le produit n'a fait l'objet d'aucun enrichissement, même si celui-ci est autorisé dans les conditions prévues aux A et B de l'annexe XV bis du règlement (CE) n° 1234/2007 précité.

Est considéré comme justificatif tout document attestant du respect des conditions précitées, émanant d'une autorité administrative chargée du contrôle des modes de production et d'élaboration des produits viti-vinicoles dans l'Etat de production.

Art 178-0 bis A Pour l'application des taux réduits du droit spécifique mentionnés du cinquième au huitième alinéa du a du I de l'article 520 A du code général des impôts, une petite brasserie indépendante s'entend d'une brasserie établie dans un Etat membre de la Communauté européenne qui respecte cumulativement les critères suivants :

1° Elle produit annuellement moins de 200 000 hectolitres de bière ;

2° Elle est juridiquement et économiquement indépendante de toute autre brasserie ;

3° Elle utilise des installations physiquement distinctes de celles de toute autre brasserie ;

4° Elle ne produit pas sous licence.

Lorsque deux ou plusieurs petites brasseries coopèrent et que leur production annuelle additionnée ne dépasse pas 200 000 hectolitres, ces brasseries peuvent être traitées comme une seule petite brasserie indépendante.

Art 178-0 bis B I. La production annuelle d'une petite brasserie indépendante s'entend de la production de bière réalisée par cette brasserie au cours des douze mois de son exercice commercial après déduction du taux annuel forfaitaire de pertes mentionné à l'article 50-0 L de l'annexe IV au code général des impôts .

Pour l'application des taux réduits du droit spécifique prévus du cinquième au huitième alinéa du a du I de l'article 520 A du code général des impôts, le volume de bière à prendre en compte est celui effectivement produit au cours des douze mois de l'exercice commercial précédent.

II. Les brasseries concernées transmettent au service des douanes et droits indirects territorialement compétent, au plus tard le dixième jour du mois qui suit la clôture de la comptabilité matières relative à l'exercice commercial écoulé, une déclaration de production reprenant les quantités produites, au sens du premier alinéa du I.

III. Pour les brasseries nouvellement créées, les taux réduits du droit spécifique mentionnés du cinquième au huitième alinéa du a du I de l'article 520 A du code général des impôts s'appliquent sur la base d'une déclaration prévisionnelle des quantités qu'elles envisagent de produire transmise au service des douanes territorialement compétent.

Le montant du droit spécifique acquitté au titre du premier exercice est, le cas échéant, réajusté à l'issue de cet exercice au moment du dépôt de la déclaration prévue au II.

IV. En cas de demande de compensation ou de remboursement mentionnée à l'article 286 M de l'annexe II au même code, l'entrepositaire agréé doit présenter au service des douanes et droits indirects compétent tout justificatif attestant du taux du droit spécifique acquitté ou supporté pour les bières faisant l'objet de la demande.

SECTION V

Régimes particuliers

Art 178 A à 178 AB Articles non reproduits (voir l'avant-propos).

CHAPITRE II

Garanties des matières d'or, d'argent et de platine

Art 183 à 214 Comme indiqué dans l'avant-propos, ces articles ne sont pas reproduits dans le présent code.

TITRE IV

ENREGISTREMENT, PUBLICITE FONCIERE, TIMBRE

CHAPITRE PREMIER

Droits d'enregistrement et taxe de publicité foncière

SECTION I

Dispositions générales

I. Des formalités

A. Champ d'application respectif de la formalité de l'enregistrement et de la formalité fusionnée. Délais

1. Actes et mutations soumis à la formalité de l'enregistrement. Actes publics et sous seings privés

Art 245 Les actes notariés dont la liste est fixée par arrêté du ministre de l'économie et des finances, ainsi que les testaments olographes déposés en l'étude d'un notaire, sont dispensés de la formalité de l'enregistrement, sous les conditions indiquées audit arrêté *(Voir Annexe IV, art. 60)*. Le cas échéant, les droits dus sur ces actes sont payés sur états, suivant les modalités prévues aux articles 263 et 384 bis A.

ENR-I-2690 s., 14350 s.

Art 248 Les dispositions de l'article 245 ne sont pas applicables aux actes assujettis à la formalité fusionnée instituée par l'article 647 du code général des impôts.

ENR-I-175, 2690

2. Actes soumis à la formalité fusionnée de l'enregistrement et de la publicité foncière

Art 249 Les actes visés à l'article 647 du code général des impôts, pour lesquels il est impossible de procéder à la formalité fusionnée, sont :

1° Les actes portant sur des immeubles situés en totalité dans les départements de la Moselle, du Bas-Rhin, ou du Haut-Rhin ;

2° Ceux qui ont fait l'objet d'un refus de publier et dont la régularisation ne peut être opérée.

ENR-I-600 s. ; MF n° 63740

3. Régime particulier aux départements de la Moselle, du Bas-Rhin et du Haut-Rhin

Art 250 **I.** La formalité fusionnée n'est applicable aux actes portant sur des immeubles situés en partie dans les départements de la Moselle, du Bas-Rhin et du Haut-Rhin que si leur rédacteur réside en dehors de ces trois départements.

II. Les actes et conventions concernant des immeubles situés en totalité dans les départements de la Moselle, du Bas-Rhin et du Haut-Rhin, ou des droits portant sur ces immeubles, sont assujettis en toute hypothèse à la formalité et aux droits d'enregistrement.

ENR-I-600 s. ; MF n° 63740

B. Accomplissement des formalités

1. Bureaux compétents

a. Enregistrement

Art 250 A La déclaration prévue à l'article 638 A du code général des impôts doit être déposée :

S'il s'agit de la formation d'une société ou d'un groupement économique à l'un des services des impôts dans le ressort desquels les biens apportés sont situés ou, si ces biens n'ont pas une assiette matérielle fixe, au service des impôts du siège social ou du domicile de l'un des apporteurs et, à défaut de siège social ou de domicile en France, auprès de celui désigné par l'administration *(Voir Annexe IV, art. 60 A)* ;

S'il s'agit des autres opérations visées audit article, au service des impôts dans le ressort duquel sont situés soit le siège statutaire, soit celui de la direction effective, soit le principal établissement de la société ou du groupement économique.

ENR-I-3800 s. ; ENR-VI-45

b. Formalité fusionnée

Art 251 Lorsqu'un acte concerne des immeubles ou droits immobiliers situés dans le ressort de plusieurs services de la publicité foncière, la formalité fusionnée est exécutée au service où la publicité est requise en premier lieu. Ce service est l'un quelconque des services intéressés, au choix du requérant ; il est indiqué dans chacune des expéditions présentées à la formalité.

ENR-I-805, 1120 ; MF n° 63750

2. *Modalités d'exécution*

a. Enregistrement

Art 251 A **I.** La déclaration prévue à l'article 638 A du code général des impôts doit préciser la nature et la date de l'opération qui a été réalisée par une société ou un groupement d'intérêt économique sans avoir donné lieu à l'établissement d'un acte.

Lorsque l'opération comporte des apports, cette déclaration doit en outre indiquer :

a. La désignation et le régime fiscal, d'une part, des apporteurs, d'autre part, de la société ou du groupement bénéficiaire des apports ;

b. La consistance et l'origine de propriété de ces apports ;

c. Leur caractère pur et simple ou à titre onéreux ;

d. La valeur réelle de chacun des éléments apportés et, le cas échéant, le montant du capital nominal créé.

II. Cette déclaration doit être produite par la société ou le groupement dans le mois de la réalisation des opérations en cause.

Son dépôt est accompagné du paiement des droits ou taxes exigibles.

ENR-VI-50

b. Formalité fusionnée

Art 253 **I.** La formalité fusionnée est exécutée au vu de deux expéditions intégrales de l'acte à *publier, établies dans les conditions* fixées par l'article 67-3 modifié introduit dans le décret n° 55-1350 du 14 octobre 1955 par l'article 12 du décret n° 67-1252 du 22 décembre 1967.

II. Lorsqu'un acte concerne des immeubles ou droits immobiliers situés dans le ressort de plusieurs services de la publicité foncière, la formalité fusionnée est opérée au vu d'une expédition intégrale de l'acte et d'un extrait établi dans les conditions fixées par l'article 67-3 précité. Les dispositions du 1 modifié de l'article 68 du décret n° 55-1350 du 14 octobre 1955 sont applicables à la publicité requise dans les autres services de la publicité foncière compétents ; pour son exécution, les requérants disposent du délai supplémentaire global d'un mois prévu à l'article 33 modifié du décret n° 55-22 du 4 janvier 1955.

Le service où la formalité fusionnée est exécutée perçoit la totalité des droits et taxes exigibles ainsi que, le cas échéant, les pénalités de retard encourues. Par dérogation à la disposition qui précède, la contribution de sécurité immobilière prévue à l'article 879 du code général des impôts est également due dans chacun des autres services.

L'extrait prévu à l'article 860 du code général des impôts est déposé en double exemplaire au service où la formalité fusionnée est requise ; un exemplaire supplémentaire est remis à chacun des autres services concernés.

L'autorité compétente de l'Etat mentionnée aux premier et deuxième alinéas de l'article 860 du code général des impôts est le directeur général des finances publiques.

III. Quand la formalité fusionnée est applicable à des actes portant sur des immeubles situés en partie dans les départements de la Moselle, du Bas-Rhin et du Haut-Rhin, elle est exécutée dans les conditions fixées au II, au service ou à l'un des services compétents qui perçoit la totalité des droits et taxes exigibles sur l'acte. Les dispositions du même paragraphe sont applicables à la publicité requise dans les autres services de la publicité foncière en ce qui concerne les immeubles situés en dehors des trois départements visés ci-dessus.

IV. Une réquisition de formalité fusionnée est obligatoire en cas de présentation à cette formalité d'actes qui y sont soumis facultativement.

ENR-I-810, 900, 1116 s., 2120 ; MF n° 63750

Art 254 Pour l'exécution de la formalité fusionnée, les requérants doivent remettre au service de la publicité foncière, en même temps que les pièces visées à l'article 253, l'ensemble des documents dont le dépôt était prescrit en matière d'enregistrement et de publicité foncière au moment de l'entrée en vigueur du décret n° 70-548 du 22 juin 1970. Ces documents sont aménagés, s'il y a lieu, suivant des modalités fixées par le directeur général des finances publiques.

ENR-I-1100 s.

Art 255 L'extrait d'acte prévu à l'article 860 du code général des impôts est complété par un projet de liquidation détaillée des droits exigibles. Il comprend, le cas échéant, les mentions prévues au III de l'article 150 VG, à la deuxième phrase du deuxième alinéa du IV de l'article 1529 et à la deuxième phrase du deuxième alinéa du V de l'article 1605 nonies du code général des impôts.

IMMO-II-180920

Art 256 Les pièces visées aux articles 253 et 254 et l'extrait d'acte prévu à l'article 860 du code général des impôts peuvent être :

Soit remis au service de la publicité foncière compétent ;

Soit adressés directement à ce service par pli postal, ordinaire ou recommandé.

ENR-I-1350

Art 257 La formalité est refusée :

Dans les cas où une telle sanction est prévue par la réglementation en vigueur en matière de publicité foncière ou d'enregistrement ;

En cas d'inobservation des dispositions des articles 253, 254 et 255.

ENR-I-1405 s., 1500

Art 258 Malgré la notification d'une cause de rejet de la formalité l'acte est réputé enregistré à la date du dépôt et les droits sont perçus en conséquence. La publication de l'acte, après régularisation, ne donne pas lieu au versement d'une nouvelle taxe.

ENR-I-1700, 1740

c. Interdictions

Art 260 Sous réserve des dispositions du 2° de l'article 249, il est fait défense aux comptables de la direction générale des finances publiques chargés de la formalité de l'enregistrement d'enregistrer les actes obligatoirement soumis à la formalité fusionnée.

ENR-I-5450 s.

II. Des impositions

Assiette et liquidation

Art 263 Sur chaque acte, non exempt d'impôt, entrant dans le champ d'application de l'article 245, il est porté la mention suivante, à la diligence du notaire :

« Droits d'enregistrement sur état... € *(Montant global des droits, en chiffres)* ».

Cette mention peut être apposée, en tout ou en partie, au moyen d'une griffe ; elle est reproduite sur toutes les expéditions ou copies de l'acte.

ENR-I-14400

SECTION II

Les tarifs et leur application

I. Mutations de propriété à titre onéreux d'immeubles ou de meubles

2. Opérations concourant à la production ou à la livraison d'immeubles

Art 266 bis **I.** La justification de l'exécution des travaux prévus au I du A de l'article 1594-0 G du code général des impôts résulte :

1° Dans les cas indiqués au I de l'article 244 de l'annexe II au même code, du dépôt de la déclaration spéciale qui y est mentionnée ;

2° Dans les autres cas, du dépôt en mairie de la déclaration attestant de l'achèvement des travaux et de la conformité des travaux de construction ou d'aménagement au permis délivré ou de la déclaration préalable, mentionnée à l'article L 462-1 du code de l'urbanisme.

II. Lorsque l'engagement mentionné au I du A de l'article 1594-0 G du code général des impôts porte sur la construction de maisons individuelles et que la superficie du terrain acquis excède celle pour laquelle l'exonération est applicable aux termes du premier alinéa du III du A de l'article précité, l'exonération s'applique à une fraction du prix d'acquisition égale au rapport entre la superficie pour laquelle elle est applicable et celle du terrain acquis.

Lorsque l'engagement mentionné à l'alinéa précédent porte sur la surélévation d'un immeuble bâti existant, l'exonération s'applique à une fraction du prix d'acquisition égale au rapport entre, d'une part, la surface de plancher des locaux résultant de la surélévation et, d'autre part, la somme de cette dernière surface et de la surface de plancher de l'immeuble acquis.

III. L'engagement mentionné au I du A de l'article 1594-0 G du code général des impôts précise l'objet et la consistance des travaux sur lesquels il porte. La demande de prorogation du délai prévue au IV du A de l'article précité doit être formulée au plus tard dans le mois qui suit l'expiration du délai précédemment imparti. *Elle doit* être adressée par pli recommandé avec demande d'avis de réception postale, être motivée et préciser la consistance des travaux prévus dans l'engagement primitif sur lesquels porte la prorogation demandée ainsi que le montant des droits dont l'exonération est subordonnée à leur exécution.

L'autorité compétente de l'Etat mentionnée aux IV et IV bis du A de l'article 1594-0 G précité est le directeur départemental ou, le cas échéant, régional des finances publiques.

IV. La demande de prorogation du délai prévue au IV bis du A de l'article 1594-0 G du code général des impôts doit être formulée au plus tard dans le mois qui suit l'expiration du délai précédemment imparti. Elle doit être adressée par pli recommandé avec demande d'avis de réception postale, être motivée et préciser la consistance des immeubles sur lesquels porte la prorogation demandée ainsi que le montant des droits dont l'exonération est subordonnée à leur revente.

V. La substitution d'un engagement de construire à un engagement de revendre telle que prévue au troisième alinéa du II du A de l'article 1594-0 G du code général des impôts résulte de l'envoi au service des impôts par pli recommandé avec demande d'avis de réception postale d'une déclaration faisant référence à la date et au numéro d'enregistrement et de publication de l'acte de mutation comportant l'engagement de revendre auquel se substitue le nouvel engagement. La déclaration précise l'objet et la consistance des travaux prévus par cet engagement ainsi que le montant des droits dont l'exonération est subordonnée à leur exécution.

VI. La substitution d'un engagement de revendre à un engagement de construire telle que prévue au deuxième alinéa du II du A de l'article 1594-0 G du code général des impôts résulte de l'enregistrement dans les conditions mentionnées au 1° du 1 de l'article 635 du code précité d'un acte complémentaire à l'acte de mutation comportant l'engagement d'origine auquel se substitue le nouvel engagement. Cet acte précise l'objet et la consistance des travaux auxquels il est renoncé ainsi que la valeur de l'acquisition pour laquelle est sollicité le bénéfice des dispositions de l'article 1115 du même code.

ENR-V-9020 s. ; MF n°s 66290 s.

3. Régime particulier aux départements de la Moselle, du Bas-Rhin et du Haut-Rhin

Art 267 **I.** Les droits dus en application de l'article 250 sont perçus aux taux et selon les modalités prévus à la section II du chapitre 1er et au chapitre IV du titre IV de la première partie du livre Ier du code général des impôts, ainsi qu'aux articles 1584, 1595 et 1595 bis dudit code.

ENR-I-608

II. *(Disposition devenue sans objet : loi n° 77-1468 du 30 décembre 1977 art. 1er).*

II. Mutations à titre gratuit

A. Assiette des droits : dispositions spéciales aux successions. Règles d'évaluation

2° Biens frappés d'indisponibilité hors de France

Art 280 **I.** Les titres, sommes, valeurs ou avoirs quelconques dépendant d'une succession et frappés d'indisponibilité hors de France par suite de mesures prises par un Gouvernement étranger sont portés pour mémoire dans la déclaration souscrite en vue de la perception des droits de mutation par décès.

II. Les biens visés au I font l'objet d'une déclaration complémentaire qui doit être souscrite dans le délai de neuf mois à compter de la date à laquelle lesdits biens ou leur représentation sont devenus disponibles ou ont fait l'objet d'une vente, d'une cession ou d'un transfert volontaire ou forcé. Ils sont évalués à cette dernière date, abstraction faite des fruits, intérêts, dividendes ou autres produits échus postérieurement à l'ouverture de la succession.

Les droits sont liquidés selon le tarif et d'après les règles applicables à la date d'ouverture de la succession et doivent être acquittés au moment du dépôt de la déclaration complémentaire.

III. Lorsque les biens visés au I ou leur représentation ne deviennent disponibles ou ne font l'objet d'une vente, d'une cession ou d'un transfert que pour partie, les dispositions du II ne sont applicables qu'à concurrence de la fraction devenue ainsi disponible ou de celle vendue, cédée ou transférée.

ENR-X-14850 s.

3° Fonds communs de placement

Art 280 A Le gérant ou le dépositaire des actifs d'un fonds commun de placement agissant pour le compte du gérant, doit, en cas de décès d'un propriétaire de parts du fonds :

1° Déposer dans le délai prévu au I de l'article 806 du code général des impôts, auprès de la direction départementale ou, le cas échéant, régionale des finances publiques désignée au premier alinéa de l'article 41 sexdecies A, une déclaration rédigée sur les formules imprimées visées au II de l'article 806 et mentionnant :

La dénomination du fonds, le nom ou la raison sociale et l'adresse du gérant ;

Les nom, prénoms, date de naissance, date de décès, et domicile fiscal du défunt ;

Le nombre de parts du fonds dont le défunt était titulaire lors de son décès ;

Le montant de la valeur de rachat de la part au jour du décès ou, à défaut de valeur de rachat déterminée à cette date, la date et le montant de la dernière valeur de rachat dégagée avant le décès et de celle dégagée immédiatement après ;

2° Se conformer aux prescriptions des premier et deuxième alinéas du III de l'article 806 du code général des impôts vis-à-vis des héritiers, légataires, ou donataires domiciliés hors de France.

ENR-X-30400

4° Fonds communs de placement à risques

Art 280 B Le gérant d'un fonds commun de placement à risques, d'un fonds professionnel spécialisé relevant de l'article L 214-37 du code monétaire et financier dans sa rédaction antérieure à l'ordonnance n° 2013-676 du 25 juillet 2013 modifiant le cadre juridique de la gestion d'actifs ou d'un fonds professionnel de capital investissement, ou le dépositaire des actifs de ce fonds agissant pour le compte du gérant est soumis aux obligations définies à l'article 280 A.

ENR-X-30400

B. Régimes spéciaux et exonérations

Art 281 bis **I.** Les héritiers, donataires ou légataires qui demandent à bénéficier des dispositions des premier et deuxième alinéas de l'article 795 A du code général des impôts doivent remettre au service des impôts compétent pour enregistrer l'acte de donation ou la déclaration de succession, dans les délais prévus pour cet enregistrement, une copie de la demande de convention ou d'adhésion à une convention existante, certifiée par les services de l'Etat chargés des monuments historiques.

Le recouvrement des droits exigibles sur les biens en cause est différé jusqu'à ce qu'il soit statué sur la demande.

II. Les ayants droit disposent d'un mois à compter de la signature de la convention conclue avec l'Etat pour déposer la copie certifiée conforme de cette convention au service des impôts compétent.

A défaut d'accord ou à défaut de dépôt de la convention conclue dans le délai imparti, les droits dont le paiement a été différé sont exigibles dans les conditions de droit commun.

ENR-X-41500 s., 41730

Art 281 ter **I.** Les héritiers, donataires ou légataires de parts de sociétés civiles propriétaires de monuments historiques, qui demandent à bénéficier des dispositions des troisième à septième alinéas de l'article 795 A du code général des impôts, doivent remettre au service des impôts compétent pour enregistrer l'acte de donation ou la déclaration de succession, dans les délais prévus pour cet enregistrement, les documents suivants :

1. Une copie des statuts de la société civile propriétaire du monument historique, éventuellement modifiés et mis à jour, établis conformément aux dispositions de l'article 1835 du code civil et la liste de ses associés à la date de la demande ;

2. Une copie, certifiée par les services de l'Etat chargés des monuments historiques, de la convention signée entre la société civile et l'Etat et de la demande d'adhésion du bénéficiaire de la mutation à titre gratuit à ladite convention ;

3. Une copie des actes de souscription ou d'acquisition des parts transmises lorsque celles-ci ont été acquises à titre onéreux par le donateur ou le défunt ;

4. Une copie des actes de donation ou des déclarations de succession lorsque le donateur ou le défunt a reçu les parts de la société civile à titre gratuit.

II. Les héritiers, donataires ou légataires cités au I doivent, en outre, fournir une estimation au jour du décès ou de la donation :

1. De la valeur des parts de la société civile ;

2. De la fraction de la valeur nette des parts, correspondant aux biens objet de la convention, dans la valeur des parts de la société civile.

III. Le recouvrement des droits exigibles sur les biens en cause est différé jusqu'à ce qu'il soit statué sur la demande d'adhésion des bénéficiaires de la mutation à titre gratuit à la convention.

Les ayants droit disposent d'un mois à compter de la signature de l'avenant pour en déposer une copie conforme au service des impôts compétent.

A défaut d'accord ou de dépôt de l'avenant dans le délai imparti, les droits de mutation, dont le paiement a été différé, sont exigibles dans les conditions de droit commun.

ENR-X-41975 s.

Art 281 A Lorsqu'une donation comprend des biens visés au 4° du 1 ou au 3° du 2 de l'article 793 du code général des impôts, les parties indiquent dans l'acte, en plus des renseignements énumérés à l'article 784 du même code, si de tels biens ont fait l'objet de donations antérieures consenties par le même donateur au même donataire.

ENR-X-36720 ; MF n° 68150

Art 281 B Dans toute déclaration de succession comprenant des biens visés au 4° du 1 ou au 3° du 2 de l'article 793 du code général des impôts, les héritiers indiquent, dans le cadre de l'affirmation de sincérité prévue à l'article 802 du même code et en plus des renseignements énumérés à l'article 784 du code précité, si de tels biens ont fait l'objet de donations antérieures à leur profit.

ENR-X-36720 ; MF n° 68150

Art 281 C En cas d'application des dispositions des articles 281 A et 281 B, les actes de donation et les déclarations de succession doivent indiquer, en ce qui concerne l'ensemble des donations antérieures, le montant des biens mentionnés au 4° du 1 ou au 3° du 2 de l'article 793 du code général des impôts transmis à chaque bénéficiaire, l'identité de chacun d'eux ainsi que les nom et résidence des officiers ministériels qui ont reçu les actes de donation et leur date d'enregistrement.

ENR-X-36720

Art 281 E **I.** L'obligation déclarative prévue à l'article 635 A du code général des impôts est accomplie par la souscription, en double exemplaire, d'un formulaire conforme au modèle fixé par l'administration.

Ce formulaire est déposé au service des impôts du lieu du domicile du donataire.

II. La déclaration prévue au I indique les éléments utiles :

a. A l'identification du don manuel et des parties concernées ;

b. Au rappel de donations antérieures ;

c. A la liquidation des droits.

III. Le I n'est pas applicable lorsque l'obligation déclarative prévue à l'article 635 A du code général des impôts est accomplie par voie dématérialisée au moyen d'un téléservice mis à disposition par l'administration depuis une plateforme dédiée.

ENR-X-57340 ; MF n° 69190

Art 281 F En matière d'exonération partielle des droits de mutation à titre gratuit, prévue au b du 3° du 1 et au b du 2° du 2 de l'article 793 du code général des impôts, la demande de certificat est adressée :

1° pour les sociétés, à la direction départementale des territoires ou à la direction départementale des territoires et de la mer du département où est située la plus grande surface des terrains, soit par le gérant du groupement forestier, soit par le représentant habilité de la société de gestion de la société d'épargne forestière ;

2° dans les autres cas, à la direction départementale des territoires ou à la direction départementale des territoires et de la mer du ou des départements du lieu de situation des bois et forêts.

Lorsqu'une propriété est située sur deux ou plusieurs départements contigus, la demande portant sur l'ensemble des parcelles est adressée à la direction départementale des territoires ou à la direction départementale des territoires et de la mer où est située la plus grande surface des terrains.

La demande de certificat comporte l'identité et l'adresse du bénéficiaire de l'exonération mentionnée au premier alinéa ou du groupement forestier ou de la société d'épargne forestière lorsque cette exonération concerne des parts d'une de ces sociétés. Elle comporte également, avec l'indication de leurs contenances, des numéros des sections et lieuxdits, la liste des parcelles cadastrales concernées par l'exonération ou, lorsque cette dernière concerne des parts de groupement forestier ou de société d'épargne forestière, la liste des parcelles cadastrales susceptibles d'ouvrir droit à cette exonération, dont la société concernée est propriétaire.

La demande doit être accompagnée des documents suivants pour les propriétés concernées :

1° un plan de situation des propriétés du demandeur ou du groupement forestier ou de la société d'épargne forestière, lorsque la demande concerne une mutation de parts de groupement forestier ou de société d'épargne forestière, extrait d'une carte de situation à l'échelle 1/25 000 ;

2° la ou les feuilles du plan cadastral comportant les limites et l'indication des références des parcelles cadastrales et un extrait daté et certifié de matrice cadastrale, contenant les parcelles désignées.

ENR-X-34362, 35062

Art 281 G En matière d'exonération partielle des droits de mutation à titre gratuit prévue au 7° du 2 de l'article 793 du code général des impôts, la demande de certificat est adressée à la direction départementale des territoires ou à la direction départementale des territoires et de la mer du département où est située la plus grande surface des terrains. Lorsqu'une propriété est située sur deux ou plusieurs départements contigus, la demande portant sur l'ensemble des parcelles est adressée à la direction départementale des territoires ou à la direction départementale des territoires et de la mer où est située la plus grande surface des terrains.

La demande de certificat comporte :

1° l'identité et l'adresse du bénéficiaire de l'exonération ;

2° la liste des parcelles cadastrales concernées par l'exonération, l'indication de leurs contenances, des numéros des sections et lieuxdits ;

3° l'engagement de gestion conforme aux objectifs de conservation de l'espace naturel délimité en application des articles L 331-2, L 332-2 à L 332-2-2 ou L 414-1 du code de l'environnement ;

4° l'engagement de ne pas modifier l'affectation du sol des parcelles situées dans un site classé en application de l'article L 341-2 du même code, sauf autorisation spéciale prévue par l'article L 341-10 du même code ;

5° l'engagement de ne pas modifier l'affectation du sol et de ne pas altérer le caractère naturel des parcelles situées dans un espace remarquable du littoral au sens de l'article L 121-23 du code de l'urbanisme, délimité par un plan local d'urbanisme ou un document d'urbanisme en tenant lieu.

La demande doit être accompagnée des documents suivants pour les propriétés concernées :

1° une copie de la décision administrative permettant d'établir que les parcelles sont incluses dans un espace protégé mentionné au b du 7° du 2 de l'article 793 du code général des impôts ;

2° un plan de situation des propriétés du demandeur, extrait d'une carte de situation à l'échelle de 1/25 000 ;

3° la ou les feuilles du plan cadastral comportant les limites et l'indication des références des parcelles cadastrales et un extrait daté et certifié de matrice cadastrale, contenant les parcelles désignées ;

4° l'avis du directeur de l'établissement public du parc national sur la conformité de l'engagement de gestion avec les objectifs et mesures de protection et les modalités d'application de la réglementation des activités agricoles, pastorales et forestières figurant dans la charte du parc national, lorsque les propriétés concernées sont situées dans un cœur de parc national classé en application de l'article L 331-2 du code de l'environnement ;

5° l'avis du préfet sur la conformité de l'engagement de gestion avec les objectifs figurant dans le plan de gestion de la réserve naturelle, lorsque les propriétés concernées sont situées dans une réserve naturelle nationale classée en application de l'article L 332-2 du même code ;

6° l'avis du président du conseil régional sur la conformité de l'engagement de gestion avec les objectifs figurant dans le plan de gestion de la réserve naturelle, lorsque les propriétés concernées sont situées dans une réserve naturelle régionale classée en application de l'article L 332-2-1 du même code ;

7° l'avis du président du conseil exécutif de Corse sur la conformité de l'engagement de gestion avec les objectifs figurant dans le plan de gestion de la réserve naturelle, lorsque les propriétés concernées sont situées dans une réserve naturelle de Corse classée en application de l'article L 332-2-2 du même code ;

8° une copie du formulaire d'adhésion à la charte Natura 2000 signé, mentionné à l'article R 414-12 du même code, lorsque les propriétés concernées sont situées dans un site désigné en application de l'article L 414-1 du même code.

Lorsque les parcelles non boisées concernées par la demande sont désignées en application de l'article L 414-1 du même code et d'une autre législation, l'engagement est pris au titre du site Natura 2000.

Lorsque les parcelles non boisées concernées par la demande sont classées en application des articles L 331-2 ou L 332-2 à L 332-2-2 du même code, en même temps qu'au titre d'une autre législation, à l'exclusion d'une désignation en application de l'article L 414-1 du même code, l'engagement est pris dans le cadre des objectifs et mesures de gestion du cœur du parc national ou de la réserve naturelle.

ENR-X-35440

Art 281 H **I.** Le certificat mentionné au a du 3° du 1, au a du 2° du 2 et au a du 7° du 2 de l'article 793 du code général des impôts est établi par le directeur départemental des territoires ou le directeur départemental des territoires et de la mer après, en tant que de besoin, reconnaissance des biens concernés par l'autorité administrative chargée de l'application de la législation concernée.

Il est adressé au demandeur, par courrier simple ou par tout moyen télématique homologué, dans les deux mois de la réception de la demande.

Le certificat, qui comporte les coordonnées du demandeur et la liste des parcelles concernées par commune, avec l'indication de la surface concernée, peut être délivré en plusieurs exemplaires originaux lorsque la demande émane d'un groupement.

II. Le certificat mentionné au I est joint à l'acte de donation ou la déclaration de succession, lors du dépôt auprès du service des impôts.

Il ne doit pas être établi depuis plus de six mois lors du dépôt de la déclaration de succession ou de l'enregistrement de l'acte de donation auprès du service des impôts. Pour les mutations à titre gratuit de parts de groupement ou de société, il ne doit pas être établi depuis plus de deux ans.

En cas de modification substantielle dans la consistance des propriétés boisées du groupement ou de la société intervenant entre la date de délivrance du certificat et le dépôt de la déclaration de succession, une nouvelle demande de certificat doit être effectuée. Ne sont pas considérées comme substantielles au regard du présent II les modifications de consistance résultant des opérations prévues aux a, b et c de l'article 4 du décret n° 2003-82 du 29 janvier 2003, dès lors qu'elles portent sur une surface inférieure à 1 % détenue par le groupement ou la société et dans la limite maximale de 10 hectares par an. Dans ces cas, un plan situant les parcelles échangées ou aliénées et un descriptif précisant les références cadastrales est adressé à la direction départementale des territoires ou à la direction départementale des territoires et de la mer, qui met à jour le certificat et l'adresse du demandeur.

ENR-X-34362, 35062, 35440

Art 281 H bis Le bénéficiaire de l'exonération partielle prévue au 3° du 1 ou au 2° du 2 de l'article 793 du code général des impôts produit tous les dix ans, à compter du jour de la signature de l'acte de donation ou de dépôt de la déclaration de succession, un bilan de la mise en œuvre du document de gestion durable mentionné à l'article L 122-3 du code forestier, répondant au modèle fixé par arrêté du ministre chargé de la forêt *(Voir arrêté du 23 février 2011, JO du 10 mars 2011)*.

Ce bilan comporte les éléments suivants :

1° L'identité et l'adresse du bénéficiaire de l'exonération ou du groupement forestier dont les membres bénéficient des exonérations ;

2° La liste des parcelles cadastrales concernées par l'exonération, l'indication de leurs contenances, des numéros des sections et lieudits ;

3° La liste des coupes et travaux prévus sur les dix dernières années dans le ou les documents de gestion durable applicables sur cette même période ;

4° La liste des coupes et travaux réalisés sur la période mentionnée au 3°.

Les bénéficiaires disposent de six mois à compter de la date d'échéance du délai de dix ans pour adresser ce bilan à la direction départementale chargée de la forêt.

ENR-X-34400 s. ; MF n° 68120

Art 281 I La direction départementale ou, le cas échéant, régionale des finances publiques où a été déposé l'acte de donation ou la déclaration de succession adresse tous les six mois à la direction départementale des territoires ou à la direction départementale des territoires et de la mer ayant délivré le certificat mentionné au a du 3° du 1, au a du 2° du 2 et au a du 7° du 2 de l'article 793 du code général des impôts la liste des mutations qui ont fait l'objet d'une exonération partielle de droits de mutation, précisant la date de signature de l'acte de donation ou la date de la déclaration de succession et la référence du certificat.

Art 281 J Les engagements prévus au b du 3° du 1, au b du 2° du 2 et au b du 7° du 2 de l'article 793 du code général des impôts prennent effet à compter du jour de la signature de l'acte de donation ou du dépôt de la déclaration de succession.

Art 281 K La demande d'agrément mentionnée au I de l'article 795-0 A du code général des impôts est présentée en langue française sur papier libre, conformément à un modèle fixé par arrêté du ministre chargé du budget, auprès des services centraux de la direction générale des finances publiques par la personne morale ou l'organisme constitué sur le fondement d'un droit étranger et ayant son siège dans un Etat membre de l'Union européenne ou dans un Etat partie à l'accord sur l'Espace économique européen ayant conclu avec la France une convention d'assistance administrative en vue de lutter contre la fraude et l'évasion fiscales.

Sont jointes à la demande les pièces justificatives dont la liste est fixée par arrêté du ministre chargé du budget ainsi que leur traduction en langue française, attestant que la personne morale ou l'organisme poursuit des objectifs et présente des caractéristiques similaires à ceux des personnes morales ou organismes dont le siège est situé en France et qui répondent aux conditions prévues aux articles 794 et 795 du code général des impôts.

Les demandes de renouvellement d'agrément sont présentées selon les mêmes modalités.

ENR-X-49000

Art 281 L I. La décision est prise par le ministre chargé du budget et notifiée à la personne morale ou à l'organisme ; elle est motivée en cas de refus.

II. L'agrément accordé au titre d'une première demande porte sur la période comprise entre la date de la notification et le 31 décembre de la troisième année qui suit cette date.

Les demandes de renouvellement sont présentées, au plus tard, le 30 juin de la dernière année couverte par l'agrément. En cas de renouvellement, l'agrément est accordé pour une période de trois ans courant à compter du 1er janvier suivant. En cas de refus de renouvellement d'agrément, l'agrément en cours produit ses effets jusqu'à son terme.

III. La liste des personnes morales et organismes agréés est publiée sur le site internet de l'administration fiscale. Cette liste est actualisée à chaque décision d'agrément.

IV. L'agrément peut être retiré par décision motivée du ministre chargé du budget lorsqu'il est établi que la personne morale ou l'organisme, en totalité ou en partie, ne poursuit plus d'objectifs ou ne présente plus de caractéristiques similaires à ceux des personnes morales ou organismes dont le siège est situé en France et qui répondent aux conditions prévues aux articles 794 et 795 du code général des impôts. Cette décision est notifiée à la personne morale ou à l'organisme. La liste mentionnée au III est actualisée en conséquence.

ENR-X-49000

Art 281 M **I.** La valeur des dons ou legs aux personnes morales ou organismes mentionnés au I de l'article 795-0 A du code général des impôts est indiquée distinctement sur la déclaration de succession prévue au I de l'article 800 du même code ou sur la déclaration de don mentionnée à l'article 757 du même code ou sur l'acte authentique constatant la donation.

II. Pour l'application du II de l'article 795-0 A du code général des impôts, les pièces à fournir dans le délai de dépôt de la déclaration de succession, de don ou de l'acte de donation sont celles mentionnées au deuxième alinéa de l'article 281 K.

ENR-X-49000

C. Obligations déclaratives

Art 281 N **I.** Sous réserve du 1 de l'article 650 du code général des impôts, l'obligation déclarative prévue à l'article 790 G du code général des impôts est accomplie par la souscription en deux exemplaires d'un formulaire conforme au modèle fixé par l'administration. Ce formulaire est déposé au service des impôts chargé de l'enregistrement du lieu du domicile du donataire.

II. Le I n'est pas applicable lorsque l'obligation déclarative prévue à l'article 790 G du code général des impôts est accomplie par voie dématérialisée au moyen d'un téléservice mis à disposition par l'administration depuis une plateforme dédiée.

ENR-X-64860 s. ; MF nº 69175

Art 281 O **I.** L'obligation déclarative prévue à l'article 800 du code général des impôts est accomplie par la souscription en deux exemplaires d'un formulaire conforme au modèle fixé par l'administration. Ce formulaire est déposé au service des impôts, chargé de l'enregistrement, du domicile du défunt quelle que soit la situation des valeurs mobilières ou immobilières à déclarer. Les déclarations de succession de personnes non domiciliées en France sont déposées auprès du service chargé de l'enregistrement de la Direction des Impôts des non-résidents.

II. Le I n'est pas applicable lorsque l'obligation déclarative prévue à l'article 800 du code général des impôts est accomplie par voie dématérialisée au moyen d'un téléservice mis à disposition par l'administration depuis une plateforme dédiée.

ENR-X-27050 ; MF nº 68870

Art 281 P **I.** L'obligation déclarative prévue à l'article 639 du code général des impôts est accomplie par la souscription en deux exemplaires d'un formulaire conforme au modèle fixé par l'administration. Ce formulaire est déposé au service des impôts chargé de l'enregistrement dans le ressort duquel est situé le domicile de l'une des parties contractantes.

II. Le I n'est pas applicable lorsque l'obligation déclarative prévue à l'article 639 du code général des impôts est accomplie par voie dématérialisée au moyen d'un téléservice mis à disposition par l'administration depuis une plateforme dédiée.

SECTION III

Obligations diverses

I. Obligations des officiers publics et ministériels

Répertoire des notaires, huissiers et autorités administratives

Art 282 Sur le répertoire dont la tenue est prescrite par l'article 867 du code général des impôts, les notaires et les huissiers de justice portent, en regard des indications relatives à chaque acte dispensé de la formalité de l'enregistrement, ou de la présentation matérielle à cette formalité, et donnant lieu à paiement des droits sur état, la mention « paiement sur état », suivie du total des droits, en chiffres. Toutefois, le montant des droits est seul indiqué lorsque ceux-ci sont portés dans une colonne spéciale du répertoire, intitulée « droits d'enregistrement sur état ».

ENR-I-14410

Art 313 BO Les pièces justificatives mentionnées à l'article 978 du code général des impôts s'entendent des attestations délivrées par les organismes bénéficiaires des dons, répondant à un modèle fixé par arrêté et comportant les éléments suivants :

1° Les nom et adresse de l'organisme bénéficiaire ;

2° L'objet de l'organisme bénéficiaire ;

3° Les nom, prénoms et adresse du donateur ;

4° La nature, la forme, le mode de versement, la date et le montant du don.

ENR-XIII-29820

Art 313 BP La demande d'agrément mentionnée au douzième alinéa du I de l'article 978 du code général des impôts est présentée en langue française sur papier libre, conformément à un modèle fixé par arrêté des ministres chargés de l'économie et du budget *(NDLR Voir arrêté EFIE1100179A du 28 février 2011 modifié par arrêté ECOE1811472A du 29 mai 2018)*, auprès des services centraux de la direction générale des finances publiques par l'organisme ayant son siège dans un Etat membre de l'Union européenne ou dans un Etat partie à l'Espace économique européen ayant conclu avec la France une convention fiscale contenant une clause d'assistance administrative en vue de lutter contre la fraude et l'évasion fiscales.

Sont jointes à la demande les pièces justificatives dont la liste est fixée par arrêté et leur traduction en langue française, attestant que l'organisme poursuit des objectifs et présente des caractéristiques similaires aux organismes dont le siège est situé en France répondant aux conditions prévues à l'article 978 du code général des impôts.

Les demandes de renouvellement d'agrément sont présentées selon les mêmes modalités.

Art 313 BQ I. La décision d'agrément est prise par le ministre chargé du budget. Sa décision est notifiée à l'organisme ; elle est motivée en cas de refus.

II. L'agrément accordé au titre d'une première demande porte sur la période comprise entre la date de sa notification et le 31 décembre de la troisième année qui suit cette date.

Les demandes de renouvellement sont présentées au plus tard le 30 juin de la dernière année couverte par l'agrément. En cas de renouvellement, l'agrément est accordé pour une période de trois ans courant à compter du 1er janvier suivant. En cas de refus de renouvellement d'agrément, l'agrément en cours produit ses effets jusqu'à son terme.

III. La liste des organismes agréés est publiée sur le site internet de la direction générale des finances publiques. Cette liste est actualisée à chaque décision d'agrément.

IV. L'agrément peut être retiré par décision motivée du ministre chargé du budget lorsqu'il est établi que l'organisme, en totalité ou en partie, ne poursuit plus d'objectifs ou ne présente plus de caractéristiques similaires aux organismes dont le siège est situé en France répondant aux conditions prévues au I de l'article 978 du code général des impôts. Cette décision est notifiée à l'organisme et la liste mentionnée au III est actualisée.

ENR-XIII-27900

Art 313 BQ bis I. Le montant des dons aux organismes mentionnés aux douzième et treizième alinéas du I de l'article 978 du code général des impôts est mentionné distinctement sur la déclaration d'impôt sur la fortune immobilière prévue à l'article 982 du même code.

II. Pour l'application du treizième alinéa du I de l'article 978 précité, les pièces à fournir dans le délai de dépôt de la déclaration sont celles mentionnées au deuxième alinéa de l'article 313 BP.

ENR-XIII-27910 s., 29880, 35445

Art 313 BQ ter Le redevable indique sur les annexes mentionnées à l'article 982 du code général des impôts les informations suivantes :

1° Membres du foyer fiscal et leur situation de famille ;

2° Actifs exonérés, notamment en application de l'article 975 du code général des impôts ;

3° Biens et droits immobiliers imposables ;

4° Parts ou actions représentatives en tout ou partie de biens ou droits immobiliers imposables ;

5° Valeur de rachat imposable des contrats d'assurance et des bons ou contrats de capitalisation ;

6° Dettes déductibles de l'assiette de l'impôt ;

7° Plafonnement de l'impôt prévu à l'article 979 du code général des impôts ;

8° Impôts étrangers acquittés hors de France dont les caractéristiques sont similaires à celles de l'impôt sur la fortune immobilière et qui font l'objet d'une imputation sur ce dernier ;

9° Montant des sommes versées ouvrant droit à une réduction d'impôt.

ENR-XIII-24790

Art 313 BQ quater I. 1. Pour l'application de l'article 982 du code général des impôts, les sociétés ou organismes dont le redevable détient directement et, le cas échéant, indirectement, seul ou conjointement avec les personnes mentionnées au 1° de l'article 965 du code général des impôts, des parts ou actions imposables en application des articles 965 à 972 ter du même code communiquent, eux-mêmes ou, le cas échéant, s'agissant des organismes de placement collectif, par l'intermédiaire de leurs sociétés de gestion, sur demande du redevable, les informations suivantes :

1° La raison sociale, le numéro d'identité défini au premier alinéa de l'article R 123-221 du code de commerce et le siège social de la société ou de l'organisme ou la dénomination de l'organisme de placement collectif et, le cas échéant, la raison sociale et l'adresse de sa société de gestion ;

2° La valeur des parts ou actions mentionnées au premier alinéa, déterminée conformément au I de l'article 973 du code général des impôts ;

3° La fraction de la valeur mentionnée au 2° représentative de biens ou droits immobiliers détenus directement ou indirectement imposables conformément aux dispositions des articles 965 à 972 ter du code général des impôts.

2. Aux fins de déterminer la fraction mentionnée au 3° du 1, les sociétés, organismes ou sociétés de gestion mentionnés au 1 obtiennent, sur demande, auprès des sociétés et organismes dont ils détiennent directement des parts ou actions ou, le cas échéant, auprès des sociétés de gestion des organismes de placement collectif dont ils détiennent directement des parts ou actions, communication de la fraction de la valeur de ces parts ou actions représentative de biens ou droits immobiliers, détenus directement ou indirectement, imposables.

Pour la détermination de cette fraction, le présent 2 s'applique, dans les mêmes conditions, à chaque société ou organisme dans la chaîne de participation détenue par la société ou l'organisme mentionné au 1.

II. 1. Pour l'application de l'article 982 du code général des impôts, les organismes d'assurance et assimilés qui commercialisent des contrats mentionnés à l'article 972 du même code communiquent au redevable, sur sa demande, les informations suivantes :

1° Le type et numéro des contrats d'assurance rachetables et des bons ou contrats de capitalisation souscrits par le redevable ou l'une des personnes mentionnées au 1° de l'article 965 du code général des impôts dont une au moins des unités de compte est constituée d'actifs imposables ;

2° Pour chaque contrat ou bon mentionné au 1°, leur valeur de rachat et la fraction de cette valeur représentative des actifs imposables constituant les unités de compte.

2. Pour déterminer la fraction mentionnée au 2° du 1, les organismes d'assurance ou assimilés obtiennent, sur demande auprès des sociétés ou organismes ou, le cas échéant, auprès des sociétés de gestion des organismes de placement collectif, dans les mêmes conditions qu'au 2 du I, communication des informations mentionnées à ce même 2 du I.

III. 1. Les sociétés ou organismes mentionnés au I qui ont contracté une dette entrant dans les prévisions du II de l'article 973 du code général des impôts ou, le cas échéant, leur société de gestion communiquent, sur demande du redevable faisant état de cette dette, les informations suivantes :

1° La valeur de chaque part ou action de la société ou de l'organisme mentionné au premier alinéa et le nombre de parts ou actions qui composent son capital ;

2° La valeur vénale des biens et droits immobiliers imposables que la société ou l'organisme détient directement ou indirectement ;

3° La valeur vénale de l'ensemble des actifs de la société ou l'organisme.

Le cas échéant, si la dette mentionnée au II de l'article 973 du code général des impôts est contractée par une société ou un organisme dont l'une des personnes mentionnées au 1° de l'article 965 du même code détient indirectement des parts ou actions, les sociétés ou organismes mentionnés au premier alinéa du présent 1 ou, le cas échéant, leur société de gestion communiquent également au redevable, sur sa demande, les informations mentionnées aux 1° à 3° pour la société ou l'organisme qui a contracté la dette et pour chaque société ou organisme interposé, ainsi que les taux de détention entre chacune des sociétés ou organismes de la chaîne de participation constituée entre la société ou l'organisme dont le redevable détient directement les parts ou actions et la société ou l'organisme qui a contracté la dette.

Pour l'application de l'alinéa précédent, les sociétés et organismes composant la chaîne de participation ou, le cas échéant, les sociétés de gestion des organismes de placement collectif communiquent les informations mentionnées à l'alinéa précédent sur demande d'une société ou d'un organisme qui détient tout ou partie de leur capital.

2. Lorsque les parts ou actions de sociétés ou d'organismes mentionnés au premier alinéa du 1 constituent des unités de compte de contrats mentionnés au II, les informations mentionnées au présent III sont communiquées par les organismes d'assurance au redevable dans les mêmes conditions.

IV. Les informations mentionnées aux I à III sont communiquées au redevable et, le cas échéant, aux sociétés et organismes mentionnés aux mêmes I à III, dans des délais compatibles avec la déclaration par le redevable des informations requises sur les annexes mentionnées à l'article 982 du code général des impôts.

V. Sur demande du redevable, l'administrateur d'un trust défini à l'article 792-0 bis du code général des impôts ou le fiduciaire en cas de transfert d'actifs dans un patrimoine fiduciaire dans les conditions prévues à l'article 969 du même code obtient, dans les mêmes conditions que le redevable, les informations mentionnées aux I à III relatives aux actifs imposables placés dans le trust ou la fiducie.

VI. Les sociétés ou organismes mentionnés aux I à III produisent à la direction générale des finances publiques, sur sa demande et dans un délai de trente jours, les informations mentionnées aux I à III ainsi que tout élément de nature à les justifier.

VII. Les dispositions des I à III relatives à des parts ou actions de sociétés ou d'organismes s'appliquent également aux droits démembrés afférents à de telles parts ou actions.

ENR-XIII-35870 s. ; MF n° 72300

CHAPITRE II BIS

Taxe sur la valeur vénale des immeubles possédés en France par des entités juridiques

Art 313-0 BR La déclaration prévue aux d et e du 3° de l'article 990 E du code général des impôts doit être déposée avant le 16 mai de chaque année.

ENR-XI-10380 s.

Art 313-0 BR bis L'engagement prévu au d du 3° de l'article 990 E du code général des impôts est déposé :

1. Pour les entités juridiques qui ont leur siège en France, et pour les autres entités juridiques qui exercent leur activité en France dans un ou plusieurs établissements, au service des impôts du lieu du principal établissement ;

2. Pour les entités juridiques, autres que celles visées au 1, qui, directement ou par entité juridique interposée, possèdent un ou plusieurs immeubles situés en France ou sont titulaires de droits réels portant sur ces biens, au service des impôts compétent pour les obligations déclaratives relatives aux impôts autres que les impôts locaux et taxes assimilées. En l'absence de telles obligations déclaratives, l'engagement est déposé au service des impôts des entreprises étrangères de la direction des impôts des non-résidents.

ENR-XI-9930 s.

CHAPITRE II TER

Taxes sur les véhicules à moteur

Art 313-0 BR ter-0 Les véhicules de la catégorie N1 de la carrosserie « camion pick-up » comprenant au moins cinq places et exclus de la définition des véhicules de tourisme conformément au b du 5° de l'article 1007 du code général des impôts répondent aux conditions fixées par l'article 84 A.

Ndlr *Les dispositions du b du 5° de l'article 1007 du CGI ont été transférées sous le a du 2° de l'article L 421-2 du CIBS.*

ENR-VIII-6240

DEUXIEME PARTIE

IMPOSITIONS PERÇUES AU PROFIT DES COLLECTIVITES LOCALES ET DE DIVERS ORGANISMES

TITRE PREMIER

IMPOSITIONS COMMUNALES

CHAPITRE PREMIER

Impôts directs et taxes assimilées

SECTION I

Taxes foncières sur les propriétés bâties et non bâties

a. Exonérations temporaires

1° Habitations à loyer modéré

Art 314 La demande d'exonération de taxe foncière sur les propriétés bâties, visée au II de l'article 1384 du code général des impôts, doit être déposée à la mairie de la commune où seront effectués les travaux et indiquer la nature du bâtiment, sa destination et la désignation, d'après les documents cadastraux, du terrain sur lequel il doit être construit.

FB-II-23850

2° Constructions financées au moyen des prêts aidés par l'Etat

Art 315 Pour bénéficier de l'exonération prévue à l'article 1384 B du code général des impôts, le redevable de la taxe foncière sur les propriétés bâties doit adresser au service des impôts du lieu de situation des biens une déclaration comportant tous les éléments d'identification.

La déclaration doit être accompagnée des documents justifiant que le bail a pris effet dans les conditions prescrites par l'article L 252-3 du code de la construction et de l'habitation.

La déclaration doit être conforme à un modèle établi par l'administration.

FB-II-26790 ; MF n° 42010

Art 315-0 bis Pour bénéficier de l'exonération prévue à l'article 1384 C du code général des impôts, le redevable de la taxe foncière sur les propriétés bâties doit adresser au service des impôts du lieu de situation des biens une déclaration conforme au modèle établi par l'administration comportant tous les éléments permettant leur identification.

Pour les immeubles mentionnés aux 3° et 5° de l'article L 831-1 du code de la construction et de l'habitation, la déclaration doit indiquer le mode de financement de l'acquisition ou des travaux d'amélioration de l'immeuble et être accompagnée des pièces justificatives correspondantes.

Pour les immeubles mentionnés au 4° de l'article L 831-1 du code de la construction et de l'habitation, la déclaration doit préciser la date d'acquisition de l'immeuble, la date de décision et de versement de la subvention par l'Agence nationale de l'habitat ainsi que la date d'achèvement des travaux d'amélioration. Elle doit être accompagnée des pièces justificatives ainsi que d'une copie de l'agrément accordé à l'organisme propriétaire par le représentant de l'Etat dans le département.

Pour l'application du premier alinéa du II de l'article 1384 C du code général des impôts, la convention conclue avec l'Etat mentionnée à cet article est celle prévue au 4° de l'article L 831-1 du code de la construction et de l'habitation.

FB-II-27700, 28500 ; MF n° 42000

Art 315-0 bis A Les locaux entrant dans le champ d'application de l'article 1384 D du code général des impôts s'entendent des locaux suivants :

1° Locaux affectés à l'hébergement temporaire ou d'urgence des personnes défavorisées visées au II de l'article L 301-1 du code de la construction et de l'habitation relevant :

a. Des centres d'hébergement et de réinsertion sociale prévus au 8° du I de l'article L 312-1 du code de l'action sociale et des familles ;

b. Des structures dénommées « lits halte soins santé » prévues au 9° du I de l'article L 312-1 du code de l'action sociale et des familles ;

c. Des centres d'hébergement d'urgence destinés aux personnes sans domicile visés à l'article L 322-1 du code de l'action sociale et des familles ;

2° Acquis ou construits à compter du 1er janvier 1999 ou qui ont fait l'objet de travaux d'aménagement achevés à compter du 1er janvier 1999 en vue soit de les affecter à l'hébergement temporaire ou d'urgence conformément au 1°, soit de réhabiliter totalement des structures existantes.

FB-II-29530 s. ; MF n° 42005

Art 315-0 bis B Les locaux mentionnés à l'article 315-0 bis A doivent faire l'objet d'une convention signée par le propriétaire ou le gestionnaire des locaux et le représentant de l'Etat dans le département. Cette convention doit mentionner la durée d'affectation du local à l'hébergement temporaire ou d'urgence des personnes citées au 1° de l'article 315-0 bis A et contenir un projet social formalisé relatif notamment aux modalités d'accueil et de gestion, à la situation et à l'accompagnement social des personnes accueillies.

FB-II-29610 ; MF n° 42005

Art 315-0 bis C Pour bénéficier de l'exonération prévue à l'article 1384 D du code général des impôts, le redevable de la taxe foncière sur les propriétés bâties doit adresser au service des impôts du lieu de situation des biens une déclaration conforme au modèle établi par l'administration comportant tous les éléments permettant leur identification, accompagnée de la convention mentionnée à l'article 315-0 bis B.

Pour les immeubles acquis ou construits, la déclaration doit indiquer la date de décision et de versement par l'Etat ou le délégataire de l'aide à la création d'hébergements temporaire ou d'urgence et être accompagnée des pièces justificatives correspondantes.

Pour les immeubles ayant fait l'objet de travaux d'aménagement, la déclaration doit préciser la date d'achèvement des travaux ainsi que la date de décision et de versement par l'Etat, le délégataire ou l'Agence nationale pour l'habitat de l'aide à la création d'hébergements temporaire ou d'urgence. Elle doit être accompagnée des pièces justificatives.

FB-II-29800 ; MF n° 42005

Art 315 bis Les déclarations mentionnées aux articles 315, 315-0 bis et 315-0 bis C doivent être souscrites avant le 1er janvier de la première année à compter de laquelle le redevable de la taxe foncière sur les propriétés bâties peut, au titre de l'immeuble concerné, bénéficier des dispositions des articles 1384 B, 1384 C ou 1384 D du code général des impôts.

FB-II-26790, 27700, 28500, 28890, 29800 ; MF nos 42000, 42005, 42010

Art 315 ter Lorsque les déclarations mentionnées aux articles 315, 315-0 bis et 315-0 bis C sont souscrites après l'expiration du délai prévu à l'article 315 bis, l'exonération ne s'applique que pour la période restant à courir après le 31 décembre de l'année de la souscription.

FB-II-26790, 27710, 28510, 28895, 29805 ; MF nos 42000, 42005, 42010

4° Terrains boisés

Art 315 octies Pour bénéficier de l'exonération totale ou partielle de taxe foncière sur les propriétés non bâties prévue respectivement aux 1° bis et 1° ter de l'article 1395 du code général des impôts, le propriétaire ou l'Office national des forêts pour les forêts domaniales adresse au service des impôts du lieu de situation des bois une déclaration conforme au modèle établi par l'administration comportant les éléments suivants :

1° L'identité et l'adresse du redevable de la taxe ;

2° Les références cadastrales des parcelles pour lesquelles l'exonération est demandée et l'indication, pour chacune des parcelles, de la superficie concernée par la demande d'exonération ;

3° La catégorie d'exonération : régénération naturelle ou futaie irrégulière ; pour les régénérations naturelles, le type d'essence majoritaire (feuillu ou résineux) et la date d'achèvement de la coupe définitive doivent être précisés pour chaque parcelle cadastrale ;

4° L'attestation de la réussite de la régénération naturelle ou de l'état de futaie irrégulière en équilibre de régénération au regard des critères définis aux articles 2 et 3 ainsi que, le cas échéant, à l'article 4 du décret n° 2006-353 du 23 mars 2006.

FNB-II-7000, 7380

5° Bassins d'emploi à redynamiser

Art 315 nonies I. Pour bénéficier de l'exonération prévue à l'article 1383 H du code général des impôts, le redevable de la taxe foncière sur les propriétés bâties doit souscrire auprès du service des impôts du lieu de situation des immeubles concernés une déclaration conforme à un modèle établi par l'administration, comportant tous les éléments d'identification de ces immeubles ainsi que les informations suivantes :

a. L'activité exercée à titre principal dans l'immeuble ;

b. Le cas échéant, l'option pour l'un des régimes d'exonération prévus au sixième alinéa de l'article 1383 H du code précité.

II. La déclaration mentionnée au I doit être souscrite avant le 1er janvier de la première année à compter de laquelle le redevable de la taxe foncière sur les propriétés bâties peut, au titre de l'immeuble concerné, bénéficier des dispositions de l'article 1383 H du code général des impôts.

Tout changement au cours d'une année relatif à l'exploitant ou à l'activité exercée doit être porté à la connaissance de l'administration avant le 1er janvier de l'année suivante.

FB-II-53820 s. ; MF nº 43620

7º Zones de restructuration de la défense

Art 315 terdecies **I.** Pour bénéficier de l'exonération prévue à l'article 1383 I du code général des impôts, le redevable de la taxe foncière sur les propriétés bâties souscrit auprès du service des impôts du lieu de situation des immeubles concernés une déclaration conforme à un modèle établi par l'administration, comportant tous les éléments d'identification de ces immeubles ainsi que les informations suivantes :

a. L'activité exercée à titre principal dans l'immeuble ;

b. Le cas échéant, l'option pour le régime d'exonération prévu à l'article 1383-I du code précité.

II. La déclaration mentionnée au I doit être souscrite avant le 1er janvier de la première année à compter de laquelle le redevable de la taxe foncière sur les propriétés bâties peut, au titre de l'immeuble concerné, bénéficier des dispositions de l'article 1383-I précité.

Tout changement au cours d'une année relatif à l'exploitant ou à l'activité exercée doit être porté à la connaissance de l'administration avant le 1er janvier de l'année suivante.

FB-II-55500 ; MF nº 43625

8º Habitations à haut niveau de performance énergétique

Art 315 quaterdecies Les logements mentionnés à l'article 1383-0 B bis du code général des impôts s'entendent de ceux qui sont titulaires du label « bâtiment basse consommation énergétique, BBC 2005 » mentionné au 5º de l'article 2 de l'arrêté du 3 mai 2007 relatif au contenu et aux conditions d'attribution du label « haute performance énergétique » *(Voir aussi arrêté du 26 octobre 2010 relatif aux caractéristiques thermiques et aux exigences de performance énergétique des bâtiments nouveaux et des parties nouvelles de bâtiments art. 53).*

FB-II-63440 s. ; MF nº 41970

10º Quartiers prioritaires de la politique de la ville

Art 315 quindecies A **I.** Pour bénéficier de l'exonération prévue à l'article 1383 C ter du code général des impôts, le redevable de la taxe foncière sur les propriétés bâties adresse au service des impôts du lieu de situation des immeubles une déclaration conforme à un modèle établi par l'administration comportant tous les éléments d'identification des immeubles concernés ainsi que les informations suivantes :

a. L'activité exercée à titre principal dans l'immeuble ;

b. Le nombre de salariés de l'entreprise exploitante au 1er janvier 2015 ou à la date de sa création ou de son début d'activité dans l'immeuble, si elle est postérieure ;

c. Le cas échéant, l'option pour le régime d'exonération prévu à l'article 1383 C ter du code général des impôts ;

d. Le montant du chiffre d'affaires annuel hors taxes réalisé au cours de la période de référence retenue pour l'imposition de cotisation foncière des entreprises établie au titre de l'année 2015 pour l'établissement exploité dans l'immeuble susceptible de bénéficier de l'exonération ;

e. Le total de bilan, au terme de la même période.

En cas de création de l'entreprise exploitante postérieure au 1er janvier 2015 ou si l'entreprise a débuté son activité dans l'immeuble concerné après cette même date, les conditions mentionnées aux d et e s'apprécient au titre de la première année d'activité.

Ces informations sont accompagnées d'une déclaration sur l'honneur de l'entreprise exploitante que la condition mentionnée au 3º du I septies de l'article 1466 A du code général des impôts est satisfaite.

II. La déclaration mentionnée au I est souscrite avant le 1er janvier de la première année à compter de laquelle le redevable de la taxe foncière sur les propriétés bâties peut, au titre de l'immeuble concerné, bénéficier des dispositions de l'article 1383 C ter du code général des impôts.

Tout changement au cours d'une année relatif à l'exploitant ou à l'activité exercée est porté à la connaissance de l'administration avant le 1er janvier de l'année suivante.

FB-II-48200 s. ; MF n° 41985

b. Lieu d'imposition

Entreprises hydrauliques concédées ou d'une puissance supérieure à 500 kilowatts

Art 315 sexdecies Les activités éligibles aux dispositions du 3° du III de l'article 1388 quinquies du code général des impôts sont celles mentionnées à l'article 49 ZC.

DC-IV-6365

Art 316 Pour l'assiette de la taxe foncière sur les propriétés bâties due par les entreprises hydrauliques concédées ou d'une puissance supérieure à 500 kilowatts, la valeur locative de la force motrice des chutes d'eau et de leurs aménagements utilisés par ces entreprises est répartie entre les communes sur le territoire desquelles sont situés les ouvrages définitifs de génie civil et celles sur le territoire desquelles coulent les cours d'eau utilisés, compte tenu des éléments ci-après :

Importance des ouvrages définitifs de génie civil ;

Importance des retenues d'eau ;

Puissance hydraulique moyenne devenue indisponible dans la limite de chaque commune du fait de l'usine.

Cette répartition est effectuée par l'ingénieur en chef du contrôle conformément aux règles fixées par les articles 317 à 320.

FB-IV-440

Art 317 Pour chaque commune intéressée, l'importance des ouvrages définitifs de génie civil est estimée en prenant en considération les ouvrages ou parties d'ouvrages situés sur le territoire de la commune, et compte tenu du prix des terrains occupés par ces ouvrages ou parties d'ouvrages.

En ce qui concerne les retenues, le total des éléments entrant en compte – importance du barrage, des ouvrages annexes et prix des terrains – est réparti uniformément sur la superficie totale constituée par la surface d'emprise du barrage et la surface globale des terrains submergés à la cote normale de retenue.

La répartition entre les communes intéressées est faite proportionnellement à la partie du territoire de chacune d'elles occupée par le barrage et les ouvrages annexes, ou submergée par les eaux à la cote normale de retenue.

FB-IV-480

Art 318 La puissance hydraulique moyenne devenue indisponible est, pour chaque section des cours d'eau intéressés par l'aménagement, le produit du débit moyen prélevé par la dénivellation du cours d'eau dans la section considérée.

Pour toute section de cours d'eau située entièrement sur le territoire d'une seule commune, le produit est compté à cette commune ; pour toute section de cours d'eau séparant deux communes, le produit est partagé par moitié entre ces deux communes.

Pour chaque commune, la puissance hydraulique moyenne devenue indisponible est la somme de produits ou demi-produits qui lui sont comptés en application du deuxième alinéa ; il n'est pas tenu compte de la puissance hydraulique moyenne devenue indisponible pour une commune lorsque le débit moyen prélevé est inférieur à 10 % du débit moyen annuel du cours d'eau sur la commune considérée.

FB-IV-500

Art 319 Le pourcentage fixant la répartition, entre les communes intéressées par l'aménagement, de la valeur locative visée à l'article 316, sera déterminé comme suit :

Un premier calcul des pourcentages a_1, a_2, a_3..., an sera effectué suivant les dispositions mentionnées aux articles 316 et 317 en ce qui concerne le prix des terrains et l'importance des ouvrages définitifs de génie civil ;

Un deuxième calcul des pourcentages b_1, b_2, b_3..., bn sera effectué proportionnellement à la puissance devenue indisponible dans chaque commune déterminée comme il est dit à l'article 318 ;

Le pourcentage final de répartition sera obtenu, pour chaque commune, par la formule : $p = 0,5 (a + b)$.

FB-IV-520

Art 320 Les pourcentages fixant la répartition de la valeur locative entre les communes intéressées sont, dans le mois qui suit la date de la mise en service, notifiés par l'ingénieur en chef du contrôle à la direction départementale ou, le cas échéant, régionale des finances publiques du département dans lequel se trouve l'usine qui utilise la force motrice.

Les pourcentages notifiés avant le 1er novembre d'une année sont retenus à partir de l'année suivante pour l'assiette de la taxe foncière sur les propriétés bâties. Il est également fait état de ces pourcentages pour établir les impositions dues au titre de l'année de la mise en service.

FB-IV-580 s.

Art 321 Dans le cas où la notification prévue à l'article 320 n'a pas été faite avant le 1er novembre, la valeur locative des installations définies à l'article 316 est imposée en totalité dans la commune où est située l'usine utilisant la force motrice et il est procédé à la répartition des cotisations correspondantes entre les communes visées audit article.

Si ces communes sont situées dans le même département, la répartition est réglée par arrêté du préfet rendu sur les propositions du directeur départemental ou, le cas échéant, régional des finances publiques et après avis de l'ingénieur en chef du contrôle, dans les trois mois suivant celui de la mise en recouvrement du rôle.

Si les communes intéressées sont situées dans des départements différents, la répartition est réglée par arrêté du ministre de l'économie et des finances, du ministre de l'intérieur sur les propositions du directeur général des finances publiques et après avis du ministre de l'industrie.

L'arrêté préfectoral ou ministériel fixe notamment les conditions de l'attribution, à chacune des collectivités bénéficiaires, de la part lui revenant dans le produit des cotisations dont il s'agit.

Les impositions dues au titre de l'année de la mise en service sont établies et réparties selon la procédure définie aux premier à quatrième alinéas.

FB-IV-600

Art 321 B Les pourcentages de répartition visés aux articles 320 et 321 sont inscrits dans le cahier des charges de la concession ou dans l'acte d'autorisation, ou mentionnés dans un additif au cahier des charges ou à l'acte d'autorisation et se substituent, le cas échéant, à ceux qui ont été primitivement fixés.

Ils sont révisés, s'il y a lieu, en cas de modification de la consistance de la concession ou de l'autorisation entraînant l'établissement d'un avenant au cahier des charges ou à l'acte d'autorisation. Cet avenant indique les nouveaux pourcentages de répartition applicables.

FB-IV-640

c. Déclaration des constructions nouvelles ainsi que des changements de consistance, d'affectation ou d'utilisation

Art 321 E Les constructions nouvelles, les changements de consistance ou d'affectation des propriétés bâties et non bâties ainsi que les changements d'utilisation des locaux professionnels mentionnés au I de l'article 1498 du code général des impôts sont déclarés par les propriétaires sur des imprimés conformes à des modèles établis par l'administration.

Il en est de même pour la déclaration mentionnée au I bis de l'article 1406 du code général des impôts.

FB-III-51530 s., 52290 ; MF nos 42170 s.

Art 321 F Les déclarations de constructions nouvelles ainsi que les déclarations produites sur demande de l'administration fiscale afin de procéder à la mise à jour des valeurs locatives sont souscrites dans les conditions prévues à l'article 324 AI.

Lorsqu'elles ont pour objet un changement de consistance, d'affectation ou d'utilisation, les déclarations sont limitées à la partie de l'immeuble touchée par la modification.

En cas de lotissement, le changement d'affectation est définitivement réalisé à la date de publication de l'arrêté préfectoral portant autorisation du lotissement.

FB-III-51570 s., 51800, 52280 ; FNB-III-13100

Art 321 G Les déclarations mentionnées aux I et I bis de l'article 1406 du code général des impôts sont produites auprès du service des impôts du lieu de situation des biens.

FB-III-52010 ; MF nos 42170 s.

Art 321 G bis La déclaration mentionnée au I bis de l'article 1406 du code général des impôts est déposée par le propriétaire dans les trente jours suivant la réception de la demande de l'administration fiscale.

FB-III-52300 ; MF no 42170

d. Majoration de la valeur locative cadastrale des terrains constructibles

Art 321 H **I.** Pour l'application de la majoration prévue par l'article 1396 du code général des impôts, la valeur forfaitaire moyenne au mètre carré est fixée à 227 € en zone A, 118 € en zone B1, 84 € en zone B2 et 41 € en zone C *(Montants applicables pour l'année 2023)*.

Pour l'application du présent article, les zones A, B1, B2 et C sont celles prévues pour l'application des articles 2 terdecies B et 2 terdecies C et définies par arrêté des ministres chargés du budget et du logement.

II. Les valeurs définies au I sont indexées, chaque année, en fonction de l'indice des prix à la consommation hors tabac, tel qu'il est estimé dans le rapport économique, social et financier, présenté en annexe au projet de loi de finances établi pour cette même année.

FNB-III-7245

SECTION II

Taxe d'habitation

Art 322 Pour bénéficier des dégrèvements prévus au II de l'article 1414 du code général des impôts, le redevable de la taxe d'habitation doit adresser au service des impôts du lieu de situation des biens une déclaration conforme au modèle établi par l'administration précisant au 1er janvier de l'année d'imposition la liste des locaux concernés, leur adresse et leurs caractéristiques, ainsi qu'une copie du contrat type d'occupation et, le cas échéant, du règlement intérieur.

Cette déclaration doit être assortie de toutes les justifications nécessaires pour apprécier si les conditions d'octroi des dégrèvements sont satisfaites.

Pour les organismes visés au 2° du II de l'article 1414 déjà cité, la déclaration doit être accompagnée d'une copie de la convention pour les organismes ayant conclu une convention avec l'Etat conformément à l'article L 851-1 du code de la sécurité sociale.

HAB-II-8380 s. ; MF n° 43090

Art 322 bis La déclaration doit être souscrite avant le 1er mars de chaque année au titre de laquelle le redevable de la taxe d'habitation peut bénéficier des dispositions du II de l'article 1414 du code général des impôts.

HAB-II-8415

Art 322 ter Pour l'application des dispositions du 5° du II de l'article 1407 du code général des impôts, les organismes autres que les centres régionaux des œuvres universitaires et scolaires doivent adresser aux services des impôts du lieu de situation de la résidence un imprimé conforme au modèle établi par l'administration permettant de justifier que les logements sont mis à la disposition des étudiants dans des conditions financières et d'occupation analogues à celles retenues par les centres régionaux des œuvres universitaires et scolaires.

L'organisme doit ainsi justifier par la production des tarifs pratiqués, des critères d'attribution des logements, du règlement intérieur de la résidence, du ou des contrat(s) type(s) de location ou d'hébergement et de tout autre document édité par l'organisme que :

1° Les tarifs de location avant imputation de l'allocation de logement sociale ou de l'aide personnalisée au logement prévues à l'article L 821-1 du code de la construction et de l'habitation n'excèdent pas de 10 % ceux pratiqués par les centres régionaux des œuvres universitaires et scolaires ;

2° La résidence n'est occupée que par des étudiants inscrits dans l'un des établissements suivants agréés au régime de sécurité sociale des étudiants : établissements d'enseignement supérieur, écoles techniques supérieures, grandes écoles et classes du second degré préparatoires à ces écoles ;

3° L'admission dans la résidence doit concerner en priorité les étudiants bénéficiaires d'une bourse d'enseignement supérieur sur critères sociaux attribuée dans les conditions prévues chaque année par circulaire du ministre chargé de l'enseignement supérieur en application du décret du 9 janvier 1925 portant attribution de bourses aux étudiants et élèves des établissements d'enseignement supérieur et du décret n° 54-544 du 26 mai 1954 modifié relatif aux bourses d'enseignement supérieur *(Le décret du 9 janvier 1925 a été abrogé par le décret 2015-562 du 10 juin 2015 art. 3 1°)* ;

4° La résidence doit être ouverte à tous les étudiants quel que soit l'établissement mentionné au 2° dans lequel ils poursuivent leurs études ;

5° L'occupation du logement est soumise au respect d'un règlement intérieur de la résidence.

HAB-II-1080

Art 322 quater L'imprimé mentionné au premier alinéa de l'article 322 ter, accompagné des pièces justificatives, doit être produit avant le 1er mars de la première année au titre de laquelle les dispositions du 5° du II de l'article 1407 du code général des impôts sont applicables.

En cas de modification apportée aux modalités financières et d'occupation des logements par les étudiants, l'organisme doit produire cet imprimé, accompagné des pièces justificatives, avant le 1er mars de l'année suivant ce changement.

HAB-II-1080

Art 322 quinquies Pour l'application du 1° du II de l'article 1408 du code général des impôts, les établissements mentionnés aux I et II de l'article L 313-12 du code de l'action sociale et des familles, ou leurs groupements, ne se livrant pas à une exploitation ou à des opérations à caractère lucratif adressent au service des impôts du lieu de situation des biens, avant le 1er mars de chaque année, une déclaration conforme au modèle établi par l'administration précisant au 1er janvier de l'année d'imposition la liste des locaux concernés, leur adresse et leurs caractéristiques.

BF 2/21 inf. 146 ; MF n° 43060

SECTION II bis

Dispositions communes à la taxe d'habitation sur les résidences secondaires et autres locaux meublés non affectés à l'habitation principale, à la taxe d'habitation sur les logements vacants et à la taxe annuelle sur les logements vacants

Art 322 A Les propriétaires de locaux mentionnés au I de l'article 1418 du code général des impôts déclarent, pour chaque local, à l'administration fiscale les informations suivantes :

1° S'ils s'en réservent la jouissance, la nature de l'occupation : résidence principale, résidence secondaire, logement vacant ;

2° S'il est occupé par des tiers, l'identité des occupants :

s'agissant des personnes physiques : nom, prénom, date de naissance, pays, département et commune de naissance ;

s'agissant des personnes morales : forme juridique, dénomination et numéro SIREN.

La déclaration mentionnée au premier alinéa est transmise par l'intermédiaire du service Gérer mes biens immobiliers, accessible depuis l'espace sécurisé des propriétaires.

FR 23/23 inf. 10 p. 19 ; MF n° 43210

SECTION III

Cotisation foncière des entreprises

I bis. Exonération temporaire accordée dans le cadre de l'aménagement du territoire

Art 322 G Le bénéfice de l'exonération temporaire de cotisation foncière des entreprises prévue par l'article 1465 du code général des impôts est subordonné aux conditions suivantes lorsqu'un agrément n'est pas nécessaire :

I. Réalisation d'un investissement minimal de 1 000 000 €. A défaut, les conditions prévues aux II, III, IV et V sont applicables ;

II. En cas de création d'un établissement industriel :

a. Dans les départements d'outre-mer et de la Corse, ainsi que pour les opérations réalisées à compter du 1er janvier 1995, dans les zones de revitalisation rurale délimitées par décret *(Voir décret 2013-548 du 26 juin 2013 et arrêté du 16 mars 2017, JO du 29)* :

1° Dans les communes situées dans une unité urbaine d'au moins 50 000 habitants : réalisation d'un investissement minimal de 122 000 € et création d'au moins 30 emplois ;

2° Dans les communes situées dans une unité urbaine d'au moins 15 000 habitants et de moins de 50 000 habitants : réalisation d'un investissement minimal de 76 000 € et création d'au moins 15 emplois ;

3° Dans les autres communes : réalisation d'un investissement minimal de 46 000 € et création d'au moins 6 emplois ;

b. Dans les autres zones où s'applique l'exonération temporaire :

1° Dans les communes situées dans une unité urbaine d'au moins 15 000 habitants : réalisation d'un investissement minimal de 122 000 € et création d'au moins 30 emplois ;

2° Dans les autres communes : réalisation d'un investissement minimal de 46 000 € et création d'au moins 10 emplois ;

III. En cas d'extension d'un établissement industriel :

a. Dans les départements d'outre-mer et de la Corse ainsi que pour les opérations réalisées à compter du 1er janvier 1995, dans les zones de revitalisation rurale délimitées par décret *(Voir décret 2013-548 du 26 juin 2013 et arrêté du 16 mars 2017, JO du 29)* :

1° Dans les communes situées dans une unité urbaine d'au moins 50 000 habitants :

Réalisation d'un investissement minimal de 122 000 €, et :

Soit création d'au moins 30 emplois se traduisant par un accroissement net d'au moins 25 % du nombre des emplois ;

Soit création d'au moins 120 emplois ;

2° Dans les communes situées dans une unité urbaine d'au moins 15 000 habitants et de moins de 50 000 habitants :

Réalisation d'un investissement minimal de 76 000 €, et :

Soit création d'au moins 15 emplois se traduisant par un accroissement net d'au moins 20 % du nombre des emplois ;

Soit création d'au moins 50 emplois se traduisant par un accroissement net d'au moins 10 % du nombre des emplois ;

Soit création d'au moins 120 emplois ;

3° Dans les autres communes :

Réalisation d'un investissement minimal de 46 000 €, et :

Soit création d'au moins 6 emplois se traduisant par un accroissement net d'au moins 20 % du nombre des emplois ;

Soit création d'au moins 50 emplois se traduisant par un accroissement net d'au moins 10 % du nombre des emplois ;

Soit création d'au moins 120 emplois ;

b. Dans les autres zones où s'applique l'exonération temporaire :

1° Dans les communes situées dans une unité urbaine d'au moins 15 000 habitants :

Réalisation d'un investissement minimal de 122 000 €, et :

Soit création d'au moins 30 emplois se traduisant par un accroissement net d'au moins 25 % du nombre des emplois ;

Soit création d'au moins 120 emplois ;

2° Dans les autres communes :

Réalisation d'un investissement minimal de 46 000 €, et :

Soit création d'au moins 10 emplois se traduisant par un accroissement net d'au moins 25 % du nombre des emplois ;

Soit création d'au moins 50 emplois se traduisant par un accroissement net d'au moins 10 % du nombre des emplois ;

Soit création d'au moins 120 emplois.

IV. En cas de création d'un établissement de recherche scientifique ou technique :

Réalisation d'un investissement minimal de 15 000 € et création d'au moins 10 emplois.

V. En cas d'extension d'un établissement de recherche scientifique ou technique :

Réalisation d'un investissement minimal de 15 000 €, et :

Soit création d'au moins 10 emplois se traduisant par une augmentation d'au moins 25 % du nombre des emplois ;

Soit création d'au moins 50 emplois.

CET-II-109960 s. ; MF n° 43583

Art 322 H Pour l'application de l'article 322 G :

Les emplois créés à prendre en considération sont les emplois permanents ; ceux-ci s'entendent de ceux qui sont confiés par l'entreprise à des salariés bénéficiant de contrats de travail à durée indéterminée ; les emplois à temps partiel sont comptés au prorata du temps de travail ;

Le nombre des emplois permanents créés et le montant de l'investissement réalisé sont calculés déduction faite des emplois permanents et des immobilisations supprimés au cours de la même période ;

Le montant de l'investissement est apprécié abstraction faite des biens meubles ou immeubles pris en location, mais comprend les biens pris en crédit-bail ;

L'unité urbaine est celle définie par l'institut national de la statistique et des études économiques en vue de recensement de la population.

CET-II-110110 s.

Art 322 I En cas d'extension d'établissement, les seuils d'emplois et d'investissement mentionnés à l'article 322 G s'apprécient par rapport à la dernière année précédant l'opération ou par rapport à la moyenne des trois dernières années si elle est supérieure.

CET-II-110110 s., 110250 s.

Art 322 J La réalisation des conditions prévues à l'article 322 G s'apprécie au 31 décembre de la première année au cours de laquelle l'entreprise a procédé à l'une des opérations mentionnées à cet article. Toutefois, lorsque la période de référence servant à la détermination des bases de cotisation foncière des entreprises correspondantes ne coïncide pas avec l'année civile, la réalisation de ces conditions s'apprécie, en ce qui concerne les investissements, à la date de clôture de l'exercice retenu comme période de référence.

CET-II-110380 s. ; MF n° 43583

Art 322 K Lorsque, aux dates fixées à l'article 322 J, l'entreprise ne remplit pas les conditions requises, elle peut néanmoins demander à bénéficier provisoirement de l'exonération temporaire de cotisation foncière des entreprises. A l'appui de cette demande, elle doit indiquer les réalisations déjà effectuées et exposer les conditions dans lesquelles elle compte atteindre les seuils réglementaires. L'exonération ne sera définitivement acquise que si l'entreprise justifie au 31 décembre de la troisième année de l'opération qu'elle remplit désormais les conditions exigées pour en bénéficier. Lorsque l'exercice ne coïncide pas avec l'année civile, cette date est remplacée, pour les seules immobilisations, par celle de l'expiration de l'exercice de douze mois clos au cours de cette troisième année. Cette échéance ne peut en aucun cas être reportée.

CET-II-110380 s., 110410 ; MF n° 43583

Art 322 L Lorsque, au cours d'une année donnée, l'investissement net ou le nombre net des emplois créés deviennent inférieurs aux seuils fixés à l'article 322 G, l'exonération cesse de s'appliquer à compter du 1er janvier suivant.

CET-II-110810 ; MF n° 43583

Art 322 N La demande d'exonération de cotisation foncière des entreprises doit être formulée dans les conditions prévues à l'article 1477 du code général des impôts.

CET-II-119750, 133070

Art 322 O Lorsque, dans une même commune, une entreprise exploite plusieurs établissements situés dans et hors de la zone franche urbaine – territoire entrepreneur, elle doit déclarer séparément les éléments passibles de la cotisation foncière des entreprises pour chacun des établissements qui sont situés dans la zone.

CET-II-119750, 133080

Art 322 R Les activités éligibles aux dispositions du 3° du III de l'article 1466 F du code général des impôts sont celles mentionnées à l'article 49 ZC.

DC-IV-8165

II. Lieu d'imposition des entreprises hydrauliques concédées ou d'une puissance supérieure à 500 kilowatts

Art 323 Pour l'assiette de la cotisation foncière des entreprises due par les entreprises hydrauliques concédées ou d'une puissance supérieure à 500 kilowatts, la valeur locative de la force motrice des chutes d'eau et de leurs aménagements utilisés par ces entreprises est répartie entre les communes sur le territoire desquelles sont situés les ouvrages définitifs de génie civil et celles sur le territoire desquelles coulent les cours d'eau utilisés, dans les conditions fixées par les articles 316 à 321 B.

CET-II-175590 s.

SECTION III bis

Règles d'évaluation de la valeur locative des biens imposables

I. Dispositions communes à toutes les catégories de locaux

Art 324 A Pour l'application de l'article 1494 du code général des impôts, on entend :

1° Par propriété normalement destinée à une utilisation distincte :

a. En ce qui concerne les biens autres que les établissements industriels, l'ensemble des sols, terrains et bâtiments qui font partie du même groupement topographique et sont normalement destinés à être utilisés par un même occupant en raison de leur agencement ;

b. En ce qui concerne les établissements industriels, l'ensemble des sols, terrains, bâtiments et installations qui concourent à une même exploitation et font partie du même groupement topographique ;

2° Par fraction de propriété normalement destinée à une utilisation distincte, lorsqu'ils sont situés dans un immeuble collectif ou un ensemble immobilier :

a. Le local normalement destiné, à raison de son agencement, à être utilisé par un même occupant ;

b. L'établissement industriel dont les éléments concourent à une même exploitation.

Est également considéré comme une fraction de propriété l'ensemble des sols, terrains, bâtiments et parties de bâtiment réservés à l'usage commun des occupants.

L'immeuble collectif s'entend de toute propriété bâtie normalement aménagée pour recevoir au moins deux occupants.

FB-III-760 s.

Art 324 B I. Pour l'application de l'article 1495 du code général des impôts, la date de l'évaluation s'entend du jour de clôture du procès-verbal des opérations de révision dans la commune.

II. Pour l'appréciation de la consistance, il est tenu compte de tous les travaux, équipements ou éléments d'équipement existant au jour de l'évaluation.

III. Lorsqu'une propriété ou un local a reçu plusieurs affectations principales, chaque fraction est évaluée d'après son affectation particulière.

Toutefois, un même élément affecté à plusieurs usages est évalué selon les règles prévues à l'article 1498 du code général des impôts lorsqu'il est utilisé à la fois pour l'exercice d'une activité commerciale ou artisanale et pour un autre usage ou lorsqu'il est utilisé à la fois pour l'exercice d'une profession sans caractère agricole, commercial, artisanal, ou industriel et pour l'habitation.

IV. Lorsqu'une propriété ou un local n'a reçu qu'une affectation principale, un même élément utilisé à plusieurs usages est évalué suivant les règles propres à la partie principale de la propriété ou du local.

FB-III-1630 s.

Art 324 C I. Sous réserve des dispositions du 1 du III de l'article 1496 du code général des impôts, les actes de location à retenir pour l'évaluation des propriétés ou fractions de propriétés mentionnées au I de l'article 1498 ainsi qu'aux articles 324 D à 324 Y s'entendent des baux écrits ou locations verbales en cours à la date de référence et conclus librement à des conditions de prix normales.

II. Le prix du loyer stipulé dans le bail écrit ou la location verbale est modifié, en tant que de besoin, pour tenir compte :

D'une part, en diminution, de la fraction de valeur locative afférente à des éléments non imposables à la taxe foncière des propriétés bâties et compris dans la location, des charges incombant normalement au locataire et supportées par le propriétaire ainsi que des dépenses diverses payées par ce dernier lorsqu'elles sont la contrepartie de prestations fournies aux occupants ;

D'autre part, en augmentation, des dépenses qui incombent normalement au propriétaire et sont supportées par le locataire ainsi que de la plus-value résultant des travaux d'amélioration effectués par ce dernier.

FB-III-1300 s.

II. Locaux d'habitation

A. Décomposition de chaque propriété ou fraction de propriété

Art 324 D **I.** Dans une propriété affectée à l'habitation et normalement destinée à une utilisation distincte, on distingue :

La maison ;

Les dépendances bâties ;

Les dépendances non bâties.

II. La maison, qui constitue la partie principale, s'entend de l'ensemble des éléments situés à l'intérieur des gros murs du corps de bâtiment principal ou qui s'y trouvent reliés par une communication intérieure.

III. Les dépendances bâties sont des constructions accessoires au bâtiment principal, sans communication intérieure avec celui-ci.

IV. Les dépendances non bâties comprennent les cours, passages et, en général, tous les terrains formant une dépendance indispensable et immédiate des constructions et servant à celles-ci de voies d'accès ou de dégagement.

FB-III-3930

Art 324 E **I.** Dans une fraction de propriété affectée à l'habitation et normalement destinée à une utilisation distincte, on distingue :

La partie principale ;

Les éléments bâtis formant dépendances ;

Une quote-part des dépendances non bâties.

II. Dans les immeubles collectifs, la partie principale est constituée par l'ensemble des éléments d'un seul tenant formant à l'intérieur des gros murs du même bâtiment une unité d'habitation telle qu'un logement ou un appartement.

III. Dans ces mêmes immeubles, les éléments bâtis formant dépendances comprennent :

D'une part, les éléments situés hors du bâtiment dans lequel se trouve la partie principale ;

D'autre part, les éléments qui, bien que situés dans le même bâtiment que la partie principale à laquelle ils se rattachent, ne sont pas d'une seule tenue avec celle-ci.

FB-III-3960 s., 5500 s.

Art 324 F Les constructions accessoires isolées pour lesquelles il n'existe aucune partie principale de rattachement sur la même propriété sont considérées dans tous les cas comme des dépendances bâties.

FB-III-4010

B. Classification communale des locaux

Art 324 G **I.** La classification communale consiste à rechercher et à définir, par nature de construction (maisons individuelles, immeubles collectifs, dépendances bâties isolées), les diverses catégories de locaux d'habitation existant dans la commune.

II. Pour la classification communale, sont assimilés aux dépendances bâties isolées les dépendances bâties et les éléments bâtis formant dépendances qui doivent faire l'objet d'une évaluation distincte en raison de leur nature particulière, notamment les éléments de pur agrément ainsi que, dans les immeubles collectifs, les garages et les emplacements individuels aménagés pour le stationnement des véhicules automobiles.

FB-III-4080 s.

Art 324 H **I.** Pour les maisons individuelles et les locaux situés dans un immeuble collectif, la classification communale est établie à partir d'une nomenclature type comportant huit catégories, en adaptant aux normes locales de construction les critères généraux mentionnés au tableau ci-après.

II. Pour les dépendances bâties isolées et les divers éléments visés au II de l'article 324 G, la classification communale est établie à partir d'une nomenclature type spéciale comportant quatre catégories, en adaptant aux normes locales de construction les critères généraux décrits au tableau ci-après.

III. Dans les deux cas prévus aux I et II, il peut toutefois être procédé à la création de catégories intermédiaires combinant, dans des proportions simples, deux catégories types.

IV. Les caractéristiques physiques afférentes à chaque nature et catégorie de locaux retenus lors de la classification communale sont inscrites au procès-verbal des opérations de la révision.

CRITERES A CONSIDERER	CARACTERISTIQUES GENERALES PROPRES A CHAQUE CATEGORIE DE LOCAUX							
	1e catégorie	2e catégorie	3e catégorie	4e catégorie	5e catégorie	6e catégorie	7e catégorie	8e catégorie
1. Caractère architectural de l'immeuble	Nettement somptueux	Particulièrement soigné	Belle apparence		Sans caractère particulier			Aspect délabré
2. Qualité de la construction	Excellente		Très bonne	Bonne		Courante	Médiocre	Particulièrement défectueuse
	Matériaux de tout premier ordre ou d'excellente qualité. Parfaite habitabilité.		Matériaux assurant une très bonne habitabilité.	Mais construction d'une classe et d'une qualité inférieures aux précédentes catégories.		Matériaux utilisés habituellement dans la région assurant des conditions d'habitabilité normales mais une durée d'existence limitée pour les immeubles récents.	Construction économique en matériaux bon marché présentant souvent certains vices.	Ne présente pas ou ne présente plus les caractères élémentaires d'habitabilité en raison de la nature des matériaux utilisés, de la vétusté, etc.
3. Distribution du local : conception générale	Très large conception	Large conception	Moins d'ampleur que dans les catégories précédentes		Faible développement des pièces, dégagements, entrées, etc.		Logement souvent exigu	
	des diverses parties du local (Largeur des baies supérieures à la normale. Dans les immeubles collectifs, accès et escaliers communs de larges dimensions).		Les diverses parties du local restent cependant assez spacieuses. Dans les immeubles collectifs, accès communs faciles.		Paliers souvent communs à plus de deux logements.	Dimensions réduites, même en ce qui concerne les pièces d'habitation, notamment dans les constructions récentes.	Dégagements généralement sacrifiés dans les immeubles collectifs (accès communs sombres et étroits).	
Pièces de réception	Présence obligatoire de pièces de réception spacieuses.		Présence obligatoire de pièces de réception dans les locaux comportant un certain nombre de pièces.		Existence, en général, d'une pièce de réception : - dans les locaux anciens dès qu'il y a quatre pièces ; - dans les locaux modernes, quel que soit le nombre de pièces.	En général, absence de pièces de réception.		

CRITERES A CONSIDERER	CARACTERISTIQUES GENERALES PROPRES A CHAQUE CATEGORIE DE LOCAUX							
	1e catégorie	2e catégorie	3e catégorie	4e catégorie	5e catégorie	6e catégorie	7e catégorie	8e catégorie
Locaux d'hygiène	Nombreux locaux d'hygiène bien équipés.		En général, plusieurs salles d'eau.	Présence nécessaire d'une salle de bains ou de douches ou d'un cabinet de toilette avec eau courante.	Présence, au minimum, d'un cabinet de toilette avec eau courante.	En général : - absence de locaux d'hygiène dans les immeubles anciens ; - présence d'une salle d'eau dans les immeubles récents.	Absence très fréquente de locaux d'hygiène.	
4. Equipements : équipements usuels :								
Eau	Nombreux postes d'eau courante intérieurs au local.				Un ou plusieurs postes d'eau intérieurs.		En général, eau à l'extérieur.	
W.-C.	Un ou plusieurs éléments par local.				W.-C. particuliers généralement intérieurs.	W.-C. particuliers parfois extérieurs.	W.-C. généralement extérieurs.	
Chauffage central	Présence habituelle			Présence fréquente dans les immeubles anciens, habituelle dans les immeubles récents.	Présence exceptionnelle dans les immeubles anciens, fréquente dans les immeubles récents.	-	-	Absence habituelle de tout équipement, notamment de W.-C.
Ascenseur	Présence habituelle			Absence fréquente dans les immeubles anciens : présence habituelle dans les immeubles récents de plus de quatre étages.	Absence de fréquence dans les immeubles anciens : présence habituelle dans les immeubles récents de quatre étages.	Absence habituelle dans les immeubles anciens : présence habituelle dans les immeubles récents de plus de quatre étages.	-	
Tapis d'escalier, escalier de service	Présence habituelle (surtout dans les immeubles anciens).			Absence fréquente.	-	-	-	
Impression d'ensemble (caractère général de l'habitation)	Grand luxe	Luxe	Très confortable	Confortable	Assez confortable	Ordinaire	Médiocre	Très médiocre

CRITERES à considérer	CARACTERISTIQUES GENERALES PROPRES A CHAQUE CATEGORIE			
	A	B	C	D
Qualité de la construction (à titre principal) :				
- murs	Matériaux de bonne qualité.	Matériaux ordinaires utilisés habituellement dans la région, le plus souvent mis en œuvre sans recherche et d'une façon économique.	Matériaux bon marché, légers, présentant souvent certains défauts.	Matériaux de qualité médiocre, parfois même, absence quasi totale de murs (hangars, etc.).
- toiture	Habillement, couverture en matériaux courants.		Le plus souvent, couverture légère.	

CRITERES à considérer	CARACTERISTIQUES GENERALES PROPRES A CHAQUE CATEGORIE			
	A	B	C	D
Equipement (à titre accessoire) :				
- électricité	Présence habituelle.	Présence assez fréquente.	Présence peu fréquente.	
- eau	idem	idem	idem	
- chauffage	Présence assez peu fréquente.	Présence exceptionnelle.	Absence habituelle.	
- divers	Selon la nature de l'élément, présence occasionnelle de bac à laver, de fosse de visite pour voiture automobile, etc.	Absence habituelle.	Idem.	Absence habituelle.
Qualité du service rendu	Bonne protection : fermeture complète et solide.	Protection suffisante : fermeture complète et encore satisfaisante.	Protection sommaire, parfois abris partiellement clos.	Protection des plus rudimentaires.
Impression d'ensemble	Bonne	Passable	Médiocre	Mauvaise
Nota : Pour le choix de la catégorie, il convient de prendre en considération le fait que les dépendances bâties ne présentent pas, d'une manière générale, une finition aussi complète que celle des locaux d'habitation.				

FB-III-4200 s.

Art 324 I **I.** La classification communale des maisons individuelles et des locaux situés dans un immeuble collectif est établie en fonction des caractéristiques générales de leur partie principale.

II. Lorsqu'ils sont situés sur la même propriété que la partie principale dont ils constituent l'accessoire, les dépendances bâties et les éléments bâtis formant dépendances autres que ceux visés au II de l'article 324 G sont rangés dans la catégorie à laquelle appartient la partie principale.

Lorsqu'ils sont à usage commun, ils sont rangés dans la catégorie à laquelle appartient la majorité des parties principales des locaux qu'ils desservent.

FB-III-4350

Art 324 J Des locaux de référence sont choisis par nature de construction pour illustrer chacune des catégories de la classification communale et servir de termes de comparaison. Le choix porte, pour chaque catégorie, sur un ou plusieurs locaux particulièrement représentatifs de la catégorie, comprenant, le cas échéant, des dépendances bâties et non bâties d'importance moyenne par rapport à la généralité des locaux de même nature de la catégorie.

La liste des locaux de référence est inscrite au procès-verbal des opérations de la révision.

FB-III-4400

C. Tarifs d'évaluation

1. Modalités d'établissement

Art 324 K **I.** Sous réserve des travaux d'homogénéité prévus au premier alinéa du II de l'article 1496 du code général des impôts, les tarifs d'évaluation sont obtenus, pour chaque nature et catégorie de locaux d'habitation, en tenant compte des loyers annuels des locaux loués librement à des conditions de prix normales et des surfaces pondérées desdits locaux, déterminées dans les conditions fixées aux articles 324 L à 324 V.

II. A défaut d'un nombre suffisant de locations répondant, pour une catégorie donnée, aux conditions prévues au I, le tarif est établi, pour ladite catégorie, par comparaison avec les tarifs qui ont été fixés soit pour les catégories voisines de la même commune, soit pour les mêmes catégories ou les catégories voisines d'autres communes présentant du point de vue économique des conditions analogues à celles de la commune en cause.

FB-III-3700, 7700 s.

2. Détermination de la surface pondérée

Art 324 L **I.** Dans la maison ou la partie principale des locaux des immeubles collectifs, on distingue, le cas échéant :

a. Les pièces, telles que salles à manger, pièces de réception diverses, chambres, pièces à usage professionnel, cuisines, et leurs annexes, telles que salles d'eau (salles de bains, de douches ou cabinets de toilette avec eau courante), cabinets d'aisance, entrée, couloirs, antichambre, à l'exclusion des éléments énumérés au b ;

b. Les garages, buanderies, caves, greniers, celliers, bûchers et autres éléments de même nature, ainsi que les terrasses et toitures-terrasses accessibles.

Les pièces à usage professionnel sont évaluées selon les règles prévues à l'article 1498 du code général des impôts, ainsi qu'aux articles 324 A, 324 B, 324 X et, s'agissant du calcul de leur surface pondérée, à l'article 324 Z.

FB-III-58210

II. Parmi les dépendances bâties et les éléments bâtis formant dépendances, on distingue, outre des éléments de même nature que ceux énumérés au I :

Des éléments de pur agrément, tels que piscines privées, terrains de jeux ;

Et, dans les immeubles collectifs, des emplacements individuels aménagés pour le stationnement des véhicules automobiles.

FB-III-5370 s.

Art 324 M La surface pondérée des locaux de référence est déterminée en appliquant à leur surface réelle, mesurée au sol entre murs ou séparations et arrondie au mètre carré inférieur, les correctifs prévus aux articles 324 N à 324 S.

Lorsque le local est affecté à la fois à l'habitation et à usage professionnel, la surface est calculée distinctement en fonction de l'affectation.

Il est fait application des règles mentionnées au quatrième alinéa du I de l'article 324 L pour le calcul de la surface affectée à l'usage professionnel.

FB-III-58210

FB-III-5300 s.

Art 324 N La surface des éléments de la maison visés au b du I de l'article 324 L et celle des éléments, autres que les pièces et leurs annexes, visés au II du même article sont affectées d'un coefficient de pondération variable de 0,2 à 0,6 pour tenir compte du service rendu par chaque élément dans le cadre de la valeur d'usage du local.

La surface pondérée brute ainsi obtenue est arrondie au mètre carré inférieur.

Toutefois, cette disposition ne s'applique pas aux éléments sus-indiqués qui relèvent de la classification spéciale prévue au II de l'article 324 H.

FB-III-6000 s.

Art 324 O La surface totale des pièces et annexes de la maison ou de la partie principale des locaux des immeubles collectifs mentionnées au I de l'article 324 L, autres que les pièces à usage professionnel, sont affectées d'un coefficient tenant compte de leur importance, fixé pour chacune des catégories mentionnées aux articles 324 G et 324 H conformément au barème suivant :

CATEGORIES foncières	MAISONS INDIVIDUELLES				LOCAUX DES IMMEUBLES COLLECTIFS			
	1e tranche (les 20 premiers mètres carrés)	2e tranche		3e tranche (les mètres carrés suivants)	1e tranche (les 20 premiers mètres carrés)	2e tranche		3e tranche (les mètres carrés suivants)
	Coefficient	De 20 m² à :	Coefficient	Coefficient	Coefficient	De 20 m² à :	Coefficient	Coefficient
		m²				m²		
1e catégorie	3,00	400	0,90	0,75	2,60	350	0,90	0,75
2e catégorie	2,50	320	0,90	0,75	2,20	260	0,90	0,75
3e catégorie	2,10	240	0,90	0,75	1,90	200	0,90	0,75
4e catégorie	1,70	160	0,90	0,75	1,60	140	0,90	0,75
5e catégorie	1,45	110	0,90	0,75	1,35	90	0,90	0,75
6e catégorie	1,30	80	0,90	0,75	1,25	70	0,90	0,75
7e catégorie	1,20	60	0,90	0,75	1,15	50	0,90	0,75
8e catégorie	1,10	40	0,90	0,75	1,05	30	0,90	0,75

La surface ainsi déterminée, arrondie au mètre carré inférieur, est dénommée surface pondérée comparative de la partie principale.

FB-III-5820 s., 58210

Art 324 P La surface pondérée comparative de la partie principale augmentée, le cas échéant, en ce qui concerne la maison, de la surface pondérée brute des éléments visés au b du I de l'article 324 L, est affectée d'un correctif d'ensemble destiné à tenir compte, d'une part, de l'état d'entretien de la partie principale en cause, d'autre part, de sa situation. Ce correctif est égal à la somme algébrique des coefficients définis aux articles 324 Q et 324 R.

La surface pondérée nette ainsi obtenue est arrondie au mètre carré inférieur.

FB-III-5320, 6400, 7200

Art 324 Q Le coefficient d'entretien est déterminé conformément au barème suivant :

ETAT D'ENTRETIEN	COEFFICIENT
Bon - Construction n'ayant besoin d'aucune réparation	1,20
Assez bon - Construction n'ayant besoin que de petites réparations	1,10
Passable - Construction présentant, malgré un entretien régulier, des défauts permanents dus à la vétusté, sans que ceux-ci compromettent les conditions élémentaires d'habitabilité	1
Médiocre - Construction ayant besoin de réparations d'une certaine importance, encore que localisées	0,90
Mauvais - Construction ayant besoin de grosses réparations dans toutes ses parties	0,80

FB-III-6430 s.

Art 324 R Le coefficient de situation est égal à la somme algébrique de deux coefficients destinés à traduire, le premier, la situation générale dans la commune, le second, l'emplacement particulier :

APPRECIATION DE LA SITUATION (générale ou particulière)	COEFFICIENT de situation générale	COEFFICIENT de situation particulière
Situation excellente, offrant des avantages notoires sans inconvénients marquants	+ 0,10	+ 0,10
Situation bonne, offrant des avantages notoires en partie compensés par certains inconvénients	+ 0,05	+ 0,05
Situation ordinaire, n'offrant ni avantages ni inconvénients ou dont les uns et les autres se compensent	0	0
Situation médiocre, présentant des inconvénients notoires en partie compensés par certains avantages	– 0,05	– 0,05
Situation mauvaise, présentant des inconvénients notoires sans avantages particuliers	– 0,10	– 0,10

Le coefficient de situation particulière tient compte notamment de la présence ou de l'absence de dépendances non bâties.

FB-III-6650 s.

Art 324 S Dans les immeubles collectifs, le correctif d'ensemble applicable à la surface pondérée comparative de la partie principale est modifié, le cas échéant, par un correctif destiné à traduire la présence ou l'absence d'ascenseur, conformément au barème suivant :

NIVEAU DU LOCAL	COEFFICIENT Immeuble avec ascenseur	COEFFICIENT Immeuble sans ascenseur
6e et au-dessus	+ 0,05	– 0,15
5^e^	+ 0,05	– 0,10
4^e^	+ 0,05	– 0,05
3^e^	+ 0,05	0
2^e^	+ 0,05	0
1er	0	0
Rez-de-chaussée	0	0

Pour l'application de ce coefficient, l'entresol est compté pour un étage.

FB-III-7200

Art 324 T I. La surface pondérée totale de la partie principale est obtenue en ajoutant à sa surface pondérée nette les surfaces représentatives des éléments d'équipement en état de fonctionnement. Ces équivalences superficielles sont déterminées conformément au barème suivant :

Eau courante : 4 mètres carrés ;

Gaz *(en cas d'installation fixe)* : 2 mètres carrés ;

Electricité *(par installation, quelle que soit l'utilisation du courant)* : 2 mètres carrés ;

Installation sanitaire *(éviers et W.-C. exclus)* :

Par baignoire : 5 mètres carrés ;

Par receveur de douches ou bac à laver : 4 mètres carrés ;

Par lavabo et autre appareil sanitaire : 3 mètres carrés ;

W.-C. particulier *(par unité)* : 3 mètres carrés ;

Egout *(raccordement au réseau d')*, par local : 3 mètres carrés ;

Vide-ordures *(que celui-ci soit particulier au local ou commun à l'étage)* : 3 mètres carrés ;

Chauffage central, par pièce et annexe d'hygiène *(que l'installation soit particulière au local ou commune aux différents locaux de l'immeuble)* : 2 mètres carrés.

II. Lorsqu'un local est affecté à la fois à l'habitation et à un usage professionnel, la partie du local affectée à l'habitation est évaluée en prenant en compte la surface représentative des éléments d'équipement proportionnellement à la surface totale des pièces et annexes utilisées pour cet usage sur la surface pondérée totale du local.

FB-III-7300 s., 58210

Art 324 U I. La surface pondérée nette des dépendances bâties et celle des éléments bâtis formant dépendances sont déterminées en affectant leur surface réelle, ou leur surface pondérée brute s'il s'agit d'éléments visés à l'article 324 N, du correctif d'ensemble prévu à l'article 324 P.

Le résultat est arrondi au mètre carré inférieur.

FB-III-6400 s.

II. La surface pondérée des dépendances bâties et celle des éléments bâtis formant dépendances sont obtenues en ajoutant à leur surface pondérée nette les surfaces représentatives des éléments d'équipement ci-après énumérés, sous réserve que ceux-ci soient en état de fonctionnement.

Ces équivalences superficielles sont déterminées conformément au barème ci-après :

Installation sanitaire *(éviers et W.-C. exclus)* :

Par baignoire : 5 mètres carrés ;

Par receveur de douches et bac à laver : 4 mètres carrés ;

Par lavabo et autre appareil sanitaire : 3 mètres carrés ;

W.-C. particulier *(par unité)* : 3 mètres carrés ;

Chauffage central, par pièce et annexe d'hygiène *(que l'installation soit particulière à l'élément en cause ou commune aux différents locaux de l'immeuble)* : 2 mètres carrés ;

et, seulement lorsque la dépendance bâtie ou l'élément bâti formant dépendance doit faire l'objet d'une évaluation distincte :

Eau courante : 2 mètres carrés ;

Electricité *(quelle que soit l'utilisation du courant)* : 2 mètres carrés.

FB-III-7300 s.

Art 324 V I. La surface pondérée totale de la propriété ou fraction de propriété est obtenue en ajoutant à la surface pondérée totale de la partie principale celle des dépendances bâties et des éléments bâtis formant dépendances.

II. La surface pondérée totale des pièces indépendantes, dans les immeubles collectifs, et celle des éléments visés au II de l'article 324 G donnent lieu, en toute hypothèse, à l'établissement d'un décompte distinct.

FB-III-7500

D. Evaluations individuelles

1. Evaluation des locaux de référence

Art 324 W Sous réserve de l'harmonisation prévue au deuxième alinéa du I de l'article 1503 du code général des impôts, la valeur locative des locaux de référence visés à l'article 324 J est déterminée en appliquant à leur surface pondérée totale, calculée conformément aux règles définies aux articles 324 L à 324 V, le tarif correspondant établi dans les conditions fixées à l'article 324 K.

FB-III-8120

2. Evaluation des autres locaux

Art 324 X I. En vue de leur évaluation, les locaux d'habitation autres que les locaux de référence sont classés par comparaison avec les locaux de référence représentatifs des diverses catégories existantes.

II. La valeur locative cadastrale assignée aux locaux classés dans une même catégorie est déterminée, en respectant l'égalité proportionnelle des évaluations, par comparaison avec la valeur locative du local ou des locaux choisis pour représenter ladite catégorie.

FB-III-8150

III. Locaux professionnels passibles de la taxe foncière sur les propriétés bâties

A. Evaluation d'après les baux écrits ou les locations verbales

Art 324 Y Lorsque les actes visés à l'article 324 C portent sur des locaux dont chacune des parties a reçu une affectation différente, la fraction desdits locaux affectée à l'habitation est évaluée selon les règles prévues par les articles 324 D à 324 X ; la valeur locative ainsi obtenue est imputée sur le montant global du bail écrit ou de la location verbale pour déterminer la valeur locative du surplus du local.

FB-III-11600

B. Détermination de la surface pondérée des locaux professionnels

Art 324 Z Pour l'application du C du II de l'article 1498 du code général des impôts, la surface pondérée d'un local est la somme, le cas échéant arrondie au mètre carré inférieur, des superficies de ses différentes parties, affectées, le cas échéant, du coefficient mentionné au troisième alinéa.

La superficie des différentes parties d'un local, y compris celle des dégagements et sanitaires, est la superficie réelle, mesurée au sol, entre murs ou séparations et arrondie au mètre carré inférieur.

Lorsque l'une de ces parties a une valeur d'utilisation réduite par rapport à l'affectation principale du local, la superficie de cette partie est réduite par application d'un coefficient fixé à 0,5 lorsque cette partie est couverte et à 0,2 dans le cas contraire.

FB-III-58210

IV. Etablissements industriels

Art 324 AE Le prix de revient visé à l'article 1499 du code général des impôts s'entend de la valeur d'origine pour laquelle les immobilisations doivent être inscrites au bilan en conformité de l'article 38 quinquies.

Aucune rectification n'est apportée auxdites valeurs au titre des taxes sur le chiffre d'affaires (taxe sur la valeur ajoutée) supportées par l'entreprise.

La valeur d'origine à prendre en considération est le prix de revient intégral, avant application des déductions exceptionnelles et des amortissements spéciaux autorisés en matière fiscale.

Il en est de même pour les immobilisations partiellement réévaluées ou amorties en tout ou en partie.

FB-III-18430 s., 18820

Art 324 AF Lorsqu'il ne résulte pas des énonciations du bilan, le prix de revient est déterminé, en tant que de besoin, à partir de tous documents comptables ou autres pièces justificatives et, à défaut, par voie d'évaluation, sous réserve du droit de contrôle de l'administration.

FB-III-18630

Art 324 AG L'année à retenir pour dégager le prix de revient est celle de la création ou de l'acquisition de l'immobilisation.

Lorsque l'exercice comptable ne coïncide pas avec l'année civile et que la date exacte de l'acquisition ou de la création n'est pas connue, l'année à retenir est celle de la clôture dudit exercice.

Dans le cas où l'année d'acquisition de certaines immobilisations n'est pas connue comme dans le cas où une ventilation année par année des dépenses afférentes aux immobilisations créées ne peut être effectuée, la référence à retenir est la période au cours de laquelle les immobilisations ont été acquises ou créées. Le coefficient de réévaluation est alors déterminé en divisant le total des coefficients afférents aux années comprises dans ladite période par le nombre de ces années. Ce procédé de réévaluation est applicable, notamment en ce qui concerne les immobilisations édifiées ou créées par l'entreprise, lorsque les dépenses nécessitées par cette édification ou cette création se sont étendues sur plusieurs années.

FB-III-18900 s.

V. Déclarations à souscrire pour chaque révision

Art 324 AH **I.** Les déclarations prévues à l'article 1502 du code général des impôts sont souscrites par les débiteurs de la taxe foncière sur les propriétés bâties, au sens de l'article 1400 de ce code.

II. Lorsqu'il s'agit d'un établissement industriel dont les biens appartiennent à plusieurs personnes, chacune d'elles est soumise aux obligations de l'article 1502 précité à raison de l'ensemble des éléments imposables dont elle est propriétaire.

FB-III-2020

Art 324 AI **I.** Les redevables visés à l'article 1502 du code général des impôts sont tenus de souscrire :

a. Une déclaration par propriété ou fraction de propriété au sens de l'article 324 A, à l'exception des biens réservés à l'usage commun des occupants dans les immeubles collectifs ou ensembles immobiliers et qui doivent être déclarés sur la formule récapitulative visée au b ;

b. Une déclaration récapitulative rédigée, suivant le cas, pour les immeubles collectifs ou ensembles immobiliers :

Par bâtiment principal, les constructions accessoires ne formant pas dépendances d'un bâtiment principal donné étant rattachées au premier de ces bâtiments ;

Par construction accessoire, si l'immeuble collectif ne comporte aucun bâtiment principal de rattachement.

II. Dans les immeubles collectifs placés sous le régime de la copropriété ou appartenant aux sociétés civiles immobilières dont l'objet est visé à l'article 1655 ter du code général des impôts, la déclaration particulière à chacun des locaux des services communs – tels que loge de concierge, bureau du syndic – faisant l'objet d'une occupation distincte et la déclaration récapitulative prévue au I sont souscrites selon le cas par le syndic de copropriété ou la société.

III. Lorsqu'une propriété ou une fraction de propriété normalement destinée à une utilisation distincte autre qu'un établissement industriel est affectée pour partie à l'habitation et pour le surplus à un autre usage, il est souscrit une déclaration pour la partie affectée à l'habitation et une déclaration pour le surplus.

IV. Lorsqu'un établissement industriel comprend des locaux affectés à l'habitation, il est souscrit une déclaration particulière pour chacun d'eux.

FB-III-2020

Art 324 AJ Les déclarations sont établies conformément à un modèle fixé par la direction générale des finances publiques.

FB-III-2020

VI. Dispositions relatives à l'exécution de la première révision quinquennale des évaluations foncières des propriétés bâties autres que les locaux professionnels mentionnés à l'article 1498

Art 324 AK La date de référence de la première révision quinquennale des évaluations foncières des propriétés bâties est fixée au 1er janvier 1970.

FB-III-600

Art 324 AL **I.** Les formules visées à l'article 324 AJ comportent, à la date de leur souscription, les renseignements utiles à l'évaluation de chaque propriété ou fraction de propriété définies à l'article 324 A.

Toutefois, en cas de location, le montant annuel du loyer est celui en vigueur au 1er janvier 1970, date à retenir également pour l'évaluation des charges.

II. Par dérogation aux dispositions du premier alinéa du I, les renseignements utiles à l'évaluation des établissements industriels dont les immobilisations figurent à l'actif d'une entreprise industrielle ou commerciale astreinte aux obligations définies à l'article 53 A du code général des impôts sont tirés du bilan du dernier exercice clos antérieurement à la date de souscription des déclarations.

TITRE I BIS

IMPOSITIONS DEPARTEMENTALES

CHAPITRE PREMIER

Impôts directs et taxes assimilées

II. Cotisation sur la valeur ajoutée des entreprises

Art 328 G bis La déclaration mentionnée au II de l'article 1586 octies du code général des impôts est effectuée dans les conditions suivantes :

Le salarié exerçant son activité dans plusieurs établissements ou lieux d'emploi est déclaré dans celui où la durée d'activité est la plus élevée.

Le salarié n'est déclaré au lieu d'emploi que dans l'hypothèse où il y exerce son activité plus de trois mois, y compris si l'entreprise ne dispose pas de locaux dans ce lieu d'emploi.

Dans l'hypothèse où le salarié exerce son activité dans plusieurs établissements ou lieux d'emploi pour des durées d'activité identiques, le salarié est déclaré au lieu du principal établissement.

Lorsque le salarié exerce son activité dans un ou plusieurs lieux d'exercice d'activité hors de l'entreprise pendant des durées d'au plus trois mois, il est déclaré au niveau de l'établissement retenu pour la déclaration annuelle des données sociales transmise selon le procédé informatique mentionné à l'article 89 A du code général des impôts et dans lequel la durée d'activité est la plus élevée. En l'absence de recours au procédé informatique mentionné à l'article 89 A du code précité, le salarié est déclaré au niveau de l'établissement qui aurait été retenu si ce procédé avait été utilisé et dans lequel la durée d'activité est la plus élevée.

La notion d'établissement s'entend au sens de la cotisation foncière des entreprises telle que mentionnée à l'article 310 HA de l'annexe II au code général des impôts.

CET-III-17840 s.

Art 328 G ter La déclaration de cotisation sur la valeur ajoutée des entreprises mentionnée au 1 du II de l'article 1586 octies du code général des impôts comporte :

1. Les informations suivantes relatives à l'entreprise :

a. La dénomination de l'entreprise ;

b. Le numéro d'identité attribué à l'établissement principal dans les conditions du second alinéa de l'article R 123-221 du code de commerce ;

c. L'adresse de l'entreprise ;

d. L'activité de l'entreprise ;

e. La période de référence mentionnée à l'article 1586 quinquies du code général des impôts ;

f. Le chiffre d'affaires réalisé et la valeur ajoutée produite au cours de la période de référence mentionnée à l'article 1586 quinquies du code précité ;

2. Pour les entreprises ayant plusieurs établissements, la liste du ou des établissements et les précisions suivantes :

a. Les cinq derniers caractères du numéro d'identité attribué dans les conditions du second alinéa de l'article R 123-221 du code de commerce ;

b. Le numéro du département ;

c. La ou les communes de localisation ;

d. Le code Insee de la commune ;

e. Le nombre de salariés ;

3. Pour les entreprises employant des salariés devant être déclarés dans des lieux d'emploi en application de l'article 328 G bis, la liste des lieux d'emploi et les précisions les concernant, c'est-à-dire l'ensemble des précisions mentionnées au 2, à l'exception des cinq derniers caractères du numéro d'identité attribué dans les conditions du second alinéa de l'article R 123-221 du code de commerce ;

4. Pour les contribuables qui n'emploient aucun salarié en France et ne disposent d'aucun établissement en France mais qui exercent une activité de location d'immeubles ou de vente d'immeubles, la liste et la valeur locative foncière des immeubles loués ou vendus.

CET-III-17250 s., 22390

Art 328 G quater 1. Les salariés s'entendent de ceux qui sont titulaires d'un contrat de travail à durée déterminée ou indéterminée ou d'un contrat de mission mentionné à l'article L 1251-1 du code du travail conclu avec l'entreprise de travail temporaire assujettie à la cotisation sur la valeur ajoutée des entreprises si le contrat de travail ou le contrat de mission est conclu pour une durée supérieure ou égale à un mois.

2. Les salariés doivent être déclarés par l'employeur assujetti ayant conclu le contrat de travail ou le contrat de mission.

Toutefois, les assujettis doivent déclarer les salariés détachés par un employeur établi hors de France dans les conditions mentionnées aux articles L 1261-1 à L 1261-3 du code du travail.

3. Ne doivent pas être déclarés :

a. Les apprentis ;

b. Les titulaires d'un contrat initiative-emploi ;

c. Les titulaires d'un contrat insertion-revenu minimum d'activité ;

d. Les titulaires d'un contrat d'accompagnement dans l'emploi ;

e. Les titulaires d'un contrat d'avenir ;

f. Les titulaires d'un contrat de professionnalisation ;

g. Les salariés expatriés ;

h. Les salariés qui n'ont exercé aucune activité au cours de la période de référence mentionnée à l'article 1586 quinquies du code général des impôts.

CET-III-17320 s.

Art 328 G quinquies **1.** Lorsque l'entreprise n'emploie aucun salarié en France, la valeur ajoutée est répartie selon les mêmes modalités que celles prévues lorsque la déclaration des salariés par établissement mentionnée au 1 du II de l'article 1586 octies du code général des impôts fait défaut.

2. Par exception aux dispositions du 1 :

1° La valeur ajoutée des contribuables qui n'emploient aucun salarié en France et ne disposent d'aucun établissement en France mais qui exercent une activité de location d'immeubles ou de vente d'immeubles est répartie entre les lieux de situation de chaque immeuble donné en location ou vendu au prorata de la valeur locative foncière de chacun de ces immeubles ;

2° La valeur ajoutée des entreprises qui sont soumises aux dispositions du 1 ou du 2 du II de l'article 1647 D du code général des impôts est déclarée et, en l'absence d'effectif salarié employé par l'entreprise, imposée au lieu d'imposition à la cotisation minimum prévu au II de cet article.

CET-III-17130 s., 17190

Art 328 G sexies Pour l'application des dispositions du quatrième alinéa du III de l'article 1586 octies du code général des impôts, la valeur ajoutée afférente à l'ensemble des établissements de l'entreprise comprenant des installations de production d'électricité mentionnées à l'article 1519 E du code précité ou des installations de production d'électricité d'origine hydraulique mentionnées à l'article 1519 F du code précité s'entend de la valeur ajoutée totale de l'entreprise, déterminée conformément au I de l'article 1586 sexies du code précité, multipliée :

1. Par le rapport entre :

a. D'une part, la somme des charges afférentes à l'activité de production d'électricité, non déductibles de la valeur ajoutée, telle qu'elle est définie au I de l'article 1586 sexies du code précité. Ces charges, qui s'entendent de celles engagées au cours de la période de référence définie à l'article 1586 quinquies du code précité, comprennent :

1° Les charges d'exploitation afférentes aux charges de personnel, aux impôts et taxes et aux dotations aux amortissements pour dépréciation, à l'exclusion des dotations aux provisions ;

2° Le cas échéant, la charge financière liée à la désactualisation de la provision pour coûts de démantèlement des installations de production d'électricité ;

b. Et, d'autre part, le montant total de ces mêmes charges déterminées au niveau de l'entreprise au cours de la même période ;

2. Puis par le rapport entre, d'une part, la puissance électrique installée totale des seuls établissements mentionnés au premier alinéa et, d'autre part, la puissance électrique installée totale de l'ensemble des établissements de l'entreprise.

CET-III-18970

Art 328 G septies La valeur ajoutée déterminée conformément aux dispositions de l'article 328 G sexies est répartie entre les établissements mentionnés au premier alinéa du même article au prorata de la puissance électrique installée.

Lorsque l'un de ces établissements est situé sur le territoire de plusieurs communes, la fraction de la valeur ajoutée calculée selon les modalités définies au premier alinéa est répartie entre les communes d'implantation de l'établissement au prorata des bases de cotisation foncière des entreprises de cet établissement rattachées à chaque commune et imposables au titre de l'année d'imposition à la cotisation sur la valeur ajoutée des entreprises.

Toutefois, la fraction de la valeur ajoutée déterminée conformément au premier alinéa pour un ouvrage hydroélectrique concédé ou d'une puissance supérieure à 500 kilowatts mentionné à l'article 1475 du code général des impôts est répartie entre les communes mentionnées par ce même article et selon la règle fixée par ce même article.

CET-III-19100

Art 328 G octies Les redevables mentionnés au quatrième alinéa du III de l'article 1586 octies du code général des impôts doivent déclarer au service des impôts dont relève leur principal établissement :

1. Le ratio défini au 1 de l'article 328 G sexies, le ratio défini au 2 du même article ainsi que les termes de ce dernier ratio, le montant de la fraction de la valeur ajoutée telle qu'elle est définie au même article et la puissance électrique installée par établissement. Les ratios sont exprimés avec deux décimales après la virgule, le deuxième chiffre après la virgule est augmenté d'une unité si le chiffre suivant est égal ou supérieur à 5.

2. Les lieux de situation des établissements comprenant des installations de production d'électricité visées au premier alinéa de l'article précité afin de permettre la répartition par établissement de la valeur ajoutée.

3. Les communes d'implantation pour chaque établissement situé sur plusieurs communes.

Ces éléments sont déclarés sur un formulaire conforme au modèle de l'administration annexé à la déclaration de la valeur ajoutée et des effectifs salariés.

CET-III-19230

Art 328 G nonies La différence entre la valeur ajoutée totale de l'entreprise visée par les dispositions du quatrième alinéa du III de l'article 1586 octies du code général des impôts et la valeur ajoutée afférente aux seuls établissements visés à l'article 328 G sexies est répartie conformément aux dispositions des articles 328 G bis à 328 G quinquies.

Les salariés de l'entreprise affectés exclusivement dans les établissements mentionnés au premier alinéa de l'article 328 G sexies ne sont pas pris en compte pour opérer cette répartition.

Lorsque, au cours de la période de référence mentionnée à l'article 1586 quinquies du code précité, un salarié est affecté dans plusieurs établissements de l'entreprise ou dans plusieurs communes, seule la durée de travail qui correspond à l'affectation hors des établissements accueillant des installations visées au premier alinéa de l'article 328 G sexies est retenue pour opérer cette répartition.

CET-III-19130

Art 328 G nonies A Pour l'application des dispositions du cinquième alinéa du III de l'article 1586 octies du code général des impôts, la valeur ajoutée afférente à l'ensemble des établissements de l'entreprise comprenant des installations de production d'électricité utilisant l'énergie mécanique du vent mentionnées à l'article 1519 D du même code ou des installations de production d'électricité d'origine photovoltaïque mentionnées à l'article 1519 F de ce code s'entend de la valeur ajoutée totale de l'entreprise déterminée conformément au I de l'article 1586 sexies du code précité multipliée :

1. Par le rapport entre :

a. D'une part, la somme des charges afférentes à l'activité de production d'électricité, non déductibles de la valeur ajoutée, telle qu'elle est définie au I de l'article 1586 sexies précité. Ces charges, qui s'entendent de celles engagées au cours de la période de référence définie à l'article 1586 quinquies du code général des impôts, comprennent les charges d'exploitation afférentes aux charges de personnel, aux impôts et taxes et aux dotations aux amortissements pour dépréciation, à l'exclusion des dotations aux provisions ;

b. Et, d'autre part, le montant total de ces mêmes charges déterminées au niveau de l'entreprise au cours de la même période.

2. Puis par le rapport entre, d'une part, la puissance électrique installée totale des seuls établissements mentionnés au premier alinéa et, d'autre part, la puissance électrique installée totale de l'ensemble des établissements de l'entreprise.

CET-III-18970

Art 328 G nonies B La valeur ajoutée déterminée conformément aux dispositions de l'article 328 G nonies A est répartie entre les établissements mentionnés au premier alinéa du même article au prorata de la puissance électrique installée au 1er janvier.

Lorsqu'un établissement de production d'électricité d'origine photovoltaïque mentionné à l'article 1519 F du code général des impôts est situé sur le territoire de plusieurs communes, la fraction de la valeur ajoutée calculée selon les modalités définies au premier alinéa est répartie entre les communes d'implantation de l'établissement au prorata de la puissance électrique installée sur chaque commune.

CET-III-19100

Art 328 G nonies C Les redevables mentionnés au cinquième alinéa du III de l'article 1586 octies du code général des impôts doivent déclarer au service des impôts dont relève leur principal établissement :

1. Le ratio défini au 1 de l'article 328 G nonies A, le ratio défini au 2 du même article ainsi que les termes de ce dernier ratio, le montant de la fraction de la valeur ajoutée telle qu'elle est définie au même article et la puissance électrique installée par établissement. Les ratios sont exprimés avec deux décimales après la virgule, le deuxième chiffre après la virgule est augmenté d'une unité si le chiffre suivant est égal ou supérieur à 5 ;

2. Les lieux de situation des établissements comprenant des installations de production d'électricité visées au premier alinéa de l'article précité afin de permettre la répartition par établissement de la valeur ajoutée ;

3. Les communes d'implantation pour chaque établissement situé sur plusieurs communes ainsi que la puissance électrique installée sur chaque commune.

Ces éléments sont déclarés sur un formulaire conforme au modèle de l'administration annexé à la déclaration de la valeur ajoutée et des effectifs salariés.

CET-III-19230

Art 328 G nonies D La différence entre la valeur ajoutée totale de l'entreprise visée par les dispositions du cinquième alinéa du III de l'article 1586 octies du code général des impôts et la valeur ajoutée afférente aux seuls établissements visés à l'article 328 G nonies A est répartie conformément aux dispositions du III de l'article 1586 octies précité et selon les modalités prévues aux articles 328 G bis à 328 G quinquies.

Les salariés de l'entreprise affectés exclusivement dans les établissements mentionnés au premier alinéa de l'article 328 G nonies A ne sont pas pris en compte pour opérer cette répartition.

CET-III-19130

CHAPITRE II

Enregistrement

I. Droits d'enregistrement et taxe de publicité foncière

Art 328 G decies Pour l'application des dispositions de l'article 1594 I ter du code général des impôts, le prix de cession au mètre carré doit être inférieur à 6 400 €.

ENR-V-29220

TITRE I QUATER

AUTRES IMPOSITIONS PERÇUES AU PROFIT DES COLLECTIVITES TERRITORIALES OU DE CERTAINS ETABLISSEMENTS PUBLICS

CHAPITRE PREMIER

Imposition forfaitaire sur les entreprises de réseaux

Art 328 K Pour l'application des articles 1519 D, 1519 E, 1519 F, 1519 G, 1519 H, 1519 HA et 1599 quater B du code général des impôts, les entreprises déposent, au moyen d'un support papier, auprès du service des impôts dont relève l'installation imposée une déclaration conforme à un modèle établi par l'administration.

ASS-I-20170, 21720, 22220, 23850

Art 328 M Pour l'application de l'article 1599 quater A du code général des impôts, les entreprises transmettent une déclaration au service des impôts dont relève leur établissement principal, au moyen d'un support papier ou dématérialisé dont les caractéristiques sont fixées par l'administration. En l'absence d'établissement sur le territoire national, ces entreprises demandent leur immatriculation auprès du service des impôts des entreprises de la direction des impôts des non-résidents et transmettent une déclaration au service des impôts dont relève l'établissement principal de la société SNCF Réseau.

ASS-I-22880

Art 328 N La société SNCF Réseau dépose auprès du service de fiscalité directe locale dont relève son établissement principal, au plus tard le 31 mars de chaque année, la déclaration prévue à l'article 1649 A ter du code général des impôts au moyen d'un support papier ou dématérialisé dont les caractéristiques sont fixées par l'administration.

Cette déclaration mentionne :

1° L'identification des entreprises de transport ferroviaire ayant réservé des sillons-kilomètres pour des opérations de transport de voyageurs l'année précédente : dénomination sociale, adresse complète et numéro d'identité attribué, le cas échéant, conformément aux dispositions du second alinéa de l'article R 123-221 du code de commerce ;

2° Le nombre de sillons-kilomètres réservés l'année précédente pour des opérations de transport de voyageurs et répartis par région.

ASS-I-22940

Art 328 O Pour l'application de l'article 1599 quater A bis du code général des impôts, les redevables transmettent une déclaration au service des impôts dont relève leur établissement principal, au moyen d'un support papier ou dématérialisé dont les caractéristiques sont fixées par l'administration.

ASS-I-23430

Art 328 P Le propriétaire de transformateurs électriques mentionnés au III de l'article 1519 G du code général des impôts qui font l'objet d'un contrat de concession dépose auprès du service des impôts des entreprises dont relève l'installation, au plus tard le deuxième jour ouvré suivant le 1er mai de chaque année, la déclaration prévue à l'article 1649 A quater du même code au moyen d'un support papier ou dématérialisé dont les caractéristiques sont fixées par l'administration.

Cette déclaration mentionne :

1° L'identification du concessionnaire : dénomination sociale, adresse complète et numéro d'identité attribué, le cas échéant, conformément aux dispositions du second alinéa de l'article R 123-221 du code de commerce ;

2° Le nombre de transformateurs électriques par commune qui font l'objet d'un contrat de concession ;

3° La tension en amont de chaque transformateur qui fait l'objet d'un contrat de concession.

ASS-I-20970

CHAPITRE II

Taxe d'aménagement

Art 328 Q L'exonération de taxe d'aménagement prévue au 2° du I de l'article 1635 quater D du code général des impôts en faveur des constructions de locaux d'habitation et d'hébergement s'applique dès lors qu'elles sont financées dans les conditions prévues au II de l'article D 331-1 du code de la construction et de l'habitation ou au b du 2 de l'article D 372-9 du même code.

IMMO-V-6700 s. ; MF n° 31105

Art 328 R Dans les communes qui ne sont pas dotées d'un plan local d'urbanisme ou d'un plan d'occupation des sols à la date du 1er juillet et qui approuvent, à compter de cette date, un plan local d'urbanisme et procèdent aux formalités prévues à l'article R 153-21 du code de l'urbanisme avant le 1er janvier de l'année suivante, la taxe d'aménagement prévue à l'article 1635 quater A du code général des impôts est instituée, sauf délibération contraire prise dans les conditions prévues par le 1° du I du même article 1635 quater A, à compter du 1er janvier de la deuxième année qui suit.

IMMO-V-4320 ; MF n° 31102

Art 328 S Les communes disposant d'un plan d'occupation des sols partiel ne sont pas considérées comme dotées d'un plan d'occupation des sols au sens du 1° du I de l'article 1635 quater A du code général des impôts.

IMMO-V-4360 ; MF n° 31102

Art 328 T Les autorités compétentes pour délivrer les autorisations d'urbanisme fournissent au responsable des services fiscaux dans le département :

1° Les procès-verbaux constatant les infractions ;

2° Sur demande :

a. Un exemplaire du formulaire de la déclaration ou de la demande d'autorisation et ses pièces jointes ;

b. Selon les cas, une copie de la décision ou la date à laquelle l'autorisation ou la décision de non-opposition à déclaration préalable est devenue tacite et, le cas échéant, le certificat d'urbanisme applicable.

IMMO-V-10850

Art 328 U Les sommes recouvrées au titre de la taxe d'aménagement sont reversées mensuellement aux collectivités territoriales et aux établissements publics de coopération intercommunale bénéficiaires.

IMMO-V-4100

Art 328 V Avant le 1er mars de chaque année, le responsable des services fiscaux dans le département fournit à chaque collectivité territoriale et établissement public de coopération intercommunale bénéficiaire de la taxe d'aménagement les éléments suivants déterminés au titre de l'année civile précédente :

a. Les surfaces totales imposables telles que définies au 1° de l'article 1635 quater H du code général des impôts ;

b. Les surfaces imposables ayant fait l'objet de l'abattement prévu au I de l'article 1635 quater I du même code ;

c. Les montants imposables correspondants à chaque type d'installations et d'aménagements mentionnés à l'article 1635 quater J du même code ;

d. Le montant des taxes liquidées.

Ndlr *Par dérogation, pour les années 2023 et 2024, les éléments mentionnés au présent article sont fournis par les services de l'Etat chargés de l'urbanisme (Décret 2023-165 du 7 mars 2023 art. 8).*

IMMO-V-10860 s.

Art 328 W Les secteurs de territoire infracommunal pour lesquels, conformément aux dispositions du 2 du I de l'article 1635 quater L du code général des impôts et de l'article 1635 quater N du même code, un taux de taxe d'aménagement spécifique est applicable sont définis par référence au plan cadastral à la date de la délibération les instituant. Ils peuvent être délimités par unités de découpage cadastral, constituées d'une ou plusieurs sections cadastrales entières, ou par unités foncières cadastrales, constituées d'une ou plusieurs parcelles entières.

Lorsque la délibération est prise par un établissement public de coopération intercommunale ou par la métropole de Lyon, chaque secteur peut couvrir une ou plusieurs communes ou fractions de communes. Dans ce dernier cas, les secteurs infra-communaux sont délimités par unité de découpage cadastral.

Chaque secteur infra-communal est défini par référence aux sections qui le composent. La délibération précise les références cadastrales de chacune des sections entièrement incluses dans un secteur. Celles-ci sont désignées par un préfixe composé de trois caractères numériques suivi de la référence de la section composée de deux caractères alphabétiques. Un secteur peut être constitué d'une section cadastrale unique, prise dans sa totalité.

Le cas échéant, chaque secteur infra-communal peut être défini à l'échelle de la parcelle cadastrale. La délibération précise les références cadastrales de chacune des parcelles, au sein de leurs sections respectives. Ces parcelles sont désignées par le préfixe de la section contenant la parcelle, la section contenant la parcelle ainsi que le numéro de la parcelle. Un secteur peut être constitué d'une ou plusieurs parcelles, prises dans leur totalité.

La limite entre deux secteurs ne peut traverser une ou plusieurs parcelles, chaque parcelle ne pouvant qu'être entièrement incluse dans le périmètre d'un seul secteur.

IMMO-V-9740 s. ; MF nº 31135

TITRE II

IMPOSITIONS PERÇUES AU PROFIT DE CERTAINS ETABLISSEMENTS PUBLICS ET D'ORGANISMES DIVERS

CHAPITRE PREMIER

Impôts directs et taxes assimilées

SECTION I

Taxe pour frais de chambres de commerce et d'industrie

Art 330 Pour bénéficier de l'exonération de la taxe pour frais de chambres de commerce et d'industrie prévue à l'article 1600 du code général des impôts, les artisans qui exerçaient leur profession à la date de publication du décret du 24 avril 1940 sont tenus de justifier, dans la forme prévue à l'article 331, qu'ils sont inscrits au Registre national des entreprises en tant qu'entreprise du secteur des métiers et de l'artisanat et qu'ils ne sont pas portés sur la liste électorale de la chambre de commerce et d'industrie territoriale.

Les artisans qui ont entrepris l'exercice de leur profession après la publication dudit décret sont tenus seulement de justifier, dans la forme prévue à l'article 331, de leur inscription au Registre national des entreprises en tant qu'entreprise du secteur des métiers et de l'artisanat. Ils doivent produire cette justification, au plus tard le 31 janvier de l'année suivant celle de leur installation.

ASS-II-940

Art 331 Les justifications prévues à l'article 330 sont fournies au service des impôts dans la circonscription duquel sont situés les établissements, boutiques ou magasins à raison desquels les intéressés sont passibles de la cotisation foncière des entreprises.

La justification de l'immatriculation au Registre national des entreprises en tant qu'entreprise du secteur des métiers et de l'artisanat est constituée par la communication du numéro unique d'identification.

La justification de la non-inscription sur la liste électorale de la chambre de commerce et d'industrie territoriale consiste en une attestation délivrée par le greffe du tribunal de commerce.

ASS-II-940

SECTION IV

Taxe sur la cession à titre onéreux de terrains nus rendus constructibles

Art 331 K bis La déclaration mentionnée au V de l'article 1605 nonies du code général des impôts est signée par le cédant ou par son mandataire. Dans ce dernier cas, le mandat doit figurer dans l'acte de cession ou être joint à l'appui de la déclaration. Il comporte, outre l'acceptation du mandataire, l'indication des nom, prénoms et adresse du mandant, l'habilitation du mandataire à signer les déclarations et, le cas échéant, à verser l'impôt correspondant à celles-ci ainsi que la reconnaissance, par le mandant, qu'il demeurera personnellement responsable de l'impôt, et notamment des suppléments de droits et pénalités qui pourraient être réclamés à la suite d'un contrôle.

IMMO-V-38750 s. ; MF n° 31480

Art 331 K ter **I.** Pour l'application du deuxième alinéa du V de l'article 1605 nonies du code général des impôts, l'accomplissement de la formalité de l'enregistrement ou de la formalité fusionnée est subordonné, pour tout acte constatant la cession à titre onéreux d'un terrain nu ou de droits relatifs à un tel terrain, à la mention, selon le cas, dans l'acte :

1° Que le terrain nu n'est pas situé dans une zone constructible ;

2° Que le terrain n'est pas constructible, alors même qu'il est situé dans une des zones mentionnées au premier alinéa du I de l'article 1605 nonies du code général des impôts ;

3° Que la date du classement du terrain par un plan local d'urbanisme ou par un autre document d'urbanisme en tenant lieu en zone urbaine ou à urbaniser ouverte à l'urbanisation ou par une carte communale dans une zone où les constructions sont autorisées ou par application des articles L 111-3 à L 111-5 du code de l'urbanisme est antérieure au 14 janvier 2010 ;

4° Que le terrain se situe dans la partie urbanisée de la commune au sens des articles L 111-3 à L 111-5 du code de l'urbanisme ;

5° Que la plus-value réalisée par le cédant est exonérée de la taxe en application, selon le cas, des dispositions :

a. Du second alinéa du II de l'article 1605 nonies du code général des impôts ;

b. Du 1° ou du 2° du III de l'article précité ;

6° Que le terrain a fait l'objet, depuis la date à laquelle il a été rendu constructible, d'une cession à titre onéreux antérieure à la mutation constatée dans l'acte.

II. Les éléments mentionnés aux 1° et 2° du I sont justifiés par le cédant au moyen du certificat d'urbanisme mentionné à l'article L 410-1 du code de l'urbanisme, précisant que le terrain ne peut faire l'objet, du fait de sa localisation, de sa desserte ou de ses caractéristiques, d'aucune autorisation de construction.

III. Les éléments mentionnés au 3° du I sont justifiés par le cédant au moyen du certificat d'urbanisme mentionné à l'article L 410-1 du code de l'urbanisme, ou d'une attestation, établie par la commune ou, le cas échéant, par l'établissement public de coopération intercommunale compétent pour l'élaboration des documents locaux d'urbanisme, précisant la date à laquelle le terrain est devenu constructible ou, à défaut, que cet événement est intervenu antérieurement au 14 janvier 2010.

IV. Les éléments mentionnés au 4° du I sont justifiés par le cédant au moyen d'un certificat d'urbanisme mentionné à l'article L 410-1 du code de l'urbanisme, précisant que le terrain se situe dans la partie actuellement urbanisée de la commune.

V. Les éléments mentionnés au a du 5° du I sont justifiés par le cédant au moyen d'un certificat d'urbanisme ou d'une attestation, établie par la commune ou, le cas échéant, par l'établissement public de coopération intercommunale compétent pour l'élaboration des documents locaux d'urbanisme, précisant la date à laquelle le terrain est devenu constructible ou, à défaut, que cet événement est intervenu depuis plus de dix-huit ans à compter du 14 janvier 2010.

IMMO-V-38825 ; MF n° 31480

CHAPITRE I BIS

Taxes sur le chiffre d'affaires et taxes diverses assimilées

SECTION II bis

Taxe sur la diffusion en vidéo physique et en ligne de contenus audiovisuels

Art 331 M bis La taxe prévue à l'article 1609 sexdecies B du code général des impôts est due au taux de 10 % lorsque les opérations portent sur :

a. Des œuvres et documents cinématographiques qui figurent sur la liste prévue au quatrième alinéa de l'article L 311-2 du code du cinéma et de l'image animée ;

b. Des œuvres et documents audiovisuels dont la diffusion à un public mineur constitue une infraction au sens de l'article 227-24 du code pénal.

Ndlr *Le taux est porté à 15 % depuis le 1er janvier 2020, d'après le texte même de l'article1609 sexdecies B du CGI (Loi 2019-1479 du 28-12-2019 art. 193) et, depuis le 1er janvier 2024, par le texte des articles L 452-34, L 453-31 et L 454-24 du CIBS.*

On rappelle en effet que, depuis le 1er janvier 2024, la taxe sur la diffusion en vidéo physique et en ligne de contenus audiovisuels prévue par l'ancien article 1609 sexdecies B du CGI est fractionnée en trois taxes différentes et transférée dans le CIBS aux articles L 452-28 s. (taxe sur les vidéogrammes), aux articles L 453-25 s. (taxe sur les services d'accès à des contenus audiovisuels à la demande) et aux articles L 454-16 s. (taxe sur la publicité diffusée au moyen de services d'accès à des contenus audiovisuels).

TD-V-14460 ; MF nos 76130, 76140, 76160

Art 331 M ter Les redevables de la taxe prévue à l'article 1609 sexdecies B du code général des impôts qui procèdent aux opérations mentionnées à l'article 331 M bis doivent faire apparaître distinctement dans leur comptabilité le chiffre d'affaires qu'ils réalisent au titre de ces opérations.

Ndlr *Depuis le 1er janvier 2024, la taxe sur la diffusion en vidéo physique et en ligne de contenus audiovisuels prévue par l'ancien article 1609 sexdecies B du CGI est fractionnée en trois taxes différentes et transférée dans le CIBS aux articles L 452-28 s. (taxe sur les vidéogrammes), aux articles L 453-25 s. (taxe sur les services d'accès à des contenus audiovisuels à la demande) et aux articles L 454-16 s. (taxe sur la publicité diffusée au moyen de services d'accès à des contenus audiovisuels).*

TD-V-14605

SECTION V

Redevance sur les paris hippiques en ligne perçue au profit des sociétés de courses

Art 331 W Le taux de la redevance mentionnée à l'article 1609 tertricies du code général des impôts est de 25,2 %.

Ndlr *Le taux de 25,2 % s'applique à compter du 21 décembre 2023 (Décret 2023-1202 du 18 décembre 2023). Antérieurement, il était fixé à 23,8 % depuis le 1er janvier 2023, à 23,6 % depuis le 1er septembre 2022 et à 6,3 % avant cette date.*

BF 2/24 inf. 119 ; TD-XX-8800 s. ; MF nº 76025

CHAPITRE III

Enregistrement

SECTION I

Contribution alimentant le fonds commun des accidents du travail agricole

I. Contribution forfaitaire des organismes assureurs

Art 336 bis I. La déclaration mentionnée au troisième alinéa de l'article 1622 du code général des impôts est adressée à la Caisse des dépôts et consignations.

II. Pour l'application du 2° de l'article 1622 précité :

a. La déclaration annuelle effectuée par la Caisse centrale de la mutualité sociale agricole mentionne le nombre de personnes affiliées au régime d'assurance des non-salariés agricoles contre les accidents du travail et des maladies professionnelles, auprès de chaque caisse départementale et pluridépartementale de mutualité sociale agricole ;

b. *(Sans objet).*

ENR-XI-27720

Art 336 ter Au vu du budget prévisionnel annuel du fonds commun des accidents du travail agricole que la Caisse des dépôts et consignations établit et des déclarations qu'elle reçoit conformément aux dispositions de l'article 336 bis, les ministres chargés du budget et de l'agriculture fixent par arrêté, avant le 15 septembre de chaque année, le montant total des contributions nécessaires au financement du fonds en le répartissant entre les organismes concernés.

Les contributions dues sont notifiées à chacun des organismes, par la Caisse des dépôts et consignations, avant le 30 septembre de chaque année.

ENR-XI-27720

SECTION V

Fonds national de garantie des calamités agricoles

Art 344 undecies Les conventions d'assurance couvrant à titre principal les dommages aux biens mentionnés à l'article L 361-2 du code rural et de la pêche maritime et dont les primes ou cotisations sont soumises aux contributions prévues par l'article 1635 bis A du code général des impôts sont définies par l'article D 361-2 du code rural et de la pêche maritime.

ENR-XI-27900

SECTION VI

Droits perçus au profit de la Caisse nationale de l'assurance maladie

Art 344 undecies A Le montant des droits prévus à l'article 1635 bis AE du code général des impôts est fixé comme suit :

I. Au titre du 1° du I de l'article 1635 bis AE précité, pour les demandes d'enregistrement mentionnées aux articles L 5121-13 et L 5121-14 du code de la santé publique, de modification ou de renouvellement de cet enregistrement relatives à un médicament homéopathique ou une série de médicaments homéopathiques obtenus à partir de la ou des mêmes souches homéopathiques, les montants sont fixés comme suit :

1° Demande d'enregistrement :

a) Médicament homéopathique unitaire ou série de médicaments homéopathiques obtenus à partir de la même souche homéopathique	1 768 €
b) Médicament homéopathique complexe ou série de médicaments homéopathiques obtenus à partir de deux à cinq souches homéopathiques	2 478 €
c) Médicament homéopathique complexe ou série de médicaments homéopathiques obtenus à partir de six souches homéopathiques ou plus	7 600 €

2° Par dérogation au 1° du présent I, pour toute demande d'enregistrement d'un médicament homéopathique ou d'une série de médicaments homéopathiques obtenus à partir de la ou des mêmes souches homéopathiques relative aux médicaments homéopathiques autorisés et mis sur le marché avant le 18 janvier 1994 :

a) Médicaments homéopathiques unitaires ou série de médicaments homéopathiques obtenus à partir de la même souche homéopathique	760 €
b) Médicaments homéopathiques complexes ou série de médicaments homéopathiques obtenus à partir de deux à cinq souches homéopathiques	1 256 €
c) Médicaments homéopathiques complexes ou série de médicaments homéopathiques obtenus à partir de six souches homéopathiques ou plus	3 800 €

3° Demande de modification du dossier d'enregistrement : 496 € ;

4° Demande de renouvellement d'enregistrement : 1 500 €.

II. Au titre du 2° du I de l'article 1635 bis AE précité, pour les demandes d'enregistrement, de modification ou de renouvellement de cet enregistrement relatives à un médicament traditionnel à base de plantes, les montants sont fixés comme suit :

1° Demande d'enregistrement mentionnée à l'article R 5121-97 du code de la santé publique :

DEMANDE EFFECTUEE AU TITRE du 1° de l'article R 5121-51-3 du code de la santé publique (procédure décentralisée et France Etat de référence)	DEMANDE EFFECTUEE AU TITRE de l'article R 5121-51-2 ou du 2° de l'article R 5121-51-3 du code de la santé publique (procédure décentralisée et procédure de reconnaissance mutuelle autre Etat de référence)	DEMANDE QUI N'EST PAS EFFECTUEE au titre de l'article R 5121-51-2 ou de l'article R 5121-51-3 du code de la santé publique (procédure nationale)
21 000 €	14 000 €	14 000 €

2° Demande de modification de l'enregistrement prévue aux articles R 5121-100, R 5121-107-8, R 5121-107-11 et R 5121-107-13 du code de la santé publique : 1 400 € ;

3° Demande de renouvellement de l'enregistrement présentée dans les conditions fixées à l'article R 5121-99 du code de la santé publique : 5 000 €.

III. Au titre du 3° du I de l'article 1635 bis AE précité, pour les demandes d'autorisation de mise sur le marché, de renouvellement ou de modification de cette autorisation :

	DEMANDE EFFECTUEE au titre du 1° de l'article R 5121-51-3 du code de la santé publique (procédure décentralisée et France Etat de référence)	DEMANDE EFFECTUEE au titre de l'article R 5121-51-2 ou du 2° de l'article R 5121-51-3 du code de la santé publique (procédure décentralisée et procédure de reconnaissance mutuelle autre Etat de référence)	DEMANDE QUI N'EST PAS effectuée au titre de l'article R 5121-51-2 ou de l'article R 5121-51-3 du code de la santé publique (procédure nationale)
1° Demande d'autorisation de mise sur le marché relative à une spécialité pharmaceutique ou à un autre médicament mentionné à l'article L 5121-8 du code de la santé publique présentée conformément aux articles R 5121-21 et R 5121-25 du même code	55 000 €	35 700 €	35 700 €
Pour chaque dosage ou forme pharmaceutique supplémentaire de la même spécialité ou d'un autre médicament mentionné à l'article L 5121-8 du code de la santé publique présenté simultanément à la première demande d'autorisation	27 500 €	17 850 €	17 850 €
2° Demande d'autorisation de mise sur le marché relative à :			
a) Une spécialité pharmaceutique ou à un autre médicament mentionné à l'article L 5121-8 du code de la santé publique, présentée conformément au 2° de l'article R 5121-26 du même code contenant une nouvelle association	38 500 €	24 150 €	24 150 €
b) Une spécialité pharmaceutique ou à un autre médicament mentionné à l'article L 5121-8 du code de la santé publique, présentée conformément au 3° de l'article R 5121-26 ou au 2° de l'article R 5121-28 du code précité et relative à une voie d'administration différente de celle de la demande initiale	38 500 €	24 150 €	24 150 €
c) Une spécialité pharmaceutique ou à un autre médicament mentionné à l'article L 5121-8 du code de la santé publique, présentée conformément au 1° de l'article R 5121-26 du code précité et relative à une référence à une documentation bibliographique	38 500 €	24 150 €	24 150 €
d) Une spécialité pharmaceutique ou autre médicament mentionné à l'article L 5121-8 du code de la santé publique, présentée conformément au 2° de l'article R 5121-28 du code précité et relative à une ou des indications thérapeutiques différentes	38 500 €	24 150 €	24 150 €

Pour chaque dosage ou forme pharmaceutique supplémentaire de la même spécialité ou autre médicament mentionné à l'article L 5121-8 du code de la santé publique présenté simultanément à la première demande d'autorisation relevant des a, b, c ou d du présent 2°	19 250 €	12 075 €	12 075 €
3° Demande d'autorisation de mise sur le marché ou d'extension relative à :			
a) Une spécialité pharmaceutique ou à un autre médicament mentionné à l'article L 5121-8 du code de la santé publique, présentée conformément au 3° de l'article R 5121-26 ou au 2° de l'article R 5121-28 du code précité et relative à un dosage différent de celui de la demande initiale sans modification ni de la voie d'administration ni de l'indication thérapeutique	23 100 €	14 700 €	14 700 €
b) Une spécialité pharmaceutique ou à un autre médicament mentionné à l'article L 5121-8 du code de la santé publique, présentée conformément au 1°, au 3° ou au 4° de l'article R 5121-28 ou à l'article R 5121-29-1 du même code	23 100 €	14 700 €	14 700 €
c) Une spécialité pharmaceutique ou à un autre médicament mentionné à l'article L 5121-8 du code de la santé publique, présentée conformément au 3° de l'article R 5121-26 ou au 2° de l'article R 5121-28 relative à une nouvelle forme pharmaceutique sans modification ni de la voie d'administration ni de l'indication thérapeutique	23 100 €	14 700 €	14 700 €
d) Une spécialité pharmaceutique ou à un autre médicament mentionné à l'article L 5121-8 du code de la santé publique, présentée conformément au 2° de l'article R 5121-28 du code précité et concernant des différences relatives à la substance active ou lorsque la bioéquivalence par rapport à la spécialité de référence n'a pu être démontrée par des études de biodisponibilité et que la spécialité ne répond pas aux conditions prévues par l'article R 5121-29-1 du code précité	23 100 €	14 700 €	14 700 €
e) Une spécialité pharmaceutique ou à un autre médicament mentionné à l'article L 5121-8 du code de la santé publique, présentée conformément au 3° de l'article R 5121-26 du code précité et concernant des différences relatives à la substance active ou le changement de la biodisponibilité ou de la pharmacocinétique	23 100 €	14 700 €	14 700 €
f) Une spécialité pharmaceutique ou à un autre médicament mentionné à l'article L 5121-8 du code de la santé publique consistant en allergène, par famille de produits	23 100 €	14 700 €	14 700 €

g) Une spécialité pharmaceutique ou à un autre médicament mentionné à l'article L 5121-8 du code de la santé publique consistant en un médicament homéopathique :			
— médicament homéopathique autorisé et mis sur le marché après le 18 janvier 1994	23 100 €	14 700 €	14 700 €
— médicament homéopathique autorisé et mis sur le marché avant le 18 janvier 1994	2 310 €	1 470 €	1 470 €
4° ... de de modification de type ... règlement (CE) n° 1234/2008 ... sion du 24 novembre 2008 ... examen des modifications des ... autorisation de mise sur le ... médicaments à usage humain ... aments vétérinaires d'une autorisation de mise sur le marché relative à ... spécialité pharmaceutique ou autre ... ment mentionné à l'article L 5121-8 ... code de la santé publique et relative à l'ajout d'une indication thérapeutique ou à la modification d'une indication existante	Quelle que soit la procédure : 22 000 €		
5° Toute demande de modification ou de notification de modification des termes d'une autorisation de mise sur le marché en application du règlement (CE) n° 1234/2008 de la Commission du 24 novembre 2008 concernant l'examen des modifications des termes d'une autorisation de mise sur le marché de médicaments à usage humain et de médicaments vétérinaires, à l'exception des modifications visées au 4°. La taxe est perçue par modification présentée, qu'elle soit demandée ou notifiée.			
a) Pour les modifications de type IA ne bénéficiant pas de l'exonération prévue au 3° et 4° du I de l'article 1635 bis AE, et pour celles de type IB mentionnées au 5° de l'article 2 du règlement (CE) n° 1234/2008 de la Commission du 24 novembre 2008	Quelle que soit la procédure : 2 500 €		
b) Pour les modifications de type II au sens du règlement précité, à l'exception du cas prévu au 4° du III du présent article.	Quelle que soit la procédure : 3 500 €		
6° Toute demande de modification d'une autorisation de mise sur le marché sollicitée en application des articles R 5121-41 et R 5121-46 du code de la santé publique. Le droit n'est perçu qu'une fois lorsque la modification consiste en un changement de nom ou d'adresse de l'exploitant quel que soit le nombre d'autorisations de mise sur le marché.	Quelle que soit la procédure : 2 500 €		
7° Toute demande de renouvellement relative à une autorisation de mise sur le marché d'une spécialité pharmaceutique ou autre médicament mentionné à l'article L 5121-8 du code de la santé publique	Quelle que soit la procédure : 7 000 €		

IV. Au titre du 4° du I de l'article 1635 bis AE précité, pour les demandes de reconnaissance par au moins un autre Etat membre de l'Union européenne ou partie à l'accord sur l'Espace économique européen d... autorisation de mise sur le marché délivr... le directeur général de l'agence men... à l'article L 5311-1 du code de la santé ...

1° Demande adressée à l'agence mentionnée à l'article L 5311-1 du code de la santé publique concernant la reconnaissance, en application de l'article R 5121-51-1 du même code, d'une autorisation de mise sur le marché présentée conformément aux articles R 5121-21 et R 5121-25 du même code délivrée par le directeur général de l'agence mentionnée à l'article L 5311-1 du même code	
Pour chaque dosage ou forme pharmaceutique supplémentaire de la même spécialité ou d'un autre médicament mentionné à l'article L 5121-8 du même code présenté simultanément à la première demande	8 80[illegible]
2° Demande concernant la reconnaissance, en application de l'article R 5121-51-1 du code de la santé publique, d'une autorisation de mise sur le marché délivrée par le directeur général de l'agence mentionnée à l'article L 5311-1 du code de la santé publique relative à :	
a) Une spécialité pharmaceutique ou à un autre médicament mentionné à l'article L 5121-8 du code de la santé publique, présentée conformément au 2° de l'article R 5121-26 du même code contenant une nouvelle association	13 200 €
b) Une spécialité pharmaceutique ou à un autre médicament mentionné à l'article L 5121-8 du code de la santé publique, présentée conformément au 3° de l'article R 5121-26 ou au 2° de l'article R 5121-28 du même code et relative à une voie d'administration différente de celle de la demande initiale	12 000 €
c) Une spécialité pharmaceutique ou à un autre médicament mentionné à l'article L 5121-8 du code de la santé publique, présentée conformément au 1° de l'article R 5121-26 du même code, et relative à une référence à une documentation bibliographique	13 200 €
Pour chaque dosage ou forme pharmaceutique supplémentaire de la même spécialité ou autre médicament mentionné à l'article L 5121-8 du code de la santé publique présenté simultanément à la première demande d'autorisation relevant des a, b ou c	6 600 €
3° Demande concernant la reconnaissance, en application de l'article R 5121-51-1 du code de la santé publique, d'une autorisation de mise sur le marché délivrée par le directeur général de l'agence mentionnée à l'article L 5311-1 du même code relative à une autorisation de mise sur le marché relative à une spécialité pharmaceutique ou autre médicament mentionné à l'article L 5121-8 du même code, présentée conformément au 2° de l'article R 5121-28 du code de la santé publique et relative à une ou des indications thérapeutiques différentes	13 200 €
Pour chaque dosage ou forme pharmaceutique supplémentaire de la même spécialité ou autre médicament mentionné à l'article L 5121-8 du code de la santé publique présenté simultanément à la première demande d'autorisation	6 600 €
4° Demande concernant la reconnaissance, en application de l'article R 5121-51-1 du code de la santé publique, d'une d'autorisation de mise sur le marché relative à :	
a) Une spécialité pharmaceutique ou à un autre médicament mentionné à l'article L 5121-8 du code de la santé publique, présentée conformément au 3° de l'article R 5121-26 ou au 2° de l'article R 5121-28 du même code et relative à un dosage différent de celui de la demande initiale sans modification *ni de la voie d'administration* ni de l'indication thérapeutique	7 700 €
b) Une spécialité pharmaceutique ou à un autre médicament mentionné à l'article L 5121-8 du code de la santé publique, présentée conformément au 1°, au 3° ou au 4° de l'article R 5121-28 ou à l'article R 5121-29-1 du même code	7 700 €

c) Une spécialité pharmaceutique ou à un autre médicament mentionné à l'article L 5121-8 du code de la santé publique, présentée conformément au 3° de l'article R 5121-26 ou au 2° de l'article R 5121-28 relative à une nouvelle forme pharmaceutique sans modification ni de la voie d'administration ni de l'indication thérapeutique	7 700 €
d) Une spécialité pharmaceutique ou à un autre médicament mentionné à l'article L 5121-8 du code de la santé publique, présentée conformément au 2° de l'article R 5121-28 du code de la santé publique et concernant des différences relatives à la substance active ou lorsque la bioéquivalence par rapport à la spécialité de référence n'a pu être démontrée par des études de biodisponibilité et que la spécialité ne répond pas aux conditions prévues par l'article R 5121-29-1 du même code	7 700 €
e) Une spécialité pharmaceutique ou à un autre médicament mentionné à l'article L 5121-8 du code de la santé publique, présentée conformément au 3° de l'article R 5121-26 du même code et concernant des différences relatives à la substance active ou le changement de la biodisponibilité ou de la pharmacocinétique	7 700 €
f) Une spécialité pharmaceutique ou à un autre médicament mentionné à l'article L 5121-8 du code de la santé publique consistant en allergène, par famille de produits	7 700 €
5° Toute demande de modification de type II au sens du règlement (CE) n° 1234/2008 de la Commission du 24 novembre 2008 concernant l'examen des modifications des termes d'une autorisation de mise sur le marché de médicaments à usage humain et de médicaments vétérinaires d'une autorisation de mise sur le marché relative à une spécialité pharmaceutique ou autre médicament mentionné à l'article L 5121-8 du code de la santé publique bénéficiant de la reconnaissance par au moins un autre Etat membre de l'Union européenne ou partie à l'accord sur l'Espace économique européen mentionnée au 4° de l'article 1635 bis AE du code général des impôts relative à l'ajout d'une indication thérapeutique ou à la modification d'une indication existante	22 000 €
6° Toute demande de modification ou de notification de modification des termes d'une autorisation de mise sur le marché bénéficiant de la reconnaissance par au moins un autre Etat membre de l'Union européenne ou partie à l'accord sur l'Espace économique européen mentionnée au 4° de l'article 1635 bis AE du code général des impôts, en application du règlement (CE) n° 1234/2008 de la Commission du 24 novembre 2008 concernant l'examen des modifications des termes d'une autorisation de mise sur le marché de médicaments à usage humain et de médicaments vétérinaires, à l'exception du cas prévu au 4°) du III du présent article. La taxe est perçue par modification présentée, qu'elle soit demandée ou notifiée.	
a) Pour les modifications de type IA ne bénéficiant pas de l'exonération prévue au 3° et 4° du I de l'article 1635 bis AE, et pour celles de type IB mentionnées au 5° de l'article 2 du règlement (CE) n° 1234/2008 de la Commission du 24 novembre 2008	2 500 €
b) Pour les modifications de type II au sens du règlement précité, à l'exception du cas prévu au 4°) du III du présent article.	3 500 €
7° Toute demande de modification d'une autorisation de mise sur le marché bénéficiant de la reconnaissance par au moins un autre Etat membre de l'Union européenne ou partie à l'accord sur l'Espace économique européen mentionnée au 4° de l'article 1635 bis AE du code général des impôts, sollicitée en application des articles 61 (3) de la Directive 2001/83/ CE du 6 novembre 2001 instituant un code communautaire relatif aux médicaments à usage humain, R 5121-41 et R 5121-46 du code de la santé publique. Le droit n'est perçu qu'une fois lorsque la modification consiste en un changement de nom ou d'adresse de l'exploitant quel que soit le nombre d'autorisations de mise sur le marché.	2 500 €

8° Toute demande de renouvellement relative à une autorisation de mise sur le marché d'une spécialité pharmaceutique ou autre médicament mentionné à l'article L 5121-8 du code de la santé publique bénéficiant de la reconnaissance par au moins un autre Etat membre de l'Union européenne ou partie à l'accord sur l'Espace économique européen mentionnée au 4° de l'article 1635 bis AE du code général des impôts	7 000 €

V. Au titre du 5° du I de l'article 1635 bis AE précité, pour les demandes d'importation parallèle, les modifications ou les renouvellements d'importation parallèle :

pour toute demande d'autorisation d'importation parallèle mentionnée à l'article R 5121-120 du code de la santé publique : 5 000 € ;

pour toute demande de modification d'autorisation d'importation parallèle : 500 € ;

pour toute demande de renouvellement quinquennal d'autorisation d'importation parallèle mentionnée à l'article R 5121-125 du code de la santé publique : 674 €.

VI. Au titre du 6° du I de l'article 1635 bis AE précité, pour toute demande de visa ou de renouvellement de visa de publicité mentionné aux articles L 5122-8 et L 5122-9 du code de la santé publique : 510 €.

VII. Au titre du 7° du I de l'article 1635 bis AE précité, pour toute demande d'autorisation ou de renouvellement d'autorisation de publicité mentionnée aux articles L 5213-4 et L 5223-3 du code de la santé publique : 510 €.

VIII. La quittance obtenue de l'administration fiscale après versement d'un des droits mentionnés aux I à VII est produite à l'appui de la demande déposée auprès de l'agence mentionnée à l'article L 5311-1 du code de la santé publique, conformément au III de l'article 1635 bis AE du code général des impôts.

TD-XX-1530 s.

TITRE III

DISPOSITIONS COMMUNES AUX TITRES Ier A II

CHAPITRE II

Abattement sur les bases d'impositions directes locales

Art 344 quindecies Conformément au 3° du II de l'article 1635 sexies du code général des impôts, les taux des abattements dont bénéficie La Poste sont fixés, pour l'année 2023, à :

a. 99 % des bases d'imposition pour la cotisation foncière des entreprises et pour les taxes foncières ;

b. 99 % de la valeur ajoutée retenue pour l'application de l'article 1586 ter pour ce qui concerne la cotisation sur la valeur ajoutée des entreprises.

TROISIEME PARTIE

DISPOSITIONS COMMUNES AUX PREMIERE ET DEUXIEME PARTIES

TITRE PREMIER

ASSIETTE ET CONTROLE DE L'IMPOT

CHAPITRE PREMIER

Obligations des contribuables

00I. Déclarations souscrites auprès de la Direction des grandes entreprises

Art 344-0 A Le lieu de dépôt des déclarations fiscales est fixé au service chargé des grandes entreprises créé par arrêté *(Voir arrêté BUDE1324833A du 23 décembre 2013, JO du 27)* pour :

1° Les personnes physiques ou morales ou groupements de personnes de droit ou de fait dont, à la clôture de l'exercice, le chiffre d'affaires hors taxes ou le total de l'actif brut figurant au bilan est supérieur ou égal à 400 millions d'euros ;

2° Les personnes physiques ou morales ou groupements de personnes de droit ou de fait détenant à la clôture de l'exercice, directement ou indirectement, plus de la moitié du capital ou des droits de vote d'une personne morale ou d'un groupement mentionné au 1° ou au 6° ;

3° Les personnes morales ou groupements de personnes de droit ou de fait dont plus de la moitié du capital ou des droits de vote est détenue à la clôture de leur exercice, directement ou indirectement, par une personne ou un groupement mentionné au 1° ou au 6° ;

4° *(Périmé)* ;

5° Les personnes morales qui appartiennent à un groupe relevant du régime fiscal prévu à l'article 223 A du code général des impôts lorsque celui-ci comprend au moins une personne mentionnée aux 1°, 2°, 3° ou au 6° ;

5° bis Les assujettis uniques relevant de l'article 256 C du code général des impôts dont le représentant remplit les conditions prévues aux 1°, 2°, 3°, 5°, 6° ou 7° du présent article ;

6° Sur option, les personnes physiques ou morales ou groupements de personnes de droit ou de fait qui constituent des entreprises de taille intermédiaire, au sens de l'article 3 du décret n° 2008-1354 du 18 décembre 2008 relatif aux critères permettant de déterminer la catégorie d'appartenance d'une entreprise pour les besoins de l'analyse statistique et économique, ayant conclu un protocole de partenariat fiscal avec le service chargé des grandes entreprises. L'option est formalisée dans le protocole de partenariat fiscal ou dans un avenant audit protocole ;

7° Sur option, les personnes morales ou groupements de personnes de droit ou de fait qui ont bénéficié d'une transmission de patrimoine d'une entreprise relevant du service chargé des grandes entreprises au titre du 1° dans le cadre d'une opération de fusion, de scission ou de confusion de patrimoine donnant lieu à l'application de l'article 1844-5 du code civil. L'option est formalisée auprès du service chargé des grandes entreprises dès le dépôt de la première déclaration concernée et au plus tard trente jours après la date de l'opération de fusion, de scission ou de confusion de patrimoine donnant lieu à l'application du même article 1844-5 du code civil.

BF 10/22 inf. 828 ; BF 1/23 inf. 56 ;
DC-IX-12000 s. ; MF nos 87400 s.

Art 344-0 B Les dispositions de l'article 344-0 A s'appliquent :

1° Aux déclarations de résultat mentionnées aux articles 172 et 223 du code général des impôts et aux déclarations et documents devant y être annexés ;

2° *(Abrogé)* ;

3° A la déclaration dont l'article 102 Z de l'annexe II du code général des impôts prévoit la production pour les entreprises ou personnes morales qui sont dans le champ d'application de l'article 209 B du même code ;

4° Aux déclarations de taxe sur la valeur ajoutée et taxes assimilées prévues à l'article 287 du même code, ainsi qu'aux déclarations et documents se rapportant aux taxes, contributions et redevances assises et contrôlées comme en matière de taxe sur la valeur ajoutée ;

5° Aux déclarations de taxes et participations assises sur les salaires prévues à l'article R 313-2 du code de la construction et de l'habitation, à l'article R 716-28 du code rural et de la pêche maritime et à l'article 369 de la présente annexe ;

DC-IX-13000

6° A la déclaration prévue au II de l'article 1586 octies du code général des impôts ;

7° A la déclaration des sociétés immobilières mentionnée à l'article 172 bis du même code et à l'article 46 C ;

8° A la déclaration de taxe sur les excédents de provisions des entreprises d'assurances de dommages prévue à l'article 235 ter X du même code ;

9° *(Disposition devenue sans objet)* ;

10° A la déclaration de taxe sur la valeur vénale des immeubles possédés en France prévue à l'article 990 F du code général des impôts ;

11° A la déclaration de contribution au fonds commun des accidents du travail agricole prévue à l'article 336 bis ;

12° A la déclaration de taxe sur les conventions d'assurance prévue à l'article 991 du même code ;

13° *(Devenu sans objet)* ;

14° *(Abrogé)* ;

15° Aux déclarations de taxe annuelle sur les locaux à usage de bureaux, les locaux commerciaux, les locaux de stockage et les surfaces de stationnement perçue dans la région Ile-de-France et dans les départements des Bouches-du-Rhône, du Var et des Alpes-Maritimes prévues respectivement aux articles 231 ter et 231 quater du code général des impôts et de taxe annuelle sur les surfaces de stationnement prévue à l'article 1599 quater C du même code, en cas d'option pour le paiement des taxes foncières prévue au second alinéa du II de l'article 406 terdecies ;

Ndlr *Les dispositions du présent 15° s'appliquent quelle que soit la date de l'option pour le paiement centralisé des taxes foncières prévues à l'article 406 terdecies de l'annexe III au CGI.*

16° A la déclaration prévue à l'article 87-0 A du code général des impôts ;

17° Aux déclarations prévues au III de l'article 256 C du code général des impôts ;

18° Aux déclarations de taxe générale sur les activités polluantes prévues par l'article 266 undecies du code des douanes ;

19° Aux déclarations relatives aux accises sur l'électricité, les charbons et le gaz naturel mentionnées respectivement au 3° de l'article L 312-2 et aux articles L 312-4 et L 312-5 du code des impositions sur les biens et services et établies conformément aux dispositions des articles 30 et 31 du décret n° 2021-1914 du 30 décembre 2021 portant diverses mesures d'application de l'ordonnance n° 2021-1843 du 22 décembre 2021 portant partie législative du code des impositions sur les biens et services et transposant diverses normes du droit de l'Union européenne ;

20° Aux déclarations relatives à l'accise sur les produits énergétiques mentionnée aux 1° et 2° de l'article L 312-2 du code des impositions sur les biens et services ;

Ndlr *Les dispositions du présent 20° s'appliquent à compter du 1er janvier 2025 (Décret 2023-467 du 15 juin 2023 art. 3).*

21° Aux déclarations de taxe incitative relative à l'utilisation d'énergie renouvelable dans les transports prévue par l'article 266 quindecies du code des douanes.

Ndlr *Les dispositions du présent 21° s'appliquent à compter du 1er janvier 2025 (Décret 2023-467 du 15 juin 2023 art. 3).*

BF 1/23 inf. 56 ; DC-IX-12000 s. ; MF n° 87435

Art 344-0 C **I.** Les dispositions des articles 344-0 A et 344-0 B s'appliquent aux déclarations qui doivent être souscrites à compter du 1er février de la deuxième année suivant celle au cours de laquelle l'une au moins des conditions prévues aux 1° à 4° de l'article 344-0 A est remplie à la clôture de l'exercice.

Les sociétés qui entrent dans un groupe ayant opté pour le régime fiscal prévu à l'article 223 A du code général des impôts dont les membres relèvent du service des grandes entreprises mentionné au premier alinéa de l'article 344-0 A doivent elles-mêmes satisfaire à leurs obligations déclaratives auprès de ce service à compter du 1er février de la 1e année suivant celle de leur entrée dans ce groupe.

Les dispositions des articles 344-0 A et 344-0 B continuent à s'appliquer jusqu'au 31 janvier de la quatrième année suivant celle au cours de laquelle les conditions ont cessé d'être remplies à la clôture de l'exercice. Par dérogation au premier alinéa, si, au cours de cette période, les conditions sont à nouveau remplies à la clôture d'un exercice, les dispositions des articles 344-0 A et 344-0 B s'appliquent à compter du début du premier exercice suivant.

I bis. Pour les contribuables mentionnés au 5° bis de l'article 344-0 A, les dispositions des articles 344-0 A et 344-0 B s'appliquent aux déclarations qui doivent être déposées à compter du 1er janvier de l'année suivant celle au cours de laquelle le représentant a été désigné et jusqu'au 31 janvier :

1° de la quatrième année suivant la clôture de l'exercice au cours duquel le représentant a cessé de remplir les conditions prévues aux 1°, 2°, 3° et 5° de l'article 344-0-A ;

2° de la quatrième année suivant la fin du protocole mentionné au 6° de l'article 344-0 A ;

3° de la quatrième année suivant celle au cours de laquelle l'opération de fusion, de scission ou de confusion de patrimoine donnant lieu à l'application de l'article 1844-5 du code civil a eu lieu ;

4° ou de la première année suivant celle au cours de laquelle un nouveau représentant ne remplissant plus les conditions prévues aux 1°, 2°, 3°, 5°, 6° ou 7° de l'article 344-0 A a été désigné pour accomplir les obligations déclaratives ainsi que toute formalité en matière de taxe sur la valeur ajoutée incombant à l'assujetti unique.

II. En cas d'option prévue au 6° de l'article 344-0 A, les dispositions des articles 344-0 A et 344-0 B s'appliquent aux déclarations qui doivent être déposées à compter du 1er février de la première année suivant celle de la signature du protocole de partenariat fiscal lorsque celle-ci est intervenue entre le 1er janvier et le 31 octobre ou à compter du 1er février de la deuxième année suivant cette signature lorsqu'elle est intervenue entre le 1er novembre et le 31 décembre.

L'option s'applique jusqu'au 31 janvier de la quatrième année qui suit la fin du protocole mentionné au 6° de l'article 344-0 A.

Par dérogation au premier alinéa du I, si au cours de la période d'effet de l'option, les conditions prévues aux 1° à 3° de l'article 344-0 A sont remplies à la clôture d'un exercice, les dispositions des articles 344-0 A et 344-0 B s'appliquent à compter du début de l'exercice suivant.

III. En cas d'option prévue au 7° de l'article 344-0 A, les dispositions des articles 344-0 A et 344-0 B s'appliquent aux déclarations qui doivent être déposées à compter de la date de l'opération de fusion, de scission ou de confusion de patrimoine donnant lieu à l'application de l'article 1844-5 du code civil.

L'option s'applique jusqu'au 31 janvier de la quatrième année suivant celle au cours de laquelle l'opération mentionnée au premier alinéa a eu lieu. Par dérogation au premier alinéa du I, si, au cours de la période d'effet de l'option, les conditions prévues aux 1° à 3° de l'article 344-0 A sont remplies à la clôture d'un exercice, les dispositions des articles 344-0 A et 344-0 B s'appliquent à compter du début de l'exercice suivant.

BF 10/22 inf. 828 ; BF 1/23 inf. 56 ; DC-IX-12000 s. ; MF n° 87415

0I. Déclarations des comptes ouverts, détenus, utilisés ou clos à l'étranger

Art 344 A I. Les comptes à déclarer en application du deuxième alinéa de l'article 1649 A du code général des impôts sont ceux ouverts auprès de toute personne de droit privé ou public qui reçoit habituellement en dépôt des valeurs mobilières, titres ou fonds.

II. Les personnes physiques joignent la déclaration de compte à la déclaration annuelle de leurs revenus. Chaque compte à usage privé, professionnel ou à usage privé et professionnel doit être mentionné distinctement.

Les associations et sociétés n'ayant pas la forme commerciale joignent leur déclaration de compte à la déclaration annuelle de leur revenu ou de leur résultat.

III. La déclaration de compte mentionnée au II porte sur le ou les comptes ouverts, détenus, utilisés ou clos, au cours de l'année ou de l'exercice, par le déclarant, l'un des membres de son foyer fiscal ou une personne rattachée à ce foyer.

Un compte est réputé être détenu par l'une des personnes visées au premier alinéa dès lors que celle-ci en est titulaire, co-titulaire, bénéficiaire économique ou ayant droit économique.

Un compte est réputé avoir été utilisé par l'une des personnes visées au premier alinéa dès lors que celle-ci a effectué au moins une opération de crédit ou de débit pendant la période visée par la déclaration, qu'elle soit titulaire du compte ou qu'elle ait agi par procuration, soit pour elle-même, soit au profit d'une personne ayant la qualité de résident.

CF-IX-21500 s., 22200 s. ; MF n° 78305

Art 344 B I. La déclaration de compte visée à l'article 344 A mentionne :

La désignation et l'adresse de la personne dépositaire ou gestionnaire auprès de laquelle le compte est ouvert ;

La désignation du compte : numéro, nature, usage et type du compte ;

La date d'ouverture et/ou de clôture du compte au cours de la période au titre de laquelle la déclaration est effectuée ;

Les éléments d'identification du déclarant. Ce dernier précise les éléments d'identification du titulaire du compte, lorsqu'il agit en qualité de bénéficiaire d'une procuration dans les conditions visées au troisième alinéa du III de l'article 344 A de représentant d'un tel bénéficiaire ou du titulaire du compte. Lorsque le déclarant agit en tant que représentant du bénéficiaire de la procuration, il indique également les éléments d'identification de ce dernier.

II. Les éléments d'identification prévus au I sont, pour chaque compte, les suivants :

1. Pour les personnes physiques :

a. Les nom, prénoms, date et lieu de naissance et adresse lorsqu'elles agissent en qualité de particulier ou comme représentant du titulaire du compte ou du bénéficiaire d'une procuration dans les conditions visées au troisième alinéa du III de l'article 344 A ;

b. Lorsqu'elles agissent en qualité d'exploitant d'une activité donnant lieu à une déclaration spécifique de résultats, elles précisent, en sus des éléments visés au a, l'adresse du lieu d'activité et, s'il y a lieu, le numéro Siret et l'appellation sous laquelle est exercée l'activité.

2. Pour les personnes morales : leur dénomination ou raison sociale, leur forme juridique, leur numéro Siret et l'adresse de leur siège social ou de leur principal établissement.

La déclaration de compte comporte également l'adresse du ou des titulaires ainsi que l'adresse du ou des bénéficiaires d'une procuration qui a été communiquée au dépositaire ou gestionnaire du compte étranger lorsque cette adresse diffère de celle qui doit être indiquée en application des dispositions précédentes.

CF-IX-21500 s., 22200 s.

Art 344 C **I.** Les contribuables doivent joindre à la déclaration prévue au 1 de l'article 170 du code général des impôts, une déclaration spéciale mentionnant le ou les contrats de capitalisation ou placements de même nature, notamment les contrats d'assurance vie, qu'ils ont souscrits auprès des organismes mentionnés à l'article 1649 AA du code général des impôts.

II. La déclaration spéciale mentionnée au I porte sur le ou les contrats de capitalisation ou placements de même nature, notamment les contrats d'assurance vie, souscrits hors de France par le déclarant ou une personne à charge du déclarant, au sens des articles 196 à 196 B du code général des impôts.

III. Cette déclaration doit indiquer pour chaque contrat ou placement :

a. L'identification du souscripteur : nom, prénom, adresse, date et lieu de naissance ;

b. L'adresse du siège de l'organisme d'assurance ou assimilé et, le cas échéant, de la succursale qui accorde la couverture ;

c. La désignation du contrat ou placement, ses références et la nature des risques garantis ;

d. Le moment à partir duquel le risque est garanti et la durée de cette garantie ;

e. Les dates d'effet des avenants survenus au cours de l'année concernée ;

f. La date d'effet et le montant de chaque opération de dénouement total ou partiel effectuée au cours de l'année concernée ;

g. Le montant total des opérations de versement des primes effectuées au cours de l'année concernée ;

h. Le cas échéant, la valeur de rachat ou le montant du capital garanti, y compris sous forme de rente, au 1er janvier de l'année de la déclaration.

CF-IX-24100 s.

0I bis. Déclaration des avances remboursables ne portant pas d'intérêt

Art 344 G quater Les personnes visées à l'article 1649 A bis du code général des impôts produisent au plus tard le 31 mars de chaque année la déclaration des avances remboursables ne portant pas intérêt octroyées au cours de l'année précédente prévues par les articles 244 quater J et 244 quater U du code général des impôts.

Les déclarations sont déposées au service des grandes entreprises ou à la direction départementale ou, le cas échéant, régionale des finances publiques du lieu de résidence ou du principal établissement du déclarant lorsque ce dernier ne relève pas de la compétence de ce service.

CF-IX-93290 ; MF nº 78370

Art 344 G quinquies La déclaration prévue à l'article 334 G quater *(NDLR Lire 344 G quater)* comprend :

1° L'identification du déclarant : dénomination sociale, adresse complète et numéro Siret lorsqu'il a été attribué par l'Institut national de la statistique et des études économiques (Insee) ;

2° L'identification du bénéficiaire de l'avance remboursable ne portant pas intérêt et, le cas échéant, de son cocontractant : nom de famille, nom marital, prénoms, date et lieu de naissance, adresse du dernier domicile connu au 1er janvier de l'année de souscription de la déclaration ;

3° Les caractéristiques de l'avance consentie : numéro et date du contrat, montant de l'avance, durée du remboursement. Cette déclaration peut être souscrite soit par la communication d'un support informatique, soit par l'envoi de formulaires normalisés, dont les caractéristiques et le modèle sont fixés par l'administration.

CF-IX-93270 s. ; MF n° 78370

0I ter. Obligation déclarative relative aux dispositifs transfrontières

Art 344 G octies A La déclaration mentionnée à l'article 1649 AD du code général des impôts contient les indications suivantes :

a. L'identification des intermédiaires et des contribuables concernés : nom, date et lieu de naissance ou raison sociale, ainsi que résidence fiscale, numéro d'identification fiscale et, le cas échéant, identification des personnes qui sont des entreprises associées au contribuable concerné ;

b. Les informations détaillées sur les marqueurs mentionnés à l'article 1649 AH du code général des impôts selon lesquels le dispositif transfrontière doit faire l'objet d'une déclaration ;

c. Un résumé du contenu du dispositif transfrontière devant faire l'objet d'une déclaration, y compris, le cas échéant, une référence à la dénomination par laquelle il est communément connu, et une description des activités commerciales ou dispositifs pertinents, présentée de manière abstraite, sans que cette description puisse donner lieu à la divulgation d'un secret commercial, industriel ou professionnel, d'un procédé commercial ou d'informations dont la divulgation serait contraire à l'ordre public ;

d. La date à laquelle la première étape de la mise en œuvre au sens du III de l'article 1649 AG du code général des impôts du dispositif transfrontière devant faire l'objet d'une déclaration a été accomplie ou sera accomplie ;

e. Les informations détaillées sur les dispositions nationales sur lesquelles se fonde le dispositif transfrontière devant faire l'objet d'une déclaration ;

f. La valeur du dispositif transfrontière devant faire l'objet d'une déclaration ;

g. L'identification de l'Etat membre dont relève le ou les contribuables concernés ainsi que de tout autre Etat membre susceptible d'être concerné par le dispositif transfrontière devant faire l'objet d'une déclaration ;

h. L'identification, dans les Etats membres, de toute autre personne susceptible d'être concernée par le dispositif transfrontière devant faire l'objet d'une déclaration en indiquant à quels Etats membres cette personne est liée.

Cette déclaration est complétée par les déclarants énumérés à l'article 1649 AE du code général des impôts sur la base des informations dont ils ont connaissance, qu'ils possèdent ou qu'ils contrôlent concernant les dispositifs transfrontières devant faire l'objet d'une déclaration.

CF-IX-35000 s. ; MF n° 78308

Art 344 G octies B Les mises à jour prévues au 4° du I de l'article 1649 AG du code général des impôts des informations mentionnées à l'article 344 G octies A sont communiquées par voie dématérialisée au plus tard les 31 mars, 30 juin, 30 septembre et 31 décembre de chaque année.

CF-IX-36910 ; MF n° 78308

0I quater. Obligations déclaratives se rapportant aux avoirs en déshérence

Art 344 G nonies I. La Caisse des dépôts et consignations, lorsqu'elle reverse les sommes qui entrent dans le champ d'application du I ter de l'article 990 I et de l'article 990 I bis du code général des impôts, adresse au comptable de la direction générale des finances publiques, au plus tard dans les quinze jours qui suivent la fin du mois au cours duquel les sommes sont versées au bénéficiaire ou au notaire chargé d'établir l'actif successoral en vue du règlement de la succession pour laquelle il a été mandaté, une déclaration contenant les informations suivantes pour chaque bénéficiaire des sommes :

1° Pour les sommes issues de chaque contrat mentionné au I ter de l'article 990 I et au I de l'article 990 I bis du code général des impôts, les informations mentionnées à l'article R 132-5-5 du code des assurances et à l'article R 223-11 du code de la mutualité ;

2° Pour chaque compte mentionné au II de l'article 990 I bis du code général des impôts, les informations mentionnées à l'article R 312-20 du code monétaire et financier ;

3° Pour les sommes issues de chaque contrat mentionné au I ter de l'article 990 I et au I de l'article 990 I bis du code général des impôts et pour chaque compte mentionné au II de l'article 990 I bis du code précité :

a. L'identification de l'établissement mentionné au I de l'article L 312-19 du code monétaire et financier, de l'entreprise d'assurance, institution de prévoyance ou union mentionnée à l'article L 132-9-3-1 du code des assurances ou de la mutuelle ou union mentionnée à l'article L 223-25-4 du code de la mutualité ;

b. L'assiette et la nature du prélèvement ;

c. Le montant des intérêts versés par la Caisse des dépôts et consignations ;

d. Le montant de l'abattement appliqué ;

e. Le montant du prélèvement acquitté au titre des sommes, rentes ou valeurs dues à chaque bénéficiaire.

II. Les déclarations mentionnées au I sont établies sur des formules imprimées délivrées sans frais par le service des impôts.

ENR-XI-14050 s. ; MF n° 68236 h

0I quinquies. Déclarations des comptes d'actifs numériques ouverts, détenus, utilisés ou clos à l'étranger

Art 344 G decies I. Les comptes à déclarer en application de l'article 1649 bis C du code général des impôts sont ceux ouverts auprès de toute personne de droit privé ou public qui reçoit habituellement en dépôt des actifs numériques mentionnés à l'article 150 VH bis du code général des impôts.

II. Les personnes physiques joignent la déclaration de compte à la déclaration annuelle de leurs revenus. Chaque compte d'actifs numériques à usage privé, professionnel ou à usage privé et professionnel doit être mentionné distinctement.

Les associations et sociétés n'ayant pas la forme commerciale joignent leur déclaration de compte d'actifs numériques à la déclaration annuelle de leur revenu ou de leur résultat.

III. La déclaration de compte mentionnée au II porte sur le ou les comptes d'actifs numériques ouverts, détenus, utilisés ou clos, au cours de l'année ou de l'exercice, par le déclarant, l'un des membres de son foyer fiscal ou une personne rattachée à ce foyer.

Un compte est réputé être détenu par l'une des personnes mentionnées au premier alinéa dès lors que celle-ci en est titulaire, co-titulaire, bénéficiaire économique ou ayant droit économique.

Un compte est réputé avoir été utilisé par l'une des personnes mentionnées au premier alinéa dès lors que celle-ci a effectué au moins une opération de crédit ou de débit pendant la période mentionnée par la déclaration, qu'elle soit titulaire du compte ou qu'elle ait agi par procuration, soit pour elle-même, soit au profit d'une personne ayant la qualité de résident.

RM-VII-50100 s. ; MF n° 33630

Art 344 G undecies I. La déclaration de compte mentionnée à l'article 344 G decies mentionne :

1° la désignation et l'adresse de la personne dépositaire ou gestionnaire auprès de laquelle le compte est ouvert ;

2° la désignation du compte : numéro, nature, usage et type du compte ;

3° la date d'ouverture du compte si celle-ci intervient au cours de la période au titre de laquelle la déclaration est effectuée ;

4° la date de clôture du compte si celle-ci intervient au cours de la période au titre de laquelle la déclaration est effectuée ;

5° les éléments d'identification du déclarant. Ce dernier précise les éléments d'identification du titulaire du compte, lorsqu'il agit en qualité de bénéficiaire d'une procuration dans les conditions visées au dernier alinéa du III de l'article 344 G decies, de représentant d'un tel bénéficiaire ou du titulaire du compte. Lorsque le déclarant agit en tant que représentant du bénéficiaire de la procuration, il indique également les éléments d'identification de ce dernier.

II. Les éléments d'identification prévus au I sont, pour chaque compte, les suivants :

1° pour les personnes physiques :

a. leurs nom, prénoms, date et lieu de naissance et adresse lorsqu'elles agissent en qualité de particulier ou comme représentant du titulaire du compte ou du bénéficiaire d'une procuration dans les conditions prévues au dernier alinéa du III de l'article 344 G decies ;

b. lorsqu'elles agissent en qualité d'exploitant d'une activité donnant lieu à une déclaration spécifique de résultats, en sus des éléments prévus au a, l'adresse du lieu d'activité et, s'il y a lieu, le numéro SIRET et l'appellation sous laquelle est exercée l'activité ;

2° pour les personnes morales :

a. leur dénomination ou raison sociale ;

b. leur forme juridique ;

c. leur numéro SIRET ;

d. l'adresse de leur siège social ou de leur principal établissement.

La déclaration de compte comporte également l'adresse du ou des titulaires ainsi que l'adresse du ou des bénéficiaires d'une procuration qui a été communiquée au dépositaire ou gestionnaire du compte étranger lorsque cette adresse diffère de celle qui doit être indiquée en application des dispositions précédentes.

RM-VII-50130

0I sexies. Déclaration des opérateurs de plateforme de mise en relation par voie électronique

Art 344 G duodecies I. Les opérateurs de plateforme souscrivent la déclaration prévue au I de l'article 1649 ter A auprès de l'administration fiscale par voie électronique, selon un format informatique dont elle détermine les caractéristiques.

II. La déclaration peut être souscrite au nom de l'opérateur de plateforme par un tiers qu'il désigne pour s'acquitter de son obligation déclarative.

III. Lorsqu'un opérateur de plateforme remplit en France et dans un ou plusieurs autres Etats membres de l'Union européenne au moins une des conditions prévues au 2° du I de l'article 1649 ter B et choisit de s'acquitter de ses obligations déclaratives en France, il notifie son choix à l'ensemble des autorités compétentes des Etats membres concernés.

DC-I-4100 s. ; MF nº 78414

Art 344 G terdecies **I.** La déclaration prévue à l'article 1649 ter A contient les informations suivantes :

1. Pour l'application du 1° du II du même article 1649 ter A, les éléments d'identification de l'opérateur de plateforme :

a. Sa raison ou sa dénomination sociale ;

b. L'adresse postale de son siège social ;

c. Son numéro d'identification fiscale ;

d. Le numéro d'enregistrement individuel attribué conformément au I de l'article 1649 ter E ;

e. Le nom commercial, le cas échéant.

2. Pour l'application du 2° du II du même article 1649 ter A, les éléments d'identification des vendeurs ou prestataires :

a. Pour chaque vendeur ou prestataire qui est une personne physique :

i. Ses nom et prénom ;

ii. Sa date de naissance ;

iii. L'adresse de sa résidence principale ;

iv. Tout numéro d'identification fiscale attribué à cette personne, accompagné de la mention de chaque Etat ou territoire qui l'a attribué, sauf lorsque l'Etat ou territoire de résidence fiscale de la personne n'attribue pas de tel numéro. En l'absence de numéro d'identification fiscale pour un vendeur ou prestataire qui est résident fiscal d'un Etat membre de l'Union européenne ou un prestataire qui a réalisé des opérations de location de biens immobiliers situés dans un ou plusieurs de ces Etats membres, le déclarant indique le lieu de naissance de ce vendeur ou prestataire ;

v. Le cas échéant, son numéro d'identification à la taxe sur la valeur ajoutée.

b. Pour chaque vendeur ou prestataire qui n'est pas une personne physique :

i. Sa raison ou dénomination sociale ;

ii. L'adresse de son siège social ;

iii. Son numéro d'immatriculation et tout numéro d'identification fiscale qui lui a été attribué, accompagné de la mention de chaque Etat ou territoire qui l'a attribué, sauf lorsque l'Etat ou territoire de résidence de ce vendeur ou prestataire n'attribue pas de tels numéros ;

iv. Le cas échéant, son numéro d'identification à la taxe sur la valeur ajoutée ;

v. Le cas échéant, l'existence de tout établissement stable par l'intermédiaire duquel les opérations mentionnées au I du même article 1649 ter A sont réalisées dans l'Union européenne, avec indication de chaque Etat membre dans lequel se trouve un établissement stable.

c. Pour chaque vendeur ou prestataire, l'Etat ou territoire de résidence fiscale dans lequel la personne a son adresse conformément au iii du a et au ii du b du présent 2.

d. Pour chaque vendeur ou prestataire qui est résident d'un Etat membre de l'Union européenne, lorsque l'Etat membre de résidence fiscale est différent de celui où est situé l'adresse mentionnée au c, l'opérateur de plateforme indique en outre :

i. L'Etat membre de résidence fiscale qui a attribué le numéro d'identification fiscale ;

ii. L'Etat membre de résidence fiscale de tout établissement stable par l'intermédiaire duquel les opérations mentionnées au I du même article 1649 ter A sont réalisées, lorsque le vendeur ou prestataire mentionné au b du présent 2 a fourni des informations relatives à l'existence de tels établissements stables conformément au v du b du même 2.

e. Nonobstant les dispositions du c et du d du présent 2, l'Etat ou territoire de résidence fiscale confirmé lors de l'utilisation d'un service d'identification électronique mis à disposition par l'Union européenne ou par un Etat ou un territoire dans les conditions prévues au III du présent article.

3. Pour l'application du 4° du II du même article 1649 ter A, les éléments d'identification du titulaire du compte financier sur lequel la contrepartie est versée, lorsque le titulaire de ce compte financier n'est pas le vendeur ou prestataire et lorsque ces informations sont connues de l'opérateur de plateforme :

a. Son nom et prénom ou sa raison sociale ;

b. Son numéro international de compte bancaire (IBAN ou équivalent).

II. Lorsque l'Etat ou territoire duquel le vendeur ou prestataire est résident figure sur une liste fixée par arrêté du ministre chargé du budget précisant ceux de ces Etats ou territoires qui n'exigent pas que leur soit transmise cette information *(NDLR Voir arrêté ECOE2235772A du 26 décembre 2022 art. 2, JO du 28)*, l'opérateur de plateforme est dispensé de communiquer le numéro d'identification fiscale mentionné aux iv du a et iii du b du 2 du I.

III. Lorsque l'opérateur de plateforme établit l'identité et la résidence fiscale du vendeur ou prestataire en s'appuyant sur une confirmation directe obtenue par l'intermédiaire d'un service d'identification mis à disposition par l'Union européenne, un Etat ou un territoire, l'opérateur de plateforme est dispensé de communiquer les informations mentionnées aux ii à v du a et aux ii à v du b du 2 du I.

IV. Lorsque le vendeur ou prestataire titulaire du compte financier sur lequel la contrepartie est versée est résident d'un Etat ou territoire qui figure sur la liste des Etats ou territoires n'ayant pas l'intention d'utiliser ces informations, fixée par arrêté du ministre chargé du budget *(NDLR Voir arrêté ECOE2235772A du 26 décembre 2022 art. 1er, JO du 28)*, l'opérateur de plateforme est dispensé de communiquer les informations prévues au 3 du I.

V. La liste des Etats ou territoires de résidence donnant lieu à déclaration conformément au 2° du I de l'article 1649 ter C est fixée par arrêté du ministre chargé du budget *(NDLR Voir arrêté ECOE2235772A du 26 décembre 2022 art. 3, JO du 28)*.

DC-I-4100 s. ; MF n° 78414

Art 344 G quaterdecies **I.** Afin de déterminer que, conformément au II de l'article 1649 ter C, un vendeur ou prestataire ne doit pas faire l'objet d'une déclaration, l'opérateur de plateforme se fonde sur :

1. Les informations publiquement accessibles ou sur une confirmation émanant du vendeur ou prestataire s'agissant du 1° et du 2° de ce même II ;

2. Les informations dont il dispose en interne s'agissant du 3° et du 4° de ce même II.

II. Pour l'application de l'article 1649 ter D, l'opérateur de plateforme détermine si, pour la mise en œuvre de ses diligences, les informations qu'il recueille sont fiables en exploitant l'ensemble des informations et documents dont il dispose, ainsi que tout service d'identification électronique mis à disposition par l'Union européenne, un Etat ou un territoire en vue de vérifier la validité du numéro d'identification fiscale ou du numéro d'identification à la taxe sur la valeur ajoutée.

Toutefois, pour la mise en œuvre des diligences prévues au second alinéa du I de l'article 344 G quindecies, l'opérateur de plateforme peut déterminer la fiabilité des informations recueillies en exploitant les informations et documents dont il dispose.

III. Lorsque l'administration fiscale informe l'opérateur de plateforme qu'un des éléments d'identification des vendeurs ou prestataires mentionnés aux a et b du 2 du I de l'article 344 G terdecies ou que les informations relatives à la location de biens immobiliers mentionnées au 5° du II de l'article 1649 ter A sont susceptibles d'être inexacts, l'opérateur de plateforme demande au vendeur ou prestataire de fournir, dans les meilleurs délais, des justificatifs émanant d'une source indépendante établissant la fiabilité des informations et, le cas échéant, de corriger les éléments incorrects. L'opérateur de plateforme transmet par voie électronique à l'administration fiscale les données corrigées.

IV. Lorsqu'un opérateur de plateforme a facilité plus de deux mille opérations consistant en la location, par un prestataire défini au b du 2 du I de l'article 344 G terdecies d'un même lot, entendu comme étant l'ensemble des biens immobiliers situés à la même adresse et appartenant au même propriétaire, il recueille les documents justificatifs, données et informations attestant que ce lot appartient au même propriétaire.

DC-I-4100 s. ; MF n° 78414

Art 344 G quindecies **I.** L'opérateur de plateforme recueille et fiabilise les informations nécessaires au respect de ses obligations déclaratives au plus tard le 31 décembre de l'année au titre de laquelle la déclaration doit être souscrite.

Toutefois, en ce qui concerne les vendeurs ou prestataires déjà enregistrés sur une plateforme au 1er janvier 2023 ou à la date à laquelle une entité devient un opérateur de plateforme au sens de l'article 1649 ter A, l'opérateur de plateforme accomplit les diligences prévues aux articles 344 G duodecies et suivants au plus tard le 31 décembre de l'année suivant celle au titre de laquelle la première déclaration doit être souscrite.

II. L'opérateur de plateforme peut s'appuyer sur les diligences mises en œuvre dans le cadre de déclarations déposées précédemment lorsque les conditions suivantes sont remplies :

1. Les informations relatives aux éléments d'identification des vendeurs ou prestataires à déclarer au titre des a et b du 2 du I de l'article 344 G terdecies ont été vérifiées ou confirmées au cours des trente-six derniers mois ;

2. L'opérateur de plateforme n'est pas en mesure de savoir que l'une ou plusieurs des informations mentionnées au même article 344 G terdecies sont inexactes ou ne sont plus fiables. Cette condition s'applique également aux informations mentionnées au 5° du II de l'article 1649 ter A et aux vendeurs ou prestataires mentionnés au II de l'article 1649 ter C.

III. La période de dix ans prévue au cinquième alinéa du 2° du I de l'article 1649 ter D, durant laquelle l'opérateur de plateforme doit conserver les données collectées dans le registre mentionné au même cinquième alinéa, commence l'année qui suit celle au titre de laquelle une déclaration utilisant ces données a été déposée.

IV. L'opérateur peut accomplir ses procédures de diligence pour l'ensemble des vendeurs ou prestataires enregistrés sur sa plateforme, y compris ceux n'ayant pas réalisé d'opérations mentionnées à l'article 1649 ter A, au cours de l'année sur laquelle porte la déclaration.

V. L'opérateur de plateforme peut s'appuyer sur un tiers, y compris un autre opérateur de plateforme, pour remplir les obligations de diligence prévues aux articles 344 G duodecies et suivants. Toutefois ces obligations demeurent de la responsabilité de l'opérateur de plateforme.

DC-I-4100 s. ; MF nº 78414

Art 344 G sexdecies **I.** Les vendeurs ou prestataires remettent sur demande de l'opérateur de plateforme, conformément au troisième alinéa du 2º du I de l'article 1649 ter D, les informations concernant :

1. Les éléments d'identification mentionnés aux 2 et 3 du I de l'article 344 G terdecies sous réserve des dispositions des II à IV de ce même article ;

2. Pour les opérations mentionnées au 5º du II de l'article 1649 ter A, les éléments d'identification du lot, défini comme l'ensemble des biens immobiliers situés à la même adresse et appartenant au même propriétaire.

II. Le vendeur ou prestataire mentionné au 3º du II de l'article 1649 ter C transmet à l'opérateur de plateforme, sur sa demande, les informations et justificatifs attestant que le lot, défini comme l'ensemble des biens immobiliers situés à la même adresse, appartient au même propriétaire.

III. Les vendeurs ou prestataires mentionnés au b du 2 du I de l'article 344 G terdecies informent les opérateurs de plateforme de l'existence de tout établissement stable par l'intermédiaire duquel les opérations que ces opérateurs de plateforme leur permettent d'effectuer sont réalisées, le cas échéant, avec indication de chaque Etat ou territoire dans lequel se trouve un établissement stable.

DC-I-4100 s. ; MF nº 78414

Art 344 G septdecies Pour l'obtention de son numéro d'enregistrement individuel en application des dispositions du I de l'article 1649 ter E, l'opérateur de plateforme communique à l'administration fiscale les informations suivantes lorsqu'il débute son activité :

1. Sa raison ou sa dénomination sociale ;

2. Son adresse postale ;

3. Ses adresses électroniques, sites internet ;

4. Tout numéro d'identification fiscale attribué par un Etat ou territoire ;

5. Une déclaration comprenant les informations concernant l'identification de l'opérateur de plateforme déclarant à la taxe sur la valeur ajoutée au sein de l'Union européenne qui se prévaut des régimes particuliers prévus aux sections 2 et 3 du chapitre 6 du titre XII de la directive 2006/112/CE du Conseil du 28 novembre 2006 relative au système commun de taxe sur la valeur ajoutée ;

6. Les Etats ou territoires desquels les vendeurs et prestataires à déclarer sont résidents fiscaux conformément aux c, d et e du 2 du I de l'article 344 G terdecies.

L'opérateur de plateforme informe l'administration fiscale de toute modification relative aux informations communiquées.

DC-I-4100 s. ; MF nº 78414

Art 344 G octodecies Les dispositions du II de l'article 1649 ter D s'appliquent annuellement.

DC-I-4100 s. ; MF nº 78414

Art 344 G novodecies L'opérateur de plateforme fournit, en application du III de l'article 1649 ter D, les informations mentionnées aux 2 et 3 du I de l'article 344 G terdecies, ainsi que celles mentionnées aux 3º et 5º du II de l'article 1649 ter A, au vendeur ou prestataire auquel elles se rapportent, dans le délai prévu au III du même article 1649 ter A.

DC-I-4100 s. ; MF nº 78414

Art 344 G vicies Un arrêté du ministre chargé du budget fixe la liste des Etats ou territoires partenaires, membres de l'Union européenne ou ayant conclu une convention mentionnée au quatrième alinéa du 3º du I de l'article 1649 ter B.

Ndlr *Voir arrêté ECOE2235772A du 26 décembre 2022 art. 4, JO du 28.*

DC-I-4100 s. ; MF nº 78414

I. Déclarations des versements effectués au titre de la publicité par panneaux-réclame, par affiches et par enseignes

Art 344 GA La déclaration prévue à l'article 1649 B du code général des impôts doit comporter les indications suivantes :

a. Le nom ou la raison sociale, la profession et l'adresse du déclarant ;

b. Les nom et prénoms ou la raison sociale et l'adresse du bénéficiaire des versements ;

c. Le montant total des sommes qui lui ont été versées durant l'année civile précédente en exécution des contrats de publicité.

CF-IX-95200 s. ; MF n° 27600

Art 344 GB Lorsqu'elle est à la charge d'un syndic de copropriété, la déclaration mentionnée à l'article 344 GA n'est pas exigée pour les sommes figurant déjà sur les déclarations produites en application de l'article 46 C et de l'article 374 de l'annexe II au code général des impôts.

CF-IX-95200 s. ; MF n° 27600

Art 344 GC La déclaration mentionnée à l'article 344 GA est souscrite avant le 1er mars de l'année qui suit celle du paiement de la publicité par le loueur. Elle est établie sur une formule délivrée par l'administration. Elle est adressée à la direction départementale ou, le cas échéant, régionale des finances publiques du domicile ou du principal établissement du déclarant.

CF-IX-95200 s. ; MF n° 27600

I bis. Déclaration de la redevance et des prélèvements dus par les opérateurs de jeux ou de paris

Art 344 GD **I.** Les redevables établis en France déposent la déclaration prévue à l'article L 137-26 du code de la sécurité sociale ainsi qu'aux articles 302 bis ZL, 1609 untricies et 1609 tertricies du code général des impôts et nécessaire à l'établissement de l'assiette du prélèvement mentionné à l'article 1609 novovicies du même code auprès du service des impôts des entreprises du siège de la direction de l'entreprise ou, à défaut, du principal établissement *(Voir arrêté du 6 août 2010, JO du 26)*.

II. Les redevables établis dans un autre Etat membre de la Communauté européenne souscrivent la déclaration précitée auprès du service des impôts des entreprises étrangères de la direction des impôts des non-résidents.

Toutefois les redevables établis dans un autre Etat membre de la Communauté européenne, qui ont désigné en France, avant le 1er janvier 2002, un représentant mentionné à l'article 289 A du code général des impôts, déposent leur déclaration auprès du service des impôts des entreprises dont dépend le lieu d'imposition de ce représentant.

III. Les redevables établis dans un autre Etat partie à l'accord sur l'Espace économique européen ayant conclu avec la France une convention contenant une clause d'assistance en vue de lutter contre la fraude et l'évasion fiscales déposent la déclaration précitée auprès du service des impôts des entreprises dont dépend le lieu d'imposition du représentant désigné en application de l'article 289 A du code général des impôts, ou, à défaut, de l'article 302 bis ZN du même code.

IV. Pour les redevables mentionnés au II et au III, la déclaration prévue à l'article 302 bis ZL du code général des impôts est déposée par l'intermédiaire du représentant mentionné à l'article 302 bis ZN du même code.

I ter. Déclaration d'achat au détail de métaux ferreux et non ferreux

Art 344 GE La déclaration mentionnée à l'article 1649 bis du code général des impôts doit comporter les indications suivantes :

1° Concernant le déclarant, ses nom, prénoms ou raison sociale, adresse et, pour les entreprises, le numéro Siret ;

2° Concernant chaque vendeur de métaux ferreux et non ferreux :

a. Son identification : nom de famille, le cas échéant, nom de l'époux, prénoms, sexe, date et lieu de naissance et, pour les entreprises, la raison sociale et le numéro Siret ;

b. L'adresse de son domicile ou siège social ;

c. Le montant total des achats effectués auprès de lui au titre de l'année.

La déclaration est souscrite auprès de la direction départementale des finances publiques du lieu du domicile de la personne ou du siège de l'établissement qui a effectué l'acquisition, soit par la communication d'un support informatique, soit par l'envoi de formulaires normalisés, dont les caractéristiques et le modèle sont fixés par l'administration.

CF-IX-94200 s. ; MF n° 78385

II. Déclaration des ventes autres que les ventes au détail

Art 344 H Sur demande de l'administration formulée par lettre recommandée avec avis de réception et dans un délai de trente jours, les commerçants et artisans sont tenus, à compter du 1er janvier 1963, d'adresser un relevé des ventes autres que les ventes au détail, faites à ceux de leurs clients nommément désignés dans la demande susvisée au cours d'une ou plusieurs périodes fixées par l'administration. Pour chacune de ces demandes, les périodes ainsi fixées ne peuvent, en aucun cas, excéder pour chaque client douze mois au total.

CF-IX-91000 s. ; MF n° 78375

Art 344 I Le relevé prévu à l'article 344 H doit fournir les mentions relatives à la date et au montant de chaque opération réalisée pendant la ou les périodes indiquées, quel que soit le mode de règlement de ces ventes.

CF-IX-91000 s. ; MF n° 78375

III. Date de dépôt des déclarations

Art 344 I-0 bis La date mentionnée dans le code général des impôts à la troisième phrase du premier alinéa de l'article 175, au deuxième alinéa du 1 de l'article 223, à la première et à la cinquième phrases du 1° du I de l'article 298 bis, au I de l'article 1477 et à la première phrase du troisième alinéa de l'article 1679 septies est fixée au deuxième jour ouvré suivant le premier mai.

TVA-XII-9860 s. ; CET-II-188000 s. ; TD-V-23300

CHAPITRE I ter

Transmission des déclarations professionnelles par voie électronique

Art 344 I ter **I.** Pour l'application des articles 1649 quater B bis et 1649 quater B quater du code général des impôts, les déclarations professionnelles, leurs annexes et tout document les accompagnant sont transmis par voie électronique à la direction générale des finances publiques, soit par l'intermédiaire d'un organisme relais, partenaire de la direction générale des impôts pour les échanges de données informatisées, dénommé « partenaire EDI » et choisi par les contribuables, soit par les contribuables eux-mêmes s'ils ont acquis cette qualité. Le « partenaire EDI » est habilité à agir pour le compte des contribuables dans les conditions fixées soit par le contrat d'adhésion qui lie l'administration et le contribuable, lorsque la transmission par voie électronique est facultative, soit par arrêté du ministre chargé du budget, lorsque la transmission par voie électronique est obligatoire en application de l'article 1649 quater B quater du code précité *(Voir arrêté du 3 janvier 2011, JO du 1er février)*.

II. Pour chaque catégorie de déclaration professionnelle, les modalités de transmission et de traitement dont elle fait l'objet, notamment celles prévues dans le contrat d'adhésion, sont définies par un arrêté du ministre du budget pris après avis de la Commission nationale de l'informatique et des libertés *(Voir arrêté du 3 janvier 2011, JO du 1er février)*.

RIE-III-2700 s.

Art 344 I quater Pour effectuer des transmissions de déclarations professionnelles par voie électronique vers la direction générale des finances publiques, l'émetteur doit posséder la qualité de « partenaire EDI ».

Est « partenaire EDI » au sens de l'article 344 I ter, toute personne qui conclut avec la direction générale des finances publiques, une convention conforme au modèle défini par arrêté du ministre chargé du budget *(Voir arrêté CPAE1725784A du 29 juin 2018, JO du 11 juillet)*. Seules peuvent conclure une telle convention les personnes qui respectent leurs obligations déclaratives et de paiement en matière fiscale.

Cette convention prévoit les modalités de transmission et les mesures et systèmes destinés à assurer la sécurité des transmissions et traitements. Elle précise les conditions dans lesquelles il est recouru au chiffrement des informations transmises.

RIE-III-2700 s.

CHAPITRE IV

Agrément

Art 344 K Les arrêtés prévus au II de l'article 1649 nonies du code général des impôts sont pris, lorsqu'il s'agit d'agrément pour l'octroi d'allégements fiscaux prévus en faveur de l'aménagement du territoire, après avis du comité interministériel des aides à la localisation des activités institué par l'article 9 du décret n° 82-379 du 6 mai 1982.

CHAPITRE V

Fiducie

Art 344 M La déclaration d'existence de la fiducie prévue à l'article 238 quater L du code général des impôts est déposée dans les quinze jours de sa création auprès du service des impôts des entreprises du siège ou du lieu du principal établissement du fiduciaire ou, en cas de pluralité de fiduciaires, de celui expressément désigné dans le contrat de fiducie pour agir pour le compte de la fiducie. Lorsque le fiduciaire n'est pas domicilié en France, la déclaration d'existence est déposée auprès du service des impôts des non-résidents.

La déclaration d'existence est établie sur un formulaire homologué par l'autorité désignée à l'article 3 du décret n° 98-1083 du 2 décembre 1998 relatif aux simplifications administratives. Elle comporte la dénomination exacte de la fiducie, les nom et adresse du fiduciaire ou, en cas de pluralité de fiduciaires, de celui expressément désigné dans le contrat de fiducie pour agir pour le compte de la fiducie, les noms et adresses des constituants de la fiducie, l'objet de la fiducie, et la date d'effet de l'événement objet de la formalité.

La déclaration est signée par le fiduciaire ou, en cas de pluralité de fiduciaires, par celui expressément désigné dans le contrat de fiducie pour agir pour le compte de la fiducie ou de son mandataire.

Le deuxième alinéa, dans sa rédaction issue du décret n° 2021-300 du 18 mars 2021 portant application de l'article 1er de la loi n° 2019-486 du 22 mai 2019 relative à la croissance et la transformation des entreprises et introduction de diverses mesures applicables aux formalités incombant aux entreprises, peut être modifié par décret.

DC-IX-51850 s.

CHAPITRE VI

Obligations déclaratives relatives à la taxe d'aménagement et à la taxe d'archéologie préventive

Art 344 N **I.** La déclaration prévue au premier alinéa de l'article 1635 quater P du code général des impôts et au VII de l'article 235 ter ZG du même code contient les informations suivantes :

1° Les éléments précisant l'identité et les coordonnées du ou des redevables mentionnés aux articles 1635 quater C et au II de l'article 235 ter ZG du même code, notamment la date et lieu de naissance s'agissant d'une personne physique et le numéro SIRET s'agissant d'une personne morale ;

2° Les éléments d'identification et de localisation de l'opération imposable mentionnée à l'article 1635 quater B du code général des impôts, notamment le numéro et la date de délivrance de l'autorisation d'urbanisme ou de déclaration préalable, complété de l'adresse, de la situation juridique, de la superficie et de la référence des parcelles cadastrales, préfixe, section et numéro du ou des terrains concernés ;

3° La nature de l'opération, et le cas échéant, le changement de destination du bien ou l'impact sur le sous-sol ;

4° Le cas échéant, si le redevable est titulaire d'un certificat d'urbanisme, le numéro du certificat et la date de délivrance ;

5° Les éléments permettant de déterminer les conditions d'application des exonérations prévues aux articles 1635 quater D et 1635 quater E du code général des impôts et de l'abattement prévu à l'article 1635 quater I du même code ainsi que, le cas échéant, de l'exonération prévue au 2° du III de l'article 235 ter ZG du même code ;

6° Les surfaces des constructions définies au 1° de l'article 1635 quater H du code général des impôts et les surfaces des démolitions ;

7° Les éléments permettant de déterminer la valeur des aménagements et installations mentionnés au 2° de l'article 1635 quater H du même code ;

8° La date d'achèvement des opérations imposables définie au 1° de l'article 1635 quater G du même code.

II. Lorsque le redevable de la taxe d'aménagement et de la taxe d'archéologie préventive au titre de l'opération imposable mentionnée au 2° du présent I est également soumis aux obligations déclaratives prévues à l'article 1406 du code général des impôts, les éléments prévus au I sont déclarés à l'appui de la déclaration prévue au premier alinéa de l'article 321 E.

III. 1° En application des dispositions du XVI de l'article 1649 quater B quater du code général des impôts, la déclaration prévue au I ou au II est souscrite par voie électronique au moyen d'un téléservice mis à disposition par l'administration depuis une plateforme dédiée.

2° Les dispositions du 1° du présent III ne sont pas applicables aux redevables personnes physiques dont la résidence principale n'est pas équipée d'un accès à internet ou qui indiquent à l'administration ne pas être en mesure de souscrire cette déclaration par voie électronique ainsi qu'aux redevables dont les opérations imposables concernent des locaux dont la valeur locative est évaluée dans les conditions prévues aux articles 1497, 1499 et 1501 du code général des impôts.

3° Lorsque la déclaration n'est pas souscrite par voie électronique, elle est établie conformément à un modèle fixé par l'administration et déposée auprès du service des impôts du lieu de situation des biens.

IMMO-V-10800 s. ; MF n° 31155

Art 344 O **I.** La déclaration prévue au deuxième alinéa de l'article 1635 quater P du code général des impôts contient les informations prévues aux 1° à 6° du I de l'article 344 N.

II. 1° La déclaration est obligatoirement souscrite par voie électronique auprès du service des impôts du lieu de situation des biens.

2° Les dispositions du 1° du présent II ne sont pas applicables aux redevables dont les opérations imposables concernent des locaux dont la valeur locative est évaluée dans les conditions prévues aux articles 1497, 1499 et 1501 du code général des impôts.

IMMO-V-10830 ; MF n° 31155

TITRE II

DISPOSITIONS DIVERSES

CHAPITRE PREMIER

Commissions administratives des impôts

I. Commission communale des impôts directs

Art 345 La commission communale des impôts directs prévue à l'article 1650 du code général des impôts se réunit à la demande du directeur départemental ou, le cas échéant, régional des finances publiques ou de son délégué et sur convocation du maire ou de l'adjoint délégué ou, à défaut, du plus âgé des commissaires titulaires.

Les membres de la commission délibèrent en commun, à la majorité des suffrages. Ils ne peuvent prendre aucune détermination s'ils ne sont au nombre de cinq, au moins, présents. En cas de partage égal des voix, la voix du président est prépondérante.

DC-VII-17780 s.

I bis. Commission intercommunale des impôts directs

Art 346 Pour l'application du 2 de l'article 1650 A du code général des impôts, lorsque le périmètre de l'établissement public de coopération intercommunale se situe sur le territoire de plusieurs départements, le directeur départemental ou, le cas échéant, régional des finances publiques compétent est celui du département dans lequel l'établissement public de coopération intercommunale a son siège tel qu'il a été déterminé dans les statuts de cet établissement.

DC-VII-18670

Art 346 A La désignation des membres de la commission intercommunale des impôts directs intervient dans les deux mois à compter de l'installation de l'organe délibérant de l'établissement public de coopération intercommunale suivant le renouvellement général des conseils municipaux.

A défaut de liste de présentation des contribuables prévue au 2 de l'article 1650 A du code général des impôts, les membres de la commission sont désignés d'office par le directeur départemental ou, le cas échéant, régional des finances publiques un mois après mise en demeure de délibérer adressée à l'organe délibérant de l'établissement public de coopération intercommunale. Le directeur départemental ou, le cas échéant, régional des finances publiques mentionné à l'article 346 peut, sans mise en demeure, procéder à des désignations d'office si la liste de présentation ci-dessus mentionnée ne contient pas quarante noms dont quatre domiciliés en dehors du périmètre du groupement, ou contient des noms de personnes ne remplissant pas les conditions exigées au 1 de l'article 1650 A du code général des impôts.

En cas de décès, de démission ou de révocation de cinq au moins des membres de la commission, il est procédé dans les mêmes conditions à de nouvelles désignations.

Le mandat des commissaires ainsi désignés prend fin avec celui des commissaires choisis lors du renouvellement des délégués de l'organe délibérant de l'établissement public de coopération intercommunale.

DC-VII-18690 s.

Art 346 B La commission intercommunale des impôts directs mentionnée à l'article 1650 A du code général des impôts se réunit à la demande du directeur départemental ou, le cas échéant, régional des finances publiques du département du siège de l'établissement public de coopération intercommunale ou de son délégué et sur convocation du président de l'établissement public de coopération intercommunale ou du vice-président délégué ou à défaut du plus âgé des commissaires titulaires dans un délai de deux mois à compter de cette demande. En cas de défaut de réunion de la commission dans ce délai, il est considéré qu'elle refuse de prêter son concours.

Si le directeur départemental ou, le cas échéant, régional des finances publiques n'a pas invité, avant le 31 janvier de l'année au titre de laquelle les modifications relatives aux évaluations foncières doivent être intégrées dans les rôles, le président de l'établissement public de coopération intercommunale à réunir la commission, ce dernier peut prendre l'initiative de la convoquer, après en avoir informé le directeur départemental ou, le cas échéant, régional des finances publiques.

Les membres de la commission délibèrent en commun à la majorité des suffrages. Ils ne peuvent prendre aucune décision s'ils ne sont au nombre de neuf au moins présents. En cas de partage égal des voix, la voix du président est prépondérante.

DC-VII-18780 s.

II. Commission départementale des impôts directs et des taxes sur le chiffre d'affaires

Art 347 I. 1. Sous réserve des dispositions des deuxième et troisième alinéas ci-après, les représentants des contribuables sont désignés par chaque organisation ou organisme représentatif au niveau départemental, compétent dans le ressort du tribunal administratif.

Les organisations ou organismes à compétence interdépartementale désignent les représentants des contribuables parmi les professionnels exerçant dans le ressort de la commission.

Le représentant salarié visé à l'article 1651 B du code général des impôts est désigné par les organisations ou organismes nationaux représentatifs des ingénieurs et cadres supérieurs.

DC-VII-5760, 6900 s.

2. Les membres de la commission doivent être de nationalité française, âgés de vingt-cinq ans au moins et jouir de leurs droits civils.

L'expert-comptable visé à l'article 1651 du code général des impôts doit être inscrit au tableau régional de l'ordre et exercer son activité dans le ressort de la commission.

DC-VII-5670, 6180 s.

3. Les organisations ou organismes représentatifs adressent la liste des représentants qu'ils désignent au secrétariat de la commission le 1er décembre au plus tard, pour l'année suivante.

Les représentants des contribuables sont désignés pour une année. Leur mandat est renouvelable par tacite reconduction.

Lorsqu'il existe dans le ressort du tribunal administratif compétent plusieurs organisations ou organismes ayant vocation à désigner des membres, le titulaire et les suppléants représentants des contribuables sont désignés par le président de la commission au vu des propositions de ces organisations ou organismes.

En cas de retard, d'empêchement ou d'absence de désignation des représentants des contribuables, la commission est valablement constituée.

DC-VII-5790, 5930 s.

4. Les organismes consulaires doivent consulter les organisations patronales interprofessionnelles avant d'établir la liste des représentants qu'ils désignent.

DC-VII-6390 s.

II. 1. Pour l'application du deuxième alinéa du I de l'article 1651 A du code général des impôts, les représentants des contribuables sont choisis parmi les propriétaires ruraux et exploitants agricoles, passibles de l'impôt sur le revenu au titre des bénéfices de l'exploitation agricole.

DC-VII-6490

2. Pour l'application de l'article 1651 C du code général des impôts, les membres désignés par les fédérations départementales des syndicats d'exploitants agricoles compétentes dans le ressort du tribunal administratif sont choisis parmi les propriétaires ruraux passibles de l'impôt sur le revenu dans la catégorie des bénéfices agricoles.

DC-VII-7020 s.

3. Pour l'application de l'article 1651 D du code général des impôts, les membres désignés représentent les différentes régions agricoles comprises dans le ressort du tribunal administratif compétent.

Les représentants des contribuables désignés par les chambres d'agriculture compétentes dans le ressort du tribunal administratif sont choisis moitié parmi les propriétaires ruraux sur proposition des fédérations départementales des syndicats de la propriété agricole et des fédérations départementales des syndicats d'exploitants agricoles compétentes dans le ressort du même tribunal et moitié parmi les exploitants agricoles passibles de l'impôt sur le revenu au titre des bénéfices de l'exploitation agricole, sur proposition des fédérations départementales des syndicats d'exploitants agricoles compétentes dans le ressort du même tribunal.

Lorsque la commission se prononce sur les tarifs d'évaluation ou les coefficients d'actualisation des valeurs locatives des bois et forêts, un des représentants des contribuables doit être propriétaire de bois et forêts ; il est appelé à siéger.

DC-VII-6500

III. Il est désigné deux suppléants pour un titulaire. Le nombre de suppléants peut toutefois

être modifié dans les conditions et limites fixées par arrêté du ministre chargé du budget.
(Voir Annexe IV, art. 170 undecies)

DC-VII-6000

IV. Lorsqu'en matière de taxes sur le chiffre d'affaires la commission est saisie d'un litige intéressant un contribuable qui relève de l'administration des douanes et des droits indirects au regard desdites taxes, l'un des représentants de la direction générale des finances publiques peut être remplacé par un fonctionnaire de la direction générale des douanes et des droits indirects.

DC-VII-6690

MF n°s 78840 s.

Art 348 I. 1. Un agent de la direction générale des finances publiques remplit les fonctions de secrétaire de la commission, avec voix consultative. Un ou plusieurs agents de la même direction générale peuvent assister aux séances de la commission, en qualité de secrétaires adjoints. Ils ont également voix consultative.

Lorsqu'en matière de taxes sur le chiffre d'affaires, la commission est saisie d'un litige intéressant un redevable qui relève de l'administration des douanes et des droits indirects au regard desdites taxes, l'un des secrétaires adjoints peut être un agent de la direction générale des douanes et des droits indirects.

DC-VII-7500

2. Les secrétaires et secrétaires adjoints agissent pour ordre et par délégation du président de la commission.

DC-VII-7570

II. 1. Lorsque la commission est appelée à connaître des matières prévues aux articles 1651 A et 1651 C du code général des impôts, le secrétaire de la commission informe le contribuable qu'il peut demander que l'un des représentants des contribuables soit désigné par une organisation ou un organisme professionnel de son choix. Le contribuable dispose alors d'un délai de trente jours pour faire connaître sa réponse.

DC-VII-5830 s.

Lorsque le contribuable est à la fois inscrit au Registre national des entreprises en tant qu'entreprise du secteur des métiers et de l'artisanat et immatriculé au registre du commerce et des sociétés, il est invité par le secrétaire de la commission à faire connaître son activité principale dans un délai de trente jours à compter de la réception de la demande. Les représentants des contribuables correspondant à l'activité principale exercée par l'intéressé sont appelés à siéger.

DC-VII-6360

2. La commission se réunit sur convocation de son président, qui arrête, pour chaque affaire, sa composition.

DC-VII-8700

III. Lorsque la commission se réunit en application des articles 1503, 1510 et 1518 du code général des impôts, les personnes concernées sont invitées à se faire entendre ou à faire parvenir leurs observations écrites. A cette fin, elles sont convoquées dix jours au moins avant la réunion de la commission.

Elles peuvent y déléguer un mandataire dûment habilité *(Voir également LPF, art. L 60 et R* 60-1 à R* 60-3)*.

DC-VII-8850

IV. 1. La commission peut se réunir en sections, comprenant, outre un magistrat du tribunal administratif, président, un représentant de l'administration et deux représentants des contribuables.

Le président de la commission arrête la composition des sections.

Les sections connaissent des affaires qui leur sont envoyées par le président de la commission.

DC-VII-7870

2. La commission est installée au chef-lieu du département du siège du tribunal administratif.

V. Le quorum est égal à la moitié du nombre des membres appelés à siéger, quelle que soit la formation.

DC-VII-11200

MF n°s 78840 s.

II bis. Commission nationale des impôts directs et des taxes sur le chiffre d'affaires

Art 348 B I. 1. Les membres de la commission sont âgés de vingt-cinq ans au moins et jouissent de leurs droits civils.

L'expert-comptable mentionné à l'article 1651 H du code général des impôts est inscrit au tableau de l'ordre et exerce son activité en France.

2. Les organisations ou organismes représentatifs mentionnés aux articles 1651 J et 1651 K du code général des impôts adressent la liste des représentants qu'ils désignent au secrétariat de la commission le 1er décembre au plus tard, pour l'année suivante.

Les représentants des contribuables sont désignés pour une année. Leur mandat est renouvelable par tacite reconduction.

Lorsqu'il existe plusieurs organisations ou organismes ayant vocation à désigner des membres, et à défaut d'accord entre eux, les représentants des contribuables sont désignés par le président de la commission au vu des propositions de ces organisations ou organismes.

3. CCI France consulte les organisations patronales interprofessionnelles avant d'établir la liste des représentants qu'elle désigne.

II. Il est désigné deux suppléants pour un titulaire. Le nombre de suppléants peut toutefois être modifié dans les conditions et limites fixées par arrêté du ministre chargé du budget.

III. Lorsqu'en matière de taxes sur le chiffre d'affaires la commission est saisie d'un litige intéressant un contribuable qui relève de l'administration des douanes et droits indirects au regard desdites taxes, l'un des représentants de la direction générale des finances publiques peut être remplacé par un fonctionnaire de la direction générale des douanes et droits indirects.

DC-VII-15880 s. ; MF n° 78875

Art 348 C **I. 1.** Un agent de la direction générale des finances publiques remplit les fonctions de secrétaire de la commission, avec voix consultative. Un ou plusieurs agents de la même direction générale peuvent assister aux séances de la commission, en qualité de secrétaires adjoints. Ils ont également voix consultative.

Lorsqu'en matière de taxes sur le chiffre d'affaires la commission est saisie d'un litige intéressant un redevable qui relève de l'administration des douanes et droits indirects au regard desdites taxes, l'un des secrétaires adjoints peut être un agent de la direction générale des douanes et droits indirects.

2. Les secrétaires et secrétaires adjoints agissent pour ordre et par délégation du président de la Commission nationale des impôts directs et des taxes sur le chiffre d'affaires.

II. Lorsque la commission est saisie d'un litige prévu aux articles 1651 I et 1651 K du code général des impôts, le secrétaire informe le contribuable qu'il peut demander que l'un des représentants des contribuables soit désigné par une organisation ou un organisme professionnel de son choix. Le contribuable dispose alors d'un délai de trente jours pour faire connaître sa réponse.

III. 1. La commission se réunit sur convocation de son président, qui arrête, pour chaque affaire, sa composition.

2. La commission réside à Paris.

3. Les représentants de l'administration appelés à siéger au sein de la commission sont désignés par le directeur chargé de la direction régionale des finances publiques d'Ile-de-France et de Paris.

IV. Le quorum est égal à la moitié du nombre des membres appelés à siéger, quelle que soit la formation.

DC-VII-15720 s., 16180 s. ; MF n° 78875

III. Commission départementale de conciliation

Art 350 A **1.** Dans les départements de la Corse-du-Sud et de la Haute-Corse et dans les départements d'outre-mer, les fonctionnaires de la direction générale des finances publiques ayant au moins le grade d'inspecteur divisionnaire appelés à faire partie de la commission départementale de conciliation instituée par l'article 1653 A du code général des impôts peuvent être remplacés par des inspecteurs des finances publiques.

2. A défaut de chambre de notaires et d'organismes professionnels ou syndicaux visés au 4° et au 5° du I de l'article 1653 A précité, le notaire et les représentants des contribuables à la commission départementale de conciliation sont désignés par le préfet.

ENR-VII-1320 s.

Art 350 C Les membres non fonctionnaires de commissions départementales de conciliation bénéficient, s'il y a lieu, d'indemnités journalières pour frais de mission dans les conditions et sur la base des taux prévus par les dispositions réglementaires concernant les indemnités de frais de mission allouées aux fonctionnaires et agents de l'Etat classés dans le groupe II.

Ils obtiennent le remboursement de leurs frais réels de transport aux tarifs appliqués d'après ce classement.

ENR-VII-1375

IV. Comité consultatif des crédits d'impôt pour dépenses de recherche

Art 350 CA Les représentants de l'administration fiscale appelés à siéger au sein du comité prévu à l'article 1653 F du code général des impôts sont désignés par le directeur régional des finances publiques d'Ile-de-France et du département de Paris.

Les représentants du ministère chargé de la recherche appelés à siéger au sein du comité

sont désignés par le directeur général de la recherche et de l'innovation.

Les représentants du ministère chargé de l'innovation appelés à siéger au sein du comité sont désignés par le directeur général des entreprises.

Un agent appartenant à un corps de catégorie A de la direction générale des finances publiques remplit les fonctions de secrétaire auprès du comité. Un ou plusieurs agents de la même direction générale peuvent assister aux séances du comité en qualité de secrétaires adjoints. Le secrétaire et, le cas échéant, les secrétaires adjoints ont voix consultative. Ils agissent pour ordre et par délégation du président du comité.

Le comité siège à Paris. Il se réunit sur convocation de son président qui arrête, pour chaque affaire, sa composition.

Avec l'accord du président, les membres du comité peuvent participer aux débats au moyen d'une conférence téléphonique ou audiovisuelle.

Le quorum est atteint lorsque la moitié au moins des membres du comité sont présents, y compris les membres prenant part aux débats au moyen d'une conférence téléphonique ou audiovisuelle.

CHAPITRE II

Régime de certains organismes et sociétés

SECTION I

Sociétés de personnes, sociétés en participation, groupements d'intérêt public, sociétés à responsabilité limitée, exploitations agricoles à responsabilité limitée et sociétés civiles professionnelles

Art 350 F **I.** La notification de l'option prévue à l'article 239 du code général des impôts est adressée au service des impôts du lieu du principal établissement de la société ou du groupement qui souhaite exercer cette option.

La notification indique la désignation de la société ou du groupement et l'adresse du siège social, les nom, prénoms et adresse de chacun des associés, membres ou participants, ainsi que la répartition du capital social ou des droits entre ces derniers. Elle est signée dans les conditions prévues par les statuts ou, à défaut, par tous les associés, membres ou participants.

II. La renonciation à l'option pour le régime des sociétés de capitaux prévue au dernier alinéa du 1 et au 3 de l'article 239 du code précité est adressée au service des impôts auprès duquel est souscrite la déclaration de résultats.

Cette renonciation contient la dénomination sociale de la société ou du groupement, le lieu du siège et, s'il est différent, du principal établissement de la société ou du groupement, ainsi que l'indication de l'exercice auquel elle s'applique.

Pour les sociétés de personnes qui ont opté avant le 1er janvier 1981 pour leur assujettissement à l'impôt sur les sociétés et qui peuvent renoncer à leur option dans les conditions mentionnées au 3 de l'article 239 du code précité, la renonciation doit intervenir avant la date d'ouverture du premier exercice auquel elle s'applique. Elle précise les liens de parenté entre les associés. En cas de renonciation à l'option, ces sociétés n'ont plus la possibilité de demander à être de nouveau assujetties à l'impôt sur les sociétés.

IS-I-4010 s.

IS-I-3800 s.

SECTION II

Entrepreneur individuel à responsabilité limitée

Art 350 bis **I.** Pour l'exercice de l'option prévue au 1 ou au 2 de l'article 1655 sexies du code général des impôts, l'entrepreneur individuel adresse une notification au service des impôts du lieu de son principal établissement.

La notification de l'option indique la dénomination et l'adresse de l'entreprise individuelle ou de l'entreprise individuelle à responsabilité limitée, ainsi que les nom, prénom, l'adresse et la signature de l'entrepreneur individuel qui exerce son activité dans le cadre de cette entreprise.

L'option est notifiée avant la fin du troisième mois de l'exercice au titre duquel l'entrepreneur individuel souhaite être assimilé à une entreprise unipersonnelle à responsabilité limitée ou à une exploitation agricole à responsabilité limitée en application du 1 ou du 2 de l'article 1655 sexies du code général des impôts.

II. La renonciation à l'option pour l'impôt sur les sociétés prévue au 3 de l'article 1655 sexies du code général des impôts est adressée au service des impôts auprès duquel est souscrite la déclaration de résultats dans le délai prévu au troisième alinéa du 1 de l'article 239 du même code.

Cette renonciation contient l'indication de la dénomination de l'entreprise individuelle ou de l'entreprise individuelle à responsabilité limitée, son adresse et, s'il est différent, le lieu de son principal établissement, ainsi que l'indication de l'exercice auquel elle s'applique.

DC-IX-31480 s.

CHAPITRE III

Les compétences de la direction générale des douanes et droits indirects en matière de contributions indirectes et de réglementations assimilées

Art 350 quater I. La direction générale des douanes et droits indirects exerce les compétences prévues :

1° Aux articles 306, 321, 412, 450, 454, 1565 septies du code général des impôts ;

2° Au premier alinéa de l'article 444 du code général des impôts ;

3° *(Dispositions devenues sans objet : ordonnance 2001-766 du 29 août 2001 art. 15-XI) ;*

4° A l'article 570 du code général des impôts ;

5° A l'article 625 du code général des impôts ;

Les préfets ou sous-préfets désignent les fonctionnaires publics habilités à coter et parapher les registres prévus au premier alinéa du même article.

II. La direction générale des douanes et droits indirects exerce :

1° Les attributions prévues à l'article 319 du code général des impôts ;

2° *(Dispositions devenues sans objet : loi 99-1173 du 30 décembre 1999 art. 18, I- C-16) ;*

3° Le monopole de vente au détail mentionné au premier alinéa de l'article 568 du code général des impôts.

III. La direction générale des douanes et droits indirects est compétente :

1° Pour consulter le registre spécial dont la présentation peut être exigée en application de l'article 304 du code général des impôts ;

2° Pour requérir la représentation du registre mentionné à l'article 330 du code général des impôts ;

3° *(Disposition devenue sans objet : ordonnance 2004-281 du 25 mars 2004 art. 13, II, ratifiée par la loi 2004-1343 du 9 décembre 2004 art. 78, XVIII).*

Art 350 quinquies La direction générale des douanes et droits indirects reçoit :

1° La déclaration et les renseignements mentionnés à l'article 303 du code général des impôts ;

2° *(Disposition devenue sans objet : loi 98-1266 du 30 décembre 1998 art. 47 A, I) ;*

3° Les déclarations prévues aux articles 312, 327, 329 et 511 du code général des impôts ;

4° *(Disposition devenue sans objet) ;*

5° *(Disposition devenue sans objet : ordonnance 2004-281 du 25 mars 2004 art. 21, IV, ratifiée par la loi 2004-1343 du 9 décembre 2004 art. 78, XVIII) ;*

6° *(Disposition devenue sans objet) ;*

7° *(Dispositions devenues sans objet : loi 99-1173 du 30 décembre 1999 art. 18, I-C-9) ;*

8° La déclaration mentionnée au premier alinéa de l'article 571 du code général des impôts et effectue les contrôles prescrits au deuxième alinéa du même article ;

9° Les déclarations et exerce les compétences mentionnées aux articles 308, 343, 455, 502 et 1565 du code général des impôts ;

10° *(Disposition devenue sans objet : loi 2006-1666 du 21 décembre 2006 art. 25, V) ;*

11° *(Disposition devenue sans objet : loi 2002-1575 du 30 décembre 2002 art. 27, I-1°).*

Art 350 sexies Les conditions de délivrance et de retrait des dérogations à la règle posée par l'article 311 bis du code général des impôts sont fixées par arrêté du ministre chargé du budget.

Ces dérogations peuvent être accordées par arrêté du préfet sur proposition du directeur interrégional des douanes et droits indirects ou, en Guadeloupe, en Guyane, à La Réunion et à Mayotte, du directeur régional des douanes et droits indirects.

Art 350 undecies La direction générale des douanes et droits indirects est compétente pour constater les manquants mentionnés au deuxième alinéa de l'article 575 D du code général des impôts et prescrire les mentions prévues au troisième alinéa du même article.

CHAPITRE IV

Compétences des fonctionnaires de la direction générale des impôts

Art 350 terdecies I. Sous réserve des dispositions des articles 409 et 410 de l'annexe II au code général des impôts, seuls les fonctionnaires de la direction générale des finances publiques appartenant à des corps des catégories A et B peuvent fixer les bases d'imposition et liquider les impôts, taxes et redevances ainsi que proposer les rectifications.

Les fonctionnaires mentionnés au premier alinéa peuvent se faire assister pour les opérations de contrôle par des fonctionnaires stagiaires et par tout autre fonctionnaire de la direction générale des finances publiques affecté ou non dans le même service déconcentré ou service à compétence nationale.

II. 1. Les fonctionnaires mentionnés au premier alinéa du I peuvent exercer les attributions que ces dispositions leur confèrent à l'égard des personnes physiques ou morales ou groupements de personnes de droit ou de fait qui ont déposé ou auraient dû déposer dans le ressort territorial du service déconcentré ou du service à compétence nationale dans lequel ils sont affectés une déclaration, un acte ou tout autre document ainsi qu'à l'égard des personnes ou groupements qui, en l'absence d'obligation déclarative, y ont été ou auraient dû y être imposés ou qui y ont leur résidence principale, leur siège ou leur principal établissement.

Ils sont également compétents dans le ressort territorial de leur service d'affectation pour dresser les procès-verbaux prévus au d de l'article L 212 et à l'article L 213 du même livre.

2. Les fonctionnaires territorialement compétents en application du 1 pour contrôler les déclarations de revenus, les déclarations de bénéfices ou de résultat d'une personne physique ou morale ou d'un groupement peuvent exercer les attributions définies au premier alinéa du I pour l'ensemble des impositions, taxes et redevances dues par ce contribuable, quel que soit le lieu d'imposition ou de dépôt des déclarations ou actes relatifs à ces impositions, taxes et redevances.

3. Les fonctionnaires mentionnés au premier alinéa du I peuvent exercer les attributions que ces dispositions leur confèrent à l'égard des personnes physiques ou morales et des groupements liés aux personnes ou groupements qui relèvent de leur compétence en application du 1.

Les liens existant entre les personnes ou groupements s'entendent de l'appartenance ou du rattachement à un même foyer fiscal, de l'exercice d'un rôle de direction de droit ou de fait, d'une relation d'association, de subordination ou d'interposition, ou de l'appartenance à un même groupe d'intérêts. Les arrêtés d'attributions des services déconcentrés et des services à compétence nationale définissent, s'il y a lieu, la compétence des agents au regard des personnes unies par ces liens.

III. Par dérogation au II, les fonctionnaires mentionnés au premier alinéa du I peuvent exercer les attributions que ces dispositions leur confèrent à l'égard des actes et déclarations déposés au service national de l'enregistrement lorsque le défunt, s'agissant des déclarations de succession, ou les personnes physiques ou morales ou groupements de personne de droit ou de fait, dans les autres cas, sont domiciliés dans le ressort territorial de leur service d'affectation.

IV. *(Abrogé).*

V. *(Abrogé).*

VI. *(Devenu sans objet).*

VII. *(Devenu sans objet).*

VIII. Par dérogation au II, les fonctionnaires mentionnés au premier alinéa du I peuvent exercer les attributions que cet alinéa leur confère pour le contrôle :

1° Des déclarations qui doivent être souscrites ainsi que des impôts, droits, taxes et sommes, quelle qu'en soit la nature, dus par :

a. Les personnes physiques ou morales, les groupements de personnes de fait ou de droit et toutes entités, quelle que soit leur nature juridique, de nationalité française ou étrangère,

non domiciliés ou établis fiscalement en France mais disposant de revenus de source française ou disposant, à quelque titre que ce soit, directement ou indirectement, d'une ou de plusieurs habitations ou biens immobiliers dans ce pays ;

b. Les personnes physiques ou morales, les groupements de personnes de fait ou de droit et toutes entités, quelle que soit leur nature juridique, de nationalité française ou étrangère, n'ayant pas en France le lieu de leur domicile, établissement ou siège social, imposables ou taxables en France en application des dispositions du code général des impôts ou des stipulations d'une convention internationale ;

c. Tout assujetti n'ayant pas le siège de son activité en France mais y réalisant des opérations taxables ;

d. Les fonctionnaires et agents de l'Etat en service à l'étranger ou les fonctionnaires et autres agents au service de la Commission européenne, qu'ils disposent ou non d'une habitation en France, à l'exception de ceux qui y ont conservé leur foyer fiscal ;

e. Les personnes transférant leur domicile hors de France, imposables en France en vertu des articles 167 ou 167 bis du code général des impôts ;

2° Des déclarations souscrites et des retenues et perceptions à la source dues par les établissements payeurs et débiteurs divers à raison des rémunérations, revenus et gains de toute nature versés à des personnes physiques ou morales, groupements ou entités domiciliés ou établis en France ou hors de France ;

3° Des exonérations, abattements, remboursements ou restitutions, quelle qu'en soit la nature, qui bénéficient aux personnes, groupements ou entités domiciliés ou établis en France ou hors de France ainsi qu'aux organisations internationales établies dans ce pays.

CF-I-7600 s. ; MF nº 77865

Art 350 quaterdecies Peuvent consulter sur place les registres et documents de toute nature, dans les conditions prévues au IV de l'article L 16-0 BA du livre des procédures fiscales, les fonctionnaires de catégories A et B qui ont compétence pour :

1° Fixer les bases d'imposition, liquider les impôts, taxes et redevances et proposer les rectifications au sens de l'article 350 terdecies ;

2° Rechercher les manquements aux règles de facturation dans les conditions prévues aux articles R 80 F-1 à R 80 F-3 du livre des procédures fiscales.

Art 350 quindecies **I.** L'autorité compétente de l'Etat mentionnée au second alinéa de l'article 716, au premier alinéa de l'article 805, à l'article 808, à la seconde phrase du second alinéa du II de l'article 1066, au second alinéa du II de l'article 1384 A, à la première phrase du second alinéa du II de l'article 1518 et au 2 de l'article 1960 du code général des impôts est le directeur départemental ou, le cas échéant, régional des finances publiques.

II. Les comptables publics mentionnés au douzième alinéa de l'article 1018 A du code général des impôts sont les comptables de la direction générale des finances publiques.

Les comptables publics mentionnés au cinquième alinéa du II ter de l'article 208 C du même code sont les comptables de la direction générale des finances publiques du lieu d'imposition défini à l'article 218 A du code général des impôts.

LIVRE II

RECOUVREMENT DE L'IMPOT

CHAPITRE PREMIER

Paiement de l'impôt

SECTION I

Impôts directs et taxes assimilées

I. Rôle et avis d'imposition

1. Etablissement et mise en recouvrement des rôles

Art 351 En application de l'article 1658 du code général des impôts, les rôles d'impôts directs et taxes assimilées sont rendus exécutoires :

1° Par arrêté du directeur général des finances publiques, s'agissant des rôles généraux d'impôt sur le revenu et de prélèvements sociaux recouvrés comme en matière d'impôt sur le revenu ;

2° Par arrêté du préfet, s'agissant des autres rôles.

REC-I-1481

II. Exigibilité de l'impôt

2. Impôt sur le revenu

Art 357 E Le recouvrement des acomptes prévus au 2° du 2 de l'article 204 A du code général des impôts et à l'article L 136-6-1 du code de la sécurité sociale, en application du 7 de l'article 1663 C du code général des impôts, ainsi que le recouvrement du complément de retenue à la source prévu au 2 du IV de l'article 204 H du même code, en application du dernier alinéa de ce 2, sont assurés par le comptable chargé du recouvrement des impôts directs détenteur des rôles servant de base au calcul desdits acomptes.

IRPP-VI-15570, 40750

Art 357 G La majoration, établie par l'article 1730 du code général des impôts, pourra faire l'objet de remises ou de modérations, dans les conditions qui ont été prévues pour la remise ou la modération des frais de poursuites, en application du 2° bis de l'article L 247 du livre des procédures fiscales.

CONT-IX-1540

2 bis. Prélèvement à la source de l'impôt sur le revenu

Art 357 H bis **1.** La demande d'accréditation du représentant fiscal prévue au 1 de l'article 1671 du code général des impôts mentionne :

a. Les nom ou raison sociale et adresse ou lieu du siège social du débiteur établi hors de France et du représentant fiscal ;

b. Sa date d'effet ;

c. Sa désignation par le débiteur établi hors de France ainsi que l'acceptation de cette désignation et son engagement d'accomplir les formalités incombant au débiteur et d'acquitter la retenue à la source exigible.

2. Le représentant fiscal adresse sa demande d'accréditation au service des impôts des entreprises étrangères.

Ce service notifie au représentant l'octroi ou le refus de l'accréditation.

3. Pour être accrédité, le représentant fiscal doit, au cours des douze derniers mois, avoir déposé dans les délais ses déclarations de résultats et de taxe sur la valeur ajoutée et s'être acquitté, dans les délais, du paiement de la taxe sur la valeur ajoutée et de l'impôt sur le revenu ou de l'impôt sur les sociétés. Après la délivrance de l'accréditation, la moralité fiscale du représentant est appréciée au regard du respect des obligations pour son compte et en qualité de représentant.

4. L'accréditation est retirée :

a. Sur demande du débiteur établi hors de France ou du représentant fiscal ;

b. A l'issue de la période pour laquelle elle a été donnée ;

c. Lorsque le représentant fiscal ne remplit pas ses obligations fiscales personnelles ou les obligations auxquelles il est tenu au titre de sa désignation.

IRPP-VI-21850

Art 357 H ter Le versement prévu au 2 de l'article 1671 du code général des impôts est effectué :

1° Pour les personnes entrant dans le champ de l'article L 133-5-3 du code de la sécurité sociale, dans les mêmes délais que ceux prévus à l'article R 243-6 du même code ;

2° Pour les personnes n'entrant pas dans le champ de l'article L 133-5-3 du code de la sécurité sociale, au plus tard le 10 du mois suivant celui au cours duquel les sommes ont été précomptées.

IRPP-VI-23220

Art 357 H quater **1°** L'employeur entrant dans le champ de l'option prévue à l'article R 243-6-1 du code de la sécurité sociale ne peut exercer l'option prévue au quatrième alinéa du 2 de l'article 1671 du code général des impôts sans exercer l'option prévue à l'article R 243-6-1 du code de la sécurité sociale. L'option pour le paiement trimestriel des cotisations vaut option pour le paiement trimestriel du prélèvement à la source, qui prend effet dans les mêmes conditions que celles mentionnées à l'article R 243-6-1 précité, et la dénonciation de l'option pour le paiement trimestriel des cotisations vaut dénonciation de l'option pour le paiement trimestriel du prélèvement à la source ;

2° L'employeur ayant un effectif de moins de onze salariés et n'entrant pas dans le champ de l'option prévue à l'article R 243-6-1 du code de la sécurité sociale qui veut exercer l'option prévue au 2 de l'article 1671 du code général des impôts au titre d'une année civile en informe le service des impôts dont il relève avant le 31 décembre de l'année précédente ou au moment de l'emploi de son premier salarié. L'option est valable pour une durée de douze mois. A défaut de dénonciation avant le 31 décembre, elle est reconduite pour l'année suivante ;

3° L'option pour le paiement trimestriel du prélèvement à la source est sans incidence sur l'obligation déclarative mensuelle prévue à l'article 87-0 A du code général des impôts.

IRPP-VI-23270

Art 357 H quinquies Le paiement est effectué par télérèglement par l'établissement collecteur des retenues à la source. Le télérèglement peut toutefois être effectué par un autre établissement du débiteur.

IRPP-VI-23090

3. Impôt sur les sociétés

Art 358 **1.** Les acomptes mentionnés au 1 de l'article 1668 du code général des impôts sont calculés par le redevable et versés spontanément au comptable de la direction générale des finances publiques du lieu d'imposition défini à l'article 218 A du même code.

2. Chaque versement est accompagné d'un relevé fourni par l'administration, daté et signé de la partie versante et indiquant la nature du versement, son échéance, les montants à payer ainsi que la désignation et l'adresse du principal établissement de l'entreprise.

IS-III-1 s.

Art 359 **1.** Sous réserve des dispositions des cinquième à neuvième alinéas du 1 de l'article 1668 du code général des impôts, chacun des acomptes est égal au quart de l'impôt liquidé par application aux éléments de résultats mentionnés au premier alinéa du 1 du même article des taux correspondants fixés à l'article 219 du même code

Les résultats servant de base au calcul de chacun des acomptes sont ceux afférents au plus récent exercice ou, le cas échéant, à la dernière période d'imposition prévue à l'article 37 du code précité, clos à la date de son échéance et dont le délai de déclaration fixé au deuxième alinéa du 1 de l'article 223 du même code est expiré.

Le montant de l'acompte dont l'échéance est comprise entre la date de clôture d'un exercice ou la fin d'une période d'imposition et l'expiration du délai de déclaration fixé au deuxième alinéa du 1 de l'article 223 précité est régularisé sur la base des résultats de ce dernier exercice ou de cette dernière période d'imposition lors du versement de l'acompte suivant.

En cas d'exercice d'une durée inférieure ou supérieure à un an, les acomptes sont calculés sur la base des bénéfices rapportés à une période de douze mois.

2. Pour les sociétés en commandite simple et les sociétés en participation passibles de l'impôt sur les sociétés en application du 4 de l'article 206 du code général des impôts, les acomptes sont calculés en fonction de la part de bénéfices correspondant soit aux droits des commanditaires, soit à ceux des associés dont les noms et adresses n'ont pas été indiqués à l'administration.

3. Sont dispensés de verser des acomptes, les redevables pour lesquels le montant de l'impôt de référence mentionné aux alinéas précédents n'excède pas 3 000 euros.

IS-III-700 s. ; MF n°s 36525 s.

Art 360 La liquidation de l'impôt sur les sociétés mentionnée au 2 de l'article 1668 du code général des impôts est réalisée par le redevable et détaillée sur un relevé de solde

dont le modèle est fourni par l'administration, daté et signé de la partie versante et indiquant la nature du versement, son échéance, les éléments de liquidation, ainsi que la désignation et l'adresse du principal établissement de l'entreprise.

Ndlr *Le relevé de solde doit être obligatoirement transmis par voie électronique dès lors que, depuis le 1er octobre 2012, l'impôt sur les sociétés doit être acquitté par télérèglement : voir CGI, art. 1681 septies, 1.*

Le relevé de solde accompagné le cas échéant du complément d'impôt résultant de cette liquidation est adressé au comptable de la direction générale des finances publiques du lieu d'imposition défini à l'article 218 A du même code.

Les demandes de restitution de créances remboursables sont formulées sur ce relevé.

IS-III-2800 s. ; MF nos 36600 s.

Art 360 bis Les versements d'acomptes effectués au titre d'un exercice le sont au plus tard aux dates fixées ci-après en fonction des dates de clôture de l'exercice précédent :

DATE DE CLOTURE COMPRISE ENTRE	1er ACOMPTE	2e ACOMPTE	3e ACOMPTE	4e ACOMPTE
Le 20 novembre et le 19 février inclus	15 mars	15 juin	15 septembre	15 décembre
Le 20 février et le 19 mai inclus ...	15 juin	15 septembre	15 décembre	15 mars
Le 20 mai et le 19 août inclus	15 septembre	15 décembre	15 mars	15 juin
Le 20 août et le 19 novembre inclus	15 décembre	15 mars	15 juin	15 septembre

IS-III-615 ; MF no 36525

Le dépôt du relevé de solde est effectué au plus tard le 15 du quatrième mois qui suit la clôture de l'exercice ou, si aucun exercice n'est clos en cours d'année, le 15 mai de l'année suivante.

Ndlr *La date de dépôt du relevé de solde est fixée au 15 mai pour les entreprises dont l'exercice coïncide avec l'année civile : voir CGI, art. 1668, 2.*

IS-III-2735 ; MF no 36610

Art 361 Les versements effectués au titre de la seconde phrase du quatrième alinéa du 2 de l'article 1663 du code général des impôts sont accompagnés d'un relevé daté et signé, établi sur papier libre ou par voie électronique, indiquant la désignation, l'adresse, le numéro d'identité tel que défini au premier alinéa de l'article R 123-221 du code de commerce de la société versante, la nature et le montant du versement, l'échéance à laquelle il se rapporte ainsi que la base de calcul.

Les versements effectués au titre du prélèvement mentionné au II ter de l'article 208 C du code général des impôts sont accompagnés d'un relevé établi dans les conditions prévues au premier alinéa. Le relevé détaille, en outre, l'identité et l'adresse des associés bénéficiaires des distributions soumises à ce prélèvement.

IS-IV-18290, 19330

Art 362 L'impôt dû par les organismes soumis à l'impôt sur les sociétés au titre des revenus visés au 5 de l'article 206 du code général des impôts et selon les modalités prévues à l'article 219 bis du même code est calculé sur la déclaration de résultat et versé spontanément dans le délai fixé pour le dépôt de cette déclaration au comptable de la direction générale des finances publiques du lieu d'imposition défini à l'article 218 A du même code.

IS-I-16200 ; MF no 89730

3 quater. Contribution sociale sur l'impôt sur les sociétés

Art 366 L Les versements anticipés prévus au I de l'article 1668 D du code général des impôts sont calculés et versés dans les conditions fixées à l'article 358.

Chaque versement anticipé est égal à 0,825 % du montant de l'impôt sur les sociétés calculé sur les résultats imposables aux taux mentionnés au I de l'article 219 du code général des impôts du plus récent exercice clos ou de la dernière période d'imposition arrêtée à la date de son échéance et diminué du montant de l'abattement défini au premier alinéa du I de l'article 235 ter ZC du code précité. Lorsque cet exercice ou cette période d'imposition est supérieur ou inférieur à douze mois, l'impôt de

référence ainsi calculé est, en tant que de besoin, rapporté à une période de douze mois.

Le versement anticipé dont l'échéance est comprise entre la date de clôture d'un exercice ou la fin d'une période d'imposition et l'expiration du délai de déclaration fixé au deuxième alinéa du 1 de l'article 223 du code général des impôts est calculé et régularisé, au taux de 0,825 %, dans les conditions fixées au troisième alinéa du 1 de l'article 359.

Sont dispensées des versements anticipés les sociétés pour lesquelles le montant de la contribution sociale calculée sur l'impôt sur les sociétés de référence n'excède pas 3 000 €.

IS-VIII-1465 s.

Art 366 M Les dispositions prévues au 2 de l'article 359 et aux articles 360 et 360 bis s'appliquent à la contribution sociale et aux versements anticipés auxquels elle donne lieu.

IS-VIII-1465 s.

6. Taxe sur les salaires

a. Remise au Trésor de la taxe sur les salaires

Art 369 **1.** Sous réserve des dispositions de l'article 406 terdecies, les sommes dues au titre de la taxe sur les salaires sont versées au comptable chargé du service des impôts des entreprises du lieu dont relève le siège de l'entreprise ou le principal établissement ou le domicile de l'employeur, ou, pour les entreprises qui relèvent des dispositions de l'article 344-0 A, le comptable de la direction des grandes entreprises.

Lorsque le montant total de la taxe sur les salaires acquittée l'année précédente :

a. Est inférieur à 4 000 €, les employeurs versent les sommes dues au titre de la taxe sur les salaires à raison des rémunérations payées pendant l'année en cours dans les quinze premiers jours de l'année suivante ;

b. Est compris entre 4 000 € et 10 000 €, les employeurs versent les sommes dues au titre de la taxe sur les salaires à raison des rémunérations payées pendant un trimestre déterminé dans les quinze premiers jours du trimestre suivant ;

c. Est supérieur à 10 000 €, les employeurs versent les sommes dues au titre de la taxe sur les salaires à raison des rémunérations payées pendant un mois déterminé dans les quinze premiers jours du mois suivant.

2. Chaque versement, mensuel ou trimestriel, est accompagné d'un relevé dont le modèle est fixé par l'administration, daté et signé par l'employeur et indiquant notamment sa désignation, sa profession et son adresse, la période à laquelle s'applique ce versement et le montant de la taxe sur les salaires versés.

3. Une déclaration annuelle permettant la liquidation et la régularisation de la taxe sur les salaires, dont le modèle est fixé par l'administration, est déposée, datée et signée par l'employeur, au lieu fixé au 1 au plus tard le 15 janvier de l'année qui suit celle au titre de laquelle la taxe est due.

Cette déclaration indique, notamment, la désignation, la profession et l'adresse de l'employeur, le montant des rémunérations versées au cours de l'année concernée, le montant de la taxe correspondante, le montant des sommes restant dues ou devant être restituées après déduction, le cas échéant, des sommes déjà versées mensuellement ou trimestriellement au titre de la même année.

Elle est accompagnée, le cas échéant, de l'impôt ou du complément d'impôt exigible au titre de cette même année.

4. En cas de :

a. Transfert du siège, du principal établissement ou du domicile, les versements s'effectuent auprès du comptable du service des impôts des entreprises dont dépend la nouvelle adresse ;

b. Cession ou de cessation d'activité, l'employeur est tenu de souscrire dans les soixante jours, et au plus tard le 15 janvier de l'année suivante, la déclaration prévue au 3 accompagnée du paiement y afférent ;

c. Décès de l'employeur, la déclaration visée au 3 s'effectue dans les six mois du décès et au plus tard le 15 janvier de l'année suivante accompagnée du versement y afférent.

5. Les redevables qui estiment que le montant annuel de leur taxe sur les salaires n'excédera pas celui de la franchise en impôt prévue au deuxième alinéa de l'article 1679 du code général des impôts ou de l'abattement mentionné à l'article 1679 A du même code ne sont pas tenus de déposer chaque mois ou trimestre le relevé mentionné au 2. Les redevables dont le montant annuel de taxe sur les salaires n'excède pas ces mêmes franchise ou abattement sont dispensés du dépôt de la déclaration mentionnée au 3.

TPS-I-16400 s., 18000 s. ; MF nos 73540 s.

d. Taxe sur les salaires afférente aux traitements à la charge de l'Etat et des collectivités publiques

Art 374 **1.** Les sommes dues au titre de la taxe sur les salaires pour des rémunérations à la charge de l'Etat et des collectivités ou établissements publics sont versées trimestriellement au comptable compétent mentionné à l'article 369.

Lorsque les rémunérations sont imputées sur le budget général de l'Etat ou sur les budgets annexes, le montant de la taxe sur les salaires est déterminé à raison de 4,25 % du montant des crédits ouverts pour le paiement de ces rémunérations.

En ce qui concerne les offices et établissements publics autonomes de l'Etat ainsi que les établissements publics départementaux et communaux redevables de la taxe sur les salaires, le montant de la taxe est déterminé dans les conditions fixées à l'article 51.

2. *(Abrogé).*

TPS-I-16900 s. ; MF nº 73540

7. Contribution annuelle sur les revenus locatifs

Art 375 Lorsque la contribution mentionnée à l'article 234 nonies du code général des impôts est due par une personne morale ou un organisme visé au I de l'article 234 duodecies du même code, y compris les sociétés en commandite simple et les sociétés en participation passibles de l'impôt sur les sociétés en application du 4 de l'article 206 du code général des impôts, elle est recouvrée dans les conditions prévues aux articles 376 et 377.

IMMO-VI-9500 s.

Art 376 L'acompte prévu au III de l'article 234 duodecies du code général des impôts est calculé par l'entreprise et acquitté spontanément lors du versement du quatrième acompte d'impôt sur les sociétés dans le délai prévu par l'article 360 bis. Pour les sociétés membres d'un groupe au sens de l'article 223 A du code général des impôts, ce délai correspond à celui qui aurait été fixé pour le versement du quatrième acompte d'impôt sur les sociétés si ces sociétés n'avaient pas donné l'accord ou exercé l'option mentionnés respectivement aux quatrième et cinquième alinéas de cet article.

Le versement correspondant est accompagné du relevé d'acompte mentionné au 2 de l'article 358.

L'entreprise est dispensée du versement de l'acompte lorsqu'il n'excède pas 100 euros.

IMMO-VI-9500 s.

Art 377 La liquidation de la contribution est réalisée par le redevable et détaillée sur le relevé de solde mentionné à l'article 360.

Ce relevé de solde est accompagné, le cas échéant, du complément d'impôt résultant de cette liquidation.

IMMO-VI-9500 s.

Art 378 Lorsque la contribution mentionnée à l'article 234 nonies du code général des impôts est due par une société ou un groupement mentionné à l'article 234 terdecies du même code, à l'exception des sociétés en commandite simple et des sociétés en participation visées à l'article 375, elle est recouvrée dans les conditions prévues aux articles 379 et 380.

IMMO-VI-11300 s.

Art 379 Le montant de l'acompte prévu au deuxième alinéa de l'article 234 terdecies du code général des impôts est calculé par l'entreprise et versé spontanément, au plus tard le 15 du dernier mois de l'exercice, au comptable de la direction générale des finances publiques du lieu d'imposition défini à l'article 218 A du même code.

Le versement est accompagné d'un relevé fourni par l'administration, daté et signé par le redevable et indiquant la nature du versement, son échéance, sa base de calcul et son montant ainsi que la désignation et l'adresse du principal établissement de l'entreprise.

L'entreprise est dispensée du versement de l'acompte lorsqu'il n'excède pas 100 euros.

IMMO-VI-11300 s.

Art 380 La liquidation de la contribution est réalisée et détaillée sur une déclaration fournie par l'administration, datée et signée par le redevable et indiquant la nature du versement, son échéance, les éléments de liquidation ainsi que la désignation et l'adressse du principal établissement de l'entreprise.

Le complément d'impôt résultant, le cas échéant, de cette liquidation est adressé spontanément, au plus tard à la date fixée pour le dépôt de la déclaration de résultat, au comptable de la direction générale des finances publiques mentionné au 1 de l'article 358.

IMMO-VI-11300 s.

Art 381 Lorsque la contribution mentionnée à l'article 234 nonies du code général des impôts est due par une personne morale ou un organisme de droit public ou privé mentionné au premier alinéa de l'article 234 quaterdecies du même code, elle est recouvrée dans les conditions prévues aux articles 381 bis et 381 ter.

IMMO-VI-13350

Art 381 bis La contribution donne lieu au versement spontané d'un acompte déterminé selon les modalités définies au troisième alinéa de l'article 234 quaterdecies du code général des impôts, à effectuer au plus tard le 15 octobre de l'année de la perception des revenus soumis à la contribution. La somme ainsi calculée est versée au comptable de la direction générale des finances publiques mentionné au 1 de l'article 358.

L'entreprise est dispensée du versement de l'acompte lorsqu'il n'excède pas 100 euros.

IMMO-VI-13350

Art 381 ter La liquidation de la contribution est réalisée au plus tard le 15 octobre de l'année qui suit celle de la perception des revenus soumis à la contribution ; elle est détaillée sur une déclaration datée et signée par le redevable et indiquant son échéance, les éléments de liquidation, la désignation et l'adresse du principal établissement de l'entreprise.

Cette déclaration est accompagnée, le cas échéant, du complément d'impôt résultant de cette liquidation après déduction de l'acompte acquitté l'année précédente au titre de l'année d'imposition, et du versement de l'acompte prévu à l'article 381 bis. Le montant et l'échéance de ce dernier y sont indiqués.

IMMO-VI-13350

Art 381 quater La contribution annuelle sur les revenus locatifs due par une personne morale ou un organisme mentionné au quatrième alinéa de l'article 234 quaterdecies du code général des impôts est calculée sur la déclaration de résultat et versée spontanément dans le délai fixé pour le dépôt de cette déclaration auprès du comptable de la direction générale des finances publiques du lieu d'imposition défini à l'article 218 A du même code.

IMMO-VI-12800

8. Retenue à la source afférente aux revenus des actions et parts, aux revenus assimilés et aux intérêts et produits des obligations et titres participatifs

Art 381 A I. La retenue à la source prévue au 2 de l'article 119 bis du code général des impôts prélevée par un établissement payeur dans les conditions du 2 de l'article 1672 du même code fait l'objet, dans les quinze premiers jours du mois suivant celui au titre duquel elle est due, d'un versement au service des impôts désigné par arrêté du ministre chargé du budget *(Voir Annexe IV, art. 188-0 H)*.

II. Chaque versement est accompagné du dépôt d'une déclaration établie sur une formule délivrée par l'administration.

III. Un arrêté du ministre chargé du budget détermine la nature et le contenu des documents que les établissements payeurs doivent établir et conserver à la disposition de l'administration en vue du contrôle *(Voir Annexe IV, art. 17 et 17 A)* ; il fixe les conditions dans lesquelles la retenue prévue au I fait l'objet de versements globaux *(Voir Annexe IV, art. 188 H)*.

RM-III-7700 s. ; MF nº 24865

Art 381 A bis I. La retenue à la source prévue au 2 de l'article 119 bis du code général des impôts acquittée dans les conditions du 3 de l'article 1672 du même code fait l'objet, dans les quinze premiers jours du mois suivant celui au titre duquel elle est due, d'un versement au service des impôts mentionné au I de l'article 381 A.

II. Chaque versement est accompagné du dépôt d'une déclaration établie sur un formulaire normalisé délivré par l'administration fiscale. Elle comporte notamment, par taux de retenue à la source appliqué :

a. Le montant des produits soumis à la retenue à la source prévue au 2 de l'article 119 bis du code général des impôts ;

b. Le montant de la retenue à la source opérée.

RM-III-7950 s.

Art 381 K En ce qui concerne les emprunts à revenu fixe visés aux articles 118 et 119 du code général des impôts, l'impôt, avancé sur les produits courus pendant chaque mois, conformément à l'article 1673 du même code, est versé dans les quinze premiers jours du mois suivant au service des impôts désigné par le ministre du budget *(Voir Annexe IV, art. 188 J)*.

L'impôt est versé aux mêmes dates et au même service pour les lots et primes de remboursement mis en paiement au cours du mois précédent.

La retenue à la source est payée aux dates et lieux prévus au premier alinéa sur le montant couru de l'annuité d'intérêt ou de prime de remboursement définie au I de l'article 238 septies B du code précité.

Il est tenu à disposition de l'administration :

a. Un état indiquant :

1º Le nombre des titres amortis ;

2º Le taux d'émission de ces titres déterminé conformément aux dispositions des articles 41 octies à 41 duodecies ;

3º Le cas échéant, le prix de rachat en bourse de ces mêmes titres ;

4º Le montant des lots et des primes revenant aux titres amortis ;

5º La somme sur laquelle la retenue à la source est exigible ;

b. Et, s'il y a lieu, une copie du procès-verbal de tirage au sort des titres amortis.

RM-IV-6790 s.

Art 381 Q Les dispositions relatives au recouvrement prévues au titre IV du livre des procédures fiscales pour les impôts recouvrés par les comptables de la direction générale des finances publiques sont applicables au recouvrement de la retenue à la source perçue en vertu de l'article 119 bis du code général des impôts.

RM-IV-6930 s.

10. Prélèvement sur les produits de placements à revenu fixe

Art 381 S **1.** Les sommes retenues au cours de chaque mois, au titre du prélèvement prévu par l'article 125 A du code général des impôts, sont versées au Trésor dans les quinze premiers jours du mois suivant.

Le versement est fait au service des impôts désigné par arrêté du ministre chargé du budget *(Voir Annexe IV, art. 188-0 I).*

2. Chaque versement est accompagné du dépôt d'une déclaration établie sur une formule délivrée par l'administration.

3. Un arrêté du ministre chargé du budget détermine la nature et le contenu des documents que les établissements payeurs doivent établir et conserver à la disposition de l'administration en vue du contrôle *(Voir Annexe IV, art. 17 B et 17 C).*

Il fixe les conditions dans lesquelles le prélèvement opéré par ces établissements fait l'objet de versements globaux *(Voir Annexe IV, art. 188 I).*

4. Les dispositions des 1 à 3 ne sont pas applicables au prélèvement dû à raison des revenus, produits et gains mentionnés à l'article 125 D du code précité *(Voir Annexe IV, art. 188-0 I).*

RM-IV-1100 s.

10 bis. Prélèvement sur les dividendes

Art 381 S bis **I.** Pour l'application du II de l'article 117 quater du code général des impôts, le versement des sommes retenues au cours de chaque mois au titre du prélèvement prévu au I du même article est effectué au service des impôts désigné par arrêté du ministre chargé du budget.

Chaque versement est accompagné du dépôt d'une déclaration établie sur une formule délivrée par l'administration.

II. Pour l'application du III de l'article 117 quater du code général des impôts, la déclaration mentionnée au dernier alinéa du 1 de ce même III est souscrite sur un formulaire normalisé. Elle comporte :

a. Le montant des revenus distribués pour lesquels l'option est exercée ;

b. Le montant du prélèvement forfaitaire dû ;

c. Le montant des contributions et prélèvements sociaux dus.

Lorsqu'elle est déposée par la personne qui assure le paiement des revenus distribués, cette déclaration mentionne en outre la dénomination et l'adresse de ladite personne, qui est mandatée par le contribuable pour effectuer, en son nom et pour son compte, les formalités déclaratives et de paiement dudit prélèvement, ainsi que son numéro d'identification en cas de conclusion de la convention prévue au 3 du III de l'article 117 quater du code général des impôts.

Ndlr *Disposition relative au régime de l'article 117 quater du CGI antérieur au 1er janvier 2013.*

RM-III-4000

III. Paiement de l'impôt

1. Dispositions communes

Art 382-0 Lorsque la date limite de paiement ou de prélèvement des impôts directs et taxes assimilées prévus dans le code général des impôts ainsi que des impôts recouvrés selon les mêmes règles que ces impositions coïncide avec un samedi, un dimanche ou un jour férié, celle-ci est prorogée jusqu'au premier jour ouvrable suivant.

REC-II-320

Art 382 Le paiement des impôts directs et taxes assimilées ainsi que des impôts recouvrés selon les mêmes règles que ces impositions peut être fait au moyen :

1° De chèques barrés à l'ordre du Trésor public, dont les modalités de transmission et de traitement sont fixées par l'administration fiscale *(Voir Annexe IV, art. 199 à 202 et 204)* ;

2° D'une carte bancaire au guichet d'un centre des finances publiques équipé d'un terminal électronique de paiement ;

3° D'un mandat cash acquitté dans les bureaux de poste.

Ne sont pas réclamés au contribuable les frais des actes de poursuites signifiés à une date postérieure à celle du mandat qui solde la dette exigible.

REC-III-545 ; MF n° 76720

Art 382 A Les contribuables ont la faculté, selon les modalités fixées par l'administration fiscale, d'acquitter leurs impôts et taxes assimilées à la caisse d'un comptable de la direction générale des finances publiques chargé du recouvrement des impôts directs autre que celui de la commune d'imposition.

Ces versements sont admis sur la présentation d'un avis d'imposition, d'un extrait du rôle, d'un acte de poursuites ou d'une autre pièce officielle constatant la dette du contribuable.

REC-III-150 s.

Art 382 B Les contribuables restent débiteurs des frais de poursuites exposés par le comptable public chargé du recouvrement des impôts directs du lieu de l'imposition avant la réception de l'avis de recouvrement que le comptable public qui a reçu les fonds est tenu de lui transférer sans délai.

REC-III-210

2. Impôts directs locaux et taxes assimilées

Art 382-0 C L'option pour le prélèvement mensuel mentionnée aux articles 1681 ter et 1681 quater A du code général des impôts est formulée, par le contribuable, selon les modalités fixées par l'administration fiscale.

L'option prend fin de plein droit dans le cas où aucun ordre de prélèvement n'a été présenté pendant une période de trente-six mois.

CET-II-191160 s. ; FB-IV-7320 ; MF n° 43790

Art 382-0 C bis **I.** Si l'option mentionnée à l'article 382-0 C est formulée entre le 1er janvier et le 30 juin, les prélèvements mensuels sont effectués à compter du mois qui suit celui de l'exercice de l'option ou, au choix du contribuable, à compter du 1er janvier de l'année suivante.

Si l'option est formulée après le 30 juin, les prélèvements mensuels sont effectués à compter du 1er janvier de l'année suivante. Toutefois, lorsque l'option est formulée entre le 16 et le 31 décembre, la mensualité due au titre du mois de janvier de l'année suivante est perçue avec le prélèvement effectué au mois de février de ladite année.

II. Lorsque l'option pour le prélèvement mensuel mis en place en application de l'article 1681 quater A du code général des impôts est formulée avant la date limite de paiement de l'acompte prévu à l'article 1679 quinquies du code précité, celui-ci n'est pas dû.

III. L'option est valable pour l'année au cours de laquelle sont effectués les premiers prélèvements et, sous réserve des dispositions de l'article 382-0 C quater, l'option est tacitement reconduite.

CET-II-191160 s. ; FB-IV-7380 s. ;
MF nos 41560, 43790

Art 382-0 C ter Pour les impositions mentionnées à l'article 1681 quater A du code général des impôts, si les prélèvements mensuels sont effectués l'année au cours de laquelle l'option est formulée et si, à la date du premier prélèvement, les sommes versées au titre de l'acompte sont inférieures au montant cumulé des mensualités dues depuis le 1er janvier, le complément est acquitté avec le premier prélèvement mensuel. Pour les contribuables non soumis à un acompte obligatoire, le paiement des mensualités dues depuis le 1er janvier ou de l'excédent de ces mensualités sur l'acompte versé est réparti en parts égales sur les trois premiers prélèvements mensuels.

Si les sommes versées au titre de l'acompte sont supérieures au montant cumulé des mensualités dues depuis le 1er janvier, l'excédent est remboursé avant la fin du mois qui suit l'option.

CET-II-191160 s. ; MF n° 43790

Art 382-0 C quater Le contribuable peut dénoncer son option selon les modalités fixées par l'administration fiscale avant le 30 juin pour les impositions mentionnées à l'article 1681 ter du code général des impôts et avant le 30 septembre pour les impositions mentionnées à l'article 1681 quater A du même code. La dénonciation prend effet le premier mois qui suit celui au cours duquel le contribuable formule sa demande.

Lorsque la dénonciation est exercée entre le 1er juillet et le 15 décembre inclus pour les impositions mentionnées à l'article 1681 ter précité et entre le 1er octobre et le 15 décembre inclus pour les impositions mentionnées à l'article 1681 quater A précité, elle prend effet à compter du mois de janvier de l'année suivante. Lorsqu'elle est exercée entre le 16 et le 31 décembre, elle prend effet à compter du mois de février de l'année suivante.

CET-II-191160 s. ; FB-IV-7430 s. ; MF n° 43790

Art 382-0 C quinquies Sous réserve de l'article 382-0, les prélèvements mensuels sont effectués le 15 de chaque mois.

CET-II-191160 s. ; FB-IV-7610 ;
MF nos 41560, 43790

Art 382-0 C sexies Pour l'application du premier alinéa du B de l'article 1681 quater A du code général des impôts, le montant du dégrèvement attendu en application de l'article 1647 B sexies du même code est celui qui figure dans la déclaration prévue au huitième alinéa de l'article 1679 quinquies dudit code et déposée au titre de l'année précédente ou, s'il y a lieu, du dégrèvement déjà prononcé.

Quand un dégrèvement est prononcé à raison de l'impôt dû au titre de l'année précédente pour un montant inférieur au dégrèvement attendu, le complément résultant de la régularisation de la base des prélèvements est acquitté avec le prélèvement suivant. Quand un dégrèvement est prononcé pour un montant supérieur au dégrèvement attendu, l'excédent résultant de la même régularisation est remboursé dans le délai d'un mois.

CET-II-191160 s. ; MF nº 43790

Art 382-0 C septies **I.** Lorsqu'un contribuable perd le bénéfice de l'option pour le règlement de l'impôt par prélèvements mensuels en application des dispositions de l'article 1724 quinquies du code général des impôts, sa situation au regard des majorations prévues par l'article 1730 du même code est appréciée globalement à la date de l'échéance impayée ayant entraîné l'exclusion.

II. L'administration notifie au contribuable les majorations et déchéances encourues en application de l'article 1724 quinquies précité.

CET-II-191160 s. ; FB-IV-8050

Art 382-0 C octies Le montant des prélèvements mensuels mentionnés à l'article 1681 ter du code général des impôts et les recouvrements effectués dans les conditions prévues au A de l'article 1681 quater A du même code sont imputés en l'acquit de l'impôt direct local établi au cours de l'année pendant laquelle les versements ont été effectués.

CET-II-191160 s. ; FB-IV-7720 ; MF nº 43790

Art 382 C **1.** Le paiement des impôts mentionnés aux articles 1679 quinquies et 1681 ter du code général des impôts peut s'effectuer, sur option du contribuable, par prélèvement à l'échéance opéré à l'initiative de la direction générale des finances publiques sur l'un des comptes mentionnés à l'article 1680 A du même code.

2. L'option est formulée par le contribuable selon les modalités fixées par l'administration fiscale. Elle peut être exercée jusqu'à la fin du mois qui précède la date limite de paiement.

3. Le contribuable peut dénoncer son option jusqu'à la fin du mois qui précède la date limite de paiement de l'impôt concerné.

4. Les prélèvements sont effectués dix jours après les dates limites de paiement fixées à l'article 1730 du code général des impôts et à la date limite de paiement fixée à l'article 1731 B du même code pour la cotisation foncière des entreprises et l'imposition forfaitaire sur les entreprises de réseaux.

CET-II-191160 s. ; FB-IV-8200 s. ; MF nºs 41560, 43790

Art 382 D **1.** Le paiement des taxes foncières, de la taxe d'habitation et de la contribution à l'audiovisuel public, ainsi que des impositions recouvrées selon les mêmes règles que ces impositions, peut être effectué par télérèglement, sur option du contribuable, qui ordonne l'opération sur l'un des comptes mentionnés à l'article 1680 A du code général des impôts.

2. L'option est exercée expressément à chaque échéance d'impôt.

3. Pour l'application du 5 de l'article 1730 du code précité, l'option du contribuable pour le télérèglement de ses impôts dans les conditions mentionnées aux 1, 2 et 4 du présent article peut être exercée, sans majoration, jusqu'au cinquième jour, à minuit, qui suit la date limite de paiement pour les impôts mentionnés au 1 du présent article.

4. Les prélèvements sont effectués dix jours après les dates limites de paiement fixées à l'article 1730 précité.

REC-III-2150 s. ; MF nº 41560

Art 382 E **1.** Le télérèglement de la cotisation foncière des entreprises et de l'imposition forfaitaire sur les entreprises de réseaux en application des 1 et 6 de l'article 1681 septies du code général des impôts et le télérèglement sur option des taxes foncières sur les propriétés bâties et non bâties et de leurs taxes additionnelles et annexes en application du 2 du même article sont ordonnés par l'entreprise sur l'un des comptes mentionnés à l'article 1680 A du même code.

2. Le télérèglement peut être ordonné jusqu'aux dates limites, à minuit, fixées à l'article 1731 B du code précité pour le paiement de l'acompte et du solde de la cotisation foncière des entreprises et de l'imposition forfaitaire sur les entreprises de réseaux et au a du 2 de l'article 1730 du même code pour le paiement des taxes foncières sur les propriétés bâties et non bâties et de leurs taxes additionnelles et annexes.

3. Les prélèvements sont effectués le lendemain des dates limites de paiement fixées à l'article 1731 B et au a du 2 de l'article 1730 précités. Le délai d'exécution des prélèvements est éventuellement majoré du délai de présentation interbancaire.

DC-IX-14600 s.

3. Impôt sur la fortune immobilière

Art 382 F L'impôt sur la fortune immobilière peut être réglé par télérèglement dans les conditions fixées à l'article 382 D.

ENR-XIII-36270 ; MF nº 72330

4. Impôt sur le revenu et impositions figurant sur le même article de rôle

Art 383-0 **I.** Le contribuable communique à l'administration fiscale les coordonnées d'un compte ou d'un livret mentionné à l'article 1680 A du code général des impôts, qui est utilisé pour :

1° Procéder aux restitutions et aux remboursements d'excédents de versement d'impôt sur le revenu et des autres impositions figurant sur le même article de rôle ;

2° Opérer les prélèvements mentionnés à l'article 1663 B du code précité ;

3° Opérer les prélèvements mentionnés à l'article 1663 C du code précité pour l'encaissement des sommes prévues au 2° du 2 de l'article 204 A du code précité et à l'article L 136-6-1 du code de la sécurité sociale ainsi qu'au 2 du IV de l'article 204 H du code général des impôts.

II. La communication des coordonnées bancaires prévue au I est effectuée par le contribuable :

1° Soit lors de la souscription de sa déclaration de revenus ;

2° Soit par voie électronique sur le site internet de l'administration fiscale.

III. La communication des coordonnées bancaires mentionnées au I, selon les modalités prévues au II, emporte de plein droit au profit de l'administration fiscale le consentement du payeur mentionné aux articles L 133-6 et L 133-7 du code monétaire et financier.

IRPP-VI-40300

Art 383-0 bis Les prélèvements mentionnés aux 2 et 3 de l'article 1663 B du code général des impôts sont effectués le 25 du mois.

IRPP-VI-43000

Art 383-0 ter Pour le paiement du solde de l'impôt sur le revenu et des autres impositions figurant sur le même article de rôle mentionné à l'article 1663 B du code général des impôts, le contribuable pour lequel un prélèvement a été rejeté ou n'a pas pu être effectué en raison de l'absence de communication de ses coordonnées bancaires à l'administration est soumis aux dispositions des articles 1663 et 1730 du même code.

Sa situation au regard des majorations prévues à l'article 1730 précité est appréciée globalement à la date de l'échéance impayée.

IRPP-VI-43000

Art 383-0 quater **1.** Sans préjudice du 3 de l'article 1663 B du code général des impôts, l'exercice de l'option prévue au 2 de cet article s'exerce expressément chaque année lors de la souscription de la déclaration de revenus.

2. En cas d'exercice de cette option, le paiement du solde de l'impôt sur le revenu et des autres impositions figurant sur le même article de rôle prévu à l'article 1663 B précité peut être effectué par télérèglement dans les conditions prévues à l'article 382 D.

IRPP-VI-43000

Art 383-0 quinquies Pour le paiement des sommes prévues au 2° du 2 de l'article 204 A du code général des impôts et à l'article L 136-6-1 du code de la sécurité sociale ainsi qu'au 2 du IV de l'article 204 H du code général des impôts, un prélèvement n'ayant pas pu être effectué en raison de l'absence de communication par le contribuable de ses coordonnées bancaires à l'administration fiscale dans les conditions prévues à l'article 383-0, est considéré comme impayé, au même titre que les prélèvements rejetés.

Les prélèvements impayés ou rejetés sont réglés par télérèglement dans les trente jours suivant la demande de régularisation de l'administration fiscale.

IRPP-VI-40420

Art 383 bis **1.** Dans le cas de cession soit d'une entreprise industrielle, commerciale, artisanale ou minière, soit d'une charge ou d'un office, d'une entreprise ou du droit d'exercer une profession non commerciale, le cessionnaire est solidairement responsable avec le cédant, dans les conditions et limites fixées par les 1, 2 et 4 de l'article 1684 du code général des impôts, du paiement de l'impôt sur le revenu afférent aux bénéfices ou revenus réalisés par ce dernier redevable.

REC-IV-14610, 14855

2. Le propriétaire d'un fonds de commerce est solidairement responsable avec l'exploitant, dans les conditions fixées par les 3 et 4 de l'article 1684 du code précité, du paiement de l'impôt sur le revenu afférent aux bénéfices provenant de l'exploitation de ce fonds.

REC-IV-15090

Art 383 ter Le montant de l'impôt dont le paiement peut être réclamé au cessionnaire ou au propriétaire en vertu de l'article 383 bis est déterminé forfaitairement en appliquant à la cotisation assignée au cédant ou à l'exploitant le rapport existant entre le montant des bénéfices ou revenus visés audit article et le montant du revenu global ayant servi de base à la cotisation considérée, augmenté, le cas échéant, des charges déduites de ce revenu en application de l'article 156 du code général des impôts.

REC-IV-14608 s., 14855, 15090

SECTION II

Taxes sur le chiffre d'affaires et taxes assimilées

II bis. Dispositions particulières à certains transports

Art 384 A bis Pour les transports maritimes, par route ou par voies d'eau intérieures, la perception de la taxe exigible est opérée lors du passage en douane, lorsque le transport est effectué par des entreprises qui ne sont pas établies dans un Etat membre de la Communauté européenne et qui n'ont pas désigné un représentant fiscal en France.

(En ce qui concerne certains transports de voyageurs effectués par des taxis ou des entreprises de transports sanitaires établis en dehors de l'Union européenne, voir l'arrêté du 18 novembre 2004, JO du 30)

FR 2/24 inf. 49 nº 20 p. 100 ; TVA-III-19000 s.

Art 384 A ter Dans les ports où la direction générale des douanes et des droits indirects perçoit le droit de port exigible à raison des opérations commerciales ou des séjours qui y sont effectués, les comptables de cette administration sont habilités à accepter, pour le compte du port et sur la base de la liquidation effectuée par ce dernier, les paiements relatifs à la taxe sur la valeur ajoutée due, le cas échéant, sur le droit de port.

Les paiements reçus sont versés aux ports suivant les mêmes modalités que le droit de port auquel ils se rapportent.

TVA-II-15175

V. Consolidation au sein d'un groupe du paiement de la taxe sur la valeur ajoutée et des taxes assimilées

Art 384 D Le redevable mentionné au 1 de l'article 1693 ter du code général des impôts adresse au service mentionné au 2 du même article :

1º Lors de la notification de l'option :

a. La liste des personnes morales membres du groupe. Cette liste indique, pour chaque société membre du groupe, sa désignation, l'adresse de son siège social et la répartition de son capital ;

b. Lorsque l'option mentionnée au premier alinéa de l'article 1693 ter du code général des impôts est exercée par un organe central ou une caisse départementale ou interdépartementale, la liste des personnes morales membres du groupe. Cette liste indique, pour chaque membre du groupe, sa désignation, l'adresse de son siège et la nature du lien qui l'unit à l'entité tête du groupe formé en application du cinquième alinéa du I de l'article 223 A du même code ;

c. Les attestations par lesquelles les membres du groupe font connaître leur accord pour que le redevable mentionné au 1 de l'article 1693 ter du code général des impôts acquitte à leur place la taxe sur la valeur ajoutée et les taxes, contributions et redevances déclarées sur l'annexe à la déclaration prévue au 2 de l'article 287 du même code ;

2º Au plus tard à la date de clôture de chacun des exercices arrêtés au cours de la période de validité de l'option :

a. La liste mentionnée au a ou au b du 1, mise à jour pour l'exercice suivant ;

b. Les attestations mentionnées au c du 1 produites par les entités devenant membres du groupe à compter de cet exercice.

RIE-IV-13280 ; MF nº 54210

SECTION III

Enregistrement, publicité foncière, timbre

0I. Paiement sur états

Actes notariés

Art 384 bis A Les droits éventuellement exigibles sur les actes visés à l'article 245 sont versés au service des impôts compétent dans les vingt premiers jours du mois suivant celui de la rédaction des actes. A l'appui de ce versement, les notaires déposent, en double exemplaire, un état comportant les indications suivantes :

Mois auquel se rapporte le versement ;

Pour chaque taux ou nature de droits, nombre d'actes rédigés pendant le mois considéré et total des droits correspondants ;

Montant global des droits payés sur états.

L'un des exemplaires de l'état est conservé au bureau ; l'autre est rendu au déposant après avoir été revêtu des références de la recette.

ENR-I-14420

0II. Formalité fusionnée

Art 384 quinquies A L'expédition rendue au déposant après accomplissement de la formalité fusionnée est revêtue par le service de la publicité foncière d'une mention attestant l'exécution de la formalité ainsi que le paiement des sommes dues. Il y est exprimé la date de la formalité ainsi que la référence du dépôt, le volume et le numéro du registre où le document se trouve enliassé. Le total des sommes perçues est inscrit en toutes lettres.

ENR-I-2200 s.

I. Taxe spéciale sur les conventions d'assurances

Art 385 Pour les conventions conclues avec des assureurs français ou avec des assureurs étrangers ayant en France un établissement, une agence, une succursale ou un représentant responsable, la taxe est perçue, pour le compte du Trésor, par l'assureur ou par son représentant responsable, ou par l'apériteur de la police si le contrat est souscrit par plusieurs assureurs, et versée par lui au service des impôts du lieu de son principal établissement.

La taxe est liquidée sur le montant des primes et autres sommes stipulées au profit de l'assureur qui font l'objet d'une émission de quittance au cours de chaque mois, déduction faite des annulations et remboursements constatés au cours du même mois. Elle est versée dans les quinze jours qui suivent la fin du mois considéré.

Toutefois, dans le même délai, les entreprises peuvent verser la taxe provisoirement liquidée sur le montant des primes et autres sommes stipulées au profit de l'assureur qui ont fait l'objet d'une émission de quittance au cours du mois précédant le mois considéré, déduction faite des annulations et remboursements constatés au cours du même mois. Le solde qui, le cas échéant, reste dû est perçu le 15 du deuxième mois suivant le mois considéré. Si la taxe provisoirement liquidée est supérieure à la taxe due, l'excédent est reporté.

Un arrêté du ministre de l'économie et des finances précise les documents à fournir par les assureurs à l'appui de leurs versements *(Voir Annexe IV, art. 196 A)*.

ENR-XI-25840 s.

Art 387 Pour les sociétés ou compagnies d'assurances maritimes ayant plusieurs agences, chaque agence est considérée, pour l'application de l'article 385, comme étant un redevable distinct, à moins que la société ou compagnie n'ait indiqué, dans les déclarations prévues au deuxième alinéa de l'article 1003 du code général des impôts, qu'elle entend se soumettre au régime habituel des autres sociétés ou compagnies.

ENR-XI-25880

Art 388 Pour les conventions avec des assureurs étrangers n'ayant en France ni établissement, ni agence, ni succursale, ni représentant responsable, conclues par l'intermédiaire d'un courtier ou de toute autre personne qui, résidant en France, prête habituellement ou occasionnellement son entremise pour des opérations d'assurances, la taxe est perçue pour le compte du Trésor, par l'intermédiaire, pour toute la durée ferme de la convention, et versée par lui au service des impôts de sa résidence, sauf, s'il y a lieu, son recours contre l'assureur ; le versement est effectué dans les quinze premiers jours du mois qui suit celui au cours duquel la convention est conclue, sur production du relevé du répertoire prévu à l'article 1002 du code général des impôts.

Toutefois, pour les conventions qui, ayant une durée ferme excédant une année, comportent la stipulation, au profit de l'assureur, de sommes ou accessoires venant à l'échéance au cours des années autres que la première, la taxe peut être fractionnée par année, si, les parties l'ayant requis, il est fait mention de cette réquisition sur le répertoire prévu à l'article 1002 du code général des impôts et sur le relevé dudit répertoire. L'intermédiaire n'est alors tenu au paiement que de la taxe afférente aux sommes stipulées en faveur de l'assureur et de leurs accessoires qui viennent à échéance au cours de la première année.

ENR-XI-25930

Art 390 Dans les autres cas que ceux visés aux articles 385 à 388, ainsi que pour les années ou périodes pour lesquelles, dans les cas visés à l'article 388, l'intermédiaire n'est pas tenu au paiement de la taxe, la taxe est versée par l'assuré au service des impôts du lieu de son domicile ou de sa résidence ou du lieu de la situation matérielle ou présumée du risque suivant les distinctions résultant de l'article 1000 du code général des impôts dans les quinze premiers jours du mois qui suit celui où se place chaque échéance des sommes stipulées au profit de l'assureur, sur déclaration faisant connaître la date, la nature et la durée de la convention, l'assureur, le montant du capital assuré, celui des sommes stipulées au profit de l'assureur et de leurs accessoires et la date de leurs échéances.

ENR-XI-25980 s.

III. Paiement fractionné ou différé des droits

B. Mutations de propriété ou apports en société

1. Champ d'application

Art 396 Le crédit de paiement fractionné prévu à l'article 1717 du code général des impôts est applicable aux droits d'enregistrement, à la taxe de publicité foncière et aux taxes additionnelles exigibles en raison :

1° Des mutations par décès ;

2° Des apports en société prévus au 3° du I et au II de l'article 809 du code précité ;

3° Des acquisitions effectuées dans le cadre des dispositions des articles L 626-1, L 631-22 et L 642-1 du code de commerce ;

4° Des paiements d'indemnités entre officiers publics et ministériels par suite de suppression d'offices ;

5° Des acquisitions effectuées par des Français rapatriés d'outre-mer à l'aide des prêts de reclassement prévus à l'article 30 du décret n° 62-261 modifié du 10 mars 1962 et de celles effectuées par des migrants agricoles à l'aide de prêts consentis dans le cadre des dispositions de l'article R 341-5 du code rural et de la pêche maritime au profit d'agriculteurs dont la qualité de migrant a été reconnue par le ministre de l'agriculture ;

6° *(Abrogé).*

ENR-I-14700 s. ; MF n°s 65410, 66880, 68935

Art 397 Le crédit de paiement différé prévu par l'article 1717 du code général des impôts est applicable aux droits d'enregistrement exigibles en raison des mutations par décès :

1° Qui comportent dévolution de biens en nue-propriété ;

2° Qui donnent lieu à l'attribution préférentielle prévue à l'article 832 du code civil ou à la réduction prévue à l'article 924-3 du même code, dans les conditions fixées par l'article 1722 bis du code général des impôts ;

3° pour lesquelles le conjoint successible a manifesté sa volonté de bénéficier des droits viagers d'habitation et d'usage prévus à l'article 764 du code civil, dans la limite de la fraction des droits correspondant à la valeur imposable de l'immeuble grevé du droit viager d'habitation.

> **Ndlr** *Les dispositions du présent 3° s'appliquent aux demandes de crédit de paiement fractionné ou différé formulées à compter du 1er février 2024 (Décret 2023-1324 du 28 décembre 2023 art. 1, 1° et 2, 1°).*

ENR-I-14800 s., 16260 s. ; MF n° 68940

Transmissions d'entreprises

Art 397 A Le paiement des droits de mutation à titre gratuit peut être différé pendant cinq ans à compter de la date d'exigibilité des droits et, à l'expiration de ce délai, fractionné pendant dix ans lorsque les mutations portent :

a. Sur l'ensemble des biens meubles et immeubles, corporels ou incorporels affectés à l'exploitation d'une entreprise individuelle ayant une activité industrielle, commerciale, artisanale, agricole ou libérale et exploitée par le donateur ou le défunt ;

b. Sur les parts sociales ou les actions d'une société ayant une activité industrielle, commerciale, artisanale, agricole ou libérale, non cotée en bourse à condition que le bénéficiaire reçoive au moins 5 % du capital social.

ENR-I-14800 s., 15460 s. ; MF n°s 68945 s.

2. Dispositions générales

Art 398 Le crédit de paiement fractionné ou différé des impositions exigibles en raison des opérations mentionnées aux articles 396, 397 et 397 A porte sur le principal des droits à l'exclusion des pénalités qui peuvent être encourues ainsi que de tous droits et pénalités susceptibles d'être réclamés du fait d'insuffisances ou d'omissions.

ENR-I-14960 s.

Art 399 La demande de crédit doit être soit formulée au pied de l'acte ou de la déclaration soumis à formalité, soit jointe à l'un ou l'autre de ces documents.

> **Ndlr** *Pour les dispositions du présent alinéa applicables à compter d'une date fixée par arrêté et au plus tard le 1er janvier 2027, voir partie Autres textes du présent code décret 2023-1324 du 28 décembre 2023 art. 1, 3°-a et 2, 2°.*

Elle doit contenir une offre de garanties suffisantes que le débiteur de l'impôt s'engage à constituer à ses frais et dans les conditions prévues à l'article 400.

Le comptable public compétent statue sur la demande de crédit et l'offre de garanties dans un délai de deux mois à compter de la date de réception de la demande.

Les garanties doivent être constituées par le débiteur dans un délai de quatre mois à compter de l'accord du comptable public.

> **Ndlr** *Les dispositions des trois alinéas ci-dessus s'appliquent aux demandes de crédit de paiement fractionné ou différé formulées à compter du 1er février 2024 (Décret 2023-1324 du 28 décembre 2023 art. 1, 3°-b et c et 2, 1°).*

ENR-I-14940 s.

Art 400 Les garanties peuvent notamment consister en des sûretés réelles d'une valeur au moins égale au montant des sommes au paiement desquelles il est sursis ou en un engagement solidaire souscrit par une ou plusieurs personnes physiques ou morales agréées comme caution par le comptable public.

Les biens qui servent à la liquidation des droits de mutation à titre gratuit sont admis en garantie, à la condition que le débiteur fournisse au comptable public en même temps que sa demande de crédit tous les éléments que l'administration juge nécessaire à la mise à jour de l'évaluation des biens.

Les garanties doivent être constituées dans un délai de quatre mois à compter de la date de la demande d'admission au crédit. Le comptable compétent de la direction générale des finances publiques statue sur cette demande dans le même délai.

Ndlr *Les dispositions du présent alinéa sont supprimées en ce qui concerne les demandes de crédit de paiement fractionné ou différé formulées à compter du 1er février 2024 (Décret 2023-1324 du 28 décembre 2023 art. 1, 4°-a et 2, 1°).*

Les éléments mentionnés au deuxième alinéa sont mis à jour et adressés au comptable public, pour lui permettre d'apprécier la consistance de la garantie, chaque année dans le mois de la date anniversaire de la demande de crédit.

Le comptable public peut, à tout moment après octroi du crédit, si cela lui paraît nécessaire, exiger un complément de garanties. Ces garanties complémentaires doivent être constituées par le bénéficiaire du crédit dans un délai de deux mois à compter de la demande qui lui est adressée à cet effet.

Ndlr *Le présent alinéa s'applique à compter du 1er février 2024 (Décret 2023-1324 du 28 décembre 2023 art. 1, 4°-c et 2).*

ENR-I-15000 s.

Art 401 Sous réserve des dispositions de l'article 404 GC, les droits et taxes dont le paiement est fractionné ou différé donnent lieu au versement d'intérêts dont le taux est égal à celui du taux effectif moyen pratiqué par les établissements de crédit pour des prêts à taux fixe aux particuliers entrant dans le champ d'application des articles L 312-1 à L 312-36 du code de la consommation, au cours du quatrième trimestre de l'année précédant celle de la demande de paiement fractionné ou différé, réduit d'un tiers. Toutefois, seule la première décimale est retenue. Ce taux est applicable pendant toute la durée du crédit.

Les intérêts sont acquittés :

S'il s'agit d'un paiement fractionné, lors du versement de chaque fraction, à laquelle ils s'ajoutent ;

S'il s'agit d'un paiement différé, annuellement, le premier terme venant à échéance un an après l'expiration du délai imparti pour souscrire la déclaration de succession.

(Les articles L 312-1 à L 312-36 du code de la consommation, dans leur version en vigueur jusqu'au 30 juin 2016, ont été abrogés par l'ordonnance 2016-301 du 14 mars 2016, art. 34, 1)

Ndlr *Pour les demandes de paiement fractionné ou différé formulées en 2024, le taux d'intérêt est de 2,2 % (Avis ECOT2335703V du 26 décembre 2023). En ce qui concerne le taux réduit, voir Annexe III, art. 404 GC.*

ENR-I-15060 s. ; MF n° 68930

Art 402 Sous réserve des dispositions de l'article 404 GB, le premier versement des droits dont le paiement fractionné est autorisé doit être effectué au moment de l'accomplissement de la formalité fusionnée ou de l'enregistrement.

Les fractions suivantes sont exigibles selon un échéancier établi, pour chacun des droits concernés, dans les conditions fixées aux articles 404 A à 404 F.

Leur paiement doit intervenir dans le mois suivant chaque échéance.

ENR-I-15160 s.

Art 403 Le redevable est déchu du bénéfice du crédit :

En cas de défaut de constitution des garanties ou du complément de garanties dans les délais respectivement prévus au dernier alinéa de l'article 399 et au dernier alinéa de l'article 400 ;

Ndlr *Les dispositions du présent alinéa, telles que modifiées par l'article 1, 6°-a du décret 2023-1324 du 28 décembre 2023, s'appliquent, s'agissant de la constitution de garanties, aux demandes de crédit de paiement fractionné ou différé formulées à compter du 1er février 2024 (Décret 2023-1324 précité art. 2, 1°).*

En cas de défaut de transmission au comptable des éléments mentionnés au troisième alinéa de l'article 400 ;

En cas de retard dans le paiement de l'un quelconque des termes échus.

La déchéance entraîne l'exigibilité immédiate des droits en suspens, majorés de l'intérêt de retard prévu à l'article 1727 du code général des impôts et de la pénalité prévue à l'article 1731 du même code. Cet intérêt de retard et cette pénalité sont exclusifs de l'intérêt prévu à l'article 401.

Ndlr *Le présent alinéa s'applique à compter du 1er février 2024 (Décret 2023-1324 du 28 décembre 2023 art. 1, 6°-c et 2).*

ENR-I-15200 s.

Art 404 Les droits ayant fait l'objet de l'octroi du crédit peuvent être acquittés par anticipation. Dans cette hypothèse, les intérêts ne sont dus que jusqu'au jour du paiement des droits.

ENR-I-15190 s.

3. Dispositions particulières

1° Mutations par décès

Art 404 A I. Les garanties fournies en contrepartie du fractionnement prévu au 1° de l'article 396 peuvent, outre les formes énumérées à l'article 400, revêtir celle de l'hypothèque légale prévue au II de l'article L 269 du livre des procédures fiscales.

Les droits sont acquittés en plusieurs versements égaux, dont le premier a lieu dans les conditions fixées à l'article 402 et le dernier au plus tard un an après l'expiration du délai imparti pour souscrire la déclaration de succession.

Les versements, à intervalle de six mois au plus, ne peuvent être supérieurs à trois.

Le délai maximal prévu au deuxième alinéa est porté à trois ans, et le nombre des versements ne peut dépasser sept, lorsque l'actif héréditaire comprend, à concurrence de 50 % au moins, des biens non liquides énumérés ci-après :

Brevets d'invention ;
Clientèles ;
Créances non exigibles au décès ;
Droits d'auteur ;
Fonds de commerce, y compris le matériel et les marchandises qui en dépendent ;
Immeubles ;
Matériels agricoles, bestiaux et récoltes ;
Offices ministériels ;
Parts sociales dans des sociétés dont le capital n'est pas divisé en actions ;
Valeurs mobilières non cotées en Bourse ;
Objets d'antiquité, d'art ou de collection.

II. *(Abrogé).*

ENR-I-16150 s. ; MF n° 68935

Art 404 B Le paiement différé prévu à l'article 397 est limité à la fraction des droits correspondant :

Soit à la valeur imposable de la nue-propriété s'il s'agit du cas prévu au 1° de cet article ;

Soit au montant des soultes ou récompenses payables à terme s'il s'agit des cas prévus au 2° du même article.

Les dispositions du premier alinéa de l'article 404 A sont applicables.

Par dérogation à l'article 401, le bénéficiaire du paiement différé peut, dans le cas prévu au 1° de l'article 397, être dispensé du paiement des intérêts, à la condition que les droits de mutation par décès soient assis sur la valeur imposable, au jour de l'ouverture de la succession, de la propriété entière des biens qu'il a recueillis.

Le paiement des droits peut être différé jusqu'à l'expiration d'un délai qui ne peut excéder six mois comptés :

Soit de la date de la réunion de l'usufruit à la nue-propriété ou de la cession totale ou partielle de cette dernière ;

Soit du terme du délai imparti à l'attributaire, au légataire ou au donataire pour le paiement des sommes dont il est débiteur envers ses cohéritiers.

Dans le cas prévu au 2° de l'article 397, la cession totale ou partielle par le légataire, le donataire ou l'attributaire du bien qui lui a été légué, donné ou attribué entraîne l'exigibilité immédiate des droits en suspens.

Dans le cas prévu au 3° de l'article 397, le paiement des droits peut être différé au maximum jusqu'à l'expiration d'un délai de six mois à compter soit du décès du conjoint successible, soit de la conversion des droits d'habitation et d'usage en une rente viagère ou en un capital.

Ndlr *Les dispositions du présent alinéa s'appliquent aux demandes de crédit de paiement fractionné ou différé formulées à compter du 1er février 2024 (Décret 2023-1324 du 28 décembre 2023 art. 1, 8°-c et 2, 1°).*

ENR-I-16260 s. ; MF n° 68940

2° Apports en société

Art 404 C Les droits et taxes exigibles sur les apports en société et dont le paiement est fractionné en application des dispositions du 2° de l'article 396 sont acquittés :

En trois annuités égales lorsqu'il s'agit d'opérations prévues au II de l'article 809 du code général des impôts ;

En cinq annuités égales lorsqu'il s'agit d'apports prévus au 3° du I de l'article 809 du même code.

ENR-I-16915 ; MF n° 66880

3° Entreprises en redressement ou en liquidation judiciaires

Art 404 D Les droits et taxes dont le paiement est fractionné en application des dispositions du 3° de l'article 396 sont acquittés en cinq annuités égales.

L'aliénation, autrement qu'à titre gratuit, des biens acquis avec le bénéfice du fractionnement entraîne l'exigibilité immédiate des droits en suspens.

ENR-I-16960 s. ; MF n° 65410

4º Offices ministériels

Art 404 E Les droits et taxes dont le paiement est fractionné en application du 4º de l'article 396 sont acquittés en cinq annuités égales.

La cession ou la suppression de l'office attributaire, ainsi que la démission ou la destitution de son titulaire entraînent l'exigibilité immédiate des droits et taxes en suspens.

ENR-I-16650 s. ; MF nº 65410

5º Rapatriés d'outre-mer et migrants ruraux

Art 404 F Le fractionnement prévu au 5º de l'article 396 est limité aux droits et taxes exigibles sur la partie de la valeur imposable correspondant au montant du prêt consenti à l'acquéreur.

L'acquéreur doit, à l'appui de sa demande d'admission au crédit, produire une attestation de l'établissement prêteur indiquant la nature et le montant du prêt consenti.

Par dérogation aux dispositions de l'article 401, le fractionnement ne donne pas lieu au versement d'intérêts.

Les droits et taxes exigibles sont acquittés en cinq annuités égales.

Les dispositions du deuxième alinéa de l'article 404 D sont applicables.

ENR-I-16820 s. ; MF nº 65410

6º Transmissions d'entreprises

Art 404 GA Les garanties fournies en contrepartie du paiement différé et fractionné des droits d'enregistrement prévu à l'article 397 A, lorsqu'ils sont exigibles en raison de mutation par décès, peuvent, outre les formes énumérées à l'article 400, revêtir celle de l'hypothèque légale prévue au II de l'article L 269 du livre des procédures fiscales.

Ndlr *Le présent article s'applique à compter du 1er février 2024 (Décret 2023-1324 du 28 décembre 2023 art. 1, 9º et 2).*

ENR-I-15680 s. ; MF nºs 68945 s.

Art 404 GB Les droits dont le paiement est fractionné, en application de l'article 397 A, sont exigibles par parts égales à intervalle de six mois. Le premier versement est effectué à l'expiration du délai de paiement différé. Le paiement des autres fractions intervient dans le mois suivant chaque échéance.

ENR-I-15750 s. ; MF nºs 68945 s.

Art 404 GC Les droits dont le paiement est différé et fractionné en application des dispositions de l'article 397 A donnent lieu au versement d'intérêts au taux prévu par l'article 401.

Ce taux est applicable pendant toute la durée du crédit. Il est réduit des deux tiers lorsque la valeur de l'entreprise ou la valeur nominale des titres comprise dans la part taxable de chaque héritier, donataire ou légataire est supérieure à 10 % de la valeur de l'entreprise ou du capital social ou lorsque, globalement, plus du tiers du capital social est transmis. Seule la première décimale est retenue.

Ndlr ***1.*** *Pour les demandes de paiement fractionné ou différé formulées en 2024, le taux d'intérêt réduit est fixé à 0,7 % (Avis ECOT2335703V du 26 décembre 2023).*

2. *Avant le 1er février 2024, ces dispositions étaient codifiées sous l'article 404 GA (Décret 2023-1324 du 28 décembre 2023 art. 1, 10º et 2).*

Les intérêts sont acquittés :

a. S'agissant du paiement différé, annuellement, le premier terme venant à échéance un an après la date d'exigibilité des droits ;

b. S'agissant du paiement fractionné, lors du versement de chaque fraction autre que la première. Ils sont alors calculés sur le montant des droits restant dus après le versement de la précédente échéance.

ENR-I-15750 s. ; MF nºs 68945 s.

Art 404 GD La cession de plus du tiers des biens bénéficiant du paiement différé et fractionné prévu à l'article 397 A entraîne pour le cédant l'exigibilité immédiate des droits en suspens. Pour le calcul de cette proportion, la valeur des biens est appréciée au jour de la cession.

L'apport à une société des biens visés au premier alinéa n'entraîne pas l'exigibilité des droits lorsque le bénéficiaire prend dans l'acte d'apport l'engagement de conserver les titres reçus en contrepartie de son apport jusqu'à l'échéance du dernier terme du paiement fractionné.

Lorsque l'engagement n'est pas respecté, les dispositions du premier alinéa s'appliquent.

ENR-I-15800 s. ; MF nºs 68945 s.

V. Droits de timbre

B. Paiement par emploi de machines à timbrer

Art 405 B Les machines destinées à apposer les empreintes représentatives des divers droits de timbre perçus par le service compétent de la direction générale des finances publiques doivent être agréées par le directeur général des finances publiques dans les conditions fixées par arrêté du ministre chargé du budget *(Voir Annexe IV, art. 71 à 74).*

Les empreintes doivent être apposées dans les mêmes délais et aux mêmes emplacements que les timbres mobiles qu'elles remplacent.

ENR-VIII-9300 s.

C. Paiement par apposition de timbres mobiles

Art 405 D Les timbres sont apposés, sous la responsabilité des redevables de l'impôt ou des personnes auxquelles incombe la remise des documents administratifs soumis au timbre, dans les délais ci-après :

a. S'il s'agit de documents administratifs, au plus tard au moment de leur remise ;

b. Lorsqu'ils sont destinés à constater le paiement des droits dus sur des copies d'actes d'huissier de justice, avant toute signification de ces copies ;

c. S'il s'agit d'écrits créés hors de France, au moment où l'impôt devient exigible en France ;

d. Dans les autres cas, au plus tard au moment de la signature des écrits.

Ils sont immédiatement oblitérés.

ENR-VIII-10300 s.

Art 405 F Lorsqu'elle est manuscrite, l'oblitération s'effectue par l'apposition à l'encre indélébile, en travers de chaque timbre, de la date de l'oblitération et de la signature de l'un quelconque des redevables ou de l'autorité administrative.

Cette oblitération manuscrite peut être remplacée par l'apposition à l'encre grasse :

Soit d'un cachet faisant connaître le nom ou la raison sociale du contribuable et la date de l'oblitération ;

Soit du cachet réglementaire à date de l'autorité ou du fonctionnaire compétent.

Dans tous les cas, l'oblitération est faite de telle manière qu'elle figure partie sur le timbre mobile et partie sur le papier ou le document passible du droit.

ENR-VIII-10320 s.

D. Paiement au moyen du visa pour timbre

Art 405 G Le visa pour timbre est donné au comptant ou en débet.

Il est effectué par le comptable de la direction générale des finances publiques chargé du droit de timbre. Pour le visa du timbre au comptant, le comptable peut y suppléer au moyen de l'apposition de timbres mobiles.

ENR-VIII-10000

E. Paiement de l'impôt sur états

Art 405 H Lorsqu'il est facultatif, le paiement sur états est subordonné à une autorisation de l'administration, essentiellement révocable, et qui prend fin de plein droit à chaque changement d'exploitant.

La demande est présentée au service des impôts dont dépend le domicile, le siège social ou le principal établissement du redevable. Elle indique le lieu où sont tenus les documents que celui-ci doit conserver, dans les conditions fixées par les arrêtés d'application, en vue du contrôle de l'administration. Lorsque ces documents sont établis et conservés dans des établissements distincts, l'administration peut inviter l'intéressé à déposer une demande auprès du service des impôts du lieu de chacun de ces établissements.

Cette demande doit également comporter :

L'engagement par le demandeur de se soumettre aux conditions imposées par les articles 405 I et 406, les arrêtés d'application ou l'autorisation elle-même ;

Pour les pouvoirs, l'engagement par la société demanderesse d'acquitter pour le compte des mandants les droits de timbre exigibles.

ENR-VIII-9500 s.

Art 405 I Les droits sont perçus par les redevables bénéficiant de l'autorisation, sous leur responsabilité et à leurs risques et périls.

La perception de l'impôt est constatée par l'apposition, très apparente, d'une formule comprenant :

La mention « droit de timbre payé sur état » ;

La date de l'autorisation, lorsque celle-ci est nécessaire.

ENR-VIII-9560

Art 406 **1.** Dans tous les cas où le droit de timbre est payé sur états, le recouvrement, à défaut de versement dans les délais et dans les formes prescrites, est poursuivi comme en matière de timbre.

2. Dans cette même hypothèse, si le redevable découvre des erreurs ou omissions, les droits se rapportant à ces erreurs ou omissions font l'objet d'un état spécial détaillé, en double exemplaire, indiquant les différences en plus ou en moins. Cet état est fourni avec celui du mois pendant lequel ces erreurs ou omissions ont été constatées.

Si des vérifications effectuées par l'administration il résulte un complément de droits au profit du Trésor, ce complément est acquitté immédiatement. Dans le cas où la vérification ferait ressortir un excédent dans les versements effectués, cet excédent serait imputé sur le montant du plus prochain versement.

ENR-VIII-9780

VI. Taxes sur les véhicules à moteur

Taxe sur les véhicules des sociétés

Art 406 bis **I.** L'impôt exigible est acquitté, lors du dépôt de la déclaration prévue à l'article 1010 du code général des impôts, par les moyens de paiement ordinaires.

II. *(Disposition périmée).*

III. à V. *(Sans objet).*

TD-IV-2700 s.

SECTION IV

Contributions indirectes, droits, taxes, redevances et impositions obéissant aux mêmes règles et droit spécifique sur les ouvrages d'or ou contenant de l'or, d'argent ou de platine

Art 406 undecies Pour les raisons indiquées dans l'avant-propos, les articles de cette section ne sont pas reproduits dans le présent code.

SECTION V

Dispositions communes

Art 406 duodecies Les comptables publics mentionnés à l'article 1724 A du code général des impôts sont les comptables de la direction générale des finances publiques et ceux de la direction générale des douanes et droits indirects en ce qui concerne, pour ces derniers, les contributions indirectes, droits, taxes, redevances et impositions obéissant aux mêmes règles.

REC-I-10350

Art 406 terdecies **I.** Les impôts et taxes dus par les personnes et groupements mentionnés à l'article 344-0 A sont payés au comptable du service chargé des grandes entreprises mentionné au premier alinéa de l'article 344-0 A.

II. Les dispositions du I s'appliquent à la retenue à la source prévue au 1° du 2 de l'article 204 A du code général des impôts, à l'impôt sur les sociétés, à la contribution sur les revenus locatifs, à la contribution sociale sur l'impôt sur les sociétés prévues respectivement aux articles 234 nonies et 235 ter ZC du code général des impôts, à la taxe prévue par l'article 235 ter ZD du code général des impôts, à la cotisation sur la valeur ajoutée des entreprises, à la cotisation foncière des entreprises de même qu'aux taxes additionnelles et annexes à cette cotisation, aux prélèvements obligatoires prévus aux articles L 313-1 et L 314-1 du code des impositions sur les biens et services, aux articles 568 et 1613 bis du code général des impôts, à l'article L 245-7 du code de la sécurité sociale, au a de l'article 2 du décret n° 63-1104 du 30 octobre 1963 relatif au régime d'allocations viagères des gérants de débits de tabac ainsi qu'aux impôts et taxes mentionnés aux 3° à 5°, 7° à 15°, 18° et 19° de l'article 344-0 B.

Ndlr *Pour les dispositions du présent alinéa applicables à compter du 1er janvier 2025, voir partie Autres textes du présent code décret 2023-467 du 15 juin 2023 art. 1, 2°-c et 3.*

Elles s'appliquent en outre, sur option de l'entreprise, aux taxes foncières sur les propriétés bâties et non bâties et à leurs taxes additionnelles et annexes recouvrées dans les mêmes conditions. L'option s'applique à l'ensemble des impositions dues à ce titre. Formulée par écrit avant le 30 novembre d'une année, l'option prend effet le 1er janvier de l'année suivante, pour une durée de cinq ans, renouvelable par tacite reconduction à défaut de dénonciation, trente jours au moins avant l'expiration de la période, par pli recommandé avec demande d'avis de réception postal auprès du comptable du service chargé des grandes entreprises. Toutefois, en cas d'opération d'absorption, l'option prend fin le 31 décembre de la deuxième année qui suit celle au cours de laquelle l'entreprise a été absorbée.

DC-IX-14305

III. Les dispositions des I et II s'appliquent aux paiements dans les mêmes conditions que celles prévues à l'article 344-0 C. Toutefois, les impositions mentionnées au II dues au titre d'une période antérieure à la date à compter de laquelle le redevable relève du service chargé des grandes entreprises peuvent être établies et recouvrées par ce même service.

IV. Par exception aux dispositions des articles 344-0 A à 344-0 C et des I et II, les rôles, autres que ceux relatifs aux impôts locaux et à leurs taxes additionnelles et annexes, ou avis de mise en recouvrement émis en vue du recouvrement des impositions qui ont fait l'objet, ou auraient dû faire l'objet, d'une déclaration ou d'un paiement auprès du service chargé des grandes entreprises, sont établis soit par ce service, soit par le service déconcentré dans le ressort duquel est situé le lieu d'imposition. Ces dispositions s'appliquent également au rôle ou à l'avis de mise en recouvrement émis par le service chargé des grandes entreprises en vue du recouvrement d'une imposition qui aurait dû faire l'objet d'une déclaration ou d'un paiement auprès du service déconcentré dans le ressort duquel est situé le lieu d'imposition.

(Voir également décret 2000-1216 du 13 décembre 2000 portant création d'un poste comptable à la direction des grandes entreprises de la direction générale des impôts, JO du 15)

DC-IX-13950 s. ; MF nº 87455

CHAPITRE I BIS

Pénalités

SECTION I bis

Contributions indirectes, droits, taxes, redevances et impositions obéissant aux mêmes règles et droit spécifique sur les ouvrages d'or ou contenant de l'or, d'argent ou de platine

Art 406 K et 406 L Pour les raisons indiquées dans l'avant-propos, les articles de cette section ne sont pas reproduits dans le présent code.

SECTION II

Dispositions communes

II. Infractions aux règles de la facturation

Mise sous séquestre de l'entreprise de l'auteur du délit

Art 406 A 12 La mise sous séquestre, totale ou partielle, des biens des personnes à l'encontre desquelles des poursuites sont exercées pour des manquements visés au 2 de l'article 1751 du code général des impôts est prononcée, dans les conditions fixées par cet article, à la demande du chef de service départemental de l'administration pour le compte de laquelle sont engagées ces poursuites.

CF-VIII-55510

Art 406 A 13 Les règles fixées par les articles 1 à 5, 7 à 9, 11 et 12 de l'arrêté validé du 23 novembre 1940 modifié par l'arrêté du 14 septembre 1942 et l'arrêté du 11 janvier 1946 sont applicables aux séquestres ordonnés en application de l'article 1751 du code général des impôts dans la mesure où elles ne sont pas contraires aux dispositions de cet article.

CF-VIII-55510

Art 406 A 14 La requête présentée par le service des domaines pour obtenir l'autorisation, prévue à l'article 9 de l'arrêté du 23 novembre 1940, de continuer l'exploitation d'établissements commerciaux, industriels ou agricoles, doit obligatoirement faire état de l'avis du chef de service départemental de l'administration qui a provoqué la mise sous séquestre.

CF-VIII-55510

Art 406 A 15 La mainlevée du séquestre peut être ordonnée par le juge d'instruction ou par le tribunal correctionnel, saisis, en tout état de la procédure, sur réquisitions du procureur de la République ou à la demande de l'intéressé. Elle peut l'être également, hors le cas de saisine du juge d'instruction ou du tribunal correctionnel, par le président du tribunal, statuant en référé dans les conditions prévues aux articles 485 et 486 du code de procédure civile.

Les réquisitions du parquet sont prises à la demande du directeur départemental de l'administration qui a provoqué la mise sous séquestre, dans le cas où aucune décision définitive n'est intervenue sur l'action publique, et à la demande du directeur départemental des finances publiques ou du responsable du service à compétence nationale, dans le cas de décision définitive, jusqu'à et après l'exécution de cette décision.

CF-VIII-55510

Art 406 A 16 La clôture des opérations de séquestre est prononcée dans tous les cas par le président du tribunal judiciaire du domicile ou du siège social de la personne physique ou morale intéressée.

CF-VIII-55510

SECTION III

Dispositions particulières

III. Droits d'enregistrement

Art 406 A 27 Lorsqu'un acte a fait l'objet d'un refus de publier et que la régularisation ne peut être opérée, aucune pénalité sanctionnant le retard dans l'exécution de la formalité de l'enregistrement n'est exigible si celle-ci est requise dans le délai prévu pour la formalité fusionnée.

Pour le calcul de ce délai, il est fait abstraction de la période comprise entre le dépôt de l'acte refusé au service de la publicité foncière et sa présentation à l'enregistrement lorsque celle-ci intervient dans le mois de la notification du refus.

ENR-I-5485 s.

CHAPITRE II

Procédures

SECTION IV

Dispositions communes aux impositions dont le recouvrement incombe aux comptables de la direction générale des finances publiques et à ceux de la direction générale des douanes et droits indirects

Art 415 Sont à la charge des redevables poursuivis les frais accessoires ci-après :

a. Frais d'ouverture des portes ;

b. Notification au saisi en cas de saisie-vente hors de son domicile et en son absence ;

c. Notification au maire, au parquet ou par procès-verbal dans les cas prévus par les articles 656, 659, 660, 684 et 691 du code de procédure civile ;

d. Remise des actes sous enveloppe ;

e. Levée des états d'inscriptions grevant les fonds de commerce ;

f. Dénonciation de la saisie-vente aux créanciers inscrits sur les fonds de commerce ;

g. Frais demandés par le greffe du tribunal de commerce suite à l'établissement d'un état des créanciers nantis ;

h. Dénonciation d'une opposition à un créancier premier saisissant ;

i. Sommation au créancier premier saisissant de procéder aux formalités de la mise en vente forcée dans un délai de huit jours ;

j. Frais de garde des meubles ou récoltes saisis ;

k. Frais de transport ou d'enlèvement des objets saisis ;

l. Honoraires de l'officier ministériel sur le produit de la vente ;

m. Allocation due, en dehors du cas de saisie interrompue, lorsque, après déplacement de l'agent de poursuites, l'acte de poursuites n'est pas effectué à raison d'un incident provenant du fait de la partie qui devait être poursuivie ;

n. Ensemble des frais de saisie dans le cas où la saisie immobilière a été interrompue avant la vente ;

o. Frais d'immobilisation, d'enlèvement et de garde d'un véhicule terrestre à moteur ;

p. Commissions du prestataire de services d'investissement en cas de vente de valeurs mobilières admises à la cote officielle ou à celle du second marché ;

q. Honoraires du notaire chargé de l'adjudication de valeurs mobilières non admises à la cote officielle ou à celle du second marché ;

r. Frais de publicité provisoire et définitive des sûretés judiciaires.

Ces frais sont comptés aux redevables en conformité du tarif des huissiers de justice, des agents des finances publiques chargés des fonctions d'huissier, des commissaires-priseurs judiciaires, des notaires, ou des règles de rémunérations applicables aux avocats.

REC-V-1500 s.

Art 416 Les autres frais accessoires, tels que frais de transport de l'huissier, salaires des afficheurs, frais d'insertion dans les journaux sont supportés par le Trésor, les communes ou les établissements publics au profit desquels les poursuites sont exercées.

REC-V-1500 s.

CHAPITRE II BIS

Sûretés et privilèges

Art 416 bis Le seuil de publicité obligatoire mentionné au premier alinéa du 4 de l'article 1929 quater du code général des impôts est fixé à 200 000 €.

REC-IV-3360 s. ; MF n° 77230

Art 416 ter Le comptable de la direction générale des finances publiques ou de la direction générale des douanes et des droits indirects met fin au plan d'apurement échelonné mentionné au 1° du 4 de l'article 1929 quater du code général des impôts par lettre recommandée avec accusé de réception et procède à l'inscription du privilège du Trésor dans le délai prévu au 1° du 4 de l'article précité. Le délai court à compter de la réception de cette dénonciation par le redevable.

REC-IV-3485

CHAPITRE III

Dégrèvements et restitutions d'impôts

SECTION I

Juridiction contentieuse

B. Disposition particulière aux droits d'enregistrement

Art 416 E Le rejet définitif de la formalité de publicité foncière ne constitue pas une cause de restitution des droits d'enregistrement régulièrement perçus.

ANNEXE IV

DISPOSITIONS REVETANT LA FORME D'ARRETE

SOMMAIRE DE L'ANNEXE IV

LIVRE PREMIER

ASSIETTE ET LIQUIDATION DE L'IMPOT

PREMIERE PARTIE

IMPOTS D'ETAT

TITRE PREMIER

IMPOTS DIRECTS ET TAXES ASSIMILEES

CHAPITRE PREMIER

Impôt sur le revenu

SECTION 0I

Dispositions générales. Lieu d'imposition

Art 01 Le lieu d'imposition des personnes physiques qui n'ont pas leur domicile fiscal en France et celui des personnes mentionnées au 2 de l'article 4 B du code général des impôts est fixé au service des impôts des non-résidents, à l'exception des personnes physiques visées à l'article 121 Z quinquies de la présente annexe.

IRPP-VII-15850 ; MF n°s 4440, 4685

SECTION 0I bis

Revenus fonciers

Art 01 bis I. Pour l'application du A du 1 du o du 1° du I de l'article 31 du code général des impôts, les communes se caractérisant par un déséquilibre important entre l'offre et la demande de logements s'entendent de celles classées dans les zones A bis, A et B1 telles qu'elles sont définies à l'article D 304-1 du code de la construction et de l'habitation.

II. Pour l'application du B du 1 du o du 1° du I de l'article 31 du code général des impôts, les communes se caractérisant par un déséquilibre entre l'offre et la demande de logements, autres que celles mentionnées au A du 1 du même o, s'entendent de celles classées dans la zone B2 telle qu'elle est définie à l'article D 304-1 du code de la construction et de l'habitation.

III. Pour l'application du C du 1 du o du 1° du I de l'article 31 du code général des impôts, les communes, autres que celles mentionnées aux A et B du 1 du même o, s'entendent de celles classées dans la zone C telle qu'elle est définie à l'article D 304-1 du code de la construction et de l'habitation.

FONC-VII-3440 ; MF n° 27850

Art 01 ter I. Pour l'application du 3 du o du 1° du I de l'article 31 du code général des impôts en France métropolitaine, le contribuable justifie d'une consommation conventionnelle en énergie primaire du logement inférieure à 331 kWh/m^2/an.

Cette consommation énergétique est évaluée sur les usages de l'énergie pour le chauffage, la production d'eau chaude sanitaire et le refroidissement.

Le contribuable justifie du respect de cette exigence dans des conditions fixées au II.

II. La justification du respect des exigences de performance énergétique mentionnées au I est apportée par la fourniture d'une évaluation énergétique établie selon une méthode de calcul conventionnel satisfaisant les dispositions des arrêtés du 15 septembre 2006 modifiés relatifs respectivement aux méthodes et procédures applicables au diagnostic de performance énergétique pour les bâtiments existants proposés à la vente en France métropolitaine et au diagnostic de performance énergétique pour les bâtiments proposés à la vente en France métropolitaine, quels que soient l'année de construction et le type du bâtiment. Cette évaluation est réalisée par une personne répondant soit aux conditions prévues par l'article L 271-6 du code de la construction et de l'habitation, soit aux conditions prévues par le décret n° 2018-416 du 30 mai 2018 relatif aux conditions de qualification des auditeurs réalisant l'audit énergétique éligible au crédit d'impôt sur le revenu pour la transition énergétique prévues au dernier alinéa du 2 de l'article 200 quater du code général des impôts.

L'évaluation énergétique visée au premier alinéa doit être en cours de validité à la date de dépôt de la demande de convention auprès de l'Agence nationale de l'habitat.

FR 49/20 inf. 4 p. 10 ; MF n° 27850

Art 01 quater I. Pour l'application du 3 du o du 1° du I de l'article 31 du code général des impôts en Guadeloupe, en Martinique, en Guyane, à La Réunion et à Mayotte, le contribuable justifie que le logement respecte au moins une des améliorations de la performance énergétique mentionnées à l'article 2 de l'arrêté du 25 mai 2011 modifié relatif à l'application en outre-mer de dispositions concernant les avances remboursables sans intérêts destinées au financement de travaux de rénovation afin d'améliorer la performance énergétique des logements anciens, satisfaisant les exigences mentionnées aux articles 3 à 6 du même arrêté.

II. Le contribuable produit sur simple demande toutes les factures ou notes émises par les entreprises prestataires ou tout autre moyen de preuve compatible avec les règles de la procédure écrite de nature à établir que le logement satisfait les conditions prévues au I.

FR 49/20 inf. 4 p. 10 ; MF n° 27850

SECTION I

Bénéfices industriels et commerciaux

0I. Amortissement dégressif des matériels destinés à économiser l'énergie ou les matières premières

Art 02 I. Pour bénéficier de l'amortissement dégressif accéléré mentionné au 2° de l'article 39 AA du code général des impôts ou de l'amortissement exceptionnel mentionné à l'article 39 AB du même code, les matériels destinés à économiser l'énergie et les équipements de production d'énergies renouvelables mentionnés sur la liste donnée au 2 doivent pouvoir être séparés des appareils auxquels ils ont été adjoints sans être rendus définitivement inutilisables.

II. La liste des matériels est fixée ainsi qu'il suit :

1. Matériels de récupération de force ou de chaleur produite par l'emploi d'hydrocarbures liquides ou gazeux, de combustibles minéraux solides ou d'électricité :

1° a. Matériel permettant directement la récupération d'énergie et le transport de l'énergie récupérée :

chaudière à vapeur, à eau chaude, à fluide thermique, à haut rendement (soit supérieur à 90 % PCS) ;

chaudière de récupération sur effluents thermiques ou gaz pauvre de procédé ;

b. Echangeurs thermiques récupérateurs sur fluides liquides, gazeux ou de refroidissement : échangeurs tubulaires, échangeurs à plaques, à caloducs, par fluide caloporteur, rotatifs, lorsque ces matériels sont destinés à la production d'eau chaude ou de vapeur, de fluide thermique, d'air, l'énergie échangée étant utilisée pour le préchauffage d'air de combustion, de produits, de combustibles ou de fluides utilisés dans des cycles binaires, la récupération de frigories sur des fluides détendus ;

c. Installation de préchauffage de produits par échange direct avec des rejets thermiques ;

d. Incinérateurs de sous-produits de fabrication ou de déchets, avec récupération d'énergie et installations annexes de stockage, de manutention et de préparation ;

e. Hottes et dispositifs de captation de la chaleur de refroidissement de solides après une opération nécessitant une élévation de température ;

f. Matériel permettant la récupération, le transport, le stockage, la préparation et la valorisation énergétique de gaz fatals, issus comme sous-produits de procédés industriels ;

g. Dispositifs mécaniques ou électromécaniques permettant la récupération de l'énergie mécanique potentielle de fluides sous pression : turbines, turboalternateurs mus par la détente de gaz ou de fluides sous pression destinés à (ou provenant d') un procédé de fabrication ;

h. Pompes à chaleur à recompression mécanique de vapeur dont le coefficient de performance est supérieur ou égal à 4 et matériels permettant la thermocompression directe de fluides avec recyclage de l'énergie ainsi récupérée ;

i. Turbine à condensation pour la production d'électricité dans le cas où la vapeur est produite pour l'essentiel lors de l'incinération de déchets industriels ou ménagers ou par récupération sur un procédé de fabrication excédentaire en énergie ;

2° Matériel de cogénération permettant la production simultanée, dans un seul processus, d'énergie thermique et électrique et/ou mécanique :

a. Turbine de détente de vapeur en contre-pression ;

b. Turbine de détente de fluides utilisés dans des cycles binaires de production d'électricité à partir de rejets thermiques à bas niveau ;

c. Turbine de détente de haute pression utilisée en place de vanne de laminage ou de détente ;

d. Turbine à gaz et moteur thermique avec équipements de récupération de l'énergie sur les gaz d'échappement et/ou les fluides de refroidissement ;

3° Matériel permettant la transformation en énergie électrique ou en énergie mécanique de l'énergie cinétique des turbines mentionnées ci-dessus ;

4° Générateur électrochimique à usage stationnaire.

2. Matériels destinés à l'amélioration du rendement énergétique d'appareils ou d'installations consommant de l'énergie :

a. Matériel de combustion performant acquis en remplacement d'un matériel de combustion classique : brûleurs autorécupérateurs, brûleurs régénératifs ;

b. Matériel de régulation améliorant les performances énergétiques des matériels suivants : fours, chaudières, séchoirs, moteurs ou machines-outils ;

c. Matériel permettant une chauffe en surface ou dans la masse en remplacement d'un chauffage global classique : chauffage infrarouge (gaz ou électricité), à haute fréquence, par rayonnement ultraviolet, micro-ondes ;

d. Matériel de mesure ou enregistreurs permettant un meilleur contrôle du rendement énergétique des installations, à l'exception des appareils de contrôle prévus par les articles R 224-26 et R 224-27 du code de l'environnement ;

e. Matériel de séparation performant en substitution d'un système de séparation par voies thermiques : membranes polymères, membranes minérales, membranes cryogéniques ;

f. Matériel permettant de réaliser des économies d'énergie par l'optimisation et la commande centralisée de la gestion d'un ensemble de dispositifs consommateurs d'énergie et affecté exclusivement à cet usage : système informatique centralisé de mesure et de commande ou système réparti par microprocesseurs ;

g. Matériel permettant la réduction des pertes sur les réseaux de fluides énergétiques (réseau de condensats, réseau de vapeur, réseau d'air comprimé, réseau de vide, réseau de fluide frigorigène) tels que les purgeurs de vapeur ;

h. Matériel d'isolation utilisé dans le secteur tertiaire et industriel permettant de limiter les déperditions thermiques des matériels utilisant ou transportant de l'énergie ;

i. Matériel permettant de diminuer la consommation d'énergie réactive d'installations électriques : batteries de condensateurs ;

j. Matériel variateur de vitesse permettant d'adapter la consommation énergétique d'un moteur ou d'une machine à sa charge instantanée ;

k. Moteur électrique à rendement amélioré (classe de rendement EFF1 dont la valeur d'efficacité est définie suivant la norme EN 60034-2) ;

l. Presse hydraulique électrique.

3. Matériels de captage et d'utilisation de sources d'énergie autres que les hydrocarbures liquides ou gazeux, les combustibles minéraux solides et l'électricité :

a. Matériel permettant la récupération d'énergie solaire pour le préchauffage de fluide, la préparation d'eau de chaudière, d'eau de procédé, d'eau chaude sanitaire et son stockage, pour la production d'électricité, son stockage et son raccordement au réseau ;

b. Matériel permettant l'utilisation d'énergie hydraulique, éolienne ou géothermique, son stockage et son raccordement au réseau électrique ou de chaleur ;

c. Matériel d'exploitation de la biomasse : chaudières avec ses auxiliaires et ses équipements de stockage et d'alimentation en combustible, équipements sylvicoles utilisés exclusivement pour la production et le conditionnement de bois à des fins énergétiques, digesteurs et équipements de production thermiques ou électriques associés à une utilisation du biogaz ;

d. Réseaux de récupération et collecte de biogaz en vue de son utilisation énergétique ;

e. Matériel permettant l'utilisation de l'énergie marémotrice, houlomotrice et thermique des mers et son stockage ;

f. Matériel de raccordement à un réseau de chaleur classé au sens des deuxième et troisième alinéas de l'article 5 de la loi n° 80-531 du 15 juillet 1980 modifiée relative aux économies d'énergie et à l'utilisation de la chaleur et du chapitre II du titre Ier du livre VII du code de l'énergie ;

g. Matériel de raccordement à un réseau de chaleur utilisant majoritairement de l'énergie géothermale ;

h. Autres matériels de transformation thermochimique de la biomasse ;

i. Autres types d'équipements de valorisation thermique et électrique des biocombustibles.

4. a. Matériels permettant le stockage d'énergie quand la réutilisation ultérieure de cette énergie permet des économies globales d'énergie primaire ;

b. Matériel permettant le stockage d'énergie sous forme d'énergie mécanique potentielle (matériels permettant par pompage sur les ouvrages hydroélectriques la remontée d'eau de l'aval vers la retenue) ou cinématique (volants d'inertie de grande puissance) ;

c. Batterie d'accumulateurs permettant le stockage d'électricité quand ce stockage permet l'arrêt permanent de matériels générateurs d'électricité exclusivement affectés à la fourniture instantanée d'énergie électrique en secours ;

d. Matériel permettant le stockage de froid pour le lissage de la demande d'électricité afin de réduire les tensions sur les réseaux électriques.

5. Matériels utilisant un procédé à haut rendement énergétique pour le chauffage et le conditionnement des bâtiments :

a. Systèmes de climatisation réversible dont le coefficient de performance, à + 7 °C, est supérieur ou égal à 3 ;

b. Chaudière à condensation ;

c. Matériel de régulation améliorant les performances énergétiques des appareils de chauffage, de climatisation ou de ventilation ;

d. Matériel de chauffage permettant de favoriser les concentrations énergétiques dans des espaces limités en remplacement d'un chauffage classique : générateurs d'air chaud, aérothermes directs, générateurs de ventilation tempérée ;

e. Système de pompes à chaleur géothermale ou air/eau dont le coefficient de performance machine en mode chauffage est supérieur ou égal à 3 ;

f. Système d'optimisation énergétique en fonction des programmes de production et/ou des données climatiques ;

g. Matériaux d'isolation thermique des parois opaques :

Plancher bas sur sous-sol, sur vide sanitaire ou sur passage ouvert, toiture-terrasse, mur en façade ou en pignon, possédant une résistance supérieure ou égale à 2,4 mètres carrés kelvin par watt (m^2 K/W) ;

Toiture sur comble possédant une résistance thermique supérieure ou égale à 4,5 m^2 K/W ;

h. Système de ventilation mécanique contrôlée dont l'efficacité de la récupération d'énergie de l'échangeur est supérieure à 65 % sur l'air humide et dont la puissance par ventilateur est inférieure à 0,30 W/m^3/h, soit 0,70 W/m^3/h pour la centrale double flux.

BIC-X-61100 s., 26050 s.

0III. Amortissement exceptionnel des matériels destinés à réduire le niveau acoustique d'installations

Art 06 **1.** Pour bénéficier de l'amortissement exceptionnel prévu au premier alinéa de l'article 39 quinquies DA du code général des impôts, les matériels destinés à réduire le bruit mentionnés sur la liste qui figure au 2 doivent pouvoir être séparés des matériels auxquels ils ont été adjoints sans les rendre définitivement inutilisables.

2. La liste des matériels mentionnée au 1 est la suivante :

A. Matériels et dispositifs de protection contre le bruit.

1. Capotage et système prêt à monter d'insonorisation destinés à limiter le niveau sonore émis par des machines et appareils tels que presses, compresseurs, tours automatiques, ventilateurs, pompes, surpresseurs, fraiseuses, raboteuses.

2. Cabines d'insonorisation destinées à isoler une machine du reste de l'atelier.

3. Ecrans mobiles modulables ou démontables destinés à isoler une ou plusieurs machines bruyantes du reste d'un atelier durant leur fonctionnement, sans empêcher leur approvisionnement ou leur maintenance.

4. Silencieux pour les dispositifs d'aspiration, de détente de gaz sous pression, de turbine à gaz, pour pièges à son, résonateurs.

5. Dispositifs de contrôle actif du bruit employés sur les cheminées et les tuyauteries.

6. Amortisseurs, pièces antivibratiles : tous dispositifs installés sous les machines destinés à amortir les vibrations émises pour empêcher la transmission du bruit par les sols et parois.

7. Protecteurs individuels actifs ou passifs : casque antibruit.

B. Matériels et dispositifs pour améliorer l'acoustique.

Panneaux et baffles acoustiques spécifiquement conçus pour réduire et absorber le bruit et pour être disposés sur les parois opaques et les plafonds.

C. Matériels destinés à contrôler ou à limiter les niveaux sonores.

1. Sonomètres intégrateurs.

2. Appareils destinés à mesurer la dose de bruit reçu par un travailleur en milieu bruyant pour éviter de dépasser la durée d'exposition fixée en fonction du niveau sonore : dosimètres, exposimètres.

3. Régulateurs et limiteurs de bruit.

BIC-X-62100 s., 62130 s.

II quater. Provisions des entreprises de presse

Art 4 octies Les publications définies au premier alinéa du 1 bis B de l'article 39 bis et au deuxième alinéa du 2 de l'article 39 bis A du code général des impôts sont assimilées à des quotidiens, pour l'application de ces articles, lorsqu'elles remplissent les conditions de diffusion et de prix fixées ci-après :

1° Leur zone de diffusion normale ne doit couvrir qu'une partie restreinte du territoire national, caractérisant ainsi leur vocation départementale ou régionale ;

2° Leur prix de vente ne doit pas excéder de 75 % celui de la majorité des quotidiens. La réalisation de cette condition est appréciée par comparaison des prix de vente au numéro ou, lorsque la publication considérée est vendue exclusivement par abonnement, par comparaison des prix d'abonnement annuel, compte tenu du nombre respectif d'exemplaires dont les abonnements impliquent la livraison.

BIC-XII-41400 s. ; MF nº 10030

IV. Provision pour implantation commerciale à l'étranger

Art 4 D La provision prévue au I bis de l'article 39 octies A du code général des impôts peut être égale au montant de l'investissement lorsque l'implantation est réalisée, dans les conditions prévues à cet article, dans un Etat qui n'est pas membre de la Communauté européenne.

VIII. Contrôle des frais généraux. Obligations des entreprises

Art 4 J Les entreprises exerçant une activité industrielle ou commerciale et soumises à l'impôt sur le revenu d'après leur bénéfice réel ainsi que les entreprises passibles de l'impôt *sur les sociétés* sont tenues de fournir, à l'appui de la déclaration des résultats de chaque exercice, le relevé détaillé des catégories de frais généraux prévu à l'article 54 quater du code général des impôts lorsque ces frais excèdent, pour une ou plusieurs desdites catégories, l'un des chiffres suivants :

1° 300 000 € ou 150 000 € pour l'ensemble des rémunérations directes ou indirectes versées aux 10 ou 5 personnes les mieux rémunérées, suivant que l'effectif du personnel dépasse ou non 200 salariés, ou 50 000 € pour l'une d'entre elles prise individuellement ;

2° 15 000 € pour les frais de voyage et de déplacement exposés par ces personnes ;

3° 30 000 € pour le total, d'une part, des dépenses et charges afférentes aux véhicules et autres biens dont elles peuvent disposer en dehors des locaux professionnels et, d'autre part, des dépenses et charges de toute nature afférentes aux immeubles qui ne sont pas affectés à l'exploitation ;

4° 3 000 € pour les cadeaux de toute nature, à l'exception des objets spécialement conçus pour la publicité et dont la valeur unitaire ne dépasse pas 73 €, toutes taxes comprises, par bénéficiaire *(NDLR Le montant de 73 €, applicable à compter du 1er janvier 2021, évolue de la même manière que les montants mentionnés aux articles 23 N et 28-00 A de l'annexe IV au CGI quand ceux-ci sont réévalués : arrêté ECEL1009494A du 10 mai 2010 art. 2)* ;

5° 6 100 € pour les frais de réception, y compris les frais de restaurant et de spectacles.

RIE-III-6310 s., 15590 ; MF nº 9050

Art 4 K Pour l'application de l'article 4 J, les diverses catégories de frais généraux s'entendent :

a. En ce qui concerne les rémunérations visées au 1°, du montant total des rémunérations de toute nature, fixes ou proportionnelles, qui sont admises en déduction des bénéfices imposables de l'employeur, des indemnités et allocations diverses, des remboursements de frais autres que ceux qui se rattachent directement à un acte de gestion de l'entreprise et des avantages en nature alloués aux personnes les mieux rémunérées, à l'exclusion de celles qui relèvent de l'impôt sur le revenu dans la catégorie des bénéfices industriels et commerciaux en raison de leur activité dans l'entreprise ;

b. Pour les frais visés au 2°, des frais de voyage et de déplacement qui sont engagés par les personnes les mieux rémunérées dans le cadre de la gestion de l'entreprise et dont la charge incombe normalement à cette dernière ;

c. Pour les dépenses et charges énumérées au 3°, de celles qui sont afférentes aux véhicules et autres biens, y compris les immeubles non affectés à l'exploitation, que l'entreprise met à la disposition des personnes les mieux rémunérées. Toutefois, le montant des dépenses et charges dont il s'agit est diminué, le cas échéant, des dépenses qui, incombant à ces mêmes personnes, ont été prises en charge par l'entreprise, sous forme de rémunérations indirectes ;

d. *(Abrogé)* ;

e. Pour les frais visés au 5°, des frais de réception, y compris les frais de restaurant et de spectacles, qui se rattachent à la gestion de l'entreprise et dont la charge lui incombe normalement.

RIE-III-6370

Art 4 L Les entreprises relevant de l'impôt sur le revenu dans la catégorie des bénéfices industriels et commerciaux, à l'exclusion de toute société, sont dispensées de produire les renseignements concernant les catégories de frais énumérés sous les rubriques 1° à 3° de l'article 4 J.

RIE-III-6310 s. ; MF n° 9050

IX. Evaluation des stocks et des travaux en cours

Art 4 LA 1. Les entreprises qui tiennent une comptabilité super-simplifiée peuvent déterminer :

a. Le coût de revient des marchandises et des produits en stock en appliquant sur le prix de vente de ces biens à la date du bilan un abattement correspondant à la marge pratiquée ;

b. Le coût de revient des travaux en cours, égal au montant des acomptes réclamés au client avant facturation.

2. La méthode d'évaluation retenue doit être conservée tant que les conditions d'activité de l'entreprise ne subissent pas une modification substantielle.

RIE-III-17950 s. ; MF n° 11135

SECTION I bis

Bénéfice de l'exploitation agricole

1° Imposition d'après le bénéfice réel

Art 4 M Peuvent bénéficier des dispositions du troisième alinéa de l'article 38 sexdecies A de l'annexe III au code général des impôts les élevages effectués en série et énumérés ci-après :

1° Elevages de volailles :

Comportant au moins, en moyenne annuelle, 1 000 sujets en état de pondre ;

Ou ayant une production annuelle commercialisée d'au moins 5 000 volailles de chair ;

2° Elevages de porcs de charcuterie effectués principalement à partir de porcelets achetés, lorsque la production annuelle commercialisée est d'au moins 300 sujets ;

3° Elevages de bovins à partir d'animaux achetés, dont la production annuelle commercialisée est d'au moins 100 têtes pour les veaux de boucherie ou 40 têtes pour les autres bovins, à la condition que les animaux :

Soient élevés en stabulation permanente,

Et soient revendus :

Au plus tard à l'âge d'un an, ou moins de neuf mois après leur achat s'ils sont nourris principalement avec des aliments achetés ;

Au plus tard à l'âge de dix-huit mois s'ils sont nourris exclusivement avec des aliments achetés.

BA-II-3320 s.

SECTION II

Traitements et salaires

Titres-restaurant

Art 6 A La contribution de l'employeur visée au 19° de l'article 81 du code général des impôts ne peut excéder 60 %, ni être inférieure à 50 % de la valeur libératoire des titres-restaurant.

TS-III-10070

Barème kilométrique

Art 6 B I. Le barème forfaitaire mentionné au 3° de l'article 83 du code général des impôts est fixé comme suit :

TARIFS APPLICABLES AUX AUTOMOBILES

Puissance administrative	Jusqu'à 5 000 km	De 5 001 km à 20 000 km	Au-delà de 20 000 km
3 CV et moins	d * 0,529	(d *0,316) + 1065	d * 0,370
4 CV	d * 0,606	(d * 0,340) + 1330	d * 0,407
5 CV	d * 0,636	(d * 0,357) + 1395	d * 0,427
6 CV	d * 0,665	(d * 0,374) + 1457	d * 0,447
7 CV et plus	d * 0,697	(d *0,394) + 1515	d * 0,470

d représente la distance parcourue en kilomètres.

TARIF APPLICABLE AUX MOTOCYCLETTES			
Puissance administrative	Jusqu'à 3 000 km	De 3 001 km à 6 000 km	Au-delà de 6 000 km
1 ou 2 CV	d * 0,395	(d * 0,099) + 891	d * 0,248
3, 4, 5 CV	d * 0,468	(d * 0,082) + 1158	d * 0,275
Plus de 5 CV	d * 0,606	(d * 0,079) + 1583	d * 0,343
d représente la distance parcourue en kilomètres.			

TARIF APPLICABLE AUX CYCLOMOTEURS		
Jusqu'à 3 000 km	De 3 001 à 6 000 km	Au-delà de 6 000 km
d * 0,315	(d * 0,079) + 711	d * 0,198
d représente la distance parcourue en kilomètres.		

Ndlr *Barème applicable pour l'imposition des revenus de l'année 2022.*

II. Pour les véhicules électriques, le montant des frais de déplacement calculés en application du I est majoré de 20 %.

TS-V-28500 s. ; MF nº 97200

SECTION II bis

Retenue à la source

Art 6 C En application du 2º de l'article 87 A du code général des impôts, la déclaration mentionnée à l'article 87-0 A du même code souscrite par les redevables n'entrant pas dans le champ de l'article L 133-5-3 du code de la sécurité sociale est déposée au plus tard le 10 de chaque mois.

Si le délai imparti pour effectuer la déclaration expire un jour férié ou non ouvré, il est prorogé jusqu'au jour ouvrable suivant.

IRPP-VI-22820 ; MF nº 3845

SECTION III

Revenus des capitaux mobiliers

II. Contrôle des revenus mobiliers

Art 7 Les dispositions de l'article 57 de l'annexe II au code général des impôts doivent être appliquées par toutes les personnes, sociétés ou établissements visés audit article, ainsi que par les caisses publiques, conformément aux dispositions des articles ci-après.

1. Justifications d'identité et de domicile

Art 8 Aucune pièce justificative n'est demandée lorsque l'identité ainsi que le domicile ou le siège du présentateur des coupons ou des titres ou du bénéficiaire des revenus sont connus du payeur. Ce dernier annote de la lettre C (connu) les pièces de paiement et éventuellement le relevé de coupons visé à l'article 57 de l'annexe II au code général des impôts.

RM-VIII-110

Art 9 **1.** Les personnes inconnues des payeurs doivent justifier de leur identité ainsi que de leur domicile ou siège social, par la production de l'une des pièces de la liste figurant à l'article 13.

L'indication de la pièce produite, ou son numéro de référence à la liste visée au premier alinéa, est portée sur les pièces de paiement.

2. Lorsque le domicile ou le siège social indiqué par le présentateur ou le bénéficiaire diffère de celui qui figure sur la pièce produite, l'intéressé doit souscrire une déclaration de changement de domicile dont le modèle est fixé par l'administration.

Toutefois, si le domicile ou le siège social indiqué est situé en France alors que la pièce produite mentionne une adresse située hors de France, la justification du nouveau domicile ou du nouveau siège ne peut résulter que de l'attestation prévue au nº 19 de la liste visée au 1. Cette attestation doit dater de moins d'un an.

Les personnes présentant un passeport ou une carte d'identité officielle délivré par un Etat membre de la Communauté européenne qui déclarent être résidentes d'un pays tiers produisent l'attestation de résidence fiscale prévue au dernier alinéa de l'article 13. A défaut, elles sont considérées comme résidentes fiscales de l'Etat membre qui délivre le passeport ou la carte d'identité officielle.

Art 10 Si le présentateur, étant l'employé d'une personne ou société soumise aux dispositions du 1 de l'article 57 de l'annexe II au code général des impôts, justifie que les coupons sont présentés pour le compte de cette dernière, la pièce de paiement doit être établie au nom de la personne ou société faisant procéder à l'encaissement.

Art 11 Lorsque le présentateur déclare encaisser des coupons pour le compte de tiers qu'il désigne, il doit produire les justifications visées à l'article 9, pour chacun des bénéficiaires non connus du payeur. Dans cette hypothèse, le payeur établit au nom de chaque bénéficiaire une pièce de paiement, ainsi que le relevé prévu à l'article 14 et le certificat de crédit d'impôt ; il conserve, le cas échéant, comme pièce justificative la liste prévue au 2 de l'article 57 de l'annexe II au code général des impôts qui lui a été remise par le présentateur.

Si la présentation est faite par une personne ou société soumise aux dispositions du 1 de l'article 57 susvisé et tenue, par conséquent, de déclarer à l'administration les coupons payés par elle, ces coupons peuvent faire l'objet d'une pièce distincte de paiement établie au nom de la personne ou société requérante, comme il est dit ci-dessus, mais sans production de liste annexe, et portant la mention « PC tiers » (pour le compte de tiers).

Art 12 Les femmes mariées peuvent produire une pièce d'identité au nom de leur mari. Dans ce cas, les coupons sont considérés comme présentés pour le compte du mari et la pièce de paiement libellée au nom de « Mme X..., pour compte de M. X... » (nom, prénoms, ou prénom usuel, et adresse du mari).

La pièce de paiement est libellée de la même façon lorsque la femme, bien que produisant une pièce d'identité personnelle, a déclaré présenter les coupons pour le compte de son mari.

Par contre, la pièce de paiement doit être établie uniquement au nom de la femme dans le cas où cette dernière, ayant produit une pièce d'identité à son propre nom, n'a pas fait la déclaration ci-dessus.

Art 13 L'identité des présentateurs et des bénéficiaires de revenus ainsi que leur domicile ou leur siège social sont valablement établis à l'égard du payeur par la production des pièces suivantes :

I. Personnes physiques :

1° Carte nationale d'identité ou carte d'identité officielle délivré par un autre Etat que la France accompagné si nécessaire de tout document probant comportant l'adresse ou le numéro d'identification fiscale ;

2° Carte photographique d'identité non périmée, délivrée aux membres des familles nombreuses pour les voyages en chemin de fer ;

3° Carte photographique d'abonnement, non périmée, sur les chemins de fer ;

4° Permis de chasse ;

5° Livret d'identité à coupons pour le paiement des pensions et retraites civiles et militaires de l'Etat, portant la photographie du bénéficiaire ;

6° Carte d'identité professionnelle à l'usage des voyageurs de commerce ;

7° Carte photographique d'invalidité, non périmée, délivrée par les comités départementaux des mutilés et réformés de guerre ;

8° Carte d'identité délivrée par les préfectures aux grands mutilés pour les voyages à tarif réduit ;

9° Carte photographique de priorité dans les voitures de transport en commun, non périmée, délivrée aux mutilés de guerre par la préfecture ;

10° Carte photographique d'identité des officiers de l'armée active ;

11° Livret de solde pour officier marinier et marin ;

12° Livret professionnel maritime ;

13° Passeport français non périmé, ou périmé depuis moins de cinq ans ;

14° Passeport étranger non périmé accompagné si nécessaire de tout document probant comportant l'adresse ou le numéro d'identification fiscale ;

15° Carte photographique d'identité, non périmée, instituée pour tous les étrangers résidant en France.

II. Personnes morales ou organismes sans personnalité morale :

1° Exemplaire des statuts ou tous documents constitutifs certifié par le représentant légal de la société ou de l'organisme ;

2° Récépissé de la déclaration à la préfecture ou sous-préfecture (associations) ;

3° Récépissé de la déclaration d'existence visée à l'article 23 A, ou de la déclaration modificative visée à l'article 23 B.

III. Personnes physiques ou morales ou organismes sans personnalité morale :

Attestation délivrée par le service des impôts ou par l'autorité administrative compétente du lieu de résidence fiscale et mentionnant le domicile ou siège social ainsi que le lieu d'imposition de la personne qui y est désignée.

RM-VIII-100

Art 13 bis Les dispositions des articles 8 à 13 sont également applicables aux établissements payeurs visés aux articles 75 et 76 de l'annexe II au code général des impôts.

2. Relevés à fournir à l'administration

Art 14 Les relevés à adresser à la direction départementale ou, le cas échéant, régionale des finances publiques en exécution des dispositions de l'article 57 de l'annexe II au code général des impôts concernent :

1° Les coupons, instruments représentatifs de coupons et arrérages payés en espèces, à présentation, aux guichets soit des caisses publiques, soit des personnes ou sociétés visées au 1 de l'article 57 de l'annexe II au code général des impôts ;

2° Les sommes portées à un compte de passage sur remise aux guichets de coupons et instruments représentatifs de coupons ou sur présentation des titres ;

3° Les coupons et arrérages que les sociétés payent par correspondance (chèque ordinaire, chèque postal, mandat-poste, etc.) aux porteurs de leurs propres titres.

En ce qui concerne les chèques-dividendes émis par des sociétés ayant leur siège en France métropolitaine, les relevés sont fournis par les sociétés émettrices.

Pour les chèques-dividendes émis par des sociétés ayant leur siège hors de France métropolitaine, les relevés sont produits par l'établissement qui en effectue le paiement.

Art 15 **1°** Les relevés sont établis sous forme de fiches individuelles conformes aux modèles ci-après.

Toutefois, les établissements qui peuvent présenter les renseignements que comportent ces modèles au moyen de fiches mécanographiques ont la faculté de substituer l'usage de ces fiches à l'emploi du modèle officiel pourvu que la dimension de ces fiches ne dépasse pas 21 cm x 13 cm.

2° Les relevés visés à l'article 14 (coupons payés aux guichets ou par correspondance) portent :

a. La désignation et l'adresse de l'établissement payeur ou le cachet du comptable public ;

b. La date de paiement ;

c. Le numéro de la pièce de paiement correspondante si celle-ci est numérotée ;

d. Selon le cas, l'une des mentions suivantes :

Les nom et prénoms ou raison sociale du bénéficiaire des revenus, ainsi que l'adresse de son domicile ou de son siège social ;

La mention « PC tiers » ;

e. Les nom, prénoms et adresse du domicile réel du présentateur, s'il est différent du bénéficiaire des revenus ;

f. Suivant le cas, soit la mention « C » (connu), soit l'indication de la pièce justificative présentée ou son numéro de référence à la liste figurant à l'article 13.

3° *(Disposition devenue sans objet).*

4° Les relevés visés au 2° comportent en outre :

a. Le montant imposable à l'impôt sur le revenu, d'une part, des produits de valeurs mobilières à revenu fixe ouvrant droit à l'abattement prévu au troisième alinéa du 3 de l'article 158 du code général des impôts *(Abattement sur ces produits abrogé pour l'imposition des revenus des années 1996 et suivantes)*, d'autre part, des dividendes susceptibles de bénéficier de ce même abattement ;

b. Le montant imposable à l'impôt sur le revenu, déterminé comme ci-dessus, des revenus des valeurs autres que celles visées au a ;

c. Le montant net payé au titre des revenus visés aux a et b, après déduction, le cas échéant :

De la retenue à la source prévue à l'article 119 bis du code général des impôts ;

De l'impôt étranger, s'il s'agit de revenus de valeurs mobilières étrangères ;

Des frais d'encaissement des coupons ;

d. Le crédit d'impôt attaché à la perception des revenus visés aux a et b ;

e. Le montant net payé des revenus non imposables à l'impôt sur le revenu, les intérêts des emprunts 4,25 % 1963 et 4,25 %-4,75 % 1963 étant, le cas échéant, mentionnés à part.

Pour les produits payés en monnaie étrangère, les sommes figurant sur les relevés de coupons doivent être indiquées pour leur contre-valeur en euros au jour du paiement.

Modèle de relevé de coupons encaissés au guichet.

CERFA nº 30.0812

Désignation et adresse de l'établissement payeur ou cachet du comptable public :

JUSTIFICATION D'IDENTITÉ

Suivant le cas, porter dans le cadre, soit la mention C (connu), soit la nature de la pièce d'identité présentée ou simplement son numéro de référence.

Le ...
(Désignation et signature du payeur)

REVENUS NON SOUMIS A DÉCLARATION (Net payé)

REVENUS DE VALEURS MOBILIÈRES

RELEVÉ DES COUPONS PAYÉS AUX GUICHETS (OU PAR CORRESPONDANCE) ET DE L'AVOIR FISCAL CORRESPONDANT

Nº ...

BÉNÉFICIAIRE DES REVENUS

Suivant le cas, porter ci-contre :
— Soit les nom, prénoms et adresse :
- du présentateur, s'il est en même temps le bénéficiaire;
- du tiers pour le compte duquel les coupons sont présentés;
- du mari si la présentation est faite par une femme produisant une pièce d'identité de son mari ou déclarant présenter les coupons pour le compte de ce dernier;
— soit la mention " P.C. tiers ".

M ...
Prénoms ...
Domicile ... nº ...
à ... Département ...
(Pour Paris, nº de l'arrondissement)

COUPONS PRÉSENTÉS PAR UN TIERS

Identité du présentateur
M ...
Prénoms ...
Domicile ... nº ...
à ... Département ...
(Pour Paris nº de l'arrondissement)

	REVENUS A DÉCLARER			NET PAYÉ au titre des revenus à déclarer	AVOIR FISCAL
	ouvrant droit à abattement		n'ouvrant pas droit à abattement		
	Obligations	Actions			
DATE DE PAIEMENT					

(Format maximum après rognage : 210 mm × 100 mm.)

Modèle de relevé de coupons crédités en compte.

CERFA nº 30. 0813

Désignation et adresse de l'établissement payeur ou cachet du comptable public :

NUMÉRO DU COMPTE

REVENUS NON SOUMIS A DÉCLARATION (Net payé)

REVENUS DE VALEURS MOBILIÈRES

Relevé des coupons crédités en compte et de l'avoir fiscal correspondant

Désignation du titulaire du compte
M
Prénoms
Domicile ... nº ...
... Département ...
(Pour Paris, nº de l'arrondissement)

ANNÉE

REVENUS A DÉCLARER			NET PAYÉ au titre des revenus à déclarer	AVOIR FISCAL
ouvrant droit à abattement		n'ouvrant pas droit à abattement		
obligations	actions			

(Format maximum après rognage : 210 mm × 100 mm.)

Art 16 Les relevés visés à l'article 14 et afférents aux paiements faits dans le courant de chaque mois sont envoyés à la direction départementale ou, le cas échéant, régionale des finances publiques, dans les dix premiers jours du mois suivant, avec un bordereau indiquant la désignation et l'adresse de l'établissement payeur, le mois auquel s'appliquent les relevés et le nombre de ces derniers. Il en est accusé réception.

III. Documents à tenir à la disposition de l'administration

Art 17 Les payeurs doivent s'organiser de façon que l'administration puisse vérifier dans leurs écritures l'exactitude des diverses mentions figurant sur les relevés par eux fournis. Ils doivent conserver, selon les modalités prévues au I de l'article L 102 B du livre des procédures fiscales, les pièces, livres ou documents qui ne seraient pas soumis à un délai de conservation plus étendu en vertu des dispositions légales en vigueur.

Art 17 A 1. Toute opération portant sur des coupons ou instruments représentatifs de coupons d'actions et parts sociales de sociétés françaises, qui fait l'objet du relevé prévu à l'article 57 de l'annexe II au code général des impôts, donne lieu à l'établissement d'un document comportant l'indication de l'identité et du domicile réel ou du siège social du bénéficiaire ainsi que de la pièce éventuellement présentée pour en justifier, la désignation des valeurs mobilières dont procèdent les revenus payés et le décompte des sommes mises en paiement avec l'indication, le cas échéant, de la retenue opérée au profit du Trésor.

2. *(Disposition devenue sans objet).*

3. Les pièces établies sont réunies en deux liasses relatives, l'une aux paiements faits à des personnes ayant en France leur domicile réel ou leur siège social et l'autre aux paiements faits à des personnes domiciliées ou ayant leur siège hors de France.

4. Ces liasses ainsi que l'état visé à l'article 188 H sont conservés à la disposition de l'administration selon les modalités prévues au I de l'article L 102 B du livre des procédures fiscales.

RM-VIII-120

Art 17 B **1.** Les personnes et organismes visés à l'article 41 duodecies A de l'annexe III au code général des impôts qui payent des intérêts, arrérages et autres produits de fonds d'Etat, obligations françaises et autres valeurs assimilées doivent établir les documents prévus au 1 de l'article 17 A.

L'indication sur ces documents du prélèvement visé à l'article 125 A du code général des impôts est alors substituée à celle de la retenue à la source prévue au 2 de l'article 119 bis dudit code.

2. Les documents visés au 1, qui constatent le paiement de revenus ayant supporté le prélèvement à des personnes domiciliées ou ayant leur siège social hors de France, ne doivent pas mentionner simultanément des revenus ayant donné lieu à la retenue à la source.

3. Les pièces établies en exécution de l'article 17 A et du présent article sont réunies pour constituer deux liasses relatives, l'une aux paiements faits à des personnes ayant en France leur domicile réel ou leur siège social et l'autre aux paiements faits à des personnes domiciliées ou ayant leur siège hors de France.

Les documents sont groupés séparément :

A l'intérieur de la première liasse, selon qu'ils mentionnent ou non des revenus ayant supporté le prélèvement ;

A l'intérieur de la deuxième liasse, selon que les paiements qu'ils retracent ont été assujettis à la retenue à la source ou au prélèvement. Lorsqu'ils mentionnent simultanément des revenus ayant donné lieu, les uns à la retenue à la source et les autres au prélèvement, les relevés individuels font l'objet d'un classement spécial au sein de cette liasse.

RM-VIII-120

Art 17 C Les personnes et organismes visés à l'article 17 B qui payent des intérêts, arrérages et produits de toute nature de bons et autres titres de créances, dépôts, cautionnements et comptes courants doivent établir, pour chaque versement, une pièce de paiement sur laquelle ils indiquent :

Le montant et la date des sommes payées ;

L'identité et le domicile du débiteur lorsque celui-ci n'est pas l'établissement payeur ;

Le montant du prélèvement opéré ou, à défaut, l'identité et le domicile réel ou le siège social du bénéficiaire des revenus ainsi que la pièce éventuellement présentée pour en justifier.

RM-VIII-120

Art 17 C bis Les personnes mentionnées au II de l'article 117 quater du code général des impôts, qui assurent le paiement de revenus sur lesquels est opéré le prélèvement forfaitaire prévu au I du même article, produisent à l'administration, sur sa demande, les documents justifiant du paiement des revenus concernés ainsi que du prélèvement opéré.

RM-VIII-120

Art 17 D Les documents, états et pièces tenus ou établis en application des articles 17 B, 17 C et 17 C bis sont conservés à la disposition de l'administration selon les modalités prévues au I de l'article L 102 B du livre des procédures fiscales.

RM-VIII-120

SECTION III bis

Revenu global

0I. Primes d'assurances sur la vie

Art 17 E **I.** Les assureurs auprès desquels ont été souscrits des contrats ou des avenants d'augmentation d'assurance en cas de vie ou d'assurance en cas de décès, dont les primes peuvent ouvrir droit à la réduction d'impôt prévue à l'article 199 septies du code général des impôts, sont tenus de délivrer chaque année aux souscripteurs de ces contrats ou avenants un certificat permettant aux intéressés de bénéficier de la réduction d'impôt prévue ci-dessus.

II. Le certificat prévu au I comporte, selon un modèle publié par l'administration, les indications suivantes :

Désignation de l'assureur ;

Nom, prénoms et adresse du souscripteur ;

Numéro du contrat ;

Date d'effet et durée du contrat ou de l'avenant ;

Montant des primes venues à échéance au cours de l'année civile.

Il précise en outre :

1. Pour les contrats ou avenants visés au 1° de l'article 199 septies susvisé :

a. La nature du contrat : contrat à « primes périodiques », à « prime unique » ou « à versements libres » ;

b. Le montant des primes représentatif de l'opération d'épargne en distinguant :

1° Le montant correspondant aux primes payées au titre de contrats à primes périodiques conclus ou prorogés avant le 20 septembre 1995 ;

2° Le montant correspondant aux primes payées au titre de contrats à primes périodiques conclus ou prorogés du 20 septembre 1995 au 31 décembre 1995 ;

3° Le montant correspondant aux primes payées au titre de contrats à primes périodiques conclus ou prorogés du 1er janvier 1996 au 4 septembre 1996.

(Les dispositions du b sont applicables à compter de l'imposition des revenus de 1997)

2. Pour les contrats ou avenants prévus au 2° de l'article 199 septies, les nom et prénoms du bénéficiaire du capital ou de la rente viagère.

III. Lorsque les contrats d'assurance en cas de décès visés au 2° de l'article 199 septies sont souscrits sous la forme de contrats collectifs, l'organisme souscripteur délivre à ses adhérents le certificat décrit au II.

IV. Pour bénéficier de la réduction d'impôt sur le revenu, le contribuable doit être en mesure de présenter, à la demande de l'administration, le certificat décrit au II.

IRPP-IV-38070 s. ; MF n° 3345

II. Monuments historiques. Charges déductibles

Art 17 ter Sont réputés ouverts à la visite, au sens de l'article 41 I de l'annexe III au code général des impôts, les immeubles que le public est admis à visiter au moins :

Soit cinquante jours par an, dont vingt-cinq jours non ouvrables, au cours des mois d'avril à septembre inclus ;

Soit quarante jours pendant les mois de juillet, août et septembre.

La durée minimale d'ouverture au public prévue au deuxième et au troisième alinéas peut être réduite lorsqu'une ou plusieurs conventions portant sur l'organisation de visites de l'immeuble par des groupes d'élèves de l'enseignement primaire ou secondaire, des groupes d'enfants mineurs encadrés par des structures d'accueil collectif à caractère éducatif mentionnées à l'article L 227-4 du code de l'action sociale et des familles ou des groupes d'étudiants de l'enseignement supérieur sont conclues entre le propriétaire et les établissements d'enseignement publics ou privés sous contrat d'association avec l'Etat ou les structures précitées, dans la limite de dix jours par année civile, du nombre de jours au cours desquels l'immeuble fait l'objet, entre le 1er septembre de l'année précédente et le 31 août suivant, de telles visites, sous réserve que celles-ci comprennent chacune au moins vingt participants.

FONC-II-2380 s.

Art 17 quater **I.** Les conditions d'ouverture de l'immeuble sont déclarées, avant le 1er février de chaque année, auprès du service des impôts des particuliers dont dépend sa résidence principale :

a. Par la personne physique propriétaire de l'immeuble ou par l'une des personnes physiques titulaires de droits réels, agissant au nom et pour le compte des autres titulaires de tels droits ;

b. A défaut, par l'une des personnes physiques associées de la société propriétaire de l'immeuble, agissant en son nom et pour son compte.

II. La déclaration prévue au I comporte les informations suivantes :

1° L'identité du propriétaire de l'immeuble :

a. Les nom, prénoms, date et lieu de naissance du propriétaire ou des titulaires de droits réels immobiliers, ainsi que, le cas échéant, le numéro fiscal s'il s'agit de personnes physiques ;

b. La raison sociale et le numéro SIRET s'il s'agit d'une personne morale ;

2° Le nom, les adresses physique et électronique du déclarant, et son numéro de téléphone ;

3° Le nom de l'immeuble, lorsqu'il en possède un, l'adresse et les références cadastrales ;

4° Les conditions d'ouverture de l'immeuble : horaires et dates d'ouverture au public, zones ouvertes au public et nombre total de jours d'ouverture, en précisant les jours non ouvrables ;

5° Le cas échéant, le tarif des visites individuelles en fonction des publics ;

6° Les manifestations ou ouvertures particulières du monument ;

7° Les moyens de communication utilisés pour l'information du public.

La déclaration est datée et signée par le déclarant.

III. Lorsqu'il est fait application des dispositions prévues au dernier alinéa de l'article 17 ter, la déclaration est accompagnée de la copie de la ou des conventions conclues entre le propriétaire et les établissements ou structures concernés.

IV. La déclaration donne lieu à la délivrance d'un récépissé au déclarant.

V. Les personnes mentionnées au I assurent la diffusion au public des conditions d'ouverture de l'immeuble par tous moyens appropriés.

FONC-II-7950 s.

Art 17 quinquies Pour l'application des dispositions du I de l'article 41 F de l'annexe III au code général des impôts, le récépissé de la déclaration mentionnée à l'article 17 quater est joint à la déclaration des revenus de l'année considérée.

FONC-II-7950 s.

SECTION IV

Calcul de l'impôt

2° Réduction d'impôt accordée pour dépenses d'équipements de production d'énergie réalisées outre-mer et utilisant une source d'énergie renouvelable

Art 18-0 bis La liste des équipements mentionnés au huitième alinéa du 6 de l'article 199 undecies A du code général des impôts est fixée comme suit :

1. Equipements de chauffage et de fourniture d'eau chaude fonctionnant à l'énergie solaire ;

2. Systèmes de fourniture d'électricité à partir d'énergie solaire, éolienne, hydraulique ou de biomasse ;

3. Pompes à chaleur ;

4 Equipements de chauffage ou de production d'eau chaude fonctionnant au bois ou autres biomasses tels que les poêles, les foyers fermés, les inserts des cheminées intérieures et les chaudières.

DC-IV-44375

4° Réduction d'impôt accordée au titre d'une opération d'investissement locatif et de la location de logements à loyer abordable

Art 18-0 bis B I. Pour l'application de l'article 199 septvicies et du dernier alinéa du h du 1° du I de l'article 31 du code général des impôts, les communes se caractérisant par un déséquilibre entre l'offre et la demande de logements s'entendent de celles classées dans les zones A, B1 et B2 délimitées conformément à l'annexe à l'arrêté du 29 avril 2009 relatif au classement des communes par zone applicable à certaines aides au logement *(Arrêté abrogé par arrêté du 1er août 2014 art. 1, JO du 6).*

IRPP-IV-88420 ; MF n° 2890

II. Pour l'application du III de l'article 199 septvicies du code général des impôts, les plafonds de loyer applicables sont ceux mentionnés à l'article 2 terdecies B de l'annexe III au même code.

IRPP-IV-89700 s.

III. Pour l'application du V de l'article 199 septvicies du code général des impôts, les plafonds de loyer et les plafonds de ressources des locataires applicables sont ceux mentionnés à l'article 2 terdecies C de l'annexe III au même code.

IRPP-IV-106600 s., 106800 s.

Ndlr *Le présent article 18-0 bis B reprend à l'identique les dispositions de l'ancien article 18-0 ter.*

Art 18-0 bis C Pour l'application du IV de l'article 199 novovicies du code général des impôts, les communes se caractérisant par un déséquilibre important entre l'offre et la demande de logements s'entendent de celles classées dans les zones A et B1 telles qu'elles sont définies à l'article D 304-1 du code de la construction et de l'habitation.

(Voir arrêté du 1er août 2014, JO du 6)

IRPP-IV-113200 s. ; MF n° 2809

Art 18-0 bis E I. Pour l'application du II de l'article 199 tricies du code général des impôts pour les logements situés en France métropolitaine, le contribuable justifie :

A. Pour les baux conclus, ou renouvelés au plus tard le 31 décembre 2027 :

1° Soit d'une consommation conventionnelle en énergie primaire du logement inférieure à 331 kWh/m²/an, évaluée sur les usages de l'énergie pour le chauffage, la production d'eau chaude sanitaire et le refroidissement, lorsqu'il dispose d'une évaluation énergétique réalisée avant le 30 juin 2021 en cours de validité au sens de l'article D 126-19 du code de la construction et de l'habitation ;

2° Soit, dans les autres situations, d'un niveau de performance minimal correspondant à la classe E au sens de l'article L 173-1-1 du même code ;

B. Pour les baux conclus ou renouvelés à compter du 1er janvier 2028, d'un niveau de performance minimal correspondant à la classe D au sens de l'article L 173-1-1 du code de la construction et de l'habitation.

II. La justification du respect des exigences de performance énergétique mentionnées au I est apportée :

a. Pour les situations mentionnées au 1° du A du I, par la fourniture d'un diagnostic de performance énergétique ou d'une évaluation énergétique établi selon une méthode de calcul conventionnelle satisfaisant les dispositions des arrêtés du 15 septembre 2006, dans leur version en vigueur au 30 juin 2021, relatifs respectivement aux méthodes et procédures applicables au diagnostic de performance énergétique pour les bâtiments existants proposés à la vente en France métropolitaine et au diagnostic de performance énergétique pour les bâtiments existants proposés à la vente en France métropolitaine ;

b. Dans les autres cas, par un diagnostic de performance énergétique satisfaisant les dispositions de l'arrêté du 31 mars 2021 relatif au diagnostic de performance énergétique pour les bâtiments ou parties de bâtiments à usage d'habitation en France métropolitaine, quels que soient l'année de construction et le type du bâtiment.

Cette évaluation énergétique ou ce diagnostic de performance énergétique :

est réalisé par une personne répondant soit aux conditions prévues par l'article L 271-6 du code de la construction et de l'habitation, soit aux conditions prévues par le décret n° 2018-416 du 30 mai 2018 relatif aux conditions de qualification des auditeurs réalisant l'audit énergétique éligible au crédit d'impôt sur le revenu pour la transition énergétique prévues au dernier alinéa du 2 de l'article 200 quater du code général des impôts ;

doit être en cours de validité, selon le cas, à la date d'enregistrement de la demande de conventionnement par l'Agence nationale de l'habitat, à la conclusion du bail lorsque celle-ci intervient après la conclusion de la convention avec l'Agence nationale de l'habitat, ou lors du renouvellement du bail.

III. Le contribuable produit sur simple demande les justifications mentionnées au II.

IRPP-IV-52320 s. ; MF n° 2852

Art 18-0 bis F I. Pour l'application du II de l'article 199 tricies du code général des impôts pour les logements situés en Guadeloupe, en Martinique, en Guyane, à La Réunion et à Mayotte, le contribuable justifie que le logement respecte les conditions prévues au I de l'article 01 quater à la date d'enregistrement de la demande de conventionnement par l'Agence nationale de l'habitat, à la conclusion du bail lorsque celle-ci intervient après la conclusion de la convention avec l'Agence nationale de l'habitat, ou lors du renouvellement du bail.

II. Le contribuable produit sur simple demande toutes les factures ou notes émises par les entreprises prestataires ou tout autre moyen de preuve compatible avec les règles de la procédure écrite de nature à établir que le logement satisfait les conditions prévues au I.

IRPP-IV-52350 s. ; MF n° 2852

5° Crédits d'impôt pour la transition énergétique

Art 18 bis I. La liste des équipements, matériaux et appareils mentionnés au 1 de l'article 200 quater du code général des impôts est fixée comme suit :

1. *(Abrogé)* ;

2. Acquisition des équipements et matériaux suivants, dans la limite d'un plafond de dépenses fixé respectivement à 150 € et 100 €, toutes taxes comprises, par mètre carré de parois isolées par l'extérieur et par mètre carré de parois isolées par l'intérieur :

a. *(Abrogé)* ;

a bis. *(Abrogé)* ;

b. Matériaux d'isolation thermique :

1° Pour les logements situés en métropole, matériaux d'isolation thermique des parois opaques, dont la résistance thermique « R » est évaluée selon la norme NF EN 12664, la norme NF EN 12667 ou la norme NF EN 12939 pour les isolants non-réfléchissants ou la norme NF EN 16012 pour les isolants réfléchissants :

Murs en façade ou en pignon, possédant une résistance thermique supérieure ou égale à 3,7 mètres carrés Kelvin par watt (m^2.K/W) ;

Toitures-terrasses possédant une résistance thermique supérieure ou égale à 4,5 m^2.K/W ;

Rampants de toiture et plafonds de combles possédant une résistance thermique supérieure ou égale à 6 m^2.K/W ;

Lorsqu'il est nécessaire de protéger les matériaux d'isolation thermique mentionnés au présent 1° contre les transferts d'humidité pour garantir la performance de l'ouvrage, leur pose est accompagnée de l'installation d'un pare-vapeur ou de tout autre dispositif permettant d'atteindre un résultat équivalent ;

1° bis Pour les logements situés en Guadeloupe, en Guyane, en Martinique, à Mayotte et à La Réunion, matériaux d'isolation thermique des parois opaques, dont la résistance thermique « R » est évaluée selon la norme NF EN 12664, la norme NF EN 12667 ou la norme NF EN 12939 pour les isolants non-réfléchissants ou la norme NF EN 16012 pour les isolants réfléchissants :

Murs en façade ou en pignon, possédant une résistance thermique supérieure ou égale à 0,5 mètre carré Kelvin par watt (m^2.K/W) ;

Toitures-terrasses, rampants de toiture et plafonds de combles possédant une résistance thermique supérieure ou égale à 1,5 mètre carré Kelvin par watt (m^2.K/W) ;

Lorsqu'il est nécessaire de protéger les matériaux d'isolation thermique mentionnés au présent 1° bis contre les transferts d'humidité pour garantir la performance de l'ouvrage, leur pose est accompagnée de l'installation d'un pare-vapeur ou de tout autre dispositif permettant d'atteindre un résultat équivalent ;

2° Matériaux d'isolation thermique des parois vitrées :

Fenêtres ou porte-fenêtres avec un coefficient de transmission thermique (Uw) inférieur ou égal à 1,3 watt par mètre carré Kelvin (W/m².K) et un facteur de transmission solaire (Sw) supérieur ou égal à 0,3 ou un coefficient de transmission thermique (Uw) inférieur ou égal à 1,7 watt par mètre carré Kelvin (W/m².K) et un facteur de transmission solaire (Sw) supérieur ou égal à 0,36. Les facteurs de transmission solaire Sw sont évalués selon la norme XP P 50-777 et les coefficients de transmission thermique des fenêtres ou porte-fenêtres Uw selon la norme NF EN 14 351-1 ;

Fenêtres en toitures avec un coefficient de transmission thermique (Uw) inférieur ou égal à 1,5 watt par mètre carré Kelvin (W/m².K) et un facteur de transmission solaire (Sw) inférieur ou égal à 0,36. Le facteur de transmission solaire Sw est évalué selon la norme XP P 50-777 et le coefficient de transmission thermique Uw selon la norme NF EN 14 351-1 ;

Doubles fenêtres, consistant en la pose sur la baie existante d'une seconde fenêtre à double vitrage renforcé, dont le coefficient de transmission thermique (Uw) est inférieur ou égal à 1,8 W/m².K et le facteur de transmission solaire (Sw) supérieur ou égal à 0,32. Le facteur de transmission solaire Sw est évalué selon la norme XP P 50-777 et le coefficient de transmission thermique Uw selon la norme NF EN 14 351-1 ;

3° *(Abrogé)* ;

4° *(Abrogé)* ;

5° *(Abrogé)* ;

c. *(Abrogé)* ;

3. Acquisition :

a. D'équipements de chauffage ou de fourniture d'eau chaude sanitaire fonctionnant au bois ou autres biomasses, ou à l'énergie solaire thermique :

1° Equipements de production de chauffage ou de fourniture d'eau chaude sanitaire fonctionnant à l'énergie solaire et dotés de capteurs solaires, installés avec appoint intégré, et dispositifs solaires installés sur appoint séparé, neuf ou existant, pour la production de chauffage ou d'eau chaude sanitaire. Les capteurs utilisés, qui disposent d'une certification CSTBat ou Solar Keymark ou équivalente, peuvent être thermiques à circulation de liquide ou d'air, ou hybrides thermiques et électriques à circulation de liquide. La surface hors tout de capteurs installés est supérieure ou égale à 1 m² ;

a. Pour les équipements de production de chauffage fonctionnant à l'énergie solaire et les dispositifs solaires installés sur appoint séparé, neuf ou existant, pour la production de chauffage : une efficacité énergétique saisonnière, définie selon le règlement (UE) n° 813/2013 de la commission du 2 août 2013 portant application de la directive 2009/125/CE du Parlement européen et du Conseil en ce qui concerne les exigences d'écoconception applicables aux dispositifs de chauffage des locaux et aux dispositifs de chauffage mixtes, supérieure ou égale à :

82 % dans le cas où l'efficacité énergétique saisonnière de l'appoint séparé est inférieure à 82 % ;

90 % dans le cas où l'efficacité énergétique saisonnière de l'appoint est inférieure à 90 % ;

98 % dans le cas où l'efficacité énergétique saisonnière de l'appoint est supérieure ou égale à 90 % et inférieure à 98 % ;

supérieure d'au moins 5 points de pourcentage à l'efficacité énergétique saisonnière de l'appoint dans les autres cas ;

b. Pour les équipements de fourniture d'eau chaude sanitaire fonctionnant à l'énergie solaire et les dispositifs solaires installés sur appoint séparé, neuf ou existant, pour la production d'eau chaude sanitaire : une efficacité énergétique pour le chauffage de l'eau, définie par le règlement (UE) n° 814/2013 de la commission du 2 août 2013 portant application de la directive 2009/125/CE du Parlement européen et du Conseil en ce qui concerne les exigences d'écoconception applicables aux chauffe-eau et aux ballons d'eau chaude, supérieure ou égale à :

Energie de l'appoint	Profil de soutirage			
	M	L	XL	XXL
Electrique à effet Joule	36 %	37 %	38 %	40 %
Autre	95 %	100 %	110 %	120 %

L'efficacité énergétique saisonnière mentionnée au a et l'efficacité énergétique pour le chauffage de l'eau mentionnée au b sont appréciées dans les conditions climatiques moyennes au sens du règlement (UE) n° 813/2013 de la commission du 2 août 2013 précité.

Pour les dispositifs solaires mentionnés au a et au b, l'efficacité énergétique saisonnière ou l'efficacité énergétique pour le chauffage de l'eau sont calculées par l'installateur à l'aide d'un logiciel dont les références sont rendues publiques sur le site internet du ministère chargé de l'énergie. L'installateur utilise les données communiquées par le fabricant ou le distributeur, ou les données indiquées sur les composants séparés, pour calculer l'efficacité énergétique saisonnière ou l'efficacité énergétique pour le chauffage de l'eau. Il remet au contribuable la fiche de résultats éditée par le logiciel.

Pour le calcul de l'efficacité énergétique saisonnière mentionnée au a comme pour le calcul de l'efficacité énergétique pour le chauffage de l'eau mentionnée au b, l'installateur renseigne dans le logiciel l'efficacité énergétique saisonnière de l'appoint lorsque l'appoint assure à la fois la fonction de chauffage des locaux et celle de chauffage de l'eau sanitaire. Il se réfère pour cela à la valeur indiquée sur la fiche produit pour les appoints soumis à la directive 2009/125/CE du Parlement européen et du Conseil du 21 octobre 2009 établissant un cadre pour la fixation d'exigences en matière d'écoconception applicables aux produits liés à l'énergie, à la directive 2010/30/UE du Parlement européen et du Conseil du 19 mai 2010 concernant l'indication, par voie d'étiquetage et d'informations uniformes relatives aux produits, de la consommation en énergie et en autres ressources des produits liés à l'énergie dans sa version antérieure à son abrogation par le règlement (UE) 2017/1369 du Parlement européen et du Conseil du 4 juillet 2017 établissant un cadre pour l'étiquetage énergétique et abrogeant la directive 2010/30/UE ou au règlement (UE) 2017/1369 du Parlement européen et du Conseil du 4 juillet 2017 établissant un cadre pour l'étiquetage énergétique et abrogeant la directive 2010/30/UE. Pour les appoints pour lesquels l'efficacité énergétique saisonnière n'est pas connue, l'installateur se réfère aux valeurs conventionnelles indiquées ci-dessous :

Type d'appoint	Technologie	Date de fabrication	Efficacité énergétique saisonnière
Chaudière fonctionnant au gaz	Chaudière standard ou basse température	En 2004 ou avant	68 %
		En 2005 ou après	75 %
	Chaudière à condensation	En 2004 ou avant	85 %
		En 2005 ou après	91 %
Chaudière fonctionnant au fioul	Chaudière standard ou basse température	En 1999 ou avant	68 %
		En 2000 ou après	75 %
	Chaudière à condensation	Toutes	85 %
Pompes à chaleur	Toutes	Toutes	91 %
Emetteurs électriques à effet Joule	Toutes	Toutes	37 %

Pour les chaudières fonctionnant au bois ou autres biomasses utilisées comme appoint, le critère requis s'applique à l'indice d'efficacité énergétique au sens du règlement délégué (UE) 2015/1187 de la Commission du 27 avril 2015 complétant la directive 2010/30/UE du Parlement européen et du Conseil en ce qui concerne l'étiquetage énergétique des chaudières à combustible solide et des produits combinés constitués d'une chaudière à combustible solide, de dispositifs de chauffage d'appoint, de régulateurs de température et de dispositifs solaires. Lorsque l'indice d'efficacité énergétique de cet appoint n'est pas connu, la valeur conventionnelle utilisée est de 98 %.

Pour les équipements mentionnés au a, et installés sur planchers chauffants, l'efficacité énergétique saisonnière est calculée grâce à un logiciel en utilisant les valeurs conventionnelles suivantes pour le ballon de stockage : volume de 2 000 litres, classe d'efficacité énergétique A+. Les références du logiciel sont rendues publiques sur le site internet du ministère chargé de l'énergie ;

2° *(Abrogé)* ;

3° *(Abrogé)* ;

4° *(Abrogé)* ;

5° Equipements de chauffage ou de production d'eau chaude indépendants fonctionnant au bois ou autres biomasses, qui respectent les conditions suivantes :

a. Pour les appareils à granulés ou à plaquettes :

l'émission de monoxyde de carbone rapportée à 13 % d'O_2 est inférieure ou égale à 300 mg/Nm^3 ;

l'émission de particules rapportée à 13 % d'O_2 est inférieure ou égale à 30 mg/Nm^3 ;

le rendement énergétique est supérieur ou égal à 87 % ;

b. Pour les appareils à bûches ou autres biomasses :

l'émission de monoxyde de carbone rapportée à 13 % d'O_2 est inférieure ou égale à 1 500 mg/Nm^3 ;

l'émission de particules rapportée à 13 % d'O_2 est inférieure ou égale à 40 mg/Nm^3 ;

le rendement énergétique est supérieur ou égal à 75 %.

Pour l'application des a et b, l'émission de monoxyde de carbone et le rendement énergétique sont mesurés selon les référentiels des normes en vigueur :

pour les poêles : norme NF EN 13240 ou NF EN 14785 ou NF EN 15250 ;

pour les foyers fermés et les inserts de cheminées intérieures, pour l'acquisition et la pose desquels il est appliqué un montant de crédit d'impôt égal à 600 € toutes taxes comprises : norme NF EN 13229 ;

pour les cuisinières utilisées comme mode de chauffage : norme NF EN 12815.

L'émission de particules est exprimée en mg/Nm^3 et mesurée selon la méthode A1 annexe A de la norme CEN/TS 15883 ou une norme équivalente.

pour les appareils de masse artisanaux de conception unitaire, les valeurs d'émissions et de rendement sont exprimées selon le référentiel de la norme NF EN 15544. L'appareil (dont la chambre de combustion, l'accumulateur de chaleur et le conduit de fumée) est dimensionné sur le fondement d'une note de calcul détaillée, réalisée à l'aide d'un logiciel de dimensionnement dont les références sont rendues publiques sur le site internet du ministère chargé de l'énergie ;

6° Chaudières fonctionnant au bois ou autres biomasses, respectant les seuils de rendement énergétique et d'émissions de polluants de la classe 5 de la norme NF EN 303.5, dont la puissance est inférieure à 300 kW et qui sont équipées d'un régulateur relevant de l'une des classes IV, V, VI, VII ou VIII telles que définies au paragraphe 6.1 de la communication de la Commission du 3 juillet 2014 dans le cadre du règlement (UE) n° 813/2013 de la Commission portant application de la directive 2009/125/CE du Parlement européen et du Conseil en ce qui concerne les exigences d'écoconception applicables aux dispositifs de chauffage des locaux et aux dispositifs de chauffage mixtes et du règlement délégué (UE) n° 811/2013 de la Commission complétant la directive 2010/30/UE du Parlement européen et du Conseil en ce qui concerne l'étiquetage énergétique des dispositifs de chauffage des locaux, des dispositifs de chauffage mixtes, des produits combinés constitués d'un dispositif de chauffage des locaux, d'un régulateur de température et d'un dispositif solaire et des produits combinés constitués d'un dispositif de chauffage mixte, d'un régulateur de température et d'un dispositif solaire (2014/C 207/02) :

a. Chaudière à alimentation automatique, associée à un silo d'un volume minimal de 225 litres, neuf ou existant ;

b. Chaudière à alimentation manuelle, associée à un ballon tampon, neuf ou existant ;

b. De pompes à chaleur spécifiques, sous réserve qu'elles respectent une intensité maximale au démarrage de 45 A en monophasé ou de 60 A en triphasé lorsque leur puissance est inférieure à 25 kW, telles que :

1° Les pompes à chaleur suivantes, y compris si elles intègrent un appoint, ayant une efficacité énergétique saisonnière pour le chauffage supérieure ou égale à 126 % pour celles à basse température ou à 111 % pour celles à moyenne et haute température :

a. Pompes à chaleur géothermiques eau/eau et pompes à chaleur air/eau pour lesquelles l'efficacité énergétique saisonnière pour le chauffage est calculée selon le règlement (UE) n° 813/2013 de la commission du 2 août 2013 précité ;

b. Pompes à chaleur géothermiques sol/ eau, pour lesquelles l'efficacité énergétique saisonnière pour le chauffage est calculée selon le règlement (UE) n° 813/2013 de la commission du 2 août 2013 précité pour une température de 4° C du bain d'eau glycolée, conformément à la norme EN 15879-1 et une température de condensation de 35° C ;

c. Pompes à chaleur géothermiques sol/sol pour lesquelles l'efficacité énergétique saisonnière pour le chauffage est calculée selon le règlement (UE) n° 813/2013 de la commission du 2 août 2013 précité pour une température d'évaporation fixe de – 5° C et une température de condensation de 35° C ;

2° Les pompes à chaleur dédiées à la production d'eau chaude sanitaire pour lesquelles l'efficacité énergétique pour le chauffage de l'eau, définie selon le règlement délégué (UE) n° 812/2013 de la Commission du 18 février 2013 complétant la directive 2010/30/UE du Parlement européen et du Conseil en ce qui concerne l'étiquetage énergétique des chauffe-eau, des ballons d'eau chaude et des produits combinés constitués d'un chauffe-eau et d'un dispositif solaire, est supérieure ou égale à :

PROFIL DE SOUTIRAGE	M	L	XL
Efficacité énergétique	95 %	100 %	110 %

c. D'équipements de raccordement à un réseau de chaleur ou de froid, alimenté majoritairement par des énergies renouvelables ou par une installation de cogénération, qui s'entendent des éléments suivants :

Branchement privatif composé de tuyaux et de vannes qui permet de raccorder le réseau de chaleur ou de froid au poste de livraison de l'immeuble ;

Poste de livraison ou sous-station qui constitue l'échangeur entre le réseau de chaleur ou de froid et l'immeuble ;

Matériels nécessaires à l'équilibrage et à la mesure de la chaleur ou de froid qui visent à opérer une répartition correcte de celle-ci. Ces matériels peuvent être installés, selon le cas, avec le poste de livraison, dans les parties communes de l'immeuble collectif ou dans le logement ;

d. *(Abrogé)* ;

e. *(Abrogé)* ;

f. De systèmes de charge pour véhicule électrique qui s'entendent des bornes de recharge pour véhicules électriques et dont les types de prise respectent la norme IEC 62196-2 ainsi que la directive 2014/94/UE du Parlement européen et du Conseil du 22 octobre 2014 sur le déploiement d'une infrastructure pour carburants alternatifs ;

g. D'équipements de ventilation mécanique contrôlée double flux autoréglable en installation individuelle ou collective, ou modulé avec bouches d'extraction hygroréglables en installation individuelle seulement.

Pour les installations individuelles (un seul logement desservi par le système de ventilation), le caisson de ventilation relève de la classe d'efficacité énergétique A ou supérieure selon le règlement délégué (UE) n° 1254/2014 de la Commission du 11 juillet 2014 complétant la directive 2010/30/UE du Parlement européen et du Conseil en ce qui concerne l'étiquetage énergétique des unités de ventilation résidentielles. L'échangeur présente une efficacité thermique, mesurée selon la norme NF EN 13141-7, supérieure à 85 % et certifiée par un organisme établi dans l'Espace économique européen et accrédité selon la norme NF EN ISO/CEI 17065 par le comité français d'accréditation (COFRAC) ou tout autre organisme d'accréditation signataire de l'accord européen multilatéral pertinent dans le cadre de la coordination européenne des organismes d'accréditation. Est réputé satisfaire cette exigence d'efficacité thermique, un caisson de ventilation certifié NF 205 ou équivalent.

Pour les installations collectives (plusieurs logements desservis) :

le caisson double flux est collectif ;

l'échangeur statique est collectif et a une efficacité supérieure ou égale à 75 % selon les normes NF EN 308 ou NF EN 51-763. Est réputé satisfaire cette exigence d'efficacité, un échangeur statique collectif certifié Eurovent Certified Performance Echangeurs à plaques air-air (AAHE) ou Echangeur régénératif (AARE) ou possédant des caractéristiques de performance et de qualité équivalentes établies par un organisme établi dans l'Espace économique européen et accrédité selon la norme NF EN ISO/CEI 17065 par le comité français d'accréditation (COFRAC) ou tout autre organisme d'accréditation signataire de l'accord européen multilatéral pertinent pris dans le cadre de la coordination européenne des organismes d'accréditation ;

3 bis. Dépose d'une cuve à fioul, d'un réservoir de fioul ou d'un stockage de fioul, au sens de l'arrêté du 1er juillet 2004 fixant les règles techniques et de sécurité applicables au stockage de produits pétroliers dans les lieux non visés par la législation des installations classées ni la réglementation des établissements recevant du public :

a. Non enterré en plein air, mentionné au titre IV de l'arrêté du 1er juillet 2004 précité ;

b. A rez-de-chaussée ou en sous-sol d'un bâtiment, mentionné au titre V du même arrêté ;

c. Enterré, mentionné au titre VI du même arrêté ;

d. Autre, mentionné au titre VII du même arrêté ;

Les modalités d'abandon de la cuve, du réservoir ou du stockage de fioul respectent les exigences définies à l'article 28 du même arrêté ;

4. Pour les logements situés en Guadeloupe, en Guyane, en Martinique, à Mayotte et à La Réunion, acquisition :

a. *(Abrogé)* ;

b. D'équipements ou de matériaux de protection des parois opaques ou vitrées contre les rayonnements solaires :

1° Systèmes de protection des parois opaques pour ce qui concerne la toiture :

a. Sur-toiture ventilée définie au deuxième alinéa de l'article 3 de l'arrêté du 25 mai 2011 relatif à l'application en outre-mer de dispositions concernant les avances remboursables sans intérêts destinées au financement de travaux de rénovation afin d'améliorer la performance énergétique des logements anciens ;

b. Systèmes de protection de la toiture définis aux quatrième et cinquième alinéas de l'article 3 de l'arrêté du 25 mai 2011 précité ;

2° Systèmes de protection des parois opaques pour ce qui concerne les murs donnant sur l'extérieur :

a. Bardage ventilé ;

b. Pare-soleil horizontaux, définis respectivement aux deuxième et troisième alinéas de l'article 4 de l'arrêté du 25 mai 2011 précité ;

3° Systèmes de protection des parois vitrées pour ce qui concerne les baies donnant sur l'extérieur :

a. Pare-soleil horizontaux ;

b. Brise-soleil verticaux ;

c. Protections solaires mobiles extérieures dans le plan de la baie ;

d. Lames orientables opaques ;

e. Films réfléchissants sur lames transparentes, définis respectivement aux deuxième à sixième alinéas de l'article 5 de l'arrêté du 25 mai 2011 précité ;

c. *(Abrogé).*

II. Les modalités de réalisation et le contenu de l'audit énergétique mentionné au I du 1 de l'article 200 quater du code général des impôts sont fixés comme suit :

1. L'audit énergétique comprend des propositions de travaux dont l'une au moins permet d'atteindre un très haut niveau de performance énergétique du bâtiment, s'appuyant sur les simulations réalisées pour les bâtiments à usage principal d'habitation en copropriété ou pour les maisons individuelles et définies ci-après.

a. Les propositions de travaux comprennent :

1° Un scénario, en une seule étape, visant une baisse d'au moins 30 % des consommations d'énergie primaire et une consommation après travaux inférieure à 330 kWhEP/m²/an si la consommation d'énergie primaire avant travaux est supérieure à cette valeur. Les travaux préconisés dans ce scénario doivent être compatibles avec l'atteinte à plus long terme du niveau BBC rénovation défini au 2° de l'article 2 de l'arrêté du 29 septembre 2009 relatif au contenu et aux conditions d'attribution du label « haute performance énergétique rénovation » *(NDLR L'arrêté précité a été abrogé par l'arrêté TREL2306395A du 3 octobre 2023 art. 9 : JO 12, pour les demandes de labellisation intervenant à compter du 1er janvier 2024)* ;

2° Et un scénario permettant d'atteindre le niveau BBC rénovation précité, en quatre étapes au maximum, selon un ordonnancement visant à maximiser l'économie d'énergie lors des premières étapes sans compromettre la faisabilité technique ou économique des étapes suivantes, en tenant compte des éventuelles pathologies du bâtiment.

b. L'audit énergétique précise pour chaque étape des scénarios de travaux mentionnés aux 1° et 2° du a du présent 1 :

1° La consommation annuelle d'énergie primaire du bâtiment après travaux rapportée à sa surface hors œuvre nette exprimée en kWhEP/m²SHON/an pour chaque usage suivant de l'énergie : le chauffage, le refroidissement, la production d'eau chaude sanitaire, la ventilation et l'éclairage ;

2° La consommation annuelle totale d'énergie primaire du bâtiment après travaux pour l'ensemble des usages de l'énergie précités exprimée en kWhEP/an et en kWhEP/m²SHON/an ;

3° L'émission annuelle totale de gaz à effet de serre du bâtiment après travaux pour l'ensemble des usages de l'énergie précités exprimée en kgCO$_2$/ m²SHON/an ;

4° Le nouveau classement énergétique du bâtiment ;

5° Le nouveau classement en gaz à effet de serre du bâtiment ;

6° L'estimation des économies d'énergie en énergie primaire, puis en euros par rapport à la situation de référence modélisée conformément au 3 du présent II pour les bâtiments à usage principal d'habitation en copropriété et au 4 du présent II pour les maisons individuelles ;

7° L'estimation du coût des travaux détaillé par action ;

8° Les aides financières mobilisables.

c. Il décrit, pour chaque type de travaux proposés, les critères de performances minimales des équipements, matériaux ou appareils nécessaires aux entreprises pour la réalisation des travaux ;

2. L'audit énergétique donne lieu à un rapport de synthèse par la personne chargée de sa réalisation comprenant :

a. Une synthèse des constats et des préconisations ;

b. L'état des lieux des différents postes de consommation d'énergie et des principaux défauts identifiés (situation et état du bâti, mode de chauffage et production de chaleur, gestion du chauffage et régulation, ventilation et étanchéité à l'air, coûts annuels d'exploitation) incluant le résultat du calcul énergétique prévu au 3 du présent II pour les bâtiments à usage principal d'habitation en copropriété et au 4 du présent II pour les maisons individuelles ;

c. Les propositions de travaux décrites au 1 du présent II, en précisant pour chaque scénario les coûts prévisionnels, les économies d'énergie attendues, le temps de retour sur investissement et leur cohérence globale ;

d. L'ensemble des éléments mentionnés au 1 du présent II ;

e. Une liste de préconisations visant à améliorer la performance et la gestion des équipements. Ces actions concernent notamment l'équilibrage de l'installation, le désembouage des réseaux de distribution ou la purge des émetteurs de chaleur. Chaque préconisation proposée est accompagnée d'une estimation du coût de mise en œuvre et des économies attendus ;

f. Des recommandations visant à inciter les occupants à développer des comportements sobres en énergie ;

g. Une annexe explicitant les différentes notions techniques ;

h. Un renvoi vers les différents dispositifs locaux et nationaux d'accompagnement de la rénovation énergétique.

Le rapport de synthèse est transmis au commanditaire de l'audit dans un délai d'un mois à compter de la date de visite du bâtiment prévue au 3 du présent II pour les bâtiments à usage principal d'habitation en copropriété et au 4 du présent II pour les maisons individuelles ;

3. Pour les bâtiments à usage principal d'habitation en copropriété, l'audit est réalisé en respectant les modalités :

a. De recueil des informations prévues aux articles 2, 3, 4 et 5 de l'arrêté du 28 février 2013 relatif au contenu et aux modalités de réalisation d'un audit énergétique ;

b. De recueil des données prévues aux articles 6 et 7 de l'arrêté du 28 février 2013 précité ;

c. De modélisation du bâtiment prévues à l'article 8 du même arrêté ;

4. Pour les maisons individuelles, l'audit est réalisé en respectant les modalités suivantes :

a. Le propriétaire fournit à la personne qui réalise l'audit, les factures des travaux le cas échéant réalisés, les devis des travaux éventuellement envisagés et le diagnostic de performance énergétique s'il en dispose ;

b. L'auditeur réalise une visite du site, en saison de chauffe si possible, accompagné du propriétaire. La visite s'accompagne d'un descriptif des modes constructifs, des principales caractéristiques thermiques et géométriques du logement et de ses équipements énergétiques. Les occupants sont interrogés sur leurs habitudes d'utilisation et de gestion des différents équipements du logement (notamment les ouvertures de fenêtres, le puisage d'eau chaude et d'eau froide et la régulation des émetteurs), sur les dépenses annuelles liées à ces équipements et sur l'appréciation de leur confort thermique ;

c. L'audit énergétique comprend l'estimation de la consommation annuelle d'énergie de la maison liée au chauffage, au refroidissement, à la production d'eau chaude sanitaire, à l'éclairage et à la ventilation.

Cette estimation s'appuie sur les factures énergétiques, transmises par le commanditaire de l'audit. Elle intègre des redressements climatiques et s'accompagne d'une analyse, sur les trois dernières années, de l'évolution des consommations énergétiques ;

d. L'audit énergétique comprend un diagnostic des qualités architecturales et thermiques préexistantes de la maison et de ses défauts nécessitant des travaux d'amélioration de la performance énergétique ;

e. L'audit énergétique comprend la modélisation de la maison au moyen d'un logiciel de simulation énergétique. Les données d'entrée du modèle sont ajustées aux conditions réellement observées. Les conditions d'occupation des logements modélisés dans la simulation sont notamment conformes aux conditions observées lors de la visite du site.

Cette modélisation aboutit à des consommations énergétiques simulées approchant les consommations réelles. En outre, elle permet d'émettre des propositions pertinentes d'actions d'amélioration de la performance énergétique de la maison en simulant la réalisation de travaux portant sur les éléments constitutifs de l'enveloppe du bâtiment ainsi que sur les équipements de production d'eau chaude sanitaire, de ventilation et d'éclairage.

III. Les modalités de réalisation du bouquet de travaux mentionné au o du 1 de l'article 200 quater du code général des impôts sont fixées comme suit :

1. Le bouquet de travaux combine au moins deux des quatre catégories de travaux ci-après : chauffage, production d'eau chaude sanitaire, ventilation et isolation de l'enveloppe de la maison ;

2. La conception, la réalisation et le suivi du projet de rénovation globale sont réalisés par une ou plusieurs entreprises certifiées « offre globale » conformément au troisième alinéa du I de l'article 1er et à l'annexe II de l'arrêté du 1er décembre 2015 relatif aux critères de qualifications requis pour le bénéfice du crédit d'impôt pour la transition énergétique et des avances remboursables sans intérêt destinées au financement de travaux de rénovation afin d'améliorer la performance énergétique des logements anciens ;

3. Les émissions annuelles de gaz à effet de serre après rénovation, rapportées à la surface habitable de la maison, doivent être inférieures ou égales à la valeur initiale de ces émissions avant travaux ;

4. Pour justifier du respect des exigences relatives aux consommations conventionnelles annuelles en énergie primaire avant et après travaux mentionnées au o du 1 de l'article 200 quater précité :

a. Un audit énergétique, tel que défini au II, est réalisé préalablement aux travaux par une personne répondant aux conditions prévues par le décret no 2018-416 du 30 mai 2018 relatif aux conditions de qualification des auditeurs réalisant l'audit énergétique éligible au crédit d'impôt sur le revenu pour la transition énergétique prévues au dernier alinéa du 2 de l'article 200 quater du code général des impôts ;

b. Une liste des travaux préconisés par l'audit énergétique, avec leurs niveaux de performance et la correspondance avec la liste des travaux réalisés, datée et signée par le bénéficiaire et le maître d'œuvre, est établie ;

c. Lorsque les travaux mis en œuvre diffèrent des travaux préconisés, l'audit énergétique est mis à jour sur la base des travaux effectivement réalisés.

IRPP-IV-131000 s.

Art 18 ter Pour l'application du a du 1 de l'article 200 quater A du code général des impôts, la liste des installations et équipements permettant l'adaptation des logements à la perte d'autonomie ou au handicap est fixée comme suit :

1° Equipements sanitaires attachés à perpétuelle demeure : éviers et lavabos à hauteur réglable ; éviers et lavabos fixes utilisables par les personnes à mobilité réduite ; siphon déporté ; sièges de douche muraux ; cabines de douche intégrales pour personnes à mobilité réduite ; bacs à douche extra-plats et portes de douche ; receveurs de douche à carreler ; pompes de relevage ou pompes d'aspiration des eaux pour receveur extra-plat ; w.-c. surélevés ; w.-c. suspendus avec bâti support ; w.-c. équipés d'un système lavant et séchant ; robinetteries pour personnes à mobilité réduite ; mitigeurs thermostatiques ; miroirs inclinables pour personnes à mobilité réduite ;

2° Equipements de sécurité et d'accessibilité attachés à perpétuelle demeure : systèmes de commande comprenant un détecteur de mouvements, de signalisation ou d'alerte ; dispositifs de fermeture, d'ouverture ou systèmes de commande des installations électriques, d'eau, de gaz et de chauffage ; éclairages temporisés couplés à un détecteur de mouvements ; systèmes de motorisation de volets, de portes d'entrée et de garage, de portails ; volets roulants électriques ; appareils élévateurs verticaux comportant une plate-forme aménagée en vue du transport d'une personne handicapée et élévateurs à déplacements inclinés spécialement conçus pour le déplacement d'une personne handicapée, définis à l'article 30-0 C ; mains courantes ; barres de maintien ou d'appui ; poignées ou barres de tirage de porte adaptées ; systèmes de transfert à demeure ou potences au plafond ; rampes fixes ; plans inclinés ; mobiliers à hauteur réglable ; revêtements podotactiles ; nez de marche contrastés et antidérapants ; revêtements de sol antidérapant ; protections d'angles ; garde-corps ; portes ou fenêtres adaptées, inversion ou élargissement de portes ; portes coulissantes ; boucles magnétiques.

Ndlr *Le présent article, tel que modifié par l'arrêté TSSA2335628A du 30 décembre 2023, s'applique à compter du 28 janvier 2024.*

IRPP-IV-1690 s. ; MF n°s 3110 s.

5° bis Crédit d'impôt pour acquisition et pose de systèmes de charge pour véhicule électrique

Art 18 ter A Les systèmes de charge pour véhicule électrique mentionnés au 1 de l'article 200 quater C du code général des impôts s'entendent des bornes de recharge pour véhicule électrique dont les types de prise respectent la norme NF EN 62196-2 ainsi que le décret n° 2017-26 du 12 janvier 2017 relatif aux infrastructures de recharge pour véhicules électriques et portant diverses mesures de transposition de la directive 2014/94/UE du Parlement européen et du Conseil du 22 octobre 2014 sur le déploiement d'une infrastructure pour carburants alternatifs.

IRPP-IV-21380 ; MF n° 3060

6° Réduction d'impôt accordée au titre de certains investissements réalisés outre-mer

Art 18 quater I. Sont prises en compte pour l'application du 6° du I de l'article 199 undecies C du code général des impôts les dépenses relatives à l'acquisition, à l'installation et à la pose :

1. De dispositifs constructifs, d'équipements ou de matériaux d'isolation thermique, dont la finalité essentielle est la protection contre le rayonnement solaire des parois opaques, en contact avec l'extérieur, et/ou des baies, en contact avec l'extérieur, ou la ventilation naturelle de confort thermique, visant à limiter le recours à la climatisation :

a. En Guadeloupe, en Martinique, en Guyane et à La Réunion, respectant les exigences des articles 5 (1°), 6 et 10 de l'arrêté du 17 avril 2009 définissant les caractéristiques thermiques minimales des bâtiments d'habitation neufs dans les départements de la Guadeloupe, de la Martinique, de la Guyane et de La Réunion ;

b. A Mayotte, respectant les exigences définies au 1 de la partie B de l'annexe 1 de l'arrêté préfectoral n° 192 PM/SG/DE/08 du 15 octobre 2008 relatif aux subventions par l'Etat pour la construction, l'acquisition et l'amélioration de logements locatifs sociaux ;

c. En Nouvelle-Calédonie, en Polynésie française, à Saint-Martin, à Saint-Barthélemy et dans les îles Wallis-et-Futuna, tels que :

1° Surtoiture ventilée ;

2° Isolation thermique ;

3° Bardage ventilé ;

4° Pare-soleil horizontaux ;

5° Brise-soleil verticaux ;

6° Protections solaires mobiles extérieures dans le plan des baies ;

7° Ventilateurs de plafond ;

2. De matériaux d'isolation thermique, visant à maîtriser les besoins en chauffage :

a. Pour les bâtiments d'habitation construits à La Réunion à une altitude supérieure à 800 mètres, respectant les exigences de l'article 5 (2°) de l'arrêté du 17 avril 2009 définissant les caractéristiques thermiques minimales des bâtiments d'habitation neufs dans les départements de la Guadeloupe, de la Martinique, de la Guyane et de La Réunion ;

b. A Saint-Pierre-et-Miquelon, visés aux 1°, 2° et 4° du b du 2 du I de l'article 18 bis dans sa rédaction en vigueur au 31 décembre 2019 ;

3. D'appareils de régulation de chauffage, visés au c du 2 du I de l'article 18 bis dans sa rédaction en vigueur au 31 décembre 2019 ;

4. D'équipements de production d'énergie utilisant une source d'énergie renouvelable, visés au a du 3 du I de l'article 18 bis dans sa rédaction en vigueur au 31 décembre 2019, sous réserve, en ce qui concerne les systèmes de fourniture d'électricité à partir de l'énergie solaire, pour la Guadeloupe, la Martinique, la Guyane, La Réunion, Mayotte, Saint-Pierre-et-Miquelon, Saint-Martin et Saint-Barthélemy, que les installations ne soient pas reliées au réseau du service public d'électricité ;

5. De pompes à chaleur, autres que air/air, dont la finalité essentielle est la production de chaleur ou d'eau chaude sanitaire, ainsi qu'au coût de la pose de l'échangeur souterrain des pompes à chaleur géothermiques, visées au b du 3 du I de l'article 18 bis dans sa rédaction en vigueur au 31 décembre 2019 ;

6. D'équipements de raccordement à un réseau de chaleur, alimenté majoritairement par des énergies renouvelables ou par une installation de cogénération, visés au c du 3 du I de l'article 18 bis dans sa rédaction en vigueur au 31 décembre 2019.

Pour l'application du présent article, le terme baie en contact avec l'extérieur s'entend d'une ouverture ménagée dans une paroi extérieure au logement servant à l'éclairage, au passage ou à l'aération.

II. Les dépenses mentionnées au I doivent être justifiées par une facture détaillée précisant leur nature exacte, leur coût et leur conformité aux critères techniques exigés.

DC-IV-61015 s.

CHAPITRE II

Impôt sur les sociétés

SECTION I

Champ d'application

2° Exonérations et régimes particuliers. Sociétés agréées pour le financement des télécommunications

Art 23 bis Sont assimilés aux bénéfices provenant des contrats de crédit-bail conclus avec l'exploitant public avant le 1er janvier 1993 pour l'application du 3° quinquies de l'article 208 du code général des impôts :

1° Les profits retirés par les sociétés agréées pour le financement des télécommunications, du placement à vue ou à court terme des sommes en instance d'emploi, dans la mesure où ce placement peut être regardé comme une opération de trésorerie accessoire. Cette condition est réputée remplie pour la fraction des placements qui n'excède pas, en valeur nominale, pour chaque exercice, la moitié des dépenses annuelles de gestion augmentée du montant des dividendes mis en paiement au cours de l'exercice ainsi que du montant de l'augmentation de capital libérée par les actionnaires pendant le même exercice et l'exercice précédent ;

2° Les intérêts versés par l'exploitant public, à raison des avances sur marchés consenties par les sociétés agréées aux constructeurs, fournisseurs et autres ayants droit, avant la livraison des immeubles et équipements.

IS-IV-32100 s.

SECTION II

Lieu d'imposition

Lieu d'imposition des personnes morales qui exercent des activités en France ou y possèdent des biens, sans y avoir leur siège social

Art 23 ter Le lieu d'imposition des personnes morales désignées au 2 de l'article 218 A du code général des impôts est fixé :

Pour les sociétés ou personnes morales dont l'activité s'exerce en France dans un ou plusieurs établissements, au lieu du principal établissement ;

Pour les sociétés ou personnes morales qui exercent une activité en France sans y avoir d'établissement, au service des impôts des entreprises étrangères ;

Pour les sociétés et personnes morales qui sans exercer en France d'activité autre qu'immobilière y disposent de propriétés immobilières données ou non en location, au lieu de situation de ces biens. Si l'application de cette règle conduit à une pluralité de lieux d'imposition, l'imposition est établie au service des impôts des entreprises étrangères.

IS-II-14980 s. ; MF n° 36350

SECTION III

Obligations des personnes morales

1° Déclaration d'existence, de modification du pacte social et des conditions d'exercice de la profession

Art 23 A Les sociétés visées à l'article 206 du code général des impôts sont tenues de déposer, dans le mois de leur constitution définitive ou, le cas échéant, du jour où elles deviennent passibles de l'impôt sur les sociétés, une déclaration indiquant :

1° La raison sociale, la forme juridique, l'objet principal, la durée, le siège de la société, ainsi que le lieu de son principal établissement ;

2° La date de l'acte constitutif ;

3° Les nom, prénoms et domicile des dirigeants ou gérants et, pour les sociétés dont le capital n'est pas divisé en actions, les nom, prénoms et domicile de chacun des associés ;

4° La nature et la valeur des biens mobiliers et immobiliers constituant les apports ;

5° Le nombre, la forme et le montant :

a. Des titres négociables émis, en distinguant les actions des obligations et en précisant, pour les premières, la somme dont chaque titre est libéré et, pour les secondes, la durée de l'amortissement et le taux de l'intérêt ;

b. Des parts sociales (parts de capital) non représentées par des titres négociables ;

c. Des autres droits de toute nature attribués aux associés dans le partage des bénéfices ou de l'actif social, que ces droits soient ou non constatés par des titres.

RIE-V-1500 s. ; MF n° 36405

Art 23 B En cas de modification de la raison sociale, de la forme juridique, de l'objet, de la durée, du siège de la société ou du lieu de son principal établissement, d'augmentation, de réduction ou d'amortissement du capital, de libération totale ou partielle des actions, d'émission, de remboursement ou d'amortissement d'emprunts représentés par des titres négociables, de remplacement d'un ou plusieurs dirigeants ou gérants ou, dans les sociétés dont le capital n'est pas divisé en actions, d'un ou plusieurs associés, les sociétés visées à l'article 23 A doivent en faire la déclaration dans le délai d'un mois.

RIE-V-1500 s. ; MF n° 36405

Art 23 C Pour l'application du 3° de l'article 23 A et de l'article 23 B, les dirigeants s'entendent notamment, dans les sociétés anonymes, du président du conseil d'administration, du directeur général, qu'il soit ou non administrateur et, le cas échéant, de l'administrateur provisoirement délégué pour exercer les fonctions de président.

RIE-V-1500 s. ; MF n° 36405

Art 23 D Les sociétés qui, sans avoir leur siège social en France, y exercent une activité les rendant passibles de l'impôt sur les sociétés doivent indiquer, en outre, dans la déclaration prévue à l'article 23 A, le lieu de leur principal établissement en France, ainsi que les nom, prénoms et adresse de leur représentant en France.

En cas de remplacement de ce représentant ou de changement du lieu de l'établissement susvisé, lesdites sociétés doivent en faire la déclaration dans les conditions fixées à l'article 23 B.

RIE-V-1500 s. ; MF n° 36405

Art 23 E Lorsqu'ils sont passibles de l'impôt sur les sociétés, les établissements et organismes publics et les personnes morales de toute nature visés à l'article 206 du code général des impôts autres que les sociétés, doivent produire les déclarations prévues aux articles précédents, dans la mesure où les renseignements qu'elles comportent sont compatibles avec la forme ou le statut de la collectivité intéressée.

Sont toutefois dispensés de cette obligation les établissements publics, associations et collectivités visés au 5 de l'article 206 précité.

RIE-V-1500 s. ; MF n° 36405

Art 23 G Les déclarations prévues par les articles 23 A et suivants doivent être adressées ou remises au service dont la personne morale relève pour l'assiette de l'impôt sur les sociétés.

RIE-V-1500 s. ; MF n° 36405

2° Déclaration des bénéfices répartis aux associés, actionnaires ou porteurs de parts

Art 23 H L'état que les personnes morales et associations visées à l'article 223 du code général des impôts doivent joindre à leur déclaration de bénéfice ou de déficit, en ce qui concerne les bénéfices répartis aux associés, actionnaires ou porteurs de parts, ainsi que les sommes ou valeurs mises à leur disposition au cours de la période retenue pour l'assiette de l'impôt sur les sociétés et présentant le caractère de revenus distribués au sens des articles 108 et suivants du code général des impôts, doit comporter :

1° L'indication du montant global des distributions correspondant aux intérêts, dividendes, revenus et autres produits des actions et parts sociales payables aux associés, actionnaires ou porteurs de parts sur présentation ou remise de coupons ou d'instruments représentatifs de coupons ;

2° L'indication du montant des distributions, correspondant à des rémunérations ou avantages occultes ;

2° bis L'indication du montant des revenus distribués aux associés, actionnaires ou porteurs de parts suivant qu'ils sont éligibles ou non à l'abattement de 40 % mentionné au 2° du 3 de l'article 158 du code général des impôts ;

3° Un relevé des bénéficiaires de distributions autres que celles visées aux 1° et 2°, indiquant les noms, prénoms, qualités et domiciles des intéressés, la nature et le montant des sommes versées à chacun d'eux et l'année au cours de laquelle les versements ont été effectués.

RIE-III-6820 s.

Art 23 I L'état visé à l'article 23 H est établi sur des imprimés fournis par l'administration.

RIE-III-6820 s.

CHAPITRE III

Dispositions communes à l'impôt sur le revenu et à l'impôt sur les sociétés

SECTION I

Remploi des plus-values réalisées par les entreprises à l'occasion de la construction et de la vente d'immeubles affectés principalement à l'habitation

Art 23 J Les plus-values visées au I de l'article 238 octies du code général des impôts peuvent bénéficier des dispositions de l'article 40 du même code, lorsque le remploi est effectué dans la souscription au capital initial ou aux augmentations de capital des sociétés énumérées ci-après :

Sociétés immobilières d'investissement et sociétés immobilières de gestion qui satisfont aux conditions prévues à l'article 33 de la loi n° 63-254 du 15 mars 1963 ;

Sociétés en nom collectif ayant pour objet la construction, en vue de la vente, d'immeubles affectés à l'habitation pour les trois quarts au moins de leur superficie totale ;

Sociétés civiles ayant le même objet et entrant dans les prévisions de l'article 239 ter du code précité.

Art 23 K Aucun pourcentage minimal de participation n'est exigé pour la réalisation du remploi défini à l'article 23 J.

SECTION II

Contrats de prêts dispensés de la déclaration prévue à l'article 49 B de l'annexe III au code général des impôts

Art 23 L Sont dispensés de la déclaration prévue à l'article 49 B de l'annexe III au code général des impôts :

1° Les contrats de prêts dont le montant en principal n'excède pas 5 000 €, sous réserve de l'application des dispositions du b du 2 de l'article 49 B susvisé ;

2° *(Abrogé)* ;
3° Les contrats de prêts conclus par l'Etat, les établissements publics et les collectivités locales ;
4° Les contrats de prêts dans la conclusion desquels les établissements de crédit enregistrés par l'Autorité de contrôle prudentiel et de résolution interviennent en qualité de prêteurs ou d'emprunteurs ;
5° Les contrats de prêts réalisés sous la forme d'émission de bons de caisse par des banques ou d'émission publique d'obligations.

Toutefois, la dispense de déclaration des contrats de prêts prévue aux 1° à 5° ne s'applique pas aux bons ou titres mentionnés au 2° du III bis de l'article 125 A du code général des impôts lorsque leur détenteur communique son identité et son domicile fiscal à l'établissement qui assure le paiement des intérêts ou le remboursement de ces bons ou titres.

RM-VIII-5130 s. ; MF n° 26920

SECTION III

Réévaluation des immobilisations amortissables

Art 23 L bis **I.** Les coefficients correspondant aux indices représentatifs de l'évolution des prix mentionnés au I de l'article 238 bis J du code général des impôts sont, pour la réévaluation des immobilisations amortissables situées en France métropolitaine et dans les départements de la Guadeloupe, de la Guyane et de la Martinique, respectivement fixés aux chiffres ci-après :

a. En ce qui concerne les constructions immobilières :

ANNEES	COEFFICIENT
1914 et antérieures	676
1915	472,9
1916	360,3
1917	247,7
1918	202,7
1919	195,7
1920	135,1
1921	202,7
1922	218,2
1923	169,0
1924	144,0
1925	128,2
1926	98,7
1927	108,1
1928	108,1
1929	110,1
1930	124,0
1931	135,1
1932	157,9
1933	173,5
1934	180,1
1935	202,7
1936	169,0
1937	119,5
1938	105,6
1939	101,5
1940	81,5
1941	74,5
1942	67,6
1943	49,5
1944	45,3
1945	22,5
1946	14,2
1947	11,1
1948	6,4
1949	5,3
1950	4,4
1951	3,48
1952	3,20
1953	3,34
1954	3,48
1955	3,48
1956	3,34
1957	3,20
1958	2,92
1959	2,78
1960	2,75
1961	2,64
1962	2,55
1963	2,37
1964	2,24
1965	2,17
1966	2,07
1967	2,04
1968	2,04
1969	1,91
1970	1,82
1971	1,72
1972	1,63
1973	1,47
1974	1,26
1975	1,13
1976	1,00

b. En ce qui concerne les autres immobilisations amortissables :

ANNEES	COEFFICIENT
1914 et antérieures	513
1915	358,9
1916	273,5
1917	188,0
1918	153,8
1919	148,5
1920	102,5
1921	153,8
1922	165,6
1923	128,3
1924	109,3
1925	97,3
1926	74,9
1927	82,1
1928	82,1
1929	83,6
1930	94,1
1931	102,5
1932	119,8
1933	131,7
1934	136,7
1935	153,8
1936	128,3
1937	90,7
1938	80,2
1939	77,0
1940	61,8
1941	56,5
1942	51,3
1943	37,6
1944	34,4
1945	17,1
1946	10,8
1947	8,4
1948	4,9
1949	4,0
1950	3,4
1951	2,64
1952	2,43
1953	2,53
1954	2,64
1955	2,64
1956	2,53
1957	2,43
1958	2,22
1959	2,11
1960	2,04
1961	1,98
1962	1,92
1963	1,85
1964	1,82
1965	1,79
1966	1,75
1967	1,72
1968	1,80
1969	1,74
1970	1,61
1971	1,55
1972	1,48
1973	1,40
1974	1,22
1975	1,10
1976	1,00

II. Les coefficients de réévaluation applicables dans le département de La Réunion sont fixés aux chiffres ci-après :

a. En ce qui concerne les constructions immobilières :

ANNEES	COEFFICIENT
1914 et antérieures	337,8
1915	236,3
1916	180,4
1917	124,0
1918	101,5
1919	98,1
1920	67,6
1921	101,5
1922	109,3
1923	84,5
1924	72,0
1925	64,2
1926	49,5
1927	54,2
1928	54,2
1929	55,3
1930	62,0
1931	67,6
1932	79,0
1933	86,5
1934	90,1
1935	101,5
1936	84,5
1937	59,8
1938	52,8
1939	50,9
1940	40,6
1941	37,3
1942	33,6
1943	24,7
1944	22,5
1945	19,2
1946	12,2

ANNEES	COEFFICIENT
1947	9,7
1948	6,4
1949	5,3
1950	4,4
1951	3,48
1952	3,20
1953	3,34
1954	3,48
1955	3,48
1956	3,34
1957	3,20
1958	2,92
1959	2,78
1960	2,75
1961	2,64
1962	2,55
1963	2,37
1964	2,24
1965	2,17
1966	2,07
1967	2,04
1968	2,04
1969	1,91
1970	1,82
1971	1,72
1972	1,63
1973	1,47
1974	1,26
1975	1,13
1976	1,00

b. En ce qui concerne les autres immobilisations amortissables :

ANNEES	COEFFICIENT
1914 et antérieures	256,4
1915	179,4
1916	136,9
1917	94,1
1918	77,0
1919	74,5
1920	51,3
1921	77,0
1922	82,9
1923	64,1
1924	54,6
1925	48,7
1926	37,6
1927	41,1
1928	41,1
1929	42,0
1930	47,1
1931	51,3
1932	59,9
1933	65,6
1934	68,4
1935	77,0
1936	64,1
1937	45,4
1938	40,1
1939	38,6
1940	30,8
1941	28,3
1942	25,5
1943	18,8
1944	17,1
1945	14,6
1946	9,3
1947	7,4
1948	4,9
1949	4,0
1950	3,4
1951	2,64
1952	2,43
1953	2,53
1954	2,64
1955	2,64
1956	2,53
1957	2,43
1958	2,22
1959	2,11
1960	2,04
1961	1,98
1962	1,92
1963	1,85
1964	1,82
1965	1,79
1966	1,75
1967	1,72
1968	1,80
1969	1,74
1970	1,61
1971	1,55
1972	1,48
1973	1,40
1974	1,22
1975	1,10
1976	1,00

BIC-VII-90800 s.

SECTION IV

Déductions fiscales, réductions d'impôt ou crédits d'impôt accordés au titre de certains investissements outre-mer

Art 23 L quater Les véhicules de tourisme mentionnés à l'article L 421-2 du code des impositions sur les biens et services strictement indispensables à l'activité de l'exploitant, mentionnés à la deuxième phrase du quinzième alinéa du I de l'article 199 undecies B, au troisième alinéa du I de l'article 217 undecies, au a du 2 du I de l'article 244 quater W et au 1° du 2 du A du I de l'article 244 quater Y du code général des impôts, s'entendent des véhicules neufs, acquis dans le cadre de l'exercice d'une activité ouvrant droit à la réduction d'impôt, à la déduction fiscale ou au crédit d'impôt prévus à ces articles, sans lesquels l'entreprise ne pourrait pas poursuivre son activité.

DC-IV-11380 s.

Art 23 L quinquies Sont prises en compte pour l'application du e du 1 du I de l'article 244 quater X et des d du 1°, e du 2° et b du 3° du D du I de l'article 244 quater Y du code général des impôts, les dépenses mentionnées au I de l'article 18 quater. Ces dépenses sont justifiées selon les modalités prévues au II de cet article.

DC-IV-35585, 65820

SECTION V

Obligations des opérateurs de plateforme en ligne

Art 23 L sexies **I.** Pour l'application du 1° de l'article 242 bis du code général des impôts, à l'occasion de chaque transaction réalisée par l'intermédiaire d'une plateforme de mise en relation par voie électronique, l'entreprise mentionnée au premier alinéa du même article communique au vendeur, au prestataire ou aux parties à l'échange ou au partage d'un bien ou d'un service, lorsque ceux-ci ont perçu des sommes à l'occasion des transactions, les informations relatives aux régimes fiscaux et à la réglementation sociale applicables à ces sommes, aux obligations déclaratives et de paiement qui en résultent auprès de l'administration fiscale et des organismes de recouvrement des cotisations sociales ainsi qu'aux sanctions encourues en cas de manquement à ces obligations.

II. Les sites internet édités par l'entreprise mentionnée au I indiquent les liens hypertexte directs ou indirects vers les sites de l'administration fiscale et des organismes de sécurité sociale permettant d'accéder aux informations mentionnées au I. L'obligation prévue au I est réputée satisfaite si les messages envoyés aux parties aux transactions mentionnées au I incluent de manière lisible ces liens hypertexte.

La liste de ces liens est publiée au Bulletin officiel des finances publiques-impôts (BOFiP-Impôts).

Ndlr *Dispositions prises pour l'application de l'article 242 bis du CGI, dans sa rédaction antérieure à la loi 2021-1900 du 30 décembre 2021, applicable aux opérations réalisées jusqu'en 2022.*

DC-I-8250 s.

Art 23 L septies Les éléments d'identification de l'opérateur de plateforme prévus au a du 2° de l'article 242 bis du code général des impôts comprennent :

1° Sa raison sociale ;

2° Son lieu d'établissement au 1er janvier de l'année de la transmission du document mentionné ;

3° Son numéro d'identité mentionné au premier alinéa de l'article R 123-221 du code de commerce.

Ndlr *Dispositions prises pour l'application de l'article 242 bis du CGI, dans sa rédaction antérieure à la loi 2021-1900 du 30 décembre 2021, applicable aux opérations réalisées jusqu'en 2022.*

DC-I-8250 s.

Art 23 L octies Les éléments d'identification de l'utilisateur prévus au b du 2° de l'article 242 bis du code général des impôts comprennent :

1. Pour les personnes physiques :

a. Le nom de famille ou d'usage ;

b. Les prénoms ;

c. L'adresse de résidence ;

d. Le numéro de téléphone ;

e. L'adresse électronique ;

f. La date de naissance ;

g. Lorsque le montant total brut des transactions réalisées par l'utilisateur au titre de l'année considérée, est supérieur ou égal à 1 000 euros, l'opérateur de plateforme :

1° Soit vérifie les noms de famille ou d'usage, prénoms, date de naissance de l'utilisateur, notamment sur présentation par l'utilisateur d'une copie d'une pièce d'identité ;

2° Soit indique à l'administration le numéro d'inscription au fichier de simplification des procédures d'imposition (SPI) de l'utilisateur, après en avoir vérifié la structure, le format et l'algorithme ;

2. Pour une personne morale ou une personne physique agissant à titre professionnel :

a. La raison sociale ;

a bis. Le nom commercial de l'utilisateur ou le nom d'utilisateur tel que communiqué sur la plateforme en ligne ;

b. Le lieu d'établissement connu de l'opérateur à la date de transmission du document ;

c. Le numéro de taxe sur la valeur ajoutée intracommunautaire ou, si elle en est dépourvue, ses numéros d'identité définis à l'article R 123-221 du code de commerce ou, pour une entreprise non résidente, son numéro d'immatriculation auprès de l'administration fiscale de son pays de résidence ;

d. L'adresse électronique ;

e. L'adresse de localisation de la ressource internet de l'utilisateur professionnel ou, à défaut, l'identifiant fourni par l'opérateur de plateforme en ligne.

Ndlr *Dispositions prises pour l'application de l'article 242 bis du CGI, dans sa rédaction antérieure à la loi 2021-1900 du 30 décembre 2021, applicable aux opérations réalisées jusqu'en 2022.*

DC-I-8250 s.

Art 23 L nonies L'opérateur de plateforme peut préciser le montant total brut prévu au d du 2° de l'article 242 bis du code général des impôts en indiquant, de manière distincte, le montant des transactions mentionnées au deuxième alinéa du 3° du même article et celui des autres transactions.

Ndlr *Dispositions prises pour l'application de l'article 242 bis du CGI, dans sa rédaction antérieure à la loi 2021-1900 du 30 décembre 2021, applicable aux opérations réalisées jusqu'en 2022.*

DC-I-8250 s.

Art 23 L nonies A L'opérateur de plateforme précise le montant total brut prévu au d du 2° de l'article 242 bis du code général des impôts en indiquant, de manière distincte, le montant des transactions imposables en France au sens des articles 258 à 259 D du même code.

Ndlr *Dispositions prises pour l'application de l'article 242 bis du CGI, dans sa rédaction antérieure à la loi 2021-1900 du 30 décembre 2021, applicable aux opérations réalisées jusqu'en 2022.*

DC-I-8250 s.

Art 23 L decies Les coordonnées bancaires mentionnées au e du 2° de l'article 242 bis du code général des impôts sont au format du code d'identification des banques (BIC) et du numéro de compte bancaire international (IBAN).

Ces coordonnées sont réputées connues de l'entreprise dès lors que cette dernière procède directement au versement des sommes auprès de l'utilisateur, ou lorsqu'elle a recours, à cette fin, à un prestataire de services.

Ndlr *Dispositions prises pour l'application de l'article 242 bis du CGI, dans sa rédaction antérieure à la loi 2021-1900 du 30 décembre 2021, applicable aux opérations réalisées jusqu'en 2022.*

DC-I-8250 s.

Art 23 L undecies Pour l'application du troisième alinéa du 3° de l'article 242 bis du code général des impôts :

1. Le total annuel des montants perçus par un même utilisateur sur une plateforme est fixé à 3 000 euros.

2. Le nombre annuel des transactions réalisées par un même utilisateur sur une plateforme est fixé à 20.

Ndlr *Dispositions prises pour l'application de l'article 242 bis du CGI, dans sa rédaction antérieure à la loi 2021-1900 du 30 décembre 2021, applicable aux opérations réalisées jusqu'en 2022.*

DC-I-8250 s.

SECTION VI

Crédit d'impôt pour dépenses de recherche effectuées par les entreprises industrielles et commerciales ou agricoles

Art 23 L duodecies La demande d'agrément mentionnée au I de l'article 49 septies H de l'annexe III au code général des impôts est accompagnée des pièces justificatives suivantes :

a. Une fiche de présentation de l'organisme et de l'opération de recherche et développement qu'il a réalisée lors de l'année précédant la demande, selon le format établi par l'administration ;

b. La photocopie des diplômes et *curriculum vitae* de cinq chercheurs au maximum parmi ceux affectés à l'opération de recherche et développement présentée ;

c. Un extrait d'immatriculation au registre du commerce et des sociétés ou tout autre document justifiant de l'existence de l'organisme demandeur de l'agrément.

IS-IX-3275

CHAPITRE V

Taxes diverses

SECTION UNIQUE

Taxe sur le résultat des entreprises ferroviaires

Art 23 M bis (Devenu sans objet).

FR 2/22 inf. 81 p. 128 ; TD-XX-9700 s.

TITRE II

TAXES SUR LE CHIFFRE D'AFFAIRES ET TAXES ASSIMILEES

CHAPITRE PREMIER

Taxe sur la valeur ajoutée

SECTION I

Champ d'application

I. Opérations obligatoirement imposables

Art 23 N La limite visée au 1° du 1 du II de l'article 257 du code général des impôts est fixée à 73 € toutes taxes comprises.

Ndlr 1. *Montant applicable à compter du 1er janvier 2021.*

2. *Cette limite fait l'objet d'une réévaluation tous les cinq ans, qui est proportionnelle à la variation de l'indice mensuel des prix à la consommation, hors tabac, de l'ensemble des ménages, et qui est arrondie à l'euro supérieur. Elle sera réévaluée à compter du 1er janvier 2026 (Arrêté BUDF0500039A du 12 octobre 2005 art. 3).*

TVA-II-23450 ; MF n° 47400 précision d

I bis. Opérations imposables sur option

Opérations exclues de l'imposition sur option

Art 23 O La liste des rémunérations assimilables à des intérêts ou agios pour l'application des dispositions du 5° de l'article 260 C du code général des impôts est établie comme suit :

Commission du plus fort découvert ;

Commission d'endos ;

Commission d'attente, d'engagement, d'ouverture ou de confirmation de crédit ;

Commission de caution, d'aval ou de ducroire ;

Commission d'acceptation ;

Commission de garantie de placement d'obligations ou de bonne fin d'augmentation de capital ;

Commission de garantie de bonne fin d'opérations immobilières ;

Frais de gestion réglementés perçus par les sociétés de crédit différé ;

Rémunération perçue par l'intermédiaire placeur d'emprunts émis par voie d'adjudication.

TVA-XV-30005 ; MF n° 60390

Art 23 P La liste des opérations bancaires afférentes au financement d'exportations, de livraisons exonérées en vertu du I de l'article 262 ter du code général des impôts ou d'opérations situées hors de France, prévue au 9° de l'article 260 C de ce code, est établie comme suit :

1° Escompte d'effets de commerce ou de moyens de paiement représentant des créances sur l'étranger ;

2° Mobilisation des créances sur l'étranger ;

3° Préfinancement d'exportations ou de livraisons exonérées en vertu du I de l'article 262 ter du code général des impôts, réalisé sous forme de crédits mobilisables auprès de la Banque de France ;

4° Cautions, avals et confirmations de crédits documentaires fournis en France et se rapportant à des exportations ou à des livraisons exonérées en vertu du I de l'article 262 ter dudit code ;

5° Prêts consentis aux acheteurs étrangers de biens d'équipement et autres produits français ;

6° Achats fermes aux entreprises françaises réalisant des exportations ou des livraisons exonérées en vertu du I de l'article 262 ter du même code, de créances sur clients étrangers.

TVA-XV-30140 ; MF n° 60390

II. Opérations exonérées

1° Exonérations des livraisons de biens à emporter dans les bagages personnels des voyageurs

Art 24 bis En application du d du 2° du I de l'article 262 du code général des impôts, est exonérée la livraison qui porte sur des biens acquis dans un magasin ou acquis dans un délai de trois jours calendaires dans plusieurs magasins disséminés dans une même ville et identifiés sous le même numéro de taxe sur la valeur ajoutée intracommunautaire, et dont la valeur globale, taxe sur la valeur ajoutée comprise, excède 100 €.

Ndlr *Le seuil de 100 € s'applique depuis le 1er janvier 2021 (Arrêté ECOD2015083A du 23 juillet 2020 art. 1 et 2, JO du 17 septembre). Il était antérieurement fixé à 175 €.*

TVA-IV-22420 s. ; MF nº 49725

Art 24 ter La preuve de l'exportation est apportée au moyen du bordereau de vente à l'exportation dûment visé par le service douanier de sortie de l'Union européenne.

TVA-IV-22470 ; MF nº 49730 a

2º Transports de voyageurs par trains internationaux

Art 24 A La liste des transports de voyageurs effectués par trains internationaux mentionnée au 9º du II de l'article 262 du code général des impôts est fixée comme suit :

1º Transports empruntant l'une des sections-frontières du réseau ferré national suivantes :

Calais-Fréthun-Fréthun-tunnel ;
Tourcoing-Mouscron ;
Baisieux-Tournai ;
Wannehain-Antoing ;
Haumont-Quevy le Petit ;
Jeumont-Erquelinnes ;
Thionville (Zoufftgen)-Bettembourg ;
Forbach-Saarbrücken ;
Wissembourg-Winden ;
Lauterbourg-Wörth (Berg (Pfaltz)) ;
Strasbourg Port du Rhin-Kehl ;
Bantzenheim (Chalampé)-Neuenburg (Baden) ;
Saint-Louis-Basel ;
Delle-Boncourt ;
Pontarlier-Les Verrières ;
Les Longevilles-Rochejean-Vallorbe ;
Longeray Léaz (Fort l'Ecluse)-La Plaine ;
Annemasse-Genève Eaux-Vives (Chêne-Bourg) ;
Vallorcine-le-Buet-Le Châtelard ;
Modane-Bardonecchia ;
Breil-sur-Roya-Coni ;
Menton-Vintimille ;
Cerbère-Port-Bou ;
Hendaye-Irùn ;
Perpignan-Figueras ;

2º Transports de groupes en trafic international dont l'effectif correspond au moins à la capacité d'une voiture-lits ou d'une voiture du chemin de fer, au départ et à destination de localités desservies par des aérodromes ouverts au trafic des passagers ;

3º Transports effectués dans le cadre de la liaison fixe transmanche.

TVA-III-17505 ; MF nº 50190

SECTION III

Liquidation de la taxe

0I. Limitation du droit à déduction concernant certains biens et services

Art 28-00 A Les biens de très faible valeur mentionnés au 3º du 2 du IV de l'article 206 de l'annexe II au code général des impôts s'entendent de ceux dont la valeur unitaire n'excède pas 73 € toutes taxes comprises par objet et par an pour un même bénéficiaire.

Ndlr 1. *Montant applicable à compter du 1er janvier 2021.*

2. *Cette limite fait l'objet d'une réévaluation tous les cinq ans, qui est proportionnelle à la variation de l'indice mensuel des prix à la consommation, hors tabac, de l'ensemble des ménages, et qui est arrondie à l'euro supérieur. Elle sera réévaluée à compter du 1er janvier 2026 (Arrêté BUDF0500039A du 12 octobre 2005 art. 3).*

TVA-IX-12195 s. ; MF nº 55980

II. Régime suspensif

Art 29 A La liste des biens négociés sur un marché à terme international pouvant être stockés dans un entrepôt fiscal mentionné au d du 2º du I de l'article 277 A du code général des impôts est fixée ainsi qu'il suit :

Code NC	Description des biens
8001	Etain
7402	Cuivre
7403	
7405	
7408	

Code NC	Description des biens
7901	Zinc
7502	Nickel
7601	Aluminium
7801	Plomb
Ex 8112.92	Indium
Ex 8112.99	
1001 à 1005	Céréales
1006 : uniquement le riz brut	
1007 à 1008	
1201 à 1207	Graines et fruits oléagineux
0801	Noix de coco, noix du Brésil et noix de cajou
0802	Autres fruits à coques
0711.20	Olives
1201 à 1207	Graines et semences (y compris les graines de soya)
0901.11.00	Café non torréfié
0901.12.00	
0902	Thé
1801	Cacao, en fèves et brisures de fèves, brut ou torréfié
1701.11	Sucre brut
1701.12	
4001	Caoutchouc, sous formes primaires ou en plaques, feuilles ou bandes
4002	
5101	Laine
Chapitres 28 et 29	Produits chimiques en vrac
7106	Argent
7110.11.00	Platine (palladium, rhodium)
7110.21.00	
7110.31.00	
0701	Pommes de terre
1507 à 1515	Graisses et huiles végétales et leurs fractions, brutes, raffinées, mais non chimiquement modifiées

TVA-IV-25725 ; MF n° 50750

Art 29 B Il est statué sur les demandes d'autorisation d'ouverture de régime suspensif présentées en application du 2° du I de l'article 277 A du code général des impôts :

1° Pour les entrepôts destinés à la fabrication de biens réalisée en commun par des entreprises, dont l'une au moins n'a pas d'établissement en France, en exécution d'un contrat international fondé sur le partage de cette fabrication et la propriété indivise des biens produits entre les entreprises contractantes, par le ministre chargé du budget ;

2° Pour les entrepôts de stockage de biens négociés sur un marché à terme international, par le directeur général des finances publiques ;

3° Pour le régime fiscal suspensif visé au a du 2° du I de l'article 277 A du code général des impôts :

a. Par le service des impôts des entreprises dont relève le demandeur ou le directeur régional des douanes compétent, lorsque les lieux de stockage ou de mise en œuvre de ce régime relèvent du ressort territorial de sa seule circonscription ;

b. Par le service des impôts des entreprises dont relève le demandeur ou le directeur régional des douanes compétent pour le lieu de tenue de la comptabilité-matières ou des registres, lorsque les lieux de stockage ou de mise en œuvre de ce régime relèvent de plusieurs circonscriptions douanières.

BF 10/22 inf. 759 ; TVA-IV-25832 s. ; MF n° 50755 a

Art 29 C Le registre des stocks et des mouvements de biens prévu au 1° du III de l'article 277 A du code général des impôts comporte les mentions suivantes :

a. Désignation du bien ;

b. Quantité exprimée en masse nette, volume ou unité ;

c. Eléments nécessaires à l'identification et au suivi du bien pendant la durée du placement ;

d. Date d'entrée du bien sous le régime ;

e. Adresse complète du lieu de provenance du bien ;

f. Date de sortie du bien du régime ;

g. Adresse complète du lieu de destination du bien à la sortie du régime ;

h. La fonction utilisée, lorsque l'assujetti qui a obtenu l'ouverture d'un régime fiscal suspensif mentionné au a du 2° du I de l'article 277 A du code général des impôts a sollicité l'application de plusieurs des fonctions visées aux a à e du 1 de l'article 85 E de l'annexe III.

A l'issue de ces opérations, ce registre indique, pour chaque bien, les stocks détenus sous le régime suspensif, le cas échéant par fonction mentionnée sur la déclaration d'ouverture d'un régime mentionné au a du 2° du I de l'article 277 A du code général des impôts.

Pour les régimes suspensifs mentionnés aux a et e du 2° du I de l'article 277 A du code général des impôts, le registre doit contenir également les indications nécessaires au suivi et à l'identification des biens qui font l'objet de prestations de services.

TVA-IV-26320 s. ; MF n° 50775 précision a

Art 29 D Le registre relatif aux opérations réalisées sous l'un des régimes suspensifs prévu au 1° du III de l'article 277 A du code général des impôts indique, pour chaque bien, par livraison, importation ou acquisition intracommunautaire :

a. La date de l'opération ;

b. Le montant de l'opération avec sa contre-valeur en euros, lorsque ce montant est exprimé en devises ;

c. Les nom et adresse complète et, s'il y a lieu, le numéro d'identification à la taxe sur la valeur ajoutée du fournisseur ;

d. Les nom et adresse complète et, s'il y a lieu, le numéro d'identification à la taxe sur la valeur ajoutée du client ;

e. La désignation du bien et la référence dans le registre visé à l'article 29 C ;

f. La fonction utilisée, lorsque l'assujetti qui a obtenu l'ouverture d'un régime fiscal suspensif mentionné au a du 2° du I de l'article 277 A du code général des impôts a sollicité l'application de plusieurs des fonctions visées aux a à e du 1 de l'article 85 E de l'annexe III.

Pour les prestations de services, le registre contient, outre les mentions prévues aux a, b, c, d et f, la nature de l'opération et, s'il y a lieu, la désignation du bien auquel est afférente la prestation ainsi que la référence dans le registre visé à l'article 29 C.

TVA-IV-26337 s. ; MF n° 50775 précision a

Art 29 E Les registres visés aux articles 29 C et 29 D sont tenus sur support papier ou informatique. Ils doivent être identifiés. Ils retracent les mentions exigées dans l'ordre chronologique des opérations.

Ces informations sont conservées dans leur contenu originel.

Les registres sont conservés au lieu de situation ou d'utilisation des biens ou des installations mentionné sur la demande d'autorisation d'ouverture du régime suspensif.

Leur conservation est assurée selon les modalités et dans les délais prévus à l'article L 102 B du livre des procédures fiscales.

TVA-IV-26300 s. ; MF n° 50775 précision a

Art 29 F Les registres visés aux articles 29 C et 29 D doivent être présentés à toute demande d'un agent de l'administration qui peut s'en faire délivrer copie. Les registres doivent être présentés de manière à pouvoir identifier et isoler chaque fonction utilisée lorsque l'assujetti qui a obtenu l'ouverture d'un régime fiscal suspensif mentionné au a du 2° du I de l'article 277 A du code général des impôts a sollicité l'application de plusieurs des fonctions visées aux a à e du 1 de l'article 85 E de l'annexe III.

Si l'administration le demande, les registres sont envoyés par voie dématérialisée.

BF 10/22 inf. 759 ; TVA-IV-26355 ;
MF n° 50755 précision a

Art 29 G Lorsque l'assujetti qui a obtenu l'ouverture d'un régime fiscal suspensif mentionné au a du 2° du I de l'article 277 A du code général des impôts a sollicité l'application de plusieurs des fonctions visées aux a à e du 1 de l'article 85 E de l'annexe III au code général des impôts, la comptabilité-matières qu'il a été autorisé à tenir conformément aux dispositions du 1° du III de l'article 277 A du code général des impôts retrace distinctement les informations concernant les biens pour chaque fonction utilisée. La comptabilité-matières est présentée et envoyée par voie dématérialisée sur demande de l'administration.

BF 10/22 inf. 759 ; TVA-IV-26305

SECTION IV

Calcul de la taxe

0I. Taux normal

Art 30-00 A La liste des gros équipements mentionnés au 1 de l'article 279-0 bis du code général des impôts est fixée comme suit :

1. Système de chauffage : équipements collectifs suivants situés dans un immeuble comportant plusieurs locaux : chaudière utilisée comme mode de chauffage ou de production d'eau chaude, cuve à fioul, citerne à gaz et pompe à chaleur ;
2. Ascenseur ;
3. Installations sanitaires : cabine hammam ou sauna prête à poser ;
4. Système de climatisation : tous les systèmes de climatisation, ainsi que les pompes à chaleur de type air/air.

TVA-VIII-20095 ; MF n° 53280 précision b

I. Taux réduit

A bis. Equipements spéciaux pour personnes handicapées

Art 30-0 A La liste des appareillages pris en charge au titre des prestations définies aux articles L 162-22-6 et L 162-22-7 du code de la sécurité sociale *(NDLR L'article L 162-22-6 précité est abrogé à compter du 1er janvier 2024 par la loi 2023-1250 du 26 décembre 2023 art. 49, I-D-6° et VII. La référence à cet article est remplacée par la référence à l'article L 162-22 du même code)*, soumis au taux de 5,5 % de la taxe sur la valeur ajoutée en application du b du 2° du A de l'article 278-0 bis du code général des impôts est fixée comme suit :

accès vasculaire implantable composé d'un réservoir sans septum et de cathéter(s), quels que soient le nombre de réservoirs et celui des cathéters ;
anneaux valvulaires cardiaques ;
armature valvulaire cardiaque pour autogreffe ;
barrières antiadhérences d'origine synthétique ;
chambre à cathéter implantable, double chambre, pour abord veineux ;
chambre à cathéter implantable, monochambre, pour abord artériel ;
chambre à cathéter implantable, monochambre, pour abord intrarachidien, intrathécal ou péridural ;
chambre à cathéter implantable, monochambre, pour abord péritonéal ;
chambre à cathéter implantable, monochambre, pour abord veineux ;
défibrillateurs cardiaques implantables avec stimulation atrio-bi-ventriculaire pour resynchronisation dits « triple chambre » ;
défibrillateurs cardiaques implantables simple et double chambre ;
greffon tendineux ;
greffons cornéens d'origine humaine ;
greffons valvulaires cardiaques, conduits valvulaires ou fragments valvulaires ;
implant digestif annulaire anastomotique biodégradable ;
implant digestif de dérivation péritonéo-veineuse ;
implant exovasculaire de gainage ;
implant exovasculaire de ligature interne (CLIP) pour anévrisme cérébral ;
implant neurologique de drainage totalement interne, sous-dural ;
implant neurologique de ponction de kystes arachnoidiens ;
implant neurologique de réfection, de suspension ou d'enveloppement, inférieur ou égal à 20 cm^2 ;
implant neurologique de réfection, de suspension ou d'enveloppement, supérieur à 20 cm^2 ;
implant neurologique pour valve, connecteur, raccord, adaptateur ;
implant neurologique, valve d'hydrocéphalie préréglée, régulation de pression ;
implant neurologique, valve d'hydrocéphalie préréglée, régulation de débit ;
implant neurologique, valve d'hydrocéphalie programmable ;
implant neurologique, valve d'hydrocéphalie standard et dérivation périphérique ;
implant neurologique, valve d'hydrocéphalie, cathéter de drainage ;
implant neurologique, valve d'hydrocéphalie, réservoir ;
implant ophtalmologique cornéen ou kératoprothèse à support colonisable ;
implant ophtalmologique de reconstruction orbitaire ;
implant ophtalmologique intraoculaire de drainage antiglaucomateux ;
implant ophtalmologique intraoculaire, aniridien ;
implant ophtalmologique intraoculaire, anneau capsulaire ;
implant ophtalmologique intraorbitaire, bille ;
implant ophtalmologique intraorbitaire, bille réhabitable ;
implant ophtalmologique intraorbitaire, bille réhabitable enveloppée ;
implant ophtalmologique intraorbitaire, entraîneur pour œil artificiel ;
implant ophtalmologique lacrymal, bouchon ou clou-trou méatique ;
implant ophtalmologique lacrymal, canaliculo-nasal ; implant pour traitement des larmoiements et implant pour lacorhinostomie ;
implant ophtalmologique lacrymal, supplément, traitement hydrophilisant ;

implant ophtalmologique, cristallinien, monofocal ;

implant ophtalmologique, cristallinien, multifocal ;

implant ophtalmologique, palpébral, de suspension, pour traitement du ptosis ;

implant ophtalmologique, palpébral, plaque pour rétraction ;

implant ophtalmologique, palpébral, prothèse pour lagophtalmie ;

implant ophtalmologique, scléral ou vitréen, colonisable pour indentation ; implant (type bande, corde, rail et roue) pour indentation sclérale ;

implant ophtalmologique, scléral ou vitréen, éponge et bande pour cerclage, pli ; éponge et bande large ;

implant ophtalmologique, scléral ou vitréen, huile de silicone, flacon/seringue ;

implant ophtalmologique, scléral ou vitréen, non colonisable pour indentation ; implant (type bande, corde, rail et roue) pour indentation sclérale ;

implant ORL, oreille ;

implant pleuropulmonaire, de renfort, d'agrafage, résection parenchymateuse ;

implant pour colposuspension, péri ou uréthrocervical ;

implant testiculaire ne comportant aucun dérivé ou tissu d'origine biologique ou n'étant pas issu de tels dérivés ;

implant urétéral double crosse ;

implant urétéral simple crosse ;

implants cristalliniens monofocaux issus de dérivés de tissus d'origine animale non viables ou en comportant ;

implants d'expansion cutanée gonflable ne comportant aucun dérivé ou tissu d'origine biologique ou n'étant pas issus de tels dérivés ;

implants d'origine synthétique pour chirurgie endoscopique avec ou sans fixation intégrée ;

implants d'ostéosynthèse divers et supplément : supplément pour traitement ostéoconducteur ; fiche pour fixateur externe ; agrafe, sauf pour main ou pied ; câble de cerclage à fils torsadés ; système d'ancrage tendineux ou ligamentaire résorbable ou non ; système de fixation type agrafe, à crémaillère pour sternotomie ;

implants d'ostéosynthèse sur mesure : lame plaque, plaque et clou centromédullaire sur mesure ;

implants d'ostéosynthèse, broches : broche classique ; broche filetée ou cannelée, autosécable ; broche résorbable ; embout de broche antimigration ;

implants d'ostéosynthèse, clou plaque : lisse ; adhérent ou à crénage ; adhérent ou à crénage sur la face osseuse ;

implants d'ostéosynthèse, clous centromédullaires ;

implants d'ostéosynthèse, implants pour chirurgie des extrémités des membres, mains et pieds : plaque à petits fragments ; vis perforée ; vis (cheville) sécable ; agrafe ;

implants d'ostéosynthèse, lames plaques ou lames coudées lisses : lisse ; lisse et perforée ; adhérente ou à crénage ; adhérente ou à crénage sur la face osseuse ; adhérente ou à crénage, perforée ; adhérente ou à crénage sur la face osseuse, perforée ;

implants d'ostéosynthèse, plaques (sécable ou non) : plaque diaphysaire ; plaque épiphysaire ; plaque à cotyle ou basin ; plaque à agrafe ronde, endocéphalique, extrémité supérieure humérus ; plaque-crochet trochantérienne ;

implants d'ostéosynthèse, vis et contre-vis : vis corticale et spongieuse, non autotaraudeuse ; vis à pas différents et autocompressive ; vis avec sa contre-vis adaptable sur un trou fileté ; vis perforée ; vis autotaraudeuse ; vis autocompressive ; vis résorbable ; vis adaptable sur un trou fileté d'un implant ;

implants d'ostéosynthèse, vis plaque : lisse ; avec système de blocage, lisse ; adhérente ou à crénage ; avec système de blocage, adhérente ou à crénage ;

implants de drainage pour traitement du glaucome issus de dérivés de tissus d'origine animale non viables ou en comportant ;

implants de pontage ne comportant aucun dérivé ou tissu d'origine biologique ou n'étant pas issus de tels dérivés ;

implants de pontage issus de dérivés, de tissus d'origine animale non viables ou en comportant ;

implants de réfection de paroi d'origine synthétique, non tricotés et non tissés ;

implants de réfection de paroi d'origine synthétique, tricotés ou tissés, enduits ou non enduits, non résorbables ;

implants de réfection de paroi d'origine synthétique, tricotés ou tissés, enduits ou non enduits, résorbables ;

implants de réfection de paroi, issus de dérivés d'origine animale ;

implants de soutènement sous-urétral ;

implants de suture et de ligature internes, mécaniques, résorbables ou non, pour la chirurgie conventionnelle ou l'endochirurgie : agrafage pour fixation d'implants avec système de pose (chargeur d'agrafes) non restérilisable, rechargeable ou non ; agrafage pour suture et anastomose linéaires ; agrafage pour suture circulaire avec système de pose, non restérilisable non rechargeable, ligature interne ou clips des vaisseaux ou des conduits excréteurs avec système de pose (chargeur de clips), non restérilisable, rechargeable ou non avec ou sans section ;

implants digestifs pour gastroplastie ;

plaques d'obturation et patchs, résorbables ou non résorbables, quelle que soit la surface, ne comportant aucun dérivé ou tissu d'origine biologique ou n'étant pas issus de tels dérivés ;

plaques d'obturation et patchs, résorbables ou non résorbables, quelle que soit la surface, issus de dérivés, de tissus d'origine animale non viables ou en comportant ;

produit visco-élastique utilisé en ophtalmologie pour la pose d'implants cristalliniens ne comportant aucun dérivé ou tissu d'origine biologique ou n'étant pas issus de tels dérivés ;

produits visco-élastiques utilisés en ophtalmologie pour la pose d'implants cristalliniens issus de dérivés de tissus d'origine animale non viables ou en comportant ;

sources radioactives implantables dites « Grains d'iode 125 » ;

valves cardiaques à bille, à disque ou à double ailette ;

valves fabriquées à partir de tissu d'origine animale autre que valvulaire cardiaque montées ou non sur armature ;

valves fabriquées à partir de valves cardiaques d'origine animale, montées ou non sur armature.

TVA-VIII-2635 s. ; MF nº 52990

Art 30-0 B La liste des équipements spéciaux soumis au taux réduit de la taxe sur la valeur ajoutée en application du c du 2º du A de l'article 278-0 bis du code général des impôts est fixée comme suit :

1. Pour les handicapés moteurs :

Commandes adaptées pour le contrôle de l'environnement et la communication : au souffle, linguales, joysticks, défilement, contacteurs, casques et licornes ;

Appareils de communication à synthèse vocale et désigneurs ;

Cartes électroniques et logiciels spécifiques de communication ;

Claviers spéciaux pour ordinateurs et machines à écrire ;

Aides mécaniques ou électriques aux mouvements des bras, tourne-pages automatiques ;

Matériels de transfert : élévateurs et releveurs hydrauliques ou électriques, lève-personnes ;

Systèmes de douche et de bain incorporant les éléments indispensables à leur accessibilité par des handicapés, à l'exclusion des équipements médicaux ou à finalité thérapeutique ;

Lorsqu'ils ont une vitesse inférieure ou égale à dix kilomètres par heure : les fauteuils roulants et les scooters médicaux ;

Appareils modulaires de verticalisation ;

Appareils de soutien partiel de la tête ;

Casques de protection pour enfants handicapés ;

2. Pour aveugles et malvoyants :

Appareils ou objets à lecture, écriture ou reproduction de caractères ou signes en relief (braille) ;

Téléagrandisseurs et systèmes optiques télescopiques ;

Cartes électroniques et logiciels spécialisés ;

3. Pour sourds et malentendants :

Vibrateurs tactiles ;

Orthèses vibratoires (amplificateurs de voix) ;

Implants cochléaires ;

Logiciels spécifiques ;

4. Pour d'autres handicapés :

Filtres respiratoires et protections trachéales pour laryngectomisés ;

Appareils de photothérapie ;

Appareils de recueil de saignées ;

5. Pour l'ensemble des handicapés afin de faciliter la conduite ou l'accès des véhicules :

Siège orthopédique (siège pivotant, surélevé...) ;

Treuils, rampes et autres dispositifs pour l'accès des personnes handicapées en fauteuil roulant ;

Commande d'accélérateur à main (cercle, arc de cercle, secteur, manette, poignée tournante...) ;

Sélecteur de vitesses sur planche de bord ;

Modification de la position ou de la commande du frein principal et du frein de secours ;

Modification de la position ou de la commande des commutateurs de feux, de clignotants, d'avertisseur sonore, d'essuie-glace ;

Dispositif de commande groupée (frein principal, accélérateur...) ;

Permutation ou modification de la position des pédales : pédales d'embrayage et de frein rapprochées ou communes, pédales surélevées, faux planchers ;

Modification de la colonne de direction ;

Dispositif de maintien du tronc par sangle ou par harnais ;

Dispositifs d'ancrage des fauteuils roulants à l'intérieur du véhicule ;

6. Pour l'ensemble des personnes en situation de handicap afin de faciliter la pratique d'une activité sportive :

Appareils et équipements de mobilité adaptés (luges, skis, bateaux de paravoile...) ;

Appareils et équipements fixes de pratique sportive adaptée (banc de musculation, home-trainer, siège de lancer athlétique, selle adaptée pour la pratique de l'équitation...) ;

Matériels de fixation (plaque de lancer, matériel de fixation d'escrime...) ;

Matériels d'assistance et de pratique sportive adaptés pour les personnes en situation de handicap moteur (flotteurs latéraux d'aviron, rampes de mise à cheval, massues d'athlétisme, filets de volley-ball assis...) ;

Matériels d'assistance et de pratique sportive adaptés pour les personnes ayant une déficience visuelle (sonorisation pour guidage, matériel de cecifoot...).

BF 4/23 inf. 265 ; TVA-VIII-2900 s. ; MF n° 52995

Art 30-0 C Les ascenseurs et matériels assimilés soumis au taux réduit de la taxe sur la valeur ajoutée en application du f du 2° du A de l'article 278-0 bis du code général des impôts sont les matériels suivants, spécialement conçus pour le déplacement d'une personne handicapée :

1. Les appareils élévateurs verticaux, installés à demeure, comportant une plate-forme aménagée en vue du transport d'une personne handicapée, debout ou en fauteuil roulant, avec ou sans accompagnateur, qui répondent aux conditions suivantes :

a. Ils permettent le déplacement entre deux niveaux définis, avec éventuellement un ou plusieurs niveaux intermédiaires ;

b. Leur vitesse n'excède pas 0,15 mètre par seconde ;

c. Ils comportent un frein de sécurité ou autre dispositif d'arrêt d'urgence, et un dispositif protégeant l'accès de la gaine à chaque palier ;

d. Leur charge nominale minimale est de 200 kilogrammes, à l'exception des appareils élévateurs manuels, pour lesquels la charge nominale ne doit pas excéder 200 kilogrammes ;

2. Les élévateurs à déplacements inclinés spécialement conçus pour le déplacement d'une personne handicapée accompagnée ou non, installée à demeure, se déplaçant le long de guides inclinés, desservant des niveaux définis, circulant ou non le long d'une ou de plusieurs parois ou éléments de parois, qui répondent aux conditions suivantes :

a. Ils circulent le long d'un escalier ou d'un plan incliné ;

b. Ils comportent un plateau accessible au fauteuil roulant ou un siège ;

c. Leur inclinaison par rapport à l'horizontal n'excède pas 45° ;

d. Leur vitesse n'excède pas 0,15 mètre par seconde ;

e. Ils comportent un frein de sécurité ou autre dispositif d'arrêt d'urgence, et un dispositif de maintien des personnes lors du fonctionnement de l'appareil ;

f. Leur charge nominale n'excède pas 200 kilogrammes.

TVA-VIII-3450 s. ; MF n° 53005

A ter. Travaux d'amélioration de la qualité énergétique des locaux d'habitation

Art 30-0 D Les caractéristiques techniques et les critères de performances minimales des matériaux et équipements mentionnés au 1 de l'article 278-0 bis A du code général des impôts sont ceux fixés par l'article 18 bis. Pour les matériels ou équipements qui ne sont plus mentionnés à cet article, sont retenus les caractéristiques techniques et critères de performances minimales fixés par cet article dans sa dernière rédaction qui mentionne ces matériels ou équipements.

FR 2/24 inf. 53 p. 106 ; TVA-VIII-7070 ; MF n° 53048

A quater. Produits adaptés à la lutte contre la propagation du virus covid-19

Art 30-0 E Les masques de protection mentionnés au K bis de l'article 278-0 bis du code général des impôts répondent aux caractéristiques techniques suivantes :

1° Pour les masques à usage sanitaire :

a. S'agissant de ceux destinés à la protection du porteur contre l'inhalation de gouttelettes : celles définies par la norme EN 149+A1 : 2009 pour les classes d'efficacité FFP1, FFP2 ou FFP3 ou par une norme étrangère reconnue comme équivalente pour ces classes, sous réserve qu'ils ne comportent pas de valve expiratoire ;

b. S'agissant de ceux destinés à la protection de l'environnement du porteur en évitant la projection de gouttelettes émises par ce dernier : celles définies par la norme EN 14683+AC : 2019 ou par une norme étrangère reconnue comme équivalente ;

2° Pour les masques réservés à des usages non sanitaires :

a. Les niveaux de performances suivants :

i. L'efficacité de filtration des particules de 3 micromètres est supérieure à 70 % ;

ii. La respirabilité permet un port pendant un temps de quatre heures ;

iii. La perméabilité à l'air est supérieure à 96 litres par mètre carré et par seconde, pour une dépression de 100 pascal ;

b. La forme permet un ajustement sur le visage avec une couverture du nez et du menton et ne comprend pas de couture sagittale ;

c. Lorsqu'ils sont réutilisables, les niveaux de performances mentionnés au a sont maintenus après au moins cinq lavages ;

d. Les caractéristiques listées aux a et c sont vérifiées dans les conditions précisées en annexe au présent article ;

e. La commercialisation intervient dans les conditions précisées en annexe au présent article.

ANNEXE

A L'ARTICLE 30-0 E DE L'ANNEXE IV AU CODE GENERAL DES IMPOTS

I.- Les masques réservés à des usages non sanitaires éligibles au taux réduit de TVA conformément au 2° de l'article 30-0 E de l'annexe IV au code général des impôts sont identifiés :

a) Soit en tant que « masque grand public » ;

b) Soit en tant que masque suivant les spécifications de l'AFNOR.

II.-A.- Les masques grand public comprennent :

a) Les masques de catégorie 1 dont l'efficacité de filtration des particules de 3 micromètres est supérieure à 90 % ;

b) Les masques de catégorie 2.

B.- Les performances sont vérifiées au moyen d'essais réalisés par l'une des personnes mentionnées au C du présent II dans les conditions suivantes :

a) La mesure de la respirabilité est complétée par un test porté pendant 4 heures réalisé directement par le fabricant ou l'importateur ;

b) L'efficacité de filtration des particules de 3 µm est vérifiée par la mise en œuvre d'essais de type correspondant au protocole d'essai décrit dans le document de la direction générale de l'armement du 25 mars 2020 (https://www.entreprises.gouv.fr/files/files/home/ProtocoleDGA.pdf annexe 2 avec une taille de particules de 3 µm) ou tout autre protocole équivalent ;

c) La perméabilité à l'air est vérifiée selon un protocole conforme à la norme NF EN ISO 9237 : 1995 ou tout autre protocole équivalent ;

d) La conservation des niveaux de performance, s'agissant des masques lavables et réutilisables, est démontrée conformément aux précisions apportées par l'avis de l'Agence nationale de sécurité du médicament et des produits de santé du 25 mars 2020 révisé le 21 avril 2020 et précisant le protocole de traitement permettant une réutilisation des masques en tissu à usage non sanitaire prévus dans le cadre de l'épidémie covid.

Les résultats des essais sont communiqués à l'adresse masques.dge@finances.gouv.fr et publiés par l'administration sur le site https ://www.entreprises.gouv.fr/covid-19/liste-des-tests-masques-de-protection.

C.- Les personnes pouvant conduire les essais mentionnés au B du présent II sont :

a) La direction générale de l'armement ;

b) Les organismes notifiés au sens du règlement (UE) 2016/425 du Parlement européen et du Conseil du 9 mars 2016 avec un périmètre d'accréditation compatible avec la réalisation de ces tests ;

c) Le laboratoire national de métrologie et d'essais ;

d) Les autres laboratoires référencés sur la page https://www.entreprises.gouv.fr/covid-19/liste-des-tests-masques-de-protection.

D.- Les masques grand public :

1° Sont identifiés, sur l'emballage ou le produit, au moyen des logos figurant au IV de la présente annexe en fonction du nombre de lavages minimum permettant le maintien des niveaux de performances ;

2° Sont accompagnés d'une information sur les performances de filtration figurant sur l'emballage et d'une notice d'utilisation.

Par dérogation aux 1° et 2° du présent D, jusqu'au 31 mai 2020, l'identification des masques et l'information sur les performances de filtration peuvent être réalisées par tout moyen.

III.- Les masques suivant les spécifications de l'AFNOR répondent aux exigences et recommandations relatives aux matériaux et à la fabrication figurant dans le document AFNOR SPEC S76-001 du 28 avril 2020 relatif aux masques barrières (version 1.10) disponible sur la page https :// masques-barrieres. afnor. org/.

Ils font l'objet d'essais, sont marqués et accompagnés d'une notice d'information dans les conditions prévues par ce même document.

IV.- Logos à utiliser pour les masques grand public :

Ndlr *Les produits visés au présent article bénéficient du taux réduit prévu à l'article 278-0 bis, K bis du CGI lorsqu'ils font l'objet de livraisons et acquisitions intracommunautaires dont le fait générateur intervient à compter du 24 mars 2020 et jusqu'au 31 décembre 2024 et d'importations réalisées à compter du 27 avril 2020 et jusqu'au 31 décembre 2024.*

FR 2/24 inf. 59 p. 114 ; FR 26/20 inf. 5 p. 11 ; MF nº 53012

Art 30-0 F Les produits destinés à l'hygiène corporelle mentionnés au K ter de l'article 278-0 bis du code général des impôts répondent aux caractéristiques cumulatives suivantes :

1º Ils relèvent du type de produits 1 au sens de l'annexe V au règlement (UE) nº 528/2012 du 22 mai 2012 concernant la mise à disposition sur le marché et l'utilisation des produits biocides ;

2º Ils sont destinés à l'inactivation rapide et efficace de virus présents sur la peau ;

3º Ils respectent l'une des conditions suivantes :

a. Le produit répond à la norme EN 14476 ;

b. Le produit contient, en concentration exprimée en volume supérieure ou égale à 60 % dans le produit final, l'une des substances actives suivantes : éthanol, propan-1-ol ou propan-2-ol.

Ndlr *Les produits visés au présent article bénéficient du taux réduit prévu à l'article 278-0 bis, K ter du CGI lorsqu'ils font l'objet de livraisons et acquisitions intracommunautaires dont le fait générateur intervient à compter du 1er mars 2020 et jusqu'au 31 décembre 2024 et d'importations réalisées à compter du 27 avril 2020 et jusqu'au 31 décembre 2024.*

FR 2/24 inf. 59 p. 114 ; FR 26/20 inf. 5 p. 11 ; MF nº 53012

Art 30-0 G Les tenues de protection mentionnées au K bis de l'article 278-0 bis du code général des impôts comprennent :

1º Les lunettes et visières de protection, ainsi que les composants interchangeables de ces produits, qui répondent aux caractéristiques suivantes :

a. Soit celles définies par la norme EN 166 : 2001, avec un marquage 3 pour l'essai de projections liquides ;

b. Soit, pour les visières, celles définies au a du présent 1º avec les adaptations suivantes :

i. Les spécifications relatives à la résistance au vieillissement, à la corrosion et à l'inflammation ne sont pas requises ;

ii. La classe optique est 2 au minimum ;

iii. Le marquage et les informations fournies par le fabricant font état d'une application limitée à la protection contre le covid-19 ;

c. Soit celles définies par une norme étrangère reconnue comme équivalente à la norme mentionnée au a du présent 1º ;

2° Les dispositifs médicaux, au sens du 1 de l'article 2 du règlement (UE) 2017/745 du Parlement européen et du Conseil du 5 avril 2017 relatif aux dispositifs médicaux, modifiant la directive 2001/83/CE, le règlement (CE) n° 178/2002 et le règlement (CE) n° 1223/2009 et abrogeant les directives du Conseil 90/385/CEE et 93/42/CEE, revêtus du marquage CE, conformes aux exigences permettant ce marquage et qui sont listés ci-dessous :

a. Les gants médicaux d'examen relevant de la classe I et les gants chirurgicaux relevant de la classe IIa ;

b. Les casaques, blouses, surblouses et tabliers relevant de la classe I ;

c. Les charlottes et surchaussures relevant de la classe I.

Ndlr *Les produits visés au présent article bénéficient du taux réduit prévu à l'article 278-0 bis, K bis du CGI lorsqu'ils font l'objet de livraisons et acquisitions intracommunautaires dont le fait générateur intervient à compter du 24 mars 2020 et jusqu'au 31 décembre 2024 et d'importations réalisées à compter du 27 juillet 2020 et jusqu'au 31 décembre 2024.*

FR 2/24 inf. 59 p. 114 ; FR 35/20 inf. 7 p. 16 ; MF n° 53012

A quinquies. Prestations de pose, d'installation et d'entretien d'infrastructures de recharge pour véhicules électriques

Art 30-0 H **1.** Pour l'application du présent article, l'infrastructure de recharge, la borne de recharge et le point de recharge s'entendent au sens, respectivement, des 2°, 4° et 5° de l'article 2 du décret n° 2017-26 du 12 janvier 2017 relatif aux infrastructures de recharge pour véhicules électriques et portant diverses mesures de transposition de la directive 2014/94/UE du Parlement européen et du Conseil du 22 octobre 2014 sur le déploiement d'une infrastructure pour carburants alternatifs.

2. La configuration des infrastructures de recharge pour véhicules électriques mentionnées au premier alinéa du N de l'article 278-0 bis du code général des impôts répond aux exigences techniques suivantes :

a. Pour les infrastructures relevant des articles L 353-12 ou L 353-13 du code de l'énergie, celles déterminées par l'arrêté du 23 décembre 2020 relatif à l'application de l'article R111-14-2 du code de la construction et de l'habitation ;

b. Pour les infrastructures ne relevant pas du a du présent 2 :

soit il s'agit d'une borne de recharge équipée d'un socle de prise de courant de type 2 ou d'un connecteur de type 2, tels que décrits dans la norme NF EN 62196-2 ;

soit il s'agit d'un point de recharge équipé d'un socle de prise de courant de type E, tel que décrit dans la norme NF C61-314, adapté à la recharge d'un véhicule électrique pour une intensité supérieure ou égale à 14 A, dit « prise renforcée ».

3. Les critères de qualification des personnes mentionnés au 3° du N de l'article 278-0 bis du code général des impôts sont les suivants :

a. Pour les prestations ne relevant pas du b du présent 3, l'habilitation et, le cas échéant, la qualification, instituées au I ou au II de l'article 22 du décret n° 2017-26 du 12 janvier 2017 mentionné au 1 ;

b. Pour les prestations réalisées sous l'autorité du gestionnaire de réseau, ceux prescrits par la réglementation et ce gestionnaire pour l'intervention sur ce réseau.

FR 33/23 inf. 4 p. 12 ; MF n° 53046

B. Hôtels de tourisme et villages de vacances

Art 30 **1.** Pour l'application du a de l'article 279 du code général des impôts la base d'imposition au taux réduit de la taxe sur la valeur ajoutée est constituée par les trois quarts du prix de pension ou de demi-pension.

2. Pour l'application du 1, les prix de pension et de demi-pension sont diminués, le cas échéant, de la fraction représentative de prestations autres que la nourriture et le logement.

3. et 4. *(Abrogés).*

Ndlr *Les dispositions de l'article 279, a du CGI prévoyant l'application du taux intermédiaire aux prestations relatives aux trois quarts du prix de pension ou de demi-pension dans les établissements d'hébergement sont abrogées depuis le 1er janvier 2021 (Loi 2020-1721 du 29 décembre 2020 art. 44).*

TVA-XV-33540 s.

SECTION V
Obligations des redevables

I. Obligations générales

A. Déclarations d'existence et comptabilité. Déclarations de recettes

Art 32 **a.** Sous réserve des dispositions propres aux entreprises étrangères qui n'ont pas d'établissement en France et des dérogations prévues à l'article 33, les déclarations prescrites par l'article 286 et le 1 de l'article 287 du code général des impôts doivent être souscrites par les redevables de la taxe sur la valeur ajoutée, pour l'ensemble des opérations qu'ils réalisent, autres que les opérations visées au 2° du 3 du I de l'article 257 du code général des impôts, auprès du service des impôts auquel doit parvenir leur déclaration de bénéfice ou de revenu.

b. *(Abrogé).*

c. *(Devenu sans objet).*

FR 7/22 inf. 3 p. 6 ; RIE-IV-11880 s. ; MF nº 53400

Art 33 Les dispositions de l'article 32 ne sont pas applicables aux personnes physiques propriétaires d'immeubles loués ou de monuments historiques ouverts au public dont les loyers ou les recettes sont imposés à l'impôt sur le revenu dans la catégorie des revenus fonciers : les déclarations prévues par les articles 286 et 287 du code général des impôts sont déposées auprès du service des impôts du lieu de situation de l'immeuble. En cas de pluralité d'immeubles, les obligations déclaratives sont remplies auprès du service des impôts du lieu de situation du bien générateur du chiffre d'affaires le plus élevé.

RIE-IV-12015 ; MF nº 53400

Art 35 Les déclarations prévues aux 1° et 2° du I de l'article 286 du code général des impôts doivent être souscrites par les redevables de la taxe sur la valeur ajoutée lors de toute modification substantielle des conditions d'exercice de leur activité.

Il en est ainsi notamment :

Lors de l'ouverture d'un établissement secondaire, d'une agence ou d'une succursale. Dans ce cas, déclaration doit en être faite également au service dans le ressort duquel se trouve cet établissement, cette agence ou cette succursale ;

Lors de toute modification de la forme juridique de l'entreprise.

RIE-V-1130 s. ; MF nº 53390

Art 36 Les redevables de la taxe sur la valeur ajoutée qui cessent d'exercer leur activité doivent, dans les trente jours, en faire la déclaration au service qui a reçu les déclarations visées à l'article 32.

RIE-V-1200 s. ; MF nº 53390

Art 37 La comptabilité ou le livre spécial dont la tenue est prescrite par le 3° du I de l'article 286 du code général des impôts doit notamment faire apparaître d'une manière distincte :

Les opérations non soumises à la taxe sur la valeur ajoutée ;

Les opérations faites en suspension de ladite taxe ;

Pour chaque acquisition de biens, services et travaux, l'indication de son montant, de la taxe sur la valeur ajoutée correspondante, ainsi que le nom et l'adresse du fournisseur ;

Pour chaque opération ayant donné lieu à l'émission d'une facture ou d'un document en tenant lieu comportant mention de la taxe sur la valeur ajoutée, le montant net de l'opération, le montant de la taxe sur la valeur ajoutée au taux exigible facturé, ainsi que le nom et l'adresse du client.

RIE-IV-1550 s. ; MF nº 53455

Art 39 **1. 1°** La date limite à laquelle les redevables sont tenus de remettre ou d'envoyer au service des impôts la déclaration ou le paiement mentionnés aux 1 et 3 de l'article 287 du code général des impôts est fixée comme suit :

a. Pour les taxes dues au titre du trimestre civil précédent par les redevables placés sous le régime simplifié de l'agriculture, au plus tard le 5 des mois de mai, août, novembre et février ;

TVA-XII-9700 s. ; MF nº 59890

b. Pour les taxes dues au titre du mois par les redevables placés sous le régime simplifié de l'agriculture, ou, selon le cas, au titre du mois ou du trimestre par les redevables placés sous le régime de la déclaration et dont le lieu d'imposition est situé à Paris ainsi que dans les départements des Hauts-de-Seine, de la Seine-Saint-Denis et du Val-de-Marne :

Entreprises individuelles, selon que le nom de famille de l'exploitant commence par l'une ou l'autre des lettres ci-après :

A, B, C, D, E, F, G, H : au plus tard le 15 du mois suivant ;

I, J, K, L, M, N, O, P, Q, R, S, T, U, V, W, X, Y, Z : au plus tard le 17 du mois suivant.

Sociétés, selon que le numéro d'identification attribué par l'institut national des statistiques commence par l'un ou l'autre des groupes de deux chiffres ci-après :

Toutes sociétés autres que les sociétés anonymes :

00, 01, 02... jusqu'à 68 inclus : au plus tard le 19 du mois suivant ;

69, 70, 71... jusqu'à 78 inclus : au plus tard le 20 du mois suivant ;

79, 80, 81... jusqu'à 99 : au plus tard le 21 du mois suivant.

Sociétés anonymes :

00, 01, 02... jusqu'à 74 inclus : au plus tard le 23 du mois suivant ;

75, 76, 77... jusqu'à 99 : au plus tard le 24 du mois suivant.

Autres redevables : au plus tard le 24 du mois suivant ;

FR 47/22 inf. 1 nos 89 et 90 p. 19 ; TVA-XII-10525 ; RIE-IV-11240 s. ; MF nº 54175

c. Pour les taxes dues au titre du mois par les redevables placés sous le régime simplifié de l'agriculture, ou, selon le cas, au titre du mois ou du trimestre par les redevables placés sous le régime de la déclaration et dont le lieu d'imposition est situé dans les autres départements :

Entreprises individuelles, selon que le nom de famille de l'exploitant commence par l'une ou l'autre des lettres ci-après :

A, B, C, D, E, F, G, H : au plus tard le 16 du mois suivant ;

I, J, K, L, M, N, O, P, Q, R, S, T, U, V, W, X, Y, Z : au plus tard le 19 du mois suivant.

Sociétés, selon la forme juridique :

Toutes sociétés autres que les sociétés anonymes : au plus tard le 21 du mois suivant ;

Sociétés anonymes : au plus tard le 24 du mois suivant ;

Autres redevables : au plus tard le 24 du mois suivant ;

FR 47/22 inf. 1 nos 89 et 90 p. 19 ; TVA-XII-10525 ; RIE-IV-11240 s. ; MF nº 54175

d. Pour les redevables placés sous le régime simplifié d'imposition et tenus de verser des acomptes en juillet et décembre, en application du 3 de l'article 287 du code général des impôts, les jours limites de paiement au cours de ces mois sont ceux prévus aux b, c et e ;

RIE-IV-18220 ; MF nº 54270

e. Pour les taxes dues, selon le cas, au titre du mois ou du trimestre par les redevables visés au premier alinéa du I de l'article 95 de l'annexe III et placés sous le régime de la déclaration : au plus tard le 19 du mois suivant ;

TVA-III-11390 ; MF nº 50640 c

f. Pour les déclarations déposées par les assujettis membres du groupe désignés au 3 de l'article 1693 ter du code général des impôts : aux dates prévues aux b et c du 1° ;

Pour la déclaration récapitulative mentionnée au a du 3 de l'article 1693 ter du même code déposée par le redevable mentionné au 1 de l'article 1693 ter de ce code : au plus tard le 24 du mois suivant ;

RIE-IV-13440 s. ; MF nº 54215

g. Pour les déclarations des redevables placés sous le régime réel normal mensuel ou trimestriel mentionné au 2 de l'article 287 du code général des impôts et qui sont assujettis à la taxe sur la valeur ajoutée applicable aux produits pétroliers au sens du tableau B du 1 de l'article 265 du code des douanes, à l'exception du gaz naturel selon les dispositions prévues au 1° du 1 de l'article 298 du code général des impôts : au plus tard le 24 du mois suivant le mois ou le trimestre au cours duquel la taxe est devenue exigible.

TVA-XIV-885 ; MF nº 61370

2° Par dérogation au 1°, la date limite à laquelle les redevables sont tenus de remettre ou d'envoyer au service des impôts les déclarations mentionnées au 1 de l'article 287 du code général des impôts faisant apparaître des importations mentionnées à l'article 291 du même code est fixée au plus tard le 24 du mois suivant le mois ou le trimestre au cours duquel la taxe est devenue exigible.

FR 7/22 inf. 3 p. 6 ; MF nº 54175

3° La date limite mentionnée au présent article est reportée dans les conditions prévues par l'article 199-0.

RIE-IV-11420 ; MF nº 54175

4° En cas d'utilisation de la voie postale, le cachet de La Poste fait foi de la date d'expédition.

RIE-IV-11510 s.

2. *(Dispositions devenues sans objet : loi nº 98-1266 du 30 décembre 1998 art. 9-I et III).*

Art 39 bis **1.** L'autorisation, prévue au 2 de l'article 287 du code général des impôts, de disposer d'un délai supplémentaire de un mois pour déposer la déclaration mensuelle de taxe sur la valeur ajoutée est subordonnée aux conditions suivantes :

a. Le redevable doit présenter une demande motivée au service des impôts dont il dépend pour le paiement de la taxe sur la valeur ajoutée ;

b. Il doit justifier qu'en raison de la nature de ses activités ou de la structure particulière de son entreprise il n'est pas en mesure d'établir ses déclarations dans le délai prévu à l'article 39.

2. L'autorisation peut être rapportée à tout moment lorsque les conditions prévues au 1 ne se trouvent plus remplies.

RIE-IV-12800 s. ; MF nº 54185

Art 40 **1.** Les assujettis à la taxe sur la valeur ajoutée doivent mentionner, sur la déclaration prévue au 1 de l'article 287 du code général des impôts, le coefficient de taxation calculé dans les conditions prévues au 3 du III de l'article 206 de l'annexe II au code général des impôts qu'ils appliquent durant l'année en cours.

TVA-IX-9130

2. Les entreprises soumises aux dispositions du 2° du 3 du III de l'article 206 de l'annexe II au code général des impôts doivent, dans les quinze jours, en faire la déclaration au service des impôts.

Les entreprises assujetties à la taxe sur la valeur ajoutée doivent, dans les mêmes conditions, déclarer les modifications aboutissant à la création d'un secteur exonéré.

TVA-IX-15600 s. ; MF n° 56070

Art 41 A l'appui de la déclaration mentionnée au 1 de l'article 287 du code général des impôts, qu'elles déposent avant le 25 du mois qui suit celui de leur création ou de leur prise de position d'assujetties, les entreprises doivent déclarer le coefficient de taxation retenu à titre provisoire pour les biens et services mentionnés au 3 du III de l'article 206 de l'annexe II au code général des impôts.

TVA-IX-9130

Art 41-0 bis **1.** Pour chaque membre constitué en secteur distinct d'activité conformément au 6° du I de l'article 209 de l'annexe II au code général des impôts, l'assujetti unique mentionné à l'article 256 C du même code communique à l'administration, sur un formulaire annexé à sa déclaration de chiffre d'affaires, les informations suivantes :

a. Les informations de la déclaration prévue au 1 de l'article 287 du code général des impôts ainsi que les coefficients de taxation mentionnés aux articles 40 et 41 ;

b. Le montant total du chiffre d'affaires afférent aux livraisons de biens et aux prestations de services réalisées par le membre au bénéfice d'autres membres de l'assujetti unique et qui auraient été imposables à la taxe sur la valeur ajoutée en l'absence d'assujetti unique.

2. Le formulaire mentionné au 1 est transmis par le représentant de l'assujetti unique à l'administration, dans les mêmes délais et selon les mêmes modalités que la déclaration prévue au 1 de l'article 287 du code général des impôts.

BF 11/22 inf. 854 ; MF n° 46554

B. Tenue des registres

Art 41 bis Le registre des biens prévu au 1 du I de l'article 286 quater du code général des impôts comporte les mentions nécessaires à l'identification de l'expédition ou du transport de biens sur le territoire d'un autre Etat membre de la Communauté européenne et destinés dans cet Etat à être utilisés à titre temporaire ou à faire l'objet de travaux dans les conditions prévues aux a et b du III de l'article 256 du code général des impôts :

a. Désignation des biens ou matériaux ;

b. Quantité exprimée en poids, volume ou unité ;

c. Lieu de destination ;

d. Date de l'expédition ou du transport ;

e. Date de retour ;

f. Nature de l'opération ;

g. S'il y a lieu, désignation par son numéro d'assujetti à la taxe sur la valeur ajoutée du prestataire établi dans un autre Etat membre, auquel les biens ont été expédiés en vue de travaux.

TVA-IV-5160 ; MF n° 49285

Art 41 bis A Le registre des biens, prévu au 2 du I de l'article 286 quater du code général des impôts dans le cadre du régime des stocks sous contrat de dépôt, comprend les informations suivantes :

1° Pour celui tenu par l'assujetti qui transfère les biens :

a. L'information que le bien est expédié ou transporté à partir du territoire métropolitain et la date de cette expédition ou de ce transport ;

b. Le numéro d'identification à la taxe sur la valeur ajoutée de l'assujetti auquel les biens sont destinés attribué par l'Etat membre vers lequel les biens sont expédiés ou transportés ;

c. L'Etat membre vers lequel les biens sont expédiés ou transportés, le numéro d'identification à la taxe sur la valeur ajoutée de l'entrepositaire attribué par cet Etat, la date d'arrivée des biens dans l'entrepôt et l'adresse de l'entrepôt où les biens sont stockés à l'arrivée ;

d. La valeur, la description et la quantité des biens arrivés dans l'entrepôt ;

e. Le cas échéant, le numéro d'identification à la taxe sur la valeur ajoutée de l'assujetti remplaçant l'assujetti auquel les biens sont destinés, dans les conditions énoncées au 4 du III bis de l'article 256 du code général des impôts, attribué par l'Etat membre vers lequel les biens sont expédiés ou transportés ;

f. Le montant imposable, la description des biens livrés et leur quantité, la date à laquelle la livraison des biens mentionnés au 3° du I de l'article 262 ter du même code a été effectuée et le numéro d'identification à la taxe sur la valeur ajoutée de l'acquéreur ;

g. Le montant imposable, la description des biens et leur quantité, la date de survenance de l'une des conditions mentionnées au 5 du III bis de l'article 256 du code général des impôts et la justification correspondante ;

h. La valeur, la description et la quantité des biens renvoyés et la date du renvoi des biens mentionnés au 3 du III bis du même article 256 ;

2° Pour celui tenu par l'assujetti à qui les biens sont destinés à être livrés :

a. Le numéro individuel d'identification à la taxe sur la valeur ajoutée, mentionné à l'article 286 ter du code général des impôts, de l'assujetti qui transfère les biens sous le régime des stocks sous contrat de dépôt ;

b. La description et la quantité des biens qui lui sont destinés ;

c. La date à laquelle les biens qui lui sont destinés arrivent dans l'entrepôt ;

d. Le montant imposable, la description et la quantité des biens qui lui sont livrés et la date à laquelle l'acquisition intracommunautaire des biens a été réalisée, conformément aux dispositions du deuxième alinéa du 3° du I de l'article 256 bis du même code ;

e. La description et la quantité des biens, et la date à laquelle les biens sont enlevés de l'entrepôt sur ordre de l'assujetti qui transfère les biens sous le régime des stocks sous contrat de dépôt ;

f. La description et la quantité des biens détruits ou manquants et la date de destruction, de perte ou de vol des biens précédemment arrivés à l'entrepôt ou la date à laquelle il a été constaté que les biens étaient détruits ou manquants.

Lorsque les biens sont expédiés ou transportés sous le régime des stocks sous contrat de dépôt chez un entrepositaire autre que l'assujetti auquel les biens sont destinés à être livrés, le registre de cet assujetti ne doit pas contenir les informations mentionnées aux c, e et f du présent 2° ;

3° Pour celui tenu par l'entrepositaire des biens autre que l'assujetti auquel les biens sont destinés à être livrés :

a. L'Etat membre à partir duquel les biens ont été expédiés ou transportés ;

b. La date à laquelle les biens destinés à être livrés à l'assujetti arrivent dans l'entrepôt ;

c. Le numéro individuel d'identification à la taxe sur la valeur ajoutée, mentionné à l'article 286 ter du code général des impôts, de l'assujetti auquel les biens sont destinés, attribué par l'Etat membre vers lequel les biens sont expédiés ou transportés ;

d. La description et la quantité des biens arrivés dans l'entrepôt, et la date à laquelle ces biens en sont enlevés sur ordre de l'assujetti qui transfère les biens sous le régime des stocks sous contrat de dépôt ;

e. La description et la quantité des biens détruits ou manquants et la date de destruction, de perte ou de vol des biens précédemment arrivés à l'entrepôt ou la date à laquelle il a été constaté que les biens étaient détruits ou manquants.

BF 10/21 inf. 815 ; RIE-IV-15175 ; MF n° 49390

Art 41 ter La nature et les quantités de matériaux et de produits transformés, mentionnées au 1 du II de l'article 286 quater du code général des impôts relatif au registre spécial des façonniers sont appréciées, pour chaque donneur d'ordre, à la date d'entrée et de sortie de ces matériaux et produits. A l'issue de ces opérations, ce registre indique les stocks détenus.

Lorsque des biens destinés à faire l'objet d'un travail à façon sont expédiés à partir d'un autre Etat membre de la Communauté européenne par ou pour le compte d'un assujetti identifié à la taxe sur la valeur ajoutée dans cet Etat, le registre mentionné au premier alinéa comporte le numéro d'identification à la taxe sur la valeur ajoutée du donneur d'ouvrage.

RIE-IV-15180 ; MF n° 52385

Art 41 quater Les registres visés au 3 du II de l'article 286 quater du code général des impôts et aux articles 41 bis et 41 ter sont tenus sur support papier ou informatique. Ils doivent être identifiés. Ils retracent les mouvements de biens, de matériaux et de produits transformés dans l'ordre chronologique des opérations.

Ces informations sont conservées dans leur contenu originel.

Les registres sont conservés dans chaque établissement, lieu de dépôt ou lieu de stockage des biens, matériaux ou produits transformés.

Leur conservation est assurée selon les modalités et dans les délais prévus à l'article L 102 B du livre des procédures fiscales.

RIE-IV-15220 s. ; MF n° 52385

Art 41 quinquies Les registres visés au 3 du II de l'article 286 quater du code général des impôts et aux articles 41 bis et 41 ter doivent être présentés à toute demande d'un agent de l'administration qui peut s'en faire délivrer copie.

Si l'administration le demande, les registres tenus sur support informatique sont restitués sur support papier.

RIE-IV-15220 s. ; MF n° 52385

Art 41 quinquies A Les registres prévus au 9 de l'article 298 sexdecies F et au X de l'article 298 sexdecies G du code général des impôts comportent, pour chaque opération, les informations suivantes :

a. L'Etat membre de consommation dans lequel les livraisons de biens sont effectuées ou les prestations de services sont fournies ;

b. Le type de services prestés ou la description et la quantité des biens livrés ;

c. La date de la livraison des biens ou de la prestation des services ;

d. La base d'imposition, avec indication de la devise utilisée ;

e. Toute augmentation ou réduction ultérieure de la base d'imposition ;

f. Le taux de la taxe sur la valeur ajoutée appliqué ;

g. Le montant de la taxe sur la valeur ajoutée dû, avec indication de la devise utilisée ;

h. La date et le montant des paiements reçus ;

i. Tout acompte reçu avant la livraison des biens ou la prestation des services ;

j. Lorsqu'une facture est émise, les informations figurant sur la facture ;

k. En ce qui concerne les services, les informations utilisées pour déterminer le lieu où le preneur est établi ou a son domicile ou sa résidence habituelle et, en ce qui concerne les biens, les informations utilisées pour déterminer le lieu de départ et le lieu d'arrivée de l'expédition ou du transport des biens à destination de l'acquéreur ;

l. Tout élément de preuve concernant un retour possible des biens, y compris la base d'imposition et le taux de la taxe sur la valeur ajoutée appliqué.

Ces registres sont transmis à l'administration par voie électronique dans un délai de vingt jours à compter de la date de la demande. Si la transmission par l'assujetti n'est pas intervenue dans le délai de vingt jours, l'administration lui rappelle par voie électronique son obligation de présenter lesdits registres.

BF 7/21 inf. 632 ; MF nº 50865

Art 41 quinquies B Le registre prévu au X de l'article 298 sexdecies H du code général des impôts comporte, pour chaque opération, les informations suivantes :

a. L'Etat membre de consommation dans lequel les livraisons de biens sont effectuées ;

b. La description et la quantité des biens livrés ;

c. La date de la livraison des biens ;

d. La base d'imposition, avec indication de la devise utilisée ;

e. Toute augmentation ou réduction ultérieure de la base d'imposition ;

f. Le taux de la taxe sur la valeur ajoutée appliqué ;

g. Le montant de la taxe sur la valeur ajoutée dû, avec indication de la devise utilisée ;

h. La date et le montant des paiements reçus ;

i. Lorsqu'une facture est émise, les informations figurant sur la facture ;

j. Les informations utilisées pour déterminer le lieu de départ et le lieu d'arrivée de l'expédition ou du transport des biens à destination de l'acquéreur ;

k. Une preuve concernant un retour possible des biens, y compris la base d'imposition et le taux de la taxe sur la valeur ajoutée appliqué ;

l. Le numéro de commande ou le numéro unique de l'opération ;

m. Le numéro unique de l'envoi lorsque cet assujetti intervient directement à la livraison.

Ce registre est transmis à l'administration par voie électronique dans un délai de vingt jours à compter de la date de la demande. Si la transmission par l'assujetti des registres demandés n'est pas intervenue dans le délai de vingt jours, l'administration lui rappelle par voie électronique son obligation de présenter ledit registre.

BF 7/21 inf. 632 ; MF nº 50895

Art 41 quinquies C Le registre prévu à l'article 286 quinquies du code général des impôts comporte, pour chaque opération, les informations suivantes :

1º Le nom, l'adresse postale et l'adresse électronique ou le site internet du fournisseur dont les opérations sont facilitées par l'utilisation de l'interface électronique et, si ces données sont disponibles :

a. Le numéro individuel d'identification à la taxe sur la valeur ajoutée mentionné à l'article 286 ter du code général des impôts, ou, à défaut d'une telle identification, le numéro fiscal national du fournisseur ou prestataire ;

b. Le numéro de compte bancaire ou le numéro de compte virtuel du fournisseur ou prestataire ;

2º Une description des biens, leur valeur, le lieu d'arrivée de l'expédition ou du transport des biens, ainsi que le moment de la livraison et, si ces données sont disponibles, le numéro de commande ou le numéro unique de l'opération ;

3º Une description des services, leur valeur, les informations permettant d'établir le lieu et le moment de la prestation et, si ces données sont disponibles, le numéro de commande ou le numéro unique de l'opération.

BF 7/21 inf. 632 ; MF nº 49837

Art 41 quinquies D Le registre prévu au VI de l'article 298 sexdecies I du code général des impôts comporte, pour chaque opération, les informations suivantes :

a. Le nom et l'adresse de la personne physique destinataire des biens ;

b. La description et la quantité des biens livrés ;

c. La date de la livraison des biens ;

d. La base d'imposition telle que définie par l'article 292 du code général des impôts, avec indication de la devise utilisée ;

e. Toute augmentation ou réduction ultérieure de la base d'imposition ;

f. Une preuve concernant un retour possible des biens ;

g. Le montant de la taxe sur la valeur ajoutée dû, avec indication de la devise utilisée ;

h. La date du reversement de la taxe sur la valeur ajoutée réalisé ;

i. Le numéro de la déclaration en douane de mise en libre pratique concernée.

BF 7/21 inf. 632 ; MF n° 50905

D. Factures transmises par voie télématique

Art 41 septies Les systèmes de télétransmission des factures utilisés par les entreprises dans les conditions prévues par l'article 96 G de l'annexe III au code général des impôts doivent respecter les spécifications suivantes :

I. Sont considérés comme utilisateurs les entreprises, fournisseurs ou clients qui émettent des factures télétransmises par eux-mêmes, ou par un tiers ou un client mandaté à cet effet, ou qui reçoivent des factures télétransmises, et ce quelle que soit la personne qui les a reçues en son nom et pour son compte.

II. Le système de télétransmission utilisé doit assurer au minimum les fonctions suivantes :

a. La vérification en émission et en réception de la conformité de la structure du message par rapport aux mentions obligatoires devant figurer sur une facture ;

b. La constitution quotidienne et l'archivage d'une liste récapitulative séquentielle et exhaustive des messages émis et/ou reçus et des anomalies éventuelles détectées lors des contrôles ;

c. L'archivage des factures émises et reçues ;

d. La restitution sur écran ou tout support informatique, en langage clair, à la demande de l'administration, de la facture et de la liste récapitulative ;

e. L'accessibilité immédiate aux données dématérialisées en cas de demande de l'administration.

III. 1. Les logiciels de télétransmission des factures peuvent mettre en œuvre une ou plusieurs structures de messages et ne doivent ni les modifier ni les altérer.

Le message doit comporter l'ensemble des mentions obligatoires constitutives d'une facture prévues par les textes législatifs ou réglementaires en vigueur.

L'utilisation de codes stables désignant, par exemple, des produits ou des personnes est possible si la codification est déchiffrée automatiquement à l'aide d'une table de correspondance intégrée à la fonction de restitution.

2. Les messages factures doivent être restituables sur écran, sur support informatique ou sur papier à la demande de l'administration. La restitution porte sur l'intégralité des informations émises et reçues, qu'elles soient obligatoires ou facultatives.

La restitution doit pouvoir être opérée de manière sélective, notamment en fonction des informations que la liste récapitulative doit comporter.

Les données sont restituées lisiblement en mode caractères, en langage clair et intelligible.

3. Le système doit contrôler, en émission et en réception, la conformité de la structure du message par rapport aux mentions obligatoires.

En phase d'émission, en cas d'anomalie, le message rejeté ne sera ni émis, ni archivé, ni tracé sur la liste récapitulative.

En phase de réception, toute anomalie sera retracée dans la liste récapitulative, et les messages concernés seront archivés.

IV. 1. La liste récapitulative mentionnée au III de l'article 96 G de l'annexe III au code général des impôts est constituée sous forme informatique au fur et à mesure lors de l'émission ou de la réception de chaque message.

Elle comprend au minimum les informations suivantes :

a. Le numéro et la date de la facture ;

b. La date et l'heure de constitution du message ;

c. Les montants hors taxes et toutes taxes de la transaction ainsi que le code monnaie lorsque la facture n'est pas libellée en euros ;

d. Les éléments d'identification de l'émetteur ou du récepteur donnés par le système de télétransmission *(code, nom ou dénomination sociale, numéro Siret, adresse, qualité de fournisseur ou de client)* ;

e. Les libellés des éventuelles anomalies intervenues lors de chaque transmission ;

f. La version du logiciel utilisé.

2. *(Abrogé).*

V. Les entreprises, fournisseurs et clients doivent constituer un fichier des partenaires avec lesquels elles échangent des factures par voie télématique.

Pour chaque partenaire, le fichier comporte les informations suivantes :

a. La qualité d'émetteur et/ou de récepteur ;

b. L'archivage des factures dématérialisées ou l'archivage des factures papier ;

c. La *(les)* date*(s)* d'entrée en phase de dématérialisation avec le partenaire, et, le cas échéant, la *(les)* date*(s)* de sortie.

VI. 1. Les messages factures émis par l'entreprise, par un tiers ou un client mandaté à cet effet ainsi que la liste récapitulative et le fichier des partenaires doivent être accessibles et conservés dans leur forme et contenu originels et dans l'ordre chronologique de leur émission.

Les messages factures reçus, quelle que soit la personne qui les a reçus en son nom et pour son compte, ainsi que la liste récapitulative et le fichier des partenaires doivent être accessibles et conservés dans leur forme et contenu originels et dans l'ordre chronologique de leur réception.

2. Les fichiers informatiques dans lesquels sont conservés les messages factures, la liste récapitulative et le fichier des partenaires doivent être alimentés automatiquement par le système de télétransmission des seules informations qui en sont directement issues.

3. La documentation relative aux conditions d'utilisation *(guide utilisateur)* du logiciel de télétransmission doit être conservée par l'entreprise et consultable par les agents de l'administration sur le lieu de la dématérialisation.

En outre, l'entreprise doit prendre toutes dispositions pour garantir aux agents de l'administration l'accès à la documentation informatique concernant notamment le développement de son architecture, de son analyse fonctionnelle et organique et l'exploitation du logiciel de télétransmission.

RIE-IV-6080 s. ; MF nº 53595

D bis. Factures électroniques et obligations particulières de transmission d'informations

1. Obtention de la qualité d'opérateur de plateforme de dématérialisation partenaire

Art 41 septies A I. L'audit de conformité mentionné au c du 6º du I de l'article 242 nonies B et au 1º du I de l'article 242 nonies C de l'annexe II au code général des impôts permet de s'assurer :

1º En matière d'interopérabilité des échanges :

a. Du respect par l'opérateur de plateforme de dématérialisation partenaire du socle minimum de formats prévu au 1º du I de l'article 41 septies C ;

b. Du raccordement effectif de l'opérateur de plateforme de dématérialisation partenaire au portail public de facturation ;

c. De son raccordement effectif avec au minimum un autre opérateur de plateforme de dématérialisation partenaire.

Constitue un raccordement au sens du présent 1º les modalités d'interconnexion des opérateurs de plateformes reposant sur une convention d'interopérabilité bilatérale ou un protocole d'échange en réseau ;

2º En matière d'authentification, l'existence et le fonctionnement normal du dispositif mis en œuvre par l'opérateur de plateforme de dématérialisation partenaire pour vérifier l'identité et la qualité de l'utilisateur et sécuriser l'accès à ses services conformément à l'article 242 nonies F de l'annexe II au code général des impôts ;

3º En matière d'émission et de transmission de factures électroniques :

a. De l'existence des moyens mis en œuvre par l'opérateur de plateforme de dématérialisation partenaire pour garantir la conformité des factures aux conditions prévues par le V de l'article 289 du code général des impôts, notamment en cas de conversion de la facture dans un des formats du socle minimum prévu au 1º du I de l'article 41 septies C, ainsi que leur bon fonctionnement ;

b. De la capacité de l'opérateur de la plateforme à garantir le respect par l'assujetti au nom et pour le compte duquel elle agit des conditions fixées au VII de l'article 289 susmentionné, selon le cas :

- contribuer à la documentation de la piste d'audit fiable pour ses utilisateurs ;
- satisfaire aux exigences relatives à la transmission de factures assorties d'une signature électronique ;
- tenir et conserver en matière d'échange de données informatisé, une liste récapitulative séquentielle de tous les messages émis et reçus et de leurs anomalies éventuelles, par utilisateur, et un fichier des partenaires avec lesquels elles échangent des factures électroniques ;

c. De la correcte mise en œuvre des contrôles prévus à l'article 242 nonies K de l'annexe II au code général des impôts ;

d. Du respect des formats requis au 1º du I de l'article 41 septies C ;

e. Du recours par l'opérateur de plateforme de dématérialisation partenaire à un des protocoles de communication sécurisés mentionnés au II de l'article 41 septies I ;

f. De l'existence et de la mise en œuvre effective des moyens permettant d'assurer l'adressage des factures électroniques ;

g. De l'existence et de la mise en œuvre effective des moyens permettant la gestion des statuts de traitement obligatoires des factures électroniques ;

4° En matière de recueil par la plateforme de dématérialisation partenaire des données de transaction et de paiement mentionnées aux articles 242 nonies M et 242 nonies P de l'annexe II au code général des impôts :

a. De la capacité effective de celle-ci à distinguer les données respectivement transmises au titre des articles 242 nonies J, 242 nonies M et 242 nonies P de l'annexe II au code général des impôts ;

b. De la correcte mise en œuvre des contrôles prévus à l'article 242 nonies N de l'annexe II au code général des impôts et au II de l'article 242 nonies P de l'annexe II au même code ;

c. De l'intégrité des données, en cas d'agrégation par numéro d'identification prévu par l'article R 123-221 du code de commerce, ou équivalent, des données reçues d'un assujetti ;

5° En matière de transmission des données de facturation, de transaction et de paiement au portail public de facturation :

a. De la fiabilité des traitements informatiques réalisés et de l'intégrité des données exigées, notamment en cas d'extraction ou conversion de données dans un format du socle minimal ;

b. De la mise en œuvre effective et correcte des contrôles prévus aux articles 242 nonies K et 242 nonies N et au II de l'article 242 nonies P de l'annexe II au code général des impôts ;

c. Du respect des formats de transmission requis ;

d. Du respect des délais de transmission mentionnés au II de l'article 41 septies H et aux articles 41 septies M et 41 septies P ;

6° En matière de traitement et conservation de données, de leur stockage dans des conditions garantissant leur conservation technique et leur absence de corruption conformément au règlement (UE) 2016/679 du Parlement européen et du Conseil du 27 avril 2016 relatif à la protection des personnes physiques à l'égard du traitement des données à caractère personnel et à la libre circulation de ces données, et abrogeant la directive 95/46/CE (règlement général sur la protection des données) ;

7° En matière de traçabilité, de l'existence de contrôles, de leur correcte mise en œuvre et de la conservation des preuves y afférents concernant :

a. Les accès à la plateforme de dématérialisation partenaire ;

b. L'utilisation de l'annuaire à seule fin d'adressage des factures électroniques et la conservation des extractions de l'annuaire pendant une durée limitée conforme au règlement (UE) 2016/679 précité ;

c. Les processus de traitement des factures et des données de facturation, de transaction et de paiement.

II. L'audit de conformité porte sur la période suivante :

1° Pour l'obtention du numéro d'immatriculation prévue à l'article 242 nonies B de l'annexe II au code général des impôts, les six mois précédant la date d'engagement de l'audit ;

2° Pour le renouvellement du même numéro prévu à l'article 242 nonies C de l'annexe II du même code, les trois années précédant la date d'engagement de l'audit.

Ndlr *A l'exception des dispositions de l'article 290 B du CGI relatif à la définition et à l'identification des plateformes de dématérialisation partenaires (PDP), l'entrée en vigueur des articles 289 bis, 290 et 290 A du CGI afférents aux obligations de facturation électronique et de transmission des données de transaction et de paiement intervient à compter du 1er septembre 2026 selon les modalités précisées en Ndlr sous chacun de ces articles du CGI.*

FR 2/24 inf. 46 p. 87 ; BF 12/22 inf. 946

Art 41 septies B **I.** L'administration fiscale rend publiques :

1° La liste des plateformes de dématérialisation partenaires, la date de délivrance de leur numéro d'immatriculation, et, lorsqu'il y a lieu, si l'opérateur de plateforme est tenu à l'obligation de production du rapport d'audit mentionné au c du 6° du I de l'article 242 nonies B de l'annexe II au code général des impôts ;

2° La liste des plateformes de dématérialisation partenaires dont l'immatriculation est en cours de renouvellement ;

3° La liste des plateformes de dématérialisation partenaires dont l'immatriculation a été retirée en application de l'article 1788 E du code général des impôts.

Ces listes sont publiées sur le site internet de l'administration fiscale qui indique leur date de mise à jour.

II. Pour chaque opérateur de plateforme de dématérialisation partenaire, les listes mentionnées au I comportent :

1° Son nom commercial ;

2° L'adresse de son établissement principal ;

3° L'adresse du site internet de l'opérateur de plateforme de dématérialisation partenaire ou à défaut une adresse courriel de contact ;

4° La date de délivrance du numéro d'immatriculation par l'administration fiscale ;

5° La date de fin de validité du numéro d'immatriculation ;

6° Le statut de l'immatriculation (renouvellement en cours, caduque ou retrait).

Ndlr *A l'exception des dispositions de l'article 290 B du CGI relatif à la définition et à l'identification des plateformes de dématérialisation partenaires (PDP), l'entrée en vigueur des articles 289 bis, 290 et 290 A du CGI afférents aux obligations de facturation électronique et de transmission des données de transaction et de paiement intervient à compter du 1er septembre 2026 selon les modalités précisées en Ndlr sous chacun de ces articles du CGI.*

FR 2/24 inf. 46 p. 87 ; BF 12/22 inf. 946

2. Transmission des factures électroniques

Art 41 septies C I. Afin d'assurer l'interopérabilité des flux prévue à l'article 242 nonies I de l'annexe II au code général des impôts, et sans préjudice de la faculté qui leur est offerte de proposer à leurs clients d'autres formats, les opérateurs de plateformes de dématérialisation partenaires et le portail public de facturation sont tenus :

1° D'être en capacité de transmettre les factures électroniques mentionnées à l'article 289 bis du code général des impôts selon au moins l'un des trois formats suivants :

a. La norme d'échange « Cross Industry Invoice » CII, élaborée par l'organisme UN/CEFACT (United Nations Centre for Trade Facilitation and Electronic Business) ;

b. Le standard « Universal Business Language » (UBL) ;

c. Un standard de format mixte composé d'un fichier de données structuré au format XML (CII16b) et d'un fichier PDF (norme PDF/A3).

Lorsqu'il y a lieu, l'opérateur de plateforme de dématérialisation partenaire d'émission convertit la facture dans l'un des trois formats susmentionnés ;

2° D'être en capacité de recevoir les formats mentionnés au 1°.

L'opérateur de plateforme de dématérialisation partenaire du destinataire se charge de la mise au format pour les besoins de son client.

II. A compter du 1er janvier 2028, les factures électroniques sont émises, transmises et reçues selon des formats structurés ou mixtes.

Jusqu'à cette date, dans le cas où la facture serait déposée auprès d'un opérateur de plateforme de dématérialisation partenaire ou du portail public de facturation selon un format autre que structuré ou mixte, ces derniers assurent la conversion de la facture dans un des formats mentionnés au 1° du I.

Ndlr *A l'exception des dispositions de l'article 290 B du CGI relatif à la définition et à l'identification des plateformes de dématérialisation partenaires (PDP), l'entrée en vigueur des articles 289 bis, 290 et 290 A du CGI afférents aux obligations de facturation électronique et de transmission des données de transaction et de paiement intervient à compter du 1er septembre 2026 selon les modalités précisées en Ndlr sous chacun de ces articles du CGI.*

FR 2/24 inf. 46 p. 87 ; BF 12/22 inf. 946

Art 41 septies D I. Les factures électroniques mentionnées à l'article 242 nonies J de l'annexe II au code général des impôts émises à compter du 1er juillet 2024 comportent, selon des normes sémantiques précisées par des spécifications externes publiées sur le site internet de l'administration fiscale, les données suivantes :

Numéro d'identification mentionné au premier alinéa de l'article R 123-221 du code de commerce (SIREN) - assujetti
Numéro individuel d'identification prévu à l'article 286 ter du code général des impôts (n° TVA intracommunautaire) - assujetti ou assujetti unique
Numéro individuel d'identification prévu à l'article 286 ter du code général des impôts (n° TVA intracommunautaire) - attribué au membre de l'assujetti unique
Numéro individuel d'identification prévu à l'article 286 ter du code général des impôts (n° TVA intracommunautaire) - représentant fiscal de l'assujetti
Pays - assujetti
Numéro d'identification mentionné au premier alinéa de l'article R 123-221 du code de commerce (SIREN) - client
Numéro individuel d'identification prévu à l'article 286 ter du code général des impôts (n° TVA intracommunautaire) - client
Pays - client
Mention catégorie de l'opération: livraison de biens (LB) / prestation de services (PS) / double (LBPS)
Date d'émission de la facture
Numéro unique de la facture
Numéro de la facture rectifiée en cas d'émission d'une facture rectificative
Option pour le paiement de la taxe d'après les débits
Total hors taxe par taux d'imposition de la taxe
Montant de la taxe correspondante par taux d'imposition

Taux de TVA applicable (à différencier si multiples)
Somme totale à payer HT
Montant de la taxe à payer
En cas d'exonération, la référence à la disposition légale
Code/désignation devise de la facture
Mention « autofacturation »
Référence à un régime particulier visé au 15° et 16° du I de l'article 242 nonies A
Mention « autoliquidation »
Mention « Membre d'un assujetti unique »
Date de la livraison du bien ou de la fin d'exécution de la prestation
Date de l'acompte versé si elle est différente de la date d'émission de la facture

En l'absence du numéro d'identification d'un assujetti prévu au 1° de l'article 242 nonies A de la même annexe, la facture comporte l'un des identifiants définis au 2° de l'article 41 septies K.

II. A compter du 1er janvier 2026, les factures électroniques mentionnées au I comportent également sous un format structuré les données suivantes :

Minoration de prix (rabais, remises, ristournes)
Dénomination précise du bien livré ou du service rendu
Quantité de biens livrés ou de services rendus
Prix hors taxe de chaque bien livré ou service rendu
Adresse de livraison des biens, si différente de l'adresse du client
Date d'émission de la facture rectifiée en cas d'émission de facture rectificative
Mention d'escompte
Eco-participation (art. L 541-10 du code de l'environnement)

III. Pour les factures électroniques émises selon un format autre que structuré ou mixte visées au deuxième alinéa du II de l'article 41 septies C, les données à faire figurer sous format structuré sont les suivantes :

Numéro d'identification mentionné au premier alinéa de l'article R 123-221 du code de commerce (SIREN) - assujetti ou membre de l'assujetti unique
Numéro individuel d'identification prévu à l'article 286 ter du code général des impôts (n° TVA intracommunautaire) - assujetti unique
Numéro individuel d'identification prévu à l'article 286 ter du code général des impôts (n° TVA intracommunautaire) du représentant fiscal de l'assujetti
Numéro d'identification mentionné au premier alinéa de l'article R 123-221 du code de commerce (SIREN) - client
Mention catégorie de l'opération: livraison de biens (LB) / prestation de services (PS) / double (LBPS)
Date d'émission de la facture
Numéro unique de la facture
Numéro de la facture rectifiée en cas d'émission d'une facture rectificative
Option pour le paiement de la taxe d'après les débits
Total hors taxe par taux d'imposition de la taxe
Montant de la taxe correspondante par taux d'imposition
Taux de TVA applicable (à différencier si multiple)
Somme totale à payer HT
Montant total de la taxe à payer
En cas d'exonération, la référence à la disposition légale
Code/désignation devise de la facture
Mention « autofacturation »
Référence à un régime particulier visé au 15° et 16° du I de l'article 242 nonies A
Mention « autoliquidation »
Mention « Membre d'un assujetti unique »
Date de l'acompte versé si elle est différente de la date d'émission de la facture

Ndlr *A l'exception des dispositions de l'article 290 B du CGI relatif à la définition et à l'identification des plateformes de dématérialisation partenaires (PDP), l'entrée en vigueur des articles 289 bis, 290 et 290 A du CGI afférents aux obligations de facturation électronique et de transmission des données de* *transaction et de paiement intervient à compter du 1er septembre 2026 selon les modalités précisées en Ndlr sous chacun de ces articles du CGI.*

FR 2/24 inf. 46 p. 87 ; BF 12/22 inf. 946

Art 41 septies E I. Les données mentionnées à l'article 41 septies D respectent les normes sémantiques précisées par des spécifications externes publiées sur le site internet de l'administration fiscale.

II. Le codage des informations est conforme à la norme européenne EN 16931 mentionnée dans la décision d'exécution (UE) 2017/1870 de la Commission européenne du 16 octobre 2017.

Ndlr *A l'exception des dispositions de l'article 290 B du CGI relatif à la définition et à l'identification des plateformes de dématérialisation partenaires (PDP), l'entrée en vigueur des articles 289 bis, 290 et 290 A du CGI afférents aux obligations de facturation électronique et de transmission des données de transaction et de paiement intervient à compter du 1er septembre 2026 selon les modalités précisées en Ndlr sous chacun de ces articles du CGI.*

FR 2/24 inf. 46 p. 87 ; BF 12/22 inf. 946

Art 41 septies F Conformément à l'article 242 nonies K de l'annexe II au code général des impôts, les opérateurs de plateformes de dématérialisation partenaires et le portail public de facturation s'assurent de :

1° La présence des données désignées à l'article 41 septies D selon les normes mentionnées à l'article 41 septies E dans le respect des formats mentionnés au I de l'article 41 septies C ;

2° L'existence et la validité des numéros d'identification des parties à la transaction mentionnés au 1° du I de l'article 242 nonies A de l'annexe II au code général des impôts ;

3° La cohérence des montants de taxe sur la valeur ajoutée déclarés rapportés à la base hors taxe et aux taux de taxe sur la valeur ajoutée mentionnés sur la facture.

Ndlr *A l'exception des dispositions de l'article 290 B du CGI relatif à la définition et à l'identification des plateformes de dématérialisation partenaires (PDP), l'entrée en vigueur des articles 289 bis, 290 et 290 A du CGI afférents aux obligations de facturation électronique et de transmission des données de transaction et de paiement intervient à compter du 1er septembre 2026 selon les modalités précisées en Ndlr sous chacun de ces articles du CGI.*

FR 2/24 inf. 46 p. 87 ; BF 12/22 inf. 946

Art 41 septies G I. Pour l'application du 6° de l'article 242 nonies E de l'annexe II au code général des impôts, les opérateurs de plateformes de dématérialisation partenaires et le portail public de facturation mettent à disposition de leurs utilisateurs, lorsqu'il y a lieu, les informations relatives aux statuts suivants :

1° « Dépôt » correspondant à l'acceptation de la facture par la plateforme de l'émetteur ;

2° « Rejet » par la plateforme de l'émetteur ou du destinataire si les formats définis au 1° du I de l'article 41 septies C ou les contrôles visés à l'article 41 septies F ne sont pas conformes ;

3° « Refus » par le destinataire ;

4° « Encaissée » de la facture, qui comprend les données de paiement mentionnées au I de l'article 242 nonies P de l'annexe II au code général des impôts.

II. Les opérateurs de plateformes de dématérialisation partenaires et le portail public de facturation mettent à jour les informations relatives aux statuts « dépôt » et « rejet » de la facture visés aux 1° et 2° du I.

Ils permettent aux destinataires de mettre à jour les informations relatives au statut de traitement « refus » et aux émetteurs de factures, pour les opérations visées à l'article 290 A du code général des impôts, le statut « encaissée ».

III. Les informations relatives aux statuts de traitement mentionnées aux I et II sont transmises par les opérateurs de plateformes de dématérialisation partenaires au portail public de facturation et à la plateforme de dématérialisation partenaire de l'autre partie à la transaction, selon un format précisé par les spécifications externes publiées sur le site internet de l'administration fiscale.

Ndlr *A l'exception des dispositions de l'article 290 B du CGI relatif à la définition et à l'identification des plateformes de dématérialisation partenaires (PDP), l'entrée en vigueur des articles 289 bis, 290 et 290 A du CGI afférents aux obligations de facturation électronique et de transmission des données de transaction et de paiement intervient à compter du 1er septembre 2026 selon les modalités précisées en Ndlr sous chacun de ces articles du CGI.*

FR 2/24 inf. 46 p. 87 ; BF 12/22 inf. 946

Art 41 septies H I. Pour l'application du II de l'article 289 bis du code général des impôts, les données mentionnées à l'article 41 septies D sont transmises au portail public de facturation selon les normes sémantiques mentionnées à l'article 41 septies E dans un fichier structuré conforme à l'un des trois formats mentionnés au 1° du I de l'article 41 septies C.

II. Le délai de transmission des données de facturation prévu à l'article 242 nonies L de l'annexe II au code général des impôts court à compter de la date de dépôt mentionnée dans le statut de traitement défini au 1° du I de l'article 41 septies G.

Ndlr *A l'exception des dispositions de l'article 290 B du CGI relatif à la définition et à l'identification des plateformes de dématérialisation partenaires (PDP), l'entrée en vigueur des articles 289 bis, 290 et 290 A du CGI afférents aux obligations de facturation électronique et de transmission des données de transaction et de paiement intervient à compter du 1er septembre 2026 selon les modalités précisées en Ndlr sous chacun de ces articles du CGI.*

FR 2/24 inf. 46 p. 87 ; BF 12/22 inf. 946

Art 41 septies I **I.** Pour les utilisateurs du portail public de facturation, l'accès aux données de l'annuaire central et la transmission sous forme dématérialisée des factures, des données de facturation ainsi que des informations relatives aux statuts de traitement s'effectue selon l'un des trois modes suivants, au choix des utilisateurs :

1° Un mode « flux » correspondant à une transmission automatisée de manière univoque entre le système d'information des utilisateurs et le portail public de facturation ;

2° Un mode « portail » nécessitant de la part des utilisateurs :

a. Soit la saisie manuelle des informations relatives aux factures, aux données de transaction et données de paiement ;

b. Soit le dépôt de ces informations dans un des formats prévus au 1° du I de l'article 41 septies C.

La mise à disposition en mode « portail » se fait en se connectant au portail public de facturation ;

3° Un mode « service » nécessitant de la part des utilisateurs l'implémentation dans leur système d'information de l'appel aux services mis à disposition par le portail public de facturation.

Le recours aux modes de transmission varie librement selon le choix des utilisateurs.

II. La transmission en mode « flux » des informations par les utilisateurs ou les opérateurs de plateformes de dématérialisation partenaires au portail public de facturation s'effectue par un des protocoles de communication sécurisés et chiffrés précisés par les spécifications externes publiées sur le site internet de l'administration fiscale.

Ndlr *A l'exception des dispositions de l'article 290 B du CGI relatif à la définition et à l'identification des plateformes de dématérialisation partenaires (PDP), l'entrée en vigueur des articles 289 bis, 290 et 290 A du CGI afférents aux obligations de facturation électronique et de transmission des données de transaction et de paiement intervient à compter du 1er septembre 2026 selon les modalités précisées en Ndlr sous chacun de ces articles du CGI.*

FR 2/24 inf. 46 p. 87 ; BF 12/22 inf. 946

3. Transmission des données de transaction

Art 41 septies J Les données de transaction mentionnées à l'article 242 nonies M de l'annexe II au code général des impôts sont conformes aux normes sémantiques précisées par les spécifications externes publiées sur le site internet de l'administration fiscale.

Ndlr *A l'exception des dispositions de l'article 290 B du CGI relatif à la définition et à l'identification des plateformes de dématérialisation partenaires (PDP), l'entrée en vigueur des articles 289 bis, 290 et 290 A du CGI afférents aux obligations de facturation électronique et de transmission des données de transaction et de paiement intervient à compter du 1er septembre 2026 selon les modalités précisées en Ndlr sous chacun de ces articles du CGI.*

FR 2/24 inf. 46 p. 87 ; BF 12/22 inf. 946

Art 41 septies K Pour l'application de l'article 242 nonies N de l'annexe II au code général des impôts, les opérateurs de plateformes de dématérialisation partenaires et le portail public de facturation procèdent aux contrôles suivants :

1° La présence des données mentionnées à l'article 242 nonies M de l'annexe précitée selon les normes définies à l'article 41 septies J ;

2° L'existence et la validité du numéro d'identification de l'assujetti à la transaction visé au 1° du I de l'article 242 nonies A de la même annexe. En l'absence de ce numéro d'identification, la facture comporte l'un des identifiants suivants :

a. Pour les assujettis dont le siège social est domicilié dans un Etat membre de l'Union européenne autre que la France, le numéro d'identification à la taxe sur la valeur ajoutée ;

b. Pour les assujettis dont le siège social est domicilié dans un Etat non membre de l'Union européenne, le code pays défini par la norme ISO 3166 et les seize premiers caractères de la dénomination sociale ;

c. Pour les entreprises immatriculées dans le traitement automatique hiérarchisé des institutions de Tahiti et des îles de Polynésie française, le numéro TAHITI attribué en application de l'arrêté n° 1025 CM du 27 août 1986 ;

d. Pour les entreprises immatriculées dans le répertoire d'identification des entreprises et des établissements de Nouvelle-Calédonie, le numéro du répertoire RIDET attribué en application de l'arrêté n° 83-661/CG du 20 décembre 1983 ;

e. Pour les entreprises dont le siège social est situé dans la collectivité de Wallis-et-Futuna, le code « FRWF » suivi des quatorze premiers caractères de la raison sociale ;

3° La cohérence des montants de taxe sur la valeur ajoutée déclarés rapportés à la base hors taxe et aux taux de taxe sur la valeur ajoutée mentionnés sur la facture.

Ndlr *A l'exception des dispositions de l'article 290 B du CGI relatif à la définition et à l'identification des plateformes de dématérialisation partenaires (PDP), l'entrée en vigueur des articles 289 bis, 290 et 290 A du CGI afférents aux obligations de facturation électronique et de transmission des données de transaction et de paiement intervient à compter du 1er septembre 2026 selon les modalités précisées en Ndlr sous chacun de ces articles du CGI.*

FR 2/24 inf. 46 p. 87 ; BF 12/22 inf. 946

Art 41 septies L **I.** Pour les opérations visées à l'article 290 du code général des impôts, les données de transaction visées à l'article 242 nonies M de l'annexe II au code général des impôts sont transmises au portail public de facturation dans un fichier structuré codé XML dont les spécifications externes sont publiées sur le site internet de l'administration fiscale.

II. Pour les transactions visées aux I et II de l'article 290 susmentionné réalisées avec des personnes non assujetties, les données de transaction mentionnées à l'article 242 nonies M susmentionné sont globalisées par jour.

III. L'assujetti qui émet des factures électroniques selon les formats définis au 1° du I de l'article 41 septies C peut les déposer sur une plateforme de dématérialisation partenaire ou le portail public de facturation. L'opérateur de plateforme de dématérialisation ou le portail public de facturation recueillent et transmettent à l'administration fiscale les données mentionnées à l'article 242 nonies M susmentionné en respectant les formats définis au I.

Ndlr *A l'exception des dispositions de l'article 290 B du CGI relatif à la définition et à l'identification des plateformes de dématérialisation partenaires (PDP), l'entrée en vigueur des articles 289 bis, 290 et 290 A du CGI afférents aux obligations de facturation électronique et de transmission des données de transaction et de paiement intervient à compter du 1er septembre 2026 selon les modalités précisées en Ndlr sous chacun de ces articles du CGI.*

FR 2/24 inf. 46 p. 87 ; BF 12/22 inf. 946

Art 41 septies M **I.** Pour l'application de l'article 242 nonies O de l'annexe II au code général des impôts, les données mentionnées à l'article 242 nonies M de la même annexe doivent parvenir au portail public de facturation :

1° Pour les assujettis soumis à un régime réel normal mensuel d'imposition mentionné au 2 de l'article 287 du code général des impôts, dans un délai de dix jours suivant :

le 10 du mois, pour les opérations réalisées entre le 1er et le 10 du mois ;

le 20 du mois, pour les opérations réalisées entre le 11 et le 20 du mois ;

le dernier jour du mois, pour les opérations réalisées après le 21 du mois ;

2° Pour les assujettis soumis à un régime réel normal trimestriel d'imposition mentionné au 2 de l'article 287 du même code, dans un délai de dix jours suivant le dernier jour du mois faisant l'objet de la transmission ;

3° Pour les assujettis soumis aux régimes réels simplifiés d'imposition prévus au 1° du I de l'article 298 bis et à l'article 302 septies A du même code, entre le 25 et le 30 du mois suivant le mois faisant l'objet de la transmission ;

4° Pour les assujettis qui bénéficient de la franchise en base prévue à l'article 293 B et du régime de remboursement forfaitaire prévu aux articles 298 quater et 298 quinquies du même code, entre le 25 et le 30 du mois suivant les deux mois faisant l'objet de la transmission.

II. Les transmissions des informations mentionnées au I sous forme dématérialisée au portail public de facturation s'effectuent au choix, selon l'un des trois modes précisés à l'article 41 septies I.

Ndlr *A l'exception des dispositions de l'article 290 B du CGI relatif à la définition et à l'identification des plateformes de dématérialisation partenaires (PDP), l'entrée en vigueur des articles 289 bis, 290 et 290 A du CGI afférents aux obligations de facturation électronique et de transmission des données de transaction et de paiement intervient à compter du 1er septembre 2026 selon les modalités précisées en Ndlr sous chacun de ces articles du CGI.*

FR 2/24 inf. 46 p. 87 ; BF 12/22 inf. 946

4. Transmission des données de paiement

Art 41 septies N Les données de paiement mentionnées à l'article 242 nonies P de l'annexe II au code général des impôts sont conformes aux normes sémantiques précisées par les spécifications externes publiées sur le site internet de l'administration fiscale.

Ndlr A l'exception des dispositions de l'article 290 B du CGI relatif à la définition et à l'identification des plateformes de dématérialisation partenaires (PDP), l'entrée en vigueur des articles 289 bis, 290 et 290 A du CGI afférents aux obligations de facturation électronique et de transmission des données de transaction et de paiement intervient à compter du 1er septembre 2026 selon les modalités précisées en Ndlr sous chacun de ces articles du CGI.

FR 2/24 inf. 46 p. 87 ; BF 12/22 inf. 946

Art 41 septies O I. Les données de paiement visées à l'article 242 nonies P de l'annexe II au code général des impôts sont transmises dans un fichier structuré codé XML dont les spécifications externes sont publiées sur le site internet de l'administration fiscale.

II. Les données de paiement relatives à des transactions visées à l'article 290 du code général des impôts réalisées avec des personnes non assujetties sont globalisées par jour.

III. En cas de transmission des données par une facture électronique, les données de paiement sont transmises par l'intermédiaire du statut de traitement « encaissée » défini à l'article 41 septies G.

En cas d'impossibilité de mettre à jour le statut de traitement « encaissée » sur la période concernée, les données non rattachées à une facture sont transmises de manière agrégée dans le fichier visé au I.

Ndlr A l'exception des dispositions de l'article 290 B du CGI relatif à la définition et à l'identification des plateformes de dématérialisation partenaires (PDP), l'entrée en vigueur des articles 289 bis, 290 et 290 A du CGI afférents aux obligations de facturation électronique et de transmission des données de transaction et de paiement intervient à compter du 1er septembre 2026 selon les modalités précisées en Ndlr sous chacun de ces articles du CGI.

FR 2/24 inf. 46 p. 87 ; BF 12/22 inf. 946

Art 41 septies P I. Pour l'application du III de l'article 242 nonies P de l'annexe II au code général des impôts, les données concernées sont transmises au portail public de facturation :

1° Pour les assujettis soumis au régime réel normal mensuel ou trimestriel prévu au 2 de l'article 287 du code général des impôts, dans un délai de dix jours suivant la fin du mois faisant l'objet de la transmission ;

2° Pour les assujettis soumis aux régimes réels simplifiés d'imposition prévus au 1° du I de l'article 298 bis et à l'article 302 septies A du même code, entre le 25 et le 30 du mois suivant le mois faisant l'objet de la transmission ;

3° Pour les assujettis qui bénéficient de la franchise en base prévue à l'article 293 B et du régime de remboursement forfaitaire prévu aux articles 298 quater et 298 quinquies du même code, entre le 25 et le 30 du mois suivant les deux mois faisant l'objet de la transmission.

II. Les transmissions sous forme dématérialisée des informations mentionnées au I au portail public de facturation s'effectuent au choix, selon l'un des trois modes précisés à l'article 41 septies I.

Ndlr A l'exception des dispositions de l'article 290 B du CGI relatif à la définition et à l'identification des plateformes de dématérialisation partenaires (PDP), l'entrée en vigueur des articles 289 bis, 290 et 290 A du CGI afférents aux obligations de facturation électronique et de transmission des données de transaction et de paiement intervient à compter du 1er septembre 2026 selon les modalités précisées en Ndlr sous chacun de ces articles du CGI.

FR 2/24 inf. 46 p. 87 ; BF 12/22 inf. 946

D ter. Déclarations des assujettis qui fournissent des prestations de services à des personnes non assujetties ou qui effectuent des ventes à distance de biens ou certaines livraisons intérieures de biens

Art 41 nonies La déclaration mentionnée au 5 de l'article 298 sexdecies F, au V de l'article 298 sexdecies G ou au V de l'article 298 sexdecies H du code général des impôts est déposée avant la fin du mois qui suit l'expiration de la période imposable couverte.

Cette déclaration doit être libellée en euros conformément au 6 de l'article 298 sexdecies F, au VII de l'article 298 sexdecies G et au VII de l'article 298 sexdecies H du code général des impôts. Si d'autres monnaies ont été utilisées pour les opérations concernées, le taux de change en vigueur le dernier jour de la période imposable déclarée sera appliqué. Le change est effectué par application des taux de change publiés par la Banque centrale européenne pour le jour en question ou, si aucune publication n'a été faite ce jour-là, pour le jour de publication suivant.

Lorsqu'aucune opération n'a été réalisée dans un Etat membre de consommation au cours d'une période de déclaration, la déclaration le précise.

Lorsqu'un assujetti n'a pas déposé de déclaration, une relance lui est notifiée par voie électronique. La relance est émise au plus tard le dixième jour suivant la date à laquelle la déclaration aurait dû être déposée. De même, lorsqu'un assujetti a déposé une déclaration mais qu'aucun paiement n'a été effectué ou que le paiement est inférieur à celui prévu dans la déclaration, une relance est notifiée à l'assujetti, par voie électronique, au plus tard le dixième jour suivant la date à laquelle le paiement aurait dû être effectué.

BF 7/21 inf. 632 ; TVA-III-8640 s. ; MF nos 50850 s.

E. Remboursement de la taxe aux assujettis établis dans l'Union européenne

Art 41 decies I. La demande de remboursement mentionnée à l'article 242-0 T de l'annexe II au code général des impôts comporte les informations suivantes :

1° Le nom et l'adresse complète du requérant ;

2° Une adresse de contact par voie électronique ;

3° Une description des activités professionnelles du requérant pour lesquelles les biens ou les services ont été acquis ;

4° La période de remboursement couverte par la demande ;

5° Une déclaration spéciale de l'assujetti selon laquelle il n'a effectué au cours de la période du remboursement aucune livraison de biens ni aucune prestation de services réputée avoir eu lieu en France, à l'exception des opérations visées au 2° de l'article 242-0 O de l'annexe II au code général des impôts ;

6° Son numéro d'identification à la taxe sur la valeur ajoutée ou son numéro d'enregistrement fiscal ;

7° Ses données bancaires, y compris le numéro de compte bancaire international (IBAN) et le code d'identification des banques (BIC).

II. Outre les informations mentionnées au I, pour chaque facture ou document d'importation, la demande de remboursement comprend les informations suivantes :

1° Le nom et l'adresse complète du fournisseur ou du prestataire ;

2° Sauf en cas d'importation, le numéro d'identification à la taxe sur la valeur ajoutée du fournisseur ou du prestataire ou son numéro d'enregistrement fiscal ;

3° Sauf en cas d'importation, le préfixe de l'Etat membre de remboursement ;

4° La date et le numéro de la facture ou du document d'importation ;

5° La base d'imposition et le montant de la taxe sur la valeur ajoutée, libellés en euros ;

6° Le montant déductible de la taxe sur la valeur ajoutée calculé conformément aux dispositions de l'article 242-0 N et du II de l'article 242-0 Q de l'annexe II au code général des impôts, libellé en euros ;

7° Le cas échéant, la proportion déductible calculée conformément aux dispositions de l'article 242-0 Q de l'annexe II au même code, exprimée sous forme de pourcentage ;

8° La nature des biens et des services acquis, ventilée selon les codes et sous-codes mentionnés à l'article 41 undecies.

TVA-III-14705 ; MF n° 50680 a

Art 41 undecies I. Dans la demande de remboursement, la nature des biens et des services acquis est ventilée selon les codes suivants :

CODES	NATURE DES BIENS ET SERVICES
1	Carburant
2	Location de moyens de transport
3	Dépenses liées aux moyens de transport autres que les biens et services visés aux codes 1 et 2
4	Péages routiers et taxes de circulation
5	Dépenses de voyage telles que frais de taxi, frais de transport public
6	Hébergement
7	Denrées alimentaires, boissons et services de restauration
8	Droits d'entrée aux foires et expositions
9	Dépenses de luxe, de divertissement et de représentation
10	Autres

Lorsque le code 10 est utilisé, la nature des biens livrés et des services fournis doit être indiquée.

II. Dans la demande de remboursement, des sous-codes spécifiques sont attribués aux dépenses suivantes :

CODES principaux	SOUS-CODES
Code 1 Carburant	1.1.1 Essence destinée aux moyens de transport d'une masse supérieure à 3,5 tonnes, à l'exclusion des moyens de transport pour passagers payants 1.1.2 Gazole destiné aux moyens de transport d'une masse supérieure à 3,5 tonnes, à l'exclusion des moyens de transport pour passagers payants 1.1.3 Gaz de pétrole liquéfié (GPL) destiné aux moyens de transport d'une masse supérieure à 3,5 tonnes, à l'exclusion des moyens de transport pour passagers payants 1.1.4 Gaz naturel destiné aux moyens de transport d'une masse supérieure à 3,5 tonnes, à l'exclusion des moyens de transport pour passagers payants 1.1.5 Biocarburant destiné aux moyens de transport d'une masse supérieure à 3,5 tonnes, à l'exclusion des moyens de transport pour passagers payants
	1.2.1 Essence destinée aux moyens de transport d'une masse inférieure ou égale à 3,5 tonnes, à l'exclusion des moyens de transport pour passagers payants 1.2.2 Gazole destiné aux moyens de transport d'une masse inférieure ou égale à 3,5 tonnes, à l'exclusion des moyens de transport pour passagers payants 1.2.3 Gaz de pétrole liquéfié (GPL) destiné aux moyens de transport d'une masse inférieure ou égale à 3,5 tonnes, à l'exclusion des moyens de transport pour passagers payants 1.2.4 Gaz naturel destiné aux moyens de transport d'une masse inférieure ou égale à 3,5 tonnes, à l'exclusion des moyens de transport pour passagers payants 1.2.5 Biocarburant destiné aux moyens de transport d'une masse inférieure ou égale à 3,5 tonnes, à l'exclusion des moyens de transport pour passagers payants
	1.3.1 Essence destinée aux moyens de transport pour passagers payants 1.3.2 Gazole destiné aux moyens de transport pour passagers payants 1.3.3 Gaz de pétrole liquéfié (GPL) destiné aux moyens de transport pour passagers payants 1.3.4 Gaz naturel destiné aux moyens de transport pour passagers payants 1.3.5 Biocarburant destiné aux moyens de transport pour passagers payants
	1.4 Carburant destiné spécifiquement aux véhicules d'essai
	1.5 Produits pétroliers utilisés pour la lubrification des moyens de transport ou des moteurs
	1.7 Carburant destiné aux moyens de transport de marchandises
	1.10 Carburant destiné aux machines et tracteurs agricoles

CODES principaux	SOUS-CODES
Code 2 Location de moyens de transport	2.1 Location de moyens de transport d'une masse supérieure à 3,5 tonnes, exception faite des moyens de transport pour passagers payants
	2.2 Location de moyens de transport d'une masse inférieure ou égale à 3,5 tonnes, exception faite des moyens de transport pour passagers payants
	2.3 Location de moyens de transport pour passagers payants
	2.4 Location de moyens de transport de marchandises
	2.5 Location de voitures particulières et de véhicules polyvalents
Code 3 Dépenses relatives aux moyens de transport (à l'exclusion des marchandises et biens relevant des codes 1 et 2)	3.1 Dépenses relatives aux moyens de transport d'une masse supérieure à 3,5 tonnes, à l'exclusion des moyens de transport pour passagers payants
	3.2 Dépenses relatives aux moyens de transport d'une masse inférieure ou égale à 3,5 tonnes, à l'exclusion des moyens de transport pour passagers payants
	3.3 Dépenses relatives aux moyens de transport pour passagers payants
	3.4 Dépenses relatives aux moyens de transport de marchandises
	3.5 Entretien des voitures particulières et véhicules polyvalents
	3.7 Dépenses relatives aux voitures particulières et véhicules polyvalents à l'exclusion des frais d'entretien, de garage et de stationnement
Code 4 Péages routiers et taxes de circulation	
Code 5 Frais de voyage, tels que les frais de taxi et les frais de transport en commun	5.1 Frais de voyage, tels que les frais de taxi et les frais de transport en commun pour l'assujetti ou un employé de l'assujetti
	5.2 Frais de voyage, tels que les frais de taxi et les frais de transport en commun pour une personne autre que l'assujetti ou un employé de l'assujetti
Code 6 Hébergement	6.1 Dépenses d'hébergement pour l'assujetti ou un employé de l'assujetti
	6.2 Dépenses d'hébergement pour une personne autre que l'assujetti ou un employé de l'assujetti
Code 7 Alimentation, boissons et services de restauration	7.1.1 Produits alimentaires et boissons fournis par les hôtels, bars, restaurants et pensions, y compris le petit déjeuner pour l'assujetti ou un employé de l'assujetti 7.1.2 Produits alimentaires et boissons fournis par les hôtels, bars, restaurants et pensions, y compris le petit déjeuner pour une personne autre que l'assujetti ou un employé de l'assujetti

CODES principaux	SOUS-CODES
Code 8 Droits d'entrée aux foires et expositions	
Code 9 Dépenses de luxe, de divertissement et de représentation	9.3 Dépenses de réception et de représentation
	9.4 Dépenses d'entretien d'un bateau de plaisance
	9.5 Dépenses relatives à des œuvres d'art, des articles de collection et des antiquités
Code 10 Autres	

TVA-III-34900 ; MF nº 50680 a

II. Obligations particulières

A. Bâtiments de mer. Bateaux. Pêche maritime. Aéronefs

Art 42 Les personnes qui réalisent des opérations de vente portant sur des bâtiments utilisés par des compagnies de navigation de la marine marchande ou par des pêcheurs professionnels, qui sont destinés à la navigation maritime et soumis à la formalité de la francisation, ainsi que sur des bateaux utilisés à la navigation de commerce sur les fleuves internationaux et inscrits en douane comme tels, doivent tenir à l'appui de leur comptabilité :

Soit l'indication du numéro et de la date de l'acte de francisation ou d'inscription dans un bureau de douane ;

Soit, si ce titre n'a pas encore été délivré, le duplicata de la demande de francisation (formule 300 A ou 300 B, selon le cas) ou de l'inscription en douane visé par le service des douanes et qu'il leur appartient de réclamer à leurs acheteurs.

TVA-IV-30600 s. ; MF nº 50450

Art 43 **a.** Les personnes qui réalisent des opérations de réparation ou de transformation portant sur les bâtiments et bateaux visés à l'article 42 doivent tenir leur comptabilité de façon à faire apparaître distinctement les fournitures d'articles que ces opérations nécessitent ;

b. Elles sont tenues d'indiquer sur leurs factures : le nom du bâtiment ou du bateau, les numéros et date de francisation ou d'inscription correspondants.

TVA-IV-30600 s., 31060 s. ; MF nº 50450

Art 44 Les personnes qui effectuent des ventes, soit de produits destinés à être incorporés dans les bâtiments visés à l'article 42, soit d'engins et filets de pêche pour la pêche maritime, sont soumises aux obligations prévues à l'article 43-b.

TVA-IV-30600 s. ; MF nº 50450

Art 45 Les personnes qui effectuent des opérations mentionnées au 2º à 7º du II de l'article 262 du code général des impôts sont tenues d'indiquer sur leurs factures la qualité de leurs acheteurs justifiant la franchise.

TVA-IV-30600 s., 31060 s., 32220 ; MF nº 50450

Art 46 Lorsqu'un bateau destiné à une navigation privilégiée telle qu'elle a été définie à l'article 42 cesse d'y être affecté, ce changement d'affectation doit être déclaré au service des douanes auprès duquel la francisation ou l'inscription a été effectuée.

Une déclaration préalable doit être également déposée dans un bureau de douane lorsque des articles d'équipement ou de gréement, y compris les engins et filets de pêche, doivent être débarqués en vue de recevoir une affectation non privilégiée.

TVA-IV-30705, 31205 ; MF nº 50450

D. Cautionnement des entreprises bénéficiaires du régime de la suspension de taxe

Art 49 Les dispositions de l'article 276 du code général des impôts sont rendues applicables aux personnes ou sociétés mentionnées au I de l'article 284 de ce code ou susceptibles de bénéficier des dispositions prévues :

1° Au 10° du 4 de l'article 261 dudit code ;

2° A l'article 275 du même code, lorsqu'elles réalisent des exportations, des livraisons exonérées en vertu du I de l'article 262 ter dudit code ou des livraisons dont le lieu est situé sur le territoire d'un autre Etat membre de l'Union européenne en application du 1° du I de l'article 258 A du code précité ;

3° A l'article 277 A du même code.

TVA-IV-26425 s. ; MF nº 50795

TVA-IV-39150 s. ; TVA-XV-7200 ; MF nº 50580

Art 50 Les droits et pénalités susceptibles d'être mis à la charge des redevables visés à l'article 49 s'entendent de la taxe sur la valeur ajoutée et des impositions additionnelles à celle-ci éventuellement exigibles sur la vente, en l'état ou après transformation, à des destinations non exonérées, de matières ou produits reçus en franchise et des pénalités prévues au chapitre II du livre II du code général des impôts.

TVA-IV-39150 s. ; TVA-XV-7200

Art 50 bis Les redevables définis à l'article 49 peuvent recourir aux divers modes de cautionnement admis en matière de taxes sur le chiffre d'affaires.

S'il s'agit de cautionnement personnel, la garantie demandée peut être fournie par une société de cautionnement constituée par un groupement professionnel ou interprofessionnel et spécialement agréé.

TVA-IV-39150 s. ; TVA-XV-7200

G. Exploitants de spectacles

Art 50 sexies B **I.** Toute entrée sur les lieux où sont organisés des spectacles visés au I de l'article 290 quater du code général des impôts doit être constatée par la remise d'un billet extrait d'un carnet à souches ou d'un distributeur automatique ou, à défaut de remise d'un billet, être enregistrée et conservée dans un système informatisé, avant l'accès au lieu du spectacle.

II. Les exploitants de spectacles qui utilisent des systèmes de billetterie informatisée comportant ou non l'impression de billets doivent se conformer aux obligations prévues au cahier des charges annexé à l'arrêté du 8 mars 1993.

III. L'entrée doit faire l'objet d'un contrôle manuel ou électronique. Lorsqu'un billet est imprimé, il doit rester entre les mains du spectateur. Si ce billet comporte deux parties, l'une reste entre les mains du spectateur et l'autre est retenue au contrôle.

Chaque partie du billet, ainsi que la souche dans le cas d'utilisation de carnets, doit porter de façon apparente ou sous forme d'informations codées :

1° Le nom de l'exploitant ;

2° Le numéro d'ordre du billet ;

3° La catégorie de la place à laquelle celui-ci donne droit ;

4° Le prix global payé par le spectateur ou s'il y a lieu la mention de gratuité ;

5° Le nom du fabricant ou de l'importateur si l'exploitant a eu recours à des carnets ou à des fonds de billets préimprimés.

Si les billets comportent des mentions codées, le système doit permettre de restituer les informations en clair.

Les billets provenant d'un carnet à souches ou émis sur des fonds de billets préimprimés doivent être numérotés suivant une série ininterrompue et utilisés dans leur ordre numérique.

Les billets pris en abonnement ou en location doivent comporter, outre les mentions prévues ci-dessus, l'indication de la séance pour laquelle ils sont valables.

Les billets émis par le biais de systèmes informatisés doivent comporter un identifiant unique mémorisé dans le système informatisé.

Chaque billet ne peut être utilisé que pour la catégorie de places qui y est indiquée.

IV. Les obligations concernant les mentions à porter sur les billets d'entrée dans les établissements de spectacles cinématographiques, la fourniture et l'utilisation de ces billets sont fixées par la réglementation de l'industrie cinématographique.

TVA-XV-10710 s.

Art 50 sexies C Les exploitants de spectacles peuvent employer des carnets spéciaux pour chaque représentation comprenant, par catégorie de places, un nombre de billets égal à celui des places susceptibles d'être occupées.

Chaque billet ainsi que sa souche doit indiquer, en dehors des énonciations prévues aux deuxième à septième alinéas du III de l'article 50 sexies B, le numéro de la place à laquelle il donne droit et la séance pour laquelle il est valable. Les billets qui correspondent aux places gratuites ou à prix réduit sont annulés et restent attachés à la souche. Les carnets afférents à chaque représentation doivent contenir les billets non délivrés ; ils sont enliassés et conservés par l'exploitant.

TVA-XV-10710 s.

Art 50 sexies D Pour les représentations occasionnelles, il peut être fait usage de cartes d'entrée. Celles-ci doivent être munies d'un coupon détachable ; la carte et le coupon comportent les mentions prévues pour les billets et sont utilisés dans les mêmes conditions que ceux-ci.

TVA-XV-10710 s.

Art 50 sexies E Si, après la délivrance d'un billet, un spectateur désire changer de place et que ce changement entraîne une augmentation de prix, le complément doit être constaté par la délivrance d'un billet supplémentaire établi dans les mêmes conditions que les autres billets et portant le montant du supplément encaissé.

La mention du supplément de prix ne concerne pas les billets d'entrée dans les établissements de spectacles cinématographiques.

Si, après la délivrance d'un billet imprimé par une caisse automatisée ou un système informatisé dans les conditions prévues à l'article 50 sexies B, un spectateur désire changer de catégorie de place, il doit être procédé à l'annulation de son billet et à la délivrance d'un nouveau billet correspondant à la place qu'il souhaite occuper.

TVA-XV-10710 s.

Art 50 sexies F **I.** Les fabricants, importateurs ou marchands doivent déclarer leurs livraisons de billets ou cartes d'entrée aux exploitants de spectacles, en précisant :

1° Les noms et adresses des exploitants destinataires ;

2° Le nombre et les numéros des fonds de billets livrés.

II. Les détenteurs ou les propriétaires de logiciels de billetterie doivent déclarer leurs livraisons de billets ou de cartes d'entrée aux exploitants de spectacles utilisant leur logiciel, en précisant :

1° Les noms et adresses des exploitants de spectacles destinataires ;

2° Le nombre des billets ou cartes d'entrée livrés, par catégorie de places, ainsi que les numéros des billets.

Les personnes soumises aux déclarations prévues au présent article doivent les adresser au service des impôts dont elles dépendent dans les huit jours qui suivent les livraisons.

Les exploitants de spectacles qui achètent leurs billets directement à l'étranger sont considérés comme importateurs et astreints aux déclarations prévues au présent article.

TVA-XV-10710 s.

Art 50 sexies G Les exploitants de spectacles sont comptables des billets qu'ils ont reçus ou imprimés ; ils doivent présenter les coupons de contrôle et les billets non utilisés à toute réquisition des agents des impôts.

Les agents des impôts ont accès aux lieux où sont organisés des spectacles pour toutes vérifications utiles.

Les caisses automatisées et les systèmes informatisés sont pourvus de dispositifs qui permettent aux agents des impôts, chargés du contrôle, de vérifier à tout moment que l'utilisation des matériels est conforme aux cahiers des charges *(Pour les caisses automatisées des exploitants de spectacle cinématographique, voir arrêté du 2 janvier 2004, JO du 15 et concernant les systèmes informatisés, voir arrêtés des 8 mars 1993 modifié, JO du 24 et 5 octobre 2007, JO du 7)* et de s'assurer du respect de la réglementation en vigueur.

TVA-XV-10710 s.

Art 50 sexies H Les exploitants de spectacles sont tenus d'établir, dès la fin de chaque journée ou représentation, un relevé comportant, pour chaque catégorie de places : le nombre de billets émis, le prix de la place et la recette correspondante.

Dans le cas des billets qui ne sont pas émis par le biais de systèmes informatisés, le relevé doit comporter, en outre, pour chaque catégorie de places, les numéros des premiers et derniers billets délivrés.

Tous registres ou documents présentant les indications prévues ci-dessus tiennent lieu de relevé.

Les relevés doivent être tenus à la disposition des agents des impôts et conservés par les exploitants selon les modalités prévues au I de l'article L 102 B du livre des procédures fiscales.

TVA-XV-10710 s.

Art 50 sexies I **I.** Tout utilisateur d'un système de billetterie informatisée doit se conformer au cahier des charges annexé à l'arrêté du 8 mars 1993 modifié *(Voir également le cahier des charges annexé à l'arrêté du 5 octobre 2007, JO du 7).*

II. Les utilisateurs susmentionnés déclarent à la direction des services fiscaux dont ils dépendent la mise en service d'un système informatisé de billetterie ou de caisse enregistreuse au plus tard lors de la première utilisation.

Cette déclaration comporte les mentions suivantes nécessaires à la description du système utilisé :

1° Le nom du logiciel, son numéro de version et, le cas échéant, sa date ainsi que l'identité de son concepteur ou le nom du progiciel ;

2° La configuration informatique ;

3° Le système d'exploitation ;

4° Le langage de programmation ;

5° Le format du logiciel source ou exécutable fourni par le concepteur ;

6° La description fonctionnelle du système ;

7° Le fac-similé d'un billet, d'un coupon de gestion et d'un relevé de recettes ;

8° Les sécurités mises en œuvre.

Les modifications du système sont portées à la connaissance de l'administration dans les conditions prévues au premier alinéa.

TVA-XV-10710 s.

H. Opérations relevant du commerce électronique

Art 50 sexies J Les informations prévues au 2 de l'article 298 sexdecies F et au II de l'article 298 sexdecies G du code général des impôts sont les suivantes :

a. Raison sociale ;

b. Adresses physique et postale (si différentes) ;

c. Adresse(s) électronique(s) ;

d. Nom de la personne physique à contacter dans l'entreprise ;

e. Numéro de téléphone et adresse électronique du contact ;

f. Description de l'activité ;

g. Numéro d'identification fiscal national ;

h. Déclaration attestant, le cas échéant, que l'entreprise n'a pas établi le siège de son activité économique sur le territoire de l'Union européenne et qu'elle n'y dispose pas d'un établissement stable.

TVA-III-8570 ; MF nos 50850 s.

Art 50 sexies K Les informations prévues au II de l'article 298 sexdecies H du code général des impôts relatives à l'assujetti ou à l'intermédiaire mentionné à ce même II et fournies par cet assujetti ou cet intermédiaire sont les suivantes :

a. Raison sociale ;

b. Adresses physique et postale (si différentes) ;

c. Adresse(s) électronique(s) et sauf pour les intermédiaires site internet ;

d. Nom de la personne physique à contacter dans l'entreprise ;

e. Numéro de téléphone et adresse électronique du contact ;

f. Description de l'activité, sauf pour les intermédiaires ;

g. Numéro individuel d'identification à la taxe sur la valeur ajoutée mentionné à l'article 286 ter du code général des impôts ou, à défaut d'une telle identification, le numéro fiscal national.

Pour chaque assujetti qu'il représente, l'intermédiaire transmet également, avant que cet assujetti ne commence à bénéficier du régime particulier, le numéro individuel d'identification de taxe sur la valeur ajoutée mentionné au 3 du III du même article 298 sexdecies H du code général des impôts.

BF 7/21 inf. 632 ; MF nos 50850 s.

I. Opérateurs de détaxe

Art 50 sexies L **1.** L'audit mené par l'administration des douanes s'effectue sur la base des grilles d'audit définies au 3 du présent article, dans les locaux du demandeur.

2. Lorsque toute ou partie des locaux du demandeur se situent hors du territoire français, ce dernier doit apporter la preuve, par tout moyen, que les conditions figurant dans les grilles d'audit sont remplies.

3. Les grilles d'audit énoncées à l'article 202 G de l'annexe II du code général des impôts permettant à l'administration des douanes de vérifier le respect des critères pour devenir opérateur de détaxe et de prononcer sa décision d'agrément figurent en annexe à l'arrêté du 18 janvier 2021 pris pour l'application de l'article 202 G de l'annexe II au code général des impôts relatif aux grilles d'audit pour l'agrément d'opérateur de détaxe.

BF 3/21 inf. 230 ; TVA-IV-22180 s. ; MF n° 49730 b

J. Biens transitant par un entrepôt ou une plateforme logistique de stockage

Art 50 sexies M Les informations prévues au III de l'article 298 sexdecies J sont les suivantes :

a. la raison sociale du propriétaire du bien ;

b. les adresses physique et postale (si différentes) du propriétaire du bien ;

c. le numéro d'identification fiscal national du propriétaire du bien ;

d. le numéro de taxe sur la valeur ajoutée intracommunautaire du propriétaire du bien ou celui de son représentant fiscal au sein de l'Union européenne ;

e. la date à laquelle le propriétaire du bien a été informé de ses obligations en matière de taxe sur la valeur ajoutée ;
f. l'identifiant douanier EORI du propriétaire du bien ou de l'opérateur économique ayant procédé aux formalités douanières d'importation ;
g. le numéro de référence inscrit sur la déclaration en douane d'importation du bien ;
h. l'Etat ou le territoire de provenance du bien ;
i. la nature et la quantité numéraire du bien ;
j. la durée de détention du bien ;
k. le lieu et date de livraison du bien.

BF 5/21 inf. 456 ; RIE-IV-15890 s. ; MF nº 78045 I

SECTION VI

Importations

I. Franchises fiscales à l'importation

Art 50 septies L'exonération de taxe sur la valeur ajoutée mentionnée au 2º du II de l'article 291 du code général des impôts et relative aux biens importés définitivement dans le cadre des franchises fiscales communautaires s'applique dans les cas et selon les modalités prévues aux articles 50 octies à 50 octies C.

Pour l'application des dispositions correspondantes on entend par :

1º Biens personnels :

Les biens affectés à l'usage personnel des intéressés ou aux besoins de leur foyer qui ne traduisent ni par leur nature, ni par leur quantité une préoccupation d'ordre commercial et ne sont pas destinés à l'exercice d'une activité économique au sens de l'article 256 A du code général des impôts ;

2º Résidence normale :

Le lieu où une personne demeure habituellement, c'est-à-dire pendant au moins 185 jours par année civile, en raison d'attaches personnelles et professionnelles, ou dans le cas d'une personne sans attaches professionnelles, en raison d'attaches personnelles révélant des liens étroits entre elle-même et l'endroit où elle habite.

Toutefois, la résidence normale d'une personne dont les attaches professionnelles sont situées dans un lieu différent de celui de ses attaches personnelles, et qui, de ce fait, est amenée à séjourner alternativement dans des pays différents, se situe au lieu de ses attaches personnelles, à condition qu'elle y retourne régulièrement. Cette dernière condition n'est pas requise lorsque la personne effectue un séjour dans le territoire de la Communauté pour l'exécution d'une mission d'une durée déterminée. La fréquentation d'une université ou d'une école n'implique pas le transfert de la résidence normale ;

3º Alcools et boissons alcooliques :

Les produits soumis aux droits d'accises mentionnés aux articles 402 bis, 403, 438 et au a du I de l'article 520 A du code général des impôts ;

4º Tabacs manufacturés :

L'ensemble des produits définis aux articles 275 A à 275 G de l'annexe II au code général des impôts.

TVA-IV-12800 s. ; MF nº 49650

Art 50 octies Les biens désignés ci-après sont admis en exonération de la taxe sur la valeur ajoutée exigible lors de leur importation dans les conditions et selon les limites prévues par le règlement (CEE) nº 918/83 du 28 mars 1983, modifié par le règlement (CE) nº 274/2008 du Conseil du 17 mars 2008 et par l'arrêté du 16 septembre 2004 *(NDLR Abrogé et remplacé par l'arrêté du 16 juillet 2009)* et, le cas échéant, dans les conditions particulières prévues au présent article pour les besoins de la taxe sur la valeur ajoutée :

1º Les biens personnels appartenant à des personnes physiques transférant leur résidence normale située en dehors de la Communauté européenne en France ;

2º Les biens personnels importés à l'occasion d'un mariage et ceux offerts à cette occasion ;

3º Les biens personnels recueillis dans le cadre d'une succession ;

4º Les biens constituant les trousseaux, requis d'études et autres objets mobiliers d'élèves ou d'étudiants ;

5º Les biens compris dans un envoi d'une valeur intrinsèque qui n'excède pas 22 €, lorsque l'importation est réalisée en Guadeloupe, à La Réunion ou en Martinique ;

BF 7/21 inf. 634

6º Les envois adressés de particulier à particulier, dans la limite d'une valeur globale n'excédant pas 45 € ou, pour les marchandises désignées ci-après dans les limites quantitatives suivantes par envoi :

a. Produits du tabac : 50 cigarettes ou 25 cigarillos ou 10 cigares ou 50 grammes de tabacs à fumer ;

b. Alcools et boissons alcooliques : 1 litre pour les boissons distillées et boissons spiritueuses ayant un titre alcoométrique de plus de 22 % volume, alcool éthylique non dénaturé ayant un titre alcoométrique de plus de 80 % volume ; ou

1 litre pour les boissons distillées, boissons spiritueuses, apéritifs à base de vin ou d'alcool, tafia, saké ou boissons similaires, ayant un titre alcoométrique de 22 % volume ou moins, les vins mousseux, vins de liqueur ; ou

2 litres pour les vins tranquilles ;

c. Parfums : 50 grammes ou 0,25 litre pour les eaux de toilette ;

Les marchandises mentionnées aux a à c contenues dans un envoi excédant en quantités les seuils ci-avant sont soumises en totalité à la taxe sur la valeur ajoutée lors de leur importation ;

7° Les biens d'investissement et autres biens d'équipements importés en France à l'occasion d'un transfert d'activités par les entreprises qui ont déclaré, au préalable, le commencement de leur activité dans les conditions prévues à l'article 286 du code général des impôts.

Pour l'application de la taxe sur la valeur ajoutée, ne bénéficient pas de l'exonération les biens d'investissement et d'équipement qui sont :

a. Exclus du droit à déduction en application de l'article 273 du code général des impôts et des textes pris pour son application ;

b. Destinés à l'exercice d'une activité exonérée au titre des articles 261 à 261 E du code général des impôts ;

c. La propriété de personnes exerçant une profession libérale et des personnes morales qui exercent une activité sans but lucratif.

Le non-respect des conditions d'application de l'article 37 du règlement (CEE) n° 918/83 du 28 mars 1983 demeure sans incidence sur l'application de l'exonération de la taxe ;

8° Les produits obtenus sur des biens fonds situés dans un pays tiers à la Communauté européenne, à proximité immédiate de la France, par des producteurs agricoles dont le siège de l'exploitation est situé en France, ainsi que les chevaux de race pure n'ayant pas plus de 6 mois d'âge nés dans un pays tiers d'un animal sailli en France puis exporté temporairement pour mettre bas et, pour ce qui concerne les produits de l'élevage, sous réserve qu'ils proviennent d'animaux élevés, acquis ou importés aux conditions générales d'imposition en vigueur en France ;

9° Les semences, engrais et produits pour le traitement du sol et des végétaux importés par des producteurs agricoles, dont le siège de l'exploitation se trouve dans un pays tiers à la Communauté européenne situé à proximité immédiate de la France, pour être utilisés sur des biens fonds situés en France ;

10° Les marchandises contenues dans les bagages personnels des voyageurs, en provenance des pays tiers, dans les conditions suivantes :

1. Pour les marchandises autres que celles mentionnées au 2, la franchise s'applique aux biens dont la valeur totale n'excède pas 430 € par personne pour les voyageurs qui empruntent la voie aérienne ou maritime et 300 € par personne pour les autres voyageurs.

Pour les personnes de moins de 15 ans, les seuils indiqués à l'alinéa précédent n'excèdent pas 150 €.

La franchise ne s'applique que lorsque la valeur d'une même marchandise est inférieure ou égale aux seuils mentionnés ci-dessus ;

2. Pour les produits du tabac, les alcools et boissons alcooliques, dans les limites quantitatives suivantes :

a. Produits du tabac :

200 cigarettes ;

100 cigarillos ;

50 cigares ;

250 grammes de tabac à fumer ;

b. Alcools et boissons alcooliques autres que le vin tranquille et la bière :

1 litre d'alcool et de boissons alcooliques ayant un titre alcoométrique de plus de 22 % volume, ou d'alcool éthylique non dénaturé de 80 % volume et plus ;

2 litres d'alcool et de boissons alcooliques ayant un titre alcoométrique n'excédant pas 22 % volume ;

c. Vin tranquille et bière :

4 litres de vin tranquille ; et

16 litres de bière.

Pour chaque catégorie mentionnée au a ou au b ci-dessus, chaque quantité indiquée représente 100 % de la franchise applicable aux produits du tabac, d'une part, ou aux alcools et boissons alcooliques, d'autre part. Pour chacune de ces catégories de produits, la franchise s'applique à tout assortiment de produits du tabac ou à tout assortiment d'alcools et boissons alcooliques, et la somme des pourcentages afférents aux produits d'une même catégorie ne doit pas être supérieure à 100 % ;

Les franchises visées aux a, b et c ci-dessus ne s'appliquent pas aux voyageurs âgés de moins de 17 ans ;

3. Pour l'application du présent 10° sont considérés comme bagages personnels l'ensemble des bagages que le voyageur est en mesure de présenter au service des douanes lors de son arrivée, ainsi que ceux qu'il présente ultérieurement, à condition qu'ils aient été enregistrés auprès de la compagnie de transport comme bagages accompagnés au moment du départ du pays tiers de provenance ;

4. Les dispositions des 1 et 2 s'appliquent aux travailleurs frontaliers, aux personnes ayant leur résidence dans une zone frontalière avec un pays tiers à l'Union européenne et aux personnels des moyens de transport utilisés pour voyager à partir d'un pays tiers dans les conditions suivantes :

a. Pour les marchandises autres que le tabac, les alcools et boissons alcooliques, la franchise s'applique aux biens dont la valeur totale n'excède pas 75 € par personne âgée de 15 ans ou plus, et 40 € par personne âgée de moins de 15 ans ;

b. Pour les produits du tabac, dans les limites quantitatives suivantes :

40 cigarettes ;

20 cigarillos ;

10 cigares ;

50 grammes de tabac à fumer ;

c. Pour les alcools et boissons alcooliques, autres que le vin tranquille et la bière, dans les limites quantitatives suivantes :

0,25 litre d'alcool et de boissons alcooliques ayant un titre alcoométrique de plus de 22 % volume, ou d'alcool éthylique non dénaturé de 80 % volume et plus ;

0,5 litre d'alcool et de boissons alcooliques ayant un titre alcoométrique n'excédant pas 22 % volume ;

d. Pour le vin tranquille et la bière, dans les limites quantitatives suivantes :

0,5 litre de vin tranquille ; et

4 litres de bière ;

Les franchises visées aux a, b et c ci-dessus ne s'appliquent pas aux personnes âgées de moins de 17 ans ;

10° bis Le carburant contenu dans les réservoirs normaux des moyens de transport à moteur et une quantité de carburant n'excédant pas 10 litres contenue dans un réservoir portatif ;

11° Les animaux de laboratoire et les substances biologiques ou chimiques destinés à la recherche, sous réserve que les animaux ou substances soient adressés à titre gratuit ;

12° Les substances thérapeutiques d'origine humaine et réactifs pour la détermination des groupes sanguins et tissulaires, sans préjudice des exonérations mentionnées au a du 3° du II de l'article 291 du code général des impôts ;

13° Les substances de référence pour le contrôle de la qualité des médicaments ;

14° Les produits pharmaceutiques utilisés à l'occasion de manifestations sportives internationales ;

15° a. Les biens adressés à titre gratuit à des organismes à caractère charitable ou philanthropique pour la réalisation d'objectifs généraux dans la limite de 13 000 € pour les biens destinés à la collecte de fonds au cours de manifestations occasionnelles de bienfaisance au profit de personnes nécessiteuses et dans la limite de 6 000 € pour les matériels d'équipement et de bureau utilisés exclusivement pour les besoins de leur fonctionnement ;

b. Les biens de première nécessité adressés à titre gratuit à des organismes à caractère charitable ou philanthropique et destinés à être distribués gratuitement à des personnes nécessiteuses ;

16° Les biens importés par des organismes à caractère charitable ou philanthropique au profit des victimes de catastrophes ;

17° Les décorations et récompenses décernées à titre honorifique ;

18° Les cadeaux reçus dans le cadre des relations internationales ;

19° Les biens destinés à l'usage des souverains et des chefs d'Etat ;

20° Les échantillons de valeur négligeable ;

21° Les imprimés et objets à caractère publicitaire ;

22° Les biens utilisés ou consommés lors d'une exposition ou d'une manifestation similaire ;

23° Les biens importés pour examens, analyses ou essais ;

24° Les envois destinés aux organismes compétents en matière de protection des droits d'auteur ou de protection de la propriété industrielle ou commerciale ;

25° La documentation à caractère touristique ;

26° Les documents et articles divers énumérés à l'article 109 du règlement (CEE) n° 918/83 du 28 mars 1983 modifié par le règlement (CE) n° 274/2008 du Conseil du 17 mars 2008, à l'exclusion des timbres fiscaux et analogues attestant l'acquittement de taxes dans des pays tiers à la Communauté européenne, ainsi que les importations des publications officielles constituant le moyen d'expression de l'autorité publique du pays d'exportation, des organismes internationaux, des collectivités publiques et organismes de droit public, établis dans le pays d'exportation, ainsi que des imprimés diffusés à l'occasion des élections au Parlement européen, ou à l'occasion d'élections nationales organisées à partir du pays d'origine, par les organisations politiques étrangères officiellement reconnues comme telles dans la Communauté, pour autant que ces publications et imprimés aient été soumis à la taxe dans le pays d'exportation et n'aient pas fait l'objet de détaxation à l'exportation ;

27° Les matériaux ou accessoires d'arrimage et de protection des marchandises au cours de leur transport en France, sous réserve que leur montant soit inclus dans la base d'imposition telle que définie par les articles 292 et 293 du code général des impôts ;

28° Les litières, fourrages et aliments destinés aux animaux au cours de leur transport en France ;

29° Les carburants et lubrifiants à bord des véhicules à moteur terrestres et dans les conteneurs à usage spécial ;

30° Les biens destinés à la construction, l'entretien ou la décoration de monuments commémoratifs ou de cimetières de victimes de guerre ;

31° Les cercueils, urnes funéraires et objets d'ornement funéraire ;

32° Les matériels visuels et auditifs de caractère éducatif, scientifique ou culturel indiqués au B de l'annexe I du règlement (CEE) du 28 mars 1983 susmentionné, quel que soit l'usage auquel ils sont destinés ;

33° Les objets de collection et objets d'art de caractère éducatif, scientifique ou culturel, non destinés à la vente et importés par des musées, galeries et autres établissements agréés par l'administration des douanes et droits indirects pour recevoir ces objets en exonération. L'exonération n'est accordée que lorsque les objets sont importés à titre gratuit ou, s'ils sont importés à titre onéreux, lorsqu'ils ne sont pas livrés par un assujetti ou une personne agissant comme tel, sans préjudice des exonérations mentionnées au 8° du II de l'article 291 du code général des impôts.

TVA-IV-12800 s. ; MF n° 49650

Art 50 octies A **I.** Sont également admis en exonération les biens spécialement conçus pour l'éducation, l'emploi ou la promotion sociale des aveugles et des autres personnes physiquement ou mentalement handicapées, sous réserve qu'ils soient :

1° Importés par des institutions ou organisations ayant pour activité principale l'éducation des personnes handicapées ou l'assistance à ces personnes et qui sont agréées par l'administration des douanes et droits indirects pour recevoir ces objets en exonération ; et

2° Adressés à titre gratuit et sans aucune intention d'ordre commercial de la part du donateur à une telle institution ou organisation.

II. L'exonération est applicable aux pièces de rechange, éléments ou accessoires spécifiques, s'adaptant aux objets considérés ainsi qu'aux outils à utiliser pour l'entretien, le contrôle, le calibrage ou la réparation desdits objets, pour autant que ces pièces de rechange, éléments, accessoires ou outils soient importés en même temps que ces objets ou, s'ils sont importés ultérieurement, qu'ils soient reconnaissables comme étant destinés à des objets admis précédemment en exonération ou qui seraient susceptibles de bénéficier de l'exonération au moment où celle-ci est demandée pour les pièces de rechange, éléments, accessoires spécifiques ou outils considérés.

III. Les biens admis en exonération ne peuvent pas être utilisés à des fins autres que l'éducation, l'emploi ou la promotion sociale des aveugles et autres personnes handicapées.

IV. Les dispositions prévues aux articles 77 et 78 du règlement (CEE) n° 918/83 du 28 mars 1983 modifié par le règlement (CE) n° 274/2008 du Conseil du 17 mars 2008 mentionné à l'article 50 octies s'appliquent en matière de taxe sur la valeur ajoutée aux biens admis en exonération au titre du présent article.

TVA-IV-12800 s. ; MF n° 49650

Art 50 octies B Dans tous les cas où l'octroi de l'exonération est subordonné au respect de limites ou conditions, la preuve que ces limites ou conditions ont été respectées doit être apportée par l'intéressé, à la satisfaction de l'administration des douanes et droits indirects.

TVA-IV-12800 s. ; MF n° 49650

Art 50 octies C Les dispositions précitées ne font pas obstacle au maintien des exonérations, privilèges et immunités accordés à l'importation par la France dans le cadre des accords internationaux mentionnés à l'article 143 sous f à i) de la directive (CE) n° 2006/112 du 28 novembre 2006 du Conseil des communautés européennes et à l'article 91 de la directive (CEE) n° 83/181 modifiée du Conseil du 28 mars 1983.

TVA-IV-12800 s. ; MF n° 49650

II. Œuvres d'art originales, timbres et objets de collection ou d'antiquité

Art 50 decies **1.** L'exonération de la taxe sur la valeur ajoutée est applicable, sous réserve des dispositions du 2, aux œuvres d'art originales, timbres, objets de collection ou d'antiquité repris aux numéros 97-04, 97-05 et 97-06 du tarif des droits de douane d'importation lorsqu'ils sont destinés :

1° A l'Etablissement public de la Réunion des musées nationaux et du Grand Palais des Champs-Elysées ;

2° Aux musées de l'Etat, des départements et des communes ;

3° Aux fondations, associations et autres établissements justifiant de leur agrément par le ministre chargé des affaires culturelles.

2. L'exonération est subordonnée à la production, à l'appui de la déclaration d'importation, d'une attestation signée par le directeur de l'établissement certifiant que les objets importés sont destinés audit établissement et comportant l'engagement :

1° De ne pas céder, à titre onéreux ou gratuit, lesdits objets sans avoir au préalable acquitté auprès du service des douanes la taxe sur la valeur ajoutée ;

2° De présenter au bureau des douanes d'importation, dans un délai de trente jours, un certificat de prise en charge desdits objets dans l'inventaire de l'établissement destinataire.

3. La taxe sur la valeur ajoutée n'est pas due si la cession est faite au bénéfice de l'un des établissements visés au 1.

TVA-XV-3280 s. ; MF n° 60920

SECTION VII

Régimes spéciaux

I. Départements d'outre-mer

Art 50 undecies **1.** La liste des matériels d'équipement destinés à l'industrie hôtelière et touristique, dont l'importation dans les départements de la Guadeloupe, de la Martinique et de La Réunion peut avoir lieu en franchise de la taxe sur la valeur ajoutée, est fixée ainsi qu'il suit :

NUMEROS DU TARIF des droits de douane d'importation	DESIGNATION DES PRODUITS
40-06 à 40-07	Tous produits de ces positions.
40-10	Courroies transporteuses ou de transmission, en caoutchouc vulcanisé.
Ex-42-05	Articles de maroquinerie n'ayant pas le caractère de contenant (sous-mains, signets, etc.) en cuir naturel ou reconstitué.
Ex-44-16	Futailles, cuves, baquets et autres ouvrages de tonnellerie et leurs parties en bois.
44-19	Articles en bois pour la table et la cuisine.
44-20	Ouvrages de tabletterie et de petite ébénisterie (boîtes, coffrets, étuis, écrins, plumiers, portemanteaux, lampadaires et autres appareils d'éclairage, etc.), objets d'ornement, d'étagère et article de parure en bois ; parties en bois de ces ouvrages ou objets.
Ex-44-21-90	Ustensiles de ménage en bois.
46-01-20	Nattes, paillassons et claies en matières végétales.
46-02	Ouvrages de vannerie obtenus directement en forme à partir de matières à tresser ou confectionnés à l'aide des articles du n° 46-01 : ouvrages en luffa.
Ex-48-14	Papiers peints et revêtements muraux similaires.
49-10	Calendriers de tous genres, imprimés, y compris les blocs de calendriers à effeuiller.
50-07	Tissus de soie ou de déchets de soie.
51-11 à 51-13	Tous produits de ces positions.
52-08 à 52-12	Tous produits de ces positions.
53-09 à 53-11	Tous produits de ces positions.
54-07 à 54-08	Tous produits de ces positions.
55-12 à 55-15	Tous produits de ces positions.
55-16	Tissus de fibres artificielles discontinues.
56-04	Fils et cordes de caoutchouc, recouverts de textiles, fils textiles, lames et formes similaires des n°s 54-04 ou 54-05, imprégnés, enduits, recouverts ou gainés de caoutchouc ou de matière plastique.
57-01 à 57-03	Tous produits de ces positions.
57-06	Autres tapis et revêtements de sol en matières textiles, même confectionnés.
58-01 à 58-05	Tous produits de ces positions.
58-09 à 58-11	Tous produits de ces positions.
59-02	Nappes tramées pour pneumatiques obtenues à partir de fils à haute ténacité de nylon ou d'autres polyamides de polyesters ou de rayonne viscose.
59-04 à 59-07	Tous produits de ces positions.

NUMEROS DU TARIF des droits de douane d'importation	DESIGNATION DES PRODUITS
59-09	Tuyaux pour pompes et tuyaux similaires en matières textiles, même avec armatures ou accessoires en autres matières.
Ex-59-11	Produits et articles textiles pour usages techniques visés à la note 7 du présent chapitre à l'exclusion des gazes et toiles à bluter, même confectionnées.
Ex-63-01	Couvertures autres que les couvertures chauffantes électriques.
63-02 à 63-04	Tous produits de ces positions.
63-06	Bâches, voiles pour embarcations, planches à voile ou chars à voile, stores d'extérieur, tentes et articles de campement.
63-08	Assortiments composés de pièces de tissus et de fils, même avec accessoires pour la confection de tapis, de tapisseries, de nappes de table ou de serviettes brodées, ou d'articles textiles similaires, en emballages pour la vente au détail.
66-01	Parapluies, ombrelles ou parasols (y compris les parapluies cannes, les parasols de jardin et articles similaires).
Ex-66-03	Parties, garnitures et accessoires pour articles du n° 66-01.
68-06	Laines de laitier, de scories, de roche et laines minérales similaires ; vermiculite expansée, argiles expansées, mousse de scories et produits minéraux similaires expansés ; mélanges et ouvrages en matières minérales à usage d'isolants thermiques ou sonores ou pour l'absorption du son, à l'exclusion de ceux des n°s 68-11, 68-12 ou du chapitre 69.
69-09	Appareils et articles pour usages chimiques ou autres usages techniques, en céramique ; auges, bacs et récipients similaires pour l'économie rurale, en céramique ; cruchons et récipients similaires de transport ou d'emballage en céramique.
69-11 et 69-12	Tous produits de ces positions.
70-07	Verre de sécurité, consistant en verres trempés ou formes de feuilles contrecollées.
70-09	Miroirs en verre, même encadrés, y compris les miroirs rétroviseurs.
70-10-90	Bonbonnes, bouteilles, flacons, bocaux, pots, emballages tubulaires, autres récipients de transport ou d'emballage, en verre ; bocaux à conserves, en verre ; bouchons, couvercles et autres dispositifs de fermeture, en verre.
70-13	Objets en verre pour le service de la table, pour la cuisine, la toilette, le bureau, l'ornementation des appartements ou usages similaires, autres que ceux des nos 70-10 ou 70-18.
Ex-71-14	Articles d'orfèvrerie et leurs parties, plaques ou doubles de métaux précieux.
73-10	Tous produits de cette position.
73-21 et 73-22	Tous produits de ces positions.
Ex-73-23	Articles de ménage ou d'économie domestique et leurs parties, en fonte, fer ou acier.
73-28	Autres ouvrages en fer ou en acier.
74-17 à 74-19	Tous produits de ces positions.
75-08	Autres ouvrages en nickel.
76-12	Réservoirs, fûts, tambours, bidons, boîtes et récipients similaires en aluminium (y compris les étuis tubulaires rigides ou souples) pour toutes matières (à l'exception des gaz comprimés ou liquéfiés) d'une contenance n'excédant pas 300 litres, sans dispositifs mécaniques ou thermiques, même avec revêtement intérieur ou calorifuge.
76-15 et 76-16	Tous produits de ces positions.
78-04	Tables, feuilles et bandes en plomb ; poudres et paillettes de plomb.
80-03	Barres, profilés et fils en étain.
Ex-80-07	Articles de ménage, d'hygiène, d'économie domestique et leurs parties en étain.

NUMEROS DU TARIF des droits de douane d'importation	DESIGNATION DES PRODUITS
82-01-50	Sécateurs (y compris les cisailles à volaille) maniés à une main.
82-05 à 82-06	Tous produits de ces positions.
82-10	Appareils mécaniques actionnés à la main, d'un poids de 10 kg ou moins, utilisés pour préparer, conditionner ou servir les aliments ou les boissons.
Ex-82-11	Couteaux (autres que ceux du n° 82-08) à lame tranchante ou dentelée.
82-12 et 82-13	Tous produits de ces positions.
Ex-82-14	Autres articles de coutellerie (tondeuses, fendoirs, couperets, hachoirs de bouchers ou de cuisine et coupe-papier, par exemple).
82-15	Cuillers, fourchettes, louches, écumoires, pelles à tarte, couteaux spéciaux à poisson ou à beurre, pinces à sucre et articles similaires.
83-03 et 83-04	Tous produits de ces positions.
83-06	Cloches, sonnettes, gongs et articles similaires, non électriques, en métaux communs ; statuettes et autres objets d'ornement en métaux communs ; cadres pour photographies, gravures ou similaires en métaux communs ; miroirs en métaux communs.
83-10	Plaques indicatrices, plaques-enseignes, plaques-adresses et plaques similaires, chiffres, lettres et enseignes diverses en métaux communs, à l'exclusion de ceux du n° 94-05.
84-03 à 84-04	Tous produits de ces positions.
84-18	Réfrigérateurs, congélateurs-conservateurs et autres matériels, machines et appareils pour la reproduction du froid, à équipement électrique ou autre ; pompes à chaleur autres que les machines et appareils pour le conditionnement de l'air du n° 84-15.
84-19-81	Percolateurs.
Ex-84-22	Machines à laver la vaisselle.
Ex-84-23	Appareils et instruments de pesage, à l'exclusion des bascules et balances compteuses de pièces, bascules et balances ensacheuses ou doseuses et autres bascules ou balances à usages spéciaux, poids et parties de ces appareils.
84-50	Machines à laver le linge, même avec dispositif de séchage.
Ex-84-51	Machines et appareils (autres que les machines du n° 84-50) pour le lavage, l'essorage, le séchage, le repassage, le pressage (y compris les presses à fixer), le blanchiment, la teinture, l'apprêt, le finissage.
84-52	Machines à coudre, autres que les machines à coudre les feuilles du n° 84-40, meubles, embases et couvercles spécialement conçus pour machines à coudre ; aiguilles pour machines à coudre.
84-69 à 84-70	Tous produits de ces positions.
84-72	Autres machines et appareils de bureau (duplicateurs hectographiques ou à stencils, machines à imprimer les adresses, distributeurs automatiques de billets de banque, machines à trier, à compter ou à encartoucher les pièces de monnaie, appareils à tailler les crayons, appareils à perforer ou à agrafer, par exemple).
Ex-84-73	Parties et accessoires (autres que les coffrets, housses et similaires) reconnaissables comme étant exclusivement ou principalement destinés aux machines ou appareils des n°s 84-69, 84-70, 84-72.
84-76	Machines automatiques de vente de produits (timbres-poste, cigarettes, denrées alimentaires, boissons, par exemple), y compris les machines pour changer la monnaie.
Ex-85-02	Groupes électrogènes.
85-09	Appareils électromécaniques à moteur électrique incorporé, à usage domestique.
85-16	Chauffe-eau et thermoplongeurs électriques ; appareils électriques pour le chauffage des locaux, du sol ou pour usages similaires ; appareils électrothermiques pour la coiffure (sèche-cheveux, appareils à friser, chauffe-fers à friser, par exemple) ou pour sécher les mains ; fers à

NUMEROS DU TARIF des droits de douane d'importation	DESIGNATION DES PRODUITS
	repasser électriques ; autres appareils électrothermiques pour usages domestiques, résistances chauffantes, autres que celles du nº 85-45.
Ex-85-17	Appareils électriques pour la téléphonie ou la télégraphie par fil, à l'exception des appareils de télécommunication par courant porteur.
85-18 à 85-20	Tous produits de ces positions.
85-27	Appareils récepteurs pour la radiotéléphonie, la radiotélégraphie ou la radiodiffusion, même combinés, sous une même enveloppe, à un appareil d'enregistrement ou de reproduction du son ou à un appareil d'horlogerie.
85-28	Appareils récepteurs de télévision.
Ex-85-29	Parties reconnaissables comme étant exclusivement ou principalement destinées aux appareils du nº 85-27.
Ex-87-03	Voitures de tourisme et autres véhicules automobiles principalement conçus pour le transport de personnes (autres que ceux du nº 87-02) y compris les voitures du type « break », comportant un minimum de sept places assises.
87-15	Landaus, poussettes et voitures similaires pour le transport des enfants et leurs parties.
87-16-80	Autres véhicules non automobiles et leurs parties.
Ex-87-16-90 89-01	Paquebots, bateaux de croisières, transbordeurs, cargos, péniches et bateaux similaires pour le transport de personnes et de marchandises.
89-03	Yachts et autres bateaux et embarcations de plaisance ou de sport ; bateaux à rames et canoës.
Ex-89-06	Bateaux de sauvetage.
91-05 à 91-06	Tous produits de ces positions.
92-01	Pianos, même automatiques ; clavecins et autres instruments à cordes à clavier.
92-02-90	Harpes.
92-07	Instruments de musique dont le son est produit ou doit être amplifié par des moyens électriques (orgues, guitares, accordéons, par exemple).
94-01 à 94-05	Tous produits de ces positions.
95-04	Articles pour jeux de société, y compris les jeux à moteur ou à mouvement, les billards, les tables spéciales pour jeux de casino et les jeux de quilles automatiques (bowling par exemple).
95-06-40	Articles et matériel pour le tennis de table.
96-17	Bouteilles isolantes et autres récipients isothermiques montés, dont l'isolation est assurée par le vide, ainsi que leurs parties (à l'exclusion des ampoules en verre).

2. L'exonération dont sont susceptibles de bénéficier les voitures pour le transport des personnes comportant un minimum de sept places assises, reprises au paragraphe ci-dessus *(nº Ex 87-02 Ex A)* est subordonnée à l'affectation exclusive de ces véhicules au service de la clientèle et limitée en outre à un véhicule par hôtel de 20 à 100 chambres et à deux véhicules par hôtel de plus de 100 chambres.

3. Pour bénéficier de la franchise de la taxe sur la valeur ajoutée, les importateurs doivent :

1º En faire la demande sur la déclaration d'importation ;

2º Déposer à l'appui de la déclaration d'importation une attestation en double exemplaire indiquant les nom, prénoms, profession ou raison sociale et adresse du destinataire, ainsi que la nature, la quantité et la valeur des produits importés.

Cette attestation devra porter l'engagement, pour le cas où les produits ne recevraient pas l'affectation justifiant l'exonération de la taxe sur la valeur ajoutée, d'acquitter au service des impôts, la taxe devenue exigible, sans préjudice des pénalités prévues aux articles 1727, 1729, 1731 et 1784 à 1786 du code général des impôts.

TVA-III-22920 s. ; MF nº 91590

Art 50 duodecies **I.** La liste des produits, matériaux de construction, engrais et outillages industriels et agricoles dont l'importation dans les départements de la Guadeloupe, de la Martinique et de La Réunion peut avoir lieu en franchise de la taxe sur la valeur ajoutée, est fixée ainsi qu'il suit :

NUMEROS DU TARIF des droits de douane d'importation	DESIGNATION DES PRODUITS
15-15-11-00 15-15-19-10 15-15-19-90	Huile de lin et ses fractions.
25-05	Sables naturels de toute espèce, même colorés, à l'exclusion des sables métallifères du chapitre 26.
25-13-10	Pierre ponce.
25-14 à 25-17	Tous produits de ces positions.
25-20 à 25-23	Tous produits de ces positions.
27-06	Tous produits de cette position.
27-08-10	Brai.
Ex 27-15	Mastics bitumineux.
Ex 28-17	Oxyde de zinc.
Chapitre 31	Engrais.
32-06	Tous produits de cette position.
32-08 à 32-11	Tous produits de ces positions.
32-14	Mastic de vitrier, ciments de résine et autres mastics ; enduits utilisés en peinture ; enduits non réfractaires des types utilisés en maçonnerie.
38-05-10-10	Essence de térébenthine.
38-16	Ciments, mortiers, bétons et compositions similaires réfractaires autres que les produits du n° 38-01.
38-23	Produits chimiques non dénommés à usage de peinture pour la construction.
39-01 à 39-21	Matériaux des numéros ci-contre destinés à la construction (éléments fixes uniquement).
Ex 39-22	Tous produits de cette position destinés à la construction et éléments fixes uniquement.
Ex 39-25	Articles d'équipement pour la construction en matières plastiques, non dénommés ni compris ailleurs (éléments fixes uniquement).
40-12 40-13	
44-03	Bois bruts, même écorcés, désaubiérés ou équarris.
Ex 44-04	Pieux et piquets en bois appointés, non sciés longitudinalement.
Ex 44-05	Laine (paille) de bois destinée à la construction.
44-06 à 44-08	Tous produits de ces positions.
Ex 44-09	Bois (y compris les lames ou frises pour parquets, non assemblées) rabotés, rainés, bouvetés, languetés, feuillurés, chanfreinés ou similaires.
44-10 à 44-13	Tous produits de ces positions.
44-18	Tous produits de cette position.
44-20-90-10	Bois marquetés et bois incrustés.
Ex 44-21-91	Lattis en bois ou roseau (dits « lattis armés ») ; treillage de clôture.
Ex 45-04	Panneaux, plaques, briques, douelles, carreaux et dalles, en liège aggloméré, mi-ouvré.
48-11-10	Papiers et cartons goudronnés, bitumes ou asphaltes.
48-14-20	Papiers peints et revêtements muraux similaires, constitués par du papier enduit ou recouvert sur l'endroit d'une couche de matière plastique grainée, gaufrée, coloriée, imprimée de motifs ou autrement décorée.
68-01 à 68-02	Tous produits de ces positions.
Ex 68-03	Ardoises pour toitures ou pour façades.
68-07	Chappes d'étanchéité du numéro ci-contre.
68-08 à 68-11	Tous produits de ces positions.

NUMEROS DU TARIF des droits de douane d'importation	DESIGNATION DES PRODUITS
69-01 à 69-02	Tous produits de ces positions.
69-04 à 69-08	Tous produits de ces positions.
69-10	Eviers, lavabos, colonnes de lavabo, baignoires, bidets, cuvettes d'aisance, réservoirs de chasse, urinoirs et appareils fixes similaires pour usages sanitaires, en céramique.
70-03-11-90	Verre coulé ou laminé, non travaillé (même armé ou plaqué en cours de fabrication), en plaques ou en feuilles de forme carrée ou rectangulaire.
Ex 70-03-19-90	
70-03-20-10	
Ex 70-03-20-90	
Ex 70-04	Verre étiré ou soufflé, en feuilles, même à couche absorbante ou réfléchissante, mais non autrement travaillé, autre que le verre optique.
Ex 70-05	Verre coulé ou laminé et « verre à vitres » (même armés ou plaqués en cours de fabrication) simplement doucis ou polis sur une ou deux faces en plaques ou en feuilles de forme carrée ou rectangulaire.
Ex 70-06	Plaques en verre.
70-16-90-30	Pavés, briques, carreaux, tuiles et autres articles en verre coulé ou moulé, même armé, pour le bâtiment et la construction ; verre dit multicellulaire ou verre mousse en blocs, panneaux, plaques et coquilles.
70-16-90-90	
Ex 70-19-32-00	Fibres non textiles (verrofibre) destinées à la construction.
Ex 70-19-39-10	
Ex 70-19-39-30	
Ex 70-19-39-50	
Ex 70-19-39-90	
Ex chapitre 72	Fonte, fer et acier. Tous produits de ce chapitre destinés uniquement à la construction.
73-01-10	Palplanches en fer ou en acier destinées uniquement à la construction.
Ex 73-02 à 73-06	Produits de ces positions uniquement destinés à la construction.
73-07 à 73-09	Tous produits de ces positions.
Ex 73-10	Réservoirs, fûts, tambours, bidons, boîtes et récipients similaires, pour toutes matières (à l'exception des gaz comprimés ou liquéfiés), en fonte, fer ou acier, d'une contenance n'excédant pas 300 litres, sans dispositifs mécaniques ou thermiques, même avec revêtement intérieur ou calorifuge destinés à la construction (éléments fixes uniquement).
73-12 à 73-15	Tous produits de ces positions.
73-17 à 73-18	Tous produits de ces positions.
Ex 73-24 à 73-26	Produits de ces positions destinés à la construction (éléments fixes uniquement).
Ex 74-07 à 74-08	Produits de ces positions destinés à la construction ou à l'équipement de lignes et centrales électriques.
74-11 à 74-14	Tous produits de ces positions.
Ex 74-19	Autres ouvrages en cuivre destinés à la construction.
Ex 75-05	Barres, profilés et fils en nickel destinés à la construction ou à l'équipement des lignes et centrales électriques.
75-07	Tubes, tuyaux et accessoires de tuyauterie (raccords, coudes, manchons, par exemple), en nickel.
Ex 75-08	Toiles et tissus, grillages, treillis, y compris les treillis d'une seule pièce exécutés à l'aide d'une tôle ou d'une bande incisée et déployée en nickel.
Ex 76-04 à 76-06	Produits de ces positions en aluminium allié.
76-08-20	Tubes et tuyaux en aluminium allié.
76-09 à 76-11	Tous produits de ces positions.

NUMEROS DU TARIF des droits de douane d'importation	DESIGNATION DES PRODUITS
76-14	Torons, câbles, tresses et similaires en aluminium, non isolés pour l'électricité.
76-16-91 à 76-16-99	Autres ouvrages en aluminium, autres.
Ex 78-06	Autres ouvrages en plomb (barres creuses, tubes, tuyaux et accessoires de tuyauterie uniquement).
Ex 79-04	Barres creuses en zinc.
Ex 79-05	Tôles, feuilles et bandes en zinc pour la construction.
Ex 79-07	Autres ouvrages en zinc (tubes, tuyaux et accessoires de tuyauterie, gouttières, faîtages, lucarnes et autres ouvrages façonnés pour le bâtiment uniquement).
Ex 79-07-90	Toiles, tissus, grillages, treillis, y compris les treillis d'une seule pièce exécutés à l'aide d'une tôle ou d'une bande incisée ou déployée ; autres ouvrages en zinc, destinés à la construction, réservoirs, cuves et autres récipients analogues, pour toutes matières, en zinc.
Ex 80-03	Barres creuses en étain.
Ex 80-07	Autres ouvrages en étain (tubes, tuyaux et accessoires de tuyauterie uniquement).
82-07-13	Outils de forage ou de sondage.
82-07-19	
Ex 83-01 à 83-02	Produits de ces positions utilisés dans la construction.
84-02	Chaudières à vapeur (générateurs de vapeur) autres que les chaudières pour le chauffage central conçues pour produire à la fois de l'eau chaude et de la vapeur à basse pression ; chaudières dites « à eau surchauffée ».
Ex 84-04	Appareils auxiliaires pour chaudières du n° 84-02.
84-05 à 84-10	Tous produits de ces positions.
84-11	Turbines à gaz.
84-12	Autres moteurs et machines motrices.
Ex 84-13	Pompes pour liquides, même comportant un dispositif mesureur, élévateurs à liquides à usage industriel ou agricole.
Ex 84-14	Pompes, moto-pompes et turbo-pompes à air et à vide, compresseurs, moto-compresseurs et turbo-compresseurs d'air et d'autres gaz, à usage industriel ou agricole.
84-14-51	Ventilateurs.
84-14-59	
84-15 à 84-17	Tous produits de ces positions.
Ex 84-18	Réfrigérateurs, congélateurs, conservateurs et autres appareils pour la production du froid à équipement électrique ou autre à l'exclusion des appareils frigorifiques de 500 kilogrammes et moins ; pompes à chaleur autres que les machines et appareils pour le conditionnement de l'air du n° 84-15.
84-19-11	Chauffe-eau non électrique, à chauffage instantané ou à accumulation.
84-19-19	
84-19-31	Séchoirs.
84-19-32	
84-19-39	
84-19-40	Appareils de distillation ou de rectification.
84-19-50	Echangeurs de chaleur.
84-19-60	Appareils et dispositifs pour la liquéfaction de l'air et des gaz.
84-19-81	Appareils et dispositifs pour la préparation de boissons chaudes ou la cuisson des aliments.
84-19-89	Autres.
84-19-90	Parties de ces appareils à l'exclusion de celles des appareils du n° 84-19-20.
84-20 à 84-21	Tous produits de ces positions.

NUMEROS DU TARIF des droits de douane d'importation	DESIGNATION DES PRODUITS
Ex 84-22	Machines et appareils servant à nettoyer ou à sécher les bouteilles ou autres récipients ; machines et appareils à remplir, fermer, capsuler ou étiqueter les bouteilles, boîtes, sacs et autres contenants ; machines et appareils à empaqueter ou emballer les marchandises ; machines et appareils à gazéifier les boissons ; et leurs parties.
84-23-20	Bascules à pesage continu sur transporteurs.
84-23-82	Autres appareils et instruments de pesage d'une portée excédant 30 kg mais n'excédant pas 5 000 kg.
84-23-89	Autres appareils et instruments de pesage.
Ex 84-23-90	Parties et poids des appareils de la position 84-23-20, 84-23-82, 84-23-89.
Ex 84-24	Appareils mécaniques (même à main) à projeter, disperser ou pulvériser des matières liquides ou en poudre ; pistolets aérographes et appareils similaires ; machines et appareils à jet de sable, à jet de vapeur et appareils à jet similaires ; et leurs parties.
84-25 à 84-48	Tous produits de ces positions.
Ex 84-49 à 84-53	Tous produits de ces positions à usage industriel à l'exclusion de ceux à usage domestique.
84-54 à 84-68	Tous produits de ces positions.
84-71	Tous produits de cette position.
Ex 84-73	Parties et accessoires (autres que les coffrets, housses et similaires) reconnaissables comme étant exclusivement ou principalement destinés aux machines ou appareils du n° 84-71.
84-74 à 84-75	Tous produits de ces positions.
84-77 à 84-78	Tous produits de ces positions.
Ex 84-79	Machines et appareils mécaniques ayant une fonction propre, non dénommée ni compris ailleurs dans le présent chapitre à usage industriel ou agricole.
84-80 à 84-82	Tous produits de ces positions.
Ex 84-83	Arbres de transmission (y compris les arbres à cames et vilebrequins) et manivelles ; paliers et coussinets, engrenages et roues de friction ; broches filetées à billes « vis à billes » ; réducteurs, multiplicateurs et variateurs de vitesse, y compris les convertisseurs de couple ; volants et poulies, y compris les poulies à moufles ; embrayages et organes d'accouplement, y compris les joints d'articulation pour moteurs des véhicules repris aux n°s 87-01, 87-02, 87-04, 87-05.
84-84	Joints métalloplastiques, jeux et assortiments de joints de composition différente pour moteurs de véhicules repris aux n°s 87-01, 87-02, 87-04, 87-05.
84-85	Parties de machines ou d'appareils, non dénommés ni comprises ailleurs dans le présent chapitre, ne comportant pas de connexions électriques, de parties isolées électriquement, de bobinages, de contacts ou d'autres caractéristiques électriques.
85-01	Moteurs et machines génératrices électriques à l'exclusion des groupes électrogènes.
85-02	Groupe électrogène et convertisseurs rotatifs électriques.
85-03	Parties reconnaissables comme étant exclusivement ou principalement destinées aux machines des n°s 85-01 ou 85-02.
85-04	Transformateurs électriques, convertisseurs électriques statistiques (redresseurs, par exemple bobines de réactance et selfs).
85-05	Tous produits de cette position.
85-07	Tous produits de cette position.
85-14 à 85-15	Tous produits de ces positions.
85-17-12	Téléphones pour réseaux cellulaires et autres réseaux sans fil.
85-25-50	Appareils d'émission pour la radiotéléphonie, la radiotélégraphie, la radiodiffusion ou la télévision, même incorporant un appareil de réception ou un appareil d'enregistrement ou de reproduction du son.

NUMEROS DU TARIF des droits de douane d'importation	DESIGNATION DES PRODUITS
85-26	Appareils de radiodétection et de radiosondage (radar), appareils de radionavigation et appareils de radiotélécommande.
Ex 85-29	Parties reconnaissables comme étant exclusivement ou principalement destinées aux appareils des n°s 85-25-10, 85-25-20, 85-26.
85-30	Tous produits de cette position.
Ex 85-31	Appareils électriques de signalisation acoustique ou visuelle (sonneries, sirènes, tableaux annonciateurs, appareils avertisseurs pour la protection contre le vol ou l'incendie, par exemple) à usage public, autres que ceux des n°s 85-12 ou 85-30.
85-32 à 85-38	Tous produits de ces positions.
85-41-40	Dispositifs photosensibles à semi-conducteur, y compris les cellules photovoltaïques même assemblées en modules ou constituées en panneaux ; diodes émettrices de lumière.
85-44 à 85-48	Tous produits de ces positions.
Chapitre 86	Tous les produits repris aux positions de ce chapitre.
87-01 à 87-02	Tous produits de ces positions.
87-03-21-10 87-03-21-90 87-03-21-19 87-03-22-90 87-03-23-19	Ambulances.
Ex 87-03-31 à 33	Ambulances à moteurs à piston à allumage par compression (diesel ou semi-diesel).
87-04 à 87-05	Tous produits de ces positions.
Ex 87-06	Châssis des véhicules automobiles des n°s 87-01, 87-02, 87-04, 87-05.
Ex 87-07	Carrosseries des véhicules automobiles des n°s 87-01, 87-02, 87-04, 87-05 y compris les cabines.
87-09	Chariots de manutention automobiles, leurs parties et leurs pièces détachées.
Ex 87-16	Remorques pour le transport de marchandises.
88-02	Autres véhicules aériens ; véhicules spatiaux et leurs véhicules lanceurs.
Ex 88-03	Parties des appareils du n° 88-02.
89-07	Autres engins flottants.
90-14 à 90-15	Tous les produits de ces positions.
Ex 90-16	Balances sensibles à un poids de 5 cg ou moins avec ou sans poids électriques ou électroniques.
90-24	Tous produits de cette position.
Ex 90-25	Densimètres, aéromètres, pèse-liquides et instruments flottants similaires, thermomètres, pyromètres, baromètres, hygromètres et psychromètres, enregistreurs ou non, même combinés entre eux, électriques et électroniques.
90-26	Tous les produits de cette position.
90-28	Compteurs de gaz, de liquides ou d'électricité, y compris les compteurs pour leur étalonnage.
Ex 90-29 à 90-31	Tous produits de ces positions électriques ou électroniques.
90-32	Instruments et appareils pour la régulation ou le contrôle automatiques.
Ex 94-01-80	Autres sièges en pierre.
Ex 94-03-89	Meubles en pierre.
Ex 94-05	Appareils d'éclairage (y compris les projecteurs) et leurs parties, non dénommés ni compris ailleurs (éléments fixes uniquement destinés à la construction).
94-06	Constructions préfabriquées.

II. La liste des produits cités au I est complétée par le pain *(Ex-19-05)* et le riz *(10-06)*.

TVA-III-22920 s. ; MF nº 91590

II. Corse

Art 50 duodecies A 1. La liste des matériels agricoles visée au b du 5º du 1 et au 2 du I de l'article 297 du code général des impôts est fixée ainsi qu'il suit :

a. Tracteurs agricoles, y compris les tracteurs-treuils, voitures automobiles conçues pour le transport exclusif des marchandises et remorques susceptibles d'être attelées à ces véhicules ;

b. Matériels à traction animale ou mécanique, utilisés pour les usages suivants :

Préparation des surfaces cultivées ;

Fertilisation ;

Semis et plantation ;

Entretien des cultures ;

Récoltes ;

c. Matériels de traitement antiparasitaire ;

d. Matériels mécaniques de manutention et matériels de conservation des produits agricoles (autres que les bâches) ;

e. Matériels d'irrigation, à l'exception des tuyaux d'arrosage en matière souple ;

f. Matériels nécessaires à l'élevage du bétail (à l'exclusion des fils, piquets et accumulateurs utilisés pour l'électrification des clôtures), à l'aviculture et à l'apiculture ;

g. Matériels utilisés pour la préparation des aliments du bétail ;

h. Matériels de laiterie, vinification et cidrerie ; matériels utilisés pour l'élaboration des jus de fruits ;

i. Moteurs à explosion et à combustion interne, moteurs électriques de plus de 10 kg et groupes électrogènes ; générateurs à air chaud à usage agricole et matériels de ventilation ;

j. Pièces de rechange destinées aux matériels énumérés aux b, c, d, e, f, g et h ;

k. Roues de rechange des véhicules visés au a.

2. Le bénéfice du taux prévu au b du 5º du 1 du I de l'article 297 du code précité est subordonné à l'affectation permanente des matériels aux besoins de l'exploitation agricole.

TVA-III-24960 s. ; MF nº 92385

CHAPITRE 001 BIS

Taxe sur les exploitants de plateformes de mise en relation par voie électronique en vue de fournir certaines prestations de transport

Art 50 duodecies A bis La taxe sur les exploitants de plateformes de mise en relation par voie électronique en vue de fournir certaines prestations de transport prévue à l'article 300 bis du code général des impôts est déclarée et liquidée aux dates suivantes :

1º Pour les redevables de la taxe sur la valeur ajoutée soumis au régime réel normal d'imposition mentionné au 2 de l'article 287 du code général des impôts, en même temps que la déclaration mentionnée au 1 du même article 287 déposée au titre du mois de mars ou du premier trimestre de l'année qui suit celle au cours de laquelle la taxe est devenue exigible ;

2º Pour les redevables de la taxe sur la valeur ajoutée soumis au régime réel simplifié d'imposition prévu à l'article L 162-1 du code des impositions sur les biens et services, en même temps que la déclaration annuelle mentionnée au 3 de l'article 287 du code général des impôts, déposée au titre de l'exercice au cours duquel la taxe est devenue exigible ;

3º Dans tous les autres cas, au plus tard le 25 avril de l'année qui suit celle au cours de laquelle la taxe est devenue exigible.

Ndlr *Depuis le 1er janvier 2024, la taxe sur les exploitants de plateformes de mise en relation par voie électronique en vue de fournir certaines prestations de transport est transférée aux articles L 453-35 s. du CIBS sous la dénomination de « taxe sur la mise en relation par voie électronique en vue de fournir certaines prestations de transport ».*

TD-XX-13000 s. ; MF nº 76145

CHAPITRE 01 BIS

Taxe de l'aviation civile et taxe de solidarité sur les billets d'avion

Art 50 duodecies-0 B I. Au sens du 1 du II et du 1 du VI de l'article 302 bis K du code général des impôts, les Etats situés à moins de 1 000 km de la France sont :

a. la Principauté d'Andorre ;

b. la Principauté de Monaco ;

c. le Royaume-Uni de Grande-Bretagne et d'Irlande du Nord ;

d. la République de Saint-Marin.

II. Le tarif de la taxe de solidarité sur les billets d'avion prévue au 1 du VI de l'article 302 bis K du code général des impôts est fixé ainsi qu'il suit :

Destination finale du passager	Passager pouvant bénéficier, sans supplément de prix, de services à bord auxquels l'ensemble des passagers ne peut accéder gratuitement	Autre passager
- la France, un autre Etat membre de l'Union européenne, un autre Etat partie à l'accord sur l'Espace économique européen, la Confédération suisse, Etats situés à moins de 1000 km de la France	20,27 €	2,63 €
- autres Etats	63,07 €	7,51 €

Ndlr *Les dispositions du présent article sont entrées en vigueur pour les opérations d'embarquement de passagers effectuées à compter du 1er janvier 2021. Il est toutefois rappelé que les 1 du II et 1 du VI de l'article 302 bis K du CGI susvisé ont été abrogés à la suite du transfert des dispositions relatives aux taxes aéronautiques dans le CIBS depuis le 1er janvier 2022.*

CHAPITRE I BIS

Contribution due par les entreprises de transport aérien effectuant des vols au départ de la France exonérées de taxe de l'aviation civile en vertu d'un accord international

Art 50 duodecies B Le tarif unique mentionné à l'article L 422-26 du code des impositions sur les biens et services est fixé à 2,39 € *[NDLR Tarif applicable à compter du 1er juillet 2023 (Arrêté TREA2314321A du 22 juin 2023, JO 1er juillet). Il était antérieurement fixé à 2,28 €].*

CHAPITRE 0II

Taxe sur le chiffre d'affaires des exploitants agricoles

Art 50 terdecies-0 Le montant de la partie forfaitaire de la taxe sur le chiffre d'affaires des exploitants agricoles mentionné au III de l'article 302 bis MB du code général des impôts est fixé à 90 €.

TD-II-500 ; MF nº 75910

CHAPITRE II

Redevance sanitaire d'abattage

Art 50 terdecies Le tarif de la redevance sanitaire d'abattage s'établit comme suit *(par carcasse abattue)* :

	EN EUROS Par carcasse abattue
A. Ongulés domestiques :	
Pour les bovins adultes	5
Pour les jeunes bovins, au sens de l'annexe VI ter point 1 b du règlement (CE) nº 2074/2005, c'est-à-dire les bovins de moins de 8 mois (usuellement appelés veaux)	2
Pour les solipèdes et équidés	3
Pour les ovins et caprins :	
D'un poids carcasse inférieur à 12 kilogrammes	0,15
D'un poids carcasse de 12 kilogrammes ou plus	0,25
Pour les porcins :	
D'un poids carcasse inférieur à 25 kilogrammes	0,5
D'un poids carcasse de 25 kilogrammes ou plus	1
B. Volailles et lagomorphes :	
Pour les volailles de l'espèce Gallus et les pintades	0,005
Pour les canards et les oies	0,01
Pour les dindes	0,025
Pour les lapins d'élevage	0,005
C. Gibier ongulé d'élevage et gibier sauvage :	
Pour le petit gibier à plumes	0,005
Pour le petit gibier à poils	0,01
Pour les ratites (autruche, émeu, nandou)	0,5
Pour le sanglier	1,5
Pour les ruminants	0,5

TD-II-10610 ; MF nºs 76065 s.

CHAPITRE III

Redevance sanitaire de découpage

Art 50 quaterdecies Le tarif de la redevance sanitaire de découpage s'établit comme suit *(par tonne)* :

	EN EUROS Par tonne
Pour les viandes d'ongulés domestiques	2
Pour les viandes de volailles et de lapin d'élevage	1,5
Pour les viandes de gibiers d'élevage et sauvage :	
- petit gibier à plumes, petit gibier à poils	1,5
- ratites (autruche, émeu, nandou)	3
- sanglier et ruminants	2

TD-II-12810 ; MF n° 76070

CHAPITRE III BIS

Redevance sanitaire sur les produits de la pêche et de l'aquaculture

Art 50 quaterdecies-0 A Le tarif de la redevance sanitaire de première mise sur le marché des produits de la pêche et de l'aquaculture s'établit comme suit (par tonne) :

Pour les 50 premières tonnes dans le mois	1 €
Pour les tonnes suivantes	0,50 €

Le tarif de la redevance sanitaire pour les opérations de première vente réalisées dans les halles à marée s'établit comme suit (par tonne) :

Pour les 50 premières tonnes dans le mois	0,50 €
Pour les tonnes suivantes	0,25 €

Le tarif majoré de la redevance sanitaire pour les opérations de première vente réalisées en cas d'absence ou d'insuffisance de classement ou de calibrage (par tonne) :

pour les 50 premières tonnes dans le mois	1 €
pour les tonnes suivantes	0,50 €

Le montant maximum perçu par lot de poissons des espèces visées au II de l'article 267 quater F de l'annexe II au code général des impôts est fixé à 50 €.

TD-II-20600 s. ; MF n° 76080

Art 50 quaterdecies-0 A bis Le tarif de la redevance sanitaire de transformation des produits de la pêche et de l'aquaculture est fixé à 0,50 € par tonne.

TD-II-20620 s. ; MF n° 76080

CHAPITRE III TER

Redevance sanitaire pour le contrôle de certaines substances et de leurs résidus

Art 50 quaterdecies-0 A ter Le tarif de la redevance sanitaire pour le contrôle de certaines substances et de leurs résidus s'établit comme suit :

Pour le lait	0,02 € par m³
Pour les ovoproduits	0,46 € par tonne d'œufs en coquille

TD-II-18600 ; MF n° 76075

CHAPITRE IV

Taxes dues par les concessionnaires d'autoroutes

Art 50 quaterdecies A Le taux de la taxe prévue à l'article 302 bis ZB bis du code général des impôts est fixé à 0,363 ‰.

BF 2/21 inf. 158

TITRE III

CONTRIBUTIONS INDIRECTES

Art 50-00 A à 56 AQ Comme indiqué dans l'avant-propos, les articles de ce titre ne sont pas reproduits dans le présent code.

TITRE IV

ENREGISTREMENT, PUBLICITE FONCIERE, TIMBRE

CHAPITRE PREMIER

Droits d'enregistrement et taxe de publicité foncière

SECTION I

Dispositions générales des formalités

1° Actes dispensés de la formalité de l'enregistrement

Art 60 Les dispositions de l'article 245 de l'annexe III au code général des impôts s'appliquent à ceux des actes énumérés ci-après qui donnent ouverture à un droit fixe d'enregistrement ou sont dispensés de droits :

Actes concernant l'état des personnes et leur régime matrimonial, à l'exclusion des contrats de mariage contenant des donations actuelles entre vifs ;

Baux de biens meubles autres que les fonds de commerce, et tous actes modifiant de tels baux ou des baux à durée limitée d'immeubles urbains ;

Procurations, substitutions de pouvoirs, et tous actes relatifs aux obligations, privilèges et hypothèques ;

Inventaires ;

Actes relatifs au règlement des successions ;

Actes de dépôts de documents ou pièces déjà enregistrés ou dispensés de cette formalité ;

Actes emportant abandon de biens par héritier bénéficiaire, abandon d'usufruit, abandon de quotité disponible ;

Baux de carrière ou de mines ;

Certificats de propriété ;

Consentements à exercer une profession ;

Consentements à exécution de testaments ou donations ;

Délivrances de legs mobiliers ;

Dépôts d'objets, de valeurs ou de sommes ;

Notoriétés après décès modifiant la dévolution légale ;

Promesses de bail mobilier ;

Renonciations pures et simples à successions et legs ;

Déclarations pures et simples d'apport ou de fortune ;

Déclarations de mobilier pour éviter une confusion ;

Testaments et codicilles ;

Donations entre époux ;

Actes d'option par le conjoint survivant ;

Cahiers des charges établis en vue d'une adjudication non réalisée ou infructueuse ;

Ventes de cheptel ;

Ventes de meubles à l'amiable ;

Promesses unilatérales de ventes ;

Promesses unilatérales d'achat ;

Affirmations sacramentelles ;

Attestations immobilières après décès, règlements de copropriété, états descriptifs de division et leurs modificatifs exclus de la formalité fusionnée en application du 1° de l'article 249 de l'annexe III au présent code.

ENR-I-2690 s., 10760

2° Bureaux compétents

Art 60 A Le service des impôts des entreprises étrangères est désigné pour recevoir les déclarations relatives à des apports de biens n'ayant pas d'assiette matérielle fixe, effectués au profit de sociétés ou groupements d'intérêt économique et non constatés par un acte, lorsque le siège social ou le domicile des apporteurs n'est pas situé en France.

ENR-I-3805 ; ENR-VI-45 ; MF n° 66670

CHAPITRE II

Droits de timbre

SECTION I

Droits de timbre proprement dits

I. Machines à timbrer

(Voir les conditions générales d'utilisation prescrites par les articles 164 L à 164 AL)

Art 71 Est autorisée l'utilisation des machines à timbrer qui, suivant les prévisions de l'article 301 de l'annexe III au code général des impôts, sont destinées respectivement au timbrage :

a. *Des actes soumis au timbre de dimension (NDLR Abrogé depuis le 1er janvier 2006 : loi 2004-1485 du 30 décembre 2004 art. 95)* ;

b. *(Disposition devenue sans objet : loi n° 96-1181 du 30 décembre 1996 art. 38-I)* ;

c. *(Disposition devenue sans objet : loi n° 98-546 du 2 juillet 1998 art. 87-VI)* ;

d. *(Disposition devenue sans objet : loi 2005-1720 du 30 décembre 2005 art. 112-I et II)* ;

e. *(Disposition devenue sans objet : ordonnance 2003-1235 du 22 décembre 2003 art. 2-I et IV, ratifiée par la loi 2004-1343 du 9 décembre 2004 art.78-XI).*

Art 72 Les empreintes fournies par les machines à timbrer doivent comporter les mentions particulières suivantes :

La quotité du timbre ;

Un numéro propre à chaque empreinte suivant l'ordre de numération, ainsi que :

La date de l'apposition ;

Le nom et l'adresse de l'utilisateur ;

La désignation du service des impôts auquel l'utilisateur est rattaché.

Art 73 Les documents revêtus d'empreintes de machines à timbrer sont soumis aux mêmes règles que ceux revêtus de timbres mobiles. Spécialement, les empreintes afférentes à une nature de timbre ne peuvent être utilisées pour la perception d'un droit de timbre différent, alors même que la quotité serait identique.

Toutefois, les usagers peuvent pour la perception d'un droit de timbre déterminé apposer plusieurs empreintes sur le même document.

Art 74 Sans préjudice des dispositions de l'article 164 AD, tout usager est tenu pour chaque machine à timbrer mise à sa disposition :

De constituer d'avance au service des impôts dont il relève sous la forme, soit d'une provision, soit d'un engagement solidaire contracté par une personne physique ou morale agréée comme caution par le comptable des impôts, une garantie dont le montant est fixé par le directeur des services fiscaux et de maintenir constamment cette garantie, à une somme au moins égale à la valeur des timbres consommés pendant un délai d'un mois ;

De relever au début et à la fin de chaque mois ainsi qu'à la fin de chaque semaine sur un carnet d'emploi conforme au modèle agréé par l'administration des impôts et paraphé par le service des impôts désigné à cet effet, l'index du compteur de la machine et de représenter ce carnet à ce service à toute réquisition ;

De remettre ou d'adresser chaque mois, à une date fixée entre le 1er et le 20 par la direction des services fiscaux, au service des impôts désigné à cet effet, une fiche extraite du carnet d'emploi, présentant la situation des empreintes consommées au cours du mois précédent et revêtue d'une empreinte à zéro ;

De verser simultanément à ce service les droits exigibles correspondant à ce relevé.

La remise de 0,50 % concédée aux usagers sur le montant des droits dont la perception est constatée au moyen de machines à timbrer est payée deux fois par an, lors du dépôt des fiches de liquidation des mois de juin et décembre.

I bis. Timbres de dimension

Art 93 H bis à 93 H quinquies Comme indiqué dans l'avant-propos, les articles de ce chapitre ne sont pas reproduits dans le présent code.

SECTION II

Droits de délivrance de documents et perceptions diverses

IV. Régies de recettes des préfectures et sous-préfectures

Art 121 KA Nonobstant toute disposition contraire, l'emploi des machines à timbrer est autorisé pour le timbrage de tous documents donnant lieu à la perception des droits de timbre dans les régies de recettes des préfectures et sous-préfectures.

Peuvent notamment être timbrés par ce procédé :

1° *(Disposition devenue sans objet : loi nº 99-1172 du 30 décembre 1999 art. 31-I)* ;

2° *(Disposition devenue sans objet : loi nº 99-1172 du 30 décembre 1999 art. 31-I et III)* ;

3° *(Abrogé)* ;

4° Les passeports et les titres de voyages délivrés aux réfugiés ou apatrides *(code général des impôts, art. 953 et 954)* ;

5° *(Disposition devenue sans objet : loi nº 99-1172 du 30 décembre 1999 art. 31-I)* ;

6° *(Disposition devenue sans objet : loi nº 2019-1479 du 28 décembre 2019 art. 21-I-22° et XI B)* ;

7° *(Disposition devenue sans objet : loi nº 2019-1479 du 28 décembre 2019 art. 69-I M et VI C)*.

ENR-VIII-9300 s.

Art 121 KB Toute machine destinée au timbrage des documents donnant lieu à la perception des droits de timbre dans les régies de recettes des préfectures et sous-préfectures doit être agréée par le directeur général des impôts.

La demande d'agrément, qui doit spécifier que l'appareil est exclusivement proposé pour le recouvrement des droits de timbre perçus par les régies de recettes des préfectures et sous-préfectures, est adressée au directeur général des impôts, à Paris.

Le directeur général des impôts statue après avis du conseil technique des postes et télécommunications à l'examen duquel l'appareil est obligatoirement soumis.

La mise en vente de ladite machine est subordonnée à cet agrément préalable.

ENR-VIII-9300 s.

Art 121 KC Les machines mises en service doivent, dans toutes leurs parties, être conformes aux modèles agréés par l'administration ; les clichés donnant les empreintes de timbrage doivent être conformes aux types fixés par une instruction prise sous le double timbre du ministre de l'intérieur et du ministre de l'économie et des finances *(Instruction interministérielle du 23 juillet 1969, JO du 26)*.

Un spécimen complet de chaque type de machine avec ses accessoires est déposé par le constructeur au service des recherches et du contrôle technique des télécommunications, 3, avenue de la République, à Issy-les-Moulineaux. Ce dépôt ne donne lieu à aucune rétribution.

ENR-VIII-9300 s.

Art 121 KD L'administration des postes et télécommunications fera procéder, au cours de la fabrication des machines, à toutes vérifications et à tous essais qu'elle jugera utiles, notamment en vue de s'assurer de la qualité des métaux employés dans la construction des divers organes de la machine (cémentation, trempe, etc.).

ENR-VIII-9300 s.

Art 121 KE Avant d'être mises en service, les machines doivent être présentées au service des recherches et du contrôle technique des télécommunications pour y être individuellement essayées, éprouvées, poinçonnées. Ce contrôle est signalé par l'apposition d'un poinçon millésimé sur chaque machine conférant autorisation de mise en service dans un délai de deux ans. Le service des recherches et du contrôle technique délivre pour chaque machine, après vérification et poinçonnement, un bulletin de contrôle indiquant que les compteurs ont été ramenés à zéro.

ENR-VIII-9300 s.

Art 121 KF Toute installation de machine dans une régie de recettes de préfecture ou de sous-préfecture fait l'objet après avis du ministère de l'intérieur d'une décision du préfet dont celui-ci donne notification préalablement à l'installation de la machine, au directeur des services fiscaux du lieu d'utilisation en indiquant les éléments d'identification définis dans l'instruction interministérielle prévue à l'article 121 KC.

Cette installation ne peut avoir lieu qu'en présence du représentant de ce directeur qui doit sceller le capot et s'assurer de la mise à zéro des compteurs de la machine. Le représentant du trésorier-payeur général arrête simultanément la comptabilité du régisseur.

ENR-VIII-9300 s.

Art 121 KG Le retrait d'une machine dont le fonctionnement est signalé comme défectueux et son remplacement ne peuvent avoir lieu qu'en présence d'un représentant du service des impôts seul compétent pour procéder aux opérations de descellement de cette machine et de scellement de la nouvelle machine. Le poinçonnage après retrait et réparation est effectué par les agents techniques de l'administration des postes et télécommunications, seuls qualifiés pour estimer si les réparations indispensables ont été effectuées et pour délivrer le bulletin de contrôle visé à l'article 121 KE.

ENR-VIII-9300 s.

Art 121 KH Les documents revêtus d'empreintes de machines à timbrer sont soumis aux mêmes règles que ceux revêtus de timbres mobiles ou timbrés à l'extraordinaire.

ENR-VIII-9300 s.

Art 121 KI Sera réputé non timbré tout document portant une empreinte de timbrage non conforme aux types fixés par l'instruction interministérielle précitée.

ENR-VIII-9300 s.

Art 121 KJ Dans un délai de cinq jours à compter de la date de chaque arrêté mensuel de ses écritures comptables, chaque régisseur autorisé à employer une ou plusieurs machines adresse au service des impôts du lieu d'utilisation une fiche indiquant pour chacune d'elles :

1° La désignation de la régie de recettes ;

2° Les éléments d'identification de la machine prévus dans l'instruction interministérielle ;

3° Le montant total et éventuellement par catégorie à verser audit service des droits de timbre représentés par les empreintes apposées à l'aide de la machine depuis le précédent arrêté.

ENR-VIII-9300 s.

Art 121 KK Les régisseurs de recettes des préfectures et sous-préfectures doivent être présents lors de toute installation ou retrait de machines. Ils ne peuvent effectuer ni accepter que soient effectuées à une machine en service des réparations ayant une répercussion sur le mécanisme des compteurs ou sur celui d'apposition des empreintes. Ils ne peuvent modifier, d'une façon quelconque, aucune des parties du mécanisme ou des compteurs. Ils doivent signaler toute machine dont le fonctionnement est défectueux au constructeur ainsi qu'au service des impôts auquel la machine se trouve rattachée, en vue de son retrait.

ENR-VIII-9300 s.

Art 121 KL Toutes facilités doivent être données aux agents des impôts ainsi qu'à ceux du Trésor pour procéder, sans avis préalable, à l'inspection des machines, au relevé des compteurs et à la consultation des bandes de contrôle.

ENR-VIII-9300 s.

IV bis. Formules de chèques

Art 121 KL bis Les organismes qui délivrent à leurs clients des formules de chèques ne répondant pas aux caractéristiques de barrement d'avance et de non-transmissibilité par voie d'endossement mentionnées à l'article 85 de la loi n° 78-1239 du 29 décembre 1978, ou, s'il y a lieu, les organismes centralisateurs auxquels ils sont rattachés, doivent, dans les quarante-cinq jours du trimestre suivant celui de cette délivrance, déposer au service des impôts dont ils relèvent un état en double exemplaire indiquant le nombre des formules de chèques soumises au droit de timbre et délivrées au cours du trimestre précédent ainsi que le total des droits exigibles.

Le montant des droits est versé au service compétent lors du dépôt de l'état mentionné ci-dessus.

L'un des exemplaires de l'état, certifié conforme aux écritures de l'organisme intéressé, est rendu au déposant après avoir été revêtu de l'acquit du comptable des impôts ; l'autre exemplaire est conservé par le service à l'appui de la recette des droits de timbre.

ENR-VIII-480 s.

Art 121 KL ter Les organismes mentionnés à l'article 121 KL bis doivent relever l'identité des personnes auxquelles les formules ont été délivrées ainsi que les numéros de ces dernières. Ces renseignements doivent être conservés selon les modalités prévues au I de l'article L 102 B du livre des procédures fiscales.

ENR-VIII-550

V. Débite des timbres mobiles et des timbres dématérialisés

Art 121 KM Les débitants de tabac et les distributeurs auxiliaires établis en Guadeloupe, en Guyane, en Martinique, à La Réunion et à Mayotte perçoivent sur le prix de vente des timbres mobiles de toute nature dont ils assurent la débite une remise uniforme de 5 %.

La remise est liquidée et payée au fur et à mesure des versements opérés par les débitants de tabac et les distributeurs auxiliaires établis en Guadeloupe, en Guyane, en Martinique, à La Réunion et à Mayotte auprès des comptables de la direction générale des finances publiques à la condition qu'elle atteigne au moins 15 €.

Les débitants de tabac et les distributeurs auxiliaires établis en Guadeloupe, en Guyane, en Martinique, à La Réunion et à Mayotte participant à l'encaissement des timbres dématérialisés perçoivent une remise uniforme de 6 % sur le prix de vente de ceux-ci.

La remise est liquidée et payée dans les conditions prévues par un protocole d'agrément conclu entre la direction générale des finances publiques et les débitants de tabac ou les distributeurs auxiliaires établis en Guadeloupe, en Guyane, en Martinique, à La Réunion et à Mayotte.

ENR-VIII-10265

Art 121 KM bis Les comptables directs du Trésor sont habilités à vendre les timbres mobiles fiscaux de la série unique.

ENR-VIII-10265

Art 121 KM ter Les recettes des douanes et droits indirects sont habilitées à vendre les timbres fiscaux suivants :

a. Timbres mobiles de la série unique ;

b. Timbres travailleurs étrangers ;

c. *(Sans objet)* ;

d. Timbres-amendes.

ENR-VIII-10265

CHAPITRE III

Autres droits et taxes

I. Taxe sur la valeur vénale des immeubles possédés en France par des personnes morales

Art 121 K ter La déclaration relative à la taxe prévue à l'article 990 D du code général des impôts est déposée :

1. Pour les entités juridiques qui ont leur siège en France et pour les autres entités juridiques qui exercent leurs activités en France dans un ou plusieurs établissements, au service des impôts du lieu du principal établissement ;

2. Pour les entités juridiques, autres que celles visées au 1, qui, directement ou par entité juridique interposée, possèdent un ou plusieurs immeubles situés en France ou sont titulaires de droits réels portant sur ces biens, au service des impôts compétent pour les obligations déclaratives relatives aux impôts autres que les impôts locaux et taxes assimilées. En l'absence de telles obligations déclaratives, la déclaration est déposée au service des impôts des entreprises étrangères de la direction des impôts des non-résidents.

ENR-XI-10385 ; MF nº 75975

CHAPITRE IV

Régimes spéciaux et exonérations de portée générale

Institutions à caractère social

Art 121 VA Les dispositions du II de l'article 1066 du code général des impôts sont susceptibles d'être appliquées aux établissements ou organismes dont la liste suit :

Caisse des dépôts et consignations ;

Caisses d'épargne ;

Caisses d'épargne du Bas-Rhin, du Haut-Rhin et de la Moselle ;

Fonds social juif unifié ;

Sociétés mutualistes, unions de sociétés mutualistes et fédérations d'unions de sociétés mutualistes.

ENR-V-27270 s.

TITRE V

DISPOSITIONS COMMUNES AUX IMPOTS DIRECTS ET TAXES ASSIMILEES, A L'ENREGISTREMENT, A LA PUBLICITE FONCIERE ET AU TIMBRE

CHAPITRE III

Déclaration des personnes physiques résidant en Principauté de Monaco

Art 121 Z quinquies **I.** Les personnes physiques qui résident habituellement dans la Principauté de Monaco, qu'elles soient ou non fiscalement domiciliées en France, souscrivent au service des impôts de Menton les déclarations :

1° d'impôt sur le revenu ;

2° d'impôt sur la fortune immobilière.

Les personnes physiques dont le domicile fiscal est situé ou est réputé se situer en France et qui exercent une activité professionnelle dans la Principauté de Monaco déposent également les déclarations spéciales prévues par les articles 53 A et 97 du code général des impôts auprès de ce service.

II. Les personnes physiques qui résident habituellement dans la Principauté de Monaco, qu'elles soient ou non fiscalement domiciliées en France, souscrivent au service départemental de l'enregistrement de Nice les déclarations :

1° de don manuel ;

2° de succession.

DC-VI-1680 ; MF n° 68870

CHAPITRE IV

Réductions d'impôts au titre des dons aux organismes dont le siège est situé dans un Etat membre de l'Union européenne ou partie à l'Espace économique européen

Art 121 Z sexies Les demandes d'agrément mentionnées aux 4 bis des articles 200 et 238 bis, au I de l'article 795-0 A et au douzième alinéa du I de l'article 978 du code général des impôts sont adressées par les personnes morales ou organismes dont le siège est situé dans un Etat membre de l'Union européenne ou partie à l'accord sur l'Espace économique européen au service de la sécurité juridique et du contrôle fiscal de la direction générale des finances publiques qui instruit les demandes.

IS-IX-10880 s.

DEUXIEME PARTIE

IMPOSITIONS PERÇUES AU PROFIT DES COLLECTIVITES LOCALES ET DE DIVERS ORGANISMES

TITRE PREMIER

IMPOSITIONS COMMUNALES

CHAPITRE PREMIER

Impôts directs et taxes assimilées

SECTION 0I

Taxes foncières

Art 121-0 AA I. Pour l'application du a du 4° de l'article 310-0 H de l'annexe II au code général des impôts, les énergies renouvelables prises en compte sont :

a. L'énergie solaire, la biomasse, la géothermie, l'énergie éolienne ;

b. L'énergie issue des systèmes thermodynamiques ou de production combinée de chaleur et d'énergie ;

c. L'énergie issue des réseaux de distribution de chaleur bénéficiant du classement visé par les deuxième et troisième alinéas de l'article 5 de la loi n° 80-531 du 15 juillet 1980 relative aux économies d'énergie et à l'utilisation de la chaleur et de l'article L 712-1 du code de l'énergie.

II. Pour l'application du b du 4° de l'article 310-0 H de l'annexe II au code général des impôts, les matériaux renouvelables pris en compte sont le bois et les matériaux d'origine végétale et animale.

III. Pour l'application du a du 5° de l'article 310-0 H de l'annexe II au code général des impôts, les matériels économes en eau pris en compte sont les réservoirs de W.-C. d'une contenance inférieure à six litres d'eau avec système de chasse à double commande ou à interruption.

FB-II-25370

SECTION II

Cotisation foncière des entreprises

1° Exonération temporaire accordée dans le cadre de l'aménagement du territoire

Art 121 quinquies DB quater L'exonération de cotisation foncière des entreprises prévue à l'article 1465 du code général des impôts peut être accordée sur agrément dans les conditions définies aux articles 121 quinquies DB quinquies à 121 quinquies DB septies, 170 quinquies et 170 octies, sous réserve de l'appréciation des modalités techniques et financières des programmes présentés et dans la mesure où les entreprises intéressées n'ont commis aucune infraction fiscale exclusive de bonne foi dans les quatre ans précédant l'opération, ont produit leurs déclarations de résultat dans les délais légaux et sont dans une situation régulière vis-à-vis des services de recouvrement.

(En ce qui concerne les modalités et les dates de dépôt des demandes d'agrément, voir arrêté du 16 décembre 1983, JO des 19 et 20)

CET-II-113150 s.

Art 121 quinquies DB quinquies L'agrément ouvrant droit à l'exonération temporaire de cotisation foncière des entreprises prévue à l'article 1465 du code général des impôts peut être accordé aux entreprises qui réalisent les opérations suivantes :

1° Reprise des moyens de production d'établissements industriels en difficulté susceptible de permettre la poursuite durable de l'activité et le soutien de l'emploi. L'agrément ne peut être accordé qu'à la condition qu'il y ait eu examen du plan de reprise et de sauvegarde ou de redressement et du plan de financement correspondant par le comité départemental d'examen des problèmes de financement des entreprises (Codefi) ou par le comité interministériel de restructuration industrielle (Ciri). Si la reprise prend la forme d'une location-gérance, celle-ci doit être assortie d'un engagement ferme de rachat des actifs dans un délai de trois ans ; les reprises effectuées par des personnes physiques ou morales qui contrôlent directement ou indirectement l'établissement en difficulté ne peuvent être agréées ;

2° Reconversion d'installation industrielle dépendant d'un secteur d'activité en déclin. La reconversion doit correspondre à une modification importante de la nature des productions entraînant un effort particulier d'investissement. Les investissements susceptibles de bénéficier de l'exonération sont les seuls investissements nécessaires à cette modification ;

3° Création ou extension de services de direction, d'études, d'ingénierie et d'informatique.

CET-II-112470, 113020

Art 121 quinquies DB sexies Pour bénéficier sur agrément de l'exonération temporaire de cotisation foncière des entreprises prévue à l'article 1465 du code général des impôts les conditions d'emploi suivantes, appréciées selon les modalités prévues à l'article 322 H de l'annexe III à ce code, doivent être remplies :

1° Les établissements faisant l'objet d'une reprise ou d'une reconversion doivent comporter :

a. Dans les départements d'outre-mer, en Corse, dans les zones d'économie rurale dominante et les zones montagnardes figurant en annexe II de l'arrêté du 12 juin 1990 *(JO du 29)* :

Trente emplois au moins dans les communes situées dans une unité urbaine d'au moins 50 000 habitants ;

Quinze emplois au moins dans les communes situées dans une unité urbaine de moins de 50 000 habitants et 15 000 habitants au moins ;

Six emplois au moins dans les autres communes ;

b. Dans les autres zones où s'applique l'exonération temporaire :

Trente emplois au moins dans les communes situées dans une unité urbaine d'au moins 15 000 habitants ;

Dix emplois au moins dans les autres communes.

Dans toutes les zones où s'applique l'exonération temporaire, les opérations de reprise doivent permettre le maintien de l'effectif permanent au niveau justifié par les plans de sauvegarde ou de redressement de l'entreprise. Si l'effectif initial n'est pas maintenu, l'exonération peut être limitée à une fraction de la valeur locative des installations. En cas de reconversion, l'effectif doit être au moins maintenu.

Les conditions d'emploi ci-dessus définies doivent être remplies durant toute la période d'exonération à peine de retrait de l'agrément dans les conditions prévues à l'article 1649 nonies A du code général des impôts ;

2° En cas de création de services de direction, d'études, d'ingénierie et d'informatique, création d'au moins 20 emplois ; en cas d'extension de ces mêmes services, création d'au moins 10 emplois supplémentaires, l'effectif total de l'établissement devant alors atteindre au moins 20 emplois. L'extension doit en outre entraîner une progression d'au moins 25 % de l'effectif total de l'établissement, sauf s'il est créé au moins 50 emplois supplémentaires.

La création d'un nombre d'emplois permanents supérieur aux minima fixés ci-dessus peut être exigée en raison du montant des investissements envisagés.

Les dispositions des articles 322 I à 322 L de l'annexe III au code général des impôts sont applicables aux créations et extensions de services de direction, d'études, d'ingénierie et d'informatique.

CET-II-112120 s., 112360 s., 113050

Art 121 quinquies DB septies L'exonération temporaire de cotisation foncière des entreprises accordée sur agrément peut être subordonnée à la réalisation d'un montant minimum d'investissements.

L'exonération ne peut être accordée lorsque l'opération entraîne une suppression d'emplois dans les autres établissements de l'entreprise.

CET-II-112120 s., 112810 s., 113050

SECTION II bis

Evaluation de la valeur locative des locaux professionnels

Art 121 quinquies-0 DC Pour l'application de l'article 1498 bis du code général des impôts, le contribuable déclare le montant du loyer annuel, charges et taxes non comprises, pour l'année au cours de laquelle intervient le dépôt de la déclaration.

FB-III-61290

SECTION III

Commission consultative départementale des évaluations foncières

Art 121 quinquies DC Il est institué au chef-lieu de chaque département une commission consultative des évaluations foncières chargée de donner un avis sur la quotité des coefficients fixés conformément à l'article 1518 du code général des impôts pour l'actualisation des évaluations des propriétés bâties et non bâties mentionnées à ce même article.

FB-III-54410

Art 121 quinquies DD Cette commission comprend :

1° Le directeur départemental ou, le cas échéant, régional des finances publiques président ou son représentant ;

2° Deux fonctionnaires de la direction générale des finances publiques ayant au moins le grade d'inspecteur principal ;

3° Deux représentants des collectivités locales ou de leurs groupements (communautés urbaines ou districts) désignés par le préfet ;

4° Des membres titulaires et des membres suppléants représentants des contribuables concernés par l'actualisation, savoir :

a. Le président de la chambre départementale d'agriculture ou son représentant ;

b. Deux titulaires et deux suppléants représentant la fédération départementale des syndicats d'exploitants agricoles ;

c. Deux titulaires et deux suppléants représentant la fédération départementale des syndicats de la propriété agricole, dont un titulaire et un suppléant propriétaires de bois affiliés au syndicat départemental des propriétaires forestiers sylviculteurs ;

d. Trois titulaires et trois suppléants désignés par les organismes représentatifs des propriétaires d'immeubles bâtis du département à raison d'un titulaire et d'un suppléant choisis respectivement parmi les propriétaires de locaux d'habitation et les propriétaires d'établissements industriels situés dans le département ;

e. Deux titulaires et deux suppléants désignés par les organismes représentatifs des locataires dans le département.

A défaut de désignation par les fédérations ou syndicats départementaux mentionnés aux b et c du 4°, les représentants des exploitants et des propriétaires agricoles sont désignés d'office par la chambre départementale d'agriculture sur requête du directeur départemental ou, le cas échéant, régional des finances publiques.

Lorsqu'il existe plusieurs organismes représentatifs pour les propriétaires ou les locataires d'immeubles bâtis dans le département, et à défaut d'accord entre eux, les membres de la commission sont désignés par le préfet sur proposition de ces organismes.

Les membres non fonctionnaires de la commission sont nommés pour un an et leur mandat est renouvelable par tacite reconduction.

Le secrétariat de la commission est assuré par un inspecteur des finances publiques.

FB-III-54410

Art 121 quinquies DE La commission siège en deux formations spécialisées, respectivement, dans l'examen des coefficients d'actualisation des valeurs locatives des propriétés non bâties mentionnées à l'article 1518 du code général des impôts et dans celui des mêmes coefficients afférents aux propriétés bâties mentionnées à ce même article.

La formation compétente en matière d'actualisation des valeurs locatives des propriétés non bâties comprend, outre les membres fonctionnaires désignés aux 1° et 2° de l'article 121 quinquies DD et les représentants des collectivités locales ou de leurs groupements, le représentant de la chambre départementale d'agriculture ainsi que les représentants des fédérations départementales de syndicats d'exploitants et de propriétaires agricoles.

La formation compétente en matière d'actualisation des valeurs locatives des propriétés bâties mentionnées à l'article 1518 du code général des impôts rassemble, outre les fonctionnaires susvisés et les représentants des collectivités locales ou de leurs groupements, les membres désignés par les organismes représentatifs des propriétaires d'immeubles bâtis et des locataires.

FB-III-54410

Art 121 quinquies DF Chaque formation spécialisée de la commission se réunit sur la convocation du président. Elle peut désigner des rapporteurs et constituer des sous-commissions chargées d'examiner certaines questions spécifiques aux propriétés bâties ou non bâties.

La commission entend les fonctionnaires ainsi que toutes les personnalités dont elle désire connaître l'avis.

FB-III-54410

SECTION IV

Autres impositions

I. Redevance communale des mines

Art 121 sexies Pour l'application des dispositions de l'article 312 de l'annexe II au code général des impôts, les exploitants de mine sont tenus de faire parvenir chaque année à la préfecture, dans le courant de janvier, un relevé nominatif des ouvriers et employés occupés par eux à la date du 1er dudit mois, avec l'indication de la commune du domicile de chacun de ces ouvriers. Les relevés ainsi dressés sont communiqués aux maires des communes intéressées, qui doivent les renvoyer dans un délai de quinze jours, en y joignant leurs observations, s'il y a lieu. Ces relevés sont ensuite, après avis des services des mines et des impôts, rectifiés, éventuellement, et arrêtés définitivement par le préfet pour servir de base à la répartition afférente à l'année suivant celle au cours de laquelle ils ont été établis.

ASS-I-10340

CHAPITRE II

Contributions indirectes

Art 124 à 154 Comme indiqué dans l'avant-propos, les articles de ce chapitre ne sont pas reproduits dans le présent code.

TITRE PREMIER TER

IMPOSITIONS PERÇUES AU PROFIT DES REGIONS ET DE LA COLLECTIVITE TERRITORIALE DE CORSE

CHAPITRE UNIQUE

Impôts directs et taxes assimilées

SECTION I

Imposition forfaitaire sur les entreprises de réseaux

Art 155-0 bis **I.** Pour l'application des dispositions de l'article 1599 quater A du code général des impôts, sont considérés comme des engins à moteur thermique les matériels roulants qui circulent par combustion d'un carburant, à l'exclusion des engins mentionnés au III.

Les matériels roulants relevant de cette catégorie comprennent :

1° Les automoteurs qui sont les caisses motrices d'une rame indéformable à moteur thermique et qui peuvent accueillir des voyageurs ;

2° Les locomotives Diesel qui sont des matériels roulants à moteur thermique et qui ne peuvent pas accueillir de voyageurs ;

3° Les remorques pour le transport de voyageurs qui sont des matériels roulants non motorisés et qui peuvent accueillir des voyageurs ;

4° Pour le décompte des matériels roulants d'une rame indéformable à moteur thermique composée de trois caisses motrices ou plus, la rame est réputée composée de deux automoteurs et d'autant de remorques que de caisses, motorisées ou non motorisées, composant la rame et pouvant accueillir des voyageurs, à l'exclusion des deux caisses réputées automoteurs.

II. Pour l'application des dispositions de l'article 1599 quater A du code général des impôts, sont considérés comme des engins à moteur électrique les matériels roulants qui peuvent circuler par captation de courant électrique.

Les matériels roulants relevant de cette catégorie comprennent :

1° S'agissant des matériels à grande vitesse, les matériels pouvant circuler à une vitesse égale ou supérieure à 250 kilomètres par heure. Ces matériels sont composés des motrices et des remorques suivantes :

a. les motrices de matériel à grande vitesse qui sont des matériels roulants à moteur électrique, utilisés sur les lignes à grande vitesse et qui ne peuvent pas accueillir de voyageurs ;

b. les remorques pour le transport de voyageurs à grande vitesse qui sont des matériels roulants non motorisés, utilisés sur les lignes à grande vitesse et qui peuvent accueillir des voyageurs ;

c. pour le décompte des matériels roulants d'une rame indéformable à grande vitesse composée de trois caisses motrices ou plus, la rame est réputée composée de deux motrices et d'autant de remorques que de caisses, motorisées ou non motorisées, composant la rame et pouvant accueillir des voyageurs, à l'exclusion des deux caisses réputées motrices ;

2° S'agissant des matériels tram-trains, les matériels dont la vitesse limite est inférieure ou égale à 100 kilomètres par heure et qui sont aptes à circuler à la fois sur le réseau ferré national et sur les voies urbaines et ce dans le respect des différentes réglementations. Ces matériels sont composés des automotrices et des remorques suivantes :

a. les automotrices tram-trains qui sont des caisses motrices d'une rame indéformable apte à circuler à la fois sur le réseau ferré national et sur les voies urbaines et qui peuvent accueillir des voyageurs ;

b. les remorques tram-trains qui sont des matériels roulants non motorisés, aptes à circuler à la fois sur le réseau ferré national et sur les voies urbaines et qui peuvent accueillir des voyageurs ;

c. pour le décompte des matériels roulants d'une rame indéformable de type tram-train composée de trois caisses motrices ou plus, la rame est réputée composée de deux automotrices tram-trains et d'autant de remorques que de caisses, motorisées ou non motorisées, composant la rame et pouvant accueillir des voyageurs, à l'exclusion des deux caisses réputées automotrices ;

3° S'agissant des autres matériels :

a. les automotrices qui sont les caisses motrices d'une rame indéformable à moteur électrique et qui peuvent accueillir des voyageurs ;

b. les locomotives électriques qui sont des matériels roulants à moteur électrique et qui ne peuvent pas accueillir de voyageurs ;

c. les remorques pour le transport de voyageurs qui sont des matériels roulants non motorisés et qui peuvent accueillir des voyageurs ;

d. pour le décompte des matériels roulants d'une rame indéformable à moteur électrique composée de trois caisses motrices ou plus, la rame est réputée composée de deux automotrices et d'autant de remorques que de caisses, motorisées ou non motorisées, composant la rame et pouvant accueillir des voyageurs, à l'exclusion des deux caisses réputées automotrices.

III. Un engin à moteur pouvant circuler à la fois par combustion d'un carburant et par captation de courant électrique est considéré comme un engin à moteur électrique au sens du II.

ASS-I-22750

SECTION II

Autres impositions

Art 155 bis A Les tarifs de la taxe minière sur l'or en Guyane applicables en 2023 sont fixés comme suit :

CATEGORIES D'ENTREPRISES	PAR KILOGRAMME (extrait) (en euros)
Petites et moyennes entreprises	549,88
Autres entreprises	1 099,77

Ces tarifs ne comprennent pas les frais d'assiette et de recouvrement, de dégrèvement et de non-valeurs perçus au profit de l'Etat en application des articles 1641 et 1644 du code général des impôts.

DC-IV-8855

TITRE II

IMPOSITIONS PERÇUES AU PROFIT DE CERTAINS ETABLISSEMENTS PUBLICS ET D'ORGANISMES DIVERS

CHAPITRE 0I

Impôts directs et taxes assimilées

SECTION UNIQUE

Imposition forfaitaire sur les entreprises de réseaux

Art 155-00 ter Pour l'application des dispositions de l'article 1599 quater A bis du code général des impôts, sont considérés comme des matériels roulants relevant de la catégorie « Métro » les matériels roulants de transport public guidé de voyageurs qui circulent sur les lignes mentionnées aux articles L 2142-1 et L 2142-2 du code des transports et dont la captation d'énergie s'effectue par un système d'alimentation électrique par troisième rail.

Les matériels roulants relevant de cette catégorie comprennent :

1° Les motrices qui sont les caisses motrices d'une rame et qui accueillent des voyageurs ;

2° Les remorques qui sont des caisses non motorisées et qui accueillent des voyageurs.

ASS-I-23250 s.

Art 155-0 ter Pour l'application des dispositions de l'article 1599 quater A bis du code général des impôts, sont considérés comme des matériels roulants relevant de la catégorie « Autre matériel » les matériels roulants de transport public ferroviaire de voyageurs qui circulent sur les lignes du réseau express régional mentionnées à l'article L 2142-3 du code des transports.

Les matériels roulants relevant de cette catégorie comprennent :

1° Les automotrices et motrices qui sont les caisses motrices d'une rame et qui accueillent des voyageurs ;

2° Les remorques qui sont des caisses non motorisées et qui accueillent des voyageurs.

ASS-I-23250 s.

CHAPITRE II

Taxes sur le chiffre d'affaires et taxes diverses assimilées

SECTION I bis

Taxe sur les nuisances sonores aériennes

Art 158 Les tarifs de la taxe sur les nuisances sonores aériennes applicables sur les aérodromes relevant du premier groupe sont les suivants :

AERODROMES	TARIF (en euros)
Nantes-Atlantique	27,00
Paris-Charles de Gaulle	21,90
Paris-Le Bourget	71,90
Paris-Orly	26,60

Ndlr Tarifs applicables à compter du 1er avril 2022 (Arrêté TRAA2206275A du 24 mars 2022 art. 1 et 4). Il est toutefois rappelé que la taxe sur les nuisances sonores aériennes, qui était prévue par l'article 1609 quatervicies du CGI, a été transférée aux articles L 422-49 s. du CIBS depuis le 1er janvier 2022.

Art 159 Le tarif de la taxe sur les nuisances sonores aériennes applicable sur l'aérodrome relevant du deuxième groupe est le suivant :

AERODROMES	TARIF (en euros)
Toulouse-Blagnac	17,70

Ndlr Tarifs applicables à compter du 1er avril 2022 (Arrêté TRAA2206275A du 24 mars 2022 art. 2 et 4). Il est toutefois rappelé que la taxe sur les nuisances sonores aériennes, qui était prévue par l'article 1609 quatervicies du CGI, a été transférée aux articles L 422-49 s. du CIBS depuis le 1er janvier 2022.

Art 159 bis Les tarifs de la taxe sur les nuisances sonores aériennes applicables sur les aérodromes relevant du troisième groupe sont les suivants :

AERODROMES	TARIF (en euros)
Beauvais-Tillé	2,90
Bordeaux-Mérignac	4,45
Lille-Lesquin	0,80
Lyon-Saint Exupéry	0,00
Marseille-Provence	4,70
Nice-Côte d'Azur	0,50

Ndlr Tarifs applicables à compter du 1er avril 2022 (Arrêté TRAA2206275A du 24 mars 2022 art. 2 et 4). Il est toutefois rappelé que la taxe sur les nuisances sonores aériennes, qui était prévue par l'article 1609 quatervicies du CGI, a été transférée aux articles L 422-49 s. du CIBS depuis le 1er janvier 2022.

CHAPITRE III

Enregistrement

SECTION I

Fonds national de gestion des risques en agriculture

Art 159 quater Sont considérés comme véhicules utilitaires affectés aux exploitations agricoles, et à ce titre assujettis à la contribution additionnelle prévue au 1° de l'article L 361-2 du code rural et de la pêche maritime cité à l'article 1635 bis A du code général des impôts, les véhicules suivants assurés par des exploitants agricoles :

a. Les camions, camionnettes et fourgonnettes ;

b. Tous les engins automoteurs agricoles par destination, tels que tracteurs, moissonneuses-batteuses, récolteuses et leurs remorques, y compris les engins visés aux 5 à 5.4 de l'article R 311-1 du code de la route ;

c. Tout autre véhicule automoteur, à l'exception des voitures particulières, utilisé pour les besoins, même partiels, des exploitations agricoles.

ENR-XI-28010

TROISIEME PARTIE

DISPOSITIONS COMMUNES AUX PREMIERE ET DEUXIEME PARTIES

TITRE PREMIER

ASSIETTE ET CONTROLE DE L'IMPOT

CHAPITRE PREMIER

Obligations déclaratives

I. Déclaration des comptes financiers

Art 164 FB Les déclarations d'ouverture, de clôture ou de modification des comptes de toute nature et de location des coffres-forts incombent aux établissements, personnes physiques ou morales, qui gèrent ces comptes ou ces coffres-forts.

RM-VIII-7100 s.

Art 164 FC Les déclarations d'ouverture, de modification et de clôture de comptes et de location des coffres-forts visées à l'article 164 FB sont souscrites dans le mois suivant les ouvertures, modifications, clôtures et locations de coffres-forts de comptes auprès du centre de services informatiques compétent.

Ces déclarations font l'objet d'un traitement informatisé dénommé gestion du fichier des comptes bancaires et assimilés qui recense, sur support magnétique, l'existence des comptes et coffres-forts et porte à la connaissance des services autorisés à consulter ce fichier la liste de ceux qui sont détenus par une ou plusieurs personnes physiques ou morales.

Les informations ne peuvent être communiquées qu'aux personnes ou organismes bénéficiant d'une habilitation législative et dans la limite fixée par la loi. Des mesures techniques et organisationnelles en garantissent la sécurité, conformément à des normes technologiques élevées.

RM-VIII-7400 s., 7460

Art 164 FD Les déclarations d'ouverture, de clôture ou de modification de comptes et de location des coffres-forts mentionnées à l'article 164 FB doivent comporter les renseignements suivants :

La désignation et l'adresse de l'établissement qui gère ce compte ou ce coffre-fort ;

La désignation du compte ou du coffre-fort, numéro, et, s'il est différent, numéro international de compte bancaire (IBAN), nature, type et caractéristique ;

La date et la nature de l'opération déclarée : ouverture, clôture ou modification en distinguant si celle-ci affecte le compte lui-même ou son titulaire, éventuelle durée de location pour les coffres-forts ;

Pour les personnes physiques, les nom, prénoms, date et lieu de naissance, adresse du titulaire du compte ou du locataire du coffre-fort ainsi que les nom, prénom, date et lieu de naissance du ou des mandataires, le cas échéant et numéro Siret pour les entrepreneurs individuels ;

Par dérogation à l'alinéa précédent, pour les comptes bancaires exclusivement dédiés à une activité professionnelle à laquelle un patrimoine a été affecté par une personne conformément au statut d'entrepreneur individuel à responsabilité limitée défini aux articles L 526-6 à L 526-21 du code de commerce, la dénomination de l'EIRL, la forme juridique et l'adresse à laquelle l'activité professionnelle est exercée ;

Pour les personnes morales, leur dénomination ou raison sociale, forme juridique, numéro Siret et adresse ainsi que les nom, prénom, date et lieu de naissance du mandataire ou des mandataires et de leur bénéficiaire effectif au sens de l'article L 561-2-2 du code monétaire et financier.

RM-VIII-7300 s.

Art 164 FE Le droit d'accès aux informations figurant dans l'application FICOBA concernant le titulaire des comptes spécifiés s'exerce auprès de la Commission nationale de l'informatique et des libertés dans les conditions prévues à l'article 118 de la loi du 6 janvier 1978 modifiée, en application de l'article 52 de la loi précitée, sauf en ce qui concerne les données d'identification pour lequel le droit d'accès s'exerce auprès du centre des finances publiques du domicile du requérant.

Art 164 FF Il est satisfait aux obligations résultant des articles 164 FB à 164 FE par la communication des informations sur un support informatique ou par réseau ou par l'envoi des imprimés normalisés.

Les établissements n'assurant pas la gestion des comptes à l'aide d'un moyen informatique de traitement de l'information sont tenus d'en informer le centre de services informatiques avant tout envoi de déclaration à ce service.

RM-VIII-7440

Art 164 FG Le responsable du traitement mentionné à l'article 2 *(NDLR : de la loi 78-17 du 6 janvier 1978 relative à l'informatique, aux fichiers et aux libertés)* veille à ce que chaque accès aux informations traitées soit consigné dans des journaux. Ces journaux mentionnent notamment les éléments suivants :

1° La référence du compte consulté ;

2° La date et l'heure de la requête ou de la recherche ;

3° Les données utilisées pour lancer la requête ou la recherche ;

4° L'identifiant unique des résultats ;

5° Le nom de l'autorité compétente désignée qui a consulté le registre ;

6° L'identifiant d'utilisateur unique de l'agent qui a introduit la requête ou qui a effectué la recherche et, le cas échéant, celui de l'agent qui a ordonné la requête ou la recherche et, lorsqu'il est connu, l'identifiant d'utilisateur unique du destinataire des résultats de la requête ou de la recherche.

Ils sont uniquement utilisés pour veiller à la protection des informations qui font l'objet du traitement, notamment pour vérifier la recevabilité des demandes de consultation et la sécurité des données.

Ils sont protégés par des mesures appropriées empêchant tout accès non autorisé et sont effacés cinq ans après leur création, sauf s'ils sont nécessaires à des procédures de contrôle en cours.

Ils sont régulièrement contrôlés par le délégué à la protection des données.

Lorsque l'autorité mentionnée à l'article 8 de la loi n° 78-17 du 6 janvier 1978 relative à l'informatique, aux fichiers et aux libertés en fait la demande, ces journaux sont mis à sa disposition.

Le responsable du traitement mentionné ci-dessus prend des mesures appropriées pour que ses agents soient informés du droit de l'Union et des dispositions nationales applicables, notamment des règles applicables en matière de protection des données. Des programmes de formation spécialisés sont mis en œuvre à cette fin.

CHAPITRE I BIS

Centres de gestion agréés et associations agréées des professions libérales

SECTION II

Associations agréées des professions libérales

Art 164 F quatervicies Pour la mise en œuvre des recommandations relatives à l'amélioration de la connaissance des revenus adressées à leurs ressortissants par les ordres et organisations professionnels de membres de professions libérales en application de l'article 1649 quater F du code général des impôts et du 4° de l'article 371 Y de l'annexe II audit code, la clientèle est informée de la qualité d'adhérent d'une association agréée et de ses conséquences en ce qui concerne l'acceptation du paiement des honoraires par chèque, selon les modalités fixées par les articles 164 F quinvicies et 164 F sexvicies.

DC-II-16000 s.

Art 164 F quinvicies L'information mentionnée à l'article 164 F quatervicies s'opère conjointement :

1° Par apposition dans les locaux destinés à recevoir la clientèle d'un document écrit reproduisant de façon apparente le texte mentionné à l'article 164 F sexvicies et placé de manière à pouvoir être lu sans difficulté par cette clientèle ;

2° Par la reproduction dans la correspondance et sur les documents professionnels adressés ou remis aux clients du texte mentionné au 1° ; ce texte doit être placé de manière à n'engendrer aucune confusion avec les titres ou qualités universitaires et professionnels.

DC-II-16000 s.

Art 164 F sexvicies Le texte prévu à l'article 164 F quinvicies est le suivant :

1° Pour le document mentionné au 1° de cet article : « Membre d'une association agréée par l'administration fiscale, acceptant à ce titre le règlement des honoraires par chèques libellés à son nom » ;

2° Pour les correspondances et documents mentionnés au 2° du même article : « Membre d'une association agréée. Le règlement des honoraires par chèque est accepté. »

DC-II-16000 s.

Art 164 F septvicies Les associations agréées portent les obligations définies aux articles 164 F quinvicies et 164 F sexvicies à la connaissance de leurs adhérents. Ceux-ci doivent informer par écrit l'association agréée à laquelle ils appartiennent de l'exécution de ces obligations. L'association s'assure de leur exécution effective.

DC-II-16000 s.

Art 164 F octovicies En cas de manquements graves et répétés aux dispositions des articles 164 F quinvicies et 164 F septvicies, les adhérents sont exclus de l'association dans les conditions prévues à l'article 8 du décret n° 77-1519 du 31 décembre 1977.

DC-II-16000 s.

CHAPITRE III

Réglementation des machines à timbrer

I. Définitions

Art 164 L Sont désignés :

1° Sous le nom de « machines à timbrer », des appareils imprimant des empreintes qui sont destinées :

a. Soit à attester le paiement ou la constatation des droits en remplacement de timbres, vignettes ou marques dont l'apposition est prévue par la réglementation fiscale,

b. Soit à valider les titres de mouvement et autres documents de circulation prévus par les réglementations dont l'application incombe à l'administration des impôts ;

2° Sous le nom de « supports », les actes et écrits de toute nature soumis à un droit de timbre, les documents destinés à légitimer le transport des produits dont la circulation est soumise à formalité ainsi que les éléments de conditionnement de ces produits, sur lesquels sont apposées les empreintes des machines à timbrer.

II. Dispositions communes

A. Caractéristiques générales des machines

Art 164 M Sauf autorisation de l'administration des impôts, les empreintes fournies par les machines à timbrer doivent comporter exclusivement, selon une disposition fixée pour chacun des usages autorisés :

a. L'emblème, timbre, sigle ou indicatif officiel prescrit ;

b. Le numéro d'immatriculation attribué à chaque machine dans les conditions prévues à l'article 164 O ;

c. Ainsi qu'une ou plusieurs mentions particulières à l'usage autorisé et défini à l'article 71.

Les empreintes doivent être nettes, sans maculatures d'aucune sorte, ne jamais être recouvertes par des mentions manuscrites ou imprimées, ni ne jamais recouvrir de telles mentions.

Sous réserve des dispositions des articles 54 sexies à 54 nonies, elles doivent être imprimées à l'encre indélébile de couleur rouge.

Art 164 N Les machines à timbrer doivent être munies d'un dispositif de comptage qui totalise les valeurs exprimées par les empreintes apposées ou le nombre de ces empreintes.

Les organes de fonctionnement, à l'exception du dispositif de commande et d'encrage des clichés, doivent être enveloppés par un capot permettant d'assurer l'inviolabilité de ces organes par scellement.

Art 164 O Chaque machine à timbrer doit porter un numéro d'immatriculation composé du numéro d'identification du département d'utilisation et d'un numéro d'ordre qui est pris dans une série continue pour chaque catégorie d'usage autorisé et attribué par le service des impôts territorialement compétent.

Tout changement dans les conditions d'utilisation de la machine ou de l'identité de l'usager entraîne l'attribution d'un nouveau numéro d'immatriculation.

En cas de remplacement d'une machine à timbrer par une autre destinée au même usage, la seconde machine reçoit le numéro d'immatriculation attribué à la première.

B. Agrément des machines

Art 164 P La fabrication de machines à timbrer est subordonnée à l'agrément préalable d'un prototype par le ministre de l'économie, des finances et de l'industrie. Cet agrément ne peut être sollicité que par un constructeur installé en France, sauf dérogation résultant de conventions internationales.

Art 164 Q La demande d'agrément est adressée à l'administration des impôts.

Elle doit spécifier l'usage auquel l'appareil est destiné et être accompagnée d'une notice sur ses caractéristiques techniques.

L'administration statue sur la demande présentée après examen de l'appareil opéré conjointement par un de ses représentants et par le conseil technique de l'administration des postes et télécommunications.

Art 164 R L'agrément est accordé au constructeur à titre personnel et les droits et avantages qui s'y attachent ne peuvent être cédés sans l'accord de l'administration des impôts ou de l'administration des douanes.

Art 164 S Un spécimen complet de chaque machine agréée avec ses accessoires est déposé par le constructeur au centre national d'études des télécommunications (groupement de mécanisation postale). Ce dépôt ne donne lieu à aucune rétribution.

C. Autorisation de placer les machines chez les usagers

Art 164 T La concession au constructeur du droit de placer chez les usagers des machines du modèle agréé fait l'objet d'une convention entre ce constructeur et l'administration des impôts.

Art 164 U Le concessionnaire est tenu de satisfaire à toutes les demandes de location de machines formulées par les usagers de la France métropolitaine dûment autorisés à utiliser ces appareils par le service des impôts.

Aucune remise ou indemnité n'est allouée par l'administration au concessionnaire.

Art 164 V Les machines à timbrer mises à la disposition des usagers autorisés doivent appartenir en toute propriété au concessionnaire et ne peuvent être vendues.

La mise à disposition est opérée exclusivement, sous la forme d'un contrat de location qui est obligatoirement assorti de clauses par lesquelles le concessionnaire s'engage à assurer l'entretien du matériel pendant toute la durée de la location.

L'administration des impôts n'intervient pas dans la fixation des prix de location et des tarifs d'entretien, mais ces prix et tarifs doivent lui être notifiés par le concessionnaire à titre d'information.

Toutefois, en ce qui concerne les machines mentionnées aux articles 54 sexies à 54 nonies, l'administration des douanes et droits indirects peut, aux conditions qu'elle détermine, renoncer aux principes de mise à la disposition des usagers énoncés aux alinéas précédents, pour les parties des machines constituant les dispositifs de commande et non soumises à scellement d'inviolabilité.

D. Obligations des concessionnaires

Art 164 W Les machines à timbrer mises en service doivent, dans toutes leurs parties, être conformes aux modèles agréés dans les conditions prévues à l'article 164 Q.

Art 164 X Les concessionnaires sont tenus :

1° Au cours de la fabrication des appareils, de se soumettre à toutes vérifications et à tous essais auxquels l'administration des postes et télécommunications jugera utile de procéder, notamment en vue de s'assurer de la qualité des métaux employés dans la construction des divers organes de la machine (cémentation, trempe, etc.) ;

2° Avant la mise en service des machines à timbrer chez les usagers, de les présenter au centre national d'études des télécommunications (groupement de mécanisation postale) pour y être individuellement essayées, éprouvées et poinçonnées. Ce contrôle est signalé par l'apposition sur chaque machine d'un poinçon dateur (mois et année) conférant autorisation de mise en service dans un délai de deux ans. Il donne lieu à la délivrance d'un billet de contrôle sur lequel est indiqué le chiffre marqué par le compteur.

Art 164 Y Toute installation d'une machine à timbrer chez un usager ne peut avoir lieu qu'en présence d'un représentant du service des impôts, qui doit procéder au scellement du capot.

Art 164 Z Le concessionnaire doit immédiatement réparer sur place ou retirer du lieu d'utilisation et remplacer toute machine à timbrer dont le fonctionnement lui est signalé comme défectueux.

La réparation ou le retrait et le remplacement ne peuvent avoir lieu qu'en présence d'un représentant du service des impôts qualifié pour procéder aux opérations de descellement et de scellement du capot des appareils.

Avant d'être mise à nouveau en service, toute machine à timbrer ayant donné lieu à un retrait en vue de sa réparation est soumise aux formalités prévues au 2° de l'article 164 X.

Art 164 AA Le concessionnaire doit, sans pouvoir prétendre à une indemnité, procéder à l'enlèvement de toute machine à timbrer, lorsque l'administration des impôts, lui notifie la révocation de l'autorisation accordée à un usager. Les dispositions du deuxième alinéa de l'article 164 Z sont alors applicables.

Art 164 AB Sauf autorisation du ministre de l'économie, des finances et de l'industrie, il est interdit au concessionnaire :

De livrer des machines ou des pièces détachées en remplacement ou non d'une pièce déjà fournie ;

D'effectuer ou de tolérer que soient effectuées chez l'usager des réparations ayant une répercussion sur le mécanisme des compteurs ou sur celui d'apposition des empreintes ;

De modifier d'une façon quelconque une des parties du mécanisme des machines en service.

Art 164 AC En cas de modification, soit des modèles d'empreintes, soit des tarifs des droits qu'elles expriment, les concessionnaires sont tenus d'effectuer gratuitement le remplacement des clichés pour mettre les empreintes en concordance avec les nouveaux modèles ou les nouveaux tarifs.

E. Obligations des usagers

Art 164 AD Toute personne qui désire être autorisée à utiliser les machines à timbrer doit présenter toutes garanties d'honorabilité et de solvabilité et en faire la demande, sur un imprimé fourni par l'administration, au directeur des services fiscaux, du lieu d'utilisation, en précisant l'usage auquel est destinée la machine. Une demande séparée est faite par appareil.

Elle doit prendre l'engagement de ne pas rétrocéder à des tiers la ou les machines louées, de ne les utiliser que pour son usage personnel, de ne pas déplacer ou laisser déplacer les machines en dehors de l'établissement désigné comme lieu d'exploitation sans l'autorisation du service des impôts et de se conformer strictement aux règles en vigueur.

(Voir Annexe II, art. 289, 34°)

Art 164 AD bis Toute personne qui désire être autorisée à utiliser les machines à timbrer, au titre d'une activité soumise à la réglementation des contributions indirectes, et donc n'entrant pas dans le champ d'application de l'article 164 AD, doit présenter toutes garanties d'honorabilité et de solvabilité et en faire la demande, sur un imprimé fourni par l'administration, auprès de l'administration des douanes et droits indirects en précisant l'usage auquel est destinée la machine *(Voir Annexe II, art. 289, 49°).*

Une demande séparée est faite par appareil. Le demandeur doit être titulaire de l'autorisation d'employer des empreintes visée à l'article 54 A. Il doit prendre l'engagement de ne pas rétrocéder à des tiers la ou les marchines louées, de ne les utiliser que pour son usage personnel ou des personnes agréées et nommément désignées auprès de l'administration, de ne pas déplacer ou laisser déplacer les machines en dehors de l'établissement désigné comme lieu d'exploitation sans l'autorisation du service des douanes et droits indirects et de se conformer strictement aux règles en vigueur *(Voir Annexe II, art. 289, 50°).*

En cas d'utilisation collective, la personne autorisée doit être en mesure pour chaque utilisateur de préciser les nom, adresse et numéro d'agrément mentionné au quatrième alinéa de l'article 286 K de l'annexe II au code général des impôts, à toute réquisition du service. Ces utilisateurs doivent être titulaires de l'autorisation mentionnée à l'article 54 A pour employer les empreintes fiscales de la machine à timbrer mentionnée au premier alinéa du présent article à laquelle ils sont rattachés.

Art 164 AE Seront réputés non timbrés :

Les supports dont les empreintes auront été apposées par une personne non autorisée ;

Les supports qui auront été revêtus d'empreintes ne correspondant pas à leur nature ou à la quotité des droits dont ils sont passibles.

Art 164 AF L'usager ne peut effectuer, ni tolérer que soient effectuées à une machine en service des réparations ayant une répercussion sur le mécanisme des compteurs ou sur celui d'apposition des empreintes. Il ne peut modifier, d'une façon quelconque, aucune des parties du mécanisme ou des compteurs.

Toute machine dont le fonctionnement est devenu défectueux doit être immédiatement signalée au concessionnaire ainsi qu'au service des impôts, dont dépend l'usager.

Art 164 AG Toutes facilités doivent être données aux agents des impôts, pour inspecter les machines et pour relever les chiffres des compteurs, sans avis préalable.

A cette occasion, les agents visés au premier alinéa ont la faculté de procéder au descellement et au rescellement des machines. Ces interventions qui ne doivent comporter aucune action sur les mécanismes ou organes des appareils peuvent être opérées en l'absence d'un représentant du concessionnaire, la présence de l'utilisateur étant toujours requise.

F. Responsabilités attachées à l'utilisation des machines

Art 164 AH Les concessionnaires sont pécuniairement responsables, vis-à-vis de l'administration des impôts, du paiement des droits ou des pénalités exigibles sur les timbres fiscaux obtenus par les usagers à l'aide de machines à timbrer mises ou maintenues à leur disposition dans des conditions irrégulières.

Il en est de même, ainsi que le cas échéant à l'égard des cautions des utilisateurs, en cas de timbres fiscaux obtenus irrégulièrement par les usagers, par suite d'une imperfection technique de la machine.

Art 164 AI Les concessionnaires sont garants, envers l'administration des impôts, des dommages qui pourraient résulter de toutes revendications, saisies, poursuites ou autres actions judiciaires ou extrajudiciaires susceptibles d'être intentées par des tiers pour quelque motif que ce soit, notamment pour contrefaçon des systèmes d'organes ou pièces brevetées.

Art 164 AJ Les locataires de machines à timbrer sont pécuniairement responsables, vis-à-vis de l'administration des impôts, du paiement des droits ou des pénalités exigibles sur les timbres fiscaux qui auraient été obtenus par des tiers auxquels ils auraient rétrocédé ces machines.

Art 164 AK L'administration des impôts n'encourt aucune responsabilité en raison du non-fonctionnement ou du fonctionnement défectueux des machines louées par les concessionnaires.

G. Révocation des autorisations de placer et d'utiliser les machines

Art 164 AL Les autorisations accordées aux concessionnaires et aux usagers sont révocables de plein droit et sans indemnité :

1° Dans le cas de modifications apportées à la législation entraînant la suppression de l'usage des machines ;

2° Dans le cas de manquement grave à l'une des obligations indiquées aux articles 164 U à 164 AG ;

3° Dans le cas d'infraction fiscale de caractère frauduleux commise par les bénéficiaires.

H. Compétence des agents de la direction générale des douanes et des droits indirects

Art 164 AL bis Les dispositions prévues aux articles 164 L à 164 AL relatives aux machines à timbrer peuvent également être mises en œuvre par les agents de la direction générale des douanes et droits indirects.

CHAPITRE IV

Systèmes informatiques sécurisés et matériels de validation

Art 164 AM à 164 AX Comme indiqué dans l'avant-propos, ces articles ne sont pas reproduits dans le présent code.

TITRE II

DISPOSITIONS DIVERSES

SECTION I

Impôts directs et taxes assimilées

Art 165 **1.** Nonobstant toutes dispositions contraires, les établissements publics ayant un caractère industriel ou commercial sont passibles de tous les impôts directs et taxes assimilées applicables aux entreprises privées similaires.

Le même régime est appliqué à tous les organismes de l'Etat, des départements ou des communes ayant un caractère industriel ou commercial, s'ils bénéficient de l'autonomie financière, à l'exception, en ce qui concerne l'impôt sur les sociétés, des régies de services publics des départements, communes et syndicats de communes, qui sont exonérées de cet impôt.

2. S'ils ne bénéficient pas de l'autonomie financière, les organismes de l'Etat visés au 1 sont passibles de tous les impôts directs et taxes assimilées applicables aux entreprises privées similaires, à l'exception de l'impôt sur les sociétés, dont ils sont exonérés.

IS-I-8240 s. ; FNB-II-2650 s. ; FB-II-300 s. ; HAB-I-3400 s. ; CET-II-7160 s.

Art 166 **1.** Les établissements publics sans caractère industriel ou commercial sont, sous réserve des dispositions du 2, passibles de l'impôt sur les sociétés dans les conditions prévues au 5 de l'article 206 du code général des impôts.

Ils sont également passibles de la taxe foncière et des taxes annexes pour les immeubles leur appartenant, ainsi que de la taxe d'habitation pour les locaux meublés qu'ils occupent.

2. Sont exceptés des dispositions du 1 les établissements publics scientifiques, d'enseignement et d'assistance.

Sont, d'autre part, exonérés de l'impôt sur les sociétés, ainsi que de la taxe foncière et des taxes annexes, les immeubles nommément désignés au 1° de l'article 1382 et au 2° de l'article 1394 du code général des impôts, à l'exception des manufactures de l'Etat et des arsenaux.

IS-I-8240 s. ; FNB-II-120 s., 2670 s. ; FB-II-300 s. ; HAB-I-3400 s.

Art 167 **1.** Sont notamment soumis au régime prévu au 1 de l'article 165 :

Voies navigables de France ;

La caisse nationale du crédit agricole ;

Les chambres de commerce et d'industrie territoriales et ports autonomes ;

Le comité national interprofessionnel des viandes ;

(Devenu sans objet) ;

(Devenu sans objet) ;

Les régies municipales, intercommunales et départementales exploitant des services à caractère industriel et commercial.

2. Sont notamment soumis au régime prévu au 2 de l'article 165 :

Les manufactures nationales ;

La Monnaie de Paris ;

Les arsenaux, poudreries et usines mécaniques de l'Etat.

3. Sont notamment soumis au régime prévu au 1 de l'article 166 :

L'établissement national des invalides de la marine ;

La caisse des retraites des inscrits maritimes ;

La caisse des retraites des agents du service général ;

La caisse de prévoyance des marins français ;

La caisse générale de garantie des assurances sociales ;

La caisse de retraite des ouvriers mineurs ;

La caisse de compensation pour la décentralisation de l'industrie aéronautique ;

Les chambres d'agriculture ;

Les chambres de métiers et de l'artisanat ;

Les sections de l'office de répartition des produits industriels ;

L'Etablissement national des produits de l'agriculture et de la mer (FranceAgriMer) ;

L'office national des anciens combattants et victimes de guerre.

FNB-II-2650 s. ; FB-II-300 s. ; HAB-I-3400 s. ; IS-I-8240 s. ; CET-II-7160 s.

SECTION III

Enregistrement, publicité foncière et timbre

Art 169 Sont assimilés, au point de vue de la perception des droits d'enregistrement et de timbre, à ceux des entreprises privées les actes passés :

1° Par les établissements publics de l'Etat, des régions, des départements et des communes, à l'exception des établissements publics scientifiques, d'enseignement, d'assistance et de bienfaisance ;

2° Par les régies municipales, intercommunales, départementales et régionales exploitant des services à caractère industriel ou commercial.

Art 170 Entrent notamment dans les prévisions du deuxième alinéa du I de l'article 1040 du code général des impôts :

La caisse des dépôts et consignations ;

L'établissement national des invalides de la marine ;

La caisse des retraites des inscrits maritimes ;

La caisse des retraites des agents du service général ;

La caisse de prévoyance des marins français ;

La caisse autonome des retraites des ouvriers mineurs ;

La caisse générale de garantie des assurances sociales ;

La caisse de compensation pour la décentralisation de l'industrie aéronautique ;

Les chambres de commerce et d'industrie territoriales et ports autonomes ;

Les chambres d'agriculture ;

Les chambres de métiers et de l'artisanat ;

Le comité national interprofessionnel des viandes ;

(Devenu sans objet) ;

(Devenu sans objet) ;

Les sections de l'office central de répartition des produits industriels ;

L'office national des anciens combattants et victimes de guerre ;

Voies navigables de France ;

L'établissement national des produits de l'agriculture et de la mer (FranceAgriMer) ;

Les offices publics de l'habitat ;

Les régies municipales, intercommunales et départementales exploitant des services à caractère industriel ou commercial.

ENR-V-19290

SECTION IV

Dispositions communes

Octroi de certains agréments fiscaux

Art 170 ter L'avis conforme prévu à l'article 795 A du code général des impôts est délivré par le directeur départemental ou, le cas échéant, régional des finances publiques du département de situation du bien.

ENR-X-41500

Art 170 quinquies Il est statué sur les demandes d'agrément présentées pour l'application de l'article 1465 du code général des impôts :

1° Par le ministre chargé du budget, après avis du comité interministériel des aides à la localisation des activités institué par l'article 1er de l'arrêté du 10 juillet 1982 :

a. Pour les opérations concernant des programmes industriels prévoyant la réalisation de plus de 15 millions d'euros d'investissements hors taxes ou engagés par une personne morale mentionnée à l'article 344-0 A de l'annexe III au code général des impôts ;

b. Pour les créations et extensions de services de direction, d'études, d'ingénierie et d'informatique ;

c. Pour les opérations liées à celles mentionnées aux a et b ;

d. *(Abrogé).*

2° Dans les autres cas, par le directeur départemental ou, le cas échéant, régional des finances publiques du département au chef-lieu duquel est localisée la direction de contrôle fiscal dans le ressort de laquelle est situé l'établissement.

CET-II-113960

Art 170 sexies Il est statué sur les demandes d'agrément présentées pour l'application du II de l'article 209 du code général des impôts :

a. Par le ministre chargé du budget :

1° Lorsque la demande est présentée par une société tête de groupe au sens de l'article 223 A du code général des impôts ou par un établissement public industriel et commercial tête de groupe au sens de l'article 223 A bis du même code, à raison d'un déficit d'ensemble au sens de l'article 223 C ou sur une créance de report en arrière des déficits d'ensemble au sens de l'article 223 G, quel que soit leur montant ;

2° Ou, lorsque la demande est présentée par une personne morale mentionnée à l'article 344-0 A de l'annexe III au code général des impôts ;

3° Ou, lorsque la demande porte pour une même opération, sur des déficits dont le montant global est supérieur à 10 millions d'euros ;

4° Ou lorsque l'opération présente des difficultés particulières ou est évoquée par le ministre ;

b. Dans les autres cas, par le directeur départemental ou, le cas échéant, régional des finances publiques du département au chef-lieu duquel est localisée la direction de contrôle fiscal dans le ressort de laquelle l'entreprise a son siège.

IS-VI-17730 ; MF n° 39570

Art 170 septies H Il est statué par le directeur des services fiscaux du département au chef-lieu duquel est localisée la direction de contrôle fiscal dans le ressort de laquelle est situé le siège de l'organisme sur les demandes d'agrément présentées en application du 4 de l'article 238 bis du code général des impôts.

DC-III-1755

Art 170 octies Les compétences attribuées aux directeurs départementaux ou, le cas échéant, régionaux des finances publiques du département au chef-lieu duquel est localisée une direction de contrôle fiscal par les articles 170 quinquies, 170 sexies et 170 septies H sont exercées pour la région d'Ile-de-France par le directeur régional des finances publiques d'Ile-de-France et de Paris et dans les départements d'outre-mer par le directeur régional des finances publiques territorialement compétent.

CET-II-113980 ; DC-III-1720

Art 170 decies **I.** L'agrément prévu aux II quater et III de l'article 217 undecies du code général des impôts est délivré par le directeur départemental ou le directeur régional des finances publiques du département dans lequel le programme d'investissement est réalisé lorsque son montant total n'excède pas 10 millions d'euros, à l'exception du secteur du logement.

La décision est prise par le ministre du budget lorsque le programme d'investissement est d'un montant supérieur à 10 millions d'euros ou qu'il est réalisé dans plus d'un département d'outre-mer, à Saint-Martin, à Saint-Barthélemy, en Polynésie française, aux îles Wallis-et-Futuna, dans les Terres australes et antarctiques françaises, en Nouvelle-Calédonie ou à Saint-Pierre-et-Miquelon ou bien lorsque l'affaire est évoquée par le ministre.

I bis. Dans le secteur du logement, l'agrément prévu au 4 de l'article 199 undecies A, aux II quater et III de l'article 217 undecies et au VII de l'article 244 quater W du code général des impôts, est délivré par le directeur départemental ou le directeur régional des finances publiques du département dans lequel les logements sont réalisés, lorsque le montant total du programme immobilier est inférieur ou égal à 20 millions d'euros.

L'agrément est délivré par le ministre du budget lorsque ce montant est supérieur à 20 millions d'euros ou lorsque le programme immobilier est évoqué par le ministre.

I ter. Les montants mentionnés au I et au I bis s'apprécient toutes taxes, frais et commissions compris, par programme.

II. Les demandes d'agrément mentionnées au premier alinéa des I et I bis, sont adressées au directeur départemental ou au directeur régional des finances publiques du département où sera réalisé le programme d'investissement.

Les demandes d'agrément mentionnées au second alinéa du I et au second alinéa du I bis sont adressées à la direction générale des finances publiques.

III. Pour les programmes d'investissement placés sous le régime de la copropriété ou réalisés par l'une des sociétés ou groupements visés aux articles 8 ou 239 quater du code général des impôts, la demande d'agrément est faite par un représentant unique, promoteur de l'opération, gérant ou associé, qui doit remettre une copie de la décision obtenue aux investisseurs, copropriétaires ou associés.

IV. *(Abrogé).*

DC-IV-12650 s. ; MF n° 91870 précision b

SECTION V

Commissions administratives des impôts

Art 170 undecies En application du III de l'article 347 de l'annexe III au code général des impôts, si le président de la commission des impôts directs et des taxes sur le chiffre d'affaires instituée aux articles 1651 et suivants du code général des impôts le juge utile, le nombre de suppléants peut être augmenté :

1. Pour la ville de Paris :

a. Jusqu'à 150, en ce qui concerne les représentants des contribuables désignés par la chambre de commerce et d'industrie territoriale ;

b. Jusqu'à 50, en ce qui concerne les représentants des contribuables désignés par la chambre des métiers et de l'artisanat et par les organisations ou organismes professionnels regroupant les titulaires de revenus non commerciaux ;

2. Pour les départements de plus de 600 000 habitants dans le ressort du tribunal administratif dans les mêmes conditions qu'au 1, le nombre de suppléants peut être porté respectivement à 60 et à 30.

DC-VII-6020

LIVRE II

RECOUVREMENT DE L'IMPOT

CHAPITRE PREMIER

Paiement de l'impôt

SECTION I bis

Intérêts des bons de caisse

Art 188 B Sont soumis au régime fiscal prévu à l'article 1678 bis du code général des impôts, les intérêts des bons nominatifs, à ordre ou au porteur, comportant ou valant engagement de payer et délivrés en contrepartie d'un prêt, par les entreprises industrielles et commerciales et, quel que soit leur objet, par les personnes morales visées à l'article 108 de ce code.

Dans l'hypothèse où ces bons seraient cotés en bourse ou susceptibles de l'être, le régime susvisé leur demeurerait applicable si le paiement des intérêts n'avait pas lieu sur présentation ou remise de coupons ou d'instruments représentatifs de coupons.

N'entrent pas dans les prévisions du premier alinéa, dans le cas où le prêt a fait l'objet d'un contrat préalable, les écrits créés à seule fin de faciliter le recouvrement ou la mobilisation de la créance.

RM-IV-26100 s.

Art 188 C Les personnes morales visées à l'article 108 du code général des impôts versent l'impôt afférent aux intérêts des bons de caisse au service des impôts auquel doit parvenir leur déclaration de résultat ou, à défaut d'une telle déclaration, au service des impôts dont relève leur siège social.

RM-IV-26680

Art 188 D L'impôt frappant les intérêts payés au cours de chaque mois est acquitté dans les quinze premiers jours du mois suivant.

RM-IV-26680

Art 188 E Les entreprises qui assurent le paiement des intérêts des bons de caisse sont tenues de souscrire la déclaration visée au 1 de l'article 242 ter du code général des impôts.

Art 188 F Les entreprises doivent fournir, au moment du paiement de l'impôt, toutes les précisions nécessaires sur les caractéristiques de chaque catégorie de bons émis, sur le montant de l'intérêt stipulé et sur les époques et le mode de paiement de cet intérêt.

SECTION I ter

Retenue à la source sur les dividendes et les revenus assimilés des actions et parts sociales des sociétés françaises

Art 188-0 H La retenue à la source prévue au 2 de l'article 119 bis du code général des impôts est versée au service des impôts auquel doit parvenir la déclaration de résultat du redevable ou, à défaut d'une telle déclaration, au service des impôts dont relève son siège social.

RM-III-8110

Art 188 H **1.** La retenue opérée par les agences ou succursales des établissements de crédit ou des entreprises fait l'objet de versements globaux. L'organisme centralisateur dresse et conserve pour chaque versement un état faisant apparaître le montant des sommes versées pour le compte de chacune des agences ou succursales. Les liasses visées au 3 de l'article 17 A sont conservées soit par l'organisme centralisateur, soit par l'agence ou succursale.

2. *(Abrogé).*

RM-III-7820

SECTION I quater

Prélèvement sur les produits de placements à revenu fixe

Art 188-0 I **I.** Le prélèvement sur les produits de placements à revenu fixe prévu à l'article 125 A du code général des impôts est versé au service des impôts auquel doit parvenir la déclaration de résultat du redevable ou, à défaut d'une telle déclaration, au service des impôts dont il relève, lorsqu'il est dû à raison de revenus, produits et gains mentionnés aux articles 125-0 A et 125 A du code précité.

II. Le prélèvement mentionné au I dû à raison des revenus, produits et gains visés aux I et II de l'article 125 D du code général des impôts est versé :

1° A la recette des impôts des non-résidents de la direction des impôts des non-résidents, lorsqu'il est acquitté par la personne qui assure le paiement desdits revenus, produits et gains et qu'elle est mandatée à cet effet par le contribuable ;

2° Au service des impôts du domicile du contribuable, lorsque ce dernier effectue lui-même le paiement dudit prélèvement.

III. *(Abrogé).*

RM-IV-1220 s.

Art 188 I Le prélèvement opéré par les agences et succursales des établissements de crédit, par les caisses publiques et par les caisses d'épargne ou par les succursales des entreprises fait l'objet de versements globaux dans les conditions prévues à l'article 188 H.

Ces dispositions ne sont pas applicables au prélèvement dû à raison des revenus, produits et gains mentionnés à l'article 125 D du code général des impôts.

RM-IV-1220 s.

Art 188 J Le service des impôts compétent pour recouvrer l'impôt mentionné à l'article 381 K de l'annexe III au code général des impôts est le service des impôts auquel doit parvenir la déclaration de résultat ou, à défaut d'une telle déclaration, au service des impôts dont relève le siège social de la collectivité émettrice.

RM-IV-6700 s.

Art 188 K Le prélèvement prévu à l'article 117 quater du code général des impôts est versé :

1° A la recette des impôts des non-résidents de la direction des impôts des non-résidents, lorsqu'il est opéré par la personne mentionnée au b du III de l'article 117 quater précité et mandatée par le contribuable à cet effet ;

2° Au service des impôts auquel doit parvenir la déclaration de résultat de la personne mentionnée au II de l'article 117 quater précité ou, à défaut d'une telle déclaration, au service des impôts dont relève son siège social, lorsque le prélèvement est opéré par cette personne ;

3° Au service des impôts du domicile du contribuable, lorsque ce dernier effectue lui-même le paiement dudit prélèvement.

RM-III-750, 930, 940, 980

Art 188 L Le prélèvement prévu à l'article 117 quater du code général des impôts opéré par les agences et succursales des établissements de crédit, par les caisses publiques, par les caisses d'épargne et par les entreprises fait l'objet de versements globaux dans les conditions prévues à l'article 188 H.

Ces dispositions ne sont pas applicables lorsque le prélèvement est acquitté dans les conditions du III de l'article 117 quater précité.

RM-III-780

SECTION II

Taxes sur le chiffre d'affaires et taxes assimilées

Art 189 Pour l'application des articles 1692 à 1696 du code général des impôts, le redevable peut, sauf disposition contraire, se libérer soit en numéraire, soit au moyen de chèque bancaire ou postal suivant les modalités fixées aux articles 199 à 204, soit par virement opéré au compte de chèques postaux du receveur des impôts compétent.

Il peut également se libérer au moyen d'un mandat compte émis au profit de ce même receveur.

RIE-IV-12650

Art 190 I. Pour l'application du II de l'article 283 bis et du II de l'article 293 A ter du code général des impôts, le signalement effectué par l'administration auprès de l'opérateur de plateforme en ligne comprend les informations suivantes :

1° Les éléments d'identification de l'assujetti concerné par le signalement, définis au II du présent article ;

2° Une description des obligations fiscales pour lesquelles la défaillance de l'assujetti est présumée par l'administration ;

3° Les périodes concernées par la défaillance présumée de l'assujetti ;

4° Les mesures à mettre en œuvre par l'opérateur de plateforme en ligne, définies au III du présent article ;

5° Une information sur les conséquences en matière de responsabilité solidaire pour l'opérateur de plateforme en ligne en cas d'absence de mise en œuvre de ces mesures.

II. Les éléments d'identification de l'assujetti prévus au 1° du I comprennent, s'ils sont connus de l'administration :

1° Sa raison sociale ;

2° Son nom commercial ou son nom d'utilisateur tel que communiqué sur la plateforme en ligne ;

3° Son identifiant fourni par l'opérateur de plateforme en ligne ;

4° Son lieu d'établissement à la date du signalement ;

5° Son numéro de taxe sur la valeur ajoutée intracommunautaire ou, s'il en est dépourvu, ses numéros d'identité définis à l'article R 123-221 du code de commerce ou, pour une entreprise non résidente, son numéro d'immatriculation auprès de l'administration fiscale de son pays de résidence.

III. Les mesures à mettre en œuvre par l'opérateur de plateforme en ligne prévues au 4° du I sont :

1° Un rappel de l'information fournie au titre du 1° de l'article 242 bis du code général des impôts ;

2° Une demande à l'assujetti de prendre contact avec l'administration en vue de régulariser sa situation fiscale ;

3° Le cas échéant, une demande à l'assujetti de fournir son numéro de taxe sur la valeur ajoutée intracommunautaire ;

4° Le cas échéant, une vérification de la validité du numéro de taxe sur la valeur ajoutée intracommunautaire de l'assujetti et, en cas d'invalidité de ce numéro, une demande à l'assujetti de régulariser sa situation ;

5° Le cas échéant, une demande à l'assujetti de désigner un représentant fiscal en France en application de l'article 289 A du code général des impôts.

En complément des mesures précédentes, l'opérateur de plateforme en ligne peut prendre toute autre mesure qu'il estime utile.

RIE-IV-10550 s. ; MF n° 54060

Art 191 A compter de la réception du signalement effectué par l'administration en application du II de l'article 283 bis ou du II de l'article 293 A ter du code général des impôts, l'opérateur de plateforme en ligne dispose d'un délai d'un mois pour notifier à l'administration les mesures mises en œuvre à la suite à ce signalement.

Cette notification comprend les informations suivantes :

1° Les éléments d'identification de l'assujetti, prévus au II de l'article 190, qui ne sont pas connus de l'administration et dont dispose l'opérateur de plateforme ;

2° La nature des mesures mises en œuvre ;

3° La date à laquelle ces mesures ont été mises en œuvre ;

4° Tout élément permettant de démontrer que les mesures ont été effectivement mises en œuvre par l'opérateur de plateforme en ligne ;

5° Le cas échéant, tout élément à la disposition de l'opérateur de plateforme en ligne susceptible de permettre à l'administration de vérifier que l'assujetti a régularisé sa situation.

RIE-IV-10550 s. ; MF n° 54060

Art 192 **I.** Pour l'application du III de l'article 283 bis et du III de l'article 293 A ter du code général des impôts, la mise en demeure effectuée par l'administration auprès de l'opérateur de plateforme en ligne comprend les informations suivantes :

1° La date et la référence du signalement effectué en application du II de l'article 283 bis ou du II de l'article 293 A ter du code précité ;

2° Une description des motifs pour lesquels la présomption de défaillance de l'assujetti persiste ;

3° Les mesures supplémentaires à mettre en œuvre par l'opérateur de plateforme en ligne ou la demande d'exclusion de l'assujetti ;

4° Une information sur les conséquences en matière de responsabilité solidaire pour l'opérateur de plateforme en ligne en cas d'absence de mise en œuvre de ces mesures supplémentaires ou d'exclusion de l'assujetti.

II. Les mesures supplémentaires prévues au 3° du I sont :

1° Toutes mesures prévues au III de l'article 190 ;

2° Toute mesure permettant de suspendre l'activité de l'assujetti concerné en lien avec des transactions imposables à la taxe sur la valeur ajoutée en France.

RIE-IV-10550 s. ; MF n° 54060

Art 192 bis A compter de la réception de la mise en demeure effectuée par l'administration en application du III de l'article 283 bis ou du III de l'article 293 A ter du code général des impôts, l'opérateur de plateforme en ligne dispose d'un délai d'un mois pour notifier à l'administration la mise en œuvre des mesures supplémentaires définies au II de l'article 192 ou l'exclusion de l'assujetti.

Cette notification comprend les informations suivantes :

1° La nature des mesures supplémentaires mises en œuvre ;

2° La date à laquelle ces mesures supplémentaires ont été mises en œuvre ou la date à laquelle l'exclusion est effective ;

3° Tout élément permettant de démontrer que les mesures supplémentaires ou l'exclusion de l'assujetti concerné ont été effectivement mises en œuvre ;

4° Le cas échéant, tout élément à la disposition de l'opérateur de plateforme en ligne susceptible de permettre à l'administration de vérifier que l'assujetti a régularisé sa situation.

RIE-IV-10550 s. ; MF n° 54060

SECTION III

Contributions indirectes

Art 193 Comme indiqué dans l'avant-propos, l'article de cette section n'est pas reproduit dans le présent code.

SECTION IV

Enregistrement, publicité foncière et timbre

1. Taxe spéciale sur les conventions d'assurances

Art 196 A A l'appui de chacun des versements mensuels effectués au titre de la taxe sur les conventions d'assurances, les assureurs doivent fournir une déclaration rédigée sur des formules mises à leur disposition par l'administration.

ENR-XI-25870

4. Recouvrement des droits et taxes exigibles en cas de caducité du régime fiscal de faveur appliqué à des mutations à titre onéreux de terrains à bâtir et d'immeubles assimilés

Art 198 quinquies Le recouvrement des droits et taxes d'enregistrement, des taxes assimilées, ainsi que de la taxe hypothécaire ou de la taxe de publicité foncière exigibles en cas de caducité du régime fiscal de faveur appliqué à des mutations à titre onéreux de terrains à bâtir et d'immeubles assimilés, est confié au comptable des impôts chargé du bureau dans le ressort duquel lesdits terrains et immeubles sont situés.

6. Recouvrement du produit provenant des locations et des cessions d'immeubles domaniaux bâtis

Art 198 septies Les receveurs des impôts sont chargés de recouvrer les produits (y compris les charges et taxes correspondantes) provenant des locations des immeubles domaniaux bâtis ainsi que ceux provenant de la cession d'immeubles réalisée conformément aux articles R 3211-32 du code général de la propriété des personnes publiques et 6 du décret n° 2011-1612 du 22 novembre 2011.

7. Dispositions communes aux impositions ayant le permis de construire pour fait générateur

Art 198 octies La fiche de liquidation des impositions dont la délivrance du permis de construire constitue le fait générateur est transmise par l'autorité administrative au trésorier-payeur général et au titulaire du permis de construire.

Une fiche modificative est également transmise en cas de modification apportée au permis de construire ou à l'autorisation tacite de construire lorsque cette modification a une incidence sur l'assiette d'une taxe.

IMMO-V-46770, 46860 s.

SECTION V

Dispositions communes

1° Date limite de paiement ou de prélèvement

Art 199-0 Lorsque la date limite de paiement ou de prélèvement des impôts, droits, taxes et redevances prévus dans le code général des impôts coïncide avec un samedi, un dimanche ou un jour férié, celle-ci est prorogée jusqu'au premier jour ouvrable suivant.

REC-II-320 ; MF n° 76650

2° Paiement par chèques

Art 199 Sous réserve des dispositions spéciales prévues aux articles suivants et de toutes autres mesures que pourrait prescrire l'administration, le paiement des droits, taxes, redevances, soultes, produits des monopoles et autres sommes dues au Trésor peut être fait au moyen de chèques.

REC-III-900

Art 200 Les chèques sont remis directement ou adressés par La Poste au comptable chargé du recouvrement ; ils sont datés du jour ou de la veille de leur remise et, s'ils sont transmis par La Poste, du jour même de leur expédition.

REC-III-990

Art 201 Les chèques doivent être émis à l'ordre du Trésor public et barrés.

Faute de se conformer à ces prescriptions les redevables s'exposent aux conséquences de droit qui peuvent résulter d'un encaissement frauduleux.

REC-III-1010

Art 202 En cas d'envoi par la poste, les chèques sont accompagnés des actes, déclarations, avis d'imposition, sommations ou de toutes autres pièces nécessaires à la liquidation de l'impôt ou à l'imputation du versement.

REC-III-1020

Art 204 En échange du chèque, le comptable délivre, s'il y a lieu, un reçu, sous forme de quittance ou d'extrait de quittance, d'ampliation de titre de mouvement ou de facture, suivant le cas.

La mention que le versement est fait en un chèque doit être portée au volant comme au talon de la pièce délivrée.

REC-III-5765

CHAPITRE I BIS A

Sûretés et privilèges

Publicité du privilège du Trésor

Art 207 sexies Par application du 10 de l'article 396 bis de l'annexe II au code général des impôts, le contenu des bordereaux d'inscription, attestations de contestation, attestations de paiement de certificats de subrogation prévus aux 3, 5, 6 et 7 de cet article est fixé conformément aux modèles annexés à l'arrêté du 17 avril 2007 (JO du 19 avril 2007).

REC-IV-3825, 4505, 4675

CHAPITRE III

Compétence des fonctionnaires de la direction générale des finances publiques ou de la direction générale des douanes et droits indirects

Art 212 **I.** Les délégations de signature accordées sur le fondement de l'article 408 de l'annexe II au code général des impôts peuvent habiliter l'ensemble des agents :

1° A prendre, en matière contentieuse, des décisions de décharge, réduction, restitution ou rejet ;

2° A prendre, en matière gracieuse, des décisions de remise, modération, transaction ou rejet ;

3° A statuer sur les demandes de dégrèvement de taxe foncière pour pertes de récoltes ;

4° A signer les documents nécessaires à l'exécution comptable des décisions gracieuses et contentieuses ;

5° A accorder les prorogations de délai prévues aux IV et IV bis de l'article 1594-0 G du code général des impôts.

II. Les agents exerçant leurs fonctions dans les services de direction peuvent en outre recevoir une délégation de signature à l'effet :

1° De présenter devant les juridictions administratives ou judiciaires des requêtes, mémoires, conclusions ou observations ;

2° De statuer sur les contestations relatives au recouvrement prévues par les articles L 281 et L 283 du livre des procédures fiscales ;

3° De statuer sur les demandes de décharge de responsabilité solidaire présentées en application de l'article 1691 bis du code général des impôts ou de l'article L 247 du livre des procédures fiscales.

REC-IV-13874, 13937-a

CONT-III-15670 ; CONT-IV-1780 ; CONT-VIII-1760 ; CONT-IX-4650 ; REC-VI-4008, 7900, 9284

Art 213 I. Les directeurs mentionnés au I de l'article 408 de l'annexe II au code général des impôts relevant de la direction générale des finances publiques peuvent déléguer leur signature :

1° Aux agents exerçant leurs fonctions dans les services de direction, dans des limites qu'ils fixent eux-mêmes, à l'effet de prendre l'ensemble des actes et décisions mentionnés à l'article 212 ;

2° Aux autres agents, à l'effet de prendre :

a. Les décisions mentionnées aux 1° et 2° du I de l'article 212, dans la limite de 76 000 € pour les cadres ayant au moins le grade d'administrateur des finances publiques et de 60 000 € pour les autres agents de catégorie A titulaires d'un grade supérieur à celui d'inspecteur des finances publiques, dans la limite de 15 000 € pour les inspecteurs des finances publiques, dans la limite de 10 000 € pour les agents de catégorie B et dans la limite de 2 000 € pour les agents de catégorie C ;

b. Sans limitation de montant, les actes et décisions mentionnés aux 3°, 4° et 5° du I de l'article 212.

II. Les directeurs mentionnés au I de l'article 408 de l'annexe II au code général des impôts relevant de la direction générale des douanes et droits indirects peuvent déléguer leur signature :

1° Aux agents de catégories A et B exerçant leurs fonctions dans les services de direction, dans des limites qu'ils fixent eux-mêmes, à l'effet de prendre l'ensemble des actes et décisions mentionnés aux 1°, 2° et 4° du I et au II de l'article 212 ;

2° Aux autres agents, à l'effet de prendre les actes et décisions mentionnées aux 1°, 2° et 4° du I de l'article 212 :

a. Dans les limites qu'ils fixent eux-mêmes pour les agents de catégorie A titulaires d'un grade supérieur à celui d'inspecteur des douanes ;

b. Dans la limite de 40 000 € pour les inspecteurs des douanes placés sous leur autorité ;

c. Dans la limite de 30 000 € pour les agents de catégorie B placés sous leur autorité ;

d. Dans la limite de 20 000 € pour les agents de catégorie C placés sous leur autorité.

CONT-III-15670 ; CONT-IV-1780 ; CONT-VIII-1760 ; CONT-IX-4650 ; REC-VI-4008, 7900, 9284

Art 214 I. 1° Bénéficient de la délégation automatique de signature prévue au III de l'article 408 de l'annexe II au code général des impôts les agents de la direction générale des finances publiques exerçant les fonctions de responsable d'un service opérationnel rattaché, selon le cas, à une direction départementale des finances publiques ou à une direction spécialisée en matière de contrôle fiscal :

a. Dans la limite de 76 000 € pour les agents ayant au moins le grade d'administrateur des finances publiques et de 60 000 € pour les autres cadres, s'agissant des décisions mentionnées aux 1° et 2° du I de l'article 212 ;

b. Dans la limite de 100 000 €, s'agissant des demandes de remboursement de crédit de taxe sur la valeur ajoutée ;

c. Quel que soit le montant, s'agissant des demandes de plafonnement en fonction de la valeur ajoutée de contribution économique territoriale présentées par une entreprise dont tous les établissements sont situés dans le ressort territorial d'un service des impôts des entreprises et des actes et demandes mentionnés aux 3°, 4° et 5° du I de l'article 212.

2° Lorsque plusieurs services sont regroupés sur un même site, la délégation de signature dont disposent, en application du 1°, les responsables de service est étendue au ressort territorial de l'ensemble des services de ce site.

II. Bénéficient de la délégation automatique de signature prévue au troisième alinéa du III de l'article 408 de l'annexe II au code général des impôts les directeurs régionaux et les chefs des services spécialisés des douanes et droits indirects, à l'effet de prendre l'ensemble des actes et décisions mentionnés aux 1°, 2° et 4° du I et au II de l'article 212, dans les limites de la compétence du directeur mentionné au I de l'article 408 de l'annexe II au code général des impôts.

III. Par acte publié dans les conditions prévues au V de l'article 408 de l'annexe II au code général des impôts, le directeur mentionné au I de ce même article peut, en tant que de besoin, en excluant certaines affaires ou en fixant des plafonds inférieurs à ceux prévus au présent article, réduire l'étendue de la délégation dont bénéficient les responsables placés sous son autorité telle qu'elle résulte du I ou du II.

IV. Par acte publié dans les conditions prévues au V de l'article 408 de l'annexe II au code général des impôts, les directeurs régionaux ou départementaux des finances publiques peuvent, en tant que de besoin, relever jusqu'à 100 000 € le plafond de la délégation de signature prévue au 1° du I dont bénéficient les responsables de service placés sous leur autorité en ce qui concerne les demandes de remboursement de crédit d'impôt.

CONT-III-15670 ; CONT-IV-1780 ; CONT-VIII-1760 ; CONT-IX-4650

Art 215 I. 1. Les responsables de service mentionnés au I de l'article 214 peuvent subdéléguer la signature du directeur à l'effet de prendre les décisions et actes mentionnés au I de l'article 212 :

1° A leurs adjoints, quel que soit leur grade, dans les limites qu'ils fixent eux-mêmes, sans toutefois pouvoir excéder la délégation dont ils disposent ;

2° Aux autres agents de catégorie A placés sous leur autorité, dans la limite de 15 000 € ;

3° Aux autres agents de catégorie B placés sous leur autorité, dans la limite de 10 000 € ;

4° Aux agents de catégorie C placés sous leur autorité, dans la limite de 2 000 €.

2. Les directeurs régionaux et les chefs des services spécialisés des douanes et droits indirects, mentionnés au II de l'article 214, peuvent subdéléguer la signature du directeur mentionné au I de l'article 408 de l'annexe II au code général des impôts :

1° Aux agents de catégories A et B exerçant leurs fonctions dans les services de direction, dans des limites qu'ils fixent eux-mêmes, à l'effet de prendre l'ensemble des actes et décisions mentionnés aux 1°, 2° et 4° du I et au II de l'article 212, sans toutefois pouvoir excéder la délégation dont ils disposent ;

2° Aux autres agents, à l'effet de prendre les actes et décisions mentionnées aux 1°, 2° et 4° du I de l'article 212 :

a. Dans les limites qu'ils fixent eux-mêmes, sans toutefois pouvoir excéder la délégation dont ils disposent, pour les agents de catégorie A titulaires d'un grade supérieur à celui d'inspecteur des douanes ;

b. Dans la limite de 40 000 € pour les inspecteurs des douanes placés sous leur autorité ;

c. Dans la limite de 30 000 € pour les agents de catégorie B placés sous leur autorité ;

d. Dans la limite de 20 000 € pour les agents de catégorie C placés sous leur autorité.

II. Par acte publié dans les conditions prévues au V de l'article 408 de l'annexe II au code général des impôts, le directeur mentionné au I de ce même article peut, en tant que de besoin, réduire l'étendue des délégations que peuvent donner les responsables de service mentionnés au I de l'article 214, ainsi que les directeurs régionaux et les chefs des services spécialisés, mentionnés au II de cet article, telle qu'elle résulte du I du présent article.

Le directeur mentionné au I de l'article 408 précité peut en outre s'opposer à l'octroi de délégations, en limiter l'étendue ou les retirer en tout ou partie.

CONT-III-15670 ; CONT-IV-1780 ; CONT-VIII-1760 ; CONT-IX-4650

Art 216 Le montant à prendre en compte pour déterminer si une décision entre dans les limites de la délégation dont bénéficie un agent, en application des articles 213, 214, 215 ou 218, est celui sur lequel porte la demande de l'usager ou celui du dégrèvement s'agissant des décisions prises d'office.

En matière contentieuse, ce montant s'apprécie en distinguant les droits des pénalités, par impôt, puis par cote, année, exercice ou affaire.

En matière gracieuse, ce montant s'apprécie en faisant masse des droits et des pénalités, par impôt, puis par cote, année, exercice ou affaire.

S'agissant des demandes portant sur les frais de poursuite prévus à l'article 1912 du code général des impôts et des demandes portant sur les intérêts moratoires prévus à l'article L 209 du livre des procédures fiscales, le seuil de compétence de l'agent délégataire s'apprécie au regard du montant de l'affaire.

En cas d'erreur manifeste commise par le contribuable lors de l'établissement de sa déclaration ou par le service lors de l'intégration d'une déclaration dans le système d'informations de l'administration, les agents de catégories A et B peuvent prononcer le dégrèvement contentieux correspondant, quel que soit son montant.

Art 217 I. Un agent délégataire relevant de la direction générale des finances publiques ne peut statuer :

a. Sur une demande pour laquelle les services de direction ou ceux de l'administration centrale doivent être consultés ou sont déjà saisis ;

b. Sur une demande portant sur une imposition dont il est lui-même redevable ou qui est due par un descendant, un ascendant, un parent collatéral, son conjoint ou une personne avec laquelle il est lié par un pacte civil de solidarité ou vit en concubinage ;

c. Sur une demande portant sur une imposition dont est redevable un autre agent appartenant au même service que le sien, sauf dans le cas où il exerce lui-même les fonctions de responsable dudit service ;

d. Sur une demande qui porte sur une imposition consécutive à une proposition de rectification qu'il a signée ou sur laquelle il a apposé son visa ;

e. Sur une demande contentieuse qui porte sur une imposition faisant suite à une procédure de contrôle dont il a eu à connaître dans le cadre d'un recours hiérarchique, de premier ou de deuxième niveau, ou en visant le rapport à la commission des impôts directs et des taxes sur le chiffre d'affaires, à la Commission nationale des impôts directs et des taxes sur le chiffre d'affaires ou à la commission départementale de conciliation, prévues respectivement aux articles 1651, 1651 H et 1653 A du code général des impôts.

II. Un agent délégataire relevant de la direction générale des douanes et droits indirects ne peut statuer :

a. Sur une demande pour laquelle les services de direction ou ceux de l'administration centrale doivent être consultés ou sont déjà saisis ;

b. Sur une demande portant sur une imposition dont il est lui-même redevable ou qui est due par un descendant, un ascendant, un parent collatéral, son conjoint ou une personne avec laquelle il est lié par un pacte civil de solidarité ou vit en concubinage ;

c. Sur une demande portant sur une imposition dont est redevable un autre agent appartenant au même service que le sien, sauf dans le cas où il exerce lui-même les fonctions de responsable dudit service.

CONT-VIII-1760 ; CONT-IX-4650

Art 218 I. Par dérogation à l'article 213, le directeur chargé de la direction des grandes entreprises peut donner délégation à l'effet de signer en son nom les décisions contentieuses de décharge, réduction, restitution ou rejet ainsi que les documents d'exécution correspondants :

a. Aux inspecteurs divisionnaires responsables d'un service interlocuteur fiscal unique, dans la limite de 8 millions d'euros ;

b. Aux inspecteurs appartenant à un service interlocuteur fiscal unique, dans la limite de 1,5 million d'euros ;

c. Aux contrôleurs appartenant à un service interlocuteur fiscal unique, dans la limite de 500 000 €.

II. Par dérogation aux dispositions des articles 212 et 213, le directeur chargé de la direction des grandes entreprises peut donner délégation, dans les limites qu'il fixe lui-même, à l'effet de signer en son nom :

a. Les décisions prises sur les contestations relatives au recouvrement prévues par les articles L 281 et L 283 du livre des procédures fiscales ainsi que les requêtes, mémoires, conclusions ou observations adressés aux juridictions dans les litiges afférents à ces contestations, au comptable secondaire, à son adjoint ainsi qu'aux autres agents de catégorie A titulaires d'un grade supérieur à celui d'inspecteur des finances publiques et placées sous l'autorité hiérarchique du comptable secondaire ;

REC-VI-4012

b. Les décisions gracieuses de rejet, remise, modération ou transaction ainsi que les documents d'exécution comptable correspondants, au comptable secondaire et à son adjoint.

CONT-III-15670 ; CONT-IV-1780 ; CONT-VIII-1760 ; CONT-IX-4650

REC-VI-4012

Art 219 I. Par dérogation aux dispositions de l'article 213, le directeur chargé de la direction des impôts des non-résidents peut déléguer sa signature aux agents de cette direction exerçant leurs fonctions au sein du service des impôts des entreprises étrangères, à l'effet de signer les décisions de restitution ou de rejet s'agissant des demandes de remboursement de crédit de taxe sur la valeur ajoutée :

a. dans la limite de 300 000 €, pour les agents de catégorie A titulaires d'un grade supérieur à celui d'inspecteur des finances publiques ;

b. dans la limite de 80 000 €, pour les inspecteurs des finances publiques ;

c. dans la limite de 30 000 €, pour les agents de catégorie B ;

d. dans la limite de 5 000 €, pour les agents de catégorie C.

CONT-III-15670

II. Par dérogation aux dispositions de l'article 213, le directeur mentionné au I peut déléguer sa signature aux agents de cette direction exerçant leurs fonctions au sein du service des impôts des particuliers non-résidents, à l'effet de signer les décisions de dégrèvement ou de rejet relatives au sursis de paiement prévu à l'article 167 bis du code général des impôts :

a. Dans la limite de 300 000 €, pour le responsable du service et ses adjoints ;

b. Dans la limite de 80 000 €, pour les autres agents de catégorie A ;

c. Dans la limite de 30 000 €, pour les agents de catégorie B ;

d. Dans la limite de 5 000 €, pour les agents de catégorie C.

CODE DES IMPOSITIONS SUR LES BIENS ET SERVICES

SOMMAIRE DU CODE DES IMPOSITIONS SUR LES BIENS ET SERVICES

PARTIE LEGISLATIVE

LIVRE Ier

DISPOSITIONS GENERALES

Art L 100-1 Les dispositions du présent livre s'appliquent aux impositions prévues par le présent code, sous réserve des dispositions propres à chacune d'entre elles.

TITRE Ier

ELEMENTS TAXABLES ET TERRITOIRES

CHAPITRE Ier

ELEMENTS TAXABLES

Art L 111-1 Les activités économiques s'entendent de celles mentionnées au cinquième alinéa de l'article 256 A du code général des impôts.

Art L 111-2 Les entreprises s'entendent des personnes assujetties à la taxe sur la valeur ajoutée en application des dispositions des articles 256 A et 256 B du code général des impôts, dans la mesure où elles agissent en tant qu'assujetties.

Art L 111-3 Les dénominations utilisées dans le présent code pour désigner les biens, produits ou marchandises ou les catégories de biens, produits ou marchandises s'entendent de celles des positions et sous-positions de la nomenclature combinée définie par le règlement (CEE) nº 2658/87 du Conseil du 23 juillet 1987 relatif à la nomenclature tarifaire et statistique et au tarif douanier commun, dans sa rédaction en vigueur.

Le premier alinéa est également applicable lorsque, dans le présent code, sont employés des termes définis dans les notes complémentaires de sections ou de chapitres ou dans les notes de bas de page se rapportant aux sous-positions, y compris lorsqu'ils sont utilisés à d'autres fins que pour se référer au classement au sein de cette nomenclature.

Art L 111-4 Par dérogation à l'article L 111-3 :

1º Les boissons comprennent les jus de fruits et de légumes ;

2º Les boissons alcooliques s'entendent des boissons dont le titre alcoométrique volumique acquis excède 1,2 % vol ou, pour les bières de malt et mélanges de bières de malt et de boissons non alcooliques, 0,5 % vol.

Art L 111-5 Des arrêtés du ministre chargé du budget peuvent constater les codes de la nomenclature combinée relatifs aux dénominations mentionnées aux articles L 111-3 et L 111-4 qui sont utilisées pour une imposition donnée.

Art L 111-6 Le code des douanes de l'Union s'entend du règlement (UE) nº 952/2013 du Parlement européen et du Conseil du 9 octobre 2013 établissant le code des douanes de l'Union, dans sa rédaction en vigueur.

Lorsqu'il est renvoyé à ce code pour une imposition donnée, les références aux droits de douane ou à la dette douanière s'entendent de références à cette imposition ou aux dettes qui s'y rapportent.

Art L 111-7 Les marchandises de l'Union et les marchandises non Union s'entendent au sens des points respectivement 23 et 24 de l'article 5 du code des douanes de l'Union.

Art L 111-8 Le prix ou la contrepartie d'une opération s'entend de tout ce qui est obtenu ou à obtenir au titre de cette opération par la personne qui la réalise, y compris les sommes représentatives des impôts dont cette personne est redevable à ce titre et qu'elle répercute à l'acquéreur, à l'exception, le cas échéant, de la taxe sur la valeur ajoutée.

CHAPITRE II
TERRITOIRES

Section 1
Territoire douanier, territoires tiers et territoires des autres Etats

Art L 112-1 Le territoire douanier européen s'entend du territoire défini à l'article 4 du code des douanes de l'Union.

La partie française du territoire douanier européen comprend la métropole, les territoires des collectivités régies par l'article 73 de la Constitution et de Saint-Martin ainsi que, conformément à la convention douanière signée à Paris le 18 mai 1963, le territoire de Monaco défini par cette convention.

Art L 112-2 Les territoires tiers s'entendent :

1° Des territoires qui ne sont pas compris dans le territoire douanier européen, y compris lorsqu'ils relèvent du territoire français ;

2° Des territoires, autres que ceux des collectivités régies par l'article 73 de la Constitution, qui sont exclus du champ d'application de la taxe sur la valeur ajoutée en application du paragraphe 1 de l'article 6 de la directive 2006/112/CE du 28 novembre 2006 du Conseil relative au système commun de la taxe sur la valeur ajoutée, dans sa rédaction en vigueur, y compris le territoire de Saint-Martin.

Art L 112-3 Les territoires des autres Etats membres de l'Union européenne s'entendent de la partie du territoire douanier européen qui n'est pas la partie française et qui ne comprend pas les territoires tiers définis à l'article L 112-2.

Section 2
Territoires de taxation

Art L 112-4 Pour l'application de chaque imposition, les territoires suivants sont regardés soit comme formant un territoire unique, soit comme formant cinq territoires distincts :

1° Celui de la métropole ;

2° Celui constitué des territoires de la Guadeloupe et de la Martinique ;

3° Celui de la Guyane ;

4° Celui de La Réunion ;

5° Celui de Mayotte.

Art L 112-5 Lorsque les cinq territoires mentionnés à l'article L 112-4 sont regardés comme distincts pour une imposition donnée, sont assimilés à des territoires tiers au sens de l'article L 112-2 :

1° Chacun de ces territoires vis-à-vis des autres ;

2° Les territoires des autres Etats membres de l'Union européenne vis-à-vis des territoires mentionnés aux 2° à 5° de l'article L 112-4.

Section 3
Mouvements de biens entre territoires

Art L 112-6 Pour une imposition donnée, l'importation d'un bien sur le territoire de taxation s'entend de l'entrée, y compris irrégulière, sur ce territoire, de ce bien en provenance d'un territoire tiers, constatée dans les conditions suivantes :

1° Lorsque ce bien est une marchandise non Union :

a. La mise en libre pratique de ce bien au sens de l'article 201 du code des douanes de l'Union ;

b. L'admission temporaire en exonération partielle de droit à l'importation au sens de l'article 250 du même code ;

c. En l'absence des évènements mentionnés au a ou au b, par suite de l'inobservation de l'une des obligations ou conditions mentionnées aux a à c du 1 de l'article 79 du même code ;

2° Lorsque ce bien est une marchandise de l'Union, par les formalités ou évènements équivalents à ceux mentionnés au 1° et résultant des articles 114, 134 et 188 du règlement délégué (UE) 2015/2446 de la Commission du 28 juillet 2015 complétant le règlement (UE) n° 952/2013 du Parlement européen et du Conseil au sujet des modalités de certaines dispositions du code des douanes de l'Union, dans sa rédaction en vigueur.

La déclaration d'importation d'un bien s'entend de la déclaration en douane au sens du 12 de l'article 5 du code des douanes de l'Union qui a pour objet d'assigner ce bien à l'un des régimes mentionnés aux a et b du 1° ou aux régimes équivalents mentionnés au 2°.

Art L 112-7 La personne qui, pour une imposition donnée, réalise l'importation s'entend de :

1° Toute personne qui dépose en son nom propre la déclaration d'importation, y compris lorsqu'elle agit en tant que représentant pour le compte d'une autre personne ;

2° Toute personne pour le compte de laquelle un représentant dépose, au nom de cette personne ou en son nom propre, la déclaration d'importation ;

3° Toute autre personne qui, au titre des formalités et évènements constatant cette importation, répond aux conditions pour être qualifié de débiteur de la dette douanière par le second alinéa du 3 de l'article 77 ou les 3 ou 4 de l'article 79 du code des douanes de l'Union.

L'importateur s'entend de toute personne qui réalise l'importation.

Art L 112-8 Pour l'application d'une imposition donnée sur le territoire de taxation, les biens importés sur le territoire de Monaco sont réputés avoir été importés sur le territoire métropolitain.

Art L 112-9 Lorsque, pour une imposition donnée, les cinq territoires mentionnés à l'article L 112-4 sont regardés comme distincts, les dispositions du présent code relatives aux mouvements de biens entre le territoire de taxation et le territoire des autres Etats membres de l'Union européenne sont applicables uniquement aux mouvements entre le territoire métropolitain et le territoire de ces autres Etats.

CHAPITRE III

COMPETENCES DELEGUEES

Art L 113-1 Pour l'exercice des compétences dévolues par le présent code aux collectivités territoriales les références au département ou à la région s'entendent également de références aux collectivités suivantes :

1° La collectivité de Corse ;

2° Le Département de Mayotte ;

3° La collectivité territoriale de Guyane ;

4° La collectivité territoriale de Martinique.

Ndlr Pour l'application du présent article, la collectivité de Corse fait connaître, avant le 1er novembre, au service compétent du ministre chargé de la mer la délibération applicable à la taxe due à compter du 1er janvier suivant. A défaut, le montant de la taxe est calculé selon la dernière délibération transmise (Décret 2021-1914 du 30 décembre 2021 art. 44).

Art L 113-2 Lorsque l'administration est compétente pour constater une imposition ou pour recevoir les déclarations des personnes qui la constatent, un décret détermine les éléments suivants :

1° Les conditions dans lesquelles lui sont communiquées les décisions des collectivités territoriales ou des autres organismes portant sur cette imposition ;

2° Les dates auxquelles les décisions mentionnées au 1° entrent en vigueur ou avant lesquelles elles ne peuvent entrer en vigueur. Ces dates ne peuvent être postérieures au premier jour de la deuxième année qui suit l'intervention de la décision ou, le cas échéant, de la communication mentionnée au 1°.

Art L 113-3 Ne donnent lieu à aucune consultation les dispositions réglementaires prises en application du présent code et qui constatent les éléments suivants :

1° Les correspondances entre les champs de biens, services et activités définis par la loi ou le règlement et les nomenclatures en vigueur ;

2° Les montants des indices, quantités ou autres données sur lesquels la loi ou le règlement prévoit que des paramètres sont indexés ;

3° Le résultat des formules et autres règles de calcul intégralement déterminées par la loi ou le règlement.

Ndlr Les dispositions du présent article (qui étaient codifiées à l'article L 100-2 du CIBS jusqu'au 18 août 2022) s'appliquent à Saint-Barthélemy, à Saint-Martin, en Nouvelle-Calédonie, en Polynésie française, à Saint-Pierre-et-Miquelon et dans les îles Wallis-et-Futuna (Loi 2022-1157 du 16 août 2022 art. 9, VI-1° et XII-A et B).

TITRE II

FAIT GENERATEUR

Art L 120-1 Le fait générateur s'entend de l'évènement au titre duquel l'imposition est établie.

Art L 120-2 Lorsque le fait générateur est déterminé par la loi, les éléments nécessaires à l'établissement de l'imposition sont déterminés à la date à laquelle ce fait générateur intervient.

Art L 120-3 Lorsque le fait générateur n'est pas déterminé par la loi, il intervient à la date à laquelle sont déterminés les éléments nécessaires à l'établissement de l'imposition.

Art L 120-4 Sous réserve de l'article L 284 du livre des procédures fiscales, les dispositions applicables pour une imposition donnée sont celles en vigueur à la date de son fait générateur.

Art L 120-5 L'exemption s'entend de l'absence de fait générateur, notamment du fait de l'exclusion du champ d'application d'une imposition de certains biens, prestations de services, activités ou personnes.

La personne qui bénéficie d'une exemption n'est pas, pour cette dernière, soumise aux obligations s'imposant au redevable.

TITRE III
MONTANT DE L'IMPOT

CHAPITRE Ier
REGLES D'ARRONDIS

Art L 131-1 Les bases des impositions, lorsqu'elles sont des valeurs exprimées en euros, sont arrondies dans les conditions prévues à l'article 1649 undecies du code général des impôts.

Art L 131-2 Lorsque des éléments relatifs au montant de l'imposition, autres que les bases des impositions qui sont des valeurs en euros, sont arrondis, il est recouru à la valeur la plus proche, la moitié étant comptabilisée pour une unité.

CHAPITRE II
INDEXATIONS

Art L 132-1 Lorsque le paramètre d'une imposition est indexé sur un indice, une quantité, une valeur ou toute autre variable, un arrêté du ministre chargé du budget constate le montant de ce paramètre.

Art L 132-2 Lorsque le paramètre d'une imposition est indexé sur l'inflation, ce paramètre est révisé au 1er janvier de chaque année en fonction de l'évolution annuelle de l'indice des prix à la consommation de l'ensemble des ménages en France sur l'ensemble hors tabac.

Cette variation est appréciée entre la troisième et la deuxième année précédant celle de la révision.

CHAPITRE III
REGLES PARTICULIERES

Art L 133-1 Lorsqu'un même fait générateur donne lieu, pour une imposition donnée, à plusieurs exigibilités, le montant de l'imposition résulte du cumul des sommes exigibles mentionnées à l'article L 141-1, comptabilisées positivement s'agissant des obligations de paiements et négativement s'agissant des droits à remboursement.

Art L 133-2 L'application de règles particulières de détermination du montant d'une imposition ne dispense pas le redevable de ses obligations, notamment en cas d'exonération ou pour toute autre règle qui conduit à annuler ce montant.

Art L 133-3 L'exonération s'entend de la situation dans laquelle, par dérogation aux règles normales de détermination du montant d'une imposition, ce montant est nul.

L'application d'un taux ou d'un tarif nul est assimilée à une exonération.

Art L 133-4 Aux fins de l'éligibilité au bénéfice des règles particulières de détermination du montant d'une imposition constitutives d'une aide d'Etat :

1° Le règlement général d'exemption par catégorie s'entend du règlement (UE) n° 651/2014 de la Commission du 17 juin 2014 déclarant certaines catégories d'aides compatibles avec le marché intérieur en application des articles 107 et 108 du traité, dans sa rédaction en vigueur ;

2° Le règlement d'exemption par catégorie pour les petites et moyennes entreprises dans le secteur de la pêche et de l'aquaculture s'entend du règlement (UE) 2022/2473 du 14 décembre 2022 déclarant certaines catégories d'aides aux entreprises actives dans la production, la transformation et la commercialisation des produits de la pêche et de l'aquaculture compatibles avec le marché intérieur en application des articles 107 et 108 du traité sur le fonctionnement de l'Union européenne, dans sa rédaction en vigueur ;

3° Le règlement général de minimis s'entend du règlement (UE) n° 1407/2013 de la Commission du 18 décembre 2013 relatif à l'application des articles 107 et 108 du traité sur le fonctionnement de l'Union européenne aux aides de minimis, dans sa rédaction en vigueur ;

4° Le règlement de minimis dans le secteur agricole s'entend du règlement (UE) n° 1408/2013 de la Commission du 18 décembre 2013 relatif aux aides de minimis dans le secteur de l'agriculture, dans sa rédaction en vigueur ;

5° Le règlement de minimis dans le secteur de la pêche et de l'aquaculture s'entend du règlement (UE) n° 717/2014 de la Commission du 27 juin 2014 concernant l'application des articles 107 et 108 du traité sur le fonctionnement de l'Union européenne aux aides de minimis dans le secteur de la pêche et de l'aquaculture, dans sa rédaction en vigueur.

TITRE IV

EXIGIBILITE

CHAPITRE Ier

DISPOSITIONS GENERALES

Art L 141-1 L'exigibilité d'une imposition s'entend de la naissance de l'obligation de paiement ou du droit au remboursement d'une somme constituant le montant de l'imposition.

Art L 141-2 L'exigibilité est concomitante du fait générateur.

Art L 141-3 Sont sans incidence sur l'exigibilité :

1° La circonstance que le montant de l'imposition soit nul du fait des règles qui régissent sa détermination ou dépende d'éléments incertains ou non connus au moment de l'exigibilité ;

2° La circonstance que la date ou les dates auxquelles le redevable doit effectivement réaliser le paiement ou les paiements, ou obtenir un remboursement, lui soient antérieures ou postérieures ;

3° Lorsqu'il est dérogé à l'article L 141-2 pour une imposition donnée, la circonstance que le fait générateur soit postérieur à l'exigibilité.

CHAPITRE II

SUSPENSION

Art L 142-1 Le régime de suspension d'une imposition s'entend de l'ensemble des règles attachées à des biens ainsi que, le cas échéant, à un lieu et à des opérations réalisées sur ces biens, dont le respect reporte l'exigibilité de l'imposition à l'achèvement, régulier ou irrégulier, de la suspension.

Art L 142-2 Les règles de détermination du montant de l'imposition exigible à l'achèvement de la suspension ne peuvent conduire à un montant différent de celui qui aurait été déterminé en l'absence de suspension.

Art L 142-3 Mettent fin à la suspension la consommation, y compris la destruction, ou toute opération qui n'est pas autorisée, d'un bien placé en suspension.

Art L 142-4 Tout bien placé en suspension dont le maintien sous ce régime ne peut être attesté, dans des conditions déterminées par décret, est réputé en être sorti.

Art L 142-5 Les modalités d'application du présent chapitre sont déterminées par décret en Conseil d'Etat.

TITRE V

PERSONNES SOUMISES AUX OBLIGATIONS FISCALES

CHAPITRE Ier

REDEVABLES

Art L 151-1 Le redevable s'entend de toute personne soumise à l'obligation d'acquitter les sommes mentionnées à l'article L 141-1 ou au bénéfice de laquelle les sommes mentionnées au même article sont remboursées.

Art L 151-2 Lorsque plusieurs personnes sont redevables d'une même imposition, au titre d'une même exigibilité, sans que la loi ne définisse leurs obligations respectives, chacune est tenue à l'ensemble des obligations s'imposant au redevable.

Toutefois, des décrets peuvent préciser la ou les personnes, à l'exclusion des autres, à laquelle ou auxquelles s'appliquent les obligations relatives aux déclarations, aux autorisations, à la conservation de documents, à la tenue de registres ou de comptabilités particulières ou à toute autre règle de suivi ou de gestion des biens, services ou transactions.

CHAPITRE II

REPRESENTANTS FISCAUX

Art L 152-1 Les dispositions du présent chapitre sont applicables lorsque la loi prévoit une obligation de représentation fiscale.

FR 10/22 inf. 5 nos 47 et 48 p. 16 ; TVA-III-11700 s.

Art L 152-2 L'obligation de représentation s'impose au redevable qui n'est pas établi dans l'un des Etats suivants :

1° Un Etat membre de l'Union européenne ;

2° Un Etat mentionné au 1° du I de l'article 289 A du code général des impôts.

FR 10/22 inf. 5 nos 47 et 48 p. 16 ; TVA-III-11700 s.

Art L 152-3 Le redevable dispose d'un représentant fiscal unique pour l'ensemble des impositions relevant du présent code et des obligations qui en résultent.

Le cas échéant, ce représentant est le même que celui désigné par le redevable en application de l'article 302 decies du code général des impôts.

FR 10/22 inf. 5 nos 47 et 48 p. 16 ; TVA-III-11780 s.

Art L 152-4 Le représentant fiscal est une entreprise qui remplit les conditions suivantes :

1° Elle est désignée, avec son accord, par le redevable sur autorisation de l'administration délivrée dans les conditions prévues au IV de l'article 289 A du code général des impôts ;

2° Elle est établie en métropole ou sur le territoire de l'une des collectivités régies par l'article 73 de la Constitution ;

3° Elle est identifiée en application des dispositions combinées des articles 286 ter et 286 ter A du code général des impôts.

FR 10/22 inf. 5 nos 47 et 48 p. 16 ; TVA-III-11700 s.

Art L 152-5 Le représentant fiscal est tenu à l'ensemble des obligations s'imposant au redevable. Notamment, il acquitte les impositions, intérêts et pénalités exigibles et les sommes mentionnées à l'article L 141-1 lui sont remboursées.

Il réalise l'ensemble des formalités qui en résultent au nom et pour le compte du redevable.

Les règles mentionnées à l'article L 180-1 ou, lorsqu'il est dérogé à cet article, celles qui s'y substituent s'appliquent au représentant fiscal dans les mêmes conditions qu'au redevable.

FR 10/22 inf. 5 nos 47 et 48 p. 16 ; TVA-III-11700 s.

CHAPITRE III

PERSONNES SUPPORTANT L'IMPOSITION

Art L 153-1 Les dispositions du présent chapitre sont applicables lorsque qu'une exemption ou une règle de détermination du montant de l'imposition est mise en œuvre au moyen d'un remboursement partiel ou total de montants préalablement devenus exigibles.

Art L 153-2 Une personne supporte une imposition à hauteur des montants dont elle est redevable et de ceux qui lui ont été répercutés par d'autres personnes, déduction faite des montants qu'elle a répercutés auprès d'autres personnes.

Art L 153-3 Sont bénéficiaires du remboursement mentionné à l'article L 153-1 les personnes qui ont supporté l'imposition, dans la limite de la fraction effectivement supportée.

Art L 153-4 Lorsque le montant d'une imposition supporté par un vendeur figure sur la facture en tant qu'élément du prix de vente, il est présumé être répercuté auprès de l'acheteur.

Un décret peut déterminer des éléments alternatifs ou complémentaires de preuve.

Art L 153-5 Le vendeur est redevable du montant de l'imposition qui figure sur une facture et qu'il n'a pas supporté.

CHAPITRE IV

TIERS COLLECTEURS D'IMPÔT

Art L 154-1 Les dispositions du présent chapitre sont applicables lorsque, pour une imposition donnée, le présent code prévoit que l'administration ou l'organisme chargé de la collecte peut recourir à une ou plusieurs personnes tierces pour assurer tout ou partie des opérations de collecte ne relevant pas du recouvrement forcé.

Le tiers collecteur s'entend de toute personne tierce mentionnée au premier alinéa.

Art L 154-2 Le redevable de l'imposition mentionnée à l'article L 154-1 remplit ses obligations relatives au paiement et, le cas échéant, à la constatation de l'imposition, autres que celles régies par l'article L 180-1 ou par les dispositions qui s'y substituent, dans le cadre d'un contrat conclu avec le tiers collecteur.

Un décret en Conseil d'Etat détermine les obligations de ce contrat qui sont de nature à sécuriser la collecte correcte de l'impôt.

Art L 154-3 Les sommes collectées dans le cadre du contrat mentionné à l'article L 154-2 le sont au nom et pour le compte de l'administration ou de l'organisme chargé de la collecte.

Elles sont inscrites par le tiers collecteur en compte de passage.

Art L 154-4 Le tiers collecteur est établi sur le territoire de taxation et autorisé par l'administration ou l'organisme chargé de la collecte dans des conditions déterminées par décret en Conseil d'Etat.

Art L 154-5 Un décret en Conseil d'Etat détermine :

1° Les conditions d'honorabilité et d'ancienneté exigées du tiers collecteur ;

2° Les moyens financiers et matériels exigés du tiers collecteur, propres à sécuriser la collecte de l'impôt ;

3° Les conditions dans lesquelles le tiers collecteur collecte l'imposition ;

4° Les activités économiques présentant un lien avec l'imposition devant être réalisées par le tiers collecteur ;

5° Les autorisations ou habilitations dont le tiers collecteur doit par ailleurs disposer aux fins de permettre la collecte de manière sécurisée.

Art L 154-6 Le tiers collecteur est tenu, pour les sommes qu'il a collectées auprès du redevable et, le cas échéant, pour les formalités donnant lieu à l'imposition ou résultant de l'imposition qu'il a accomplies pour son propre compte ou pour le compte du redevable, à l'ensemble des obligations s'imposant au redevable. Notamment, il acquitte l'imposition, les intérêts et les pénalités exigibles.

Les règles mentionnées à l'article L 180-1 ou, lorsqu'il est dérogé à cet article, celles qui s'y substituent s'appliquent au tiers collecteur dans les mêmes conditions qu'au redevable.

Les sommes mentionnées à l'article L 141-1 sont remboursées au tiers collecteur dans les situations déterminées par décret.

TITRE VI

CONSTATATION DE L'IMPOT

CHAPITRE Ier

DISPOSITIONS GENERALES

Art L 161-1 Les impositions sont constatées par le redevable au moyen d'une déclaration dont les éléments sont déterminés dans des conditions prévues par décret.

Ce décret détermine également les situations dans lesquelles, par dérogation à l'article L 133-2, le redevable d'un montant nul est dispensé de déclaration.

Art L 161-2 Un décret peut prévoir que la déclaration mentionnée à l'article L 161-1 porte sur l'ensemble de l'imposition devenue exigible pendant une période comprise entre une semaine et une année.

Les dates des échéances déclaratives sont déterminées par arrêté du ministre ayant autorité ou tutelle sur le service ou l'organisme chargé de la gestion des déclarations au plus tard au dernier jour de l'année civile qui suit celle où l'exigibilité est intervenue.

Les mesures d'application du présent article peuvent être adaptées en fonction du régime de taxe sur la valeur ajoutée dont relève le déclarant, des montants à payer ou des montants dus au titre d'une période précédente, de tout critère représentatif de la taille du déclarant, de son volume d'activité, du cadre juridique particulier dont il relève ainsi que des modalités de transmission ou de mise à disposition de la déclaration auxquelles il est recouru en application de l'article L 161-3.

Art L 161-3 Les modalités selon lesquelles le redevable transmet les déclarations au service ou à l'organisme chargé de la gestion des déclarations ou les met à sa disposition sont déterminées par décret.

Art L 161-4 Lorsqu'il est dérogé à l'article L 161-1 pour une imposition donnée, cette dernière est constatée par l'administration ou l'organisme désigné à cette fin dans des conditions déterminées par décret, au plus tard au dernier jour de l'année civile qui suit celle où l'exigibilité est intervenue.

Les informations nécessaires à cette constatation sont communiquées dans des conditions déterminées par décret.

Art L 161-5 Le montant total déclaré ou autrement constaté d'une imposition est arrondi à l'euro le plus proche, la fraction d'euro égale à cinquante centimes étant comptabilisée pour un euro.

Les seuils et autres paramètres à partir desquels sont déterminées les modalités de constatation d'une imposition sont arrondis dans les mêmes conditions.

Art L 161-6 Lorsque le redevable méconnaît ses obligations, l'imposition est constatée selon les procédures d'établissement particulières mentionnées à l'article L 180-1 ou, lorsqu'il est dérogé à cet article, selon celles qui s'y substituent.

CHAPITRE II

REGIME SIMPLIFIE DE DECLARATION

Section 1

Effets du régime

Art L 162-1 Le régime simplifié de déclaration permet de déclarer à une date commune, dans des conditions déterminées par décret, l'ensemble des impositions déclarées auprès de l'administration fiscale qui deviennent exigibles au cours d'un exercice comptable et auxquelles s'appliquent les dispositions mentionnées à l'article L 180-1.

Il s'applique de plein droit lorsque les conditions prévues à la section 2 sont remplies.

Il peut y être renoncé dans les conditions déterminées par décret.

FR 10/22 inf. 5 nos 4 à 13 p. 7 ; MF nos 53900 s.

Art L 162-2 Par dérogation au deuxième alinéa de l'article L 162-1, pour les entreprises qui réalisent des travaux de construction, de réparation, de nettoyage, d'entretien, de transformation et de démolition d'un immeuble, le régime simplifié de déclaration est applicable sur option lorsque les conditions prévues à la section 2 sont remplies.

L'option est exercée, dans des conditions déterminées par décret, au plus tôt pour le premier exercice suivant une année civile complète au cours de laquelle le déclarant a réalisé ses déclarations selon le régime normal d'imposition à la taxe sur la valeur ajoutée mentionné au 2 de l'article 287 du code général des impôts.

Il peut y être renoncé dans les conditions déterminées par décret.

FR 10/22 inf. 5 nos 4 à 13 p. 7 ; MF no 53910

Section 2

Conditions du régime

Art L 162-3 Le régime simplifié de déclaration s'applique lorsque les conditions prévues par la présente section sont remplies.

Un décret détermine les modalités selon lesquelles le régime cesse de produire ses effets lorsque ces conditions ne sont plus remplies.

FR 10/22 inf. 5 nos 8 à 13 p. 8

Art L 162-4 Si le déclarant a exercé une activité au cours de l'année civile précédant l'exercice comptable, le montant des opérations qu'il a réalisées au cours de cette année est inférieur ou égal à l'un des seuils suivants, déterminé en fonction de son activité principale :

1° 818 000 € pour les activités de vente de biens corporels, de restauration ou de mise à disposition de logement ;

2° 247 000 € pour les autres activités.

Les valeurs mentionnées au 1° et 2° sont celles applicables aux années 2020, 2021 et 2022. Pour les années suivantes, elles sont indexées sur l'inflation dans les conditions prévues par le chapitre II du titre III, avec une évolution tous les trois ans. Les valeurs révisées sont arrondies au millier d'euros.

Les références aux seuils prévus au présent article s'entendent de références aux seuils prévus aux 1° et 2° après application de l'indexation prévue au quatrième alinéa.

Ndlr *Pour les années 2023 à 2025, les seuils applicables sont fixés respectivement à 840 000 € et 254 000 € (Arrêté ECOE2233871A du 13 décembre 2022 art. 0-2, JO du 28 modifié par l'arrêté ECOE2237323A du 30 décembre 2022, JO du 31).*

BF 4/24 inf. 252 ; FR 3/23 inf. 7 p. 9 ; MF nos 53900, 53920

Art L 162-5 Au cours de l'exercice comptable, le montant des opérations réalisées par le déclarant depuis le début de l'année civile est inférieur ou égal à l'un des seuils suivants, déterminé en fonction de son activité principale :

1° 901 000 € pour les activités de vente de biens corporels, de restauration ou de mise à disposition de logements ;

2° 279 000 € pour les autres activités.

Les valeurs mentionnées au 1° et 2° sont celles applicables aux années 2020, 2021 et 2022. Pour les années suivantes, elles sont indexées sur l'inflation dans les conditions prévues par le chapitre II du titre III, avec une évolution tous les trois ans. Les valeurs révisées sont arrondies au millier d'euros.

Les références aux seuils prévus au présent article s'entendent de références aux seuils mentionnés aux 1° et 2° après application de l'indexation.

Ndlr *Pour les années 2023 à 2025, les seuils applicables sont fixés respectivement à 925 000 € et 287 000 € (Arrêté ECOE2233871A du 13 décembre 2022 art. 0-3, JO du 28 modifié par l'arrêté ECOE2237323A du 30 décembre 2022, JO du 31).*

BF 4/24 inf. 252 ; FR 3/23 inf. 7 p. 9 ; MF no 53950

Art L 162-6 Les seuils mentionnés aux articles L 162-4 et L 162-5 sont appréciés déduction faite des recettes à caractère exceptionnel et du montant des impositions relevant du régime simplifié devenues exigibles au cours de l'année civile.

En cas de création ou de cessation d'activité, les seuils sont corrigés à proportion de la durée d'exploitation, évaluée en jours, au cours de l'année civile. A cette fin, l'arrêt temporaire ou la reprise résultant du caractère saisonnier de l'activité ne constituent pas une création ou une cessation.

FR 10/22 inf. 5 nos 8 à 13 p. 8 ; MF no 53920

Art L 162-7 Au cours de l'année civile précédant l'exercice comptable, le montant de taxe sur la valeur ajoutée devenu exigible n'excède pas 15 000 €.

Toutefois, lorsque le déclarant relève du régime simplifié au cours de l'exercice comptable précédent, le seuil est apprécié au titre de cet exercice.

FR 10/22 inf. 5 n°s 8 à 13 p. 8 ; MF n° 53925

Art L 162-8 Au cours de l'exercice, le déclarant :

1° Ne réalise aucune acquisition intracommunautaire au sens du 3° du I de l'article 256 bis du code général des impôts, importation ou sortie des régimes suspensifs mentionnés au 2° du I de l'article 277 A du même code ;

2° Ne bénéficie pas de la franchise mentionnée à l'article 293 B du même code ;

Ndlr *Pour les dispositions du présent 2° applicables à compter du 1er janvier 2025, voir partie Autres textes du présent code loi 2023-1322 du 29 décembre 2023 art. 82, II et III.*

3° N'est pas placé sous le régime du remboursement forfaitaire agricole mentionné au premier alinéa du I de l'article 298 bis du même code et ses opérations ne sont pas intégralement déclarées selon le régime simplifié agricole prévu au même article.

FR 10/22 inf. 5 n°s 8 à 13 p. 8 ; MF n° 53900

Art L 162-9 Au cours de l'exercice :

1° Aucun procès-verbal de flagrance fiscale au sens de l'article L 16-0 BA du livre des procédures fiscales n'est dressé à l'encontre du déclarant ;

2° Le déclarant n'exerce aucune activité occulte au sens du deuxième alinéa de l'article L 169 du même livre.

FR 10/22 inf. 5 n°s 8 à 13 p. 8 ; MF n° 53910

CHAPITRE III

REGIMES DE MUTUALISATION DES DECLARATIONS

Art L 163-1 Des décrets déterminent les conditions dans lesquelles plusieurs redevables peuvent mutualiser leurs déclarations relatives à une ou plusieurs impositions. Ces décrets déterminent notamment les modalités de recueil de l'accord de l'ensemble des redevables concernés et les conditions dans lesquelles il peut, le cas échéant, être dérogé à l'article L 152-3 pour une partie de ces redevables.

Lorsqu'il est recouru à cette faculté, un déclarant unique de référence assume l'ensemble des obligations déclaratives et est passible des sanctions y afférentes en cas de manquement.

FR 10/22 inf. 5 n° 14 p. 9

TITRE VII

PAIEMENT DE L'IMPOT

CHAPITRE Ier

DISPOSITIONS GENERALES

Art L 171-1 Les modalités selon lesquelles les sommes dues au titre des impositions sont acquittées ou remboursées sont déterminées par décret.

Ce décret détermine notamment les conditions dans lesquelles les dettes ou créances qui en résultent pour une même imposition ou pour des impositions différentes peuvent être acquittées ou remboursées au moyen d'un règlement unique ou d'une imputation sur une créance ou une dette de taxe sur la valeur ajoutée.

Art L 171-2 Les montants dus au titre des impositions constatées par déclaration sont acquittés par le déclarant lors du dépôt de cette dernière.

Les montants dus au titre des impositions qui ne sont pas constatées par déclaration sont acquittés aux échéances déterminées par décret, au plus tard à la fin de l'année qui suit la constatation.

Art L 171-3 Les règles d'arrondis des montants acquittés, du montant des prélèvements opérés à l'initiative de l'administration fiscale et des montants minimaux de perception sont déterminées respectivement par les dispositions des articles 1724, 1724 bis et 1724 A du code général des impôts.

Art L 171-4 Lorsque le redevable méconnaît ses obligations, l'imposition est acquittée selon les procédures mentionnées à l'article L 180-1 ou, lorsqu'il est dérogé à cet article, selon celles qui s'y substituent.

CHAPITRE II

ACOMPTES

Art L 172-1 Les dispositions du présent chapitre sont applicables lorsque la loi prévoit un paiement par acompte pour une imposition constatée par déclaration.

Art L 172-2 Les acomptes sont régularisés au moment de la déclaration dans des conditions déterminées par décret.

Art L 172-3 Des décrets déterminent, pour chaque imposition :

1° Les catégories de redevables concernés ;

2° Les échéances des acomptes, qui ne peuvent être antérieures au premier jour de l'année civile qui précède la déclaration ;

3° Le nombre des acomptes, qui ne peut excéder douze ;

4° Les règles de détermination des acomptes et, le cas échéant, les conditions dans lesquelles les redevables peuvent y déroger.

Art L 172-4 Lorsque les redevables minorent le montant d'un acompte en application des dérogations mentionnées au 4° de l'article L 172-3, l'intérêt de retard prévu à l'article 1727 du code général des impôts et la majoration prévue à l'article 1731 du même code sont applicables lorsque le montant de la taxe finalement dû est supérieur de plus de 20 % au montant des acomptes versés.

L'intérêt de retard et la majoration mentionnés au premier alinéa sont appliqués à la différence positive entre, d'une part, la somme du montant des acomptes qui auraient été versés en l'absence de minoration et, d'autre part, la somme du montant de chacun des acomptes effectivement versés.

CHAPITRE III

REGIMES DE MUTUALISATION DU PAIEMENT

Art L 173-1 Des décrets déterminent les conditions dans lesquelles des redevables peuvent mutualiser les paiements relatifs à une ou plusieurs impositions. Ces décrets déterminent notamment les modalités de recueil de l'accord de l'ensemble des redevables concernés et les conditions dans lesquelles il peut, le cas échéant, être dérogé à l'article L 152-3 pour une partie de ces redevables.

Lorsqu'il est recouru à ce régime un payeur unique de référence assume l'ensemble des obligations relatives au paiement des impositions concernées.

Il acquitte également les intérêts de retard et les pénalités en cas de manquement à leurs obligations par les autres redevables.

FR 10/22 inf. 5 n° 15 p. 9

CHAPITRE IV

SOLIDARITES DE PAIEMENT

Art L 174-1 Lorsque plusieurs personnes sont redevables d'une même dette fiscale, elles sont tenues solidairement au paiement.

Art L 174-2 Les personnes recourant à la faculté de mutualisation des déclarations mentionnée à l'article L 163-1 sont solidairement tenues au paiement des pénalités applicables en cas de manquement aux obligations déclaratives, à hauteur des montants qu'elles devraient acquitter en l'absence de recours au régime.

FR 10/22 inf. 5 n° 14 p. 9

Art L 174-3 Les personnes recourant à la faculté de mutualisation du paiement mentionnée à l'article L 173-1 sont solidairement tenues au paiement des impositions, intérêts et pénalités à hauteur des montants qu'elles devraient acquitter en l'absence de recours au régime.

FR 10/22 inf. 5 n° 15 p. 9

TITRE VIII

CONTROLE, RECOUVREMENT ET CONTENTIEUX

Art L 180-1 Les règles relatives aux pouvoirs des personnes chargées du contrôle, aux procédures de contrôle, aux procédures d'établissement de l'impôt en cas de méconnaissance par le redevable de ses obligations, au recouvrement autre que le paiement spontané par le redevable, aux sanctions et au contentieux sont déterminées par les dispositions du livre II du code général des impôts et du livre des procédures fiscales qui sont propres à l'imposition concernée et par celles qui sont applicables aux taxes sur le chiffre d'affaires.

LIVRE III

ENERGIES, ALCOOLS ET TABACS

Art L 300-1 La taxation des énergies, des alcools et des tabacs comprend :

1° Le régime général d'accise prévu au titre Ier du présent livre ;

2° Les autres taxes sur les produits relevant du régime général d'accise ou sur des activités relatives à ces produits et prévues au titre II du présent livre.

TITRE Ier

REGIME GENERAL D'ACCISE

CHAPITRE Ier

DISPOSITIONS GENERALES

Section 1

Eléments taxables et territoires

Art L 311-1 Les produits soumis à accise s'entendent des produits suivants :

1° Les produits énergétiques au sens de l'article L 312-3 et l'électricité ;

2° Les boissons alcooliques et l'alcool au sens de l'article L 313-2 ;

3° Les produits du tabac susceptibles d'être fumés au sens de l'article L 314-4, à l'exception des produits de la catégorie fiscale des autres tabacs à fumer au sens de l'article L 314-16 pour lesquels la condition prévue au 1° de l'article L 314-15 n'est pas remplie.

Art L 311-2 Pour l'application du régime général d'accise, les cinq territoires mentionnés à l'article L 112-4 sont regardés comme des territoires de taxation distincts.

Art L 311-3 Par dérogation au 2° de l'article L 112-2, pour l'application du régime général d'accise, ne sont pas considérés comme des territoires tiers vis-à-vis de la métropole les territoires suivants :

1° Le Mont Athos ;

2° Celui de la commune Campione d'Italie et les eaux italiennes du lac de Lugano.

Section 2

Fait générateur

Art L 311-4 Le fait générateur de l'accise est constitué par la production ou l'importation d'un produit sur le territoire de taxation ou sur le territoire des autres Etats membres de l'Union européenne.

L'extraction est assimilée à la production.

Art L 311-5 Par dérogation à l'article L 120-2, les éléments nécessaires à l'établissement de l'accise sont appréciés à la date à laquelle elle devient exigible dans les cas prévus aux 1° et 2° de l'article L 311-12.

Art L 311-6 Par dérogation à l'article L 120-4, les dispositions du présent titre sont applicables dans leur rédaction en vigueur à la date à laquelle l'accise devient exigible dans les cas mentionnés aux 1° et 2° de l'article L 311-12.

Section 3

Montant de l'accise

Sous-section 1

Consommation dans les territoires tiers

Art L 311-7 Sont exonérés les produits qui sortent d'un régime de suspension de l'accise dans l'une des conditions suivantes :

1° Ils quittent le territoire de taxation à destination d'un territoire tiers ;

2° Ils sont placés sous le régime du transit externe au sens de l'article 226 du code des douanes de l'Union.

Art L 311-8 Sont exonérés de l'accise les produits qui sont fournis à des voyageurs qui les emportent dans leurs bagages personnels et se rendent dans un territoire tiers par voie maritime, aérienne ou ferroviaire lorsque la fourniture intervient en sortie du régime de suspension de l'accise dans l'un des lieux suivants :

1° L'enceinte des ports, des aéroports ou de la partie du terminal ferroviaire de Coquelles réservée aux passagers se rendant au Royaume-Uni de Grande-Bretagne et d'Irlande du Nord ;

2° A bord des navires et aéronefs au cours d'un trajet à destination d'un territoire tiers.

Sous-section 2

Consommation dans le cadre de certaines relations internationales

Art L 311-9 Sont exonérés de l'accise, dans la limite des contingents attribués par l'administration, les produits consommés dans le cadre des relations diplomatiques et consulaires.

> **Ndlr** *Depuis le 13 février 2023, les produits exonérés de l'accise en application des articles L 311-9 à L 311-11 du CIBS doivent être accompagnés d'un certificat d'exonération lorsqu'ils circulent sous un régime de suspension de l'accise (Voir partie Autres textes du présent code décret 2021-1914 du 30 décembre 2021 art. 22-6 et 69).*

Art L 311-10 Peuvent être exonérés de l'accise, dans les conditions prévues par les conventions qui s'y rapportent, les produits consommés dans les conditions suivantes :

1° Par les organismes internationaux reconnus par la France et par leurs membres ;

2° Dans le cadre des accords internationaux autorisés en application de l'article 396 de la directive 2006/112/CE du 28 novembre 2006 relative au système commun de la taxe sur la valeur ajoutée, dans sa rédaction en vigueur.

> **Ndlr** *Depuis le 13 février 2023, les produits exonérés de l'accise en application des articles L 311-9 à L 311-11 du CIBS doivent être accompagnés d'un certificat d'exonération lorsqu'ils circulent sous un régime de suspension de l'accise (Voir partie Autres textes du présent code décret 2021-1914 du 30 décembre 2021 art. 22-6 et 69).*

Art L 311-11 Sont exonérés de l'accise les produits consommés par les forces armées autres que françaises suivantes :

1° Celles de tout Etat partie au traité de l'Atlantique Nord ;

2° Celles de tout Etat membre de l'Union européenne lorsqu'elles sont affectées à un effort de défense mené en vue de la mise en œuvre d'une activité de l'Union dans le cadre de la politique de sécurité et de défense commune.

Cette exonération s'applique également aux produits consommés par le personnel civil qui accompagne ces forces et pour l'approvisionnement de leurs services de restauration.

> **Ndlr** *Depuis le 13 février 2023, les produits exonérés de l'accise en application des articles L 311-9 à L 311-11 du CIBS doivent être accompagnés d'un certificat d'exonération lorsqu'ils circulent sous un régime de suspension de l'accise (Voir partie Autres textes du présent code décret 2021-1914 du 30 décembre 2021 art. 22-6 et 69).*

Section 4

Exigibilité

Art L 311-12 Par dérogation à l'article L 141-2, l'accise devient exigible lors de l'intervention, sur le territoire de taxation, de l'un des évènements suivants :

1° La mise à la consommation du produit au sens de l'article L 311-15 ;

2° Pour les produits préalablement mis à la consommation sur le territoire d'un autre Etat membre de l'Union européenne :

a. Le déplacement du produit à des fins commerciales entre deux Etats membres de l'Union européenne au sens de l'article L 311-18 ;

b. La réception du produit à la suite d'une vente à distance d'un autre Etat membre de l'Union européenne vers la France au sens de l'article L 311-21 ;

3° Pour les produits pour lesquels l'un des évènements mentionnés aux 1° ou 2° du présent article est préalablement intervenu, le changement d'utilisation au sens de l'article L 311-23.

L'intervention d'une irrégularité au sens de l'article L 311-24 ne fait pas obstacle à l'exigibilité de l'accise.

Art L 311-13 L'accise supportée lors de la mise à la consommation sur le territoire de taxation est remboursée lorsque le produit est déplacé à des fins commerciales vers un autre Etat membre de l'Union européenne ou fait l'objet d'une vente à distance à destination du territoire d'un autre Etat membre de l'Union européenne.

Ndlr *Sur les modalités de demande de remboursement de l'accise remboursable, voir partie Autres textes du présent code décret 2021-1914 du 30 décembre 2021 art. 22 à 22-2.*

Ce remboursement est subordonné au constat que l'accise qui y est applicable est devenue exigible et a été acquittée ainsi que, en cas de vente à distance vers un autre Etat membre de l'Union européenne, au respect des obligations mentionnées à l'article L 311-41.

Art L 311-14 Par dérogation à l'article L 311-12, l'accise n'est pas exigible :

1° Lorsqu'un produit est rendu inutilisable en tant que produit soumis à accise à la suite d'un évènement imprévisible, d'un cas de force majeure ou d'une autorisation de destruction de l'autorité administrative ;

2° Lorsqu'un produit fait l'objet de pertes du fait de causes inhérentes à sa nature, dans les limites fixées par arrêté du ministre chargé du budget en fonction des caractéristiques de chaque produit, des opérations auxquelles il est soumis, de son conditionnement et des conditions du transport.

Sous-section 1

Mise à la consommation

Art L 311-15 La mise à la consommation d'un produit s'entend, sous réserve de l'article L 311-15-1, de :

1° L'intervention du fait générateur de l'accise mentionné à l'article L 311-4 en dehors d'un régime de suspension de l'accise ;

2° La sortie d'un régime de suspension de l'accise ;

3° La détention ou le stockage du produit en dehors d'un régime de suspension de l'accise alors que l'accise n'a été acquittée ni sur le territoire de taxation ni sur celui des autres Etats membres de l'Union européenne en application des dispositions qui y sont applicables et qui transposent la directive (UE) 2020/262 du Conseil du 19 décembre 2019 établissant le régime général d'accise, dans sa rédaction en vigueur, ainsi que les directives mentionnées à son article premier, dans leur rédaction en vigueur.

Art L 311-15-1 Ne constituent pas des mises à la consommation :

1° L'importation régulière d'un bien à l'issue de laquelle il est immédiatement placé en suspension de l'accise ;

2° Les évènements mentionnés à l'article L 311-14 ;

3° L'entrée irrégulière du bien dans les situations entraînant l'extinction de la dette douanière mentionnées aux e, f, g et k du 1 de l'article 124 du code des douanes de l'Union, y compris lorsque le bien n'est pas passible de droits de douane.

Art L 311-16 L'accise est suspendue dans les conditions prévues au chapitre II du titre IV du livre Ier et à l'article L 311-40 ainsi que dans celles prévues par les dispositions transposant, dans les autres Etats membres de l'Union européenne, la directive (UE) 2020/262 du Conseil du 19 décembre 2019 établissant le régime général d'accise, dans sa rédaction en vigueur.

Art L 311-17 Lorsque les règles prises en application du chapitre II du titre IV du livre Ier permettent le placement en suspension d'un produit pour lequel l'accise est déjà devenue exigible dans les cas mentionnés aux 1° et 2° de l'article L 311-12, les montants d'accise supportés pour ce produit sont remboursés dans les conditions prévues au chapitre III du titre V du livre Ier.

Sous-section 2

Déplacement à des fins commerciales

Art L 311-18 Le déplacement d'un produit à des fins commerciales d'un Etat membre de l'Union européenne vers un autre Etat membre de l'Union européenne s'entend de tout déplacement de ce produit, après qu'il a été mis à la consommation, depuis le territoire du premier de ces Etats à destination du territoire du second, à l'exception des situations suivantes :

1° Le déplacement est réalisé par un particulier pour ses besoins propres déterminés dans les conditions prévues à l'article L 311-19 ;

2° Le produit est détenu à bord d'un navire ou d'un aéronef dans les conditions prévues à l'article L 311-20 ;

3° Le produit fait l'objet d'une vente à distance entre ces deux Etats membres de l'Union européenne au sens de l'article L 311-21.

Art L 311-19 Un décret détermine les éléments pris en compte pour établir si les produits acquis par un particulier dans un autre Etat membre de l'Union Européenne et qu'il transporte sur le territoire de taxation le sont pour ses besoins propres. Il peut déterminer des seuils quantitatifs au-delà desquels cette condition est présumée ne pas être remplie et les moyens de transport dont le recours exclut que cette condition soit remplie.

Art L 311-20 Ne sont pas déplacés à des fins commerciales entre Etats membres de l'Union européenne , lorsqu'ils ne sont pas disponibles à la vente, les produits détenus à bord des navires et aéronefs qui réalisent des trajets entre les territoires de deux Etats membres de l'Union européenne.

Sous-section 3

Vente à distance entre Etats membres de l'Union européenne

Art L 311-21 La vente à distance d'un Etat membre de l'Union européenne vers un autre Etat membre de l'Union européenne s'entend de la vente par une entreprise à une personne agissant en tant que particulier au sens de l'article L 311-22 d'un produit déjà mis à la consommation et expédié ou transporté depuis le territoire du premier de ces Etats à destination du territoire du second, directement ou indirectement, par le vendeur ou pour son compte.

Elle intervient sur le territoire de taxation lors de la réception des produits par le destinataire sur ce territoire.

Art L 311-22 Pour l'application de l'article L 311-21, une personne agissant en tant que particulier s'entend de toute personne qui répond aux conditions cumulatives suivantes :

1° Elle n'est pas une entreprise ;

2° Elle ne dispose pas, dans l'Etat membre de l'Union européenne de destination, de l'autorisation de recevoir des produits qui circulent entre les territoires des Etats membres de l'Union européenne mentionnée au 2° de l'article L 311-39 ou prévue par les dispositions équivalentes transposant, dans les autres Etats membres de l'Union européenne, la directive 2020/262 du Conseil du 19 décembre 2019 établissant le régime général d'accise.

Sous-section 4

Changement d'utilisation

Art L 311-23 Le changement d'utilisation s'entend de l'affectation, de la mise en vente ou de la consommation du produit pour un usage autre que celui sur la base duquel les montants exigibles lors de la mise à la consommation, le déplacement à des fins commerciales entre deux Etats membres de l'Union européenne, la vente à distance entre Etats membres de l'Union européenne ou un changement d'utilisation antérieur ont été établis.

Il intervient sur le territoire de taxation lorsque le bien est situé sur ce territoire au moment de ce changement.

Sous-section 5

Dispositions particulières en cas d'irrégularité

Art L 311-24 L'irrégularité s'entend :

1° Du non-respect des règles relatives à la production, à la détention, au stockage ou à la transformation des produits sous un régime de suspension de l'accise ;

2° De toute situation dans laquelle les mouvements de produits mentionnés aux articles L 311-40 et L 311-41 ne prennent pas fin dans les conditions prévues au 5° de l'article L 311-39, y compris pour une fraction de ces produits ;

3° En cas de mouvements de produits déjà mis à la consommation entre Etat membres de l'Union européenne :

a. De tout manquement par les personnes qui participent au mouvement aux obligations d'autorisations ou de déclarations préalables mentionnées au 2° de l'article L 311-39 ;

b. De l'obligation prévue en application de l'article L 313-42 d'établir le document mentionné au 4° du même article L 311-39 sous le couvert duquel ce mouvement est réalisé.

Art L 311-40 Les produits placés en suspension de l'accise sont soumis, y compris lorsqu'ils circulent entre le territoire de taxation et celui des autres Etats membres de l'Union européenne, aux mesures de suivi et de gestion mentionnées aux 1° à 7° de l'article L 311-39.

Art L 311-41 Les produits déjà mis à la consommation sur le territoire d'un Etat-membre de l'Union européenne et qui circulent entre le territoire de taxation et celui des autres Etats membres de l'Union européenne sont soumis aux mesures de suivi et de gestion mentionnées aux 3° à 7° de l'article L 311-39.

Art L 311-42 Les produits pour lesquels l'accise est devenue exigible dans les cas mentionnés au 1° ou au 2° de l'article L 311-12 peuvent être soumis jusqu'à leur consommation ou leur sortie du territoire de taxation :

1° Pour les produits susceptibles de faire l'objet d'un changement d'utilisation au sens de l'article L 311-23 impliquant le paiement d'un complément d'accise, à toute mesure de suivi ou de gestion mentionnée à l'article L 311-39 ;

2° Pour les produits destinés à faire l'objet de ventes en gros, caractérisées par des niveaux quantitatifs minimaux par acquéreur ou destinataire, aux mesures de suivi et de gestion mentionnées aux 2°, 4°, 5° et 6° de l'article L 311-39 ;

3° Pour tous les produits, aux mesures de suivi et de gestion mentionnées au 8° du même article L 311-39.

Section 7

Paiement de l'accise

Art L 311-43 Par dérogation à l'article L 171-2, le paiement de l'accise intervient à des échéances déterminées par arrêté du ministre chargé du budget et intervenant au plus tard à la fin de l'année civile qui suit la déclaration.

CHAPITRE II

ENERGIES

Section 1

Eléments taxables et territoires

Art L 312-1 Les règles relatives aux éléments taxables et aux territoires pour l'accise sur les énergies sont déterminées par les dispositions du titre Ier du livre Ier, par celles de la section 1 du chapitre Ier du présent titre et par celles de la présente section.

Sous-section 1

Produits taxables

Art L 312-2 Sont soumis à l'accise :

1° En tant que carburant :

a. Les produits énergétiques au sens de l'article L 312-3, utilisés comme carburant au sens de l'article L 312-7 ;

b. Les autres produits utilisés comme carburant, à l'exception des produits mentionnés à l'article L 312-9 ;

c. Les produits autres que ceux mentionnés aux *a* et *b* et mélangés à ces derniers, à l'exception des produits mentionnés à l'article L 312-9 ;

2° En tant que combustible :

a. Les produits énergétiques au sens de l'article L 312-3, utilisés comme combustible au sens de l'article L 312-8 ;

b. Les autres hydrocarbures utilisés comme combustible, à l'exception de la tourbe ;

3° L'électricité.

FR 10/22 inf. 5 nos 16 à 19 p. 10

Art L 312-3 Les produits énergétiques s'entendent, indépendamment de leur utilisation effective et, sous réserve du dernier alinéa, de leur destination finale, des produits suivants :

1° Les combustibles minéraux, à l'exception de la tourbe, les huiles minérales et produits de leur distillation, les cires bitumineuses et les cires minérales ;

2° Les hydrocarbures de constitution chimique définie présentés isolément et leurs mélanges d'isomères, autres que ceux relevant du 1° et à l'exclusion de leurs dérivés halogénés, sulfonés, nitrés ou nitrosés ;

3° Les préparations, autres que celles relevant des 1° ou 2°, à base d'huile ou de graisse pour le traitement des matières textiles, du cuir, des pelleteries ou d'autres matières similaires ;

4° Les additifs préparés pour huiles minérales ou pour autres liquides utilisés aux mêmes fins ;

5° Les alkylbenzènes en mélange et les alkylnaphtalènes en mélange ;

6° Les graisses et huiles animales ou végétales, à l'exclusion des graisses et huiles animales non chimiquement modifiées et non mélangées à d'autres graisses, du glycérol et des eaux et lessives glycérineuses, des cires végétales et d'insectes, du dégras et des résidus provenant du traitement de ces produits ;

7° Le méthanol d'origine non synthétique ;

8° Les biodiesels et ses mélanges autres que ceux relevant du 1° ;

9° Les autres produits chimiques et préparations des industries chimiques ou des industries connexes déterminés par arrêté du ministre chargé du budget et qui répondent aux conditions cumulatives suivantes :

a. Ils sont susceptibles d'être utilisés comme carburant ou combustible ou d'être mélangés à des produits destinés à être utilisés à de telles fins ;

b. Il ne s'agit ni de préparations antirouilles contenant des amines comme éléments actifs ni de solvants ou diluants composites inorganiques pour vernis et produits similaires.

Toutefois, les produits mentionnés aux 6° à 9° détenus en amont de leur utilisation finale ne sont qualifiés de produits énergétiques que lorsqu'il ressort de leur composition, de leur état, de leur conditionnement ou de tout autre élément pertinent qu'ils sont destinés à être utilisés comme carburant ou combustible ou à être mélangés à un produit destiné à être utilisé comme tel.

Art L 312-4 Les charbons s'entendent des produits énergétiques suivants :

1° Les houilles et combustibles solides obtenus à partir de la houille ;

2° Les lignites ;

3° Les cokes et semi-cokes de houille, de lignite ou de tourbe et le charbon de cornue.

Art L 312-5 Les gaz naturels s'entendent des produits énergétiques suivants :

1° Le gaz naturel, à l'état liquide ou gazeux ;

2° Les autres hydrocarbures gazeux fournis dans cet état et mélangés à du gaz naturel.

Art L 312-6 Les produits assimilés aux produits énergétiques s'entendent des produits mentionnés aux *b* et *c* du 1° et au *b* du 2° de l'article L 312-2.

Art L 312-7 L'utilisation d'un produit comme carburant s'entend de sa combustion en vue de produire directement de l'énergie mécanique, y compris lorsque cette énergie est par la suite transformée.

Art L 312-8 L'utilisation d'un produit comme combustible s'entend de sa combustion en vue de produire directement de l'énergie thermique, y compris lorsque cette énergie est par la suite transformée.

Art L 312-9 Ne sont pas soumis à l'accise sur les énergies :

1° Le bois de chauffage en rondins, bûches, ramilles, fagots ou sous formes similaires, le bois en plaquettes ou en particules, les sciures, déchets et débris de bois et le charbon de bois ;

2° L'alcool qui n'est pas dénaturé dans les conditions prévues à l'article L 313-7 ou à l'article L 313-8.

Sous-section 2

Territoires de taxation

Art L 312-10 Dans les collectivités régies par l'article 73 de la Constitution, seuls sont soumis à l'accise :

1° Pour les produits utilisés comme carburant, ceux relevant des catégories fiscales des gazoles et des essences définies à l'article L 312-22, à l'exception de l'essence d'aviation ;

2° Pour les produits utilisés comme combustible, les charbons et les gaz naturels définis respectivement aux articles L 312-4 et L 312-5 ;

3° L'électricité.

Art L 312-11 Par dérogation à l'article L 311-2, pour les charbons, les gaz naturels et l'électricité, les cinq territoires mentionnés à l'article L 112-4 sont regardés comme un territoire de taxation unique.

Pour l'électricité, le territoire de taxation comprend également le territoire de Saint-Pierre-et-Miquelon et des îles Wallis et Futuna. Les dispositions du présent code relatives à l'accise sur l'électricité sont applicables dans ces collectivités.

Section 2

Fait générateur

Art L 312-12 Les règles relatives au fait générateur de l'accise sur les énergies sont déterminées par les dispositions du titre II du livre Ier, par celles de la section 2 du chapitre Ier du présent titre et par celles de la présente section.

Sous-section 1

Charbons, gaz naturels et électricité

Art L 312-13 Par dérogation à l'article L 311-4, pour les charbons, les gaz naturels et l'électricité, le fait générateur de l'accise est constitué par :

1° La fourniture sur le territoire de taxation du produit par une personne à une autre personne qui le consomme. Ne sont pas considérées comme consommées les quantités d'électricité dont la perte est inhérente au transport et à la distribution de l'électricité jusqu'à l'utilisateur ;

2° La consommation sur le territoire de taxation du produit par une personne qui l'a produit ou importé sur le territoire de taxation ou sur le territoire d'un autre Etat membre de l'Union européenne.

Art L 312-14 Par dérogation à l'article L 311-5, pour les charbons, les gaz naturels et l'électricité, les éléments nécessaires à l'établissement de l'accise sont appréciés dans les conditions prévues à l'article L 120-2.

Sous-section 2

Produits assimilés à des produits énergétiques

Art L 312-15 Pour les produits assimilés aux produits énergétiques, le fait générateur est constitué par celui des évènements suivants qui intervient en premier :

1° L'affectation à une utilisation comme carburant ou combustible ou comme produit destiné à être ajouté à un carburant ;

2° La mise en vente comme carburant ou combustible ou comme produit destiné à être ajouté à un carburant ;

3° L'utilisation comme carburant ou combustible ou l'adjonction à un produit destiné à être utilisé comme carburant.

Sous-section 3

Simplifications administratives

Art L 312-16 Par dérogation à l'article L 311-4, ne constitue pas un fait générateur de l'accise la production de produits énergétiques qui intervient dans l'une des situations suivantes :

1° De faibles quantités sont obtenues lors d'opérations n'ayant pas pour objet une telle production ;

2° Un produit consommé par une entreprise est modifié ou traité afin de pouvoir être utilisé à nouveau, lorsque cette réutilisation est réalisée par cette même entreprise pour un usage pour lequel le montant de l'accise n'est pas supérieur à celui dont relève la première consommation ;

3° Le mélange de produits à l'extérieur d'un entrepôt de production ou d'un site où l'accise est suspendue, sous réserve que le montant cumulé de l'accise sur ces produits ne soit pas inférieur à celui de l'accise sur ce mélange.

Art L 312-17 Par dérogation au 2° de l'article L 312-13, ne constitue pas le fait générateur de l'accise la consommation d'électricité par la personne qui l'a produite lorsque les conditions suivantes sont cumulativement remplies :

1° Cette personne consomme l'intégralité de la production pour ses propres besoins ;

2° Les quantités produites ou susceptibles d'être produites, appréciées par site de production et selon le mode de production, n'excèdent pas des seuils déterminés par décret.

Section 3

Montant de l'accise

Art L 312-18 Les règles relatives au montant de l'accise sur les énergies sont déterminées par les dispositions du titre III du livre Ier, par celles de la section 3 du chapitre Ier du présent titre du présent livre et par celles de la présente section.

Sous-section 1

Règles de calcul

Paragraphe 1. Base d'imposition

Art L 312-19 La base d'imposition de l'accise est, selon le produit ou son état physique, constituée par l'une des grandeurs suivantes, exprimée dans l'unité indiquée :

1° Pour les produits à l'état solide, le fioul lourd et les gaz de pétrole liquéfiés, la masse nette exprimée en kilogrammes ;

2° Pour les charbons, les gaz naturels et l'électricité, la quantité d'énergie exprimée en mégawattheures. Pour les gaz naturels, est retenue la quantité d'énergie dégagée lors de la combustion totale du produit, y compris l'énergie thermique de la vapeur d'eau produite ;

3° Pour les autres produits à l'état liquide, le volume à 15 degrés Celsius et sous une pression de 101 325 pascals, exprimé en litres ;

4° Pour les autres produits à l'état gazeux, le volume à 0 degré Celsius et sous une pression de 101 325 pascals, exprimé en mètres cubes.

L'état physique des produits mentionné au présent article est leur état à 15 degrés Celsius sous une pression de 101 325 pascals.

Art L 312-20 La base d'imposition est arrondie à l'unité, sauf pour l'électricité.

Paragraphe 2. Catégories fiscales

Art L 312-21 Les produits taxables et les consommations d'électricité sont répartis au sein de catégories fiscales.

Les catégories fiscales de produits taxables en tant que carburant ou en tant que combustible sont identifiées chacune par un produit de référence.

Art L 312-22 Les catégories fiscales des produits taxables en tant que carburant, leur produit de référence et les produits qu'elles contiennent sont les suivants :

CATEGORIE FISCALE (CARBURANT)	PRODUIT DE REFERENCE	PRODUITS DE LA CATEGORIE
Gazoles	Gazole B7	Gazoles classés en huiles lourdes contenant ou non du biodiesel
Carburéacteurs	Jet A1	Pétroles lampants classés en huiles moyennes et ne contenant pas de biodiesel
Essences	Essence SP95-E5	Essences pour moteur classées en huiles légères et préparations et ne contenant pas de biodiesel
Gaz de pétrole liquéfiés carburant	Propane	Gaz de pétrole et autres hydrocarbures gazeux liquéfiés, à l'exception du gaz naturel
Gaz naturels carburant	Gaz naturel de type H	Gaz naturel liquéfiés ou à l'état gazeux

Tout produit utilisé comme carburant qui n'est pas mentionné dans ce tableau relève de la même catégorie fiscale que celui des produits qui y sont mentionnés auquel il se substitue effectivement dans son utilisation ou, à défaut, que celui qui, par ses propriétés et sa destination, lui est le plus proche.

Tout produit qui, n'étant pas utilisé comme carburant, est mélangé à un produit utilisé comme carburant relève de la même catégorie fiscale que ce produit.

FR 10/22 inf. 5 n°s 16 à 19 p. 10

Art L 312-23 Les catégories fiscales des produits taxables en tant que combustible, leur produit de référence et les produits qu'elles contiennent sont les suivants :

CATEGORIE FISCALE (COMBUSTIBLE)	PRODUIT DE REFERENCE	PRODUITS DE LA CATEGORIE
Charbons	Anthracite	Charbons au sens de l'article L 312-4
Fiouls lourds	Fioul lourd	*Fuel oils* classés en huiles lourdes contenant ou non du biodiesel
Fiouls domestiques	Fioul domestique	Gazoles classés en huiles lourdes contenant ou non du biodiesel
Pétroles lampants	Pétrole lampant	Pétroles lampants classés en huiles moyennes et ne contenant pas de biodiesel
Gaz de pétrole liquéfiés combustible	Mélange comprenant 90 % de propane et 10 % de butane	Gaz de pétrole et autres hydrocarbures gazeux liquéfiés, à l'exception du gaz naturel
Gaz naturels combustible	Gaz naturel de type H	Gaz naturel liquéfié ou à l'état gazeux

Tout produit utilisé comme combustible qui n'est pas mentionné dans ce tableau relève de la même catégorie fiscale que celui des produits qui y est mentionné auquel il se substitue effectivement dans son utilisation ou, à défaut, de celui qui, par ses propriétés et sa destination, lui est le plus proche.

Art L 312-24 Les catégories fiscales de l'électricité sont définies, en fonction de la nature des activités pour les besoins desquelles elle est consommée et de la puissance sous laquelle elle est fournie, exprimée en kilovoltampères, par le tableau suivant :

CATEGORIE FISCALE (ELECTRICITE)	ACTIVITES POUR LES BESOINS DESQUELLES L'ELECTRICITE EST CONSOMMEE	PUISSANCE SOUS LAQUELLE L'ELECTRICITE EST FOURNIE
Ménages et assimilés	Activités non économiques	Inférieure ou égale à 250 kVA
	Activités économiques	Inférieure ou égale à 36 kVA
Petites et moyennes entreprises	Activités économiques	Supérieure à 36 kVA et inférieure ou égale à 250 kVA
Haute puissance	Toutes	Supérieure à 250 kVA

Paragraphe 3. Tarifs

Art L 312-25 Les tarifs appliqués aux produits taxables sont exprimés en euro par unité de la base d'imposition déterminée dans les conditions prévues à l'article L 312-19.

Ils résultent, lorsque cette unité n'est pas le mégawattheure, de la conversion des tarifs exprimés en euros par mégawattheure prévus à la sous-section 2 de la présente section.

Cette conversion est réalisée, pour les tarifs normaux des catégories fiscales et les tarifs réduits propres à certains usages, sur la base du contenu énergétique du produit de référence ou d'une moyenne des contenus énergétiques des produits les plus représentatifs de la catégorie fiscale et, pour les tarifs particuliers propres à un produit, sur la base du contenu énergétique de ce produit.

Lorsque la composition d'un produit n'est pas entièrement déterminée par ses spécifications techniques, la conversion est réalisée sur la base du contenu énergétique théorique maximum qui résulte de ses spécifications. Si les spécifications techniques sont modulées au cours d'une année civile, le contenu énergétique retenu résulte de la moyenne des contenus énergétiques théoriques maximum au cours de l'année civile.

Les tarifs résultant de cette conversion sont arrondis à l'unité.

Ndlr *Pour les conversions des tarifs précités, voir arrêté ECOE2233871A du 13 décembre 2022 art. 2-2, JO du 28 modifié par l'arrêté ECOE2237323A du 30 décembre 2022, JO du 31.*

Art L 312-26 Le tarif de l'accise d'un produit est le tarif normal assigné à la catégorie fiscale dont il relève.

Lorsque les grandeurs mentionnées à l'article L 312-19 sont différentes pour ce produit et le produit de référence de cette catégorie fiscale, le tarif appliqué résulte de la conversion en euro par unité de la d'imposition du produit taxé du tarif normal assigné à cette catégorie fiscale.

Les tarifs résultant de cette conversion sont arrondis à l'unité.

Art L 312-27 Lorsqu'un tarif réduit est prévu pour un usage donné et pour une ou plusieurs catégories fiscales, il se substitue au tarif normal pour les produits de cette catégorie ou de ces catégories lorsque ces produits sont effectivement consommés pour les besoins d'un tel usage.

Lorsque plusieurs tarifs réduits sont susceptibles de s'appliquer, le moins élevé est retenu.

Si un produit est consommé concurremment pour des usages relevant de tarifs différents, chaque tarif s'applique à due proportion des quantités de produits consommées pouvant être rattachées à chacun de ces usages.

Art L 312-28 Lorsqu'un tarif particulier est prévu pour un produit donné d'une catégorie fiscale, il se substitue au tarif normal pour ce seul produit de cette catégorie.

Toutefois, lorsque le produit est consommé pour les besoins d'un usage permettant l'application d'un tarif réduit mentionné à l'article L 312-27, ce tarif réduit s'applique s'il est moins élevé.

Art L 312-29 Des arrêtés conjoints du ministre chargé du budget et du ministre chargé de l'énergie déterminent les coefficients des conversions mentionnées aux articles L 312-25 et L 312-26 ainsi que les conditions dans lesquelles ils sont arrondis et constatent les tarifs qui en résultent *(NDLR Voir arrêté ECOE2233871A du 13 décembre 2022 art. 2-1 à 2-12, JO du 28 modifié par l'arrêté ECOE2237323A du 30 décembre 2022, JO du 31 et l'arrêté ECOE2303499A du 16 février 2023, JO du 4 mars)*.

Art L 312-30 Des arrêtés conjoints du ministre chargé du budget et du ministre chargé de l'énergie déterminent, en tant que de besoin, les méthodes de conversion entre les grandeurs dans lesquelles les quantités de produits sont physiquement mesurées et celles de la base d'imposition mentionnée à l'article L 312-19 *(NDLR Voir arrêté ECOE2233871A du 13 décembre 2022 art. 2-1 à 2-4, JO du 28 modifié par l'arrêté ECOE2237323A du 30 décembre 2022, JO du 31).*

Paragraphe 4. Règles particulières

Sous-paragraphe 1. Limitation des taxations en chaîne

Art L 312-31 Sont exonérés de l'accise les produits taxables consommés pour les besoins de la production des produits énergétiques et des produits assimilés.

Le premier alinéa ne s'applique ni aux produits consommés en dehors de l'enceinte des établissements de production de produits énergétiques et produits assimilés, ni aux produits consommés pour produire de l'électricité elle-même utilisée pour les besoins de la production de produits énergétiques et produits assimilés.

Art L 312-32 Sont exonérés de l'accise les produits taxables consommés pour les besoins de la production d'électricité ainsi que l'électricité consommée pour maintenir la capacité de production de l'électricité.

Le premier alinéa n'est pas applicable lorsque l'électricité produite est exemptée de l'accise en application de l'article L 312-17.

Sous-paragraphe 2. Changements de tarifs

Art L 312-33 Les quantités de gaz naturels ou d'électricité fournis ou consommés pendant une période continue au cours de laquelle les tarifs de l'accise évoluent sont, lorsque les dates de fourniture ou de consommation ne peuvent raisonnablement être connues, réparties entre ces différents tarifs à due proportion de leur durée respective d'application.

La période mentionnée au premier alinéa du présent article ne peut excéder une année.

Un décret détermine les modalités d'application du présent article en fonction, pour chaque produit, des conditions de la fourniture ou de la consommation et des techniques et méthodes disponibles permettant de mesurer ou d'évaluer les quantités fournies ou consommées.

Sous-paragraphe 3. Neutralité technologique des processus de cogénération

Art L 312-34 Par dérogation à l'article L 312-26, pour les besoins de la production combinée de chaleur et d'électricité, un produit taxable en tant que carburant est taxé au tarif applicable pour la taxation en tant que combustible.

Sous-section 2

Niveaux de taxation

Paragraphe 1. Tarifs normaux

Art L 312-35 Les tarifs normaux, exprimés en euros par mégawattheure, des catégories fiscales des produits taxables en tant que carburant sont les suivants :

CATEGORIE FISCALE (CARBURANT)	TARIF NORMAL A COMPTER DE 2022 (€/MWh)
Gazoles	59,40
Carburéacteurs	76,826
Essences	76,826
Gaz de pétrole liquéfiés carburant	16,208
Gaz naturels carburant	5,23

***Ndlr** Pour les tarifs applicables à compter de 2024, voir arrêté ECOE2233871A du 13 décembre 2022 art. 2-5, JO du 28 modifié par l'arrêté ECOE2237323A du 30 décembre 2022, JO du 31.*

Toutefois, le tarif est réduit à 24,81 € *(NDLR Pour le montant du présent tarif applicable du 1er janvier 2025 au 1er janvier 2029, voir partie Autres textes du présent code loi 2023-1322 du 29 décembre 2023 art. 94, II-B-2° à 6°)* par mégawattheure pour les produits de la catégorie fiscale des gazoles consommés pour les besoins des moteurs qui réalisent des travaux statiques aux fins de la réalisation d'activités économiques et des moteurs de propulsion des engins qui ne circulent pas habituellement sur les voies ouvertes à la circulation publique. Un arrêté du ministre chargé du budget détermine les caractéristiques physiques et chimiques des produits concernés, la liste des engins éligibles et les conditions auxquelles s'applique le tarif pour les moteurs pouvant alternativement être utilisés pour des travaux statiques et la propulsion d'engins.

Ndlr *Le présent alinéa est supprimé à compter du 1er janvier 2030 (Loi 2023-1322 du 29 décembre 2023 art. 94, II-C).*

Art L 312-36 Les tarifs normaux, exprimés en euros par mégawattheure, des catégories fiscales des produits taxables en tant que combustible sont, le cas échéant avant application des dispositions du troisième alinéa, les suivants :

CATEGORIE FISCALE (COMBUSTIBLE)	TARIF NORMAL A COMPTER DE 2022 (€/MWh)
Charbons	14,62
Fiouls lourds	12,555
Fiouls domestiques	15,62
Pétroles lampants	15,686
Gaz de pétrole liquéfiés combustible	5,189
Gaz naturels combustible	8,45

Ndlr *Pour les tarifs normaux résultant des règles de conversion de certaines catégories fiscales pour l'usage combustible mentionnées ci-dessus applicables à compter de 2022, voir également arrêté ECOE2233871A du 13 décembre 2022 art. 2-6, JO du 28 modifié par l'arrêté ECOE2237323A du 30 décembre 2022, JO du 31.*

Pour les gaz naturels, le tarif normal peut être majoré par arrêté conjoint des ministres chargés de l'économie et du budget, sans pouvoir excéder 16,37 € par mégawattheure. Cet arrêté est pris au plus tard le 31 décembre 2023 et ne donne pas lieu à consultation du Conseil supérieur de l'énergie.

Ndlr *Le tarif normal majoré mentionné à l'alinéa ci-dessus est égal à 16,37 € par mégawattheure à compter du 1er janvier 2024 (Arrêté ECOE2233871A du 13 décembre 2022 art. 1er modifié par l'arrêté ECOE2333215A du 29 décembre 2023).*

Pour les gaz naturels, le tarif normal de la catégorie fiscale est indexé sur l'inflation dans les conditions prévues au chapitre II du titre III du livre Ier. Le tarif révisé est arrondi au centième d'euro par mégawattheure. La révision ultérieure est réalisée à partir du tarif non arrondi.

Ndlr *Les dispositions du présent alinéa s'appliquent à compter du 1er janvier 2025. La première révision du tarif qui en est issu intervient à la même date (Loi 2023-1322 du 29 décembre 2023 art. 92, V).*

Art L 312-37 Les tarifs normaux de l'accise, exprimés en euros par mégawattheure, sont, en 2015, pour chacune des catégories fiscales de l'électricité, les suivants :

CATEGORIE FISCALE (Electricité)	TARIF NORMAL EN 2015 (€/MWh)
Ménages et assimilés	32,0625
Petites et moyennes entreprises	25,6875
Haute puissance	22,5

La fraction du tarif supérieure à 22,5 € par mégawattheure est indexée sur l'inflation dans les conditions prévues par le chapitre II du titre III du livre Ier. Le tarif révisé est arrondi au centième d'euro par mégawattheure. La révision ultérieure est réalisée à partir du tarif non arrondi.

Ndlr 1. *Les tarifs applicables au 1er janvier 2023 étaient ceux figurant dans le tableau ci-dessus (Ordonnance 2021-1843 du 22 décembre 2021 art. 37, 3°-b). Toutefois, par dérogation au présent article, pour les quantités d'électricité fournies entre le 1er février 2023 et le 31 janvier 2024, les tarifs de l'accise sur l'électricité qui ne sont pas nuls au 31 janvier 2023 sont égaux à 1 € par mégawattheure pour les consommations relevant de la catégorie fiscale « ménages et assimilés » définie à l'article L 312-24 du CIBS et à 0,5 € par mégawattheure pour les autres consommations (Loi 2022-1726 du 30 décembre 2022 art. 64, I et III).*

2. *Par dérogation au présent article, pour les quantités d'électricité fournies entre le 1er février 2024 et le 31 janvier 2025, les tarifs de l'accise sur l'électricité qui ne sont pas nuls au 31 janvier 2024 sont également égaux à 1 € par mégawattheure pour les consommations relevant de la catégorie fiscale « ménages et assimilés » définie à l'article L 312-24 du CIBS et à 0,5 € par mégawattheure pour les autres consommations. Toutefois, ces tarifs peuvent* *faire l'objet, à compter de la date de première détermination en 2024 du tarif de référence, d'une majoration uniforme déterminée par arrêté, dans la limite d'un plafond (Loi 2023-1322 du 29 décembre 2023 art. 92, I et II).*

Il en résulte que les tarifs normaux de l'accise sont, pour les quantités d'électricité fournies entre le 1er février 2024 et le 31 janvier 2025, fixés à 21 €/MWh pour les ménages et assimilés, 20,5 €/MWh pour les petites et moyennes entreprises et 20,5 €/MWh pour haute puissance (Arrêté ECOE2233871A du 13 décembre 2022 art. 1-1 issu de l'arrêté ECOE2335817A du 25 janvier 2024).

Paragraphe 2. Modulations géographiques

Art L 312-38 Par dérogation à l'article L 312-35, dans les collectivités régies par l'article 73 de la Constitution, la région détermine les tarifs normaux des catégories fiscales des gazoles et des essences, sans pouvoir excéder les montants prévus au même article L 312-35.

Elle détermine également les tarifs réduits et les tarifs particuliers pour les produits relevant de ces catégories fiscales.

Art L 312-39 Les tarifs normaux et le tarif particulier mentionné à l'article L 312-83 font l'objet, dans les collectivités autres que celles régies par l'article 73 de la Constitution, de majorations régionales dans les limites suivantes :

1° 1,35 € par mégawattheure pour la catégorie fiscale des gazoles ;

2° 0,821 € par mégawattheure pour la catégorie fiscale des essences. Toutefois, le tarif normal n'est pas modulé pour l'essence d'aviation.

Ndlr *Pour les limites maximales des majorations régionales résultant des règles de conversion applicables à compter de 2022, voir arrêté ECOE2233871A du 13 décembre 2022 art. 2-7, JO du 28 modifié par l'arrêté ECOE2237323A du 30 décembre 2022, JO du 31.*

Le montant de la majoration est déterminé par la région sur le territoire de laquelle les produits sont vendus à la personne qui les consomme.

Art L 312-40 Les tarifs normaux et le tarif particulier mentionné à l'article L 312-83 des produits vendus en région d'Ile-de-France à la personne qui les consomme font l'objet, sans préjudice de l'article L 312-39, de majorations dans les limites suivantes :

1° 1,89 € par mégawattheure pour la catégorie fiscale des gazoles ;

2° 1,148 € par mégawattheure pour la catégorie fiscale des essences. Toutefois, le tarif normal n'est pas modulé pour l'essence d'aviation.

Ndlr *Pour les limites maximales de majorations résultant des règles de conversion applicables à compter de 2022, voir arrêté ECOE2233871A du 13 décembre 2022 art. 2-7, JO du 28 modifié par l'arrêté ECOE2237323A du 30 décembre 2022, JO du 31.*

Le montant de la majoration est déterminé par l'établissement « Ile-de-France Mobilités » mentionné à l'article L. 1241-1 du code des transports.

Art L 312-41 Pour les produits de la catégorie fiscale des essences vendus en Corse à la personne qui les consomme, le tarif normal est, sans préjudice de l'article L 312-39, minoré de 1,125 € par mégawattheure. Toutefois, le tarif normal n'est pas modulé pour l'essence d'aviation.

Ndlr *Pour la période de 2022 à 2024, la minoration du tarif normal résultant des règles de conversion pour les produits de la catégorie fiscale des essences vendus en Corse est de 1 € par hectolitre (Arrêté ECOE2233871A du 13 décembre 2022 art. 2-8, JO du 28, modifié par l'arrêté ECOE2237323A du 30 décembre 2022, JO du 31).*

Le présent article est applicable jusqu'à la première des échéances mentionnées à l'article 2 de la décision d'exécution (UE) 2019/372 du Conseil du 5 mars 2019 autorisant la France à appliquer un taux d'imposition réduit à l'essence sans plomb utilisée comme carburant et mise à la consommation dans les départements de Corse, conformément à l'article 19 de la directive 2003/96/CE, dans sa rédaction en vigueur.

Paragraphe 3. Tarifs réduits applicables aux consommations de certaines activités économiques

Sous-paragraphe 1. Dispositions communes

Sous-sous-paragraphe 1. Eligibilité aux tarifs constitutifs d'aides d'Etat

Art L 312-42 Le bénéfice des tarifs réduits constitutifs d'une aide d'Etat prévus au présent paragraphe est subordonné au respect des conditions prévues à l'article 44 du règlement général d'exemption par catégorie.

Sous-sous-paragraphe 2. Intensité énergétique

Art L 312-43 Lorsqu'un tarif réduit pour certains produits est conditionné au respect d'un niveau minimum d'intensité énergétique au sens de l'article L 312-44, le périmètre des produits pris en compte pour déterminer le niveau d'intensité énergétique est apprécié dans les conditions prévues à l'article L 312-45, indépendamment du périmètre des produits éligibles au tarif réduit.

Seules sont éligibles à ce tarif réduit les consommations réalisées pour les besoins des activités sur le périmètre desquelles ce niveau d'intensité énergétique est apprécié dans les conditions prévues à l'article L 312-46.

Art L 312-44 Pour l'application du présent paragraphe :

1° Le niveau d'intensité énergétique en valeur de production s'entend du quotient entre :

a. Au numérateur, le coût total d'acquisition, toute taxe comprise à l'exception de la taxe sur la valeur ajoutée déductible, des produits taxables et de la chaleur ;

b. Au dénominateur, le chiffre d'affaires, y compris les subventions directement liées au prix du produit, corrigé de la variation des stocks de produits finis, les travaux en cours et les biens ou les services achetés à des fins de revente, diminué des acquisitions de biens et services destinés à la revente ;

2° Le niveau d'intensité énergétique en valeur ajoutée s'entend du quotient entre :

a. Au numérateur, le montant total de l'accise sur les produits utilisés, en appliquant le tarif normal. Pour l'électricité, le tarif normal pour les consommations haute puissance est retenu ;

b. Au dénominateur, le chiffre d'affaires total soumis à la taxe sur la valeur ajoutée diminué de la totalité des achats soumis à la taxe sur la valeur ajoutée.

Art L 312-45 Pour la détermination des niveaux d'intensité énergétique mentionnés à l'article L 312-44 sont seuls pris en compte en tant que produits taxables les produits suivants :

1° Ceux utilisés comme carburant pour les besoins suivants :

a. Le fonctionnement des moteurs stationnaires ;

b. Le fonctionnement des installations et machines utilisées dans la construction, le génie civil et les travaux publics ;

2° Ceux utilisés comme combustible ;

3° L'électricité.

Toutefois, ils peuvent être appréciés sur un sous-ensemble restreint de ces produits. Lorsque le niveau mentionné au 2° de l'article L 312-44 est apprécié uniquement sur l'électricité, il est dénommé niveau d'électro-intensité.

Art L 312-46 Les niveaux d'intensité énergétique mentionnés à l'article L 312-44 sont appréciés pour l'ensemble des activités d'une entreprise ou, si cette entreprise en décide autrement, d'une ou plusieurs de ses subdivisions dont chacune, du point de vue de l'organisation, constitue une exploitation indépendante.

Sous-sous-paragraphe 3. Désignation des activités économiques

Art L 312-47 Pour l'application du présent paragraphe, la nomenclature statistique des activités économiques s'entend de la nomenclature établie par le règlement (CE) n° 1893/2006 du Parlement européen et du Conseil du 20 décembre 2006 établissant la nomenclature statistique des activités économiques NACE Rév. 2 et modifiant le règlement (CEE) n° 3037/90 du Conseil ainsi que certains règlements (CE) relatifs à des domaines statistiques spécifiques, dans sa rédaction en vigueur.

Sous-paragraphe 2. Transports

Art L 312-48 Les tarifs réduits dans le secteur des transports, exprimés en euros par mégawattheure, les produits auxquels ils s'appliquent et les articles prévoyant leurs conditions d'application sont les suivants :

CONSOMMATIONS	CATEGORIES FISCALES	CONDITIONS D'APPLICATION	TARIF REDUIT A COMPTER DE 2022 (€/MWh)
Transport guidé de personnes et de marchandises	Gazoles	L 312-49	18,82
	Electricité	L 312-50	0,5
Transport collectif routier de personnes	Gazoles	L 312-51	39,19
	Electricité	L 312-51	0,5

CONSOMMATIONS	CATEGORIES FISCALES	CONDITIONS D'APPLICATION	TARIF REDUIT A COMPTER DE 2022 (€/MWh)
Transport de personnes par taxi	Gazoles	L 312-52	30,2
	Essences	L 312-52	40,388
Transport routier de marchandises	Gazoles	L 312-53	45,19
Navigation intérieure à des fins commerciales ou pour les besoins des autorités publiques	Toutes sauf électricité	L 312-54	0
Navigation maritime à des fins commerciales ou pour les besoins des autorités publiques	Toutes sauf électricité	L 312-55	0
Alimentation à quai des engins flottants utilisés à des fins commerciales ou pour les besoins des autorités publiques	Electricité	L 312-56	0,5
Production à bord des navires et bateaux	Electricité	L 312-57	0
Manutention portuaire	Gazoles	L 312-57-1	3,86
	Electricité	L 312-57-2	0,5
Navigation aérienne pour les besoins des prestations de services et ceux des autorités publiques	Toutes sauf électricité	L 312-58	0
Exploitation des aérodromes ouverts à la circulation aérienne publique	Electricité	L 312-59	7,5

***Ndlr* 1.** *Par dérogation au présent article, pour les quantités d'électricité fournies entre le 1er février 2024 et le 31 janvier 2025, les tarifs de l'accise sur l'électricité qui ne sont pas nuls au 31 janvier 2024 sont égaux à 1 € par mégawattheure pour les consommations relevant de la catégorie fiscale « ménages et assimilés » définie à l'article L 312-24 du CIBS et à 0,5 € par mégawattheure pour les autres consommations (Loi 2023-1322 du 29 décembre 2023 art. 92, I).*

2. *Pour les tarifs réduits non nuls résultant des règles de conversion applicables dans le secteur des transports applicables à compter de 2022, voir arrêté ECOE2233871A du 13 décembre 2022 art. 2-9, JO du 28 modifié par l'arrêté ECOE2237323A du 30 décembre 2022, JO du 31.*

3. *A compter d'une date fixée par arrêté, qui ne peut être postérieure de plus de six mois à l'entrée en vigueur de la décision d'exécution du Conseil de l'Union européenne autorisant cette disposition en application de l'article 19 de la directive 2003/96/CE du Conseil du 27 octobre 2003, avant la dernière ligne du tableau ci-dessus, les deux lignes suivantes sont insérées :*

Alimentation des aéronefs lors de leur stationnement sur les aérodromes ouverts à la circulation aérienne publique	Electricité consommée pour les besoins des activités économiques	L 312-58-1	0,5
	Electricité consommée pour les besoins des activités non économiques		1

(Loi 2022-1157 du 16 août 2022 art. 9, VI-9° et XIII-C, modifié par loi 2023-1322 du 29 décembre 2023 art. 93).

Art L 312-49 Relèvent d'un tarif réduit de l'accise les gazoles consommés pour les besoins de la traction des engins transportant des personnes ou des marchandises sur le réseau ferroviaire au sens de l'article L 2122-1 du code des transports.

Art L 312-50 Relève d'un tarif réduit de l'accise l'électricité consommée pour les besoins des usages suivants dans la mesure où ils se rapportent au transport guidé de personnes ou de marchandises :

1° La traction des engins guidés ;

2° Le fonctionnement des équipements, installations et infrastructures destinés à la circulation, à la réparation et à l'entretien des engins guidés.

Art L 312-51 Relèvent d'un tarif réduit de l'accise les gazoles et l'électricité consommés pour les besoins de la propulsion des véhicules routiers utilisés pour le transport public collectif routier de personnes qui répondent aux conditions cumulatives suivantes :

1° Ils relèvent des catégories M2 ou M3 au sens du 1° de l'article L 421-1 ou répondent aux caractéristiques des petits trains touristiques déterminées par arrêté du ministre chargé des transports ;

2° Ils sont immatriculés dans l'Union européenne et sont utilisés par des personnes établies sur le territoire de l'Union européenne et en Irlande du Nord.

Art L 312-52 Relèvent d'un tarif réduit de l'accise les gazoles et les essences consommés pour les besoins de la propulsion des taxis au sens de l'article L 3121-1 du code des transports.

L'article L 312-42 n'est pas applicable au tarif réduit mentionné au premier alinéa dont relève le gazole.

Art L 312-53 Relèvent d'un tarif réduit de l'accise les gazoles consommés pour les besoins de la propulsion des véhicules routiers qui sont utilisés pour le transport de marchandises par des entreprises et qui répondent aux conditions cumulatives suivantes :

1° Ils relèvent des catégories N2 ou N3 au sens du 1° de l'article L 421-1 ;

2° Leur masse en charge maximale techniquement admissible est supérieure ou égale à 7,5 tonnes. Pour les véhicules tracteurs, il est tenu compte de la masse en charge maximale techniquement admissible de l'ensemble ;

3° Ils sont immatriculés dans l'Union européenne et sont utilisés par des personnes établies sur le territoire de l'Union européenne ou de l'Irlande du Nord.

Art L 312-54 Relèvent d'un tarif réduit de l'accise les produits taxables en tant que carburant ou combustible et consommés pour les besoins de la navigation intérieure au sens de l'article L 4000-2 du code des transports, lorsque le déplacement est inhérent à la réalisation, par l'utilisateur de l'engin flottant, d'une activité économique ou à l'exercice par les autorités publiques d'activités non économiques.

Pour le tarif réduit prévu au premier alinéa, l'article L 312-42 n'est applicable qu'aux pétroles lampants et aux gaz de pétrole liquéfiés combustible. Pour les autres produits, ce tarif réduit est subordonné, au titre du droit européen des aides d'Etat, au respect des conditions prévues, selon le cas, par le règlement général de minimis ou le règlement de minimis dans le secteur de la pêche et de l'aquaculture.

Relèvent également d'un tarif réduit les produits taxables en tant que carburant ou combustible destinés à l'avitaillement des bateaux au sens du 1° de l'article L 4000-3 du même code navigant sur les cours d'eau ou parties de cours d'eau internationaux dans les conditions déterminées par décret.

Pour le tarif réduit prévu au troisième alinéa du présent article, l'article L 312-42 n'est applicable qu'aux pétroles lampants et aux gaz de pétrole liquéfiés combustible utilisés dans des secteurs autres que celui de la pêche et de l'aquaculture. Pour les autres produits utilisés dans ces secteurs, ce tarif réduit est subordonné, au titre du droit européen des aides d'Etat, au respect des conditions prévues par le règlement général de minimis. Pour les produits utilisés dans le secteur de la pêche et de l'aquaculture, ce tarif réduit est subordonné, au titre du droit européen des aides d'Etat, au respect des conditions prévues par le règlement de minimis dans le secteur de la pêche et de l'aquaculture.

Art L 312-55 Relèvent d'un tarif réduit de l'accise les produits taxables en tant que carburant ou combustible et consommés pour les besoins de la navigation maritime au sens de l'article L 5000-1 du code des transports, lorsque le déplacement est inhérent à la réalisation, par l'utilisateur de l'engin flottant, d'une activité économique ou à l'exercice par les autorités publiques d'activités non économiques.

L'article L 312-42 n'est pas applicable au tarif réduit prévu au premier alinéa du présent article.

Relèvent également d'un tarif réduit les produits taxables en tant que carburant ou combustible destinés à l'avitaillement des engins flottants armés pour un usage professionnel mentionné à l'article L 5231-2 du code des transports.

Pour le tarif réduit prévu au troisième alinéa du présent article, l'article L 312-42 n'est applicable qu'aux pétroles lampants et aux gaz de pétrole liquéfiés combustible utilisés dans des secteurs autres que celui de la pêche et de l'aquaculture. Pour les autres produits utilisés dans ces secteurs, ce tarif réduit est subordonné, au titre du droit européen des aides d'Etat, au respect des conditions prévues par le règlement général de minimis. Pour les produits utilisés dans le secteur de la pêche et de l'aquaculture, ce tarif réduit est subordonné, au titre du droit européen des aides d'Etat, au respect des conditions prévues par le règlement de minimis dans le secteur de la pêche et de l'aquaculture.

Art L 312-56 Relève d'un tarif réduit de l'accise l'électricité fournie lors du stationnement à quai dans les ports pour les besoins des engins mentionnés au premier alinéa de l'article L 312-54 et au premier alinéa de l'article L 312-55.

Le premier alinéa est applicable jusqu'à la première des échéances mentionnées à l'article 2 de la décision d'exécution (UE) 2020/1629 du Conseil du 29 octobre 2020 autorisant la France à appliquer un taux réduit de taxation à l'électricité directement fournie aux navires se trouvant à quai dans un port, conformément à l'article 19 de la directive 2003/96/CE, dans sa rédaction en vigueur.

Art L 312-57 Relève d'un tarif réduit de l'accise, sans préjudice de l'article L 312-17, l'électricité produite à bord des engins flottants suivants :

1° Les bateaux au sens du 1° de l'article L 4000-3 du code des transports. Par dérogation à l'article L 312-42, le bénéfice de ce tarif réduit est subordonné, au titre du droit européen des aides d'Etat, au respect des conditions prévues, selon le cas, par le règlement général de minimis ou le règlement de minimis dans le secteur de la pêche et de l'aquaculture ;

2° Les engins flottant armés pour la navigation maritime au sens de l'article L 5000-1 du code des transports.

L'article L 312-42 n'est pas applicable à ce tarif réduit.

Art L 312-57-1 Relèvent d'un tarif réduit de l'accise les gazoles qui répondent aux conditions cumulatives suivantes :

1° Le produit est consommé pour les besoins de la réalisation de travaux statiques, à l'exclusion du déplacement des engins réalisant ces travaux, ou de travaux de terrassement ;

2° Ces travaux sont réalisés pour les besoins de la manutention portuaire dans l'enceinte des ports suivants :

a. Les ports maritimes mentionnés à l'article L 5311-1 du code des transports ;

b. Les ports fluviaux composant le réseau transeuropéen de transport défini à l'article 2 du règlement (UE) n° 1315/2013 du Parlement européen et du Conseil du 11 décembre 2013 sur les orientations de l'Union pour le développement du réseau transeuropéen de transport et abrogeant la décision n° 661/2010/UE, dans sa rédaction en vigueur ;

c. Les ports fluviaux, autres que ceux mentionnés au b du présent 2°, qui sont situés sur un itinéraire du réseau transeuropéen de transport mentionné au même b et dont tout ou partie de l'activité est dédiée au transport international de marchandises ;

3° Le produit est utilisé par une entreprise dont le niveau d'intensité énergétique est au moins égal à 3 % en valeur de production ou 0,5 % en valeur ajoutée.

Art L 312-57-2 Relève d'un tarif réduit de l'accise l'électricité qui répond aux conditions cumulatives suivantes :

1° Elle est consommée pour les besoins de la manutention portuaire dans l'enceinte des ports mentionnés au 2° de l'article L 312-57-1 ;

2° Elle est consommée par une entreprise dont le niveau d'électro-intensité est au moins égal à 0,5 %.

Art L 312-58 Relèvent d'un tarif réduit de l'accise les produits taxables en tant que carburant ou combustible et consommés pour les besoins de la navigation aérienne lorsque le déplacement est inhérent à la réalisation, par l'utilisateur de l'aéronef, d'une prestation de services à titre onéreux ou à l'exercice par les autorités publiques d'activités non économiques.

L'article L 312-42 n'est pas applicable pour ce tarif réduit.

Art L 312-58-1 Relève d'un tarif réduit de l'accise l'électricité directement fournie aux aéronefs lors de leur stationnement sur les aérodromes ouverts à la circulation aérienne publique.

Ndlr Les dispositions du présent article s'appliquent à compter d'une date fixée par arrêté, qui ne peut être postérieure de plus de six mois à l'entrée en vigueur de la décision d'exécution du Conseil de l'Union européenne autorisant cette disposition en application de l'article 19 de la directive 2003/96/CE du Conseil du 27 octobre 2003 (Loi 2022-1157 du 16 août 2022 art. 9, VI-10° et XIII-C).

Art L 312-59 Relève d'un tarif réduit de l'accise l'électricité consommée pour les besoins de l'exploitation d'aérodromes ouverts à la circulation aérienne publique par les exploitants de ces aérodromes dont le niveau d'électro-intensité est au moins égal à 0,5 %.

Sous-paragraphe 3. Activités agricoles, forestières et montagnardes

Art L 312-60 Les tarifs réduits pour les activités agricoles, forestières et montagnardes, exprimés en euros par mégawattheure, les produits auxquels ils s'appliquent et les articles prévoyant leurs conditions d'application sont les suivants :

CONSOMMATIONS	CATEGORIES FISCALES	CONDITIONS D'APPLICATION	TARIF REDUIT A COMPTER DE 2022 (€/MWh)
Travaux agricoles et forestiers	Gazoles	L 312-61	6,71
	Fiouls lourds	L 312-61	0,167
	Gaz de pétrole liquéfiés combustible	L 312-61	0,712
	Gaz naturels carburant ou combustible	L 312-61	0,54
Déshydratation de légumes et plantes aromatiques	Gaz naturels combustible	L 312-62	1,6
Aménagement et entretien des pistes et routes dans les massifs montagneux	Gazoles	L 312-63	18,82

Ndlr 1. Pour les taux réduits non nuls résultant des règles de conversion applicables à compter de 2022, voir arrêté ECOE2233871A du 13 décembre 2022 art. 2-10, JO du 28 modifié par l'arrêté ECOE2237323A du 30 décembre 2022, JO du 31.

2. Pour le montant du tarif réduit relatif à la consommations des gazoles pour travaux agricoles et forestiers applicables du 1er janvier 2025 au 1er janvier 2030, voir partie Autres textes du présent code loi 2023-1322 du 29 décembre 2023 art. 94, II-G-2° à 7°.

Art L 312-61 Relèvent d'un tarif réduit de l'accise les fiouls lourds, gazoles, gaz de pétrole liquéfiés combustible et gaz naturels carburant ou combustible consommés pour les besoins de travaux agricoles au sens de l'article L 722-2 du code rural et de la pêche maritime ou de travaux forestiers au sens de l'article L 722-3 du même code.

Par dérogation à l'article L 312-42, pour les gaz naturels carburant et les fiouls lourds, le bénéfice du tarif réduit est subordonné, au titre du droit européen des aides d'Etat, au respect des conditions prévues, selon le cas, par le règlement de minimis dans le secteur agricole ou le règlement de minimis dans le secteur de la pêche et de l'aquaculture.

Ndlr Le tarif réduit prévu par le présent article prend la forme d'un remboursement partiel des accises sur les produits énergétiques éligibles, versé sur demande l'année suivant celle de l'acquisition desdits produits, conformément aux dispositions de l'article 32, II de la loi 2013-1278 du 29 décembre 2013 (temporairement maintenu en vigueur jusqu'à la publication des textes réglementaires du CIBS). Les personnes qui ont acquis, en 2022, des produits éligibles au tarif réduit peuvent solliciter le versement d'une avance sur le montant de ce remboursement partiel dans les conditions fixées par le décret 2022-745 du 28 avril 2022.

Art L 312-62 Relèvent d'un tarif réduit de l'accise les gaz naturels combustible consommés, pour les besoins de la déshydratation des légumes et plantes aromatiques, autres que les pommes de terre, par les entreprises dont le niveau d'intensité énergétique en valeur ajoutée, apprécié sur ces seules consommations, est au moins égal à 0,6744 %.

Art L 312-63 Relèvent d'un tarif réduit de l'accise les gazoles consommés dans les massifs mentionnés à l'article 5 de la loi n° 85-30 du 9 janvier 1985 relative au développement et à la protection de la montagne pour les besoins des activités suivantes :

1° Aménagement et préparation des parcours sur neige en extérieur réservés à la pratique des activités de glisse autorisées par des engins spécialement conçus à cet effet ;

2° Déneigement des voies ouvertes à la circulation publique par des engins équipés d'outils spécifiques destinés à lutter contre le verglas ou la neige.

Sous-paragraphe 4. Procédés et activités industriels

Art L 312-64 Les tarifs réduits pour les procédés et activités industriels, exprimés en euros par mégawattheure, les produits auxquels ils s'appliquent et les articles prévoyant leurs conditions d'application sont les suivants :

CONSOMMATIONS	CATEGORIES FISCALES	CONDITIONS D'APPLICATION	TARIF REDUIT A COMPTER DE 2022 (€/MWh)
Doubles usages	Toutes	L 312-66	0
Fabrication de produits minéraux non métalliques	Toutes	L 312-67	0
Production de biens très intensive en électricité	Electricité	L 312-68	0
Secteurs aéronautique et naval	Toutes sauf électricité	L 312-69	0
Centres de stockage de données	Electricité	L 312-70	12
Extraction de minéraux industriels	Gazoles	L 312-70-1	3,86
Consommations de certaines entreprises industrielles électro-intensives	Electricité	Se référer à l'article L 312-65	

Ndlr ***1.*** *A compter du 1er janvier 2027, la cinquième ligne du présent tableau est supprimée (Loi 2023-1322 du 29 décembre 2023 art. 94, II-H).*

2. *Par dérogation au présent article, pour les quantités d'électricité fournies entre le 1er février 2024 et le 31 janvier 2025, les tarifs de l'accise sur l'électricité qui ne sont pas nuls au 31 janvier 2024 sont égaux à 1 € par mégawattheure pour les consommations relevant de la catégorie fiscale « ménages et assimilés » définie à l'article L 312-24 du CIBS et à 0,5 € par mégawattheure pour les autres consommations (Loi 2023-1322 du 29 décembre 2023 art. 92, I).*

Art L 312-65 Les tarifs réduits de l'électricité consommée par certaines entreprises industrielles électro-intensives mentionnés à l'article L 312-64, exprimés en euros par mégawattheure, les niveaux minimaux d'électro-intensité et les articles prévoyant leurs conditions d'application sont les suivants :

CONSOMMATIONS D'ELECTRICITE	NIVEAU MINIMAL D'ELECTRO-INTENSITE	CONDITIONS D'APPLICATION	TARIF REDUIT A COMPTER DE 2022 (€/MWh)
Consommations des entreprises ayant une activité industrielle	0,5 %	L 312-71	7,5
	3,375 %	L 312-71	5
	6,75 %	L 312-71	2

CONSOMMATIONS D'ELECTRICITE	NIVEAU MINIMAL D'ELECTRO-INTENSITE	CONDITIONS D'APPLICATION	TARIF REDUIT A COMPTER DE 2022 (€/MWh)
Consommations des installations industrielles relevant de certains secteurs d'activité exposés à la concurrence internationale	0,5 %	L 312-72	5,5
	3,375 %	L 312-72	2,5
	6,75 %	L 312-72	1
	13,5 %	L 312-73	0,5

Ndlr *Par dérogation au présent article, pour les quantités d'électricité fournies entre le 1er février 2024 et le 31 janvier 2025, les tarifs de l'accise sur l'électricité qui ne sont pas nuls au 31 janvier 2024 sont égaux à 1 € par mégawattheure pour les consommations relevant de la catégorie fiscale « ménages et assimilés » définie à l'article L 312-24 du CIBS et à 0,5 € par mégawattheure pour les autres consommations (Loi 2023-1322 du 29 décembre 2023 art. 92, I).*

Art L 312-66 Relèvent d'un tarif réduit de l'accise les produits consommés spécifiquement pour réaliser directement l'une des opérations suivantes :

1° La réduction chimique ;

2° L'électrolyse ;

3° Les procédés métallurgiques ;

4° Pour les produits taxables en tant que combustible et consommés pour les besoins d'un processus déterminé, la génération d'une substance indispensable à la réalisation de ce processus et ne pouvant être générée qu'à partir de ces produits.

L'article L 312-42 n'est pas applicable à ce tarif réduit.

Art L 312-67 Relèvent d'un tarif réduit de l'accise les produits taxables consommés pour les besoins des procédés suivants :

1° La fabrication de verre et d'articles en verre ;

2° La fabrication de produits réfractaires, de matériaux de construction en terre cuite et de produits en céramique et en porcelaine ;

3° La fabrication de ciment, chaux et plâtre ainsi que d'ouvrages en béton, en ciment ou en plâtre ;

4° La taille, le façonnage et le finissage de pierres ;

5° La fabrication de produits abrasifs et d'autres produits minéraux non métalliques.

Les activités auxquelles se rapportent ces procédés sont celles classées sous les groupes correspondants de la nomenclature statistique des activités économiques mentionnée à l'article L 312-47.

L'article L 312-42 n'est pas applicable à ce tarif réduit.

Art L 312-68 Relève d'un tarif réduit de l'accise l'électricité consommée par une entreprise pour fabriquer un produit lorsque le rapport entre le coût de l'électricité et le coût du produit excède 50 %.

Le coût de l'électricité est égal à la somme des achats d'électricité par l'entreprise et des coûts de production de l'électricité utilisée au sein de l'entreprise, à l'exception de la taxe sur la valeur ajoutée déductible.

Le coût du produit est égal à la somme des achats de biens et services et des dépenses de personnel, augmentée de la consommation de capital fixe, à l'exception de la taxe sur la valeur ajoutée déductible.

Seuls sont pris en compte les coûts nécessaires à la production.

L'accise sur l'électricité est prise en compte au tarif normal de la catégorie fiscale considérée.

Le rapport mentionné au premier alinéa est apprécié sur une année civile ou sur un cycle de production pertinent.

L'article L 312-42 n'est pas applicable à ce tarif réduit.

Art L 312-69 Relèvent d'un tarif réduit de l'accise les produits consommés par les moteurs des aéronefs et des navires pour les besoins de la construction, du développement, de la mise au point, des essais et de l'entretien de ces engins ou de leurs moteurs.

Ndlr *Les dispositions du présent article sont abrogées à compter du 1er janvier 2027 (Loi 2023-1322 du 29 décembre 2023 art. 94, II-P).*

Art L 312-70 Relève d'un tarif réduit de l'accise, pour la fraction qui excède un gigawattheure sur une année civile, l'électricité consommée pour les besoins de l'infrastructure immobilière qui répond aux conditions cumulatives suivantes :

1° Elle est consacrée au stockage physique, au traitement, au transport et à la diffusion de données numériques ;

2° Son accès est sécurisé ;

3° Elle comprend des dispositifs spécifiques et dédiés de contrôle de son environnement thermique, de la qualité de son air, de son alimentation en énergie et de prévention des incendies ;

4° Elle intègre un système de management de l'énergie conforme aux critères prévus au second alinéa de l'article L 233-2 du code de l'énergie ;

5° L'exploitant adhère à un programme, reconnu par une autorité publique, nationale ou internationale, de mutualisation des bonnes pratiques de gestion énergétique des centres de données incluant :

a. L'écoconception des centres de stockage de données ;

b. L'optimisation de l'efficacité énergétique ;

c. Le suivi de la consommation énergétique et la réalisation de comptes rendus périodiques y afférents ;

d. La mise en œuvre de technologies de refroidissement qui répondent à des critères de performance ;

6° La chaleur fatale qu'elle génère est valorisée au sein d'un réseau de chaleur ou de froid ou l'installation respecte un indicateur chiffré sur un horizon pluriannuel en matière d'efficacité dans l'utilisation de la puissance, déterminé par décret ;

7° L'eau qui y est utilisée à des fins de refroidissement est limitée selon un indicateur chiffré sur un horizon pluriannuel, déterminé par décret ;

8° Le niveau d'électro-intensité, apprécié à l'échelle de cette installation, est au moins égal à 2,25 %.

Art L 312-70-1 Relèvent d'un tarif réduit de l'accise les gazoles qui répondent aux conditions cumulatives suivantes :

1° Le produit est consommé pour les besoins de la réalisation de travaux statiques, à l'exclusion du déplacement des engins réalisant ces travaux, ou de travaux de terrassement ;

2° Ces travaux sont réalisés pour les besoins de l'extraction des produits suivants :

a. Roches destinées à la transformation en pierre ornementale et de construction ;

b. Gypse et anhydrite ;

c. Pierre calcaire destinée à la production de chaux calcique et dolomitique pour l'industrie ;

d. Roches et minéraux suivants, dans la mesure où leurs caractéristiques sont compatibles avec une utilisation dans l'industrie : andalousite, carbonates de calcium comprenant 95 % de calcite, sables et roches siliceux comprenant 95 % de silice, talc, micas, feldspaths, bauxite, argiles kaoliniques, diatomite, kaolin, phonolite, dolomie comprenant 85 % de dolomite, pouzzolanes ;

3° Le produit est utilisé par une entreprise dont le niveau d'intensité énergétique est au moins égal à 3 % en valeur de production ou 0,5 % en valeur ajoutée.

Art L 312-71 Relève d'un tarif réduit de l'accise l'électricité consommée par les entreprises qui répondent aux conditions cumulatives suivantes :

1° Le niveau d'électro-intensité, apprécié, sans préjudice des dispositions de l'article L 312-46, à l'échelle de l'établissement où l'électricité est consommée ou à une échelle supérieure, est au moins égal au niveau minimal mentionné à l'article L 312-65 ;

2° L'activité principale de l'entreprise, appréciée à l'échelle retenue en application du 1°, relève de l'une des catégories suivantes :

a. Industries extractives ;

b. Industrie manufacturière ;

c. Production et distribution d'électricité, de gaz, de vapeur ou d'air conditionné ;

d. Production et distribution d'eau, assainissement, gestion des déchets et dépollution.

Les activités relevant des catégories mentionnées au 2° sont celles qui sont classées sous les sections correspondantes de la nomenclature statistique des activités économiques mentionnée à l'article L 312-47.

Art L 312-72 Relève d'un tarif réduit de l'accise l'électricité consommée pour les besoins de l'installation qui répond aux conditions cumulatives suivantes :

1° Le niveau d'électro-intensité de l'entreprise qui l'exploite est au moins égal au niveau minimal mentionné à l'article L 312-65 ;

2° Y sont réalisées une ou plusieurs des activités suivantes :

a. Extraction de minerais de fer, de minéraux pour l'industrie chimique et d'engrais naturels, ainsi que les activités de soutien à ces activités ;

b. Métallurgie du fer, de l'aluminium, du cuivre, du plomb, du zinc ou de l'étain, ainsi que la fabrication des tubes, tuyaux et raccords de tubes et tuyaux en ces métaux, des barres, tiges, profilés et fils en plomb et des plaques, feuilles et bandes en zinc ;

c. Fabrication de produits chimiques de base, organiques et inorganiques, autres que les gaz industriels, les colorants et pigments et l'alcool éthylique dénaturé, à l'exception de l'enrichissement de l'uranium et de la production d'alcool éthylique à partir de matériaux fermentés ;

d. Fabrication de produits azotés et d'engrais ainsi que production de compost par traitement et élimination de déchets organiques ;

e. Fabrication des matières plastiques de base suivantes : polyéthylène à basse densité, à basse densité linéaire et à haute densité, polypropylène, chlorure de polyvinyle et polycarbonate ;

f. Filature du coton, fabrication de fibres artificielles ou synthétiques et fabrication de vêtements en cuir, ainsi que des vêtements résistants au feu et de protection en cette matière ;

g. Fabrication de papier, de carton et de pâtes à papier mécaniques.

Les activités relevant des catégories mentionnées au présent article sont, sous réserve des adaptations que cet article prévoit, celles classées sous les divisions, groupes, classes et sous-classes correspondantes de la nomenclature statistique des activités économiques mentionnée à l'article L 312-47.

Art L 312-73 Relève d'un tarif réduit de l'accise l'électricité consommée pour les besoins de l'installation qui répond aux conditions cumulatives suivantes :

1° Elle est exploitée par une entreprise dont le niveau d'électro-intensité, évalué sur le périmètre de cette installation, est au moins égal au niveau minimal mentionné à l'article L 312-65 ;

2° Y sont réalisées une ou plusieurs des activités qui répondent aux conditions cumulatives suivantes :

a. Elles relèvent des catégories listées en annexe à la décision 2014/746/UE de la Commission du 27 octobre 2014 établissant, conformément à la directive 2003/87/CE du Parlement européen et du Conseil, la liste des secteurs et sous-secteurs considérés comme exposés à un risque important de fuite de carbone, pour la période 2015-2019, dans sa rédaction en vigueur au 31 décembre 2020 ;

b. L'intensité des échanges avec les pays tiers évaluée pour les besoins de la décision mentionnée au *a* est au moins égale à 25 %.

Sous-paragraphe 5. Activités relevant du système d'échange de quotas de gaz à effet de serre dans l'Union

Art L 312-74 Pour l'application du présent sous-paragraphe, le système d'échange de quotas de gaz à effet de serre dans l'Union pour les installations fixes ou "SEQE-IF" de l'UE, s'entend du système établi par la directive 2003/87/CE du Parlement européen et du Conseil du 13 octobre 2003 établissant un système d'échange de quotas d'émission de gaz à effet de serre dans l'Union et modifiant la directive 96/61/CE du Conseil, dans sa rédaction en vigueur, et régissant les installations mentionnées à l'article 3 nonies de la même directive.

Art L 312-75 Les tarifs réduits pour les activités relevant du système d'échange de quotas de gaz à effet de serre dans l'Union, exprimés en euros par mégawattheure, les produits auxquels ils s'appliquent et les articles prévoyant leurs conditions d'application sont les suivants :

CONSOMMATIONS	CATEGORIES FISCALES	CONDITIONS D'APPLICATION	TARIF REDUIT A COMPTER DE 2024 (€/MWh)
Installations intensives en énergie soumises au SEQE-IF de l'UE	Charbons	L 312-76	2,79
	Gaz naturels combustible	L 312-76	1,52
Installations intensives en énergie exposées à la concurrence internationale non soumises au SEQE-IF de l'UE mais relevant d'activités soumises au SEQE-IF de l'UE	Gaz naturels combustible	L 312-77	1,6
Installations de valorisation de la biomasse	Charbons	L 312-78	0

Ndlr 1. *Pour les tarifs réduits non nuls résultant des règles de conversion applicables à compter de 2022, voir arrêté ECOE2233871A du 13 décembre 2022 art. 2-11, JO du 28 modifié par l'arrêté ECOE2237323A du 30 décembre 2022, JO du 31.*

2. Pour les dispositions du présent alinéa applicables à compter du 1er janvier 2025, voir partie Autres textes du présent code loi 2022-1726 du 30 décembre 2022 art. 65, II-2° et VII-G.
3. A compter du 1er janvier 2027, la dernière ligne du présent tableau est supprimée (Loi 2023-1322 du 29 décembre 2023 art. 94, II-K-3°).

Art L 312-76 Relèvent d'un tarif réduit de l'accise les charbons et gaz naturels combustible consommés pour les besoins de l'installation qui répond aux conditions cumulatives suivantes :

1° Elle est exploitée par des entreprises dont le niveau d'intensité énergétique est au moins égal à 3 % en valeur de production ou 0,5 % en valeur ajoutée ;

2° Elle est soumise au système communautaire d'échange de quotas de gaz à effet de serre dans l'Union pour les installations fixes.

Art L 312-77 Relèvent d'un tarif réduit de l'accise les gaz naturels combustible consommés pour les besoins de l'installation qui répond aux conditions cumulatives suivantes :

1° Elle est exploitée par des entreprises dont le niveau d'intensité énergétique est au moins égal à 3 % en valeur de production ou 0,5 % en valeur ajoutée ;

2° Elle n'est pas soumise au système communautaire d'échange de quotas de gaz à effet de serre dans l'Union pour les installations fixes ;

3° Y sont réalisées une ou plusieurs des activités listées en annexe à la décision 2014/746/UE de la Commission du 27 octobre 2014 établissant, conformément à la directive 2003/87/CE du Parlement européen et du Conseil, la liste des secteurs et sous-secteurs considérés comme exposés à un risque important de fuite de carbone, pour la période 2015-2019, dans sa rédaction en vigueur au 31 décembre 2020.

Art L 312-78 Relèvent d'un tarif réduit de l'accise les charbons consommés pour les besoins de la valorisation de la biomasse dans l'installation qui répond aux conditions cumulatives suivantes :

1° Elle est exploitée par des entreprises dont le niveau d'intensité énergétique, apprécié sur les seules consommations mentionnées au premier alinéa, est au moins égal à 3 % en valeur de production ;

2° Elle est soumise au système communautaire d'échange de quotas de gaz à effet de serre dans l'Union ou à des dispositions d'un accord conclu avec l'autorité administrative permettant d'atteindre des objectifs équivalents en matière de protection de l'environnement ou d'efficacité énergétique.

***Ndlr** Les dispositions du présent article sont abrogées à compter du 1er janvier 2027 (Loi 2023-1322 du 29 décembre 2023 art. 94, II-P).*

Paragraphe 3 bis. Tarifs réduits applicables aux consommations de certaines administrations publiques

Art L 312-78-1 Les tarifs réduits pour les activités des administrations publiques, exprimés en euros par mégawattheure, les produits auxquels ils s'appliquent et les articles prévoyant leurs conditions d'application sont les suivants :

Consommations	Catégorie fiscale	Conditions d'application	Tarif réduit à compter de 2023
Intervention des véhicules des services d'incendie et de secours	Gazoles	L 312-78-2	0
	Essences		0

Art L 312-78-2 Relèvent d'un tarif réduit de l'accise les gazoles et les essences consommés pour les besoins de la propulsion des véhicules des services d'incendie et de secours.

Paragraphe 4. Tarifs particuliers pour certains produits

Art L 312-79 Les tarifs particuliers, exprimés en euros par mégawattheure, les produits auxquels ils s'appliquent et les articles prévoyant leurs conditions d'application figurent dans le tableau suivant :

PRODUIT	CONDITIONS D'APPLICATION	TARIF PARTICULIER A COMPTER DE 2022 (€/MWh)
Ethanol-diesel ED95	L 312-80	12,119
Gazole B100	L 312-81	12,905
Essence SP95-E10	L 312-83	74,576
Superéthanol E85	L 312-84	17,894

PRODUIT	CONDITIONS D'APPLICATION	TARIF PARTICULIER A COMPTER DE 2022 (€/MWh)
Grisou et gaz assimilés combustible	L 312-85	0
Biogaz combustible non injecté dans le réseau	L 312-86	0
Electricité d'origine renouvelable produite par de petites installations et consommée par le producteur	L 312-87	0

Ndlr *Pour les tarifs particuliers non nuls résultant des règles de conversion applicables à compter de 2022, voir arrêté ECOE2233871A du 13 décembre 2022 art. 2-4 et 2-12, JO du 28 modifié par l'arrêté ECOE2237323A du 30 décembre 2022, JO du 31.*

Art L 312-80 Relève d'un tarif particulier de l'accise le mélange d'éthanol, d'eau et d'additifs autorisé à la carburation en application de l'article L 641-4 du code de l'énergie pour l'alimentation des moteurs thermiques à allumage par compression des véhicules routiers.

Art L 312-81 Relève d'un tarif particulier de l'accise le mélange d'esters méthyliques d'acides gras autorisé à la carburation en application de l'article L 641-4 du code de l'énergie pour l'alimentation de moteurs thermiques à allumage par compression des véhicules routiers.

Art L 312-83 Relève d'un tarif particulier de l'accise le mélange d'hydrocarbures et, le cas échéant, de composés oxygénés organiques et d'éthanol, avec une teneur volumique maximale en éthanol d'au moins 10 %, autorisé à la carburation en application de l'article L 641-4 du code de l'énergie pour l'alimentation de moteurs thermiques à allumage commandé des véhicules routiers.

Art L 312-84 Relève d'un tarif particulier de l'accise le mélange de supercarburant sans plomb et d'éthanol, comprenant au moins 65 % en volume d'éthanol et d'alcools supérieurs et autorisé à la carburation en application de l'article L 641-4 du code de l'énergie pour l'alimentation de moteurs thermiques à allumage commandé.

Art L 312-85 Relèvent d'un tarif particulier de l'accise, lorsqu'ils sont taxables en tant que combustible, les gaz de houille, gaz à l'eau, gaz pauvres et gaz similaires, autres que les gaz de pétrole et hydrocarbures gazeux.

Art L 312-86 Relèvent d'un tarif particulier de l'accise, lorsqu'ils sont taxables en tant que combustible, les hydrocarbures gazeux à l'état gazeux produits à partir de la biomasse et non mélangés à d'autres produits.

Art L 312-87 Relève d'un tarif particulier de l'accise l'électricité qui répond aux conditions cumulatives suivantes :

1° Elle est produite à partir d'énergie éolienne, solaire thermique ou photovoltaïque, géothermique, marine, hydroélectrique, d'énergie ambiante, de la biomasse, des gaz de décharge, des gaz des stations d'épuration d'eaux usées ou de gaz produit à partir de la biomasse ;

2° La puissance installée sur le site de production est inférieure à un mégawatt. Pour l'énergie solaire photovoltaïque, cette puissance s'entend de la puissance crête ;

3° Elle est consommée pour les besoins des activités de la personne qui l'a produite.

Section 4

Exigibilité

Art L 312-88 Les règles relatives à l'exigibilité de l'accise sur les énergies sont déterminées par les dispositions du titre IV du livre Ier, par celles de la section 4 du chapitre Ier du présent titre et par celles de la présente section.

Sous-section 1

Charbons, gaz naturels et électricité

Art L 312-89 Par dérogation à l'article L 311-12, pour les charbons, les gaz naturels et l'électricité et pour les produits assimilés à des produits énergétiques, l'accise devient exigible :

1° Lors du fait générateur mentionné à l'article L 312-13 ;

2° Lorsque le produit est consommé pour un usage autre que celui sur la base duquel les montants acquittés lors de l'exigibilité mentionnée au 1° ont été établis, lors de cette consommation.

Sous-section 2

Carburants contenus dans les réservoirs des véhicules et des conteneurs

Art L 312-90 Par dérogation à l'article L 311-18, ne constitue pas un déplacement à des fins commerciales, le déplacement des produits utilisés à bord des véhicules routiers ou des caissons conçus pour le transport de marchandises dans les conditions cumulatives suivantes :

1° Ils sont consommés pour les besoins de la propulsion du véhicule ou du fonctionnement, pendant le transport, des systèmes dont est équipé le véhicule ou le caisson ;

2° Ils sont contenus dans un réservoir qui répond aux conditions cumulatives suivantes :

a. Il est fixé à demeure par le constructeur du véhicule ou du caisson sur l'ensemble des véhicules ou caissons du même type ;

b. Il est conçu et installé pour permettre la consommation directe du produit au cours du transport pour les usages mentionnés au 1°.

Par dérogation à l'article L 312-89, l'accise ne devient pas exigible lors de la consommation des produits assimilés à des produits énergétiques dans les conditions prévues au présent article.

Sous-section 3

Changements des tarifs de l'accise pour les produits énergétiques

Art L 312-91 En cas de changement d'un tarif d'accise existant, l'accise devient exigible pour les produits énergétiques, autres que les charbons et les gaz naturels, détenus en dehors d'un régime de suspension de l'accise par une personne qui ne les destine pas à sa consommation propre.

Le premier alinéa n'est pas applicable aux produits contenus dans les cuves des stations-service ou lorsque le montant total dû par un même redevable est inférieur à 300 €.

Section 5

Personnes soumises aux obligations fiscales

Art L 312-92 Les règles relatives aux personnes soumises aux obligations fiscales pour l'accise sur les énergies sont déterminées par les dispositions du titre V du livre Ier, par celles de la section 5 du chapitre Ier du présent titre et par celles de la présente section.

Sous-section 1

Charbons, gaz naturels et électricité

Art L 312-93 Est redevable de l'accise sur les charbons, les gaz naturels et l'électricité :

1° Lorsque l'accise devient exigible en application du 1° de l'article L 312-89 :

a. Dans le cas mentionné au 1° de l'article L 312-13, la personne qui fournit le produit à la personne qui le consomme ;

b. Dans le cas mentionné au 2° du même article L 312-13, la personne qui consomme le produit ;

2° Lorsque l'accise devient exigible en application du 2° de l'article L 312-89, la personne qui consomme le produit.

Art L 312-94 Le redevable mentionné au *a* du 1° de l'article L 312-93 est soumis à une obligation de représentation fiscale.

Art L 312-95 Pour les gaz naturels et l'électricité, lorsque le redevable mentionné au *a* du 1° de l'article L 312-93 ne dispose pas de l'autorisation prévue, selon les produits, à l'article L 443-1 ou à l'article L 333-1 du code de l'énergie, l'ensemble des obligations s'imposant au redevable est transféré à la personne qui lui a fourni les produits.

Il peut être renoncé à ce transfert selon des modalités déterminées par décret.

Sous-section 2

Produits assimilés aux produits énergétiques

Art L 312-96 Est redevable de l'accise sur les produits assimilés à des produits énergétique la personne qui réalise l'évènement qui constitue le fait générateur mentionné à l'article L 312-15.

Sous-section 3

Changements des tarifs de l'accise sur les produits énergétiques

Art L 312-97 Est redevable de l'accise lors du changement de tarif mentionné à l'article L 312-91 la personne qui possède le produit.

Section 6

Constatation de l'accise

Art L 312-98 Les règles de constatation de l'accise sur les énergies sont déterminées par les dispositions du titre VI du livre Ier, par celles de la section 6 du chapitre Ier du présent titre et par celles de la présente section.

Sous-section 1

Charbons, gaz naturels et électricité

Art L 312-99 Par dérogation à l'article L 161-2, lorsque les charbons, les gaz naturels ou l'électricité sont fournis lors d'une opération soumise à la taxe sur la valeur ajoutée, les échéances déclaratives relatives à l'accise peuvent être déterminées à partir de l'exigibilité de la taxe sur la valeur ajoutée.

Sous-section 2

Suivi et gestion des produits

Art L 312-100 L'article L 311-41 s'applique aux seuls produits énergétiques suivants :

1° Parmi les produits mentionnés au 1° de l'article L 312-3 :

a. Le benzol, le toluol, le xylol et les mélanges d'hydrocarbures aromatiques ayant les caractéristiques des huiles légères et préparation et des huiles moyennes ;

b. Lorsqu'ils ne contiennent pas de biodiesel, les huiles légères et préparations, les huiles moyennes, les gazoles et les fuels oils. Toutefois, les produits suivants ne sont concernés que lorsqu'ils sont transportés en vrac : les essences spéciales et les huiles moyennes, autres que le pétrole lampant, qui ne sont destinées à subir ni un traitement défini, ni une transformation chimique par traitement ;

c. Lorsqu'ils contiennent du biodiesel, les gazoles et, s'ils sont transportés en vrac, les huiles moyennes ;

d. Les gaz de pétrole et autres hydrocarbures gazeux, à l'état liquide, à l'exception du gaz naturel ;

2° Parmi les produits mentionnés au 2° du même article L 312-3, les hydrocarbures acycliques saturés, le benzène, le toluène et les xylènes ;

3° Les produits mentionnés aux 6° à 9° du même article L 312-3.

Ndlr *Pour les dispositions d'application relatives aux produits visés au présent article qui sont entrées en vigueur le 13 février 2013, voir partie Autres textes du présent code décret 2021-1914 du 30 décembre 2021 art. 2 à 22 et 69.*

Art L 312-101 Sous réserve des dispositions de l'article L 312-103, les dispositions de la sous-section 3 de la section 6 du chapitre Ier sont applicables aux produits énergétiques qui ne sont pas taxables en tant que carburant ou combustible et aux produits assimilés à des produits énergétiques.

Art L 312-102 Les mesures de suivi et de gestion relatives aux éléments mentionnés au 6° de l'article L 311-39 peuvent également être imposées aux entreprises qui acquièrent des travaux réalisés au moyen d'engins pour les besoins desquels les produits taxables sont consommés.

Art L 312-103 Pour les charbons, les gaz naturels et l'électricité, des décrets déterminent les obligations des redevables mentionnés au 1° de l'article L 312-93 et relatives aux éléments suivants :

1° Les obligations de déclaration auprès de l'administration intervenant avant l'intervention du fait générateur ;

2° La tenue de comptabilités dédiées relatives aux produits taxés ;

3° La communication à l'administration d'informations sur les personnes auxquelles ils ont fourni les produits taxés.

Les dispositions de la sous-section 3 de la section 6 du chapitre Ier ne sont pas applicables.

Ndlr *S'agissant des obligations déclaratives des redevables en ce qui concerne l'accise sur le gaz naturel, les charbons et l'électricité, voir partie Autres textes du présent code décret 2021-1914 du 30 décembre 2021 art. 28 à 38.*

Section 7

Paiement de l'accise

Art L 312-104 Les règles relatives au paiement de l'accise sur les énergies sont déterminées par les dispositions du titre VII du livre Ier, par celles de la section 7 du chapitre Ier du présent titre et par celles de la présente section.

Ndlr 1. *Les paiements relatifs à l'accise sur le gaz naturel, les charbons et l'électricité sont souscrits par voie dématérialisée (Voir partie*

Autres textes du présent code décret 2021-1914 du 30 décembre 2021 art. 32).

2. *S'agissant des demandes de remboursement de l'accise sur le gaz naturel, les charbons et l'électricité, voir partie Autres textes du présent code décret 2021-1914 du 30 décembre 2021 art. 37.*

Art L 312-104-1 Un décret détermine les situations dans lesquelles la personne qui acquiert un produit pour lequel l'accise devenue exigible a été constatée à un tarif supérieur à celui dont relève l'usage auquel elle destine ce produit peut bénéficier d'une avance sur le montant du remboursement mentionné au second alinéa de l'article L 311-36 dont elle est susceptible de bénéficier.

Art L 312-104-2 Le décret prévu à l'article L 312-104-1 détermine :

1° Les produits, les usages et les catégories de redevables concernés ;

2° La date à laquelle l'avance est sollicitée ou versée à l'initiative de l'administration, au plus tôt le 1er janvier de l'année d'exigibilité du remboursement, ainsi que les modalités de sollicitation et de versement ;

3° La date à laquelle l'avance est régularisée, au plus tard à la fin de l'année civile qui suit celle de l'exigibilité du remboursement, et les modalités de cette régularisation ;

4° Le nombre des avances, qui ne peut excéder trois par année civile ;

5° Les règles de détermination du montant des avances.

Section 8

Contrôle, recouvrement et contentieux

Art L 312-105 Les règles relatives au contrôle, au recouvrement et au contentieux de l'accise sur les énergies sont déterminées par les dispositions du titre VIII du livre Ier et par celles de la présente section.

Art L 312-106 Les règles relatives au contrôle, au recouvrement et au contentieux de l'accise sur les énergies sont déterminées par les dispositions du titre VIII du livre Ier et par celles de la présente section.

Sauf s'agissant des charbons, des gaz naturels et de l'électricité, l'accise sur les énergies est, pour les éléments mentionnés à l'article L 180-1, régie par les dispositions du code des douanes.

Ndlr *Pour les dispositions du présent article applicables à compter du 1er janvier 2025, voir partie Autres textes du présent code loi 2022-1726 du 30 décembre 2022 art. 80, VII-A-2° et C et IX-C.*

Section 9

Affectation

Art L 312-107 L'affectation du produit de l'accise sur les énergies est déterminée par les dispositions suivantes :

1° S'agissant de l'accise perçue sur les gazoles et les essences en métropole, le IX de l'article 60 de la loi n° 2019-1479 du 28 décembre 2019 de finances pour 2020 et les dispositions suivantes :

a. Le I de l'article 59 de la loi de finances pour 2004 (n° 2003-1311 du 30 décembre 2003) ;

b. L'article 52 de la loi n° 2004-1484 du 30 décembre 2004 de finances pour 2005 ;

c. L'article 40 de la loi n° 2005-1719 du 30 décembre 2005 de finances pour 2006 ;

d. L'article 51 de la loi n° 2008-1425 du 27 décembre 2008 de finances pour 2009 ;

e. L'article 39 de la loi n° 2011-1977 du 28 décembre 2011 de finances pour 2012 ;

f. Les I et II de l'article 41 de la loi n° 2013-1278 du 29 décembre 2013 de finances pour 2014 ;

g. L'article 38 de la loi n° 2015-1785 du 29 décembre 2015 de finances pour 2016 ;

h. Les deux derniers alinéas du 4° du a de l'article L 4331-2 du code général des collectivités territoriales ;

i. Le 11° de l'article L 1241-14 du code des transports ;

2° S'agissant de l'accise perçue sur les gazoles et les essences dans les collectivités régies par l'article 73 de la Constitution, les articles L 4434-2 à L 4434-4 du code général des collectivités territoriales ;

3° S'agissant de l'accise perçue sur l'électricité, les articles L 2333-2 et L 3333-2 du même code.

CHAPITRE III
ALCOOLS

Section 1
Eléments taxables et territoires

Art L 313-1 Les règles relatives aux éléments taxables et aux territoires pour l'accise sur les alcools sont déterminées par les dispositions du titre Ier du livre Ier, par celles de la section 1 du chapitre Ier du présent titre et par celles de la présente section.

Art L 313-2 Sont soumis à l'accise, même lorsqu'ils sont contenus dans d'autres produits ou contiennent d'autres produits :

1° Les boissons alcooliques au sens du 2° de l'article L 111-4 ;

2° L'alcool éthylique d'un titre au sens de l'article L 313-3 qui excède 1,2 % vol, lorsqu'il n'est pas contenu dans une boisson alcoolique.

Art L 313-3 Le titre d'un produit s'entend du titre alcoométrique volumique acquis.

Section 2
Fait générateur

Art L 313-4 Article relatif à l'accise sur les alcools, non reproduit (voir avant-propos).

Section 3
Montant de l'accise

Art L 313-5 à L 313-36-1 Articles relatifs à l'accise sur les alcools, non reproduits (voir avant-propos).

Sections 4 à 9
Exigibilité à Affectation

Art L 313-37 à L 313-45 Articles relatifs à l'accise sur les alcools, non reproduits (voir avant-propos).

CHAPITRE IV
TABACS

Art L 314-1 à L 314-37 Comme indiqué dans l'avant-propos, les articles de ce chapitre relatifs à l'accise sur les tabacs ne sont pas reproduits dans le présent code.

LIVRE IV

AUTRES IMPOSITIONS SECTORIELLES

TITRE Ier

DISPOSITIONS GENERALES

CHAPITRE UNIQUE

ELEMENTS TAXABLES ET TERRITOIRES

Section 1

Livraisons de biens taxables

Art L 411-1 Pour l'application du présent livre, la livraison d'un bien s'entend du transfert du droit d'en disposer comme un propriétaire, y compris lorsque ce transfert n'implique aucune contrepartie ou lorsqu'il intervient dans le cadre de la fourniture de prestations de service ou d'autres biens.

Lorsque la livraison porte sur un bien constitué de plusieurs éléments, les transferts du droit de disposer de chacun de ces éléments, pris isolément, ne constituent pas des livraisons.

Art L 411-2 La livraison d'un bien est réputée intervenir à l'endroit où ce bien est situé.

Toutefois, en cas de transport du bien, elle est réputée intervenir au lieu de départ pour les livraisons à des entreprises et au lieu de destination pour les livraisons à des personnes autres que des entreprises.

Art L 411-3 Pour l'application du présent livre, les utilisations sur le territoire de taxation à des fins économiques d'un bien taxable s'entendent des évènements suivants lorsqu'ils interviennent sur le territoire de taxation :

1° Les livraisons du bien taxable par des entreprises ;

2° Les affectations du bien taxable par des entreprises à des besoins autres que sa livraison ;

3° La consommation du bien taxable par une entreprise, y compris son incorporation à un autre bien ;

4° Les livraisons par des entreprises d'un autre bien au sein duquel le bien taxable est incorporé.

Art L 411-4 Lorsqu'une imposition est appliquée sur le territoire de Monaco en application des conventions fiscales ou douanières signées à Paris le 18 mai 1963, les utilisations à des fins économiques sur ce territoire sont réputées intervenir sur le territoire métropolitain.

Section 2

Territoires de taxation

Art L 411-5 Pour l'application du présent livre, les cinq territoires mentionnés à l'article L 112-4 sont regardés comme un territoire de taxation unique.

FR 10/22 inf. 5 n° 21 p. 11

TITRE II

MOBILITES

CHAPITRE Ier

DEPLACEMENTS ROUTIERS

Section 1

Dispositions générales

Sous-section unique

Eléments taxables et territoires

Paragraphe 1. Véhicules et catégories de véhicules

Art L 421-1 Les catégories, sous-catégories, dénominations et carrosseries de véhicules s'entendent au sens des dispositions suivantes :

1° Les articles 3 et 4 ainsi que les annexes I et XI du règlement (UE) 2018/858 du Parlement européen et du Conseil du 30 mai 2018 relatif à la réception et à la surveillance du marché des véhicules à moteur et de leurs remorques, ainsi que des systèmes, composants et entités techniques distinctes destinés à ces véhicules, modifiant les règlements (CE) n° 715/2007 et (CE) n° 595/2009 et abrogeant la directive 2007/46/CE, dans sa rédaction en vigueur ;

2° L'article 4 et les annexes I et IX du règlement (UE) n° 168/2013 du Parlement européen et du Conseil du 15 janvier 2013 relatif à la réception et à la surveillance du marché des véhicules à deux ou trois roues et des quadricycles, dans sa rédaction en vigueur ;

3° L'article 4 et l'annexe III du règlement (UE) n° 167/2013 du Parlement européen et du Conseil du 5 février 2013 relatif à la réception et à la surveillance du marché des véhicules agricoles et forestiers, dans sa rédaction en vigueur.

Art L 421-2 Les véhicules de tourisme s'entendent des véhicules suivants :

1° Parmi les véhicules de la catégorie M1 :

a. Ceux qui ne sont pas des véhicules à usage spécial ;

b. Ceux qui sont accessibles en fauteuil roulant ;

2° Parmi les véhicules de la catégorie N1, les véhicules déterminés par décret qui, compte tenu de leur carrosserie, de leurs équipements et de leurs autres caractéristiques techniques, sont susceptibles de recevoir les mêmes usages que les véhicules mentionnés au 1°.

Sont exclus du présent 2° les véhicules exclusivement affectés à l'exploitation des remontées mécaniques et des domaines skiables. Les conditions dans lesquelles l'exploitation exclusive est constatée sont déterminées par décret.

FR 10/22 inf. 5 n° 27 p. 12 ; FR 2/24 inf. 66 n° 2 p. 121 ; MF n° 75110

Art L 421-3 Le véhicule de collection s'entend du véhicule identifié comme tel sur le certificat d'immatriculation et qui répond aux conditions cumulatives suivantes :

1° Il a été construit ou immatriculé pour la première fois au moins trente ans auparavant ;

2° Il relève d'un type qui n'est plus produit ;

3° Il est préservé sur le plan historique et maintenu dans son état d'origine, aucune modification essentielle n'ayant été apportée aux caractéristiques techniques de ses composants principaux.

Paragraphe 2. Réception et immatriculation des véhicules

Art L 421-4 Un véhicule ayant fait l'objet d'une réception européenne s'entend d'un véhicule qui, au sens de l'un des règlements mentionnés à l'article L 421-1 ou de tout autre règlement ou directive régissant sa réception antérieurement à ces textes, répond à l'une des conditions suivantes :

1° Il est complet ou complété à l'issue d'une réception UE ou CE, par type ou individuelle ;

2° Il est complété à l'issue d'une réception nationale à partir d'un véhicule relevant du 1°.

Art L 421-5 La première immatriculation d'un véhicule s'entend de la première autorisation pour la mise en circulation routière de ce véhicule.

Elle est réputée intervenir en France lorsqu'elle est délivrée par les autorités françaises de l'Etat, à titre permanent ou dans le cadre d'un transit temporaire, pour la mise en circulation routière en métropole ou dans les collectivités régies par l'article 73 de la Constitution.

Art L 421-6 Les véhicules immatriculés en recourant à la méthode dite WLTP s'entendent des véhicules des catégories M1, M2, N1 et N2 qui remplissent les deux conditions cumulatives suivantes :

1° Leurs émissions de dioxyde de carbone ont été déterminées, pour les besoins de leur réception, selon la méthode dite WLTP mentionnée au 1° de l'article L 421-9 ou selon une méthode de substitution mentionnée au 2° du même article ;

2° Leur première immatriculation en France est intervenue à compter des dates mentionnées à l'article L 421-7.

Art L 421-7 Les véhicules sont immatriculés en France en recourant à la méthode dite WLTP à compter des dates suivantes, déterminées en fonction des caractéristiques de ce véhicule constatées lors de la première immatriculation en France :

CARACTERISTIQUES DU VEHICULE LORS DE LA PREMIERE IMMATRICULATION EN FRANCE	DATE DE PREMIERE IMMATRICULATION EN FRANCE
1. Véhicules complets des catégories M1 et N1, autres que les véhicules à usage spécial, dont la première immatriculation intervient en France	A partir du 1er mars 2020
2. Véhicules complets des catégories M1 et N1 à usage spécial, autres que les véhicules accessibles en fauteuil roulant, dont la première immatriculation intervient en France	A partir du 1er juillet 2020
3. Véhicules complets des catégories M1 et N1, autres que les véhicules accessibles en fauteuil roulant, dont la première immatriculation intervient hors de France à compter du 1er mars 2020	A partir du 1er janvier 2021
4. Véhicules complétés	1er janvier 2024
5. Véhicules accessibles en fauteuil roulant et véhicules des catégories M2 et N2	5 juillet 2026

Paragraphe 3. Emissions de dioxyde de carbone des véhicules

Art L 421-8 Les émissions de dioxyde de carbone d'un véhicule à moteur s'entendent de la quantité de dioxyde de carbone rapportée à la distance parcourue, arrondie au gramme par kilomètre, et déterminée selon l'une des méthodes mentionnées à l'article L 421-9.

Art L 421-9 Les méthodes de détermination des émissions de dioxyde de carbone des véhicules des catégories M1, M2, N1 et N2 comprennent :

1° La méthode recourant à la procédure d'essai mondiale harmonisée pour les véhicules légers, dite méthode WLTP, définie à l'annexe XXI du règlement (UE) 2017/1151 de la Commission du 1er juin 2017 complétant le règlement (CE) n° 715/2007 du Parlement européen et du Conseil relatif à la réception des véhicules à moteur au regard des émissions des véhicules particuliers et utilitaires légers (Euro 5 et Euro 6) et aux informations sur la réparation et l'entretien des véhicules, modifiant la directive 2007/46/CE du Parlement européen et du Conseil, le règlement (CE) n° 692/2008 de la Commission et le règlement (UE) n° 1230/2012 de la Commission et abrogeant le règlement (CE) n° 692/2008, dans sa rédaction applicable lors de la réception du véhicule ;

2° Les méthodes de substitution, qui s'entendent de méthodes équivalentes à la méthode dite WLTP déterminées au cas par cas par l'administration sur la base des données disponibles ;

3° Les méthodes recourant au nouveau cycle européen de conduite, dites méthodes NEDC, qui s'entendent de celles au moyen desquelles les émissions ont été déterminées pour les besoins de la réception des véhicules par les versions successives de la directive 70/220/CEE du Conseil du 20 mars 1970 concernant le rapprochement des législations des Etats membres relatives aux mesures à prendre contre la pollution de l'air par les émissions des véhicules à moteur ;

4° La méthode alternative dite NEDC-c, qui s'entend de la méthode de corrélation appliquée au véhicule L, ou à défaut, au véhicule H, et définie par le règlement d'exécution (UE) 2017/1153 de la Commission du 2 juin 2017 établissant une méthode de détermination des paramètres de corrélation nécessaires pour tenir compte de la modification de la procédure d'essai réglementaire et modifiant le règlement (UE) n° 1014/2010, dans sa rédaction en vigueur.

Art L 421-10 Pour les véhicules ayant fait l'objet d'une réception européenne, les émissions de dioxyde de carbone sont celles qui sont déterminées pour les besoins de la réception du véhicule en recourant aux méthodes dites WLTP et NEDC mentionnées respectivement aux 1° et 3° de l'article L 421-9.

Lorsque le véhicule est complété à l'issue d'une réception nationale, il est tenu compte des caractéristiques du véhicule complété.

Art L 421-11 Par dérogation à l'article L 421-10, les émissions de dioxyde de carbone sont déterminées selon la méthode alternative dite NEDC-c mentionnée au 4° de l'article L 421-9 pour les véhicules qui répondent aux conditions cumulatives suivantes :

1° Les émissions de dioxyde de carbone déterminées pour les besoins de leur réception l'ont été selon la méthode dite WLTP mentionnée au 1° de l'article L 421-9 ;

2° La condition tenant à leur date de première immatriculation en France mentionnée au 2° de l'article L 421-6 n'est pas remplie.

Art L 421-12 Pour les véhicules n'ayant pas fait l'objet d'une réception européenne, les émissions de dioxyde de carbone sont déterminées, lorsque cela est possible, selon l'une des méthodes de substitution mentionnées au 2° de l'article L 421-9.

Art L 421-13 Les émissions de dioxyde de carbone d'un véhicule ou l'impossibilité de les déterminer selon les dispositions du présent paragraphe sont constatées par l'autorité administrative.

La valeur figurant sur le certificat d'immatriculation est réputée conforme aux dispositions du présent paragraphe.

Paragraphe 4. Puissance administrative des véhicules

Art L 421-14 La puissance administrative d'un véhicule à moteur immatriculé pour la première fois en France à compter du 1er janvier 2021 s'entend de la grandeur, exprimée en chevaux administratifs et arrondie à l'unité, déterminée à partir des caractéristiques techniques constatées lors de la réception du véhicule dans les conditions prévues par les dispositions suivantes :

1° Pour les véhicules de tourisme mentionnés au 1° de l'article L 421-2, l'article L 421-16 ;

2° Pour les véhicules de la catégorie L propulsés par un moteur thermique, l'article L 421-17 ;

3° Pour les véhicules des catégories C et T propulsés par un moteur thermique, l'article L 421-18 ;

4° Pour les véhicules autres que ceux relevant des 1° à 3° et propulsés par un moteur thermique, l'article L 421-19 ;

5° Pour les véhicules autres que ceux relevant du 1° et propulsés par un moteur électrique, l'article L 421-20.

Art L 421-15 Pour les véhicules immatriculés pour la première fois en France jusqu'au 31 décembre 2020, la puissance administrative s'entend de la grandeur que les normes applicables jusqu'à cette date prévoient d'inscrire sur le certificat d'immatriculation.

Un arrêté conjoint du ministre chargé du budget et du ministre chargé de l'environnement constate les règles de détermination de la puissance administrative qui résultent de ces normes.

Art L 421-16 Pour les véhicules de tourisme mentionnés au 1° de l'article L 421-2, la puissance administrative (PA), exprimée en chevaux administratifs, est déterminée à partir de la puissance nette maximale du moteur (PM), exprimée en kilowatts, au moyen de la formule suivante :

$$PA = 1,80 \times (PM/100)^2 + 3,87 \times (PM/100) + 1,34.$$

Art L 421-17 Pour les véhicules de la catégorie L propulsés par un moteur thermique, la puissance administrative, exprimée en chevaux administratifs, est déterminée à partir de la cylindrée du moteur (C), exprimée en litres, dans les conditions suivantes :

CYLINDREE (L)	PUISSANCE ADMINISTRATIVE (CV)
Inférieure ou égale à 0,125	1
Supérieure à 0,125 et inférieure ou égale à 0,175	2
Supérieure à 0,175 et inférieure ou égale à 0,25	3
Supérieure à 0,25 et inférieure ou égale à 0,35	4
Supérieure à 0,35 et inférieure ou égale à 0,5	5
Supérieure à 0,5	5 + 8 × (C-0,5)

Par dérogation à l'article L 131-2, l'arrondi est réalisé à l'unité supérieure.

Art L 421-18 Pour les véhicules des catégories C et T propulsés par un moteur thermique, la puissance administrative, exprimée en chevaux administratifs, est égale au produit des facteurs suivants :

1° La cylindrée du moteur, exprimée en litres ;

2° Un coefficient représentant forfaitairement la puissance susceptible d'être dégagée par le moteur et modulé entre 2 et 6 en fonction de la technologie d'allumage, des caractéristiques du cycle de rotation et de la source d'énergie, compte tenu, le cas échéant, de la présence d'une alimentation de secours. Un arrêté conjoint du ministre chargé du budget et du ministre chargé de l'environnement détermine ce coefficient.

Pour les machines agricoles automotrices, dont les caractéristiques sont déterminées par arrêté du ministre chargé des transports, la puissance administrative est égale à 1 cheval administratif.

Art L 421-19 Pour les véhicules propulsés par un moteur thermique autres que les véhicules mentionnés aux articles L 421-16 à L 421-18, la puissance administrative, exprimée en chevaux administratifs, est égale au produit des facteurs suivants :

1° La cylindrée du moteur, exprimée en litres ;

2° Un coefficient représentant forfaitairement la puissance susceptible d'être dégagée par le moteur et modulé entre 2 et 12 en fonction de la masse du châssis, du type de carrosserie, de la technologie d'allumage, des caractéristiques du cycle de rotation et de la source d'énergie, compte tenu, le cas échéant, de la présence d'une alimentation de secours. Un arrêté conjoint du ministre chargé du budget et du ministre chargé de l'environnement détermine ce coefficient.

Art L 421-20 Pour les véhicules propulsés par un moteur électrique autres que les véhicules mentionnés à l'article L 421-16, la puissance administrative (PA), exprimée en chevaux administratifs, est déterminée à partir de la puissance nette maximale du moteur (PM), exprimée en kilowatts, au moyen de la formule suivante :

PA = 1 + 0,136 × PM.

Art L 421-21 Par dérogation aux articles L 421-16 à L 421-20, pour les véhicules à moteur n'ayant pas fait l'objet d'une réception européenne ou pour lesquels les données techniques nécessaires ne sont pas connues, la puissance administrative est déterminée à partir des données disponibles selon une méthode équivalente à celles résultant des dispositions des articles L 421-14 à L 421-20 déterminée au cas par cas par l'administration.

Art L 421-22 La puissance administrative d'un véhicule est constatée par les autorités compétentes en matière de réception.

La valeur figurant sur le certificat d'immatriculation est réputée conforme aux dispositions du présent paragraphe.

Paragraphe 5. Masses des véhicules

Art L 421-23 La masse en ordre de marche et la masse en charge maximale techniquement admissible s'entendent des grandeurs définies aux points 1.3, 1.6 et 1.7 de la section A de la partie 2 de l'annexe XIII du règlement d'exécution (UE) 2021/535 de la Commission du 31 mars 2021 établissant des règles relatives à l'application du règlement (UE) 2019/2144 du Parlement européen et du Conseil eu égard aux procédures uniformes et aux spécifications techniques pour la réception par type des véhicules, ainsi que des systèmes, composants et entités techniques distinctes destinés à ces véhicules, en ce qui concerne leurs caractéristiques générales de construction et leur sécurité, dans sa rédaction en vigueur.

ENR-VIII-4560 ; MF n° 76046

Paragraphe 6. Détention d'un véhicule

Art L 421-24 Les formules locatives de longue durée s'entendent des contrats par lesquels une personne met un véhicule à la disposition d'un preneur, soit pendant une durée de deux ans ou plus, soit dans le cadre d'une opération de crédit.

ENR-VIII-3000 ; MF n° 76035 précision c

Art L 421-25 La personne qui détient un véhicule s'entend :

1° Lorsque le véhicule ne fait pas l'objet d'une formule locative de longue durée, du propriétaire ;

2° Lorsque le véhicule fait l'objet d'une formule locative de longue durée, du preneur qui ne le met pas à disposition d'un tiers dans le cadre d'une telle formule.

ENR-VIII-3070 ; MF n° 76035 précision b

Art L 421-26 Un véhicule affecté à une activité professionnelle exercée par une personne physique en son nom propre est assimilé à un véhicule détenu par une personne morale.

Paragraphe 7. Infrastructures routières

Art L 421-27 Les autoroutes s'entendent au sens de l'article L 122-1 du code de la voirie routière.

Art L 421-28 Une autoroute concédée s'entend d'une autoroute pour laquelle les missions du service public autoroutier font l'objet du contrat de concession défini à l'article L 1121-1 du code de la commande publique.

Le concessionnaire s'entend au sens de ce même article.

Section 2

Taxes sur l'immatriculation des véhicules

Sous-section 1

Eléments taxables et territoires

Art L 421-29 Les règles relatives aux éléments taxables et aux territoires pour les taxes sur l'immatriculation des véhicules sont déterminées par les dispositions du titre Ier du livre Ier, par celles de la section 1 du présent chapitre et par celles de la présente sous-section.

ENR-VIII-2350 s. ; MF nos 76035 s.

Art L 421-30 L'immatriculation d'un véhicule en France au sens de l'article L 421-5 est soumise :

1° Pour tous les véhicules, à une taxe fixe ;

2° Pour tous les véhicules à moteur, à une taxe régionale ;

3° Pour les véhicules des catégories N, M2 et M3 qui ne sont pas des véhicules à usage spécial, à une taxe sur les véhicules de transport ;

4° Pour les véhicules de tourisme au sens de l'article L 421-2 autres que ceux dont la carrosserie est "Camionnette", à :

a. Une taxe sur les émissions de dioxyde de carbone ;

b. Une taxe sur la masse en ordre de marche.

ENR-VIII-2350 s. ; MF no 76035

Art L 421-31 Le territoire de taxation est celui défini à l'article L 411-5.

ENR-VIII-2400

Sous-section 2

Fait générateur

Art L 421-32 Les règles relatives au fait générateur des taxes sur l'immatriculation des véhicules sont déterminées par les dispositions du titre II du livre Ier et par celles de la présente sous-section.

Art L 421-33 Le fait générateur des taxes sur l'immatriculation des véhicules est constitué :

1° Pour la taxe fixe prévue au 1° de l'article L 421-30, par toute délivrance d'un certificat d'immatriculation ;

ENR-VIII-2720 ; MF no 76036

2° Pour la taxe régionale et la taxe sur les véhicules de transport prévues respectivement aux 2° et 3° du même article L 421-30, par la délivrance d'un certificat d'immatriculation résultant d'un changement de propriétaire ou de l'une des circonstances assimilées à un tel changement au sens de l'article L 421-34 et qui n'est pas exemptée en application de l'article L 421-35 ;

ENR-VIII-2960, 3550 ; MF nos 76038, 76040

3° Pour la taxe sur les émissions de dioxyde de carbone des véhicules de tourisme et la taxe sur la masse en ordre de marche des véhicules de tourisme prévues respectivement aux *a* et *b* du 4° du même article L 421-30, par la délivrance d'un certificat d'immatriculation résultant de la première immatriculation en tant que véhicule de tourisme en France au sens de l'article L 421-36.

ENR-VIII-3820, 4380 ; MF nos 76042, 76045

Art L 421-34 Est assimilée à un changement de propriétaire :

1° La première immatriculation en France du véhicule au sens de l'article L 421-5 ;

2° En cas de copropriété du véhicule, toute modification du régime de celle-ci ;

3° La mise à disposition du véhicule au profit d'un preneur dans le cadre d'une formule locative de longue durée au sens de l'article L 421-24.

ENR-VIII-3000 ; MF no 76035 précision a

Art L 421-35 Ne constitue pas un fait générateur de la taxe régionale et de la taxe sur les véhicules de transports prévues respectivement aux 2° et 3° de l'article L 421-30 la délivrance du certificat d'immatriculation d'un véhicule utilisé pour l'exercice d'une compétence de l'Etat, des collectivités territoriales, de leurs groupements ou des établissements publics de coopération intercommunale lorsque cette délivrance résulte du transfert ou du retrait de cette compétence.

ENR-VIII-3020 ; MF n° 76035 précision a

Art L 421-36 La première immatriculation en tant que véhicule de tourisme en France s'entend de :

1° La première immatriculation en France au sens de l'article L 421-5 d'un véhicule qui répond, lors de cette immatriculation, aux conditions prévues à l'article L 421-2, sans que sa carrosserie soit "Camionnette" ;

2° L'immatriculation en France postérieure à la première qui répond aux conditions cumulatives suivantes :

a. Elle porte sur un véhicule qui, lors de sa première immatriculation en France au sens de l'article L 421-5 ne répondait pas à la condition mentionnée au 1° ;

b. Elle résulte de la première modification des caractéristiques techniques du véhicule qui le fait répondre à la condition mentionnée au 1° ;

3° Lorsque, lors de la première immatriculation en France, le véhicule a été exonéré en application des articles L 421-65 et L 421-76, l'immatriculation postérieure à cette première immatriculation qui résulte de la première modification des caractéristiques techniques du véhicule qui lui fait perdre le bénéfice de ces exonérations.

ENR-VIII-3840 ; MF n° 76042

Sous-section 3

Montant des taxes

Paragraphe 1. Taxe fixe

Art L 421-37 Les règles relatives au montant de la taxe fixe prévue au 1° de l'article L 421-30 sont déterminées par les dispositions du titre III du livre Ier et par celles du présent paragraphe.

ENR-VIII-2700 s. ; MF n° 76036

Art L 421-38 Le montant de la taxe est égal à 11 €.

ENR-VIII-21000 ; MF n° 76036

Art L 421-39 Est exonérée de la taxe la délivrance de certificats d'immatriculation ayant uniquement un ou plusieurs des objets suivants :

1° Mettre à jour l'adresse y figurant ;

2° Corriger une erreur de saisie lors d'une opération d'immatriculation ;

3° Tirer les conséquences d'une usurpation du numéro d'immatriculation du véhicule ;

4° Convertir le numéro d'immatriculation d'un véhicule au système d'immatriculation mis en œuvre à compter du 1er janvier 2009.

ENR-VIII-2750 ; MF n° 76036

Art L 421-40 Est exonérée de la taxe la délivrance des certificats d'immatriculation suivants :

1° La première édition du certificat d'immatriculation d'un véhicule acquis en remplacement d'un véhicule détruit lors d'intempéries ;

2° La réédition d'un certificat d'immatriculation détruit lors d'intempéries.

ENR-VIII-2750 ; MF n° 76036

Paragraphe 2. Taxe régionale

Art L 421-41 Les règles relatives au montant de la taxe régionale prévue au 2° de l'article L 421-30 sont déterminées par les dispositions du titre III du livre Ier et par celles du présent paragraphe.

ENR-VIII-2900 s. ; MF n° 76038

Sous-paragraphe 1. Règles de calcul et tarif régional

Art L 421-42 Le montant de la taxe est égal au produit d'un tarif régional, dans la limite de 60 €, par la puissance administrative du véhicule.

Le tarif régional est déterminé par la région sur le territoire de laquelle la délivrance du certificat d'immatriculation est réputée intervenir au sens des articles L 421-43 ou L 421-44.

ENR-VIII-3200 ; MF n° 76038

Art L 421-43 La délivrance d'un certificat d'immatriculation non provisoire est réputée intervenir sur le territoire de la région suivante :

1° Lorsque la personne qui détient le véhicule au sens de l'article L 421-25 est une personne physique, celle où cette personne a son domicile habituel ;

2° Lorsque la personne qui détient le véhicule est une personne morale, celle où se situe l'établissement auquel le véhicule est affecté à titre principal. Lorsque le véhicule est affecté à la location pour des durées de moins de deux ans, cet établissement est celui où le véhicule est mis à la disposition du locataire au titre du premier contrat de location.

ENR-VIII-3070 ; MF n° 76038 précision c

Art L 421-44 La délivrance d'un certificat d'immatriculation provisoire est réputée intervenir sur le territoire de la région où est adressée la demande.

ENR-VIII-3070 ; MF n° 76038 précision c

Art L 421-45 Le tarif régional est identique pour tous les véhicules, sous réserve des dispositions des sous-paragraphes 2 et suivants du présent paragraphe.

Il est réduit de moitié lorsque la première immatriculation du véhicule est antérieure de dix années ou plus et que ce véhicule ne bénéficie pas d'un tarif particulier en application des dispositions mentionnées au premier alinéa.

ENR-VIII-3270 ; MF n° 76038

Sous-paragraphe 2. Tarifs particuliers pour certaines catégories de véhicules

Art L 421-46 Le tarif régional est nul pour les véhicules des catégories L1e et L2e.

Il est réduit de moitié pour les véhicules des catégories L3e et L4e.

ENR-VIII-3100, 3270 ; MF n° 76038

Art L 421-47 Le tarif régional est réduit de moitié pour les véhicules suivants :

1° Les tracteurs routiers de la catégorie N1 ;

2° Les véhicules des catégories M2, M3, N2 et N3.

ENR-VIII-3270 ; MF n° 76038

Art L 421-48 Sont exonérés les véhicules suivants :

1° Les véhicules des catégories C, T, R et S ;

2° Les machines agricoles automotrices n'ayant pas fait l'objet d'une réception européenne.

ENR-VIII-3100 ; MF n° 76038

Sous-paragraphe 3. Tarifs particuliers pour certaines sources d'énergie

Art L 421-49 Est exonéré tout véhicule dont la source d'énergie est exclusivement l'électricité, l'hydrogène ou une combinaison des deux.

ENR-VIII-3100 ; MF n° 76038

Art L 421-50 Pour le véhicule autre que celui mentionné à l'article L 421-49 et dont la source d'énergie comprend l'électricité, l'hydrogène, le gaz naturel, le gaz de pétrole liquéfié ou le superéthanol E85, le tarif régional est, sur délibération régionale, réduit de moitié ou porté à 0 €.

Lorsque la source d'énergie a été modifiée depuis la dernière délivrance de certificat soumise à la taxe régionale pour inclure le superéthanol E85, le bénéfice du tarif nul mentionné au premier alinéa est plafonné à une réduction de 750 € du montant de la taxe.

ENR-VIII-3150 ; MF n° 76038 précision a

Sous-paragraphe 4. Tarifs particuliers propres à certaines situations

Art L 421-51 Est exonérée la délivrance de la première édition du certificat d'immatriculation d'un véhicule acquis en remplacement d'un véhicule détruit lors d'intempéries.

ENR-VIII-3100 ; MF n° 76038

Art L 421-52 Est exonérée la délivrance d'un certificat d'immatriculation ayant pour seul objet, consécutivement à un mariage, à un divorce, au décès de l'un des époux, à la conclusion d'un pacte civil de solidarité, à la dissolution d'un tel pacte ou au décès de l'un des partenaires d'un tel pacte, d'ajouter ou de supprimer le nom de l'un des époux ou partenaires.

ENR-VIII-3100 ; MF n° 76038

Sous-paragraphe 5. Tarifs particuliers pour certaines personnes et activités

Art L 421-53 Est exonérée toute délivrance d'un certificat d'immatriculation portant sur un véhicule détenu par l'Etat au sens de l'article L 421-25.

ENR-VIII-3100 ; MF n° 76038

Art L 421-54 Est exonérée la première immatriculation du véhicule qui remplit les conditions cumulatives suivantes :

1° Sa masse en charge maximale techniquement admissible n'excède pas 3,5 tonnes ;

2° Il est exclusivement affecté, pendant une période comprise entre trois mois et un an, à la démonstration par une personne morale en vue de sa vente ou de la vente de véhicules analogues.

ENR-VIII-3100 ; MF n° 76038

Paragraphe 3. Taxe sur les véhicules de transport

Art L 421-55 Les règles relatives au montant de la taxe sur les véhicules de transport prévue au 3° de l'article L 421-30 sont déterminées par les dispositions du titre III du livre Ier et par celles du présent paragraphe.

ENR-VIII-3500 s. ; MF nº 76040

Art L 421-56 Le montant de la taxe est déterminé par arrêté du ministre chargé du budget, dans les limites inférieures et supérieures suivantes, en fonction de la masse en charge maximale techniquement admissible exprimée en tonnes :

MASSE EN CHARGE MAXIMALE TECHNIQUEMENT ADMISSIBLE (t)	MINIMUM (€)	MAXIMUM (€)
Inférieure ou égale à 3,5	30	38
Supérieure à 3,5 et inférieure ou égale à 6	125	135
Supérieure à 6 et inférieure ou égale à 11	180	200
Supérieure à 11	280	305

ENR-VIII-21200 ; MF nº 76040

Art L 421-57 Tout véhicule de collection est exonéré.

ENR-VIII-3600 ; MF nº 76040 précision a

Paragraphe 4. Taxe sur les émissions de dioxyde de carbone des véhicules de tourisme

Art L 421-58 Les règles relatives au montant de la taxe sur les émissions de dioxyde de carbone des véhicules de tourisme prévue au a du 4° de l'article L 421-30 sont déterminées par les dispositions du titre III du livre Ier et par celles du présent paragraphe.

ENR-VIII-3800 s. ; MF nos 76042 s.

Sous-paragraphe 1. Règles générales de calcul

Art L 421-59 Le montant de la taxe est égal à un tarif par véhicule déterminé en fonction de ses émissions de dioxyde de carbone au moyen du barème de l'année de première immatriculation du véhicule au sens de l'article L 421-5 parmi les barèmes suivants :

1° Pour les véhicules immatriculés en recourant à la méthode dite WLTP au sens de l'article L 421-6, les barèmes WLTP mentionnés à l'article L 421-62 ;

2° Pour les autres véhicules ayant fait l'objet d'une réception européenne, les barèmes NEDC mentionnés à l'article L 421-63 ;

3° Pour les autres véhicules n'ayant pas fait l'objet d'une réception européenne, les barèmes en puissance administrative mentionnés à l'article L 421-64.

MF nº 76043

Art L 421-60 Le montant de la taxe est réduit de 10 % pour chaque période de douze mois entamée depuis la date de première immatriculation au sens de l'article L 421-5.

Pour l'application du premier alinéa, la première période de douze mois est réputée n'être entamée qu'à compter du premier jour du septième mois.

Cette réduction est appliquée, le cas échéant, après les règles particulières prévues par les dispositions du présent paragraphe.

ENR-VIII-4100 s. ; MF nº 76043 précision b

Sous-paragraphe 2. Barèmes

Art L 421-62 Les barèmes en émissions de dioxyde de carbone (CO_2), exprimées en grammes par kilomètre, de la méthode dite WLTP sont, pour chaque année de première immatriculation du véhicule depuis 2020, les suivants :

Barème CO_2, méthode dite WLTP pour les années à compter de 2024	
Emissions de dioxyde de carbone *(en g/km)*	Tarif par véhicule *(en €)*
Inférieures à 117	0
118	50
119	75
120	100
121	125
122	150
123	170
124	190
125	210

Barème CO_2, méthode dite WLTP pour les années à compter de 2024	
Emissions de dioxyde de carbone *(en g/km)*	Tarif par véhicule *(en €)*
126	230
127	240
128	260
129	280
130	310
131	330
132	360
133	400
134	450
135	540
136	650
137	740
138	818
139	898
140	983
141	1 074
142	1 172
143	1 276
144	1 386
145	1 504
146	1 629
147	1 761
148	1 901
149	2 049
150	2 205
151	2 370
152	2 544
153	2 726
154	2 918
155	3 119
156	3 331
157	3 552
158	3 784
159	4 026
160	4 279

Barème CO_2, méthode dite WLTP pour les années à compter de 2024	
Emissions de dioxyde de carbone *(en g/km)*	Tarif par véhicule *(en €)*
161	4 543
162	4 818
163	5 105
164	5 404
165	5 715
166	6 126
167	6 537
168	7 248
169	7 959
170	8 770
171	9 681
172	10 692
173	11 803
174	13 014
175	14 325
176	15 736
177	17 247
178	18 858
179	20 569
180	22 380
181	24 291
182	26 302
183	28 413
184	30 624
185	32 935
186	35 346
187	37 857
188	40 468
189	43 179
190	45 990
191	48 901
192	51 912
193	55 023
Supérieures à 193	60 000

BAREME CO_2, METHODE DITE WLTP, POUR LES ANNEES A COMPTER DE 2023					
Emissions de CO_2 (g/km)	Tarif (€)	Emissions de CO_2 (g/km)	Tarif (€)	Emissions de CO_2 (g/km)	Tarif (€)
Inférieures à 123	0	157	2 544	192	16 149
123	50	158	2 726	193	16 810
124	75	159	2 918	194	17 490
125	100	160	3 119	195	18 188
126	125	161	3 331	196	18 905
127	150	162	3 552	197	19 641
128	170	163	3 784	198	20 396
129	190	164	4 026	199	21 171
130	210	165	4 279	200	21 966
131	230	166	4 543	201	22 781
132	240	167	4 818	202	23 616
133	260	168	5 105	203	24 472
134	280	169	5 404	204	25 349
135	310	170	5 715	205	26 247
136	330	171	6 039	206	27 166
137	360	172	6 375	207	28 107
138	400	173	6 724	208	29 070
139	450	174	7 086	209	30 056
140	540	175	7 462	210	31 063
141	650	176	7 851	211	32 094
142	740	177	8 254	212	33 147
143	818	178	8 671	213	34 224
144	898	179	9 103	214	35 324
145	983	180	9 550	215	36 447
146	1 074	181	10 011	216	37 595
147	1 172	182	10 488	217	38 767
148	1 276	183	10 980	218	39 964
149	1 386	184	11 488	219	41 185
150	1 504	185	12 012	220	42 431
151	1 629	186	12 552	221	43 703
152	1 761	187	13 109	222	45 000
153	1 901	188	13 682	223	46 323
154	2 049	189	14 273	224	47 672
155	2 205	190	14 881	225	49 047
156	2 370	191	15 506	Supérieures à 225	50 000

BAREME CO_2, METHODE DITE WLTP, POUR L'ANNEE 2022					
Emissions de CO_2 (g/km)	Tarif (€)	Emissions de CO_2 (g/km)	Tarif (€)	Emissions de CO_2 (g/km)	Tarif (€)
Inférieures à 128	0	160	2 205	193	13 682
128	50	161	2 370	194	14 273
129	75	162	2 544	195	14 881
130	100	163	2 726	196	15 506
131	125	164	2 918	197	16 149
132	150	165	3 119	198	16 810
133	170	166	3 331	199	17 490
134	190	167	3 552	200	18 188
135	210	168	3 784	201	18 905
136	230	169	4 026	202	19 641
137	240	170	4 279	203	20 396
138	260	171	4 543	204	21 171
139	280	172	4 818	205	21 966
140	310	173	5 105	206	22 781
141	330	174	5 404	207	23 616
142	360	175	5 715	208	24 472
143	400	176	6 039	209	25 349
144	450	177	6 375	210	26 247
145	540	178	6 724	211	27 166
146	650	179	7 086	212	28 107
147	740	180	7 462	213	29 070
148	818	181	7 851	214	30 056
149	898	182	8 254	215	31 063
150	983	183	8 671	216	32 094
151	1 074	184	9 103	217	33 147
152	1 172	185	9 550	218	34 224
153	1 276	186	10 011	219	35 324
154	1 386	187	10 488	220	36 447
155	1 504	188	10 980	221	37 595
156	1 629	189	11 488	222	38 767
157	1 761	190	12 012	223	39 964
158	1 901	191	12 552	Supérieures à 223	40 000
159	2 049	192	13 109		

BAREME CO_2, METHODE DITE WLTP, POUR L'ANNEE 2021					
Emissions de CO_2 (g/km)	Tarif (€)	Emissions de CO_2 (g/km)	Tarif (€)	Emissions de CO_2 (g/km)	Tarif (€)
Inférieures à 133	0	162	1 761	192	10 488
133	50	163	1 901	193	10 980
134	75	164	2 049	194	11 488
135	100	165	2 205	195	12 012
136	125	166	2 370	196	12 552
137	150	167	2 544	197	13 109
138	170	168	2 726	198	13 682
139	190	169	2 918	199	14 273
140	210	170	3 119	200	14 881
141	230	171	3 331	201	15 506
142	240	172	3 552	202	16 149
143	260	173	3 784	203	16 810
144	280	174	4 026	204	17 490
145	310	175	4 279	205	18 188
146	330	176	4 543	206	18 905
147	360	177	4 818	207	19 641
148	400	178	5 105	208	20 396
149	450	179	5 404	209	21 171
150	540	180	5 715	210	21 966
151	650	181	6 039	211	22 781
152	740	182	6 375	212	23 616
153	818	183	6 724	213	24 472
154	898	184	7 086	214	25 349
155	983	185	7 462	215	26 247
156	1 074	186	7 851	216	27 166
157	1 172	187	8 254	217	28 107
158	1 276	188	8 671	218	29 070
159	1 386	189	9 103	Supérieures à 218	30 000
160	1 504	190	9 550		
161	1 629	191	10 011		

BAREME CO_2, METHODE DITE WLTP, POUR L'ANNEE 2020					
Emissions de CO_2 (g/km)	Tarif (€)	Emissions de CO_2 (g/km)	Tarif (€)	Emissions de CO_2 (g/km)	Tarif (€)
Inférieures à 138	0	163	1 276	189	7 086
138	50	164	1 386	190	7 462
139	75	165	1 504	191	7 851
140	100	166	1 629	192	8 254
141	125	167	1 761	193	8 671
142	150	168	1 901	194	9 103
143	170	169	2 049	195	9 550
144	190	170	2 205	196	10 011
145	210	171	2 370	197	10 488
146	230	172	2 544	198	10 980
147	240	173	2 726	199	11 488
148	260	174	2 918	200	12 012
149	280	175	3 119	201	12 552
150	310	176	3 331	202	13 109
151	330	177	3 552	203	13 682
152	360	178	3 784	204	14 273
153	400	179	4 026	205	14 881
154	450	180	4 279	206	15 506
155	540	181	4 543	207	16 149
156	650	182	4 818	208	16 810
157	740	183	5 105	209	17 490
158	818	184	5 404	210	18 188
159	898	185	5 715	211	18 905
160	983	186	6 039	212	19 641
161	1 074	187	6 375	Supérieures à 212	20 000
162	1 172	188	6 724		

ENR-VIII-21100 s. ; MF n° 76043

Art L 421-63 Les barèmes en émissions de dioxyde de carbone (CO_2), exprimées en grammes par kilomètre, des méthodes dites NEDC sont, pour chaque année de première immatriculation du véhicule depuis 2014, les suivants :

BAREME CO_2, METHODES DITES NEDC, POUR LES ANNEES A COMPTER DE 2020					
Emissions de CO_2 (g/km)	Tarif (€)	Emissions de CO_2 (g/km)	Tarif (€)	Emissions de CO_2 (g/km)	Tarif (€)
Inférieures à 110	0	135	1 276	161	7 086
110	50	136	1 386	162	7 462

BAREME CO_2, METHODES DITES NEDC, POUR LES ANNEES A COMPTER DE 2020					
Emissions de CO_2 (g/km)	Tarif (€)	Emissions de CO_2 (g/km)	Tarif (€)	Emissions de CO_2 (g/km)	Tarif (€)
111	75	137	1 504	163	7 851
112	100	138	1 629	164	8 254
113	125	139	1 761	165	8 671
114	150	140	1 901	166	9 103
115	170	141	2 049	167	9 550
116	190	142	2 205	168	10 011
117	210	143	2 370	169	10 488
118	230	144	2 544	170	10 980
119	240	145	2 726	171	11 488
120	260	146	2 918	172	12 012
121	280	147	3 119	173	12 552
122	310	148	3 331	174	13 109
123	330	149	3 552	175	13 682
124	360	150	3 784	176	14 273
125	400	151	4 026	177	14 881
126	450	152	4 279	178	15 506
127	540	153	4 543	179	16 149
128	650	154	4 818	180	16 810
129	740	155	5 105	181	17 490
130	818	156	5 404	182	18 188
131	898	157	5 715	183	18 905
132	983	158	6 039	184	19 641
133	1 074	159	6 375	Supérieures à 184	20 000
134	1 172	160	6 724		

BAREME CO_2, METHODES DITES NEDC, POUR L' ANNEE 2019					
Emissions de CO_2 (g/km)	Tarif (€)	Emissions de CO_2 (g/km)	Tarif (€)	Emissions de CO_2 (g/km)	Tarif (€)
Inférieures à 117	0	142	860	168	4 460
117	35	143	953	169	4 673
118	40	144	1 050	170	4 890
119	45	145	1 101	171	5 113
120	50	146	1 153	172	5 340
121	55	147	1 260	173	5 573
122	60	148	1 373	174	5 810

BAREME CO_2, METHODES DITES NEDC, POUR L'ANNEE 2017					
Emissions de CO_2 (g/km)	Tarif (€)	Emissions de CO_2 (g/km)	Tarif (€)	Emissions de CO_2 (g/km)	Tarif (€)
146	953	168	4 253	190	9 973
147	1 050	169	4 460	Supérieures à 190	10 000

BAREME CO_2, METHODES DITES NEDC, POUR LES ANNEES 2014 A 2016	
Emissions de CO_2 (g/km)	Tarif (€)
Inférieures à 131	0
De 131 à 135	150
De 136 à 140	250
De 141 à 145	500
De 146 à 150	900
De 151 à 155	1600
De 156 à 175	2200
De 176 à 180	3000
De 181 à 185	3600
De 186 à 190	4000
De 191 à 200	6500
Supérieures à 200	8000

ENR-VIII-21110 ; MF n° 76043

Art L 421-64 Les barèmes en puissance administrative, exprimée en chevaux administratifs, sont, pour chaque année de première immatriculation du véhicule depuis 2014, les suivants :

Barème en puissance administrative pour les années à compter de 2024	
Puissance administrative (en CV)	Tarif 2024 (en €)
Inférieure à 4	0
4	1 000
5	3 250
6	5 000
7	6 750
8	10 750
9	15 750
10	22 500
11	28 500
12	35 500
13	43 250
14	52 000
15 et plus	60 000

BAREME EN PUISSANCE ADMINISTRATIVE POUR L'ANNEE 2023	
Puissance administrative (CV)	Tarif (€)
Inférieure à 4	0
4	500
5	2 250
6	3 500
7	4 750
8	6 500
9	8 000
10	9 500
11	11 500
12	12 750
13	14 500
14	16 000
15	18 750
16	20 500
17	23 000
18	25 500
19	28 000
20	30 500
21	33 000
22	35 500

BAREME EN PUISSANCE ADMINISTRATIVE POUR L'ANNEE 2023	
Puissance administrative (CV)	Tarif (€)
23	38 000
24	40 000
25	42 500
26	45 000
27	47 500
Supérieure à 27	50 000

BAREME EN PUISSANCE ADMINISTRATIVE POUR L'ANNEE 2022	
Puissance administrative (CV)	Tarif (€)
Inférieure à 5	0
5	1 000
6	3 000
7	4 000
8	6 000
9	7 000
10	9 250
11	10 500
12	12 500
13	13 500
14	15 625
15	16 500
16	19 250
17	21 000
18	23 500
19	26 000
20	28 500
21	31 000
22	33 500
23	36 000
24	38 500
Supérieure à 24	40 000

BAREME EN PUISSANCE ADMINISTRATIVE POUR L'ANNEE 2021	
Puissance administrative (CV)	Tarif (€)
Inférieure à 4	0
5	250
6	2 825
7	3 425
8	5 950
9	6 550
10	9 075
11	9 675
12	12 200
13	12 800
14	15 325
15	15 925
16	18 450
17	19 150
18	22 500
19	25 000
20	27 500
Supérieure à 20	30 000

BAREME EN PUISSANCE ADMINISTRATIVE POUR L'ANNEE 2020	
Puissance administrative (CV)	Tarif (€)
Inférieure à 6	0
6 et 7	3 125
8 et 9	6 250
10 et 11	9 375
12 et 13	12 500
14 et 15	15 625
16 et 17	18 750
Supérieure à 17	20 000

BAREME EN PUISSANCE ADMINISTRATIVE POUR LES ANNEES 2019 ET 2018	
Puissance administrative (CV)	Tarif (€)
Inférieure à 6	0
6 et 7	3 000
8 et 9	5 000
10 et 11	8 000
De 12 à 16	9 000
Supérieure à 16	10 500

BAREME EN PUISSANCE ADMINISTRATIVE POUR L'ANNEE 2017	
Puissance administrative (CV)	Tarif (€)
Inférieure à 6	0
6 et 7	2 000
8 et 9	3 000
10 et 11	7 000
De 12 à 16	8 000
Supérieure à 16	10 000

BAREME EN PUISSANCE ADMINISTRATIVE POUR LES ANNEES 2014 A 2016	
Puissance administrative (CV)	Tarif (€)
Inférieure à 6	0
6 et 7	1 500
8 et 9	2 000
10 et 11	3 600
De 12 à 16	6 000
Supérieure à 16	8 000

ENR-VIII-21120 s. ; MF nº 76043

Sous-paragraphe 3. Exonérations et abattements pour certains véhicules

Art L 421-65 Est exonéré tout véhicule accessible en fauteuil roulant.

ENR-VIII-3870 ; MF nº 76042

Art L 421-66 Pour le véhicule qui comporte au moins huit places assises et qui est détenu au sens de l'article L 421-25 par une personne morale, est appliqué l'un des abattements suivants :

1º 80 grammes par kilomètre pour les émissions de dioxyde de carbone ;

2º 4 chevaux administratifs pour la puissance administrative.

Lorsque l'abattement prévu à l'article L 421-70 est également applicable, il est retenu le plus élevé des deux.

ENR-VIII-3980 s. ; MF nº 76043

Sous-paragraphe 4. Exonérations et abattements pour certaines sources d'énergie

Art L 421-67 Est exonéré tout véhicule dont la source d'énergie est exclusivement l'électricité, l'hydrogène ou une combinaison des deux.

ENR-VIII-3870 ; MF nº 76042

Art L 421-68 Lorsque la source d'énergie du véhicule comprend le superéthanol E85, sont appliqués les abattements suivants :

1º 40 % des émissions de dioxyde de carbone, sauf lorsque ces émissions excèdent 250 grammes par kilomètre ;

2º 2 chevaux administratifs pour la puissance administrative, sauf lorsque cette dernière excède 12 chevaux administratifs.

Ces abattements sont appliqués, le cas échéant, avant les autres abattements prévus par le présent paragraphe.

ENR-VIII-3980 s. ; MF nº 76043

Sous-paragraphe 5. Exonérations et abattements pour certaines personnes

Art L 421-69 Est exonéré, dans la limite d'un véhicule par bénéficiaire, tout véhicule détenu au sens de l'article L 421-25 par l'une des personnes suivantes :

1º Les personnes titulaires de la carte « mobilité inclusion » portant la mention « invalidité » mentionnée à l'article L 241-3 du code de l'action sociale et des familles ;

2º Les personnes titulaires d'une carte d'invalidité militaire ;

3º Les personnes qui assument la charge effective et permanente d'un enfant titulaire de l'une des cartes mentionnées au 1° ou au 2° et relevant du même foyer.

ENR-VIII-3870 ; MF n° 76042

Art L 421-70 Lorsque la personne qui détient le véhicule assume la charge effective et permanente d'au moins trois enfants qui, soit répondent à l'une des conditions prévues au 1° ou 2° de l'article L 512-3 du code de la sécurité sociale, soit font l'objet d'un placement à son domicile dans le cadre de l'article L 421-2 du code de l'action sociale et des familles, est appliqué l'un des abattements suivants :

1° 20 grammes par kilomètre par enfant pour les émissions de dioxyde de carbone ;

2° 1 cheval administratif par enfant pour la puissance administrative.

Ces abattements s'appliquent dans la limite d'un seul véhicule d'au moins cinq places par foyer. Cette limite est appréciée sur une période de deux ans, sauf dans des situations, déterminées par décret, où le véhicule est devenu inutilisable *(NDLR Voir article 39-0 du décret 2021-1914 du 30 décembre 2021 reproduit dans la partie Autres textes du présent code).*

Lorsque l'abattement prévu à l'article L 421-66 est également applicable, il est retenu le plus élevé des deux.

ENR-VIII-3980 s. ; MF n° 76043

Sous-paragraphe 6. Exonérations pour certaines activités

Art L 421-70-1 Est exonéré tout véhicule hors route exclusivement affecté aux besoins :

1° Des services et des unités mentionnés au premier alinéa du I de l'article L 721-2 du code de la sécurité intérieure pour la réalisation des missions de protection des personnes, des animaux, des biens et de l'environnement contre les accidents, les sinistres et les catastrophes ;

2° Des associations agréées en application de l'article L 725-1 du même code pour l'une des missions mentionnées à l'article L 725-3 dudit code ;

3° Des services déconcentrés de l'Etat chargés de la forêt, de l'Office national des forêts, des services des collectivités territoriales et de leurs groupements, des associations syndicales mentionnées aux articles L 132-2 et L 133-1-1 du code forestier et des réserves communales de sécurité civile mentionnées aux articles L 724-1 à L 724-13 du code de la sécurité intérieure, pour leurs missions opérationnelles de prévention, de surveillance et de lutte contre les incendies.

MF n° 76042

Paragraphe 5. Taxe sur la masse en ordre de marche des véhicules de tourisme

Art L 421-71 Les règles relatives au montant de la taxe sur la masse en ordre de marche des véhicules de tourisme prévue au *b* du 4° de l'article L 421-30 sont déterminées par les dispositions du titre III du livre Ier et par celles du présent paragraphe.

ENR-VIII-4350 s. ; MF n°s 76045 s.

Sous-paragraphe 1. Règles générales de calcul et barèmes

Art L 421-72 Le montant de la taxe est déterminé au moyen du barème de l'année de première immatriculation du véhicule mentionné à l'article L 421-75 associant un tarif marginal à chaque fraction de la masse en ordre de marche mentionnée à l'article L 421-23.

Le montant mentionné au premier alinéa du présent article est égal à la somme des produits de chaque fraction par le tarif marginal associé.

ENR-VIII-4540 s. ; MF n° 76046

Art L 421-73 Le montant de la taxe est réduit de 10 % pour chaque période de douze mois entamée depuis la date de première immatriculation au sens de l'article L 421-5.

Pour l'application du premier alinéa, la première période de douze mois est réputée n'être entamée qu'à compter du premier jour du septième mois.

Cette réduction est appliquée, le cas échéant, après les règles particulières prévues par les dispositions du présent paragraphe, à l'exception de celle mentionnée à l'article L 421-74.

ENR-VIII-4720 s. ; MF n° 76046 précision b

Art L 421-74 Le montant de la taxe est minoré de manière à ne pas excéder un seuil égal à la différence entre les termes suivants résultant de l'application au véhicule de la taxe sur les émissions de dioxyde de carbone prévue au *a* du 4° de l'article L 421-30 :

1° Le tarif maximal figurant dans le barème dont le véhicule relève parmi ceux mentionnés aux articles L 421-62 et L 421-64, auquel est appliquée, le cas échéant, la réduction mentionnée à l'article L 421-60 ;

2° Le montant de la taxe sur les émissions de dioxyde de carbone résultant des dispositions du paragraphe 4 de la présente sous-section.

Le présent article est appliqué, le cas échéant, après les autres règles particulières prévues par les dispositions du présent paragraphe.

ENR-VIII-4800 s. ; MF nº 76046

Art L 421-75 Les barèmes associant un tarif marginal à chaque fraction de la masse en ordre de marche du véhicule, exprimée en kilogrammes et arrondie à l'unité, sont, pour chaque année de première immatriculation du véhicule à compter de 2022, les suivants :

Barème pour les années à compter de 2024	
Fraction de la masse en ordre de marche *(en kg)*	Tarif marginal *(en €)*
Jusqu'à 1 599	0
De 1 600 et 1 799	10
De 1 800 à 1 899	15
De 1 900 à 1 999	20
De 2 000 à 2 099	25
A partir de 2 100	30

Barème pour les années 2022 et 2023	
Fraction de la masse en ordre de marche *(en kg)*	Tarif marginal *(en €)*
Jusqu'à 1799	0
A partir de 1800	10

ENR-VIII-4540 s. ; MF nº 76046

Sous-paragraphe 2. Exonérations et abattements pour certains véhicules

Art L 421-76 Est exonéré tout véhicule accessible en fauteuil roulant.

ENR-VIII-4460 ; MF nº 76045

Art L 421-77 Pour le véhicule qui comporte au moins huit places assises et qui est détenu, au sens de l'article L 421-25, par une personne morale, la masse en ordre de marche fait l'objet d'un abattement de 500 kilogrammes.

Lorsque l'abattement prévu à l'article L 421-81 est également applicable, il est retenu le plus élevé des deux.

ENR-VIII-4660 ; MF nº 76046

Sous-paragraphe 3. Exonérations et abattements pour certaines sources d'énergie

Art L 421-78 Est exonéré tout véhicule dont la source d'énergie est exclusivement l'électricité, l'hydrogène ou une combinaison des deux.

ENR-VIII-4460 ; MF nº 76045

Art L 421-79 Est exonéré tout véhicule hybride électrique rechargeable de l'extérieur dont l'autonomie équivalente en mode tout électrique en ville, déterminée lors de la réception, est supérieure à 50 kilomètres.

Ndlr *Pour les dispositions du présent alinéa applicables à compter du 1er janvier 2025, voir partie Autres textes du présent code loi 2023-1322 du 29 décembre 2023 art. 97, 14º.*

Pour l'application du premier alinéa, sont retenues les définitions et méthodes de détermination du règlement (UE) 2017/1151 de la Commission du 1er juin 2017 complétant le règlement (CE) nº 715/2007 du Parlement européen et du Conseil relatif à la réception des véhicules à moteur au regard des émissions des véhicules particuliers et utilitaires légers (Euro 5 et Euro 6) et aux informations sur la réparation et l'entretien des véhicules, modifiant la directive 2007/46/CE du Parlement européen et du Conseil, le règlement (CE) nº 692/2008 de la Commission et le règlement (UE) nº 1230/2012 de la Commission et abrogeant le règlement (CE) nº 692/2008, dans sa rédaction en vigueur, ainsi que, s'agissant des véhicules qui ne relèvent pas de ce règlement, de définitions et méthodes équivalentes déterminées par arrêté du ministre chargé de l'environnement.

ENR-VIII-4460 ; MF nº 76045

Art L 421-79-1 Pour le véhicule dont la source d'énergie comprend l'électricité, autre que celui relevant des articles L 421-78 ou L 421-79, la masse en ordre de marche fait l'objet d'un abattement de 100 kilogrammes.

Sous-paragraphe 4. Exonérations et abattements pour certaines personnes

Art L 421-80 Est exonéré, dans la limite d'un véhicule par bénéficiaire, tout véhicule détenu au sens de l'article L 421-25 par l'une des personnes suivantes :

1º Les personnes titulaires de la carte « mobilité inclusion » portant la mention « invalidité » mentionnée à l'article L 241-3 du code de l'action sociale et des familles ;

2° Les personnes titulaires d'une carte d'invalidité militaire ;

3° Les personnes qui assument la charge effective et permanente d'un enfant titulaire de l'une des cartes mentionnées au 1° ou 2° et relevant du même foyer.

ENR-VIII-4460 ; MF n° 76045

Art L 421-81 Lorsque la personne qui détient le véhicule assume la charge effective et permanente d'au moins trois enfants qui, soit répondent à l'une des conditions prévues au 1° ou 2° de l'article L 512-3 du code de la sécurité sociale, soit font l'objet d'un placement à son domicile dans le cadre de l'article L 421-2 du code de l'action sociale et des familles, la masse en ordre de marche fait l'objet d'un abattement de 200 kilogrammes par enfant.

Cet abattement s'applique dans la limite d'un seul véhicule d'au moins cinq places par foyer. Cette limite est appréciée sur une période de deux ans, sauf dans les situations, déterminées par décret, où le véhicule est devenu inutilisable *(NDLR Voir article 39-0 du décret 2021-1914 du 30 décembre 2021 reproduit dans la partie Autres textes du présent code)*.

Lorsque l'abattement prévu à l'article L 421-77 est également applicable, il est retenu le plus élevé des deux.

ENR-VIII-4660 s. ; MF n° 76046

Sous-paragraphe 5. Exonérations et abattements pour certaines activités

Art L 421-81-1 Est exonéré tout véhicule hors route exclusivement affecté aux besoins :

1° Des services et unités mentionnés au premier alinéa du I de l'article L 721-2 du code de la sécurité intérieure pour la réalisation des missions de protection des personnes, des animaux, des biens et de l'environnement contre les accidents, les sinistres et les catastrophes ;

2° Des associations agréées en application de l'article L 725-1 du même code pour l'une des missions mentionnées à l'article L 725-3 dudit code ;

3° Des services déconcentrés de l'Etat chargés de la forêt, de l'Office national des forêts, des services des collectivités territoriales et de leurs groupements, des associations syndicales mentionnées aux articles L 132-2 et L 133-1-1 du code forestier et des réserves communales de sécurité civile mentionnées aux articles L 724-1 à L 724-13 du code de la sécurité intérieure, pour leurs missions opérationnelles de prévention, de surveillance et de lutte contre les incendies.

MF n° 76045

Sous-section 4

Exigibilité

Art L 421-82 Les règles relatives à l'exigibilité des taxes sur l'immatriculation des véhicules sont déterminées par les dispositions du titre IV du livre Ier.

ENR-VIII-2520 ; MF n° 76035

Sous-section 5

Personnes soumises aux obligations fiscales

Art L 421-83 Les règles relatives aux personnes soumises aux obligations fiscales pour les taxes sur l'immatriculation des véhicules sont déterminées par les dispositions du titre V du livre Ier et par celles de la présente sous-section.

ENR-VIII-2450 s. ; MF n° 76035

Art L 421-84 Le redevable de la taxe est, sous réserve de l'article L 421-85, le propriétaire du véhicule.

ENR-VIII-2450 ; MF n° 76035

Art L 421-85 Le remboursement mentionné à l'article L 421-88 est réalisé au bénéfice de la personne qui détient le véhicule au sens de l'article L 421-25.

ENR-VIII-4060, 4680 ; MF n° 76043 précision c

Art L 421-85-1 Les taxes peuvent être collectées par des tiers collecteurs dans les conditions prévues par le chapitre IV du titre V du livre Ier.

Sous-section 6

Constatation des taxes

Art L 421-86 Les règles relatives à la constatation des taxes sur l'immatriculation des véhicules sont, par dérogation aux dispositions du titre VI du livre Ier, déterminées par les dispositions de la présente sous-section.

ENR-VIII-2500

Art L 421-87 Les taxes sont constatées par l'administration.

Art L 421-88 Les abattements et exonérations mentionnés aux articles L 421-70, L 421-70-1, L 421-81 et L 421-81-1 sont appliqués, dans des conditions déterminées par décret, au moyen d'un remboursement postérieur à la délivrance du certificat d'immatriculation.

Ndlr *Sur les conditions de mise en œuvre du remboursement prévu au présent article, voir partie Autres textes du présent code décret 2021-1914 du 30 décembre 2021 art. 39 à 41.*

ENR-VIII-4060, 4680 ; MF nº 76043 précision c

Sous-section 7

Paiement des taxes sur l'immatriculation des véhicules

Art L 421-89 Les règles relatives au paiement des taxes sur l'immatriculation des véhicules sont déterminées par les dispositions du titre VII du livre Ier.

ENR-VIII-2550 ; MF nº 76035

Sous-section 8

Contrôle, recouvrement et contentieux

Art L 421-90 Les règles relatives au contrôle, au recouvrement et au contentieux des taxes à l'immatriculation sont déterminées, par dérogation aux dispositions du titre VIII du livre Ier, par les dispositions de la présente sous-section.

ENR-VIII-2600 ; MF nº 76035

Art L 421-91 Les règles relatives au contrôle, au recouvrement et au contentieux des taxes sur l'immatriculation des véhicules sont déterminées par les dispositions suivantes :

1º S'agissant des pouvoirs des personnes chargées du contrôle, des procédures de contrôle et des sanctions, celles figurant au livre II du code général des impôts et au titre II du livre des procédures fiscales qui leurs sont propres ou qui sont applicables aux droits d'enregistrement ;

2º S'agissant des procédures d'établissement de l'impôt en cas de méconnaissance par le redevable de ses obligations, du recouvrement autre que le paiement spontané et du contentieux :

a. Les dispositions du livre II du code général des impôts et des titres III et IV du livre des procédures fiscales qui leur sont propres ou qui sont applicables aux impôts directs *(Voir notamment LPF, art. L 190, L 247 et L 256 B)* ;

b. Le B du III de l'article 55 de la loi nº 2010-1658 du 29 décembre 2010 de finances rectificative pour 2010.

ENR-VIII-2600 ; MF nº 76035

Sous-section 9

Affectation

Art L 421-92 L'affectation du produit des taxes sur l'immatriculation des véhicules est déterminée par les dispositions suivantes :

1º S'agissant de la taxe fixe prévue au 1º de l'article L 421-30, le 2º du a de l'article L 4331-2 du code général des collectivités territoriales et le 1º de l'article 46-1 de la loi nº 2011-1977 du 28 décembre 2011 de finances pour 2012 ;

2º S'agissant de la taxe régionale prévue au 2º de l'article L 421-30, le 3º du *a* de l'article L 4331-2 du code général des collectivités territoriales ;

3º S'agissant de la taxe sur les véhicules de transport prévue au 3º de l'article L 421-30, l'article L 3314-4 du code des transports.

Section 3

Taxes sur l'affectation des véhicules à des fins économiques

Sous-section 1

Eléments taxables et territoires

Art L 421-93 Les règles relatives aux éléments taxables et aux territoires pour les taxes sur l'affectation des véhicules à des fins économiques sont déterminées par les dispositions du titre Ier du livre Ier, par celles de la section 1 du présent chapitre et par celles de la présente sous-section.

Art L 421-94 Tout véhicule affecté à des fins économiques sur le territoire de taxation au sens du paragraphe 1 de la présente section est soumis :

1º Pour les véhicules de tourisme au sens de l'article L 421-2, à :

a. Une taxe annuelle sur les émissions de dioxyde de carbone ;

b. Une taxe annuelle sur les émissions de polluants atmosphériques ;

2° Pour les véhicules lourds de transport de marchandises au sens de l'article L 421-100, à une taxe annuelle.

Paragraphe 1. Affectation des véhicules à des fins économiques sur le territoire de taxation

Art L 421-95 Un véhicule est affecté à des fins économiques sur le territoire de taxation mentionné à l'article L 411-5 lorsqu'il est autorisé à circuler sur ce territoire et que l'une des conditions suivantes est remplie :

1° Il est détenu au sens de l'article L 421-25 par une entreprise, immatriculé en France au sens du second alinéa de l'article L 421-5 et les conditions mentionnées au 2° ne sont pas remplies ;

2° Il circule sur les voies ouvertes à la circulation publique du territoire de taxation et une entreprise prend à sa charge, totalement ou partiellement, les frais engagés par une personne physique pour en disposer ou pour son utilisation ;

3° Dans les situations autres que celles mentionnées aux 1° et 2°, il circule sur les voies ouvertes à la circulation publique du territoire de taxation pour les besoins de la réalisation de l'activité économique d'une entreprise.

FR 10/22 inf. 5 n°s 25 s. p. 11 ; MF n° 75112

Art L 421-96 Par dérogation à l'article L 421-95, le véhicule immobilisé ou mis en fourrière à la demande des pouvoirs publics est réputé ne pas être affecté à des fins économiques.

FR 10/22 inf. 5 n° 26 p. 11 ; MF n° 75112

Art L 421-97 Par dérogation à l'article L 421-95, est réputé ne pas être affecté à des fins économiques le véhicule qui répond aux conditions cumulatives suivantes :

1° Il est autorisé à circuler pour les seuls besoins de sa construction, de sa commercialisation, de sa réparation ou de son contrôle technique ;

2° Il ne réalise effectivement aucune opération de transport autre que celles strictement nécessaires pour les besoins mentionnés au 1°.

FR 10/22 inf. 5 n° 26 p. 11 ; MF n° 75112

Paragraphe 2. Entreprises affectataires des véhicules

Art L 421-98 L'entreprise affectataire d'un véhicule s'entend :

1° Lorsque le véhicule est affecté à des fins économiques dans les conditions mentionnées au 1° ou au 3° de l'article L 421-95, de la personne qui le détient au sens de l'article L 421-25 ;

2° Lorsque le véhicule est affecté à des fins économiques dans les conditions mentionnées au 2° du même article L 421-95, de l'entreprise qui prend en charge les frais mentionnés à ce même 2°.

FR 10/22 inf. 5 n° 24 p. 11 ; MF n° 75105

Paragraphe 3. Dispositions propres aux véhicules de tourisme

Art L 421-99 Par dérogation au 1° de l'article L 421-98 et sous réserve du 2° du même article, l'entreprise affectataire du véhicule de tourisme loué ou mis autrement à disposition d'une entreprise s'entend de l'entreprise qui dispose du véhicule dans le cadre de cette location ou mise à disposition.

Paragraphe 4. Dispositions propres aux véhicules lourds de transport de marchandises

Art L 421-100 Les véhicules lourds de transport de marchandises s'entendent des véhicules suivants, lorsque leur masse en charge maximale techniquement admissible est au moins égale à 12 tonnes :

1° Les véhicules des catégories N2 et N3, à l'exclusion de ceux dont la conception ne permet pas le transport de marchandises sans remorque ou semi-remorque ;

2° Les ensembles constitués d'un véhicule de catégorie N2 ou N3 couplé à une ou plusieurs semi-remorques de la catégorie O ;

3° Les remorques de la catégorie O4 d'une masse en charge maximale techniquement admissible au moins égale à 16 tonnes, lorsqu'elles sont tractées par un véhicule de catégorie N2 ou N3 ou un ensemble relevant du 2° ;

4° Les autres véhicules ou ensembles de véhicules utilisés pour réaliser des opérations de transport de marchandises analogues à celles pour lesquelles les véhicules mentionnés aux 1° à 3° sont conçus.

Art L 421-101 Pour l'application de la présente section aux ensembles de véhicules :

1° Les tracteurs et semi-remorques composant un ensemble sont considérés comme un véhicule unique dont les caractéristiques sont les suivantes :

a. Sa masse en charge maximale techniquement admissible est celle de l'ensemble ;

b. Son nombre d'essieux est celui de la semi-remorque ayant le plus grand nombre d'essieux ;

c. L'entreprise affectataire est celle qui affecte le véhicule tracteur ;

d. Le système de suspension est celui du véhicule tracteur ;

2° Les remorques de la catégorie O4 qui les composent, autres que les semi-remorques, sont considérées comme des véhicules indépendants.

Art L 421-102 Ne sont pas soumis à la taxe mentionnée au 2° de l'article L 421-94 les véhicules lourds de transport de marchandises suivants :

1° Les véhicules immatriculés dans un autre Etat membre de l'Union européenne ;

2° Les ensembles de véhicules dont l'un des éléments est immatriculé dans un autre Etat membre de l'Union européenne, lorsque cet ensemble a été soumis, dans cet Etat membre, à la taxe prévue par cet Etat membre et mentionnée à l'article 3 de la directive 1999/62/CE du Parlement européen et du Conseil du 17 juin 1999 relative à la taxation des véhicules pour l'utilisation d'infrastructures routières, dans sa rédaction en vigueur ;

3° Les véhicules immatriculés dans un Etat tiers à l'Union européenne avec lequel la France a conclu un accord d'exonération réciproque, ou les ensembles de véhicules dont l'un des éléments est immatriculé dans un tel Etat.

Art L 421-103 Les véhicules lourds de transport de marchandises ne sont pas soumis à la taxe mentionnée au 2° de l'article L 421-94 lorsqu'ils sont situés dans le territoire de l'une des collectivités régies par l'article 73 de la Constitution.

Sous-section 2

Fait générateur

Art L 421-104 Les règles relatives au fait générateur des taxes sur l'affectation des véhicules à des fins économiques sont déterminées par les dispositions du titre II du livre Ier et par celles de la présente sous-section.

Art L 421-105 Le fait générateur des taxes est constitué par toute affectation du véhicule qui y est soumis à des fins économiques sur le territoire de taxation au sens des dispositions du paragraphe 1 de la sous-section 1 de la présente section.

Sous-section 3

Montant des taxes

Art L 421-106 Les règles relatives au montant des taxes sur l'affectation des véhicules à des fins économiques sont déterminées par les dispositions du titre III du livre Ier et par celles de la présente sous-section.

Paragraphe 1. Règle générale de calcul

Art L 421-107 Le montant de chacune des taxes est égal, pour chaque véhicule, chaque entreprise affectataire et chaque année civile, au produit des facteurs suivants :

1° Le quotient entre, au numérateur, la durée de l'affectation du véhicule en France à des fins économiques, en jours, et, au dénominateur, le nombre de jours de l'année civile ;

2° Le tarif annuel déterminé dans les conditions prévues respectivement pour chacune des taxes aux paragraphes 3, 4 et 5 de la présente sous-section.

FR 10/22 inf. 5 n° 30 p. 13 ; MF n° 75125

Art L 421-108 Lorsque, pour une même taxe, différents tarifs s'appliquent successivement au cours de la même année civile pour un même véhicule et une même entreprise, le tarif annuel mentionné au 2° de l'article L 421-107 est remplacé par la moyenne des tarifs applicables au cours de la période d'affectation du véhicule en France à des fins économiques, chacun étant pondéré par la durée, en nombre de jours, de sa période d'application.

Lorsque plusieurs tarifs sont susceptibles de s'appliquer au cours d'une même journée, le plus élevé est retenu.

Paragraphe 2. Règles particulières de calcul

Sous-paragraphe 1. Véhicules dont les frais sont pris en charge par des entreprises

Art L 421-109 Le présent sous-paragraphe est applicable aux véhicules affectés à des fins économiques sur le territoire de taxation par une entreprise dans les conditions mentionnées au 2° de l'article L 421-95.

FR 10/22 inf. 5 n° 31 p. 13 ; MF n° 75130

Art L 421-110 Lorsque les frais pris en charge par l'entreprise affectataire sont déterminés en fonction de la distance parcourue par le véhicule pour les déplacements professionnels, le facteur mentionné au 1° de l'article L 421-107 est multiplié par le pourcentage suivant, déterminé en fonction de cette distance, exprimée en kilomètres sur une année :

DISTANCE ANNUELLE PARCOURUE (km)	POURCENTAGE (%)
De 0 à 15 000	0
De 15 001 à 25 000	25
De 25 001 à 35 000	50
De 35 001 à 45 000	75
Supérieure à 45 000	100

Lorsqu'une même personne physique recourt successivement à plusieurs véhicules au cours d'une même année civile, ce pourcentage est déterminé, pour chacun de ces véhicules, à partir de la somme des distances relatives à tous ces véhicules.

FR 10/22 inf. 5 n° 31 p. 13 ; MF n° 75130

Art L 421-111 Le montant cumulé des taxes pour l'ensemble des véhicules de tourisme affectés à des fins économiques sur le territoire de taxation par une même entreprise fait l'objet d'une minoration de 15 000 €.

Le bénéfice de cette minoration est subordonné, au titre du droit européen des aides d'Etat, au respect des conditions prévues, selon le cas, par le règlement général de minimis, le règlement de minimis dans le secteur agricole ou le règlement de minimis dans le secteur de la pêche et de l'aquaculture.

FR 10/22 inf. 5 n° 31 p. 13 ; MF n° 75130

Sous-paragraphe 2. Option forfaitaire trimestrielle pour les véhicules de tourisme

Art L 421-112 Le redevable peut opter pour un calcul forfaitaire sur une base trimestrielle du facteur mentionné au 1° de l'article L 421-107.

Ndlr *Le présent article est abrogé au 1er janvier 2025 (Voir partie Autres textes du présent code ordonnance 2021-1843 du 22 décembre 2021 art. 37, 6°-b).*

FR 10/22 inf. 5 n° 32 p. 13 ; MF n° 75135

Art L 421-113 L'option mentionnée à l'article L 421-112 est exercée par le redevable conjointement pour la taxe annuelle sur les émissions de dioxyde de carbone et pour la taxe annuelle sur les émissions de polluants atmosphériques prévues respectivement aux *a* et *b* du 1° de l'article L 421-94, au plus tard au moment où il constate ces taxes.

L'option s'applique à l'ensemble des véhicules de tourisme affectés par le redevable à des fins économiques sur le territoire de taxation.

Ndlr *Le présent article est abrogé au 1er janvier 2025 (Voir partie Autres textes du présent code ordonnance 2021-1843 du 22 décembre 2021 art. 37, 6°-b).*

FR 10/22 inf. 5 n° 32 p. 13 ; MF n° 75135

Art L 421-114 En cas de recours à l'option mentionnée à l'article L 421-112, le facteur mentionné au 1° de l'article L 421-107 est égal au produit du pourcentage 25 % par le nombre de périodes de trois mois d'affectation du véhicule au sens de l'article L 421-115.

Ndlr *Le présent article est abrogé au 1er janvier 2025 (Voir partie Autres textes du présent code ordonnance 2021-1843 du 22 décembre 2021 art. 37, 6°-b).*

FR 10/22 inf. 5 n° 32 p. 13 ; MF n° 75135

Art L 421-115 Pour l'application du présent sous-paragraphe une période de trois mois d'affectation d'un véhicule s'entend :

1° D'un trimestre civil au premier jour duquel l'entreprise détient au sens de l'article L 421-25 un véhicule qu'elle affecte à des fins économiques sur le territoire de taxation ;

2° De toute période au premier jour de laquelle l'entreprise affecte un véhicule à des fins économiques sur le territoire de taxation sans le détenir et qui s'achève :

a. A la fin du trimestre civil lorsque cette période débute au premier jour d'un trimestre civil ;

b. A défaut, à l'issue de quatre-vingt-dix jours consécutifs. Si une telle période s'achève l'année suivant celle durant laquelle elle a débuté, les affectations réalisées au cours de cette période sont réputées être intervenues au cours de l'année durant laquelle débute cette période.

Ndlr *Le présent article est abrogé au 1er janvier 2025 (Voir partie Autres textes du présent code ordonnance 2021-1843 du 22 décembre 2021 art. 37, 6°-b).*

FR 10/22 inf. 5 n° 32 p. 13 ; MF n° 75135

Art L 421-116 Lorsqu'au cours d'une période de trois mois, différents tarifs s'appliquent successivement pour un même véhicule, par dérogation à l'article L 421-108, il est retenu un seul tarif, qui est celui le plus élevé.

Ndlr Le présent article est abrogé au 1er janvier 2025 (Voir partie Autres textes du présent code ordonnance 2021-1843 du 22 décembre 2021 art. 37, 6°-b).

FR 10/22 inf. 5 n° 32 p. 13 ; MF n° 75135

Art L 421-117 Lorsqu'au cours d'une période de trois mois d'affectation, un véhicule vient en remplacement d'un véhicule dont le redevable peut démontrer qu'il a le même usage, l'affectation de ces véhicules est, sur l'ensemble des deux périodes d'affectation successives, assimilée à l'affectation d'un véhicule unique.

Ndlr Le présent article est abrogé au 1er janvier 2025 (Voir partie Autres textes du présent code ordonnance 2021-1843 du 22 décembre 2021 art. 37, 6°-b).

FR 10/22 inf. 5 n° 32 p. 13 ; MF n° 75135

Art L 421-118 Lorsque, dans les cas mentionnés au sous-paragraphe 1 du présent paragraphe, une même personne physique recourt successivement à plusieurs véhicules au cours d'une même période de trois mois d'affectation, l'entreprise est réputée n'avoir affecté que celui des véhicules pour lequel la distance prise en charge au titre de cette période est la plus élevée.

Ndlr Le présent article est abrogé au 1er janvier 2025 (Voir partie Autres textes du présent code ordonnance 2021-1843 du 22 décembre 2021 art. 37, 6°-b).

FR 10/22 inf. 5 n° 32 p. 13 ; MF n° 75135

Paragraphe 3. Tarifs de la taxe annuelle sur les émissions de dioxyde de carbone des véhicules de tourisme

Art L 421-119 Les tarifs de la taxe annuelle sur les émissions de dioxyde de carbone des véhicules de tourisme prévue au *a* du 1° de l'article L 421-94 sont déterminés conformément au présent paragraphe.

FR 10/22 inf. 5 n° 33 p. 13 ; MF nos 75140 s.

Art L 421-119-1 Le tarif annuel est déterminé au moyen du barème suivant :

1° Pour le véhicule immatriculé en recourant à la méthode de détermination des émissions de dioxyde de carbone dite WLTP, au sens de l'article L 421-6, le barème WLTP mentionné à l'article L 421-120 associant un tarif marginal à chaque fraction de la masse des émissions de dioxyde de carbone ;

2° Pour le véhicule ne relevant pas du 1° du présent article, lorsqu'il a fait l'objet d'une réception européenne, a été immatriculé pour la première fois après le 1er juin 2004 et n'était pas affecté à des fins économiques sur le territoire de taxation par l'entreprise affectataire avant le 1er janvier 2006, le barème NEDC mentionné à l'article L 421-121 associant un tarif marginal à chaque fraction de la masse des émissions de dioxyde de carbone ;

3° Pour le véhicule ne relevant ni du 1°, ni du 2° du présent article, le barème en puissance administrative mentionné à l'article L 421-122 associant un tarif marginal à chaque fraction de la puissance administrative.

Le tarif est égal à la somme des produits de chaque fraction par le tarif marginal associé.

FR 2/24 inf. 66 n° 14 p. 121 ; MF n° 75140

Sous-paragraphe 1. Barèmes

Art L 421-120 Le barème WLTP associant un tarif marginal à chaque fraction des émissions de dioxyde de carbone (CO_2), exprimées en grammes par kilomètre, est le suivant :

Barème WLTP

Fraction des émissions de CO_2 (en g/km)	Tarif marginal (en €)
Jusqu'à 14	0
De 15 à 55	1
De 56 à 63	2
De 64 à 95	3
De 96 à 115	4
De 116 à 135	10
De 136 à 155	50
De 156 à 175	60
A partir de 176	65

Ndlr ***1.*** *Pour les dispositions du présent article applicables à compter du 1er janvier 2025, voir partie Autres textes du présent code loi 2023-1322 du 29 décembre 2023 art. 97, 19°.*

2. *Pour les dispositions du présent article applicables à compter du 1er janvier 2026, voir partie Autres textes du présent code loi 2023-1322 du 29 décembre 2023 art. 97, 20°.*

3. *Pour les dispositions du présent article applicables à compter du 1er janvier 2027, voir partie Autres textes du présent code loi 2023-1322 du 29 décembre 2023 art. 97, 21°.*

FR 2/24 inf. 66 nos 15 s. p. 121 ; MF n° 75145

Art L 421-121 Le barème NEDC associant un tarif marginal à chaque fraction des émissions de dioxyde de carbone (CO_2), exprimées en grammes par kilomètre, est le suivant :

Barème NEDC

Fraction des émissions de CO_2 (en g/km)	Tarif marginal (en €)
Jusqu'à 12	0
De 13 à 45	1
De 46 à 52	2
De 53 à 79	3
De 80 à 95	4
De 96 à 112	10
De 113 à 128	50
De 129 à 145	60
A partir de 146	65

Ndlr ***1.*** *Pour les dispositions du présent article applicables à compter du 1er janvier 2025, voir partie Autres textes du présent code loi 2023-1322 du 29 décembre 2023 art. 97, 19°.*

2. *Pour les dispositions du présent article applicables à compter du 1er janvier 2026, voir partie Autres textes du présent code loi 2023-1322 du 29 décembre 2023 art. 97, 20°.*

3. *Pour les dispositions du présent article applicables à compter du 1er janvier 2027, voir partie Autres textes du présent code loi 2023-1322 du 29 décembre 2023 art. 97, 21°.*

FR 2/24 inf. 66 nos 15 s. p. 121 ; MF no 75150

Art L 421-122 Le barème en puissance administrative associant un tarif marginal à chaque fraction de la puissance administrative, exprimée en chevaux administratifs, est le suivant :

Barème en puissance administrative

Fraction de la puissance administrative (en CV)	Tarif marginal (en €)
Jusqu'à 3	1 500
De 4 à 6	2 250
De 7 à 10	3 750
De 11 à 15	4 750
A partir de 16	6 000

Ndlr ***1.*** *Pour les dispositions du présent article applicables à compter du 1er janvier 2025, voir partie Autres textes du présent code loi 2023-1322 du 29 décembre 2023 art. 97, 19°.*

2. *Pour les dispositions du présent article applicables à compter du 1er janvier 2026, voir partie Autres textes du présent code loi 2023-1322 du 29 décembre 2023 art. 97, 20°.*

3. *Pour les dispositions du présent article applicables à compter du 1er janvier 2027, voir partie Autres textes du présent code loi 2023-1322 du 29 décembre 2023 art. 97, 21°.*

FR 2/24 inf. 66 nos 15 s. p. 121 ; MF no 75155

Sous-paragraphe 2. Exonérations pour certains véhicules

Art L 421-123 Est exonéré tout véhicule accessible en fauteuil roulant.

FR 10/22 inf. 5 no 28 p. 12 ; MF no 75115

Sous-paragraphe 3. Exonérations et abattements pour certaines sources d'énergie

Art L 421-124 Est exonéré tout véhicule dont la source d'énergie est exclusivement l'électricité, l'hydrogène ou une combinaison des deux.

FR 10/22 inf. 5 no 28 p. 12 ; MF no 75117

Art L 421-125 Est exonéré tout véhicule qui répond aux conditions cumulatives suivantes :

1° La source d'énergie combine :

a. Soit, d'une part, l'électricité ou l'hydrogène et, d'autre part, le gaz naturel, le gaz de pétrole liquéfié, l'essence ou le superéthanol E85 ;

b. Soit, d'une part, le gaz naturel ou le gaz de pétrole liquéfié et, d'autre part, l'essence ou le superéthanol E85 ;

2° L'un des deux critères suivants est rempli :

a. Les émissions de dioxyde de carbone n'excèdent pas, pour les véhicules mentionnés à l'article L 421-120, 60 grammes par kilomètre ou, pour les véhicules mentionnés à l'article L 421-121, 50 grammes par kilomètre et, pour les véhicules mentionnés à l'article L 421-122, la puissance administrative n'excède pas 3 chevaux administratifs ;

b. Les émissions de dioxyde de carbone ou la puissance administrative n'excèdent pas le double des seuils mentionnés au *a* et l'ancienneté du véhicule, déterminée à partir de sa date de première immatriculation, n'excède pas trois années.

Ndlr *L'exonération des véhicules hybrides est supprimée à compter du 1er janvier 2025 et remplacée par un abattement applicable aux véhicules dont la source d'énergie comprend le superéthanol E85, voir partie Autres textes du* *présent code loi 2023-1322 du 29 décembre 2023 art. 97, 23°.*

FR 10/22 inf. 5 n° 29 p. 12 ; FR 2/24 inf. 66 n°s 17 s. p. 121 ; MF n° 75117

Sous-paragraphe 4. Exonération pour certaines formes d'exploitation

Art L 421-126 Est exonéré tout véhicule affecté aux besoins des opérations exonérées de taxe sur la valeur ajoutée mentionnées au 9° du 4 et au 7 de l'article 261 du code général des impôts.

FR 10/22 inf. 5 n° 28 p. 12 ; MF n° 75115

Art L 421-127 Est exonéré tout véhicule affecté à des fins économiques sur le territoire de taxation par une personne physique exerçant son activité professionnelle en nom propre.

Le bénéfice de cette exonération est subordonné, au titre du droit européen des aides d'Etat, au respect des conditions prévues, selon le cas, par le règlement général de minimis, le règlement de minimis dans le secteur agricole ou le règlement de minimis dans le secteur de la pêche et de l'aquaculture.

FR 10/22 inf. 5 n° 28 p. 12 ; MF n° 75115

Sous-paragraphe 5. Exonérations pour la location

Art L 421-128 Est exonéré tout véhicule exclusivement affecté par l'entreprise affectataire aux activités suivantes :

1° La location ;

2° La mise à disposition temporaire de ses clients en remplacement de leur véhicule immobilisé.

FR 10/22 inf. 5 n° 28 p. 12 ; MF n° 75115

Art L 421-129 Est exonéré tout véhicule pris en location sur une période d'au plus un mois civil ou trente jours consécutifs par l'entreprise affectataire.

FR 10/22 inf. 5 n° 28 p. 12 ; MF n° 75115

Sous-paragraphe 6. Exonérations pour certaines activités économiques

Art L 421-130 Est exonéré tout véhicule affecté au transport public de personnes.

FR 10/22 inf. 5 n° 28 p. 12 ; MF n° 75115

Art L 421-131 Est exonéré tout véhicule affecté à des activités agricoles ou forestières.

Le bénéfice de cette exonération est subordonné, au titre du droit européen des aides d'Etat, au respect des conditions prévues par le règlement de minimis dans le secteur agricole.

FR 10/22 inf. 5 n° 28 p. 12 ; MF n° 75115

Art L 421-132 Est exonéré tout véhicule affecté aux activités suivantes :

1° L'enseignement de la conduite ou du pilotage ;

2° Les compétitions sportives.

FR 10/22 inf. 5 n° 28 p. 12 ; MF n° 75115

Paragraphe 4. Tarifs de la taxe annuelle sur les émissions de polluants atmosphériques des véhicules de tourisme

Art L 421-133 Les tarifs de la taxe annuelle sur les émissions de polluants atmosphériques des véhicules de tourisme prévue au *b* du 1° de l'article L 421-94 sont déterminés conformément au présent paragraphe.

FR 2/24 inf. 66 n°s 19 s. p. 121 ; MF n° 75160

Sous-paragraphe 1. Barèmes

Art L 421-134 Le tarif annuel est déterminé en fonction de l'appartenance du véhicule à l'une des trois catégories d'émissions de polluants suivantes :

1° La catégorie E, qui regroupe les véhicules dont la source d'énergie est exclusivement l'électricité, l'hydrogène ou une combinaison des deux ;

2° La catégorie 1, qui regroupe les véhicules qui sont alimentés par un moteur thermique à allumage commandé et qui respectent les valeurs limites d'émissions "Euro 5" ou "Euro 6" mentionnées respectivement au tableau 1 et au tableau 2 de l'annexe I du règlement (CE) n° 715/2007 du Parlement européen et du Conseil du 20 juin 2007 relatif à la réception des véhicules à moteur au regard des émissions des véhicules particuliers et utilitaires légers (Euro 5 et Euro 6), dans sa rédaction en vigueur ;

3° La catégorie des véhicules les plus polluants, qui regroupe les véhicules ne relevant ni du 1°, ni du 2° du présent article.

FR 2/24 inf. 66 n°s 19 s. p. 121 ; MF n° 75160

Art L 421-135 Le tarif annuel, en fonction de la catégorie d'émissions de polluants, est le suivant :

Catégorie d'émissions de polluants	Tarif annuel
E	0
1	100
Véhicules les plus polluants	500

FR 2/24 inf. 66 nos 19 s. p. 121 ; MF no 75160

Sous-paragraphe 2. Exonérations pour certains véhicules

Art L 421-136 Est exonéré tout véhicule accessible en fauteuil roulant.

FR 10/22 inf. 5 no 28 p. 12 ; MF no 75115

Sous-paragraphe 4. Exonérations pour certaines formes d'exploitation

Art L 421-138 Est exonéré tout véhicule affecté aux besoins des opérations exonérées de taxe sur la valeur ajoutée et mentionnées au 9° du 4 et au 7 de l'article 261 du code général des impôts.

FR 10/22 inf. 5 no 28 p. 12 ; MF no 75115

Art L 421-139 Est exonéré tout véhicule affecté à des fins économiques sur le territoire de taxation par une personne physique exerçant son activité professionnelle en nom propre.

Le bénéfice de cette exonération est subordonné, au titre du droit européen des aides d'Etat, au respect des conditions prévues, selon le cas, par le règlement général de minimis, le règlement de minimis dans le secteur agricole ou le règlement de minimis dans le secteur de la pêche et de l'aquaculture.

FR 10/22 inf. 5 no 28 p. 12 ; MF no 75115

Sous-paragraphe 5. Exonérations pour la location

Art L 421-140 Est exonéré tout véhicule exclusivement affecté par l'entreprise affectataire aux activités suivantes :

1° La location ;

2° La mise à disposition temporaire de ses clients en remplacement de leur véhicule immobilisé.

FR 10/22 inf. 5 no 28 p. 12 ; MF no 75115

Art L 421-141 Est exonéré tout véhicule pris en location sur une période d'au plus un mois civil ou trente jours consécutifs par l'entreprise affectataire.

FR 10/22 inf. 5 no 28 p. 12 ; MF no 75115

Sous-paragraphe 6. Exonérations pour certaines activités économiques

Art L 421-142 Est exonéré tout véhicule affecté au transport public de personnes.

FR 10/22 inf. 5 no 28 p. 12 ; MF no 75115

Art L 421-143 Est exonéré tout véhicule affecté aux activités agricoles ou forestières.

Le bénéfice de cette exonération est subordonné, au titre du droit européen des aides d'Etat, au respect des conditions prévues par le règlement de minimis dans le secteur agricole.

FR 10/22 inf. 5 no 28 p. 12 ; MF no 75115

Art L 421-144 Est exonéré tout véhicule affecté aux activités suivantes :

1° L'enseignement de la conduite ou du pilotage ;

2° Les compétitions sportives.

FR 10/22 inf. 5 no 28 p. 12 ; MF no 75115

Paragraphe 5. Tarifs de la taxe annuelle sur les véhicules lourds de transport de marchandises

Art L 421-145 Les tarifs de la taxe annuelle sur les véhicules lourds de transport de marchandises prévue au 2° de l'article L 421-94 sont déterminés conformément au présent paragraphe.

Sous-paragraphe 1. Barèmes

Art L 421-146 Le tarif annuel, fonction du nombre d'essieux, de la masse en charge maximale techniquement admissible, exprimée en tonnes, et de la présence ou non d'un système de suspension pneumatique, est le suivant :

TYPE DE VEHICULE	NOMBRE D'ESSIEUX	MASSE EN CHARGE MAXIMALE TECHNIQUEMENT ADMISSIBLE DU VEHICULE OU DE L'ENSEMBLE (t)	TARIF ANNUEL EN PRESENCE D'UN SYSTEME DE SUSPENSION PNEUMATIQUE (€)	TARIF ANNUEL EN L'ABSENCE D'UN SYSTEME DE SUSPENSION PNEUMATIQUE (€)
Véhicule à moteur isolé	2	Supérieure ou égale à 12	124	276
	3	Supérieure ou égale à 12	224	348
	4 et plus	Supérieure ou égale à 12 et inférieure à 27	148	228
		Supérieure ou égale à 27	364	540
Ensemble constitué d'un tracteur et d'une ou de plusieurs semi-remorques	1	Supérieure ou égale à 12 et inférieure à 20	16	32
		Supérieure ou égale à 20	176	308
	2	Supérieure ou égale à 12 et inférieure à 27	116	172
		Supérieure ou égale à 27 et inférieure à 33	336	468
		Supérieure ou égale à 33 et inférieure à 39	468	708
		Supérieure ou égale à 39	628	932
	3 et plus	Supérieure ou égale à 12 et inférieure à 38	372	516
		Supérieure ou égale à 38	516	700
Remorque de la catégorie O4		Supérieure ou égale à 16	120	120

Pour l'application du présent article, sont assimilées à un système de suspension pneumatique les suspensions reconnues comme équivalentes dans les conditions définies à l'annexe III au règlement (UE) n° 1230/2012 de la Commission du 12 décembre 2012 portant application du règlement (CE) n° 661/2009 du Parlement européen et du Conseil en ce qui concerne les prescriptions pour la réception par type relatives aux masses et dimensions des véhicules à moteur et de leurs remorques et modifiant la directive 2007/46/CE du Parlement européen et du Conseil, dans sa rédaction en vigueur.

Sous-paragraphe 2. Exonérations pour certains véhicules

Art L 421-147 Tout véhicule de collection est exonéré.

Art L 421-148 Est exonéré tout véhicule constitué d'un châssis routier sur lequel sont installés à demeure, dans le cadre de travaux publics et industriels sur le territoire de taxation, les équipements suivants et qui est exclusivement utilisé pour le transport de ces équipements :

1° Engins de levage et de manutention ;

2° Pompes et stations de pompage ;

3° Groupes moto-compresseurs mobiles ;

4° Bétonnières et pompes à béton, à l'exception des bétonnières à tambour utilisées pour le transport de béton ;

5° Groupes générateurs mobiles ;

6° Engins de forage mobiles.

Sous-paragraphe 3. Exonération pour certains services publics

Art L 421-149 Est exonéré tout véhicule affecté aux besoins de la défense nationale, de la protection civile, des services de lutte contre les incendies et des autres services d'urgence, des forces de police, de gendarmerie et de la douane.

Art L 421-150 Est exonéré tout véhicule affecté à l'entretien des voies de circulation.

Sous-paragraphe 4. Exonération pour certaines activités économiques

Art L 421-151 Est exonéré tout véhicule affecté aux transports intérieurs aux enceintes des chantiers ou des entreprises, même si ces transports conduisent à traverser les voies ouvertes à la circulation publique.

Art L 421-152 Est exonéré tout véhicule affecté au transport des marchandises des cirques ainsi qu'à la restauration et au logement des personnels des cirques.

Art L 421-153 Est exonéré tout véhicule affecté au transport des jeux, manèges forains et autres marchandises utilisées dans les fêtes foraines.

Art L 421-154 Est exonéré tout véhicule affecté aux activités des centres équestres.

Le bénéfice de cette exonération est subordonné, au titre du droit européen des aides d'Etat, au respect des conditions prévues par le règlement général de minimis.

Art L 421-155 Est exonéré tout véhicule affecté par les exploitants agricoles au transport de leurs récoltes.

Le bénéfice de cette exonération est subordonné, au titre du droit européen des aides d'Etat, au respect des conditions prévues par le règlement de minimis dans le secteur agricole.

Ndlr *Pour les dispositions du présent article qui s'appliqueront à compter d'une date fixée par décret, et au plus tard un mois après la réception par les autorités françaises de l'autorisation de la Commission européenne prévue à l'article 6, b de la directive 1999/62/CE du 17 juin 1999, voir partie Autres textes du présent code loi 2022-1726 du 30 décembre 2022 art. 47.*

Sous-paragraphe 5. Tarif particulier pour le transport combiné

Art L 421-156 Le tarif est minoré de 75 % pour les véhicules acheminés en transport combiné au sens de l'article 1er de la directive 92/106/CEE du Conseil du 7 décembre 1992 relative à l'établissement de règles communes pour certains transports combinés de marchandises entre Etats membres, dans sa rédaction en vigueur.

Sous-section 4

Exigibilité

Art L 421-157 Les règles relatives à l'exigibilité des taxes sur l'affectation des véhicules à des fins économiques sont déterminées par les dispositions du titre IV du livre Ier.

Sous-section 5

Personnes soumises aux obligations fiscales

Art L 421-158 Les règles relatives aux personnes soumises aux obligations fiscales pour les taxes sur l'affectation des véhicules à des fins économiques sont déterminées par les dispositions du titre V du livre Ier et par celles de la présente sous-section.

Art L 421-159 Est redevable de la taxe l'entreprise affectataire du véhicule au sens des dispositions du paragraphe 2 et, le cas échéant, du paragraphe 3 de la sous-section 1 de la présente section.

FR 10/22 inf. 5 no 24 p. 11 ; MF no 75105

Art L 421-160 Les personnes qui détiennent au sens de l'article L 421-25 les véhicules formant un ensemble de véhicules relevant de l'article L 421-100, peuvent, par dérogation à l'article L 421-159, conjointement désigner parmi elles, pour tout ou partie d'une période d'affectation, un redevable autre que l'entreprise affectataire du véhicule tracteur.

Les personnes qui disposent, dans le cadre d'une formule locative de longue durée, d'un véhicule à moteur isolé, d'une remorque ou d'un véhicule tracteur partie d'un ensemble relevant de l'article L 421-100 peuvent convenir avec le loueur que ce dernier est redevable pendant tout ou partie d'une période d'affectation.

Aux fins prévues aux premier ou deuxième alinéas du présent article, les personnes mentionnées aux mêmes premier ou deuxième alinéas établissent une attestation, au plus tard à une échéance fixée par décret *(NDLR Voir partie Autres textes du présent code décret 2021-1914 du 30 décembre 2021 art. 41-1).* L'attestation reprend l'identification et les caractéristiques du véhicule ou des éléments de l'ensemble, l'identification de ces personnes et la période concernée.

Lorsqu'il est recouru à la faculté prévue au présent article, l'ensemble des personnes mentionnées aux premier ou deuxième alinéas sont solidairement tenues au paiement de la taxe.

Art L 421-161 Les redevables sont soumis à une obligation de représentation fiscale dans les conditions prévues par le chapitre II du titre V du livre Ier.

Sous-section 6

Constatation des taxes

Art L 421-162 Les règles de la constatation des taxes sur l'affectation des véhicules à des fins économiques sont déterminées par les dispositions du titre VI du livre Ier et par celles de la présente sous-section.

FR 10/22 inf. 5 no 34 p. 123 ; MF no 75170

Art L 421-163 Par dérogation à l'article L 161-1, lorsque le montant de l'une des taxes est nul, l'absence de déclaration vaut constatation de cette taxe.

FR 10/22 inf. 5 no 34 p. 123 ; MF no 75170

Art L 421-164 Toute entreprise tient, pour chacune des taxes dont elle est redevable, un état récapitulatif annuel des véhicules qu'elle affecte à son activité et qui sont dans le champ de la taxe.

Cet état fait apparaître, pour chaque véhicule, les paramètres techniques intervenant dans la détermination du tarif, la date de première immatriculation et la date de première immatriculation en France, les conditions de l'affectation parmi celles définies à l'article L 421-95, ainsi que les périodes d'affectation. Les véhicules exonérés sont présentés distinctement par motif d'exonération.

L'état récapitulatif est à jour au plus tard à la date de la déclaration. Il est tenu à la disposition de l'administration et lui est communiqué à sa première demande.

FR 10/22 inf. 5 no 34 p. 123 ; MF no 75170

Sous-section 7

Paiement des taxes

Art L 421-165 Les règles relatives au paiement des taxes sur l'affectation des véhicules à des fins économiques sont déterminées par les dispositions du titre VII du livre Ier.

FR 10/22 inf. 5 no 34 p. 123 ; MF no 75170

Sous-section 8

Contrôle, recouvrement et contentieux

Art L 421-166 Les règles relatives au contrôle, au recouvrement et au contentieux des taxes sur l'affectation des véhicules à des fins économiques sont déterminées par les dispositions du titre VIII du livre Ier.

MF no 75175

Sous-section 9

Affectation

Art L 421-167 L'affectation du produit de la taxe annuelle sur les émissions de dioxyde de carbone sur les véhicules de tourisme et de la taxe annuelle sur les émissions de polluants atmosphériques des véhicules de tourisme est déterminée par le 2o de l'article L 131-8 du code de la sécurité sociale.

Section 4

Taxe sur le renouvellement du permis de conduire

Art L 421-168 Les règles relatives à la taxe sur le renouvellement du permis de conduire sont déterminées par les dispositions du livre Ier et par celles de la présente section.

ENR-VIII-5100 s. ; MF no 76030

Art L 421-169 Le fait générateur de la taxe est constitué par la délivrance par l'administration d'un permis de conduire les véhicules routiers à moteur en remplacement d'un permis déjà délivré, lorsque ce dernier n'a pas été présenté ou a été détérioré.

ENR-VIII-5100 s. ; MF no 76030

Art L 421-170 Les délivrances de permis de conduire à Saint-Pierre-et-Miquelon sont exemptées de taxe.

ENR-VIII-5100 s. ; MF no 76030

Art L 421-171 Le tarif est égal à 25 €.

Son montant est réduit de moitié en Guyane.

ENR-VIII-5100 s. ; MF no 76030

Art L 421-172 Le redevable de la taxe est le titulaire du permis de conduire à renouveler.

ENR-VIII-5100 s. ; MF no 76030

Art L 421-172-1 Par dérogation à l'article L 161-1, la taxe est constatée par l'administration.

Art L 421-173 Par dérogation à l'article L 180-1, les règles relatives au contrôle, au recouvrement et au contentieux de la taxe sont déterminées par les dispositions suivantes :

1° S'agissant des pouvoirs des personnes chargées du contrôle, des procédures de contrôle, des procédures d'établissement de l'impôt en cas de méconnaissance par le redevable de ses obligations, du recouvrement autre que le paiement spontané et des sanctions, celles du livre II du code général des impôts et du livre des procédures fiscales qui sont applicables aux droits de timbre ;

2° S'agissant du contentieux de l'assiette, celles du titre III du livre des procédures fiscales applicables aux taxes sur le chiffre d'affaires.

ENR-VIII-5100 s. ; MF n° 76030

Art L 421-174 L'affectation du produit de la taxe est déterminée par le 2° de l'article 46-1 de la loi n° 2011-1977 du 28 décembre 2011 de finances pour 2012.

ENR-VIII-5100 s. ; MF n° 76030

Section 5

Taxes sur les autoroutes concédées

Sous-section 1

Taxe sur la distance parcourue sur le réseau autoroutier concédé

Art L 421-175 Les règles relatives à la taxe sur la distance parcourue sur le réseau autoroutier concédé sont déterminées par les dispositions du livre Ier, par celles de la section 1 du présent chapitre et par celles de la présente sous-section.

TD-XX-4500 s.

Art L 421-176 Le fait générateur de la taxe est constitué par la réalisation d'un trajet par un usager sur une autoroute concédée au sens de l'article L 421-28 située sur le territoire de taxation mentionné à l'article L 411-5.

TD-XX-4500 s.

Art L 421-177 Le montant de la taxe est égal au produit du tarif unitaire mentionné à l'article L 421-178 par la distance parcourue par l'usager telle qu'elle résulte du système de péage.

Lorsque, pour une section du réseau, le système de péage ne permet pas de déterminer cette distance, chaque usager est réputé avoir parcouru une distance égale à la moyenne des trajets possibles sur cette section.

TD-XX-4600 s.

Art L 421-178 Le tarif unitaire de la taxe est égal à 7,32 € par 1 000 kilomètres parcourus en 2019.

A compter de 2020, ce tarif est indexé sur 70 % de l'inflation dans les conditions prévues au chapitre II du titre III du livre Ier.

Toutefois, l'inflation est déterminée à partir de l'évolution de l'indice mentionné à l'article L 132-2 du mois de novembre entre la deuxième année et l'année précédant la révision.

Le tarif révisé est arrondi au centième d'euro par 1 000 kilomètres. La révision ultérieure est réalisée à partir du tarif non arrondi.

Ndlr **1.** *Pour 2024, le tarif unitaire de la taxe est égal à 8,02 € par 1 000 kilomètres parcourus (Arrêté ECOE2233871A du 13 décembre 2022 art. 7-2, modifié par l'arrêté ECOE2333445A du 22 décembre 2023, art. 1, 3°-b).*

2. *S'agissant des données permettant d'effectuer l'indexation mentionnée ci-dessus, voir également arrêté du 13 décembre 2022 précité art. 7-1 modifié par l'arrêté ECOE2333445A du 22 décembre 2023 art. 1, 3°-a.*

TD-XX-4600 s.

Art L 421-179 Le redevable de la taxe est le concessionnaire mentionné à l'article L 421-28.

TD-XX-4500 s.

Art L 421-180 L'affectation du produit de la taxe est déterminée par l'article L 1512-20 du code des transports.

Section 6

Taxe sur l'utilisation par les poids lourds de certaines voies du domaine public routier

Sous-section 1

Eléments taxables et territoires

Art L 421-186 Les règles relatives aux éléments taxables et aux territoires de la taxe sur l'utilisation par les poids lourds de certaines voies du domaine public routier sont déterminées par les dispositions du titre Ier du livre Ier, par celles de la section 1 du présent chapitre et par celles de la présente section.

Art L 421-187 Est soumis à la taxe le poids lourd au sens de l'article L 421-189 qui utilise le réseau déterminé en application des dispositions du paragraphe 2 de la présente sous-section.

Art L 421-188 La directive Eurovignette s'entend de la directive 1999/62/CE du Parlement européen et du Conseil du 17 juin 1999 relative à la taxation des véhicules pour l'utilisation d'infrastructures routières, dans sa rédaction en vigueur.

Paragraphe 1. Poids lourds

Art L 421-189 Le poids lourd s'entend du véhicule qui répond aux conditions cumulatives suivantes :

1° Sa masse en charge maximale techniquement admissible est supérieure à un seuil déterminé par l'autorité compétente mentionnée à l'article L 421-196 compris entre 3,5 tonnes et 12 tonnes ;

2° Il répond à l'un des critères suivants :

a. Il relève de la catégorie N ;

b. Il est utilisé pour réaliser des opérations de transport de marchandises analogues à celles pour lesquelles le véhicule mentionné au a est conçu.

> **Ndlr** *Pour les dispositions du présent article applicables à compter du 26 mars 2027, voir partie Autres textes du présent code ordonnance 2023-661 du 26 juillet 2023 art. 1, II-1°.*

Art L 421-190 Lorsqu'un véhicule de transport de marchandises fait partie d'un ensemble, les tracteurs, remorques et semi-remorques qui composent cet ensemble de véhicules sont considérés comme un véhicule unique dont la masse en charge maximale techniquement admissible est égale à la masse en charge maximale techniquement admissible de l'ensemble.

Art L 421-191 Les classes d'émissions de polluants Euro d'un véhicule s'entendent des classes suivantes :

1° Celles mentionnées aux 1 à 3 de l'annexe 0 de la directive Eurovignette ;

2° Une huitième classe dénommée «classe des véhicules les moins polluants» qui comprend :

a. Les véhicules à émission nulle au sens du deuxième alinéa de l'article L 421-192 ;

b. Le cas échéant, les véhicules des classes mentionnées au 4 de la même annexe 0 de la directive Eurovignette qui sont moins polluants que ceux relevant des classes mentionnées au 1°. Un arrêté conjoint du ministre chargé de l'économie et du ministre chargé de la voirie routière constate les dispositions des textes européens qui caractérisent ces véhicules.

Art L 421-192 Les classes d'émission de dioxyde de carbone d'un véhicule s'entendent au sens du paragraphe 2 de l'article 7 octies bis de la directive Eurovignette.

Le véhicule à émission nulle s'entend du véhicule utilitaire lourd à émission nulle au sens du 11 de l'article 3 du règlement (UE) 2019/1242 du Parlement européen et du Conseil du 20 juin 2019 établissant des normes de performance en matière d'émissions de CO_2 pour les véhicules utilitaires lourds neufs et modifiant les règlements (CE) n° 595/2009 et (UE) 2018/956 du Parlement européen et du Conseil et la directive 96/53/CE du Conseil, dans sa rédaction en vigueur.

Un arrêté conjoint du ministre chargé de l'économie et du ministre chargé de la voirie routière constate les actes du droit de l'Union européenne qui, conformément au paragraphe 1 du même article 7 octies bis, fixent les valeurs de référence à partir desquelles l'appartenance d'un véhicule à l'une des classes mentionnées au premier alinéa est déterminée.

Paragraphe 2. Réseau

Art L 421-193 Lorsqu'elle décide d'instituer la taxe, l'autorité compétente mentionnée à l'article L 421-196 détermine le réseau dont l'utilisation est taxée parmi les voies qui remplissent, sous réserve de l'article L 421-194, les conditions cumulatives suivantes :

1° Elles relèvent du domaine public de cette autorité ou, s'agissant de la région, des voies du domaine public routier national mises à sa disposition ;

2° Elles répondent aux critères suivants :

a. Lorsque cette autorité est la Collectivité européenne d'Alsace :

– leur trafic moyen journalier sur une année civile excède neuf cents véhicules de transport de marchandises ;

ou,

– elles sont susceptibles de supporter un report significatif de trafic routier en provenance des voies faisant partie du réseau de la Collectivité européenne d'Alsace en application du premier tiret du présent a ou du réseau d'une région en application du b ;

b. Lorsque cette autorité est une région, elles sont susceptibles de supporter un report significatif de trafic routier en provenance des voies suivantes :

celles dont l'usage donne lieu à un péage relevant de l'article L 122-4 du code de la voirie routière ;

celles faisant partie d'un réseau de toute région ou département en application du présent 2° ;

celles soumises à tout autre prélèvement régi par le chapitre III de la directive Eurovignette ;

c. Lorsque cette autorité est un département autre que la Collectivité européenne d'Alsace, elles sont susceptibles de supporter un report significatif de trafic routier en provenance des voies faisant partie, en application du b, du réseau de la région dont relève ce département.

Art L 421-194 Sont exclues du réseau les portions des routes ou autoroutes dont l'usage donne lieu à un péage relevant de l'article L 122-4 du code de la voirie routière.

Art L 421-195 Le réseau est divisé en sections de tarification déterminées par délibération de l'autorité compétente mentionnée à l'article L 421-196.

Une section de tarification s'entend de la portion de voie située entre deux intersections successives avec des voies publiques.

Les portions de voie contiguës peuvent être fusionnées dans une même section de tarification d'une longueur totale inférieure à 15 kilomètres.

Paragraphe 3. Compétences déléguées

Art L 421-196 L'autorité compétente s'entend de la région ou du département situé sur le territoire de taxation mentionné à l'article L 411-5.

Art L 421-197 Les délibérations de l'autorité compétente prises en application des dispositions de la présente section entrent en vigueur aux dates qu'elles déterminent, au plus tôt le premier jour du troisième mois suivant leur publication, sans préjudice des obligations résultant des dispositions du chapitre XI du titre Ier du code de la voirie routière.

Sous-section 2

Fait générateur

Art L 421-198 Les règles relatives au fait générateur de la taxe sur l'utilisation par les poids lourds de certaines voies du domaine public routier sont déterminées par les dispositions du titre II du livre Ier et par celles de la présente sous-section.

Art L 421-199 Le fait générateur de la taxe est constitué par l'utilisation du réseau par un poids lourd.

Sous-section 3

Montant des taxes

Art L 421-200 Les règles relatives au montant de la taxe sur l'utilisation par les poids lourds de certaines voies du domaine public routier sont déterminées par les dispositions du titre III du livre Ier et par celles de la présente sous-section.

Art L 421-201 Le montant de la taxe est, pour chaque section de tarification, égal au produit des facteurs suivants :

1° La base d'imposition déterminée conformément aux dispositions du paragraphe 1 de la présente sous-section ;

2° La somme du tarif d'infrastructure et des tarifs pour coûts externes institués et déterminés dans les conditions prévues par les dispositions des paragraphes 2 à 4 de la présente sous-section. Les tarifs pour coûts externes comprennent le tarif de pollution atmosphérique, le tarif de pollution sonore et le tarif des émissions de dioxyde de carbone.

Paragraphe 1. Base d'imposition

Art L 421-202 La base d'imposition est constituée par l'une des distances suivantes, exprimée en kilomètres et déterminée selon les fonctionnalités du dispositif au moyen duquel l'utilisation du réseau par les poids lourds est mesurée :

1° Si ce dispositif permet de déterminer la distance parcourue sur l'intégralité de ce réseau pour l'ensemble des poids lourds, la distance parcourue par le poids lourd ;

2° Si la condition mentionnée au 1° n'est pas remplie, la somme des longueurs de chaque section de tarification pour laquelle la taxe devient exigible. Chacune de ces longueurs est arrondie à la centaine de mètres la plus proche.

Une délibération de l'autorité compétente constate si la condition mentionnée au 1° est remplie et les modalités de détermination de la base d'imposition qui en résultent.

Paragraphe 2. Dispositions communes à l'ensemble des tarifs

Sous-paragraphe 1. Règles générales de détermination des tarifs

Art L 421-203 L'autorité compétente détermine ceux des tarifs mentionnés au 2° de l'article L 421-201 qu'elle institue et leur montant, dans le respect des articles L 119-15 à L 119-18 du code de la voirie routière.

L'institution et les modifications substantielle de ces tarifs donnent lieu, selon le cas, à notification à la Commission européenne ou à information de cette dernière dans les conditions prévues, pour le tarif d'infrastructure, par l'article L 119-21 du code de la voirie routière, et pour les tarifs pour coûts externes, par l'article L 119-23 du même code.

Ces tarifs sont exprimés en euros par kilomètre, arrondis au millième.

Ndlr *Pour les dispositions du présent article applicables à compter du 25 mars 2026, voir partie Autres textes du présent code ordonnance 2023-661 du 26 juillet 2023 art. 1, II-2°.*

Art L 421-204 Les poids lourds sont regroupés en classes de véhicules constituées d'ensembles homogènes déterminés par arrêté conjoint du ministre chargé de l'économie et du ministre chargé de la voirie routière.

Chaque classe est définie en fonction de caractéristiques techniques auxquelles il est recouru pour classer les véhicules pour les besoins de la perception des péages relevant de l'article L 122-4 du code de la voirie routière. Ces caractéristiques figurent dans la documentation du véhicule utilisée dans l'ensemble de l'Union européenne ou sont visibles.

Les catégories fiscales s'entendent de subdivisions de ces classes de véhicules déterminées par l'arrêté mentionné au premier alinéa dans des conditions propres à chacun des tarifs.

Art L 421-205 Le niveau de chacun des tarifs est identique pour l'ensemble des poids lourds relevant d'une même catégorie fiscale au sens du troisième alinéa de l'article L 421-204.

Ces niveaux sont déterminés de manière uniforme sur l'ensemble du réseau, dans la limite de maxima propres à chacun de ces tarifs.

S'il y a lieu, il est dérogé aux dispositions des deux premiers alinéas dans les conditions prévues aux sous-paragraphes 2 à 4 du présent paragraphe et dans celles prévues, pour chacun des tarifs, aux paragraphes 3 et 4 de la présente sous-section.

Art L 421-206 Les exonérations instituées par l'autorité compétente en application des dispositions des sous-paragraphes 2 à 4 du présent paragraphe peuvent être différentes pour le tarif d'infrastructure et pour chacun des tarifs pour coûts externes.

Sous-paragraphe 2. Exonérations pour certains véhicules

Art L 421-207 L'autorité compétente peut instituer une exonération applicable à tout poids lourd qui remplit les conditions cumulatives suivantes :

1° Il s'agit d'un véhicule à émission nulle au sens de l'article L 421-192 ;

2° Sa masse en charge maximale techniquement admissible est inférieure ou égale à 4,25 tonnes.

Art L 421-208 L'autorité compétente peut instituer une exonération applicable à tout poids lourd qualifié de véhicule de collection.

Ndlr *Les dispositions du présent article entrent en vigueur à compter d'une date fixée par décret et au plus tard trois mois après la réception par les autorités françaises de l'autorisation de la Commission européenne en application du b du 2 de l'article 6 de la directive 1999/62/CE du Parlement européen et du Conseil du 17 juin 1999 (Ordonnance 2023-661 du 26 juillet 2023 art. 1, II-3°).*

Art L 421-209 L'autorité compétente peut instituer une exonération applicable à tout poids lourd constitué d'un châssis routier sur lequel sont installés à demeure, dans le cadre de travaux publics et industriels réalisés sur le territoire de taxation, les équipements suivants et qui est exclusivement utilisé pour le transport de ces équipements :

1° Engins de levage et de manutention ;

2° Pompes et stations de pompage ;

3° Groupes moto-compresseurs mobiles ;

4° Bétonnières et pompes à béton, à l'exception des bétonnières à tambour utilisées pour le transport de béton ;

5° Groupes générateurs mobiles ;

6° Engins de forage mobiles.

Ndlr *Les dispositions du présent article entrent en vigueur à compter d'une date fixée par décret et au plus tard trois mois après la réception par les autorités françaises de l'autorisation de la Commission européenne* *en application du b du 2 de l'article 6 de la directive 1999/62/CE du Parlement européen et du Conseil du 17 juin 1999 (Ordonnance 2023-661 du 26 juillet 2023 art. 1, II-3°).*

Sous-paragraphe 3. Exonérations pour certains services publics

Art L 421-210 Est exonéré tout poids lourd affecté aux besoins de la défense nationale, de la protection civile, des services de lutte contre les incendies et autres services d'urgence, des forces de police, de gendarmerie et de la douane.

Art L 421-211 Est exonéré tout poids lourd affecté à l'entretien des routes.

Art L 421-211-1 Est exonéré tout poids lourd utilisé dans le cadre des activités liées à la collecte en porte-à- porte et à l'élimination des déchets ménagers dans un rayon maximal de 100 kilomètres autour du lieu d'établissement de l'entreprise.

Sous-paragraphe 4. Exonérations pour certaines activités économiques

Art L 421-212 L'autorité compétente peut instituer une exonération applicable à tout poids lourd affecté aux transports intérieurs aux enceintes des chantiers ou des entreprises, même si ces transports impliquent de traverser les voies ouvertes à la circulation publique.

Ndlr *Les dispositions du présent article entrent en vigueur à compter d'une date fixée par décret et au plus tard trois mois après la réception par les autorités françaises de l'autorisation de la Commission européenne en application du b du 2 de l'article 6 de la directive 1999/62/CE du Parlement européen et du Conseil du 17 juin 1999 (Ordonnance 2023-661 du 26 juillet 2023 art. 1, II-3°).*

Art L 421-213 L'autorité compétente peut instituer une exonération applicable à tout poids lourd affecté au transport de matériels de cirques ou de fêtes foraines.

Ndlr *Les dispositions du présent article entrent en vigueur à compter d'une date fixée par décret et au plus tard trois mois après la réception par les autorités françaises de l'autorisation de la Commission européenne en application du b du 2 de l'article 6 de la directive 1999/62/CE du Parlement européen et du Conseil du 17 juin 1999 (Ordonnance 2023-661 du 26 juillet 2023 art. 1, II-3°).*

Art L 421-214 L'autorité compétente peut instituer une exonération applicable à tout poids lourd affecté aux activités des centres équestres.

Le bénéfice de cette exonération est subordonné, au titre du droit européen des aides d'Etat, au respect des conditions prévues par le règlement général de minimis.

Ndlr 1. *Les dispositions du présent article entrent en vigueur à compter d'une date fixée par décret et au plus tard trois mois après la réception par les autorités françaises de l'autorisation de la Commission européenne en application du b du 2 de l'article 6 de la directive 1999/62/CE du Parlement européen et du Conseil du 17 juin 1999 (Ordonnance 2023-661 du 26 juillet 2023 art. 1, II-3°).*

2. *Les dispositions du dernier alinéa du présent article sont supprimées à compter d'une date fixée par décret qui ne peut être postérieure de plus de six mois à la date de réception par le Gouvernement de la réponse de la Commission européenne permettant de considérer ces dispositions lui ayant été notifiées comme conformes au droit de l'Union européenne en matière d'aides d'Etat (Ordonnance 2023-661 du 26 juillet 2023 art. 1, II-4°).*

Art L 421-215 L'autorité compétente peut instituer une exonération applicable à tout poids lourd affecté aux activités suivantes :

1° Le transport par les exploitants agricoles de leurs récoltes et le transport du bois par les exploitants sylvicoles ;

2° Le transport des déchets d'animaux ou des carcasses non destinés à la consommation humaine ;

3° La collecte du lait dans les fermes ou ramenant aux fermes des bidons à lait ou des produits laitiers destinés à l'alimentation du bétail dans un rayon maximal de 150 kilomètres autour du lieu d'établissement de départ de l'entreprise utilisatrice ;

4° Le transport d'animaux vivants entre les fermes et marchés locaux, ou des marchés aux abattoirs locaux, dans un rayon maximal de 100 kilomètres autour de l'établissement de départ de l'entreprise utilisatrice ;

5° Le transport de biens par des poids lourds dont la masse en charge maximale techniquement admissible ne dépasse pas 7,5 tonnes, dans le cadre de la réalisation d'activités agricoles, horticoles, sylvicoles, d'élevage ou de pêche, dans un rayon maximal de 50 kilomètres autour du lieu d'établissement de l'entreprise utilisatrice.

L'exonération est limitée aux seuls poids lourds bénéficiant des dispenses prévues au 2 de l'article 3 du règlement (UE) n° 165/2014 du Parlement Européen et du Conseil du 4 février

2014 relatif aux tachygraphes dans les transports routiers, dans sa rédaction en vigueur, et fixées par décret en Conseil d'Etat.

L'exonération peut être limitée à une ou plusieurs de chacune des activités mentionnées aux 1° à 5°.

Le bénéfice de cette exonération est subordonné, au titre du droit européen des aides d'Etat, au respect des conditions prévues, selon le cas, par le règlement général de minimis, le règlement de minimis dans le secteur agricole ou le règlement de minimis dans le secteur de la pêche et de l'aquaculture.

Ndlr 1. *Les dispositions du présent article entrent en vigueur à compter du 1er janvier 2024, à l'exception du 1° dont les dispositions entrent en vigueur à compter d'une date fixée par décret et au plus tard trois mois après la réception par les autorités françaises de l'autorisation de la Commission européenne en application du b du 2 de l'article 6 de la directive 1999/62/CE du Parlement européen et du Conseil du 17 juin 1999 (Ordonnance 2023-661 du 26 juillet 2023 art. 1, II-3° et 7).*

2. *Les dispositions du dernier alinéa du présent article sont supprimées à compter d'une date fixée par décret qui ne peut être postérieure de plus de six mois à la date de réception par le Gouvernement de la réponse de la Commission européenne permettant de considérer ces dispositions lui ayant été notifiées comme conformes au droit de l'Union européenne en matière d'aides d'Etat (Ordonnance 2023-661 du 26 juillet 2023 art. 1, II-4°).*

Art L 421-216 L'autorité compétente peut instituer une exonération applicable à tout poids lourd dont la masse en charge maximale techniquement admissible est supérieure à 3,5 tonnes et inférieure à 7,5 tonnes affecté au transport de matériels, d'équipements ou de machines destinés au conducteur dans l'exercice de ses fonctions.

Le bénéfice de cette exonération est subordonné, au titre du droit européen des aides d'Etat, au respect des conditions prévues par le règlement général de minimis.

Ndlr *Les dispositions du dernier alinéa du présent article sont supprimées à compter d'une date fixée par décret qui ne peut être postérieure de plus de six mois à la date de réception par le Gouvernement de la réponse de la Commission européenne permettant de considérer ces dispositions lui ayant été notifiées comme conformes au droit de l'Union européenne en matière d'aides d'Etat (Ordonnance 2023-661 du 26 juillet 2023 art. 1, II-4°).*

Art L 421-217 L'autorité compétente peut instituer une exonération applicable à tout poids lourd dont la masse en charge maximale techniquement admissible est supérieure à 3,5 tonnes et inférieure à 7,5 tonnes utilisé pour le transport de marchandises fabriquées de manière artisanale, lorsque le transport n'est pas effectué pour le compte d'autrui.

Le bénéfice de cette exonération est subordonné, au titre du droit européen des aides d'Etat, au respect des conditions prévues par le règlement général de minimis.

Ndlr *Les dispositions du dernier alinéa du présent article sont supprimées à compter d'une date fixée par décret qui ne peut être postérieure de plus de six mois à la date de réception par le Gouvernement de la réponse de la Commission européenne permettant de considérer ces dispositions lui ayant été notifiées comme conformes au droit de l'Union européenne en matière d'aides d'Etat (Ordonnance 2023-661 du 26 juillet 2023 art. 1, II-4°).*

Art L 421-217-1 L'autorité compétente peut instituer une exonération applicable à tout poids lourd spécialisé utilisé pour le transport de fonds.

Le bénéfice de cette exonération est subordonné, au titre du droit européen des aides d'Etat, au respect des conditions prévues par le règlement général *de minimis*.

Ndlr *A compter d'une date fixée par décret, qui ne peut être postérieure de plus de six mois à la date de réception par le Gouvernement de la réponse de la Commission européenne permettant de considérer ces dispositions lui ayant été notifiées comme conformes au droit de l'Union européenne en matière d'aides d'Etat, le présent alinéa est supprimé (Loi 2023-1322 du 29 décembre 2023 art. 98, VI).*

Art L 421-217-2 L'autorité compétente peut instituer une exonération applicable à tout poids lourd qui est utilisé pour le transport de marchandises dans un rayon maximal de 100 kilomètres autour du lieu d'établissement de l'entreprise, qui est propulsé au gaz naturel, au gaz liquéfié ou à l'électricité et dont la masse maximale autorisée, remorque ou semi-remorque comprise, ne dépasse pas 7,5 tonnes.

Paragraphe 3. Tarif d'infrastructure

Sous-paragraphe 1. Règles de détermination

Art L 421-218 Les catégories fiscales du tarif d'infrastructure sont constituées des classes de véhicules mentionnées au premier alinéa de l'article L 421-204 subdivisées selon les classes d'émissions de dioxyde de carbone ou de regroupements de ces classes d'émissions.

Ndlr *Pour les dispositions du présent article applicables aux véhicules autres que ceux relevant des points a à d du 1 de l'article 2 du règlement (UE) 2019/1242, jusqu'à une date fixée par arrêté conjoint du ministre chargé de l'économie et du ministre chargé de la voirie routière et, au plus tard, à l'expiration du délai de deux ans mentionné à la première phrase du troisième alinéa du 1 de l'article 7 octies bis de la directive 1999/62/CE, voir partie Autres textes du présent code ordonnance 2023-661 du 26 juillet 2023 art. 1, II-5°-a.*

Art L 421-219 L'arrêté prévu à l'article L 421-204 peut prévoir que l'autorité compétente a la faculté de regrouper au sein d'une même catégorie fiscale plusieurs des subdivisions qu'il a déterminées en application de l'article L 421-218.

Sous-paragraphe 2. Modulations en fonction des émissions du véhicule

Art L 421-220 Le tarif d'infrastructure est, sur l'ensemble du réseau, décroissant lorsque le niveau d'exigence de la classe d'émissions de dioxyde de carbone croît. Pour les classes 2 à 5, le tarif d'infrastructure est égal au produit entre, d'une part, le tarif de la classe 1 et, d'autre part, un pourcentage déterminé par l'autorité compétente dans les limites inférieures et supérieures suivantes :

CLASSE D'ÉMISSIONS DE DIOXYDE DE CARBONE	POURCENTAGE APPLIQUÉ AU TARIF DE LA CLASSE 1
Classe 2	entre 85 % et 95 %
Classe 3	entre 70 % et 85 %
Classe 4	entre 50 % et 70 %
Classe 5	entre 0 % et 50 %

Ndlr 1. *Pour les dispositions du présent article applicables aux véhicules autres que ceux relevant des points a à d du 1 de l'article 2 du règlement (UE) 2019/1242, jusqu'à une date fixée par arrêté conjoint du ministre chargé de l'économie et du ministre chargé de la voirie routière et, au plus tard, à l'expiration du délai de deux ans mentionné à la première phrase du troisième alinéa du 1 de l'article 7 octies bis de la directive 1999/62/CE, voir partie Autres textes du présent code ordonnance 2023-661 du 26 juillet 2023 art. 1, II-5°-b.*

2. *A compter du 1er janvier 2026, à la seconde colonne de la dernière ligne du présent tableau, le taux : « 0 % » est remplacé par le taux : « 25 % » (Ordonnance 2023-661 du 26 juillet 2023 art. 1, II-6°).*

Art L 421-221 Par dérogation à l'article L 421-220, le tarif d'infrastructure peut être indépendant de la classe d'émissions de dioxyde de carbone, lorsqu'un tarif des émissions de dioxyde de carbone est institué et que le pourcentage propre à ce tarif et mentionné à l'article L 421-234 est au moins égal à 100 %.

Ndlr *Pour les dispositions du présent article applicables aux véhicules autres que ceux relevant des points a à d du 1 de l'article 2 du règlement (UE) 2019/1242, jusqu'à une date fixée par arrêté conjoint du ministre chargé de l'économie et du ministre chargé de la voirie routière et, au plus tard, à l'expiration du délai de deux ans mentionné à la première phrase du troisième alinéa du 1 de l'article 7 octies bis de la directive 1999/62/CE, voir partie Autres textes du présent code ordonnance 2023-661 du 26 juillet 2023 art. 1, II-5°-c.*

Sous-paragraphe 3. Modulations temporelles

Art L 421-222 L'autorité compétente peut instituer, après notification à la Commission européenne dans les conditions prévues à l'article L 119-22 du code de la voirie routière, une modulation du tarif d'infrastructure sur une base horaire, journalière ou selon une période pluri-journalière pertinente afin de réduire la congestion des infrastructures, de minimiser les dommages qui leur sont causés, d'optimiser leur utilisation ou de renforcer la sécurité routière.

Art L 421-223 Lorsque la modulation mentionnée à l'article L 421-222 est mise en place pour réduire la congestion :

1° Le tarif appliqué pendant les périodes de congestion est supérieur à celui appliqué en dehors de ces périodes ;

2° La durée maximale pendant laquelle le tarif maximal est appliqué ne peut excéder six heures par jour.

Art L 421-224 Aucun des tarifs résultant de la modulation prévue à l'article L 421-222 ne peut excéder 175 % du rapport entre le montant total des recettes mentionnées à l'article L 421-227 et la distance totale parcourue par des poids lourds taxables sur le réseau.

Ce rapport est évalué sur la base des estimations de trafic réalisées sur une année et rendues publiques avant la mise en œuvre de la modulation.

Sous-paragraphe 4. Réductions de tarif en cas d'usage fréquent du réseau

Art L 421-225 Le tarif d'infrastructure peut être réduit pour le poids lourd qui répond à l'une des conditions suivantes :

1° Il utilise fréquemment le réseau au sens précisé par l'autorité compétente ;

2° Il dispose de l'équipement de télépéage mentionné à l'article L 421-253 ou, le cas échéant, de celui mentionné à l'article L 421-254.

Art L 421-226 La réduction mentionnée à l'article L 421-225 est proportionnée aux économies de frais administratifs induites pour le traitement des poids lourds qui relèvent de cet article par rapport aux autres poids lourds, dans la limite de 13 % du tarif auquel elle s'applique.

Sous-paragraphe 5. Tarif maximal

Art L 421-227 Le tarif d'infrastructure est déterminé de manière à ce que les recettes qui en résultent sur l'ensemble du réseau n'excèdent pas les coûts de construction, d'entretien, d'exploitation et de développement de ce réseau, dans la mesure où ces coûts peuvent être attribués aux poids lourds taxables, majorés d'une rémunération du capital engagé ou d'une marge bénéficiaire conforme aux conditions de marché.

Un arrêté conjoint du ministre chargé de l'économie et du ministre chargé de la voirie routière précise ces coûts, la méthode selon laquelle ils sont attribués aux poids lourds taxables et répartis entre les classes dont relèvent ces poids lourds.

Art L 421-228 Les modulations prévues aux sous-paragraphes 2 et 3 sont déterminées de manière à ne pas augmenter les recettes mentionnées à l'article L 421-227. Lorsque cette condition n'est pas remplie, elles sont modifiées dans les conditions prévues à l'article L 119-18 du code de la voirie routière.

Les pertes de recettes résultant des dispositions des sous-paragraphes 2 à 4 du paragraphe 2 de la présente sous- section ou du sous-paragraphe 4 du présent paragraphe ne sont pas prises en compte dans l'appréciation de la limite maximale des recettes résultant du même article L 421-227.

Paragraphe 4. Tarifs pour coûts externes

Sous-paragraphe 1. Règles de détermination du tarif de pollution atmosphérique

Art L 421-229 Les catégories fiscales du tarif de pollution atmosphérique sont constituées des classes mentionnées à l'article L 421-204, subdivisées selon les classes d'émissions de polluants Euro ou de regroupements de ces classes.

L'arrêté prévu à l'article L 421-204 peut prévoir que l'autorité compétente a la faculté de regrouper au sein d'une même catégorie fiscale plusieurs des subdivisions qu'il a déterminées en application du premier alinéa.

Art L 421-230 Sur l'ensemble du réseau, le tarif de pollution atmosphérique est croissant ou constant lorsque la valeur de référence figurant dans le tableau 1 de l'annexe III ter de la directive Eurovignette croît.

Le tarif de pollution atmosphérique du poids lourd qui relève de la classe d'émissions de polluants Euros la plus exigeante est nul pendant un délai de quatre années à compter de l'entrée en vigueur du texte du droit de l'Union européenne qui a instauré cette classe.

Sous-paragraphe 2. Règles de détermination du tarif de pollution sonore

Art L 421-231 Le tarif de pollution sonore est identique pour tous les véhicules.

Toutefois, l'arrêté prévu à l'article L 421-204 peut prévoir que l'autorité compétente peut différencier ce tarif en fonction de catégories fiscales qu'il détermine à partir du niveau sonore des véhicules ou d'un paramètre caractérisant indirectement ce niveau sonore. Dans ce cas, le tarif est croissant avec le niveau sonore, sans que le montant plus élevé ne puisse excéder quatre fois le montant le moins élevé.

Art L 421-232 L'autorité compétente peut prévoir un tarif de pollution sonore de jour et un tarif de nuit.

Sous-paragraphe 3. Règles de détermination du tarif des émissions de dioxyde de carbone

Art L 421-233 Les catégories fiscales du tarif des émissions de dioxyde de carbone sont constituées des classes mentionnées à l'article L 421-204 subdivisées selon les classes d'émissions de dioxyde de carbone ou de regroupements de ces classes.

Art L 421-234 Le tarif des émissions de dioxyde de carbone est égal, pour chaque catégorie fiscale, au produit entre, d'une part, la valeur maximale mentionnée à l'article L 421-240 et, d'autre part, un pourcentage inférieur ou égal à 100 % déterminé par l'autorité compétente.

Sous-paragraphe 4. Modulations géographiques

Art L 421-235 L'autorité compétente peut, dans des conditions déterminées par décret, instituer une exonération d'un ou plusieurs des tarifs pour coûts externes applicable aux sections de tarification pour lesquelles la taxation serait susceptible d'induire des comportements dont l'impact sur l'environnement, la santé publique ou la sécurité routière serait négatif.

Art L 421-236 L'autorité compétente peut déterminer deux niveaux du tarif de pollution atmosphérique applicables respectivement aux axes en zone suburbaine et aux axes en zone interurbaine.

Les axes en zone interurbaine s'entendent des sections de tarification traversant, sur plus de la moitié de leur distance, une ou plusieurs zones ayant une densité de population inférieure à 150 habitants par kilomètre carré. Les axes en zone suburbaine s'entendent des sections de tarification qui ne remplissent pas cette condition.

L'autorité compétente peut, dans les mêmes conditions, déterminer deux niveaux du tarif de pollution sonore.

Art L 421-237 L'autorité compétente peut instituer une majoration du tarif de pollution atmosphérique applicable à l'usage des sections de tarification situées en régions montagneuses ou autour des agglomérations lorsque les conditions géographiques et météorologiques propres à ces sections conduisent à une concentration de la pollution. Le tarif majoré est au plus égal au double du tarif non majoré.

Elle peut prévoir une majoration du tarif de pollution sonore dans les mêmes conditions.

Art L 421-238 L'autorité compétente peut, après notification à la Commission européenne dans les conditions prévues à l'article L 119-24 du code de la voirie routière, instituer une exonération du tarif de pollution atmosphérique applicable à l'usage de toute section de tarification répondant aux conditions cumulatives suivantes :

1° Elle comprend au moins un pont, un tunnel, ou un passage de col ;

2° L'application de ce tarif à cette section répond à l'un des critères suivants :

a. Elle n'est pas techniquement possible ;

b. Elle conduirait à détourner la circulation des poids lourds les plus polluants sur d'autres voies et un tel détournement aurait des impacts négatifs sur la sécurité routière ou la santé publique.

Sous-paragraphe 5. Tarifs maximaux

Art L 421-239 Le tarif de pollution atmosphérique et le tarif de pollution sonore sont, pour chaque catégorie fiscale, inférieurs ou égaux aux maxima déterminés par arrêté conjoint du ministre chargé de l'économie et du ministre chargé de la voirie routière pour cette catégorie fiscale.

Pour chaque poids lourd, la somme des maxima du tarif de pollution atmosphérique et du tarif de pollution sonore est au plus égale à la valeur de référence de ce véhicule figurant au tableau 1 de l'annexe III ter de la directive Eurovignette. Toutefois, après notification à la Commission européenne dans les conditions prévues à l'article L 119-25 du code de la voirie routière, il peut être retenu des maxima supérieurs à cette valeur de référence, dans la limite du coût marginal induit pour la société par la pollution atmosphérique et sonore.

Art L 421-240 Le tarif des émissions de dioxyde de carbone est, pour chaque catégorie fiscale, inférieur ou égal au maximum déterminé par arrêté conjoint du ministre chargé de l'économie et du ministre chargé de la voirie routière pour cette catégorie fiscale.

Pour chaque poids lourd, ce maximum est au plus égal à la valeur de référence de ce véhicule figurant au tableau 1 de l'annexe III quater de la directive Eurovignette. Toutefois, après notification à la Commission européenne dans les conditions prévues à l'article L 119-25 du code de la voirie routière, il peut être retenu des maxima supérieurs à ces valeurs de référence, dans la double limite d'un facteur deux et du coût, rapporté au véhicule et à la distance parcourue, des mesures qui peuvent être envisagées pour éviter les dommages induits par les émissions de dioxyde de carbone.

Sous-section 4

Exigibilité

Art L 421-241 Les règles relatives à l'exigibilité de la taxe sur l'utilisation par les poids lourds de certaines voies du domaine public routier sont déterminées par les dispositions du titre IV du livre Ier et par celles de la présente sous-section.

Art L 421-242 La taxe devient exigible au moment où le poids lourd :

1° Entre sur le réseau, si la condition mentionnée au 1° de l'article L 421-202 est remplie ;

2° Franchit un point de la section de tarification déterminé par l'autorité compétente, si cette même condition n'est pas remplie.

Sous-section 5

Personnes soumises aux obligations fiscales

Art L 421-243 Les règles relatives aux personnes soumises aux obligations fiscales pour la taxe sur l'utilisation par les poids lourds de certaines voies du domaine public routier sont déterminées par les dispositions du titre V du livre Ier et par celles de la présente sous-section.

Art L 421-244 Le redevable de la taxe est :

1° Le propriétaire du poids lourd, sauf lorsque la condition mentionnée au 2° est remplie ;

2° Le locataire ou, le cas échéant, le sous-locataire du poids lourd, lorsque le poids lourd fait l'objet d'un contrat de crédit-bail ou d'un contrat de location.

Art L 421-245 Pour un ensemble de véhicules, le redevable est déterminé dans les conditions prévues à l'article L 421-244 en fonction du seul véhicule tracteur.

Art L 421-246 Le prestataire qui met à disposition l'équipement de télépéage dans les conditions prévues au 2° de l'article L 421-253 remplit, au nom et pour le compte du redevable qui recourt à cet équipement, les obligations de déclaration et de paiement relatives au poids lourd concerné.

Art L 421-246-1 Par dérogation à l'article L 154-1, la collecte de la taxe par un tiers est réalisée dans les conditions prévues par les dispositions du paragraphe 1 de la sous-section 1 de la section 5 du chapitre III du titre III du livre III de la troisième partie du code général des collectivités territoriales.

Sous-section 6

Constatation des taxes

Art L 421-247 Les règles relatives à la constatation de la taxe sur l'utilisation par les poids lourds de certaines voies du domaine public routier sont déterminées par les dispositions du titre VI du livre Ier et par celles de la présente sous-section.

Paragraphe 1. Modalités de la constatation

Art L 421-248 Par dérogation à l'article L 161-1, la taxe est constatée par l'autorité compétente selon les modalités qu'elle détermine.

Art L 421-249 La taxe est constatée à partir des données paramétrées dans l'équipement de télépéage mentionné à l'article L 421-253 ou, le cas échéant, de celui mentionné à l'article L 421-254, ainsi que des informations collectées au moyen de ce dernier.

Toutefois, dans le cas prévu à l'article L 421-256, la taxe est constatée à partir des éléments de la déclaration prévue au même article.

Art L 421-250 Lorsqu'il ne peut être justifié des caractéristiques du poids lourd ayant une incidence sur le tarif, il est retenu le niveau de tarif le plus élevé dont le poids lourd considéré est susceptible de relever.

Art L 421-251 Le redevable accède à l'état récapitulatif des trajets taxés et au détail de la tarification retenue selon des modalités déterminées par décret.

Paragraphe 2. Equipement de télépéage

Art L 421-252 L'équipement de télépéage s'entend de tout équipement électronique embarqué du système européen de télépéage régi par la section 1 du chapitre X du titre Ier du code de la voirie routière.

Art L 421-253 Le poids lourd qui emprunte le réseau dispose d'un équipement de télépéage qui répond aux conditions cumulatives suivantes :

1° Il permet l'enregistrement automatique des éléments nécessaires à la constatation de la taxe ;

2° Il est mis à disposition, dans le cadre d'un contrat conclu à cet effet, par un prestataire du service européen de télépéage ayant conclu une convention avec l'autorité compétente dans les conditions prévues à l'article L 3333-17 du code général des collectivités territoriales ;

3° Il est interopérable avec les systèmes électroniques de perception du péage utilisés sur le réseau autoroutier national concédé.

Art L 421-254 L'autorité compétente peut autoriser qu'un poids lourd soit doté, à la place de l'équipement de télépéage mentionné à l'article L 421-253, d'un équipement de télépéage répondant à la condition mentionnée au 1° du même article et qu'elle met à disposition.

Art L 421-255 L'autorité compétente détermine les éléments suivants :

1° Les conditions dans lesquelles sont déclarées les caractéristiques du poids lourd équipé qui sont nécessaires au paramétrage de l'équipement de télépéage ;

2° Les conditions, y compris financières, dans lesquelles l'équipement mentionné à l'article L 421-253 et, le cas échéant, celui mentionné à l'article L 421-254 sont mis à la disposition du redevable.

Art L 421-256 L'autorité compétente peut instituer une dispense de l'obligation de disposer d'un équipement électronique embarqué, lorsqu'une déclaration précisant les caractéristiques du poids lourd et du trajet est déposée dans un délai minimal préalable au fait générateur.

L'autorité compétente détermine le contenu de cette déclaration, les conditions dans lesquelles elle peut être déposée, annulée ou rectifiée, ainsi que le délai minimal entre son dépôt ou sa rectification et la réalisation du fait générateur.

Art L 421-257 Les dispositions de la présente sous-section ne s'appliquent pas aux poids lourds exonérés de l'ensemble des tarifs en application des dispositions des sous-paragraphes 2 à 4 du paragraphe 2 de la sous-section 3.

L'autorité compétente peut également prévoir qu'elles ne s'appliquent pas à tout ou partie des poids lourds pour lesquels le montant de la taxe est nul, du fait de l'application combinée de ces mêmes dispositions et de celles des paragraphes 3 et 4 de la même sous-section 3.

Sous-section 7

Paiement de la taxe

Art L 421-258 Les règles relatives au paiement de la taxe sur l'utilisation par les poids lourds de certaines voies du domaine public routier sont déterminées par le titre VII du livre Ier ainsi que par celles de la présente sous-section.

Art L 421-259 Par dérogation à l'article L 171-1, les échéances de paiement et les modalités selon lesquelles les sommes dues sont acquittées, régularisées ou, le cas échéant, remboursées sont déterminées par l'autorité compétente.

Art L 421-260 Dans le cas prévu à l'article L 421-256, le paiement de la taxe donne lieu au versement d'un acompte unique lors du dépôt de la déclaration mentionnée au même article.

Par dérogation à l'article L 172-3, les éléments mentionnés aux 1°, 2° et 4° de cet article sont déterminés par l'autorité compétente.

L'article L 172-4 n'est pas applicable.

Art L 421-261 Sont solidairement tenus au paiement de la taxe, lorsqu'ils ne sont pas redevables :

1° Toute personne morale utilisatrice du poids lourd ;

2° Le conducteur du poids lourd ;

3° Le propriétaire du poids lourd ;

4° Le locataire du poids lourd.

Sous-section 8

Contrôle, recouvrement et contentieux

Art L 421-262 Les règles relatives à la gestion, au recouvrement, au contrôle et aux sanctions applicables aux taxes sur l'utilisation de certaines voies du domaine public routier par les poids lourds sont régies :

1° Par les dispositions suivantes du code général des collectivités territoriales :

a. L'article L 1617-5 ;

b. La section 5 du chapitre III du titre III du livre III de la troisième partie, lorsque la Collectivité européenne d'Alsace ou un autre département est l'autorité compétente ;

c. La section 3 bis du chapitre II du titre III du livre III de la quatrième partie, lorsque la région est l'autorité compétente ;

2° Par les dispositions du titre III du livre des procédures fiscales applicables aux taxes sur le chiffre d'affaires.

Sous-section 9

Affectation

Art L 421-263 L'affectation du produit des taxes sur l'utilisation de certaines voies du domaine public routier par les poids lourds est déterminée par les dispositions suivantes :

1° Le 8° du b de l'article L 3332-1 du code général des collectivités territoriales, lorsque la Collectivité européenne d'Alsace ou un autre département est l'autorité compétente ;

2° Le 12° de l'article L 4331-2 du même code, lorsque la région est l'autorité compétente.

CHAPITRE II

TRANSPORT AERIEN

Section 1

Dispositions générales

Sous-section 1

Eléments taxables et territoires

Paragraphe 1. Aéronefs et aérodromes

Art L 422-1 Les aéronefs s'entendent au sens du premier alinéa de l'article L 6100-1 du code des transports.

Art L 422-2 Les aérodromes, groupements d'aérodromes et classes d'aérodromes et de groupements d'aérodromes s'entendent au sens respectivement des articles L 6300-1, L 6328-1 et L 6328-2 du code des transports.

Paragraphe 2. Personnes et marchandises à bord des aéronefs

Art L 422-3 Un passager s'entend de toute personne âgée d'au moins deux ans embarquée à bord d'un aéronef et dont la présence n'est pas justifiée par le bon déroulement du vol ou l'exécution des opérations inhérentes au vol.

Art L 422-4 Les marchandises s'entendent du fret et du courrier, à l'exclusion des bagages des passagers et des unités de chargement.

Paragraphe 3. Mouvements des aéronefs

Art L 422-5 Le vol commercial de transport aérien s'entend de tout mouvement d'un aéronef exploité dans le cadre d'une activité économique et ayant pour objet d'acheminer, pour le compte d'autrui, des passagers ou des marchandises d'un point d'origine à un point de destination différent de ce point d'origine.

Toutefois, ne sont pas des vols commerciaux les mouvements d'aéronefs réalisés aux fins d'une évacuation sanitaire d'urgence.

Art L 422-6 Le débarquement et l'embarquement en transit direct d'un passager ou d'une marchandise s'entendent de ceux résultant des événements suivants :

1° Une escale de courte durée de l'aéronef, ce dernier étant identifié au décollage et à l'atterrissage par le même numéro de vol ;

2° La reprise du vol à la suite d'un atterrissage d'urgence en cas de force majeure.

Art L 422-7 La correspondance s'entend de toute situation, autre que le transit direct, où un passager ou une marchandise est, sur un même aérodrome, débarqué d'un aéronef puis embarqué à bord d'un aéronef lorsque les conditions suivantes sont cumulativement remplies :

1° Cette situation intervient au cours de l'acheminement du passager ou de la marchandise par la voie aérienne ;

2° L'aérodrome de destination finale et l'aérodrome de provenance initiale sont distincts et ne font pas partie du même système aéroportuaire constitué des aérodromes de Paris-Le Bourget, Paris-Orly et Paris-Charles de Gaulle ;

3° Le délai entre les heures programmées de l'atterrissage et du décollage de l'aéronef n'excède pas vingt-quatre heures.

Art L 422-8 Est assimilé à un embarquement en transit l'embarquement en correspondance intervenant au cours d'un service aérien intérieur à la Polynésie française ou à la Nouvelle-Calédonie.

Sous-section 2

Montant des taxes

Art L 422-9 Lorsque le paramètre d'une imposition prévue par le présent chapitre est indexé sur un indice, un arrêté conjoint du ministre chargé du budget et du ministre chargé de l'aviation civile constate la valeur de ce paramètre.

Art L 422-10 Lorsque le paramètre d'une imposition prévue par le présent chapitre est indexé sur l'inflation, ce paramètre est révisé au 1er avril de chaque année civile dans une proportion égale au taux prévisionnel de croissance de l'indice des prix à la consommation hors tabac annexée au projet de loi de finances de cette même année civile.

Cette évolution ne peut être négative.

Sous-section 3

Personnes soumises aux obligations fiscales

Art L 422-11 Les redevables sont soumis à une obligation de représentation fiscale dans les conditions prévues par le chapitre II du titre V du livre Ier.

Par dérogation à l'article L 152-3, le représentant unique pour les taxes prévues par le présent chapitre peut être différent de celui désigné pour les autres impositions prévues par le présent code ou de celui mentionné à l'article 302 decies du code général des impôts.

Sous-section 4

Contrôle, recouvrement et contentieux

Art L 422-12 Pour les impositions prévues par le présent chapitre, les règles relatives aux compétences des agents de l'administration sont déterminées par les dispositions suivantes :

1° L'article L 6431-6 du code des transports ;

2° Le IV de l'article 125 de la loi n° 90-1168 du 29 décembre 1990 de finances pour 1991.

Ndlr *Voir également LPF, art. L 16 H, L 67 A, L 83 A, L 247, L 256 C et L 273-0 A.*

Section 2

Taxe sur le transport aérien de passagers

Sous-section 1

Eléments taxables et territoires

Art L 422-13 Les règles relatives aux éléments taxables et aux territoires de la taxe sur le transport aérien de passagers sont déterminées par les dispositions du titre Ier du livre Ier, par celles de la sous-section 1 de la section 1 du présent chapitre et par celles de la présente sous-section.

Art L 422-14 Est soumis à la taxe tout embarquement sur le territoire de taxation mentionné à l'article L 422-16 de passagers à bord d'un aéronef réalisant un vol commercial, autres qu'en transit direct.

En Corse, est également soumis à la taxe tout débarquement de passagers d'un aéronef réalisant un vol commercial, autre qu'en transit direct.

Ndlr *Pour les dispositions du présent article qui s'appliqueront à compter du 1er avril 2026, voir partie Autres textes du présent code ordonnance 2021-1843 du 22 décembre 2021 art. 37, 8°-a.*

Art L 422-15 Les destinations finales des passagers sont regroupées en deux catégories :

1° Les destinations européennes et assimilées, qui comprennent :

a. Le territoire métropolitain et les territoires mentionnés à l'article 72-3 de la Constitution ;

b. Les territoires des autres Etats membres de l'Union européenne, y compris, par dérogation à l'article L 112-3, la partie qui n'est pas comprise dans le territoire douanier européen ;

c. Les territoires des Etats parties à l'accord sur l'Espace économique européen ;

d. Les territoires des autres Etats dont le principal aérodrome desservant sa capitale est situé à une distance inférieure à 1 000 kilomètres de l'aéroport Paris-Charles de Gaulle. La liste de ces Etats est constatée par arrêté du ministre chargé de l'aviation civile ;

2° Les destinations tierces, qui comprennent celles qui ne relèvent pas du 1° du présent article.

A cette fin, le lieu de destination finale du passager s'entend du premier débarquement programmé, au cours du service aérien, qui n'est ni en transit, ni en correspondance.

Art L 422-16 Le territoire de taxation comprend, outre le territoire unique mentionné à l'article L 411-5, les territoires des collectivités suivantes :

1° Saint-Barthélemy ;

2° Saint-Martin ;

3° Nouvelle-Calédonie ;

4° Polynésie française.

Les dispositions du présent code relatives à la taxe sur le transport aérien de passagers sont applicables dans les collectivités mentionnées aux 1° à 4°.

Sous-section 2

Fait générateur

Art L 422-17 Les règles relatives au fait générateur de la taxe sur le transport aérien de passagers sont déterminées par les dispositions du titre Ier du livre Ier et par celles de la présente sous-section.

Art L 422-18 Le fait générateur de la taxe est constitué par tout embarquement ou débarquement mentionné à l'article L 422-14.

Il est réputé intervenir, selon le cas, au moment du décollage ou de l'atterrissage de l'aéronef.

Sous-section 3

Montant de la taxe

Art L 422-19 Les règles relatives au montant de la taxe sur le transport aérien de passagers sont déterminées par les dispositions du titre III du livre Ier et par celles de la présente sous-section.

Paragraphe 1. Règles générales

Art L 422-20 Le montant de la taxe est égal, pour chaque embarquement constitutif d'un fait générateur, à la somme des tarifs suivants :

1° Le tarif de l'aviation civile déterminé dans les conditions prévues à l'article L 422-21 ;

2° Le tarif de solidarité déterminé dans les conditions prévues à l'article L 422-22 ;

3° Le tarif de sûreté et de sécurité déterminé dans les conditions prévues à l'article L 422-23 ;

4° Le tarif de péréquation aéroportuaire déterminé dans les conditions prévues à l'article L 422-24.

Art L 422-21 Le tarif de l'aviation civile prévu au 1° de l'article L 422-20 est égal, pour l'année 2021, aux montants suivants :

DESTINATION FINALE	TARIF EN 2021 (€)
Européenne ou assimilée	4,66
Tierce	8,37

A compter de 2022, ce tarif est indexé sur l'inflation dans les conditions prévues par la sous-section 2 de la section 1 du présent chapitre.

Ndlr ***1.*** *Les tarifs de l'aviation civile mentionnés au présent article sont fixés à 4,93 € (destination finale européenne ou assimilée) et à 8,87 € (destination finale tierce) du 1er avril 2023 au 30 mars 2024 (Arrêté ECOE2233871A du 13 décembre 2022 art. 9) et à 5,05 € (destination finale européenne ou assimilée) et à 9,09 € (destination finale tierce) du 1er avril 2024 au 30 mars 2025 (Arrêté précité art. 9 modifié par l'arrêté ECOE2333445A du 22 décembre 2023 art. 1, 4°-b).*

2. *S'agissant des données permettant d'effectuer l'indexation mentionnée ci-dessus, voir également arrêté du 13 décembre 2022 précité art. 8 modifié par l'arrêté ECOE2333445A du 22 décembre 2023 art. 1, 4°-a.*

Art L 422-22 Le tarif de solidarité prévu au 2° de l'article L 422-20 est déterminé par arrêté conjoint du ministre chargé du budget et du ministre chargé de l'aviation civile dans les limites inférieures et supérieures suivantes, qui sont fonction de la destination finale du passager et des services additionnels dont le passager bénéficie à bord, sans supplément de prix par rapport à d'autres passagers :

DESTINATION FINALE	SERVICES ADDITIONNELS A BORD DONT BENEFICIE LE PASSAGER, SANS SUPPLEMENT DE PRIX, PAR RAPPORT A D'AUTRES PASSAGERS	MINIMUM (€)	MAXIMUM (€)
Européenne ou assimilée	Aucun service additionnel	1,13	2,63
	Présence de services additionnels	11,27	20,27
Tierce	Aucun service additionnel	4,51	7,51
	Présence de services additionnels	45,07	63,07

Le passager est réputé bénéficier des services additionnels mentionnés aux deux premiers alinéas du présent article lorsqu'il peut bénéficier, sur au moins l'un des tronçons compris entre le point d'embarquement initial et le point de débarquement terminal, sans supplément par rapport au prix initialement convenu, de services à bord auxquels l'ensemble des passagers ne peut accéder sans un tel supplément. A cette fin, les points d'embarquement initial et de débarquement final s'entendent respectivement du premier et du dernier d'entre eux qui ne sont ni en correspondance, ni en transit.

Ndlr *Pour les besoins de la détermination du tarif de solidarité prévu au présent article, la Confédération suisse fait partie des destinations assimilées à une destination européenne au sens de l'article L 422-15, 1° du code des impositions sur les biens et services (Décret 2021-1941 du 30 décembre 2021 art. 42).*

Art L 422-23 Le tarif de sûreté et de sécurité prévu au 3° de l'article L 422-20 est déterminé, pour chaque aérodrome ou groupement d'aérodromes des classes 1 à 3 au sens de l'article L 6328-2 du code des transports, de manière à ce que le produit qui en résulte couvre, en complément du produit de la taxe sur le transport aérien de marchandises mentionnée à l'article L 422-41 et compte tenu des besoins en financement de son exploitation, les coûts mentionnés à l'article L 6328-3 du code des transports. Il est déterminé par arrêté conjoint du ministre chargé du budget et du ministre chargé de l'aviation civile entre les limites inférieures et supérieures suivantes, en fonction de la classe dont relève l'aérodrome ou le groupement d'aérodromes :

CLASSE DE L'AERODROME OU DU GROUPEMENT D'AERODROMES	MINIMUM (€)	MAXIMUM (€)
1	4,3	11,8
2	3,5	9,5
3	2,6	16

Ce tarif est nul pour les aérodromes ou groupements d'aérodromes de la classe 4.

Ndlr ***1.*** *Le montant maximum de 17,20 € s'applique depuis le 1er avril 2024. Il était antérieurement fixé à 16 € depuis le 1er avril 2023.*
2. *Sur les tarifs qui s'appliquent depuis le 1er avril 2023, voir également arrêté TREA2307239A du 15 mars 2023 art. 2 à 4 et 7, JO du 26.*
3. *Les dispositions du présent article s'appliquent aux collectivités mentionnées aux 1° à 4° de l'article L 422-16 du présent code (Loi 2023-1322 du 29 décembre 2023 art. 107, III).*
4. *Pour les dispositions du présent article applicables à compter du 1er avril 2025, voir partie Autres textes du présent code loi 2023-1322 du 29 décembre 2023 art. 107, I-1°-a et c et IV-B.*

Art L 422-24 Le tarif de péréquation aéroportuaire prévu au 4° de l'article L 422-20 est identique pour l'ensemble des aérodromes et groupements d'aérodromes des classes 1 à 3. Il est déterminé par arrêté conjoint du ministre chargé du budget et du ministre chargé de l'aviation civile dans la limite supérieure de 1,25 €.

Ce tarif est nul pour les aérodromes ou groupements d'aérodromes de la classe 4.

***Ndlr** Le tarif de péréquation aéroportuaire prévu pour les aérodromes ou groupements d'aérodromes des classes 1 à 3 est fixé à 0,90 € par passager ou 107 francs pacifiques (CFP) par passager depuis le 1er avril 2022 (Arrêté TRAA2203190A du 23 mars 2022 art. 5, JO du 30, et Arrêté TREA2307239A du 15 mars 2023 art. 5 et 7, JO du 26).*

Paragraphe 2. Règles propres à certains mouvements aériens

Art L 422-25 Tout embarquement en correspondance au sens de l'article L 422-7 fait l'objet :

1° D'une exonération des tarifs de l'aviation civile et de solidarité prévus respectivement aux 1° et 2° de l'article L 422-20 ;

2° D'une minoration comprise entre 60 % et 85 % du tarif de sûreté et de sécurité prévu au 3° du même article L 422-20. Le taux de la minoration est déterminé par arrêté conjoint du ministre chargé du budget et du ministre chargé de l'aviation civile.

***Ndlr** La minoration du tarif de sûreté et sécurité prévue au 2° ci-dessus est fixée à 65 % depuis le 1er avril 2022 (Arrêté TRAA2203190A du 23 mars 2022 art. 1er, JO du 30, et arrêté TREA2307239A du 15 mars 2023 art. 1er et 7, JO du 26).*

3° D'une exonération du tarif de péréquation aéroportuaire prévu au 4° dudit article L 422-20.

***Ndlr** **1.** Les dispositions du présent 3° s'appliquent à compter du 1er avril 2024 (Loi 2023-1322 du 29 décembre 2023 art. 107, I-2°-b et IV-A).*
***2.** Les dispositions du présent article s'appliquent aux collectivités mentionnées aux 1° à 4° de l'article L 422-16 du présent code (Loi 2023-1322 du 29 décembre 2023 art. 107, III).*

Art L 422-25-1 Le tarif de solidarité prévu au 2° de l'article L 422-20 est, par dérogation à l'article L 422-22, égal à la limite inférieure prévue à ce même article L 422-22 pour les embarquements au départ des services aériens suivants :

1° Ceux reliant la Corse et la France continentale ;

2° Ceux reliant la métropole et l'un des territoires mentionnés à l'article 72-3 de la Constitution ou reliant ces mêmes territoires entre eux ;

3° Ceux soumis à une obligation de service public en application de l'article 16 du règlement (CE) n° 1008/2008 du Parlement européen et du Conseil du 24 septembre 2008 établissant des règles communes pour l'exploitation de services aériens dans la Communauté, dans sa rédaction en vigueur.

***Ndlr** Les dispositions du présent article s'appliquent à compter d'une date fixée par arrêté conjoint du ministre chargé du budget et du ministre chargé de l'aviation civile qui ne peut être postérieure de plus d'un mois à la date de réception par le Gouvernement de la réponse de la Commission européenne permettant de considérer ce dispositif législatif comme conforme au droit de l'Union européenne (Ordonnance 2021-1843 du 22 décembre 2021 art. 37, 11°).*

Paragraphe 3. Règles propres à certains aérodromes et certaines parties du territoire

Art L 422-26 Pour tout embarquement au départ de l'aéroport de Bâle-Mulhouse à bord d'aéronefs exploités sous couvert d'une autorisation de trafic délivrée par la Confédération suisse, les tarifs de l'aviation civile et de solidarité prévus respectivement aux 1° et 2° de l'article L 422-20 sont remplacés par un tarif unique.

Ce tarif est égal au quotient entre, d'une part, le montant des coûts déterminés dans les conditions constatées par l'arrêté prévu à l'article L 6324-2 du code des transports et, d'autre part, le nombre de passagers embarqués au départ de cet aéroport à bord des aéronefs mentionnés au premier alinéa du présent article. Il ne peut excéder le montant du tarif de l'aviation civile prévu à l'article L 422-21 pour les destinations européennes et assimilées.

Un arrêté conjoint des ministres chargés du budget et de l'aviation civile détermine ce tarif, après avis de l'organe délibérant compétent de la personne morale gestionnaire de l'aérodrome *(NDLR Voir Annexe IV, art. 50 duodecies B).*

Art L 422-26-1 Tout embarquement ou débarquement à l'aéroport Paris-Charles de Gaulle et constitutif d'un fait générateur fait l'objet, lorsqu'il ne s'agit pas d'un embarquement ou débarquement en correspondance au sens de l'article L 422-7, d'une majoration d'un montant fixé par arrêté conjoint des ministres chargés du budget et de l'aviation civile dans la limite supérieure de 1,4 euro.

***Ndlr** Les dispositions du présent article s'appliquent à compter du 1er avril 2026 (Ordonnance 2021-1843 du 22 décembre 2021 art. 37, 8°-b).*

Paragraphe 4. Règles propres à certaines collectivités

Art L 422-27 Les embarquements à Saint-Barthélemy et à Saint-Martin sont exonérés du tarif de solidarité prévu au 2° de l'article L 422-20.

Art L 422-28 Les embarquements en Nouvelle-Calédonie et en Polynésie française sont exonérés des tarifs de l'aviation civile et de solidarité prévus respectivement au 2° de l'article L 422-20.

Art L 422-29 Tout embarquement ou débarquement en Corse constitutif d'un fait générateur fait l'objet d'une majoration lorsqu'un billet a été émis à titre onéreux.

Le montant de la majoration est déterminé par la collectivité de Corse dans la limite de 4,57 €. Il peut être modulé selon la distance du vol.

FR 10/22 inf. 5 n° 22 p. 11 ; TD-XX-4000 s. ; MF n° 92410

Art L 422-30 Tout embarquement en Guadeloupe, en Guyane, en Martinique, à Mayotte ou à La Réunion constitutif d'un fait générateur fait l'objet d'une majoration lorsqu'un billet a été émis à titre onéreux.

Le montant de la majoration est déterminé par la région où se produit l'embarquement dans la limite de 4,57 €. Il peut être modulé selon la distance du vol.

Sous-section 4
Exigibilité

Art L 422-31 Les règles relatives à l'exigibilité de la taxe sur le transport aérien de passagers sont déterminées par les dispositions du titre IV du livre Ier.

Sous-section 5
Personnes soumises aux obligations fiscales

Art L 422-32 Les règles relatives aux personnes soumises aux obligations fiscales pour la taxe sur le transport aérien de passagers sont déterminées par les dispositions du titre IV du livre Ier, par celles de la sous-section 2 *(NDLR Il s'agit, à notre avis, de la sous-section 3)* de la section 1 du présent chapitre et par celles de la présente sous-section.

Art L 422-33 Est redevable de la taxe la personne qui exploite l'aéronef à bord duquel sont réalisés les embarquements et débarquements constitutifs d'un fait générateur.

Art L 422-34 L'article L 422-11 n'est applicable ni au tarif unique de l'aéroport de Bâle-Mulhouse prévu à l'article L 422-26, ni aux majorations en Corse et en outre-mer prévues respectivement aux articles L 422-29 et L 422-30.

Sous-section 6
Constatation de la taxe

Art L 422-35 Les règles relatives à la constatation de la taxe sur le transport aérien de passagers sont déterminées par les dispositions du titre VI du livre Ier.

Sous-section 7
Paiement de la taxe

Art L 422-36 Les règles relatives au paiement de la taxe sur le transport aérien de passagers sont déterminées par les dispositions du titre VII du livre Ier.

Sous-section 8
Contrôle, recouvrement et contentieux

Art L 422-37 Les règles relatives au contrôle, au recouvrement et au contentieux de la taxe sur le transport aérien de passagers sont déterminées par les dispositions du titre VIII du livre Ier, par celles de la sous-section 3 *(NDLR Il s'agit, à notre avis, de la sous-section 4)* de la section 1 du présent chapitre et par celles de la présente sous-section.

Art L 422-38 L'article L 422-12 n'est applicable ni au tarif propre à l'aéroport de Bâle-Mulhouse prévu à l'article L 422-26, ni aux majorations en Corse et en outre-mer prévues respectivement aux articles L 422-29 et L 422-30.

Ndlr Pour les dispositions du présent article applicables à compter du 1er janvier 2026, voir partie Autres textes du présent code loi 2023-1322 du 29 décembre 2023 art. 111, II-3° et VIII-B.

Art L 422-39 Par dérogation à l'article L 180-1, pour les éléments mentionnés à cet article, la majoration en outre-mer prévue à l'article L 422-30 est régie par les dispositions du code des douanes.

Ndlr *Les dispositions du présent article sont abrogées à compter du 1er janvier 2026 (Loi 2023-1322 du 29 décembre 2023 art. 111, II-4° et VIII-B).*

Sous-section 9

Affectation

Art L 422-40 L'affectation du produit de la taxe sur le transport aérien de passagers est déterminée par les dispositions suivantes :

1° S'agissant du tarif de l'aviation civile prévu au 1° de l'article L 422-20 et du tarif unique de l'aéroport de Bâle-Mulhouse prévu à l'article L 422-26, le *a* du 1° du III de l'article 125 de la loi n° 90-1168 du 29 décembre 1990 de finances pour 1991 ;

2° S'agissant du tarif de solidarité prévu au 2° du même article L 422-20 :

a. Le troisième alinéa du I de l'article 22 de la loi n° 2005-1720 du 30 décembre 2005 de finances rectificative pour 2005 ;

b. Le 1° de l'article L 1512-20 du code des transports ;

c. Le *b* du 1° du III de l'article 125 de la loi n° 90-1168 du 29 décembre 1990 de finances pour 1991 ;

3° S'agissant du tarif de sûreté et de sécurité prévu au 3° du même article L 422-20, le *a* du 1° de l'article L 6328-4 du code des transports ;

3° bis S'agissant de la majoration à l'aéroport Paris-Charles de Gaulle prévue à l'article L 422-26-1, l'article L 2111-3-2 du code des transports.

Ndlr *Les dispositions du présent 3° bis s'appliquent à compter du 1er avril 2026 (Ordonnance 2021-1843 du 22 décembre 2021 art. 37, 8°-c).*

4° S'agissant du tarif de péréquation aéroportuaire prévu au 4° du même article L 422-20, le 2° du même article L 6328-4 du code des transports ;

5° S'agissant de la majoration en Corse prévue à l'article L 422-29, le 2° de l'article L 4425-22 du code général des collectivités territoriales ;

6° S'agissant de la majoration en outre-mer prévue à l'article L 422-30 :

a. Le 6° du a de l'article L 4331-2 du code général des collectivités territoriales ;

b. Le 1° de l'article L 2563-1-1 du même code.

Section 3

Taxe sur le transport aérien de marchandises

Art L 422-41 à L 422-48 Comme indiqué dans l'avant-propos, les articles de cette section ne sont pas reproduits dans le présent code.

Section 4

Taxe sur les nuisances sonores aériennes

Art L 422-49 à L 422-57 Comme indiqué dans l'avant-propos, les articles de cette section ne sont pas reproduits dans le présent code.

CHAPITRE III

NAVIGATIONS

Section 1

Dispositions générales

Sous-section unique

Eléments taxables et territoires

Art L 423-1 Pour l'application du présent chapitre, la navigation maritime s'entend au sens de l'article L 5000-1 du code des transports.

Art L 423-2 L'armement d'un engin flottant s'entend au sens de l'article L 5000-4 du code des transports.

Art L 423-3 Les usages professionnel et personnel d'un engin flottant armé pour la navigation maritime s'entendent des usages mentionnés respectivement à l'article L 5232-1 et à l'article L 5234-1 du code des transports.

L'usage professionnel ou personnel est établi dans des conditions déterminées par arrêté conjoint du ministre chargé du budget et du ministre chargé de la mer compte tenu de l'armement de l'engin flottant.

Section 2

Taxe annuelle sur les engins maritimes à usage personnel

Art L 423-4 à L 423-37 Comme indiqué dans l'avant-propos, les articles de cette section ne sont pas reproduits dans le présent code.

Section 3

Taxe sur le permis de conduire des bateaux de plaisance à moteur

Art L 423-38 Les règles relatives à la taxe sur le permis de conduire des bateaux de plaisance à moteur sont déterminées par les dispositions du livre Ier, par celles de la section 1 du présent chapitre et par celles de la présente section.

ENR-VIII-1900 s.

Art L 423-39 Est soumis à la taxe le titre de conduite mentionné à l'article L 5271-1 du code des transports.

ENR-VIII-1900 s.

Art L 423-40 La présente section est applicable aux titres délivrés et aux examens réalisés en vue de la navigation sur le territoire de taxation mentionné à l'article L 423-40-1.

ENR-VIII-1900 s.

Art L 423-40-1 Le territoire de taxation comprend, outre le territoire unique mentionné à l'article L 411-5, les territoires des collectivités suivantes :

1° Saint-Barthélemy ;

2° Saint-Martin ;

3° Saint-Pierre-et-Miquelon.

Les dispositions du présent code relatives à la taxe sur le permis de conduire des bateaux de plaisance à moteur sont applicables dans les collectivités mentionnées aux 1° à 3°.

Art L 423-41 Le fait générateur de la taxe est constitué par :

1° La délivrance du titre taxable ;

2° La candidature aux examens dont la réussite permet d'attester de l'aptitude du candidat à l'une des catégories de navigation couvertes par un titre taxable.

ENR-VIII-1900 s.

Art L 423-42 Sont exemptées les candidatures aux examens déterminés par arrêté conjoint du ministre chargé du budget et du ministre chargé de la mer qui sont les moins exigeants parmi ceux attestant de l'aptitude du candidat aux catégories du titre taxable mentionnées à l'article L 5271-1 du code des transports.

ENR-VIII-1900 s.

Art L 423-43 Le montant de la taxe est égal à :

1° 78 € pour la délivrance d'un titre taxable ;

2° 38 € pour la candidature taxable.

Son montant est réduit de moitié pour les titres délivrés en Guyane et les examens organisés en Guyane.

ENR-VIII-1900 s.

Art L 423-44 Est redevable de la taxe :

1° Pour la délivrance d'un titre taxable, la personne au nom de laquelle il est délivré ;

2° Pour la candidature taxable, le candidat.

ENR-VIII-1900 s.

Art L 423-45 Par dérogation à l'article L 161-1, la taxe est constatée par l'administration.

ENR-VIII-1900 s.

Art L 423-46 Par dérogation à l'article L 180-1, les règles relatives au contrôle, au recouvrement et au contentieux de la taxe sont déterminées par les dispositions suivantes :

1° S'agissant des pouvoirs des personnes chargées du contrôle, des procédures de contrôle, des procédures d'établissement de l'impôt, du recouvrement et des sanctions celles figurant au livre II du code général des impôts et au livre des procédures fiscales qui sont applicables aux droits de timbre ;

2° S'agissant du contentieux de l'assiette, celles du titre III du livre des procédures fiscales applicables aux taxes sur le chiffre d'affaires.

ENR-VIII-1900 s.

Section 4

Taxe sur le transport maritime de passagers à destination d'espaces naturels protégés

Art L 423-47 à L 423-56 Comme indiqué dans l'avant-propos, les articles de cette section ne sont pas reproduits dans le présent code.

Section 5

Taxe sur le transport maritime de passagers dans certains territoires côtiers

Art L 423-57 Les règles relatives à la taxe sur le transport maritime de passagers dans certains territoires côtiers sont déterminées par les dispositions du livre Ier, par celles de la section 1 du présent chapitre et par celles de la présente section.

FR 10/22 inf. 5 nº 22 p. 11 ; MF nº 92410

Art L 423-58 Est soumis à la taxe tout embarquement en Corse d'un passager à bord d'un navire armé pour un usage professionnel et pour lequel un billet a été émis à titre onéreux.

Sont également soumis à la taxe les débarquements en Corse réalisés dans les mêmes conditions.

FR 10/22 inf. 5 nº 22 p. 11

Art L 423-59 Sont exemptés les embarquements et débarquements de passagers en escale temporaire.

FR 10/22 inf. 5 nº 22 p. 11

Art L 423-60 Le fait générateur de la taxe est constitué par l'embarquement ou le débarquement mentionné à l'article L 423-58.

Il est réputé intervenir au moment du départ ou de l'arrivée du navire.

FR 10/22 inf. 5 nº 22 p. 11

Art L 423-61 Le montant de la taxe est égal, pour chaque embarquement et débarquement constitutif du fait générateur, à un tarif ne pouvant excéder 4,57 €, pouvant être modulé selon la distance du trajet maritime et déterminé par la région du lieu d'embarquement ou de débarquement.

FR 10/22 inf. 5 nº 22 p. 11

Art L 423-62 Est redevable de la taxe l'entreprise qui arme le navire mentionné à l'article L 423-58.

FR 10/22 inf. 5 nº 22 p. 11

Art L 423-63 L'affectation du produit de la taxe est déterminée par le 3º de l'article L 4425-22 du code général des collectivités territoriales.

FR 10/22 inf. 5 nº 22 p. 11

CHAPITRE V

Taxes communes à plusieurs modes de transports

Section unique

Taxe sur l'exploitation des infrastructures de transport de longue distance

Sous-section 1

Eléments taxables et territoires

Art L 425-1 Les règles relatives aux éléments taxables et aux territoires de la taxe sur l'exploitation des infrastructures de transport de longue distance sont déterminées au titre Ier du livre Ier et à la présente sous-section.

Art L 425-2 Est soumise à la taxe l'exploitation d'une ou de plusieurs infrastructures de transport de longue distance au sens de l'article L 425-4 lorsque les conditions cumulatives suivantes sont remplies :

1º L'exploitation est rattachée au territoire de taxation mentionné à l'article L 425-3 dans les conditions prévues à l'article L 425-5 ;

2º Les revenus de l'exploitation, au sens de l'article L 425-6, encaissés au cours de l'année civile excèdent 120 millions d'euros ;

3º Le niveau moyen de rentabilité de l'exploitant, au sens de l'article L 425-8, excède 10 %.

Art L 425-3 Le territoire de taxation comprend, outre le territoire unique mentionné à l'article L 411-5, les territoires des collectivités suivantes :

1° Saint-Barthélemy, sauf en ce qui concerne la voirie et les ports maritimes ;

2° Saint-Martin, sauf en ce qui concerne la voirie et les ports maritimes ;

3° Saint-Pierre-et-Miquelon, sauf en ce qui concerne la voirie classée en route nationale.

Les dispositions du présent code relatives à la taxe sur l'exploitation des infrastructures de transport de longue distance sont applicables dans les collectivités mentionnées aux 1° à 3° du présent article.

Paragraphe 1. Exploitation des infrastructures de transport de longue distance

Art L 425-4 Une infrastructure de transport de longue distance s'entend de l'infrastructure qui permet le déplacement de personnes ou de marchandises sur une longue distance au moyen d'engins de transport routier, ferroviaire ou guidé, d'aéronefs ou d'engins flottants.

Les déplacements de longue distance s'entendent de ceux dont l'origine et la destination ne sont pas comprises dans le ressort d'une même autorité organisatrice de la mobilité mentionnée au I de l'article L 1231-1 du code des transports ou de la région d'Île-de-France.

Art L 425-5 L'exploitation d'une infrastructure de transport de longue distance est rattachée au territoire de taxation lorsque les conditions cumulatives suivantes sont remplies :

1° L'infrastructure exploitée est située en totalité sur le territoire mentionné à l'article L 425-3 ;

2° L'infrastructure exploitée n'est pas principalement utilisée pour la réalisation de déplacements autorisés par un Etat étranger dans le cadre d'une convention conclue par la France avec ce dernier.

Art L 425-6 Les revenus de l'exploitation d'une ou de plusieurs infrastructures de transport de longue distance s'entendent de l'ensemble des contreparties, hors taxe sur la valeur ajoutée, obtenues ou à obtenir par l'entreprise qui exploite ces infrastructures au titre des opérations économiques qu'elle réalise, à l'exception des revenus suivants :

1° Les contreparties des opérations qui répondent aux conditions cumulatives suivantes :

a. Elles relèvent d'une activité distincte et indépendante de l'exploitation d'une infrastructure de transport de longue distance rattachée au territoire de taxation ;

b. Elles ne sont pas réalisées au moyen d'une telle infrastructure ;

c. Elles ne résultent pas d'une valorisation du domaine relatif à une telle infrastructure ou à ses accessoires ;

2° Les contreparties obtenues au titre de la vente d'électricité produite par l'entreprise mentionnée au premier alinéa à des personnes autres que les usagers des infrastructures de transport de longue distance exploitées.

Paragraphe 2. Niveau moyen de rentabilité de l'exploitant

Art L 425-7 Le niveau de rentabilité de l'exploitant s'entend du quotient, apprécié sur un exercice comptable, entre le résultat net et le chiffre d'affaires.

Le résultat net et le chiffre d'affaires sont ceux de l'entreprise exploitant la ou les infrastructures de transport de longue distance, déterminés dans les conditions prévues par les règlements mentionnés au 1° de l'article 1er de l'ordonnance n° 2009-79 du 22 janvier 2009 créant l'Autorité des normes comptables et applicables à l'exercice comptable considéré.

Toutefois, la taxe sur l'exploitation des infrastructures de transport de longue distance n'est pas prise en compte dans les charges pour déterminer le résultat net.

Art L 425-8 Le niveau moyen de rentabilité de l'exploitant s'entend de la moyenne des niveaux de rentabilité de l'exploitant des sept derniers exercices comptables achevés, en excluant les deux exercices pour lesquels ce niveau est le plus élevé et les deux pour lesquels il est le plus faible.

Pour le calcul de cette moyenne, chaque niveau de rentabilité de l'exploitant est pris en compte à proportion de la durée de l'exercice comptable auquel il se rapporte.

Sous-section 2

Fait générateur

Art L 425-9 Les règles relatives au fait générateur de la taxe sur l'exploitation des infrastructures de transport de longue distance sont déterminées au titre II du livre Ier et à la présente sous-section.

Art L 425-10 Le fait générateur de la taxe est constitué par l'achèvement de l'année civile.

Toutefois, en cas de cessation d'activité de l'exploitant, il est constitué par cette cessation.

Sous-section 3

Montant

Art L 425-11 Les règles relatives au montant de la taxe sur l'exploitation des infrastructures de transport de longue distance sont déterminées au titre III du livre Ier et à la présente sous-section.

Art L 425-12 Le montant de la taxe est égal au produit des facteurs suivants :

1° Les revenus de l'exploitation encaissés au cours de l'année civile, pour la fraction qui excède le seuil mentionné au 2° de l'article L 425-2 ;

2° Le taux de 4,6 %.

Sous-section 4

Exigibilité

Art L 425-13 Les règles relatives à l'exigibilité de la taxe sur l'exploitation des infrastructures de transport de longue distance sont déterminées au titre IV du livre Ier.

Sous-section 5

Personnes soumises aux obligations fiscales

Art L 425-14 Les règles relatives aux personnes soumises aux obligations fiscales pour la taxe sur l'exploitation des infrastructures de transport de longue distance sont déterminées au titre V du livre Ier et à la présente section.

Art L 425-15 Le redevable de la taxe est l'entreprise exploitant une ou plusieurs infrastructures de transport de longue distance.

Sous-section 6

Constatation de la taxe

Art L 425-16 Les règles relatives à la constatation de la taxe sur l'exploitation des infrastructures de transport de longue distance sont déterminées au titre VI du livre Ier.

Sous-section 7

Paiement

Art L 425-17 Les règles relatives au paiement de la taxe sur l'exploitation des infrastructures de transport de longue distance sont déterminées au titre VII du livre Ier et à la présente sous-section.

Art L 425-18 La taxe est acquittée par acomptes.

Sous-section 8

Contrôle, recouvrement et contentieux

Art L 425-19 Les règles relatives au contrôle, au recouvrement et au contentieux de la taxe sur l'exploitation des infrastructures de transport de longue distance sont déterminées au titre VIII du livre Ier.

Sous-section 9

Affectation

Art L 425-20 **I.** Sous réserve du II du présent article, l'affectation du produit de la taxe est déterminée au 4° de l'article L 1512-20 du code des transports.

II. A compter de 2024, une fraction égale à un douzième du produit de la taxe est affectée aux communes exerçant la compétence définie au 5° de l'article L 2122-21 du code général des collectivités territoriales et aux établissements publics de coopération intercommunale à fiscalité propre auxquels cette compétence a été transférée dans les conditions prévues au II de l'article L 5214-16, au I de l'article L 5215-20, au I de l'article L 5215-20-1 ou au II de l'article L 5216-5 du même code.

A compter de 2024, une fraction égale à un douzième du produit de la taxe est affectée aux départements, à la Ville de Paris, au Département de Mayotte, à la métropole de Lyon, à la collectivité territoriale de Guyane, à la collectivité territoriale de Martinique, à la collectivité de Corse et à la collectivité européenne d'Alsace.

La répartition de ces fractions entre les affectataires est déterminée en fonction de la longueur de voirie en gestion selon des modalités définies par décret.

TITRE V

COMMUNICATION, NUMERIQUE, CULTURE

CHAPITRE Ier

DISPOSITIONS GENERALES

Section unique

Eléments taxables et territoires

Art L 451-1 L'étendue d'une opération et le caractère accessoire des éléments qui la composent sont appréciés dans les conditions prévues au second alinéa du I et au II de l'article 257 ter du code général des impôts.

Art L 451-2 Les communications électroniques, réseaux de communications électroniques et services de communications électroniques s'entendent au sens respectivement des 1°, 2° et 6° de l'article L 32 du code des postes et des communications électroniques.

Art L 451-3 Les services de communication audiovisuelle, de télévision et de médias audiovisuels à la demande s'entendent au sens respectivement des troisième, quatrième et sixième alinéas de l'article 2 de la loi n° 86-1067 du 30 septembre 1986 relative à la liberté de communication.

Art L 451-4 Les contenus audiovisuels s'entendent des œuvres cinématographiques, des œuvres audiovisuelles et de tout autre document constitué au moins en partie d'une séquence d'images animées, sonorisées ou non.

Art L 451-5 Les contenus à caractère pornographique ou d'incitation à la violence s'entendent :

1° Des œuvres et documents cinématographiques qui figurent sur la liste prévue au quatrième alinéa de l'article L 311-2 du code du cinéma et de l'image animée ;

2° Des contenus audiovisuels dont la diffusion à un public mineur constitue une infraction réprimée par l'article 227-24 du code pénal.

CHAPITRE II

UTILISATION FINALE DES ETABLISSEMENTS ET BIENS CULTURELS

Section 1

Taxe sur les spectacles cinématographiques

Art L 452-1 Les règles relatives à la taxe sur les spectacles cinématographiques sont déterminées par les dispositions du livre Ier, par celles du chapitre Ier du présent titre et par celles de la présente section.

Art L 452-2 Est soumise à la taxe la séance au cours de laquelle sont données une ou plusieurs représentations cinématographiques et qui répond aux conditions cumulatives suivantes :

1° Elle est organisée par un exploitant d'établissement de spectacles cinématographiques soumis à autorisation en application de l'article L 212-2 du code du cinéma et de l'image animée ;

2° Elle ne relève pas de l'article L 214-1 du même code ;

3° Elle se déroule dans un établissement de spectacles cinématographiques au sens de l'article L 212-1 du même code ou dans les conditions prévues à l'article L 212-18 du même code ;

4° L'établissement mentionné au 3° est situé sur le territoire de taxation mentionné à l'article L 452-3.

BF 4/24 inf. 264 ; TD-V-9000 s.

Art L 452-3 Le territoire de taxation comprend, outre le territoire unique mentionné à l'article L 411-5, les territoires des collectivités suivantes :

1° Saint-Barthélemy ;

2° Saint-Martin ;

3° Saint-Pierre-et-Miquelon.

Les dispositions du présent code relatives à la taxe sur les spectacles cinématographiques sont applicables dans les collectivités mentionnées aux 1° à 3°.

Art L 452-4 Le fait générateur de la taxe est constitué par l'achèvement de la séance mentionnée à l'article L 452-2.

BF 4/24 inf. 264

Art L 452-5 Le montant de la taxe est égal à la somme des deux termes suivants :

1° Le produit des facteurs suivants :

a. La contrepartie de l'accès à la séance au sens de l'article L 452-6, majorée de la taxe sur la valeur ajoutée ;

b. Le taux de 10,72 %, le cas échéant modifié dans les conditions prévues aux articles L 452-7 et L 452-8 ;

TD-V-9150 s.

2° Le produit des facteurs suivants :

a. La contrepartie de l'accès à la séance au sens de l'article L 452-6, minorée du terme mentionné au 1° ;

b. Le taux de 0,232 %.

BF 4/24 inf. 264

Art L 452-6 Sont réputés constituer la contrepartie de l'accès à la séance :

1° Sauf dans le cas mentionné au 2°, le prix payé à l'exploitant de l'établissement mentionné au 1° de l'article L 452-2 pour cet accès et, le cas échéant, les éléments qui lui sont accessoires ;

2° Lorsque cet accès est compris dans la formule mentionnée à l'article L 212-27 du code du cinéma et de l'image animée, le prix de référence déterminé en application des articles L 212-28 à L 212-30 du même code.

Ces prix sont majorés, le cas échéant, du montant des réductions consenties dans le cadre d'un service de vente ou de réservation en ligne ou en raison de l'association à la vente de la fourniture d'un autre bien ou service.

Art L 452-7 Le taux prévu au b du 1° de l'article L 452-5 est multiplié par 1,5 pour les représentations de contenus à caractère pornographique ou d'incitation à la violence.

TD-V-9200

Art L 452-8 Pour les représentations données dans les collectivités d'outre-mer, le taux prévu au b du 1° de l'article L 452-5 est réduit à 5 %.

Le cas échéant, le facteur multiplicatif mentionné à l'article L 452-7 s'applique au taux mentionné au premier alinéa du présent article.

TD-V-9205

Art L 452-9 La taxe devient exigible à chaque encaissement d'une contrepartie mentionnée au 1° de l'article L 452-6.

Art L 452-10 Est redevable de la taxe l'exploitant d'établissement de spectacles cinématographiques mentionné au 1° de l'article L 452-2.

Art L 452-11 Les montants de la taxe correspondant au terme prévu au 1° de l'article L 452-5 ne sont pas acquittés lorsque leur cumul, évalué sur une période d'au moins trois semaines et d'au plus six semaines déterminée par décret, n'excède pas 80 €.

TD-V-9250 s.

Art L 452-12 Pour les éléments mentionnés à l'article L 180-1, la taxe est également régie par les dispositions du chapitre V du titre Ier du livre Ier du code du cinéma et de l'image animée.

Ndlr 1. *Sur les majorations applicables en cas d'insuffisances, inexactitudes ou omissions de déclaration ou de paiement, voir CGI, art. 1840 Y.*

2. *S'agissant des dispositions applicables en matière de contrôle et de recouvrement, voir LPF, art. L 16 I, L 16 J, L 61 C, L 61 D, L 67 B, L 168, L 177 B et L 256 D.*

BF 4/24 inf. 264 ; TD-V-9350 s.

Art L 452-13 L'affectation de la taxe est déterminée par le 1° de l'article L 116-1 du code du cinéma et de l'image animée.

Section 2

Taxe sur les spectacles vivants

Art L 452-14 Les règles relatives à la taxe sur les spectacles vivants sont déterminées par les dispositions du livre Ier, par celles du chapitre Ier du présent titre et par celles de la présente section.

Art L 452-15 Est soumise à la taxe, lorsqu'elle est réalisée à titre onéreux au sens de l'article L 452-16 sur le territoire de taxation mentionné à l'article L 452-17, la représentation d'un des spectacles suivants :

1° Les spectacles d'art dramatique, lyrique et chorégraphique ;

2° Les spectacles de variétés, les tours de chant, les concerts et les spectacles de jazz, de rock, de musique électronique et de musique du monde, à l'exception de ceux relevant des musiques traditionnelles.

Un décret répartit les spectacles en catégories relevant du 1° ou du 2° en fonction de leurs caractéristiques intrinsèques ou de l'adhésion du théâtre à l'Association pour le soutien du théâtre privé. Il détermine également les procédures selon lesquelles un spectacle ne relevant pas de ces catégories ou dont l'appartenance à l'une ou l'autre d'entre elles est équivoque est rattaché aux spectacles d'art dramatique, lyrique et chorégraphique ou aux spectacles de variétés.

BF 4/24 inf. 264 ; TD-V-16080 s., 17050 s.

Art L 452-16 Une représentation réalisée à titre onéreux s'entend d'une représentation pour laquelle l'une des deux conditions suivantes est remplie :

1° L'admission du spectateur est subordonnée au versement d'un droit d'admission ;

2° A défaut, l'organisateur a acquis à titre onéreux le droit de représenter le spectacle.

Art L 452-17 Le territoire de taxation comprend, outre le territoire unique mentionné à l'article L 411-5, les territoires des collectivités suivantes :

1° Saint-Barthélemy ;

2° Saint-Martin ;

3° Saint-Pierre-et-Miquelon.

Les dispositions du présent code relatives à la taxe sur les spectacles vivants sont applicables dans les collectivités mentionnées aux 1° à 3°.

Art L 452-18 Le fait générateur de la taxe est constitué par l'achèvement de la représentation mentionnée à l'article L 452-15.

Art L 452-19 Le montant de la taxe est égal au produit des facteurs suivants :

1° La contrepartie de la représentation au sens de l'article L 452-20 ;

2° Le taux de 3,5 %.

BF 4/24 inf. 264 ; TD-V-16250 s., 17200 s.

Art L 452-20 La contrepartie de la représentation s'entend :

1° Dans le cas mentionné au 1° de l'article L 452-16, des prix payés au titre de l'admission des spectateurs

2° Dans le cas mentionné au 2° du même article L 452-16, des prix payés au titre du droit de représenter le spectacle.

Art L 452-21 Est exonérée de la taxe la représentation de spectacles intégrée à des séances éducatives dans le cadre des enseignements d'un établissement placé sous la tutelle de l'Etat ou ayant passé avec celui-ci un contrat d'association.

TD-V-16200, 17150 s.

Art L 452-22 Est exonérée de la taxe la représentation d'un spectacle mentionné au 1° de l'article L 452-15 dans un établissement relevant d'une personne publique ou par une entreprise de spectacles bénéficiant de subventions publiques lorsqu'elle ne fait pas l'objet d'un contrat de coproduction, de coréalisation, de location ou de vente avec un entrepreneur de spectacles vivants privé non subventionné.

TD-V-17150 s.

Art L 452-23 Est redevable de la taxe la personne pour le compte de laquelle les sommes mentionnées à l'article L 452-20 sont encaissées.

Art L 452-24 Par dérogation à l'article L 161-1, la taxe est constatée par le Centre national de la musique ou l'Association pour le soutien du théâtre privé au moyen d'un avis des sommes à payer établi sur la base d'une déclaration transmise par le redevable.

Ndlr *Sur les majorations applicables en cas d'insuffisances, inexactitudes ou omissions de déclaration ou de paiement, voir CGI, art. 1840 X.*

Art L 452-25 La taxe n'est pas acquittée lorsque le montant cumulé sur une année civile pour un même redevable est inférieur à 80 €.

BF 4/24 inf. 264 ; TD-V-16350, 17300 s.

Art L 452-26 Par dérogation à l'article L 180-1, pour les éléments mentionnés à cet article, la taxe est régie par les dispositions suivantes :

1° S'agissant de la désignation des personnes compétentes :

a. L'article 11-1 de l'ordonnance n° 45-2339 du 13 octobre 1945 relative aux spectacles ;

b. L'article 4-1 de la loi n° 2019-1100 du 30 octobre 2019 relative à la création du Centre national de la musique ;

2° S'agissant du contentieux de l'assiette, celles du titre III du livre des procédures fiscales applicables aux taxes sur le chiffre d'affaires ;

3° Pour les autres éléments :

a. Celles du code général des impôts et du livre des procédures fiscales qui lui sont propres ou qui sont applicables aux impôts directs ;

b. Le B du III de l'article 55 de la loi n° 2010-1658 du 29 décembre 2010 de finances rectificative pour 2010.

> **Ndlr** *S'agissant des dispositions applicables en matière de contrôle et de recouvrement, voir également LPF, art. L 16 I, L 16 J, L 61 C, L 61 D, L 67 B, L 168, L 177 B et L 256 D.*

BF 4/24 inf. 264 ; TD-V-16400, 17350

Art L 452-27 Les règles relatives à l'affectation de la taxe sont déterminées par les dispositions suivantes :

1° S'agissant des spectacles mentionnés au 1° de l'article L 452-15, l'article 11 de l'ordonnance n° 45-2339 du 13 octobre 1945 relative aux spectacles ;

2° S'agissant des spectacles mentionnés au 2° du même article L 452-15, le II de l'article 4 de la loi n° 2019-1100 du 30 octobre 2019 relative à la création du Centre national de la musique.

Section 3

Taxe sur les vidéogrammes

Art L 452-28 Les règles relatives à la taxe sur les vidéogrammes sont déterminées par les dispositions du livre Ier, par celles du titre Ier du présent livre, par celles du chapitre Ier du présent titre et par celles de la présente section.

Art L 452-29 Est soumise à la taxe la livraison ou la location de vidéogrammes lorsqu'elle répond aux conditions cumulatives suivantes :

1° L'opération est réalisée en vue d'un usage privé du vidéogramme ;

2° L'opération est réputée être située, au sens de l'article L 411-2 ou de l'article L 452-30, sur le territoire de taxation mentionné à l'article L 452-31.

Art L 452-30 La location d'un vidéogramme est réputée intervenir au lieu où le loueur est établi, a son domicile ou sa résidence habituelle.

BF 4/24 inf. 264 ; TD-V-14000 s. ; MF n° 76130

Art L 452-31 Le territoire de taxation comprend, outre le territoire unique mentionné à l'article L 411-5, les territoires des collectivités suivantes :

1° Saint-Barthélemy ;

2° Saint-Martin ;

3° Saint-Pierre-et-Miquelon.

Les dispositions du présent code relatives à la taxe sur les vidéogrammes sont applicables dans les collectivités mentionnées aux 1° à 3°.

Art L 452-32 Le fait générateur de la taxe est constitué par l'opération de livraison ou le début de l'opération de location mentionnée à l'article L 452-29.

Art L 452-33 Le montant de la taxe est égal au produit des facteurs suivants :

1° La somme des contreparties encaissées au titre des opérations mentionnées à l'article L 452-29 ;

2° Le taux de 3,3475 %, le cas échéant modifié dans les conditions prévues à l'article L 452-34.

BF 4/24 inf. 264 ; MF n° 76130

Art L 452-34 Le taux prévu au 2° de l'article L 452-33 est porté à 15 % pour les contreparties des vidéogrammes sur lesquels sont enregistrés des contenus à caractère pornographique ou d'incitation à la violence.

MF n° 76130

Art L 452-35 La taxe devient exigible à chaque encaissement d'une contrepartie mentionnée au 1° de l'article L 452-33.

Art L 452-36 Est redevable de la taxe la personne qui encaisse la contrepartie mentionnée au 1° de l'article L 452-33.

Art L 452-37 L'affectation de la taxe est déterminée par le 2° de l'article L 116-1 du code du cinéma et de l'image animée.

CHAPITRE III

UTILISATION FINALE DES RESEAUX DE COMMUNICATIONS ELECTRONIQUES

Section 1

Taxe sur les services de communications électroniques

Art L 453-1 Les règles relatives à la taxe sur les services de communications électroniques sont déterminées par les dispositions du livre Ier, par celles du chapitre Ier du présent titre et par celles de la présente section.

Art L 453-2 Est soumis à la taxe le service de communications électroniques, autre que celui mentionné à l'article L 453-3, qui est fourni à titre onéreux dans les conditions prévues à l'article L 453-4 sur le territoire de taxation mentionné à l'article L 453-6.

BF 4/24 inf. 264 ; TD-V-18000 s. ; MF nº 76135

Art L 453-3 Est exempté :

1° Le service universel de renseignements mentionné au quatrième alinéa de l'article L 34 du code des postes et des télécommunications électroniques ;

2° Le service d'interconnexion ou d'accès faisant l'objet de la convention prévue au I de l'article L 34-8 du même code ;

3° Le service de diffusion ou de transport d'un ou plusieurs services de communication audiovisuelle.

TD-V-18245 s. ; MF nº 76135

Art L 453-4 Le service taxable répond aux conditions cumulatives suivantes :

1° Il est fourni au public ou via un réseau ouvert au public au sens du 4° de l'article L 32 du code des postes et des communications électroniques ;

2° Il n'est pas exclusivement fourni via un réseau interne au sens de l'article L 453-5.

Art L 453-5 Un réseau interne s'entend d'un réseau de communications électroniques entièrement établi sur une même propriété sans emprunter ni le domaine public ni une propriété tierce.

Art L 453-6 Le territoire de taxation est le territoire métropolitain.

BF 4/24 inf. 264 ; TD-V-18145 ; MF nº 76135

Art L 453-7 Le fait générateur de la taxe est constitué par l'achèvement de l'année civile au cours de laquelle une personne a encaissé une ou plusieurs contreparties d'un service taxable au sens de l'article L 453-9.

Toutefois, en cas de cessation d'activité d'une telle personne, il est constitué par cette cessation.

Art L 453-8 Le montant de la taxe est égal au produit des facteurs suivants :

1° La fraction excédant 5 millions d'euros de la différence entre les termes suivants, évalués chaque année civile :

a. La somme des contreparties des services taxables au sens de l'article L 453-9 encaissées au cours de cette année ;

b. Les investissements déductibles déterminés dans les conditions prévues à l'article L 453-10 ;

2° Le taux de 1,3 %.

TD-V-18200, 18320 ; MF nº 76135

Art L 453-9 Est réputé constituer la contrepartie d'un service mentionné à l'article L 453-2 le prix payé au fournisseur pour toute opération qui comprend, à titre non accessoire, un tel service.

Lorsque l'opération comprend, à titre non accessoire, outre un tel service, un ou plusieurs services de télévision, ces prix sont retenus pour leur montant minoré de 50 %.

BF 4/24 inf. 264 ; TD-V-18215 ; MF nº 76135

Art L 453-10 Les investissements déductibles pour l'année civile s'entendent des dotations aux amortissements qui répondent aux conditions cumulatives suivantes :

1° Elles sont comptabilisées au titre de l'exercice comptable clos au cours de cette même année par la personne mentionnée à l'article L 453-7 ;

2° Elles se rapportent aux matériels et équipements :

a. Qui ont été acquis, à compter du 7 mars 2009, par la personne mentionnée à l'article L 453-7 pour les besoins des infrastructures et réseaux de communications électroniques situés sur le territoire national ;

b. Pour lesquels la durée d'amortissement est au moins égale à dix ans.

TD-V-18235 ; MF nº 76135

Art L 453-11 Est redevable de la taxe la personne mentionnée à l'article L 453-7.

Art L 453-12 La taxe fait l'objet d'acomptes.

BF 4/24 inf. 264 ; TD-V-18350 s. ; MF nº 76135

Section 2

Taxe sur les services de télévision

Art L 453-13 Les règles relatives à la taxe sur les services de télévision sont déterminées par les dispositions du livre Ier, par celles du chapitre Ier du présent titre et par celles de la présente section.

Art L 453-14 Est soumise à la taxe la mise à disposition du public à titre onéreux sur le territoire de taxation mentionné à l'article L 453-15 par une personne établie sur ce même territoire :

1º D'un service de télévision ;

2º D'un service comprenant l'accès à un réseau de communications électroniques qui permet de recevoir un service de télévision.

BF 4/24 inf. 264 ; TD-V-12000 s.

Art L 453-15 Le territoire de taxation comprend, outre le territoire unique mentionné à l'article L 411-5, les territoires des collectivités suivantes :

1º Saint-Barthélemy ;

2º Saint-Martin ;

3º Saint-Pierre-et-Miquelon.

Les dispositions du présent code relatives à la taxe sur les services de télévision sont applicables dans les collectivités mentionnées aux 1º à 3º.

Art L 453-16 Le fait générateur de la taxe est constitué par l'achèvement de l'année civile au cours de laquelle une personne a encaissé une ou plusieurs contreparties d'un service taxable au sens des articles L 453-18 et L 453-19.

Toutefois, en cas de cessation d'activité d'une telle personne, il est constitué par cette cessation.

Art L 453-17 Le montant de la taxe est calculé à partir de la somme des contreparties des services taxables au sens des articles L 453-18 et L 453-19 encaissées au cours de l'année civile.

A cette fin, chacune des fractions définies à L 453-20 est multipliée par le taux que cet article lui associe, puis les résultats sont additionnés.

Art L 453-18 Sont réputés constituer la contrepartie de la mise à disposition du service mentionné au 1º de l'article L 453-14 les prix payés par les utilisateurs pour toute opération qui comprend, à titre non accessoire, ce service.

Ces prix sont retenus pour leur montant minoré de 10 %.

BF 4/24 inf. 264 ; TD-V-12140

Art L 453-19 Sont réputés constituer la contrepartie de la mise à disposition du service mentionné au 2º de l'article L 453-14 les prix payés par les utilisateurs pour toute offre, composée ou non de plusieurs autres offres, qui comprend ce service.

Ces prix sont retenus pour leur montant minoré de 66 %.

TD-V-12140

Art L 453-20 Le barème des taux de la taxe en fonction des fractions de la somme des revenus taxables, exprimées en millions d'euros, est le suivant :

FRACTION DES SOMMES TAXABLES (M€)	TAUX (%)
Inférieure à 10	0 %
Supérieure à 10 et inférieure ou égale à 250	0,5 %
Supérieure à 250 et inférieure ou égale à 500	2,1 %
Supérieure à 500 et inférieure ou égale à 750	2,8 %
Supérieure à 750	3,5 %

Le taux prévu à la dernière ligne de ce tableau est porté à 6,8 % lorsque le service de télévision est édité par la personne mentionnée à l'article L 453-16.

TD-V-12500 s.

Art L 453-21 Est redevable de la taxe la personne mentionnée à l'article L 453-16.

Art L 453-22 La taxe fait l'objet d'acomptes.

BF 4/24 inf. 264 ; TD-V-12600 s.

Art L 453-23 Pour les éléments mentionnés à l'article L 180-1, la taxe est également régie par le chapitre V du titre Ier du livre Ier du code du cinéma et de l'image animée.

Ndlr ***1.*** *Sur les majorations applicables en cas d'insuffisances, inexactitudes ou omissions de déclaration ou de paiement, voir CGI, art. 1840 Y.*

2. *S'agissant des dispositions applicables en matière de contrôle et de recouvrement, voir LPF, art. L 16 I, L 16 J, L 61 C, L 61 D, L 67 B, L 168, L 177 B et L 256 D.*

BF 4/24 inf. 264

Art L 453-24 L'affectation de la taxe est déterminée par le 3° de l'article L 116-1 du code du cinéma et de l'image animée.

Section 3

Taxe sur les services d'accès à des contenus audiovisuels à la demande

Art L 453-25 Les règles relatives à la taxe sur les services d'accès à des contenus audiovisuels à la demande sont déterminées par les dispositions du livre Ier, par celles du chapitre Ier du présent titre et par celles de la présente section.

Art L 453-26 Est soumis à la taxe le service donnant accès à des contenus audiovisuels sur demande individuelle formulée par voie de communications électroniques et mis à disposition à titre onéreux à des personnes qui sont établies, ont leur domicile ou ont leur résidence habituelle sur le territoire de taxation mentionné à l'article L 453-27.

BF 4/24 inf. 264 ; TD-V-14000 s. ; MF n° 76140

Art L 453-27 Le territoire de taxation comprend, outre le territoire unique mentionné à l'article L 411-5, les territoires des collectivités suivantes :

1° Saint-Barthélemy ;

2° Saint-Martin ;

3° Saint-Pierre-et-Miquelon.

Les dispositions du présent code relatives à la taxe sur les services d'accès à des contenus audiovisuels à la demande sont applicables dans les collectivités mentionnées aux 1° à 3°.

Art L 453-28 Le fait générateur de la taxe est constitué par l'achèvement de l'année civile au cours de laquelle une personne a encaissé une ou plusieurs contreparties d'un service taxable au sens de l'article L 453-30.

Toutefois, en cas de cessation d'activité d'une telle personne, il est constitué par cette cessation.

Art L 453-29 Le montant de la taxe est égal au produit des facteurs suivants :

1° La somme des contreparties des services taxables au sens de l'article L 453-30 encaissées au cours de l'année civile ;

2° Le taux de 5,15 %, le cas échéant modifié dans les conditions prévues à l'article L 453-31.

BF 4/24 inf. 264 ; MF n° 76140

Art L 453-30 Sont réputés constituer la contrepartie de la fourniture des services mentionnés à l'article L 453-26 les prix payés par les utilisateurs en contrepartie de l'accès aux contenus audiovisuels par ce service.

Pour chaque opération, sont, le cas échéant, déduits de ces prix les montants acquittés au titre des impositions de toutes natures mises en place dans un autre Etat membre de l'Union européenne et portant spécifiquement sur ces services.

Art L 453-31 Le taux prévu au 2° de l'article L 453-29 est porté à 15 % pour la fraction de la contrepartie représentative de l'accès à des contenus à caractère pornographique ou d'incitation à la violence.

MF n° 76140

Art L 453-32 La taxe devient exigible à chaque encaissement d'une contrepartie mentionnée à l'article L 453-30.

Art L 453-33 Est redevable de la taxe la personne mentionnée à l'article L 453-28.

Art L 453-34 L'affectation de la taxe est déterminée par le 4° de l'article L 116-1 du code du cinéma et de l'image animée.

Section 4

Taxe sur la mise en relation par voie électronique en vue de fournir certaines prestations de transport

BF 4/24 inf. 264 ; TD-XX-13000 s. ; MF nº 76145

Art L 453-35 Les règles relatives à la taxe sur la mise en relation par voie électronique en vue de fournir certaines prestations de transport sont déterminées par les dispositions du livre Ier, par celles du chapitre Ier du présent titre et par celles de la présente section.

Art L 453-36 Est soumis à la taxe le service de mise en relation de personnes par voie électronique en vue de la réalisation d'opérations qui répondent aux conditions cumulatives suivantes :

1° Ces opérations comprennent un transport réalisé dans les conditions prévues à l'article L 453-37 ;

2° L'exploitant du service de mise en relation détermine les caractéristiques et le prix de l'opération ou du transport.

Art L 453-37 Le transport mentionné au 1° de l'article L 453-36 répond aux conditions cumulatives suivantes :

1° Il consiste :

a. Soit en un transport d'un ou plusieurs passagers et, le cas échéant, de leurs bagages au moyen d'une voiture de transport avec chauffeur au sens de l'article L 3122-1 du code des transports ;

b. Soit en un transport de marchandises au moyen de véhicules à deux ou trois roues ;

2° Il est réalisé par un travailleur indépendant ;

3° Le lieu de départ ou d'arrivée est situé sur le territoire de taxation mentionné à l'article L 453-38.

Art L 453-38 Le territoire de taxation comprend, outre le territoire unique mentionné à l'article L 411-5, les territoires des collectivités suivantes :

1° Saint-Barthélemy ;

2° Saint-Martin ;

3° Saint-Pierre-et-Miquelon.

Les dispositions du présent code relatives à la taxe sur la mise en relation par voie électronique en vue de fournir certaines prestations de transport sont applicables dans les collectivités mentionnées aux 1° à 3°.

Art L 453-39 Le fait générateur de la taxe est constitué par l'achèvement de l'année civile au titre de laquelle la marge brute de l'exploitant du service de mise en relation au sens de l'article L 453-41 est positive.

Toutefois, en cas de cessation d'activité d'un tel exploitant, il est constitué par cette cessation.

Art L 453-40 Le montant de la taxe est égal au produit des termes suivants :

1° La marge brute de l'exploitant du service de mise en relation au titre de l'année civile au sens de l'article L 453-41 ;

2° Le taux déterminé pour chaque année civile par arrêté conjoint des ministres chargés du budget, des transports et du travail dans la limite supérieure de 0,5 %.

Art L 453-41 La marge brute de l'exploitant du service de mise en relation au titre d'une année civile est égale à la différence entre, d'une part, les sommes qu'il a encaissées au cours de cette année et, d'autre part, celles qu'il a versées aux utilisateurs du service aux cours de cette même année.

A cette fin sont prises en compte toutes les sommes se rapportant au service de mise en relation.

Art L 453-42 Est redevable de la taxe la personne qui exploite le service de mise en relation.

Art L 453-43 Le redevable est soumis à une obligation de représentation fiscale dans les conditions prévues par le chapitre II du titre V du livre Ier.

Art L 453-44 L'affectation de la taxe est déterminée par l'article L 7345-4 du code du travail.

Section 5

Taxe sur certains services numériques

Sous-section 1

Eléments taxables et territoire de taxation

Art L 453-45 Les règles relatives aux éléments taxables et au territoire de taxation pour la taxe sur certains services numériques sont déterminées par les dispositions du titre Ier du livre Ier, par celles du chapitre unique du titre Ier du présent livre, par celles de la section unique du chapitre Ier du présent titre et par celles de la présente sous-section.

Paragraphe 1. Principes

Art L 453-46 Sont soumis à la taxe le service d'intermédiation numérique au sens des dispositions du paragraphe 3 de la présente sous-section et le service de publicité ciblée au sens de celles du paragraphe 4 de la même sous-section lorsque sont dépassés les seuils de taxation au niveau mondial et national définis au paragraphe 5 de la même sous-section.

Art L 453-47 Par dérogation à l'article L 453-46 n'est pas soumis à la taxe le service mentionné au même article fourni exclusivement entre entreprises appartenant à un même groupe au sens de l'article L 453-52.

BF 4/24 inf. 264 ; TD-XX-50 ; MF nº 76150

Paragraphe 2. Interfaces numériques et personnes utilisant ou exploitant ces interfaces

Art L 453-48 Une interface numérique s'entend d'un logiciel qui permet aux personnes qui l'utilisent d'envoyer et de recevoir des informations par voie de communications électroniques, ou d'un ensemble de logiciels ayant cette fonctionnalité et constituant, du point de vue des utilisateurs, un tout cohérent caractérisé par un ensemble de fonctionnalités communes et une exploitation coordonnée.

Art L 453-49 L'exploitant d'une interface numérique s'entend de la personne qui la met à la disposition des utilisateurs de cette interface.

Art L 453-50 L'utilisateur d'une interface numérique s'entend de la personne physique qui utilise cette interface sans toutefois intervenir pour le compte de l'exploitant de cette interface dans le cadre de l'exploitation.

Le cas échéant, les opérations économiques réalisées au moyen de l'interface par la personne pour le compte de laquelle l'utilisateur agit sont réputées être effectuées par ce dernier.

Art L 453-51 L'utilisateur d'une interface numérique est réputé être localisé sur le territoire de taxation mentionné à l'article L 411-5 s'il consulte cette interface au moyen d'un équipement terminal au sens du 10° de l'article L 32 du code des postes et des communications électroniques qui est situé sur ce territoire.

La localisation de l'équipement terminal est déterminée par tout moyen.

Art L 453-52 Un groupe d'entreprises s'entend de l'ensemble des entreprises liées entre elles directement ou indirectement par une relation de contrôle au sens du II de l'article L 233-16 du code de commerce.

BF 4/24 inf. 264 ; TD-XX-50 ; MF nº 76150

Paragraphe 3. Services d'intermédiation numérique

Sous-paragraphe 1. Caractéristiques

Art L 453-53 Un service d'intermédiation numérique s'entend de la mise à disposition par voie de communications électroniques d'une interface numérique, autre que celles mentionnées au sous-paragraphe 2 du présent paragraphe, qui permet aux utilisateurs d'entrer en contact avec d'autres utilisateurs et d'interagir avec eux.

Art L 453-54 Parmi les services d'intermédiation numérique, sont distingués :

1° Les places de marché, pour lesquelles les fonctionnalités de l'interface comprennent la faculté pour les utilisateurs de réaliser entre eux des opérations ;

2° Les services de mise en relation, qui comprennent les services autres que les places de marché.

Art L 453-55 Le taux annuel d'empreinte nationale d'une place de marché, évalué pour chaque année civile, s'entend du quotient entre :

1° Au numérateur, le nombre d'opérations réalisées entre utilisateurs au moyen de l'interface numérique et pour lesquelles au moins un des utilisateurs est situé sur le territoire de taxation mentionné à l'article L 411-5 ;

2° Au dénominateur, le nombre d'opérations réalisées entre utilisateurs au moyen de l'interface numérique.

Art L 453-56 Le taux annuel d'empreinte nationale d'un service de mise en relation, évalué pour chaque année civile, s'entend du quotient entre :

1° Au numérateur, le nombre d'utilisateurs qui répondent aux conditions cumulatives suivantes :

a. Ils disposent d'un compte permettant d'accéder à tout ou partie des fonctionnalités de l'interface et qui a été ouvert, au plus tard au cours de cette année, depuis le territoire de taxation mentionné à l'article L 411-5 ;

b. Ils ont utilisé l'interface au cours de cette année ;

2° Au dénominateur, le nombre d'utilisateurs qui répondent aux conditions cumulatives suivantes :

a. Ils disposent d'un compte permettant d'accéder à tout ou partie des fonctionnalités de l'interface et qui a été ouvert au plus tard au cours de cette année ;

b. Ils ont utilisé l'interface au cours de cette année.

BF 4/24 inf. 264 ; TD-XX-50 ; MF nº 76150

Sous-paragraphe 2. Services exclus

Art L 453-57 N'est pas soumise à la taxe en tant que service d'intermédiation numérique la mise à disposition d'une interface numérique lorsque les conditions suivantes sont cumulativement remplies :

1° L'objet de la mise à disposition est de permettre à l'exploitant de fournir tout ou partie des éléments suivants :

a. Des contenus numériques, autres que ceux constituant l'interface elle-même ;

b. Des services de communications ;

c. Des services de paiement au sens du II de l'article L 314-1 du code monétaire et financier ;

2° Les interactions entre les utilisateurs de l'interface présentent un caractère accessoire, au sens de l'article 257 ter du code général des impôts, par rapport à la fourniture des éléments mentionnés au 1°.

Art L 453-58 N'est pas soumise à la taxe en tant que service d'intermédiation numérique la mise à disposition d'une interface numérique utilisée pour gérer les systèmes suivants :

1° Les systèmes de règlements interbancaires ou de règlement et de livraison d'instruments financiers au sens de l'article L 330-1 du code monétaire et financier ;

2° Les plates-formes de négociation au sens de l'article L 420-1 du même code ou les systèmes de négociation des internalisateurs systématiques au sens de l'article L 533-32 du même code ;

3° Les activités des prestataires de services de financement participatif au sens de l'article L 547-1 du même code et, s'ils facilitent l'octroi de prêts, les services d'intermédiation en financement participatif au sens de l'article L 548-1 du même code ;

4° Les autres systèmes de mise en relation déterminés par arrêté du ministre chargé de l'économie dont l'activité est soumise à autorisation et l'exécution des prestations soumise à la surveillance d'une autorité de régulation en vue d'assurer la sécurité, la qualité et la transparence de transactions portant sur des instruments financiers, des produits d'épargne ou d'autres actifs financiers.

Art L 453-59 N'est pas soumise à la taxe en tant que service d'intermédiation numérique la mise à disposition d'une interface numérique dont l'objet est de permettre l'achat ou la vente de prestations visant à placer des messages publicitaires ciblés en fonction de données relatives à l'utilisateur qui la consulte et collectées ou générées à l'occasion de la consultation de telles interfaces.

BF 4/24 inf. 264 ; TD-XX-50 ; MF nº 76150

Paragraphe 4. Services de publicité ciblée

Art L 453-60 Un service de publicité ciblée s'entend de tout service qui répond aux conditions cumulatives suivantes :

1° Il est commercialisé auprès d'annonceurs ou de leurs mandataires ;

2° Son objet est de concourir au placement sur une interface numérique de messages publicitaires ciblés en fonction de données qui répondent aux conditions cumulatives suivantes :

a. Il s'agit de données de l'utilisateur qui consulte l'interface numérique où le message est placé ;

b. Ces données sont collectées ou générées à l'occasion de la consultation d'interfaces numériques.

Art L 453-61 Parmi les services de publicité ciblée, sont distingués :

1° Les services relatifs au placement, qui ne se limitent pas à la fourniture des données mentionnées au 2° de l'article L 453-60 ou ne comprennent pas une telle fourniture ;

2° Les services de transmission de données, qui se limitent à la fourniture des données mentionnées au 2° de l'article L 453-60 et, le cas échéant, à d'autres éléments ne concourant pas au placement de messages publicitaires.

Art L 453-62 Le taux annuel d'empreinte nationale d'un service relatif au placement, évalué pour chaque année civile, s'entend du quotient entre :

1° Au numérateur, le nombre de messages publicitaires placés dans les conditions mentionnées au 2° de l'article L 453-60 pour lesquels l'utilisateur qui consulte l'interface est situé sur le territoire de taxation mentionné à l'article L 411-5 ;

2° Au dénominateur, le nombre de messages publicitaire placés dans les conditions mentionnées au 2° du même article L 453-60.

Art L 453-63 Le taux annuel d'empreinte nationale d'un service de transmission de données, évalué pour chaque année civile, s'entend du quotient entre :

1° Au numérateur, le nombre des utilisateurs dont tout ou partie des données transmises ont été générées ou collectées lors de leur consultation d'interfaces numériques sur le territoire de taxation mentionné à l'article L 411-5 ;

2° Au dénominateur, le nombre des utilisateurs dont les données sont transmises.

BF 4/24 inf. 264 ; TD-XX-50 ; MF n° 76150

Paragraphe 5. Seuils de taxation

Art L 453-64 Les seuils de taxation prévus au présent paragraphe sont appréciés à partir des contreparties des services taxables au sens des articles L 453-71 et L 453-72 qui, au cours de l'année civile précédant l'année du fait générateur, sont encaissées par l'entreprise ou par les entreprises constituant le groupe, appréciés à la date du fait générateur.

Le seuil de taxation au niveau national est également apprécié à partir des taux d'empreinte nationale de ces services taxables évalués pour cette même année.

Art L 453-65 Le seuil de taxation au niveau mondial est dépassé lorsque la somme des contreparties des services d'intermédiation numérique et des services de publicité ciblée excède 750 millions d'euros.

Art L 453-66 Le seuil de taxation au niveau national est dépassé lorsque la somme pondérée des contreparties des services d'intermédiation numérique et des services de publicité ciblée, affectées des taux d'empreinte nationale de ces services, excède 25 millions d'euros.

BF 4/24 inf. 264 ; TD-XX-50 ; MF n° 76150

Sous-section 2

Fait générateur

Art L 453-67 Les règles relatives au fait générateur de la taxe sur certains services numériques sont déterminées par les dispositions du titre Ier du livre Ier et par celles de la présente sous-section.

Art L 453-68 Le fait générateur de la taxe est constitué par l'achèvement de l'année civile pour laquelle les conditions cumulatives suivantes sont remplies :

1° Une entreprise encaisse au cours de cette année une ou plusieurs contreparties d'un service taxable au sens des articles L 453-71 et L 453-72 ;

2° L'entreprise ou le groupe auquel elle appartient dépasse les seuils de taxation aux niveaux mondial et national.

Toutefois, en cas de cessation d'activité d'une entreprise répondant à la condition prévue au 1°, le fait générateur est constitué par cette cessation.

BF 4/24 inf. 264 ; TD-XX-50 ; MF n° 76150

Sous-section 3

Montant de la taxe

Art L 453-69 Les règles relatives au montant de la taxe sur certains services numériques sont déterminées par les dispositions du titre III du livre Ier et par celles de la présente sous-section.

Art L 453-70 Le montant de la taxe est égal au produit des facteurs suivants :

1° La somme pondérée des contreparties des services taxables au sens des articles L 453-71 ou L 453-72 qui sont encaissées au cours de l'année civile, affectées des taux d'empreinte nationale de ces services pour cette même année ;

2° Le taux de 3 %.

Art L 453-71 Sont réputés constituer la contrepartie d'un service d'intermédiation numérique les prix payés par les utilisateurs de l'interface pour toute opération qui comprend un ou plusieurs éléments qui ne sont pas, sur le plan économique, indépendants de l'accès ou de l'utilisation à l'interface numérique mise à disposition.

Art L 453-72 Sont réputés constituer la contrepartie d'un service de publicité ciblée les prix payés par les annonceurs ou pour leur compte, pour des opérations qui comprennent des éléments qui concourent au placement des messages publicitaires.

Art L 453-73 Pour le calcul de la somme mentionnée au 1° de l'article L 453-70, ne sont pas prises en compte les sommes qui présentent un lien direct et indissociable avec le volume ou la valeur de produits soumis à accises au sens de l'article L 311-1 qui sont vendus.

Art L 453-74 Les sommes encaissées dans une monnaie autre que l'euro sont converties en appliquant le dernier taux de change publié au Journal officiel de l'Union européenne connu au premier jour du mois au cours duquel les sommes sont encaissées.

BF 4/24 inf. 264 ; TD-XX-50 ; MF n° 76150

Sous-section 4

Exigibilité

Art L 453-75 Les règles relatives à l'exigibilité de la taxe sur certains services numériques sont déterminées par les dispositions du titre IV du livre Ier.

BF 4/24 inf. 264 ; TD-XX-50 ; MF n° 76150

Sous-section 5

Personnes soumises à obligation fiscale

Art L 453-76 Les règles relatives aux personnes soumises à obligation fiscale pour la taxe sur certains services numériques sont déterminées par les dispositions du titre V du livre Ier et par celles de la présente sous-section.

Art L 453-77 Est redevable de la taxe l'entreprise mentionnée à l'article L 453-68.

Art L 453-78 Le redevable est soumis à une obligation de représentation fiscale dans les conditions prévues par le chapitre II du titre V du livre Ier.

BF 4/24 inf. 264 ; TD-XX-50 ; MF n° 76150

Sous-section 6

Constatation de la taxe

Art L 453-79 Les règles relatives à la constatation de la taxe sur certains services numériques sont déterminées par les dispositions du titre VI du livre Ier et par celles de la présente sous-section.

Art L 453-80 Tant que le droit de reprise de l'administration est susceptible de s'exercer, en application de l'article L 177 A du livre des procédures fiscales, les redevables conservent, à l'appui de leur comptabilité, pour chaque service d'intermédiation numérique et chaque service de publicité ciblée, les informations relatives aux éléments suivants :

1° Les montants encaissés mensuellement au titre des contreparties du service, en distinguant, le cas échéant, les sommes qui ne sont pas prises en compte en application de l'article L 453-73. A cette fin, sont également distingués les montants encaissés dans une monnaie autre que l'euro, le taux de change retenu en application de l'article L 453-74 et le montant converti ;

2° Le taux annuel d'empreinte nationale et les éléments quantitatifs mensuels utilisés pour le calculer.

Ces informations sont tenues à la disposition de l'administration et lui sont communiquées à première demande.

BF 4/24 inf. 264 ; TD-XX-50 ; MF n° 76150

Sous-section 7

Paiement de la taxe

Art L 453-81 Les règles relatives au paiement de la taxe sur certains services numériques sont déterminées par les dispositions du titre VII du livre Ier et par celles de la présente sous-section.

Art L 453-82 La taxe fait l'objet d'acomptes.

BF 4/24 inf. 264 ; TD-XX-50 ; MF n° 76150

Sous-section 8

Contrôle, recouvrement et contentieux

Art L 453-83 Les règles relatives au contrôle, au recouvrement et au contentieux de la taxe sur certains services numériques sont déterminées par les dispositions du titre VIII du livre Ier.

BF 4/24 inf. 264 ; TD-XX-50 ; MF n° 76150

CHAPITRE IV

PUBLICITE

Section 1

Taxe sur la publicité télévisuelle et autres ressources liées à la diffusion de services de télévision

Art L 454-1 Les règles relatives à la taxe sur la publicité télévisuelle et autres ressources liées à la diffusion d'un service de télévision sont déterminées par les dispositions du livre Ier, par celles du chapitre Ier du présent titre et par celles de la présente section.

Art L 454-2 Est soumis à la taxe :

1° Le service de diffusion de messages publicitaires ou de parrainage sur :

a. Un service de télévision qui répond aux conditions prévues à l'article L 454-3 ;

b. Un service de rattrapage du service mentionné au a dont les caractéristiques sont déterminées par décret ;

2° La ressource publique reçue par l'éditeur du service mentionné au a du 1° au titre de ce service ;

3° Le service interactif au sens de l'article L 454-4.

BF 4/24 inf. 264 ; TD-V-12000 s.

Art L 454-3 Le service de télévision mentionné à l'article L 454-2 répond aux conditions cumulatives suivantes au cours de l'année civile précédant celle de l'intervention du fait générateur :

1° Une ou plusieurs œuvres cinématographiques ou autres œuvres audiovisuelles éligibles aux aides financières mentionnées au 2° de l'article L 111-2 du code du cinéma et de l'image animé y a été programmée ;

2° La personne qui édite ce service est établie sur le territoire de taxation mentionné à l'article L 454-5.

Toutefois n'est pas concerné le service de télévision dont les programmes sont consacrés à l'information du public et sont exclusivement produits et réalisés intégralement avec les moyens de production de l'éditeur.

Art L 454-4 Le service interactif mentionné au 3° de l'article L 454-2 s'entend du service qui répond aux conditions cumulatives suivantes :

1° Il est proposé lors de la diffusion du programme d'un service de télévision répondant aux conditions prévues à l'article L 454-3, autre qu'un programme servant une grande cause nationale ou d'une grande cause d'intérêt général lorsque les recettes perçues servent au financement de ces causes ;

2° Il est mis en œuvre au moyen de communications électroniques dédiées et fourni à la demande individuelle des personnes ;

3° Le prix appliqué en contrepartie du service interactif est collecté par la personne qui fournit les communications électroniques mentionnées au 2° au titre de la réalisation de ces communications.

BF 4/24 inf. 264 ; TD-V-12110 s.

Art L 454-5 Le territoire de taxation comprend, outre le territoire unique mentionné à l'article L 411-5, les territoires des collectivités suivantes :

1° Saint-Barthélemy ;

2° Saint-Martin ;

3° Saint-Pierre-et-Miquelon.

Les dispositions du présent code relatives à la taxe sur la publicité télévisuelle et autres ressources liées à la diffusion de services de télévision sont applicables dans les collectivités mentionnées aux 1° à 3°.

Art L 454-6 Le fait générateur de la taxe est constitué par l'achèvement de l'année civile au cours de laquelle une personne a encaissé des contreparties au titre des services et ressources publiques soumis à la taxe.

Toutefois, en cas de cessation d'activité d'une telle personne, il est constitué par cette cessation.

Art L 454-7 Le montant de la taxe est égal, pour chaque service de télévision qui répond aux conditions prévues à l'article L 454-3, au produit des facteurs suivants :

1° La somme des contreparties et ressources publiques encaissées au cours de l'année civile au titre des services mentionnés à l'article L 454-2, minorée dans les conditions prévues aux articles L 454-8 et L 454-9 ;

2° Le taux de 5,15 %, le cas échéant, modifié dans les conditions prévues à l'article L 454-10.

BF 4/24 inf. 264 ; TD-V-12240, 12435

Art L 454-8 Aux fins de la détermination du facteur mentionné au 1° de l'article L 454-7, pour les contreparties encaissées au titre du service mentionné au a du 1° de l'article L 454-2 et les ressources publiques mentionnées au 2° du même article, seule est prise en compte la fraction qui excède l'un des seuils suivants :

1° Sauf dans le cas mentionné au 2°, 10 millions d'euros ;

2° Lorsqu'aucune contrepartie n'est encaissée au titre des services de diffusion des messages publicitaires, 30 millions d'euros.

Le présent article est appliqué, le cas échéant, après la règle particulière prévue à l'article L 454-9.

BF 4/24 inf. 264 ; TD-V-12420 s.

Art L 454-9 Aux fins de la détermination du facteur mentionné au 1° de l'article L 454-7, les ressources publiques encaissées au titre des services de télévision édités par la société nationale de programme France Télévisions mentionnée au I de l'article 44 de la loi n° 86-1067 du 30 septembre 1986 relative à la liberté de communication sont comptabilisées dans les conditions suivantes :

1° N'est pas prise en compte la ressource publique encaissée au titre des services de télévision à caractère régional ou local qui sont propres à un ou plusieurs territoires d'outre-mer ;

2° Les ressources publiques autres que celle mentionnée au 1° sont prises en compte pour 92 % de leur valeur.

FR 2/20 inf. 77 n° 3 p. 181

Art L 454-10 Le taux mentionné au 2° de l'article L 454-7 est réduit à 2,575 % lorsque le service de télévision répond à l'une des conditions suivantes :

1° Il est constitué d'un service de télévision à caractère régional ou local qui est propre à un territoire d'outremer ;

2° Il est constitué d'un service de télévision édité par une personne établie dans l'une des collectivités régies par l'article 73 de la Constitution ou dans l'une de celles mentionnées aux 1° à 3° de l'article L 454-5.

TD-V-12460

Art L 454-11 Est redevable de la taxe la personne mentionnée à l'article L 454-6.

A cette fin, les contreparties encaissées par une personne autre que l'éditeur du service de télévision qui répond aux conditions prévues à l'article L 454-3 et reversées par elle sont réputées être encaissées par le bénéficiaire de ce reversement.

Art L 454-12 Lorsque plusieurs personnes sont redevables au titre d'un même service de télévision qui répond aux conditions prévues à l'article L 454-3, le montant de la taxe est établi séparément pour chacune d'entre elles à partir des seules contreparties et ressources publiques qu'elle a encaissées, compte tenu du second alinéa de l'article L 454-11.

Pour l'application de l'article L 454-8 à chacune de ces personnes, le seuil prévu à cet article est pris en compte à hauteur de la proportion des contreparties et ressources publiques que cette personne a encaissées et auxquelles ce seuil est applicable.

TD-V-12425, 12470

Art L 454-13 La taxe fait l'objet d'acomptes.

BF 4/24 inf. 264 ; TD-V-12600 s.

Art L 454-14 Pour les éléments mentionnés à l'article L 180-1, la taxe est également régie par les dispositions du chapitre V du titre Ier du livre Ier du code du cinéma et de l'image animée.

Ndlr **1.** *Sur les majorations applicables en cas d'insuffisances, inexactitudes ou omissions de déclaration ou de paiement, voir CGI, art. 1840 Y.*

2. *S'agissant des dispositions applicables en matière de contrôle et de recouvrement, voir LPF, art. L 16 I, L 16 J, L 61 C, L 61 D, L 67 B, L 168, L 177 B et L 256 D.*

BF 4/24 inf. 264

Art L 454-15 L'affectation de la taxe est déterminée par le 5° de l'article L 116-1 du code du cinéma et de l'image animée.

Section 2

Taxe sur la publicité diffusée au moyen de services d'accès à des contenus audiovisuels à la demande

Art L 454-16 Les règles relatives à la taxe sur la publicité diffusée au moyen de services d'accès à des contenus audiovisuels à la demande sont déterminées par les dispositions du livre Ier, par celles du chapitre Ier du présent titre et par celles de la présente section.

Art L 454-17 Est soumis à la taxe le service de diffusion de messages publicitaires et de parrainage sur un service d'accès à des contenus audiovisuels qui répond aux conditions prévues à l'article L 454-18.

Art L 454-18 Le service d'accès à des contenus audiovisuels mentionné à l'article L 454-17 répond aux conditions cumulatives suivantes :

1° Il donne ou permet l'accès à des contenus audiovisuels fournis sur demande individuelle formulée par voie de communications électroniques de personnes qui sont établies, ont leur domicile ou ont leur résidence habituelle sur le territoire de taxation mentionné à l'article L 454-19 ;

2° Il ne relève pas de l'article L 454-3 ;

3° Lorsqu'il est fourni à titre gratuit :

a. L'accès aux contenus audiovisuels mentionnés au 1° ne présente pas un caractère accessoire ;

b. Son objet principal n'est :

ni l'information du public ;

ni la promotion auprès du public d'œuvres cinématographiques ou audiovisuelles, ni la fourniture d'informations relatives à ces œuvres.

BF 4/24 inf. 264 ; TD-V-14000 s. ; MF nº 76160

Art L 454-19 Le territoire de taxation comprend, outre le territoire unique mentionné à l'article L 411-5, les territoires des collectivités suivantes :

1° Saint-Barthélemy ;

2° Saint-Martin ;

3° Saint-Pierre-et-Miquelon.

Les dispositions du présent code relatives à la taxe sur la publicité diffusée au moyen de services d'accès à des contenus audiovisuels à la demande sont applicables dans les collectivités mentionnées aux 1° à 3°.

Art L 454-20 Le fait générateur de la taxe est constitué par l'achèvement de l'année civile au cours de laquelle une personne a encaissé des contreparties au titre des services soumis à la taxe.

Toutefois, en cas de cessation d'activité d'une telle personne, il est constitué par cette cessation.

Art L 454-21 Le montant de la taxe est égal, pour chaque service d'accès à des contenus audiovisuels éligible, au produit des facteurs suivants :

1° La fraction excédant 100 000 euros de la somme des contreparties des services de diffusion de messages publicitaires et de parrainage taxables encaissées au cours de l'année civile, cette somme étant préalablement minorée dans les conditions prévues aux articles L 454-22 et L 454-23 ;

2° Le taux de 5,15 %, le cas échéant modifié dans les conditions prévues à l'article L 454-24.

BF 4/24 inf. 264 ; MF nº 76160

Art L 454-22 Pour le service d'accès à des contenus audiovisuels qui répond aux conditions prévues à l'article L 454-18 fourni à titre gratuit et dont l'objet principal est de donner accès à des contenus audiovisuels créés par des utilisateurs privés à des fins de partage et d'échanges au sein de communautés d'intérêt, les contreparties mentionnées au 1° de l'article L 454-21 sont comptabilisées à hauteur de 34 % de leur valeur.

Art L 454-23 Aux fins de la détermination du facteur mentionné au 1° de l'article L 454-21, sont déduits les montants acquittés au titre des impositions de toutes natures mises en place dans un autre Etat membre de l'Union européenne et portant spécifiquement sur le service taxable mentionné à l'article L 454-17.

Art L 454-24 Le taux prévu au 2° de l'article L 454-21 est porté à 15 % pour la fraction des contreparties des services de diffusion de messages publicitaires et de parrainage taxables se rapportant à l'accès à des contenus à caractère pornographique ou d'incitation à la violence sur le service d'accès à des contenus audiovisuels qui répond aux conditions prévues à l'article L 454-18.

BF 4/24 inf. 264 ; MF nº 76160

Art L 454-25 La taxe devient exigible à chaque encaissement d'une contrepartie mentionnée au 1° de l'article L 454-21.

Art L 454-26 Est redevable la personne mentionnée à l'article L 454-20.

A cette fin, lorsque le service d'accès à des contenus audiovisuels qui répond aux conditions prévues à l'article L 454-18 est fourni à titre gratuit, les contreparties encaissées par une personne autre que le fournisseur de ce service qui sont reversées sont réputées être encaissées par le bénéficiaire de ce reversement.

Art L 454-27 Lorsque plusieurs personnes sont redevables au titre d'un même service d'accès à des contenus audiovisuels qui répond aux conditions prévues à l'article L 454-18, le montant de la taxe est établi séparément pour chacune d'elles à partir des seules contreparties que chacune a encaissées, compte tenu du second alinéa de l'article L 454-26.

Lorsqu'un service d'accès à des contenus audiovisuels qui répond aux conditions prévues à l'article L 454-18 est fourni à titre gratuit, pour l'application du 1° de l'article L 454-21 à chacune de ces personnes, le seuil prévu à ce 1° est pris en compte à hauteur de la proportion des contreparties de ce service qu'elle a encaissées.

MF nº 76160

Art L 454-28 L'affectation de la taxe est déterminée par le 6° de l'article L 116-1 du code du cinéma et de l'image animée.

Section 3

Taxe sur la publicité diffusée au moyen de documents imprimés

BF 4/24 inf. 264 ; TD-XX-5000 s. ; MF nº 76170

Art L 454-29 Les règles relatives à la taxe sur la publicité diffusée au moyen de documents imprimés sont déterminées par les dispositions du livre Ier, par celles du chapitre Ier du présent titre et par celles de la présente section.

Art L 454-30 Sont soumises à la taxe la réalisation et la distribution, pour les besoins de la promotion des activités économiques d'une entreprise, de messages publicitaires diffusés au moyen d'un support taxable sur le territoire de taxation mentionné à l'article L 411-5.

Le support taxable s'entend d'un imprimé publicitaire au sens de l'article L 454-31 ou d'un journal gratuit au sens de l'article L 454-32, autre que les catalogues mentionnés à l'article L 454-33.

Art L 454-31 L'imprimé publicitaire s'entend de tout document destiné à être distribué aux lecteurs dont la fonction principale est la diffusion de messages publicitaires qui y sont imprimés.

Art L 454-32 Le journal gratuit s'entend de toute publication imprimée à destination du public, à caractère périodique et dont les exemplaires sont majoritairement mis gratuitement à la disposition des lecteurs.

Art L 454-33 N'est pas un support taxable le catalogue adressé nominativement par voie postale dont l'objet est de permettre la réalisation intégrale, au moyen de techniques de communication à distance, d'une livraison de bien ou d'une prestation de service et qui décrit les caractéristiques de ces opérations et les moyens de les conclure.

Art L 454-34 Le fait générateur de la taxe est constitué par l'achèvement de l'année civile au cours de laquelle une entreprise engage des dépenses concourant aux finalités mentionnées à l'article L 454-30 pour les besoins de la promotion de ses activités économiques.

Toutefois, en cas de cessation d'activité d'une telle entreprise, il est constitué par cette cessation.

Art L 454-35 Sont exonérées la réalisation et la distribution de messages publicitaires pour les besoins des opérations mentionnées aux 9° du 4 et 1° du 7 de l'article 261 du code général des impôts.

Art L 454-36 Sont exonérées la réalisation et la distribution de messages publicitaires pour les besoins de la personne dont le chiffre d'affaires, évalué au cours de l'année civile précédente dans les conditions prévues aux I et III de l'article 293 D du code général des impôts, est inférieur à 763 000 €.

Art L 454-37 Le montant de la taxe est égal, pour chaque entreprise et chaque année civile, au produit des facteurs suivants :

1° La somme des dépenses engagées au cours de cette année qui concourent aux finalités mentionnées à l'article L 454-30 et ne relèvent pas de l'article L 454-35 ou de l'article L 454-36 ;

2° Le taux de 1 %.

Art L 454-38 Est redevable de la taxe l'entreprise mentionnée à l'article L 454-34.

Section 4

Taxe sur la publicité extérieure

Sous-section 1

Eléments taxables et territoires

Art L 454-39 Les règles relatives aux éléments taxables et aux territoires de la taxe sur la publicité extérieure sont déterminées par les dispositions du livre Ier, par celles de la section unique du chapitre Ier du présent titre et par celles de la présente sous-section.

Art L 454-40 Est soumis à la taxe le support publicitaire au sens des articles L 454-41 et L 454-42 pour lequel les conditions suivantes sont cumulativement remplies :

1° Il est fixe ;

2° Il ne relève pas de l'une des exemptions prévues à l'article L 454-44 ou L 454-45 ;

3° Il est situé sur le territoire d'une autorité compétente au sens de l'article L 454-46 qui a institué la taxe.

Art L 454-41 Le dispositif publicitaire, l'enseigne et la préenseigne s'entendent au sens respectivement des 1°, 2° et 3° de l'article L 581-3 du code de l'environnement, lorsque les conditions prévues à l'article L 581-2 code de l'environnement du même code sont remplies.

Art L 454-42 Constitue un support publicitaire :

1° Chacune des faces d'un dispositif publicitaire, appréciées comme autant de supports distincts ;

2° L'ensemble des faces visibles des enseignes installées sur un même immeuble, dépendances comprises, se rapportant à une même activité, apprécié comme un support unique ;

3° Chacune des faces d'une préenseigne, appréciée comme autant de supports distincts.

Art L 454-43 Le support numérique s'entend du support sur lequel les inscriptions, formes et images sont affichées au moyen d'un terminal informatique.

Art L 454-44 N'est pas soumis à la taxe le support dont le seul objet est :

1° L'affichage d'informations à visée non commerciale ;

2° L'indication d'une direction, sous réserve que le support ait le caractère d'une enseigne ;

3° L'indication du lieu d'exercice d'une profession réglementée.

Art L 454-45 N'est pas soumis à la taxe le support dont l'objet est l'un des suivants :

1° L'indication des horaires ou des moyens de paiement d'une activité ;

2° L'indication des tarifs d'une activité, sous réserve que la superficie du support soit inférieure ou égale à un mètre carré ;

3° Le respect d'une obligation légale, réglementaire ou résultant d'une convention conclue avec l'Etat.

Lorsque seule une fraction du support a un tel objet, l'exemption s'applique à cette seule fraction.

Art L 454-46 L'autorité compétente s'entend de la commune, de l'établissement public de coopération intercommunale ou de la métropole de Lyon mentionnée à l'article L 2333-6 du code général des collectivités territoriales et qui est situé sur le territoire de taxation mentionné à l'article L 454-49.

Art L 454-47 L'autorité compétente peut exercer les compétences qui lui sont dévolues par la présente section par des délibérations prises avant le 1er juillet de l'année précédant celle du fait générateur de l'imposition pour lequel ces délibérations prennent effet.

Art L 454-48 La population d'une autorité compétente s'entend de celle constatée au 1er janvier de l'année précédant le fait générateur.

Art L 454-49 Le territoire de taxation comprend, outre le territoire unique mentionné à l'article L 411-5, les territoires des collectivités suivantes :

1° Saint-Martin ;

2° Saint-Pierre-et-Miquelon.

Les dispositions du présent code relatives à la taxe sur la publicité extérieure sont applicables dans les collectivités mentionnées aux 1° et 2°.

Sous-section 2

Fait générateur

Art L 454-50 Les règles relatives au fait générateur de la taxe sur la publicité extérieure sont déterminées par les dispositions du livre Ier et par celles de la présente sous-section.

Art L 454-51 Le fait générateur de la taxe est constitué, pour chaque support taxable, par la réunion, lors de chaque année civile, de l'ensemble des conditions mentionnées à l'article L 454-40.

Sous-section 3

Montant

Art L 454-52 Les règles relatives au montant de la taxe sur la publicité extérieure sont déterminées par les dispositions du livre Ier et par celles de la présente sous-section.

Art L 454-53 Le montant de la taxe est égal au produit des facteurs suivants :

1° Le taux annuel d'assujettissement au sens de l'article L 454-54 ;

2° La base imposable résultant des dispositions du paragraphe 1 de la présente sous-section ;

3° Le tarif résultant des paragraphes 2 ou 3 de la présente sous-section.

Art L 454-54 Le taux annuel d'assujettissement s'entend du quotient entre :

1° Au numérateur, le nombre de mois au premier jour desquels les conditions prévues à l'article L 454-40 sont remplies ;

2° Au dénominateur, le nombre douze.

Paragraphe 1. Base d'imposition

Art L 454-55 La base d'imposition est constituée de la superficie exploitée du support taxable au sens de l'article L 454-56.

Art L 454-56 La superficie exploitée du support taxable s'entend de celle du rectangle formé par les points extrêmes de l'inscription, forme ou image.

Art L 454-57 Lorsque le support taxable permet de rendre visibles plusieurs affiches successivement sur une même face, la superficie d'exploitation déterminée en application de l'article L 454-56 est multipliée par le nombre de ces affiches.

Le premier alinéa n'est pas applicable lorsque le support est numérique ou, si le tarif réduit mentionné au 2° de l'article L 454-64 n'est pas mis en œuvre par l'autorité compétente, lorsqu'il est apposé sur un kiosque à journaux.

Paragraphe 2. Tarifs normaux

Art L 454-58 Les tarifs normaux et maximaux de la taxe sont indexés sur l'inflation dans les conditions prévues par le chapitre II du titre III du livre Ier.

Toutefois, l'évolution annuelle ne peut ni être négative ni, pour les tarifs normaux, excéder le montant prévu à l'article L 454-59.

Le tarif révisé est arrondi au dixième d'euro par mètre carré.

L'arrêté mentionnée à l'article L 132-1 est également signé par le ministre chargé des collectivités territoriales.

Art L 454-59 L'augmentation annuelle d'un tarif normal de la taxe ne peut excéder 5 € par mètre carré d'un support.

Art L 454-60 Pour les faces des dispositifs publicitaires et des préenseignes non numériques, les tarifs normaux, déterminés en fonction de la superficie d'exploitation du support et de la population de l'autorité compétente où il est installé, sont, en 2022, les suivants :

TARIF EN 2022 POUR LES FACES DES DISPOSITIFS ET DES PREENSEIGNES NON NUMERIQUES (€/m²)	POPULATION DE L'AUTORITE COMPETENTE (en milliers d'habitants)		
	Inférieure à 50	Supérieure ou égale à 50 et inférieure à 200	Supérieure ou égale à 200
Superficie inférieure ou égale à 50 m²	15,70	20,80	32,40
Superficie supérieure à 50 m²	31,40	41,60	64,80

L'autorité compétente peut réduire chaque tarif normal à un niveau inférieur à celui mentionné à ce tableau.

Lorsque l'autorité compétente est une commune dont la population est inférieure à 50 000 habitants qui est membre d'un établissement public de coopération intercommunale dont la population est supérieure ou égale à ce seuil, elle peut également porter le tarif normal figurant à la deuxième colonne de la troisième ligne de ce même tableau à un niveau qui est supérieur à celui qui y est mentionné, sous réserve qu'il soit inférieur ou égal à celui figurant à la troisième colonne de la même ligne.

Lorsque l'autorité compétente est une commune dont la population est inférieure à 200 000 habitants qui est membre d'un établissement public de coopération communale à fiscalité propre dont la population est supérieure ou égale à ce seuil, elle peut également porter le tarif normal figurant à la troisième colonne de la troisième ligne de ce même tableau à un niveau qui est supérieur à celui qui y est mentionné, sous réserve qu'il soit inférieur ou égal à celui figurant à la quatrième colonne de la même ligne.

Art L 454-61 Pour les faces des dispositifs publicitaires et des préenseignes numériques, les tarifs normaux, déterminés en fonction de la superficie d'exploitation du support et de la population de l'autorité compétente où il est installé, sont, en 2022, les suivants :

TARIF EN 2022 POUR LES FACES DES DISPOSITIFS ET PREENSEIGNES NUMERIQUES (€/m²)	POPULATION DE L'AUTORITE COMPETENTE (en milliers d'habitants)		
	Inférieure à 50	Supérieure ou égale à 50 et inférieure à 200	Supérieure ou égale à 200
Superficie inférieure ou égale à 50 m²	48,60	64,20	97,20
Superficie supérieure à 50 m²	97,20	128,40	194,40

La collectivité délibérante peut porter chaque tarif normal à un niveau inférieur à celui mentionné au tableau de l'alinéa précédent.

Art L 454-62 Pour les ensembles de faces d'enseignes, les tarifs normaux, déterminés en fonction de la superficie d'exploitation du support et de la population de l'autorité compétente où il est installé, sont, en 2022, les suivants :

TARIF EN 2022 POUR LES ENSEMBLES DE FACES D'ENSEIGNES (€/m²)	POPULATION DE L'AUTORITE COMPETENTE (en milliers d'habitants)		
	Inférieure à 50	Supérieure ou égale à 50 et inférieure à 200	Supérieure ou égale à 200
Superficie inférieure ou égale à 12 m²	15,70	20,80	62,80
Superficie supérieure à 12 m2 et inférieure ou égale à 50 m²	31,40	41,60	83,20
Superficie supérieure à 50 m²	62,80	62,80	125,60

L'autorité compétente peut porter chaque tarif normal à un niveau inférieur à celui mentionné au tableau de l'alinéa précédent.

Paragraphe 3. Tarifs réduits et exonérations

Art L 454-63 Le support dont le seul objet est la promotion d'un spectacle est exonéré.

Le bénéfice de cette exonération est subordonné, au titre du droit européen des aides d'Etat, au respect des conditions prévues par le règlement général de minimis.

Art L 454-64 L'autorité compétente peut prévoir que sont soumises à un tarif nul ou réduit de moitié chacune des catégories de supports suivantes :

1° Les faces des dispositifs publicitaires exploités en vertu d'une concession conclue dans le cadre de l'exercice des compétences communales ;

2° Les faces des dispositifs publicitaires apposés sur des éléments de mobilier urbain ou des kiosques à journaux.

L'autorité peut, pour chacune de ces catégories, différencier les supports non numériques et les supports numériques.

Les délibérations instituant ou supprimant ces tarifs réduits ne s'appliquent pas aux supports exploités en vertu de contrats de la commande publique pour lesquels la procédure de passation a été engagée avant leur adoption.

Le bénéfice de ces tarifs réduits ou nuls est subordonné, au titre du droit européen des aides d'Etat, au respect des conditions prévues par le règlement général de minimis.

Art L 454-65 L'autorité compétente peut prévoir que les faces de préenseignes sont soumises à un tarif nul ou réduit de moitié.

Les faces de préenseignes dont la superficie excède 1,5 mètre carré peuvent être exclues du bénéfice du tarif réduit ou faire l'objet d'un tarif réduit différent de celui des faces de préenseignes inférieures ou égales à ce seuil.

L'autorité peut, pour chacune de ces catégories, différencier les supports non numériques et les supports numériques.

Art L 454-66 Les ensembles d'enseignes sont soumis aux tarifs réduits suivants :

1° Lorsque la superficie est inférieure ou égale à 7 mètres carrés, un tarif nul ;

2° Lorsque la superficie est inférieure ou égale à 12 mètres carrés, un tarif nul ou réduit de moitié. Ce seuil est déterminé sans tenir compte de la superficie des enseignes scellées au sol et ce tarif ne s'applique pas à ces enseignes ni à celles auxquelles est appliqué le tarif mentionné au 1° ;

3° Lorsque la superficie est supérieure à 12 mètres carrés et inférieure ou égale à 20 mètres carrés, un tarif réduit de moitié.

Le tarif mentionné au 1° s'applique sauf délibération contraire de l'autorité compétente. Les tarifs réduits mentionnés aux 2° et 3° s'appliquent sur décision de l'autorité compétente.

Sous-section 4

Exigibilité

Art L 454-67 Les règles relatives à l'exigibilité de la taxe sur la publicité extérieure sont déterminées par les dispositions du livre Ier.

Sous-section 5

Personnes soumises à obligation fiscale

Art L 454-68 Les règles relatives aux personnes soumises à obligation fiscale pour la taxe sur la publicité extérieure sont déterminées par les dispositions du livre Ier et par celles de la présente sous-section.

Art L 454-69 Est redevable de la taxe la personne qui exploite le support.

Art L 454-70 Par dérogation à l'article L 454-69, est redevable de la taxe :

1° En cas de défaillance de la personne mentionnée à l'article L 454-69, le propriétaire du support ;

2° En cas de défaillance de la personne mentionnée au même article L 454-69 et de la personne mentionnée au 1°, celle pour le compte de laquelle le support a été réalisé.

Art L 454-71 Le redevable mentionné à l'article L 454-69 déclare auprès de l'autorité compétente, dans des conditions déterminées par décret, chaque support pour lequel les conditions prévues à l'article L 454-40 sont remplies.

Sous-section 6

Constatation

Art L 454-72 Les règles relatives à la constatation de la taxe sur la publicité extérieure sont, par dérogation aux dispositions du titre VI du livre Ier, déterminées par les dispositions de la présente sous-section.

Art L 454-73 La taxe est constatée par l'autorité compétente au moyen d'un titre de recettes sur la base de la déclaration prévue à l'article L 454-71, sans préjudice, le cas échéant, des procédures d'établissement particulières applicables lorsqu'il méconnaît ses obligations et mentionnées à l'article L 454-76.

Sous-section 7

Paiement

Art L 454-74 Les règles relatives au paiement de la taxe sur la publicité extérieure sont déterminées par les dispositions du titre VII du livre Ier.

Sous-section 8

Contrôle, recouvrement et contentieux de la taxe

Art L 454-75 Les règles relatives au contrôle, au recouvrement et au contentieux de la taxe sur la publicité extérieure sont déterminées, par dérogation aux dispositions du titre VIII du livre Ier, par les dispositions de la présente sous-section.

Art L 454-76 La taxe est régie par les dispositions suivantes :

1° L'article L 1617-5 du code général des collectivités territoriales ;

2° Celles des sous-sections 3 et 4 de la section 3 du chapitre III du titre III du livre III de la deuxième partie du même code ;

3° Celles du titre III du livre des procédures fiscales applicables aux impôts directs.

Sous-section 9

Affectation

Art L 454-77 L'affectation du produit de la taxe sur la publicité extérieure est déterminée par l'article L 2333-6 du code général des collectivités territoriales.

CHAPITRE V

EXPLOITATION DES ETABLISSEMENTS, DROITS ET RESEAUX

Section 1

Taxe sur le visa d'exploitation cinématographique

Art L 455-1 Les règles relatives à la taxe sur le visa d'exploitation cinématographique sont déterminées par les dispositions du livre Ier et par celles de la présente section.

Art L 455-2 Le territoire de taxation comprend, outre le territoire unique mentionné à l'article L 411-5, les territoires des collectivités suivantes :

1° Saint-Barthélemy ;

2° Saint-Martin ;

3° Saint-Pierre-et-Miquelon.

Les dispositions du présent code relatives à la taxe sur le visa d'exploitation cinématographique sont applicables dans les collectivités mentionnées aux 1° à 3°.

Art L 455-3 Le fait générateur de la taxe est constitué par la délivrance du visa d'exploitation cinématographique prévu à l'article L 211-1 du code du cinéma et de l'image animée.

Art L 455-4 Le montant de la taxe est égal au produit des facteurs suivants :

1° La durée de l'œuvre cinématographique objet du visa, exprimée en minutes et arrondie à l'unité ;

2° Le tarif de 0,82 € par minute.

Toutefois, le montant est nul lorsque ce produit est inférieur à 10 €.

Art L 455-5 Par dérogation à l'article L 161-1, la taxe est constatée par le Centre national du cinéma et de l'image animée.

Art L 455-6 Est redevable de la taxe la personne qui sollicite le visa mentionné à l'article L 455-3.

Art L 455-7 Par dérogation à l'article L 180-1, les règles relatives au contrôle, au recouvrement et au contentieux de la taxe sont déterminées par les dispositions suivantes :

1° S'agissant de la désignation des personnes compétentes en matière de contrôle, de recouvrement et de traitement des réclamations, celles du chapitre V du titre Ier du livre Ier du code du cinéma et de l'image animée ;

2° S'agissant des pouvoirs des personnes chargées du contrôle, des procédures de contrôle, des procédures d'établissement de l'impôt en cas de méconnaissance par le redevable de ses obligations, du recouvrement autre que le paiement spontané et des sanctions, celles du livre II du code général des impôts et du livre des procédures fiscales qui sont applicables aux droits de timbre ;

3° S'agissant du contentieux de l'assiette, celles du titre III du livre des procédures fiscales applicables aux taxes sur le chiffre d'affaires.

Art L 455-8 L'affectation de la taxe est déterminée par le 7° de l'article L 116-1 du code du cinéma et de l'image animée.

Section 2

Taxe sur l'autorisation d'exercice de l'activité d'exploitant d'établissement de spectacles cinématographiques

Art L 455-9 Les règles relatives à la taxe sur l'autorisation d'exercice de l'activité d'exploitant d'établissement de spectacles cinématographiques sont déterminées par les dispositions du livre Ier et par celles de la présente section.

Art L 455-10 Le territoire de taxation comprend, outre le territoire unique mentionné à l'article L 411-5, les territoires des collectivités suivantes :

1° Saint-Barthélemy ;

2° Saint-Martin ;

3° Saint-Pierre-et-Miquelon.

Les dispositions du présent code relatives à la taxe sur l'autorisation d'exercice de l'activité d'exploitant d'établissement de spectacles cinématographiques sont applicables dans les collectivités mentionnées aux 1° à 3°.

Art L 455-11 Le fait générateur de la taxe est constitué par la délivrance de l'autorisation d'exercice de l'activité d'établissement de spectacles cinématographiques prévue à l'article L 212-2 du code du cinéma et de l'image animée.

Art L 455-12 Le montant de la taxe est égal au produit des facteurs suivants :

1° Le nombre des salles de l'établissement ou, en cas d'activité itinérante, le nombre des lieux de projection des œuvres ;

2° Le tarif de 16 € par salle ou de 5 € par lieu de projection.

Art L 455-13 Par dérogation à l'article L 161-1, la taxe est constatée par le Centre national du cinéma et de l'image animée.

Art L 455-14 Est redevable de la taxe la personne qui sollicite l'autorisation mentionnée à l'article L 455-11.

Art L 455-15 Par dérogation à l'article L 180-1, les règles relatives au contrôle, au recouvrement et au contentieux de la taxe sont déterminées par les dispositions suivantes :

1° S'agissant de la désignation des personnes compétentes en matière de contrôle, de recouvrement et de traitement des réclamations, celles du chapitre V du titre Ier du livre Ier du code du cinéma et de l'image animée ;

2° S'agissant des pouvoirs des personnes chargées du contrôle, des procédures de contrôle, des procédures d'établissement de l'impôt en cas de méconnaissance par le redevable de ses obligations, du recouvrement autre que le paiement spontané et des sanctions, celles du livre II du code général des impôts et du livre des procédures fiscales qui sont applicables aux droits de timbre ;

3° S'agissant du contentieux de l'assiette, celles du titre III du livre des procédures fiscales applicables aux taxes sur le chiffre d'affaires.

Art L 455-16 L'affectation de la taxe est déterminée par le 8° de l'article L 116-1 du code du cinéma et de l'image animée.

Section 3

Taxe sur la production et la distribution d'œuvres cinématographiques

Art L 455-17 Les règles relatives à la taxe sur la production et la distribution d'œuvres cinématographiques sont déterminées par les dispositions du livre Ier, par celles du chapitre Ier du présent titre et par celles de la présente section.

Art L 455-18 Est soumise à la taxe l'activité de producteur ou de distributeur d'œuvres cinématographiques exercée par une entreprise établie sur le territoire de taxation mentionné à l'article L 455-20.

Art L 455-19 Le producteur s'entend au sens de l'article L 132-23 du code de la propriété intellectuelle.

Le distributeur s'entend de la personne qui assure la diffusion de l'œuvre cinématographique auprès des personnes qui rendent cette œuvre accessible au public, y compris en dehors du territoire de taxation, qu'elle dispose des droits d'exploitation ou qu'elle soit mandatée à cette fin.

Art L 455-20 Le territoire de taxation comprend, outre le territoire unique mentionné à l'article L 411-5, les territoires des collectivités suivantes :

1° Saint-Barthélemy ;

2° Saint-Martin ;

3° Saint-Pierre-et-Miquelon.

Les dispositions du présent code relatives à la taxe sur la production et la distribution des œuvres cinématographiques sont applicables dans les collectivités mentionnées aux 1° à 3°.

Art L 455-21 Le fait générateur de la taxe est constitué par l'encaissement d'une contrepartie mentionnée au 1° de l'article L 455-22.

Art L 455-22 Le montant de la taxe est égal au produit des facteurs suivants :

1° La somme des termes suivants :

a. Les contreparties encaissées au titre de la cession des droits d'exploitation de l'œuvre cinématographique, y compris celles constituées des participations financières à la production de l'œuvre pour l'obtention d'un ou plusieurs droits de représentation sur un service de médias audiovisuels ;

b. Les contreparties encaissées au titre de l'activité de distributeur de l'œuvre cinématographique, sans préjudice de l'article 1999 du code civil ;

2° Le taux de 0,58 %, sous réserve des articles L 455-23 et L 455-24.

Art L 455-23 Pour les contreparties mentionnées au b du 1° de l'article L 455-22 relatives à un contenu à caractère pornographique ou d'incitation à la violence, le taux prévu au 2° du même article est porté à 0,68 %.

Art L 455-24 Lorsque les contreparties mentionnées au 1° de l'article L 455-22 se rapportent à la diffusion de l'œuvre cinématographique en dehors du territoire de taxation, le taux prévu au 2° du même article ou, le cas échéant, à l'article L 455-23 est réduit à 0,55 %.

Art L 455-25 Est redevable de la taxe l'entreprise mentionnée à l'article L 455-18.

Art L 455-26 Pour les éléments mentionnés à l'article L 180-1, la taxe est également régie par les dispositions du chapitre V du titre Ier du livre Ier du code du cinéma et de l'image animée.

Art L 455-27 L'affectation de la taxe est déterminée par le 9° de l'article L 116-1 du code du cinéma et de l'image animée.

Section 4

Taxe sur la cession de droits d'exploitation audiovisuelle des manifestations sportives

Art L 455-28 Les règles relatives à la taxe sur la cession de droits d'exploitation audiovisuelle des manifestations sportives sont déterminées par les dispositions du livre Ier, par celles du chapitre Ier du présent titre et par celles de la présente section.

Art L 455-29 Est soumise à la taxe la cession du droit d'exploitation d'une manifestation sportive mentionné au premier alinéa de l'article L 333-1 du code du sport lorsque les conditions suivantes sont cumulativement remplies :

1° La manifestation est organisée, en tout ou partie, par une association sportive, une société sportive, une société d'économie mixte, une fédération sportive ou une ligue professionnelle mentionnées respectivement aux articles L 121-1, L 122-2, L 122-12, L 131-1 et L 132-1 du code du sport ou par une autre personne autorisée en application de l'article L 331-5 du même code ;

2° La cession porte sur le droit de diffuser la manifestation au moyen d'un service de télévision ou d'un service de médias audiovisuels à la demande ;

3° La cession est réalisée entre la personne mentionnée au 1°, ou une personne agissant directement ou indirectement pour son compte, et une personne qui édite ou distribue un service de communication audiovisuelle mentionné au 2°.

BF 4/24 inf. 264 ; TD-XX-7000 s. ; MF n° 76180

Art L 455-30 Les dispositions du présent code relatives à la taxe sur la cession de droits d'exploitation audiovisuelle des manifestations sportives sont applicables à Saint-Barthélemy, à Saint-Martin et à Saint-Pierre-et- Miquelon.

Art L 455-31 Le fait générateur de la taxe est constitué par la conclusion du contrat portant sur la cession mentionnée à l'article L 455-29.

Art L 455-32 Le montant de la taxe est égal au produit des facteurs suivants :

1° La somme des contreparties versées au titre de la cession mentionnée à l'article L 455-29 ;

2° Le taux de 5 %.

BF 4/24 inf. 264 ; TD-XX-7180 s. ; MF n° 76180

Art L 455-33 La taxe est exigible à chaque encaissement d'une contrepartie mentionnée au 1° de l'article L 455-32.

Art L 455-34 Est redevable de la taxe la personne qui encaisse une contrepartie mentionnée au 1° de l'article L 455-32.

Art L 455-35 Les redevables sont soumis à une obligation de représentation fiscale dans les conditions prévues par le chapitre II du titre V du livre Ier.

BF 4/24 inf. 264 ; TD-XX-7280

Art L 455-36 L'affectation de la taxe est déterminée par le 3° de l'article L 112-11-1 du code du sport.

Section 5

Taxe sur la modification du contrôle d'un service de communication audiovisuelle

Art L 455-37 Les règles relatives à la taxe sur la modification du contrôle d'un service de communication audiovisuelle sont déterminées par les dispositions du livre Ier, par celles du chapitre Ier du présent titre et par celles de la présente section.

Art L 455-38 Est soumis à la taxe le changement de propriété d'une personne morale titulaire d'une autorisation d'usage de la ressource radioélectrique pour diffuser, sur le territoire de taxation mentionné à l'article L 411-5, des services de communication audiovisuelle qui a été délivrée en application des articles 29, 29-1, 30-1 et 30-5 de la loi n° 86-1067 du 30 septembre 1986 relative à la liberté de communication, lorsque ce changement répond aux conditions cumulatives suivantes :

1° Il conduit à une modification du contrôle de cette personne morale soumise à l'agrément prévu au cinquième alinéa de l'article 42-3 de la loi du 30 septembre 1986 mentionnée au premier alinéa ;

2° Il résulte d'apports, de cessions ou d'échanges de titres :

a. Réalisés entre personnes morales qui ne sont pas susceptibles de relever d'un même groupe au sens des articles 223 A ou 223 A bis du code général des impôts ;

b. Et dont la valeur cumulée sur six mois consécutifs est au moins égale à 10 millions d'euros.

BF 4/24 inf. 264 ; TD-V-20000 s.

Art L 455-39 Le fait générateur de la taxe est constitué par la délivrance de l'agrément mentionné au 1° de l'article L 455-38.

Art L 455-40 Le montant de la taxe est égal au plus petit des deux montants suivants :

1° Le produit des facteurs suivants :

a. La valeur cumulée des cessions, apports et échanges de titres mentionnés au 2° de l'article L 455-38 ;

b. Le taux mentionné à l'article L 455-41 ;

2° 26 % de la plus-value brute de cession des titres.

BF 4/24 inf. 264 ; TD-V-20300, 20330

Art L 455-41 Le taux prévu au b du 1° de l'article L 455-40, déterminé en fonction de la durée entre la date de la délivrance de l'autorisation mentionnée au premier alinéa de l'article L 455-38 et celle de l'agrément mentionné au 1° du même article, est le suivant :

DURÉE ENTRE L'AUTORISATION ET L'AGRÉMENT	TAUX (%)
Inférieure ou égale à 5 ans	20
Supérieure à 5 ans et inférieure ou égale à 10 ans	10
Supérieure à 10 ans	5

TD-V-20320

Art L 455-42 Est redevable de la taxe la personne qui, au terme des apports, cessions ou échanges de titres mentionnés au 2° de l'article L 455-38, a transféré le contrôle de la personne morale mentionnée au premier alinéa du même article.

Art L 455-43 Par dérogation à l'article L 180-1, la taxe est régie par les dispositions suivantes :

1° S'agissant des pouvoirs des personnes chargées du contrôle, des procédures de contrôle, des procédures d'établissement de l'impôt, du recouvrement et des sanctions, celles figurant au livre II du code général des impôts et au livre des procédures fiscales qui sont applicables aux droits d'enregistrement ;

2° S'agissant du contentieux de l'assiette, celles du titre III du livre des procédures fiscales applicables aux taxes sur le chiffre d'affaires.

BF 4/24 inf. 264 ; TD-V-20450

Section 6

Taxe sur l'utilisation des bandes « 700 MHz » et « 800 MHz » du spectre radioélectrique

Art L 455-44 Les règles relatives à la taxe sur l'utilisation des bandes « 700 MHz » et

« 800 MHz » du spectre radioélectrique sont déterminées par les dispositions du livre Ier, par celles du chapitre Ier du présent titre et par celles de la présente section.

Art L 455-45 Est soumise à la taxe la détention d'une autorisation d'utiliser, sur le territoire de taxation mentionné à l'article L 455-47, des fréquences radioélectriques relevant des bandes « 700 MHz » ou « 800 MHz » au sens de l'article L 455-46.

Art L 455-46 La bande « 700 MHz » s'entend de l'ensemble des fréquences du spectre radioélectrique national comprises entre 694 et 790 mégahertz.

La bande « 800 MHz » s'entend de l'ensemble des fréquences du spectre radioélectrique national comprises entre 790 et 862 mégahertz.

Art L 455-47 Le territoire de taxation comprend, outre le territoire unique mentionné à l'article L 411-5, les territoires des collectivités suivantes :

1° Saint-Barthélemy ;

2° Saint-Martin ;

3° Saint-Pierre-et-Miquelon.

Les dispositions du présent code relatives à la taxe sur l'utilisation des bandes « 700 MHz » et « 800 MHz » du spectre radioélectrique sont applicables dans les collectivités mentionnées aux 1° à 3°.

Art L 455-48 Le fait générateur de la taxe est constitué par l'achèvement de l'année civile au cours de laquelle une personne a détenu une autorisation mentionnée à l'article L 455-45.

Art L 455-49 Le montant de la taxe est égal, pour chacune des bandes « 700 MHz » et « 800 MHz », au produit des facteurs suivants :

1° Les coûts administratifs causés par les brouillages et définis à l'article L 455-50, dans la limite de 2 millions d'euros ;

2° La fraction des brouillages réputée imputable au détenteur de l'autorisation et déterminée dans les conditions prévues à l'article L 455-51.

Art L 455-50 Pour chacune des bandes « 700 MHz » et « 800 MHz », les coûts administratifs causés par les brouillages s'entendent des coûts complets engagés au cours de l'année civile mentionnée à l'article L 455-48 par l'Agence nationale des fréquences pour le recueil et le traitement des réclamations des usagers de services de communication audiovisuelle relatives aux brouillages induits par les stations radioélectriques qui répondent aux conditions cumulatives suivantes :

1° Elles émettent dans cette bande ;

2° Elles ont été mises en service postérieurement à l'autorisation d'utilisation du spectre radioélectrique délivrée en application de l'article 30-1 ou de l'article 30-2 de la loi n° 86-1067 du 30 septembre 1986 relative à la liberté de communication aux stations diffusant les services de communication audiovisuelle dont la réception est brouillée.

Art L 455-51 La fraction des brouillages réputée imputable à chaque détenteur d'autorisation est déterminée selon une clef de répartition définie par décret en Conseil d'Etat en fonction des coûts rattachés à la zone géographique concernée et de la largeur du ou des blocs de fréquences, en tenant compte, le cas échéant, du partage de l'utilisation des fréquences d'un même bloc entre plusieurs détenteurs d'autorisation.

Art L 455-52 Est redevable de la taxe la personne mentionnée à l'article L 455-48.

Art L 455-53 Le titulaire d'une autorisation d'utilisation de fréquences des bandes « 700 MHz » ou « 800 MHz » déclare, dans des conditions déterminées par décret, la date de mise en service des stations radioélectriques émettant ou recevant dans ces bandes.

Art L 455-54 Par dérogation à l'article L 161-1, la taxe est constatée par l'Agence nationale des fréquences au moyen d'un titre de perception.

Art L 455-55 Par dérogation à l'article L 180-1, la taxe est régie par les dispositions suivantes :

1° Le I bis de l'article L 43 du code des postes et des communications électroniques ;

2° Celles des titres III et IV du livre des procédures fiscales qui sont applicables aux impôts directs ou qui lui sont propres ;

3° Le B du III de l'article 55 de la loi n° 2010-1658 du 29 décembre 2010 de finances rectificative pour 2010.

Art L 455-56 L'affectation de la taxe est déterminée par le V de l'article L 43 du code des postes et des communications électroniques.

TITRE VII

ACTIVITES INDUSTRIELLES ET ARTISANALES

CHAPITRE Ier

TAXES SUR LES PRODUITS DE L'INDUSTRIE ET DE L'ARTISANAT

Section 1

Eléments taxables et territoires

Art L 471-1 Les règles relatives aux éléments taxables et aux territoires pour les taxes sur les produits de l'industrie et de l'artisanat sont déterminées par les dispositions du titre Ier du livre Ier et par celles de la présente section.

Sous-section 1

Biens taxables

Art L 471-2 Sont soumis aux taxes sur les produits de l'industrie et de l'artisanat les biens suivants :

1° Les biens des industries de l'horlogerie, de la bijouterie-joaillerie, de l'orfèvrerie et des arts de la table au sens de l'article L 471-4 ;

2° Les biens des industries du cuir, de la chaussure et de la maroquinerie au sens de l'article L 471-5 ;

3° Les biens des industries de l'habillement au sens de l'article L 471-6 ;

4° Les biens des industries de l'ameublement au sens de l'article L 471-7 ;

5° Les biens des industries du bois au sens de l'article L 471-8 ;

6° Les biens des industries du béton au sens de l'article L 471-9 ;

7° Les biens des industries des matériaux de construction en terre cuite au sens de l'article L 471-10 ;

8° Les biens des industries des roches ornementales et de construction au sens de l'article L 471-11 ;

9° Les biens des industries du papier au sens de l'article L 471-12 ;

10° Les biens des industries de la plasturgie et des composites au sens de l'article L 471-13 ;

11° Les biens des industries de la fonderie au sens de l'article L 471-14 ;

12° Les biens des industries de la soudure au sens de l'article L 471-15 ;

13° Les biens des industries aérauliques et thermiques au sens de l'article L 471-16 ;

14° Les biens des industries de la construction métallique au sens de l'article L 471-17 ;

15° Les biens des industries mécaniques au sens de l'article L 471-18 ;

16° Les biens des industries des corps gras au sens de l'article L 471-19.

FR 10/22 inf. 5 nos 44 à 46 p. 14

Art L 471-3 L'article L 111-3 n'est pas applicable.

Art L 471-4 Les biens des industries de l'horlogerie, de la bijouterie-joaillerie, de l'orfèvrerie et des arts de la table s'entendent des biens déterminés par arrêté du ministre chargé de l'économie au sein des catégories suivantes :

1° Les articles d'horlogerie ;

2° Les articles de joaillerie, bijouterie et orfèvrerie ;

3° Les articles de bijouterie fantaisie et articles similaires ;

4° Les articles pour la table.

FR 10/22 inf. 5 nos 44 à 46 p. 14 ; TD-III-2000 s.

Art L 471-5 Les biens des industries du cuir, de la chaussure et de la maroquinerie s'entendent des biens déterminés par arrêté du ministre chargé de l'économie au sein des catégories suivantes :

1° Les cuirs et peaux destinés à la fabrication d'autre cuirs et peaux ou d'articles pour la consommation finale ;

2° Les articles en cuir ;

3° Les chaussures et articles chaussants ;

4° Les articles de sellerie et de bourrellerie ainsi que les articles de voyage et de maroquinerie.

FR 10/22 inf. 5 nos 44 à 46 p. 14 ; TD-III-1000 s.

Art L 471-6 Les biens des industries de l'habillement s'entendent des biens déterminés par arrêté du ministre chargé de l'économie au sein des catégories suivantes :

1° Les pelleteries, articles en fourrures et imitations de fourrures ;

2° Les vêtements, articles d'habillement et parties de ces biens, à l'exception des vêtements en maille autres que les soutiens-gorge, corsets, gaines, bustiers, porte-jarretelles, jarretières et articles similaires ;

3° Les parapluies, cannes et articles similaires.

FR 10/22 inf. 5 nos 44 à 46 p. 14 ; TD-III-5000 s.

Art L 471-7 Les biens des industries de l'ameublement s'entendent des biens déterminés par arrêté du ministre chargé de l'économie au sein des catégories suivantes :

1° Les meubles et leurs parties ;

2° Les articles qui, par leurs caractéristiques physiques ou leur usage, sont similaires à ceux mentionnés au 1°.

FR 10/22 inf. 5 nos 44 à 46 p. 14 ; TD-III-100 s.

Art L 471-8 Les biens des industries du bois s'entendent des éléments et articles, déterminés par arrêté du ministre chargé de l'économie, constitués totalement ou principalement de bois.

FR 10/22 inf. 5 nos 44 à 46 p. 14 ; TD-III-100 s.

Art L 471-9 Les biens des industries du béton s'entendent des articles, éléments et ouvrages, déterminés par arrêté du ministre chargé de l'économie, obtenus par le durcissement d'un mélange constitué d'un liant et d'un ou plusieurs des produits suivants, qu'ils soient naturels ou artificiels :

1° Des granulats ;

2° Des fibres de tous calibres.

FR 10/22 inf. 5 nos 44 à 46 p. 14 ; TD-III-4000 s.

Art L 471-10 Les biens des industries des matériaux de construction en terre cuite s'entendent des matériaux de construction en terre cuite et des argiles et schistes expansés, déterminés par arrêté du ministre chargé de l'économie.

FR 10/22 inf. 5 nos 44 à 46 p. 14 ; TD-III-4000 s.

Art L 471-11 Les biens des industries des roches ornementales et de construction s'entendent des biens, déterminés par arrêté du ministre chargé de l'économie, qui répondent aux caractéristiques cumulatives suivantes :

1° Il s'agit soit de blocs bruts ou de tranches brutes soit de produits finis, taillés ou façonnés, en pierre ornementale ou de construction ;

2° Ils sont issus des roches sédimentaires, des roches métamorphiques ou des roches magmatiques ;

3° Ils relèvent des roches généralement utilisées en maçonnerie ou pour la construction des ouvrages de taille massive, les revêtements muraux ou des sols, la couverture de bâtiments, la voirie ou l'aménagement urbain, les activités funéraires ou la marbrerie de décoration.

FR 10/22 inf. 5 nos 44 à 46 p. 14 ; TD-III-4000 s.

Art L 471-12 Les biens des industries du papier s'entendent de la pâte à papier, du papier et du carton.

FR 10/22 inf. 5 nos 44 à 46 p. 14 ; TD-III-10000

Art L 471-13 Les biens des industries de la plasturgie et des composites s'entendent des éléments, articles et parties d'articles en matières plastiques, déterminés par arrêté du ministre chargé de l'économie.

Pour l'application du présent article, les matières plastiques comprennent les composites à matrice organique, en résine thermoplastique ou thermodurcissable.

FR 10/22 inf. 5 nos 44 à 46 p. 14 ; TD-III-9000

Art L 471-14 Les biens des industries de la fonderie s'entendent des biens, déterminés par arrêté du ministre chargé de l'économie, obtenus au moyen d'un procédé de formage des métaux consistant à couler un métal ou un alliage de métaux dans un moule pour reproduire, après refroidissement, un bien donné, y compris par centrifugation ou par coulée continue.

Toutefois, ne sont pas des biens des industries de la fonderie les biens fabriqués exclusivement à partir de métaux précieux ou d'alliages de métaux précieux.

FR 10/22 inf. 5 nos 44 à 46 p. 14 ; TD-III-8000

Art L 471-15 Les biens des industries de la soudure s'entendent des biens, déterminés par arrêté du ministre chargé de l'économie, dont les propriétés les destinent au soudage, au soudobrasage, au brasage, au brasage tendre, à la métallisation ou au découpage des métaux et autres matériaux par procédés thermiques et qui relèvent des catégories suivantes :

1° Les fils et autres éléments d'apports de toutes formes ;

2° Les matériels et équipements de toute nature et leurs parties.

FR 10/22 inf. 5 nos 44 à 46 p. 14 ; TD-III-3000 s.

Art L 471-16 Les biens des industries aérauliques et thermiques s'entendent des biens, déterminés par arrêté du ministre chargé de l'économie, dont les principales propriétés ont pour objet d'assurer l'écoulement de l'air, le traitement de l'air, la génération d'énergie thermique ou frigorifique ou le transfert d'énergie thermique ou frigorifique.

FR 10/22 inf. 5 nos 44 à 46 p. 14 ; TD-III-3000 s.

Art L 471-17 Les biens des industries de la construction métallique s'entendent des éléments et articles, déterminés par arrêté du ministre chargé de l'économie, totalement ou principalement en métal, contribuant à la structure des bâtiments, des ouvrages de génie civil et des autres ouvrages.

FR 10/22 inf. 5 nos 44 à 46 p. 14 ; TD-III-3000 s.

Art L 471-18 Les biens des industries mécaniques s'entendent des biens manufacturés, déterminés par arrêté du ministre chargé de l'économie, dont les propriétés techniques et mécaniques constituent l'une des caractéristiques essentielles, indépendamment de leur usage ou de leur destination, à l'exception des biens des industries de la soudure au sens de l'article L 471-15, des industries aérauliques et thermiques au sens de l'article L 471-16 et des industries de la construction métallique au sens de l'article L 471-17.

FR 10/22 inf. 5 nos 44 à 46 p. 14 ; TD-III-3000 s.

Art L 471-19 Les biens des industries des corps gras s'entendent des biens suivants :

1° Les huiles végétales vierges ou brutes qui ne sont pas destinées à être utilisées comme carburant ou combustible ;

2° Les huiles végétales ou animales raffinées ;

3° Les margarines et matières grasses à tartiner.

FR 10/22 inf. 5 nos 44 à 46 p. 14 ; TD-II-30000

Sous-section 2

Territoire de taxation et territoires tiers

Art L 471-20 Par dérogation à l'article L 112-2, ne sont pas considérés comme des territoires tiers et sont assimilés à des territoires d'autres Etats membres de l'Union européenne :

1° Les territoires mentionnés aux 2° du même article L 112-2 ;

2° Les territoires des Etats parties à l'accord sur l'Espace économique européen ;

3° Les territoires du Royaume-Uni de Grande-Bretagne et d'Irlande du Nord ;

4° Pour les biens relevant des industries mentionnées aux 1° à 8° de l'article L 471-2, les territoires couverts par l'union douanière de l'Union européenne.

Section 2

Fait générateur

FR 10/22 inf. 5 nos 44 à 46 p. 14

Art L 471-21 Les règles relatives au fait générateur des taxes sur les produits de l'industrie et de l'artisanat sont déterminées par les dispositions du titre II du livre Ier et par celles de la présente section.

Sous-section 1

Dispositions générales

Art L 471-22 Le fait générateur des taxes est, pour chacune des catégories mentionnées à l'article L 471-2, constitué par :

1° L'utilisation d'un bien taxable sur le territoire de taxation mentionné à l'article L 411-5 à des fins économiques au sens de l'article L 411-3, par une personne ayant participé à la fabrication du bien sur le territoire de taxation au sens de l'article L 471-23 ;

2° L'expédition en dehors du territoire de taxation d'un bien taxable qui n'y a pas fait l'objet d'une utilisation à des fins économiques, par une personne ayant participé à la fabrication du bien sur le territoire de taxation au sens de l'article L 471-23 ;

3° L'importation d'un bien taxable sur le territoire de taxation ;

4° La réalisation de prestations de services déterminées par arrêté du ministre chargé de l'économie par lesquelles le bien est conçu, créé, fabriqué, assemblé ou transformé sur le territoire de taxation.

Les 1° et 2° ne sont pas applicables lorsque la personne qui y est mentionnée a précédemment importé ou utilisé le bien à des fins économiques sur le territoire de taxation et n'a, depuis cette opération, procédé à aucune intervention de nature à en modifier les caractéristiques essentielles.

Art L 471-23 Les personnes qui participent à la fabrication d'un bien sur le territoire de taxation s'entendent des personnes suivantes :

1° Les personnes qui produisent, fabriquent ou assemblent le bien sur le territoire de taxation ;

2° Les personnes établies sur le territoire de taxation qui répondent à l'une des conditions suivantes relatives à la production, la fabrication ou l'assemblage du bien, quel qu'en soit le lieu :

a. Elles font fabriquer le bien par un tiers et lui fournissent les matières premières ;

b. Elles prescrivent les brevets, procédés, formules, plans, dessins, modèles, techniques ou technologies utilisés ou les spécifications ou dimensionnements du bien ;

c. Elles apposent ou font apposer sur le bien des griffes ou marques dont elles ont la jouissance ou l'exclusivité ;

3° Les personnes qui réalisent les prestations de services mentionnées au 4° de l'article L 471-22.

Pour les cuirs et peaux bruts, les personnes qui participent à la fabrication sur le territoire de taxation s'entendent de celles qui y produisent, collectent, conservent ou commercialisent ces biens.

Pour les biens des industries des corps gras, les personnes qui participent à la fabrication sur le territoire de taxation s'entendent de celles qui commercialisent les biens depuis le territoire de taxation.

Art L 471-24 Par dérogation aux 3° et 4° de l'article L 411-3, lorsqu'un bien taxable est incorporé dans un autre bien, les règles suivantes s'appliquent :

1° L'incorporation ne constitue pas une utilisation à des fins économiques ;

2° La livraison du bien au sein duquel le bien taxable est incorporé constitue une utilisation à des fins économiques du bien incorporé uniquement dans les cas suivants :

a. Le bien livré ne relève d'aucune des catégories mentionnées à l'article L 471-2 ;

b. Le bien livré relève d'une catégorie différente de celle du bien incorporé parmi celles mentionnées à l'article L 471-2. A cette fin, les biens des industries de l'ameublement et des industries du bois sont réputés relever d'une même catégorie.

Sous-section 2

Dispositions particulières

Paragraphe 1. Reports de fait générateur

Art L 471-25 Pour l'application du 1° de l'article L 471-22 aux biens des industries de l'habillement au sens de l'article L 471-6 et par dérogation au 1° de l'article L 411-3, ne constitue pas une utilisation à des fins économiques la livraison réalisée entre deux entreprises ayant participé, sur le territoire de taxation, à la fabrication du bien livré et dont l'une détient plus de la moitié de l'autre ou qui sont les deux détenues, à plus de la moitié, par une même entreprise.

Par dérogation au 4° du même article L 471-22, les prestations de service réalisées entre ces entreprises et relatives aux mêmes biens ne constituent pas un fait générateur.

Art L 471-26 Pour l'application du 1° de l'article L 471-22 aux pâtes à papier et par dérogation à l'article L 411-3, ne constitue pas une utilisation à des fins économiques la livraison entre deux entreprises ayant participé, sur le territoire de taxation, à la fabrication du bien livré dont l'une détient l'autre, à titre exclusif, ou qui sont les deux détenues, à titre exclusif, par une même personne.

Paragraphe 2. Autres opérations taxables

Art L 471-27 Pour les biens des industries de l'horlogerie, de la bijouterie-joaillerie, de l'orfèvrerie et des arts de la table au sens de l'article L 471-4, autres que les articles de bijouterie fantaisie et articles similaires mentionnés au 3° du même article L 471-4, la vente au détail par toute entreprise sur le territoire de taxation constitue également un fait générateur.

Art L 471-28 Les prestations de services déterminées par l'arrêté mentionné au 4° de l'article L 471-22 comprennent également :

1° La réparation ou la restauration, pour les biens des industries de l'habillement au sens de l'article L 471-6 ou de l'ameublement au sens de l'article L 471-7 ;

2° La réparation, le montage ou l'installation pour les biens suivants :

a. Les biens des industries de la fonderie au sens de l'article L 471-14 ;

b. Les biens des industries aérauliques et thermiques au sens de l'article L 471-16 ;

c. Les biens des industries de la construction métallique au sens de l'article L 471-17 ;

d. Les biens des industries mécaniques au sens de l'article L 471-18 ;

3° Les prestations de services qui ont pour objet de conférer à des biens les propriétés techniques et mécaniques mentionnées à l'article L 471-18, que ces biens relèvent ou non des biens des industries de la mécanique au sens de ce même article. Ces prestations sont taxées dans les mêmes conditions que celles portant sur les biens des industries mécaniques au sens de l'article L 471-18.

Art L 471-29 Pour les biens suivants, la mise en location d'un bien par une personne ayant participé à sa fabrication sur le territoire de taxation constitue également un fait générateur :

1° Les biens des industries de la plasturgie et des composites au sens de l'article L 471-13 ;

2° Les biens des industries de la fonderie au sens de l'article L 471-14 ;

3° Les biens des industries de la soudure au sens de l'article L 471-15 ;

4° Les biens des industries aérauliques et thermiques au sens de l'article L 471-16 ;

5° Les biens des industries de la construction métallique au sens de l'article L 471-17 ;

6° Les biens des industries mécaniques au sens de l'article L 471-18.

Par dérogation au 2° de l'article L 411-3, l'affectation par l'entreprise à la mise en location de ces biens ne constitue pas une utilisation à des fins économiques.

Paragraphe 3. Exemptions

Art L 471-30 Pour l'application du 1° de l'article L 471-22 et par dérogation au 2° l'article L 411-3, ne constitue pas une utilisation à des fins économiques l'affectation des biens suivants par une entreprise à des besoins autres que leur livraison :

1° Les biens des industries de la fonderie au sens de l'article L 471-14 ;

2° Les biens des industries de la soudure au sens de l'article L 471-15 ;

3° Les biens des industries aérauliques et thermiques au sens de l'article L 471-16 ;

4° Les biens des industries de la construction métallique au sens de l'article L 471-17 ;

5° Les biens des industries mécaniques au sens de l'article L 471-18 ;

6° Les biens des industries des corps gras au sens de l'article L 471-19.

Art L 471-31 Pour l'application du 1° de l'article L 471-22 et par dérogation aux dispositions du 3° de l'article L 411-3, ne constitue pas une utilisation à des fins économiques la transformation de pâtes à papier pour les besoins de l'entreprise qui participe à sa fabrication.

Art L 471-32 Par dérogation au 2° de l'article L 471-24, ne constitue pas une utilisation à des fins économiques la livraison mentionnée à ce même 2°, lorsque le bien incorporé relève de l'une des catégories suivantes :

1° Les biens des industries de l'horlogerie, de la bijouterie-joaillerie, de l'orfèvrerie et des arts de la table au sens de l'article L 471-4 ;

2° Les biens des industries du cuir, de la chaussure et de la maroquinerie au sens de l'article L 471-5 ;

3° Les biens des industries de l'habillement au sens de l'article L 471-6 ;

4° Les biens des industries de la plasturgie et des composites au sens de l'article L 471-13 ;

5° Les biens des industries de la soudure au sens de l'article L 471-15 ;

6° Les biens des industries aérauliques et thermiques au sens de l'article L 471-16 ;

7° Les biens des industries de la construction métallique au sens de l'article L 471-17 ;

8° Les biens des industries mécaniques au sens de l'article L 471-18 ;

9° Les biens des industries des corps gras au sens de l'article L 471-19.

Art L 471-33 Par dérogation aux 1° et 2° de l'article L 471-22, ne constitue pas un fait générateur la livraison ou l'expédition des biens suivants lorsqu'ils sont transportés à destination de territoires tiers au sens des articles L 112-2 et L 471-20 :

1° Les biens des industries de l'horlogerie, de la bijouterie-joaillerie, de l'orfèvrerie et des arts de la table au sens de l'article L 471-4 ;

2° Les biens des industries de l'habillement au sens de l'article L 471-6 ;

3° Les biens des industries de l'ameublement au sens de l'article L 471-7 ;

4° Les biens des industries du bois au sens de l'article L 471-8.

Art L 471-34 Par dérogation au 3° de l'article L 471-22, ne constitue pas un fait générateur l'importation des biens suivants :

1° Parmi les biens des industries de l'horlogerie, de la bijouterie-joaillerie, de l'orfèvrerie et des arts de la table au sens de l'article L 471-4, les articles d'horlogerie en provenance de la Confédération Suisse ;

2° Parmi les biens des industries du papier au sens de l'article L 471-12 :

a. Les pâtes chimiques de bois autres qu'à dissoudre ;

b. Les pâtes mécaniques ou mi-chimiques de bois ;

c. Les pâtes d'autres matières fibreuses cellulosiques que le bois ;

3° Les biens des industries de la soudure au sens de l'article L 471-15 ;

4° Les biens des industries aérauliques et thermiques au sens de l'article L 471-16 ;

5° Les biens des industries de la construction métallique au sens de l'article L 471-17.

Art L 471-35 Par dérogation au 4° de l'article L 471-22, ne constituent pas un fait générateur les prestations de services portant sur les biens suivants :

1° Les biens des industries de l'horlogerie, de la bijouterie-joaillerie, de l'orfèvrerie et des arts de la table au sens de l'article L 471-4 ;

2° Les biens des industries du cuir, de la chaussure et de la maroquinerie au sens de l'article L 471-5 ;

3° *(Abrogé) ;*

4° Les biens des industries des matériaux de construction en terre cuite au sens de l'article L 471-10 ;

5° Les biens des industries des roches ornementales et de construction au sens de l'article L 471-11 ;

6° Les biens des industries des corps gras au sens de l'article L 471-19.

Section 3

Montant

FR 10/22 inf. 5 n°s 44 à 46 p. 14

Art L 471-36 Les règles relatives au montant des taxes sur les produits de l'industrie et de l'artisanat sont déterminées par les dispositions du titre III du livre Ier et par celles de la présente section.

Sous-section 1

Dispositions générales

Art L 471-37 Le montant de la taxe à laquelle sont soumis les biens de chacune des catégories mentionnées à l'article L 471-2 est égal au produit du taux mentionné à l'article L 471-38 propre à cette catégorie par la valeur des opérations taxables déterminée dans les conditions prévues à l'article L 471-39.

Toutefois, pour les biens des industries des corps gras au sens de l'article L 471-19, il est égal au produit du tarif mentionné au même article L 471-38 par la masse de ces biens.

Art L 471-38 Pour chacune des catégories de biens mentionnées à l'article L 471-2, le taux, ou le tarif exprimé en euros par tonne, est déterminé par arrêté du ministre chargé de l'économie entre les limites minimales et maximales suivantes :

CATEGORIE DONT RELEVENT LES BIENS	TAUX OU TARIF MINIMUM	TAUX OU TARIF MAXIMUM
Horlogerie, bijouterie-joaillerie, orfèvrerie et arts de la table	0,16 %	0,2 %
Cuir, chaussure et maroquinerie	0,14 %	0,18 %
Habillement	0,05 %	0,07 %
Ameublement	0,15 %	0,2 %
Bois	0,05 %	0,1 %
Béton	0,3 %	0,35 %
Matériaux de construction en terre cuite	0,38 %	0,4 %
Roches ornementales et de construction	0,18 %	0,2 %
Papier	0,02 %	0,06 %
Plasturgie et composites	0,025 %	0,05 %
Fonderie	0,08 %	0,1 %
Soudure	0,08 %	0,1 %
Matériels aérauliques et thermiques	0,11 %	0,14 %
Construction métallique	0,24 %	0,3 %
Mécanique	0,08 %	0,1 %
Corps gras	-	0,5 €/tonne

Art L 471-39 La valeur des opérations taxables est égale :

1° Pour les livraisons de biens taxables et prestations de services, au prix de ces opérations, hors taxe sur la valeur ajoutée, tel qu'il est retenu pour déterminer le chiffre d'affaires de l'entreprise ;

2° Pour les importations de biens, à la valeur statistique définie à l'article 4 du règlement (UE) n° 113/2020 de la Commission du 9 février 2010 mettant en œuvre le règlement (CE) n° 471/2009 du Parlement européen et du

Conseil concernant les statistiques communautaires relatives au commerce extérieur avec les pays tiers, pour ce qui est des échanges visés, de la définition des données, de l'établissement de statistiques du commerce par caractéristiques des entreprises et par monnaie de facturation, et des biens ou mouvements particuliers, dans sa rédaction en vigueur ;

3° Dans tous les autres cas, à la valeur vénale du bien ou une valeur déterminée selon une autre méthode économiquement pertinente sur la base de la comptabilité de l'entreprise, hors taxe sur la valeur ajoutée.

Sous-section 2

Dispositions particulières

Art L 471-40 Pour les livraisons au détail des biens des industries de l'habillement au sens de l'article L 471-6, le montant de la taxe est minoré de 40 %.

Art L 471-41 Les entreprises dont l'activité dominante est la mise en œuvre de produits en bois de menuiserie, charpente ou agencement peuvent, pour les opérations mentionnées respectivement aux 1° et 4° de l'article L 471-22 qui sont réalisées dans le cadre de cette mise en œuvre et qui sont relatives aux biens des industries de l'ameublement et du bois, retenir comme base d'imposition, le total des prix des ventes et services réalisés dans le cadre cette mise en œuvre, y compris la fourniture et la pose des biens, minoré de 60 %.

Lorsqu'une entreprise dont l'effectif salarié est inférieur à cinquante fait usage de la faculté mentionnée au premier alinéa, le taux appliqué est celui prévu pour les biens des industries du bois. Les règles de décompte des salariés et de franchissement du seuil d'effectifs sont celles prévues à l'article L 130-1 du code de la sécurité sociale.

Art L 471-42 Sont exonérées les opérations relatives aux biens des industries des roches ornementales et de construction au sens de l'article L 471-11, déterminés par arrêté du ministre chargé de l'économie, autres que les pierres en ardoise, et destinés à être directement utilisés pour l'entretien ou la réfection des immeubles suivants :

1° Ceux classés au titre des monuments historiques en application des articles L 621-1 et L 621-3 du code du patrimoine ;

2° Les édifices publics ou privés autres que ceux mentionnés au 1°, qui présentent un intérêt du point de vue de la mémoire attachée au cadre bâti des territoires ruraux ou de la préservation de savoir-faire ou qui abritent des objets ou décors protégés au titre des monuments historiques, situés dans des communes rurales et des zones urbaines de faible densité.

Art L 471-43 Par dérogation à l'article L 471-38, pour les biens des industries de la plasturgie et des composites au sens de l'article L 471-13, le montant de la taxe est déterminé par l'application de taux minorés aux fractions suivantes de la base imposable :

1° Celle supérieure à 100 millions d'euros et inférieure ou égale à 200 millions d'euros ;

2° Celle supérieure à 200 millions d'euros.

Pour l'application de ces dispositions, la base imposable est déterminée sur l'ensemble d'une année civile pour un même redevable.

Ces taux minorés sont déterminés par arrêté du ministre chargé de l'économie, s'agissant de la fraction mentionnée au 1°, entre 0,01 % et 0,02 % et, s'agissant de la fraction mentionnée au 2°, entre 0,005 % et 0,01 %.

Art L 471-44 Le montant de la taxe est minoré de 40 % pour les opérations, autres que les importations, relatives aux biens suivants, lorsque leur fabrication nécessite l'utilisation de produits métallurgiques à hauteur de la moitié de leur valeur :

1° Les biens des industries de la soudure au sens de l'article L 471-15 ;

2° Les biens des industries mécaniques au sens de l'article L 471-18.

La proportion mentionnée au premier alinéa est déterminée à partir du rapport entre le prix d'acquisition des produits métallurgiques, hors taxe sur la valeur ajoutée, et la valeur totale des opérations taxables relatives aux biens concernés déterminée dans les conditions prévues à l'article L 471-40.

Pour l'application du présent article, les produits métallurgiques s'entendent des produits classés comme tels au sein de la classification statistique des produits associée aux activités définie par le règlement (CE) n° 451/2008 du Parlement européen et du Conseil du 23 avril 2008 établissant une nouvelle classification statistique des produits associée aux activités (CPA) et abrogeant le règlement (CEE) n° 3696/93 du Conseil, dans sa rédaction en vigueur.

Art L 471-45 Pour les biens des industries mécaniques au sens de l'article L 471-18, sont exonérées les opérations, autres que les importations, réalisées par des entreprises dont l'effectif salarié est inférieur à onze.

Les règles de décompte des salariés et de franchissement du seuil d'effectifs sont celles prévues à l'article L 130-1 du code de la sécurité sociale.

Section 4

Exigibilité

FR 10/22 inf. 5 n°s 44 à 46 p. 14

Art L 471-46 Les règles relatives à l'exigibilité des taxes sur les produits de l'industrie et de l'artisanat sont déterminées par les dispositions du titre IV du livre Ier et par celles de la présente section.

Art L 471-47 Par dérogation à l'article L 141-2, l'exigibilité intervient au moment de la facturation :

1° Pour les livraisons relatives aux biens des industries de la fonderie au sens de l'article L 471-14 ;

2° Pour les livraisons et prestations de services relatives aux biens suivants :

a. Les biens des industries de la soudure au sens de l'article L 471-15 ;

b. Les biens des industries aérauliques et thermiques au sens de l'article L 471-16 ;

c. Les biens des industries de la construction métallique au sens de l'article L 471-17 ;

d. Les biens des industries mécaniques au sens de l'article L 471-18.

Art L 471-48 Par dérogation à l'article L 141-2, pour les prestations de service autres que celles mentionnées au 2° de l'article L 471-47, l'exigibilité intervient au moment de l'encaissement du prix.

En cas de versements successifs, la taxe est exigible à chaque encaissement à hauteur du montant concerné.

Section 5

Personnes soumises à obligations fiscales

FR 10/22 inf. 5 n°s 44 à 46 p. 14

Art L 471-49 Les règles relatives aux personnes soumises à obligation fiscale pour les taxes sur les produits de l'industrie et de l'artisanat sont déterminées par les dispositions du titre V du livre Ier et par celles de la présente section.

Art L 471-50 Est redevable des taxes la personne réalisant l'opération qui constitue le fait générateur.

Section 6

Constatation des taxes

FR 10/22 inf. 5 n°s 44 à 46 p. 14

Art L 471-51 Les règles de constatation des taxes sur les produits de l'industrie et de l'artisanat sont déterminées par les dispositions du titre VI du livre Ier.

Ndlr 1. *S'agissant des modalités de déclaration des taxes sur les produits de l'industrie et de l'artisanat mentionnées à l'article L 471-2 du CIBS dues à raison des opérations mentionnées à l'article L 471-22 du même code, voir partie Autres textes du présent code décret 2021-1914 du 30 décembre 2021 art. 54 à 62.*
2. *Sur les majorations applicables en cas d'insuffisances, inexactitudes ou omissions dans la déclaration, voir CGI, art. 1840 X.*

Section 7

Paiement des taxes

FR 10/22 inf. 5 n°s 44 à 46 p. 14

Art L 471-52 Les règles relatives au paiement des taxes sur les produits de l'industrie et de l'artisanat sont déterminées par les dispositions du titre VII du livre Ier et par celles de la présente section.

Ndlr *Sur les majorations applicables en cas d'absence de paiement dans les délais, voir CGI, art. 1840 X.*

Art L 471-52-1 Par dérogation à l'article L 171-2, un arrêté du ministre chargé du budget peut reporter la date limite de paiement dans la limite d'un mois après la déclaration.

Art L 471-53 Les taxes ne sont pas acquittées pour les opérations autres que les importations pour lesquelles le montant n'excède pas les seuils suivants, appréciés par redevable et séparément pour chacun des ensembles de biens indiqués :

Ensemble de biens sur lequel le seuil est apprécié	Seuil
Horlogerie, bijouterie-joaillerie, orfèvrerie et arts de	20 € sur une année civile

Ensemble de biens sur lequel le seuil est apprécié	Seuil
Cuir, chaussure et maroquinerie	20 € sur une année civile
Habillement	20 € sur une année civile
Ameublement - Bois	20 € sur une année civile
Béton - Matériaux de construction en terre cuite - Roches ornementales et de construction	75 € sur une année civile
Papier	40 € sur un semestre civil
Plasturgie et composites	40 € sur un semestre civil
Fonderie	500 € sur un semestre civil
Soudure - Matériels aérauliques et thermiques - Construction métallique - Mécanique	40 € sur un semestre civil
Corps gras	20 € sur une année civile

Art L 471-54 L'article L 171-3 n'est pas applicable.

Section 8

Contrôle, recouvrement et contentieux

FR 10/22 inf. 5 nos 44 à 46 p. 14

Art L 471-55 Les règles relatives au contrôle, au recouvrement et au contentieux des taxes sur les produits de l'industrie et de l'artisanat sont, par dérogation aux dispositions du titre VIII du livre Ier, déterminées par les dispositions de la présente section.

Art L 471-56 Sous réserve de l'article L 471-57, les taxes sont, pour les éléments mentionnés à l'article L 180-1, régies par les dispositions suivantes :

1° Les articles L 521-8-3 à L 521-8-5 du code de la recherche et les articles 5-3 et 5-4 de la loi n° 78-654 du 22 juin 1978 concernant les comités professionnels de développement économique ;

2° Les dispositions du code général des impôts et du livre des procédures fiscales qui leur sont propres ou qui sont applicables aux impôts directs ;

Ndlr *Voir notamment CGI, art. 1840 X et LPF, art. L 16 I, L 61 C, L 67 B, L 177 B, L 190, L 247 et L 256 D ; voir également décret 2021-1914 du 30 décembre 2021 art. 61 dans la partie Autres textes du présent code.*

3° Le B du III de l'article 55 de la loi n° 2010-1658 du 29 décembre 2010 de finances rectificative pour 2010.

Art L 471-57 Pour les éléments mentionnés à l'article L 180-1, les taxes exigibles lors de l'importation sont régies par le code des douanes.

Section 9

Affectation

Art L 471-58 L'affectation du produit des taxes sur les produits de l'industrie et de l'artisanat est déterminée par les dispositions suivantes :

1° Les articles 5-1 et 5-5 de la loi n° 78-654 du 22 juin 1978 concernant les comités professionnels de développement économique pour les biens suivants :

a. Les biens des industries de l'horlogerie, de la bijouterie-joaillerie, de l'orfèvrerie et des arts de la table au sens de l'article L 471-4 ;

b. Les biens des industries du cuir, de la chaussure et de la maroquinerie au sens de l'article L 471-5 ;

c. Les biens des industries de l'habillement au sens de l'article L 471-6 ;

d. Sans préjudice du *a* du 2°, les biens des industries de l'ameublement au sens de l'article L 471-7 ;

e. Sans préjudice du *b* du 2°, les biens des industries du bois au sens de l'article L 471-8 ;

2° Les articles L 521-8-1 et L 521-8-6 du code de la recherche pour les biens suivants :

a. Les biens des industries de l'ameublement au sens de l'article L 471-7 ;

b. Les biens des industries du bois au sens de l'article L 471-8 ;

c. Les biens des industries du béton au sens de l'article L 471-9 ;

d. Les biens des industries des matériaux de construction en terre cuite au sens de l'article L 471-10 ;

e. Les biens des industries des roches ornementales et de construction au sens de l'article L 471-11 ;

f. Les biens des industries du papier au sens de l'article L 471-12 ;

g. Les biens des industries de la plasturgie et des composites au sens de l'article L 471-13 ;

h. Les biens des industries de la fonderie au sens de l'article L 471-14 ;

i. Les biens des industries de la soudure au sens de l'article L 471-15 ;

j. Les biens des industries aérauliques et thermiques au sens de l'article L 471-16 ;

k. Les biens des industries de la construction métallique au sens de l'article L 471-17 ;

l. Les biens des industries mécaniques au sens de l'article L 471-18 ;

m. Les biens des industries des corps gras au sens de l'article L 471-19.

LIVRE DES PROCEDURES FISCALES

SOMMAIRE DU LIVRE DES PROCEDURES FISCALES

PREMIERE PARTIE

PARTIE LEGISLATIVE

TITRE II

LE CONTROLE DE L'IMPOT

CHAPITRE PREMIER

Le droit de contrôle de l'administration

SECTION I

Dispositions générales

Art L 10 L'administration des impôts contrôle les déclarations ainsi que les actes utilisés pour l'établissement des impôts, droits, taxes et redevances.

CF-I-60 s.

Elle contrôle également les documents déposés en vue d'obtenir des déductions, restitutions ou remboursements, ou d'acquitter tout ou partie d'une imposition au moyen d'une créance sur l'Etat.

CF-I-60 s.

A cette fin elle peut demander aux contribuables tous renseignements, justifications ou éclaircissements relatifs aux déclarations souscrites ou aux actes déposés.

CF-I-155 s. ; MF nº 78000

Les dispositions contenues dans la charte des droits et obligations du contribuable vérifié mentionnée au troisième alinéa de l'article L 47 sont opposables à l'administration.

CF-V-3000 s. ; MF nº 79415

Art L 10-0 A L'administration peut examiner l'ensemble des relevés de compte du contribuable sur les années au titre desquelles les obligations déclaratives prévues au deuxième alinéa de l'article 1649 A ou au premier alinéa de l'article1649 AA du code général des impôts n'ont pas été respectées, sans que cet examen constitue le début d'une procédure de vérification de comptabilité ou d'une procédure d'examen de situation fiscale personnelle. Ces relevés de compte sont transmis à l'administration par des tiers, spontanément ou à sa demande.

Ces relevés de compte ne peuvent être opposés au contribuable pour l'établissement de l'impôt sur le revenu que dans le cadre d'une procédure mentionnée au premier alinéa du présent article, sauf pour l'application du dernier alinéa de l'article 1649 A ou du second alinéa de l'article 1649 AA du code général des impôts.

CF-IX-23100 s. ; MF nº 78305 précision d

Art L 10-0 AA Dans le cadre des procédures prévues au présent titre, à l'exception de celles mentionnées aux articles L 16 B et L 38, ne peuvent être écartés au seul motif de leur origine les documents, pièces ou informations que l'administration utilise et qui sont régulièrement portés à sa connaissance soit dans les conditions prévues au chapitre II du présent titre II ou aux articles L 114 et L 114 A, soit en application des droits de communication qui lui sont dévolus par d'autres textes, soit en application des dispositions relatives à l'assistance administrative par les autorités compétentes des Etats étrangers.

CF-III-32700 s. ; MF nº 78030

Art L 10-0 AB Pour rechercher les manquements aux règles fixées à l'article 4 B, au 2 bis de l'article 39, aux articles 57, 123 bis, 155 A, 209, 209 B ou 238 A du code général des impôts, les agents de la direction générale des finances publiques des catégories A et B peuvent entendre toute personne, à l'exception du contribuable concerné, susceptible de leur fournir des informations utiles à l'accomplissement de leur mission.

La demande d'audition doit être reçue par la personne ou lui être remise au moins huit jours avant la date de l'audition proposée. Elle précise, dans les limites de l'article L 103 du présent livre, l'objet de l'audition. Elle indique également la possibilité pour la personne de refuser d'être entendue et de demander le concours d'un interprète.

L'audition a lieu dans les locaux de l'administration ou, à la demande de la personne auditionnée, dans d'autres locaux, à l'exclusion des locaux à usage d'habitation et des parties des locaux à usage professionnel affectés au domicile privé.

Chaque audition fait l'objet d'un procès-verbal qui comporte l'identité et l'adresse de la personne entendue, les questions posées et les réponses apportées. Il est signé par l'agent ayant procédé à l'audition et contresigné par la personne auditionnée. Le cas échéant, mention est faite de son refus de signer.

Les informations ainsi recueillies sont communiquées, s'il y a lieu, au contribuable concerné dans les conditions prévues à l'article L 76 B.

CF-IX-81500 s. ; MF n° 78350

Art L 10-0 AC L'administration fiscale peut indemniser toute personne étrangère aux administrations publiques qui lui a fourni des renseignements ayant amené à la découverte :

1° D'un manquement aux règles fixées à l'article 4 B, au 2 bis de l'article 39, aux articles 57, 123 bis, 155 A, 209, 209 B ou 238 A ou au chapitre Ier du titre II de la première partie du livre Ier du code général des impôts ou d'un manquement aux obligations déclaratives prévues au deuxième alinéa de l'article 1649 A ou aux articles 1649 AA ou 1649 AB du même code ;

2° D'un agissement, d'un manquement ou d'une manœuvre susceptible d'être sanctionné en application du c du 1 ou du 5 de l'article 1728, des articles 1729 ou 1729-0 A, du 2 du IV ou du IV bis de l'article 1736, du I de l'article 1737 ou des articles 1758 ou 1766 dudit code, lorsque le montant estimé des droits éludés est supérieur à 100 000 €.

L'administration peut recevoir et exploiter ces renseignements dans le cadre des procédures prévues au présent titre, à l'exception de celle mentionnée à l'article L 16 B du présent livre lorsque ces renseignements n'ont pas été régulièrement obtenus par la personne les ayant communiqués à l'administration.

Les conditions et modalités de l'indemnisation sont déterminées par arrêté du ministre chargé du budget *(NDLR Voir LPF, art. A 10-0 AC-1).*

FR 2/20 inf. 93 p. 201 ; FR 2/22 inf. 73 p. 111 ; FR 2/24 inf. 100 p. 167 ; MF n° 78352

Art L 10-0 AD Pour les besoins de la recherche ou de la constatation des manquements mentionnés au c du 1 de l'article 1728, à l'article 1729, au I de l'article 1729-0 A et au dernier alinéa de l'article 1758 du code général des impôts, des agents des finances publiques ayant au moins le grade de contrôleur des finances publiques et spécialement habilités peuvent réaliser sous pseudonyme les actes suivants, sans être pénalement responsables :

1° Prendre connaissance de toute information publiquement accessible sur les plateformes en ligne définies au i de l'article 3 du règlement (UE) 2022/2065 du Parlement européen et du Conseil du 19 octobre 2022 relatif à un marché unique des services numériques et modifiant la directive 2000/31/CE (règlement sur les services numériques) ainsi que sur les interfaces en ligne définies au m du même article 3, y compris lorsque l'accès à ces plateformes ou interfaces requiert une inscription à un compte ;

2° Lorsqu'ils sont affectés dans un service à compétence nationale désigné par décret, participer à des échanges électroniques, y compris avec les personnes susceptibles d'être les auteurs de ces manquements ;

3° Extraire ou conserver les données sur les personnes susceptibles d'être les auteurs de ces manquements et tout élément de preuve obtenu dans le cadre de la mise en œuvre des 1° et 2° du présent article.

A peine de nullité, ces actes ne peuvent constituer une incitation à commettre un manquement.

Un décret précise les modalités d'application du présent article, notamment en ce qui concerne les durées de conservation des données mentionnées au 3°.

FR 2/24 inf. 95 nos 2 à 10 p. 160 ; MF n° 78417

Art L 10 A Dans le cadre des procédures prévues au présent livre, les agents de la direction générale des finances publiques peuvent rechercher et constater les infractions aux interdictions mentionnées à l'article L 8221-1 du code du travail, dans les conditions prévues par les articles L 8271-7 à L 8271-10 de ce code.

CF-I-75

Art L 10 B En outre, les agents de la direction générale des finances publiques concourent à la recherche des infractions réprimées par les articles 222-38, 222-39-1, 225-4-8, 225-5, 225-6, 321-1, deuxième alinéa, 321-6, 421-2-3 et 450-2-1 du code pénal dans le cadre des enquêtes menées sur instructions du procureur de la République. A cette fin, ils procèdent à des recherches de nature fiscale permettant de contribuer à la preuve desdites infractions. Ils en portent le résultat à la connaissance du procureur de la République.

CF-I-80

Art L 10 BA I. Avant ou après la délivrance du numéro individuel d'identification prévu à l'article 286 ter du code général des impôts, l'administration peut demander des informations complémentaires pour statuer sur l'attribution ou le maintien de cet identifiant ainsi que tout élément permettant de justifier de la réalisation ou de l'intention de réaliser des activités économiques prévues au cinquième alinéa de l'article 256 A du même code.

II. Les informations complémentaires demandées au I sont fournies dans un délai de trente jours à compter de la réception de la demande.

III. Lorsque l'administration demande des informations complémentaires, elle notifie à l'opérateur sa décision d'accepter, de rejeter ou d'invalider l'attribution du numéro individuel d'identification, dans un délai d'un mois à compter de la réception des informations demandées.

IV. Le numéro individuel d'identification n'est pas attribué ou est invalidé dans l'un des cas suivants :

1° Aucune réponse n'a été reçue dans le délai mentionné au II ;

2° Les conditions prévues à l'article 286 ter du code général des impôts ne sont pas remplies ;

3° De fausses données ont été communiquées afin d'obtenir une identification à la taxe sur la valeur ajoutée ;

4° Des modifications de données n'ont pas été communiquées.

5° L'obligation de représentation par un assujetti établi en France accrédité auprès des services des impôts, en application des I ou II de l'article 289 A du code général des impôts, a cessé d'être respectée.

Ndlr *Pour les dispositions du présent 5° applicables à compter du 1er janvier 2025, voir partie Autres textes du présent code loi 2023-1322 du 29 décembre 2023 art. 112, II-2° et VI.*

V. Lorsqu'il existe des indices concordants indiquant que ce numéro est utilisé par un opérateur identifié qui savait ou ne pouvait ignorer être impliqué dans une fraude visant à ne pas reverser la taxe due en France ou dans l'Union européenne, il peut être invalidé dans la base de données des assujettis établis dans les Etats membres par l'administration :

1° Si aucune réponse n'est apportée, dans un délai de trente jours, à la demande de régularisation :

a. D'une défaillance déclarative en matière de taxe sur la valeur ajoutée à l'échéance de l'obligation, nonobstant la réalisation d'acquisitions intracommunautaires ou d'importations ;

b. Ou du défaut de dépôt de l'état récapitulatif des clients relatif à des livraisons intracommunautaires dans les conditions prévues à l'article 289 B du code général des impôts ;

2° Au terme d'un délai de quinze jours à compter de la notification des manquements constatés, lorsqu'il est établi que l'opérateur identifié a porté de façon répétée des informations inexactes dans l'état récapitulatif des clients mentionné au b du 1° du présent V, dans les déclarations de taxe sur la valeur ajoutée ou dans tout document commercial et qu'il en est résulté une minoration de la taxe due à raison de ces opérations ou des opérations de revente subséquentes, nonobstant la réalisation d'importations, d'acquisitions ou de livraisons intracommunautaires.

En cas de signalement au sein du réseau de coopération européenne encadré par le règlement (UE) 904/2010 du Conseil du 7 octobre 2010 concernant la coopération administrative et la lutte contre la fraude dans le domaine de la taxe sur la valeur ajoutée ou en provenance d'une autorité ou d'un service de renseignement chargé de la lutte contre la fraude fiscale, l'invalidation du numéro prévue aux 1° et 2° du présent V peut être prononcée sans délai.

VI. Lorsqu'il existe des indices concordants indiquant que le numéro individuel d'identification à la taxe sur la valeur ajoutée intracommunautaire est utilisé par un opérateur identifié qui savait ou ne pouvait ignorer être impliqué dans une fraude visant à ne pas reverser la taxe due en France ou dans l'Union européenne et que l'opérateur a fait obstacle au déroulement des opérations de contrôle fiscal, au sens de l'article L 74, ou à l'exercice du droit d'enquête prévu à l'article L 80 F, nonobstant la réalisation d'importations, d'acquisitions ou de livraisons intracommunautaires, il peut être invalidé immédiatement.

VII. Dans tous les cas, la décision d'invalidation du numéro individuel d'identification à la taxe sur la valeur ajoutée intracommunautaire, motivée, est notifiée à l'opérateur identifié, qui peut faire valoir ses observations.

Le numéro est rétabli sans délai lorsque :

1° L'opérateur identifié a mis fin aux manquements aux obligations prévues au IV et au 1° du V ;

2° L'opérateur identifié a régularisé la situation résultant des manquements mentionnés au 2° du même V ;

3° L'opérateur identifié a levé l'obstacle au déroulement des opérations mentionnées au VI ;

4° Les observations transmises par l'opérateur identifié sont de nature à justifier ce rétablissement.

FR 2/23 inf. 45 p. 71 ; RIE-IV-15755 s. ; MF n° 53420 précisions b et c

Art L 11 A moins qu'un délai ne soit prévu par le présent livre, le délai accordé aux contribuables pour répondre aux demandes de renseignements, de justifications ou d'éclaircissements et, d'une manière générale, à toute notification émanant d'un agent de l'administration des impôts est fixé à trente jours à compter de la réception de cette notification.

CF-I-230 s. ; MF nº 78000

Art L 11 A Tout membre du Gouvernement, à compter de sa nomination, fait l'objet d'une procédure de vérification de sa situation fiscale, dans les conditions prévues au présent titre, au titre des impositions de toute nature dont il est redevable. Cette procédure est placée sous le contrôle de la Haute Autorité pour la transparence de la vie publique.

Les conditions d'application du présent article sont fixées par décret en Conseil d'Etat *(NDLR Voir art. R* 11 A-1).*

CF-IV-180

1º Dispositions relatives à l'examen contradictoire de la situation fiscale personnelle

Art L 12 Dans les conditions prévues au présent livre, l'administration des impôts peut procéder à l'examen contradictoire de la situation fiscale des personnes physiques au regard de l'impôt sur le revenu, qu'elles aient ou non leur domicile fiscal en France, lorsqu'elles y ont des obligations au titre de cet impôt.

A l'occasion de cet examen l'administration peut contrôler la cohérence entre, d'une part les revenus déclarés et, d'autre part, la situation patrimoniale, la situation de trésorerie et les éléments du train de vie des membres du foyer fiscal.

Sous peine de nullité de l'imposition, un examen contradictoire de la situation fiscale personnelle ne peut s'étendre sur une période supérieure à un an à compter de la réception de l'avis de vérification.

L'avis de vérification mentionne la liste des comptes connus de l'administration pour lesquels elle demande aux établissements financiers de produire les relevés.

Lorsqu'un contrat de fiducie ou les actes le modifiant n'ont pas été enregistrés dans les conditions prévues à l'article 2019 du code civil, ou révélés à l'administration fiscale avant l'engagement de l'examen contradictoire de la situation fiscale personnelle d'un contribuable qui y est partie ou en tient des droits, la période prévue au troisième alinéa est prorogée du délai écoulé entre la date de réception de l'avis de vérification et l'enregistrement ou la révélation de l'information.

DC-IX-54750 s. ; MF nº 91190

Cette période est prorogée du délai accordé, le cas échéant, au contribuable et, à la demande de celui-ci, pour répondre aux demandes d'éclaircissements ou de justifications pour la partie qui excède les deux mois prévus à l'article L 16 A.

Elle est également prorogée des trente jours prévus à l'article L 16 A et des délais nécessaires à l'administration pour obtenir les relevés de compte lorsque le contribuable n'a pas usé de la faculté de produire la liste des comptes non mentionnés dans l'avis de vérification et les relevés de ces comptes dans un délai de soixante jours à compter de la demande de l'administration ou pour recevoir les renseignements demandés aux autorités étrangères, lorsque le contribuable a pu disposer de revenus à l'étranger ou en provenance directe de l'étranger.

La période mentionnée au troisième alinéa est portée à deux ans en cas de découverte, en cours de contrôle, d'une activité occulte. Il en est de même lorsque, dans le délai initial d'un an, les articles L 82 C ou L 101 ont été mis en œuvre.

CF-IV-51000 s. ; CF-V-11800 s. ; MF nºs 78090 s., 79490

2º Dispositions relatives aux vérifications des comptabilités

Art L 13 **I.** Les agents de l'administration des impôts vérifient sur place, en suivant les règles prévues par le présent livre, la comptabilité des contribuables astreints à tenir et à présenter des documents comptables.

CF-IV-7000 s. ; MF nºs 78110 s.

La vérification peut également se tenir ou se poursuivre dans tout autre lieu déterminé d'un commun accord entre le contribuable et l'administration. A défaut d'accord, l'administration peut décider de tenir ou de poursuivre la vérification dans ses locaux.

Ndlr *Les dispositions du présent alinéa s'appliquent à compter du 1er janvier 2024 aux contrôles en cours et aux contrôles engagés à compter de la même date (Loi 2023-1322 du 29 décembre 2023 art. 117, II).*

FR 2/24 inf. 91 p. 154 ; MF nº 78120

II. 1. Les contribuables autres que ceux soumis au régime défini à l'article 50-0 du code général des impôts qui tiennent une comptabilité analytique sont tenus de présenter celle-ci lorsque leur chiffre d'affaires de l'exercice excède 152,4 millions d'euros, s'il s'agit d'entreprises dont le commerce principal est de vendre des marchandises, objets, fournitures et denrées à emporter ou à consommer sur place ou de fournir le logement, ou 76,2 millions d'euros, s'il s'agit d'autres entreprises.

2. Le 1 s'applique également aux contribuables qui tiennent une comptabilité analytique, quel que soit leur chiffre d'affaires :

1° Lorsque le total de leur actif brut est supérieur ou égal à 400 millions d'euros à la clôture de l'exercice ;

2° Ou lorsqu'ils appartiennent à l'une des catégories suivantes :

a. Personnes morales ou groupements de personnes de droit ou de fait détenant à la clôture de l'exercice, directement ou indirectement, plus de la moitié du capital ou des droits de vote d'une personne morale ou d'un groupement mentionné au 1 ou au 1° du présent 2 ;

b. Personnes morales ou groupements de personnes de droit ou de fait dont plus de la moitié du capital ou des droits de vote est détenue à la clôture de leur exercice, directement ou indirectement, par une personne ou un groupement mentionné aux mêmes 1 ou 1° ;

c. Personnes morales qui appartiennent à un groupe relevant du régime fiscal prévu à l'article 223 A ou à l'article 223 A bis du code général des impôts lorsque celui-ci comprend au moins une personne mentionnée au 1 ou au 1° du présent 2 ;

d. Membres d'un assujetti unique constitué en application de l'article 256 C du code général des impôts lorsque celui-ci comprend au moins une personne mentionnée au 1 ou au 1° du présent 2.

CF-IV-46850 s. ; MF n° 78138

III. Les sociétés commerciales qui établissent, en application de l'article L 233-16 du code de commerce, des comptes consolidés sont tenues de les présenter.

CF-IV-47100 s. ; MF n° 78138

IV. Lorsque la comptabilité est tenue au moyen de systèmes informatisés, le contrôle porte sur l'ensemble des informations, données et traitements informatiques qui concourent directement ou indirectement à la formation des résultats comptables ou fiscaux et à l'élaboration des déclarations rendues obligatoires par le code général des impôts ainsi que sur la documentation relative aux analyses, à la programmation et à l'exécution des traitements.

CF-IV-35200 s. ; MF n° 78140

V. Les fiducies, en la personne de leur fiduciaire, sont soumises à vérification de comptabilité dans les conditions prévues au présent article.

DC-IX-54780 ; MF n° 91190

Art L 13-0 A Les agents de l'administration des impôts peuvent demander toutes informations relatives au montant, à la date et à la forme des versements afférents aux recettes de toute nature perçues par les personnes dépositaires du secret professionnel en vertu des dispositions de l'article 226-13 du code pénal. Ils ne peuvent demander de renseignements sur la nature des prestations fournies par ces personnes.

CF-IV-10200 s. ; MF n° 78137

Art L 13 A Le défaut de présentation de la comptabilité est constaté par procès-verbal que le contribuable est invité à contresigner. Mention est faite de son refus éventuel.

CF-IV-14640 s. ; MF n° 78137

Art L 13 AA **I.** Les personnes morales établies en France :

a. Dont le chiffre d'affaires annuel hors taxes ou l'actif brut figurant au bilan est supérieur ou égal à 150 millions d'euros, ou

Ndlr *Les dispositions du présent a s'appliquent aux exercices ouverts à compter du 1er janvier 2024 (Loi 2023-1322 du 29 décembre 2023 art. 116, II-1° et III). Pour les exercices ouverts avant cette date, le seuil était fixé à 400 millions d'euros.*

b. Détenant à la clôture de l'exercice, directement ou indirectement, plus de la moitié du capital ou des droits de vote d'une entité juridique — personne morale, organisme, fiducie ou institution comparable établie ou constituée en France ou hors de France — satisfaisant à l'une des conditions mentionnées au a, ou

c. Dont plus de la moitié du capital ou des droits de vote est détenue, à la clôture de l'exercice, directement ou indirectement, par une entité juridique satisfaisant à l'une des conditions mentionnées au a, ou

d. *(Périmé),*

e. Appartenant à un groupe relevant du régime fiscal prévu à l'article 223 A ou à l'article 223 A bis du même code lorsque ce groupe comprend au moins une personne morale satisfaisant l'une des conditions mentionnées aux a, b, c ou d,

doivent tenir à disposition de l'administration une documentation permettant de justifier la politique de prix de transfert pratiquée dans le cadre de transactions de toute nature réalisées avec des entités juridiques liées au sens du 12 de l'article 39 du même code établies ou constituées hors de France, ci-après désignées par les termes : « entreprises associées ».

II. La documentation mentionnée au I comprend deux parties. La première partie constitue le fichier principal et comprend des informations sur le groupe d'entreprises associées et la seconde partie constitue le fichier local et comprend des informations sur l'entreprise vérifiée.

1. Le fichier principal comprend :

a. Un schéma illustrant la structure juridique et capitalistique du groupe ainsi que la situation géographique des entités opérationnelles ;

b. Les sources importantes de bénéfices du groupe ;

c. Une description de la chaîne d'approvisionnement des cinq principaux biens et services offerts par des entreprises du groupe ainsi que de tout autre bien et service représentant plus de 5 % du chiffre d'affaires du groupe ;

d. Une liste et une description des accords importants de prestations de services entre entreprises associées, à l'exclusion des accords afférents à des services de recherche et développement. Ces informations incluent une description des capacités des principaux sites fournissant les services importants et des politiques appliquées en matière de prix de transfert pour répartir les coûts des services et déterminer les prix facturés pour les services intra-groupe ;

e. Une description des principaux marchés géographiques sur lesquels les biens et services du groupe sont vendus ;

f. Une analyse fonctionnelle décrivant les principales contributions des différentes entités du groupe à la création de valeur, c'est-à-dire les fonctions-clés exercées, les risques importants assumés et les actifs importants utilisés ;

g. Une description des opérations importantes de réorganisations d'entreprises ainsi que d'acquisitions et de cessions d'éléments d'actif intervenues au cours de l'exercice ;

h. Une description générale de la stratégie du groupe en matière de mise au point, de propriété et d'exploitation des actifs incorporels. Cette description comporte notamment la localisation des principales installations de recherche et développement et celle de la direction des activités de recherche et développement ;

i. Une liste des actifs incorporels ou des catégories d'actifs incorporels qui sont importants pour l'établissement des prix de transfert ainsi que des entités qui en sont légalement propriétaires ;

j. Une liste des accords importants entre entreprises associées relatifs aux actifs incorporels, y compris les accords de répartition de coûts, les principaux accords de services de recherche et les accords de licence ;

k. Une description générale des éventuels transferts importants de parts d'actifs incorporels entre entreprises associées, mentionnant les pays et les rémunérations correspondantes ;

l. Une description générale de la façon dont le groupe est financé, y compris une description des accords de financement importants conclus avec des prêteurs indépendants du groupe ;

m. L'identification de tous les membres du groupe multinational exerçant une fonction de centrale de financement pour le groupe, y compris du pays de constitution des entités considérées et de leur siège de direction effective ;

n. Une description générale des politiques du groupe en matière de prix de transfert relatives aux accords de financement entre entreprises associées ;

o. Les états financiers consolidés annuels du groupe pour l'exercice fiscal s'ils sont préparés par ailleurs à des fins d'information financière, réglementaires, de gestion interne, fiscales ou autres ;

p. Une liste et une description des accords préalables en matière de prix de transfert unilatéraux conclus par le groupe et des autres décisions des autorités fiscales concernant la répartition des bénéfices entre pays.

2. Le fichier local comprend :

a. Une description de la structure de gestion et un organigramme de l'entreprise ;

b. Une description des activités effectuées et de la stratégie d'entreprise mise en œuvre en indiquant notamment si l'entreprise a été impliquée dans ou affectée par des réorganisations d'entreprises ou des transferts d'actifs incorporels pendant l'exercice ou l'exercice précédent et en expliquant les aspects de ces transactions qui affectent l'entreprise ;

c. Une description des transactions importantes avec des entreprises associées et des conditions dans lesquelles elles sont réalisées. Cette description porte notamment sur les achats de services de fabrication, les acquisitions de biens, la fourniture de services, les prêts, les garanties financières et garanties de bonne exécution, la concession de licences portant des actifs incorporels ;

d. Les montants des paiements et recettes intra-groupes pour chaque catégorie de transactions impliquant l'entreprise vérifiée ventilés en fonction de la juridiction fiscale du payeur ou du bénéficiaire étranger ;

e. Une identification des entreprises associées impliquées dans chaque catégorie de transactions contrôlées et des relations qu'elles entretiennent avec l'entreprise vérifiée ;

f. Une copie de tous les accords intra-groupes importants conclus par l'entreprise vérifiée ;

g. Une analyse de comparabilité et une analyse fonctionnelle détaillées de l'entreprise vérifiée et des entreprises associées pour chaque catégorie de transactions, y compris les éventuels changements par rapport aux exercices précédents ;

h. Une indication de la méthode de détermination des prix de transfert la plus adaptée pour chaque catégorie de transactions et des raisons pour lesquelles cette méthode a été choisie ;

i. Une indication de l'entreprise associée qui a été choisie comme partie testée, le cas échéant, et une explication des raisons de cette sélection ;

j. Une synthèse des hypothèses importantes qui ont été posées pour appliquer les méthodes de fixation des prix de transfert ;

k. Le cas échéant, une explication des raisons pour lesquelles une analyse pluriannuelle des méthodes de prix de transfert a été appliquée ;

l. Une liste et une description des transactions comparables sur le marché libre et des indicateurs financiers relatifs à des entreprises indépendantes utilisés dans le cadre de l'analyse des prix de transfert, y compris une description de la méthode de recherche de données comparables avec l'indication de la source de ces informations ;

m. Une description des éventuels ajustements effectués en indiquant si ces ajustements ont été apportés aux résultats de la partie testée, aux transactions comparables sur le marché libre ou aux deux ;

n. Une description des raisons pour lesquelles il a été conclu que les prix des transactions avaient été établis conformément au principe de pleine concurrence en application de la méthode de prix de transfert retenue ;

o. Une synthèse des informations financières utilisées pour appliquer la méthode de détermination des prix de transfert ;

p. Une copie des accords de fixation préalable des prix de transfert unilatéraux, bilatéraux et multilatéraux existants ainsi que des décisions d'autres autorités fiscales et qui sont liés à des transactions contrôlées avec l'entreprise vérifiée ;

q. Les comptes financiers annuels de l'entreprise vérifiée ;

r. Des informations et des tableaux de répartition indiquant comment les données financières utilisées pour appliquer la méthode de détermination des prix de transfert peuvent être reliées aux états financiers annuels ;

s. Des tableaux synthétiques des données financières se rapportant aux transactions comparables utilisées avec l'indication des sources dont ces données sont tirées.

III. Cette documentation, qui ne se substitue pas aux justificatifs afférents à chaque transaction, est tenue à la disposition de l'administration à la date d'engagement de la vérification de comptabilité.

Si la documentation requise n'est pas mise à sa disposition à cette date, ou ne l'est que partiellement, l'administration adresse à la personne morale mentionnée au I une mise en demeure de la produire ou de la compléter dans un délai de trente jours, en précisant la nature des documents ou compléments attendus. Cette mise en demeure doit indiquer les sanctions applicables en l'absence de réponse ou en cas de réponse partielle.

FR 2/24 inf. 93 n°s 3 à 6 p. 155 ; BIC-IX-57490 s. ; MF n° 8967

Art L 13 AB Lorsque des transactions de toute nature sont réalisées avec une ou plusieurs entreprises associées établies ou constituées dans un Etat ou territoire non coopératif au sens de l'article 238-0 A du code général des impôts, la documentation mentionnée à l'article L 13 AA comprend également, pour chaque entreprise bénéficiaire des transferts, une documentation complémentaire comprenant l'ensemble des documents qui sont exigés des sociétés passibles de l'impôt sur les sociétés, y compris le bilan et le compte de résultat établis dans les conditions prévues par le IV de l'article 209 B du code général des impôts.

Le III de l'article L 13 AA s'applique à cette documentation complémentaire.

BIC-IX-57490 s. ; MF n° 8967

Art L 13 B Lorsque, au cours d'une vérification de comptabilité ou d'un examen de comptabilité, l'administration a réuni des éléments faisant présumer qu'une entreprise, autre que celles mentionnées au I de l'article L 13 AA, a opéré un transfert indirect de bénéfices, au sens des dispositions de l'article 57 du code général des impôts, elle peut demander à cette entreprise des informations et documents précisant :

1° La nature des relations entrant dans les prévisions de l'article 57 du code général des impôts, entre cette entreprise et une ou plusieurs entreprises exploitées hors de France ou sociétés ou groupements établis hors de France ;

2° La méthode de détermination des prix des opérations de nature industrielle, commerciale ou financière qu'elle effectue avec des entreprises, sociétés ou groupements visés au 1° et les éléments qui la justifient ainsi que, le cas échéant, les contreparties consenties ;

3° Les activités exercées par les entreprises, sociétés ou groupements visés au 1°, liées aux opérations visées au 2° ;

4° Le traitement fiscal réservé aux opérations visées au 2° et réalisées par les entreprises qu'elle exploite hors de France ou par les sociétés ou groupements visés au 1° dont elle détient, directement ou indirectement, la majorité du capital ou des droits de vote.

Les demandes visées au premier alinéa doivent être précises et indiquer explicitement, par nature d'activité ou par produit, le pays ou le territoire concerné, l'entreprise, la société ou le groupement visé ainsi que, le cas échéant, les montants en cause. Elles doivent, en outre, préciser à l'entreprise vérifiée le délai de réponse qui lui est ouvert. Ce délai, qui ne peut être inférieur à deux mois, peut être prorogé sur demande motivée sans pouvoir excéder au total une durée de trois mois.

Lorsque l'entreprise a répondu de façon insuffisante, l'administration lui adresse une mise en demeure d'avoir à compléter sa réponse dans un délai de trente jours en précisant les compléments de réponse qu'elle souhaite. Cette mise en demeure doit rappeler les sanctions applicables en cas de défaut de réponse.

CF-IX-3600 s. ; MF nº 78270 a

Art L 13 BA I. Les entreprises dont les revenus sont imposés en application de l'article 238 du code général des impôts tiennent à la disposition de l'administration une documentation permettant de justifier la détermination du résultat ainsi imposé.

Cette documentation comprend :

1° Une description générale de l'organisation des activités de recherche et de développement de l'entreprise qui cède un ou plusieurs actifs mentionnés au I du même article 238 ou concède les licences d'exploitation de ces actifs ;

2° Des informations spécifiques concernant la détermination du résultat imposable conformément aux II, III et IV du même article 238 comprenant :

a. Une liste et une description détaillées de chacun des actifs ou groupe d'actifs incorporels, objets des contrats de cession ou de concession de licences ;

b. Une présentation du ratio mentionné au III dudit article 238 et de son suivi pour chacun des actifs ou groupe d'actifs incorporels ;

c. Une présentation de la méthode de répartition des frais entre les différents actifs et groupes d'actifs incorporels.

II. Cette documentation est tenue à la disposition de l'administration à la date d'engagement de la vérification de comptabilité.

Si la documentation requise n'est pas mise à disposition à cette date, ou ne l'est que partiellement, l'administration adresse à l'entreprise mentionnée au I une mise en demeure de la produire ou de la compléter dans un délai de trente jours, en précisant la nature des documents ou compléments attendus. Cette mise en demeure mentionne les sanctions susceptibles d'être encourues en application de l'article 1740-0 C du code général des impôts.

BIC-VIII-2200 s. ; MF nº 10425 précision f

2° bis Dispositions relatives au contrôle sur demande

Art L 13 C Les contribuables dont le chiffre d'affaires n'excède pas 1,5 million d'euros, s'il s'agit d'entreprises dont le commerce principal est de vendre des marchandises, objets, fournitures et denrées à emporter ou à consommer sur place ou de fournir le logement, ou 450 000 €, s'il s'agit d'autres entreprises, peuvent, y compris pour la période ou l'exercice en cours, demander à l'administration, sur certains points précisés dans leur demande, de contrôler les opérations réalisées. Lorsque l'administration a donné suite à cette demande, elle informe le contribuable des résultats de ce contrôle sur chacun de ces points. Les erreurs, inexactitudes, omissions ou insuffisances constatées sur ces points dans les déclarations souscrites peuvent être régularisées par le contribuable dans les conditions prévues à l'article L 62. A défaut, elles font l'objet d'une procédure de rectification.

Les opérations réalisées lors de ce contrôle ne constituent pas une vérification de comptabilité au sens de l'article L 13.

CF-IV-5410 s ; MF nº 78410

Art L 13 CA Le contrôle sur demande prévu à l'article L 13 C, en tant qu'il porte sur les crédits d'impôt définis aux articles 244 quater B et 244 quater B bis du code général des impôts, est étendu à toutes les entreprises.

CF-IV-5700 s. ; MF nº 78410

2° ter Dispositions relatives au contrôle des factures électroniques

Art L 13 D Les agents de l'administration des impôts s'assurent que les contrôles prévus au 1° du VII de l'article 289 du code général des impôts garantissent l'authenticité de l'origine, l'intégrité du contenu et la lisibilité des factures émises ou reçues par le contribuable.

A cette fin, ils vérifient l'ensemble des informations, documents, données, traitements informatiques ou systèmes d'information constitutifs de ces contrôles ainsi que la documentation décrivant leurs modalités de réalisation.

Si ces contrôles sont effectués sous forme électronique, les contribuables sont tenus de les présenter sous cette forme. Les agents de l'administration peuvent prendre copie des informations ou documents de ces contrôles et de leur documentation par tout moyen et sur tout support.

RIE-IV-6240 s.

Art L 13 E En cas d'impossibilité d'effectuer la vérification prévue à l'article L 13 D ou si les contrôles mentionnés au 1° du VII de l'article 289 du code général des impôts ne permettent pas d'assurer l'authenticité de l'origine, l'intégrité du contenu et la lisibilité des factures, ces dernières ne sont pas considérées comme factures d'origine, sans préjudice des dispositions du 3 de l'article 283 du même code.

RIE-IV-6240 s.

2° quater Dispositions relatives aux copies de documents

Art L 13 F Les agents de l'administration peuvent, sans que le contribuable puisse s'y opposer, prendre copie des documents dont ils ont connaissance dans le cadre des procédures de contrôle prévues aux articles L 12 et L 13 et de la procédure d'instruction sur place prévue à l'article L 198 A. Les modalités de sécurisation des copies de documents sous forme dématérialisée sont précisées par arrêté du ministre chargé du budget.

CF-IV-17600 s. ; MF n°s 56650 précision b, 78125 e

Art L 13 G Dans les conditions prévues au présent livre, les agents de l'administration peuvent, lorsque des contribuables astreints à tenir et à présenter des documents comptables tiennent leur comptabilité au moyen de systèmes informatisés, examiner cette comptabilité sans se rendre sur place.

CF-IV-49000 s. ; MF n° 78190

3° Dispositions relatives aux institutions et organismes qui n'ont pas la qualité de commerçant

Art L 14 L'administration des impôts peut exercer le droit de contrôle prévu à l'article L 10 auprès des institutions et organismes qui n'ont pas la qualité de commerçant, et qui payent des salaires, des honoraires ou des rémunérations de toute nature, ou qui encaissent, gèrent ou distribuent des fonds pour le compte de leurs adhérents.

A cette fin les institutions et organismes concernés doivent présenter à l'administration des impôts, sur sa demande, les livres de comptabilité et pièces annexes dont ils disposent ainsi que les documents relatifs à leur activité.

CF-I-70

Art L 14 A L'administration contrôle sur place, en suivant les règles prévues au présent livre, la régularité de la délivrance des reçus, des attestations ou de tous autres documents par lesquels les organismes bénéficiaires de dons et versements indiquent à un contribuable qu'il est en droit de bénéficier des réductions d'impôt prévues aux articles 200, 238 bis et 978 du code général des impôts.

Le contrôle peut également se tenir ou se poursuivre dans tout autre lieu déterminé d'un commun accord entre l'organisme et l'administration. A défaut d'accord, l'administration peut décider de tenir ou de poursuivre le contrôle dans ses locaux.

Ndlr *Les dispositions du présent alinéa s'appliquent à compter du 1er janvier 2024 aux contrôles en cours et aux contrôles engagés à compter de la même date (Loi 2023-1322 du 29 décembre 2023 art. 117, II).*

Les organismes mentionnés au premier alinéa du présent article sont tenus de présenter à l'administration les documents et pièces de toute nature mentionnés à l'article L 102 E du présent livre permettant à celle-ci de réaliser son contrôle.

Les opérations réalisées lors de ce contrôle ne constituent pas une vérification de comptabilité au sens de l'article L 13. Toutefois, sont applicables à la procédure prévue au présent article les garanties mentionnées à l'article L 14 B.

CF-IV-5100 s. ; MF n° 78430

Art L 14 B I. Le contrôle prévu à l'article L 14 A ne peut être engagé sans que l'organisme bénéficiaire des dons et versements en ait été informé par l'envoi d'un avis l'informant du contrôle.

Cet avis précise les années soumises au contrôle et mentionne expressément, sous peine de nullité de la procédure, que l'organisme a la faculté de se faire assister par un conseil de son choix.

II. Le contrôle prévu à l'article L 14 A ne peut s'étendre sur une durée supérieure à six mois à compter de la présentation de l'ensemble des documents et pièces de toute nature mentionnés à l'article L 102 E, sous peine de nullité de la procédure. Dans ce même délai, l'administration fiscale informe l'organisme bénéficiaire des dons et versements, par un document motivé de manière à lui permettre de formuler ses observations, des résultats du contrôle prévu à l'article L 14 A et, le cas échéant, de sa proposition d'appliquer la sanction prévue à l'article 1740 A du code général des impôts.

En cas de désaccord, l'organisme bénéficiaire des dons et versements peut présenter un recours hiérarchique dans un délai de trente jours à compter de la notification du document motivé mentionné au premier alinéa du présent II.

La sanction prévue au même article 1740 A ne peut être prononcée avant l'expiration d'un délai de trente jours à compter de la notification de ce même document.

III. Lorsque le contrôle prévu à l'article L 14 A du présent livre, pour une période déterminée, est achevé, l'administration ne peut pas procéder à ce même contrôle pour la même période.

FR 37/21 inf. 2 n°s 17 et 18 p. 11 ; MF n° 78430

SECTION II

Dispositions particulières à certains impôts

I. Dispositions particulières aux impôts directs

Art L 15 En ce qui concerne l'impôt sur le revenu établi au titre des bénéfices industriels et commerciaux et la taxe d'apprentissage, l'administration des impôts entend les intéressés lorsque leur audition lui paraît utile ou lorsqu'ils demandent à fournir des explications orales.

CF-I-170

Art L 16 En vue de l'établissement de l'impôt sur le revenu, l'administration peut demander au contribuable des éclaircissements. Elle peut, en outre, lui demander des justifications au sujet de sa situation et de ses charges de famille, des charges retranchées du revenu net global ou ouvrant droit à une réduction d'impôt sur le revenu en application des articles 156 et 199 septies du code général des impôts ainsi que des avoirs ou revenus d'avoirs à l'étranger.

L'administration peut demander au contribuable des justifications sur tous les éléments servant de base à la détermination du revenu foncier tels qu'ils sont définis aux articles 28 à 33 quinquies du code général des impôts ainsi que des gains de cession de valeurs mobilières ou de droits sociaux tels qu'ils sont définis aux articles 150-0 A à 150-0 E du même code et des plus-values telles qu'elles sont définies aux articles 150 U à 150 VH bis du même code.

Elle peut également lui demander des justifications lorsqu'elle a réuni des éléments permettant d'établir que le contribuable peut avoir des revenus plus importants que ceux qu'il a déclarés, notamment lorsque le total des montants crédités sur ses relevés de compte représente au moins le double de ses revenus déclarés ou excède ces derniers d'au moins 150 000 €. En particulier, si le contribuable allègue la possession de bons ou de titres dont les intérêts ou arrérages sont exclus du décompte des revenus imposables en vertu de l'article 157 du même code, l'administration peut exiger la preuve de la possession de ces bons ou titres et celle de la date à laquelle ils sont entrés dans le patrimoine de l'intéressé. Le contribuable ne peut pas alléguer la vente ou le remboursement de bons mentionnés au 2° du III bis de l'article 125 A du code général des impôts dans sa rédaction antérieure à la loi n° 2017-1837 du 30 décembre 2017 de finances pour 2018 ou de titres de même nature, quelle que soit leur date d'émission, lorsqu'il n'avait pas communiqué son identité et son domicile fiscal à l'établissement payeur dans les conditions prévues au 4° du III bis du même article. Il en va de même pour les ventes d'or monnayé ou d'or en barres ou en lingots de poids et de titres admis par la Banque de France, lorsque l'identité et le domicile du vendeur n'ont pas été enregistrés par l'intermédiaire ou lorsqu'elles ne sont pas attestées par la comptabilité de l'intermédiaire.

Les demandes visées aux alinéas précédents doivent indiquer explicitement les points sur lesquels elles portent et mentionner à l'intéressé le délai de réponse dont il dispose en fonction des textes en vigueur.

FONC-VI-7640 s. ; RM-IV-34200 s. ; RM-VI-19670 ; RM-VII-50200 ; IMMO-II-181400 s. ; CF-IV-700 s., 2100 s. ; MF n°s 27595, 32425, 33280, 33620, 78000 s.

Art L 16 A Les demandes d'éclaircissements et de justifications fixent au contribuable un délai de réponse qui ne peut être inférieur à deux mois.

Lorsque le contribuable a répondu de façon insuffisante aux demandes d'éclaircissements ou de justifications, l'administration lui adresse une mise en demeure d'avoir à compléter sa réponse dans un délai de trente jours en précisant les compléments de réponse qu'elle souhaite.

CF-IV-3330 s., 3600 s. ; MF n°s 27595, 33280, 78000 s.

I bis. Dispositions particulières à l'impôt sur le revenu ou sur les bénéfices et à la taxe sur la valeur ajoutée

Art L 16 B **I.** Lorsque l'autorité judiciaire, saisie par l'administration fiscale, estime qu'il existe des présomptions qu'un contribuable se soustrait à l'établissement ou au paiement des impôts sur le revenu ou sur les bénéfices ou des taxes sur le chiffre d'affaires ou souscrit des déclarations inexactes en vue de bénéficier de crédits d'impôt prévus au profit des entreprises passibles de l'impôt sur le revenu ou sur les bénéfices en se livrant à des achats ou à des ventes sans facture, en utilisant ou en délivrant des factures ou des documents ne se rapportant pas à des opérations réelles ou en omettant sciemment de passer ou de faire passer des écritures ou en passant ou en faisant passer sciemment des écritures inexactes ou fictives dans des documents comptables dont la tenue est imposée par le code général des impôts, elle peut, dans les conditions prévues au II, autoriser les agents de l'administration des impôts, ayant au moins le grade d'inspecteur et habilités à cet effet par le directeur général des finances publiques, à rechercher la preuve de ces agissements, en effectuant des visites en tous lieux, même privés, où les pièces et documents s'y rapportant sont susceptibles d'être détenus ou d'être accessibles ou disponibles et procéder à leur saisie, quel qu'en soit le support.

Ndlr *Les dispositions du présent alinéa permettant à l'autorité judiciaire d'autoriser des visites lorsqu'il existe des présomptions qu'un contribuable souscrit des déclarations inexactes en vue de bénéficier de crédits d'impôt prévus au profit des entreprises passibles de l'impôt sur le revenu ou sur les bénéfices s'appliquent à compter du 1er janvier 2024.*

II. Chaque visite doit être autorisée par une ordonnance du juge des libertés et de la détention du tribunal judiciaire dans le ressort duquel sont situés les lieux à visiter.

Lorsque ces lieux sont situés dans le ressort de plusieurs juridictions et qu'une visite simultanée doit être menée dans chacun d'eux, une ordonnance unique peut être délivrée par l'un des juges des libertés et de la détention territorialement compétents.

Le juge doit vérifier de manière concrète que la demande d'autorisation qui lui est soumise est bien fondée ; cette demande doit comporter tous les éléments d'information en possession de l'administration de nature à justifier la visite.

L'ordonnance comporte :

a. L'adresse des lieux à visiter ;

b. Le nom et la qualité du fonctionnaire habilité qui a sollicité et obtenu l'autorisation de procéder aux opérations de visite ;

c. L'autorisation donnée au fonctionnaire qui procède aux opérations de visite de recueillir sur place, dans les conditions prévues au III bis, des renseignements et justifications auprès de l'occupant des lieux ou de son représentant et, s'il est présent, du contribuable mentionné au I, ainsi que l'autorisation de demander à ceux-ci de justifier pendant la visite de leur identité et de leur adresse, dans les mêmes conditions ;

d. La mention de la faculté pour le contribuable de faire appel à un conseil de son choix.

L'exercice de cette faculté n'entraîne pas la suspension des opérations de visite et de saisie.

Le juge motive sa décision par l'indication des éléments de fait et de droit qu'il retient et qui laissent présumer, en l'espèce, l'existence des agissements frauduleux dont la preuve est recherchée.

Si, à l'occasion de la visite, les agents habilités découvrent l'existence d'un coffre dans un établissement de crédit ou une société de financement dont la personne occupant les lieux visités est titulaire et où des pièces et documents se rapportant aux agissements visés au I sont susceptibles de se trouver, ils peuvent, sur autorisation délivrée par tout moyen par le juge qui a pris l'ordonnance, procéder immédiatement à la visite de ce coffre. Mention de cette autorisation est portée au procès-verbal prévu au IV.

Si, à l'occasion de la visite, les agents habilités découvrent des éléments révélant l'existence en d'autres lieux de pièces et documents se rapportant aux agissements mentionnés au I, ils peuvent, en cas d'urgence, sur autorisation délivrée par tout moyen par le juge qui a pris l'ordonnance, procéder immédiatement à la visite de ces lieux aux fins de saisie de ces pièces et documents. Mention de cette autorisation est portée au procès-verbal prévu au IV.

La visite et la saisie de documents s'effectuent sous l'autorité et le contrôle du juge qui les a autorisées. A cette fin, il donne toutes instructions aux agents qui participent à ces opérations.

Il désigne le chef du service qui nomme l'officier de police judiciaire chargé d'assister à ces opérations et de le tenir informé de leur déroulement.

Lorsqu'elles ont lieu en dehors du ressort de son tribunal judiciaire, il délivre une commission rogatoire, pour exercer le contrôle mentionné au treizième alinéa du présent II, au juge des libertés et de la détention dans le ressort duquel s'effectue la visite.

Le juge peut, s'il l'estime utile, se rendre dans les locaux pendant l'intervention.

A tout moment, il peut décider la suspension ou l'arrêt de la visite.

L'ordonnance est exécutoire au seul vu de la minute.

L'ordonnance est notifiée verbalement et sur place au moment de la visite, à l'occupant des lieux ou à son représentant qui en reçoit copie intégrale contre récépissé ou émargement au procès-verbal prévu au IV. En l'absence de l'occupant des lieux ou de son représentant, l'ordonnance est notifiée, après la visite, par lettre recommandée avec avis de réception. La notification est réputée faite à la date de réception figurant sur l'avis.

A défaut de réception, il est procédé à la signification de l'ordonnance par acte d'huissier de justice.

Le délai et la voie de recours sont mentionnés dans l'ordonnance.

L'ordonnance peut faire l'objet d'un appel devant le premier président de la cour d'appel dans le ressort de laquelle le juge a autorisé la mesure. Les parties ne sont pas tenues de constituer avocat.

Suivant les règles prévues par le code de procédure civile, cet appel doit être exclusivement formé par déclaration remise ou adressée, par pli recommandé ou, à compter du 1er janvier 2009, par voie électronique, au greffe de la cour dans un délai de quinze jours. Ce délai court à compter soit de la remise, soit de la réception, soit de la signification de l'ordonnance. Cet appel n'est pas suspensif.

Le greffe du tribunal judiciaire transmet sans délai le dossier de l'affaire au greffe de la cour d'appel où les parties peuvent le consulter.

L'ordonnance du premier président de la cour d'appel est susceptible d'un pourvoi en cassation, selon les règles prévues par le code de procédure civile. Le délai du pourvoi en cassation est de quinze jours.

III. La visite, qui ne peut être commencée avant six heures ni après vingt et une heures, est effectuée en présence de l'occupant des lieux ou de son représentant ; en cas d'impossibilité, l'officier de police judiciaire requiert deux témoins choisis en dehors des personnes relevant de son autorité ou de celle de l'administration des impôts.

Les agents de l'administration des impôts mentionnés au I peuvent être assistés d'autres agents des impôts habilités dans les mêmes conditions que les inspecteurs.

Les agents des impôts habilités, l'occupant des lieux ou son représentant et l'officier de police judiciaire peuvent seuls prendre connaissance des pièces et documents avant leur saisie.

L'officier de police judiciaire veille au respect du secret professionnel et des droits de la défense conformément aux dispositions du troisième alinéa de l'article 56 du code de procédure pénale ; l'article 58 de ce code est applicable*.

(Code de procédure pénale, art. 58 : « Sous réserve des nécessités des enquêtes, toute communication ou toute divulgation sans l'autorisation de la personne mise en examen ou de ses ayants droit ou du signataire ou du destinataire d'un document provenant d'une perquisition à une personne non qualifiée par la loi pour en prendre connaissance est punie de 4 500 € d'amende et de deux ans d'emprisonnement »)*

III bis. Au cours de la visite, les agents des impôts habilités peuvent recueillir, sur place, des renseignements et justifications concernant les agissements du contribuable mentionné au I auprès de l'occupant des lieux ou de son représentant et, s'il est présent, de ce contribuable, après les avoir informés que leur consentement est nécessaire. Ces renseignements et justifications sont consignés dans un compte rendu annexé au procès-verbal mentionné au IV et qui est établi par les agents des impôts et signé par ces agents, les personnes dont les renseignements et justifications ont été recueillis ainsi que l'officier de police judiciaire présent.

Les agents des impôts peuvent demander à l'occupant des lieux ou à son représentant et au contribuable, s'ils y consentent, de justifier de leur identité et de leur adresse.

Mention des consentements est portée au compte rendu ainsi que, le cas échéant, du refus de signer.

IV. Un procès-verbal relatant les modalités et le déroulement de l'opération et consignant les constatations effectuées est dressé sur-le-champ par les agents de l'administration des impôts. Un inventaire des pièces et documents saisis lui est annexé s'il y a lieu. Le procès-verbal et l'inventaire sont signés par les agents de l'administration des impôts et par l'officier de police judiciaire ainsi que par les personnes mentionnées au premier alinéa du III ; en cas de refus de signer, mention en est faite au procès-verbal.

Si l'inventaire sur place présente des difficultés, les pièces et documents saisis sont placés sous scellés. L'occupant des lieux ou son représentant est avisé qu'il peut assister à l'ouverture des scellés qui a lieu en présence de l'officier de police judiciaire ; l'inventaire est alors établi.

IV bis. Lorsque l'occupant des lieux ou son représentant fait obstacle à l'accès aux pièces ou documents présents sur un support informatique, y compris distant, à leur lecture ou à leur saisie, mention en est portée au procès-verbal.

> **Ndlr** *Les dispositions du présent alinéa, en tant qu'elles visent les pièces ou documents présents sur un support informatique distant, s'appliquent à compter du 1er janvier 2024.*

Les agents de l'administration des impôts peuvent alors procéder à la copie de ce support et saisir ce dernier, qui est placé sous scellés. Ils disposent de quinze jours à compter de la date de la visite pour accéder aux pièces ou documents présents sur le support informatique placé sous scellés, à leur lecture et à leur saisie, ainsi qu'à la restitution de ce dernier et de sa copie. Ce délai est prorogé sur autorisation délivrée par le juge des libertés et de la détention.

A la seule fin de permettre la lecture des pièces ou documents présents sur le support informatique placé sous scellés, les agents de l'administration des impôts procèdent aux opérations nécessaires à leur accès ou à leur mise au clair. Ces opérations sont réalisées sur la copie du support.

L'occupant des lieux ou son représentant est avisé qu'il peut assister à l'ouverture des scellés, à la lecture et à la saisie des pièces et documents présents sur ce support informatique, qui ont lieu en présence de l'officier de police judiciaire.

Un procès-verbal décrivant les opérations réalisées pour accéder à ces pièces et documents, à leur mise au clair et à leur lecture est dressé par les agents de l'administration des impôts. Un inventaire des pièces et documents saisis lui est annexé, s'il y a lieu.

Le procès-verbal et l'inventaire sont signés par les agents de l'administration des impôts et par l'officier de police judiciaire ainsi que par l'occupant des lieux ou son représentant ; en son absence ou en cas de refus de signer, mention en est faite au procès-verbal.

Il est procédé concomitamment à la restitution du support informatique et de sa copie. En l'absence de l'occupant des lieux ou de son représentant, l'administration accomplit alors sans délai toutes diligences pour les restituer.

V. Les originaux du procès-verbal et de l'inventaire sont, dès qu'ils ont été établis, adressés au juge qui a autorisé la visite ; une copie de ces mêmes documents est remise à l'occupant des lieux ou à son représentant. Une copie est également adressée par lettre recommandée avec demande d'avis de réception à l'auteur présumé des agissements mentionnés au I, nonobstant les dispositions de l'article L 103.

Les pièces et documents saisis sont restitués à l'occupant des locaux dans les six mois de la visite ; toutefois, lorsque des poursuites pénales sont engagées, leur restitution est autorisée par l'autorité judiciaire compétente.

Le procès-verbal et l'inventaire mentionnent le délai et la voie de recours.

Le premier président de la cour d'appel dans le ressort de laquelle le juge a autorisé la mesure connaît des recours contre le déroulement des opérations de visite ou de saisie. Les parties ne sont pas tenues de constituer avocat.

Suivant les règles prévues par le code de procédure civile, ce recours doit être exclusivement formé par déclaration remise ou adressée, par pli recommandé ou, à compter du 1er janvier 2009, par voie électronique, au greffe de la cour dans un délai de quinze jours. Ce délai court à compter de la remise ou de la réception soit du procès-verbal, soit de l'inventaire, mentionnés au premier alinéa. Ce recours n'est pas suspensif.

L'ordonnance du premier président de la cour d'appel est susceptible d'un pourvoi en cassation selon les règles prévues par le code de procédure civile. Le délai du pourvoi en cassation est de quinze jours.

VI. L'administration des impôts ne peut opposer au contribuable les informations recueillies, y compris celles qui procèdent des traitements mentionnés au troisième alinéa, qu'après restitution des pièces et documents saisis ou de leur reproduction et mise en œuvre des procédures de contrôle visées aux premier et deuxième alinéas de l'article L 47.

Toutefois, si, à l'expiration d'un délai de trente jours suivant la notification d'une mise en demeure adressée au contribuable, à laquelle est annexé un récapitulatif des diligences accomplies par l'administration pour la restitution des pièces et documents saisis ou de leur reproduction, ceux-ci n'ont pu être restitués du fait du contribuable, les informations recueillies sont opposables à ce dernier après mise en œuvre des procédures de contrôle mentionnées aux premier et deuxième alinéas de l'article L 47 et dans les conditions prévues à l'article L 76 C.

En présence d'une comptabilité tenue au moyen de systèmes informatisés saisie dans les conditions prévues au présent article, l'administration communique au contribuable, au plus tard lors de l'envoi de la proposition de rectification prévue au premier alinéa de l'article L 57 ou de la notification prévue à l'article L 76, sous forme dématérialisée ou non au choix de ce dernier, la nature et le résultat des traitements informatiques réalisés sur cette saisie qui concourent à des rehaussements, sans que ces traitements ne constituent le début d'une procédure de vérification de comptabilité. Le contribuable est informé des noms et adresses administratives des agents par qui, et sous le contrôle desquels, les opérations sont réalisées.

CF-IX-65200 s. ; MF nos 78320 s.

Art L 16-0 BA **I.** Lorsque, dans le cadre des procédures mentionnées aux articles L 16 B, L 16 D, L 80 F et L 80 Q, de la vérification sur place de la taxe sur la valeur ajoutée, ainsi que dans le cadre du contrôle inopiné mentionné au dernier alinéa de l'article L 47, les agents de l'administration des impôts ayant au moins le grade de contrôleur constatent pour un contribuable se livrant à une activité professionnelle et au titre des périodes pour lesquelles l'une des obligations déclaratives prévues aux articles 87-0 A, 170, 172, 223 et 287 du code général des impôts n'est pas échue, l'un au moins des faits suivants :

1° L'exercice d'une activité que le contribuable n'a pas fait connaître à l'organisme mentionné au deuxième alinéa de l'article L 123-33 du code de commerce, sauf s'il a satisfait, au titre d'une période antérieure, à l'une de ses obligations fiscales déclaratives ;

1° bis L'absence du respect d'au moins deux des obligations déclaratives prévues aux articles 87-0 A, 170,172,223 et 287 du code général des impôts, au titre de la dernière période échue ;

1° ter L'absence réitérée du respect d'au moins une des obligations déclaratives prévues aux articles 87-0 A, 170,172 et 223 et au 3 de l'article 287 du code général des impôts, durant les deux dernières périodes échues ;

2° La délivrance de factures ne correspondant pas à la livraison d'une marchandise ou à l'exécution d'une prestation de services, ou de factures afférentes à des livraisons de biens ou à des prestations de services au titre desquelles la taxe sur la valeur ajoutée ne peut faire l'objet d'aucune déduction en application du 3 de l'article 272 du code général des impôts ou la comptabilisation de telles factures reçues ;

3° Lorsqu'ils sont de nature à priver la comptabilité de valeur probante :

a. La réitération d'achats, de ventes ou de prestations non comptabilisés ;

b. L'utilisation d'un logiciel de comptabilité ou de caisse aux fins de permettre la réalisation de l'un des faits mentionnés au 1° de l'article 1743 du code général des impôts ;

4° Une infraction aux interdictions mentionnées à l'article L 8221-1 du code du travail ;

5° L'absence réitérée du respect de l'obligation déclarative prévue au 2 de l'article 287 du code général des impôts,

ils peuvent, en cas de circonstances susceptibles de menacer le recouvrement d'une créance fiscale de la nature de celle mentionnée au premier alinéa, dresser à l'encontre de ce contribuable un procès-verbal de flagrance fiscale.

Le procès-verbal de flagrance fiscale est signé par les agents de l'administration des impôts ainsi que par le contribuable, son représentant ou la personne recevant les agents de l'administration des impôts, hormis les cas dans lesquels l'infraction mentionnée au 1 de l'article 1746 du code général des impôts a été constatée. En cas de refus de signer, mention en est faite au procès-verbal.

L'original du procès-verbal est conservé par l'administration des impôts et copie est notifiée au contribuable.

I bis. Lorsque les agents mentionnés au premier alinéa du I sont informés, dans les conditions prévues au 1 de l'article 1649 quater-0 B bis du code général des impôts, de l'exercice par le contribuable d'une activité entrant dans le champ d'application du 2 du même article au titre de la période en cours pour laquelle l'une des obligations déclaratives prévues aux articles 87-0 A, 170, 172, 223 et 287 du même code n'est pas échue, ils peuvent, en cas de circonstances susceptibles de menacer le recouvrement d'une créance fiscale, dresser à l'encontre de ce contribuable un procès-verbal de flagrance fiscale.

Le procès-verbal de flagrance fiscale est signé par les agents de l'administration des impôts.

L'original du procès-verbal est conservé par l'administration des impôts et copie est notifiée au contribuable.

La décision de faire application du présent I bis est prise par un agent de catégorie A détenant au moins un grade fixé par décret en Conseil d'Etat *(NDLR Voir art. R* 16-0 BA-1)*, qui vise à cet effet le procès-verbal de flagrance fiscale.

I ter. Lorsqu'une infraction mentionnée au 4° du I a été constatée par des agents de contrôle autres que ceux de l'administration des impôts et que ces derniers en ont été informés dans les conditions prévues aux articles L 82 C ou L 101, ils peuvent, dans le cadre de l'une des procédures énumérées au premier alinéa du I du présent article, en cas de circonstances susceptibles de menacer le recouvrement d'une créance fiscale de la nature de celle mentionnée à ce même alinéa, dresser à l'encontre du contribuable un procès-verbal de flagrance fiscale.

Le procès-verbal de flagrance fiscale est signé par les agents de l'administration des impôts ainsi que par le contribuable, son représentant ou la personne recevant les agents de l'administration des impôts, hormis les cas dans lesquels l'infraction visée au 1 de l'article 1746 du code général des impôts a été constatée. En cas de refus de signer, mention en est faite au procès-verbal.

L'original du procès-verbal est conservé par l'administration des impôts et copie est notifiée au contribuable.

II. La notification du procès-verbal de flagrance fiscale permet d'effectuer les mesures conservatoires mentionnées à l'article L 252 B.

III. Lorsque le procès-verbal de flagrance fiscale a été dressé dans le cadre de la procédure prévue à l'article L 16 B, l'administration peut, par dérogation au VI de ce même article, utiliser pour la détermination du montant mentionné à l'article L 252 B les informations recueillies au cours de cette procédure.

Lorsque le procès-verbal de flagrance fiscale a été dressé dans le cadre de la procédure prévue à l'article L 80 F, l'administration peut, par dérogation à l'article L 80 H, utiliser pour la détermination du montant mentionné à l'article L 252 B les informations recueillies au cours de cette procédure.

L'administration peut se fonder, pour la détermination du montant mentionné à l'article L 252 B, sur des renseignements et informations obtenus de tiers, en application des articles L 81 et suivants.

IV. Pour arrêter le montant mentionné à l'article L 252 B, l'administration est fondée à consulter sur place les registres et documents de toute nature, notamment ceux dont la tenue est prévue par le code général des impôts et par le code de commerce. A cet effet, l'administration peut obtenir ou prendre copie des documents utiles, par tous moyens et sur tous supports.

Un procès-verbal relatant les opérations effectuées est établi. Il est signé par l'agent de l'administration des impôts ainsi que par le contribuable, son représentant ou la personne recevant les agents de l'administration des impôts. En cas de refus de signer, mention en est faite au procès-verbal. L'original de ce procès-verbal est conservé par l'administration et copie en est remise au contribuable.

Ces opérations ne constituent pas une vérification de comptabilité au sens de l'article L 13.

V. Le juge du référé administratif mentionné à l'article L 279, saisi dans un délai de quinze jours à compter de la réception du procès-verbal de flagrance fiscale mentionné au I, met fin à la procédure s'il est fait état d'un moyen propre à créer, en l'état de l'instruction, un doute sérieux sur la régularité de cette procédure.

Le juge du référé statue dans un délai de quinze jours. Faute d'avoir statué dans ce délai, le juge des référés est dessaisi au profit du tribunal administratif qui se prononce en urgence.

La décision du juge du référé ou du tribunal administratif est susceptible d'appel devant le président de la cour administrative d'appel ou le magistrat qu'il désigne à cet effet dans le délai de huit jours. Le président ou le magistrat désigné se prononce en urgence.

La décision du juge du référé, du tribunal administratif, du président de la cour administrative d'appel ou du magistrat désigné ordonnant qu'il soit mis fin à la procédure entraîne la mainlevée immédiate des mesures conservatoires éventuellement prises.

CF-IX-78500 s. ; MF n°s 78330 s.

Art L 16 BA L'administration peut demander au preneur, dans les conditions définies à l'article L 16 A, des justifications relatives aux travaux à raison desquels il a bénéficié du taux réduit de la taxe sur la valeur ajoutée prévu à l'article 278-0 bis A ou à l'article 279-0 bis du code général des impôts.

TVA-VIII-22440

I ter. Taxe sur certains services numériques

Art L 16 C L'administration fiscale peut demander au redevable de la taxe mentionnée à l'article L 453-45 du code des impositions sur les biens et services des justifications sur tous les éléments servant de base au calcul de cette taxe sans que cette demande constitue le début d'une vérification de comptabilité ou d'un examen de comptabilité.

Cette demande indique expressément au redevable les points sur lesquels elle porte et lui fixe un délai de réponse, qui ne peut être inférieur à deux mois.

Lorsque le redevable n'a pas répondu ou a répondu de façon insuffisante à la demande de justifications dans le délai prévu par celle-ci, l'administration fiscale lui adresse une mise en demeure de produire ou de compléter sa réponse dans un délai de trente jours, en précisant, le cas échéant, les compléments de réponse souhaités. Cette mise en demeure mentionne la procédure de taxation d'office prévue à l'article L 70 A du présent livre et la sanction de publication prévue à l'article 1740 D du code général des impôts.

BF 4/24 inf. 264 ; TD-XX-50 ; MF nº 76150

I quater. Dispositions particulières aux taxes sur le chiffre d'affaires et taxes assimilées

Art L 16 D Les opérations réalisées ou facturées par les redevables de la taxe sur la valeur ajoutée soumis au régime simplifié de liquidation des taxes sur le chiffre d'affaires prévu à l'article 302 septies A du code général des impôts, peuvent faire l'objet d'un contrôle à compter du début du deuxième mois suivant leur réalisation ou leur facturation, dans les conditions prévues aux articles L 47 à L 52 A, à l'exception des articles L 47 C et L 50.

Lorsque le redevable a délivré ou reçu pendant la période contrôlée au moins une facture répondant aux critères mentionnés au 4 de l'article 283 du code général des impôts, il relève du régime réel normal d'imposition pour l'exercice au cours duquel la facturation a été établie.

CF-IV-47500 s. ; MF n° 54290

Art L 16 E I. Pour le contrôle des taxes sur le chiffre d'affaires, les agents de l'administration fiscale peuvent, dans le cadre d'une vérification de comptabilité au sens de l'article L 13, procéder ou faire procéder à des prélèvements d'échantillons, aux fins d'analyse ou d'expertise, en la présence soit du propriétaire, soit du détenteur du produit ou de la marchandise, soit d'un représentant de l'un d'eux, soit, à défaut, d'un témoin requis par les agents et n'appartenant pas à l'administration fiscale.

Les modalités de réalisation des prélèvements et de conservation et de restitution des échantillons sont fixées par décret.

Ndlr *Voir LPF, art. R 16 E-1 à R 16 E-5.*

II. Chaque prélèvement d'échantillons fait l'objet d'un procès-verbal décrivant les opérations effectuées, notamment l'identification des échantillons, et comportant toutes les indications jugées utiles pour établir l'authenticité des échantillons prélevés.

Le procès-verbal est signé par les agents de l'administration fiscale.

La personne présente lors du prélèvement peut faire insérer au procès-verbal toutes les déclarations qu'elle juge utiles. Elle est invitée à signer le procès-verbal. En cas de refus de signature, mention en est portée au procès-verbal.

Une copie du procès-verbal est transmise au propriétaire ou au détenteur du produit ou de la marchandise ou au représentant de l'un d'eux ayant assisté au prélèvement et à la personne chez laquelle le prélèvement a été effectué si elle est différente.

FR 2/20 inf. 91 p. 199 ; MF n° 78139

Art L 16 F Les membres d'un assujetti unique constitué en application de l'article 256 C du code général des impôts peuvent être contrôlés dans les conditions prévues aux articles L 13, L 13 G, L 47 et L 57 du présent livre comme s'ils n'étaient pas membres de l'assujetti unique, sauf pour les livraisons et prestations à un autre membre de cet assujetti unique. Le représentant de l'assujetti unique prévu au 2 du III de l'article 256 C du code général des impôts supporte le montant des rappels de taxe sur la valeur ajoutée résultant des procédures de rectification suivies à l'égard des membres de cet assujetti unique ainsi que des intérêts de retard et pénalités correspondants.

BF 12/23 inf. 798 ; MF n° 46556

Art L 16 G Lorsque, en application de l'article L 16 F, le représentant d'un assujetti unique prévu au 2 du III de l'article 256 C du code général des impôts est amené à supporter le montant des rappels de taxe sur la valeur ajoutée résultant des procédures de rectification suivies à l'égard des membres de cet assujetti unique ainsi que des intérêts de retard et pénalités correspondants, l'administration adresse à ce représentant, préalablement à la mise en recouvrement des sommes correspondantes, un document l'informant du montant global des droits, intérêts de retard et pénalités dont il est redevable.

BF 12/23 inf. 798 ; MF n° 46556

I quinquies. Taxes sur le transport aérien et sur les nuisances sonores aériennes

Art L 16 H Les personnes compétentes mentionnées à l'article L 6431-6 du code des transports peuvent engager un contrôle de la situation fiscale du redevable au regard d'une ou plusieurs des taxes mentionnées à cet article sans que ce contrôle ne constitue le début d'une vérification de comptabilité au sens de l'article L 13 ou d'un examen de comptabilité au sens de l'article L 13 G.

Dans le cadre de ce contrôle, les agents assermentés examinent sur place les documents utiles. Ils peuvent en prendre copie sans que le redevable ne puisse s'y opposer. Ils peuvent également, lorsque les données d'assiette pour les taxes mentionnées à l'article L 6431-6 du code des transports sont enregistrées et conservées sous forme dématérialisée, examiner ces données sans se rendre sur place.

Les opérations de contrôle peuvent également se dérouler, à l'initiative de l'administration ou du contribuable, dans un lieu déterminé en accord avec l'administration ou, à défaut d'accord, dans les locaux de l'administration.

I sexies. Impositions contrôlées par des organismes autres que l'administration fiscale

Art L 16 I Pour l'application du présent I sexies, les personnes compétentes s'entendent des personnes suivantes :

1° Pour les taxes mentionnées à l'article L 115-1 du code du cinéma et de l'image animée, celles mentionnées à l'article L 115-2 du même code ;
2° Pour la taxe sur les spectacles vivants mentionnée à l'article L 452-14 du code des impositions sur les biens et services, celles mentionnées à l'article 11-1 de l'ordonnance n° 45-2339 du 13 octobre 1945 relative aux spectacles et au I de l'article 4-1 de la loi n° 2019-1100 du 30 octobre 2019 relative à la création du Centre national de la musique ;
3° Pour les taxes sur les produits de l'industrie et de l'artisanat mentionnées à l'article L 471-1 du code des impositions sur les biens et services, celles mentionnées à l'article L 521-8-5 du code de la recherche et à l'article 5-4 de la loi n° 78-654 du 22 juin 1978 concernant les comités professionnels de développement économique.

BF 4/24 inf. 264 ; FR 10/22 inf. 5 n°s 44 à 46 p. 14

Art L 16 J Les personnes compétentes contrôlent, selon le cas, les déclarations des redevables constatant l'imposition ou les documents transmis par les redevables sur la base desquels l'imposition est constatée.

A cette fin, elles peuvent demander aux redevables tous renseignements ou justifications relatifs à ces déclarations ou documents. Cette demande ne constitue pas le début d'une vérification de comptabilité au sens de l'article L 13 ou d'un examen de comptabilité au sens de l'article L 13 G.

Art L 16 K A défaut de réponse dans un délai de trente jours à compter de la réception de la demande faite par les personnes mentionnées au 3° de l'article L 16 I en application de l'article L 16 J, ces dernières peuvent solliciter l'administration fiscale pour procéder à un contrôle.

II. Dispositions particulières aux droits d'enregistrement, à la taxe de publicité foncière, à l'impôt de solidarité sur la fortune et à la taxe sur la valeur vénale des immeubles possédés en France par des personnes morales

A. Droits d'enregistrement et taxe de publicité foncière

1° Rectification des prix ou évaluations

Art L 17 En ce qui concerne les droits d'enregistrement et la taxe de publicité foncière ou la taxe sur la valeur ajoutée lorsqu'elle est due au lieu et place de ces droits ou taxe, l'administration des impôts peut rectifier le prix ou l'évaluation d'un bien ayant servi de base à la perception d'une imposition lorsque ce prix ou cette évaluation paraît inférieur à la valeur vénale réelle des biens transmis ou désignés dans les actes ou déclarations.

La rectification correspondante est effectuée suivant la procédure de rectification contradictoire prévue à l'article L 55, l'administration étant tenue d'apporter la preuve de l'insuffisance des prix exprimés et des évaluations fournies dans les actes ou déclarations.

IMMO-I-5690 s. ; ENR-VII-800 s. ; MF n° 78220

2° Rescrit sur la valeur vénale d'un bien

Art L 18 I. Il ne peut être fait application de l'article L 17 lorsqu'un redevable envisage la donation de tout ou partie de son entreprise individuelle ou des titres de la société dans laquelle il exerce des fonctions de direction, à l'exclusion des titres de sociétés ayant pour activité principale la gestion de leur propre patrimoine mobilier ou immobilier, si les conditions suivantes sont remplies :
1° Le donateur de bonne foi a, préalablement à la donation, consulté par écrit l'administration sur la valeur vénale à laquelle il estime son entreprise ;
2° Le donateur a fourni à l'administration tous les éléments utiles pour apprécier la valeur vénale du bien dans le cadre de l'opération de donation envisagée ;
3° Le donateur a, dans un délai de trois mois suivant la réponse de l'administration, réalisé la donation sur la base de la valeur vénale expressément acceptée par celle-ci.
II. L'administration dispose d'un délai de six mois pour se prononcer sur la demande mentionnée au 1° du I.
III. Un décret en Conseil d'Etat précise les modalités d'application du présent article, notamment les documents et informations qui doivent être fournis par le contribuable.

Un décret en Conseil d'Etat précise les modalités d'application du présent article, notamment les documents et informations qui doivent être fournis par le contribuable.

Ndlr *Voir LPF, art. R 18-1.*

ENR-VII-2350 s. ; MF n° 79373

3° Contrôle des actes de succession

Art L 19 A l'occasion du contrôle des déclarations de succession, l'administration des impôts peut demander aux héritiers et autres ayants droit des éclaircissements ou des justifications au sujet des titres, valeurs et créances ainsi que des biens ou droits placés dans un trust défini à l'article 792-0 bis et des produits qui y sont capitalisés, non énoncés dans la déclaration et qui sont présumés faire partie de la succession en application du premier alinéa de l'article 752 du code général des impôts.

Les mesures destinées à l'application du présent article sont fixées par décret en Conseil d'Etat.

Ndlr *Voir LPF, art. R 19-1.*

ENR-X-7420 s. ; ENR-XII-36600

Art L 20 L'administration des impôts peut exiger des justifications au sujet de toutes les dettes déduites de l'actif d'une succession.

Elle peut, dans tous les cas, exiger des héritiers et autres ayants droit la production d'une attestation certifiant l'existence d'une dette à l'époque de l'ouverture de la succession. Cette attestation, établie par le créancier et qui doit mentionner la dette de façon précise, ne peut être refusée par ce dernier, sous peine de dommages-intérêts, toutes les fois qu'elle est légitimement réclamée.

Le créancier qui certifie l'existence d'une dette doit déclarer expressément connaître les peines prévues au 4 du V de l'article 1754 du code général des impôts en cas de fausse attestation.

Toute dette constatée par acte authentique et non échue au jour de l'ouverture de la succession ne peut être écartée par l'administration tant que celle-ci n'a pas fait juger qu'elle n'avait pas d'existence réelle.

ENR-X-16040 ; ENR-XII-14860 ; ENR-XIII-24770 s., 25180 ; MF n° 68505

Art L 21 Si les justifications produites à la suite des demandes prévues à l'article L 20 sont estimées insuffisantes, l'administration peut rectifier les déclarations de succession en se conformant à la procédure de rectification contradictoire prévue à l'article L 55.

ENR-X-16050

3° bis Contrôle des actes de donation

Art L 21 A L'administration peut demander au contribuable des justifications au sujet de toutes les dettes mises à la charge du donataire dans l'acte de donation.

En l'absence de réponse ou si les justifications produites sont estimées insuffisantes, l'administration peut rectifier l'acte de donation en se conformant à la procédure de rectification contradictoire prévue par l'article L 55.

ENR-X-52120

3° ter Dispositions relatives au contrôle sur demande

Art L 21 B I. Les signataires de la déclaration prévue à l'article 800 du code général des impôts et les donataires mentionnés dans un acte de mutation à titre gratuit entre vifs peuvent demander à l'administration de contrôler la déclaration dont ils sont signataires ou l'acte auquel ils sont parties. Cette demande, pour être recevable, doit être signée par les bénéficiaires d'au moins un tiers de l'actif net déclaré et transmis lors de la mutation.

La demande de contrôle doit être :

1° Relative à une déclaration ou un acte enregistré avant la réception d'un avis de mise en recouvrement ou de la mise en demeure mentionnée à l'article L 67 ;

2° Et présentée au plus tard dans le délai de trois mois suivant l'enregistrement de la déclaration ou de l'acte sans pouvoir être antérieure à la date de cet enregistrement.

II. Lorsque les conditions mentionnées au I sont satisfaites, aucun rehaussement d'imposition ne peut être proposé postérieurement au délai d'un an suivant la date de réception de la demande de contrôle. Cette période d'un an est prorogée, le cas échéant, du délai de réponse du contribuable aux demandes de renseignements, justifications ou éclaircissements de l'administration, pour la partie excédant le délai prévu à l'article L 11, ainsi que du délai nécessaire à l'administration pour recevoir les renseignements demandés aux autorités étrangères lorsque des biens situés à l'étranger figurent sur la déclaration ou l'acte mentionné au I du présent article.

III. La garantie mentionnée au II ne s'applique pas aux rehaussements d'imposition :

1° Découlant de l'omission, dans l'acte ou la déclaration, de la mention de biens, droits, valeurs ou donations antérieures qui auraient dû y figurer ;

2° Ou procédant de la remise en cause d'une exonération ou d'un régime de taxation favorable en raison du non-respect d'un engagement ou d'une condition prévus pour en bénéficier ;

3° Ou proposés dans le cadre de la procédure prévue à l'article L 64.

IV. *(Abrogé).*

ENR-VII-5700 s. ; MF n° 78250

4° Contrôle des ventes publiques de meubles

Art L 22 Les agents de l'administration des impôts peuvent assister aux ventes publiques et par enchères, s'y faire présenter les procès-verbaux de vente et constater les infractions éventuelles.

Ils peuvent requérir l'assistance des autorités de police municipale de la commune où se fait la vente.

ENR-IX-4635

5º Communication des répertoires

Art L 23 Les notaires, huissiers de justice, greffiers, les autorités administratives pour les actes qu'elles rédigent, doivent communiquer leurs répertoires aux agents de l'administration des impôts qui se présentent chez eux pour les vérifier.

ENR-I-14410 s.

Le refus de communication est constaté par un procès-verbal établi en présence du maire, d'un adjoint ou d'un agent de la police municipale de la commune de résidence.

B. Impôt sur la fortune immobilière

Art L 23 A En vue du contrôle de l'impôt sur la fortune immobilière, l'administration peut demander aux redevables des éclaircissements et des justifications sur la composition de l'actif et du passif du patrimoine mentionné à l'article 965, notamment de l'existence, de l'objet et du montant des dettes dont la déduction est opérée et de l'éligibilité et des modalités de calcul des exonérations ou réductions d'impôt dont il a été fait application.

Cette demande, qui est indépendante d'une procédure d'examen de situation fiscale personnelle, fixe au contribuable un délai de réponse qui ne peut être inférieur à deux mois.

En l'absence de réponse à la demande mentionnée au premier alinéa ou si les éclaircissements ou justifications sont estimés insuffisants, l'administration peut rectifier les déclarations d'impôt sur la fortune immobilière en se conformant à la procédure de rectification contradictoire prévue à l'article L 55.

ENR-VII-4640 s. ; ENR-XII-36520 s. ;
ENR-XIII-36780 s. ; MF nº 72320

D. Contrôle des comptes financiers et des contrats d'assurance-vie souscrits auprès d'organismes établis hors de France

Art L 23 C Lorsque l'obligation prévue au deuxième alinéa de l'article 1649 A ou à l'article 1649 AA du code général des impôts n'a pas été respectée au moins une fois au titre des dix années précédentes, l'administration peut demander, indépendamment d'une procédure d'examen de situation fiscale personnelle, à la personne physique soumise à cette obligation de fournir dans un délai de soixante jours toutes informations ou justifications sur l'origine et les modalités d'acquisition des avoirs figurant sur le compte ou le contrat de capitalisation ou le placement de même nature.

Lorsque la personne a répondu de façon insuffisante aux demandes d'informations ou de justifications, l'administration lui adresse une mise en demeure d'avoir à compléter sa réponse dans un délai de trente jours, en précisant les compléments de réponse qu'elle souhaite.

CF-IX-23040 s. ; MF nº 78305

III. Dispositions particulières aux contributions indirectes, au timbre et aux législations assimilées

A. Contrôle à la circulation

Art L 24 Les transporteurs ou conducteurs doivent présenter sur-le-champ, à toute demande des agents de l'administration habilités à établir des procès-verbaux, les titres de mouvement, permis de circulation, lettres de voiture et autres pièces administratives concernant les matériels, produits ou marchandises soumis à des formalités particulières en matière de circulation.

Art L 25 A défaut de présentation des pièces mentionnées à l'article L 24, qui doivent accompagner un transport de boissons, ou en cas de fraude ou de contravention, les agents de l'administration saisissent le chargement. Dans le cas où les pièces présentées sont inapplicables et si la nature du chargement n'est pas contestée, la saisie est limitée aux récipients sur lesquels les différences sont constatées.

A défaut de caution solvable et pour garantie de l'amende, les moyens de transport sont également saisis.

Les marchandises faisant partie des chargements et qui ne sont pas en fraude sont rendues au propriétaire.

B. Contrôle sur les lieux d'exercice de l'activité

1. Contributions indirectes

Art L 26 Les agents de l'administration peuvent intervenir, sans formalité préalable et sans que leur contrôle puisse être retardé, dans les locaux professionnels des personnes soumises, en raison de leur profession, à la législation des contributions indirectes ou aux législations édictant les mêmes règles en matière de procédure et de recouvrement, pour y procéder à des inventaires, aux opérations nécessaires à la constatation et à la garantie de l'impôt et généralement aux contrôles qualitatifs et quantitatifs prévus par ces législations.

Les agents ont également libre accès aux lieux de dépôt des entreprises de transport, aux bureaux de poste sédentaires ou ambulants, y compris aux salles de tri, aux locaux des entreprises assurant l'acheminement de plis et de colis ainsi qu'aux ateliers publics et aux locaux des associations coopératives où sont effectuées des distillations.

Ils ont un accès immédiat aux données conservées dans des systèmes dématérialisés de billetterie, ainsi qu'à la restitution des informations en clair.

Lorsque les agents de catégorie A et B constatent une infraction, ils ont le droit, après en avoir informé le contrevenant, de saisir les objets, produits, marchandises ou appareils passibles de confiscation. Il est fait mention de la saisie au procès-verbal prévu à l'article L 212 A.

Les agents de catégorie C peuvent également exercer ce droit, lorsqu'ils agissent sur ordre écrit d'un agent des douanes ayant au moins le grade d'inspecteur.

TVA-XV-11235

Art L 27 à L 36 A Articles relatifs aux contributions indirectes, non reproduits (voir l'avant-propos).

C. Droit de visite

Art L 38 1. Pour la recherche et la constatation des infractions aux dispositions du titre III de la première partie du livre Ier du code général des impôts, des chapitres III et IV du titre Ier du livre III du code des impositions sur les biens et services et aux législations édictant les mêmes règles en matière de procédure et de recouvrement, les agents habilités à cet effet par le ministre chargé des douanes peuvent procéder à des visites en tous lieux, même privés, où les pièces, documents, objets ou marchandises se rapportant à ces infractions ainsi que les biens et avoirs en provenant directement ou indirectement sont susceptibles d'être détenus ou d'être accessibles ou disponibles et procéder à leur saisie, quel qu'en soit le support. Ils sont accompagnés d'un officier de police judiciaire ou d'un agent des douanes habilité en application de l'article 28-1 du code de procédure pénale.

Les agents habilités peuvent procéder, à l'occasion de la visite, à la saisie des pièces et documents, quel qu'en soit le support, ainsi que des objets ou des marchandises se rapportant aux infractions précitées. Ils peuvent saisir les biens et avoirs provenant directement ou indirectement des infractions précitées uniquement dans le cas de visites autorisées en application du 2.

2. Hormis les cas de flagrance, chaque visite doit être autorisée par une ordonnance du juge des libertés et de la détention du tribunal judiciaire dans le ressort duquel sont situés les locaux à visiter.

Le juge doit vérifier de manière concrète que la demande d'autorisation qui lui est soumise est bien fondée ; cette demande doit comporter tous les éléments d'information en possession de l'administration de nature à justifier la visite.

Il désigne l'officier de police judiciaire ou l'agent des douanes habilité en application de l'article 28-1 du code de procédure pénale chargé d'assister à ces opérations et de le tenir informé de leur déroulement.

L'ordonnance comporte :

L'adresse des lieux à visiter ;

Le nom et la qualité du fonctionnaire habilité qui a sollicité et obtenu l'autorisation de procéder aux opérations de visite ;

la mention de la faculté pour l'occupant des lieux ou son représentant, ainsi que l'auteur présumé des infractions mentionnées au 1, de faire appel à un conseil de son choix.

L'exercice de cette faculté n'entraîne pas la suspension des opérations de visite et de saisie.

Le juge motive sa décision par l'indication des éléments de fait et de droit qu'il retient et qui laissent présumer, en l'espèce, l'existence des infractions dont la preuve est recherchée. Il se prononce par une mention expresse sur la saisie de biens et avoirs pouvant provenir directement ou indirectement des infractions dont la preuve est recherchée.

Si, à l'occasion de la visite, les agents habilités découvrent l'existence d'un coffre dans un établissement de crédit ou une société de financement dont la personne occupant les lieux visités est titulaire et où des pièces, documents, objets ou marchandises se rapportant aux infractions visées au 1 sont susceptibles de se trouver, ils peuvent, sur autorisation délivrée par tout moyen par le juge qui a pris l'ordonnance, procéder immédiatement à la visite de ce coffre. Mention de cette autorisation est portée au procès-verbal prévu au 4.

Si, à l'occasion de la visite, les agents habilités découvrent des éléments révélant l'existence en d'autres lieux de biens ou avoirs se rapportant aux infractions visées au 1, ils peuvent, sur autorisation délivrée par tout moyen par le juge qui a pris l'ordonnance, procéder immédiatement à la visite de ces lieux aux fins de saisir ces biens et avoirs. Mention de cette autorisation est portée au procès-verbal prévu au 4.

La visite s'effectue sous l'autorité et le contrôle du juge qui l'a autorisée. Lorsqu'elle a lieu en dehors du ressort de son tribunal judiciaire, il délivre une commission rogatoire, pour exercer ce contrôle, au juge des libertés et de la détention du tribunal judiciaire dans le ressort duquel s'effectue la visite.

Il peut se rendre dans les locaux pendant l'intervention.

A tout moment, il peut décider la suspension ou l'arrêt de la visite.

L'ordonnance est exécutoire au seul vu de la minute.

L'ordonnance est notifiée, verbalement et sur place au moment de la visite, à l'occupant des lieux ou à son représentant qui en reçoit copie intégrale contre récépissé ou émargement au procès-verbal prévu au 4. En l'absence de l'occupant des lieux ou de son représentant, l'ordonnance est notifiée après la visite par lettre recommandée avec avis de réception. La notification est réputée faite à la date de réception figurant sur l'avis. Une copie est également adressée par lettre recommandée avec demande d'avis de réception à l'auteur présumé des infractions mentionnées au 1, nonobstant les dispositions de l'article L 103.

A défaut de réception, il est procédé à la signification de l'ordonnance par acte d'huissier de justice.

Le délai et la voie de recours sont mentionnés dans l'ordonnance.

L'ordonnance peut faire l'objet d'un appel devant le premier président de la cour d'appel. Les parties ne sont pas tenues de constituer avocat.

Suivant les règles prévues par le code de procédure civile, cet appel doit être exclusivement formé par déclaration remise ou adressée, par pli recommandé ou, à compter du 1er janvier 2009, par voie électronique, au greffe de la cour dans un délai de quinze jours. Ce délai court à compter soit de la remise, soit de la réception, soit de la signification de l'ordonnance. Cet appel n'est pas suspensif.

Le greffe du tribunal judiciaire transmet sans délai le dossier de l'affaire au greffe de la cour d'appel où les parties peuvent le consulter.

L'ordonnance du premier président de la cour d'appel est susceptible d'un pourvoi en cassation, selon les règles prévues par le code de procédure civile. Le délai du pourvoi en cassation est de quinze jours.

3. La visite ne peut être commencée avant 6 heures ni après 21 heures ; dans les lieux ouverts au public elle peut également être commencée pendant les heures d'ouverture de l'établissement. Elle est effectuée en présence de l'occupant des lieux ou de son représentant ; en cas d'impossibilité, l'officier de police judiciaire ou l'agent des douanes habilité en application de l'article 28-1 du code de procédure pénale requiert deux témoins choisis en dehors des personnes relevant de son autorité ou de celle de l'administration des douanes et droits indirects.

Les agents de l'administration des douanes et droits indirects mentionnés au 1, les personnes auxquelles ils ont éventuellement recours en application de l'article L 103 B, l'occupant des lieux ou son représentant et l'officier de police judiciaire ou l'agent des douanes habilité en application de l'article 28-1 du code de procédure pénale peuvent seuls prendre connaissance des pièces et documents avant leur saisie.

L'officier de police judiciaire ou l'agent des douanes habilité en application de l'article 28-1 du code de procédure pénale veille au respect du secret professionnel et des droits de la défense conformément aux dispositions du troisième alinéa de l'article 56 du code de procédure pénale ; l'article 58 de ce code est applicable.

(Voir Code de procédure pénale, art. 58 à la fin de l'article L 16 B, III)

4. Le procès-verbal de visite relatant les modalités et le déroulement de l'opération est dressé sur-le-champ par les agents de l'administration des douanes et droits indirects. Un inventaire des pièces et documents saisis, ainsi que des biens et avoirs provenant directement ou indirectement des infractions dont la preuve est recherchée, lui est annexé. Le procès-verbal et l'inventaire sont signés par les agents de l'administration des douanes et droits indirects et par l'officier de police judiciaire ou l'agent des douanes habilité en application de l'article 28-1 du code de procédure pénale ainsi que par les personnes mentionnées au premier alinéa du 3 ; en cas de refus de signer, mention en est faite au procès-verbal.

Si l'inventaire sur place présente des difficultés, les pièces, documents, biens et avoirs saisis sont placés sous scellés. L'occupant des lieux ou son représentant est avisé qu'il peut assister à l'ouverture des scellés qui a lieu en présence de l'officier de police judiciaire ou l'agent des douanes habilité en application de l'article 28-1 du code de procédure pénale ; l'inventaire est alors établi.

Lorsque la copie sur place de données stockées dans un système informatique non implanté sur les lieux visités présente des difficultés, les agents habilités peuvent appliquer toute mesure permettant de protéger l'accès en ligne aux données concernées afin de veiller à la conservation des indices susceptibles de disparaître. Mention en est portée au procès-verbal. Les agents habilités peuvent procéder, dans un délai de trente jours à compter de la visite, à leur téléchargement à distance. Dans un délai de trente jours à compter de ce téléchargement, prorogé sur autorisation délivrée par le juge des libertés et de la détention, les données se rapportant aux infractions recherchées sont saisies. Les autres données sont détruites à l'expiration d'un délai de quinze jours à compter de la saisie. L'occupant des lieux ou son représentant est avisé qu'il peut assister au téléchargement des données, qui a lieu en présence d'un officier de police judiciaire ou d'un agent des douanes habilité en application du même article 28-1. Cette opération est effectuée dans les locaux du service chargé de la procédure selon les modalités prévues aux quatrième à avant-dernier alinéas de l'article 57-1 du même code.

4 bis. Lorsque l'occupant des lieux ou son représentant fait obstacle à l'accès aux pièces ou documents présents sur un support informatique, à leur lecture ou à leur saisie, mention en est portée au procès-verbal.

Les agents habilités peuvent alors procéder à la copie de ce support et saisir ce dernier, qui est placé sous scellés. Ils disposent de quinze jours à compter de la date de la visite pour accéder aux pièces ou documents présents sur le support informatique placé sous scellés, à leur lecture et à la saisie des données se rapportant aux infractions recherchées ainsi qu'à la restitution du support informatique et de sa copie. Ce délai est prorogé sur autorisation délivrée par le juge des libertés et de la détention.

A la seule fin de permettre la lecture des pièces ou documents présents sur le support informatique placé sous scellés, les agents habilités procèdent aux opérations nécessaires à leur accès ou à leur mise au clair. Ces opérations sont réalisées sur la copie du support.

L'occupant des lieux ou son représentant est avisé qu'il peut assister à l'ouverture des scellés, à la lecture et à la saisie des pièces et documents présents sur ce support informatique, qui ont lieu en présence de l'officier de police judiciaire ou de l'agent des douanes habilité en application de l'article 28-1 du code de procédure pénale.

Un procès-verbal décrivant les opérations réalisées pour accéder à ces pièces et documents, à leur mise au clair et à leur lecture est dressé par les agents habilités. Un inventaire des pièces et documents saisis lui est annexé, s'il y a lieu.

Le procès-verbal et l'inventaire sont signés par les agents habilités et par un officier de police judiciaire ou un agent des douanes habilité en application de l'article 28-1 du code de procédure pénale ainsi que par l'occupant des lieux ou son représentant ; en l'absence de celui-ci ou en cas de refus de signer, mention en est faite au procès-verbal.

Il est procédé concomitamment à la restitution du support informatique et de sa copie. En l'absence de l'occupant des lieux ou de son représentant, l'administration accomplit alors sans délai toutes diligences pour les restituer.

5. Les originaux du procès-verbal de visite et de l'inventaire sont, dès qu'ils ont été établis, adressés au juge qui a délivré l'ordonnance ; une copie de ces mêmes documents est remise à l'occupant des lieux ou à son représentant. Une copie est également adressée par lettre recommandée avec demande d'avis de réception à l'auteur présumé des infractions mentionnées au 1, nonobstant les dispositions de l'article L 103.

Si le juge constate que les biens et avoirs saisis ne proviennent pas directement ou indirectement des infractions dont la preuve est recherchée, il ordonne la mainlevée de la saisie et la restitution des biens et avoirs concernés.

Les pièces et documents saisis sont restitués à l'occupant des lieux après exécution de la transaction consécutive à la rédaction du procès-verbal de constatation des infractions prévu par l'article L 212 A ; en cas de poursuites judiciaires, leur restitution est autorisée par l'autorité judiciaire compétente.

Le premier président de la cour d'appel connaît des recours contre le déroulement des opérations de visite ou de saisie autorisées en application du 2. Le procès-verbal et l'inventaire rédigés à l'issue de ces opérations mentionnent le délai et la voie de recours. Les parties ne sont pas tenues de constituer avocat.

Suivant les règles prévues par le code de procédure civile, ce recours doit être exclusivement formé par déclaration remise ou adressée, par pli recommandé ou, à compter du 1er janvier 2009, par voie électronique, au greffe de la cour dans un délai de quinze jours. Ce délai court à compter de la remise ou de la réception soit du procès-verbal, soit de l'inventaire, mentionnés au premier alinéa. Ce recours n'est pas suspensif.

L'ordonnance du premier président de la cour d'appel est susceptible d'un pourvoi en cassation selon les règles prévues par le code de procédure civile. Le délai du pourvoi en cassation est de quinze jours.

6. Les informations recueillies ne peuvent être exploitées dans le cadre d'une procédure de vérification de comptabilité ou de contrôle de revenu qu'après restitution des pièces ou de leur reproduction et mise en œuvre des procédures de contrôle visées aux premier et deuxième alinéas de l'article L 47.

7. Les dispositions des 1 à 6 peuvent être mises en œuvre par les agents habilités à cet effet par le directeur général des finances publiques, pour la recherche et la constatation des infractions aux dispositions de l'article 290 quater et du III de l'article 298 bis du code général des impôts.

D. Droit d'audition

Art L 39 La personne à l'égard de laquelle il existe des raisons plausibles de soupçonner qu'elle a commis ou tenté de commettre des faits constituant une infraction en matière de contributions indirectes ou de réglementations édictant les mêmes règles en matière de procédure et de recouvrement ne peut être entendue sur ces faits qu'après la notification des informations prévues à l'article 61-1 du code de procédure pénale.

S'il apparaît, au cours de l'audition d'une personne, des raisons plausibles de soupçonner qu'elle a commis ou tenté de commettre une infraction, ces informations lui sont communiquées sans délai.

E. Prélèvement d'échantillons

Art L 40 I. Les agents de l'administration peuvent, dans le cadre des contrôles prévus par le présent livre en vue de rechercher et de constater les infractions à la législation des contributions indirectes, procéder ou faire procéder à des prélèvements d'échantillons aux fins d'analyse ou d'expertise, en la présence soit du propriétaire, soit du détenteur du produit ou de la marchandise, soit d'un représentant de l'un d'eux, soit, à défaut, d'un témoin requis par les agents et n'appartenant pas à l'administration chargée des contributions indirectes.

Les modalités de réalisation des prélèvements et de conservation et de restitution des échantillons sont fixées par décret *(NDLR Voir LPF, art. R 40-1 à R 40-3 et R 40-5)*.

II. Chaque prélèvement d'échantillons fait l'objet d'un procès-verbal décrivant les opérations effectuées, notamment l'identification des échantillons, et comportant toutes les indications jugées utiles pour établir l'authenticité des échantillons prélevés *(NDLR Voir également LPF, art. R 40-4)*.

Le procès-verbal est signé par les agents de l'administration.

La personne présente lors du prélèvement peut faire insérer au procès-verbal toutes les déclarations qu'elle juge utiles. Elle est invitée à signer le procès-verbal. En cas de refus de signature, mention en est portée au procès-verbal.

Une copie du procès-verbal est transmise au propriétaire ou au détenteur du produit ou de la marchandise ou au représentant de l'un d'eux ayant assisté au prélèvement et, si elle est différente, à la personne chez laquelle le prélèvement a été effectué.

SECTION III

Modalités d'exercice du droit de contrôle

Art L 45 I. Les agents de l'administration des finances publiques peuvent assurer le contrôle et l'assiette de l'ensemble des impôts ou taxes dus par le contribuable qu'ils vérifient.

II. Dans l'exercice de leur mission de contrôle, les agents de l'administration des finances publiques peuvent recourir aux instruments de coopération administrative prévus dans le domaine fiscal aux articles 28 et 29 du règlement (UE) n° 904/2010 du Conseil du 7 octobre 2010 concernant la coopération administrative et la lutte contre la fraude dans le domaine de la taxe sur la valeur ajoutée et aux articles 11, 12 et 12 bis de la directive 2011/16/UE du Conseil du 15 février 2011 relative à la coopération administrative en matière fiscale et abrogeant la directive 77/799/CEE. Ils peuvent, sur autorisation des autorités nationales compétentes, assister ou participer à ces procédures administratives ayant lieu en France ou sur le territoire d'un ou de plusieurs autres Etats membres de l'Union européenne. Les informations obtenues sont opposables aux contribuables, dans le respect des procédures de contrôle applicables en France.

A. Pour l'application de la législation fiscale lorsque la situation d'un ou plusieurs contribuables présente un intérêt commun ou complémentaire pour plusieurs Etats membres de l'Union européenne, l'administration peut convenir avec l'administration du ou des Etats membres concernés de procéder à des contrôles simultanés, chacune sur le territoire de l'Etat membre dont elle relève, en vue d'échanger les renseignements ainsi obtenus.

B. Les fonctionnaires des administrations des autres Etats membres de l'Union européenne dûment habilités par l'autorité requérante par un mandat écrit et autorisés par l'administration française peuvent :

a. Etre présents dans les bureaux où les agents exécutent leurs tâches ;

b. Assister aux procédures administratives conduites sur le territoire français ou y participer en recourant à des moyens de communication électronique ;

c. Interroger les contribuables et leur demander des renseignements, dans le respect des règles de procédure applicables en France ;

d. Examiner des dossiers et recevoir des copies des informations recherchées.

C. Pour l'application de la législation fiscale, lorsque l'examen d'une affaire liée à une ou plusieurs personnes présente un intérêt commun ou complémentaire avec un ou plusieurs Etats membres de l'Union européenne, l'administration des finances publiques peut convenir avec l'administration du ou des Etats membres concernés de mener un contrôle conjoint, de manière préétablie et coordonnée. Lorsque le contrôle conjoint se déroule sur le territoire français, les fonctionnaires des administrations des autres Etats membres qui y participent sont dûment habilités et mandatés à cette fin. Leur participation et le déroulement des contrôles conjoints sont subordonnés au respect de la législation française.

Les fonctionnaires des administrations des autres Etats membres participant à un contrôle conjoint mené sur le territoire français peuvent :

1° Interroger les contribuables et examiner les documents en coopération avec les agents de l'administration des finances publiques ;

2° Recueillir des éléments de preuve au cours des activités de contrôle.

Un rapport final contient les conclusions du contrôle conjoint. Ce rapport mentionne les positions des administrations fiscales ayant participé au contrôle, notamment les points sur lesquels les autorités compétentes participant à l'opération sont d'accord. Ce rapport est communiqué au contribuable dans un délai de soixante jours après avoir été établi.

Ndlr *Les dispositions du présent C sont entrées en vigueur le 1er janvier 2024 (Loi 2021-1900 du 30 décembre 2021 art. 134, III-C).*

D. La langue officielle des procédures administratives qui se déroulent sur le territoire français est le français. D'autres langues peuvent être désignées comme langue de travail, pour autant que les administrations concernées en conviennent.

E. Tout refus opposé par le contribuable à la présence de fonctionnaires des administrations des autres Etats membres dans le cadre des procédures administratives prévues aux B et C du présent II est considéré comme un refus opposé aux agents de l'administration et entraîne l'application, le cas échéant, des articles 1732 et 1734 du code général des impôts.

CF-I-85, 7800 s. ; MF nº 77865

Art L 45-0 A Sans préjudice des dispositions de l'article 11 du code général des impôts, lorsque le lieu de déclaration ou d'imposition d'un contribuable a été ou aurait dû être modifié, les agents des impôts compétents à l'issue de ce changement peuvent également assurer l'assiette et le contrôle de l'ensemble des impôts ou taxes non atteints par la prescription.

CF-I-8550 s. ; MF nº 77865

Art L 45 B La réalité de l'affectation à la recherche des dépenses prises en compte pour la détermination des crédits d'impôt définis aux articles 244 quater B et 244 quater B bis du code général des impôts peut, sans préjudice des pouvoirs de contrôle de l'administration des impôts qui demeure seule compétente pour l'application des procédures de rectification, être vérifiée par les agents du ministère chargé de la recherche et de la technologie.

Un décret fixe les conditions d'application du présent article.

IS-IX-8200 s., 9320 ; MF nº 10505

Art L 45 BA La réalité de la création d'ouvrages réalisés en un seul exemplaire ou en petite série, pour lesquels les dépenses sont prises en compte pour la détermination du crédit d'impôt mentionné à l'article 244 quater O du code général des impôts, peut, sans préjudice des pouvoirs de contrôle de l'administration des finances publiques, qui demeure seule compétente pour l'application des procédures de rectification, être vérifiée par les agents des ministères chargés de l'industrie, du commerce et de l'artisanat.

IS-IX-60950 s. ; MF nº 10535

Art L 45 C Les personnes assujetties à la taxe sur la valeur ajoutée ne peuvent, pour l'ensemble de leurs opérations, opposer l'exception d'incompétence à l'encontre des agents de la direction générale des douanes et droits indirects ou de la direction générale des finances publiques qui contrôlent la régularité des déductions prévues par l'article 271 du code général des impôts et qui poursuivent la régularisation des déductions opérées indûment sur les taxes payées à l'une ou l'autre de ces administrations.

Art L 45 F Dans les départements d'outre-mer, l'administration peut contrôler sur le lieu d'exploitation le respect des conditions de réalisation, d'affectation, d'exploitation et de conservation des investissements ayant ouvert droit au bénéfice des dispositions prévues aux articles 199 undecies A, 199 undecies B, 199 undecies C, 199 septvicies, 199 novovicies, 217 undecies, 217 duodecies, 244 quater W, 244 quater X et 244 quater Y du code général des impôts.

Dans les collectivités d'outre-mer et en Nouvelle-Calédonie, les contrôles mentionnés au premier alinéa peuvent être réalisés par les agents mandatés par le directeur général des finances publiques.

Les modalités d'application du présent article sont fixées par décret en Conseil d'Etat.

DC-IV-17500 s.

Art L 45 G Les agents assermentés de l'administration chargée des forêts sont habilités à contrôler les déclarations souscrites en application du 1° bis et du 1° ter de l'article 1395 du code général des impôts relatives à la réussite de l'opération de régénération naturelle ou à l'état de futaie irrégulière en équilibre de régénération de terrains boisés. Dans le cadre de ce contrôle, ils sont autorisés à accéder aux parcelles faisant l'objet des exonérations de taxe foncière sur les propriétés non bâties prévues par les dispositions précitées.

Lorsqu'il apparaît à l'issue de ce contrôle que les conditions pour bénéficier de ces exonérations ne sont pas respectées, les impositions supplémentaires correspondantes sont établies au profit de l'Etat dans les conditions prévues à l'article 1416 du code général des impôts et à l'article L 173.

Un décret fixe les conditions d'application du présent article.

FNB-II-7060

Art L 46 Les autorités civiles et militaires et la force publique prêtent aide et assistance aux agents des administrations fiscales pour l'exercice de leurs fonctions, toutes les fois qu'elles en sont requises.

1° Garanties accordées au contribuable en matière de vérification

Art L 47 Un examen contradictoire de la situation fiscale personnelle au regard de l'impôt sur le revenu, une vérification de comptabilité ou un examen de comptabilité ne peut être engagé sans que le contribuable en ait été informé par l'envoi ou la remise d'un avis de vérification ou par l'envoi d'un avis d'examen de comptabilité.

CF-V-100 s. ; MF n° 79410

Cet avis doit préciser les années soumises à vérification et mentionner expressément, sous peine de nullité de la procédure, que le contribuable a la faculté de se faire assister par un conseil de son choix.

CF-V-680 s. ; MF n° 79410

L'avis informe le contribuable que la charte des droits et obligations du contribuable vérifié peut être consultée sur le site internet de l'administration fiscale ou lui être remise sur simple demande.

CF-V-3040 ; MF n° 79415

L'avis envoyé ou remis au contribuable avant l'engagement d'un examen contradictoire de la situation fiscale personnelle peut comporter une demande des relevés de compte.

CF-IV-52930 ; MF n° 78095

En cas de contrôle inopiné tendant à la constatation matérielle des éléments physiques de l'exploitation ou de l'existence et de l'état des documents comptables, l'avis de vérification de comptabilité et la charte des droits et obligations du contribuable vérifié sont remis au contribuable au début des opérations de constatations matérielles. L'examen au fond des documents comptables ne peut commencer qu'à l'issue d'un délai raisonnable permettant au contribuable de se faire assister par un conseil.

CF-IV-16500 s. ; MF n°s 78120 s.

Art L 47 A I. Lorsque la comptabilité est tenue au moyen de systèmes informatisés, le contribuable qui fait l'objet d'une vérification de comptabilité satisfait à l'obligation de représentation des documents comptables mentionnés au premier alinéa de l'article 54 du code général des impôts en remettant au début des opérations de contrôle, sous forme dématérialisée répondant à des normes fixées par arrêté du ministre chargé du budget, une copie des fichiers des écritures comptables définies aux articles 420-1 et suivants du plan comptable général.

Le premier alinéa du présent article s'applique également aux fichiers des écritures comptables de tout contribuable soumis par le code général des impôts à l'obligation de tenir et de présenter des documents comptables autres que ceux mentionnés au premier alinéa du même article 54 et dont la comptabilité est tenue au moyen de systèmes informatisés.

L'administration peut effectuer des tris, classements ainsi que tous calculs aux fins de s'assurer de la concordance entre la copie des enregistrements comptables et les déclarations fiscales du contribuable. L'administration détruit, avant la mise en recouvrement, les copies des fichiers transmis.

CF-IV-37500 s.

II. En présence d'une comptabilité tenue au moyen de systèmes informatisés et lorsqu'ils envisagent des traitements informatiques, les agents de l'administration fiscale indiquent par écrit au contribuable la nature des investigations souhaitées. Le contribuable formalise par écrit son choix parmi l'une des options suivantes :

a. Les agents de l'administration peuvent effectuer la vérification sur le matériel utilisé par le contribuable ;

b. Celui-ci peut effectuer lui-même tout ou partie des traitements informatiques nécessaires à la vérification. Dans ce cas, après, le cas échéant, la remise des copies prévue au second alinéa du présent b, l'administration précise par écrit au contribuable, ou à un mandataire désigné à cet effet, les travaux à réaliser ainsi que le délai accordé pour les effectuer. Les résultats des traitements sont alors remis sous forme dématérialisée répondant à des normes fixées par arrêté du ministre chargé du budget.

Toutefois, à la demande de l'administration, le contribuable met à sa disposition, dans les quinze jours suivant cette demande, les copies des documents, données et traitements soumis à contrôle. Ces copies sont produites sur tous supports informatiques répondant à des normes fixées par arrêté du ministre chargé du budget. L'administration peut effectuer sur ces copies tout ou partie des traitements informatiques nécessaires à la vérification. Dans ce cas, l'administration communique au contribuable, sous forme dématérialisée ou non, au choix du contribuable, le résultat des traitements informatiques qui donnent lieu à des rehaussements au plus tard lors de l'envoi de la proposition de rectification mentionnée à l'article L 57 ;

c. Le contribuable peut également demander que le contrôle ne soit pas effectué sur le matériel de l'entreprise. Il met alors à la disposition de l'administration, dans les quinze jours suivant la formalisation par écrit de son choix, les copies des documents, données et traitements soumis à contrôle. Ces copies sont produites sur tous supports informatiques, répondant à des normes fixées par arrêté du ministre chargé du budget. L'administration communique au contribuable, sous forme dématérialisée ou non au choix du contribuable, le résultat des traitements informatiques qui donnent lieu à des rehaussements au plus tard lors de l'envoi de la proposition de rectification mentionnée à l'article L 57.

Le contribuable est informé des noms et adresses administratives des agents par qui ou sous le contrôle desquels les opérations sont réalisées. L'administration détruit, avant la mise en recouvrement, les copies des fichiers transmis.

CF-IV-44300 s.

III. a. Dans le cadre du contrôle inopiné mentionné au dernier alinéa de l'article L 47, lorsque la comptabilité est tenue au moyen de systèmes informatisés, les agents de l'administration peuvent réaliser deux copies des fichiers relatifs aux informations, données et traitements informatiques ainsi que de la documentation relative aux analyses, à la programmation et à l'exécution des traitements mentionnés au IV de l'article L 13.

Ces copies sont scellées selon des modalités définies par arrêté du ministre chargé du budget. Une copie est remise au contribuable ou à son représentant, l'autre copie est conservée par l'administration.

A l'issue du délai raisonnable mentionné au dernier alinéa de l'article L 47, les deux copies sont confrontées.

b. Par dérogation au I, en cas d'altération des scellés ou des fichiers copiés, de non-présentation de la copie des fichiers remise au contribuable ou du fichier des écritures comptables mentionné au même I, l'administration peut effectuer des tris, classements ainsi que tous calculs sur la copie des fichiers des écritures comptables conservée par ses soins.

c. Par dérogation au II, si l'administration envisage des traitements informatiques, en cas d'altération des scellés ou des fichiers copiés, de non-présentation de la copie remise au contribuable ou d'impossibilité d'effectuer tout ou partie des traitements informatiques nécessaires au contrôle des informations, données et traitements informatiques mentionnés au IV de l'article L 13, l'administration peut effectuer ces traitements sur la copie des fichiers conservée par ses soins.

Lorsque le premier alinéa du présent c n'est pas applicable, si l'administration envisage des traitements informatiques prévus au II, elle peut, quelle que soit l'option choisie par le contribuable, consulter la copie des fichiers, mentionnée au a du présent III, qu'elle a conservée et la comparer aux fichiers, copies de fichiers nécessaires à la réalisation des traitements et résultats de traitements réalisés mis à disposition ou remis par le contribuable. Le résultat de cette comparaison est opposable au contribuable *(Les dispositions du présent alinéa s'appliquent aux avis de vérification remis à compter du 25 octobre 2018).*

d. L'administration communique au contribuable, sous forme dématérialisée ou non, au choix de ce dernier, le résultat des traitements informatiques qui donnent lieu à des rehaussements au plus tard lors de l'envoi de la proposition de rectification mentionnée à l'article L 57. L'administration détruit, avant la mise en recouvrement, la copie des fichiers mentionnée au a.

CF-IV-43500 s.

CF-IV-34000 s. ; MF nº 78140

Art L 47 AA **1.** Dans un délai de quinze jours à compter de la réception d'un avis d'examen de comptabilité, le contribuable adresse à l'administration, sous forme dématérialisée répondant aux normes fixées par arrêté du ministre chargé du budget, une copie des fichiers des écritures comptables.

2. Si le contribuable ne respecte pas les obligations prévues au 1, l'administration peut l'informer que la procédure prévue à l'article L 13 G est annulée.

3. L'administration peut effectuer des tris, classements ainsi que tous calculs aux fins de s'assurer de la concordance entre la copie des fichiers des écritures comptables et les déclarations fiscales du contribuable. Elle peut effectuer des traitements informatiques sur les fichiers transmis par le contribuable autres que les fichiers des écritures comptables.

4. Au plus tard six mois après la réception de la copie des fichiers des écritures comptables selon les modalités prévues au 1, l'administration envoie au contribuable une proposition de rectification ou l'informe de l'absence de rectification.

5. Au plus tard lors de l'envoi de la proposition de rectification, l'administration informe le contribuable de la nature et du résultat des traitements informatiques qui donnent lieu à des rehaussements.

6. Avant la mise en recouvrement ou avant d'informer le contribuable de l'absence de rectification, l'administration détruit les copies des fichiers transmis.

CF-IV-49000 s. ; MF nº 78190

Art L 47 B Au cours d'une procédure d'examen de situation fiscale personnelle, l'administration peut examiner les opérations figurant sur des comptes financiers utilisés à la fois à titre privé et professionnel et demander au contribuable tous éclaircissements ou justifications sur ces opérations sans que cet examen et ces demandes constituent le début d'une procédure de vérification de comptabilité.

Au cours d'une procédure de vérification de comptabilité ou d'un examen de comptabilité, l'administration peut procéder aux mêmes examen et demandes, sans que ceux-ci constituent le début d'une procédure d'examen de situation fiscale personnelle.

L'administration peut tenir compte, dans chacune de ces procédures, des constatations résultant de l'examen des comptes ou des réponses aux demandes d'éclaircissements ou de justifications, et faites dans le cadre de l'autre procédure conformément aux seules règles applicables à cette dernière.

CF-IV-30100 s. ; MF nº 78145

Art L 47 C Lorsque, au cours d'un examen contradictoire de la situation fiscale personnelle, sont découvertes des activités occultes ou mises en évidence des conditions d'exercice non déclarées de l'activité d'un contribuable, l'administration n'est pas tenue d'engager une vérification de comptabilité pour régulariser la situation fiscale du contribuable au regard de cette activité.

CF-IV-31500 s. ; MF nº 78145

Art L 48 A l'issue d'un examen contradictoire de la situation fiscale personnelle au regard de l'impôt sur le revenu, d'une vérification de comptabilité ou d'un examen de comptabilité, lorsque des rectifications sont envisagées, l'administration doit indiquer, avant que le contribuable présente ses observations ou accepte les rehaussements proposés, dans la proposition prévue au premier alinéa de l'article L 57 ou dans la notification mentionnée à l'article L 76, le montant des droits, taxes et pénalités résultant de ces rectifications. Lorsqu'à un stade ultérieur de la procédure de rectification contradictoire l'administration modifie les rehaussements, pour tenir compte des observations et avis recueillis au cours de cette procédure, cette modification est portée par écrit à la connaissance du contribuable avant la mise en recouvrement, qui peut alors intervenir sans délai.

Pour une société membre d'un groupe mentionné à l'article 223 A ou à l'article 223 A bis du code général des impôts, l'information prévue au premier alinéa porte, en ce qui concerne l'impôt sur les sociétés et les pénalités correspondantes, sur les montants dont elle serait redevable en l'absence d'appartenance à un groupe.

Pour l'assujetti membre d'un groupe mentionné à l'article 1693 ter du code général des impôts, l'information prévue au premier alinéa du présent article porte, en ce qui concerne la taxe sur la valeur ajoutée, les taxes, contributions et redevances mentionnées au 1 du même article 1693 ter et les pénalités correspondantes, sur les montants dont il serait redevable en l'absence d'appartenance au groupe.

Pour le redevable recourant à la faculté de mutualiser les déclarations en application de l'article L 163-1 du code des impositions sur les biens et services, l'information prévue au premier alinéa du présent article porte, en ce qui concerne la taxe sur certains services numériques mentionnée à l'article L 453-45 du même code et les pénalités correspondantes, sur les montants dont ce redevable serait redevable en l'absence d'appartenance au groupe.

Lorsqu'elle envisage d'accorder un échelonnement des mises en recouvrement des rappels de droits et pénalités consécutifs aux rectifications ou le bénéfice des dispositions visées au 3° de l'article L 247 du présent livre, l'administration en informe les contribuables dans les mêmes conditions.

FR 2/23 inf. 33 n°s 5 à 7 p. 54 ; CF-V-3700 s. ; MF n°s 79425 s.

Art L 49 Quand elle a procédé à un examen contradictoire de la situation fiscale personnelle au regard de l'impôt sur le revenu, à une vérification de comptabilité ou à un examen de comptabilité l'administration des impôts doit en porter les résultats à la connaissance du contribuable, même en l'absence de rectification.

Les points contrôlés mentionnés au second alinéa de l'article L 80 A et au 10° de l'article L 80 B sont indiqués au contribuable sur la proposition de rectification ou sur l'avis d'absence de rectification, y compris s'ils ne comportent ni insuffisance, ni inexactitude, ni omission, ni dissimulation au sens de l'article L 55.

CF-V-3400 s. ; MF n° 79420

Art L 50 Lorsqu'elle a procédé à un examen contradictoire de la situation fiscale personnelle d'un contribuable au regard de l'impôt sur le revenu, l'administration des impôts ne peut plus procéder à des rectifications pour la même période et pour le même impôt, à moins que le contribuable ne lui ait fourni des éléments incomplets ou inexacts ou que l'administration n'ait dressé un procès-verbal de flagrance fiscale dans les conditions prévues à l'article L 16-0 BA, au titre d'une période postérieure.

Il est fait exception à cette règle dans les cas prévus aux articles L 188 A et L 188 B.

CF-V-13000 s. ; MF n° 79495

Art L 51 Lorsque la vérification de comptabilité ou l'examen de comptabilité, pour une période déterminée, au regard d'un impôt ou d'une taxe ou d'un groupe d'impôts ou de taxes, est achevé, l'administration ne peut procéder à une vérification de comptabilité ou à un examen de comptabilité de ces mêmes écritures au regard des mêmes impôts ou taxes et pour la même période.

Toutefois, il est fait exception à cette règle :

1° lorsque la vérification ou l'examen de comptabilité a été limité à des opérations déterminées ;

2° dans les cas prévus à l'article L 176 en matière de taxes sur le chiffre d'affaires ;

3° dans les cas prévus à l'article L 187 en cas d'agissements frauduleux ;

4° dans les cas où l'administration a dressé un procès-verbal de flagrance fiscale dans les conditions prévues à l'article L 16-0 BA, au titre d'une période postérieure ;

5° dans les cas de vérification ou d'examen de la comptabilité des sociétés mères qui ont opté pour le régime prévu à l'article 223 A ou à l'article 223 A bis du code général des impôts ;

5° bis dans les cas de vérification ou d'examen de la comptabilité du représentant d'un assujetti unique mentionné à l'article 256 C du code général des impôts ou d'un membre de cet assujetti unique ;

6° dans les cas prévus à l'article L 188 A après l'intervention de la réponse de l'autorité compétente de l'autre Etat ou territoire ;

7° dans les cas prévus à l'article L 188 B ;

8. dans les cas prévus à l'article L 171 B.

Ndlr *Les dispositions du présent 8° s'appliquent aux exercices ouverts à compter du 1er janvier 2024 (Loi 2023-1322 du 29 décembre 2023 art. 116, III).*

FR 2/23 inf. 33 n°s 5, 9 et 10 p. 54 ; FR 2/24 inf. 93 n°s 19 et 20 p. 158 ; IS-V-84000 s. ; CF-V-6600 s. ; MF n°s 40810, 46556, 79450 s.

Art L 52 **I.** Sous peine de nullité de l'imposition, la vérification sur place des livres ou documents comptables ne peut s'étendre sur une durée supérieure à trois mois en ce qui concerne :

1° Les entreprises industrielles et commerciales ou les contribuables se livrant à une activité non commerciale dont le chiffre d'affaires ou le montant annuel des recettes brutes n'excède pas les seuils prévus aux 1° et 2° de l'article L 162-4 du code des impositions sur les biens et services ;

2° Les contribuables se livrant à une activité agricole, lorsque le montant annuel des recettes brutes n'excède pas la limite prévue au b du II de l'article 69 du code général des impôts.

Les dispositions des trois premiers alinéas sont valables dans les cas où un même vérificateur contrôle à la fois l'assiette de plusieurs catégories différentes d'impôts ou de taxes.

II. Par dérogation au I, l'expiration du délai de trois mois n'est pas opposable à l'administration :

1° Pour l'instruction des observations ou des requêtes présentées par le contribuable, après l'achèvement des opérations de vérification ;

2° Pour l'examen, en vertu de l'article L 12, des comptes financiers utilisés à titre privé et professionnel ;

3° Pour la vérification, en vertu de l'article L 13, des comptes utilisés pour l'exercice d'activités distinctes ;

4° En cas de graves irrégularités privant de valeur probante la comptabilité. Dans ce cas, la vérification sur place ne peut s'étendre sur une durée supérieure à six mois *(Disposition applicable aux contrôles pour lesquels un avis de vérification a été adressé après le 1er janvier 2008)* ;

5° Elle ne l'est pas non plus pour la vérification de comptabilité de l'année ou de l'exercice au cours duquel l'administration a dressé un procès-verbal de flagrance fiscale dans les conditions prévues à l'article L 16-0 BA, ainsi que pour la vérification des années antérieures ;

6° Lorsqu'à la date d'expiration de ce délai, une enquête judiciaire ou une information ouverte par l'autorité judiciaire dans le cas mentionné à l'article L 188 B est en cours ;

7° Si le contribuable s'est livré à une activité occulte, au sens du deuxième alinéa de l'article L 169.

III. En cas de mise en œuvre du I de l'article L 47 A, les délais de trois ou six mois prévus, respectivement, au I et au 4° du II du présent article sont suspendus jusqu'à la remise de la copie des fichiers des écritures comptables à l'administration.

En cas de mise en œuvre du II de l'article L 47 A, la limitation à trois mois ou à six mois de la durée de la vérification sur place est prorogée de la durée comprise entre la date du choix du contribuable pour l'une des options prévues à cet article pour la réalisation du traitement et, respectivement selon l'option choisie, soit celle de la mise à disposition du matériel et des fichiers nécessaires par l'entreprise, soit celle de la remise des résultats des traitements réalisés par l'entreprise à l'administration, soit celle de la remise des copies de fichiers nécessaires à la réalisation des traitements par l'administration. Cette dernière date fait l'objet d'une consignation par écrit.

CF-IV-45620 s. ; MF n° 78140
CF-V-8500 s. ; MF nos 79460 s.

Art L 52 A Les dispositions de l'article L 52 ne s'appliquent pas aux personnes morales, ni aux sociétés visées à l'article 238 bis M du code général des impôts à l'actif desquelles sont inscrits des titres de placement ou de participation pour un montant total d'au moins 7 600 000 €.

CF-V-8810 s. ; MF n° 79460 précision a

Art L 52 B I. Le contrôle de la situation fiscale mentionné à l'article L 16 H ne peut être engagé sans que le redevable en ait été informé par l'envoi ou la remise d'un avis de vérification. Cet avis mentionne les taxes et les périodes soumises à ce contrôle et informe le redevable de la faculté de se faire assister par le conseil de son choix ainsi que, le cas échéant, de l'obligation de transmission des données enregistrées et conservées sous forme dématérialisée.

II. Le contrôle de la situation fiscale du redevable mentionnée à l'article L 16 H ne peut s'étendre sur une durée supérieure à six mois.

Lorsque les données d'assiette pour les taxes mentionnées à l'article L 6431-6 du code des transports sont enregistrés et conservées sous forme dématérialisée, le délai défini précédemment est suspendu jusqu'à la remise intégrale des fichiers concernés aux agents assermentés mentionnés à l'article L 16 H.

III. Lorsque les données d'assiette pour les taxes mentionnées à l'article L 6431-6 du code des transports sont enregistrées et conservées sous forme dématérialisée, le redevable destinataire de l'avis de vérification de sa situation fiscale remet, lors de la première intervention, les fichiers concernés aux agents assermentés mentionnés à l'article L 16 H et les autorise à examiner ces documents dans les locaux de l'administration et sur le matériel informatique de l'administration.

L'administration peut effectuer des tris, classements ainsi que tous calculs aux fins de s'assurer de la concordance entre la copie des fichiers transmis et les déclarations fiscales du redevable.

Dans le cadre du débat oral et contradictoire, l'administration informe le redevable du résultat de ses traitements effectués en application des dispositions figurant aux premier et deuxième alinéas.

Les conclusions du contrôle sont présentées dans le délai mentionné au II.

L'administration conserve les fichiers, selon le cas :

1° Jusqu'à la mise en recouvrement des rappels de droits et des pénalités lorsque les traitements opérés par l'administration donnent lieu à envoi d'une proposition de rectification ;

2° Jusqu'à l'envoi de l'avis d'absence de rectification.

2º Actes de procédure

Art L 53 En ce qui concerne les sociétés dont les associés sont personnellement soumis à l'impôt pour la part des bénéfices correspondant à leurs droits dans la société, la procédure de vérification des déclarations déposées par la société est suivie entre l'administration des impôts et la société elle-même.

En ce qui concerne les fiducies, la procédure de vérification des déclarations déposées par le fiduciaire pour le compte de ces dernières est suivie entre l'administration des impôts et le fiduciaire.

CF-I-2070 s. ; DC-IX-54790 ; MF nº 91190

Art L 54 Les procédures de fixation des bases d'imposition ou de rectification des déclarations relatives aux revenus provenant d'une activité dont les produits relèvent de la catégorie des bénéfices agricoles, des bénéfices industriels et commerciaux et des bénéfices non commerciaux ou des revenus visés à l'article 62 du code général des impôts, sont suivies entre l'administration des impôts et celui des époux titulaire des revenus.

Ces procédures produisent directement effet pour la détermination du revenu global.

CF-I-1750 s. ; MF nº 335 précision c

Art L 54 A Sous réserve des dispositions de l'article L 54, chacun des époux a qualité pour suivre les procédures relatives à l'impôt dû à raison de l'ensemble des revenus du foyer. Les déclarations, les réponses, les actes de procédure faits par l'un des conjoints ou notifiés à l'un d'eux sont opposables de plein droit à l'autre.

CF-I-1750 s. ; MF nº 335

SECTION IV

Procédures de redressement

Art L 54 B La notification d'une proposition de rectification doit mentionner, sous peine de nullité, que le contribuable a la faculté de se faire assister d'un conseil de son choix pour discuter la proposition de rectification ou pour y répondre.

CF-VI-7500 s. ; MF nº 78775

Art L 54 C Hormis lorsqu'elle est adressée dans le cadre des procédures mentionnées aux articles L 12, L 13 et L 13 G et aux I et II de la section V du présent chapitre, la proposition de rectification peut faire l'objet, dans le délai imparti pour l'introduction d'un recours contentieux, d'un recours hiérarchique qui suspend le cours de ce délai.

FR 37/18 inf. 9 p. 13 ; FR 47/19 inf. 8 p. 13

I. Procédure de rectification contradictoire

Art L 55 Sous réserve des dispositions de l'article L 56, lorsque l'administration des impôts constate une insuffisance, une inexactitude, une omission ou une dissimulation dans les éléments servant de base au calcul des impôts, droits, taxes, redevances ou sommes quelconques dus en vertu du code général des impôts ou de l'article L 2333-55-2 du code général des collectivités territoriales, les rectifications correspondantes sont effectuées suivant la procédure de rectification contradictoire définie aux articles L 57 à L 61 A.

Cette procédure s'applique également lorsque l'administration effectue la reconstitution du montant déclaré du bénéfice industriel ou commercial, du bénéfice non commercial, du bénéfice agricole ou du chiffre d'affaires déterminé selon un mode réel d'imposition.

CF-VI-200 s. ; ENR-VII-330 s. ; MF nºs 78600 s.

Art L 56 La procédure de rectification contradictoire n'est pas applicable :

1º En matière d'impositions directes perçues au profit des collectivités locales ou d'organismes divers, à l'exclusion de la cotisation sur la valeur ajoutée des entreprises prévue à l'article 1586 ter du code général des impôts et de la taxe d'aménagement prévue à l'article 1635 quater A du même code ;

Ndlr *Pour les dispositions du présent 1º applicables à compter des impositions établies au titre de 2027, voir partie Autres textes du présent code loi 2022-1726 du 30 décembre 2022 art. 55, II-1º et XXVII-J modifié par loi 2023-1322 du 29 décembre 2023 art. 79, III-3º.*

2º En matière de contributions indirectes ;

3º En matière de droits de timbre, lorsqu'ils ne sont pas payés sur état ou sur déclaration ;

ENR-VIII-11340

4º Dans le cas de taxation ou évaluation d'office des bases d'imposition ;

5º *(Devenu sans objet).*

CF-VI-2000 s. ; MF nº 78750

Art L 57 L'administration adresse au contribuable une proposition de rectification qui doit être motivée de manière à lui permettre de formuler ses observations ou de faire connaître son acceptation *(NDLR Voir également art. L 54 B et R* 57-1)*.

CF-VI-3350 s.

Sur demande du contribuable reçue par l'administration avant l'expiration du délai mentionné à l'article L 11, ce délai est prorogé de trente jours.

CF-VI-14090 s.

En cas d'application des dispositions du II de l'article L 47 A, l'administration précise au contribuable la nature des traitements effectués.

CF-IV-46000 s.

Lorsque, pour rectifier le prix ou l'évaluation d'un fonds de commerce ou d'une clientèle, en application de l'article L 17, l'administration se fonde sur la comparaison avec la cession d'autres biens, l'obligation de motivation en fait est remplie par l'indication :

1° Des dates des mutations considérées ;

2° De l'adresse des fonds ou lieux d'exercice des professions ;

3° De la nature des activités exercées ;

4° Et des prix de cession, chiffres d'affaires ou bénéfices, si ces informations sont soumises à une obligation de publicité ou, dans le cas contraire, des moyennes de ces données chiffrées concernant les entreprises pour lesquelles sont fournis les éléments mentionnés aux 1°, 2° et 3°.

ENR-VII-1200 s.

Lorsque l'administration rejette les observations du contribuable sa réponse doit également être motivée.

CF-VI-16500 s.

MF n°s 78775 s.

Art L 57 A **I.** En cas de vérification de comptabilité ou d'examen de comptabilité d'une entreprise ou d'un contribuable exerçant une activité industrielle ou commerciale dont le chiffre d'affaires est inférieur à 1 526 000 € s'il s'agit d'entreprises dont le commerce principal est de vendre des marchandises, objets, fournitures et denrées à emporter ou à consommer sur place ou de fournir le logement, ou à 460 000 € s'il s'agit d'autres entreprises ou d'un contribuable se livrant à une activité non commerciale dont le chiffre d'affaires ou le montant annuel des recettes brutes est inférieur à 460 000 €, l'administration répond dans un délai de soixante jours à compter de la réception des observations du contribuable faisant suite à la proposition de rectification mentionnée au premier alinéa de l'article L 57. Le défaut de notification d'une réponse dans ce délai équivaut à une acceptation des observations du contribuable.

II. Le délai de réponse mentionné au I ne s'applique pas :

1° Aux personnes morales ni aux sociétés mentionnées à l'article 238 bis M du code général des impôts à l'actif desquelles sont inscrits des titres de placement ou de participation pour un montant total égal ou supérieur à 7 600 000 € ;

2° En cas de graves irrégularités privant de valeur probante la comptabilité.

CF-VI-17000 s. ; MF n° 78800

Art L 59 Lorsque le désaccord persiste sur les rectifications notifiées, l'administration, si le contribuable le demande, soumet le litige à l'avis soit de la commission des impôts directs et des taxes sur le chiffre d'affaires prévue à l'article 1651 du code général des impôts, soit de la Commission nationale des impôts directs et des taxes sur le chiffre d'affaires prévue à l'article 1651 H du même code, soit de la Commission nationale des taxes aéronautiques prévue à l'article 1651 L bis du même code, soit du comité consultatif prévu à l'article 1653 F du même code soit de la commission départementale de conciliation prévue à l'article 667 du même code.

Les commissions peuvent également être saisies à l'initiative de l'administration.

DC-VII-350 s., 15000 s. ; ENR-VII-1300 ;
IS-IX-8420 s. ; MF n° 78810

Art L 59 A **I.** La commission des impôts directs et des taxes sur le chiffre d'affaires intervient lorsque le désaccord porte :

1° Sur le montant du résultat industriel et commercial, non commercial, agricole ou du chiffre d'affaires, déterminé selon un mode réel d'imposition ;

2° Sur les conditions d'application des régimes d'exonération ou d'allégements fiscaux en faveur des entreprises nouvelles, à l'exception de la qualification des dépenses de recherche mentionnées au II de l'article 244 quater B et au I de l'article 244 quater B bis du code général des impôts ;

3° Sur l'application du 1° du 1 de l'article 39 et du d de l'article 111 du même code relatifs aux rémunérations non déductibles pour la détermination du résultat des entreprises industrielles ou commerciales, ou du 5 de l'article 39 du même code relatif aux dépenses que ces mêmes entreprises doivent mentionner sur le relevé prévu à l'article 54 quater du même code ;

4° Sur la valeur vénale des immeubles, des fonds de commerce, des parts d'intérêts, des actions ou des parts de sociétés immobilières servant de base à la taxe sur la valeur ajoutée, en application du 6° et du 1 du 7° de l'article 257 du même code *(Les 6° et 1 du 7° de l'article 257 du CGI ont été abrogés par le III de l'article 16 de la loi 2010-237 du 9 mars 2010, JO du 10).*

II. Dans les domaines mentionnés au I, la commission des impôts directs et des taxes sur le chiffre d'affaires peut, sans trancher une question de droit, se prononcer sur les faits susceptibles d'être pris en compte pour l'examen de cette question de droit.

Par dérogation aux dispositions du premier alinéa, la commission peut se prononcer sur le caractère anormal d'un acte de gestion, sur le principe et le montant des amortissements et des provisions ainsi que sur le caractère de charges déductibles ou d'immobilisation.

DC-VII-520 s. ; MF n° 78840

Art L 59 B La commission départementale de conciliation intervient en cas d'insuffisance des prix ou évaluations ayant servi de base aux droits d'enregistrement ou à la taxe de publicité foncière dans les cas mentionnés au 2 de l'article 667 du code général des impôts ainsi qu'à l'impôt sur la fortune immobilière.

ENR-VII-1420 s. ; MF n° 78885

Art L 59 C La Commission nationale des impôts directs et des taxes sur le chiffre d'affaires prévue à l'article 1651 H du code général des impôts intervient pour les entreprises qui exercent une activité industrielle et commerciale sur les désaccords en matière de bénéfices industriels et commerciaux et de taxes sur le chiffre d'affaires dans les mêmes conditions que celles définies à l'article L 59 A.

DC-VII-15000 s. ; MF n° 78870

Art L 59 C bis La Commission nationale des taxes aéronautiques prévue à l'article 1651 L bis du code général des impôts intervient lorsque le désaccord porte sur les éléments suivants :

1° Pour la taxe sur le transport aérien de personnes prévue à l'article L 422-13 du code des impositions sur les biens et services, sur le nombre des embarquements taxables mentionnés à l'article L 422-14 du même code pour chacun des tarifs applicables ;

2° Pour la taxe sur le transport aérien de marchandises prévue à l'article L 422-41 du même code, sur la masse mensuelle des marchandises mentionnée à l'article L 422-45 du même code ;

3° Pour la taxe sur les nuisances sonores aériennes prévue à l'article L 422-49 du même code, sur le coefficient propre à chaque aéronef et la masse maximale au décollage de l'aéronef mentionnés respectivement aux 2° et 3° de l'article L 422-53 du même code.

Art L 59 D Le comité consultatif prévu à l'article 1653 F du code général des impôts intervient lorsque le désaccord porte sur la réalité de l'affectation à la recherche des dépenses prises en compte pour la détermination des crédits d'impôt définis aux articles 244 quater B et 244 quater B bis du même code.

Ce comité peut, sans trancher une question de droit, se prononcer sur les faits susceptibles d'être pris en compte pour l'examen de cette question de droit.

IS-IX-8420 s., 9320 ; MF n° 10505

Art L 60 Le rapport par lequel l'administration des impôts soumet le différend qui l'oppose au contribuable à la commission des impôts directs et des taxes sur le chiffre d'affaires prévue, selon le cas, à l'article 1651 ou à l'article 1651 H du code général des impôts, à la Commission nationale des taxes aéronautiques prévue à l'article 1651 L bis du même code ou au comité consultatif prévu à l'article 1653 F du même code, ainsi que tous les autres documents dont l'administration fait état pour appuyer sa thèse, doivent être tenus à la disposition du contribuable intéressé.

Cette communication doit être faite sous réserve du secret professionnel relatif aux renseignements concernant d'autres contribuables. La communication effectuée par la commission des impôts directs et des taxes sur le chiffre d'affaires prévue, selon le cas, à l'article 1651 ou à l'article 1651 H dudit code doit cependant porter sur les documents contenant des indications relatives aux bénéfices ou revenus de tiers, de telle manière que l'intéressé puisse s'assurer que les points de comparaison retenus par l'administration concernent des entreprises dont l'activité est comparable à la sienne.

DC-VII-9300 s. ; IS-IX-8420 s. ; MF n° 78855

Art L 61 Après l'établissement du rôle ou l'émission de l'avis de mise en recouvrement, le contribuable conserve le droit de présenter une réclamation conformément à l'article L 190.

CF-VI-22900 ; MF n°s 81500 s.

Art L 61 B **1.** Lorsque les agents de la direction générale des finances publiques constatent une insuffisance, une inexactitude, une omission ou une dissimulation dans les éléments servant de base au calcul de la taxe prévue au I de l'article 1605 du code général des impôts dans les conditions mentionnées au 1° du II du même article, les rehaussements correspondants sont effectués suivant la procédure de rectification contradictoire définie aux articles L 57 à L 61.

2. Pour le contrôle de la taxe prévue au I de l'article 1605 du code général des impôts et dans les conditions mentionnées au 1° du II du même article, les agents mentionnés au 1 du présent article peuvent procéder au constat matériel de la détention des appareils récepteurs de télévision ou dispositifs assimilés permettant la réception de la télévision. Lorsqu'une infraction aux obligations prévues aux articles 1605 bis et 1605 ter du code général des impôts est constatée, les agents mentionnés au 1 du présent article peuvent dresser un procès-verbal faisant foi jusqu'à preuve du contraire, qui doit être apportée selon les modalités prévues par le dernier alinéa de l'article 537 du code de procédure pénale.

Ndlr *Les dispositions du présent article sont abrogées à compter du 1er janvier 2025 (Loi 2022-1157 du 16 août 2022 art. 6, III-1° et VIII-C).*

FR 35/22 inf. 12 n° 9 p. 14 ; TD-V-3550 s.

Art L 61 C La procédure de rectification contradictoire est, pour les impositions mentionnées à l'article L 16 I, conduite par les personnes compétentes au sens de ce même article.

Toutefois, cette procédure est conduite par l'administration fiscale lorsqu'elle a été saisie d'une demande de contrôle en application de l'article L 16 K.

Art L 61 D Par dérogation au 4° de l'article L 56, la procédure de rectification contradictoire est applicable en cas d'évaluation d'office des impositions mentionnées à l'article L 115-1 du code du cinéma et de l'image animée en application de l'article L 74.

Dans ce cas, l'évaluation d'office peut être réalisée dans les conditions prévues au dernier alinéa de l'article L 67 B.

II. Procédure de régularisation

Art L 62 Si, dans un délai de trente jours à compter de la réception d'une demande mentionnée aux articles L 10, L 16 ou L 23 A du présent code ou de la réception d'une proposition de rectification ou, dans le cadre d'une vérification de comptabilité ou d'un examen de situation fiscale personnelle, avant toute proposition de rectification, le contribuable demande à régulariser les erreurs, inexactitudes, omissions ou insuffisances dans les déclarations souscrites dans les délais, il est redevable d'un montant égal à 70 % de l'intérêt de retard prévu à l'article 1727 du code général des impôts.

Cette procédure de régularisation ne peut être appliquée que si :

1° Elle ne concerne pas une infraction exclusive de bonne foi ;

2° Le contribuable dépose une déclaration complémentaire dans les trente jours de la demande de régularisation mentionnée au premier alinéa du présent article et s'acquitte de l'intégralité des suppléments de droits simples dus et des intérêts de retard calculés en application du même premier alinéa soit au moment du dépôt de cette déclaration complémentaire, soit, en cas de mise en recouvrement par voie de rôle, au plus tard à la date limite de paiement portée sur l'avis d'imposition.

A défaut de paiement immédiat des droits simples ou, s'agissant des impositions recouvrées par voie de rôle, de paiement effectué au plus tard à la date limite de paiement portée sur l'avis d'imposition, le bénéfice de la réduction de l'intérêt de retard est conservé en cas d'acceptation par le comptable public d'un plan de règlement des droits simples.

CF-VI-25100 s. ; MF n° 79175

Art L 62 A Les bénéfices transférés, au sens de l'article 57 du code général des impôts, ou les produits mentionnés à l'article 238 A du même code et qualifiés de revenus distribués sur le fondement des 1° et 2° du 1 de l'article 109 et du c de l'article 111 dudit code au profit d'entreprises liées, au sens du 12 de l'article 39 du même code, peuvent, sur demande écrite du redevable, ne pas être soumis à la retenue à la source prévue au 2 de l'article 119 bis dudit code si les conditions cumulatives suivantes sont satisfaites :

1° La demande du redevable de la retenue à la source intervient avant la mise en recouvrement des rappels de retenue à la source ;

2° Le redevable accepte, dans sa demande, les rehaussements et pénalités afférentes qui ont fait l'objet de la qualification de revenus distribués ;

3° Les sommes qualifiées de revenus distribués par l'administration sont rapatriées au profit du redevable. Ce rapatriement intervient dans un délai de soixante jours à compter de la demande ;

4° Le bénéficiaire des sommes qualifiées de revenus distribués n'est pas situé dans un Etat ou un territoire non coopératif, au sens de l'article 238-0 A du code général des impôts autres que ceux mentionnés au 2° du 2 bis du même article 238-0 A, sauf si le redevable apporte la preuve que les opérations auxquelles correspondent ces sommes ont principalement un objet et un effet autres que de permettre leur localisation dans un Etat ou territoire non coopératif.

CF-VI-26000 s. ; MF n°s 78267, 78295

Art L 62 B En matière de contributions indirectes, le redevable peut soit spontanément, avant l'expiration du délai prévu pour l'exercice par l'administration de son droit de reprise, soit à la demande de l'administration dans le délai que celle-ci lui indique régulariser les erreurs, inexactitudes, omissions ou insuffisances commises pour la première fois, au cours des six années précédant cette commission, dans les déclarations souscrites dans les délais. Les sanctions prévues aux articles 1791 à 1794,1797 à 1798 ter et 1804 du code général des impôts ne sont pas applicables lorsque cette régularisation :

Ndlr *Pour les dispositions du présent alinéa applicables à compter du 1er juillet 2025, voir partie Autres textes du présent code ordonnance 2023-1210 du 20 décembre 2023 art. 27, 1º et 43.*

1º Est accompagnée du paiement des droits et taxes concernés et de l'intérêt de retard prévu, selon le cas, au V de l'article 1727 du code général des impôts ou à l'article L 62 C du présent livre et que ce paiement est soit immédiat, soit effectué dans le cadre d'un plan de règlement des droits accordé par le comptable public ;

2º Ne concerne pas une infraction exclusive de bonne foi.

Art L 62 C En matière de contributions indirectes, le montant dû au titre de l'intérêt de retard prévu à l'article 1727 du code général des impôts est réduit de 30 % lorsque le redevable demande à régulariser les erreurs, inexactitudes, omissions ou insuffisances dans les déclarations souscrites dans les délais, alors qu'un contrôle de l'administration est en cours, soit avant la notification de l'information ou de la proposition de taxation mentionnées au I de l'article L 80 M du présent livre, soit après cette notification. Dans ce dernier cas, le redevable dispose de trente jours à compter de la notification pour demander la régularisation.

La réduction mentionnée au premier alinéa du présent article ne peut être appliquée que si la régularisation :

1º Ne concerne pas une infraction exclusive de bonne foi ;

2º Est accompagnée du paiement de l'intégralité des droits, taxes et intérêts exigibles, soit immédiatement, soit dans le cadre d'un plan de règlement accordé par le comptable public.

III. Procédure spéciale de l'article 168 du code général des impôts

Art L 63 **1.** Lorsque les agents des impôts constatent une disproportion marquée entre le train de vie d'un contribuable et les revenus qu'il déclare, ils peuvent modifier la base d'imposition dans les conditions prévues aux articles 168 et 1649 quater-0 B ter du code général des impôts.

2. La décision de faire application du 1 est prise par un agent de catégorie A détenant au moins un grade fixé par décret en Conseil d'Etat *(NDLR Voir art. R* 63-1)*, qui vise à cet effet la proposition prévue au premier alinéa de l'article L 57.

IRPP-VII-3000 s. ; CF-IX-87750 s. ; MF n°s 4220 s., 78398

IV. Procédure de l'abus de droit fiscal

Art L 64 Afin d'en restituer le véritable caractère, l'administration est en droit d'écarter, comme ne lui étant pas opposables, les actes constitutifs d'un abus de droit, soit que ces actes ont un caractère fictif, soit que, recherchant le bénéfice d'une application littérale des textes ou de décisions à l'encontre des objectifs poursuivis par leurs auteurs, ils n'ont pu être inspirés par aucun autre motif que celui d'éluder ou d'atténuer les charges fiscales que l'intéressé, si ces actes n'avaient pas été passés ou réalisés, aurait normalement supportées eu égard à sa situation ou à ses activités réelles *(NDLR Voir également art. R* 64-1 et R* 64-2)*.

En cas de désaccord sur les rectifications notifiées sur le fondement du présent article, le litige est soumis, à la demande du contribuable, à l'avis du comité de l'abus de droit fiscal. L'administration peut également soumettre le litige à l'avis du comité.

Les avis rendus font l'objet d'un rapport annuel qui est rendu public.

CF-VI-28000 s. ; MF n°s 79185 s.

Art L 64 A Afin d'en restituer le véritable caractère et sous réserve de l'application de l'article 205 A du code général des impôts, l'administration est en droit d'écarter, comme ne lui étant pas opposables, les actes qui, recherchant le bénéfice d'une application littérale des textes ou de décisions à l'encontre des objectifs poursuivis par leurs auteurs, ont pour motif principal d'éluder ou d'atténuer les charges fiscales que l'intéressé, si ces actes n'avaient pas été passés ou réalisés, aurait normalement supportées eu égard à sa situation ou à ses activités réelles.

En cas de désaccord sur les rectifications notifiées sur le fondement du présent article, le litige peut être soumis, à la demande du contribuable ou de l'administration, à l'avis du comité mentionné au deuxième alinéa de l'article L 64 du présent livre.

CF-VI-28000 s. ; MF n°s 79185 s.

Art L 64 B Les procédures définies aux articles L 64 et L 64 A ne sont pas applicables lorsqu'un contribuable, préalablement à la conclusion d'un ou plusieurs actes, a consulté par écrit l'administration centrale en lui fournissant tous éléments utiles pour apprécier la portée véritable de cette opération et que l'administration n'a pas répondu dans un délai de six mois à compter de la demande.

CF-VI-31200 s. ; MF nº 79190

V. Procédure de rectification spécifique à la fiducie

Art L 64 C Sans préjudice de la sanction de nullité prévue à l'article 2013 du code civil, les contrats de fiducie consentis dans une intention libérale au sens de l'article 792 bis du code général des impôts et qui conduisent à une minoration des droits au titre de tous impôts et taxes dus par l'une quelconque des personnes parties au contrat ou en tenant des droits ne peuvent être opposés à l'administration qui est en droit de restituer son véritable caractère à l'opération litigieuse.

DC-IX-54950 ; MF nº 91210

SECTION V

Procédures d'imposition d'office

Art L 65 Dans les cas limitativement énumérés à la présente section, les revenus ou bénéfices imposables des contribuables et les éléments servant au calcul des taxes sur le chiffre d'affaires, des droits d'enregistrement et taxes assimilées ainsi que des taxes assises sur les salaires ou les rémunérations sont taxés ou évalués d'office.

CF-VII-1 s. ; MF n°s 79050 s.

I. Taxation d'office

A. En cas de défaut ou de retard dans le dépôt des déclarations

Art L 66 Sont taxés d'office :

1º A l'impôt sur le revenu, les contribuables qui n'ont pas déposé dans le délai légal la déclaration d'ensemble de leurs revenus ou qui n'ont pas déclaré, en application des articles 150-0 E et 150 VG du code général des impôts, les gains nets et les plus-values imposables qu'ils ont réalisés, sous réserve de la procédure de régularisation prévue à l'article L 67 ;

CF-VII-590 s.

2º A l'impôt sur les sociétés, les personnes morales passibles de cet impôt qui n'ont pas déposé dans le délai légal leur déclaration, sous réserve de la procédure de régularisation prévue à l'article L 68 ;

CF-VII-1670 s.

3º Aux taxes sur le chiffre d'affaires, les personnes qui n'ont pas déposé dans le délai légal les déclarations qu'elles sont tenues de souscrire en leur qualité de redevables des taxes ;

CF-VII-1000 s.

4º Aux droits d'enregistrement et aux taxes assimilées, les personnes qui n'ont pas déposé une déclaration ou qui n'ont pas présenté un acte à la formalité de l'enregistrement dans le délai légal, sous réserve de la procédure de régularisation prévue à l'article L 67.

Le présent 4º s'applique aux personnes mentionnées à l'article 964 du code général des impôts qui n'ont pas indiqué la valeur nette taxable de leur patrimoine imposable dans la déclaration prévue à l'article 170 du même code ou sur les annexes mentionnées à l'article 982 dudit code ou qui n'y ont pas joint ces mêmes annexes ;

CF-VII-1350 s. ; ENR-VII-2400 s.

5º Aux taxes assises sur les salaires ou les rémunérations, les personnes assujetties à ces taxes qui n'ont pas déposé dans le délai légal les déclarations qu'elles sont tenues de souscrire, sous réserve de la procédure de régularisation prévue à l'article L 68 ;

TPS-I-18135 ; TPS-IV-7820 s.

6º A la taxe d'aménagement, les personnes assujetties à cette taxe qui n'ont pas déposé dans le délai légal les déclarations qu'elles sont tenues de souscrire, sous réserve de la procédure de régularisation prévue à l'article L 68.

Ndlr *Les dispositions du présent 6° s'appliquent aux demandes d'autorisation d'urbanisme initiale déposées depuis le 1er septembre 2022, aux autorisations d'urbanisme s'y rattachant et aux procès-verbaux établis après cette date constatant l'achèvement de constructions ou d'aménagements sans autorisation ou en infraction aux obligations résultant d'une autorisation d'urbanisme initiale dont la demande a été déposée après le 1er septembre 2022 ou d'une autorisation d'urbanisme s'y rattachant (Ordonnance 2022-883 du 14 juin 2022 art. 16 et décret 2022-1102 du 1er août 2022 art. 1).*

FR 31/22 inf. 6 n° 24 p. 9

MF n° 79060

Art L 66 A Par exception au 3° de l'article L 66, un membre d'un assujetti unique constitué en application de l'article 256 C du code général des impôts ne peut être taxé d'office à la taxe sur la valeur ajoutée que s'il n'a pas démontré, dans les trente jours de la réception d'une mise en demeure, avoir accompli les diligences nécessaires pour permettre le respect par l'assujetti unique des obligations prévues au 7 de l'article 287 du même code.

BF 12/23 inf. 798 ; MF n° 46556 précision b

Art L 67 La procédure de taxation d'office prévue aux 1° et 4° de l'article L 66 n'est applicable que si le contribuable n'a pas régularisé sa situation dans les trente jours de la notification d'une mise en demeure. Toutefois, le délai de régularisation est fixé à quatre-vingt-dix jours pour la présentation à l'enregistrement de la déclaration mentionnée à l'article 641 du code général des impôts.

Il n'y a pas lieu de procéder à cette mise en demeure si le contribuable change fréquemment de lieu de séjour ou séjourne dans des locaux d'emprunt ou des locaux meublés, ou a transféré son domicile fiscal à l'étranger sans déposer sa déclaration de revenus, ou si un contrôle fiscal n'a pu avoir lieu du fait du contribuable ou de tiers.

CF-VII-2750 s. ; ENR-VII-2400 s. ; MF n°s 79065 s.

Art L 67 A Pour les taxes mentionnées à l'article L 6431-6 du code des transports, le montant de la taxation d'office est déterminé dans les conditions suivantes :

1° S'agissant de la taxe sur le transport aérien de passagers mentionnée à l'article L 422-13 du code des impositions sur les biens et services ou de la taxe sur le transport aérien de marchandises mentionnée à l'article L 422-41 du même code, sur la base des capacités d'emport suivantes offertes par les types d'aéronefs utilisés pour l'ensemble des vols du mois au départ de chaque aérodrome :

a. Le nombre total de sièges offerts pour les avions passagers ;

b. Le nombre total de sièges offerts au titre du transport de passagers et la charge maximale offerte pour le transport de marchandises pour les avions emportant à la fois des passagers, du fret ou du courrier ;

c. La charge marchande totale pour les avions cargos ;

2° S'agissant de la taxe sur les nuisances sonores aériennes mentionnée à l'article L 422-49 du même code, par le produit entre, d'une part, le montant de la taxe perçue sur l'aéronef pour lequel ce montant est le plus élevé au cours du mois ou du trimestre et, d'autre part, le nombre de décollage réalisés par le redevable sur cette même période. Les éléments nécessaires à ce calcul sont communiqués aux services chargés du contrôle, à leur demande, par l'autorité responsable de la circulation aérienne.

Art L 67 B La procédure de taxation d'office est mise en œuvre par les personnes compétentes au sens de l'article L 16 I pour les impositions mentionnées à cet article.

Elle n'est applicable que si le contribuable n'a pas procédé à la régularisation de sa situation dans les trente jours suivant l'envoi d'une lettre de mise en demeure, avec accusé de réception, adressée par ces personnes.

La base d'imposition peut être fixée par référence au chiffre d'affaires ou, pour les biens de l'industrie des corps gras au sens de l'article L 471-19 du code des impositions sur les biens et services, au volume de vente propre au redevable ou à l'opération en cause ou réalisé pour une ou plusieurs opérations comparables ou par une ou plusieurs entreprises comparables.

Art L 68 La procédure de taxation d'office prévue aux 2°, 5° et 6° de l'article L 66 n'est applicable que si le contribuable n'a pas régularisé sa situation dans les trente jours de la notification d'une mise en demeure.

Toutefois, il n'y a pas lieu de procéder à cette mise en demeure :

1° si le contribuable change fréquemment son lieu de résidence ou de principal établissement ;

2° si le contribuable a transféré son activité à l'étranger sans déposer la déclaration de ses résultats ou de ses revenus non commerciaux ;

3° si le contribuable s'est livré à une activité occulte, au sens du deuxième alinéa de l'article L 169 ;

4° si un contrôle fiscal n'a pu avoir lieu du fait du contribuable ou de tiers ;

5° pour les fiducies, si les actes prévus à l'article 635 du code général des impôts n'ont pas été enregistrés ;

DC-IX-54880 ; MF n° 91200

6° lorsque l'administration a dressé un procès-verbal de flagrance fiscale dans les conditions prévues à l'article L 16-0 BA, au titre de l'année ou de l'exercice au cours duquel le procès-verbal est établi.

CF-VII-2750 s. ; MF n°s 79065 s.

B. En cas de défaut de réponse à une demande d'éclaircissements ou de justifications

Art L 69 Sous réserve des dispositions particulières au mode de détermination des bénéfices industriels et commerciaux, des bénéfices agricoles et des bénéfices non commerciaux, sont taxés d'office à l'impôt sur le revenu les contribuables qui se sont abstenus de répondre aux demandes d'éclaircissements ou de justifications prévues à l'article L 16.

CF-VII-4700 s. ; MF n° 79090

Art L 70 Les dispositions de l'article L 69 sont applicables en matière de taxes sur le chiffre d'affaires.

CF-VII-4760 s.

Art L 70 A Lorsque, dans les trente jours de la réception de la mise en demeure mentionnée au dernier alinéa de l'article L 16 C, le redevable s'est abstenu de répondre, n'a pas complété sa réponse ou l'a complétée de manière insuffisante, l'administration fiscale peut procéder à la taxation d'office du redevable au titre de la taxe sur certains services numériques mentionnée à l'article L 453-45 du code des impositions sur les biens et services.

FR 33/19 inf. 4 n° 21 p. 12

C. En cas de défaut de justifications de l'origine et des modalités d'acquisition des avoirs à l'étranger

Art L 71 En l'absence de réponse ou à défaut de réponse suffisante aux demandes d'informations ou de justifications prévues à l'article L 23 C dans les délais prévus au même article, la personne est taxée d'office dans les conditions prévues à l'article 755 du code général des impôts.

La décision de mettre en œuvre cette taxation d'office est prise par un agent de catégorie A détenant au moins un grade fixé par décret en Conseil d'Etat *(NDLR Voir art. R* 71-1)*, qui vise à cet effet la notification prévue à l'article L 76.

CF-IX-23060 ; MF n° 78305

D. En cas de défaut de désignation d'un représentant en France

Art L 72 Sont taxées d'office à l'impôt sur le revenu ou à l'impôt sur les sociétés, lorsqu'elles n'ont pas satisfait dans le délai de quatre-vingt-dix jours à la demande de l'administration des impôts les invitant à désigner un représentant en France :

1° Les personnes physiques exerçant des activités en France ou y possédant des biens sans y avoir leur domicile fiscal et les agents de l'Etat désignés au 2 de l'article 4 B du code général des impôts ;

2° Les personnes morales exerçant des activités en France ou y possédant des biens, sans y avoir leur siège social.

CF-VII-7700, 8670, 11670 ; MF n°s 4480, 4685

Art L 72 A La taxation d'office prévue à l'article L 72 est applicable dans les mêmes conditions à l'égard des personnes mentionnées à l'article 983 du code général des impôts en ce qui concerne l'impôt sur la fortune immobilière.

ENR-XII-36850 ; ENR-XIII-36980 s. ; MF n° 72325

II. Evaluation d'office

Art L 73 Peuvent être évalués d'office :

1° Le bénéfice imposable des contribuables qui perçoivent des revenus provenant d'entreprises industrielles, commerciales ou artisanales, ou des revenus d'exploitations agricoles imposables selon un régime de bénéfice réel, lorsque la déclaration annuelle prévue à l'article 53 A du code général des impôts n'a pas été déposée dans le délai légal ;

CF-VII-1860 s. ; MF n° 79060

1° bis Les résultats imposables selon le régime d'imposition défini à l'article 50-0 du code général des impôts dès lors :

a. Qu'un des éléments déclaratifs visés au 3 de l'article précité n'a pas été indiqué ;

b. Ou que la différence entre le montant du chiffre d'affaires déclaré et celui du chiffre d'affaires réel est supérieure à 10 % du premier chiffre ;

c. Ou que la différence entre le montant des achats figurant sur le registre prévu au même texte et le montant des achats réels est supérieure de 10 % au premier chiffre ;

d. Ou qu'il a été constaté des infractions aux interdictions mentionnées à l'article L 8221-1 du code du travail dans le cadre des articles L 8271-7 à L 8271-10 du même code ;

CF-VII-4400 s. ; MF n° 79080

1° ter Le bénéfice imposable des fiducies lorsque la déclaration annuelle prévue à l'article 238 quater M du code général des impôts n'a pas été déposée dans le délai légal par le fiduciaire ;

DC-IX-54850 s. ; MF n° 91200

2° Le bénéfice imposable des contribuables qui perçoivent des revenus non commerciaux ou des revenus assimilés lorsque la déclaration annuelle prévue à l'article 97 du code général des impôts n'a pas été déposée dans le délai légal ;

CF-VII-1860 s. ; MF n° 79060

2° bis Les résultats imposables selon le régime d'imposition défini à l'article 102 ter du code général des impôts dès lors :

a. Qu'un des éléments déclaratifs visés au 2 de l'article précité n'a pas été indiqué ;

b. Ou que la différence entre le montant des recettes déclarées et celui du montant des recettes réelles est supérieure à 10 % du premier montant ;

c. Ou qu'il a été constaté des infractions aux interdictions mentionnées à l'article L 8221-1 du code du travail dans le cadre des articles L 8271-7 à L 8271-10 du même code ;

CF-VII-4400 s. ; MF n° 79080

3° Les revenus fonciers des contribuables qui se sont abstenus de répondre aux demandes de justifications mentionnées au deuxième alinéa de l'article L 16 ;

FONC-VI-7700 ; MF n° 27595

4° Les gains de cession de valeurs mobilières ou de droits sociaux des contribuables qui se sont abstenus de répondre aux demandes de justifications mentionnées au deuxième alinéa de l'article L 16 ;

CF-VII-4700 s. ; MF n° 33280

5° Les plus-values réalisées par les contribuables qui se sont abstenus de répondre aux demandes de justifications mentionnées au deuxième alinéa de l'article L 16.

IMMO-II-181400 s. ; RM-VII-50200 ;
MF n°s 32425 e, 32550, 32780, 33620

Les dispositions de l'article L 68 sont applicables dans les cas d'évaluation d'office prévus aux 1° et 2°.

CF-VII-2750 s. ; MF n°s 79065 s.

Art L 74 Les bases d'imposition sont évaluées d'office lorsque le contrôle fiscal ne peut avoir lieu du fait du contribuable ou de tiers.

Ces dispositions s'appliquent en cas d'opposition à la mise en œuvre du contrôle dans les conditions prévues aux I et II de l'article L 47 A.

Ces dispositions s'appliquent également au contrôle du contribuable mentionné au I de l'article L 16 B lorsque l'administration a constaté dans les conditions prévues au IV bis du même article, dans les locaux occupés par ce contribuable, ou par son représentant en droit ou en fait s'il s'agit d'une personne morale, qu'il est fait obstacle à l'accès aux pièces ou documents sur support informatique, y compris distant, à leur lecture ou à leur saisie.

Ndlr *Les dispositions du présent alinéa, en tant qu'elles visent les pièces ou documents présents sur un support informatique distant, s'appliquent à compter du 1er janvier 2024.*

CF-VII-6600 s. ; MF n° 79100

IV. Notification et suite des impositions d'office

Art L 76 Les bases ou éléments servant au calcul des impositions d'office et leurs modalités de détermination sont portées à la connaissance du contribuable trente jours au moins avant la mise en recouvrement des impositions. Cette notification est interruptive de prescription. Lorsque le contribuable est taxé d'office en application de l'article L 69, à l'issue d'un examen contradictoire de sa situation fiscale personnelle, la commission des impôts directs et des taxes sur le chiffre d'affaires peut être saisie dans les conditions prévues à l'article L 59.

La prescription des sanctions fiscales autres que celles prévues au troisième alinéa de l'article L 188 est interrompue par l'information notifiée au contribuable qu'elles pourront être éventuellement appliquées.

Les dispositions du présent article ne sont pas applicables dans les cas prévus au deuxième alinéa de l'article L 67.

CF-II-25000 s. ; CF-VII-9700 s., 11230 s. ;
MF n°s 77780, 79090, 79130

Art L 76 A Le contribuable qui a fait l'objet d'une imposition d'office conserve le droit de présenter une réclamation conformément à l'article L 190.

CF-VII-12200 ; MF n° 79140

Art L 76 AA **1.** Lorsque les agents des impôts sont informés pour un contribuable de la situation de fait mentionnée à l'article 1649 quater-0 B bis du code général des impôts, ils peuvent modifier la base d'imposition sur le fondement des présomptions établies par cet article.

2. La décision de faire application du 1 est prise par un agent de catégorie A détenant au moins un grade fixé par décret en Conseil d'Etat *(NDLR Voir art. R* 76 AA-1)*, qui vise à cet effet la proposition prévue au premier alinéa de l'article L 57 ou la notification prévue à l'article L 76.

CF-IX-87400 s. ; MF nº 78395

SECTION V bis

Information du contribuable sur les renseignements ou documents obtenus auprès de tiers

Art L 76 B L'administration est tenue d'informer le contribuable de la teneur et de l'origine des renseignements et documents obtenus de tiers sur lesquels elle s'est fondée pour établir l'imposition faisant l'objet de la proposition prévue au premier alinéa de l'article L 57 ou de la notification prévue à l'article L 76. Elle communique, avant la mise en recouvrement, une copie des documents susmentionnés au contribuable qui en fait la demande.

CF-I-600 s. ; MF nº 78777

Art L 76 C L'administration est tenue d'informer le contribuable de la teneur et de l'origine des informations contenues dans les pièces et documents saisis ou leur reproduction, mentionnés au I de l'article L 16 B et qui n'ont pu lui être restitués dans les conditions prévues au deuxième alinéa du VI du même article, sur lesquelles elle s'est fondée pour établir l'imposition faisant l'objet de la proposition prévue au premier alinéa de l'article L 57 ou de la notification prévue à l'article L 76. Le contribuable peut à tout moment obtenir la restitution de ces pièces et documents.

CF-IX-75660 ; MF nº 78322

SECTION VI

Conséquences et limites des procédures de redressement

Art L 77 En cas de vérification simultanée des taxes sur le chiffre d'affaires et taxes assimilées, de l'impôt sur le revenu ou de l'impôt sur les sociétés, le supplément de taxes sur le chiffre d'affaires et taxes assimilées afférent à un exercice donné est déduit, pour l'assiette de l'impôt sur le revenu ou de l'impôt sur les sociétés, des résultats du même exercice, sauf demande expresse des contribuables, formulée dans le délai qui leur est imparti pour répondre à la proposition de rectification. Dans ce dernier cas, la prescription est réputée interrompue, au sens des articles L 76 et L 189, à hauteur des bases de l'impôt sur le revenu ou de l'impôt sur les sociétés notifiées avant déduction du supplément de taxes sur le chiffre d'affaires et taxes assimilées.

Toutefois, lorsque la taxe sur la valeur ajoutée rappelée est afférente à une opération au titre de laquelle la taxe due peut être totalement ou partiellement déduite par le redevable lui-même, les dispositions prévues au premier alinéa ne s'appliquent pas au montant de la taxe déductible.

Les entreprises soumises à l'impôt sur les sociétés peuvent, dans la mesure où le bénéfice correspondant aux rectifications effectuées est considéré comme distribué, par application des articles 109 et suivants du code général des impôts, à des associés ou actionnaires dont le domicile ou le siège est situé en France, demander que l'impôt sur le revenu supplémentaire dû par les bénéficiaires en raison de cette distribution soit établi sur le montant du rehaussement soumis à l'impôt sur les sociétés diminué du montant de ce dernier impôt.

Lorsque les associés ou actionnaires sont domiciliés ou ont leur siège hors de France, la retenue à la source sur le revenu des capitaux mobiliers due en raison de cette distribution par application des dispositions du 2 de l'article 119 bis du code précité, est, à la demande des entreprises, établie sur le montant de la rectification soumis à l'impôt sur les sociétés, diminué du montant de ce dernier impôt. En outre, le montant de cette retenue à la source constitue un crédit d'impôt déductible de l'impôt sur le revenu dû par les bénéficiaires.

Les demandes que les contribuables peuvent présenter au titre des troisième et quatrième alinéas doivent être faites au plus tard dans le délai de trente jours consécutifs à la réception de la réponse aux observations prévue à l'article L 57 ou, à défaut, d'un document spécifique les invitant à formuler lesdites demandes.

L'imputation prévue aux troisième et quatrième alinéas est soumise à la condition que les associés ou actionnaires reversent dans la caisse sociale les sommes nécessaires au paiement des taxes sur le chiffre d'affaires et des taxes assimilées, de l'impôt sur les sociétés et de la retenue à la source sur les revenus de capitaux mobiliers se rapportant aux sommes qui leur ont été distribuées.

En cas de contrôle d'un membre d'un assujetti unique constitué en application de l'article 256 C du code général des impôts, le premier alinéa du présent article s'applique à ce membre.

FR 2/21 inf. 49 n°s 25 à 29 p. 85 ; CF-V-34000 s. ; MF n°s 46556 précision a, 79590 s.

Art L 79 Les dispositions de l'article L 77 sont applicables, dans les mêmes conditions, en cas de vérifications séparées des taxes sur le chiffre d'affaires et taxes assimilées et de l'impôt sur le revenu ou de l'impôt sur les sociétés.

Toutefois, l'imputation prévue en ce qui concerne les taxes sur le chiffre d'affaires et taxes assimilées n'est effectuée que si la vérification des bases de ces taxes est achevée avant celle des bases des deux autres impôts.

CF-V-34330 s. ; MF n° 79600

Art L 80 L'administration peut effectuer toutes les compensations entre l'impôt sur le revenu, l'impôt sur les sociétés, la contribution prévue à l'article 234 nonies du code général des impôts, la taxe d'apprentissage, la taxe sur les salaires, la cotisation perçue au titre de la participation des employeurs à l'effort de construction établis au titre d'une même année.

Des compensations peuvent être pratiquées dans les mêmes conditions en ce qui concerne les droits d'enregistrement, la taxe de publicité foncière exigible sur les actes qui donnent lieu à la formalité fusionnée en application de l'article 647 du code général des impôts et des droits de timbre, perçus au profit de l'Etat.

Les compensations de droits sont opérées dans les mêmes conditions au profit du contribuable qui a fait l'objet d'une rectification lorsqu'il démontre qu'une taxation excessive a été établie à son détriment ou lorsque la rectification fait apparaître une double imposition.

CF-VI-20500 s. ; ENR-VII-490 ; MF n°s 81940 s.

Art L 80-0 A Tout montant déclaré et acquitté auprès de l'administration des douanes et droits indirects au titre de la taxe sur la valeur ajoutée à laquelle est soumise une importation et qui n'a pas été déduit par le redevable fait l'objet d'une compensation avec les montants qui auraient dû être déclarés en application de l'article 287 du code général des impôts et relevant de l'une des catégories suivantes :

1° Tout supplément de taxe sur la valeur ajoutée à laquelle est soumise cette importation, sauf lorsque l'importation intervient dans le cadre d'une vente à distance de biens importés ;

2° Tout supplément de taxe sur la valeur ajoutée à laquelle est soumise une vente à distance de biens importés, lorsque l'importation intervient dans le cadre de cette vente à distance.

Le présent article est applicable y compris lorsque le redevable de la taxe sur la valeur ajoutée à laquelle est soumise l'importation n'est pas la personne pour le compte de laquelle a été déclarée et acquittée la taxe sur la valeur ajoutée auprès de l'administration des douanes et droits indirects. Dans ce cas, cette autre personne est réputée avoir acquitté la taxe au nom et pour le compte du redevable.

FR 2/24 inf. 49 n°s 13 à 15 p. 173

Art L 80 A Il ne sera procédé à aucun rehaussement d'impositions antérieures si la cause du rehaussement poursuivi par l'administration est un différend sur l'interprétation par le redevable de bonne foi du texte fiscal et s'il est démontré que l'interprétation sur laquelle est fondée la première décision a été, à l'époque, formellement admise par l'administration.

Il en est de même lorsque, dans le cadre d'un examen ou d'une vérification de comptabilité ou d'un examen contradictoire de la situation fiscale personnelle, et dès lors qu'elle a pu se prononcer en toute connaissance de cause, l'administration a pris position sur les points du contrôle, y compris tacitement par une absence de rectification.

Lorsque le redevable a appliqué un texte fiscal selon l'interprétation que l'administration avait fait connaître par ses instructions ou circulaires publiées et qu'elle n'avait pas rapportée à la date des opérations en cause, elle ne peut poursuivre aucun rehaussement en soutenant une interprétation différente. Sont également opposables à l'administration, dans les mêmes conditions, les instructions ou circulaires publiées relatives au recouvrement de l'impôt et aux pénalités fiscales.

CF-V-15200 s. ; MF n°s 79540 s.

Art L 80 B La garantie prévue au premier alinéa de l'article L 80 A est applicable :

1° Lorsque l'administration a formellement pris position sur l'appréciation d'une situation de fait au regard d'un texte fiscal ; elle se prononce dans un délai de trois mois lorsqu'elle est saisie d'une demande écrite, précise et complète par un redevable de bonne foi.

Un décret en conseil d'Etat précise les modalités d'application du présent 1°, notamment le contenu, le lieu ainsi que les modalités de dépôt de cette demande *(NDLR Voir art. R* 80 B-11 à R* 80 B-14)* ;

CF-V-23100 s.

2° Lorsque l'administration n'a pas répondu dans un délai de trois mois à un redevable de bonne foi qui :

a. *(Disposition devenue sans objet : loi 99-1172 du 30 décembre 1999 art. 92-II)* ;

b. A notifié à l'administration sa volonté de bénéficier des dispositions des articles 39 AB, 39 quinquies D, 39 quinquies DA ou des articles 39 quinquies E, 39 quinquies F, 39 quinquies FA, 39 quinquies FC, 44 sexies, 44 octies A, 44 quindecies, 44 sexdecies ou 44 septdecies du code général des impôts.

Ndlr *Pour les dispositions du présent alinéa applicables à compter du 1er juillet 2024, voir partie Autres textes du présent code loi 2023-1322 du 29 décembre 2023 art. 73, II et XX-D.*

La notification doit être préalable à l'opération en cause et effectuée à partir d'une présentation écrite précise et complète de la situation de fait.

Un décret en Conseil d'Etat précise les conditions d'application du présent 2°, notamment le contenu, le lieu de dépôt ainsi que les modalités selon lesquelles l'administration accuse réception de ces notifications *(NDLR Voir art. R* 80 B-1 à R* 80 B-5)* ;

CF-V-26930

3° Lorsque l'administration n'a pas répondu de manière motivée dans un délai de trois mois à un redevable de bonne foi qui a demandé, au moins six mois avant la date limite de dépôt de la déclaration spéciale, à partir d'une présentation écrite, précise et complète de la situation de fait, si son projet de recherche est éligible au bénéfice des dispositions des articles 244 quater B et 244 quater B bis du code général des impôts, au titre des dépenses mentionnées respectivement au II de l'article 244 quater B ou au I de l'article 244 quater B bis du même code. Lorsque le projet de recherche est pluriannuel, cette demande doit être effectuée au moins six mois avant la date limite de dépôt de la première déclaration spéciale relative à ce projet.

Pour l'examen des demandes mentionnées au premier alinéa, l'administration des impôts sollicite l'avis des services relevant du ministre chargé de la recherche lorsque l'appréciation du caractère scientifique et technique du projet de recherche présenté par l'entreprise le nécessite.

L'avis est notifié au contribuable et à l'administration des impôts. Lorsqu'il est favorable, celle-ci ne peut rejeter la demande du contribuable que pour un motif tiré de ce qu'une autre des conditions mentionnées à l'article 244 quater B ou à l'article 244 quater B bis du code général des impôts n'est pas remplie.

Les personnes consultées en application du deuxième alinéa sont tenues au secret professionnel dans les conditions prévues à l'article L 103.

Un décret en Conseil d'Etat précise les conditions d'application du présent 3° *(NDLR Voir art. R* 80 B-5 et R* 80 B-6)* ;

CF-V-27100 s. ; IS-IX-920 ; MF n° 10475

3° bis Lorsque les services relevant du ministre chargé de la recherche n'ont pas répondu dans un délai de trois mois à un redevable de bonne foi qui leur a demandé, au moins six mois avant la date limite de dépôt de la déclaration spéciale, à partir d'une présentation écrite, précise et complète de la situation de fait, si son projet de recherche présente un caractère scientifique et technique le rendant éligible au bénéfice des dispositions de l'article 244 quater B du code général des impôts, au titre des dépenses mentionnées aux a à j du II du même article ou des dépenses mentionnées au I de l'article 244 quater B bis du même code. Lorsque le projet de recherche est pluriannuel, cette demande doit être effectuée au moins six mois avant la date limite de dépôt de la première déclaration spéciale relative à ce projet.

La prise de position des services relevant du ministre chargé de la recherche est notifiée au contribuable et à l'administration des impôts. Cette réponse doit être motivée.

Les personnes consultées en application du premier alinéa sont tenues au secret professionnel dans les conditions prévues à l'article L 103.

Un décret en Conseil d'Etat précise les conditions d'application du présent 3° bis *(NDLR Voir art. R* 80 B-6-1 à R* 80 B-6-3)* ;

CF-V-27100 s. ; IS-IX-920 ; MF n° 10475

4° Lorsque l'administration n'a pas répondu de manière motivée dans un délai de trois mois à un contribuable de bonne foi qui a demandé, à partir d'une présentation écrite précise et complète de la situation de fait, si son entreprise constitue une jeune entreprise innovante au sens de l'article 44 sexies-0 A du code général des impôts. Un décret en Conseil d'Etat précise les modalités d'application du présent 4° concernant les documents et informations qui doivent être fournis *(NDLR Voir art. R* 80 B-7 et R* 80 B-8)* ;

CF-V-27010

5° *(Abrogé)* ;

6° Lorsque l'administration n'a pas répondu dans un délai de trois mois à un contribuable de bonne foi qui a demandé, à partir d'une présentation écrite précise et complète de la situation de fait, l'assurance qu'il ne dispose pas en France d'un établissement stable ou d'une base fixe au sens de la convention fiscale liant la France à l'Etat dans lequel ce contribuable est résident.

Un décret en Conseil d'Etat précise les modalités d'application du présent 6° *(NDLR Voir art. R* 80 B-9)*;

CF-V-27370 s.

7° Lorsque l'administration a conclu un accord préalable portant sur la méthode de détermination des prix mentionnés au 2° de l'article L 13 B, soit avec l'autorité compétente désignée par une convention fiscale bilatérale destinée à éliminer les doubles impositions, soit avec le contribuable ;

BIC-IX-57100 s., 58075 ; MF n° 8965

8° Lorsque l'administration n'a pas répondu dans un délai de trois mois à un contribuable de bonne foi qui a demandé, à partir d'une présentation écrite, précise et complète de la situation de fait, si les revenus de son activité professionnelle, lorsqu'elle est soumise à l'impôt sur le revenu, relèvent de la catégorie des bénéfices industriels et commerciaux au sens de l'article 34 du code général des impôts ou des bénéfices des professions libérales et des charges et offices dont les titulaires n'ont pas la qualité de commerçants mentionnés à l'article 92 du même code, ou, s'agissant d'une société civile, si les résultats de son activité professionnelle sont soumis à l'impôt sur le revenu ou à l'impôt sur les sociétés.

Un décret en Conseil d'Etat précise les conditions d'application du présent 8° *(NDLR Voir art. R* 80 B-15)*;

CF-V-27450

9° Lorsque l'administration n'a pas répondu dans un délai de six mois à un contribuable de bonne foi qui a demandé, préalablement à la réalisation d'une opération de fusion, de scission ou d'apport partiel d'actif, à partir d'une présentation écrite, précise et complète de cette opération, la confirmation que le III de l'article 210-0 A du code général des impôts ne lui était pas applicable.

Un décret en Conseil d'Etat précise les modalités d'application du présent 9° ;

FR 2/18 inf. 1 n° 6 p. 4 ; FR 45/18 inf. 1 n° 5 p. 4

9° bis Lorsque l'administration n'a pas répondu dans un délai de six mois à un contribuable de bonne foi qui a demandé à l'administration centrale, préalablement à la réalisation d'une opération et à partir d'une présentation écrite, précise et complète de cette opération, la confirmation que l'article 205 A du code général des impôts ne lui était pas applicable ;

FR 1/19 inf. 53 n°s 6 et 8 p. 128

10° Lorsque, dans le cadre d'un examen ou d'une vérification de comptabilité et sur demande écrite du contribuable présentée conformément au 1° du présent article, avant envoi de toute proposition de rectification, l'administration a formellement pris position sur un point qu'elle a examiné au cours du contrôle ;

CF-V-18420 s.

11° En matière de contributions indirectes, lorsque, dans le cadre d'un contrôle ou d'une enquête effectués par l'administration et sur demande écrite du redevable présentée conformément au 1°, avant la notification de l'information ou de la proposition de taxation mentionnées à l'article L 80 M, l'administration a formellement pris position sur un point qu'elle a examiné au cours du contrôle ou de l'enquête ;

CF-V-18420 s.

12° En matière de contributions indirectes, lorsque, dans le cadre d'un contrôle ou d'une enquête et dès lors qu'elle a pu se prononcer en toute connaissance de cause, l'administration a pris position sur les points examinés lors du contrôle ou de l'enquête, lesquels sont communiqués au contribuable selon les modalités fixées à l'article L 80 M ;

13° Lorsque l'administration n'a pas répondu de manière motivée dans un délai de trois mois à un redevable de bonne foi qui lui a demandé, avant le dépôt de l'autorisation mentionnée au 1° du I de l'article 1635 quater F du code général des impôts et pour un projet supérieur à 50 000 mètres carrés de surface taxable, à partir d'une présentation écrite, précise et complète de la situation de fait, de prendre formellement position sur sa situation au regard des dispositions relatives à la taxe d'aménagement des articles 1635 quater A et suivants du même code.

Un décret en Conseil d'Etat précise les modalités d'application du présent 13° *(NDLR Voir art. R* 80 B-17 à R* 80 B-19)*.

IMMO-V-4100 s. ; MF n° 31160

CF-V-23000 s. ; MF n° 79560 s.

Art L 80 C L'amende fiscale prévue à l'article 1740 A du code général des impôts n'est pas applicable lorsque l'administration n'a pas répondu dans un délai de six mois à un organisme qui a demandé, dans les mêmes conditions que celles prévues à l'avant-dernier alinéa du 2° de l'article L 80 B, s'il relève de l'une des catégories mentionnées aux articles 200 et 238 bis du code général des impôts.

Un décret en Conseil d'Etat précise les conditions d'application du présent article *(NDLR Voir art. R* 80 C-1 à R* 80 C-4).*

CF-V-29900 s. ; MF n° 79565

Art L 80 CA La juridiction saisie peut, lorsqu'une erreur non substantielle a été commise dans la procédure d'imposition, prononcer, sur ce seul motif, la décharge des majorations et amendes, à l'exclusion des droits dus en principal et des intérêts de retard.

Elle prononce la décharge de l'ensemble lorsque l'erreur a eu pour effet de porter atteinte aux droits de la défense ou lorsqu'elle est de celles pour lesquelles la nullité est expressément prévue par la loi ou par les engagements internationaux conclus par la France.

CF-VI-22200 s.

Art L 80 CB Lorsque l'administration a pris formellement position à la suite d'une demande écrite, précise et complète déposée au titre des 1° à 6° ou du 8° de l'article L 80 B ou de l'article L 80 C par un redevable de bonne foi, ce dernier peut saisir l'administration, dans un délai de deux mois, pour solliciter un second examen de cette demande, à la condition qu'il n'invoque pas d'éléments nouveaux.

Ce second examen est également ouvert aux redevables de bonne foi ayant déposé une demande au titre de l'article L 18 en l'absence d'accord avec l'administration sur une valeur.

Lorsqu'elle est saisie d'une demande de second examen, auquel elle procède de manière collégiale, l'administration répond selon les mêmes règles et délais que ceux applicables à la demande initiale, décomptés à partir de la nouvelle saisine.

A sa demande, le contribuable ou son représentant est entendu par le collège.

Un décret en Conseil d'Etat précise les conditions d'application du présent article *(NDLR Voir art. R* 80 CB-1 à R* 80 CB-6).*

CF-V-30800 s. ; MF n° 79370

SECTION VII

Sanctions fiscales

Art L 80 D Les décisions mettant à la charge des contribuables des sanctions fiscales sont motivées au sens des articles L 211-2 à L 211-7 du code des relations entre le public et l'administration, quand un document ou une décision adressés au plus tard lors de la notification du titre exécutoire ou de son extrait en a porté la motivation à la connaissance du contribuable.

Les sanctions fiscales ne peuvent être prononcées avant l'expiration d'un délai de trente jours à compter de la notification du document par lequel l'administration a fait connaître au contribuable ou redevable concerné la sanction qu'elle se propose d'appliquer, les motifs de celle-ci et la possibilité dont dispose l'intéressé de présenter dans ce délai ses observations.

CF-VIII-22410 s. ; ENR-VII-2575 ; MF n°s 80220 s.

Art L 80 E La décision d'appliquer les majorations et amendes prévues aux articles 1729, 1732, 1735 ter et 1740 A bis du code général des impôts est prise par un agent de catégorie A détenant au moins un grade fixé par décret *(NDLR Voir art. R 80 E-1)* qui vise à cet effet le document comportant la motivation des pénalités.

CF-VIII-23500 s. ; MF n° 80005

CHAPITRE I BIS

Le droit d'enquête

Art L 80 F Pour rechercher les manquements aux règles de facturation auxquelles sont soumis les assujettis à la taxe sur la valeur ajoutée en application du code général des impôts ainsi qu'aux dispositions adoptées par les Etats membres pour l'application des articles 217 à 248 de la directive 2006/112/CE du Conseil, du 28 novembre 2006, les agents des impôts ayant au moins le grade de contrôleur peuvent se faire présenter les factures, la comptabilité matière ainsi que les livres, les registres et les documents professionnels pouvant se rapporter à des opérations ayant donné ou devant donner lieu à facturation et procéder à la constatation matérielle des éléments physiques de l'exploitation.

Ils peuvent également, lorsque l'authenticité de l'origine, l'intégrité du contenu et la lisibilité des factures sont assurées par les contrôles prévus au 1° du VII de l'article 289 du code général des impôts, accéder à l'ensemble des informations, documents, données, traitements informatiques ou systèmes d'information constitutifs de ces contrôles et à la documentation décrivant leurs modalités de réalisation.

Aux fins des deux premiers alinéas, ils peuvent avoir accès de 8 heures à 20 heures et durant les heures d'activité professionnelle de l'assujetti aux locaux à usage professionnel, à l'exclusion des parties de ces locaux affectées au domicile privé, ainsi qu'aux terrains et aux entrepôts. Ils ont également accès aux moyens de transport à usage professionnel et à leur chargement.

Les agents de l'administration peuvent obtenir ou prendre copie, par tout moyen et sur tout support, des pièces se rapportant aux opérations ayant donné ou devant donner lieu à facturation. Si les contrôles prévus au 1° du VII du même article 289 sont effectués sous forme électronique, les assujettis sont tenus de les présenter sous cette forme. Les agents de l'administration peuvent prendre copie des informations ou documents de ces contrôles et de leur documentation par tout moyen et sur tout support.

Ils peuvent recueillir sur place ou sur convocation des renseignements et justifications. Ces auditions donnent lieu à l'établissement de comptes rendus d'audition.

L'enquête définie au présent article ne relève pas des procédures de contrôle de l'impôt prévues aux articles L 10 à L 47 A.

En outre, chaque intervention fait l'objet d'un procès-verbal relatant les opérations effectuées.

(Dans le cadre de la coopération administrative en matière de TVA, des fonctionnaires d'autres Etats membres de l'Union européenne peuvent être présents lors des contrôles dans les conditions fixées par l'article 28 du règlement UE904/2010 du conseil du 7 octobre 2010)

CF-IX-76500 s. ; MF n° 78345

Art L 80 FA Les agents de l'administration peuvent intervenir de manière inopinée dans les locaux professionnels des entreprises émettrices et réceptrices des factures et, s'il y a lieu, dans les locaux professionnels des prestataires de services de télétransmission des factures pour contrôler la conformité du fonctionnement du système de télétransmission des factures et de la procédure de signature électronique avancée aux conditions fixées par décret.

Lors de l'intervention mentionnée au premier alinéa, l'administration remet au contribuable, ou à son représentant, un avis d'intervention précisant les opérations techniques envisagées sur le système de télétransmission des factures ou de procédure de signature électronique.

En cas d'impossibilité de procéder aux contrôles mentionnés au premier alinéa ou de manquement aux conditions fixées par décret, les agents de l'administration en dressent procès-verbal. Dans les trente jours à compter de la notification de ce procès-verbal, le contribuable peut formuler ses observations, apporter des justifications ou procéder à la régularisation des conditions de fonctionnement du système. A l'expiration de ce délai et en l'absence de justification ou de régularisation, les factures électroniques ne sont plus considérées comme documents tenant lieu de factures d'origine.

L'intervention, opérée par des agents de l'administration ou sous leur contrôle conformément au premier alinéa, ne relève pas des procédures de contrôle de l'impôt régies par les articles L 10 à L 54 A. Les procès-verbaux établis en application du présent article ne sont opposables au contribuable qu'au regard de la conformité du système de télétransmission des factures et de la procédure de signature électronique aux conditions fixées par décret.

CF-IX-76830 ; RIE-IV-6240 s. ; MF n° 78345

Art L 80 G Lors de la première intervention ou convocation au titre du droit d'enquête prévu à l'article L 80 F, l'administration remet un avis d'enquête. Lorsque la première intervention se déroule en l'absence de l'assujetti ou, lorsque l'assujetti est une personne morale, de son représentant, l'avis d'enquête est remis à la personne recevant les enquêteurs.

Lorsque la première intervention se déroule en l'absence de l'assujetti ou, lorsque l'assujetti est une personne morale, de son représentant, un procès-verbal est établi sur-le-champ. Il est signé par les agents de l'administration et par la personne qui a assisté au déroulement de l'intervention. En cas de refus de signer, mention en est faite au procès-verbal. Une copie de celui-ci est remise à cette personne. Une autre copie est transmise à l'assujetti ou, lorsque l'assujetti est une personne morale, à son représentant.

CF-IX-76890 s. ; MF n° 78345

Art L 80 H A l'issue de l'enquête prévue à l'article L 80 F, les agents de l'administration établissent un procès-verbal consignant les manquements constatés ou l'absence de tels manquements. La liste des documents dont une copie a été délivrée lui est annexée s'il y a lieu.

Le procès-verbal est établi dans les trente jours qui suivent la dernière intervention sur place ou la dernière convocation. Il est signé par les agents de l'administration ainsi que par l'assujetti ou son représentant, qui peut faire valoir ses observations dans un délai de trente jours. Celles-ci sont portées ou annexées au procès-verbal. En cas de refus de signer, mention en est faite au procès-verbal. Une copie de celui-ci est remise à l'intéressé.

CF-IX-77040 ; MF n° 78345

Les constatations du procès-verbal ne peuvent être opposées à cet assujetti ainsi qu'aux tiers concernés par la facturation que dans le cadre des procédures de contrôle mentionnées à l'article L 47 au regard des impositions de toute nature et de la procédure d'enquête prévue à l'article L 80 F. Elles peuvent être invoquées lorsqu'est demandée la mise en œuvre des procédures de visite et de saisie mentionnées aux articles L 16 B et L 38. La mise en œuvre du droit d'enquête ne peut donner lieu à l'application d'amendes hormis celles prévues aux 1, 2 et 3 du I et au II de l'article 1737 et à l'article 1788 B du code général des impôts.

CF-IX-77150 s., 77550 s.
MF nº 78345

Art L 80 I Les agents des douanes, ayant au moins le grade de contrôleur, peuvent disposer du droit d'enquête prévu aux articles L 80 F à L 80 H pour rechercher les manquements à l'application des règles de facturation afférentes aux acquisitions et livraisons, entrant dans le champ d'application de la taxe sur la valeur ajoutée, effectuées avec des Etats membres de l'Union européenne. Ils peuvent également disposer de ce droit d'enquête afin d'effectuer les recherches requises pour l'octroi et le renouvellement de l'agrément prévu à l'article 262-0 bis du code général des impôts.

CF-IX-77700 ; MF nº 78345

Art L 80 J Pour prévenir les manquements aux règles de facturation visées à l'article L 80 I, les agents des douanes peuvent, dans le cadre des dispositions des articles 60 à 60-10 et 61 du code des douanes, procéder au contrôle des moyens de transport à usage professionnel et de leur chargement et se faire présenter les documents professionnels de toute nature en la possession du conducteur.

Ils peuvent prendre copie de ces documents et les communiquer aux services compétents de la direction générale des finances publiques.

Ils peuvent se faire assister lors de ces contrôles par des agents de la direction générale des finances publiques.

CF-IX-77725 s. ; MF nº 78345 précision b

CHAPITRE I TER

Le droit de contrôle des entrepôts

Art L 80 K Pour rechercher les manquements aux obligations et formalités auxquelles sont soumises les personnes autorisées à ouvrir un régime mentionné au 2º du I de l'article 277 A du code général des impôts, les agents des impôts ou des douanes ayant au moins le grade de contrôleur peuvent, dans les conditions et selon les modalités prévues aux articles L 80 F et L 80 G, se faire présenter les registres et les factures, ainsi que tous les documents pouvant se rapporter aux biens placés ou destinés à être placés dans un tel régime et aux opérations et prestations afférentes à ces biens. Ils peuvent également procéder à la constatation matérielle des éléments physiques de l'exploitation.

Lorsque les registres sont tenus au moyen de systèmes informatisés, l'intervention porte sur l'ensemble des informations, données et traitements informatiques qui concourent directement ou indirectement à leur élaboration et à celle des déclarations rendues obligatoires en cas de cessation du régime prévu au II de l'article 277 A du code général des impôts ainsi que sur la documentation relative aux analyses, à la programmation et à l'exécution des traitements. Les agents des impôts et des douanes peuvent procéder à cette intervention selon les modalités prévues au II de l'article L 47 A.

TVA-IV-26700 s. ; MF nº 78345 précision c

Art L 80 L A l'issue des opérations de contrôle, les agents de l'administration établissent un procès-verbal consignant les constatations opérées dans les conditions et délais fixés à l'article L 80 H.

L'interdiction d'accès aux lieux cités à l'article L 80 F, l'opposition à la présentation ou à l'examen des documents dont la tenue ou la conservation est obligatoire et aux constatations matérielles et à la mise en œuvre du contrôle dans les conditions prévues au II de l'article L 47 A ainsi que l'absence de respect des obligations comptables visées au III de l'article 277 A du code général des impôts entraînent le retrait de l'autorisation prévue au 2º du I de l'article 277 A du même code. Ce retrait est notifié à l'intéressé à l'issue du délai de trente jours prévu à l'article L 80 H.

Les conséquences de ce retrait d'autorisation sont opposées à l'intéressé et aux personnes visées au 2 du II de l'article 277 A du code général des impôts, au regard d'impositions de toutes natures, dans le cadre des procédures de rectification mentionnées aux articles L 55 et suivants, sauf pour l'application de l'amende prévue au b du 1, au b du 2 et au 3 de l'article 1788 A du code général des impôts.

TVA-IV-26700 s. ; MF n° 78345 précision c

Art L 80 M **I. 1.** En matière de contributions indirectes et de réglementations assimilées, toute constatation susceptible de conduire à une taxation donne lieu à un échange contradictoire entre le contribuable et l'administration.

Le contribuable est informé des motifs et du montant de la taxation encourue par tout agent de l'administration. Il est invité à faire connaître ses observations.

Lorsque l'échange contradictoire a lieu oralement, le contribuable est informé qu'il peut demander à bénéficier d'une communication écrite dans les conditions prévues au 2.

La date, l'heure et le contenu de la communication orale mentionnée à l'alinéa précédent sont consignés par l'administration. Cet enregistrement atteste, sauf preuve contraire, que l'administration a permis au contribuable concerné de faire connaître ses observations.

2. Si le contribuable demande à bénéficier d'une communication écrite, l'administration lui adresse par lettre recommandée avec demande d'avis de réception une proposition de taxation qui doit être motivée de manière à lui permettre de formuler ses observations ou de faire connaître son acceptation.

Le contribuable dispose d'un délai de trente jours à compter de la réception de la proposition de taxation pour formuler ses observations ou faire connaître son acceptation.

A la suite des observations du contribuable ou, en cas de silence de ce dernier, à l'issue du délai de trente jours prévu à l'alinéa précédent, l'administration prend sa décision.

Lorsque l'administration rejette les observations du contribuable, sa réponse doit être motivée.

I bis. Sont expressément mentionnés, selon le cas, lors de l'information orale ou sur la proposition de taxation écrite, les points qui, ayant fait l'objet d'un examen par l'administration dans les conditions prévues aux 11° et 12° de l'article L 80 B, ne comportent ni erreur, ni inexactitude, ni omission, ni insuffisance dans le calcul des droits et taxes exigibles.

II. En cas de contrôle à la circulation, le contribuable ne peut bénéficier de la procédure écrite prévue au 2 du I qu'après avoir garanti le montant de la taxation encourue.

CHAPITRE I QUINQUIES

Consultation des traitements automatisés de données concernant le marquage des conditionnements des produits du tabac

Art L 80 N Comme indiqué dans l'avant-propos, l'article de ce chapitre n'est pas reproduit dans le présent code.

CHAPITRE I SEXIES

Le droit de contrôle en matière de détention de logiciels ou de systèmes de caisse

Art L 80 O Les agents de l'administration fiscale ayant au moins le grade de contrôleur peuvent intervenir de manière inopinée dans les locaux professionnels d'une personne assujettie à la taxe sur la valeur ajoutée, à l'exclusion des parties de ces locaux affectées au domicile privé, pour vérifier la détention par cette personne de l'attestation ou du certificat prévu au 3° bis du I de l'article 286 du code général des impôts pour chacun des logiciels ou systèmes de caisse qu'elle détient.

A cette fin, ils peuvent intervenir entre huit heures et vingt heures ou, en dehors de ces heures, durant les heures d'activité professionnelle de l'assujetti.

Au début de leur intervention, les agents de l'administration remettent à l'assujetti ou à son représentant un avis d'intervention.

A l'issue de leur intervention, ils établissent un procès-verbal consignant les références du ou des logiciels ou systèmes de caisse détenus par l'assujetti ainsi que les éventuels manquements à l'obligation prévue au 3° bis du I de l'article 286 du code général des impôts. Le procès-verbal est signé par les agents de l'administration ainsi que par l'assujetti ou son représentant. En cas de refus de signer, mention en est faite au procès-verbal. Une copie de celui-ci est remise à l'intéressé.

Lorsque les agents de l'administration constatent un manquement à l'obligation prévue au 3° bis du I du même article 286 et appliquent l'amende prévue à l'article 1770 duodecies du même code, le procès-verbal mentionne les dispositions du deuxième alinéa du même article 1770 duodecies et informe l'assujetti qu'il dispose d'un délai de trente jours pour formuler ses observations et, le cas échéant, fournir l'attestation ou le certificat prévus au 3° bis du I de l'article 286 dudit code. Les observations de l'assujetti sont annexées au procès-verbal. Si l'intéressé apporte les justificatifs demandés dans le délai imparti, l'amende n'est pas appliquée.

Dans le cas où l'assujetti ou son représentant refuse l'intervention des agents de l'administration, ceux-ci en dressent procès-verbal et font application de l'amende prévue à l'article 1770 duodecies du même code.

L'intervention des agents de l'administration sur le fondement du présent article ne relève pas des procédures de contrôle de l'impôt régies par les articles L 10 à L 54 A du présent livre.

RIE-IV-1030 s. ; MF n° 53485 précision d

CHAPITRE I SEPTIES

INJONCTION DE MISE EN CONFORMITE FISCALE

Art L 80 P I. Lorsqu'ils constatent qu'un assujetti à la taxe sur la valeur ajoutée non établi dans l'Union européenne et fournissant des services par voie électronique, au sens du 12° de l'article 259 B du code général des impôts, par l'intermédiaire d'une interface en ligne, au sens du m de l'article 3 du règlement (UE) 2022/2065 du Parlement européen et du Conseil du 19 octobre 2022 relatif à un marché unique des services numériques et modifiant la directive 2000/31/CE (règlement sur les services numériques), ne déclare pas la taxe sur la valeur ajoutée due en France, en violation du 1 du I de l'article 259 D du code général des impôts et, de manière répétée, ne s'en acquitte pas, des agents habilités de l'administration fiscale ayant au moins le grade d'inspecteur des finances publiques adressent à l'auteur de ces manquements une demande motivée de se conformer à ses obligations dans un délai de trente jours.

A défaut de réponse ou de mise en conformité à l'expiration de ce délai, ces agents adressent à l'auteur des manquements une mise en demeure de se conformer à ses obligations dans un délai de trente jours et l'informent des dispositions du II du présent article.

II. Lorsque l'auteur des manquements ne peut être identifié ou qu'il ne se conforme pas à ses obligations dans le délai fixé par cette mise en demeure, l'administration peut, en leur notifiant les adresses électroniques des interfaces en ligne :

1° Demander à tout fournisseur de moteur de recherche en ligne, au sens du j de l'article 3 du règlement (UE) 2022/2065 du Parlement européen et du Conseil du 19 octobre 2022 précité, de cesser le classement de ces interfaces en ligne pour une durée de quatre mois, renouvelable une fois ;

2° Demander à tout fournisseur de comparateur en ligne de cesser le référencement de ces interfaces en ligne pour une durée de quatre mois, renouvelable une fois ;

3° Demander à toute personne mentionnée aux 1 et 2 du I de l'article 6 de la loi n° 2004-575 du 21 juin 2004 pour la confiance dans l'économie numérique de prendre toute mesure utile destinée à en limiter l'accès pour une durée de quatre mois, renouvelable une fois.

Pour l'application du présent article, un comparateur en ligne s'entend de tout service de communication au public en ligne consistant en la fourniture d'informations permettant la comparaison des prix et des caractéristiques de biens et de services proposés par des professionnels.

Les mesures prévues aux 1° à 3° du présent II sont mises en œuvre dans un délai fixé par l'administration, qui ne peut être inférieur à quarante-huit heures.

Ndlr *Les dispositions du présent article s'appliquent depuis le 1er janvier 2024.*

FR 2/24 inf. 63 p. 119 ; MF n° 50060

CHAPITRE I OCTIES

Le droit de contrôle de certaines obligations prévues au code monétaire et financier

Art L 80 Q Les agents de l'administration fiscale peuvent contrôler le respect des articles L 112-6 à L 112-6-2 et L 221-35 du code monétaire et financier.

Ce contrôle est effectué par les agents de l'administration fiscale ayant au moins le grade de contrôleur et ne peut être engagé sans que la personne contrôlée en ait été informée par l'envoi ou la remise d'un avis de contrôle.

Cet avis précise les années soumises au contrôle et mentionne expressément, sous peine de nullité de la procédure, que la personne contrôlée a la faculté de se faire assister par un conseil de son choix.

Les agents de l'administration fiscale peuvent se faire présenter la comptabilité et les justificatifs ainsi que tous documents pouvant se rapporter au respect des articles L 112-6 à L 112-6-2 et L 221-35 précités, sans que leur soit opposé le secret professionnel.

Lorsque la comptabilité est tenue au moyen de systèmes informatisés, le contrôle peut porter sur l'ensemble des informations, données et traitements informatiques qui permet de s'assurer du respect des dispositions précitées ainsi que sur la documentation relative aux analyses, à la programmation et à l'exécution des traitements.

Les agents peuvent mettre en œuvre le II de l'article L 47 A du présent livre et demander toute information nécessaire à ce contrôle.

Les infractions sont constatées par procès-verbal notifié selon les modalités prévues à l'article L 80 D.

Les opérations réalisées lors de ce contrôle ne constituent pas une vérification de comptabilité au sens de l'article L 13.

Aucune infraction n'est constatée lorsque l'établissement a appliqué une interprétation formellement admise par les services relevant des ministres chargés de l'économie et du budget.

Lorsque le contrôle est achevé pour une période donnée, l'administration ne peut pas procéder à un contrôle au regard des mêmes obligations et la même période.

CF-IX-95500 s. ; MF nº 78440

CHAPITRE II

Le droit de communication

Art L 81 Le droit de communication permet aux agents de l'administration, pour l'établissement de l'assiette, le contrôle et le recouvrement des impôts, d'avoir connaissance des documents et des renseignements mentionnés aux articles du présent chapitre dans les conditions qui y sont précisées.

Pour l'établissement de l'assiette et le contrôle de l'impôt, le droit de communication peut porter sur des informations relatives à des personnes non identifiées, dans les conditions fixées par décret en Conseil d'Etat pris après avis de la Commission nationale de l'informatique et des libertés.

Le droit prévu au premier alinéa s'exerce sur place ou par correspondance, y compris électronique, et quel que soit le support utilisé pour la conservation des documents.

Les agents de l'administration peuvent prendre copie des documents dont ils ont connaissance en application du premier alinéa.

Des fonctionnaires des administrations des autres Etats membres peuvent assister à l'exercice du droit de communication dans les conditions prévues au II de l'article L 45.

CF-III-1 s. ; MF nºs 78030 s.

Art L 81 A Lorsqu'elles concernent des personnes physiques, les informations nominatives communiquées, sur tout type de support, à la direction générale des finances publiques ou à la direction générale des douanes et droits indirects par les personnes ou organismes visés au présent chapitre qui sont autorisés à utiliser le numéro d'inscription au répertoire national d'identification des personnes physiques mentionnent ce numéro.

CF-III-31000 s.

SECTION I

Conditions d'exercice du droit de communication

1° Personnes versant des honoraires ou des droits d'auteur

Art L 82 A Les personnes qui doivent souscrire la déclaration prévue à l'article 240 du code général des impôts doivent tenir à la disposition des agents de l'administration les documents comptables permettant de connaître le montant annuel des honoraires et revenus assimilés qu'elles versent à des tiers.

La même obligation s'impose aux personnes qui procèdent à l'encaissement et au versement de droits d'auteur ou d'inventeur qu'elles sont tenues de déclarer en application de l'article 241 du même code.

DC-I-2350 s. ; MF nº 78355

1° bis Opérateurs de plateforme

Art L 82 AA Les opérateurs de plateforme mentionnés à l'article 1649 ter A du code général des impôts communiquent à l'administration fiscale, sur sa demande, les informations mentionnées au II du même article 1649 ter A.

DC-I-6240 ; MF nº 78414

2° Employeurs et débirentiers

Art L 82 B Toute personne physique ou morale qui verse des salaires, pensions ou rentes viagères doit communiquer à l'administration, sur sa demande, les documents sur lesquels sont enregistrés les paiements.

TS-VI-430 ; MF nºs 22190, 22580

3° Ministère public

Art L 82 C A l'occasion de toute procédure judiciaire, le ministère public peut communiquer les dossiers à l'administration des finances.

Cette dernière porte à la connaissance du ministère public, spontanément dans un délai de six mois après leur transmission ou à sa demande, l'état d'avancement des recherches de nature fiscale auxquelles elle a procédé à la suite de la communication de ces dossiers.

Le résultat du traitement définitif de ces dossiers par l'administration des finances fait l'objet d'une communication au ministère public.

CF-III-4500 s. ; MF nºs 78040 s.

4° Administrations et entreprises publiques, établissements ou organismes contrôlés par l'autorité administrative

Art L 83 Les administrations de l'Etat, des départements et des communes, les entreprises concédées ou contrôlées par l'Etat, les départements et les communes, ainsi que les établissements ou organismes de toute nature soumis au contrôle de l'autorité administrative, doivent communiquer à l'administration, sur sa demande, les documents de service qu'ils détiennent sans pouvoir opposer le secret professionnel.

CF-III-5450 s. ; MF nº 78040

Art L 83 A Les agents de la direction générale des finances publiques, les agents de la direction générale des douanes et droits indirects et les agents de la concurrence, de la consommation et de la répression des fraudes peuvent se communiquer spontanément ou sur demande tous documents et renseignements détenus ou recueillis dans le cadre de l'ensemble de leurs missions respectives.

Les agents de la direction générale des finances publiques, d'une part, et les agents des administrations et services suivants, d'autre part, peuvent se communiquer spontanément ou sur demande tous documents et renseignements détenus ou recueillis dans le cadre de l'ensemble de leurs missions respectives :

1° La direction générale de l'aviation civile ;

2° La direction des affaires maritimes ;

3° La direction générale de la prévention des risques et ses services déconcentrés ;

4° Les services sous l'autorité du ministre chargé de l'énergie.

CF-III-7000 s. ; MF nº 78045 h

Art L 83 C Conformément à l'article L 342-6 du code de la construction et de l'habitation, l'agence prévue à l'article L 342-1 du même code peut communiquer, à l'administration fiscale, tous les renseignements et documents recueillis dans le cadre de sa mission.

CF-III-7100

Art L 83 D Conformément aux dispositions du neuvième alinéa de l'article L 321-4 du code de la construction et de l'habitation, l'Agence nationale de l'habitat peut communiquer à l'administration fiscale, spontanément ou à sa demande, sans que puisse être opposée l'obligation au secret professionnel, tous les renseignements et documents recueillis dans le cadre de sa mission.

CF-III-7120

Art L 83 E La société mentionnée au dernier alinéa de l'article L 312-1 du code de la construction et de l'habitation peut communiquer à l'administration fiscale, spontanément ou à sa demande, tous les renseignements et documents recueillis dans le cadre de sa mission mentionnée à l'article L 315-5-1 du même code.

CF-III-7140

Art L 84 Les renseignements individuels, portant sur l'identité ou l'adresse des personnes ou d'ordre économique ou financier, recueillis au cours des enquêtes statistiques visées à l'article 2 de la loi n° 51-711 du 7 juin 1951 sur l'obligation, la coordination et le secret en matière de statistiques ne peuvent en aucun cas être utilisés à des fins de contrôle fiscal. Les administrations dépositaires de renseignements de cette nature ne sont pas tenues par l'obligation découlant de l'article L 83.

CF-III-5610

5° Commission nationale des comptes de campagne et des financements politiques

Art L 84 A I. La commission nationale des comptes de campagne et des financements politiques authentifie sur demande des agents des impôts les justificatifs des dons visés au 3 de l'article 200 du code général des impôts.

II. La commission communique à l'administration des impôts les infractions qu'elle relève en ce qui concerne la déductibilité des dons prévus au I.

CF-III-20100 s.

5° bis Autorité nationale des jeux

Art L 84 B L'Autorité nationale des jeux est tenue de communiquer à l'administration fiscale sur sa demande, sans pouvoir opposer le secret professionnel, tout document ou information qu'elle détient dans le cadre de ses missions.

CF-III-20300 s.

5° ter Etablissements de jeux

Art L 84 C Les casinos ainsi que les groupements, les cercles et les sociétés organisant des jeux d'argent et de hasard, des paris ou des pronostics sportifs ou hippiques sont tenus de communiquer à l'administration, sur sa demande, les informations consignées en vertu de l'article L 561-13 du code monétaire et financier. Nonobstant les dispositions du premier alinéa de cet article, l'administration peut utiliser ces informations pour l'exercice de ses missions.

CF-III-20370 ; MF n° 78040

5° quater Autorité de contrôle prudentiel et de résolution

Art L 84 D L'Autorité de contrôle prudentiel et de résolution est tenue de communiquer à l'administration fiscale tout document ou information qu'elle détient dans le cadre de ses missions et dont elle informe, en application de l'article L 561-28 du code monétaire et financier, le service mentionné à l'article L 561-23 du même code ou dont son président informe le procureur de la République territorialement compétent, en application de l'article L 612-28 dudit code, s'agissant de sommes ou opérations susceptibles de provenir d'une fraude fiscale mentionnée au II de l'article L 561-15 du même code, à l'exception des documents ou des informations qu'elle a reçus d'une autorité étrangère chargée d'une mission similaire à la sienne, sauf en cas d'accord préalable de cette autorité.

A la suite des contrôles qu'elle diligente conformément au 7° du II de l'article L 612-1 du code monétaire et financier, l'autorité mentionnée au premier alinéa du présent article communique à l'administration fiscale les documents et les informations nécessaires au respect de l'article 1649 AC du code général des impôts et de l'article L 102 AG du présent livre.

CF-III-20450 s.

5° quinquies Autorité des marchés financiers

Art L 84 E Sous réserve du II bis de l'article L 632-7 du code monétaire et financier, l'Autorité des marchés financiers communique à l'administration fiscale, sur sa demande, sans pouvoir opposer le secret professionnel, tout document ou information qu'elle détient dans le cadre de ses missions et compétences.

CF-III-20600 s.

6° Personnes ayant la qualité de commerçant

Art L 85 Les contribuables soumis aux obligations comptables du code de commerce doivent communiquer à l'administration, sur sa demande, les livres, les registres et les rapports dont la tenue est rendue obligatoire par le même code ainsi que tous documents relatifs à leur activité.

CF-III-300 s. ; MF n°s 78040 s.

6° bis Personnes versant des revenus de capitaux mobiliers

Art L 85-0 A Toute personne ou société qui fait profession de payer des intérêts, dividendes, revenus et autres produits de valeurs mobilières ou dont la profession comporte à un titre accessoire des opérations de cette nature doit communiquer à l'administration, sur sa demande, les livres, pièces et documents de nature à permettre la vérification des relevés des sommes payées par elle, sous quelque forme que ce soit, sur présentation ou remise de coupons ou d'instruments représentatifs de coupons. La même obligation s'applique aux organismes qui payent des dividendes et intérêts de leurs propres actions, parts ou obligations à des personnes ou sociétés autres que celles chargées du service de leurs coupons.

CF-III-2100 ; MF nº 78040

6º ter Artisans

Art L 85-0 B Les artisans immatriculés au registre national des entreprises en tant qu'entreprise du secteur des métiers et de l'artisanat doivent communiquer à l'administration, sur sa demande, les documents comptables, pièces justificatives de recettes et de dépenses et tous documents relatifs à leur activité.

CF-III-380, 780 ; MF nº 78040

7º Agriculture

Art L 85 A Les exploitants agricoles, quelles que soient la forme et les modalités de l'exploitation, et les organismes, de quelque nature juridique que ce soit, auxquels ils vendent ou ils achètent leurs produits, doivent communiquer à l'administration, sur sa demande, leurs documents comptables, pièces justificatives de recettes et de dépenses et tous documents relatifs à leur activité.

CF-III-2800 s. ; MF nºs 78040 s.

8º Membres de certaines professions non commerciales

Art L 86 Les agents de l'administration ont un droit de communication à l'égard des membres des professions non commerciales définies ci-après :

a. Les professions dont l'exercice autorise l'intervention dans des transactions, la prestation de services à caractère juridique, financier ou comptable ou la détention de biens ou de fonds pour le compte de tiers ;

b. Les professions consistant à titre principal en la prestation de services à caractère décoratif ou architectural ou en la création et la vente de biens ayant le même caractère.

Le droit prévu au premier alinéa ne porte que sur l'identité du client, le montant, la date et la forme du versement ainsi que les pièces annexes de ce versement. Il ne peut entraîner pour les personnes auprès desquelles il est exercé l'établissement d'impositions supplémentaires si ce n'est après la mise en œuvre d'une procédure de vérification prévue aux articles L 47 et suivants.

CF-III-2300 s. ; MF nºs 78040 s.

Art L 86 A La nature des prestations fournies ne peut faire l'objet de demandes de renseignements de la part de l'administration des impôts lorsque le contribuable est membre d'une profession non commerciale soumis au secret professionnel en application des articles 226-13 et 226-14 du code pénal.

CF-III-2450 s. ; MF nº 78045 c

9º Institutions et organismes versant des rémunérations ou répartissant des fonds

Art L 87 Les institutions et organismes désignés à l'article L 14 qui payent des salaires, des honoraires ou des rémunérations de toute nature, qui encaissent, gèrent ou distribuent des fonds pour le compte de leurs adhérents, doivent présenter à l'administration, sur sa demande, leurs livres de comptabilité et pièces annexes ainsi que les documents relatifs à leur activité.

CF-III-20800 s. ; MF nº 78040

10º Coopération administrative

Art L 88 Pour l'application de la directive 2011/16/ UE du Conseil du 15 février 2011 relative à la coopération administrative dans le domaine fiscal et abrogeant la directive 77/799/ CEE, les personnes mentionnées à l'article L 561-2 du code monétaire et financier sont tenues de communiquer à l'administration fiscale, sur sa demande, les documents et informations qu'elles détiennent dans le cadre de leurs obligations de vigilance définies aux articles L 561-4-1 à L 561-14-2 du même code.

FR 1/18 inf. 67 p. 135 ; MF nº 78040

11º Personnes effectuant des opérations d'assurance

Art L 89 Les entreprises et autres organismes d'assurance ainsi que les courtiers, les agents généraux et autres intermédiaires d'assurances habilités doivent communiquer à l'administration, sur sa demande, les livres tenus en vertu de la législation relative au contrôle et à la surveillance des assurances ainsi que les polices ou copies de polices.

Cette communication doit être faite tant au siège social que dans les succursales et agences.

En outre, les assurés auprès d'assureurs étrangers n'ayant en France ni établissement, ni agence, ni succursale, ni représentant responsable, doivent communiquer à l'administration des impôts, sur sa demande, leurs polices concernant des conventions en cours, y compris celles qui ont été renouvelées par tacite reconduction ou sont venues à expiration depuis moins de six ans.

CF-III-21150 s. ; MF nº 78040

12° Entrepreneurs de transport

Art L 90 Les entreprises ou compagnies de transport sont tenues de présenter à l'administration, sur sa demande, au siège de leur exploitation et dans les gares, stations, dépôts et succursales, les registres et documents de toute nature concernant le transport d'objets soumis à l'impôt.

Le refus de communication est constaté par procès-verbal.

13° Redevables du droit d'accroissement

Art L 91 Les congrégations, communautés et associations religieuses, et les sociétés ou associations civiles soumises au droit d'accroissement prévu à l'article 1005 du code général des impôts, sont tenues de présenter à l'administration, sur sa demande, les polices d'assurances, les livres, registres, titres, pièces de recettes, de dépenses et de comptabilité.

CF-III-21250

14° Dépositaires de documents publics

Art L 92 Doivent communiquer à l'administration, sur sa demande, leurs registres et actes :

1° Les dépositaires des registres de l'état civil et toutes les autres personnes chargées des archives et dépôts de titres publics ;

2° Les notaires, huissiers de justice, commissaires de justice, secrétaires-greffiers et autorités administratives pour les actes qu'ils rédigent ou reçoivent en dépôt, à l'exception des testaments et des autres actes de libéralités à cause de mort tant que leurs auteurs sont encore en vie.

CF-III-21300 s.

15° bis Sociétés civiles

Art L 94 A Les sociétés civiles définies à l'article 1845 du code civil sont tenues de présenter à l'administration, sur sa demande, les documents sociaux et, le cas échéant, les documents comptables et autres pièces de recettes et de dépenses qu'elles détiennent et relatives à l'activité qu'elles exercent.

CF-III-21400 s. ; MF n°s 78040 s.

16° Caisses de mutualité sociale agricole

Art L 95 Les caisses de mutualité sociale agricole doivent communiquer à l'administration, sur sa demande, les documents d'assiette des cotisations des prestations sociales agricoles.

CF-III-3950 ; MF nº 78040

17° Formules de chèques non barrées

Art L 96 L'identité des personnes auxquelles sont délivrées des formules de chèques non barrées et qui ne sont pas rendues, par une mention expresse du banquier, intransmissibles par voie d'endossement, sauf au profit d'un établissement de crédit, d'une caisse d'épargne, ou d'un établissement assimilé, doit être communiquée à tout moment à l'administration des impôts, sur sa demande.

CF-III-1300 s. ; MF nº 78405

18° Opérations de transfert de fonds à l'étranger

Art L 96 A Les établissements de crédit, les établissements de monnaie électronique, les établissements de paiement ainsi que les organismes et services mentionnés à l'article L 518-1 du code monétaire et financier sont soumis aux dispositions de l'article L 152-3 de ce même code *(NDLR Voir partie Autres textes du présent code)*.

CF-III-1400 s. ; MF nº 78045 i

19° Déplacements intracommunautaires de biens. Assujettis et façonniers astreints à la tenue d'un registre des biens. Obligations du titulaire de l'entrepôt fiscal

Art L 96 B Les personnes mentionnées aux articles 277 A et 286 quater du code général des impôts sont tenues de présenter à l'administration, sur sa demande, les registres prévus à ces articles.

RIE-IV-15270

20° Intermédiaires pour des instruments financiers à terme

Art L 96 CA Les teneurs de compte des opérations réalisées sur les instruments financiers à terme mentionnés au 8° du I de l'article 35, au 5° du 2 de l'article 92 et à l'article 150 ter du code général des impôts ou, en l'absence de teneur de compte, les personnes cocontractantes de ces contrats financiers tiennent à la disposition de l'administration tous les documents de nature à justifier de la date de réalisation et du montant des profits ou pertes réalisés sur ces opérations par leurs clients ou leurs cocontractants.

Ndlr *Voir également LPF, art. R 96 CA-1.*

RM-VII-21150 ; MF nº 33430

22° Etablissements diffuseurs ou distributeurs de services payants de programmes de télévision

Art L 96 E Les établissements diffuseurs ou distributeurs de services payants de programmes de télévision sont tenus de fournir à l'administration, sur sa demande, les éléments des contrats de certains de leurs clients strictement nécessaires à l'établissement de l'assiette de la contribution à l'audiovisuel public. Ces informations se composent exclusivement de l'identité du client, de son adresse et de la date du contrat. Un décret en Conseil d'Etat définit les modalités de cette communication.

Ndlr *Les dispositions du présent article sont abrogées à compter du 1er janvier 2025 (Loi 2022-1157 du 16 août 2022 art. 6, III-1° et VIII-C).*

FR 35/22 inf. 12 n° 9 p. 14 ; TD-V-3580

23° Fiducie

Art L 96 F Le fiduciaire, le constituant, le bénéficiaire ou toute personne physique ou morale exerçant par quelque moyen un pouvoir de décision direct ou indirect sur la fiducie doivent communiquer sur sa demande à l'administration des impôts tout document relatif au contrat de fiducie, sans que puisse être opposée l'obligation de secret prévue à l'article 226-13 du code pénal.

DC-IX-54720 s. ; MF n° 91190

24° Opérateurs de communications électroniques

Art L 96 G **I.** Pour les besoins de la recherche ou de la constatation des infractions mentionnées au c du 1 de l'article 1728, aux b et c de l'article 1729, au I de l'article 1729-0 A et au dernier alinéa de l'article 1758 du code général des impôts, des agents de l'administration des impôts ayant au moins le grade de contrôleur et spécialement habilités par le directeur du service auquel ils sont affectés ou son adjoint peuvent, dans les conditions prévues au II du présent article, se faire communiquer les données conservées et traitées par les opérateurs de communications électroniques dans le cadre de l'article L 34-1 du code des postes et des communications électroniques et par les prestataires mentionnés aux 1 et 2 du I de l'article 6 de la loi n° 2004-575 du 21 juin 2004 pour la confiance dans l'économie numérique dans les conditions prévues au même article 6.

II. La mise en œuvre du droit de communication mentionné au I fait l'objet d'une autorisation préalable par un contrôleur des demandes de données de connexion.

Le contrôleur des demandes de données de connexion est, en alternance, un membre du Conseil d'Etat, en activité ou honoraire, élu par l'assemblée générale du Conseil d'Etat, et un magistrat de la Cour de cassation, en activité ou honoraire, élu par l'assemblée générale de la Cour de cassation. Son suppléant, issu de l'autre juridiction, est désigné selon les mêmes modalités. Le contrôleur des demandes de données de connexion et son suppléant sont élus pour une durée de quatre ans non renouvelable.

Il ne peut être mis fin aux fonctions du contrôleur des demandes de données de connexion que sur sa demande ou en cas d'empêchement constaté, selon le cas, par le vice-président du Conseil d'Etat ou par le premier président de la Cour de cassation ou le procureur général près cette Cour, sur saisine du ministre chargé du budget.

Le contrôleur des demandes de données de connexion ne peut recevoir ni solliciter aucune instruction de la direction générale des finances publiques, ni d'aucune autre autorité dans l'exercice de sa mission.

Il est saisi par demande motivée du directeur, ou de son adjoint, du service mentionné au I. Cette demande comporte les éléments de nature à en justifier le bien-fondé.

L'autorisation est versée au dossier de la procédure.

Les informations communiquées à l'administration sont détruites au plus tard à l'issue d'un délai d'un an à compter de leur réception, à l'exception de celles utilisées dans le cadre de l'une des procédures prévues au présent titre qui sont détruites à l'expiration de toutes les voies de recours.

Les modalités d'application du I et du présent II sont fixées par décret en Conseil d'Etat.

III. Les agents de l'administration des impôts peuvent se faire communiquer les données traitées et conservées relatives à l'identification du vendeur ou du prestataire, à la nature des biens ou des services vendus, à la date et au montant des ventes ou prestations effectuées par les opérateurs des services prévus au d du 2 de l'article 7 du règlement d'exécution (UE) n° 282/2011 du Conseil du 15 mars 2011 portant mesures d'exécution de la directive 2006/112/CE relative au système commun de taxe sur la valeur ajoutée.

Ndlr *Voir LPF, art. R* 96 G-1 à R* 96 G-7.*

CF-III-9500 s. ; MF n° 78040

25° Fabricants et marchands de métaux précieux

Art L 96 H Les personnes mentionnées aux articles 537 du code général des impôts et 321-7 du code pénal sont tenues de présenter à l'administration, sur sa demande, les registres prévus à ces articles.

Ndlr *Pour les dispositions du présent article applicables à compter du 1er juillet 2025, voir dans la partie Autres textes du présent code l'ordonnance 2023-1210 du 20 décembre 2023 art. 27, 2° et 43.*

CF-III-21500 s.

26° Agences immobilières

Art L 96 I Les personnes qui réalisent à titre habituel des opérations à caractère juridique, financier ou comptable relatives à des conventions de location ou de mise à disposition de biens mentionnés à l'article 1498 du code général des impôts doivent communiquer à l'administration fiscale, sur sa demande, les informations et tous les documents relatifs à la nature, au montant des loyers ainsi qu'aux caractéristiques des biens immobiliers faisant l'objet de ces conventions.

CF-III-21650 ; MF n° 78040

27° Concepteurs et éditeurs de logiciels de comptabilité ou de caisse

Art L 96 J Les entreprises ou les opérateurs qui conçoivent ou éditent des logiciels de comptabilité, de gestion ou des systèmes de caisse ou interviennent techniquement sur les fonctionnalités de ces produits affectant, directement ou indirectement, la tenue des écritures mentionnées au 1° de l'article 1743 du code général des impôts sont tenus de présenter à l'administration fiscale, sur sa demande, tous codes, données, traitements ou documentation qui s'y rattachent.

Le premier alinéa du présent article est également applicable en cas de demande des agents des douanes portant sur des logiciels de gestion, de comptabilité ou des systèmes de caisse, affectant, directement ou indirectement, la conservation ou l'intégrité des documents originaux nécessaires aux contrôles de cette administration.

CF-III-8300 s. ; MF n°s 78040 s.

28° Exploitants d'entrepôts ou de plateformes logistiques

Art L 96 K L'exploitant d'un entrepôt ou d'une plateforme logistique de stockage de biens destinés à faire l'objet d'une livraison au sens du 1° du II de l'article 256 du code général des impôts ou d'une opération assimilée mentionnée au III du même article 256 communique à l'administration fiscale, sur sa demande, les informations prévues à l'article 298 sexdecies J du même code.

RIE-IV-15830 s. ; MF n° 78045 I

SECTION II

Renseignements communiqués à l'administration sans demande préalable de sa part

Art L 97 Doivent adresser chaque année à l'administration des impôts un relevé récapitulatif par médecin, chirurgien-dentiste, sage-femme, auxiliaire médical, pharmacie d'officine, laboratoire d'analyses médicales, fournisseur de dispositifs et équipements médicaux et entreprise effectuant des transports sanitaires des feuilles de maladie et notes de frais remises par les assurés :

1° Les caisses de sécurité sociale chargées de la gestion des risques maladie et maternité ;

2° Les organismes chargés de la gestion des risques maladie et maternité des régimes spéciaux de sécurité sociale ;

3° Les sociétés ou unions de sociétés de secours mutuel fonctionnant comme organismes d'assurances sociales agricoles pour les assurances maladie et maternité ;

4° *(Abrogé)* ;

5° Les sociétés et organismes qui assurent le service des prestations prévues par les articles L 752-1 à L 752-21 du code rural et de la pêche maritime relatifs à l'assurance des personnes non salariées contre les accidents et les maladies professionnelles dans l'agriculture.

Ce relevé mentionne, notamment, le montant des honoraires versés par les assurés aux praticiens.

Pour permettre l'application de ces dispositions, les praticiens doivent indiquer sur les feuilles de maladie ou de soins le montant total des honoraires qui leur sont effectivement versés par les assurés *(NDLR Voir art. A 97-1 à A 97-3).*

CF-III-3580 s. ; MF n°s 78040 s.

Art L 98 Les organismes débiteurs de l'allocation de solidarité aux personnes âgées mentionnée à l'article L 815-1 du code de la sécurité sociale, de l'allocation supplémentaire mentionnée à l'article L 815-2 du même code dans sa version antérieure à l'ordonnance n° 2004-605 du 24 juin 2004 ou de l'allocation supplémentaire d'invalidité mentionnée à l'article L 815-24 du même code sont tenus de fournir à l'administration des impôts, avant le 31 janvier de chaque année, la liste des personnes auxquelles l'allocation a été attribuée ou supprimée au cours de l'année précédente *(Le service de l'ancienne prestation, prévue à l'ancien article L 815-2 du code de la sécurité sociale, dont le point de départ est antérieur au 1er janvier 2006 est poursuivi selon les règles applicables avant cette date).*

CF-III-4000

Art L 98 A Les organismes débiteurs de l'allocation aux adultes handicapés et du revenu de solidarité active sont tenus de fournir à l'administration fiscale, dans des conditions fixées par arrêté :

1° La liste des personnes bénéficiaires de l'allocation aux adultes handicapés au 1er janvier de l'année d'imposition ;

2° *(Abrogé) ;*

3° La liste des personnes auxquelles le revenu de solidarité active a été versé au cours de l'année d'imposition.

CF-III-4050

Art L 98 B L'organisme du régime général de sécurité sociale chargé du recouvrement des cotisations et contributions sociales dues par les particuliers employeurs qui utilisent les dispositifs prévus au 1° de l'article L 1271-1 du code du travail et aux articles L 1522-3 et L 1522-4 du même code, ainsi qu'à l'article L 531-5 du code de la sécurité sociale, communique à l'administration des impôts, avant le 1er mars de chaque année, les informations relatives aux personnes déclarées par ces employeurs au cours de l'année précédente.

La Caisse centrale de la mutualité sociale agricole communique à l'administration fiscale, dans les conditions prévues au premier alinéa, les déclarations de salaires relevant du titre emploi simplifié agricole prévu à l'article L 712-1 du code rural et de la pêche maritime.

L'organisme habilité mentionné au premier alinéa de l'article L 7122-23 du code du travail communique à l'administration fiscale, dans les conditions prévues au premier alinéa, les déclarations prévues par l'article R 7122-14 du même code.

La communication prévue aux trois alinéas précédents peut être faite par voie électronique.

Un décret en Conseil d'Etat pris après avis de la Commission nationale de l'informatique et des libertés fixe le contenu et les modalités de cette communication, et notamment les conditions d'utilisation du numéro d'inscription au répertoire national d'identification des personnes physiques pour les échanges et traitements nécessaires à la communication des informations ainsi transmises à l'administration des impôts *(NDLR Voir art. R* 98 B-1 à R* 98 B-4).*

CF-III-4100 s.

Art L 98 C Les organismes mentionnés aux articles L 213-1 et L 752-4 du code de la sécurité sociale communiquent à l'administration fiscale, avant le 30 juin de chaque année, les éléments nécessaires à l'établissement et au contrôle des impositions dues par les travailleurs indépendants mentionnés à l'article L 613-7 du même code. Cette communication comporte le numéro d'inscription au répertoire national d'identification des personnes physiques aux seules fins de la vérification par l'administration fiscale de la fiabilité des éléments d'identification des personnes physiques figurant dans les traitements de données relatives à l'assiette, au contrôle et au recouvrement des impositions dues. Les modalités de réalisation de cette communication sont déterminées par décret en Conseil d'Etat *(NDLR Voir art. R* 98 C-1 et R* 98 D-2).*

BF 2/20 inf. 138 ;
FR 2/21 inf. 91 nos 2 à 4 p. 138

Art L 98 D **I.** Les organismes mentionnés aux articles L 213-1 et L 752-4 du code de la sécurité sociale communiquent à l'administration fiscale, avant le 1er mars de chaque année, les éléments dont ils ont connaissance et qui sont nécessaires à l'établissement et au contrôle de l'impôt sur le revenu :

1° Des particuliers employeurs qui utilisent les dispositifs prévus aux articles L 1271-1 et L 1522-4 du code du travail ainsi qu'à l'article L 531-5 du code de la sécurité sociale ;

2° Des particuliers employeurs qui recourent à un organisme mentionné au 1° de l'article L 7232-6 du code du travail dès lors qu'ils procèdent eux-mêmes au versement des cotisations et contributions sociales dues au titre de l'emploi des salariés concernés ;

3° Des particuliers qui recourent à une entreprise ou à une association mentionnée aux 2° et 3° du même article L 7232-6.

II. Les communications prévues au I peuvent être réalisées par voie électronique. Elles peuvent comporter le numéro d'inscription au répertoire national d'identification des personnes physiques aux seules fins de la vérification par l'administration fiscale de la fiabilité des éléments d'identification des personnes physiques figurant dans les traitements de données relatives à l'assiette, au contrôle et au recouvrement de l'impôt sur le revenu. Les modalités de réalisation de ces communications sont fixées par décret en Conseil d'Etat *(NDLR Voir art. R* 98 D-1 et R* 98 D-2).*

FR 2/21 inf. 91 nos 5 à 7 p. 138

Art L 98 E L'Agence nationale de l'habitat communique chaque année à l'administration fiscale, avant le 30 juin, la liste des personnes ayant bénéficié l'année précédente de la subvention attribuée au titre de l'article L 321-1 du code de la construction et de l'habitation pour la réalisation de travaux d'accessibilité ou d'adaptation au vieillissement ou au handicap.

BF 2/24 inf. 124

Art L 99 Les organismes de protection sociale communiquent à l'administration des impôts les faits susceptibles de constituer des infractions qu'ils relèvent en ce qui concerne l'application des lois et règlements relatifs, d'une part, aux impôts et taxes en vigueur et, d'autre part, aux cotisations et contributions sociales.

CF-III-4350

Art L 101 L'autorité judiciaire doit communiquer à l'administration des finances toute indication qu'elle recueille, à l'occasion de toute procédure judiciaire, de nature à faire présumer une fraude commise en matière fiscale ou une manœuvre quelconque ayant eu pour objet ou pour résultat de frauder ou de compromettre un impôt.

L'administration des finances porte à la connaissance du juge d'instruction ou du procureur de la République, spontanément dans un délai de six mois après leur transmission ou à sa demande, l'état d'avancement des recherches de nature fiscale auxquelles elle a procédé à la suite de la communication des indications effectuée en application du premier alinéa.

Le résultat du traitement définitif de ces dossiers par l'administration des finances fait l'objet d'une communication au ministère public.

CF-III-4500 s. ; MF nos 78040 s.

Art L 101 A Les greffiers des tribunaux de commerce peuvent communiquer à l'administration fiscale et à l'administration des douanes tous renseignements et tous documents qu'ils recueillent à l'occasion de l'exercice de leurs missions, de nature à faire présumer une fraude commise en matière fiscale ou une manœuvre quelconque ayant pour objet ou pour résultat de frauder ou de compromettre un impôt.

FR 2/22 inf. 72 p. 111

Art L 102 Les sociétés d'auteurs, d'éditeurs, de compositeurs ou de distributeurs et le Centre national du cinéma et de l'image animée doivent communiquer aux agents de l'administration des impôts tous les documents relatifs aux déclarations souscrites par les exploitants de spectacles, y compris les déclarations de recettes établies en vue du paiement des droits d'auteurs, ainsi que toutes les indications recueillies à l'occasion des vérifications opérées dans les salles.

CF-III-21800 s.

Art L 102 AA Les services du ministre chargé de l'agriculture transmettent aux agents de la direction générale des finances publiques, dans des conditions et suivant des modalités déterminées par décret, les informations nécessaires à la détermination de l'assiette et au recensement des assujettis aux redevances prévues aux articles 302 bis N à 302 bis WG du code général des impôts et L 236-2 et L 251-17-1 du code rural et de la pêche maritime *(NDLR Voir art. R 102 AA-1)*.

CF-III-7230 s.

Art L 102 AB Les agents du Conseil national des activités privées de sécurité transmettent aux agents de la direction générale des finances publiques le nom, l'adresse, l'identifiant SIRET et la date d'agrément des établissements exerçant une activité privée de sécurité titulaires d'une autorisation ou d'un agrément valide en application du livre VI du code de la sécurité intérieure.

CF-III-7300 s.

Art L 102 AC Les services du ministre chargé de l'énergie transmettent aux agents de la direction générale des finances publiques le nom, l'adresse et l'identifiant SIRET des établissements gestionnaires des réseaux publics de distribution d'électricité mentionnés à l'article L 2224-31 du code général des collectivités territoriales, ainsi que le nombre de kilowattheures distribués à partir d'ouvrages exploités en basse tension dans les communes dont la population est inférieure à 2 000 habitants et dans les autres communes.

CF-III-7330 s.

Art L 102 AG Les institutions financières soumises au 1 de l'article 1649 AC du code général des impôts transmettent à l'administration la liste des titulaires de compte n'ayant pas remis les informations prévues au II du même article 1649 AC, après la seconde demande de l'institution financière et à l'expiration d'un délai de trente jours suivant la réception de celle-ci. Un décret précise les conditions de l'établissement, notamment la teneur et les modalités des demandes adressées au titulaire du compte, et de la transmission à l'administration de la liste prévue au présent alinéa *(NDLR Voir art. R 102 AG-1)*.

Le premier alinéa du présent article n'est pas applicable pour la mise en œuvre de l'accord entre le Gouvernement de la République française et le Gouvernement des Etats-Unis d'Amérique en vue d'améliorer le respect des obligations fiscales à l'échelle internationale et de mettre en œuvre la loi relative au respect des obligations fiscales concernant les comptes étrangers signé à Paris le 14 novembre 2013.

INT-GENA-34225 s. ; MF no 26960

Art L 102 AH Les personnes mentionnées à l'article L 561-2 du code monétaire et financier et, dans la mesure où cela s'inscrit dans l'exercice normal de leurs missions en application du chapitre Ier du titre VI du livre V du même code, les autorités de contrôle mentionnées à l'article L 561-36 du même code, signalent à l'administration toute divergence qu'elles constatent entre les informations conservées dans le registre prévu à l'article 1649 AB du code général des impôts ou dans celui prévu à l'article 2020 du code civil d'une part, et les informations sur les bénéficiaires effectifs dont elles disposent, d'autre part, y compris l'absence d'enregistrement de ces informations.

L'administration informe l'administrateur d'un trust défini à l'article 792-0 bis du code général des impôts ou le fiduciaire de la divergence ainsi signalée de manière à lui permettre de formuler des observations. En cas d'acceptation du constat de la divergence ou de réponse suffisante de l'administrateur ou du fiduciaire, l'administration modifie ou complète les informations conservées dans le registre prévu à l'article 1649 AB du code général des impôts et le registre prévu à l'article 2020 du code civil. En l'absence de réponse, ou à défaut de réponse suffisante de l'administrateur ou du fiduciaire, la divergence est mentionnée dans le registre des trusts prévu à l'article 1649 AB du code général des impôts ou dans le registre des fiducies prévu à l'article 2020 du code civil, et il peut être fait application de la sanction prévue au IV bis de l'article 1736 du code général des impôts.

Les modalités d'application du présent article sont fixées par décret.

BF 4/20 inf. 316

CHAPITRE II BIS

Obligation et délais de conservation des documents

Art L 102 B **I.** Les livres, registres, documents ou pièces sur lesquels peuvent s'exercer les droits de communication, d'enquête et de contrôle de l'administration doivent être conservés pendant un délai de six ans à compter de la date de la dernière opération mentionnée sur les livres ou registres ou de la date à laquelle les documents ou pièces ont été établis.

Lorsqu'ils sont établis ou reçus sur support informatique, ces livres, registres, documents ou pièces doivent être conservés sous cette forme pendant le délai prévu au premier alinéa du présent I.

Ndlr *Les dispositions du présent alinéa s'appliquent aux documents et pièces établis à compter du 31 décembre 2022 (Loi 2022-1726 du 30 décembre 2022 art. 62, IV).*

Sans préjudice du premier alinéa du présent I, lorsque les documents et pièces sont établis ou reçus sur support papier, ils peuvent être conservés sur support informatique ou sur support papier, pendant une durée égale au délai prévu au même premier alinéa. Les modalités de numérisation des factures papier sont fixées par arrêté du ministre chargé du budget.

Les pièces justificatives relatives à des opérations ouvrant droit à une déduction en matière de taxes sur le chiffre d'affaires sont conservées pendant le délai prévu au premier alinéa.

Les registres tenus en application du 9 de l'article 298 sexdecies F du code général des impôts et du X des articles 298 sexdecies G et 298 sexdecies H du même code sont conservés pendant dix ans à compter du 31 décembre de l'année de l'opération.

TVA-III-8730 ; RIE-IV-6630 s.

I bis. Les informations, documents, données, traitements informatiques ou système d'information constitutifs des contrôles mentionnés au 1° du VII de l'article 289 du code général des impôts et la documentation décrivant leurs modalités de réalisation doivent être conservés pendant un délai de six ans à compter de la date à laquelle les documents ou pièces ont été établis, sur support informatique ou sur support papier, quelle que soit leur forme originale.

II. Lorsqu'ils ne sont pas déjà mentionnés aux I ou I bis, les informations, données ou traitements soumis au contrôle prévu au IV de l'article L 13 doivent être conservés sur support informatique jusqu'à l'expiration du délai prévu au premier alinéa de l'article L 169. La documentation relative aux analyses, à la programmation et à l'exécution des traitements doit être conservée jusqu'à l'expiration de la troisième année suivant celle à laquelle elle se rapporte.

RIE-IV-6870 s. ; CF-III-31550 s. ; CF-IV-36000 s. ; MF n° 78065

Art L 102 C Pour l'application des dispositions de l'article L 102 B, les factures émises par les assujettis ou, en leur nom et pour leur compte, par leur client ou par un tiers, ainsi que toutes les factures qu'ils ont reçues, doivent être stockées sur le territoire français, lorsque ce stockage n'est pas effectué par voie électronique garantissant un accès immédiat, complet et en ligne aux données concernées.

Les assujettis ne peuvent stocker les factures transmises par voie électronique dans un pays non lié à la France par une convention prévoyant une assistance mutuelle ou n'offrant pas un droit d'accès en ligne immédiat, de téléchargement et d'utilisation de l'ensemble des données concernées.

Les assujettis sont tenus de déclarer, en même temps que leur déclaration de résultats ou de bénéfices, le lieu de stockage de leurs factures ainsi que toute modification de ce lieu lorsque celui-ci est situé hors de France.

Tout assujetti stockant ses factures par voie électronique sur le territoire français ou sur le territoire d'un autre Etat membre de l'Union européenne ou d'un pays lié à la France par une convention prévoyant une assistance mutuelle s'assure que l'administration a, à des fins de contrôle, un accès en ligne permettant le téléchargement et l'utilisation des données stockées.

A des fins de contrôle, les autorités compétentes des Etats membres de l'Union européenne ont un droit d'accès par voie électronique, de téléchargement et d'utilisation des factures émises ou reçues, stockées sur le territoire français par ou pour le compte d'un assujetti qui est redevable de la taxe sur le chiffre d'affaires dans ces Etats membres ou qui y est établi.

Un décret en Conseil d'Etat détermine et fixe les conditions et modalités d'application du présent article.

RIE-IV-7040 s.

Art L 102 D Pour l'application de l'article L 96 J, les codes, données, traitements ainsi que la documentation doivent être conservés jusqu'à l'expiration de la troisième année suivant celle au cours de laquelle le logiciel ou le système de caisse a cessé d'être diffusé.

CF-III-8850 s. ; MF nº 78045 k

Art L 102 E Les organismes bénéficiaires de dons et versements qui délivrent des documents mentionnés à l'article 1740 A du code général des impôts permettant à un contribuable d'obtenir les réductions d'impôt prévues aux articles 200, 238 bis et 978 du code général des impôts sont tenus de conserver pendant un délai de six ans à compter de la date à laquelle ils ont été établis les documents et pièces de toute nature permettant à l'administration de réaliser le contrôle prévu à l'article L 14 A du présent livre.

CF-IV-5100 s. ; MF nº 78430

CHAPITRE III

Le secret professionnel en matière fiscale

SECTION I

Portée et limites de la règle du secret professionnel

Art L 103 L'obligation du secret professionnel, telle qu'elle est définie aux articles 226-13 et 226-14 du code pénal*, s'applique à toutes les personnes appelées à l'occasion de leurs fonctions ou attributions à intervenir dans l'assiette, le contrôle, le recouvrement ou le contentieux des impôts, droits, taxes et redevances prévus au code général des impôts ou au code des impositions sur les biens et services.

Le secret s'étend à toutes les informations recueillies à l'occasion de ces opérations. Pour les informations recueillies à l'occasion d'un examen contradictoire de la situation fiscale personnelle, l'obligation du secret professionnel nécessaire au respect de la vie privée s'impose au vérificateur à l'égard de toutes personnes autres que celles ayant, par leurs fonctions, à connaître du dossier.

DC-VI-3600 s. ; MF nº 79505

Art L 103 A L'administration des impôts peut solliciter toute personne dont l'expertise est susceptible de l'éclairer pour l'exercice de ses missions d'étude, de contrôle, d'établissement de l'impôt ou d'instruction des réclamations, lorsque ces missions requièrent des connaissances ou des compétences particulières.

L'administration peut communiquer à cette personne, sans méconnaître la règle du secret professionnel, les renseignements destinés à lui permettre de remplir sa mission.

Les personnes consultées sont tenues au secret professionnel dans les conditions prévues par l'article L 103.

CF-I-9550 s.

Art L 103 B En matière de contributions indirectes et de réglementations assimilées, les agents de l'administration peuvent solliciter toute personne qualifiée dont l'expertise est susceptible de les éclairer pour l'accomplissement de leurs missions.

Ces agents peuvent communiquer à cette personne, sans méconnaître les règles du secret professionnel, les renseignements, objets, produits, marchandises et documents destinés à lui permettre de remplir sa mission.

Les personnes ainsi appelées rédigent un rapport qui contient la description des opérations d'expertise ainsi que leurs conclusions. Ce rapport est communiqué aux agents de l'administration et est annexé à la procédure. En cas d'urgence, les conclusions des personnes ayant fourni leur expertise peuvent être recueillies par les agents de l'administration qui les consignent dans un procès-verbal.

Les personnes qualifiées effectuent les opérations d'expertise sous le contrôle des agents de l'administration et sont soumises au secret professionnel prévu à l'article L 103.

Art L 103 C L'administration peut communiquer à la société mentionnée au dernier alinéa de l'article L 312-1 du code de la construction et de l'habitation, sans méconnaître la règle du secret professionnel, les renseignements destinés à lui permettre de remplir sa mission de contrôle des opérations d'épargne-logement.

DC-VI-10500

1° Délivrance de documents aux contribuables

Art L 104 Les comptables chargés du recouvrement des impôts directs délivrent aux personnes qui en font la demande soit un extrait de rôle ou un certificat de non-inscription au rôle, soit une copie de l'avis de mise en recouvrement, selon le comptable compétent pour recouvrer l'impôt, dans les conditions suivantes :

a. Pour les impôts directs d'Etat et taxes assimilées, ces documents ne peuvent être délivrés que dans la mesure où ils concernent le contribuable lui-même ;

b. Pour les impôts locaux et taxes annexes ces documents peuvent être délivrés même s'ils concernent un autre contribuable mais à condition que le demandeur figure personnellement au rôle.

REC-I-3900 s.

Art L 105 Les comptables chargés du recouvrement des impôts directs délivrent des bordereaux de situation aux personnes qui en font la demande dans la mesure où ces documents concernent les contribuables eux-mêmes ou les personnes auxquelles le paiement de l'impôt peut être demandé à leur place.

REC-I-4100 s.

Art L 106 Les agents de l'administration chargée de l'enregistrement peuvent délivrer des extraits des registres de l'enregistrement clos depuis moins de cinquante ans.

Ces extraits ne peuvent être délivrés que sur une ordonnance du juge du tribunal judiciaire s'ils sont demandés par des personnes autres que les parties contractantes ou leurs ayants cause.

Ces extraits peuvent être délivrés, pour les besoins des recherches généalogiques nécessaires au règlement d'une succession, au notaire chargé dudit règlement ou aux personnes agissant à sa demande, sans qu'il soit besoin de demander l'ordonnance du juge du tribunal judiciaire mentionnée au deuxième alinéa.

Dans les conditions prévues au deuxième alinéa, il peut être délivré copie ou extrait du double des actes sous signature privée déposé au service des impôts en application de l'article 849 du code général des impôts.

Le maire ou les personnes agissant à sa demande peuvent, sur délibération du conseil municipal, sans qu'il soit besoin de demander l'ordonnance du juge du tribunal judiciaire, obtenir des extraits des registres de l'enregistrement clos depuis moins de cinquante ans pour le besoin des recherches relatives à la dévolution d'un bien mentionné à l'article 713 du code civil.

ENR-I-6000 s.

Art L 107 A Toute personne peut obtenir communication ponctuelle, le cas échéant par voie électronique, d'informations relatives aux immeubles situés sur le territoire d'une commune déterminée, ou d'un arrondissement pour la Ville de Paris et les communes de Lyon et Marseille, sur lesquels une personne désignée dans la demande dispose d'un droit réel immobilier. Toute personne peut obtenir, dans les mêmes conditions, communication d'informations relatives à un immeuble déterminé. Les informations communicables sont les références cadastrales, l'adresse ou, le cas échéant, les autres éléments d'identification cadastrale des immeubles, la contenance cadastrale de la parcelle, la valeur locative cadastrale des immeubles, ainsi que les noms et adresses des titulaires de droits sur ces immeubles. Un décret en Conseil d'Etat, pris après avis de la Commission nationale de l'informatique et des libertés, définit les modalités d'application du présent article et les conditions de communication par voie électronique des informations visées à la phrase précédente *(NDLR Voir art. R* 107 A-1 à R* 107 A-7).*

DC-VI-44300 s.

Art L 107 B Toute personne physique faisant l'objet d'une procédure d'expropriation ou d'une procédure de contrôle portant sur la valeur d'un bien immobilier ou faisant état de la nécessité d'évaluer la valeur vénale d'un bien immobilier en tant que vendeur ou acquéreur potentiel de ce bien ou pour la détermination de l'assiette de l'impôt sur la fortune immobilière ou des droits de mutation à titre gratuit ainsi que pour le calcul du montant des aides personnelles au logement ou pour l'évaluation de l'éligibilité à l'aide juridictionnelle et à l'aide à l'intervention de l'avocat peut obtenir, par voie électronique, communication des éléments d'information relatifs aux mutations à titre onéreux de biens immobiliers comparables intervenues dans un périmètre et pendant une période déterminés et qui sont utiles à la seule appréciation de la valeur vénale du bien concerné.

Les biens immobiliers comparables s'entendent des biens de type et de superficie similaires à ceux précisés par le demandeur.

Les informations communicables sont les références cadastrales et l'adresse, ainsi que la superficie, le type et les caractéristiques du bien immobilier, la nature et la date de mutation ainsi que la valeur foncière déclarée à cette occasion et les références de publication au fichier immobilier.

Ces informations sont réservées à l'usage personnel du demandeur.

La consultation de ces informations est soumise à une procédure sécurisée d'authentification préalable, aux fins de laquelle le demandeur doit justifier de sa qualité et accepter les conditions générales d'accès au service ainsi que l'enregistrement de sa consultation.

La circonstance que le prix ou l'évaluation d'un bien immobilier ait été déterminé sur le fondement d'informations obtenues en application du présent article ne fait pas obstacle au droit de l'administration de rectifier ce prix ou cette évaluation suivant la procédure contradictoire prévue à l'article L 55.

Un décret en Conseil d'Etat, pris après avis de la Commission nationale de l'informatique et des libertés, définit les modalités d'application du présent article, notamment les conditions de communication d'informations par voie électronique *(NDLR Voir art. R* 107 B-1 et R* 107 B-2).*

DC-VI-44650 s.

Art L 108 Les agents de l'administration peuvent donner connaissance sur place des livres et registres relatifs aux contributions indirectes, aux propriétaires, fermiers, expéditeurs et destinataires qui y sont autorisés par le juge du tribunal judiciaire.

Art L 109 Les agents de l'administration peuvent communiquer à toute personne qui en fait la demande les déclarations de sucrage en première ou en deuxième cuvée et les déclarations de détention de sucre par quantités supérieures à 25 kilogrammes.

Art L 110 La communication des livres et registres relatifs aux contributions indirectes dans les conditions fixées à l'article L 108 donne lieu à un droit de recherche fixé à 0,04 € par compte communiqué.

Le droit de recherche prévu au premier alinéa est perçu en cas de communication des déclarations de sucrage dans les conditions prévues par l'article L 109.

2° Publicité de l'impôt

Art L 111 I. Une liste des personnes assujetties à l'impôt sur le revenu ou à l'impôt sur les sociétés est dressée de manière à distinguer les deux impôts par commune pour les impositions établies dans son ressort.

Cette liste est complétée par l'indication des personnes physiques ou morales non assujetties dans la commune à l'impôt sur le revenu ou à l'impôt sur les sociétés mais y possédant une résidence.

La liste est tenue par la direction départementale des finances publiques à la disposition des contribuables qui relèvent de sa compétence territoriale. L'administration peut en prescrire l'affichage.

Les contribuables qui ont plusieurs résidences, établissements ou exploitations, peuvent demander, en souscrivant leur déclaration, que leur nom soit communiqué aux directions départementales des finances publiques dont dépendent ces résidences, établissements ou exploitations.

La liste concernant l'impôt sur le revenu est complétée, dans des conditions fixées par décret, par l'indication du nombre de parts retenu pour l'application du quotient familial, du revenu imposable et du montant de l'impôt mis à la charge de chaque redevable.

I bis. *(Dispositions disjointes).*

I ter. L'administration recueille, chaque année, les observations et avis que la commission communale des impôts directs prévue à l'article 1650 du code général des impôts peut avoir à formuler sur ces listes.

La publication ou la diffusion par tout autre moyen, soit des listes prévues ci-dessus, soit de toute indication se rapportant à ces listes et visant des personnes nommément désignées est interdite, sous peine de l'amende fiscale prévue à l'article 1762 du code précité.

II. Les créanciers et débiteurs d'aliments dont la qualité est reconnue par une décision de justice peuvent consulter les éléments des listes mentionnées au I afférents à l'imposition de leur débiteur ou créancier, selon le cas, quelle que soit la direction départementale des finances publiques dans le ressort de laquelle l'imposition du débiteur ou du créancier est établie.

DC-VI-43600 s. ; MF n° 78420

Art L 112 La liste des négociants en bestiaux assujettis à la taxe sur la valeur ajoutée dans chaque département peut être consultée dans les services des impôts de ce département.

TVA-XII-17155

Art L 112 A Afin de concourir à la transparence des marchés fonciers et immobiliers, l'administration fiscale rend librement accessibles au public, sous forme électronique, les éléments d'information qu'elle détient au sujet des valeurs foncières déclarées à l'occasion des mutations intervenues au cours des cinq dernières années.

Un décret en Conseil d'Etat précise les modalités d'application du présent article *(NDLR Voir art. R* 112 A-1 à R* 112 A-3)*.

FR 37/18 inf. 14 p. 17

3° Publicité des bénéficiaires d'aides d'Etat à caractère fiscal

Art L 112 B L'administration fiscale peut rendre publiques les informations suivantes relatives aux bénéficiaires d'aides d'Etat, au sens de l'article 107 du traité sur le fonctionnement de l'Union européenne, à caractère fiscal lorsque le montant d'aide individuelle excède le montant le plus faible prévu, selon les cas, au 5° ou au 12° du présent article :

1° Le nom et l'identifiant du bénéficiaire ;

2° Le type d'entreprise au moment de l'octroi de l'aide ;

3° La région d'établissement du bénéficiaire, au sens de la nomenclature des unités territoriales statistiques ;

4° Le secteur d'activité, au sens de la nomenclature statistique des activités économiques dans la Communauté européenne ;

5° L'élément d'aide, en indiquant, s'agissant du montant des aides individuelles, si ce montant est compris dans les tranches de montant listées par arrêté du ministre chargé du budget, en fonction des règles de transparence définies par la Commission européenne pour chaque catégorie d'aide *(NDLR Voir art. A 112 B-1)* ;

6° L'instrument d'aide ;

7° La date d'octroi de l'aide ;

8° L'objectif de l'aide ;

9° L'autorité d'octroi de l'aide ;

10° Pour les aides visant à promouvoir les investissements en faveur du financement des risques, les noms de l'entité mandatée et des intermédiaires financiers sélectionnés ;

11° Le numéro de la mesure d'aide attribué par la Commission européenne ;

12° Par dérogation aux 1° à 11°, pour les aides d'Etat sous forme de compensations de service public octroyées à certaines entreprises chargées de la gestion de services d'intérêt économique général, le mandat définissant les obligations de service public ou une synthèse de celui-ci et le montant annuel de l'aide, lorsqu'il est supérieur à 15 millions d'euros.

BF 7/21 inf. 697

SECTION II

Dérogations à la règle du secret professionnel

Art L 113 Des dérogations à la règle du secret professionnel sont établies au profit d'administrations et autorités administratives, collectivités, services, organismes publics et autres personnes dans les cas prévus à la présente section.

Ceux qui bénéficient de ces dérogations en application des articles L 123, L 124, L 127, L 130, L 135, L 135 B, L 135 D, L 135 F, L 135 H, L 135 I, L 135 J, L 135 O, L 135 ZD, L 135 ZH, L 136, L 136 A, L 139 A, L 152, L 152 A, L 154, L 158, L 158 A, L 163, L 166, L 166 D et L 166 F sont eux-mêmes soumis au secret professionnel dans les termes des articles 226-13 et 226-14 du code pénal.

DC-VI-5800

I. Dérogations en matière d'assistance fiscale internationale

Art L 114 L'administration des impôts peut échanger des renseignements avec les administrations financières de Saint-Pierre-et-Miquelon, de Nouvelle-Calédonie, de Polynésie française, des îles Wallis-et-Futuna et des Terres australes et antarctiques françaises et autres collectivités territoriales de la République française relevant d'un régime fiscal spécifique ainsi qu'avec les Etats ayant conclu avec la France une convention d'assistance administrative en vue de lutter contre la fraude et l'évasion fiscales.

DC-VI-5850 ; MF n°s 83150 s.

Art L 114 A L'administration des impôts communique aux administrations des autres Etats membres de l'Union européenne les renseignements pour l'application de la législation fiscale.

DC-VI-5860 ; MF n°s 83150 s.

II. Dérogations au profit de certaines administrations, autorités administratives, collectivités, services et organismes publics

Art L 115 Le ministre chargé des finances est tenu d'autoriser les agents placés sous son autorité à répondre aux questions et éventuellement aux convocations du défenseur des droits. Ceux-ci sont tenus d'y répondre ou d'y déférer.

Le défenseur des droits peut demander à l'administration communication de tous les documents ou dossiers concernant les affaires à propos desquelles il fait une enquête. Le caractère secret ou confidentiel des pièces dont il demande communication ne peut lui être opposé.

DC-VI-7800

Art L 116 Conformément aux articles L 450-7 du code de commerce et L 512-14 du code de la consommation, l'administration fiscale ne peut opposer le secret professionnel aux agents habilités, mentionnés à l'article L 450-1 du code de commerce et aux articles L 511-3 et L 511-21 du code de la consommation.

DC-VI-7800

Art L 117 L'obligation du secret professionnel ne fait pas obstacle à ce que, au sein de la direction générale des finances publiques, les agents exerçant des missions fiscales et les agents exerçant d'autres missions se communiquent, spontanément ou sur demande, les informations et documents nécessaires à l'exercice de leurs missions respectives.

DC-VI-6200

Art L 119 **I.** L'administration des impôts communique à l'Agence de services et de paiement mentionnée à l'article L 313-1 du code rural et de la pêche maritime, sur sa demande, les informations nominatives qui sont nécessaires à l'instruction des demandes d'indemnités compensatoires de handicaps naturels prévues par l'article 37 du règlement (CE) n° 1698/2005 du Conseil du 20 septembre 2005 concernant le soutien au développement rural par le Fonds européen agricole pour le développement rural (FEADER), dans les conditions et selon les modalités fixées par décret *(NDLR Voir art. R 119-1)*.

II. Pour les besoins de l'accomplissement de leurs missions, les agents de l'organisme mentionné au I, individuellement habilités par le président-directeur général de cet organisme, disposent d'un droit d'accès direct au fichier contenant les informations mentionnées à l'article 1649 A du code général des impôts.

DC-VI-7800

Art L 120 Les agents du crédit d'équipement des petites et moyennes entreprises peuvent recevoir de l'administration des impôts communication des renseignements nécessaires aux enquêtes et contrôles auxquels ils procèdent.

DC-VI-7800

Art L 121 Les fonctionnaires chargés des fonctions de commissaire du gouvernement auprès d'un conseil de l'ordre des experts-comptables ou des commissions mentionnées aux articles 42 bis et 49 bis de l'ordonnance n° 45-2138 du 19 septembre 1945 modifiée portant institution de l'ordre des experts-comptables et réglementant le titre et la profession d'expert-comptable peuvent recevoir de l'administration des impôts communication des renseignements nécessaires à l'accomplissement de leurs missions. Ces fonctionnaires peuvent communiquer aux instances mentionnées ci-dessus ainsi qu'aux chambres de discipline de l'ordre les renseignements nécessaires à ces organismes pour se prononcer en connaissance de cause sur les demandes et sur les plaintes dont ils sont saisis concernant l'inscription au tableau, la discipline professionnelle ou l'exercice illégal de la profession d'expert-comptable.

DC-VI-7200 s.

Art L 122 Lorsque des contribuables réclament à l'Etat, aux départements, aux communes ou aux établissements publics autres que les établissements à caractère industriel et commercial des indemnités ou dommages-intérêts dont le montant dépend de leurs bénéfices ou revenus ou de la valeur de leurs biens, les collectivités publiques intéressées ainsi que les experts appelés à fournir un rapport sur ces demandes d'indemnités ou de dommages-intérêts peuvent recevoir de l'administration des impôts ou de l'administration des douanes et droits indirects communication des déclarations produites et des évaluations fournies par ces contribuables pour l'établissement ou la liquidation de l'un quelconque des impôts ou taxes prévus au code général des impôts, à l'exception des droits perçus à l'occasion de mutations à titre gratuit.

Sous réserve des dispositions particulières prévues en matière d'expropriation, ces déclarations et évaluations sont opposables aux demandeurs dans la mesure où elles sont antérieures au fait sur lequel se fonde leur demande.

DC-VI-6700 s.

Art L 123 En cas d'expropriation, les agents des impôts sont déliés du secret professionnel à l'égard de l'autorité expropriante pour tous les renseignements sur les déclarations et évaluations fiscales nécessaires à la fixation des indemnités d'expropriation prévue par les articles L 321-1 et L 322-1 à L 322-9 du code de l'expropriation pour cause d'utilité publique.

Il en est de même à l'égard de l'administration qui poursuit la récupération de la plus-value résultant de l'exécution des travaux publics prévue par l'article L 321-5 du code précité.

DC-VI-6800 s.

Art L 124 Conformément à l'article L 316-2 du code de la construction et de l'habitation, les agents des administrations compétentes, commissionnés à cet effet, peuvent recevoir de la direction générale des finances publiques communication des renseignements permettant de déterminer le caractère de résidence principale des logements construits avec la participation financière de l'Etat.

DC-VI-7800

Art L 124 A Conformément à l'article L 642-8 du code de la construction et de l'habitation, les services fiscaux fournissent au représentant de l'Etat dans le département les informations nominatives dont ils disposent sur la vacance des locaux susceptibles d'être réquisitionnés en vertu de l'article L 642-1 du même code.

DC-VI-7800

Art L 124 B Les fournisseurs de données et les gestionnaires des observatoires nominatifs prévus à l'article 3 de la loi n° 90-449 du 31 mai 1990 visant à la mise en œuvre du droit au logement peuvent recevoir des services fiscaux, sur leur demande, communication des renseignements qu'ils détiennent et qui sont nécessaires au recensement et au suivi du traitement des logements, locaux ou installations indignes et non décents.

DC-VI-7800

Art L 125 Conformément à l'article L 651-7 du code de la construction et de l'habitation, l'administration des impôts et les services déconcentrés du Trésor sont tenus de communiquer aux agents assermentés du service municipal du logement les renseignements nécessaires à l'accomplissement de leur mission de recherche et de contrôle.

DC-VI-7800

Art L 127 Les commissions instituées par les articles 47 et 48 du décret n° 62-261 du 10 mars 1962 relatif aux mesures prises pour l'accueil et le reclassement professionnel et social des Français d'outre-mer et leurs rapporteurs peuvent recevoir de l'administration des impôts communication des renseignements détenus par cette administration et nécessaires à l'instruction des demandes de prêts et de subventions présentées par les rapatriés d'Algérie en application du décret précité.

Art L 130 Cet article reproduit le deuxième alinéa de l'article L 2234-24 du code de la défense :

« Art. L 2234-24 (deuxième alinéa) : Nonobstant toutes dispositions relatives au secret professionnel, les administrations publiques et leurs agents sont tenus, pour l'application du présent chapitre, de communiquer aux autorités chargées du règlement des réquisitions, ainsi qu'aux commissions d'évaluation, tous renseignements utiles à la détermination des indemnités de réquisition. Ces autorités et leurs agents, ainsi que les membres des commissions d'évaluation, sont assujettis aux obligations du secret professionnel pour tous les renseignements ainsi portés à leur connaissance. ».

Ndlr *Pour les dispositions du présent article applicables à compter d'une date fixée par décret, et au plus tard un an après la promulgation de la loi 2023-703 du 1er août 2023, voir partie Autres textes du présent code loi 2023-703 précitée art. 47, VIII et XI.*

Art L 131 Les fonctionnaires et agents de l'Etat chargés de l'application de l'ordonnance n° 58-1331 du 23 décembre 1958 relative à la constatation, la poursuite et la répression des infractions en matière de répartition des produits industriels et de l'énergie peuvent recevoir de l'administration des impôts communication sur place de tous les documents qu'elle détient.

Art L 132 A Conformément aux dispositions des articles L 152-1 du code des procédures civiles d'exécution et L 213-5 du même code, l'administration des impôts est tenue de communiquer à l'administration publique qui demande le paiement direct d'une pension alimentaire les renseignements mentionnés au II de l'article L 151 A.

DC-VI-7800

Art L 133 Les maires, les présidents des organes délibérants des établissements publics ou le président du conseil de la métropole de Lyon peuvent recevoir de l'administration fiscale communication du montant des sommes dues et payées soit à la commune, soit à l'établissement public, soit à la métropole de Lyon, par chaque redevable de la taxe d'aménagement prévue à l'article 1635 quater A du code général des impôts.

DC-VI-7800

Art L 134 Conformément aux dispositions prévues aux articles L 8271-1, L 8271-1-2, L 8271-2, L 8271-4, L 8271-5 du code du travail, ainsi qu'au deuxième alinéa de l'article L 133-9-3 du code de la sécurité sociale, les agents de la direction générale des finances publiques et de la direction générale des douanes et droits indirects peuvent communiquer et obtenir communication de tous documents ou renseignements utiles à la lutte contre le travail illégal.

Ndlr **1.** *Les articles L 8271-1, L 8271-1-2, L 8271-2, L 8271-4 et L 8271-5 du code du travail ainsi que l'article L 133-9-3 du code de la sécurité sociale sont reproduits dans la partie Autres textes du présent code.*

2. *Les dispositions ci-dessus sont applicables aux données relatives aux bénéficiaires et au règlement des aides versées par le fonds de solidarité mentionné à l'article 1er de l'ordonnance 2020-317 du 25 mars 2020 : voir partie Autres textes du présent code loi 2020-935 du 30 juillet 2020 art. 57.*

DC-VI-7800

Art L 134 A Les agents chargés des opérations de contrôle de la recherche d'emploi peuvent, pour l'exercice de leur mission, recevoir communication des renseignements détenus par l'administration des impôts ou par l'administration des douanes et droits indirects conformément aux dispositions du 1° de l'article L 5426-9 du code du travail et du décret pris en application de cet article.

Ndlr L'article L 5426-9 du code du travail est reproduit dans la partie Autres textes du présent code.

DC-VI-7800

Art L 134 B Le service mentionné à l'article L 561-23 du code monétaire et financier dispose, en application de l'article L 561-27 du même code, d'un droit d'accès direct aux fichiers utilisés par les services en charge de l'établissement de l'assiette, du contrôle et du recouvrement des impôts.

DC-VI-7800

Art L 134 C Conformément aux articles L 114-16-1 à L 114-16-3 du code de la sécurité sociale, les agents de la direction générale des finances publiques et de la direction générale des douanes et des droits indirects sont habilités à communiquer et à recevoir communication de tous documents ou renseignements utiles à la lutte contre la fraude en matière sociale.

DC-VI-7800

Art L 134 D Pour les besoins de l'accomplissement de leurs missions de contrôle et de recouvrement portant sur les infractions prévues à l'article L 114-16-2 du code de la sécurité sociale :

1° Les agents des organismes mentionnés aux articles L 211-1, L 212-1, L 215-1, L 222-1-1, L 752-4 du même code et ceux mentionnés à l'article L 5312-1 du code du travail et à l'article L 724-7 du code rural et de la pêche maritime, individuellement désignés et dûment habilités selon des modalités fixées par décret, disposent d'un droit d'accès direct aux informations contenues dans les déclarations prévues à l'article 1649 ter du code général des impôts ;

2° Les agents des organismes mentionnés aux articles L 212-1, L 752-4 du code de la sécurité sociale et ceux mentionnés à l'article L 5312-1 du code du travail et à l'article L 724-7 du code rural et de la pêche maritime, individuellement désignés et dûment habilités selon des modalités fixées par décret, disposent d'un droit d'accès direct aux données relatives aux mutations à titre onéreux ou gratuit et aux actes relatifs aux sociétés ainsi qu'aux informations mentionnées à l'article L 107 B du présent livre.

DC-VI-10320

Art L 134 E Pour les besoins de l'accomplissement de leurs missions, les agents des douanes peuvent obtenir la communication, par voie électronique, par la direction générale des finances publiques, des informations nécessaires au contrôle de la condition tenant à la résidence à laquelle est subordonnée l'exonération de taxe sur la valeur ajoutée au bénéfice des voyageurs prévue au a du 2° du I de l'article 262 du code général des impôts.

BF 10/23 inf. 711

Art L 135 Les fonctionnaires qualifiés du ministère chargé de la marine marchande peuvent recevoir de l'administration des impôts communication des renseignements relatifs à l'établissement de l'impôt sur les sociétés et de l'impôt sur le revenu nécessaires à la liquidation du prélèvement sur le bénéfice net des chantiers navals institué par la loi n° 51-675 du 24 mai 1951 relative à la construction navale.

Art L 135 A Conformément à l'article L 6362-1 du code du travail, l'administration fiscale communique aux agents de contrôle mentionnés à l'article L 6361-5 du même code les renseignements nécessaires à l'accomplissement de leur mission de contrôle de la formation professionnelle continue.

DC-VI-7800

Art L 135 B L'administration fiscale est tenue de transmettre, chaque année, aux collectivités locales et à leurs groupements dotés d'une fiscalité propre :

a. Les rôles généraux des impôts directs locaux comportant les impositions émises à leur profit et, à leur demande, les montants des rôles supplémentaires lorsqu'ils sont d'un montant supérieur à un seuil fixé par arrêté du ministre chargé du budget *(Ce seuil est fixé à 5 000 € par l'arrêté du 22 janvier 2007, JO du 6 février)* ainsi que, si la collectivité ou l'établissement public de coopération intercommunale doté d'une fiscalité propre en fait la demande complémentaire, des renseignements individuels figurant sur le rôle supplémentaire et nécessaires à l'appréciation des montants figurant sur ce rôle, à l'exclusion des informations tenant à l'origine des rectifications opérées ;

a bis. Le montant par impôt et par redevable des impôts directs non recouvrés par voie de rôle perçus à leur profit, ainsi que l'ensemble des informations déclarées par le redevable intervenant dans le calcul du montant, notamment les effectifs salariés ;

Ndlr *Pour les dispositions du présent a bis applicables à compter des impositions établies au titre de 2027, voir partie Autres textes du présent code loi 2022-1726 du 30 décembre 2022 art. 55, II-2° et XXVII-J modifié par loi 2023-1322 du 29 décembre 2023 art. 79, III-3°.*

b. Le montant total, pour chaque impôt perçu à leur profit, des dégrèvements dont les contribuables de la collectivité ont bénéficié, à l'exception de ceux accordés en application de l'article L 190.

A leur demande, l'administration fiscale transmet aux groupements qui perçoivent la taxe d'enlèvement des ordures ménagères les rôles généraux de taxe foncière sur les propriétés bâties émis dans leur ressort

Elle transmet également, gratuitement, à leur demande, aux services de l'Etat, aux collectivités territoriales, aux établissements publics de coopération intercommunale dotés d'une fiscalité propre et à l'Agence nationale de l'habitat, la liste des logements vacants recensés l'année précédente pour l'établissement de la taxe d'habitation sur les résidences secondaires et autres locaux meublés non affectés à l'habitation principale. Cette liste indique, pour chaque logement, son adresse, sa nature, sa valeur locative, la première année de vacance du local, le nom et l'adresse de son propriétaire et, le cas échéant, l'année à partir de laquelle le local a été soumis à la taxe sur les locaux vacants et le taux d'imposition à cette taxe.

Les collectivités locales, les établissements publics de coopération intercommunale dotés d'une fiscalité propre et l'administration fiscale peuvent se communiquer mutuellement les informations nécessaires au recensement des bases des impositions directes locales. De même, les collectivités locales et les établissements publics de coopération intercommunale peuvent se communiquer entre eux des informations fiscales sur leurs produits d'impôts.

L'administration fiscale transmet chaque année aux collectivités territoriales et aux établissements publics de coopération intercommunale dotés d'une fiscalité propre, percevant la taxe professionnelle, la liste des établissements implantés sur leur territoire qui appartiennent à une entreprise bénéficiaire des dispositions du I de l'article 1647 B sexies du code général des impôts et dont les bases sont retenues pour la détermination du plafond de participation défini au 2 du C du III de l'article 85 de la loi n° 2005-1719 du 30 décembre 2005 de finances pour 2006. Elle transmet également à l'établissement public de coopération intercommunale la liste des locaux à usage de logement soumis à la taxe sur les logements vacants au sens de l'article 232 du code général des impôts ou ceux relevant de la taxe d'habitation sur les résidences secondaires et autres locaux meublés non affectés à l'habitation principale sur les logements vacants visés à l'article 1407 bis du même code.

Les informations transmises aux collectivités locales et à leurs groupements dotés d'une fiscalité propre sont couvertes par le secret professionnel, et soumises aux dispositions de la loi n° 78-17 du 6 janvier 1978 modifiée relative à l'informatique, aux fichiers et aux libertés. Leur utilisation respecte les obligations de discrétion et de sécurité selon des modalités définies par un décret en Conseil d'Etat.

A compter de 2018, l'administration fiscale transmet chaque année aux villes et aux établissements publics de coopération intercommunale ayant institué la taxe de séjour ou la taxe de séjour forfaitaire, la liste des locaux meublés exonérés de contribution foncière économique en application du 3° de l'article 1459 du code général des impôts.

Ndlr *Par « contribution foncière économique », il convient d'entendre cotisation foncière des entreprises.*

DC-VI-6350 s., 7800 s.

Art L 135 D **I.** Les agents de l'administration des impôts et de l'administration des douanes et droits indirects peuvent communiquer aux agents de l'Institut national de la statistique et des études économiques et aux agents des services statistiques ministériels, dans les limites et conditions prévues par la loi n° 51-711 du 7 juin 1951 sur l'obligation, la coordination et le secret en matière de statistiques, les renseignements utiles à l'établissement de statistiques.

II. Les informations communiquées en application du I par les agents de l'administration des impôts et de l'administration des douanes et portant sur les renseignements prévus aux articles L 232-21 à L 232-23 du code de commerce ou, pour celles n'en relevant pas, portant sur les comptes annuels déposés en application des articles 53 A, 72, 74 A, 97, 223 et 302 septies A bis du code général des impôts, peuvent l'être également, dans les mêmes limites et conditions, à des fins exclusives de réalisation d'études économiques, aux agents de services de l'Etat chargés de la réalisation d'études économiques. La liste de ces services est définie par arrêté conjoint du ministre chargé de l'économie et du ministre chargé du budget.

III. L'accès des tiers, à des fins de recherche scientifique, aux informations recueillies à l'occasion des opérations de détermination de l'assiette, de contrôle, de recouvrement ou de contentieux des impôts, droits, taxes et redevances prévus au code général des impôts peut être autorisé par décision du ministre chargé du budget, après avis favorable du comité du secret statistique institué par l'article 6 bis de la loi n° 51-711 du 7 juin 1951 sur l'obligation, la coordination et le secret en matière de statistiques.

L'avis du comité du secret statistique est rendu, après consultation des administrations ayant collecté les données concernées par la demande d'accès, en tenant compte :

1° Des enjeux attachés à la protection de la vie privée, à la protection du secret des affaires et au respect du secret professionnel prévu aux articles 226-13 et 226-14 du code pénal ;

2° De la nature et de la finalité des travaux pour l'exécution desquels la demande d'accès est formulée ;

3° De la qualité de la personne qui demande l'accès aux données, de celle de l'organisme de recherche auquel elle est rattachée et des garanties qu'elle présente ;

4° De la disponibilité des données demandées.

L'accès aux informations s'effectue dans des conditions préservant la confidentialité des données.

Les travaux issus de l'exploitation de ces données ne peuvent en aucun cas faire état des personnes auxquelles elles se rapportent ni permettre leur identification.

(Voir arrêté du 7 juillet 2009, JO du 16)

Ndlr *Les dispositions ci-dessus sont applicables aux données relatives aux bénéficiaires et au règlement des aides versées par le fonds de solidarité mentionné à l'article 1er de l'ordonnance 2020-317 du 25 mars 2020 : voir partie Autres textes du présent code loi 2020-935 du 30 juillet 2020 art. 57.*

DC-VI-7800

Art L 135 F **I.** Afin d'assurer l'exécution de sa mission, l'autorité des marchés financiers peut obtenir des informations et documents conformément au premier alinéa du I de l'article L 621-9, à l'article L 621-9-1, au premier alinéa de l'article L 621-9-3 ainsi qu'aux articles L 621-10 et L 621-20-6 du code monétaire et financier *(NDLR Voir partie Autres textes du présent code)*.

II. Pour les besoins de l'accomplissement de la mission définie à l'article L 621-20-6 du code monétaire et financier, les agents de l'autorité mentionnée au I du présent article, individuellement désignés et habilités par le secrétaire général de cette autorité, disposent d'un droit d'accès direct au fichier contenant les informations mentionnées à l'article 1649 AC du code général des impôts.

DC-VI-7800

Art L 135 G Les services en charge de l'équipement et du logement et ceux de l'administration fiscale peuvent se communiquer mutuellement les informations relatives au recensement et à l'achèvement des opérations de construction, de démolition et de modification portant sur les immeubles.

DC-VI-7800

Art L 135 H L'administration fiscale transmet aux chambres de commerce et d'industrie territoriales, l'année précédant leur renouvellement, les bases d'imposition agrégées, par contribuable, nécessaires à l'établissement du rapport préalable aux élections consulaires.

DC-VI-7000

Art L 135 I **I.** Conformément au troisième alinéa de l'article L 131-85 du code monétaire et financier et dans les conditions prévues à cet article, la Banque de France reçoit de l'administration des impôts les informations détenues par celle-ci en application de l'article 1649 A du code général des impôts.

II. Conformément au deuxième alinéa du IV de l'article L 141-6 du code monétaire et financier, les agents de l'administration des impôts peuvent communiquer à la Banque de France les renseignements qu'ils détiennent et qui sont nécessaires à l'accomplissement des missions mentionnées au II de cet article.

DC-VI-7800

Art L 135 J Afin de procéder à des rapprochements avec le registre national des entreprises, les chambres de métiers et de l'artisanat peuvent se faire communiquer par l'administration fiscale ou par tout autre organisme chargé de son recouvrement et de son contrôle la liste nominative des assujettis à la taxe pour frais de chambres de métiers et de l'artisanat.

Les chambres de métiers et de l'artisanat et l'administration ou tout autre organisme chargé de son recouvrement et de son contrôle peuvent se communiquer mutuellement les informations nécessaires au recensement des assujettis à la taxe pour frais de chambres de métiers et de l'artisanat.

Les dispositions de l'avant-dernier alinéa de l'article L 135 B sont applicables aux informations ainsi transmises.

DC-VI-7010

Art L 135 K Les agents des services financiers, les commissaires aux comptes ainsi que les représentants des autorités publiques de contrôle et de régulation sont déliés du secret professionnel à l'égard des membres du Parlement chargés de suivre et de contrôler, au nom de la commission compétente, les entreprises et organismes visés aux articles L 111-8, L 111-16, L 111-17, L 133-1, L 133-2 et L 133-5 du code des juridictions financières, un organisme gérant un système légalement obligatoire de sécurité sociale, les recettes de l'Etat ou le budget d'un département ministériel. Lorsque ces compétences de suivi et de contrôle sont exercées par les membres du Parlement chargés de présenter, au nom de la commission compétente, le rapport sur le budget d'un département ministériel, la levée du secret professionnel qui leur serait éventuellement opposé est subordonnée à l'accord du président et du rapporteur général de la commission en charge des affaires budgétaires.

DC-VI-7800

Art L 135 L Conformément à l'article L 214-4 du code de la sécurité intérieure, dans le cadre de la lutte contre les activités lucratives non déclarées portant atteinte à l'ordre public et à la sécurité publique et sans que puisse être opposée l'obligation au secret, les agents chargés d'appliquer la législation en matière de douanes et droits indirects et d'impôts répondent aux demandes formulées par les officiers et agents de police judiciaire concernant les renseignements et documents de nature financière, fiscale ou douanière et les officiers et agents de police judiciaire communiquent à ces agents tous les éléments susceptibles de comporter une implication de nature financière, fiscale ou douanière.

DC-VI-9280 s.

Art L 135 M L'administration fiscale transmet au fonds de garantie des victimes des actes de terrorisme et d'autres infractions les informations relatives à la situation des condamnés ayant à répondre financièrement des dommages qu'ils ont provoqués.

Art L 135 O Les maires peuvent se faire communiquer par l'administration fiscale les éléments d'information relatifs à la contribution sur les eaux minérales prévue à l'article 1582 du code général des impôts que l'administration fiscale détient.

Le président du conseil exécutif de Corse peut se faire communiquer par l'administration en charge des contributions indirectes les éléments d'information que celle-ci détient en matière de droit de consommation sur les tabacs manufacturés.

Art L 135 P Le secret professionnel ne peut être opposé aux agents mentionnés à l'article L 216-3 du code de l'environnement qui sont chargés de procéder à la recherche et à la constatation des infractions aux dispositions des articles L 211-2, L 211-3, L 211-5, L 211-7, L 211-12, L 211-14, du II de l'article L 212-5-1, de l'article L 213-10-8 et des articles L 214-1 à L 214-9, L 214-11, L 214-12, L 214-17, L 214-18, L 216-6, L 231-1 et L 231-2 du même code, ainsi que des textes et des décisions pris pour leur application.

Art L 135 Q Conformément au premier alinéa et au 8° de l'article L 1617-5 du code général des collectivités territoriales, le secret professionnel ne peut être opposé aux comptables publics compétents chargés du recouvrement d'une créance assise et liquidée par une collectivité territoriale, ses établissements publics ou des établissements publics de santé en ce qui concerne les informations et renseignements nécessaires à l'exercice de cette mission.

DC-VI-6250

Art L 135 R Conformément à l'article L 213-11-2 du code de l'environnement, le secret professionnel ne peut être opposé aux agences de l'eau en ce qui concerne les documents qui leur sont nécessaires pour l'assiette et le contrôle des redevances mentionnées aux articles L 213-10 à L 213-10-12 du code précité.

Art L 135 T Les services de l'Etat chargés de préparer ou de mettre en œuvre toute mesure de gel prise au titre du chapitre II du titre VI du livre V et des articles L 712-4 et L 712-10 du code monétaire et financier ou d'un acte pris en application des articles 75 ou 215 du traité sur le fonctionnement de l'Union européenne reçoivent de l'administration fiscale toutes les informations nécessaires à l'accomplissement de ces missions.

Pour les besoins de l'accomplissement de ces mêmes missions, les agents des services mentionnés ci-dessus, individuellement désignés et dûment habilités selon des modalités fixées par décret *(NDLR Voir art. R 135 T-1)*, disposent d'un droit d'accès direct aux fichiers contenant les informations mentionnées aux articles 1649 A et 1649 ter du code général des impôts, ainsi qu'aux données relatives aux mutations à titre onéreux ou gratuit et aux actes relatifs aux sociétés.

DC-VI-7800

Art L 135 U Aux seules fins de l'exécution de sa mission de lutte contre la fraude, l'Autorité nationale des jeux peut, dans le cadre de ses pouvoirs d'enquête, se faire communiquer par l'administration des impôts les informations détenues par celle-ci en application de l'article 1649 A du code général des impôts et permettant d'identifier l'ensemble des comptes bancaires ouverts par les personnes physiques titulaires d'un compte de joueur en ligne ou par les personnes morales autorisées à proposer des jeux en ligne. L'administration des impôts lui fournit les renseignements permettant d'identifier les titulaires de ces comptes.

DC-VI-7800

Art L 135 V Conformément aux dispositions de l'article L 232-20 du code du sport, les agents de l'administration des impôts, des douanes et de la concurrence, de la consommation et de la répression des fraudes sont habilités à se communiquer entre eux et aux services mentionnés à cet article tous renseignements obtenus dans l'accomplissement de leur mission respective et relatifs aux substances et procédés mentionnés à l'article L 232-9 du même code.

Art L 135 W L'opérateur public foncier ou le groupement d'intérêt public chargé de la procédure de titrement mentionnée à l'article 35 de la loi n° 2009-594 du 27 mai 2009 pour le développement économique des outre-mer, ainsi que les personnes qu'il délègue, peuvent se faire communiquer par l'administration fiscale tous documents et informations nécessaires à la réalisation de la procédure de titrement, y compris ceux contenus dans un système informatique ou de traitement de données à caractère personnel, sans que puisse leur être opposé le secret professionnel.

Les agents de l'opérateur public foncier ou du groupement d'intérêt public chargé de la procédure de titrement et les personnes qu'il délègue sont tenus de respecter la confidentialité des informations recueillies au cours de leur mission, sous peine des sanctions prévues aux articles 226-13, 226-31 et 226-32 du code pénal.

DC-VI-7800

Art L 135 X Les comptables publics chargés du recouvrement d'une créance visée à l'article L 273 A peuvent obtenir, sans que le secret professionnel puisse leur être opposé, les informations et renseignements nécessaires à l'exercice de cette mission.

Ce droit de communication s'exerce quel que soit le support utilisé pour la conservation de ces informations ou renseignements.

Les renseignements et informations communiqués aux comptables visés au premier alinéa sont ceux relatifs à l'état civil des débiteurs, à leur domicile, aux nom et adresse de leur employeur et des établissements ou organismes auprès desquels un compte de dépôt est ouvert à leur nom, aux nom et adresse des organismes ou particuliers qui détiennent des fonds et valeurs pour leur compte et à l'immatriculation de leur véhicule.

Ces renseignements et informations peuvent être sollicités auprès des collectivités territoriales et de leurs établissements publics, des administrations et entreprises publiques, des établissements et organismes de sécurité sociale, ainsi que des organismes ou particuliers assurant des prestations de services à caractère juridique, financier ou comptable, ou la détention de biens ou de fonds pour le compte de débiteurs.

DC-VI-6250

Art L 135 XA L'administration fiscale transmet aux représentants de l'Etat dans les collectivités d'outre-mer et en Nouvelle-Calédonie les informations mentionnées à la première phrase du premier alinéa de l'article 242 sexies du code général des impôts.

DC-IV-16140

Art L 135 Y L'administration chargée du recouvrement de la taxe sur les surfaces commerciales prévue à l'article 3 de la loi n° 72-657 du 13 juillet 1972 instituant des mesures en faveur de certaines catégories de commerçants et artisans âgés transmet aux services des ministres chargés du commerce, de la consommation et de la concurrence, à des fins exclusives de réalisation d'études économiques, les données suivantes issues des déclarations des redevables de la taxe : le nom de l'établissement, l'identifiant Siret, le secteur d'activité, le chiffre d'affaires hors taxe par établissement, la surface de locaux destinés à la vente au détail et le nombre de positions de ravitaillement de carburant de l'établissement.

Ces données, hormis le chiffre d'affaires, sont communiquées par les services du ministre chargé du commerce au réseau des chambres de commerce et d'industrie défini au treizième alinéa de l'article L 710-1 du code de commerce pour l'exercice de leurs missions prévues au 7° du même article L 710-1 et aux articles L 711-2 et L 711-8 du même code et afin d'alimenter leurs bases de données et d'information dans les conditions fixées par voie réglementaire.

Les bénéficiaires de ces communications sont astreints, pour les données dont ils ont à connaître en application du présent article, au secret professionnel sous les sanctions prévues à l'article 226-13 du code pénal.

DC-VI-7800

Art L 135 Z L'administration fiscale transmet aux représentants de l'Etat dans les collectivités d'outre-mer et en Nouvelle-Calédonie les informations mentionnées à la seconde phrase du dixième alinéa de l'article 242 septies du code général des impôts.

DC-IV-9180

Art L 135 ZA Les agents de la direction générale des finances publiques et les agents des services préfectoraux chargés des associations et fondations peuvent se communiquer les renseignements et documents utiles à l'appréciation de la capacité des associations et fondations à recevoir des dons ou legs ou à bénéficier des avantages fiscaux réservés à ces organismes.

DC-VI-7800

Art L 135 ZB Les agents de la direction générale des finances publiques chargés du recouvrement des redevances prévues aux articles 302 bis N à 302 bis WG du code général des impôts et L 236-2 et L 251-17-1 du code rural et de la pêche maritime transmettent aux services du ministre chargé de l'agriculture, dans les conditions et selon les modalités définies par décret, les données suivantes issues des déclarations des redevables de ces redevances : le nom de l'établissement, l'identifiant SIRET, l'adresse de l'établissement principal ou du siège du redevable et le montant acquitté pour chacune de ces redevances.

Les destinataires de ces informations sont astreints, pour les données dont ils ont à connaître en application du présent article, au secret professionnel sous les sanctions prévues à l'article 226-13 du code pénal.

DC-VI-7800

Art L 135 ZC Pour les besoins de l'accomplissement de leur mission, les officiers de police judiciaire de la police nationale et de la gendarmerie nationale, ainsi que les agents des douanes et les agents des services fiscaux habilités à effectuer des enquêtes judiciaires en application, respectivement, des articles 28-1 et 28-2 du code de procédure pénale, individuellement désignés et dûment habilités selon des modalités fixées par décret disposent d'un droit d'accès direct aux fichiers contenant les informations mentionnées aux articles 1649 A et 1649 ter du code général des impôts, aux données relatives aux mutations à titre onéreux ou gratuit et aux actes relatifs aux sociétés ainsi qu'aux informations mentionnées à l'article L 107 B du présent livre.

DC-VI-9340

Art L 135 ZD Les agents de l'administration fiscale transmettent chaque année aux agents des services préfectoraux appelés à instruire les demandes d'attribution au titre du Fonds de compensation pour la taxe sur la valeur ajoutée l'information relative à la qualité d'assujetti à la taxe sur la valeur ajoutée des collectivités territoriales, des groupements et des établissements établis dans le ressort territorial de la préfecture, à raison des activités qu'ils exercent.

Les agents de la direction générale des finances publiques transmettent aux agents des services préfectoraux mentionnés au premier alinéa les informations nécessaires à l'appréciation de ces demandes.

DC-VI-7800

Art L 135 ZE Les agents comptables des établissements publics et des groupements d'intérêt public de l'Etat, des autorités publiques indépendantes, de l'Institut de France, de l'Académie française, de l'Académie des inscriptions et belles-lettres, de l'Académie des sciences, de l'Académie des beaux-arts et de l'Académie des sciences morales et politiques, chargés du recouvrement d'une créance mentionnée à l'article 123 de la loi n° 2015-1786 du 29 décembre 2015 de finances rectificative pour 2015 peuvent obtenir des services de la direction générale des finances publiques, sans que le secret professionnel puisse leur être opposé, les renseignements relatifs à l'état civil des débiteurs, à leur domicile, aux nom et adresse de leur employeur et des établissements ou organismes auprès desquels un compte de dépôt est ouvert à leur nom, aux nom et adresse des organismes ou particuliers qui détiennent des fonds et valeurs pour leur compte et à l'immatriculation de leur véhicule.

DC-VI-7800

Art L 135 ZF L'administration fiscale transmet au ministère chargé des transports les informations mentionnées au deuxième alinéa des articles L 3113-1 et L 3211-1 du code des transports relatives aux entreprises de transport public de personnes ou de marchandises inscrites au registre tenu par les autorités administratives compétentes de l'Etat.

DC-VI-7800

Art L 135 ZG Pour les besoins de l'accomplissement de leurs missions, les agents de la Haute Autorité pour la transparence de la vie publique, individuellement désignés par son président et dûment habilités selon des modalités fixées par décret, disposent d'un droit d'accès aux fichiers contenant les informations mentionnées à l'article L 107 B du présent livre et les informations mentionnées aux articles 1649 A et 1649 ter du code général des impôts, ainsi qu'au traitement automatisé d'informations nominatives dénommé « Base nationale des données patrimoniales ».

DC-VI-7800

Art L 135 ZH **I.** Pour l'application des articles L 441-1 et L 441-2-1 du code de la construction et de l'habitation, l'administration fiscale communique chaque année aux services du ministre chargé du logement les informations nécessaires à la détermination et au contrôle de l'éligibilité des demandeurs d'accès à un logement social.

II. Le numéro d'inscription au répertoire national d'identification des personnes physiques peut être utilisé pour les demandes, les échanges et les traitements nécessaires à la communication des informations mentionnées au I, lorsqu'elles concernent des personnes physiques.

III. Un décret en Conseil d'Etat, pris après avis de la Commission nationale de l'informatique et des libertés, précise les informations mentionnées au I.

DC-VI-7800

Art L 135 ZI **I.** Afin d'assurer l'exécution de sa mission, l'Autorité de contrôle prudentiel et de résolution peut obtenir des informations et documents conformément au 7° du II de l'article L 612-1 du code monétaire et financier.

II. Pour les besoins de l'accomplissement de la mission mentionnée au I du présent article, les agents de l'autorité mentionnée au même I, individuellement désignés et habilités par le secrétaire général de cette autorité, disposent d'un droit d'accès direct au fichier contenant les informations mentionnées à l'article 1649 AC du code général des impôts.

DC-VI-7800

Art L 135 ZJ Pour les besoins de l'accomplissement de leurs missions, les assistants spécialisés détachés ou mis à disposition par l'administration fiscale en application de l'article 706 du code de procédure pénale disposent d'un droit d'accès direct aux informations contenues dans les fichiers tenus en application des articles 1649 A et 1649 ter du code général des impôts, aux données relatives aux mutations à titre onéreux ou gratuit et aux actes relatifs aux sociétés ainsi qu'aux informations mentionnées à l'article L 107 B du présent livre.

DC-VI-7800

Art L 135 ZK Pour les besoins de l'accomplissement de leurs missions de contrôle et de recouvrement portant sur les infractions prévues à l'article L 8211-1 du code du travail, les agents de contrôle de l'inspection du travail mentionnés à l'article L 8112-1 du même code, les agents des organismes mentionnés aux articles L 213-1 et L 752-4 du code de la sécurité sociale et ceux mentionnés à l'article L 724-7 du code rural et de la pêche maritime, individuellement désignés et dûment habilités selon des modalités fixées par décret, disposent d'un droit d'accès direct aux informations contenues dans les fichiers tenus en application des articles 1649 A et 1649 ter du code général des impôts, aux données relatives aux mutations à titre onéreux ou gratuit et aux actes relatifs aux sociétés ainsi qu'aux informations mentionnées à l'article L 107 B du présent livre.

DC-VI-7800

Art L 135 ZL Pour les besoins de l'accomplissement de leurs missions de contrôle et de recouvrement, les agents des douanes individuellement désignés et dûment habilités selon des modalités fixées par décret disposent d'un droit d'accès direct aux informations contenues dans les fichiers tenus en application de l'article 1649 ter du code général des impôts.

DC-VI-7800

Art L 135 ZM Les agents de l'administration fiscale et des douanes peuvent communiquer au directeur général des entreprises ou au responsable des restructurations et du traitement d'entreprises en difficulté à l'administration centrale de la direction générale des entreprises, aux fins de l'exercice de ces missions, au délégué interministériel aux restructurations d'entreprises institué par le décret n° 2017-1558 du 13 novembre 2017 instituant un délégué interministériel aux restructurations d'entreprises ainsi qu'au secrétaire général du comité interministériel de restructuration industrielle créé par arrêté du Premier ministre du 6 juillet 1982 relatif à la création d'un comité interministériel de restructuration industrielle relatif à la création d'un comité interministériel de restructuration industrielle et se faire communiquer par ces derniers tous documents ou renseignements nécessaires à l'exercice des missions décrites dans le décret et l'arrêté précités.

Aux seules fins de la détection et de la prévention des difficultés des entreprises, et au vu de la cotation qu'elle établit pour l'exercice de sa mission de détection des difficultés des entreprises, l'administration fiscale peut communiquer au représentant de l'Etat dans le département, au commissaire aux restructurations et à la prévention des difficultés des entreprises et aux responsables territoriaux de la direction régionale des entreprises, de la concurrence, de la consommation, du travail et de l'emploi, des unions de recouvrement des cotisations de sécurité sociale et d'allocations familiales et de la Banque de France la liste des entreprises susceptibles de connaître des difficultés de financement ainsi que la cotation du niveau de risque.

Ndlr *La direction régionale des entreprises, de la concurrence, de la consommation, du travail et de l'emploi est remplacée par la direction de l'économie, de l'emploi, du travail et des solidarités à compter du 1er avril 2021 (Décret 2020-1545 du 9 décembre 2020 art. 28, X et 30).*

DC-VI-7800

Art L 135 ZN Aux fins d'assurer la correcte identification de leurs redevables et de permettre à ces derniers d'avoir connaissance par voie électronique des sommes mises à leur charge, les collectivités territoriales, les établissements publics qui leur sont rattachés et les établissements publics sociaux et médico-sociaux peuvent obtenir communication des éléments d'identification de leurs débiteurs.

Un décret précise les modalités d'application du présent article, les modalités de désignation et d'habilitation des agents ayant accès aux éléments d'identification des débiteurs ainsi que la nature des informations transmises *(NDLR Voir art. R 135 ZN-1 et R 135 ZN-2).*

DC-VI-7800

Art L 135 ZO **I.** Pour la gestion des fonds mentionnés aux articles L 6131-4 et L 6333-6 du code du travail et à l'article L 1621-4 du code général des collectivités territoriales, la Caisse des dépôts et consignations peut, sur sa demande, recevoir de l'administration fiscale les informations, contenues dans le fichier tenu en application de l'article 1649 A du code général des impôts et nécessaires aux contrôles préalables au paiement des sommes dues ainsi qu'à la reprise et au recouvrement des sommes indûment versées.

II. La Caisse des dépôts et consignations peut recevoir de l'administration fiscale, spontanément ou sur demande, communication de tous documents ou renseignements nécessaires aux contrôles préalables au paiement des sommes dues ainsi qu'à la reprise et au recouvrement des sommes indûment versées au titre du compte personnel de formation.

DC-VI-7800

Art L 135 ZP Les agents des services préfectoraux chargés de la délivrance des titres en matière de droit à conduire et d'immatriculation des véhicules peuvent recevoir des agents de l'administration fiscale et des agents des douanes, spontanément ou sur demande, communication de tous les documents ou les renseignements nécessaires à l'accomplissement de leurs missions. Ces mêmes agents peuvent communiquer spontanément aux agents de l'administration fiscale et aux agents des douanes toute information ou tout document utile à l'accomplissement des missions respectives de ces derniers.

BF 2/24 inf. 146

III. Dérogations au profit de diverses commissions

Art L 136 La commission des impôts directs et des taxes sur le chiffre d'affaires prévue à l'article 1651 du code général des impôts ou la Commission nationale des impôts directs et des taxes sur le chiffre d'affaires prévue à l'article 1651 H du même code peut recevoir des agents des impôts communication des renseignements utiles pour lui permettre de se prononcer sur les désaccords qui lui sont soumis. Ces renseignements peuvent porter sur des éléments de comparaison extraits des déclarations d'autres contribuables.

DC-VI-8500

Art L 136 A Le comité consultatif prévu à l'article 1653 F du code général des impôts peut recevoir des agents de l'administration fiscale, du ministère chargé de la recherche et du ministère chargé de l'innovation communication des renseignements utiles pour lui permettre de se prononcer sur les désaccords qui lui sont soumis.

IS-IX-8594

Art L 137 Les agents des impôts sont déliés du secret professionnel à l'égard des membres et rapporteurs de la commission des infractions fiscales mentionnée à l'article L 228.

DC-VI-8560

Art L 138 Les membres et les rapporteurs du comité du contentieux fiscal, douanier et des changes peuvent recevoir communication, de la part des services déconcentrés de ces administrations, des renseignements nécessaires à l'élaboration du rapport annuel établi par le comité sur les conditions dans lesquelles ont été conclues ou accordées les transactions, remises ou modérations relevant de la compétence des services déconcentrés de ces administrations.

DC-VI-8580

Art L 139 La commission départementale prévue à l'article L 121-8 du code rural et de la pêche maritime *(Commission départementale d'aménagement foncier)* peut se faire communiquer par l'administration des impôts les éléments non nominatifs d'information nécessaires à sa mission, notamment, les valeurs retenues à l'occasion des mutations intervenues et le prix des baux constatés, au cours de l'année précédente et au besoin au cours des cinq dernières années.

DC-VI-8600

Art L 139 A La commission de surendettement des particuliers prévue à l'article L 712-4 du code de la consommation peut obtenir communication auprès des administrations publiques de tout renseignement sur la situation du débiteur conformément à l'article L 712-6 du même code.

DC-VI-8620

Art L 139 B **I. 1.** La Haute Autorité pour la transparence de la vie publique peut demander à l'administration fiscale communication de la copie des déclarations souscrites, en application des articles 170 à 175 A du code général des impôts, par un député ou par son conjoint séparé de biens, son partenaire lié par un pacte civil de solidarité ou son concubin, en application de l'article LO 135-3 du code électoral, ou par les personnes mentionnées aux articles 4 et 11 de la loi n° 2013-907 du 11 octobre 2013 relative à la transparence de la vie publique, en application de l'article 6 de cette même loi.

2. L'administration fiscale répond aux demandes de la Haute Autorité pour la transparence de la vie publique, relatives à la mission de contrôle que cette dernière exerce, en application du V de l'article L 4122-8 du code de la défense, des articles L 122-17 et L 122-18 du code général de la fonction publique, du V de l'article 7-3 de l'ordonnance n° 58-1270 du 22 décembre 1958 portant loi organique relative au statut de la magistrature et de l'article 10-1-2 de la loi organique n° 94-100 du 5 février 1994 sur le Conseil supérieur de la magistrature.

II. Conformément au deuxième alinéa du I de l'article LO 135-2 du code électoral pour les députés et au premier alinéa du I de l'article 5 de la loi n° 2013-907 du 11 octobre 2013 relative à la transparence de la vie publique pour les membres du Gouvernement, l'administration fiscale fournit à la Haute Autorité pour la transparence de la vie publique tous les éléments lui permettant d'apprécier l'exhaustivité, l'exactitude et la sincérité des déclarations de situation patrimoniale qu'ils ont déposées.

DC-VI-7800

IV. Dérogations au profit des autorités judiciaires et des juridictions

Art L 140 Conformément aux articles L 141-9, L 241-11 et L 142-1-4 du code des juridictions financières, les agents des services financiers sont déliés du secret professionnel à l'égard des magistrats, conseillers maîtres en service extraordinaire, rapporteurs de la Cour des comptes et des experts qu'elle désigne, des magistrats de la chambre régionale des comptes ainsi que des membres de la Cour d'appel financière, à l'occasion des enquêtes effectuées par ces magistrats, conseillers, rapporteurs et experts dans le cadre de leurs attributions.

Conformément aux articles L 143-0-1, L 241-7 et L 142-1-4 du code des juridictions financières, les agents des services financiers dont l'audition est jugée nécessaire pour les besoins du contrôle ont l'obligation de répondre à la convocation de la Cour des comptes ou à celle de la chambre régionale des comptes dans le ressort de laquelle ils exercent leurs fonctions. Ils peuvent être interrogés en qualité de témoins par les membres de la Cour d'appel financière.

DC-VI-9020

Art L 140 A Les agents de l'administration des impôts sont déliés du secret professionnel à l'égard des membres du Conseil constitutionnel et de ses rapporteurs adjoints à l'occasion des enquêtes qu'ils effectuent pour contrôler les comptes de campagne des candidats à l'élection du Président de la République.

DC-VI-9040

Art L 141 A Conformément à l'article 132-22 du code pénal, le procureur de la République, le juge d'instruction ou le tribunal saisi peuvent obtenir de l'administration la communication des renseignements utiles de nature financière ou fiscale, sans que puisse être opposée l'obligation au secret.

DC-VI-9450

Art L 142 Lorsqu'une plainte régulière a été portée par l'administration contre un redevable et qu'une information a été ouverte, les agents de l'administration sont déliés du secret professionnel vis-à-vis du juge d'instruction qui les interroge sur les faits faisant l'objet de la plainte.

DC-VI-9180 s.

Art L 142 A Les agents des finances publiques sont déliés du secret professionnel à l'égard du procureur de la République avec lequel ils peuvent échanger des informations couvertes par ce secret indépendamment de l'existence d'une plainte ou d'une dénonciation déposée en application de l'article L 228 ou d'une procédure judiciaire en cours.

Ndlr *Pour les dispositions du présent article applicables à compter d'une date fixée par décret en Conseil d'Etat, et au plus tard le 1er novembre 2024, voir partie Autres textes du présent code loi 2023-1059 du 20 novembre 2023 art. 37, III et 60, IX.*

DC-VI-9060

Art L 143 Les juridictions de l'ordre judiciaire ou de l'ordre administratif devant lesquelles a été engagée une action tendant à obtenir une condamnation pécuniaire peuvent ordonner à l'administration des impôts et aux personnes parties à l'instance, de leur communiquer, en vue de leur versement aux débats, tous les documents d'ordre fiscal dont la production est utile à la solution du litige.

Les dispositions du premier alinéa sont applicables aux procédures prévues à l'article 7 de la loi n° 69-992 du 6 novembre 1969 instituant des mesures de protection juridique en faveur des rapatriés et des personnes dépossédées de leurs biens outre-mer et aux articles 55, 60 et 61 de la loi n° 70-632 du 15 juillet 1970 relative à une contribution nationale à l'indemnisation des Français dépossédés de biens situés dans un territoire antérieurement placé sous la souveraineté, le protectorat ou la tutelle de la France, modifiée et complétée par la loi n° 78-1 du 2 janvier 1978 relative à l'indemnisation des Français rapatriés d'outre-mer dépossédés de leurs biens *(Voir CGI, art. 1753 bis A : sanctions).*

DC-VI-9370 s.

Art L 144 Les juridictions d'expropriation peuvent recevoir des administrations financières communication de tous les renseignements sur les déclarations et évaluations fiscales nécessaires à la fixation des indemnités d'expropriation prévue par les articles L 321-1 et L 322-1 à L 322-9 du code de l'expropriation pour cause d'utilité publique.

DC-VI-9480

Art L 145 A I. Le président du tribunal compétent peut obtenir de l'administration communication des renseignements de nature à lui donner une exacte information sur la situation économique et financière du débiteur dans les conditions prévues au deuxième alinéa du I de l'article L 611-2 du code de commerce et au premier alinéa de l'article L 611-2-1 du code précité *(NDLR Voir partie Autres textes du présent code)*.

II. Le président du tribunal compétent peut obtenir de l'administration communication de tout renseignement lui permettant d'apprécier la situation économique, financière, sociale et patrimoniale du débiteur et ses perspectives de règlement dans les conditions prévues au cinquième alinéa de l'article L 611-6 du code de commerce *(NDLR Voir partie Autres textes du présent code)*.

DC-VI-9630 s.

Art L 145 B Conformément aux dispositions de l'article L 623-2 du code de commerce *(NDLR Voir partie Autres textes du présent code)*, le juge-commissaire peut obtenir de l'administration communication des renseignements de nature à lui donner une exacte information sur la situation économique, financière et patrimoniale du débiteur.

DC-VI-9670 s.

Art L 145 C Conformément aux dispositions de l'article L 651-4 du code de commerce *(NDLR Voir partie Autres textes du présent code)*, pour l'application des dispositions de l'article L 651-2 du même code, d'office ou à la demande de l'une des personnes mentionnées à l'article L 651-3 du même code, le président du tribunal peut charger le juge-commissaire ou, à défaut, un membre de la juridiction qu'il désigne, d'obtenir de l'administration communication de tout document ou information sur la situation patrimoniale des dirigeants ainsi que des personnes physiques représentants permanents des dirigeants personnes morales mentionnées à l'article L 651-1 du même code.

Les dispositions du premier alinéa sont applicables aux personnes membres ou associées de la personne morale en procédure de sauvegarde, de redressement ou de liquidation judiciaire lorsqu'elles sont responsables indéfiniment et solidairement de ses dettes.

DC-VI-9670 s.

Art L 145 D Dans le cadre du traitement des situations de surendettement prévues au livre VII du code de la consommation, le juge peut obtenir communication de tout renseignement lui permettant d'apprécier la situation du débiteur et l'évolution possible de celle-ci dans les conditions prévues aux articles L 733-12, L 741-5, L 741-8 et L 742-6 du code précité.

DC-VI-9750

Art L 146 La commission, instituée par l'article 706-4 du code de procédure pénale, chargée de l'indemnisation de certaines victimes de dommages corporels résultant d'une infraction, peut recevoir de l'administration des impôts communication des renseignements relatifs à la situation des personnes ayant à répondre de l'infraction et de celles qui ont présenté la demande d'indemnisation.

DC-VI-9750

Art L 146 A Le bureau d'aide juridictionnelle, institué par l'article 13 modifié de la loi n° 91-647 du 10 juillet 1991 relative à l'aide juridique, peut recueillir auprès des services de l'Etat tous renseignements sur la situation financière du demandeur lui permettant de vérifier que l'intéressé satisfait aux conditions exigées pour bénéficier de l'aide juridictionnelle et de l'aide à l'intervention de l'avocat dans les procédures non juridictionnelles.

DC-VI-9750

Art L 147 A Lorsqu'elle intervient pour la défense de ses agents mis en cause dans les termes des articles L 134-1 à L 134-8 et L 134-12 du code général de la fonction publique, l'administration peut produire tous renseignements utiles devant la juridiction saisie du litige.

DC-VI-9540

Art L 147 C Conformément au quatrième alinéa de l'article L 1454-1-2 du code du travail, les agents de l'administration des impôts ou de l'administration des douanes et droits indirects doivent communiquer aux conseillers rapporteurs membres d'un conseil de prud'hommes, sur la demande de ceux-ci et sans pouvoir opposer le secret professionnel, les renseignements et documents relatifs au travail dissimulé, au marchandage ou au prêt illicite de main-d'œuvre dont ils disposent.

DC-VI-9510

V. Dérogations au profit des officiers ministériels

Art L 148 L'officier ministériel ou l'avocat qui doit rédiger le cahier des charges en vue de la vente forcée d'immeubles peut recevoir de l'administration des impôts communication de tous les renseignements concernant la situation locative des biens saisis.

DC-VI-10000

Art L 149 L'officier ministériel chargé de procéder au partage et à la liquidation des biens des époux en cas de dissolution du régime matrimonial peut recevoir de l'administration des impôts communication de tous les renseignements sur la situation fiscale des époux pour la période où ils étaient tenus solidairement au paiement de l'impôt.

DC-VI-10020

Art L 150 Le signataire du certificat d'identité mentionné à l'article 5 du décret n° 55-22 du 4 janvier 1955 modifié portant réforme de la publicité foncière peut recevoir de l'administration des impôts communication des renseignements d'identité nécessaires à la rédaction de ce certificat.

DC-VI-10070

Art L 151 A I. Aux fins d'assurer l'exécution d'un titre exécutoire ou d'une décision de justice autorisant une saisie conservatoire sur comptes bancaires, ou lorsqu'il est saisi par une juridiction d'une demande d'informations en application de l'article 14 du règlement (UE) n° 655/2014 du Parlement européen et du Conseil du 15 mai 2014 portant création d'une procédure d'ordonnance européenne de saisie conservatoire des comptes bancaires, destinée à faciliter le recouvrement transfrontière de créances en matière civile et commerciale, l'huissier de justice peut obtenir l'adresse des organismes auprès desquels un compte est ouvert au nom du débiteur.

II. Conformément aux dispositions de l'article L 152-1 du code des procédures civiles d'exécution, les administrations fiscales communiquent à l'huissier de justice chargé de l'exécution les renseignements qu'elles détiennent permettant de déterminer l'adresse du débiteur, l'identité et l'adresse de son employeur ou de tout tiers débiteur ou dépositaire de sommes liquides ou exigibles et la composition de son patrimoine immobilier, à l'exclusion de tout autre renseignement, sans pouvoir opposer le secret professionnel.

DC-VI-10100

Art L 151 B 1. Le notaire chargé d'établir l'actif successoral en vue du règlement de la succession pour laquelle il a été mandaté demande à l'administration fiscale et obtient de celle-ci la communication des informations détenues par celle-ci en application de l'article 1649 A du code général des impôts, afin d'identifier l'ensemble des comptes bancaires ouverts au nom du défunt.

En vue du règlement d'une succession, les ayants droit obtiennent de l'administration fiscale les informations mentionnées au premier alinéa du présent 1.

2. Le notaire chargé d'établir l'actif successoral en vue du règlement de la succession pour laquelle il a été mandaté obtient, sur sa demande, auprès de l'administration fiscale la communication des informations détenues par celle-ci en application du I de l'article 1649 ter du code général des impôts, afin d'identifier l'ensemble des contrats de capitalisation souscrits par le défunt.

Le notaire joint à sa demande le mandat l'autorisant à agir au nom des ayants droit.

3. Le notaire mandaté par le bénéficiaire éventuel d'un contrat d'assurance sur la vie dont le défunt était l'assuré obtient, sur sa demande auprès de l'administration fiscale, la communication des informations détenues par celle-ci en application du même I et relatives aux contrats dont le mandant est identifié comme bénéficiaire, à l'exclusion des informations relatives à d'éventuels tiers bénéficiaires.

Le notaire joint à sa demande le mandat l'autorisant à agir au nom du bénéficiaire éventuel.

DC-VI-10050

VI. Dérogations au profit des autorités et des organismes chargés de l'application de la législation sociale

Art L 152 Les agents des administrations fiscales communiquent aux organismes et services chargés de la gestion d'un régime obligatoire de sécurité sociale, de l'attribution de la protection complémentaire en matière de santé visée à l'article L 861-1 du code de la sécurité sociale et du recouvrement des contributions mentionnées aux 2°, 3° et 4° du I de l'article L 6131-1 du code du travail, au service mentionné au deuxième alinéa de l'article L 815-7 du même code, aux services chargés de la gestion et du paiement des pensions aux fonctionnaires de l'Etat et assimilés, aux institutions mentionnées au chapitre Ier du titre II du livre IX du code de la sécurité sociale ainsi qu'à l'institution mentionnée à l'article L 5312-1 du code du travail les informations nominatives nécessaires :

1° A l'appréciation des conditions d'ouverture et de maintien des droits aux prestations ;

2° Au calcul des prestations ;

3° A l'appréciation des conditions d'assujettissement aux cotisations et contributions ;

4° A la détermination de l'assiette et du montant des cotisations et contributions ainsi qu'à leur recouvrement ;

5° Au recouvrement des prestations indûment versées ;

6° A l'appréciation des conditions d'ouverture et de maintien des prestations versées dans le cadre de leur mission légale en matière d'action sanitaire et sociale ;

7° Au calcul des prestations versées dans le cadre de leur mission légale en matière d'action sanitaire et sociale ;

8° A l'exercice des missions de délivrance des titres exécutoires et d'intermédiation financière confiées aux organismes débiteurs des prestations familiales en application des articles L 582-1 et L 582-2 du code de la sécurité sociale ;

9° A la vérification de la cohérence entre les coordonnées bancaires communiquées en vue d'un paiement et l'identité du bénéficiaire de ce dernier.

Le numéro d'inscription au répertoire national d'identification des personnes physiques peut être utilisé pour les demandes, échanges et traitements nécessaires à la communication des informations mentionnées aux 1° à 8°, lorsqu'elles concernent des personnes physiques.

Dans le but de contrôler les conditions d'ouverture, de maintien ou d'extinction des droits aux prestations de sécurité sociale de toute nature, ainsi que le paiement des cotisations et contributions, les organismes et services mentionnés au premier alinéa peuvent demander aux administrations fiscales de leur communiquer une liste des personnes qui ont déclaré soit n'avoir plus leur domicile en France, soit n'avoir perçu que des revenus du patrimoine ou de placement.

Les agents des administrations fiscales signalent aux directeurs régionaux des affaires sanitaires et sociales et aux chefs des services régionaux de l'inspection du travail, de l'emploi et de la politique sociale agricoles, ainsi qu'aux organismes de protection sociale les faits susceptibles de constituer des infractions qu'ils relèvent en ce qui concerne l'application des lois et règlements relatifs au régime général, au régime des travailleurs indépendants non agricoles, aux régimes spéciaux ou au régime agricole de sécurité sociale ou à l'assurance chômage *(NDLR Voir art. R* 152-1).*

DC-VI-10300 s.

Art L 152 A En application des articles L 583-3 du code de la sécurité sociale, L 851-1 et L 851-2 du code de la construction et de l'habitation, l'administration des impôts est tenue de communiquer aux organismes débiteurs de prestations familiales toutes les informations nécessaires :

1° A l'appréciation des conditions d'ouverture, au maintien des droits et au calcul de ces prestations ainsi qu'au contrôle des déclarations des allocataires et des bailleurs ;

2° A l'exercice des missions de délivrance des titres exécutoires et d'intermédiation financière confiées aux organismes débiteurs des prestations familiales en application des articles L 582-1 et L 582-2 du code de la sécurité sociale.

DC-VI-10300

Les agents de l'administration fiscale peuvent communiquer aux services ou organismes compétents les informations nécessaires au recouvrement de l'aide universelle d'urgence pour les victimes de violences conjugales prévue à l'article L 214-9 du code de l'action sociale et des familles lorsqu'elle est attribuée sous forme de prêt, auprès de son bénéficiaire.

Ndlr *Les dispositions du présent alinéa s'appliquent aux aides reçues à compter du mois de décembre 2023 (Loi 2023-1322 du 29 décembre 2023 art. 256, IV).*

Art L 152 B Conformément à la première phrase de l'article L 137-34 du code de la sécurité sociale, l'organisme chargé du recouvrement de la contribution sociale de solidarité prévue à l'article L 137-30 du même code peut obtenir des renseignements auprès des administrations fiscales.

DC-VI-10300

Art L 153 Conformément aux articles L 815-17 et L 815-29 du code de la sécurité sociale, les services chargés de l'attribution de l'allocation de solidarité aux personnes âgées mentionnée à l'article L 815-1 du code de la sécurité sociale ou de l'allocation supplémentaire d'invalidité mentionnée à l'article L 815-24 du même code peuvent recevoir de l'administration des impôts communication des renseignements nécessaires à la liquidation et au contrôle de ces allocations, ainsi qu'à la mise en œuvre des dispositions de l'article L 815-13 du code précité notamment en ce qui concerne la détermination du montant des successions.

DC-VI-10300

Art L 153 A Les administrations fiscales transmettent chaque année aux départements, dans des conditions prévues par décret en Conseil d'Etat pris après avis de la Commission nationale de l'informatique et des libertés, les informations nécessaires à l'appréciation des ressources des bénéficiaires de l'allocation personnalisée d'autonomie *(NDLR Voir art. R* 153 A-1 et R* 153 A-2)*.

DC-VI-10300

Art L 154 L'administration fiscale communique à l'Agence nationale pour la garantie des droits des mineurs instituée par la loi n° 2004-105 du 3 février 2004 portant création de l'Agence nationale pour la garantie des droits des mineurs et diverses dispositions relatives aux mines, les informations nominatives mentionnées aux 1° à 7° de l'article L 152.

Dans le but de contrôler les conditions d'ouverture, de maintien ou d'extinction des droits aux prestations, l'organisme mentionné au premier alinéa du présent article peut demander à l'administration fiscale de lui communiquer une liste des personnes qui ont déclaré n'avoir plus leur domicile en France.

Le numéro d'inscription au répertoire national d'identification des personnes physiques peut être utilisé pour les demandes, les échanges et les traitements nécessaires à la communication des informations mentionnées aux mêmes 1° à 7°, lorsqu'elles concernent des personnes physiques *(NDLR Voir art. R* 154-1)*.

DC-VI-10300

Art L 158 Conformément au premier alinéa de l'article L 133-3 du code de l'action sociale et des familles et par dérogation aux dispositions qui les assujettissent au secret professionnel, les agents des administrations fiscales sont habilités à communiquer aux commissions prévues aux chapitres Ier et IV du titre III du livre Ier du code précité et aux autorités administratives compétentes les renseignements qu'ils détiennent et qui sont nécessaires pour instruire les demandes tendant à l'admission à une forme quelconque d'aide sociale ou à la radiation éventuelle du bénéficiaire de l'aide sociale.

DC-VI-10300

Art L 158 A Les services et établissements publics à caractère administratif de l'Etat qui, pour établir et recouvrer des cotisations, accorder ou maintenir des prestations ou avantages quelconques prévus par les dispositions législatives et réglementaires, font souscrire par leurs assujettis ou prestataires une déclaration de ressources ou de patrimoine ou se font remettre une copie de document fiscal peuvent, en cas de besoin, se faire communiquer par l'administration fiscale les renseignements nécessaires au contrôle de ces documents ou au recouvrement des prestations indûment versées. La liste de ces services et établissements est fixée par arrêté conjoint du ministre chargé du budget et du ministre sous l'autorité ou la tutelle duquel ils se trouvent placés *(Voir arrêté du 10 novembre 2010, JO du 16)*.

DC-VI-10300

Art L 162 A Conformément à l'article L 581-8 du code de la sécurité sociale, les organismes débiteurs de prestations familiales peuvent obtenir de l'administration des impôts, pour l'exercice de la mission qui leur est confiée en vue du recouvrement des créances alimentaires impayées, les renseignements mentionnés à l'article L 152-1 du code des procédures civiles d'exécution.

Pour la mise en œuvre de la mission d'intermédiation financière prévue à l'article L 582-1 du code de la sécurité sociale, l'organisme débiteur des prestations familiales demande à l'administration fiscale et obtient de celle-ci la communication des informations qu'elle détient en application de l'article 1649 A du code général des impôts permettant à cet organisme de connaître les comptes bancaires ouverts au nom du parent débiteur et du parent créancier sur lesquels le prélèvement et le versement de la pension alimentaire peut être effectué.

DC-VI-10300

Art L 162 B Conformément aux dispositions de l'article L 232-16 du code de l'action sociale et des familles, pour vérifier les déclarations des intéressés et s'assurer de l'effectivité de l'aide qu'ils reçoivent, les services chargés de l'évaluation des droits à l'allocation personnalisée d'autonomie et du contrôle de son utilisation peuvent demander toutes les informations nécessaires aux administrations publiques, notamment aux administrations fiscales, aux collectivités territoriales, aux organismes de sécurité sociale et de retraite complémentaire qui sont tenues de les leur communiquer. Lesdites informations doivent être limitées aux données nécessaires à l'identification de la situation du demandeur en vue de l'attribution de l'allocation personnalisée d'autonomie et au contrôle de l'effectivité de l'aide, en adéquation avec le montant d'allocation versé. Elles sont transmises et utilisées dans des conditions garantissant leur confidentialité.

DC-VI-10300

VII. Dérogations au profit d'organismes divers

1° Activités littéraires ou artistiques

Art L 163 Le Centre national du cinéma et de l'image animée peut recevoir de l'administration des impôts tous les renseignements :

1° Relatifs aux recettes réalisées par les entreprises soumises à son contrôle ;

2° *(Abrogé)* ;

3° Relatifs aux bases taxables et aux montants des impositions mentionnées à l'article L 116-1 du code du cinéma et de l'image animée.

Les sociétés d'auteurs, d'éditeurs, de compositeurs ou de distributeurs peuvent recevoir de l'administration des impôts tous les renseignements relatifs aux recettes réalisées par les entreprises soumises à leur contrôle.

Pour s'assurer du respect, par les éditeurs de services, des articles 33-1 et 33-3 ainsi que de leurs obligations de contribution au développement de la production d'œuvres cinématographiques et audiovisuelles prévues au 3° de l'article 27, au 6° de l'article 33, au 3° de l'article 33-2 ou au II de l'article 43-7 de la loi n° 86-1067 du 30 septembre 1986 relative à la liberté de communication, l'Autorité de régulation de la communication audiovisuelle et numérique peut recevoir de l'administration des impôts tous les renseignements relatifs au chiffre d'affaires de ces éditeurs.

DC-VI-10500

2° Safer

Art L 164 Pendant une durée de cinq ans à compter de l'apport en société de biens pouvant faire l'objet du droit de préemption dont elles bénéficient en cas d'aliénation à titre onéreux de biens immobiliers à utilisation agricole et de biens mobiliers qui leur sont attachés ou de terrains à vocation agricole, les sociétés d'aménagement foncier et d'établissement rural (Safer) reçoivent de l'administration des impôts, sur demande motivée, communication de la répartition entre les associés du capital de la société bénéficiaire, en vue de permettre, le cas échéant, à ces organismes de faire prononcer l'annulation de ces apports.

DC-VI-10500

3° Syndicats

Art L 165 Les syndicats et organismes professionnels ou interprofessionnels habilités à exercer les droits réservés à la partie civile en application de l'article L 233 peuvent recevoir des administrations fiscales communication des renseignements utiles pour leur permettre de se constituer partie civile dans les conditions fixées par cet article.

DC-VI-10500

4° Centres de gestion agréés et associations agréées

Art L 166 L'administration des impôts doit communiquer aux présidents des centres de gestion, associations ou organismes mixtes de gestion agréés, les renseignements qui sont nécessaires à ces organismes pour leur permettre de prononcer, en tant que de besoin, l'exclusion des adhérents qui ne respectent pas les obligations leur incombant en vertu des statuts ou du règlement intérieur de ces centres de gestion, associations ou organismes mixtes de gestion. Ces renseignements peuvent porter sur la nature et le montant des rectifications dont l'adhérent a fait l'objet.

DC-II-8550 s. ; MF n° 87830

5° Prévention de la multidétention de produits d'épargne générale à régime fiscal spécifique

Art L 166 A A l'occasion de l'ouverture d'un produit d'épargne relevant du chapitre Ier du titre II du livre II du code monétaire et financier, l'administration fiscale transmet, sur demande, à l'établissement mentionné à l'article L 221-38 du même code les informations indiquant si le demandeur est déjà détenteur de ce produit.

DC-VI-10500

5° bis Contrôle des conditions de revenus pour l'ouverture et la détention d'un compte sur livret d'épargne populaire

Art L 166 AA L'administration fiscale indique, à leur demande, aux entreprises, établissements ou organismes habilités à proposer le compte sur livret d'épargne mentionné à l'article L 221-13 du code monétaire et financier si les personnes qui demandent l'ouverture d'un tel compte ou qui en sont déjà titulaires remplissent les conditions d'ouverture ou de détention prévues à l'article L 221-15 du même code.

DC-VI-10500

6° Agence nationale des fréquences

Art L 166 B L'Agence nationale des fréquences peut recevoir communication de l'administration fiscale des renseignements utiles à la gestion des aides instituées à l'article 99 de la loi n° 86-1067 du 30 septembre 1986 relative à la liberté de communication.

DC-VI-10500

7° Professionnels de l'expertise comptable autorisés

Art L 166 C L'administration fiscale doit communiquer soit au président du conseil régional de l'ordre des experts-comptables, soit au président de la commission nationale d'inscription prévue à l'article 42 bis de l'ordonnance n° 45-2138 du 19 septembre 1945 portant institution de l'Ordre des experts-comptables et réglementant le titre et la profession d'expert-comptable les résultats des contrôles dont ont fait l'objet respectivement les clients ou adhérents de ces professionnels. Ces renseignements peuvent porter sur la nature et le montant des rectifications dont le client ou l'adhérent a fait l'objet.

Ces résultats sont également communiqués aux commissaires du Gouvernement auprès du conseil régional intéressé.

DC-VI-10500

8° Agence française de sécurité sanitaire des produits de santé et Haute Autorité de santé

Art L 166 D L'administration chargée du recouvrement du droit prévu à l'article 1635 bis AE du code général des impôts et l'agence mentionnée à l'article L 5311-1 du code de la santé publique se transmettent spontanément ou sur demande les informations relatives aux droits perçus au titre de l'article 1635 bis AE du code général des impôts et aux attestations établies conformément à ce même article 1635 bis AE.

L'administration chargée du recouvrement des droits prévus aux articles 1635 bis AF à 1635 bis AH du code général des impôts et la Haute Autorité de santé mentionnée à l'article L 161-37 du code de la sécurité sociale se transmettent, spontanément ou sur demande, les informations relatives aux droits prévus aux mêmes articles 1635 bis AF à 1635 bis AH.

Les destinataires des informations transmises sont astreints, pour les données dont ils ont à connaître en application du présent article, au secret professionnel sous les sanctions prévues à l'article 226-13 du code pénal.

DC-VI-10500

9° Recherche des bénéficiaires d'un contrat d'assurance sur la vie non réclamé

Art L 166 E Afin de répondre à la demande d'un organisme d'assurance qui recherche le bénéficiaire d'un contrat d'assurance sur la vie conformément au dernier alinéa de l'article L 132-8 du code des assurances, les organismes professionnels mentionnés au II des articles L 132-9-3 du même code et L 223-10-2 du code de la mutualité obtiennent de l'administration fiscale les coordonnées des personnes physiques concernées.

DC-VI-10500

10° Exploitants de transports publics ferroviaires, guidés ou routiers

Art L 166 F L'obligation du secret professionnel ne fait pas obstacle à ce que l'administration fiscale transmette à la personne morale mentionnée au troisième alinéa de l'article L 2241-2-1 du code des transports les renseignements, relatifs aux nom, prénoms, date et lieu de naissance ainsi qu'à l'adresse du domicile des auteurs des contraventions mentionnées à l'article 529-3 du code de procédure pénale, utiles à la réalisation de la transaction prévue à l'article 529-4 du même code.

Le secret professionnel ne fait pas obstacle à ce que cette personne morale transmette aux agents de l'exploitant du service de transport chargés du recouvrement des sommes dues au titre de la transaction mentionnée au même article 529-4 les informations nécessaires à l'exercice de cette mission.

L'exploitant mentionné au deuxième alinéa du présent article peut, par convention, mettre à disposition de l'administration fiscale des personnels afin d'exercer des missions contribuant à l'amélioration du recouvrement des amendes forfaitaires majorées mentionnées à l'article 529-5 du code de procédure pénale. L'obligation au secret professionnel ne fait pas obstacle à ce que ces personnels accèdent aux informations et documents nécessaires à l'exercice de la mission qui leur est confiée.

DC-VI-10500

10° bis Agence de gestion et de recouvrement des avoirs saisis et confisqués

Art L 166 FA L'administration fiscale communique les informations utiles pour l'exercice des compétences de l'Agence de gestion et de recouvrement des avoirs saisis et confisqués mentionnée à l'article 706-159 du code de procédure pénale selon les modalités définies au dernier alinéa de l'article 706-160 du même code et cette même agence dispose d'un droit d'accès direct à certaines informations et données de l'administration fiscale dans les conditions prévues au II de l'article 92 de la loi n° 2019-1479 du 28 décembre 2019 de finances pour 2020 *[NDLR Les dispositions du II de l'article 92 de la loi 2019-1479 du 28 décembre 2019 sont reprises sous un dernier alinéa nouvellement créé de l'article 706-160 du code de procédure pénale. Le II de l'article 92 de la loi n° 2019-1479 du 28 décembre 2019 est abrogé (Loi 2023-1322 du 29-12-2023 art. 115, II)].*

DC-VI-10500

11° Activités forestières

Art L 166 G I. Les experts forestiers figurant sur la liste mentionnée à l'article L 171-1 du code rural et de la pêche maritime, les organisations de producteurs du secteur forestier reconnues par l'autorité administrative dans les conditions prévues à l'article L 551-1 du même code et les gestionnaires forestiers professionnels satisfaisant aux conditions mentionnées à l'article L 315-1 du code forestier peuvent, sans limitation du nombre de demandes, avoir communication des données cadastrales, notamment des informations mentionnées à l'article L 107 A du présent livre, relatives aux propriétés inscrites en nature de bois et forêts situées dans le périmètre géographique dans lequel ils sont habilités à exercer leurs missions d'information. Ils informent le maire des communes concernées de chacune de leurs demandes.

Ces données leur sont communiquées afin de leur permettre de mener des actions d'information à destination des propriétaires identifiés sur les possibilités de valorisation économique de leurs bois et forêts.

Les données recueillies ne peuvent être cédées à des tiers.

II. Un décret publié dans un délai de six mois à compter de la promulgation de la loi n° 2022-268 du 28 février 2022 visant à simplifier l'accès des experts forestiers aux données cadastrales précise les conditions d'application du présent article ainsi que la liste des données communiquées. Ce décret est pris après avis de la Commission nationale de l'informatique et des libertés *(NDLR Voir art. R 166 G-1 à R 166 G-3)*.

DC-VI-10500

VIII. Dérogations en matière de lutte contre le blanchiment de capitaux et le financement du terrorisme

Art L 167 **I.** Les registres mentionnés à l'article 1649 AB du code général des impôts et à l'article 2020 du code civil sont accessibles sans restriction aux autorités suivantes, dans le cadre de leur mission :

a. Les autorités judiciaires ;

b. La cellule de renseignement financier nationale mentionnée à l'article L 561-23 ;

c. Les agents de l'administration des douanes agissant sur le fondement des prérogatives conférées par le code des douanes ;

d. Les agents habilités de l'administration des finances publiques chargés du contrôle et du recouvrement en matière fiscale ;

e. Les officiers habilités de police judiciaire de la police nationale et de la gendarmerie nationale, ainsi que les agents des douanes et des services fiscaux habilités à effectuer des enquêtes judiciaires en application des articles 28-1 et 28-2 du code de procédure pénale ;

f. Les autorités de contrôle mentionnées à l'article L 561-36.

Toutes les autorités mentionnées ci-dessus communiquent, de leur propre initiative ou sur demande, aux autorités compétentes des Etats membres de l'Union européenne, les informations nécessaires à l'accomplissement, par ces dernières autorités, de leurs missions.

II. Toutes les informations relatives aux bénéficiaires effectifs d'un trust ou d'une fiducie conservées dans les registres mentionnés au I sont accessibles aux personnes assujetties à la lutte contre le blanchiment et le financement du terrorisme mentionnées à l'article L 561-2 du code monétaire et financier dans le cadre d'une au moins de leurs mesures de vigilance mentionnées aux articles L 561-4-1 à L 561-14-2 du même code.

Les informations sur l'identité du bénéficiaire effectif du trust ou de la fiducie relatives aux nom, nom d'usage, pseudonyme, prénoms, mois et année de naissance, pays de résidence et nationalité, ainsi que sur la nature et l'étendue des intérêts effectifs détenus sont accessibles :

1° A toute personne qui introduit une demande écrite portant sur un trust ou une fiducie détenant une participation de contrôle dans une société ou dans une autre entité juridique établie dans un pays tiers par propriété directe ou indirecte, notamment au moyen d'actions au porteur ou par le biais d'un contrôle par d'autres moyens ;

2° A toute personne justifiant, au regard de l'objet ou de la nature de son activité, d'un intérêt légitime dans la prévention ou la lutte contre le blanchiment de capitaux ou le financement du terrorisme et les infractions sous-jacentes associées, suivant des modalités déterminées par décret *(NDLR Voir art. R 167)*.

III. L'Institut national de la propriété intellectuelle reçoit de l'administration fiscale les seules données relatives aux bénéficiaires effectifs d'un trust ou d'une fiducie détenues par celle-ci en application de l'article 1649 AB du code général des impôts et de l'article 2020 du code civil nécessaires à la tenue d'un registre national des bénéficiaires effectifs destiné à faire l'objet d'une interconnexion par l'intermédiaire d'une plate-forme centrale européenne.

DC-VI-5900

CHAPITRE IV

Les délais de prescription

Art L 168 Les omissions totales ou partielles constatées dans l'assiette de l'impôt, les insuffisances, les inexactitudes ou les erreurs d'imposition, peuvent être réparées par l'administration des impôts par l'administration des douanes et droits indirects ou par les personnes compétentes mentionnées à l'article L 16 I, selon le cas, dans les conditions et dans les délais prévus aux articles L 169 à L 189, sauf dispositions contraires du code général des impôts.

CF-II-1 s.

SECTION I

Impôts directs et taxes assimilées

I. Impôts directs d'Etat

A. Dispositions générales

Art L 169 Pour l'impôt sur le revenu et l'impôt sur les sociétés, le droit de reprise de l'administration des impôts s'exerce jusqu'à la fin de la troisième année qui suit celle au titre de laquelle l'imposition est due.

CF-II-920 s. ; MF n° 77710

Par exception aux dispositions du premier alinéa, le droit de reprise de l'administration s'exerce jusqu'à la fin de la dixième année qui suit celle au titre de laquelle l'imposition est due, lorsque le contribuable exerce une activité occulte ou lorsqu'il est bénéficiaire de revenus distribués par une personne morale exerçant une activité occulte. L'activité occulte est réputée exercée lorsque le contribuable ou la personne morale mentionnée à la première phrase du présent alinéa n'a pas déposé dans le délai légal les déclarations qu'il était tenu de souscrire et soit n'a pas fait connaître son activité à l'organisme mentionné au deuxième alinéa de l'article L 123-33 du code de commerce, soit s'est livré à une activité illicite.

Le droit de reprise mentionné au deuxième alinéa du présent article ne s'applique qu'aux seules catégories de revenus que le contribuable n'a pas fait figurer dans une quelconque des déclarations qu'il a déposées dans le délai légal. Il ne s'applique pas lorsque des revenus ou plus-values ont été déclarés dans une catégorie autre que celle dans laquelle ils doivent être imposés.

CF-II-10300 s. ; MF n° 77715

Le droit de reprise de l'administration s'exerce jusqu'à la fin de la dixième année qui suit celle au titre de laquelle l'imposition est due, lorsque les obligations déclaratives prévues aux articles 123 bis, 209 B, 1649 A, 1649 AA et 1649 AB du même code n'ont pas été respectées. Toutefois, en cas de non-respect de l'obligation déclarative prévue à l'article 1649 A, cette extension de délai ne s'applique pas lorsque le contribuable apporte la preuve que le total des soldes créditeurs de ses comptes à l'étranger n'a pas excédé 50 000 € à un moment quelconque de l'année au titre de laquelle la déclaration devait être faite. Le droit de reprise de l'administration concerne les seuls revenus ou bénéfices afférents aux obligations déclaratives qui n'ont pas été respectées.

CF-II-1940 s. ; MF n° 77715

Le droit de reprise de l'administration s'exerce jusqu'à la fin de la dixième année qui suit celle au titre de laquelle l'imposition est due, lorsque l'administration a dressé un procès-verbal de flagrance fiscale dans les conditions prévues à l'article L 16-0 BA, au titre d'une année postérieure.

CF-IX-79730 ; MF n° 77715

Si le déficit d'ensemble ou la moins-value nette à long terme d'ensemble subis par un groupe mentionné à l'article 223 A ou à l'article 223 A bis du code général des impôts sont imputés dans les conditions prévues aux articles 223 C et 223 D dudit code sur le résultat d'ensemble ou la plus-value nette à long terme d'ensemble réalisés au titre de l'un des exercices clos au cours de la période mentionnée au premier alinéa, les résultats et les plus-values ou moins-values nettes à long terme réalisés par les sociétés de ce groupe et qui ont concouru à la détermination de ce déficit ou de cette moins-value peuvent être remis en cause à hauteur du montant du déficit ou de la moins-value ainsi imputés, nonobstant les dispositions prévues au premier alinéa.

Si le groupe a cessé d'exister, les règles définies au sixième alinéa demeurent applicables au déficit ou à la moins-value nette à long terme définis au cinquième alinéa de l'article 223 S du code général des impôts.

Le retrait de l'un des agréments prévus aux articles 199 undecies B, 199 undecies C, 217 undecies, 217 duodecies, 244 quater I, 244 quater W et 244 quater Y du code général des impôts et la reprise des avantages fiscaux en application du 1 de l'article 1649 nonies A du même code peuvent intervenir jusqu'à la fin de la troisième année qui suit celle de la rupture de l'engagement souscrit en vue d'obtenir l'agrément ou celle du non-respect des conditions auxquelles l'octroi de ce dernier a été subordonné *(NDLR Les dispositions du présent alinéa s'appliquent aux délais de reprise venant à expiration à compter de l'entrée en vigueur de la loi 2021-1900 du 30 décembre 2021, soit depuis le 1er janvier 2022).*

FR 2/22 inf. 78 nos 17 à 20 p. 122 ; IS-V-84570 s. ; MF no 40810

Art L 169 A Le délai de reprise prévu au premier alinéa de l'article L 169 s'applique également :

1° *(Abrogé)* ;

2° Aux prélèvements prévus aux articles 117 quater et 125 A du code général des impôts ;

3° *(Abrogé)* ;

4° *(Abrogé)* ;

5° *(Disposition devenue sans objet : loi 88-1149 du 23 décembre 1988 art. 23)* ;

6° A la taxe sur les salaires ;

7° A tous prélèvements et taxes qui tiennent lieu de l'impôt sur le revenu ou de l'impôt sur les sociétés ;

8° A la cotisation minimale de taxe professionnelle prévue au II de l'article 1647 E du code général des impôts dans sa rédaction en vigueur au 31 décembre 2009.

Les délais de reprise prévus aux deux premiers alinéas de l'article L 169 du présent livre s'appliquent également à la retenue à la source prévue à l'article 119 bis du code général des impôts.

CF-II-1500 s. ; MF no 77745

B. Dispositions particulières à certains impôts

Art L 171 Même si les délais de reprise prévus à l'article L 169 sont écoulés, toute erreur commise, soit sur la nature de l'impôt applicable, soit sur le lieu d'imposition concernant l'un quelconque des impôts et taxes mentionnés à l'article précité, peut être réparée jusqu'à l'expiration de l'année suivant celle de la décision qui a prononcé la décharge de l'imposition initiale.

CF-II-1740 s. ; MF no 77720

Art L 171-0 A Même si les délais de reprise prévus au premier alinéa de l'article L 169 sont écoulés, l'administration dispose, pour le contrôle de l'impôt sur le revenu et des prélèvements sociaux afférents à chaque gain, plus-value ou créance mentionné aux I ou II de l'article 167 bis du code général des impôts, d'un nouveau droit de reprise qui s'exerce jusqu'à la fin de la troisième année qui suit celle de la réalisation de l'événement prévu au VII du même article 167 bis qui affecte ledit gain, plus-value ou créance.

CF-II-2340 ; MF no 33373

Art L 171 A Pour l'application de l'article 220 quinquies du code général des impôts, l'administration est fondée à vérifier l'existence et la quotité de la créance et à en rectifier le montant, même si l'option pour le report en arrière du déficit correspondant a été exercée au titre d'un exercice prescrit.

BIC-XIV-9460 s. ; MF no 35950

Art L 171 B Pour l'application de l'article 238 bis-0 I ter du code général des impôts, le droit de reprise s'exerce jusqu'à la fin de la sixième année qui suit celle au titre de laquelle l'imposition est due.

Ndlr *Les dispositions du présent article s'appliquent aux exercices ouverts à compter du 1er janvier 2024 (Loi 2023-1322 du 29 décembre 2023 art. 116, III).*

FR 2/24 inf. 93 nos 18 et 20 p. 157 ; MF no 78277 précision b

Art L 172 Même si les délais de reprise prévus au premier alinéa de l'article L 169 sont écoulés, lorsque, à la suite de l'ouverture de la succession d'un contribuable ou de l'un des époux soumis à une imposition commune, il est constaté que le défunt n'a pas été imposé ou a été insuffisamment imposé au titre de l'année du décès ou de l'une des quatre années antérieures, l'impôt sur le revenu qui n'a pas été établi peut être mis en recouvrement jusqu'à la fin de la deuxième année suivant l'année de la déclaration de succession ou, si cette déclaration n'a pas été faite, l'année du paiement par les héritiers des droits de mutation par décès.

CF-II-1820 s. ; MF no 77720

Art L 172 C En ce qui concerne le prélèvement prévu par l'article 244 bis du code général des impôts sur les plus-values réalisées par les personnes physiques ou les sociétés qui n'ont pas d'établissement en France, le droit de reprise de l'administration s'exerce dans les délais fixés par l'article L 180 pour les droits d'enregistrement.

CF-II-3800 ; ENR-VII-3800

Art L 172 E Lorsque le bénéficiaire de la réduction d'impôt visée aux I et II de l'article 88 de la loi n° 81-1160 du 30 décembre 1981 modifiée est remboursé en tout ou partie de ses dépenses par un tiers, dans le délai de dix ans, il fait l'objet, au titre de l'année du remboursement, d'une majoration de son impôt sur le revenu égale à 25 % de la somme remboursée.

Art L 172 F Pour la contribution à l'audiovisuel public prévue au I de l'article 1605 du code général des impôts, le droit de reprise de l'administration s'exerce jusqu'à la fin de la troisième année suivant celle au cours de laquelle la contribution à l'audiovisuel public est due.

Ndlr *Les dispositions du présent article sont abrogées à compter du 1er janvier 2025 (Loi 2022-1157 du 16 août 2022 art. 6, III-1° et VIII-C).*

FR 35/22 inf. 12 n° 9 p. 14 ; TD-V-3590

Art L 172 G Pour le crédit d'impôt défini à l'article 244 quater B du code général des impôts, le droit de reprise de l'administration s'exerce jusqu'à la fin de la troisième année suivant celle du dépôt de la déclaration spéciale prévue pour le calcul de ce crédit d'impôt.

Le premier alinéa du présent article s'applique également aux crédits d'impôts prévus aux articles 244 quater B bis et 244 quater O du même code.

Pour le crédit d'impôt prévu à l'article 244 quater C du même code, le droit de reprise de l'administration s'exerce jusqu'à la fin de la troisième année suivant celle du dépôt de la déclaration prévue à ce même article.

IS-IX-8640 s., 9320, 84780 s., 60950 s. ; MF nos 10505, 10535 précision c

Art L 172 H Pour le crédit d'impôt défini à l'article L 2333-55-3 du code général des collectivités territoriales, le droit de reprise de l'administration s'exerce jusqu'à la fin de la troisième année suivant celle du dépôt de la demande prévue pour le calcul de ce crédit d'impôt.

I bis. Imposition minimale mondiale des groupes d'entreprises multinationales et des groupes nationaux

Art L 172 I Pour l'impôt complémentaire prévu au deuxième alinéa de l'article 223 VJ du code général des impôts, le droit de reprise de l'administration fiscale s'exerce jusqu'à la fin de la cinquième année qui suit celle au titre de laquelle l'imposition est due.

Ndlr *Les dispositions du présent article s'appliquent aux exercices ouverts à compter du 31 décembre 2023 (Loi 2023-1322 du 29 décembre 2023 art. 33, IV-A).*

FR 7/24 inf. 10 n° 11 p. 109 ; MF n° 41475

II. Impôts directs locaux et taxes assimilées

Art L 173 Pour les impôts directs perçus au profit des collectivités locales et les taxes perçues sur les mêmes bases au profit de divers organismes, à l'exception de la cotisation foncière des entreprises, de la cotisation sur la valeur ajoutée des entreprises et de leurs taxes additionnelles, le droit de reprise de l'administration des impôts s'exerce jusqu'à la fin de l'année suivant celle au titre de laquelle l'imposition est due.

Ndlr *Pour les dispositions du présent alinéa applicables à compter des impositions établies au titre de 2027, voir partie Autres textes du présent code loi 2022-1726 du 30 décembre 2022 art. 55, II-3° et XXVII-J modifié par loi 2023-1322 du 29 décembre 2023 art. 79, III-3°.*

CF-II-2540 s.

Toutefois, lorsque les revenus ou le nombre de personnes à charge ou encore le quotient familial à raison desquels le contribuable a bénéficié d'une exonération, d'un dégrèvement ou d'un abattement, en application des articles 1391, 1391 B, 1391 B bis et 1391 B ter du code général des impôts, font ultérieurement l'objet d'une rectification, l'imposition correspondant au montant de l'exonération, du dégrèvement ou de l'abattement accordés à tort est établie et mise en recouvrement dans le délai fixé en matière d'impôt sur le revenu au premier alinéa de l'article L 169.

CF-II-2740 s.

Ndlr *Pour le cas particulier des contrôles fiscaux engagés avant le 31 décembre 2019 et aboutissant à un changement de méthode d'évaluation d'un bâtiment ou terrain industriel, voir partie Autres textes du présent code loi 2018-1317 du 28 décembre 2018 art. 156, II.*

MF nos 42325 h, 43250, 77735

Art L 174 Les omissions ou les erreurs concernant la taxe professionnelle, la cotisation foncière des entreprises et la cotisation sur la valeur ajoutée des entreprises peuvent être réparées par l'administration jusqu'à l'expiration de la troisième année suivant celle au titre de laquelle l'imposition est due.

Ndlr *Pour les dispositions du présent alinéa applicables à compter des impositions établies au titre de 2027, voir partie Autres textes du présent code loi 2022-1726 du 30 décembre 2022 art. 55, II-4° et XXVII-J modifié par loi 2023-1322 du 29 décembre 2023 art. 79, III-3°.*

CF-II-2930 s.

Par exception aux dispositions du premier alinéa, le droit de reprise de l'administration s'exerce jusqu'à la fin de la dixième année qui suit celle au titre de laquelle l'imposition est due lorsque l'administration a dressé un procès-verbal de flagrance fiscale dans les conditions prévues à l'article L 16-0 BA au titre d'une année postérieure ou lorsque le contribuable exerce une activité occulte. L'activité occulte est réputée exercée lorsque le contribuable n'a pas déposé dans le délai légal les déclarations qu'il était tenu de souscrire et soit n'a pas fait connaître son activité à l'organisme mentionné au deuxième alinéa de l'article L 123-33 du code de commerce, soit s'est livré à une activité illicite.

CF-II-10300 s. ; CF-IX-79730

Ndlr *Pour le cas particulier des contrôles fiscaux engagés avant le 1er janvier 2022 et aboutissant à un changement de méthode d'évaluation d'un bâtiment ou terrain industriel, voir partie Autres textes du présent code loi 2018-1317 du 28 décembre 2018 art. 156, II.*

MF n° 77735

Art L 175 En ce qui concerne la taxe foncière sur les propriétés bâties, la taxe d'habitation sur les résidences secondaires et autres locaux meublés non affectés à l'habitation principale et les taxes annexes établies sur les mêmes bases, les omissions ou les insuffisances d'imposition peuvent être réparées à toute époque lorsqu'elles résultent du défaut ou de l'inexactitude des déclarations des propriétés bâties mentionnées aux articles 1406 et 1502 du code général des impôts et de celles mentionnées au XVII de l'article 34 de la loi n° 2010-1658 du 29 décembre 2010 de finances rectificative pour 2010.

CF-II-2600 s. ; MF n° 42175

Art L 175 A Les omissions ou les erreurs concernant la taxe d'aménagement peuvent être réparées par l'administration jusqu'à l'expiration de la troisième année suivant celle de la date d'exigibilité mentionnée à l'article 1635 quater G du code général des impôts.

Toutefois, en cas de construction ou d'aménagement sans autorisation ou en infraction aux obligations résultant d'une autorisation de construire, le droit de reprise s'exerce jusqu'au 31 décembre de la sixième année qui suit celle de l'achèvement des constructions ou aménagements en cause.

IMMO-V-11760 ; MF n° 31160

SECTION II

Taxes sur le chiffre d'affaires

Art L 176 Pour les taxes sur le chiffre d'affaires, le droit de reprise de l'administration s'exerce jusqu'à la fin de la troisième année suivant celle au cours de laquelle la taxe est devenue exigible conformément aux dispositions du 2 de l'article 269 du code général des impôts.

CF-II-3000 s.

Par exception aux dispositions du premier alinéa, le droit de reprise de l'administration s'exerce jusqu'à la fin de la dixième année qui suit celle au titre de laquelle la taxe est devenue exigible conformément aux dispositions du 2 de l'article 269 du code général des impôts, lorsque l'administration a dressé un procès-verbal de flagrance fiscale dans les conditions prévues à l'article L 16-0 BA au titre d'une année postérieure ou lorsque le contribuable exerce une activité occulte. L'activité occulte est réputée exercée lorsque le contribuable n'a pas déposé dans le délai légal les déclarations qu'il était tenu de souscrire et soit n'a pas fait connaître son activité à l'organisme mentionné au deuxième alinéa de l'article L 123-33 du code de commerce, soit s'est livré à une activité illicite.

CF-II-10300 s. ; CF-IX-79730

Dans le cas où l'exercice ne correspond pas à une année civile, le délai part du début de la première période sur laquelle s'exerce le droit de reprise en matière d'impôt sur le revenu et d'impôt sur les sociétés et s'achève le 31 décembre de la troisième année suivant celle au cours de laquelle se termine cette période.

CF-II-3060 s.

Dans les cas prévus aux II, II bis et III de l'article 284 du code général des impôts, le droit de reprise de l'administration s'exerce jusqu'à la fin de la troisième année suivant celle au cours de laquelle les conditions auxquelles est subordonné l'octroi des taux réduits mentionnés au même article 284.

IMMO-I-14470, 17830, 20250 ; MF nos 58895 s.

La taxe mentionnée sur les déclarations souscrites par les assujettis membres d'un groupe mentionné à l'article 1693 ter du code général des impôts qui a concouru à la détermination du crédit dont bénéficie le redevable mentionné au 1 du même article en application du b du 3 dudit article peut être remise en cause à hauteur du montant de ce crédit, nonobstant les dispositions prévues aux premier et deuxième alinéas du présent article.

Si le groupe a cessé d'exister, les règles définies au cinquième alinéa demeurent applicables pour le contrôle du crédit de taxe mentionné au second alinéa du même article 1693 ter A.

RIE-IV-13580 ; MF n° 54225

MF n°s 77725 s.

Art L 177 En ce qui concerne la taxe sur la valeur ajoutée déductible dans les conditions fixées par l'article 271 du code général des impôts, les redevables doivent justifier du montant de la taxe déductible et du crédit de taxe dont ils demandent à bénéficier, par la présentation de documents même établis antérieurement à l'ouverture de la période soumise au droit de reprise de l'administration.

CF-II-3140 s.

Le premier alinéa s'applique aux assujettis membres du groupe mentionné à l'article 1693 ter du code général des impôts pour la justification de la taxe déductible et du crédit de taxe dont le redevable mentionné au 1 du même article a demandé à bénéficier.

RIE-IV-13580 ; MF n° 54225

Le premier alinéa du présent article s'applique au représentant d'un assujetti unique constitué en application de l'article 256 C du code général des impôts pour la justification de la taxe déductible et du crédit de taxe dont il a demandé à bénéficier.

FR 2/21 inf. 49 n°s 25 et 29 p. 85 ;
MF n° 46556 précision c

Art L 177 A Par dérogation au premier alinéa de l'article L 176 du présent livre, pour la taxe sur certains services numériques mentionnée à l'article L 453-45 du code des impositions sur les biens et services, le droit de reprise de l'administration s'exerce jusqu'à la fin de la sixième année suivant celle au cours de laquelle la taxe est devenue exigible conformément à l'article L 453-75 du même code.

Par dérogation au deuxième alinéa de l'article L 176 du présent livre, pour la taxe sur certains services numériques mentionnée à l'article L 453-45 du code des impositions sur les biens et services, le droit de reprise de l'administration s'exerce jusqu'à la fin de la dixième année suivant celle au cours de laquelle la taxe est devenue exigible conformément à l'article L 453-75 du même code.

FR 33/19 inf. 4 n° 20 p. 9

Art L 177 B Par dérogation à l'article L 176, le droit de reprise s'exerce jusqu'au 31 décembre de la troisième année qui suit celle au cours de laquelle l'imposition mentionnée à l'article L 16 I est devenue exigible.

SECTION III

Contributions indirectes

Art L 178 et L 179 Comme indiqué dans l'avant-propos, les articles de la section III ne sont pas reproduits dans le présent code.

SECTION IV

Droits d'enregistrement, taxe de publicité foncière, impôt sur la fortune immobilière, droits de timbre, droits et taxes assimilés

I. Dispositions générales

Art L 180 Pour les droits d'enregistrement, la taxe de publicité foncière, les droits de timbre, ainsi que les taxes, redevances et autres impositions assimilées, le droit de reprise de l'administration s'exerce jusqu'à l'expiration de la troisième année suivant celle de l'enregistrement d'un acte ou d'une déclaration ou de l'accomplissement de la formalité fusionnée définie à l'article 647 du code général des impôts ou, pour l'impôt sur la fortune immobilière des redevables ayant respecté l'obligation prévue à l'article 982 du même code, jusqu'à l'expiration de la troisième année suivant celle au titre de laquelle l'imposition est due.

Toutefois, ce délai n'est opposable à l'administration que si l'exigibilité des droits et taxes a été suffisamment révélée par le document enregistré ou présenté à la formalité ou, pour l'impôt sur la fortune immobilière, par le dépôt de la déclaration et des annexes mentionnées au même article 982, sans qu'il soit nécessaire de procéder à des recherches ultérieures.

CF-II-3700 s. ; ENR-VII-3700 s. ; MF n° 77740

II. Dispositions particulières

Art L 181 Lorsqu'une succession n'a pas été déclarée ou lorsque des biens n'ont pas été mentionnés dans une déclaration de succession, le délai de reprise prévu à l'article L 180 est décompté à partir du jour, soit de la publicité d'un acte soumis à la formalité fusionnée et qui mentionne exactement la date et le lieu du décès ainsi que le nom et l'adresse de l'un au moins des héritiers et autres ayants droit, soit de l'enregistrement d'un écrit ou d'une déclaration portant les mêmes mentions. En aucun cas il ne peut en résulter une prolongation du délai fixé par l'article L 186.

Le délai de reprise ainsi déterminé ne concerne que les droits d'enregistrement exigibles sur des biens, sommes ou valeurs expressément mentionnés dans l'écrit ou la déclaration comme dépendant de la succession.

CF-II-4500 s. ; ENR-VII-4500 s.

Art L 181-0 A Par exception au premier alinéa de l'article L 180 et à l'article L 181, le droit de reprise de l'administration relatif aux impôts et droits qui y sont mentionnés peut s'exercer jusqu'à l'expiration de la dixième année suivant celle du fait générateur de ces impôts ou droits quand ils sont assis sur des biens ou droits mentionnés aux articles 1649 A, 1649 AA et 1649 AB du code général des impôts, sauf si l'exigibilité des impôts ou droits relatifs aux biens ou droits correspondants a été suffisamment révélée dans le document enregistré ou présenté à la formalité ou, pour l'impôt sur la fortune immobilière, par la déclaration et les annexes mentionnées à l'article 982 du même code.

CF-II-5600 ; ENR-VII-5600 ; MF nº 77740

Art L 181-0 B Par dérogation aux articles L 180 et L 186 du présent livre, l'administration dispose, pour le contrôle des droits de mutation par décès dus sur les sommes versées par la Caisse des dépôts et consignations en application du V de l'article L 312-20 du code monétaire et financier et du dernier alinéa du III des articles L 132-27-2 du code des assurances et L 223-25-4 du code de la mutualité, d'un droit de reprise qui s'exerce jusqu'à la fin de la troisième année suivant celle de l'enregistrement d'un acte ou d'une déclaration qui révèle suffisamment l'exigibilité de ces droits ou, en l'absence d'un tel acte ou d'une telle déclaration, jusqu'à l'expiration de la sixième année suivant celle du versement de ces sommes.

ENR-VII-5650 ; MF nº 77740

Art L 181 A Lorsque le donataire opte pour la déclaration ou l'enregistrement du don manuel dans le délai d'un mois suivant le décès du donateur, prévus à l'article 635 A du code général des impôts, le droit de reprise de l'administration s'exerce jusqu'à l'expiration de la sixième année suivant le décès du donateur.

ENR-X-57360 ; MF nº 69190

Art L 181 B La valeur des biens faisant l'objet des donations antérieures ajoutée à la valeur des biens compris dans une donation ou une déclaration de succession en vertu du deuxième alinéa de l'article 784 du code général des impôts peut, pour l'application de ce même alinéa seulement, être rectifiée.

ENR-X-24650 s. ; MF nº 68640

La valeur des biens ayant fait l'objet des donations antérieures dont il est tenu compte pour l'application du quatrième alinéa de l'article 793 bis du même code peut, pour la seule appréciation de la limite mentionnée aux deuxième et troisième alinéas du même article, être rectifiée *(NDLR Dispositions applicables aux donations consenties depuis le 17 août 2012).*

ENR-X-36550 ; MF nº 68150

Art L 182 En ce qui concerne la taxe sur les conventions d'assurance prévue à l'article 991 du code général des impôts, le droit de reprise de l'administration s'exerce, par dérogation au dernier alinéa du même article 991, dans le délai fixé par l'article L 176 pour les taxes sur le chiffre d'affaires.

CF-II-3840 ; ENR-VII-3840 ; MF nº 77745

Art L 183 Pour le calcul du délai de prescription des droits et des peines encourues, la date des actes sous signature privée n'est opposable à l'administration que si elle est certaine, notamment en raison du décès de l'une des personnes qui ont signé l'acte.

CF-II-5455 ; ENR-VII-5455

III. Impôt de solidarité sur la fortune

Art L 183 A Les dispositions de l'article L 181 relatives aux modalités de calcul du délai de reprise en matière de succession ne sont pas applicables à l'impôt sur la fortune immobilière.

CF-II-4640 ; ENR-VII-4640

SECTION VII

Dispositions applicables à l'ensemble des impôts

Art L 186 Lorsqu'il n'est pas expressément prévu de délai de prescription plus court ou plus long, le droit de reprise de l'administration s'exerce jusqu'à l'expiration de la sixième année suivant celle du fait générateur de l'impôt.

CF-II-800 s., 3700 s. ; ENR-VII-3700 s. ; MF n° 77740

Art L 187 Lorsque l'administration, ayant découvert qu'un contribuable se livrait à des agissements frauduleux, a déposé une plainte contre lui, elle peut procéder à des contrôles et à des rehaussements au titre des deux années excédant le délai ordinaire de prescription. Cette prorogation de délai est applicable aux auteurs des agissements, à leurs complices et, le cas échéant, aux personnes pour le compte desquelles la fraude a été commise.

Jusqu'à la décision de la juridiction pénale et à condition que le contribuable constitue des garanties dans les conditions prévues aux articles L 277 à L 280, le recouvrement des impositions correspondant à la période qui excède le délai ordinaire de prescription est suspendu. Ces impositions sont caduques si la procédure judiciaire se termine par une ordonnance de non-lieu ou si les personnes poursuivies bénéficient d'une décision de relaxe.

CF-II-9600 s. ; MF n° 77760

Art L 188 Le délai de prescription applicable aux amendes fiscales concernant l'assiette et le paiement des droits, taxes, redevances et autres impositions est le même que celui qui s'applique aux droits simples et majorations correspondants.

Pour les autres amendes fiscales, la prescription est atteinte à la fin de la quatrième année suivant celle au cours de laquelle les infractions ont été commises.

Pour les amendes et confiscations fiscales prononcées par la juridiction pénale, le délai de prescription est le même que pour les peines correctionnelles de droit commun et il s'applique dans les mêmes conditions que pour les dommages-intérêts.

CF-II-9000 s. ; MF n°s 77750 s.

Art L 188 A Lorsque l'administration a, dans le délai initial de reprise, demandé à l'autorité compétente d'un autre Etat ou territoire des renseignements concernant un contribuable, elle peut réparer les omissions ou les insuffisances d'imposition afférentes à cette demande, même si le délai initial de reprise est écoulé, jusqu'à la fin de l'année qui suit celle de la réception de la réponse et, au plus tard, jusqu'au 31 décembre de la troisième année suivant celle au titre de laquelle le délai initial de reprise est écoulé.

Le présent article s'applique dans la mesure où le contribuable a été informé de l'existence de la demande de renseignements dans le délai de soixante jours suivant son envoi ainsi que de l'intervention de la réponse de l'autorité compétente de l'autre Etat ou territoire dans le délai de soixante jours suivant sa réception par l'administration.

CF-II-11300 s. ; MF n° 77765

Art L 188 B Lorsque l'administration a, dans le délai de reprise, déposé une plainte ayant abouti à l'ouverture d'une enquête judiciaire pour fraude fiscale dans les cas visés aux 1° à 5° du II de l'article L 228, les omissions ou insuffisances d'imposition afférentes à la période couverte par le délai de reprise peuvent, même si celui-ci est écoulé, être réparées jusqu'à la fin de l'année qui suit la décision qui met fin à la procédure et, au plus tard, jusqu'à la fin de la dixième année qui suit celle au titre de laquelle l'imposition est due.

CF-VIII-45350 s. ; MF n° 77770

Art L 188 C Même si les délais de reprise sont écoulés, les omissions ou insuffisances d'imposition révélées par une procédure judiciaire, par une procédure devant les juridictions administratives ou par une réclamation contentieuse peuvent être réparées par l'administration des impôts jusqu'à la fin de l'année suivant celle de la décision qui a clos la procédure et, au plus tard, jusqu'à la fin de la dixième année qui suit celle au titre de laquelle l'imposition est due.

CF-II-14500 s. ; MF n° 77775

SECTION VIII

Interruption et suspension de la prescription

Art L 189 La prescription est interrompue par la notification d'une proposition de rectification *(Voir également art. L 76)*, par la déclaration ou la notification d'un procès-verbal, de même que par tout acte comportant reconnaissance de la part des contribuables et par tous les autres actes interruptifs de droit commun.

La prescription des sanctions fiscales autres que celles visées au troisième alinéa de l'article L 188 est interrompue par la mention portée sur la proposition de rectification qu'elles pourront être éventuellement appliquées.

CF-II-25000 s. ; MF n°s 77780 s.

TITRE III

LE CONTENTIEUX DE L'IMPOT

CHAPITRE PREMIER

Le contentieux de l'établissement de l'impôt et les dégrèvements d'office

Art L 190 Les réclamations relatives aux impôts, contributions, droits, taxes, redevances, soultes et pénalités de toute nature, établis ou recouvrés par les agents de l'administration, relèvent de la juridiction contentieuse lorsqu'elles tendent à obtenir soit la réparation d'erreurs commises dans l'assiette ou le calcul des impositions, soit le bénéfice d'un droit résultant d'une disposition législative ou réglementaire.

CONT-III-300 s. ; ENR-VII-12130 s. ; MF nos 81650 s.

Relèvent de la même juridiction les réclamations qui tendent à obtenir la réparation d'erreurs commises par l'administration dans la détermination d'un résultat déficitaire ou d'un excédent de taxe sur la valeur ajoutée déductible sur la taxe sur la valeur ajoutée collectée au titre d'une période donnée, même lorsque ces erreurs n'entraînent pas la mise en recouvrement d'une imposition supplémentaire. Les réclamations peuvent être présentées à compter de la réception de la réponse aux observations du contribuable mentionnée à l'article L 57, ou à compter d'un délai de 30 jours après la notification prévue à l'article L 76 ou, en cas de saisine de la commission des impôts directs et des taxes sur le chiffre d'affaires compétente, à compter de la notification de l'avis rendu par cette commission.

CONT-III-500 s. ; MF nº 81845

Sont instruites et jugées selon les règles du présent chapitre toutes actions tendant à la décharge ou à la réduction d'une imposition ou à l'exercice de droits à déduction ou à la restitution d'impositions indues, fondées sur la non-conformité de la règle de droit dont il a été fait application à une règle de droit supérieure, révélée par une décision juridictionnelle ou par un avis rendu au contentieux.

Ces actions sont introduites selon les règles de délais applicables aux réclamations mentionnées au premier alinéa et se prescrivent par deux ans, selon le cas, à compter de la mise en recouvrement du rôle, de la notification de l'avis de mise en recouvrement ou du titre de perception émis en application de l'article L 255 A ou de l'article L 256 B, de la date à laquelle le titre émis en application de l'article L 256 D est rendu exécutoire ou, en l'absence de mise en recouvrement, du versement de l'impôt contesté ou de la naissance du droit à déduction.

Pour l'application du troisième alinéa, sont considérés comme des décisions juridictionnelles ou des avis rendus au contentieux les décisions du Conseil d'Etat ainsi que les avis rendus en application de l'article L 113-1 du Code de justice administrative, les arrêts de la Cour de cassation ainsi que les avis rendus en application de l'article L 441-1 du Code de l'organisation judiciaire, les arrêts du Tribunal des conflits et les arrêts de la Cour de justice de l'Union européenne se prononçant sur un recours en annulation, sur une action en manquement ou sur une question préjudicielle.

CONT-I-32000 s. ; MF nos 81960 s.

Ndlr *Un dispositif comparable à celui exposé ci-dessus s'applique aux actions en restitution présentées à l'administration des douanes : voir partie Autres textes du présent code art. 352 ter du code des douanes.*

Art L 190 A L'action en réparation du préjudice subi fondée sur la non-conformité de la règle de droit dont il a été fait application à une règle de droit supérieure ou la demande de dommages et intérêts résultant de la faute commise dans la détermination de l'assiette, le contrôle et le recouvrement de l'impôt ne peut porter que sur une période postérieure au 1er janvier de la deuxième année précédant celle au cours de laquelle l'existence de la créance a été révélée au demandeur.

Ndlr *Un dispositif comparable à celui exposé ci-dessus s'applique aux actions en réparation d'un préjudice présentées à l'administration des douanes : voir partie Autres textes du présent code art. 352 quater du code des douanes.*

CONT-I-32000 s. ; MF nos 81960 s.

Charge et administration de la preuve

Art L 191 Lorsque l'imposition a été établie selon la procédure forfaitaire, la charge de la preuve incombe au contribuable qui demande la réduction de l'imposition *(NDLR Voir art. R* 191-1).*

CONT-II-26500

Art L 192 Lorsque l'une des commissions ou le comité mentionnés à l'article L 59 ou le comité prévu à l'article L 64 est saisi d'un litige ou d'une rectification, l'administration supporte la charge de la preuve en cas de réclamation, quel que soit l'avis rendu par la commission ou le comité.

Toutefois, la charge de la preuve incombe au contribuable lorsque la comptabilité comporte de graves irrégularités et que l'imposition a été établie conformément à l'avis de la commission ou du comité. La charge de la preuve des graves irrégularités invoquées par l'administration incombe, en tout état de cause, à cette dernière lorsque le litige ou la rectification est soumis au juge.

Elle incombe également au contribuable à défaut de comptabilité ou de pièces en tenant lieu, comme en cas de taxation d'office à l'issue d'un examen contradictoire de la situation fiscale personnelle en application des dispositions des articles L 16 et L 69.

CONT-II-25300 s. ; ENR-VII-13010 s. ; IS-IX-8615 s. ; MF n°s 78815 s.

Art L 193 Dans tous les cas où une imposition a été établie d'office, la charge de la preuve incombe au contribuable qui demande la décharge ou la réduction de l'imposition *(NDLR Voir art. R* 193-1).*

CONT-II-25850 s. ; ENR-VII-13010 s. ; MF n° 79140

Art L 195 A En cas de contestation des pénalités fiscales appliquées à un contribuable au titre des impôts directs, de la taxe sur la valeur ajoutée et des autres taxes sur le chiffre d'affaires, des droits d'enregistrement, de la taxe de publicité foncière et du droit de timbre, la preuve de la mauvaise foi et des manœuvres frauduleuses incombe à l'administration.

CONT-II-27550 s. ; ENR-VII-13010 s. ; MF n° 80005

SECTION I

Procédure préalable auprès de l'administration

III. Instruction des réclamations

Art L 198 A **I.** En vue d'instruire les demandes contentieuses de remboursement de crédits de taxe sur la valeur ajoutée, les agents des impôts ayant au moins le grade de contrôleur peuvent se rendre sur place après l'envoi d'un avis d'instruction sur place pour procéder à des constats matériels et consulter les livres ou documents comptables dont la présentation est prévue par le code général des impôts ainsi que toutes les pièces justificatives qui sont afférents à cette demande. Dans le cadre de l'intervention sur place, ces agents peuvent avoir accès, de 8 heures à 20 heures et durant les heures d'activité professionnelle de l'assujetti, aux locaux à usage professionnel, à l'exclusion des parties de ces locaux affectées au domicile privé, ainsi qu'aux terrains, aux entrepôts, aux moyens de transport à usage professionnel et à leur chargement. Ils peuvent recueillir sur place des renseignements et justifications.

Lorsque la demande est déposée par le représentant d'un assujetti unique constitué en application de l'article 256 C du code général des impôts, l'avis d'instruction sur place est adressé à un ou plusieurs membres de l'assujetti unique dont les opérations ont concouru à la formation du crédit de taxe sur la valeur ajoutée. Dans ce cas, le représentant est informé de l'engagement de la ou des procédures d'instruction sur place.

II. L'administration dispose d'un délai de soixante jours à compter de la première intervention sur place pour prendre sa décision. La décision rejetant tout ou partie de la demande de remboursement est motivée.

Lorsque la demande est déposée par le représentant d'un assujetti unique constitué en application de l'article 256 C du code général des impôts, les membres de l'assujetti unique ayant fait l'objet de la procédure prévue au I du présent article sont informés de la décision transmise au représentant.

III. Lorsque, du fait du contribuable, l'administration n'a pas pu procéder aux constats matériels ou consulter sur place les livres, documents et pièces justificatives mentionnés au I dans un délai de soixante jours à compter de la date de notification de l'avis d'instruction sur place, elle peut rejeter la demande de remboursement pour défaut de justification. Cette faculté est mentionnée dans l'avis d'instruction.

IV. La décision de l'administration ne peut en aucun cas intervenir après l'expiration d'un délai de quatre mois à compter de la notification au contribuable de l'avis d'instruction sur place mentionné au I.

V. En l'absence de décision de l'administration dans les délais prévus aux II et IV du présent article, il est fait droit à la demande de remboursement.

Les délais prévus aux II et IV du présent article ne sont pas applicables à l'instruction d'une demande de remboursement de crédit de taxe sur la valeur ajoutée déposée par le représentant d'un assujetti unique constitué en application de l'article 256 C du code général des impôts.

VI. Les opérations réalisées en application du présent article ne constituent pas une vérification de comptabilité au sens de l'article L 13.

FR 2/21 inf. 49 n°s 24 et 29 p. 85 ; TVA-IX-28245 ; MF n°s 46556 précision c, 56650 précision b

SECTION II

Procédure devant les tribunaux

I. Tribunaux compétents

Art L 199 En matière d'impôts directs et de taxes sur le chiffre d'affaires ou de taxes assimilées, les décisions rendues par l'administration sur les réclamations contentieuses et qui ne donnent pas entière satisfaction aux intéressés peuvent être portées devant le tribunal administratif. Il en est de même pour les décisions intervenues en cas de contestation pour la fixation du montant des abonnements prévus à l'article 1700 du code général des impôts pour les établissements soumis à l'impôt sur les spectacles.

CONT-IV-1 s. ; MF n° 82110

En matière de droits d'enregistrement, d'impôt sur la fortune immobilière, de taxe de publicité foncière, de droits de timbre, de contributions indirectes et de taxes assimilées à ces droits, taxes ou contributions, le tribunal compétent est le tribunal judiciaire. Les tribunaux judiciaires statuent en premier ressort. Un décret en Conseil d'Etat fixe les modalités d'application (*Voir art. R 199-1, R 202-1 à R 202-4*).

ENR-VII-16600 s. ; MF n°s 82195 s.

CONT-I-5220 s.

II. Règles de procédure

A. Dispositions générales

Art L 199 B Les affaires portées devant les juridictions de l'ordre judiciaire ou de l'ordre administratif, relatives au contentieux des impôts, droits, taxes et redevances prévus au code général des impôts ainsi que des amendes fiscales correspondantes, sont jugées en séances publiques.

CONT-IV-40730 s. ; ENR-VII-21250 s.

Art L 199 C L'administration, ainsi que le contribuable, dans la limite du dégrèvement ou de la restitution sollicités, peuvent faire valoir tout moyen nouveau, tant devant le tribunal administratif que devant la cour administrative d'appel, jusqu'à la clôture de l'instruction. Il en est de même devant le tribunal judiciaire et la cour d'appel.

CONT-IV-9150 s. ; CONT-V-11570 s. ; ENR-VII-18600 s. ; MF n°s 82125 a, 82150 c, 82195 précision b, 82205 précision b

B. Procédure devant le tribunal administratif et la cour administrative d'appel

Art L 201 Les documents et pièces que l'administration a joints au dossier du litige devant le tribunal administratif et qui concernent les entreprises ou personnes nommément désignées ne peuvent porter que sur des moyennes de chiffre d'affaires ou de revenus, de façon à respecter le secret professionnel, sauf lorsqu'ils portent sur des indications qui doivent être mises à la disposition du public par dépôt au greffe du tribunal de commerce.

Le tribunal administratif, s'il le demande à l'audience, reçoit pendant le délibéré, pour son intime conviction, communication intégrale en chambre du conseil de tous documents ou pièces concernant les entreprises ou personnes nommément désignées.

CONT-IV-15780, 16200

Art L 201 D Le tribunal administratif dispose d'un délai de trois mois à compter de sa saisine pour se prononcer sur les recours pour excès de pouvoir contre les décisions prises conformément aux articles 1504 et 1518 ter du code général des impôts. Si le tribunal administratif n'a pas statué à l'issue de ce délai, l'affaire est transmise à la cour administrative d'appel territorialement compétente.

FB-III-60070

SECTION III

Compensations

Art L 203 Lorsqu'un contribuable demande la décharge ou la réduction d'une imposition quelconque, l'administration peut, à tout moment de la procédure et malgré l'expiration des délais de prescription, effectuer ou demander la compensation dans la limite de l'imposition contestée, entre les dégrèvements reconnus justifiés et les insuffisances ou omissions de toute nature constatées dans l'assiette ou le calcul de l'imposition au cours de l'instruction de la demande.

CONT-II-10000 s. ; MF nº 81940

Art L 204 La compensation peut aussi être effectuée ou demandée entre les impôts suivants, lorsque la réclamation porte sur l'un d'eux :

1º A condition qu'ils soient établis au titre d'une même année, entre l'impôt sur le revenu, l'impôt sur les sociétés, la contribution prévue à l'article 234 nonies du code général des impôts, la taxe sur les salaires, la taxe d'apprentissage, la cotisation perçue au titre de la participation des employeurs à l'effort de construction ;

2º Entre les droits d'enregistrement, la taxe de publicité foncière exigible sur les actes qui donnent lieu à la formalité fusionnée en application de l'article 647 du code général des impôts et les droits de timbre, perçus au profit de l'Etat.

CONT-II-10000 s. ; MF nº 81945

Art L 205 Les compensations de droits prévues aux articles L 203 et L 204 sont opérées dans les mêmes conditions au profit du contribuable à l'encontre duquel l'administration effectue une rectification lorsque ce contribuable invoque une surtaxe commise à son préjudice ou lorsque la rectification fait apparaître une double imposition.

CONT-II-10000 s. ; MF nº 81940

Art L 205 A Lorsque la taxe d'aménagement prévue à l'article 1635 quater A du code général des impôts acquittée en tout ou partie par le redevable et répartie entre les collectivités territoriales et les établissements publics bénéficiaires fait l'objet d'un titre d'annulation, le versement indu donne lieu à une compensation sur le produit de la taxe, que le comptable répartit entre ces mêmes bénéficiaires.

Un titre de perception est émis à l'égard des collectivités territoriales ou des établissements publics de coopération intercommunale bénéficiaires pour les montants indûment reversés si la compensation n'a pas permis de solder le montant de l'indu. Le comptable peut recouvrer ce titre par voie de compensation ou par voie d'un prélèvement sur les avances prévues au chapitre VII du titre III du livre III de la deuxième partie du code général des collectivités territoriales.

SECTION IV

Conséquences des décisions prises sur les réclamations et des décisions des cours et tribunaux

Art L 206 En ce qui concerne l'impôt sur le revenu et les taxes assimilées et l'impôt sur les sociétés, les contestations relatives au lieu d'imposition ne peuvent, en aucun cas, entraîner l'annulation de l'imposition.

IRPP-V-650 s. ; IS-II-14630 s. ; MF nº 3650

Art L 207 Lorsqu'une réclamation contentieuse est admise en totalité ou en partie, le contribuable ne peut prétendre à des dommages-intérêts ou à des indemnités quelconques, à l'exception des intérêts moratoires prévus par l'article L 208.

CONT-III-16820 s. ; ENR-VII-23050 s.

Art L 208 Quand l'Etat est condamné à un dégrèvement d'impôt par un tribunal ou quand un dégrèvement est prononcé par l'administration à la suite d'une réclamation tendant à la réparation d'une erreur commise dans l'assiette ou le calcul des impositions, les sommes déjà perçues sont remboursées au contribuable et donnent lieu au paiement d'intérêts moratoires dont le taux est celui de l'intérêt de retard prévu à l'article 1727 du code général des impôts. Ces intérêts sont également dus lorsque l'administration prononce un dégrèvement pour corriger une erreur qu'elle a commise dans l'établissement de l'assiette ou le calcul des impositions. Les intérêts courent du jour du paiement. Ils ne sont pas capitalisés.

Ndlr *Les dispositions du présent alinéa prévoyant le paiement d'intérêts moratoires lorsque l'administration prononce un dégrèvement pour corriger une erreur qu'elle a commise dans l'établissement de l'assiette ou le calcul des impositions s'appliquent à compter du 1er janvier 2024.*

CONT-II-17500 s. ; MF nº 81915

Lorsque les sommes consignées à titre de garanties en application des articles L 277 et L 279 doivent être restituées en totalité ou en partie, la somme à rembourser est augmentée des intérêts prévus au premier alinéa. Si le contribuable a constitué des garanties autres qu'un versement en espèces, les frais qu'il a exposés lui sont remboursés dans les limites et conditions fixées par décret.

CONT-III-26050 s., 26250 s. ; MF nos 81915, 81920

Art L 208 A Les sommes remboursées à la suite d'une réclamation présentée sur le fondement des articles 119 quater et 182 B bis du code général des impôts donnent lieu au paiement d'intérêts moratoires lorsque le remboursement est effectué plus d'un an après la demande. Les intérêts, dont le taux est celui prévu à l'article L 208, courent du jour de l'expiration de ce délai. Ils ne sont pas capitalisés.

CONT-II-17500 s. ; RM-IV-32890

Art L 208 B Un assujetti non établi en France mais établi dans un autre Etat membre reçoit le paiement d'intérêts moratoires calculés sur le montant de la taxe sur la valeur ajoutée à rembourser sur le fondement du d du V de l'article 271 du code général des impôts, lorsque le remboursement intervient après l'expiration d'un délai fixé par décret en Conseil d'Etat. Les intérêts, calculés au taux prévu à l'article L 208, courent du lendemain de l'expiration de ce délai. Ils ne sont pas capitalisés.

Les intérêts ne sont pas dus si l'assujetti n'a pas fourni l'ensemble des informations complémentaires prévues par les articles 20 et 21 de la directive 2008/9/CE du Conseil, du 12 février 2008, définissant les modalités du remboursement de la taxe sur la valeur ajoutée, prévu par la directive 2006/112/CE, en faveur des assujettis qui ne sont pas établis dans l'Etat membre du remboursement, mais dans un autre Etat membre. Si les documents à transmettre par voie électronique, dans des conditions fixées par décret en Conseil d'Etat, ne l'ont pas été dans le délai prévu au premier alinéa, les intérêts ne courent qu'à compter de la date de leur réception.

TVA-III-15010 s.

Art L 209 Lorsque le tribunal administratif rejette totalement ou partiellement la demande d'un contribuable tendant à obtenir l'annulation ou la réduction d'une imposition établie en matière d'impôts directs à la suite d'une rectification ou d'une taxation d'office, les cotisations ou fractions de cotisations maintenues à la charge du contribuable et pour lesquelles celui-ci avait présenté une réclamation assortie d'une demande de sursis de paiement donnent lieu au paiement d'intérêts moratoires au taux de l'intérêt de retard prévu à l'article 1727 du code général des impôts. Ces intérêts moratoires ne sont pas dus sur les cotisations ou fractions de cotisations d'impôts soumises à l'intérêt de retard mentionné à l'article 1727 du code général des impôts.

Ces dispositions sont également applicables en cas de désistement du contribuable auprès de la juridiction saisie.

Sur demande justifiée du contribuable, le montant des intérêts moratoires est réduit du montant des frais éventuellement engagés pour la constitution des garanties propres à assurer le recouvrement des impôts contestés *[NDLR Ces dispositions, déclarées inconstitutionnelles et abrogées à compter du 1er janvier 2015 (Cons. const. 6-6-2014 no 2014-400 QPC), restent applicables aux frais de constitution de garanties correspondant à des demandes de sursis de paiement formulées avant le 1er janvier 2015].*

Les intérêts courent du premier jour du treizième mois suivant celui de la date limite de paiement jusqu'au jour du paiement effectif des cotisations. Ils sont recouvrés dans les mêmes conditions et sous les mêmes garanties, sûretés et privilèges que les impositions auxquelles ils s'appliquent.

CONT-III-26740 s. ; MF no 81925

CHAPITRE II
Les procédures pénales

SECTION I
Constatation des infractions par procès-verbal

I. Infractions constatées par procès-verbal

Art L 212 Peuvent être constatées par procès-verbal :

a. *(Abrogé)* ;

b. Les infractions en matière de taxes sur le chiffre d'affaires et de taxes assimilées ;

c. Les infractions aux dispositions du 2 des articles 119 bis et 1672 du code général des impôts en matière de retenue à la source afférente aux revenus de capitaux mobiliers et à celles qui fixent les modalités et conditions d'application de ces articles ;

d. Les infractions aux dispositions du code général des impôts relatives aux ventes publiques de meubles et par enchères, aux droits de timbre à l'exception de celles relatives aux droits de timbre perçus sur états ou sur déclarations ;

e. *(Abrogé).*

CF-VI-1570

Art L 212 A Les infractions en matière de contributions indirectes sont constatées par procès-verbal.

II. Agents compétents pour constater les infractions par procès-verbal

Art L 213 Les procès-verbaux sont établis par les agents de l'administration dans les conditions prévues à l'article 429 du code de procédure pénale. Toutefois en matière de contributions indirectes, les procès-verbaux sont nuls s'ils n'ont pas été rédigés par les seuls agents ayant pris une part personnelle et directe à la constatation des faits qui constituent l'infraction.

En outre, les personnes désignées aux articles L 215 à L 224 peuvent établir les procès-verbaux constatant les infractions indiquées par ces articles.

Art L 214 En matière de contributions indirectes, les agents de l'administration compétents pour établir les procès-verbaux doivent être commissionnés et assermentés.

TVA-XII-9170

Art L 215 Les procès-verbaux constatant les infractions en matière de retenue à la source prévues par l'article L 212 peuvent être établis par les officiers de police judiciaire et les agents de la force publique.

Art L 216 Les procès-verbaux constatant des infractions aux dispositions relatives aux taxes sur le chiffre d'affaires et taxes assimilées peuvent être établis par les agents des douanes, les agents de la répression des fraudes et les officiers de police judiciaire.

Art L 217 Les procès-verbaux constatant des infractions en matière de timbre des quittances peuvent être établis par les agents des douanes, les officiers de police judiciaire et les agents de la force publique.

Art L 219 Afin de conserver la preuve des infractions constatées en matière de timbre, les agents habilités à rédiger les procès-verbaux sont autorisés à retenir tous les actes, registres, quittances ou autres pièces contrevenant aux règles légales en cette matière, qui leur sont présentés, pour les joindre aux procès-verbaux. Toutefois, cette procédure n'est pas appliquée si les personnes en infraction consentent à signer les procès-verbaux ou à acquitter sur-le-champ le droit de timbre et l'amende encourue.

ENR-VIII-11340

Art L 220 Les procès-verbaux constatant les infractions aux lois et règlements sur les tabacs peuvent être établis par les agents des douanes, les agents de l'administration des finances, les gendarmes, les commissaires de police, les agents des services des ponts et chaussées autorisés par la loi à dresser des procès-verbaux, les agents assermentés de l'office national des forêts, les gardes champêtres et généralement tout agent assermenté.

Art L 221 Les procès-verbaux constatant les infractions aux lois et règlements sur les alcools, alambics et boissons peuvent être établis par les personnes mentionnées à l'article L 220 et par les agents de la répression des fraudes ainsi que par les agents habilités à dresser les procès-verbaux en matière de police de la circulation routière désignés dans le code de la route.

Art L 223 Les procès-verbaux constatant les infractions aux lois et règlements relatifs à l'impôt sur les cercles et maisons de jeux peuvent être établis par les officiers de police judiciaire.

Art L 224 Les procès-verbaux constatant les infractions aux lois et règlements relatifs à l'organisation du marché des vins et concernant les obligations fixées pour les sorties des vins de la propriété et les mesures prises pour l'amélioration de la qualité des vins peuvent être établis par les agents chargés de la répression des fraudes commerciales et les agents de l'Etablissement national des produits de l'agriculture et de la mer (FranceAgriMer) ayant au moins le grade de contrôleur.

Art L 225 A Conformément à la première phrase de l'article L 112-7 du code monétaire et financier les infractions aux dispositions des articles L 112-6 à L 112-6-2 du même code sont constatées par des agents désignés par arrêté du ministre chargé du budget.

Ndlr *Les articles L 112-6 à L 112-6-2 et L 112-7 du code monétaire et financier sont reproduits dans la partie Autres textes du présent code.*

CF-IX-89730

SECTION II

Exercice des poursuites pénales

I. Dispositions communes à l'ensemble des impôts

Art L 227 Au cas de poursuites pénales tendant à l'application des articles 1741 et 1743 du code général des impôts, le ministère public et l'administration doivent apporter la preuve du caractère intentionnel soit de la soustraction, soit de la tentative de se soustraire à l'établissement et au paiement des impôts mentionnés par ces articles.

CF-VIII-43400 s.

Art L 228 **I.** Sans préjudice des plaintes dont elle prend l'initiative, l'administration est tenue de dénoncer au procureur de la République les faits qu'elle a examinés dans le cadre de son pouvoir de contrôle prévu à l'article L 10 qui ont conduit à l'application, sur des droits dont le montant est supérieur à 100 000 € :

1° Soit de la majoration de 100 % prévue à l'article 1732 du code général des impôts ;

2° Soit de la majoration de 80 % prévue au c du 1 de l'article 1728, aux b ou c de l'article 1729, au I de l'article 1729-0 A ou au dernier alinéa de l'article 1758 du même code ;

3° Soit de la majoration de 40 % prévue au b du 1 de l'article 1728 ou aux a ou b de l'article 1729 dudit code, lorsqu'au cours des six années civiles précédant son application le contribuable a déjà fait l'objet lors d'un précédent contrôle de l'application des majorations mentionnées aux 1° et 2° du présent I et au présent 3° ou d'une plainte de l'administration.

L'administration est également tenue de dénoncer les faits au procureur de la République lorsque des majorations de 40 %, 80 % ou 100 % ont été appliquées à un contribuable soumis aux obligations prévues à l'article LO 135-1 du code électoral et aux articles 4 et 11 de la loi nº 2013-907 du 11 octobre 2013 relative à la transparence de la vie publique, sur des droits dont le montant est supérieur à la moitié du montant prévu au premier alinéa du présent I.

L'application des majorations s'apprécie au stade de la mise en recouvrement. Toutefois, lorsqu'une transaction est conclue avant la mise en recouvrement, l'application des majorations s'apprécie au stade des dernières conséquences financières portées à la connaissance du contribuable dans le cadre des procédures prévues aux articles L 57 et L 76 du présent livre.

Lorsque l'administration dénonce des faits en application du présent I, l'action publique pour l'application des sanctions pénales est exercée sans plainte préalable de l'administration.

Les dispositions du présent I ne sont pas applicables aux contribuables ayant déposé spontanément une déclaration rectificative.

II. Sous peine d'irrecevabilité, les plaintes portant sur des faits autres que ceux mentionnés aux premier à cinquième alinéas du I et tendant à l'application de sanctions pénales en matière d'impôts directs, de taxe sur la valeur ajoutée et autres taxes sur le chiffre d'affaires, de droits d'enregistrement, de taxe de publicité foncière et de droits de timbre sont déposées par l'administration à son initiative, sur avis conforme de la commission des infractions fiscales.

La commission examine les affaires qui lui sont soumises par le ministre chargé du budget. Le contribuable est avisé de la saisine de la commission qui l'invite à lui communiquer, dans un délai de trente jours, les informations qu'il jugerait nécessaires.

Le ministre est lié par les avis de la commission.

Un décret en Conseil d'Etat fixe les conditions de fonctionnement de la commission.

Toutefois, l'avis de la commission n'est pas requis lorsqu'il existe des présomptions caractérisées qu'une infraction fiscale a été commise pour laquelle existe un risque de dépérissement des preuves et qui résulte :

1° Soit de l'utilisation, aux fins de se soustraire à l'impôt, de comptes ouverts ou de contrats souscrits auprès d'organismes établis à l'étranger ;

2° Soit de l'interposition de personnes physiques ou morales ou de tout organisme, fiducie ou institution comparable établis à l'étranger ;

3° Soit de l'usage d'une fausse identité ou de faux documents au sens de l'article 441-1 du code pénal, ou de toute autre falsification ;

4° Soit d'une domiciliation fiscale fictive ou artificielle à l'étranger ;

5° Soit de toute autre manœuvre destinée à égarer l'administration.

Cette commission est également chargée de donner un avis à l'administration lorsque celle-ci envisage de rendre publiques des sanctions administratives, en application de l'article 1729 A bis du code général des impôts, ou lorsque l'administration envisage d'appliquer la sanction prévue à l'article 1740 D du même code.

CF-VIII-41010 s., 45000 s. ; MF nº 80290

Art L 228 B La commission des infractions fiscales élabore chaque année à l'attention du Gouvernement et du Parlement un rapport d'activité, qui fait l'objet d'une publication, dans lequel figurent notamment le nombre de dossiers reçus et examinés, le nombre d'avis favorables et défavorables émis, répartis par impôts et taxes, ainsi que par catégories socio-professionnelles, en précisant le montant des droits visés pénalement.

Les conditions du déclenchement des poursuites pénales en matière de fraude fiscale et les critères définis par la commission des infractions fiscales en la matière font l'objet d'un débat chaque année devant les commissions permanentes compétentes en matière de finances de l'Assemblée nationale et du Sénat.

CF-VIII-41465

Art L 228 C Lorsque l'administration a déposé une plainte tendant à l'application de sanctions pénales en matière d'impôts directs, de taxe sur la valeur ajoutée et autres taxes sur le chiffre d'affaires, de droits d'enregistrement, de taxe de publicité foncière et de droits de timbre ou dénoncé les faits au procureur de la République, l'action publique peut être exercée sans nouvelle plainte ou dénonciation en cas de découverte de faits de fraude fiscale concernant le même contribuable et portant sur d'autres impôts ou taxes ou sur une période différente.

CF-VIII-42095 ; MF n° 80290

Art L 229 Les plaintes sont déposées par le service chargé de l'assiette, du contrôle ou du recouvrement de l'impôt sans qu'il y ait lieu de mettre, au préalable, le contribuable en demeure de régulariser sa situation.

Toutefois, les plaintes présentant un lien de connexité peuvent être déposées par un seul des services mentionnés au premier alinéa, compétent pour le dépôt de l'une de ces plaintes.

CF-VIII-41850 s.

Art L 230 Les plaintes peuvent être déposées jusqu'à la fin de la sixième année qui suit celle au cours de laquelle l'infraction a été commise.

CF-VIII-41700 s.

Lorsque l'infraction a été commise dans les conditions prévues à l'article 1837 du code général des impôts, la plainte doit être déposée dans les six ans qui suivent l'affirmation jugée frauduleuse.

ENR-VII-3380

La prescription de l'action publique est suspendue pendant une durée maximum de six mois entre la date de saisine de la commission des infractions fiscales et la date à laquelle cette commission émet son avis.

CF-VIII-42940 s.

MF n° 80290

Art L 231 Sous réserve de l'application des articles 203 et 210 du code de procédure pénale relatifs à la connexité des infractions, les poursuites en vue de l'application des sanctions pénales prévues à l'article 1741 du code général des impôts en cas de fraude fiscale sont portées devant le tribunal correctionnel dans le ressort duquel l'un quelconque des impôts en cause aurait dû être établi ou acquitté.

Dans le cas où une personne a commis l'une des infractions prévues aux articles 1771 à 1778 du code général des impôts en matière d'impôts directs, les poursuites sont portées devant le tribunal correctionnel dans le ressort duquel l'infraction a été commise.

CF-VIII-41940 s.

Lorsqu'une personne a commis l'infraction d'affirmation frauduleuse prévue à l'article 1837 du code général des impôts en matière de droits d'enregistrement et de taxe de publicité foncière, les poursuites sont portées devant le tribunal correctionnel du domicile du défunt si l'affirmation frauduleuse est contenue dans une déclaration de succession et, dans les autres cas, devant le tribunal correctionnel soit du domicile de l'auteur du délit soit du lieu où le délit a été commis.

ENR-VII-3380

Art L 232 Lorsqu'une information est ouverte par l'autorité judiciaire sur la plainte de l'administration fiscale en matière de droits, taxes, redevances et impositions de toute nature mentionnés au code général des impôts, cette administration peut se constituer partie civile.

CF-VIII-41980 s.

Art L 233 Les syndicats et organismes professionnels ou interprofessionnels peuvent exercer les droits réservés à la partie civile dans les poursuites engagées par les administrations fiscales soit par voie de plainte sur le fondement des articles 1741 et 1743 du code général des impôts, soit par voie de citation directe.

CF-VIII-42060 s.

II. Dispositions particulières aux taxes et droits perçus à l'importation ou sur les produits pétroliers

Art L 234 Les infractions relatives à l'application des taxes sur le chiffre d'affaires et, lorsqu'elles sont recouvrées et contrôlées selon les mêmes procédures et sous les mêmes sanctions, garanties, sûretés et privilèges que les droits de douanes, sont poursuivies et jugées selon la procédure et par les tribunaux compétents en matière douanière.

1° *(Supprimé).*

2° *(Abrogé).*

III. Dispositions particulières aux contributions indirectes

Art L 235 à L 245 A Comme indiqué dans l'avant-propos, les articles de ce III ne sont pas reproduits dans le présent code.

IV. Infractions aux règles de la facturation

Art L 246 Les infractions aux règles de la facturation constatées dans les conditions prévues au premier alinéa de l'article L 450-1 et aux articles L 450-2 et L 450-3 du code de commerce sont poursuivies pénalement dans le délai le plus bref selon les procédures de la comparution immédiate, de l'information ou de la citation directe.

CF-VIII-55500 s.

CHAPITRE III

Les remises et transactions à titre gracieux

Art L 247 L'administration peut accorder sur la demande du contribuable :

1° Des remises totales ou partielles d'impôts directs régulièrement établis lorsque le contribuable est dans l'impossibilité de payer par suite de gêne ou d'indigence ;

2° Des remises totales ou partielles d'amendes fiscales ou de majorations d'impôts lorsque ces pénalités et, le cas échéant, les impositions auxquelles elles s'ajoutent sont définitives ;

2° bis Des remises totales ou partielles des frais de poursuites mentionnés à l'article 1912 du code général des impôts et des intérêts moratoires prévus à l'article L 209 du présent livre ;

3° Par voie de transaction, une atténuation d'amendes fiscales ou de majorations d'impôts lorsque ces pénalités et, le cas échéant, les impositions auxquelles elles s'ajoutent ne sont pas définitives.

Les dispositions des 2° et 3° sont le cas échéant applicables s'agissant des sommes dues au titre de l'intérêt de retard visé à l'article 1727 du code général des impôts.

L'administration peut également décharger de leur responsabilité les personnes tenues au paiement d'impositions dues par un tiers.

Aucune autorité publique ne peut accorder de remise totale ou partielle de droits d'enregistrement, d'impôt sur la fortune immobilière, de taxe de publicité foncière, de droits de timbre, de taxes sur le chiffre d'affaires, de contributions indirectes, des taxes mentionnées aux articles L 256 B à L 256 D et de taxes assimilées à ces droits, taxes et contributions. Par dérogation, l'administration fiscale peut accorder une remise totale ou partielle des rappels de taxe sur la valeur ajoutée résultant de la caractérisation d'un établissement stable en France d'une entreprise étrangère, sous réserve que le montant de la taxe sur la valeur ajoutée rappelé ait été acquitté au titre des mêmes opérations par le preneur des biens et services fournis et n'ait pas été contesté par celui-ci dans le délai imparti pour l'introduction d'un recours contentieux.

L'administration ne peut transiger lorsque le contribuable met en œuvre des manœuvres dilatoires visant à nuire au bon déroulement du contrôle.

CONT-IX-1 s. ; ENR-I-9470 ;
MF nos 77025, 82270 s.

Art L 247-0 A La détermination du montant de l'atténuation fixée en application du 3° de l'article L 247 garantit le respect de la hiérarchie des sanctions prévues au chapitre II du livre II du code général des impôts.

CONT-IX-3510

Art L 247 A Les contribuables de bonne foi, en situation de gêne ou d'indigence, qui ont déposé auprès de la commission de surendettement des particuliers visée à l'article L 712-4 du code de la consommation une demande faisant état de dettes fiscales et qui ne font pas l'objet d'une procédure de rétablissement personnel prévue aux articles L 332-5 ou L 742-3 à L 742-7 dudit code bénéficient d'un remise d'impôts directs au moins équivalente à celle recommandée par ladite commission pour les autres créances.

CONT-IX-3890 s.

Art L 247 C Les administrations financières peuvent, lorsqu'un plan de sauvegarde prévu à l'article L 626-1 du code de commerce est arrêté ou, en vertu de l'article L 351-4 du code rural et de la pêche maritime, lorsqu'un règlement amiable prévu à l'article L 351-1 de ce code est arrêté, consentir des remises de dettes dans les conditions fixées à l'article L 626-6 du même code *(NDLR Voir partie Autres textes du présent code)*.

CONT-IX-4000

Art L 247 D Conformément au I de l'article L 631-19 du code de commerce *(NDLR Voir partie Autres textes du présent code)*, les dispositions de l'article L 626-6 du même code sont applicables au plan de redressement.

CONT-IX-4000

Art L 248 Les infractions peuvent faire l'objet de transactions avant mise en mouvement d'une action judiciaire ou, dans les conditions fixées à l'article L 249, avant jugement définitif.

Art L 249 En matière de contributions indirectes, après mise en mouvement par l'administration ou le ministère public d'une action judiciaire, l'administration ne peut transiger que si l'autorité judiciaire admet le principe d'une transaction.

L'accord de principe est donné par le ministère public lorsque l'infraction est passible à la fois de sanctions fiscales et de peines, par le président de la juridiction saisie lorsque l'infraction est passible seulement de sanctions fiscales.

Après jugement définitif, les sanctions fiscales prononcées par les tribunaux ne peuvent faire l'objet de transaction.

Les demandes de remise, totale ou partielle, des sanctions fiscales pour tenir compte des ressources et des charges du débiteur, sont instruites par l'administration et soumises au président de la juridiction qui a prononcé la condamnation.

La remise ne peut être accordée qu'après avis conforme du président de la juridiction.

Art L 250 Les demandes présentées par les contribuables en vue d'obtenir la remise des majorations prévues par l'article 1729 du code général des impôts sont soumises pour avis à la commission des impôts directs et des taxes sur le chiffre d'affaires compétente lorsque ces majorations sont consécutives à des rectifications relevant de la compétence de l'une ou l'autre de ces commissions, telle qu'elle est définie aux articles L 59, L 59 A et L 59 C.

CONT-IX-4850 s.

Art L 251 Lorsqu'une transaction est devenue définitive après accomplissement des obligations qu'elle prévoit et approbation de l'autorité compétente, aucune procédure contentieuse ne peut plus être engagée ou reprise pour remettre en cause les pénalités qui ont fait l'objet de la transaction ou les droits eux-mêmes.

CONT-IX-5490 s., 5710 s.

Dans le cas où le contribuable refuse la transaction qui lui a été proposée par l'administration et porte ultérieurement le litige devant le tribunal compétent, celui-ci fixe le taux des majorations ou pénalités en même temps que la base de l'impôt.

CONT-IX-5370

MF nº 82270

Art L 251 A Chaque année, le ministre chargé du budget publie un rapport sur l'application de la politique de remises et de transactions à titre gracieux par l'administration fiscale, qui mentionne le nombre, le montant total, le montant médian et le montant moyen des remises accordées, répartis par type de remise accordée et par imposition concernée, pour les personnes morales et pour les personnes physiques. Ce rapport mentionne également ces mêmes informations concernant les règlements d'ensemble réalisés par l'administration fiscale. Il présente enfin les conventions judiciaires d'intérêt public signées en matière fiscale. Ce rapport peut faire l'objet d'un débat chaque année devant les commissions permanentes compétentes en matière de finances de l'Assemblée nationale et du Sénat.

CHAPITRE IV

Le règlement des différends fiscaux dans l'Union européenne

Art L 251 B Sans préjudice des dispositions de l'article L 190, les différends entre l'administration française et les administrations d'autres Etats membres de l'Union européenne découlant de l'interprétation et de l'application de conventions fiscales conclues entre la France et un ou plusieurs Etats membres de l'Union européenne qui prévoient l'élimination de la double imposition du revenu et, le cas échéant, de la fortune et aboutissant à une imposition non conforme à ces conventions peuvent faire l'objet d'une procédure de règlement dans les conditions prévues au présent chapitre et précisées par décret.

Ndlr *Voir art. R 251 D-1 à R 251 ZF-1.*

INT-GENA-23000 s. ; MF nº 83140

Art L 251 C Pour l'application de l'article L 251 B, la double imposition s'entend de l'imposition par la France et au moins un autre Etat membre, d'un même revenu ou d'une même fortune imposable relevant d'une convention fiscale, lorsque cette imposition donne lieu à l'une ou plusieurs des situations suivantes :

1º Une charge fiscale supplémentaire ;

2º Une augmentation de la charge fiscale ;

3º Une annulation ou une réduction des pertes qui pourraient être utilisées pour compenser des bénéfices imposables.

INT-GENA-23000 s. ; MF nº 83140

SECTION I

La demande d'ouverture

Art L 251 D La procédure de règlement des différends peut être engagée par tout contribuable résident de France ou d'un autre Etat membre de l'Union européenne au sens de la convention fiscale applicable conclue entre la France et cet autre Etat membre dès lors qu'il est soumis à une imposition qui donne lieu à un différend défini à l'article L 251 B.

La demande d'ouverture de la procédure de règlement des différends doit être introduite simultanément auprès de l'administration fiscale française et de celles des autres Etats membres concernés dans un délai de trois ans à compter de la réception de la première mesure administrative qui peut entraîner une imposition immédiate ou future déterminée dans son principe et dans son montant.

Par dérogation aux dispositions du deuxième alinéa du présent article, le contribuable résident de France au sens de la convention fiscale applicable peut s'adresser durant toute la procédure de règlement des différends à l'administration fiscale française lorsqu'il est un particulier ou lorsqu'il n'est pas une grande entreprise et ne fait pas partie d'un grand groupe au sens de la directive 2013/34/UE du Parlement européen et du Conseil du 26 juin 2013 relative aux états financiers annuels, aux états financiers consolidés et aux rapports y afférents de certaines formes d'entreprises, modifiant la directive 2006/43/CE du Parlement européen et du Conseil et abrogeant les directives 78/660/CEE et 83/349/CEE du Conseil. Dans ce cas, l'administration fiscale française se charge de toutes les communications à effectuer aux administrations des autres Etats membres concernés.

INT-GENA-23000 s. ; MF nº 83140

Art L 251 E I. La décision d'acceptation ou de rejet de la demande d'ouverture mentionnée à l'article L 251 D est notifiée au contribuable dans un délai de six mois à compter de la réception de celle-ci ou, lorsque des informations complémentaires ont été demandées, dans un délai de six mois à compter de la réception de ces dernières.

La décision de rejet doit être motivée.

II. Dans le délai mentionné au I du présent article, l'administration fiscale française peut décider de régler le différend unilatéralement, sans faire intervenir l'administration des autres Etats membres concernés. Dans ce cas, elle le notifie au contribuable ainsi qu'aux administrations des autres Etats membres concernés. Cette notification entraîne la clôture de la procédure de règlement des différends.

III. En cas de dépôt d'une réclamation dans les conditions prévues aux articles L 190 et suivants, le délai prévu au I du présent article est suspendu jusqu'à l'issue de la procédure contentieuse ou sa clôture pour tout autre motif.

IV. Lorsque l'administration fiscale n'a pas pris de décision dans le délai prévu au I, le cas échéant prorogé dans les conditions prévues au III, la demande d'ouverture est acceptée.

INT-GENA-23000 s. ; MF nº 83140

Art L 251 F La décision de rejet de la demande d'ouverture peut faire l'objet d'un recours devant le juge mentionné à l'article L 199 lorsque la même décision a été prise par l'administration fiscale française et par toutes les autres administrations des Etats membres concernés.

INT-GENA-23000 s. ; MF nº 83140

SECTION II

La procédure amiable

Art L 251 G Lorsque la demande d'ouverture prévue à l'article L 251 D a été acceptée par l'administration fiscale française et par celles des autres Etats membres concernés, l'administration fiscale française doit traiter le différend à l'amiable dans un délai de deux ans à compter de la dernière notification d'une décision d'acceptation de la demande d'ouverture par l'une des administrations des Etats membres concernés.

Le délai de deux ans mentionné au premier alinéa du présent article peut être prorogé d'un an au plus sur décision motivée de l'administration fiscale, communiquée au contribuable et à toutes les autres administrations des Etats membres concernés.

INT-GENA-23000 s. ; MF nº 83140

Art L 251 H I. Lorsque l'administration fiscale française et celles des autres Etats membres concernés sont parvenues à un accord sur le règlement du différend dans le délai prévu à l'article L 251 G, cet accord est contraignant à l'égard de la France et exécutoire pour le contribuable, sous réserve que ce dernier accepte cette décision et renonce à tout recours.

Lorsque d'autres recours ont été engagés, cet accord ne prend effet qu'à partir du moment où le contribuable a transmis à l'administration fiscale française et aux administrations des autres Etats membres concernés les éléments attestant que des dispositions ont été prises pour mettre fin à ces recours.

II. En cas de refus par le contribuable, d'absence de réponse ou d'absence de transmission à l'administration fiscale des éléments d'attestation, la procédure de règlement des différends est clôturée.

INT-GENA-23000 s. ; MF nº 83140

Art L 251 I Lorsque l'administration fiscale française et celles des autres Etats membres concernés ne sont pas parvenues à un accord dans le délai prévu à l'article L 251 G, l'administration fiscale française le notifie au contribuable en lui indiquant les raisons pour lesquelles il n'a pas été possible de parvenir à un accord ainsi que les voies et délais de saisine de la commission prévue à l'article L 251 K.

INT-GENA-23000 s. ; MF nº 83140

Art L 251 J I. En cas de dépôt d'une réclamation dans les conditions prévues aux articles L 190 et suivants, le délai prévu à l'article L 251 G est suspendu jusqu'à l'issue de la procédure contentieuse ou sa clôture pour toute autre cause.

II. Lorsqu'une procédure administrative ou juridictionnelle susceptible d'aboutir à la confirmation de l'une des majorations prévues aux b et c du 1 de l'article 1728, à l'article 1729, au a de l'article 1732 et aux premier et dernier alinéas de l'article 1758 du code général des impôts a été engagée, la procédure amiable est suspendue à compter de la date d'acceptation de la demande d'ouverture jusqu'à la date de l'issue définitive de cette procédure administrative ou juridictionnelle.

INT-GENA-23000 s. ; MF nº 83140

SECTION III

Commission consultative

I. Saisine de la commission

Art L 251 K Sur demande du contribuable adressée à l'administration fiscale française et à celles des autres Etats membres concernés, une commission consultative est constituée par ces administrations conformément aux articles L 251 P à L 251 S, selon le cas :

1º Lorsque la demande d'ouverture prévue à l'article L 251 D a été rejetée en application de l'article L 251 E par l'administration fiscale française ou par une ou plusieurs des administrations des autres Etats membres concernés mais non par l'ensemble de ces administrations ; la demande doit comprendre une déclaration du contribuable certifiant qu'aucun autre recours ne peut être introduit ou n'est en instance et qu'il a renoncé à son droit à d'autres recours contre les décisions de rejet prononcées par les administrations concernées ;

2º Lorsque l'administration fiscale française et celles des autres Etats membres concernés ont accepté la demande d'ouverture introduite par le contribuable mais ne sont pas parvenues à un accord amiable sur la manière de régler le différend dans le délai prévu au premier alinéa de l'article L 251 G.

INT-GENA-23000 s. ; MF nº 83140

Art L 251 L La commission consultative est constituée dans un délai de cent vingt jours à compter de la date de réception de la demande prévue à l'article L 251 K.

INT-GENA-23000 s. ; MF nº 83140

Art L 251 M La procédure de règlement des différends en commission consultative prévue à l'article L 251 K ne peut pas être engagée :

1º S'il a été fait application d'une des majorations prévues aux b et c du 1 de l'article 1728, à l'article 1729, au a de l'article 1732 et aux premier et dernier alinéas de l'article 1758 du code général des impôts et que l'une de ces majorations est devenue définitive ;

2° Ou si la demande d'ouverture n'a pas trait à une double imposition telle que définie à l'article L 251 C du présent livre ;

3° Ou si une décision de justice définitive a confirmé l'imposition ou la décision de rejet de la demande d'ouverture prononcée par l'administration fiscale en application de l'article L 251 E.

INT-GENA-23000 s. ; MF n° 83140

Art L 251 N **I.** Lorsque la commission consultative a été constituée dans le cas prévu au 1° de l'article L 251 K, la décision d'acceptation ou de rejet de la demande d'ouverture de la procédure de règlement des différends intervient dans un délai de six mois à compter de la date de sa constitution.

II. Lorsque la commission consultative accepte la demande d'ouverture, la procédure amiable prévue à l'article L 251 G est engagée à la demande de l'administration fiscale.

Le délai prévu au même article L 251 G court à compter de la date de la notification de la décision de la commission consultative.

Lorsque l'administration fiscale française et celles des autres Etats membres concernés n'ont pas demandé l'ouverture de la procédure amiable dans un délai de soixante jours à compter de la notification de la décision de la commission consultative, cette commission rend un avis sur la manière de régler le différend conformément aux articles L 251 Y et suivants. La commission consultative est alors réputée avoir été constituée à la date d'expiration du délai de soixante jours.

INT-GENA-23000 s. ; MF n° 83140

Art L 251 O Lorsque la commission consultative a été constituée dans le cas prévu au 2° de l'article L 251 K, elle rend un avis sur la manière de régler le différend conformément aux articles L 251 Y et suivants.

INT-GENA-23000 s. ; MF n° 83140

II. Composition de la commission

Art L 251 P La commission consultative est composée :

1° D'un président ;

2° D'un représentant de l'administration fiscale française et d'un représentant de chacune des administrations des autres Etats membres concernés. Si l'administration fiscale française et celles des autres Etats membres concernés en conviennent, le nombre de ces représentants peut être porté à deux par Etat ;

3° D'une personnalité indépendante nommée par l'administration fiscale française et d'une personnalité indépendante nommée par chacune des administrations des autres Etats membres concernés à partir d'une liste établie par la Commission européenne. Si l'administration fiscale française et celles des autres Etats membres concernés en conviennent, le nombre de ces personnalités ainsi désignées peut être porté à deux pour chaque administration.

INT-GENA-23000 s. ; MF n° 83140

Art L 251 Q **I.** L'administration fiscale française nomme un suppléant pour chaque personnalité indépendante qu'elle a nommée conformément aux dispositions du 3° de l'article L 251 P pour le cas où celle-ci serait empêchée de remplir ses fonctions.

II. Sauf dans le cas où les personnalités indépendantes ont été nommées par le juge conformément à l'article L 251 R, l'administration fiscale française peut récuser toute personnalité indépendante, pour tout motif convenu à l'avance avec les administrations des autres Etats membres concernés ou pour un des motifs suivants :

1° La personnalité appartient à l'une des administrations concernées ou exerce des fonctions pour le compte de l'une de ces administrations, ou s'est trouvée dans une telle situation à un moment donné au cours des trois années précédant la date de sa nomination ;

2° La personnalité détient une participation importante ou un droit de vote dans une entreprise concernée par la demande ou est employée ou conseillère d'une telle entreprise, ou s'est trouvée dans une telle situation à un moment donné au cours des cinq années précédant la date de sa nomination ;

3° La personnalité ne présente pas les garanties d'objectivité suffisantes pour le règlement du différend à traiter ;

4° La personnalité est employée au sein d'une entreprise qui fournit des conseils fiscaux ou donne des conseils fiscaux à titre professionnel, ou s'est trouvée dans une telle situation à un moment donné au cours des trois années précédant la date de sa nomination.

III. La personnalité qui a été nommée conformément au I du présent article, ou son suppléant, déclare à l'administration fiscale tout intérêt, toute relation ou tout autre élément qui serait de nature à nuire à son indépendance ou à son impartialité ou qui pourrait raisonnablement donner une apparence de partialité au cours de la procédure.

IV. Pendant une période de douze mois suivant la date de la décision de la commission consultative, une personnalité indépendante faisant partie de cette commission s'abstient d'être dans une situation qui aurait pu conduire l'administration fiscale à s'opposer à sa nomination conformément au II.

INT-GENA-23000 s. ; MF nº 83140

Art L 251 R Lorsque la commission consultative n'est pas constituée dans le délai prévu à l'article L 251 L, et que l'administration fiscale française n'a pas procédé à la nomination d'au moins une personnalité indépendante et d'un suppléant, le contribuable peut saisir le président du tribunal judiciaire de Paris afin qu'il nomme une personnalité indépendante et son suppléant sur la liste mentionnée au 3º de l'article L 251 P.

INT-GENA-23000 s. ; MF nº 83140

Art L 251 S Les représentants et personnalités mentionnées aux 2º et 3º de l'article L 251 P désignent un président parmi les personnalités figurant sur la liste mentionnée au même 3º. Sauf s'ils en conviennent autrement, le président est un juge.

Lorsque les personnalités mentionnées audit 3º ont toutes été désignées dans les conditions prévues à l'article L 251 R, il est procédé à la désignation du président par tirage au sort parmi les personnalités figurant sur la liste mentionnée au 3º de l'article L 251 P.

INT-GENA-23000 s. ; MF nº 83140

III. Règles de fonctionnement de la commission consultative

Art L 251 T Les règles de fonctionnement de la commission consultative sont déterminées conjointement par l'administration fiscale française et celles des autres Etats membres concernés. Elles sont notifiées au contribuable par l'administration fiscale française selon des modalités définies par décret.

Si l'administration fiscale française n'a pas notifié au contribuable les règles de fonctionnement de la commission consultative, les personnalités indépendantes et le président communiquent au contribuable dans le délai de quinze jours à compter de la constitution de la commission consultative ces règles complétées conformément à un modèle établi selon des modalités précisées par la Commission européenne.

Si les personnalités indépendantes et le président ne se sont pas accordés sur les règles de fonctionnement ou ne les ont pas notifiées au contribuable, celui-ci peut saisir le juge mentionné à l'article L 251 R afin que celui-ci fixe des règles de fonctionnement conformément aux règles type mentionnées au paragraphe 3 de l'article 11 de la directive (UE) 2017/1852 du Conseil du 10 octobre 2017 concernant les mécanismes de règlement des différends fiscaux dans l'Union européenne.

INT-GENA-23000 s. ; MF nº 83140

IV. Renseignements, éléments de preuve et audition

Art L 251 U Le contribuable peut fournir à la commission consultative, sous réserve de l'accord de l'administration fiscale française, tous renseignements, éléments de preuve ou documents susceptibles d'être utiles pour la décision.

Le contribuable et l'administration fiscale française fournissent tous renseignements, éléments de preuve ou documents à la demande de la commission consultative. Toutefois, l'administration fiscale française peut refuser une telle communication dans chacun des cas suivants :

1º Le droit applicable ne permet pas à l'administration fiscale d'obtenir les éléments ;

2º Ces éléments concernent des secrets commerciaux, industriels ou professionnels ou des procédés commerciaux ;

3º La divulgation des éléments est contraire à l'ordre public.

INT-GENA-23000 s. ; MF nº 83140

Art L 251 V Les contribuables peuvent, sous réserve de l'accord de l'administration fiscale française, demander à se présenter ou se faire représenter devant la commission consultative.

Lorsque la commission consultative le requiert, les personnes concernées se présentent devant elle ou s'y font représenter.

INT-GENA-23000 s. ; MF nº 83140

Art L 251 W Les personnalités indépendantes et tout autre membre de la commission consultative sont soumis à l'obligation de secret professionnel prévue à l'article L 103 en ce qui concerne les renseignements qu'ils obtiennent en cette qualité.

INT-GENA-23000 s. ; MF nº 83140

Art L 251 X A la demande de l'administration fiscale, les contribuables et, le cas échéant, leurs représentants s'engagent par écrit à traiter comme secret tout renseignement, y compris la connaissance de documents, qu'ils obtiennent au cours de la procédure de règlement des différends en commission consultative.

Tout manquement à cette obligation au secret professionnel entraîne l'application des sanctions prévues à l'article 226-13 du code pénal.

INT-GENA-23000 s. ; MF nº 83140

V. Avis de la commission consultative

Art L 251 Y La commission consultative rend son avis dans un délai de six mois à compter de la date à laquelle elle a été constituée.

Lorsque la commission consultative estime que la complexité de la demande rend nécessaire un délai supplémentaire, elle peut décider de prolonger le délai mentionné au premier alinéa de trois mois au plus. Elle en informe l'administration fiscale française et le contribuable.

INT-GENA-23000 s. ; MF nº 83140

Art L 251 Z La commission consultative fonde son avis sur les dispositions des accords ou conventions applicables mentionnés à l'article L 251 B, ainsi que sur toute règle nationale applicable.

Elle se prononce à la majorité simple de ses membres. En l'absence de majorité, la voix du président est prépondérante.

Le président communique l'avis de la commission à l'administration fiscale française. Le contribuable est informé de ce que la commission a rendu son avis.

INT-GENA-23000 s. ; MF nº 83140

Art L 251 ZA L'administration fiscale française et celles des autres Etats membres concernés conviennent de la manière de régler le différend dans un délai de six mois à compter de la notification de l'avis de la commission consultative.

Ces administrations ne peuvent s'écarter de l'avis de la commission consultative que si elles parviennent à un accord sur la manière de régler le différend dans le délai mentionné au premier alinéa.

INT-GENA-23000 s. ; MF nº 83140

Art L 251 ZB L'administration fiscale notifie au contribuable la décision définitive au plus tard dans le délai de trente jours à compter de cette décision.

INT-GENA-23000 s. ; MF nº 83140

Art L 251 ZC **I.** La décision prend effet à condition que le contribuable l'accepte et renonce à tout recours dans un délai de soixante jours à compter de la date à laquelle la décision définitive lui a été notifiée.

En cas de refus du contribuable, d'absence de réponse ou d'absence de transmission des éléments attestant le renoncement à toute autre voie de recours dans le délai prévu au premier alinéa du présent I, la procédure de règlement des différends est clôturée.

II. Nonobstant toute règle de délai prévue au présent livre, l'imposition du contribuable est modifiée conformément à la décision définitive notifiée et acceptée, sauf si le critère d'indépendance des personnalités composant la commission consultative n'a pas été respecté.

INT-GENA-23000 s. ; MF nº 83140

SECTION IV

Commission de règlement alternatif des différends

Art L 251 ZD **I.** Lorsque l'administration fiscale française et celles des autres Etats membres concernés conviennent de constituer une commission de règlement alternatif des différends en lieu et place de la commission consultative prévue à l'article L 251 K pour rendre un avis sur la manière de statuer sur la demande du contribuable, l'article L 251 Q s'applique aux membres de cette commission.

II. Les administrations mentionnées au I du présent article peuvent convenir que la commission de règlement alternatif des différends applique une autre procédure de décision que celle prévue à l'article L 251 Z.

INT-GENA-23000 s. ; MF nº 83140

Art L 251 ZE Sous réserve du II de l'article L 251 ZD, les articles L 251 Y à L 251 ZC s'appliquent à la commission de règlement alternatif des différends.

INT-GENA-23000 s. ; MF nº 83140

SECTION V

Publicité

Art L 251 ZF La décision définitive mentionnée à l'article L 251 ZB est transmise sous forme de résumé à la Commission européenne à fin de publication.

INT-GENA-23000 s. ; MF nº 83140

SECTION VI

Autres dispositions

Art L 251 ZG La demande d'ouverture de la procédure de règlement des différends prévue à l'article L 251 D met fin, dans le cadre du différend en question, à toute autre procédure amiable ou de règlement des différends en cours prévue par une convention ou un accord conclu par la France. Cette seconde procédure, le cas échéant, est clôturée à compter de la date de la première réception de la demande d'ouverture par une des administrations concernées.

Cette demande fait obstacle, dans le cadre du différend en question, au recours à toute autre procédure amiable ou de règlement des différends prévue par une convention ou un accord conclu par la France.

INT-GENA-23000 s. ; MF n° 83140

Art L 251 ZH Il est mis fin à la procédure de règlement des différends si le juge saisi d'un recours contre l'imposition rend une décision devenue définitive après qu'une demande a été présentée par le contribuable conformément à l'article L 251 K, mais avant que la commission consultative ou la commission de règlement alternatif des différends ait rendu son avis à l'administration fiscale conformément à l'article L 251 Y.

INT-GENA-23000 s. ; MF n° 83140

TITRE IV

LE RECOUVREMENT DE L'IMPOT

CHAPITRE PREMIER

Les procédures de recouvrement

Art L 252 Le recouvrement des impôts est confié aux comptables publics compétents par arrêté du ministre chargé du budget.

REC-I-120 s.

Ces comptables exercent également les actions liées indirectement au recouvrement des créances fiscales et qui, dès lors, n'ont pas une cause étrangère à l'impôt au sens de l'article 38 de la loi n° 55-366 du 3 avril 1955 relative au développement des crédits affectés aux dépenses du ministère de l'économie et des finances et des affaires économiques pour l'exercice 1955 *(I – Charges communes)*.

REC-V-235

Art L 252 A Constituent des titres exécutoires les arrêtés, états, rôles, avis de mise en recouvrement, titres de perception ou de recette que l'Etat, les collectivités territoriales ou les établissements publics dotés d'un comptable public délivrent pour le recouvrement des recettes de toute nature qu'ils sont habilités à recevoir.

REC-I-1352, 1460, 10100

Art L 252 B **I.** Dès la notification du procès-verbal mentionné à l'article L 16-0 BA, le comptable peut procéder, par dérogation au livre V de la partie législative du code des procédures civiles d'exécution, à une ou plusieurs mesures conservatoires mentionnées aux articles L 521-1 à L 533-1 du code des procédures civiles d'exécution à hauteur d'un montant qui ne peut excéder :

1° Pour l'impôt sur le revenu, le produit résultant de l'application, ou, pour les personnes mentionnées à l'article 1649 quater-0 B bis du code général des impôts, au montant des revenus déterminés dans les conditions prévues à cet article,

au montant du chiffre d'affaires ou des recettes brutes hors taxes réalisés au titre de chaque année ou exercice pour lequel aucune obligation déclarative n'est échue, jusqu'à la date du procès-verbal de flagrance fiscale diminué d'un abattement représentatif de charges et de dépenses aux taux prévus au cinquième alinéa du 1 de l'article 50-0 du code général des impôts ou au premier alinéa du 1 de l'article 102 ter du même code, selon la nature de l'activité,

des taux prévus au 1 du I de l'article 197 du même code en vigueur pour l'imposition des revenus de la précédente année civile à la fraction de chaque part de revenu, le nombre de parts étant fixé, conformément au I de l'article 194 du même code pour l'imposition des revenus de la précédente année civile, d'après la situation et les charges de famille du contribuable constatées à la date du procès-verbal de flagrance fiscale.

Ce produit ne peut être inférieur à celui résultant de l'application, au montant déterminé au deuxième alinéa du présent 1°, du taux de 33 1/3 % ;

2° Pour l'impôt sur les sociétés, le produit résultant de l'application des taux prévus à l'article 219 du code général des impôts au montant du chiffre d'affaires hors taxes réalisé au titre de chaque année ou exercice pour lequel aucune obligation déclarative n'est échue, jusqu'à la date du procès-verbal de flagrance fiscale diminué d'un abattement représentatif de charges aux taux prévus au cinquième alinéa du 1 de l'article 50-0 du même code, selon la nature de l'activité. Ce produit est diminué du montant des acomptes trimestriels versés dans les conditions prévues à l'article 1668 du même code ;

3° Pour la taxe sur la valeur ajoutée, le montant obtenu par application des taux prévus aux articles 278 à 281 octies du code général des impôts, selon la nature des opérations, à la base du chiffre d'affaires ou des recettes brutes hors taxes réalisés au titre de chaque période pour laquelle aucune obligation déclarative n'est échue, jusqu'à la date du procès-verbal de flagrance fiscale, et sous déduction d'un montant de taxe déductible dans les conditions prévues aux articles 271 à 273 septies C du même code ;

4° Pour l'amende mentionnée à l'article 1740 B du code général des impôts, le montant de cette amende.

I bis. Lorsque le procès-verbal mentionné à l'article L 80 F fait apparaître :

1° Les deux faits suivants :

a. La taxe sur la valeur ajoutée afférente à une livraison de biens est devenue exigible dans les conditions prévues au a du 2 de l'article 269 du code général des impôts sans que soit échue l'obligation déclarative prévue à l'article 287 du même code ;

b. Le montant obtenu par application des taux prévus aux articles 278 à 281 octies dudit code à la base des opérations taxables réalisées jusqu'à la date du procès-verbal précité au titre de la période comprise dans la prochaine obligation déclarative et sous déduction de la taxe déductible dans les conditions prévues aux articles 271 à 273 septies C du même code excède le montant de taxe sur la valeur ajoutée compris dans les factures émises durant les douze mois précédant la livraison mentionnée au a du présent 1° ;

2° Et que les circonstances sont susceptibles de menacer le recouvrement de la taxe,

le comptable peut, dans la limite du premier montant mentionné au b du 1° du présent I bis, procéder à la saisie à tiers débiteur de la créance dont le redevable est détenteur auprès du destinataire de la livraison à raison de celle-ci. La saisie est notifiée à l'un et à l'autre et mentionne les délais et voies de recours. Elle emporte l'effet prévu à l'article L 523-1 du code des procédures civiles d'exécution à concurrence des sommes pour lesquelles elle est pratiquée. Le comptable ne peut en demander le paiement avant que soit échue l'obligation déclarative mentionnée au a du 1°.

II. Le juge du référé administratif mentionné à l'article L 279, saisi dans un délai de quinze jours à compter de la signification des mesures conservatoires mentionnées au I ou de la saisie à tiers débiteur mentionnée au I bis, ordonne qu'il soit mis fin à l'exécution de ces mesures en cas d'urgence et s'il est fait état d'un moyen propre à créer, en l'état de l'instruction, un doute sérieux sur la régularité de cette procédure.

Le juge du référé statue dans un délai de quinze jours. Faute d'avoir statué dans ce délai, le juge des référés est dessaisi au profit du tribunal administratif qui se prononce en urgence.

La décision du juge du référé ou du tribunal administratif est susceptible d'appel devant le président de la cour administrative d'appel ou le magistrat qu'il désigne à cet effet dans le délai de huit jours. Le président ou le magistrat désigné se prononce en urgence.

La décision du juge du référé, du tribunal administratif, du président de la cour administrative d'appel ou du magistrat désigné ordonnant qu'il soit mis fin à l'exécution des mesures conservatoires entraîne leur mainlevée immédiate.

III. Le paiement des impositions dues au titre de l'exercice ou de la période comprenant celle couverte par le procès-verbal prévu à l'article L 16-0 BA entraîne la mainlevée des mesures conservatoires prévues au I, sauf si l'administration réunit des éléments permettant d'établir que les déclarations du contribuable au vu desquelles ce paiement est intervenu ne sont pas sincères. Il en va de même pour la saisie à tiers débiteur mentionnée au I bis pour le paiement de la taxe sur la valeur ajoutée qu'elle vise.

CF-IX-79350 s. ; MF nos 78330 s.

SECTION I

Modalités de recouvrement et mesures préalables aux poursuites

Art L 253 Un avis d'imposition est adressé sous pli fermé à tout contribuable inscrit au rôle des impôts directs ou, pour les redevables de l'impôt sur la fortune immobilière, au rôle de cet impôt, dans les conditions prévues aux articles 1658 à 1659 A du code général des impôts.

L'avis d'imposition mentionne le total par nature d'impôt des sommes à acquitter, les conditions d'exigibilité, la date de mise en recouvrement et la date limite de paiement.

Par dérogation au premier alinéa, les avis d'imposition issus du rôle primitif de cotisation foncière des entreprises et de ses taxes additionnelles, d'imposition forfaitaire sur les entreprises de réseaux, ainsi que leur acompte, sont disponibles exclusivement sous forme dématérialisée dans le compte fiscal en ligne des contribuables dont l'obligation mentionnée au 3 de l'article 1681 sexies ou l'obligation de payer par téléréglement est née au plus tard l'année précédant l'émission du rôle.

CET-II-190490, 190630

Par dérogation au premier alinéa et pour le contribuable qui en fait expressément la demande, ses avis d'imposition sont exclusivement disponibles sous forme dématérialisée dans son compte fiscal en ligne.

Les avis d'imposition des contribuables des communes soumises aux prélèvements prévus à l'article L 2531-13 du code général des collectivités territoriales mentionnent le montant de la contribution de leur commune au fonds de solidarité des communes de la région d'Ile-de-France.

Les avis d'imposition des contribuables assujettis à la taxe foncière sur les propriétés bâties mentionnent, à titre indicatif :

1° Dans les communes mentionnées au 1° du C du IV de l'article 16 de la loi n° 2019-1479 du 28 décembre 2019 de finances pour 2020, la différence entre, d'une part, le produit de la taxe foncière sur les propriétés bâties versé à la commune et, d'autre part, le produit net issu des rôles généraux de la taxe foncière sur les propriétés bâties émis au profit de cette commune ;

2° Dans les communes mentionnées au 2° du même C, le montant du complément versé à la commune.

ENR-XIII-36220 ; REC-I-2500 s. ; MF n°s 3705, 41555, 76515 s.

Art L 255 A Les parts communale, départementale et régionale de la taxe d'aménagement prévues à l'article 1635 quater A du code général des impôts et les pénalités afférentes sont assises, liquidées et recouvrées en vertu d'un titre de perception individuel ou collectif émis par le responsable des services fiscaux dans le département. Ce responsable peut déléguer sa signature aux agents placés sous son autorité.

Un décret en Conseil d'Etat détermine les modalités d'application du présent article *(NDLR Voir art. R* 247-6 et R* 255 A-1).*

IMMO-V-11050 s.

Art L 256 Un avis de mise en recouvrement est adressé par le comptable public compétent à tout redevable de sommes, droits, taxes et redevances de toute nature dont le recouvrement lui incombe lorsque le paiement n'a pas été effectué à la date d'exigibilité.

Un avis de mise en recouvrement est également adressé par le comptable public compétent pour la restitution des sommes, droits, taxes et redevances de toute nature mentionnés au premier alinéa et indûment versés par l'Etat.

L'avis de mise en recouvrement est individuel. Il est émis et rendu exécutoire par l'autorité administrative désignée par décret, selon les modalités prévues aux articles L 212-1 et L 212-2 du code des relations entre le public et l'administration.

REC-I-10800 s.

Les modalités d'application du présent article sont fixées par décret en Conseil d'Etat.

REC-I-10100 s. ; MF n° 76775

Art L 256 A Lorsque l'avis de mise en recouvrement a été détruit dans un cas de force majeure, le paiement des créances fiscales et domaniales peut être poursuivi en vertu d'un nouvel avis de mise en recouvrement mentionnant la nature de l'impôt ou de la créance et le montant des sommes restant dues.

REC-I-12900

Art L 256 B Par dérogation à l'article L 256, un titre de perception est adressé au redevable en l'absence de paiement ou en cas d'insuffisance de paiement à la date limite prévue pour chacune des impositions suivantes :

1° Les taxes sur l'immatriculation des véhicules mentionnées à l'article L 421-29 du code des impositions sur les biens et services ;

ENR-VIII-2550 ; MF n° 76035

2° La taxe annuelle sur les engins maritimes à usage personnel mentionnée à l'article L 423-4 du même code.

Un décret en Conseil d'Etat détermine les modalités d'application du présent article *(Voir décret 2012-1246 du 7 novembre 2012 modifié, art. 112 à 124).*

Art L 256 C Par dérogation à l'article L 256, lorsque le paiement des taxes mentionnées à l'article L 6431-6 du code des transports n'a pas été effectué à la date d'exigibilité, un titre exécutoire portant sur les droits ainsi que, le cas échéant, les intérêts et majorations applicables est émis par la personne désignée par arrêté du ministre chargé de l'aviation civile *(NDLR Il s'agit du directeur général de l'aviation civile : arrêté TREA2306372A du 9 mars 2023, JO du 25)*, et notifié au redevable .

En cas de taxation d'office mentionnée à l'article L 66, le redevable peut, dans un délai de trente jours suivant la notification du titre exécutoire, déposer une déclaration de la taxe qui se substitue à ce titre pour les montants qu'il couvre.

Art L 256 D Par dérogation à l'article L 256, pour les impositions mentionnées à l'article L 16 I, à l'exception de son 1°, les personnes compétentes au sens de ce même article émettent un titre de perception au sens de l'article L 256 A portant sur le montant de la taxe et, le cas échéant, des majorations mentionnées à l'article 1840 X du code général des impôts, à défaut de paiement trente jours après l'une des dates suivantes :

1° En l'absence de paiement dans les délais de l'imposition préalablement constatée, la date de réception d'une lettre de mise en demeure avec accusé de réception adressée au redevable par les personnes mentionnées au premier alinéa. Cette lettre mentionne la majoration prévue au 2° de l'article 1840 X du code général des impôts ;

2° Lorsque le redevable a fait l'objet de la procédure de rectification mentionnée à l'article L 61 C, la date de réception de la réponse à ses observations ou, en l'absence de telles observations, la notification de rectification ;

3° Lorsque le redevable a fait l'objet de la procédure de taxation d'office mentionnée à l'article L 67 B, la date de la notification de cette taxation.

Sauf lorsqu'il est exécutoire en application de l'article L 252 A, ce titre de perception est visé par le contrôleur d'Etat ou par le contrôleur général économique et financier et rendu exécutoire par le représentant de l'Etat dans le département du débiteur. Toutefois, le visa du contrôleur général économique et financier n'est pas requis pour l'organisme mentionné au 1° de l'article L 521-8-4 du code de la recherche.

Le recouvrement des sommes couvertes par ce titre est assuré par le comptable public désigné en application des articles L 252 et L 252 A ou par le II de l'article 4-1 de la loi n° 2019-1100 du 30 octobre 2019 relative à la création du Centre national de la musique. A cette fin il peut obtenir de l'administration fiscale communication des renseignements nécessaires.

Art L 256 E Par dérogation à l'article L 256, la taxe sur l'utilisation des bandes "700 MHz" et "800 MHz" du spectre radioélectrique mentionnée à l'article L 455-45 du code des impositions sur les biens et services est recouvrée sur la base du titre de perception mentionné à l'article L 455-54 du même code.

Art L 257 Les comptables publics peuvent notifier au redevable une mise en demeure de payer pour le recouvrement des créances dont ils ont la charge.

La notification de la mise en demeure de payer interrompt la prescription de l'action en recouvrement.

La mise en demeure de payer peut être contestée dans les conditions prévues à l'article L 281 du présent livre.

Lorsqu'une saisie-vente est diligentée, la notification de la mise en demeure de payer tient lieu de commandement prescrit par les articles L 142-3 et L 221-1 du code des procédures civiles d'exécution.

Les modalités d'application du présent article sont fixées par décret en Conseil d'Etat.

FR 2/21 inf. 92 n° 2 p. 139 ; MF n°s 76540, 76784 et 77020

Art L 257-0 A **1.** A défaut de paiement de l'acompte mentionné à l'article 1663 C du code général des impôts ou des sommes mentionnées sur l'avis d'imposition à la date limite de paiement ou de celles mentionnées sur l'avis de mise en recouvrement, le comptable public adresse au redevable la mise en demeure de payer prévue à l'article L 257 du présent livre avant la notification du premier acte de poursuite devant donner lieu à des frais au sens de l'article 1912 du code général des impôts.

2. Lorsque la mise en demeure de payer porte à la connaissance du redevable des sanctions fiscales, aucune poursuite ne peut être engagée par le comptable public avant l'expiration d'un délai de trente jours à compter de la notification de ladite mise en demeure, en application du second alinéa de l'article L 80 D du présent livre.

REC-I-20000 s. ; MF n°s 76540, 76900

Art L 257-0 B **1.** Pour la mise en œuvre de l'article L 257-0 A, la mise en demeure de payer prévue à l'article L 257 est précédée d'une lettre de relance lorsqu'aucune autre défaillance de paiement n'a été constatée pour un même redevable au titre d'une même catégorie d'impositions au cours des trois années précédant la date limite de paiement ou la date de mise en recouvrement de l'imposition dont le recouvrement est poursuivi.

Le premier alinéa ne s'applique pas aux impositions résultant de l'application d'une procédure de rectification ou d'une procédure d'imposition d'office, aux impositions recouvrées par voie d'avis de mise en recouvrement à l'exception des droits d'enregistrement, de la taxe de la publicité foncière et des droits de timbre aux créances d'un montant supérieur à 15 000 €, aux créances nées postérieurement au jugement d'ouverture d'une procédure collective ainsi qu'aux créances des entreprises tenues de souscrire leurs déclarations de résultats auprès du service chargé des grandes entreprises.

REC-I-17800 s.

2. Lorsque la lettre de relance prévue au 1 n'a pas été suivie de paiement, à l'expiration d'un délai de trente jours suivant sa notification, le comptable public peut notifier une mise en demeure de payer.

3. Les modalités d'application du présent article sont fixées par décret en Conseil d'Etat.

REC-I-17500 s., 20000 s. ; MF n°s 76540, 76782, 76784, 76900

Art L 257 A Les avis de mise en recouvrement peuvent être émis et rendus exécutoires et les mises en demeure de payer peuvent être émises, sous l'autorité du comptable public compétent, par les agents du service ayant reçu délégation.

REC-I-10800 s., 11950 s., 20500 s.

Art L 257 B Le comptable public compétent peut affecter au paiement des impôts, droits, taxes, pénalités ou intérêts de retard dus par un redevable les remboursements, dégrèvements ou restitutions d'impôts, droits, taxes, pénalités ou intérêts de retard constatés au bénéfice de celui-ci.

Pour l'application du premier alinéa, les créances doivent être liquides et exigibles.

REC-III-3500 s. ; MF nº 76740

Art L 257 C Le comptable public impute le paiement partiel d'une créance en priorité sur le principal de celle-ci, puis sur les sanctions et autres accessoires de la dette hors intérêts, et enfin sur les intérêts.

Ndlr *Les dispositions du présent article s'appliquent à compter :*

1º Du 26 juin 2021 s'agissant des créances mises en recouvrement :

a) Par voie d'avis de mise en recouvrement adressé par le comptable public de la direction générale des finances publiques en application de l'article L 256 du LPF ;

b) Par voie de rôle en application de l'article 1679 quinquies du CGI ;

c) Sur la base d'un ordre de recouvrer pris en charge par un agent comptable d'un organisme public ;

2º Du 1er janvier 2022 s'agissant :

a) Des ordres de recouvrer prévus à l'article 112 du décret nº 2012-1246 du 7 novembre 2012 relatif à la gestion budgétaire et comptable publique, ou d'un jugement ou d'un arrêt d'une juridiction financière prononçant un débet ou une amende ;

b) Des créances recouvrées par les comptables publics de la direction générale des douanes et droits indirects ;

3º Du 1er janvier 2023 s'agissant des créances mises en recouvrement par voie de rôle en application de l'article 1658 du CGI, à l'exclusion de celles recouvrées en application de l'article 1679 quinquies du même code ;

4º Du 1er janvier 2024 s'agissant :

a) Des créances recouvrées sur la base d'un titre de recettes en application de l'article L 1617-5 du code général des collectivités territoriales ;

b) Des créances recouvrées par le comptable public de la direction générale des finances publiques sur la base d'un titre exécutoire, en application de l'article 1er du décret 64-1333 du 22 décembre 1964 relatif au recouvrement des amendes et condamnations pécuniaires par les comptables de la direction générale des finances publiques ou de l'article L 2323-7-1 du code général de la propriété des personnes publiques.

(Loi 2020-1721 du 29 décembre 2020 art. 160, XI-C et décret 2021-800 du 24 juin 2021 art. 1).

FR 2/21 inf. 92 nº 3 p. 139

SECTION II

Exercice des poursuites

Art L 258 A **1.** Sous réserve des dispositions des articles L 260 et L 262, les poursuites prévues au 2 des articles L 257-0 A et L 257-0 B sont effectuées dans les formes prévues par le code des procédures civiles d'exécution pour le recouvrement des créances.

Elles sont opérées par huissier de justice ou par tout agent de l'administration habilité à exercer des poursuites au nom du comptable.

REC-I-120 s.

2. *(Abrogé).*

3. Les modalités d'application du présent article sont fixées par décret en Conseil d'Etat.

REC-I-20650 s., 20800 s. ; REC-V-120 s. ; MF nº 77020

Art L 260 Dans les cas mentionnés au 2 de l'article 1663 du code général des impôts, le comptable public peut notifier une mise en demeure de payer au contribuable dès l'exigibilité de l'impôt sur le revenu, des contributions sociales recouvrées comme en matière d'impôt sur le revenu, de la taxe d'habitation sur les résidences secondaires et autres locaux meublés non affectés à l'habitation principale, des taxes foncières sur les propriétés bâties et non bâties et des impositions recouvrées comme les impositions précitées.

La saisie peut alors être pratiquée un jour franc après la notification de la mise en demeure de payer.

REC-V-72900

REC-I-17850, 20670 s. ; MF nos 76784, 76900

SECTION III

Mesures particulières

1º Saisie administrative à tiers détenteur

Art L 262 **1.** Les créances dont les comptables publics sont chargés du recouvrement peuvent faire l'objet d'une saisie administrative à tiers détenteur notifiée aux dépositaires, détenteurs ou débiteurs de sommes appartenant ou devant revenir aux redevables.

Dans le cas où elle porte sur plusieurs créances, de même nature ou de nature différente, une seule saisie peut être notifiée.

L'avis de saisie administrative à tiers détenteur est notifié au redevable et au tiers détenteur. L'exemplaire qui est notifié au redevable comprend, sous peine de nullité, les délais et voies de recours.

La saisie administrative à tiers détenteur emporte l'effet d'attribution immédiate prévu à l'article L 211-2 du code des procédures civiles d'exécution. Les articles L 162-1 et L 162-2 du même code sont applicables. Par dérogation au deuxième alinéa de l'article L 162-1, lorsque le montant de la saisie administrative à tiers détenteur est inférieur à un montant, fixé par décret, compris entre 500 € et 3 000 €, les sommes laissées au compte ne sont indisponibles, pendant le délai prévu au même deuxième alinéa, qu'à concurrence du montant de la saisie *(Voir décret 2018-1353 du 28 décembre 2018, JO du 30).*

La saisie administrative à tiers détenteur a pour effet d'affecter, dès sa réception, les fonds dont le versement est ainsi demandé au paiement des sommes dues par le redevable, quelle que soit la date à laquelle les créances même conditionnelles, à terme ou à exécution successive que le redevable possède à l'encontre du tiers saisi deviennent effectivement exigibles.

La saisie administrative à tiers détenteur s'applique également aux gérants, administrateurs, directeurs ou liquidateurs des sociétés pour les sommes dues par celles-ci.

2. Lorsque la saisie administrative à tiers détenteur porte sur un contrat d'assurance rachetable, elle entraîne le rachat forcé dudit contrat. Elle a pour effet d'affecter aux créanciers mentionnés au 1 la valeur de rachat du contrat d'assurance au jour de la notification de la saisie, dans la limite du montant de cette dernière.

Ces dispositions s'appliquent au redevable souscripteur ou adhérent d'un contrat d'assurance rachetable, y compris si la possibilité de rachat fait l'objet de limitations.

3. Sous peine de se voir réclamer les sommes saisies majorées du taux d'intérêt légal, le tiers saisi, destinataire de la saisie administrative à tiers détenteur, est tenu de verser, aux lieu et place du redevable, dans les trente jours suivant la réception de la saisie, les fonds qu'il détient ou qu'il doit, à concurrence des sommes dues par ce dernier.

Pour les créances conditionnelles, à terme ou à exécution successive, le tiers saisi est tenu de verser immédiatement les fonds lorsque ces créances deviennent exigibles.

Le tiers saisi tenu à la déclaration mentionnée au I de l'article L 133-5-3 du code de la sécurité sociale, destinataire d'une saisie administrative à tiers détenteur notifiée par voie électronique dans les conditions fixées au II de l'article 17 de la loi n° 2013-1279 du 29 décembre 2013 de finances rectificative pour 2013, verse à des dates fixées par décret, et au plus tard lors de la déclaration précitée déposée le troisième mois suivant la réception de la saisie, les retenues réalisées sur les sommes dont l'exigibilité est intervenue jusqu'à ces dates. Le versement des retenues ultérieures est opéré dans les conditions prévues au deuxième alinéa du présent 3.

3 bis. Le tiers saisi est tenu de déclarer immédiatement, par tous moyens, l'étendue de ses obligations à l'égard du redevable, dans les conditions prévues à l'article L 211-3 du code des procédures civiles d'exécution.

Le tiers saisi mentionné au dernier alinéa du 3 du présent article, destinataire d'une saisie administrative à tiers détenteur notifiée dans les conditions mentionnées au même dernier alinéa, accomplit son obligation de déclaration à des dates fixées par décret, et au plus tard lors de la déclaration prévue au I de l'article L 133-5-3 du code de la sécurité sociale déposée le troisième mois suivant la réception de la saisie.

Par dérogation au deuxième alinéa du présent 3 bis, le tiers saisi mentionné au dernier alinéa du 3 déclare immédiatement l'absence d'obligation à l'égard du redevable et les cessions, saisies administratives à tiers détenteur ou paiement direct de créances d'aliments en cours d'exécution sur les sommes dont il est débiteur ou détenteur.

Le tiers saisi qui s'abstient, sans motif légitime, de faire cette déclaration ou qui fait une déclaration inexacte ou mensongère peut être condamné, à la demande du créancier, au paiement des sommes dues à ce dernier, sans préjudice d'une condamnation à des dommages et intérêts.

4. Lorsqu'une personne est simultanément destinataire de plusieurs saisies administratives à tiers détenteur, elle doit, en cas d'insuffisance des fonds, exécuter ces saisies en proportion de leurs montants respectifs.

5. Le montant des frais bancaires afférents à la saisie administrative à tiers détenteur perçu par les établissements de crédit ne peut dépasser 10 % du montant dû au Trésor public, dans la limite d'un plafond fixé par décret.

Ndlr *Les dispositions du présent article telles que modifiées par la loi 2021-1900 du 30 décembre 2021 art. 130, II-A s'appliquent à compter du 1er janvier 2024 (Loi précitée art. 130, V-C).*

REC-V-60000 s. ; MF nos 76980 s., 77000

1° bis Saisie administrative à tiers détenteur en matière de contributions indirectes

Art L 263 B En matière de contributions indirectes, le comptable public compétent peut procéder au recouvrement des créances de toute nature, y compris les amendes, par voie de saisie administrative à tiers détenteur dans les conditions prévues à l'article L 262.

2° Rémunérations du travail

Art L 264 La cession des rémunérations mentionnées aux articles L 3252-1 et R 3252-1 du code du travail n'est opposable au comptable chargé du recouvrement d'impositions privilégiées qu'à concurrence de la moitié de la portion saisissable ou cessible.

REC-V-66410

3° Obligations des dépositaires publics de fonds

Art L 265 Les huissiers de justice, commissaires-priseurs judiciaires, notaires, séquestres et tous autres dépositaires publics de fonds ne peuvent les remettre aux héritiers, créanciers et autres personnes ayant droit de toucher les sommes séquestrées et déposées, qu'après avoir vérifié et justifié que les impôts directs dus par les personnes dont ils détiennent les fonds ont été payés.

Ces séquestres et dépositaires sont autorisés à payer directement les impositions qui se trouveraient dues avant de procéder à la délivrance des fonds qu'ils détiennent.

Ces dispositions s'appliquent également aux liquidateurs de sociétés dissoutes, en ce qui concerne les impôts directs dus par ces sociétés.

Les obligations imposées aux personnes désignées au présent article s'étendent au règlement des acomptes provisionnels d'impôt sur le revenu, des acomptes d'impôt sur les sociétés, des acomptes de cotisation foncière des entreprises et de cotisation sur la valeur ajoutée des entreprises *(NDLR Pour les dispositions du présent alinéa applicables à compter des impositions établies au titre de 2027, voir partie Autres textes du présent code loi 2022-1726 du 30 décembre 2022 art. 55, II-5° et XXVII-J modifié par loi 2023-1322 du 29 décembre 2023 art. 79, III-3°).*

REC-IV-10 s.

4° Responsabilité des dirigeants et gérants de sociétés

Art L 267 Lorsqu'un dirigeant d'une société, d'une personne morale ou de tout autre groupement, est responsable des manœuvres frauduleuses ou de l'inobservation grave et répétée des obligations fiscales qui ont rendu impossible le recouvrement des impositions et des pénalités dues par la société, la personne morale ou le groupement, ce dirigeant peut, s'il n'est pas déjà tenu au paiement des dettes sociales en application d'une autre disposition, être déclaré solidairement responsable du paiement de ces impositions et pénalités par le président du tribunal judiciaire. A cette fin, le comptable public compétent assigne le dirigeant devant le président du tribunal judiciaire du lieu du siège social. Cette disposition est applicable à toute personne exerçant en droit ou en fait, directement ou indirectement, la direction effective de la société, de la personne morale ou du groupement.

Les voies de recours qui peuvent être exercées contre la décision du président du tribunal judiciaire ne font pas obstacle à ce que le comptable prenne à leur encontre des mesures conservatoires en vue de préserver le recouvrement de la créance du Trésor.

REC-IV-10100 s. ; MF n° 77275

5° Vente de fonds de commerce

Art L 268 Lorsqu'il envisage de faire procéder à la vente d'un fonds de commerce, le comptable public compétent peut, par dérogation aux articles L 143-3 et L 143-4 du code de commerce, faire ordonner par le président du tribunal judiciaire que cette vente soit effectuée dans les formes prévues pour les ventes de biens appartenant à des mineurs. Le président exerce, à cet égard, toutes les attributions confiées au tribunal par les articles 1272 et suivants du code de procédure civile.

REC-V-76650 s. ; MF n° 77020

6° Hypothèque légale du Trésor

Art L 269 **I.** Pour la garantie du paiement des créances dont ils sont chargés du recouvrement, les comptables publics ont une hypothèque légale sur tous les immeubles des redevables. Cette hypothèque prend rang à la date de son inscription au fichier immobilier. Elle ne peut être inscrite qu'à partir de la date à laquelle le comptable public dispose d'un titre exécutoire.

II. Pour la garantie du paiement des droits de mutation par décès, les comptables publics ont une hypothèque légale sur les immeubles de la succession.

III. Pour la garantie du paiement des droits complémentaires et supplémentaires éventuellement exigibles en application de l'article 1840 G du code général des impôts, les comptables publics ont une hypothèque légale sur les immeubles du groupement forestier ou sur l'immeuble faisant l'objet de la mutation.

L'hypothèque légale s'éteint de plein droit lorsqu'intervient l'un des événements suivants :

1° La cession à l'Etat ou aux collectivités et organismes mentionnés au I de l'article 1042 du code général des impôts d'un bois ou d'une forêt grevé de l'hypothèque légale ;

2° La mutation de jouissance ou de propriété d'un bois ou d'une forêt grevé de l'hypothèque légale au profit d'établissements ou de sociétés, en vue de la réalisation d'équipements, d'aménagements ou de constructions d'intérêt public qui pourraient donner lieu à l'établissement d'une servitude d'utilité publique au titre de ladite mutation ;

3° L'interdiction de reconstituer les boisements après coupe rase en application des deuxième à avant-dernier alinéas de l'article L 126-1 du code rural et de la pêche maritime.

Si la sûreté a été cantonnée sur des bois et forêts soit concernés par l'un des événements mentionnés aux 1° à 3° du présent III, soit faisant l'objet d'un procès-verbal dressé en application du IV de l'article 1840 G du code général des impôts, et si l'hypothèque légale n'a pu être inscrite en rang utile sur d'autres biens préalablement à ces événements ou à ce procès-verbal, les droits complémentaires et supplémentaires correspondant à ces autres biens deviennent exigibles et, en cas de cession ou mutation mentionnées aux 1° ou 2° du présent III, sont colloqués sur le prix de vente au rang de l'inscription.

FR 2/22 inf. 75 n°s 7 à 9 p. 113

7° Liquidation judiciaire

Art L 269 A Les conditions et les délais dans lesquels le Trésor public peut exercer son droit de poursuite individuelle dans le cadre d'une procédure de liquidation judiciaire sont fixés par le premier et le deuxième alinéas de l'article L 643-2 du code de commerce *(NDLR Voir partie Autres textes du présent code).*

REC-II-1221

Art L 269 B Le comptable public compétent, en cas d'exercice de son droit de poursuite individuelle pour ses créances privilégiées ou en cas d'encaissement provisionnel desdites créances en application des articles L 622-8 ou L 643-3 du code de commerce doit, sur ordonnance du juge-commissaire, restituer, à la première demande du liquidateur, l'excédent des sommes perçues par rapport à celles prévues au titre de la répartition des produits de la liquidation judiciaire, conformément aux règles du livre VI de ce code. Le comptable compétent restitue, en tout ou partie, l'encaissement provisionnel en tant que dépense de l'Etat.

REC-II-1221

8° Procédure accélérée

Art L 270 Pour assurer le recouvrement des impositions établies par voie de taxation d'office dans les conditions prévues aux articles L 66 à L 70 au nom de personnes qui changent fréquemment de lieu de séjour ou qui séjournent dans des locaux d'emprunt ou des locaux meublés, les directeurs départementaux des finances publiques sont autorisés, dès réception du rôle et avant l'envoi de tout avis d'imposition au contribuable, mais après avis de la commission départementale des chefs des services financiers et des représentants des organismes de recouvrement des cotisations de sécurité sociale et d'assurance chômage, à faire prendre des sûretés sur tous les biens et avoirs du contribuable et, notamment, à faire procéder au blocage de tous comptes courants de dépôts ou d'avances ouverts à l'intéressé.

REC-II-5000 s. ; MF n° 77000

10° Taxes sur le chiffre d'affaires

Art L 273 Les sûretés et dispositions spéciales prévues par l'article L 270 peuvent être appliquées en matière de taxes sur le chiffre d'affaires, sous réserve des adaptations nécessaires.

REC-II-5000 s. ; MF n° 77000

Art L 273-0 A En cas d'absence ou d'insuffisance de paiement de la taxe sur les nuisances sonores aériennes mentionnée à l'article L 422-49 du code des impositions sur les biens et services, le comptable mentionné au IV de l'article 125 de la loi n° 90-1168 du 29 décembre 1990 de finances pour 1991 peut, à l'expiration d'un délai de trente jours consécutif à l'envoi au redevable d'une mise en demeure de régulariser, requérir, auprès du juge du lieu d'exécution de la mesure, la saisie conservatoire d'un aéronef exploité par ce redevable ou lui appartenant dans les conditions prévues à l'article L 6123-2 du code des transports.

11° Créances de l'Etat faisant l'objet d'un titre de perception visé à l'article L 252 A

Art L 273 A Les créances de l'Etat ou celles qu'il est chargé de recouvrer pour le compte de tiers sur la base d'un titre de perception délivré par lui en application de l'article L 252 A peuvent être recouvrées par voie de saisie administrative à tiers détenteur dans les conditions prévues à l'article L 262.

REC-V-85090

12° Entrepreneur individuel à responsabilité limitée et entrepreneur individuel

Art L 273 B I. Lorsque dans l'exercice de son activité professionnelle, l'entrepreneur individuel à responsabilité limitée dont le statut est défini aux articles L 526-6 à L 526-21 du code de commerce ou l'entrepreneur individuel dont le statut est défini à la section 3 du chapitre VI du titre II du livre V du même code a, par des manœuvres frauduleuses ou à la suite de l'inobservation grave et répétée de ses obligations fiscales, rendu impossible le recouvrement des impositions et pénalités dont il est redevable au titre de cette activité, le recouvrement de ces sommes peut être recherché sur le patrimoine non affecté à cette activité s'agissant de l'entrepreneur individuel à responsabilité limitée ou sur le patrimoine personnel s'agissant de l'entrepreneur individuel.

II. Lorsqu'une personne physique ayant constitué un patrimoine affecté dans les conditions prévues aux articles L 526-6 à L 526-21 du code de commerce ou dont le patrimoine professionnel est celui défini à l'article L 526-22 du même code a, par des manœuvres frauduleuses ou à la suite de l'inobservation grave et répétée de ses obligations fiscales, rendu impossible le recouvrement des impositions et pénalités étrangères à son activité professionnelle dont elle est redevable ou dont son foyer fiscal est redevable, leur recouvrement peut être recherché sur le patrimoine affecté s'agissant de l'entrepreneur individuel à responsabilité limitée ou sur le patrimoine professionnel s'agissant de l'entrepreneur individuel.

III. Le recouvrement de l'impôt sur le revenu et des prélèvements sociaux ainsi que de la taxe foncière afférente aux biens immeubles utiles à l'activité professionnelle dont est redevable la personne physique exerçant une activité professionnelle en tant qu'entrepreneur individuel ou son foyer fiscal peut être recherché sur l'ensemble des patrimoines professionnel et personnel.

Le présent III n'est pas applicable au recouvrement de l'impôt sur le revenu et des prélèvements sociaux lorsque l'entrepreneur individuel a opté pour l'impôt sur les sociétés dans les conditions prévues à l'article 1655 sexies du code général des impôts.

Ndlr *Les dispositions du présent article telles que modifiées par la loi 2022-172 du 14 février 2022 art. 4, I-2° s'appliquent aux procédures ouvertes depuis le 15 mai 2022 (Loi précitée art. 19, I).*

DC-IX-30345

SECTION IV

Prescription de l'action en vue du recouvrement

Art L 274 Sauf dispositions contraires et sous réserve de causes suspensives ou interruptives de prescription, l'action en recouvrement des créances de toute nature dont la perception incombe aux comptables publics se prescrit par quatre ans à compter du jour de la mise en recouvrement du rôle ou de l'envoi du titre exécutoire tel que défini à l'article L 252 A.

Le délai de prescription de l'action en recouvrement prévu au premier alinéa est augmenté de deux années pour les redevables établis dans un Etat non membre de l'Union européenne avec lequel la France ne dispose d'aucun instrument juridique relatif à l'assistance mutuelle en matière de recouvrement ayant une portée similaire à celle prévue par la directive 2010/24/UE du Conseil du 16 mars 2010 concernant l'assistance mutuelle en matière de recouvrement des créances relatives aux taxes, impôts, droits et autres mesures.

REC-II-10000 s. ; MF n° 76530

Art L 275 A L'avis de mise en recouvrement notifié en application de l'article L 256 A n'interrompt pas le délai de prescription de l'action en recouvrement ouvert par le titre exécutoire initial. Il se substitue à l'avis de mise en recouvrement précédemment notifié.

REC-I-12900

CHAPITRE II

Le sursis de paiement

Art L 277 Le contribuable qui conteste le bien-fondé ou le montant des impositions mises à sa charge est autorisé, s'il en a expressément formulé la demande dans sa réclamation et précisé le montant ou les bases du dégrèvement auquel il estime avoir droit, à différer le paiement de la partie contestée de ces impositions et des pénalités y afférentes.

L'exigibilité de la créance et la prescription de l'action en recouvrement sont suspendues jusqu'à ce qu'une décision définitive ait été prise sur la réclamation soit par l'administration, soit par le tribunal compétent.

Lorsque la réclamation mentionnée au premier alinéa porte sur un montant de droits supérieur à celui fixé par décret *(NDLR Voir l'article R 277-7)*, le débiteur doit constituer des garanties portant sur le montant des droits contestés.

A défaut de constitution de garanties ou si les garanties offertes sont estimées insuffisantes, le comptable peut prendre des mesures conservatoires pour les impôts contestés.

Lorsque le comptable a fait procéder à une saisie conservatoire en application du quatrième alinéa, le contribuable peut demander au juge du référé prévu, selon le cas, aux articles L 279 et L 279 A, de prononcer la limitation ou l'abandon de cette mesure si elle comporte des conséquences difficilement réparables. Les dispositions des troisième et quatrième alinéas de l'article L 279 sont applicables à cette procédure, la juridiction d'appel étant, selon le cas, le tribunal administratif ou le tribunal judiciaire.

CONT-III-21000 s. ; MF n°s 81885 s.

Art L 278 En cas de contestation par un tiers auprès du tribunal administratif du permis de construire ou de la non-opposition à la déclaration préalable, le paiement des impositions afférentes à cette autorisation est différé, sur demande expresse de son bénéficiaire, jusqu'au prononcé d'une décision juridictionnelle devenue définitive. A l'appui de sa demande, le bénéficiaire de cette autorisation doit constituer auprès du comptable les garanties prévues à l'article L 277. La prescription de l'action en recouvrement est suspendue jusqu'au prononcé de la décision définitive.

IMMO-V-11130 s. ; MF n° 31155 précision c

Art L 279 En matière d'impôts directs et de taxes sur le chiffre d'affaires, lorsque les garanties offertes par le contribuable ont été refusées, celui-ci peut, dans les quinze jours de la réception de la lettre recommandée qui lui a été adressée par le comptable, porter la contestation, par simple demande écrite, devant le juge du référé administratif, qui est un membre du tribunal administratif désigné par le président de ce tribunal.

Cette demande n'est recevable que si le redevable a consigné auprès du comptable, à un compte d'attente, une somme égale au dixième des impôts contestés. Une caution bancaire ou la remise de valeurs mobilières cotées en bourse peut tenir lieu de consignation.

Le juge du référé décide dans le délai d'un mois si les garanties offertes répondent aux conditions prévues à l'article L 277 et si, de ce fait, elles doivent être ou non acceptées par le comptable. Il peut également, dans le même délai, décider de dispenser le redevable de garanties autres que celles déjà constituées.

Dans les huit jours suivant la décision du juge, le redevable et le comptable peuvent, par simple demande écrite, faire appel devant le président de la cour administrative d'appel ou le magistrat qu'il désigne à cet effet. Celui-ci, dans le délai d'un mois, décide si les garanties doivent être acceptées comme répondant aux conditions de l'article L 277.

Pendant la durée de la procédure de référé, le comptable ne peut exercer sur les biens du redevable aucune action autre que les mesures conservatoires prévues à l'article L 277.

Lorsque le juge du référé estime suffisantes les garanties initialement offertes, les sommes consignées sont restituées. Dans le cas contraire, les garanties supplémentaires à présenter sont diminuées à due concurrence.

CONT-III-23700 s. ; MF n°s 81885 s.

Art L 279 A Les dispositions de l'article L 279 sont applicables en matière de droits d'enregistrement, de taxe de publicité foncière et de droits et taxes assimilés ainsi qu'en matière de contributions indirectes, de timbre et de législations assimilées. Toutefois, dans ces cas, le juge du référé est un membre du tribunal judiciaire désigné par le président de ce tribunal. En appel, ces contestations sont portées devant le tribunal.

CONT-III-23700 s. ; MF n°s 81885 s.

Art L 280 En matière d'impôts directs et de taxes sur le chiffre d'affaires, lorsque le tribunal administratif estime qu'une demande ayant comporté un sursis de paiement a entraîné un retard abusif dans le paiement de l'impôt, il peut prononcer une majoration des droits contestés à tort.

Le montant de cette majoration ne peut dépasser 1 % par mois entier écoulé entre la date de l'enregistrement de la demande au greffe et celle du jugement ou celle du paiement si l'impôt est acquitté avant le jugement.

La majoration est exigible en totalité dès l'émission d'un rôle ou d'un avis de mise en recouvrement.

CONT-III-27220 s. ; MF n° 81900

CHAPITRE III

Le contentieux du recouvrement

Art L 281 Les contestations relatives au recouvrement des impôts, taxes, redevances, amendes, condamnations pécuniaires et sommes quelconques dont la perception incombe aux comptables publics doivent être adressées à l'administration dont dépend le comptable qui exerce les poursuites.

Lorsque les contestations portent sur le recouvrement de créances détenues par les établissements publics de l'Etat, par un de ses groupements d'intérêt public ou par les autorités publiques indépendantes, dotés d'un agent comptable, ces contestations sont adressées à l'ordonnateur de l'établissement public, du groupement d'intérêt public ou de l'autorité publique indépendante pour le compte duquel l'agent comptable a exercé ces poursuites.

Les contestations relatives au recouvrement ne peuvent pas remettre en cause le bien-fondé de la créance. Elles peuvent porter :

1° Sur la régularité en la forme de l'acte ;

2° A l'exclusion des amendes et condamnations pécuniaires, sur l'obligation au paiement, sur le montant de la dette compte tenu des paiements effectués et sur l'exigibilité de la somme réclamée.

Les recours contre les décisions prises par l'administration sur ces contestations sont portés dans le cas prévu au 1° devant le juge de l'exécution. Dans les cas prévus au 2°, ils sont portés :

a. Pour les créances fiscales, devant le juge de l'impôt prévu à l'article L 199 ;

b. Pour les créances non fiscales de l'Etat, des établissements publics de l'Etat, de ses groupements d'intérêt public et des autorités publiques indépendantes, dotés d'un agent comptable, devant le juge de droit commun selon la nature de la créance ;

c. Pour les créances non fiscales des collectivités territoriales, des établissements publics locaux et des établissements publics de santé, devant le juge de l'exécution.

REC-VI-3000 s. ; MF n°s 77040 s.

Art L 282 Lorsqu'une tierce personne, mise en cause en vertu de dispositions autres que celles du code général des impôts, conteste son obligation d'acquitter la dette, le tribunal administratif, lorsqu'il est compétent, attend pour statuer que la juridiction civile ait tranché la question de l'obligation.

REC-VI-6750 s.

Demande en revendication d'objets saisis

Art L 283 Lorsqu'il a été procédé, en vue du recouvrement des impôts, taxes, redevances, amendes, condamnations pécuniaires et sommes quelconques dont la perception incombe aux comptables publics, à une saisie mobilière et que la propriété de tout ou partie des biens saisis est revendiquée par une tierce personne, celle-ci peut s'opposer à la vente de ces biens en demandant leur restitution *(NDLR Voir art. R* 283-1)*. A défaut de décision de l'administration sur cette demande ou si la décision rendue ne donne pas satisfaction au demandeur, celui-ci peut assigner devant le juge de l'exécution *(le tribunal de grande instance avant le 1er janvier 1993)* le comptable qui a fait procéder à la saisie. Les dispositions du présent article ne sont pas applicables aux contestations des créances détenues par les établissements publics et les groupements d'intérêt public de l'Etat ainsi que par les autorités publiques indépendantes, dotés d'un agent comptable.

REC-VI-9000 s.

CHAPITRE IV

Assistance internationale au recouvrement

Art L 283 A I. Au sens du présent livre, l'Etat membre requérant s'entend de l'Etat membre de l'Union européenne qui formule une demande d'assistance et l'Etat membre requis de l'Etat membre de l'Union européenne auquel cette demande est adressée.

II. L'administration peut requérir des Etats membres de l'Union européenne et elle est tenue de leur prêter assistance en matière de recouvrement, de notification d'actes ou de décisions, y compris judiciaires, de prises de mesures conservatoires et d'échange de renseignements relatifs à toutes les créances afférentes :

1° A l'ensemble des taxes, impôts et droits quels qu'ils soient, perçus par un Etat membre ou pour le compte de celui-ci ou par ses subdivisions territoriales ou administratives ou pour le compte de celles-ci, y compris les autorités locales, ou pour le compte de l'Union ;

2° Aux sanctions, amendes, redevances et majorations administratives liées aux créances pouvant faire l'objet d'une demande d'assistance mutuelle conformément au 1° prononcées par les autorités administratives chargées de la perception des taxes, impôts ou droits concernés ou des enquêtes administratives y afférentes ou ayant été confirmées, à la demande desdites autorités administratives, par des organes administratifs ou judiciaires ;

3° Aux redevances perçues pour les attestations et les documents similaires délivrés dans le cadre de procédures administratives relatives aux taxes, impôts et droits ;

4° Aux intérêts et frais relatifs aux créances pouvant faire l'objet d'une demande d'assistance conformément aux 1° à 3° *(NDLR Voir art. R* 283 A-1 à R* 283 A-4).*

III. Sont exclus de cette assistance mutuelle :

1° Les cotisations sociales obligatoires dues à l'Etat membre ou à une de ses subdivisions ou aux organismes de sécurité sociale relevant du droit public ;

2° Les redevances qui ne sont pas mentionnées aux 2° et 3° du II ;

3° Les droits de nature contractuelle, tels que la contrepartie versée pour l'exécution d'un service public ;

4° Les sanctions pénales infligées sur la base de poursuites à la diligence du ministère public ou les autres sanctions pénales qui ne sont pas mentionnées au 2° du II.

REC-I-600 s.

Art L 283 B **I.** L'administration compétente n'est pas tenue d'accorder l'assistance pour recouvrer ou prendre des mesures conservatoires, pour notifier des actes ou des décisions, y compris judiciaires, et pour fournir des renseignements lorsque la demande vise des créances exigibles depuis plus de cinq ans. Ce délai n'est pas opposable lorsqu'une première demande a été formulée avant cette échéance

II. Les modalités de computation de ce délai sont les suivantes :

1° Lorsque la créance ou le titre de recouvrement initial font l'objet d'une contestation, le délai de cinq ans court à compter de la date à laquelle il a été définitivement statué sur la créance ou le titre de l'Etat requérant ;

2° Lorsqu'un délai de paiement ou un paiement échelonné des créances a été accordé au redevable par l'Etat requérant, le délai de cinq ans court à compter de l'expiration du délai de paiement.

III. Dans tous les cas, l'administration compétente n'est pas tenue d'accorder l'assistance lorsque la demande concerne des créances exigibles depuis plus de dix ans.

REC-I-600 s.

Art L 283 C **I.** Le recouvrement des créances, mentionnées à l'article L 283 A, dont le montant est supérieur ou égal à 1 500 € et la prise de mesures conservatoires au titre des créances précitées issues des Etats membres de l'Union européenne sont confiés aux comptables publics compétents.

II. Ces créances sont recouvrées selon les modalités applicables aux créances de même nature nées sur le territoire national et les intérêts de retard courent à compter de la date de réception de la demande de recouvrement.

III. Si le recouvrement porte sur une créance qui n'a pas d'équivalent dans le système fiscal de l'autorité requise, la créance est recouvrée comme en matière d'impôt sur le revenu.

IV. Les créances mentionnées aux I et III ne bénéficient d'aucun privilège.

V. L'administration compétente donne suite à la demande d'assistance au recouvrement lorsque la créance a fait l'objet d'un titre de recouvrement.

VI. La demande d'assistance au recouvrement est accompagnée d'un instrument uniformisé établi par l'Etat membre requérant et permettant l'adoption de mesures exécutoires. Cet instrument reflète la substance du titre exécutoire initial.

Les informations minimales qu'il doit comporter sont fixées par voie réglementaire *(NDLR Voir art. R* 283 C-1).*

Cet instrument est transmis par l'Etat membre requérant. Il constitue le fondement unique des mesures de recouvrement et des mesures conservatoires qui sont prises pour garantir le recouvrement de la créance de cet Etat et il est directement reconnu comme un titre exécutoire.

VII. L'assistance au recouvrement est accordée pour autant que la créance ou le titre de recouvrement ne sont pas contestés dans l'Etat membre requérant et que les procédures de recouvrement appropriées ont été mises en œuvre dans cet Etat.

VIII. L'Etat membre requérant peut également demander l'assistance au recouvrement :

1° Lorsqu'il est manifeste qu'il n'existe pas d'actifs pouvant être recouvrés sur son territoire ou que les procédures de recouvrement ne peuvent aboutir au paiement intégral de la créance et qu'il dispose d'informations spécifiques indiquant que le redevable dispose d'actifs en France ;

2° Lorsque la mise en œuvre des procédures de recouvrement donne lieu à des difficultés ou à un coût disproportionnés pour l'Etat membre requérant.

IX. Dès qu'elle est informée par l'Etat membre requérant ou par le redevable du dépôt d'une contestation de la créance ou du titre, l'administration compétente suspend la procédure de recouvrement jusqu'à la notification de la décision de l'instance compétente de l'Etat membre requérant, sauf si celui-ci la saisit d'une demande expresse de poursuite de la procédure de recouvrement assortie d'une déclaration certifiant que son droit national lui permet de recouvrer la créance contestée.

X. A la demande de l'Etat membre requérant ou lorsqu'il l'estime nécessaire, le comptable public compétent prend toutes mesures conservatoires utiles pour garantir le recouvrement de la créance de cet Etat.

XI. L'administration compétente donne suite à une demande de prise de mesures conservatoires :

1° Lorsque la créance a fait l'objet d'un titre de recouvrement mais que la créance ou le titre de recouvrement sont contestés au moment où la demande est présentée ;

2° Lorsque la créance ne fait pas encore l'objet d'un titre de recouvrement, dans la mesure où la législation de l'Etat membre requérant permet de prendre des mesures conservatoires en l'absence d'un titre exécutoire.

XII. Les questions relatives à la prescription de l'action en recouvrement et au caractère interruptif ou suspensif des actes effectués par le comptable public pour le recouvrement des créances d'un autre Etat membre sont appréciées selon la législation de l'Etat requérant.

Lorsque la législation de l'Etat requis ne permet pas d'interrompre, de suspendre ou de proroger le délai de prescription, les actes effectués par l'administration de cet Etat sont réputés avoir les mêmes effets interruptifs ou suspensifs que s'ils avaient été accomplis dans l'Etat requérant.

Le présent XII s'applique sans préjudice de la possibilité pour l'Etat requérant de diligenter des actes destinés à interrompre, suspendre ou proroger le délai de prescription de l'action en recouvrement de ses créances.

REC-I-600 s.

Art L 283 D I. Les administrations financières communiquent aux administrations des autres Etats membres, à leur demande, toute information vraisemblablement pertinente pour le recouvrement des créances mentionnées aux 1° à 4° du II de l'article L 283 A, à l'exception de celle qui ne pourrait être obtenue pour le recouvrement de leurs propres créances de même nature sur la base de la législation en vigueur.

II. Elles ne peuvent fournir des renseignements qui révéleraient un secret des affaires ou un secret professionnel ou dont la communication serait de nature à porter atteinte à la sécurité ou à l'ordre publics.

Toutefois, les administrations financières ne peuvent refuser de fournir ces informations pour la seule raison qu'elles sont détenues par une banque, un autre établissement financier, une personne désignée ou agissant en qualité d'agent ou de fiduciaire ou qu'elles se rapportent à une participation au capital d'une personne.

III. Les informations échangées dans le cadre des dispositions des articles L 283 A à L 283 F ne peuvent être transmises qu'aux fins de mise en œuvre de mesures de recouvrement ou conservatoires portant sur les créances mentionnées aux 1° à 4° du II de l'article L 283 A. L'administration bénéficiaire de ces informations est soumise au secret professionnel dans les termes des articles 226-13 et 226-14 du code pénal.

DC-VI-3690

IV. Les informations échangées dans le cadre des dispositions des articles L 283 A à L 283 F peuvent être invoquées ou utilisées comme preuve par les administrations financières.

Art L 283 E En cas d'ouverture d'une procédure amiable entre les administrations financières de deux Etats membres de l'Union européenne relative à la répartition de la charge d'imposition, les mesures de recouvrement de la créance de l'Etat requérant sont suspendues ou interrompues jusqu'au terme de cette procédure, sans préjudice des éventuelles mesures conservatoires.

Toutefois, en cas de fraude ou d'organisation d'insolvabilité et lorsque l'urgence le commande, les mesures de recouvrement sont poursuivies.

REC-I-640

Art L 283 F Les fonctionnaires des administrations des autres Etats membres dûment habilités par l'autorité requérante par un mandat écrit et autorisés par l'administration française peuvent assister les agents de l'administration dans le cadre des procédures judiciaires engagées en France.

(Les demandes d'assistance sont également régies par les dispositions du règlement d'exécution UE/1189/2011 de la commission du 18 novembre 2011 fixant les modalités d'application relatives à certaines dispositions de la directive 2010/24/UE du Conseil concernant l'assistance mutuelle en matière de recouvrement des créances relatives aux taxes, impôts, droits et autres mesures)

TITRE V

DISPOSITIONS COMMUNES

CHAPITRE PREMIER

Dispositions générales

Art L 284 Sauf disposition contraire, les règles de procédure fiscale ne s'appliquent qu'aux formalités accomplies après leur date d'entrée en vigueur, quelle que soit la date de la mise en recouvrement des impositions.

DC-IX-820 s.

Art L 285 Pour l'application du présent livre, la société par actions simplifiée est assimilée à une société anonyme.

Art L 286 Toute personne tenue de respecter une date limite ou un délai pour présenter une demande, déposer une déclaration, exécuter un paiement ou produire un document auprès d'une autorité administrative peut satisfaire à cette obligation au plus tard à la date prescrite au moyen d'un envoi de correspondance, le cachet apposé par les prestataires de services postaux autorisés au titre de l'article L 3 du code des postes et des communications électroniques faisant foi, ou d'un envoi par voie électronique, auquel cas fait foi la date figurant sur l'accusé de réception ou, le cas échéant, sur l'accusé d'enregistrement adressé à l'usager par la même voie conformément à l'article L 112-11 du code des relations entre le public et l'administration.

Les modalités d'application du présent article sont fixées par décret en Conseil d'Etat.

REC-III-670 ; REC-VI-4218 ; DC-VI-26000 s. ; MF n° 76720 précision b

Art L 286 A Les règles de contrôle de l'impôt sur le revenu et des impôts directs locaux, prévues par le présent livre pour les contribuables mentionnés au deuxième alinéa du 1 de l'article 6 du code général des impôts, s'appliquent aux partenaires liés par un pacte civil de solidarité qui font l'objet d'une imposition commune.

CF-I-1750 s.

Art L 286 B I. Dans le cadre des procédures de contrôle, de recouvrement et de contentieux prévues au présent livre, tout agent des finances publiques peut être autorisé à ne pas être identifié par ses nom et prénom lorsque, compte tenu des conditions d'exercice de sa mission et des circonstances particulières de la procédure, la révélation de son identité à une personne déterminée est susceptible de mettre en danger sa vie ou son intégrité physique ou celles de ses proches.

Il en est de même lorsqu'un agent des finances publiques est requis sur le fondement des dispositions des articles 60, 77-1, 81 et 706-82 du code de procédure pénale ainsi que lorsqu'il exerce ses attributions dans le cadre de l'article L 10-0 AC du présent livre.

L'autorisation est délivrée nominativement par le directeur du service déconcentré ou du service à compétence nationale dans lequel l'agent est affecté. Le directeur peut déléguer sa signature à un agent des finances publiques de catégorie A détenant au moins le grade d'administrateur des finances publiques adjoint ou un grade équivalent. L'autorisation prend la forme d'une décision écrite et motivée qui précise les personnes à l'égard desquelles elle s'applique.

Ndlr *Les dispositions du présent alinéa relatives à la délégation de signature s'appliquent à compter du 1er janvier 2024.*

L'agent qui bénéficie de l'autorisation prévue au troisième alinéa du présent I est identifié, au cours des procédures mentionnées aux premier et deuxième alinéas, par un numéro d'immatriculation administrative, sa qualité et la mention du service déconcentré ou du service à compétence nationale dans lequel il est affecté.

II. Les juridictions administratives et judiciaires ont accès aux nom et prénom de la personne identifiée par un numéro d'immatriculation administrative dans un acte de procédure.

Saisie par une partie à la procédure d'une requête écrite et motivée tendant à la communication des nom et prénom d'une personne bénéficiaire d'une autorisation délivrée en application du I, la juridiction décide des suites à donner à cette requête en tenant compte, d'une part, de la menace que la révélation de l'identité de cette personne ferait peser sur sa vie ou son intégrité physique ou celles de ses proches et, d'autre part, de la nécessité de communiquer cette identité pour l'exercice des droits de la défense de l'auteur de la demande. Le procureur de la République se prononce dans les mêmes conditions lorsqu'il est fait application de l'article 77-2 du code de procédure pénale.

En cas de demande d'annulation d'un acte de procédure fondée sur la violation des formes prescrites par la loi à peine de nullité ou sur l'inobservation des formalités substantielles dont l'appréciation nécessite la révélation des nom et prénom du bénéficiaire d'une autorisation délivrée en application du I du présent article, la juridiction saisie statue sans verser ces éléments au débat contradictoire ni indiquer les nom et prénom du bénéficiaire de cette autorisation dans sa décision.

III. Les modalités de mise en œuvre de l'autorisation prévue au I sont définies par décret.

FR 2/20 inf. 92 p. 199 ; FR 2/24 inf. 99 p. 166 ; MF nº 77865

Art L 286 BA **I.** Dans le cadre des procédures de contrôle et de contentieux prévues au présent livre, en matière de contributions indirectes et de réglementations assimilées, tout agent des douanes et droits indirects peut être autorisé à ne pas être identifié par ses nom et prénom lorsque, compte tenu des conditions d'exercice de sa mission et des circonstances particulières de la procédure, la révélation de son identité est susceptible de mettre en danger sa vie ou son intégrité physique ou celles de ses proches.

L'autorisation est délivrée nominativement par le directeur du service déconcentré ou du service à compétence nationale dans lequel l'agent est affecté, qui statue par une décision motivée précisant les personnes à l'égard desquelles elle s'applique.

Cette autorisation permet à l'agent qui en bénéficie d'être identifié par un numéro de commission d'emploi, sa qualité et son service d'affectation dans tous les actes des procédures pour lesquelles ladite autorisation a été délivrée.

Le bénéficiaire de l'autorisation est autorisé à déposer ou à comparaître comme témoin au cours de l'enquête ou devant les juridictions d'instruction ou de jugement et à se constituer partie civile en utilisant ces mêmes éléments d'identification, qui sont seuls mentionnés dans les procès-verbaux, les citations, les convocations, les ordonnances, les jugements ou les arrêts. Il ne peut être fait état de ses nom et prénom au cours des audiences publiques.

L'agent des douanes et droits indirects qui bénéficie de l'autorisation prévue au présent I est identifié, au cours des procédures mentionnées au premier alinéa du présent I, par le numéro de sa commission d'emploi, sa qualité et la mention du service ou de l'unité dans lequel il est affecté.

Le présent I n'est pas applicable lorsque, en raison d'un acte commis dans l'exercice de ses fonctions, le bénéficiaire de l'autorisation fait l'objet de poursuites pénales.

II. Les juridictions administratives et judiciaires ont accès aux nom et prénom de l'agent identifié par un numéro de commission d'emploi dans un acte de procédure.

Saisie par une partie à la procédure d'une requête écrite et motivée tendant à la communication des nom et prénom d'un agent bénéficiaire d'une autorisation délivrée en application du I, la juridiction décide des suites à donner à cette requête, en tenant compte, d'une part, de la menace que la révélation de l'identité de cet agent ferait peser sur sa vie ou son intégrité physique ou sur celles de ses proches et, d'autre part, de la nécessité de communiquer cette identité pour l'exercice des droits de la défense de l'auteur de la demande. Le procureur de la République se prononce dans les mêmes conditions lorsqu'il est fait application de l'article 77-2 du code de procédure pénale.

En cas de demande d'annulation d'un acte de procédure fondée sur la violation des formes prescrites par la loi à peine de nullité ou sur l'inobservation des formalités substantielles dont l'appréciation nécessite la révélation des nom et prénom du bénéficiaire d'une autorisation délivrée en application du I du présent article, la juridiction saisie statue sans verser ces éléments au débat contradictoire ni indiquer les nom et prénom du bénéficiaire de cette autorisation dans sa décision.

III. Un décret en Conseil d'Etat précise les modalités d'application du présent article.

Art L 286 C **1.** Les titres exécutoires, les actes de poursuite et les actes judiciaires ou extrajudiciaires peuvent être signifiés pour le recouvrement des créances dues à un comptable public par un huissier de justice ou par tout agent de l'administration habilité à exercer des poursuites au nom du comptable.

2. Lorsque l'administration décide de procéder à leur notification par voie de signification, les propositions de rectifications et les notifications prévues respectivement au premier alinéa des articles L 57 et L 76 peuvent être signifiées par tout agent de l'administration habilité à exercer des poursuites au nom du comptable.

FR 2/21 inf. 92 nos 5 s. p. 139

Art L 286 D Les biens meubles saisis par tout agent de l'administration habilité à exercer des poursuites au nom du comptable peuvent être vendus aux enchères publiques par tout officier public ministériel habilité à procéder aux ventes aux enchères publiques ou par tout agent de l'administration habilité à vendre au nom du comptable public.

FR 2/21 inf. 92 nos 5 s. p. 139

CHAPITRE II

Numéro d'inscription au répertoire national d'identification des personnes physiques

Art L 287 La direction générale des finances publiques et la direction générale des douanes et droits indirects collectent, conservent et échangent entre elles les numéros d'inscription au répertoire national d'identification des personnes physiques pour les utiliser exclusivement dans les traitements des données relatives à l'assiette, au contrôle de tous impôts, droits, taxes, redevances ou amendes et au recouvrement de l'ensemble des créances dont elles ont la charge.

L'obligation du secret professionnel prévue à l'article L 103 s'étend à toutes les informations recueillies à l'occasion des opérations de collecte, de conservation et d'échange mentionnées au premier alinéa. Ces opérations doivent être réalisées aux seules fins de l'accomplissement des missions mentionnées au premier alinéa.

DC-VI-3930 s.

Art L 288 Lorsque la mise en œuvre du droit de communication prévu aux articles L 81 A et L 152 s'avère susceptible de porter une atteinte grave et immédiate aux droits et libertés visés à l'article 1er de la loi n° 78-17 du 6 janvier 1978 relative à l'informatique, aux fichiers et aux libertés, la commission nationale de l'informatique et des libertés enjoint l'autorité administrative de prendre sans délai les mesures de sécurité pouvant aller jusqu'à la destruction des supports d'information qui ont été constitués à partir d'un numéro d'inscription au répertoire national d'identification des personnes physiques.

Sans préjudice des dispositions de l'article 40 du code de procédure pénale, si cette injonction n'est pas suivie d'effet, la Commission nationale de l'informatique et des libertés saisit le président du tribunal judiciaire de Paris, qui peut ordonner le cas échéant sous astreintes les mesures proposées par la commission.

CF-III-31000 s.

Art L 288 A Sur la base du numéro d'inscription au répertoire national d'identification des personnes physiques et des éléments d'Etat civil communiqués par les débiteurs de la retenue à la source mentionnés à l'article 204 A du code général des impôts, l'administration fiscale transmet à ceux-ci le taux de prélèvement prévu à l'article 204 E du même code avec le numéro d'inscription au répertoire national d'identification des personnes physiques correspondant.

Ces opérations sont réalisées et ces informations recueillies, détenues ou transmises aux seules fins des missions définies au présent article ainsi qu'à l'article 204 A du code général des impôts.

L'obligation de secret professionnel prévue à l'article L 103 du présent livre s'étend à ces informations.

IRPP-VI-23420 ; MF n° 3845

CHAPITRE III

Dispositions communautaires

Art L 289 Pour l'application de la législation fiscale, l'administration, sur demande d'un autre Etat membre de l'Union européenne, procède ou fait procéder à la notification de tout acte ou décision émanant de cet Etat selon les règles en vigueur en France pour la notification d'actes ou de décisions. Elle peut également demander à un Etat membre de l'Union européenne de procéder ou de faire procéder à la notification d'actes ou de décisions afférents aux mêmes impositions.

Pour les droits d'accises sur l'alcool, les boissons alcooliques et les tabacs manufacturés, il est fait application du règlement (CE) n° 2073/2004 du Conseil du 16 novembre 2004 relatif à la coopération administrative dans le domaine des droits d'accises.

(En matière de TVA, la notification des actes et décisions entre Etats membres de l'Union européenne est effectuée dans les conditions prévues par les articles 25, 26 et 27 du règlement UE/904/2010 du Conseil du 7 octobre 2010 concernant la coopération administrative et la lutte contre la fraude dans le domaine de la TVA)

DC-VI-45200 s.

DEUXIEME PARTIE

PARTIE REGLEMENTAIRE – DECRETS

Dans cette partie, sont désignés :
– par un astérisque, les décrets en Conseil d'Etat,
– sans astérisque, les décrets simples.

TITRE II

LE CONTROLE DE L'IMPOT

CHAPITRE PREMIER

Le droit de contrôle de l'administration

SECTION I

Dispositions générales

Art R 10-0 AC-1 La direction générale des finances publiques peut indemniser les personnes mentionnées aux premier et deuxième alinéas de l'article L 10-0 AC.

BF 3/21 inf. 260 ; MF nº 78352

Art R* 11 A-1 Dès la publication d'un décret portant nomination du Premier ministre ou relatif à la composition du Gouvernement, la Haute Autorité pour la transparence de la vie publique saisit le directeur général des finances publiques aux fins de procéder à la vérification de la situation fiscale du ou des membres du Gouvernement nommés.

La vérification porte sur les impositions dues et non encore prescrites au titre de l'impôt sur le revenu et, le cas échéant, de l'impôt de solidarité sur la fortune.

Dans le délai d'un mois suivant la nomination du membre du Gouvernement, le directeur général des finances publiques rend compte à la Haute Autorité pour la transparence de la vie publique des constats réalisés et, le cas échéant, de la nécessité de poursuivre les investigations ou de l'engagement des procédures prévues par le titre II de la première partie.

Au vu du rapport établi en application du troisième alinéa ou sur la base d'éléments dont elle dispose par ailleurs, la Haute Autorité pour la transparence de la vie publique peut demander au directeur général des finances publiques de lui fournir des informations complémentaires ou de procéder à de nouvelles investigations.

Le directeur général des finances publiques transmet à la Haute Autorité pour la transparence de la vie publique les informations demandées ou lui rend compte, le cas échéant, de l'état d'avancement des investigations complémentaires dans un délai de quinze jours suivant la demande.

En cas de poursuite des investigations ou de l'engagement des procédures prévues au titre II de la première partie au-delà des délais mentionnés aux troisième à cinquième alinéas, le directeur général des finances publiques rend compte à la Haute Autorité pour la transparence de la vie publique des constats réalisés et des résultats obtenus et, le cas échéant, de l'état d'avancement de ces investigations et procédures au plus tard deux mois après la nomination du membre du Gouvernement.

Au-delà du délai de deux mois mentionné à l'alinéa précédent, le directeur général des finances publiques rend compte à la Haute Autorité pour la transparence de la vie publique des constats réalisés et des résultats obtenus dans les meilleurs délais possibles et, le cas échéant, de l'état d'avancement des investigations et procédures en cours selon une périodicité qui ne peut excéder trois mois.

Ndlr *L'impôt de solidarité sur la fortune a été remplacé par l'impôt sur la fortune immobilière à compter du 1er janvier 2018.*

CF-IV-180

2° Dispositions relatives aux vérifications des comptabilités

Art R* 13-1 Les vérifications de comptabilité mentionnées à l'article L 13 comportent notamment :

a. La comparaison des déclarations souscrites par les contribuables avec les écritures comptables et avec les registres et documents de toute nature, notamment ceux dont la tenue est prévue par le code général des impôts et par le code de commerce ;

b. L'examen de la régularité, de la sincérité et du caractère probant de la comptabilité, à l'aide particulièrement des renseignements recueillis à l'occasion de l'exercice du droit de communication, et de contrôles matériels.

CF-IV-7000 s.

Art R 13-2 Les agents des impôts peuvent effectuer les vérifications et les contrôles nécessaires à l'assiette et au contrôle de l'impôt, chez les producteurs de produits soumis à la taxe sur la valeur ajoutée, ainsi que chez les tiers travaillant pour le compte de ces producteurs. Les agents peuvent intervenir dans les locaux affectés soit à la fabrication ou à la production, soit au logement ou à la transformation des marchandises, qu'il s'agisse de marchandises extraites ou fabriquées par les producteurs ou de marchandises reçues par eux, grevées de la taxe, en vue de la revente en l'état.

En ce qui concerne les établissements dans lesquels les vérifications et les contrôles ne peuvent pratiquement être effectués qu'à l'occasion d'une suspension des opérations de fabrication, les producteurs sont tenus de signaler au moins quinze jours à l'avance, au service des impôts dont ils relèvent, la date de chacun de leurs inventaires.

CF-IV-5020

Art R 13 AA-1 **I.** La documentation prévue par l'article L 13 AA est tenue à la disposition de l'administration sous un format électronique de nature à permettre l'échange et la lecture des documents, indépendamment de l'environnement dans lequel ils ont été créés.

Les tables de données contenues dans la documentation sont présentées dans un format électronique de nature à permettre à l'administration d'effectuer des vérifications des calculs réalisés par l'entreprise, tris, classements ainsi que tout type de calculs.

La documentation prévue à l'article L 13 AA inclut les opérations réalisées entre le siège d'une entreprise et ses succursales implantées dans d'autres juridictions fiscales.

II. Le fichier principal, mentionné au 1 du II de l'article L 13 AA, est présenté sous la forme de cinq rubriques dans l'ordre suivant : « Structure organisationnelle », « Description du ou des domaines du groupe multinational », « Actifs incorporels du groupe multinational », « Activités financières interentreprises du groupe multinational » et « Situation financière et fiscale du groupe multinational ».

1. La rubrique intitulée « Structure organisationnelle » comprend les renseignements mentionnés au a du 1 du II de l'article L 13 AA.

Pour l'application du a, les entités opérationnelles comprennent toutes les formes de structures juridiques y compris celles n'ayant pas de personnalité morale.

2. La rubrique intitulée « Description du ou des domaines du groupe multinational » comprend les renseignements mentionnés aux b à g du 1 du II de l'article L 13 AA.

Pour l'application du b, les sources importantes de bénéfices du groupe correspondent aux activités réalisées par des entités du groupe et qui exercent une influence déterminante dans la réalisation des bénéfices.

Pour l'application du c, la description de la chaîne d'approvisionnement des biens et services comprend les principales étapes qui conduisent à la commercialisation des biens et services, ce qui inclut notamment les activités de conception et de fabrication. Cette description peut prendre la forme d'un diagramme ou d'un schéma. Le chiffre d'affaires du groupe correspond au chiffre d'affaires consolidé.

Pour l'application du d, les accords importants de prestations de services entre entreprises associées correspondent à ceux dont l'exécution est prépondérante dans l'activité des entreprises du groupe qui sont bénéficiaires des prestations.

La description des capacités des sites qui fournissent les services comprend des informations sur les moyens humains, matériels, financiers et logistiques.

La description des politiques appliquées en matière de prix de transfert comprend l'énumération des critères pris en compte pour répartir les coûts des services ainsi que la description des modalités retenues pour la détermination des prix facturés.

Pour l'application du g, les opérations importantes de réorganisation correspondent aux opérations réalisées par des entreprises du groupe et qui se sont traduites par des transferts ou des créations d'activité ainsi que par des changements de statut juridique ou de fonctions.

3. La rubrique intitulée « Actifs incorporels du groupe multinational » comprend les renseignements mentionnés aux h à k du 1 du II de l'article L 13 AA.

Pour l'application du h, la description de la stratégie du groupe en matière de mise au point, de propriété et d'exploitation des actifs incorporels comprend notamment des informations sur les opérations réalisées au sein du groupe et sur celles qui font l'objet d'une sous-traitance auprès d'entreprises qui ne sont pas membres du groupe.

Les installations de recherche correspondent aux unités opérationnelles de recherche et de développement telles que les centres, laboratoires ou ateliers de recherche. La localisation de la direction des activités de recherche et de développement correspond au lieu où les orientations stratégiques de recherche et développement sont prises.

Pour l'application du i, la liste des actifs incorporels ou des catégories d'actifs incorporels importants pour l'établissement des prix de transfert est complétée par une rubrique relative aux politiques du groupe en matière de prix de transfert relatives à la recherche et développement et aux actifs incorporels.

Pour l'application du k, les transferts importants de parts d'actifs incorporels entre entreprises associées sont ceux qui conduisent à une modification substantielle des fonctions exercées et des risques assumés par les entités concernées.

4. La rubrique intitulée « Activités financières interentreprises du groupe multinational » comprend les renseignements prévus aux l à n du 1 du II de l'article L 13 AA.

5. La rubrique intitulée « Situation financière et fiscale du groupe multinational » comprend les renseignements prévus aux o et p du 1 du II de l'article L 13 AA.

III. Le fichier local, mentionné au 2 du II de l'article L 13 AA, est présenté sous la forme de trois rubriques dans l'ordre suivant : « Entité en France », « Transactions contrôlées » et « Informations financières ».

1. La rubrique intitulée « Entité en France » comprend les renseignements prévus aux a et b du 2 du II de l'article L 13 AA, ainsi que l'identification des principaux concurrents de l'entreprise.

Pour l'application du a, la description de la structure de gestion distingue les organes de direction et les structures opérationnelles de l'entreprise avec des informations sur leurs responsabilités et rôles respectifs et les moyens humains. Cette description peut prendre la forme d'un schéma ou d'un diagramme.

Pour l'application du b, la stratégie d'entreprise consiste en une description des objectifs poursuivis, des choix effectués sur l'allocation des moyens et des financements mobilisés et des risques assumés pour atteindre ces objectifs. Dans ce cadre les opérations de réorganisation s'entendent des opérations auxquelles est partie l'entreprise et qui se sont traduites par des transferts ou des créations d'activité ainsi que par des changements de statut juridique ou de fonctions.

2. La rubrique intitulée « Transactions contrôlées » comprend les renseignements mentionnés aux c à p du 2 du II de l'article L 13 AA.

Pour l'application des c à p, les transactions qui doivent faire l'objet de renseignements dans le fichier local sont celles réalisées entre l'entreprise et une ou plusieurs entreprises associées et dont le montant, tel qu'il est issu de la comptabilité sociale, agrégé par catégorie excède 100 000 € au titre de l'exercice. Le montant de 100 000 € doit être apprécié sans compensation ni entre les produits et les charges, ni entre les acquisitions et les cessions d'actifs.

Les catégories de transactions à prendre en compte sont :

1° Celles qui correspondent à des produits : les ventes des biens, les prestations de services, les commissions, les redevances de brevet, les redevances de marque, les redevances de savoir-faire, les autres redevances de droits de propriété intellectuelle, les garanties de bonne exécution, les garanties financières, les produits financiers, les flux sur instruments financiers à terme, les autres produits ;

2° Celles qui correspondent à des charges : les achats de biens, les prestations de services, les commissions, les redevances de brevet, les redevances de marque, les redevances de savoir-faire, les autres redevances de droits de propriété intellectuelle, les garanties de bonne exécution, les garanties financières, les charges financières, les flux sur instruments financiers à terme, les autres charges ;

3° Celles qui correspondent à des acquisitions et des cessions d'actifs portant sur : les brevets, les marques, les fonds de commerce, les immobilisations financières, les biens meubles incorporels, les biens meubles corporels, les biens immeubles.

La rubrique « Transactions contrôlées » peut comprendre d'autres catégories ou des sous-catégories de transactions, y compris lorsque le montant agrégé des transactions de ces catégories ou sous-catégories est inférieur ou égal à 100 000 €.

Pour l'application du c, la description des transactions comporte les informations pertinentes relatives aux types de biens ou de produits concernés et à leur montant. Il peut s'agir, notamment, des conditions de paiement, des garanties et, le cas échéant, des rémunérations d'intermédiaires. Cette description peut être réalisée par catégorie de transactions dès lors que les transactions au sein de chaque catégorie portent sur les mêmes biens et services.

Pour l'application du d, les montants de paiements et recettes intra-groupe correspondent aux montants des transactions qui se sont traduites, dans la comptabilité sociale, par des produits, des charges, des augmentations ou des diminutions d'actif ou de passif.

Pour chaque catégorie de transactions, le montant à indiquer correspond au montant agrégé des transactions de la catégorie concernée, issu de la comptabilité sociale.

Les informations prévues aux d et e sont présentées sous la forme d'un tableau avec, en lignes, l'indication des catégories de transactions et en colonnes l'indication des entreprises associées impliquées, de leur rôle et de leur juridiction fiscale par un code à deux lettres respectant la norme ISO 3166.

Pour l'application du f, les accords intra-groupe importants correspondent à tous les accords dont l'exécution se traduit par des transactions entre entreprises associées et dont le montant agrégé par catégorie excède 100 000 € au titre de l'exercice.

Pour l'application du g, l'analyse de comparabilité décrit, pour chaque catégorie de transactions, d'une part, les conditions de rémunération de l'entreprise, d'autre part, celles qui trouveraient à s'appliquer entre des entreprises indépendantes. Les éventuels écarts sont justifiés. L'analyse fonctionnelle comprend :

1° Une description des fonctions exercées, des risques assumés et des principaux actifs utilisés dans la réalisation des transactions ;

2° Les changements intervenus par rapport aux deux exercices précédents.

Pour l'application du h, la présentation de la méthode des prix de transfert la plus adaptée est effectuée sous la forme d'un tableau avec, en lignes, les catégories de transactions et, en colonnes, l'indication, d'une part, de la ou des méthodes des prix de transfert appliquées, d'autre part, d'une explication des raisons qui ont conduit au choix de ces méthodes. Ce tableau est complété par des précisions littérales.

Pour l'application du i, la partie testée est l'entreprise qui a été retenue afin d'apprécier les conditions de rémunération, en application de la méthode de prix de transfert.

Lorsqu'une entreprise associée a été choisie comme partie testée, l'indication des raisons de cette sélection est accompagnée d'indications sur l'activité, les conditions de fonctionnement et le rôle de la partie testée.

Pour l'application du j, la synthèse des hypothèses importantes posées pour appliquer les méthodes de prix de transfert est effectuée pour chaque catégorie de transactions. Elle peut être intégrée dans les indications prévues au h.

Pour l'application du l, la liste et la description des transactions comparables sur le marché libre sont effectuées pour chaque catégorie de transactions avec des entreprises associées.

Pour l'application du m, sont également mentionnés les calculs de ces ajustements.

3. La rubrique intitulée « Informations financières » comprend les renseignements mentionnés aux q à s du 2 du II de l'article L 13 AA.

Pour l'application du r, les informations et les tableaux doivent notamment porter sur :

1° Les conséquences arithmétiques de l'application des politiques de prix de transfert dans la comptabilité sociale avec l'identification des comptes concernés ;

2° La correspondance entre les états financiers ayant servi à la détermination des prix et ceux dont la tenue par l'entreprise est obligatoire.

BIC-IX-57530 s.

SECTION II

Dispositions particulières à certains impôts

I bis. Dispositions particulières à l'impôt sur le revenu ou sur les bénéfices et à la taxe sur la valeur ajoutée

Art R 16 B-1 Pour l'habilitation des agents de la direction générale des finances publiques, mentionnée aux I et III de l'article L 16 B, le directeur général des finances publiques peut déléguer sa signature à un ou plusieurs fonctionnaires de l'administration centrale de la direction générale des finances publiques ayant au moins le grade d'administrateur civil ou un grade équivalent ou au directeur de la direction nationale d'enquêtes fiscales ou son adjoint.

CF-IX-72110

Art R* 16-0 BA-1 La décision de mettre en œuvre les dispositions du I bis de l'article L 16-0 BA est prise par un agent ayant au moins le grade d'inspecteur divisionnaire.

CF-IX-79020 ; MF n° 78330 précision a

I quater. Dispositions particulières aux taxes sur le chiffre d'affaires et taxes assimilées

Art R 16 E-1 I. Tout prélèvement d'échantillons, effectué par les agents de la direction générale des douanes et droits indirects ou de la direction générale des finances publiques en application de l'article L 16 E comporte quatre échantillons.

II. Les quatre échantillons sont, autant que possible, identiques.

Chaque échantillon peut être constitué de plusieurs articles dont les quantités n'excèdent pas celles qui sont nécessaires pour permettre l'analyse ou l'expertise.

Lorsqu'un produit, une marchandise ou un objet, en raison de son poids, de ses dimensions, de sa valeur, de sa nature ou de la trop faible quantité de produit, ne peut, sans inconvénient, faire l'objet d'un prélèvement en quatre échantillons, les agents mentionnés au I prélèvent ou font prélever :

1° Soit quatre exemplaires de plans, de dessins, de photographies ou de tous autres documents permettant d'identifier le produit, la marchandise ou l'objet contrôlé ;

2° Soit la totalité du produit, de la marchandise ou de l'objet qui constitue alors un seul et unique échantillon.

III. Les agents mentionnés au I peuvent prélever eux-mêmes les échantillons ou les faire prélever, sous leur surveillance, par le propriétaire ou le détenteur du produit, de la marchandise ou de l'objet, ou le représentant de l'un d'eux ou, à défaut, le témoin mentionné au premier alinéa du I de l'article L 16 E. Ils peuvent également faire prélever des échantillons, sous leur surveillance, par toute personne qualifiée requise en application de l'article L 103 A.

BF 6/20 inf. 463

Art R 16 E-2 Tout échantillon prélevé est mis sous scellés. Ceux-ci doivent retenir une étiquette d'identification portant les mentions suivantes :

1° Les nom, prénom ou raison sociale de la personne chez laquelle le prélèvement est effectué et le cas échéant, le lieu du prélèvement s'il est distinct du principal établissement de la personne contrôlée ;

2° La date et l'heure du prélèvement ;

3° La nature du produit ou de la marchandise ayant fait l'objet du prélèvement ;

4° Le numéro d'ordre de chaque échantillon ;

5° Les nom, prénom, adresse et qualité de la personne assistant au prélèvement, ainsi que sa signature ou la mention du refus de cette personne de signer ;

6° Les nom, prénom et qualité de l'agent mentionné au I de l'article R 16 E-1 ayant effectué le prélèvement, ou y ayant assisté, ainsi que sa signature ;

7° Le cas échéant, les nom, prénom et qualité de la personne autre que les agents mentionnés au I de l'article R 16 E-1 ayant effectué le prélèvement.

BF 6/20 inf. 463

Art R 16 E-3 **I.** Lorsque quatre échantillons sont prélevés, un échantillon est destiné à l'analyse par le service commun des laboratoires ou à l'examen par tout autre expert, un échantillon est remis, sous scellés, soit au propriétaire, soit au détenteur du produit, de la marchandise ou de l'objet ou à un représentant de l'un d'eux et deux échantillons sont conservés, selon le cas, par la direction générale des douanes et droits indirects ou la direction générale des finances publiques.

Le propriétaire, le détenteur ou le représentant de l'un d'eux conserve l'échantillon dans l'état où il lui est remis par l'administration mentionnée au premier alinéa. En cas de détérioration de l'échantillon ou de rupture des scellés, celui-ci est dépourvu de toute valeur probante.

Le propriétaire, le détenteur ou le représentant de l'un d'eux peut refuser de conserver l'échantillon en dépôt. En ce cas, l'administration mentionnée au premier alinéa conserve ledit échantillon.

Lorsque le propriétaire, le détenteur ou le représentant de l'un d'eux n'est pas présent, l'échantillon qui lui est destiné en application du premier alinéa est conservé par l'administration mentionnée au premier alinéa.

II. Lorsque quatre exemplaires de plans, de dessins, de photographies ou de tous autres documents permettant d'identifier le produit, la marchandise ou l'objet contrôlé sont prélevés, conformément au 1° du II de l'article R 16 E-1, ces exemplaires sont remis et conservés dans les conditions prévues au I.

III. Lorsque le produit, la marchandise ou l'objet est prélevé dans sa totalité, conformément au 2° du II de l'article R 16 E-1, cet échantillon, sous scellés, est conservé par l'administration mentionnée au premier alinéa du I ou est laissé en dépôt chez le propriétaire, le détenteur ou le représentant de l'un d'eux.

BF 6/20 inf. 463

Art R 16 E-4 Le procès-verbal prévu au II de l'article L 16 E comporte, outre les indications prévues par cet article, les mentions suivantes :

1° La date, l'heure et le lieu du prélèvement ;

2° Les nom, prénom et qualité des agents ayant établi le procès-verbal ;

3° Les nom, prénom, profession et adresse de la personne ayant assisté au prélèvement, de la personne chez qui le prélèvement a été effectué, si elle est différente, ainsi que, le cas échéant, du témoin requis. Lorsqu'il s'agit d'une personne morale, il y a lieu d'indiquer sa raison sociale et l'établissement concerné ;

4° Les nom, prénom et adresse du propriétaire, de l'expéditeur ou du destinataire s'ils sont connus ;

5° Un exposé succinct des circonstances dans lesquelles le prélèvement a été effectué ;

6° Le cas échéant, la mention du refus du propriétaire ou détenteur du produit, de la marchandise ou de l'objet ou du représentant de l'un d'eux, de conserver un échantillon ;

7° Le cas échéant, en l'absence du propriétaire, du détenteur ou du représentant de l'un d'eux, la mention de la conservation de l'échantillon qui lui est destiné par l'administration.

BF 6/20 inf. 463

Art R 16 E-5 **I.** Les échantillons prélevés sont restitués au propriétaire, au détenteur du produit, de la marchandise ou de l'objet ou au représentant de l'un d'eux, à leur demande et à leurs frais, sauf dans les cas suivants :

a. Lorsque les échantillons ont été détruits par l'analyse ou l'examen ;

b. Lorsque les échantillons doivent être conservés par l'administration mentionnée au premier alinéa du I de l'article R 16 E-3 aux fins d'un examen complémentaire, d'un recours ou d'une procédure judiciaire.

II. Lorsque le propriétaire, le détenteur ou le représentant de l'un d'eux ne sollicite pas la restitution des échantillons, l'administration mentionnée au premier alinéa du I de l'article R 16 E-3 peut leur demander de retirer les échantillons restants dans un délai de trente jours qui court à compter de la demande. A l'expiration de ce délai et faute de récupération des échantillons, ceux-ci sont détruits par l'administration mentionnée au premier alinéa du I de l'article R 16 E-3.

BF 6/20 inf. 463

II. Dispositions particulières aux droits d'enregistrement, à la taxe de publicité foncière, à l'impôt de solidarité sur la fortune et à la taxe sur la valeur vénale des immeubles possédés en France par des personnes morales

A. Droits d'enregistrement et taxe de publicité foncière

2° Rescrit fiscal en matière de donation d'entreprise

Art R* 18-1 **I.** Le contribuable qui consulte l'administration dans les conditions fixées à l'article L 18 adresse à l'administration centrale de la direction générale des finances publiques, par pli recommandé avec demande d'avis de réception postal ou par dépôt contre décharge, le projet d'acte de donation ainsi qu'une proposition d'évaluation comportant les éléments suivants :

1° Le nom, la forme juridique et le numéro d'immatriculation de l'entreprise ou de la société dont les titres sont évalués ;

2° Les statuts de l'entreprise ou de la société et, le cas échéant, la description de la structure du capital au sein du groupe auquel elle appartient ;

3° La quotité et la nature des droits objets de la donation ainsi que, le cas échéant, l'existence et le contenu de pactes d'actionnaires ;

4° La date et le montant des mutations dont l'entreprise ou les titres de la société à évaluer ont fait l'objet, le cas échéant, au cours des trois années précédant celle de la demande ;

5° La description des activités principales et secondaires de l'entreprise ou de la société ;

6° Les comptes individuels et consolidés de l'entreprise ou de la société sur les trois exercices précédant celui de la demande ;

7° L'analyse financière ainsi que les principales données économiques de l'entreprise ou de la société et du secteur dans lequel elles exercent leur activité ;

8° L'exposé des méthodes d'évaluation retenues et le détail des calculs auxquels elles donnent lieu ;

9° Les particularités justifiant, le cas échéant, une approche spécifique de l'évaluation ;

10° Toute autre information de nature à justifier l'évaluation proposée.

II. Lorsque le contribuable n'a pas transmis tous les éléments mentionnés au I, l'administration adresse, dans le délai de deux mois suivant la réception de la demande, par pli recommandé avec demande d'avis de réception postal, un courrier sollicitant des renseignements complémentaires. Ces éléments sont produits dans les conditions prévues au premier alinéa de ce même I.

III. Le délai de six mois prévu à l'article L 18 court à compter de la réception de la demande du contribuable ou, si les dispositions du II sont mises en œuvre, à compter de la réception des compléments d'information demandés.

IV. Durant la période d'instruction prévue au III, le contribuable est tenu de communiquer à l'administration tout élément nouveau susceptible de remettre en cause l'évaluation qu'il a proposée.

ENR-VII-2350 s. ; MF n° 79373

3º Contrôle des déclarations de succession

Art R* 19-1 Les demandes d'éclaircissements ou de justifications prévues par l'article L 19 concernant les titres, valeurs ou créances non énoncés dans la déclaration de succession sont faites verbalement ou par écrit aux héritiers ou autres personnes concernées. Si les intéressés refusent de répondre à la demande ou si leur réponse est considérée comme insuffisante une mise en demeure leur est adressée par lettre recommandée avec avis de réception.

Ils disposent alors d'un délai de trois mois, sans préjudice des mesures conservatoires indispensables :

a. Soit pour établir, dans les formes compatibles avec la procédure écrite en matière d'enregistrement ou, s'il y a lieu, au moyen d'un acte ayant acquis date certaine avant l'ouverture de la succession, que les titres, valeurs et créances étaient sortis de l'hérédité ;

b. Soit pour verser les droits de mutation par décès et les pénalités relatifs aux titres et valeurs non déclarés.

Lorsque ce délai est écoulé les droits correspondants sont mis à la charge du contribuable s'il n'a pas rempli ses obligations, et les preuves tendant à justifier que les titres, valeurs ou créances mentionnés au premier alinéa ne font pas partie de la succession ne sont plus recevables.

ENR-X-7420 s. ; ENR-XII-36600

C. Taxe sur la valeur vénale des immeubles possédés en France par des entités juridiques

Art R 23 B-1 **1.** Lorsqu'en application du d du 3º de l'article 990 E du code général des impôts, une demande de renseignements et de justifications est faite à une entité juridique, celle-ci dispose d'un délai de soixante jours pour fournir à l'administration l'ensemble de ces renseignements et justifications.

2. Lorsque l'entité juridique a répondu de façon insuffisante à la demande de l'administration, celle-ci lui adresse une mise en demeure de compléter sa réponse dans un délai de trente jours en précisant les compléments de réponse à fournir.

3. En l'absence de réponse, ou en cas de réponse insuffisante, dans le délai prévu au 1 prorogé le cas échéant du délai prévu au 2, l'entité juridique doit déposer dans un délai de trente jours la déclaration mentionnée à l'article 990 F du code général des impôts au titre de l'année au cours de laquelle l'engagement prévu au d du 3º de l'article 990 E du même code n'a pas été respecté ainsi qu'au titre des années antérieures non prescrites.

ENR-XI-10130 s. ; MF nº 75970

III. Dispositions particulières aux contributions indirectes, au timbre et aux législations assimilées

A. Contrôle à la circulation

Art R 24-2 Les transports des essences d'absinthe et autres produits mentionnés aux articles 178 A et 178 G de l'annexe III au code général des impôts sont soumis aux dispositions de l'article L 24.

Art R 24-4 La direction générale des douanes et droits indirects est compétente pour exercer en matière de contributions indirectes et de réglementations assimilées le droit prévu à l'article L 24. La direction générale des finances publiques reste également compétente pour exercer ce droit concurremment avec la direction générale des douanes et droits indirects en ce qui concerne le contrôle du respect des obligations résultant du III de l'article 298 bis du code général des impôts.

B. Contrôle sur les lieux d'exercice d'activité

1. Contributions indirectes

Art R* 26-1 à R 36 B-1 Comme indiqué dans l'avant-propos, les articles de ce 1 ne sont pas reproduits dans le présent code.

E. Prélèvement d'échantillons

Art R 40-1 **I.** Tout prélèvement d'échantillons, effectué par les agents de l'administration des douanes et droits indirects ou par les agents de l'administration des finances publiques en application de l'article L 40, comporte quatre échantillons.

II. Les quatre échantillons sont, autant que possible, identiques.

Chaque échantillon peut être constitué de plusieurs articles dont les quantités n'excèdent pas celles qui sont nécessaires pour permettre l'analyse ou l'expertise.

Lorsqu'un produit, une marchandise ou un objet, en raison de son poids, de ses dimensions, de sa valeur, de sa nature ou de la trop faible quantité de produit, ne peut, matériellement, faire l'objet d'un prélèvement en quatre échantillons, les agents mentionnés au I prélèvent ou font prélever :

1° Soit quatre exemplaires de plans, de dessins, de photographies ou de tous autres documents permettant d'identifier le produit, la marchandise ou l'objet contrôlé ;

2° Soit la totalité du produit, de la marchandise ou de l'objet qui constitue alors un seul et unique échantillon.

III. Les agents mentionnés au I peuvent prélever eux-mêmes les échantillons ou les faire prélever, sous leur surveillance, par le propriétaire ou le détenteur du produit, de la marchandise ou de l'objet, ou le représentant de l'un d'eux ou, à défaut, le témoin mentionné au premier alinéa du I de l'article L 40. Ils peuvent également faire prélever des échantillons, sous leur surveillance, par toute personne qualifiée requise en application de l'article L 103 B.

Art R 40-2 Tout échantillon prélevé est mis sous scellés. Ceux-ci doivent retenir une étiquette d'identification portant les mentions suivantes :

1° Les nom, prénom ou raison sociale de la personne chez laquelle le prélèvement est effectué et, le cas échéant, le lieu du prélèvement s'il est distinct du principal établissement de la personne contrôlée ;

2° La date et l'heure du prélèvement ;

3° La nature du produit ou de la marchandise ayant fait l'objet du prélèvement ;

4° Le numéro d'ordre de chaque échantillon ;

5° Les nom, prénom, adresse et qualité de la personne assistant au prélèvement, ainsi que sa signature ou la mention du refus de cette personne de signer ;

6° Les nom, prénom et qualité de l'agent mentionné au I de l'article R 40-1 ayant effectué le prélèvement, ou y ayant assisté, ainsi que sa signature ;

7° Le cas échéant, les nom, prénom et qualité de la personne autre que les agents mentionnés au I de l'article R 40-1 ayant effectué le prélèvement.

Art R 40-3 **I.** Lorsque quatre échantillons sont prélevés, un échantillon est destiné à l'analyse par le service commun des laboratoires ou à l'examen par tout autre expert, un échantillon est remis, sous scellés, soit au propriétaire, soit au détenteur du produit, de la marchandise ou de l'objet ou à un représentant de l'un d'eux, et deux échantillons sont conservés, par l'administration des douanes et droits indirects ou par l'administration des finances publiques.

Le propriétaire, le détenteur ou le représentant de l'un d'eux conserve l'échantillon dans l'état où il lui est remis par l'administration mentionnée au premier alinéa. En cas de détérioration de l'échantillon ou de rupture des scellés, celui-ci est dépourvu de toute valeur probante.

Le propriétaire, le détenteur ou le représentant de l'un d'eux peut refuser de conserver l'échantillon en dépôt. En ce cas, l'administration mentionnée au premier alinéa conserve ledit échantillon.

Lorsque le propriétaire, le détenteur ou le représentant de l'un d'eux n'est pas présent, l'échantillon qui lui est destiné en application du premier alinéa est conservé par l'administration mentionnée au premier alinéa.

II. Lorsque quatre exemplaires de plans, de dessins, de photographies ou de tous autres documents permettant d'identifier le produit, la marchandise ou l'objet contrôlé sont prélevés, conformément au 1° du II de l'article R 40-1, ces exemplaires sont remis et conservés dans les conditions prévues au I.

III. Lorsque le produit, la marchandise ou l'objet est prélevé dans sa totalité, conformément au 2° du II de l'article R 40-1, cet échantillon, sous scellés, est conservé par l'administration mentionnée au premier alinéa du I ou est laissé en dépôt chez le propriétaire, le détenteur ou le représentant de l'un d'eux.

Art R 40-4 Le procès-verbal prévu au II de l'article L 40 comporte, outre les indications prévues par cet article, les mentions suivantes :

1° La date, l'heure et le lieu du prélèvement ;

2° Les nom, prénom et qualité des agents ayant établi le procès-verbal ;

3° Les nom, prénom, profession et adresse de la personne ayant assisté au prélèvement, de la personne chez qui le prélèvement a été effectué, si elle est différente, ainsi que, le cas échéant, du témoin requis. Lorsqu'il s'agit d'une personne morale, il y a lieu d'indiquer sa raison sociale et l'établissement concerné ;

4° Les nom, prénom et adresse du propriétaire, de l'expéditeur ou du destinataire s'ils sont connus ;

5° Un exposé succinct des circonstances dans lesquelles le prélèvement a été effectué ;

6° Le cas échéant, la mention du refus du propriétaire ou détenteur du produit, de la marchandise ou de l'objet ou du représentant de l'un d'eux de conserver un échantillon ;

7° Le cas échéant, en l'absence du propriétaire, du détenteur ou du représentant de l'un d'eux, la mention de la conservation de l'échantillon qui lui est destiné par l'administration mentionnée au premier alinéa du I de l'article R 40-3.

Art R 40-5 **I.** Les échantillons prélevés sont restitués au propriétaire, au détenteur du produit, de la marchandise ou de l'objet ou au représentant de l'un d'eux, à leur demande et à leurs frais, sauf dans les cas suivants :

a. Lorsque les échantillons ont été détruits par l'analyse ou l'examen ;

b. Lorsque les échantillons doivent être conservés par l'administration mentionnée au premier alinéa du I de l'article R 40-3 aux fins d'un examen complémentaire, d'un recours ou d'une procédure judiciaire.

II. Lorsque le propriétaire, le détenteur ou le représentant de l'un d'eux ne sollicite pas la restitution des échantillons, l'administration mentionnée au premier alinéa du I de l'article R 40-3 peut leur demander de retirer les échantillons restants dans un délai de trente jours qui court à compter de la demande. A l'expiration de ce délai et faute de récupération des échantillons, ceux-ci sont détruits par l'administration mentionnée au premier alinéa du I de l'article R 40-3.

SECTION III

Modalités d'exercice du droit de contrôle

Art R 45 B-1 **I.** La réalité de l'affectation à la recherche des dépenses prises en compte pour la détermination des crédits d'impôt mentionnés aux articles 244 quater B et 244 quater B bis du code général des impôts est vérifiée soit par un agent dûment mandaté par le directeur général pour la recherche et l'innovation, soit par un délégué régional académique à la recherche et à l'innovation ou, en Guyane, le délégué régional à la recherche et à la technologie ou un agent dûment mandaté par ce dernier.

L'intervention des agents du ministère chargé de la recherche peut résulter soit d'une initiative de ce ministère, soit d'une demande de l'administration des impôts dans le cadre d'un contrôle ou d'un contentieux fiscal.

II. Dans le cadre de cette procédure, l'agent chargé du contrôle de la réalité de l'affectation à la recherche des dépenses déclarées envoie à l'entreprise contrôlée une demande d'éléments justificatifs. L'entreprise répond dans un délai de trente jours, éventuellement prorogé de la même durée à sa demande.

L'entreprise joint à sa réponse les documents nécessaires à l'expertise de l'éligibilité des dépenses dont la liste est précisée dans la demande d'éléments justificatifs, notamment :

a. La déclaration spéciale, si elle n'avait pas été précédemment adressée au ministère chargé de la recherche pour chacune des années faisant l'objet du contrôle ;

b. Les documents scientifiques et techniques nécessaires à l'appréciation de l'éligibilité des opérations de recherche réalisées en interne, réalisées par un organisme de recherche dans le cadre d'une collaboration de recherche ou confiées à un prestataire ;

c. Les justificatifs relatifs aux personnes affectées aux projets de recherche déclarés (qualification, temps passé) ;

d. Les documents fiscaux et comptables relatifs aux dépenses déclarées.

L'agent chargé du contrôle peut envoyer à l'entreprise contrôlée une demande d'informations complémentaires à laquelle celle-ci doit répondre dans un délai de trente jours.

Si les éléments fournis par l'entreprise en réponse à cette demande ne permettent pas de mener l'expertise à bien, l'agent chargé du contrôle peut envoyer à l'entreprise contrôlée une seconde demande d'informations à laquelle celle-ci doit répondre dans un délai de trente jours. Dans ce délai, l'entreprise a la faculté de demander un entretien afin de clarifier les conditions d'éligibilité des dépenses.

L'agent chargé du contrôle peut se rendre sur place après l'envoi d'un avis de visite pour, notamment :

a. Consulter les documents comptables prévus par les articles L 123-12 à L 123-28 du code du commerce ainsi que tous les documents annexes ou justificatifs, en vue de s'assurer de la réalité des dépenses affectées à la recherche ;

b. Effectuer toutes constatations matérielles, procéder à des vérifications techniques, en vue de s'assurer de la réalité de l'activité de recherche à laquelle les dépenses ont été affectées.

III. L'avis sur la réalité de l'affectation des dépenses à la recherche est émis par les agents chargés du contrôle au vu de la réponse de l'entreprise à la demande d'éléments justificatifs qui lui a été adressée, des documents mentionnés au II, et, le cas échéant, des réponses aux demandes d'informations complémentaires et des éléments recueillis à l'occasion des échanges avec l'entreprise lors de l'entretien dans les locaux de l'administration ou de la visite sur place.

Lorsque l'entreprise n'a pas répondu aux demandes d'informations qui lui ont été adressées, lorsqu'elle a refusé de communiquer les pièces justificatives demandées ou lorsqu'elle n'a pas produit ces éléments en cas de visite sur place, les agents chargés du contrôle constatent que l'affectation des dépenses à la recherche n'est pas justifiée.

L'avis est notifié à l'entreprise. Il est motivé lorsque la réalité de l'affectation à la recherche de dépenses prises en compte pour la détermination du crédit d'impôt est contestée.

L'avis et, le cas échéant, les copies de documents ou autres éléments motivant cet avis sont communiqués à la direction générale des finances publiques.

IS-IX-8200 s. ; MF n° 10505

Art R 45 BA-1 **I.** La réalité de la création d'ouvrages réalisés en un seul exemplaire ou en petite série, pour lesquels les dépenses sont prises en compte pour la détermination du crédit d'impôt mentionné à l'article 244 quater O du code général des impôts, est vérifiée par un agent dûment mandaté par le directeur général des entreprises. L'intervention des agents des ministères chargés de l'industrie, du commerce et de l'artisanat peut résulter soit d'une initiative de ces ministères, soit d'une demande de l'administration des finances publiques dans le cadre d'un contrôle ou d'un contentieux fiscal. Lorsque l'administration des finances publiques sollicite dans le cadre d'un contrôle l'intervention d'un agent des ministères chargés de l'industrie, du commerce et de l'artisanat, ce dernier se coordonne avec le service en charge du contrôle.

II. 1° Dans le cadre de la procédure mentionnée au I, les agents chargés du contrôle de la réalité de la création d'ouvrages réalisés en un seul exemplaire ou en petite série, pour lesquels les dépenses sont prises en compte pour la détermination du crédit d'impôt, envoient à l'entreprise contrôlée une demande d'éléments justificatifs. L'entreprise répond dans un délai de trente jours, éventuellement prorogé de la même durée à sa demande. L'entreprise joint à sa réponse les documents nécessaires au contrôle de l'éligibilité des dépenses. Leur liste est précisée dans la demande d'éléments justificatifs et comprend notamment :

a. Les documents techniques nécessaires à l'appréciation de l'éligibilité des opérations de création d'ouvrages réalisés en un seul exemplaire ou en petite série réalisées en interne ou confiées à un prestataire ;

b. Les justificatifs relatifs aux salariés directement affectés à la création d'ouvrages réalisés en un seul exemplaire ou en petite série (qualification, temps passé) ;

c. Les documents fiscaux et comptables relatifs aux dépenses déclarées.

Les agents chargés du contrôle peuvent envoyer à l'entreprise contrôlée une demande d'informations complémentaires à laquelle celle-ci doit répondre dans un délai de trente jours. L'entreprise a la faculté de demander un entretien, dans les délais mentionnés au 1° du présent II, afin de clarifier les conditions d'éligibilité des dépenses ;

2° Les agents chargés du contrôle peuvent se rendre sur place après l'envoi d'un avis de visite pour, notamment :

a. Consulter les documents comptables prévus par les articles L 123-12 à L 123-28 du code de commerce ainsi que tous les documents annexes ou justificatifs, en vue de s'assurer de la réalité des dépenses affectées à la création d'ouvrages réalisés en un seul exemplaire ou en petite série ;

b. Effectuer toutes constatations matérielles, procéder à des vérifications techniques, en vue de s'assurer de la réalité de la création d'ouvrages réalisés en un seul exemplaire ou en petite série à laquelle les dépenses ont été affectées.

III. L'avis sur la réalité de la création d'ouvrages réalisés en un seul exemplaire ou en petite série est émis par les agents chargés du contrôle au vu de la réponse de l'entreprise à la demande d'éléments justificatifs qui lui a été adressée, des documents mentionnés au II, et, le cas échéant, des réponses aux demandes d'informations complémentaires et des éléments recueillis à l'occasion des échanges avec l'entreprise lors de l'entretien dans les locaux de l'administration ou de la visite sur place. Lorsque, dans les délais mentionnés au II, l'entreprise n'a pas répondu aux demandes d'informations qui lui ont été adressées ou a refusé de communiquer les pièces justificatives demandées ou lorsqu'elle n'a pas produit ces éléments en cas de visite sur place, les agents chargés du contrôle constatent que la réalité de la création d'ouvrages réalisés en un seul exemplaire ou en petite série n'est pas justifiée. L'avis est notifié à l'entreprise et communiqué à la direction générale des finances publiques. Il est motivé lorsque la réalité de la création d'ouvrages réalisés en un seul exemplaire ou en petite série, pour laquelle les dépenses sont prises en compte pour la détermination du crédit d'impôt, est contestée.

IS-IX-60960 s. ; MF n° 10535

Art R* 45 F-1 En application de l'article L 45 F, les agents chargés du contrôle procèdent :

1° A l'identification des investissements et à la constatation matérielle de leur réalisation, de leur affectation, de leur exploitation et de leur conservation ;

2° A l'examen du respect des conditions législatives et réglementaires de réalisation, d'affectation, d'exploitation et de conservation des investissements.

A cette fin, ils peuvent se faire présenter les écritures comptables, factures, contrats, justificatifs et documents de toute nature relatifs aux investissements concernés. Ils peuvent obtenir ou prendre copie de ces documents, par tout moyen et sur tout support.

DC-IV-17505 s.

Art R* 45 F-2 Le lieu d'exploitation mentionné à l'article L 45 F correspond :

1° Au siège social des entreprises ayant participé à la réalisation des investissements ainsi qu'à leurs différents établissements ;

2° A tout lieu où se situent les investissements.

DC-IV-17505 s.

Art R* 45 F-3 **I.** En Guadeloupe, en Guyane, en Martinique, à La Réunion et dans le Département de Mayotte, le contrôle est exercé par des agents appartenant à des corps de catégorie A ou B agissant dans le ressort territorial du service auquel ils sont affectés.

II. En Nouvelle-Calédonie, en Polynésie française, à Saint-Barthélemy, à Saint-Martin, à Saint-Pierre-et-Miquelon, dans les îles Wallis-et-Futuna et dans les Terres australes et antarctiques françaises, le contrôle est exercé par des agents appartenant à des corps de catégorie A ou B habilités par le directeur général des finances publiques. L'habilitation précise le ressort territorial dans lequel les agents exercent ce contrôle. Ce ressort peut être différent de celui de leur service d'affectation.

Pour habiliter ces agents, le directeur général des finances publiques peut déléguer sa signature à un ou plusieurs fonctionnaires de l'administration centrale de la direction générale des finances publiques ayant au moins le grade d'administrateur civil ou d'administrateur général des finances publiques ou un grade équivalent, aux directeurs régionaux des finances publiques de la Guadeloupe pour les contrôles exercés à Saint-Barthélemy et Saint-Martin et de La Réunion pour les contrôles exercés dans les Terres australes et antarctiques françaises ou aux directeurs locaux des finances publiques de la Nouvelle-Calédonie, de la Polynésie française, de Saint-Pierre-et-Miquelon et de Wallis-et-Futuna pour les contrôles exercés dans chacune de ces collectivités.

La liste des agents habilités précisant le ressort territorial dans lequel ils exercent le contrôle est publiée au recueil des actes administratifs des services de l'Etat dans chacune des collectivités mentionnées au premier alinéa.

DC-IV-17505 s.

Art R* 45 F-4 Un avis informant du contrôle l'entreprise ayant participé à la réalisation des investissements :

1° Est adressé par voie postale à l'entreprise préalablement au contrôle ;

2° Est remis en main propre au représentant légal de l'entreprise ou à la personne recevant les agents en cas de contrôle inopiné portant sur les éléments mentionnés au 1° de l'article R* 45 F-1.

DC-IV-17505 s.

Art R* 45 F-5 Les opérations de contrôle, les constatations matérielles et, le cas échéant, la liste des documents mentionnés au dernier alinéa de l'article R* 45 F-1 sont consignées par procès-verbal signé par l'agent chargé du contrôle ainsi que par la personne qui a assisté au déroulement du contrôle. En cas de refus de signer ou d'absence de personne lors du contrôle, mention en est faite au procès-verbal.

L'original du procès-verbal est conservé par l'administration. Copie en est remise à la personne qui a assisté au déroulement du contrôle et adressée à l'entreprise contrôlée ayant participé à la réalisation des investissements.

DC-IV-17505 s.

Art R 45 G-1 **I.** Pour l'application des dispositions prévues à l'article L 45 G, l'administration fiscale transmet à la direction départementale des territoires ou à la direction départementale des territoires et de la mer du lieu de situation des bois ou, dans les départements d'outre-mer, à la direction de l'agriculture et de la forêt, une copie des déclarations souscrites en application du 1° bis et du 1° ter de l'article 1395 du code général des impôts et reçues l'année précédente.

II. Les agents assermentés de l'administration chargée des forêts contrôlent sur place les déclarations mentionnées à l'article 315 octies de l'annexe III au code général des impôts. Ils informent préalablement les contribuables de la date du contrôle et de la possibilité qui leur est offerte d'y assister. Ils peuvent leur demander la transmission, dans un délai de trente jours à compter de la date de réception de la lettre les informant du contrôle, des pièces complémentaires suivantes :

1° Un plan cadastral ou un extrait de plan cadastral identifiant les parcelles cadastrales concernées et matérialisant la ou les zones faisant l'objet de la demande d'exonération et un extrait récent de la matrice cadastrale ;

2° Un plan de situation extrait d'une carte au *1/25 000* précisant la situation et les voies d'accès ou points d'accès des parcelles concernées ;

3° Le cas échéant, les choix de gestion retenus par le document de gestion durable mis en œuvre sur les parcelles concernées.

III. Lorsqu'un agent assermenté de l'administration chargée des forêts constate le non-respect de l'un des critères permettant d'attester de la réussite de la régénération naturelle ou de l'état de futaie irrégulière en équilibre de régénération, ce constat fait l'objet d'un signalement par cette administration au service des impôts du lieu de situation des bois avant le 1er janvier de l'année suivant celle au cours de laquelle il est effectué. Le contribuable est en outre informé de ce constat.

FNB-II-7060

SECTION IV

Procédures de redressement

I. Procédure de redressement contradictoire

Art R* 57-1 La proposition de rectification prévue par l'article L 57 fait connaître au contribuable la nature et les motifs de la rectification envisagée. L'administration invite, en même temps, le contribuable à faire parvenir son acceptation ou ses observations dans un délai de trente jours à compter de la réception de la proposition, prorogé, le cas échéant, dans les conditions prévues au deuxième alinéa de cet article.

CF-VI-3800 s., 7370 s., 11640 s. ; MF nº 78795

Art R* 59-1 Le contribuable dispose d'un délai de trente jours à compter de la réception de la réponse de l'administration à ses observations pour présenter la demande prévue au premier alinéa de l'article L 59.

DC-VII-3570 s. ; ENR-VII-1800 s.

L'administration notifie l'avis de la commission ou du comité consultatif au contribuable et l'informe en même temps du chiffre qu'elle se propose de retenir comme base d'imposition, comme montant du crédit d'impôt défini à l'article 244 quater B du code général des impôts ou comme montant du crédit d'impôt défini à l'article 244 quater B bis du même code.

DC-VII-12780 s. ; ENR-VII-2325
MF nº 78810

Art R* 59 B-1 Lorsque le litige est soumis à la commission départementale de conciliation, en application de l'article L 59 B, les contribuables intéressés sont convoqués trente jours au moins avant la date de la réunion. Ils sont invités à se faire entendre ou à faire parvenir leurs observations écrites. Ils peuvent se faire assister par une personne de leur choix ou désigner un mandataire dûment habilité.

ENR-VII-2100 s. ; MF nº 78890

Art R 59 B-2 La commission départementale de conciliation peut entendre toutes les personnes qu'elle croit pouvoir l'éclairer. Elle a la possibilité de se transporter sur les lieux ou de déléguer à cet effet un de ses membres.

ENR-VII-2155 s.

Art R* 60-1 Lorsque le litige est soumis à la commission des impôts directs et des taxes sur le chiffre d'affaires, en application de l'article L 59 A, ou à la Commission nationale des impôts directs et des taxes sur le chiffre d'affaires, en application de l'article L 59 C, ou au comité consultatif des crédits d'impôt pour dépenses de recherche, en application de l'article L 59 D, le contribuable est convoqué trente jours au moins avant la date de la réunion. Cette convocation peut être envoyée par tout moyen, y compris par courrier électronique. Le rapport et les documents mentionnés à l'article L 60 doivent être tenus à sa disposition, au secrétariat de la commission ou du comité consultatif, pendant le délai de trente jours qui précède la réunion de cette commission ou de ce comité. Ils peuvent également être communiqués au contribuable par courrier électronique .

DC-VII-8740, 10120, 16360 s. ;
MF nos 78855, 78875

Art R 60-1 A Le rapport prévu par l'article L 60 doit obligatoirement indiquer, selon le cas, le montant du forfait, du bénéfice, du chiffre d'affaires, de la valeur vénale, du crédit d'impôt défini à l'article 244 quater B du code général des impôts ou du crédit d'impôt défini à l'article 244 quater B bis du même code que l'intéressé était en dernier lieu disposé à accepter.

DC-VII-8410, 16390

Art R 60-1 B Lorsque le litige est soumis au comité consultatif des crédits d'impôt pour dépenses de recherche en application de l'article L 59 D, les contribuables concernés sont invités à se faire entendre ou à faire parvenir leurs observations écrites.

Lorsque le litige porte sur les dépenses prévues aux a à j du II de l'article 244 quater B du code général des impôts ou sur les dépenses mentionnées au I de l'article 244 quater B bis du même code, les contribuables transmettent au service vérificateur, dans un délai de soixante jours à compter de la demande de saisine du comité, un document de synthèse des contestations, conforme au modèle établi par l'administration. Ce document peut être envoyé par tout moyen, y compris par courrier électronique *[NDLR Les dispositions du présent alinéa s'appliquent aux demandes de saisine du comité consultatif des crédits d'impôt pour dépenses de recherche prévu à l'article 1653 F du CGI déposées depuis le 1er avril 2021 (Décret 2021-2 du 4 janvier 2021, JO du 6)]*.

IS-IX-8420 s.

Art R* 60-2 Devant la commission des impôts directs et des taxes sur le chiffre d'affaires prévue à l'article 1651 du code général des impôts, la Commission nationale des impôts directs et des taxes sur le chiffre d'affaires prévue à l'article 1651 H du même code ou le comité consultatif des crédits d'impôt pour dépenses de recherche prévu à l'article 1653 F du même code, le contribuable peut se faire assister par deux conseils de son choix.

DC-VII-10740, 16490 ; ENR-VII-2180 ; MF nos 78855, 78875

Art R 60-2 A A la demande de l'un de ses membres, la commission des impôts directs et des taxes sur le chiffre d'affaires prévue à l'article 1651 du code général des impôts, la Commission nationale des impôts directs et des taxes sur le chiffre d'affaires prévue à l'article 1651 H du même code et le comité consultatif des crédits d'impôt pour dépenses de recherche prévu à l'article 1653 F du même code peuvent, s'ils l'estiment utile, entendre en séance tout fonctionnaire ou agent qui a pris part à la détermination de la base d'imposition ou à la qualification des dépenses prises en compte pour la détermination du crédit d'impôt défini à l'article 244 quater B du code général des impôts ou à l'article 244 quater B bis du même code qui fait l'objet du désaccord dont ils sont saisis ou, en cas d'absence ou de mutation, son successeur ou remplaçant.

DC-VII-10840 s., 16500 ; ENR-VII-2155 ; MF nos 78855, 78875

Art R 60-2 B Le comité consultatif des crédits d'impôt pour dépenses de recherche peut demander, avant la tenue de la séance, aux services du ministère chargé de la recherche ou du ministère chargé de l'innovation un rapport complémentaire d'expertise technique sur la qualification des dépenses de recherche. Ce rapport est transmis par le ministère chargé de la recherche ou par le ministère chargé de l'innovation au président du comité qui le communique au contribuable et à l'administration fiscale dans un délai raisonnable avant la tenue de la séance.

Art R* 60-3 L'avis ou la décision de la commission des impôts directs et des taxes sur le chiffre d'affaires prévue à l'article 1651 du code général des impôts, de la Commission nationale des impôts directs et des taxes sur le chiffre d'affaires prévue à l'article 1651 H du même code ou du comité consultatif des crédits d'impôt pour dépenses de recherche prévu à l'article 1653 F du même code doit être motivé. Il est notifié au contribuable par l'administration des impôts.

DC-VII-11760 s., 12780 s., 16580 ; ENR-VII-2225, 2305 ; MF nos 78860, 78875

Art R* 61 A-1 Le montant de l'impôt exigible à la suite d'une procédure de rectification est calculé :

a. Soit sur la base acceptée par le contribuable si celui-ci a donné son accord dans le délai prescrit ou s'il a présenté dans ce même délai des observations qui ont été reconnues fondées ;

b. Soit sur la base fixée par l'administration à défaut de réponse ou d'accord du contribuable dans le délai prescrit ;

c. Soit sur la base notifiée par l'administration au contribuable après avis de la commission compétente ou du comité consultatif des crédits d'impôt pour dépenses de recherche dans le cas où le litige leur a été soumis.

Le montant de l'impôt exigible donne lieu à l'établissement d'un rôle ou à l'émission d'un avis de mise en recouvrement.

CF-VI-22500 s. ; DC-VII-13170 ; ENR-VII-2330

III. Procédure spéciale de l'article 168 du code général des impôts

Art R* 63-1 La décision de mettre en œuvre les dispositions prévues à l'article L 63 est prise par un agent ayant au moins le grade d'inspecteur divisionnaire qui vise à cet effet la notification de la proposition de rectification.

IRPP-VII-10560 s. ; CF-IX-87950 ; MF nos 4255, 78398

IV. Procédure de l'abus de droit fiscal

Art R* 64-1 La décision de mettre en œuvre les dispositions prévues à l'article L 64 est prise

par un agent ayant au moins le grade d'inspecteur divisionnaire qui vise à cet effet la notification de la proposition de rectification.

CF-VI-32400 ; MF n° 79195

Art R* 64-2 Lorsque l'administration se prévaut des dispositions de l'article L 64, le contribuable dispose d'un délai de trente jours à compter de la réception de la réponse de l'administration à ses observations pour demander que le litige soit soumis à l'avis du comité de l'abus de droit fiscal.

CF-VI-32860 s. ; MF n° 79195

SECTION V

Procédures d'imposition d'office

I. Taxation d'office

Art R* 71-1 La décision de mettre en œuvre la taxation d'office prévue au premier alinéa de l'article L 71 est prise par un agent ayant au moins le grade d'inspecteur divisionnaire, qui vise à cet effet la notification de la proposition de rectification.

CF-IX-23060 ; MF n° 78305 précision c

IV. Notification et suite des impositions d'office

Art R* 76 AA-1 La décision de mettre en œuvre les dispositions du 1 de l'article L 76 AA est prise par un agent ayant au moins le grade d'inspecteur divisionnaire.

CF-IX-87430 ; MF n° 78395

SECTION VI

Conséquences et limites des procédures de redressement

Art R* 80 B-1 La notification visée au b du 2° de l'article L 80 B précise le nom ou la raison sociale et l'adresse de son auteur et indique les dispositions législatives dont l'entreprise entend bénéficier. Elle fournit une présentation précise et complète de la situation de fait et est établie conformément au modèle fixé par arrêté du ministre chargé du budget *(Voir arrêté du 25 juillet 1996, JO du 31 et arrêté du 24 juin 2004, JO du 24 juillet)*. Ce modèle énonce, le cas échéant en distinguant selon les dispositions concernées, les catégories d'informations nécessaires pour permettre à l'administration d'apprécier si les conditions requises par la loi pour le bénéfice de l'avantage en cause sont effectivement remplies.

CF-V-27800 s.

Art R* 80 B-2 La notification mentionnée à l'article R* 80 B-1 est adressée, par pli recommandé avec demande d'avis de réception postal, à la direction départementale ou, le cas échéant, régionale des finances publiques dont dépend le service auprès duquel le contribuable est tenu de souscrire ses déclarations de résultats ; elle peut également faire l'objet d'un dépôt contre décharge.

CF-V-28000, 28100

Art R* 80 B-3 Si la notification mentionnée à l'article R* 80 B-1 est incomplète au regard des dispositions de cet article, le directeur invite son auteur, par lettre recommandée avec demande d'avis de réception postal, à fournir les éléments complémentaires nécessaires. Ces éléments sont produits dans les conditions prévues à l'article R* 80 B-2.

CF-V-27810

Art R* 80 B-4 Le délai de trois mois prévu au 2° de l'article L 80 B court à compter de la réception de la notification ou, si les dispositions de l'article R* 80 B-3 ont été mises en œuvre, à compter de la réception des compléments demandés.

CF-V-28700

Art R* 80 B-5 Les dispositions des articles R* 80 B-1 à R* 80 B-3 sont applicables aux demandes d'appréciation visées au 3° de l'article L 80 B sous réserve de l'application des dispositions suivantes :

a. Le modèle prévu à l'article R* 80 B-1 est fixé par arrêté du ministre chargé du budget et du ministre chargé de la recherche *(Voir arrêté du 28 novembre 2014, JO du 10 décembre)* ;

b. La demande d'appréciation est adressée ou déposée, selon les cas, à la direction départementale ou, le cas échéant, régionale des finances publiques dont dépend le service auprès duquel le contribuable est tenu de souscrire ses déclarations de résultats, ou au service chargé des grandes entreprises mentionné à l'article 344-0 A de l'annexe III au code général des impôts lorsque le demandeur relève de la compétence de ce service ;

c. En application des dispositions du deuxième alinéa du 3° de l'article L 80 B, la direction générale des finances publiques sollicite, lorsque l'appréciation du caractère scientifique et technique du projet de dépenses de recherche présenté par l'entreprise le nécessite, l'avis de l'un des services ou organismes suivants :

1° Les services relevant du ministre chargé de la recherche, notamment les délégués régionaux académiques à la recherche et à l'innovation ou, en Guyane, le délégué régional à la recherche et à la technologie ;

2° L'Agence nationale de la recherche ;

3° *(Abrogé)* ;

d. La demande d'éléments complémentaires prévue à l'article R* 80 B-3 peut être faite par :

1° Le directeur général des finances publiques ou le directeur du service des impôts auquel est adressée la demande d'appréciation en application du b ;

2° Le directeur général pour la recherche et l'innovation ou le délégué régional académique à la recherche et à l'innovation dans le ressort territorial duquel se situe l'établissement où sera réalisé le projet de dépenses de recherche ou, en Guyane, le délégué régional à la recherche et à la technologie ;

3° Le directeur général de l'Agence nationale de la recherche ;

4° *(Abrogé)* ;

e. Le service ou l'organisme consulté en application du c notifie son avis simultanément par pli recommandé avec demande d'avis de réception postal au contribuable et au service des impôts auquel est adressée la demande d'appréciation en application du b.

CF-V-27800, 28000, 28260 s., 28320

Art R* 80 B-6 Le délai de trois mois prévu au 3° de l'article L 80 B court à compter de la réception de la demande d'appréciation ou, si les dispositions du d de l'article R* 80 B-5 ont été mises en œuvre, à compter de la réception des compléments demandés.

CF-V-28700

Art R* 80 B-6-1 a. La demande prévue au 3° bis de l'article L 80 B précise le nom ou la raison sociale et l'adresse du demandeur. Elle précise également l'identité et l'adresse du service des impôts auprès duquel le demandeur est tenu de souscrire ses déclarations de résultats ;

b. Elle fournit une présentation précise et complète de la situation de fait et est établie conformément au modèle mentionné au a de l'article R* 80 B-5 ;

c. Elle est adressée par pli recommandé avec demande d'avis de réception postal :

1° A la délégation régionale académique à la recherche et à l'innovation dans le ressort territorial de laquelle se situe l'établissement où sera réalisé le projet de dépenses de recherche, ou en Guyane, à la délégation régionale à la recherche et à la technologie, si le demandeur entend obtenir une prise de position des services relevant du ministre chargé de la recherche ;

2° Ou à l'Agence nationale de la recherche si le demandeur entend obtenir une prise de position de celle-ci ;

3° *(Abrogé).*

La demande peut également faire l'objet d'un dépôt contre décharge auprès des services ou organismes mentionnés aux 1° et 2° ;

d. Si la demande est incomplète au regard des dispositions du a et du b, il est demandé à son auteur, par pli recommandé avec demande d'avis de réception postal, de fournir les éléments complémentaires nécessaires.

La demande d'éléments complémentaires est adressée :

1° Par le directeur général pour la recherche et l'innovation ou le délégué régional académique à la recherche et à l'innovation dans le ressort territorial duquel se situe l'établissement où sera réalisé le projet de dépenses de recherche ou, en Guyane, le délégué régional à la recherche et à la technologie, lorsqu'il a été fait application du 1° du c ;

2° Par le directeur général de l'Agence nationale de la recherche, lorsqu'il a été fait application du 2° du c ;

3° *(Abrogé).*

Les éléments complémentaires sont transmis par le demandeur par pli recommandé avec demande d'avis de réception postal. Ils peuvent également faire l'objet d'un dépôt contre décharge auprès des services ou organismes mentionnés aux 1° et 2° du c.

CF-V-27840, 28000, 28460

Art R* 80 B-6-2 Le délai de trois mois prévu au 3° bis de l'article L 80 B court à compter de la réception de la demande d'appréciation ou, si les dispositions du d de l'article R* 80 B-6-1 ont été mises en œuvre, à compter de la réception des éléments complémentaires demandés.

CF-V-28700

Art R* 80 B-6-3 a. Le service ou l'organisme qui reçoit la demande mentionnée au 3° bis de l'article L 80 B en adresse, dès sa réception, une copie par pli recommandé avec demande d'avis de réception postal au service des impôts auprès duquel le demandeur est

tenu de souscrire ses déclarations de résultats, en mentionnant la date de réception de cette dernière et, s'il y a lieu, la date de retransmission de cette demande au directeur général pour la recherche et l'innovation. Le demandeur est informé simultanément de cette retransmission par pli recommandé avec demande d'avis de réception postal.

b. Le responsable du service ou de l'organisme consulté mentionné au c de l'article R* 80 B-6-1 notifie sa prise de position simultanément par pli recommandé avec demande d'avis de réception postal au demandeur et au service des impôts mentionné au a.

CF-V-28430, 28480

Art R* 80 B-7 Les dispositions des articles R* 80 B-1 à R* 80 B-3 sont applicables aux demandes d'appréciation mentionnées au 4° de l'article L 80 B, sous réserve de l'application des dispositions suivantes :

a. Le modèle prévu à l'article R* 80 B-1 est fixé par arrêté du ministre chargé du budget et du ministre chargé de la recherche *(Voir arrêté du 27 octobre 2004, art. 1er, JO du 28)* ;

b. La direction générale des finances publiques sollicite l'avis des services du ministère chargé de la recherche lorsque l'appréciation du caractère scientifique et technique du projet de recherche présenté par l'entreprise le nécessite ;

c. La demande d'éléments complémentaires prévue à l'article R* 80 B-3 peut être faite par le délégué régional académique à la recherche et à l'innovation ou, en Guyane, le délégué régional à la recherche et à la technologie ou le directeur départemental ou, le cas échéant, régional des finances publiques ;

d. Le directeur départemental ou, le cas échéant, régional des finances publiques informe l'organisme chargé du recouvrement des cotisations patronales de sécurité sociale dont dépend l'entreprise des suites données à sa demande d'appréciation.

CF-V-27800, 27810, 28560, 28570

Art R* 80 B-8 Le délai de trois mois prévu au 4° de l'article L 80 B court à compter de la réception de la demande d'appréciation ou, si les dispositions de l'article R* 80 B-3 ont été mises en œuvre, à compter de la réception des compléments demandés.

CF-V-28700

Art R* 80 B-9 a. Le contribuable résident d'un Etat lié à la France par une convention fiscale mentionne sur la demande prévue au 6° de l'article L 80 B, établie conformément au modèle fixé par arrêté du ministre chargé du budget *(Voir arrêté du 1er décembre 2005, JO du 9)*, sa dénomination sociale, son adresse à l'étranger et l'adresse en France où il fait élection de domicile pour l'instruction de cette demande ainsi que la qualité du signataire. Cette demande présente de façon précise et complète la situation de fait de l'entité située en France et contient toutes les informations nécessaires pour mettre l'administration en mesure d'apprécier si ce contribuable dispose ou non en France d'un établissement stable ou d'une base fixe au sens de cette convention fiscale.

Cette demande est adressée, par pli recommandé avec demande d'avis de réception, au directeur général des finances publiques. Elle peut également faire l'objet d'un dépôt contre remise d'un récépissé.

b. Si l'administration estime que la demande est incomplète au regard des dispositions du a, elle invite le contribuable, par lettre recommandée avec demande d'avis de réception adressée en France où il a élu domicile, à lui fournir les éléments complémentaires nécessaires. Ces éléments sont produits dans les conditions prévues au second alinéa du a.

c. Le délai de trois mois prévu au 6° de l'article L 80 B court à compter de la réception de la demande ou, si les dispositions du b ont été mises en œuvre, à compter de la réception des compléments demandés.

CF-V-27880, 28000, 28100, 27810 s., 28700

Art R* 80 B-11 La demande prévue au 1° de l'article L 80 B précise le nom ou la raison sociale et l'adresse de son auteur et indique les dispositions que le contribuable entend appliquer. Elle fournit une présentation précise, complète et sincère de la situation de fait en distinguant, le cas échéant, selon les dispositions concernées, les catégories d'informations nécessaires pour permettre à l'administration fiscale d'apprécier si les conditions requises par la loi sont effectivement satisfaites.

La demande prévue au 11° de l'article L 80 B précise le nom ou la raison sociale et l'adresse de son auteur et indique l'objet de l'enquête ou du contrôle en cours, le ou les lieux où ceux-ci sont réalisés, le nom du service qui les réalise et les points précis et la période pour lesquels l'auteur de la demande sollicite une nouvelle enquête ou un nouveau contrôle.

CF-V-18420 s., 25830

Art R* 80 B-12 I. La demande prévue au 1° de l'article L 80 B est adressée par tout moyen permettant d'apporter la preuve de sa réception, à la direction dont dépend le service auprès duquel le contribuable est tenu de souscrire ses obligations déclaratives en fonction de l'objet de la demande.

La demande prévue au 11° de l'article L 80 B est adressée, dans les mêmes conditions qu'au premier alinéa, à la direction dont dépend le service qui réalise l'enquête ou le contrôle.

II. L'administration centrale peut répondre à la demande mentionnée au premier alinéa du I.

CF-V-18420 s., 25880

Art R* 80 B-13 Si la demande prévue au 1° et au 11° de l'article L 80 B est incomplète, l'administration adresse, par tout moyen permettant d'apporter la preuve de sa réception, un courrier sollicitant les renseignements complémentaires nécessaires à sa prise de position formelle. Ces éléments sont produits dans les conditions prévues à l'article R* 80 B-12.

CF-V-18420 s., 25850

Art R* 80 B-14 Le délai de trois mois prévu au 1° de l'article L 80 B court à compter de la réception de la demande ou, si les dispositions de l'article R* 80 B-13 ont été mises en œuvre, à compter de la réception des compléments demandés.

Lorsque la demande prévue au 1° et au 11° de l'article L 80 B parvient à un service incompétent, ce service la transmet sans délai au service compétent et en informe l'auteur de la demande prévue au 1° et au 11° de l'article L 80 B. Dans ce cas, le délai prévu au 1° de l'article L 80 B court à compter de la date de réception par le service compétemment saisi.

Lorsque la demande prévue au 1° de l'article L 80 B porte exclusivement sur le classement fiscal des boissons alcooliques et non alcooliques relevant des articles 302 D bis, 401, 402 bis, 403, 406, 434, 435, 438, 520 A, 1582, 1613 bis, 1613 ter et 1613 quater du code général des impôts ou des tabacs relevant de l'article 564 decies du code général des impôts et des articles 275 A à 275 G de l'annexe II de ce code, l'administration invite, le cas échéant, le demandeur à adresser au service commun des laboratoires du ministère de l'économie, des finances et de l'industrie compétent un nombre suffisant d'échantillons du produit dont le classement est demandé. Dans ce cas, le délai mentionné au 1° de l'article L 80 B court à compter de la réception, par la direction compétente pour délivrer le classement fiscal, de l'analyse de ce laboratoire.

CF-V-18420 s., 25920

Art R* 80 B-15 **a.** La demande prévue au 8° de l'article L 80 B est adressée sur papier libre, dans les conditions prévues à l'article R* 80 B-2 ;

b. Elle précise le nom ou la raison sociale et l'adresse de son auteur, et indique la catégorie de revenus à laquelle le contribuable estime devoir rattacher les revenus de son activité professionnelle, lorsque ceux-ci sont soumis à l'impôt sur le revenu, ou, s'agissant d'une société civile, le type d'impôt auquel il estime devoir soumettre les résultats de son activité professionnelle ;

c. Elle fournit une présentation précise et complète de la situation de fait et contient toutes les informations de nature à mettre l'administration en mesure d'apprécier la catégorie dont relèvent les revenus d'activité professionnelle du contribuable, lorsque ceux-ci sont soumis à l'impôt sur le revenu, ou, s'agissant d'une société civile, le type d'impôt dont relèvent les résultats de son activité professionnelle.

La demande mentionne notamment la nature de l'activité exercée, le nombre et le statut des personnes travaillant dans l'entreprise, les moyens matériels mis en œuvre, le montant des capitaux investis et, en cas de pluralité d'activités, la nature et l'importance relative de chacune. Lorsque la demande porte sur le type d'impôt dont relèvent les résultats d'activité professionnelle d'une société civile, elle précise la forme juridique de la société en cause et est assortie des statuts de cette dernière ;

d. Si la demande est incomplète au regard des dispositions du b et du c, l'administration invite le contribuable, par lettre recommandée avec demande d'avis de réception postal, à fournir les éléments complémentaires nécessaires. Ces éléments sont produits dans les conditions prévues à l'article R* 80 B-2 ;

e. Le délai de trois mois prévu au 8° de l'article L 80 B court à compter de la réception de la demande ou, si les dispositions du d ont été mises en œuvre, à compter de la réception des compléments demandés.

CF-V-27910, 28700

Art R* 80 B-16 La demande prévue au 9° de l'article L 80 B, établie conformément à un modèle fixé par arrêté du ministre chargé du budget, précise le nom ou la raison sociale et l'adresse du demandeur et des autres personnes concernées par l'opération de fusion, de scission ou d'apport partiel d'actif. Elle mentionne la date prévue de l'opération envisagée, la nature du patrimoine apporté, les modalités de transcription et de rémunération des apports et le montant des plus-values mises en sursis d'imposition. Elle présente également de façon complète la nature et le contexte économique de cette opération, ses conséquences économiques et fiscales, ainsi que, le cas échéant, les autres informations nécessaires pour mettre l'administration en mesure d'en apprécier les motifs et objectifs.

La demande est adressée, par pli recommandé avec demande d'avis de réception, au directeur général des finances publiques. Elle peut également faire l'objet d'un dépôt contre remise d'un récépissé.

Si l'administration estime que la demande est incomplète au regard des dispositions du premier alinéa, elle invite le contribuable, par lettre recommandée avec demande d'avis de réception, à fournir les éléments complémentaires nécessaires. Ces éléments sont produits dans les conditions prévues au deuxième alinéa.

Le délai de six mois prévu au 9° de l'article L 80 B court à compter de la réception de la demande par le directeur général des finances publiques ou, le cas échéant, à compter de la réception des compléments demandés.

BF 6/18 inf. 540

Art R* 80 B-17 La demande de prise formelle de position de l'administration prévue au 13° de l'article L 80 B contient une présentation écrite, précise et complète des travaux envisagés et indique :

1° Le nom ou la raison sociale et l'adresse postale du demandeur ;

2° Les références des parcelles cadastrales, préfixe, section et numéro, du ou des terrains concernés et la surface en mètres carrés constituant l'assiette taxable du projet ;

3° Les dispositions législatives ou réglementaires au regard desquelles le demandeur souhaite bénéficier d'une prise de position.

Art R* 80 B-18 Cette demande est adressée, par tout moyen permettant de rapporter la preuve de sa date de réception, à la direction départementale ou, s'il y lieu, régionale des finances publiques dont dépend le service auprès duquel le contribuable est tenu de satisfaire ses obligations déclaratives en matière de taxe d'aménagement. Elle peut également être déposée contre remise d'un récépissé.

Lorsque la demande ne permet pas à l'administration de prendre position, elle adresse à son auteur, par tout moyen permettant de rapporter la preuve de sa date de réception, la liste des informations complémentaires nécessaires. Ces éléments sont produits par le demandeur dans les conditions prévues au premier alinéa. En l'absence de réponse dans le délai d'un mois à compter de la date de réception de cette demande d'informations complémentaires, la demande de prise de position formelle est réputée caduque.

Art R* 80 B-19 Le délai de trois mois prévu au 13° de l'article L 80 B court à compter de la date de réception de la demande de l'intéressé ou, si des informations complémentaires lui ont été demandées, à compter de la date de réception de ces informations.

Lorsque la demande est adressée à un service incompétent, ce service la transmet sans délai au service compétent et en informe l'auteur de la demande. Dans ce cas, le délai de trois mois court à compter de la date de réception par le service compétent.

Art R* 80 C-1 La demande mentionnée à l'article L 80 C, établie conformément à un modèle fixé par voie réglementaire, précise le nom de l'organisme et son adresse ainsi que l'identité du signataire. Elle fournit une présentation précise et complète de l'activité exercée par l'organisme ainsi que toutes les informations nécessaires pour permettre à l'administration d'apprécier si celui-ci relève de l'une des catégories mentionnées aux articles 200 et 238 bis du code général des impôts.

CF-V-29950

Art R* 80 C-2 La demande mentionnée à l'article R* 80 C-1 est adressée, par pli recommandé avec demande d'avis de réception, à la direction départementale ou, le cas échéant, régionale des finances publiques du siège de l'organisme. Elle peut également faire l'objet d'un dépôt contre décharge.

CF-V-29960

Art R* 80 C-3 Si la demande mentionnée à l'article R* 80 C-1 ne permet pas d'apprécier la situation de l'organisme au regard des dispositions des articles 200 et 238 bis du code général des impôts, le directeur invite l'auteur de la demande, par lettre recommandée avec demande d'avis de réception, à fournir les éléments complémentaires nécessaires. Ces éléments sont produits dans les conditions prévues à l'article R* 80 C-2.

CF-V-30050

Art R* 80 C-4 Le délai de six mois prévu à l'article L 80 C court à compter de la réception de la demande ou, si les dispositions de l'article R* 80 C-3 ont été mises en œuvre, à compter de la réception des compléments demandés.

CF-V-30100

Art R* 80 CB-1 La demande écrite de second examen mentionnée à l'article L 80 CB est adressée par tout moyen permettant d'apporter la preuve de sa réception à la direction qui a répondu à la demande initiale du contribuable. Elle doit être présentée dans le délai de deux mois, décompté à partir de la date de réception de la réponse de l'administration à la demande initiale.

Le contribuable qui souhaite bénéficier des dispositions du quatrième alinéa de l'article L 80 CB le mentionne dans sa demande.

CF-V-31010, 31480

Art R* 80 CB-2 Le collège prévu au troisième alinéa de l'article L 80 CB se prononce selon les mêmes règles et délais que ceux prévus pour la demande initiale. Ce délai est décompté, dans les mêmes conditions, à partir de la date de réception par l'administration de la demande du contribuable d'un second examen.

Le collège est national lorsque la demande initiale présentée par le contribuable a fait l'objet d'une réponse, selon le cas, par les services centraux ou les directions à compétence nationale de la direction générale des finances publiques ou par les services centraux ou les services à compétence nationale de la direction générale des douanes et droits indirects ou par les services spécialisés rattachés à une direction interrégionale de cette direction générale.

Le collège est également national lorsque la demande prévue à l'article L 80 CB porte sur un classement fiscal mentionné au troisième alinéa de l'article R* 80 B-14.

Dans les autres cas, le collège est territorial.

CF-V-31230, 31560

Art R* 80 CB-3 La composition des collèges nationaux est fixée par arrêté du ministre chargé du budget *(NDLR Voir art. A 80 CB-3-1 et A 80 CB-3-4)*. Ils comprennent, selon le cas, six membres de la direction générale des finances publiques ou six membres de la direction générale des douanes et droits indirects. Un des membres, désigné par arrêté du ministre chargé du budget, a la qualité de président. Le président a voix prépondérante en cas de partage. En cas d'absence ou d'empêchement ou dans le cas prévu au cinquième alinéa, la présidence est assurée par un membre du collège désigné à cet effet par l'arrêté mentionné ci-dessus.

La composition et la compétence géographique de chaque collège territorial sont fixées par arrêté du ministre chargé du budget *(NDLR Voir art. A 80 CB-3-2, A 80 CB-3-3 et A 80 CB-3-5)*. Chaque collège comprend, selon le cas, six membres de la direction générale des finances publiques ou six membres de la direction générale des douanes et droits indirects. Un des membres, désigné par arrêté du ministre chargé du budget, a la qualité de président. Le président a voix prépondérante en cas de partage. En cas d'absence ou d'empêchement ou dans le cas prévu au cinquième alinéa, la présidence est assurée par un membre du collège désigné à cet effet par l'arrêté mentionné ci-dessus.

Le collège national ou territorial désigne, selon le cas, un rapporteur de la direction générale des finances publiques ou un rapporteur de la direction générale des douanes et droits indirects.

Sauf en cas d'urgence motivée, ses membres sont convoqués par le président quinze jours au moins avant la date fixée pour la réunion du collège.

S'il apparaît que l'un des membres a eu à prendre position sur l'une des affaires soumises au collège, il ne prend pas part à la délibération du collège.

Le collège délibère valablement à condition que trois membres au moins soient présents.

CF-V-31260 s., 31360 s.

Art R* 80 CB-4 Le service, dont la réponse initiale a fait l'objet de la demande de second examen, notifie au contribuable, par tout moyen permettant d'apporter la preuve de sa réception, une nouvelle réponse conforme à la délibération du collège.

CF-V-31750

Art R* 80 CB-5 Lorsque la demande de second examen porte sur le caractère scientifique et technique d'un projet de dépenses de recherche ayant donné lieu à une prise de position de l'administration des impôts sur le fondement du 3° de l'article L 80 B et que l'avis des services ou organismes mentionnés au deuxième alinéa de ce même 3° est sollicité, l'expert qui examine la demande ne peut être celui qui a examiné la demande initiale.

CF-V-31400

Art R* 80 CB-6 Lorsque la demande de second examen mentionnée à l'article L 80 CB porte sur une prise de position de l'administration au titre du 3° bis de l'article L 80 B, les articles R* 80 CB-1 à R* 80 CB-4 s'appliquent.

Toutefois, par dérogation aux dispositions de l'article R* 80 CB-3, dans ce cas, le collège est national. La composition du collège est fixée par arrêté du ministre chargé de la recherche *(NDLR Voir art. A 80 CB-6-1)*. Il comprend quatre membres de la direction générale pour la recherche et l'innovation. Le collège délibère valablement à condition que deux membres au moins soient présents. Un des membres, désigné par le ministre chargé de la recherche, a la qualité de président. Le président a voix prépondérante en cas de partage. En cas d'absence ou d'empêchement, ou dans le cas prévu au cinquième alinéa de l'article R* 80 CB-3, la présidence est assurée par un membre du collège désigné à cet effet par l'arrêté mentionné ci-dessus.

Le collège désigne un rapporteur choisi au sein de la direction générale pour la recherche et l'innovation ainsi qu'un expert différent de celui qui a examiné la demande initiale.

CF-V-31300, 31230, 31360 s.

SECTION VII

Sanctions fiscales

Art R 80 E-1 La décision d'appliquer les majorations et amendes mentionnées à l'article L 80 E est prise par un agent ayant au moins le grade d'inspecteur divisionnaire.

CF-VIII-23500 s. ; MF n° 80005

CHAPITRE I BIS

Le droit d'enquête

Art R 80 F-1 Le droit d'enquête défini aux articles L 80 F à L 80 H peut être exercé par les fonctionnaires de la direction générale des finances publiques appartenant à des corps des catégories A et B et agissant soit dans le ressort territorial du service auquel ils sont affectés, soit dans l'ensemble de la région Ile-de-France lorsqu'ils exercent leurs fonctions dans un département situé dans cette région.

Les fonctionnaires visés au premier alinéa peuvent se faire assister par tout autre fonctionnaire de la direction générale des finances publiques, affecté ou non dans le ressort territorial du même service et appartenant à des corps de catégories A et B.

CF-IX-76755, 76770

Art R 80 F-2 Les fonctionnaires qui ont compétence pour procéder à la mise en œuvre du droit d'enquête auprès d'un assujetti à la taxe sur la valeur ajoutée, en application de l'article R 80 F-1, peuvent exercer ce droit dans tous les établissements de l'intéressé, quel que soit leur lieu de situation. Ils peuvent également l'exercer à l'égard des assujettis, ayant avec celui-ci des relations professionnelles impliquant une obligation de facturation, quel que soit le lieu de leur siège, de leur établissement, de leur domicile ou de l'exercice de leur activité.

CF-IX-76760

Art R 80 F-3 En cas de changement du lieu de dépôt de déclaration en matière de taxe sur la valeur ajoutée ou du lieu d'exercice de l'activité d'un assujetti, les fonctionnaires territorialement compétents pour procéder à la mise en œuvre du droit d'enquête, eu égard à la nouvelle situation de l'assujetti, le sont concurremment avec les services de l'ancien lieu de dépôt de déclaration ou d'exercice de l'activité, pour toute la période visée à l'article L 102 B.

CF-IX-76765

CHAPITRE I TER

Le droit de contrôle des entrepôts

Art R 80 K-1 Le droit de contrôle défini aux articles L 80 K et L 80 L peut être exercé par les fonctionnaires de la direction générale des finances publiques appartenant à des corps des catégories A et B et agissant soit dans le ressort territorial du service auquel ils sont affectés, soit dans l'ensemble de la région Ile-de-France lorsqu'ils exercent leurs fonctions dans un département situé dans cette région.

Les fonctionnaires visés au premier alinéa peuvent se faire assister par tout autre fonctionnaire de la direction générale des finances publiques, affecté ou non dans le ressort territorial du même service et appartenant à des corps de catégories A et B.

TVA-IV-26710

CHAPITRE II

Le droit de communication

Art R* 81-1 Le droit de communication défini à l'article L 81 est exercé par les fonctionnaires titulaires ou stagiaires appartenant à des corps de catégorie A ou B ou par des fonctionnaires titulaires appartenant à des corps de catégorie C agissant sur l'ensemble du territoire métropolitain et des départements et régions d'outre-mer, pour l'exercice de leurs missions d'établissement de l'assiette, de contrôle et de recouvrement des impôts, droits et taxes.

CF-I-9300 s.

Art R* 81-3 Pour l'exercice du droit de communication mentionné au deuxième alinéa de l'article L 81 :

1° La demande formulée par l'administration comporte les éléments objectifs mentionnés aux a à c :

a. La nature de la relation juridique ou économique existant entre la personne soumise au droit de communication et les personnes dont l'identification est demandée ;

b. La ou les informations demandées relatives aux personnes faisant l'objet de la recherche ; ces informations sont précisées par l'un au moins des critères de recherche suivants :

situation géographique ;

seuil pouvant être exprimé soit en quantité, nombre, fréquence ou montant financier ;

mode de paiement ;

c. La période, éventuellement fractionnée mais ne pouvant excéder dix-huit mois, sur laquelle porte la recherche ;

2° Sur demande de l'administration, les informations sont communiquées sur un support informatique, par un dispositif sécurisé ;

3° La décision de mettre en œuvre le droit de communication est prise par un agent ayant au moins le grade d'inspecteur divisionnaire des finances publiques ou d'inspecteur régional des douanes ;

4° Les informations communiquées sont conservées par l'administration pendant un délai de trois ans à compter de leur réception, à l'exception de celles utilisées dans le cadre de l'une des procédures prévues au titre II de la première partie du présent livre, qui sont conservées jusqu'à l'expiration de toutes les voies de recours.

CF-III-260

Art R 81-5 Le droit de communication mentionné à l'article L 81 est exercé par les agents de la direction générale des finances publiques. Il peut être exercé par les agents de la direction générale des douanes et droits indirects dans les conditions définies aux articles L 82 C, L 83, L 84, L 85, L 85-0 B, L 85 A, L 87, L 90, L 92, L 95, L 96 H, L 101, R* 81-1, R* 81-3 et à l'article R* 101-1 en ce qui concerne les contributions indirectes, droits, taxes, redevances et impositions obéissant aux mêmes règles.

Art R* 81 A-1 **I.** N'entrent dans le champ d'application de l'obligation édictée par l'article L 81 A que :

a. Les employeurs ;

b. Les organismes et services chargés de la gestion d'un régime obligatoire de sécurité sociale ;

c. Les institutions mentionnées au chapitre Ier du titre II du livre IX du code de la sécurité sociale ;

d. Les institutions gestionnaires du régime d'assurance prévu à l'article L 5421-1 du code du travail.

II. Une personne ou organisme mentionné au I ne peut porter à la connaissance de la direction générale des finances publiques ou de la direction générale des douanes et droits indirects un numéro d'inscription au répertoire national d'identification des personnes physiques, sur le fondement de l'article L 81 A, qu'en complément des éléments d'identification d'une personne physique au sujet de laquelle une disposition législative expresse du présent livre ou du code général des impôts l'oblige à fournir sur support papier ou électronique des informations nominatives.

CF-III-31100

SECTION I

Conditions d'exercice du droit de communication

6° Personnes ayant la qualité de commerçant

Art R* 85-1 Les sociétés redevables de l'impôt sur les sociétés doivent tenir l'ensemble des documents prévus à l'article L 85 à la disposition des agents de l'administration à leur lieu d'imposition.

CF-III-30370 s. ; MF nº 78060

9º Institutions et organismes versant des rémunérations ou répartissant des fonds

Art R 87-1 Pour l'exercice du droit de communication de l'administration, le gérant et le dépositaire d'un fonds commun de placement sont tenus de présenter :

a. Tous documents comptables liés au fonctionnement du fonds, et notamment les pièces de recettes et de dépenses de toute nature ;

b. Un relevé des valeurs liquidatives dégagées au cours des six dernières années ;

c. La liste des personnes pour lesquelles ils sont tenus de remplir les obligations prévues à l'article 41 sexdecies F de l'annexe III au code général des impôts au cours des six dernières années.

Dans le cadre de ses obligations fiscales, le gérant doit tenir à la disposition de l'administration toutes justifications de nature à prouver la conformité du fonctionnement du fonds commun avec le statut législatif et réglementaire de ces organismes.

RM-VII-2640, 4390

Art R 87-2 Le gérant d'un fonds commun de placement à risques ou d'un fonds professionnel de capital investissement ou le dépositaire des actifs de ce fonds agissant pour le compte du gérant est soumis aux obligations définies à l'article R 87-1.

RM-VII-2640, 4390

A chaque inventaire semestriel, la société de gestion d'un fonds commun de placement à risques ou d'un fonds professionnel de capital investissement ou le dépositaire des actifs de ce fonds agissant pour le compte de la société de gestion s'assure que les sociétés dont les titres sont retenus pour le calcul de la proportion de 50 % mentionnée au II de l'article 163 quinquies B du code général des impôts remplissent, à la date de clôture de leur dernier exercice précédant l'inventaire, les conditions posées au II de l'article 163 quinquies B précité.

RM-VII-4350

Art R 87-3 Le gérant d'un fonds commun d'intervention sur les marchés à terme ou le dépositaire des actifs de ce fonds est soumis aux obligations définies à l'article R 87-1.

18º Opérations de transfert de fonds à l'étranger

Art R* 96 A-1 Le contenu de l'obligation de conservation ainsi que les modalités d'exercice du droit de communication prévu à l'article L 96 A sont régis conformément aux dispositions de l'article R 152-10 du code monétaire et financier.

CF-III-1410, 1560 et 1600 s.

20º Intermédiaires pour les instruments financiers à terme

Art R 96 CA-1 Les teneurs de compte des opérations réalisées sur les instruments financiers à terme mentionnés au 8º du I de l'article 35, au 5º du 2 de l'article 92 et à l'article 150 ter du code général des impôts ou, en l'absence de teneur de compte, les personnes cocontractantes de ces contrats financiers tiennent à la disposition de l'administration tout document de nature à justifier la date de réalisation et le montant du profit ou de la perte dégagé par chacun de leurs clients à la clôture de chaque position ainsi que les caractéristiques des contrats ou positions correspondants.

Lorsque le contrat se dénoue par la livraison d'un instrument financier ou d'une marchandise, les teneurs de comptes et les personnes mentionnés au premier alinéa fournissent également la valeur au jour de la livraison de cet instrument financier ou de cette marchandise.

RM-VII-21150

21º Organisme gestionnaire d'un plan d'épargne en actions

Art R 96 D-1 L'organisme gestionnaire d'un plan d'épargne en actions défini à l'article 163 quinquies D du code général des impôts doit tenir à la disposition de l'administration tous documents de nature à justifier la date, de la nature et du montant des versements, retraits ou rachats effectués par chacun de ses clients.

Cet organisme doit en outre être en mesure de produire les éléments faisant apparaître :

1º La désignation des titres figurant sur le plan à la date de sa clôture et leur valeur à cette même date ;

2º La désignation des titres ayant fait l'objet d'un retrait après l'expiration de la huitième année et leur valeur à la date du retrait.

RM-VII-42440

22º Etablissements diffuseurs ou distributeurs de services payants de programme de télévision

Art R* 96 E-1 Le droit de communication prévu à l'article L 96 E s'effectue dans les conditions prévues à l'article R* 81-1. Il s'exerce par correspondance ou sur place.

Ndlr *Il est rappelé que l'article L 96 E du LPF est abrogé à compter du 1er janvier 2025.*

FR 35/22 inf. 12 nº 9 p. 14 ; TD-V-3580

24° Opérateurs de communications électroniques

Art R* 96 G-1 Par dérogation à l'article R* 81-1, le droit de communication prévu au I de l'article L 96 G est exercé par des fonctionnaires titulaires appartenant à des corps de catégorie A ou B, habilités à cet effet par le directeur, ou son adjoint, chargé, selon le cas, d'une direction régionale ou départementale des finances publiques, d'un service à compétence nationale ou d'une direction spécialisée de contrôle fiscal, dans lequel ces fonctionnaires sont affectés.

BF 10/23 inf. 682

Art R* 96 G-2 La demande d'autorisation de communication des données de connexion précise :

1° Le service demandeur ;

2° Le nom de la ou des personnes pour lesquelles la communication de données de connexion est demandée, ou toute information permettant de les identifier ;

3° Les données de connexion ou les types de données de connexion demandés pour chaque personne mentionnée au 2° ;

4° Les périodes au titre desquelles ces données sont demandées ;

5° Les éléments de fait et de droit permettant de justifier cette demande.

Si nécessaire, des demandes complémentaires peuvent être présentées au titre d'une procédure pour laquelle une demande a déjà été introduite.

BF 10/23 inf. 682

Art R* 96 G-3 L'article R* 81-3 n'est pas applicable au droit de communication prévu au I de l'article L 96 G.

BF 10/23 inf. 682

Art R* 96 G-4 La demande d'autorisation de communication des données de connexion mentionnée au cinquième alinéa du II de l'article L 96 G, adressée au contrôleur des demandes de données de connexion, et l'autorisation préalable délivrée par celui-ci, mentionnée au premier alinéa du II du même article L 96 G, sont formulées par écrit et transmises par tout moyen permettant d'en assurer la confidentialité et d'en attester de la réception.

BF 10/23 inf. 682

Art R* 96 G-5 Le droit de communication prévu au I de l'article L 96 G est exercé auprès des opérateurs et prestataires mentionnés au même I au moyen d'une demande écrite faisant état de l'autorisation du contrôleur des demandes de données de connexion. Cette demande comprend les éléments mentionnés aux 2°, 3° et 4° de l'article R* 96 G-2.

Sur demande de l'administration, les opérateurs et les prestataires lui communiquent les données sur support informatique, par un dispositif sécurisé.

BF 10/23 inf. 682

Art R* 96 G-6 Les données de connexion transmises par les opérateurs de communications électroniques et les prestataires mentionnés au I de l'article L 96 G sont recueillies et conservées, jusqu'à leur destruction, selon des modalités propres à garantir leur confidentialité.

BF 10/23 inf. 682

Art R* 96 G-7 Le directeur d'un service ayant mis en œuvre le droit de communication prévu au I de l'article L 96 G, ou son adjoint, adresse chaque année au contrôleur des demandes de données de connexion un procès-verbal indiquant les données de connexion collectées qui ont été détruites conformément aux dispositions de l'avant-dernier alinéa du II de l'article L 96 G.

Les demandes d'autorisation d'accès aux données de connexion adressées au contrôleur des demandes de données de connexion ainsi que les autorisations délivrées par ce dernier sont détruites dans les mêmes conditions et, le cas échéant, en même temps que les données collectées à raison de ces demandes et autorisations.

BF 10/23 inf. 682

SECTION II

Renseignements communiqués à l'administration sans demande préalable de sa part

Art R* 97-1 La forme du relevé prévu par l'article L 97, dont un double doit être adressé au redevable, est déterminée par un arrêté du ministre chargé des finances, du ministre chargé des affaires sociales et du ministre chargé de l'agriculture.

CF-III-3610 s.

Art R* 97-2 Lorsque le relevé récapitulatif concerne des praticiens adhérents d'une association agréée, les organismes prévus à l'article

L 97 doivent communiquer au lieu et place de la nature des prestations fournies les mentions correspondant à la nomenclature générale des actes professionnels.

CF-III-3625

Art R* 98 B-1 Les informations à communiquer à la direction générale des finances publiques en application des dispositions de l'article L 98 B par l'organisme de sécurité sociale mentionné à ce même article portent exclusivement sur les données suivantes :

1° La raison sociale, l'adresse et le numéro Siret de l'organisme de sécurité sociale émetteur des informations ;

2° Pour chaque salarié déclaré :

a. Son identification : nom de famille, nom marital, prénoms, sexe, date et lieu de naissance, adresse du dernier domicile connu et numéro d'inscription au répertoire national d'identification des personnes physiques ;

b. L'identification de son employeur : nom et prénoms, pseudo-Siret, adresse ;

c. La période d'emploi et le nombre d'heures effectuées pendant cette période ;

d. Le montant des sommes versées au cours de l'année civile précédente, en distinguant le salaire brut annuel correspondant au total sur l'année des rémunérations brutes servant de base au calcul des cotisations de sécurité sociale et le salaire net imposable.

CF-III-4100 s.

Art R* 98 B-2 La communication par voie électronique prévue au deuxième alinéa de l'article L 98 B est effectuée auprès d'un centre informatique désigné par arrêté du ministre chargé du budget *(Voir arrêté du 28 février 2008, JO du 26 avril).*

CF-III-4100 s.

Art R* 98 B-3 Le numéro d'inscription au répertoire national d'identification des personnes physiques porté à la connaissance de la direction générale des finances publiques en application de l'article L 98 B est exclusivement utilisé pour vérifier la fiabilité des éléments d'identification des personnes physiques figurant dans les traitements de données relatives à l'assiette, au contrôle et au recouvrement de l'impôt sur le revenu.

CF-III-4100 s.

Art R* 98 B-4 Lorsque la mise en œuvre des dispositions de l'article R* 98 B-3 s'avère susceptible de porter une atteinte grave et immédiate aux droits et libertés visés à l'article 1er de la loi n° 78-17 du 6 janvier 1978 relative à l'informatique, aux fichiers et aux libertés, la Commission nationale de l'informatique et des libertés peut enjoindre à l'autorité administrative de prendre sans délai les mesures de sécurité pouvant aller jusqu'à la destruction des supports d'information qui ont été constitués à partir du numéro d'inscription au répertoire national d'identification des personnes physiques.

Elle peut également, indépendamment de la mesure de destruction prévue au premier alinéa, faire application des articles R* 288-1 à R* 288-3.

CF-III-4100 s.

Art R* 98 C-1 Les éléments qui sont communiqués à la direction générale des finances publiques en application de l'article L 98 C par les organismes mentionnés à ce même article sont les suivants :

1° La raison sociale, l'adresse et le numéro SIRET de l'organisme de sécurité sociale émetteur des éléments ;

2° Pour chaque travailleur indépendant mentionné à l'article L 613-7 du code de la sécurité sociale :

a. Son identification : nom de famille, nom d'usage, prénoms, sexe, date et lieu de naissance, adresse, numéro d'inscription au répertoire national d'identification des personnes physiques et numéro SIRET ;

b. Les informations relatives à l'activité :

adresse d'exploitation de l'établissement principal ;

type d'établissement ;

code de la nomenclature d'activités française (NAF) ;

numéro de liaison du travailleur indépendant ;

situation du compte du travailleur indépendant enregistré auprès des organismes mentionnés aux articles L 213-1 et L 752-4 du code de la sécurité sociale et, le cas échéant, dates de suspension ou de radiation du compte ;

date de création, motif de radiation, date de cessation du compte du travailleur indépendant enregistré auprès des organismes mentionnés aux articles L 213-1 et L 752-4 du code de la sécurité sociale ;

c. La période d'exonération de charges sociales lorsque le travailleur indépendant en a bénéficié au titre de l'aide aux créateurs et repreneurs d'entreprise mentionnée à l'article L 131-6-4 du code de la sécurité sociale ;

d. Les informations relatives à l'option pour le versement libératoire mentionnée à l'article 151-0 du code général des impôts et son montant, pour l'année précédant la communication des informations ;

e. Le montant du chiffre d'affaires de l'exercice précédant la communication des éléments.

BF 6/22 inf. 559

Art R* 98 D-1 Les éléments qui sont communiqués à la direction générale des finances publiques en application de l'article L 98 D par les organismes mentionnés à ce même article sont les suivants :

1° La raison sociale, l'adresse et le numéro SIRET de l'organisme de sécurité sociale émetteur des éléments ;

2° Les données d'identification des particuliers employeurs mentionnés aux 1° et 2° du I de l'article L 98 D et des particuliers mentionnés au 3° du I du même article : nom de famille, nom d'usage, prénoms, sexe, date et lieu de naissance, adresse, numéro d'identification attribué par les organismes mentionnés au 1° du présent article, numéro d'inscription au répertoire national d'identification des personnes physiques ou, lorsqu'ils bénéficient de l'application de l'article 199 sexdecies du code général des impôts à raison de ces situations, leur numéro d'identification fiscale ;

3° Les données d'identification et éléments de rémunérations des salariés des particuliers employeurs mentionnés au 1° et 2° du I de l'article L 98 D : nom de famille, nom d'usage, prénoms, sexe, date et lieu de naissance, période d'emploi, salaires nets et cotisations versés, rémunération nette fiscale imposable ;

4° Les données d'identification des entreprises ou associations mentionnées au 3° du I de l'article L 98 D : nom et numéro SIRET ;

5° Le montant perçu par les particuliers employeurs et particuliers mentionnés au I de l'article L 98 D en application de l'article 199 sexdecies du code général des impôts, et le cas échéant, le montant de toutes autres aides non fiscales dont ils bénéficient à raison des situations mentionnées au même I de l'article L 98 D pendant l'année précédant celle de la transmission des informations ;

6° Lorsque les situations mentionnées au I de l'article L 98 D permettent la réalisation de l'activité de garde d'enfants mentionnée au 1° de l'article L 7231-1 du code du travail, les modalités de garde et l'année de naissance de chaque enfant.

BF 6/22 inf. 560

Art R* 98 D-2 La communication à la direction générale des finances publiques des éléments mentionnés aux articles R* 98 C-1 et R* 98 D-1 s'effectue par voie électronique.

BF 6/22 inf. 559, 560

Art R* 101-1 Pendant les quinze jours qui suivent la date à laquelle est rendue une décision, de quelque nature qu'elle soit, par une juridiction civile, administrative, consulaire, prud'homale ou militaire, les pièces restent déposées au greffe où elles sont à la disposition de l'administration des finances.

Ce délai est réduit à dix jours en matière correctionnelle.

CF-III-4930

Art R 102 AA-1 Les informations à communiquer à la direction générale des finances publiques en application de l'article L 102 AA, par les services du ministre chargé de l'agriculture, pour chaque établissement ayant reçu l'agrément prévu aux articles L 233-2 et L 235-1 du code rural et de la pêche maritime, sont les suivantes :

1° Le nom, l'adresse et le numéro SIRET des établissements agréés ;

2° Le nombre de carcasses d'animaux abattus, réparti par espèce et par tranche de poids pour les ovins, les caprins et les porcins, assujettis à la redevance prévue aux articles 302 bis N à 302 bis R du code général des impôts, et le taux de modulation appliqué à l'abattoir ;

3° Le nombre de tonnes de produits de la pêche ou de l'aquaculture assujettis à la redevance prévue à l'article 302 bis WA et à la redevance prévue à l'article 302 bis WB du code précité ;

4° Le nombre d'établissements assujettis à la redevance prévue aux articles 302 bis WD à 302 bis WG du code précité.

Les données sont transmises, chaque année, par les services du ministre chargé de l'agriculture à la direction générale des finances publiques sur support électronique dans des conditions permettant de garantir leur confidentialité. Un protocole détermine notamment la nature du support et le format des données transmises.

CF-III-7230 s.

Art R 102 AB-1 Les données mentionnées à l'article L 102 AB sont transmises, chaque année, par le Conseil national des activités privées de sécurité à la direction générale des finances publiques sur support électronique dans des conditions permettant de garantir leur confidentialité. Un protocole détermine notamment la nature du support et le format des données transmises.

CF-III-7310

Art R 102 AC-1 Les données mentionnées à l'article L 102 AC sont transmises, chaque année, par les services du ministre chargé de l'énergie à la direction générale des finances publiques sur support électronique dans des conditions permettant de garantir leur confidentialité. Un protocole détermine notamment la nature du support et le format des données transmises.

CF-III-7340

Art R 102 AE-1 *(Devenu sans objet).*

Art R 102 AG-1 **I. 1°** En application de l'article L 102 AG, dans un délai de trente jours suivant la découverte d'un changement de circonstances prévu au III de l'article 30 du décret nº 2016-1683 du 5 décembre 2016 fixant les règles et procédures concernant l'échange automatique de renseignements relatifs aux comptes financiers, dites « norme commune de déclaration », l'institution financière demande aux titulaires de nouveaux comptes définis au II de l'article 15 du même décret, sauf s'ils sont préexistants au sens du I du même article 15, de lui remettre les informations nécessaires à l'identification de leurs résidences fiscales et de leurs numéros d'identification fiscale, à l'exception des cas prévus à l'article 57 du même décret.

Elle applique la même procédure pour les informations nécessaires à l'identification des résidences fiscales et des numéros d'identification fiscale des personnes physiques qui contrôlent les entités définies au 1° du IV de l'article 11 du décret précité, à l'exception des cas prévus à l'article 57 du même décret.

2° En l'absence de réponse complète à la première demande de l'institution financière dans un délai de soixante jours suivant la réception de cette demande par le titulaire de compte, une seconde demande doit être adressée dans un délai de trente jours à compter de l'expiration du délai de soixante jours précité.

3° Ces demandes sont adressées, par voie postale ou par voie électronique, à la dernière adresse connue du titulaire du compte.

II. 1° Les institutions financières doivent déclarer les situations dans lesquelles elles n'ont pas reçu d'informations complètes dans les trente jours qui suivent la réception de la seconde demande par le titulaire du compte.

2° Les institutions financières souscrivent avant le 31 mars de chaque année une déclaration comportant les informations indiquées au V pour les situations mentionnées au 1° et constatées au 31 décembre de l'année précédente.

III. La déclaration est souscrite par l'institution financière ou par un prestataire tiers qu'elle désigne pour s'acquitter de son obligation déclarative.

IV. La déclaration est déposée par voie électronique auprès de la direction générale des finances publiques sur un support informatique dont celle-ci détermine les caractéristiques.

V. La déclaration prévue au I comporte les éléments suivants :

1° a. En ce qui concerne l'institution financière soumise à l'obligation déclarative :

i. La dénomination ;

ii. La raison sociale ;

iii. L'adresse ;

iv. Le numéro SIREN ;

v. Le cas échéant, le numéro d'identification ;

b. Lorsque l'institution financière mandate un prestataire tiers pour assurer l'accomplissement de ses obligations déclaratives, ce dernier complète les informations relatives à son identification ainsi que celles de son mandant ;

2° a. En ce qui concerne le titulaire du compte :

i. Pour les personnes physiques :

le nom de famille ;

les prénoms ;

l'adresse ;

la date et le lieu de naissance ;

s'il y a lieu, les résidences fiscales ;

s'il y a lieu, les numéros d'identification fiscale ;

ii. Pour les entités :

la dénomination ;

la raison sociale ;

l'adresse ;

s'il y a lieu, les résidences fiscales ;

s'il y a lieu, les numéros d'identification fiscale ;

b. En ce qui concerne les personnes physiques qui contrôlent le titulaire de comptes :

i. Pour ces personnes physiques, les mêmes éléments qu'au i du a ;

ii. Pour l'entité titulaire de compte, en sus des éléments requis au ii du a, sa nature au sens du IV de l'article 11 du décret nº 2016-1683 du 5 décembre 2016 précité ;

3° Le numéro de compte ;

4° Les dates d'envoi des demandes au titulaire du compte et, si elles sont connues, les dates de réception de ces demandes par le titulaire ;

5° La nature des informations manquantes nécessaires à l'identification.

INT-GENA-33885 s., 34225 s. ; MF nº 26960

CHAPITRE II BIS

Obligation et délais de conservation des documents

Art R* 102 C-1 I. Pour l'application des dispositions de l'article L 102 C, les assujettis ne peuvent stocker les factures transmises par voie électronique dans un pays non lié à la France par une convention prévoyant soit une assistance mutuelle ayant une portée similaire à celle prévue par la directive 2010/24/UE du Conseil du 16 mars 2010 concernant l'assistance mutuelle en matière de recouvrement des créances relatives aux taxes, impôts, droits et autres mesures et le règlement (UE) nº 904/2010 du Conseil du 7 octobre 2010 concernant la coopération administrative et la lutte contre la fraude dans le domaine de la taxe sur la valeur ajoutée, soit un droit d'accès en ligne, de téléchargement et d'utilisation de l'ensemble des données concernées.

II. La déclaration du lieu de stockage prévue à l'article L 102 C précité s'effectue sur papier libre ou par voie électronique. Elle comporte les nom et adresse des clients ou des tiers chargés du stockage ainsi que les périodes concernées par celui-ci. Les assujettis sont tenus de déclarer toute modification du lieu de stockage dans le mois qui suit la survenance d'un tel événement au service des impôts auprès duquel ils déposent leur déclaration de résultats ou de bénéfices.

III. Pour l'application de l'article L 102 C précité, l'assujetti s'assure que les factures et données détenues par lui-même ou, en son nom et pour son compte, par un client ou par un tiers sont accessibles dans le meilleur délai depuis son siège ou son principal établissement en cas de contrôle de l'administration, quel que soit le lieu de détention de ces documents.

RIE-IV-7070 s.

CHAPITRE III

Le secret professionnel en matière fiscale

SECTION I

Portée et limites de la règle du secret professionnel

Art R* 103-1 Les correspondances de toute nature échangées entre les agents de l'administration des impôts ou entre les agents de l'administration des douanes et droits indirects, selon le cas, ou adressées par eux aux contribuables doivent être transmises sous enveloppe fermée, en application de l'article L 103.

DC-VI-3980

1º Délivrance de documents aux contribuables

Art R* 107 A-1 La demande de communication des informations mentionnées à l'article L 107 A est effectuée par écrit. Elle comporte les nom et prénoms ou la raison sociale du demandeur, la commune de situation des immeubles, l'arrondissement pour les communes de Paris, Lyon et Marseille, ainsi que la personne ou les immeubles concernés. Un immeuble s'entend comme une parcelle ou un lot de copropriété.

Une demande ne peut mentionner plus d'une commune ou d'un arrondissement, et plus d'une personne ou plus de cinq immeubles.

DC-VI-44300 s.

Art R* 107 A-2 La communication des informations susmentionnées a lieu sous la forme d'un relevé de propriété issu de la matrice cadastrale. Elle est assurée par les services de l'administration fiscale et des communes.

DC-VI-44300 s.

Art R* 107 A-3 I. Le caractère ponctuel de la communication est défini par le nombre de demandes présentées par un usager auprès d'un service, qui ne peut être supérieur à cinq par semaine dans la limite de dix par mois civil.

II. La limite prévue au I n'est toutefois pas opposable :

1º Aux titulaires de droits réels immobiliers ou à leurs mandataires et, pour les majeurs protégés par la loi ou les mineurs, à une personne chargée de la mesure de protection ou de l'autorité parentale, pour les immeubles sur lesquels s'exercent ces droits ;

2° Aux autorités ou administrations agissant dans le cadre de procédures judiciaires ou administratives visant les personnes ou la définition des propriétés. Toutefois, dans ce cas, l'administration fiscale peut opposer la limite prévue au I si la demande émane d'autorités ou d'administrations disposant annuellement des informations mentionnées à l'article L 107 A.

DC-VI-44300 s.

Art R* 107 A-4 Dans le cas où une personne agit sur mandat, il lui est interdit de conserver les informations qui lui ont été délivrées au-delà de ce qui est strictement nécessaire à l'accomplissement de son mandat.

DC-VI-44300 s.

Art R* 107 A-5 Les modalités d'établissement et de contrôle des demandes sont fixées par l'administration fiscale pour ce qui concerne ses services, et par le maire pour ce qui concerne sa commune.

DC-VI-44300 s.

Art R* 107 A-6 La communication des informations susmentionnées est réalisée, si le demandeur en a fait le choix, par voie électronique à l'exclusion de tout autre moyen. Dans ce cas, elle a lieu par courrier électronique si le demandeur a fourni une adresse électronique unique et valide ou dans le cadre d'une application informatique à accès contrôlé dotée d'une traçabilité et dont le responsable a satisfait aux formalités préalables du chapitre IV de la loi n° 78-17 du 6 janvier 1978 relative à l'informatique, aux fichiers et aux libertés.

DC-VI-44300 s.

Art R* 107 A-7 Les modalités de communication prévues par les articles R* 107 A-1 à R* 107 A-6 ne font pas obstacle à la délivrance, par l'administration fiscale, de la documentation cadastrale sous forme de fichiers à d'autres services ou personnes établissant agir dans le cadre d'une mission de service public, le cas échéant en qualité de délégataire, à condition que les informations transmises ne fassent pas l'objet d'une diffusion à d'autres usagers.

DC-VI-44300 s.

Art R* 107 B-1 **I.** Les personnes physiques mentionnées au premier alinéa de l'article L 107 B peuvent obtenir, par voie électronique et gratuitement, la communication des éléments d'informations relatifs aux mutations à titre onéreux de biens immobiliers comparables figurant dans le traitement automatisé de données personnelles dénommé « PATRIM » mis en œuvre par la direction générale des finances publiques et issues :

a. Du traitement « Base nationale des données patrimoniales » pour ce qui concerne les informations relatives aux mutations ;

b. Du traitement « Service de consultation du plan cadastral » pour ce qui concerne les données parcellaires utilisées par l'outil de géocodage ;

c. Du traitement de l'Institut national de l'information géographique et forestière pour ce qui concerne les données parcellaires utilisées par l'outil de géocodage ;

d. De l'annuaire de la direction générale des finances publiques pour ce qui concerne les informations d'authentification des usagers.

II. L'accès à ce traitement automatisé est réalisé dans le cadre de la procédure sécurisée d'authentification prévue pour l'accès aux services en ligne mentionnée au cinquième alinéa de l'article L 107 B. Il est assorti d'un outil de traçabilité permettant la conservation pendant une année des informations de recherche et de consultation du demandeur mentionnées au V, à la seule fin de vérifier le respect des conditions d'utilisation du service fixées par le cinquième alinéa de cet article.

III. Lors de la procédure sécurisée d'authentification préalable, le demandeur précise l'objet de sa demande de communication d'informations, parmi les procédures ou déclarations mentionnées au premier alinéa de l'article L 107 B.

IV. Il indique dans le formulaire de demande les éléments suivants :

a. Le type et la superficie du bien immobilier dont il souhaite évaluer la valeur vénale ;

b. Le périmètre géographique ;

c. La période de recherche.

Il peut compléter sa demande en y ajoutant les critères de recherche facultatifs suivants :

a. Prix total ou ratio prix/ surface ;

b. Années de construction ;

c. Matériaux de construction ;

d. Nombre de niveaux ;

e. Nombre de pièces principales ;

f. Etage de situation ;

g. Présence d'ascenseur ;

h. Situation locative ;

i. Présence et nombre de dépendances ;

j. Surface de terrain.

V. Les interrogations du service de traitement automatisé font l'objet d'un enregistrement journalier qui se traduit par la conservation, pour chaque connexion, des éléments suivants :

a. Date et heure de la recherche ;

b. Identifiant de l'usager ;

c. Adresse IP de l'usager ;

d. Motifs de la visite.

VI. Dans le cadre d'une procédure de contrôle fiscal ou en vue de celle-ci, l'administration ne peut consulter ni utiliser les informations communiquées par le demandeur au titre des III et IV.

DC-VI-44750

Art R* 107 B-2 **I.** Les informations communiquées au demandeur en application du troisième alinéa de l'article L 107 B correspondent aux caractéristiques suivantes :

a. Type et superficie des biens ;

b. Code du département ;

c. Numéro de voie, indice de répétition, type et libellé de la voie ;

d. Code et libellé de la commune ;

e. Préfixe et code de la section cadastrale, numéro de plan du lieu de situation des biens et, le cas échéant, numéro de lot de copropriété ou numéro de volume ;

f. Références de publication au fichier immobilier et date de la mutation ;

g. Prix total ;

h. Ratios prix/surface et prix/nombre de dépendances ;

i. Année de construction ;

j. Matériaux de construction ;

k. Nombre de niveaux ;

l. Nombre et types des pièces principales ;

m. Etage de situation ;

n. Présence d'ascenseur.

Elles reflètent les ventes, adjudications, expropriations ou échanges de biens immobiliers comparables au bien objet de la demande et ne peuvent concerner des opérations réalisées depuis plus de neuf ans, y compris l'année en cours.

II. La délivrance des éléments d'informations au demandeur est immédiate et effectuée sous forme de tableau. Un outil de géolocalisation avec vue aérienne est utilisé.

III. L'usage de l'application, et notamment les demandes et l'utilisation des résultats, est fait sous la seule responsabilité du demandeur.

IV. L'utilisation du service est limitée à cinquante consultations par utilisateur par période de trois mois, sauf dérogation expresse et justifiée. Au-delà, l'utilisateur se voit interdire l'accès au service pendant six mois.

V. Les droits d'opposition, d'accès et de rectification s'exercent dans les conditions prévues aux articles 38 à 40 de la loi n° 78-17 du 6 janvier 1978 relative à l'informatique, aux fichiers et aux libertés auprès du bureau en charge du traitement au sein de la direction générale des finances publiques.

DC-VI-44780

Art R 108-1 La direction générale des douanes et droits indirects est habilitée à communiquer les documents mentionnés à l'article L 108 dans les conditions prévues à cet article.

Art R* 109-1 Les déclarations mentionnées à l'article L 109 sont conservées pendant trois ans soit à la direction régionale des douanes et droits indirects, soit au bureau de déclarations de la direction générale des douanes et droits indirects.

Art R 109-2 La direction générale des douanes et droits indirects exerce les compétences prévues à l'article L 109.

2° Publicité de l'impôt

Art R 111-1 La liste des personnes assujetties à l'impôt sur le revenu, établie en application du I de l'article L 111, comprend les impositions mises en recouvrement au 30 avril de l'année suivant celle de la production des déclarations de revenus.

Elle comporte, pour chaque contribuable, les indications suivantes :

a. Son nom, la première lettre de son prénom et son adresse ;

b. Le nombre de parts correspondant à sa situation et à ses charges de famille ;

c. Le revenu imposable ;

d. Le montant de l'impôt mis à sa charge, défini par l'article R 111-2 ;

e. *(Abrogé).*

DC-VI-43650

Art R 111-2 L'impôt mis à la charge de chaque contribuable s'entend du montant des droits en principal déterminés par application au revenu imposable des barèmes en vigueur.

Il est tenu compte, le cas échéant, en augmentation, des impositions supplémentaires ou afférentes aux plus-values de cession taxables à un taux proportionnel ; en diminution, des dégrèvements contentieux auxquels les impositions ont donné lieu.

DC-VI-43650

Art R 111-3 La liste peut être consultée au siège de la direction départementale ou, le cas échéant, régionale des finances publiques. Le contribuable qui en demande la communication doit justifier qu'il relève, en matière d'impôt sur le revenu, de la compétence territoriale de cette direction.

DC-VI-43840

Art R 111-4 Les listes sont conservées par l'administration des impôts jusqu'à expiration de la quatrième année suivant celle au titre de laquelle les impositions publiées ont été établies.

DC-VI-43700

3° Ouverture des données foncières

Art R* 112 A-1 Pour l'application de l'article L 112 A, l'administration fiscale met gratuitement à disposition du public les informations mentionnées ci-après relatives aux ventes, adjudications, expropriations et aux échanges de biens immobiliers publiés au fichier immobilier au cours des cinq dernières années, issues des traitements informatisés relatifs à la publicité foncière et à la documentation littérale du cadastre.

Pour chaque mutation, les éléments d'information mis à disposition sont les suivants :

a. Date et nature de la mutation ;

b. Prix ;

c. Adresse : numéro de voie, indice de répétition, type, code et libellé de la voie, code postal et libellé de la commune ;

d. Références cadastrales : code de la commune et du département, préfixe et code de la section cadastrale, numéro de plan du lieu de situation des biens, le numéro de volume ainsi que, si le bien objet de la mutation fait partie d'une copropriété, le nombre de lots et le numéro de lot dans la limite de cinq lots par mutation ;

e. Descriptif du bien dès lors qu'il a été déclaré à l'administration : surface « Carrez » telle que définie par l'article 4-1 du décret n° 67-223 du 17 mars 1967 pris pour l'application de la loi n° 65-557du 10 juillet 1965 fixant le statut de la copropriété des immeubles bâtis, surface réelle au sens de l'article 324 M de l'annexe III du code général des impôts, code type de local, type de local, nombre de pièces principales, surface du terrain, et, pour les terrains non bâtis, nature de culture et nature de culture spéciale.

BF 2/19 inf. 192

Art R* 112 A-2 Les informations mentionnées à l'article R* 112 A-1 sont mises à disposition du public sous forme d'un fichier dans un format standard, pouvant faire l'objet d'un téléchargement.

Ces informations font l'objet d'une mise à jour semestrielle.

BF 2/19 inf. 192

Art R* 112 A-3 Les conditions générales d'utilisation des informations prévoient, d'une part, que les traitements portant sur la réutilisation des informations mentionnées à l'article R* 112 A-1 ne peuvent avoir ni pour objet ni pour effet de permettre la réidentification des personnes concernées et, d'autre part, que ces informations ne peuvent faire l'objet d'une indexation sur les moteurs de recherche en ligne.

BF 2/19 inf. 192

SECTION II

Dérogations à la règle du secret professionnel

Art R* 113-1 Les informations communiquées en application des dérogations prévues à l'article L 113 doivent faire l'objet d'une demande préalable, à l'exception des échanges de renseignements mentionnés à l'article L 114 ; elles sont limitées aux éléments nécessaires à l'accomplissement des missions pour lesquelles elles sont consenties.

DC-VI-5810

I. Dérogations en matière d'assistance fiscale internationale

Art R* 114 A-1 La communication de renseignements par l'administration française est subordonnée à un engagement de l'autre Etat membre de respecter, dans l'utilisation de ces renseignements, des règles de secret similaires à celles prévues par la législation française.

DC-VI-5860

Art R* 114 A-2 I. L'administration française ne peut fournir des renseignements qui révéleraient un secret commercial, industriel ou professionnel, ou dont la divulgation serait de nature à porter atteinte à la sécurité ou à l'ordre public.

II. Elle n'est pas tenue de fournir des renseignements qui, sur la base de la législation en vigueur ou de la pratique administrative, ne pourraient pas être utilisés pour l'établissement ou le recouvrement de l'impôt français, ou qui ne pourraient pas être obtenus dans l'autre Etat membre, sur la base de sa législation ou de sa pratique administrative.

DC-VI-5860

Art R* 114 A-3 L'administration française utilise les renseignements reçus de l'administration d'un autre Etat membre de la Communauté européenne dans les conditions et limites prévues aux articles L 103 et suivants.

Toutefois, sur demande de l'administration de l'autre Etat, elle respecte les conditions plus strictes prévues à des fins internes par la législation de cet Etat.

DC-VI-5860

Art R* 114 A-4 Si l'administration qui fournit les renseignements l'y autorise, l'administration française peut communiquer ces renseignements à l'administration d'un autre Etat membre de la Communauté européenne.

DC-VI-5860

Art R* 114 A-5 Les dispositions du décret n° 79-1025 du 28 novembre 1979, autres que celles du 3 de l'article 4 et de l'article 22 concernant les limites de l'échange de renseignements, sont étendues à l'assistance mutuelle en matière de recouvrement de la taxe sur la valeur ajoutée et de toutes sommes accessoires instituée par le II de l'article 11 de la loi n° 81-1179 du 31 décembre 1981.

Toutefois, les attributions dévolues à la commission interministérielle instituée par l'article 3 du décret susvisé sont exercées :

1° Par la direction générale des finances publiques en ce qui concerne la taxe sur la valeur ajoutée et les sommes accessoires dont le recouvrement incombe à ses comptables ;

2° Par la direction générale des douanes et droits indirects en ce qui concerne les taxes sur le chiffre d'affaires, accises et autres taxes à la consommation relatives aux opérations de circulation intracommunautaire définies par l'article 1er du règlement n° 3-84 CEE du 19 décembre 1983.

Ndlr *Le décret 79-1025 du 28 novembre 1979 a été abrogé par l'article 3 du décret 2003-1387 du 31 décembre 2003 relatif à l'assistance internationale au recouvrement (JO du 1er janvier 2004).*

DC-VI-5860

II. Dérogations au profit de certaines administrations, autorités administratives, collectivités, services et organismes publics et au profit de tiers

Art R 119-1 **I.** Les informations nominatives mentionnées à l'article L 119 sont limitées aux éléments de la situation fiscale des personnes concernées suivants :

1° Le montant des bénéfices agricoles ;

2° Le montant des traitements et salaires ;

3° Le montant des indemnités de fonctions perçues par les élus locaux soumises à la retenue à la source ;

4° Le montant des pensions ;

5° Le montant des bénéfices industriels et commerciaux ;

6° Le montant des bénéfices non commerciaux ;

7° Le montant des revenus tirés de locations meublées ;

8° Le numéro fiscal.

Les informations transmises ne peuvent être utilisées à d'autres fins que l'instruction des demandes d'indemnités compensatoires de handicaps naturels. Elles ne peuvent être ni communiquées ni cédées sous forme nominative.

II. La demande d'informations nominatives qui peut concerner une personne ou une liste de personnes comporte tout ou partie des indications suivantes :

1° Le nom de naissance, le nom marital et les prénoms ;

2° Le sexe ;

3° La date et le lieu de naissance ;

4° L'adresse du dernier domicile connu ;

5° Le numéro fiscal.

III. Il n'est donné suite à une demande qu'en cas de concordance suffisante des éléments d'identification de la personne concernée contenus dans la demande avec ceux détenus par l'administration à laquelle elle est adressée.

DC-VI-7800

Art R 134 D-1 **I.** Les agents mentionnés au 1° de l'article L 134 D, individuellement désignés pour accéder aux informations contenues dans les déclarations prévues à l'article 1649 ter du code général des impôts, sont habilités, en fonction des organismes dans lesquels ils exercent leurs missions, par :

1° Le directeur de chacun des organismes mentionnés aux articles L 211-1, L 212-1, L 215-1, L 222-1-1 et L 752-4 du code de la sécurité sociale et à l'article L 724-7 du code rural et de la pêche maritime ;

2° Le directeur général de l'organisme mentionné à l'article L 5312-1 du code du travail.

II. Les agents mentionnés au 2° de l'article L 134 D, individuellement désignés pour accéder aux données relatives aux mutations à titre onéreux ou gratuit et aux actes relatifs aux sociétés ainsi qu'aux informations mentionnées à l'article L 107 B, sont habilités, en fonction des organismes dans lesquels ils exercent leurs missions, par :

1° Le directeur de chacun des organismes mentionnés aux articles L 212-1 et L 752-4 du code de la sécurité sociale et L 724-7 du code rural et de la pêche maritime ;

2° Le directeur général de l'organisme mentionné à l'article L 5312-1 du code du travail.

III. La délivrance des habilitations mentionnées aux 1° des I et II peut être déléguée aux directeurs financiers ou fondés de pouvoir des organismes mentionnés aux 1° des I et II.

IV. Ces habilitations sont personnelles.

V. Les organismes mentionnés au présent article assurent la traçabilité des consultations effectuées par les agents relevant de leurs services.

Le directeur général des finances publiques est informé de l'identité et de la fonction des personnes habilitées et de toute modification relative à ces habilitations.

DC-VI-10320

Art R* 135 B-1 L'autorité territoriale destinataire des informations transmises par la direction générale des finances publiques en application de l'article L 135 B, est selon le cas le maire, le président du conseil départemental, le président du conseil régional, le président du conseil exécutif de Corse ou le président de l'établissement public doté d'une fiscalité propre. Elle peut désigner à cet effet un délégué dont l'identité est préalablement déclarée à cette direction.

L'autorité territoriale ou son délégué désigne, s'il y a lieu, le personnel administratif habilité à utiliser ces informations.

DC-VI-6600

Art R* 135 B-2 Les informations transmises ne peuvent être utilisées à des fins commerciales, politiques ou électorales. Elles ne peuvent être ni communiquées ni cédées sous forme nominative.

DC-VI-6600

Art R* 135 B-3 L'autorité territoriale ou son délégué prend toutes mesures permettant d'éviter toute utilisation détournée ou frauduleuse des documents supports de l'information transmis par la direction générale des finances publiques et toutes mesures, notamment de sécurité matérielle, pour assurer la conservation des documents et informations.

Il informe les personnes qui utilisent les informations ou en ont connaissance des peines encourues en cas de rupture du secret professionnel.

DC-VI-6600

Art R* 135 B-4 Tout traitement des informations par le destinataire ou par un prestataire de services établi dans un pays de la Communauté européenne ou dans un Etat partie à l'Accord sur l'Espace économique européen doit être effectué sur le territoire français.

Lorsque les traitements sont réalisés par un prestataire de services, une convention doit définir précisément leur objet. Le prestataire doit prendre les mesures prévues à l'article R* 135 B-3 et s'engager à ce que les informations communiquées ne soient conservées, utilisées ou dupliquées à d'autres fins que celles indiquées par la convention.

Cet intervenant, dont le nom ou la raison sociale ainsi que l'adresse seront déclarés préalablement à la direction générale des finances publiques, doit être informé par la collectivité ou l'établissement public des dispositions législatives et réglementaires qui s'appliquent.

Le prestataire de services devra procéder à la destruction de tous les fichiers manuels ou informatisés stockant les informations saisies dès l'achèvement de son contrat.

DC-VI-6600

Art R 135 D-1 **I.** Les données individuelles auxquelles il est donné accès en application du III de l'article L 135 D avant que ne soit échu le délai prévu à article L 213-2 du code du patrimoine ne mentionnent ni nom, ni prénom, ni adresse, ni tout autre élément permettant une identification directe des individus ou des entreprises, à l'exception, pour les données relatives aux entreprises, des numéros d'identification prévus à l'article R 123-220 du code de commerce.

L'administration ayant collecté ces données peut conclure un partenariat avec le demandeur afin que, dans le respect des règles fixées ci-dessus, celui-ci effectue les retraitements éventuellement nécessaires à leur exploitation.

Aucune donnée, retraitée ou non, ne peut être ni communiquée ni cédée à titre gracieux ou onéreux par le demandeur. Les données réutilisées par ce dernier en vue de leur publication doivent être agrégées ou, lorsqu'elles sont individualisées, ne permettre aucune identification. Elles respectent les règles du secret statistique et fiscal et mentionnent leur source ainsi que la date de leur dernière mise à jour.

II. La demande d'accès, formulée par écrit, adressée au secrétariat du comité du secret statistique, comporte :

1° Le nom du demandeur et, le cas échéant, celui de l'organisme de recherche auquel il est rattaché ;

2° La nature et la finalité de ses travaux de recherche ;

3° La nature des informations auxquelles il souhaite avoir accès ;

4° La durée d'accès souhaitée.

Le comité du secret statistique peut compléter et préciser la liste des informations à fournir par le demandeur.

Le demandeur joint à sa demande les justificatifs correspondants.

Il signe un document par lequel il atteste être informé de ce qu'il est, en application de l'article L 113, soumis au secret professionnel pour les informations communiquées en application du III de l'article L 135 D sous peine des sanctions prévues aux articles 226-13 et 226-14 du code pénal.

III. L'accès aux informations mentionnées au III de l'article L 135 D s'effectue, après avoir accompli le cas échéant, selon la nature des données, les formalités nécessaires auprès de la Commission nationale de l'informatique et des libertés, au moyen du centre d'accès sécurisé distant du Groupe des écoles nationales d'économie et statistique (GENES) régi par le décret n° 2010-1670 du 28 décembre 2010.

DC-VI-7800

Art R* 135 T-1 Les agents mentionnés au second alinéa de l'article L 135 T sont habilités, selon les cas, par :

1° Le directeur général du Trésor ou son adjoint ou le secrétaire général de la direction générale du Trésor ;

2° Le directeur général des douanes et droits indirects ou son adjoint ainsi que le chef de la direction nationale du renseignement et des enquêtes douanières ou les directeurs interrégionaux des douanes.

Les personnes mentionnées au 1° et au 2° veillent à la traçabilité des consultations des fichiers mentionnés à l'article L 135 T effectuées par les agents qu'ils ont habilités.

Le directeur général des finances publiques est informé de l'identité et de la fonction des agents habilités et de toute modification relative à leur habilitation.

DC-VI-7800

Art R 135 ZB-1 Les données mentionnées à l'article L 135 ZB collectées à partir des déclarations des redevables sont transmises, chaque année, par la direction générale des finances publiques en charge du recouvrement des redevances prévues aux articles 302 bis N à 302 bis WG du code général des impôts et aux articles L 236-2 et L 251-17-1 du code rural et de la pêche maritime aux services du ministre chargé de l'agriculture sur support électronique dans des conditions permettant de garantir leur confidentialité. Un protocole entre les services du ministre chargé de l'agriculture et la direction générale des finances publiques détermine la nature du support et le format des données transmises par voie électronique.

DC-VI-7800

Art R 135 ZC-1 **I.** Les agents mentionnés à l'article L 135 ZC, individuellement désignés pour accéder aux fichiers contenant les informations mentionnées aux articles 1649 A et 1649 ter du code général des impôts, aux données relatives aux mutations à titre onéreux ou gratuit et aux actes relatifs aux sociétés, ainsi qu'aux informations mentionnées à l'article L 107 B, sont habilités, en fonction des organismes dans lesquels ils exercent leurs missions, par :

1° Le préfet de police ou les chefs de services de la préfecture de police ;

2° Le directeur général, les chefs des services centraux ou les chefs des services déconcentrés de la police nationale ;

3° Le directeur général, le directeur des opérations et de l'emploi ou le sous-directeur de la police judiciaire de la gendarmerie nationale, les commandants de groupement de la gendarmerie nationale, les commandants de la gendarmerie nationale dans les collectivités d'outre-mer relevant des articles 73 et 74 de la Constitution et en Nouvelle-Calédonie, les commandants de région de la gendarmerie nationale ou les commandants des gendarmeries spécialisées de la gendarmerie nationale ;

4° Le directeur général, les chefs et sous-directeurs des services centraux ou les chefs de services territoriaux de la sécurité intérieure ;

5° Le directeur général des finances publiques ou son adjoint ;

6° Le directeur général des douanes et droits indirects ;

7° Le magistrat chef du service à compétence nationale institué au sein du ministère chargé du budget dans lequel sont affectés les agents des douanes et des services fiscaux habilités à effectuer des enquêtes judiciaires en application respectivement des articles 28-1 et 28-2 du code de procédure pénale.

II. Ces habilitations sont personnelles.

III. La préfecture de police et les directions générales mentionnées au présent article assurent la traçabilité des consultations effectuées par les agents relevant de leurs services.

Le directeur général des finances publiques est informé de l'identité et de la fonction des personnes habilitées et de toute modification relative à ces habilitations.

DC-VI-9340

Art R 135 ZG-1 Le président de la Haute Autorité pour la transparence de la vie publique délivre les habilitations mentionnées à l'article L 135 ZG aux agents relevant de son autorité, individuellement désignés pour accéder aux fichiers, informations et traitement mentionnés à ce même article.

Ces habilitations sont personnelles.

Le président de la Haute Autorité pour la transparence de la vie publique ne peut déléguer l'exercice de cette compétence qu'au secrétaire général de cette autorité.

Le directeur général des finances publiques est informé de l'identité et de la fonction des personnes habilitées et de toute modification relative à ces habilitations.

DC-VI-7800

Art R* 135 ZH-1 Pour l'application de l'article L 135 ZH, les services du ministre chargé du logement adressent à la direction générale des finances publiques une demande d'informations concernant une personne ou une liste de personnes.

La demande d'informations doit remplir les conditions ci-après :

1° Elle est présentée par une personne habilitée à cet effet par arrêté du ministre chargé du logement ;

2° Elle est formulée sur support électronique et elle comporte tout ou partie des éléments d'identification suivants relatifs au demandeur de logement social :

a. Le nom de famille et les prénoms ;

b. Le sexe ;

c. La date et le lieu de naissance ;

d. L'adresse ;

e. Le numéro d'inscription au répertoire national d'identification des personnes physiques.

Il n'est donné suite à une demande qu'en cas de concordance des éléments d'identification de la personne concernée mentionnés ci-dessus avec ceux détenus par la direction générale des finances publiques.

DC-VI-7800

Art R* 135 ZH-2 Les informations mentionnées à l'article R* 135 ZH-1 pour chaque personne mentionnée dans la demande sont les suivantes :

a. Le revenu fiscal de référence ;

b. L'adresse.

DC-VI-7800

Art R* 135 ZH-3 Les informations mentionnées à l'article R* 135 ZH-2 sont enregistrées dans le système national d'enregistrement prévu à l'article L 441-2-1 du code de la construction et de l'habitation. La durée de conservation de ces informations est celle prévue par l'article 4 du décret n° 2017-917 du 9 mai 2017 relatif aux demandes de logement locatif social et autorisant le traitement de données à caractère personnel dénommé « Numéro unique ».

DC-VI-7800

Art R 135 ZK-1 **I.** Les agents mentionnés à l'article L 135 ZK, individuellement désignés pour accéder aux informations contenues dans les fichiers tenus en application des articles 1649 A et 1649 ter du code général des impôts, aux données relatives aux mutations à titre onéreux ou gratuit et aux actes relatifs aux sociétés ainsi qu'aux informations mentionnées à l'article L 107 B, sont habilités, en fonction des organismes dans lesquels ils exercent leurs missions, par :

1° Les directeurs des organismes mentionnés aux articles L 213-1 et L 752-4 du code de la sécurité sociale et à l'article L 724-7 du code rural et de la pêche maritime ;

2° Le directeur général du travail ou, par délégation, le directeur adjoint à la direction générale du travail ;

Les directeurs mentionnés au 1° peuvent déléguer l'exercice de cette compétence aux directeurs financiers ou fondés de pouvoir placés sous leur autorité.

II. Ces habilitations sont personnelles.

III. Les organismes et les directions mentionnées au présent article assurent la traçabilité des consultations effectuées par les agents relevant de leurs services.

Le directeur général des finances publiques est informé de l'identité et de la fonction des personnes habilitées et de toute modification relative à ces habilitations.

DC-VI-7800

Art R 135 ZL-1 **I.** Les agents mentionnés à l'article L 135 ZL, individuellement désignés pour accéder aux informations contenues dans les fichiers tenus en application de l'article 1649 ter du code général des impôts, sont habilités, en fonction des organismes dans lesquels ils exercent leurs missions, par les directeurs interrégionaux des douanes et droits indirects ou, en Guadeloupe, en Guyane, à La Réunion et à Mayotte, par les directeurs régionaux des douanes et droits indirects, ou, s'agissant d'un service à compétence nationale de la direction générale des douanes et droits indirects, par le directeur chargé de ce service.

II. Pour la délivrance des habilitations mentionnées au premier alinéa, les directeurs interrégionaux des douanes et droits indirects, ou, en

Guadeloupe, en Guyane, à La Réunion et à Mayotte, les directeurs régionaux des douanes et droits indirects ou, s'agissant d'un service à compétence nationale de la direction générale des douanes et droits indirects, le directeur chargé de ce service, peuvent déléguer leur compétence aux agents placés sous leur autorité dans les conditions fixées par le directeur général des douanes et droits indirects.

III. Ces habilitations sont personnelles.

IV. La direction générale des douanes et droits indirects assure la traçabilité des consultations effectuées par les agents relevant de ses services.

Le directeur général des finances publiques est informé de l'identité et de la fonction des personnes habilitées et de toute modification relative à ces habilitations.

DC-VI-7800

Art R 135 ZN-1 Les éléments d'identification transmis en application de l'article L 135 ZN sont les suivants :

1° Le nom de naissance, le nom d'usage et le ou les prénoms ;

2° La date et le lieu de naissance ;

3° L'adresse du dernier domicile connu ;

4° Le numéro fiscal.

DC-VI-7800

Art R 135 ZN-2 Les agents visés à l'article L 135 ZN sont individuellement désignés et habilités par l'ordonnateur, au sens des articles 10 à 12 du décret n° 2012-1246 du 7 novembre 2012 relatif à la gestion budgétaire et comptable publique, pour accéder aux éléments d'identification des débiteurs des personnes publiques visées à l'article L 135 ZN.

Ces habilitations sont personnelles.

Les personnes publiques mentionnées à l'article L 135 ZN assurent la traçabilité des consultations effectuées par les agents relevant de leurs services.

DC-VI-7800

IV. Dérogations au profit des autorités judiciaires et des juridictions

Art R 145 A-1 Les formes et le délai de présentation de la demande de renseignements prévue au I de l'article L 145 A ainsi que les conséquences attachées à leur respect sont régis conformément aux dispositions de l'article R 611-12 du code de commerce.

DC-VI-9630 s.

VI. Dérogations au profit des autorités et des organismes chargés de l'application de la législation sociale

Art R* 152-1 **I.** Les informations nominatives dont, en vertu de l'article L 152, un organisme, un service ou une institution, mentionné au premier alinéa de ce même article, peut, sur sa demande, obtenir communication de la direction générale des finances publiques ou de la direction générale des douanes et droits indirects sont limitées à ceux des éléments de la situation fiscale des personnes concernées qui sont strictement nécessaires à l'accomplissement par l'organisme demandeur de sa mission légale.

Ces informations sont couvertes par le secret professionnel auquel les agents de cet organisme sont légalement astreints.

Elles ne doivent être conservées par cet organisme que tant qu'il n'a pas été statué définitivement sur les droits ou obligations en vue de la détermination desquels elles ont été demandées.

II. La demande d'informations nominatives, qui peut concerner une personne ou une liste de personnes, doit remplir les conditions ci-après :

1. Elle est formulée sur support papier ou électronique et comporte des garanties suffisantes d'identification d'un auteur habilité par l'organisme pour le compte duquel elle est présentée.

2. Pour une personne physique, la demande comporte tout ou partie des indications suivantes :

a. Le nom de famille et les prénoms ;

b. Le sexe ;

c. La date et le lieu de naissance ;

d. L'adresse ;

e. Les coordonnées bancaires.

Elle comporte en outre le numéro d'inscription au répertoire national d'identification des personnes physiques lorsque l'organisme demandeur en a connaissance.

3. Pour une personne morale, la demande comporte soit les coordonnées bancaires, soit les indications suivantes :

a. Le numéro d'identification au répertoire national des entreprises ;

b. Le département d'exercice de l'activité.

III. Il n'est donné suite à une demande qu'en cas de concordance suffisante des éléments d'identification de la personne concernée contenus dans la demande avec ceux détenus par l'administration à laquelle elle est adressée.

IV. Des arrêtés conjoints du ministre chargé du budget et des ministres de tutelle des organismes, services ou institutions mentionnés au I fixent, pour chaque catégorie d'entre eux :

1° La liste des informations nominatives pouvant être obtenues respectivement de la direction générale des finances publiques et de la direction générale des douanes et droits indirects ;

2° Les règles auxquelles doivent satisfaire les traitements automatisés opérés pour le recueil et l'exploitation de ces informations.

DC-VI-10300

Art R 152-2 En cas de contrôle effectué en application de l'article L 243-7 du code de la sécurité sociale ou, pour le régime agricole, de l'article L 724-7 du code rural et de la pêche maritime, l'organisme chargé du recouvrement des cotisations de sécurité sociale et d'allocations familiales peut demander à la direction départementale ou, le cas échéant, régionale des finances publiques du département dont relève l'entreprise, qui répond dans un délai de six mois suivant la saisine, si elle constitue une jeune entreprise innovante au sens de l'article 44 sexies-0 A du code général des impôts au titre d'un ou de plusieurs exercices donnés.

Art R* 153 A-1 Les demandes d'informations nominatives adressées à l'administration fiscale en application de l'article L 153 A sont transmises par voie électronique. Elles comportent les éléments nécessaires à l'identification de leur auteur, qui doit avoir été habilité par la collectivité pour le compte de laquelle ces demandes sont présentées.

Les demandes contiennent les éléments d'identification des personnes concernées mentionnés au 2 du II de l'article R* 152-1, à l'exception des coordonnées bancaires et du numéro d'inscription au répertoire national d'identification des personnes physiques.

Il n'est donné suite à une demande qu'en cas de concordance suffisante des éléments d'identification de la personne concernée contenus dans la demande avec ceux détenus par l'administration à laquelle elle est adressée.

DC-VI-10300

Art R* 153 A-2 Les informations mentionnées à l'article R* 153 A-1 pour chaque personne mentionnée dans la demande sont communiquées par voie électronique par l'administration *fiscale et sont limitées aux éléments suivants de* la situation fiscale des personnes concernées :

1° Les traitements, salaires, pensions et rentes ;

2° Les revenus d'activités non salariées ;

3° Les plus-values de cessions de biens mobiliers ;

4° Les revenus des valeurs et capitaux mobiliers en distinguant les revenus soumis au prélèvement forfaitaire libératoire ;

5° Les revenus fonciers.

DC-VI-10300

Art R* 154-1 Les demandes d'informations nominatives, dont la communication est demandée à l'administration fiscale en application de l'article L 154, sont transmises dans les conditions prévues aux 1 et 2 du II et au III de l'article R* 152-1.

Les informations nominatives communiquées par l'administration fiscale sont limitées aux éléments suivants de la situation fiscale des personnes concernées nécessaires à l'accomplissement par l'Agence nationale pour la garantie des droits des mineurs de sa mission :

1° La situation du foyer ;

2° Le nombre de parts ;

3° Le nombre de personnes à charge du foyer fiscal ;

4° Le montant des pensions alimentaires versées pour les enfants ;

5° L'adresse ;

6° Le revenu brut global ;

7° Le revenu fiscal de référence ;

8° Le montant des dépenses d'accueil dans un établissement pour personnes dépendantes ;

9° Un indicateur d'imposition à la contribution sociale généralisée au regard des seuils mentionnés au 1° et au 2° du III de l'article L 136-8 du code de la sécurité sociale.

Les informations transmises ne peuvent pas être utilisées à d'autres fins que le service des prestations de l'Agence nationale pour la garantie des droits des mineurs et, le cas échéant, le recouvrement des prestations indûment versées. Elles ne peuvent être ni communiquées ni cédées sous forme nominative.

DC-VI-10300

VII. Dérogations au profit d'organismes divers

1° Contrôle des conditions de revenus pour l'ouverture et la détention d'un compte sur livret d'épargne populaire

Art R* 166 AA-1 Les demandes d'informations nominatives adressées à l'administration fiscale en application de l'article L 166 AA par les entreprises, établissements et organismes mentionnés à cet article sont transmises par voie électronique. Elles comportent les éléments nécessaires à l'identification de leur auteur, qui doit avoir été habilité par l'organisme pour le compte duquel ces demandes sont présentées.

Ces demandes contiennent les éléments d'identification des titulaires de compte sur livret d'épargne populaire, ou des contribuables qui en demandent l'ouverture, mentionnés au 2 du II de l'article R* 152-1, à l'exception des coordonnées bancaires et du numéro d'inscription au répertoire national d'identification des personnes physiques, ainsi que le code du département de leur résidence fiscale et la mention de l'année au titre de laquelle la vérification de l'éligibilité est effectuée.

Il n'est donné suite à une demande qu'en cas de concordance suffisante des éléments d'identification de la personne concernée contenus dans la demande avec ceux détenus par l'administration fiscale.

Lorsque, en application de l'alinéa précédent, l'administration fiscale ne peut pas donner suite à la demande d'informations nominatives, les entreprises, établissements et organismes mentionnés à l'article L 166 AA peuvent lui adresser une nouvelle demande comportant le numéro d'identification fiscale de la personne concernée, lorsque ce numéro d'identification leur a été communiqué par cette personne.

Art R* 166 AA-2 Les informations mentionnées à l'article R* 166 AA-1 pour chaque personne mentionnée dans la demande sont communiquées par voie électronique par l'administration fiscale et sont limitées au numéro d'identification fiscale de cette personne et à l'indication du respect ou non par cette dernière des conditions d'ouverture ou de détention prévues à l'article R 221-33 du code monétaire et financier.

Sauf dans le cas où le numéro d'identification fiscale leur a été communiqué par la personne concernée par la demande d'informations, les entreprises, établissements et organismes mentionnés à l'article L 166 AA du présent code doivent effacer de leur système d'information ce numéro d'identification dès réception de l'information sur le respect, par cette personne, des conditions d'ouverture ou de détention prévues à l'article R 221-33 du code monétaire et financier.

11° Activités forestières

Art R 166 G-1 La demande de communication mentionnée à l'article L 166 G comporte les indications suivantes :

1° Le territoire communal, départemental, régional ou national sur lequel sont situés les terrains pour lesquels la communication des données est sollicitée ;

2° Le nom, l'adresse et le numéro SIRET du demandeur ;

3° L'adresse électronique à laquelle doivent être adressées les données.

La demande est accompagnée du justificatif attestant de la qualité du demandeur.

Art R 166 G-2 **I.** Les données communiquées portent sur les terrains classés au cadastre en nature de bois et forêts (groupe 5).

Les données communicables sont les suivantes :

1° Identification des terrains : références cadastrales, adresse, contenance cadastrale et groupe et sous-groupe des terrains du groupe 5 (bois et forêts) ;

2° Identification des propriétaires : nom, prénoms, adresse, forme juridique, raison sociale, numéro de compte communal et nature des droits réels immobiliers.

II. Les données sont communiquées par l'administration fiscale par voie électronique.

Art R 166 G-3 La communication des données mentionnées à l'article R 166 G-2 est subordonnée aux conditions suivantes :

1° L'acceptation par le demandeur du devis correspondant ;

2° L'engagement du demandeur de respecter les règles de protection des données personnelles et de prendre toutes mesures pour assurer la protection des données et empêcher qu'elles ne soient communiquées à des personnes non autorisées ;

3° L'engagement du demandeur de réaliser le traitement des données et leur hébergement sur son propre environnement de stockage ou dans un centre de données localisé sur le territoire de l'Union européenne. Ce dernier doit respecter les exigences du référentiel de l'agence nationale de la sécurité des systèmes d'information applicable aux prestataires de services d'informatique en nuage.

VIII. Dérogations en matière de lutte contre le blanchiment de capitaux et le financement du terrorisme

Art R* 167-1 Les informations mentionnées au II de l'article L 167 sont disponibles pendant dix ans après que les motifs de l'enregistrement de ces informations ont cessé d'exister.

DC-VI-5910

Art R* 167-2 **I.** Le directeur général des finances publiques habilite les personnes mentionnées au I de l'article L 167 à accéder aux registres prévus au II de l'article 1649 AB du code général des impôts et à l'article 2020 du code civil.

Au sein de ces personnes, les autorités compétentes habilitent les agents dont les missions le justifient à accéder aux données, figurant dans ces registres, nécessaires à l'exercice de leurs missions.

Elles informent le directeur général des finances publiques de l'identité et de la fonction des personnes habilitées ainsi que de toute modification relative à ces habilitations. Ces informations sont conservées pendant un délai de trois ans à compter de la date d'expiration de ces habilitations.

II. Les autorités compétentes des Etats membres de l'Union européenne autres que la France, chargées de la prévention ou de la lutte contre le blanchiment de capitaux ou le financement du terrorisme et les infractions sous-jacentes associées, accèdent au registre national des bénéficiaires effectifs mentionné au III de l'article L 167 par le système d'interconnexion des registres mis en œuvre par la Commission européenne.

DC-VI-5910

Art R* 167-3 **I.** Les informations mentionnées au II de l'article L 167 sont accessibles sur demande adressée par voie électronique au service en charge des impôts des non-résidents.

II. Cette demande comprend les informations suivantes :

1° Toute information permettant d'identifier, avec un niveau de précision suffisant, le trust ou la fiducie faisant l'objet de la demande ;

2° Les éléments d'identification suivants relatifs à l'auteur de la demande :

a. Pour les personnes morales : la dénomination, le numéro du système d'identification du répertoire des entreprises, la raison sociale, la forme juridique, l'adresse du siège social, le numéro de téléphone et l'adresse électronique ;

b. Pour les personnes physiques : le nom, le prénom, le numéro fiscal, la date et le lieu de naissance, l'adresse du domicile, l'adresse électronique et la nationalité ;

c. Pour le représentant légal ou le mandataire dûment habilité d'une personne mentionnée au premier alinéa du II de l'article L 167 : un mandat, une carte professionnelle ou tout autre document justifiant de sa fonction au sein de l'entité ;

d. Pour les personnes mentionnées au 1° du II de l'article L 167 : les informations permettant de justifier de la détention, par le trust ou la fiducie sur lequel porte la demande, d'une participation de contrôle par propriété directe ou indirecte dans une société ou dans une autre entité juridique établie dans un Etat tiers ;

e. Pour les personnes mentionnées au 2° du II de l'article L 167 : les informations relatives à l'objet ou à la nature de l'activité de l'auteur de la demande ainsi que, pour une personne morale, ses statuts, justifiant d'un intérêt légitime dans la prévention ou la lutte contre le blanchiment de capitaux ou le financement du terrorisme et les infractions sous-jacentes associées.

III. Ces informations sont conservées pendant un délai de trois ans.

IV. La communication des informations demandées intervient dans un délai de deux mois à compter de la date de réception de la demande.

V. Les décisions de refus sont motivées.

VI. Les personnes mentionnées au II de l'article L 167 établies dans un Etat membre de l'Union européenne autre que la France effectuent leur demande par l'intermédiaire de l'Institut national de la propriété industrielle.

Il transmet ces demandes à la direction générale des finances publiques, qui les traite dans les mêmes conditions que celles fixées au présent article.

DC-VI-5910

Art R* 167-4 L'auteur d'une demande formée sur le fondement du 2° du II de l'article L 167 apporte la preuve de l'existence d'un intérêt légitime au sens et pour l'application de ces dispositions lorsqu'il justifie du rôle qu'il exerce dans une activité en lien direct avec la prévention ou la lutte contre le blanchiment de capitaux ou le financement du terrorisme et les infractions sous-jacentes associées.

DC-VI-5910

CHAPITRE IV

Les délais de prescription

SECTION III

Contributions indirectes

Art R* 178-1 Comme indiqué dans l'avant-propos, l'article de cette section n'est pas reproduit dans le présent code.

TITRE III

LE CONTENTIEUX DE L'IMPOT

CHAPITRE PREMIER

Le contentieux de l'établissement de l'impôt et les dégrèvements d'office

Art R* 190-1 Le contribuable qui désire contester tout ou partie d'un impôt qui le concerne doit d'abord adresser une réclamation au service territorial, selon le cas, de la direction générale des finances publiques ou de la direction générale des douanes et droits indirects dont dépend le lieu de l'imposition.

CONT-III-2440 s.

Toutefois, en matière de droits d'enregistrement ou de taxe de publicité foncière, les réclamations relatives à la valeur vénale réelle d'immeubles, de fonds de commerce et des marchandises neuves qui en dépendent, de clientèles, de droits à un bail ou au bénéfice d'une promesse de bail portant sur tout ou partie d'un immeuble, de navires et de bateaux, sont adressées au service du lieu de situation des biens ou d'immatriculation des navires et bateaux.

CONT-III-2650

Lorsque des biens ne formant qu'une seule exploitation sont situés sur plusieurs circonscriptions, le service compétent est celui de la circonscription sur le territoire de laquelle se trouve le siège de l'exploitation ou, à défaut de siège, la partie des biens présentant le plus grand revenu d'après la matrice cadastrale.

CONT-III-2650

Lorsque l'imposition contestée a été établie à l'initiative d'une direction départementale ou, le cas échéant, régionale des finances publiques ou d'une direction des services déconcentrés de la direction générale des douanes et droits indirects autre que celle dont dépend le lieu de l'imposition, d'une direction spécialisée ou d'un service à compétence nationale, la réclamation est adressée au directeur chargé de cette direction ou de ce service.

CONT-III-2600 s.

Les entreprises mentionnées aux deuxième à septième alinéas du I de l'article 1649 quater B quater du code général des impôts adressent au service chargé des grandes entreprises l'ensemble des réclamations portant sur les impôts qui relèvent de sa compétence ainsi que sur les dégrèvements prévus aux articles 1647 bis, 1647 B sexies, 1647 C quinquies B et 1647 C quinquies C, quelle que soit la période sur laquelle portent ces réclamations. Toutefois, les réclamations portant sur une imposition dont l'assiette a été établie à l'initiative d'une direction départementale ou, le cas échéant, régionale des finances publiques, d'une direction spécialisée ou d'un autre service à compétence nationale sont adressées à cette direction ou à ce service.

DC-IX-15620 s. ; MF n° 87475

Les réclamations font l'objet d'un récépissé adressé au contribuable.

CONT-III-1650

MF nos 81800 s.

Art R* 190-2 Toute réclamation concernant l'assiette d'une imposition directe, adressée au service du recouvrement, est transmise par celui-ci au service de l'assiette.

Toute réclamation concernant le recouvrement d'une imposition directe, adressée au service de l'assiette, est transmise par celui-ci au service du recouvrement.

La date d'enregistrement de la réclamation est celle de la réception par le service qui a été saisi le premier.

L'auteur de la réclamation est avisé par le service qui a été saisi le premier de la transmission au service compétent.

CONT-III-2870 s. ; MF nos 77045, 81815

Art R 190-3 Les agents mentionnés au premier alinéa de l'article L 190 sont ceux de la direction générale des finances publiques et ceux de la direction générale des douanes et droits indirects en ce qui concerne, pour ces derniers, les réclamations relatives aux contributions indirectes, droits, taxes, redevances et impositions obéissant aux mêmes règles.

Charge et administration de la preuve

Art R* 191-1 Dans le cas prévu à l'article L 191 le contribuable doit fournir tous éléments, comptables ou autres, de nature à permettre d'apprécier :

a. Le montant du bénéfice réalisé, s'il s'agit d'un bénéfice non commercial ;

b. L'importance du bénéfice que l'entreprise peut produire normalement, compte tenu de sa situation propre, s'il s'agit d'un bénéfice industriel ou commercial ;

c. L'importance des opérations que l'entreprise peut réaliser normalement, compte tenu de sa situation propre, s'il s'agit de taxe sur la valeur ajoutée.

CONT-II-26500

Art R* 193-1 Dans le cas prévu à l'article L 193 le contribuable peut obtenir la décharge ou la réduction de l'imposition mise à sa charge en démontrant son caractère exagéré.

CONT-II-25850 s. ; CF-VII-15000 s. ; ENR-VII-13050 ; MF n° 79140

Art R* 194-1 Lorsque, ayant donné son accord à la rectification ou s'étant abstenu de répondre dans le délai légal à la proposition de rectification, le contribuable présente cependant une réclamation faisant suite à une procédure contradictoire de rectification, il peut obtenir la décharge ou la réduction de l'imposition, en démontrant son caractère exagéré.

CONT-II-25100 s. ; MF n° 78795

Il en est de même lorsqu'une imposition a été établie d'après les bases indiquées dans la déclaration souscrite par un contribuable ou d'après le contenu d'un acte présenté par lui à la formalité de l'enregistrement.

CONT-II-24820 s.

CONT-II-24800 s. ; ENR-VII-13050

Art R* 195-1 En matière de droits d'enregistrement, de taxe de publicité foncière, de droits de timbre et autres droits et taxes assimilés, les modes de preuve doivent être compatibles avec la procédure écrite.

Toutefois, les infractions relatives aux ventes publiques de meubles peuvent être prouvées par témoins et l'inexactitude des déclarations ou attestations de dettes peut être établie par tous les moyens de preuve admis par le droit commun, excepté le serment.

ENR-VII-13500 s.

SECTION I

Procédure préalable auprès de l'administration

I. Délais de réclamation

Art R* 196-1 Pour être recevables, les réclamations relatives aux impôts autres que les impôts directs locaux et les taxes annexes à ces impôts doivent être présentées à l'administration au plus tard le 31 décembre de la deuxième année suivant celle, selon le cas :

a. De la mise en recouvrement du rôle ou de la notification d'un avis de mise en recouvrement ;

b. Du versement de l'impôt contesté lorsque cet impôt n'a pas donné lieu à l'établissement d'un rôle ou à la notification d'un avis de mise en recouvrement ;

c. De la réalisation de l'événement qui motive la réclamation. Ne constitue pas un tel événement une décision juridictionnelle ou un avis mentionné aux troisième et cinquième alinéas de l'article L 190.

Toutefois, dans les cas suivants, les réclamations doivent être présentées au plus tard le 31 décembre de l'année suivant celle, selon le cas :

a. De la réception par le contribuable d'un nouvel avis d'imposition réparant les erreurs d'expédition que contenait celui adressé précédemment ;

b. Au cours de laquelle les retenues à la source et les prélèvements ont été opérés s'il s'agit de contestations relatives à l'application de ces retenues ;

c. Au cours de laquelle le contribuable a eu connaissance certaine de cotisations d'impôts directs établies à tort ou faisant double emploi.

CONT-III-4200 s., 7650 s. ; MF n°s 81825 s.

Art R* 196-1-1 Sans préjudice des réclamations qui peuvent être présentées par les contribuables après la mise en recouvrement du rôle d'impôt sur le revenu, dans le délai fixé au deuxième alinéa de l'article R* 196-1, et par dérogation aux dispositions des troisième et septième alinéas de cet article, les réclamations relatives au prélèvement prévu à l'article 204 A du code général des impôts doivent être présentées par le débiteur ou le bénéficiaire des revenus faisant l'objet de ce prélèvement au plus tard le dernier jour du mois de février de l'année suivant celle au cours de laquelle ces revenus ont été mis à disposition ou réalisés.

IRPP-VI-25230, 40770 ; MF nº 81840

Art R* 196-2 Pour être recevables, les réclamations relatives aux impôts directs locaux et aux taxes annexes doivent être présentées à l'administration des impôts au plus tard le 31 décembre de l'année suivant celle, selon le cas :

a. De la mise en recouvrement du rôle, de la notification d'un avis de mise en recouvrement ou de l'émission d'un titre de perception ;

b. De la réalisation de l'événement qui motive la réclamation ; ne constitue pas un tel événement une décision juridictionnelle ou un avis mentionné aux troisième et cinquième alinéas de l'article L 190 ;

c. De la réception par le contribuable d'un nouvel avis d'imposition ou d'un nouveau titre de perception réparant les erreurs d'expédition que contenait celui adressé précédemment ;

d. Au cours de laquelle le contribuable a eu connaissance certaine de cotisations d'impôts directs établies à tort ou faisant double emploi ;

e. Du versement de l'impôt contesté lorsque cet impôt n'a pas donné lieu à l'établissement d'un rôle, à la notification d'un avis de mise en recouvrement ou à l'émission d'un titre de perception.

CONT-III-4200 s., 7650 s. ; MF nº 81835

Art R* 196-3 Dans le cas où un contribuable fait l'objet d'une procédure de reprise ou de rectification de la part de l'administration des impôts, il dispose d'un délai égal à celui de l'administration pour présenter ses propres réclamations.

CONT-III-6400 s. ; MF nº 81830

Art R* 196-4 Les réclamations pour pertes de récoltes prévues par l'article 1398 du code général des impôts doivent être présentées soit quinze jours au moins avant la date où commence habituellement l'enlèvement des récoltes, soit dans les quinze jours du sinistre.

La date d'enlèvement des récoltes est fixée par un arrêté préfectoral inséré dans le recueil des actes administratifs de la préfecture et publié dans chaque commune par voie d'affiches.

FNB-V-620 s. ; MF nº 81835

Art R* 196-5 Les dégrèvements de taxe foncière prévus par l'article 1389 du code général des impôts pour vacance d'une maison ou inexploitation d'un immeuble à usage industriel ou commercial doivent être demandés au plus tard le 31 décembre de l'année suivant celle au cours de laquelle la vacance ou l'inexploitation atteint la durée minimum exigée.

FB-V-4210 ; MF nº 81835

Art R* 196-6 Les réclamations relatives aux taxes, cotisations, redevances sur les céréales et produits dérivés sont recevables jusqu'à l'expiration de la campagne suivant celle au cours de laquelle a été, soit notifié l'avis de mise en recouvrement, soit effectué le versement de la somme contestée.

II. Forme et contenu des réclamations

Art R* 197-1 Les réclamations doivent être individuelles.

Toutefois, peuvent formuler une réclamation collective :

a. Les contribuables imposés collectivement ;

b. Les membres des sociétés de personnes qui contestent les impôts à la charge de la société ;

c. Les maires qui sollicitent au nom de leurs administrés un dégrèvement de taxe foncière pour pertes de récoltes.

En outre, en cas de calamité agricole, le preneur et le bailleur d'un bien rural peuvent, ensemble ou séparément, présenter une demande de réduction ou d'exonération d'impôt foncier ;

d. Les bénéficiaires de revenus mentionnés à l'article 204 B du code général des impôts qui contestent le montant de la retenue à la source prévue au 1º du 2 de l'article 204 A du même code opérée par un même débiteur.

CONT-III-10050 s. ; MF nº 81855

Art R* 197-2 En matière d'impôts directs locaux, une réclamation distincte doit être présentée par commune.

CONT-III-10350 s. ; MF nº 81855

Art R* 197-3 Toute réclamation doit, à peine d'irrecevabilité :

a. Mentionner l'imposition contestée ;

CONT-III-10850 s.

b. Contenir l'exposé sommaire des moyens et les conclusions de la partie ;

CONT-III-10920 s.

c. Porter la signature manuscrite de son auteur ; à défaut, l'administration invite par lettre recommandée avec accusé de réception le contribuable à signer la réclamation dans un délai de trente jours ;

CONT-III-11100 s., 12400 s.

d. Etre accompagnée soit de l'avis d'imposition, d'une copie de cet avis ou d'un extrait du rôle, soit de l'avis de mise en recouvrement ou d'une copie de cet avis, soit, dans le cas où l'impôt n'a pas donné lieu à l'établissement d'un rôle ou d'un avis de mise en recouvrement, d'une pièce justifiant le montant de la retenue ou du versement.

CONT-III-11800 s.

La réclamation peut être régularisée à tout moment par la production de l'une des pièces énumérées au d.

CONT-III-12200 s.

Les réclamations collectives introduites par les maires pour cause de pertes de récoltes doivent indiquer la nature des pertes, la date du sinistre et le nombre approximatif des contribuables atteints.

FNB-V-710

CONT-III-10800 s. ; MF n°s 81855 s.

Art R* 197-4 Toute personne qui introduit ou soutient une réclamation pour autrui doit justifier d'un mandat régulier. Le mandat doit, à peine de nullité, être produit en même temps que l'acte qu'il autorise ou enregistré avant l'exécution de cet acte.

Toutefois, il n'est pas exigé de mandat des avocats inscrits au barreau ni des personnes qui, en raison de leurs fonctions ou de leur qualité, ont le droit d'agir au nom du contribuable. Il en est de même si le signataire de la réclamation a été mis personnellement en demeure d'acquitter les impositions mentionnées dans cette réclamation.

Les officiers publics ou ministériels désignés aux 1° à 3° de l'article 1705 du code général des impôts sont autorisés à présenter ou soutenir sans mandat exprès une réclamation relative aux impôts, droits ou taxes qu'ils sont tenus d'acquitter en application de cet article.

CONT-II-1200 s. ; MF n° 81857

Art R* 197-5 Tout réclamant domicilié hors de France doit faire élection de domicile en France.

CONT-III-11350 s. ; MF n° 81855

III. Instruction des réclamations

Art R* 198-1 Les réclamations sont instruites, selon le cas, par les agents de la direction générale des finances publiques ou de la direction générale des douanes et droits indirects.

Les agents appartenant au corps des géomètres-cadastreurs des finances publiques participent à l'instruction des réclamations concernant la taxe foncière, dans les conditions fixées par le directeur général des finances publiques.

CONT-III-13650 s.

Art R* 198-2 L'instruction des réclamations collectives présentées en cas de pertes de récoltes sur pied par suite de grêle, gelée, inondation, incendie ou autres événements extraordinaires, est faite, en présence du maire et conjointement avec un représentant de l'administration des impôts, par deux commissaires nommés par l'administration. Le maire est informé au moins dix jours à l'avance de la date fixée pour la vérification. Il publie cette date notamment par voie d'affiches et invite les intéressés à faire à la mairie la déclaration de leurs pertes. Le représentant de l'administration dresse un procès-verbal de la vérification. Aucune déclaration n'est recevable après la clôture du procès-verbal.

FNB-V-720

Art R* 198-3 A l'exception de celles qui concernent les impôts sur les revenus et taxes accessoires à ces impôts, ainsi que la taxe pour frais de chambre de métiers et de l'artisanat et les amendes fiscales, les réclamations en matière d'impôts directs sont communiquées, pour avis, au maire ou à la commission communale des impôts directs prévue à l'article 1650 du code général des impôts, lorsque le litige porte sur une question de fait.

Elles sont communiquées au maire seul lorsqu'elles concernent la taxe foncière, la taxe professionnelle ou la cotisation foncière des entreprises et à la commission communale dans les autres cas.

CONT-III-13900 s.

Art R* 198-4 Les réclamations relatives à la taxe pour frais de chambre de métiers et de l'artisanat sont communiquées à la chambre de métiers et de l'artisanat lorsque la contestation porte sur le principe de l'imposition.

CONT-III-14000

Art R* 198-5 Les réclamations relatives à la cotisation perçue au titre de la participation des employeurs à l'effort de construction sont communiquées pour avis au représentant local du ministre chargé du logement.

CONT-III-14020

Art R* 198-7 En matière d'impôts sur les revenus et de taxes accessoires à ces impôts, les ingénieurs des mines peuvent être consultés sur les réclamations présentées par les concessionnaires de mines, par les amodiataires et sous-amodiataires de concessions minières, par les titulaires de permis d'exploitation de mines, par les explorateurs de mines de pétrole et de gaz combustibles et par les exploitants de carrières.

CONT-III-14040

Art R* 198-9 Il peut être statué immédiatement, sans instruction préalable et sans que soit recueilli l'avis des autorités désignées aux articles R* 198-3 à R* 198-7, sur les réclamations présentées après le délai légal ou qu'un vice de forme rend définitivement irrecevables.

CONT-III-13560

Art R* 198-10 Le service compétent pour statuer sur une réclamation est celui à qui elle doit être adressée en application de l'article R* 190-1.

La direction générale des finances publiques ou la direction générale des douanes et droits indirects, selon le cas, statue sur les réclamations dans le délai de six mois suivant la date de leur présentation *(Voir Annexe II, art. 289-55° et 408)*. Si elle n'est pas en mesure de le faire, elle doit, avant l'expiration de ce délai, en informer le contribuable en précisant le terme du délai complémentaire qu'elle estime nécessaire pour prendre sa décision. Ce délai complémentaire ne peut, toutefois, excéder trois mois.

En cas de rejet total ou partiel de la réclamation, la décision doit être motivée.

Les décisions de l'administration sont notifiées dans les mêmes conditions que celles prévues pour les notifications faites au cours de la procédure devant le tribunal administratif.

CONT-III-15500 s. ; MF n° 81870

SECTION II

Procédure devant les tribunaux

I. Tribunaux compétents

Art R* 199-1 L'action doit être introduite devant le tribunal compétent dans le délai de deux mois à partir du jour de la réception de l'avis par lequel l'administration notifie au contribuable la décision prise sur sa réclamation, que cette notification soit faite avant ou après l'expiration du délai de six mois prévu à l'article R* 198-10.

CONT-IV-2750 s. ; MF n°s 82115, 82195

Toutefois, le contribuable qui n'a pas reçu de décision de l'administration dans le délai de six mois mentionné au premier alinéa peut saisir le tribunal dès l'expiration de ce délai.

CONT-IV-3280 s. ; MF n°s 82117, 82195

L'administration peut soumettre d'office au tribunal la réclamation présentée par un contribuable. Elle doit en informer ce dernier.

CONT-IV-1750 s. ; MF n° 81875

CONT-IV-1500 s. ; ENR-VII-17130 s.

Art R* 199-2 Les jugements des tribunaux administratifs peuvent faire l'objet des recours prévus par le code de justice administrative.

CONT-IV-69400 s. ; MF n°s 82145 s.

II. Règles de procédure

B. Procédure devant le tribunal administratif, la cour administrative d'appel et le Conseil d'Etat

Art R* 200-1 Les dispositions du code de justice administrative sont applicables aux affaires portées devant le tribunal administratif ou devant la cour administrative d'appel, sous réserve des dispositions particulières prévues par le présent livre.

CONT-IV-10 ; CONT-V-1

Un membre du tribunal ou de la cour ne peut siéger dans le jugement d'un litige portant sur une imposition dont il a eu à apprécier la base comme président de la commission des impôts directs et des taxes sur le chiffre d'affaires mentionnée à l'article 1651 du code général des impôts.

CONT-IV-37950 s. ; CONT-V-24460 s.

Art R* 200-2 Par dérogation aux dispositions des articles R 431-4 et R 431-5 du code de justice administrative, les requêtes au tribunal peuvent être signées d'un mandataire autre que ceux qui sont mentionnés à l'article R 431-2 du même code. En ce cas, les dispositions de l'article R* 197-4 sont applicables.

CONT-IV-1700 ; MF n° 82110

Le demandeur ne peut contester devant le tribunal administratif des impositions différentes de celles qu'il a visées dans sa réclamation à l'administration.

CONT-IV-7700 s. ; MF nº 82125 a

Les vices de forme prévus aux a, b et d de l'article R* 197-3 peuvent, lorsqu'ils ont motivé le rejet d'une réclamation par l'administration, être utilement couverts dans la demande adressée au tribunal administratif.

CONT-III-12200 s. ; MF nº 81860

Il en est de même pour le défaut de signature de la réclamation lorsque l'administration a omis d'en demander la régularisation dans les conditions prévues au c du même article.

CONT-III-12400 s. ; MF nº 81860

Art R* 200-3 Dans le cas où l'administration soumet d'office le litige à la décision du tribunal administratif, celui-ci est saisi par un mémoire établi et notifié dans les conditions prévues à l'article R* 200-4.

La réclamation initiale du contribuable vaut requête au tribunal.

CONT-IV-1860 s. ; MF nº 81875

Art R* 200-4 Les notifications et communications faites à l'administration sont adressées par le tribunal administratif au directeur compétent en application du 1º bis du I de l'article 408 de l'annexe II au code général des impôts et par la cour administrative d'appel au ministre chargé du budget.

CONT-IV-14250 s.

Les pièces et documents joints à la requête ou aux mémoires produits sont, dès réception, adressés d'office en communication à l'administration.

CONT-IV-16150

Art R* 200-5 Lorsque l'administration n'a pas, à l'expiration d'un délai de six mois suivant la date de présentation de l'instance, produit ses observations, le président du tribunal administratif peut lui accorder un nouveau délai de trois mois qui peut être prolongé, en raison de circonstances exceptionnelles, sur demande motivée.

Le président du tribunal administratif peut imposer des délais au redevable.

Si c'est le demandeur qui n'a pas observé le délai, il est réputé s'être désisté ; si c'est la partie défenderesse, elle sera réputée avoir acquiescé aux faits exposés dans les recours.

CONT-IV-14600 s., 30960 s.

Art R* 200-9 Lorsque l'expertise est confiée à trois experts, l'un d'eux est choisi par le président de la juridiction et chacun des autres par l'une des parties. Dans ce cas, les parties qui n'ont pas, dans leur requête ou mémoire, désigné leur expert sont invitées à désigner celui-ci dans un délai de huit jours.

Si cette désignation n'est pas parvenue au greffe dans ce délai, la nomination est faite d'office par le président de la juridiction.

CONT-IV-19270 s.

Art R* 200-10 Ne peuvent être désignés comme experts les personnes constituées mandataires par l'une des parties au cours de l'instruction, ni un fonctionnaire affecté à la direction générale des finances publiques ou à la direction générale des douanes et droits indirects à laquelle a incombé l'établissement de l'imposition contestée.

CONT-IV-19350 s.

Art R* 200-11 Si la réclamation a été soumise à la commission communale des impôts directs, le président de la juridiction peut prescrire à l'expert d'informer le maire du jour et de l'heure de l'expertise et d'inviter celui-ci à faire désigner par cette commission deux de ses membres pour y assister.

CONT-IV-22150 s.

Art R* 200-12 Lorsqu'il est nécessaire, au cours de l'expertise, de se rendre sur les lieux, le ou les experts effectuent ce déplacement en présence de l'agent de l'administration des impôts, du demandeur ou de son représentant et, le cas échéant, du maire et des membres de la commission communale des impôts directs.

CONT-IV-23100 s.

Art R* 200-15 L'administration peut, au cours de l'instance, présenter des conclusions reconventionnelles tendant à l'annulation ou à la réformation de la décision prise sur la réclamation primitive. Ces conclusions sont communiquées au réclamant dans les conditions prévues par le code de justice administrative.

CONT-IV-29100 s.

Art R* 200-18 A compter de la notification du jugement du tribunal administratif qui a été faite au directeur du service de la direction générale des finances publiques ou de la direction générale des douanes et droits indirects qui a suivi l'affaire, celui-ci dispose d'un délai de deux mois pour transmettre, s'il y a lieu, le jugement et le dossier au ministre chargé du budget.

Le délai imparti pour saisir la cour administrative d'appel court, pour le ministre, de la date à laquelle expire le délai de transmission prévu à l'alinéa précédent ou de la date de la signification faite au ministre.

CONT-V-7100 s. ; MF nº 82150

Art R* 201-1 Un membre de la juridiction administrative ne peut siéger dans une formation de jugement ayant à connaître d'un litige portant sur une imposition dont il a eu à apprécier la base comme président de la Commission nationale des impôts directs et des taxes sur le chiffre d'affaires ou du comité consultatif des crédits d'impôt pour dépenses de recherche.

CONT-VI-13680

C. Procédure devant le tribunal judiciaire et la cour d'appel

Art R* 202-1 Le tribunal judiciaire compétent est celui dans le ressort duquel se trouve le bureau de l'administration chargé du recouvrement.

Toutefois, en matière de droits d'enregistrement ou de taxe de publicité foncière, les décisions prises sur les réclamations indiquées à l'article R* 190-1 et relatives à la valeur vénale réelle d'immeubles, de fonds de commerce et des marchandises neuves qui en dépendent, de clientèles, de droit à un bail ou au bénéfice d'une promesse de bail portant sur tout ou partie d'un immeuble, de navires et de bateaux, peuvent être attaquées devant le tribunal judiciaire du lieu de situation des biens ou d'immatriculation des navires et bateaux.

Lorsque des biens ne formant qu'une seule exploitation sont situés dans le ressort de plusieurs tribunaux, le tribunal compétent est celui dans le ressort duquel se trouve le siège de l'exploitation ou, à défaut de siège, la partie des biens présentant le plus grand revenu d'après la matrice cadastrale.

ENR-VII-16700 s. ; MF nº 82195

Art R* 202-2 La demande en justice est formée par assignation.

ENR-VII-17750 s.

Les parties sont tenues de constituer avocat.

L'Etat, les régions, les départements, les communes et les établissements publics peuvent se faire représenter ou assister par un fonctionnaire ou un agent de leur administration.

L'instruction se fait par simples mémoires respectivement signifiés. Toutefois, le redevable a le droit de présenter, par le ministère d'un avocat inscrit au tableau, des explications orales. La même faculté appartient à l'administration. Les modes de preuve doivent être compatibles avec le caractère écrit de l'instruction.

ENR-VII-18350 s., 21320 s., 24500 s.

ENR-VII-18400

Le tribunal accorde aux parties ou aux agents de l'administration qui suivent les instances les délais nécessaires pour présenter leur défense.

ENR-VII-19000 s., 24550 s.

Les notifications sont valablement faites au domicile réel du contribuable alors même que celui-ci aurait constitué mandataire et élu domicile chez ce dernier. Si le contribuable est domicilié hors de France, la notification est faite au domicile élu en France par lui.

ENR-VII-19130

MF nº 82195

Art R* 202-3 Dans les instances qui, en matière de droits d'enregistrement ou de taxe de publicité foncière, font suite aux décisions prises sur les réclamations indiquées au deuxième alinéa de l'article R* 202-1, l'expertise est de droit si elle est demandée par le contribuable ou par l'administration.

L'expertise n'est pas accordée de droit en appel si elle est demandée par la partie l'ayant obtenue devant le tribunal judiciaire ou si aucune des parties ne l'a demandée en première instance.

ENR-VII-19400 s., 24890 s. ;
MF nºs 82195, 82205

Art R* 202-4 L'expertise est faite par un seul expert.

La décision qui ordonne l'expertise et désigne l'expert fixe sa mission ainsi que le délai dans lequel il est tenu de déposer son rapport au secrétariat-greffe.

Le secrétaire-greffier informe les parties, par lettre recommandée avec demande d'avis de réception, et les avocats constitués, du dépôt du rapport au secrétariat-greffe. Les observations du contribuable et de l'administration sur ce rapport sont formulées par conclusions régulières dans les deux mois qui suivent cette notification.

La juridiction saisie statue à l'expiration de ce délai.

ENR-VII-19400 s., 24890 s.

Art R* 202-6 Sous réserve de l'application des dispositions des alinéas 3, 4 et 6 de l'article R* 202-2 et de celles de l'article R* 202-3, l'appel est formé, instruit et jugé selon les règles de la procédure avec représentation obligatoire prévue au code de procédure civile.

ENR-VII-23835 s. ; MF nº 82205

SECTION III

Compensations

Art R* 203-1 Lorsque la réclamation porte sur les évaluations foncières des propriétés bâties, la compensation prévue à l'article L 203 peut s'exercer entre les impositions relatives aux divers éléments d'une propriété ou d'un établissement unique imposés sous l'article du rôle indiqué dans la réclamation, même s'ils sont inscrits séparément à la matrice cadastrale.

CONT-II-13250 s.

SECTION IV

Conséquences des décisions prises sur les réclamations et des décisions des cours et tribunaux

Art R* 207-1 Lorsqu'une réclamation contentieuse est admise en totalité ou en partie, les frais de significations ainsi que, le cas échéant, les frais d'enregistrement du mandat sont remboursés.

Les frais d'expertise sont supportés par la partie qui n'obtient pas satisfaction. Le contribuable qui obtient partiellement gain de cause participe aux frais en proportion de la part de sa demande qui a été rejetée et compte tenu de l'état du litige au début de l'expertise.

CONT-III-16760 ; CONT-IV-25400 s. ; MF nº 81910

Art R* 208 A-1 Les réclamations mentionnées à l'article L 208 A doivent être présentées à l'administration dans le délai prévu à l'article R* 196-1.

Elles doivent répondre aux exigences de l'article R* 197-3 et être assorties des renseignements propres à établir que les conditions prévues au 2 de l'article 119 quater du code général des impôts sont remplies.

L'administration statue sur les réclamations dans le délai d'un an à compter de leur réception ou, le cas échéant, de la réception des renseignements manquants qu'elle doit lui demander dans les six mois suivant la réception de la réclamation.

A défaut de décision dans le délai d'un an, le contribuable peut saisir le tribunal administratif.

CONT-II-17500 ; RM-IV-32880

Art R* 208-1 Les intérêts moratoires prévus à l'article L 208 sont dus lorsqu'un dégrèvement est prononcé à la suite d'une demande présentée verbalement lors d'une visite au service des impôts ou au service des douanes et droits indirects, selon le cas, à la condition que le contribuable ait daté et signé le document établi par ce service pour prendre note de sa réclamation.

Ces intérêts sont calculés sur la totalité des sommes remboursées au contribuable au titre de l'impôt objet du règlement.

Ils sont payés d'office en même temps que les sommes remboursées par le comptable chargé du recouvrement des impôts.

CONT-II-17930 s., 18720, 19210 s. ; MF nº 81915

Art R* 208-2 Les intérêts moratoires courent jusqu'au jour du remboursement.

Si les sommes remboursées sont employées au règlement d'autres impôts dus par le contribuable à la caisse du même comptable, il n'est dû d'intérêts sur les sommes ainsi employées que jusqu'à la date à laquelle ces impôts sont devenus exigibles.

CONT-II-18930 ; MF nº 81915

Art R* 208-3 Pour obtenir le remboursement prévu par l'article L 208 des frais qu'il a exposés pour constituer les garanties, le contribuable doit adresser une demande :

a. Au directeur départemental ou régional des finances publiques, s'il s'agit d'impositions recouvrées par les comptables de la direction générale des finances publiques ;

b. *(Abrogé)* ;

c. Au directeur interrégional des douanes et droits indirects ou, en Guadeloupe, en Guyane, à La Réunion et à Mayotte, au directeur régional des douanes et droits indirects, s'il s'agit de contributions indirectes, droits, taxes, redevanceset impositions assimilées recouvrés par les comptables de la direction générale des douanes et droits indirects.

La demande, appuyée de toutes justifications utiles, doit être formulée dans le délai d'un an à compter de la notification de la décision soit du directeur mentionné au a ou au c soit du tribunal saisi.

CONT-III-26520 s. ; MF nº 81920

Art R* 208-4 Font l'objet d'un remboursement les frais suivants :

NATURE DES GARANTIES CONSTITUEES	NATURE DES FRAIS
1° Créances sur le Trésor :	
a. Créances sur le Trésor proprement dites	Frais de timbre de dimension du nantissement constitué au profit du Trésor. Frais de signification de ce nantissement au comptable payeur par huissier de justice.
b. Dépôts de fonds dans les directions départementales ou, le cas échéant, régionales des finances publiques	Frais de timbre de dimension de l'engagement souscrit par le contribuable au profit du Trésor.
2° Cautionnement	Frais de timbre de dimension de l'acte sous seing privé. Rémunération demandée par la caution, dans une limite fixée par arrêté. Le cas échéant, frais de constitution de garanties au profit de la caution : les frais à rembourser ne peuvent pas excéder ceux qui auraient été exposés si les garanties avaient été constituées au profit du Trésor.
3° Valeurs mobilières :	
a. Dans tous les cas	Frais de l'acte de nantissement, s'il s'agit de valeurs au porteur.
b. Titres déposés à la caisse du comptable chargé du recouvrement	Frais d'envoi des titres à la direction départementale ou, le cas échéant, régionale des finances publiques.
c. Titres déposés dans une banque	Frais réclamés par la banque (droit de garde, frais de transport des titres de l'agence au lieu de conservation).
4° Marchandises déposées dans des magasins agréés par l'Etat et faisant l'objet d'un warrant endossé à l'ordre du Trésor	Frais de magasinage, débours (prime d'assurance, d'incendie).
5° Affectations hypothécaires	Frais de timbre du contrat de constitution d'hypothèque, émoluments du notaire rédacteur de l'acte. Droits d'enregistrement de l'acte. Contribution de sécurité immobilière prévue à l'article 879 du code général des impôts. En cas de radiation de l'inscription : contribution de sécurité immobilière prévue à l'article 879 du code général des impôts, frais de mainlevée notariée de l'inscription s'il y a lieu.
6° Nantissement de fonds de commerce	Frais de timbre du contrat de nantissement. Droit d'enregistrement de l'acte. Frais d'inscription et salaire du greffier du tribunal de commerce. En cas de radiation de l'inscription : frais de radiation, salaire du greffier.

CONT-III-26280 s.

Art R* 208-5 Les frais sont remboursés en totalité si le contribuable a obtenu la décharge totale des impositions contestées.

En cas de décharge partielle, les frais proportionnels au montant des impôts garantis sont remboursés au prorata du dégrèvement ; les frais fixes demeurent à la charge du contribuable.

CONT-III-26450 s. ; MF n° 81920

Art R* 208-6 Les contestations relatives à l'application des dispositions des articles R* 208-2 à R* 208-5 sont jugées selon les règles applicables aux litiges relatifs au recouvrement des impôts considérés.

CONT-II-19500 s. ; CONT-III-26630 s.

Art R* 210-1 Les dégrèvements contentieux entraînent les dégrèvements correspondants des taxes établies d'après les mêmes bases, au profit de l'Etat, des départements et des communes ou de divers organismes.

Toutefois, les décisions d'exonération permanente ou temporaire de la taxe foncière sur les propriétés bâties ou sur les propriétés non bâties n'entraînent le dégrèvement correspondant des taxes perçues au profit des départements et des communes en rémunération des services rendus que si les dispositions législatives ou réglementaires concernant ces taxes le prévoient expressément.

FNB-V-110, 620, 880 ; ASS-I-7080

SECTION V

Dégrèvements d'office

Art R* 211-1 La direction générale des finances publiques ou la direction générale des douanes et droits indirects, selon le cas, peut prononcer d'office le dégrèvement ou la restitution d'impositions qui n'étaient pas dues, jusqu'au 31 décembre de la quatrième année suivant celle au cours de laquelle le délai de réclamation a pris fin, ou, en cas d'instance devant les tribunaux, celle au cours de laquelle la décision intervenue a été notifiée.

ENR-VII-29800 s.

La direction générale des finances publiques peut prononcer dans le délai de trente ans les dégrèvements d'office prévus au III de l'article 1414 et aux articles 1414 A et 1601 du code général des impôts relatifs à la taxe d'habitation et à la taxe pour frais de chambres de métiers et de l'artisanat.

CONT-VIII-2130 s.

CONT-VIII-1 s. ; MF nº 82310

Art R* 211-2 Les propositions de dégrèvements d'office et de restitutions prévues à l'article R* 211-1 peuvent être faites par les agents de la direction générale des finances publiques ou de la direction générale des douanes et droits indirects. Ces propositions sont portées sur des états adressés, selon le cas, au directeur départemental ou, le cas échéant, régional des finances publiques ou au directeur interrégional des douanes et droits indirects ou, en Guadeloupe, en Guyane, à La Réunion et à Mayotte, au directeur régional des douanes et droits indirects pour la suite à donner.

CONT-VIII-1500 s.

Les agents appartenant au corps des géomètres-cadastreurs des finances publiques sont également admis, dans les conditions fixées par le directeur général des finances publiques, à proposer d'office, en matière de taxe foncière, le dégrèvement des droits formant surtaxe.

CONT-VIII-2550

Sauf s'il s'agit des dégrèvements d'office prévus au III de l'article 1414 et à l'article 1414 A du code général des impôts, les propositions de dégrèvements sont communiquées par l'administration au maire ou à la commission communale des impôts directs conformément à l'article R* 198-3.

CONT-VIII-2650

MF nº 82310

CHAPITRE II

Les procédures pénales

SECTION I

Constatation des infractions par procès-verbal

II. Agents compétents pour constater les infractions par procès-verbal

Art R* 213-3 Les procès-verbaux constatant les infractions aux lois et règlements relatifs aux obligations des façonniers, aux transports des animaux vivants de boucherie et de charcuterie peuvent être établis par les agents des douanes, les agents de la direction générale de la concurrence et de la consommation, les agents habilités à constater les infractions en matière de police de la circulation et du roulage et en matière de coordination des transports.

TVA-XII-9170

Art R 213-4 Les procès-verbaux prévus à l'article L 213 sont établis par les agents de la direction générale des finances publiques et par ceux de la direction générale des douanes et droits indirects en ce qui concerne, pour ces derniers, les contributions indirectes, droits, taxes, redevances et impositions obéissant aux mêmes règles.

Art R 214-1 Les agents mentionnés à l'article L 214 sont les agents de la direction générale des douanes et droits indirects et ceux de la direction générale des finances publiques qui contrôlent les obligations résultant du III de l'article 298 bis du code général des impôts et appliquent l'article 290 quater du même code.

TVA-XII-9170

III. Rédaction des procès-verbaux

Art R* 226-1 Les procès-verbaux doivent indiquer de manière précise la nature de chaque infraction constatée.

Ils doivent mentionner :

a. Les noms et qualités des agents qui ont participé à la constatation des infractions ainsi que les nom et qualité du fonctionnaire chargé des poursuites ;

b. Le lieu, la date et l'heure auxquels ils ont été rédigés et achevés.

Art R* 226-2 Lorsque la constatation de l'infraction est suivie de la saisie d'objets ou marchandises, le procès-verbal doit préciser :

a. La date de la saisie et de la déclaration qui en a été faite à la personne en infraction ;

b. La description des objets ou marchandises, leur quantité et leur valeur ;

b bis. La présence de la personne en infraction à la rédaction du procès-verbal ou la sommation qui lui a été faite d'y assister ;

c. Le nom, la qualité et l'adresse du gardien des objets ou marchandises saisis et son engagement de présenter à la première demande de l'administration ces objets ou marchandises à l'endroit où ils sont conservés ;

d. L'engagement pris par la personne en infraction de présenter les objets ou marchandises saisis ou d'en payer la valeur à toute demande qui pourrait lui en être faite si la mainlevée de la saisie a été donnée et que le prix des objets ou marchandises saisis n'a pas été versé ;

e. La saisie des moyens de transports si elle a été pratiquée en garantie de l'amende encourue.

Art R* 226-3 Dans le cas où la saisie est motivée par l'établissement ou l'usage d'un document altéré ou constituant un faux, le procès-verbal indique le genre de faux, les altérations et notamment les surcharges.

Ce document, signé par les agents, est joint au procès-verbal qui mentionne l'invitation qui a dû être faite à la personne en infraction de le signer également et la réponse qu'elle a faite à cette invitation.

SECTION II

Exercice des poursuites pénales et publication des sanctions administratives

I. Dispositions communes

Art R* 228-1 **I.** Pour l'application du premier alinéa du II de l'article L 228, la commission des infractions fiscales est saisie par le ministre chargé du budget ou, sur délégation, selon le cas :

1° Par le directeur général ou le directeur général adjoint des finances publiques, ainsi que par les chefs de service, les sous-directeurs, les chefs de bureau de l'administration centrale ou les directeurs ou directeurs adjoints des services à compétence nationale ou des directions spécialisées de contrôle fiscal de la direction générale des finances publiques désignés par arrêté du ministre chargé du budget ;

2° Par le directeur général des douanes et droits indirects ou son adjoint ainsi que par le sous-directeur de l'administration centrale en charge des affaires juridiques et de la lutte contre la fraude.

Le changement de ministre ne met pas fin à cette délégation, sauf si le ministre en décide autrement par arrêté publié au Journal officiel de la République française.

CF-VIII-41460 s.

II. Pour l'application du dernier alinéa du II de l'article L 228, la commission des infractions fiscales est saisie, selon le cas :

1° Par le directeur général ou le directeur général adjoint des finances publiques, ainsi que par les chefs de service, les sous-directeurs, les chefs de bureau de l'administration centrale ou les directeurs ou directeurs adjoints des services à compétence nationale ou des directions spécialisées de contrôle fiscal de la direction générale des finances publiques désignés par arrêté du ministre chargé du budget, lorsque cette commission est chargée de donner un avis sur l'application des sanctions prévues aux articles 1729 A bis ou 1740 D du code général des impôts ;

2° Par le directeur général des douanes et droits indirects ou son adjoint, lorsque cette commission est chargée de donner un avis sur l'application de la sanction prévue à l'article 1729 A bis du code général des impôts.

CF-VIII-27000 s.

III. L'autorité qui saisit la commission en application des I ou II lui adresse le dossier de l'affaire accompagné de ses propositions.

Art R* 228-2 I. Lorsque la commission est saisie en application du II de l'article L 228, son secrétariat en informe le contribuable ou l'opérateur de plateforme par lettre recommandée avec avis de réception ou par tout autre moyen permettant de rapporter la preuve de la date de réception.

II. Pour l'application du I, le secrétariat de la commission communique au contribuable ou à l'opérateur de plateforme une copie de sa saisine. Il l'invite en même temps à lui faire parvenir, dans un délai de trente jours, les informations qu'il estimerait nécessaires.

III. Le contribuable ou l'opérateur de plateforme n'est pas admis à présenter des observations orales par lui-même ni par mandataire.

CF-VIII-27000 s., 41460 s.

Art R* 228-3 Le président de la commission peut communiquer ces informations à l'autorité qui l'a saisie. Il peut aussi recueillir auprès de celle-ci tout renseignement complémentaire nécessaire à l'instruction du dossier.

CF-VIII-27000 s., 41460 s.

Art R* 228-4 Les dossiers sont répartis par le président entre les différentes sections. L'avis rendu par la section saisie constitue l'avis de la commission, sauf lorsque le président de la commission ou, en cas d'absence ou d'empêchement, son suppléant, soumet une affaire, pour un nouvel examen, à la commission siégeant en formation plénière, dont l'avis se substitue à celui rendu par la section.

Le président peut soumettre une affaire à la commission siégeant en formation plénière. Chaque section peut renvoyer une affaire à la formation plénière.

La commission ne peut délibérer que si seize au moins de ses membres, titulaires ou suppléants, sont présents. Une section ne peut délibérer que si quatre au moins de ses membres, titulaires ou suppléants, sont présents.

Les sections et la commission se prononcent à la majorité des voix. En cas de partage égal des voix, le président a voix prépondérante.

CF-VIII-27000 s., 41460 s.

Art R* 228-5 Les séances de la commission et des sections ne sont pas publiques. La commission et les sections délibèrent en dehors de la présence de l'autorité qui l'a saisie et, selon le cas, du contribuable ou de l'opérateur de plateforme.

CF-VIII-27000 s., 41460 s.

Art R* 228-6 Le président ou, en cas d'absence ou d'empêchement, son suppléant notifie l'avis de la commission à l'autorité qui l'a saisie.

Lorsque la commission est saisie en application du premier alinéa du II de l'article L 228, son avis n'est pas motivé. Le sens de cet avis est porté à la connaissance du contribuable par le secrétariat de la commission si cet avis est défavorable à l'engagement de poursuites ou, dans le cas contraire, par l'administration lors du dépôt de la plainte.

Lorsque la commission, saisie en application du dernier alinéa du II de l'article L 228, émet un avis favorable à la publication des sanctions, la durée de cette publication est fixée par l'une des autorités mentionnées au II de l'article R* 228-1. L'avis de la commission est porté à la connaissance, selon le cas, du contribuable ou de l'opérateur de plateforme par le secrétariat de la commission si cet avis est défavorable à la publication ou, dans le cas contraire, par l'administration lors de la notification de la décision.

CF-VIII-27000 s., 41460 s.

III. Dispositions particulières aux contributions indirectes

Art R 235-1 à R 245 A-5 Comme indiqué dans l'avant-propos, les articles de ce III ne sont pas reproduits dans le présent code.

CHAPITRE III

Les remises et transactions à titre gracieux

Art R* 247-1 Les demandes prévues à l'article L 247 tendant à obtenir à titre gracieux une remise, une modération ou une transaction, doivent être adressées au service territorial, selon le cas, de la direction générale des finances publiques ou de la direction générale des douanes et droits indirects dont dépend le lieu de l'imposition. Elles doivent contenir les indications nécessaires pour identifier l'imposition et, le cas échéant, être accompagnées soit de l'avis d'imposition, d'une copie de cet avis ou d'un extrait de rôle, soit de l'avis de mise en recouvrement ou d'une copie de cet avis.

Les dispositions de l'article R* 190-2 relatives à la transmission des réclamations sont applicables aux demandes gracieuses.

CONT-IX-1860 s., 2270 ; ENR-VII-29900

Art R 247-2 L'autorité compétente peut se prononcer sans instruction préalable sur les demandes des contribuables tendant à obtenir une modération, remise ou transaction qui, en l'état des procédures en cours à l'époque où elles sont formées, ne peuvent être favorablement accueillies.

CONT-IX-2600 s.

En matière d'impôts locaux, les demandes gracieuses sont soumises à l'avis du maire.

CONT-IX-2730 s.

Art R* 247-3 La proposition de transaction est notifiée par l'administration au contribuable par lettre recommandée avec avis de réception ; ce document mentionne le montant de l'impôt et celui des pénalités encourues ainsi que le montant des pénalités qui seront réclamées au contribuable s'il accepte la proposition.

CONT-IX-5210 s.

Le contribuable dispose d'un délai de trente jours à partir de la réception de la lettre pour présenter son acceptation ou son refus.

CONT-IX-5250 s.

Art R* 247-4 Sauf en matière de contributions indirectes, la décision sur les demandes des contribuables tendant à obtenir une modération, remise ou transaction appartient :

a. Au directeur départemental des finances publiques ou au directeur chargé d'un service à compétence nationale ou d'une direction spécialisée pour les affaires relatives à des impositions établies à l'initiative des agents placés sous son autorité, lorsque les sommes faisant l'objet de la demande n'excèdent pas 200 000 € par cote, année, exercice ou affaire, selon la nature des sommes en cause ;

b. Au ministre chargé du budget, après avis du comité du contentieux fiscal, douanier et des changes, dans les autres cas.

CONT-IX-4380 s.

Art R* 247-5 En matière de contributions indirectes, la décision sur les demandes tendant à obtenir une transaction, remise ou modération appartient :

a. Au directeur départemental des finances publiques, pour les matières qui relèvent de sa compétence, lorsque les droits ou la valeur qui servent de base au calcul des pénalités ou, en l'absence d'une telle base, le montant des amendes n'excèdent pas 200 000 € et qu'en outre le montant des droits effectivement fraudés ne dépasse pas le quart de ce chiffre ;

b. Selon le cas, au directeur interrégional des douanes et droits indirects ou, en Guadeloupe, en Guyane, à La Réunion et à Mayotte, au directeur régional des douanes et droits indirects ou au directeur d'un service à compétence nationale, pour les matières qui relèvent de sa compétence, lorsque les droits ou la valeur qui servent de base au calcul des pénalités ou, en l'absence d'une telle base, le montant des amendes n'excèdent pas 250 000 € et qu'en outre le montant des droits effectivement fraudés ne dépasse pas 100 000 € ;

c. Au ministre chargé du budget après avis du comité du contentieux fiscal, douanier et des changes, dans les autres cas.

Lorsqu'une action judiciaire est mise en mouvement comme il est prévu à l'article L 249, le comité du contentieux fiscal, douanier et des changes n'est pas saisi.

Art R* 247-5 C En matière d'amendes prévues à l'article 1788 A du code général des impôts prononcées par les agents des douanes et droits indirects, la décision sur les demandes tendant à obtenir une remise, modération ou transaction appartient :

a. Au directeur interrégional des douanes et droits indirects ou, en Guadeloupe, en Guyane, à La Réunion et à Mayotte, au directeur régional des douanes et droits indirects, lorsque le montant des amendes n'excède pas 150 000 € ;

b. Au ministre de l'économie, des finances et de l'industrie, après avis du comité du contentieux fiscal, douanier et des changes, dans les autres cas.

Art R* 247-6 Les remises et transactions à titre gracieux relatives à la taxe mentionnée à l'article L 255 A s'effectuent dans les conditions prévues aux articles 120 et 121 du décret n° 2012-1246 du 7 novembre 2012 relatif à la gestion budgétaire et comptable publique.

Art R 247-7 La décision du directeur départemental des finances publiques, du directeur interrégional des douanes et droits indirects ou, en Guadeloupe, en Guyane, à La Réunion et à Mayotte, du directeur régional des douanes et droits indirects, ou du directeur chargé d'une direction spécialisée des finances publiques ou d'un service à compétence nationale, selon le cas, peut être soumise au ministre chargé du budget.

La décision du ministre chargé du budget peut faire l'objet de recours devant la même autorité, mais seulement si des faits nouveaux sont invoqués.

CONT-IX-6850 s.

Art R 247-10 Pour obtenir la dispense du paiement d'impositions dues par d'autres personnes et mises à leur charge, les personnes ainsi mises en cause doivent, en ce qui concerne les impôts recouvrés par les comptables de la direction générale des finances publiques, adresser une demande au directeur dont dépend le comptable chargé du recouvrement.

La décision appartient :

a. Au directeur, dans la limite de 305 000 € par cote, année, exercice ou affaire, selon la nature des impôts ;

b. Au ministre chargé du budget, dans les autres cas.

CONT-IX-8900 s.

Art R 247-11 Pour obtenir la dispense du paiement d'impositions dues par d'autres personnes et mises à leur charge, les personnes ainsi mises en cause doivent, en ce qui concerne les impôts recouvrés par les comptables de la direction générale des douanes et droits indirects, adresser une demande au directeur dont dépend le comptable chargé du recouvrement.

La décision appartient :

a. Au directeur, lorsque les sommes faisant l'objet de la demande n'excèdent pas 305 000 € par affaire ;

b. Au ministre chargé du budget, dans les autres cas.

Art R* 247-12 Le comité du contentieux fiscal, douanier et des changes intervenant dans les cas fixés par le b de l'article R* 247-4 est saisi par le ministre chargé du budget. Il en est de même lorsque le comité susmentionné intervient dans les cas fixés par le c de l'article R* 247-5 et le b de l'article R* 247-5 C *(Voir également Annexe II au CGI, art. 396 ter A à 396 quindecies).*

Il invite le contribuable, par lettre recommandée avec avis de réception, à produire, dans un délai de trente jours, les observations écrites que celui-ci juge utile de présenter à l'appui de sa demande de transaction ou de remise, ou à présenter des observations orales à la séance où il sera convié. Il l'avertit également qu'il peut se faire assister ou représenter par un conseil ou représentant de son choix, tenu pour les faits de l'espèce au respect du secret professionnel.

CONT-IX-4560

Art R* 247-13 Le secrétariat du comité informe le contribuable, par lettre recommandée avec avis de réception, de la date à laquelle l'affaire sera examinée par le comité, quinze jours au moins avant cette date.

CONT-IX-4560

Art R* 247-14 Le président peut inviter l'autorité qui a saisi le comité, ou son représentant, à présenter, pour chaque affaire, des observations complémentaires. Il détermine les modalités selon lesquelles ces observations sont présentées.

Si le contribuable ou son représentant a manifesté sa volonté de présenter des observations orales, le président doit inviter l'autorité qui a saisi le comité, ou son représentant, à présenter, si elle le souhaite, des observations orales.

CONT-IX-4570

Art R* 247-15 Les séances du comité et des sections ne sont pas publiques. Le comité et ses sections délibèrent en dehors de la présence de l'autorité qui l'a saisi et du contribuable.

CONT-IX-4580

Art R* 247-16 L'avis du comité doit être adressé par le président à l'autorité qui l'a saisi. La décision qui est notifiée au contribuable comporte l'indication qu'elle a été prise après avis du comité.

CONT-IX-4590

Art R* 247-18 La saisine de la commission de surendettement mentionnée à l'article L 712-4 du code de la consommation par des tiers tenus au paiement de l'impôt vaut demande de dispense de paiement au sens de l'article R 247-10 dès lors que cette saisine satisfait aux conditions prévues aux articles R 721-1 à R 721-4 et à l'article R 761-1 du code de la consommation.

CONT-IX-8900

Art R* 247 A-1 La saisine de la commission de surendettement mentionnée à l'article L 712-4 du code de la consommation vaut demande de remise gracieuse d'impôts directs dès lors que cette saisine satisfait aux conditions prévues aux articles R 721-1 à R 721-4 et à l'article R 761-1 du même code.

CONT-IX-1920

CHAPITRE IV

Le règlement des différends fiscaux dans l'Union européenne

SECTION I

La demande d'ouverture

Art R 251 D-1 La mesure administrative mentionnée à l'article L 251 D est :

1° La proposition de rectification ;

2° Ou la notification des bases ou éléments d'imposition d'office ;

3° Ou le prélèvement en cas de retenue à la source.

BF 10/19 inf. 916 ; INT-GENA-23150

Art R 251 D-2 Pour être recevable, la demande d'ouverture prévue à l'article L 251 D doit être rédigée en langue française et comporter les éléments suivants :

1° Le nom, l'adresse, le numéro d'identification fiscale et toute autre information nécessaire à l'identification du contribuable ayant introduit la demande et de toute autre personne intéressée ;

2° L'identification des impôts et des années d'imposition ou des exercices concernés ;

3° L'exposé des faits et circonstances à l'origine du différend ;

4° Une copie des documents émis par l'administration fiscale française et par l'Etat membre concerné ainsi que tout autre justificatif relatif au différend ;

5° L'exposé des raisons pour lesquelles le contribuable estime qu'il y a matière à différend ainsi que les dispositions nationales applicables et les dispositions de l'accord ou de la convention qui font l'objet du différend ;

6° Les éléments relatifs aux recours administratifs et aux actions en justice engagés par le contribuable portant sur le différend et la copie de toute décision de justice relative au différend ;

7° Les indications relatives à toute réclamation introduite par le contribuable dans le cadre d'une autre procédure amiable ou procédure de règlement des différends au sens de l'article L 251 ZG et une déclaration par laquelle il reconnaît que l'engagement de la présente procédure met fin à la procédure précédemment engagée.

Le contribuable joint à sa demande tout autre document qu'il juge nécessaire.

INT-GENA-23160

Art R 251 D-3 I. Dans les deux mois de la réception de la demande, l'administration fiscale française adresse au contribuable un accusé de réception et en informe les administrations des autres Etats membres concernés.

II. L'administration fiscale française peut demander toute information complémentaire nécessaire à l'examen de la demande du contribuable dans un délai de trois mois à compter de la réception de la demande d'ouverture.

Le contribuable répond à la demande de l'administration fiscale française dans un délai de trois mois à compter de la réception de cette demande d'informations complémentaires. Sous réserve de l'application de l'article R 251 D-4, le contribuable adresse une copie de sa réponse aux autres administrations des Etats membres concernés.

INT-GENA-23165

Art R 251 D-4 I. Lorsque le contribuable remplit les conditions prévues au dernier alinéa de l'article L 251 D, l'administration fiscale française transmet aux administrations des autres Etats membres concernés toutes les communications du contribuable, dans un délai de deux mois à compter de la réception de chacune de ces communications, durant toute la procédure de règlement des différends.

II. Le contribuable est réputé avoir adressé ses communications à l'ensemble des administrations des autres Etats membres concernés à la date de la transmission, prévue au I, de ces informations par l'administration fiscale française.

INT-GENA-23155

Art R 251 D-5 Le contribuable peut retirer sa demande d'ouverture par notification écrite adressée à l'administration fiscale française. Cette notification entraîne la clôture immédiate de la procédure de règlement des différends.

A réception de cette notification, l'administration fiscale française en informe sans délai les administrations des autres Etats membres concernés.

INT-GENA-23210

Art R 251 D-6 Lorsqu'un différend cesse d'exister, la procédure de règlement des différends est clôturée avec effet immédiat. L'administration fiscale française en informe sans délai le contribuable par une décision motivée.

INT-GENA-23215

SECTION II

La procédure amiable

Art R 251 G-1 L'administration fiscale française peut demander au contribuable toute information complémentaire non fournie dans le cadre de la demande d'ouverture qu'elle estime utile à la résolution du différend.

INT-GENA-23245

Art R 251 H-1 Les éléments mentionnés au second alinéa du I de l'article L 251 H sont transmis à l'administration fiscale française dans un délai de soixante jours à compter de la date de la notification de l'accord amiable au contribuable.

INT-GENA-23250

SECTION III

La commission consultative

I. Saisine de la commission

Art R 251 K-1 La demande de constitution d'une commission consultative prévue à l'article L 251 K est présentée par écrit dans un délai de cinquante jours à compter :

1° De la date de réception de la notification de la décision de rejet prévue au I de l'article L 251 E ;

2° Ou de la date du prononcé de la décision prise par le juge à la suite du recours prévu à l'article L 251 F ;

3° Ou de la date de la notification de la décision prévue à l'article L 251 I.

INT-GENA-23330

Art R 251 K-2 Lorsque la commission consultative est constituée en application du 1° de l'article L 251 K, elle notifie sa décision à l'administration fiscale française dans un délai de trente jours à compter de l'adoption de sa décision.

INT-GENA-23375

Art R 251 N-1 Lorsque l'administration fiscale française demande l'ouverture de la procédure amiable dans les conditions prévues au II de l'article L 251 N, elle en informe sans délai la commission consultative, les autres administrations des Etats membres concernés et le contribuable.

INT-GENA-23375

II. Composition de la commission

Art R 251 P-1 **I.** Afin d'établir la liste des personnalités indépendantes mentionnées au 3° de l'article L 251 P, au moins trois personnalités indépendantes sont désignées par arrêté du ministre chargé du budget.

Lorsqu'elle notifie à la Commission européenne les personnalités indépendantes désignées en application de l'alinéa précédent, l'administration fiscale française communique les informations complètes et actualisées sur le parcours universitaire et professionnel de ces personnes, leurs compétences, leur expertise et leurs éventuels conflits d'intérêts et précise laquelle de ces personnes peut être désignée comme président.

L'administration fiscale française informe la Commission européenne de toute modification apportée à la liste française des personnalités indépendantes.

II. Lorsque la Commission européenne notifie une opposition, par un Etat membre, au maintien d'une personnalité indépendante désignée par l'administration fiscale française, cette dernière dispose d'un délai de six mois pour prendre sa décision de maintenir ou non cette personne sur la liste prévue au I et en informer la Commission européenne.

INT-GENA-23350

Art R 251 P-2 Les règles de désignation des personnalités indépendantes mentionnées au 3° de l'article L 251 P sont déterminées conjointement par l'administration fiscale française et celles des autres Etats membres concernés.

En l'absence d'accord, il est procédé à la désignation de ces personnes par tirage au sort.

INT-GENA-23350

Art R 251 R-1 La saisine prévue à l'article L 251 R doit être effectuée dans les trente jours de l'expiration du délai prévu à l'article L 251 L.

Lorsque cette procédure est mise en œuvre, l'administration fiscale française en informe les autres Etats membres concernés.

INT-GENA-23355

III. Règles de fonctionnement de la commission consultative

Art R 251 T-1 Conformément au premier alinéa de l'article L 251 T, l'administration fiscale française notifie au contribuable dans un délai de cent vingt jours les règles de fonctionnement de la commission arrêtées par les Etats membres concernés. Ces règles comportent les éléments suivants :

1° La date à laquelle l'avis sur le règlement du différend doit avoir été rendu ainsi que les modalités de remise de cet avis ;

2° Les dispositions législatives ou réglementaires, accord ou convention applicables ;

3° La description et les caractéristiques du différend ;

4° Le mandat sur lequel les administrations des Etats membres concernés s'accordent en ce qui concerne les questions juridiques et factuelles à régler ;

5° La forme de l'organe de règlement des différends ;

6° Le calendrier de la procédure de règlement des différends ;

7° Le nombre de membres, leurs noms, les détails quant à leurs compétences et leurs qualifications ainsi qu'une communication relative aux conflits d'intérêts les concernant ;

8° Les règles régissant la participation du ou des contribuables et des tiers à la procédure, les échanges de notes, d'informations et d'éléments de preuve, les frais, la méthode utilisée pour régler le différend et toute autre question procédurale ou organisationnelle que l'administration fiscale française estime nécessaire.

Lorsqu'une commission consultative est constituée pour rendre un avis en vertu du 1° de l'article L 251 K, seules les informations mentionnées aux 3°, 6°, 7° et 8° figurent dans les règles de fonctionnement.

INT-GENA-23365

Art R 251 T-2 **I.** En l'absence d'accord entre l'administration fiscale française et les autres Etats membres concernés, les frais suivants sont répartis en parts égales entre les Etats :

1° Le défraiement des personnalités indépendantes pour un montant déterminé par l'administration fiscale française conformément aux dispositions du décret n° 2006-781 du 3 juillet 2006 fixant les conditions et les modalités de règlement des frais occasionnés par les déplacements temporaires des personnels civils de l'Etat ;

2° La rémunération des personnalités indépendantes, fixée par arrêté des ministres chargés du budget et de la fonction publique dans la limite de 1 000 euros par personne et par jour de réunion de la commission consultative.

II. En cas d'accord de toutes les administrations des Etats membres concernés, les frais mentionnés aux 1° et 2° du I sont à la charge du contribuable lorsque :

1° Le contribuable a présenté une notification de retrait de demande d'ouverture en application de l'article R 251 D-5 ;

2° Ou lorsque le contribuable a saisi la commission consultative en application du 1° de l'article L 251 K et que cette dernière a décidé que les administrations compétentes ont rejeté à bon droit la demande d'ouverture du contribuable.

INT-GENA-23390

IV. Avis de la commission consultative

Art R 251 Y-1 La commission prévue à l'article L 251 K rend son avis par écrit.

INT-GENA-23400

SECTION IV

Publicité

Art R 251 ZF-1 **I.** Le résumé à publier prévu à l'article L 251 ZF comprend la description des faits, la date de la décision définitive mentionnée à l'article L 251 ZB, les périodes imposables concernées, la base juridique, le secteur d'activité et une brève description de la décision définitive. Le résumé comprend également une description de la méthode d'arbitrage utilisée.

II. Avant la transmission du résumé à la Commission européenne pour publication, l'administration fiscale française le transmet au contribuable qui, dans un délai de soixante jours au plus tard, peut demander à l'administration fiscale française de ne pas publier une information relative à un secret commercial, industriel ou professionnel ou à un procédé commercial ou qui est contraire à l'ordre public.

INT-GENA-23420

TITRE IV

LE RECOUVREMENT DE L'IMPOT

CHAPITRE PREMIER

Les procédures de recouvrement

SECTION I

Modalités de recouvrement et mesures préalables aux poursuites

Art R* 255 A-1 Sans préjudice des dispositions de l'article R* 247-6, sont applicables à la taxe mentionnée à l'article L 255 A les articles 112 à 119, 122 et 124 du décret nº 2012-1246 du 7 novembre 2012 relatif à la gestion budgétaire et comptable publique.

IMMO-V-11850

Art R* 256-1 L'avis de mise en recouvrement prévu à l'article L 256 indique pour chaque impôt ou taxe le montant global des droits, des pénalités et des intérêts de retard qui font l'objet de cet avis.

L'avis de mise en recouvrement mentionne également que d'autres intérêts de retard pourront être liquidés après le paiement intégral des droits.

Lorsque l'avis de mise en recouvrement est consécutif à une procédure de rectification, il fait référence à la proposition prévue à l'article L 57 ou à la notification prévue à l'article L 76 et, le cas échéant, au document adressé au contribuable l'informant d'une modification des droits, taxes et pénalités résultant des rectifications.

Lorsqu'en application des dispositions de l'article 223 A du code général des impôts ou de l'article 223 A bis du même code la société mère d'un groupe ou l'établissement public industriel et commercial qui s'est constitué seul redevable de l'impôt sur les sociétés dû sur l'ensemble des résultats d'un groupe est amené à supporter les droits et pénalités résultant d'une procédure de rectification suivie à l'égard d'un ou de plusieurs membres du groupe, l'administration adresse à cette société mère ou à cet établissement public, préalablement à la notification de l'avis de mise en recouvrement correspondant, un document l'informant du montant global par impôt des droits, des pénalités et des intérêts de retard dont elle ou il est redevable. L'avis de mise en recouvrement, qui peut être alors émis sans délai, fait référence à ce document.

IS-V-84300 s.

Les dispositions de l'alinéa précédent sont applicables au redevable du groupe mentionné à l'article 1693 ter du code général des impôts, lorsqu'il est amené à supporter les droits et pénalités résultant d'une procédure de rectification suivie à l'égard d'un ou plusieurs membres du groupe.

RIE-IV-13565

L'avis de mise en recouvrement, dans le cas mentionné au deuxième alinéa de l'article L 256, indique seulement le montant de la somme indûment versée et la date de son versement.

REC-I-11500 s.

Art R* 256-2 Lorsque le comptable poursuit le recouvrement d'une créance à l'égard de débiteurs tenus conjointement ou solidairement au paiement de celle-ci, il notifie préalablement à chacun d'eux un avis de mise en recouvrement à moins qu'ils n'aient la qualité de représentant ou d'ayant cause du contribuable, telle que mentionnée à l'article 1682 du code général des impôts.

REC-I-10507 s. ; MF nº 76780

Art R* 256-3 L'avis de mise en recouvrement est rédigé en double exemplaire :

a. Le premier, dit « original », est déposé au service compétent de la direction générale des finances publiques ou à la recette des douanes et droits indirects chargé du recouvrement ;

b. Le second, dit « ampliation », est destiné à être notifié au redevable ou à son fondé de pouvoir.

REC-I-12550 s.

Art R* 256-6 La notification de l'avis de mise en recouvrement comporte l'envoi au redevable, soit au lieu de son domicile, de sa résidence, ou de son siège, soit à l'adresse qu'il a lui-même fait connaître au service compétent de la direction générale des finances publiques ou au service des douanes et droits indirects compétent, de l'« ampliation » prévue à l'article R* 256-3.

Au cas où la lettre recommandée ne pourrait, pour quelque cause que ce soit, être remise au redevable destinataire ou à son fondé de pouvoir, il doit être demandé à La Poste de renvoyer au service compétent de la direction générale des finances publiques ou au service des douanes et droits indirects expéditeur le pli non distribué annoté :

a. D'une part, de la date de sa première présentation à l'adresse indiquée à la souscription ou, s'il y a lieu, à la nouvelle adresse connue de La Poste ;

b. D'autre part, du motif de sa non-délivrance.

Dans cette éventualité, l'« ampliation » renvoyée reste déposée au service compétent de la direction générale des finances publiques ou à la recette des douanes et droits indirects chargé du recouvrement où il peut en être délivré copie, à tout moment et sans frais, au redevable lui-même ou à son fondé de pouvoir.

La notification de l'avis de mise en recouvrement peut également être effectuée par le ministère d'un huissier. Elle est alors soumise aux règles de signification des actes d'huissier.

REC-I-12150 s.

Art R* 256-7 L'avis de mise en recouvrement est réputé avoir été notifié :

a. Dans le cas où l'« ampliation » a été effectivement remise par les services postaux au redevable ou à son fondé de pouvoir, le jour même de cette remise ;

b. Lorsque la lettre recommandée n'a pu être distribuée du fait du redevable, le jour où en a été faite la première présentation.

REC-I-12150 s.

Art R 256-8 Le comptable mentionné aux premier, deuxième et troisième alinéas de l'article L 256 est le comptable de la direction générale des finances publiques.

Le comptable public compétent pour établir l'avis de mise en recouvrement est soit celui du lieu de déclaration ou d'imposition du redevable, soit, dans le cas où ce lieu a été ou aurait dû être modifié, celui compétent à l'issue de ce changement, même si les sommes dues se rapportent à la période antérieure à ce changement *(Voir décret 2017-1305 du 24 août 2017)*.

Le comptable chargé d'un pôle de recouvrement spécialisé est compétent, le cas échéant, pour établir, émettre et rendre exécutoire l'avis de mise en recouvrement des créances qu'il a prises en charge ou dont la responsabilité lui est transférée par un autre comptable.

Les avis de mise en recouvrement résultant de l'engagement par la direction nationale des vérifications de situations fiscales d'une procédure de rectification ou d'une procédure d'imposition d'office ou du traitement d'actes ou de déclarations liés à la détention d'avoirs à l'étranger sont établis, émis et rendus exécutoires par le comptable chargé du pôle de recouvrement spécialisé DNVSF (Paris) *(Voir aussi arrêté du 10 décembre 2015, JO du 26)*.

Par dérogation aux dispositions du deuxième alinéa, l'établissement d'un avis de mise en recouvrement des droits et pénalités dus à raison d'une déclaration ou d'un acte déposé ou qui aurait dû être déposé au titre de la publicité foncière et de l'enregistrement peut être confié, par arrêté du ministre chargé du budget, à un comptable public différent de celui mentionné au même alinéa *(Voir arrêté CCPE2027514A du 27 novembre 2020, JO du 29)*.

Le comptable public de la direction générale des finances publiques compétent pour établir l'avis de mise en recouvrement mentionné au 2° du B et 1° du F du IV de l'article 130 de la loi n° 2021-1900 du 30 décembre 2021 de finances pour 2022 est le comptable du service des impôts des entreprises du lieu du siège social ou du domicile du redevable ou, le cas échéant, le comptable de la direction des grandes entreprises de la direction générale des finances publiques pour les personnes physiques ou morales ou groupements de personnes mentionnés à l'article 344-0 A de l'annexe III au code général des impôts. Ces dispositions ne s'appliquent pas aux impositions mentionnées au 2° du A du IV de l'article 130 précité.

Nonobstant les dispositions du précédent alinéa, en présence de redevables solidaires mentionnés dans le jugement prévu au F du IV de l'article 130 de la loi n° 2021-1900 mentionné au précédent alinéa, la compétence est attribuée à l'un quelconque des comptables dans le ressort duquel un des redevables tenus solidairement au paiement de la même créance a son siège social ou son domicile.

Par dérogation aux deux premiers alinéas, le comptable de la direction générale des finances publiques et le comptable de la direction générale des douanes et droits indirects sont compétents pour établir l'avis de mise en recouvrement en vue de la prise en charge et du recouvrement des accises mentionnées aux articles L 313-1 et L 314-1 du code des impositions sur les biens et services, du droit de licence prévu à l'article 568 du code général des impôts, de la taxe prévue à l'article 1613 bis du même code, de la cotisation prévue à l'article L 245-7 du code de la sécurité sociale et de la cotisation mentionnée au a de l'article 2 du décret n° 63-1104 du 30 octobre 1963 relatif au régime d'allocations viagères des gérants de débits de tabac, dans les conditions prévues par arrêté du ministre en charge du budget.

Pour l'application du précédent alinéa, le comptable de la direction générale des finances publiques compétent est le comptable du service des impôts des entreprises du lieu dont relève le siège social ou le principal établissement ou celui du lieu du domicile du redevable, ou le cas échéant, le comptable de la direction des grandes entreprises de la direction générale des finances publiques pour les personnes ou groupements de personnes mentionnés à l'article 344-0 A de l'annexe III au code général des impôts.

BF 11/23 inf. 779 ; REC-I-10800 s.

Art R* 257-1 La mise en demeure de payer prévue à l'article L 257 indique les références du ou des titres exécutoires dont elle procède ainsi que le montant des sommes restant dues.

BF 11/21 inf. 953

Art R* 257-0 B-1 Pour l'application du 1 de l'article L 257-0 B, constituent une même catégorie d'impositions :

a. L'impôt sur le revenu, l'acompte prévu à l'article 1663 C du code général des impôts, les prélèvements sociaux recouvrés comme en matière d'impôt sur le revenu, la taxe d'habitation, les taxes foncières sur les propriétés bâties et non bâties, les impositions recouvrées comme les impositions précitées ainsi que l'impôt de solidarité sur la fortune ;

b. Les droits d'enregistrement, la taxe de publicité foncière et les droits de timbre ;

c. Les impositions autres que celles mentionnées au a et au b.

REC-I-17810 ; MF n° 76782

Art R 257 B-1 Lorsqu'il a exercé la compensation prévue à l'article L 257 B, le comptable public compétent notifie au redevable un avis lui précisant la nature et le montant des sommes affectées au paiement de la créance qu'il a prise en charge à sa caisse.

Les effets de cette compensation peuvent être contestés dans les formes et délais mentionnés aux articles L 281 et R* 281-1 à R* 281-5.

REC-III-3630 s. ; MF n° 76740

SECTION II

Exercice des poursuites

Art R 258 A-1 Les mesures conservatoires initialement prises par un comptable public dans les conditions du livre V de la partie législative du code des procédures civiles d'exécution peuvent être converties par ce comptable ou par tout autre comptable public devenu compétent postérieurement à la prise de ces mesures.

Les garanties constituées au profit d'un comptable public peuvent être renouvelées ou mises en œuvre par ce comptable public ou par tout autre comptable public devenu compétent postérieurement à la constitution de ces garanties.

REC-IV-17210

Art R* 260 A-1 Les biens meubles saisis ne peuvent être vendus qu'après autorisation du directeur départemental des finances publiques.

REC-V-73560

SECTION III

Mesures particulières

4° Responsabilité des dirigeants et gérants de sociétés

Art R* 267-1 En cas d'assignation prévue par le premier alinéa de l'article L 267, le président du tribunal statue selon la procédure à jour fixe.

Le comptable public compétent mentionné par le même alinéa est un comptable de la direction générale des finances publiques.

REC-IV-12055, 12200 s.

5° Vente de fonds de commerce

Art R 268-1 Le comptable public compétent pour faire application de l'article L 268 est le comptable de la direction générale des finances publiques ou de la direction générale des douanes et droits indirects selon la nature des impôts dont la perception leur incombe.

REC-V-76650

SECTION IV

L'admission en non-valeur

Art R 276-1 Le comptable public admet en non-valeur les créances fiscales dont il est chargé du recouvrement, lorsqu'il constate leur irrécouvrabilité.

DC-VI-1910

Art R 276-2 L'irrécouvrabilité mentionnée à l'article R 276-1 est constatée lorsque les diligences visant au recouvrement s'avèrent impossibles ou vaines. L'irrécouvrabilité est également constatée lorsque les perspectives de recouvrement ne sont pas estimées suffisantes pour justifier la poursuite des diligences.

DC-VI-1910

Art R 276-3 Par dérogation à l'article R 276-1 du présent livre, les décisions relatives aux admissions en non-valeur des créances de toute nature recouvrées en application du code des douanes ou en matière de contributions indirectes sont prises par les directeurs interrégionaux des douanes et droits indirects ou, en Guadeloupe, en Guyane, à la Réunion et à Mayotte, par les directeurs régionaux des douanes et droits indirects.

DC-VI-1910

Art R 276-4 L'article R 276-2 du présent livre est applicable aux impositions de toute nature et taxes assimilées recouvrées en application du code des douanes. Il n'est pas applicable à la dette douanière ayant pris naissance en application du règlement (UE) n° 952/2013 du Parlement européen et du Conseil du 9 octobre 2013 établissant le code des douanes de l'Union.

DC-VI-1910

CHAPITRE II

Le sursis de paiement

Art R* 277-1 Le comptable compétent invite le contribuable qui a demandé à différer le paiement des impositions à constituer les garanties prévues à l'article L 277. Le contribuable dispose d'un délai de quinze jours à compter de la réception de l'invitation formulée par le comptable pour faire connaître les garanties qu'il s'engage à constituer.

Ces garanties peuvent être constituées par un versement en espèces qui sera effectué à un compte d'attente au Trésor, par des créances sur le Trésor, par la présentation d'une caution, par des valeurs mobilières, des marchandises déposées dans des magasins agréés par l'Etat et faisant l'objet d'un warrant endossé à l'ordre du Trésor, par des affectations hypothécaires, par des nantissements de fonds de commerce.

Si le comptable estime ne pas pouvoir accepter les garanties offertes à sa demande ou spontanément par le contribuable parce qu'elles ne répondent pas aux conditions prévues au deuxième alinéa, il lui notifie sa décision par pli recommandé avec demande d'avis de réception postal dans un délai de quarante-cinq jours à compter du dépôt de l'offre. A défaut de réponse par le comptable dans ce délai, les garanties offertes sont réputées acceptées.

CONT-III-21900 s., 22444 s.

Art R* 277-2 En cas de dépréciation ou d'insuffisance révélée des garanties constituées, l'administration peut à tout moment, dans les mêmes conditions que celles prévues par les articles L 277 et L 279, demander au redevable, par lettre recommandée avec avis de réception, un complément de garantie pour assurer le recouvrement de la somme contestée. Si le redevable ne satisfait pas, dans le délai de quarante-cinq jours, à cette demande, le comptable peut prendre des mesures conservatoires.

CONT-III-22600 s.

Art R 277-3-1 Lorsque le redevable fournit des garanties suffisantes, au sens de l'article R* 277-1, à l'appui d'une réclamation assortie d'une demande de sursis de paiement, celles-ci se substituent aux sommes ou biens appréhendés avant la réclamation pour le recouvrement des créances qui font l'objet de la contestation.

Dans ce cas, le comptable restitue les biens ou sommes appréhendés, avant la réclamation mentionnée à l'article L 277, pour le montant des créances effectivement garanties.

CONT-III-23240

Art R 277-4 Le contribuable peut être admis par le comptable chargé du recouvrement, à toute époque, à remplacer la garantie qu'il a constituée par une autre garantie d'une valeur au moins égale.

CONT-III-22650 s.

Art R 277-5 A défaut de constitution de garantie, le contribuable qui a demandé à différer le paiement de l'impôt peut, en cas de saisie de matériel ou de marchandises indispensables à l'exercice de sa profession, être autorisé, par le comptable chargé du recouvrement, à vendre des objets saisis, à charge par lui soit de les remplacer par des objets de valeur au moins égale, soit d'en consigner le prix de vente.

CONT-III-23630

Art R 277-6 Un arrêté du ministre chargé du budget détermine les conditions dans lesquelles les valeurs mobilières peuvent être constituées en garantie et notamment la nature de ces valeurs, ainsi que le montant pour lequel elles sont admises, ce montant étant calculé d'après le dernier cours coté au jour du dépôt.

CONT-III-29050 s.

Art R 277-7 En cas de réclamation relative à l'assiette d'imposition et portant sur un montant de droits supérieur à 4 500 €, le débiteur doit constituer des garanties portant sur le montant des droits contestés.

CONT-III-21950 s.

Art R 277-8 Le contribuable qui demande à bénéficier du sursis de paiement prévu au V de l'article 167 bis du code général des impôts fait parvenir au service des impôts des particuliers non résidents, au plus tard quatre-vingt-dix jours avant le transfert de son domicile fiscal hors de France, une proposition de garanties.

Les dispositions des deuxième et troisième alinéas de l'article R* 277-1, des articles R* 277-2, R 277-4 et R 277-6 sont applicables.

Ndlr *Pour les transferts de domicile fiscal mentionnés aux a et b du V de l'article 167 bis du CGI intervenant au plus tard le 21 novembre 2019, la proposition de garantie prévue au présent article est déposée dans les trente jours précédant le transfert du domicile fiscal hors de France (Décret 2019-868 du 21 août 2019 art. 4).*

CHAPITRE III

Le contentieux du recouvrement

Art R* 281-1 Les contestations relatives au recouvrement prévues par l'article L 281 peuvent être formulées par le redevable lui-même ou la personne tenue solidairement ou conjointement.

Elles font l'objet d'une demande qui doit être adressée, appuyée de toutes les justifications utiles, au chef de service compétent suivant :

a. Le directeur départemental ou régional des finances publiques du département dans lequel a été prise la décision d'engager la poursuite ou le responsable du service à compétence nationale si le recouvrement incombe à un comptable de la direction générale des finances publiques ;

b. Le directeur interrégional des douanes et droits indirects ou le responsable du service des douanes à compétence nationale ou, en Guadeloupe, en Guyane, à La Réunion et à Mayotte, le directeur régional des douanes et droits indirects pour les poursuites émises dans leur ressort territorial.

REC-VI-3050 s., 3800 s., 4000 s. ; MF nos 77040 s.

Art R* 281-3-1 La demande prévue à l'article R* 281-1 doit, sous peine d'irrecevabilité, être présentée dans un délai de deux mois à partir de la notification :

a. De l'acte de poursuite dont la régularité en la forme est contestée ;

b. A l'exclusion des amendes et condamnations pécuniaires, de tout acte de poursuite si le motif invoqué porte sur l'obligation au paiement ou sur le montant de la dette ;

c. A l'exclusion des amendes et condamnations pécuniaires, du premier acte de poursuite permettant de contester l'exigibilité de la somme réclamée.

REC-VI-4000, 4200 s. ; MF nos 77040 s.

Art R* 281-4 Le chef de service ou l'ordonnateur mentionné au deuxième alinéa de l'article L 281 se prononce dans un délai de deux mois à partir du dépôt de la demande, dont il doit accuser réception.

Pour les créances des collectivités territoriales, de leurs établissements publics et des établissements publics de santé, le chef de service se prononce après avis du comptable assignataire à l'origine de l'acte.

Si aucune décision n'a été prise dans ce délai ou si la décision rendue ne lui donne pas satisfaction, le redevable ou la personne tenue solidairement ou conjointement doit, à peine de forclusion, porter l'affaire devant le juge compétent tel qu'il est défini à l'article L 281. Il dispose pour cela de deux mois à partir :

a. Soit de la notification de la décision du chef de service ou de l'ordonnateur mentionné au deuxième alinéa de l'article L 281 ;

b. Soit de l'expiration du délai de deux mois accordé au chef de service ou à l'ordonnateur mentionné au deuxième alinéa de l'article L 281 pour prendre sa décision.

La procédure ne peut, à peine d'irrecevabilité, être engagée avant ces dates.

REC-VI-4500 s., 4700 s., 7000, 7830 ; MF nos 77040 s.

Art R* 281-5 Le juge se prononce exclusivement au vu des justifications qui ont été présentées au chef de service. Les redevables qui l'ont saisi ne peuvent ni lui soumettre des pièces justificatives autres que celles qu'ils ont déjà produites à l'appui de leurs mémoires, ni invoquer des faits autres que ceux exposés dans ces mémoires.

REC-VI-7500 s.

Lorsque le juge de l'exécution est compétent, l'affaire est instruite en suivant les règles de la procédure à jour fixe.

REC-VI-8000

Art R* 282-1 Lorsque, dans une contestation relative au recouvrement, une tierce personne, mise en cause dans les conditions prévues à l'article L 282, conteste son obligation d'acquitter la dette, la juridiction civile appelée à trancher la question de l'obligation doit être saisie de la contestation dans un délai de deux mois à compter de la notification de la décision de sursis à statuer du tribunal administratif.

REC-VI-6750 s.

Art R* 283-1 La demande en revendication d'objet saisis prévue par l'article L 283 est adressée, suivant le cas, au directeur départemental ou régional des finances publiques du département dans lequel a été prise la décision de pratiquer la saisie ou au responsable du service à compétence nationale, ou au directeur interrégional des douanes et droits indirects, au responsable du service des douanes à compétence nationale ou, en Guadeloupe, en Guyane, à La Réunion et à Mayotte, au directeur régional des douanes et droits indirects, pour les poursuites émises dans leur ressort territorial. Elle doit, sous peine d'irrecevabilité, être présentée dans un délai de deux mois à partir de la date à laquelle la personne qui revendique les objets a eu connaissance de la saisie.

La demande reçoit une suite dans les conditions prévues aux articles R* 281-4 et R* 281-5.

Le dépôt d'une demande en revendication d'objets saisis suspend de plein droit les poursuites sur les biens saisis dont la propriété est discutée.

REC-VI-9000 s.

CHAPITRE IV

Assistance internationale au recouvrement

Art R 283 A-1 La demande d'assistance mentionnée à l'article L 283 A peut être formulée, soit pour une créance unique, soit pour plusieurs créances, dès lors que celles-ci sont à la charge d'une même personne.

Elle peut concerner :

1° Un débiteur ;

2° Un codébiteur ;

3° Une personne, autre que le débiteur, tenue au paiement de la créance en application des dispositions en vigueur dans l'Etat membre requérant ;

4° Une tierce partie détenant des biens appartenant à une des personnes désignées ci-dessus ou qui a des dettes envers une de ces personnes.

REC-I-612

Art R 283 A-2 La demande d'assistance, le formulaire de notification uniformisé et l'instrument uniformisé permettant l'adoption de mesures exécutoires sur le territoire français sont accompagnés d'une traduction en langue française.

Les documents dont la notification est demandée peuvent être envoyés dans une langue officielle de l'Etat membre requérant.

Les administrations financières peuvent demander la traduction dans la langue française des documents autres que ceux mentionnés au deuxième alinéa qui accompagnent la demande de notification.

REC-I-640

Art R 283 A-3 La demande de renseignements, de notification et de recouvrement ou de prise de mesures conservatoires est établie par écrit.

Cette demande ainsi que tous les documents permettant l'adoption de mesures exécutoires ou conservatoires ou tout autre document relatif à la créance sont transmis par voie électronique à l'Etat membre requis.

En cas de difficultés techniques, ils peuvent valablement être transmis par voie postale sans pour autant que la validité des informations obtenues ou des mesures prises dans le cadre d'une demande d'assistance ne soit compromise.

REC-I-640

Art R 283 A-4 La demande de notification adressée par l'Etat membre requérant est accompagnée d'un formulaire de notification uniformisé qui contient au minimum les informations suivantes :

1° Le nom et l'adresse du destinataire et tout autre renseignement utile à son identification ;

2° L'objet de la notification et le délai dans lequel elle doit être effectuée ;

3° Une description des documents qui sont joints ainsi que la nature et le montant de la créance concernée ;

4° Les noms, adresses et coordonnées du service responsable du document qui est joint et, s'il diffère, du service auprès duquel des informations complémentaires peuvent être obtenues concernant l'acte ou la décision y compris judiciaire notifié ou concernant les possibilités de contestation de l'obligation de paiement.

REC-I-600 s.

Art R 283 A-10 Sur demande de l'Etat membre requérant, les administrations financières procèdent à la notification au destinataire de tous les actes et décisions, y compris judiciaires, relatifs à une créance ou à son recouvrement émanant de cet Etat.

REC-I-635

Art R 283 B-1 L'autorité requise informe l'autorité requérante des motifs mentionnés aux articles L 283 A à L 283 C qui s'opposent à ce que la demande d'assistance soit satisfaite.

REC-I-625

Art R 283 B-9 Les administrations financières peuvent octroyer un délai de paiement au redevable ou autoriser un paiement échelonné de la dette. Elles en informent l'Etat membre requérant.

Les intérêts perçus du fait des délais de paiement éventuellement octroyés ou du paiement échelonné autorisé ou ceux perçus pour tout retard de paiement sont transférés à l'Etat membre requérant.

REC-I-628

Art R 283 C-1 L'instrument uniformisé permettant l'adoption de mesures exécutoires dans l'Etat membre requis et établi par l'Etat membre requérant, mentionné au VI de l'article L 283 C, comporte au minimum les informations suivantes :

1° Les informations permettant d'identifier le titre exécutoire, la période couverte par la créance, les dates utiles à l'engagement des mesures d'exécution, la nature, la date de mise en recouvrement et le montant de la créance à recouvrer (principal, intérêts, pénalités, amendes, majoration et frais) ;

2° Le nom, l'adresse du destinataire et tout autre renseignement utile à son identification ;

3° Les noms, adresses et coordonnées du service responsable de la liquidation de la créance et, s'il diffère, du service auprès duquel des informations complémentaires peuvent être obtenues concernant la créance ou les possibilités de contester l'obligation de payer.

REC-I-613 s.

Art R 283 C-2 **I.** Les administrations financières vérifient que la demande de recouvrement ou de mesures conservatoires qui leur est adressée par l'Etat membre requérant est accompagnée de l'instrument uniformisé mentionné au VI de l'article L 283 C.

II. Cette demande contient une déclaration certifiant que les conditions prévues aux articles L 283 B et L 283 C pour l'engagement de la procédure d'assistance mutuelle sont remplies. Elle peut être aussi accompagnée d'autres documents relatifs à la créance concernée, émanant de l'Etat membre requérant.

III. La demande de prise de mesures conservatoires est accompagnée, le cas échéant, du document établi par l'autorité requérante l'autorisant, conformément à sa législation, à prendre des mesures conservatoires ainsi que de tout autre document relatif à la créance concernée.

REC-I-630

Art R 283 C-3 **I.** La contestation relative à la validité de la notification, par l'Etat membre requérant, de la créance, du titre exécutoire ou de l'instrument uniformisé permettant l'adoption de mesures exécutoires dans l'Etat membre requis est portée par son destinataire devant l'instance compétente de l'Etat membre requérant.

Toute contestation relative à la créance, au titre exécutoire établi par l'Etat membre requérant ou à l'instrument uniformisé permettant l'adoption de mesures exécutoires dans l'Etat membre requis est portée devant l'instance compétente de l'Etat membre requérant.

Lorsque la contestation de la créance, du titre exécutoire ou de l'instrument uniformisé permettant l'adoption de mesures exécutoires dans l'Etat membre requis intervient au cours de la procédure de recouvrement effectuée dans l'Etat requis, ce dernier informe le redevable qu'il doit porter la contestation devant l'instance compétente de l'Etat membre requérant.

L'Etat membre requérant informe l'Etat membre requis de cette contestation et lui précise le montant de la créance non contesté.

II. Toute contestation relative aux mesures exécutoires prises par l'Etat membre requis ou à la validité de la notification, par ce même Etat membre, de la créance, du titre exécutoire ou de l'instrument uniformisé permettant l'adoption de mesures exécutoires dans l'Etat membre requis est portée par son destinataire devant l'instance compétente de l'Etat membre requis.

REC-I-633

Art R 283 C-4 **I.** L'Etat requérant informe sans délai les administrations financières de toute modification intervenant dans sa demande de recouvrement et leur en communique les motifs.

Si cette modification fait suite à une décision de justice portant sur les contestations mentionnées au I de l'article R 283 C-3 rendue dans l'Etat membre requérant, cette décision doit être jointe à la demande de modification accompagnée d'un nouvel instrument uniformisé.

Les administrations financières poursuivent le recouvrement sur la base de ce nouvel instrument.

Toutefois, les procédures de recouvrement ou les mesures conservatoires prises par les administrations financières sur le fondement de l'instrument uniformisé original peuvent être poursuivies sur la base du nouvel instrument uniformisé.

Le nouvel instrument uniformisé remplit les conditions prévues au VI de l'article L 283 C et comporte les éléments mentionnés à l'article R 283 C-1.

II. L'Etat requérant informe sans délai les administrations financières du retrait de sa demande de recouvrement et leur en communique les motifs.

REC-I-634

Art R 283 C-5 L'autorité requérante et l'autorité requise s'informent mutuellement de toute mesure qui, conformément au XII de l'article L 283 C, interrompt, suspend ou prolonge le délai de prescription de la créance pour laquelle le recouvrement ou les mesures conservatoires ont été demandées ou qui est susceptible de produire un tel effet.

REC-I-629

Art R 283 D-1 Les documents et renseignements communiqués aux administrations financières par l'Etat membre requérant ne peuvent être transmis qu'aux personnes suivantes :

1° La personne visée dans la demande d'assistance ;

2° Les personnes et autorités chargées du recouvrement des créances, aux seules fins de celui-ci ;

3° Les autorités judiciaires saisies des affaires concernant le recouvrement des créances.

TITRE V

DISPOSITIONS COMMUNES

CHAPITRE PREMIER

Dispositions générales

Art R 286 B-1 **I.** L'autorisation mentionnée au I de l'article L 286 B indique :

1° L'identité de l'agent des finances publiques qui en est bénéficiaire et le numéro d'immatriculation administrative qui lui est attribué ;

2° La procédure au titre de laquelle elle est délivrée ;

3° Les personnes à l'égard desquelles elle s'applique ;

4° Les motifs sur lesquels elle est fondée.

II. Cette autorisation est valable pour toute la durée de la procédure au titre de laquelle elle est délivrée et pour l'ensemble des actes liés à l'exercice de la mission de l'agent qui en est bénéficiaire.

FR 46/20 inf. 8 p. 13 ; MF n° 77865

Art R 286 B-2 Le numéro d'immatriculation administrative mentionné au dernier alinéa du I de l'article L 286 B est composé de quatorze caractères alphanumériques ainsi déterminés dans l'ordre suivant :

trois caractères alphanumériques correspondant au code de la direction ou du service dans lequel l'agent qui en est bénéficiaire est affecté ;

quatre chiffres correspondant à l'année d'attribution du numéro ;

quatre chiffres attribués arbitrairement correspondant au numéro de l'affaire ;

trois chiffres attribués arbitrairement correspondant à un agent.

FR 46/20 inf. 8 p. 13 ; MF n° 77865

CHAPITRE II

Numéro d'inscription au répertoire national d'identification des personnes physiques

Art R* 287-1 **I.** Les numéros d'inscription au répertoire national d'identification des personnes physiques portés à la connaissance de la direction générale des finances publiques et de la direction générale des douanes et droits indirects, par application des articles R* 81 A-1 et R* 152-1, ainsi que ceux collectés par ces dernières en application du II ci-après sont utilisés exclusivement :

1. Pour vérifier la fiabilité des éléments d'identification des personnes physiques figurant dans les traitements de données relatives à l'assiette, au contrôle et au recouvrement de tous impôts, droits, taxes, redevances ou amendes ;

2. Pour l'exercice du droit de communication auprès des personnes énumérées à l'article R* 81 A.

II. La direction générale des finances publiques et la direction générale des douanes et droits indirects collectent les numéros d'inscription au répertoire national d'identification des personnes physiques auprès de l'Institut national de la statistique et des études économiques, gestionnaire de ce répertoire.

Toutefois, elles peuvent demander son numéro d'inscription au répertoire national d'identification des personnes physiques à un contribuable ou redevable dans les trois cas suivants :

1. A l'occasion du paiement de la taxe d'habitation et des taxes foncières établies au titre des années 2000 et 2001 ;

2. A l'occasion de la première souscription d'une déclaration d'impôt sur le revenu ;

3. Par une demande spécifique motivée par l'insuffisance ou la contradiction des éléments d'identification de l'intéressé dont elles disposent.

DC-VI-3950

Art R* 288-1 Dans l'éventualité mentionnée au premier alinéa de l'article L 288, indépendamment de la mesure de destruction prévue audit article, la Commission nationale de l'informatique et des libertés peut enjoindre au directeur général concerné de prendre, sans délai, notamment l'une des mesures suivantes :

a. Renforcement des mesures de sécurité physique et logique pour le traitement et la conservation des informations par les centres informatiques de la direction générale des finances publiques ou de la direction générale des douanes et droits indirects concernés ;

b. Renforcement des conditions d'accès aux informations et de leur transmission dans le cadre de l'application des articles L 81 A et L 152 ;

c. Retrait provisoire ou définitif de tout ou partie des autorisations d'accès délivrées aux agents en charge de la gestion des traitements automatisés comportant le numéro d'inscription au répertoire national d'identification des personnes physiques ;

d. Retrait provisoire ou définitif de tout ou partie des habilitations délivrées aux agents autorisés à obtenir des centres informatiques où ils sont conservés les numéros d'inscription au même répertoire ;

e. Suspension provisoire de l'utilisation du numéro d'inscription au répertoire national d'identification des personnes physiques par la direction générale des finances publiques ou la direction générale des douanes et droits indirects dans l'exercice des missions prévues aux articles L 81 A et L 152 ;

f. Effacement complet d'un ou plusieurs numéros d'inscription au répertoire national d'identification des personnes physiques contenus dans le ou les fichiers les comportant, dans leurs sauvegardes ou dans leurs copies ;

g. Destruction dans un ou plusieurs des centres informatiques où ils sont conservés d'un ou plusieurs supports d'information constitués à partir des numéros d'inscription au répertoire national d'identification des personnes physiques.

CF-III-31220

Art R* 288-2 La Commission nationale de l'informatique et des libertés fait parvenir son injonction par lettre recommandée avec accusé de réception ou remise contre récépissé. L'injonction est adressée au directeur général de l'administration financière concernée, qui la transmet sans délai aux services visés par elle. Une copie de cette injonction est adressée au ministre chargé du budget.

La Commission peut désigner un ou plusieurs de ses membres, accompagnés d'un ou plusieurs de ses agents ou d'experts, afin de vérifier sur place la mise en œuvre de son injonction.

CF-III-31220

Art R* 288-3 Lorsque la Commission nationale de l'informatique et des libertés saisit le président du tribunal judiciaire de Paris en application du deuxième alinéa de l'article L 288, il est statué selon la procédure accélérée au fond.

Le président du tribunal dispose pour statuer d'un délai de vingt-quatre heures.

Le délai d'appel est de trois jours. Le président de la chambre saisie fixe à bref délai l'audience à laquelle l'affaire sera appelée. Au jour indiqué, il est procédé selon les modalités prévues aux articles 778 et 779 du code de procédure civile.

Dans le cas où un pourvoi en cassation a été formé, les articles 1009 à 1009-3 du code de procédure civile sont applicables.

CF-III-31220

CHAPITRE III

Dispositions communautaires

Art R 289-1 Pour l'application des dispositions de l'article L 289, la demande de notification mentionne l'objet de l'acte ou de la décision à notifier et indique le nom, l'adresse et tout autre renseignement susceptible de faciliter l'identification du destinataire.

DC-VI-45220

Art R 289-2 L'administration destinataire d'une demande de notification informe sans tarder l'Etat membre requérant de la suite donnée à sa demande, et en particulier, de la date à laquelle la décision ou l'acte a été notifié au destinataire.

DC-VI-45250

TROISIEME PARTIE

PARTIE REGLEMENTAIRE – ARRETES

TITRE II

LE CONTROLE DE L'IMPOT

CHAPITRE PREMIER

Le droit de contrôle de l'administration

SECTION I

Dispositions générales

Art A 10-0 AC-1 Pour l'application des premier et deuxième alinéas de l'article L 10-0 AC, la décision d'attribution de l'indemnité est prise par le directeur général des finances publiques ou son adjoint, qui en fixe le montant, sur proposition du directeur de la direction nationale d'enquêtes fiscales, par référence aux montants estimés des impôts éludés et après examen de l'intérêt fiscal pour l'Etat des informations communiquées et du rôle précis de l'aviseur.

La mise à disposition des fonds est effectuée par le comptable assignataire désigné par le ministre chargé du budget.

La direction nationale d'enquêtes fiscales conserve, de façon confidentielle, les pièces permettant d'établir l'identité de l'aviseur, la date, le montant et les modalités de versement de l'indemnité.

BF 3/21 inf. 260

2° quater Dispositions relatives aux copies de documents

Art A 13 F-1 En application de l'article L 13 F, les copies des documents sous forme dématérialisée sont remises selon des modalités définies en accord avec le service vérificateur.

Afin de garantir l'intégrité du contenu et la lisibilité de ces copies, elles sont remises à l'administration fiscale sous format PDF (Portable Document Format). A défaut, l'administration peut convertir les copies dans ce format.

CF-IV-17670 s.

Art A 13 F-2 Les copies des documents électroniques sont détruites par l'administration fiscale après le prononcé d'une décision statuant sur la réclamation ou d'une décision juridictionnelle qui n'est plus susceptible d'appel et de pourvoi en cassation.

En l'absence de réclamation contentieuse, les copies sont détruites par l'administration fiscale à l'expiration du délai prévu par les articles R* 196-1 et R* 196-3.

CF-IV-17670 s.

SECTION II

Dispositions particulières à certains impôts

III. Dispositions particulières aux contributions indirectes, au timbre et aux législations assimilées

B. Contrôle sur les lieux d'exercice de l'activité

1. Contributions indirectes

Art A 26-1 à A 27-1 Pour les raisons indiquées dans l'avant-propos, les articles de ce 1. ne sont pas reproduits dans le présent code.

2. Droits de timbre

Art A 37-1 Les agents de l'administration des impôts peuvent vérifier l'exactitude des indications contenues dans les états ou dans tous autres documents établis en vue du paiement des droits de timbre :

1° Au siège des sociétés par actions autorisées à payer sur états le droit de timbre de dimension afférent aux pouvoirs destinés à la représentation de leurs actionnaires aux assemblées générales ;

2° Chez les redevables autorisés à payer sur états le droit de timbre de dimension exigible sur les écrits autres que les bulletins de souscription d'actions et que les pouvoirs de représentation aux assemblées générales des membres des sociétés par actions ;

3° *(Disposition devenue sans objet : loi n° 96-1181 du 30 décembre 1996 art. 38) ;*

4° *(Dispositions devenues sans objet : loi n° 2006-1771 du 30 décembre 2006art. 139-IV-1°) ;*

5° Au siège de l'établissement principal ainsi que dans les établissements annexes, agences ou succursales des commerçants, industriels et entrepreneurs de spectacles autorisés à payer sur états le droit de timbre des quittances ;

6° à 8° *(Dispositions devenues sans objet : loi n° 98-546 du 2 juillet 1998 art. 87-VI).*

SECTION III

Modalités d'exercice du droit de contrôle

Art A 47 A-1 **I.** Les copies mentionnées au I de l'article L 47 A sont transmises, sous forme de fichiers à plat, à organisation séquentielle et structure zonée remplissant les critères suivants :

1° Les enregistrements sont séparés par le caractère de contrôle Retour chariot et/ou Fin de ligne ;

2° Ils peuvent être de type mono ou multi structures ;

3° La longueur des enregistrements peut être fixe ou variable, avec ou sans séparateur de zone ;

4° Le caractère séparateur de zone éventuellement utilisé est unique et non équivoque dans chaque fichier.

II. Chaque fichier remis est obligatoirement accompagné d'une description, qui précise :

1° Le nom, la nature et la signification de chaque zone ;

2° La signification des codes utilisés comme valeurs de zone ;

3° Toutes les informations techniques nécessaires au traitement des fichiers, et notamment le jeu de caractères utilisé, le type de structure, la longueur des enregistrements, les caractères séparateur de zone et séparateur d'enregistrement.

III. Le codage des informations doit être conforme aux spécifications suivantes :

1° Les caractères utilisés appartiennent à l'un des jeux de caractères ASCII, norme ISO 8859-15 ou EBCDIC ;

2° Les valeurs numériques sont exprimées en mode caractère et en base décimale, cadrées à droite et complétées à gauche par des zéros pour les zones de longueur fixe. Le signe est indiqué par le premier caractère à partir de la gauche. La virgule sépare la fraction entière de la partie décimale. Aucun séparateur de millier n'est accepté ;

3° Les zones alphanumériques sont cadrées à gauche et complétées à droite par des espaces ;

4° Les dates sont exprimées au format AAAAMMJJ sans séparateur. Les heures sont exprimées au format HH : MM : SS.

IV. En accord avec le service vérificateur, d'autres solutions d'échange peuvent être retenues dans la mesure où elles sont de nature à faciliter le traitement des données transmises.

V. Les copies de fichiers sont remises sur des disques optiques de type CD ou DVD non réinscriptibles, clôturés de telle sorte qu'ils ne puissent plus recevoir de données et utilisant le système de fichiers UDF et/ou ISO 9660.

En accord avec le service vérificateur, d'autre supports pourront être utilisés.

VI. Les copies des fichiers mentionnées au I de l'article L 47 A sont transmises, au choix du contribuable sous forme de :

1° Fichiers à plat, à organisation séquentielle et structure zonée remplissant les critères suivants :

a. Les enregistrements sont séparés par le caractère de contrôle Retour chariot et/ou Fin de ligne ;

b. La longueur des enregistrements peut être fixe ou variable ;

c. Les zones sont obligatoirement séparées par une tabulation ou le caractère « | » ;

2° Fichiers structurés, codés en XML, respectant la structure du fichier XSD dont les spécifications sont consultables sur internet sur le site public http://www.impots.gouv.fr/.

VII. 1° Conformément au premier alinéa du I de l'article L 47 A, l'ensemble des données comptables et des écritures retracées dans tous les journaux comptables au titre d'un exercice est remis dans un fichier unique, dénommé fichier des écritures comptables, dans lequel les écritures sont classées par ordre chronologique de validation. Ce fichier est constitué des écritures après opérations d'inventaire, hors écritures de centralisation et hors écritures de solde des comptes de charges et de produits. Il comprend les écritures de reprise des soldes de l'exercice antérieur et contient, pour chaque écriture, l'ensemble des données comptables figurant dans le système informatisé comptable de l'entreprise, les dix-huit premières informations devant obligatoirement correspondre, dans l'ordre, à celles listées dans le tableau suivant :

INFORMATION	NON DU CHAMP	TYPE DE CHAMP
1. Le code journal de l'écriture comptable	JournalCode	Alphanumérique
2. Le libellé journal de l'écriture comptable	JournalLib	Alphanumérique
3. Le numéro sur une séquence continue de l'écriture comptable	EcritureNum	Alphanumérique
4. La date de comptabilisation de l'écriture comptable	EcritureDate	Date
5. Le numéro de compte, dont les trois premiers caractères doivent correspondre à des chiffres respectant les normes du plan comptable français	CompteNum	Alphanumérique
6. Le libellé de compte, conformément à la nomenclature du plan comptable français	CompteLib	Alphanumérique
7. Le numéro de compte auxiliaire (à blanc si non utilisé)	CompAuxNum	Alphanumérique
8. Le libellé de compte auxiliaire (à blanc si non utilisé)	CompAuxLib	Alphanumérique
9. La référence de la pièce justificative	PieceRef	Alphanumérique
10. La date de la pièce justificative	PieceDate	Date
11. Le libellé de l'écriture comptable	EcritureLib	Alphanumérique
12. Le montant au débit	Debit	Numérique
13. Le montant au crédit	Credit	Numérique
14. Le lettrage de l'écriture comptable (à blanc si non utilisé)	EcritureLet	Alphanumérique
15. La date de lettrage (à blanc si non utilisé)	DateLet	Date
16. La date de validation de l'écriture comptable	ValidDate	Date
17. Le montant en devise (à blanc si non utilisé)	Montantdevise	Numérique
18. L'identifiant de la devise (à blanc si non utilisé)	Idevise	Alphanumérique

2° Si les informations « débit » et « crédit » ne sont pas présentes dans le système informatisé comptable de l'entreprise, les informations 12 et 13 peuvent être respectivement remplacées par « montant » et « sens », sur le modèle suivant :

INFORMATION	NON DU CHAMP	TYPE DE CHAMP
12. Le montant	Montant	Numérique
13. Le sens	Sens	Alphanumérique

3° Pour chaque exercice, les premiers numéros d'écritures comptables du fichier correspondent aux écritures de reprise des soldes de l'exercice antérieur ;

4° Pour les fichiers à plat, la première ligne du fichier comporte le nom des champs, comme défini dans le tableau mentionné au 1° ou 2°.

VIII. 1° Conformément au deuxième alinéa du I de l'article L 47 A, l'ensemble des données comptables et des écritures retracées dans tous les journaux comptables au titre d'un exercice est remis dans un fichier unique, dénommé fichier des écritures comptables, dans lequel les écritures sont classées par ordre chronologique de validation. Ce fichier est constitué des écritures après opérations d'inventaire, hors écritures de centralisation et hors écritures de solde des comptes de charges et de produits. Il comprend les écritures de reprise des soldes de l'exercice antérieur ;

2° Pour chaque exercice, les premiers numéros d'écriture comptable du fichier correspondent aux écritures de reprise des soldes de l'exercice antérieur ;

3° Lorsque le contribuable, imposable à l'impôt sur le revenu dans la catégorie des bénéfices non commerciaux ou dans celle des bénéfices agricoles, tient une comptabilité selon les règles du droit commercial, le fichier des écritures comptables contient, pour chaque écriture, l'ensemble des données comptables figurant dans le système informatisé comptable de l'entreprise, les dix-huit premières informations devant obligatoirement correspondre, dans l'ordre, à celles listées dans le tableau suivant :

INFORMATION	NON DU CHAMP	TYPE DE CHAMP
1. Le code journal de l'écriture comptable (à blanc si non utilisé)	JournalCode	Alphanumérique
2. Le libellé journal de l'écriture comptable (à blanc si non utilisé)	JournalLib	Alphanumérique
3. Le numéro sur une séquence continue de l'écriture comptable	EcritureNum	Alphanumérique
4. La date de comptabilisation de l'écriture comptable	EcritureDate	Date
5. Le numéro de compte (à blanc si non utilisé)	CompteNum	Alphanumérique
6. Le libellé de compte	CompteLib	Alphanumérique
7. Le numéro de compte auxiliaire (à blanc si non utilisé)	CompAuxNum	Alphanumérique
8. Le libellé de compte auxiliaire (à blanc si non utilisé)	CompAuxLib	Alphanumérique
9. La référence de la pièce justificative	PieceRef	Alphanumérique
10. La date de la pièce justificative	PieceDate	Date
11. Le libellé de l'écriture comptable	EcritureLib	Alphanumérique
12. Le montant au débit	Debit	Numérique
13. Le montant au crédit	Credit	Numérique
14. Le lettrage de l'écriture (à blanc si non utilisé)	EcritureLet	Alphanumérique
15. La date de lettrage (à blanc si non utilisé)	DateLet	Date
16. La date de validation de l'écriture comptable	ValidDate	Date
17. Le montant en devise (à blanc si non utilisé)	Montantdevise	Numérique
18. L'identifiant de la devise (à blanc si non utilisé)	Idevise	Alphanumérique

4° Si les informations « débit » et « crédit » ne sont pas présentes dans le système informatisé comptable de l'entreprise, les informations 12 et 13 peuvent être respectivement remplacées par « montant » et « sens », sur le modèle suivant :

INFORMATION	NON DU CHAMP	TYPE DE CHAMP
12. Le montant	Montant	Numérique
13. Le sens	Sens	Alphanumérique

5° Lorsque le contribuable, imposable à l'impôt sur le revenu dans la catégorie des bénéfices agricoles, tient une comptabilité de trésorerie retraçant les recettes et les dépenses professionnelles, le fichier des écritures comptables contient, pour chaque écriture, l'ensemble des données comptables figurant dans le système informatisé comptable de l'entreprise, les vingt et une premières informations devant obligatoirement correspondre, dans l'ordre, à celles listées dans le tableau suivant :

INFORMATION	NON DU CHAMP	TYPE DE CHAMP
1. Le code journal de l'écriture comptable (à blanc si non utilisé)	JournalCode	Alphanumérique

INFORMATION	NON DU CHAMP	TYPE DE CHAMP
2. Le libellé journal de l'écriture comptable (à blanc si non utilisé)	JournalLib	Alphanumérique
3. Le numéro sur une séquence continue de l'écriture comptable	EcritureNum	Alphanumérique
4. La date de comptabilisation de l'écriture comptable	EcritureDate	Date
5. Le numéro de compte (à blanc si non utilisé)	CompteNum	Alphanumérique
6. Le libellé de compte	CompteLib	Alphanumérique
7. Le numéro de compte auxiliaire (à blanc si non utilisé)	CompAuxNum	Alphanumérique
8. Le libellé de compte auxiliaire (à blanc si non utilisé)	CompAuxLib	Alphanumérique
9. La référence de la pièce justificative	PieceRef	Alphanumérique
10. La date de la pièce justificative	PieceDate	Date
11. Le libellé de l'écriture comptable	EcritureLib	Alphanumérique
12. Le montant au débit	Debit	Numérique
13. Le montant au crédit	Credit	Numérique
14. Le lettrage de l'écriture (à blanc si non utilisé)	EcritureLet	Alphanumérique
15. La date de lettrage (à blanc si non utilisé)	DateLet	Date
16. La date de validation de l'écriture comptable	ValidDate	Date
17. Le montant en devise (à blanc si non utilisé)	Montantdevise	Numérique
18. L'identifiant de la devise (à blanc si non utilisé)	Idevise	Alphanumérique
19. La date de règlement	DateRglt	Date
20. Le mode de règlement	ModeRglt	Alphanumérique
21. La nature de l'opération (à blanc si non utilisé)	NatOp	Alphanumérique

6° Si les informations « débit » et « crédit » ne sont pas présentes dans le système informatisé comptable de l'entreprise, les informations 12 et 13 peuvent être respectivement remplacées par « montant » et « sens », sur le modèle suivant :

INFORMATION	NON DU CHAMP	TYPE DE CHAMP
12. Le montant	Montant	Numérique
13. Le sens	Sens	Alphanumérique

7° Lorsque le contribuable, imposable à l'impôt sur le revenu dans la catégorie des bénéfices non commerciaux, tient une comptabilité de trésorerie retraçant les recettes et les dépenses professionnelles, le fichier des écritures comptables contient, pour chaque écriture, l'ensemble des données comptables figurant dans le système informatisé comptable de l'entreprise, les vingt-deux premières informations devant obligatoirement correspondre, dans l'ordre, à celles listées dans le tableau suivant :

INFORMATION	NON DU CHAMP	TYPE DE CHAMP
1. Le code journal de l'écriture comptable (à blanc si non utilisé)	JournalCode	Alphanumérique
2. Le libellé journal de l'écriture comptable (à blanc si non utilisé)	JournalLib	Alphanumérique

INFORMATION	NON DU CHAMP	TYPE DE CHAMP
3. Le numéro sur une séquence continue de l'écriture comptable	EcritureNum	Alphanumérique
4. La date de comptabilisation de l'écriture comptable	EcritureDate	Date
5. Le numéro de compte (à blanc si non utilisé)	CompteNum	Alphanumérique
6. Le libellé de compte	CompteLib	Alphanumérique
7. Le numéro de compte auxiliaire (à blanc si non utilisé)	CompAuxNum	Alphanumérique
8. Le libellé de compte auxiliaire (à blanc si non utilisé)	CompAuxLib	Alphanumérique
9. La référence de la pièce justificative	PieceRef	Alphanumérique
10. La date de la pièce justificative	PieceDate	Date
11. Le libellé de l'écriture comptable	EcritureLib	Alphanumérique
12. Le montant au débit	Debit	Numérique
13. Le montant au crédit	Crédit	Numérique
14. Le lettrage de l'écriture (à blanc si non utilisé)	EcritureLet	Alphanumérique
15. La date de lettrage (à blanc si non utilisé)	DateLet	Date
16. La date de validation de l'écriture comptable	ValidDate	Date
17. Le montant en devise (à blanc si non utilisé)	Montantdevise	Numérique
18. L'identifiant de la devise (à blanc si non utilisé)	Idevise	Alphanumérique
19. La date de règlement	DateRglt	Date
20. Le mode de règlement	ModeRglt	Alphanumérique
21. La nature de l'opération (à blanc si non utilisé)	NatOp	Alphanumérique
22. L'identification du client (à blanc si non utilisé)	IdClient	Alphanumérique

8° Si les informations « débit » et « crédit » ne sont pas présentes dans le système informatisé comptable de l'entreprise, les informations 12 et 13 peuvent être respectivement remplacées par « montant » et « sens », sur le modèle suivant :

INFORMATION	NON DU CHAMP	TYPE DE CHAMP
12. Le montant	Montant	Numérique
13. Le sens	Sens	Alphanumérique

9° Pour les fichiers à plat, la première ligne du fichier comporte le nom des champs, comme défini dans les tableaux mentionnés aux 3° à 8°.

IX. Le fichier des écritures comptables est nommé selon la nomenclature suivante :

SirenFECAAAAMMJJ, où « Siren » est le Siren du contribuable mentionné à l'article L 47 A et AAAAMMJJ la date de clôture de l'exercice comptable.

X. Les fichiers comprenant l'information 13 « Sens » doivent obligatoirement répondre à l'une des deux conditions suivantes :

1° La valeur « D » indique un montant au débit, la valeur « C » indique un montant au crédit ;

2° La valeur « + 1 » indique un montant au débit, la valeur « –1 » indique un montant au crédit.

Lorsque les valeurs utilisées sont « + 1/–1 », il est impératif que celles-ci soient enregistrées sans espace entre les deux caractères, c'est-à-dire entre le « + ou – » et le « 1 ».

XI. Chaque fichier remis est accompagné d'une description, qui précise :

1° Le nom, la nature et la signification de chaque zone ;

2° La signification des codes utilisés comme valeurs de zone ;

3° Toutes les informations techniques nécessaires à l'exploitation des fichiers, et notamment le jeu de caractères utilisés, le type de structure, la longueur des enregistrements.

XII. Le codage des informations doit être conforme aux spécifications suivantes :

1° Les caractères utilisés appartiennent à l'un des jeux de caractères ASCII, norme ISO 8859-15 ou jeu de caractères unicode, norme ISO/CEI 10646, de type UTF-8 ;

2° Les valeurs numériques sont exprimées en mode caractère et en base décimale, cadrées à droite et complétées à gauche par des zéros pour les zones de longueur fixe. La virgule sépare la fraction entière de la partie décimale. Aucun séparateur de millier n'est accepté. Les valeurs numériques peuvent être signées. Le signe est indiqué soit par le premier caractère à partir de la gauche, soit par le dernier caractère figurant à droite de la partie décimale ;

3° Les zones alphanumériques sont cadrées à gauche et complétées à droite par des espaces pour les zones de longueur fixe ;

4° Les dates sont exprimées au format AAAAMMJJ sans séparateur.

XIII. Les copies des fichiers des écritures comptables sont remises selon les modalités définies en accord avec le service vérificateur.

Par dérogation au 1° des VII et VIII et en accord avec le service vérificateur, lorsque la volumétrie des données est trop élevée, le fichier peut être scindé en plusieurs parties.

Dans ce cas, tous les fichiers respectent le format et les normes définis par le présent article et sont remis simultanément. De plus, pour les fichiers à plat, tous les fichiers comportent sur la première ligne d'enregistrement le nom des champs définis dans le présent article.

XIV. 1° Par dérogation au 1° des VII et VIII, le service vérificateur peut demander que les contribuables mentionnés au 2° remettent plusieurs fichiers des écritures comptables. Le premier fichier est constitué des écritures centralisées et le ou les suivants des écritures détaillées correspondantes.

Dans ce cas, les fichiers précités respectent le format et les normes définis par le présent article. De plus, pour les fichiers à plat, les fichiers précités comportent sur la première ligne d'enregistrement le nom des champs définis dans le présent article ;

2° Le 1° s'applique aux contribuables autres que ceux soumis au régime défini à l'article 50-0 du code général des impôts lorsque leur chiffre d'affaires de l'exercice excède 152,4 millions d'euros, s'il s'agit d'entreprises dont le commerce principal est de vendre des marchandises, objets, fournitures et denrées à emporter ou à consommer sur place ou de fournir le logement, ou 76,2 millions d'euros, s'il s'agit d'autres entreprises.

Il s'applique également aux contribuables mentionnés à l'article L 13 AA.

CF-IV-38400 s.

Art A 47 A-2 **I.** Les copies des fichiers mentionnées aux b et c du II de l'article L 47 A sont transmises, sous forme de fichiers à plat, à organisation séquentielle et structure zonée remplissant les critères suivants :

1° Les enregistrements sont séparés par le caractère de contrôle Retour chariot et/ou Fin de ligne ;

2° Ils peuvent être de type mono ou multistructures ;

3° La longueur des enregistrements peut être fixe ou variable, avec ou sans séparateur de zone ;

4° Le caractère séparateur de zone éventuellement utilisé est unique et non équivoque dans chaque fichier.

II. Chaque fichier remis est obligatoirement accompagné d'une description, qui précise :

1° Le nom, la nature et la signification de chaque zone ;

2° La signification des codes utilisés comme valeurs de zone ;

3° Toutes les informations techniques nécessaires au traitement des fichiers, et notamment le jeu de caractères utilisé, le type de structure, la longueur des enregistrements, les caractères séparateur de zone et séparateur d'enregistrement.

III. Le codage des informations doit être conforme aux spécifications suivantes :

1° Les caractères utilisés appartiennent à l'un des jeux de caractères ASCII, norme ISO 8859-15 ou EBCDIC ;

2° Les valeurs numériques sont exprimées en mode caractère et en base décimale, cadrées à droite et complétées à gauche par des zéros pour les zones de longueur fixe. Le signe est indiqué par le premier caractère à partir de la gauche. La virgule sépare la fraction entière de la partie décimale. Aucun séparateur de millier n'est accepté ;

3° Les zones alphanumériques sont cadrées à gauche et complétées à droite par des espaces ;

4° Les dates sont exprimées au format AAAAMMJJ sans séparateur. Les heures sont exprimées au format HH : MM : SS.

IV. En accord avec le service vérificateur, d'autres solutions d'échange peuvent être retenues dans la mesure où elles sont de nature à faciliter le traitement des données transmises.

V. Les copies de fichiers sont remises sur des disques optiques de type CD ou DVD non réinscriptibles, clôturés de telle sorte qu'ils ne puissent plus recevoir de données et utilisant le système de fichiers UDF et/ou ISO 9660.

En accord avec le service vérificateur, d'autres supports pourront être utilisés.

CF-IV-45250 s.

Art A 47 A-3 **I.** Les copies des fichiers réalisées en application du III de l'article L 47 A, sur lesquelles une empreinte numérique est calculée afin d'en garantir l'intégrité, sont effectuées sur support physique.

Chacune des copies est mise dans une enveloppe. Après fermeture, chacune des enveloppes est signée par le contribuable ou son représentant et par les agents de l'administration fiscale.

Une enveloppe est remise au contribuable et conservée par ses soins. L'autre enveloppe est conservée par l'administration fiscale.

Un procès-verbal, mentionnant notamment l'empreinte numérique de chacune des copies, est dressé par les agents de l'administration en double exemplaire. Il est signé par les agents de l'administration et par le contribuable ou son représentant. En cas de refus de signer, mention en est faite sur le procès-verbal.

II. A l'issue du délai mentionné à la seconde phrase du dernier alinéa de l'article L 47, les deux enveloppes sont ouvertes en présence du contribuable ou de son représentant.

L'empreinte numérique de chacune des copies est recalculée par les agents de l'administration.

Toute atteinte ou tentative d'atteinte à l'intégrité des enveloppes ou de leur contenu ainsi que la conformité ou non de l'empreinte numérique de chaque copie de fichiers sont constatées par écrit.

Un procès-verbal consignant ces constatations est dressé par les agents de l'administration en double exemplaire. Il est signé par les agents de l'administration et par le contribuable ou son représentant. En cas de refus de signer, mention en est faite sur le procès-verbal.

CF-IV-43630 s.

Art A 47 AA-1 La copie des fichiers des écritures comptables adressée par le contribuable à l'administration en application du 1 de l'article L 47 AA respecte les normes fixées à l'article A 47 A-1.

CF-IV-49260

SECTION VI

Conséquences et limites des procédures de redressement

Art A 80 CB-3-1 Le collège national de la direction générale des finances publiques mentionné à l'article R* 80 CB-3 est composé :

du directeur général des finances publiques, ou de son représentant, qui assure la fonction de président du collège ;

du directeur de la législation fiscale ou de son représentant. Il assure la présidence du collège en cas d'absence ou d'empêchement du président ou dans le cas prévu au cinquième alinéa de l'article R* 80 CB-3 ;

du chef du service de la sécurité juridique et du contrôle fiscal ou de son représentant ;

du directeur en charge de la direction des grandes entreprises ou de son représentant ;

du directeur en charge de la direction des vérifications nationales et internationales ou de son représentant ;

du directeur en charge de la direction nationale de vérification des situations fiscales personnelles ou de son représentant.

Chaque représentant a au moins le grade d'administrateur des finances publiques adjoint ou un grade équivalent.

CF-V-31280

Art A 80 CB-3-2 La compétence géographique de chaque collège territorial est définie en annexe I à l'arrêté du 13 avril 2017 *(NDLR JO du 29)* pris pour l'application de l'article R* 80 CB-3 du livre des procédures fiscales.

CF-V-31230

Art A 80 CB-3-3 Les collèges territoriaux des finances publiques sont composés :

d'un administrateur général des finances publiques d'une direction dont le département est de la compétence géographique du collège. Il est président du collège ;

d'un directeur de la direction spécialisée des finances publiques en matière de contrôle fiscal dont l'un des départements de son ressort territorial est de la compétence géographique du collège. Il assure la présidence du collège en cas d'absence ou d'empêchement du président ou dans le cas prévu au cinquième alinéa de l'article R* 80 CB-3 ;

d'un administrateur des finances publiques d'une direction dont le département est de la compétence géographique du collège ;

de trois administrateurs des finances publiques adjoints de directions dont le département est de la compétence géographique du collège.

Les membres du collège sont désignés par le directeur départemental ou, le cas échéant, régional des finances publiques de la direction de rattachement du collège. Un administrateur général des finances publiques d'une direction dont le département est de la compétence géographique du collège est désigné, par le directeur départemental ou, le cas échéant, régional des finances publiques de la direction de rattachement du collège, suppléant du président du collège en cas d'absence ou d'empêchement du président et du directeur de la direction spécialisée des finances publiques en matière de contrôle fiscal, ou dans le cas prévu au cinquième alinéa de l'article R* 80 CB-3.

CF-V-31320

Art A 80 CB-3-4 Le collège national de la direction générale des douanes et droits indirects mentionné à l'article R* 80 CB-3 est composé :

du directeur général des douanes et droits indirects ou de son représentant, qui assure la fonction de président du collège ;

du sous-directeur de la fiscalité douanière ou de son représentant ; il assure la présidence du collège en cas d'absence ou d'empêchement ou dans le cas prévu au cinquième alinéa de l'article R* 80 CB-3 ;

du sous-directeur des affaires juridiques et de la lutte contre la fraude, ou de son représentant ;

du chef du bureau des contributions indirectes ou de son représentant ;

du chef du bureau des transports et de la fiscalité européenne ou de son représentant ;

du chef du bureau énergie, environnement et lois de finances ou de son représentant.

CF-V-31290

Art A 80 CB-3-5 I. Les collèges territoriaux sont composés pour chaque direction interrégionale des douanes et droits indirects mentionnée en annexe I au décret n° 2007-1665 du 26 novembre 2007 relatif à l'organisation des services déconcentrés de la direction générale des douanes et droits indirects :

d'un président ayant au moins la qualité d'administrateur supérieur des douanes affecté au sein de la direction interrégionale concernée ;

d'un administrateur des douanes affecté au sein de la direction interrégionale concernée. Il assure la présidence du collège en cas d'absence ou d'empêchement du président ou dans le cas prévu au cinquième alinéa de l'article R* 80 CB-3 ;

de quatre agents ayant au moins le grade d'inspecteur principal, affectées au sein de la direction interrégionale concernée.

CF-V-31290, 31330

II. Par dérogation au I, en ce qui concerne les directions régionales relevant de la direction interrégionale d'Antilles-Guyane, la direction régionale de La Réunion et la direction régionale de Mayotte, mentionnées à l'article 5 du décret n° 2007-1665 du 26 novembre 2007 relatif à l'organisation des services déconcentrés de la direction générale des douanes et droits indirects, les collèges territoriaux mentionnés à l'article R* 80 CB-3, sont composés, pour chaque direction régionale, par :

le directeur régional des douanes et droits indirects, qui assure la fonction de président ;

cinq fonctionnaires ayant au moins le grade d'inspecteur, affectés au sein de la direction régionale des douanes et droits indirects concernée. En cas d'absence ou d'empêchement du président ou dans le cas prévu au cinquième alinéa de l'article R* 80 CB-3, l'un de ces cinq fonctionnaires ayant le plus d'ancienneté dans le grade le plus élevé, assure la présidence du collège.

III. En cas d'absence, d'empêchement du président du collège national ou d'un collège territorial et si son remplaçant est lui-même empêché ou lorsque la situation du président du collège et de son remplaçant relève du cinquième alinéa de l'article R* 80 CB-3, le collège est présidé par le membre du collège ayant le plus d'ancienneté dans le grade le plus élevé parmi les membres présents.

CF-V-31290, 31330

Art A 80 CB-3-6 Les membres des collèges mentionnés aux articles A 80 CB-3-4 et A 80 CB-3-5 sont convoqués :

par le directeur général des douanes et droits indirects lorsque le collège est national ;

par le directeur interrégional, lorsque le collège est territorial ;

par le directeur régional, lorsque le collège relève de l'article 3 *(NDLR Voir arrêté CPAD1829696A du 6 novembre 2018 art. 3).*

Chaque convocation vaut nomination des membres du collège se réunissant en vue du second examen d'un ou plusieurs dossiers.

CF-V-31290, 31330

Art A 80 CB-6-1 Le collège national de la direction générale pour la recherche et l'innovation mentionné à l'article R* 80 CB-6 est composé :

a. du chef du service des entreprises, du transfert de technologie et de l'action régionale, ou de son représentant, qui assure la fonction de président du collège ;

b. du chef du secteur mathématiques, physique, nanosciences, sciences et technologies de l'information et de la communication du service de la stratégie de la recherche et de l'innovation, ou de son représentant. Il assure la présidence du collège en cas d'absence ou d'empêchement du président ou dans le cas prévu au cinquième alinéa de l'article R* 80 CB-3 ;

c. du chef du secteur énergie, développement durable, chimie et procédés du service de la stratégie de la recherche et de l'innovation, ou de son représentant ;

d. du chef du secteur biologie et santé du service de la stratégie de la recherche et de l'innovation, ou de son représentant.

CF-V-31300

CHAPITRE II

Le droit de communication

SECTION II

Renseignements communiqués à l'administration sans demande préalable de sa part

Art A 97-1 Le relevé individuel récapitulatif établi conformément à l'article L 97 doit indiquer :

a. La désignation et le siège de la caisse de sécurité sociale ou de la société ou union de sociétés de secours mutuels fonctionnant comme organismes d'assurances sociales agricoles ;

b. Les nom, prénoms, adresse et qualité du praticien ;

c. Pour chaque feuille de maladie ou de soins reçus au cours de l'année, soit le numéro matricule de l'assuré, soit le numéro de référence de la feuille de décompte, le mois au cours duquel ont été réglés les honoraires, le montant des honoraires bruts, frais de déplacement compris, portés obligatoirement par le praticien sur cette feuille, et le montant des honoraires remboursés par la caisse à l'assuré.

Les relevés individuels sont remplis au fur et à mesure de la réception des feuilles de maladie ou de soins par la caisse ou par la société. Ils sont arrêtés au 31 décembre de chaque année et totalisés.

Ils doivent parvenir, sous bordereau, à la direction des services fiscaux, avant le 1er mars de l'année suivante.

Lorsque les feuilles de soins n'ont pas été signées par le praticien dans l'année de leur réception par la caisse ou la société, elles font l'objet d'un relevé complémentaire qui doit être envoyé au service des impôts avant le 30 avril de l'année suivante.

Les caisses conservent une copie des bordereaux désignés aux alinéas précédents et sur lesquels doit être mentionné le total de chaque relevé.

CF-III-3610 s.

Art A 97-2 En vue de la vérification des relevés individuels, les agents de l'administration des impôts peuvent obtenir la communication, au siège de la caisse ou de la société, des feuilles de maladie, de soins et de prothèse, à l'exclusion des ordonnances médicales, ayant servi à l'établissement de ces relevés.

CF-III-3750

Art A 97-3 Les directeurs de laboratoires d'analyses médicales sont tenus de mentionner sur la feuille de maladie ou sur tout autre document en tenant lieu, outre la désignation du laboratoire, le nom et l'adresse du malade, la date portée sur le registre spécial prévu au 1° de l'article 3 de l'arrêté du 9 juin 1966, les coefficients exprimés en « B » des différents examens pratiqués, y compris, éventuellement, les suppléments pour service d'urgence fixés au deuxième alinéa de l'article 1er de l'arrêté précité et qui doivent être précédés de la mention « Supplément » ainsi que, le cas échéant, la somme totale payée.

CF-III-3680

CHAPITRE II BIS

Obligation et délais de conservation des documents

Art A 102 B-1 I. Le transfert des documents mentionnés au I bis de l'article L 102 B établis originairement sur support papier vers un support informatique est réalisé dans des conditions garantissant leur reproduction à l'identique. Le résultat de cette numérisation est la copie conforme à l'original en image et en contenu. Les couleurs sont reproduites à l'identique, notamment en cas de mise en place d'un code couleur.

Le document ainsi numérisé est conservé sous format PDF (Portable Document Format) assorti d'une signature électronique conforme, au moins, au référentiel général de sécurité (RGS) de niveau une étoile.

Le document numérisé n'est retenu comme pièce constitutive des contrôles mentionnés au 1° du VII de l'article 289 du code général des impôts que s'il fait apparaître tout ajout, remarque ou information qui aurait été annoté sur le document papier.

En cas de modification ou de correction des données portées sur un document numérisé, seul le document corrigé et numérisé à nouveau est retenu comme pièce constitutive des contrôles précités.

II. Le I est applicable à la documentation décrivant les modalités de réalisation des contrôles mentionnés au 1° du VII de l'article 289 du code général des impôts.

RIE-IV-6970 s. ; MF n° 53595 précision f

Art A 102 B-2 I. Le transfert des factures établies originairement sur support papier vers un support informatique est réalisé dans des conditions garantissant leur reproduction à l'identique. Le résultat de cette numérisation est la copie conforme à l'original en image et en contenu.

Les couleurs sont reproduites à l'identique en cas de mise en place d'un code couleur. Les dispositifs de traitements sur l'image sont interdits.

En cas de recours à la compression de fichier, cette dernière doit s'opérer sans perte.

II. L'archivage numérique peut être effectué par l'assujetti ou par un tiers mandaté à cet effet.

Les opérations d'archivage numérique des factures établies originairement sur support papier sont définies selon une organisation documentée, faisant l'objet de contrôles internes, permettant d'assurer la disponibilité, la lisibilité et l'intégrité des factures ainsi numérisées durant toute la durée de conservation.

III. Afin de garantir l'intégrité des fichiers issus de la numérisation, chaque document ainsi numérisé est conservé sous format PDF (Portable Document Format) ou sous format PDF A/3 (ISO 19005-3) dans le but de garantir l'interopérabilité des systèmes et la pérennisation des données et est assorti :

1° D'un cachet serveur fondé sur un certificat conforme, au moins au référentiel général de sécurité (RGS) de niveau une étoile ;

2° D'une empreinte numérique ;

3° D'une signature électronique fondée sur un certificat conforme, au moins, au référentiel général de sécurité (RGS) de niveau une étoile ;

4° Ou de tout dispositif sécurisé équivalent fondé sur un certificat délivré par une autorité de certification figurant sur la liste de confiance française (Trust-service Status List -TSL).

Chaque fichier est horodaté, au moins au moyen d'une source d'horodatage interne, afin de dater les différentes opérations réalisées.

RIE-IV-6710 s. ; MF n° 56267 précision a

CHAPITRE III

Le secret professionnel en matière fiscale

Art A 112 B-1 Pour l'application du 5° de l'article L 112 B, les tranches de montant en fonction des règles de transparence définies par la Commission européenne pour chaque catégorie d'aide sont les suivantes :

CATEGORIE D'AIDE	TRANCHES DE MONTANT (en euros)
Aides d'Etat sous forme d'avantages fiscaux exemptées de l'obligation de notification prévue à l'article 108, paragraphe 3, du traité sur le fonctionnement de l'Union européenne	Supérieure ou égale à 100 000 et inférieure ou égale à 500 000
	Supérieure à 500 000 et inférieure ou égale à 1 000 000
	Supérieure à 1 000 000 et inférieure ou égale à 2 000 000
	Supérieure à 2 000 000 et inférieure ou égale à 5 000 000
	Supérieure à 5 000 000 et inférieure ou égale à 10 000 000
	Supérieure à 10 000 000 et inférieure ou égale à 30 000 000
	Supérieure à 30 000 000
Aides d'Etat sous forme d'avantages fiscaux	Supérieure ou égale à 100 000 et inférieure ou égale à 500 000
	Supérieure à 500 000 et inférieure ou égale à 1 000 000
	Supérieure à 1 000 000 et inférieure ou égale à 2 000 000
	Supérieure à 2 000 000 et inférieure ou égale à 5 000 000
	Supérieure à 5 000 000 et inférieure ou égale à 10 000 000
	Supérieure à 10 000 000 et inférieure ou égale à 30 000 000
	Supérieure à 30 000 000 et inférieure ou égale à 60 000 000
	Supérieure à 60 000 000 et inférieure ou égale à 100 000 000
	Supérieure à 100 000 000 et inférieure ou égale à 250 000 000
	Supérieure à 250 000 000
Aides d'Etat sous forme d'avantages fiscaux dans les secteurs agricole et forestier et dans les zones rurales	Supérieure ou égale à 100 000 et inférieure ou égale à 500 000
	Supérieure à 500 000 et inférieure ou égale à 1 000 000
	Supérieure à 1 000 000 et inférieure ou égale à 2 000 000
	Supérieure à 2 000 000 et inférieure ou égale à 5 000 000
	Supérieure à 5 000 000 et inférieure ou égale à 10 000 000
	Supérieure à 10 000 000 et inférieure ou égale à 30 000 000
	Supérieure à 30 000 000

CATEGORIE D'AIDE	TRANCHES DE MONTANT (en euros)
Aides d'Etat sous forme d'avantages fiscaux dans les secteurs agricole et forestier et dans les zones rurales pour les bénéficiaires actifs dans le secteur de la production agricole primaire	Supérieure ou égale à 10 000 et inférieure ou égale à 100 000
	Supérieure ou égale à 100 000 et inférieure ou égale à 500 000
	Supérieure à 500 000 et inférieure ou égale à 1 000 000
	Supérieure à 1 000 000 et inférieure ou égale à 2 000 000
	Supérieure à 2 000 000 et inférieure ou égale à 5 000 000
	Supérieure à 5 000 000 et inférieure ou égale à 10 000 000
	Supérieure à 10 000 000 et inférieure ou égale à 30 000 000
	Supérieure à 30 000 000
Aides d'Etat sous forme d'avantages fiscaux aux entreprises actives dans la production, la transformation et la commercialisation des produits de la pêche et de l'aquaculture exemptées de l'obligation de notification prévue à l'article 108, paragraphe 3, du traité sur le fonctionnement de l'Union européenne	Supérieure ou égale à 10 000 et inférieure ou égale à 200 000
	Supérieure ou égale à 200 000 et inférieure ou égale à 400 000
	Supérieure ou égale à 400 000 et inférieure ou égale à 600 000
	Supérieure ou égale à 600 000 et inférieure ou égale à 800 000
	Supérieure ou égale à 800 000 et inférieure ou égale à 1 000 000
Aides d'Etat sous forme d'avantages fiscaux dans le secteur de la pêche et de l'aquaculture	Supérieure ou égale à 10 000 et inférieure ou égale à 30 000
	Supérieure ou égale à 30 000 et inférieure ou égale à 500 000
	Supérieure ou égale à 500 000 et inférieure ou égale à 1 000 000
	Supérieure ou égale à 1000 000 et inférieure ou égale à 2 000 000
	Supérieure à 2 000 000
Aides d'Etat sous forme d'avantages fiscaux visant à soutenir l'économie dans le contexte actuel de la flambée de COVID-19	Supérieure ou égale à 100 000 et inférieure ou égale à 500 000
	Supérieure à 500 000 et inférieure ou égale à 1 000 000
	Supérieure à 1 000 000 et inférieure ou égale à 2 000 000
	Supérieure à 2 000 000 et inférieure ou égale à 5 000 000
	Supérieure à 5 000 000 et inférieure ou égale à 10 000 000
	Supérieure à 10 000 000 et inférieure ou égale à 30 000 000
	Supérieure à 30 000 000

CATEGORIE D'AIDE	TRANCHES DE MONTANT (en euros)
Aides d'Etat sous forme d'avantages fiscaux dans le secteur agricole primaire visant à soutenir l'économie dans le contexte actuel de la flambée de COVID-19	Supérieure ou égale à 10 000 et inférieure ou égale à 100 000
	Supérieure ou égale à 100 000 et inférieure ou égale à 500 000
	Supérieure à 500 000 et inférieure ou égale à 1 000 000
	Supérieure à 1 000 000 et inférieure ou égale à 2 000 000
	Supérieure à 2 000 000 et inférieure ou égale à 5 000 000
	Supérieure à 5 000 000 et inférieure ou égale à 10 000 000
	Supérieure à 10 000 000 et inférieure ou égale à 30 000 000
	Supérieure à 30 000 000
Aides d'Etat sous forme d'avantages fiscaux dans le secteur de la pêche et de l'aquaculture visant à soutenir l'économie dans le contexte actuel de la flambée de COVID-19	Supérieure ou égale à 10 000 et inférieure ou égale à 200 000
	Supérieure ou égale à 200 000 et inférieure ou égale à 400 000
	Supérieure ou égale à 400 000 et inférieure ou égale à 600 000
	Supérieure ou égale à 600 000 et inférieure ou égale à 800 000
	Supérieure à 800 000
Aides d'Etat sous forme d'avantages fiscaux visant à soutenir l'économie à la suite de l'agression de la Russie contre l'Ukraine	Supérieure ou égale à 100 000 et inférieure ou égale à 500 000
	Supérieure à 500 000 et inférieure ou égale à 1 000 000
	Supérieure à 1 000 000 et inférieure ou égale à 2 000 000
	Supérieure à 2 000 000 et inférieure ou égale à 5 000 000
	Supérieure à 5 000 000 et inférieure ou égale à 10 000 000
	Supérieure à 10 000 000 et inférieure ou égale à 30 000 000
	Supérieure à 30000 000
Aides d'Etat sous forme d'avantages fiscaux dans le secteur agricole primaire visant à soutenir l'économie à la suite de l'agression de la Russie contre l'Ukraine	Supérieure ou égale à 10 000 et inférieure ou égale à 100 000
	Supérieure ou égale à 100 000 et inférieure ou égale à 500 000
	Supérieure à 500 000 et inférieure ou égale à 1 000 000
	Supérieure à 1 000 000 et inférieure ou égale à 2 000 000
	Supérieure à 2 000 000 et inférieure ou égale à 5 000 000
	Supérieure à 5 000 000 et inférieure ou égale à 10 000 000
	Supérieure à 10 000 000 et inférieure ou égale à 30 000 000
	Supérieure à 30 000 000

CATEGORIE D'AIDE	TRANCHES DE MONTANT (en euros)
Aides d'Etat sous forme d'avantages fiscaux dans le secteur de la pêche et de l'aquaculture visant à soutenir l'économie à la suite de l'agression de la Russie contre l'Ukraine	Supérieure ou égale à 10 000 et inférieure ou égale à 200 000
	Supérieure ou égale à 200 000 et inférieure ou égale à 400 000
	Supérieure ou égale à 400 000 et inférieure ou égale à 600 000
	Supérieure ou égale à 600 000 et inférieure ou égale à 800 000
	Supérieure à 800 000
Aides d'Etat sous forme d'avantages fiscaux en faveur des oeuvres cinématographiques et autres oeuvres audiovisuelles, en faveur des aéroports et des compagnies aériennes et au sauvetage et à la restructuration d'entreprises en difficulté autres que les établissements financiers	Supérieure ou égale à 500 000 et inférieure ou égale à 1 000 000
	Supérieure ou égale à 1 000 000 et inférieure ou égale à 2 000 000
	Supérieure ou égale à 2 000 000 et inférieure ou égale à 5 000 000
	Supérieure ou égale à 5 000 000 et inférieure ou égale à 10 000 000
	Supérieure ou égale à 10 000 000 et inférieure ou égale à 30 000 000
	Supérieure à 30 000 000

BF 7/21 inf. 697

TITRE III

LE CONTENTIEUX DE L'IMPOT

CHAPITRE PREMIER

Le contentieux de l'établissement de l'impôt et les dégrèvements d'office

SECTION IV

Conséquences des décisions prises sur les réclamations et des décisions des cours et tribunaux

Art A 208-1 Lorsqu'une réclamation contentieuse est admise en totalité ou en partie, la limite prévue au 2° de l'article R* 208-4 dans laquelle est remboursée au réclamant la rémunération demandée par la caution est, en taux annuel, de 2 % de l'impôt garanti. Elle est calculée en fonction du temps effectivement écoulé de la constitution à la mainlevée de la caution.

CONT-III-26310 ; MF n° 81920

CHAPITRE II

Les procédures pénales

SECTION I

Constatation des infractions par procès-verbal

II. Agents compétents pour constater les infractions par procès-verbal

Art A 225 A-1 Les procès-verbaux constatant les infractions mentionnées à l'article L 225 A peuvent être établis par les agents des impôts, par les agents des douanes, ainsi que par les agents de la direction générale de la concurrence et de la consommation qui ont prêté le serment requis des agents des administrations financières pour l'exercice de leurs fonctions.

Les procès-verbaux sont rédigés à la requête du directeur général des finances publiques.

CF-IX-89730

SECTION II

Exercice des poursuites pénales

Art A 228-1 **I.** Les autorités bénéficiaires de la délégation de signature du ministre chargé du budget pour saisir la commission des infractions fiscales prévue au I de l'article R* 228-1 sont, selon le cas :

1° Le chef du service de la sécurité juridique et du contrôle fiscal, le sous-directeur du contrôle fiscal, du pilotage et de l'expertise juridique et le chef du bureau chargé de l'action pénale ainsi que les directeurs ou les directeurs adjoints de la direction des vérifications nationales et internationales, de la direction nationale des vérifications de situations fiscales, de la direction nationale d'enquêtes fiscales et des directions spécialisées de contrôle fiscal Centre-Est, Centre-Ouest, Est, Ile-de-France, Nord, Sud-Est Outre-Mer, Sud-Ouest et Sud-Pyrénées ;

2° Le sous-directeur des affaires juridiques et de la lutte contre la fraude au sein des services centraux de la direction générale des douanes et des droits indirects.

II. Les autorités compétentes pour saisir la commission des infractions fiscales en application du 1° du II de l'article R* 228-1 sont le chef du service de la sécurité juridique et du contrôle fiscal, le sous-directeur du contrôle fiscal, du pilotage et de l'expertise juridique de la direction générale des finances publiques ainsi que les directeurs ou les directeurs adjoints de la direction des vérifications nationales et internationales, de la direction nationale d'enquêtes fiscales et des directions spécialisées de contrôle fiscal Centre-Est, Centre-Ouest, Est, Ile-de-France, Nord, Sud-Est Outre-Mer, Sud-Ouest et Sud-Pyrénées.

CF-VIII-27000 s., 41560 s.

TITRE IV

LE RECOUVREMENT DE L'IMPOT

CHAPITRE II

Le sursis de paiement

Art A 277-1 Le contribuable qui fournit des valeurs mobilières au titre des garanties prévues par l'article L 277 doit déposer ces valeurs à la caisse du comptable chargé du recouvrement.

Toutefois, les établissements de crédit admis à servir d'intermédiaires pour le paiement des impôts directs peuvent être autorisés, sur leur demande ou celle de leur client, à recevoir les titres en dépôt sur un compte de dépôt de titres ouvert au nom du contribuable.

La demande doit être adressée au comptable appelé à recevoir les titres ; elle implique pour l'établissement de crédit comme pour le contribuable l'acceptation des dispositions prévues aux articles A 277-2 à A 277-10.

CONT-III-29220

Art A 277-2 Le dépôt fait l'objet d'un bordereau certifié par le comptable et indiquant le nom de la personne qui a remis les titres en garantie ; il est constaté par la délivrance d'un ou de plusieurs récépissés établis au nom du comptable et se référant aux présentes dispositions.

CONT-III-29305

Art A 277-3 Les titres déposés sont remis au comptable qui a effectué le dépôt, sur sa demande et contre quittance ou récépissé descriptif. Dans le cas où la demande de retrait porte sur la totalité des titres décrits dans un récépissé, elle est accompagnée de ce récépissé dûment déchargé.

La quittance ou le récépissé constatant la remise du titre au comptable libère définitivement l'établissement de crédit.

Les frais de garde, de timbre et tous autres occasionnés par le dépôt sont à la charge de la personne qui a remis les titres en garantie. Toutefois, le montant de ces frais est avancé à l'établissement de crédit par le Trésor si l'établissement de crédit ne peut en obtenir le remboursement de la part du débiteur.

CONT-III-29290

Art A 277-4 Les arrérages des titres sont portés par l'établissement de crédit au crédit du contribuable qui les a remis en garantie.

Toutefois, les arrérages qui viennent à échoir postérieurement à la date de réception par l'établissement de crédit de la demande de remise des titres présentée par le comptable sont versés à ce comptable.

CONT-III-29050 s.

Art A 277-5 En cas de remboursement d'un des titres déposés, le contribuable peut être autorisé à disposer du montant du remboursement, à charge par lui de présenter une nouvelle garantie de valeur au moins égale à celle que représentait le titre remboursé.

CONT-III-29050 s.

Art A 277-6 Les titres peuvent être restitués par l'établissement de crédit à la personne nommée au bordereau de dépôt, contre production du ou des récépissés de dépôt remis au comptable, revêtus d'une mention constatant que ces titres ont cessé d'être affectés à la garantie du Trésor ou, en cas de désaffectation partielle, au vu d'une lettre adressée par le comptable à l'établissement de crédit.

Dans ce dernier cas, il est fait mention de la sortie partielle sur le récépissé qui, à cet effet, est communiqué à l'établissement de crédit par le comptable.

CONT-III-29050 s.

Art A 277-7 Les valeurs mobilières, y compris les actions de Sicav, sur lesquelles la Banque de France consent des avances sur titres, sont admises pour la somme déterminée, au jour du dépôt, par l'application au dernier cours coté pour les valeurs mobilières, ou au dernier prix de rachat pour les actions de Sicav, du tarif appliqué par cet établissement pour la fixation du montant des avances.

CONT-III-29130

Art A 277-8 Les autres valeurs mobilières cotées en bourse, les parts de fonds communs de placement autres que ceux prévus par la loi nº 83-1 du 3 janvier 1983 et les actions de Sicav composées au moins pour moitié de valeurs françaises de première catégorie ou de valeurs assimilées et gérées par la Caisse des dépôts et consignations ou un établissement de crédit agréé en qualité de banque par l'Autorité de contrôle prudentiel et de résolution sont admises pour une valeur égale à 60 % du dernier cours pour les valeurs cotées ou du dernier prix de rachat pour les parts de fonds communs de placement et pour les actions de Sicav.

CONT-III-29150 s.

Art A 277-9 Les valeurs mobilières qui ne sont pas cotées à une bourse française et les actions de Sicav autres que celles visées par l'article A 277-8 ne peuvent être admises que si elles sont accompagnées d'une caution bancaire souscrite pour la différence entre le montant de l'évaluation des titres et le montant des impôts contestés.

CONT-III-22445

Art A 277-10 Des garanties supplémentaires peuvent être exigées lorsque le cours ou le prix de rachat, selon le cas, des titres déposés est inférieur à la valeur pour laquelle ces titres ont été admis en garantie.

CONT-III-29090

AUTRES TEXTES

AUTRES TEXTES

AUTRES CODES

CODE DES ASSURANCES

CODE CIVIL

CODE DE COMMERCE

CODE DE LA CONSTRUCTION ET DE L'HABITATION

CODE DES DOUANES

CODE ELECTORAL

LOIS ET TEXTES NON CODIFIES

SOURCES EUROPEENNES

AUTRES CODES

On trouvera ci-après les articles de divers codes (code des assurances, code civil, code de commerce, code de la construction et de l'habitation, code des douanes, code monétaire et financier, code du patrimoine, code de la sécurité sociale, code du travail, code de l'urbanisme, etc.).

Il s'agit, en règle générale, de textes visés par telle ou telle des dispositions fiscales ci-dessus reproduites. Il peut s'agir aussi de textes relatifs à des impositions codifiées, pour tout ou partie, dans d'autres codes que le code général des impôts (cas, par exemple, de la CSG).

CODE DES ASSURANCES

Art. L 144-1 Les contrats relevant de la présente section sont régis par l'article L 141-1 et peuvent être souscrits par une association relevant de l'article L 141-7 auxquels adhèrent :

1° Soit exclusivement des personnes exerçant une activité professionnelle non salariée non agricole ou ayant exercé une telle activité et bénéficiant à ce titre d'une pension de vieillesse, sous réserve des dispositions de l'article L 615-4 du code de la sécurité sociale ;

2° Soit exclusivement des chefs d'exploitation ou d'entreprise agricoles, leurs conjoints et leurs aides familiaux, sous réserve qu'ils relèvent du régime d'assurance vieillesse de base institué par le chapitre II du titre II du livre VII du code rural et qu'ils justifient de la régularité de leur situation vis-à-vis de ce régime.

Ces contrats ont pour objet l'acquisition et la jouissance de droits viagers personnels payables à l'adhérent à compter au plus tôt de la date de liquidation de sa pension dans un régime d'assurance vieillesse ou de l'âge fixé en application de l'article L 351-1 du code de la sécurité sociale ou, pour les contrats mentionnés au 1° du présent article, le versement de prestations de prévoyance complémentaire ou d'indemnités en cas de perte d'emploi subie. Le versement des primes ou cotisations dues au titre des contrats doit présenter un caractère régulier dans son montant et sa périodicité et peut être entièrement cumulé avec une activité professionnelle, dans les conditions prévues à l'article L 161-22 du code de la sécurité sociale.

DC-VIII-15200 s., 25800 s. ; MF nº 8690

Fonds de garantie des assurances obligatoires de dommages

ENR-XI-27100 s. ; MF nº 76015 a

Art. L 421-4 Le fonds de garantie est alimenté par des contributions des entreprises d'assurance, des automobilistes assurés et des responsables d'accidents d'automobiles non bénéficiaires d'une assurance.

Art. L 421-4-1 Les contributions pour l'alimentation du fonds de garantie mentionnées à l'article L 421-4 sont ainsi définies :

1° La contribution des assurés est assise sur toutes les primes ou cotisations nettes qu'ils versent aux entreprises d'assurance pour l'assurance des risques de responsabilité civile résultant d'accidents causés par les véhicules terrestres à moteur et des remorques ou semi-remorques des véhicules lorsque le risque est situé sur le territoire de la République française. Elle est perçue par les entreprises d'assurance suivant les mêmes règles et sous les mêmes garanties et sanctions que la taxe sur les conventions d'assurance prévue à l'article 991 du code général des impôts. Elle est recouvrée mensuellement par le fonds de garantie ;

2° La contribution des entreprises d'assurance est assise sur toutes les primes ou cotisations nettes qu'elles perçoivent pour l'assurance des risques de responsabilité civile résultant d'accidents causés par les véhicules terrestres à moteur et les remorques ou semi-remorques des véhicules lorsque le risque est situé sur le territoire de la République française. Elle est acquittée par les entreprises d'assurance suivant les mêmes règles et sous les mêmes garanties et sanctions que la taxe sur les conventions d'assurance prévue au même article 991. Elle est recouvrée mensuellement par le fonds de garantie ;

3° et 4° *(Abrogés)* ;

5° La contribution des responsables d'accidents causés par l'utilisation des véhicules définis au 1° du présent article, non bénéficiaires d'une assurance, est assise sur le montant total des indemnités mises à leur charge à titre de réparation des dommages résultant de ces accidents. Sont considérées comme bénéficiaires d'une assurance, au sens du présent article, les personnes dont la responsabilité civile est couverte par un contrat d'assurance dans les conditions prévues à l'article L 211-1. Un tel bénéfice ne leur est toutefois acquis, au sens du présent article, que pour la part excédant la franchise prévue éventuellement par leur contrat en application de l'article L 121-1.

En cas d'instance judiciaire, la décision doit faire apparaître si le responsable est ou non bénéficiaire d'une assurance.

La contribution est liquidée et recouvrée par les services de la direction générale des finances publiques, selon les mêmes règles, sous les mêmes garanties et sous les mêmes sanctions qu'en matière de droits d'enregistrement. Elle est perçue sur la notification faite à cette direction par le fonds de garantie.

La contribution doit être acquittée dans le délai d'un mois à compter de la réclamation adressée par la direction générale des finances publiques.

Art. L 421-4-2 Le taux des contributions mentionnées à l'article L 421-4-1 est fixé par arrêté du ministre chargé des assurances dans les limites suivantes :

1° Pour la contribution des assurés, ce taux est compris entre 0 % et 2 % des primes mentionnées au 1° du même article ;

2° Pour la contribution des entreprises d'assurance, ce taux est compris entre 0 % et 1 % des primes ou cotisations mentionnées au 2° du même article L 421-4-1 ;

3° Pour la contribution des entreprises d'assurance au titre de la section « Opérations du fonds de garantie résultant de la défaillance d'entreprises d'assurance dommages » prévue au 3° dudit article, ce taux est compris entre 0 % et 12 % de la totalité des charges de cette section ;

4° *(Abrogé).*

Art. L 421-8 Le fonds de garantie institué par l'article L 421-1 est chargé d'indemniser les dommages corporels occasionnés par tous actes de chasse ou de destruction des animaux nuisibles dans les parties du territoire où l'assurance instituée par l'article L 423-16 du code de l'environnement est obligatoire, même si ces actes ne sont pas compris dans l'obligation d'assurance, dès lors qu'ils sont le fait d'un auteur demeuré inconnu, ou non assuré.

Les dépenses résultant de l'application de l'alinéa précédent sont couvertes par les contributions des sociétés d'assurances, des chasseurs assurés et des responsables d'accidents corporels de chasse non bénéficiaires d'une assurance, ainsi que par une majoration de 50 % des amendes, y compris celles qu'une mesure de grâce aurait substituées à l'emprisonnement, prononcées pour un acte de chasse effectué sans permis ou dans un lieu, un temps ou au moyen d'engins prohibés.

Les contributions prévues pour l'alimentation du fonds de garantie sont fixées dans les conditions suivantes :

1° La contribution des assurés est fixée à une somme forfaitaire par personne garantie pour sa responsabilité civile résultant d'accidents de chasse ou de destruction des animaux nuisibles ;

2° La contribution des entreprises d'assurance est proportionnelle aux sommes recouvrées par elles au titre de la contribution des assurés mentionnée au 1°.

Elle est liquidée et recouvrée par les entreprises d'assurance suivant les mêmes règles et sous les mêmes garanties et sanctions que la taxe sur les conventions d'assurance prévue à l'article 991 du code général des impôts.

Les taux et quotités des contributions mentionnées à ce même article sont fixés par arrêté du ministre chargé des assurances, dans les limites suivantes :

a. Pour la contribution des assurés, ce montant est compris entre 0 € et la somme forfaitaire maximale de 0,38 € par personne garantie ;

b. Pour la contribution des entreprises d'assurance, ce taux est compris entre 0 % et 12 % de la totalité des charges des opérations du fonds de garantie afférentes à la chasse et à la destruction des animaux susceptibles d'occasionner des dégâts.

Fonds de garantie pour l'indemnisation des victimes d'actes de terrorisme

ENR-XI-28600 s. ; MF nº 76015 c

Art. L 422-1 Pour l'application de l'article L 126-1, la réparation intégrale des dommages résultant d'une atteinte à la personne est assurée par l'intermédiaire du fonds de garantie des victimes des actes de terrorisme et d'autres infractions.

Ce fonds, doté de la personnalité civile, est alimenté par un prélèvement sur les contrats d'assurance de biens dans les conditions suivantes.

Ce prélèvement est assis sur les primes ou cotisations des contrats d'assurance de biens qui garantissent les biens situés sur le territoire national et relevant des branches 3 à 9 de l'article R 321-1, dans sa rédaction en vigueur à la date de publication de la loi nº 2013-1279 du 29 décembre 2013 de finances rectificative pour 2013, et souscrits auprès d'une entreprise mentionnée à l'article L 310-2.

Le montant de la contribution, compris entre 0 € et 6,50 €, est fixé par arrêté du ministre chargé des assurances *[NDLR Ce montant est fixé à 5,90 € par contrat depuis le 1er janvier 2017 (Arrêté ECFT1630204A du 10 novembre 2016, JO 15). A compter du 1er juillet 2024, il est porté à 6,50 € par contrat (Arrêté ECOT2329656A du 22 décembre 2023, JO 28)].*

Cette contribution est recouvrée et contrôlée suivant les mêmes règles et sous les mêmes garanties et sanctions que la taxe sur les conventions d'assurance prévue à l'article 991 du code général des impôts. Les réclamations sont présentées, instruites et jugées selon les règles applicables à cette même taxe.

Le fonds de garantie est subrogé dans les droits que possède la victime contre la personne responsable du dommage.

Le fonds est également alimenté par des versements prévus au II de l'article 728-1 du code de procédure pénale *(NDLR L'article 728-1 du code de procédure pénale est abrogé à compter du 1er mai 2022 : ordonnance 2022-478 du 30 mars 2022 art. 6, 22° et 10)*. Lorsque ces versements sont effectués, la victime est alors directement indemnisée par le fonds à hauteur, le cas échéant, des versements effectués et, à hauteur de ces versements, l'avant-dernier alinéa du présent article n'est pas applicable.

CODE CIVIL

De la publication, des effets et de l'application des lois en général

DC-IX-120 s., 260

Art. 1 Les lois et, lorsqu'ils sont publiés au Journal officiel de la République française, les actes administratifs entrent en vigueur à la date qu'ils fixent ou, à défaut, le lendemain de leur publication. Toutefois, l'entrée en vigueur de celles de leurs dispositions dont l'exécution nécessite des mesures d'application est reportée à la date d'entrée en vigueur de ces mesures.

En cas d'urgence, entrent en vigueur dès leur publication les lois dont le décret de promulgation le prescrit et les actes administratifs pour lesquels le Gouvernement l'ordonne par une disposition spéciale.

Les dispositions du présent article ne sont pas applicables aux actes individuels.

Art. 2 La loi ne dispose que pour l'avenir ; elle n'a point d'effet rétroactif.

De la fiducie

DC-IX-50000 s. ; MF nos 90780 s.

Art. 2011 La fiducie est l'opération par laquelle un ou plusieurs constituants transfèrent des biens, des droits ou des sûretés, ou un ensemble de biens, de droits ou de sûretés, présents ou futurs, à un ou plusieurs fiduciaires qui, les tenant séparés de leur patrimoine propre, agissent dans un but déterminé au profit d'un ou plusieurs bénéficiaires.

Art. 2012 La fiducie est établie par la loi ou par contrat. Elle doit être expresse.

Si les biens, droits ou sûretés transférés dans le patrimoine fiduciaire dépendent de la communauté existant entre les époux ou d'une indivision, le contrat de fiducie est établi par acte notarié à peine de nullité.

Art. 2013 Le contrat de fiducie est nul s'il procède d'une intention libérale au profit du bénéficiaire. Cette nullité est d'ordre public.

Art. 2015 Seuls peuvent avoir la qualité de fiduciaires les établissements de crédit mentionnés au I de l'article L 511-1 du code monétaire et financier, les institutions et services énumérés à l'article L 518-1 du même code, les entreprises d'investissement mentionnées à l'article L 531-4 du même code, les sociétés de gestion de portefeuille ainsi que les entreprises d'assurance régies par l'article L 310-1 du code des assurances.

Les membres de la profession d'avocat peuvent également avoir la qualité de fiduciaire.

Art. 2016 Le constituant ou le fiduciaire peut être le bénéficiaire ou l'un des bénéficiaires du contrat de fiducie.

Art. 2017 Sauf stipulation contraire du contrat de fiducie, le constituant peut, à tout moment, désigner un tiers chargé de s'assurer de la préservation de ses intérêts dans le cadre de l'exécution du contrat et qui peut disposer des pouvoirs que la loi accorde au constituant.

Lorsque le constituant est une personne physique, il ne peut renoncer à cette faculté.

Le constituant doit informer le fiduciaire de la désignation de ce tiers.

Art. 2018 Le contrat de fiducie détermine, à peine de nullité :

1° Les biens, droits ou sûretés transférés. S'ils sont futurs, ils doivent être déterminables ;

2° La durée du transfert, qui ne peut excéder quatre-vingt-dix-neuf ans à compter de la signature du contrat ;

3° L'identité du ou des constituants ;

4° L'identité du ou des fiduciaires ;

5° L'identité du ou des bénéficiaires ou, à défaut, les règles permettant leur désignation ;

6° La mission du ou des fiduciaires et l'étendue de leurs pouvoirs d'administration et de disposition.

Art. 2018-1 Lorsque le contrat de fiducie prévoit que le constituant conserve l'usage ou la jouissance d'un fonds de commerce ou d'un immeuble à usage professionnel transféré dans le patrimoine fiduciaire, la convention conclue à cette fin n'est pas soumise aux chapitres IV et V du titre IV du livre Ier du code de commerce, sauf stipulation contraire.

Art. 2018-2 La cession de créances réalisée dans le cadre d'une fiducie est opposable aux tiers à la date du contrat de fiducie ou de l'avenant qui la constate. Elle ne devient opposable au débiteur de la créance cédée que par la notification qui lui en est faite par le cédant ou le fiduciaire.

Art. 2019 A peine de nullité, le contrat de fiducie et ses avenants sont enregistrés dans le délai d'un mois à compter de leur date au service des impôts du siège du fiduciaire ou au service des impôts des non-résidents si le fiduciaire n'est pas domicilié en France.

Lorsqu'ils portent sur des immeubles ou des droits réels immobiliers, ils sont, sous la même sanction, publiés dans les conditions prévues aux articles 647 et 657 du code général des impôts.

La transmission des droits résultant du contrat de fiducie et, si le bénéficiaire n'est pas désigné dans le contrat de fiducie, sa désignation ultérieure doivent, à peine de nullité, donner lieu à un acte écrit enregistré dans les mêmes conditions.

La désignation d'un tiers en application de l'article 2017 et l'information sur l'identité du ou des bénéficiaires effectifs de la fiducie mentionnés à l'article L 561-2-2 du code monétaire et financier doivent également, à peine de nullité, donner lieu à un acte écrit établi par le fiduciaire et enregistré dans les mêmes conditions.

Art. 2020 Un registre national des fiducies est constitué selon des modalités précisées par décret en Conseil d'Etat.

Art. 2021 Lorsque le fiduciaire agit pour le compte de la fiducie, il doit en faire expressément mention.

De même, lorsque le patrimoine fiduciaire comprend des biens ou des droits dont la mutation est soumise à publicité, celle-ci doit mentionner le nom du fiduciaire ès qualités.

Art. 2022 Le contrat de fiducie définit les conditions dans lesquelles le fiduciaire rend compte de sa mission au constituant.

Toutefois, lorsque pendant l'exécution du contrat le constituant fait l'objet d'une mesure de tutelle, le fiduciaire rend compte de sa mission au tuteur à la demande de ce dernier au moins une fois par an, sans préjudice de la périodicité fixée par le contrat. Lorsque pendant l'exécution du contrat le constituant fait l'objet d'une mesure de curatelle, le fiduciaire rend compte de sa mission, dans les mêmes conditions, au constituant et à son curateur.

Le fiduciaire rend compte de sa mission au bénéficiaire et au tiers désigné en application de l'article 2017, à leur demande, selon la périodicité fixée par le contrat.

Art. 2023 Dans ses rapports avec les tiers, le fiduciaire est réputé disposer des pouvoirs les plus étendus sur le patrimoine fiduciaire, à moins qu'il ne soit démontré que les tiers avaient connaissance de la limitation de ses pouvoirs.

Art. 2024 L'ouverture d'une procédure de sauvegarde, de redressement judiciaire ou de liquidation judiciaire au profit du fiduciaire n'affecte pas le patrimoine fiduciaire.

Art. 2025 Sans préjudice des droits des créanciers du constituant titulaires d'un droit de suite attaché à une sûreté publiée antérieurement au contrat de fiducie et hors les cas de fraude aux droits des créanciers du constituant, le patrimoine fiduciaire ne peut être saisi que par les titulaires de créances nées de la conservation ou de la gestion de ce patrimoine.

En cas d'insuffisance du patrimoine fiduciaire, le patrimoine du constituant constitue le gage commun de ces créanciers, sauf stipulation contraire du contrat de fiducie mettant tout ou partie du passif à la charge du fiduciaire.

Le contrat de fiducie peut également limiter l'obligation au passif fiduciaire au seul patrimoine fiduciaire. Une telle clause n'est opposable qu'aux créanciers qui l'ont expressément acceptée.

Art. 2026 Le fiduciaire est responsable, sur son patrimoine propre, des fautes qu'il commet dans l'exercice de sa mission.

Art. 2027 En l'absence de stipulations contractuelles prévoyant les conditions de son remplacement, si le fiduciaire manque à ses devoirs ou met en péril les intérêts qui lui sont confiés ou encore s'il fait l'objet d'une procédure de sauvegarde ou de redressement judiciaire, le constituant, le bénéficiaire ou le tiers désigné en application de l'article 2017 peut demander en justice la nomination d'un fiduciaire provisoire ou solliciter le remplacement du fiduciaire. La décision judiciaire faisant droit à la demande emporte de plein droit dessaisissement du fiduciaire originaire et transfert du patrimoine fiduciaire en faveur de son remplaçant.

Art. 2028 Le contrat de fiducie peut être révoqué par le constituant tant qu'il n'a pas été accepté par le bénéficiaire.

Art. 2029 Le contrat de fiducie prend fin par le décès du constituant personne physique, par la survenance du terme ou par la réalisation du but poursuivi quand celle-ci a lieu avant le terme.

Lorsque la totalité des bénéficiaires renonce à la fiducie, il prend également fin de plein droit, sauf stipulations du contrat prévoyant les conditions dans lesquelles il se poursuit. Sous la même réserve, il prend fin lorsque le fiduciaire fait l'objet d'une liquidation judiciaire ou d'une dissolution ou disparaît par suite d'une cession ou d'une absorption et, s'il est avocat, en cas d'interdiction temporaire, de radiation ou d'omission du tableau.

Art. 2030 Lorsque le contrat de fiducie prend fin en l'absence de bénéficiaire, les droits, biens ou sûretés présents dans le patrimoine fiduciaire font de plein droit retour au constituant.

Lorsqu'il prend fin par le décès du constituant, le patrimoine fiduciaire fait de plein droit retour à la succession.

CODE DE COMMERCE

Obligations comptables applicables à tous les commerçants

RIE-III-8070 s., 17000 s. ; MF nos 10950 s.

Art. L 123-12 Toute personne physique ou morale ayant la qualité de commerçant doit procéder à l'enregistrement comptable des mouvements affectant le patrimoine de son entreprise. Ces mouvements sont enregistrés chronologiquement.

Elle doit contrôler par inventaire, au moins une fois tous les douze mois, l'existence et la valeur des éléments actifs et passifs du patrimoine de l'entreprise.

Elle doit établir des comptes annuels à la clôture de l'exercice au vu des enregistrements comptables et de l'inventaire. Ces comptes annuels comprennent le bilan, le compte de résultat et une annexe qui forment un tout indissociable.

Art. L 123-13 Le bilan décrit séparément les éléments actifs et passifs de l'entreprise, et fait apparaître, de façon distincte, les capitaux propres.

Le compte de résultat récapitule les produits et les charges de l'exercice, sans qu'il soit tenu compte de leur date d'encaissement ou de paiement. Il fait apparaître par différence, après déduction des amortissements, des dépréciations et des provisions, le bénéfice ou la perte de l'exercice. Les produits et les charges, classés par catégorie, doivent être présentés sous forme de tableaux, soit sous forme de liste.

Le montant des engagements de l'entreprise en matière de pension, de compléments de retraite, d'indemnités et d'allocations en raison du départ à la retraite ou avantages similaires des membres ou associés de son personnel et de ses mandataires sociaux est indiqué dans l'annexe. Par ailleurs, les entreprises peuvent décider d'inscrire au bilan, sous forme de provision, le montant correspondant à tout ou partie de ces engagements.

L'annexe complète et commente l'information donnée par le bilan et le compte de résultat.

Art. L 123-14 Les comptes annuels doivent être réguliers, sincères et donner une image fidèle du patrimoine, de la situation financière et du résultat de l'entreprise.

Lorsque l'application d'une prescription comptable ne suffit pas pour donner l'image fidèle mentionnée au présent article, des informations complémentaires doivent être fournies dans l'annexe.

Si, dans un cas exceptionnel, l'application d'une prescription comptable se révèle impropre à donner une image fidèle du patrimoine, de la situation financière ou du résultat, il doit y être dérogé. Cette dérogation est mentionnée à l'annexe et dûment motivée, avec l'indication de son influence sur le patrimoine, la situation financière et le résultat de l'entreprise.

Art. L 123-15 Le bilan, le compte de résultat et l'annexe doivent comprendre autant de rubriques et de postes qu'il est nécessaire pour donner une image fidèle du patrimoine, de la situation financière et du résultat de l'entreprise. Chacun des postes du bilan et du compte de résultat comporte l'indication du chiffre relatif au poste correspondant de l'exercice précédent.

Les éléments composant les capitaux propres sont fixés par décret. Le classement des éléments du bilan et du compte de résultat ainsi que les mentions à inclure dans l'annexe sont fixés par un règlement de l'Autorité des normes comptables.

Art. L 123-16 Sont des petites entreprises au sens du présent article les commerçants, personnes physiques ou personnes morales, pour lesquels, au titre du dernier exercice comptable clos et sur une base annuelle, deux des trois seuils suivants, dont le niveau et les modalités de calcul sont fixés par décret, ne sont pas dépassés : le total du bilan, le montant net du chiffre d'affaires ou le nombre moyen de salariés employés au cours de l'exercice.

Les moyennes entreprises peuvent, dans des conditions fixées par un règlement de l'Autorité des normes comptables, adopter une présentation simplifiée de leur compte de résultat.

Lorsqu'une entreprise dépasse ou cesse de dépasser deux de ces trois seuils, cette circonstance n'a d'incidence que si elle se produit pendant deux exercices consécutifs.

Sont des moyennes entreprises au sens du présent article les commerçants, personnes physiques ou personnes morales, pour lesquels, au titre du dernier exercice comptable clos et sur une base annuelle, deux des trois seuils suivants, dont le niveau et les modalités de calcul sont fixés par décret, ne sont pas dépassés : le total du bilan, le montant net du chiffre d'affaires ou le nombre moyen de salariés employés au cours de l'exercice.

RIE-III-17110 s. ; MF nº 10950 précision a

Art. L 123-16-1 Par dérogation aux dispositions du troisième alinéa de l'article L 123-12, les micro-entreprises, à l'exception de celles dont l'activité consiste à gérer des titres de participations et de valeurs mobilières, ne sont pas tenues d'établir d'annexe.

Sont des micro-entreprises au sens du présent article les commerçants, personnes physiques ou personnes morales, pour lesquels, au titre du dernier exercice comptable clos et sur une base annuelle, deux des trois seuils suivants, dont le niveau et les modalités de calcul sont fixés par décret, ne sont pas dépassés : le total du bilan, le montant net du chiffre d'affaires ou le nombre moyen de salariés employés au cours de l'exercice.

Lorsqu'une entreprise dépasse ou cesse de dépasser deux de ces trois seuils, cette circonstance n'a d'incidence que si elle se produit pendant deux exercices consécutifs.

Art. L 123-16-2 Les dispositions des articles L 123-16 et L 123-16-1 ne sont pas applicables :

1º Aux établissements de crédit et sociétés de financement mentionnés à l'article L 511-1 du code monétaire et financier et aux établissements de paiement et établissements de monnaie électronique mentionnés à l'article L 521-1 du même code ;

2º Aux entreprises d'assurance et de réassurance mentionnées aux articles L 310-1 et L 310-1-1 du code des assurances, aux fonds de retraite professionnelle supplémentaire mentionnés à l'article L 381-1 du même code, aux institutions de retraite professionnelle supplémentaire mentionnées à l'article L 942-1 du code de la sécurité sociale, aux mutuelles ou unions mentionnées à l'article L 214-1 du code de la mutualité, aux organismes de sécurité sociale mentionnés à l'article L 114-8 du code de la sécurité sociale, aux institutions de prévoyance et à leurs unions régies par le titre III du livre IX du code de la sécurité sociale et aux mutuelles et unions de mutuelles régies par le livre II du code de la mutualité ;

3º Aux personnes et entités dont les titres financiers sont admis aux négociations sur un marché réglementé ;

4º Aux personnes et entités qui font appel à la générosité du public au sens de la loi nº 91-772 du 7 août 1991 relative au congé de représentation en faveur des associations et des mutuelles et au contrôle des comptes des organismes faisant appel à la générosité publique.

Art. L 123-17 Sauf dans des cas exceptionnels, afin de donner une image fidèle du patrimoine, de la situation financière et du résultat de l'entreprise et dans les conditions prévues par un règlement de l'Autorité des normes comptables, les méthodes comptables retenues et la structure du bilan et du compte de résultat ne peuvent être modifiées d'un exercice à l'autre. Si des modifications interviennent, elles sont décrites et justifiées dans l'annexe et signalées, le cas échéant, dans le rapport des commissaires aux comptes.

Art. L 123-18 A leur date d'entrée dans le patrimoine de l'entreprise, les biens acquis à titre onéreux sont enregistrés à leur coût d'acquisition, les biens acquis à titre gratuit à leur valeur vénale et les biens produits à leur coût de production.

Pour les éléments d'actif immobilisé, les valeurs retenues dans l'inventaire doivent, s'il y a lieu, tenir compte des plans d'amortissement. Si la valeur d'un élément de l'actif devient inférieure à sa valeur nette comptable, cette dernière est ramenée à la valeur d'inventaire à la clôture de l'exercice, que la dépréciation soit définitive ou non.

Les biens fongibles sont évalués soit à leur coût moyen pondéré d'acquisition ou de production, soit en considérant que le premier bien sorti est le premier bien entré.

La plus-value constatée entre la valeur d'inventaire d'un bien et sa valeur d'entrée n'est pas comptabilisée. S'il est procédé à une réévaluation de l'ensemble des immobilisations corporelles et financières, l'écart de réévaluation entre la valeur actuelle et la valeur nette comptable ne peut être utilisé à compenser les pertes ; il est inscrit distinctement au passif du bilan.

Art. L 123-19 Les éléments d'actif et de passif doivent être évalués séparément.

Aucune compensation ne peut être opérée entre les postes d'actif et de passif du bilan ou entre les postes de charges et de produits du compte de résultat, sauf dans des cas exceptionnels prévus par un règlement de l'Autorité des normes comptables.

Le bilan d'ouverture d'un exercice doit correspondre au bilan de clôture de l'exercice précédent.

Art. L 123-20 Les comptes annuels doivent respecter le principe de prudence. Pour leur établissement, le commerçant, personne physique ou morale, est présumé poursuivre ses activités.

Même en cas d'absence ou d'insuffisance du bénéfice, il doit être procédé aux amortissements, dépréciations et provisions nécessaires.

Il doit être tenu compte des passifs qui ont pris naissance au cours de l'exercice ou d'un exercice antérieur, même s'ils sont connus entre la date de la clôture de l'exercice et celle de l'établissement des comptes.

Art. L 123-21 Seuls les bénéfices réalisés à la date de clôture d'un exercice peuvent être inscrits dans les comptes annuels. Peut être inscrit, après inventaire, le bénéfice réalisé sur une opération partiellement exécutée et acceptée par le cocontractant lorsque sa réalisation est certaine et qu'il est possible, au moyen de documents comptables prévisionnels, d'évaluer avec une sécurité suffisante le bénéfice global de l'opération.

Art. L 123-22 Les documents comptables sont établis en euros et en langue française.

Les documents comptables et les pièces justificatives sont conservés pendant dix ans.

Les documents comptables relatifs à l'enregistrement des opérations et à l'inventaire sont établis et tenus sans blanc ni altération d'aucune sorte, dans des conditions fixées par décret en Conseil d'Etat.

Art. L 123-23 La comptabilité régulièrement tenue peut être admise en justice pour faire preuve entre commerçants pour faits de commerce.

Si elle a été irrégulièrement tenue, elle ne peut être invoquée par son auteur à son profit.

La communication des documents comptables ne peut être ordonnée en justice que dans les affaires de succession, communauté, partage de société et en cas de redressement ou de liquidation judiciaires.

Art. L 123-24 Tout commerçant est tenu de se faire ouvrir un compte dans une banque, dans un établissement de crédit ou dans un bureau de chèques postaux.

Art. L 123-32 La présente section est applicable aux relations entre, d'une part, les entreprises et, d'autre part, les administrations de l'Etat, les établissements publics de l'Etat à caractère administratif, les collectivités territoriales, leurs groupements et leurs établissements publics à caractère administratif, les personnes privées chargées d'un service public administratif, les organismes gérant des régimes de protection sociale relevant du code de la sécurité sociale et du code rural et de la pêche maritime ou mentionnés aux articles L 3141-32 et L 5427-1 du code du travail et les organismes chargés de la tenue d'un registre de publicité légale, y compris les greffes.

Toutefois, elle n'est pas applicable aux relations entre les entreprises et les ordres professionnels, sauf quand il est fait application du troisième alinéa de l'article L 123-33 du présent code.

DC-IX-2100 s.

Ndlr *Les dispositions du présent article sont entrées en vigueur le 1er janvier 2023 (Loi 2019-486 du 22 mai 2019 art. 1, VIII et décret 2021-300 du 18 mars 2021 art. 48). Le décret précité définit les modalités transitoires mises en œuvre à compter de la mise en place de l'organisme unique.*

Art. L 123-33 A l'exception des procédures et formalités nécessaires à l'accès aux activités réglementées et à l'exercice de celles-ci, toute entreprise se conforme à l'obligation de déclarer sa création, la modification de sa situation ou la cessation de ses activités auprès d'une administration, d'une personne ou d'un organisme mentionnés à l'article L 123-32 par le dépôt d'un seul dossier comportant les déclarations qu'elle est tenue d'effectuer.

Ce dossier est déposé par voie électronique auprès d'un organisme unique désigné à cet effet. Ce dépôt vaut déclaration auprès du destinataire dès lors que le dossier est régulier et complet à l'égard de celui-ci.

Tout prestataire de services entrant dans le champ d'application de la directive 2006/123/CE du Parlement européen et du Conseil du 12 décembre 2006 relative aux services dans le marché intérieur peut accomplir par voie électronique l'ensemble des procédures et formalités nécessaires à l'accès à son activité et à l'exercice de celle-ci auprès de l'organisme unique mentionné au deuxième alinéa du présent article.

Un décret en Conseil d'Etat désigne l'organisme unique mentionné au même deuxième alinéa, définit les conditions de dépôt du dossier ainsi que les modalités d'accompagnement et d'assistance des entreprises par les organismes consulaires et par l'organisme unique, précise les modalités de vérification du dossier et décrit les conditions de transmission des informations collectées par cet organisme unique aux administrations, aux personnes ou aux organismes mentionnés à l'article L 123-32 ainsi que les conditions d'application du troisième alinéa du présent article. Il précise également les conditions dans lesquelles l'usager créant son entreprise par l'intermédiaire de l'organisme unique peut se voir proposer de façon facultative des outils permettant de le renseigner sur les détails et les enjeux de la vie d'une entreprise.

DC-IX-2100 s.

Ndlr *Les dispositions du présent article sont entrées en vigueur le 1er janvier 2023 (Loi 2019-486 du 22 mai 2019 art. 1, VIII et décret 2021-300 du 18 mars 2021 art. 48). Le décret précité définit les modalités transitoires mises en œuvre à compter de la mise en place de l'organisme unique.*

Art. L 123-34 Dans ses relations avec les administrations, personnes ou organismes mentionnés à l'article L 123-32, une entreprise ne peut être tenue d'indiquer un numéro d'identification autre que le numéro unique attribué dans des conditions fixées par décret. Un identifiant spécifique peut être utilisé à titre complémentaire, notamment pour certaines activités soumises à déclaration ou autorisation préalables, dans des conditions fixées par décret.

L'entreprise ne peut être tenue de mentionner un autre numéro dans ses papiers d'affaires tels que factures, notes de commandes, tarifs, documents publicitaires, correspondances et récépissés concernant ses activités.

DC-IX-2100 s.

Ndlr *Les dispositions du présent article sont entrées en vigueur le 1er janvier 2023 (Loi 2019-486 du 22 mai 2019 art. 1, VIII et décret 2021-300 du 18 mars 2021 art. 48). Le décret précité définit les modalités transitoires mises en œuvre à compter de la mise en place de l'organisme unique.*

Art. L 123-35 Lorsqu'ils sont transmis par voie électronique, les documents comptables sont déposés selon des modalités fixées par décret en Conseil d'Etat.

DC-IX-2100 s.

Ndlr *Les dispositions du présent article sont entrées en vigueur le 1er janvier 2023 (Loi 2019-486 du 22 mai 2019 art. 1, VIII et décret 2021-300 du 18 mars 2021 art. 48). Le décret précité définit les modalités transitoires mises en œuvre à compter de la mise en place de l'organisme unique.*

Art. R 123-1 I. L'organisme unique mentionné à l'article L 123-33 permet aux entreprises de réaliser l'ensemble des formalités et procédures nécessaires à l'accès et à l'exercice de leur activité.

Il reçoit à cet effet le dossier unique prévu à l'article L 123-33. Ce dossier comporte :

1° Les déclarations relatives à leur création, aux modifications de leur situation ou à la cessation de leur activité, y compris les informations relatives au bénéficiaire effectif en application de l'article L 561-46 du code monétaire et financier, que les entreprises sont tenues de remettre aux administrations, personnes ou organismes destinataires mentionnés à l'article L. 123-32 et dont la liste est établie par l'arrêté prévu à l'article R. 123-16 ;

2° Les demandes d'autorisation nécessaires à leur activité que les entreprises sont tenues de remettre aux autorités compétentes pour la délivrance de ces autorisations sauf si le déclarant souhaite déposer ces demandes directement auprès des autorités compétentes.

Les inscriptions, d'office ou à la demande de tiers légalement ou judiciairement habilités, de mentions relatives à la création, aux modifications de la situation ou à la cessation d'activité, y compris celles intervenant au cours des procédures de sauvegarde ou de redressement ou de liquidation judiciaires, sont réalisées par les organismes destinataires après transmission, par leurs soins, du dossier à l'organisme unique, à l'exception des greffiers de tribunaux de commerce qui procèdent à l'inscription concomitamment à la transmission du dossier.

Lorsqu'une disposition particulière le prévoit, les demandes d'inscription sont présentées par les tiers légalement ou judiciairement habilités auprès de l'organisme unique.

II. L'organisme unique transmet les renseignements ou pièces du dossier à chacun des organismes destinataires et, le cas échéant et selon leur compétence, à chacune des autorités habilitées à délivrer les autorisations.

Sous réserve des dispositions du dernier alinéa de l'article L 711-3, il est interdit à l'organisme unique et aux organismes destinataires de communiquer à des tiers les renseignements contenus dans les déclarations.

DC-IX-3000 s.

Art. R 123-2 I. L'organisme unique met en œuvre un service informatique, dénommé guichet unique électronique des formalités d'entreprises, accessible par l'internet, sécurisé et gratuit, qui permet au déclarant, selon son choix :

1° D'établir un dossier unique dans les conditions définies à l'article R 123-3 ;

2° De transmettre le dossier unique aux organismes destinataires et aux autorités compétentes dès lors qu'il comporte l'ensemble des informations prévues à l'article R 123-4 ;

3° De transmettre, en cas de demande additionnelle formée par un organisme destinataire ou une autorité compétente, les éléments complémentaires nécessaires à l'instruction du dossier ;

4° D'acquitter, le cas échéant, les frais afférents à ces formalités ;

5° De bénéficier d'une information sur le suivi et le délai prévisible de traitement de son dossier par les organismes destinataires et autorités compétentes, depuis la réception de celui-ci jusqu'aux décisions rendues ou prestations réalisées ;

6° De bénéficier, pour les formalités de modification et de cessation d'activités de l'entreprise, de la mise à disposition des informations la concernant, telles qu'elles sont diffusées au public par le Registre national des entreprises en application de l'article L 123-52.

II. Le service informatique permet au déclarant d'avoir accès, selon son choix, aux informations suivantes :

1° En ce qui concerne la reconnaissance des qualifications professionnelles :

a. La liste de toutes les professions réglementées en France, avec les coordonnées des autorités compétentes pour chacune d'entre elles et des centres d'assistance ;

b. La liste des professions réglementées pour lesquelles une carte professionnelle européenne, mentionnée à l'article 1er de l'ordonnance n° 2016-1809 du 22 décembre 2016 relative à la reconnaissance des qualifications professionnelles de professions réglementées, est mise en œuvre, avec l'indication des modalités de délivrance et d'utilisation de la carte, des autorités compétentes pour sa délivrance et des frais en découlant mis à la charge des professionnels ;

c. La liste des professions réglementées pour lesquelles les autorités compétentes françaises procèdent à une vérification des qualifications professionnelles du prestataire avant la première prestation de services ;

d. La liste des formations réglementées en France ;

e. Les exigences et procédures requises en France pour l'exercice de professions réglementées, notamment les documents à présenter aux autorités compétentes et les frais à acquitter ;

f. Les informations et l'orientation vers les centres d'assistance relevant de la directive 2005/36/CE du Parlement européen et du Conseil du 7 septembre

2005 relative à la reconnaissance des qualifications professionnelles, y compris les centres d'assistance des autres Etats membres de l'Union européenne ou de l'Espace économique européen ; ces informations sont également ouvertes aux ressortissants d'Etats tiers à l'Union européenne conformément à l'article 57 ter de la même directive ;

g. Les voies de recours contre les décisions des autorités compétentes en matière de reconnaissance des qualifications professionnelles ;

2° En ce qui concerne l'accès aux activités de service et leur exercice :

a. Les exigences applicables aux prestataires ayant leur établissement sur le territoire national, en particulier celles concernant les procédures et formalités à suivre pour accéder aux activités de services et les exercer ;

b. Les coordonnées des autorités compétentes permettant d'entrer en contact directement avec elles ;

c. Les conditions d'accès aux registres et bases de données publics relatifs aux prestataires et aux services ;

d. Les voies de recours disponibles en cas de litige entre les autorités compétentes et le prestataire ou le destinataire de services, ou entre un prestataire et un destinataire de services, ou entre prestataires ;

e. Les coordonnées des associations ou organisations, autres que les autorités compétentes, auprès desquelles les prestataires ou les destinataires sont susceptibles d'obtenir une assistance pratique ;

f. Une aide et une assistance fournies de manière claire délivrées par le biais d'informations d'ordre général sur la façon dont les exigences sont interprétées ou appliquées, facilement accessibles à distance et par voie électronique et mises à jour, y compris, le cas échéant, dans d'autres langues communautaires ;

g. Une liste mentionnant les organismes destinataires proposant des informations relatives aux détails et aux enjeux de la vie d'une entreprise, ainsi que les modalités d'accès à ces informations ;

3° En ce qui concerne les formalités de constitution des sociétés :

a. Les règles relatives à la constitution des sociétés, notamment les obligations relatives à l'utilisation des modèles et aux autres actes constitutifs, à l'identification de personnes, aux langues utilisées et aux frais applicables ;

b. Les règles relatives à l'immatriculation de succursales, ainsi que les obligations relatives aux documents d'immatriculation, à l'identification de personnes et aux langues utilisées ;

c. Une description succincte des règles relatives à la nomination aux organes d'administration, de direction ou de surveillance d'une société, ainsi que des règles relatives à la révocation des administrateurs et aux autorités ou organes compétents pour conserver les informations sur les administrateurs révoqués ;

d. Une description succincte des compétences et des responsabilités des organes d'administration, de direction et de surveillance d'une société, y compris l'autorité ayant le pouvoir d'engager la société à l'égard des tiers.

DC-IX-3000 s.

Art. R 123-3 Le dossier mentionné à l'article L 123-33 et transmis à l'organisme unique comprend les éléments suivants :

1° L'ensemble des informations renseignées par le déclarant ;

2° Le cas échéant, les demandes d'autorisation mentionnées au 2° du I de l'article R 123-1 nécessaires à l'exercice de l'activité ;

3° Les pièces numériques ou numérisées exigées, sauf s'il s'agit de pièces devant être fournies en original et établies sur support papier ;

4° Lorsque la déclaration de création ou de modification de situation et, le cas échéant, les demandes d'autorisation donnent lieu à la perception de frais, le justificatif de règlement de ces frais, selon des moyens communiqués au déclarant.

Un arrêté du ministre chargé de l'économie fixe les caractéristiques électroniques des informations et pièces énumérées au présent article.

DC-IX-3000 s.

Art. R 123-4 I. Les déclarations mentionnées au 1° du I de l'article R 123-1 comportent les informations indispensables à l'exercice de leurs prérogatives par les organismes destinataires ou à l'immatriculation au sein des registres ou du répertoire d'entreprises. Parmi celles-ci figurent les informations suivantes :

1° Pour les créations d'entreprises :

a. Les nom, nom d'usage, prénoms et nationalité du déclarant pour les personnes physiques, la dénomination ou la raison sociale pour les personnes morales ;

b. La forme juridique de l'entreprise ;

c. Le siège de l'entreprise, le domicile du déclarant ou l'adresse de l'établissement ;

d. Les coordonnées téléphoniques et, s'il en dispose, l'adresse électronique du déclarant ;

e. L'objet de la formalité ;

f. La ou les activités exercées par l'entreprise au sein de chacun de ses établissements, en précisant l'activité principale de l'entreprise et de chacun de ses établissements ;

g. L'existence de salariés dans l'entreprise ou dans l'établissement et, le cas échéant, leur nombre ;

h. La date d'effet de l'événement objet de la formalité ;

i. Les date et lieu de naissance des déclarants personnes physiques ;

j. S'il en dispose, le numéro de sécurité sociale du déclarant personne physique ;

k. L'existence d'activités exercées simultanément à l'activité faisant l'objet de la déclaration et, le cas échéant, la désignation de ces activités ainsi que l'indication du registre ou répertoire d'entreprises au sein duquel elles sont enregistrées et le régime social auquel elles sont rattachées ;

l. La nature de la gérance, lorsque l'entreprise est une société à responsabilité limitée ;

m. L'exercice ou non d'une activité professionnelle régulière du conjoint du chef d'entreprise dans l'entreprise et le statut choisi par ce dernier à ce titre, ainsi que, en cas d'activité régulière, les nom, nom d'usage, prénoms, nationalité et domicile de ce conjoint ;

2° Pour les modifications de la situation de l'entreprise ainsi que pour sa cessation d'activité :

a. Les nom, nom d'usage, prénoms, pseudonyme et numéro de sécurité sociale du déclarant pour les personnes physiques, la dénomination ou la raison sociale pour les personnes morales ;

b. Les coordonnées téléphoniques et, s'il en dispose, l'adresse électronique du déclarant ;

c. Le numéro unique d'identification de l'entreprise et, le cas échéant, le nom de la ville où se trouve le greffe où elle est immatriculée, ou la chambre de métiers et de l'artisanat de région compétente pour contrôler son immatriculation en tant qu'entreprise du secteur des métiers et de l'artisanat au sein du Registre national des entreprises ;

d. L'objet de la formalité ainsi que la date d'effet de l'événement la justifiant ;

e. En cas de déclaration modificative portant mention que le conjoint du chef d'entreprise exerce une activité professionnelle régulière dans l'entreprise, le statut choisi par le conjoint à ce titre ainsi que ses nom, nom d'usage, prénoms, nationalité et domicile.

L'organisme unique ne transmet pas les déclarations qui ne respectent pas les conditions ci-dessus énumérées. Il ne peut en apprécier le bien-fondé. Il informe sans délai le déclarant de tout refus de transmission, en indiquant les motifs, dans les conditions prévues à l'article R 123-6.

L'organisme unique interroge le répertoire national d'identification des personnes physiques afin d'avoir confirmation, pour les personnes physiques inscrites, du caractère identique des éléments déclarés à ceux figurant dans ce répertoire. Le résultat de cette consultation est porté à la connaissance des organismes destinataires mentionnés à l'arrêté prévu à l'article R 123-16.

II. Les demandes d'autorisation mentionnées au 2° du I de l'article R 123-1 comportent l'identité du demandeur et l'objet de la demande.

L'organisme unique ne transmet pas les demandes d'autorisation qui ne respectent pas les conditions ci-dessus énumérées. Il ne peut en apprécier le bien-fondé. Il informe sans délai le déclarant de tout refus de transmission, en indiquant les motifs, dans les conditions prévues à l'article R 123-6.

L'organisme unique interroge le répertoire national d'identification des personnes physiques, afin d'avoir confirmation, pour les personnes physiques inscrites, du caractère identique des éléments déclarés à ceux figurant dans ce répertoire. Le résultat de cette consultation est porté à la connaissance des organismes destinataires mentionnés à l'arrêté prévu à l'article R 123-16.

DC-IX-3000 s.

Art. R 123-5 Lorsqu'une signature est requise, le recours à une signature électronique avancée reposant sur un certificat qualifié est exigé dans les conditions prévues par le règlement (UE) n° 910/2014 du 23 juillet 2014 sur l'identification électronique et les services de confiance pour les transactions électroniques au sein du marché intérieur. Le certificat de signature électronique qualifié répond aux exigences de l'annexe 1 de ce règlement et est délivré par un prestataire de service de confiance qualifié ou par une autorité de certification française ou étrangère. Toutefois, pour la transmission des dossiers de création d'entreprise, des déclarations prévues à l'article L 526-7 ou des demandes d'autorisation, est autorisé, y compris pour les demandes d'immatriculation au registre du commerce et des sociétés, le recours à une signature électronique simple répondant aux exigences du même règlement.

L'identification du déclarant par un moyen d'identification électronique correspondant à un niveau de garantie substantiel ou élevé figurant au sein du schéma d'identification électronique notifié en vertu de l'article 9 règlement (UE) n° 910/2014 du 23 juillet 2014 sur l'identification électronique et les services de confiance pour les transactions électroniques au sein du marché intérieur, associée à une signature électronique simple, vaut signature électronique avancée reposant sur un certificat qualifié. Les procédés techniques utilisés doivent garantir la conservation des transmissions opérées, l'établissement de manière certaine de leur date d'envoi et de la date de leur mise à la disposition de leur destinataire ou de leur réception par ce dernier, ainsi que la sécurité et la confidentialité des échanges.

Un arrêté du ministre chargé de l'économie détermine les formats de signature et les procédures de vérification applicables.

Art. R 123-6 Les articles R 112-11-1 à R 112-11-4 du code des relations entre le public et l'administration sont, sauf dispositions contraires prévues par le présent article, applicables aux modalités de saisine de l'organisme unique et aux échanges entre le déclarant et cet organisme unique.

Par dérogation aux trois derniers alinéas de l'article R 112-11-1 du même code, l'accusé de réception électronique délivré par l'organisme unique mentionne les organismes destinataires et autorités compétentes auxquels le dossier unique a été adressé par son intermédiaire.

L'organisme unique transmet au déclarant l'accusé de réception électronique du dossier unique qui lui est adressé par chacun de ces organismes ou autorités.

En cas de demande additionnelle formée par un organisme destinataire ou une autorité compétente, l'organisme unique indique au déclarant les informations et pièces complémentaires nécessaires à l'instruction du dossier, que celui-ci doit transmettre par son intermédiaire, ainsi que, en cas de dépassement du délai prévisible de traitement, les motifs invoqués par l'organisme ou l'autorité mentionnés ci-dessus.

Lorsqu'il doit transmettre des actes authentiques ou actes sous seing privé en original, le déclarant joint au dossier défini à l'article R 123-3 du présent code une copie numérisée des pièces concernées, et dépose les originaux, accompagnés d'une édition de l'accusé de réception électronique, aux organismes ou aux autorités concernés.

L'organisme unique informe le déclarant des décisions prises par les organismes ou autorités, telles qu'elles lui sont communiquées.

Art. R 123-7 Les articles R 112-11-1 à R 112-11-4 du code des relations entre le public et l'administration sont, sauf dispositions contraires prévues par le présent article, applicables aux échanges entre l'organisme unique, d'une part, et les organismes destinataires des déclarations et les autorités compétentes pour statuer sur les demandes d'autorisation, d'autre part.

L'organisme unique transmet à l'Institut national de la statistique et des études économiques les informations et pièces nécessaires pour l'inscription au répertoire des entreprises et de leurs établissements. Dès qu'il est informé de cette inscription, il transmet aux autorités en charge de la validation des données présentes dans le Registre national des entreprises, les informations et pièces du dossier unique qui les concernent. A réception des résultats des opérations de validation, l'organisme unique les transmet à l'Institut national de la statistique et des études économiques, aux fins de procéder aux modifications des informations inscrites qui seraient rendues nécessaires. A réception des informations inscrites par l'Institut, l'organisme unique communique aux organismes destinataires des déclarations et, le cas échéant, aux autorités habilitées à délivrer les autorisations, les informations et pièces du dossier unique qui les concernent, telles que validées par les autorités susmentionnées et complétées des inscriptions portées au répertoire des entreprises et de leurs établissements.

L'accusé de réception délivré à l'organisme unique par chacun des organismes et autorités mentionnés ci-dessus indique que le dossier est complet et mentionne le délai prévisible de traitement de ce dernier.

Ces organismes et autorités informent l'organisme unique de leurs décisions d'acceptation, de rejet, ou de demande de transmission additionnelle d'informations ou de pièces, ainsi que des éventuels dépassements des délais prévisibles de traitement.

Dans le cas d'une demande de transmission additionnelle d'informations ou de pièces, ils informent l'organisme unique de la liste des éléments complémentaires que le déclarant doit faire parvenir par son intermédiaire.

Dans le cas d'une décision de rejet, ils informent l'organisme unique de ses motifs ainsi que des délais et voies de recours.

Lorsque la déclaration ou la demande d'autorisation s'accompagnent de paiement de frais, les organismes et autorités mentionnés ci-dessus notifient au service que leurs prestations ont été accomplies et que le versement des frais peut être réalisé

Les transmissions mentionnées aux alinéas précédents sont assurées :

1° Sans frais, sans délai et par voie électronique ;

2° S'agissant des informations transmises, conformément au titre II du livre III du code des relations entre le public et l'administration et à l'ordonnance n° 2005-1516 du 8 décembre 2005 relative aux échanges électroniques entre les usagers et les autorités administratives et entre les autorités administratives ;

3° Selon un format et, s'agissant des seules pièces, une indexation qui sont fixés par arrêté des ministres chargés de l'économie, de la justice, des affaires sociales et de l'agriculture.

Art. R 123-8 Lorsque la déclaration ou la demande d'autorisation mentionnée aux 1° et 2° du I de l'article R 123-1 implique le paiement de frais au profit de l'organisme destinataire ou de l'autorité compétente le déclarant s'en acquitte auprès de l'organisme unique, selon des modalités fixées par un arrêté du ministre chargé de l'économie.

L'organisme unique perçoit, pour le compte des organismes destinataires et autorités compétentes, les redevances, taxes et émoluments institués en leur faveur ou qu'ils sont chargés de collecter et de distribuer à d'autres organismes. Il reverse aux organismes destinataires et autorités compétentes les fonds perçus à compter de la réception de la notification mentionnée au septième alinéa de l'article R 123-7. Le virement des fonds est réalisé dans les délais fixés par un arrêté du ministre chargé de l'économie.

DC-IX-3870

Art. R 123-9 Si le déclarant utilise un service de conservation provisoire des données proposé par l'organisme unique dans des conditions conformes à la loi n° 78-17 du 6 janvier 1978 relative à l'informatique, aux fichiers et aux libertés et au règlement (UE) 2016/679 du Parlement européen et du Conseil du 27 avril 2016 relatif à la protection des personnes physiques à l'égard du traitement des données à caractère personnel et à la libre circulation de ces données, il est procédé, à l'issue de la période de conservation provisoire d'une durée maximale de douze mois, à l'effacement de toutes les données et de tous les fichiers concernant le déclarant sur les supports informatiques où ils figurent. Le déclarant en est avisé préalablement par voie électronique.

Art. R 123-10 Dans le cas d'une demande d'autorisation mentionnée au 2° du I de l'article R 123-1 :

1° Lorsque le dossier contient toutes les pièces nécessaires à la délivrance de la ou des autorisations requises, conformément à l'article R 123-3, l'accusé de réception électronique mentionné à l'article R 123-7 indique le ou les délais prévus par les textes législatifs ou réglementaires en vigueur pour la délivrance de la ou des autorisations requises pour exercer l'activité qui fait l'objet de la demande ainsi que les délais et voies de recours applicables aux décisions prises sur les demandes d'autorisation ;

2° Lorsque le dossier est incomplet, sous réserve des dispositions du 3° ci-dessous, l'accusé de réception électronique mentionné à l'article R 123-7 indique les compléments qui doivent être communiqués auprès de l'organisme unique mentionné à l'article R 123-1 par le déclarant dans un délai de quinze jours ouvrables à compter de la réception de l'accusé de réception ;

3° Lorsqu'un document attestant de l'accomplissement de la formalité de création prévue au 1° du I de l'article R 123-1 est nécessaire à la délivrance de la ou des autorisations requises ou à la délivrance de pièces elles-mêmes nécessaires à la délivrance de la ou des autorisations requises, le dossier de demande d'autorisation fait l'objet d'un accusé de réception électronique, mentionné à l'article R 123-7 et transmis par l'organisme unique, attestant la réception des pièces remises par le déclarant, la date de la remise et indiquant la nature des pièces complémentaires attendues.

L'organisme unique adresse, dans les conditions du 1°, un second accusé de réception électronique au déclarant lorsqu'il reçoit directement de l'autorité compétente le document attestant de l'accomplissement de la formalité prévue au 1° du I de l'article R 123-1.

Si le demandeur doit accomplir des démarches personnelles pour compléter son dossier de demande d'autorisation, l'organisme unique l'informe qu'il dispose d'un délai de quinze jours ouvrables, le cas échéant renouvelable une fois, à compter de la réception de l'accusé de réception attestant de l'accomplissement de la formalité prévue au 1° du I de l'article R 123-1 pour remettre à l'organisme unique les pièces résultant de ses démarches. Lorsque ces pièces ont été remises, le déclarant reçoit un accusé de réception de la transmission des demandes aux autorités administratives dans les conditions prévues au 1°.

Art. R 123-11 La déclaration transmise à l'organisme unique interrompt les délais à l'égard de cet organisme.

Les organismes et autorités destinataires des déclarations et des demandes d'autorisation sont seuls compétents pour en contrôler la régularité ou en apprécier la validité.

Art. R 123-12 L'organisme unique informe le déclarant de toute difficulté technique concernant l'envoi de son dossier par ses soins aux organismes destinataires ou, le cas échéant, aux autorités habilitées à délivrer les autorisations.

Lorsque le délai d'interruption de service dépasse une durée fixée par arrêté du ministre chargé de l'économie, l'organisme unique autorise le déclarant à adresser son dossier directement aux organismes destinataires ou, le cas échéant, aux autorités habilitées à délivrer les autorisations, selon des modalités fixées par leurs soins.

Art. R 123-13 L'organisme unique ne peut conserver au-delà d'un délai de trois ans les déclarations dont les renseignements sont destinés à être inscrits au Registre national des entreprises, ainsi que les pièces relatives à celles-ci. Les déclarations dont les renseignements ne sont pas inscrits au Registre national des entreprises ainsi que, le cas échéant, les pièces relatives aux procédures d'autorisations, sont conservées dans des délais nécessaires à la transmission prévue à l'article R 123-7.

Art. R 123-14 I. Le déclarant bénéficie d'une assistance gratuite pour la réalisation des formalités et procédures mentionnées à l'article R 123-1.

Cette assistance est assurée par l'organisme unique, les chambres consulaires et les organismes destinataires.

L'organisme unique met à disposition du déclarant une information technique sur le fonctionnement du guichet unique électronique des formalités d'entreprises et une information générale sur l'accomplissement des formalités, accessibles depuis le site du guichet unique électronique et par tout autre moyen qu'il juge utile.

Les chambres consulaires assistent les déclarants relevant de leur compétence dans l'accomplissement des formalités, en leur apportant une aide à la compréhension des informations et pièces sollicitées afin d'établir le dossier unique. Elles prennent toutes dispositions utiles afin d'assurer aux déclarants relevant de leur ressort l'accès à un outil informatique leur permettant d'accomplir les formalités sur le site du guichet unique électronique.

Les organismes destinataires apportent, le cas échéant et selon des modalités de délivrance qui leur sont propres, des éléments d'information relatifs aux formalités qui relèvent de leurs compétences.

II. En complément de cette assistance, les chambres consulaires peuvent proposer au déclarant un accompagnement sous la forme d'une information personnalisée, sous réserve des dispositions prévues aux articles 54 à 66-3 de la loi n° 71-1130 du 31 décembre 1971 portant réforme de certaines professions judiciaires et juridiques, ainsi que des outils de compréhension des enjeux et des conséquences de la création ou de la reprise d'entreprise, et du déroulement de la vie de l'entreprise.

Chaque chambre consulaire mettant en œuvre cet accompagnement informe en amont le déclarant du caractère éventuellement payant de cette prestation pour la réalisation des formalités mentionnées à l'article R 123-1 et de son absence de caractère obligatoire.

Art. R 123-15 Un arrêté du Premier ministre précise les modalités de nature à assurer la continuité du service en cas de difficulté grave de fonctionnement du service informatique mentionné à l'article R 123-2.

Ndlr *Voir arrêté PRMX2236475A du 28 décembre 2022, JO du 29.*

Art. R 123-16 Un arrêté des ministres chargés de la justice, de l'économie, des affaires sociales, de l'agriculture et du travail précise la liste des déclarations mentionnées au 1° du I de l'article R 123-1 devant être déposées auprès de l'organisme unique et des administrations, personnes ou organismes destinataires de ces formalités selon leur compétence. Ce même arrêté précise les modalités de coordination des ministères assurant la tutelle de l'organisme unique et des organismes destinataires, afin d'assurer le bon fonctionnement du traitement des déclarations des entreprises, des demandes d'autorisations d'accès à leurs activités ou d'exercice de ces activités, ainsi que des reconnaissances des qualifications professionnelles.

Art. R 123-172 Un document décrivant les procédures et l'organisation comptables est établi par le commerçant dès lors que le document est nécessaire à la compréhension du système de traitement et à la réalisation des contrôles.

Ce document est conservé aussi longtemps qu'est exigée la présentation des documents comptables auxquels il se rapporte.

Art. R 123-173 Tout commerçant tient obligatoirement un livre-journal et un grand-livre.

Le livre-journal et le grand-livre peuvent, à la demande du commerçant, être cotés et paraphés, dans la forme ordinaire et sans frais, par le greffier du tribunal dans le ressort duquel le commerçant est immatriculé. Chaque livre reçoit un numéro d'identification répertorié par le greffier sur un registre spécial.

Des documents sous forme électronique peuvent tenir lieu de livre-journal et de grand-livre ; dans ce cas, ils sont identifiés et datés dès leur établissement par des moyens offrant toute garantie en matière de preuve.

RIE-III-8080 s.

Art. R 123-174 Les mouvements affectant le patrimoine de l'entreprise sont enregistrés opération par opération et jour par jour pour le livre-journal.

Tout enregistrement comptable précise l'origine, le contenu et l'imputation de chaque donnée ainsi que les références de la pièce justificative qui l'appuie.

Les opérations de même nature, réalisées en un même lieu et au cours d'une même journée, peuvent être récapitulées sur une pièce justificative unique.

Les pièces justificatives sont classées dans un ordre défini au document mentionné à l'article R 123-172.

RIE-III-8080 s.

Art. R 123-175 Les écritures du livre-journal sont portées sur le grand-livre et ventilées selon le plan comptable.

RIE-III-8080 s.

Art. R 123-176 Le livre-journal et le grand-livre sont détaillés en autant de journaux auxiliaires et de livres auxiliaires que les besoins du commerce l'exigent.

Les écritures portées sur les journaux et les livres auxiliaires sont centralisées une fois par mois au moins sur le livre-journal et le grand-livre.

RIE-III-8080 s.

Art. R 123-177 L'inventaire est le contrôle annuel de l'existence et de la valeur de tous les éléments d'actif et de passif à la date de clôture.

Les données d'inventaire sont conservées dans les conditions prévues à l'article L 123-22 et organisées de manière à justifier le contenu et le mode d'évaluation de chacun des postes du bilan.

RIE-III-8080 s.

Art. R 123-178 Pour l'application de l'article L 123-18 :

1° Le coût d'acquisition est égal au prix d'achat majoré des frais accessoires nécessaires à la mise en état d'utilisation du bien ;

2° Le coût de production est égal au coût d'acquisition des matières consommées augmenté des charges directes et d'une fraction des charges indirectes de production : les intérêts des capitaux empruntés pour financer la fabrication d'une immobilisation peuvent être inclus dans le coût de production lorsqu'ils concernent la période de fabrication. En ce qui concerne les éléments de l'actif circulant tel qu'il est défini au 2° de l'article R 123-182, cette faculté est limitée à ceux dont le cycle de production dépasse nécessairement la durée de l'exercice. La justification et le montant de ces inclusions figurent à l'annexe ;

3° La valeur vénale d'un bien acquis à titre gratuit correspond au prix qui aurait été acquitté dans des conditions normales de marché ;

4° La valeur actuelle est une valeur d'estimation qui s'apprécie en fonction du marché et de l'utilité du bien pour l'entreprise ;

5° La valeur d'inventaire est égale à la valeur actuelle ; toutefois, lorsque la valeur d'inventaire d'une immobilisation non financière n'est pas jugée notablement inférieure à sa valeur comptable nette, celle-ci est retenue comme valeur d'inventaire.

Art. R 123-179 Les éléments de l'actif immobilisé dont la durée d'utilisation est limitée sont amortis sur cette durée selon un plan d'amortissement. Un règlement de l'Autorité des normes comptables peut toutefois prévoir des modalités d'amortissement différentes pour ceux des commerçants qui ne dépassent pas, à la clôture de l'exercice deux des trois critères fixés par le 2° de l'article D 123-200.

Toute modification significative des conditions d'utilisation du bien justifie la révision du plan en cours d'exécution.

Que leur durée d'utilisation soit limitée ou non, les éléments de l'actif immobilisé font l'objet d'une dépréciation lorsque leur valeur d'inventaire est inférieure à la valeur comptable et si l'on prévoit que la perte de valeur sera durable.

Les amortissements et les dépréciations sont inscrits distinctement à l'actif en diminution de la valeur des éléments correspondants.

Les risques et charges, nettement précisés quant à leur objet, que des événements survenus ou en cours rendent probables, entraînent la constitution de provisions.

Les dépréciations et provisions sont rapportées au résultat quand les raisons qui les ont motivées ont cessé d'exister. Par exception, les dépréciations afférentes au fonds commercial ne sont jamais rapportées au résultat.

Art. R 123-180 Le classement des éléments du bilan et du compte de résultat ainsi que la liste des informations contenues dans l'annexe peuvent être adaptés par secteurs d'activité par un règlement de l'Autorité des normes comptables.

Les comptes annuels peuvent être présentés en négligeant les centimes.

Art. R 123-181 Les éléments du patrimoine de l'entreprise sont classés à l'actif et au passif du bilan suivant leur destination et leur provenance. Les éléments destinés à servir de façon durable à l'activité de l'entreprise constituent l'actif immobilisé.

Art. R 123-182 L'actif du bilan dont le modèle est établi par un règlement de l'Autorité des normes comptables fait apparaître successivement les rubriques suivantes :

1° Au titre de l'actif immobilisé : les immobilisations incorporelles, les immobilisations corporelles et les immobilisations financières ;

2° Au titre de l'actif circulant : les stocks et en-cours, les avances et acomptes versés sur commandes, les créances, les valeurs mobilières de placement et les disponibilités ;

2° bis. Les primes de remboursement des obligations ;

3° Les comptes de régularisation ;

4° Les écarts de conversion.

Art. R 123-184 Constituent des participations les droits dans le capital d'autres personnes morales, matérialisés ou non par des titres, qui, en créant un lien durable avec celles-ci, sont destinés à contribuer à l'activité de la société détentrice. Sont présumés être des participations les titres représentant une fraction du capital supérieure à 10 %.

Art. R 123-185 Le montant des primes de remboursement d'emprunts est porté à l'actif du bilan au poste à intitulé correspondant. Il est amorti systématiquement sur la durée de l'emprunt selon des modalités indiquées à l'annexe. Les primes afférentes à la fraction d'emprunts remboursée ne peuvent en aucun cas y être maintenues.

Art. R 123-186 Les dépenses engagées à l'occasion d'opérations qui conditionnent l'existence ou le développement de l'entreprise mais dont le montant ne peut être rapporté à des productions de biens et de services déterminées peuvent figurer à l'actif du bilan au poste « frais d'établissement ».

Les frais de développement peuvent être inscrits à l'actif du bilan, au poste correspondant, à la condition de se rapporter à des projets nettement individualisés, ayant des sérieuses chances de rentabilité commerciale.

Les éléments acquis du fonds de commerce qui ne peuvent figurer à d'autres postes du bilan sont inscrits au poste « fonds commercial ».

Art. R 123-187 Un règlement de l'Autorité des normes comptables fixe les conditions de détermination de la durée d'utilisation, limitée ou non, des actifs incorporels. Les frais d'établissement sont amortis selon un plan et dans un délai maximal de cinq ans. Les frais de développement sont amortis sur la durée d'utilisation estimée des projets et cette durée est justifiée dans l'annexe. Si leur durée d'utilisation ne peut pas être déterminée de manière fiable, les frais de développement sont amortis sur une durée maximale de 5 ans.

Tant que les postes « frais d'établissement » et « frais de développement » ne sont pas apurés, il ne peut être procédé à aucune distribution de dividendes sauf si le montant des réserves libres est au moins égal à celui des frais non amortis.

Dans des cas exceptionnels, lorsque la durée d'utilisation des éléments du fonds de commerce inscrits au poste « fonds commercial » ne peut être déterminée de façon fiable, ces éléments sont amortis sur une période de 10 ans.

Art. R 123-188 Les frais d'exploitation minière assimilés à des frais de développement peuvent être inscrits à l'actif du bilan sous ce poste. Le point de départ du plan d'amortissement correspondant peut être différé jusqu'au terme des recherches sous réserve de l'application éventuelle des dispositions de l'article R 123-179. Dans ce cas, par dérogation aux dispositions du deuxième alinéa de l'article R 123-187, une société filiale au sens de l'article L 233-1 peut procéder à une distribution anticipée de dividendes si la société mère gage cette distribution par la constitution des réserves nécessaires.

Art. R 123-190 Le passif du bilan fait apparaître successivement les rubriques suivantes : les capitaux propres, les autres fonds propres, les provisions, les dettes, les comptes de régularisation et les écarts de conversion.

Les postes du passif distinguent parmi les capitaux propres : le capital, les primes d'émission et primes assimilées, les écarts de réévaluation, le résultat de l'exercice, les subventions d'investissement et les provisions réglementées, ainsi que les réserves en isolant la réserve légale, les réserves statutaires ou contractuelles et les réserves réglementées.

Art. R 123-191 Les capitaux propres correspondent à la somme algébrique des apports, des écarts de réévaluation, des bénéfices autres que ceux pour lesquels une décision de distribution est intervenue, des pertes, des subventions d'investissement et des provisions réglementées.

Art. R 123-192 Les produits et les charges de l'exercice sont classés au compte de résultat de manière à faire apparaître par différence les éléments du résultat courant et le résultat exceptionnel dont la réalisation n'est pas liée à l'exploitation courante de l'entreprise.

Art. R 123-193 Le compte de résultat dont le modèle est établi par un règlement de l'Autorité des normes comptables fait apparaître successivement, outre les variations de stocks :

1° Au titre des charges : les charges d'exploitation, les charges financières, les charges exceptionnelles ainsi que la participation des salariés aux fruits de l'expansion et l'impôt sur le bénéfice ;

2° Au titre des produits : les produits d'exploitation, les produits financiers et les produits exceptionnels ;

3° Le résultat de l'exercice.

Art. R 123-194 Le compte de résultat de l'exercice présenté sous forme de liste conformément aux dispositions du deuxième alinéa de l'article L 123-13 permet également de dégager successivement le résultat d'exploitation, le résultat financier, le résultat courant avant impôt et le résultat exceptionnel.

Art. R 123-195 Outre les informations obligatoires prévues aux articles L 123-13 à L 123-21, L 232-1 à L 232-23, R 123-179 à R 123-189 du présent code et à l'article R 313-14 du code monétaire et financier et les informations prévues par règlement de l'Autorité des normes comptables, l'annexe comporte toutes les informations d'importance significative sur la situation patrimoniale et financière et sur le résultat de l'entreprise.

Art. R 123-197-1 Les sociétés anonymes qui adoptent une présentation simplifiée en application de l'article L 123-16 mentionnent dans l'annexe la liste des transactions effectuées entre, d'une part, la société et ses principaux actionnaires et, d'autre part, la société et les membres de ses organes d'administration et de surveillance, si ces transactions présentent une importance significative et n'ont pas été conclues aux conditions normales du marché. Les modalités d'élaboration de cette liste sont précisées par un règlement de l'Autorité des normes comptables.

Art. R 123-198 Les personnes morales ne pouvant adopter une présentation simplifiée de leurs comptes dans les conditions de l'article L 123-16 et R 123-200 à R 123-202 font également figurer dans l'annexe :

1° Le montant des rémunérations allouées au titre de l'exercice aux membres des organes d'administration, de direction et de surveillance à raison de leurs fonctions : ces informations sont données de façon globale pour chaque catégorie ; elles peuvent ne pas être fournies lorsqu'elles permettent d'identifier la situation d'un membre déterminé de ces organes ;

2° Les obligations convertibles, échangeables en titres similaires avec l'indication par catégorie de leur nombre, de leur valeur nominale et des droits qu'ils confèrent ;

3° La ventilation de l'impôt entre la partie imputable aux éléments exceptionnels du résultat et la partie imputable aux autres éléments, avec l'indication de la méthode utilisée ;

4° La ventilation du montant net du chiffre d'affaires par secteur d'activité et par marché géographique ; si certaines de ces indications sont omises en raison du préjudice grave qui pourrait résulter de leur divulgation, il est fait mention du caractère incomplet de cette information ;

5° La ventilation par catégorie de l'effectif moyen, salarié d'une part et mis à disposition de l'entreprise pendant l'exercice d'autre part ; l'effectif employé à temps partiel ou pour une durée inférieure à l'exercice est pris en compte en proportion du temps de travail effectif, par référence à la durée conventionnelle ou légale du travail ;

6° L'indication sommaire de la mesure dans laquelle le résultat de l'exercice a été affecté par l'application des dispositions fiscales énoncées au point 2 ci-dessus et des conséquences qui en résultent sur les postes de capitaux propres ;

7° L'indication des accroissements et des allégements de la dette future d'impôt provenant des décalages dans le temps entre le régime fiscal et le traitement comptable de produits ou de charges et, lorsqu'ils sont d'un montant exceptionnel, de ceux dont la réalisation est éventuelle ;

8° Les éléments constitutifs du poste « frais d'établissement » énoncé au premier alinéa de l'article R 123-186 ;

9° Le montant total des honoraires des commissaires aux comptes figurant au compte de résultat de l'exercice, en séparant les honoraires facturés au titre du contrôle légal des comptes de ceux facturés au titre des conseils et prestations de services entrant dans les diligences directement liées à la mission de contrôle légal des comptes, telles qu'elles sont définies par les normes d'exercice professionnel mentionnées au II de l'article L 822-11. Ces informations ne sont pas fournies si la personne morale est incluse dans un périmètre de consolidation et si l'annexe des comptes consolidés les mentionne ;

10° L'impact financier des opérations mentionnées au 9° de l'article R 123-197 ;

11° La liste des transactions, au sens de l'article R 123-199-1, effectuées par la société avec des parties liées lorsque ces transactions présentent une importance significative et n'ont pas été conclues aux conditions normales du marché. Cette information n'est pas requise pour les transactions effectuées par la société avec les filiales qu'elle détient en totalité ou entre ses filiales détenues en totalité. Les modalités d'élaboration de cette liste sont précisées par un règlement du Comité de la réglementation comptable.

Art. R 123-199 Les éléments chiffrés de l'annexe sont, sauf exception dûment justifiée, déterminés selon les mêmes principes et les mêmes méthodes que pour l'établissement du bilan et du compte de résultat.

Ils concernent l'ensemble des activités de l'entreprise quel que soit le lieu de leur exercice. Ils sont vérifiables par rapprochement avec des documents justificatifs.

Les éléments chiffrés qui figurent déjà au bilan ou au compte de résultat peuvent être omis dans l'annexe.

Art. R 123-199-1 Les mots : « partie liée » et « transactions entre parties liées » ont le même sens que celui défini par les normes comptables internationales adoptées par le règlement (CE) nº 2238/2004 de la Commission du 29 décembre 2004, notamment la partie de son annexe IAS 24 intitulée « objet des informations relatives aux parties liées », ainsi que par tout règlement communautaire qui viendrait le modifier.

Art. D 123-200 Pour l'application des articles L 123-16 et L 123-16-1 :

1º En ce qui concerne les micro-entreprises, le total du bilan est fixé à 450 000 euros, le montant net du chiffre d'affaires à 900 000 euros et le nombre moyen de salariés employés au cours de l'exercice à 10 ;

2º En ce qui concerne les petites entreprises, le total du bilan est fixé à 7 500 000 euros, le montant net du chiffre d'affaires à 15 000 000 euros et le nombre moyen de salariés employés au cours de l'exercice à 50.

En ce qui concerne les moyennes entreprises, le total du bilan est fixé à 25 000 000 euros, le montant net du chiffre d'affaires à 50 000 000 euros et le nombre moyen de salariés employés au cours de l'exercice à 250.

Ndlr *Les seuils relatifs au bilan et au chiffre d'affaires mentionnés aux trois alinéas ci-dessus s'appliquent aux comptes et rapports afférents aux exercices ouverts à compter du 1er janvier 2024. Toutefois, les mandats de commissaires aux comptes en cours au 1er mars 2024 se poursuivent jusqu'à leur date d'expiration dans les conditions prévues à l'article L 821-44 du code de commerce (Décret 2024-152 du 28 février 2024 art. 4).*

Le total du bilan est égal à la somme des montants nets des éléments d'actif.

Le montant net du chiffre d'affaires est égal au montant des ventes de produits et services liés à l'activité courante, diminué des réductions sur ventes, de la taxe sur la valeur ajoutée et des taxes assimilées.

Sauf disposition contraire, le nombre moyen de salariés est apprécié selon les modalités prévues au I de l'article L 130-1 du code de la sécurité sociale. Par dérogation, il est apprécié sur le dernier exercice comptable lorsque celui-ci ne correspond pas à l'année civile précédente *(NDLR Les dispositions du présent alinéa s'appliquent à compter du premier exercice ouvert à compter de l'entrée en vigueur du décret 2020-101 du 7 février 2020).*

RIE-III-17100 s. ; MF nº 10950

Obligations comptables applicables à certains commerçants

RIE-III-17230 s. ; MF nº 11135

Art. L 123-25 Par dérogation aux dispositions des premier et troisième alinéas de l'article L 123-12, les personnes physiques placées sur option ou de plein droit sous le régime réel simplifié d'imposition peuvent n'enregistrer les créances et les dettes qu'à la clôture de l'exercice et ne pas établir d'annexe.

Les personnes morales ayant la qualité de commerçant et placées sur option ou de plein droit sous le régime simplifié d'imposition peuvent présenter une annexe abrégée établie selon un modèle fixé par un règlement de l'Autorité des normes comptables.

Par dérogation aux dispositions du premier alinéa de l'article L 123-12, ces mêmes personnes, à l'exception de celles contrôlées par une société qui établit des comptes en application de l'article L 233-16, peuvent enregistrer leurs créances et leurs dettes à la clôture de l'exercice.

Art. L 123-26 Par dérogation aux dispositions du deuxième alinéa de l'article L 123-13, les personnes physiques placées sur option ou de plein droit sous le régime réel simplifié d'imposition peuvent inscrire au compte de résultat, en fonction de leur date de paiement, les charges dont la périodicité n'excède pas un an, à l'exclusion des achats.

Art. L 123-27 Par dérogation aux dispositions du troisième alinéa de l'article L 123-18, les personnes physiques placées sur option ou de plein droit sous le régime réel simplifié d'imposition peuvent procéder à une évaluation simplifiée des stocks et des productions en cours, selon une méthode fixée par règlement de l'Autorité des normes comptables.

Art. L 123-28 Par dérogation aux dispositions des articles L 123-12 à L 123-23, les personnes physiques bénéficiant du régime défini à l'article 50-0 du code général des impôts peuvent ne pas établir de comptes annuels. Elles tiennent un livre mentionnant chronologiquement le montant et l'origine des recettes qu'elles perçoivent au titre de leur activité professionnelle. Elles tiennent également, lorsque leur commerce principal est de vendre des marchandises, objets, fournitures et denrées à emporter ou à consommer sur place, ou de fournir le logement, un registre récapitulé par année, présentant le détail de leurs achats. Un décret fixe les conditions dans lesquelles ce livre et ce registre sont tenus.

RIE-II-1100 s. ; MF n° 11330

Art. R 123-203 Par dérogation à l'article R 123-174, les personnes mentionnées aux articles L 123-25 et L 123-28 peuvent procéder à l'enregistrement comptable des encaissements et des paiements en retenant la date de l'opération figurant sur le relevé qui leur est adressé par un établissement de crédit.

Art. R 123-204 Par dérogation à l'article R 123-176, les personnes mentionnées aux articles R 123-25 à L 123-27 et au deuxième alinéa de l'article L 123-16-1 peuvent centraliser ces écritures tous les trois mois.

Art. R 123-207 Les personnes mentionnées aux articles L 123-25 à L 123-28 sont dispensées de produire les justificatifs des frais généraux accessoires lorsqu'une telle dispense est accordée en matière fiscale. Elles peuvent, en outre, enregistrer forfaitairement, selon un barème publié chaque année par l'administration fiscale, les frais relatifs aux carburants consommés lors des déplacements professionnels.

Art. R 123-208 Par dérogation aux dispositions des 1° à 5° de l'article R 123-178, les personnes physiques placées sur option ou de plein droit sous le régime réel simplifié d'imposition prévu à l'article 302 septies A bis du code général des impôts peuvent déterminer :

1° La valeur d'inventaire des biens en stocks en pratiquant sur le prix de vente de ces biens à la date du bilan un abattement correspondant à la marge pratiquée par l'entreprise sur chaque catégorie de biens ;

2° La valeur d'inventaire des travaux en cours en retenant le montant des acomptes réclamés avant facturation.

Art. L 611-2 I. Lorsqu'il résulte de tout acte, document ou procédure qu'une société commerciale, un groupement d'intérêt économique, ou une entreprise individuelle, commerciale ou artisanale connaît des difficultés de nature à compromettre la continuité de l'exploitation, ses dirigeants peuvent être convoqués par le président du tribunal de commerce pour que soient envisagées les mesures propres à redresser la situation.

Dès l'envoi de cette convocation, le président du tribunal peut, nonobstant toute disposition législative ou réglementaire contraire, obtenir communication, par les commissaires aux comptes, les membres du comité social et économique, les administrations publiques, les organismes de sécurité et de prévoyance sociales ainsi que les services chargés de la centralisation des risques bancaires et des incidents de paiement, des renseignements de nature à lui donner une exacte information sur la situation économique et financière du débiteur.

II. Lorsque les dirigeants d'une société commerciale ne procèdent pas au dépôt des comptes annuels dans les délais prévus par les textes applicables, le président du tribunal peut, le cas échéant sur demande du président d'un des observatoires mentionnés à l'article L 910-1 A, leur adresser une injonction de le faire à bref délai sous astreinte.

Si cette injonction n'est pas suivie d'effet dans un délai fixé par décret en Conseil d'Etat, le président du tribunal peut également faire application à leur égard des dispositions du deuxième alinéa du I.

Le II est applicable, dans les mêmes conditions, à tout entrepreneur individuel à responsabilité limitée qui ne procède pas au dépôt des comptes annuels ou documents mentionnés au premier alinéa de l'article L 526-14, lorsque l'activité professionnelle à laquelle le patrimoine est affecté est commerciale ou artisanale.

Ndlr *Voir LPF, art. L 145 A.*

Art. L 611-2-1 Les dispositions du I de l'article L 611-2 sont applicables, dans les mêmes conditions, aux personnes morales de droit privé et aux personnes physiques exerçant une activité professionnelle agricole ou indépendante, y compris une profession libérale soumise à un statut législatif ou réglementaire ou dont le titre est protégé. Pour l'application du présent article, le tribunal judiciaire est compétent et son président exerce les mêmes pouvoirs que ceux conférés au président du tribunal de commerce.

Par exception, lorsque la personne physique ou morale concernée exerce la profession d'avocat, d'administrateur judiciaire, de mandataire judiciaire ou d'officier public ou ministériel, le président du tribunal judiciaire ne procède qu'à l'information de l'ordre professionnel ou de l'autorité compétente dont elle relève, sur les difficultés portées à sa connaissance relativement à la situation économique, sociale, financière et patrimoniale du professionnel.

Ndlr *Voir LPF, art. L 145 A.*

Art. L 611-6 Le président du tribunal est saisi par une requête du débiteur exposant sa situation économique, financière, sociale et patrimoniale, ses besoins de financement ainsi que, le cas échéant, les moyens d'y faire face. Le débiteur peut proposer le nom d'un conciliateur.

La procédure de conciliation est ouverte par le président du tribunal qui désigne un conciliateur pour une période n'excédant pas quatre mois mais qu'il peut, par une décision motivée, proroger à la demande de ce dernier sans que la durée totale de la procédure de conciliation ne puisse excéder cinq mois. Si une demande de constatation ou d'homologation a été formée en application de l'article L 611-8 avant l'expiration de cette période, la mission du conciliateur et la procédure sont prolongées jusqu'à la décision, selon le cas, du président du tribunal ou du tribunal. A défaut, elles prennent fin de plein droit et une nouvelle conciliation ne peut être ouverte dans les trois mois qui suivent.

La décision ouvrant la procédure de conciliation est communiquée au ministère public et, si le débiteur est soumis au contrôle légal de ses comptes, aux commissaires aux comptes. Lorsque le débiteur exerce une profession libérale soumise à un statut législatif ou réglementaire ou dont le titre est protégé, la décision est également communiquée à l'ordre professionnel ou à l'autorité compétente dont, le cas échéant, il relève. Elle est susceptible d'appel de la part du ministère public. Le débiteur n'est pas tenu d'informer le comité social et économique de l'ouverture de la procédure.

Le débiteur peut récuser le conciliateur dans des conditions et délais fixés par décret en Conseil d'Etat.

Après ouverture de la procédure de conciliation, le président du tribunal peut, nonobstant toute disposition législative ou réglementaire contraire, obtenir communication de tout renseignement lui permettant d'apprécier la situation économique, financière, sociale et patrimoniale du débiteur et ses perspectives de règlement, notamment par les commissaires aux comptes, les experts-comptables, les notaires, les membres et représentants du personnel, les administrations et organismes publics, les organismes de sécurité et de prévoyance sociales, les établissements de crédit, les sociétés de financement, les établissements de monnaie électronique, les établissements de paiement, les entreprises d'assurance mentionnées à l'article L 310-2 du code des assurances pratiquant les opérations d'assurance-crédit ainsi que les services chargés de centraliser les risques bancaires et les incidents de paiement. En outre, il peut charger un expert de son choix d'établir un rapport sur la situation économique, financière, sociale et patrimoniale du débiteur.

Art. L 611-7 Le conciliateur a pour mission de favoriser la conclusion entre le débiteur et ses principaux créanciers ainsi que, le cas échéant, ses cocontractants habituels, d'un accord amiable destiné à mettre fin aux difficultés de l'entreprise. Il peut également présenter toute proposition se rapportant à la sauvegarde de l'entreprise, à la poursuite de l'activité économique et au maintien de l'emploi. Il peut être chargé, à la demande du débiteur et après avis des créanciers participants, d'une mission ayant pour objet l'organisation d'une cession partielle ou totale de l'entreprise qui pourrait être mise en œuvre, le cas échéant, dans le cadre d'une procédure ultérieure de sauvegarde, de redressement judiciaire ou de liquidation judiciaire.

Le conciliateur peut, pour exercer sa mission, obtenir du débiteur tout renseignement utile. Le président du tribunal communique au conciliateur les renseignements dont il dispose et, le cas échéant, les résultats de l'expertise mentionnée au cinquième alinéa de l'article L 611-6.

Les administrations financières, les organismes de sécurité sociale, les institutions gérant le régime d'assurance chômage prévu par les articles L 5422-1 et suivants du code du travail et les institutions régies par le livre IX du code de la sécurité sociale peuvent consentir des remises de dettes dans les conditions fixées à l'article L 626-6 du présent code. Des cessions de rang de privilège ou d'hypothèque ou l'abandon de ces sûretés peuvent être consenties dans les mêmes conditions.

Le conciliateur rend compte au président du tribunal de l'état d'avancement de sa mission et formule toutes observations utiles sur les diligences du débiteur.

Au cours de la procédure, le débiteur peut demander au juge qui a ouvert celle-ci de faire application de l'article 1343-5 du code civil à l'égard d'un créancier qui l'a mis en demeure ou poursuivi, ou qui n'a pas accepté, dans le délai imparti par le conciliateur, la demande faite par ce dernier de suspendre l'exigibilité de la créance. Dans ce dernier cas, le juge peut, nonobstant les termes du premier alinéa de ce même article, reporter ou échelonner le règlement des créances non échues, dans la limite de la durée de la mission du conciliateur. Le juge statue après avoir recueilli les observations du conciliateur. Il peut subordonner la durée des mesures ainsi prises à la conclusion de l'accord prévu au présent article. Dans ce cas, le créancier intéressé est informé de la décision selon des modalités fixées par décret en Conseil d'Etat.

En cas d'impossibilité de parvenir à un accord, le conciliateur présente sans délai un rapport au président du tribunal. Celui-ci met fin à sa mission et à la procédure de conciliation. Sa décision est notifiée au débiteur et communiquée au ministère public.

Art. L 623-2 Le juge-commissaire peut, nonobstant toute disposition législative ou réglementaire contraire, obtenir communication par les commissaires aux comptes, les experts-comptables, les notaires, les membres et représentants du personnel, par les administrations et organismes publics, les organismes de prévoyance et de sécurité sociales, les établissements de crédit, les sociétés de financement, les établissements de monnaie électronique, les établissements de paiement ainsi que les services chargés de centraliser les risques bancaires et les incidents de paiement des renseignements de nature à lui donner une exacte information sur la situation économique, financière, sociale et patrimoniale du débiteur.

Ndlr *Voir LPF, art. L 145 B.*

Art. L 626-6 Les administrations financières, les organismes de sécurité sociale, les institutions gérant le régime d'assurance chômage prévu par les articles L 5422-1 et suivants du code du travail et les institutions régies par le livre IX du code de la sécurité sociale peuvent accepter de remettre tout ou partie de ses dettes au débiteur dans des conditions similaires à celles que lui octroierait, dans des conditions normales de marché, un opérateur économique privé placé dans la même situation.

Dans ce cadre, les administrations financières peuvent remettre l'ensemble des impôts directs perçus au profit de l'Etat et des collectivités territoriales ainsi que des produits divers du budget de l'Etat dus par le débiteur. S'agissant des impôts indirects perçus au profit de l'Etat et des collectivités territoriales, seuls les intérêts de retard, majorations, pénalités ou amendes peuvent faire l'objet d'une remise.

Les conditions de la remise de la dette sont fixées par décret *(NDLR Voir code de commerce, art. D 626-9 s. et décret 2007-154 du 5 février 2007)*.

Les créanciers visés au premier alinéa peuvent également décider des cessions de rang de privilège ou d'hypothèque ou de l'abandon de ces sûretés.

Ndlr *Voir LPF, art. L 247 C.*

Art. L 631-19 I. Les dispositions du chapitre VI du titre II, à l'exception des troisième et quatrième alinéas de l'article L 626-1, sont applicables au plan de redressement, sous réserve des dispositions qui suivent.

Il incombe à l'administrateur, avec le concours du débiteur, d'élaborer le projet de plan et, le cas échéant, de présenter aux classes de parties affectées les propositions prévues au premier alinéa de l'article L 626-30-2. Pour l'application de l'article L 626-2-1, la consultation est faite par l'administrateur, lorsqu'il en a été désigné un. Les classes se prononcent sur chacune des propositions faites. Pour l'application du premier alinéa de l'article L 626-8, l'information et la consultation portent sur les mesures qui sont soumises au vote des classes de parties affectées.

Toute partie affectée peut soumettre un projet de plan qui fera l'objet d'un rapport de l'administrateur et sera soumis, ainsi que celui proposé par le débiteur, au vote des classes conformément aux conditions de délai et aux modalités fixées par décret en Conseil d'Etat.

Lorsque le projet de plan adopté conformément aux dispositions de l'article L 626-30-2 et, le cas échéant, de l'article L 626-32, n'est pas celui proposé par le débiteur, il donne lieu aux communications prévues à l'article L 626-8.

Lorsque le plan n'est pas approuvé conformément aux dispositions de l'article L 626-30-2, il peut être arrêté par le tribunal sur demande du débiteur, de l'administrateur judiciaire avec l'accord du débiteur ou d'une partie affectée. Il peut être imposé aux classes qui ont voté contre le projet de plan dans les conditions prévues au I, à l'exclusion de son premier alinéa, et au II l'article L 626-32.

Les dispositions des articles L 631-19-1 et L 631-19-2 sont inapplicables au plan ainsi adopté ou arrêté.

En l'absence d'adoption du projet de plan conformément aux dispositions de l'article L 626-31 ou de l'article L 626-32 et du présent article, les dispositions de la section III du chapitre VI du titre II ne sont plus applicables et un nouveau projet de plan est élaboré dans les conditions prévues au présent titre.

II. En cas de modification du capital social ou de cession des droits sociaux prévue dans le projet de plan ou dans le plan, les clauses d'agrément sont réputées non écrites.

III Le plan est arrêté par le tribunal après que l'administrateur a mis en œuvre la procédure prévue au I de l'article L 1233-58 du code du travail. Le comité social et économique rend son avis au plus tard le jour ouvré avant l'audience du tribunal qui statue sur le plan. L'absence de remise du rapport de l'expert mentionné aux articles L 1233-34, L 1233-35, L 2325-35 ou L 4614-12-1 du code du travail ne peut avoir pour effet de reporter ce délai.

Le plan précise notamment les licenciements qui doivent intervenir dans le délai d'un mois après le jugement, sur simple notification de l'administrateur, sous réserve des droits de préavis prévus par la loi, les conventions ou accords collectifs du travail.

Lorsqu'un plan de sauvegarde de l'emploi doit être élaboré, l'administrateur met en œuvre la procédure prévue au II de l'article L 1233-58 du code du travail dans le délai d'un mois après le jugement. Le délai de huit jours mentionné au II du même article court à compter de la date de la réception de la demande qui est postérieure au jugement arrêtant le plan.

Lorsque le licenciement concerne un salarié bénéficiant d'une protection particulière en matière de licenciement, l'intention de rompre doit être manifestée dans le délai d'un mois prévu à l'alinéa précédent.

Ndlr ***1.*** *Les dispositions du présent article telles qu'issues de l'ordonnance 2021-1193 du 15 septembre 2021 art. 45 sont entrées en vigueur le 1er octobre 2021. Elles ne sont pas applicables aux procédures en cours à cette date (Ordonnance précitée art. 73).*

2. *Voir LPF, art. L 247 D.*

Art. L 632-2 Les paiements pour dettes échues effectués à compter de la date de cessation des paiements et les actes à titre onéreux accomplis à compter de cette même date peuvent être annulés si ceux qui ont traité avec le débiteur ont eu connaissance de la cessation des paiements.

Toute saisie administrative, toute saisie attribution ou toute opposition peut également être annulée lorsqu'elle a été délivrée ou pratiquée par un créancier à compter de la date de cessation des paiements et en connaissance de celle-ci.

Art. L 643-2 Les créanciers titulaires d'un privilège spécial, d'un gage, d'un nantissement ou d'une hypothèque et le Trésor public pour ses créances privilégiées peuvent, dès lors qu'ils ont déclaré leurs créances même s'ils ne sont pas encore admis, exercer leur droit de poursuite individuelle si le liquidateur n'a pas entrepris la liquidation des biens grevés dans le délai de trois mois à compter du jugement qui ouvre ou prononce la liquidation judiciaire.

Lorsque le tribunal a fixé un délai en application de l'article L 642-2, ces créanciers peuvent exercer leur droit de poursuite individuelle à l'expiration de ce délai, si aucune offre incluant ce bien n'a été présentée.

En cas de vente d'immeubles, les dispositions des premier, troisième et cinquième alinéas de l'article L 642-18 sont applicables. Lorsqu'une procédure de saisie immobilière a été engagée avant le jugement d'ouverture, le créancier titulaire d'une hypothèque est dispensé, lors de la reprise des poursuites individuelles, des actes et formalités effectués avant ce jugement.

Ndlr *Voir LPF, art. L 269 A.*

Art. L 651-4 Pour l'application des dispositions de l'article L 651-2, d'office ou à la demande de l'une des personnes mentionnées à l'article L 651-3, le président du tribunal peut charger le juge-commissaire ou, à défaut, un membre de la juridiction qu'il désigne d'obtenir, nonobstant toute disposition législative contraire, communication de tout document ou information sur la situation patrimoniale des dirigeants et des représentants permanents des dirigeants personnes morales mentionnées à l'article L 651-1 ou encore sur les revenus et le patrimoine non affecté de l'entrepreneur individuel à responsabilité limitée ou sur les revenus et le patrimoine personnel de l'entrepreneur individuel relevant du statut défini à la section 3 du chapitre VI du titre II du livre V, de la part des administrations et organismes publics, des organismes de prévoyance et de sécurité sociale, des établissements de paiement, des sociétés de financement, des établissements de monnaie électronique et des établissements de crédit.

Le président du tribunal peut, dans les mêmes conditions, ordonner toute mesure conservatoire utile à l'égard des biens des dirigeants ou de leurs représentants visés à l'alinéa qui précède ou encore des biens de l'entrepreneur individuel à responsabilité limitée compris dans son patrimoine non affecté ou des biens, droits ou sûretés du patrimoine personnel de l'entrepreneur individuel relevant du statut défini à la même section 3. Il peut maintenir la mesure conservatoire ordonnée à l'égard des biens du dirigeant de droit ou de fait en application de l'article L 631-10-1.

Les dispositions du présent article sont également applicables aux personnes membres ou associées de la personne morale en procédure de sauvegarde, de redressement ou de liquidation judiciaire, lorsqu'elles sont responsables indéfiniment et solidairement de ses dettes.

Ndlr ***1.*** *Voir LPF, art. L 145 C.*
2. *Les dispositions du présent article telles que modifiées par la loi 2022-172 du 14 février 2022 art. 5, I-29° s'appliquent aux procédures ouvertes à compter du 15 mai 2022 (Loi précitée art. 19, I).*

Statut de l'entrepreneur individuel

DC-IX-30000 s. ; MF nos 87200 s.

Art. L 526-22 L'entrepreneur individuel est une personne physique qui exerce en son nom propre une ou plusieurs activités professionnelles indépendantes.

Les biens, droits, obligations et sûretés dont il est titulaire et qui sont utiles à son activité ou à ses activités professionnelles indépendantes constituent le patrimoine professionnel de l'entrepreneur individuel. Sous réserve du livre VI du présent code, ce patrimoine ne peut être scindé. Les éléments du patrimoine de l'entrepreneur individuel non compris dans le patrimoine professionnel constituent son patrimoine personnel.

La distinction des patrimoines personnel et professionnel de l'entrepreneur individuel ne l'autorise pas à se porter caution en garantie d'une dette dont il est débiteur principal.

Par dérogation aux articles 2284 et 2285 du code civil et sans préjudice des dispositions légales relatives à l'insaisissabilité de certains biens, notamment la section 1 du présent chapitre et l'article L 526-7 du présent code, l'entrepreneur individuel n'est tenu de remplir son engagement à l'égard de ses créanciers dont les droits sont nés à l'occasion de son exercice professionnel que sur son seul patrimoine professionnel, sauf sûretés conventionnelles ou renonciation dans les conditions prévues à l'article L 526-25.

Les dettes dont l'entrepreneur individuel est redevable envers les organismes de recouvrement des cotisations et contributions sociales sont nées à l'occasion de son exercice professionnel.

Seul le patrimoine personnel de l'entrepreneur individuel constitue le gage général des créanciers dont les droits ne sont pas nés à l'occasion de son exercice professionnel. Toutefois, si le patrimoine personnel est insuffisant, le droit de gage général des créanciers peut s'exercer sur le patrimoine professionnel, dans la limite du montant du bénéfice réalisé lors du dernier exercice clos. En outre, les sûretés réelles consenties par l'entrepreneur individuel avant le commencement de son activité ou de ses activités professionnelles indépendantes conservent leur effet, quelle que soit leur assiette.

La charge de la preuve incombe à l'entrepreneur individuel pour toute contestation de mesures d'exécution forcée ou de mesures conservatoires qu'il élève concernant l'inclusion ou non de certains éléments d'actif dans le périmètre du droit de gage général du créancier. Sans préjudice de l'article L 121-2 du code des procédures civiles d'exécution, la responsabilité du créancier saisissant peut être recherchée pour abus de saisie lorsqu'il a procédé à une mesure d'exécution forcée ou à une mesure conservatoire sur un élément d'actif ne faisant manifestement pas partie de son gage général.

Dans le cas où un entrepreneur individuel cesse toute activité professionnelle indépendante, le patrimoine professionnel et le patrimoine personnel sont réunis. Il en est de même en cas de décès de l'entrepreneur individuel, sous réserve des articles L 631-3 et L 640-3 du présent code.

Les conditions d'application du présent article sont définies par décret en Conseil d'Etat.

Art. L 526-23 La dérogation prévue au quatrième alinéa de l'article L 526-22 ne s'applique qu'aux créances nées à compter de l'immatriculation au registre dont relève l'entrepreneur individuel pour son activité, lorsque celle-ci est prévue. Lorsqu'il relève de plusieurs registres, la dérogation prend effet à compter de la date d'immatriculation la plus ancienne.

Lorsque la date d'immatriculation est postérieure à la date déclarée du début d'activité, la dérogation prend effet à compter de la date déclarée du début d'activité, dans les conditions prévues par décret en Conseil d'Etat.

A défaut d'obligation d'immatriculation, la dérogation court à compter du premier acte qu'il exerce en qualité d'entrepreneur individuel, cette qualité devant apparaître sur les documents et les correspondances à usage professionnel.

Art. L 526-24 Le droit de gage de l'administration fiscale et des organismes de sécurité sociale porte sur l'ensemble des patrimoines professionnel et personnel de l'entrepreneur individuel en cas de manœuvres frauduleuses ou d'inobservation grave et répétée de ses obligations fiscales, dans les conditions prévues aux I et II de l'article L 273 B du livre des procédures fiscales, ou d'inobservation grave et répétée dans le recouvrement des cotisations et contributions sociales, dans les conditions prévues à l'article L 133-4-7 du code de la sécurité sociale. Le droit de gage de l'administration fiscale porte également sur l'ensemble des patrimoines professionnel et personnel de l'entrepreneur individuel pour les impositions mentionnées au III de l'article L 273 B du livre des procédures fiscales.

Le droit de gage des organismes de recouvrement mentionnés aux articles L 225-1 et L 752-4 du code de la sécurité sociale porte également sur l'ensemble des patrimoines professionnel et personnel pour les impositions et contributions mentionnées au deuxième alinéa de l'article L 133-4-7 du même code.

Les conditions d'application du présent article sont définies par décret en Conseil d'Etat.

Art. L 526-25 L'entrepreneur individuel peut, sur demande écrite d'un créancier, renoncer à la dérogation prévue au quatrième alinéa de l'article L 526-22, pour un engagement spécifique dont il doit rappeler le terme et le montant, qui doit être déterminé ou déterminable. Cette renonciation doit respecter, à peine de nullité, des formes prescrites par décret.

Cette renonciation ne peut intervenir avant l'échéance d'un délai de réflexion de sept jours francs à compter de la réception de la demande de renonciation. Si l'entrepreneur individuel fait précéder sa signature de la mention manuscrite énoncée par décret et uniquement de celle-ci, le délai de réflexion est réduit à trois jours francs.

Art. R 526-26 (extrait)

I. Pour l'application du deuxième alinéa de l'article L 526-22, les biens, droits, obligations et sûretés dont l'entrepreneur individuel est titulaire, utiles à l'activité professionnelle, s'entendent de ceux qui, par nature, par destination ou en fonction de leur objet, servent à cette activité, tels que :

1° Le fonds de commerce, le fonds artisanal, le fonds agricole, tous les biens corporels ou incorporels qui les constituent et les droits y afférents et le droit de présentation de la clientèle d'un professionnel libéral ;

2° Les biens meubles comme la marchandise, le matériel et l'outillage, le matériel agricole, ainsi que les moyens de mobilité pour les activités itinérantes telles que la vente et les prestations à domicile, les activités de transport ou de livraison ;

3° Les biens immeubles servant à l'activité, y compris la partie de la résidence principale de l'entrepreneur individuel utilisée pour un usage professionnel ; lorsque ces immeubles sont détenus par une société dont l'entrepreneur individuel est actionnaire ou associé et qui a pour activité principale leur mise à disposition au profit de l'entrepreneur individuel, les actions ou parts d'une telle société ;

4° Les biens incorporels comme les données relatives aux clients, les brevets d'invention, les licences, les marques, les dessins et modèles, et plus généralement les droits de propriété intellectuelle, le nom commercial et l'enseigne ;

5° Les fonds de caisse, toute somme en numéraire conservée sur le lieu d'exercice de l'activité professionnelle, les sommes inscrites aux comptes bancaires dédiés à cette activité, notamment au titre des articles L 613-10 du code de la sécurité sociale et L 123-24 du présent code, ainsi que les sommes destinées à pourvoir aux dépenses courantes relatives à cette même activité.

Art. D 526-28 I. A peine de nullité, l'acte de renonciation prévu par l'article L 526-25 du code de commerce contient les informations suivantes concernant l'entrepreneur individuel renonçant à la protection de son patrimoine personnel et le bénéficiaire de la renonciation :

1° En ce qui concerne l'entrepreneur individuel renonçant à la protection de son patrimoine personnel :

a. Les nom de naissance, nom d'usage, prénoms, nationalité, date et lieu de naissance et domicile de l'entrepreneur individuel ;

b. L'activité ou les activités professionnelles et, s'il en est utilisé, le nom commercial et l'enseigne ainsi que les numéros et codes caractérisant l'activité ou les activités visés aux 1° à 3° de l'article R 123-223 ;

c. L'adresse de l'établissement principal où est exercée l'activité professionnelle, ou, à défaut d'établissement, l'adresse du local d'habitation où l'entreprise est fixée ;

d. Le numéro unique d'identification de l'entreprise, délivré conformément à l'article D 123-235 si l'entrepreneur est déjà immatriculé, ou, lorsqu'elle est antérieure à la date d'immatriculation, la date déclarée du début d'activité ;

2° En ce qui concerne le bénéficiaire de la renonciation :

a. Si le bénéficiaire de la renonciation est une personne physique :

les nom de naissance, nom d'usage, prénoms, date, lieu de naissance et domicile du bénéficiaire de la renonciation ;

le cas échéant, l'activité ou les activités professionnelles exercées, l'adresse de l'établissement principal où est exercée l'activité professionnelle, ou, à défaut d'établissement, l'adresse du local d'habitation où l'entreprise est fixée et, s'il en est utilisé, le nom commercial et l'enseigne ainsi que les numéros et codes caractérisant l'activité ou les activités visés aux 1° à 3° de l'article R 123-223 et le numéro unique d'identification de l'entreprise délivré conformément à l'article D 123-235 ;

b. Si le bénéficiaire de la renonciation est une personne morale :

la raison sociale ou la dénomination sociale, suivie, le cas échéant, du sigle et de la forme ;

l'adresse du siège social ou de l'établissement, ou, à défaut, l'adresse du local d'habitation où l'entreprise est fixée ;

le numéro unique d'identification de l'entreprise, délivré conformément à l'article D 123-235 ;

l'indication que le bénéficiaire de la renonciation est un établissement de crédit ou une société de financement au sens de l'article L 511-1 du code monétaire et financier.

II. Sous la même sanction, l'acte de renonciation contient les informations suivantes concernant l'engagement au titre duquel la renonciation est sollicitée :

1° La date de l'engagement ;

2° L'objet de l'engagement ;

3° La date d'échéance de l'engagement, c'est-à-dire la date contractuelle prévue pour le remboursement total des sommes dues au titre de l'engagement, étant précisé que celle-ci peut être prorogée soit par un accord des parties soit par une décision judiciaire ;

4° Le montant de l'engagement ou les éléments permettant de le déterminer ; ces éléments, une fois spécifiés dans l'acte de renonciation fixent définitivement le plafond pour lequel une même renonciation vaut ;

5° La date de demande de la renonciation.

III. Le bénéficiaire de la renonciation informe l'entrepreneur individuel des conséquences de celle-ci sur ses patrimoines.

IV. Lorsque l'entrepreneur individuel et le bénéficiaire de la renonciation entendent réduire le délai de réflexion au terme duquel la renonciation intervient, dans les conditions prévues au second alinéa de l'article L 526-25, l'acte de renonciation porte, de la main de l'entrepreneur individuel, la mention manuscrite suivante : « Je déclare par la présente renoncer au bénéfice du délai de réflexion de sept jours francs, fixé conformément aux dispositions de l'article L 526-25 du code de commerce. En conséquence, ledit délai est réduit à trois jours francs. »

V. A peine de nullité, l'entrepreneur individuel et le bénéficiaire de la renonciation apposent leur signature sur l'acte, ainsi que la date et le lieu. Il peut être fait usage d'une signature électronique qualifiée répondant aux exigences du décret n° 2017-1416 du 28 septembre 2017 relatif à la signature électronique.

CODE DE LA CONSTRUCTION ET DE L'HABITATION

Logements intermédiaires

FR 2/21 inf. 53 nos 7 à 10 p. 89 ; IMMO-I-19900 s. ; MF no 58897

Partie législative

Art. L 302-16-1 La production et la mise en location de logements intermédiaires dont la livraison relève de l'article 279-0 bis A du code général des impôts font l'objet d'une information de l'administration à partir du dépôt de la demande de permis de construire ou, en cas de vente en l'état futur d'achèvement, de l'acquisition, jusqu'à l'expiration de la durée au cours de laquelle un complément de taxe est susceptible d'être dû conformément au II de l'article 284 du même code.

Un décret précise :

1° La personne morale à laquelle s'impose cette obligation d'information parmi les personnes suivantes : celle pour le compte de laquelle la production du logement est réalisée, le propriétaire du logement ou le gestionnaire du logement ;

2° La périodicité selon laquelle cette information est réalisée et les conditions dans lesquelles l'administration peut demander des éléments complémentaires ;

3° Le contenu de cette information ;

4° Les modalités selon lesquelles elle est réalisée, notamment s'agissant du format et des conditions de transmission *(Voir Code de la construction et de l'habitation, art. D 302-31 s.).*

Art. L 302-16-2 Les manquements à l'article L 302-16-1 entraînent l'application des amendes suivantes, appréciées pour chaque ensemble immobilier :

1° 1 500 € pour les manquements suivants :

a. Information non communiquée ou communiquée au-delà du premier jour du deuxième mois qui suit l'échéance définie par le décret mentionné au même article L 302-16-1 ;

b. Inexactitude ou omission en cas de manquement délibéré ou de manœuvres frauduleuses ;

2° 500 € en cas de défaut de production de l'information à l'échéance prévue dans les situations autres que celles mentionnées au a du 1° du présent article.

Ces amendes sont recouvrées selon les mêmes procédures et sous les mêmes sanctions, garanties, sûretés et privilèges que la taxe sur les salaires. Les réclamations sont présentées, instruites et jugées selon les règles applicables à cette même taxe.

Les services chargés de la réception de l'information prévue à l'article L 302-16-1 du présent code communiquent à l'administration fiscale tout élément utile pour le contrôle de l'application des articles 279-0 bis A et 1384-0 A du code général des impôts.

Partie réglementaire

BF 11/21 inf. 928

Art. D 302-31 En application de l'article L 302-16-1 du code de la construction et de l'habitation, les personnes morales mentionnées au 2° du I de l'article 279-0 bis A du code général des impôts transmettent pour toute opération de logements locatifs intermédiaires régis par le même article, les informations définies à l'article D 302-32, dans les conditions prévues aux articles D 302-33 et suivants.

Art. D 302-32 Les catégories d'informations ou pièces à transmettre sont les suivantes :

informations relatives à l'identité du maître d'ouvrage ou de l'acquéreur des logements relevant du dispositif fiscal prévu par l'article 279-0-bis A du code général des impôts ;

localisation, nature et caractéristiques générales de l'opération ;

informations relatives aux permis de construire des bâtiments comportant des logements locatifs intermédiaires et des logements sociaux, et à leur rattachement à un ensemble immobilier ;

informations relatives à l'acquisition des logements locatifs intermédiaires, en cas de vente en l'état futur d'achèvement ;

informations relatives au suivi de l'opération jusqu'à sa livraison ;

informations relatives aux opérations de logements locatifs sociaux permettant le respect du II de l'article 279 bis-0-A ;

informations relatives à la vente des logements locatifs intermédiaires.

La liste détaillée des informations est précisée par un arrêté du ministre chargé du logement.

Art. D 302-33 Chaque opération de logement locatif intermédiaire fait l'objet d'une déclaration des informations mentionnées à l'article D 302-32, effectuée dans les délais présentés ci-après.

Date de la signature du contrat de promesse de vente du terrain ou de l'immeuble ou, à défaut, du dépôt du permis de construire, en cas de maîtrise d'ouvrage directe, ou du contrat préliminaire de réservation ou de l'acte de vente, en cas de vente en l'état futur d'achèvement	Echéance pour la déclaration des informations
Du 1er janvier au 31 mai de l'année n	30 juin de l'année n
Du 1er juin au 30 septembre de l'année n	31 octobre de l'année n
Du 1er octobre au 31 décembre de l'année n	31 janvier de l'année n+1

La déclaration est complétée et, le cas échéant, mise à jour, dès lors qu'intervient l'un des évènements suivants :

en cas de maîtrise d'ouvrage directe, le dépôt de la demande de permis de construire ;

en cas de maîtrise d'ouvrage directe, l'obtention du permis de construire ;

en cas de maîtrise d'ouvrage directe, l'ouverture du chantier ;

en cas de vente en l'état futur d'achèvement, la signature de l'acte authentique d'acquisition ;

la livraison effective du logement ;

le changement de propriétaire ou de maître d'ouvrage ;

la vente du logement locatif intermédiaire.

Les informations correspondantes sont transmises dans les mêmes délais que la déclaration initiale, tels que précisés dans le tableau ci-dessus.

Ndlr Par dérogation au présent article, et jusqu'à la mise en place de la téléprocédure dédiée au suivi des logements locatifs intermédiaires, une déclaration unique est réalisée sous format électronique, via le site internet du ministère chargé du logement :
– dans un délai d'un mois après la publication du décret, pour les opérations n'ayant pas fait l'objet d'un agrément dans les conditions de l'article 279-0 bis A du CGI, dans sa version antérieure à l'entrée en vigueur de l'article 50 de la loi 2020-1721 du 29 décembre 2020 de finances pour 2021, et pour lesquelles un des évènements mentionnés au présent article est intervenu avant le 31 mai 2021 ;
– dans le respect des échéances mentionnées au présent article et postérieurement à la signature du contrat de promesse de vente du terrain ou d'un immeuble, en cas de maîtrise d'ouvrage directe, ou de la signature du contrat de réservation, en cas de vente en l'état futur d'achèvement, pour les opérations initiées postérieurement au 31 mai 2021.
Les informations relatives aux opérations déclarées en application des dispositions ci-dessus seront à renseigner sous forme dématérialisée par le biais de la téléprocédure dédiée au suivi des logements locatifs intermédiaires à compter de sa mise en place (Décret 2021-1157 du 6 septembre 2021 art. 2).

Art. D 302-34 Les informations définies à l'article D 302-32 sont transmises au ministre chargé du logement, sous forme dématérialisée dans le respect des délais prévus à l'article D 302-33, via la téléprocédure dédiée au suivi des logements locatifs intermédiaires, accessible sur le site internet du ministère chargé du logement. La date de mise en place de cette téléprocédure est fixée par un arrêté du ministre chargé du logement, au plus tard le 1er janvier 2023.

Les personnes morales ayant fait la déclaration peuvent obtenir, sur demande auprès du ministère chargé du logement, la communication et la modification des informations les concernant qui sont enregistrées.

Art. D 302-35 Jusqu'à l'expiration de la durée mentionnée à l'article L 302-16-1, le ministre chargé du logement ou le préfet de département dans lequel est située l'opération de logement locatif intermédiaire, peut solliciter, pour une ou plusieurs opérations, toute information relatives aux catégories mentionnées à l'article D 302-32 en complément de celles prévues par l'arrêté mentionné au même article, ainsi que des informations sur les surfaces, les loyers et les plafonds de ressources des occupants des logements locatifs intermédiaires.

Participation des employeurs à l'effort de construction

TPS-IV-1 s. ; MF nos 74300 s.

Partie législative

Art. L 313-1 Les employeurs occupant au moins cinquante salariés, à l'exception de l'Etat, des collectivités territoriales et de leurs établissements publics administratifs, assujettis à la taxe sur les salaires prévue à l'article 231 du code général des impôts, autres que ceux qui appartiennent à des professions relevant du régime agricole au regard des lois sur la sécurité sociale pour lesquelles des règles spéciales ont été édictées en application du a du 3 du même article 231, doivent consacrer des sommes représentant 0,45 % au moins des revenus d'activité versés par eux au cours de l'exercice écoulé tels qu'ils sont pris en compte pour la détermination de l'assiette des cotisations définie à l'article L 242-1 du code de la sécurité sociale au financement d'actions dans le domaine du logement, en particulier du logement des salariés.

L'obligation mentionnée au premier alinéa prend la forme d'un versement à la société mentionnée à l'article L 313-19 ou à un organisme agréé dans des conditions fixées par décret en Conseil d'Etat par le ministre chargé du logement aux fins de collecter la participation des employeurs à l'effort de construction.

Un employeur peut se libérer de cette obligation en investissant directement en faveur du logement de ses salariés, dans des conditions fixées par décret en Conseil d'Etat.

Les employeurs qui, au moyen de leurs ressources propres, ont investi au cours d'un exercice une somme supérieure à celle prévue au premier alinéa peuvent reporter l'excédent sur les exercices postérieurs.

Le présent article est applicable aux établissements publics industriels et commerciaux ainsi qu'aux organismes à caractère industriel et commercial de l'Etat, des collectivités territoriales et de leurs groupements.

Pour l'application du présent article, l'effectif salarié et le franchissement du seuil de cinquante salariés mentionné au premier alinéa sont déterminés selon les modalités prévues à l'article L 130-1 du code de la sécurité sociale.

Art. L 313-4 Les employeurs qui, dans le délai d'un an à compter de la fin de l'année civile écoulée, n'ont pas procédé, dans les conditions fixées par décret en Conseil d'Etat, aux investissements prévus à l'article L 313-1 sont, dans la mesure où ils n'ont pas procédé à ces investissements, assujettis à une cotisation de 2 % calculée sur les bases fixées à l'article L 313-1.

Le versement de cette cotisation est effectué auprès du comptable public compétent accompagné d'un bordereau établi selon un modèle fixé par l'administration comportant les informations relatives à la participation des employeurs à l'effort de construction et déposé au plus tard le 30 avril de la deuxième année qui suit celle du versement des rémunérations mentionnées à l'article L 313-1.

TPS-IV-6500 s.

Cette cotisation est recouvrée sous les sûretés, garanties et sanctions applicables aux taxes sur le chiffre d'affaires. Toutefois la commission prévue à l'article 1651 ou à l'article 1651 H du code général des impôts n'est pas appelée à intervenir dans la procédure de rectification.

Art. L 313-5 Les investissements à effectuer par les employeurs dans la construction de logements en application de l'article L 313-1, ainsi que la cotisation prévue à l'article L 313-4, sont calculés sur le montant des rémunérations versées au cours de l'année civile écoulée. Le délai d'un an, prévu par ces mêmes articles pour la réalisation des investissements, expire au 31 décembre de l'année suivant celle du versement des rémunérations.

Art. L 313-6 Les agents des administrations compétentes peuvent exiger des employeurs et, le cas échéant, des organismes bénéficiaires des investissements, justification qu'il a été satisfait aux obligations imposées par le présent chapitre.

Ces agents sont astreints au secret professionnel dans les conditions et sous les réserves fixées au code général des impôts.

Partie réglementaire

Art. R 313-2 Les employeurs redevables de la participation prévue à l'article L 313-1 sont tenus d'en mentionner, chaque année, l'assiette sur la déclaration prévue à l'article 87 du code général des impôts.

Art. R 313-3 La cotisation prévue à l'article L 313-4 est due au titre de l'année à la fin de laquelle a expiré le délai prévu au premier alinéa de cet article. Le versement de la cotisation accompagne le dépôt du bordereau prévu au deuxième alinéa du même article.

Les réclamations sont présentées, instruites et jugées comme en matière de taxes sur le chiffre d'affaires.

Les agents chargés des vérifications prévues à l'article L 313-6 doivent avoir au moins le grade de contrôleur pour ceux du ministère chargé des finances et être de grade équivalent pour ceux du ministère chargé de la construction et de l'habitation.

Ndlr *Voir CGI, Annexe II, art. 162, I.*

Art. R 313-5 Seules les sommes effectivement versées par les employeurs sont libératoires de leur obligation.

Art. R 313-6 Le versement à un organisme collecteur agréé mentionné au deuxième alinéa de l'article L 313-1 s'opère sous forme de prêt sans intérêts ou de subvention.

Ce versement donne lieu à un reçu, attestant de son caractère libératoire, délivré à l'employeur par l'organisme collecteur agréé.

Art. R 313-7 L'investissement direct par un employeur en faveur du logement de ses salariés mentionné au troisième alinéa de l'article L 313-1 est réalisé sous l'une des formes suivantes :

1° Prêts à taux réduit accordés à ses salariés pour le financement de la construction d'un logement affecté à leur résidence principale ou à celle de leur conjoint, de leurs ascendants ou descendants, dans le respect des conditions prévues aux articles R 313-14 à R 313-17.

Ces prêts ne peuvent se cumuler avec ceux mentionnés aux I et II de l'article R 313-19-1. Ils sont soumis à des conditions de performance énergétique du logement fixées par arrêté du ministre chargé du logement. Les conditions de montant, de durée et de taux de ces prêts sont identiques à celles applicables aux prêts mentionnés au II de l'article R 313-19-1 et définies aux 2°, 3° et 4° du II de l'article R 313-20-1. Ils sont accordés à des ménages qui respectent les conditions de ressources prévues pour l'octroi des avances remboursables sans intérêts définies au I de l'article 244 quater J du code général des impôts ;

2° A titre exceptionnel, investissements par l'employeur dans la construction de logements locatifs, lorsque ces logements bénéficient des prêts mentionnés aux articles D 331-1 ou D 331-72, ou dans les travaux d'amélioration d'immeubles anciens lui appartenant, loués ou destinés à être loués à ses salariés et compris dans un programme d'intérêt général mentionné à l'article R 327-1.

Les logements locatifs construits ou réhabilités dans le cadre de ces investissements font l'objet d'une convention mentionnée à l'article L 351-2.

Ces investissements sont soumis à l'autorisation préalable du représentant de l'Etat dans le département. Ils ne peuvent être réalisés que lorsque les autres formes de participation mentionnées au 1° et à l'article R 313-6 ne permettent pas de répondre aux besoins des salariés.

Ils sont soumis au respect des dispositions des articles R 313-14 à R 313-17.

Ils ne peuvent excéder 10 % du prix de revient de l'opération, dans la limite du montant par logement fixé au 1° du I de l'article R 313-20-2.

Art. R 313-8 Lorsque les sommes affectées par les employeurs selon les modalités prévues à l'article R 313-7 ne sont pas utilisées conformément aux dispositions des sections I et II du présent chapitre, l'investissement n'est pas libératoire de l'obligation mentionnée à l'article L 313-1.

Art. R 313-9 La participation des employeurs réalisée sous une autre forme que celle de la subvention doit faire l'objet d'investissements pour une durée de vingt ans.

Au cas où ces investissements sont faits en plusieurs périodes, aucune d'elles, sauf la dernière, ne peut être inférieure à cinq ans.

Les sommes remboursées à la fin de chaque période doivent être réinvesties dans un délai de trois mois ou au plus tard le 31 décembre de l'année civile dans les conditions mentionnées aux articles R 313-6 et R 313-7.

Ces dispositions sont également applicables aux sommes provenant de la cession par des employeurs, avant l'expiration d'un délai de vingt ans, d'éléments d'actifs constitués en exécution de l'obligation mentionnée à l'article L 313-1. Elles ne sont pas applicables aux entreprises en liquidation.

Art. R 313-14 Seuls les logements ayant le caractère de résidence principale au sens des articles L 31-10-6 et R 31-10-6 peuvent être financés à l'aide de la participation des employeurs à l'effort de construction. Les dispositions du présent alinéa ne s'appliquent pas aux logements mentionnés à l'article L 353-19-2, aux structures d'hébergement, aux résidences hôtelières à vocation sociale mentionnées à l'article L 631-11 et aux logements meublés destinés aux salariés ou aux stagiaires tenus, pour des raisons professionnelles liées à l'exercice d'une activité à caractère saisonnier ou d'une activité temporaire d'une durée comprise entre trois mois et un an, ou pour des raisons de formation, de se loger hors de leur résidence principale.

Les logements financés à l'aide de la participation des employeurs ne peuvent ni être transformés en locaux industriels, commerciaux, artisanaux ou professionnels, ni dépendre, pour leur accès, uniquement de locaux de cette nature. Ces logements ne peuvent pas être occupés à titre d'accessoire d'un contrat de travail, sauf lorsqu'ils sont loués meublés à des salariés ou des stagiaires tenus, pour des raisons professionnelles liées à l'exercice d'une activité à caractère saisonnier ou d'une activité temporaire d'une durée comprise entre trois mois et un an, ou pour des raisons de formation, de se loger hors de leur résidence principale.

Art. R 313-15 Le fait qu'un logement fasse l'objet d'un démembrement de la propriété, d'un bail emphytéotique, d'un bail à construction ou d'un bail à réhabilitation ne fait pas obstacle au bénéfice des emplois de la participation des employeurs à l'effort de construction.

Au sens du présent chapitre :

les acquisitions de droits à construire ou de terrains suivies de la construction de logements dans le délai visé au I du A de l'article 1594-0 G du code général des impôts sont assimilées à la construction de logements ;

les acquisitions de locaux ou d'immeubles non affectés à l'habitation suivie de leur transformation ou aménagement en logements sont assimilées à la construction de logements ;

les travaux d'agrandissement ou de réhabilitation de logements sont assimilés à des travaux d'amélioration. Toutefois, ils sont assimilés à la construction de logements lorsqu'ils concourent à la production ou à la livraison d'un immeuble neuf au sens du 2° du 2 du I de l'article 257 du code général des impôts.

Art. R 313-16 Lorsque la participation des employeurs à l'effort de construction est utilisée pour financer une opération :

I. L'aide est versée au plus tard :

1° S'il s'agit d'une opération de construction de logements ou d'acquisition de logements neufs, à l'expiration de celui des deux délais suivants dont le terme est le plus éloigné :

a) Un an après la délivrance de la déclaration d'achèvement des travaux de l'opération considérée ;

b) Trois mois après la première occupation du logement ;

2° S'il s'agit d'une opération d'amélioration de logements : trois mois après l'achèvement des travaux ;

3° S'il s'agit d'une opération d'acquisition de logements existants, trois mois après l'acquisition ou la décision favorable visée à l'article D 331-3 ; ce délai est porté à vingt-quatre mois lorsque l'aide accordée finance également des travaux d'amélioration.

II. Les conditions d'occupation du logement doivent être maintenues conformes à celles prévues à la présente section :

1° Si l'aide est accordée au titre du a de l'article L 313-3 sous la forme d'un prêt, pendant la durée du prêt ; à défaut, le prêt doit être remboursé par anticipation ;

2° Si l'aide est accordée au titre du b ou du c de l'article L 313-3, pendant la durée de conventionnement du logement, ou, à défaut de conventionnement, pour une durée minimale de neuf ans.

Art. R 313-17 Les dirigeants, au sens du 3 de l'article 39 et de l'article 211 bis du code général des impôts, de l'entreprise exploitée en société, l'exploitant individuel, ainsi que leur conjoint et leurs enfants non émancipés ne peuvent bénéficier directement ou indirectement à quelque titre que ce soit de la participation des employeurs à l'effort de construction. Il en est de même des personnes qui exercent, au sein des organismes collecteurs agréés, des fonctions de dirigeants qui s'entendent des membres de l'organe délibérant et du directeur général de l'organisme, ainsi que de leur conjoint et de leurs enfants non émancipés.

Toutefois, le conjoint du dirigeant de société ou d'un organisme collecteur agréé, de l'exploitant individuel, ainsi que leurs enfants non émancipés peuvent bénéficier, lorsqu'ils sont salariés d'une autre entreprise, d'une aide au titre de la participation des employeurs de cette entreprise.

Art. R 313-19-1 (Extrait)

Au titre du a de l'article L 313-3, les aides suivantes peuvent être accordées à des personnes physiques :

II. Prêts à taux réduit accordés à des personnes physiques pour le financement de l'acquisition, suivie ou non de travaux d'amélioration, ou de la construction d'un logement affecté à leur résidence principale ou de celle de leur conjoint, de leurs ascendants ou descendants.

Ces prêts sont soumis à des conditions de performance énergétique du logement, qui sont au moins celles fixées en application des articles L 111-9 et L 111-10. Ces prêts peuvent notamment être accordés dans le cadre de contrats de location-accession conclus en application de la loi n° 84-595 du 12 juillet 1984.

Art. R 313-20-1 (Extrait)

II. 1° Le montant des prêts mentionnés au II de l'article R 313-19-1 n'excède pas 30 % du coût total de l'opération, au sens de l'article R 318-11, dans la limite de 30 000 € en zone C, 40 000 € en zone B2, 45 000 € en zone B1 ou 50 000 € en zone A.

2° La durée maximale de ces prêts n'excède pas trente ans.

3° Le taux d'intérêt de ces prêts n'excède pas un taux plafond égal au taux du livret A en vigueur au 31 décembre de l'année précédant l'émission de l'offre de prêt ou au taux de 1 %, si le taux du livret A devient inférieur à 1 %. Ce taux d'intérêt est fixe.

Art. R 313-20-2 (Extrait)

I. 1° Le montant des subventions mentionnées au III de l'article R 313-19-2 n'excède pas 30 % du prix de revient prévisionnel de l'opération, dans la limite de 30 000 € par logement en zone C, 40 000 € en zone B2, 45 000 € en zone B1, 50 000 € en zone A ou 70 000 € en zone A bis.

Art. R 313-22 Peuvent être agréés à collecter la participation des employeurs à l'effort de construction, sous réserve du respect des dispositions de la présente sous-section, les organismes suivants :

1° Les associations à caractère professionnel ou interprofessionnel ayant pour objet exclusif de concourir au logement, principalement des salariés ;

2° Les organismes d'habitations à loyer modéré mentionnés à l'article L 411-2 et sociétés d'économie mixte exerçant à titre principal une activité de construction, d'acquisition ou de gestion de logements sociaux ;

3° La société immobilière des chemins de fer français.

Art. R 313-28 (Extrait)

I. Les versements qui seraient faits à des organismes par des employeurs postérieurement à la date d'effet d'une décision de retrait d'agrément prononcée par le ministre chargé du logement sur le fondement du 5° du I de l'article L 342-14 ne sont pas libératoires de l'obligation prévue à l'article L 313-1, sauf lorsque l'employeur ne connaissait pas ou ne pouvait raisonnablement connaître ladite décision.

CODE DES DOUANES

Taxe générale sur les activités polluantes

FR 2/24 inf. 67 p. 126 ; BF 2/24 inf. 116 ; TD-VIII-5 s. ; MF nos 75200 s.

Art. 266 sexies I. Il est institué une taxe générale sur les activités polluantes qui est due par les personnes physiques ou morales suivantes :

1. a. Toute personne réceptionnant des déchets, dangereux ou non dangereux, et exploitant une installation soumise à autorisation, en application du titre Ier du livre V du code de l'environnement, au titre d'une rubrique de la nomenclature des installations classées relative au stockage ou au traitement thermique de ces déchets ;

b. Toute personne qui transfère ou fait transférer des déchets vers un autre Etat en application du règlement (CE) n° 1013/2006 du Parlement européen et du Conseil du 14 juin 2006 concernant les transferts de déchets ;

c. Toute personne réceptionnant des déchets radioactifs métalliques et exploitant une installation de stockage de ces déchets soumise à autorisation en application du titre Ier du livre V du code de l'environnement.

Pour l'application du présent article et des articles 266 septies à 266 undecies du présent code :

les déchets s'entendent des déchets définis au deuxième alinéa de l'article L 541-1-1 du code de l'environnement, à l'exception des déchets radioactifs métalliques ;

les déchets radioactifs métalliques s'entendent des déchets définis au cinquième alinéa de l'article L 542-1- 1 du même code qui sont de nature métallique et qui sont susceptibles de contenir des substances radioactives autres que celles d'origine naturelle ou des substances radioactives d'origine naturelle dont l'activité en radionucléides naturels des chaînes de l'uranium et du thorium est supérieure à 20 becquerels par gramme ;

2. Tout exploitant d'une installation soumise à autorisation ou enregistrement au titre du livre V (titre Ier) du Code de l'environnement dont la puissance thermique maximale lorsqu'il s'agit d'installations de combustion, la capacité lorsqu'il s'agit d'installations de traitement thermique d'ordures ménagères, ou le poids des substances mentionnées au 2 de l'article 266 septies émises en une année lorsque l'installation n'entre pas dans les catégories précédentes, dépassent certains seuils fixés par décret en Conseil d'Etat ;

3. *(Abrogé)* ;

4. *(Abrogé)* ;

5. Toute personne qui, pour les besoins de son activité économique, livre pour la première fois en France, en dehors des collectivités régies par l'article 74 de la Constitution, de la Nouvelle-Calédonie, des Terres australes et antarctiques françaises et de l'île de Clipperton, ou y utilise pour la première fois des préparations pour lessives, y compris des préparations auxiliaires de lavage, ou des produits adoucissants ou assouplissants pour le linge relevant respectivement des rubriques 34022090, 34029090 et 38091010 à 38099100 du tarif douanier ;

6. a. Toute personne qui, pour les besoins de son activité économique, livre pour la première fois en France, en dehors des collectivités régies par l'article 74 de la Constitution, de la Nouvelle-Calédonie, des Terres australes et antarctiques françaises et de l'île de Clipperton des matériaux d'extraction de toutes origines se présentant naturellement sous la forme de grains ou obtenus à partir de roches concassées ou fractionnées, dont la plus grande dimension est inférieure ou égale à 125 millimètres et dont les caractéristiques et usages sont fixés par décret ;

b. Toute personne qui, pour les besoins de son activité économique, utilise sur le territoire mentionné au a pour la première fois des matériaux mentionnés au même a ;

Ndlr *Voir partie Autres textes du présent code décret 2020-442 du 16 avril 2020.*

7. *(Abrogé) ;*

8. *(Abrogé) ;*

9. *(Abrogé) ;*

10. *(Abrogé).*

II. La taxe ne s'applique pas :

1. *(Abrogé) ;*

1 bis. Aux réceptions de déchets et aux transferts de déchets vers un autre Etat lorsqu'ils sont destinés à y faire l'objet d'une valorisation comme matière ;

1 ter. Aux réceptions de déchets de matériaux de construction et d'isolation contenant de l'amiante et aux déchets d'équipement de protection individuelle et de moyens de protection collective pollués par des fibres d'amiante ;

1 quater. *(Abrogé) ;*

1 quinquies. Aux réceptions de déchets générés par une catastrophe naturelle, dont l'état est constaté par arrêté, entre la date de début de sinistre et jusqu'à deux cent quarante jours après la fin du sinistre. Les quantités non taxables font l'objet d'une comptabilité matière séparée ;

1 sexies. Aux réceptions de déchets non dangereux par les installations de co-incinération ;

1 septies. Aux réceptions, aux fins de la production de chaleur ou d'électricité, de déchets préparés, dans une installation autorisée prévue à cet effet, sous forme de combustibles solides de récupération, associés ou non à un autre combustible ;

1 octies. Aux réceptions de résidus issus du traitement de déchets dont la réception a relevé du champ de la taxe lorsque l'une des deux conditions suivantes est remplie :

a. Ces résidus constituent des déchets dangereux et les déchets dont ils sont issus ont fait l'objet d'un traitement thermique ;

b. Ces résidus constituent des déchets non dangereux qu'il n'est pas possible techniquement de valoriser. Un décret précise les éléments caractérisant cette impossibilité technique ;

1 nonies. Aux réceptions de déchets relevant du champ d'application de l'une des taxes intérieures de consommation prévues respectivement aux articles 265, 266 quater, 266 quinquies et 266 quinquies B *[NDLR Articles abrogés par l'ordonnance 2021-1843 du 22 décembre 2021 art. 7. Les taxes intérieures de consommation visées ci-dessus correspondent désormais aux fractions perçues sur les produits énergétiques (à l'exception de l'électricité) de l'accise sur les énergies mentionnée à l'article L 312-1 du CIBS]* ;

1 decies. Aux réceptions, autres que celles relevant du 1 nonies du présent II, d'hydrocarbures faisant l'objet d'un traitement thermique sans faire l'objet d'une combustion en vue de leur valorisation ;

1 undecies. Aux réceptions de déchets qui ne se décomposent pas, ne brûlent pas et ne produisent aucune autre réaction physique ou chimique, ne sont pas biodégradables et ne détériorent pas d'autres matières avec lesquelles ils entrent en contact, d'une manière susceptible d'entraîner une pollution de l'environnement ou de nuire à la santé humaine ;

1 duodecies. Aux réceptions de déchets dont la valorisation matière est interdite ou dont l'élimination est prescrite. La liste des déchets concernés est précisée par arrêté conjoint des ministres chargés du budget et de l'environnement ;

1 terdecies. Aux réceptions de déchets en provenance d'un dépôt non autorisé de déchets abandonnés dont les producteurs ne peuvent être identifiés et que la collectivité territoriale chargée de la collecte et du traitement des déchets des ménages n'a pas la capacité technique de prendre en charge. L'impossibilité d'identifier les producteurs et l'incapacité technique de prise en charge des déchets sont constatées, dans des conditions précisées par décret, par arrêté préfectoral, pour une durée ne pouvant excéder trois mois, le cas échéant, renouvelable une fois ;

1 quaterdecies. Aux installations exclusivement utilisées pour les déchets que l'exploitant produit ;

1 quindecies. Aux réceptions de déchets en provenance :

a. D'une installation de stockage qui n'est plus exploitée depuis le 1er janvier 1999 et qui ne relève pas du c du présent 1 quindecies ;

b. D'une installation de stockage autorisée où les déchets transférés ont été préalablement réceptionnés, dont l'exploitation a cessé entre le 1er janvier 1999 et la date de ce transfert et qui ne relève pas du même c ;

c. D'un dépôt de déchets situé à moins de 100 mètres du trait de côte dans une zone soumise à érosion ou dans une zone de submersion marine potentielle. Un arrêté du ministre chargé de l'environnement constate les dépôts qui satisfont ces conditions ;

1 sexdecies. Aux réceptions, autres que celles relevant du 1 nonies du présent II, de déchets en vue de les transformer, par traitement thermique, en combustibles qui sont destinés soit à cesser d'être des déchets au sens de l'article L 541-4-3 du code de l'environnement, soit à être utilisés dans une installation autorisée de co-incinération ;

1 septdecies. A la réception, dans une installation de stockage de déchets dangereux, de résidus issus du traitement de déchets, lorsque les conditions suivantes sont cumulativement remplies :

a. L'installation de stockage des résidus et celle de traitement des déchets dont ils sont issus sont situées sur une même emprise foncière ;

b. Les déchets traités relèvent des catégories suivantes listées à l'annexe de la décision 2000/532/CE de la Commission du 3 mai 2000 remplaçant la décision 94/3/CE établissant une liste de déchets en application de l'article 1er, point a, de la directive 75/442/CEE du Conseil relative aux déchets et à la décision 94/904/CE du Conseil établissant une liste de déchets dangereux en application de l'article 1er, paragraphe 4, de la directive 91/689/CEE du Conseil relative aux déchets dangereux :

les boues de forage et les autres déchets de forage, à l'exception de ceux réalisés à l'eau douce ;

les terres, y compris les déblais provenant de sites contaminés, les cailloux et les boues de dragage ;

les déchets de dessablage provenant d'installations de traitement des eaux usées ;

les minéraux, par exemple le sable ou les cailloux, constituant des déchets provenant du traitement mécanique des déchets, par exemple du tri, du broyage, du compactage ou de la granulation ;

les boues provenant de la décontamination des sols ;

les terres et les pierres constituant des déchets des jardins et des parcs ;

c. L'installation de traitement des déchets répond aux caractéristiques suivantes :

ses émissions de substance dans l'atmosphère sont inférieures aux seuils prévus au 2 du I du présent article ;

à l'issue de l'opération de traitement, le quotient entre, au numérateur, la masse de l'ensemble des produits ayant fait l'objet au cours de l'année civile d'une valorisation matière au sens de l'article L 541-1-1 du code de l'environnement et, au dénominateur, la masse de l'ensemble des déchets réceptionnés par l'installation de traitement durant la même période, telles que constatées par l'inspection des installations classées compétente, est au moins égal à 70 % ;

1 octodecies. A la réception, dans une installation de stockage autorisée en application du titre Ier du livre V du code de l'environnement, de déchets radioactifs métalliques issus d'une valorisation de matière radioactive au sens du troisième alinéa de l'article L 542-1-1 du même code ;

2. Aux installations d'injection d'effluents industriels autorisées en application de l'article 84 de la loi no 2003-699 du 30 juillet 2003 relative à la prévention des risques technologiques et naturels et à la réparation des dommages ;

3. Aux produits mentionnés au 6 du I du présent article issus d'une opération de recyclage ou qui présentent une teneur sur produit sec d'au moins 97 % d'oxyde de silicium ;

4. Aux préparations pour lessives, y compris les préparations auxiliaires de lavage, aux produits adoucissants ou assouplissants pour le linge, aux matériaux d'extraction mentionnés respectivement aux 5 et 6 du I du présent article lorsque la première livraison après fabrication nationale consiste en une expédition directe à destination d'un Etat membre de la Communauté européenne ou en une exportation ;

5. *(Abrogé)* ;

6. Aux lubrifiants biodégradables, non écotoxiques et d'origine renouvelable respectant les critères définis pour le label écologique communautaire des lubrifiants dans la décision no 2005/360/CE de la Commission européenne du 26 avril 2005 établissant les critères écologiques et les exigences associées en matière d'évaluation et de vérification pour l'attribution du label écologique communautaire aux lubrifiants ;

7. *(Abrogé)*.

III. *(Abrogé)*.

IV. Le II s'applique aux réceptions réalisées dans les seules installations autorisées en application du titre Ier du livre V du code de l'environnement, dans le respect des prescriptions de cette autorisation relatives aux catégories de déchets et aux traitements associés, à l'origine géographique des déchets ou déchets radioactifs métalliques, à la période d'exploitation de l'installation ou à ses limites de capacités, annuelles ou totales.

Le même II s'applique également à l'exception du 1 quaterdecies, dans les mêmes conditions, aux transferts de déchets hors de France en vue de leur réception par une installation régie, dans l'Etat dans laquelle elle se situe, par une réglementation d'effet équivalent à cette autorisation.

Art. 266 septies Le fait générateur de la taxe prévue à l'article 266 sexies intervient et cette taxe est exigible au moment où se produit :

1. La réception des déchets ou des déchets radioactifs métalliques dans une installation mentionnée au 1 du I de l'article 266 sexies ;

1 bis. Le transfert des déchets à la date figurant sur le document de suivi adressé aux autorités compétentes du pays d'expédition en application du règlement (CE) no 1013/2006 du Parlement européen et du Conseil, du 14 juin 2006, concernant les transferts de déchets ou, à défaut de document de suivi, à la date de sortie du territoire ;

2. L'émission dans l'atmosphère par les installations mentionnées au 2 du I de l'article 266 sexies, d'oxydes de soufre et autres composés soufrés, d'oxydes d'azote et autres composés oxygénés de l'azote, d'acide chlorhydrique, d'hydrocarbures non méthaniques, solvants, de benzène et d'hydrocarbures aromatiques polycycliques et autres composés organiques volatils, d'arsenic, de mercure, de sélénium, de plomb, de zinc, de chrome, de cuivre, de nickel, de cadmium, de vanadium ainsi que de poussières totales en suspension ;

3. *(Abrogé)* ;

4. *(Abrogé)* ;

5. La première livraison ou la première utilisation des préparations ou produits mentionnés au 5 du I de l'article 266 sexies ;

6. a. La première livraison des matériaux d'extraction mentionnés au a du 6 du I de l'article 266 sexies ;

b. La première utilisation de ces matériaux ;

7. à 10. *(Abrogés)*.

Art. 266 octies La taxe mentionnée à l'article 266 sexies est assise sur :

1. Le poids des déchets ou des déchets radioactifs métalliques reçus ou transférés vers un autre Etat par les exploitants ou les personnes mentionnés au 1 du I de l'article 266 sexies ;

2. Le poids des substances émises dans l'atmosphère par les installations mentionnées au 2 du I de l'article 266 sexies. Pour les installations pour lesquelles la puissance thermique ou la capacité n'excède pas les seuils prévus au même 2 du I de l'article 266 sexies, ou pour lesquelles un seuil de puissance thermique ou de capacité n'est pas prévu, il est tenu compte du poids total des substances pour lesquelles le seuil est dépassé, y compris la fraction de ce poids inférieure à ce seuil ;

3. *(Abrogé)* ;

4. *(Abrogé)* ;

5. Le poids des préparations pour lessives, y compris des préparations auxiliaires de lavage, ou des produits adoucissants ou assouplissants pour le linge mentionnés au 5 du I de l'article 266 sexies ;

6. Le poids des matériaux d'extraction mentionnés au 6 du I de l'article 266 sexies ;

7. à 9. *(Abrogés)*.

Art. 266 nonies 1. Les tarifs de la taxe mentionnée à l'article 266 sexies sont fixés comme suit :

A-0. Les autorisations mentionnées dans chacune des lignes des tableaux du second alinéa des a et b du A du présent 1 et aux deuxième et troisième lignes du tableau du second alinéa du B du même 1 s'entendent de celles prévues au titre Ier du livre V du code de l'environnement pour la catégorie de traitement des déchets mentionnée par cette ligne, ou, en cas de transfert hors de France, de réglementations d'effet équivalent à ces autorisations.

Les réceptions dans des installations non autorisées relèvent du tarif le plus élevé prévu par chacun des tableaux mentionnés au premier alinéa du présent A-0 pour, respectivement, les installations de stockage ou d'incinération, majoré de 110 € par tonne.

Relèvent du même tarif les réceptions effectuées dans une installation autorisée en méconnaissance des prescriptions de ces autorisations ainsi que les transferts réalisés vers une installation hors de France en méconnaissance des réglementations d'effet équivalent mentionnées au premier alinéa du présent A-0.

A. Pour les déchets réceptionnés dans une installation de stockage ou de traitement thermique de déchets non dangereux mentionnée au 1 du I de l'article 266 sexies :

a. Déchets réceptionnés dans une installation de stockage de déchets non dangereux ou transférés vers une telle installation située dans un autre Etat :

Désignation des installations de stockage de déchets non dangereux concernées	Unité de perception	Quotité (en euros)						
		2019	2020	2021	2022	2023	2024	A partir de 2025
B. - Installations autorisées réalisant une valorisation énergétique de plus de 75 % du biogaz capté	tonne	24	25	37	45	52	59	65
C. - Installations autorisées qui sont exploitées selon la méthode du bioréacteur et réalisent une valorisation énergétique du biogaz capté	tonne	34	35	47	53	58	61	65
D. - Installations autorisées relevant à la fois des B et C	tonne	17	18	30	40	51	58	65

Désignation des installations de stockage de déchets non dangereux concernées	Unité de perception	Quotité (en euros)						
		2019	2020	2021	2022	2023	2024	A partir de 2025
E. - Autres installations autorisées	tonne	41	42	54	58	61	63	65

b. Déchets réceptionnés dans une installation de traitement thermique de déchets non dangereux ou transférés vers une telle installation située dans un autre Etat :

Désignation des installations de traitement thermique de déchets non dangereux concernées	Unité de perception	Quotité (en euros)						
		2019	2020	2021	2022	2023	2024	A partir de 2025
A.- Installations autorisées dont le système de management de l'énergie a été certifié conforme à la norme internationale ISO 50001 par un organisme accrédité	tonne	12	12	17	18	20	22	25
B.- Installations autorisées dont les valeurs d'émission de NOx sont inférieures à 80 mg/Nm^3	tonne	12	12	17	18	20	22	25
C. - Installations autorisées réalisant une valorisation énergétique élevée dont le rendement énergétique est supérieur ou égal à 0,65	tonne	9	9	14	14	14	14	15
D. - Installations relevant à la fois des A et B	tonne	9	9	14	14	17	20	25
E. - Installations relevant à la fois des A et C	tonne	6	6	11	12	13	14	15
F. - Installations relevant à la fois des B et C	tonne	5	5	10	11	12	14	15
G. - Installations relevant à la fois des A, B et C	tonne	3	3	8	11	12	14	15
H. - Installations autorisées dont le rendement énergétique est supérieur ou égal à 0,70 et réalisant une valorisation énergétique des résidus à haut pouvoir calorifique qui sont issus des opérations de tri performantes	tonne	-	-	4	5,5	6	7	7,5
I. - Autres installations autorisées	tonne	15	15	20	22	23	24	25

b bis. *(Abrogé)* ;

c. Lorsque plusieurs tarifs mentionnés au tableau du a ou au tableau du b sont applicables, le tarif le plus faible s'applique à l'assiette concernée ;

d. Le tarif réduit mentionné au A du tableau du second alinéa du b s'applique aux tonnages de déchets réceptionnés à compter de la date d'obtention de la certification ISO 50001 ;

e. Le tarif mentionné au B du tableau du a s'applique aux tonnages de déchets susceptibles de produire du biogaz, mentionnés en tant que tels sur le registre prévu à l'article 35 de la directive 2008/98/CE du Parlement européen et du Conseil du 19 novembre 2008 relative aux déchets et abrogeant certaines directives, réceptionnés à compter de la date de notification au préfet de la date de mise en service effective des équipements assurant la valorisation du biogaz capté à plus de 75 %.

Les installations mentionnées au C du tableau du second alinéa du b sont celles qui sont équipées, dès leur construction, des équipements de captage du biogaz et de réinjection des lixiviats. Le tarif prévu au même C s'applique aux tonnages de déchets susceptibles de produire du biogaz, mentionnés en tant que tels sur le registre prévu à l'article 35 de la directive 2008/98/CE du Parlement européen et du Conseil du 19 novembre 2008 précitée, et réceptionnés, dans les conditions de l'autorisation d'exploitation du bioréacteur et de valorisation du biogaz, dans un casier ou une subdivision de casier, dont la durée d'utilisation est inférieure à deux ans à compter de la date de début d'exploitation de ce casier ou de cette subdivision de casier ;

f. Le tarif mentionné au B du tableau du b s'applique aux tonnages de déchets réceptionnés à compter de la date de notification de l'arrêté préfectoral mentionnant la valeur limite d'émission d'oxyde d'azote inférieure à 80 mg/Nm^3.

Le tarif réduit mentionné au C du tableau du même b s'applique aux tonnages de déchets réceptionnés à compter de la date de notification au préfet de la date de mise en service effective des équipements assurant la valorisation énergétique des déchets, au sens de la directive 2008/98/CE du Parlement européen et du Conseil du 19 novembre 2008 précitée ;

g. Un arrêté conjoint des ministres chargés du budget et de l'environnement précise les modalités d'application des tarifs réduits mentionnés aux B et C du tableau du a et au B du tableau du b ainsi que la liste des déchets, parmi ceux de la liste mentionnée à l'article 7 de la directive 2008/98/CE du Parlement européen et du Conseil du 19 novembre 2008 précitée, susceptibles de produire du biogaz pour les besoins de l'application des tarifs réduits précités ;

h. Le tarif mentionné au H du tableau du second alinéa du b s'applique aux tonnages des déchets identifiés comme des résidus issus d'opérations de tri performantes et dont le pouvoir calorifique inférieur est supérieur ou égal à un seuil fixé par arrêté conjoint des ministres chargés du budget et de l'environnement.

Aux fins de l'application du tarif réduit, l'apporteur établit, au plus tard à la date de facturation, une attestation en double exemplaire certifiant que les déchets répondent aux conditions prévues au premier alinéa du présent h. L'arrêté mentionné au même premier alinéa précise les mentions portées sur l'attestation. Un exemplaire est remis à la personne qui réceptionne les déchets. Lorsqu'il est constaté que ces conditions ne sont pas remplies, l'apporteur est redevable du complément d'impôt.

Une opération de tri s'entend d'une opération de séparation, au sein d'un même flux de déchets ayant fait l'objet d'une collecte séparée, entre les déchets faisant l'objet d'une valorisation matière et les résidus. L'opération de tri performante s'entend de celle dont l'opérateur démontre qu'elle répond aux conditions suivantes :

les proportions de déchets identifiés comme des résidus sont inférieures ou égales à des seuils fixés, selon la nature et les caractéristiques des déchets, par l'arrêté mentionné au premier alinéa du présent h ;

les proportions de déchets indésirables restant contenus dans les quantités de déchets sélectionnés en vue d'une valorisation matière sont inférieures ou égales à des seuils fixés, selon la nature et les caractéristiques de ces résidus et de ces déchets sélectionnés, par ledit arrêté ;

i. Sur les territoires des collectivités d'outre-mer relevant de l'article 73 de la Constitution, sont appliquées les réfactions suivantes :

35 % en Guadeloupe, à La Réunion et en Martinique ;

75 % en Guyane et à Mayotte.

Ndlr *Le taux de 35 % est ramené à 25 % à compter du 1er janvier 2025 (Loi 2021-1549 du 1er décembre 2021 art. 14, I-2° et II, modifiée par loi 2023-1322 du 29 décembre 2023 art. 104, IV).*

Le taux de 75 % est ramené à 70 % à compter du 1er janvier 2025 (Loi 2020-1721 du 29 décembre 2020 art. 63, I-2° et II, modifiée par loi 2023-1322 du 29 décembre 2023 art. 104, III).

Toutefois, pour les installations de stockage non accessibles par voie terrestre situées en Guyane, le tarif est fixé à 3 euros par tonne.

Sont exonérées les réceptions des déchets utilisés pour produire de l'électricité distribuée par le réseau dans ces territoires lorsqu'elles sont réalisées dans les conditions prévues au IV de l'article 266 sexies.

A bis. Pour les déchets radioactifs métalliques mentionnés au c du 1 du I de l'article 266 sexies, les tarifs sont fixés comme suit :

Unité de perception	Quotités *(en euros)*			
	2024	2025	2026	A partir de 2027
Tonne	200	300	350	400

B. Pour les autres composantes de la taxe mentionnée à l'article 266 sexies, les tarifs sont fixés comme suit :

Désignation des matières ou opérations imposables	Unité de perception	Quotité en euros
Déchets réceptionnés dans une installation de traitement thermique de déchets dangereux ou transférés vers une telle installation située dans un autre Etat	Tonne	12,78
Déchets réceptionnés dans une installation de stockage de déchets dangereux ou transférés vers une telle installation située dans un autre Etat	Tonne	25,57
Substances émises dans l'atmosphère :		
- oxydes de soufre et autres composés soufrés	Tonne	136,02 (à compter du 1er janvier 2013)
- acide chlorhydrique	Tonne	43,24
- protoxyde d'azote	Tonne	64,86
- oxydes d'azote et autres composés oxygénés de l'azote, à l'exception du protoxyde d'azote	Tonne	51,89 (107,2 en 2011 et 160,8 à compter du 1er janvier 2012)
- hydrocarbures non méthaniques, solvants et autres composés organiques volatils	Tonne	136,02 (à compter du 1er janvier 2013)
- poussières totales en suspension	Tonne	259,86 (à compter du 1er janvier 2013)
Arsenic	Kg	500
Sélénium	Kg	500
Mercure	Kg	1 000
Benzène	Kg	5
Plomb	Kg	10
Zinc	Kg	5
Chrome	Kg	20
Cuivre	Kg	5
Nickel	Kg	100
Cadmium	Kg	500
Vanadium	Kg	5
Lubrifiants, huiles et préparations lubrifiantes dont l'utilisation génère des huiles usagées	Tonne	44,02
Préparations pour lessives, y compris les préparations auxiliaires de lavage, et produits adoucissants et assouplissants pour le linge :		
- dont la teneur en phosphate est inférieure à 5 % du poids	Tonne	39,51
- dont la teneur en phosphate est comprise entre 5 % et 30 % du poids	Tonne	170,19

Désignation des matières ou opérations imposables	Unité de perception	Quotité en euros
- dont la teneur en phosphate est supérieure à 30 % du poids	Tonne	283,65
Matériaux d'extraction	Tonne	0,20

Ndlr *Pour les dispositions du présent 1 applicables à compter du 1er janvier 2025, voir partie Autres textes du présent code loi 2023-1322 du 29 décembre 2023 art. 104, I-A et V-A.*

1 bis. A compter du 1er janvier 2013, les tarifs mentionnés au 1 sont relevés, chaque année, dans une proportion égale au taux de croissance de l'indice des prix à la consommation hors tabac de l'avant-dernière année.

Toutefois, le premier alinéa du présent 1 bis ne s'applique qu'à compter du 1er janvier 2026 aux tarifs prévus aux tableaux des a et b du A du 1.

a. *(Abrogé).*

b. *(Abrogé).*

c. *(Abrogé).*

Ndlr *Pour les dispositions du présent 1 bis applicables à compter du 1er janvier 2026, voir partie Autres textes du présent code loi 2023-1322 du 29 décembre 2023 art. 104, I-B et V-B. La première révision des tarifs prévus au présent 1 bis intervient à cette même date.*

2. Le montant minimal annuel de la taxe due par les personnes mentionnées au a du 1 du I de l'article 266 sexies est de 450 € par installation.

3. *(Abrogé).*

4., 4 bis. et 5. *(Abrogés).*

6. Le poids des oxydes d'azote et autres composés oxygénés de l'azote est exprimé en équivalent dioxyde d'azote hormis pour le protoxyde d'azote.

7. *(Abrogé).*

8. Le seuil d'assujettissement des émissions de poussières totales en suspension mentionnées au 2 de l'article 266 septies est fixé à 5 tonnes par an.

Art. 266 nonies A I. Les livraisons mentionnées aux 5 et 6 de l'article 266 septies de produits expédiés ou transportés hors de France par le redevable ou pour son compte sont exonérées de la taxe prévue à l'article 266 sexies.

II. Ces mêmes livraisons à une personne qui destine les produits, dans le cadre de son activité économique, à une expédition ou un transport hors de France peuvent être effectuées en suspension de la taxe générale sur les activités polluantes.

A cette fin, l'acquéreur établit, au plus tard à la date de facturation, une attestation en double exemplaire certifiant que le produit est destiné à être expédié ou transporté hors de France et comportant la mention du recours au régime de suspension. Un exemplaire est remis au fournisseur.

En cas de recours au régime de suspension, si les produits ne sont pas expédiés ou transportés hors de France, la taxe est exigible auprès de l'acquéreur dès que les produits sont affectés à une autre destination, et au plus tard lors de leur livraison en France ou de tout événement rendant impossible l'expédition ou le transport hors de France.

III. Pour l'application des I et II, une expédition ou un transport hors de France s'entend de l'expédition ou du transport des produits en dehors du territoire national ou à destination des collectivités régies par l'article 74 de la Constitution, de la Nouvelle-Calédonie, des Terres australes et antarctiques françaises ou de l'île de Clipperton.

IV. *(Abrogé).*

Art. 266 decies 1. *(Abrogé).*

2. Les personnes mentionnées au 2 du I de l'article 266 sexies, membres des organismes de surveillance de la qualité de l'air prévus par l'article 3 de la loi n° 96-1236 du 30 décembre 1996 sur l'air et l'utilisation rationnelle de l'énergie, sont autorisées à déduire des cotisations de taxe dues par elles au titre de leurs installations situées dans la zone surveillée par le réseau de mesure de ces organismes les contributions ou dons de toute nature qu'elles ont versés à ceux-ci dans les douze mois précédant la date limite de dépôt de la déclaration. Cette déduction, qui s'entend par installation, s'exerce dans la limite de 171 000 € ou à concurrence de 25 % des cotisations de taxe dues. Pour les personnes disposant de plusieurs installations, cette limite ou ce plafond est déterminé par installation.

3. *(Abrogé).*

4. Les personnes mentionnées au 1 du I de l'article 266 sexies répercutent la taxe afférente dans les contrats conclus avec les personnes physiques ou morales dont ils réceptionnent les déchets ou les déchets radioactifs métalliques. Elles adressent chaque année auxdites personnes physiques ou morales une copie des éléments d'assiette et de tarifs déclarés à l'administration des finances publiques.

5. Les personnes mentionnées au 5 du I de l'article 266 sexies peuvent répercuter la taxe afférente dans les contrats conclus avec les personnes physiques ou morales auxquelles elles vendent les produits correspondants.

6. *(Abrogé).*

Art. 266 undecies I. La taxe générale sur les activités polluantes est déclarée et liquidée par les redevables selon les modalités suivantes :

1° Pour les redevables de la taxe sur la valeur ajoutée soumis au régime réel normal d'imposition mentionné au 2 de l'article 287 du code général des impôts, sur des déclarations adressées concomitamment à la déclaration mentionnée au 1 du même article 287 et déposées au titre du premier trimestre civil ou au titre du mois suivant le premier trimestre civil de l'année suivant celle au cours de laquelle la taxe est devenue exigible ;

2° Pour les redevables de la taxe sur la valeur ajoutée soumis au régime réel simplifié d'imposition prévu aux articles 302 septies A et 298 bis du même code, sur des déclarations adressées concomitamment à la déclaration annuelle mentionnée au 3 de l'article 287 ou au I de l'article 298 bis dudit code et déposées au titre de l'exercice au cours duquel la taxe est devenue exigible ;

3° Dans tous les autres cas, sur des déclarations adressées au service de recouvrement dont relève le siège ou le principal établissement du redevable, au plus tard le 25 avril de l'année qui suit celle au cours de laquelle la taxe est devenue exigible.

La déclaration susmentionnée est conforme au modèle établi par l'administration.

II. La taxe est acquittée, dans les conditions définies par voie réglementaire, au moyen d'acomptes dont le nombre ne peut excéder trois ainsi que, le cas échéant, d'une régularisation intervenant au plus tard lors de la déclaration prévue au I *(NDLR Voir partie Autres textes du présent code décret 2020-442 du 16 avril 2020)*.

La taxe est recouvrée et contrôlée selon les mêmes procédures et sous les mêmes sanctions, garanties, sûretés et privilèges que les taxes sur le chiffre d'affaires. Les réclamations sont présentées, instruites et jugées selon les règles applicables à ces mêmes taxes.

III. Les redevables conservent, à l'appui de leur comptabilité, l'information des poids trimestriels afférents à chacune des exemptions mentionnées au II de l'article 266 sexies, à chacun des tarifs prévus à l'article 266 nonies et à chacune des exonérations et livraisons en suspension mentionnées à l'article 266 nonies A, en distinguant, le cas échéant, ceux afférents aux livraisons, ceux afférents aux réceptions et ceux afférents aux transferts hors de France.

Ces informations et les attestations mentionnées au II du même article 266 nonies A sont tenues à la disposition de l'administration et lui sont communiquées à première demande.

IV. Les I à III s'appliquent également à toute personne acquérant les produits en suspension de la taxe dans les conditions prévues au II de l'article 266 nonies A pour les quantités concernées.

V. Lorsque le redevable n'est pas établi dans un Etat membre de l'Union européenne ou dans l'un des Etats mentionnés au 1° du I de l'article 289 A du code général des impôts, il fait accréditer auprès du service des impôts compétent, dans les conditions prévues au IV du même article, un représentant assujetti à la taxe sur la valeur ajoutée établi en France qui s'engage à remplir les formalités au nom et pour le compte du représenté et, le cas échéant, à acquitter la taxe à sa place.

Conditions d'exercice des missions fiscales

Art. 285 decies L'administration des douanes et des droits indirects exerce les missions fiscales qui lui sont confiées :

1° Pour les impositions autres que celles mentionnées au 2°, dans les conditions que le présent code prévoit pour chacune de ces impositions ;

2° Pour les impositions recouvrées et contrôlées selon les mêmes procédures et sous les mêmes sanctions, garanties, sûretés et privilèges que les contributions indirectes ou que les taxes sur le chiffres d'affaires, dans les conditions que le livre des procédures fiscales prévoit pour chacune de ces impositions.

Art. 285 undecies Pour l'exercice par l'administration des douanes et des droits indirects de ses missions relatives aux impositions recouvrées selon les mêmes procédures et sous les mêmes sanctions, garanties, sûretés et privilèges que les taxes sur le chiffres d'affaires, au sein du livre II du code général des impôts et du livre des procédures fiscales :

1° Les références à l'administration des impôts ou à l'administration fiscale s'entendent de références à l'administration des douanes et des droits indirects ;

2° Les références au directeur général des finances publiques s'entendent de références au directeur général des douanes et des droits indirects ;

3° Les références aux agents de la direction générale des finances publiques, aux agents de l'administration des impôts ou aux agents des impôts s'entendent de références aux agents de la direction générale des douanes et des droits indirects, le cas échéant, de catégorie et ou de grades équivalents.

Prescription des droits particuliers en matière douanière

TVA-IV-16745 s.

Art. 352 1. Les demandes en restitution de droits et taxes perçus par l'administration des douanes, les demandes en paiement de loyers et les demandes en restitution de marchandises, à l'exclusion des demandes formulées en application des articles 236 à 239 du code des douanes communautaire, sont présentées à l'administration dans les délais et conditions fixées par décret en

Conseil d'Etat *(NDLR Décret 2014-1395 du 24 novembre 2014)*.

L'autorité administrative compétente statue sur ces demandes dans un délai de quatre mois à compter de leur réception.

L'action contre la décision de l'administration, prise à la suite de cette réclamation, doit être introduite devant le tribunal désigné à l'article 358 du présent code, dans les trois mois à compter de la notification de la décision de l'administration ou, à défaut de réponse, à l'expiration du délai de quatre mois prévu à l'alinéa précédent.

2. L'action contre une décision de l'administration, prise à la suite d'une demande de remise ou de remboursement fondée sur les articles 236 à 239 du code des douanes communautaire, doit être présentée devant le tribunal désigné à l'article 358 du présent code dans les trois mois à compter de la notification de la décision de l'administration ou, à défaut de réponse, à l'expiration du délai de quatre mois prévu par le décret n° 2001-908 du 3 octobre 2001 pris pour l'application du deuxième alinéa du 2 de l'article 6 du règlement (CEE) n° 2913/92 du Conseil du 12 octobre 1992 établissant le code des douanes communautaire ou du délai supplémentaire fixé par l'administration conformément au 2 de l'article 6 du même règlement.

Art. 352 bis Lorsqu'une personne a indûment acquitté des droits et taxes nationaux recouvrés selon les procédures du présent code, elle peut en obtenir le remboursement, à moins que les droits et taxes n'aient été répercutés sur l'acheteur.

Art. 352 ter Lorsque le défaut de validité d'un texte fondant la perception d'une taxe recouvrée par les agents de la direction générale des douanes et des droits indirects a été révélé par une décision juridictionnelle, l'action en restitution mentionnée à l'article 352 ne peut porter, sans préjudice des dispositions de l'article 352 bis, que sur la période postérieure au 1er janvier de la deuxième année précédant celle au cours de laquelle cette décision est intervenue.

Art. 352 quater L'action en réparation du préjudice subi fondée sur la non-conformité de la règle de droit dont il a été fait application à une règle de droit supérieure ou la demande de dommages et intérêts résultant de la faute commise dans la détermination de l'assiette, le contrôle et le recouvrement de l'impôt ne peut porter que sur une période postérieure au 1er janvier de la deuxième année précédant celle au cours de laquelle l'existence de la créance a été révélée au demandeur.

Droit de remise en matière douanière

TVA-IV-16610

Art. 390 ter L'administration peut, en prenant en compte la situation économique et sociale du débiteur, sa bonne foi et les circonstances ayant conduit au retard de paiement, accorder des remises totales ou partielles des sommes dues au titre de l'intérêt de retard mentionné à l'article 440 bis ainsi que des majorations prévues par le présent code.

Intérêt de retard

TVA-IV-16610

Art. 440 bis I. Tout impôt, droit ou taxe prévu par le présent code qui n'a pas été acquitté dans le délai légal donne lieu au versement d'un intérêt de retard.

L'intérêt de retard s'applique à compter du premier jour du mois suivant celui au cours duquel l'impôt devait être acquitté jusqu'au dernier jour du mois du paiement. Son taux est de 0,20 % par mois.

L'intérêt de retard n'est pas dû lorsque s'appliquent les majorations prévues au 1 de l'article 224, au 9 de l'article 266 quinquies C et au 3 de l'article 284 quater.

II. En cas de régularisation spontanée par le redevable des erreurs, inexactitudes, omissions ou insuffisances dans les déclarations souscrites dans les délais, avant l'expiration du délai prévu pour l'exercice par l'administration de son droit de reprise et avant tout contrôle de cette dernière, le montant dû au titre de l'intérêt de retard mentionné au I du présent article est réduit de 50 %.

Si le redevable demande à effectuer une telle régularisation alors qu'un contrôle de l'administration est en cours soit avant la notification de l'information ou de la proposition de taxation mentionnées aux articles 67 B et 67 D, soit après cette notification, ce montant est réduit de 30 %. Dans ce dernier cas, le redevable dispose de trente jours à compter de la notification pour demander la régularisation.

Les réductions mentionnées au présent II ne peuvent être appliquées que si la régularisation :

1° Ne concerne pas une infraction exclusive de bonne foi ;

2° Est accompagnée du paiement de l'intégralité des droits, taxes et intérêts exigibles, soit immédiatement, soit dans le cadre d'un plan de règlement accordé par le comptable des douanes.

Régularisation des obligations déclaratives

Art. 440-1 I. Le redevable d'un droit ou d'une taxe recouvrés en application du présent code, à l'exclusion des ressources propres de l'Union européenne, peut soit spontanément, avant l'expiration du délai prévu pour l'exercice par l'administration de son droit de reprise, soit à la demande de l'administration dans le délai que celle-ci lui indique régulariser les erreurs, inexactitudes, omissions ou insuffisances commises pour la première fois, au cours des trois années précédant cette commission, dans les déclarations souscrites dans les délais. Les sanctions prévues aux articles 410 à 412 ne sont pas applicables lorsque cette régularisation :

1° Est accompagnée du paiement des droits et taxes concernés et de l'intérêt de retard prévu à l'article 440 bis et que ce paiement est soit immédiat, soit effectué dans le cadre d'un plan de règlement des droits accordé par le comptable des douanes ;

2° Ne concerne pas une infraction exclusive de bonne foi.

II. Le présent article est applicable dans les îles Wallis-et-Futuna.

CODE ELECTORAL

Art. L 52-8 Une personne physique peut verser un don à un candidat si elle est de nationalité française ou si elle réside en France. Les dons consentis par une personne physique dûment identifiée pour le financement de la campagne d'un ou plusieurs candidats lors des mêmes élections ne peuvent excéder 4 600 €.

Les personnes morales, à l'exception des partis ou groupements politiques, ne peuvent participer au financement de la campagne électorale d'un candidat, ni en lui consentant des dons sous quelque forme que ce soit, ni en lui fournissant des biens, services ou autres avantages directs ou indirects à des prix inférieurs à ceux qui sont habituellement pratiqués. Les personnes morales, à l'exception des partis et groupements politiques ainsi que des établissements de crédit ou sociétés de financement ayant leur siège social dans un Etat membre de l'Union européenne ou partie à l'accord sur l'Espace économique européen, ne peuvent ni consentir des prêts à un candidat , ni lui apporter leur garantie pour l'obtention de prêts.

Tout don de plus de 150 € consenti à un candidat en vue de sa campagne doit être versé par chèque, virement, prélèvement automatique ou carte bancaire.

Un candidat ne peut contracter auprès d'un parti ou groupement politique des prêts avec intérêts que si ce dernier a lui-même souscrit des prêts à cette fin et dans la limite des intérêts y afférents.

Le montant global des dons en espèces faits au candidat ne peut excéder 20 % du montant des dépenses autorisées lorsque ce montant est égal ou supérieur à 15 000 € en application de l'article L 52-11.

Aucun candidat ne peut recevoir, directement ou indirectement, pour quelque dépense que ce soit, des contributions ou aides matérielles d'un Etat étranger ou d'une personne morale de droit étranger. Il ne peut recevoir des prêts d'un Etat étranger ou d'une personne morale de droit étranger, à l'exception des établissements de crédit ou sociétés de financement mentionnés au deuxième alinéa du présent article.

Par dérogation au premier alinéa de l'article L 52-1, les candidats ou les listes de candidats peuvent recourir à la publicité par voie de presse pour solliciter les dons autorisés par le présent article. La publicité ne peut contenir d'autres mentions que celles propres à permettre le versement du don.

Les montants prévus au présent article sont actualisés tous les ans par décret. Ils évoluent comme l'indice des prix à la consommation des ménages, hors tabac.

IRPP-IV-12350 s. ; MF n° 3185

CODE DE L'ENTREE ET DU SEJOUR DES ETRANGERS ET DU DROIT D'ASILE

Taxes sur les titres de séjour et de travail des étrangers

ENR-VIII-600 s., 20500 s.

Art. L 313-6 Chaque demande de validation d'une attestation d'accueil donne lieu à la perception d'une taxe d'un montant de 30 euros acquittée par l'hébergeant, recouvrée comme en matière de droit de timbre.

Art. L 436-1 A l'exception des autorisations provisoires de séjour, la délivrance et le renouvellement d'un titre de séjour donnent lieu à la perception d'une taxe dont le montant est fixé à 200 euros.

Ce montant est ramené à 50 euros pour les étrangers auxquels est délivrée une carte de séjour sur le fondement des articles L 421-34, L 422-1 à L 422-6, L 422-10 à L 422-12, L 422-14, L 423-14, L 423-15, L 426-5, L 426-6, L 426-7, L 426-22 et L 426-23.

Le premier alinéa du présent article n'est pas applicable pour la délivrance d'une carte de séjour délivrée sur le fondement des articles L 426-8 et L 426-9.

Le même premier alinéa n'est pas applicable pour la première délivrance d'une carte de séjour délivrée sur le fondement des articles L 423-22, L 424-1, L 424-3, L 424-9, L 424-11, L 424-18, L 424-19, L 425-9 et L 426-2.

La délivrance d'un visa de long séjour valant ou dispensant de titre de séjour donne lieu, outre aux droits de visa prévus par la réglementation en vigueur, à la perception de la taxe correspondant au titre de séjour que ce visa remplace.

Art. L 436-2 La fourniture de duplicata donne lieu à la perception d'une taxe du même montant que celle applicable lors du renouvellement du titre de séjour pour le même motif.

Art. L 436-3 La délivrance, le renouvellement et la fourniture de duplicata des documents de circulation délivrés aux étrangers mineurs sur le fondement de l'article L 414-4 donnent lieu à la perception, d'une taxe dont le montant est de 50 euros.

Art. L 436-4 Sans préjudice des dispositions de l'article L 412-1, préalablement à la délivrance d'un premier titre de séjour, l'étranger qui est entré en France sans être muni des documents et visas exigés par les conventions internationales et les règlements en vigueur ou qui, âgé de plus de dix-huit ans, n'a pas, après l'expiration depuis son entrée en France d'un délai de trois mois ou d'un délai supérieur fixé par décret en Conseil d'Etat, été muni d'une carte de séjour, acquitte un droit de visa de régularisation d'un montant égal à 200 euros, dont 50 euros, non remboursables, sont perçus lors de la demande de titre.

Cette disposition n'est pas applicable aux réfugiés, apatrides et bénéficiaires de la protection subsidiaire et aux étrangers mentionnés aux articles L 423-22, L 426-1, L 426-2 et L 426-3.

Le visa mentionné au premier alinéa tient lieu du visa de long séjour prévu au dernier alinéa de l'article L 312-2 si les conditions pour le demander sont réunies.

Art. L 436-5 Sans préjudice des dispositions de l'article L 411-2, le renouvellement d'un titre de séjour demandé après l'expiration du délai requis pour le dépôt de la demande donne lieu, sauf cas de force majeure ou présentation d'un visa en cours de validité, à l'acquittement d'un droit de visa de régularisation de 180 euros.

Art. L 436-6 Les articles L 436-1 à L 436-5 sont applicables, selon les cas, à la demande, à la délivrance, au renouvellement et à la fourniture de duplicata des titres de séjour et des documents de circulation pour étrangers mineurs prévus par les traités ou accords internationaux, sauf stipulations contraires prévues par ces traités ou accords.

Art. L 436-7 Sans préjudice des taxes prévues aux articles L 436-1 à L 436-5 et L 436-6, la délivrance, le renouvellement, le duplicata ou le changement d'une carte de séjour ou d'un titre équivalent prévu par les traités ou accords internationaux sont soumis à un droit de timbre d'un montant de 25 euros.

Art. L 436-8 La délivrance, le renouvellement d'un titre de séjour et la fourniture d'un duplicata d'un titre de séjour aux étrangers mentionnés aux articles L 423-5, L 423-17, L 423-18, L 425-1, L 425-3, L 425-6 ou L 425-8 sont exonérés de la perception des taxes prévues aux articles L 436-1 à L 436-5 et L 436-6 et du droit de timbre prévu à l'article L 436-7.

Art. L 436-9 Les modalités d'application des articles L 436-1 à L 436-5 sont précisées par décret.

Art. R 436-3 Les taxes prévues aux articles L 436-1 à L 436-5 sont acquittées par la voie électronique au moyen d'un timbre dématérialisé, dans les conditions prévues au chapitre II du titre IV de la première partie du livre Ier du code général des impôts.

CODE MONETAIRE ET FINANCIER

Interdiction du paiement en espèces de certaines créances

Art. L 112-6 I. Ne peut être effectué en espèces ou au moyen de monnaie électronique le paiement d'une dette supérieure à un montant fixé par décret, tenant compte du lieu du domicile fiscal du débiteur, de la finalité professionnelle ou non de l'opération et de la personne au profit de laquelle le paiement est effectué.

Au-delà d'un montant mensuel fixé par décret, le paiement des traitements et salaires est soumis à l'interdiction mentionnée à l'alinéa précédent et doit être effectué par chèque barré ou par virement à un compte bancaire ou postal ou à un compte tenu par un établissement de paiement ou un établissement de monnaie électronique qui fournit des services de paiement.

Lorsqu'un professionnel achète des métaux à un particulier ou à un autre professionnel, le paiement est effectué par chèque barré ou par virement à un compte ouvert au nom du vendeur. Le non-respect de cette obligation est puni par une contravention de cinquième classe.

II. Nonobstant les dispositions du I, les dépenses des services concédés qui excèdent la somme de 450 € doivent être payées par virement.

II. bis Nonobstant le I, le paiement des opérations afférentes au prêt sur gage peut être effectué en espèces ou au moyen de monnaie électronique, dans la limite d'un montant fixé par décret.

III. Les dispositions qui précèdent ne sont pas applicables :

a. Aux paiements réalisés par des personnes qui sont incapables de s'obliger par chèque ou par un autre moyen de paiement, ainsi que par celles qui n'ont pas de compte de dépôt ;

b. Aux paiements effectués entre personnes physiques n'agissant pas pour des besoins professionnels ;

c. Au paiement des dépenses de l'Etat et des autres personnes publiques ;

d. Aux paiements réalisés en monnaie électronique dans le cadre du règlement des paiements au titre du règlement (UE) 2022/858 du Parlement européen et du Conseil du 30 mai 2022 sur un régime pilote pour les infrastructures de marché reposant sur la technologie des registres distribués, et modifiant les règlements (UE) n° 600/2014 et (UE) n° 909/2014 et la directive 2014/65/UE.

CF-IX-89000 s. ; MF n° 78401

Art. L 112-6-1 A Les professionnels qui, par voie électronique, assurent un service de réservation ou de location ou de mise en relation en vue de la location d'un hébergement situé en France ne peuvent effectuer aucun paiement au profit du loueur par une valeur monétaire stockée sous forme électronique et utilisable au moyen d'un support physique au sens de l'article L 315-9 du présent code.

CF-IX-89340 s. ; MF n° 78401

Art. L 112-6-1 Les paiements effectués ou reçus par un notaire pour le compte des parties à un acte reçu en la forme authentique et donnant lieu à publicité foncière doivent être assurés par virement. Un décret en Conseil d'Etat précise les modalités d'exécution de ce virement ainsi que le seuil au-dessous duquel d'autres modalités de paiement demeurent autorisées.

CF-IX-89250 s. ; MF n° 78401

Art. L 112-6-2 Les paiements effectués par les administrateurs judiciaires et les mandataires judiciaires au profit des institutions mentionnées à l'article L 3253-14 du code du travail en application des articles L 3253-15, L 3253-16 et L 3253-18-1 du même code sont assurés par virement.

Le paiement des traitements et salaires est effectué par virement par le mandataire judiciaire lorsqu'il était, avant l'ouverture de la procédure collective, effectué par virement sur un compte bancaire ou postal, sous réserve de l'article L 112-10 du présent code.

Les deux premiers alinéas du présent article s'appliquent également aux administrateurs judiciaires et aux mandataires judiciaires désignés en application du deuxième alinéa de l'article L 811-2 du code de commerce et du premier alinéa du II de l'article L 812-2 du même code.

CF-IX-89300 s. ; MF n° 78401

Art. L 112-7 Les infractions aux articles L 112-6 à L 112-6-2 sont constatées par des agents désignés par arrêté du ministre chargé du budget. Le débiteur ou le mandataire de justice ayant procédé à un paiement en violation des mêmes articles L 112-6 à L 112-6-2 sont passibles d'une amende dont le montant est fixé compte tenu de la gravité des manquements et qui ne peut excéder 5 % des sommes payées en violation des dispositions susmentionnées. Le débiteur et le créancier sont solidairement responsables du paiement de cette amende en cas d'infraction aux articles L 112-6 et L 112-6-1.

Ndlr *Voir CGI, art. 1840 J et LPF, art. L 225 A.*

CF-IX-89720 s. ; MF n° 78401

Art. L 112-8 Les livraisons de céréales par les producteurs aux coopératives sont réglées par chèque ou virement sur un établissement de crédit, sur un établissement de paiement ou sur un établissement de monnaie électronique dans le cadre de la fourniture de services de paiement. Les coopératives autorisent ces établissements à communiquer à l'inspection générale des finances et aux agents de l'établissement national des produits de l'agriculture et de la mer (FranceAgriMer) les pièces justificatives de leurs comptes.

CF-IX-89380

Les relations financières avec l'étranger ; obligations de déclaration

Art. L 152-1 Les porteurs transportant de l'argent liquide, au sens du règlement (UE) 2018/1672 du Parlement européen et du Conseil du 23 octobre 2018 relatif aux contrôles de l'argent liquide entrant dans l'Union ou sortant de l'Union et abrogeant le règlement (CE) n° 1889/2005, d'un montant égal ou supérieur à 10 000 €, vers un Etat membre de l'Union européenne ou en provenance d'un tel Etat doivent en faire la déclaration auprès de l'administration des douanes. Ils mettent cet argent à la disposition de l'administration des douanes en cas de contrôle lors de ce transport.

Est considérée comme porteur toute personne physique qui, pour elle-même ou pour le compte d'un tiers, transporte de l'argent liquide sur elle, dans ses bagages ou dans ses moyens de transport.

Un décret en Conseil d'Etat fixe les conditions d'application du présent article.

Ndlr *Voir CGI, art. 1649 quater A.*

CF-IX-18680 s. ; MF n°s 78300 s.

Art. L 152-1-1 Lorsque de l'argent liquide, au sens du règlement (UE) 2018/1672 du Parlement européen et du Conseil du 23 octobre 2018 relatif aux contrôles de l'argent liquide entrant dans l'Union ou sortant de l'Union et abrogeant le règlement (CE) n° 1889/2005, d'un montant égal ou supérieur à 10 000 € fait partie d'un envoi en provenance d'un autre Etat membre de l'Union européenne ou vers un tel Etat, sans l'intervention d'un porteur, les agents des douanes peuvent exiger que l'expéditeur ou le destinataire ou leur représentant, selon le cas, fasse une déclaration de divulgation dans un délai et des conditions fixés par décret en Conseil d'Etat.

Les agents des douanes peuvent retenir l'argent liquide jusqu'à ce que l'expéditeur, le destinataire ou leur représentant dépose la déclaration de divulgation.

CF-IX-18680 s. ; MF n°s 78300 s.

Art. L 152-1-2 I. L'obligation de déclaration et l'obligation de divulgation mentionnées aux articles L 152-1 et L 152-1-1 ne sont pas réputées exécutées si les informations fournies sont incorrectes ou incomplètes ou si l'argent liquide n'est pas mis à la disposition de l'administration des douanes à sa demande, à l'occasion d'un contrôle lors d'un transport. Il en va de même lorsque la déclaration de divulgation n'est pas établie dans le délai applicable.

II. Les obligations mentionnées au I du présent article sont également considérées comme non exécutées si les déclarations portant sur de l'argent liquide, au sens du règlement (UE) 2018/1672 du Parlement européen et du Conseil du 23 octobre 2018 relatif aux contrôles de l'argent liquide entrant dans l'Union ou sortant de l'Union et abrogeant le règlement (CE) n° 1889/2005, d'un montant égal ou supérieur à 50 000 € ne sont pas accompagnées des documents dont la production permet de justifier de sa provenance. Un décret fixe la liste de ces documents et leurs modalités de transmission.

CF-IX-18680 s. ; MF n°s 78300 s.

Art. L 152-3 Les établissements de crédit, les établissements de monnaie électronique, les établissements de paiement ainsi que les organismes et services mentionnés à l'article L 518-1 doivent communiquer aux administrations fiscales et douanières, sur leur demande, la date et le montant des sommes transférées à l'étranger par les personnes visées à l'article L 152-2, l'identification de l'auteur du transfert et du bénéficiaire ainsi que les références des comptes concernés en France et à l'étranger. Ces dispositions s'appliquent également aux opérations effectuées pour le compte de ces personnes sur des comptes de non-résidents.

Les organismes mentionnés au premier alinéa sont tenus de conserver, dans les conditions prévues à l'article L 102 B du livre des procédures fiscales, tout document, information, donnée ou traitement relatif aux opérations de transfert mentionnées aux alinéas précédents.

Un décret en Conseil d'Etat peut fixer, après avis de la commission nationale de l'informatique et des libertés, les règles particulières relatives à la conservation et à la communication des informations détenues par les organismes mentionnés au premier alinéa.

Ndlr *Voir LPF, art. L 96 A.*

CF-III-1400 s.

Art. L 152-4 I. La méconnaissance des obligations déclaratives énoncées aux articles L 152-1 à L 152-1-2 et dans le règlement (UE) 2018/1672 du Parlement européen et du Conseil du 23 octobre 2018 relatif aux contrôles de l'argent liquide entrant dans l'Union ou sortant de l'Union et abrogeant le règlement n° 1889/2005 est punie d'une amende égale à 50 % du montant de l'argent liquide sur lequel a porté l'infraction ou la tentative d'infraction.

II. En cas de constatation de l'infraction mentionnée au I du présent article par les agents des douanes, ceux- ci peuvent prononcer la retenue temporaire de la totalité de l'argent liquide sur lequel a porté l'infraction ou la tentative d'infraction, pendant une durée ne pouvant être supérieure à trente jours, renouvelable jusqu'à un maximum de quatre-vingt-dix jours. Les motifs de la retenue temporaire sont notifiés à l'auteur de l'infraction mentionnée au même I.

Au terme de la durée de quatre-vingt-dix jours, si les nécessités de l'enquête l'exigent, les agents des douanes peuvent consigner l'argent liquide, sur autorisation du procureur de la République du lieu de la direction des douanes dont dépend le service chargé de la procédure, dans la limite de douze mois décomptés à partir du premier jour de la retenue temporaire.

Les agents des douanes peuvent retenir, pour les besoins de l'enquête, les documents se rapportant à l'argent liquide retenu temporairement ou en prendre copie.

III. L'argent liquide est saisi par les agents des douanes et sa confiscation peut être prononcée par la juridiction compétente si, pendant la durée de la retenue temporaire ou de la consignation, il est établi que l'auteur de l'infraction mentionnée au I est ou a été en possession d'objets laissant présumer qu'il est ou a été l'auteur d'une ou plusieurs infractions prévues et réprimées par le code des douanes ou qu'il participe ou a participé à la commission de telles infractions ou s'il y a des raisons plausibles de penser que l'auteur de l'infraction visée au I a commis une infraction ou plusieurs infractions prévues et réprimées par le code des douanes ou qu'il a participé à la commission de telles infractions.

Lorsque l'argent liquide n'est pas disponible pour la saisie mentionnée au premier alinéa du présent III, la juridiction compétente prononce, pour tenir lieu de confiscation, la condamnation au paiement d'une somme équivalant à son montant.

La décision de non-lieu ou de relaxe emporte de plein droit, aux frais du Trésor, mainlevée des mesures ordonnées. Il en est de même en cas d'extinction de l'action pour l'application des sanctions fiscales.

IV. La recherche, la constatation et la poursuite des infractions mentionnées au I et les investigations nécessaires à la mise en œuvre du III sont effectuées dans les conditions fixées par le code des douanes.

Dans le cas où l'amende prévue au I est infligée, la majoration de 40 % mentionnée au premier alinéa de l'article 1758 du code général des impôts n'est pas appliquée.

Ndlr *Voir CGI, art. 1649 quater A.*

CF-IX-18680 s. ; MF nos 78300 s.

Art. L 152-4-1 I. Lorsqu'il existe des indices que de l'argent liquide, au sens du règlement (UE) 2018/1672 du Parlement européen et du Conseil du 23 octobre 2018 relatif aux contrôles de l'argent liquide entrant dans l'Union ou sortant de l'Union et abrogeant le règlement (CE) n° 1889/2005, d'un montant inférieur à 10 000 €, transporté par porteur ou faisant partie d'un envoi sans l'intervention d'un porteur, en provenance d'un Etat non-membre de l'Union européenne ou d'un Etat membre, ou à destination de tels Etats, est lié à l'une des activités énumérées au 4 de l'article 3 de la directive (UE) 2015/849 du Parlement européen et du Conseil du 20 mai 2015 relative à la prévention de l'utilisation du système financier aux fins du blanchiment de capitaux ou du financement du terrorisme, modifiant le règlement (UE) n° 648/2012 du Parlement européen et du Conseil et abrogeant la directive 2005/60/CE du Parlement européen et du Conseil et la directive 2006/70/CE de la Commission, les agents des douanes peuvent le retenir temporairement selon les modalités prévues au II de l'article L 152-4 du présent code.

Les motifs de la retenue temporaire sont notifiés au porteur, à l'expéditeur ou destinataire de l'argent liquide, ou à leur représentant, selon le cas. Ces derniers sont tenus de fournir à l'administration des douanes des informations dont la liste est fixée par décret en Conseil d'Etat.

II. Les dispositions du I du présent article sont applicables dans le cas où cet argent liquide fait l'objet d'une déclaration en application du présent chapitre ou des articles 3 et 4 du règlement (UE) 2018/1672 du Parlement européen et du Conseil du 23 octobre 2018 relatif aux contrôles de l'argent liquide entrant dans l'Union ou sortant de l'Union et abrogeant le règlement (CE) n° 1889/2005.

III. Pour l'application du présent article, les agents des douanes exercent les pouvoirs qui leur sont conférés par le code des douanes.

CF-IX-18680 s. ; MF nos 78300 s.

Art. L 152-5 La décision de retenue temporaire mentionnée au II de l'article L 152-4 et à l'article L 152-4-1 peut faire l'objet d'un recours, exercé par la personne à laquelle la décision de retenue temporaire est notifiée, devant le président de la chambre de l'instruction de la cour d'appel du lieu de la direction des douanes dont dépend le service chargé de la procédure. La décision de retenue temporaire mentionne les voies et délais de recours.

Ce recours doit être exclusivement formé par déclaration remise ou adressée, par pli recommandé ou par voie électronique, au greffe de la cour dans un délai de quinze jours qui court à compter de la notification de la décision de retenue temporaire. Ce recours n'est pas suspensif.

L'ordonnance du président de la chambre de l'instruction est susceptible d'un pourvoi en cassation, selon les règles prévues par le code de procédure pénale.

CF-IX-18680 s. ; MF nos 78300 s.

Prêt de titres financiers

Art. L 211-24 Lorsque les titres financiers sont prêtés par une entreprise, ils sont prélevés par priorité sur les titres de même nature acquis ou souscrits à la date la plus récente.

Art. L 211-26 Lorsque l'emprunteur cède des titres financiers, ceux-ci sont prélevés par priorité sur les titres de même nature empruntés à la date la plus ancienne. Les achats ultérieurs de titres de même nature sont affectés par priorité au remplacement des titres empruntés.

Pension

Art. L 211-31 La rémunération du cessionnaire, quelle qu'en soit la forme, constitue un revenu de créance. Elle est traitée sur le plan comptable comme des intérêts.

Lorsque la durée de la pension couvre la date de paiement des revenus attachés aux titres financiers donnés en pension, le cessionnaire les reverse au cédant qui les comptabilise parmi les produits de même nature.

Ndlr *Voir CGI, art. 38 bis-0 A.*

Art. L 211-32 La pension entraîne, chez le cédant, d'une part, le maintien à l'actif de son bilan des titres financiers mis en pension et, d'autre part, l'inscription au passif du bilan du montant de sa dette vis-à-vis du cessionnaire ; ces titres et cette dette sont individualisés à une rubrique spécifique dans la comptabilité du cédant. En outre, le montant des titres financiers mis en pension, ventilé selon la nature des actifs concernés, doit figurer dans les documents annexés aux comptes annuels.

Ndlr *Voir CGI, art. 38 bis-0 A.*

Art. L 211-33 Les titres financiers reçus en pension ne sont pas inscrits au bilan du cessionnaire ; celui-ci enregistre à l'actif de son bilan le montant de sa créance sur le cédant.

Lorsque le cessionnaire cède des titres financiers qu'il a lui-même reçus en pension, il constate au passif de son bilan le montant de cette cession représentatif de sa dette de titres financiers qui, à la clôture de l'exercice, est évaluée au prix de marché de ces actifs. Les écarts de valeur constatés sont retenus pour la détermination du résultat imposable de cet exercice.

Lorsque le cessionnaire donne en pension des titres financiers qu'il a lui-même reçus en pension, il inscrit au passif de son bilan le montant de sa dette à l'égard du nouveau cessionnaire.

Les montants représentatifs des créances et dettes mentionnées au présent article sont individualisés dans la comptabilité du cessionnaire.

Ndlr *Voir CGI, art. 38 bis-0 A.*

OPCVM (partie législative)
RM-VII-100 s. ; MF n°s 26245 s.

Art. L 214-2 Les OPCVM sont des organismes de placement collectif agréés conformément à la directive 2009/65/CE du Parlement européen et du Conseil du 13 juillet 2009.

Art. L 214-3 La constitution, la transformation ou la liquidation d'un OPCVM ou d'un compartiment d'OPCVM sont soumises à l'agrément de l'Autorité des marchés financiers.

L'Autorité des marchés financiers peut retirer son agrément à tout OPCVM ou compartiment d'OPCVM.

Art. L 214-4 Les OPCVM prennent la forme soit de sociétés d'investissement à capital variable dites « Sicav », soit de fonds communs de placement.

Les OPCVM peuvent comprendre différentes catégories de parts ou d'actions dans des conditions fixées par le règlement du fonds ou les statuts de la société d'investissement à capital variable, selon les prescriptions du règlement général de l'Autorité des marchés financiers.

Art. L 214-5 I. Un OPCVM peut comporter un ou plusieurs compartiments si ses statuts ou son règlement le prévoient. Chaque compartiment donne lieu à l'émission d'une catégorie de parts ou d'actions représentative des actifs de l'OPCVM qui lui sont attribués. Par dérogation à l'article 2285 du code civil et sauf stipulation contraire des documents constitutifs de l'OPCVM, les actifs d'un compartiment déterminé ne répondent que des dettes, engagements et obligations et ne bénéficient que des créances qui concernent ce compartiment.

L'Autorité des marchés financiers définit les conditions dans lesquelles la constitution de chaque compartiment est soumise à son agrément, ainsi que les conditions dans lesquelles est déterminée, en fonction de la valeur nette des actifs attribués au compartiment correspondant, la valeur liquidative de chaque catégorie de parts ou d'actions.

II. Chaque compartiment fait l'objet, au sein de la comptabilité de l'OPCVM, d'une comptabilité distincte qui peut être tenue en toute unité monétaire dans les conditions fixées par le décret prévu à l'article L 214-17-3.

Art. L 214-6 Les créanciers dont le titre résulte de la conservation ou de la gestion des actifs d'un OPCVM n'ont d'action que sur ces actifs.

Les créanciers du dépositaire ou du tiers auquel la conservation des actifs de l'OPCVM a été déléguée ne peuvent poursuivre le paiement de leurs créances sur les actifs d'un OPCVM conservés par ce dépositaire ou ce tiers.

Art. L 214-7 La Sicav est une société anonyme ou une société par actions simplifiée qui a pour seul objet la gestion d'un portefeuille d'instruments financiers et de dépôts.

Le siège social et l'administration centrale de la Sicav sont situés en France.

Sous réserve des dispositions de l'article L 214-7-4, les actions de la Sicav sont émises et rachetées par la société à la demande, selon le cas, des souscripteurs ou des actionnaires et à la valeur liquidative majorée ou diminuée, selon le cas, des frais et commissions.

Lorsque la Sicav est une société anonyme, ses actions peuvent être admises aux négociations sur un marché réglementé ou un système multilatéral de négociationdans des conditions fixées par décret.

Le montant du capital est égal à tout moment à la valeur de l'actif net de la société, déduction faite des sommes distribuables définies à l'article L 214-17-2.

Le capital initial d'une Sicav ne peut être inférieur à un montant fixé par décret.

Le règlement général de l'Autorité des marchés financiers fixe les conditions de souscription, de cession et de rachat des actions émises par la Sicav.

Art. L 214-7-1 Une Sicav peut déléguer globalement à une société de gestion la gestion de son portefeuille telle que mentionnée à l'article L 214-7.

Le siège social et l'administration centrale de la société de gestion sont situés en France.

Ils peuvent toutefois être situés dans un autre Etat membre de l'Union européenne ou un autre Etat partie à l'accord sur l'Espace économique européen lorsque la société de gestion exerce en France son activité en libre établissement ou en libre prestation de services en application de l'article L 532-20-1.

Lorsque la Sicav ne délègue pas globalement la gestion de son portefeuille telle que mentionnée au premier alinéa, elle doit remplir l'ensemble des conditions applicables aux sociétés de gestion d'OPCVM et se conformer aux obligations applicables à ces sociétés, sous réserve des dispositions de l'article L 214-7.

Art. L 214-7-2 Par dérogation aux dispositions des titres II et III du livre II et du titre II du livre VIII du code de commerce, les dispositions suivantes s'appliquent aux Sicav :

1° Les actions sont intégralement libérées dès leur émission ;

2° Tout apport en nature est apprécié par le commissaire aux comptes sous sa responsabilité ;

3° L'assemblée générale ordinaire peut se tenir sans qu'un quorum soit requis ; il en est de même, sur deuxième convocation, de l'assemblée générale extraordinaire ;

4° Une même personne physique peut exercer simultanément cinq mandats de directeur général, de membre du directoire ou de directeur général unique de Sicav ayant leur siège sur le territoire français. Les mandats de directeur général, de membre du directoire ou de directeur général unique exercés au sein d'une Sicav ne sont pas pris en compte pour les règles de cumul visées au livre II du code de commerce ;

5° Les mandats de représentant permanent d'une personne morale au conseil d'administration ou de surveillance d'une Sicav ne sont pas pris en compte pour l'application des dispositions des articles L 225-21, L 225-77 et L 225-94-1 du code de commerce ;

6° Le conseil d'administration, le directoire ou, lorsque la Sicav est une société par actions simplifiée, les dirigeants de cette société désignent le commissaire aux comptes pour six exercices, après accord de l'Autorité des marchés financiers. La désignation d'un commissaire aux comptes suppléant n'est pas requise. Les dispositions de l'article L 821-45 du code de commerce *(NDLR Remplaçant, à compter du 1er janvier 2024, l'article L 823-3-1 du même code)* sont applicables à la Sicav relevant des dispositions du II de l'article L 821-2 *(NDLR Remplaçant, à compter du 1er janvier 2024, le III de l'article L 820-1)* du même code ;

7° La mise en paiement des produits distribuables doit avoir lieu dans le délai d'un mois après la tenue de l'assemblée générale ayant approuvé les comptes de l'exercice ;

8° L'assemblée générale extraordinaire qui décide une transformation, fusion ou scission, donne pouvoir au conseil d'administration, au directoire ou, lorsque la Sicav est une société par actions simplifiée, les dirigeants de cette société, d'évaluer les actifs et de déterminer la parité de l'échange à une date qu'elle fixe ; ces opérations s'effectuent sous le contrôle du commissaire aux comptes sans qu'il soit nécessaire de désigner un commissaire à la fusion ; l'assemblée générale est dispensée d'approuver les comptes si ceux-ci sont certifiés par le commissaire aux comptes ;

9° En cas d'augmentation de capital, les actionnaires n'ont pas de droit préférentiel de souscription aux actions nouvelles ;

10° Les statuts contiennent l'évaluation des apports en nature. Il y est procédé au vu d'un rapport qui leur est annexé et qui est établi sous sa responsabilité par le commissaire aux comptes ; les statuts ne peuvent prévoir d'avantages particuliers ;

11° L'assemblée générale annuelle est réunie dans les quatre mois de la clôture de l'exercice.

Art. L 214-7-3 Les dispositions des articles L 224-1, L 224-2, du deuxième alinéa de l'article L 225-2, des articles L 225-3 à L 225-16, L 225-25, L 225-26, L 225-258 à L 225-270, du quatrième alinéa de l'article L 227-1, des articles L 227-13 à L 227-16, L 227-18, L 228-23, L 231-1 à L 231-8, L 233-8 et L 441-14 du code de commerce ne sont pas applicables aux Sicav. Les Sicav ne peuvent pas prévoir de clauses d'inaliénabilité.

Les fusions transfrontalières des Sicav ne sont pas régies par les articles L 236-25 à L 236-32 du code de commerce.

Art. L 214-7-4 Le rachat par la Sicav de ses actions, comme l'émission d'actions nouvelles, peuvent être suspendus, à titre provisoire, par le conseil d'administration, le directoire ou les dirigeants de la société par actions simplifiée, quand des circonstances exceptionnelles l'exigent et si l'intérêt des actionnaires ou du public le commande, dans des conditions fixées par les statuts de la société.

Dans les mêmes circonstances, lorsque la cession de certains actifs ne serait pas conforme à l'intérêt des actionnaires, les autres actifs peuvent être transférés à une nouvelle Sicav. Conformément à l'article L 236-21 du code de commerce, la scission est décidée par l'assemblée générale extraordinaire des actionnaires de la Sicav. Par dérogation aux dispositions de l'article L 225-96 du code de commerce et du 3° de l'article L 214-7-2 du présent code, cette assemblée peut se tenir, dès la première convocation, sans qu'un quorum soit requis. Par dérogation à l'article L 214-15, cette scission n'est pas soumise à l'agrément de l'Autorité des marchés financiers mais lui est déclarée sans délai. Chaque actionnaire reçoit un nombre d'actions de la nouvelle Sicav égal à celui qu'il détient dans l'ancienne. L'ancienne Sicav est mise en liquidation dès que le transfert des actifs a été effectué. Les conditions d'application du présent alinéa sont définies par décret.

Le règlement général de l'Autorité des marchés financiers fixe les autres cas et les conditions dans lesquels les statuts de la Sicav prévoient, le cas échéant, que l'émission des actions est interrompue, partiellement ou totalement, de façon provisoire ou définitive.

Il prévoit également les cas et les conditions dans lesquels les statuts de la Sicav peuvent prévoir que le rachat d'actions est plafonné à titre provisoire quand des circonstances exceptionnelles l'exigent et si l'intérêt des actionnaires ou du public le commande.

Art. L 214-8 Sous réserve des dispositions de l'article L 214-8-7, le fonds commun de placement, qui n'a pas la personnalité morale, est une copropriété d'instruments financiers et de dépôts dont les parts sont émises et rachetées à la demande, selon le cas, des souscripteurs ou des porteurs et à la valeur liquidative majorée ou diminuée, selon les cas, des frais et commissions. Ne s'appliquent pas au fonds commun de placement les dispositions du code civil relatives à l'indivision ni celles des articles 1871 à 1873 du même code relatives aux sociétés en participation.

Les parts peuvent être admises aux négociations sur un marché réglementé ou un système multilatéral de négociation dans des conditions fixées par décret.

Le règlement général de l'Autorité des marchés financiers fixe les conditions de souscription, de cession et de rachat des parts émises par le fonds commun de placement.

Art. L 214-8-1 Le fonds commun de placement est constitué à l'initiative d'une société de gestion, chargée de sa gestion, laquelle choisit un dépositaire des actifs du fonds. Cette société établit le règlement du fonds.

Le siège social et l'administration centrale de la société de gestion sont situés en France.

Ils peuvent toutefois être situés dans un autre Etat membre de l'Union européenne ou un autre Etat partie à l'accord sur l'Espace économique européen lorsque la société de gestion exerce en France son activité en libre établissement ou en libre prestation de services en application de l'article L 532-20-1.

La souscription ou l'acquisition de parts d'un fonds commun de placement emporte acceptation de son règlement.

Art. L 214-8-2 Le montant minimum des actifs que le fonds doit réunir lors de sa constitution est fixé par décret.

Ces actifs sont évalués, au vu d'un rapport établi par le commissaire aux comptes, dans des conditions fixées par décret. Tout apport en nature est apprécié par le commissaire aux comptes sous sa responsabilité.

Art. L 214-8-3 Dans tous les cas où des dispositions relatives aux sociétés et aux titres financiers exigent l'indication des nom, prénoms et domicile du titulaire du titre ainsi que pour toutes les opérations faites pour le compte des copropriétaires, la désignation du fonds commun de placement peut être valablement substituée à celle de tous les copropriétaires.

Art. L 214-8-4 Sauf stipulations contraires du règlement du fonds, les porteurs de parts ou leurs ayants droit ne peuvent pas provoquer le partage du fonds commun de placement.

Art. L 214-8-5 Les porteurs de parts ne sont tenus des dettes de la copropriété qu'à concurrence de l'actif du fonds et proportionnellement à leur quote-part.

Art. L 214-8-6 Le gérant, le conseil d'administration ou le directoire de la société de gestion désigne le commissaire aux comptes du fonds pour six exercices, après accord de l'Autorité des marchés financiers. La désignation d'un commissaire aux comptes suppléant n'est pas requise.

Les porteurs de parts du fonds exercent les droits reconnus aux actionnaires par les articles L 821-49 et L 821-50 du code de commerce *(NDLR Remplaçant, à compter du 1er janvier 2024, respectivement les articles L 823-6 et L 823-7 du même code)*.

Le commissaire aux comptes porte à la connaissance de l'assemblée générale de la société de gestion les irrégularités et inexactitudes qu'il a relevées dans l'accomplissement de sa mission.

Art. L 214-8-7 Le rachat par le fonds de ses parts et l'émission de parts nouvelles peuvent être suspendus à titre provisoire par la société de gestion quand des circonstances exceptionnelles l'exigent et si l'intérêt des porteurs de parts ou du public le commande, dans des conditions fixées par le règlement du fonds.

Dans les mêmes circonstances, lorsque la cession de certains actifs ne serait pas conforme à l'intérêt des porteurs de parts, les autres actifs peuvent être transférés à un nouveau fonds. La scission est décidée par la société de gestion. Par dérogation à l'article L 214-15, elle n'est pas soumise à l'agrément de l'Autorité des marchés financiers mais lui est déclarée sans délai. Chaque porteur reçoit un nombre de parts du nouveau fonds égal à celui qu'il détient dans l'ancien. L'ancien fonds est mis en liquidation dès que le transfert des actifs a été effectué. Les conditions d'application du présent alinéa sont définies par décret.

Le règlement général de l'Autorité des marchés financiers fixe les autres cas dans lesquels le règlement du fonds prévoit, le cas échéant, que l'émission de parts est interrompue, partiellement ou totalement, de façon provisoire ou définitive.

Il prévoit également les cas et les conditions dans lesquels le règlement du fonds peut prévoir que le rachat de parts est plafonné à titre provisoire quand des circonstances exceptionnelles l'exigent et si l'intérêt des porteurs de parts ou du public le commande.

Art. L 214-8-8 Le fonds commun de placement est représenté à l'égard des tiers par la société chargée de sa gestion. Cette société peut agir en justice pour défendre ou faire valoir les droits ou intérêts des porteurs de parts.

Art. L 214-8-9 La société de gestion est tenue d'effectuer les déclarations prévues aux articles L 225-126 et L 233-7 du code de commerce, pour l'ensemble des actions détenues par les fonds communs de placement qu'elle gère.

Les dispositions du II et du III de l'article L 225-126 et des articles L 233-14 et L 247-2 du code de commerce sont applicables.

Art. L 214-9 L'OPCVM, le dépositaire et la société de gestion agissent de manière honnête, loyale, professionnelle, indépendante et dans le seul intérêt de l'OPCVM et des porteurs de parts ou actionnaires de l'OPCVM. Ils doivent présenter des garanties suffisantes en ce qui concerne leur organisation, leurs moyens techniques et financiers, l'honorabilité et l'expérience de leurs dirigeants.

Aucune Sicav ni aucune société de gestion ne peut exercer l'activité de dépositaire.

Art. L 214-9-1 Pour l'application des dispositions de la présente section, on entend par organe de direction de l'OPCVM, du dépositaire ou de la société de gestion l'organe qui :

1° Est investi du pouvoir ultime de décision au sein de l'OPCVM, du dépositaire ou de la société de gestion ;

2° Remplit les fonctions de gestion et de surveillance, ou uniquement la fonction de gestion lorsque ces deux fonctions sont séparées.

Art. L 214-10 La Sicav ou la société de gestion de l'OPCVM veille à ce qu'un dépositaire unique soit désigné.

Dans les conditions fixées par le règlement général de l'Autorité des marchés financiers, la désignation du dépositaire est matérialisée par un contrat écrit.

Ce contrat définit notamment les informations nécessaires pour permettre au dépositaire de remplir ses fonctions.

Art. L 214-10-1 I. Seuls peuvent exercer l'activité de dépositaire d'OPCVM :

1° La Banque de France ;

2° La Caisse des dépôts et consignations ;

3° Les établissements de crédit ayant leur siège social en France ;

4° Les établissements de crédit ayant leur siège social dans un Etat membre de l'Union européenne ou partie à l'accord sur l'Espace économique européen autre que la France, par l'intermédiaire de leurs succursales établies sur le territoire français exerçant leur activité de dépositaire dans les mêmes conditions que les établissements de crédit mentionnés au 3° ;

5° Les entreprises d'investissement ayant leur siège social en France, dont les fonds propres ne sont pas inférieurs aux exigences calculées en fonction de l'approche choisie conformément à l'article 315 ou à l'article 317 du règlement (UE) n° 575/2013 du Parlement et du Conseil du 26 juin 2013.

Pour exercer l'activité de dépositaire d'OPCVM, les entités mentionnées aux 3° à 5° doivent être habilitées à exercer l'activité de tenue de compte conservation d'instruments financiers en application de l'article L 542-1.

II. Pour exercer l'activité de dépositaire d'OPCVM, les entités mentionnées au 3° et au 4° du I établissent un cahier des charges qui précise les conditions dans lesquelles elles envisagent d'exécuter leurs missions dans le respect des obligations qui leur incombent en application des paragraphes 1 et 2 de la présente sous-section et indique la structure de leur organisation.

L'Autorité des marchés financiers approuve le cahier des charges et ses modifications ultérieures selon la procédure prévue au deuxième alinéa de l'article L 532-1.

III. Pour exercer l'activité de dépositaire d'OPCVM, les entreprises d'investissement mentionnées au 5° du I doivent :

1° Etablir un programme d'activité de dépositaire d'OPCVM approuvé par l'Autorité des marchés financiers. Pour approuver un programme d'activité de dépositaire, cette autorité vérifie que l'entreprise d'investissement concernée remplit les conditions suivantes :

a. Elle a mis en place des politiques et procédures adéquates suffisantes pour garantir le respect par l'entité, y compris par ses dirigeants et son personnel, des obligations qui incombent aux dépositaires d'OPCVM ;

b. Elle dispose de procédures administratives et comptables saines, de mécanismes de contrôle interne, de procédures d'évaluation des risques efficaces et de dispositifs efficaces de contrôle et de sauvegarde de ses systèmes de traitement de l'information pour l'exercice de l'activité de dépositaire d'OPCVM ;

c. Elle maintient et applique des dispositions organisationnelles et administratives efficaces, en vue de prendre toute mesure raisonnable destinée à prévenir les conflits d'intérêts pour l'exercice de l'activité de dépositaire d'OPCVM ;

d. Elle veille à conserver un enregistrement de tout service qu'elle fournit, de toute activité qu'elle exerce et de toute transaction qu'elle effectue, permettant à l'Autorité des marchés financiers d'exercer ses tâches de surveillance et ses activités de contrôle des activités de dépositaire d'OPCVM ;

e. Elle prend des mesures raisonnables pour garantir la continuité et la régularité de l'exercice de ses fonctions de dépositaire en utilisant des systèmes, ressources et procédures appropriés et proportionnés, y compris en vue de l'exercice de ses activités de dépositaire d'OPCVM ;

f. Tous les membres de son organe de direction et de sa direction générale possèdent des connaissances, des compétences et une expérience suffisantes ;

g. Son organe de direction possède collectivement les connaissances, les compétences et l'expérience appropriées nécessaires à la compréhension des activités du dépositaire, y compris des principaux risques y afférents ;

2° Obtenir un agrément délivré par l'Autorité de contrôle prudentiel et de résolution. Pour délivrer son agrément, cette autorité s'assure que l'entreprise d'investissement dispose d'un programme d'activité approuvé par l'Autorité des marchés financiers conformément au 1° et respecte les conditions mentionnées aux deux derniers alinéas du I. Cet agrément et ses modifications ultérieures sont délivrés selon les mêmes procédures que celles prévues aux articles L 532-1 à L 532-5 pour les demandes portant sur les services d'investissement mentionnés au 4 ou 5 de l'article L 321-1.

IV. Les dépositaires d'OPCVM doivent satisfaire à tout moment aux conditions d'accès à l'activité de dépositaire prévues au présent article.

Art. L 214-10-2 Le dépositaire ne peut exercer d'activités qui concernent l'OPCVM ou la société de gestion agissant pour son compte, qui seraient susceptibles d'engendrer des conflits d'intérêts entre l'OPCVM, les porteurs de parts ou actionnaires de cet OPCVM, la société de gestion et le dépositaire lui-même, à moins que le dépositaire n'ait séparé, sur le plan fonctionnel et hiérarchique, l'exécution de ses tâches de dépositaire et ses autres tâches et que les conflits d'intérêts potentiels aient été identifiés, gérés, suivis et révélés aux porteurs de parts ou actionnaires de l'OPCVM de manière appropriée.

Art. L 214-10-3 I. Les actifs conservés par le dépositaire ne sont pas réutilisés par le dépositaire, ou par tout tiers auquel la fonction de conservation a été déléguée, pour leur propre compte.

Une réutilisation est toute opération portant sur les actifs conservés notamment, leur transfert, leur engagement, leur vente et leur prêt.

II. Les actifs conservés par le dépositaire ne peuvent être réutilisés que si :

1° La réutilisation des actifs a lieu pour le compte de l'OPCVM ;

2° Le dépositaire exécute les instructions de la Sicav ou de la société de gestion de l'OPCVM ;

3° La réutilisation profite à l'OPCVM et est dans l'intérêt des porteurs de parts ou actionnaires ;

4° L'opération est couverte par une garantie financière liquide de haute qualité reçue par l'OPCVM en vertu d'un arrangement de transfert de propriété.

III. La valeur de marché de la garantie financière correspond, à tout moment, au moins à la valeur de marché des actifs réutilisés majorée d'une prime.

Art. L 214-10-4 Le dépositaire d'un OPCVM de droit français a son siège social ou est établi en France.

Art. L 214-10-5 I. Le dépositaire d'un OPCVM :

1° Veille à ce que tous les paiements effectués par des porteurs de parts ou actionnaires, ou en leur nom, lors de la souscription de parts ou d'actions d'OPCVM, aient été reçus et que toutes les liquidités aient été comptabilisées ;

2° Veille de façon générale au suivi adéquat des flux de liquidités de l'OPCVM.

II. Le dépositaire à qui est confiée la garde des actifs d'un OPCVM :

1° Assure, dans les conditions fixées par le règlement général de l'Autorité des marchés financiers, la conservation des instruments financiers enregistrés sur un compte d'instruments financiers ouvert dans ses livres et des instruments financiers qui lui sont physiquement livrés ;

2° Pour les autres actifs, vérifie qu'ils sont la propriété de l'OPCVM et en tient le registre.

Le dépositaire fournit régulièrement à la société de gestion ou à la Sicav un inventaire complet de tous les actifs de l'OPCVM.

III. Le dépositaire d'un OPCVM :

1° S'assure que la vente, l'émission, le rachat, le remboursement et l'annulation des parts ou actions de l'OPCVM se font conformément aux dispositions législatives ou réglementaires, au règlement ou aux documents constitutifs de l'OPCVM ainsi qu'à son prospectus ;

2° S'assure que le calcul de la valeur des parts ou actions de l'OPCVM est effectué conformément aux dispositions législatives ou réglementaires, au règlement ou aux documents constitutifs de l'OPCVM ainsi qu'à son prospectus ;

3° Exécute les instructions de la Sicav ou de la société de gestion de l'OPCVM sauf si elles sont contraires aux dispositions législatives ou réglementaires, au règlement ou aux documents constitutifs de l'OPCVM ainsi qu'à son prospectus ;

4° S'assure que, dans les opérations portant sur les actifs de l'OPCVM, la contrepartie est remise à l'OPCVM dans les délais d'usage ;

5° S'assure que les produits de l'OPCVM reçoivent une affectation conforme aux dispositions législatives ou réglementaires, au règlement ou aux documents constitutifs de l'OPCVM ainsi qu'à son prospectus.

IV. Les conditions d'application du présent article sont précisées par le règlement général de l'Autorité des marchés financiers.

Art. L 214-10-6 Le dépositaire ne peut déléguer à des tiers les fonctions qui lui sont conférées par les I et III de l'article L 214-10-5.

Le dépositaire peut déléguer à des tiers les fonctions de garde des actifs mentionnées au II de l'article L 214-10-5 dans les conditions fixées par le règlement général de l'Autorité des marchés financiers.

Art. L 214-11 Le dépositaire d'OPCVM est responsable, à l'égard de la société de gestion ou de la Sicav et des porteurs de parts ou des actionnaires, de tout préjudice subi par eux résultant de l'inexécution injustifiable ou de la mauvaise exécution de ses obligations.

En cas de perte d'instruments financiers conservés, le dépositaire restitue à l'OPCVM des instruments financiers, y compris des instruments du marché monétaire, de type identique ou leur équivalent en valeur monétaire sans retard inutile.

La responsabilité du dépositaire n'est pas engagée s'il prouve que la perte résulte d'un événement extérieur échappant à son contrôle raisonnable et dont les conséquences auraient été inévitables malgré tous les efforts raisonnables déployés pour les éviter.

Le dépositaire est responsable à l'égard de l'OPCVM ou à l'égard des porteurs de parts ou actionnaires de l'OPCVM, de toute autre perte résultant de sa négligence ou de la mauvaise exécution intentionnelle de ses obligations.

Art. L 214-11-1 La délégation à un tiers de la garde des actifs de l'OPCVM mentionnée au II de l'article L 214-10-5 n'exonère pas le dépositaire de sa responsabilité.

Art. L 214-11-2 La responsabilité du dépositaire mentionnée à l'article L 214-11 ne peut pas être exclue ou limitée contractuellement.

Tout accord contraire est nul.

Art. L 214-11-3 La responsabilité du dépositaire à l'égard des porteurs de parts ou actionnaires de l'OPCVM peut être mise en cause directement, ou indirectement par l'intermédiaire de la société de gestion ou de la Sicav, dans la limite du préjudice subi et sous réserve du respect de l'égalité de traitement des porteurs de parts ou actionnaires.

Art. L 214-11-4 L'Autorité des marchés financiers et l'Autorité de contrôle prudentiel et de résolution peuvent obtenir du dépositaire sur simple demande toutes les informations obtenues dans l'exercice de ses fonctions nécessaires à l'exercice de leurs missions respectives.

Si l'OPCVM ou la société de gestion est agréé par une autre autorité que celle du dépositaire, l'Autorité des marchés financiers et l'Autorité de contrôle prudentiel et de résolution communiquent sans délai les informations reçues aux autorités compétentes dont relève l'OPCVM ou la société de gestion.

Art. L 214-12 Sans préjudice des dispositions du titre III du livre II du code de commerce, les conditions de liquidation ainsi que les modalités de répartition des actifs sont déterminées par le règlement ou les statuts de l'OPCVM. La société de gestion assume les fonctions de liquidateur ; à défaut, le liquidateur est désigné en justice à la demande de toute personne intéressée.

Toutefois, par dérogation aux mêmes dispositions du code de commerce, lorsque la société de gestion peut justifier de graves difficultés à exercer ces fonctions de liquidateur, celles-ci sont assumées par une tierce personne désignée par le président du tribunal judiciairede Paris à la demande du président de l'Autorité des marchés financiers.

Art. L 214-13 Dans les conditions définies par le règlement général de l'Autorité des marchés financiers, la responsabilité à l'égard des tiers de la centralisation des ordres de souscription et de rachat des parts ou actions d'OPCVM est confiée par l'OPCVM ou, le cas échéant, la société de gestion de portefeuille qui le représente soit audit organisme, soit au dépositaire, soit à une société de gestion de portefeuille, soit à un autre prestataire de services d'investissement agréé pour fournir l'un des services mentionnés à l'article L 321-1. L'entité à qui est confiée cette responsabilité dispose de moyens adaptés et suffisants.

Un ordre de souscription ou de rachat transmis à l'entité responsable de la centralisation des ordres est irrévocable, à la date et dans les conditions définies par le règlement général de l'Autorité des marchés financiers.

Art. L 214-14 Le commissaire aux comptes est tenu de signaler dans les meilleurs délais à l'Autorité des marchés financiers tout fait ou toute décision concernant l'OPCVM dont il a eu connaissance dans l'exercice de sa mission, de nature :

1° A constituer une violation des dispositions législatives ou réglementaires applicables à cet organisme et susceptible d'avoir des effets significatifs sur la situation financière, le résultat ou le patrimoine ;

2° A porter atteinte aux conditions ou à la continuité de son exploitation ;

3° A entraîner l'émission de réserves ou le refus de la certification des comptes.

Le commissaire aux comptes est délié du secret professionnel à l'égard de l'Autorité des marchés financiers.

La responsabilité du commissaire aux comptes ne peut être engagée pour les informations ou divulgations de faits auxquelles il procède en exécution des obligations imposées par le présent article.

L'Autorité des marchés financiers peut également transmettre aux commissaires aux comptes de l'organisme des informations nécessaires à l'accomplissement de leur mission. Les informations transmises sont couvertes par la règle du secret professionnel.

Art. L 214-15 La fusion, la scission ou l'absorption concernant un OPCVM ou un compartiment est soumise à l'agrément de l'Autorité des marchés financiers.

Art. L 214-16 Par dérogation aux dispositions de l'article L 214-15, lorsque, dans le cadre d'une fusion, un OPCVM de droit étranger agréé conformément à la directive 2009/65/ CE du Parlement européen et du Conseil du 13 juillet 2009 est absorbé par un OPCVM de droit français relevant de la présente section, cette fusion n'est pas soumise à l'agrément de l'Autorité des marchés financiers mais fait l'objet d'une information à son intention dans les conditions définies par son règlement général.

Les dispositions du premier alinéa sont applicables, dans les mêmes conditions, aux fusions entre compartiments de tels OPCVM.

Art. L 214-17 Les statuts d'une Sicav et le règlement d'un fonds commun de placement fixent la durée des exercices comptables qui ne peut excéder douze mois. Toutefois, le premier exercice peut s'étendre sur toute durée n'excédant pas dix-huit mois.

Dans un délai de six semaines à compter de la fin de chaque semestre de l'exercice, la Sicav et la société de gestion, pour chacun des fonds que celle-ci gère, établissent l'inventaire de l'actif sous le contrôle du dépositaire.

Ces sociétés sont tenues de publier, dans un délai de huit semaines à compter de la fin de chacun des semestres de l'exercice, la composition de l'actif. Le commissaire aux comptes contrôle la composition de l'actif avant publication. A l'issue de ce délai, tout actionnaire ou porteur de parts qui en fait la demande a droit à la communication du document.

Trente jours au moins avant la réunion de l'assemblée générale qui doit les approuver, la Sicav est, en outre, tenue de publier son compte de résultats et son bilan. Elle est dispensée de les publier à nouveau après l'assemblée générale, à moins que cette dernière ne les ait modifiés.

Art. L 214-17-1 Le résultat d'un OPCVM comprend le revenu net, les plus et moins-values réalisées nettes de frais et les plus et moins-values latentes nettes. Le revenu net est égal au montant des intérêts, arrérages, primes et lots, dividendes, rémunération prévue à l'article L 225-45 du code de commerce et tous autres produits relatifs aux titres constituant le portefeuille, majoré du produit des sommes momentanément disponibles et diminué du montant des frais de gestion et de la charge des emprunts.

Art. L 214-17-2 I. Les sommes distribuables par un OPCVM sont constituées par :

1° Le revenu net augmenté du report à nouveau et majoré ou diminué du solde du compte de régularisation des revenus ;

2° Les plus-values réalisées, nettes de frais, diminuées des moins-values réalisées, nettes de frais, constatées au cours de l'exercice, augmentées des plus-values nettes de même nature constatées au cours d'exercices antérieurs n'ayant pas fait l'objet d'une distribution ou d'une capitalisation et diminuées ou augmentées du solde du compte de régularisation des plus-values.

Les sommes mentionnées aux 1° et 2° peuvent être distribuées, en tout ou partie, indépendamment l'une de l'autre.

La mise en paiement des sommes distribuables est effectuée dans un délai maximal de cinq mois suivant la clôture de l'exercice.

II. Lorsque l'OPCVM est agréé au titre du règlement (UE) n° 2017/1131 du Parlement européen et du Conseil du 14 juin 2017 sur les fonds monétaires :

1° Par dérogation aux dispositions du I, les sommes distribuables peuvent aussi intégrer les plus-values latentes ;

2° Par dérogation aux dispositions de l'article L 232-12 du code de commerce, la certification préalable des comptes par le commissaire aux comptes n'est pas imposée pour pouvoir distribuer des acomptes avant l'approbation des comptes annuels.

Art. L 214-17-3 Par dérogation aux dispositions du premier alinéa de l'article L 123-22 du code de commerce, la comptabilité d'un OPCVM peut être tenue en toute unité monétaire, selon des modalités fixées par décret.

Art. L 214-18 Lorsqu'elle a connaissance d'une infraction aux dispositions du présent code commise par un commissaire aux comptes d'une société de gestion ou d'un OPCVM ou lorsqu'elle considère que les conditions d'indépendance nécessaires au bon déroulement de la mission de ce commissaire aux comptes ne sont pas remplies, l'Autorité des marchés financiers peut demander au tribunal compétent de relever celui-ci de ses fonctions selon les modalités mentionnées à l'article L 821-50 du code de commerce *(NDLR Remplaçant, à compter du 1er janvier 2024, l'article L 823-7 du même code).*

L'Autorité des marchés financiers peut également dénoncer l'infraction à l'autorité disciplinaire compétente et lui communiquer à cette fin tous les renseignements nécessaires à sa bonne information.

Art. L 214-19 Les OPCVM doivent communiquer à la Banque de France les informations nécessaires à l'élaboration des statistiques monétaires.

Art. L 214-20 I. Dans des conditions et limites fixées par décret en Conseil d'Etat, l'actif d'un OPCVM comprend :

1° Des titres financiers au sens des 1 et 2 du II de l'article L 211-1 dénommés « titres financiers éligibles » ;

2° Des instruments du marché monétaire habituellement négociés sur un marché monétaire, qui sont liquides et dont la valeur peut être déterminée à tout moment ;

3° Des parts ou actions d'organismes de placement collectif de droit français ou étranger ou de fonds d'investissement constitués sur le fondement d'un droit étranger, qui sont proposées au rachat à la demande des porteurs ou actionnaires ;

4° Des dépôts effectués auprès d'établissements de crédit français ou étrangers ;

5° Des contrats financiers au sens du III de l'article L 211-1 ;

6° A titre accessoire, des liquidités.

Les Sicav peuvent acquérir les biens meubles et immeubles nécessaires à l'exercice direct de leur activité.

II. Sont assimilées à des titres financiers mentionnés au 1° du I les parts ou actions d'organismes de placement collectif ou de fonds d'investissement de type fermé qui satisfont aux critères définis par décret en Conseil d'Etat.

Art. L 214-21 Dans des conditions et limites fixées par décret en Conseil d'Etat, un OPCVM peut procéder à des acquisitions et cessions temporaires d'instruments financiers et à des emprunts d'espèces.

Art. L 214-22 I. Les statuts ou le règlement d'un OPCVM dit nourricier prévoient qu'au moins 85 % de son actif est investi en actions ou parts d'un même OPCVM, ou d'un compartiment de celui-ci, dit maître. Un OPCVM nourricier peut investir jusqu'à 15 % de son actif dans les éléments suivants :

1° Des liquidités à titre accessoire ;

2° Des contrats financiers mentionnés au 5° du I de l'article L 214-20, qui peuvent être utilisés uniquement à des fins de couverture ;

3° Les biens meubles et immeubles nécessaires à l'exercice direct de son activité, lorsque cet OPCVM nourricier est une Sicav.

Le compartiment d'un OPCVM peut être régi par les dispositions relatives aux OPCVM nourriciers prévues au présent article.

II. Un OPCVM maître est un OPCVM de droit français ou étranger agréé conformément à la directive 2009/65/ CE du Parlement européen et du Conseil du 13 juillet 2009 qui satisfait aux conditions suivantes :

1° Il compte au moins un OPCVM nourricier parmi ses porteurs de parts ou actionnaires ;

2° Il n'est pas lui-même un OPCVM nourricier ;

3° Il ne détient pas de parts ou d'actions d'un OPCVM nourricier.

Art. L 214-22-1 L'OPCVM nourricier conclut un accord d'échange d'informations avec l'OPCVM maître. Cet accord peut toutefois être remplacé par des règles de conduite internes lorsque les deux organismes sont gérés par la même société de gestion.

Lorsque l'OPCVM maître suspend à titre provisoire les souscriptions ou les rachats de ses parts ou actions en application des articles L 214-7-4 ou L 214-8-7, l'OPCVM nourricier peut suspendre les souscriptions ou les rachats de ses propres parts ou actions pendant une durée identique à celle de l'OPCVM maître.

Le règlement général de l'Autorité des marchés financiers précise les conditions d'application du présent article.

Art. L 214-22-2 I. Lorsque l'OPCVM nourricier et l'OPCVM maître n'ont pas le même dépositaire, les dépositaires de chacun de ces deux organismes concluent un accord d'échange d'informations afin d'assurer l'accomplissement de leurs obligations respectives.

L'OPCVM nourricier communique à son dépositaire, pour que celui-ci puisse accomplir ses obligations, toute information nécessaire concernant l'OPCVM maître.

II. Le dépositaire de l'OPCVM maître agréé par l'Autorité des marchés financiers informe immédiatement celle-ci ainsi que l'OPCVM nourricier et son dépositaire de toute irrégularité qu'il constate de la part de l'OPCVM maître et qu'il regarde comme ayant une incidence négative sur l'OPCVM nourricier.

Le règlement général de l'Autorité des marchés financiers précise les conditions d'application du présent article.

Art. L 214-22-3 Les commissaires aux comptes et les autres contrôleurs légaux des comptes de l'OPCVM nourricier et de l'OPCVM maître échangent les informations nécessaires à l'accomplissement de leurs obligations respectives.

Le règlement général de l'Autorité des marchés financiers précise les conditions d'application du présent article.

Art. L 214-22-4 L'OPCVM nourricier contrôle l'activité de l'OPCVM maître. Afin de satisfaire à cette obligation, il peut se fonder sur les informations et les documents reçus de l'OPCVM maître ou, le cas échéant, de la société de gestion, du dépositaire et du commissaire aux comptes de cet organisme maître, sauf s'il a des raisons de douter de l'exactitude de ces informations et documents.

Le règlement général de l'Autorité des marchés financiers précise les conditions d'application du présent article.

Art. L 214-22-5 L'OPCVM maître agréé par l'Autorité des marchés financiers informe immédiatement celle-ci de l'identité de tout OPCVM nourricier qui investit dans ses parts ou actions. Lorsque l'OPCVM nourricier est établi dans un Etat membre de l'Union européenne ou dans un autre Etat partie à l'accord sur l'Espace économique européen, l'Autorité des marchés financiers informe immédiatement les autorités compétentes de cet Etat membre ou Etat partie de l'investissement par cet OPCVM nourricier dans un OPCVM maître agréé par l'Autorité des marchés financiers.

Le règlement général de l'Autorité des marchés financiers précise les conditions d'application du présent article.

Art. L 214-22-6 I. Lorsque l'OPCVM maître et l'OPCVM nourricier sont agréés par l'Autorité des marchés financiers, celle-ci communique immédiatement à l'OPCVM nourricier toute décision, mesure ou observation relative au non-respect de leurs obligations par l'OPCVM maître, sa société de gestion, son dépositaire ou son commissaire aux comptes.

II. Lorsque seul l'OPCVM maître est agréé par l'Autorité des marchés financiers, celle-ci communique immédiatement aux autorités compétentes de l'Etat membre de l'Union européenne ou de l'Etat partie à l'accord sur l'Espace économique européen dans lequel est établi l'OPCVM nourricier toute décision, mesure ou observation relative au non-respect de leurs obligations par l'OPCVM maître, sa société de gestion, son dépositaire ou son commissaire aux comptes.

Lorsque l'Autorité des marchés financiers reçoit des autorités compétentes de l'Etat membre de l'Union européenne ou de l'Etat partie à l'accord sur l'Espace économique européen dans lequel est établi l'OPCVM maître des informations relatives au non-respect de leurs obligations par l'OPCVM maître, sa société de gestion, son dépositaire ou son contrôleur légal des comptes, elle transmet immédiatement ces informations à l'OPCVM nourricier.

Art. L 214-23 I. La Sicav et la société de gestion, pour chacun des OPCVM que celle-ci gère, publient :

1° Un prospectus comprenant notamment les statuts de la Sicav ou le règlement du fonds commun de placement ;

2° Un rapport annuel par exercice ;

3° Un rapport semestriel couvrant les six premiers mois de l'exercice.

II. Les rapports annuel et semestriel sont publiés dans des délais fixés par décret.

Le prospectus et les derniers rapports annuel et semestriel publiés sont fournis sans frais aux investisseurs qui le demandent.

III. La Sicav et la société de gestion, pour chacun des OPCVM que celle-ci gère, établissent un document d'information clé pour l'investisseur, comprenant les informations appropriées sur les caractéristiques essentielles de l'OPCVM concerné. Ce document est fourni aux investisseurs préalablement à la souscription.

Les informations contenues dans ce document sont claires, correctes et non trompeuses et sont cohérentes avec les parties correspondantes du prospectus.

Art. L 214-23-1 L'Autorité des marchés financiers définit les conditions dans lesquelles les OPCVM doivent informer leurs souscripteurs et peuvent faire l'objet de publicité, en particulier audiovisuelle, ou de démarchage.

Les statuts ou le règlement des OPCVM ainsi que les documents destinés à l'information de leurs porteurs de parts ou actionnaires sont rédigés en français. Toutefois, dans des conditions et limites fixées par le règlement général de l'Autorité des marchés financiers, ils peuvent être rédigés dans une langue usuelle en matière financière autre que le français.

Fonds communs de placement à risques

RM-VII-2800 s. ; MF nos 26305 s.

Art. L 214-28 I. L'actif d'un fonds commun de placement à risques doit être constitué, pour 50 % au moins, de titres participatifs ou de titres de capital de sociétés, ou donnant accès au capital de sociétés, qui ne sont pas admis aux négociations sur un marché d'instruments financiers français ou étranger, dont le fonctionnement est assuré par une entreprise de marché ou un prestataire de services d'investissement autre qu'une société de gestion de portefeuille ou tout autre organisme similaire étranger, ou, par dérogation à l'article L 214-24-34, de parts de sociétés à responsabilité limitée ou de sociétés dotées d'un statut équivalent dans l'Etat où elles ont leur siège.

II. L'actif peut également comprendre :

1° Dans la limite de 15 %, les avances en compte courant consenties, pour la durée de l'investissement réalisé, à des sociétés dans lesquelles le fonds détient au moins 5 % du capital. Ces avances sont prises en compte pour le calcul du quota prévu au I, lorsqu'elles sont consenties à des sociétés remplissant les conditions pour être retenues dans ce quota ;

2° Des droits représentatifs d'un placement financier dans une entité constituée dans un Etat membre de l'Organisation de coopération et de développement économiques dont l'objet principal est d'investir dans des sociétés dont les titres de capital ne sont pas admis aux négociations sur un marché mentionné au I. Ces droits ne sont retenus dans le quota d'investissement de 50 % du fonds qu'à concurrence du pourcentage d'investissement direct de l'actif de l'entité concernée dans les sociétés éligibles à ce même quota.

III. Sont également éligibles au quota d'investissement prévu au I, dans la limite de 20 % de l'actif du fonds :

1° Les titres de capital, ou donnant accès au capital, admis aux négociations sur un marché mentionné au même I d'un Etat membre de l'Union européenne ou d'un autre Etat partie à l'accord sur l'Espace économique européen, émis par des sociétés dont la capitalisation boursière est inférieure à 150 millions d'euros. La capitalisation boursière est évaluée selon la moyenne des cours d'ouverture des soixante jours de bourse précédant celui de l'investissement. Un décret en Conseil d'Etat détermine les modalités d'application de cette évaluation, notamment en cas de première cotation ou d'opération de restructuration d'entreprises ;

2° Les titres de créance, autres que ceux mentionnés audit I, émis par des sociétés dont les titres de capital ne sont pas admis aux négociations sur un marché d'instruments financiers français ou étranger, dont le fonctionnement est assuré par une entreprise de marché ou un prestataire de services d'investissement autre qu'une société de gestion de portefeuille ou que tout autre organisme similaire étranger, ou les titres de créance émis par des sociétés à responsabilité limitée ou de sociétés dotées d'un statut équivalent dans l'Etat où elles ont leur siège, ou des créances sur ces entités.

IV. Lorsque les titres d'une société détenus par un fonds commun de placement à risques sont admis aux négociations sur un marché d'instruments financiers français ou étrangers dont le fonctionnement est assuré par une entreprise de marché ou un prestataire de services d'investissement autre qu'une société de gestion de portefeuille ou tout autre organisme similaire étranger, ils continuent à être pris en compte dans le quota d'investissement de 50 % pendant une durée de cinq ans à compter de leur admission. Le délai de cinq ans n'est toutefois pas applicable si les titres de la société admis à la cotation répondent aux conditions du III à la date de cette cotation et si le fonds respecte, compte tenu de ces titres, la limite de 20 % mentionnée à ce III.

V. Le quota d'investissement de 50 % doit être respecté au plus tard lors de l'inventaire de clôture de l'exercice suivant l'exercice de la constitution du fonds commun de placement à risques et jusqu'à la clôture du cinquième exercice du fonds.

VI. Un décret en Conseil d'Etat fixe les modalités d'application du quota prévu au V dans le cas où le fonds procède à des appels complémentaires de capitaux ou à des souscriptions nouvelles. Il fixe également les règles d'appréciation du quota ainsi que les règles spécifiques relatives aux conditions d'acquisition et de cession ainsi qu'aux limites de la détention des actifs.

VII. Les porteurs de parts ne peuvent demander le rachat de celles-ci avant l'expiration d'une période qui ne peut excéder dix ans. Au terme de ce délai, les porteurs de parts peuvent exiger la liquidation du fonds si leurs demandes de remboursement n'ont pas été satisfaites dans le délai d'un an.

VIII. Les parts peuvent donner lieu à des droits différents sur l'actif net ou sur les produits du fonds dans des conditions fixées par le règlement du fonds. Les parts peuvent également être différenciées selon les dispositions prévues au deuxième alinéa de l'article L 214-24-25.

IX. Le règlement d'un fonds commun de placement à risques peut prévoir une ou plusieurs périodes de souscription à durée déterminée. La société de gestion ne peut procéder à la distribution d'une fraction des actifs qu'à l'expiration de la dernière période de souscription et dans des conditions fixées par décret.

X. La cession des parts d'un fonds commun de placement à risques est possible dès leur souscription. Lorsque les parts n'ont pas été entièrement libérées, le souscripteur et les cessionnaires successifs sont tenus solidairement du montant non libéré de celles-ci. A défaut pour le porteur de parts de libérer, aux époques fixées par la société de gestion, les sommes restant à verser sur le montant des parts détenues, la société de gestion lui adresse une mise en demeure. Un mois après cette mise en demeure et si celle-ci est restée sans effet, la société de gestion peut procéder, sans aucune autorisation de justice, à la cession de ces parts. Toutefois, le souscripteur ou cessionnaire qui a cédé ses parts cesse d'être tenu des versements non encore appelés par la société de gestion, deux ans après le virement de compte à compte des parts cédées.

XI. Le règlement du fonds peut prévoir qu'à la liquidation du fonds, une fraction des actifs est attribuée à la société de gestion dans des conditions fixées par décret en Conseil d'Etat.

XII. Un fonds commun de placement à risques qui prévoit dans son actif au moins 5 % d'instruments financiers liquides tels que définis par décret en Conseil d'Etat peut le mentionner dans tous les actes et documents destinés aux tiers.

Art. L 214-29 Lorsqu'un fonds commun de placement à risques est un FIA maître, les organismes de placement collectif nourriciers sont alors soumis aux règles de détention, de commercialisation, de publicité et de démarchage applicables au fonds maître.

Fonds communs de placement dans l'innovation

IRPP-IV-160000 s. ; RM-VII-2800 s. ;
MF nos 2660 s., 26305 s.

Art. L 214-30 I. Les fonds communs de placement dans l'innovation sont des fonds communs de placement à risques dont l'actif est constitué, pour 70 % au moins, de titres financiers, parts de société à responsabilité limitée et avances en compte courant, tels que définis au I et au 1° du II de l'article L 214-28, qui confèrent aux souscripteurs de titres de capital les seuls droits résultant de la qualité d'actionnaire ou d'associé, à l'exclusion de toute autre contrepartie notamment sous la forme de garantie en capital, de tarifs préférentiels ou d'accès prioritaire aux biens produits ou aux services rendus par la société, et qui sont émis par des sociétés ayant leur siège dans un Etat membre de l'Union européenne ou dans un autre Etat partie à l'accord sur l'Espace économique européen ayant conclu avec la France une convention d'assistance administrative en vue de lutter contre la fraude et l'évasion fiscales, qui sont soumises à l'impôt sur les sociétés dans les conditions de droit commun ou en seraient passibles dans les mêmes conditions si l'activité était exercée en France, dont le capital n'est pas détenu majoritairement, directement ou indirectement, par une ou plusieurs personnes morales ayant des liens de dépendance avec une autre personne morale au sens du VI, qui respectent les conditions définies aux 3°, 5° et 9° du C du I de l'article 199 terdecies-0 A du code général des impôts, qui n'ont pas procédé au cours des douze derniers mois au remboursement, total ou partiel, d'apports et qui remplissent les conditions suivantes :

1° Au moment de l'investissement initial par le fonds :

a. Etre une petite et moyenne entreprise au sens de l'annexe I du règlement (UE) n° 651/2014 de la Commission du 17 juin 2014 déclarant certaines catégories d'aides compatibles avec le marché intérieur en application des articles 107 et 108 du traité ;

b. Ne pas avoir de titres admis aux négociations sur un marché réglementé ou un système multilatéral de négociation français ou étranger au sens des articles L 421-1 ou L 424-1, sauf si ce marché est un système multilatéral de négociation où la majorité des instruments admis à la négociation sont émis par des petites et moyennes entreprises ;

c. Remplir l'une des deux conditions suivantes :

avoir réalisé des dépenses de recherche définies aux a à g et aux j et k du II de l'article 244 quater B du code général des impôts représentant au moins 10 % des charges d'exploitation de l'un au moins des trois exercices précédant celui au cours duquel intervient la souscription.

Pour l'application aux entreprises n'ayant jamais clos d'exercice, les dépenses de recherche sont estimées pour l'exercice courant à la date de souscription et certifiées par un expert-comptable ou par un commissaire aux comptes ;

être capable de démontrer qu'elle développe ou développera dans un avenir prévisible des produits, services ou procédés neufs ou substantiellement améliorés par rapport à l'état de la technique dans le secteur considéré et qui présentent un risque d'échec technologique ou industriel. Cette appréciation est effectuée pour une période de trois ans par un organisme chargé de soutenir l'innovation et désigné par décret ;

d. Remplir l'une des trois conditions suivantes :

n'exercer son activité sur aucun marché ;

exercer son activité sur un marché, quel qu'il soit, depuis moins de dix ans après sa première vente commerciale. Si l'entreprise a fait appel à l'organisme mentionné au dernier alinéa du c du présent 1°, celui-ci est également chargé de définir la date de première vente commerciale. A défaut, celle-ci est définie comme au b du 4° du C du I de l'article 199 terdecies-0 A du code général des impôts ;

avoir un besoin d'investissement initial qui, sur la base d'un plan d'entreprise établi en vue d'une nouvelle activité économique, est supérieur à 50 % de son chiffre d'affaires annuel moyen des cinq années précédentes ;

2° Lors de chaque investissement par le fonds dans la société :

a. Ne pas être qualifiable d'entreprise en difficulté au sens du 18 de l'article 2 du règlement (UE) n° 651/2014 de la Commission du 17 juin 2014 précité ;

b. Respecter la condition mentionnée au 10° du C du I de l'article 199 terdecies-0 A du code général des impôts.

Les dispositions du V de l'article L 214-28 s'appliquent dans les mêmes conditions aux fonds communs de placement dans l'innovation sous réserve du quota d'investissement de 70 % qui leur est propre.

Ndlr *Les dispositions du présent I s'appliquent à compter du 1er janvier 2024 (Loi 2023-1322 du 29 décembre 2023 art. 48, III).*

II. Lorsque les titres d'une société respectant initialement les conditions prévues au I du présent article détenus par un fonds commun de placement dans l'innovation sont, postérieurement à l'investissement initial, admis aux négociations sur un marché réglementé ou sur un système multilatéral de négociation français ou étranger, ils continuent à être pris en compte dans le quota d'investissement de 70 % pendant une durée de cinq ans à compter de leur admission.

III. A. L'actif du fonds est constitué, pour le respect du quota mentionné au I :

1° De titres ou parts reçus en contrepartie de souscriptions au capital, d'obligations dont le contrat d'émission prévoit obligatoirement le remboursement en actions, de titres reçus en contrepartie d'obligations converties, d'obligations convertibles ou d'avances en compte courant de sociétés respectant les conditions définies au I. Les titres ou parts reçus en contrepartie de souscriptions au capital, les titres reçus en remboursement d'obligations et les titres reçus en contrepartie d'obligations converties doivent représenter au moins 40 % de l'actif du fonds ;

2° De titres ou parts d'une société qui ont fait l'objet d'un rachat si l'une des deux conditions suivantes est vérifiée :

a. Leur valeur est inférieure à la valeur des titres ou parts de cette société mentionnés au 1° du présent A détenus par le fonds ;

b. Au moment du rachat de titres ou parts, le fonds s'engage à souscrire pendant sa durée de vie des titres ou parts mentionnés au 1° du présent A, dont l'émission est prévue au plan d'entreprise, pour une valeur au moins équivalente au rachat.

La réalisation de cette condition est appréciée sur la durée de vie du fonds.

B. Les titres ou parts acquis à l'occasion d'investissements de suivi dans les entreprises dont les titres ou parts sont déjà présents à l'actif du fonds au titre du quota mentionné au I du présent article peuvent être comptabilisés dans ce quota si les conditions prévues au 4 de l'article 21 du règlement (UE) n° 651/2014 de la Commission du 17 juin 2014 précité sont remplies.

Ndlr *Les dispositions du présent B s'appliquent à compter du 1er janvier 2024 (Loi 2023-1322 du 29 décembre 2023 art. 48, III).*

IV. 1. Les titres de capital mentionnés au I de l'article L 214-28 et, dans la limite de 20 % de l'actif du fond, au III du même article L 214-28 sont également éligibles au quota d'investissement mentionné au I du présent article lorsqu'ils sont émis par les sociétés qui remplissent les conditions suivantes :

a. La société répond aux conditions mentionnées au I. La condition prévue au dernier alinéa du c du 1° du I est appréciée par l'organisme mentionné au même dernier alinéa au niveau de la société, au regard de son activité et de celle de ses filiales mentionnées au c, dans des conditions fixées par décret ;

b. La société a pour objet social la détention de participations remplissant les conditions mentionnées au c et peut exercer une activité industrielle ou commerciale au sens de l'article 34 du code général des impôts ;

c. La société détient exclusivement des participations représentant au moins 75 % du capital de sociétés :

dont les titres sont de la nature de ceux mentionnés aux I et III de l'article L 214-28 ;

qui remplissent les conditions mentionnées au premier alinéa du I, à l'exception de celles tenant à l'effectif et au capital ;

et qui remplissent les conditions prévues aux I, II et III du présent article ou ont pour objet l'exercice d'une activité industrielle ou commerciale au sens de l'article 34 du code général des impôts ;

d. La société détient, au minimum, une participation dans une société mentionnée au c qui remplit les conditions prévues aux I, II et III du présent article.

2. Un décret en Conseil d'Etat précise les modalités de calcul de la condition relative à l'effectif prévue au I pour la société mentionnée au 1 et d'appréciation de la condition d'exclusivité de la détention des participations prévue au c de ce 1.

V. Les conditions relatives au nombre de salariés et à la reconnaissance, par un organisme chargé de soutenir l'innovation ou à raison de leurs dépenses cumulées de recherche, du caractère innovant de sociétés dont les titres figurent à l'actif d'un fonds commun de placement dans l'innovation s'apprécient lors de la première souscription ou acquisition de ces titres par ce fonds.

En cas de cession par une société mère mentionnée au premier alinéa du IV de titres de filiales mentionnées au d de ce même IV remettant en cause le seuil de détention de 75 %, les titres de cette société mère cessent d'être pris en compte dans le quota d'investissement de 70 %.

VI. Pour l'appréciation, pour le I, des liens de dépendance existant entre deux sociétés, ces liens sont réputés exister :

1° Lorsque l'une détient directement ou par personne interposée la majorité du capital social de l'autre ou y exerce de fait le pouvoir de décision ;

2° Ou bien lorsqu'elles sont placées l'une et l'autre dans les conditions définies à l'alinéa précédent sous le contrôle d'une même tierce société.

VII. L'Autorité des marchés financiers refuse d'agréer la constitution d'un fonds commun de placement dans l'innovation lorsque, au cours d'une période fixée par décret, chacun des fonds communs de placement dans l'innovation et des fonds d'investissement de proximité constitués par la société de gestion concernée présente un montant total de souscriptions inférieur à un seuil fixé par décret et lorsque l'ensemble des fonds de capital investissement, mentionnés aux articles L 214-27 et suivants, et des fonds professionnels de capital investissement, mentionnés à l'article L 214-159, gérés par la société de gestion représente un montant total des actifs sous gestion inférieur à un seuil fixé par décret.

Art. L 214-30-1 Les fonds communs de placement dans l'innovation adressent chaque année à l'Autorité des marchés financiers, avant le 30 avril de l'année suivante et dans des conditions définies par arrêté conjoint des ministres chargés de l'économie et du budget, un état récapitulatif des sociétés financées, des titres détenus ainsi que des montants investis durant l'année. Les informations qui figurent sur cet état sont celles arrêtées au 31 décembre de l'année.

L'Autorité des marchés financiers transmet les informations mentionnées au premier alinéa aux ministres chargés de l'économie et du budget.

Fonds d'investissement de proximité

IRPP-IV-160000 s. ; MF nos 2660 s.

Art. L 214-31 I. Les fonds d'investissement de proximité sont des fonds communs de placement à risques dont l'actif est constitué, pour 70 % au moins, de titres financiers, parts de société à responsabilité limitée et avances en compte courant, tels que définis par le I et le 1° du II de l'article L 214-28, qui confèrent aux souscripteurs de titres de capital les seuls droits résultant de la qualité d'actionnaire ou d'associé, à l'exclusion de toute autre contrepartie, notamment sous la forme de garantie en capital, de tarifs préférentiels ou d'accès prioritaire aux biens produits ou aux services rendus par la société, émis par des sociétés ayant leur siège dans un Etat membre de l'Union européenne ou dans un autre Etat partie à l'accord sur l'Espace économique européen ayant conclu avec la France une convention d'assistance administrative en vue de lutter contre la fraude et l'évasion fiscales, qui sont soumises à l'impôt sur les sociétés dans les conditions de droit commun ou en seraient passibles dans les mêmes conditions si l'activité était exercée en France, et qui remplissent les conditions suivantes :

1° Exercer leurs activités principalement dans des établissements situés dans les régions choisies par le fonds, ou, lorsque cette condition ne trouve pas à s'appliquer, y avoir établi leur siège social. Le fonds peut également choisir une zone géographique constituée d'un ou de plusieurs départements d'outre-mer, ou du Département de Mayotte ainsi que de Saint-Barthélemy et de Saint-Martin ;

2° Etre, au moment de l'investissement initial par le fonds, une petite ou moyenne entreprise au sens de l'annexe I du règlement (UE) n° 651/2014 de la Commission du 17 juin 2014 déclarant certaines catégories d'aides compatibles avec le marché intérieur en application des articles 107 et 108 du traité ;

3° Ne pas avoir pour objet la détention de participations financières, sauf à détenir exclusivement des titres donnant accès au capital de sociétés dont l'objet n'est pas la détention de participations financières et qui répondent aux conditions d'éligibilité du premier alinéa du présent I, et des 1°, 2°, 4°, 5° et 6° ;

4° a. Respecter les conditions définies au 3° du C du I de l'article 199 terdecies-0 A du code général des impôts, sous réserve du 3° du présent I, et aux 4° et 5° du C du I de l'article 199 terdecies-0 A du code général des impôts ;

b. Respecter, au moment de l'investissement initial par le fonds, la condition prévue au 7° du même C ;

c. Respecter, lors de chaque investissement par le fonds, les conditions prévues aux 2° et 10° dudit C ;

Ndlr *Les dispositions du présent 4° s'appliquent à compter du 1er janvier 2024 (Loi 2023-1322 du 29 décembre 2023 art. 48, III).*

5° Compter au moins deux salariés. Cette condition ne s'applique pas aux sociétés mentionnées au 3° du présent I ;

6° Ne pas avoir procédé au cours des douze derniers mois au remboursement, total ou partiel, d'apports.

Les conditions fixées aux 1° à 6° s'apprécient à la date à laquelle le fonds réalise ses investissements.

II. Lorsque les titres d'une société respectant initialement les conditions prévues au I du présent article détenus par un fonds d'investissement de proximité sont admis aux négociations sur un marché réglementé ou sur un système multilatéral de négociation français ou étranger, ils continuent à être pris en compte dans le quota d'investissement de 70 % pendant une durée de cinq ans à compter de leur admission.

III. A. L'actif du fonds est constitué, pour le respect du quota mentionné au I :

1° De titres ou parts reçus en contrepartie de souscriptions au capital, d'obligations dont le contrat d'émission prévoit obligatoirement le remboursement en actions, de titres reçus en contrepartie d'obligations converties, d'obligations convertibles ou d'avances en compte courant de sociétés respectant les conditions définies au I. Les titres ou parts reçus en contrepartie de souscriptions au capital, les titres reçus en remboursement d'obligations et les titres reçus en contrepartie d'obligations converties doivent représenter au moins 40 % de l'actif du fonds ;

2° De titres ou parts d'une société qui ont fait l'objet d'un rachat si l'une des deux conditions suivantes est vérifiée :

a. Leur valeur est inférieure à la valeur des titres ou parts de cette société mentionnés au 1° du présent A détenus par le fonds ;

b. Au moment du rachat de titres ou parts, le fonds s'engage à souscrire, pendant sa durée de vie, des titres ou parts mentionnés au même 1°, dont l'émission est prévue au plan d'entreprise, pour une valeur au moins équivalente au rachat.

La réalisation de cette condition est appréciée sur la durée de vie du fonds.

B. Les titres ou parts acquis à l'occasion d'investissements de suivi dans les entreprises dont les titres ou parts sont déjà présents à l'actif du fonds au titre du quota mentionné au I du présent article peuvent être comptabilisés dans ce quota si les conditions mentionnées au 4 de l'article 21 du règlement (UE) n° 651/2014 de la Commission du 17 juin 2014 précité sont cumulativement remplies.

Ndlr *Les dispositions du présent B s'appliquent à compter du 1er janvier 2024 (Loi 2023-1322 du 29 décembre 2023 art. 48, III).*

IV. L'actif du fonds ne peut être constitué à plus de 25 % de titres financiers, parts de société à responsabilité limitée et avances en compte courant de sociétés exerçant leurs activités principalement dans des établissements situés dans une même région ou ayant établi leur siège social dans cette région. Lorsque le fonds a choisi une zone géographique constituée d'un ou de plusieurs départements d'outre-mer, du Département de Mayotte, de Saint-Barthélemy ou de Saint-Martin, cette limite est portée à 50 % et s'applique à chacune des collectivités de la zone géographique.

V. A. Les dispositions du V de l'article L 214-28 s'appliquent aux fonds d'investissement de proximité sous réserve du respect du quota de 70 % et des conditions d'éligibilité tels que définis au I et au II du présent article.

B. Le respect des conditions précisées au 1° du I et au IV du présent article est examiné au regard de la délimitation des régions en vigueur au jour de l'agrément du fonds par l'Autorité des marchés financiers.

VI. Les parts d'un fonds d'investissement de proximité ne peuvent pas être détenues :

1° A plus de 20 % par un même investisseur ;

2° A plus de 10 % par un même investisseur personne morale de droit public ;

3° A plus de 30 % par des personnes morales de droit public prises ensemble.

VII. Un décret en Conseil d'Etat fixe les modalités d'application du quota prévu au I dans le cas où le fonds procède à des appels complémentaires de capitaux ou à des souscriptions nouvelles. Il fixe également les règles d'appréciation du quota ainsi que les règles spécifiques relatives aux cessions et aux limites de la détention des actifs.

VIII. L'Autorité des marchés financiers refuse d'agréer la constitution d'un fonds d'investissement de proximité lorsque, au cours d'une période fixée par décret, chacun des fonds communs de placement dans l'innovation et des fonds d'investissement de proximité constitués par la société de gestion concernée présente un montant total de souscriptions inférieur à un seuil fixé par décret et lorsque l'ensemble des fonds de capital investissement, mentionnés aux articles L 214-27 et suivants, et des fonds professionnels de capital investissement, mentionnés à l'article L 214-159, gérés par la société de gestion représente un montant total des actifs sous gestion inférieur à un seuil fixé par décret.

Art. L 214-32 Les fonds d'investissement de proximité ne peuvent pas bénéficier des dispositions de l'article L 214-24-26.

Art. L 214-32-1 Les fonds d'investissement de proximité adressent chaque année à l'Autorité des marchés financiers, avant le 30 avril de l'année suivante et dans des conditions définies par arrêté conjoint des ministres chargés de l'économie et du budget, un état récapitulatif des sociétés financées, des titres détenus ainsi que des montants investis durant l'année. Les informations qui figurent sur cet état sont celles arrêtées au 31 décembre de l'année.

L'Autorité des marchés financiers transmet les informations mentionnées au premier alinéa aux ministres chargés de l'économie et du budget.

Plan d'épargne en actions

RM-VII-38400 s. ; MF nos 26155 s.

Art. L 221-30 Les personnes physiques majeures dont le domicile fiscal est situé en France peuvent ouvrir un plan d'épargne en actions auprès d'un établissement de crédit, de la Caisse des dépôts et consignations, de la Banque de France, de La Banque postale, d'une entreprise d'investissement ou d'une entreprise d'assurance relevant du code des assurances.

Une même personne ne peut être titulaire que d'un seul plan d'épargne en actions. Un plan ne peut avoir qu'un titulaire.

Le plan donne lieu à ouverture d'un compte de titres et d'un compte en espèces associés, ou, pour les plans ouverts auprès d'une entreprise d'assurance, à signature d'un contrat de capitalisation.

Le titulaire d'un plan effectue des versements en numéraire dans une limite de 150 000 € depuis l'ouverture du plan. Toutefois et jusqu'à la fin de son rattachement, cette limite est fixée à 20 000 € pour une personne physique majeure rattachée, dans les conditions prévues au 3 de l'article 6 du code général des impôts, au foyer fiscal d'un contribuable.

Art. L 221-31 I. 1° Les sommes versées sur le plan d'épargne en actions reçoivent un ou plusieurs des emplois suivants :

a. Actions, à l'exclusion de celles mentionnées à l'article L 228-11 du code de commerce, ou certificats d'investissement de sociétés, certificats coopératifs d'investissement, certificats mutualistes mentionnés aux articles L 322-26-8 du code des assurances et L 221-19 du code de la mutualité et certificats paritaires mentionnés à l'article L 931-15-1 du code de la sécurité sociale ;

b. Parts de sociétés à responsabilité limitée ou de sociétés dotées d'un statut équivalent et titres de capital de sociétés régies par la loi n° 47-1775 du 10 septembre 1947 portant statut de la coopération ;

c. *(Abrogé) ;*

2° Les sommes versées sur le plan d'épargne en actions peuvent également être employées dans la souscription :

a. De titres financiers émis par des sociétés d'investissement à capital variable, des sociétés de libre partenariat ou des sociétés de financement spécialisé, autres que celles mentionnées aux e et f du présent 2°, qui emploient plus de 75 % de leurs actifs en titres mentionnés aux a et b du 1° ;

b. De titres financiers émis par des fonds communs de placement ou par des fonds de financement spécialisé, autres que ceux mentionnés aux d à f du présent 2°, qui emploient plus de 75 % de leurs actifs en titres mentionnés aux a et b du 1° ;

c. De parts ou actions d'OPCVM établis dans d'autres Etats membres de l'Union européenne ou dans un autre Etat partie à l'accord sur l'Espace économique européen ayant conclu avec la France une convention d'assistance administrative en vue de lutter contre la fraude et l'évasion fiscales, qui bénéficient de la procédure de reconnaissance mutuelle des agréments prévue par la directive 2009/65/CE du Parlement européen et du Conseil du 13 juillet 2009 et qui emploient plus de 75 % de leurs actifs en titres mentionnés aux a et b du 1° ;

d. De parts de fonds communs de placement à risques mentionnés aux articles L 214-28, L 214-30 et L 214-31 qui, lorsqu'ils ne respectent pas les conditions mentionnées au f du présent 2°, s'engagent à constituer, au plus tard à la clôture du quatrième exercice du fonds, au moins 75 % de leur actif en actifs financiers éligibles au quota mentionné au I de l'article L 214-28 et émis par des sociétés respectant les conditions mentionnées au 4° du présent I ;

e. De parts ou d'actions de placements collectifs relevant des articles L 214-154 et L 214-159 qui, lorsqu'ils ne respectent pas les conditions mentionnées au f du présent 2°, s'engagent à constituer, au plus tard à la clôture du quatrième exercice du fonds, au moins 75 % de leur actif en instruments financiers éligibles au quota mentionné au I de l'article L 214-28 dans les conditions prévues à l'article L 214-160 et émis par des sociétés respectant les conditions mentionnées au 4° du présent I ;

f. De titres financiers émis par des FIA mentionnés aux II ou III de l'article L 214-24 qui ont reçu l'autorisation d'utiliser la dénomination « ELTIF » en application du règlement (UE) 2015/760 du Parlement européen et du Conseil du 29 avril 2015 relatif aux fonds européens d'investissement à long terme, sous réserve qu'ils s'engagent à investir le quota mentionné au paragraphe 1 de l'article 13 du même règlement , directement ou indirectement, dans des sociétés respectant les conditions mentionnées au 4° du présent I et qu'ils ne détiennent pas directement ou indirectement d'actifs physiques au sens du e de l'article 10 du règlement (UE) 2015/760 du Parlement européen et du Conseil du 29 avril 2015 précité ;

3° Les sommes versées sur le plan d'épargne en actions peuvent également être employées dans un contrat de capitalisation en unités de compte régi par le code des assurances et investi dans une ou plusieurs catégories de titres mentionnés ci-dessus, sous réserve des dispositions de l'article L 131-1 du même code ;

4° Les émetteurs des titres mentionnés au 1° doivent avoir leur siège en France ou dans un autre Etat membre de l'Union européenne ou dans un autre Etat partie à l'accord sur l'Espace économique européen ayant conclu avec la France une convention d'assistance administrative en vue de lutter contre la fraude et l'évasion fiscales, et être soumis à l'impôt sur les sociétés dans les conditions de droit commun ou à un impôt équivalent. Pour l'application des articles L 221-30 à L 221-32, la condition relative au taux normal d'imposition ne s'applique pas aux entreprises nouvelles mentionnées à l'article 44 sexies du code général des impôts ainsi qu'aux sociétés visées au 3° septies de l'article 208 du même code.

Ndlr *Par dérogation aux dispositions du 4° ci-dessus entré en vigueur le 21 octobre 2011, les titres de sociétés visées à l'article 208 C du CGI et des sociétés présentant des caractéristiques similaires ou soumises à une réglementation équivalente à celles des sociétés mentionnées au même article 208 C et ayant leur siège dans un Etat membre de l'Union européenne ou dans un autre Etat partie à l'accord sur l'Espace économique européen ayant conclu avec la France une convention fiscale qui contient une clause d'assistance administrative en vue de lutter contre la fraude ou l'évasion fiscales qui figurent au 21 octobre 2011 dans un plan d'épargne en actions peuvent y demeurer et continuer à bénéficier du régime d'exonération de l'impôt sur le* *revenu applicable aux produits figurant dans un plan d'épargne en actions.*

II. 1° Les parts des fonds mentionnés au 3 du III de l'article 150-0 A du code général des impôts ne peuvent figurer dans le plan d'épargne en actions.

Les sommes versées sur le plan d'épargne en actions ne peuvent être employées à l'acquisition de titres offerts dans les conditions mentionnées à l'article 80 bis du code général des impôts ;

2° Les titres ou parts dont la souscription a permis au titulaire du plan de bénéficier des avantages fiscaux résultant des articles 199 undecies A et 199 unvicies ainsi que du II bis de l'article 80 bis du code général des impôts ne peuvent figurer dans le plan. Ne peuvent pas non plus figurer dans le plan les parts de fonds communs de placement à risques, les actions de sociétés de capital-risque et les titres des entités mentionnées au dernier alinéa du 8 du II de l'article 150-0 A du code général des impôts, donnant lieu à des droits différents sur l'actif net ou sur les produits du fonds, de la société ou de l'entité et attribués en fonction de la qualité de la personne ;

3° Le titulaire du plan d'épargne en actions, son conjoint ou partenaire lié par un pacte civil de solidarité et leurs ascendants et descendants ne doivent pas, pendant la durée du plan, détenir ensemble, directement ou indirectement, plus de 25 % des droits dans les bénéfices de sociétés dont les titres figurent au plan d'épargne en actions ou avoir détenu cette participation à un moment quelconque au cours des cinq années précédant l'acquisition de ces titres dans le cadre du plan. Le pourcentage des droits détenus indirectement par ces personnes, par l'intermédiaire de sociétés ou d'organismes interposés et quel qu'en soit le nombre, s'apprécie en multipliant entre eux les taux de détention successifs dans la chaîne de participations ;

4° Les sommes versées sur le plan d'épargne en actions ne peuvent être employées à l'acquisition de titres détenus hors de ce plan par le titulaire du plan, son conjoint, le partenaire auquel il est lié par un pacte civil de solidarité ou leurs ascendants ou descendants.

III. Les sommes ou valeurs provenant des placements effectués sur le plan d'épargne en actions sont remployées dans le plan dans les mêmes conditions que les versements.

Art. L 221-32 I. Au-delà de la cinquième année, les retraits partiels de sommes ou de valeurs et, s'agissant des contrats de capitalisation, les rachats partiels n'entraînent pas la clôture du plan d'épargne en actions.

II. Avant l'expiration de la cinquième année, tout retrait de sommes ou de valeurs figurant sur le plan ou tout rachat entraîne la clôture du plan.

Par dérogation à cette disposition, des retraits ou des rachats de sommes ou de valeurs figurant sur le plan peuvent être effectuées au cours des cinq années suivant l'ouverture du plan sans entraîner la clôture, à la condition que ces sommes ou valeurs soient affectées, dans les trois mois suivant le retrait ou le rachat, au financement de la création ou de la reprise d'une entreprise dont le titulaire du plan, son conjoint ou partenaire lié par un pacte civil de solidarité, son ascendant ou son descendant assure personnellement l'exploitation ou la direction et lorsque ces sommes ou valeurs sont utilisées à la souscription en numéraire au capital initial d'une société, à l'achat d'une entreprise existante ou lorsqu'elles sont versées au compte de l'exploitant d'une entreprise individuelle créée depuis moins de trois mois à la date du versement. Toutefois, aucun versement n'est possible après le premier retrait ou le premier rachat.

Par dérogation à cette même disposition, des retraits de liquidités ou des rachats peuvent être effectués sur le plan avant l'expiration du délai mentionné au premier alinéa du présent II sans entraîner la clôture, à la condition que ces retraits ou rachats résultent du licenciement, de l'invalidité telle que prévue aux 2° ou 3° de l'article L. 341-4 du code de la sécurité sociale ou de la mise à la retraite anticipée du titulaire du plan ou de son époux ou partenaire lié par un pacte civil de solidarité.

III. Les frais appliqués au titulaire du plan par la personne auprès de laquelle celui-ci est ouvert à raison de cette ouverture, de sa tenue, des transactions qui y sont opérées ou d'un éventuel transfert de ce plan vers une autre personne font l'objet de plafonds fixés par décret.

IV. Lorsqu'une entité dont les titres figurent sur le plan fait l'objet d'une procédure de liquidation judiciaire ou d'une procédure équivalente sur le fondement d'un droit étranger, à l'exclusion d'une procédure d'insolvabilité secondaire mentionnée aux 2 et 3 de l'article 3 du règlement (UE) 2015/848 du Parlement européen et du Conseil du 20 mai 2015 relatif aux procédures d'insolvabilité, le titulaire du plan peut demander, dès le prononcé du jugement d'ouverture de cette procédure, le retrait sans frais de ces titres du plan. Ce retrait n'entraîne pas l'impossibilité d'effectuer des versements mentionnés au I du présent article ou la clôture du plan mentionnée au premier alinéa du II.

Plan d'épargne en actions destiné au financement des petites et moyennes entreprises et des entreprises de taille intermédiaire

RM-VII-38400 s. ; MF n°s 26155 s.

Art. L 221-32-1 Les contribuables dont le domicile fiscal est situé en France peuvent ouvrir un plan d'épargne en actions destiné au financement des petites et moyennes entreprises et des entreprises de taille intermédiaire auprès d'un établissement de crédit, de la Caisse des dépôts et consignations, de la Banque de France, de La Banque postale, d'une entreprise d'investissement ou d'une entreprise d'assurance relevant du code des assurances.

Chaque contribuable ou chacun des époux ou des partenaires liés par un pacte civil de solidarité soumis à imposition commune ne peut être titulaire que d'un plan d'épargne en actions destiné au financement des petites et moyennes entreprises et des entreprises de taille intermédiaire. Un tel plan ne peut avoir qu'un titulaire.

Le plan donne lieu à ouverture d'un compte de titres et d'un compte en espèces associés, ou, pour les plans ouverts auprès d'une entreprise d'assurance, à signature d'un contrat de capitalisation.

Le titulaire d'un plan effectue des versements en numéraire dans une limite de 225 000 € depuis l'ouverture du plan. Toutefois, lorsque le titulaire d'un plan mentionné au premier alinéa est également titulaire d'un plan mentionné au premier alinéa de l'article L 221-30, l'ensemble des versements en numéraire effectués sur ces deux plans depuis leur ouverture ne peut excéder la limite de 225 000 €.

Art. L 221-32-2 1. Les sommes versées sur le plan d'épargne en actions destiné au financement des petites et moyennes entreprises et des entreprises de taille intermédiaire reçoivent un ou plusieurs des emplois suivants :

a. Actions, à l'exclusion de celles mentionnées à l'article L 228-11 du code de commerce, ou certificats d'investissement de sociétés et certificats coopératifs d'investissement ;

b. Parts de sociétés à responsabilité limitée ou de sociétés dotées d'un statut équivalent et titres de capital de sociétés régies par la loi n° 47-1775 du 10 septembre 1947 portant statut de la coopération ;

c. Obligations convertibles ou remboursables en actions, à l'exclusion des obligations convertibles en actions qui ne sont pas admises aux négociations sur une plateforme de négociation mentionnée à l'article L 420-1 ;

d. Titres participatifs et obligations à taux fixe faisant ou ayant fait l'objet d'une offre proposée par l'intermédiaire d'un prestataire de services de financement participatif au sens du règlement (UE) 2020/1503 ;

e. *(Abrogé).*

Ndlr *Les titres participatifs et obligations à taux fixe faisant ou ayant fait l'objet d'une offre proposée par l'intermédiaire d'un prestataire de services d'investissement ou d'un conseiller en investissements participatifs, au moyen d'un site internet remplissant les caractéristiques fixées par le règlement général de l'Autorité des marchés financiers dans sa rédaction antérieure à l'entrée en vigueur de l'ordonnance 2021-1735 du 22 décembre 2021 ainsi que les minibons demeurent éligibles au plan d'épargne en actions susvisé jusqu'au 10 novembre 2023, les titres acquis avant cette date pouvant demeurer sur le plan (Ordonnance précitée art. 38, I modifié par l'article 1er de l'ordonnance 2022-1229 du 14 septembre 2022).*

2. La société émettrice des titres mentionnés au 1 est :

a. Soit une entreprise qui, d'une part, occupe moins de 5 000 personnes et qui, d'autre part, a un chiffre d'affaires annuel n'excédant pas 1,5 milliard d'euros ou un total de bilan n'excédant pas 2 milliards d'euros. Les conditions dans lesquelles sont appréciés le nombre de salariés, le chiffre d'affaires et le total de bilan sont fixées par décret ;

b. Soit une entreprise dont les titres sont admis aux négociations sur un marché réglementé ou sur un système multilatéral de négociation et qui respecte cumulativement les critères suivants :

- sa capitalisation boursière est inférieure à un milliard d'euros ou l'a été à la clôture d'un au moins des quatre exercices comptables précédant l'exercice pris en compte pour apprécier l'éligibilité des titres de la société émettrice ;
- elle occupe moins de 5 000 personnes et a un chiffre d'affaires annuel n'excédant pas 1,5 milliard d'euros ou un total de bilan n'excédant pas 2 milliards d'euros. Ces seuils sont appréciés sur la base des comptes consolidés de la société émettrice des titres concernés et, le cas échéant, de ceux de ses filiales.

3. Les sommes versées sur le plan d'épargne en actions destiné au financement des petites et moyennes entreprises et des entreprises de taille intermédiaire peuvent également être employées dans la souscription :

a. De titres financiers émis par des sociétés d'investissement à capital variable, des sociétés de libre partenariat ou des sociétés de financement spécialisé, autres que celles mentionnées aux d bis et e du présent 3, dont l'actif est constitué pour plus de 75 % de titres d'entreprises définies au 2, parmi lesquels au moins les deux tiers sont des titres mentionnés aux a, b et c du 1 du 1 ;

b. De titres financiers émis par des fonds communs de placement ou des fonds de financement spécialisé, autres que ceux mentionnés aux d à e, dont l'actif est constitué pour plus de 75 % de titres d'entreprises définies au 2, parmi lesquels au moins les deux tiers sont des titres mentionnés aux a, b et c du 1 du 1 ;

c. De parts ou actions d'organismes de placement collectif en valeurs mobilières établis dans un autre Etat membre de l'Union européenne ou dans un autre Etat partie à l'accord sur l'Espace économique européen ayant conclu avec la France une convention d'assistance administrative en vue de lutter contre la fraude et l'évasion fiscales, qui bénéficient de la procédure de reconnaissance mutuelle des agréments prévue par la directive 2009/65/ CE du Parlement européen et du Conseil du 13 juillet 2009 portant coordination des dispositions législatives, réglementaires et administratives concernant certains organismes de placement collectif en valeurs mobilières (OPCVM) (refonte) et dont l'actif est constitué pour plus de 75 % de titres d'entreprises définies au 2, parmi lesquels au moins les deux tiers sont des titres mentionnés aux a, b et c du 1 du 1 ;

d. De parts de fonds communs de placement à risques mentionnés aux articles L 214-28, L 214-30 et L 214-31 ;

d bis. De parts ou d'actions de placements collectifs relevant des articles L 214-154 et L 214-159 qui, lorsqu'ils ne respectent pas les conditions mentionnées au e du présent 3, s'engagent à constituer, au plus tard à la clôture du quatrième exercice du fonds, au moins 75 % de leur actif en instruments financiers éligibles au quota mentionné au I de l'article L 214-28 dans les conditions prévues à l'article L 214-160 et émis par des sociétés respectant les conditions mentionnées au 5 du présent article ;

e. De titres financiers émis par des FIA mentionnés aux II ou III de l'article L 214-24 qui ont reçu l'autorisation d'utiliser la dénomination « ELTIF » conformément au règlement (UE) 2015/760 du Parlement européen et du Conseil du 29 avril 2015 relatif aux fonds européens d'investissement à long terme, sous réserve qu'ils s'engagent à investir le quota mentionné au paragraphe 1 de l'article 13 du même règlement directement ou indirectement dans des sociétés respectant les conditions mentionnées au 5 du présent article et qu'ils ne détiennent pas directement ou indirectement d'actifs physiques au sens du e de l'article 10 du règlement (UE) 2015/760 du Parlement européen et du Conseil du 29 avril 2015 précité.

4. Les sommes versées sur le plan d'épargne en actions destiné au financement des petites et moyennes entreprises et des entreprises de taille intermédiaire peuvent également être employées dans un contrat de capitalisation en unités de compte régi par le code des assurances et investi dans une ou plusieurs catégories de titres mentionnés ci-dessus, sous réserve des dispositions de l'article L 131-1 du même code.

5. Les émetteurs des titres mentionnés au 1 doivent avoir leur siège en France ou dans un autre Etat membre de l'Union européenne ou dans un autre Etat partie à l'accord sur l'Espace économique européen ayant conclu avec la France une convention d'assistance administrative en vue de lutter contre la fraude et l'évasion fiscales, et être soumis à l'impôt sur les sociétés dans les conditions de droit commun ou à un impôt équivalent. Pour l'application de la présente section, la condition relative au taux normal d'imposition ne s'applique ni aux entreprises nouvelles mentionnées à l'article 44 sexies du code général des impôts, ni aux sociétés mentionnées aux 1° ter et 3° septies de l'article 208 du même code.

Art. L 221-32-3 Les II et III de l'article L 221-31 et l'article L 221-32 sont applicables au plan d'épargne en actions destiné au financement des petites et moyennes entreprises et des entreprises de taille intermédiaire.

Chaque contribuable ou chacun des époux ou partenaires liés par un pacte civil de solidarité soumis à imposition commune ne peut être titulaire que d'un compte PME innovation. Un compte ne peut avoir qu'un titulaire.

Le compte PME innovation donne lieu à ouverture d'un compte-titres et d'un compte espèces associés.

Le titulaire du compte-titres peut réaliser des apports en titres dans les conditions prévues au I de l'article L 221-32-5.

Le compte espèces ne peut faire l'objet d'une rémunération.

Art. L 221-32-4 Les contribuables dont le domicile fiscal est situé en France peuvent ouvrir un compte PME innovation auprès d'un établissement de crédit, de la Caisse des dépôts et consignations, de la Banque de France ou d'une entreprise d'investissement.

Art. L 221-32-5 I. Le titulaire d'un compte PME innovation défini à l'article L 221-32-4 peut déposer sur ce compte des parts ou actions d'une société soumise à l'impôt sur les sociétés qu'il a acquises ou souscrites en dehors de ce compte sous réserve du respect des conditions suivantes :

1° La société émettrice de ces parts ou actions répond aux conditions mentionnées au 2° du B du 1 quater de l'article 150-0 D du code général des impôts, les droits cédés s'entendant des parts ou actions déposées ;

2° Le titulaire du compte remplit l'une des conditions suivantes :

a. Il détient ou a détenu à un moment quelconque depuis la création de la société mentionnée au 1° du présent I, avec son conjoint ou le partenaire lié à lui par un pacte civil de solidarité et leurs ascendants et descendants, au moins 25 % des droits de vote ou des droits dans les bénéfices sociaux de cette société ;

b. Il a exercé au sein de la société mentionnée au 1° du présent I pendant au moins vingt-quatre mois ou, si celle-ci est créée depuis moins de vingt-quatre mois, depuis sa création l'une des fonctions mentionnées aux deuxième à quatrième alinéas du a du 2° du II de l'article 150-0 D ter, dans les conditions mentionnées au dernier alinéa de ce même a et détient ou a détenu à un moment quelconque depuis la création de la société, avec son conjoint ou le partenaire lié à lui par un pacte civil de solidarité et leurs ascendants et descendants, au moins 5 % des droits de vote ou des droits dans les bénéfices sociaux de cette société ;

c. Il a exercé au sein de la société mentionnée au 1° du présent I une activité salariée pendant au moins vingt-quatre mois ou, si celle-ci est créée depuis moins de vingt-quatre mois, depuis sa création et détient ou a détenu à un moment quelconque depuis la création de la société, avec son conjoint ou le partenaire lié à lui par un pacte civil de solidarité et leurs ascendants et descendants, au moins 5 % des droits de vote ou des droits dans les bénéfices sociaux de cette société ;

d. Il est signataire d'un pacte d'actionnaires ou d'associés personnes physiques portant sur les parts ou actions de la société mentionnée au 1°

du I dont l'un au moins des signataires remplit la condition mentionnée au b du présent 2°.

Pour l'application du premier alinéa du présent d, le pacte d'actionnaires ou d'associés doit porter sur au moins 25 % des droits de vote ou des droits dans les bénéfices sociaux de la société dont les titres font l'objet du pacte. Chaque signataire du pacte doit détenir au minimum 1 % des droits de vote ou des droits dans les bénéfices sociaux de la société précitée ;

3° Par dérogation aux b et c du 2°, le respect de la condition de détention de 5 % des droits de vote ou des droits dans les bénéfices sociaux de la société n'est pas exigé lorsque la valeur des parts ou actions de la société mentionnée au 1° du présent I détenues excède 50 % de la valeur brute de l'ensemble des biens, droits et valeurs du titulaire du compte, y compris les parts et actions précitées. Pour l'appréciation du respect de cette condition, la valeur de l'ensemble des biens, droits et valeurs du titulaire du compte est évaluée selon les règles applicables en matière d'impôt de solidarité sur la fortune.

II. Les produits des parts ou actions inscrites sur le compte-titres ainsi que les boni de liquidation y afférents qui relèvent de la catégorie des revenus de capitaux mobiliers ne peuvent être inscrits sur le compte PME innovation.

III. Le prix de cession ou de rachat des parts ou actions inscrites sur le compte-titres ainsi que, le cas échéant, le complément du prix de cession tel que défini au 2 du I de l'article 150-0 A du code général des impôts, les distributions perçues mentionnées aux 7 et 7 bis du II de l'article 150-0 A et au 1 du II de l'article 163 quinquies C du même code, et les valeurs et sommes attribuées lors de la dissolution d'une entité mentionnée au 3° du A du IV dont les titres sont inscrits sur un tel compte sont perçus sur le compte espèces associé. Ils sont remployés dans les conditions prévues au même IV, dans un délai, décompté de date à date, de vingt-quatre mois à compter de la date de l'opération et, s'agissant du complément de prix et des distributions, de leur perception.

IV. A. Les liquidités figurant sur le compte espèces sont employées :

1° Dans la souscription au capital initial ou aux augmentations de capital de sociétés soumises à l'impôt sur les sociétés dont le titulaire du compte n'est ni associé ni actionnaire et qui satisfont aux conditions prévues aux 1° à 7° et aux 9° et 10° du C du I de l'article 199 terdecies-0 A du code général des impôts. Les conditions prévues au dernier alinéa du A et aux 3°, 5°, 6° et 9° du C du même I ainsi que celle tenant au régime fiscal de la société doivent être respectées en permanence pendant la durée de détention des titres sur le compte défini à l'article L 221-32-4 ;

2° Dans la souscription aux augmentations de capital d'une société dont des titres ont déjà été souscrits par le titulaire du compte dans les conditions du 1° du présent A, sous réserve que cette société respecte les conditions prévues au même 1° et aux troisième et quatrième alinéas du c du 1° du 1 A du I de l'article 199 terdecies-0 A du code général des impôts ;

3° Dans la souscription de parts ou actions de fonds communs de placement à risques, de fonds professionnels de capital investissement, de sociétés de libre partenariat ou de sociétés de capital-risque définis, respectivement, aux articles L 214-28, L 214-160 et L 214-162-1 du présent code et à l'article 1-1 de la loi n° 85-695 du 11 juillet 1985 portant diverses dispositions d'ordre économique et financier ou d'organismes similaires d'un autre Etat membre de l'Union européenne ou d'un autre Etat partie à l'accord sur l'Espace économique européen ayant conclu avec la France une convention d'assistance administrative en vue de lutter contre la fraude et l'évasion fiscales, qui satisfont aux conditions cumulatives suivantes :

a. L'actif de ces fonds ou sociétés ou organismes est constitué à hauteur d'au moins 80 % par des parts ou actions reçues en contrepartie de souscriptions au capital, d'obligations dont le contrat d'émission prévoit obligatoirement le remboursement en actions, de titres reçus en contrepartie d'obligations converties ou d'obligations convertibles de sociétés satisfaisant aux conditions mentionnées au 1° du présent A. Les parts ou actions reçues en contrepartie de souscriptions au capital, les titres reçus en remboursement d'obligations et les titres reçus en contrepartie d'obligations converties doivent représenter au moins 40 % de l'actif de ces fonds, sociétés ou organismes ;

b. Les versements reçus par ces fonds ou sociétés ou organismes à raison de la souscription mentionnée au premier alinéa du présent 3° sont investis dans les conditions du a dans un délai de vingt-quatre mois à compter de la date de la cession ayant généré le produit employé par le titulaire du compte dans ladite souscription.

B. 1. Le titulaire d'un compte PME innovation remplit, vis-à-vis de chacune des sociétés mentionnées aux 1° ou 2° du A du présent IV au capital desquelles les liquidités sont employées, l'une des conditions suivantes :

a. Il exerce dans la société l'une des fonctions énumérées aux deuxième à quatrième alinéas du a du 2° du II de l'article 150-0 D ter du code général des impôts. Il perçoit, au titre de ces fonctions, une rémunération normale au sens du dernier alinéa de ce même a ;

b. Il est administrateur de la société ou membre de son conseil de surveillance ;

c. Il est lié à la société par une convention d'accompagnement dans laquelle il s'engage à participer activement à la définition de sa stratégie et à lui fournir, à sa demande, des prestations de conseil à titre gratuit.

2. En cas de souscription de parts ou actions d'une entité mentionnée au 3° du A du présent IV, chaque porteur de parts ou associé ou actionnaire de cette entité, titulaire d'un compte défini à l'article L 221-32-4 du présent code, doit remplir l'une des conditions mentionnées au 1 du présent B dans chacune

des sociétés desquelles l'entité détient des parts ou actions.

3. Les conditions mentionnées au présent B doivent être remplies au plus tard à l'expiration du troisième mois suivant l'emploi des liquidités et pendant toute la durée de détention des titres mentionnés au A du présent IV sur le compte défini à l'article L 221-32-4.

C. 1. Les liquidités figurant sur le compte espèces du compte PME innovation ne peuvent être employées à la souscription :

a. De titres offerts dans les conditions mentionnées aux articles 80 bis, 80 quaterdecies et 163 bis G du code général des impôts ;

b. De parts ou d'actions mentionnées au 8 du II de l'article 150-0 A du même code ;

c. De parts de fonds mentionnés au 3 du III du même article 150-0 A.

2. La souscription des parts ou actions dans le compte PME innovation ne peut ouvrir droit aux réductions d'impôts prévues aux articles 199 undecies A, 199 undecies B, 199 terdecies-0 A, 199 terdecies-0 AB 199 terdecies-0 C et 199 unvicies dudit code.

3. Les parts ou actions déposées sur un compte PME innovation ou souscrites dans ce même compte ne peuvent faire l'objet d'un engagement de conservation au sens de l'article 787 B du même code.

V. En cas d'échange de parts ou actions inscrites sur un compte PME innovation, les titres reçus à l'échange sont inscrits sur ce compte lorsque les conditions prévues au IV sont satisfaites. A défaut, les titres reçus à l'échange sont inscrits hors du compte et l'opération d'échange emporte les conséquences d'un retrait des titres remis à cet échange.

Art. L 221-32-6 I. Les retraits de liquidités sont possibles sur le compte-espèces associé au compte PME innovation défini à l'article L 221-32-4.

II. En cas de liquidation d'une société dont les parts ou actions figurent sur le compte-titres associé au compte PME innovation, les sommes attribuées au titulaire de ce compte à raison de l'annulation desdits titres qui ne sont pas retenues dans les bases de l'impôt en application de l'article 161 du code général des impôts et qui ne sont pas versées sur le compte-espèces du même compte constituent, à hauteur de leur montant, un retrait de liquidités.

III. Le retrait de parts ou actions figurant sur le compte-titres du compte PME innovation peut être effectué sans entraîner la clôture de ce compte.

IV. Le non-respect de l'une des conditions prévues à l'article L 221-32-5 ainsi que le non-remploi, dans le délai prévu au III du même article L 221-32-5, des sommes inscrites sur le compte-espèces du compte PME innovation entraînent la clôture du compte PME innovation.

V. Le titulaire d'un compte PME innovation peut décider de le clôturer à tout moment.

VI. Le décès du titulaire entraîne la clôture du compte PME innovation.

Art. L 221-32-7 L'établissement auprès duquel est ouvert un compte PME innovation défini à l'article L 221-32-4 conserve, pour chaque part ou action figurant sur le compte-titres, ainsi que pour les liquidités figurant sur le compte-espèces, les informations nécessaires à l'application de l'article 150-0 B quinquies du code général des impôts.

Art. D 221-113-5 I. Le nombre de salariés, le chiffre d'affaires et le total de bilan de la société émettrice des titres inscrits au plan, mentionnés au a) du 2 de l'article L 221-32-2, sont appréciés dans les conditions définies aux articles 1er, 3, 5 et 6 de l'annexe I au règlement (UE) n° 651/2014 de la Commission du 17 juin 2014 déclarant certaines catégories d'aides compatibles avec le marché intérieur en application des articles 107 et 108 du traité déclarant certaines catégories d'aide compatibles avec le marché commun en application des articles 87 et 88 du traité.

II. Lorsque la société émettrice des titres a pour objet principal de détenir des participations dans d'autres sociétés, le respect des conditions mentionnées au I s'apprécie au niveau de cette société et de chacune des sociétés dans laquelle elle détient des participations.

III. Les données retenues pour déterminer l'éligibilité des titres de la société émettrice au plan sont celles afférentes à l'avant-dernier exercice comptable clos et qui précède la date d'acquisition des titres. Elles sont calculées sur une base annuelle.

Si la société n'a pas encore clos son deuxième exercice, les données retenues sont celles afférentes au seul exercice clos qui précède la date d'acquisition des titres ou, à défaut, au premier exercice clos suivant cette même date. Elles sont calculées sur une base annuelle.

IV. Le titulaire du plan qui demande l'inscription de titres au plan justifie de leur éligibilité auprès de l'organisme gestionnaire.

Art. D 221-113-6 I. Pour l'application des a, b et c du 3 de l'article L 221-32-2, le nombre de salariés, le chiffre d'affaires et le total de bilan mentionnés au 2 du même article sont déterminés conformément au I de l'article D 221-113-5.

Les données retenues pour déterminer l'éligibilité au plan sont celles afférentes au dernier exercice comptable clos et qui précède la date d'inscription des titres concernés à l'actif de l'organisme de placement collectif. Elles sont calculées sur une base annuelle.

II. Afin de permettre aux porteurs de parts ou actionnaires des organismes de placement collectif mentionnés aux a, b, c et e du 3 de l'article L 221-32-2 de justifier de l'éligibilité de leur investissement au plan, ces organismes ou, en l'absence de personnalité morale, leur gérant ou leur représentant à l'égard des tiers, s'engagent, dans un document destiné à l'information des souscripteurs et devant être transmis à l'Autorité des marchés financiers préalablement à la commercialisation en France des titres concernés, à investir leurs actifs de manière permanente dans les proportions prévues à l'article L 221-32-2 précité.

Ils indiquent en outre dans leurs rapports annuel ou semestriel, dont l'administration peut demander la communication, la proportion d'investissement de leurs actifs en titres mentionnés à l'alinéa précédent effectivement réalisée au titre de l'année ou du semestre concerné.

III. Les porteurs de parts ou actionnaires des organismes de placement collectif justifient de l'éligibilité de leur investissement au plan par la production, sur demande de l'administration, du document prévu au premier alinéa du II.

Plan d'épargne avenir climat

FR 2/24 inf. 14 p. 31 ; MF nos 26190 s.

Art. L 221-34-2 I. Le plan d'épargne avenir climat est réservé aux personnes physiques âgées de moins de vingt et un ans et résidant en France à titre habituel.

Le plan d'épargne avenir climat peut être ouvert auprès d'un établissement de crédit, d'une entreprise d'investissement, d'une entreprise d'assurance relevant du code des assurances, d'une mutuelle, d'une union de mutuelles, d'une institution de prévoyance ou d'une union d'institutions de prévoyance.

Une même personne ne peut être titulaire que d'un seul plan. Un plan ne peut avoir qu'un titulaire.

Les modalités de fonctionnement du plan d'épargne avenir climat, notamment ses conditions d'ouverture et ses modalités de gestion, sont déterminées par décret en Conseil d'Etat.

Le plan d'épargne avenir climat donne lieu à l'ouverture d'un compte de titres et d'un compte en espèces associés ou, pour les plans ouverts auprès d'une entreprise d'assurance, d'une mutuelle, d'une union de mutuelles, d'une institution de prévoyance ou d'une union d'institutions de prévoyance, à la souscription ou à l'adhésion à un contrat de capitalisation.

Le plan d'épargne avenir climat peut recevoir des versements en numéraire à compter de son ouverture, dans la limite d'un plafond fixé par arrêté du ministre chargé de l'économie.

II. Les titulaires d'un plan d'épargne avenir climat bénéficient d'une information régulière et détaillée sur leurs droits et sur la performance du plan précisant, pour chaque actif du plan, la performance brute de frais, la performance nette de frais et les frais prélevés, dans des conditions définies par décret en Conseil d'Etat. Cette information, qui mentionne notamment les éventuelles rétrocessions de commission perçues au titre de la gestion financière des plans, est fournie avant l'ouverture du plan puis actualisée annuellement.

Ndlr *Ces dispositions entrent en vigueur à une date fixée par décret et au plus tard le 1er juillet 2024 (Loi 2023-973 du 23 octobre 2023 art. 34, II).*

Art. L 221-34-3 I. Les versements dans un plan d'épargne avenir climat sont affectés à l'acquisition de titres financiers qui contribuent au financement de la transition écologique et d'instruments financiers bénéficiant d'un faible niveau d'exposition aux risques dont les émetteurs ont leur siège en France ou dans un autre Etat membre de l'Union européenne ou dans un autre Etat partie à l'accord sur l'Espace économique européen ayant conclu avec la France une convention d'assistance administrative en vue de lutter contre la fraude et l'évasion fiscales.

II. Sauf décision contraire et expresse du titulaire, les versements dans un plan d'épargne avenir climat sont affectés selon une allocation de l'épargne offrant une protection suffisante de l'épargne investie et permettant de réduire progressivement les risques financiers pour le titulaire.

III. Lorsque le plan d'épargne avenir climat est ouvert sous la forme d'un contrat de capitalisation, les versements sont affectés à l'acquisition de droits exprimés en unités de compte constituées de titres financiers mentionnés au I, sous réserve de l'article L 131-1 du code des assurances. Les versements peuvent également être affectés à l'acquisition de droits exprimés en euros ou de droits exprimés en parts de provision de diversification, mentionnés à l'article L 134-1 du même code, pour assurer la réduction progressive des risques financiers mentionnée au II du présent article.

IV. Les titres et les instruments financiers dans lesquels le plan d'épargne avenir climat peut être investi, les principes d'allocation de l'épargne auxquels il est soumis et les stratégies d'investissement qu'il peut proposer sont définis par décret.

Ce décret définit également les caractéristiques des titres pouvant être considérés comme contribuant à la transition écologique. Sont inclus dans la liste des titres éligibles les valeurs mobilières ou les actifs ayant notamment obtenu l'un des labels prévus au cinquième alinéa de l'article L 131-1-2 du code des assurances ainsi que les obligations vertes.

Ndlr *Ces dispositions entrent en vigueur à une date fixée par décret et au plus tard le 1er juillet 2024 (Loi 2023-973 du 23 octobre 2023 art. 34, II).*

Art. L 221-34-4 I. Les retraits partiels de sommes ou de valeurs et, s'agissant des contrats de capitalisation, les rachats partiels sont possibles et n'entraînent pas la clôture du plan dès lors que celui-ci a été ouvert depuis plus de cinq ans et que son titulaire a atteint l'âge de dix-huit ans. Lorsque ces deux conditions sont réunies, plus aucun versement n'est possible dans le plan d'épargne avenir climat, qui est clôturé lorsque le titulaire atteint l'âge de trente ans.

II. Jusqu'aux dix-huit ans du titulaire, les droits constitués dans le cadre du plan ne peuvent être liquidés ou rachetés, même partiellement, qu'en cas d'invalidité du titulaire ou de décès de l'un de ses parents.

Lorsque le titulaire est âgé de moins de seize ans, ces opérations sont soumises à l'autorisation de son représentant légal. Lorsque le titulaire a de seize à dix-huit ans, il peut procéder lui-même à ces opérations, à moins que son représentant légal ne s'y oppose.

En cas de décès du titulaire du plan avant l'échéance mentionnée au I, le plan est clôturé et les sommes ou valeurs y figurant peuvent être retirées par ses ayants droit.

III. Les droits individuels en cours de constitution sont transférables vers un autre plan d'épargne avenir climat. Le transfert des droits n'emporte pas modification des conditions de leur rachat ou de leur liquidation prévues au présent article.

Les frais encourus à l'occasion d'un tel transfert ne peuvent excéder un montant fixé par décret.

Ndlr *Ces dispositions entrent en vigueur à une date fixée par décret et au plus tard le 1er juillet 2024 (Loi 2023-973 du 23 octobre 2023 art. 34, II).*

Infractions relatives aux placements collectifs

Art. L 231-3 Est puni d'un emprisonnement de deux ans et d'une amende de 750 000 euros le fait de diriger en droit ou en fait un organisme qui procède à des placements collectifs en valeurs mobilières sans avoir été agréé ou qui poursuit son activité malgré un retrait d'agrément.

Art. L 231-4 I. Est puni d'un emprisonnement de deux ans et d'une amende de 15 000 euros le fait, pour les dirigeants de la société de gestion d'un fonds commun de placement, d'un fonds de placement immobilier, d'un fonds professionnel de placement immobilier , un fonds de financement spécialisé, ou un fonds commun de titrisation, de ne pas provoquer la désignation du commissaire aux comptes du fonds dans les conditions prévues à l'article L 214-8-6.

II. Est puni d'un emprisonnement de cinq ans et d'une amende de 18 000 euros le fait, pour tout commissaire aux comptes, soit en son nom personnel, soit au titre d'associé dans une société de commissaires aux comptes, de donner ou confirmer des informations mensongères sur la situation du fonds commun de placement, du fonds de placement immobilier, du fonds professionnel de placement immobilier ou du fonds commun de titrisation, ou de ne pas révéler au procureur de la République les faits délictueux dont il a eu connaissance.

III. Est puni d'un emprisonnement de cinq ans et d'une amende de 18 000 euros le fait, pour les dirigeants de la société de gestion ou de la personne morale dépositaire d'un fonds commun de placement, d'un fonds de placement immobilier, d'un fonds professionnel de placement immobilier ou d'un fonds commun de titrisation, et pour toutes personnes placées sous leur autorité, de mettre obstacle aux vérifications ou contrôles des commissaires aux comptes ou de leur refuser la communication sur place de toutes les pièces utiles à l'exercice de leur mission et, notamment, de tous contrats, livres, documents comptables et registres de procès-verbaux.

Art. L 231-5 Est puni des peines prévues aux articles 313-1, 313-7 et 313-8 du code pénal, le fait, pour toute personne, de méconnaître les obligations mentionnées au dernier alinéa de l'article L 214-42 dans sa rédaction antérieure à l'ordonnance n° 2011-915 du 1er août 2011 relative aux OPCVM et à la modernisation du cadre juridique de la gestion d'actifs et au dernier alinéa de l'article L 214-170.

Art. L 231-6 Toute condamnation prononcée définitivement à l'encontre des dirigeants de la société de gestion ou de ceux du dépositaire, en application de l'article L 231-3, du I et du III de l'article L 231-4, des articles L 231-5 et L 231-7, entraîne de plein droit la cessation de leurs fonctions et l'incapacité d'exercer lesdites fonctions.

Le tribunal saisi de l'action en responsabilité prévue à l'article L 214-28 peut prononcer à la demande de tout porteur de parts la révocation des dirigeants de la société de gestion ou de ceux du dépositaire.

En outre, le dépositaire peut demander au tribunal la révocation des dirigeants de la société de gestion ; il doit en informer le commissaire aux comptes.

Dans ces trois cas, un administrateur provisoire est nommé par le tribunal jusqu'à la désignation de nouveaux dirigeants ou, si cette désignation apparaît impossible, jusqu'à la liquidation.

Art. L 231-7 Est puni d'un emprisonnement de deux ans et d'une amende de 750 000 euros le fait, pour les promoteurs d'un fonds de financement spécialisé ou un fonds commun de titrisation, de procéder au placement de parts de ce fonds sans agrément de la société de gestion du fonds ou sans visa de l'Autorité des marché financiers.

Art. L 231-7-1 Est puni d'un emprisonnement de deux ans et d'une amende de 750 000 euros le fait, pour un dirigeant de fait ou de droit d'un organisme de placement collectif immobilier ou d'un organisme professionnel de placement collectif immobilier, de procéder au placement de parts ou d'actions de cet organisme sans que celui-ci ait été agréé ou s'il poursuit son activité malgré un retrait d'agrément.

Obligations relatives à l'identification des clients, des comptes et des personnes dans le cadre de la lutte contre l'évasion et la fraude fiscales

Art. L 564-1 Nonobstant l'article L 312-1, lorsqu'une institution financière soumise au I de l'article 1649 AC du code général des impôts n'est pas en mesure d'identifier, dans les conditions fixées au II du même article 1649 AC, les résidences fiscales et, le cas échéant, les numéros d'identification fiscale d'un titulaire du compte et des personnes physiques le contrôlant conformément au deuxième alinéa du I dudit article 1649 AC, elle n'établit pas de relation contractuelle.

Le premier alinéa du présent article n'est pas applicable pour la mise en œuvre de l'accord entre le Gouvernement de la République française et le Gouvernement des Etats-Unis d'Amérique en vue d'améliorer le respect des obligations fiscales à l'échelle internationale et de mettre en œuvre la loi relative au respect des obligations fiscales concernant les comptes étrangers signé à Paris le 14 novembre 2013.

Art. L 564-2 Les institutions financières soumises au I de l'article 1649 AC du code général des impôts, à l'article L 102 AG du livre des procédures fiscales et à l'article L 564-1 du présent code mettent en place un dispositif de contrôle interne chargé de veiller spécifiquement à la mise en place et à la bonne application des procédures internes assurant le respect des dispositions précitées.

Contrôles et enquêtes

Art. L 621-9 *(Extrait)*
(I, 1er alinéa)

Afin d'assurer l'exécution de sa mission, l'Autorité des marchés financiers réalise des contrôles et des enquêtes.

Ndlr *Voir LPF, art. L 135 F.*

Art. L 621-9-1 Lorsque le secrétaire général de l'Autorité des marchés financiers, ou le secrétaire général adjoint spécialement délégué à cet effet, décide de procéder à des enquêtes, il habilite les enquêteurs selon des modalités fixées par le règlement général.

Les personnes susceptibles d'être habilitées répondent à des conditions d'exercice définies par décret en Conseil d'Etat.

Ndlr *Voir LPF, art. L 135 F.*

Art. L 621-9-3 *(Extrait)*
(1er alinéa)

Dans le cadre des contrôles et enquêtes mentionnés aux articles L 621-9 et L 621-9-1, le secret professionnel ne peut être opposé à l'Autorité des marchés financiers ni, le cas échéant, aux entreprises de marché ou aux chambres de compensation, corps de contrôle, personnes ou autorités mentionnés à l'article L 621-9-2, lorsqu'ils assistent l'Autorité des marchés financiers, sauf par les auxiliaires de justice.

Ndlr *Voir LPF, art. L 135 F.*

Art. L 621-10 Les enquêteurs et les contrôleurs peuvent, pour les nécessités de l'enquête ou du contrôle, se faire communiquer tous documents, quel qu'en soit le support. Les enquêteurs peuvent également se faire communiquer les données conservées et traitées par les opérateurs de télécommunications dans le cadre de l'article L 34-1 du code des postes et des communications électroniques et les prestataires mentionnés aux 1 et 2 du I de l'article 6 de la loi n° 2004-575 du 21 juin 2004 pour la confiance dans l'économie numérique et en obtenir la copie.

Les enquêteurs et les contrôleurs peuvent convoquer et entendre toute personne susceptible de leur fournir des informations. Ils peuvent accéder aux locaux à usage professionnel. Ils peuvent recueillir des explications sur place dans des conditions prévues par décret en Conseil d'Etat.

Ndlr *Voir LPF, art. L 135 F.*

Art. L 621-20-6 L'Autorité des marchés financiers veille au respect, par les institutions financières mentionnées au 2° du I de l'article L 561-36, de l'article L 564-2.

Ndlr *Voir LPF, art. L 135 F.*

Interdiction du paiement en espèces de certaines créances

Art. D 112-3 I. Le montant prévu au I de l'article L 112-6 est fixé :

1° Lorsque le débiteur a son domicile fiscal sur le territoire de la République française ou agit pour les besoins d'une activité professionnelle, à 1 000 euros pour les paiements effectués en espèces et à 3 000 euros pour les paiements effectués au moyen de monnaie électronique ;

2° Lorsque le débiteur justifie qu'il n'a pas son domicile fiscal sur le territoire de la République française, n'agit pas pour les besoins d'une activité professionnelle et paie une dette au profit d'une personne qui n'est pas mentionnée à l'article L 561-2, à 10 000 euros pour les paiements effectués en espèces ou au moyen de monnaie électronique ;

3° Lorsque le débiteur justifie qu'il n'a pas son domicile fiscal sur le territoire de la République française, n'agit pas pour les besoins d'une activité professionnelle et paie une dette au profit d'une personne mentionnée à l'article L 561-2, à 15 000 euros pour les paiements effectués en espèces et au moyen de monnaie électronique.

II. Le montant mentionné au II bis de l'article L 112-6 est fixé à 3 000 euros.

CF-IX-89520, 89630 ; MF n° 78401

OPCVM (partie réglementaire)

Art. D 214-1 L'Autorité des marchés financiers s'assure que le dossier prévu à l'article L 214-2-1 est complet.

Elle transmet le dossier de notification aux autorités compétentes de l'Etat d'accueil dans lequel l'OPCVM se propose de commercialiser ses parts ou actions, au plus tard dix jours ouvrables à compter de la date de réception de la lettre de notification et de l'ensemble des documents constituant le dossier.

OPCVM agréés conformément à la directive 2009/65/ CE du Parlement européen et du Conseil du 13 juillet 2009

Art. R 214-2 Pour l'application des paragraphes 2 et 3, lorsqu'un OPCVM est formé d'un ou de plusieurs compartiments d'investissement, chaque compartiment est considéré comme un OPCVM distinct.

Art. D 214-3 Le capital initial d'une société d'investissement à capital variable ne peut être inférieur à 300 000 euros.

Art. R 214-4 Il est procédé à la convocation à l'assemblée générale des actionnaires d'une société d'investissement à capital variable et à l'information de ceux-ci sur les projets de fusion ou de scission selon les mêmes modalités que celles prévues respectivement par les articles R 225-67 et R 236-2 du code de commerce pour les sociétés dont les titres financiers ne sont pas admis aux négociations sur un marché réglementé ou dont toutes les actions revêtent la forme nominative.

Les articles R 225-73 et R 225-73-1 du code de commerce ne sont pas applicables aux sociétés d'investissement à capital variable.

Ndlr *L'article R 225-73-1 du code de commerce a été abrogé par le décret 2020-1742 du 29 décembre 2020 art. 5, 34°.*

Art. D 214-5 L'ancienne SICAV qui conserve les actifs dont la cession ne serait pas conforme à l'intérêt des actionnaires en application de l'article L 214-7-4 et la nouvelle SICAV ont la même société de gestion de portefeuille, le même dépositaire et le même commissaire aux comptes.

La nouvelle SICAV destinée à recevoir les actifs autres que ceux mentionnés au premier alinéa est de la même nature que la SICAV objet de la scission.

La société de gestion de portefeuille informe immédiatement les actionnaires du transfert des actifs et leur transmet notamment un rapport justifiant cette décision et qui en détaille les modalités. Les documents destinés à l'information des actionnaires de l'ancienne et de la nouvelle SICAV sont également mis à leur disposition par la société de gestion de portefeuille.

Au plus tard huit jours après la réalisation du transfert des actifs, le commissaire aux comptes établit un rapport fixant la liste des actifs transférés. Ce rapport est tenu à la disposition des actionnaires par la société de gestion de portefeuille.

Les frais de gestion de l'ancienne SICAV doivent être adaptés à une gestion de type extinctive.

Art. D 214-6 Le montant minimum des actifs que les fonds communs de placement doivent réunir lors de leur constitution est de 300 000 euros.

Art. D 214-7 Les apports en nature à la constitution d'un fonds commun de placement sont évalués dans les mêmes conditions que les apports de titres ultérieurs et selon des modalités fixées par le règlement du fonds.

Art. D 214-8 L'ancien fonds qui conserve les actifs dont la cession ne serait pas conforme à l'intérêt des porteurs en application de l'article L 214-8-7 et le nouveau fonds ont la même société de gestion de portefeuille, le même dépositaire et le même commissaire aux comptes.

Le nouveau fonds destiné à recevoir les actifs autres que ceux mentionnés au premier alinéa est de la même nature que le fonds objet de la scission.

La société de gestion de portefeuille informe immédiatement les porteurs du transfert des actifs et leur transmet notamment un rapport justifiant cette décision et qui en détaille les modalités. Les documents destinés à l'information des porteurs de parts de l'ancien et du nouveau fonds sont également mis à leur disposition par la société de gestion de portefeuille.

Au plus tard les huit jours après la réalisation du transfert des actifs, le commissaire aux comptes établit un rapport fixant la liste des actifs transférés. Ce rapport est tenu à la disposition des porteurs par la société de gestion de portefeuille.

Les frais de gestion de l'ancien fonds doivent être adaptés à une gestion de type extinctive.

Art. R 214-9 I. Les titres financiers éligibles mentionnés au 1° du I de l'article L 214-20 satisfont aux conditions suivantes :

1° La perte potentielle à laquelle leur détention expose l'OPCVM est limitée au montant qu'il a versé pour les acquérir ;

2° Leur liquidité ne compromet pas la capacité de l'OPCVM de se conformer aux dispositions des articles L 214-7 et L 214-8 ;

3° Une évaluation fiable les concernant est disponible, sous la forme suivante :

a. Dans le cas des titres financiers relevant des 1° à 4° du I de l'article R 214-11, sous la forme de prix exacts, fiables et établis régulièrement, qui sont soit des prix de marché soit des prix fournis par des systèmes d'évaluation indépendants des émetteurs ;

b. Dans le cas des titres financiers relevant du II de l'article R 214-11, sous la forme d'une évaluation établie périodiquement, à partir d'informations émanant de l'émetteur ou provenant d'un service d'analyse financière mentionné à l'article L 544-1 ;

4° Des informations appropriées les concernant sont disponibles, sous la forme suivante :

a. Dans le cas des titres financiers relevant des 1° à 4° du I de l'article R 214-11, sous la forme d'informations précises, complètes et régulièrement fournies au marché sur le titre financier concerné ou, le cas échéant, sur les actifs sous-jacents à cet instrument ;

b. Dans le cas des titres financiers relevant du II de l'article R 214-11, sous la forme d'informations précises et régulièrement fournies à l'OPCVM sur l'instrument financier concerné ou, le cas échéant, sur les actifs sous-jacents à cet instrument ;

5° Ils sont négociables ;

6° Leur acquisition est compatible avec les objectifs de gestion ou la politique d'investissement de l'OPCVM, tels qu'exposés dans les documents d'information destinés aux souscripteurs ;

7° Les risques qu'ils comportent sont pris en considération de manière appropriée par le processus de gestion des risques de l'OPCVM.

Pour l'application du 2° et du 5° du présent I, les instruments financiers relevant des 1° à 3° du I de l'article R 214-11 sont présumés ne pas compromettre la capacité de l'OPCVM de se conformer aux dispositions des articles L 214-7 et L 214-8 et ils sont présumés être négociables, sauf si l'OPCVM dispose d'informations conduisant à des conclusions différentes.

II. Sont assimilées à des titres financiers éligibles les parts ou actions d'organismes de placement collectif de droit français, d'OPCVM de droit étranger, de FIA établis dans d'autres Etats membres de l'Union européenne ou dans d'autres Etats parties à l'accord sur l'Espace économique européen, ainsi que de fonds d'investissement de droit étranger de type fermé qui satisfont aux critères suivants :

1° Ces parts ou actions respectent les conditions mentionnées au I ;

2° L'organisme de placement collectif, l'OPCVM, le FIA ou le fonds d'investissement est soumis aux mécanismes de gouvernement d'entreprise appliqués aux sociétés ;

3° Lorsque la gestion financière est exercée par une autre entité pour le compte de l'organisme de placement collectif, de l'OPCVM, du FIA ou du fonds d'investissement, cette entité est soumise à une réglementation nationale visant à garantir la protection des investisseurs ;

III. Sont assimilés à des titres financiers éligibles les instruments financiers qui satisfont aux critères suivants :

1° Ils respectent les conditions mentionnées au I ;

2° Ils sont adossés à d'autres actifs ou liés à la performance d'autres actifs, qui peuvent être différents de ceux mentionnés à l'article L 214-20.

Art. R 214-10 Les instruments du marché monétaire mentionnés au 2° du I de l'article L 214-20 satisfont aux conditions suivantes :

1° Ils respectent au moins l'un des critères suivants :

a. Ils ont une échéance à l'émission pouvant aller jusqu'à 397 jours ;

b. Ils ont une maturité résiduelle pouvant aller jusqu'à 397 jours ;

c. Leur rendement fait l'objet d'ajustements réguliers, au moins tous les 397 jours, conformément aux conditions du marché monétaire ;

d. Leur profil de risque, notamment en ce qui concerne le risque de crédit et le risque de taux d'intérêt, correspond à celui d'instruments qui ont une échéance ou une maturité résiduelle conforme respectivement à celle mentionnée aux a et b ou dont le rendement fait l'objet d'ajustements conformes à ceux mentionnés au c.

2° Ils peuvent être cédés à coût limité dans un délai court et approprié, compte tenu de l'obligation de l'OPCVM de racheter ou de rembourser ses parts ou actions à la demande de tout porteur ou actionnaire.

3° Il existe des systèmes d'évaluation précis et fiables, qui remplissent les critères suivants :

a. Ils permettent à l'OPCVM de calculer une valeur d'inventaire nette correspondant à la valeur à laquelle l'instrument financier détenu en portefeuille pourrait être échangé entre des parties bien informées et consentantes, dans le cadre d'une transaction réalisée dans des conditions de concurrence normale ;

b. Ils sont fondés soit sur des données de marché soit sur des modèles d'évaluation, y compris des systèmes fondés sur le coût amorti. Ces modèles ne doivent pas conduire à des écarts significatifs par rapport à la valeur de marché de l'instrument.

Les conditions mentionnées aux 2° et 3° sont réputées satisfaites pour les instruments du marché monétaire relevant des 1° à 3° du I de l'article R 214-11 sauf si l'OPCVM dispose d'informations conduisant à des conclusions différentes.

Art. R 214-11 I. Les titres financiers éligibles et instruments du marché monétaire mentionnés au I de l'article L 214-20 sont :

1° Soit des titres financiers éligibles et des instruments du marché monétaire admis à la négociation sur un marché réglementé au sens de l'article L 422-1 ;

2° Soit des titres financiers éligibles et des instruments du marché monétaire admis à la négociation sur un autre marché réglementé, en fonctionnement régulier, reconnu, ouvert au public et dont le siège est situé dans un Etat membre de l'Union européenne ou dans un autre Etat partie à l'accord sur l'Espace économique européen ;

3° Soit des titres financiers éligibles et des instruments du marché monétaire admis à la cote officielle d'une bourse de valeurs d'un pays tiers ou négociés sur un autre marché d'un pays tiers, réglementé, en fonctionnement régulier, reconnu et ouvert au public, pour autant que cette bourse ou ce marché ne figure pas sur une liste établie par l'Autorité des marchés financiers ou que le choix de cette bourse ou de ce marché soit prévu par la loi ou par le règlement ou les statuts de l'OPCVM ;

4° Soit des titres financiers éligibles nouvellement émis sous réserve que :

a. Les conditions d'émission comportent l'engagement qu'une demande d'admission à la cotation officielle d'une bourse de valeurs ou à un autre marché réglementé, en fonctionnement régulier, reconnu et ouvert au public, sera introduite, pour autant que cette bourse ou ce marché ne figure pas sur une liste établie par l'Autorité des marchés financiers ou que le choix de cette bourse ou de ce marché soit prévu par la loi ou par le règlement ou les statuts de l'OPCVM ;

b. L'admission mentionnée au a soit obtenue dans un délai d'un an à compter de l'émission.

5° Soit des instruments du marché monétaire mentionnés au 2° du I de l'article L 214-20, autres que ceux négociés sur les marchés réglementés relevant des 1° à 3°, dès lors que l'émission ou l'émetteur de ces instruments sont soumis eux-mêmes à une réglementation visant à protéger les investisseurs et l'épargne et que ces instruments respectent en outre les conditions mentionnées à l'article R 214-12.

Sont assimilés à des titres admis à la négociation sur un marché relevant du présent I les titres de créance négociables émis par un émetteur mentionné au 1° du I de l'article R 214-12, dès lors que ces titres respectent la condition prévue au V de cet article.

II. Un OPCVM ne peut employer plus de 10 % de ses actifs dans des titres financiers éligibles ou des instruments du marché monétaire ne répondant pas aux conditions mentionnées au I.

Il ne peut acquérir des certificats représentatifs de métaux précieux.

Art. R 214-12 I. Les instruments du marché monétaire mentionnés au 5° du I de l'article R 214-11 sont :

1° Emis ou garantis par :

a. Un Etat membre de l'Union européenne ou un autre Etat partie à l'accord sur l'Espace économique européen ou, pour l'un de ces Etats, dans le cas d'un Etat fédéral, un des membres composant la Fédération ;

b. Une collectivité régionale ou locale d'un Etat membre de l'Union européenne ou d'un autre Etat partie à l'accord sur l'Espace économique européen ;

c. La Banque centrale européenne ;

d. La Banque centrale d'un Etat membre ou d'un autre Etat partie ;

e. L'Union européenne ;

f. La Banque européenne d'investissement ;

g. Un organisme public international dont font partie un ou plusieurs Etats membres ou autres Etats parties ;

h. Ou un pays tiers ;

2° Emis par une entreprise dont des titres sont négociés sur les marchés mentionnés aux 1° à 3° du I de l'article R 214-11 ;

3° Emis ou garantis par un établissement soumis à une surveillance prudentielle dont le siège est situé dans un Etat membre de l'Union européenne ou par un établissement qui satisfait à l'un des critères suivants :

a. Il est situé dans l'Espace économique européen ;

b. Il est situé dans un pays figurant sur une liste fixée par arrêté du ministre chargé de l'économie ;

c. Il bénéficie d'une évaluation externe d'une agence mentionnée à l'article L 544-4, répondant à des conditions fixées par ce même arrêté ;

d. Il est soumis et se conforme à des règles prudentielles au moins aussi strictes que celles prévues pour les établissements relevant du présent 3° et dont le siège est situé dans un Etat membre de l'Union européenne ;

4° Emis par une autre entité soumise à des règles de protection des investisseurs équivalentes à celles prévues aux 1° à 3° du présent I et ayant le statut soit d'une société dont le capital augmenté des réserves s'élève au moins à 10 millions d'euros et présentant ses comptes annuels conformément à la directive 78/660/ CEE du Conseil du 25 juillet 1978 concernant les comptes annuels de certaines formes de sociétés, transposée par les articles L 123-12 à L 123-24 du code de commerce, soit d'une entité se consacrant au financement d'un groupe au sens de la directive 83/349/ CEE du Conseil du 13 juin 1983 concernant les comptes consolidés, comportant au moins une société dont les titres sont admis aux négociations sur un marché réglementé au sens de l'article R 214-11, soit d'une entité de titrisation bénéficiant d'une ligne de financement bancaire octroyée par un établissement mentionné au présent 3°.

II. Les instruments du marché monétaire mentionnés au 5° du I de l'article R 214-11 satisfont aux critères suivants :

1° Ils remplissent l'une des conditions prévues au 1° de l'article R 214-10 et les critères énoncés au 2° et au 3° de ce même article ;

2° Des informations appropriées les concernant sont disponibles, y compris des informations permettant d'évaluer correctement les risques de crédit liés à un placement dans ces instruments, compte tenu des III, IV et V du présent article ;

3° Ils sont librement négociables.

III. Pour les instruments du marché monétaire qui relèvent du 2° et du 4° du I du présent article ou pour ceux émis par les collectivités régionales ou locales mentionnées au b du 1° du I ou par un organisme public international sans être garantis par un Etat ou par un des membres d'un Etat fédéral mentionnés au a du 1° du I, les informations appropriées, qui doivent permettre d'apprécier correctement le risque de crédit lié à l'instrument, comprennent les informations suivantes :

1° Des informations concernant tant l'émission ou le programme d'émission que la situation juridique et financière de l'émetteur avant l'émission de l'instrument du marché monétaire ;

2° Les informations mentionnées au 1°, actualisées régulièrement et chaque fois qu'un événement notable se produit et vérifiées par des tiers qualifiés qui ne reçoivent pas d'instructions de l'émetteur ;

3° Des statistiques disponibles et fiables sur l'émission ou le programme d'émission.

IV. Pour les instruments du marché monétaire qui relèvent du 3° du I du présent article, les informations appropriées qui doivent permettre d'apprécier correctement le risque de crédit lié à l'instrument, comprennent les informations suivantes :

1° Des informations concernant l'émission ou le programme d'émission ou concernant la situation juridique et financière de l'émetteur avant l'émission de l'instrument du marché monétaire ;

2° Les informations mentionnées au 1°, actualisées régulièrement et chaque fois qu'un événement notable se produit ;

3° Des statistiques disponibles et fiables sur l'émission ou le programme d'émission ou d'autres données permettant d'évaluer correctement les risques de crédit liés à un placement dans ces instruments.

V. Pour les instruments du marché monétaire qui relèvent du 1° du I, à l'exception de ceux qui relèvent du III et de ceux émis par la Banque centrale européenne ou par une banque centrale mentionnée au d du 1° du I, les informations appropriées qui doivent permettre d'apprécier correctement le risque de crédit lié à l'instrument comprennent les informations concernant l'émission ou le programme d'émission ou concernant la situation juridique et financière de l'émetteur avant l'émission de l'instrument du marché monétaire.

Art. R 214-13 Les parts ou actions d'organismes de placement collectif et de fonds d'investissement mentionnées au 3° du I de l'article L 214-20 comprennent les parts ou actions d'OPCVM de droit français ou étranger ou les parts ou actions de FIA de droit français ou de FIA établis dans d'autres Etats membres de l'Union européenne ou dans d'autres Etats parties à l'accord sur l'Espace économique européen, ainsi que de fonds d'investissement constitués sur le fondement d'un droit étranger, à condition que :

1° Ces autres FIA ou fonds d'investissement de droit étranger soient soumis à une surveillance équivalente à celle applicable aux OPCVM et que la coopération entre l'Autorité des marchés financiers et l'autorité de surveillance de cet organisme ou de ce fonds soit suffisamment garantie ;

2° Le niveau de la protection garantie aux porteurs de parts de ces autres FIA ou fonds d'investissement de droit étranger soit équivalent à celui prévu pour les porteurs de parts d'un d'OPCVM et, en particulier, que les règles relatives à la division des actifs, aux emprunts, aux prêts et aux ventes à découvert de valeurs mobilières et d'instruments du marché monétaire soient équivalentes aux exigences de ladite directive *(NDLR Directive 2009/65/CE du Parlement européen et du Conseil du 13 juillet 2009)* ;

3° Leur activité fasse l'objet de rapports semestriels et annuels permettant une évaluation de l'actif et du passif, des bénéfices et des opérations sur la période considérée ;

4° Les OPCVM, les FIA ou les fonds d'investissement dont l'acquisition est envisagée ne peuvent, aux termes de leur règlement ou de leurs statuts, investir globalement plus de 10 % de leur actif dans des parts ou actions d'autres organismes de placement collectif en valeurs mobilières, FIA ou fonds d'investissement.

Art. R 214-14 Les dépôts mentionnés au 4° du I de l'article L 214-20 sont les dépôts effectués auprès d'un établissement de crédit remboursables sur demande ou pouvant être retirés et ayant une échéance inférieure ou égale à douze mois, à condition que l'établissement de crédit ait son siège statutaire dans un Etat membre de l'Union européenne ou dans un autre Etat partie à l'accord sur l'Espace économique européen ou, s'il a son siège statutaire dans un pays tiers, qu'il soit soumis à des règles prudentielles d'un niveau équivalent à celles en vigueur dans l'Union européenne et respecte un des critères prévus aux b à d du 3° du I de l'article R 214-12.

Art. R 214-15 Un OPCVM peut conclure des contrats financiers mentionnés au 5° du I de l'article L 214-20 conclus sur les marchés mentionnés aux 1°, 2° ou 3° du I de l'article R 214-11 ou négociés de gré à gré, aux conditions suivantes :

1° Ceux-ci portent sur un ou plusieurs des éléments suivants :

a. Des actifs mentionnés à l'article L 214-20, y compris les instruments présentant une ou plusieurs caractéristiques de ces actifs ;

b. Des taux d'intérêt ;

c. Des taux de change ou devises ;

d. Des indices financiers, satisfaisant aux conditions prévues au I de l'article R 214-16 ;

2° Les contreparties des opérations sur contrats financiers de gré à gré sont soit des établissements ayant la qualité de dépositaire d'OPCVM, soit des établissements de crédit dont le siège est établi dans un Etat membre de l'Organisation de coopération et de développement économique, soit des entreprises d'investissement dont le siège est établi dans un Etat membre de l'Union européenne ou dans un autre Etat partie à l'accord sur l'Espace économique européen, soit des succursales agréées mentionnées au I de l'article L 532-48 ;

3° Ils peuvent, à l'initiative de l'OPCVM, être à tout moment vendus, liquidés ou clôturés par une opération symétrique, à leur valeur de marché, et font l'objet d'une évaluation fiable et vérifiable sur une base journalière, qui ne se fonde pas uniquement sur les prix de marché donnés par la contrepartie et qui satisfait aux critères suivants :

a. L'évaluation se fonde sur une valeur de marché actuelle, qui a été établie de manière fiable pour l'instrument ou, si une telle valeur n'est pas disponible, sur un modèle de valorisation utilisant une méthode reconnue et appropriée ;

b. La vérification de l'évaluation est effectuée par l'une des entités suivantes :

i. Un tiers approprié, indépendant du cocontractant, qui procède à la vérification selon une fréquence adéquate et des modalités telles que l'OPCVM peut le contrôler ;

ii. Un service de l'OPCVM qui est indépendant des fonctions opérationnelles et en mesure de procéder à cette vérification.

Les contrats financiers visés au présent article s'entendent comme excluant les contrats relatifs à des matières premières.

Art. R 214-15-1 Un OPCVM peut conclure les contrats financiers prévus au 5° du I de l'article L 214-20 et conclus sur les marchés mentionnés aux 1°, 2° ou 3° du I de l'article R 214-11 ou négociés de gré à gré, sous réserve que, globalement, l'exposition aux actifs sous-jacents n'excède pas les limites d'investissement prévues aux articles R 214-21, R 214-24 et R 214-25.

Lorsque ces contrats financiers sont fondés sur des indices répondant aux conditions définies au I de l'article R 214-16, il peut être dérogé aux dispositions du premier alinéa.

Art. R 214-15-2 I. Lorsqu'un titre financier éligible ou un instrument du marché monétaire mentionné à l'article L 214-20 comporte un contrat financier répondant simultanément aux trois conditions ci-après mentionnées, ce dernier est pris en compte pour l'application des articles R 214-15-1 et R 214-30. Ces conditions sont les suivantes :

1° Du fait de sa présence, tout ou partie des flux de trésorerie qu'impliquerait autrement l'instrument financier dans lequel le contrat financier est inclus, peut être modifié en fonction d'un taux d'intérêt, du prix d'un instrument financier, d'un taux de change, d'un indice de prix ou de taux, d'une notation ou d'un indice de crédit, ou d'une autre variable déterminée et varie en conséquence d'une manière similaire à un dérivé autonome ;

2° Ses caractéristiques économiques et les risques que le contrat financier comporte ne sont pas étroitement liés aux caractéristiques économiques de l'instrument financier dans lequel il est inclus, ni au profil de risque de ce dernier ;

3° Le contrat financier a une incidence notable sur le profil de risque et la valorisation de l'instrument financier dans lequel il est inclus.

II. Le titre financier éligible ou l'instrument du marché monétaire n'est pas réputé comporter un contrat financier lorsqu'il comporte une composante qui est contractuellement négociable indépendamment du titre financier éligible ou de l'instrument du marché monétaire. Une telle composante est réputée constituer un instrument financier distinct.

Art. R 214-16 I. Les indices financiers mentionnés à l'article R 214-15 satisfont aux conditions suivantes :

1° Leur composition est suffisamment diversifiée, en ce sens que les critères suivants sont remplis :

a. L'indice est composé de telle manière que les mouvements de prix ou les activités de négociation affectant l'une de ses composantes n'influencent pas de façon anormale sa performance globale ;

b. Lorsque l'indice est composé d'instruments mentionnés à l'article L 214-20, sa composition respecte les règles de diversification mentionnées au I et au II de l'article R 214-22 ;

c. Lorsque l'indice est composé d'autres actifs, sa composition est diversifiée selon des règles équivalentes à celles prévues au I et au II de l'article R 214-22 ;

2° Ils constituent un étalon représentatif du marché auquel ils se réfèrent, en ce sens que les critères suivants sont remplis :

a. L'indice mesure, d'une manière pertinente et appropriée, la performance d'un ensemble représentatif de sous-jacents ;

b. L'indice est revu ou pondéré à nouveau à intervalles réguliers, de manière à ce qu'il continue de refléter les marchés auxquels il se réfère, conformément à des critères accessibles au public ;

c. Les sous-jacents sont suffisamment liquides pour permettre aux utilisateurs de reproduire l'indice, le cas échéant ;

3° Ils font l'objet d'une publication appropriée, en ce sens que les critères suivants sont remplis :

a. Leur publication repose sur des procédures adéquates de collecte des prix et de calcul et de publication subséquente de la valeur de l'indice, y compris les procédures de valorisation applicables aux composantes pour lesquelles aucun prix de marché n'est disponible ;

b. Les informations pertinentes sur des questions telles que le calcul de l'indice, les méthodologies de pondération de l'indice, les modifications apportées à l'indice ou toute difficulté opérationnelle rencontrée dans la fourniture d'informations actuelles ou précises, sont diffusées largement et en temps utile.

II. Lorsque la composition d'actifs servant de sous-jacents à des contrats financiers ne satisfait pas aux critères énoncés au I, ces contrats financiers sont considérés, lorsqu'ils remplissent les critères énoncés à l'article R 214-15, comme des contrats financiers fondés sur une combinaison des actifs visés aux a à c du 1° de l'article R 214-15.

Art. R 214-17 Un OPCVM peut conclure des contrats financiers répondant aux caractéristiques des dérivés de crédit qui satisfont aux critères suivants :

1° Ils permettent de transférer le risque de crédit lié à un actif mentionné au 1° de l'article R 214-15 indépendamment des autres risques liés à cet actif ;

2° Ils donnent lieu à la livraison ou au transfert d'actifs mentionnés à l'article L 214-20, y compris sous forme d'espèces ;

3° Ils remplissent les critères applicables aux contrats financiers de gré à gré, mentionnés au 2° et au 3° de l'article R 214-15 ;

4° Les risques qu'ils comportent sont pris en considération de manière appropriée par le processus de gestion des risques de l'OPCVM, ainsi que par ses mécanismes de contrôle interne en cas de risque d'asymétrie de l'information entre l'OPCVM et le cocontractant, résultant de l'accès éventuel de celui-ci à des informations non accessibles au public concernant des entités dont les actifs servent de sous-jacents à des dérivés de crédit.

Le règlement général de l'Autorité des marchés financiers précise les conditions d'application du présent article.

Art. R 214-18 I. Un OPCVM peut recourir aux techniques et aux instruments qui portent sur des titres financiers éligibles et des instruments du marché monétaire, et notamment à des opérations de pension, à des opérations assimilées d'acquisition ou de cession temporaire de titres, pour autant que ces techniques et ces instruments soient employés aux fins d'une gestion efficace du portefeuille.

En aucun cas, ces techniques et instruments n'amènent l'OPCVM à s'écarter de ses objectifs d'investissement tels qu'exposés dans le règlement du fonds, les statuts de la Sicav, ou dans le prospectus de l'OPCVM.

II. Les techniques et instruments mentionnés au I satisfont aux critères suivants :

1° Ils sont économiquement appropriés, en ce sens que leur mise en œuvre est rentable ;

2° Ils sont utilisés en vue d'atteindre un ou plusieurs des objectifs suivants :

a. Réduction des risques ;

b. Réduction des coûts ;

c. Création de capital ou de revenus supplémentaires pour l'OPCVM ;

3° Les risques qu'ils comportent sont pris en considération de manière appropriée par le processus de gestion des risques de l'OPCVM.

III. Les opérations mentionnées au I satisfont en outre aux critères suivants :

1° Elles sont réalisées avec une personne mentionnée au deuxième alinéa du II de l'article R 214-19 ;

2° Elles sont régies par une convention cadre mentionnée aux articles L 211-36 et L 211-36-1 ;

3° Elles doivent respecter les règles de dénouement fixées au 3° de l'article R 214-15.

Elles doivent être prises en compte pour l'application des règles générales de composition de l'actif, des ratios d'emprise, et des règles de calcul du risque global définies à la présente sous-section ; en outre l'exposition de l'organisme au risque de contrepartie sur un même cocontractant résultant de ces opérations est cumulée avec celle résultant des contrats financiers de gré à gré conclus avec ce même cocontractant pour l'appréciation des limites prévues au III de l'article R 214-21.

Art. R 214-19 I. Un OPCVM ne peut octroyer de crédits ou se porter garant pour le compte de tiers.

Il peut toutefois acquérir des instruments financiers mentionnés à l'article L 214-20 non entièrement libérés.

II. Un OPCVM peut, pour la réalisation de son objectif de gestion, recevoir ou octroyer les garanties mentionnées à l'article L 211-38, dans les conditions définies à ce même article ainsi que recevoir des cautions solidaires ou garanties à première demande.

L'OPCVM ne peut recevoir des garanties que si elles lui sont octroyées par un établissement ayant la qualité de dépositaire d'OPCVM, un établissement de crédit dont le siège est établi dans un Etat membre de l'Organisation de coopération et de développement économiques, une entreprise d'investissement dont le siège est situé dans un Etat membre de l'Union européenne ou dans un autre Etat partie à l'accord sur l'Espace économique européen ou une succursale agréée mentionnée au I de l'article L 532-48. Les entreprises d'investissement ou succursales agréées susmentionnées doivent être habilitées à fournir le service mentionné au 1 de l'article L 321-2 et disposer d'un montant de fonds propres, au sens du règlement (UE) n° 575/2013 du Parlement européen et du Conseil du 26 juin 2013, au moins égal à 3,8 millions d'euros, sauf lorsque ces garanties sont octroyées dans le cadre des contrats financiers mentionnés à l'article R 214-15.

Lorsque les garanties octroyées par un OPCVM sont des sûretés, l'acte constitutif de ces sûretés définit :

1° La nature des biens ou droits que le bénéficiaire des sûretés peut utiliser ou aliéner. A défaut de cette indication, le bénéficiaire ne peut utiliser ou aliéner que des dépôts, des liquidités ou des instruments financiers mentionnés au 1°, 2° ou 3° du I de l'article L 214-20 ;

2° Le montant maximal des biens ou droits que le bénéficiaire des sûretés peut utiliser ou aliéner. Ce montant maximal ne peut excéder 100 % de la créance du bénéficiaire sur l'organisme. Le règlement général de l'Autorité des marchés financiers précise les modalités de calcul de la créance du bénéficiaire sur l'organisme.

Les modalités d'évaluation des biens ou droits remis en garantie par un OPCVM sont définies dans l'acte constitutif des garanties ou dans un contrat annexe conclu entre les parties. A défaut d'avoir prévu ces modalités d'évaluation, la réalisation des garanties ne peut concerner que des dépôts, des liquidités ou des instruments financiers mentionnés au 1°, 2° ou 3° du I de l'article L 214-20. Le règlement général de l'Autorité des marchés financiers précise les modalités d'évaluation des biens ou droits remis en garantie par l'organisme.

Lorsque les garanties prennent la forme de dépôts, ceux-ci sont effectués auprès d'un établissement de crédit mentionné à l'article R 214-14. Les autres dispositions de l'article R 214-14 ne s'appliquent pas à ces dépôts, dans la limite des besoins de couverture du risque de contrepartie.

Art. R 214-20 Un OPCVM ne peut effectuer de ventes à découvert d'instruments financiers mentionnés à l'article L 214-20.

Art. R 214-21 I. Un OPCVM ne peut investir plus de :

1° 5 % de ses actifs dans des titres financiers éligibles ou des instruments du marché monétaire émis par le même émetteur ;

2° 20 % de ses actifs dans des titres financiers éligibles ou des instruments du marché monétaire émis par la même entité ;

3° 20 % de ses actifs dans des dépôts placés auprès de la même entité.

Le risque de contrepartie de l'OPCVM sur un même cocontractant résultant de contrats financiers de gré à gré ne peut excéder 10 % de ses actifs lorsque le cocontractant est un établissement de crédit mentionné au deuxième alinéa du II de l'article R 214-19 et 5 % dans les autres cas.

II. Par dérogation à la limite de 5 % fixée au 1° du I, un OPCVM peut investir jusqu'à 10 % de ses actifs dans des titres financiers éligibles ou des instruments du marché monétaire émis par le même émetteur. Toutefois, la valeur totale des titres financiers éligibles et des instruments du marché monétaire détenus par l'OPCVM auprès des émetteurs dans chacun desquels il investit plus de 5 % de ses actifs ne dépasse pas 40 % de la valeur de ses actifs.

III. Nonobstant les limites individuelles fixées aux I et II, un OPCVM ne peut combiner, lorsque cela l'amènerait à investir plus de 20 % de ses actifs dans une même entité, plusieurs éléments parmi les suivants :

1° Des investissements dans des titres financiers éligibles ou des instruments du marché monétaire émis par ladite entité ;

2° Des dépôts auprès de ladite entité ; ou

3° Des risques découlant de transactions sur contrats financiers de gré à gré avec ladite entité.

IV. Par dérogation aux limites fixées aux 1° et 2° du I, un OPCVM :

1° Peut employer en titres financiers éligibles et instruments du marché monétaire mentionnés aux 1° ou 2° du I de l'article L 214-20 émis ou garantis par une même entité jusqu'à 35 % de son actif si ces titres ou ces instruments sont émis ou garantis par un Etat membre de l'Union européenne ou un autre Etat partie à l'accord sur l'Espace économique européen, par ses collectivités publiques territoriales, par un pays tiers ou par des organismes publics internationaux dont font partie un ou plusieurs Etats membres de l'Union européenne ou autres Etats parties à l'accord sur l'Espace économique européen ou s'il s'agit de titres émis par la caisse d'amortissement de la dette sociale ;

2° Peut employer en obligations émises par une même entité jusqu'à 25 % de son actif si ces titres sont des obligations foncières émises par les sociétés de crédit foncier en application du 2° du I de l'article L 513-2, des obligations de financement de l'habitat émises par les sociétés de financement de l'habitat en application du I de l'article L 513-30, d'autres ressources privilégiées mentionnées au 2° du I de l'article L 513-2, ou des obligations émises par un établissement de crédit qui a son siège statutaire dans un Etat membre de l'Union européenne ou dans un autre Etat partie à l'accord sur l'Espace économique européen et qui est également soumis à une surveillance spéciale des autorités publiques destinée à protéger les détenteurs d'obligations. En particulier, les sommes découlant de l'émission de ces obligations sont investies, conformément à la législation, dans des actifs qui, durant toute la période de validité des obligations, peuvent couvrir les créances résultant des obligations et qui sont affectés par privilège au remboursement du capital et au paiement des intérêts courus en cas de défaillance de l'émetteur. La dérogation prévue au présent 2° s'applique également aux obligations émises par un établissement de crédit dont l'objet exclusif est de refinancer les billets à ordre répondant aux dispositions des articles L 313-42 à L 313-49, émis pour mobiliser des créances de long terme représentatives de prêts au logement, à la condition que ces obligations aient des caractéristiques identiques à celle des billets.

V. Lorsqu'un OPCVM investit plus de 5 % de ses actifs dans les obligations mentionnées au 2° du IV et émises par un même émetteur, la valeur totale de ces investissements ne dépasse pas 80 % de la valeur des actifs de l'OPCVM.

VI. Les titres financiers éligibles et les instruments du marché monétaire mentionnés au IV ne sont pas pris en compte pour l'application de la limite de 40 % prévue au II.

VII. Les limites prévues aux I à V ne peuvent être combinées et, par conséquent, les investissements dans des titres financiers éligibles ou des instruments du marché monétaire émis par la même entité ou dans des dépôts ou des contrats financiers conclus avec cette entité conformément aux I à V du présent article ne peuvent en aucun cas dépasser au total 35 % des actifs de l'OPCVM.

VIII. Les sociétés qui sont regroupées aux fins de la consolidation des comptes, au sens de la directive 83/349/ CEE du 13 juin 1983 ou conformément aux règles comptables internationales reconnues, sont considérées comme une seule entité pour le calcul des limites prévues par le présent article.

Art. R 214-22 I. Par dérogation à la limite de 10 % fixée au II de l'article R 214-21, un OPCVM peut employer jusqu'à 20 % de son actif en actions et titres de créance d'un même émetteur lorsque, conformément au règlement du fonds ou aux statuts de la Sicav, la politique d'investissement de l'OPCVM a pour but de reproduire la composition d'un indice d'actions ou de titres de créance, y compris par l'utilisation de techniques et instruments mentionnés à l'article R 214-18 et de contrats financiers, qui respecte les conditions suivantes, vérifiées par l'Autorité des marchés financiers :

1° La composition de l'indice est suffisamment diversifiée ;

2° L'indice constitue un étalon représentatif du marché auquel il se réfère : le fournisseur utilise une méthode reconnue qui n'aboutit pas, en règle générale, à exclure un grand émetteur du marché auquel l'indice se réfère ;

3° Le mode d'établissement et de diffusion de cet indice satisfait aux conditions suivantes :

a. Il est accessible au public ;

b. Son fournisseur est indépendant de l'OPCVM qui reproduit sa composition. Lorsque le fournisseur de l'indice et l'OPCVM font partie du même groupe au sens de l'article L 233-16 du code de commerce, toute disposition est prise afin d'éviter les conflits d'intérêts.

II. Par dérogation au I, un OPCVM peut porter la limite de 20 % de son actif à 35 % pour un même émetteur lorsque cela se révèle justifié par des conditions exceptionnelles sur le marché, notamment sur des marchés réglementés où certaines valeurs mobilières ou certains instruments du marché monétaire sont largement dominants. L'investissement jusqu'à cette limite n'est permis que pour un seul émetteur.

Art. D 214-22-1 I. Peuvent faire l'objet d'une admission aux négociations sur un marché réglementé d'instruments financiers défini à l'article L 421-1 ou sur un système multilatéral de négociation défini à l'article L 424-1 les actions ou parts d'organismes de placement collectif en valeurs mobilières de droit français commercialisées en France ou celles d'organismes de placement collectif en valeurs mobilières de droit étranger ayant fait l'objet de la notification prévue par l'article L 214-2-2, à condition que cette admission soit demandée par ces organismes ou par leur société de gestion et que les parts ou actions de ces organismes soient négociées à leur valeur liquidative, majorée ou diminuée, selon les cas, d'une quote-part des frais ou commissions liés à l'émission ou au rachat de ces parts ou actions.

II. Peuvent également faire l'objet d'une admission aux négociations sur un marché réglementé d'instruments financiers défini à l'article L 421-1 les actions ou parts d'organismes de placement collectif en valeurs mobilières de droit français commercialisées en France ou celles d'organismes de placement collectif en valeurs mobilières de droit étranger ayant fait l'objet de la notification prévue par l'article L 214-2-2 à la condition que le marché réglementé sur lequel ces actions ou parts sont admises à la négociation ait mis en place un dispositif permettant de s'assurer que le cours de ces actions ou parts ne s'écarte pas sensiblement d'une valeur de référence fixée par les règles du marché réglementé en question. L'Autorité des marchés financiers apprécie l'écart maximum acceptable au regard des caractéristiques des actifs de ces organismes et des marchés sur lesquels ils sont cotés. Cet écart ne peut être supérieur à 5 %.

III. Les actions ou parts d'organismes de placement collectif en valeurs mobilières de droit français commercialisées en France ou celles d'organismes de placement collectif en valeurs mobilières de droit étranger ayant fait l'objet de la notification prévue par l'article L 214-2-2 peuvent faire l'objet d'une admission aux négociations sur un système multilatéral de négociation défini à l'article L 424-1 à condition que :

1° Ces actions ou parts soient déjà admises aux négociations sur un marché réglementé d'instruments financiers mentionné à l'article L 421-1 ou à l'article L 422-1 ; et

2° Le système multilatéral de négociation sur lequel ces actions ou parts sont admises à la négociation ait mis en place un dispositif permettant de s'assurer que le cours de ces actions ou parts ne s'écarte pas sensiblement d'une valeur de référence fixée par les règles du marché réglementé en question.

Art. R 214-23 Par dérogation à l'article R 214-21, un OPCVM peut placer, selon le principe de la répartition des risques, jusqu'à 100 % de ses actifs dans différents titres financiers éligibles et instruments du marché monétaire mentionnés au 1° du IV de l'article R 214-21.

Ces titres financiers éligibles et instruments du marché monétaire appartiennent à six émissions différentes au moins, sans que les valeurs appartenant à une même émission n'excèdent 30 % du montant total de l'actif de l'OPCVM.

Art. R 214-24 Un OPCVM peut employer jusqu'à 20 % de son actif en parts ou actions d'un même OPCVM de droit français ou étranger ou FIA de droit français ou établi dans un autre Etat membre de l'Union européenne ou dans un autre Etat partie à l'accord sur l'Espace économique européen, ainsi que d'un fonds d'investissement constitué sur le fondement d'un droit étranger mentionnées au 3° du I de l'article L 214-20.

Art. R 214-25 I. Les placements dans des parts ou actions de FIA de droit français ou établis dans d'autres Etats membres de l'Union européenne ou dans d'autres Etats parties à l'accord sur l'Espace économique européen, ainsi que de fonds d'investissement de droit étranger ne peuvent dépasser, au total, 30 % des actifs de l'OPCVM.

II. Lorsqu'un OPCVM a acquis des parts ou actions d'un autre OPCVM de droit français ou étranger, d'un autre FIA de droit français ou établi dans un autre Etat membre de l'Union européenne ou dans un autre Etat partie à l'accord sur l'Espace économique européen, ainsi que d'un fonds d'investissement de droit étranger, il ne combine pas les actifs de ces organismes de placement collectif en valeurs mobilières, de ces FIA ou de ces fonds d'investissement pour l'application des limites prévues à l'article R 214-21.

Art. R 214-26 I. Une société d'investissement à capital variable ou une société de gestion agissant pour l'ensemble des OPCVM qu'elle gère, n'acquiert pas d'actions assorties du droit de vote lui permettant d'exercer une influence notable sur la gestion d'un émetteur.

II. Un OPCVM ne peut détenir plus de :

1° 10 % de titres de capital sans droit de vote d'un même émetteur ;

2° 10 % de titres de créance d'un même émetteur ;

3° 25 % des parts ou actions d'un même organisme de placement collectif de droit français ou étranger ou d'un même fonds d'investissement de droit étranger ;

4° 10 % d'instruments du marché monétaire émis par un même émetteur.

Les limites prévues aux 2°, 3° et 4° peuvent ne pas être respectées au moment de l'acquisition si, à ce moment-là, le montant brut des titres de créance ou des instruments du marché monétaire, ou le montant net des titres émis, ne peut être calculé.

III. Il peut être dérogé au I et au II du présent article en qui concerne :

1° Les titres financiers éligibles et les instruments du marché monétaire émis ou garantis par un Etat membre ou par ses collectivités publiques territoriales ;

2° Les titres financiers éligibles et les instruments du marché monétaire émis ou garantis par un pays tiers ;

3° Les titres financiers éligibles et les instruments du marché monétaire émis par un organisme public international dont un ou plusieurs Etats membres font partie ;

4° Les actions détenues par un OPCVM dans le capital d'une société constituée dans un pays tiers investissant ses actifs essentiellement en titres d'émetteurs ayant leur siège statutaire dans ce pays lorsque, en vertu de la législation de celui-ci, une telle participation constitue pour l'OPCVM la seule possibilité d'investir en titres d'émetteurs de ce pays ;

5° Les actions détenues par une ou plusieurs sociétés d'investissement dans le capital de sociétés filiales exerçant uniquement des activités de gestion, de conseil ou de commercialisation dans le pays où la filiale est établie, en ce qui concerne le rachat de parts à la demande des porteurs exclusivement pour son compte ou pour leur compte.

La dérogation visée au 4° n'est applicable qu'à la condition que la société du pays tiers respecte dans sa politique de placement les limites établies par les articles R 214-21, R 214-24, R 214-25 et par le I et le II du présent article.

Art. R 214-27 I. Les règles de composition de l'actif et les règles de division des risques doivent être respectées à tout moment. Toutefois :

1° Les OPCVM ne sont pas tenus de se conformer aux limites prévues par le présent sous-paragraphe lors de l'exercice de droits de souscription afférents à des titres financiers ou à des instruments du marché monétaire qui font partie de leurs actifs ;

2° Les OPCVM nouvellement agréés peuvent déroger aux articles R 214-21, R 214-22, R 214-23, R 214-24 et R 214-25 pendant une période de six mois suivant la date de leur agrément.

II. Si un dépassement des limites prévues au présent sous-paragraphe intervient indépendamment de la volonté de l'OPCVM ou à la suite de l'exercice de droits de souscription, celui-ci doit, dans ses opérations de vente, avoir pour objectif prioritaire de régulariser cette situation en tenant compte de l'intérêt des actionnaires ou porteurs de parts.

Art. R 214-28 I. Un OPCVM à formule est un OPCVM répondant aux deux conditions suivantes :

1° Il est géré de façon passive et son objectif de gestion est d'atteindre, à l'expiration d'une période déterminée, un montant déterminé par application mécanique d'une formule de calcul prédéfinie, faisant référence à des indicateurs de marchés financiers ou à des instruments financiers, ainsi que, le cas échéant, de distribuer les rémunérations prédéfinies dans les documents réglementaires ;

2° Il détient à tout moment les actifs nécessaires à la réalisation de son objectif de gestion.

II. Pour les OPCVM relevant du présent article, le respect des limites fixées à l'article R 214-15-1 s'apprécie à la date de conclusion des contrats financiers.

III. Les dispositions de l'article R 214-22 sont applicables à un OPCVM relevant du présent article dont l'actif réplique la composition d'un indice.

Art. R 214-29 I. Un OPCVM ne peut recourir à l'emprunt.

Il peut toutefois acquérir des devises au moyen de prêts croisés en devises.

II. Par dérogation au I, un OPCVM peut procéder à des emprunts pour autant que ces emprunts :

1° Soient employés de manière temporaire et représentent au maximum 10 % de ses actifs ; ou

2° Permettent l'acquisition de biens immobiliers nécessaires à l'exercice direct de ses activités et représentent, dans le cas d'une société d'investissement à capital variable, au maximum 10 % de ses actifs.

Lorsqu'un OPCVM procède à des emprunts au titre du 1° ou du 2°, ces emprunts ne dépassent pas, au total, 15 % de ses actifs.

Art. R 214-30 L'OPCVM veille à ce que son risque global lié aux contrats financiers n'excède pas la valeur nette totale de son portefeuille.

Le risque global est calculé en tenant compte de la valeur courante des actifs sous-jacents, du risque de contrepartie, de l'évolution future des marchés et du temps disponible pour liquider les positions.

Pour les OPCVM nourriciers, ce calcul tient également compte du risque global de l'OPCVM maître par rapport aux contrats financiers.

Le règlement général de l'Autorité des marchés financiers précise les conditions de calcul du risque global.

Art. R 214-31 L'investissement d'un OPCVM dans un autre OPCVM de droit français ou étranger ne peut dépasser la limite fixée à l'article R 214-24 que s'il a été autorisé par l'Autorité des marchés financiers à se constituer sous forme d'OPCVM nourricier.

Art. R 214-31-1 I. Par dérogation aux articles R 214-24 et R 214-26, un OPCVM nourricier peut employer jusqu'à 100 % de son actif en parts ou actions d'un même OPCVM maître de droit français ou étranger et détenir jusqu'à 100 % des parts ou actions de celui-ci.

II. La condition mentionnée au 4° de l'article R 214-13 n'est pas applicable à l'OPCVM maître de droit français ou étranger dont l'acquisition est envisagée par l'OPCVM nourricier.

Art. D 214-31-2 Les rapports annuel et semestriel sont publiés dans les délais suivants, à compter de la fin des périodes auxquelles ils se réfèrent :

1° Quatre mois pour le rapport annuel ;

2° Deux mois pour le rapport semestriel.

CODE DU PATRIMOINE

Financement de l'archéologie préventive

IMMO-V-26000 s. ; MF nos 31360 s.

Art. L 524-1 Le financement de l'établissement public mentionné à l'article L 523-1 est assuré notamment :

a. *(Abrogé)* ;

b. Par les subventions de l'Etat ou de toute autre personne publique ou privée ;

c. Par les rémunérations qu'il perçoit en contrepartie des opérations de fouilles qu'il réalise.

Art. L 524-2 Il est institué une redevance d'archéologie préventive due par les personnes, y compris membres d'une indivision, projetant d'exécuter des travaux affectant le sous-sol et qui :

a. *(Abrogé)* ;

b. Donnent lieu à une étude d'impact en application du code de l'environnement ;

c. Ou, dans les cas des autres travaux d'affouillement, sont soumis à déclaration administrative préalable selon les modalités fixées par décret en Conseil d'Etat. En cas de réalisation fractionnée, la surface de terrain à retenir est celle du programme général des travaux.

Art. L 524-3 Sont exonérés de la redevance d'archéologie préventive perçue sur les travaux mentionnés aux b et c de l'article L 524-2 :

1° Les affouillements rendus nécessaires pour la réalisation de travaux agricoles, forestiers ou pour la prévention des risques naturels ;

2° Les aménagements liés à la pose et à l'exploitation de câbles sous-marins de transport d'information.

Art. L 524-4 Le fait générateur de la redevance d'archéologie préventive est, y compris pour les aménagements situés dans le domaine public maritime jusqu'à un mille calculé à compter de la laisse de basse mer :

a. *(Abrogé)* ;

b. Pour les travaux et aménagements donnant lieu à une étude d'impact, à l'exception des zones d'aménagement concerté, l'acte qui décide, éventuellement après enquête publique, la réalisation du projet et en détermine l'emprise ;

c. Pour les autres travaux d'affouillement, le dépôt de la déclaration administrative préalable.

Dans le cas où l'aménageur souhaite que le diagnostic soit réalisé avant la délivrance de l'autorisation préalable ou la non-opposition aux travaux soumis à autorisation ou à déclaration préalable en application du code de l'urbanisme, ou avant l'édiction de l'acte mentionné au b, le fait générateur de la redevance est le dépôt de la demande de réalisation du diagnostic.

Le fait générateur de la redevance d'archéologie préventive, pour les aménagements situés dans le domaine public maritime au-delà d'un mille à compter de la laisse de basse mer ou dans la zone contiguë, est l'acte qui décide, éventuellement après enquête publique, la réalisation du projet et en détermine l'emprise.

Art. L 524-6 La redevance d'archéologie préventive n'est pas due lorsque l'emprise des ouvrages, travaux ou aménagements est située, en tout ou partie, dans le domaine public maritime au-delà d'un mille calculé depuis la laisse de basse mer ou dans la zone contiguë et qu'elle a fait l'objet d'une opération d'évaluation archéologique. L'évaluation archéologique vaut étude d'impact du projet sur le patrimoine culturel maritime au sens du 4° du III de l'article L 122-1 du code de l'environnement et diagnostic au sens du présent code. L'évaluation archéologique est réalisée dans le cadre d'une convention conclue entre la personne projetant les travaux et l'Etat. Cette convention définit notamment les délais, les moyens mis en œuvre et les modalités de financement de l'évaluation archéologique ;

Lorsque l'emprise des ouvrages, travaux ou aménagements est située, en tout ou partie, dans le domaine public maritime au-delà d'un mille calculé depuis la laisse de basse mer ou dans la zone contiguë et qu'elle a fait l'objet d'une opération d'évaluation archéologique. L'évaluation archéologique vaut étude d'impact du projet sur le patrimoine culturel maritime au sens du 4° du III de l'article L 122-1 du code de l'environnement et diagnostic au sens du présent code. L'évaluation archéologique est réalisée dans le cadre d'une convention conclue entre la personne projetant les travaux et l'Etat. Cette convention définit notamment les délais, les moyens mis en œuvre et les modalités de financement de l'évaluation archéologique ;

En cas de demande volontaire de réalisation de diagnostic, le montant de la redevance d'archéologie préventive acquittée à ce titre est déduit de la redevance due pour la réalisation de l'aménagement.

Art. L 524-7 Le montant de la redevance d'archéologie préventive est calculé selon les modalités suivantes :

I. *(Abrogé à compter du 1er septembre 2022).*

II. Lorsqu'elle est perçue sur des travaux visés aux b et c de l'article L 524-2 ou en application du dernier alinéa de l'article L 524-4, son montant est égal à 0,50 € par mètre carré. Ce montant est indexé sur l'indice du coût de la construction *(NDLR Le montant est fixé à 0,68 € par mètre carré pour la période du 1er janvier au 31 décembre 2024).*

La surface prise en compte est selon le cas :

la surface au sol des travaux nécessaires à la réalisation des installations autorisées pour les aménagements et ouvrages soumis à autorisation administrative qui doivent être précédés d'une étude d'impact en application de l'article L 122-1 du code de l'environnement ;

la surface au sol des travaux nécessaires à la réalisation des aménagements et ouvrages non soumis à autorisation administrative qui doivent être précédés d'une étude d'impact en application de l'article L 122-1 du code de l'environnement sur la base du dossier transmis pour prescription de diagnostic éventuelle en application des articles L 522-1 et suivants du présent code ;

la surface de la zone sur laquelle porte la demande de réalisation du diagnostic prévue au dernier alinéa de l'article L 524-4 ;

la surface au sol des travaux soumis à déclaration administrative préalable visés à l'article L 524-2 du présent code.

La redevance n'est pas due pour les travaux et aménagements dont la surface au sol est inférieure à 3 000 mètres carrés.

III. Lorsque la redevance est perçue sur des ouvrages, travaux ou aménagements situés dans le domaine public maritime au-delà d'un mille à compter de la laisse de basse mer ou dans la zone contiguë, son montant est égal à 0,10 euro par mètre carré.

La surface prise en compte est :

pour les installations de production et de transport d'énergie, la surface constituée d'une bande de 100 mètres de part et d'autre des câbles ou canalisations de transport d'énergie que multiplie la longueur des câbles ou canalisations ;

pour les autres types de travaux, dont les travaux d'extraction de matériaux, la surface au sol des travaux nécessaires à la réalisation de l'exploitation autorisée.

Art. L 524-7-1 Pour chaque projet supérieur à 50 000 m^2 de surface taxable, lorsqu'un redevable de bonne foi, à partir d'une présentation écrite, précise et complète de la situation de fait, a demandé aux services de l'Etat chargés d'établir la redevance d'archéologie préventive de prendre formellement position sur l'application à sa situation des règles de droit prévues au présent chapitre, l'administration répond de manière motivée dans un délai de trois mois. La réponse est opposable par le demandeur au service qui l'a émise jusqu'à ce que survienne un changement de fait ou de droit qui en affecte la validité ou jusqu'à ce que le service notifie au demandeur une modification de son appréciation. Le redevable ne peut présenter qu'une seule demande pour son projet.

Art. L 524-8 I. *(Abrogé).*

II. Lorsqu'elle est perçue sur des travaux mentionnés aux b et c de l'article L 524-2 ou sur la demande mentionnée à l'avant-dernier alinéa de l'article L 524-4 et qu'elle porte sur des projets situés dans le domaine terrestre et dans les eaux intérieures ne relevant pas du domaine public maritime, la redevance est établie par les services de l'Etat chargés des affaires culturelles dans la région.

Lorsqu'elle est perçue sur des travaux mentionnés aux b et c de l'article L 524-2 ou sur la demande mentionnée à l'avant-dernier alinéa de l'article L 524-4 et qu'elle porte sur des projets situés dans le domaine public maritime ou dans la zone contiguë, la redevance est établie par les services de l'Etat chargés de l'archéologie sous-marine.

Lorsque l'opération est réalisée par tranches de travaux, un titre de perception est émis au début de chacune des tranches prévues dans l'autorisation administrative, pour le montant dû au titre de cette tranche.

Le droit de reprise de l'administration s'exerce jusqu'au 31 décembre de la troisième année qui suit, selon les cas, la réalisation du fait générateur mentionné aux quatre derniers alinéas de l'article L 524-4 ou, lorsque l'autorisation administrative est accordée pour une durée supérieure à trois ans, l'année d'expiration de l'autorisation administrative.

Lorsqu'il apparaît que la superficie déclarée par l'aménageur est erronée, la procédure contradictoire prévue aux articles L 55 à L 61 B du livre des procédures fiscales est applicable.

III. La redevance due sur les travaux mentionnés aux b et c de l'article L 524-2 du présent code ou sur la demande mentionnée à l'avant-dernier alinéa de l'article L 524-4 est recouvrée par les comptables publics compétents comme en matière de créances étrangères à l'impôt et au domaine.

Sont solidaires du paiement de la redevance les époux et les partenaires liés par un pacte civil de solidarité.

Le recouvrement de la redevance est garanti par le privilège prévu à l'article 1920 du code général des impôts.

L'action en recouvrement se prescrit conformément aux dispositions de l'article L 274 du livre des procédures fiscales.

Art. L 524-11 Dans les cas mentionnés à l'article L 523-4, la collectivité territoriale ou le groupement de collectivités territoriales réalisant un diagnostic d'archéologie préventive peut bénéficier d'une subvention de l'Etat.

Art. L 524-12 Les dégrèvements sont prononcés par le service qui a procédé à la liquidation initiale de la redevance.

Les décharges sont prononcées lorsque les travaux définis à l'article L 521-1 ne sont pas réalisés par le redevable et que l'opération de diagnostic n'a pas été engagée.

Les dégrèvements et décharges donnent lieu à l'émission de titres d'annulation totale ou partielle par le service qui a émis le titre initial.

Art. L 524-14 Il est créé, dans les comptes de l'établissement public mentionné à l'article L 523-1, un Fonds national pour l'archéologie préventive.

Les recettes du fonds sont constituées par une subvention de l'Etat.

Ce fonds finance les subventions accordées par l'Etat aux personnes projetant d'exécuter des travaux qui ont donné lieu à l'édiction d'une prescription de fouille d'archéologie préventive conformément aux dispositions de l'article L 522-2. Les interventions de ce fonds visent à faciliter la conciliation entre la préservation du patrimoine archéologique et le développement des territoires, en particulier ruraux.

Les travaux de fouilles archéologiques induits par la construction de logements mentionnés au 1° de l'article L 331-12 du code de l'urbanisme, au prorata de la surface de construction effectivement destinée à usage locatif, ainsi que par la construction de logements réalisée par une personne physique pour elle-même, y compris lorsque ces constructions sont édifiées dans le cadre d'un lotissement ou d'une zone d'aménagement concerté, bénéficient d'une prise en charge financière totale ou partielle.

Art. L 524-15 Les réclamations concernant la redevance d'archéologie préventive sont présentées, instruites et jugées dans les conditions prévues aux articles L 331-30 à L 331-32 du code de l'urbanisme.

Art. L 524-16 Un décret en Conseil d'Etat fixe les modalités d'application du présent titre.

CODE DE LA PROPRIETE INTELLECTUELLE

Œuvres protégées

BNC-IV-5460 s.

Art. L 112-2 Sont considérés notamment comme œuvres de l'esprit au sens du présent code :

1° Les livres, brochures et autres écrits littéraires, artistiques et scientifiques ;

2° Les conférences, allocutions, sermons, plaidoiries et autres œuvres de même nature ;

3° Les œuvres dramatiques ou dramatico-musicales ;

4° Les œuvres chorégraphiques, les numéros et tours de cirque, les pantomimes, dont la mise en œuvre est fixée par écrit ou autrement ;

5° Les compositions musicales avec ou sans paroles ;

6° Les œuvres cinématographiques et autres œuvres consistant dans des séquences animées d'images, sonorisées ou non, dénommées ensemble œuvres audiovisuelles ;

7° Les œuvres de dessin, de peinture, d'architecture, de sculpture, de gravure, de lithographie ;

8° Les œuvres graphiques et typographiques ;

9° Les œuvres photographiques et celles réalisées à l'aide de techniques analogues à la photographie ;

10° Les œuvres des arts appliqués ;

11° Les illustrations, les cartes géographiques ;

12° Les plans, croquis et ouvrages plastiques relatifs à la géographie, à la topographie, à l'architecture et aux sciences ;

13° Les logiciels, y compris le matériel de conception préparatoire ;

14° Les créations des industries saisonnières de l'habillement et de la parure. Sont réputées industries saisonnières de l'habillement et de la parure les industries qui, en raison des exigences de la mode, renouvellent fréquemment la forme de leurs produits, et notamment la couture, la fourrure, la lingerie, la broderie, la mode, la chaussure, la ganterie, la maroquinerie, la fabrique de tissus de haute nouveauté ou spéciaux à la haute couture, les productions des paruriers et des bottiers et les fabriques de tissus d'ameublement.

CODE RURAL ET DE LA PECHE MARITIME

Groupements fonciers ruraux

BA-VII-37500 s.

Art. L 322-18 Toute infraction aux dispositions du présent chapitre donne lieu au remboursement des avantages financiers et fiscaux qu'elle prévoit.

Toutefois, ce remboursement n'est pas dû lorsque la condition de parenté prévue à l'article L 322-11 cesse d'être respectée à la suite de transmissions à titre gratuit.

Art. L 322-22 Les groupements fonciers ruraux sont des sociétés civiles formées en vue de rassembler et gérer des immeubles à usage agricole et forestier. Les dispositions des articles L 322-1 et suivants du présent code ainsi que les articles L 331-1 et L 331-2 du code forestier leur sont applicables.

Leurs biens sont régis, notamment en matière fiscale, selon les dispositions propres aux groupements fonciers agricoles, pour la partie agricole, et selon les dispositions propres aux groupements forestiers, pour la partie forestière.

Calamités agricoles et assurance de la production agricole

ENR-XI-27900 s. ; MF n° 76015 b

Art. L 361-2 Les ressources du Fonds national de gestion des risques en agriculture sont :

1° Une contribution additionnelle aux primes ou cotisations afférentes aux conventions d'assurance couvrant, à titre exclusif ou principal, d'une part, les dommages aux bâtiments et au cheptel mort affectés aux exploitations agricoles et, d'autre part, les risques de responsabilité civile et de dommages relatifs aux véhicules utilitaires affectés aux exploitations agricoles.

La contribution additionnelle est assise sur la totalité des primes ou cotisations versées. Son taux est fixé à 11 % de ce montant. Elle est liquidée et recouvrée suivant les mêmes règles, sous les mêmes garanties et sous les mêmes sanctions que la taxe annuelle sur les conventions d'assurance prévue à l'article 991 du code général des impôts ;

2° Une contribution additionnelle particulière applicable aux exploitations conchylicoles, fixée comme suit :

a. 100 % des primes ou cotisations afférentes aux conventions d'assurance contre l'incendie couvrant, à titre exclusif ou principal, les bâtiments d'exploitation, les ateliers de triage et d'expédition, le matériel et les stocks ;

b. 100 % des primes ou cotisations afférentes aux conventions d'assurance couvrant les risques nautiques desdites exploitations ;

3° Une subvention inscrite au budget de l'Etat.

Chaque section est alimentée par une partie de ces ressources.

Participation, intéressement et plan d'épargne d'entreprise

TS-VII-29800 s.

Partie législative

Art. L 523-12 Les chapitres Ier à IV de l'ordonnance n° 86-1134 du 21 octobre 1986 relative à l'intéressement et à la participation des salariés aux résultats de l'entreprise et à l'actionnariat des salariés sont applicables dans les sociétés coopératives agricoles et à leurs unions au premier jour du premier exercice qui s'ouvrira après la publication du décret prévu, pour les coopératives agricoles, par l'article 15 de l'ordonnance précitée.

A titre transitoire, les coopératives agricoles qui font application d'un accord d'intéressement à la date de publication de la loi n° 91-5 du 3 janvier 1991 modifiant diverses dispositions intéressant l'agriculture et la forêt disposent pour mettre en œuvre la participation d'un délai expirant à la fin du cinquième exercice qui aura été ouvert après la publication de ladite loi.

Ndlr *Le texte de l'ordonnance 86-1134 du 21 octobre 1986 a été intégré au code du travail sous les articles L 3311-1 s.*

Art. L 523-13 Le plan d'épargne d'entreprise d'une coopérative agricole ou de plusieurs d'entre elles et de leurs filiales peut affecter les sommes recueillies à l'acquisition de parts sociales de la société ou des sociétés.

Partie réglementaire

Art. R 523-9 Pour l'application aux sociétés coopératives agricoles et à leurs unions des dispositions des titres Ier et II du livre III de la troisième partie du code du travail, la réserve spéciale de participation des salariés est calculée sur les bases suivantes :

1° Le bénéfice est égal à l'excédent net répartissable défini comme l'excédent net de l'exercice diminué :

a. Du report à nouveau débiteur Opérations avec les associés coopérateurs ;

b. Des sommes affectées aux réserves indisponibles ;

c. Du prélèvement affecté à la réserve légale conformément aux dispositions de l'article R 524-21 du présent code ;

d. Des sommes affectées à la réserve mentionnée au 4° de l'article R 523-5 du même code ;

e. Du montant des sommes correspondant aux plus-values réalisées sur les cessions d'actifs immobilisés portées en réserve.

2° Les capitaux propres de l'entreprise sont réputés égaux :

a. Au capital social ;

b. Aux droits d'entrée ;

c. Aux écarts de réévaluation ;

d. Aux réserves, à l'exclusion de la réserve spéciale de participation des salariés ;

e. Aux provisions pour ristournes et intérêts aux parts ;

f. Au résultat de l'exercice (excédent ou déficit) ;

g. Aux subventions d'investissement autres que celles de l'Etat, des collectivités publiques et des établissements publics.

Participation des employeurs à l'effort de construction

TPS-IV-6720, 9000 s.

Partie législative

Art. L 716-2 Sous réserve des dispositions conventionnelles qui leur sont éventuellement applicables, les employeurs, à l'exception de l'Etat, des collectivités territoriales et de leurs établissements publics, occupant au minimum cinquante salariés agricoles définis par l'article L 722-20, doivent consacrer des sommes représentant 0,45 % au moins des revenus d'activité tels qu'ils sont pris en compte pour la détermination de l'assiette des cotisations définie à l'article L 242-1 du code de la sécurité socialeversés par eux à leurs salariés sous contrat à durée indéterminée au cours de l'exercice écoulé au financement, notamment par l'octroi de prêts ou d'aides accordés à leurs salariés :

a. De rénovation du patrimoine rural bâti destiné aux logements sociaux, de construction ou d'acquisition de logements en zone rurale, d'acquisition ou d'aménagement de terrains destinés exclusivement à la construction de logements sociaux en zone rurale ;

b. De prise en charge temporaire, en cas de difficultés exceptionnelles des emprunteurs, d'une partie des remboursements des prêts immobiliers destinés à l'accession sociale à la propriété ;

c. D'aides directes à des personnes physiques pour le changement de logement ou le maintien dans celui-ci et l'accès au logement locatif, de garanties de loyer et charges apportées aux bailleurs ;

d. De dépenses d'accompagnement social dans le domaine du logement ;

e. D'interventions à caractère très social dans le domaine du logement, notamment sous la forme d'opérations relatives au logement ou à l'hébergement des personnes défavorisées.

Les employeurs qui, au moyen de leurs ressources propres, ont investi au cours d'un exercice une somme supérieure à celle prévue au premier alinéa peuvent reporter l'excédent sur les exercices postérieurs.

Pour l'application du présent article, l'effectif salarié et le franchissement du seuil de cinquante salariés sont appréciés selon les modalités prévues à l'article L 130-1 du code de la sécurité sociale.

Les modalités d'application du présent article sont fixées par décret en Conseil d'Etat.

Art. L 716-3 Les employeurs n'ayant pas procédé, au 31 décembre de l'année suivant celle du paiement des rémunérations, aux investissements prévus à l'article L 716-2 sont assujettis à une cotisation de 2 % du montant visé au premier alinéa du même article.

Le versement de cette cotisation est effectué auprès du comptable public compétent accompagné d'un bordereau établi selon un modèle fixé par l'administration comportant les informations relatives à la participation des employeurs agricoles à l'effort de construction et déposé au plus tard le 30 avril de la deuxième année qui suit le versement des rémunérations mentionnées au premier alinéa du même article L 716-2.

Cette cotisation est recouvrée sous les sûretés, garanties et sanctions applicables aux taxes sur le chiffre d'affaires. Toutefois la commission prévue à l'article 1651 ou à l'article 1651 H du code général des impôts n'est pas appelée à intervenir dans la procédure de rectification.

Ndlr *Voir CGI, Annexe II, art. 162, II.*

Art. L 716-4 Le montant des rémunérations visé au premier alinéa de l'article L 716-2 s'entend des rémunérations versées au cours de l'année civile écoulée.

Art. L 716-5 Les agents des administrations compétentes peuvent exiger des employeurs et des organismes bénéficiaires des investissements de justifier qu'ils ont satisfait aux obligations résultant des dispositions du présent chapitre. Ces agents sont astreints au secret professionnel dans les conditions prévues par le code général des impôts.

Partie réglementaire

Art. R 716-28 Les employeurs agricoles redevables de la participation prévue à l'article L 716-2 sont tenus d'en mentionner, chaque année, l'assiette sur la déclaration prévue à l'article 87 du code général des impôts.

Ndlr *Voir CGI, Annexe II, art. 161.*

Art. R 716-29 La cotisation prévue à l'article L 716-3 est due au titre de l'année à la fin de laquelle a expiré le délai d'un an prévu au premier alinéa de cet article. Le versement de la cotisation accompagne le dépôt du bordereau prévu au deuxième alinéa du même article.

Les réclamations sont présentées, instruites et jugées comme en matière de taxes sur le chiffre d'affaires.

Les agents chargés des vérifications prévues à l'article L 716-5 doivent avoir au moins le grade de contrôleur pour ceux du ministère chargé des finances et être de grade équivalent pour ceux des ministères chargés du logement et de l'agriculture.

Ndlr *Voir CGI, Annexe II, art. 162, II.*

CODE DE LA SECURITE SOCIALE

Décompte et déclaration des effectifs

Art. L 130-1 I. Au sens du présent code, l'effectif salarié annuel de l'employeur, y compris lorsqu'il s'agit d'une personne morale comportant plusieurs établissements, correspond à la moyenne du nombre de personnes employées au cours de chacun des mois de l'année civile précédente.

Par dérogation au premier alinéa du présent I, pour l'application de la tarification au titre du risque « accidents du travail et maladies professionnelles », l'effectif pris en compte est celui de la dernière année connue.

L'effectif à prendre en compte pour l'année de création du premier emploi salarié titulaire d'un contrat de travail dans l'entreprise correspond à l'effectif présent le dernier jour du mois au cours duquel a été réalisée cette première embauche.

Un décret en Conseil d'Etat définit les catégories de personnes incluses dans l'effectif et les modalités de leur décompte.

II. Le franchissement à la hausse d'un seuil d'effectif salarié est pris en compte lorsque ce seuil a été atteint ou dépassé pendant cinq années civiles consécutives.

Le franchissement à la baisse d'un seuil d'effectif sur une année civile a pour effet de faire à nouveau courir la règle énoncée au premier alinéa du présent II.

III. Au sens du présent code, les salariés mis à la disposition, en tout ou partie, d'un ou de plusieurs de ses membres par un groupement d'employeurs ne sont pas pris en compte dans l'effectif de ce groupement d'employeurs, sauf en ce qui concerne l'application des dispositions relatives à la tarification des risques d'accidents du travail et de maladies professionnelles.

IV. Au sens du présent code, les salariés mis à disposition par un groupement d'employeurs sont pris en compte par l'entreprise utilisatrice à due proportion de leur temps de travail, pour le calcul de ses effectifs, sauf en ce qui concerne l'application des dispositions relatives à la tarification des risques d'accidents du travail et de maladies professionnelles.

Ndlr *Les dispositions des présents III et IV s'appliquent à compter d'une date fixée par décret, et au plus tard le 1er janvier 2026 (Loi 2023-1250 du 26 décembre 2023 art. 21, II).*

Art. R 130-1 I. Pour la détermination de l'effectif mentionné à l'article L 130-1, les mois au cours desquels aucun salarié n'est employé ne sont pas pris en compte pour établir cette moyenne.

L'effectif salarié annuel de l'employeur est arrondi, s'il y a lieu, au centième. A cet effet, il n'est pas tenu compte de la fraction d'effectif au-delà de la deuxième décimale.

II. Pour la détermination de l'effectif mentionné au I, sont prises en compte les personnes titulaires d'un contrat de travail et les personnes mentionnées à l'article L 5424-1 du code du travail. Toutefois, les salariés mentionnés à la deuxième phrase du 2° de l'article L 1111-2 du code du travail sont exclus du décompte des effectifs.

Pour calculer l'effectif d'une entreprise de travail temporaire, il est tenu compte des salariés permanents et des salariés qui, au cours de la période, ont été liés à cette entreprise par des contrats de mission.

Les salariés ou agents à temps plein sont intégralement pris en compte dans l'effectif de l'entreprise au cours du mois. Les salariés à temps partiel au sens de l'article L 3123-1 du code du travail et les personnes mentionnées à l'article L 5424-1 du même code, à temps partiel ou à temps non complet sont décomptés selon les modalités mentionnées au dernier alinéa de l'article L 1111-2 susmentionné.

Les personnes mentionnées aux trois alinéas précédents sont décomptées dans l'effectif de l'entreprise à due proportion du nombre de jours du mois pendant lequel elles ont été employées.

III. Les personnes mentionnées aux 1°, 2°, 4° et 6° de l'article L 1111-3 du code du travail ne sont pas prises en compte pour la détermination de l'effectif mentionné au I sauf en ce qui concerne l'application des dispositions relatives à la tarification des risques d'accidents du travail et de maladies professionnelles.

IV. *(Abrogé).*

V. Lorsque survient une modification de la situation juridique de l'employeur au sens de l'article L 1224-1 du code du travail, y compris lorsqu'une telle modification entraîne une création d'entreprise, l'effectif à prendre en compte pour l'année au cours de laquelle les contrats sont transférés correspond à l'effectif présent le dernier jour du mois au cours duquel a été réalisé le transfert des contrats de travail.

VI. Pour l'application de la tarification au titre du risque « accidents du travail et maladies professionnelles », l'effectif de l'entreprise est calculé selon les dispositions prévues aux I à IV, en retenant, d'une part, les salariés et agents qui relèvent du régime général et, d'autre part, les salariés et agents qui relèvent du régime des salariés agricoles, pour la couverture de ce risque.

Guichet unique pour le spectacle vivant

Art. L 133-9-3 Sans préjudice des missions et pouvoirs des agents des administrations et des organismes parties aux conventions prévues à l'article L 133-9-1 du présent code et de ceux des fonctionnaires et agents mentionnés à l'article L 8271-1-2 du code du travail, les organismes chargés du recouvrement des cotisations du régime général de sécurité sociale sont habilités, dans les conditions définies à la section 4 du chapitre III du titre IV du livre II du présent code, à contrôler l'application par les employeurs des dispositions des articles L 7122-22 à L 7122-27 du code du travail et des articles L 133-9 à L 133-9-2 pour le compte de l'organisme habilité par l'Etat.

A ce titre, ils sont habilités à communiquer aux fonctionnaires et agents de contrôle mentionnés à l'article L 8271-1-2 du code du travail et à recevoir de ces derniers tous renseignements et tous documents nécessaires à la lutte contre le travail dissimulé.

Ndlr *Voir LPF, art. L 134.*

Contribution sociale généralisée

TD-XVI-1 s. ; MF nos 34200 s.

Section I
Contribution sociale sur les revenus d'activité et sur les revenus de remplacement

Art. L 136-1 Il est institué une contribution sociale sur les revenus d'activité et sur les revenus de remplacement à laquelle sont assujettis :

1° Les personnes physiques qui sont à la fois considérées comme domiciliées en France pour l'établissement de l'impôt sur le revenu et à la charge, à quelque titre que ce soit, d'un régime obligatoire français d'assurance maladie ;

2° Les agents de l'Etat, des collectivités locales et de leurs établissements publics à caractère administratif qui exercent leurs fonctions ou sont chargés de mission hors de France, dans la mesure où leur rémunération est imposable en France et où ils sont à la charge, à quelque titre que ce soit, d'un régime obligatoire français d'assurance maladie.

Cette contribution est due pour les périodes au titre desquelles les revenus mentionnés au premier alinéa sont attribués.

Art. L 136-1-1 I. La contribution prévue à l'article L 136-1 est due sur toutes les sommes, ainsi que les avantages et accessoires en nature ou en argent qui y sont associés, dus en contrepartie ou à l'occasion d'un travail, d'une activité ou de l'exercice d'un mandat ou d'une fonction élective, quelles qu'en soient la dénomination ainsi que la qualité de celui qui les attribue, que cette attribution soit directe ou indirecte.

Ne constituent pas un revenu d'activité les remboursements effectués au titre de frais professionnels correspondant dans les conditions et limites fixées par arrêté des ministres chargés de la sécurité sociale et du budget à des charges de caractère spécial inhérentes à la fonction ou à l'emploi des travailleurs salariés ou assimilés que ceux-ci supportent lors de l'accomplissement de leurs missions.

II. L'assiette de la contribution inclut notamment :

1° Les revenus professionnels des travailleurs indépendants, dans les conditions définies par les articles L 136-3 et L 136-4 ;

2° Les revenus des artistes-auteurs mentionnés au troisième alinéa de l'article L 382-3 ;

3° a. L'indemnité parlementaire et l'indemnité de fonction prévues aux articles 1er et 2 de l'ordonnance n° 58-1210 du 13 décembre 1958 portant loi organique relative à l'indemnité des membres du Parlement, l'indemnité de résidence, ainsi que, la plus élevée d'entre elles ne pouvant être supérieure de plus de la moitié à ce montant, les indemnités de fonction complémentaires versées, au même titre, en vertu d'une décision prise par le bureau desdites assemblées, à certains de leurs membres exerçant des fonctions particulières ;

b. Les indemnités versées aux représentants français au Parlement européen dans les conditions prévues à l'article 1er de la loi n° 79-563 du 6 juillet 1979 relative à l'indemnité des représentants au Parlement européen et aux indemnités versées à ses membres par le Parlement européen ;

c. La rémunération et les indemnités par jour de présence versées aux membres du Conseil économique, social et environnemental en application de l'article 22 de l'ordonnance n° 58-1360 du 29 décembre 1958 portant loi organique relative au Conseil économique et social ainsi que l'indemnité versée au Président et aux membres du Conseil constitutionnel en application de l'article 6 de l'ordonnance n° 58-1067 du 7 novembre 1958 portant loi organique sur le Conseil constitutionnel ;

d. Les indemnités versées par les collectivités locales, leurs groupements ou leurs établissements publics aux élus municipaux, cantonaux et régionaux ;

e. Les versements des employeurs consacrés au financement des régimes de retraite et qui sont assujettis aux contributions mentionnées aux articles L 137-11 et L 137-11-2 du présent code ;

4° Les revenus pris en compte dans les conditions prévues à l'article L 611-1 tirés de la location de tout ou partie d'un fonds de commerce, d'un établissement artisanal, ou d'un établissement commercial ou industriel muni du mobilier ou du matériel nécessaire à son exploitation, que la location, dans ce dernier cas, comprenne ou non tout ou partie des éléments incorporels du fonds de commerce ou d'industrie, lorsque ces revenus sont perçus par une personne qui réalise des actes de commerce au titre de l'entreprise louée ou y exerce une activité ;

Ndlr *Les dispositions du présent 4° sont abrogées pour le calcul des cotisations et des contributions dues par les travailleurs indépendants non agricoles au titre des périodes courant à compter du 1er janvier 2025 (Loi 2023-1250 du 26 décembre 2023 art. 18, I-5° et VII).*

5° Les avantages mentionnés au I et au II de l'article 80 bis du code général des impôts lorsque ces derniers sont imposés à l'impôt sur le revenu suivant les règles de droit commun des traitements et salaires ;

6° La garantie de ressources des travailleurs handicapés prévue à l'article L 243-4 du code de l'action sociale et des familles.

III. Par dérogation au I, sont exclus de l'assiette de la contribution mentionnée à l'article L 136-1 les revenus suivants :

1° a. Les rémunérations des apprentis mentionnées à l'article L 6221-1 du code du travail ;

b. La fraction de la gratification versée aux personnes mentionnées aux a, b et f du 2° de l'article L 412-8 du présent code et aux 1° et 8° du II de l'article L 751-1 du code rural et de la pêche maritime, qui n'excède pas, au titre d'un mois civil, le produit d'un pourcentage, fixé par décret, du plafond horaire défini en application du premier alinéa de l'article L 241-3 du présent code et du nombre d'heures de stage effectuées au cours du mois considéré. Les dispositions de l'article L 131-7 ne sont pas applicables ;

c. La rémunération des stagiaires de la formation professionnelle mentionnée à l'article L 6341-1 et à l'article L 6341-7 du code du travail ;

d. L'allocation de formation mentionnée à l'article L 6321-10 du même code ;

e. Un pourcentage fixé par décret de la rémunération versée aux personnes mentionnées au 5° de l'article L 412-8, qui ne peut excéder 40 % de cette rémunération ;

Ndlr *Pour les dispositions du présent e qui entreront en vigueur à compter d'une date fixée par décret et au plus tard le 1er décembre 2024, voir partie Autres textes du présent code ordonnance 2022-1336 du 19 octobre 2022 art. 3 et 27, III.*

f. L'allocation en faveur des lycéens de la voie professionnelle dans le cadre de la valorisation des périodes de formation en milieu professionnel ;

2° a. Les cotisations mises à la charge des employeurs dues auprès des régimes obligatoires de sécurité sociale ;

b. Les contributions mises à la charge des employeurs en application d'une disposition législative ou réglementaire ou d'un accord national interprofessionnel mentionné à l'article L 921-4 du présent code, destinées au financement des régimes de retraite complémentaire mentionnés au chapitre 1er du titre 2 du livre 9 ou versées en couverture d'engagements de retraite complémentaire souscrits antérieurement à l'adhésion des employeurs aux institutions mettant en œuvre les régimes institués en application de l'article L 921-4 ;

c. Les contributions mises à la charge des employeurs en application du 1° de l'article L 5422-9 du code du travail destinées au financement du régime d'assurance chômage, ainsi que les contributions à la formation professionnelle mentionnées aux 2° à 4° du I de l'article L 6131-1 du même code, mises à la charge des employeurs, destinées au financement des organismes mentionnés à l'article L 6332-1 du même code ;

d. La part des cotisations salariales prise en charge par l'employeur dans les conditions prévues aux articles L 241-3-1 et L 241-3-2 du présent code ;

e. Les contributions des employeurs consacrées au financement des régimes de retraites mentionnés au I de l'article L 137-11, lorsqu'elles sont assujetties à la contribution mentionnée au 1° ou au 2° du I du même article ;

f. La participation des employeurs à l'effort de construction, prévue par l'article L 313-1 du code de la construction et de l'habitation ;

g. Le versement destiné au financement des services de mobilité, prévu par les articles L 2333-64, L 2531-2 et L 5722-7 du code général des collectivités territoriales ;

h. La contribution des employeurs au financement mutualisé des organisations syndicales de salariés et des organisations professionnelles d'employeurs, prévue par l'article L 2135-10 du code du travail ;

3° a. L'avantage salarial correspondant à la valeur, à leur date d'acquisition, des actions attribuées dans les conditions définies aux articles L 225-197-1 à L 225-197-5, L 22-10-59 et L 22-10-60 du code de commerce, dans la limite annuelle prévue par le I de l'article 80 quaterdecies du code général des impôts ;

b. L'indemnisation mentionnée au II de l'article L 225-270 du code de commerce versée en cas de dissolution de la société coopérative de main-d'œuvre ou, le cas échéant, la valeur des actions attribuées à ce titre ;

c. Les avantages d'actionnariat attribués aux salariés dans le cadre des dispositions de la loi n° 80-834 du 24 octobre 1980 créant une distribution d'actions en faveur des salariés des entreprises industrielles et commerciales ;

d. Les rémunérations mentionnées aux articles L 225-44 et L 225-85 du code de commerce perçues par les administrateurs et membres des conseils de surveillance de sociétés anonymes et des sociétés d'exercice libéral à forme anonyme ; celles-ci sont assujetties à la contribution mentionnée à l'article L 136-6 du présent code au titre des revenus de capitaux mobiliers ;

4° a. Les sommes consacrées par les employeurs pour l'acquisition de titres-restaurant dans les conditions prévues au 19° de l'article 81 du code général des impôts ;

b. L'avantage résultant pour le bénévole de la contribution de l'association au financement de chèques-repas en application de l'article 12 de la loi n° 2006-586 du 23 mai 2006 relative à l'engagement éducatif ;

c. L'aide financière du comité social et économique de l'entreprise ou celle de l'entreprise destinée au financement d'activités de services à la personne mentionnées aux articles L 7233-4 et L 7233-5 du code du travail ;

d. L'avantage résultant de la prise en charge obligatoire par l'employeur des frais de transports publics dans les conditions prévues à l'article L 3261-2 du même code ;

e. L'avantage résultant de la prise en charge par l'employeur des frais de carburant ou des frais exposés pour l'alimentation de véhicules électriques engagés par les salariés dans les conditions prévues à l'article L 3261-3 du même code et des frais mentionnés à l'article L 3261-3-1 du même code, dans les limites prévues au b du 19° ter de l'article 81 du code général des impôts, ainsi que l'avantage mentionné au c du même 19° ter, dans la limite prévue au même c ;

f. Afin de favoriser le développement du sport en entreprise, les avantages que représentent pour ses salariés la mise à disposition par l'employeur d'équipements sportifs à usage collectif et le financement de prestations sportives à destination de l'ensemble de ses salariés, dans des conditions et limites prévues par décret ;

5° a. Indépendamment de leur assujettissement à l'impôt sur le revenu, les indemnités versées à l'occasion de la rupture du contrat de travail, dans la limite du plus petit des montants suivants :

le montant prévu par la convention collective de branche, l'accord professionnel ou interprofessionnel ou la loi si ce dernier est le plus élevé, ou, en l'absence de montant légal ou conventionnel pour le motif concerné, le montant de l'indemnité légale ou conventionnelle de licenciement ;

le montant fixé en application du 7° du II de l'article L 242-1 du présent code.

Toutefois, les indemnités versées à l'occasion de la rupture du contrat de travail d'un montant supérieur à dix fois le plafond annuel défini par l'article L 241-3 sont intégralement assujetties ;

b. Les indemnités versées à l'occasion de la cessation forcée de leurs fonctions aux mandataires sociaux, dirigeants et personnes mentionnées à l'article 80 ter du code général des impôts, qui ne sont pas imposables en application de l'article 80 duodecies du même code, dans la limite d'un montant égal à deux fois la valeur annuelle du plafond mentionné à l'article L 241-3 du présent code. Toutefois, les indemnités versées à l'occasion de la cessation forcée des fonctions d'un montant supérieur à cinq fois le plafond annuel défini par l'article L 241-3 sont intégralement assujetties. Pour l'appréciation des seuils et plafonds du présent alinéa, il est fait masse, le cas échéant, des indemnités mentionnées au a du présent 5° ;

5° bis Dans la limite de deux fois le montant annuel du plafond mentionné à l'article L 241-3 du présent code, les indemnités spécifiques de rupture conventionnelle versées aux fonctionnaires, aux personnels affiliés au régime de retraite institué en application du décret n° 2004-1056 du 5 octobre 2004 relatif au régime des pensions des ouvriers des établissements industriels de l'Etat et aux agents contractuels de droit public en application des I et III de l'article 72 de la loi n° 2019-828 du 6 août 2019 de transformation de la fonction publique.

Les indemnités d'un montant supérieur à dix fois le plafond annuel mentionné à l'article L 241-3 sont intégralement assujetties ;

6° a. L'indemnité mentionnée à l'article 11 de la loi n° 96-370 du 3 mai 1996 relative au développement du volontariat dans les corps de sapeurs-pompiers ;

b. Les prestations de subsistance, d'équipement et de logement ainsi que l'indemnité forfaitaire d'entretien allouées, en application de l'article L 104 du code du service national, au personnel accomplissant le service national actif dans le service de la coopération ou dans le service de l'aide technique ;

c. L'indemnité mensuelle et l'indemnité supplémentaire versées dans le cadre de l'accomplissement d'un volontariat international en application de l'article L 122-12 du même code ;

d. L'indemnité versée dans le cadre d'un contrat de volontariat de solidarité internationale en application de l'article 7 de la loi n° 2005-159 du 23 février 2005 relative au contrat de volontariat de solidarité internationale ;

e. L'indemnité versée dans le cadre de la recherche médicale dans les conditions prévues à l'article L 1121-11 du code de la santé publique ;

f. Les prestations mentionnées aux articles L 325-1 et L 325-2 du code rural et de la pêche maritime dans le cadre de l'entraide entre agriculteurs ;

7° Les revenus d'activité versés à des bénéficiaires redevables de la cotisation mentionnée au deuxième alinéa du IV de l'article L 380-3-1 du présent code ;

8° Dans la limite du seuil de revente à perte, tel que défini à l'article L 442-5 du code de commerce, les réductions tarifaires jusqu'à 50 % du prix de vente public normal, toutes taxes comprises, dont bénéficient les salariés sur les produits initialement destinés à la vente mais qui ne peuvent pas ou ne peuvent plus être vendus par l'entreprise qui les emploie ou par toute entreprise du groupe auquel ils appartiennent, le groupe étant entendu au sens de l'article L 2331-1 du code du travail.

Art. L 136-1-2 I. La contribution prévue à l'article L 136-1 est due sur toute somme destinée à compenser la perte de revenu d'activité, y compris en tant qu'ayant droit, et versée sous quelque forme que ce soit et quelle qu'en soit la dénomination.

II. Par dérogation au I, sont exclus de l'assiette de la contribution les revenus suivants :

1° Les pensions de retraite et d'invalidité des personnes dont le montant des revenus de l'avant-dernière année tels que définis au IV de l'article 1417 du code général des impôts n'excède pas les seuils mentionnés au 1° du III de l'article L 136-8 du présent code ou qui sont titulaires d'un avantage de vieillesse ou d'invalidité non contributif attribué par un régime de base de sécurité sociale sous conditions de ressources ou par le service mentionné à l'article L 815-7 ;

2° Les pensions servies en vertu des dispositions du code des pensions militaires d'invalidité et des victimes de guerre ainsi que l'allocation de reconnaissance du combattant mentionnée aux articles L 321-1 à L 321-3 du même code ;

3° Les retraites mutuelles servies aux anciens combattants et victimes de la guerre dans le cadre des dispositions de l'article L 222-2 du code de la mutualité ;

4° Les allocations de chômage perçues par des personnes dont le montant des revenus de l'avant-dernière année tels que définis au IV de l'article 1417 du code général des impôts n'excède pas les seuils mentionnés au 1° du III de l'article L 136-8 du présent code.

En outre, la contribution due sur ces allocations ainsi que sur les avantages mentionnés au 2° de l'article L 131-2 ne peut avoir pour effet de porter leur montant net ou, en cas de cessation partielle d'activité, le montant cumulé de la rémunération d'activité et de l'allocation ou de l'avantage perçu, en deçà du montant du salaire minimum de croissance ;

5° L'allocation de solidarité spécifique prévue à l'article L 5423-1 du code du travail ;

6° Les rentes viagères et indemnités en capital servies aux victimes d'accident du travail ou de maladie professionnelle, ou à leurs ayants droit, par les organismes de sécurité sociale ou, pour leur compte, par les employeurs ;

7° L'indemnité de cessation d'activité des travailleurs de l'amiante prévue au V de l'article 41 de la loi n° 98-1194 du 23 décembre 1998 de financement de la sécurité sociale pour 1999 ;

8° L'allocation veuvage mentionnée à l'article L 356-1 du présent code et à l'article L 722-16 du code rural et de la pêche maritime ;

9° Le capital versé au titre de l'assurance décès prévue à l'article L 361-1 du présent code ainsi que le capital décès versé par un organisme habilité et bénéficiant d'un financement patronal délivré dans le cadre d'un régime collectif et obligatoire de protection sociale complémentaire ;

10° Les revenus de remplacement versés à des bénéficiaires redevables de la cotisation mentionnée au deuxième alinéa du IV de l'article L 380-3-1 ;

11° Les prestations de retraite, versées sous forme de rente ou de capital, issues d'un plan d'épargne retraite mentionné à l'article L 224-1 du code monétaire et financier, lorsque ces prestations correspondent à des versements mentionnés au 1° de l'article L 224-2 du même code n'ayant pas fait l'objet de l'option prévue au deuxième alinéa de l'article L 224-20 du code précité.

Art. L 136-1-3 I. Ne sont pas assujetties à la contribution sociale prévue à l'article L 136-1 les prestations sociales suivantes :

1° Les prestations familiales mentionnées aux articles L 511-1 et L 755-1 ;

2° La prime d'activité mentionnée à l'article L 841-1 ;

3° L'allocation aux adultes handicapés prévue à l'article L 821-1 ;

4° L'allocation de solidarité aux personnes âgées prévue à l'article L 815-1 et les allocations mentionnées à l'article 2 de l'ordonnance n° 2004-605 du 24 juin 2004 simplifiant le minimum vieillesse ;

5° L'allocation supplémentaire d'invalidité prévue à l'article L 815-24 ;

6° Les aides personnelles au logement mentionnées à l'article L 821-1 du code de la construction et de l'habitation ;

7° L'allocation personnalisée d'autonomie prévue à l'article L 232-1 du code de l'action sociale et des familles ;

8° Le revenu de solidarité active prévu à l'article L 262-1 du même code ;

9° La prestation de compensation servie en vertu des dispositions de l'article L 245-1 du code de l'action sociale et des familles, y compris le dédommagement mentionné à l'article L 245-12 du même code ;

10° L'allocation pour demandeur d'asile prévue à l'article L 553-1 ;

11° L'allocation de reconnaissance prévue à l'article 6 de la loi n° 2005-158 du 23 février 2005 portant reconnaissance de la Nation et contribution nationale en faveur des Français rapatriés ;

12° L'allocation viagère prévue à l'article 133 de la loi n° 2015-1785 du 29 décembre 2015 de finances pour 2016 ;

13° Les pensions temporaires d'orphelin versées en application du code des pensions civiles et militaires de retraite, à concurrence de l'allocation aux adultes handicapés, lorsqu'elles remplacent cette allocation en tout ou partie du fait de la loi, ainsi que la fraction de ces pensions temporaires qui correspond au montant des prestations familiales auxquelles aurait eu droit le parent décédé ;

14° Les allocations, indemnités et prestations mentionnées au 9° de l'article 81 du code général des impôts.

II. Ne sont pas non plus assujettis :

1° La prise en charge des frais de santé ;

2° Les pensions alimentaires répondant aux conditions fixées par les articles 205 à 211 du code civil, les rentes prévues à l'article 276 du même code et les pensions alimentaires versées en vertu d'une décision de justice, en cas de séparation de corps ou de divorce, ou en cas d'instance en séparation de corps ou en divorce ;

3° Les rentes servies en représentation de dommages-intérêts en vertu d'une condamnation prononcée judiciairement ou au titre de la solidarité nationale pour la réparation d'un préjudice corporel ayant entraîné pour la victime une incapacité permanente totale l'obligeant à avoir recours à l'assistance d'une tierce personne pour effectuer les actes ordinaires de la vie ;

4° Les traitements attachés à la légion d'honneur et à la médaille militaire ;

5° Les mesures de réparation instaurées en faveur des victimes de persécutions ou d'actes de barbarie durant la Deuxième Guerre mondiale ou de leurs ayants droit.

6° La somme forfaitaire valant réparation prévue à l'article 3 de la loi n° 2022-229 du 23 février 2022 portant reconnaissance de la Nation envers les harkis et les autres personnes rapatriées d'Algérie anciennement de statut civil de droit local et réparation des préjudices subis par ceux-ci et leurs familles du fait de l'indignité de leurs conditions d'accueil et de vie dans certaines structures sur le territoire français.

Art. L 136-2 I. Pour le calcul de l'assiette de la contribution prévue à l'article L 136-1 du présent code, les revenus bruts suivants bénéficient d'une réduction représentative de frais professionnels fixée à 1,75 % pour leur montant inférieur à quatre fois la valeur du plafond mentionné à l'article L 241-3 :

1° Les revenus d'activité, à l'exception de ceux mentionnés au II de l'article L 242-1, de ceux perçus par les travailleurs indépendants assujettis dans les conditions prévues aux articles L 136-3 et L 136-4, et des indemnités perçues à l'occasion d'un mandat ou d'une fonction élective ;

2° Les revenus d'activité assimilés fiscalement à des traitements et salaires des artistes-auteurs mentionnés à l'article L 382-1 ;

3° Les allocations et avantages mentionnés au a du 1° du II de l'article L 136-8.

II. La contribution est établie sur l'assiette correspondant aux cotisations forfaitaires applicables aux catégories de salariés ou assimilés visées par les décrets pris en application de l'article L 242-4-4, dans leur rédaction en vigueur à la date de publication de la dernière loi de financement de la sécurité sociale.

Art. L 136-3 La contribution due par les travailleurs indépendants non agricoles est assise sur les revenus déterminés par application des dispositions des II à IV de l'article L 131-6. Les sommes mentionnées aux articles L 3312-4, L 3324-5 et L 3332-27 du code du travail et versées au bénéfice du travailleur indépendant sont ajoutées à ces revenus pour le calcul de la contribution.

La contribution est due dans les conditions définies aux articles L 131-6-1, L 131-6-2 et L 613-7, ainsi que par leurs dispositions réglementaires d'application dans leur rédaction en vigueur à la date de la publication de la dernière loi de financement de la sécurité sociale.

Ndlr *Pour les dispositions du présent article applicables au calcul des cotisations et des contributions dues par les travailleurs indépendants non agricoles autres que ceux mentionnés à l'article L 613-7 du code de la sécurité sociale au titre des périodes courant à compter du 1er janvier 2025, voir partie Autres textes du présent code loi 2023-1250 du 26 décembre 2023 art. 18, I-6° et VII.*

Art. L 136-4 I. Sont soumis à la contribution les revenus professionnels déterminés en application des articles L 731-14 à L 731-15 du code rural et de la pêche maritime.

Les revenus pris en compte sont constitués par la moyenne des revenus se rapportant aux trois années antérieures à celle au titre de laquelle la contribution est due. Lorsque le chef d'exploitation ou d'entreprise agricole a exercé l'option prévue à l'article L 731-19 du code rural et de la pêche maritime *(NDLR L'article L 731-19 précité est abrogé à compter du 1er janvier 2026 par la loi 2023-1250 du 26 décembre 2023 art. 18, II-16° et VII)*, les revenus pris en compte sont constitués par les revenus afférents à l'année précédant celle au titre de laquelle la contribution est due.

Les revenus sont majorés des cotisations personnelles de sécurité sociale de l'exploitant, de son collaborateur d'exploitation ou d'entreprise agricole et des membres de sa famille, ainsi que des sommes mentionnées aux articles L 3312-4 L 3324-5 et L 3332-27 du code du travail et versées au bénéfice des intéressés, à l'exception de celles prises en compte dans le revenu défini aux articles L 731-14 et L 731-15du code rural et de la pêche maritime.

Les articles L 731-18 et L 731-22 du code rural et de la pêche maritime *(NDLR L'article L 731-18 précité est abrogé à compter du 1er janvier 2026 par la loi 2023-1250 du 26 décembre 2023 art. 18, II-16° et VII)* sont applicables au calcul et au recouvrement de la contribution.

II. Lorsque la durée d'assujettissement au régime de protection sociale des non-salariés agricoles d'un chef d'exploitation ou d'entreprise agricole ne permet pas de calculer la moyenne des revenus professionnels se rapportant aux trois années de référence prévues au premier alinéa de l'article L 731-15 du code rural et de la pêche maritime, l'assiette de la contribution est déterminée forfaitairement à titre provisoire dans les conditions suivantes :

a. Pour la première année au titre de laquelle la contribution est due, l'assiette forfaitaire provisoire est fixée conformément au III ci-dessous ; cette assiette fait l'objet d'une régularisation sur la base des revenus professionnels afférents à la première année lorsque ceux-ci sont définitivement connus ;

b. Pour la deuxième année au titre de laquelle la contribution est due, l'assiette est égale à la somme de la moitié de l'assiette forfaitaire prévue au a et de la moitié des revenus professionnels de l'année précédente ; cette assiette fait l'objet d'une régularisation sur la base de la moyenne des revenus afférents à la première et à la deuxième année lorsque ceux-ci sont définitivement connus ;

c. Pour la troisième année au titre de laquelle la contribution est due, l'assiette est égale au tiers de la somme de l'assiette forfaitaire prévue au a et des revenus professionnels des deux années précédentes ; cette assiette fait l'objet d'une régularisation sur la base de la moyenne des revenus afférents aux trois premières années lorsque ceux-ci sont définitivement connus.

Lorsque le chef d'exploitation ou d'entreprise agricole a opté pour l'assiette prévue à l'article L 731-19 du code rural et de la pêche maritime *(NDLR L'article L 731-19 précité est abrogé à compter du 1er janvier 2026 par la loi 2023-1250 du 26 décembre 2023 art. 18, II-16° et VII)*, pour la première année au titre de laquelle la contribution est due, celle-ci est calculée à titre provisoire sur la base de l'assiette forfaitaire fixée conformément au III ci-dessous. Cette assiette fait l'objet d'une régularisation sur la base des revenus professionnels afférents à la première année lorsque ceux-ci sont définitivement connus.

Par dérogation aux dispositions ci-dessus du présent II, pour les personnes mentionnées au deuxième et au troisième alinéa de l'article L 731-16 du code rural et de la pêche maritime, l'assiette de la contribution est déterminée selon les modalités des deuxième, troisième et quatrième alinéas du même article.

III. L'assiette forfaitaire provisoire prévue au a du II est égale à six cents fois le montant du salaire minimum de croissance en vigueur au 1er janvier de l'année au titre de laquelle la contribution est due.

IV., V. et VI. *(Abrogés).*

VII. Sont soumis à la contribution les revenus professionnels, définis aux articles L 731-14 et L 731-15 du code rural et de la pêche maritime, des personnes redevables de la cotisation de solidarité visée à l'article L 731-23 du même code.

Les revenus pris en compte sont ceux afférents à l'année précédant celle au titre de laquelle la contribution est due. Ces revenus proviennent de l'ensemble des activités agricoles exercées au cours de la ou des années de référence, y compris lorsque l'une de ces activités a cessé au cours de la ou desdites années.

Les revenus sont majorés de la cotisation de solidarité visée à l'article L 731-23 du code rural et de la pêche maritime.

Pour les personnes redevables de la cotisation de solidarité définie à l'article L 731-23 du code rural et de la pêche maritime, lorsque les revenus professionnels ne sont pas connus, la contribution est calculée sur une assiette forfaitaire provisoire égale à cent fois le montant du salaire minimum de croissance en vigueur au 1er janvier de l'année au titre de laquelle la contribution est due.

Cette assiette forfaitaire est régularisée lorsque les revenus sont connus.

VIII. Pour l'application de la seconde phrase du deuxième alinéa du I et des III et VII, les revenus imposés au titre de l'article 64 bis du code général des impôts s'entendent des recettes afférentes à l'année précédant celle au titre de laquelle la contribution est due, diminuées de l'abattement prévu au même article 64 bis.

Ndlr *Pour les dispositions du présent article applicables au calcul des cotisations et des contributions dues par les travailleurs indépendants agricoles au titre des périodes courant à compter du 1er janvier 2026, voir partie Autres textes du présent code loi 2023-1250 du 26 décembre 2023 art. 18, I-7° et VII.*

Art. L 136-5 I. Sous réserve des dispositions particulières mentionnées au présent article, la contribution portant sur les revenus mentionnés aux articles L 136-1 à L 136-4 est recouvrée par les organismes chargés du recouvrement des cotisations du régime général de sécurité sociale selon les règles et sous les garanties et sanctions applicables au recouvrement des cotisations au régime général pour la même catégorie de revenus. Les unions pour le recouvrement des cotisations de sécurité sociale et d'allocations familiales et les caisses générales de sécurité sociale sont habilitées à faire tout contrôle sur la contribution dans les conditions fixées au chapitre 3 du titre 4 du livre 2 dans sa rédaction publiée à la date de la publication de la dernière loi de financement de la sécurité sociale.

Les caisses de mutualité sociale agricole sont chargées du recouvrement et du contrôle de la contribution due sur les revenus des personnes assujetties au régime de sécurité sociale des salariés des professions agricoles, selon les règles et sous les garanties et sanctions applicables au recouvrement des cotisations dues à ce régime.

La contribution due sur les revenus des personnes assujetties au régime de sécurité sociale des non-salariés des professions agricoles ainsi que la contribution due sur les revenus des personnes redevables de la cotisation de solidarité mentionnée à l'article L 731-23 du code rural et de la pêche maritime sont recouvrées et contrôlées par les caisses de mutualité sociale agricole, selon les règles et sous les garanties et sanctions applicables, respectivement, au recouvrement des cotisations d'assurance maladie, maternité et invalidité dues au régime de sécurité sociale des non-salariés des professions agricoles et au recouvrement de la cotisation de solidarité mentionnée à l'article L 731-23 du même code.

Ndlr *Pour les dispositions du présent alinéa applicables au calcul des cotisations et des contributions dues par les travailleurs indépendants agricoles au titre des périodes courant à compter du 1er janvier 2026, voir partie Autres textes du présent code loi 2023-1250 du 26 décembre 2023 art. 18, I-8° et VII.*

Les dispositions des articles L 133-3 et L 133-4-9 du présent code ainsi que celles prévues aux chapitres IV et V du titre II du livre VII du code rural et de la pêche maritime sont applicables à la contribution prévue à l'article L 136-1 du présent code.

Par dérogation aux deuxième à quatrième alinéas du présent I, la contribution due au titre des sommes ou des prestations sociales mentionnées au premier alinéa du II bis de l'article L 133-5-3 versées à des personnes qui relèvent de la protection sociale des personnes salariées et non salariées agricoles est recouvrée et contrôlée par les organismes chargés du recouvrement des cotisations du régime général de sécurité sociale selon les règles et sous les garanties et les sanctions applicables au recouvrement des cotisations dues au régime général.

Ndlr *Les dispositions du dernier alinéa ci-dessus entrent en vigueur le 1er janvier 2025 (Loi 2023-1250 du 26 décembre 2023 art. 13, I-2° et X-2°).*

II. La contribution portant sur les revenus tirés de l'activité d'artiste-auteur mentionnés au 2° du I de l'article L 136-2 est recouvrée par l'organisme mentionné au premier alinéa de l'article L 382-5, dans les conditions prévues à la sous-section 4 de la section 1 du chapitre 2 du titre 8 du livre 3.

La contribution due sur les indemnités de congés payés et sur les avantages conventionnels y afférents, servis par les caisses de congés payés en application de l'article L 3141-30 du code du travail, est précomptée par la caisse de congés payés instituée pour les employeurs mentionnés à l'article L 5424-22 du même code, responsable, en application de la dérogation prévue au dernier alinéa de l'article L 243-1-3 du présent code, du versement des cotisations de sécurité sociale et des contributions mentionnées à l'article L 136-2, à l'article 14 de l'ordonnance n° 96-50 du 24 janvier 1996 relative au remboursement de la dette sociale et au 1° de l'article L 14-10-4 du code de l'action sociale et des familles.

La contribution portant sur les allocations mentionnées aux articles L 632-6, L 632-7 et L 634-2 du code de l'éducation est précomptée par le Centre national de gestion des praticiens hospitaliers et des personnels de direction de la fonction publique hospitalière.

La contribution due par les personnes mentionnées à l'article L 611-1 du présent code portant sur les revenus mentionnés à l'article L 136-3 est recouvrée selon les règles, garanties et sanctions applicables au recouvrement des cotisations du régime général dues par ces personnes.

II bis. La contribution due sur les revenus de source étrangère, sous réserve s'agissant des revenus d'activité qu'elle n'ait pas fait l'objet d'un précompte par l'employeur, et la contribution sur l'avantage mentionné au I de l'article 80 bis du code général des impôts, ainsi que sur l'avantage mentionné au I de l'article 80 quaterdecies du même code lorsque ce dernier est imposé à l'impôt sur le revenu suivant les règles de droit commun des traitements et salaires, sont établies, recouvrées et contrôlées dans les conditions et selon les modalités prévues au III de l'article L 136-6 du présent code.

III. La contribution portant sur les revenus non soumis à cotisations au régime général de la sécurité sociale est, sauf disposition expresse contraire, précomptée par les débiteurs de ces revenus et versée aux organismes chargés du recouvrement des cotisations du régime général selon les règles et sous les garanties et sanctions applicables au recouvrement des cotisations du régime général assises sur les salaires.

IV. La contribution sociale entre dans les obligations financières incombant aux employeurs, ou personnes qui y sont substituées en droit, en vertu des articles L 1251-49 et suivants et L 7123-19 et suivants du code du travail.

V. Les différends nés de l'assujettissement à la contribution des revenus mentionnés aux articles L 136-1 à L 136-4 relèvent du contentieux de la sécurité sociale et sont réglés selon les dispositions applicables aux cotisations de sécurité sociale, conformément aux dispositions du chapitre III du titre III et des chapitres II, III et IV du titre IV du livre Ier dans leur rédaction publiée à la date de la publication de la dernière loi de financement de la sécurité sociale. Toutefois, les décisions rendues par les tribunaux judiciaires spécialement désignés en application de l'article L 211-16 du code de l'organisation judiciaire jugeant des différends portant sur la contribution sociale sur les revenus d'activité et de remplacement sont susceptibles d'appel quel que soit le montant du litige.

Section II
Contribution sociale sur les revenus du patrimoine

Art. L 136-6 I. Les personnes physiques fiscalement domiciliées en France au sens de l'article 4 B du code général des impôts sont assujetties à une contribution sur les revenus du patrimoine assise sur le montant net retenu pour l'établissement de l'impôt sur le revenu, à l'exception de ceux ayant déjà supporté la contribution au titre des articles L 136-3, L 136-4 et L 136-7 :

a. Des revenus fonciers ;

b. Des rentes viagères constituées à titre onéreux ;

c. Des revenus de capitaux mobiliers ;

d. *(Abrogé)* ;

e. Des plus-values, gains en capital et profits soumis à l'impôt sur le revenu, de même que des distributions définies aux 7, 7 bis, 8 et 9 du II de l'article 150-0 A, à l'article 150-0 F et au 1 du II de l'article 163 quinquies C du code général des impôts, de l'avantage mentionné au I de l'article 80 quaterdecies du même code lorsque celui-ci est imposé à l'impôt sur le revenu dans la catégorie des traitements et salaires selon les modalités prévues au 3 de l'article 200 A dudit code, et du gain défini à l'article 150 duodecies du même code ;

e bis. Des plus-values et des créances mentionnées au I et au II de l'article 167 bis du code général des impôts ;

e ter. *(Abrogé)* ;

f. De tous revenus qui entrent dans la catégorie des bénéfices industriels et commerciaux, des bénéfices non commerciaux ou des bénéfices agricoles au sens du code général des impôts, à l'exception de ceux qui sont assujettis à la contribution sur les revenus d'activité et de remplacement définie aux articles L 136-1 à L 136-5.

Pour la détermination de l'assiette de la contribution, il n'est pas fait application des abattements mentionnés au I de l'article 125-0 A, aux 1 ter et 1 quater de l'article 150-0 D, à l'article 150-0 D ter, au 2° du 3 de l'article 158 et au 3 de l'article 200 A du code général des impôts, et il n'est pas tenu compte de la moins-value mentionnée au second alinéa du III de l'article 150-0 B quinquies du même code et du coefficient multiplicateur mentionné au 7 de l'article 158 dudit code, ainsi que, pour les revenus de capitaux mobiliers, des dépenses effectuées en vue de l'acquisition et de la conservation du revenu .

Il n'est pas fait application à la contribution, d'une part, du dégrèvement ou de la restitution prévus au dernier alinéa du 2 du VII de l'article 167 bis du code général des impôts et, sauf lorsque la plus-value est imposée dans les conditions prévues à l'article 244 bis A du même code, au 4 du VIII de l'article 167 bis dudit code et, d'autre part, de l'imputation prévue à l'article 125-00 A du même code.

Sont également soumis à cette contribution :

1° *(Abrogés)* ;

2° *(Abrogé)* ;

3° Les plus-values à long terme exonérées en application de l'article 151 septies A du même code ;

4° Les revenus, produits et gains exonérés en application du II de l'article 155 B du même code.

I bis. Sont également assujetties à la contribution les personnes physiques qui ne sont pas fiscalement domiciliées en France au sens de l'article 4 B du code général des impôts à raison du montant net des revenus, visés au a du I de l'article 164 B du même code, retenu pour l'établissement de l'impôt sur le revenu.

I ter. Par dérogation aux I et I bis, ne sont pas redevables de la contribution les personnes qui, par application des dispositions du règlement (CE) n° 883/2004 du Parlement européen et du Conseil du 29 avril 2004 sur la coordination des systèmes de sécurité sociale, relèvent en matière d'assurance maladie d'une législation soumise à ces dispositions et qui ne sont pas à la charge d'un régime obligatoire de sécurité sociale français.

Pour l'application du premier alinéa du présent I ter aux gains mentionnés à l'article 150-0 B bis du code général des impôts et aux plus-values mentionnées au I de l'article 150-0 B ter du même code, la condition d'affiliation à un autre régime obligatoire de sécurité sociale s'apprécie à la date de réalisation de ces gains ou plus-values.

II. Sont également assujettis à la contribution, dans les conditions et selon les modalités prévues au I ci-dessus :

a. Les sommes soumises à l'impôt sur le revenu en application des articles 168, 1649 A, 1649 AA, 1649 quater A et 1649 quater-0 B bis à 1649 quater-0 B ter du code général des impôts, ainsi que de l'article L 69 du livre des procédures fiscales ;

a bis. Les sommes soumises à l'impôt sur le revenu en application du 1° de l'article L 66 du livre des procédures fiscales et qui ne sont pas assujetties à la contribution en vertu d'une autre disposition ;

b. Tous autres revenus dont l'imposition est attribuée à la France par une convention internationale relative aux doubles impositions et qui n'ont pas supporté la contribution prévue à l'article L 136-1.

II bis. *(Abrogé).*

III. La contribution portant sur les revenus mentionnés aux I à II, à l'exception du e bis du I, est assise, contrôlée et recouvrée selon les mêmes règles et sous les mêmes sûretés, privilèges et sanctions que l'impôt sur le revenu. Le produit annuel de cette contribution résultant, d'une part, des prélèvements prévus à l'article L 136-6-1 et, d'autre part, des montants des rôles généraux et supplémentaires mis en recouvrement au cours d'une année est versé à l'Agence centrale des organismes de sécurité sociale dans des conditions fixées par convention.

La contribution portant sur les revenus mentionnés au e bis du I est assise, contrôlée et recouvrée selon les mêmes règles et sous les mêmes sûretés, privilèges et sanctions que l'impôt sur le revenu. Le produit annuel de cette contribution est versé aux organismes affectataires pour le montant effectivement recouvré, sans qu'il soit fait application du prélèvement prévu au B du I de l'article 1641 du code général des impôts.

Les dispositions de l'article L 80 du livre des procédures fiscales sont applicables.

Il n'est pas procédé au recouvrement de la contribution lorsque le montant total par article de rôle, avant imputation des prélèvements prévus à l'article L 136-6-1, est inférieur à 61 €.

La majoration de 10 % prévue à l'article 1730 du code général des impôts est appliquée au montant de la contribution qui n'a pas été réglé dans les quarante-cinq jours suivant la mise en recouvrement.

IV. Par dérogation aux dispositions du III, la contribution portant sur les redevances visées aux articles L 7121-8 et L 7123-6 du code du travail et versées aux artistes du spectacle et aux mannequins est précomptée, recouvrée et contrôlée selon les règles et sous les garanties et sanctions applicables au recouvrement des cotisations du régime général de sécurité sociale.

V. Par dérogation au III du présent article, la contribution portant sur les redevances mentionnées à l'article L 222-2-10-1 du code du sport et versées aux sportifs et entraîneurs professionnels est précomptée, recouvrée et contrôlée selon les règles et sous les garanties et sanctions applicables au recouvrement des cotisations du régime général de sécurité sociale.

TD-XVI-4000 s. ; MF n°s 34550 s.

Art. L 136-6-1 1. Les revenus mentionnés à l'article 204 C du code général des impôts, lorsqu'ils sont soumis à la contribution prévue à l'article L 136-6 du présent code, dans les conditions prévues au III du même article L 136-6, donnent lieu, l'année de leur réalisation ou celle au cours de laquelle le contribuable en a la disposition, à un prélèvement acquitté par le contribuable dans les mêmes conditions et selon la même périodicité de versement que celles applicables à l'acompte prévu au 2° du 2 de l'article 204 A du code général des impôts.

2. L'assiette du prélèvement afférent aux revenus mentionnés au 1 du présent article est déterminée par application des règles définies à l'article 204 G du code général des impôts, sans qu'il soit fait application, le cas échéant, du coefficient multiplicateur mentionné au 7 de l'article 158 du même code.

Le montant du prélèvement est calculé en appliquant à cette assiette le taux des contributions prévues à l'article L 136-6 du présent code et à l'article 15 de l'ordonnance n° 96-50 du 24 janvier 1996 relative au remboursement de la dette sociale et du prélèvement prévu au 1° du I de l'article 235 ter du code général des impôts, afférents à ces mêmes revenus.

Les demandes présentées en application des articles 204 J à 204 L du code général des impôts s'appliquent également aux prélèvements définis au présent article.

3. Le montant du prélèvement payé au cours d'une année s'impute sur le montant des contributions et prélèvements mentionnés au deuxième alinéa du 2 du présent article dû au titre de cette même année. S'il excède le montant dû, l'excédent est restitué.

4. Le prélèvement est recouvré et contrôlé selon les mêmes modalités et sous les mêmes garanties, sanctions et sûretés que l'acompte prévu au 2° du 2 de l'article 204 A du code général des impôts.

IRPP-VI-41000 s. ; MF n° 3760

Section III
Contribution sociale sur les produits de placement

Art. L 136-7 I. Lorsqu'ils sont payés à des personnes physiques fiscalement domiciliées en France au sens de l'article 4 B du code général des impôts, les produits de placements sur lesquels sont opérés les prélèvements prévus aux 1 ou 2 du II de l'article 125-0 A, aux II et III de l'article 125 A et au I de l'article 125 D du même code, ainsi que les produits de placements mentionnés au I des articles 125 A et 125-0 A du même code retenus pour l'établissement de l'impôt sur le revenu lorsque la personne qui en assure le paiement est établie en France, sont assujettis à une contribution à l'exception de ceux ayant déjà supporté la contribution au titre des articles L 136-3 et L 136-4 du présent code ou des 3° et 4° du II du présent article.

Sont également assujettis à cette contribution :

1° Lorsqu'ils sont payés à des personnes physiques fiscalement domiciliées en France au sens de l'article 4 B du code général des impôts, les revenus distribués sur lesquels est opéré le prélèvement prévu à l'article 117 quater du même code, ainsi que les revenus distribués mentionnés au 1° du 3 de l'article 158 du même code dont le paiement est assuré par une personne établie en France et retenus pour l'établissement de l'impôt sur le revenu, à l'exception de ceux ayant déjà supporté la contribution au titre des articles L 136-3 et L 136-4 du présent code. Le présent 1° ne s'applique pas aux revenus perçus dans un plan d'épargne en actions défini au 5° du II du présent article ;

2° Les plus-values mentionnées aux articles 150 U à 150 UC du code général des impôts ;

3° Lorsqu'ils sont versés à des personnes physiques fiscalement domiciliées en France, au sens de l'article 4 B du code général des impôts, les revenus soumis à l'impôt sur le revenu en application de l'article 125 ter du même code, à l'exception de ceux ayant déjà supporté la contribution au titre du présent I ;

4° Les rentes versées au titre de la liquidation des droits constitués dans un plan d'épargne retraite ou dans un sous-compte français du produit paneuropéen d'épargne-retraite individuelle correspondant aux versements mentionnés au 1° de l'article L 224-2 du code monétaire et financier n'ayant pas fait l'objet de l'option prévue au deuxième alinéa de l'article L 224-20 du code précité, pour la fraction mentionnée au 6 de l'article 158 du code général des impôts.

I bis. Sont également soumises à la contribution les plus-values imposées au prélèvement mentionné à l'article 244 bis A du code général des impôts lorsqu'elles sont réalisées, directement ou indirectement, par des personnes physiques.

I ter. Par dérogation aux I et I bis, ne sont pas redevables de la contribution les personnes qui, par application des dispositions du règlement (CE) n° 883/2004 du Parlement européen et du Conseil du 29 avril 2004 sur la coordination des systèmes de sécurité sociale, relèvent en matière d'assurance maladie d'une législation soumise à ces dispositions et qui ne sont pas à la charge d'un régime obligatoire de sécurité sociale français.

L'établissement payeur mentionné au 1 du IV ne prélève pas la contribution assise sur les revenus de placement dès lors que les personnes titulaires de ces revenus justifient, selon des modalités définies par décret, des conditions définies au premier alinéa du présent I ter.

En cas de prélèvement indu par l'établissement payeur, ce dernier peut restituer le trop-perçu à la personne concernée et régulariser l'opération sur sa déclaration ou la personne concernée peut solliciter auprès de l'administration fiscale la restitution de la contribution prélevée par l'établissement payeur.

La contribution assise sur les plus-values mentionnées au 2° du I n'est pas due dès lors que les personnes titulaires de ces plus-values justifient, selon des modalités définies par décret, des conditions définies au premier alinéa du présent I ter.

II. Sont également assujettis à la contribution selon les modalités prévues au premier alinéa du I, pour la part acquise à compter du 1er janvier 1997 et, le cas échéant, constatée à compter de cette même date en ce qui concerne les placements visés du 3° au 9° :

1° Les intérêts et primes d'épargne des comptes d'épargne-logement visés à l'article L 315-1 du code de la construction et de l'habitation ouverts jusqu'au 31 décembre 2017, à l'exception des plans d'épargne-logement, respectivement lors de leur inscription en compte et de leur versement ;

2° Les intérêts des plans d'épargne-logement, exonérés d'impôt sur le revenu en application du 9° bis de l'article 157 du code général des impôts :

a. A la date du dixième anniversaire du plan pour les plans ouverts du 1er avril 1992 au 28 février 2011 ou, pour ceux ouverts avant le 1er avril 1992, à leur date d'échéance ;

b. Lors du dénouement du plan, pour les plans ouverts du 1er avril 1992 au 28 février 2011, si ce dénouement intervient antérieurement au dixième anniversaire ou antérieurement à leur date d'échéance pour ceux ouverts avant le 1er avril 1992 ;

c. Lors de leur inscription en compte, pour les intérêts courus sur des plans de plus de dix ans ouverts avant le 1er mars 2011 et sur les plans ouverts à compter de cette même date ;

2° bis Les primes d'épargne des plans d'épargne-logement lors de leur versement ;

3° Les produits attachés aux bons ou contrats de capitalisation, ainsi qu'aux placements de même nature mentionnés à l'article 125-0 A du code général des impôts, quelle que soit leur date de souscription, à l'exception des produits attachés aux contrats mentionnés à l'article 199 septies du même code :

a. Lors de leur inscription au bon ou contrat pour :

les bons ou contrats dont les droits sont exprimés en euros ou en devises ;

la part des produits attachés aux droits exprimés en euros ou en devises dans les bons ou contrats en unités de compte mentionnées au second alinéa de l'article L 131-1 du code des assurances ;

la part des produits attachés aux droits exclusivement exprimés en euros ou en devises dans les bons ou contrats dont une part peut être affectée à l'acquisition de droits exprimés en unités de compte définies au troisième alinéa du présent a ou de droits donnant lieu à la constitution d'une provision de diversification ;

b. A l'atteinte de la garantie pour les engagements donnant lieu à la constitution d'une provision de diversification et pour lesquels un capital ou une rente est garantie à une échéance fixée au contrat. L'assiette de la contribution est alors égale à la différence entre la valeur de rachat de ces engagements à l'atteinte de la garantie et la somme des primes versées affectées à ces engagements nette des primes comprises, le cas échéant, dans des rachats partiels ;

c. Lors du dénouement des bons ou contrats ou lors du décès de l'assuré. L'assiette de la contribution est calculée déduction faite des produits ayant déjà supporté la contribution au titre des a et b nets de cette contribution.

En cas de rachat partiel d'un bon ou contrat en unités de compte qui a été soumis à la contribution au titre des a et b, l'assiette de la contribution due au titre du rachat est égale au produit de l'assiette définie au premier alinéa du présent c par le rapport existant entre les primes comprises dans ledit rachat partiel et le montant total des primes versées net des primes comprises, le cas échéant, dans un rachat partiel antérieur ;

4° Les produits des plans d'épargne populaire, ainsi que les rentes viagères et les primes d'épargne visés au premier alinéa du 22° de l'article 157 du code général des impôts, respectivement lors de leur inscription en compte et de leur versement ;

5° Le gain net réalisé ou la rente viagère versée lors d'un retrait de sommes ou valeurs ou de la clôture d'un plan d'épargne en actions défini à l'article 163 quinquies D du code général des impôts dans les conditions ci-après :

a. En cas de retrait ou de rachat entraînant la clôture du plan ou en cas de clôture du plan en application du II de l'article L 312-20 du code monétaire et financier, dans sa rédaction résultant de la loi n° 2014-617 du 13 juin 2014 relative aux comptes bancaires inactifs et aux contrats d'assurance vie en déshérence, le gain net est déterminé par différence entre, d'une part, la valeur liquidative du plan ou la valeur de rachat pour les contrats de capitalisation à la date du retrait ou du rachat et, d'autre part, la valeur liquidative ou de rachat au 1er janvier 1997 majorée des versements effectués depuis cette date et diminuée du montant des sommes déjà retenues à ce titre lors des précédents retraits ou rachats ;

b. En cas de retrait ou de rachat n'entraînant pas la clôture du plan, le gain net afférent à chaque retrait ou rachat est déterminé par différence entre, d'une part, le montant du retrait ou rachat et, d'autre part, une fraction de la valeur liquidative ou de rachat au 1er janvier 1997 augmentée des versements effectués sur le plan depuis cette date et diminuée du montant des sommes déjà retenues à ce titre lors des précédents retraits ou rachats ; cette fraction est égale au rapport du montant du retrait ou rachat effectué à la valeur liquidative totale du plan à la date du retrait ou du rachat.

La valeur liquidative ou de rachat ne tient pas compte des gains nets et produits de placement mentionnés au 8° afférents aux parts des fonds communs de placement à risques ou des fonds professionnels de capital investissement et aux actions des sociétés de capital-risque détenues dans le plan ;

6° Lorsque les intéressés demandent la délivrance des droits constitués à leur profit au titre de la participation aux résultats de l'entreprise en application du titre II du livre III de la troisième partie du code du travail, le revenu constitué par la différence entre le montant de ces droits et le montant des sommes résultant de la répartition de la réserve spéciale de participation dans les conditions prévues à l'article L 3324-5 du même code ;

7° Lorsque les intéressés demandent la délivrance des sommes ou valeurs provenant d'un plan d'épargne entreprise au sens du titre III du livre III de la troisième partie du code du travail, le revenu constitué par la différence entre le montant de ces sommes ou valeurs et le montant des sommes versées dans le plan augmentées, le cas échéant, des sommes attribuées au titre de la réserve spéciale de la participation des salariés aux résultats de l'entreprise et des sommes versées dans le ou les précédents plans, à concurrence du montant des sommes transférées dans les conditions prévues aux articles L 3324-12 et L 3335-2 du code du travail, l'opération de transfert ne constituant pas une délivrance des sommes concernées ;

7 bis° Lorsque les intéressés demandent la délivrance des sommes exonérées en application des a et b du 4° bis de l'article 81 du code général des impôts, provenant d'un plan d'épargne retraite prévu à l'article L 224-1 du code monétaire et financier ou d'un sous-compte français du produit paneuropéen d'épargne-retraite individuelle mentionné à l'article L 225-1 du même code, le revenu constitué par la différence entre le montant de ces sommes et le montant des sommes versées dans le plan ;

8° Les répartitions de sommes ou valeurs effectuées par un fonds commun de placement à risques ou par un fonds professionnel de capital investissement dans les conditions prévues aux I et II ou aux I et III bis *(cette disposition s'applique à compter du 1er janvier 2007 aux fonds communs de placement dans l'innovation agréés par l'Autorité des marchés financiers)* de l'article 163 quinquies B du code général des impôts, les distributions effectuées par les sociétés de capital-risque dans les conditions prévues aux deuxième à cinquième alinéas du I et au 2 du II de l'article 163 quinquies C du même code et celles effectuées par les sociétés unipersonnelles d'investissement à risque dans les conditions prévues à l'article 163 quinquies C bis du même code, lors de leur versement, ainsi que les gains nets mentionnés aux 1 et 1 bis du III de l'article 150-0 A du même code ;

8° bis Les revenus, produits et gains non pris en compte pour le calcul des prélèvements prévus aux articles 117 quater, 125-0 A et 125 A du code général des impôts, en application du II de l'article 155 B du même code, lors de leur perception ;

8° ter Sous réserve du 8°, les plus-values retirées, au cours d'une même année civile, d'opérations réalisées dans le compte PME innovation défini à l'article L 221-32-4 du code monétaire et financier ainsi que les distributions mentionnées aux 7 et 7 bis du II de l'article 150-0 A du code général des impôts perçues dans ce compte au cours de la même année, au 31 décembre de cette même année ou, en cas de retrait en cours d'année, à la date de ce retrait. Ces plus-values et distributions sont déterminées, après imputation, le cas échéant, des moins-values subies, à raison d'opérations réalisées dans le compte mentionné à la première phrase du présent 8° ter, au cours de la même année et, le cas échéant, des dix années précédentes. Pour la détermination de l'assiette de la contribution, il n'est pas fait application des abattements mentionnés au 1 de l'article 150-0 D ou à l'article 150-0 D ter du même code ;

9° Les gains nets et les produits des placements en valeurs mobilières effectués en vertu d'un engagement d'épargne à long terme respectivement visés aux 5 du III de l'article 150-0 A et 16° de l'article 157 du code général des impôts, lors de l'expiration du contrat ;

10° *(Abrogé).*

III. 1. Lorsqu'un plan d'épargne-logement est résilié dans les deux ans à compter de son ouverture ou transformé en compte épargne-logement à la demande de son titulaire, la contribution calculée dans les conditions du c du 2° du II est restituée à hauteur du montant qui excède celui de la contribution due sur les intérêts recalculés, en appliquant à l'ensemble des dépôts du plan concerné le taux de rémunération du compte épargne-logement en vigueur à la date de sa résiliation ou de sa transformation.

2. L'établissement payeur reverse au titulaire du plan l'excédent de la contribution déterminé dans les conditions du 1, à charge pour cet établissement d'en demander la restitution.

La restitution s'effectue par voie d'imputation sur la contribution due par l'établissement payeur à raison des autres produits de placements. A défaut d'une base d'imputation suffisante, l'excédent de contribution non imputé est reporté ou remboursé.

III bis. 1. Lorsque, au dénouement d'un bon ou contrat mentionné au 3° du II ou lors du décès de l'assuré, le montant de l'assiette déterminée en application du c du même 3° est négatif, un excédent est reversé au contrat, correspondant à la contribution calculée sur la base de ce montant, sans pouvoir excéder le montant de la contribution déjà acquittée dans les conditions prévues aux a et b dudit 3°.

En cas de rachat partiel, cet excédent n'est reversé qu'à proportion du rapport existant entre les primes comprises dans ce rachat et le montant total des primes versées net des primes comprises, le cas échéant, dans un rachat partiel antérieur.

2. L'établissement payeur reverse au contrat l'excédent de la contribution déterminé dans les conditions du 1 lors du dénouement du bon ou du contrat ou du décès de l'assuré, à charge pour cet établissement d'en demander la restitution.

La restitution s'effectue par voie d'imputation sur la contribution due par l'établissement payeur à raison des autres produits de placements. A défaut d'une base d'imputation suffisante, l'excédent de contribution non imputé est reporté ou remboursé.

IV. 1. La contribution sociale généralisée due par les établissements payeurs au titre des mois de décembre et janvier sur les revenus de placement mentionnés au présent article, à l'exception de celle due sur les revenus et plus-values mentionnés aux 1° et 2° du I et au 8° ter du II, fait l'objet d'un versement déterminé sur la base du montant des revenus de placement soumis l'année précédente à la contribution sociale généralisée au titre des mois de décembre et janvier.

Ce versement est égal à 90 % du produit de l'assiette de référence ainsi déterminée par le taux de la contribution fixé à l'article L 136-8. Son paiement intervient le 15 octobre au plus tard. Il est reversé dans un délai de dix jours francs après cette date par l'Etat aux organismes affectataires.

2. Lorsque l'établissement payeur estime que le versement dû en application du 1 est supérieur à la contribution dont il sera redevable au titre des mois de décembre et janvier, il peut réduire ce versement à concurrence de l'excédent estimé.

3. Lors du dépôt en janvier et février des déclarations, l'établissement payeur procède à la liquidation de la contribution. Lorsque le versement effectué en application des 1 et 2 est supérieur à la contribution réellement due, le surplus est imputé sur la contribution sociale généralisée due à raison des autres produits de placement et, le cas échéant, sur les autres prélèvements ; l'excédent éventuel est restitué.

4. Lorsque la contribution sociale généralisée réellement due au titre des mois de décembre et janvier est supérieure au versement réduit par l'établissement payeur en application du 2, la majoration prévue au 1 de l'article 1731 du code général des impôts s'applique à cette différence. L'assiette de cette majoration est toutefois limitée à la différence entre le montant du versement calculé dans les conditions du 1 et celui réduit dans les conditions du 2.

V. La contribution visée au premier alinéa du I et aux II et IV ci-dessus est assise, contrôlée et recouvrée selon les mêmes règles et sous les mêmes sûretés, privilèges et sanctions que le prélèvement mentionné à l'article 125 A du code général des impôts. Toutefois, la contribution mentionnée au 8° ter du II est versée au Trésor dans les quinze premiers jours du mois qui suit la date mentionnée à la première phrase du même 8° ter.

La contribution visée au 1° du I est assise, contrôlée et recouvrée selon les mêmes règles et sous les mêmes sûretés, privilèges et sanctions que le prélèvement mentionné à l'article 117 quater du code général des impôts.

VI. 1. La contribution portant sur les plus-values mentionnées au 2° du I est, sous réserve du 2 du présent VI, assise, contrôlée et recouvrée selon les mêmes règles et sous les mêmes sûretés, privilèges et sanctions que l'impôt sur le revenu.

La contribution portant sur les plus-values mentionnées au I bis est, sous réserve du 2 du présent VI, assise, contrôlée et recouvrée selon les mêmes règles et sous les mêmes sûretés, privilèges et sanctions que le prélèvement mentionné à l'article 244 bis A du code général des impôts.

2. Pour la détermination de l'assiette de la contribution portant sur les plus-values mentionnées au 1, autres que celles mentionnées à l'article 150 UA du code général des impôts il est fait application, en lieu et place de l'abattement mentionné aux premier à troisième alinéas du I de l'article 150 VC dudit code, d'un abattement fixé à :

a. 1,65 % pour chaque année de détention au-delà de la cinquième ;

b. 1,60 % pour la vingt-deuxième année de détention ;

c. 9 % pour chaque année de détention au-delà de la vingt-deuxième.

Pour l'application de l'abattement, la durée de détention est décomptée selon les modalités prévues aux 1° à 3° du I du même article 150 VC.

TD-XVI-6000 s. ; MF n°s 34600 s.

Section IV
Contribution sociale sur les sommes engagées ou produits réalisés à l'occasion des jeux

Art. L 136-7-1 I. Il est institué une contribution sur le produit brut des jeux dans le cadre des jeux de loterie commercialisés en réseau physique de distribution et en ligne mentionnés au I de l'article 137 de la loi n° 2019-486 du 22 mai 2019 relative à la croissance et la transformation des entreprises. Cette contribution est assise sur le produit brut des jeux, constitué par la différence entre les sommes misées par les joueurs et les sommes versées ou à reverser aux gagnants. Les sommes engagées par les joueurs à compter du 1er janvier 2020 sont définies comme les sommes misées à compter de la date de réalisation du ou des événements sur lesquels repose le jeu, y compris celles apportées par l'opérateur à titre gracieux. Les sommes versées ou à reverser aux gagnants sont constituées de l'ensemble des gains en numéraire ou en nature versés ou à reverser aux joueurs à compter de la date de réalisation du ou des événements sur lesquels repose le jeu, à l'exclusion des sommes en numéraire ou en nature attribuées à titre gracieux à certains joueurs dans le cadre d'actions commerciales.

Pour le calcul de la contribution mentionnée au présent I, le montant du produit brut des jeux est multiplié par le rapport entre, d'une part, le montant des mises effectuées sur le jeu en France métropolitaine et dans les départements d'outre-mer et, d'autre part, le montant total des mises effectuées sur le jeu.

Cette contribution est recouvrée et contrôlée selon les mêmes règles et sous les mêmes sûretés, privilèges et sanctions que le prélèvement prévu au I de l'article 138 de la loi n° 2019-486 du 22 mai 2019 précitée.

II. *(Abrogé)*.

III. Il est institué une contribution sur le produit brut de certains jeux réalisé dans les casinos régis par la loi du 15 juin 1907 relative aux casinos.

Cette contribution est, d'une part, de 11,2 % sur une fraction égale à 68 % du produit brut des jeux automatiques des casinos et, d'autre part, de 13,7 % prélevés sur tous les gains d'un montant supérieur ou égal à 1 500 €, réglés aux joueurs par des bons de paiement manuels définis à l'article 69-20 de l'arrêté du 23 décembre 1959 portant réglementation des jeux dans les casinos.

Cette contribution est recouvrée et contrôlée selon les mêmes règles et sous les mêmes sûretés, privilèges et sanctions que le prélèvement prévu à l'article 50 de la loi de finances pour 1991 (n° 90-1168 du 29 décembre 1990).

Section V
Dispositions communes

Art. L 136-8 I. Le taux des contributions sociales est fixé :

1° A 9,2 % pour la contribution sociale mentionnée à l'article L 136-1 ;

2° A 9,2 % pour les contributions sociales mentionnées aux articles L 136-6 et L 136-7 ;

3° A 6,2 % pour la contribution sociale mentionnée au I de l'article L 136-7-1.

II. Par dérogation au I :

1° Sont assujettis à la contribution au taux de 6,2 % :

a. Les allocations de chômage et les avantages mentionnés au 2° de l'article L 131-2 ;

b. Les indemnités journalières et allocations versées par les organismes de sécurité sociale ou, pour leur compte, par les employeurs, à l'occasion de la maladie, de la maternité ou de la paternité et de l'accueil de l'enfant, des accidents du travail et des maladies professionnelles ;

c. Les allocations mentionnées aux articles L 168-1 et L 168-8 ;

2° Sont assujetties à la contribution au taux de 8,3 % les pensions de retraite et les pensions d'invalidité.

III. Par dérogation aux I, II et III bis, sont assujettis à la contribution sociale au taux de 3,8 % les revenus mentionnés au 1° et au premier alinéa du 4° du II de l'article L 136-1-2 des personnes :

1° D'une part, dont les revenus définis au IV de l'article 1417 du code général des impôts perçus l'avant-dernière année excèdent 11 128 € pour la première part de quotient familial, majorés de 2 971 € pour chaque demi-part supplémentaire. Pour la Martinique, la Guadeloupe et La Réunion, les montants des revenus sont fixés à 13 167 € pour la première part, majorés de 3 268 € pour la première demi-part et 2 971 € pour chaque demi-part supplémentaire à compter de la deuxième. Pour la Guyane et Mayotte, ces montants sont fixés, respectivement, à 13 768 €, 3 417 € et 2 971 € ;

2° D'autre part, dont les revenus définis au IV de l'article 1417 du code général des impôts perçus l'avant-dernière ou l'antépénultième année sont inférieurs ou égaux à 14 548 € pour la première part de quotient familial, majorés de 3 884 € pour chaque demi-part supplémentaire. Pour la Martinique, la Guadeloupe et La Réunion, les montants des revenus sont fixés à 15 915 € pour la première part, majorés de 4 271 € pour la première demi-part et 3 884 € pour chaque demi-part supplémentaire à compter de la deuxième. Pour la Guyane et

Mayotte, ces montants sont fixés, respectivement, à 16 672 €, 4 467 € et 3 884 €.

III bis. Par dérogation aux I et II, sont assujettis à la contribution sociale au taux de 6,6 % les revenus mentionnés au 1° du II de l'article L 136-1-2 perçus par les personnes dont les revenus de l'avant-dernière année, définis au IV de l'article 1417 du code général des impôts :

1° D'une part, excèdent 14 548 € pour la première part de quotient familial, majorés de 3 884 € pour chaque demi-part supplémentaire. Pour la Martinique, la Guadeloupe et La Réunion, les montants des revenus sont fixés à 15 915 € pour la première part, majorés de 4 271 € pour la première demi-part et 3 884 € pour chaque demi-part supplémentaire à compter de la deuxième. Pour la Guyane et Mayotte, ces montants sont fixés, respectivement, à 16 672 €, 4 467 € et 3 884 € ;

2° D'autre part, sont inférieurs à 22 580 € pour la première part de quotient familial, majorés de 6 028 € pour chaque demi-part supplémentaire.

III ter. Les seuils mentionnés aux III et III bis sont revalorisés au 1er janvier de chaque année, conformément à l'évolution en moyenne annuelle des prix à la consommation, hors tabac, constatée pour l'avant-dernière année et arrondis à l'euro le plus proche, la fraction d'euro égale à 0,50 étant comptée pour 1.

IV. à V. *(Abrogés).*

VI. 1. L'Agence centrale des organismes de sécurité sociale est chargée de centraliser et de répartir le produit de la contribution mentionnée au présent chapitre, dans les conditions prévues au présent article et à l'article L 131-8.

2. Il en est de même pour les produits recouvrés simultanément aux contributions mentionnées aux articles L 136-6 et L 136-7 et pour les produits mentionnés aux I et III de l'article 18 de l'ordonnance n° 96-50 du 24 janvier 1996 précitée.

3. Pour l'application du présent VI, le montant global des contributions et prélèvements sociaux mentionnés à l'article L 138-21 qui est reversé par l'Etat à l'agence est réparti entre les affectataires de ces contributions et prélèvements au prorata des taux des contributions et prélèvements qui leur sont affectés à la date de leur fait générateur.

TD-XVI-250 s. ; MF nos 34200 s.

Contribution salariale sur les distributions et gains nets afférents à des parts de fonds communs de placement à risques, des actions de sociétés de capital-risque ou des droits représentatifs d'un placement financier dans une entité mentionnée au dernier alinéa du 8 du II de l'article 150-0 A du code général des impôts

Art. L 137-18 Il est institué une contribution sociale libératoire au taux de 30 % assise sur les distributions et gains nets mentionnés à l'article 80 quindecies du code général des impôts qui, en application du même article, sont imposables à l'impôt sur le revenu au nom des salariés et dirigeants bénéficiaires selon les règles applicables aux traitements et salaires. Elle est mise à la charge de ces salariés et dirigeants et affectée à la Caisse nationale des allocations familiales.

Cette contribution est établie, recouvrée et contrôlée dans les conditions et selon les modalités prévues au III de l'article L 136-6.

RM-VII-5505 ; MF n° 26440

Prélèvements sur les jeux, concours et paris

Art. L 137-20 Il est institué, pour le pari mutuel organisé et exploité par les sociétés de courses dans les conditions fixées par l'article 5 de la loi du 2 juin 1891 ayant pour objet de réglementer l'autorisation et le fonctionnement des courses de chevaux et pour les paris hippiques en ligne mentionnés à l'article 11 de la loi n° 2010-476 du 12 mai 2010 relative à l'ouverture à la concurrence et à la régulation du secteur des jeux d'argent et de hasard en ligne, un prélèvement sur le produit brut des jeux tel que défini au premier alinéa de l'article 302 bis ZJ du code général des impôts.

Le taux de ce prélèvement est fixé à 6,9 % du produit brut des jeux au titre des paris hippiques régis par le règlement du Pari Mutuel applicable dans le réseau urbain et sur les hippodromes et à 6,9 % du produit brut des jeux au titre des paris hippiques en ligne.

Ce prélèvement est dû par le Pari mutuel urbain ou les sociétés de courses intéressées pour les paris organisés dans les conditions fixées par l'article 5 de la loi du 2 juin 1891 précitée et par les personnes devant être soumises, en tant qu'opérateur de paris hippiques en ligne, à l'agrément mentionné à l'article 21 de la loi n° 2010-476 du 12 mai 2010 précitée.

Art. L 137-21 Il est institué, pour les paris sportifs, un prélèvement assis sur le produit brut des jeux, constitué par la différence entre les sommes misées par les joueurs et les sommes versées ou à reverser aux gagnants. Les sommes engagées par les joueurs à compter du 1er janvier 2020 sont définies comme des sommes misées à compter de la date de réalisation du ou des événements sur lesquels repose le jeu. Les sommes versées ou à reverser aux gagnants sont constituées de l'ensemble des gains en numéraire ou en nature versés ou à reverser aux joueurs à compter de la date de réalisation du ou des événements sur lesquels repose le jeu, y compris les gains résultant de sommes apportées par l'opérateur, à condition que le joueur puisse en demander le versement en numéraire ou sur son compte de paiement.

Pour le calcul du prélèvement, le montant du produit brut des jeux est multiplié par le rapport entre, d'une part, le montant des mises effectuées sur le jeu en France métropolitaine et dans les départements d'outre-mer et, d'autre part, le montant total des mises effectuées sur le jeu.

Ce prélèvement est dû par la personne morale chargée de l'exploitation des jeux de paris sportifs commercialisés en réseau physique de distribution mentionnée au I de l'article 137 de la loi n° 2019-486 du 22 mai 2019 relative à la croissance et la transformation des entreprises et par les personnes devant être soumises, en tant qu'opérateur de paris sportifs en ligne, à l'agrément mentionné à l'article 21 de la loi n° 2010-476 du 12 mai 2010 relative à l'ouverture à la concurrence et à la régulation du secteur des jeux d'argent et de hasard.

Le taux de ce prélèvement est fixé à 6,6 % du produit brut des jeux pour les paris sportifs commercialisés en réseau physique de distribution et à 10,6 % pour les paris sportifs en ligne.

Art. L 137-22 Il est institué, pour les jeux de cercle en ligne organisés et exploités dans les conditions fixées par l'article 14 de la loi n° 2010-476 du 12 mai 2010 précitée, un prélèvement de 0,2 % sur les sommes engagées par les joueurs.

Ce prélèvement est dû par les personnes devant être soumises, en tant qu'opérateur de jeux de cercle en ligne, à l'agrément mentionné à l'article 21 de la loi n° 2010-476 du 12 mai 2010 précitée.

Ndlr *Voir CGI, art. 1609 quatertricies.*

Art. L 137-23 Le prélèvement mentionné à l'article L 137-22 est assis sur le montant brut des sommes engagées par les joueurs et parieurs. Les gains réinvestis par ces derniers sous forme de nouvelles mises sont également assujettis à ce prélèvement.

S'agissant des jeux de cercle organisés sous forme de tournoi et donnant lieu au paiement, par chaque joueur, d'un droit d'entrée représentatif d'une somme déterminée que celui-ci engagera au jeu, le prélèvement mentionné à l'article L 137-22 est assis sur le montant de ce droit d'entrée et, le cas échéant, sur le ou les droits d'entrée ultérieurement acquittés par le joueur afin de continuer à jouer.

S'agissant des autres jeux de cercle, le prélèvement mentionné à l'article L 137-22 est plafonné à 0,1 € par donne.

Ndlr *Voir CGI, art. 1609 quatertricies.*

Art. L 137-25 Dans le cas d'un jeu ou d'un pari en ligne, le prélèvement est dû au titre des sommes engagées dans le cadre d'une session de jeu ou de pari réalisée au moyen d'un compte joueur ouvert sur un site dédié tel que défini à l'article 24 de la loi n° 2010-476 du 12 mai 2010 précitée.

Ndlr *Voir CGI, art. 1609 quatertricies.*

Art. L 137-26 L'exigibilité des prélèvements mentionnés aux articles L 137-20 et L 137-21 est constituée par la réalisation du ou des événements sur lesquels repose le jeu. L'exigibilité du prélèvement mentionné à l'article L 137-22 est constituée par l'encaissement des sommes engagées par les parieurs ou joueurs.

Le produit de ces prélèvements est déclaré et liquidé par les opérateurs de jeux ou de paris en ligne mentionnés au second alinéa de ces mêmes articles selon les modalités suivantes :

1° Pour les redevables de la taxe sur la valeur ajoutée soumis au régime réel normal d'imposition prévu au 2 de l'article 287 du code général des impôts, sur l'annexe à la déclaration mentionnée au 1 du même article 287 déposée au titre du mois ou du trimestre au cours duquel l'exigibilité est intervenue ;

2° Pour les redevables de la taxe sur la valeur ajoutée soumis au régime simplifié d'imposition prévu à l'article 302 septies A du même code, sur la déclaration annuelle mentionnée au 3 de l'article 287 du même code déposée au titre de l'exercice au cours duquel l'exigibilité est intervenue ;

3° Pour les personnes non redevables de la taxe sur la valeur ajoutée et les assujettis non établis en France se prévalant d'un des régimes particuliers mentionnés aux articles 359 et 369 ter de la directive 2006/112/CE du Conseil du 28 novembre 2006 relative au système commun de la taxe sur la valeur ajoutée, sur l'annexe à la déclaration prévue au 1 de l'article 287 du code général des impôts déposée auprès du service chargé du recouvrement dont relève le siège ou le principal établissement au plus tard le 25 du mois qui suit celui au cours duquel l'exigibilité est intervenue.

Ces prélèvements sont recouvrés et contrôlés selon les mêmes procédures et sous les mêmes sanctions, garanties, sûretés et privilèges que les taxes sur le chiffre d'affaires. Les réclamations sont présentées, instruites et jugées selon les règles applicables à ces mêmes taxes.

Ndlr *Voir CGI, art. 1609 quatertricies.*

Contribution sociale de solidarité à la charge des sociétés

TD-XV-5 s. ; MF nos 75000 s.

Partie législative

Art. L 137-30 Il est institué une contribution sociale de solidarité à la charge :

1° Des sociétés anonymes et des sociétés par actions simplifiées, quelles que soient, le cas échéant, la nature et la répartition de leur capital ;

2° Des sociétés à responsabilité limitée ;

3° Des sociétés en commandite ;

4° Des personnes morales de droit public dans les limites de leur activité concurrentielle ;

4° bis Des groupements d'intérêt public assujettis à la taxe sur la valeur ajoutée en application de dispositions du chapitre Ier du titre II de la première partie du livre Ier du code général des impôts autres que celles de l'article 256 B ;

5° Des personnes morales dont le siège est situé hors du territoire de la France métropolitaine ou des départements d'outre-mer, à raison des affaires réalisées sur ce territoire et les rendant passibles de l'impôt sur les sociétés ;

6° Des sociétés en nom collectif ;

7° Des groupements d'intérêt économique ;

8° Des groupements européens d'intérêt économique à raison des affaires réalisées sur le territoire de la France métropolitaine ou des départements d'outre-mer ;

9° Indépendamment de leur forme juridique, des établissements et entreprises mentionnés aux I et II de l'article L 511-1 du code monétaire et financier et relevant des chapitres Ier à VII ainsi que de la section 2 du chapitre VIII du titre Ier du livre V du même code ;

9° bis Indépendamment de leur forme juridique, des entreprises ou sociétés d'assurance, de capitalisation et de réassurance de toute nature régies par le code des assurances, des mutuelles et unions de mutuelles relevant du livre II du code de la mutualité, des institutions de prévoyance et unions d'institutions de prévoyance relevant du titre III du livre IX du présent code ou du titre VII du livre VII du code rural et de la pêche maritime ;

9° ter Indépendamment de leur forme juridique, des fonds de retraite professionnelle supplémentaire mentionnés à l'article L 381-1 du code des assurances, des mutuelles ou unions de retraite professionnelle supplémentaire mentionnées à l'article L 222-12 du code de la mutualité et des institutions de retraite professionnelle supplémentaire ;

10° Des sociétés ou organismes non visés aux 1° à 9° bis qui sont régis par la loi n° 47-1775 du 10 septembre 1947 portant statut de la coopération, à l'exception de ceux visés à l'article L 521-1 du code rural et de la pêche maritime, au titre Ier de la loi n° 83-657 du 20 juillet 1983 relative au développement de certaines activités d'économie sociale *[NDLR Les dispositions de la loi 83-657 du 20 juillet 1983 sont abrogées par l'article 5, II-2° de l'ordonnance 2023-208 du 28 mars 2023 et reprises aux articles L 134-1 et suivants du Code de l'artisanat à compter du 1er juillet 2023 (Ordonnance précitée art. 2 et 6)]*, aux articles L 3441-2 et L 4431-2 du code des transports et aux articles L 931-5, L 931-24 et L 931-28 du code rural et de la pêche maritime ;

11° Des sociétés européennes au sens de l'article L 229-1 du code de commerce et des sociétés coopératives européennes, au sens du règlement (CE) 1435/2003 du Conseil du 22 juillet 2003 relatif au statut de la société coopérative européenne.

Art. L 137-31 Sont exonérées de la contribution sociale de solidarité :

1° Les sociétés d'habitation à loyer modéré et de crédit immobilier régies par les articles L 411-1 et suivants du code de la construction et de l'habitation, ainsi que les unions de ces sociétés ;

2° Les sociétés immobilières de copropriété régies par les articles L 212-1 à L 212-13 du code de la construction et de l'habitation ;

3° Les sociétés d'économie mixte de construction ou d'aménagement pour les activités qu'elles réalisent dans le cadre des missions de service d'intérêt général mentionnées aux onzième à treizième alinéas de l'article L 411-2 du code de la construction et de l'habitation ;

4° Les sociétés de rédacteurs de presse ;

5° Les sociétés mentionnées à l'article 4 de la loi n° 69-717 du 8 juillet 1969 relative à certaines dispositions concernant les sociétés ;

6° *(Abrogé)* ;

7° Les sociétés d'investissement régies par les articles L 214-7 à L 214-7-4, L 214-24-29 à L 214-24-33 et L 214-127 à L 214-135 code monétaire et financier ;

8° Les sociétés d'aménagement foncier et d'établissement rural régies par l'article 15 de la loi n° 60-808 du 5 août 1960 dite loi d'orientation agricole ;

9° *(Abrogé)* ;

10° Les sociétés en nom collectif et les groupements d'intérêt économique constitués exclusivement entre des sociétés exonérées par application des dispositions prévues aux 1° à 8°, pour la réalisation d'opérations que ces sociétés peuvent mettre en œuvre directement avec le bénéfice de cette exonération ;

11° Des sociétés coopératives maritimes visées au chapitre premier du titre III de la loi n° 83-657 du 20 juillet 1983 relative au développement de certaines activités d'économie sociale *(NDLR Le chapitre 1er du titre III de la loi précitée a été abrogé et repris sous les articles L 931-5 à L 931-27 du code rural et de la pêche maritime)*, ayant pour objet exclusif soit l'avitaillement, soit l'armement de leurs associés coopérateurs ;

12° Les sociétés de libre partenariat régies par l'article L 214-154 du code monétaire et financier.

Art. L 137-32 La contribution sociale de solidarité est annuelle. Son fait générateur est constitué par l'existence de l'entreprise débitrice au 1er janvier de l'année au titre de laquelle elle est due. Son taux est fixé à 0,16 %. Elle est assise sur le chiffre d'affaires défini à l'article L 137-33 réalisé l'année précédant celle au titre de laquelle elle est due, après application d'un abattement égal à 19 millions d'euros. Elle est recouvrée par une union de recouvrement des cotisations de sécurité sociale et d'allocations familiales désignée par le directeur de l'Agence centrale des organismes de sécurité sociale. Elle est exigible au 15 mai de l'année qui suit la réalisation de ce chiffre d'affaires. Des décrets peuvent prévoir un plafonnement en fonction de la marge pour les entreprises de commerce international et intracommunautaire fonctionnant avec une marge brute particulièrement réduite et pour les entreprises du négoce en l'état des produits du sol et de l'élevage, engrais et produits connexes, achetant ou vendant directement à la production et pour les entreprises du négoce en gros des combustibles et de commerce de détail de carburants.

Pour les sociétés ou groupements mentionnés aux 4° bis, 6°, 7° et 8° de l'article L 137-30 ainsi que les groupements d'intérêt public assujettis à la taxe sur la valeur ajoutée en application de l'article 256 B du code général des impôts, la part du chiffre d'affaires correspondant à des refacturations de prestations de services à leurs membres ou associés n'est pas soumise à la contribution.

En outre, les redevables mentionnés aux 1° à 3°, 4°, sauf s'il s'agit de groupements d'intérêt public assujettis à la taxe sur la valeur ajoutée en application de l'article 256 B du code général des impôts, 5°, 10° et 11° de l'article L 137-30 ne tiennent pas compte, pour la détermination de leur contribution, de la part du chiffre d'affaires correspondant à des ventes de biens réalisées avec les sociétés ou groupements visés à l'alinéa précédent et acquittant la contribution, dans lesquels ils détiennent une participation au moins égale à 20 %, à condition que ces biens soient utilisés pour les besoins d'opérations de production effectuées par ces sociétés ou groupements.

La contribution des organismes coopératifs relevant du chapitre premier du titre III de la loi n° 83-657 du 20 juillet 1983 relative au développement de certaines activités d'économie sociale *(NDLR Le chapitre 1er du titre III de la loi précitée a été abrogé et repris sous les articles L 931-5 à L 931-27 du code rural et de la pêche maritime)* est établie sans tenir compte du chiffre d'affaires qu'ils réalisent, au titre des opérations de vente de produits issus des entreprises exploitées par leurs membres, avec d'autres organismes coopératifs régis par les mêmes dispositions et dont ils sont associés coopérateurs.

Pour la détermination de leur contribution, les sociétés ou groupements visés au deuxième alinéa ne tiennent pas compte des ventes de biens réalisées à ceux de leurs membres ou associés acquittant la contribution et détenant au moins 20 % des droits à leurs résultats, à condition que ces biens soient vendus à l'issue d'opérations de production effectuées par ces sociétés ou groupements.

Pour les redevables visés à l'article L 137-30 affiliés à l'un des organes centraux mentionnés à l'article L 511-30 du code monétaire et financier, la part du chiffre d'affaires correspondant à des intérêts reçus à raison d'opérations de centralisation, à l'échelon régional ou national, de leurs ressources financières n'est pas soumise à la contribution dans la limite du montant des intérêts servis en contrepartie de ces mêmes opérations.

Les dispositions du premier alinéa sont applicables aux entreprises de négoce en l'état des produits du sol et de l'élevage, engrais et produits connexes, achetant et vendant directement aux coopératives agricoles.

Art. L 137-33 Les sociétés et entreprises assujetties à la contribution sociale de solidarité sont tenues d'indiquer annuellement à l'organisme chargé du recouvrement de cette contribution le montant de leur chiffre d'affaires global déclaré à l'administration fiscale, calculé hors taxe sur le chiffre d'affaires et taxes assimilées. De ce montant sont déduits, en outre, les droits ou taxes indirects et les taxes intérieures de consommation, versés par ces sociétés et entreprises, grevant les produits médicamenteux et de parfumerie, les boissons, ainsi que les produits pétroliers.

Ndlr *Les taxes intérieures de consommation correspondent désormais aux fractions perçues sur les produits énergétiques (à l'exception de l'électricité) de l'accise sur les énergies mentionnée à l'article L 312-1 du CIBS (Ordonnance 2021-1843 du 22 décembre 2021 art. 4).*

Pour les établissements de crédit, les sociétés de financement et, lorsqu'elles sont agréées par l'Autorité de contrôle prudentiel, les entreprises mentionnées à l'article L 531-4 du code monétaire et financier, le chiffre d'affaires est celui défini au 1 du III de l'article 1586 sexies du code général des impôts. Toutefois, le chiffre d'affaires annuel afférent aux contrats d'échanges de taux d'intérêt, aux opérations sur devises et aux autres instruments financiers à terme est constitué par le résultat net positif de chacune de ces catégories.

Ndlr *Pour les dispositions du présent alinéa applicables à compter du 1er janvier 2027, voir partie Autres textes du présent code loi 2022-1726 du 30 décembre 2022 art. 55, VIII-1°-a et XXVII-G bis modifié par loi 2023-1322 du 29 décembre 2023 art. 79, III-E-2°.*

Pour les établissements et entreprises mentionnés au deuxième alinéa du présent article dont le produit net bancaire est au plus égal à 10 % du chiffre d'affaires ainsi déterminé, le montant de la contribution sociale de solidarité ne peut excéder 1,6 % du produit net bancaire.

Pour les redevables mentionnés au 9° bis de l'article L 137-30, le chiffre d'affaires est celui défini au 1 du VI de l'article 1586 sexies du code général des impôts, à l'exception des reprises sur réserves sur capitalisation. Toutefois, le chiffre d'affaires annuel afférent aux opérations sur devises et aux ajustements sur opérations à capital variable est constitué par le résultat net positif de chacune de ces catégories. Ne sont comprises dans le chiffre d'affaires retenu pour asseoir la contribution ni les cotisations, primes et acceptations provenant de contrats d'assurance maladie relatifs à des opérations individuelles et collectives à adhésion facultative à la condition que l'organisme ne recueille pas d'informations médicales auprès de l'assuré au titre de ce contrat ou des personnes souhaitant bénéficier de cette couverture, que les cotisations ou les primes ne soient pas fixées en fonction de l'état de santé de l'assuré et que ces garanties respectent les conditions mentionnées à l'article L 871-1, ou de contrats d'assurance maladie relatifs à des opérations collectives à adhésion obligatoire à la condition que les cotisations ou les primes ne soient pas fixées en fonction de l'état de santé de l'assuré et que ces garanties respectent les conditions mentionnées au même article L 871-1, ni les remises qui leur sont versées dans le cadre de leur participation à la gestion d'un régime légal d'assurance maladie et maternité, ni les subventions accordées par le fonds prévu à l'article L 421-1 du code de la mutualité.

Ndlr *Pour les dispositions du présent alinéa applicables à compter du 1er janvier 2027, voir partie Autres textes du présent code loi 2022-1726 du 30 décembre 2022 art. 55, VIII-1o-b et XXVII-G bis modifié par loi 2023-1322 du 29 décembre 2023 art. 79, III-E-2o.*

Pour les commissionnaires au sens de l'article L 132-1 du code de commerce qui s'entremettent dans une livraison de biens ou de services, l'assiette de la contribution est constituée par le montant de leur commission, sous réserve que les conditions suivantes soient simultanément remplies :

1o L'opération d'entremise est rémunérée exclusivement par une commission dont le taux est fixé au préalable d'après le prix, la quantité ou la nature des biens ou des services ;

2o Il est rendu compte au commettant du prix auquel l'intermédiaire a traité l'opération avec l'autre contractant ;

3o L'intermédiaire qui réalise ces opérations d'entremise doit agir en vertu d'un mandat préalable et ne jamais devenir propriétaire des biens ;

4o Les opérations ne sont pas réalisées par des personnes établies en France qui s'entremettent dans la livraison de biens ou l'exécution des services par des redevables qui n'ont pas établi dans l'Union européenne le siège de leur activité, un établissement stable, leur domicile ou leur résidence habituelle.

Dans le cas d'entremise à la vente, les commettants des intermédiaires auxquels les cinquième à neuvième alinéas s'appliquent majorent leur chiffre d'affaires du montant des commissions versées.

Le chiffre d'affaires retenu pour asseoir la contribution prévue par l'article L 138-1 est exclu de l'assiette de la contribution sociale de solidarité.

Par dérogation au premier alinéa, les entreprises dont le chiffre d'affaires, calculé selon les modalités prévues aux alinéas précédents, est inférieur au seuil ou égal au montant de l'abattement mentionné par le premier alinéa de l'article L 137-32 ne sont pas tenues de souscrire une déclaration au titre de la contribution sociale de solidarité.

Lorsque la société ou l'entreprise assujettie n'a pas effectué la déclaration de son chiffre d'affaires selon les modalités et dans les délais prescrits pour l'application du présent article, le chiffre d'affaires sur lequel est assise la contribution est fixé d'office par l'organisme chargé du recouvrement à partir des éléments dont il dispose ou des comptes annuels dont il est fait publicité.

Les montants dus, lorsque le chiffre d'affaires estimé est supérieur au montant de l'abattement fixé par le premier alinéa de l'article L 137-32, sont réclamés à titre provisionnel, par voie de mise en demeure dans les conditions mentionnées à l'article L 244-2.

Art. L 137-34 I. L'organisme chargé du recouvrement de la contribution peut obtenir des administrations fiscales communication des éléments nécessaires à la détermination de son assiette et de son montant dans les conditions prévues à l'article L 152 du livre des procédures fiscales.

II. Les sociétés, entreprises et établissements mentionnés à l'article L 137-30 du présent code sont tenues de fournir, à la demande de l'organisme de recouvrement, tous renseignements et documents nécessaires à la détermination de l'assiette de la contribution et de son montant dans un délai de soixante jours. Lorsque le redevable a répondu de façon insuffisante à cette demande, l'organisme de recouvrement le met en demeure de compléter sa réponse dans un délai de trente jours en précisant les compléments de réponse attendus.

Le délai de reprise de la créance de contribution mentionné au premier alinéa de l'article L 244-3 est interrompu à la date d'envoi des demandes mentionnées au premier alinéa du présent II.

Le contrôle des déclarations transmises par les sociétés, entreprises et établissements assujettis à la contribution sociale de solidarité est effectué dans les conditions prévues à l'article L113 du livre des procédures fiscales.

III. En cas de défaut de réponse à la demande de renseignements et de documents ou à la mise en demeure mentionnée au II ou en cas de réponse insuffisante à la mise en demeure, il est appliqué une majoration dans la limite de 5 % du montant des sommes dues par le redevable.

IV. L'organisme de recouvrement ayant constaté une inexactitude, une insuffisance, une omission ou une dissimulation dans les éléments servant au calcul de la contribution notifie au redevable, par lettre recommandée avec demande d'avis de réception, un document mentionnant l'objet des opérations de contrôle, les documents consultés, la période vérifiée, le mode de calcul et le montant de la rectification envisagée.

Lorsque le redevable n'a pas répondu dans les délais prescrits à la demande et, le cas échéant, à la mise en demeure mentionnées au II du présent article ou que sa réponse demeure insuffisante, le montant de la rectification envisagée est estimé selon les règles fixées par l'avant-dernier alinéa de l'article L 137-33.

Le redevable dispose d'un délai de trente jours pour faire part à l'organisme de recouvrement de sa réponse.

L'organisme de recouvrement est tenu de notifier à l'intéressé, par lettre recommandée avec demande d'avis de réception, la modification de la rectification envisagée dès lors que les observations fournies par le redevable sont reconnues fondées ou de motiver leur rejet.

L'organisme de recouvrement ne peut engager la mise en recouvrement de la contribution et des majorations avant l'expiration du délai de réponse mentionné au troisième alinéa du présent IV.

Art. L 137-35 Les sociétés, entreprises et établissements dont le chiffre d'affaires défini à l'article L 137-33 est supérieur au montant de l'abattement mentionné au premier alinéa de l'article L 137-32 sont tenues d'effectuer la déclaration prévue au même article et le paiement de la contribution sociale de solidarité par voie dématérialisée auprès de l'organisme chargé du recouvrement de la contribution au plus tard le 15 mai de l'année qui suit celle au cours de laquelle a été réalisé le chiffre d'affaires sur lequel la contribution est assise. Pour se conformer à cette obligation, les sociétés, entreprises et établissements utilisent les services de télédéclaration et de télérèglement mis à disposition dans les conditions prévues à l'article L 137-33.

Lorsque la transmission de la déclaration n'est pas faite suivant les modalités définies à l'alinéa précédent, il est appliqué une majoration de 0,2 % du montant de la contribution sociale de solidarité dont est redevable la société, l'entreprise ou l'établissement.

Il est également appliqué une majoration de 0,2 % du montant des sommes dont le versement a été effectué dans des conditions différentes de celles prévues au premier alinéa.

Art. L 137-36 I. Le défaut de production par le redevable, dans les délais prescrits, de la déclaration de son chiffre d'affaires prévue à l'article L 137-33 entraîne l'application d'une majoration fixée dans la limite de 10 % du montant de la contribution mise à sa charge ou résultant de la déclaration produite tardivement.

II. Une majoration identique à celle mentionnée au I du présent article est applicable sur le supplément de contribution mis à la charge du redevable en cas d'application des rectifications mentionnées au IV de l'article L 137-34.

Art. L 137-37 Une majoration fixée dans la limite de 10 % est appliquée de plein droit à la contribution sociale de solidarité qui n'a pas été acquittée aux dates limites de versement de la contribution. Toute contribution restée impayée plus d'un an après ces dates est augmentée de plein droit d'une nouvelle majoration fixée dans la limite de 4,8 % par année ou par fraction d'année de retard.

Art. L 137-38 Les majorations mentionnées à l'article L 137-35, au I de l'article L 137-36 et à l'article L 137-37 sont applicables dans le cadre de la taxation d'office à titre provisionnel prévue pour le recouvrement de la contribution sociale de solidarité.

Art. L 137-39 Un décret fixe les conditions d'application des dispositions de la présente section.

Partie réglementaire

Art. D 137-30 Pour les entreprises de commerce international et intracommunautaire mentionnées à l'article L 137-32 dont la marge est au plus égale à 4 % du chiffre d'affaires hors taxes, le montant de la contribution sociale de solidarité est plafonné à 3,08 % de cette marge brute.

Pour l'application du premier alinéa, les entreprises de commerce international et intracommunautaire s'entendent de toutes celles qui réalisent plus de la moitié de leurs achats ou de leurs ventes hors taxes hors de France.

La marge brute mentionnée au premier alinéa s'obtient à partir des indications qui doivent figurer, pour chaque exercice, dans le compte de résultat prévu à l'article L 123-12 du code de commerce, en faisant le total des postes ci-dessous :

1° Salaires, traitements et charges sociales ;

2° Impôts, taxes et versements assimilés, à l'exclusion des droits et taxes qui ne sont pas retenus dans l'assiette de la contribution sociale de solidarité en application de l'article L 137-33 ;

3° Dotations d'exploitation sur immobilisation, sur actifs circulants et pour risques et charges ;

4° Dotations financières aux amortissements et provisions ;

5° Résultat courant avant impôts : en cas de déficit, celui-ci ne peut être déduit du total des postes énumérés ci-dessus.

Le poste Reprises sur amortissements et provisions, transfert de charges peut être déduit du résultat courant avant impôts à concurrence des charges retenues antérieurement dans le calcul de la contribution.

Art. D 137-31 Pour les entreprises de négoce en l'état des produits du sol et de l'élevage, engrais et produits connexes mentionnées à l'article L 137-32 dont la marge brute est au plus égale à 4 % du chiffre d'affaires défini à l'article L 137-33, le montant de la contribution sociale de solidarité est plafonné à 3,08 % de cette marge brute.

Pour l'application du premier alinéa, les entreprises de négoce en l'état des produits du sol et de l'élevage, engrais et produits connexes sont celles qui réalisent plus de la moitié de leurs achats ou de leurs ventes avec les producteurs agricoles ou leurs coopératives.

La marge brute mentionnée au premier alinéa s'obtient à partir des indications qui doivent figurer, pour chaque exercice, dans le compte de résultat prévu à l'article L 123-12 du code de commerce, en faisant le total des postes ci-dessous :

1° 20 % des salaires, traitements et charges sociales ;

2° Impôts, taxes et versements assimilés, à l'exclusion des droits et taxes qui ne sont pas retenus dans l'assiette de la contribution sociale de solidarité en application de l'article L 137-33 ;

3° Dotations d'exploitation sur immobilisation, sur actifs circulants et pour risques et charges ;

4° Dotations financières aux amortissements et provisions ;

5° Résultat courant avant impôts : en cas de déficit, celui-ci ne peut être déduit du total des postes énumérés ci-dessus.

Le poste Reprises sur amortissements et provisions, transfert de charges peut être déduit du résultat courant avant impôts à concurrence des charges retenues antérieurement dans le calcul de la contribution.

Art. D137-32 Pour les entreprises de négoce en gros des combustibles et de commerce de détail de carburants mentionnées à l'article L 137-32 dont la marge est au plus égale à 4 % du chiffre d'affaires hors taxes, le montant de la contribution sociale de solidarité est plafonné à 3,08 % de cette marge brute.

La marge brute mentionnée au premier alinéa s'obtient à partir des indications qui doivent figurer, pour chaque exercice, dans le compte de résultat prévu à l'article L 123-12 du code de commerce, en faisant le total des postes ci-dessous :

1° 20 % des salaires, traitements et charges sociales ;

2° Impôts, taxes et versements assimilés, à l'exclusion des droits et taxes qui ne sont pas retenus dans l'assiette de la contribution sociale de solidarité en application de l'article L 137-33 ;

3° Dotations d'exploitation sur immobilisation, sur actifs circulants et pour risques et charges ;

4° Dotations financières aux amortissements et provisions ;

5° Résultat courant avant impôts : en cas de déficit, celui-ci ne peut être déduit du total des postes énumérés ci-dessus.

Le poste Reprises sur amortissements et provisions, transfert de charges peut être déduit du résultat courant avant impôts à concurrence des charges retenues antérieurement dans le calcul de la contribution.

Art. D 137-33 Les majorations prévues aux articles L 137-34 et L 137-35 à L 137-37 sont liquidées par le directeur de l'organisme chargé du recouvrement.

Elles doivent être versées dans le mois de leur notification par mise en demeure effectuée par le directeur de l'organisme chargé du recouvrement dans les conditions prévues aux articles L 244-2 et L 244-3 et sont recouvrées comme la contribution sociale de solidarité.

Les majorations prévues aux articles L 137-34 et L 137-36 à L 137-37 peuvent être modulées par le directeur de l'organisme chargé du recouvrement.

Art. D 137-34 En cas de rectification du chiffre d'affaires par l'administration fiscale susceptible de conduire à une modification du montant de la contribution sociale de solidarité, la société ou l'entreprise intéressée est tenue de porter cette rectification à la connaissance de l'organisme chargé du recouvrement et de procéder, s'il y a lieu, au versement du supplément de contribution dans le délai de trois mois à compter de la notification par l'administration fiscale du montant rectifié du chiffre d'affaires ou, en cas de contestation, à compter de la notification de la décision définitive.

Art. D 137-35 En cas de fusion ou d'absorption de deux ou plusieurs sociétés ou entreprises, la société absorbante ou la nouvelle société résultant de la fusion est redevable, à la date d'exigibilité fixée au premier alinéa de l'article L 137-32, de la contribution sociale de solidarité assise sur le chiffre d'affaires réalisé par toute société ou entreprise fusionnée ou absorbée durant l'année au cours de laquelle est intervenue cette opération.

Le changement de forme juridique d'une société ou entreprise ou toute autre modification de nature à entraîner une exonération de la contribution, restent sans effet sur son assujettissement à la contribution sociale de solidarité au titre du chiffre d'affaires réalisé jusqu'à la date de ce changement ou de cette modification.

Art. D 137-36 En cas de cessation définitive d'activité, de cession totale ou de dissolution survenant entre le 1er janvier et la date d'exigibilité fixée au premier alinéa de l'article L 137-32, la contribution sociale de solidarité due au titre de l'année en cours, calculée sur la base du chiffre d'affaires réalisé l'année précédente, devient immédiatement exigible.

CODE DU TRAVAIL

Calcul des effectifs

Art. L 1111-2 Pour la mise en œuvre des dispositions du présent code, les effectifs de l'entreprise sont calculés conformément aux dispositions suivantes :

1° Les salariés titulaires d'un contrat de travail à durée indéterminée à temps plein et les travailleurs à domicile sont pris intégralement en compte dans l'effectif de l'entreprise ;

2° Les salariés titulaires d'un contrat de travail à durée déterminée, les salariés titulaires d'un contrat de travail intermittent, les salariés mis à la disposition de l'entreprise par une entreprise extérieure qui sont présents dans les locaux de l'entreprise utilisatrice et y travaillent depuis au moins un an, ainsi que les salariés temporaires, sont pris en compte dans l'effectif de l'entreprise à due proportion de leur temps de présence au cours des douze mois précédents. Toutefois, les salariés titulaires d'un contrat de travail à durée déterminée et les salariés mis à disposition par une entreprise extérieure, y compris les salariés temporaires, sont exclus du décompte des effectifs lorsqu'ils remplacent un salarié absent ou dont le contrat de travail est suspendu, notamment du fait d'un congé de maternité, d'un congé d'adoption ou d'un congé parental d'éducation ;

3° Les salariés à temps partiel, quelle que soit la nature de leur contrat de travail, sont pris en compte en divisant la somme totale des horaires inscrits dans leurs contrats de travail par la durée légale ou la durée conventionnelle du travail.

Art. L 1111-3 Ne sont pas pris en compte dans le calcul des effectifs de l'entreprise :

1° Les apprentis ;

2° Les titulaires d'un contrat initiative-emploi, pendant la durée d'attribution de l'aide financière mentionnée à l'article L 5134-72 ;

3° *(Abrogé) ;*

4° Les titulaires d'un contrat d'accompagnement dans l'emploi pendant la durée d'attribution de l'aide financière mentionnée à l'article L 5134-30 ;

5° *(Abrogé) ;*

6° Les titulaires d'un contrat de professionnalisation jusqu'au terme prévu par le contrat lorsque celui-ci est à durée déterminée ou jusqu'à la fin de l'action de professionnalisation lorsque le contrat est à durée indéterminée.

Toutefois, ces salariés sont pris en compte pour l'application des dispositions légales relatives à la tarification des risques d'accidents du travail et de maladies professionnelles.

Art. L 1251-54 Pour calculer les effectifs d'une entreprise de travail temporaire, il est tenu compte :

1° Des salariés permanents de cette entreprise, déterminés conformément à l'article L 1111-2 ;

2° Des salariés temporaires qui ont été liés à cette entreprise par des contrats de mission pendant une durée totale d'au moins trois mois au cours de la dernière année civile.

Salaire et avantages divers

Art. L 3232-6 Les dispositions fiscales et sociales relatives aux allocations et contributions prévues à l'article L 5428-1 sont applicables à l'allocation complémentaire.

Ndlr *Voir CGI, art. 158, 5-b, 231 bis D et 237 bis.*

Intéressement, participation et plans d'épargne salariale

TS-VII-1 s. ; MF nos 88400 s.

Partie législative

CHAPITRE V

Régime social et fiscal de l'intéressement

Art. L 3315-1 Les entreprises qui mettent en œuvre l'intéressement dans les conditions prévues au présent titre peuvent déduire des bases retenues pour l'assiette de l'impôt sur les sociétés ou de l'impôt sur le revenu le montant des sommes versées en espèces aux bénéficiaires en application de l'accord d'intéressement.

Ces sommes sont soumises à l'impôt sur le revenu selon les règles fixées au a du 5 de l'article 158 du code général des impôts.

Ces dispositions ne sont pas applicables aux sommes versées aux exploitants individuels, aux associés de sociétés de personnes et assimilées n'ayant pas opté pour leur assujettissement à l'impôt sur les sociétés et aux conjoints collaborateurs et associés.

Ndlr *Voir CGI, art. 237 ter A.*

Art. L 3315-3 Lorsqu'un bénéficiaire mentionné au troisième alinéa de l'article L 3315-1 qui a adhéré à un plan d'épargne salariale prévu au titre III affecte à la réalisation de ce plan tout ou partie des sommes qui lui sont attribuées par l'entreprise au titre de l'intéressement, ces sommes sont exclues de l'assiette des bénéfices non commerciaux et de l'assiette des bénéfices industriels et commerciaux, dans la limite d'un plafond égal aux trois quarts du plafond annuel moyen retenu pour le calcul des cotisations de sécurité sociale.

Ndlr *Voir CGI, art. 151 decies.*

TITRE II

Participation des salariés aux résultats de l'entreprise

CHAPITRE I

Champ d'application

Art. L 3321-1 Les dispositions du présent titre sont applicables aux employeurs de droit privé et à leurs salariés.

Un décret en Conseil d'Etat détermine les établissements publics de l'Etat à caractère industriel et commercial et les sociétés, groupements ou personnes morales, quel que soit leur statut juridique, dont plus de la moitié du capital est détenue directement par l'Etat, qui sont soumis aux dispositions du présent titre. Ce décret fixe les conditions dans lesquelles ces dispositions leur sont applicables.

Les dispositions du présent titre sont également applicables aux sociétés, groupements ou personnes morales, quel que soit leur statut juridique, dont plus de la moitié du capital est détenue, ensemble ou séparément, indirectement par l'Etat et directement ou indirectement par ses établissements publics, s'ils ne bénéficient pas de subventions d'exploitation, ne sont pas en situation de monopole et ne sont pas soumis à des prix réglementés.

Un décret en Conseil d'Etat peut déterminer les sociétés, groupements ou personnes morales, quel que soit leur statut juridique, dont plus de la moitié du capital est détenue, ensemble ou séparément, indirectement par l'Etat et directement ou indirectement par ses établissements publics, bénéficiant de subventions d'exploitation, étant en situation de monopole ou soumis à des prix réglementés, qui sont soumis aux dispositions du présent titre. Ce décret fixe les conditions dans lesquelles ces dispositions leur sont applicables.

Lorsque, dans le présent titre, il est fait référence à l'effectif salarié, cet effectif et le franchissement du seuil sont déterminés au niveau de l'entreprise ou de l'unité économique et sociale selon les modalités prévues à l'article L 130-1 du code de la sécurité sociale.

Art. L 3321-2 Un décret en Conseil d'Etat détermine les conditions dans lesquelles le présent titre est appliqué aux sociétés mères et aux sociétés filiales.

CHAPITRE II
Mise en place de la participation

Section I
Mise en place dans l'entreprise

Art. L 3322-1 La participation a pour objet de garantir collectivement aux salariés le droit de participer aux résultats de l'entreprise.

Elle prend la forme d'une participation financière à effet différé, calculée en fonction du bénéfice net de l'entreprise, constituant la réserve spéciale de participation.

Elle est obligatoire dans les entreprises mentionnées au présent chapitre. L'obligation s'applique à compter du premier exercice ouvert postérieurement à la période des cinq années civiles consécutives mentionnées au premier alinéa du II de l'article L 130-1 du code de la sécurité sociale.

Elle concourt à la mise en œuvre de la gestion participative dans l'entreprise.

Art. L 3322-2 Les entreprises employant au moins cinquante salariés garantissent le droit de leurs salariés à participer aux résultats de l'entreprise. Il en va de même pour les entreprises constituant une unité économique et sociale mentionnée à l'article L 2313-8 et composée d'au moins cinquante salariés.

La base, les modalités de calcul, ainsi que les modalités d'affectation et de gestion de la participation sont fixées par accord dans les conditions prévues par le présent titre.

Le salarié d'un groupement d'employeurs peut bénéficier du dispositif de participation mis en place dans chacune des entreprises adhérentes du groupement auprès de laquelle il est mis à disposition dans des conditions fixées par décret.

Art. L 3322-5 Dans les entreprises nouvelles dont la création ne résulte pas d'une fusion, totale ou partielle, d'entreprises préexistantes, les accords de participation sont conclus à partir du troisième exercice clos après leur création.

Art. L 3322-6 Les accords de participation sont conclus selon l'une des modalités suivantes :

1° Par convention ou accord collectif de travail ;

2° Par accord entre l'employeur et les représentants d'organisations syndicales représentatives dans l'entreprise ;

3° Par accord conclu au sein du comité social et économique ;

4° A la suite de la ratification, à la majorité des deux tiers du personnel, d'un projet de contrat proposé par l'employeur. S'il existe dans l'entreprise une ou plusieurs organisations syndicales représentatives ou un comité social et économique, la ratification est demandée conjointement par l'employeur et une ou plusieurs de ces organisations ou ce comité.

Art. L 3322-7 Par dérogation à l'article L 3322-6, un accord de groupe peut être passé entre les sociétés d'un même groupe ou seulement certaines d'entre elles.

Cet accord est conclu selon l'une des modalités suivantes :

1° Entre le mandataire des sociétés intéressées et le ou les salariés appartenant à l'une des entreprises du groupe mandatés à cet effet par une ou plusieurs organisations syndicales représentatives ;

2° Entre le mandataire des sociétés intéressées et les représentants mandatés par chacun des comités sociaux et économiques concernés ;

3° A la suite de la ratification, à la majorité des deux tiers du personnel, d'un projet d'accord proposé par le mandataire des sociétés du groupe. S'il existe dans les sociétés intéressées une ou plusieurs organisations syndicales représentatives ou, lorsque toutes les sociétés du groupe sont intéressées, s'il existe un comité de groupe, la ratification est demandée conjointement par le mandataire des sociétés du groupe et soit une ou plusieurs de ces organisations, soit la majorité des comités sociaux et économiques des sociétés concernées, soit le comité de groupe. La majorité des deux tiers est appréciée au niveau de l'ensemble des sociétés concernées.

CHAPITRE III
Contenu et régime des accords

Section I
Contenu des accords

Art. L 3323-1 L'accord de participation détermine :

1° Les conditions dans lesquelles les salariés sont informés de l'application des dispositions du présent titre ;

2° La nature et les modalités de gestion des droits reconnus aux salariés sur les sommes constituant la réserve spéciale de participation prévue à l'article L 3324-1.

Art. L 3323-2 L'accord de participation peut prévoir l'affectation des sommes constituant la réserve spéciale de participation :

1° A des comptes ouverts au nom des intéressés en application d'un plan d'épargne salariale remplissant les conditions fixées au titre III ;

2° *A un compte que l'entreprise doit consacrer à des investissements. Les salariés ont sur l'entreprise un droit de créance égal au montant des sommes versées (NDLR Les dispositions du présent 2° sont abrogées. Elles continuent toutefois à s'appliquer aux entreprises qui bénéficiaient de celles-ci au jour de la publication de la loi 2019-486 du 22 mai 2019).*

Ces dispositions sont applicables aux accords conclus après le 1er janvier 2007.

Tout accord de participation existant à la date de promulgation de la loi n° 2010-1330 du 9 novembre 2010 portant réforme des retraites doit être mis en conformité avec le présent article et l'article L 3323-3 au plus tard le 1er janvier 2013.

Ndlr *Voir également partie Autres textes du présent code loi 2022-1158 du 16 août 2022 art. 5.*

Art. L 3323-3 Par dérogation à l'article L 3323-2, les accords de participation conclus au sein des sociétés coopératives de production peuvent prévoir l'emploi de la totalité de la réserve spéciale de participation en parts sociales ou en comptes courants bloqués. Les mêmes accords peuvent stipuler que, en cas d'emploi de la réserve spéciale de participation en comptes courants bloqués, les associés qui sont employés dans l'entreprise sont en droit, nonobstant l'article L 225-128 du code de commerce, d'affecter leur créance à la libération de parts sociales qui restent soumises à la même indisponibilité.

Section II
Régime des accords

Sous-section I
Dépôt

Art. L 3323-4 Les accords de participation sont déposés auprès de l'autorité administrative.

Ce dépôt conditionne l'ouverture du droit aux exonérations prévues au chapitre V.

Sous-section II
Dispositions applicables en l'absence d'accord

Art. L 3323-5 Lorsque, dans un délai d'un an suivant la clôture de l'exercice au titre duquel sont nés les droits des salariés, un accord de participation n'a pas été conclu, cette situation est constatée par l'inspecteur du travail.

Les sommes attribuées aux salariés sont affectées sur un compte courant que l'entreprise doit consacrer à des investissements et, sous réserve des cas prévus par décret en application de l'article L 3324-10, bloquées pour huit ans, sauf si le salarié demande le versement de tout ou partie des sommes correspondantes dans des conditions fixées par décret. La demande peut être présentée à l'occasion de chaque versement effectué au titre de la répartition de la réserve spéciale de participation. Les sommes précitées, versées à des comptes courants, portent intérêt à un taux fixé par arrêté du ministre chargé du budget et de l'économie.

La provision pour investissement prévue à l'article L 3325-3 ne peut être constituée.

Ndlr *Voir également partie Autres textes du présent code loi 2022-1158 du 16 août 2022 art. 5.*

Sous-section III
Participation volontaire

Art. L 3323-6 Les entreprises qui ne sont pas tenues de mettre en application un régime de participation peuvent, par un accord de participation, se soumettre volontairement aux dispositions du présent titre.

Les chefs de ces entreprises ou, s'il s'agit de personnes morales, leurs présidents, directeurs généraux, gérants ou membres du directoire, ainsi que le conjoint ou le partenaire lié par un pacte civil de solidarité du chef d'entreprise s'il bénéficie du statut de conjoint collaborateur ou de conjoint associé mentionné à l'article L 121-4 du code de commerce, peuvent bénéficier de ce régime.

En cas d'échec des négociations, l'employeur peut mettre en application unilatéralement un régime de participation conforme aux dispositions du présent titre. Le comité social et économique est consulté sur le projet d'assujettissement unilatéral à la participation au moins quinze jours avant son dépôt auprès de l'autorité administrative.

Ces entreprises, leurs salariés et les bénéficiaires visés au deuxième alinéa se voient appliquer le régime social et fiscal prévu au chapitre V.

Sous-section IV
Participation dans les entreprises agricoles

Art. L 3323-7 Une convention ou un accord de branche étendu peut prévoir la mise en application d'un régime de participation dans les entreprises agricoles employant des salariés mentionnés aux 1° à 3°, 6° et 7° de l'article L 722-20 du code rural et de la pêche maritime selon des modalités dérogeant aux dispositions de l'article L 3324-1.

Ces entreprises et leurs salariés bénéficient alors, dans les mêmes conditions, du régime social et fiscal prévu au chapitre V.

Sous-section V
Modification dans la situation juridique de l'entreprise

Art. L 3323-8 Lorsque survient une modification dans la situation juridique de l'entreprise, par fusion, cession ou scission, rendant impossible l'application d'un accord de participation, cet accord cesse de produire effet entre le nouvel employeur et le personnel de l'entreprise.

En l'absence d'accord de participation applicable à la nouvelle entreprise, celle-ci engage, dans un délai de six mois à compter de la clôture de l'exercice au cours duquel est intervenue la modification, une négociation en vue de la conclusion d'un nouvel accord, selon l'un des modes prévus à l'article L 3322-6.

Sous-section VI
Sociétés coopératives de production, coopératives agricoles et entreprises publiques

Art. L 3323-9 Les dispositions du présent titre ainsi que celles régissant les sociétés coopératives de production et les coopératives agricoles sont adaptées, par décret en Conseil d'Etat, pour les rendre applicables à ces sociétés.

Par dérogation à l'article L 3324-10, l'accord de participation applicable dans ces sociétés peut prévoir que tout ou partie de la réserve spéciale de participation n'est exigible qu'à l'expiration d'un délai de cinq ans à compter de l'ouverture de ces droits.

Art. L 3323-10 Les dispositions du présent titre ne sont pas applicables aux exercices antérieurs à l'exercice suivant le 1er janvier 2005 pour les sociétés, groupements ou personnes morales, quel que soit leur statut juridique, dont plus de la moitié du capital est détenue, ensemble ou séparément, directement ou indirectement, par les établissements publics et les entreprises publiques mentionnées au deuxième alinéa de l'article L 3321-1, à l'exception de celles et ceux pour lesquels ces dispositions s'appliquaient en vertu du décret nº 87-948 du 26 novembre 1987 dans sa rédaction antérieure au 1er janvier 2005.

CHAPITRE IV
Calcul et gestion de la participation

Section I
Calcul de la réserve spéciale de participation

Art. L 3324-1 La réserve spéciale de participation des salariés est constituée comme suit :

1º Les sommes affectées à cette réserve spéciale sont, après clôture des comptes de l'exercice, calculées sur le bénéfice réalisé en France métropolitaine et en Guadeloupe, en Guyane, en Martinique, à Mayotte, à La Réunion, à Saint-Barthélemy et à Saint-Martin, tel qu'il est retenu pour être imposé à l'impôt sur le revenu ou aux taux de l'impôt sur les sociétés prévus au deuxième alinéa et au b du I de l'article 219 du code général des impôts et majoré des bénéfices exonérés en application des dispositions des articles 44 sexies, 44 sexies A, 44 octies A, 44 undecies et 208 C du code général des impôts. Ce bénéfice est diminué de l'impôt correspondant qui, pour les entreprises soumises à l'impôt sur le revenu, est déterminé dans les conditions déterminées par décret en Conseil d'Etat ;

2º Une déduction représentant la rémunération au taux de 5 % des capitaux propres de l'entreprise est opérée sur le bénéfice net ainsi défini ;

3º Le bénéfice net est augmenté du montant de la provision pour investissement prévue à l'article L 3325-3. Si cette provision est rapportée au bénéfice imposable d'un exercice déterminé, son montant est exclu, pour le calcul de la réserve de participation, du bénéfice net à retenir au titre de l'exercice au cours duquel ce rapport a été opéré ;

4º La réserve spéciale de participation des salariés est égale à la moitié du chiffre obtenu en appliquant au résultat des opérations effectuées conformément aux dispositions des 1º et 2º le rapport des salaires à la valeur ajoutée de l'entreprise.

Art. L 3324-2 L'accord de participation peut établir un régime de participation comportant une base de calcul et des modalités différentes de celles définies à l'article L 3324-1. Cet accord ne dispense de l'application des règles définies à cet article que si, respectant les principes posés par le présent titre, il comporte pour les salariés des avantages au moins équivalents. La base de calcul retenue peut ainsi être le tiers du bénéfice net fiscal. La réserve spéciale de participation peut être calculée en prenant en compte l'évolution de la valeur des actions ou parts sociales de l'entreprise ou du groupe au cours du dernier exercice clos.

Lorsqu'un accord est conclu au sein d'un groupe de sociétés, l'équivalence des avantages consentis aux salariés s'apprécie globalement au niveau du groupe et non entreprise par entreprise.

Dans les entreprises dont l'effectif habituel est compris entre un et deux cent cinquante salariés, la part de la réserve spéciale de participation excédant le montant qui aurait résulté d'un calcul effectué en application de l'article L 3324-1 peut être répartie entre les salariés et les chefs de ces entreprises, les présidents, directeurs généraux, gérants ou membres du directoire s'il s'agit de personnes morales, le conjoint ou le partenaire lié par un pacte civil de solidarité du chef d'entreprise s'il a le statut de conjoint collaborateur ou de conjoint associé mentionné à l'article L 121-4 du code de commerce.

L'accord n'ouvre droit au régime social et fiscal prévu au chapitre V que si la réserve spéciale de participation n'excède pas la moitié du bénéfice net comptable, ou, au choix des parties, l'un des trois plafonds suivants :

1º Le bénéfice net comptable diminué de 5 % des capitaux propres ;

2º Le bénéfice net fiscal diminué de 5 % des capitaux propres ;

3º La moitié du bénéfice net fiscal.

L'accord précise le plafond retenu.

Par dérogation au dernier alinéa de l'article L 3321-1, le II de l'article L 130-1 du code de la sécurité sociale ne s'applique pas au franchissement du seuil d'un salarié.

Art. L 3324-3 Dans les entreprises relevant de l'impôt sur le revenu, le bénéfice à retenir, avant déduction de l'impôt correspondant, est égal au bénéfice imposable de cet exercice, diminué :

1° De la rémunération normale du travail du chef d'entreprise lorsque cette rémunération n'est pas admise dans les frais généraux pour l'assiette de l'impôt de droit commun ;

2° Des résultats déficitaires enregistrés au cours des cinq années antérieures qui ont été imputés sur des revenus d'une autre nature mais n'ont pas déjà été pris en compte pour le calcul de la participation afférente aux exercices précédents.

Art. L 3324-4 Un décret en Conseil d'Etat détermine le mode de calcul, éventuellement forfaitaire, de la réduction opérée au titre de l'impôt sur le revenu prévue à l'article L 3324-3.

Section II
Répartition de la réserve spéciale de participation

Art. L 3324-5 La répartition de la réserve spéciale de participation entre les bénéficiaires est calculée proportionnellement au salaire perçu dans la limite de trois fois le plafond mentionné au premier alinéa de l'article L 241-3 du code de la sécurité sociale. Pour les bénéficiaires visés au deuxième alinéa de l'article L 3323-6 du présent code et au troisième alinéa de l'article L 3324-2, la répartition est calculée proportionnellement à la rémunération annuelle ou au revenu professionnel imposé à l'impôt sur le revenu au titre de l'année précédente, plafonnés au niveau du salaire le plus élevé versé dans l'entreprise, et dans les limites de plafonds de répartition individuelle déterminés par le même décret.

Toutefois, l'accord de participation peut décider que cette répartition entre les bénéficiaires est uniforme, proportionnelle à la durée de présence dans l'entreprise au cours de l'exercice, ou retenir conjointement plusieurs de ces critères.

L'accord peut fixer un salaire plancher servant de base de calcul à la part individuelle.

Le plafond de répartition individuelle déterminé par le décret prévu au premier alinéa ne peut faire l'objet d'aucun aménagement, à la hausse ou à la baisse, y compris par un accord mentionné à l'article L 3323-1.

Art. L 3324-6 Sont assimilées à des périodes de présence, quel que soit le mode de répartition retenu par l'accord :

1° Les périodes de congé de maternité prévu à l'article L 1225-17, de congé de paternité et d'accueil de l'enfant prévu à l'article L 1225-35, de congé d'adoption prévu à l'article L 1225-37 et de congé de deuil prévu à l'article L 3142-1-1 *(NDLR Pour les décès intervenus à compter du 1er juillet 2020)* ;

2° Les périodes de suspension du contrat de travail consécutives à un accident du travail ou à une maladie professionnelle en application de l'article L 1226-7 ;

3° Les périodes de mise en quarantaine au sens du 2° du I de l'article L 3131-1 du code de la santé publique.

Art. L 3324-7 Les sommes qui n'auraient pu être mises en distribution en raison des règles définies aux articles L 3324-5 et L 3324-6 font l'objet d'une répartition immédiate entre tous les salariés et, le cas échéant, les bénéficiaires visés au deuxième alinéa de l'article L 3323-6 et au troisième alinéa de l'article L 3324-2, auxquels ont été versées, en application de ces articles, des sommes d'un montant inférieur au plafond des droits individuels déterminé par décret. Ce plafond ne peut être dépassé du fait de cette répartition supplémentaire.

Les sommes qui, en raison des règles définies par l'article précité et celles du premier alinéa du présent article, n'auraient pu être mises en distribution demeurent dans la réserve spéciale de participation des salariés pour être réparties au cours des exercices ultérieurs.

Art. L 3324-8 Lorsqu'un accord unique est conclu au sein d'une unité économique et sociale en application de l'article L 3322-2 pour les entreprises qui n'entrent pas dans un même périmètre de consolidation ou de combinaison des comptes au sens du deuxième alinéa de l'article L 3344-1, la répartition des sommes est effectuée entre tous les salariés et, le cas échéant, les bénéficiaires visés au deuxième alinéa de l'article L 3323-6 et au troisième alinéa de l'article L 3324-2, employés dans les entreprises sur la base du total des réserves de participation constituées dans chaque entreprise.

Art. L 3324-9 Le conseil d'administration ou le directoire peut décider de verser un supplément de réserve spéciale de participation au titre de l'exercice clos, dans le respect des plafonds mentionnés à l'article L 3324-5 et selon les modalités de répartition prévues par l'accord de participation ou par un accord spécifique conclu selon les modalités prévues à l'article L 3322-6.

Si l'entreprise dispose d'un accord de participation conclu conformément à l'article L 3324-2, la réserve spéciale de participation, y compris le supplément, ne peut excéder le plafond prévu au dernier alinéa de cet article. En l'absence d'un tel accord, elle ne peut excéder le plus élevé des plafonds mentionnés à l'avant-dernier alinéa du même article.

Dans une entreprise où il n'existe ni conseil d'administration, ni directoire, l'employeur peut décider le versement d'un supplément de réserve spéciale de participation, dans les conditions prévues au présent article.

L'application au supplément de réserve spéciale de participation des dispositions du second alinéa de l'article L 3325-1 ne donne pas lieu à application de l'article L 131-7 du code de la sécurité sociale.

Section III
Règles de disponibilité des droits des salariés

Art. L 3324-10 Les droits constitués en application des dispositions du présent titre sont négociables ou exigibles à l'expiration d'un délai de cinq ans à compter du premier jour du sixième mois suivant l'exercice au titre duquel les droits sont nés, sauf si le salarié demande le versement de tout ou partie des sommes correspondantes dans des conditions fixées par décret. La demande peut être présentée à l'occasion de chaque versement effectué au titre de la répartition de la réserve spéciale de participation. Toutefois, un accord collectif qui, en application de l'article L 3324-2, établit un régime de participation comportant une base de calcul différente de celle établie à l'article L 3324-1, peut prévoir que tout ou partie de la part des sommes versées aux salariés au titre de la participation aux résultats de l'entreprise supérieure à la répartition d'une réserve spéciale de participation calculée selon les modalités de l'article L 3324-1 n'est négociable ou exigible qu'à l'expiration d'un délai de cinq ans à compter du premier jour du sixième mois suivant l'exercice au titre duquel les droits sont nés.

Lorsque les sommes ont été affectées dans les conditions prévues à l'article L 3323-2, un décret en Conseil d'Etat détermine les conditions liées à la situation ou aux projets du salarié, dans lesquelles ces droits peuvent être exceptionnellement liquidés ou transférés avant l'expiration de ces délais.

Section IV
Paiement et déblocage anticipé

Art. L 3324-11 Les entreprises peuvent payer directement aux salariés et, le cas échéant, aux bénéficiaires visés au deuxième alinéa de l'article L 3323-6 et au troisième alinéa de l'article L 3324-2, les sommes leur revenant lorsque celles-ci n'atteignent pas un montant fixé par un arrêté ministériel.

Section V
Affectation à un plan d'épargne salariale

Art. L 3324-12 Lorsque le salarié, et le cas échéant le bénéficiaire visé au deuxième alinéa de l'article L 3323-6 et au troisième alinéa de l'article L 3324-2, ne demande pas le versement en tout ou partie des sommes qui lui sont attribuées au titre de la participation dans les conditions prévues à l'article L 3324-10 ou qu'il ne décide pas de les affecter dans l'un des dispositifs prévus par l'article L 3323-2, sa quote-part de réserve spéciale de participation, dans la limite de celle calculée à l'article L 3324-1, est affectée, pour moitié, dans un plan d'épargne pour la retraite collectif ou dans un plan d'épargne retraite d'entreprise collectif lorsqu'un tel plan a été mis en place dans l'entreprise et, pour moitié, dans les conditions prévues par l'accord mentionné à l'article L 3323-1. Les modalités d'information du salarié sur cette affectation sont déterminées par décret. La fraction de la quote-part affectée dans le plan d'épargne pour la retraite collectif est investie conformément au second alinéa de l'article L 3334-11.

Les modalités d'affectation de la part des sommes versées aux salariés au titre de la participation aux résultats de l'entreprise supérieure à celle calculée selon les modalités de l'article L 3324-1 peuvent être fixées par l'accord de participation.

Le plan peut également être alimenté, suivant les modalités qu'il fixe, par les versements complémentaires de l'entreprise et les versements opérés volontairement par les salariés.

CHAPITRE V
Régime social et fiscal de la participation

Art. L 3325-1 Les sommes portées à la réserve spéciale de participation au cours d'un exercice sont déductibles pour l'assiette de l'impôt sur les sociétés ou de l'impôt sur le revenu exigible au titre de l'exercice au cours duquel elles sont réparties entre les salariés.

Ces sommes n'ont pas le caractère d'élément de salaire pour l'application de la législation du travail et sont exclues de l'assiette des cotisations définies aux articles L 131-6 et L 242-1 du code de la sécurité sociale et aux articles L 731-14, L 731-15 et L 741-10 du code rural et de la pêche maritime.

Elles ne peuvent se substituer à aucun des éléments de rémunération, au sens des articles L 131-6 et L 242-1 du code de la sécurité sociale et des articles L 731-14, L 731-15 et L 741-10 du code rural et de la pêche maritime, qui sont en vigueur dans l'entreprise ou qui deviennent obligatoires en application de dispositions légales ou de clauses contractuelles. Toutefois, en cas de suppression totale ou partielle d'un élément de rémunération, cette règle de non-substitution ne peut avoir pour effet de remettre en cause les exonérations prévues au présent chapitre, dès lors qu'un délai de douze mois s'est écoulé entre le dernier versement de cet élément de rémunération et la date d'effet de l'accord de participation.

Ndlr *Voir également partie Autres textes du présent code loi 2022-1158 du 16 août 2022 art. 5.*

Art. L 3325-2 Les sommes affectées dans les conditions prévues à l'article L 3323-2 sont exonérées d'impôt sur le revenu.

Les revenus provenant des sommes attribuées au titre de la participation et recevant la même affectation qu'elles sont exonérés dans les mêmes conditions. Ils se trouvent alors frappés de la même indisponibilité que ces sommes et sont définitivement exonérés à l'expiration de la période d'indisponibilité correspondante.

Après l'expiration de la période d'indisponibilité, l'exonération est toutefois maintenue pour les revenus provenant de sommes utilisées pour acquérir des actions de l'entreprise ou versées à des organismes de placement extérieurs à l'entreprise tels que ceux énumérés au 1° de l'article L 3323-2, tant que les salariés et, le cas échéant, les bénéficiaires visés au deuxième alinéa de l'article L 3323-6 et au troisième alinéa de l'article L 3324-2 ne demandent pas la délivrance des droits constitués à leur profit.

Ndlr *Voir également partie Autres textes du présent code loi 2022-1158 du 16 août 2022 art. 5.*

Art. L 3325-3 Les conditions dans lesquelles les entreprises peuvent constituer en franchise d'impôt une provision pour investissement sont fixées par le code général des impôts.

Art. L 3325-4 Les dispositions du présent chapitre sont applicables au supplément de réserve spéciale de participation mentionné à l'article L 3324-9.

CHAPITRE VI
Contestations et sanctions

Art. L 3326-1 Le montant du bénéfice net et celui des capitaux propres de l'entreprise sont établis par une attestation de l'inspecteur des impôts ou du commissaire aux comptes. Ils ne peuvent être remis en cause à l'occasion des litiges nés de l'application du présent titre.

Les contestations relatives au montant des salaires et au calcul de la valeur ajoutée prévus au 4° de l'article L 3324-1 sont réglées par les procédures stipulées par les accords de participation. A défaut, elles relèvent des juridictions compétentes en matière d'impôts directs. Lorsqu'un accord de participation est intervenu, les juridictions ne peuvent être saisies que par les signataires de cet accord.

Tous les autres litiges relatifs à l'application du présent titre sont de la compétence du juge judiciaire.

Art. L 3326-2 Des astreintes peuvent être prononcées par le juge judiciaire contre les entreprises qui n'exécutent pas les obligations qui leur incombent en application du présent titre.

Les salariés de l'entreprise en cause et le procureur de la République dans le ressort duquel cette entreprise est située ont seuls qualité pour agir.

L'astreinte a un caractère provisoire et est liquidée par le juge après exécution par l'entreprise de ses obligations. Il est tenu compte, lors de sa liquidation, notamment du préjudice effectivement causé et de la résistance opposée par l'entreprise.

TITRE III
Plans d'épargne salariale

CHAPITRE II
Plan d'épargne d'entreprise

Art. L 3332-16 Un plan d'épargne d'entreprise établi par accord avec le personnel peut prévoir l'affectation des sommes versées à un fonds dédié au rachat des titres de cette entreprise ou d'actions émises par des sociétés créées dans les conditions prévues à l'article 220 nonies du code général des impôts, ainsi que de titres d'une entreprise du même groupe au sens du deuxième alinéa de l'article L 3344-1, dans le cadre d'une opération de rachat réservée aux salariés.

Les sommes ou valeurs inscrites aux comptes des participants, sur décision individuelle de ces derniers, doivent être détenues jusqu'au terme de l'opération de rachat mentionnée au 2°, sans que la durée de détention puisse être inférieure à trois ans. Toutefois, un décret précise les cas dans lesquels les sommes ou valeurs mentionnées ci-dessus peuvent être exceptionnellement débloquées avant l'expiration de ce délai.

Par dérogation aux dispositions de l'article L 3332-17, l'actif de ce fonds peut être investi à 95 % en titres de l'entreprise.

Par dérogation aux dispositions de l'article L 214-165 du code monétaire et financier, les membres du conseil de surveillance sont élus par l'ensemble des salariés porteurs de parts.

La mise en place de ce fonds est subordonnée aux conditions suivantes :

1° Au moins dix salariés, ou au moins 20 % des salariés si les effectifs de l'entreprise n'excèdent pas cinquante salariés, sont impliqués dans l'opération de rachat réservée aux salariés ;

2° L'accord avec le personnel précise l'identité des salariés impliqués dans l'opération, le contrôle final de l'entreprise au sens de l'article L 233-16 du code de commerce et le terme de l'opération.

Art. L 3332-22 L'avantage constitué par l'écart entre le prix de souscription et la moyenne des cours mentionnés à l'article L 3332-19, par l'écart entre le prix de souscription et le prix de cession déterminé en application de l'article L 3332-20 et, le cas échéant, par l'attribution gratuite d'actions ou de titres donnant accès au capital est exonéré d'impôt sur le revenu et de taxe sur les salaires et n'entre pas dans l'assiette des cotisations sociales définie à l'article L 242-1 du code de la sécurité sociale.

Ndlr *Voir CGI, art. 231 bis S.*

TITRE IV
Dispositions communes

CHAPITRE I
Représentation et information des salariés

Section II
Formation économique, financière et juridique des représentants des salariés

Art. L 3341-2 Les administrateurs des SICAV d'actionnariat salarié représentant les salariés actionnaires ou les membres du conseil de surveillance des fonds communs de placement d'entreprise représentant les porteurs de parts bénéficient, dans les conditions et les limites prévues à l'article L 2145-11, d'une formation économique, financière et juridique, d'une durée minimale de trois jours.

Cette formation est dispensée par un organisme figurant sur une liste arrêtée par voie réglementaire.

Art. L 3341-3 Le temps consacré à la formation économique, financière et juridique est pris sur le temps de travail et est rémunéré comme tel. Il est imputé sur la durée du congé de formation économique, sociale et syndicale prévu aux articles L 3142-7 et suivants.

Art. L 3341-4 Les dispositions de la présente section sont applicables aux salariés de l'entreprise, membres des conseils de surveillance des fonds communs de placement d'entreprise prévus aux articles L 214-164 et L 214-165 du code monétaire et financier.

Section III
Information des représentants du personnel

Art. L 3341-5 L'accord de participation ou le règlement d'un plan d'épargne salariale peuvent prévoir les conditions dans lesquelles le comité social et économique ou une commission spécialisée créée par lui dispose des moyens d'information nécessaires sur les conditions d'application de cet accord ou de ce règlement.

Section IV
Information des salariés

Art. L 3341-6 Tout salarié d'une entreprise proposant un dispositif d'intéressement, de participation, un plan d'épargne entreprise, un plan d'épargne interentreprises, un plan d'épargne pour la retraite collectif ou un plan d'épargne retraite d'entreprise collectif reçoit, lors de la conclusion de son contrat de travail, un livret d'épargne salariale présentant les dispositifs mis en place au sein de l'entreprise.

Le livret d'épargne salariale est également porté à la connaissance des représentants du personnel, le cas échéant en tant qu'élément de la base de données économiques, sociales et environnementales établie en application de l'article L 2312-18.

Art. L 3341-7 Tout bénéficiaire quittant l'entreprise reçoit un état récapitulatif de l'ensemble des sommes et valeurs mobilières épargnées ou transférées au sein de l'entreprise dans le cadre des dispositifs prévus aux titres II et III et dans le cadre des plans d'épargne retraite d'entreprise mentionnés à l'article L 224-9 du code monétaire et financier ainsi que dans le cadre d'un régime de retraite supplémentaire mentionné au 2° de l'article 83 du code général des impôts, d'un dispositif de retraite à prestations définies répondant aux caractéristiques des régimes mentionnés aux articles L 137-11 et L 137-11-2 du code de la sécurité sociale ou d'un régime supplémentaire de retraite dont les cotisations sont assujetties à l'impôt sur le revenu dans le cadre de l'article 82 du code général des impôts.

Cet état distingue les actifs disponibles, en mentionnant tout élément utile au salarié pour en obtenir la liquidation ou le transfert, et ceux qui sont affectés à un plan d'épargne pour la retraite collectif ou à un plan d'épargne retraite d'entreprise, en précisant les échéances auxquelles ces actifs seront disponibles ainsi que tout élément utile au transfert éventuel vers un autre plan.

L'état récapitulatif est inséré dans un livret d'épargne salariale dont les modalités de mise en place et le contenu sont fixés par un décret en Conseil d'Etat.

Le numéro d'inscription au répertoire national d'identification des personnes physiques est la référence pour la tenue du livret du salarié. Il peut figurer sur les relevés de compte individuels et l'état récapitulatif.

Lors du départ de l'entreprise, cet état récapitulatif informe le bénéficiaire que les frais de tenue de compte-conservation sont pris en charge soit par l'entreprise, soit par prélèvements sur les avoirs.

Art. L 3341-8 Les références de l'ensemble des établissements habilités pour les activités de conservation ou d'administration d'instruments financiers en application de l'article L 542-1 du code monétaire et financier, gérant des sommes et valeurs mobilières épargnées ou transférées par le salarié dans le cadre des dispositifs prévus au présent livre, figurent sur chaque relevé de compte individuel et chaque état récapitulatif.

CHAPITRE II
Conditions d'ancienneté

Art. L 3342-1 Tous les salariés d'une entreprise compris dans le champ des accords d'intéressement et de participation ou des plans d'épargne salariale bénéficient de leurs dispositions.

Toutefois, une condition d'ancienneté dans l'entreprise ou dans le groupe d'entreprises défini aux articles L 3344-1 et L 3344-2 peut être exigée. Elle ne peut excéder trois mois. Pour la détermination de l'ancienneté éventuellement requise, sont pris en compte tous les contrats de travail exécutés au cours de la période de calcul et des douze mois qui la précèdent. Le salarié temporaire est réputé compter trois mois d'ancienneté dans l'entreprise ou dans le groupe qui l'emploie s'il a été mis à la disposition d'entreprises utilisatrices pendant une durée totale d'au moins soixante jours au cours du dernier exercice.

Le salarié porté mentionné aux articles L 1254-1 et suivants est réputé compter trois mois d'ancienneté dans l'entreprise de portage ou dans le groupe qui l'emploie s'il a réalisé une prestation dans une entreprise cliente pendant une durée totale d'au moins soixante jours au cours du dernier exercice.

La condition maximale d'ancienneté de trois mois, prévue au premier alinéa, remplace de plein droit, à compter de la date de publication de la loi n° 2001-152 du 19 février 2001 sur l'épargne salariale, toute condition maximale d'ancienneté supérieure figurant dans les accords d'intéressement et de participation et dans les règlements de plan d'épargne d'entreprise en vigueur à cette même date.

CHAPITRE IV
Mise en place dans un groupe d'entreprises et dans les entreprises dépourvues d'épargne salariale

Section I
Mise en place dans un groupe d'entreprises

Art. L 3344-1 L'intéressement, la participation ou un plan d'épargne d'entreprise peut être mis en place au sein d'un groupe constitué par des entreprises juridiquement indépendantes, mais ayant établi entre elles des liens financiers et économiques.

Toutefois, les dispositifs d'augmentation du capital prévus aux articles L 3332-18 et suivants ainsi que de majoration des sommes versées annuellement par une ou plusieurs entreprises prévus au deuxième alinéa de l'article L 3332-11 ne peuvent s'appliquer qu'au sein d'un groupe d'entreprises incluses dans le même périmètre de consolidation ou de combinaison des comptes en application des dispositions suivantes :

1° Article L 345-2 du code des assurances pour les entreprises régies par ce code ;

2° Article L 233-16 du code de commerce pour les entreprises régies par ce code ;

3° Article L 511-36 du code monétaire et financier pour les établissements de crédit et les sociétés de financement ;

4° Dispositions du code de la mutualité pour les mutuelles ;

5° Article L 931-34 du code de la sécurité sociale pour les institutions de prévoyance.

Art. L 3344-2 Les dispositifs d'augmentation du capital mentionnés à l'article L 3344-1 peuvent également être mis en place au sein d'un groupe constitué par des sociétés régies par la loi n° 47-1775 du 10 septembre 1947 portant statut de la coopération, les unions qu'elles ont constituées et les filiales que celles-ci détiennent.

Section II
Entreprises dépourvues de dispositif d'épargne salariale

Art. L 3344-3 Dans les entreprises dépourvues de délégué syndical dans lesquelles un comité social et économique existe et aucun accord d'intéressement ou de participation n'est en vigueur, l'employeur propose, tous les trois ans, un examen des conditions dans lesquelles pourraient être mis en œuvre un ou plusieurs des dispositifs mentionnés aux titres Ier à III.

CHAPITRE V
Dépôt et contrôle de l'autorité administrative

Section II
Contrôle de l'autorité administrative

Art. L 3345-2 Les organismes mentionnés aux articles L 213-1 ou L 752-4 du code de la sécurité sociale ou à l'article L 723-3 du code rural et de la pêche maritime disposent d'un délai, fixé par décret, à compter du dépôt auprès de l'autorité administrative des accords mentionnés aux articles L 3313-3 et L 3323-4 du présent code et des règlements des plans d'épargne mentionnés aux articles L 3332-9, L 3333-2, L 3334-2 et L 3334-4 du présent code et aux articles L 224-14 et L 224-16 du code monétaire et financier, pour demander le retrait ou la modification des clauses contraires aux dispositions légales, à l'exception des règles relatives aux modalités de dénonciation et de révision des accords.

Le délai mentionné au premier alinéa du présent article ne peut excéder trois mois.

> **Ndlr** *Les dispositions du présent article, telles qu'issues de la loi 2022-1158 du 16 août 2022 art. 4, VI et IX, s'appliquent aux accords et règlements déposés à compter 1er janvier 2023.*

Art. L 3345-3 En l'absence de demande d'un organisme mentionné aux articles L 213-1 ou L 752-4 du code de la sécurité sociale ou à l'article L 723-3 du code rural et de la pêche maritime dans le délai fixé au premier de l'article L 3345-2 du présent code, aucune contestation ultérieure de la conformité des termes de l'accord ou du règlement aux dispositions légales en vigueur au moment de sa conclusion ne peut avoir pour effet de remettre en cause les exonérations fiscales et sociales attachées aux avantages accordés aux salariés au titre des exercices en cours ou antérieurs à la contestation.

> **Ndlr** *Les dispositions du présent article, telles que modifiées par la loi 2022-1158 du 16 août 2022 art. 4, VII et IX, s'appliquent aux accords et règlements déposés à compter 1er janvier 2023.*

Art. L 3345-4 Un accord de branche d'intéressement, de participation ou instaurant un plan d'épargne salariale fait l'objet d'une procédure d'agrément conduite par l'autorité administrative compétente à compter de son dépôt dans un délai et des conditions déterminés par décret.

Le délai mentionné au premier alinéa ne peut excéder quatre mois. Il peut être prorogé une fois pour une durée équivalente à la moitié de la durée initiale.

Pendant le délai mentionné au même premier alinéa, l'autorité administrative peut demander le retrait ou la modification des dispositions contraires aux dispositions légales.

L'absence de décision dans le délai mentionné au même premier alinéa vaut décision d'agrément.

Dès lors que l'accord de branche a été agréé, aucune contestation ultérieure de la conformité des termes de l'accord de branche aux dispositions légales en vigueur au moment de sa conclusion ne peut avoir pour effet de remettre en cause les exonérations fiscales et sociales attachées aux avantages accordés aux salariés des entreprises qui adhèrent à l'accord de branche par accord d'entreprise ou, le cas échéant, pour les entreprises de moins de cinquante salariés et dans les conditions de l'article L 2232-10-1, par document unilatéral de l'employeur.

Ndlr *Les dispositions du présent article telles qu'issues de la loi 2022-1158 du 16 août 2022 art. 4, VIII s'appliquent aux accords et règlements déposés à compter du 1er janvier 2023 (Loi précitée art. 4, IX).*

Partie réglementaire

TITRE I
Intéressement

CHAPITRE IV
Calcul, répartition et distribution de l'intéressement

Art. D 3314-1 Les salaires à prendre en considération pour le calcul du plafond prévu au premier alinéa de l'article L 3314-8 sont le total des salaires bruts versés à l'ensemble des salariés de l'entreprise ou d'un ou plusieurs établissements, suivant le champ d'application de l'accord d'entreprise.

Art. D 3314-2 Les primes versées aux salariés en application de l'accord d'intéressement et déductibles du résultat imposable en application de l'article L 3315-1 peuvent provenir de la répartition, entre l'ensemble des salariés de l'entreprise ou d'un ou plusieurs établissements, selon le champ d'application de l'accord :

1° Soit d'une somme globale résultant du mode d'intéressement retenu pour cette entreprise ou ce ou ces établissements ;

2° Soit de sommes dont les critères et modalités de calcul et de répartition peuvent être, le cas échéant, adaptés aux différents établissements ou unités de travail dans les conditions prévues par l'accord.

TITRE II
Participation des salariés aux résultats de l'entreprise

CHAPITRE III
Contenu et régime des accords

Dépôt

Art. D 3323-3 Si le régime de participation est mis en place à l'initiative de l'entreprise, la décision précisant les modalités de cet assujettissement unilatéral est déposée avec le procès-verbal de la consultation du comité social et économique prévue au deuxième alinéa de l'article L 3323-6.

Art. D 3323-4 Lorsqu'un accord de participation de groupe est conclu, les documents déposés sur la plateforme de téléprocédure mentionnée à l'article D 2231-4 dans les conditions prévues à cet article et au II de l'article D 2231-2 comportent :

1° Quel que soit le mode de conclusion de l'accord, les mandats habilitant le mandataire des différentes sociétés intéressées à signer l'accord de groupe ;

2° Si l'accord a été conclu avec un ou plusieurs salariés appartenant à l'une des entreprises du groupe mandatés à cet effet par une ou plusieurs organisations syndicales, les mandats les habilitant à signer l'accord de groupe ;

3° Si l'accord a été conclu avec les représentants mandatés par chacun des comités social et économique intéressés, les procès-verbaux de séance établissant que la délégation du personnel statuant à la majorité a explicitement donné mandat à ces représentants pour signer l'accord de groupe ;

4° Si l'accord résulte, après consultation de l'ensemble des salariés inscrits à l'effectif de chacune des sociétés intéressées, de la ratification par les deux tiers de ces salariés du projet proposé par le mandataire de ces sociétés :

a. Soit l'émargement, sur la liste nominative de l'ensemble des salariés de chacune des sociétés intéressées, des salariés signataires ;

b. Soit un procès-verbal rendant compte de la consultation, au niveau de chacune des entreprises ou au niveau du groupe.

Art. R 3323-5 Lorsque la ratification d'un accord de groupe est demandée conjointement par le mandataire des sociétés intéressées et une ou plusieurs organisations syndicales, ou la majorité des comités social et économique des sociétés intéressées, ou le comité de groupe, il en est fait mention dans les documents déposés.

Art. R 3323-6 Lorsque le projet d'accord de groupe ratifié par les salariés ne fait pas mention d'une demande conjointe, il est déposé avec l'accord :

1° Une attestation des différents chefs d'entreprise intéressés selon laquelle ils n'ont été saisis d'aucune désignation de délégué syndical ;

2° Et, pour les entreprises assujetties à la législation sur les comités social et économique, un procès-verbal de carence datant de moins de quatre ans.

Dénonciation de l'accord

Art. D 3323-8 La partie qui dénonce un accord de participation ou l'employeur, dans le cas où le régime de participation a été mis en place conformément au deuxième alinéa de l'article L 3322-9 ou au troisième alinéa de l'article L 3323-6, dépose aussitôt cette décision sur la plateforme de téléprocédure mentionnée à l'article D 2231-4 dans les conditions prévues à cet article et au II de l'article D 2231-2.

La dénonciation d'un accord conclu au sein d'un comité social et économique est constatée au procès-verbal de la séance au cours de laquelle cette dénonciation a eu lieu.

Information des salariés

Art. D 3323-12 Les salariés sont informés de l'existence et du contenu de l'accord de participation par tout moyen prévu à cet accord et, à défaut, par voie d'affichage.

Art. D 3323-13 L'employeur présente, dans les six mois qui suivent la clôture de chaque exercice, un rapport au comité social et économique ou à la commission spécialisée éventuellement créée par ce comité.

Ce rapport comporte notamment :

1° Les éléments servant de base au calcul du montant de la réserve spéciale de participation des salariés pour l'exercice écoulé ;

2° Des indications précises sur la gestion et l'utilisation des sommes affectées à cette réserve.

Art. D 3323-14 Lorsque le comité social et économique est appelé à siéger pour examiner le rapport relatif à l'accord de participation, les questions ainsi examinées font l'objet de réunions distinctes ou d'une mention spéciale à son ordre du jour.

Le comité peut se faire assister par l'expert-comptable prévu à l'article L 2325-35.

Art. D 3323-15 Lorsqu'il n'existe pas de comité social et économique, le rapport relatif à l'accord de participation est adressé à chaque salarié présent dans l'entreprise à l'expiration du délai de six mois suivant la clôture de l'exercice.

Art. D 3323-16 La somme attribuée à un salarié en application de l'accord de participation fait l'objet d'une fiche distincte du bulletin de paie.

Cette fiche mentionne :

1° Le montant total de la réserve spéciale de participation pour l'exercice écoulé ;

2° Le montant des droits attribués à l'intéressé ;

3° La retenue opérée au titre de la contribution sociale généralisée et de la contribution au remboursement de la dette sociale ;

4° S'il y a lieu, l'organisme auquel est confiée la gestion de ces droits ;

5° La date à partir de laquelle ces droits sont négociables ou exigibles ;

6° Les cas dans lesquels ces droits peuvent être exceptionnellement liquidés ou transférés avant l'expiration de ce délai ;

7° Les modalités d'affectation par défaut au plan d'épargne pour la retraite collectif ou au plan d'épargne retraite d'entreprise collectif des sommes attribuées au titre de la participation, conformément aux dispositions de l'article L 3324-12.

Elle comporte également, en annexe, une note rappelant les règles de calcul et de répartition prévues par l'accord de participation.

Sauf opposition du salarié concerné, la remise de cette fiche distincte peut être effectuée par voie électronique, dans des conditions de nature à garantir l'intégrité des données.

Art. D 3323-17 Chaque salarié est informé des sommes et valeurs qu'il détient au titre de la participation dans les six mois qui suivent la clôture de chaque exercice.

Art. D 3323-18 Lorsque l'accord de participation a été mis en place après que des salariés susceptibles d'en bénéficier ont quitté l'entreprise, ou lorsque le calcul et la répartition de la réserve spéciale de participation interviennent après un tel départ, la fiche et la note prévues à l'article D 3323-16 sont également adressées à ces bénéficiaires pour les informer de leurs droits.

CHAPITRE IV
Calcul et gestion de la participation

Section I
Calcul de la réserve spéciale de participation

TS-VII-8000 s.

Art. D 3324-1 Les salaires à retenir pour le calcul du montant de la réserve spéciale de participation des salariés mentionnée à l'article L 3324-1 sont les revenus d'activité tels qu'ils sont pris en compte pour la détermination de l'assiette des cotisations définie à l'article L 242-1 du code de la sécurité sociale.

Lorsque l'accord de participation prévoit que les salariés d'un groupement d'employeurs mis à la disposition de l'entreprise bénéficient de ses dispositions, le montant de leurs salaires correspondant à leur activité dans l'entreprise utilisatrice est ajouté au montant des salaires des salariés de l'entreprise. Ce montant est communiqué à l'entreprise par le groupement d'employeurs.

Art. D 3324-2 La valeur ajoutée de l'entreprise mentionnée au 4° de l'article L 3324-1 est déterminée en faisant le total des postes du compte de résultats énumérés ci-après, pour autant qu'ils concourent à la formation d'un bénéfice réalisé en France métropolitaine et dans les départements d'outre-mer :

1° Les charges de personnel ;

2° Les impôts, taxes et versements assimilés, à l'exclusion des taxes sur le chiffre d'affaires ;

3° Les charges financières ;

4° Les dotations de l'exercice aux amortissements ;

5° Les dotations de l'exercice aux provisions, à l'exclusion des dotations figurant dans les charges exceptionnelles ;

6° Le résultat courant avant impôts.

Art. D 3324-3 Par dérogation aux dispositions de l'article D 3324-2, la valeur ajoutée des entreprises de banque et d'assurances est déterminée comme suit :

1° Pour les établissements de crédit et les sociétés de financement, par le revenu bancaire hors taxe augmenté des produits nets du portefeuille titres et des revenus des immeubles. Le revenu bancaire est égal à la différence entre, d'une part, les perceptions opérées sur les clients et, d'autre part, les frais financiers de toute nature ;

2° Pour les entreprises d'assurances régies par le code des assurances et les entreprises de réassurance, par la différence existant entre, d'une part, la somme des primes nettes d'impôts et des produits de placements et, d'autre part, le total des dotations aux provisions techniques et des prestations payées au cours de l'exercice aux assurés et bénéficiaires de contrats d'assurances.

Art. D 3324-4 Les capitaux propres mentionnés au 2° de l'article L 3324-1 comprennent le capital, les primes liées au capital social, les réserves, le report à nouveau, les provisions qui ont supporté l'impôt ainsi que les provisions réglementées constituées en franchise d'impôts par application d'une disposition particulière du code général des impôts. Leur montant est retenu d'après les valeurs figurant au bilan de clôture de l'exercice au titre duquel la réserve spéciale de participation est calculée. Toutefois, en cas de variation du capital au cours de l'exercice, le montant du capital et des primes liées au capital social est pris en compte à due proportion du temps.

La réserve spéciale de participation des salariés ne figure pas parmi les capitaux propres.

Pour les sociétés de personnes et les entreprises individuelles, la somme définie ci-dessus est augmentée des avances en compte courant faites par les associés ou l'exploitant. La quotité des avances à retenir au titre de chaque exercice est égale à la moyenne algébrique des soldes des comptes courants en cause tels que ces soldes existent à la fin de chaque trimestre civil inclus dans l'exercice considéré.

Le montant des capitaux propres auxquels s'applique le taux de 5 % prévu au 2° de l'article susmentionné est obtenu en retranchant des capitaux propres définis aux alinéas précédents ceux qui sont investis à l'étranger calculés à due proportion du temps en cas d'investissement en cours d'année.

Le montant de ces capitaux est égal au total des postes nets de l'actif correspondant aux établissements situés à l'étranger après application à ce total du rapport des capitaux propres aux capitaux permanents.

Le montant des capitaux permanents est obtenu en ajoutant au montant des capitaux propres, les dettes à plus d'un an autres que celles incluses dans les capitaux propres.

Art. D 3324-5 Par dérogation aux dispositions de l'article D 3324-4, les capitaux propres comprennent, en ce qui concerne les offices publics et ministériels dont le titulaire n'a pas la qualité de commerçant :

1° D'une part, la valeur patrimoniale du droit de présentation appartenant au titulaire de l'office ;

2° D'autre part, la valeur nette des autres biens affectés à l'usage professionnel et appartenant au titulaire de l'office au premier jour de la période au titre de laquelle la participation est calculée.

Art. D 3324-6 La valeur patrimoniale du droit de présentation est estimée dans les conditions prévues pour les cessions d'offices publics et ministériels mentionnés à l'article D 3324-5.

Cette estimation est établie au 1er janvier de la première année d'application du régime de participation des salariés à l'office intéressé ou, en cas de changement de titulaire, à la date de cession de cet office.

La valeur nette des autres biens affectés à l'usage professionnel et appartenant au titulaire de l'office est égale à leur prix de revient diminué du montant des amortissements qui s'y rapportent.

Art. R 3324-7 Dans les entreprises relevant de l'impôt sur le revenu, l'impôt à retenir pour le calcul du bénéfice net s'obtient en appliquant au bénéfice imposable de l'exercice rectifié dans les conditions prévues à l'article L 3324-3, le taux moyen d'imposition à l'impôt sur le revenu de l'exploitant.

Ce taux moyen est égal à cent fois le chiffre obtenu en divisant l'impôt sur le revenu dû pour l'exercice considéré par le montant des revenus soumis à cet impôt. Toutefois le taux moyen retenu est, dans tous les cas, limité au taux de droit commun de l'impôt sur les sociétés.

Art. D 3324-8 Dans les entreprises soumises au régime fiscal des sociétés de personnes, le bénéfice net est obtenu par la somme des éléments suivants :

1° La fraction du bénéfice imposable de l'exercice qui revient à ceux des associés passibles de l'impôt sur les sociétés diminué de l'impôt que ces entreprises auraient acquitté si elles étaient personnellement soumises à l'impôt sur les sociétés, calculé au taux de droit commun de cet impôt ;

2° La fraction du bénéfice imposable de l'exercice rectifiée dans les conditions prévues à l'article L 3324-3 qui revient aux associés personnes physiques, diminuée des impôts supportés par chacun de ces associés à ce titre, calculés conformément aux dispositions de l'article R 3324-7. Toutefois, le montant total des impôts imputables est dans tous les cas limité à la somme qui résulterait de l'application à cette fraction du bénéfice imposable rectifiée du taux de droit commun de l'impôt sur les sociétés ;

3° La fraction du bénéfice net de l'exercice calculé, conformément aux 1° et 2° à partir de la fraction du bénéfice imposable de l'exercice revenant aux associés qui seraient eux-mêmes des entreprises soumises au régime fiscal des sociétés de personnes.

Art. D 3324-9 Le bénéfice net des associés des entreprises soumises au régime fiscal des sociétés de personnes est calculé sans tenir compte de la quote-part du résultat de ces entreprises qui leur revient, ni de l'impôt qui correspond à ce résultat.

Section II

Répartition de la réserve spéciale de participation

Art. D 3324-10 Le salaire servant de base à la répartition proportionnelle de la réserve spéciale de participation est égal au total des revenus d'activité tels qu'ils sont pris en compte pour la détermination de l'assiette des cotisations définie à l'article L 242-1 du code de la sécurité sociale, perçues par chaque bénéficiaire au cours de l'exercice considéré sans que ce total puisse excéder une somme, qui est identique pour tous les salariés et figure dans l'accord. Cette somme est au plus égale à trois fois le plafond annuel retenu pour la détermination du montant maximum des cotisations de sécurité sociale et d'allocations familiales.

Pour les salariés des groupements d'employeurs bénéficiaires de la participation dans leur entreprise utilisatrice, le salaire servant de base à la répartition proportionnelle est le salaire mentionné au dernier alinéa de l'article D 3324-1. Pour les bénéficiaires mentionnés au deuxième alinéa de l'article L 3323-6 et au troisième alinéa de l'article L 3324-2 s'appliquent les dispositions du premier alinéa de l'article L 3324-5.

Art. D 3324-11 Pour les périodes d'absence liées au congé de maternité, au congé d'adoption ou au congé de deuil et pour les périodes de suspension du contrat de travail consécutives à un accident du travail ou à une maladie professionnelle ou à une mise en quarantaine, les salaires à prendre en compte sont ceux qu'aurait perçus le bénéficiaire s'il n'avait pas été absent.

Art. D 3324-12 Le montant des droits susceptibles d'être attribués à un même salarié ne peut, pour un même exercice, excéder une somme égale aux trois quarts du montant du plafond prévu à l'article D 3324-10.

Art. D 3324-13 Lorsque le salarié n'a pas accompli une année entière dans la même entreprise, les plafonds prévus aux articles D 3324-10 et D 3324-12 sont calculés à due proportion de la durée de présence.

Art. D 3324-14 Les sommes qui demeurent dans la réserve spéciale de participation des salariés, en application du deuxième alinéa de l'article L 3324-7, ne peuvent ouvrir droit au bénéfice des déductions et exonérations prévues aux articles L 3325-1 et L 3325-2 qu'au titre des exercices au cours desquels elles sont réparties.

Art. D 3324-15 Les plafonds prévus aux articles D 3324-10 et D 3324-12 s'appliquent à la totalité de la participation attribuée à chaque salarié.

Art. R 3324-16 Les dispositions du présent titre sont, à l'exception de celles des articles R 3322-1, D 3323-8 à R 3323-11, D 3324-1 à D 3324-10 et D 3325-1 à R 3326-1, applicables au supplément de réserve spéciale de participation prévu à l'article L 3324-9 et à l'accord spécifique de répartition auquel il peut donner lieu.

Section III
Evaluation des titres

Art. D 3324-17 Dans le cas prévu au 1° de l'article L 3323-2, l'accord de participation détermine la forme des titres attribués, les modalités de conservation de ces titres et les mesures prises pour assurer le respect de l'interdiction de les négocier pendant cinq ans, sauf dans les cas prévus à l'article R 3324-22.

Art. D 3324-18 En cas d'attribution d'actions de l'entreprise, les titres sont évalués sur la base de la moyenne de leur cours de bourse pendant les vingt jours de cotation précédant la date de leur attribution. Cette moyenne est obtenue par référence au premier cours coté de chaque séance.

Art. D 3324-19 Lorsque les titres ne sont pas admis aux négociations sur un marché réglementé, le prix auquel les titres sont attribués est déterminé conformément aux méthodes définies à l'article L 3332-20, sans préjudice des dispositions légales qui fixent les conditions de détermination de la valeur de certaines catégories de titres.

Art. D 3324-20 Les titres sont évalués par l'entreprise, sous le contrôle du commissaire aux comptes, au moins une fois par exercice et chaque fois qu'un événement ou une série d'événements intervenus au cours d'un exercice sont susceptibles de conduire à une évolution substantielle de la valeur des actions de l'entreprise.

Il est, en outre, procédé à une évaluation par des experts au moins tous les cinq ans. Cette évaluation est facultative dans les entreprises mentionnées au troisième alinéa de l'article L 3332-20 dont les titres sont évalués en application du deuxième alinéa de ce même article.

Art. D 3324-21 Les salariés attributaires d'actions de l'entreprise peuvent négocier les droits de souscription ou d'attribution afférents à ces titres même au cours de la période où ceux-ci ne sont pas négociables en application de l'article L 3324-10.

Section IV
Disponibilité des droits des bénéficiaires

Art. R 3324-21-1 L'accord de participation prévoit les modalités d'information de chaque bénéficiaire.

Cette information porte notamment sur :

a. Les sommes qui sont attribuées au titre de la participation ;

b. Le montant dont il peut demander en tout ou partie le versement ;

c. Le délai dans lequel il peut formuler sa demande ;

d. L'affectation d'une quote-part de ces sommes au plan d'épargne pour la retraite collectif ou au plan d'épargne retraite d'entreprise collectif, en cas d'absence de réponse de sa part, conformément aux dispositions de l'article L 3424-12.

La demande du bénéficiaire est formulée dans un délai de quinze jours à compter de la date à laquelle il a été informé du montant qui lui est attribué. L'accord précise la date à laquelle le bénéficiaire est présumé avoir été informé.

En l'absence de stipulation conventionnelle, le bénéficiaire formule sa demande dans un délai de quinze jours à compter de la réception de la lettre recommandée avec avis de réception ou remise contre récépissé l'informant du montant qui lui est attribué et du montant dont il peut demander en tout ou partie le versement.

Si le bénéficiaire ne demande pas le versement de ces sommes dans le délai de quinze jours mentionné ci-dessus, elles ne sont négociables ou exigibles qu'à l'expiration d'un délai de cinq ans à compter du premier jour du sixième mois suivant l'exercice au titre duquel les droits sont nés, conformément aux dispositions de l'article L 3324-10, ou d'un délai de huit ans, dans les mêmes conditions, conformément aux dispositions de l'article L 3323-5.

Toutefois, lorsque ces sommes sont inscrites sur un plan d'épargne pour la retraite collectif, leur délivrance ne peut intervenir qu'à l'échéance ou dans les conditions prévues à l'article L 3334-14.

Art. D 3324-21-2 Lorsqu'un bénéficiaire demande le versement de la participation conformément aux dispositions de l'article R 3324-21-1, les entreprises effectuent ce versement avant le premier jour du sixième mois suivant la clôture de l'exercice au titre duquel la participation est attribuée.

Passé ce délai, les entreprises complètent le versement prévu au premier alinéa par un intérêt de retard égal à 1, 33 fois le taux mentionné à l'article 14 de la loi n° 47-1775 du 10 septembre 1947 portant statut de la coopération.

Les intérêts sont versés en même temps que le principal.

Art. R 3324-22 Dans le cas où le bénéficiaire n'a pas opté pour la disponibilité immédiate, les cas dans lesquels, en application de l'article L 3324-10, les droits constitués au profit des bénéficiaires peuvent être exceptionnellement liquidés avant l'expiration des délais fixés au premier alinéa de cet article et au deuxième alinéa de l'article L 3323-5 sont les suivants :

1° Le mariage ou la conclusion d'un pacte civil de solidarité par l'intéressé ;

2° La naissance ou l'arrivée au foyer d'un enfant en vue de son adoption, dès lors que le foyer compte déjà au moins deux enfants à sa charge ;

3° Le divorce, la séparation ou la dissolution d'un pacte civil de solidarité lorsqu'ils sont assortis d'une convention ou d'une décision judiciaire prévoyant la résidence habituelle unique ou partagée d'au moins un enfant au domicile de l'intéressé ;

3° bis Les violences commises contre l'intéressé par son conjoint, son concubin ou son partenaire lié par un pacte civil de solidarité, ou son ancien conjoint, concubin ou partenaire :

a. Soit lorsqu'une ordonnance de protection est délivrée au profit de l'intéressé par le juge aux affaires familiales en application de l'article 515-9 du code civil ;

b. Soit lorsque les faits relèvent de l'article 132-80 du code pénal et donnent lieu à une alternative aux poursuites, à une composition pénale, à l'ouverture d'une information par le procureur de la République, à la saisine du tribunal correctionnel par le procureur de la République ou le juge d'instruction, à une mise en examen ou à une condamnation pénale, même non définitive ;

Ndlr *Les dispositions du présent 3° bis sont applicables aux demandes présentées postérieurement à l'entrée en vigueur du décret 2020-683 du 4 juin 2020 (JO du 6).*

4° L'invalidité de l'intéressé, de ses enfants, de son conjoint ou de son partenaire lié par un pacte civil de solidarité. Cette invalidité s'apprécie au sens des 2° et 3° de l'article L 341-4 du code de la sécurité sociale ou est reconnue par décision de la commission des droits et de l'autonomie des personnes handicapées ou du président du conseil départemental, à condition que le taux d'incapacité atteigne au moins 80 % et que l'intéressé n'exerce aucune activité professionnelle ;

5° Le décès de l'intéressé, de son conjoint ou de son partenaire lié par un pacte civil de solidarité ;

6° La rupture du contrat de travail, la cessation de son activité par l'entrepreneur individuel, la fin du mandat social, la perte du statut de conjoint collaborateur ou de conjoint associé ;

7° L'affectation des sommes épargnées à la création ou reprise, par l'intéressé, ses enfants, son conjoint ou son partenaire lié par un pacte civil de solidarité, d'une entreprise industrielle, commerciale, artisanale ou agricole, soit à titre individuel, soit sous la forme d'une société, à condition d'en exercer effectivement le contrôle au sens de l'article R 5141-2, à l'installation en vue de l'exercice d'une autre profession non salariée ou à l'acquisition de parts sociales d'une société coopérative de production ;

8° L'affectation des sommes épargnées à l'acquisition ou agrandissement de la résidence principale emportant création de surface habitable nouvelle telle que définie à l'article R 156-1 du code de la construction et de l'habitation, sous réserve de l'existence d'un permis de construire ou d'une déclaration préalable de travaux, ou à la remise en état de la résidence principale endommagée à la suite d'une catastrophe naturelle reconnue par arrêté ministériel ;

9° La situation de surendettement de l'intéressé définie à l'article L 711-1 du code de la consommation, sur demande adressée à l'organisme gestionnaire des fonds ou à l'employeur, soit par le président de la commission de surendettement des particuliers, soit par le juge lorsque le déblocage des droits paraît nécessaire à l'apurement du passif de l'intéressé.

Art. R 3324-23 La demande du salarié de liquidation anticipée est présentée dans un délai de six mois à compter de la survenance du fait générateur, sauf dans les cas de rupture du contrat de travail, décès, invalidité, violences conjugales et surendettement. Dans ces derniers cas, elle peut intervenir à tout moment.

La levée anticipée de l'indisponibilité intervient sous forme d'un versement unique qui porte, au choix du salarié, sur tout ou partie des droits susceptibles d'être débloqués.

Art. R 3324-24 Le jugement arrêtant le plan de cession totale de l'entreprise, ou ouvrant ou prononçant la liquidation judiciaire de l'entreprise rend immédiatement exigibles les droits à participation non échus en application de l'article L 643-1 du code de commerce et de l'article L 3253-10 du présent code.

Section V
Gestion de la réserve spéciale

Art. D 3324-25 Lorsque les parties ont choisi d'utiliser la réserve spéciale de participation dans les conditions prévues à l'article L 3323-2, les entreprises réalisent les versements correspondants avant le premier jour du sixième mois suivant la clôture de l'exercice au titre duquel la participation est attribuée.

Passé ce délai, les entreprises complètent les versements prévus au premier alinéa par un intérêt de retard égal à 1,33 fois le taux mentionné à l'article 14 de la loi n° 47-1775 du 10 septembre 1947 portant statut de la coopération.

Les intérêts sont versés en même temps que le principal et employés dans les mêmes conditions.

Art. D 3324-26 Lorsque la réserve spéciale de participation est consacrée à l'acquisition de titres émis par des sociétés d'investissement à capital variable, le portefeuille de ces sociétés est composé, au moins pour la moitié, de valeurs d'entreprises dont le siège est situé dans un Etat membre de la Communauté européenne ou d'un autre Etat partie à l'accord sur l'Espace économique européen.

Ces sociétés inscrivent au nom de chacun des bénéficiaires le nombre d'actions ou de coupures d'actions correspondant aux sommes qui reviennent à celui-ci.

Art. D 3324-27 Lorsque l'accord de participation prévoit que les sommes revenant aux salariés seront utilisées selon une ou plusieurs des modalités mentionnées à l'article L 3323-2 et laisse aux salariés la possibilité de choisir individuellement le mode de gestion des sommes qui leur sont attribuées, il prévoit les modalités d'exercice de ce choix et précise le sort des droits des salariés n'ayant pas expressément opté pour l'un des modes de placement proposés.

Art. D 3324-28 Lorsque l'accord de participation offre plusieurs instruments de placement, il précise les modalités selon lesquelles le salarié peut modifier l'affectation de son épargne.

Toutefois, l'accord peut prévoir des restrictions à la possibilité de modification du choix de placement initial dans les cas qu'il définit. Il précise alors la ou les modifications pouvant intervenir à l'occasion du départ du salarié de l'entreprise.

Sans préjudice des dispositions du cinquième alinéa de l'article L 214-164 et du septième alinéa de l'article L 214-165 du code monétaire et financier, les signataires de l'accord peuvent modifier l'affectation de l'épargne des salariés investis dans des organismes de placement collectif en valeurs mobilières ou des placements collectifs relevant des paragraphes 1, 2 et 6 de la sous-section 2, du paragraphe 2 ou du sous-paragraphe 1 du paragraphe 1 de la sous-section 3, ou de la sous-section 4 de la section 2 du chapitre IV du titre Ier du livre II du code monétaire et financier lorsque les caractéristiques des nouveaux organismes ou des placements collectifs sont identiques à celles des organismes ou des placements collectifs antérieurement prévus.

Art. D 3324-29 Lorsque les droits à participation sont affectés, au cours ou à l'issue de la période de blocage, à un plan d'épargne d'entreprise, le délai d'indisponibilité couru de ces sommes au moment de l'affectation s'impute sur la durée de blocage prévue par le plan d'épargne d'entreprise.

Art. D 3324-30 L'accord de participation prévoyant le choix individuel entre le versement immédiat ou le réinvestissement des intérêts précise le régime applicable à défaut d'option exercée par le salarié.

Art. D 3324-31 En l'absence de stipulation des accords, les revenus des droits de créance des salariés sont versés annuellement aux bénéficiaires.

Art. D 3324-32 Lorsque les intérêts correspondants aux sommes versées à des comptes courants bloqués sont réinvestis, ils sont capitalisés annuellement.

Art. D 3324-33 Les sommes attribuées au titre de la participation et affectées à un fonds d'investissement de l'entreprise sont rémunérées pour tous les salariés à un taux identique. Ce taux ne peut être inférieur au taux mentionné à l'article 14 de la loi n° 47-1775 du 10 septembre 1947 portant statut de la coopération.

Art. D 3324-34 Les fonds communs de placement constitués en application d'un accord de participation sont régis par les règles applicables aux fonds communs de placement d'entreprise mentionnés aux articles L 214-164 et L 214-165 du code monétaire et financier.

En outre, le règlement du fonds peut prévoir la possibilité pour celui-ci de recevoir, à la demande de tout salarié disposant, en application du 2° de l'article L 3323-2, d'un droit de créance sur une entreprise au titre de la participation des salariés, les sommes qui lui ont été attribuées à ce titre. Dans ce cas, les sommes sont versées directement par l'entreprise dans les deux mois qui suivent la décision du salarié.

CHAPITRE VI
Contestations et sanctions

Art. R 3326-1 Les litiges relatifs à l'application du présent titre, autres que ceux mentionnés au premier et deuxième alinéas de l'article L 3326-1, relèvent du tribunal judiciaire dans les conditions fixées à l'article R 311-1 du code de l'organisation judiciaire.

TITRE IV
Dispositions communes

CHAPITRE V
Dépôt et contrôle de l'autorité administrative

Section 1
Dépôt

Art. D 3345-1 Lorsqu'un accord d'intéressement ou de participation, ou un plan d'épargne d'entreprise, interentreprises, un plan d'épargne pour la retraite collectif ou un plan d'épargne retraite d'entreprise collectif est conclu autrement que dans le cadre du 1° du I de l'article L 3312-5, les documents qui sont déposés sur la plateforme de téléprocédure mentionnée à l'article D 2231-4 dans les conditions prévues à cet article et au II de l'article D 2231-2 comportent :

1° Si l'accord a été conclu entre l'employeur et les représentants d'organisations syndicales, la mention que ces représentants ont la qualité de délégués syndicaux ou, à défaut, le texte du mandat les habilitant à signer l'accord ;

2° Si l'accord a été conclu au sein d'un comité social et économique entre l'employeur et la délégation du personnel statuant à la majorité, le procès-verbal de la séance ;

3° Si l'accord résulte, après consultation de l'ensemble des salariés inscrit à l'effectif de l'entreprise, de la ratification par les deux tiers des salariés du projet proposé par l'employeur :

a. Soit l'émargement, sur la liste nominative de l'ensemble des salariés, des salariés signataires ;

b. Soit un procès-verbal rendant compte de la consultation.

Lorsque la décision unilatérale de l'employeur résulte d'un échec des négociations avec le ou les délégués syndicaux ou le comité social et économique, les documents qui sont déposés sur la plateforme de téléprocédure mentionnée à l'article D 2231-4 dans les conditions prévues à cet article et au II de l'article D 2231-2 comportent le procès-verbal de désaccord dans lequel sont consignés en leur dernier état les propositions respectives des parties et le procès-verbal de consultation du comité social et économique.

Art. D 3345-2 Lorsque la ratification d'un accord est demandée conjointement par l'employeur et une ou plusieurs organisations syndicales de salariés ou le comité social et économique, il en est fait mention dans les documents déposés.

Art. D 3345-3 Lorsque le projet ratifié par les salariés ne fait pas mention d'une demande conjointe ou lorsqu'une décision unilatérale est prise selon la modalité prévue au 1° du II de l'article L 3312-5, sont déposés avec l'accord ou la décision unilatérale une attestation de l'employeur selon laquelle il n'a été saisi d'aucune désignation de délégué syndical et, pour les entreprises assujetties à la législation sur les comités social et économique, un procès-verbal de carence datant de moins de quatre ans.

Art. D 3345-4 Le dépôt d'un des accords ou règlements mentionnés à l'article D 3345-1, de leurs avenants et de leurs annexes, est opéré dans les conditions prévues au II de l'article D 2231-2 et à l'article D 2231-4.

Section 2
Contrôle de l'autorité administrative

Art. D 3345-5 Sont dépositaires des accords et des règlements mentionnés à l'article D 2231-5 les directeurs départementaux de l'emploi, du travail et des solidarités, les directeurs départementaux de l'emploi, du travail, des solidarités et de la protection des populations et, en Ile-de-France, les directeurs d'unités départementales de la direction régionale et interdépartementale de l'économie de l'emploi du travail et des solidarités.

L'autorité administrative mentionnée au premier alinéa délivre un récépissé attestant du dépôt de l'accord ou du règlement et des autres documents mentionnés au présent chapitre.

Ndlr *Les dispositions du présent alinéa s'appliquent aux accords et règlements déposés à compter du 1er janvier 2023 (Décret 2022-1651 du 26 décembre 2022 art. 4).*

L'accord ou le règlement est transmis sans délai à l'organisme compétent mentionné aux articles L 213-1 ou L 752-4 du code de la sécurité sociale ou à l'article L 723-3 du code rural et de la pêche maritime. Cet organisme dispose d'un délai de trois mois à compter du dépôt pour demander le retrait ou la modification des clauses contraires aux dispositions légales et réglementaires, à l'exception des règles relatives aux modalités de dénonciation et de révision des accords. Le délai de trois mois ne court qu'à réception des documents mentionnés au présent chapitre nécessaires pour effectuer ce contrôle et sous réserve pour l'organisme d'en avoir préalablement informé le déposant dans ce même délai.

Ndlr *Les dispositions du présent alinéa s'appliquent aux accords et règlements déposés à compter du 1er janvier 2023 (Décret 2022-1651 du 26 décembre 2022 art. 4).*

Lorsque l'employeur emploie des salariés qui relèvent pour partie des organismes mentionnés aux articles L 213-1 ou L 752-4 code de la sécurité sociale et des organismes mentionnés à l'article L 723-2 du code rural et de la pêche maritime, l'organisme compétent visé à l'alinéa précédent est celui du régime auquel la majorité de ses salariés est affiliée. Les effectifs relevant des différents régimes sont calculés selon les modalités prévues par l'article L 130-1 du code de la sécurité sociale.

Maintien et sauvegarde de l'emploi

Art. L 5122-1 I. Les salariés sont placés en position d'activité partielle, après autorisation expresse ou implicite de l'autorité administrative, s'ils subissent une perte de rémunération imputable :

soit à la fermeture temporaire de leur établissement ou partie d'établissement ;

soit à la réduction de l'horaire de travail pratiqué dans l'établissement ou partie d'établissement en deçà de la durée légale de travail.

En cas de réduction collective de l'horaire de travail, les salariés peuvent être placés en position d'activité partielle individuellement et alternativement.

II. Les salariés reçoivent une indemnité horaire, versée par leur employeur, correspondant à une part de leur rémunération antérieure dont le pourcentage est fixé par décret en Conseil d'Etat. L'employeur perçoit une allocation financée conjointement par l'Etat et l'organisme gestionnaire du régime d'assurance chômage. Une convention conclue entre l'Etat et cet organisme détermine les modalités de financement de cette allocation.

III. L'autorité administrative peut définir des engagements spécifiquement souscrits par l'employeur en contrepartie de l'allocation qui lui est versée, en tenant compte des stipulations de l'accord collectif d'entreprise relatif à l'activité partielle, lorsqu'un tel accord existe. Un décret en Conseil d'Etat fixe les modalités selon lesquelles sont souscrits ces engagements.

IV. Sont prescrites, au profit de l'Etat et de l'organisme gestionnaire de l'assurance chômage, les créances constituées au titre de l'allocation mentionnée au II pour lesquelles l'employeur n'a pas déposé de demande de versement auprès de l'autorité administrative dans un délai de six mois à compter du terme de la période couverte par l'autorisation de recours à l'activité partielle.

Les employeurs ayant mis en place un dispositif d'aménagement du temps de travail sur une période de référence supérieure au délai mentionné au premier alinéa du présent IV peuvent régulariser les demandes d'indemnisation correspondant à la période couverte par l'autorisation de recours à l'activité partielle dans un délai de six mois à compter de l'expiration du délai mentionné au même premier alinéa.

Ndlr ***1.*** *Dispositions applicables aux demandes de versement de l'allocation mentionnée au présent article pour lesquelles la demande préalable d'autorisation de recours à l'activité partielle a été déposée à compter du 24 septembre 2018.*

2. *Voir toutefois ordonnance 2020-346 du 27 mars 2020 modifiée portant mesures d'urgence en matière d'activité partielle.*

3. *Voir également ordonnance 2020-770 du 24 juin 2020 modifiée relative à l'adaptation du taux horaire de l'allocation d'activité partielle.*

4. *Voir également article 33 de la loi 2022-1157 du 16 août 2022.*

V. Les employeurs mentionnés à l'article L 5424-1 peuvent placer en position d'activité partielle, dans les conditions prévues au présent chapitre, leurs salariés de droit privé pour lesquels ils ont adhéré au régime d'assurance chômage en application de l'article L 5424-2, dès lors qu'ils exercent à titre principal une activité industrielle et commerciale dont le produit constitue la part majoritaire de leurs ressources.

Ces employeurs bénéficient d'une allocation d'activité partielle selon les modalités prévues au présent chapitre.

VI. Les salariés mentionnés à l'article L 243-1-2 du code de la sécurité sociale qui sont employés par une entreprise ne comportant pas d'établissement en France peuvent être placés en position d'activité partielle lorsque l'employeur est soumis, pour ces salariés, aux contributions et cotisations sociales d'origine légale ou conventionnelle et aux obligations d'assurance contre le risque de privation d'emploi au titre de la législation française.

Ces employeurs bénéficient d'une allocation d'activité partielle selon les modalités prévues au présent chapitre.

Ndlr *Les dispositions des présents V et VI s'appliquent aux demandes d'autorisation adressées à l'autorité administrative par les employeurs mentionnés dans ces mêmes V et VI et au titre des heures chômées à compter du 1er janvier 2023 (Loi 2022-1726 du 30 décembre 2022 art. 211, II).*

Art. L 5122-2 Les salariés placés en activité partielle peuvent bénéficier, pendant les périodes où ils ne sont pas en activité, de l'ensemble des actions et de la formation mentionnées aux articles L 6313-1 et L 6314-1 réalisées notamment dans le cadre du plan de formation.

Dans ce cas, le pourcentage mentionné au II de l'article L 5122-1 est majoré dans des conditions prévues par décret en Conseil d'Etat.

Art. L 5122-3 I. Pour l'application du troisième alinéa du I de l'article L 5122-1, est prise en compte, en lieu et place de la durée légale du travail :

1° La durée stipulée au contrat pour les conventions individuelles de forfait ou la durée collective du travail conventionnellement prévue, pour les salariés ayant conclu une convention individuelle de forfait en heures, au sens des articles L 3121-56 et L 3121-57, incluant des heures supplémentaires, et pour les salariés dont la durée de travail est supérieure à la durée légale en application d'une convention ou d'un accord collectif de travail ;

2° La durée considérée comme équivalente, pour les salariés dont le temps de travail est décompté selon le régime d'équivalence prévu à l'article L 3121-13.

II. Pour l'application du II de l'article L 5122-1 aux salariés soumis à certains régimes spécifiques de détermination du temps de travail, les modalités de calcul de l'indemnité et de l'allocation sont déterminées selon les règles suivantes :

1° Pour les salariés mentionnés au 1° du I du présent article, il est tenu compte des heures supplémentaires prévues par la convention individuelle de forfait en heures ou par la convention ou l'accord collectif pour la détermination du nombre d'heures non travaillées indemnisées ;

2° Pour les salariés mentionnés au 2° du même I, il est tenu compte des heures d'équivalence rémunérées pour le calcul de l'indemnité et de l'allocation d'activité partielle ;

3° Pour les salariés dont la durée du travail est décomptée en jours, la détermination du nombre d'heures prises en compte pour l'indemnité d'activité partielle et l'allocation d'activité partielle est effectuée en convertissant en heures un nombre de jours ou de demi-journées. Les modalités de cette conversion sont déterminées par décret ;

4° Pour les salariés qui ne sont pas soumis aux dispositions légales ou conventionnelles relatives à la durée du travail, les modalités de calcul de l'indemnité et de l'allocation sont déterminées par décret.

III. Le placement en activité partielle des cadres dirigeants mentionnés à l'article L 3111-2 ne peut intervenir que dans le cas prévu au deuxième alinéa du I de l'article L 5122-1. » ;

Art. L 5122-4 L'indemnité légale d'activité partielle est un revenu de remplacement au sens de l'article L 136-1-2 du code de la sécurité sociale et est assujettie à la contribution mentionnée à l'article L 136-1 du même code dans les conditions définies au 1° du II de l'article L 136-8 dudit code. Le régime fiscal applicable aux contributions mentionnées à l'article L 5422-10 du présent code est applicable à l'indemnité versée au salarié.

Cette indemnité est cessible et saisissable dans les mêmes conditions et limites que les salaires.

Art. L 5122-5 Les salariés en contrat d'apprentissage ou de professionnalisation dont la rémunération est inférieure au salaire minimum interprofessionnel de croissance reçoivent une indemnité horaire d'activité partielle, versée par leur employeur, d'un montant égal au pourcentage du salaire minimum interprofessionnel de croissance qui leur est applicable au titre du présent code et, s'il y a lieu, des stipulations conventionnelles applicables à l'entreprise.

Le taux horaire de l'indemnité d'activité partielle versée aux salariés mentionnés au premier alinéa dont la rémunération est supérieure ou égale au salaire minimum interprofessionnel de croissance ne peut être inférieur au taux horaire du salaire minimum interprofessionnel de croissance.

L'employeur reçoit une allocation d'activité partielle d'un montant égal à l'indemnité d'activité partielle versée aux salariés en contrat d'apprentissage ou de professionnalisation dont la rémunération est inférieure au salaire minimum interprofessionnel de croissance.

Pour les salariés en contrat d'apprentissage ou de professionnalisation dont la rémunération est supérieure ou égale au salaire minimum interprofessionnel de croissance, l'employeur reçoit l'allocation prévue au II de l'article L 5122-1.

Art. L 5123-2 Dans les cas prévus à l'article L 5123-1, peuvent être attribuées par voie de conventions conclues entre l'Etat et les organismes professionnels ou interprofessionnels, les organisations syndicales ou avec les entreprises :

1° Des allocations temporaires dégressives en faveur des travailleurs qui ne peuvent bénéficier d'un stage de formation et ne peuvent être temporairement occupés que dans des emplois entraînant un déclassement professionnel ;

2° *(Abrogé)* ;

3° Des allocations de conversion en faveur des salariés auxquels est accordé un congé en vue de bénéficier d'actions destinées à favoriser leur reclassement et dont le contrat de travail est, à cet effet, temporairement suspendu ;

4° Des allocations en faveur des salariés dont l'emploi à temps plein est transformé, avec leur accord, en emploi à temps partiel dans le cadre d'une convention d'aide au passage à temps partiel conclue en vue d'éviter des licenciements économiques. Le montant des ressources nettes garanties des salariés adhérents à ces conventions ne pourra dépasser 90 % de leur rémunération nette antérieure.

Art. L 5123-5 Les contributions des employeurs aux allocations prévues par le présent chapitre *(NDLR Voir article L 5123-2 ci-dessus)* ne sont passibles ni de la taxe sur les salaires, ni des cotisations et des contributions de sécurité sociale.

Indemnisation des travailleurs privés d'emploi

Art. L 5422-10 Les contributions des employeurs sont exclues de l'assiette de la contribution mentionnée à l'article L 136-1 du code de la sécurité sociale. Elles sont déductibles des bénéfices industriels et commerciaux, agricoles ou non commerciaux pour l'établissement de l'impôt sur le revenu ou de l'impôt sur les sociétés dû par ces employeurs.

Les contributions payées par les travailleurs, mentionnées aux 2° et 3° de l'article L 5422-9 du présent code, sont déductibles pour l'établissement de l'impôt sur le revenu des personnes physiques dû par les intéressés.

Ndlr *Voir CGI, art. 83, 2° bis.*

Art. L 5426-1 Le contrôle de la recherche d'emploi est exercé par les agents de Pôle emploi.

Ndlr Pour les dispositions du présent article applicables à compter d'une date fixée par décret, et au plus tard le 1er janvier 2025, voir partie Autres textes du présent code loi 2023-1196 du 18 décembre 2023 art. 2, I-7°-b et IV.

Art. L 5426-1-2 I. Par dérogation à l'article L 5421-3, durant la période de mise en œuvre du projet mentionné au 2° du II de l'article L 5422-1, la condition de recherche d'emploi requise pour bénéficier de l'allocation d'assurance au titre du même II est satisfaite dès lors que les intéressés sont inscrits comme demandeurs d'emploi et accomplissent les démarches nécessaires à la mise en œuvre de leur projet.

II. La réalité des démarches accomplies en vue de la mise en œuvre du projet mentionné au 2° du II de l'article L 5422-1 est contrôlée par l'opérateur France Travail au plus tard à l'issue d'une période de six mois suivant l'ouverture du droit à l'allocation d'assurance.

Ndlr Les dispositions du présent alinéa entrent en vigueur à compter du 1er janvier 2024 (Loi 2023-1196 du 18 décembre 2023 art. 6, I-A-2° et V).

La personne qui ne peut justifier, sans motif légitime, de la réalité de ces démarches est radiée de la liste des demandeurs d'emploi, dans les conditions mentionnées au f du 3° de l'article L 5412-1. L'allocation d'assurance cesse alors d'être due.

Ndlr Pour les dispositions du présent alinéa applicables à compter d'une date fixée par décret, et au plus tard le 1er janvier 2025, voir partie Autres textes du présent code loi 2023-1196 du 18 décembre 2023 art. 2, I-8° et IV.

Les accords relatifs à l'assurance chômage mentionnés à l'article L 5422-20 définissent les conditions dans lesquelles l'allocataire peut bénéficier de la reprise du versement du reliquat de ses droits à l'allocation d'assurance.

Art. L 5426-2 Le revenu de remplacement est supprimé par Pôle emploi dans les cas mentionnés aux 1° à 3° de l'article L 5412-1, à l'article L 5412-2 et au II de l'article L 5426-1-2.

Il est également supprimé en cas de fraude ou de fausse déclaration. Les sommes indûment perçues donnent lieu à remboursement.

Ndlr Les dispositions du présent article sont abrogées à compter d'une date fixée par décret, et au plus tard le 1er janvier 2025 (Loi 2023-1196 du 18 décembre 2023 art. 2, I-9° et IV).

Art. L 5426-9 Un décret en Conseil d'Etat détermine les modalités d'application du présent chapitre, notamment :

1° Les conditions dans lesquelles les agents chargés du contrôle ont accès, pour l'exercice de leur mission, aux renseignements détenus par les administrations sociales et fiscales ;

2° Les conditions dans lesquelles et la durée pendant laquelle le revenu de remplacement peut être supprimé en application du premier alinéa de l'article L 5426-2 ;

Ndlr Pour les dispositions du présent 2° applicables à compter d'une date fixée par décret, et au plus tard le 1er janvier 2025, voir partie Autres textes du présent code loi 2023-1196 du 18 décembre 2023 art. 2, I-10° et IV.

3° Les conditions dans lesquelles l'opérateur France Travail procède à la répétition des prestations indues en application des articles L 5426-8-1 à L 5426-8-3 ainsi que la part des échéances mensuelles mentionnée au même article L 5426-8-1 ;

4° Les conditions dans lesquelles l'opérateur France Travail prononce et recouvre la pénalité prévue à l'article L 5426-5.

Ndlr Voir LPF, art. L 134 A.

Art. L 5427-2 Les agents des organismes de sécurité sociale peuvent communiquer à l'opérateur France Travail les renseignements nécessaires au calcul des prestations.

Ndlr Voir LPF, art. L 134 B.

Art. L 5428-1 Sous réserve des dispositions prévoyant leur incessibilité ou leur insaisissabilité, les allocations, aides ainsi que toute autre prestation versées par l'opérateur France Travail sont cessibles et saisissables dans les mêmes conditions et limites que les salaires.

Ces prestations ainsi que l'indemnité d'activité partielle et l'allocation de solidarité spécifique sont exonérées de la taxe sur les salaires et des cotisations de sécurité sociale, sous réserve de l'application des dispositions des articles L 131-2, L 241-2, L 242-13 et L 711-2 du code de la sécurité sociale et de l'article L 741-9 du code rural et de la pêche maritime.

Les règles fixées au 5 de l'article 158 du code général des impôts sont applicables.

Activités de services à la personne

IRPP-IV-28800 s. ; MF n° 3240

Art. L 7231-1 Les services à la personne portent sur les activités suivantes :

1° La garde d'enfants ;

2° L'assistance aux personnes âgées, aux personnes handicapées ou aux autres personnes qui ont besoin d'une aide personnelle à leur domicile ou d'une aide à la mobilité dans l'environnement de proximité favorisant leur maintien à domicile ;

3° Les services aux personnes à leur domicile relatifs aux tâches ménagères ou familiales.

Ndlr Voir CGI, art. 199 sexdecies.

Art. D 7231-1 I. Les activités de service à la personne soumises à agrément, en application de l'article L 7232-1, sont les suivantes :

1° Garde d'enfants à domicile, en dessous d'un âge fixé par arrêté conjoint du ministre chargé de l'économie et du ministre chargé de la famille ;

2° Accompagnement des enfants en dessous d'un âge fixé par arrêté conjoint du ministre chargé de l'économie et du ministre chargé de la famille dans leurs déplacements en dehors de leur domicile (promenades, transport, actes de la vie courante) ;

3° Assistance dans les actes quotidiens de la vie ou aide à l'insertion sociale aux personnes âgées et aux personnes handicapées ou atteintes de pathologies chroniques qui ont besoin de telles prestations à domicile, quand ces prestations sont réalisées dans les conditions prévues aux 1° et 2° de l'article L 7232-6 du présent code, à l'exclusion d'actes de soins relevant d'actes médicaux à moins qu'ils ne soient exécutés dans les conditions prévues à l'article L 1111-6-1 du code de la santé publique et du décret n° 99-426 du 27 mai 1999 habilitant certaines catégories de personnes à effectuer des aspirations endo-trachéales ;

4° Prestation de conduite du véhicule personnel des personnes âgées, des personnes handicapées ou atteintes de pathologies chroniques du domicile au travail, sur le lieu de vacances, pour les démarches administratives quand cette prestation est réalisée dans les conditions prévues aux 1° et 2° de l'article L 7232-6 du présent code ;

5° Accompagnement des personnes âgées, des personnes handicapées ou atteintes de pathologies chroniques, dans leurs déplacements en dehors de leur domicile (promenades, aide à la mobilité et au transport, actes de la vie courante) quand cet accompagnement est réalisé dans les conditions prévues aux 1° et 2° de l'article L 7232-6 du même code.

II. Les activités de services à la personne soumises à titre facultatif à la déclaration prévue à l'article L 7232-1-1 sont, outre celles mentionnées au I du présent article et à l'article D 312-2 du code de l'action sociale et des familles, les activités suivantes :

1° Entretien de la maison et travaux ménagers ;

2° Petits travaux de jardinage, y compris les travaux de débroussaillage ;

3° Travaux de petit bricolage dits « homme toutes mains » ;

4° Garde d'enfants à domicile au-dessus d'un âge fixé par arrêté conjoint du ministre chargé de l'économie et du ministre chargé de la famille ;

5° Soutien scolaire à domicile ou cours à domicile ;

6° Soins d'esthétique à domicile pour les personnes dépendantes ;

7° Préparation de repas à domicile, y compris le temps passé aux courses ;

8° Livraison de repas à domicile ;

9° Collecte et livraison à domicile de linge repassé ;

10° Livraison de courses à domicile ;

11° Assistance informatique à domicile ;

12° Soins et promenades d'animaux de compagnie, à l'exception des soins vétérinaires et du toilettage, pour les personnes dépendantes ;

13° Maintenance, entretien et vigilance temporaires, à domicile, de la résidence principale et secondaire ;

14° Assistance administrative à domicile ;

15° Accompagnement des enfants de plus de trois ans dans leurs déplacements en dehors de leur domicile (promenades, transport, actes de la vie courante) ;

16° Téléassistance et visio assistance ;

17° Interprète en langue des signes, technicien de l'écrit et codeur en langage parlé complété ;

18° Prestation de conduite du véhicule personnel des personnes mentionnées au 20° du II du présent article, du domicile au travail, sur le lieu de vacances, pour les démarches administratives ;

19° Accompagnement des personnes mentionnées au 20° du II du présent article dans leurs déplacements en dehors de leur domicile (promenades, aide à la mobilité et au transport, actes de la vie courante) ;

20° Assistance aux personnes autres que celles mentionnées au 3° du I du présent article qui ont besoin temporairement d'une aide personnelle à leur domicile, à l'exclusion des soins relevant d'actes médicaux ;

21° Coordination et délivrance des services mentionnés au présent article.

III. Les activités mentionnées aux 2°, 4° et 5° du I et aux 8°, 9°, 10°, 15°, 18° et 19° du II du présent article n'ouvrent droit au bénéfice du 1° de l'article L 7233-2 du code du travail et de l'article L 241-10 du code de la sécurité sociale qu'à la condition que la prestation soit comprise dans une offre de services incluant un ensemble d'activités réalisées à domicile.

Ndlr Voir CGI, art. 199 sexdecies.

Art. D 7233-4 La personne morale ou l'entrepreneur individuel déclaré en application de l'article L 7232-1-1 délivre à chacun de ses clients une attestation fiscale annuelle, pour leur permettre de bénéficier de l'aide prévue par l'article 199 sexdecies du code général des impôts. Cette attestation mentionne :

1° Le nom, l'adresse et le numéro d'identification de la personne morale ou de l'entrepreneur individuel ;

2° Le numéro et la date d'enregistrement de la déclaration ;

3° Le nom de la personne ayant bénéficié du service, son adresse, le numéro de son compte débité le cas échéant, le montant effectivement acquitté ;

4° Un récapitulatif des interventions faisant apparaître le nom et le code identifiant de l'intervenant, ainsi que la date et la durée de l'intervention.

Ndlr Voir CGI, Annexe III, art. 46 AO bis.

Art. D 7233-5 Les activités de service à la personne à domicile ouvrent droit à l'aide prévue par l'article 199 sexdecies du code général des impôts sous les réserves suivantes :

1° Le montant total des travaux de petit bricolage dits « hommes toutes mains » est plafonné à 500 €

par an et par foyer fiscal. La durée d'une intervention de petit bricolage ne peut excéder deux heures ;

2° Le montant de l'assistance informatique et Internet à domicile est plafonné à 3 000 € par an et par foyer fiscal ;

3° Le montant des interventions de petits travaux de jardinage des particuliers est plafonné à 5 000 € par an et par foyer fiscal.

Art. D 7233-11 L'employeur communique au bénéficiaire de l'aide, avant le 1er février de l'année suivant celle de l'attribution de l'aide versée par le comité social et économique ou l'entreprise au cours de l'année écoulée, une attestation mentionnant le montant total de celle-ci et précisant son caractère non imposable.

La déclaration annuelle prévue par l'article 87 du code général des impôts, souscrite par l'entreprise, mentionne, pour chaque bénéficiaire, le montant de l'aide accordée par le comité d'entreprise ou par l'entreprise.

Responsabilité solidaire des employeurs de travailleurs clandestins

Art. L 8211-1 Sont constitutives de travail illégal, dans les conditions prévues par le présent livre, les infractions suivantes :

1° Travail dissimulé ;

2° Marchandage ;

3° Prêt illicite de main-d'œuvre ;

4° Emploi d'étranger non autorisé à travailler ;

5° Cumuls irréguliers d'emplois ;

6° Fraude ou fausse déclaration prévue aux articles L 5124-1 et L 5429-1.

Art. L 8221-1 Sont interdits :

1° Le travail totalement ou partiellement dissimulé, défini et exercé dans les conditions prévues aux articles L 8221-3 et L 8221-5 ;

2° La publicité, par quelque moyen que ce soit, tendant à favoriser, en toute connaissance de cause, le travail dissimulé ;

3° Le fait de recourir sciemment, directement ou par personne interposée, aux services de celui qui exerce un travail dissimulé.

Art. L 8221-2 Sont exclus des interdictions prévues au présent chapitre, les travaux d'urgence dont l'exécution immédiate est nécessaire pour prévenir les accidents imminents ou organiser les mesures de sauvetage.

Art. L 8222-1 Toute personne vérifie lors de la conclusion d'un contrat dont l'objet porte sur une obligation d'un montant minimum en vue de l'exécution d'un travail, de la fourniture d'une prestation de services ou de l'accomplissement d'un acte de commerce, et périodiquement jusqu'à la fin de l'exécution du contrat, que son cocontractant s'acquitte :

1° Des formalités mentionnées aux articles L 8221-3 et L 8221-5 ;

1° bis *(Abrogé)* ;

2° De l'une seulement des formalités mentionnées au 1°, dans le cas d'un contrat conclu par un particulier pour son usage personnel, celui de son conjoint, partenaire lié par un pacte civil de solidarité, concubin, de ses ascendants ou descendants.

Les modalités selon lesquelles sont opérées les vérifications imposées par le présent article sont précisées par décret.

Ndlr *Voir CGI, art. 1724 quater.*

Art. L 8222-2 Toute personne qui méconnaît les dispositions de l'article L 8222-1, ainsi que toute personne condamnée pour avoir recouru directement ou par personne interposée aux services de celui qui exerce un travail dissimulé, est tenue solidairement avec celui qui a fait l'objet d'un procès-verbal pour délit de travail dissimulé :

1° Au paiement des impôts, taxes et cotisations obligatoires ainsi que des pénalités et majorations dus par celui-ci au Trésor ou aux organismes de protection sociale ;

2° Le cas échéant, au remboursement des sommes correspondant au montant des aides publiques dont il a bénéficié ;

3° Au paiement des rémunérations, indemnités et charges dues par lui à raison de l'emploi de salariés n'ayant pas fait l'objet de l'une des formalités prévues aux articles L 1221-10, relatif à la déclaration préalable à l'embauche et L 3243-2, relatif à la délivrance du bulletin de paie.

Ndlr *Voir CGI, art. 1724 quater.*

Art. L 8222-3 Les sommes dont le paiement est exigible en application de l'article L 8222-2 sont déterminées à due proportion de la valeur des travaux réalisés, des services fournis, du bien vendu et de la rémunération en vigueur dans la profession.

Ndlr *Voir CGI, art. 1724 quater.*

Art. L 8222-4 Lorsque le cocontractant intervenant sur le territoire national est établi ou domicilié à l'étranger, les obligations dont le respect fait l'objet de vérifications sont celles qui résultent de la réglementation d'effet équivalent de son pays d'origine et celles qui lui sont applicables au titre de son activité en France.

Ndlr *Voir CGI, art. 1724 quater C.*

Art. L 8222-5 Le maître de l'ouvrage ou le donneur d'ordre, informé par écrit par un agent de contrôle mentionné à l'article L 8271-7 ou par un syndicat ou une association professionnels ou une institution représentative du personnel, de l'intervention du cocontractant, d'un sous-traitant ou d'un subdélégataire en situation irrégulière au regard des formalités mentionnées aux articles L 8221-3 et L 8221-5 enjoint aussitôt à son cocontractant de faire cesser sans délai cette situation.

A défaut, il est tenu solidairement avec son cocontractant au paiement des impôts, taxes, cotisations, rémunérations et charges mentionnés aux 1° à 3° de l'article L 8222-2, dans les conditions fixées à l'article L 8222-3.

Les dispositions du présent article ne s'appliquent pas au particulier qui contracte pour son usage personnel, celui de son conjoint, partenaire lié par un pacte civil de solidarité, concubin, de ses ascendants ou descendants.

Ndlr *Voir CGI, art. 1724 quater B.*

Art. L 8271-1 Les infractions constitutives de travail illégal mentionnées à l'article L 8211-1 sont recherchées et constatées par les agents de contrôle mentionnés à l'article L 8271-1-2 dans la limite de leurs compétences respectives en matière de travail illégal.

Ndlr *Voir LPF, art. L 134.*

Art. L 8271-1-2 Les agents de contrôle compétents en application de l'article L 8271-1 sont :

1° Les agents de contrôle de l'inspection du travail mentionnés à l'article L 8112-1 ;

2° Les officiers et agents de police judiciaire ;

3° Les agents des impôts et des douanes ;

4° Les agents des organismes de sécurité sociale et des caisses de mutualité sociale agricole agréés à cet effet et assermentés ;

5° Les administrateurs des affaires maritimes, les officiers du corps technique et administratif des affaires maritimes et les fonctionnaires affectés dans les services exerçant des missions de contrôle dans le domaine des affaires maritimes sous l'autorité ou à la disposition du ministre chargé de la mer ;

6° Les fonctionnaires des corps techniques de l'aviation civile commissionnés à cet effet et assermentés ;

7° Les fonctionnaires ou agents de l'Etat chargés du contrôle des transports terrestres ;

8° Les agents de l'institution mentionnée à l'article L 5312-1, chargés de la prévention des fraudes, agréés et assermentés à cet effet.

Ndlr *Voir LPF, art. L 134.*

Art. L 8271-1-3 Pour la mise en œuvre des articles L 8272-1 à L 8272-4, le représentant de l'Etat dans le département reçoit copie des procès-verbaux relevant les infractions constitutives de travail illégal constatées par les agents de contrôle mentionnés à l'article L 8271-1-2.

Art. L 8271-2 Les agents de contrôle mentionnés à l'article L 8271-1-2 se communiquent réciproquement tous renseignements et tous documents utiles à l'accomplissement de leur mission de lutte contre le travail illégal.

Les agents de la concurrence, de la consommation et de la répression des fraudes sont habilités à leur transmettre tous renseignements et documents nécessaires à cette mission.

Ndlr *Voir LPF, art. L 134.*

Art. L 8271-4 Les agents de contrôle mentionnés à l'article L 8271-1-2 transmettent, sur demande écrite, aux agents du Centre national du cinéma et de l'image animée, des directions régionales des affaires culturelles, de l'institution mentionnée à l'article L 5312-1, de l'organisme gestionnaire du régime d'assurance chômage et des collectivités territoriales tous renseignements et tous documents nécessaires à l'appréciation des droits ou à l'exécution d'obligations qui entrent dans le champ de leurs compétences respectives.

Ils disposent, dans l'exercice de leur mission de lutte contre le travail illégal, d'un droit de communication sur tous renseignements et documents nécessaires auprès de ces services.

Ndlr *Voir LPF, art. L 134.*

Art. L 8271-5 Les agents de contrôle mentionnés à l'article L 8271-1-2 peuvent, sur demande écrite, obtenir des organismes chargés d'un régime de protection sociale ou des caisses assurant le service des congés payés mentionnées au livre Ier de la troisième partie tous renseignements ou tous documents utiles à l'accomplissement de leurs missions en matière de travail illégal.

Ils transmettent à ces organismes, qui doivent en faire la demande par écrit, tous renseignements et tous documents permettant à ces derniers de recouvrer les sommes impayées ou d'obtenir le remboursement de sommes indûment versées.

Ndlr *Voir LPF, art. L 134.*

Art. L 8271-6-1 Les agents de contrôle mentionnés à l'article L 8271-1-2 sont habilités à entendre, en quelque lieu que ce soit et avec son consentement, tout employeur ou son représentant et toute personne rémunérée, ayant été rémunérée ou présumée être ou avoir été rémunérée par l'employeur ou par un travailleur indépendant, afin de connaître la nature des activités de cette personne, ses conditions d'emploi et le montant des rémunérations s'y rapportant, y compris les avantages en nature. De même, ils peuvent entendre toute personne susceptible de fournir des informations utiles à l'accomplissement de leur mission de lutte contre le travail illégal.

Conformément à l'article 28 du code de procédure pénale, l'article 61-1 du même code est applicable lorsqu'il est procédé à l'audition d'une personne à l'égard de laquelle il existe des raisons plausibles de soupçonner qu'elle a commis ou tenté de commettre une infraction.

Ces auditions peuvent faire l'objet d'un procès-verbal signé des agents mentionnés au premier alinéa et des personnes entendues.

Ces agents sont en outre habilités à demander aux employeurs, aux travailleurs indépendants, aux personnes employées dans l'entreprise ou sur le lieu de travail ainsi qu'à toute personne dont ils recueillent les déclarations dans l'exercice de leur mission de justifier de leur identité et de leur adresse.

Art. L 8271-6-2 Pour la recherche et la constatation des infractions constitutives de travail illégal, les agents de contrôle mentionnés à l'article L 8271-1-2 peuvent se faire présenter et obtenir copie immédiate des documents justifiant du respect des dispositions du présent livre et du chapitre II du titre VI du livre II de la première partie.

Art. L 8271-6-3 Les agents de contrôle mentionnés à l'article L 8271-1-2 peuvent transmettre aux agents habilités par le directeur du Conseil national des activités privées de sécurité, mentionnés à l'article L 634-1 du code de la sécurité intérieure, tous renseignements et tous documents leur permettant d'assurer le contrôle des personnes exerçant les activités privées de sécurité pour tirer les conséquences d'une situation de travail illégal.

Les agents habilités par le directeur du Conseil national des activités privées de sécurité peuvent transmettre aux agents de contrôle mentionnés à l'article L 8271-1-2 du présent code tous renseignements et documents nécessaires à leur mission de lutte contre le travail illégal.

Art. L 8271-7 Les infractions aux interdictions du travail dissimulé prévues à l'article L 8221-1 sont recherchées par les agents mentionnés à l'article L 8271-1-2.

Art. L 8271-8 Les infractions aux interdictions du travail dissimulé sont constatées au moyen de procès-verbaux qui font foi jusqu'à preuve du contraire.

Ces procès-verbaux sont transmis directement au procureur de la République.

Art. L 8271-9 Pour la recherche et la constatation des infractions aux interdictions du travail dissimulé, les agents de contrôle peuvent se faire présenter et obtenir copie immédiate des documents suivants, quels que soient leur forme et leur support :

1° Les documents justifiant que l'immatriculation, les déclarations et les formalités mentionnées aux articles L 8221-3 et L 8221-5 ont été effectuées ainsi que ceux relatifs à l'autorisation d'exercice de la profession ou à l'agrément lorsqu'une disposition particulière l'a prévu ;

2° Les documents justifiant que l'entreprise a vérifié, conformément aux dispositions des articles L 8222-1 ou L 8222-4, que son ou ses cocontractants ont accompli les formalités mentionnées aux articles L 8221-3 et L 8221-5 ou des réglementations d'effet équivalent de leur pays d'origine ;

3° Les devis, les bons de commande ou de travaux, les factures et les contrats ou documents commerciaux relatifs aux prestations exécutées en méconnaissance des dispositions de l'article L 8221-1 ;

4° Les attestations d'assurances professionnelles détenues par les travailleurs indépendants lorsque ces assurances répondent à une obligation légale.

Art. L 8271-10 Les agents de contrôle peuvent, sur demande écrite, obtenir des services préfectoraux tous renseignements ou tous documents relatifs à l'autorisation d'exercice ou à l'agrément d'une profession réglementée.

CODE DE L'URBANISME

Opérations de restauration immobilière

IRPP-IV-108000 s. ; MF nos 2900 s.

Art. L 313-1 I. Un plan de sauvegarde et de mise en valeur peut être établi sur tout ou partie du site patrimonial remarquable créé en application du titre III du livre VI du code du patrimoine. Sur le périmètre qu'il recouvre, il tient lieu de plan local d'urbanisme.

Lorsque l'élaboration du plan de sauvegarde et de mise en valeur relève de la compétence d'un établissement public de coopération intercommunale, la commune membre de cet établissement dont le territoire est intégralement ou partiellement couvert par le périmètre d'un site patrimonial remarquable peut demander à ce qu'il soit couvert par un plan de sauvegarde et de mise en valeur. Elle peut également conduire les études préalables à l'élaboration du plan de sauvegarde et de mise en valeur, avec l'assistance technique et financière de l'Etat si elle la sollicite. Après un débat au sein de l'organe délibérant de l'établissement public de coopération intercommunale, celui-ci délibère sur l'opportunité d'élaborer le plan de sauvegarde et de mise en valeur.

En cas de refus de l'organe délibérant, et lorsque la Commission nationale du patrimoine et de l'architecture a recommandé, en application de l'article L 631-3 du même code, l'élaboration d'un plan de sauvegarde et de mise en valeur sur tout ou partie du périmètre classé au titre des sites patrimoniaux remarquables, l'autorité administrative peut demander à l'établissement public de coopération intercommunale d'engager la procédure d'élaboration d'un plan de sauvegarde et de mise en valeur sur ce périmètre dans les conditions prévues au II du présent article.

II. L'acte décidant la mise à l'étude du plan de sauvegarde et de mise en valeur met en révision le plan local d'urbanisme, lorsqu'il existe. Jusqu'à l'approbation du plan de sauvegarde et de mise en valeur, le plan local d'urbanisme mis en révision peut être modifié dans les conditions prévues aux articles L 153-37, L 153-40, L 153-42 et L 153-43 du présent code ou faire l'objet de révisions dans les conditions définies à l'article L 153-34.

Le plan de sauvegarde et de mise en valeur est élaboré conjointement par l'Etat et l'autorité compétente en matière de plan local d'urbanisme ou de document en tenant lieu. L'Etat peut toutefois confier l'élaboration d'un plan de sauvegarde et de mise en valeur à l'autorité compétente en matière de plan local d'urbanisme ou de document en tenant lieu qui en fait la demande, et lui apporte si nécessaire son assistance technique et financière. Le projet de plan de sauvegarde et de mise en valeur est soumis pour avis à la commission locale du site patrimonial remarquable et, le cas échéant, à l'avis de la commune concernée. Après avis de l'organe délibérant de l'autorité compétente en matière de plan local d'urbanisme ou de document en tenant lieu et de la Commission nationale du patrimoine et de l'architecture, le projet de plan de sauvegarde et de mise en valeur est soumis à enquête publique par l'autorité administrative dans les formes prévues au chapitre III du titre II du livre Ier du code de l'environnement. Il est approuvé par l'autorité administrative si l'avis de l'organe délibérant de l'autorité compétente en matière de plan local d'urbanisme ou de document en tenant lieu est favorable, par décret en Conseil d'Etat dans le cas contraire.

La révision du plan de sauvegarde et de mise en valeur a lieu dans les mêmes formes que celles prévues pour son élaboration.

III. Le plan de sauvegarde et de mise en valeur peut comporter l'indication des immeubles ou des parties intérieures ou extérieures d'immeubles :

1° Dont la démolition, l'enlèvement ou l'altération sont interdits et dont la modification est soumise à des conditions spéciales ;

2° Dont la démolition ou la modification peut être imposée à l'occasion d'opérations d'aménagement publiques ou privées.

IV. Le plan de sauvegarde et de mise en valeur peut protéger les éléments d'architecture et de décoration, les immeubles par nature ou les effets mobiliers attachés à perpétuelle demeure, au sens des articles 524 et 525 du code civil, situés à l'extérieur ou à l'intérieur d'un immeuble. Le propriétaire et l'affectataire domanial peuvent proposer à l'architecte des Bâtiments de France le recensement de nouveaux éléments dans le plan de sauvegarde et de mise en valeur. L'architecte des Bâtiments de France saisit l'autorité administrative qui modifie le plan de sauvegarde et de mise en valeur, après accord de l'organe délibérant mentionné au VI du présent article.

V. Le plan de sauvegarde et de mise en valeur doit être compatible avec le projet d'aménagement et de développement durables du plan local d'urbanisme, lorsqu'il existe. Lorsque le projet de plan de sauvegarde et de mise en valeur comporte des dispositions qui ne sont pas compatibles avec le projet d'aménagement et de développement durables du plan local d'urbanisme, il ne peut être approuvé que si l'enquête publique a porté à la fois sur le projet de plan de sauvegarde et de mise en valeur et sur la révision du plan local d'urbanisme. L'approbation du plan de sauvegarde et de mise en valeur emporte alors révision du plan local d'urbanisme.

VI. Sous réserve que la modification envisagée ne porte pas atteinte à son économie générale ou ne réduise pas un espace boisé classé, le plan de sauvegarde et de mise en valeur peut être modifié par l'autorité administrative, à la demande ou après consultation de l'organe délibérant de l'autorité compétente en matière de plan local d'urbanisme ou de document en tenant lieu, après consultation de l'architecte des Bâtiments de France, après avis de la commission locale du site patrimonial remarquable et après enquête publique réalisée dans les formes prévues au chapitre III du titre II du livre Ier du code de l'environnement.

Art. L 313-2 A compter de la publication de la décision administrative créant le secteur sauvegardé, tout travail ayant pour effet de modifier l'état des immeubles est soumis à permis de construire ou à déclaration, dans les conditions prévues par le livre IV, après accord de l'architecte des Bâtiments de France. Cet accord est réputé donné à l'expiration d'un délai fixé par décret en Conseil d'Etat. L'autorisation délivrée énonce les prescriptions auxquelles le pétitionnaire doit se conformer.

A compter de la publication de la décision prescrivant l'élaboration d'un plan de sauvegarde et de mise en valeur ou sa révision, les travaux de la nature de ceux qui sont indiqués ci-dessus peuvent faire l'objet d'un sursis à statuer dans les conditions et délais prévus à l'article L 424-1.

En cas de désaccord entre, d'une part, l'architecte des Bâtiments de France et, d'autre part, soit le maire ou l'autorité compétente pour délivrer l'autorisation, soit le pétitionnaire, sur la compatibilité des travaux avec le plan de sauvegarde et de mise en valeur ou sur les prescriptions imposées au propriétaire, le représentant de l'Etat dans la région émet, après consultation de la section de la commission régionale du patrimoine et des sites, un avis qui se substitue à celui de l'architecte des Bâtiments de France. Le recours du pétitionnaire s'exerce à l'occasion du refus d'autorisation de travaux. En l'absence de décision expresse du représentant de l'Etat dans la région dans le délai de deux mois à compter de sa saisine, le recours est réputé admis.

Un décret détermine le délai de saisine du représentant de l'Etat dans la région.

Les prescriptions imposées en application du présent article ne peuvent faire obstacle à l'application des règles d'accessibilité d'un immeuble bâti aux personnes handicapées mentionnées à l'article L 111-7-2 du code de la construction et de l'habitation *(NDLR Voir article L 163-1 du même code à compter du 1er juillet 2021)*, sauf pour prévenir la dégradation du patrimoine concerné.

Art. L 313-2-1 Les immeubles situés dans le périmètre d'un secteur sauvegardé dont le plan de sauvegarde et de mise en valeur a été approuvé ne sont pas soumis aux servitudes d'utilité publique instituées en application de l'article L 621-30 du code du patrimoine, des articles L 621-31 et L 621-32 du code du patrimoine et de l'article L 341-1 du code de l'environnement.

Art. L 313-4 Les opérations de restauration immobilière consistent en des travaux de remise en état, d'amélioration de l'habitat, comprenant l'aménagement, y compris par démolition, d'accès aux services de secours ou d'évacuation des personnes au regard du risque incendie,de modernisation ou de démolition ayant pour objet ou pour effet la transformation des conditions d'habitabilité d'un immeuble ou d'un ensemble d'immeubles. Elles sont engagées à l'initiative soit des collectivités publiques, soit d'un ou plusieurs propriétaires, groupés ou non en association syndicale, et sont menées dans les conditions définies par la section 3 du présent chapitre.

Lorsqu'elles ne sont pas prévues par un plan de sauvegarde et de mise en valeur approuvé, elles doivent être déclarées d'utilité publique.

Ndlr *Voir CGI, Annexe II, art. 162, I.*

Art. L 313-4-1 Lorsque l'opération nécessite une déclaration d'utilité publique, celle-ci est prise, dans les conditions fixées par le code de l'expropriation pour cause d'utilité publique, à l'initiative de la commune ou de l'établissement public de coopération intercommunale compétent pour réaliser les opérations de restauration immobilière, ou de l'Etat avec l'accord de la commune ou de l'établissement public de coopération intercommunale compétent en matière de plan local d'urbanisme.

Art. L 313-4-2 Après le prononcé de la déclaration d'utilité publique, la personne qui en a pris l'initiative arrête, pour chaque immeuble à restaurer, le programme des travaux à réaliser dans un délai qu'elle fixe.

Cet arrêté est notifié à chaque propriétaire. Lorsque le programme de travaux concerne des bâtiments soumis à la loi n° 65-557 du 10 juillet 1965 fixant le statut de la copropriété des immeubles bâtis, l'arrêté est notifié à chaque copropriétaire et au syndicat des copropriétaires, pris en la personne du syndic.

Lors de l'enquête parcellaire, elle notifie à chaque propriétaire ou copropriétaire le programme des travaux qui lui incombent. Lorsque le programme de travaux concerne des bâtiments soumis à la loi n° 65-557 du 10 juillet 1965 fixant le statut de la copropriété des immeubles bâtis, le programme portant sur les parties communes est également notifié pour information au syndicat des copropriétaires, pris en la personne du syndic. Si un propriétaire ou copropriétaire fait connaître son intention de réaliser les travaux dont le détail lui a été notifié, ou d'en confier la réalisation à l'organisme chargé de la restauration, son immeuble n'est pas compris dans l'arrêté de cessibilité.

Art. L 313-4-3 Lorsque la commune fait partie d'un établissement public de coopération intercommunale y ayant vocation, elle peut, en accord avec cet établissement, lui déléguer les attributions qui lui sont conférées par la présente section.

Art. L 313-4-4 Un décret en Conseil d'Etat précise, en tant que de besoin, les conditions et modalités d'application de la présente section et notamment les conditions d'établissement du contrat mentionné à l'article L 313-4-1.

Art. L 313-5 Les droits et obligations des locataires et occupants des immeubles faisant l'objet des travaux prévus aux articles L 313-3 et L 313-4 sont régis par les dispositions des articles L 313-6 à L 313-15, des articles L 314-2 à L 314-9 ainsi que par celles des articles 3 et 12 de la loi n° 48-1360 du 1er septembre 1948 modifiée et des articles L 145-18, L 145-28 à L 145-30 et L 145-6 et L 145-7 du code de commerce.

Art. L 313-6 Les locataires ou les occupants de bonne foi de locaux à usage d'habitation, ainsi que les locataires de locaux à usage commercial, industriel ou artisanal situés dans les immeubles devant faire l'objet de travaux visés aux articles L 313-3 et L 313-4 ne peuvent s'opposer à l'exécution des travaux.

Si l'exécution des travaux l'exige, ils sont, sous réserve des dispositions de l'article L 313-7 et des articles 3 et 12 de la loi n° 48-1360 du 1er septembre 1948 modifiés sur les loyers, tenus d'évacuer tout ou partie des locaux.

Dans ce cas, le bailleur doit donner à chaque locataire ou occupant un préavis de six mois pour quitter les lieux loués.

Art. L 313-7 Le bailleur d'un local à usage d'habitation ou à usage professionnel peut, en cours de bail, reprendre les lieux en tout ou en partie pour exécuter des travaux nécessitant l'évacuation des lieux, compris dans un secteur ou périmètre prévu aux articles L 313-3 et L 313-4 et autorisés ou prescrits dans les conditions prévues auxdits articles, s'il offre de reporter le bail sur un local équivalent dans le même immeuble ou dans un autre immeuble ; cette offre précise les caractéristiques du local offert. L'offre doit être notifiée au moins un an à l'avance.

Le locataire doit, dans un délai de deux mois, soit faire connaître son acceptation, soit saisir des motifs de son refus la juridiction prévue au chapitre V de la loi n° 48-1360 du 1er septembre 1948, faute de quoi il est réputé avoir accepté l'offre.

Cette offre ne fait pas obstacle au droit à réintégration prévu par l'article L 314-3.

Art. L 313-10 Les propriétaires, locataires ou occupants d'immeubles visés par le présent chapitre ne peuvent s'opposer à la visite des lieux par un homme de l'art spécialement habilité à cet effet par le maire, dans des conditions qui seront fixées par décret.

Art. L 313-11 En cas d'infraction aux dispositions du présent chapitre, les articles L 480-2 à L 480-9 sont applicables.

Art. L 313-12 Les infractions aux dispositions du présent chapitre sont constatées, d'une part, par les personnes visées à l'article L 480-1 (alinéa premier), et, d'autre part, par les fonctionnaires et les agents commissionnés à cet effet par le ministre chargé de la culture, et assermentés. Les procès-verbaux dressés par ces personnes font foi jusqu'à preuve du contraire.

Art. L 313-14 Les dispositions du présent chapitre, des articles 3 et 12 de la loi n° 48-1360 du 1er septembre 1948 modifiée, des articles L 145-18, L 145-28 à L 145-30 et L 145-6 et L 145-7 du code de commerce sont applicables aux collectivités publiques, qu'elles soient propriétaires ou locataires des immeubles situés dans les secteurs et périmètres visés aux articles L 313-3 et L 313-4.

Art. L 313-15 *(Abrogé).*

Taxe d'aménagement

IMMO-V-4100 s. ; MF nos 31100 s.

Sous-section 1
Généralités

Art. L 331-1 En vue de financer les actions et opérations contribuant à la réalisation des objectifs définis à l'article L 101-2, les communes ou établissements publics de coopération intercommunale, la métropole de Lyon, les départements, la collectivité de Corse et la région d'Ile-de-France perçoivent la taxe d'aménagement prévue aux articles 1635 quater A et suivants du code général des impôts.

La taxe d'aménagement constitue un élément du prix de revient de l'ensemble immobilier au sens de l'article 302 septies B du code général des impôts.

Art. L 331-2 Le produit de la part communale ou intercommunale de la taxe d'aménagement prévue aux articles 1635 quater A et suivants du code général des impôts est affecté en section d'investissement du budget des communes ou des établissements publics de coopération intercommunale. A l'exclusion des produits mentionnés aux troisième et quatrième alinéas du II de l'article 1586 du code général des impôts, le produit de la taxe est affecté en section d'investissement du budget principal de la métropole de Lyon et de la Ville de Paris.

Art. L 331-3 La part départementale de la taxe d'aménagement prévue aux articles 1635 quater A et suivants du code général des impôts est instituée en vue de financer :

1° La politique de protection des espaces naturels sensibles prévue à l'article L 113-8 du présent code ainsi que les dépenses :

a. Pour l'acquisition, par voie amiable, par expropriation ou par exercice du droit de préemption mentionné à l'article L 215-4, de terrains ou ensembles de droits sociaux donnant vocation à l'attribution en propriété ou en jouissance de terrains, ainsi que pour l'aménagement et l'entretien de tout espace naturel, boisé ou non, appartenant au département, sous réserve de son ouverture au public dans les conditions prévues à l'article L 215-21 ;

b. Pour sa participation à l'acquisition, à l'aménagement et la gestion des terrains du Conservatoire de l'espace littoral et des rivages lacustres, pour sa participation à l'acquisition de terrains par une commune ou par un établissement public de coopération intercommunale compétent, ainsi qu'à l'entretien des terrains acquis par l'une et l'autre de ces personnes publiques ou par l'agence des espaces verts de la région d'Ile-de-France dans l'exercice du droit de préemption, par délégation ou par substitution, prévu aux articles L 215-4 à L 215-8 ;

c. Pour l'aménagement et l'entretien d'espaces naturels, boisés ou non, appartenant aux collectivités publiques ou à leurs établissements publics et ouverts au public, ou appartenant à des propriétaires privés à la condition qu'ils aient fait l'objet d'une convention passée en application de l'article L 113-6 ;

d. Pour l'aménagement et la gestion des parties naturelles de la zone dite des cinquante pas géométriques, définie à l'article L 121-45 ;

e. Pour l'acquisition, l'aménagement et la gestion des sentiers figurant sur un plan départemental des itinéraires de promenade et de randonnée, établi dans les conditions prévues à l'article L 361-1 du code de l'environnement, ainsi que des chemins et servitudes de halage et de marchepied des voies d'eau domaniales concédées qui ne sont pas ouvertes à la circulation générale et pour l'acquisition, par voie amiable ou par exercice du droit de préemption mentionné à l'article L 215-4, l'aménagement et la gestion des chemins le long des autres cours d'eau et plans d'eau ;

f. Pour l'acquisition par un département, une commune, un établissement public de coopération intercommunale ou le Conservatoire de l'espace littoral et des rivages lacustres, de bois et forêts ou de droits sociaux donnant vocation à l'attribution en propriété ou en jouissance de bois et forêts, sous réserve de leur ouverture au public dans les conditions prévues à l'article L 215-21 ;

g. Pour l'acquisition, l'aménagement et la gestion des espaces, sites et itinéraires figurant au plan départemental des espaces, sites et itinéraires relatifs aux sports de nature, établi en application de l'article L 311-3 du code du sport, sous réserve que l'aménagement ou la gestion envisagés maintiennent ou améliorent la qualité des sites, des paysages et des milieux naturels ;

h. Pour l'acquisition, la gestion et l'entretien des sites Natura 2000 désignés à l'article L 414-1 du code de l'environnement et des territoires classés en réserve naturelle au sens de l'article L 332-1 du même code ;

i. Pour les études et inventaires du patrimoine naturel nécessaires à l'élaboration et à la mise en œuvre de la politique de protection et de gestion des espaces naturels sensibles destinés à être ouverts au public ;

j. Pour l'acquisition de sites destinés à la préservation de la ressource en eau, leur aménagement et leur gestion ;

k. Pour les travaux contribuant à la préservation ou à la remise en bon état des continuités écologiques identifiées dans les schémas prévus à l'article L 371-3 du code de l'environnement ;

l. Pour l'acquisition de terrains nus, bâtis ou aménagés et de gisements artificialisés en vue d'y réaliser des travaux de transformation et, le cas échéant, de dépollution, d'entretien et d'aménagement pour leur conversion en espaces naturels par un département, une commune, un établissement public de coopération intercommunale ou un opérateur public, notamment le Conservatoire de l'espace littoral et des rivages lacustres, les établissements publics fonciers ou l'agence des espaces verts de la région d'Ile-de-France ;

2° Les dépenses des conseils d'architecture, d'urbanisme et de l'environnement en application de l'article 8 de la loi n° 77-2 du 3 janvier 1977 sur l'architecture.

Le produit de la part départementale de la taxe a le caractère d'une recette de fonctionnement.

Art. L 331-4 La part de la taxe d'aménagement prévue aux articles 1635 quater A et suivants du code général des impôts versée à la région d'Ile-de-France est instituée, en vue de financer des équipements collectifs, principalement des infrastructures de transport, rendus nécessaires par l'urbanisation.

Le produit de la taxe est affecté en section d'investissement du budget de la région d'Ile-de-France.

Art. R 331-1 *(Abrogé).*

Art. R 331-2 *(Abrogé).*

Sous-section 6
Etablissement de la taxe

Art. R 331-9 *Sont compétents pour fixer les bases d'imposition et liquider la taxe d'aménagement :*
1° Sous réserve des 2° et 3°, les agents des directions départementales des territoires et des directions départementales des territoires et de la mer ;
2° Dans les départements d'outre-mer, les agents des directions de l'environnement, de l'aménagement et du logement ;
3° Dans la région d'Ile-de-France, les agents des unités territoriales de la direction régionale et interdépartementale de l'équipement et de l'aménagement.

Ndlr *Ces dispositions, abrogées par l'article 5 du décret 2023-165 du 7 mars 2023, restent toutefois applicables pour la mise en œuvre des articles 14 et 15 de l'ordonnance 2022-883 du 14 juin 2022 relative au transfert à la direction générale des finances publiques de la gestion de la taxe d'aménagement et de la part logement de la redevance d'archéologie préventive (Voir partie Autres textes du présent code).*

Art. R 331-10 *Les autorités compétentes pour délivrer les autorisations d'urbanisme fournissent aux services de l'Etat mentionnés à l'article R 331-9, dans le délai d'un mois à compter de la date soit de la délivrance de l'autorisation de construire ou d'aménager ou du permis modificatif, soit du transfert de ces autorisations, soit de la naissance d'une autorisation tacite de construire ou d'aménager, soit de la décision de non-opposition à une déclaration préalable, soit du procès-verbal constatant l'infraction :*
1° Un exemplaire du formulaire de déclaration ou de demande d'autorisation ;
2° Le formulaire de déclaration des éléments nécessaires au calcul des impositions, prévu par arrêté du ministre chargé de l'urbanisme, accompagné de ses pièces jointes ;
3° Selon les cas, une copie de la décision, la date à laquelle l'autorisation ou la décision de non-opposition à déclaration préalable est devenue tacite ou le procès-verbal constatant l'infraction ;
4° Le cas échéant, le certificat d'urbanisme applicable ;
5° La référence du secteur de la taxe d'aménagement déterminé en application de l'article L 331-14, dans lequel se situe le projet de construction ou d'aménagement ;
6° La référence du secteur du seuil minimal de densité déterminé en application de l'article L 331-36, dans lequel se situe le projet de construction.
Lorsque la transmission de ces éléments est réalisée par voie électronique, elle s'effectue au moyen du dispositif défini par arrêté du ministre chargé de l'urbanisme.

Ndlr *Ces dispositions, abrogées par l'article 5 du décret 2023-165 du 7 mars 2023, restent toutefois applicables pour la mise en œuvre des articles 14 et 15 de l'ordonnance 2022-883 du 14 juin 2022 relative au transfert à la direction générale des finances publiques de la gestion de la taxe d'aménagement et de la part logement de la redevance d'archéologie préventive (Voir partie Autres textes du présent code).*

Art. R 331-11 *Les autorités compétentes pour délivrer les autorisations d'urbanisme transmettent également aux services de l'Etat mentionnés à l'article R 331-9, dans un format électronique fixé par arrêté du ministre chargé de l'urbanisme et dans le délai prévu à l'article R 331-10, les informations suivantes :*
1° Le type et le numéro d'enregistrement du dossier ;
2° La date du dépôt du dossier en mairie ;
3° L'identité complète du ou des demandeurs ;
4° Les coordonnées du ou des demandeurs ;
5° L'adresse du ou des terrains et ses références cadastrales.

Ndlr *Ces dispositions, abrogées par l'article 5 du décret 2023-165 du 7 mars 2023, restent toutefois applicables pour la mise en œuvre des articles 14 et 15 de l'ordonnance 2022-883 du 14 juin 2022 relative au transfert à la direction générale des finances publiques de la gestion de la taxe d'aménagement et de la part logement de la redevance d'archéologie préventive (Voir partie Autres textes du présent code).*

Sous-section 6 bis
Procédure de rescrit

Art. R 331-11-1 *La demande de rescrit prévue à l'article L 331-20-1 précise le nom ou la raison sociale de son auteur, son adresse ainsi que les références cadastrales de l'unité foncière faisant l'objet de la demande.*
Elle indique les dispositions législatives dont le demandeur entend bénéficier.
Elle fournit une présentation précise et complète de la situation de fait qui fait l'objet de la demande ainsi que toutes les informations et pièces nécessaires.

La demande est présentée au service de l'Etat compétent mentionné à l'article R 331-9 par tout moyen conférant date certaine à sa réception.
Si la demande est incomplète, le service invite son auteur, dans les mêmes formes que la demande, à fournir les éléments complémentaires nécessaires.
Le délai de trois mois prévu à l'article L 331-20-1 court à compter de la date de réception de la demande de rescrit ou de la réception des éléments complémentaires demandés.
La décision sur la demande de rescrit est prise par les agents des services mentionnés à l'article R 331-9. Elle est jointe par le demandeur au dossier de demande de permis de construire, de permis d'aménager ou de déclaration préalable.

Ndlr *Ces dispositions, abrogées par l'article 5 du décret 2023-165 du 7 mars 2023, restent toutefois applicables pour la mise en œuvre des articles 14 et 15 de l'ordonnance 2022-883 du 14 juin 2022 relative au transfert à la direction générale des finances publiques de la gestion de la taxe d'aménagement et de la part logement de la redevance d'archéologie préventive (Voir partie Autres textes du présent code).*

Sous-section 7
Contrôle et sanctions

Art. R 331-12 *Les agents des services de l'Etat mentionnés à l'article R 331-9 sont seuls compétents pour mettre en œuvre les procédures de contrôle et de sanction prévues aux articles L 331-21 à L 331-23. Ils exercent les attributions que ces dispositions leur confèrent dans les mêmes conditions que celles prévues à l'article R 331-9.*

Ndlr *Ces dispositions, abrogées par l'article 5 du décret 2023-165 du 7 mars 2023, restent toutefois applicables pour la mise en œuvre des articles 14 et 15 de l'ordonnance 2022-883 du 14 juin 2022 relative au transfert à la direction générale des finances publiques de la gestion de la taxe d'aménagement et de la part logement de la redevance d'archéologie préventive (Voir partie Autres textes du présent code).*

Sous-section 8
Recouvrement de la taxe

Art. R 331-13 *Les agents mentionnés à l'article R 331-9 sont compétents pour donner un avis concernant la remise gracieuse prévue à l'article L 331-28.*

Ndlr *Ces dispositions, abrogées par l'article 5 du décret 2023-165 du 7 mars 2023, restent toutefois applicables pour la mise en œuvre des articles 14 et 15 de l'ordonnance 2022-883 du 14 juin 2022 relative au transfert à la direction générale des finances publiques de la gestion de la taxe d'aménagement et de la part logement de la redevance d'archéologie préventive (Voir partie Autres textes du présent code).*

Sous-section 9
Recours

Art. R 331-14 *Les réclamations contentieuses sont instruites par les agents mentionnés à l'article R 331-9.*
Les responsables des services de l'Etat mentionnés à l'article R 331-9 sont compétents, chacun en ce qui le concerne, pour statuer sur ces réclamations.
Ils peuvent également prononcer l'annulation totale ou partielle des créances qui n'étaient pas dues, jusqu'au 31 décembre de la quatrième année suivant celle au cours de laquelle le délai de réclamation a pris fin, ou, en cas d'instance devant les tribunaux, celle au cours de laquelle la décision intervenue a été notifiée.
Ils peuvent déléguer ces compétences aux agents placés sous leur autorité.

Ndlr *Ces dispositions, abrogées par l'article 5 du décret 2023-165 du 7 mars 2023, restent toutefois applicables pour la mise en œuvre des articles 14 et 15 de l'ordonnance 2022-883 du 14 juin 2022 relative au transfert à la direction générale des finances publiques de la gestion de la taxe d'aménagement et de la part logement de la redevance d'archéologie préventive (Voir partie Autres textes du présent code).*

Participations des constructeurs aux dépenses d'équipements publics

IMMO-V-22000 s.

Art. L 332-6 Les bénéficiaires d'autorisations de construire ne peuvent être tenus que des obligations suivantes :

1° Le versement de la taxe d'aménagement prévue à l'article 1635 quater A du code général des impôts ou de la participation instituée dans les secteurs d'aménagement définies à l'article L 332-9 du présent code dans sa rédaction antérieure à l'entrée en vigueur de la loi n° 2010-1658 du 29 décembre 2010 de finances rectificative pour 2010 ou dans les périmètres fixés par les conventions visées à l'article L 332-11-3 ;

2° Le versement des contributions aux dépenses d'équipements publics mentionnées au c du 2° de l'article L 332-6-1, la participation pour voirie et réseaux ainsi que la participation des riverains des départements du Bas-Rhin, du Haut-Rhin et de la Moselle définies au d du 2° et au 3° du même article L 332-6-1, dans leur rédaction antérieure à l'entrée en vigueur de la loi n° 2014-1655 du 29 décembre 2014 de finances rectificative pour 2014. Toutefois, les contributions définies au d du 2° et au 3° dudit article L 332-6-1, dans leur rédaction antérieure à la même loi, ne peuvent porter sur les équipements publics donnant lieu à la participation instituée dans les secteurs d'aménagement définis à l'article L 332-9, dans sa rédaction antérieure à la loi n° 2010-1658 du 29 décembre 2010 précitée, ou dans les périmètres fixés par les conventions mentionnées à l'article L 332-11-3 ;

3° La réalisation des équipements propres mentionnés à l'article L 332-15 ;

4° *(Abrogé)* ;

5° Le versement de la redevance d'archéologie préventive prévue aux articles L 524-2 à L 524-13 du code du patrimoine.

Art. L 332-6-1 Les contributions aux dépenses d'équipements publics prévues au 2° de l'article L 332-6 sont les suivantes :

1° a), b), c), d), et e) *(Abrogés)* ;

2° a) et b) *(Abrogés)* ;

c) La participation spécifique pour la réalisation d'équipements publics exceptionnels prévue à l'article L 332-8 ;

d) *(Abrogé)* ;

3° *(Abrogé)*.

Art. L 332-8 Une participation spécifique peut être exigée des bénéficiaires des autorisations de construire qui ont pour objet la réalisation de toute installation à caractère industriel, notamment relative aux communications électroniques, agricole, commercial ou artisanal qui, par sa nature, sa situation ou son importance, nécessite la réalisation d'équipements publics exceptionnels.

Lorsque la réalisation des équipements publics exceptionnels n'est pas de la compétence de l'autorité qui délivre le permis de construire, celle-ci détermine le montant de la contribution correspondante, après accord de la collectivité publique à laquelle incombent ces équipements ou de son concessionnaire.

Art. L 332-11-3 I. Dans les zones urbaines et les zones à urbaniser délimitées par les plans locaux d'urbanisme ou les documents d'urbanisme en tenant lieu, lorsqu'une ou plusieurs opérations d'aménagement ou de construction nécessitent la réalisation d'équipements autres que les équipements propres mentionnés à l'article L 332-15, une convention de projet urbain partenarial prévoyant la prise en charge financière de tout ou partie de ces équipements peut être conclue entre les propriétaires des terrains, les aménageurs, les constructeurs et :

1° Dans le périmètre d'une opération d'intérêt national au sens de l'article L 102-12, le représentant de l'Etat ;

2° Dans le périmètre d'une grande opération d'urbanisme au sens de l'article L 312-3, la collectivité territoriale ou l'établissement public cocontractant mentionné au même article L 312-3, sauf dans le cas prévu à l'article L 312-5-1 ;

3° Dans les autres cas, la commune ou l'établissement public compétent en matière de plan local d'urbanisme.

II. Lorsque des équipements publics ayant vocation à faire l'objet d'une première convention de projet urbain partenarial desservent des terrains autres que ceux mentionnés dans le projet de ladite convention, par décision de leur organe délibérant, la commune ou l'établissement public compétent en matière de plan local d'urbanisme, ou la collectivité territoriale ou l'établissement public cocontractant mentionné à l'article L 312-3 dans le périmètre des grandes opérations d'urbanisme, sauf dans le cas prévu à l'article L 312-5-1, ou le représentant de l'Etat par arrêté, dans le cadre des opérations d'intérêt national, fixe les modalités de partage des coûts des équipements et délimite un périmètre à l'intérieur duquel les propriétaires fonciers, les aménageurs ou les constructeurs qui s'y livrent à des opérations d'aménagement ou de construction participent, dans le cadre de conventions, à la prise en charge de ces mêmes équipements publics, qu'ils soient encore à réaliser ou déjà réalisés, dès lors qu'ils répondent aux besoins des futurs habitants ou usagers de leurs opérations. Les conventions successivement établies peuvent viser des programmes d'équipements publics différents lorsque les opérations de construction attendues dans chaque périmètre de convention ne nécessitent pas les mêmes besoins en équipements.

Le périmètre est délimité par délibération du conseil municipal ou de l'organe délibérant de l'établissement public ou, dans le cadre des opérations d'intérêt national, par arrêté préfectoral, pour une durée maximale de quinze ans. Le périmètre est délimité par décision de l'organe délibérant de la collectivité territoriale ou de l'établissement public cocontractant mentionné au même article L 312-3 dans le périmètre des grandes opérations d'urbanisme, pour une durée pouvant être supérieure à quinze ans sans pour autant pouvoir excéder la durée fixée par l'acte décidant de la qualification de grande opération d'urbanisme.

III. Avant la conclusion de la convention, les personnes ayant qualité pour déposer une demande de permis de construire ou d'aménager peuvent demander à la commune ou à l'établissement public de coopération intercommunale compétent en matière de plan local d'urbanisme ou à la collectivité territoriale ou l'établissement public mentionné audit article L 312-3 dans le périmètre des grandes opérations d'urbanisme, sauf dans le cas prévu à l'article L 312-5-1, ou au représentant de l'Etat dans le cadre des opérations d'intérêt national qu'ils étudient le projet d'aménagement ou de construction et que ce projet fasse l'objet d'un débat au sein de l'organe délibérant. L'autorité compétente peut faire droit à cette demande.

La demande est assortie d'un dossier comportant la délimitation du périmètre du projet d'aménagement ou de construction, la définition du projet ainsi que la liste des équipements publics à réaliser pour répondre aux besoins des futurs habitants ou usagers des constructions à édifier dans le périmètre.

La convention peut prévoir que la contribution financière prévue à l'avant-dernier alinéa du présent III est versée directement à la personne publique assurant la maîtrise d'ouvrage des équipements publics mentionnés au troisième alinéa du présent III.

Art. L 332-11-4 Dans les communes où la taxe d'aménagement a été instituée, les constructions édifiées dans le périmètre délimité par une convention prévue à l'article L 332-11-3 sont exclues du champ d'application de cette taxe pendant un délai fixé par la convention, qui ne peut excéder dix ans.

Art. L 332-12 Les dispositions des articles L 332-6 et L 332-7 sont applicables dans les conditions suivantes aux bénéficiaires de permis d'aménager et aux associations foncières urbaines de remembrement autorisées ou constituées d'office, ainsi qu'aux associations foncières urbaines de projet.

Peuvent être mis à la charge des bénéficiaires de permis d'aménager par le permis d'aménager ou de l'association foncière urbaine par l'acte administratif approuvant le plan de remembrement ou de l'association foncière urbaine de projet par l'acte autorisant sa création :

a. *(Abrogé)* ;

b. La participation spécifique pour équipements publics exceptionnels dans les conditions prévues à l'article L 332-8 ;

c. Une participation forfaitaire représentative de la participation prévue à l'article L 332-9 dans sa rédaction antérieure à l'entrée en vigueur de la loi n° 2010-1658 du 29 décembre 2010 de finances rectificative pour 2010 et des contributions énumérées au d du 2° et au 3° de l'article L 332-6-1, dans leur rédaction antérieure à la loi n° 2014-1655 du 29 décembre 2014 de finances rectificative pour 2014. Cette participation forfaitaire ne peut être exigée dans les secteurs de la commune ou de l'établissement public de coopération intercommunale où il est fait application de l'article L 331-15 ;

d. *(Abrogé)* ;

e. La taxe d'aménagement prévue aux articles 1635 quater A et suivants du code général des impôts.

En outre, les bénéficiaires de permis d'aménager peuvent être tenus au versement de la participation instituée dans les périmètres fixés par les conventions mentionnées à l'article L 332-11-3 du présent code.

Il ne peut être perçu sur les constructeurs aucune des contributions ou participations qui ont été mises à la charge du bénéficiaire du permis d'aménager ou de l'association foncière urbaine de remembrement ou de l'association foncière urbaine de projet.

Art. L 332-28 Les contributions mentionnées ou prévues au c du 2° de l'article L332-6-1, au d du 2° du même article, dans sa rédaction antérieure à la loi n° 2014-1655 du 29 décembre 2014 de finances rectificative pour 2014, et à l'article L 332-9 dans sa rédaction antérieure à l'entrée en vigueur de la loi n° 2010-1658 du 29 décembre 2010 de finances rectificative pour 2010 sont prescrites, selon le cas, par le permis de construire, le permis d'aménager, les prescriptions faites par l'autorité compétente à l'occasion d'une déclaration préalable ou l'acte approuvant un plan de remembrement. Ces actes en constituent le fait générateur. Ils en fixent le montant, la superficie s'il s'agit d'un apport de terrains ou les caractéristiques générales s'il s'agit des travaux mentionnés au premier alinéa de l'article L 332-10 dans sa rédaction antérieure à l'entrée en vigueur de la loi n° 2010-1658 du 29 décembre 2010 précitée.

Art. L 332-30 Les taxes et contributions de toute nature qui sont obtenues ou imposées en violation des dispositions des articles L 311-4 et L 332-6 sont réputées sans cause ; les sommes versées ou celles qui correspondent au coût de prestations fournies sont sujettes à répétition. L'action en répétition se prescrit par cinq ans à compter du dernier versement ou de l'obtention des prestations indûment exigées.

Les acquéreurs successifs de biens ayant fait l'objet des actes mentionnés à l'article L 332-28 ou situés dans une zone d'aménagement concerté ou dans une zone couverte par une convention de projet urbain partenarial peuvent également exercer l'action en répétition prévue à l'alinéa précédent. Pour ces personnes, l'action en répétition se prescrit par cinq ans à compter de l'inscription sur le registre, prévu à l'article L 332-29 attestant que le dernier versement a été opéré ou la prestation obtenue. Les sommes à rembourser au titre des deux alinéas précédents portent intérêt au taux légal majoré de cinq points.

Taxe pour création de bureaux, locaux commerciaux et locaux de stockage en Ile-de-France

IMMO-V-26500 s. ; MF n°s 31315 s.

Section 1
Généralités et champs d'application

Art. L 520-1 En région d'Ile-de-France, une taxe est perçue à l'occasion de la construction, de la reconstruction ou de l'agrandissement des locaux à usage de bureaux, des locaux commerciaux et des locaux de stockage définis, respectivement, aux 1°, 2° et 3° du III de l'article 231 ter du code général des impôts.

Art. L 520-2 Pour l'application du présent titre, est assimilée à la construction de locaux :

1° L'affectation à usage de bureaux de locaux précédemment affectés à un autre usage ;

2° L'affectation à usage de locaux commerciaux de locaux précédemment affectés à un usage autre que de bureaux ou de locaux commerciaux ;

3° L'affectation à usage de locaux de stockage de locaux précédemment affectés à un usage autre que de bureaux, de locaux commerciaux ou de locaux de stockage.

Art. L 520-3 Le produit de la taxe prévue au présent titre est attribué à la région d'Ile-de-France pour être pris en recettes au budget d'équipement de la région.

Art. R 520-1 Sont soumises à la taxe prévue à l'article L 520-1 les opérations emportant création ou augmentation de la surface de construction, définie au quatrième alinéa de l'article L 331-10, relevant de l'une des catégories de locaux mentionnées à l'article L 520-1.

Art. R 520-2 Sont soumis à la taxe les changements d'affectation de locaux mentionnés à l'article L 520-2, y compris lorsque le changement d'affectation est réalisé sans travaux.

Sont également soumis à la taxe les changements en raison desquels un local, relevant du champ d'application de la taxe, cesse de bénéficier d'une des exonérations prévues à l'article L 520-6.

Section 2
Redevable et fait générateur

Art. L 520-4 Le fait générateur de la taxe est la date de délivrance, expresse ou tacite, de l'autorisation de construire ou d'aménager prévue au présent code ou, à défaut, celle du début des travaux ou du changement d'usage des locaux.

Art. L 520-5 La taxe est due par le propriétaire des locaux ou le titulaire d'un droit réel portant sur ces locaux à la date du fait générateur.

Toutefois, lorsque le nom du propriétaire des locaux n'est pas mentionné dans la déclaration prévue à l'article L 520-11 ou si celle-ci n'a pas été déposée, le titre de perception peut être émis au nom du maître de l'ouvrage ou, à défaut, du responsable des travaux.

Le maître de l'ouvrage ou le responsable des travaux peut demander le remboursement du montant de la taxe au redevable mentionné au premier alinéa du présent article.

En cas de cession des locaux avant la date d'exigibilité de la taxe prévue à l'article L 520-17, le redevable de celle-ci peut en demander le remboursement au nouveau propriétaire.

Art. R 520-3 Le début des travaux ou le changement d'affectation, mentionnés à l'article L 520-4, constituent un fait générateur pour les seules opérations qui ne sont pas soumises à un régime d'autorisation en vertu du présent code. Lorsqu'un changement d'affectation s'accompagne de travaux, le fait générateur de la taxe est le début des travaux.

Pour les opérations soumises à un régime d'autorisation en vertu du présent code, en cas de constructions ou d'aménagements sans autorisation ou en infraction aux obligations résultant de l'autorisation de construire ou d'aménager, le fait générateur est constitué par l'établissement du procès-verbal constatant l'achèvement des constructions ou des aménagements en cause.

Section 3
Exonérations

Art. L 520-6 Sont exonérés de la taxe prévue à l'article L 520-1 :

1° Les locaux à usage de bureaux qui font partie d'un local d'habitation à usage d'habitation principale ;

2° Les locaux affectés au service public et appartenant ou destinés à appartenir à l'Etat, à des collectivités territoriales ou à des établissements publics ne présentant pas un caractère industriel et commercial ;

3° Les locaux utilisés par des organismes de sécurité sociale ou d'allocations familiales et appartenant ou destinés à appartenir à ces organismes ou à des sociétés civiles constituées exclusivement entre ces organismes ;

4° Dans les établissements industriels, les locaux à usage de bureaux qui sont soit dépendants de locaux de production, soit d'une superficie inférieure à 1 000 mètres carrés ;

5° Les locaux spécialement aménagés pour l'exercice d'activités de recherche ;

6° Les bureaux utilisés par les membres des professions libérales et les officiers ministériels ;

7° Les locaux affectés aux associations constituées dans les formes prévues à l'article 10 de la loi du 1er juillet 1901 relative au contrat d'association ;

8° Les locaux mentionnés au 1° du V de l'article 231 ter du code général des impôts.

Art. R 520-4 Pour l'application du 4° de l'article L 520-6, est réputé établissement industriel un établissement dont l'activité nécessite d'importants moyens techniques lorsqu'elle consiste dans la fabrication ou la transformation de biens.

Art. R 520-5 Pour l'application du 5° de l'article L 520-6, sont considérés comme locaux de recherche les locaux et leurs annexes de toute nature utilisés pour des activités ayant le caractère de recherches fondamentales ou de recherches appliquées comportant des aménagements particuliers les rendant impropres à une autre utilisation.

Art. R 520-6 Les personnes passibles de la taxe en raison de la construction de locaux à usage de bureaux ou en raison du changement d'affectation en de tels locaux de locaux précédemment affectés à d'autres usages, sont exonérées de ladite taxe à la condition de justifier d'une utilisation exclusive de ces locaux par des membres d'une profession libérale réglementée ou des officiers ministériels ou de leur affectation exclusive à une association constituée dans les formes prévues à l'article 10 de la loi du 1er juillet 1901.

Les propriétaires de locaux exonérés de la taxe en vertu du premier alinéa sont tenus, si le motif qui a entraîné l'exonération vient à cesser, d'en faire la déclaration, dans les conditions prévues par l'article R 520-11.

Section 4
Assiette

Art. L 520-7 I. La taxe est assise sur la surface de construction définie à l'article 1635 quater H du code général des impôts.

II. Les opérations de reconstruction d'un immeuble, en ce compris les opérations de réhabilitation conduisant à la production d'un immeuble neuf au sens du 2° du 2 du I de l'article 257 du code général des impôts, ne sont assujetties à la taxe qu'à raison des mètres carrés de surface de construction qui excèdent la surface de construction de l'immeuble avant reconstruction ou réhabilitation.

III. Ne sont pas pris en considération pour établir l'assiette de la taxe les locaux de caractère social ou sanitaire mis à la disposition du personnel.

Art. R 520-7 Pour l'application du II de l'article L 520-7, sont déduits de l'assiette de la taxe de chaque catégorie de local les mètres carrés de surface de construction relevant de la même catégorie de local et passibles de la taxe avant l'opération de reconstruction ou de réhabilitation.

Section 5
Tarifs

Art. L 520-8 I. Pour les locaux à usage de bureaux et les locaux commerciaux, les tarifs de la taxe sont appliqués par circonscriptions, telles que définies ci-après :

1° Première circonscription : Paris et le département des Hauts-de-Seine ;

2° Deuxième circonscription : les communes de la métropole du Grand Paris, mentionnée à l'article L 5219-1 du code général des collectivités territoriales, autres que les communes de la première circonscription ;

3° Troisième circonscription : les communes de l'unité urbaine de Paris, telle que délimitée par arrêté conjoint des ministres chargés de l'économie et du budget, autres que les communes des première et deuxième circonscriptions *(NDLR Arrêté ECOE2226345A du 24 octobre 2022, JO du 29)* ;

4° Quatrième circonscription : les communes de la région d'Ile-de-France autres que les communes des première, deuxième et troisième circonscriptions.

II. Les tarifs au mètre carré sont ainsi fixés :

1° Pour les locaux à usage de bureaux :
(En euros)

1e circonscription	2e circonscription	3e circonscription	4e circonscription
400	90	50	0

2° Pour les locaux commerciaux :
(En euros)

1e circonscription	2e circonscription	3e circonscription	4e circonscription
129	80	32	0

3° Pour les locaux de stockage :
(En euros)

Ensemble de la région d'Ile-de-France
14

Ces tarifs, fixés au 1er janvier 2016, sont actualisés par arrêté du ministre chargé de l'urbanisme au 1er janvier de chaque année en fonction de la prévision de l'indice des prix à la consommation, hors tabac, retenue dans le projet de loi de finances de l'année. Les valeurs sont arrondies, s'il y a lieu, au centime d'euro supérieur.

III. Par dérogation au 1° du I du présent article, les communes de la première circonscription éligibles à la fois, pour l'année précédant celle de l'imposition, à la dotation de solidarité urbaine et de cohésion sociale et au bénéfice du fonds de solidarité des communes de la région d'Ile-de-France, respectivement prévus aux articles L 2334-15 et L 2531-12 du code général des collectivités territoriales, sont classées pour le calcul de la taxe dans la deuxième circonscription.

Les communes mentionnées à l'alinéa précédent qui perdent leur éligibilité soit à la dotation de solidarité urbaine, soit au bénéfice du fonds de solidarité des communes de la région d'Ile-de-France bénéficient, au titre de l'année suivant cette perte d'éligibilité et pendant les deux années suivantes, d'un abattement, respectivement, des trois quarts, de la moitié et du quart de l'augmentation du tarif de la redevance liée à cette perte d'éligibilité.

L'augmentation du tarif de la redevance est égale à la différence entre le tarif applicable après cette perte d'éligibilité et le tarif de la deuxième circonscription.

Ndlr *Les tarifs 2024 sont fixés par l'arrêté TREL2331595A du 1er décembre 2023, JO du 21.*

IMMO-V-60330 s.

Section 6
Plafonnement de la taxe

Art. L 520-9 Le montant de la taxe ne peut excéder 30 % de la part du coût de l'opération imputable à l'acquisition et à l'aménagement de la surface de construction, au sens de l'article 1635 quater H du code général des impôts.

Art. R 520-8 La part du coût de l'opération imputable à l'acquisition et à l'aménagement de la surface de construction, mentionnée à l'article L 520-9, comprend :

1° Le coût d'acquisition du terrain d'assiette ;

2° Les coûts d'aménagement du terrain permettant le passage d'un terrain brut à un terrain constructible ;

3° Les coûts de démolition totale ou partielle de l'immeuble bâti.

Ces coûts s'entendent hors taxe sur la valeur ajoutée déductible.

Art. R 520-9 Lorsqu'une opération réalisée sur un terrain partiellement bâti a pour objet d'augmenter la surface de construction et qu'elle ne relève pas des dispositions du II de l'article L 520-7, les coûts mentionnés à l'article R 520-8 ne sont retenus qu'à proportion de l'extension de surface sur la surface totale de construction après extension.

Section 7
Etablissement de la taxe

Art. L 520-10 La taxe est établie par les services de l'Etat chargés de l'urbanisme dans le département.

Art. L 520-11 La construction de locaux à usage de bureaux, de locaux commerciaux ou de locaux de stockage fait l'objet d'une déclaration dont le contenu et la date limite de dépôt sont déterminés par décret en Conseil d'Etat.

Art. L 520-12 Lorsque des locaux précédemment affectés à un usage de locaux de stockage sont affectés à un usage de locaux commerciaux ou lorsque des locaux précédemment affectés à un usage de locaux commerciaux ou de locaux de stockage sont affectés à un usage de bureaux, la taxe due est diminuée du montant de la taxe versée au titre des usages antérieurs.

La preuve du versement de la taxe incombe au redevable.

Art. L 520-13 Un décret en Conseil d'Etat précise les conditions dans lesquelles :

1° Les propriétaires des locaux construits à titre précaire pour une durée limitée sont remboursés de la taxe lors de la démolition de ces locaux ;

2° Sans préjudice du II de l'article L 520-7, les propriétaires de locaux détruits à la suite d'un sinistre ou expropriés pour cause d'utilité publique ont le droit de reconstituer en exonération de la taxe une superficie de construction équivalente à celle des locaux détruits ou expropriés.

Art. R 520-10 I. Les autorités compétentes pour délivrer les autorisations d'urbanisme transmettent aux services de l'Etat mentionnés à l'article L 520-10, dans le délai d'un mois à compter de la date soit de la délivrance de l'autorisation de construire ou d'aménager ou du permis modificatif, soit de la naissance d'une autorisation tacite de construire ou d'aménager, soit de la décision de non-opposition à une déclaration préalable :

1° Une copie du formulaire de déclaration préalable ou de demande d'autorisation ;

2° Le formulaire de déclaration mentionné à l'article R 520-12 ;

3° Selon les cas, une copie de la décision ou la date à laquelle l'autorisation ou la décision de non-opposition à déclaration préalable est devenue tacite.

II. Pour les constructions ou les aménagements réalisés sans autorisation ou en infraction aux obligations résultant de l'autorisation de construire ou d'aménager, les services de l'Etat ayant établi le procès-verbal constatant l'achèvement des travaux de construction ou des aménagements en cause le transmettent sans délai aux services mentionnés à l'article L 520-10.

Art. R 520-11 Lorsque la création ou l'augmentation de la surface de construction relevant de l'une des catégories de locaux mentionnées à l'article L 520-1 n'est pas soumise à un régime d'autorisation en vertu du présent code, le formulaire de déclaration est adressé par le propriétaire des locaux aux services de l'Etat mentionnés à l'article L 520-10, dans le délai d'un mois à compter de la date du début des travaux ou du changement d'affectation.

Art. R 520-12 Le formulaire de déclaration des éléments nécessaires au calcul de la taxe, établi par arrêté du ministre chargé de l'urbanisme, comprend les éléments suivants :

1° L'identité, la qualité et les coordonnées du déclarant ;

2° L'identité et les coordonnées du propriétaire des locaux ou du titulaire de droits réels sur ces locaux ;

3° Les références du terrain, les caractéristiques et l'affectation des locaux existants ;

4° Les caractéristiques et l'affectation des locaux projetés ;

5° L'indication des surfaces de construction non passibles de la taxe ou exonérées ;

6° Le détail et la justification des éléments mentionnés à l'article R 520-8 ;

7° Pour l'application de l'article L 520-12, le montant de la taxe versée au titre d'une précédente affectation.

Art. R 520-13 Le formulaire de déclaration prévu à l'article R 520-12 est déposé tardivement lorsque :

1° Il n'est pas joint à la demande d'autorisation d'urbanisme au plus tard à la date de la délivrance de l'autorisation de construire ou d'aménager ou du permis modificatif, ou de la naissance d'une autorisation tacite de construire ou d'aménager, ou de la décision de non-opposition à une déclaration préalable ;

2° La transmission aux services de l'Etat est effectuée plus d'un mois après la date du fait générateur de la taxe, dans les cas prévus à l'article R 520-11 ;

3° Un procès-verbal constatant l'achèvement des constructions ou des aménagements a été établi, pour les constructions ou les aménagements réalisés sans autorisation ou en infraction aux obligations résultant de l'autorisation de construire ou d'aménager.

Art. R 520-14 Les taxes afférentes à des constructions réalisées à la suite d'un agrément à titre précaire et pour une durée limitée dans les conditions prévues par l'article R 510-11 et d'un permis de construire délivré dans les conditions fixées par les articles L 433-1 à L 433-5 sont remboursées à la demande du redevable si celui-ci justifie que les locaux en cause ont été démolis dans les six mois à compter de l'expiration du délai de précarité.

Art. R 520-15 Pour l'application du 2° de l'article L 520-13, le propriétaire peut reconstituer en exonération de taxe les locaux sinistrés ou expropriés, sans changement d'affectation, dans la limite d'un montant correspondant à la surface de construction égale à celle des locaux sinistrés ou expropriés à laquelle est appliquée le tarif de la circonscription où étaient situés ces locaux.

Section 7 bis
Procédure de rescrit

Art. L 520-13-1 Pour chaque projet supérieur à 50 000 m^2 de surface de construction définie à l'article 1635 quater H du code général des impôts, lorsqu'un contribuable de bonne foi, avant le dépôt de la demande d'autorisation mentionnée à l'article L 520-4 du présent code ou, à défaut, le début des travaux ou le changement d'usage des locaux et à partir d'une présentation écrite, précise et complète de la situation de fait, a demandé à l'administration de l'Etat chargée de l'urbanisme dans le département de prendre formellement position sur l'application à sa situation des règles de droit prévues au présent chapitre, l'administration répond de manière motivée dans un délai de trois mois. La réponse est opposable par le demandeur à l'administration qui l'a émise jusqu'à ce que survienne un changement de fait ou de droit qui en affecte la validité ou jusqu'à ce que l'administration notifie au demandeur une modification de son appréciation. Le redevable ne peut présenter qu'une seule demande pour son projet.

Art. R 520-15-1 La demande de rescrit prévue à l'article L 520-13-1 précise le nom ou la raison sociale de son auteur, son adresse ainsi que les références cadastrales de l'unité foncière faisant l'objet de la demande.

Elle indique les dispositions législatives dont le demandeur entend bénéficier.

Elle fournit une présentation précise et complète de la situation de fait qui fait l'objet de la demande ainsi que toutes les informations et pièces nécessaires.

La demande est présentée au service de l'Etat compétent mentionné à l'article R 331-9 par tout moyen conférant date certaine à sa réception.

Si la demande est incomplète, le service invite son auteur, dans les mêmes formes, à fournir les éléments complémentaires nécessaires.

Le délai de trois mois prévu à l'article L 520-13-1 court à compter de la date de réception de la demande de rescrit ou de la réception des éléments complémentaires demandés.

La décision sur la demande de rescrit est jointe par le demandeur au dossier de demande de permis de construire, de permis d'aménager ou de la déclaration préalable.

Section 8
Contrôle et sanctions

Art. L 520-14 Le contrôle de la taxe est assuré par les services de l'Etat chargés de l'urbanisme dans le département. Le droit de reprise de ces services s'exerce jusqu'au 31 décembre de la sixième année qui suit l'année du fait générateur.

Art. L 520-15 Le montant de la taxe ou du complément de taxe due est assorti d'une pénalité :

1° De 10 % en cas de dépôt tardif de la déclaration prévue à l'article L 520-11 ou de dépôt dans les trente jours suivant la réception d'une mise en demeure, notifiée par lettre recommandée avec demande d'avis de réception, d'avoir à déposer la déclaration dans ce délai ;

2° De 80 % lorsque la déclaration prévue à l'article L 520-11 n'a pas été déposée dans les trente jours suivant la réception d'une mise en demeure, notifiée par lettre recommandée avec demande d'avis de réception, d'avoir à déposer la déclaration dans ce délai.

Art. L 520-16 Lorsque la déclaration prévue à L 520-11 du présent code a été déposée, la procédure de rectification contradictoire prévue à l'article L 55 du livre des procédures fiscales peut, nonobstant l'article L 56 du même livre, être mise en œuvre par les services mentionnés à l'article L 520-10 du présent code.

Si elle n'a pas été déposée, les bases ou les éléments servant au calcul de la taxe et des sanctions applicables sont portés à la connaissance du redevable trente jours au moins avant la mise en recouvrement.

Art. R 520-16 La notification d'une proposition de rectification ou de l'information prévue au deuxième alinéa de l'article L 520-16 interrompt le délai prévu au deuxième alinéa de l'article L 520-17. Le titre de perception est alors émis par le directeur du service de l'Etat chargé de l'urbanisme avant le 31 décembre de la troisième année suivant celle de cette notification.

Section 9
Recouvrement

Art. L 520-17 La taxe et la pénalité dont elle peut être assortie sont recouvrées par les comptables publics compétents dans les mêmes conditions que les créances étrangères à l'impôt.

Pour le recouvrement de la taxe et de la pénalité, un titre de perception est émis par le directeur du service de l'Etat chargé de l'urbanisme avant le 31 décembre de la troisième année suivant celle du fait générateur.

La taxe et la pénalité sont exigibles à la date d'émission du titre de perception.

Art. L 520-18 L'action en recouvrement du comptable se prescrit conformément aux dispositions de l'article L 274 du livre des procédures fiscales.

Art. L 520-19 Le comptable public compétent reverse à la région d'Ile-de-France le produit de la taxe encaissée.

Lorsqu'une taxe fait l'objet d'une décharge, totale ou partielle, le versement indu fait l'objet d'un remboursement au redevable par le comptable public compétent.

Lorsque le produit de la taxe qui a fait l'objet d'une décharge, totale ou partielle, a été reversé à la région d'Ile-de-France et que le comptable public compétent n'en obtient pas le remboursement spontané, un titre de perception est émis à l'égard de la région d'Ile-de-France pour le montant indûment reversé. Le comptable peut recouvrer ce titre par voie de compensation avec le produit de la taxe qu'il recouvre.

Art. L 520-20 Après avis des services de l'Etat chargés de l'urbanisme et de la région d'Ile-de-France, le comptable public compétent peut faire droit à une demande de remise gracieuse, partielle ou totale, de la pénalité prévue à l'article L 520-15.

Art. R 520-17 La taxe est recouvrée dans les conditions prévues pour les recettes de l'Etat mentionnées aux articles 112 à 124 du décret du 7 novembre 2012 relatif à la gestion budgétaire et comptable publique.

Section 10
Recours

Art. L 520-21 Le redevable de la taxe peut en obtenir la décharge, la réduction ou la restitution totale ou partielle :

1° S'il établit que la surface de construction prévue n'a pas été entièrement construite ;

2° S'il établit que la construction n'a pas été entreprise et s'il renonce au bénéfice du permis de construire ou de la non-opposition à la déclaration préalable prévue à l'article L 421-4 ;

3° Si une erreur a été commise dans l'assiette ou le calcul de la taxe.

Art. L 520-22 Les réclamations concernant la taxe sont présentées, instruites et jugées dans les conditions prévues aux articles 117 à 119 du décret n° 2012-1246 du 7 novembre 2012 relatif à la gestion budgétaire et comptable publique, dans sa rédaction en vigueur à la date de publication de la loi n° 2015-1786 du 29 décembre 2015 de finances rectificative pour 2015.

Art. R 520-18 Les responsables des services de l'Etat mentionnés à l'article L 520-10 sont compétents pour statuer sur les réclamations.

Ils peuvent déléguer cette compétence aux agents placés sous leur autorité.

Section 11
Dispositions finales

Art. L 520-23 Un décret en Conseil d'Etat détermine les conditions d'application du présent titre.

LOIS ET TEXTES NON CODIFIES

On trouvera ci-après reproduits divers textes de nature législative ou réglementaire intéressant, à un titre ou à un autre, la matière fiscale. Ces textes ne sont actuellement pas codifiés mais plusieurs d'entre eux ont vocation à l'être. Tel est le cas en particulier de certains articles des dernières lois de finances.

Les textes reproduits, parfois anciens dans leur origine, sont à jour des dernières modifications qui leur ont été apportées. Ils sont classés par ordre chronologique.

Loi 72-657 du 13 juillet 1972 : taxe sur les surfaces commerciales (Tascom)

TD-XV-4100 s. ; MF n°s 75900 s.

Art. 3 Il est institué une taxe sur les surfaces commerciales assise sur la surface de vente des magasins de commerce de détail, dès lors qu'elle dépasse 400 mètres carrés des établissements ouverts à partir du 1er janvier 1960 quelle que soit la forme juridique de l'entreprise qui les exploite. Ne sont pas considérés comme magasins de commerce de détail les établissements de commerce de gros dont la clientèle est composée de professionnels pour les besoins de leur activité ou de collectivités. Lorsque ces établissements réalisent à titre accessoire des ventes à des consommateurs pour un usage domestique, ces ventes constituent des ventes au détail qui sont soumises à la taxe dans les conditions de droit commun.

Toutefois, le seuil de superficie de 400 mètres carrés ne s'applique pas aux établissements contrôlés directement ou indirectement par une même personne et exploités sous une même enseigne commerciale lorsque la surface de vente cumulée de l'ensemble de ces établissements excède 4 000 mètres carrés.

La surface de vente des magasins de commerce de détail, prise en compte pour le calcul de la taxe, et celle visée à l'article L 720-5 du code de commerce, s'entendent des espaces affectés à la circulation de la clientèle pour effectuer ses achats, de ceux affectés à l'exposition des marchandises proposées à la vente, à leur paiement, et de ceux affectés à la circulation du personnel pour présenter les marchandises à la vente.

La surface de vente des magasins de commerce de détail prise en compte pour le calcul de la taxe ne comprend que la partie close et couverte de ces magasins.

La surface de vente à retenir pour le calcul de la taxe est celle existant au 31 décembre de l'année précédant l'année d'imposition pour les établissements existant à cette date.

Les établissements situés à l'intérieur des zones urbaines sensibles bénéficient d'une franchise de 1 500 € sur le montant de la taxe dont ils sont redevables.

Si ces établissements, à l'exception de ceux dont l'activité principale est la vente ou la réparation de véhicules automobiles, ont également une activité de vente au détail de carburants, l'assiette de la taxe comprend en outre une surface calculée forfaitairement en fonction du nombre de position de ravitaillement dans la limite de 70 mètres carrés par position de ravitaillement. Le décret prévu à l'article 20 fixe la surface forfaitaire par emplacement à un montant compris entre 35 et 70 mètres carrés.

Pour les établissements dont le chiffre d'affaires au mètre carré est inférieur à 3 000 €, le taux de cette taxe est de 5,74 € au mètre carré de surface définie au troisième alinéa. Pour les établissements dont le chiffre d'affaires au mètre carré est supérieur à 12 000 €, le taux est fixé à 34,12 €.

A l'exclusion des établissements qui ont pour activité principale la vente ou la réparation de véhicules automobiles, les taux mentionnés à l'alinéa précédent sont respectivement portés à 8,32 € ou 35,70 € lorsque, sur un même site ou au sein d'un ensemble commercial au sens de l'article L 752-3 du code de commerce :

l'établissement a également une activité de vente au détail de carburants ;

ou l'établissement contrôle directement ou indirectement une installation de distribution au détail de carburants ;

ou l'établissement et une installation de distribution au détail de carburants sont contrôlés directement ou indirectement par une même personne.

Lorsque le chiffre d'affaires au mètre carré est compris entre 3 000 et 12 000 €, le taux de la taxe est déterminé par la formule suivante : 5,74 € + [0,00315 (CA / S – 3 000)] €, dans laquelle CA désigne le chiffre d'affaires annuel hors taxe de l'établissement assujetti, exprimé en euros, et S désigne la surface des locaux imposables, exprimée en mètres carrés.

A l'exclusion des établissements dont l'activité principale est la vente ou la réparation de véhicules automobiles, la formule mentionnée à l'alinéa précédent est remplacée par la formule suivante : 8,32 € + [0,00304 (CAS / S – 3 000)] €, lorsque, sur un même site ou au sein d'un ensemble commercial au sens de l'article L 752-3 du code de commerce :

l'établissement a également une activité de vente au détail de carburants ;

ou l'établissement contrôle directement ou indirectement une installation de distribution au détail de carburants ;

ou l'établissement et une installation de distribution au détail de carburants sont contrôlés directement ou indirectement par une même personne.

Les professions dont l'exercice à titre principal requiert des superficies de vente anormalement élevées ou, en fonction de leur chiffre d'affaires au mètre carré, les établissements dont la surface des locaux de vente destinés à la vente au détail est inférieure à 600 mètres carrés bénéficient de réductions précisées par décret par rapport aux taux mentionnés ci-dessus. Le montant de la taxe est majoré de 30 % pour les établissements dont la superficie est supérieure à 5 000 mètres carrés et dont le chiffre d'affaires annuel hors taxes est supérieur à 3 000 € par mètre carré.

La taxe ne s'applique pas aux établissements dont le chiffre d'affaires annuel est inférieur à 460 000 €.

Les dispositions prévues à l'article L 651-5 du code de la sécurité sociale sont applicables pour la détermination du chiffre d'affaires imposable.

Les mêmes taxes frappent les coopératives de consommation et celles d'entreprises privées ou nationalisées et d'entreprises publiques.

Le montant de la taxe calculé selon le présent article et avant application de la modulation prévue au cinquième alinéa du 1.2.4.1 de l'article 77 de la loi n° 2009-1673 du 30 décembre 2009 de finances pour 2010 *(Reproduit ci-après)* est majoré de 50 % pour les établissements dont la surface de vente excède 2 500 mètres carrés. Le produit de cette majoration est affecté au budget de l'Etat.

Art. 4 La taxe est déclarée et payée avant le 15 juin de l'année au titre de laquelle elle est due.

Lorsque le montant de la taxe fait l'objet de la majoration prévue au dernier alinéa de l'article 3, le paiement de la taxe donne lieu au versement d'un acompte égal à 50 % du montant de la taxe ainsi majorée.

Cet acompte s'impute sur le montant de la taxe dû le 1er janvier de l'année suivante ou, en cas de cessation d'activité au cours de l'année où l'acompte est acquitté, sur le montant de la taxe dû à raison de cette cessation, en application du II de l'article 6.

Lorsque le montant de la somme imputable est supérieur au montant de la taxe sur laquelle il s'impute, l'excédent est restitué.

Art. 6 I. La taxe est due par l'exploitant de l'établissement. Le fait générateur de la taxe est constitué par l'existence de l'établissement au 1er janvier de l'année au titre de laquelle elle est due. La taxe est exigible le 15 mai de la même année. En cas d'exploitation incomplète au cours de l'année précédente, le chiffre d'affaires réalisé par le redevable est annualisé pour apprécier le respect du seuil de 460 000 € mentionné à l'article 3 et pour déterminer le taux de la taxe. Le montant de la taxe est calculé au prorata de la durée de l'exploitation.

II. La cessation d'exploitation, en cours d'année, d'un établissement de commerce de détail mentionné au premier alinéa de l'article 3 constitue un fait générateur de la taxe.

Chaque exploitant qui cesse son activité en cours d'année est redevable de la taxe mentionnée à l'article 3 à ce titre, au prorata de la durée de son exploitation l'année de la cessation.

Pour le calcul de la taxe, le chiffre d'affaires réalisé par le redevable est annualisé pour apprécier le respect du seuil de 460 000 € mentionné au même article 3 et déterminer le taux de la taxe. La surface à prendre en compte pour la taxe due au titre de la cessation d'exploitation est la surface mentionnée audit article 3 au jour de la cessation.

Le coefficient multiplicateur prévu au cinquième alinéa du 1.2.4.1 de l'article 77 de la loi n° 2009-1673 du 30 décembre 2009 de finances pour 2010 *(Reproduit ci-après)* applicable à la taxe est celui en vigueur à la date de la cessation d'exploitation.

La taxe est déclarée et payée avant le 15 du sixième mois suivant la cessation d'exploitation.

Art. 7 La taxe est recouvrée, contrôlée selon les mêmes procédures et sous les mêmes sanctions, garanties et privilèges que la taxe sur la valeur ajoutée. Les réclamations sont présentées, instruites et jugées selon les règles applicables à cette même taxe.

Art. 20 Un décret en Conseil d'Etat déterminera en tant que de besoin les modalités d'application de la présente loi et apportera les adaptations nécessaires à son application dans les départements d'outre-mer. Il prévoira en particulier les majorations applicables en cas de retard de paiement des taxes prévues à l'article 3 *(Voir ci-après décret n° 95-85 du 26 janvier 1995)*.

Loi 84-595 du 12 juillet 1984 : location-accession à la propriété immobilière (dispositions en matière de TVA)

IMMO-V-2380 s.

Art. 11 Lorsque le contrat est résilié pour inexécution par l'accédant de ses obligations, le vendeur peut obtenir, sans préjudice des dispositions des articles 9 et 10 de la même loi, une indemnité qui ne peut dépasser 2 % du prix de l'immeuble objet du contrat.

Lorsque, du fait de l'accédant, le transfert de propriété n'a pas lieu au terme convenu pour une cause autre que celle visée à l'alinéa précédent, le vendeur peut obtenir, sans préjudice des dispositions des articles 9 et 10 de la même loi, une indemnité qui ne peut dépasser 1 % du prix de l'immeuble objet du contrat. Cette indemnité n'est pas due lorsque le contrat porte sur un logement qui a bénéficié d'une décision d'agrément prise par le représentant de l'Etat dans le département, dans des conditions prévues par décret.

Toutefois, lorsque le contrat porte sur un immeuble ou une partie d'immeuble achevé depuis moins de cinq ans ou qui, dans les cinq ans de cet achèvement, n'a pas déjà fait l'objet d'une cession à titre onéreux à une personne n'intervenant pas en qualité de marchand de biens, l'indemnité visée aux deux alinéas précédents peut être fixée à 3 % à compter du 1er janvier de la cinquième année suivant celle de l'achèvement de l'immeuble ou de la partie de l'immeuble faisant l'objet du contrat.

Lorsqu'une telle majoration a été prévue au contrat dans les conditions définies à l'alinéa précédent, le contrat de location-accession est assimilé à une vente pure et simple pour l'application de la taxe sur la valeur ajoutée, à la date à compter de laquelle cette indemnité majorée est susceptible d'être demandée.

Dans ce cas, la taxe est assise sur le prix fixé au contrat pour la date visée à l'alinéa précédent sous réserve que la variation annuelle du prix fixé au contrat n'excède pas, à compter de cette date, celle de l'indice visé à l'article 7 de la même loi.

Les dispositions des deux alinéas précédents ne sont pas applicables aux contrats de location-accession à la propriété immobilière portant sur des logements qui ont fait l'objet d'une décision d'agrément prise, dans des conditions fixées par décret, par le représentant de l'Etat dans le département.

Loi 85-695 du 11 juillet 1985 : sociétés de capital-risque

IS-IV-20000 s. ; MF nos 26380 s.

Art. 1er -1 Peuvent être autorisées à prendre et à conserver la dénomination de « sociétés de capital-risque » les sociétés françaises par actions qui satisfont aux conditions suivantes :

1° Avoir pour objet social la gestion d'un portefeuille de valeurs mobilières. Une société de capital-risque dont le total de bilan n'a pas excédé 10 millions d'euros au cours de l'exercice précédent peut également effectuer à titre accessoire des prestations de services dans le prolongement de son objet social. Le caractère accessoire de ces prestations de services est établi lorsque le montant du chiffre d'affaires hors taxes de ces prestations n'excède pas au cours de l'exercice 50 % des charges, autres que les dotations aux provisions et les charges exceptionnelles, admises en déduction sur le plan fiscal au cours du même exercice. Le bénéfice afférent aux prestations de services accessoires exonéré d'impôt sur les sociétés, en application du deuxième alinéa du 3° septies de l'article 208 du code général des impôts, ne doit pas excéder la limite de 38 120 € par période de douze mois.

L'actif d'une société de capital-risque comprend exclusivement des valeurs mobilières françaises ou étrangères, négociées ou non sur un marché d'instruments financiers français ou étranger, dont le fonctionnement est assuré par une entreprise de marché ou un prestataire de services d'investissement ou tout autre organisme similaire étranger, des droits sociaux, des avances en compte courant, d'autres droits financiers et des liquidités. L'actif peut également comprendre les biens meubles et immeubles nécessaires à son fonctionnement.

La situation nette comptable d'une société de capital-risque doit en outre être représentée de façon constante à concurrence de 50 % au moins de titres participatifs ou parts ou titres de capital ou donnant accès au capital, qui ne sont pas admis aux négociations sur un marché mentionné au deuxième alinéa, émis par des sociétés ayant leur siège dans un Etat de l'Union européenne ou dans un autre Etat partie à l'accord sur l'Espace économique européen ayant conclu avec la France une convention d'assistance administrative en vue de lutter contre la fraude et l'évasion fiscales, qui exercent une activité mentionnée à l'article 34 du code général des impôts et qui sont soumises à l'impôt sur les sociétés dans les conditions de droit commun au taux normal ou qui y seraient soumises dans les mêmes conditions si l'activité était exercée en France.

Sont éligibles au quota d'investissement prévu au troisième alinéa, dans la limite de 20 % de la situation nette comptable de la société de capital-risque, les titres de capital ou donnant accès au capital, admis aux négociations sur un marché mentionné au deuxième alinéa d'un Etat partie à l'accord sur l'Espace économique européen, émis par des sociétés qui répondent aux conditions prévues au troisième alinéa précité, à l'exception de celle tenant à la non-cotation, et dont la capitalisation boursière est inférieure à 150 millions d'euros. La capitalisation boursière est évaluée selon la moyenne des cours d'ouverture des soixante jours de bourse précédant celui de l'investissement. Un décret en Conseil d'Etat détermine les modalités d'application de cette évaluation, notamment en cas de première cotation ou d'opération de restructuration d'entreprises.

Sont également pris en compte pour le calcul de la proportion de 50 % :

a. Dans la limite de 15 % de la situation nette comptable, les avances en compte courant consenties, pour la durée de l'investissement réalisé, à des sociétés remplissant les conditions pour être retenues dans le quota de 50 % dans lesquelles la société de capital-risque détient au moins 5 % du capital ;

b. *(Abrogé)* ;

c. *(Abrogé par la loi 2004-1484 du 30 décembre 2004 art. 38-III)* ;

d. Les droits représentatifs d'un placement financier dans une entité constituée dans un Etat membre de la Communauté européenne, ou dans un autre Etat ou territoire ayant conclu avec la France une convention fiscale qui contient une clause d'assistance administrative en vue de lutter contre la fraude ou l'évasion fiscale, dont l'objet principal est d'investir dans des sociétés dont les titres de capital ne sont pas admis aux négociations sur un marché mentionné au deuxième alinéa. Ces droits ne sont retenus dans le quota d'investissement de 50 % de la société de capital-risque et pour le calcul de la limite de 20 % prévue au quatrième alinéa qu'à proportion des investissements directs ou indirects, par l'intermédiaire de sociétés mentionnées à la première phrase du f, de l'actif de l'entité concernée dans des sociétés qui répondent aux conditions prévues au troisième alinéa du 1°. Les modalités de détermination de cette proportion sont fixées par décret en Conseil d'Etat.

Lorsque les titres d'une société détenus par une société de capital-risque sont admis aux négociations sur un marché d'instruments financiers français ou étranger, dont le fonctionnement est assuré par une entreprise de marché ou un prestataire de services d'investissement ou tout autre organisme similaire étranger, ils continuent à être pris en compte pour le calcul de la proportion de 50 % pendant une durée de cinq ans à compter de la date de l'admission. Le délai de cinq ans n'est toutefois pas applicable si les titres de la société admis à la cotation répondent aux conditions du quatrième alinéa à la date de cette cotation et si la société de capital-risque respecte, compte tenu de ces titres, la limite de 20 % mentionnée au même quatrième alinéa.

La proportion de 50 % est atteinte dans un délai de deux ans à compter du début du premier exercice au titre duquel la société a demandé le bénéfice du régime fiscal de société de capital-risque. Pour le calcul de cette proportion, les augmentations de capital d'une société de capital-risque ne sont prises en compte qu'à compter du deuxième exercice suivant celui au cours duquel elles sont libérées.

Les participations prises en compte pour la proportion de 50 % ne doivent pas conférer directement ou indirectement à une société de capital-risque ou à l'un de ses actionnaires directs ou indirects la détention de plus de 40 % des droits de vote dans lesdites sociétés ;

e. *(Abrogé)* ;

f. Les titres, mentionnés aux troisième ou quatrième alinéas du 1°, émis par des sociétés ayant leur siège dans un Etat membre de la Communauté européenne, ou dans un autre Etat ou territoire ayant conclu avec la France une convention fiscale qui contient une clause d'assistance administrative en vue de lutter contre la fraude ou l'évasion fiscale, qui sont passibles de l'impôt sur les sociétés dans les conditions de droit commun ou en seraient passibles dans les mêmes conditions si l'activité était exercée en France, et qui ont pour objet principal de détenir des participations financières. Ces titres sont retenus dans le quota d'investissement de 50 % et pour le calcul de la limite de 20 % prévue au quatrième alinéa du 1° à proportion des investissements directs ou indirects, par l'intermédiaire de sociétés mentionnées à la première phrase, de l'actif de la société émettrice de ces titres dans des sociétés qui répondent aux conditions prévues au troisième alinéa du 1°. Les modalités de détermination de cette proportion sont fixées par décret en Conseil d'Etat ;

2° Ne pas procéder à des emprunts d'espèces au-delà de la limite de 10 % de son actif net ;

3° Une personne physique, son conjoint et leurs ascendants et descendants ne peuvent pas détenir ensemble, directement ou indirectement, plus de 30 % des droits dans les bénéfices d'une société de capital-risque ;

4° L'option pour le régime fiscal des sociétés de capital-risque est exercée avant la date d'ouverture de l'exercice au titre duquel ce régime s'applique, si la société exerce déjà une activité ou, dans le cas contraire, dans les six mois suivant celui de la création de son activité.

Ndlr *Sur les mesures d'application, voir CGI, Annexe II, art. 171 AL à 171 AS bis.*

Loi 88-227 du 11 mars 1988 : relative à la transparence financière de la vie politique

IRPP-IV-12420 s. ; MF n° 3185

Art. 11-4 Une personne physique peut verser un don à un parti ou groupement politique si elle est de nationalité française ou si elle réside en France. Les dons consentis et les cotisations versées en qualité d'adhérent d'un ou de plusieurs partis ou groupements politiques par une personne physique dûment identifiée à une ou plusieurs associations agréées en qualité d'association de financement ou à un ou plusieurs mandataires financiers d'un ou de plusieurs partis ou groupements politiques ne peuvent annuellement excéder 7 500 €.

Par exception, les cotisations versées par les titulaires de mandats électifs nationaux ou locaux ne sont pas prises en compte dans le calcul du plafond mentionné au premier alinéa.

Les personnes morales à l'exception des partis ou groupements politiques ne peuvent contribuer au financement des partis ou groupements politiques, ni en consentant des dons, sous quelque forme que ce soit, à leurs associations de financement ou à leurs mandataires financiers, ni en leur fournissant des biens, services ou autres avantages directs ou indirects à des prix inférieurs à ceux qui sont habituellement pratiqués. Les personnes morales, à l'exception des partis et groupements politiques ainsi que des établissements de crédit et sociétés de financement ayant leur siège social dans un Etat membre de l'Union européenne ou partie à l'accord sur l'Espace économique européen, ne peuvent ni consentir des prêts aux partis et groupements politiques ni apporter leur garantie aux prêts octroyés aux partis et groupements politiques.

L'association de financement ou le mandataire financier délivre au donateur un reçu pour chaque don ou cotisation. Un décret en Conseil d'Etat fixe les conditions d'établissement, d'utilisation et de transmission du reçu à la Commission nationale des comptes de campagne et des financements politiques. Dans les conditions fixées par un décret en Conseil d'Etat pris après avis de la Commission nationale de l'informatique et des libertés, le parti ou groupement bénéficiaire communique chaque année à la Commission nationale des comptes de campagne et des financements politiques la liste des personnes ayant consenti à lui verser un ou plusieurs dons ou cotisations, ainsi que le montant de ceux-ci.

Tout don de plus de 150 € consenti à une association de financement ou à un mandataire financier d'un parti ou groupement politique doit être versé, à titre définitif et sans contrepartie, soit par chèque, soit par virement, prélèvement automatique ou carte bancaire.

Aucune association de financement ou aucun mandataire financier d'un parti ou groupement politique ne peut recevoir, directement ou indirectement, des contributions ou aides matérielles d'un Etat étranger ou d'une personne morale de droit étranger. Ils ne peuvent recevoir des prêts d'un Etat étranger ou d'une personne morale de droit étranger, à l'exception des établissements de crédit ou sociétés de financement mentionnés au troisième alinéa.

Les actes et documents émanant de l'association de financement ou du mandataire financier, destinés aux tiers, et qui ont pour objet de provoquer le versement de dons doivent indiquer, selon le cas, la dénomination de l'association et la date de l'agrément ou le nom du mandataire et la date de la déclaration à la préfecture, ainsi que le parti ou groupement politique destinataire des sommes collectées et la mention des dispositions des premier et troisième alinéas du présent article et du premier alinéa de l'article 11-5.

Décret 95-85 du 26 janvier 1995 : taxe sur les surfaces commerciales (Tascom)

TD-XV-4100 s. ; MF nos 75900 s.

Art. 1 Pour l'application de la loi du 13 juillet 1972 *(Reproduite ci-dessus)*, l'établissement s'entend de l'unité locale où s'exerce tout ou partie de l'activité d'une entreprise. Lorsque plusieurs locaux d'une même entreprise sont groupés en un même lieu comportant une adresse unique ou sont assujettis à une même cotisation foncière des entreprises, ils constituent un seul établissement. Une présentation temporaire, telle que celle qui est réalisée dans une manifestation commerciale, n'a pas le caractère d'un établissement.

Il n'y a pas ouverture d'établissement en cas de changement d'exploitant pour quelque cause juridique que ce soit, notamment par transmission à titre onéreux ou gratuit ou par apport, même après fermeture pour travaux d'amélioration ou de transformation, pourvu que l'activité professionnelle demeure une activité de vente au détail.

Les prestations de services, notamment la restauration, ne sont pas considérés comme des ventes au détail. Lorsqu'un établissement réalise à la fois des ventes au détail de marchandises en l'état et une autre activité, le chiffre d'affaires à prendre en considération au titre de la taxe sur les surfaces commerciales est celui des ventes au détail en l'état, dès lors que les deux activités font l'objet de comptes distincts.

Pour les établissements visés au sixième alinéa de l'article 3 de la loi du 13 juillet 1972 susvisée, la surface de vente à prendre en compte pour le calcul de la taxe est majorée de 70 mètres carrés par position de ravitaillement.

Art. 3 A. La réduction de taux prévue au dix-huitième alinéa de l'article 3 de la loi du 13 juillet 1972 susvisée en faveur des professions dont l'exercice requiert des superficies de vente anormalement élevées est fixée à 30 % en ce qui concerne la vente à titre principal des marchandises énumérées ci-après :

meubles meublants ;

véhicules automobiles ;

machinismes agricoles ;

matériaux de construction.

Un arrêté conjoint des ministres chargés de l'économie, du budget, du commerce et de l'artisanat pourra compléter cette liste par l'énumération d'autres professions dont les conditions d'exploitation, eu égard à leur superficie de vente, sont comparables à celles des professions énumérées ci-dessus *(NDLR Voir arrêté du 17 juin 2014, JO du 1er juillet)*.

B. La réduction de taux prévue par la même disposition législative en faveur des établissements dont la surface de vente est inférieure à 600 mètres carrés est fixée à 20 % lorsque le chiffre d'affaires annuel par mètre carré mentionné à l'article 3 de la loi du 13 juillet 1972 susvisée est au plus égal à 3 800 €.

C. Lorsqu'un établissement relève à la fois des deux catégories ci-dessus, les réductions de taux se cumulent.

Art. 4 Les redevables de la taxe déclarent annuellement, sur un imprimé conforme au modèle prescrit par la direction générale des finances publiques, au service des impôts des entreprises du lieu où se situe l'établissement concerné, le nom de l'enseigne commerciale, le montant du chiffre d'affaires annuel hors taxes réalisé, la surface des locaux destinés à la vente au détail et le secteur d'activité qui les concerne, la date à laquelle l'établissement a été ouvert, le nombre de positions de ravitaillement, le taux appliqué, ainsi que le montant de la taxe due.

Lorsque l'établissement est situé sur plusieurs communes, les redevables doivent également préciser la surface de vente au détail et, le cas échéant, le nombre de positions de ravitaillement en carburant exploités sur le territoire de chaque commune.

Art. 5 Pour l'application du cinquième alinéa du 1.2.4.1 de l'article 77 de la loi n° 2009-1673 du 30 décembre 2009 de finances pour 2010 *(Reproduit ci-après)*, les établissements publics de coopération intercommunale ou les communes affectataires de la taxe font connaître aux services fiscaux compétents, dans les conditions prévues au I de l'article 1639 A bis du code général des impôts, leurs décisions relatives au coefficient multiplicateur du montant de la taxe, pour que celui-ci soit applicable à la taxe due au titre de l'année suivante.

Les décisions ainsi communiquées demeurent applicables tant qu'elles ne sont pas rapportées ou modifiées par une nouvelle décision prise dans les conditions prévues au I de l'article 1639 A bis du code général des impôts.

Art. 7 Le décret n° 72-1076 du 1er décembre 1972 modifié fixant les conditions d'application de la loi n° 72-657 du 13 juillet 1972 susvisée est abrogé.

Ordonnance 96-50 du 24 janvier 1996 : contributions au remboursement de la dette sociale (CRDS)

TD-XVI-1 s. ; MF nos 34200 s.

Art. 14 I. Il est institué une contribution assise sur les revenus d'activité et de remplacement mentionnés à la section 1 du chapitre 4 du titre 3 du livre 1 du code de la sécurité sociale perçus par les personnes physiques désignées à ce même article. Cette contribution est soumise aux conditions prévues aux articles L 136-1-1 à L 136-4 du même code.

Elle est due jusqu'à l'extinction des missions prévues à l'article 2 de la présente ordonnance.

II. Lorsqu'ils n'entrent pas dans le champ d'application du I, sont également soumis à la contribution dans les mêmes conditions et selon les mêmes modalités :

7° Les aides personnelles au logement mentionnées à l'article L 821-1 du code de la construction et de l'habitation ;

8° Les prestations visées à l'article L 511-1 et au chapitre V du titre V du livre VII du code la sécurité sociale, à l'exception de l'allocation d'éducation de l'enfant handicapé ;

9° La prime d'activité mentionnée à l'article L 841-1 du code de la sécurité sociale.

III. La contribution due sur les prestations visées aux 7°, 8° et 9° du II est précomptée par l'organisme débiteur dans les conditions prévues à l'article L 131-1 du code de la sécurité sociale.

La contribution prévue au I est recouvrée et contrôlée dans les conditions et sous les garanties et sanctions visées à l'article L 136-5 du code de la sécurité sociale.

IV. Les prestations visées au 8e du II, à l'exception de l'allocation logement mentionnée aux articles L 542-1 et L 755-21 du code de la sécurité sociale, ne sont assujetties à la contribution qu'à compter du 1er janvier 1997.

Art. 15 I. Il est institué une contribution perçue à compter de 1996 et assise sur les revenus du patrimoine désignés aux I et I bis de l'article L 136-6 du code de la sécurité sociale perçus par les personnes redevables de la contribution prévue au même article L 136-6.

Cette contribution est établie chaque année sur les revenus de l'année précédente, à l'exception de ceux ayant supporté la contribution prévue à l'article 16.

Toutefois, la contribution due sur les revenus de la première anné d'imposition est assise sur les onze douzièmes des revenus de l'année 1995.

Elle est établie, recouvrée et contrôlée dans les conditions et selon les modalités prévues au III de l'article L 136-6 du code de la sécurité sociale, à l'exception du troisième alinéa.

II. La contribution est mise en recouvrement et exigible en même temps, le cas échéant, que la contribution sociale instituée par l'article L 136-6 du code de la sécurité sociale. Il n'est pas procédé au recouvrement lorsque le montant total par article de rôle est inférieur à 61 €.

III. Sont également assujettis à la contribution dans les conditions et selon les modalités prévues aux I et II ci-dessus :

1° *(Abrogé)* ;

2° Les sommes soumises à l'impôt sur le revenu en application des articles 168, 1649 A, 1649 AA, 1649 quater A, 1649 quater-0 B bis et 1649 quater-0 B ter du code général des impôts et L 69 du livre des procédures fiscales ;

2° bis Les sommes soumises à l'impôt sur le revenu en application du 1° de l'article L 66 du livre des procédures fiscales et qui ne sont pas assujetties à la contribution en vertu d'une autre disposition ;

3° Tous autres revenus perçus au titre des années définies au I, dont l'imposition est attribuée à la France par une convention internationale relative aux doubles impositions et qui n'ont pas supporté la contribution prévue à l'article 14.

Art. 16 I. Il est institué, à compter du 1er février 1996, une contribution prélevée sur les produits de placement désignés aux I et I bis de l'article L 136-7 du code de la sécurité sociale à l'exception de ceux ayant déjà supporté la contribution au titre des 3° et 4° du II de l'article L 136-7 du code de la sécurité sociale et de ceux perçus par les personnes mentionnées au I ter du même article L 136-7. Cette contribution est assise, recouvrée et contrôlée selon les modalités prévues aux V et VI du même article.

II. Sont également soumis à la contribution mentionnée au I les produits de placement mentionnés au II de l'article L 136-7 du code de la sécurité sociale pour la partie acquise à compter du 1er février 1996 et, le cas échéant, constatée à compter de la même date en ce qui concerne les placements visés au a du 3° et aux 4° à 9° du même II à compter du 1er janvier 1997 pour les placements mentionnés au c du 3° dudit II et, pour les faits générateurs intervenant à compter du 1er janvier 2014, pour les placements mentionnés au b du 3° du même II.

Cette contribution est assise, recouvrée et contrôlée selon les modalités prévues aux III, III bis et V de l'article L 136-7 du même code.

III. Les III à VI du même article L 136-7 sont applicables à la contribution mentionnée au I du présent article.

Art. 17 I. Il est institué, à compter du 1er février 1996, une contribution à laquelle sont assujetties les ventes de métaux précieux, bijoux, objets d'art, de collection et d'antiquité soumises à la taxe prévue par l'article 150 VI du code général des impôts et réalisées par les personnes désignées au I de l'article 14.

II. Cette contribution est assise, recouvrée et contrôlée dans les conditions et selon les modalités prévues aux articles 150 VI à 150 VK et 150 VM du code général des impôts.

Art. 18 I. Il est institué une contribution sur le produit brut des jeux dans le cadre des jeux de loterie commercialisés en réseau physique de distribution et en ligne mentionnés au I de l'article 137 de la loi n° 2019-486 du 22 mai 2019 relative à la croissance et la transformation des entreprises. Cette contribution est assise sur le produit brut des jeux, constitué par la différence entre les sommes misées par les joueurs et les sommes versées ou à reverser aux gagnants. Les sommes engagées par les joueurs à compter du 1er janvier 2020 sont définies comme des sommes misées à compter de la date de réalisation du ou des événements sur lesquels repose le jeu, y compris celles apportées par l'opérateur à titre gracieux. Les sommes versées ou à reverser aux gagnants sont constituées de l'ensemble des gains en numéraire ou en nature versés ou à reverser aux joueurs à compter de la date de réalisation du ou des événements sur lesquels repose le jeu, à l'exclusion des sommes en numéraire ou en nature attribuées à titre gracieux à certains joueurs dans le cadre d'actions commerciales.

Pour le calcul de la contribution mentionnée au présent I, le montant du produit brut des jeux est multiplié par le rapport entre, d'une part, le montant des mises effectuées sur le jeu en France métropolitaine et dans les départements d'outre-mer et, d'autre part, le montant total des mises effectuées sur le jeu.

Cette contribution est recouvrée et contrôlée selon les mêmes règles et sous les mêmes sûretés, privilèges et sanctions que le prélèvement prévu au I de l'article 138 de la loi n° 2019-486 du 22 mai 2019 relative à la croissance et la transformation des entreprises.

II. *(Abrogé)*.

III. Sans préjudice des prélèvements existants, il est institué une contribution sur la totalité du produit brut des jeux réalisé entre le 1er février 1996, dans les casinos régis par la loi du 15 juin 1907 relative aux casinos.

Cette contribution est recouvrée et contrôlée selon les mêmes règles et sous les mêmes sûretés, privilèges et sanctions que le prélèvement prévu à l'article 50 de la loi de finances pour 1991 (n° 90-1168 du 29 décembre 1990).

Art. 19 Le taux des contributions instituées par les articles 14 à 17 est fixé à 0,5 %. Le taux de la contribution instituée au I de l'article 18 est fixé à 2,2 %. Le taux de la contribution instituée au III de l'article 18 est fixé à 3 %.

Loi 2003-1312 du 30 décembre 2003 de finances rectificative pour 2003

Art. 71 *(Abrogé).*

Art. 72 A. I. Il est créé une taxe pour le développement de l'industrie de la conservation des produits agricoles.

Le produit de cette taxe est affecté, dans la limite d'un plafond annuel, au Centre technique de la conservation des produits agricoles.

Elle a pour objet de financer les missions dévolues à cet organisme par la loi n° 48-1228 du 22 juillet 1948.

Les opérations financées au moyen du produit de cette taxe font l'objet d'une comptabilité distincte tenue par le centre technique.

II. Cette taxe est due par les fabricants, établis en France, de produits alimentaires conservés, qu'il s'agisse de produits transformés d'origine végétale ou de produits transformés d'origine agricole.

La liste de ces produits et des procédés de conservation utilisés est fixée par voie réglementaire.

Sont considérés comme fabricants au sens du premier alinéa les entreprises qui procèdent à la transformation en vue de leur conservation des produits alimentaires figurant sur la liste prévus à l'alinéa précédent.

III. La taxe est assise sur le chiffre d'affaires hors taxes des ventes réalisées par les fabricants, en France ou à destination de l'étranger.

IV. Le fait générateur de la taxe est constitué par :

1° La livraison des produits pour ce qui concerne les ventes ;

2° La déclaration d'exportation des produits pour les exportations.

L'exigibilité de la taxe intervient à la date du fait générateur.

V. Le taux de la taxe est fixé à :

1° 0,12 % pour les produits transformés d'origine végétale ;

2° 0,06 % pour les produits transformés d'origine animale.

VI. 1. Lorsque le montant de la taxe dû au titre d'une année est supérieur à 1 500 €, les redevables déposent au plus tard le 25 de chaque mois de l'année suivante, la déclaration du chiffre d'affaires imposable qu'ils ont réalisé le mois précédent.

2. Lorsque le montant de la taxe dû au titre d'une année est inférieur à 1 500 €, les redevables déposent, au plus tard le 25 du mois de janvier de la deuxième année qui suit, la déclaration du chiffre d'affaires imposable qu'ils ont réalisé au cours de l'année précédente.

3. L'année de création de l'entreprise, les redevables déposent la déclaration de leur chiffre d'affaires imposable au plus tard le 25 du mois de janvier de l'année suivante, quel que soit le montant de taxe dû.

Pour l'année 2004, le seuil mentionné aux 1 et 2 est apprécié par référence au montant de taxe parafiscale au profit du Centre technique de la conservation des produits agricoles acquitté au titre de l'année 2003.

VII. Le paiement de la taxe intervient au moment du dépôt des déclarations. Celles-ci sont conformes à un modèle établi par le Centre technique de la conservation des produits agricoles.

VIII. Le Centre technique de la conservation des produits agricoles recouvre la taxe.

Les redevables lui adressent leurs déclarations selon les modalités définies au VI.

Lorsque la déclaration prévue au VI est déposée sans le paiement correspondant, le Centre technique de la conservation des produits agricoles adresse au redevable par courrier recommandé avec accusé de réception une lettre de rappel motivée l'informant que le montant de la taxe est majoré de 10 %. A défaut de paiement trente jours après la date de réception de cette lettre par le redevable, un titre de perception est établi par le directeur du Centre technique, visé par le contrôleur d'Etat et rendu exécutoire par le préfet du département du débiteur.

Le recouvrement de ce titre est effectué par les comptables du Trésor, selon les règles applicables en matière d'impôts directs. Ces comptables bénéficient pour le recouvrement de ce titre du privilège prévu au 1 de l'article 1920 du code général des impôts. Ils peuvent obtenir de l'administration des impôts communication des renseignements nécessaires au recouvrement de la taxe.

L'action en recouvrement se prescrit à l'issue d'un délai de quatre ans à compter du jour où le titre a été rendu exécutoire.

Les contestations relatives au recouvrement de la taxe et aux poursuites sont présentées, instruites et jugées selon les règles applicables en matière d'impôts directs.

Un prélèvement représentant les frais de perception est effectué au profit du budget général sur les sommes recouvrées par les comptables du Trésor. Son taux est fixé par arrêté du ministre chargé du budget dans la limite de 5 %.

La taxe n'est pas mise en recouvrement si son montant annuel est inférieur ou égal à 20 €.

IX. Le Centre technique de la conservation des produits agricoles contrôle les déclarations prévues au VI. A cette fin son directeur ou les agents qu'il a dûment habilités peuvent demander aux redevables de la taxe tous renseignements, justifications ou éclaircissements relatifs à ces déclarations sous les garanties du secret professionnel, tel qu'il est défini à l'article L 103 du livre des procédures fiscales.

Lorsque les agents mentionnés ci-dessus constatent une insuffisance, une inexactitude ou une omission dans les éléments servant de base au calcul de la taxe, les rectifications correspondantes sont notifiées au redevable, qui dispose d'un délai de trente jours à de la réception de la notification pour présenter ces observations. Une réponse motivée à ces observations est adressée au redevable. Les droits notifiés sont assortis d'une majoration de 10 % exclusive de tout intérêt de retard.

Lorsque le redevable n'a pas déposé la déclaration prévue au VI, une lettre de mise en demeure avec accusé de réception lui est adressée par le directeur du Centre technique de la conservation des produits agricoles. A défaut de régularisation dans un délai de trente jours à compter du jour de la réception de cette mise en demeure, les agents chargés du contrôle procèdent à la taxation d'office. A cette fin, ils peuvent fixer la base d'imposition notamment par référence au chiffre d'affaires réalisé par une ou plusieurs entreprises comparables. Les droits notifiés sont assortis d'une majoration de 40 %.

Le directeur du Centre technique de la conservation des produits agricoles émet un titre de perception selon les modalités prévues au troisième alinéa du VIII comprenant les droits réclamés en application des deux alinéas précédents et le montant des majorations applicables trente jours après la date de réception par le redevable de la réponse à ses observations ou, en l'absence d'observations de la part du redevable, trente jours après la date de la notification de rectifications ou, en cas de taxation d'office, trente jours après la date de la notification des droits.

Le recouvrement de ce titre s'effectue alors dans les conditions prévues au quatrième alinéa du VIII.

Le droit de reprise du Centre technique s'exerce jusqu'au 31 décembre de la troisième année qui suit celle au cours de laquelle la taxe est devenue exigible.

X. Les réclamations contentieuses relatives à l'assiette de la taxe sont traitées par le directeur du Centre technique de la conservation des produits agricoles. Elles sont présentées, instruites et jugées selon les règles applicables aux taxes sur le chiffre d'affaires.

B. Un décret en Conseil d'Etat précise, en tant que de besoin, les modalités d'application du présent article.

C. Les dispositions du A entrent en vigueur au 1er janvier 2004.

TD-II-9000 s.

Art. 76 A. I. à V. *(Abrogés).*

VI. Lorsque le spectacle donne lieu à perception d'un droit d'entrée, l'entrepreneur, responsable de la billetterie, déclare au Centre national de la musique les droits d'entrée qu'il a perçus selon un formulaire conforme à un modèle de déclaration établi par ce dernier, au plus tard le dernier jour du troisième mois qui suit la représentation.

Lorsque le spectacle ne donne pas lieu à perception d'un droit d'entrée, l'entrepreneur qui cède le spectacle déclare, dans les mêmes conditions de forme et de délais, auprès du Centre national de la musique, les sommes qu'il a perçues en contrepartie de la cession ou de la concession du droit d'exploitation du spectacle.

Dans les quinze jours suivant la réception de la déclaration, le Centre national de la musique procède à la liquidation de la taxe et adresse au redevable un avis des sommes à payer. Il assure le recouvrement de la taxe.

La date limite de paiement est fixée au dernier jour du mois qui suit la date d'émission de cet avis.

La taxe n'est pas recouvrée lorsque le montant cumulé sur l'année civile dû par le redevable est inférieur à 80 €.

VII. à IX. *(Abrogés).*

Ndlr *Depuis le 1er janvier 2024, la taxe sur les spectacles de variétés prévue au présent article est transférée aux articles L 452-14 s. du CIBS sous la dénomination de « fraction perçue sur les spectacles de variétés de la taxe sur les spectacles vivants ». Le VI du A du présent article sera abrogé à compter de l'entrée en vigueur des dispositions prises en application ou pour l'application des dispositions législatives du CIBS précitées (Ordonnance 2023-1210 du 20 décembre 2023 art. 41, 1°).*

BF 4/24 inf. 264 ; TD-V-16050 s.

Art. 77 A. I. à V. *(Abrogés).*

VI. Lorsque le spectacle donne lieu à perception d'un droit d'entrée, l'entrepreneur responsable de la billetterie déclare à l'Association pour le soutien du théâtre privé les droits d'entrée qu'il a perçus selon un formulaire conforme à un modèle de déclaration établi par cette dernière, au plus tard le dernier jour du troisième mois qui suit la représentation.

Lorsque le spectacle ne donne pas lieu à perception d'un droit d'entrée, l'entrepreneur qui cède le spectacle déclare, dans les mêmes conditions de forme et de délais, auprès de l'Association pour le soutien du théâtre privé, les sommes qu'il a perçues en contrepartie de la cession ou de la concession du droit d'exploitation du spectacle.

L'Association pour le soutien du théâtre privé procède à la liquidation de la taxe et adresse au redevable dans les quinze jours de la réception de la déclaration un avis des sommes à payer. Elle assure le recouvrement de la taxe.

La date limite de paiement est fixée au dernier jour du mois qui suit la date d'émission de cet avis.

(...).

VII. à IX. *(Abrogés).*

B. et C. *(Abrogés).*

Ndlr *Depuis le 1er janvier 2024, la taxe sur les spectacles d'art dramatique, lyrique et chorégraphique prévue au présent article est transférée aux articles L 452-14 s. du CIBS sous la dénomination de « fraction perçue sur les spectacles d'art dramatique, lyrique et chorégraphique,* *autres que de musique traditionnelle de la taxe sur les spectacles vivants ». Le VI du A du présent article sera abrogé à compter de l'entrée en vigueur des dispositions prises en application ou pour l'application des dispositions législatives du CIBS précitées (Ordonnance 2023-1210 du 20 décembre 2023 art. 41, 1°).*

BF 4/24 inf. 264 ; TD-V-17000 s.

Loi 2005-157 du 23 février 2005 relative au développement des territoires ruraux

Art. 6 Sans préjudice des dispositions de l'avant-dernier alinéa de l'article 1465 du code général des impôts, toute entreprise, ou organisme, qui cesse volontairement son activité en zone de revitalisation rurale en la délocalisant dans un autre lieu, après avoir bénéficié d'une aide au titre des dispositions spécifiques intéressant ces territoires, moins de cinq ans après la perception de ces aides, est tenue de verser les sommes qu'elle n'a pas acquittées en vertu des exonérations qui lui ont été consenties et, le cas échéant, de rembourser les concours qui lui ont été attribués.

Un décret fixe les modalités d'application du présent article *(NDLR Voir décret 2007-94 du 24 janvier 2007).*

Art. 240 II. Les sociétés d'armement à la pêche sont des sociétés soumises au régime d'imposition des sociétés de personnes, ayant pour objet l'armement au plus de quatre navires de pêche exploités dans les départements d'outre-mer et dont 75 % des droits sociaux et droits de vote sont détenus par le ou les gérants personnes physiques de la société ou des pêcheurs embarqués. Pour calculer ce taux de détention, les parts détenues par les ascendants, descendants ou conjoints du gérant de ces sociétés ou des marins pêcheurs sont assimilées à celles détenues par ces derniers.

Décret 2006-353 du 23 mars 2006 : exonérations de taxe foncière sur les propriétés non bâties prévues en faveur des terrains boisés faisant l'objet d'une régénération naturelle ou présentant un état de futaie irrégulière en équilibre de régénération

Art. 2 Satisfont à la condition de réussite de la régénération naturelle les parcelles qui étaient boisées en nature de futaie ou de taillis sous futaie avant les coupes de régénération et qui portent des semis naturels, éventuellement complétés par plantation, remplissant les conditions suivantes :

1° Etre d'essences forestières en station inscrites sur la liste régionale des essences objectif éligibles aux aides forestières de l'Etat, ou d'essences secondaires associées ;

2° Avoir une hauteur comprise entre 1,5 mètre et 6 mètres ;

3° Avoir une densité minimale de 1 500 tiges par hectare d'essences forestières en station inscrites sur la liste régionale des essences objectif éligibles aux aides forestières de l'Etat, ou d'essences secondaires associées ;

4° Etre également répartis sur au moins 70 % de la surface de la parcelle mise en régénération naturelle.

FNB-II-7020

Art. 3 Sont considérées comme présentant un état de futaie irrégulière en équilibre de régénération les parcelles comportant au moins 100 tiges de franc pied à l'hectare, répondant aux conditions suivantes :

1° Etre d'essences forestières en station inscrites sur la liste régionale des essences objectif éligibles aux aides forestières de l'Etat, ou d'essences secondaires associées ;

2° Avoir une hauteur comprise entre 3 et 10 mètres ;

3° Etre réparties sur au moins le quart de la parcelle ;

4° Présenter une répartition spatiale cohérente avec la structure des classes de diamètre du peuplement.

FNB-II-7400

Art. 4 I. Pour bénéficier des dispositions applicables en cas de dégradations naturelles exceptionnelles, le propriétaire ou l'Office national des forêts pour les forêts domaniales doit établir que tout ou partie de ses parcelles faisaient l'objet d'une régénération naturelle ou comportaient une futaie irrégulière en équilibre de régénération et ont été endommagées :

1° Par une tempête, un ouragan ou un cyclone ;

2° Ou par des phénomènes naturels reconnus d'intensité anormale :

soit par un arrêté ministériel de catastrophe naturelle ;

soit par les services du ministère chargé des forêts compétents en matière de surveillance phytosanitaire certifiant, lorsqu'un agent biotique est en cause, que les dommages constatés ne relèvent pas, en nature et en intensité, de ce qui peut être normalement constaté sur un même type de peuplement dans des conditions écologiques comparables.

II. Lorsque les conditions fixées au I sont réunies, le nombre de tiges d'essences objectif à l'hectare nécessaire pour bénéficier de l'exonération de taxe foncière sur les propriétés non bâties est le suivant :

1° Réussite de régénération naturelle : 1 000 tiges ;

2° Etat de futaie irrégulière en équilibre de régénération : 80 tiges.

FNB-II-7040

Décret 2006-595 du 23 mai 2006 relatif à l'attribution du label « entreprise du patrimoine vivant »

IS-IX-60170 s.

Art. 1 Le label "entreprise du patrimoine vivant" est attribué à une entreprise immatriculée soit au Registre national des entreprises en application du 1° ou du 3° de l'article L 123-36 du code de commerce, soit, pour les entreprises relevant de la législation d'un autre Etat membre de l'Union Européenne, au registre public prévu par cette législation, et qui exerce une activité de production, de transformation, de réparation ou de restauration sur le territoire français. L'entreprise doit être à jour de ses obligations fiscales et sociales.

Les entreprises du secteur agricole, lequel bénéficie des modes de valorisation prévus à l'article L 642 du code rural et de la pêche maritime, ne peuvent se voir attribuer le label « entreprise du patrimoine vivant » *(NDLR Toutes les entreprises du secteur alimentaire peuvent se voir attribuer le label).*

Art. 2 Le label "entreprise du patrimoine vivant" est attribué par l'autorité compétente aux entreprises qui répondent au moins à deux critères dans chacune des catégories 1°, 2° et 3° mentionnées ci-après :

1° Critères relatifs à la détention d'un patrimoine économique spécifique :

a. L'entreprise possède des équipements, outillages, machines, modèles, documentations techniques rares ;

b. L'entreprise détient des droits de propriété industrielle liés à ses produits, à ses services ou à ses équipements de production, résultant d'une démarche active de création ou d'innovation ;

c. L'entreprise met en œuvre une démarche active de création ou d'innovation pouvant générer un réseau de clientèle significatif et mène une politique active pour développer ce réseau, notamment à travers une stratégie numérique ;

2° Critères relatifs à la détention d'un savoir-faire rare reposant sur la maîtrise de techniques traditionnelles ou de haute technicité :

a. L'entreprise détient un savoir-faire spécifique, détenu par un petit nombre d'entreprises, contribuant de manière significative à sa valeur ajoutée produite ;

b. L'entreprise forme en interne des salariés, notamment des apprentis, à des savoir-faire qui ne sont pas accessibles directement par les voies de formation habituelles, ou concernant des petits flux de formation à l'échelle nationale, et au temps d'apprentissage long ;

c. L'entreprise emploie un ou des salariés détenant collectivement un savoir-faire d'excellence comportant une dimension créative ou d'innovation, justifié soit par des titres, des diplômes ou des récompenses de haut niveau, soit par une expérience professionnelle de durée significative leur permettant d'exécuter des travaux complexes ;

3° Critères relatifs à l'implantation géographique, à la notoriété de l'entreprise ou à l'exercice d'une démarche de responsabilité sociétale :

a. L'entreprise assure une production dans son bassin historique ou est installée dans sa localité actuelle depuis plus de cinquante ans ou est établie dans des locaux qui ont une valeur historique ou architecturale ;

b. L'entreprise dispose d'un nom ou d'une marque notoire, notamment parce qu'elle bénéficie de distinctions nationales, ou fait l'objet de publications de référence, ou parce qu'elle intervient sur des biens appartenant au patrimoine protégé au titre des monuments historiques, ou sur des objets ou des meubles estampillés permettant de perpétuer un courant stylistique, ou parce qu'elle fabrique des produits reflétant l'identité culturelle de son territoire ;

c. L'entreprise mène une démarche de responsabilité sociétale à travers, par exemple, des actions de promotion de ses métiers auprès des jeunes publics, ou une politique d'approvisionnement responsable privilégiant les circuits courts, ou des actions visant à maîtriser sa consommation énergétique, ou des actions de mécénat.

Art. 3 Le préfet de la région d'implantation de l'entreprise sollicitant l'attribution ou le renouvellement du label, ou le préfet de Corse, ou le préfet de la Guadeloupe, de la Guyane, de la Martinique, de La Réunion, de Mayotte, ainsi que le préfet de Saint-Barthélemy, de Saint-Martin ou de Saint-Pierre-et-Miquelon, est l'autorité compétente mentionnée à l'article 2.

A titre dérogatoire, pour les entreprises de l'Union européenne qui ne sont pas immatriculées sur le territoire français, le ministre chargé de l'artisanat est l'autorité compétente.

Art. 4 *(Abrogé).*

Art. 5 La demande d'attribution ou de renouvellement du label est adressée à l'autorité compétente dans les conditions fixées par arrêté du ministre chargé de l'artisanat. Cet arrêté définit les éléments que comporte le dossier de demande d'attribution ou le dossier de demande de renouvellement, lesquels doivent permettre de vérifier que les conditions mentionnées à l'article 2 sont remplies. L'autorité compétente délivre un accusé de réception pour chaque demande reçue.

L'instruction des demandes d'attribution ou de renouvellement du label est assurée par un secrétariat dans les conditions définies par arrêté ministériel. En tant que de besoin, le secrétariat peut faire appel à des personnalités extérieures dans le cadre de cette instruction.

L'instruction des dossiers de candidature est soumise à une redevance pour service rendu en vue de couvrir, en totalité ou partiellement, les coûts de traitement d'instruction supportés par le secrétariat. Le montant et les conditions de versement de cette redevance sont fixés par arrêté des ministres chargés du budget et de l'artisanat.

Art. 6 Le label est délivré pour une durée de cinq ans. La décision de l'autorité compétente d'attribution ou de refus du label est notifiée au demandeur.

Le silence gardé pendant quatre mois par l'autorité compétente sur une demande d'attribution du label vaut décision de rejet.

L'autorité compétente peut retirer le label à une entreprise qui ne respecte plus les critères d'attribution. Le retrait du label est prononcé par l'autorité compétente après que l'entreprise concernée a été mise à même de présenter ses observations.

Art. 7 Les dispositions du présent décret, à l'exclusion de celles de l'article 3, peuvent être modifiées par décret en Conseil d'Etat.

Décret 2006-1764 du 23 décembre 2006 pris pour l'application des articles 220 octies et 220 Q du code général des impôts et relatif à l'agrément des productions phonographiques ouvrant droit au crédit d'impôt pour dépenses dans la production d'œuvres phonographiques

IS-IX-52500 s.

Art. 1 Les productions d'enregistrements phonographiques ou vidéographiques musicaux (disque numérique polyvalent musical uniquement) mentionnées au I de l'article 220 octies du code général des impôts sont agréées par le président du Centre national de la musique au nom du ministre chargé de la culture dans les conditions fixées par le présent décret.

Art. 2 Seules peuvent être agréées les productions d'enregistrements phonographiques ou vidéographiques musicaux qui respectent les conditions prévues au II de l'article 220 octies du code général des impôts.

Chapitre 1er
Agrément à titre provisoire

Art. 3 La demande d'agrément à titre provisoire doit parvenir au Centre national de la musique au début des opérations de production ou de développement par une entreprise de production phonographique mentionnée au I de l'article 220 octies du code général des impôts.

En cas de coproduction, la demande est présentée par chaque entreprise de production.

Dans le cas de l'acquisition d'une bande master ou de l'existence d'un contrat de licence, l'entreprise de production phonographique répondant aux critères définis au I de l'article 220 octies du code général des impôts doit présenter une demande d'agrément provisoire afin d'avoir droit au crédit d'impôt au titre des dépenses de développement telles que définies au 2° du III du CGI 220 octies du même code.

Art. 4 La demande d'agrément à titre provisoire est accompagnée des pièces suivantes :

1° *(Abrogé)* ;

2° La liste prévisionnelle des albums tels que définis au II de l'article 220 octies du code général des impôts, classée par artiste-interprète ou compositeur et par ordre chronologique de date de première fixation et de commercialisation prévisionnelles pour l'année de référence ;

3° Pour les artistes-interprètes ou compositeurs objets de la demande d'agrément provisoire, la liste complète par ordre chronologique de première commercialisation en France de leurs albums antérieurs, y compris ceux émanant de producteurs extérieurs, en précisant ceux pour lesquels le seuil de ventes et d'écoutes défini à l'article 1er du décret n° 2020-380 du 30 mars 2020 pris en application de l'article 220 octies du code général des impôts a été atteint à la date de la demande ;

4° *(Abrogé)* ;

5° Une déclaration sur l'honneur attestant que le projet de production ou de développement remplit les conditions prévues au II de l'article 220 octies du code général des impôts ;

6° Une déclaration sur l'honneur que l'entreprise respecte l'ensemble des obligations légales, fiscales et sociales ;

7° Un devis détaillant pour chaque enregistrement phonographique ou vidéographique les dépenses de production ou de développement ;

8° La liste nominative des prestataires techniques pressentis.

Lorsque le dossier est incomplet, l'autorité compétente invite l'entreprise, dès réception de la demande, par tout moyen permettant de rapporter la preuve de sa date de réception, à fournir les pièces nécessaires dans un délai de douze mois à compter de la réception de la demande de régularisation. A l'expiration de ce délai, faute de régularisation, la demande d'agrément provisoire est réputée caduque.

Art. 5 La décision d'agrément à titre provisoire est notifiée à l'entreprise de production ou, en cas de coproduction ou de l'existence d'un contrat de licence, à chacune des entreprises de production.

Cette décision indique qu'au vu des renseignements et documents justificatifs mentionnés à l'article 4 l'œuvre phonographique ou vidéographique (disque numérique polyvalent musical) considérée remplit les conditions prévues au II de l'article 220 octies du code général des impôts et ouvre droit au bénéfice du crédit d'impôt pour les dépenses mentionnées au III du même article, sous réserve de la délivrance de l'agrément à titre définitif.

Chapitre 2
Agrément à titre définitif

Art. 6 La demande d'agrément à titre définitif doit être présentée au Centre national de la musique, après la publication de l'œuvre au plus tard après l'achèvement des investissements de production et de développement éligibles au crédit d'impôt.

La date de publication est celle figurant sur le justificatif de déclaration de l'œuvre à un organisme de gestion collective des droits d'auteurs et droits voisins.

Dans le cas de l'existence d'un contrat de licence, chaque entreprise répondant aux critères définis au I de l'article 220 octies du code général des impôts doit présenter une demande d'agrément définitif. Seules les dépenses engagées au titre d'une œuvre ayant reçu un agrément provisoire pourront être prises en compte.

Art. 7 La demande d'agrément à titre définitif est accompagnée des pièces justificatives suivantes :

1° Un document comptable certifié par un expert-comptable indiquant le coût définitif de l'œuvre ayant bénéficié d'un agrément provisoire, les moyens de son financement et faisant apparaître le détail des dépenses qui ont été engagées pour la production et le développement ;

2° Un justificatif attestant la publication de l'œuvre ;

3° Un justificatif mentionnant la date de première fixation de l'œuvre correspondant à la date du matriçage, ou à celle de l'attribution du code ISRC ou à défaut à la date de publication ;

4° La liste nominative des personnels définis aux a et a bis du 1° du III et au a du 2° du III de l'article 220 octies du code général des impôts qui ont été employés par l'entreprise de production ;

5° Une attestation de versement des cotisations de sécurité sociale ;

6° La liste nominative des prestataires auxquels il a été fait appel ;

7° Les extraits des contrats d'artiste ou de licence permettant de justifier les dépenses définies aux deuxième et troisième alinéas du 2° du III de l'article 220 octies du code général des impôts.

Art. 8 La décision d'agrément à titre définitif est notifiée à l'entreprise de production ou, en cas de coproduction ou de l'existence d'un contrat de licence, à chaque entreprise de production.

Cette décision indique qu'au vu des renseignements et documents justificatifs mentionnés à l'article 7, l'œuvre phonographique considérée a rempli les conditions prévues aux I et II de l'article 220 octies du code général des impôts et ouvre droit au bénéfice du crédit d'impôt pour les dépenses mentionnées au III du même article.

Chapitre 3
Composition et modalité de fonctionnement du comité d'experts

Art. 9 Le comité d'experts prévu au IV du 220 octies du code général des impôts et au cinquième alinéa de l'article 220 Q du même code comprend :

1° Le président du Centre national de la musique ou son représentant, président ;

2° Le directeur de l'Institut pour le financement du cinéma et des industries culturelles (IFCIC) ou son représentant ;

3° Deux représentants des organismes de gestion collective des droits d'auteurs et droits voisins de producteurs de phonogrammes ;

4° Le directeur général de la création artistique ou son représentant ;

5° Le directeur général des médias et des industries culturelles ou son représentant.

Les membres mentionnés au 3° sont désignés par arrêté du ministre chargé de la culture.

Le comité d'experts peut entendre toute personne dont l'audition lui paraît de nature à éclairer ses choix. Il ne peut délibérer valablement et arrêter ses choix que si trois au moins de ses membres sont présents ou représentés.

En cas de partage égal des voix, celle du président est prépondérante.

Le comité d'experts peut, si l'ensemble de ses membres en sont d'accord, statuer sur une ou plusieurs demandes d'agrément provisoire ou définitif par voie électronique.

Décret 2007-94 du 24 janvier 2007 pris en application de l'article 6 de la loi 2005-157 du 23 février 2005 relative au développement des territoires ruraux

BIC-XVIII-5250 s., 51120 s. ; CET-II-119420

Art. 1 Pour l'application de l'article 6 de la loi du 23 février 2005 susvisée, la cessation volontaire d'activité en zone de revitalisation rurale s'entend de l'abandon de l'ensemble de l'activité industrielle, commerciale, artisanale ou professionnelle non commerciale, implantée en zone de revitalisation rurale, qui ne serait pas dû à un événement de force majeure. La délocalisation d'une entreprise ou d'un organisme dans un lieu autre qu'une zone de revitalisation rurale s'entend du transfert physique de son lieu d'exploitation dans une commune qui n'est pas située en zone de revitalisation rurale.

Art. 2 En matière d'impôt sur les bénéfices, le délai de cinq ans est décompté à partir de la date d'ouverture du premier exercice couvert par le régime prévu à l'article 44 sexies ou à l'article 44 quindecies du code général des impôts. Les sommes non acquittées comprennent l'impôt sur les sociétés, l'impôt sur le revenu et l'imposition forfaitaire annuelle.

En matière d'impôts directs locaux, le délai de cinq ans est, pour chaque taxe, décompté à partir du 1er janvier de la première année au titre de laquelle l'exonération prévue, selon le cas, aux articles 1383 A, 1464 B, 1586 nonies ou 1602 A du code précité a été accordée.

Décret 2009-1340 du 29 octobre 2009 pris pour application de l'article 1er de la loi 86-897 du 1er août 1986 portant réforme du régime juridique de la presse

TVA-XV-25120 s. ; MF nº 61590

Art. 1 Sont reconnus par la commission paritaire des publications et agences de presse, prévue à l'article 1er du décret du 20 novembre 1997 susvisé, les services de presse en ligne, au sens de l'article 1er de la loi du 1er août 1986 susvisée, répondant aux conditions suivantes :

1º Le service de presse en ligne satisfait aux obligations du 1 du III de l'article 6 de la loi du 21 juin 2004 susvisée ;

2º Le service de presse en ligne répond aux obligations fixées à l'article 93-2 de la loi du 29 juillet 1982 susvisée ;

3º Le service de presse en ligne est édité à titre professionnel ;

4º Le service de presse en ligne offre, à titre principal, un contenu utilisant essentiellement le mode écrit, faisant l'objet d'un renouvellement régulier et non pas seulement de mises à jour ponctuelles et partielles. Tout renouvellement doit être daté ;

5º Le service de presse en ligne met à disposition du public un contenu original, composé d'informations présentant un lien avec l'actualité et ayant fait l'objet, au sein du service de presse en ligne, d'un traitement à caractère journalistique, notamment dans la recherche, la collecte, la vérification et la mise en forme de ces informations. Ce traitement, qui peut être apporté par des agences de presse agréées au sens de l'ordonnance du 2 novembre 1945, est réalisé par une équipe rédactionnelle composée de journalistes professionnels au sens de l'article L 7111-3 du code du travail.

La composition de cette équipe est appréciée en fonction de la taille de l'entreprise éditrice, de l'objet du service de presse en ligne et de sa fréquence de renouvellement des contenus ;

6º Le contenu publié par l'éditeur du service de presse en ligne présente un caractère d'intérêt général quant à la diffusion de la pensée : instruction, éducation, information, récréation du public ;

7º Le contenu publié par l'éditeur ne doit pas être susceptible de choquer l'internaute par une représentation de la personne humaine portant atteinte à sa dignité et à la décence ou présentant la violence sous un jour favorable ;

8º Le service de presse en ligne n'a pas pour objet principal la recherche ou le développement des transactions d'entreprises commerciales, industrielles, bancaires, d'assurances ou d'autre nature, dont il serait en réalité l'instrument de publicité ou de communication, et n'apparaît pas comme étant l'accessoire d'une activité industrielle, artisanale, commerciale ou de prestation de service autre que la mise à disposition du public d'informations ayant fait l'objet d'un traitement à caractère journalistique. Dans tous les cas, ne peuvent être reconnus comme des services de presse en ligne les services de communication au public en ligne dont l'objet principal est la diffusion de messages publicitaires ou d'annonces, sous quelque forme que ce soit ;

8º bis Le service de presse en ligne respecte l'obligation d'information du lecteur quant à l'identification des publicités publiées, en application de l'article 20 de la loi nº 2004-575 du 21 juin 2004 pour la confiance dans l'économie numérique ;

9° L'éditeur a la maîtrise éditoriale du contenu publié à son initiative ;

10° Sur les espaces de contribution personnelle des internautes, l'éditeur met en œuvre les dispositifs appropriés de lutte contre les contenus illicites. Ces dispositifs doivent permettre à toute personne de signaler la présence de tels contenus et à l'éditeur de les retirer promptement ou d'en rendre l'accès impossible.

Ndlr *Les dispositions du 5° et du 8° bis du présent article s'appliquent à compter du 24 juin 2022 (Décret 2021-1746 du 21 décembre 2021 art. 3, I et 5).*

Loi 2009-1673 du 30 décembre 2009 de finances pour 2010

Art. 2 5. Dispositions transitoires

5.3.2 Régime des délibérations et régime transitoire en matière d'exonérations.

I. Les délibérations prises, conformément aux articles 1464 C, 1466 et 1639 A bis du code général des impôts, par les conseils municipaux et les organes délibérants des établissements publics de coopération intercommunale à fiscalité propre, applicables pour les impositions à la taxe professionnelle établies au titre de l'année 2009, s'appliquent à compter de l'année 2010 aux impositions de cotisation foncière des entreprises. Ces délibérations peuvent être rapportées, dans les conditions prévues au I de l'article 1639 A bis du même code, pour les impositions établies au titre de l'année 2011.

CET-II-20330 s. ; CET-III-1900

II. Les établissements ayant bénéficié d'une exonération ou d'un abattement de taxe professionnelle au titre de la part perçue par une commune ou par un établissement public de coopération intercommunale à fiscalité propre en application des articles 1464 B à 1464 D et 1465 à 1466 F du code général des impôts en vigueur au 31 décembre 2009 et dont le terme n'est pas atteint à cette date bénéficient, pour la durée de la période d'exonération ou d'abattement restant à courir et sous réserve que les conditions fixées, selon le cas, par les articles 1464 B à 1464 D et 1465 à 1466 F du même code dans leur rédaction en vigueur au 31 décembre 2009 demeurent satisfaites, d'une exonération ou d'un abattement de la part de cotisation foncière des entreprises perçue par cette commune ou par cet établissement public.

Le bénéfice des exonérations et des abattements de cotisation foncière des entreprises et de cotisation sur la valeur ajoutée des entreprises prévus au présent II est, le cas échéant, subordonné au respect du même règlement communautaire que celui appliqué pour l'exonération de taxe professionnelle dont l'établissement bénéficie au 31 décembre 2009.

CET-II-20330 s. ; CET-III-2000 s.

Art. 25 II. Les contributions des collectivités territoriales prévues par les articles II et III de l'accord régional interprofessionnel sur les salaires en Guadeloupe en date du 26 février 2009 mentionnées par l'arrêté du 3 avril 2009 portant extension dudit accord ainsi que celles prévues par l'article 4 de l'accord régional interprofessionnel sur les rémunérations des salariés du secteur privé de la Martinique en date du 11 mars 2009 mentionnées par l'arrêté du 29 juillet 2009 portant extension dudit accord ne sont pas soumises à l'impôt sur le revenu.

Art. 77 (Extraits)

1. Affectation de nouvelles ressources aux collectivités territoriales.

1.2 Transfert d'impôts aux collectivités territoriales.

(....)

1.2.4 Transfert de la taxe sur les surfaces commerciales aux communes et établissements publics de coopération intercommunale et à la métropole de Lyon.

1.2.4.1 A compter du 1er janvier 2011, la taxe sur les surfaces commerciales prévue à l'article 3 de la loi n° 72-657 du 13 juillet 1972 instituant des mesures en faveur de certaines catégories de commerçants et artisans âgés est perçue au profit de la commune sur le territoire de laquelle est situé l'établissement imposable.

Les établissements publics de coopération intercommunale faisant application de l'article 1609 nonies C du code général des impôts sont substitués aux communes membres pour l'application des dispositions relatives à la taxe sur les surfaces commerciales et la perception de son produit. Les métropoles de Lyon et du Grand Paris sont substituées aux communes situées dans leur périmètre pour l'application des dispositions relatives à la taxe sur les surfaces commerciales et à la perception de son produit.

Les établissements publics de coopération intercommunale faisant application du I de l'article 1609 quinquies C du même code sont substitués aux communes membres pour l'application des dispositions relatives à la taxe sur les surfaces commerciales acquittée par les établissements situés dans les zones d'activités économiques mentionnées au même I et la perception de son produit.

Les établissements publics de coopération intercommunale à fiscalité propre ne faisant pas application de l'article 1609 nonies C du même code peuvent se substituer à leurs communes membres pour l'application des dispositions relatives à la taxe sur les surfaces commerciales et la perception de son produit, sur délibérations concordantes de l'établissement public et des communes concernées prises dans les conditions prévues au I de l'article 1639 A bis du même code.

L'organe délibérant de l'établissement public de coopération intercommunale ou, à défaut, le conseil municipal de la commune affectataire de la taxe peut, pour la première fois au titre de la taxe due en 2012, appliquer aux montants de la taxe, calculés conformément à l'article 3 de la loi n° 72-657 du 13 juillet 1972 précitée, un coefficient multiplicateur compris entre 0,8 et 1,2 et ne comportant que deux décimales. Toutefois, le coefficient multiplicateur peut être compris entre 0,8 et 1,3 pour les collectivités territoriales ou les établissements publics de coopération intercommunale à fiscalité propre qui ont mis en place des abattements sur la base d'imposition à la taxe foncière en application de l'article 1388 quinquies C du même code.

Ce coefficient ne peut être inférieur à 0,95 ni supérieur à 1,05 au titre de la première année pour laquelle cette faculté est exercée. Il ne peut ensuite varier de plus de 0,05 chaque année. Le coefficient multiplicateur applicable en 2015 par la métropole de Lyon est égal au coefficient multiplicateur appliqué au profit de la communauté urbaine de Lyon en 2014. Pour les années suivantes, le conseil de la métropole de Lyon peut le faire varier chaque année, à la hausse comme à la baisse, de 0,05 au plus par délibération prise avant le 1er octobre pour une application à compter du 1er janvier de l'exercice qui suit. Le montant de la taxe sur les surfaces commerciales perçu en 2016 par la métropole du Grand Paris est déterminé sur la base des coefficients applicables en 2015 sur le territoire de chaque commune située dans son périmètre. Le conseil de la métropole du Grand Paris se prononce avant le 1er octobre 2016 sur le coefficient applicable à compter du 1er janvier 2017 sur l'ensemble de son territoire. Il peut ensuite faire varier le coefficient harmonisé chaque année, à la hausse comme à la baisse, de 0,05 au plus par délibération prise avant le 1er octobre pour une application à compter du 1er janvier de l'exercice qui suit.

A la suite de la création ou d'un changement de régime fiscal d'un établissement public de coopération intercommunale ou en cas de fusion d'établissements publics de coopération intercommunale réalisée dans les conditions prévues à l'article L 5211-41-3 du code général des collectivités territoriales, les dispositions relatives à la taxe sur les surfaces commerciales et à la perception de son produit qui étaient en vigueur sur le territoire de chaque commune ou de chaque établissement public de coopération intercommunale préexistant sont maintenues pour l'année au cours de laquelle la création, le changement de régime fiscal ou la fusion produit ses effets au plan fiscal.

L'établissement public de coopération intercommunale résultant d'une création, d'un changement de régime fiscal ou d'une fusion doit se prononcer avant le 1er octobre de l'année au cours de laquelle la création, le changement de régime fiscal ou la fusion produit ses effets au plan fiscal sur les dispositions applicables à compter de l'année suivante sur l'ensemble de son territoire. Il peut décider, par délibération à la majorité simple, d'appliquer aux coefficients multiplicateurs décidés par les communes avant la création ou le changement de régime fiscal ou par les établissements publics de coopération intercommunale à fiscalité propre existant antérieurement à la fusion un dispositif de convergence progressive des coefficients vers le coefficient multiplicateur le plus élevé. Ce dispositif ne peut dépasser quatre ans. Les coefficients ne peuvent varier de plus de 0,05 chaque année. Le coefficient maximal ne peut être supérieur à 1,2. Ce coefficient maximal peut atteindre 1,3 pour les collectivités territoriales ou les établissements publics de coopération intercommunale à fiscalité propre qui ont mis en place des abattements sur la base d'imposition à la taxe foncière en application de l'article 1388 quinquies C du code général des impôts.

L'établissement public de coopération intercommunale issu de la fusion ne faisant pas application de l'article 1609 nonies C du code général des impôts peut se substituer à ses communes membres pour l'application des dispositions relatives à la taxe sur les surfaces commerciales et à la perception de son produit, sur délibérations concordantes de l'établissement public et des communes concernées prises avant le 1er octobre de la première année de la fusion.

A défaut de délibérations prises dans le délai défini aux huitième et neuvième alinéas du présent 1.2.4.1, le produit de la taxe sur les surfaces commerciales demeure acquis aux communes sur le territoire desquelles est situé l'établissement imposable lorsque les établissements publics de coopération intercommunale préexistant à la fusion ne bénéficiaient pas des dispositions du quatrième alinéa du présent 1.2.4.1. Lorsque les établissements publics de coopération intercommunale préexistant à la fusion étaient substitués aux communes pour la perception de la taxe et que, la première année de la fusion, s'appliquaient par défaut sur le territoire de chacun de ces établissements publics de coopération intercommunale préexistants des coefficients décidés antérieurement à la fusion en application du septième alinéa du présent 1.2.4.1, le coefficient applicable l'année suivante sur l'ensemble du territoire de l'établissement public issu de la fusion est égal au plus faible des coefficients des établissements publics de coopération intercommunale préexistants.

En cas de rattachement volontaire d'une commune à un établissement public de coopération intercommunale ou à la suite d'une transformation dans les conditions prévues aux articles L 5211-41-1 et L 5211-41-2 du code général des collectivités territoriales, les dispositions relatives à la taxe sur les surfaces commerciales et à la perception de son produit qui étaient en vigueur sur le territoire de chaque commune ou de chaque établissement public de coopération intercommunale préexistant sont maintenues pour la première année du changement de périmètre.

Dans ce cas, l'établissement public de coopération intercommunale délibère avant le 1er octobre de la première année du changement de périmètre sur les dispositions applicables à compter de l'année suivante sur l'ensemble du territoire.

Lorsqu'il a subi une modification de son périmètre dans les conditions mentionnées aux onzième et douzième alinéas du présent 1.2.4.1, l'établissement public de coopération intercommunale ne faisant pas application de l'article 1609 nonies C du code général des impôts peut se substituer à ses communes membres pour l'application des dispositions relatives à la taxe sur les surfaces commerciales et à la perception de son produit, sur délibérations concordantes de l'établissement public et des communes concernées prises avant le 1er octobre de la première année du changement de périmètre.

A défaut de délibérations prises dans le délai défini aux douzième et treizième alinéas du présent 1.2.4.1, le produit de la taxe sur les surfaces commerciales demeure acquis aux communes sur le territoire desquelles est situé l'établissement imposable lorsqu'elles étaient membres, avant le changement de périmètre, d'un établissement public de coopération intercommunale ne bénéficiant pas des dispositions du quatrième alinéa du présent 1.2.4.1. Lorsque des communes étaient membres, avant le changement de périmètre, d'un établissement public de coopération intercommunale compétent pour la perception de la taxe et que, la première année de la modification du périmètre intercommunal, s'appliquait par défaut sur le territoire de chacune de ces communes des coefficients décidés antérieurement au changement de périmètre intercommunal en application du onzième alinéa du présent 1.2.4.1, le coefficient applicable l'année suivante sur l'ensemble du territoire de l'établissement public ayant accueilli ces communes est égal au plus faible des coefficients applicables avant la modification du périmètre.

En cas de création d'une commune nouvelle réalisée dans les conditions prévues à la section 1 du chapitre III du titre Ier du livre Ier de la deuxième partie du code général des collectivités territoriales, les dispositions relatives à la taxe sur les surfaces commerciales et à la perception de son produit, qui étaient en vigueur sur le territoire de chaque commune préexistante, sont maintenues pour la première année d'existence de la commune nouvelle.

En vue de l'application aux montants de la taxe, calculés conformément à l'article 3 de la loi no 72-657 du 13 juillet 1972 précitée, du coefficient multiplicateur dans les conditions prévues aux cinquième et sixième alinéas du présent 1.2.4.1, les deuxième et troisième années d'existence de la commune nouvelle, les écarts de coefficients des communes préexistantes sont réduits de moitié la première année et supprimés la seconde, jusqu'à application d'un coefficient unique, lorsque le rapport entre le coefficient le moins élevé et le coefficient le plus élevé est inférieur à 90 %. Lorsque le rapport est supérieur ou égal à 90 %, l'organe délibérant de la commune nouvelle peut appliquer un coefficient unique dès la deuxième année d'existence de la commune nouvelle. Le coefficient unique doit être fixé, par délibération adoptée à la majorité simple dans les conditions prévues au I de l'article 1639 A bis du code général des impôts, dès la première année d'existence de la commune nouvelle.

(…)

TD-XV-5550 s. ; MF no 75901

Loi 2009-1674 du 30 décembre 2009 de finances rectificative pour 2009

Art. 54 (Extrait)

III. Les transferts de biens mobiliers et immobiliers, droits et obligations résultant de l'application de la réforme de la représentation devant les cours d'appel sont exonérés des droits d'enregistrement, de la taxe de publicité foncière et de la contribution prévue à l'article 879 du code général des impôts.

Art. 68 I. Les 1 et 2 de l'article 210 A du code général des impôts s'appliquent à la transmission universelle de patrimoine réalisée entre deux ou plusieurs établissements du réseau des chambres de métiers et de l'artisanat, sous réserve que l'entité qui possède les biens à l'issue de l'opération respecte les prescriptions mentionnées au 3 du même article. Pour l'application de ces dernières dispositions, la société absorbée s'entend de l'entité qui possédait les biens avant l'intervention de l'opération, et la société absorbante s'entend de l'entité possédant ces mêmes biens après l'opération.

II. Le I s'applique aux opérations de regroupement intervenues à compter du 1er janvier 2010.

IS-VI-4050 s.

Arrêté du 12 février 2010 pris en application du deuxième alinéa du 1 de l'article 238-0 A du CGI

CF-IX-30000 s. ; MF n° 78310 précision a

Art. 1 La liste des Etats et territoires mentionnée au deuxième alinéa du 1 de l'article 238-0 A du code général des impôts est composée des Etats et territoires suivants :

<table>
<tr><th>Etats et territoire non coopératifs</th><th>Motif justifiant l'inscription (application du 2 ter de l'article 238-0 A du code général des impôts)</th></tr>
<tr><td>Anguilla</td><td>En application du b du 2 et 1° du 2 bis de l'article 238-0 A du code général des impôts</td></tr>
<tr><td>Seychelles</td><td>En application du b du 2 et du 2° du 2 bis de l'article 238-0 A du code général des impôts</td></tr>
<tr><td>Bahamas</td><td rowspan="3">En application du 1° du 2 bis de l'article 238-0 A du code général des impôts</td></tr>
<tr><td>Iles Turques et Caïques</td></tr>
<tr><td>Vanuatu</td></tr>
<tr><td>Antigua-et-Barbuda</td><td rowspan="11">En application du 2° du 2 bis de l'article 238-0 A du code général des impôts</td></tr>
<tr><td>Belize</td></tr>
<tr><td>Fidji</td></tr>
<tr><td>Guam</td></tr>
<tr><td>Iles Vierges américaines</td></tr>
<tr><td>Palaos</td></tr>
<tr><td>Panama</td></tr>
<tr><td>Russie</td></tr>
<tr><td>Samoa</td></tr>
<tr><td>Samoa américaines</td></tr>
<tr><td>Trinité-et-Tobago</td></tr>
</table>

Ndlr *Dispositions tenant compte des modifications apportées par l'arrêté ECOE2404539A du 16 février 2024 (JO du 17).*

Décret 2010-1112 du 23 septembre 2010 relatif à l'agrément prévu à l'article 199 septvicies, X du CGI

IRPP-IV-88427 s.

Art. 1 L'agrément du ministre chargé du logement prévu au X de l'article 199 septvicies du code général des impôts et auquel est subordonné le bénéfice de la réduction d'impôt prévue par le même article est délivré sur demande présentée par la commune intéressée ou, si la compétence en matière d'urbanisme a été transférée à l'établissement public de coopération intercommunale dont elle est membre, par cet établissement public.

Art. 2 Les communes pouvant faire l'objet d'une demande d'agrément sont celles qui sont classées dans la zone C en application de l'arrêté prévu au dernier alinéa des articles 2 terdecies B et 2 terdecies C de l'annexe III au code général des impôts.

Lorsque la demande d'agrément est présentée par un établissement public de coopération intercommunale compétent en matière d'urbanisme, celui-ci précise la commune ou les communes membres de l'établissement public pour lesquelles il sollicite l'agrément.

Art. 3 Le dossier de demande d'agrément comprend :

1° La délibération du conseil municipal ou de l'organe délibérant de l'établissement public de coopération intercommunale autorisant le maire ou le président de l'établissement public à présenter la demande ;

2° L'avis du maire lorsque la demande est présentée par la commune ou l'avis du président de l'établissement public pétitionnaire accompagné de l'avis des maires des communes faisant l'objet de la demande lorsque la demande est présentée par l'établissement de coopération intercommunale compétent en matière d'urbanisme ;

3° La désignation de chaque commune sur laquelle porte la demande, avec mention de son numéro Insee ;

4° Le programme local de l'habitat pour les communes dans lesquelles ce document est exigé en application de l'article L 302-1 ou de l'article L 302-4-1 du code de la construction et de l'habitation ;

5° Toutes justifications chiffrées et tous autres éléments utiles de nature à établir l'importance des besoins en logements non satisfaits, la consistance du parc locatif et des catégories de logements recherchés dans la commune ou les communes faisant l'objet de la demande.

La demande doit faire apparaître, pour au moins la moitié des indicateurs statistiques figurant sur la liste mentionnée à l'article 4, des dépassements de seuils établissant l'existence de besoins notables non satisfaits.

Art. 4 Un arrêté du ministre chargé du logement établit une liste d'indicateurs statistiques servant à apprécier les besoins en logements adaptés à la population *(NDLR Voir arrêté DEVU1022619A du 23 septembre 2010, JO du 24).* Il précise comment ces indicateurs peuvent être hiérarchisés et détermine, s'il y a lieu, les seuils au-delà desquels l'existence de besoins notables non satisfaits est avérée.

Art. 5 Le ministre chargé du logement procède à une évaluation de l'ensemble des indicateurs statistiques fournis par le pétitionnaire, vérifiés et complétés s'il y a lieu par les données dont il dispose. Il peut recourir à tous éléments d'expertise utiles.

Il transmet la demande au préfet qui la soumet au comité régional de l'habitat mentionné à l'article L 364-1 du code de la construction et de l'habitation. A défaut d'avis rendu par le comité dans les trois mois suivant la transmission de la demande au préfet, l'avis est réputé émis.

Art. 6 Une demande portant sur plusieurs communes donne lieu à une décision distincte pour chacune de ces communes.

Le silence gardé par le ministre au terme d'un délai de cinq mois à compter de la date de l'avis de réception du dossier complet de la demande d'agrément vaut décision de rejet de l'ensemble de la demande.

Art. 7 L'arrêté du ministre chargé du logement délivrant l'agrément est publié au Journal officiel de la République française.

L'agrément a une durée de validité de trois ans à compter de son entrée en vigueur.

Art. 8 L'agrément d'une commune a pour seul effet de rendre éligibles au bénéfice de la réduction d'impôt prévue à l'article 199 septvicies du code général des impôts les logements situés dans la commune, dont l'acte authentique d'acquisition est signé ou, s'agissant des logements que le contribuable fait construire, dont la demande de permis de construire est déposée postérieurement à l'entrée en vigueur de l'agrément.

Pour l'application aux logements mentionnés à l'alinéa précédent des dispositions du III et du V de l'article 199 septvicies, il y a lieu de retenir respectivement les plafonds de loyer fixés par l'article 2 terdecies B de l'annexe III et les plafonds de loyer et de ressources du locataire fixés par l'article 2 terdecies C de la même annexe III applicables aux communes classées en zone C.

Art. 10 Les dispositions du présent décret, à l'exception du délai de cinq mois mentionné à l'article 6 et de l'article 9, peuvent être modifiées par décret.

Loi 2010-1657 du 29 décembre 2010 de finances pour 2011

Art. 23 (Extraits)

I. Les personnes mentionnées aux 1° à 6° du B du I de l'article L 612-2 du code monétaire et financier qui, au jour de la promulgation de la présente loi, exploitent une entreprise en France au sens du I de l'article 209 du code général des impôts, acquittent une taxe exceptionnelle sur la réserve de capitalisation. Cette taxe est affectée à la Caisse nationale des allocations familiales.

La taxe est assise sur le montant, à l'ouverture de leur exercice en cours au jour de la promulgation de la présente loi, de la réserve de capitalisation que les personnes mentionnées au premier alinéa ont constituée en application des dispositions législatives et réglementaires du code des assurances, du code de la mutualité ou du code de la sécurité sociale qui les régissent. Pour les personnes régies par le code de la mutualité ou le code de la sécurité sociale, l'assiette de la taxe est minorée du montant de leur réserve de capitalisation à l'ouverture de leur premier exercice ouvert à compter du 1er janvier 2008.

Le taux de la taxe est de 10 %. Le montant de la taxe est plafonné à 5 % des fonds propres, y compris la réserve de capitalisation, des personnes mentionnées au premier alinéa à l'ouverture de leur exercice en cours au jour de la promulgation de la présente loi.

La taxe n'est pas admise en déduction du résultat imposable à l'impôt sur les sociétés.

La taxe est constitutive d'une dette d'impôt inscrite au bilan de l'exercice clos le 31 décembre 2010 et est prélevée sur le compte de report à nouveau.

La taxe est exigible à la clôture de l'exercice en cours au jour de la promulgation de la présente loi. Elle est déclarée et liquidée dans les quatre mois de son exigibilité sur une déclaration dont le modèle est fixé par l'administration. Elle est acquittée pour moitié lors du dépôt de cette déclaration et pour moitié dans les seize mois de son exigibilité.

La taxe est recouvrée et contrôlée selon les procédures et sous les mêmes sanctions, garanties et privilèges que la taxe sur la valeur ajoutée. Les réclamations sont présentées, instruites et jugées selon les règles applicables à cette même taxe.

II. Au titre des frais d'assiette et de recouvrement, l'Etat prélève 0,5 % du produit de la taxe mentionnée au I.

(...)

Art. 108 (Extraits)

VII. Portée des délibérations prises en 2009 s'agissant des exonérations en faveur des établissements implantés dans les zones de restructuration de la défense et des librairies indépendantes de référence :

Les délibérations prises avant le 1er octobre 2009, conformément à l'article 1639 A bis du code général des impôts, par les conseils municipaux et les organes délibérants des établissements publics de coopération intercommunale dotés d'une fiscalité propre pour l'application des exonérations prévues à l'article 1464 I et au I quinquies B de l'article 1466 A du même code s'appliquent à compter de l'année 2010 aux impositions de cotisation foncière des entreprises et, dans les conditions prévues à l'article 1586 nonies du même code, aux impositions de cotisation sur la valeur ajoutée des entreprises. Ces délibérations peuvent être rapportées, dans les conditions prévues au I de l'article 1639 A bis du même code, pour les impositions établies au titre de 2011.

Les délibérations prises avant le 1er octobre 2009, conformément au même article 1639 A bis, par les conseils généraux et les conseils régionaux pour l'application des exonérations prévues à l'article 1464 I et au I quinquies B de l'article 1466 A du même code s'appliquent à compter de l'année 2010 aux impositions de cotisation sur la valeur ajoutée des entreprises dans les conditions prévues à l'article 1586 nonies du même code.

Ces délibérations peuvent être rapportées, dans les conditions prévues au I de l'article 1639 A bis du même code, pour les impositions établies au titre de 2011.

CET-II-20330 s.

Loi 2011-1978 du 28 décembre 2011 de finances rectificative pour 2011

Art. 35 (Extrait)

I. 1. Sur option, l'avoué membre d'une société visée à l'article 8 ter du code général des impôts qui perçoit une indemnisation en application de l'article 13 de la loi n° 2011-94 du 25 janvier 2011 portant réforme de la représentation devant les cours d'appel bénéficie d'un report d'imposition pour la fraction de la plus-value imposable qui excède un montant égal à la quote-part de l'indemnité lui revenant minorée soit de la quote-part de la valeur du droit de présentation telle que mentionnée dans le registre des immobilisations correspondant à ses droits dans la société, soit, si elle est supérieure, de la valeur d'acquisition ou de souscription des parts sociales. Le report d'imposition mentionné au premier alinéa prend fin en cas de cession, de rachat ou d'annulation des parts de la société dont l'avoué mentionné au même premier alinéa est membre ou de cessation de l'activité professionnelle de celui-ci ou d'assujettissement de la société à l'impôt sur les sociétés ou de transformation de celle-ci en société passible de l'impôt sur les sociétés. Ce report d'imposition peut bénéficier du dispositif de maintien du report prévu à l'article 151-0 octies du code général des impôts.

2. L'avoué mentionné au 1 doit joindre à la déclaration prévue à l'article 170 du code général des impôts au titre de chacune des années d'application du report un état conforme au modèle fourni par l'administration faisant apparaître le montant de la plus-value en report d'imposition ainsi que les éléments permettant le calcul de cette plus-value. La production de l'état mentionné au premier alinéa du présent 2 au titre de l'année ou de l'exercice de perception de l'indemnité vaut option pour le présent report. Pour les années suivantes, le défaut de production de cet état entraîne l'application d'une amende égale à 1 % du montant de la plus-value placée en report d'imposition.

BNC-II-25600 s.

Arrêté du 12 octobre 2012 relatif aux taux de modulation applicables à la redevance sanitaire d'abattage mentionnée à l'article 302 bis N du CGI

TD-II-10600 s. ; MF nº 76066

Art. 1 Pour la modulation de la redevance sanitaire d'abattage mentionnée à l'article 302 bis N du code général des impôts, on entend par « chaîne d'abattage » une unité de production par espèce ou, pour les bovins, par catégorie d'animaux.

Art. 2 Le montant de la redevance sanitaire d'abattage mentionnée à l'article 302 bis N du code général des impôts applicable aux abattoirs d'ongulés domestiques, de gibier ongulé d'élevage et de ratites est modulé comme suit :

moins 20 % pour les établissements ou les chaînes d'abattage classés en catégorie A ;

moins 15 % pour les établissements ou les chaînes d'abattage classés en catégorie B dans lesquels le fonctionnement est adapté pour permettre une réalisation optimale de l'inspection sanitaire ;

moins 10 % pour les établissements ou les chaînes d'abattage classés en catégorie B dans lesquels le fonctionnement est adapté pour permettre une bonne réalisation de l'inspection sanitaire ;

pas de modulation pour les établissements ou les chaînes d'abattage classés en catégorie C ;

plus 10 % pour les établissements ou les chaînes d'abattage classés en catégorie D ;

plus 15 % pour les établissements ou les chaînes d'abattage classés en catégorie E.

Art. 3 Le montant de la redevance sanitaire d'abattage mentionnée à l'article 302 bis N du code général des impôts applicable aux abattoirs de volailles et de lagomorphes est modulé comme suit :

moins 20 % pour les établissements ou les chaînes d'abattage classés en catégorie A ;

moins 15 % pour les établissements ou les chaînes d'abattage classés en catégorie B ;

plus 15 % pour les établissements ou les chaînes d'abattage classés en catégorie C ;

plus 20 % pour les établissements ou les chaînes d'abattage classés en catégorie D.

Art. 4 Le montant de la redevance sanitaire d'abattage mentionnée à l'article 302 bis N du code général des impôts applicable aux ateliers de traitement du gibier sauvage est modulé comme suit :

moins 15 % pour les établissements classés en catégorie A ;

moins 10 % pour les établissements classés en catégorie B ;

plus 10 % pour les établissements classés en catégorie C ;

plus 15 % pour les établissements classés en catégorie D.

(...)

Art. 7 Les dispositions du présent arrêté entrent en vigueur le 1er janvier 2013.

Loi 2012-1509 du 29 décembre 2012 de finances pour 2013

Art. 25 Les personnes mentionnées aux 1° à 6° du B du I de l'article L 612-2 du code monétaire et financier qui, à la date de promulgation de la présente loi, exploitent une entreprise en France au sens du I de l'article 209 du code général des impôts, redevables de la taxe exceptionnelle sur la réserve de capitalisation définie à l'article 23 de la loi nº 2010-1657 du 29 décembre 2010 de finances pour 2011, sont assujetties à une contribution complémentaire à cette taxe. L'assiette de la contribution complémentaire est le montant de la réserve de capitalisation déterminé selon les modalités prévues au deuxième alinéa du I du même article 23 ou, s'il est inférieur, le montant de cette réserve constaté à l'ouverture de l'exercice en cours à la date de promulgation de la présente loi.

Le taux de la contribution complémentaire est fixé à 7 %. Le montant cumulé de la taxe exceptionnelle acquittée en application dudit article 23 et de la contribution complémentaire à cette taxe est plafonné à un montant égal à 5 % des fonds propres, y compris la réserve de capitalisation, des redevables mentionnés au premier alinéa du présent article à l'ouverture de l'exercice en cours à la date de promulgation de la présente loi.

Elle n'est pas admise en déduction du résultat imposable à l'impôt sur les sociétés.

La contribution complémentaire est constitutive d'une dette d'impôt inscrite au bilan de clôture de l'exercice en cours à la date de promulgation de la présente loi. Elle est prélevée sur le compte de report à nouveau.

La contribution complémentaire est exigible à la clôture de l'exercice en cours à la date de promulgation de la présente loi.

Elle est déclarée et liquidée dans les quatre mois de son exigibilité sur une déclaration dont le modèle est fixé par l'administration ; elle est acquittée dans le même délai.

La contribution complémentaire est recouvrée et contrôlée selon les procédures et sous les mêmes sanctions, garanties et privilèges que la taxe sur la valeur ajoutée. Les réclamations sont présentées, instruites et jugées selon les règles applicables à cette même taxe.

Loi 2013-1278 du 29 décembre 2013 de finances pour 2014

Art. 76 (Extraits)

II. A. Les délibérations prises, conformément au 1 du I de l'article 1647 D du code général des impôts, dans sa rédaction en vigueur au 31 décembre 2013, pour les assujettis n'exerçant leur activité professionnelle qu'à temps partiel ou pendant moins de neuf mois de l'année et pour les assujettis dont le montant hors taxes des recettes ou du chiffre d'affaires au cours de la période de référence définie à l'article 1467 A du même code est inférieur à 10 000 € continuent à s'appliquer. Toutefois, lorsque le montant de base minimum déterminé après l'application de la réduction fixée par délibérations excède la limite supérieure de la base minimum applicable aux tranches de chiffre d'affaires ou de recettes correspondantes mentionnées dans le tableau du deuxième alinéa du 1 de l'article 1647 D dudit code, il est ramené à cette limite. Ces délibérations peuvent être rapportées, dans les conditions prévues au I de l'article 1639 A bis du même code, à compter des impositions établies au titre de l'année 2015.

CET-II-163520

Loi 2014-173 du 21 février 2014 de programmation pour la ville et la cohésion urbaine

CET-II-123250 s. ; MF nº 92540

Art. 5 I. Les quartiers prioritaires de la politique de la ville sont situés en territoire urbain et sont caractérisés par :

1º Un nombre minimal d'habitants ;

2º Un écart de développement économique et social apprécié par un critère de revenu des habitants. Cet écart est défini par rapport, d'une part, au territoire national et, d'autre part, à l'unité urbaine dans laquelle se situe chacun de ces quartiers, selon des modalités qui peuvent varier en fonction de la taille de cette unité urbaine.

Dans les départements et collectivités d'outre-mer, ces quartiers peuvent être caractérisés par des critères sociaux, démographiques, économiques ou relatifs à l'habitat, tenant compte des spécificités de chacun de ces territoires.

Un décret en Conseil d'Etat détermine les modalités d'application du présent I, qui entre en vigueur à une date qu'il fixe et au plus tard le 1er janvier 2015 *(NDLR Date fixée au 1er janvier 2015 par le décret 2014-767 du 3 juillet 2014).*

II. La liste des quartiers prioritaires, établie par décret, fait l'objet d'une actualisation dans l'année du renouvellement général des conseils municipaux. Dans les départements et collectivités d'outre-mer, il est procédé, si la rapidité des évolutions observées le justifie, à cette actualisation tous les trois ans.

Ndlr *Les modalités de détermination des quartiers prioritaires sont fixées par le décret 2014-767 du 3 juillet 2014, modifié par le décret 2023-1312 du 28 décembre 2023 pour les départements métropolitains et par le décret 2014-1575 du 22 décembre 2014 en outre-mer. La liste de ces quartiers a été fixée par le décret 2014-1750 du 30 décembre 2014 et actualisée, au 1er janvier 2024, par le décret 2023-1314 du 28 décembre 2023 pour les départements métropolitains et par le décret 2014-1751 du 30 décembre 2014 en outre-mer. La date d'actualisation de la liste des QPPV en outre-mer est repoussée au 1er janvier 2025 (Loi 2023-1322 du 29 décembre 2023 art. 219).*

Loi 2014-1655 du 29 décembre 2014 de finances rectificative pour 2014

Art. 26 (Extrait)

II. (...)

E. L'article 235 ter ZE bis du même code *(NDLR CGI)* est abrogé à compter du 1er janvier 2029.

TD-VI-3000

Décret 2015-981 du 31 juillet 2015 fixant la liste des éléments de mobilier d'un logement meublé

Art. 2 Le mobilier d'un logement meublé, mentionné à l'article 25-4 de la loi du 6 juillet 1989 susvisée, comporte au minimum les éléments suivants :

1° Literie comprenant couette ou couverture ;

2° Dispositif d'occultation des fenêtres dans les pièces destinées à être utilisées comme chambre à coucher ;

3° Plaques de cuisson ;

4° Four ou four à micro-ondes ;

5° Réfrigérateur et congélateur ou, au minimum, un réfrigérateur doté d'un compartiment permettant de disposer d'une température inférieure ou égale à – 6 °C ;

6° Vaisselle nécessaire à la prise des repas ;

7° Ustensiles de cuisine ;

8° Table et sièges ;

9° Etagères de rangement ;

10° Luminaires ;

11° Matériel d'entretien ménager adapté aux caractéristiques du logement.

Décret 2016-1209 du 7 septembre 2016 relatif au crédit d'impôt au titre des dépenses de création, d'exploitation et de numérisation d'un spectacle vivant musical prévu à l'article 220 quindecies du code général des impôts

IS-IX-57000 s.

Art. 1 Pour le bénéfice du crédit d'impôt prévu à l'article 220 quindecies du code général des impôts, les spectacles vivants musicaux ou de variétés sont agréés par le président du Centre national de la musique au nom du ministre chargé de la culture dans les conditions fixées aux chapitres Ier à III du présent décret.

Chapitre Ier

Dispositions relatives aux spectacles vivants musicaux ou de variétés

Art. 2 I. Pour l'application de l'article 220 quindecies du code général des impôts, un spectacle vivant musical ou de variétés est défini comme une série de représentations présentant une continuité artistique et esthétique caractérisée par la réalisation des conditions suivantes :

1° Une scénographie identique (décor, costumes, mise en lumière et mise en scène) ;

2° Un répertoire constant dans la limite d'une variation de 25 % ;

3° Une distribution stable de la majorité des interprètes à l'affiche ;

4° Des arrangements musicaux inchangés.

Le spectacle concerné est réputé constituer un nouveau spectacle dès lors que l'une des quatre conditions prévues aux 1° à 4° du présent I n'est pas remplie.

II. Les catégories de spectacles vivants musicaux ou de variétés concernés sont :

1° Catégorie 1 : les concerts de musiques actuelles au sens de l'arrêté du 5 mai 2017 fixant le cahier missions et des charges relatif au label « Scène de Musiques Actuelles-SMAC » ;

2° Catégorie 2 : les comédies musicales ;

3° Catégorie 3 : les concerts vocaux et de musique de chambre interprétés par un effectif inférieur ou égal à 15 musiciens ou chanteurs, les spectacles lyriques ;

4° Catégorie 4 : les concerts vocaux et de musique de chambre interprétés par un effectif supérieur à 15 musiciens ou chanteurs, les concerts symphoniques y compris les concerts de forme oratorios ;

5° Catégorie 5 : les spectacles d'humour entendus comme une suite de sketchs ou un récital parlé donnés par un ou plusieurs artistes non interchangeables.

III. La jauge du lieu de présentation du spectacle musical ou de variétés mentionnée au c du 2° du II de l'article 220 quindecies du code général des impôts ne peut être supérieure, pour chaque catégorie de spectacles définie au II du présent article, à :

1° 2 100 personnes pour les spectacles de la catégorie 1 ;

2° 4 800 personnes pour les spectacles de la catégorie 2 ;

3° 1 700 personnes pour les spectacles de la catégorie 3 ;

4° 2 500 personnes pour les spectacles de la catégorie 4 ;

5° 2 100 personnes pour les spectacles de la catégorie 5.

L'appréciation de ces plafonds prend en compte la jauge contractuelle déterminée entre le producteur et le diffuseur ou le propriétaire du lieu de présentation du spectacle.

La série de représentations peut comprendre, en complément du nombre de représentations prévu au b du 2° du II de l'article 220 quindecies du code général des impôts, la participation de l'artiste ou du groupe d'artistes à des premières parties de spectacle et à des festivals.

Dans le cas des premières parties, la jauge à retenir est la jauge du lieu de représentation de l'artiste principal qui ne peut être supérieure à 8 000 personnes.

Dans le cas des festivals, la jauge à retenir est égale au nombre d'entrées payantes journalières qui ne peut être supérieur à 80 000 personnes.

Chapitre II
Délivrance des agréments

Section 1
Comité d'experts

Art. 3 Le comité d'experts prévu au VI de l'article 220 quindecies du code général des impôts comprend :

1° Le président du Centre national de la musique ou son représentant, président ;

2° Le directeur général des médias et des industries culturelles ou son représentant ;

3° Le directeur général de la création artistique ou son représentant ;

4° Un représentant de la Société des auteurs, compositeurs et éditeurs de musique (SACEM) ;

5° Un représentant de l'Institut pour le financement du cinéma et des industries culturelles (IFCIC).

Les membres mentionnés aux 4° et 5° sont désignés par arrêté du ministre chargé de la culture sur proposition des organismes concernés, pour un mandat de trois ans renouvelable.

Le comité d'experts vérifie que l'entreprise qui sollicite le bénéfice de l'agrément remplit les critères d'éligibilité définis aux I et II de l'article 220 quindecies précité.

Il ne peut délibérer valablement et rendre son avis que si trois au moins de ses membres sont présents ou représentés.

En cas de partage égal des voix, celle du président est prépondérante.

Le comité peut, si l'ensemble de ses membres en sont d'accord, statuer sur une ou plusieurs demandes d'agrément provisoire ou définitif par voie électronique.

Les membres du comité exercent leurs fonctions à titre gratuit. Toutefois, ils peuvent être remboursés de leurs frais de transport et de séjour dans les conditions prévues par la réglementation applicable aux personnels civils de l'Etat.

Section 2
Agrément provisoire

Art. 4 La demande d'agrément à titre provisoire est déposée auprès du Centre national de la musique par une entreprise exerçant l'activité d'entrepreneur de spectacle vivant mentionnée au I de l'article 220 quindecies du code général des impôts.

En cas de coproduction, la demande est présentée par chaque entreprise de production.

Art. 5 La demande d'agrément provisoire est accompagnée des pièces suivantes :

1° Une déclaration sur l'honneur attestant que l'entreprise est soumise à l'impôt sur les sociétés au moment du dépôt de la demande et qu'elle exerce l'activité d'entrepreneur de spectacles au sens de l'article L 7122-2 du code du travail ;

2° Une déclaration sur l'honneur comprenant une liste prévisionnelle des dates de représentation du spectacle, les lieux distincts avec mention de la jauge dans lesquelles les artistes ou groupes d'artistes vont se produire, envisagés à la date du dépôt de la demande d'agrément provisoire, afin d'apprécier le respect des conditions prévues au 2° du II de l'article 220 quindecies du code général des impôts ;

3° Une déclaration sur l'honneur attestant que le projet de création, d'exploitation et de numérisation du spectacle vivant musical ou de variétés qui fait l'objet de la demande, remplit les conditions prévues au 1° du II de l'article 220 quindecies du code précité ;

4° Une déclaration sur l'honneur que l'entreprise respecte l'ensemble des obligations légales, fiscales et sociales ;

5° Un budget prévisionnel détaillant les dépenses de création, d'exploitation et de numérisation permettant notamment de vérifier que le producteur a la responsabilité du plateau artistique et qu'il supporte les coûts de création du spectacle ;

6° La liste nominative des prestataires techniques pressentis.

Art. 6 L'agrément à titre provisoire est notifié à l'entreprise de production ou, en cas de coproduction, à chacune des entreprises de production.

Cette décision indique qu'au vu des renseignements et documents justificatifs mentionnés à l'article 5 le spectacle vivant considéré remplit les conditions prévues aux I et II de l'article 220 quindecies du code général des impôts et ouvre droit au bénéfice du crédit d'impôt pour les dépenses mentionnées au III du même article, sous réserve de la délivrance de l'agrément à titre définitif.

Lorsque le dossier est incomplet, l'autorité compétente invite l'entreprise, dès réception de la demande, par tout moyen permettant de rapporter la preuve de sa date de réception, à fournir les pièces nécessaires dans un délai de trois mois à compter de la réception de la demande de régularisation. A l'expiration de ce délai, faute de régularisation, la demande d'agrément provisoire est réputée caduque.

Section 3
Agrément définitif

Art. 7 La demande d'agrément à titre définitif est présentée au Centre national de la musique.

En cas de coproduction, chaque entreprise ayant obtenu un agrément provisoire présente une demande d'agrément définitif. Seules les dépenses engagées au titre d'un spectacle ayant reçu un agrément provisoire peuvent être prises en compte.

Art. 8 La demande d'agrément à titre définitif est accompagnée des pièces justificatives suivantes :

1° Un document comptable certifié par un expert-comptable indiquant, selon le format établi par l'administration, le coût effectif, à la date de la demande, du spectacle ayant bénéficié d'un agrément provisoire, les moyens de son financement (billetterie, cession, subvention, aides privées, mécénat, et autres moyens de financement) et le détail des dépenses engagées ;

2° Un justificatif attestant des dates et lieux de représentation du spectacle et des jauges ;

3° La liste nominative des personnels mentionnés aux a et b du 1° du III et des personnels employés par l'entreprise de production pour la réalisation des opérations de numérisation visées au 2° du III de l'article 220 quindecies du code général des impôts ;

4° Une déclaration sur l'honneur attestant du versement des cotisations de sécurité sociale ;

5° La liste nominative des prestataires auxquels il a été fait appel ;

6° Les copies des contrats d'artiste permettant de justifier les dépenses définies au deuxième alinéa du b du 1° du III de l'article 220 quindecies précité.

Art. 9 L'agrément à titre définitif est notifié à l'entreprise de production, ou, en cas de coproduction à chaque entreprise de production.

Cette décision indique qu'au vu des renseignements et documents justificatifs mentionnés à l'article 8 le spectacle considéré a rempli les conditions prévues aux I et II de l'article 220 quindecies du code général des impôts et ouvre droit au bénéfice du crédit d'impôt pour les dépenses mentionnées au III du même article.

Chapitre III
Dispositions relatives à l'assiette des dépenses éligibles au crédit d'impôt et aux obligations déclaratives

Art. 10 *(Voir articles 46 quater-0 ZY octies à 46 quater-0 ZY duodecies de l'Annexe III au CGI).*

Ndlr *Les dispositions du présent décret telles que modifiées par le décret 2019-607 du 18 juin 2019 s'appliquent aux demandes d'agréments provisoires prévus au VI de l'article 220 quindecies du CGI déposées à compter du 1er janvier 2019.*

Ordonnance 2017-1386 du 22 septembre 2017 relative à la nouvelle organisation du dialogue social et économique dans l'entreprise et favorisant l'exercice et la valorisation des responsabilités syndicales

Art. 9 I. Les dispositions de la présente ordonnance, autres que celles mentionnées à l'article 8, entrent en vigueur à la date d'entrée en vigueur des décrets pris pour leur application, et au plus tard le 1er janvier 2018, sous réserve des dispositions prévues par le présent article.

II. Le comité social et économique est mis en place au terme du mandat des délégués du personnel ou des membres élus du comité d'entreprise, de la délégation unique du personnel, de l'instance regroupée mise en place par accord du comité d'hygiène, de sécurité et des conditions de travail, lors du renouvellement de l'une de ces institutions, et au plus tard le 31 décembre 2019 sous réserve des dispositions suivantes :

1° Lorsqu'a été conclu, avant la publication de la présente ordonnance, un protocole d'accord préélectoral en vue de la constitution ou du renouvellement des instances représentatives du personnel, il est procédé à l'élection de celles-ci conformément aux dispositions en vigueur avant cette publication et le comité social et économique est mis en place à compter du 1er janvier 2020 ou à une date antérieure fixée, soit par accord collectif, soit par décision de l'employeur après consultation du comité d'entreprise ou, à défaut, des délégués du personnel ou, le cas échéant, de la délégation unique du personnel ou de l'instance regroupée ;

2° Lorsque, en dehors du cas prévu au 1° du présent I, les mandats des délégués du personnel, des membres élus du comité d'entreprise, de la délégation unique du personnel, de l'instance regroupée mise en place par accord et du comité d'hygiène, de sécurité et des conditions de travail arrivent à échéance entre la date de publication de la présente ordonnance et le 31 décembre 2017, ces mandats sont prorogés jusqu'à cette date ; leur durée peut être également prorogée au plus d'un an, soit par accord collectif, soit par décision de l'employeur après consultation du comité d'entreprise ou, à défaut, des délégués du personnel ou, le cas échéant, de la délégation unique du personnel ou de l'instance regroupée ;

3° Lorsque, en dehors du cas prévu au 1° du présent II, les mandats des délégués du personnel, des membres élus du comité d'entreprise, de la délégation unique du personnel, de l'instance regroupée mise en place par accord et du comité d'hygiène, de sécurité et des conditions de travail arrivent à échéance entre le 1er janvier et le 31 décembre 2018, leur durée peut être réduite ou prorogée au plus d'un an, soit par accord collectif, soit par décision de l'employeur, après consultation du comité d'entreprise ou, à défaut, des délégués du personnel ou, le cas échéant, de la délégation unique du personnel ou de l'instance regroupée ;

4° Lorsque, en dehors du cas prévu au 1° du présent II, les mandats des délégués du personnel, des membres élus du comité d'entreprise, de la délégation unique du personnel, de l'instance regroupée mise en place par accord et du comité d'hygiène, de sécurité et des conditions de travail arrivent à échéance entre le 1er janvier et le 31 décembre 2019, leur durée peut être réduite d'une durée maximum d'un an soit par accord collectif, soit par décision de l'employeur, après consultation du comité d'entreprise ou, à défaut, des délégués du personnel ou, le cas échéant, de la délégation unique du personnel ou de l'instance regroupée.

III. Pour assurer la mise en place du comité social et économique, la durée du mandat des délégués du personnel, des membres élus du comité d'entreprise, de la délégation unique du personnel, de l'instance regroupée mise en place par accord et du comité d'hygiène, de sécurité et des conditions de travail peut être, pour un établissement ou pour l'ensemble de l'entreprise, prorogée ou réduite, soit par accord collectif, soit par décision de l'employeur après consultation du comité d'entreprise ou, à défaut, des délégués du personnel ou, le cas échéant, de la délégation unique du personnel ou de l'instance regroupée, de manière à ce que leur échéance coïncide avec la date de la mise en place du comité social et économique et, le cas échéant, du comité social et économique d'établissement et du comité social et économique central.

L'accord collectif et la décision de l'employeur mentionnés au premier alinéa du présent III peuvent fixer, pour le premier cycle électoral suivant la mise en place du comité social et économique, des durées de mandat des représentants des comités d'établissement différentes pour chaque établissement, dans une limite comprise entre deux et quatre ans.

IV. En cas de modification dans la situation juridique de l'employeur prévue à l'article L 1224-1 et lorsque n'a pas été mis en place un comité social et économique au sein de l'entreprise absorbée, les dispositions suivantes sont applicables :

1° Si cette entreprise devient un établissement distinct, en l'absence d'un accord collectif en disposant autrement, il est procédé à des élections en son sein pour la mise en place du comité social et économique d'établissement, sauf si le renouvellement du comité social et économique central dans l'entreprise absorbante doit intervenir dans un délai de moins de douze mois suivant la modification dans la situation juridique ;

2° Si la modification porte sur un ou plusieurs établissements qui conservent ce caractère, en l'absence d'un accord collectif en disposant autrement, il est procédé à des élections au sein de chaque établissement concerné pour la mise en place du comité social et économique d'établissement, sauf si le renouvellement du comité social et économique central dans l'entreprise absorbante doit intervenir dans un délai de moins de douze mois suivant la modification dans la situation juridique ;

3° Si la modification porte sur un ou plusieurs établissements qui conservent ce caractère, lorsque l'entreprise absorbante n'est pas pourvue d'instances représentatives du personnel, en l'absence d'un accord collectif en disposant autrement, il est procédé à des élections au sein de chaque établissement concerné pour la mise en place d'un comité social et économique d'établissement. Il est également procédé à des élections pour la mise en place d'un comité social et économique central.

V. Lorsqu'il est fait application des dispositions prévues au I du présent article, ainsi que pendant la durée des mandats en cours, les dispositions des titres Ier et II du livre III de la deuxième partie du code du travail relatives aux délégués du personnel et au comité d'entreprise, les dispositions du titre VIII du livre III de la même partie du code du travail sur le comité d'hygiène, de sécurité et des conditions de travail, les dispositions du titre IX du livre III de la même partie du code du travail sur le regroupement par accord des institutions représentatives du personnel, les dispositions du titre X du livre III de la même partie du code du travail sur les réunion communes des institutions représentatives du personnel ainsi que les dispositions du titre Ier du livre VI de la quatrième partie, relatives au comité d'hygiène, de sécurité et des conditions de travail demeurent applicables dans leur rédaction antérieure à la date de publication de la présente ordonnance.

Pour l'application des dispositions du code du travail autres que celles citées au premier alinéa du présent VI, modifiées par les ordonnances prises en application de la loi n° 2017-1340 du 15 septembre 2017 susvisée, jusqu'au 31 décembre 2019, il convient de lire selon les cas « comité social et économique » ou « comité d'entreprise » ou « comité d'entreprise, ou à défaut, des délégués du personnel » ou « comité d'hygiène, de sécurité et des conditions de travail ».

VI. L'ensemble des biens, droits et obligations, créances et dettes des comités d'entreprise, des comités d'établissement, des comités centraux entreprises, des délégations uniques du personnel, des comités d'hygiène, de sécurité et des conditions de travail et des instances prévues à l'article L 2391-1 du code du travail dans sa rédaction antérieure à la publication de la présente ordonnance, existant à la date de publication de la présente ordonnance sont transférés de plein droit et en pleine propriété aux comités sociaux et économiques prévus au titre Ier du livre III de la deuxième partie du code du travail mis en place au terme du mandat en cours des instances précitées et au plus tard au 31 décembre 2019.

Lors de leur dernière réunion, les instances mentionnées au premier alinéa décident de l'affectation des biens de toute nature dont elles disposent à destination du futur comité social et économique et, le cas échéant, les conditions de transfert des droits et obligations, créances et dettes relatifs aux activités transférées. Lors de sa première réunion, le comité social et économique décide, à la majorité de ses membres, soit d'accepter les affectations prévues par les instances mentionnées au premier alinéa lors de leur dernière réunion, soit de décider d'affectations différentes. Les transferts de biens meubles ou immeubles prévus au présent article ne donnent lieu ni à un versement de salaires ou honoraires au profit de l'Etat ni à perception de droits ou de taxes.

VII. Les stipulations des accords d'entreprise, des accords de branche et des accords couvrant un champ territorial ou professionnel plus large prises en application dispositions des titres Ier et II du livre III de la deuxième partie du code du travail relatives aux délégués du personnel et au comité d'entreprise, les dispositions du titre VIII du livre III de la même partie du code du travail sur le comité d'hygiène, de sécurité et des conditions de travail, les dispositions du titre IX du livre III de la même partie du code du travail sur le regroupement par accord des institutions représentatives du personnel, les dispositions du titre X du livre III de la même partie du code du travail sur les réunions communes des institutions représentatives du personnel ainsi que les dispositions du titre Ier du livre VI de la quatrième partie, relatives au comité d'hygiène, de sécurité et des conditions de travail, cessent de produire effet à compter de la date du premier tour des élections des membres de la délégation du personnel du comité social et économique.

Décret 2018-416 du 30 mai 2018 relatif aux conditions de qualification des auditeurs réalisant l'audit énergétique éligible au crédit d'impôt sur le revenu pour la transition énergétique prévues au dernier alinéa du 2 de l'article 200 quater du code général des impôts

Art. 1 I. Les personnes physiques propriétaires ou tout autre titulaire d'un droit réel immobilier mentionnés à l'article 1er du décret no 2020-26 du 14 janvier 2020 relatif à la prime de transition énergétique peuvent bénéficier de la prime prévue au II de l'article 15 de la loi no 2019-1479 du 28 décembre 2019 de finances pour 2020 au titre de la réalisation d'un audit énergétique remplissant les conditions suivantes :

1o Porter sur un bâtiment à usage principal d'habitation en copropriété ;

2o Etre réalisé par un auditeur, c'est-à-dire le prestataire qui réalise l'audit énergétique, justifiant du respect de critères de qualification mentionnés au VII de l'article 2 du décret no 2020-26 du 14 janvier 2020 relatif à la prime de transition énergétique, remplissant les conditions suivantes :

a. Soit être titulaire d'un signe de qualité qui répond à un référentiel d'exigences de moyens et de compétences conformément à l'article 4 du décret du 24 novembre 2014 susvisé ;

b. Soit être une personne physique titulaire de la qualité d'architecte au sens de l'article 2 de la loi no 77-2 du 3 janvier 1977 sur l'architecture et avoir accompli une formation dont les objectifs sont définis dans l'annexe III du présent décret ;

c. Soit être une société d'architecture au sens de l'article 12 de la loi no 77-2 du 3 janvier 1977 sur l'architecture dont au moins un des architectes associés a accompli une formation dont les objectifs sont définis à l'annexe III du présent décret.

II. Les personnes physiques propriétaires ou tout autre titulaire d'un droit réel immobilier mentionnés à l'article 1er du décret du 14 janvier 2020 relatif à la prime de transition énergétique peuvent bénéficier de la prime susmentionnée prévue au II de l'article 15 de la loi no 2019-1479 du 28 décembre 2019 de finances pour 2020 au titre de la réalisation d'un audit énergétique remplissant les conditions suivantes :

1o Porter sur une maison individuelle ;

2o Etre réalisé par un auditeur, c'est-à-dire le prestataire qui réalise l'audit énergétique, justifiant du respect de critères de qualification mentionnés au VII de l'article 2 du décret no 2020-26 du 14 janvier 2020 relatif à la prime de transition énergétique, remplissant les conditions suivantes :

a. Soit être titulaire du signe de qualité mentionné au a du 2o du I ;

b. Soit être titulaire d'un signe de qualité, délivré selon les exigences générales relatives aux organismes de qualification par un organisme accrédité par le Comité français d'accréditation ou par tout autre organisme d'accréditation signataire de l'accord multilatéral pris dans le cadre de la coordination européenne des organismes d'accréditation. Ce signe de qualité répond à un référentiel d'exigences de moyens et de compétences comprenant les exigences figurant dans l'annexe I du présent décret ;

c. Soit être une personne physique titulaire de la qualité d'architecte au sens de l'article 2 de la loi no 77-2 du 3 janvier 1977 sur l'architecture et avoir accompli une formation dont les objectifs sont définis dans l'annexe II du présent décret ;

d. Soit être une société d'architecture au sens de l'article 12 de la loi n° 77-2 du 3 janvier 1977 sur l'architecture dont au moins un des architectes associés a accompli une formation dont les objectifs sont définis à l'annexe II du présent décret ;

e. Soit être titulaire d'un signe de qualité, mentionné au I de l'article 2 du décret n° 2014-812 du 16 juillet 2014 pris pour l'application du second alinéa du 2 de l'article 200 quater du code général des impôts et du dernier alinéa du 2 du I de l'article 244 quater U du code général des impôts. Ce signe de qualité, dont les modalités techniques sont fixées par l'article 4 du décret précité, est délivré selon les exigences générales relatives aux organismes de certification de service par un organisme accrédité par le Comité français d'accréditation ou par tout autre organisme d'accréditation signataire de l'accord multilatéral pris dans le cadre de la coordination européenne des organismes d'accréditation.

III. Les auditeurs mentionnés aux I et II ne peuvent sous-traiter la réalisation de l'audit énergétique qu'auprès d'un auditeur répondant aux exigences de ces mêmes I ou II.

Annexe I

Critères relatifs à la qualification d'un prestataire réalisant un audit énergétique éligible à la prime de transition énergétique pour une maison individuelle :

Le signe de qualité mentionné au b du II de l'article 1er du présent décret comporte en son référentiel et/ou sa nomenclature les exigences suivantes auxquelles tout postulant devra satisfaire :

1. Référent technique

Le postulant désigne un ou plusieurs référents techniques ayant un rôle opérationnel dans la production et/ou la validation des audits énergétiques. Leurs lieux d'établissement respectifs sont inscrits sur le certificat de qualification.

L'organisme de qualification définit le nombre de ces référents techniques, lequel devra être a minima de un par tranche de vingt salariés œuvrant dans le domaine de l'audit énergétique.

2. Durée d'expérience requise en matière de rénovation énergétique pour les référents techniques

La durée d'expérience requise en matière de rénovation énergétique pour les référents techniques titulaires :

- d'un titre ou d'un diplôme de niveau I dans le domaine de la maîtrise de l'énergie est d'un an ;
- d'un titre ou d'un diplôme de niveau II ou III dans le domaine de la maîtrise de l'énergie est de trois ans ;
- d'un autre titre ou diplôme est de cinq ans.

Les niveaux de diplôme auxquels il est fait référence sont les « niveaux français » mentionnés au répertoire national des certifications professionnelles (RNCP).

3. Formation des référents techniques

Chaque référent technique est un thermicien ou un responsable de travaux ayant suivi une formation à l'audit énergétique de minimum deux jours et abordant les sujets suivants :

- méthodologie de l'audit ;
- connaissance des techniques globales du bâtiment (équipements, modes constructifs) et de la sinistralité associée aux interventions d'amélioration de l'efficacité énergétique.

Cette formation aborde en outre les points suivants :

- recueillir et analyser les informations permettant de comprendre le fonctionnement réel du bâtiment dans sa globalité et en particulier d'un point de vue énergétique ;
- préparer la visite sur site et identifier les points sensibles ;
- sur site, savoir évaluer l'état des systèmes de chauffage et de refroidissement, de l'éclairage, de la ventilation, de l'état du bâti, des équipements responsables des autres usages ;
- sur site, savoir questionner les occupants sur le confort et les usages ;
- recoller l'analyse des factures avec l'évaluation des consommations théoriques du bâtiment faite sur logiciel de calcul autre que réglementaire ;
- identifier les usages énergétiques à fort impact, dégager les priorités de travaux et les chiffrer.

En alternative à l'exigence de formation, le référent technique peut faire valider ses compétences par la réussite à un contrôle individuel de connaissances.

Ce contrôle individuel des connaissances théoriques est établi à partir d'un questionnaire à choix multiple de trente questions d'une durée de 45 minutes. L'organisme de qualification ou de certification compose le questionnaire à partir de questions tirées de manière aléatoire dans une base de données mise à jour et transmise aux organismes de qualification ou de certification par l'Agence de l'environnement et de la maîtrise de l'énergie (ADEME).

L'organisme de qualification ou de certification est responsable de l'organisation du contrôle individuel des connaissances. Il s'assure de l'organisation de sessions réparties sur le territoire, en tenant compte de la demande des professionnels. Le contrôle doit être passé dans un centre d'examen sous surveillance d'un organisme de certification ou de qualification. Aucun document n'est autorisé pendant l'épreuve.

La compétence est validée si le stagiaire obtient au moins quatre-vingts pour cent de bonnes réponses aux questions posées dans le cadre du contrôle individuel. En cas d'échec, le suivi d'une formation au contenu précité est exigé.

Il est délivré à l'issue de l'évaluation une attestation de réussite valable auprès de tout organisme de qualification ou de certification.

4. Moyens techniques

Le postulant dispose des moyens techniques utilisés à la réalisation des audits énergétiques qui sont a minima les suivants :

- wattmètre ;
- équipement de mesure des températures de l'air et des températures de surface ;
- logiciel d'évaluation énergétique des bâtiments d'habitation ;
- vitromètre ;
- lasermètre.

La possession ou l'utilisation de ces moyens est attestée par des factures d'achat ou de location ou des attestations de prêt.

5. Références de prestations

Le postulant fournit trois références d'audit énergétique « maison individuelle » réalisées sur les deux dernières années.

Pour chaque référence est fourni un exemplaire du rapport complet d'audit (incluant les détails de calcul) afin de permettre de juger de la qualité du travail.

En l'absence de références, une délivrance de qualification probatoire est acceptée si elle ne dépasse pas un an.

Annexe II

La formation suivie par les personnes visées au c et d du II de l'article 1er du présent décret répond aux objectifs suivants :

- être capable d'intégrer les problématiques d'une enveloppe performante : existant, usage, hiver/été ;
- connaître les solutions techniques en vue d'une performance de l'enveloppe spécifique au projet de rénovation ;
- connaître les risques de surchauffe et/ou de pathologies liés à l'environnement et au programme fonctionnel du projet ;
- choisir l'outil d'aide au projet de rénovation thermique adéquat : leurs avantages/inconvénients en fonction d'objectifs visés ;
- savoir formuler des scénarios de rénovation de l'enveloppe appropriée et intégrer la rénovation par étapes ;
- définir la typologie des systèmes installés dans le bâtiment (notamment le type de ventilation et le type de production de chaleur.) ;
- adapter/proposer les solutions d'équipement et des types d'intervention grâce aux scénarios de simulation de l'enveloppe ;
- connaître les aides financières liées à ce type de travaux pour les particuliers ;
- savoir arbitrer et hiérarchiser les interventions du projet par étapes en fonction des différents paramètres (notamment le besoin initial du client, le financement, le diagnostic du bâtiment, la valeur patrimoniale) ;
- savoir orienter et conseiller le maître d'ouvrage : monter un argumentaire pédagogique.

Annexe III

La formation suivie par les personnes visées au b et c du I de l'article 1er du présent décret répond aux objectifs suivants :

- aborder la méthodologie de l'audit ;
- former sur les meilleures techniques disponibles ;
- recueillir et analyser les informations permettant de comprendre le fonctionnement réel du bâtiment ;
- préparer la visite sur site et identifier les points de blocage ;
- sur site, savoir évaluer l'état de la chaufferie, de l'éclairage, de la ventilation, de l'état du bâti et des équipements responsables des autres usages ;
- sur site, savoir questionner les occupants sur le confort et les usages du bien ;
- recoller l'analyse des factures avec l'évaluation des consommations théoriques du bâtiment réalisée sur un logiciel de calcul ;
- identifier les postes à fort impact, dégager les priorités de travaux et les chiffrer ;
- informer le maître d'ouvrage des conséquences de l'audit ;
- dresser l'état initial d'un bâtiment ;
- connaître l'évolution des principes constructifs dans le temps ;
- connaître les solutions techniques performantes ;
- identifier et maîtriser les désordres liés à une rénovation ;
- dresser l'état initial d'un bâtiment ;
- connaître les solutions techniques performantes ;
- connaître et choisir les outils adéquats ;
- proposer et mettre en œuvre des travaux de rénovation ;
- connaître les principales aides à la rénovation énergétique des logements.

Loi 2018-1213 du 24 décembre 2018 portant mesures d'urgence économiques et sociales

TS-III-13700 s. ; MF nº 21735

Art. 1 (Extrait)

I. Bénéficie de l'exonération prévue au IV la prime exceptionnelle de pouvoir d'achat respectant les conditions prévues aux II et III qui est attribuée à leurs salariés par les employeurs soumis à l'obligation prévue à l'article L 5422-13 du code du travail ou relevant des 3º à 6º de l'article L 5424-1 du même code.

Cette prime peut être attribuée par l'employeur à l'ensemble des salariés ou à ceux dont la rémunération est inférieure à un plafond.

II. Pour les salariés ayant perçu en 2018 une rémunération inférieure à trois fois la valeur annuelle du salaire minimum de croissance calculée pour un an sur la base de la durée légale du travail, la prime exceptionnelle de pouvoir d'achat bénéficie de l'exonération prévue au IV, dans la limite de 1 000 € par bénéficiaire, lorsqu'elle satisfait les conditions suivantes :

1° Elle bénéficie aux salariés liés par un contrat de travail au 31 décembre 2018 ou à la date de versement, si celle-ci est antérieure ;

2° Son montant peut être modulé selon les bénéficiaires en fonction de critères tels que la rémunération, le niveau de classifications ou la durée de présence effective pendant l'année 2018 ou la durée de travail prévue au contrat de travail mentionnées à la dernière phrase du deuxième alinéa du III de l'article L 241-13 du code de la sécurité sociale. Les congés prévus au chapitre V du titre II du livre II de la première partie du code du travail sont assimilés à des périodes de présence effective ;

3° Son versement est réalisé entre le 11 décembre 2018 et le 31 mars 2019 ;

4° Elle ne peut se substituer à des augmentations de rémunération ni à des primes prévues par un accord salarial, le contrat de travail ou les usages en vigueur dans l'entreprise. Elle ne peut non plus se substituer à aucun des éléments de rémunération, au sens de l'article L 242-1 du code de la sécurité sociale, versés par l'employeur ou qui deviennent obligatoires en vertu de règles légales, contractuelles ou d'usage.

III. Le montant de la prime ainsi que, le cas échéant, le plafond mentionné au second alinéa du I et la modulation de son niveau entre les bénéficiaires dans les conditions prévues au 2° du II font l'objet d'un accord d'entreprise ou de groupe conclu selon les modalités énumérées à l'article L 3312-5 du code du travail. Toutefois, ces modalités peuvent être arrêtées au plus tard le 31 janvier 2019 par décision unilatérale du chef d'entreprise. En cas de décision unilatérale, l'employeur en informe, au plus tard le 31 mars 2019, le comité social et économique, le comité d'entreprise, les délégués du personnel ou la délégation unique du personnel, s'ils existent.

IV. La prime attribuée dans les conditions prévues aux I à III est exonérée d'impôt sur le revenu, de toutes les cotisations et contributions sociales d'origine légale ou conventionnelle ainsi que des participations, taxes et contributions prévues aux articles 235 bis, 1599 ter A et 1609 quinvicies du code général des impôts ainsi qu'aux articles L 6131-1, L 6331-2, L 6331-9 et L 6322-37 du code du travail dans leur rédaction en vigueur à la date de son versement. Elle est exclue des ressources prises en compte pour le calcul de la prime d'activité mentionnée à l'article L 841-1 du code de la sécurité sociale.

V. Pour l'application du présent article à Mayotte et à Saint-Pierre-et-Miquelon, les références au code de la sécurité sociale sont remplacées par les références aux dispositions applicables localement ayant le même objet.

Ndlr *Sur la prime exceptionnelle de pouvoir d'achat (ou Pepa) qui peut être versée en 2020, voir ci-après loi 2019-1446 du 24 décembre 2019 art. 7.*

Loi 2018-1317 du 28 décembre 2018 de finances pour 2019

Art. 49 I. Pour l'application de l'article 885 I bis du code général des impôts, dans sa rédaction en vigueur jusqu'au 31 décembre 2017 :

1° En cas de non-respect des conditions prévues aux a et c du même article 885 I bis par suite d'un apport partiellement rémunéré par la prise en charge d'une soulte consécutive à un partage ou d'un apport pur et simple de titres d'une société ayant une activité industrielle, commerciale, artisanale, agricole ou libérale, ou d'une société possédant directement une participation dans une telle société, dans les conditions prévues au f de l'article 787 B du même code, dans sa rédaction résultant de la présente loi, l'exonération partielle dont a bénéficié le contribuable au titre de l'impôt de solidarité sur la fortune n'est pas remise en cause ;

2° L'attestation mentionnée au second alinéa du f de l'article 885 I bis dudit code est fournie par le redevable sur demande de l'administration dans un délai de trois mois à compter de cette demande.

Dans un délai de trois mois à compter du terme de l'engagement de conservation mentionné au d du même article 885 I bis, le redevable adresse à l'administration une attestation certifiant que la condition prévue au c dudit article 885 I bis a été satisfaite ;

3° En cas de non-respect de l'engagement de conservation prévu au a du même article 885 I bis par l'un des héritiers, donataires ou légataires, à la suite de la cession ou de la donation, à un associé de l'engagement collectif prévu au a du même article 885 I bis, d'une partie des parts ou actions qui lui ont été transmises à titre gratuit, l'exonération partielle dont a bénéficié le cédant ou le donateur au titre de l'impôt sur la fortune n'est remise en cause qu'à hauteur des seules parts ou actions cédées ou données ;

4° En cas de non-respect des conditions prévues aux a, b ou c du même article 885 I bis par suite d'une offre publique d'échange préalable à une fusion ou une scission, l'exonération partielle dont a bénéficié le contribuable au titre de l'impôt de solidarité sur la fortune n'est pas remise en cause, dès lors que cette fusion ou cette scission est opérée dans l'année qui suit la clôture de l'offre publique d'échange.

II. Le 1° du I du présent article s'applique aux apports de parts ou actions soumises aux engagements de conservation prévus aux a et c de l'article 885 I bis du code général des impôts dans sa rédaction en vigueur jusqu'au 31 décembre 2017 lorsque la ou les exonérations d'impôt de solidarité sur la fortune antérieurement accordées n'ont pas encore été définitivement acquises en application du d du même article 885 I bis.

Les 2°, 3° et 4° du I s'appliquent aux engagements prévus aux a, b et c de l'article 885 I bis dans sa rédaction en vigueur jusqu'au 31 décembre 2017 lorsque la ou les exonérations d'impôt de solidarité sur la fortune antérieurement accordées n'ont pas encore été définitivement acquises en application du d du même article 885 I bis.

III. *(Abrogé).*

ENR-XII-9200 s.

Loi 2019-486 du 22 mai 2019 relative à la croissance et la transformation des entreprises

Art. 1 (Extrait)

VI. Le titre Ier de la loi n° 94-126 du 11 février 1994 relative à l'initiative et à l'entreprise individuelle est abrogé.

VIII. Le présent article entre en vigueur à une date fixée par décret en Conseil d'Etat, et au plus tard le 1er janvier 2023. Ce décret définit les modalités transitoires mises en œuvre à compter de la mise en place de l'organisme prévu au deuxième alinéa de l'article L 123-33 du code de commerce, qui intervient au plus tard le 1er janvier 2021.

Ndlr *L'entrée en vigueur du présent article a été fixée au 1er janvier 2023 par le décret 2021-300 du 18 mars 2021 art. 48.*

Art. 177 I. Le fonds de pérennité est constitué par l'apport gratuit et irrévocable des titres de capital ou de parts sociales d'une ou de plusieurs sociétés exerçant une activité industrielle, commerciale, artisanale ou agricole, ou détenant directement ou indirectement des participations dans une ou plusieurs sociétés exerçant une telle activité, réalisé par un ou plusieurs fondateurs afin que ce fonds gère ces titres ou parts, exerce les droits qui y sont attachés et utilise ses ressources dans le but de contribuer à la pérennité économique de cette ou de ces sociétés et puisse réaliser ou financer des œuvres ou des missions d'intérêt général.

II. Les statuts doivent être établis par écrit. Ils déterminent notamment la dénomination, l'objet, le siège et les modalités de fonctionnement du fonds de pérennité ainsi que la composition, les conditions de nomination et de renouvellement du conseil d'administration et du comité de gestion mentionné au VII.

L'objet comprend l'indication des principes et objectifs appliqués à la gestion des titres ou parts de la ou des sociétés mentionnées au I, à l'exercice des droits qui y sont attachés et à l'utilisation des ressources du fonds, ainsi que l'indication des actions envisagées dans ce cadre.

Il comprend également, le cas échéant, l'indication des œuvres ou des missions d'intérêt général qu'il entend réaliser ou financer.

Les statuts définissent les modalités selon lesquelles ils peuvent être modifiés. Toutefois, la modification de l'objet ne peut être décidée qu'après deux délibérations du conseil d'administration, réunissant au moins les deux tiers des membres, prises à deux mois au moins et six mois au plus d'intervalle et à la majorité des deux tiers des membres. Pour le calcul du quorum, ne sont pas pris en compte les membres représentés.

III. Le fonds de pérennité est déclaré à la préfecture du département dans le ressort duquel il a son siège social. Cette déclaration est assortie du dépôt de ses statuts, auxquels est annexée l'indication des titres ou parts rendus inaliénables par application du IV. Ces documents font l'objet d'une publication dans des conditions fixées par décret.

Le fonds de pérennité jouit de la personnalité morale à compter de la date de publication au Journal officiel de la déclaration faite en préfecture.

Les modifications des statuts du fonds de pérennité et de leur annexe sont déclarées et rendues publiques selon les mêmes modalités ; elles ne sont opposables aux tiers qu'à compter de leur publication.

IV. La dotation du fonds de pérennité est composée des titres ou parts apportés par le ou les fondateurs lors de sa constitution, ainsi que des biens et droits de toute nature qui peuvent lui être apportés à titre gratuit et irrévocable. L'article 910 du code civil n'est pas applicable à ces libéralités.

Les titres de capital ou parts sociales de la ou des sociétés mentionnées au I du présent article sont inaliénables.

Toutefois, lorsque le fonds de pérennité contrôle, au sens de l'article L 233-3 du code de commerce, par l'effet de la libéralité ou d'une acquisition ou de la situation antérieure à ces dernières, l'une ou plusieurs de ces sociétés, l'apporteur ou le testateur, lors de la libéralité, ou le conseil d'administration, lors d'une acquisition, peut décider que cette inaliénabilité ne frappe pas tout ou partie des titres ou parts, dans la limite de la fraction du capital social qui n'est pas nécessaire à l'exercice de ce contrôle.

Dans les conditions du deuxième alinéa de l'article 900-4 du code civil, le fonds de pérennité peut être judiciairement autorisé à disposer des titres ou parts frappés d'inaliénabilité s'il advient que la pérennité économique de la ou des sociétés l'exige.

Aucun fonds public, de quelque nature qu'il soit, ne peut être versé à un fonds de pérennité.

Les ressources du fonds de pérennité sont constituées des revenus et produits de sa dotation, des produits des activités autorisées par les statuts et des produits des rétributions pour service rendu.

Le fonds de pérennité dispose librement de ses ressources dans la limite de son objet.

Sous réserve des dispositions des deuxième et troisième alinéas du présent article, les statuts fixent les conditions dans lesquelles la dotation en capital peut être consommée.

V. Un legs peut être fait au profit d'un fonds de pérennité qui n'existe pas au jour de l'ouverture de la succession à condition que le testateur ait désigné une ou plusieurs personnes chargées de le constituer et qu'il acquière la personnalité morale dans l'année suivant l'ouverture de la succession. Dans ce cas, la personnalité morale du fonds de pérennité rétroagit au jour de l'ouverture de la succession. A défaut, le legs est nul.

Pour l'accomplissement des formalités de constitution du fonds de pérennité, les personnes chargées de cette mission ont la saisine sur les titres, meubles et immeubles légués. Ils disposent à leur égard d'un pouvoir d'administration, à moins que le testateur ne leur ait conféré des pouvoirs plus étendus.

VI. Le fonds de pérennité est administré par un conseil d'administration qui comprend au moins trois membres nommés, la première fois, par le ou les fondateurs ou, dans le cas prévu au V, les personnes désignées par le testateur pour le constituer.

Le conseil d'administration est investi des pouvoirs les plus étendus pour agir en toute circonstance au nom du fonds de pérennité, dans la limite de son objet. Les clauses statutaires limitant les pouvoirs du conseil d'administration qui résultent du présent alinéa sont inopposables aux tiers.

Dans les rapports avec les tiers, le conseil d'administration engage le fonds de pérennité par les actes entrant dans son objet. Les actes réalisés en dehors de cet objet sont nuls, sans que cette nullité ne soit opposable aux tiers de bonne foi.

VII. Les statuts du fonds de pérennité prévoient la création, auprès du conseil d'administration, d'un comité de gestion, composé d'au moins un membre du conseil d'administration et de deux membres non membres de ce conseil. Ce comité est chargé du suivi permanent de la ou des sociétés mentionnées au I et formule des recommandations au conseil d'administration portant sur la gestion financière de la dotation, sur l'exercice des droits attachés aux titres ou parts détenus ainsi que sur les actions, et les besoins financiers associés, permettant de contribuer à la pérennité économique de ces sociétés. Ce comité peut également proposer des études et des expertises.

VIII. Le fonds de pérennité établit chaque année des comptes qui comprennent au moins un bilan et un compte de résultat. Ces comptes sont publiés dans un délai de six mois suivant la clôture de l'exercice. Le fonds de pérennité nomme au moins un commissaire aux comptes, choisi sur la liste mentionnée au I de l'article L 822-1 du code de commerce, dès lors que le montant total de ses ressources dépasse 10 000 € à la clôture du dernier exercice.

Les peines prévues à l'article L 242-8 du même code sont applicables aux membres du conseil d'administration du fonds de pérennité en cas de défaut d'établissement des comptes.

Lorsque le commissaire aux comptes relève, à l'occasion de l'exercice de sa mission, des faits de nature à compromettre la continuité de l'activité du fonds, il informe le conseil d'administration et recueille ses explications. Le conseil d'administration est tenu de lui répondre dans un délai fixé par décret. A défaut de réponse ou si les mesures prises lui apparaissent insuffisantes, il établit un rapport spécial qu'il remet au conseil d'administration et dont la copie est communiquée au comité de gestion et à l'autorité administrative, et invite le conseil à délibérer sur les faits relevés, dans des conditions et délais fixés par décret.

IX. L'autorité administrative s'assure de la régularité du fonctionnement du fonds de pérennité. A cette fin, elle peut se faire communiquer tous documents et procéder à toutes investigations utiles.

Le fonds de pérennité adresse chaque année à l'autorité administrative un rapport d'activité auquel sont joints le rapport du commissaire aux comptes et les comptes annuels.

Si l'autorité administrative constate des dysfonctionnements graves affectant la réalisation de l'objet du fonds de pérennité, elle peut, après mise en demeure non suivie d'effet, décider, par un acte motivé qui fait l'objet d'une publication au Journal officiel, de saisir l'autorité judiciaire aux fins de sa dissolution.

Les modalités d'application du présent article sont fixées par décret.

X. Le fonds de pérennité peut être dissous dans les conditions définies par ses statuts. Il peut également être dissous judiciairement, notamment dans le cas prévu au troisième alinéa du IX. La décision de dissolution fait l'objet de la publication prévue au même troisième alinéa.

La dissolution du fonds entraîne sa liquidation dans les conditions prévues par ses statuts ou, à défaut, à l'initiative du liquidateur désigné par l'autorité judiciaire.

A l'issue des opérations de liquidation, l'actif net du fonds est transféré à un bénéficiaire désigné par les statuts, à un autre fonds de pérennité, une fondation reconnue d'utilité publique ou un fonds de dotation.

XI. (...).

XII. La transmission mentionnée au dernier alinéa du X est soumise aux droits de mutation à titre gratuit dans les conditions de droit commun, au tarif prévu au tableau III de l'article 777 du code général des impôts entre personnes non-parentes.

Ndlr *Les modalités d'application de cet article ont été définies par le décret 2020-537 du 7 mai 2020 (JO du 8).*

BIC-VII-43500 s.

Décret 2019-1426 du 20 décembre 2019 pris pour l'application du X bis de l'article 199 novovicies du code général des impôts et relatif au plafonnement des frais et commissions des intermédiaires intervenant lors d'une acquisition de logement bénéficiant de la réduction d'impôt prévue à cet article

IRPP-IV-116900 s., 126200 s. ; MF n° 2813

Art. 1 I. Pour l'application du X bis de l'article 199 novovicies du code général des impôts, le montant hors taxe des frais et commissions directs et indirects imputés au titre d'une même acquisition de logement ouvrant droit à la réduction d'impôt prévue au même article par les personnes mentionnées au premier alinéa du même X bis ne peut excéder 10 % du prix de revient, défini au V de ce même article, de ce même logement.

II. Pour l'application du troisième alinéa du X bis de l'article 199 novovicies du code général des impôts, l'acquéreur d'un logement ouvrant droit à la réduction d'impôt prévue audit article indique expressément son intention de demander ou non le bénéfice de la réduction d'impôt lors de la signature du contrat prévu à l'article L 261-15 du code de la construction et de l'habitation et dans l'acte authentique d'acquisition du logement ou, à défaut d'un tel contrat, dans l'acte authentique d'acquisition du logement.

Art. 2 Les dispositions de l'article 1er s'appliquent aux contrats prévus à l'article L 261-15 du code de la construction et de l'habitation et, en l'absence de tels contrats, aux actes authentiques signés à compter du premier jour du quatrième mois suivant celui de la publication du présent décret au Journal officiel de la République française *(NDLR JO 22-12-2019)*.

Loi 2019-1446 du 24 décembre 2019 de financement de la sécurité sociale pour 2020

TS-III-13700 s. ; MF n° 21735

Art. 7 I. A. Bénéficie de l'exonération prévue au V la prime exceptionnelle de pouvoir d'achat attribuée dans les conditions prévues aux II et III à leurs salariés ou à leurs agents par les employeurs mentionnés à l'article L 3311-1 du code du travail.

B. Par dérogation à l'article L 3312-5 du code du travail, les accords d'intéressement conclus entre le 1er janvier 2020 et le 31 août 2020 peuvent porter sur une durée comprise entre un et trois ans.

Par dérogation à l'article L 3314-4 du même code, ces accords ouvrent droit aux exonérations prévues aux articles L 3315-1 à L 3315-3 du même code, y compris lorsqu'ils ont été conclus à compter du premier jour de la deuxième moitié de la période de calcul suivant la date de leur prise d'effet.

C. La prime mentionnée au A du présent I peut être attribuée par l'employeur à l'ensemble des salariés et des agents qu'il emploie ou à ceux dont la rémunération est inférieure à un plafond.

D. L'entreprise utilisatrice mentionnée au 1° de l'article L 1251-1 du code du travail qui attribue à ses salariés la prime mentionnée au A du présent I en informe l'entreprise de travail temporaire dont relève le salarié mis à disposition. L'entreprise de travail temporaire verse la prime au salarié mis à disposition selon les conditions et les modalités fixées par l'accord ou la décision de l'entreprise utilisatrice mentionné au III. La prime ainsi versée bénéficie de l'exonération mentionnée au V lorsque les conditions mentionnées au A du présent I sont remplies par l'entreprise utilisatrice.

E. Le A du présent I est applicable dans les conditions prévues au IV aux travailleurs handicapés bénéficiant d'un contrat de soutien et d'aide par le travail mentionné à l'article L 311-4 du code de l'action sociale et des familles et relevant des établissements et services d'aide par le travail mentionnés à l'article L 344-2 du même code.

F. La condition relative à la mise en œuvre d'un accord d'intéressement prévue au VI n'est pas applicable aux associations et fondations mentionnées aux a et b du 1° de l'article 200 du code général des impôts et aux a et b du 1° de l'article 238 bis du même code.

II. L'exonération prévue au V est applicable à la prime exceptionnelle de pouvoir d'achat bénéficiant aux personnes mentionnées au A du I lorsque cette prime satisfait aux conditions suivantes :

1° Elle bénéficie aux salariés liés à l'entreprise par un contrat de travail, aux intérimaires mis à disposition de l'entreprise utilisatrice ou aux agents publics relevant de l'établissement public à la date de versement de cette prime ou à la date de dépôt de l'accord mentionné au III du présent article auprès de l'autorité compétente ou de la signature de la décision unilatérale mentionnée au III du même article ;

2° Son montant peut être modulé selon les bénéficiaires en fonction de la rémunération, du niveau de classification, des conditions de travail liées à l'épidémie de covid-19, de la durée de présence effective pendant l'année écoulée ou la durée de travail prévue au contrat de travail mentionnée à la dernière phrase du deuxième alinéa du III de l'article L 241-13 du code de la sécurité sociale. Les congés prévus au chapitre V du titre II du livre II de la première partie du code du travail sont assimilés à des périodes de présence effective ;

3° Elle est versée entre la date d'entrée en vigueur du présent article et le 31 décembre 2020 ;

4° Elle ne peut se substituer à aucun des éléments de rémunération, au sens de l'article L 242-1 du code de la sécurité sociale, versés par l'employeur ou qui deviennent obligatoires en vertu de règles légales, contractuelles ou d'usage. Elle ne peut non plus se substituer à des augmentations de rémunération ni à des primes prévues par un accord salarial, le contrat de travail ou les usages en vigueur dans l'entreprise ou l'établissement public.

III. Le montant de la prime ainsi que, le cas échéant, le plafond mentionné au C du I et la modulation de son niveau entre les bénéficiaires dans les conditions prévues au 2° du II font l'objet d'un accord d'entreprise ou de groupe conclu selon les modalités énumérées à l'article L 3312-5 du code du travail ou d'une décision unilatérale de l'employeur. En cas de décision unilatérale, l'employeur en informe, avant le versement de la prime, le comité social et économique mentionné à l'article L 2311-2 du même code.

IV. Lorsqu'elle satisfait aux conditions mentionnées aux 2° à 4° du II et qu'elle bénéficie à l'ensemble des travailleurs handicapés liés à un établissement ou service d'aide par le travail mentionné à l'article L 344-2 du code de l'action sociale et des familles par un contrat de soutien et d'aide par le travail mentionné à l'article L 311-4 du même code, à la date de versement, la prime exceptionnelle de pouvoir d'achat bénéficie de l'exonération prévue au V.

V. La prime attribuée dans les conditions prévues aux I à III aux salariés ou agents publics ayant perçu au cours des douze mois précédant son versement une rémunération inférieure à trois fois la valeur annuelle du salaire minimum de croissance correspondant à la durée de travail prévue au contrat mentionnée à la dernière phrase du deuxième alinéa du III de l'article L 241-13 du code de la sécurité sociale est exonérée, dans la limite de 1 000 € par bénéficiaire, d'impôt sur le revenu, de toutes les cotisations et contributions sociales d'origine légale ou conventionnelle ainsi que des participations, taxes et contributions prévues à l'article 235 bis du code général des impôts et à l'article L 6131-1 du code du travail dans leur rédaction en vigueur à la date de son versement.

Elle est exclue des ressources prises en compte pour le calcul de la prime d'activité mentionnée à l'article L 841-1 du code de la sécurité sociale et pour l'attribution de l'allocation aux adultes handicapés mentionnée à l'article L 821-1 du même code.

VI. La limite de 1 000 euros mentionnée au V est portée à 2 000 euros pour les employeurs mettant en œuvre un accord d'intéressement, en application du chapitre II du titre Ier du livre III de la troisième partie du code du travail ou du B du I du présent article, à la date de versement de cette prime.

VII. Pour l'application du présent article à Mayotte et à Saint-Pierre-et-Miquelon, les références au code de la sécurité sociale sont remplacées par les références aux dispositions applicables localement ayant le même objet.

Loi 2019-1479 du 28 décembre 2019 de finances pour 2020

Art. 92 I. L'Agence de gestion et de recouvrement des avoirs saisis et confisqués mentionnée à l'article 706-159 du code de procédure pénale reverse au budget général de l'Etat 90 % des sommes inférieures à 10 000 € saisies lors de procédures pénales engagées entre 2011 et 2015 et n'ayant pas fait l'objet d'une décision de justice ou pour lesquelles cette décision n'a pas été transmise à l'agence. Ce versement est opéré au plus tard le 31 mars 2020.

Le solde de 10 % est conservé par l'agence jusqu'au 1er janvier 2025 afin de pouvoir exécuter d'éventuelles décisions de restitution rendues par les tribunaux à propos de ces sommes. Une fois ce montant utilisé et en cas de nouvelle demande de restitution ou en cas de décision de restitution postérieure au 1er janvier 2025, l'agence déduit le montant de ces demandes de restitution des sommes confisquées qu'elle doit reverser à l'Etat. Si le montant de ce reversement s'avère insuffisant, l'Etat verse à l'agence les sommes nécessaires à l'exécution de la décision de restitution.

Art. 128 L'organisme désigné comme fournisseur officiel des services de chronométrage et de pointage pour les jeux Olympiques et Paralympiques de Paris de 2024 et les entreprises qui lui sont liées au sens du 12 de l'article 39 du code général des impôts ne sont pas redevables des impositions mentionnées au 1° et au b du 2° du I de l'article 1655 septies du même code au titre des rémunérations perçues directement, ou indirectement s'agissant des entreprises liées, du comité d'organisation des jeux Olympiques et Paralympiques en contrepartie des services de chronométrage et de pointage fournis dans le cadre de ces compétitions.

NdIr *L'extension du régime en faveur du chronométreur officiel des JO 2024 aux entreprises qui lui sont liées et à l'exonération prévue à l'article 1655 septies, I-1°-c du CGI s'applique à l'impôt sur le revenu dû au titre de 2023 et des années suivantes, à l'impôt sur les sociétés dû au titre des exercices clos à compter du 31 décembre 2023 et à compter du 1er janvier 2024 s'agissant de la participation-construction.*

FR 2/23 inf. 107 p. 181

Art. 140 I. A titre expérimental, jusqu'au 31 décembre 2023, pour les logements situés dans les régions d'Ile-de-France et des Hauts-de-France, le crédit d'impôt prévu à l'article 244 quater U du code général des impôts peut bénéficier aux sociétés mentionnées au 8 de l'article L 511-6 du code monétaire et financier.

II. Le I du présent article s'applique dans les conditions prévues aux articles 244 quater U et 199 ter S du code général des impôts, applicables aux établissements de crédit et aux sociétés de financement mentionnés à l'article L 511-1 du code monétaire et financier.

III. Par dérogation au II du présent article, le I s'applique exclusivement aux avances remboursables consenties pour financer les travaux mentionnés au 2° du 2 du I de l'article 244 quater U du code général des impôts et à l'avance remboursable mentionnée au VI bis du même article 244 quater U.

IV. Le I s'applique aux avances émises à compter du 1er avril 2020.

V. Au plus tard le 30 septembre 2023, le Gouvernement remet au Parlement un rapport procédant à l'évaluation de l'expérimentation prévue au présent article.

Art. 146 I. Les conditions de la révision des valeurs locatives des locaux d'habitation et des locaux servant à l'exercice d'une activité salariée à domicile mentionnés aux articles 1496 et 1497 du code général des impôts, retenues pour l'assiette des impositions directes locales et de leurs taxes additionnelles, sont fixées par le présent article.

II. A. Les propriétés mentionnées au I du présent article sont classées dans les quatre sous-groupes suivants :

1° Les maisons individuelles ;

2° Les appartements situés dans les immeubles collectifs ;

3° Les locaux d'habitation qui présentent des caractéristiques exceptionnelles ;

4° Les dépendances isolées.

Les propriétés appartenant aux sous-groupes mentionnés aux 1° et 2° sont classées par catégorie en fonction de leur consistance. Les propriétés appartenant au sous-groupe mentionné au 4° sont classées par catégorie en fonction de leur utilisation. Ces catégories de locaux sont déterminées par décret en Conseil d'Etat.

B. 1. La valeur locative de chaque propriété ou fraction de propriété, au sens de l'article 1494 du code général des impôts, mentionnée aux 1°, 2° et 4° du A du présent II est déterminée en fonction de l'état du marché locatif à la date de référence du 1er janvier 2025, sous réserve de la mise à jour prévue au IV.

Elle est obtenue par application d'un tarif par mètre carré, déterminé conformément au 2 du présent B, à la consistance du local définie au 3 du présent B.

2. a. Il est constitué, dans chaque département, un ou plusieurs secteurs d'évaluation qui regroupent les communes ou sections cadastrales de communes qui, dans le département, présentent un marché locatif homogène.

b. Il est constitué, dans chaque département, un ou plusieurs secteurs d'évaluation qui regroupent les communes ou sections cadastrales de communes qui, dans le département, présentent un marché locatif homogène.

Pour la détermination de ces tarifs, il n'est pas tenu compte des loyers des locaux donnés en location, à la date de référence mentionnée au 1 du présent B :

1° Par les organismes mentionnés à l'article L 411-2 du code de la construction et de l'habitation et attribués sous condition de ressources ;

2° Sous le régime de la réglementation des loyers établie par la loi n° 48-1360 du 1er septembre 1948 portant modification et codification de la législation relative aux rapports des bailleurs et locataires ou occupants de locaux d'habitation ou à usage professionnel et instituant des allocations de logement.

Lorsque les loyers déclarés pour la détermination des loyers moyens mentionnés au premier alinéa du présent b sont en nombre insuffisant ou ne peuvent être retenus, ces tarifs sont déterminés par comparaison avec les tarifs fixés pour les autres catégories de locaux du même sous-groupe du même secteur d'évaluation.

A défaut d'éléments suffisants ou pouvant être retenus au sein du même secteur d'évaluation, ces tarifs sont déterminés par comparaison avec ceux qui sont appliqués pour des propriétés de la même catégorie ou, à défaut, du même sous-groupe dans des secteurs d'évaluation présentant des niveaux de loyer similaires dans le département ou, à défaut, dans un autre département.

Les tarifs par mètre carré peuvent être majorés ou minorés par application d'un coefficient de localisation de 1,1, 1,15, 1,2 ou 1,3 ou de 0,7, 0,8, 0,85 ou 0,9 destiné à tenir compte de la situation particulière de la parcelle d'assise de la propriété au sein du secteur d'évaluation.

3. La consistance des propriétés ou fractions de propriété relevant des sous-groupes mentionnés aux 1° et 2° du A du présent II s'entend de la surface réelle, mesurée au sol entre murs ou séparations et arrondie au mètre carré inférieur, majorée de la superficie au sol de leurs dépendances affectée de coefficients fixés par décret, pour tenir compte de leur utilisation et de leurs caractéristiques physiques.

Pour les propriétés ou fractions de propriété relevant du sous-groupe mentionné au 4° du même A, la consistance s'entend de la superficie au sol.

C. 1. La valeur locative des locaux d'habitation qui présentent des caractéristiques exceptionnelles mentionnés au 3° du A du présent II est déterminée par voie d'appréciation directe, en appliquant un taux de 8 % à la valeur vénale de la propriété ou fraction de propriété, telle qu'elle serait constatée si elle était libre de toute location ou occupation à la date de référence définie au 2 du présent C.

A défaut, la valeur vénale de la propriété ou fraction de propriété est déterminée en ajoutant à la valeur vénale du terrain, estimée à la date de référence par comparaison avec celle qui ressort de transactions relatives à des terrains à bâtir situés dans une zone comparable, la valeur de reconstruction de la propriété à la date de référence précitée.

2. La valeur locative des propriétés et fractions de propriétés mentionnées au 1 du présent C est, sous réserve de la mise à jour prévue au IV, déterminée au 1er janvier 2025 ou, pour celles créées après cette date, au 1er janvier de l'année de leur création.

III. A. 1. La commission départementale des valeurs locatives mentionnée à l'article 1650 B du code général des impôts dispose d'un délai de trois mois à compter de la date à laquelle lui sont remis les avant-projets élaborés par l'administration pour établir des projets de :

a. Délimitation des secteurs d'évaluation prévus au B du II du présent article ;

b. Tarifs déterminés en application du même B ;

c. Définition des parcelles auxquelles s'applique le coefficient mentionné au dernier alinéa du 2 dudit B.

2. Au plus tard à l'expiration du délai de trois mois mentionné au 1 du présent A, l'administration transmet les projets établis par la commission mentionnée au même 1 ou, à défaut, les avant-projets mentionnés audit 1 aux commissions communales des impôts directs prévues à l'article 1650 du code général des impôts.

La situation des communes est appréciée au 1er janvier de l'année au cours de laquelle les commissions communales sont saisies.

3. A compter de la réception de ces projets ou de ces avant-projets, la commission communale dispose d'un délai de deux mois pour transmettre son avis à la commission départementale des valeurs locatives. Cet avis est réputé favorable si la commission communale ne s'est pas prononcée dans ce délai.

S'il y a accord entre les commissions communales consultées et la commission départementale des valeurs locatives, cette dernière arrête les secteurs d'évaluation, les tarifs applicables et les coefficients de localisation.

4. En cas de désaccord persistant pendant plus de deux mois, après réception des avis mentionnés au premier alinéa du 3, entre la commission départementale des valeurs locatives et l'une des commissions communales consultées, les secteurs d'évaluation, les tarifs et les coefficients de localisation sont arrêtés par le représentant de l'Etat dans le département. Si la décision du représentant de l'Etat dans le département s'écarte de celle de la commission départementale des valeurs locatives, elle est assortie d'une motivation.

B. Lorsque les décisions relatives aux secteurs et aux tarifs prises par la commission départementale des valeurs locatives ne sont manifestement pas conformes au 2 du B du II, l'administration fiscale saisit, avant leur notification ou publication, la commission départementale des valeurs locatives afin qu'elle élabore de nouveaux secteurs ou de nouveaux tarifs.

A défaut de nouveaux secteurs ou de nouveaux tarifs conformes dans un délai de deux mois, le représentant de l'Etat dans le département arrête ces secteurs ou ces tarifs. Si la décision du représentant de l'Etat dans le département s'écarte de celle de la commission départementale des valeurs locatives, elle est assortie d'une motivation.

C. Lorsque l'annulation par la juridiction administrative d'une décision prise par la commission départementale des valeurs locatives ou d'un arrêté préfectoral conduit à l'absence de secteurs d'évaluation, de tarifs ou de coefficients de localisation applicables au 1er janvier de l'année d'imposition, cette commission prend de nouvelles décisions dans les conditions prévues aux A et B du présent III.

Les nouveaux secteurs d'évaluation, tarifs ou coefficients de localisation se substituent alors à ceux primitivement fixés.

D. Les décisions prises en application des 3 et 4 du A et du B sont publiées et notifiées dans des conditions fixées par décret en Conseil d'Etat.

E. Le présent III entre en vigueur le 1er janvier 2027.

IV. A. Les tarifs de chaque catégorie dans chaque secteur d'évaluation définis au 2 du B du II sont mis à jour par l'administration fiscale à partir de l'évolution des loyers constatés dans les déclarations prévues à l'article 1496 ter du code général des impôts chaque année à compter de l'année qui suit celle de la prise en compte des résultats de la révision pour l'établissement des bases. Ces tarifs sont mis à jour chaque année dans des conditions fixées par décret en Conseil d'Etat.

Lorsque ces loyers sont en nombre insuffisant ou ne peuvent, compte tenu de leur montant par rapport au montant du loyer moyen du secteur d'évaluation, être retenus, ces tarifs sont mis à jour dans les conditions prévues au second alinéa du D du présent IV.

Ces tarifs sont publiés et notifiés dans des conditions fixées par décret en Conseil d'Etat.

Lorsque de nouveaux tarifs sont créés, ils sont établis conformément aux modalités fixées au B du II à la date de référence du 1er janvier de l'année précédant celle de la création du tarif et arrêtés conformément au III.

B. Au cours des troisième et cinquième années qui suivent celle du renouvellement général des conseils municipaux, la commission départementale des valeurs locatives mentionnée à l'article 1650 B du code général des impôts peut se réunir afin de modifier l'application des coefficients de localisation mentionnés au 2 du B du II du présent article après avis des commissions communales des impôts directs mentionnées à l'article 1650 du même code.

Par exception, elle peut également se réunir l'année qui suit celle de la prise en compte de la révision prévue au I du présent article dans les bases d'imposition.

Les décisions de la commission départementale sont publiées et notifiées dans des conditions fixées par décret en Conseil d'Etat et doivent être transmises à l'administration fiscale avant le 31 décembre de l'année précédant celle de leur prise en compte pour l'établissement des bases.

C. Au cours de l'année qui suit celle du renouvellement général des conseils municipaux, il est procédé :

1° Dans les conditions mentionnées au B du II, à la délimitation des secteurs d'évaluation mentionnés au A du présent IV, à la fixation des nouveaux tarifs déterminés conformément au B du IV et à la définition des parcelles auxquelles s'applique un coefficient de localisation mentionné au même B ;

2° Le cas échéant, à la création de nouvelles catégories de locaux prévues au B du II.

Le présent C entre en vigueur le 1er janvier 2031.

D. La valeur locative des propriétés mentionnées au I est mise à jour chaque année par application du tarif par mètre carré, déterminé conformément au A du présent IV, à la surface pondérée du local définie au 3 du B du II.

La valeur locative des propriétés mentionnées au I évaluées par voie d'appréciation directe prévue au C du II est mise à jour, chaque année, par application d'un coefficient égal à celui de l'évolution, au niveau départemental, des loyers constatés dans les déclarations prévues à l'article 1496 ter du code général des impôts pour les locaux d'habitation relevant des catégories qui regroupent le plus grand nombre de locaux et qui, ensemble, représentent au total plus de la moitié des locaux du département.

E. Les décisions prises en application du III et du présent IV ne peuvent pas être contestées à l'occasion d'un litige relatif à la valeur locative d'une propriété bâtie.

V. A. Les résultats de la révision des valeurs locatives des locaux d'habitation mentionnée au I sont pris en compte à compter de l'établissement des bases au titre de l'année 2028, dans les conditions prévues au B du présent V.

B. En vue de l'établissement de la taxe foncière sur les propriétés bâties, de la contribution foncière des entreprises, de la taxe mentionnée à l'article 1407 du code général des impôts et de la taxe d'enlèvement des ordures ménagères, la valeur locative des propriétés mentionnées au I du présent article est corrigée par un coefficient de neutralisation.

Ce coefficient est égal, pour chaque taxe et chaque collectivité territoriale, au rapport entre, d'une part, la somme des valeurs locatives non révisées au 1er janvier 2028 des propriétés mentionnées au même I imposables au titre de cette année dans le ressort territorial de cette collectivité et, d'autre part, la somme des valeurs locatives révisées de ces mêmes propriétés à la même date.

Le coefficient de neutralisation déterminé pour chacune de ces taxes s'applique également pour l'établissement de leurs taxes annexes.

Les coefficients déterminés pour une commune s'appliquent aux bases imposées au profit des établissements publics de coopération intercommunale dont elle est membre.

VI. Pour l'exécution de la révision des valeurs locatives des locaux d'habitation ou servant à l'exercice d'une activité salariée à domicile, les propriétaires des biens mentionnés au I qui sont donnés en location sont tenus de déclarer à l'administration fiscale, avant le 1er juillet 2025, les informations relatives à chacune de leurs propriétés.

Cette déclaration est souscrite par voie électronique, à l'exception des propriétaires personnes physiques dont la résidence principale n'est pas équipée d'un accès à internet ou qui indiquent à l'administration ne pas être en mesure de souscrire cette déclaration par voie électronique.

Les modalités d'application du présent VI sont fixées par arrêté des ministres chargés des finances et du budget.

Ndlr *Sur l'obligation déclarative à la charge des propriétaires de locaux d'habitation à caractère exceptionnel, donnés ou non en location, voir loi 2021-1900 du 30 décembre 2021 art. 114 reproduit ci-après.*

VII. Le Gouvernement transmet au Parlement, au plus tard le 1er septembre 2026, un rapport retraçant les conséquences de la révision des valeurs locatives des locaux d'habitation pour les contribuables, les collectivités territoriales, les établissements publics de coopération intercommunale et l'Etat. Ce rapport examine les modalités selon lesquelles la révision s'effectue à produit fiscal constant pour les collectivités territoriales. Il mesure notamment :

1° Les transferts de fiscalité entre les catégories de contribuables ;

2° L'impact de la révision sur les potentiels financier et fiscal des collectivités territoriales, la répartition des dotations de l'Etat et les instruments de péréquation.

Pour les immeubles d'habitations à loyer modéré attribuées sous condition de ressources et les locaux assimilés, le rapport examine les solutions alternatives à l'application à ces locaux des tarifs déterminés en application du II.

Pour les locaux présentant des caractéristiques exceptionnelles, notamment les monuments historiques, le rapport examine les effets de la méthode d'évaluation par voie d'appréciation directe et propose, le cas échéant, des évolutions.

Il examine également l'opportunité et les conséquences de la mise en place d'un dispositif qui adapte l'évaluation de la propriété ou fraction de propriété en fonction de ses spécificités.

Enfin, ce rapport propose les modalités de mise en place et de sortie des dispositifs de neutralisation et d'atténuation de la révision des valeurs locatives des locaux professionnels et d'habitation.

VIII. Pour l'application des dispositions des I à VII :

1° Le territoire de la métropole de Lyon est, avec le territoire du département du Rhône, assimilé au territoire d'un département ;

2° Le territoire de la Ville de Paris est assimilé au territoire d'un département.

FB-III-63000 s. ; MF n° 42090

Art. 154 I. A titre expérimental et pour une durée de trois ans, pour les besoins de la recherche des manquements et infractions mentionnés au [Dispositions déclarées non conformes à la Constitution par la décision du Conseil constitutionnel n° 2019-796 DC du 27 décembre 2019.] c du 1 de l'article 1728, à l'article 1729 découlant d'une minoration ou d'une dissimulation de recettes ou d'un manquement aux règles fixées à l'article 4 B, à l'article 1791 ter, aux 3°, 8° et 10° de l'article 1810 du code général des impôts ainsi qu'aux articles 414, 414-2 et 415 du code des douanes, l'administration fiscale et l'administration des douanes et droits indirects peuvent, chacune pour ce qui la concerne, collecter et exploiter au moyen de traitements informatisés et automatisés n'utilisant aucun système de reconnaissance faciale les contenus manifestement rendus publics par leurs auteurs et publiquement accessibles sur les sites internet des plateformes en ligne définies au i de l'article 3 du règlement (UE) 2022/2065 du Parlement européen et du Conseil du 19 octobre 2022 relatif à un marché unique des services numériques et modifiant la directive 2000/31/CE (règlement sur les services numériques), y compris lorsque l'accès à ces plateformes requiert une inscription à un compte.

A l'occasion de l'engagement des opérations de collecte mentionnées au premier alinéa du présent article, l'administration fiscale et l'administration des douanes et des droits indirects transmettent à la Commission nationale de l'informatique et des libertés la liste des opérations de collecte engagées, afin de faciliter la mise en œuvre par la commission des vérifications mentionnées au g du I de l'article 8 de la loi n° 78-17 du 6 janvier 1978 relative à l'informatique, aux fichiers et aux libertés.

Les traitements mentionnés au premier alinéa du présent I sont mis en œuvre par des agents de l'administration fiscale et de l'administration des douanes et des droits indirects ayant au moins le grade de contrôleur et spécialement habilités par le directeur général. Les données à caractère personnel mentionnées au même premier alinéa ne peuvent faire l'objet d'une opération de collecte, de traitement et de conservation de la part d'un sous-traitant, à l'exception de la conception des outils de traitement des données.

Les données sensibles, au sens du I de l'article 6 de la loi n° 78-17 du 6 janvier 1978 relative à l'informatique, aux fichiers et aux libertés, et les autres données manifestement sans lien avec les infractions mentionnées au premier alinéa du présent I sont détruites au plus tard cinq jours ouvrés après leur collecte.

Lorsqu'elles sont de nature à concourir à la constatation des manquements et infractions mentionnés au même premier alinéa, les données collectées strictement nécessaires sont conservées pour une période maximale d'un an à compter de leur collecte et sont détruites à l'issue de cette période. Toutefois, lorsqu'elles sont utilisées dans le cadre d'une procédure pénale, fiscale ou douanière, ces données peuvent être conservées jusqu'au terme de la procédure.

Les autres données sont détruites dans un délai maximum de trente jours à compter de leur collecte.

Lorsque les traitements réalisés permettent d'établir qu'il existe des indices qu'une personne a pu commettre un des manquements énumérés au premier alinéa du présent article, les données collectées sont transmises au service compétent de l'administration fiscale ou de l'administration des douanes et droits indirects pour corroboration et enrichissement.

Ces données ne peuvent être opposées à cette personne que dans le cadre d'une procédure de contrôle mentionnée au titre II du code des douanes ou au chapitre premier du titre II de la première partie du livre des procédures fiscales.

Le droit d'accès aux informations collectées s'exerce auprès du service d'affectation des agents habilités à mettre en œuvre les traitements mentionnés au deuxième alinéa du présent I dans les conditions prévues par l'article 105 de la loi nº 78-17 du 6 janvier 1978 relative à l'informatique, aux fichiers et aux libertés.

Le droit d'opposition prévu à l'article 110 de la même loi ne s'applique pas aux traitements mentionnés au deuxième alinéa du présent I.

Les modalités d'application du présent I sont fixées par décret en Conseil d'Etat, pris après avis de la Commission nationale de l'informatique et des libertés. Ce décret précise les conditions dans lesquelles la mise en œuvre des traitements mentionnés au premier alinéa du présent I est, à toutes les étapes de celle-ci, proportionnée aux finalités poursuivies. Il précise également en quoi les données sont adéquates, pertinentes et, au regard des finalités pour lesquelles elles sont traitées, limitées à ce qui est strictement nécessaire *(NDLR Voir le décret 2021-148 du 11 février 2021 reproduit ci-après)*. Il précise enfin les conditions dans lesquelles les administrations fiscales et douanières mettent à la disposition du public, pendant toute la durée de l'expérimentation, une information facilement accessible en ligne sur les finalités et les modalités de fonctionnement des traitements permis par le présent article.

II. L'expérimentation prévue au I fait l'objet d'une analyse d'impact relative à la protection des données à caractère personnel dont les résultats sont transmis à la Commission nationale de l'informatique et des libertés, dans les conditions prévues à l'article 62 de la loi nº 78-17 du 6 janvier 1978 précitée.

III. L'expérimentation prévue au I du présent article fait l'objet d'une évaluation dont les résultats sont transmis au Parlement ainsi qu'à la Commission nationale de l'informatique et des libertés au plus tard six mois avant son terme.

IV. L'expérimentation prévue au I, dans les conditions résultant de sa rédaction antérieure à la loi nº 2023-1322 du 29 décembre 2023 de finances pour 2024, est prolongée jusqu'au lendemain de la publication du décret pris pour l'application du I du présent article, dans sa rédaction résultant de la loi nº 2023-1322 du 29 décembre 2023 précitée, et au plus tard jusqu'au 31 décembre 2024.

L'expérimentation prévue au I de la présente loi est prolongée pour une durée de deux ans à compter de la publication du décret mentionné au premier alinéa du présent IV.

FR 2/24 inf. 95 nºs 11 à 20 p. 161 ; FR 2/20 inf. 87 p. 193 ; MF nº 78415

Art. 164 I. A titre expérimental et jusqu'au 31 décembre 2024, pour les logements situés dans la région Bretagne, la réduction d'impôt prévue à l'article 199 novovicies du code général des impôts s'applique exclusivement, par dérogation au IV du même article 199 novovicies et sans préjudice de l'application de ses autres dispositions, aux logements situés dans des communes ou parties de communes se caractérisant par une tension élevée du marché locatif et des besoins en logements intermédiaires importants, déterminées par arrêté du représentant de l'Etat dans la région, après avis du comité régional de l'habitat et de l'hébergement mentionné au premier alinéa de l'article L 364-1 du code de la construction et de l'habitation et du président du conseil régional. Ces avis sont rendus dans un délai de deux mois, à l'expiration duquel ils sont réputés avoir été donnés.

Par dérogation au III de l'article 199 novovicies du code général des impôts, le représentant de l'Etat dans la région arrête, pour chaque commune ou partie de commune et par type de logement, les plafonds de loyer et de ressources du locataire.

II. Le I du présent article s'applique aux acquisitions de logements et, s'agissant des logements que le contribuable fait construire, aux dépôts de demande de permis de construire postérieurs à une date fixée par l'arrêté mentionné au même I. Cette date ne peut être postérieure au 1er juillet 2020.

Toutefois, le IV de l'article 199 novovicies du code général des impôts reste applicable aux acquisitions de logements dans la région Bretagne, pour lesquelles le contribuable peut justifier :

1º S'agissant de l'acquisition d'un logement en l'état futur d'achèvement, d'un contrat préliminaire de réservation mentionné à l'article L 261-15 du code de la construction et de l'habitation signé et déposé au rang des minutes d'un notaire ou enregistré au service des impôts au plus tard à la date mentionnée au premier alinéa du présent II ;

2º Dans les autres cas, d'une promesse d'achat ou d'une promesse synallagmatique de vente signée au plus tard à la date mentionnée au même premier alinéa.

III. Les contribuables bénéficiant de la réduction d'impôt prévue à l'article 199 novovicies du code général des impôts pour des investissements réalisés en Bretagne et régis par le présent article souscrivent, selon des modalités fixées par décret, une déclaration annuelle comportant les éléments permettant d'identifier le logement donné en location, le niveau de ressources du locataire à la conclusion ou au renouvellement du bail ainsi que le montant des loyers perçus au cours de l'année.

IV. Au plus tard le 30 septembre 2024, le Gouvernement remet au Parlement un rapport procédant à l'évaluation de l'expérimentation prévue au présent article.

Ndlr *Sur les conditions d'application de la réduction d'impôt prévue ci-dessus, à titre expérimental, voir le décret 2021-289 du 15 mars 2021 reproduit ci-après.*

IRPP-IV-121300 s. ; MF nº 2809 précision c

Décret 2020-442 du 16 avril 2020 relatif aux composantes de la taxe générale sur les activités polluantes

TD-VIII-1 s. ; MF nos 75200 s.

Chapitre Ier : Définitions

Art. 1 Pour l'application du présent décret :

1° La taxe s'entend de la taxe générale sur les activités polluantes définies à l'article 266 sexies du code des douanes ;

2° La composante portant sur les déchets s'entend de la taxe due au titre des évènements mentionnés aux 1 et 1 bis de l'article 266 septies du même code ;

3° La composante portant sur les émissions s'entend de la même taxe due au titre des évènements mentionnés au 2 du même article 266 septies ;

4° *(Abrogé)* ;

5° La composante portant sur les lessives s'entend de la même taxe due au titre des évènements mentionnés au 5 du même article 266 septies ;

6° La composantes portant sur les matériaux d'extraction s'entend de la même taxe due au titre des évènements mentionnés au 6 du même article 266 septies.

Chapitre II : Produits et usages taxables de la composante portant sur les matériaux d'extraction

Art. 2 Les matériaux d'extraction qui relèvent des positions et sous-positions suivantes de la nomenclature combinée figurant en annexe I au règlement (CEE) n° 2658/87 du Conseil du 23 juillet 1987 susvisé, dans sa rédaction en vigueur au 1er janvier de l'année où intervient le fait générateur mentionné au 6 de l'article 266 septies du code des douanes, sont ceux qui remplissent les caractéristiques mentionnées au a du 6 du I de l'article 266 sexies du même code :

1° Sables naturels de la position 2505 ;

2° Cailloux, graviers et pierres concassées de la sous-position 2517 10 ;

3° Granulés, éclats et poudre de diverses pierres des sous-positions 2517 41 et 2517 49.

> **Ndlr** *La nomenclature combinée figurant en annexe I du règlement CEE/2658/87 du 23 juillet 1987 est remplacée par celle figurant en annexe I du règlement UE/2021/1832 du 12 octobre 2021 (JOUE L 385 du 29) à compter du 1er janvier 2022 et par celle figurant en annexe I du règlement UE/2022/1998 du 20 septembre 2022 (JOUE L 282 du 31 octobre) à compter du 1er janvier 2023, sans modification toutefois en ce qui concerne les positions et sous-positions susvisées.*

Art. 3 Les usages mentionnés au a du 6 du I de l'article 266 sexies du code des douanes sont :

1° La fabrication des couches d'assises et de surface, y compris les ballasts, des immeubles, notamment les voies de circulation, à l'exclusion de la fabrication du liant des enrobés ;

2° La fabrication de béton, à l'exclusion de la fabrication du liant.

Art. 4 Lorsque le destinataire d'une livraison atteste par écrit auprès du vendeur que les matériaux feront l'objet d'un usage autre que ceux mentionnés à l'article 3, que leur usage n'est pas déterminé avec certitude au moment de la livraison ou que plusieurs usages sont envisagés, la condition d'usage mentionnée au a du 6 du I de l'article 266 sexies du code des douanes n'est pas remplie.

L'attestation prévue à l'alinéa précédent est établie, en double exemplaire, au plus tard à la date de la facturation. Un exemplaire est remis au vendeur. Elle mentionne que le destinataire sait qu'il est redevable de la taxe s'il utilise ou livre les matériaux pour des usages mentionnés à l'article 3.

BF 6/20 inf. 460

Chapitre III : Acompte de la taxe

Art. 5 Le nombre des acomptes mentionnés au premier alinéa du II de l'article 266 undecies du code des douanes est égal à un.

Toutefois, en cas de cessation d'activité du redevable avant la date fixée à l'article 7, cet acompte n'est pas dû et le montant de la taxe qui est devenue exigible au cours de l'année de cessation d'activité est établi immédiatement. La taxe est déclarée, acquittée et, le cas échéant, régularisée, sur un formulaire conforme au modèle prescrit par l'administration, selon les modalités prévues pour la taxe sur la valeur ajoutée dont il est redevable ou, à défaut, dans les soixante jours suivant la cessation d'activité.

Art. 6 I. Le montant de l'acompte prévu à l'article 5 est égal à la somme des valeurs définies au II pour chacune des composantes définies à l'article 1er.

II. La valeur prise en compte pour le calcul de l'acompte est égale au montant de la composante devenue exigible au cours de l'année précédente, majorée dans une proportion égale au taux mentionné au 1 bis de l'article 266 nonies du code des douanes.

III. Les redevables qui estiment que la valeur définie au II et relative à une composante conduirait à excéder le montant de la taxe définitivement dû au titre de cette composante peuvent la minorer, sous réserve que le montant finalement dû au titre de cette composante ne soit pas supérieur de plus de 20 % à la valeur minorée.

L'intérêt de retard prévu à l'article 1727 du code général des impôts et la majoration prévue à l'article 1731 du même code sont appliqués à la différence positive entre, d'une part, le montant qui aurait été versé en l'absence de modulation à la baisse et, d'autre part, le montant effectivement versé.

Art. 7 L'acompte prévu à l'article 5 est versé dans les conditions suivantes :

1° Pour les redevables de la taxe sur la valeur ajoutée soumis au régime réel normal d'imposition mentionné au 2 de l'article 287 du code général des impôts, lors du dépôt d'un formulaire conforme au modèle fixé par l'administration au plus tard à la date limite de dépôt de la déclaration mentionnée au 1 de l'article 287 du code général des impôts au cours du mois d'octobre.

2° Pour les redevables de la taxe sur la valeur ajoutée soumis au régime réel simplifié d'imposition, au plus tard le 24 octobre, lors du dépôt d'un formulaire conforme au modèle fixé par l'administration ;

3° Dans les autres cas, au plus tard le 25 octobre, lors du dépôt d'un formulaire conforme au modèle fixé par l'administration, déposée auprès du service de recouvrement dont relève le siège ou le principal établissement du redevable.

Art. 8 La régularisation de l'acompte prévu à l'article 5 est réalisée lors de la déclaration.

Toutefois, les montants à restituer aux redevables constatés lors de la déclaration sont imputés sur l'acompte dû au cours de la même année ou, en cas d'absence ou d'insuffisance, remboursés sur demande.

Chapitre III bis : Modalités de déclaration et de paiement

Art. 8-1 Les déclarations et les formulaires des acomptes de la taxe sont souscrits par voie électronique.

Art. 8-2 Les paiements de la taxe sont souscrits par voie électronique.

Chapitre IV : Dispositions transitoires et finales

Art. 9 Le décret n° 2001-172 du 21 février 2001 précisant la définition des matériaux visés au 6 du I de l'article 266 sexies du code des douanes passibles de la taxe générale sur les activités polluantes est abrogé.

Art. 10 I. L'article 4 entre en vigueur le 1er janvier 2021.

II. Le chapitre III est applicable :

1° Aux composantes définies à l'article 1er autres que celle portant sur les déchets devenues exigibles à compter du 1er janvier 2020 ;

2° A la composante portant sur les déchets devenue exigible à compter du 1er janvier 2021.

Art. 11 I. La régularisation de la taxe devenue exigible en 2019 est réalisée dans les conditions prévues aux II et III du présent article.

II. Lorsque la composante portant sur les déchets est exigible :

1° Si le montant des acomptes versés est inférieur à celui de la taxe porté sur la déclaration, le redevable acquitte la différence en même temps que le premier acompte de la taxe devenue exigible en 2020 au titre des réceptions de déchets ;

2° Si le montant des acomptes versés est supérieur à celui de la taxe porté sur la déclaration, l'excédent peut être imputé sur les acomptes de la taxe devenue exigible en 2020 au titre des réceptions de déchets, ou remboursé, dans les conditions prévues par le septième alinéa de l'article 266 undecies du code des douanes, dans sa rédaction antérieure à l'article 193 de la loi n° 2018-1317 du 28 décembre 2018 de finances pour 2019.

III. Lorsque la composante portant sur les déchets n'est pas exigible :

1° Si le montant des acomptes versés est inférieur à celui de la taxe portée sur la déclaration, le redevable acquitte la différence concomitamment à la déclaration ;

2° Si le montant des acomptes versés est supérieur au montant de la taxe portée sur la déclaration, l'excédent est imputé sur l'acompte de la taxe devenue exigible en 2020 ou, en cas d'absence ou d'insuffisance, remboursé sur demande par le service en charge du recouvrement de la taxe exigible en 2020.

IV. La régularisation des acomptes de la composante portant sur les déchets, au sens de l'article 1er du présent décret, devenue exigible en 2020 est réalisée dans les conditions prévues à l'article 8 du présent décret.

BF 6/21 inf. 568

Loi 2020-473 du 25 avril 2020 de finances rectificative pour 2020

Art. 7 I. Par dérogation au 2 du I de l'article 72 D bis du code général des impôts dans sa rédaction applicable au 30 décembre 2018, les sommes déduites et leurs intérêts capitalisés en application du même article 72 D bis et non encore rapportés au 1er avril 2021 peuvent être utilisés au cours des exercices clos entre le 1er avril 2021 et le 31 décembre 2021 pour faire face aux dépenses prévues au 2 du II de l'article 73 du même code.

II. Le I s'applique à l'impôt sur le revenu dû au titre de l'année 2021.

FR 23/20 inf. 6 p. 13 ; BA-VII-15900 s.

Décret 2020-772 du 24 juin 2020 relatif à l'obligation de souscription et de paiement par voie dématérialisée en matière d'enregistrement

FR 30/20 inf. 5 p. 7 ; ENR-VI-31010 ; ENR-X-57340, 64870 ; MF nº 69190

Art. 1 1° En application des dispositions du XVI de l'article 1649 quater B quater du code général des impôts, les déclarations suivantes sont souscrites par voie électronique au moyen d'un téléservice mis à disposition par l'administration depuis une plateforme dédiée :

a. Déclarations de dons manuels prévues à l'article 635 A du même code ;

b. Déclarations de cessions de droits sociaux prévues aux articles 639 et 640 A du même code ;

c. Déclarations de dons de sommes d'argent prévues à l'article 790 G du même code ;

d. Déclarations de succession prévues à l'article 800 du même code ;

2° Les conditions et les modalités de télédéclaration, ainsi que la date d'entrée en vigueur de l'obligation de télédéclarer, sont définies par un arrêté du ministre chargé du budget au fur et à mesure de l'ouverture du téléservice, pour chaque type de déclaration et, au plus tard, le 1er juillet 2025.

Art. 2 1° En application des dispositions du 9 de l'article 1681 septies du code général des impôts, les paiements accompagnant les déclarations suivantes sont effectués par télérèglement au moyen d'un téléservice mis à disposition par l'administration depuis une plateforme dédiée :

a. Déclarations de dons manuels prévues à l'article 635 A du même code ;

b. Déclarations de cessions de droits sociaux prévues aux articles 639 et 640 A du même code ;

c. Déclarations de dons de sommes d'argent prévues à l'article 790 G du même code ;

d. Déclarations de succession prévues à l'article 800 du même code ;

2° Les conditions et les modalités de télérèglement, ainsi que la date d'entrée en vigueur de l'obligation de télérégler, sont définies par un arrêté du ministre chargé du budget au fur et à mesure de l'ouverture du téléservice, pour chaque type de déclaration et, au plus tard, le 1er juillet 2025.

Loi 2020-935 du 30 juillet 2020 de finances rectificative pour 2020

Art. 5 Par dérogation au cinquième alinéa du I de l'article 220 quinquies du code général des impôts, peuvent, sur demande déposée au plus tard à la date limite de dépôt de la déclaration de résultats de l'exercice clos au 31 décembre 2020, être remboursées les créances non utilisées, autres que celles cédées dans les conditions prévues aux articles L 313-23 à L 313-35 du code monétaire et financier, nées d'une option exercée au titre d'un exercice clos au plus tard le 31 décembre 2020.

Les entreprises qui estiment pouvoir bénéficier des dispositions du premier alinéa du présent article au titre d'un exercice clos pour lequel la liquidation de l'impôt n'est pas intervenue peuvent, dès le lendemain de la clôture, exercer l'option mentionnée au premier alinéa du I de l'article 220 quinquies du code général des impôts. Lorsque le montant de la créance remboursée résultant de cette option excède de plus de 20 % le montant de la créance déterminée à partir de la déclaration de résultats déposée au titre de cet exercice, l'intérêt de retard prévu à l'article 1727 du même code et la majoration prévue à l'article 1731 dudit code sont appliqués à l'excédent indûment remboursé.

BIC-XIV-8960 s.

Art. 20 I. Les aides reçues jusqu'au 31 décembre 2023 par les lauréats du concours « French Tech Tremplin » au titre de ce concours sont exonérées d'impôt sur les sociétés, d'impôt sur le revenu et de toutes les cotisations et contributions sociales d'origine légale ou conventionnelle.

II. Le bénéfice de l'exonération prévue au I est subordonné au respect du règlement (UE) nº 1407/2013 de la Commission du 18 décembre 2013 relatif à l'application des articles 107 et 108 du traité sur le fonctionnement de l'Union européenne aux aides de minimis.

BIC-V-30490

Décret 2020-946 du 30 juillet 2020 portant diverses dispositions relatives à la formation professionnelle

Art. 1 L'organisme unique mentionné au neuvième alinéa de l'article 1er de la loi du 22 mai 2019 susvisée est l'Institut national de la propriété industrielle.

DC-IX-2100 s. ;

Loi 2020-1721 du 29 décembre 2020 de finances pour 2021

Art. 15 I. Le crédit d'impôt prévu à l'article 244 quater W du code général des impôts s'applique, par dérogation au X du même article 244 quater W, aux investissements exploités par des entreprises en difficulté au sens du règlement (UE) n° 651/2014 de la Commission du 17 juin 2014 déclarant certaines catégories d'aides compatibles avec le marché intérieur en application des articles 107 et 108 du traité, sous réserve qu'il concoure, en complément d'une ou plusieurs autres aides publiques, à la reprise ou à la restructuration de l'entreprise exploitante dans le cadre d'un plan de reprise ou de restructuration mis en œuvre à l'issue de l'une des procédures définies aux articles L 611-3, L 611-4 ou L 620-1 du code de commerce et qu'il fasse l'objet d'une décision individuelle de la Commission européenne autorisant l'aide fiscale.

II. Le I s'applique aux investissements pour lesquels le fait générateur de l'aide fiscale intervient entre le 1er janvier 2021 et le 31 décembre 2022.

DC-IV-32260 s.

Art. 27 I. 1. Les petites et moyennes entreprises imposées d'après leur bénéfice réel ou exonérées en application des articles 44 sexies, 44 sexies A, 44 octies A, 44 duodecies et 44 terdecies à 44 septdecies du code général des impôts peuvent bénéficier d'un crédit d'impôt au titre des dépenses engagées entre le 1er octobre 2020 et le 31 décembre 2021 et entre le 1er janvier 2023 et le 31 décembre 2024 pour la rénovation énergétique des bâtiments ou parties de bâtiments à usage tertiaire dont elles sont propriétaires ou locataires et qu'elles affectent à l'exercice de leur activité industrielle, commerciale, artisanale, libérale ou agricole.

Les entreprises mentionnées au premier alinéa du présent 1 répondent à la définition de l'annexe I au règlement (UE) n° 651/2014 de la Commission du 17 juin 2014 déclarant certaines catégories d'aide compatibles avec le marché intérieur en application des articles 107 et 108 du traité.

2. A condition que la construction du bâtiment soit achevée depuis plus de deux ans à la date d'exécution des travaux, le crédit d'impôt mentionné au 1 du présent I s'applique aux dépenses engagées au titre :

a. De l'acquisition et de la pose d'un système d'isolation thermique en rampant de toitures ou en plafond de combles ;

b. De l'acquisition et de la pose d'un système d'isolation thermique sur murs, en façade ou pignon, par l'intérieur ou par l'extérieur ;

c. De l'acquisition et de la pose d'un système d'isolation thermique en toiture terrasse ou couverture de pente inférieure à 5 % ;

d. De l'acquisition et de la pose d'un chauffe-eau solaire collectif ou d'un dispositif solaire collectif pour la production d'eau chaude sanitaire ;

e. De l'acquisition et de la pose d'une pompe à chaleur, autre que air/air, dont la finalité essentielle est d'assurer le chauffage des locaux ;

f. De l'acquisition et de la pose d'un système de ventilation mécanique simple flux ou double flux ;

g. Du raccordement à un réseau de chaleur ou de froid ;

h. De l'acquisition et de la pose d'une chaudière biomasse ;

i. De l'acquisition et de la pose d'un système de régulation ou de programmation du chauffage et de la ventilation ;

j. De l'acquisition et de la pose d'une toiture ou d'éléments de toiture permettant la réduction des apports solaires, lorsque les dépenses sont afférentes à un bâtiment situé à La Réunion, en Guyane, en Martinique, en Guadeloupe ou à Mayotte ;

k. De l'acquisition et de la pose de protections de baies fixes ou mobiles contre le rayonnement solaire, lorsque les dépenses sont afférentes à un bâtiment situé à La Réunion, en Guyane, en Martinique, en Guadeloupe ou à Mayotte ;

l. De l'acquisition et de la pose d'un climatiseur fixe de classe A ou de la classe supérieure à A, en remplacement d'un climatiseur existant, lorsque les dépenses sont afférentes à un bâtiment situé à La Réunion, en Guyane, en Martinique, en Guadeloupe ou à Mayotte.

3. Un arrêté conjoint des ministres chargés de l'énergie, du logement et du budget fixe la liste des équipements, matériaux et appareils dont l'acquisition et la pose ouvrent droit au crédit d'impôt. Il précise les caractéristiques techniques des équipements et travaux mentionnés aux a à l du 2, ainsi que les travaux pour lesquels est exigé, pour l'application du crédit d'impôt, le respect de critères de qualification de l'entreprise réalisant ces travaux.

4. Les dépenses mentionnées aux a à l du 2 n'ouvrent droit au crédit d'impôt que si les travaux sont réalisés directement par les entreprises auxquelles ils ont été confiés. Par dérogation, ces entreprises peuvent recourir à une autre entreprise pour la fourniture, l'installation des équipements, des matériaux ou des appareils dans le cadre d'un contrat de sous-traitance régi par la loi n° 75-1334 du 31 décembre 1975 relative à la sous-traitance.

5. Le crédit d'impôt est égal à 30 % du prix de revient hors taxes des dépenses mentionnées au 2 du présent I. Sont déduites des bases de calcul du crédit d'impôt :

a. Les aides perçues au titre des certificats d'économie d'énergie mentionnés aux articles L 221-1 à L 221-13 du code de l'énergie à raison des opérations ouvrant droit au crédit d'impôt ;

b. Les aides publiques reçues à raison des opérations ouvrant droit au crédit d'impôt.

Les mêmes dépenses ne peuvent entrer à la fois dans la base de calcul du crédit d'impôt défini au présent I et dans celle d'un autre crédit d'impôt.

Lorsque les dépenses sont engagées par les sociétés mentionnées aux articles 8, 238 bis L, 239 ter et 239 quater A du code général des impôts ou par les groupements mentionnés aux articles 238 ter, 239 quater, 239 quater B, 239 quater C et 239 quinquies du même code, le crédit d'impôt peut être utilisé par leurs associés proportionnellement à leurs droits dans ces sociétés ou groupements, à condition qu'il s'agisse de redevables de l'impôt sur les sociétés ou de personnes physiques participant à l'exploitation au sens du 1° bis du I de l'article 156 dudit code.

6. Le montant total de crédit d'impôt, octroyé au titre d'un ou plusieurs exercices, dont peut bénéficier une entreprise, toutes dépenses éligibles confondues, ne peut excéder, au titre des dépenses engagées du 1er octobre 2020 au 31 décembre 2021 et du 1er janvier 2023 au 31 décembre 2024, un plafond de 25 000 €.

Ce plafond s'apprécie en prenant en compte la fraction du crédit d'impôt correspondant aux parts des associés de sociétés de personnes et aux droits des membres de groupements mentionnés au 5 du I du présent article.

II. Le crédit d'impôt défini au I est imputé sur l'impôt sur le revenu dû par le contribuable au titre de l'année civile au cours de laquelle l'entreprise a engagé les dépenses, après imputation des prélèvements non libératoires et des autres crédits d'impôt. Si le montant du crédit d'impôt excède l'impôt dû au titre de cette année, l'excédent est restitué.

La créance sur l'Etat correspondant au crédit d'impôt non utilisé est inaliénable et incessible, sauf dans les cas et selon les conditions prévues aux articles L 313-23 à L 313-35 du code monétaire et financier.

III. Le crédit d'impôt défini au I du présent article est imputé sur l'impôt sur les sociétés dû par l'entreprise, dans les conditions prévues au II. En cas de clôture d'exercice en cours d'année civile, le montant du crédit d'impôt est calculé en prenant en compte les dépenses éligibles au titre de la dernière année civile écoulée.

La société mère mentionnée à l'article 223 A du code général des impôts est substituée aux sociétés du groupe pour l'imputation sur le montant de l'impôt sur les sociétés dont elle est redevable, au titre de chaque exercice, des crédits d'impôt dégagés par chaque société du groupe en application du I du présent article. Les dispositions du II s'appliquent à la somme de ces crédits d'impôt.

IV. Les entreprises déposent une déclaration conforme à un modèle établi par l'administration dans les mêmes délais que la déclaration annuelle de résultat souscrite en application des articles 53 A et 223 du code général des impôts.

La société mère d'un groupe, au sens de l'article 223 A du même code, déclare les crédits d'impôt pour le compte des sociétés du groupe, y compris ceux qui la concernent, lors du dépôt de la déclaration relative au résultat d'ensemble du groupe.

V. Le bénéfice du crédit d'impôt défini au I du présent article est subordonné au respect du règlement (UE) n° 1407/2013 de la Commission du 18 décembre 2013 relatif à l'application des articles 107 et 108 du traité sur le fonctionnement de l'Union européenne aux aides de minimis.

FR 2/23 inf. 76 p. 103 ; IS-IX-16000 s. ; MF n° 10525

Art. 28 Les contribuables ayant opté pour le versement libératoire prévu à l'article 151-0 du code général des impôts portent sur la déclaration prévue à l'article 170 du même code, établie au titre des revenus perçus ou réalisés en 2020 , les montants de chiffre d'affaires ou de recettes qu'ils ont déduits des montants déclarés aux organismes mentionnés aux articles L 213-1 et L 752-4 du code de la sécurité sociale en application du IV de l'article 65 de la loi n° 2020-935 du 30 juillet 2020 de finances rectificative pour 2020. Ces contribuables portent sur la déclaration établie au titre des revenus perçus ou réalisés en 2021 les montants de chiffre d'affaires ou de recettes qu'ils ont déduits des montants déclarés à ces organismes en application du IV de l'article 9 de la loi n° 2020-1576 du 14 décembre 2020 de financement de la sécurité sociale pour 2021 et du IV de l'article 25 de la loi n° 2021-953 du 19 juillet 2021 de finances rectificative pour 2021. Ces contribuables portent, sur la déclaration établie au titre des revenus perçus ou réalisés en 2022, les montants de chiffre d'affaires ou de recettes qu'ils ont déduits des montants déclarés à ces organismes en application de l'article 9 de la loi n° 2020-1576 du 14 décembre 2020 précitée.

FR 2/23 inf. 78 p. 105

Par dérogation au V de l'article 151-0 du code général des impôts, l'impôt sur le revenu dû au titre de ces montants, liquidé selon les modalités prévues au II du même article 151-0, est recouvré selon les règles et sous les garanties et sanctions applicables à cet impôt.

Art. 140 I. Les entreprises agricoles qui exercent leur activité principale dans le secteur des cultures permanentes à l'exception des pépinières et des taillis à courte rotation ou sur des terres arables hors surfaces en jachère ou sous serres au sens de l'article 4 du règlement (UE) n° 1307/2013 du Parlement européen et du Conseil du 17 décembre 2013 établissant les règles relatives aux paiements directs en faveur des agriculteurs au titre des régimes de soutien relevant de la politique agricole commune et abrogeant le règlement (CE) n° 637/2008 du Conseil et le règlement (CE) n° 73/2009 du Conseil et qui n'utilisent pas de produits phytopharmaceutiques contenant la substance active du glyphosate au cours des années 2021 à 2023 bénéficient d'un crédit d'impôt au titre de l'année pendant laquelle ces produits n'ont pas été utilisés.

Ndlr ***1.*** *Le règlement (UE) 1307/2013 du 17 décembre 2013 est abrogé à compter du 1er janvier 2023 par le règlement (UE) 2021/2115 du 2 décembre 2021 art. 154, 2.*

2. *Les dispositions du présent alinéa s'appliquent à compter du 1er janvier 2022 (Loi 2022-1726 du 30 décembre 2022 art. 52, II).*

Dans les mêmes conditions, les éleveurs exerçant une part significative de leur activité dans les cultures mentionnées au premier alinéa du présent I peuvent bénéficier de ce crédit d'impôt.

II. A. Le montant du crédit d'impôt mentionné au I s'élève à 2 500 €.

B. Les aides accordées au titre des crédits d'impôt prévus à l'article 244 quater L du code général des impôts et à l'article 151 de la présente loi ne sont pas cumulables avec le crédit d'impôt prévu au I du présent article.

C. Pour le calcul du crédit d'impôt des groupements agricoles d'exploitation en commun, le montant mentionné au A du présent II est multiplié par le nombre d'associés que compte le groupement, dans la limite de quatre.

III. Le crédit d'impôt calculé par les sociétés de personnes mentionnées aux articles 8 et 238 bis L du code général des impôts ou les groupements mentionnés aux articles 238 ter, 239 quater, 239 quater B, 239 quater C et 239 quinquies du même code qui ne sont pas soumis à l'impôt sur les sociétés peut être utilisé par leurs associés proportionnellement à leurs droits dans ces sociétés ou ces groupements, à condition qu'il s'agisse de redevables de l'impôt sur les sociétés ou de personnes physiques participant à l'exploitation au sens du 1° bis du I de l'article 156 dudit code.

IV. A. Le crédit d'impôt défini au I du présent article est imputé sur l'impôt sur le revenu dû par le contribuable au titre de l'année pendant laquelle les produits mentionnés au I n'ont pas été utilisés, après les prélèvements non libératoires et les autres crédits d'impôt. Si le montant du crédit d'impôt excède le montant de l'impôt dû au titre de l'année, l'excédent est restitué. Pour les exercices ne coïncidant pas avec l'année civile, le crédit d'impôt correspondant est imputé sur l'impôt sur le revenu dû par le contribuable au titre de l'année au cours de laquelle l'exercice est clos.

B. Le crédit d'impôt défini au I est imputé sur l'impôt sur les sociétés dû par l'entreprise dans les conditions prévues au A du présent IV.

C. La société mère est substituée aux sociétés du groupe pour l'imputation sur le montant de l'impôt sur les sociétés dont elle est redevable au titre de chaque exercice des crédits d'impôt dégagés par chaque société du groupe en application du présent article. Les dispositions du B du présent IV s'appliquent à la somme de ces crédits.

V. Les entreprises déposent une déclaration conforme à un modèle établi par l'administration dans les mêmes délais que la déclaration annuelle de résultat souscrite en application des articles 53 A et 223 du code général des impôts.

La société mère d'un groupe au sens de l'article 223 A du même code déclare les crédits d'impôt pour le compte des sociétés du groupe, y compris ceux qui la concernent, lors du dépôt de la déclaration relative au résultat d'ensemble du groupe.

VI. Les I à V entrent en vigueur, au titre de 2021, à une date fixée par décret qui ne peut être postérieure de plus de six mois à la date de réception par le Gouvernement de la réponse de la Commission européenne permettant de les considérer comme étant conformes au droit de l'Union européenne en matière d'aides d'Etat.

Ndlr Les dispositions du présent VI s'appliquent à compter du 1er janvier 2022 (Loi 2022-1726 du 30 décembre 2022 art. 52, II).

VII. Le bénéfice du crédit d'impôt prévu au I est subordonné, pour les années 2022 et 2023, au respect du règlement (UE) n° 1408/2013 de la Commission du 18 décembre 2013 relatif à l'application des articles 107 et 108 du traité sur le fonctionnement de l'Union européenne aux aides de minimis dans le secteur de l'agriculture.

Ndlr Les dispositions du présent alinéa ne sont pas applicables aux demandes de crédit d'impôt effectuées au titre des années 2022 et 2023 (Décret 2023-359 du 10 mai 2023 art. 1).

En cas de réponse de la Commission européenne permettant de considérer le crédit d'impôt prévu au I du présent article comme étant conforme au droit de l'Union européenne en matière d'aides d'Etat au titre de l'année 2022 ou de l'année 2023, un décret prévoit que le premier alinéa du présent VII n'est pas applicable au titre de l'année ou des années considérées.

Ndlr Les dispositions du présent VII s'appliquent à compter du 1er janvier 2022 (Loi 2022-1726 du 30 décembre 2022 art. 52, II).

BA-VII-29600 s. ; MF n° 16362

Art. 151 I. Les entreprises agricoles disposant d'une certification d'exploitation à haute valeur environnementale au sens de l'article L 611-6 du code rural et de la pêche maritime en cours de validité au 31 décembre 2021 ou délivrée au cours de l'une des années 2022, 2023 ou 2024 bénéficient d'un crédit d'impôt au titre de cette certification.

II. 1. Le montant du crédit d'impôt mentionné au I s'élève à 2 500 €.

2. Le montant cumulé des aides accordées par l'Union européenne, l'Etat, les collectivités territoriales ou tout autre organisme public en vue de l'obtention de la certification d'exploitation à haute valeur environnementale, du crédit d'impôt prévu à l'article 244 quater L du code général des impôts et du crédit d'impôt prévu au I du présent article ne peut excéder 5 000 €. Le cas échéant, le montant du crédit d'impôt est diminué à concurrence des sommes excédant ce plafond.

3. Pour le calcul du crédit d'impôt des groupements agricoles d'exploitation en commun, les montants mentionnés aux 1 et 2 sont multipliés par

le nombre d'associés, sans que le montant du crédit d'impôt ainsi obtenu puisse excéder quatre fois le crédit d'impôt calculé dans les conditions prévues aux mêmes 1 et 2.

III. Le crédit d'impôt calculé par les sociétés de personnes mentionnées aux articles 8 et 238 bis L du code général des impôts ou les groupements mentionnés aux articles 238 ter, 239 quater, 239 quater B, 239 quater C et 239 quinquies du même code, qui ne sont pas soumis à l'impôt sur les sociétés, peut être utilisé par leurs associés proportionnellement à leurs droits dans ces sociétés ou ces groupements, à condition qu'il s'agisse de redevables de l'impôt sur les sociétés ou de personnes physiques participant à l'exploitation au sens du 1° bis du I de l'article 156 dudit code.

IV. 1. Le crédit d'impôt défini au I est imputé sur l'impôt sur le revenu dû par le contribuable au titre de l'année 2021, ou au titre de l'année d'obtention de la certification pour les certifications obtenues au cours de l'une des années 2022, 2023 ou 2024, après les prélèvements non libératoires et les autres crédits d'impôt. Si le montant du crédit d'impôt excède le montant de l'impôt dû au titre de ladite année ou dudit exercice, l'excédent est restitué. Pour les exercices ne coïncidant pas avec l'année civile, le crédit d'impôt correspondant est imputé sur l'impôt sur le revenu dû par le contribuable au titre de l'année au cours de laquelle l'exercice est clos.

2. Le crédit d'impôt défini au I est imputé sur l'impôt sur les sociétés dû par l'entreprise dans les conditions prévues au 1.

3. La société mère est substituée aux sociétés du groupe pour l'imputation sur le montant de l'impôt sur les sociétés dont elle est redevable au titre de chaque exercice des crédits d'impôt dégagés par chaque société du groupe en application du présent article. Les dispositions du 2 s'appliquent à la somme de ces crédits.

V. Les entreprises déposent une déclaration conforme à un modèle établi par l'administration dans les mêmes délais que la déclaration annuelle de résultat souscrite en application des articles 53 A et 223 du code général des impôts.

La société mère d'un groupe, au sens de l'article 223 A du même code, déclare les crédits d'impôt pour le compte des sociétés du groupe, y compris ceux qui la concernent, lors du dépôt de la déclaration relative au résultat d'ensemble du groupe.

VI. Le bénéfice du crédit d'impôt mentionné au I est subordonné au respect du règlement (UE) n° 1408/2013 de la Commission du 18 décembre 2013 relatif à l'application des articles 107 et 108 du traité sur le fonctionnement de l'Union européenne aux aides de minimis dans le secteur de l'agriculture ou du règlement (UE) n° 717/2014 de la Commission du 27 juin 2014 concernant l'application des articles 107 et 108 du traité sur le fonctionnement de l'Union européenne aux aides de minimis dans le secteur de la pêche et de l'aquaculture.

BA-VII-29800 s. ; MF n° 16360

Décret 2021-148 du 11 février 2021 portant modalités de mise en œuvre par la direction générale des finances publiques et la direction générale des douanes et droits indirects de traitements informatisés et automatisés permettant la collecte et l'exploitation de données rendues publiques sur les sites internet des opérateurs de plateforme en ligne

FR 12/21 inf. 8 p. 15 ; MF n° 78415

Ier *DISPOSITIONS GENERALES*

Art. 1 Les outils de traitement mentionnés à l'article 154 de la loi du 28 décembre 2019 susvisée sont, d'une part, développés dans une phase d'apprentissage et de conception, d'autre part, utilisés dans une phase d'exploitation.

Art. 2 La collecte des contenus librement accessibles et manifestement rendus publics sur les sites internet des opérateurs de plateforme en ligne mentionnés au 2° du I de l'article L 111-7 du code de la consommation au moyen d'identités d'emprunt ou de comptes spécialement utilisés à cet effet par l'une des administrations mentionnées à l'article 154 de la loi du 28 décembre 2019 susvisée est prohibée, sous la seule réserve de la création de comptes destinés à être utilisés par l'intermédiaire d'interfaces de programmation mises à disposition par les opérateurs de plateforme.

Seuls les contenus se rapportant à la personne qui les a délibérément divulgués et dont l'accès ne nécessite ni saisie d'un mot de passe ni inscription sur le site en cause peuvent être collectés et exploités.

Lorsque la personne est titulaire sur internet d'une page personnelle permettant le dépôt de commentaires ou toute autre forme d'interactions avec des tiers, ces commentaires et interactions ne peuvent faire l'objet d'aucune exploitation.

Art. 3 Les finalités des traitements mentionnés à l'article 154 de la loi du 28 décembre 2019 susvisée sont :

1° Pendant la phase d'apprentissage et de conception :

a. Le développement d'outils permettant la collecte et le traitement automatisés des contenus mentionnés à l'article 2 et leur nettoyage automatisé après collecte ;

b. La modélisation et l'identification des caractéristiques des comportements susceptibles de révéler la commission des infractions et manquements mentionnés au I de l'article 154 de la loi du 28 décembre 2019 susvisée et l'identification d'indicateurs et de critères de pertinence ;

c. Le développement des capacités d'analyse de données non structurées et la mise en place des dispositifs de croisement avec des bases de données de lieux géographiques et des moteurs de recherche spécialisés dans l'identification des lieux correspondant à des images, afin d'identifier des indicateurs de lieux géographiques ;

d. La collecte et la sélection des données pertinentes ;

2° Pendant la phase d'exploitation :

a. La collecte et la sélection des données pertinentes ;

b. Le transfert des données pour analyse vers les traitements visés au II des articles 6, 7 et 8 ;

c. La transmission des données prévue par l'article 10.

CHAPITRE II
MODALITES DE MISE EN ŒUVRE DES TRAITEMENTS PENDANT LA PHASE D'APPRENTISSAGE ET DE CONCEPTION

Art. 4 I. Pour la recherche, d'une part, d'une activité occulte, au sens de l'article L 169 du livre des procédures fiscales, sanctionnée par l'application de la majoration mentionnée au c du 1 de l'article 1728 du code général des impôts, d'autre part, des inexactitudes ou omissions découlant d'un manquement aux règles de domiciliation fiscale des personnes physiques fixées à l'article 4 B du code général des impôts et sanctionnées par l'application des majorations mentionnées à l'article 1729 du même code, les traitements mis en œuvre pendant la phase d'apprentissage et de conception ont uniquement pour finalité de développer des outils de collecte et d'analyse des données et d'identifier des indicateurs qui ne sont pas des données à caractère personnel, tels que des mots-clés, des ratios ou encore des indications de dates et de lieux, caractérisant les manquements et infractions recherchés.

II. Pour la recherche d'activités occultes, la conception d'outils de collecte et d'analyse des données comporte les étapes suivantes :

1° La constitution d'un échantillon d'entreprises à partir des données d'identification des entreprises issues du traitement automatisé de lutte contre la fraude dénommé « ciblage de la fraude et valorisation des requêtes ». L'ampleur de l'échantillon ne dépasse pas ce qui est strictement nécessaire à l'identification des indicateurs mentionnés au I ;

2° La collecte, à partir de l'échantillon ainsi constitué, des contenus visés à l'article 2. Ces données sont :

a. Les données d'identification des titulaires des pages internet analysées ;

b. Les contenus des pages se rapportant à l'activité professionnelle des entreprises de l'échantillon qui peuvent notamment être des écrits, des images, des photographies, des sons, des signaux ou des vidéos.

Les données sensibles, au sens du I de l'article 6 de la loi du 6 janvier 1978 susvisée, ainsi que les données d'identification des comptes sont détruites au plus tard cinq jours ouvrés après leur collecte. Les autres données sont conservées pendant un délai maximum de trente jours à compter de leur collecte ;

3° L'identification des indicateurs à partir des données issues des traitements mentionnés au 2°.

L'administration fiscale identifie les typologies, les mots-clés et les expressions caractérisant les comptes ouverts dans un secteur d'activité.

III. Pour la recherche des manquements aux règles de la domiciliation fiscale mentionnés au I, la conception d'outils de collecte et d'analyse des données comporte les étapes suivantes :

1° La conception de la technologie d'identification des personnes à partir d'une liste, dont l'ampleur ne dépasse pas ce qui est strictement nécessaire, de personnes préalablement identifiées au moyen des données de l'administration fiscale. Sont utilisées les données permettant l'identification de personnes physiques issues du traitement automatisé de lutte contre la fraude dénommé « ciblage de la fraude et valorisation des requêtes ».

Ces travaux ont pour objectif de développer un outil permettant d'associer une personne physique à ses comptes détenus sur les plateformes en ligne mentionnées au 2° du I de l'article L 111-7 du code de la consommation.

Seules sont collectées pour ces travaux, les données d'identification des titulaires de comptes de plateformes en ligne. Les données d'identification collectées sont conservées pendant un délai maximum de trente jours après leur collecte. Les autres données sont supprimées dès leur collecte ;

2° La conception de la technologie d'identification des données de localisation géographique à partir de la collecte des données des comptes d'un échantillon de personnes préalablement identifiées au moyen des données de l'administration fiscale.

L'échantillon, dont l'ampleur ne dépasse pas ce qui est strictement nécessaire à l'identification des indicateurs de localisation géographique, est constitué à partir des données d'identification de personnes physiques issues du traitement automatisé de lutte contre la fraude dénommé « ciblage de la fraude et valorisation des requêtes ».

A partir de cet échantillon, sont collectées, à partir des contenus visés à l'article [2], les données suivantes :

a. Les données d'identification des titulaires des pages internet analysées ;

b. Les contenus des pages permettant d'identifier des lieux géographiques qui peuvent notamment être des écrits, des images, des photographies, des sons, des signaux ou des vidéos.

Ces travaux ont pour objectif de développer des capacités d'analyse de données non structurées et de mettre en place des dispositifs de croisement avec des bases de données de lieux géographiques et des moteurs de recherche spécialisés dans l'identification des lieux correspondant à des images, afin d'identifier des indicateurs de lieux géographiques.

Les contenus des comptes présentant un caractère sensible, au sens du I de l'article 6 de la loi du 6 janvier 1978 susvisée, ainsi que les éléments permettant l'identification des personnes physiques titulaires des contenus collectés sont détruits au plus tard cinq jours ouvrés après leur collecte. Les autres données sont conservées pendant un délai maximum de trente jours à compter de leur collecte.

Les échantillons utilisés aux 1° et 2° du présent III sont différents.

IV. Une analyse des indicateurs prévus au I est réalisée par des agents de l'administration à l'issue de la conception des traitements décrits aux II et III afin d'écarter ceux qui impliquent la collecte des données personnelles mentionnées au I de l'article 6 de loi du 6 janvier 1978 susmentionnée.

Ces traitements ne donnent lieu à aucun envoi d'informations à un service de contrôle ou de gestion.

La clôture d'une phase de conception implique la suppression de l'ensemble des données collectées pendant cette phase. Sont produits et conservés les indicateurs mentionnés au I validés selon les critères de pertinence en application des II et III et après l'analyse prévue au premier alinéa du présent IV.

V. Le recours à la sous-traitance s'exerce dans les conditions et sous les réserves prévues au premier alinéa du I de l'article 154 de la loi du 28 décembre 2019 susvisée, à l'article 96 de la loi du 6 janvier 1978 susmentionnée et au décret n° 2019-536 du 29 mai 2019 susvisé.

VI. Si au cours de l'exploitation des outils définis aux II et III de nouveaux besoins d'apprentissage apparaissent, une nouvelle phase d'apprentissage et de conception est formellement ouverte dans un environnement distinct et étanche de l'environnement d'exploitation.

Art. 5 I. Pour la recherche des infractions mentionnées à l'article 1791 ter, aux 3°, 8° et 10° de l'article 1810 du code général des impôts ainsi qu'aux articles 414, 414-2 et 415 du code des douanes, les traitements mis en œuvre pendant la phase d'apprentissage et de conception ont uniquement pour finalités de développer des outils de collecte d'analyse et de nettoyage des données et d'identifier des critères de pertinence, notamment des mots-clés, des ratios, et des indications de date et de lieux, caractérisant les manquements et infractions recherchés, ainsi que les modélisations de détection des activités frauduleuses.

II. La conception d'outils de collecte et d'analyse des données comporte les étapes suivantes :

1° La constitution d'un échantillon de pages à partir duquel sera opéré le développement, prévu au 2°, d'outils de collecte. L'ampleur de cet échantillon ne dépasse pas ce qui est strictement nécessaire à l'identification des critères de pertinence mentionnés au I ;

2° Le développement d'outils de collecte permettant, à partir de l'échantillon défini au 1°, l'identification de contenus visés à l'article 2. Les catégories de données collectées sont :

a. Les données d'identification des titulaires des pages internet analysées ;

b. Les données susceptibles de caractériser l'exercice d'une activité professionnelle ou d'une activité illicite en lien avec les infractions mentionnées au I et l'ampleur de cette activité, notamment les photographies des produits vendus, les données d'expédition de la marchandise et les données permettant de mesurer l'audience de la page, l'ancienneté et l'activité du profil et de l'annonce ;

c. Les données relatives aux moyens de transport utilisés ;

d. Les données de localisation ;

3° La mise en œuvre de modélisations de détection des activités frauduleuses reposant sur l'analyse et la corrélation des différentes informations collectées en fonction des critères de pertinence définis au I.

III. Une analyse des critères de pertinence ainsi retenus est réalisée par des agents de l'administration à l'issue de la conception des traitements afin d'écarter ceux qui impliquent la collecte des données sensibles au sens du I de l'article 6 de loi du 6 janvier 1978 susmentionnée.

Ces traitements ne donnent lieu à aucun envoi d'informations à un service de contrôle ou de gestion.

IV. Le recours à la sous-traitance s'exerce dans les conditions et sous les réserves prévues au premier alinéa du I de l'article 154 de la loi du 28 décembre 2019 susmentionnée, à l'article 96 de la loi du 6 janvier 1978 susmentionnée et au décret du 29 mai 2019 susmentionné.

V. Chaque phase de conception fait l'objet d'une validation formelle conditionnant le passage en phase d'exploitation.

Au cours de la phase de conception :

1° Les données sensibles, au sens du I de l'article 6 de la loi du 6 janvier 1978 susmentionnée ainsi que celles manifestement sans lien avec les infractions mentionnées au I sont détruites au plus tard cinq jours ouvrés après leur collecte ;

2° Les données de nature à concourir à la constatation des infractions mentionnées au I sont conservées pendant un délai maximum de trente jours à compter de leur collecte.

La clôture d'une phase de conception implique la suppression de l'ensemble des données collectées pendant cette phase à l'exclusion des critères de pertinence validés en application des II et III.

VI. Si au cours de l'exploitation des outils définis au II de nouveaux besoins d'apprentissage apparaissent, une nouvelle phase d'apprentissage et de conception est formellement ouverte dans un environnement distinct et étanche de l'environnement d'exploitation.

CHAPITRE III
MODALITES DE MISE EN ŒUVRE DES TRAITEMENTS PENDANT LA PHASE D'EXPLOITATION

Art. 6 I. Pour la recherche d'activités occultes mentionnées au I de l'article 4, l'administration fiscale collecte et traite de manière automatique les contenus visés à l'article 2 et relatifs aux personnes physiques et morales susceptibles d'exercer une activité économique dissimulée à l'administration fiscale.

1° L'administration fiscale collecte :

a. Les données d'identification ;

b. Les données susceptibles de caractériser certaines activités professionnelles, c'est-à-dire les contenus pouvant correspondre aux indicateurs définis lors de la phase d'apprentissage ;

2° L'administration recense dans des tables informatiques les indicateurs ainsi identifiés et les éléments d'identification des comptes et des publications qui contiennent ces indicateurs.

Les données collectées qui ne figurent pas dans les tables informatiques ainsi que les données sensibles, au sens du I de l'article 6 de la loi du 6 janvier 1978 susmentionnée sont détruites au plus tard cinq jours ouvrés après leur collecte.

II. Les informations figurant dans les tables informatiques mentionnées au 2° du I sont transférées vers le traitement automatisé de lutte contre la fraude dénommé «ciblage de la fraude et valorisation des requêtes» pour y être rapprochées des données à caractère personnel de ce traitement afin de vérifier si la personne ne s'est pas fait connaître de l'administration.

III. Les informations figurant dans les tables informatiques mentionnées au 2° du I sont réputées constituer un indice lorsqu'elles ne peuvent être rattachées à un contribuable connu de l'administration au titre de l'activité en cause à la suite du transfert effectué conformément aux dispositions du II. Les autres informations figurant dans ces tables sont détruites dans un délai maximum de trente jours à compter de la collecte à laquelle elles se rapportent.

Les informations réputées constituer un indice sont conservées pour un examen approfondi pour une période maximale d'un an à compter de la collecte à laquelle elles se rapportent. Elles sont détruites à l'issue de cette période sauf si elles sont utilisées dans le cadre d'une procédure pénale ou fiscale. Dans ce cas, elles ne sont détruites qu'au terme de la procédure.

Art. 7 I. Pour la recherche des manquements aux règles de la domiciliation fiscale mentionnés au I de l'article 4, l'administration fiscale collecte et traite les contenus visés à l'article 2 correspondant à des données susceptibles de caractériser une localisation géographique et au rattachement de ces dernières à une personne physique identifiée à partir d'une liste de personnes préalablement déterminée en fonction des données détenues par l'administration fiscale et qui seraient susceptibles d'être en infraction avec les règles de domiciliation fiscale prévues par l'article 4 B du code général des impôts. Seuls les contenus figurant sur les pages dont ces personnes physiques sont titulaires peuvent être collectés.

La liste des personnes physiques mentionnées au premier alinéa est établie à partir des données d'identification et d'ordre économique et financier issues du traitement automatisé de lutte contre la fraude dénommé « ciblage de la fraude et valorisation des requêtes ».

L'administration recense, au moyen des outils mentionnés au 2° du III de l'article 4, dans des tables informatiques les éléments de localisation en France ainsi que les éléments d'identification des comptes et des publications s'y rattachant.

Les données collectées qui ne figurent pas dans les tables informatiques ainsi que les données sensibles, au sens du I de l'article 6 de la loi du 6 janvier 1978 susmentionnée sont détruites au plus tard cinq jours ouvrés après leur collecte.

II. Les informations issues des tables informatiques mentionnées au I sont transférées vers le traitement automatisé de lutte contre la fraude dénommé « ciblage de la fraude et valorisation des requêtes » pour y être rapprochées des données à caractère personnel détenues par l'administration fiscale dans le cadre dudit traitement.

III. Les informations figurant dans les tables informatiques mentionnées au I constituent un indice d'infraction aux règles de la domiciliation fiscale lorsqu'elles révèlent une présence significative en France ou l'existence de liens professionnels et personnels avec la France. Elles sont conservées dans les conditions prévues au deuxième alinéa du III de l'article 6. Les autres informations figurant dans ces tables sont détruites dans un délai maximum de trente jours à compter de la collecte à laquelle elles se rapportent.

Art. 8 I. Pour la recherche des infractions mentionnés au I de l'article 5, l'administration des douanes et droits indirects collecte et traite de manière automatique les contenus visés à l'article 2 qui sont relatifs aux personnes physiques et morales susceptibles d'exercer une activité constitutive de l'une de ces infractions.

L'administration collecte les seuls contenus ciblés à partir des indicateurs définis lors de la phase d'apprentissage.

Les catégories de données personnelles collectées sont :

1° Les données d'identification : état civil, identifiant du profil, pseudonyme, adresse, numéro de téléphone, adresse électronique, lien vers d'autres pages personnelles susceptibles d'être rattachées à l'utilisateur ;

2° Les données susceptibles de caractériser l'exercice d'une activité professionnelle ou d'une activité illicite en lien avec les infractions mentionnées au I de l'article 5 et d'en mesurer l'ampleur, notamment les photographies des produits vendus, les données d'expédition de la marchandise et les données permettant de mesurer l'audience de la page, l'ancienneté et l'activité du profil et de l'annonce.

II. Les données sensibles, au sens du I de l'article 6 de la loi du 6 janvier 1978 susmentionnée, collectées incidemment et les données qui ne sont pas de nature à concourir à la constatation des manquements ou des infractions sont détruites au plus tard cinq jours ouvrés après leur collecte.

Les autres données collectées sont transférées vers le traitement automatisé de lutte contre la fraude dénommé « valorisation des données pour l'analyse de risque » pour y être rapprochées des données à la disposition de l'administration des douanes et droits indirects dans le cadre dudit traitement afin de déterminer ou confirmer un indice d'une des infractions mentionnées au I de l'article 5.

III. Lorsqu'elles sont de nature à concourir à la constatation des infractions mentionnées au I de l'article 5, les données collectées strictement nécessaires sont conservées pour une période maximale d'un an à compter de leur collecte et sont détruites à l'issue de cette période. Toutefois, lorsqu'elles sont utilisées dans le cadre d'une procédure pénale ou douanière, ces données peuvent être conservées jusqu'au terme de la procédure. Les autres données sont détruites dans un délai maximum de trente jours à compter de leur collecte.

Art. 9 I. Les traitements mentionnés aux articles 4, 6 et 7 ne peuvent être réalisés que par des agents de la direction générale des finances publiques ayant au moins le grade de contrôleur, individuellement désignés et spécialement habilités par le directeur général des finances publiques.

Le directeur général des finances publiques peut déléguer sa signature au chef du service en charge du contrôle fiscal ou à son adjoint.

II. Les traitements mentionnés aux articles 5 et 8 ne peuvent être réalisés que par des agents de la direction générale des douanes et droits indirects ayant au moins le grade de contrôleur, individuellement désignés et spécialement habilités par le directeur général des douanes et droits indirects.

Le directeur général des douanes et droits indirects peut déléguer sa signature au sous-directeur des affaires juridiques et de la lutte contre la fraude.

III. Les traitements de collecte et de recherche des données pertinentes sont retracés dans un journal tenu selon les modalités suivantes.

Sont recensés les opérations de collecte, de modification, de consultation, de communication, d'interconnexion et d'effacement des données.

Les journaux des opérations de consultation et de communication permettent d'établir le motif, la date et l'heure de celles-ci et, l'identification de la personne qui a consulté ou communiqué les données à caractère personnel, ainsi que l'identité des destinataires de ces données à caractère personnel.

Les journaux contiennent les références des bases de données et variables consultées et la nature des requêtes effectuées.

Les informations des journaux sont conservées pendant une durée d'un an.

Les informations traitées sont conservées sur un serveur sécurisé. Elles ne sont consultables que par les personnels habilités selon les modalités définies aux I et II du présent article.

Un ou plusieurs agents ayant au moins le grade d'inspecteur divisionnaire des finances publiques ou d'inspecteur régional des douanes s'assurent, chaque trimestre, au moyen des outils de traçabilité mentionnés aux deux précédents alinéas, que seuls les agents spécialement habilités consultent et réalisent les traitements. Ils s'assurent également, au moyen d'outils spécifiques développés en ce sens, que seules les données strictement nécessaires à la recherche des manquements et infractions mentionnés à l'article 154 de la loi du 28 décembre 2019 susmentionnée sont collectées et traitées, dans le respect des modalités de mise en œuvre définies par le même article et par le présent décret.

Art. 10 Lorsque les traitements réalisés permettent d'établir qu'il existe des indices qu'une personne a pu commettre un des manquements ou infractions mentionnés à l'article 154 de la loi du 28 décembre 2019 susmentionnée, les informations traitées sont transmises de manière sécurisée et contrôlée aux seuls agents des services de la direction générale des finances publiques ou de la direction générale des douanes et des droits indirects chargés de la recherche et du contrôle qui sont territorialement compétents.

Ces informations, qui se limitent aux renseignements strictement utiles à la mission de ces agents et dans la limite de leur besoin d'en connaître, précisent la personne physique ou morale visée, les infractions ou manquements détectés, et le ou les indices de nature à concourir à leur constatation.

Les renseignements ainsi recueillis ne peuvent être opposés au contribuable que dans le cadre d'une procédure de contrôle mentionnée au chapitre quatre du titre II du code des douanes ou au chapitre premier du titre II de la première partie du livre des procédures fiscales.

CHAPITRE IV
GARANTIES

Art. 11 En application des d et e du 1 de l'article 23 du règlement (UE) 2016/679 du 27 avril 2016 susvisé les droits d'accès aux informations collectées, à la rectification et à l'effacement de ces données ainsi qu'à la limitation de leur traitement respectivement prévus aux articles 15 à 18 de ce règlement s'exercent auprès du service d'affectation des agents habilités à mettre en œuvre les traitements prévus par le présent décret dans les conditions prévues par les articles 105 et 106 de la loi n° 78-17 du 6 janvier 1978 relative à l'informatique, aux fichiers et aux libertés.

Le droit d'information prévu à l'article 104 de la même loi et le droit d'opposition prévu à l'article 110 de cette loi ne s'appliquent pas aux traitements autorisés par le présent décret. Il en va de même du droit d'information prévu à l'article 14 du règlement du 27 avril 2016 susmentionné et du droit d'opposition prévu à l'article 21 du même règlement en application des d et e du 1 de l'article 23 de ce règlement.

Décret 2021-289 du 15 mars 2021 relatif aux obligations déclaratives résultant de l'application de l'article 164 de la loi 2019-1479 du 28 décembre 2019 de finances pour 2020

Art. 1 I. Les dispositions de l'article 46 AZA undecies à 46 AZA quaterdecies de l'annexe III au code général des impôts sont applicables à la réduction d'impôt résultant des I et II de l'article 164 de la loi n° 2019-1479 du 28 décembre 2019 de finances pour 2020.

II. Par dérogation au I :

les plafonds de loyers que l'engagement mentionné au cinquième alinéa du d du 1° du I et au quatrième alinéa du c du 1° du 1 du I bis de l'article 46 AZA undecies de l'annexe III au même code prévoit de respecter sont ceux prévus par l'arrêté mentionné au deuxième alinéa du I de l'article 164 de la loi n° 2019-1479 du 28 décembre 2019 de finances pour 2020 ;

l'appréciation du plafond de loyer mentionnée au b du 1° du I de l'article 46 AZA undecies et au 6° du II de l'article 46 AZA quaterdecies de l'annexe III au même code est définie par l'arrêté mentionné au deuxième alinéa du I de l'article 164 de la loi n° 2019-1479 du 28 décembre 2019 de finances pour 2020 ;

les attestations mentionnées au 5° du 2 du I de l'article 46 AZA terdecies de l'annexe III au même code attestent que la location ou la sous-location remplit les conditions de loyer et de ressources prévues par l'arrêté mentionné au deuxième alinéa du I de l'article 164 de la loi n° 2019-1479 du 28 décembre 2019 de finances pour 2020.

Art. 2 I. Lorsque l'acquéreur, mentionné au III de l'article 164 de la loi n° 2019-1479 du 28 décembre 2019 de finances pour 2020 n'est pas une société, il souscrit, dans les conditions prévues à l'article 3, l'année suivant l'achèvement de l'immeuble ou des travaux, ou l'acquisition de l'immeuble si elle est postérieure, et chaque année durant l'engagement de location prévu à l'article 199 novovicies du code général des impôts, une déclaration complémentaire spécifique par logement, établie conformément au modèle fixé par l'administration, qui comporte les informations suivantes :

1° Son identité et son adresse ;

2° L'adresse complète du logement concerné (numéro et nom de rue, code postal, commune, numéro d'appartement, étage, escalier, bâtiment, ou résidence), la référence cadastrale mentionnée dans l'acte authentique d'acquisition, sa date d'acquisition ou d'achèvement, la date d'entrée du premier locataire, la surface habitable au sens de l'article R 111-2 du code de la construction et de l'habitation, et la surface des annexes au sens de l'arrêté du ministre chargé du logement auquel renvoie les articles D 331-10 et D 353-16 du même code ;

3° Le montant du loyer mensuel, charges non comprises, et le montant des charges mensuelles tels qu'ils résultent du bail ;

4° La durée de l'engagement de louer le logement non meublé à usage d'habitation principale du locataire à une personne autre qu'un membre de son foyer fiscal, pendant une durée minimale de six ou neuf ans, selon l'option choisie ;

5° Le revenu fiscal de référence du ou des locataires établi au titre de l'avant-dernière année précédant celle de la signature du contrat de location ainsi que la composition du foyer fiscal du ou des locataires à la date de signature du bail (couple ou personne seule, et nombre de personnes à charge).

II. Lorsque le logement n'est pas loué au moment du dépôt de la déclaration visée au I, le contribuable adresse dans les conditions prévues au I les mêmes informations en précisant alors :

1° Le montant prévisionnel du loyer mensuel, charges non comprises, et le montant prévisionnel des charges mensuelles ;

2° La date prévisionnelle de sa première mise en location du ou des locataires.

III. En cas de changement de locataire au cours de la période d'engagement de location, la déclaration complémentaire spécifique visée au présent article est mise à jour l'année suivant celle au cours de laquelle le changement est intervenu.

IRPP-IV-121700 s. ; MF 2816 précision c

Art. 3 La déclaration mentionnée à l'article 2 est effectuée dans le cadre de la souscription par voie dématérialisée de la déclaration prévue au 1 de l'article 170 du code général des impôts.

Dans les cas où la déclaration mentionnée à l'article 170 n'est pas souscrite par voie dématérialisée, l'acquéreur adresse sa déclaration, au moyen du formulaire spécifique mis à disposition, à la direction générale de l'aménagement, du logement et de la nature.

Art. 4 I. Lorsque l'acquéreur mentionné au III de l'article 164 de la loi nº 2019-1479 du 28 décembre 2019 de finances pour 2020 est soit une société non soumise à l'impôt sur les sociétés autre qu'une société civile de placement immobilier mentionnée au A du I de l'article 199 novovicies du code général des impôts, soit une société civile de placement immobilier mentionnée au A du VIII du même article, il dépose, dans les conditions prévues au deuxième alinéa de l'article 3, l'année suivant l'achèvement de l'immeuble ou des travaux, ou l'acquisition de l'immeuble si elle est postérieure, et chaque année durant l'engagement de location prévu à l'article 199 novovicies, une déclaration complémentaire spécifique, établie conformément au modèle fixé par l'administration, qui comporte les informations suivantes :

1º Les dénomination sociale et adresse de la société ;

2º L'identité et l'adresse de chaque associé ;

3º Pour chaque associé, le nombre des parts détenues au 1er janvier et au 31 décembre ;

4º Pour chaque logement détenu par la société, l'adresse complète du logement concerné (numéro et nom de rue, code postal, commune, numéro d'appartement, étage, escalier, bâtiment, ou résidence), la référence cadastrale mentionnée dans l'acte authentique d'acquisition, sa date d'acquisition ou d'achèvement, la date d'entrée du premier locataire, la surface habitable au sens de l'article R 111-2 du code de la construction et de l'habitation, et la surface des annexes au sens de l'arrêté du ministre chargé du logement auquel renvoient les articles D 331-10 et D 353-16 du même code ;

5º Pour chaque logement détenu par la société, le montant du loyer mensuel, charges non comprises, et le montant des charges mensuelles tels qu'ils résultent du bail ;

6º Pour chaque logement détenu par la société, la durée de l'engagement de louer le logement non meublé à usage d'habitation principale du locataire à une personne autre que les associés ou un membre de leur foyer fiscal, pendant une durée minimale de six ou neuf ans, selon l'option choisie ;

7º Pour chaque logement détenu par la société, le revenu fiscal de référence du ou des locataires établis au titre de l'avant-dernière année précédant celle de la signature du contrat de location ainsi que la composition du foyer fiscal du ou des locataires à la date de signature du bail (couple ou personne seule, et nombre de personnes à charge).

II. Lorsque le logement n'est pas loué au moment du dépôt de la déclaration visée au I, la société adresse pour chaque logement selon les conditions mentionnées au même I les mêmes informations avec les mêmes précisions que celles prévues au II de l'article 2.

III. En cas de changement de locataire au cours de la période d'engagement de location, la déclaration complémentaire spécifique visée au présent article est mise à jour l'année suivant celle au cours de laquelle le changement est intervenu.

Décret 2021-655 du 26 mai 2021 relatif au crédit d'impôt en faveur des représentations théâtrales d'œuvres dramatiques prévu à l'article 220 sexdecies du code général des impôts

Art. 1 Pour le bénéfice du crédit d'impôt prévu à l'article 220 sexdecies du code général des impôts, les spectacles concernés sont agréés par le ministre chargé de la culture dans les conditions fixées aux chapitres Ier et II du présent décret.

CHAPITRE IER *DISPOSITIONS RELATIVES AUX SPECTACLES ELIGIBLES*

IS-IX-58230 s.

Art. 2 Pour l'application de l'article 220 sexdecies du code général des impôts, constituent des représentations théâtrales d'œuvres dramatiques, quel qu'en soit le lieu, les représentations dont l'action s'organise autour d'un thème central et qui concernent les registres de la comédie, de la tragédie, du drame et du vaudeville ainsi que les catégories du théâtre de marionnettes et du théâtre de mime et de geste.

Les œuvres dramatiques concernent soit des œuvres mettant en scène un texte préalablement écrit, quelle que soit sa date d'écriture, soit des adaptations de textes, soit des œuvres conçues à partir d'écritures de plateau, sans texte préalable.

Un spectacle est défini comme une série de représentations présentant une continuité artistique et esthétique, quelle que soit la distribution, et répondant aux conditions suivantes :

- une mise en scène et une scénographie originales avec ou sans texte préexistant caractérisées notamment par une direction d'acteurs nouvelle, des costumes, une mise en lumière, en son et en vidéo créées spécifiquement ;

une mise en scène et une scénographie reproduites de manière identique à chaque représentation.

Constitue une première exploitation, un spectacle qui n'a encore fait l'objet d'aucune représentation au public.

CHAPITRE II
DELIVRANCE DES AGREMENTS

IS-IX-58230 s.

Section 1
Comité d'experts

Art. 3 Le comité d'experts prévu au VI de l'article 220 sexdecies du code général des impôts comprend :

1° Le directeur général de la création artistique ou son représentant, président ;

2° Un directeur régional des affaires culturelles, ou son représentant ;

3° Le directeur du centre national du cirque, des arts de la rue et du théâtre (Artcéna) ou son représentant ;

4° Le président de l'Association de Soutien au Théâtre Privé (ASTP) ou son représentant ;

5° Le directeur de l'Institut pour le Financement du Cinéma et des Industries culturelles (IFCIC) ou son représentant.

Le membre mentionné au 2° est désigné par arrêté du ministère chargé de la culture.

Le comité d'experts vérifie que l'entreprise qui sollicite le bénéfice de l'agrément remplit les critères d'éligibilité définis aux I et II de l'article 220 sexdecies précité.

Il ne peut délibérer valablement et rendre son avis que si trois au moins de ses membres sont présents ou représentés.

Le comité peut, si l'ensemble de ses membres en sont d'accord, statuer sur une ou plusieurs demandes d'agrément provisoire ou définitif par voie électronique.

En cas de partage égal des voix, celle du président est prépondérante.

Les membres du comité exercent leurs fonctions à titre gratuit. Toutefois, ils peuvent être remboursés de leurs frais de transport et de séjour dans les conditions prévues par la réglementation applicable aux personnels civils de l'Etat.

Section 2
Agrément provisoire

Art. 4 La demande d'agrément provisoire est déposée auprès du ministère chargé de la culture (direction générale de la création artistique) par les entreprises mentionnées au I de l'article 220 sexdecies du code général des impôts.

Art. 5 La demande d'agrément provisoire est accompagnée des pièces suivantes :

1° La présentation d'une licence 2 d'entrepreneur de spectacle au sens de l'article L 7122-2 du code du travail ;

2° Une déclaration sur l'honneur attestant que l'entreprise est soumise à l'impôt sur les sociétés au moment du dépôt de la demande ;

3° Une liste prévisionnelle des dates de représentation du spectacle et des lieux distincts, confirmés à la date du dépôt de la demande d'agrément provisoire ;

4° Une déclaration sur l'honneur attestant que le projet de création, d'exploitation et de numérisation de représentations théâtrales d'œuvres dramatiques remplit les conditions prévues au 1° du II de l'article 220 sexdecies précité ;

5° Une déclaration sur l'honneur que l'entreprise respecte l'ensemble de ses obligations légales, fiscales et sociales ;

6° Un budget prévisionnel détaillant l'ensemble des dépenses de création, d'exploitation, de numérisation, permettant notamment de vérifier que le producteur a la responsabilité du plateau artistique et qu'il supporte les coûts de création du spectacle ;

7° La liste nominative des artistes au plateau précisant leur qualité de professionnels ou d'amateurs ;

8° Une liste prévisionnelle des services de répétition précisant, pour chaque service de répétition, le nom des artistes au plateau y participant.

Lorsque le dossier est incomplet, l'autorité compétente invite l'entreprise, dès réception de la demande, par tout moyen permettant de rapporter la preuve de sa date de réception, à fournir les pièces nécessaires dans un délai de deux mois à compter de la réception de la demande de régularisation. A l'expiration de ce délai, faute de régularisation, la demande d'agrément provisoire est réputée caduque.

Art. 6 L'agrément provisoire est notifié à l'entreprise.

Cette décision indique qu'au vu des renseignements et documents justificatifs mentionnés à l'article 5 du présent décret le spectacle considéré remplit les conditions prévues aux I et II de l'article 220 sexdecies du code général des impôts et ouvre droit au bénéfice du crédit d'impôt pour les dépenses mentionnées au III du même article, sous réserve de la délivrance de l'agrément définitif.

Section 3
Agrément définitif

Art. 7 La demande d'agrément définitif est présentée au ministre chargé de la culture (direction générale de la création artistique).

Seules les dépenses engagées au titre d'un spectacle ayant reçu un agrément provisoire peuvent être prises en compte.

Art. 8 La demande d'agrément définitif est accompagnée, selon le modèle fourni par l'administration, des pièces justificatives suivantes :

1° Un document comptable certifié par un expert-comptable indiquant le coût effectif, à la date de la demande, du spectacle ayant bénéficié d'un agrément provisoire, les moyens de son financement et le détail du total des dépenses de création, d'exploitation et de numérisation engagées par exercice ;

2° Un justificatif attestant des dates et lieux de représentation du spectacle ;

3° La liste nominative des personnels mentionnés aux a et b du 1° du III de l'article 220 sexdecies du code général des impôts et des personnels employés par l'entreprise de production pour la réalisation des opérations de numérisation mentionnées au 2° du III du même article ainsi que leur niveau de rémunération ;

4° Une déclaration sur l'honneur attestant du versement des cotisations de sécurité sociale ;

5° La liste nominative des prestataires auxquels il a été fait appel ;

6° Pour permettre de justifier du respect des c et d du 2° du II de l'article 220 sexdecies précité :

a. La copie des contrats d'artiste et, le cas échéant, de leurs avenants ;

b. Un justificatif attestant du nombre et des dates des services de répétition précisant, pour chaque service de répétition, le nom des artistes au plateau qui y ont participé.

Art. 9 L'agrément définitif est notifié à l'entreprise de production.

Cette décision indique qu'au vu des renseignements et documents justificatifs mentionnés à l'article 8 du présent décret le spectacle considéré a rempli les conditions prévues aux I et II de l'article 220 sexdecies du code général des impôts et ouvre droit au bénéfice du crédit d'impôt pour les dépenses mentionnées au III du même article.

Loi 2021-953 du 19 juillet 2021 de finances rectificative pour 2021

Art. 1 (Extrait)

I. Par dérogation aux premier et troisième alinéas du présent I, le déficit constaté au titre du premier exercice déficitaire clos à compter du 30 juin 2020 et jusqu'au 30 juin 2021 peut, sur option, être imputé sur le bénéfice déclaré de l'exercice précédent et, le cas échéant, sur celui de l'avant-dernier exercice, puis sur celui de l'antépénultième exercice.

L'option mentionnée au premier alinéa du présent I peut, par dérogation à la première phrase du premier alinéa du II de l'article 220 quinquies du code général des impôts, être exercée jusqu'à la date limite de dépôt de la déclaration de résultats d'un exercice clos au 30 juin 2021, et au plus tard avant que la liquidation de l'impôt sur les sociétés dû au titre de l'exercice suivant celui au titre duquel l'option est exercée ne soit intervenue.

Le déficit d'ensemble constaté au titre du premier exercice déficitaire clos au cours de la période mentionnée au premier alinéa du présent I est, par dérogation au a du 1 de l'article 223 G du code général des impôts, imputable sur les bénéfices d'ensemble déclarés ou, le cas échéant, sur les bénéfices que la société mère a déclarés au titre des exercices précédant l'application du régime prévu à l'article 223 A du même code, dans les conditions prévues aux deux premiers alinéas du présent I.

Pour l'application des trois premiers alinéas, les bénéfices d'imputation des trois exercices précédant celui au titre duquel l'option est exercée, déterminés dans les conditions prévues à l'article 220 quinquies du code général des impôts, sont diminués du montant des déficits constatés au titre des exercices antérieurs pour lesquels l'entreprise a opté pour le report en arrière.

Au titre de chacun des trois exercices précédant celui au titre duquel l'option est exercée, l'excédent de bénéfice résultant de l'application des quatre premiers alinéas du présent I fait naître au profit de l'entreprise une créance égale au produit de cet excédent par le taux de l'impôt sur les sociétés prévu au deuxième alinéa du I de l'article 219 du code général des impôts ainsi que, le cas échéant, par celui prévu au b du même I, chacun à hauteur de la fraction de bénéfice concernée, dans leur rédaction applicable aux exercices ouverts à compter du 1er janvier 2022. Le taux d'impôt sur les sociétés retenu pour la détermination de ce produit est déterminé sur la base du chiffre d'affaires de l'exercice au titre duquel cette même option est exercée.

La créance de report en arrière de déficit déterminée dans les conditions prévues aux cinq premiers alinéas du présent I est minorée du montant de la créance de report en arrière déjà liquidée lorsque l'option pour le report en arrière a déjà été exercée au titre de ce même déficit dans les conditions prévues au II de l'article 220 quinquies du code général des impôts et éventuellement restituée. Cette créance ne peut pas bénéficier des dispositions de l'article 5 de la loi n° 2020-935 du 30 juillet 2020 de finances rectificative pour 2020.

BIC-XIV-10450 s.

Art. 4 I. La prime exceptionnelle de pouvoir d'achat attribuée, dans les conditions prévues aux II et III du présent article, à leurs salariés ou à leurs agents par les employeurs mentionnés à l'article L 3311-1 du code du travail bénéficie de l'exonération prévue au V du présent article.

Cette prime peut être attribuée par l'employeur à l'ensemble des salariés et des agents qu'il emploie ou à ceux dont la rémunération est inférieure à un plafond.

L'entreprise utilisatrice mentionnée au 1° de l'article L 1251-1 du code du travail qui attribue cette prime à ses salariés en informe l'entreprise de travail temporaire dont relève le salarié mis à disposition. L'entreprise de travail temporaire verse la prime au salarié mis à disposition selon les conditions et les modalités fixées par l'accord ou la décision de l'entreprise utilisatrice mentionné au III du présent article. La prime ainsi versée bénéficie de l'exonération prévue au V lorsque les conditions prévues aux II et III sont remplies par l'entreprise utilisatrice.

Le premier alinéa du présent I est applicable, dans les conditions prévues au IV, aux travailleurs handicapés bénéficiant d'un contrat de soutien et d'aide par le travail mentionné à l'article L 311-4 du code de l'action sociale et des familles et relevant des établissements et services d'aide par le travail mentionnés à l'article L 344-2 du même code.

II. L'exonération prévue au V du présent article est applicable à la prime exceptionnelle de pouvoir d'achat bénéficiant aux personnes mentionnées au premier alinéa du I lorsque cette prime satisfait aux conditions suivantes :

1° Elle bénéficie aux salariés liés à l'entreprise par un contrat de travail, aux intérimaires mis à disposition de l'entreprise utilisatrice ou aux agents publics relevant de l'établissement public à la date de versement de cette prime ou à la date de dépôt de l'accord mentionné au III auprès de l'autorité compétente ou de la signature de la décision unilatérale mentionnée au même III ;

2° Son montant peut être modulé selon les bénéficiaires en fonction de la rémunération, du niveau de classification, de la durée de présence effective pendant l'année écoulée ou de la durée de travail prévue par le contrat de travail mentionnée à la dernière phrase du deuxième alinéa du III de l'article L 241-13 du code de la sécurité sociale. Les congés prévus au chapitre V du titre II du livre II de la première partie du code du travail sont assimilés à des périodes de présence effective ;

3° Elle est versée entre le 1er juin 2021 et le 31 mars 2022 ;

4° Elle ne peut se substituer à aucun des éléments de rémunération, au sens de l'article L 242-1 du code de la sécurité sociale, versés par l'employeur ou qui deviennent obligatoires en vertu de règles légales, contractuelles ou d'usage. Elle ne peut non plus se substituer à des augmentations de rémunération ni à des primes prévues par un accord salarial, par le contrat de travail ou par les usages en vigueur dans l'entreprise ou l'établissement public.

III. Le montant de la prime exceptionnelle de pouvoir d'achat ainsi que, le cas échéant, le plafond mentionné au deuxième alinéa du I et les conditions de modulation de son niveau selon les bénéficiaires, dans les conditions prévues au 2° du II, font l'objet d'un accord d'entreprise ou de groupe conclu selon les modalités énumérées à l'article L 3312-5 du code du travail ou d'une décision unilatérale de l'employeur. En cas de décision unilatérale, l'employeur en informe, avant le versement de la prime, le comité social et économique mentionné à l'article L 2311-2 du même code.

IV. Lorsqu'elle satisfait aux conditions mentionnées aux 2° à 4° du II du présent article et qu'elle bénéficie à l'ensemble des travailleurs handicapés liés à un établissement ou service d'aide par le travail mentionné à l'article L 344-2 du code de l'action sociale et des familles par un contrat de soutien et d'aide par le travail mentionné à l'article L 311-4 du même code à la date de versement, la prime exceptionnelle de pouvoir d'achat bénéficie de l'exonération prévue au V du présent article.

V. La prime exceptionnelle de pouvoir d'achat attribuée, dans les conditions prévues aux II et III, aux salariés ou aux agents publics ayant perçu, au cours des douze mois précédant son versement, une rémunération inférieure à trois fois la valeur annuelle du salaire minimum de croissance correspondant à la durée de travail prévue au contrat mentionnée à la dernière phrase du deuxième alinéa du III de l'article L 241-13 du code de la sécurité sociale est exonérée, dans la limite de 1 000 € par bénéficiaire, d'impôt sur le revenu, de toutes les cotisations et contributions sociales d'origine légale ou conventionnelle ainsi que des participations, taxes et contributions prévues à l'article 235 bis du code général des impôts et à l'article L 6131-1 du code du travail, dans leur rédaction en vigueur à la date de son versement.

Elle est exclue des ressources prises en compte pour le calcul de la prime d'activité mentionnée à l'article L 841-1 du code de la sécurité sociale et pour l'attribution de l'allocation aux adultes handicapés mentionnée à l'article L 821-1 du même code

VI. La limite de 1 000 € prévue au premier alinéa du V est portée à 2 000 € pour les employeurs :

1° Mettant en œuvre un accord d'intéressement à la date de versement de la prime exceptionnelle de pouvoir d'achat ou ayant conclu, avant cette même date, un accord prenant effet avant la date limite prévue au 3° du II, en application du chapitre II du titre Ier du livre III de la troisième partie du code du travail ;

2° Ou couverts par un accord de branche ou par un accord d'entreprise, lequel identifie les salariés qui, en raison de la nature de leurs tâches, ont contribué directement à la continuité de l'activité économique et au maintien de la cohésion sociale et dont l'activité s'est exercée, en 2020 ou en 2021, uniquement ou majoritairement sur site pendant les périodes d'état d'urgence sanitaire déclaré en application du chapitre Ier bis du titre III du livre Ier de la troisième partie du code de la santé publique.

Cet accord est conclu dans le respect du livre II de la deuxième partie du code du travail et vise à valoriser les métiers des salariés identifiés en application du premier alinéa du présent 2° en portant sur au moins deux des cinq thèmes suivants :

a. La rémunération, au sens de l'article L 3221-3 du code du travail, et les classifications, notamment au regard de l'objectif d'égalité professionnelle entre les femmes et les hommes ;

b. La nature du contrat de travail ;

c. La santé et la sécurité au travail ;

d. La durée du travail et l'articulation entre la vie professionnelle et la vie personnelle et familiale ;

e. La formation et l'évolution professionnelles ;

3° Ou couverts par un accord de branche ou par un accord d'entreprise, lequel identifie les salariés qui, en raison de la nature de leurs tâches, ont contribué directement à la continuité de l'activité économique et au maintien de la cohésion sociale et dont l'activité s'est exercée, en 2020 ou en 2021, uniquement ou majoritairement sur site pendant les périodes d'état d'urgence sanitaire déclaré en application du chapitre Ier bis du titre III du livre Ier de la troisième partie du code de la santé publique.

Cet accord est conclu dans le respect du livre II de la deuxième partie du code du travail et prévoit l'engagement des parties à ouvrir des négociations sur la valorisation des métiers des salariés identifiés en application du premier alinéa du présent 3°, portant sur au moins deux des cinq thèmes suivants :

a. La rémunération, au sens de l'article L 3221-3 du code du travail, et les classifications, notamment au regard de l'objectif d'égalité professionnelle entre les femmes et les hommes ;

b. La nature du contrat de travail ;

c. La santé et la sécurité au travail ;

d. La durée du travail et l'articulation entre la vie professionnelle et la vie personnelle et familiale ;

e. La formation et l'évolution professionnelles.

Il fixe le calendrier et les modalités de suivi des négociations, lesquelles doivent s'ouvrir dans un délai maximal de deux mois à compter de la signature de l'accord ;

4° Ou ayant engagé une négociation d'entreprise sur l'accord mentionné au 2° du présent VI ou dont l'activité principale relève d'une branche ayant engagé de telles négociations.

Les organisations professionnelles d'employeurs participant aux négociations de branche mentionnées au premier alinéa du présent 4° informent par tout moyen les entreprises relevant du champ d'application de la branche de l'engagement de ces négociations.

VII. Les conditions prévues aux 1° à 4° du VI ne sont applicables ni aux entreprises de moins de cinquante salariés, ni aux associations et aux fondations mentionnées aux a et b du 1 des articles 200 et 238 bis du code général des impôts pour le versement de la prime mentionnée au I du présent article et portée à 2 000 € en application du premier alinéa du VI.

VIII. Pour l'application du présent article à Mayotte et à Saint-Pierre-et-Miquelon, les références au code de la sécurité sociale sont remplacées par les références aux dispositions applicables localement ayant le même objet.

IX. *(Abrogé).*

X. *(Abrogé).*

Ordonnance 2021-1843 du 22 décembre 2021 portant partie législative du code des impositions sur les biens et services et transposant diverses normes du droit de l'Union européenne

Art. 10 (Extrait)

Le code général des impôts est ainsi modifié :

7° Au 1 de l'article 207 :

b. Au 1er avril 2026, le 16° est rétabli dans la rédaction suivante :

« 16° La société mentionnée au I de l'article L 2111-3 du code des transports pour le produit de la majoration prévue à l'article L 422-26-1 du code des impositions des biens et services qui lui est affecté selon les modalités prévues à l'article L 2111-3-2 du code des transports. » ;

Art. 37 (Extraits)

Le code des impositions sur les biens et services est ainsi modifié :

(...)

6° Au 1er janvier 2025, au paragraphe 2 de la sous-section 3 de la section 3 du chapitre Ier du titre II du livre IV :

a. Le sous-paragraphe 1 devient un sous-paragraphe unique, avec le même intitulé ;

b. Le sous-paragraphe 2 est abrogé ;

7° Au 1er janvier 2026, l'article L 314-25 est abrogé ;

8° Au 1er avril 2026 :

a. Au second alinéa de l'article L 422-14, après les mots : « En Corse », sont insérés les mots : « et à l'aéroport Paris-Charles de Gaulle » ;

b. (...)

c. (...)

9° A compter d'une date fixée par décret ne pouvant être postérieure de plus d'un mois à celle de l'acte pris en application de l'article 203 du traité sur le fonctionnement de l'Union européenne et permettant de considérer ces dispositions conformes au droit de l'Union européenne :

a. Au 2° de l'article L 313-24, les mots : « ou La Réunion » sont remplacés par les mots : « , La Réunion, Saint- Barthélemy, Saint-Pierre-et-Miquelon, les îles Wallis-et-Futuna et la Polynésie française » ;

b. L'article L 313-25 est ainsi rédigé :

« Art. L 313-25. – Les rhums traditionnels d'outre-mer mis à la consommation sur le territoire métropolitain relèvent, dans la limite annuelle prévue à l'article L 313-26, de tarifs particuliers. Ces tarifs particuliers, en 2022, exprimés en euro par hectolitre d'alcool pur et déterminés en fonction de la collectivité sur le territoire de laquelle ils sont produits, figurent dans le tableau suivant :

«

COLLECTIVITE DE PRODUCTION	TARIF EN 2022 (€/hL)
Guadeloupe, Guyane, Martinique ou La Réunion	903,64
Saint-Barthélemy, Saint-Pierre-et-Miquelon, îles Wallis-et-Futuna ou Polynésie française	1 342,87

» ;

10° A compter d'une date fixée par décret ne pouvant être postérieure de plus d'un mois à la date la plus tardive entre celle mentionnée au 5° et celle de la réception par le Gouvernement de la réponse de la Commission européenne permettant de considérer ces dispositions comme conformes au droit de l'Union européenne en matière d'aides d'Etat :

a. Au 2° de l'article L 313-24, après les mots : « Saint-Barthélemy, », sont insérés les mots : « Saint-Martin, » ;

b. A la troisième ligne du tableau du second alinéa de l'article L 313-25, après les mots : « Saint-Barthélemy, », sont insérés les mots : « Saint-Martin, ».

(...)

Art. 38 L'abrogation des dispositions mentionnées aux chapitres II et III prendra effet à compter de l'entrée en vigueur des dispositions prises en application ou pour l'application des dispositions législatives du code des impositions des biens et services pour ce qui concerne :

1° Les dispositions relatives aux conditions dans lesquelles entrent en vigueur les délibérations des collectivités territoriales relatives aux impositions mentionnées à l'article 4 ;

2° Les dispositions relatives à la déclaration, au paiement et aux indexations des paramètres des impositions mentionnées à l'article 4 ;

3° Le dernier alinéa de l'article 302 septies-0 AA du code général des impôts ;

4° Le 4° du 1 du I de l'article 302 D, l'article 575 I du code général des impôts et les trois premiers alinéas de l'article 267 bis du code des douanes ;

5° Les dispositions relatives aux mesures de gestion et de suivi relevant de l'article L 311-39 du code des impositions sur les biens et services ;

6° Les dispositions de l'article 265 du code des douanes qui désignent en tant que produits énergétiques les produits relevant des sous-positions suivantes de la nomenclature établie par le règlement (CEE) n° 2658/87 du Conseil du 23 juillet 1987 relatif à la nomenclature tarifaire et statistique et au tarif douanier commun : 3824 99 86, 38 24 99 92, 3824 99 93 et 3824 99 96 ;

7° Le dernier alinéa du a du 8 de l'article 266 quindecies du code des douanes et le dernier alinéa du B du 8 de l'article 266 quindecies C du même code ;

8° L'article 265 octies D du code des douanes ;

9° Les dispositions relatives aux tarifs exprimés en unité de la base de taxation des taxes renommées : « accise sur les énergies » en application de l'article 4 ;

10° Les mots : « 240 millions de kilowattheures par site de production » au 4° du 5 de l'article 266 quinquies C du code des douanes ;

11° S'agissant du calcul de la puissance administrative des véhicules à moteur, les annexes à la loi n° 93-859 du 22 juin 1993 de finances rectificative pour 1993 ;

12° Le V de l'article 963 du code général des impôts.

Art. 39 Les dispositions du chapitre Ier, des articles 10, 11 et 18 et du chapitre III de la présente ordonnance sont applicables à Saint-Barthélemy, à Saint-Martin, à Saint-Pierre-et-Miquelon en Nouvelle-Calédonie, en Polynésie française, à Wallis-et-Futuna et dans les Terres australes et antarctiques françaises.

Toutefois, les dispositions des textes abrogés par les dispositions des chapitres II et III intervenues dans une matière relevant désormais de la compétence des autorités d'une collectivité d'outre-mer ou de la Nouvelle-Calédonie et applicables localement y demeurent en vigueur tant qu'elles n'ont pas été modifiées ou abrogées par l'autorité locale compétente.

Art. 40 Les dispositions de la présente ordonnance entrent en vigueur le 1er janvier 2022, à l'exception des dispositions suivantes, qui entrent en vigueur aux dates qu'elles prévoient ou, à défaut, le lendemain de la publication de l'ordonnance :

1° (...)

2° Le b du 7° et le c du 32° de l'article 10 ;

3° (...)

4° Les 20° à 22° de l'article 36 ;

5° L'article 37.

Art. 41 Les dispositions de la présente ordonnance sont applicables aux impositions pour lesquelles le fait générateur intervient à compter de leur date d'entrée en vigueur.

Toutefois, pour les impositions relevant du régime général d'accises mentionné au 1° de l'article L 300-1 du code des impositions sur les biens et services, autres que les impositions sur les charbons, les gaz naturels et l'électricité, elles s'appliquent aux impositions pour lesquelles l'exigibilité intervient à compter de cette même date.

Art. 42 (Extrait)

IV. Par dérogation au dernier alinéa de l'article L 311-39 du code des impositions sur les biens et services, peuvent être déterminées par décret, sans consultation préalable, jusqu'au 13 février 2023, les mesures de suivi et de gestion mentionnées aux 1° à 3° et 7° de cet article indispensables pour transposer la directive (UE) 2020/262 du Conseil du 19 décembre 2019 susvisée.

Loi 2021-1900 du 30 décembre 2021 de finances pour 2022

Art. 5 I. Les sommes remises volontairement au cours des années 2022 , 2023 et 2024 par les clients pour le service, soit directement aux salariés, soit à l'employeur et reversées par ce dernier au personnel en contact avec la clientèle en application de l'article L 3244-1 du code du travail, bénéficient des dispositions prévues au II du présent article.

II. A. Les sommes mentionnées au I du présent article sont exclues de l'assiette de toutes les cotisations et contributions sociales d'origine légale ou conventionnelle et sont exonérées des participations, taxes et contributions prévues à l'article 235 bis du code général des impôts, à l'article L 6131-1 du code du travail, aux articles L 2333-64 et L 2531-2 du code général des collectivités territoriales et à l'article L 813-4 du code de la construction et de l'habitation, à la condition que les salariés à qui ces sommes sont remises perçoivent, au titre des mois civils concernés, une rémunération n'excédant pas le montant mensuel de la rémunération mentionnée au I de l'article L 241-13 du code de la sécurité sociale, calculé sur la base de la durée légale du travail ou de la durée de travail prévue au contrat, augmentée, le cas échéant, du nombre d'heures complémentaires ou supplémentaires, sans prise en compte des majorations auxquelles celles-ci donnent lieu.

B. Les sommes mentionnées au I du présent article ne sont pas prises en compte pour l'appréciation du seuil de rémunération prévu au A du présent II.

C. Les sommes qui bénéficient des dispositions du A du présent II sont exonérées d'impôt sur le revenu.

III. Le montant du revenu fiscal de référence défini au 1° du IV de l'article 1417 du code général des impôts est majoré du montant des sommes exonérées d'impôt sur le revenu en application du C du II du présent article.

IV. Le Gouvernement remet au Parlement, avant le 1er octobre 2024, un rapport évaluant les effets du présent article au regard de l'évolution de l'utilisation des moyens de paiement et du risque de substitution aux salaires.

FR 2/22 inf. 84 p. 132 ; MF n° 21735

Art. 10 (Extrait).

II. L'opération de fusion, de scission ou d'apport partiel d'actifs réalisée par une société mentionnée au deuxième alinéa du I de l'article 151 octies A du code général des impôts dans les conditions prévues au même I, qui a pratiqué les déductions respectivement prévues aux articles 72 D et 72 D bis du même code, dans leur rédaction antérieure à la loi n° 2018-1317 du 28 décembre 2018 de finances pour 2019, au titre d'un exercice précédant celui au cours duquel est réalisée cette opération, n'est pas considérée comme une cessation d'activité pour l'application des articles 72 D et 72 D bis du code général des impôts, si la société absorbante ou bénéficiaire en remplit les conditions et s'engage soit à utiliser la déduction mentionnée à l'article 72 D du même code conformément à son objet dans les cinq exercices qui suivent celui au cours duquel elle a été pratiquée, soit à utiliser les sommes déposées sur le compte mentionné au III de l'article 72 D bis dudit code au cours des sept exercices qui suivent celui au titre duquel la déduction correspondante a été pratiquée en application du même article 72 D bis. Lorsqu'elles ne sont pas utilisées dans ces délais ou ne sont pas utilisées conformément à leur objet, ces déductions sont rapportées aux résultats de la société absorbante ou bénéficiaire, dans les conditions respectivement prévues au I de l'article 72 D du code général des impôts ou au I de l'article 72 D bis du même code, dans leur rédaction antérieure à la loi n° 2018-1317 du 28 décembre 2018 précitée.

Art. 102 Les communes et les établissements publics de coopération intercommunale à fiscalité propre peuvent, par une délibération prise jusqu'au 31 janvier 2022, exonérer de taxe foncière sur les propriétés bâties, pour la part qui leur revient et pour une durée de deux ans au plus, les propriétés mentionnées au II de l'article L 214-6 du code rural et de la pêche maritime.

Les propriétaires souhaitant bénéficier de l'exonération en adressent la demande, accompagnée des éléments d'identification des propriétés entrant dans le champ d'application de l'exonération, au service des impôts du lieu de situation des biens, au plus tard le 28 février 2022.

FR 2/22 inf. 51 p. 89

Art. 114 Pour la mise en œuvre de la révision des valeurs locatives prévue aux I à VI de l'article 146 de la loi n° 2019-1479 du 28 décembre 2019 de finances pour 2020 et pour les besoins du rapport d'évaluation prévu au VII du même article 146, les propriétaires des biens mentionnés à l'article 1497 du code général des impôts souscrivent auprès de l'administration fiscale, avant le 1er juillet 2025, une déclaration, conforme au modèle établi par l'administration, indiquant notamment les éléments constitutifs de la valeur vénale des biens concernés au sens du C du II de l'article 146 de la loi nº 2019-1479 du 28 décembre 2019 précitée.

Les modalités d'application du présent article sont fixées par arrêté du ministre chargé du budget.

FR 2/23 inf. 49 p. 76

Art. 128 (Extrait).

II. Dans les conditions prévues à l'article 38 de la Constitution, le Gouvernement est autorisé à prendre, par voie d'ordonnance, toutes mesures relevant du domaine de la loi nécessaires à la refonte des règles relatives aux impositions frappant, directement ou indirectement, les produits, services ou transactions et aux impositions contrôlées ou recouvrées selon les mêmes procédures ainsi que des régimes relatifs à ces produits, services ou transactions, pour :

1º *(Abrogé)* ;

2º Harmoniser les conditions dans lesquelles ces impositions sont liquidées, recouvrées, remboursées et contrôlées, y compris en adaptant les dispositions relatives au fait générateur et à l'exigibilité de l'impôt ainsi qu'aux régimes mentionnés au premier alinéa du présent II ;

3º Améliorer la lisibilité des dispositions concernées et des autres dispositions dont la modification est rendue nécessaire, notamment en remédiant aux éventuelles erreurs ou insuffisances de codification, en regroupant des dispositions de nature législative qui n'ont pas été codifiées ou l'ont été dans des codes différents, en réorganisant le plan et la rédaction de ces dispositions et en abrogeant les dispositions obsolètes, inadaptées ou devenues sans objet ;

4º Assurer le respect de la hiérarchie des normes, harmoniser et simplifier la rédaction des textes, adapter les dispositions de droit interne au droit de l'Union européenne ainsi qu'aux accords internationaux ratifiés et adapter les renvois au pouvoir réglementaire à la nature et à l'objet des mesures d'application concernées.

Le Gouvernement est également autorisé, dans les mêmes conditions et aux fins mentionnées au 3º du présent II, à transférer dans d'autres codes et lois les dispositions du code général des impôts, du livre des procédures fiscales et du code des douanes relatives soit à des produits, services ou transactions qui ne sont soumis à aucune imposition particulière, soit aux affectataires des impositions mentionnées au premier alinéa du présent II sans se rapporter directement à ces impositions.

L'ordonnance prévue au présent II est prise dans un délai de deux ans à compter de la promulgation de la présente loi. Un projet de loi de ratification est déposé devant le Parlement dans un délai de trois mois à compter de la publication de cette ordonnance.

Art. 132 I. Le code général des impôts est ainsi modifié :

1º Au 2º de l'article 87 A, les mots : « les sommes ont été précomptées » sont remplacés par les mots : « la retenue à la source a été précomptée ou celui au cours duquel les revenus mentionnés à l'article 88 ont été versés » ;

2º L'article 88 est ainsi modifié :

a. Au premier alinéa, les mots : « pensions ou rentes viagères » sont remplacés par les mots : « rentes viagères à titre onéreux » et la seconde occurrence des mots : « pensions ou » est supprimée ;

b. Après le mot : « fiscale, », la fin du second alinéa est ainsi rédigée : « au moyen de la déclaration mentionnée à l'article 87-0 A. » ;

3º Au III de l'article 1736, les mots : « , s'agissant des seules rentes viagères à titre onéreux » sont supprimés.

II. Le I entre en vigueur là une date fixée par décret, et au plus tard le 1er janvier 2027.

Décret 2021-1914 du 30 décembre 2021 portant diverses mesures d'application de l'ordonnance 2021-1843 du 22 décembre 2021 portant partie législative du code des impositions sur les biens et services et transposant diverses normes du droit de l'Union européenne

TITRE IER DISPOSITIONS D'APPLICATION RELATIVES A CERTAINES IMPOSITIONS SUR LES BIENS ET SERVICES

CHAPITRE Ier ACCISES

Section 1 Dispositions applicables aux accises sur les énergies, les alcools et les tabacs

Sous-section 1 Dispositions relatives au régime général et à la circulation des produits soumis à accise

Art. 1 Les articles 1-1 à 22 s'appliquent aux produits mentionnés aux articles L 312-100, L 313-2 et, lorsqu'ils sont susceptibles d'être fumés, L 314-5 du code des impositions sur les biens et services.

***Ndlr** Les articles 1 à 22-7 du présent décret sont entrés en vigueur le 13 février 2023 (voir l'article 69 du présent décret).*

Art. 1-1 Le déplacement à des fins commerciales s'entend au sens de l'article L 311-18 du code des impositions sur les biens et services.

Art. 1-2 Les demandes adressées à la direction générale des douanes et des droits indirects et les documents obligatoires prévus par les dispositions du présent chapitre sont conformes aux modèles mis à disposition par cette direction.

Paragraphe 1 Identification des expéditeurs et destinataires certifiés

Art. 2 Les déplacements à des fins commerciales sont réalisés dans les conditions suivantes :

1° Ils sont expédiés par un expéditeur certifié agissant dans le cadre de l'exercice de sa profession ;

2° Ils sont destinés à un destinataire certifié agissant dans le cadre de l'exercice de sa profession.

Art. 3 L'expéditeur certifié mentionné au 1° de l'article 2 est identifié par un numéro fiscal, attribué par l'administration à sa demande, sans préjudice de son identification à d'autres titres.

Le silence gardé pendant un délai de quatre mois par l'administration à compter de la réception de cette demande vaut acceptation.

Art. 4 A l'issue du déplacement à des fins commerciales, l'expéditeur certifié sollicite le remboursement prévu à l'article L 311-13 du code des impositions sur les biens et services dans les conditions prévues à l'article 22.

Art. 5 Le destinataire certifié mentionné au 2° de l'article 2 est identifié par un numéro fiscal attribué par l'administration à sa demande, sans préjudice de son identification à d'autres titres.

Le silence gardé pendant un délai de quatre mois par l'administration à compter de la réception de cette demande vaut acceptation.

Art. 6 Le destinataire certifié dépose, préalablement au déplacement à des fins commerciales, une garantie qui couvre les risques inhérents au non-paiement de l'accise résultant d'une irrégularité survenue au cours du mouvement ainsi que les risques de non-paiement de l'accise à l'échéance déclarative.

A l'issue du mouvement, il constate et acquitte l'accise devenue exigible sur les produits déplacés dans les conditions prévues aux articles 22-3 à 22-5. Lorsque, en tant qu'entrepositaire agréé, il place directement ces produits en suspension de l'accise, il informe la direction générale des douanes et des droits indirects, selon les mêmes modalités, que l'accise n'est pas devenue exigible.

Il tient un état récapitulatif mensuel des réceptions de produits déplacés à des fins commerciales.

Art. 7 L'expéditeur certifié et le destinataire certifié :

1° Communiquent à la direction générale des douanes et des droits indirects l'ensemble des informations requises permettant d'identifier le déplacement de produits à des fins commerciales ainsi que la nature et la quantité de ces produits ;

2° Se prêtent à tout contrôle de la direction générale des douanes et des droits indirects en vue de s'assurer de la régularité des mouvements des produits ;

3° Ne reçoivent, n'expédient, ni ne détiennent ou stockent les produits en suspension de l'accise en tant qu'expéditeurs certifiés ou destinataires certifiés.

Art. 7-1 L'identification en tant qu'expéditeur certifié ou destinataire certifié est retirée en cas de manquement aux obligations prévues à l'article 7 ou aux paragraphes 3 et 4 ou de toute autre irrégularité susceptible de compromettre la perception de l'accise.

Paragraphe 2 Expéditeurs et destinataires certifiés occasionnels

Art. 8 Lorsque les activités d'expédition ou de réception des personnes qui ont été identifiées en tant qu'expéditeurs certifiés ou en tant que destinataires certifiés ne revêtent qu'un caractère occasionnel, la portée de l'identification fiscale qui leur a été délivrée est limitée :

1° A un seul mouvement et pour une quantité déterminée de produits ;

2° A une durée au plus égale au temps nécessaire à l'acheminement et à la réception des produits par le destinataire certifié.

Art. 8-1 Pour l'expéditeur certifié ou le destinataire certifié à titre occasionnel, la demande prévue à l'article 3 ou à l'article 5 est accompagnée des éléments permettant d'identifier le déplacement à des fins commerciales : expéditeur, destinataire, lieu de départ, lieu d'arrivée, nature et quantité des produits.

Art. 8-2 Pour le destinataire certifié à titre occasionnel, la garantie mentionnée au premier alinéa de l'article 6 prend la forme d'une consignation auprès de la direction générale des douanes et des droits indirects d'un montant égal à celui de l'accise exigible à la réception. La direction générale des douanes et des droits indirects lui remet une attestation de consignation.

Les éléments mentionnés à l'article 8-1 comprennent également ceux permettant à la direction générale des douanes et des droits indirects de déterminer le montant de la consignation.

Le dernier alinéa de l'article 6 n'est pas applicable au destinataire certifié à titre occasionnel.

Paragraphe 3
Règles de circulation des déplacements à des fins commerciales

Art. 9-0 Le déplacement à des fins commerciales :

1° Débute au moment où les produits quittent l'un des lieux suivants :

a. Les locaux de l'expéditeur certifié ;

b. Tout autre lieu situé dans l'Etat membre de l'Union européenne de départ préalablement notifié à l'administration compétente de cet Etat membre ;

2° Prend fin à la réception des produits par le destinataire certifié dans l'un des lieux suivants :

a. Les locaux du destinataire certifié ;

b. Tout autre lieu situé dans l'Etat membre de l'Union européenne de destination notifié à l'administration de cet Etat membre de l'Union européenne préalablement au début du mouvement.

Pour la France, l'administration compétente s'entend de la direction générale des douanes et des droits indirects.

Sous-paragraphe 1
Document administratif électronique simplifié

Art. 9 La circulation des produits faisant l'objet d'un déplacement à des fins commerciales est réalisée sous couvert d'un document administratif électronique simplifié établi par l'expéditeur certifié dans l'Etat membre de l'Union européenne de départ.

Art. 10 Lorsque des produits mentionnés à l'article 1 doivent être déplacés dans les conditions mentionnées à l'article 9, l'expéditeur certifié soumet un projet de document administratif électronique simplifié par l'intermédiaire du système d'informatisation du suivi des mouvements et des contrôles des produits soumis à accise.

A réception du projet prévu au premier alinéa, la direction générale des douanes et des droits indirects :

1° Attribue au document un code de référence administratif unique simplifié qu'elle communique à l'expéditeur certifié ;

2° Transmet sans délai le document administratif électronique simplifié à l'autorité compétente de l'Etat membre de destination.

Art. 11 Le code de référence mentionné au 1° de l'article 10 est communiqué par l'expéditeur certifié à la personne qui accompagne les produits ou, à défaut, au transporteur. Il peut être mentionné sur un document commercial sans rature ni surcharge.

Art. 12 Le code de référence mentionné au 1° de l'article 10 est présenté à toute demande des services de contrôle.

Art. 13 Pendant la circulation des produits, l'expéditeur certifié peut, par l'intermédiaire du système d'informatisation mentionné au premier alinéa de l'article 10, indiquer un nouveau lieu de livraison géré par le même destinataire certifié à l'intérieur de l'Etat membre de destination ou un lieu d'expédition. Il présente alors à l'administration un projet de document électronique de changement de destination.

Art. 14 Le destinataire certifié qui réceptionne des produits soumis à accise sur le territoire de la France métropolitaine présente à l'administration, dans un délai de cinq jours ouvrables, un accusé de réception par l'intermédiaire du système d'informatisation mentionné au premier alinéa de l'article 10.

Art. 15 Lorsque les données de l'accusé de réception sont reconnues valides par l'administration, l'accusé de réception est réputé constituer une preuve suffisante de l'issue régulière de la circulation des produits soumis à accise.

L'administration adresse au destinataire certifié ainsi qu'aux autorités compétentes de l'Etat membre de l'Union européenne d'expédition une confirmation de l'enregistrement de l'accusé de réception.

Sous-paragraphe 2
Procédure de secours

Art. 16 En cas d'indisponibilité du système d'informatisation mentionné au premier alinéa de l'article 10, l'expéditeur certifié :

1° Etablit un document de secours reprenant les mêmes données que le projet de document administratif électronique simplifié prévu à l'article 10 ;

2° Informe l'administration préalablement à l'expédition et lui adresse une copie du document de secours.

Art. 17 Dès que le système d'informatisation mentionné au premier alinéa de l'article 10 redevient disponible, l'expéditeur certifié présente un projet de document administratif électronique simplifié conformément à l'article 10, qui, après vérification et validation de l'administration, se substitue au document de secours.

Une copie du document de secours est conservée par l'expéditeur certifié dans ses registres.

Les dispositions de l'article 13 s'appliquent également au document de secours en cas d'indisponibilité du système d'informatisation.

Art. 18 Lorsque l'accusé de réception mentionné à l'article 14 ne peut être présenté, le destinataire certifié présente à la direction générale des douanes et des droits indirects un document de secours contenant les mêmes données que l'accusé de réception et attestant que le mouvement a pris fin.

Sauf dans le cas où l'accusé de réception peut lui être présenté à brève échéance par le destinataire certifié au moyen du système d'informatisation mentionné au premier alinéa de l'article 10, la direction générale des douanes et des droits indirects envoie une copie du document de secours prévu au premier alinéa aux autorités compétentes de l'Etat membre d'expédition.

Lorsque la direction générale des douanes et des droits indirects reçoit une copie du document de secours prévu au premier alinéa, elle le transmet à l'expéditeur certifié ou tient à sa disposition une copie de ce document.

Art. 19 Dès que le système d'informatisation redevient disponible, le destinataire certifié présente un accusé de réception, conformément à l'article 14.

Sous-paragraphe 3
(...)

Art. 20 *(Abrogé).*

Sous-paragraphe 4
Preuves alternatives à l'accusé de réception

Art. 21 En l'absence d'accusé de réception ou de rapport d'exportation permettant de justifier de l'issue régulière d'une circulation de produits soumis à accises, d'autres éléments de preuve permettant de justifier de l'issue régulière du mouvement peuvent être apportés tels que :

1° Un visa des autorités compétentes de l'Etat membre de l'Union européenne de destination indiquant que les produits ont bien été réceptionnés à destination et que le destinataire certifié à accompli toutes les formalités requises ;

2° Le document de secours mentionné à l'article 16.

Paragraphe 4
Déclaration et paiement de l'accise exigible à l'achèvement du déplacement à des fins commerciales

Sous-paragraphe 1
Accise remboursable

Art. 22 L'accise remboursable en application de l'article L 311-13 du code des impositions sur les biens et services fait l'objet d'une demande de remboursement par l'expéditeur certifié à laquelle sont joints les éléments prévus à l'article 22-1.

Lorsque le tarif de l'accise remboursable ne peut être déterminé avec certitude en raison de l'impossibilité d'individualiser les produits dans le stock du demandeur, il est retenu celui dont relèvent les produits de même nature les plus anciens dont il peut être justifié qu'ils sont compris dans ce stock.

Art. 22-1 Sont joints à la demande prévue à l'article 22 :

1° L'accusé de réception ou le visa des autorités compétentes de l'Etat membre de l'Union européenne de destination résultant des règles transposant, dans cet Etat, les articles 37, 39 et 40 de la directive (UE) 2020/262 du 19 décembre 2019 établissant le régime général d'accises ;

2° Toute preuve que l'expéditeur certifié a supporté l'imposition au sens des dispositions du chapitre III du titre V du livre Ier du code des impositions sur les biens et services.

Art. 22-2 La direction générale des douanes et des droits indirects rembourse l'accise dans un délai d'un an à compter de la réception de la demande prévue à l'article 22.

Sous-paragraphe 2
Accise due

Art. 22-3 La déclaration de l'accise est souscrite par le destinataire certifié et le destinataire enregistré auprès de la direction générale des douanes et droits indirects dans les conditions suivantes :

1° Pour les produits énergétiques, sous forme papier le jour de la réception ;

2° Pour les prélèvements obligatoires relatifs aux alcools mentionnés aux 1°, 4° et 5° de l'article 38, par voie électronique :

a. Au plus tard le dixième jour du mois suivant la réception des produits ;

b. Le jour de la réception des produits lorsque le destinataire certifié ou le destinataire enregistré exerce une activité à titre occasionnel.

3° Pour le prélèvement obligatoire mentionné au 2° de l'article 38 relatif aux tabacs, sous forme papier le jour de la réception.

Art. 22-5 L'accise est acquittée par le destinataire certifié et le destinataire enregistré lors de la souscription de la déclaration dans les conditions suivantes :

1° Pour les prélèvements obligatoires relatifs aux alcools mentionnés aux 1°, 4° et 5° de l'article 38, par télérèglement :

a. Au plus tard lors du dépôt de la déclaration mentionnée au a du 2° de l'article 22-3, sous couvert de la garantie respectivement prévue au premier alinéa de l'article 6 du présent décret et au I de l'article 302 H ter du code général des impôts, lorsque le redevable réalise des opérations à titre habituel ;

b. Au plus tard lors du dépôt de la déclaration mentionnée au b du 2° de l'article 22-3, sous couvert de la consignation respectivement prévue au premier alinéa de l'article 8-2 du présent décret et au II de l'article 302 H ter du code général des impôts, lorsque le redevable réalise des opérations à titre occasionnel ;

2° Pour les produits énergétiques, et le prélèvement obligatoire relatif aux tabacs mentionné au 2° de l'article 38, par tout moyen, lors du dépôt de la déclaration mentionnée au 1° de l'article 22-3.

Toutefois, lorsque la garantie a pris la forme d'une consignation, l'acquittement est réalisé par application du montant consigné à l'accise exigible.

Paragraphe 5
Règles de circulation particulières à certains mouvements en suspension

Art. 22-6 Lorsqu'ils circulent sous un régime de suspension de l'accise, les produits exonérés de l'accise en application des dispositions des articles L 311-9 à L 311-11 du code des impositions sur les biens et services sont accompagnés d'un certificat d'exonération. Ce certificat comprend les mentions suivantes :

1° La nature, la quantité et la valeur des produits ;

2° L'identité du destinataire ;

3° L'Etat membre de l'Union européenne qui a certifié l'exonération.

Art. 22-7 Les mouvements de produits énergétiques en suspension de l'accise par canalisations fixes sont dispensés de la fourniture d'une garantie de paiement de l'accise, sauf lorsque la direction générale des douanes et des droits indirects a préalablement constaté l'existence de risques particuliers.

Sous-section 2
Certification des petits producteurs

Art. 23 La certification des petits producteurs indépendants prévue à l'article L 313-40 du code des impositions sur les biens et services est réalisée au moyen de la délivrance d'un certificat sur demande préalable du producteur.

Art. 24 Une déclaration annuelle de production, conforme au modèle fixé par l'administration, est transmise à l'appui de la demande mentionnée à l'article 23. La déclaration annuelle de production mentionne les quantités effectivement produites par le producteur au cours des douze mois de l'exercice commercial précédent ou, en cas d'activité nouvellement créée, le volume prévisionnel de production envisagé par le producteur.

Art. 25 L'administration délivre le certificat mentionné à l'article 23 dans un délai de quatre mois à compter de la réception de la demande. Le silence gardé par l'administration à l'issue de ce délai vaut acceptation.

Art. 26 Le certificat mentionné à l'article 24 est délivré pour une durée d'un an et peut porter sur un ou plusieurs produits taxables relevant de catégories fiscales différentes.

Art. 27 Est porté sur le document administratif accompagnant la circulation :

1° La référence du certificat délivré par l'administration ou ;

2° Le niveau de sa production annuelle ainsi que la mention par laquelle il atteste qu'il respecte les critères d'indépendance prévus à l'article L 313-22 du code des impositions sur les biens et services.

Section 2
Accise sur les charbons, les gaz naturels et l'électricité

Art. 28 Pour l'application de la présente section, sont entendus par :

1° Le redevable fournisseur : la personne mentionnée au a du 1° de l'article L 312-93 du code des impositions sur les biens et services ;

2° Le redevable autoconsommateur : la personne mentionnée au b du 1° de l'article L 312-93 du code précité ;

3° Le redevable consommateur : la personne mentionnée au 2° de l'article L 312-93 du même code ;

4° La subrogation du redevable fournisseur : le transfert mentionné au premier alinéa de l'article L 312-95 dudit code ;

5° L'intermédiaire non redevable : en cas de subrogation du redevable fournisseur, la personne subrogée dans ses obligations.

Art. 28-1 Le service compétent s'entend du service des impôts de la direction générale des finances publiques dont dépend le redevable pour la taxe sur la valeur ajoutée et les taxes déclarées avec cette dernière.

Art. 28-2 Les déclarations, attestations, états récapitulatifs et informations transmis à l'administration et prévus par la présente section sont réalisés au moyen de modèles établis par la direction générale des finances publiques.

Sous-section 1
Constatation de l'accise

Paragraphe 1
Tarifs constatés par les différentes catégories de redevables

Art. 29 Le redevable fournisseur constate l'accise sur ses fournitures dans les conditions suivantes :

1° Sous réserve du 2°, au tarif normal applicable. Pour les gaz naturels, il constate le tarif normal applicable pour l'usage combustible ;

2° S'agissant des fournitures pour lesquelles il dispose d'une attestation de tarif d'accise minoré valide au sens de l'article 30-4, selon le régime fiscal prévu par cette attestation, qu'il s'agisse d'une exemption, d'une exonération, d'un tarif normal inférieur à celui mentionné au 1°, d'un tarif réduit ou d'un tarif particulier.

Art. 29-1 Le tarif d'accise constaté par le redevable fournisseur et le montant d'accise qui en résulte figurent sur la facture établie pour la fourniture des charbons, des gaz naturels ou de l'électricité.

Lorsque la fourniture donne lieu au versement d'acomptes déterminés en fonction de quantités, réelles ou estimées, et, le cas échéant, d'une régularisation déterminée en fonction des quantités fournies, la facture relative à l'un de ces acomptes ou à cette régularisation reprend le montant d'accise déterminé pour les quantités correspondantes.

En l'absence de facture, le montant de l'accise fait l'objet d'une information écrite au moins annuelle du redevable fournisseur auprès de l'acquéreur.

En cas de subrogation du redevable fournisseur, les trois premiers alinéas s'appliquent également aux fournitures de gaz naturels ou électricité de l'intermédiaire non redevable.

Art. 29-2 Le redevable autoconsommateur constate l'accise applicable à ses consommations.

Art. 29-3 Sous réserve de l'article L 153-3 du code des impositions sur les biens et services, le redevable consommateur constate la différence d'accise résultant de l'écart entre le tarif applicable à ses consommations et celui constaté en application de l'article 29-1.

Lorsque cette personne est intermédiaire non redevable pour une fraction des fournitures qui lui sont faites, l'écart relatif aux quantités concernées par ces fournitures est constaté par la personne qui les consomme.

Paragraphe 2
Attestation constatant l'application d'un tarif minoré

Art. 30 L'attestation de tarif minoré porte sur des fournitures de charbons, gaz naturels et électricité susceptibles d'être éligibles à une exemption, une exonération ou un tarif inférieur à celui mentionné au 1° de l'article 29, qu'il s'agisse d'un tarif normal, réduit ou particulier ou pour lesquelles l'accise n'est pas applicable pour un autre motif.

Art. 30-1 L'attestation de tarif minoré est établie par le redevable consommateur, autre qu'un particulier ne réalisant pas d'activités économiques, pour les quantités qui lui sont fournies par une personne donnée, à une date fixée à l'avance ou pendant une durée d'au plus douze mois et relevant d'un même contrat.

Elle peut être établie pour une fraction des fournitures d'un même contrat lorsque cette fraction peut être comptabilisée séparément.

Art. 30-2 L'attestation de tarif minoré comprend les éléments suivants :

1° Le nom ou la raison sociale et l'adresse de l'émetteur ou de son siège ainsi que la signature de la personne habilitée à engager sa responsabilité ;

2° Sa date d'émission ;

3° La nature de produit parmi les trois catégories suivantes : charbons, gaz naturels, électricité ;

4° Le nom du redevable qui fournit le produit et tout élément permettant d'identifier le contrat de fourniture ;

5° Le ou les tarifs minorés dont il est demandé l'application et, pour chacun d'entre eux, le lieu de fourniture effectif et la période de fourniture couverte ;

6° Le cas échéant, la fraction des quantités couvertes par le contrat pour laquelle l'attestation est établie.

Art. 30-3 En cas de subrogation du redevable fournisseur, l'attestation est établie par l'intermédiaire non redevable et comprend également le nom ou la raison sociale et la signature du ou des redevables consommateurs.

Art. 30-4 L'attestation est établie en double exemplaire, dont l'un est conservé par l'émetteur et l'autre transmis au redevable fournisseur et conservé par ce dernier.

L'exemplaire de l'émetteur est valide lorsque les conditions mentionnées aux articles 30 à 30-3 sont remplies.

L'exemplaire du redevable fournisseur est valide lorsque les conditions mentionnées aux articles 30-1 à 30-3 sont remplies. Il n'est pas valide pour les fournitures pour lesquelles une facture est établie avant sa réception ni, lorsqu'il a été reçu après le 10 du mois, pour les fournitures réalisées au cours de ce mois.

La circonstance que le tarif d'accise applicable aux consommations soit différent du tarif minoré, ou que les quantités couvertes soient cédées par l'acquéreur, ne remet pas en cause la validité de l'attestation, sans préjudice des obligations qui en résultent pour le redevable consommateur en application des dispositions des articles 32 à 32-3 et, le cas échéant, pour l'intermédiaire non redevable en application de l'article 29-1.

Art. 30-5 Une nouvelle attestation est émise dans les mêmes conditions que l'attestation initiale lorsque le contrat de fourniture est modifié dans des conditions qui remettent en cause les éléments que cette attestation initiale comporte.

Paragraphe 3
Déclarations des redevables fournisseurs et autoconsommateurs

Art. 31 Le redevable fournisseur ou autoconsommateur constate l'accise sur les gaz naturels, les charbons et l'électricité au moyen d'une déclaration unique dédiée adressée par voie dématérialisée au service compétent.

La déclaration du redevable fournisseur porte sur l'ensemble de l'accise applicable aux fournitures pour lesquelles la taxe sur la valeur ajoutée est devenue exigible pendant une même période déclarative. Lorsque les fournitures donnent lieu au versement d'acomptes déterminés en fonction de quantités, réelles ou estimées, et, le cas échéant, d'une régularisation déterminée en fonction des quantités fournies, les montants d'accise se rapportant à ces différentes quantités sont rattachées à chacune des périodes d'exigibilité de la taxe sur la valeur ajoutée correspondantes.

La déclaration du redevable autoconsommateur porte sur l'ensemble de l'accise devenue exigible pendant une même période déclarative.

Art. 31-1 La période déclarative est le trimestre civil et l'échéance déclarative est fixée au 25 du mois suivant cette période.

Art. 31-2 Par dérogation à l'article 31-1, la période déclarative est le mois civil lorsque le redevable a fourni ou consommé plus de quarante térawattheures d'électricité au titre de l'année civile précédente.

Art. 31-3 Par dérogation à l'article 31-1, la période déclarative est l'année civile et l'échéance déclarative le 31 janvier de l'année suivante lorsque les opérations effectuées par les redevables, au titre de l'année civile précédente, consistent exclusivement en des fournitures de charbons destinées à des clients domestiques et n'excédant pas mille mégawattheures par an.

Lorsqu'il apparaît en cours d'année que les conditions du premier alinéa ne sont plus remplies, la période comprise entre le 1er janvier et la fin du trimestre au cours duquel ces conditions ne sont plus remplies fait l'objet d'une déclaration unique qui intervient au plus tard le 25 du mois suivant ce trimestre.

Art. 31-4 Par dérogation aux articles 31-1 à 31-3, en cas de cession ou cessation d'activité, de redressement ou de liquidation judiciaire, la déclaration est déposée :

1° Dans les 30 jours suivant la survenue de l'événement, pour les redevables tenus au dépôt d'une déclaration mensuelle ou trimestrielle ;

2° Dans les 60 jours suivant la survenue de l'événement, pour les redevables tenus au dépôt d'une déclaration annuelle.

Art. 31-5 La déclaration mentionnée à l'article 31 comprend les éléments suivants :

1° Les montants de l'accise constatés ;

2° Les quantités fournies par le redevable fournisseur ou consommées par le redevable autoconsommateur ;

3° Pour les redevables fournisseurs :

a. Les sommes reçues au titre des fournitures et pour lesquelles la taxe sur la valeur ajoutée est devenue exigible pendant la période déclarative ;

b. Les montants de la taxe départementale sur la consommation finale d'électricité et de la taxe communale sur la consommation finale d'électricité mentionnées respectivement au 2° du I et au 2° du II de l'article 42 de l'ordonnance n° 2021-1843 du 22 décembre 2021 portant partie législative du code des impositions sur les biens et services et transposant diverses normes du droit de l'Union européenne ;

4° Les corrections des erreurs, omissions et autres inexactitudes figurant sur les déclarations précédentes, y compris l'accise qu'il a préalablement constatée sur des quantités qu'il a fournies puis rachetées à ses clients.

Ces éléments sont distingués selon que l'accise est appliquée ou non et, si elle est appliquée, selon le tarif ou l'exonération retenue.

Les quantités sont arrondies au kilowattheure.

Paragraphe 4
Déclaration des redevables consommateurs

Ndlr *Les dispositions des articles 32 à 32-3 ci-dessous, dans leur rédaction résultant du décret 2023-786 du 17 août 2023, sont applicables à l'accise due par les redevables consommateurs devenue exigible à compter du 1er janvier 2022, sauf lorsqu'un remboursement a déjà été sollicité en application de l'article 37 dans sa rédaction antérieure à l'entrée en vigueur du même décret (Décret 2023-786 précité art. 4). Pour mémoire, dans sa rédaction antérieure, l'article 37 du décret 2021-1914 du 30 décembre 2021 indiquaient : « Les demandes de remboursement d'accise sur l'électricité, le gaz naturel ou les charbons au titre d'une année civile sont adressées en une fois au service mentionné à l'article premier, à compter du 1er janvier suivant ».*

Art. 32 Le redevable consommateur constate la différence d'accise sur les gaz naturels, les charbons et l'électricité mentionnée à l'article 29-3 devenue exigible au cours d'un même exercice comptable sur la déclaration mentionnée à l'article 287 du code général des impôts.

Le redevable de l'accise qui n'est pas redevable de la taxe sur la valeur ajoutée constate l'accise par année civile.

Art. 32-1 La déclaration mentionnée à l'article 32 est la suivante :

1° Pour les redevables de la taxe sur la valeur ajoutée soumis au régime réel normal d'imposition mentionné au 2 de l'article 287 du code général des impôts, toute déclaration déposée au titre d'un mois ou trimestre postérieur à la clôture de l'exercice comptable et au plus tard au titre du sixième mois ou du deuxième trimestre suivant cette clôture.

2° Pour les redevables de la taxe sur la valeur ajoutée soumis au régime simplifié de déclaration prévu aux articles 298 bis et 302 septies A du code général des impôts, celle déposée au titre de l'exercice comptable ;

3° Dans les autres cas, une déclaration déposée au plus tard le 25 juillet de l'année suivant l'exigibilité.

Art. 32-2 Par dérogation à l'article 32-1, en cas de cession ou cessation d'activité, la déclaration mentionnée à l'article 32 est celle constatant la taxe sur la valeur ajoutée devant être déclarée à la suite de cet évènement ou, si le redevable de l'accise n'est pas redevable de la taxe sur la valeur ajoutée, une déclaration déposée dans les 60 jours suivants cet évènement.

Art. 32-3 Les erreurs, omissions et autres inexactitudes figurant sur la déclaration mentionnée à l'article 32 sont corrigées sur les déclarations rectificatives ultérieures de taxe sur la valeur ajoutée, dans la limite d'une fois par année civile.

Sous-section 2
Autres obligations fiscales

Paragraphe 1
Redevables fournisseurs ou autoconsommateurs

Art. 33 Le redevable fournisseur ou autoconsommateur informe le service compétent qu'il est redevable avant l'exigibilité de l'accise.

Art. 33-1 Le redevable fournisseur tient une comptabilité de ses fournitures qui reprend les éléments mentionnés à l'article 31-5 distingués par facture, contrat, destinataire et lieu de livraison.

Les destinataires sont identifiés par leur nom ou raison sociale et, le cas échéant, leur numéro SIREN.

Les quantités sont arrondies au kilowattheure.

Les ventes à emporter ou à la chine de charbon auprès de particuliers peuvent être regroupées par trimestre civil.

Ndlr *La comptabilité prévue au premier alinéa du présent article est établie pour l'accise due par les redevables consommateurs exigible à compter du 1er janvier 2022, au plus tard à la première échéance déclarative intervenant à compter de la date d'entrée en vigueur du décret 2023-786 du 17 août 2023 (Décret précité art. 4).*

Art. 33-2 Le redevable fournisseur transmet au service compétent la liste des personnes pour lesquelles l'accise a été constatée sur la base d'une attestation de tarif minoré et, pour chacune de ces personnes, les informations mentionnées à l'article 33-1 consolidées pour l'ensemble des factures et contrats et pour l'ensemble des périodes déclaratives de l'année civile, distinguées en fonction du point de livraison et du tarif applicable.

La transmission est réalisée par voie électronique au plus tard le dernier jour ouvrable du mois de février suivant l'année sur laquelle elle porte.

Art. 33-3 Le redevable autoconsommateur tient une comptabilité des quantités produites, importées et consommées, qui reprend les éléments mentionnés à l'article 31-5 distinguées par lieu de consommation.

Les quantités sont arrondies au kilowattheure.

Paragraphe 2
Redevables consommateurs et intermédiaires non redevables

Art. 34 Le redevable consommateur et l'intermédiaire non redevable tiennent un état récapitulatif des quantités qui leurs sont fournies et bénéficiant d'une exemption, d'une exonération ou d'un tarif inférieur à celui mentionné au 1° de l'article 29, qu'il s'agisse d'un tarif normal, réduit ou particulier ou pour lesquelles l'accise n'est pas applicable pour un autre motif. Ces quantités sont, le cas échéant, distinguées par tarif ou exonération.

Le redevable consommateur distingue ces données par lieu de consommation et par usage. Il mentionne le montant de taxe positif ou négatif à régulariser.

L'intermédiaire non redevable distingue ces données par client et lieu de fourniture.

Ces données sont regroupées par périodes déclaratives et font apparaître distinctement les corrections mentionnées à l'article 32-3.

Ndlr *L'état récapitulatif prévu au premier alinéa du présent article est établi pour l'accise due par les redevables consommateurs exigible à compter du 1er janvier 2022, au plus tard à la première échéance déclarative intervenant à compter de la date d'entrée en vigueur du décret 2023-786 du 17 août 2023 (Décret précité art. 4).*

Art. 34-1 L'état récapitulatif prévu à l'article 34 est, pour chaque période déclarative, établi au plus tard à la date de l'échéance déclarative.

Sous-section 3
Paiement de l'accise

Ndlr *Les dispositions des articles 35 à 35-3 ci-dessous, dans leur rédaction résultant du décret 2023-786 du 17 août 2023, sont applicables à l'accise due par les redevables consommateurs devenue exigible à compter du 1er janvier 2022, sauf lorsqu'un remboursement a déjà été sollicité en application de l'article 37 dans sa rédaction antérieure à l'entrée en vigueur du même décret (Décret 2023-786 précité art. 4). Pour mémoire, dans sa rédaction antérieure, l'article 37 du décret 2021-1914 du 30 décembre 2021 indiquaient : « Les demandes de remboursement d'accise sur l'électricité, le gaz naturel ou les charbons au titre d'une année civile sont adressées en une fois au service mentionné à l'article premier, à compter du 1er janvier suivant ».*

Art. 35 Les paiements par le redevable de l'accise sur les gaz naturels, les charbons et l'électricité sont effectués par télérèglement.

Ils interviennent au moment du dépôt de la déclaration qui constate les montants en cause.

Art. 35-1 Lorsque le montant de l'accise due par le redevable fournisseur ou le redevable autoconsommateur est négatif, il est remboursé par l'administration sous trois mois.

Art. 35-2 Lorsque le montant de l'accise due par le redevable consommateur est négatif, il est réglé par imputation sur le montant de la taxe sur la valeur ajoutée constatée sur la même déclaration.

Les montants n'ayant pas été ainsi imputés sont remboursés par l'administration.

Art. 35-3 La personne qui exerce l'option mentionnée à l'article 1693 ter du code général des impôts réalise les paiements, imputations et demandes de remboursement prévus par la présente section en lieu et place des redevables consommateurs membres du groupe constitué par cette option et est bénéficiaire de ces remboursements.

Sous-section 4
Règles propres aux redevables ayant renoncé à la subrogation

Art. 36 L'intermédiaire non redevable renonce à la subrogation en procédant à l'information prévue à l'article 33.

Il précise si les produits concernés sont les gaz naturels ou l'électricité, qu'il n'est pas titulaire de l'autorisation correspondante mentionnée à l'article L 312-95 du code des impositions sur les biens et services et la date de prise d'effet du renoncement.

Art. 36-1 La personne mentionnée à l'article 36 informe ses fournisseurs du renoncement à la subrogation par la délivrance d'une attestation de tarif minoré mentionnée à l'article 30.

Lorsque la date de prise d'effet du renoncement est antérieure à celle de la prise d'effet de l'attestation, il constate l'accise résultant de l'écart entre les montants constatés par ses fournisseurs pendant cette période et l'accise dont il est redevable. Cet écart peut être imputé sur l'accise qu'il constate au titre d'une autre période en tant que redevable fournisseur.

Sous-section 5
Autres régularisations

Art. 37 Pour les exercices débutés en 2021 et clos en 2022, les redevables consommateurs tiennent à la disposition de l'administration un état récapitulatif des quantités de produits acquises à compter du 1er janvier 2022 au plus tard :

1° Avant le 1er juillet 2023, pour les redevables de la taxe sur la valeur ajoutée soumis au régime réel normal d'imposition mentionné au 2 de l'article 287 du code général des impôts ;

2° Au moment du dépôt de leur déclaration de taxe sur la valeur ajoutée annuelle dont la date limite de dépôt est en 2023, pour les redevables de la taxe sur la valeur ajoutée soumis au régime simplifié de déclaration mentionné à l'article L 162-1 du code des impositions sur les biens et services ou à l'article 298 bis du code général des impôts ;

3° Avant le 25 juillet 2023 dans les autres cas.

Lorsque l'état récapitulatif mentionné au premier alinéa fait apparaître un montant de taxe due, le redevable l'acquitte par télérèglement en même temps que le dépôt de la déclaration de taxe sur le chiffre d'affaires mentionnée à l'article 287 du code général des impôts aux dates mentionnées aux 1°, 2° ou 3°.

Section 3
Dispositions applicables aux accises sur les alcools et les tabacs et à d'autres prélèvements

Art. 38 Les dispositions de la présente section s'appliquent aux prélèvements obligatoires suivants :

1° L'accise mentionnée à l'article L 313-1 du code des impositions sur les biens et services ;

2° L'accise mentionnée à l'article L 314-1 du code des impositions sur les biens et services ;

3° Le droit de licence prévu à l'article 568 du code général des impôts ;

4° La taxe prévue à l'article 1613 bis du code général des impôts ;

5° La cotisation sur les boissons alcooliques prévue à l'article L 245-7 du code de la sécurité sociale ;

6° La cotisation basée sur la remise mentionnée au 3° du I de l'article 570 du code général des impôts finançant le régime d'allocations viagères en faveur des gérants de débits de tabac ordinaires.

Art. 38-1 Pour les besoins de la présente section, le garant s'entend de la personne qui s'est engagée à garantir le paiement des prélèvements obligatoires mis à la charge du redevable, conformément au premier alinéa de l'article 6 et de l'article 8-2 du présent décret et aux articles 302 D, 302 G, 302 H ter, 302 H quater et 302 V bis du code général des impôts.

Art. 38-2 L'action en recouvrement à l'encontre du garant est engagée dans un délai maximal de quarante cinq jours francs à compter de la date limite de paiement de la créance.

Art. 38-3 La direction générale des douanes et droits indirects est chargée des mesures de suivi et de gestion mentionnées à l'article L 311-39 du code des impositions sur les biens et services.

Art. 38-4 Les redevables qui n'ont pas la qualité de destinataire certifié ou de destinataire enregistré déclarent les prélèvements obligatoires mentionnés à l'article 38 auprès de la direction générale des douanes et droits indirects, dans les conditions suivantes :

1. Lorsqu'ils sont identifiés par leur numéro SIREN, au moyen d'une déclaration conforme au modèle fixé par l'administration adressée par voie électronique :

1° Soit au plus tard le dixième jour de chaque mois, sur la base d'une déclaration des quantités de produits mis à la consommation au cours du mois précédent ;

2° Soit au plus tard le dixième jour du deuxième mois qui suit la clôture des comptes pour la déclaration annuelle, prévue au IV de l'article 286 I de l'annexe II au code général des impôts, déposée par les entrepositaires agréés ayant la qualité de récoltant y compris les caves coopératives et leurs unions ;

3° Au plus tard le dixième jour du deuxième mois qui suit la clôture de leur exercice commercial par les entrepositaires agréés, autres que ceux mentionnés au 2° du présent 1, en application du 2° du IV de l'article 286 J de l'annexe II au code général des impôts ;

2. Lorsqu'ils ne sont pas identifiés par un numéro SIREN, au moyen d'une déclaration adressée conformément au modèle établi par l'administration et dans les conditions fixées par celles-ci.

Art. 38-5 Les demandes de remboursement portant sur les déclarations mentionnées aux articles 22-3 et 38-4 sont adressées à la direction générale des douanes et droits indirects.

Art. 38-6 Les redevables qui n'ont pas la qualité de destinataire certifié ou de destinataire enregistré acquittent les prélèvements mentionnés à l'article 38 selon les modalités suivantes :

I. Par télérèglement, lorsqu'ils sont identifiés par leur numéro SIREN, dans les conditions suivantes :

1. Pour les prélèvements relatifs aux alcools mentionnés aux 1°, 4° et 5° de l'article 38, exigibles lors de la mise à la consommation des produits au sens du 2° de l'article L 311-15 du code des impositions sur les biens et services :

1° Au plus tard, soit à la date du dépôt de la déclaration mentionnée au 1° du 1 de l'article 38-4, soit dans le délai d'un mois à compter de cette date, sous couvert de la garantie de paiement prévue au 2 du III de l'article 302 D du code général des impôts, lorsqu'ils exercent leur activité en qualité d'entrepositaire agréé mentionnée à l'article 302 G du même code ;

2° Au plus tard à la date du dépôt de la déclaration mentionnée au 1° du 1 de l'article 38-4 sous couvert de la garantie de paiement prévue à l'article 302 V bis du code général des impôts, lorsqu'ils exercent leur activité en qualité de représentant fiscal mentionnée au même article 302 V bis ;

3° Au plus tard à la date de dépôt de la déclaration mentionnée au 1° du 1 de l'article 38-4, lorsqu'ils exercent leur activité en qualité de distillateur ambulant au sens de l'article 311 bis du code général des impôts ;

2. Pour les prélèvements relatifs aux tabacs mentionnés aux 2°, 3° et 6° de l'article 38 :

1° Au plus tard le cinquième jour du mois suivant celui au titre duquel la déclaration prévue au 1° du 1 de l'article 38-4 est déposée, lorsqu'ils exercent leur activité en qualité de fournisseur mentionnée à l'article 565 du code général des impôts ;

2° Au plus tard, soit à la date du dépôt de la déclaration mentionnée au 1° du 1 de l'article 38-4, soit dans le délai d'un mois à compter de cette date, sous couvert de la garantie de paiement prévue au 2 du III de l'article 302 D du code général des impôts, pour le prélèvement mentionné au 2° de l'article 38 :

a. Lorsqu'ils exercent leur activité en qualité d'entrepositaire agréé au sens de l'article 302 G du code général des impôts dans les territoires de taxation mentionnés aux 1° à 5° de l'article L 112-4 du code des impositions sur les biens et services ;

b. Lorsqu'ils exercent leur activité en qualité d'acheteur-revendeur de tabacs manufacturés, prévue au dernier alinéa de l'article 568 du code général des impôts ;

3. Par dérogation au 1° du 1, les personnes qui exercent leur activité en qualité d'entrepositaire agréé et qui sont dispensées de la garantie de paiement conformément aux dispositions du 2 du III de l'article 302 D du code général des impôts, s'acquittent par télérèglement des prélèvements mentionnés aux 1°, 4° et 5° de l'article 38, au plus tard :

1° Soit le 10 septembre, suivant la clôture de la campagne viticole, pour les entrepositaires agréés qui produisent des produits vitivinicoles régis par les règlements européens relatifs à l'organisation commune des marchés des produits agricoles ;

2° Soit le 10 janvier de l'année civile suivant celle au titre de laquelle la déclaration a été déposée en application au 1° du 1 de l'article 38-4, pour les autres entrepositaires agréés ;

3° Ou, au choix du redevable, à la date de dépôt de la déclaration mentionnée au 1° du 1 de l'article 38-4 ;

4. Par dérogation à la date mentionnée au 1° du 1 de l'article 38-4, les prélèvements mentionnés aux 1°, 4° et 5° de l'article 38 liquidés sur la base des déclarations mentionnées aux 2° et 3° du 1 de l'article 38-4 sont acquittés par télérèglement par les personnes qui exercent leur activité en qualité d'entrepositaire agréé au sens de l'article 302 G du code général des impôts, au plus tard à la date de dépôt des déclarations susmentionnées.

II. Par tout moyen, dans les cas prévus au 2 de l'article 38-4.

CHAPITRE 2
AUTRES IMPOSITIONS SECTORIELLES

Section 1
Mobilités

Sous-section 1
Taxe sur les déplacements routiers

Paragraphe 1
Taxe sur l'immatriculation des véhicules

Art. 39-0 Il est dérogé à la période de deux ans mentionnée à l'avant-dernier alinéa des articles L 421-70 et L 421-81 du code des impositions sur les biens et services lorsque le véhicule nouvellement acquis par le demandeur l'est en remplacement d'un véhicule détruit ou devenu inutilisable par suite de l'un des évènements suivants :

1° Un accident, une catastrophe naturelle ou des intempéries ;

2° Un vol ou une dégradation commise par un tiers ;

3° Tout autre cas de force majeure.

Art. 39 Pour la mise en œuvre des abattements prévus aux articles L 421-70 et L 421-81 du code des impositions sur les biens et services, la personne qui détient le véhicule demande le bénéfice du remboursement mentionné à l'article L 421-88 du même code au moyen d'un formulaire conforme au modèle fixé par l'administration, accompagné des pièces justificatives suivantes :

1° Lorsque les enfants dont elle assume la charge effective et permanente répondent à l'une des conditions prévues aux 1° ou 2° de l'article L 512-3 du code de la sécurité sociale, soit un document attestant que cette condition est remplie, délivré par l'organisme débiteur des prestations familiales, soit le livret de famille et le dernier avis d'imposition à l'impôt sur le revenu, sous réserve de l'application du 1° du II de l'article D 113-14 du code des relations entre le public et l'administration ;

2° Lorsque les enfants dont elle assume la charge effective et permanente font l'objet d'un placement à son domicile au sens de l'article L 421-2 du code de l'action sociale et des familles, un document délivré par son employeur justifiant du nombre d'enfants accueillis à ce titre ;

3° La copie du certificat d'immatriculation du véhicule.

4° Le cas échéant, la déclaration de sinistre adressée à la compagnie d'assurance ou tout autre document probant permettant d'attester que le véhicule nouveau est acquis en remplacement d'un véhicule rendu inutilisable par suite de l'un des évènements mentionnés à l'article 39-0.

ENR-VIII-4060, 4680 ; MF n° 76043 précision c

Art. 40 La demande mentionnée à l'article 39 est adressée, par voie électronique, au service des impôts dont les coordonnées figurent sur l'avis d'imposition à l'impôt sur le revenu du demandeur.

Lorsque le demandeur n'a pas accès à un moyen de communication électronique, la demande est adressée par voie postale.

ENR-VIII-4060, 4680 ; MF n° 76043 précision c

Art. 41 La demande de remboursement mentionnée à l'article 39 est recevable jusqu'au 31 décembre de la deuxième année qui suit celle de l'immatriculation du véhicule soumis à la taxe.

ENR-VIII-4060, 4680 ; MF n° 76043 précision c

Paragraphe 2
Taxes sur l'affectation des véhicules à des fins économiques

Art. 41-1 L'attestation mentionnée au troisième alinéa de l'article L 421-160 du code des impositions sur les biens et services est établie au plus tard le 15 janvier de l'année qui suit celle au cours de laquelle la taxe est devenue exigible.

Ndlr *Les dispositions du présent article s'appliquent aux taxes pour lesquelles l'exigibilité intervient à compter du 1er avril 2023 (Décret 2023-122 du 21 février 2023 art. 3).*

Sous-section 2
Taxe sur le transport aérien de passagers

Art. 42 Pour les besoins de la détermination du tarif de solidarité prévu à l'article L 422-22 du code des impositions sur les biens et services, la Confédération suisse fait partie des destinations assimilées à une destination européenne au sens du 1° de l'article L 422-15 du même code.

Sous-section 3
Taxe annuelle sur les engins maritimes à usage personnel

Art. 43 Le décret n° 2007-1262 du 21 août 2007 susvisé est ainsi modifié :

1° Dans l'intitulé, les mots : « définissant certaines exonérations du droit annuel de francisation et de navigation » sont remplacés par les mots : « relatif à la délivrance du label « bateau d'intérêt patrimonial » ;

2° Le début de la première phrase de l'article 1er est ainsi rédigé : « Pour l'application du 2° de l'article L 423-18 du code des impositions sur les biens et services, l'intérêt patrimonial d'un bateau est reconnu par le label « bateau d'intérêt patrimonial », délivré par arrêté du ministre chargé de la mer… *(le reste sans changement)* » ;

3° A l'article 5 :

a) Le troisième alinéa est supprimé ;

b) A l'avant-dernier alinéa, les mots : « des douanes » sont remplacés par les mots : « de la mer » ;

4° A la seconde phrase de l'article 10, les mots : « des douanes, » sont supprimés ;

5° L'article 12 est ainsi rédigé :

« *Art. 12.* - Le label est valable pour une durée de cinq ans à compter du 1er janvier suivant l'année de son obtention.

« Au cours de l'année 2022, des labels valables pour une durée de cinq ans à compter du 1er janvier de cette année sont également octroyés. » ;

6° La seconde phrase de l'article 13 est supprimée ;

7° Le second alinéa de l'article 14 est supprimé ;

8° Les deuxième et troisième alinéas de l'article 15 sont supprimés ;

9° L'article 16 est abrogé ;

10° A l'article 18, les mots : « Le ministre d'Etat, ministre de l'écologie, du développement et de l'aménagement durables, la ministre de la culture et de la communication, le ministre du budget, des comptes publics et de la fonction publique et le secrétaire d'Etat chargé des transports » sont remplacés par les mots : « Le ministre chargé de la culture et le ministre chargé de la mer »

Art. 44 Pour l'application des articles L 113-2 et L 423-21 du code des impositions sur les biens et services, la collectivité de Corse fait connaître, avant le 1er novembre, au service compétent du ministre chargé de la mer la délibération applicable à la taxe due à compter du 1er janvier suivant. A défaut, le montant de la taxe est calculé selon la dernière délibération transmise.

Art. 45 Le redevable justifie du respect de la condition prévue au 2° de l'article L 423-21 du code des impositions sur les biens et services en transmettant à l'administration tout document permettant d'attester de sa situation, au plus tard le dernier jour du deuxième mois suivant celui au cours duquel l'exigibilité de la taxe est intervenue.

Toutefois, pour l'année 2022, un arrêté du ministre chargé de la mer peut fixer cette date de transmission au dernier jour du troisième mois suivant celui au cours duquel l'exigibilité de la taxe est intervenue.

Par dérogation au premier alinéa, lorsque le redevable est une société de crédit-bail, il transmet à l'administration la liste des engins taxables satisfaisant à la condition susmentionnée et conserve jusqu'à la fin du délai mentionné à l'article L 5112-1-25 du code des transports tout document attestant, pour chaque bateau, du respect de cette condition.

Art. 46 Le document mentionné au premier alinéa de l'article 45 comporte les mentions suivantes :

1° L'identité de l'engin taxable ;

2° Le nom complet du redevable, ou à défaut du locataire en crédit-bail ;

3° Sa date d'émission.

Un arrêté du ministre chargé de la mer peut préciser les conditions de recevabilité de ce document.

Art. 47 Le service de la direction des affaires maritimes chargé de la fiscalité de la plaisance :

1° Est compétent pour constater la taxe annuelle sur les engins maritimes à usage personnel mentionnée à l'article L 423-4 du code des impositions sur les biens et services en application de l'article L 423-32 du même code, contrôler les éléments sur la base desquels elle est établie, instruire les réclamations et suivre les contentieux ;

2° Met à la disposition du redevable, par voie dématérialisée, les éléments sur la base desquels la taxe est établie ;

3° Lorsque la taxe n'est pas acquittée dans le délai mentionné à l'article 48, émet un titre de perception portant sur le montant de la taxe et, le cas échéant des majorations afférentes prévues aux articles L 5112-1-26 et L 5112-1-27 du code des transports. Ce titre est recouvré dans les conditions prévues aux articles 112 à 116, 119 à 122 et 124 du décret n° 2012-1246 du 7 novembre 2012 relatif à la gestion budgétaire et comptable publique, sous réserve des dispositions de l'article L 247 du livre des procédures fiscales. Les contestations de ce titre sont adressées dans les conditions prévues aux articles 117 et 118 du décret n° 2012-1246 du 7 novembre 2012 précité.

Art. 48 Le redevable s'acquitte spontanément des sommes dues au titre de la taxe annuelle sur les engins maritimes à usage personnel mentionnée à l'article L 423-4 du code des impositions sur les biens et services au plus tard le dernier jour du deuxième mois suivant celui au cours duquel son exigibilité est intervenue.

Toutefois, cette date est fixée au dernier jour du troisième mois suivant celui au cours duquel son exigibilité est intervenue lorsque les conditions suivantes sont satisfaites :

1° Le redevable est une société de crédit-bail ;

2° La taxe est due au titre de la première année de réalisation de la formalité mentionnée à l'article L 423-12 du code susmentionné.

Art. 49 Le redevable s'acquitte des sommes dues au titre de la taxe au moyen d'une procédure de paiement dématérialisée en ligne, par carte bancaire ou au moyen d'une autorisation unique de prélèvement bancaire.

Les sociétés de crédit-bail peuvent également payer la taxe par virement bancaire sur accord du service compétent mentionné à l'article 47, à condition d'en avoir formulé la demande avant la date d'exigibilité de la taxe.

Art. 50 L'article 49 n'est pas applicable lorsque les conditions suivantes sont remplies :

1° Le redevable ne peut matériellement pas recourir à la procédure de paiement en ligne ;

2° Le redevable en informe l'administration avant la fin du délai de paiement mentionné à l'article 48.

La taxe est acquittée sur la base du titre de perception mentionné au 3° de l'article 47. Ce dernier peut être émis dès la réception de l'information mentionnée au 2°.

Art. 51 Les I et II de l'article 26 du décret n° 2017-974 du 10 mai 2017 *(NDLR Le décret précité a été abrogé par le décret 2023-921 du 5 octobre 2023 art. 8, I)* relatif à la francisation des navires et aux hypothèques maritimes sont respectivement complétés par les mots : « dans leur rédaction résultant du décret n° 2021-1914 du 30 décembre 2021 comportant diverses mesures d'application de l'ordonnance n° 2021-1843 du 22 décembre 2021 portant partie législative du code des impositions sur les biens et services et transposant diverses normes du droit de l'Union européenne ».

Art. 52 Sont abrogés :

1° Les articles 1 à 3, 8 et 20 du décret n° 2017-974 du 10 mai 2017 *(NDLR Le décret précité a été abrogé par le décret 2023-921 du 5 octobre 2023 art. 8, I)* relatif à la francisation des navires et aux hypothèques maritimes ;

2° Le décret n° 2018-498 du 19 juin 2018 pris en application de l'article 33 de la loi n° 2017-1837 du 30 décembre 2017 de finances pour 2018 et portant sur la répartition entre les organismes mentionnés à l'article L 742-9 du code de la sécurité intérieure du droit annuel de francisation et de navigation et du droit de passeport ;

3° Le décret n° 2019-271 du 3 avril 2019 relatif aux modalités de versement de la quote-part du droit annuel de francisation et de navigation aux éco-organismes agréés qui opèrent dans le cadre de la filière définie à l'article L 541-10-10 du code de l'environnement pour la gestion de la fin de vie des navires de plaisance ou de sport.

Sous-section 4
Taxe sur l'exploitation des infrastructures de transport de longue distance

Paragraphe 1
Constatation de la taxe

Art. 52-1 Le redevable constate annuellement la taxe sur l'exploitation des infrastructures de transport de longue distance mentionnée à l'article L 425-1 du code des impositions sur les biens et services sur l'annexe à la déclaration mentionnée au 1 de l'article 287 du code général des impôts déposée au titre du mois de mars de l'année civile suivant celle au cours de laquelle la taxe est devenue exigible.

En cas de cession ou de cessation d'activité du redevable, la déclaration annuelle est, par dérogation au premier alinéa, adressée dans les 30 jours suivant cet évènement.

Art. 52-2 La déclaration mentionnée à l'article 52-1 fait apparaître :

1° Le montant de taxe dû ;

2° Le montant total des acomptes versés au cours de l'année civile au titre de laquelle la taxe est devenue exigible ;

3° Le solde restant dû ou l'excédent d'acompte versé.

Le montant mentionné au 3° est imputé sur l'acompte versé concomitamment à la déclaration ou, s'il s'agit d'un excédent, est déduit de cet acompte.

Paragraphe 2
Paiement de la taxe

Art. 52-3 La taxe est acquittée par télérèglement selon les dispositions de l'article 1695 quater du code général des impôts aux échéances prévues à l'article 52-1 du présent décret.

Art. 52-4 L'obligation de paiement par acomptes prévue à l'article L 425-18 du code des impositions sur les biens et services s'applique dès lors que les conditions de seuils d'assujettissement prévues à l'article L 425-2 du même code sont remplies au 31 décembre de l'année civile précédant celle du fait générateur.

Art. 52-5 Les acomptes mentionnés à l'article 52-4 sont au nombre de trois.

Ils sont acquittés par télérèglement lors du dépôt de l'annexe à la déclaration mentionnée au 1 de l'article 287 du code général des impôts au titre des mois de mars, juin et septembre de l'année civile au cours de laquelle la taxe est devenue exigible.

Toutefois, en cas de cessation d'activité du redevable avant l'échéance de l'année civile, le solde de la taxe qui est devenu exigible au cours de l'année de cessation d'activité est établi dans les 30 jours suivant cet évènement. Si la cessation intervient pendant l'un des mois visés au deuxième alinéa, l'acompte prévu au titre de ce mois n'est pas dû.

Art. 52-6 Le montant de chacun des acomptes mentionnés à l'article 52-5 est égal à un tiers du produit des facteurs suivants :

1° Les revenus de l'exploitation encaissés au cours de l'année civile précédant celle au titre de laquelle la taxe est devenue exigible, pour la fraction qui excède le seuil de 120 millions d'euros mentionné au 2° de l'article L 425-2 du code des impositions sur les biens et services ;

2° Le taux de 4,6 % mentionné au 2° de l'article L 425-12 du même code.

Art. 52-7 Par dérogation à l'article 52-6, l'exploitant qui estime que le versement d'un acompte, cumulé à ceux préalablement versés au titre de la même année civile, conduirait à excéder le montant de la taxe définitivement dû, peut effectuer un versement d'une valeur moindre pour cet acompte et ne pas verser les acomptes suivants prévus au titre de la même année civile.

L'intérêt de retard et la majoration mentionnés au premier alinéa de l'article L 172-4 du code des impositions sur les biens et services s'appliquent lorsque l'exploitant recourt à cette faculté.

Section 2
Taxes sur les produits de l'artisanat et de l'industrie

FR 10/22 inf. 5 n° 46 p. 14

Art. 53 Les modalités de déclaration prévues aux articles 54 à 61 s'appliquent aux taxes dues à raison des opérations mentionnées aux 1°, 2° et 4° de l'article L 471-22 du code des impositions sur les biens et services.

Art. 54 Les taxes sur les produits de l'industrie et de l'artisanat mentionnées à l'article L 471-2 du code des impositions sur les biens et services font l'objet de déclarations établies sur des formulaires conformes à des modèles fixés par l'administration.

Art. 55 Les déclarations mentionnées à l'article 54 sont adressées :

1° Au titre de la première année d'activité du redevable, le 25 janvier de l'année suivant l'année de cette création ;

2° En cas de cession ou de cessation d'activité du redevable, dans les 30 jours suivant cet évènement.

Art. 56 Dans les cas autres que ceux mentionnés à l'article 55, les déclarations sont adressées :

1° Lorsque le montant de la taxe dû au titre de l'année précédente est supérieur à 1 000 euros, au plus tard le 25 du mois suivant celui durant lequel la taxe est devenue exigible ;

2° Lorsque le montant de la taxe dû au titre de l'année précédente est compris entre 200 et 1 000 euros, au plus tard le 25 du mois suivant la fin du trimestre durant lequel la taxe est devenue exigible ;

3° Lorsque le montant de la taxe dû au titre de l'année précédente est inférieur à 200 euros, au plus tard le 25 janvier de l'année suivant celle durant laquelle la taxe est devenue exigible.

Art. 57 Par dérogation à l'article 56, lorsqu'elles portent sur les biens des industries du béton, des matériaux de construction en terre cuite et des roches ornementales et de construction, les déclarations sont adressées :

1° Lorsque le montant de la taxe dû au titre de l'année précédente était supérieur ou égal à 450 euros, au plus tard le 25 du mois suivant la fin du trimestre durant lequel la taxe est devenue exigible ;

2° Lorsque le montant de la taxe dû au titre de l'année précédente était inférieur à 450 euros, au plus tard le 25 janvier de l'année suivant celle durant laquelle la taxe est devenue exigible.

Art. 58 Par dérogation à l'article 56, les déclarations sont adressées au plus tard le 25 du mois suivant l'expiration du semestre durant lequel la taxe est devenue exigible lorsqu'elles portent sur :

1° Les biens des industries de fabrication du papier, du carton et de la pâte à papier ;

2° Les biens de la plasturgie et des composites ;

3° Les biens des industries de la soudure ;

4° Les biens des industries aérauliques et thermiques ;

5° Les biens des industries de la construction métallique ;

6° Les biens des industries mécaniques ;

7° Les biens des industries de la fonderie.

Art. 59 Par dérogation à l'article 56, lorsqu'elles portent sur les biens des industries des corps gras, les déclarations sont adressées au plus tard le 25 janvier de l'année suivant celle durant laquelle la taxe est devenue exigible.

Art. 60 Les déclarations peuvent être transmises par voie dématérialisée.

Par dérogation au premier alinéa, les déclarations sont transmises par voie dématérialisée lorsqu'elles portent sur les biens des industries de l'horlogerie, de la bijouterie-joaillerie, de l'orfèvrerie et des arts de la table.

Art. 61 Lorsqu'un titre de perception est émis pour le recouvrement des taxes sur les biens des industries et de l'artisanat conformément à l'article L 256 D du livre des procédures fiscales, le montant porté sur ce titre inclut la majoration afférente prévue au B du III de l'article 55 de la loi n° 2010-1658 du 29 décembre 2010 de finances rectificative pour 2010.

Le titre de perception mentionné au premier alinéa est recouvré dans les conditions prévues aux articles 112 à 116, 119 à 122 et 124 du décret n° 2012-1246 du 7 novembre 2012 relatif à la gestion budgétaire et comptable publique, sous réserve des dispositions de l'article L 247 du livre des procédures fiscales. Les contestations de ce titre sont adressées dans les conditions prévues aux articles 117 et 118 du même décret.

Art. 62 Les taxes sur les biens des industries et de l'artisanat dues à raison des opérations mentionnées au 3° de l'article L 471-22 du code des impositions sur les biens et services sont constatées sur la déclaration d'importation mentionnée au dernier alinéa de l'article L 112-6 du même code.

TITRE II
DISPOSITIONS RELATIVES A LA TAXE SUR LES PRODUITS PHYTOSANITAIRES ET A LA TAXE GENERALE SUR LES ACTIVITES POLLUANTES

CHAPITRE Ier
TAXE SUR LES PRODUITS PHYTOPHARMACEUTIQUES

Art. 63 La taxe sur les produits phytopharmaceutiques prévue à l'article L 253-8-2 du code rural et de la pêche maritime est déclarée et liquidée annuellement par le redevable selon les modalités suivantes :

1° Pour les redevables de la taxe sur la valeur ajoutée soumis au régime réel normal d'imposition mentionné au 2 de l'article 287 du code général des impôts, sur l'annexe à la déclaration mentionnée au 1 du même article 287 déposée au titre du mois d'avril ou du deuxième trimestre de l'année qui suit celle au cours de laquelle la taxe est devenue exigible ;

2° Pour les redevables de la taxe sur la valeur ajoutée soumis au régime réel simplifié d'imposition prévu aux articles 298 *bis* du code général des impôts et L 162-1 du code des impositions sur les biens et services, sur la déclaration annuelle mentionnée au 3 de l'article 287 ou au I de l'article 298 *bis* du même code et déposée au titre de l'exercice au cours duquel la taxe est devenue exigible ;

3° Dans tous les autres cas, sur l'annexe à la déclaration prévue au 1 du même article 287 du code général des impôts, déposée auprès du service de recouvrement dont relève le siège ou le principal établissement du redevable, au plus tard le 25 mai de l'année qui suit celle au cours de laquelle la taxe est devenue exigible.

CHAPITRE II
TAXE GENERALE SUR LES ACTIVITES POLLUANTES

Art. 64 (...) *(NDLR Voir article 7, 1° modifié du décret 2020-442 du 16 avril 2020, reproduit ci-dessus).*

TITRE IV
DISPOSITIONS FINALES

Art. 69 Les articles 23 à 68 entrent en vigueur au 1er janvier 2022.

Les articles 1 à 22-7 entrent en vigueur le 13 février 2023. Toutefois, ils ne sont pas applicables aux déplacements à des fins commerciales qui ont débuté avant cette date et se sont achevés au plus tard le 31 décembre 2023.

Ordonnance 2022-883 du 14 juin 2022 relative au transfert à la direction générale des finances publiques de la gestion de la taxe d'aménagement et de la part logement de la redevance d'archéologie préventive

Art. 14 Les services de l'Etat chargés de l'urbanisme sont seuls compétents pour établir la taxe d'aménagement afférente aux autorisations d'urbanisme résultant d'une demande d'autorisation déposée avant la date résultant du B du VI de l'article 155 de la loi n° 2020-1721 du 29 décembre 2020 de finances pour 2021. Cette taxe d'aménagement reste assise, liquidée, contrôlée, garantie et recouvrée conformément aux articles L 331-1 et suivants du code de l'urbanisme dans leur version antérieure à la même date. Les réclamations sont présentées, instruites et jugées selon les mêmes dispositions.

La taxe d'aménagement afférente aux demandes de permis modificatifs ou de transferts d'autorisation d'urbanisme déposées après cette même date et rattachées à une autorisation d'urbanisme initiale résultant d'une demande déposée avant cette date, ainsi qu'aux procès-verbaux émis après cette même date constatant l'achèvement de constructions ou d'aménagements en infraction aux obligations résultant d'une autorisation d'urbanisme mentionnée au premier alinéa du présent article, reste établie par les seuls services de l'Etat chargés de l'urbanisme jusqu'à une date fixée par décret, qui ne peut être postérieure au 1er janvier 2025. Cette taxe reste assise, liquidée, contrôlée, garantie et recouvrée conformément aux articles L 331-1 et suivants du code de l'urbanisme dans leur version antérieure à la date résultant du B du VI de l'article 155 de la loi susmentionnée. Les réclamations sont présentées, instruites et jugées selon les mêmes dispositions.

Par dérogation au deuxième alinéa du présent article, le dernier alinéa du 1° de l'article 1635 quater H du code général des impôts s'applique aux opérations afférentes aux autorisations d'urbanisme délivrées à compter du 1er janvier 2024 ou à la suite d'une demande d'autorisation déposée avant le 1er septembre 2022 ou consécutives à une demande de permis modificatif ou à une demande de transfert d'autorisation d'urbanisme déposée à compter du 1er septembre 2022 et rattachée à une autorisation d'urbanisme initiale résultant d'une demande déposée avant cette date, de même qu'aux procès-verbaux émis à compter du 1er janvier 2024 constatant l'achèvement de constructions ou d'aménagements en infraction aux obligations résultant d'une autorisation d'urbanisme.

FR 31/22 inf. 6 p. 9

Art. 15 Les services de l'Etat chargés de l'urbanisme sont seuls compétents pour établir la redevance d'archéologie préventive afférente aux autorisations d'urbanisme résultant d'une demande d'autorisation déposée avant la date résultant du B du VI de l'article 155 de la loi n° 2020-1721 du 29 décembre 2020 de finances pour 2021. Cette redevance d'archéologie préventive reste assise, liquidée, contrôlée, garantie et recouvrée conformément aux articles L 524-1 et suivants du code du patrimoine dans leur version antérieure à la même date. Les réclamations sont présentées, instruites et jugées selon les mêmes dispositions.

La redevance d'archéologie préventive afférente aux demandes de permis modificatifs ou de transferts d'autorisation d'urbanisme déposées après cette date et rattachées à une autorisation initiale résultant d'une demande déposée avant cette date, ainsi qu'aux procès-verbaux émis après cette même date constatant l'achèvement de constructions ou d'aménagements en infraction aux obligations résultant d'une autorisation d'urbanisme mentionnée au premier alinéa du présent article, reste établie par les seuls services de l'Etat chargés de l'urbanisme jusqu'à une date fixée par décret, qui ne peut être postérieure au 1er janvier 2025. Cette redevance reste assise, liquidée, contrôlée, garantie et recouvrée conformément aux articles L 524-1 et suivants du code du patrimoine dans leur version antérieure à la date résultant du B du VI de l'article 155 de la loi susmentionnée. Les réclamations sont présentées, instruites et jugées selon les mêmes dispositions.

FR 31/22 inf. 6 p. 9

Loi 2022-1157 du 16 août 2022 de finances rectificative pour 2022

Art. 5 (Extrait)

I. Par dérogation au titre II du livre Ier de la troisième partie du code du travail et aux stipulations conventionnelles applicables dans l'entreprise, l'établissement ou la branche, le salarié, quelle que soit la taille de l'entreprise, peut, sur sa demande et en accord avec l'employeur, renoncer à tout ou partie des journées ou demi-journées de repos acquises au titre des périodes postérieures au 1er janvier 2022 et jusqu'au 31 décembre 2025 en application d'un accord ou d'une convention collective instituant un dispositif de réduction du temps de travail maintenu en vigueur en application de la loi n° 2008-789 du 20 août 2008 portant rénovation de la démocratie sociale et réforme du temps de travail ou en application d'un dispositif de jours de repos conventionnels mis en place dans le cadre des articles L 3121-41 à L 3121-47 du code du travail.

Les journées ou demi-journées travaillées à la suite de l'acceptation de cette demande donnent lieu à une majoration de salaire au moins égale au taux de majoration de la première heure supplémentaire applicable dans l'entreprise. Les heures correspondantes ne s'imputent pas sur le contingent légal ou conventionnel d'heures supplémentaires prévu à l'article L 3121-30 du même code.

II. Les rémunérations versées aux salariés au titre des journées ou demi-journées mentionnées au I du présent article ouvrent droit au bénéfice des articles L 241-17, L 241-18 et L 241-18-1 du code de la sécurité sociale et de l'exonération d'impôt sur le revenu prévue à l'article 81 quater du code général des impôts.

III. Le montant des rémunérations exonérées d'impôt sur le revenu en application du II du présent article est pris en compte pour l'appréciation de la limite annuelle prévue au I de l'article 81 quater du code général des impôts et est inclus dans le montant du revenu fiscal de référence défini au 1° du IV de l'article 1417 du même code.

III bis. Le présent article est applicable à Mayotte et à Saint-Pierre-et-Miquelon.

TS-III-6200 s. ; MF n° 21615

Loi 2022-1158 du 16 août 2022
portant mesures d'urgence pour la protection du pouvoir d'achat

Art. 1 I. La prime de partage de la valeur attribuée dans les conditions prévues aux II à IV bénéficie des exonérations prévues aux V à VI bis.

II. L'exonération prévue au V est applicable à la prime de partage de la valeur versée à compter du 1er juillet 2022 par les employeurs mentionnés à l'article L 3311-1 du code du travail à leurs salariés ou à leurs agents.

L'entreprise utilisatrice mentionnée au 1° de l'article L 1251-1 du même code qui attribue cette prime à ses salariés en informe sans délai l'entreprise de travail temporaire dont relève le salarié mis à disposition. Cette dernière en informe sans délai le comité social et économique mentionné à l'article L 2311-2 dudit code, lorsqu'il existe. L'entreprise de travail temporaire verse la prime au salarié mis à disposition, selon les conditions et les modalités fixées par l'accord ou la décision de l'entreprise utilisatrice mentionné au IV du présent article. La prime ainsi versée bénéficie de l'exonération prévue au V lorsque les conditions prévues aux III et IV sont remplies par l'entreprise utilisatrice.

L'exonération est également applicable à la prime versée aux travailleurs handicapés bénéficiant d'un contrat de soutien et d'aide par le travail mentionné à l'article L 311-4 du code de l'action sociale et des familles et relevant des établissements et services d'aide par le travail mentionnés à l'article L 344-2 du même code.

III. L'exonération prévue au V du présent article est applicable à la prime de partage de la valeur bénéficiant aux personnes mentionnées au II lorsque cette prime remplit les conditions suivantes :

1° Elle bénéficie aux salariés liés à l'entreprise par un contrat de travail, aux intérimaires mis à disposition de l'entreprise utilisatrice, aux agents publics relevant de l'établissement public ou aux travailleurs handicapés liés à un établissement ou service d'aide par le travail mentionné à l'article L 344-2 du code de l'action sociale et des familles par un contrat de soutien et d'aide par le travail mentionné à l'article L 311-4 du même code à la date de versement de cette prime, à la date de dépôt de l'accord mentionné au IV du présent article auprès de l'autorité compétente ou à la date de la signature de la décision unilatérale mentionnée au même IV ;

2° Son montant peut différer selon les bénéficiaires en fonction de la rémunération, du niveau de classification, de l'ancienneté dans l'entreprise, de la durée de présence effective pendant l'année écoulée ou de la durée de travail prévue au contrat de travail mentionnée à la dernière phrase du deuxième alinéa du III de l'article L 241-13 du code de la sécurité sociale. Les congés prévus au chapitre V du titre II du livre II de la première partie du code du travail sont assimilés à des périodes de présence effective ;

3° Elle ne peut se substituer à aucun des éléments de rémunération, au sens de l'article L 242-1 du code de la sécurité sociale, qui sont versés par l'employeur ou qui deviennent obligatoires en application de règles légales, contractuelles ou d'usage. Elle ne peut non plus se substituer à des augmentations de rémunération ni à des primes prévues par un accord salarial, par le contrat de travail ou par les usages en vigueur dans l'entreprise, l'établissement ou le service mentionnés au 1° du présent III.

IV. Le montant de la prime de partage de la valeur ainsi que, le cas échéant, le niveau maximal de rémunération des salariés éligibles et les conditions de modulation du niveau de la prime selon les bénéficiaires dans les conditions prévues au 2° du III font l'objet d'un accord d'entreprise ou de groupe conclu selon les modalités prévues au I de l'article L 3312-5 du code du travail ou d'une décision unilatérale de l'employeur. En cas de décision unilatérale, l'employeur consulte préalablement le comité social et économique mentionné à l'article L 2311-2 du même code, lorsqu'il existe.

Au titre d'une même année civile, deux primes de partage de la valeur peuvent être attribuées.

Le versement de la prime ou des deux primes peut être réalisé en une ou plusieurs fois, dans la limite d'une fois par trimestre, au cours de l'année civile.

V. Les primes de partage de la valeur attribuées dans les conditions prévues aux II à IV du présent article sont exonérées, dans la limite globale de 3 000 € par bénéficiaire et par année civile, de toutes les cotisations sociales d'origine légale ou conventionnelle à la charge du salarié et de l'employeur ainsi que des participations, taxes et contributions prévues à l'article 235 bis du code général des impôts et à l'article L 6131-1 du code du travail, dans leur rédaction en vigueur à la date de leur versement.

La prime de partage de la valeur est assimilée, pour l'assujettissement à la contribution prévue à l'article L 137-15 du code de la sécurité sociale, aux sommes versées au titre de l'intéressement mentionné au titre Ier du livre III de la troisième partie du code du travail.

La limite prévue au premier alinéa du présent V est portée à 6 000 € par bénéficiaire et par année civile pour les employeurs mettant en œuvre, à la date de versement des primes de partage de la valeur, ou ayant conclu, au titre du même exercice que celui du versement de ces primes :

1° Un dispositif d'intéressement en application du chapitre II du titre Ier du livre III de la troisième partie du code du travail, lorsqu'ils sont soumis à l'obligation de mise en place de la participation en application des articles L 3322-1 à L 3322-5 du même code ;

2° Ou un dispositif d'intéressement ou de participation en application du chapitre II du titre Ier et du titre II du livre III de la troisième partie dudit code, lorsqu'ils ne sont pas soumis à l'obligation de mise en place de la participation mentionnée au 1° du présent V.

Les conditions prévues aux 1° et 2° ne sont pas applicables aux associations ni aux fondations mentionnées aux a et b du 1 des articles 200 et 238 bis du code général des impôts, ni aux établissements ou services d'aide par le travail mentionnés à l'article L 344-2 du code de l'action sociale et des familles, pour les primes versées aux travailleurs handicapés mentionnés au 1° du III du présent article.

VI. Lorsque, entre le 1er juillet 2022 et le 31 décembre 2023, les primes de partage de la valeur sont versées aux salariés ayant perçu, au cours des douze mois précédant son versement, une rémunération inférieure à trois fois la valeur annuelle du salaire minimum de croissance correspondant à la durée de travail prévue au contrat mentionnée à la dernière phrase du deuxième alinéa du III de l'article L 241-13 du code de la sécurité sociale, ces primes, exonérées dans les conditions prévues au V du présent article, sont également exonérées d'impôt sur le revenu ainsi que des contributions prévues à l'article L 136-1 du code de la sécurité sociale et à l'article 14 de l'ordonnance n° 96-50 du 24 janvier 1996 relative au remboursement de la dette sociale ou, le cas échéant, de la contribution prévue à l'article 28-3 de l'ordonnance n° 96-1122 du 20 décembre 1996 relative à l'amélioration de la santé publique, à l'assurance maladie, maternité, invalidité, décès et autonomie, au financement de la sécurité sociale à Mayotte et à la caisse de sécurité sociale de Mayotte.

En cas de cumul de la prime exonérée en application du premier alinéa du présent VI avec celle prévue à l'article 4 de la loi n° 2021-953 du 19 juillet 2021 de finances rectificative pour 2021, le montant total exonéré d'impôt sur le revenu au titre des revenus de l'année 2022 ne peut excéder 6 000 €.

VI bis. Lorsque, entre le 1er janvier 2024 et le 31 décembre 2026, les primes de partage de la valeur sont versées par une entreprise employant moins de cinquante salariés à des salariés ayant perçu, au cours des douze mois précédant leur versement, une rémunération inférieure à trois fois la valeur annuelle du salaire minimum de croissance correspondant à la durée de travail prévue au contrat mentionnée à la dernière phrase du deuxième alinéa du III de l'article L 241-13 du code de la sécurité sociale, ces primes, exonérées dans les conditions prévues au V du présent article, sont également exonérées d'impôt sur le revenu ainsi que des contributions prévues à l'article L 136-1 du code de la sécurité sociale et à l'article 14 de l'ordonnance n° 96-50 du 24 janvier 1996 précitée.

VI ter. Lorsqu'un bénéficiaire a adhéré à un plan d'épargne salariale prévu au titre III du livre III de la troisième partie du code du travail ou à un plan d'épargne retraite d'entreprise prévu à la section 2 du chapitre IV du titre II du livre II du code monétaire et financier et qu'il affecte à la réalisation de ce plan, dans un délai défini par décret, tout ou partie des sommes qui lui sont attribuées par l'entreprise au titre des primes de partage de la valeur versées dans les conditions prévues aux II à IV du présent article, ces sommes sont exonérées d'impôt sur le revenu dans les limites prévues au V.

L'employeur informe le bénéficiaire des sommes qui lui sont attribuées au titre de ces primes et du délai dans lequel il peut formuler sa demande d'affectation au plan d'épargne salariale ou au plan d'épargne retraite d'entreprise.

VI quater. Les primes exonérées en application du premier alinéa du VI, du VI bis et du VI ter du présent article sont incluses dans le montant du revenu fiscal de référence défini au 1° du IV de l'article 1417 du code général des impôts.

VII. Pour l'application du présent article à Mayotte et à Saint-Pierre-et-Miquelon, les références au code de la sécurité sociale sont remplacées par les références aux dispositions applicables localement ayant le même objet.

VIII. Avant le 31 décembre 2024, le Gouvernement remet au Parlement un rapport d'évaluation de la prime de partage de la valeur prévue au présent article. Ce rapport comprend des données quantitatives sur le recours au dispositif et évalue le respect, tout au long de son application, des conditions d'attribution prévues au 3° du III, notamment au regard de l'évolution de son régime social et fiscal.

IX. Le coût résultant du présent article est intégralement pris en charge par l'Etat, conformément à l'article L 131-7 du code de la sécurité sociale.

Ndlr *Les dispositions de l'article 1er de la loi 2022-1158 du 16 août 2022 ci-dessus intègrent les modifications apportées à cet article par l'article 9 de la loi 2023-1107 du 29 novembre 2023.*

TS-III-13700 s. ; MF n° 21735

Art. 5 I. Les droits au titre de la participation aux résultats de l'entreprise affectés, en application des articles L 3323-2 et L 3323-5 du code du travail, avant le 1er janvier 2022, à l'exclusion de ceux affectés à l'acquisition de parts de fonds investis dans des entreprises solidaires en application du premier alinéa de l'article L 3332-17 du même code, sont négociables ou exigibles, pour leur valeur au jour du déblocage, avant l'expiration des délais prévus aux articles L 3323-5 et L 3324-10 dudit code, sur demande du bénéficiaire pour financer l'achat d'un ou de plusieurs biens ou la fourniture d'une ou de plusieurs prestations de services.

Les sommes attribuées au titre de l'intéressement affectées à un plan d'épargne salariale, en application de l'article L 3315-2 du même code, avant le 1er janvier 2022, à l'exclusion de celles affectées à l'acquisition de parts de fonds investis dans des entreprises solidaires en application du premier alinéa de l'article L 3332-17 du même code, sont négociables ou exigibles, pour leur valeur au jour du déblocage, avant l'expiration du délai prévu à l'article L 3332-25 du même code, sur demande du bénéficiaire pour financer l'achat d'un ou de plusieurs biens ou la fourniture d'une ou de plusieurs prestations de services.

Lorsque, en application de l'accord de participation, la participation a été affectée à l'acquisition de titres de l'entreprise ou d'une entreprise qui lui est liée, au sens du deuxième alinéa de l'article L 3344-1 du même code, ou de parts ou d'actions d'organismes de placement collectif relevant des articles L 214-165 à L 214-166 du code monétaire et financier ou a été affectée selon les modalités prévues à l'article L 3323-3 du code du travail, le déblocage de ces titres, parts, actions ou sommes est subordonné à un accord conclu dans les conditions prévues aux articles L 3322-6 et L 3322-7 du même code. Cet accord peut prévoir que le versement ou la délivrance de certaines catégories de droits ne peut être effectué que pour une partie des avoirs en cause.

Lorsque, en application du règlement du plan d'épargne salariale, l'intéressement a été affecté à l'acquisition de titres de l'entreprise ou d'une entreprise qui lui est liée au sens du deuxième alinéa de l'article L 3344-1 dudit code ou de parts ou d'actions d'organismes de placement collectif en valeurs mobilières relevant des articles L 214-165 à L 214-166 du code monétaire et financier, le déblocage de ces titres, parts ou actions est subordonné à un accord conclu dans les conditions prévues aux articles L 3332-3 et L 3333-2 du code du travail. Cet accord peut prévoir que le versement ou la délivrance de certaines catégories de droits ne peut être effectué que pour une partie des avoirs en cause. Lorsque le plan d'épargne salariale a été mis en place à l'initiative de l'entreprise dans les conditions prévues à l'article L 3332-3 du même code, le déblocage, mentionné au présent alinéa, des titres, parts ou actions, le cas échéant pour une partie des avoirs en cause, peut être réalisé dans les mêmes conditions.

II. Le bénéficiaire peut demander le déblocage de tout ou partie des titres, parts, actions ou sommes mentionnés au I du présent article jusqu'au 31 décembre 2022. Il est procédé à ce déblocage en une seule fois.

III. Les sommes versées au bénéficiaire au titre du I ne peuvent excéder un plafond global de 10 000 €, net de prélèvements sociaux.

IV. Les sommes mentionnées aux I et II bénéficient des exonérations prévues aux articles L 3312-4, L 3315-2, L 3325-1 et L 3325-2 du code du travail.

V. Le présent article ne s'applique ni aux droits à participation, ni aux sommes attribuées au titre de l'intéressement affectés aux plans d'épargne prévus aux articles L 3334-2 et L 3334-4 du code du travail et aux articles L 224-14, L 224-16, L 224-23, au deuxième alinéa de l'article L 224-24 et à l'article L 224-27 du code monétaire et financier.

VI. Dans un délai de deux mois à compter de la promulgation de la présente loi, l'employeur informe les bénéficiaires des droits dérogatoires créés en application du présent article.

VII. L'organisme gestionnaire ou, à défaut, l'employeur déclare à l'administration fiscale le montant des sommes débloquées en application du présent article.

VIII. Le bénéficiaire tient à la disposition de l'administration fiscale les pièces justificatives attestant l'usage des sommes débloquées en application des deux premiers alinéas du I.

Décret 2022-1299 du 7 octobre 2022 relatif à la généralisation de la facturation électronique dans les transactions entre assujettis à la TVA et à la transmission des données de transaction

Art. 1 (Extrait)

L'annexe II au code général des impôts est ainsi modifiée :

1° Au I de l'article 242 nonies A :

a. Au 1°, après les mots : « le nom complet », sont insérés les mots : « , le numéro d'identification mentionné au premier alinéa de l'article R 123-221 du code de commerce » ;

b. Après le 7°, il est inséré un 7° bis ainsi rédigé :

« 7° bis L'adresse de livraison des biens si elle est différente de l'adresse du client ; »

c. Après le 8°, il est inséré un 8° bis ainsi rédigé :

« 8° bis L'information selon laquelle les opérations donnant lieu à facture sont constituées exclusivement de livraisons de biens ou exclusivement de prestations de services ou sont constituées de ces deux catégories d'opérations ; »

d. Après le 11°, il est inséré un 11° bis ainsi rédigé :

« 11° bis Lorsque le prestataire a opté pour le paiement de la taxe d'après les débits, la mention : « Option pour le paiement de la taxe d'après les débits » ; »

(...)

Art. 3 I. Pour les opérations mentionnées à l'article 289 bis du code général des impôts, les dispositions de l'article 1er du présent décret s'appliquent aux factures émises à compter du 1er juillet 2024.

Toutefois, pour les assujettis autres que les assujettis uniques mentionnés à l'article 256 C du code général des impôts, ces dispositions ne s'appliquent qu'à compter :

1° Du 1er janvier 2025 pour les factures émises par les assujettis relevant de la catégorie d'entreprises de taille intermédiaire mentionnées au A du III de l'article 26 de la loi du 16 août 2022 de finances rectificative pour 2022 ;

2° Du 1er janvier 2026 pour les factures émises par les assujettis relevant de la catégorie des petites et moyennes entreprises et des microentreprises mentionnées au même A.

II. Pour les opérations mentionnées aux articles 290 et 290 A du code général des impôts, les dispositions de l'article 1er du présent décret s'appliquent aux factures émises ou, à défaut, aux opérations réalisées à compter du 1er juillet 2024.

Toutefois, cette date est portée :

1° Au 1er janvier 2025 pour les entreprises mentionnées au 1° du I ;

2° Au 1er janvier 2026 pour les entreprises mentionnées au 2° du I.

III. (...)

FR 2/24 inf. 46 p. 87 ; BF 12/22 inf. 946

Ordonnance 2022-1336 du 19 octobre 2022 relative aux droits sociaux des personnes détenues

Art. 3 Au e du III *(NDLR Lire : « au e du 1° du III »)* de l'article L 136-1-1 du même code *(NDLR Code de la sécurité sociale)*, les mots : « au 5° de l'article L 412-8 » sont remplacés par les mots : « à l'article L 382-33 ».

Art. 27 (Extrait)

III. Les dispositions de l'article 1er, sauf en tant qu'il concerne les articles L 382-32 à L 382-37 du code de la sécurité sociale, des articles 2 à 7, de l'article 8, sauf en tant qu'il concerne l'article L 324-7 du code pénitentiaire, des articles 10 à 14, des articles 16 à 18, des articles 20 à 24 et de l'article 25, sauf en tant qu'il concerne les articles L 411-3 et L 412-24 à L 412-42 du même code, entrent en vigueur à une date fixée par décret, et au plus tard le 1er décembre 2024.

Ce décret peut prévoir que l'article 1er sauf en tant qu'il concerne les articles L 382-32 à L 382-37 du code de la sécurité sociale, des articles 2 à 7 et de l'article 8 sauf en tant qu'il concerne l'article L 324-7 du code pénitentiaire, sont applicables aux contrats d'emploi pénitentiaire en cours à la date de l'entrée en vigueur.

(...).

Loi 2022-1726 du 30 décembre 2022 de finances pour 2023

Art. 29 (Extrait)

III. Les personnes physiques qui ont leur domicile fiscal dans un Etat ou territoire n'ayant pas conclu avec la France de convention visant à éviter les situations de double imposition et qui sont temporairement présentes en France aux seules fins de participer aux jeux Olympiques ou Paralympiques de Paris de 2024 ou à des activités directement liées à leur organisation peuvent bénéficier, par voie de réclamation, d'un dégrèvement de l'impôt sur le revenu dû au titre des revenus perçus dans le cadre de la participation à ces jeux ou à des activités directement liées à leur organisation. Sont notamment concernées les personnes physiques détenant une carte d'accréditation pour les jeux Olympiques et Paralympiques de Paris de 2024 délivrée par le Comité international olympique.

Le montant du dégrèvement est égal à l'impôt qui a été effectivement acquitté à l'étranger au titre de ces revenus et dont les caractéristiques sont similaires à celles de l'impôt sur le revenu français, dans la limite du montant de l'impôt français correspondant à ces seuls revenus.

IV. (...)

C. Le III du présent article s'applique à l'imposition des revenus perçus au cours des années 2023 à 2025.

IRPP-VII-15630 s.

Art. 40 I. Il est institué, au titre du premier exercice ouvert à compter du 1er janvier 2022, une contribution temporaire de solidarité.

II. Sont redevables de la contribution temporaire de solidarité les personnes morales ou les établissements stables exerçant une activité en France ou dont l'imposition du bénéfice est attribuée à la France par une convention internationale relative aux doubles impositions et dont le chiffre d'affaires au titre de l'exercice mentionné au I du présent article provient, pour 75 % au moins, d'activités économiques relevant des secteurs du pétrole brut, du gaz naturel, du charbon et du raffinage au sens du point 17 de l'article 2 du règlement (UE) 2022/1854 du Conseil du 6 octobre 2022 sur une intervention d'urgence pour faire face aux prix élevés de l'énergie.

Le chiffre d'affaires mentionné au premier alinéa du présent II s'entend du chiffre d'affaires réalisé en France par le redevable de la contribution au cours de l'exercice ou de la période d'imposition, ramené, le cas échéant, à douze mois.

La contribution temporaire de solidarité est due par chaque membre d'un groupe formé en application des articles 223 A et 223 A bis du code général des impôts qui remplit individuellement la condition de chiffre d'affaires prévue aux deux premiers alinéas du présent II.

III. A. L'assiette de la contribution temporaire de solidarité est égale à la différence, si elle est positive, entre le résultat imposable constaté au titre de l'exercice mentionné au I et 120 % du montant défini au deuxième alinéa du présent A.

Le montant mentionné au premier alinéa du présent A est égal au quart de la somme algébrique des résultats imposables constatés au titre de l'ensemble des exercices ouverts à compter du 1er janvier 2018 et précédant l'exercice mentionné au I, multiplié par le rapport entre quatre ans et la durée cumulée de l'ensemble de ces exercices.

Lorsque le montant mentionné au deuxième alinéa du présent A est négatif, il est réputé être égal à zéro.

Les résultats servant de base au calcul de la différence mentionnée au premier alinéa du présent A s'entendent des résultats effectivement imposés à l'impôt sur les sociétés, avant imputation des réductions et des crédits d'impôt et des créances fiscales de toutes natures.

B. Pour les redevables membres d'un groupe formé en application des articles 223 A et 223 A bis du code général des impôts, l'assiette de la contribution temporaire de solidarité est calculée en faisant application du A du présent III aux résultats qui auraient été imposables en leur nom à l'impôt sur les sociétés, si ces redevables avaient été imposés séparément.

C. Pour les sociétés et groupements mentionnés aux articles 8, 239 quater et 239 quater C du code général des impôts, l'assiette de la contribution temporaire de solidarité est calculée en faisant application du présent III aux bénéfices déterminés dans les conditions prévues aux articles 60, 239 quater et 239 quater C du code général des impôts. L'assiette ainsi déterminée vient en diminution, à proportion des droits que détient chacun, de l'assiette de la contribution due, le cas échéant, par les associés ou les membres de ces sociétés ou groupements.

IV. Lorsqu'une opération de fusion, de scission ou d'apport partiel d'actif a pour effet direct d'augmenter ou de réduire la différence mentionnée au A du III du présent article, l'assiette de la contribution temporaire de solidarité est corrigée à due concurrence.

V. Le taux de la contribution temporaire de solidarité est fixé à 33 %.

VI. Les réductions et les crédits d'impôt et les créances fiscales de toutes natures ne sont pas imputables sur la contribution temporaire de solidarité.

VII. La contribution temporaire de solidarité est établie, contrôlée et recouvrée comme l'impôt sur les sociétés et sous les mêmes garanties et sanctions. Les réclamations sont présentées, instruites et jugées selon les règles applicables à ce même impôt.

La contribution temporaire de solidarité est payée spontanément au comptable public compétent par le redevable mentionné au II, au plus tard à la date prévue au 2 de l'article 1668 du code général des impôts pour le versement du solde de liquidation de l'impôt sur les sociétés.

Pour les redevables de la contribution temporaire de solidarité qui ne sont pas redevables de l'impôt sur les sociétés, la contribution est acquittée au plus tard le 15 du quatrième mois qui suit la clôture de l'exercice, ou le 15 mai 2023 s'ils clôturent à l'année civile.

VIII. La contribution temporaire de solidarité n'est pas admise dans les charges déductibles pour la détermination du résultat imposable.

FR 2/23 inf. 28 p. 48 ; TD-IX-100

Art. 47 I. L'article L 421-155 du code des impositions sur les biens et services est ainsi rédigé :

« Art. L 421-155. – Est exonéré tout véhicule qui répond aux conditions cumulatives suivantes :

« 1° Il est utilisé pour le transport de végétaux, d'animaux, de minéraux ou de marchandises d'origine végétale, animale ou minérale qui sont nécessaires à une activité agricole ou forestière ou qui en sont issus ;

« 2° L'entreprise affectataire, au sens de l'article L 421-98 du présent code, est l'une des personnes suivantes :

« a) Un exploitant agricole ou forestier ;

« b) Une coopérative agréée dans les conditions prévues à l'article L 525-1 du code rural et de la pêche maritime dont l'objet est la mise à disposition de matériel agricole ou de salariés assurant la conduite de matériel agricole ;

« c) Une entreprise de travaux agricoles mentionnée au 2° de l'article L 722-1 du même code ou une entreprise de travaux forestiers mentionnée au 3° du même article L 722-1 ;

« 3° Les trajets sont effectués au départ ou à destination de l'exploitation agricole ou forestière pour les besoins de laquelle le transport mentionné au 1° du présent article est réalisé.

« Le bénéfice de cette exonération est subordonné, au titre du droit européen des aides d'Etat, au respect des conditions prévues, selon le cas, par le règlement de minimis dans le secteur agricole ou le règlement général de minimis. »

II. Le I entre en vigueur à une date fixée par décret, et au plus tard un mois après la réception par les autorités françaises de l'autorisation de la Commission européenne prévue au b de l'article 6 de la directive 1999/62/CE du Parlement européen et du Conseil du 17 juin 1999 relative à la taxation des véhicules pour l'utilisation d'infrastructures routières.

Art. 55 (Extraits)

I. Le code général des impôts est ainsi modifié :

A. Au deuxième alinéa de l'article 238 bis HW, les mots : « aux articles 1586 ter à 1586 sexies » sont remplacés par les mots : « au I bis de l'article 1647 B sexies et à l'article 1647 B sexies A » ;

(...)

D. L'article 1447-0 est abrogé ;

E. Au deuxième alinéa du I de l'article 1447, la référence : « 1586 sexies » est remplacée par la référence : « 1647 B sexies A » ;

(...)

J. Le I bis du chapitre Ier du titre II de la deuxième partie du livre Ier est abrogé ;

K. L'article 1600 est ainsi modifié :

1° A la première phrase du premier alinéa du I, les mots : « de deux contributions : une » sont remplacés par les mots : « d'une » et, après la première occurrence du mot : « entreprises », la fin est supprimée ;

(...)

3° Le III est abrogé ;

(...)

Q. L'article 1647 B sexies est ainsi modifié :

1° Le I est ainsi modifié :

a. Le premier alinéa est ainsi modifié :

les mots : « contribution économique territoriale » sont remplacés par les mots : « cotisation foncière des entreprises » ;

est ajoutée une phrase ainsi rédigée : « La valeur ajoutée prise en compte est celle produite au cours de la période mentionnée au I bis. » ;

b. A la fin du b, la référence : « 1586 sexies » est remplacée par la référence : « 1647 B sexies A » ;

c. L'avant-dernier alinéa est supprimé ;

(...)

f. Audit dernier alinéa, dans sa rédaction résultant du e du présent 1°, le taux : « 1,531 % » est remplacé par le taux : « 1,438 % » ;

g. Au même dernier alinéa, dans sa rédaction résultant du f du présent 1°, le taux : « 1,438 % » est remplacé par le taux : « 1,344 % » ;

h. Au même dernier alinéa, dans sa rédaction résultant du g du présent 1°, le taux : « 1,344 % » est remplacé par le taux : « 1,25 % » ;

2° Après le I, il est inséré un I bis ainsi rédigé :

« I bis. – A. – 1. Sous réserve des 2, 3 et 4 du présent A, la valeur ajoutée prise en compte est celle produite au cours de l'année au titre de laquelle l'imposition est établie ou au cours du dernier exercice de douze mois clos au cours de cette même année lorsque cet exercice ne coïncide pas avec l'année civile.

« 2. Si l'exercice clos au cours de l'année au titre de laquelle l'imposition est établie est d'une durée supérieure ou inférieure à douze mois, la valeur ajoutée prise en compte est celle produite au cours de cet exercice.

« 3. Si aucun exercice n'est clôturé au cours de l'année au titre de laquelle l'imposition est établie, la valeur ajoutée prise en compte est celle produite entre le premier jour suivant la fin de la période retenue pour le calcul de la cotisation foncière des entreprises de l'année précédente et le 31 décembre de l'année d'imposition.

« 4. Lorsque plusieurs exercices sont clôturés au cours d'une même année, la valeur ajoutée prise en compte est celle produite au cours des exercices clos, quelles que soient leurs durées respectives.

« 5. Dans les situations mentionnées aux 1 à 4 du présent A, il n'est pas tenu compte de la fraction d'exercice clos qui se rapporte à une période retenue pour le calcul du plafonnement dû au titre de l'année précédant celle de l'imposition.

« B. – En l'absence de cession ou de cessation d'entreprise au cours de l'année d'imposition, le montant de la valeur ajoutée mentionnée au 2 à 4 du A du présent I bis est corrigé pour correspondre à une année pleine. » ;

3° Le II est ainsi modifié :

a. Le premier alinéa est ainsi modifié :

les mots : « et la cotisation sur la valeur ajoutée des entreprises diminuées » sont remplacés par le mot : « diminuée » ;

les mots : « ces cotisations peuvent » sont remplacés par les mots : « cette cotisation peut » ;

après les mots : « faire l'objet », la fin est supprimée ;

(...)

4° Au IV, les mots : « contribution économique territoriale » sont remplacés par les mots : « cotisation foncière des entreprises » ;

R. Après l'article 1647 B sexies, il est inséré un article 1647 B sexies A ainsi rédigé :

« Art. 1647 B sexies A. – I. – Pour la généralité des entreprises, à l'exception de celles mentionnées aux II à V :

« 1° Le chiffre d'affaires est égal à la somme :

« a) Des ventes de produits fabriqués, prestations de services et marchandises ;

« b) Des redevances pour concessions, brevets, licences, marques, procédés, logiciels, droits et valeurs similaires ;

« c) Des plus-values de cession d'immobilisations corporelles et incorporelles, lorsqu'elles se rapportent à une activité normale et courante ;

« d) Des refacturations de frais inscrites au compte de transfert de charges ;

« 2° Le chiffre d'affaires des titulaires de bénéfices non commerciaux qui n'exercent pas l'option mentionnée à l'article 93 A s'entend du montant hors taxes des honoraires ou recettes encaissés en leur nom, diminué des rétrocessions, ainsi que des gains divers ;

« 3° Le chiffre d'affaires des personnes dont les revenus imposables à l'impôt sur le revenu relèvent de la catégorie des revenus fonciers définie à l'article 14 comprend les recettes brutes hors taxes au sens de l'article 29 ;

« 4° La valeur ajoutée est égale à la différence entre :

« a) D'une part, le chiffre d'affaires défini au 1o du présent I, majoré :

« - des autres produits de gestion courante, à l'exception, d'une part, de ceux pris en compte dans le chiffre d'affaires et, d'autre part, des quotes-parts de résultat sur opérations faites en commun ;

« - de la production immobilisée, à hauteur des seules charges qui ont concouru à sa formation et qui figurent parmi les charges déductibles de la valeur ajoutée ; il n'est pas tenu compte de la production immobilisée, hors part des coproducteurs, afférente à des œuvres audiovisuelles ou cinématographiques inscrites à l'actif du bilan d'une entreprise de production audiovisuelle ou cinématographique ou d'une entreprise de distribution cinématographique pour le montant correspondant au versement du minimum garanti au profit d'un producteur, à condition que ces œuvres soient susceptibles de bénéficier de l'amortissement fiscal pratiqué sur une durée de douze mois ;

« - des subventions d'exploitation ;

« - de la variation positive des stocks ;

« - des transferts de charges déductibles de la valeur ajoutée, autres que ceux pris en compte dans le chiffre d'affaires ;

« - des rentrées sur créances amorties lorsqu'elles se rapportent au résultat d'exploitation ;

« b) Et, d'autre part :

« - les achats stockés de matières premières et autres approvisionnements, les achats d'études et de prestations de services, les achats de matériel, d'équipements et de travaux, les achats non stockés de matières et fournitures, les achats de marchandises et les frais accessoires d'achat ; ces achats, prestations et frais sont diminués des rabais, remises et ristournes obtenus sur les achats ;

« - la variation négative des stocks ;

« - les services extérieurs diminués des rabais, remises et ristournes obtenus, à l'exception des loyers ou redevances afférents aux biens corporels pris en location ou en sous-location pour une durée de plus de six mois ou en crédit-bail ainsi que des redevances afférentes à ces biens lorsqu'elles résultent d'une convention de location-gérance ; toutefois, lorsque les biens pris en location par le redevable sont donnés en sous-location pour une durée de plus de six mois, les loyers sont retenus à concurrence du produit de cette sous-location ;

« - les taxes sur le chiffre d'affaires et assimilées, les contributions indirectes et la taxe intérieure de consommation sur les produits énergétiques ;

« - les autres charges de gestion courante, autres que les quotes-parts de résultat sur opérations faites en commun ;

« - les dotations aux amortissements pour dépréciation afférentes aux biens corporels donnés en location ou sous-location pour une durée de plus de six mois, donnés en crédit-bail ou faisant l'objet d'un contrat de location-gérance, en proportion de la seule période de location, de sous-location, de crédit-bail ou de location-gérance ;

« - les moins-values de cession d'éléments d'immobilisations corporelles et incorporelles, lorsqu'elles se rapportent à une activité normale et courante ;

« 5° La valeur ajoutée des contribuables mentionnés au 2° est constituée par l'excédent du chiffre d'affaires défini au même 2° sur les dépenses de même nature que les charges admises en déduction de la valeur ajoutée en application du 4°, à l'exception de la taxe sur la valeur ajoutée déductible ou décaissée ;

« 6° La valeur ajoutée des contribuables mentionnés au 3° est égale à l'excédent du chiffre d'affaires défini au même 3° diminué des charges de la propriété énumérées à l'article 31, à l'exception des charges énumérées aux c et d du 1° du I du même article 31 ;

« 7° Pour les entreprises de navigation maritime ou aérienne qui exercent des activités conjointement en France et à l'étranger, il n'est pas tenu compte, pour le calcul de la valeur ajoutée définie au 4o du présent I, de la valeur ajoutée provenant des opérations directement liées à l'exploitation de navires ou d'aéronefs ne correspondant pas à l'activité exercée en France.

« Un décret précise les modalités d'application du présent 7°.

« II. – Pour les établissements de crédit, les sociétés de financement et, lorsqu'elles sont agréées par l'Autorité de contrôle prudentiel et de résolution, les entreprises mentionnées à l'article L 531-4 du code monétaire et financier :

« 1° Le chiffre d'affaires comprend l'ensemble des produits d'exploitation bancaires et des produits divers d'exploitation autres que les produits suivants :

« a) 95 % des dividendes sur titres de participation et parts dans les entreprises liées ;

« b) Les plus-values de cession sur immobilisations figurant dans les produits divers d'exploitation autres que celles portant sur les autres titres détenus à long terme ;

« c) Les reprises de provisions spéciales et de provisions sur immobilisations ;

« d) Les quotes-parts de subventions d'investissement ;

« e) Les quotes-parts de résultat sur opérations faites en commun ;

« 2° La valeur ajoutée est égale à la différence entre :

« a) D'une part, le chiffre d'affaires défini au 1° du présent II, majoré des reprises de provisions spéciales et des récupérations sur créances amorties lorsqu'elles se rapportent aux produits d'exploitation bancaire ;

« b) Et, d'autre part :

« - les charges d'exploitation bancaires autres que les dotations aux provisions sur immobilisations données en crédit-bail ou en location simple ;

« - les services extérieurs, à l'exception des loyers ou redevances afférents aux biens corporels pris en location ou en sous-location pour une durée de plus de six mois ou en crédit-bail ainsi que des redevances afférentes à ces biens lorsqu'elles résultent d'une convention de location-gérance ; toutefois, lorsque les biens pris en location par le redevable sont donnés en sous-location pour une durée de plus de six mois, les loyers sont retenus à concurrence du produit de cette sous-location ;

« - les charges diverses d'exploitation, à l'exception des moins-values de cession sur immobilisations autres que celles portant sur les autres titres détenus à long terme et des quotes-parts de résultat sur opérations faites en commun ;

« - les pertes sur créances irrécouvrables, lorsqu'elles se rapportent aux produits d'exploitation bancaire.

« III. – Pour les entreprises, autres que celles mentionnées aux II et V, qui ont pour activité principale la gestion d'instruments financiers au sens de l'article L 211-1 du code monétaire et financier :

« 1° Le chiffre d'affaires comprend :

« a) Le chiffre d'affaires déterminé dans les conditions prévues au 1° du I du présent article ;

« b) Les produits financiers, à l'exception des reprises sur provisions et de 95 % des dividendes sur titres de participation ;

« c) Les plus-values sur cession des titres, à l'exception des plus-values de cession de titres de participation ;

« 2° La valeur ajoutée est égale à la différence entre :

« a) D'une part, le chiffre d'affaires défini au 1° du présent III, majoré des rentrées sur créances amorties lorsqu'elles se rapportent au chiffre d'affaires défini au même 1° ;

« b) Et, d'autre part, les services extérieurs mentionnés au 4° du I, les charges financières, à l'exception des dotations aux amortissements et aux provisions, les moins-values de cession de titres autres que les titres de participation et les pertes sur créances irrécouvrables lorsqu'elles se rapportent au chiffre d'affaires défini au 1° du présent III ;

« 3° Les entreprises ayant pour activité principale la gestion d'instruments financiers sont celles qui remplissent au moins une des deux conditions suivantes :

« a) Les immobilisations financières ainsi que les valeurs mobilières de placement détenues par l'entreprise ont représenté en moyenne au moins 75 % de l'actif au cours de la période mentionnée au I bis de l'article 1647 B sexies ;

« b) Le chiffre d'affaires de l'activité de gestion d'instruments financiers correspondant aux produits financiers et aux produits sur cession de titres réalisé au cours de la période mentionnée au même I bis est supérieur au total des chiffres d'affaires des autres activités.

« Sauf pour les entreprises dont au moins 50 % des droits de vote sont détenus, directement ou indirectement, par une entreprise mentionnée aux II ou V du présent article ou conjointement par des entreprises mentionnées aux mêmes II ou V, les conditions mentionnées aux a et b du présent 3° s'apprécient, le cas échéant, au regard de l'actif et du chiffre d'affaires du groupe auquel appartient la société au sens de l'article L 233-16 du code de commerce, sur la base des comptes consolidés prévus au I du même article L 233-16.

« IV. – Pour les sociétés et groupements créés pour la réalisation d'une opération unique de financement d'immobilisations corporelles :

« - qui sont détenus à 95 % au moins par un établissement de crédit ou une société de financement et qui réalisent l'opération pour le compte de l'établissement de crédit ou de la société de financement ou d'une société elle-même détenue à

95 % au moins par l'établissement de crédit ou la société de financement ;

« - ou qui sont soumis au 1 du II de l'article 39 C ou aux articles 217 undecies, 217 duodecies ou 244 quater Y,

« 1° Le chiffre d'affaires comprend :

« a) Le chiffre d'affaires tel qu'il est déterminé pour la généralité des entreprises au 1° du I du présent article ;

« b) Les produits financiers et les plus-values résultant de la cession au crédit-preneur des immobilisations financées dans le cadre de l'opération mentionnée au premier alinéa du présent IV ;

« 2° La valeur ajoutée est égale à la différence entre :

« a) D'une part, le chiffre d'affaires défini au 1° du présent IV, majoré des rentrées sur créances amorties lorsqu'elles se rapportent au chiffre d'affaires défini au même 1° ;

« b) Et, d'autre part, les services extérieurs et les dotations aux amortissements mentionnés au 4° du I, les charges financières et les moins-values résultant de la cession au crédit-preneur des immobilisations financées dans le cadre de l'opération mentionnée au premier alinéa du présent IV et les pertes sur créances irrécouvrables lorsqu'elles se rapportent au chiffre d'affaires défini au 1° du présent IV.

« V. – Pour les mutuelles et unions régies par le livre II du code de la mutualité, les mutuelles et unions de retraite professionnelle supplémentaire mentionnées à l'article L 214-1 du même code, les institutions de prévoyance régies par le titre III du livre IX du code de la sécurité sociale, les institutions de retraite professionnelle supplémentaire mentionnées à l'article L 942-1 du même code, les entreprises d'assurance et de réassurance régies par le code des assurances et les fonds de retraite professionnelle supplémentaire mentionnés à l'article L 381-1 dudit code :

« 1° Le chiffre d'affaires comprend :

« a) Les primes ou cotisations ;

« b) Les autres produits techniques ;

« c) Les commissions reçues des réassureurs ;

« d) Les produits non techniques, à l'exception de l'utilisation ou des reprises des provisions ;

« e) Les produits des placements, à l'exception des reprises des provisions pour dépréciation, des plus-values de cession et de 95 % des dividendes afférents aux placements dans des entreprises liées ou avec lien de participation, des plus-values de cession d'immeubles d'exploitation et des quotes-parts de résultat sur opérations faites en commun ;

« 2° La valeur ajoutée est égale à la différence entre :

« a) D'une part, le chiffre d'affaires défini au 1° du présent V, majoré :

« - des subventions d'exploitation ;

« - de la production immobilisée, à hauteur des seules charges qui ont concouru à sa formation et qui sont déductibles de la valeur ajoutée ;

« - des transferts ;

« b) Et, d'autre part, les prestations et frais payés, les achats, le montant des secours exceptionnels accordés par décision du conseil d'administration ou de la commission des secours, les autres charges externes, les autres charges de gestion courante, les variations des provisions pour sinistres ou prestations à payer et des autres provisions techniques, y compris les provisions pour risque d'exigibilité pour la seule partie qui n'est pas admise en déduction du résultat imposable en application du 5° du 1 de l'article 39, la participation aux résultats et les charges des placements, à l'exception des moins-values de cession des placements dans des entreprises liées ou avec lien de participation et des moins-values de cession d'immeubles d'exploitation.

« Ne sont toutefois pas déductibles de la valeur ajoutée :

– les loyers ou redevances afférents aux biens corporels pris en location ou en sous-location pour une durée de plus de six mois ou en crédit-bail ainsi que les redevances afférentes à ces immobilisations lorsqu'elles résultent d'une convention de location-gérance ; toutefois, lorsque les biens pris en location par le redevable sont donnés en sous-location pour une durée de plus de six mois, les loyers sont retenus à concurrence du produit de cette sous-location ;

– les charges de personnel ;

– les impôts, taxes et versements assimilés, à l'exception des taxes sur le chiffre d'affaires et assimilées, des contributions indirectes et de la taxe intérieure de consommation sur les produits énergétiques ;

– les quotes-parts de résultat sur opérations faites en commun ;

– les charges financières afférentes aux immeubles d'exploitation ;

– les dotations aux amortissements d'exploitation ;

– les dotations aux provisions autres que les provisions techniques. » ;

Ndlr *Les dispositions du présent R s'appliquent à compter du 1er janvier 2027 (Loi 2022-1726 du 30 décembre 2022 art. 55, XXVII-G bis modifié par loi 2023-1322 du 29 décembre 2023 art. 79, III-E-2°).*

(...)

T. Le IV de l'article 1649 quater B quater est abrogé ;

U. A la première phrase du deuxième alinéa et au troisième alinéa de l'article 1649 quater E, les mots : « , de cotisation sur la valeur ajoutée des entreprises » sont supprimés ;

V. L'article 1649 quater H est ainsi modifié :

1° A la première phrase du premier alinéa, les mots : « , de cotisation sur la valeur ajoutée des entreprises » sont supprimés ;

2° Au 2°, les mots : « , les déclarations de cotisation sur la valeur ajoutée des entreprises » sont supprimés ;

3° Au septième alinéa, les mots : « , de cotisation sur la valeur ajoutée des entreprises » sont supprimés ;

W. L'article 1679 septies est abrogé ;

X. Le 3 de l'article 1681 septies est abrogé ;

Y. Le 3 de l'article 1731 est abrogé ;

Z. L'article 1770 decies est abrogé.

II. Le livre des procédures fiscales est ainsi modifié :

1° Au 1° de l'article L 56, les mots : « de la cotisation sur la valeur ajoutée des entreprises prévue à l'article 1586 ter du code général des impôts et » sont supprimés et les mots : « du même code » sont remplacés par les mots : « du code général des impôts » ;

2° Après la seconde occurrence du mot : « montant », la fin du a bis de l'article L 135 B est supprimée ;

3° Au premier alinéa de l'article L 173, les mots : « , de la cotisation sur la valeur ajoutée et de leurs » sont remplacés par les mots : « et de ses » ;

4° Au premier alinéa de l'article L 174, les mots : « la taxe professionnelle, » et les mots : « et la cotisation sur la valeur ajoutée des entreprises » sont supprimés ;

5° Après le mot : « sociétés », la fin du dernier alinéa de l'article L 265 est ainsi rédigée : « et de l'acompte de cotisation foncière des entreprises. »

III. Le chapitre V du titre III du livre III du code du cinéma et de l'image animée est ainsi modifié :

1° L'intitulé est ainsi rédigé : « Cotisation foncière des entreprises » ;

2° L'article L 335-2 est abrogé.

IV. Au 1° du II de l'article L 351-1 du code de l'énergie, les mots : « aux articles 1586 ter à 1586 sexies » sont remplacés par les mots : « au I bis de l'article 1647 B *sexies* et à l'article 1647 B *sexies* A ».

V. La section 6 du chapitre V du titre Ier du livre V du code de l'environnement est ainsi modifiée :

1° Au premier alinéa des I et II de l'article L 515-19, les mots : « contribution économique territoriale » sont remplacés par les mots : « cotisation foncière des entreprises » ;

2° Au premier alinéa du I de l'article L 515-19-1, les mots : « contribution économique territoriale » sont remplacés par les mots : « cotisation foncière des entreprises » ;

3° L'article L 515-19-2 est ainsi modifié :

a. Au 2° du I, les deux occurrences des mots : « contribution économique territoriale » sont remplacées par les mots : « cotisation foncière des entreprises » ;

b. Au 1° du II, les trois occurrences des mots : « contribution économique territoriale » sont remplacées par les mots : « cotisation foncière des entreprises ».

(...)

VII. Le code rural et de la pêche maritime est ainsi modifié :

1° A la fin de la première phrase de l'article L 325-2, les mots : « contribution économique territoriale » sont remplacés par les mots : « cotisation foncière des entreprises » ;

2° A la première phrase du 1° de l'article L 722-4, les mots : « contribution économique territoriale » sont remplacés par les mots : « cotisation foncière des entreprises ».

VIII. Le code de la sécurité sociale est ainsi modifié :

1° L'article L 137-33 est ainsi modifié :

a. A la première phrase du deuxième alinéa, les mots : « 1 du III de l'article 1586 sexies » sont remplacés par les mots : « 1° du II de l'article 1647 B sexies A » ;

b. A la première phrase du quatrième alinéa, les mots : « 1 du VI de l'article 1586 sexies » sont remplacés par les mots : « 1° du V de l'article 1647 B sexies A » ;

2° Au 4° de l'article L 311-3, les mots : « contribution économique territoriale » sont remplacés par les mots : « cotisation foncière des entreprises ».

(...)

XXVI. A. Par dérogation au 5° du I de l'article 1379 du code général des impôts et à l'article 1379-0 bis du même code, dans leur rédaction antérieure à la présente loi, la fraction de 53 % de la cotisation sur la valeur ajoutée des entreprises mentionnée au 5° du I de l'article 1379 et versée au titre de 2023 et des années suivantes est perçue au profit du budget général de l'Etat.

B. Par dérogation au 6° du I de l'article 1586 du code général des impôts, dans sa rédaction antérieure à la présente loi, la fraction de 47 % de la cotisation sur la valeur ajoutée des entreprises mentionnée au même 6° et versée au titre de 2023 et des années suivantes est perçue au profit du budget général de l'Etat.

C. Les réclamations afférentes à la cotisation sur la valeur ajoutée des entreprises acquittée au cours des années 2022 et des années suivantes en application des A et B du présent XXVI demeurent régies comme en matière d'impôts directs locaux.

D. Par dérogation au 2° du A du I de l'article 41 de la loi n° 2013-1278 du 29 décembre 2013 de finances pour 2014, dans sa rédaction antérieure à la présente loi, la fraction des frais prévus au XV de l'article 1647 du code général des impôts et versée au titre de 2023 et des années suivantes est perçue au profit du budget général de l'Etat.

XXVII. (...)

G bis. Les A, D, E, J et R du I, les III à V, les VII à XI et le XV s'appliquent à compter du 1er janvier 2027. » ;

H. Les 1° et 3° du K du I s'appliquent aux impositions établies au titre de 2027 et des années suivantes.

I. Le Q du I, à l'exception des d à g du 1° et du dernier alinéa du a du 3°, s'applique à la cotisation foncière des entreprises due au titre de 2027 et des années suivantes.

I ter. Le f du 1° du Q s'applique à la cotisation foncière des entreprises due au titre de 2025.

I quater. Le g du 1° du Q s'applique à la cotisation foncière des entreprises due au titre de 2026.

J. Les T à Z du I et le II s'appliquent à compter des impositions établies au titre de 2027.

FR 2/23 inf. 47 p. 73

Art. 65 (Extrait)

I. Le code général des impôts est ainsi modifié :

(...)

H. L'article 1635 quater J est ainsi modifié :

(...)

2° Au même 6°, dans sa rédaction résultant du 1° du présent H, le montant : « 2 500 € » est remplacé par le montant : « 3 000 € » ;

3° Il est ajouté un alinéa ainsi rédigé :

« Le montant prévu au 6° du présent article est actualisé au 1er janvier de chaque année en fonction du dernier indice du coût de la construction publié par l'Institut national de la statistique et des études économiques. Ce montant est arrondi, s'il y a lieu, à l'euro inférieur. » ;

I. L'article 1635 quater K est ainsi modifié :

1° Au premier alinéa, le montant : « 5 000 € » est remplacé par le montant : « 6 000 € » ;

2° Il est ajouté un alinéa ainsi rédigé :

« Le montant prévu au premier alinéa du présent article est actualisé au 1er janvier de chaque année en fonction du dernier indice du coût de la construction publié par l'Institut national de la statistique et des études économiques. Ce montant est arrondi, s'il y a lieu, à l'euro inférieur. »

II. Le code des impositions sur les biens et services est ainsi modifié :

1° (...)

2° La dernière colonne du tableau du même second alinéa, dans sa rédaction résultant du 1° du présent II, est ainsi modifiée :

a. A la première ligne, l'année : « 2024 » est remplacée par l'année : « 2025 » ;

b. A la deuxième ligne, le montant : « 2,79 » est remplacé par le montant : « 4,39 » ;

c. *(Abrogé)* ;

(...)

V. Jusqu'à l'entrée en vigueur de l'arrêté prévu au II de l'article 278-0 bis A du code général des impôts, et au plus tard jusqu'au 1er octobre 2024, les prestations éligibles au taux réduit prévu au même article 278-0 bis A sont la pose, l'installation et l'entretien des matériaux et équipements mentionnés au 1 de l'article 200 quater du même code, dans sa rédaction antérieure à la loi n° 2017-1837 du 30 décembre 2017 de finances pour 2018, sous réserve des conditions suivantes :

1° Ces matériaux et équipements respectent les caractéristiques techniques et critères de performances minimales fixés à l'article 18 bis de l'annexe IV au code général des impôts, dans sa rédaction en vigueur le 1er janvier 2021 ou, le cas échéant, dans sa dernière rédaction qui mentionne le matériel ou équipement en cause ;

2° Ces prestations ne relèvent pas du N de l'article 278-0 bis du code général des impôts.

FR 2/24 inf. 53 p. 106

VII. (...)

G. Le 3° du H et le 2° du İ du I ainsi que le 2° du II entrent en vigueur le 1er janvier 2025.

Art. 80 (Extrait)

VII. (...)

C. L'article L 312-106 du code des impositions sur les biens et services est ainsi rédigé :

« Art. L 312-106. – Par dérogation à l'article L 180-1, sont régis par le code des douanes :

« 1° Le contrôle des mesures de suivi et de gestion déterminées en application de la sous-section 3 de la section 6 du chapitre Ier du présent titre ;

« 2° La vérification que l'utilisation effective d'un produit est la même que celle au titre de laquelle un remboursement est obtenu ou sollicité en application de l'article L 311-36 ;

« 3° La répression de l'inobservation des mesures mentionnées aux 1° et 2° du présent article. »

(...)

IX. (...)

C. Les B et C du VII entrent en vigueur le 1er janvier 2025.

Ordonnance 2023-77 du 8 février 2023 relative à l'exercice en société des professions libérales réglementées

Art. 133 (Extrait)

II. Le code général des impôts est ainsi modifié :

1° L'article 8 ter est ainsi rédigé :

« Art. 8 ter. – Les associés des sociétés civiles professionnelles constituées pour l'exercice en commun de la profession de leurs membres et fonctionnant conformément aux dispositions du livre II de l'ordonnance n° 2023-77 du 8 février 2023 relative à l'exercice en société des professions libérales réglementées sont personnellement soumis à l'impôt sur le revenu pour la part des bénéfices sociaux qui leur est attribuée, même lorsque ces sociétés ont adopté le statut de coopérative. » ;

2° Au premier alinéa du II de l'article 93 quater, les mots : « la loi n° 66-879 du 29 novembre 1966 modifiée » sont remplacés par les mots : « le titre Ier du livre II de l'ordonnance n° 2023-77 du 8 février 2023 relative à l'exercice en société des professions libérales réglementées » ;

3° Au premier alinéa du I de l'article 202 quater et au premier alinéa du I de l'article 1663 bis, les mots : « l'article 2 de la loi n° 90-1258 du 31 décembre 1990 relative à l'exercice sous forme de sociétés des professions libérales soumises à un statut législatif ou réglementaire ou dont le titre est protégé » sont remplacés par les mots : « l'article 40 de l'ordonnance n° 2023-77 du 8 février 2023 relative à l'exercice en société des professions libérales réglementées » ;

4° Au premier alinéa de l'articles 239 quater A et au b du III de l'article 302 septies A bis, les mots : « l'article 36 de la loi n° 66-879 du 29 novembre 1966 » sont remplacés par les mots : « l'article 42 de l'ordonnance n° 2023-77 du 8 février 2023 relative à l'exercice en société des professions libérales réglementées ».

Art. 134 (Extrait)

I. Les dispositions de la présente ordonnance entrent en vigueur au 1er septembre 2024.

Loi 2023-175 du 10 mars 2023 relative à l'accélération de la production d'énergies renouvelables

Art. 86 (Extrait)

III. Le code général des impôts est ainsi modifié :

1° Le IV de l'article 212 bis est ainsi modifié :

a. Au premier alinéa du 1, après les mots : « supportées par », sont insérés les mots : « les sociétés définies à l'article 238 bis HW ou par » ;

b. Le dernier alinéa du 1 est complété par les mots : « , ainsi qu'aux charges financières nettes supportées par les sociétés définies à l'article 238 bis HW du présent code » ;

c. Au premier alinéa du 2, après le mot : « nettes », sont insérés les mots : « supportées par les sociétés mentionnées au premier alinéa du 1 du présent IV ou » et les mots : « 1 du présent IV » sont remplacés par les mots : « même 1 » ;

(...)

IV. Le 1° du III s'applique aux exercices ouverts à compter d'une date fixée par décret, qui ne peut être postérieure de plus de trois mois à la date de réception par le Gouvernement de la réponse de la Commission européenne permettant de considérer le même 1° lui ayant été notifié comme étant conforme au droit de l'Union européenne en matière d'aides d'Etat.

Décret 2023-359 du 10 mai 2023 relatif à l'encadrement du crédit d'impôt en faveur des entreprises agricoles qui n'utilisent pas de glyphosate au titre des années 2022 et 2023 prévu par l'article 140 de la loi n° 2020-1721 du 29 décembre 2020 de finances pour 2021

Art. 1 Les dispositions du premier alinéa du VII de l'article 140 de la loi du 29 décembre 2020 susvisée ne sont pas applicables aux demandes de crédit d'impôt effectuées au titre des années 2022 et 2023.

Décret 2023-467 du 15 juin 2023 relatif aux compétences de la direction des grandes entreprises de la direction générale des finances publiques

Art. 1 L'annexe III au code général des impôts est ainsi modifiée :

(...)

2° Le premier alinéa du II de l'article 406 terdecies est ainsi modifié :

c. Au même alinéa, dans sa rédaction issue du b du présent 2°, les références : « , 18° et 19° » sont remplacées par les références : « et 18° à 21° ».

Art. 3 Les dispositions du présent décret entrent en vigueur le lendemain de sa publication, à l'exception de celles du b du 2° de l'article 1er, qui entrent en vigueur le 1er janvier 2024, et de celles du c du 1° et du c du 2° de l'article 1er, qui entrent en vigueur le 1er janvier 2025.

Décret 2023-581 du 10 juillet 2023 relatif au calcul de la valeur ajoutée des entreprises de navigation maritime ou aérienne qui exercent des activités conjointement en France et à l'étranger

Art. 1 La deuxième partie du livre premier de l'annexe II au code général des impôts est ainsi modifiée :

1° A la section II du chapitre premier du titre premier, il est rétabli un III intitulé :

« III. – Plafonnement en fonction de la valeur ajoutée », dans lequel est inséré l'article 317 septies E, qui devient l'article 310 HC ;

2° Au premier alinéa de l'article 310 HC ainsi créé, les mots : « sont assujetties à la cotisation sur la valeur ajoutée des entreprises » sont remplacés par les mots : « ne voient leur valeur ajoutée prise en compte au titre des 4° et 7° du I de l'article 1647 B sexies A du code général des impôts qu'» ;

3° Le 1 bis du chapitre premier du titre II est abrogé.

Art. 2 Le présent décret entre en vigueur le 1er janvier 2027.

Ndlr *L'entrée en vigueur du décret 2023-581, initialement prévue au 1er janvier 2024, a été reportée au 1er janvier 2027 par le décret 2023-1328 du 29 décembre 2023.*

Ordonnance 2023-661 du 26 juillet 2023 prise en application des dispositions de l'article 137 de la loi du 22 août 2021 portant lutte contre le dérèglement climatique et renforcement de la résilience face à ses effets et de l'article 128 de la loi du 30 décembre 2021 de finances pour 2022

Art. 1 (...)

II. La section 6 du chapitre Ier du titre II du livre IV du code des impositions sur les biens et services, dans sa rédaction résultant du I de la présente ordonnance, est ainsi modifiée :

1° Au 26 mars 2027, après les mots : « est supérieure à », la fin du 1° de l'article L 421-189 est ainsi rédigée : « 3,5 tonnes » ;

2° Au 25 mars 2026, le premier alinéa de l'article L 421-203 est complété par une phrase ainsi rédigée : « Le tarif de pollution atmosphérique est institué dès que l'un des autres tarifs est institué. » ;

(...)

5° Pour les véhicules autres que ceux relevant des points a à d du 1 de l'article 2 du règlement (UE) 2019/1242 susvisé, jusqu'à une date fixée par arrêté conjoint du ministre chargé de l'économie et du ministre chargé de la voirie routière et, au plus tard, à l'expiration du délai de deux ans mentionné à la première phrase du troisième alinéa du 1 de l'article 7 octies bis de la directive 1999/62/CE susvisée :

a. A l'article L 421-218, les mots : « dioxyde de carbone » sont remplacés par les mots : « polluants Euro » ;

b. L'article L 421-220 est ainsi rédigé :

« Art. L 421-220 – Le tarif d'infrastructure est, sur l'ensemble du réseau, décroissant lorsque le niveau d'exigence de la classe de polluants Euro croît, sans que le tarif applicable à un poids lourd ne puisse excéder le double de celui applicable au poids lourd le moins taxé relevant de la même classe mentionnée à l'article L 421-204.

« Toutefois, ce tarif peut, en application du dernier alinéa du 2 de l'article 7 octies de la directive 1999/62/CE du Parlement européen et du Conseil du 17 juin 1999 relative à la taxation des véhicules pour l'utilisation d'infrastructures routières, après notification à la Commission européenne, être identique pour tous les véhicules sur les axes où s'applique le tarif de pollution atmosphérique. » ;

c. L'article L 421-221 est ainsi rédigé :

« Art. L 421-221 – Sans préjudice de l'article L 421-207, l'autorité compétente peut instituer une exonération ou une réduction du tarif d'infrastructure applicable aux véhicules à émission nulle au sens de l'article L 421-192.

« Cette exonération ou réduction peut être limitée à un ou plusieurs groupes de véhicules mentionnés au tableau 1 du 1.1 du 1 de l'annexe I au règlement (UE) 2017/2400 de la Commission du 12 décembre 2017 portant application du règlement (CE) n° 595/2009 du Parlement européen et du Conseil en ce qui concerne la détermination des émissions de dioxyde de carbone et de la consommation de carburant des véhicules utilitaires lourds et modifiant la directive 2007/46/CE du Parlement européen et du Conseil ainsi que le règlement (UE) n° 582/2011 de la Commission. » ;

Loi 2023-703 du 1er août 2023 relative à la programmation militaire pour les années 2024 à 2030 et portant diverses dispositions intéressant la défense

Art. 47 (...)

VI. L'article 1048 du code général des impôts est ainsi rédigé :

« Art. 1048. – Les actes relatifs au règlement des indemnités consécutives aux réquisitions ordonnées en application des articles L 2212-1 et L 2212-2 du code de la défense sont exonérés de droits d'enregistrement. »

(...)

VIII. L'article L 130 du livre des procédures fiscales est ainsi modifié :

1° Au premier alinéa, les mots : « deuxième alinéa de l'article L 2234-24 » sont remplacés par les mots : « second alinéa du II de l'article L 2212-8 » ;

2° Le second alinéa est ainsi modifié :

a. A la première phrase, le mot : « chapitre » est remplacé par le mot : « article » et les mots : « , ainsi qu'aux commissions d'évaluation, » sont supprimés ;

b. La seconde phrase est ainsi rédigée : « Ces autorités et leurs agents sont tenus au secret professionnel sous les peines définies à l'article 226-13 du code pénal. »

(...)

XI. Les I à X du présent article entrent en vigueur à une date fixée par décret, et au plus tard un an après la promulgation de la présente loi.

Loi 2023-973 du 23 octobre 2023 relative à l'industrie verte

Art. 39 (Extrait)

I. Par dérogation au sous-paragraphe 2 du paragraphe 2 de la sous-section 2 de la section 2 du chapitre IV du titre Ier du livre II du code monétaire et financier, les fonds communs de placement à risques peuvent choisir d'être régis par le sous-paragraphe 1 du paragraphe 2 de la sous-section 3 de la même section 2 s'ils respectent les conditions cumulatives suivantes :

1° Avoir été agréés en application du règlement (UE) 2015/760 du Parlement européen et du Conseil du 29 avril 2015 relatif aux fonds européens d'investissement à long terme et pouvoir être commercialisés en application du même règlement auprès d'investisseurs de détail, au sens du 3 de l'article 2 dudit règlement ;

2° Avoir été constitués avant le 1er janvier 2024 ;

3° Avoir pour objet principal l'investissement direct ou indirect dans des instruments de dette, de capitaux propres ou de quasi-capitaux propres d'entreprises éligibles, au sens de l'article 11 du même règlement ;

4° Avoir notifié à l'Autorité des marchés financiers leur choix d'être régis par le sous-paragraphe 1 du paragraphe 2 de la sous-section 3 de la section 2 du chapitre IV du titre Ier du livre II du code monétaire et financier et en avoir informé individuellement les investisseurs, selon des modalités précisées par le règlement général de l'Autorité des marchés financiers

Les porteurs de parts des fonds communs de placement à risques ayant exercé l'option prévue au présent article et étant régis en conséquence par le même sous-paragraphe 1 bénéficient de l'exonération prévue à l'article 163 quinquies B du code général des impôts, sous réserve que les conditions prévues au même article 163 quinquies B soient respectées.

II. Par dérogation au paragraphe 3 de la sous-section 2 de la section 2 du chapitre IV du titre Ier du livre II du code monétaire et financier, les organismes de placement collectif immobilier peuvent choisir d'être régis par le sous-paragraphe 1 du paragraphe 2 de la sous-section 3 de la même section 2 s'ils respectent les conditions suivantes :

1° Avoir été agréés en application du règlement (UE) 2015/760 du Parlement européen et du Conseil du 29 avril 2015 précité et pouvoir être commercialisés en application du même règlement auprès d'investisseurs de détail, au sens du 3 de l'article 2 dudit règlement ;

2° Avoir été constitués avant le 1er janvier 2024 ;

3° Avoir leur actif majoritairement composé d'actifs immobiliers ;

4° Avoir notifié à l'Autorité des marchés financiers leur choix d'être régis par le sous-paragraphe 1 du paragraphe 2 de la sous-section 3 de la section 2 du chapitre IV du titre Ier du livre II du code monétaire et financier et en avoir informé individuellement les investisseurs, selon des modalités précisées par le règlement général de l'Autorité des marchés financiers.

Les sociétés de placement à prépondérance immobilière à capital variable ayant exercé l'option prévue au présent article et étant régies en conséquence par le même sous-paragraphe 1 bénéficient de l'exonération prévue au 3° nonies de l'article 208 du code général des impôts, sous réserve de remplir les conditions prévues à l'article L 214-69 du code monétaire et financier.

L'article 239 nonies du code général des impôts est applicable aux fonds de placement immobilier ayant exercé l'option prévue au présent article et régis en conséquence par les articles L 214-154 à L 214-158 du code monétaire et financier, sous réserve de remplir les conditions prévues à l'article L 214-81 du même code.

III. L'option prévue aux I et II du présent article peut être exercée jusqu'au 9 janvier 2026. Les investisseurs d'un fonds exerçant cette option peuvent demander la liquidation de leurs parts dans des conditions fixées par le règlement général de l'Autorité des marchés financiers.

(...)

VI. Les I et II du présent article entrent en vigueur le 10 janvier 2024.

Loi 2023-1059 du 20 novembre 2023 d'orientation et de programmation du ministère de la justice 2023-2027

Art. 37 (Extrait)

III. L'article L 142 A du livre des procédures fiscales est ainsi modifié :

1° Après le mot : « République », sont insérés les mots : « et, sur l'autorisation de celui-ci, à l'égard des assistants spécialisés lorsqu'ils accomplissent les missions confiées par les magistrats mentionnées à l'article 706 du code de procédure pénale, » ;

2° Le mot : « lequel » est remplacé par le mot : « lesquels » ;

3° Après la référence : « L 228 », sont insérés les mots : « du présent code ».

Art. 60 Extrait

IX. L'article 37, le I de l'article 40 et les articles 41 et 44 entrent en vigueur à une date fixée par décret en Conseil d'Etat, et au plus tard le premier jour du douzième mois suivant la publication de la présente loi.

Loi 2023-1196 du 18 décembre 2023 pour le plein emploi

Art. 2 (Extrait)

I. Le livre IV de la cinquième partie du code du travail est ainsi modifié :

(...)

7° La section 1 du chapitre VI du titre II est ainsi modifiée :

b. L'article L 5426-1 est ainsi rédigé :

« Art. L 5426-1. – I. – Le contrôle des engagements pris par les demandeurs d'emploi est exercé par l'opérateur France Travail, sous réserve des dérogations prévues au présent article. A la suite de ce contrôle, l'opérateur France Travail prend, le cas échéant, les mesures de suspension ou de suppression du revenu de remplacement mentionné à l'article L 5421-1 et des allocations mentionnées aux articles L 5131-5 et L 5131-6 ou la mesure de radiation de la liste des demandeurs d'emploi mentionnée à l'article L 5412-1. Lorsque cette mesure concerne un bénéficiaire du revenu de solidarité active, il en informe le président du conseil départemental dans les conditions prévues à l'article L 262-42 du code de l'action sociale et des familles.

Le contrôle des engagements pris par les bénéficiaires du revenu de solidarité active est exercé, dans les conditions prévues à l'article L 262-37 du même code, par le président du conseil départemental qui prend, le cas échéant, les mesures de suspension ou de suppression du versement du revenu de solidarité active prévues au même article L 262-37. Il propose, s'il y a lieu, à l'opérateur la mesure de radiation de la liste des demandeurs d'emploi dans les conditions prévues au 2° du VI de l'article L 5412-1 du présent code.

« Par dérogation au deuxième alinéa du présent I, lorsque l'opérateur France Travail est l'organisme référent d'un bénéficiaire du revenu de solidarité active, il exerce le contrôle des engagements pris par celui-ci et peut, s'il y a lieu, proposer au président du conseil départemental de prononcer les mesures de suspension ou de suppression mentionnées à l'article L 262-37 du code de l'action sociale et des familles.

« Le contrôle des engagements des jeunes dont ils assurent l'accompagnement est exercé par les organismes mentionnés à l'article L 5314-1 du présent code qui prononcent, s'il y a lieu, les mesures de suspension ou de suppression des allocations mentionnées aux articles L 5131-5 et L 5131-6 et en informent l'opérateur France Travail. Ils proposent, s'il y a lieu, à ce même opérateur la mesure de radiation de la liste des demandeurs d'emploi dans les conditions prévues au 2° du VI de l'article L 5412-1.

« II. – L'opérateur France Travail, le président du conseil départemental et les organismes mentionnés à l'article L 5314-1 informent les instances mentionnées à l'article L 5311-10, chacun pour ce qui le concerne, de la mise en œuvre et des résultats du contrôle des engagements des demandeurs d'emploi.

« III. – L'opérateur France Travail, le président du conseil départemental et les organismes mentionnés à l'article L 5314-1 peuvent, par convention, organiser des modalités de contrôle conjointes.

« IV. – Le contrôle des engagements des demandeurs d'emploi exercé par l'opérateur France Travail, le président du conseil départemental et les organismes mentionnés à l'article L 5314-1 comprend une part minimale de contrôle aléatoire. » ;

8° Le deuxième alinéa du II de l'article L 5426-1-2 est ainsi rédigé :

« La personne qui ne peut justifier, sans motif légitime, de la réalité de ces démarches est sanctionnée dans les conditions prévues à l'article L 5412-1. » ;

9° La section 2 du chapitre VI du titre II est abrogée ;

10° A la fin du 2° de l'article L 5426-9, les mots : « du premier alinéa de l'article L 5426-2 » sont remplacés par les mots : « de l'article L 5412-1 ».

(...)

IV. Le présent article entre en vigueur à une date fixée par décret, et au plus tard le 1er janvier 2025.

Ordonnance 2023-1210 du 20 décembre 2023 portant création du titre V du livre IV du code des impositions sur les biens et services et portant diverses autres mesures de recodification de mesures non fiscales

Art. 2 (Extrait)

Le livre III du même code *(NDLR Code des impositions sur les biens et services)* est ainsi modifié :

(...)

3° Au chapitre III :

a. A l'article L 313-21 :

i. Après les mots : « s'entendent », la fin du troisième alinéa est ainsi rédigée : « des produits relevant des catégories mentionnées à l'article L 665-10 du code rural et de la pêche maritime et élaborés dans le respect des pratiques oenologiques autorisées au sens de l'article L 665-11. » ;

ii. Les 1° et 2° sont abrogés ;

(...)

4° Au chapitre IV :

a. A l'article L 314-22 :

i. Après le mot : « homologué », la fin du 1° est ainsi rédigée : « en application de l'article L 3512-14-15 du code de la santé publique ; »

ii. Après les mots : « le prix fixé », la fin du 2° est ainsi rédigée : « en application de l'article L 3512-14-14 du même code ; »

iii. Au 1er janvier 2026, le 2° est abrogé ;

iv. Après le mot : « défaut », la fin du b du 3° est ainsi rédigée : « le prix moyen pondéré de vente au détail en France continentale de la catégorie fiscale dont il relève, déterminé dans les conditions prévues à l'article L 3512- 14-17 du code de la santé publique ; »

b. A l'article L 314-26 :

i. Après les mots : « est égal », la fin de la seconde phrase du 1° est ainsi rédigée : « au prix moyen pondéré de vente au détail en France continentale de cette catégorie, déterminé dans les conditions prévues à l'article L 3512- 14-17 du code de la santé publique ; »

ii. Après les mots : « au 1° par », la fin du a du 3° est ainsi rédigée : « le prix moyen pondéré de vente au détail en France continentale de la catégorie fiscale des cigarettes, déterminé dans les conditions prévues à l'article L 3512- 14-17 du code de la santé publique » ;

Ndlr *Les dispositions ci-dessus (à l'exception du iii du a du 4°) entreront en vigueur le 1er juillet 2025 (Ordonnance 2023-1210 du 20 décembre 2023 art. 43).*

Art. 25 Le livre premier du code général des impôts est ainsi modifié :

1° Au 2 de l'article 298 sexdecies E, la référence : « 537 » est remplacée par les mots : « L 834-6 du code de commerce » ;

2° L'article 568 est ainsi rédigé :

« Art. 568. – Les débitants de tabacs mentionnés à l'article L 3512-14-3 du code de la santé publique sont soumis à un droit de licence basé sur la remise brute mentionnée au dernier alinéa de l'article L 3512-14-20 du même code.

« Son taux est fixé par arrêté du ministre chargé du budget entre 15 % et 30 % du montant de la remise brute.

« Le droit de licence est exigible à la mise à la consommation des tabacs manufacturés. Il est liquidé par les fournisseurs soumis à agrément en application de l'article L 3512-14-7 du code de la santé publique, au plus tard le 10 de chaque mois, sur la base d'une déclaration des quantités livrées au débitant au cours du mois précédent transmise à l'administration. Il est acquitté, le 5 du mois suivant celui de la liquidation, auprès de l'administration, par les mêmes fournisseurs et pour le compte des débitants.

« Le droit de licence est constaté, recouvré et contrôlé suivant les règles propres aux contributions indirectes. » ;

3° Le d du 2 de l'article 1649 quater-0 B bis est ainsi rédigé :

« d) Délits prévus, en matière de tabacs, à l'article L 3515-6-12 du code de la santé publique et, en matière d'alcools, aux articles L 3351-12 et L 3351-13 du même code, à l'article 1810 du code général des impôts et aux articles L 664-26 et L 664-31 du code rural et de la pêche maritime. » ;

4° Les chapitres Ier à V du titre III de la première partie, à l'exception de l'article 568, sont abrogés.

Ndlr *Les dispositions du présent article entreront en vigueur le 1er juillet 2025 (Ordonnance 2023-1210 du 20 décembre 2023 art. 43).*

Art. 26 (Extrait)

Le livre II du code général des impôts est ainsi modifié :

1° L'article 1753 est ainsi modifié :

a. Les références : « 1810 à 1815, 1819, 1821 » sont remplacées par les références : « 1810 et 1815 » ;

b. Il est complété par les mots : «, aux articles L 3515-6-12, L 3351-11 et L 3351-12 et L 3351-13 du code de la santé publique, aux articles L 664-26 et L 664-31 du code rural et de la pêche maritime et à l'article L 835-6 du code de commerce » ;

2° (...)

3° L'article 1791 est ainsi rédigé :

« Art. 1791. – Sauf lorsqu'elles sont spécialement réprimées par d'autres dispositions, les infractions au régime des contributions indirectes ainsi que les manœuvres ayant pour but ou pour effet de frauder ou de compromettre les prélèvements contrôlés selon les règles applicables aux contributions indirectes sont punies cumulativement :

« 1° D'une amende dont le montant est compris entre 100 € et 750 €, sous réserve des dispositions du I de l'article 1791 bis ;

2° D'une pénalité proportionnelle dont le montant est compris entre une fois et trois fois celui des prélèvements fraudés ou compromis modifié, le cas échéant, dans les conditions prévues au II de l'article 1791 bis.

« Si le contrevenant commet, dans les cinq années qui suivent une transaction ou une condamnation née d'une infraction réprimée par le présent article et devenue définitive, une nouvelle infraction de même nature, le montant maximal de la pénalité proportionnelle prévue au 2° est doublé.

« Cette amende et cette pénalité proportionnelle se cumulent, le cas échéant, avec la confiscation des objets, produits ou marchandises saisis en contravention, des biens et avoirs qui sont le produit direct ou indirect de l'infraction et avec les peines d'emprisonnement prévues par d'autres dispositions.

« Lorsque la personne mise en examen n'a jamais été l'objet d'un procès-verbal suivi de condamnation ou de transaction, les tribunaux peuvent, dans les conditions établies par les articles 734 à 736 du code de procédure pénale, décider qu'il sera sursis à l'exécution de la peine pour la partie excédant la somme servant de base au calcul de la pénalité proportionnelle mentionnée au 2°, sauf si l'infraction est également punie d'une peine d'emprisonnement. » ;

4° (...)

5° Au premier alinéa de l'article 1795, les mots : « du présent code, à l'article 1791 ter, aux 3° et 5° de l'article 1794, à l'article 1797 et aux 3°, 8° et 10° de l'article 1810 » sont remplacés par les mots : « et au II de l'article 1791 bis du présent code » ;

6° A l'article 1795 bis, les mots : « au I de » sont remplacés par les mots : « à » ;

7° A l'article 1799 :

a. Au premier alinéa, après le mot : « peines », sont insérés les mots : « réprimant des infractions au régime des contributions indirectes » ;

b. Au troisième alinéa, les mots : « soumis aux droits ou à la réglementation » sont remplacés par les mots : « relevant du régime » ;

8° A l'article 1804 B, les mots : « pénalités fiscales prévues au I de l'article 1791 et aux articles 1791 ter à 1804 A » sont remplacés par les mots : « sanctions applicables » ;

9° L'article 1810 est ainsi rédigé :

« Art. 1810. – Sont punies d'un an d'emprisonnement et de la saisie et confiscation des moyens de transport, récipients, emballages, ustensiles, mécaniques, machines ou appareils les infractions suivantes :

« 1° La livraison, détention en vue de la vente, transport d'alcool de toute nature fabriqué ou importé sans la déclaration prévue en application du 2° de l'article L 311-39 du code des impositions sur les biens et services ;

« 2° Le transport d'alcool avec une expédition altérée ou obtenue frauduleusement ;

« 3° La méconnaissance des dispositions prises en application du 8° de l'article L 311-39 du code des impositions sur les biens et services.

« Pour les infractions mentionnées au 3°, le tribunal peut ordonner la fermeture, définitive ou pour une durée d'un an au plus, de l'établissement ayant servi à commettre l'infraction. » ;

10° Après les mots : « sont applicables », la fin de l'article 1817 est ainsi rédigée : « aux personnes physiques coupables d'infractions au régime des contributions indirectes qui sont punies d'une peine d'emprisonnement. » ;

11° Le deuxième alinéa de l'article 1816 est supprimé ;

12° L'article 1825 est ainsi rédigé :

« Art. 1825. – Sans préjudice des dispositions de l'article 1750, tout établissement dans lequel est constatée une infraction au régime des contributions indirectes passible d'une peine d'emprisonnement peut faire l'objet d'une fermeture administrative, pour une durée ne pouvant excéder six mois, ordonnée par arrêté préfectoral pris sur proposition de l'autorité administrative désignée par décret.

« L'arrêté est affiché sur la porte de l'établissement pendant la durée de la fermeture.

« Le fait de ne pas se conformer à l'arrêté de fermeture est puni de deux mois d'emprisonnement et de 3 750 € d'amende. » ;

13° Après les mots : « de prétendues », la fin du second alinéa de l'article 1825 F est ainsi rédigée : « infractions au régime des contributions indirectes. » ;

14° Après les mots : « les infractions », la fin du premier alinéa de l'article 1825 G est ainsi rédigée : « prévues au présent C et les autres infractions au régime des contributions indirectes. » ;

15° Au 3 de l'article 1920 :

a. Les mots : « mentionnés à l'article 565 » sont remplacés par les mots : « agréés en application de l'article L 3512-14-7 du code de la santé publique » ;

b. Les mots : « les droits de consommation et de circulation » sont remplacés par les mots : « l'accise sur les alcools mentionnée à l'article L 313-1 du code des impositions sur les biens et services et l'accise sur les tabacs mentionnée à l'article L 314-1 du même code » ;

16° Sont abrogés :

a. Les articles 1791 ter, 1793 A et 1794 ;

b. Les articles 1797 et 1798 ;

c. Le 6° du I et le III de l'article 1798 bis ;

d. L'article 1798 ter ;

e. Le 3° de l'article 1799 ;

f. Les articles 1801 et 1802 ;

g. L'article 1804 ;

h. Les articles 1807, 1808, 1809 ;

i. Les articles 1811, 1812 et 1813 ;

j. Les articles 1818, 1819 et 1821 ;

k. L'article 1823 ;

l. Les articles 1825 A, 1825 B, 1825 C et 1825 D ;

m. L'article 1825 H.

Ndlr *Les dispositions du présent article entreront en vigueur le 1er juillet 2025 (Ordonnance 2023-1210 du 20 décembre 2023 art. 43).*

Art. 41 L'abrogation des dispositions suivantes prend effet à compter de l'entrée en vigueur des dispositions prises en application ou pour l'application des dispositions législatives qui les remplacent pour ce qui concerne :

1° Les dispositions relatives à la déclaration et au paiement des impositions mentionnées au c du 1° de l'article 8 ;

2° Les 6° à 8° du I de l'article 570 et l'article 633 du code général des impôts ;

3° Les articles 265 ter et 265 quater du code des douanes ;

4° Toute désignation d'une autorité administrative.

Art. 43 Les dispositions de la présente ordonnance entrent en vigueur le 1er janvier 2024 et sont applicables aux impositions pour lesquelles le fait générateur intervient à compter de cette date, à l'exception des dispositions suivantes, qui entrent en vigueur aux dates qu'elles prévoient :

1° Le iii du a du 4° de l'article 2 ;

2° Le iv du b du 1° et le ii du b du 2° de l'article 30.

Toutefois, les a et d du 3°, le 4° de l'article 2, le second alinéa de l'article 7 et les dispositions des sections 1 à 6 du chapitre III *(NDLR Articles 25 à 38 de la présente ordonnance)*, à l'exception du 3° de l'article 28, entrent en vigueur le 1er juillet 2025.

Loi 2023-1250 du 26 décembre 2023 de financement de la sécurité sociale pour 2024

Art. 18 (Extrait)

I. Le code de la sécurité sociale est ainsi modifié :

(...)

5° Le 4° du II de l'article L 136-1-1 est abrogé ;

6° L'article L 136-3 est ainsi rédigé :

« Art. L 136-3. – I. – La contribution due par les travailleurs indépendants non agricoles au titre des activités autres que celles relevant des articles 50-0 ou 102 ter du code général des impôts est assise, sous réserve du III du présent article :

« 1° Au titre des activités relevant du premier alinéa de l'article 34 et de l'article 35 du code général des impôts, sur le montant, hors plus-values et moins-values de long terme, des produits tirés de ces mêmes activités, diminué du montant des charges que l'acquisition de ces produits nécessitent, tels que ces éléments résultent des articles 36 à 40 du même code, autres que celles, déterminées par décret en Conseil d'Etat, permettant des déductions ou des provisions exceptionnelles ou l'étalement ou le report de parties des bénéfices ou des plus-values ;

« 2° Au titre des activités relevant de l'article 92 dudit code, sur le montant, hors plus-values et moins-values de long terme, des recettes perçues ou de celles acquises en cas d'exercice de l'option mentionnée à l'article 93 A du même code, au cours de l'année, diminué du montant des dépenses exposées ou de celles engagées en cas d'exercice de la même option, au cours de l'année, pour l'acquisition de ces recettes, tels que ces éléments résultent du 1 de l'article 93 et des I et III de l'article 93 quater du même code.

« En cas d'exercice en société, ces montants sont retenus en proportion des droits aux bénéfices dans la société dont disposent ces travailleurs indépendants, au sens de l'article 8 du même code, et à hauteur des rémunérations et des avantages personnels non déductibles des résultats de la société qu'ils ont perçus.

« II. – Par dérogation au I du présent article, la contribution due au titre des activités donnant lieu à assujettissement à l'impôt sur les sociétés est assise, sous réserve du III :

« 1° Sur les sommes ainsi que sur les avantages et accessoires en nature ou en argent qui y sont associés perçus par les travailleurs indépendants pour l'exercice de leurs fonctions ;

« 2° Sur la part des dividendes et des revenus mentionnés aux a et b de l'article 111, à l'article 111 bis et au 4° de l'article 124 du code général des impôts perçus par les travailleurs indépendants, leurs conjoints ou les partenaires auxquels ils sont liés par un pacte civil de solidarité ou leurs enfants mineurs non émancipés qui est supérieure à 10 % d'un montant de référence constitué du capital social, primes d'émission incluses, détenu en toute propriété ou en usufruit par ces mêmes personnes et des sommes inscrites dans leurs comptes courants d'associés. Par dérogation, pour les entrepreneurs individuels, ce montant de référence est égal au montant net défini au I du présent article ou, lorsque ces travailleurs indépendants font application de la section 2 du chapitre VI du titre II du livre V du code de commerce et que ce montant est supérieur, à la valeur des biens du patrimoine affecté constaté en fin d'exercice.

« III. – L'assiette résultant de l'application des I et II du présent article fait l'objet d'un abattement de 26 %. Toutefois, cet abattement ne peut être ni inférieur à un montant plancher, fixé par décret, qui ne peut dépasser le montant mentionné à la dernière phrase de l'article L 633-1 du présent code, ni supérieur à un montant plafond fixé, également par décret, à une valeur au moins égale au plafond annuel mentionné à l'article L. 241-3.

« IV. – La contribution due par les travailleurs indépendants au titre des activités relevant des articles 50-0 ou 102 ter du code général des impôts mais ne relevant pas du dispositif prévu à l'article L 613-7 du présent code est assise sur le montant des bénéfices déterminés aux articles 50-0 et 102 ter du code général des impôts. » ;

7° L'article L 136-4 est ainsi rédigé :

« Art. L 136-4. – I. – A. – La contribution due au titre des activités mentionnées à l'article 63 du code général des impôts par les travailleurs indépendants agricoles autres que ceux relevant des articles 64 bis et 76 du même code est assise, sous réserve du III du présent article, sur le montant, hors plus-values et moins-values de long terme, des produits tirés de ces mêmes activités, diminué du montant des charges que l'acquisition de ces produits nécessitent, tels que ces éléments résultent, sous réserve des adaptations mentionnées aux articles 72 à 73 E du code général des impôts, autres que celles, précisées par décret en Conseil d'Etat, permettant des déductions ou des provisions exceptionnelles ou l'étalement ou le report de parties des bénéfices ou des plus-values et sous réserve de l'application de l'article 75-0 A du même code et des dispositions énumérées au 1° du I de l'article L 136-3 du présent code.

« Sont exclus des produits mentionnés au premier alinéa du présent A :

« 1° La dotation d'installation en capital accordée aux jeunes agriculteurs ;

« 2° La différence entre l'indemnité versée en compensation de l'abattage total ou partiel de troupeaux en application des articles L 221-2 ou L 234-4 du code rural et de la pêche maritime et la valeur en stock ou en compte d'achats des animaux abattus.

« B. – Les travailleurs indépendants agricoles sont autorisés, sur option, à déduire des montants mentionnés au présent I la part du revenu cadastral des terres qui sont mises en valeur par leur exploitation ou leur entreprise et dont ces dernières sont propriétaires excédant un abattement égal à 4 % de ces montants, minorés de ce revenu cadastral et multipliés par la part de ce dernier dans le revenu cadastral de l'ensemble des terres mises en valeur par l'exploitation ou l'entreprise, que ces dernières en soient propriétaires ou non. Cet abattement ne peut être inférieur à un montant fixé par décret.

« Un décret détermine les conditions dans lesquelles cette option est exercée et sa durée de validité.

« En cas d'exercice de cette option, les montants mentionnés au présent I sont majorés des revenus issus de la location par le travailleur indépendant agricole des terres, des biens immobiliers à utilisation agricole et des biens mobiliers qui leur sont attachés lorsque ces terres et ces biens sont mis à la disposition d'une exploitation ou d'une entreprise agricole aux travaux de laquelle il participe effectivement.

« C. – En cas d'exercice en société ou de coexploitation, les montants mentionnés au présent I sont retenus en proportion des droits aux bénéfices dont disposent ces travailleurs indépendants au sein de l'ensemble des associés ou coexploitants.

« L'assiette du travailleur indépendant agricole est majorée des montants, appréciés en application du premier alinéa du présent C, attribuables à son conjoint, au partenaire auquel il est lié par un pacte civil de solidarité ou à ses enfants mineurs non émancipés, lorsqu'ils sont associés non exploitants de la société, et qui excédent 10 % du montant de référence mentionné à la première phrase du 2° du II de l'article L 136-3.

« II. – Le II de l'article L 136-3 est applicable aux travailleurs indépendants agricoles mentionnés au I du présent article.

« III. – L'assiette résultant de l'application des I et II du présent article fait l'objet d'un abattement calculé selon les règles mentionnées au III de l'article L 136-3.

« IV. – La contribution due au titre des activités mentionnées au A du I du présent article par les travailleurs indépendants agricoles relevant des articles 64 bis et 76 du code général des impôts est assise sur le montant des bénéfices déterminés aux mêmes articles 64 bis et 76, sous réserve de l'exclusion du montant des recettes des sommes mentionnées aux 1° et 2° du A du I du présent article et sous réserve de l'application, le cas échéant, des B et C du même I. » ;

8° Le troisième alinéa de l'article L 136-5 est ainsi modifié :

a. Au début, est ajoutée une phrase ainsi rédigée : « Le premier alinéa de l'article L 731-14 et les articles L 731- 15, L 731-16, L 731-22 et L 731-23 du code rural et de la pêche maritime sont applicables à l'établissement de la contribution due par les personnes affiliées au régime de sécurité sociale des non-salariés des professions agricoles. » ;

b. Le début de la première phrase est ainsi rédigé : « Elle est recouvrée et contrôlée par… (le reste sans changement). » ;

II. Le livre VII du code rural et de la pêche maritime est ainsi modifié :

(...)

16° Les articles L 731-14-1, L 731-18, L 731-19, L 731-21 et L 731-26 sont abrogés.

(...)

VII. Le I du présent article, à l'exception des 7° à 9°, s'applique au calcul des cotisations et des contributions dues par les travailleurs indépendants non agricoles autres que ceux mentionnés à l'article L 613-7 du code de la sécurité sociale au titre des périodes courant à compter du 1er janvier 2025. Les 7° et 8° du I et les 1° à 5° et 7° à 16° du II du présent article s'appliquent au calcul des cotisations et des contributions dues par les travailleurs indépendants agricoles au titre des périodes courant à compter du 1er janvier 2026.

Loi 2023-1322 du 29 décembre 2023 de finances pour 2024

Art. 3 (Extrait)

(...)

I. Le code général des impôts est ainsi modifié :

(...)

4° Au III de l'article 199 terdecies-0 AB, après la référence : « 163 quinquies D, », sont insérés les mots : « dans un plan d'épargne avenir climat mentionné à l'article L 221-34-2 du code monétaire et financier, » ;

5° Le d du 1° du IV de l'article 1417 est complété par les mots : « ainsi que du montant du gain net exonéré en application du 4 ter du même III ».

(...)

III. A. Le I s'applique à compter de la date prévue au II de l'article 34 de la loi n° 2023-973 du 23 octobre 2023 relative à l'industrie verte.

Art. 7 I. Le b du 19° ter de l'article 81 du code général des impôts est ainsi modifié :

1° Le premier alinéa est ainsi modifié :

a. A la première phrase, le montant : « 500 € » est remplacé par le montant : « 600 € » et le montant : « 200 € » est remplacé par le montant : « 300 € » ;

b. La seconde phrase est supprimée ;

2° Au second alinéa, au début, les mots : « Par dérogation au premier alinéa du présent b, » sont supprimés et le montant : « 800 € » est remplacé par le montant : « 900 € ».

II. Le I s'applique à compter de l'imposition des revenus de l'année 2025.

Art. 19 I. Le code général des impôts est ainsi modifié :

1° Au dernier alinéa de l'article 204 E, les mots : « peut être » sont remplacés par les mots : « soumis à imposition commune est, sauf option contraire du contribuable, » ;

2° L'article 204 M est ainsi modifié :

a. Au 1, les mots : « sur option » sont remplacés par les mots : « sauf option contraire » ;

b. Le 5 est ainsi rédigé :

« 5. L'option mentionnée au 1 du présent article peut être exercée et dénoncée à tout moment. Le taux de prélèvement qui en découle pour le foyer fiscal s'applique au plus tard le troisième mois suivant celui de la demande. Il cesse de s'appliquer au plus tard le troisième mois suivant celui de la dénonciation de l'option. L'option est tacitement reconduite. »

II. Le I entre en vigueur le 1er septembre 2025.

Art. 36 I. La transmission universelle de patrimoine réalisée entre le comité de développement et de promotion de l'habillement et l'Institut français du textile et de l'habillement est exonérée de tous droits, impôts ou taxes.

II. Le bénéfice de l'exonération prévue au I est subordonné au respect du règlement (UE) n° 1407/2013 de la Commission du 18 décembre 2013 relatif à l'application des articles 107 et 108 du traité sur le fonctionnement de l'Union européenne aux aides de minimis.

III. Le I ne s'applique qu'aux sommes venant en déduction de l'impôt dû.

Art. 70 I. Les exploitants agricoles soumis au régime réel d'imposition prévu à l'article 72 du code général des impôts peuvent pratiquer une déduction pour augmentation de la valeur de leurs stocks de vaches laitières et de vaches allaitantes lorsqu'il est constaté, à la clôture de l'exercice, une hausse de la valeur de ces stocks supérieure à 10 % par rapport à la valeur de ces mêmes stocks déterminée à l'ouverture de l'exercice précédent ou à l'ouverture de l'exercice considéré. La hausse de la valeur des stocks résultant de l'augmentation du nombre d'animaux composant ces stocks au cours de l'exercice considéré n'est pas prise en compte pour l'appréciation du seuil de 10 %. Pour les exercices clos à compter du 1er janvier 2024 et jusqu'au 31 décembre 2024, cette hausse est appréciée par comparaison avec la valeur de ces mêmes stocks déterminée à l'ouverture de l'exercice considéré.

Le montant de la déduction est égal à 150 euros par vache inscrite en stock à la clôture de l'exercice au titre duquel la déduction prévue au premier alinéa du présent I est pratiquée. Le montant total de la déduction pratiquée au titre d'un exercice ne peut excéder 15 000 euros.

Pour les groupements agricoles d'exploitation en commun et les exploitations agricoles à responsabilité limitée qui n'ont pas opté pour le régime fiscal des sociétés de capitaux, le plafond mentionné au deuxième alinéa du présent I est multiplié par le nombre des associés exploitants, dans la limite de quatre.

La déduction pratiquée à la clôture d'un exercice en application du présent I est rapportée au résultat imposable de l'exercice de cession ou de sortie de l'actif de l'animal, et au plus tard du sixième exercice suivant celui au titre duquel la déduction a été pratiquée. Par dérogation, la déduction n'est pas rapportée au résultat de l'exercice de sortie des stocks de l'animal lorsque cette sortie est compensée par l'entrée d'un nouvel animal dans les stocks avant la clôture de ce même exercice ou, au plus tard, avant le dépôt de la déclaration souscrite au titre de cet exercice, en application de l'article 53 A du code général des impôts.

Le présent I ne s'applique pas aux animaux considérés par le contribuable comme des immobilisations amortissables en application du II de l'article 38 sexdecies D de l'annexe III au code général des impôts dans sa rédaction en vigueur au 13 octobre 2023.

Les exploitants agricoles qui ont opté pour le dispositif prévu à l'article 72 B bis du même code ne peuvent pratiquer la déduction prévue au présent I.

II. La déduction prévue au I peut être pratiquée au titre des exercices clos à compter du 1er janvier 2023 et jusqu'au 31 décembre 2024.

III. Le bénéfice de la déduction prévue au I est subordonné au respect du règlement (UE) no 1408/2013 de la Commission du 18 décembre 2013 relatif à l'application des articles 107 et 108 du traité sur le fonctionnement de l'Union européenne aux aides de minimis dans le secteur de l'agriculture.

IV. La perte de recettes résultant pour l'Etat du présent article est compensée, à due concurrence, par la création d'une taxe additionnelle à l'accise sur les tabacs prévue au chapitre IV du titre Ier du livre III du code des impositions sur les biens et services.

V. La perte de recettes résultant du I pour l'Etat est compensée, à due concurrence, par la création d'une taxe additionnelle à l'accise sur les tabacs prévue au chapitre IV du titre Ier du livre III du code des impositions sur les biens et services.

FR 2/24 inf. 38 p. 76 ; MF no 15952

Art. 71 (Extrait)

(...)

III. Le code général des impôts est ainsi modifié :

(...)

7o L'article 244 quater U est ainsi modifié :

a. Le I est ainsi modifié :

au 1, après le mot : « financier », sont insérés les mots : « ainsi que les sociétés de tiers-financement mentionnées au 8 de l'article L 511-6 du même code, » ;

au dernier alinéa du 2, les mots : « au 1o ter » sont remplacés par les mots : « aux 1o bis et 1o ter » ;

après le mot : « mentionnés », la fin de la seconde phrase du 4 est ainsi rédigée : « aux 1o bis et 1o ter et au 2o du 2 du présent I. » ;

aux première et dernière phrases du premier alinéa du 5, les mots : « ou la société de financement » sont remplacés par les mots : « , la société de financement ou la société de tiers-financement » ;

le deuxième alinéa du même 5 est supprimé ;

le début de la première phrase du dernier alinéa dudit 5 est ainsi rédigé : « Toutefois, lorsque l'avance est consentie pour financer des travaux mentionnés aux 1o bis et 1o ter du présent I,... (le reste sans changement). » ;

le 6 bis est ainsi rédigé :

« 6 bis. Par dérogation au 6 du présent I, l'avance remboursable sans intérêt prévue au présent article peut être consentie dans les mêmes conditions à titre complémentaire aux personnes mentionnées au 3 pour financer d'autres travaux prévus au 2 portant sur le même logement, sous réserve que l'offre d'avance complémentaire soit émise dans un délai de cinq ans à compter de l'émission de l'offre d'avance initiale. La somme des montants de l'avance initiale et de l'avance complémentaire ne peut excéder la somme de 30 000 € au titre d'un même logement.

« Par dérogation, lorsque l'une des deux avances a financé ou finance des travaux mentionnés aux 1o bis, 1o ter ou 2o du 2 du présent I, la somme de l'avance initiale et de l'avance complémentaire ne peut excéder la somme de 50 000 € au titre d'un même logement. » ;

à la seconde phrase du 9, les mots : « au 2o » sont remplacés par les mots : « aux 1o bis, 1o ter ou 2o » ;

b. Aux première et seconde phrases du deuxième alinéa du II, les mots : « ou la société de financement » sont remplacés par les mots : « , la société de financement ou la société de tiers-financement » ;

c. Au III, les mots : « ou la société de financement » sont remplacés par les mots : « , la société de financement ou la société de tiers-financement » ;

d. Au IV, les deux occurrences des mots : « ou la société de financement » sont remplacées par les mots : « , la société de financement ou la société de tiers-financement » et les mots : « chargée de gérer le Fonds de garantie de l'accession sociale à la propriété » sont remplacés par les mots : « de gestion » ;

e. Au V, les mots : « chargée de gérer le Fonds de garantie de l'accession sociale à la propriété » sont remplacés par les mots : « de gestion » et les mots : « ou la société de financement » sont remplacés par les mots : « , la société de financement ou la société de tiers-financement » ;

f. Le VI bis est ainsi rédigé :

« VI bis. – A. – L'avance remboursable sans intérêt prévue au présent article peut être consentie dans les mêmes conditions à un syndicat de copropriétaires pour financer les travaux d'intérêt collectif réalisés sur les parties privatives prévus au f de l'article 25 de la loi n° 65-557 du 10 juillet 1965 précitée ainsi que les travaux réalisés sur les parties et équipements communs de l'immeuble détenus par l'une des personnes mentionnées aux 3° et 4° du 3 du I du présent article et utilisés ou destinés à être utilisés en tant que résidence principale, sous réserve des adaptations prévues au présent VI bis.

« B. – Les travaux mentionnés au A du présent VI bis sont constitués :

« 1° De ceux mentionnés aux 1°, 2° et 3° du 2 du I ;

« 2° De ceux permettant d'améliorer la performance énergétique de la copropriété et ayant ouvert droit à une aide accordée par l'Agence nationale de l'habitat au syndicat de copropriétaires.

« Les modalités de détermination des travaux mentionnés au 2° du présent B sont fixées par décret. La condition d'ancienneté du logement mentionnée au 1 du I ne s'applique pas en cas de réalisation de travaux prévus au 2° du présent B.

« Les travaux mentionnés au même 2° ne sont pas cumulables avec les travaux mentionnés au 1°.

« C. – Pour l'appréciation du délai mentionné au 5 du I, lorsque l'avance est accordée en application du A du présent VI bis, la date d'octroi de l'avance s'entend de la date de signature par l'emprunteur du contrat de prêt mentionné à l'article 26-5 de la loi n° 65-557 du 10 juillet 1965 précitée.

« D. – Lorsque l'avance est consentie pour financer des travaux mentionnés au 2° du B du présent VI bis, la demande d'avance s'appuie sur la décision d'octroi de l'aide adressée à l'emprunteur par l'Agence nationale de l'habitat. La justification que les travaux ont été effectivement réalisés est assurée par la notification du versement de l'aide adressée à l'emprunteur par l'agence.

« E. – L'avance prévue au A du présent VI bis peut être consentie au titre d'un logement ayant déjà fait l'objet d'une avance remboursable prévue au I, à la condition que l'offre relative à la seconde avance soit émise dans un délai de cinq ans à compter de l'émission de l'offre d'avance initiale et que la somme des montants des deux avances n'excède pas 30 000 € au titre d'un même logement. Par dérogation, lorsque l'une des deux avances a financé ou finance des travaux mentionnés aux 1° bis, 1° ter ou 2° du 2 du I ou au 2° du B du présent VI bis, la somme des deux montants ne doit pas excéder 50 000 €.

« Il ne peut être accordé qu'une seule avance remboursable par syndicat de copropriétaires des logements sur lesquels portent les travaux.

« F. – Le montant de l'avance remboursable mentionnée au A du présent VI bis ne peut excéder 30 000 € par logement affecté à l'usage d'habitation, utilisé ou destiné à être utilisé en tant que résidence principale et détenu par l'une des personnes mentionnées aux 3° et 4° du 3 du I. Par dérogation, ce montant est porté à 50 000 € lorsque l'avance finance des travaux mentionnés au 2° du 2 du même I ou au 2° du B du présent VI bis.

« La durée du remboursement de l'avance remboursable mentionnée au A du présent VI bis ne peut excéder cent quatre-vingts mois. Par dérogation, cette durée est portée à deux cent quarante mois lorsque l'avance finance des travaux mentionnés au 2° du 2 du I ou au 2° du B du présent VI bis.

« G. – Par dérogation au premier alinéa du II, pour les avances émises au titre du présent VI bis, le montant du crédit d'impôt est égal à l'écart entre la somme actualisée des mensualités dues au titre de l'avance remboursable sans intérêt et la somme actualisée des montants perçus au titre d'un prêt de même montant et de même durée de remboursement, consenti à des conditions normales de taux à la date de la signature par l'emprunteur du contrat de prêt ne portant pas intérêt.

« H. – Par dérogation au second alinéa du E du présent VI bis, l'avance prévue au A peut être consentie aux syndicats de copropriétaires au titre de logements ayant déjà fait l'objet d'une avance remboursable accordée en application du présent VI bis, pour financer d'autres travaux mentionnés au B, à la condition que l'offre d'avance complémentaire soit émise dans un délai de cinq ans à compter de l'émission de l'offre d'avance initiale et que la somme des montants de l'avance initiale et de l'avance complémentaire n'excède pas 30 000 € au titre d'un même logement. Par dérogation, lorsque l'une des deux avances a financé ou finance des travaux mentionnés au 2° du 2 du I ou au 2° du B du présent VI bis, la somme des deux montants ne doit pas excéder 50 000 €. » ;

g. Le VI ter est ainsi rédigé :

« VI ter. – L'avance remboursable sans intérêt prévue au I peut être consentie dans les mêmes conditions à titre complémentaire aux personnes mentionnées aux 3° et 4° du 3 du même I lorsqu'elles participent à une avance remboursable mentionnée au VI bis, pour financer d'autres travaux prévus au 2 du I portant sur le même logement et sous réserve des adaptations prévues au présent VI ter, sous réserve que l'offre d'avance soit émise dans un délai de cinq ans à compter de l'émission de l'offre d'avance prévue au VI bis.

« La somme des montants de l'avance émise au titre du présent VI ter et de l'avance émise au titre du VI bis ne peut excéder la somme de 30 000 € au titre d'un même logement. Par dérogation, lorsque l'une des deux avances a financé ou finance des travaux prévus aux 1° bis, 1° ter ou 2° du 2 du I ou au 2° du B du VI bis, cette somme est portée à 50 000 €. » ;

(...)

X. C. Le II, à l'exception des 8° et 9°, et le 7° du III s'appliquent aux offres de prêt émises à compter d'une date fixée par décret, et au plus tard à compter du 1er avril 2024.

FR 2/24 inf. 33 p. 67

Art. 73 I. Le code général des impôts est ainsi modifié :

(...)

2° A la première phrase du III de l'article 44 sexies A, la référence : « 44 quindecies » est remplacée par la référence : « 44 quindecies A » ;

3° L'article 44 octies A est ainsi modifié :

a. a) Le I est ainsi modifié :

(...)

c. c) A la première phrase du dernier alinéa du III, la référence : « 44 quindecies » est remplacée par la référence : « 44 quindecies A » ;

(...)

5° L'article 44 terdecies est ainsi modifié :

a. Au troisième alinéa du I, après la référence : « 44 quindecies, », est insérée la référence : « 44 quindecies A, » ;

b. Au second alinéa du III, les références : « 44 duodecies, 44 quindecies » sont remplacées par la référence : « 44 quindecies A » ;

6° Le 2 decies de la première sous-section de la section II du chapitre Ier du titre Ier de la première partie du livre Ier est ainsi modifié :

a. L'intitulé est complété par les mots : « ou les zones France ruralités revitalisation » ;

7° L'article 44 sexdecies est ainsi modifié :

(...)

c. Au IV, la référence : « 44 duodecies, » est supprimée et la référence : « 44 quindecies » est remplacée par la référence : « 44 quindecies A » ;

8° L'article 44 septdecies est ainsi modifié :

(...)

c. A la première phrase du IV, la référence : « 44 duodecies, » est supprimée et la référence : « 44 quindecies » est remplacée par la référence : « 44 quindecies A » ;

9° Au premier alinéa du I des articles 220 quinquies et 220 terdecies, à la deuxième phrase du premier alinéa du II de l'article 244 quater E et à l'article 302 nonies, après la référence : « 44 quindecies, », est insérée la référence : « 44 quindecies A, » ;

10° Au 1° du V de l'article 231 quater, les mots : « , dans une zone de revitalisation des commerces en milieu rural définie au III de l'article 1464 G » sont supprimés ;

11° A la fin du premier alinéa de l'article 722 bis et au premier alinéa du I de l'article 1383 E, les mots : « de revitalisation rurale mentionnées à l'article 1465 A » sont remplacés par les mots : « France ruralités revitalisation mentionnées aux II et III de l'article 44 quindecies A » ;

12° Au premier alinéa du I de l'article 1382-0, la référence : « 1382 I, » est supprimée ;

13° A la première phrase du premier alinéa du IV de l'article 1382 H, les références : « 1383 H, 1383 I, 1383 J » sont remplacées par les références : « 1383 I, 1383 J, 1383 K » ;

14° L'article 1382 I est abrogé ;

15° L'article 1383 C ter est ainsi modifié :

(...)

c. A la première phrase du dixième alinéa, la référence : « 1383 I » est remplacée par la référence : « 1383 K » ;

16° Au premier alinéa de l'article 1383 E bis et au premier alinéa du III de l'article 1407, les mots : « de revitalisation rurale mentionnées à l'article 1465 A » sont remplacés par les mots : « France ruralités revitalisation mentionnées aux II et III de l'article 44 quindecies A » ;

17° A la première phrase du V de l'article 1383 F, les mots : « 1383 H ou 1383 I » sont remplacés par les mots : « 1383 I ou 1383 K »

18° A la première phrase du septième alinéa de l'article 1383 I, la référence : « 1383 H » est remplacée par la référence : « 1383 K » ;

19° A la première phrase du V de l'article 1383 J, les mots : « 1383 H, 1383 I ou 1383 F » sont remplacés par les mots : « 1383 I ou 1383 K » ;

(...)

22° L'article 1463 A est ainsi modifié :

(...)

b. La première phrase du dernier alinéa du II est ainsi modifiée :

la référence : « 1464 G, » est supprimée ;

la référence : « 1465 A, » est supprimée ;

les mots : « ou 1466 D » sont remplacés par les mots : « , 1466 D ou 1466 G » ;

23° L'article 1463 B est ainsi modifié :

(...)

b. La première phrase du dernier alinéa du II est ainsi modifiée :

la référence : « 1464 G, » est supprimée ;

la référence : « 1465 A, » est supprimée ;

les mots : « ou 1466 D » sont remplacés par les mots : « , 1466 D ou 1466 G » ;

24° A la fin du 1° du I de l'article 1464 D et de l'avant-dernier alinéa de l'article 1594 F ter, les mots : « de revitalisation rurale définies à l'article 1465 A » sont remplacés par les mots : « France ruralités revitalisation mentionnées aux II et III de l'article 44 quindecies A » ;

25° A la première phrase du premier alinéa du IV de l'article 1464 F, la référence : « 1465 A, » est supprimée et les mots : « ou 1466 F » sont remplacés par les mots : « , 1466 F ou 1466 G » ;

26° L'article 1464 G est abrogé ;

(...)

28° L'article 1465 A est ainsi modifié :

(...)

c. Le II est abrogé ;

(...)

30° L'article 1466 A est ainsi modifié :

(...)

b. Le I septies est ainsi modifié :

(...)

le cinquième alinéa est supprimé ;

c. La première phrase du deuxième alinéa du II est ainsi modifiée :

la référence : « 1464 G, » est supprimée ;

(...)

la référence : « , I quinquies A » et la référence : « , I sexies » sont supprimées ;

31° La première phrase du dernier alinéa de l'article 1466 D est ainsi modifiée :

a. La référence : « 1464 G, » est supprimée ;

b. La référence : « 1465 A, » est supprimée ;

(...)

32° A la première phrase du VI de l'article 1466 F, la référence : « , 1464 G » est supprimée ;

34° Au premier alinéa du I de l'article 1468 bis, les mots : « 1465 à » sont remplacés par les mots : « 1465 et » ;

35° Au I du E de l'article 1594 F quinquies, les mots : « de revitalisation rurale définies au II de l'article 1465 A, » sont remplacés par les mots : « France ruralités revitalisation mentionnées aux II et III de l'article 44 quindecies A » ;

36° Le 2 du IV de l'article 1639 A ter est ainsi modifié :

a. La première phrase du a est ainsi modifiée :

la référence : « 1465 A, » est supprimée ;

après la référence : « 1466 F », est insérée la référence : « , 1466 G » ;

b. b) A la première phrase du b, la référence : « 1464 G, » est supprimée ;

37° Le 2 du II de l'article 1639 A quater est ainsi modifié :

a. Le a est ainsi modifié :

la référence : « 1383 H, » est supprimée ;

les mots : « et 1383 J » sont remplacés par les mots : « , 1383 J et 1383 K » ;

b. Au b, la référence : « 1382 I, » est supprimée ;

38° Le 1° du II de l'article 1640 est ainsi modifié :

a. Le a est ainsi modifié :

les références : « , 1383 H », « , 1465 A », « , I quinquies A », « , I sexies » et « , 1466 E » sont supprimées ;

(...)

b. Au b, la référence : « 1382 I, » et la référence : « 1464 G, » sont supprimées.

II. Au premier alinéa du b du 2° de l'article L 80 B du livre des procédures fiscales, la référence : « 44 quindecies » est remplacée par la référence : « 44 quindecies A ».

VIII. Le code de la santé publique est ainsi modifié :

1° Après la seconde occurrence du mot : « zones », la fin de la dernière phrase du premier alinéa du III de l'article L 1434-10 est ainsi rédigée : « France ruralités revitalisation. » ;

2° Au c du 2° de l'article L 5125-3, les mots : « de revitalisation rurale définies par l'article 1465 A » sont remplacés par les mots : « France ruralités revitalisation mentionnées aux II et III de l'article 44 quindecies A ».

IX. Le code de la sécurité sociale est ainsi modifié :

1° A la dernière phrase du 1° de l'article L 162-23-14, les mots : « de revitalisation rurale » sont remplacés par les mots : « France ruralités revitalisation » ;

2° Au premier alinéa du I de l'article L 241-19 et à l'article L 241-20, après le mot : « impôts », sont insérés les mots : « ou dans les zones France ruralités revitalisation mentionnées aux II et III de l'article 44 quindecies A du même code ».

X. Au III de l'article L 343-1 du code du tourisme, les mots : « de revitalisation rurale » sont remplacés par les mots : « France ruralités revitalisation ».

XI. Le code du travail est ainsi modifié :

1° Au II de l'article L 5134-110, les mots : « de revitalisation rurale au sens de l'article 1465 A » sont remplacées par les mots : « France ruralités revitalisation mentionnées aux II et III de l'article 44 quindecies A » ;

2° Aux premier et second alinéas de l'article L 5134-118, les mots : « de revitalisation rurale » sont remplacées par les mots : « France ruralités revitalisation » ;

3° Au 1° du III de l'article L 5134-120, les mots : « de revitalisation rurale au sens de l'article 1465 A » sont remplacés par les mots : « France ruralités revitalisation mentionnée aux II et III de l'article 44 quindecies A ».

XII. Au cinquième alinéa du I et à l'avant-dernier alinéa du II de l'article 6 et à la seconde phrase du deuxième alinéa de l'article 38 de la loi n° 90-568 du 2 juillet 1990 relative à l'organisation du service public de la poste et à France Télécom, les mots : « de revitalisation rurale » sont remplacés par les mots : « France ruralités revitalisation ».

XIII. La loi n° 95-115 du 4 février 1995 d'orientation pour l'aménagement et le développement du territoire est ainsi modifiée :

1° Au premier alinéa du II de l'article 50, les mots : « définies à l'article 1465 A » sont remplacés par les mots : « France ruralités revitalisation mentionnées aux II et III de l'article 44 quindecies A » ;

2° L'article 61 est ainsi modifié :

a. Au premier alinéa, les mots : « de revitalisation rurale mentionnées à l'article 1465 A » sont remplacés par les mots : « France ruralités revitalisation mentionnées aux II et III de l'article 44 quindecies A » ;

b. A la première phrase du dernier alinéa, les mots : « de revitalisation rurale » sont remplacées par les mots : « France ruralités revitalisation » ;

3° A l'article 62, les mots : « de revitalisation rurale, définies à l'article 1465 A » sont remplacés par les mots : « France ruralités revitalisation, mentionnées aux II et III de l'article 44 quindecies A » ;

4° A la première phrase de l'article 63, les mots : « de revitalisation rurale mentionnées à l'article 1465 A » sont remplacés par les mots : « France ruralités revitalisation mentionnées aux II et III de l'article 44 quindecies A ».

(...)

A. Le 1°, le deuxième alinéa du a et le b du 3°, le 4°, le b du 6°, les a et b du 7°, les a et b du 8°, les a et b du 15°, le 21°, le a du 22°, le a du 23°, le 27°, les a et b du 28°, le 29°, le a et le deuxième alinéa du b du 30° et le dernier alinéa du a du 38° du I et les XIV et XVI à XVIII s'appliquent à compter du 1er janvier 2024.

B. Les 10°, 12°, 14°, 16° et 20°, le deuxième alinéa du b du 22°, le deuxième alinéa du b du 23°, le 26°, le dernier alinéa du b et le deuxième alinéa du c du 30°, le a du 31°, les 32° et 33°, le dernier alinéa du a et le b du 36°, le dernier alinéa du a et le b du 37° et le b du 38° du I s'appliquent aux impositions établies à compter de 2025.

C. L'exonération prévue à l'article 44 quindecies A du code général des impôts s'applique aux exercices clos à compter du 1er juillet 2024.

D. Le 2°, le dernier alinéa du a et le c du 3°, le 5°, le a du 6°, le c du 7°, le c du 8°, les 9°, 11° et 13°, le c du 15°, les 17° à 19°, les deux derniers alinéas du b du 22°, les deux derniers alinéas du b du 23°, les 24° et 25°, le c du 28°, le dernier alinéa du c du 30°, le b du 31°, les 34° et 35° et le deuxième alinéa du a des 36°, 37° et 38° du I, les II à XIII et le XV s'appliquent à compter du 1er juillet 2024.

E. Les délibérations prises en application de l'article 1639 A bis du code général des impôts ouvrant droit aux exonérations prévues, dans les zones de revitalisation rurales, à l'article 1383 E et aux 1° et 2° du I de l'article 1464 D du même code, dans leur rédaction antérieure à la présente loi, cessent de produire leurs effets. Toutefois, les contribuables bénéficiant, sur le fondement de ces délibérations, au 30 juin 2024, des exonérations de taxe foncière sur les propriétés bâties et de cotisation foncière des entreprises mentionnées aux mêmes articles 1383 E et 1464 D continuent à bénéficier de ces mêmes exonérations jusqu'à leur terme.

F. Pour l'application au 1er juillet 2024 des articles 1383 K et 1466 G du code général des impôts, les délibérations des communes et de leurs établissements publics de coopération intercommunale à fiscalité propre mentionnées au I des mêmes articles 1383 K et 1466 G sont prises dans les quatre-vingt-dix jours suivant la publication de l'arrêté fixant la liste des communes classées en zone France ruralité revitalisation.

G. Les délibérations des communes et des établissements publics de coopération intercommunale à fiscalité propre prises en application des articles 1383 E bis, 1407, 1594 F ter et 1594 F quinquies du code général des impôts, dans leur rédaction antérieure à la présente loi, cessent de produire leurs effets à compter du 1er janvier 2025.

FR 2/24 inf. 102 p. 169 s.

Art. 75 (Extrait)

V. (...)

C. Pour les investissements réalisés dans les départements d'outre-mer et à Saint-Martin, dans les secteurs des transports et du haut débit, les réductions d'impôt prévues aux I, I bis et I ter de l'article 199 undecies B du code général des impôts et aux I et II de l'article 244 quater Y du même code, la déduction prévue aux I et II de l'article 217 undecies dudit code ainsi que le crédit d'impôt prévu au I de l'article 244 quater W du même code s'appliquent aux investissements mis en service et aux agréments délivrés jusqu'au 31 décembre 2023 et à compter d'une date fixée par décret, qui ne peut être postérieure de plus de trois mois à la date de réception par le Gouvernement de la réponse de la Commission européenne permettant de considérer le dispositif lui ayant été notifié comme conforme au droit de l'Union européenne en matière d'aides d'Etat.

FR 2/24 inf. 45 p. 82 s.

Art. 79 (Extrait)

(...)

I. Le code général des impôts est ainsi modifié :

B. L'article 1586 quater est ainsi modifié :

1° Le I est ainsi modifié :

a. Le second alinéa des b et c est ainsi modifié :

(...)

au début, le taux : « 0,094 % » est remplacé par le taux : « 0,063 % » ;

au début, le taux : « 0,063 % » est remplacé par le taux : « 0,031 % » ;

b. Le second alinéa du c est ainsi modifié :

(...)

le taux : « 0,169 % » est remplacé par le taux : « 0,113 % » ;

le taux : « 0,113 % » est remplacé par le taux : « 0,056 % » ;

c. Le second alinéa du d est ainsi modifié :

(...)

au début, les taux : « 0,263 % + 0,019 % » sont remplacés par les taux : « 0,175 % + 0,013 % » ;

au début, les taux : « 0,175 % + 0,013 % » sont remplacés par les taux : « 0,087 % + 0,006 % » ;

d. Le premier alinéa du e est ainsi modifié :

(...)

à la fin, le taux : « 0,28 % » est remplacé par le taux : « 0,19 % » ;

à la fin, le taux : « 0,19 % » est remplacé par le taux : « 0,09 % » ;

2° Le II est ainsi modifié :

(...)

b. A la fin, le montant : « 188 € » est remplacé par le montant : « 125 € » ;

c. A la fin, le montant : « 125 € » est remplacé par le montant : « 63 € »

(...)

E. (...)

2° A la fin, le taux : « 9,23 % » est remplacé par le taux : « 13,84 % » ;

3° A la fin, le taux : « 13,84 % » est remplacé par le taux : « 27,68 % » ;

(...)

IV. (...)

E. Le troisième alinéa des a, b, c et d du 1° et le b du 2° du B du I s'appliquent à la cotisation sur la valeur ajoutée des entreprises due par les redevables au titre de 2025.

F. Le 2° du E du I s'applique aux impositions établies au titre de 2025.

G. Le dernier alinéa des a, b, c et d du 1° et le c du 2° du B du I s'appliquent à la cotisation sur la valeur ajoutée des entreprises due par les redevables au titre de 2026.

H. Le 3° du E du I s'applique aux impositions établies au titre de 2026.

(...)

Art. 82 (Extrait)

I. Le livre Ier du code général des impôts est ainsi modifié :

1° Au deuxième alinéa du 1 de l'article 231, les mots : « limites définies » sont remplacés par les mots : « plafonds définis » et les références : « I, III et IV » sont remplacées par les références : « I et II » ;

2° A l'avant-dernier alinéa du 1° du I de l'article 262 ter, les mots : « visés à l'article 293 B » sont remplacés par les mots : « relevant des articles 293 B ou 293 B bis » ;

3° L'article 285 bis est ainsi modifié :

a. Au 1, les mots : « 2 du III » sont remplacés par les mots : « 2° du B du II » ;

b. Au 2, les mots : « au III de » sont remplacés par le mot : « à » ;

4° Le II de l'article 286 est ainsi modifié :

a. Au début, il est ajouté un 1 A ainsi rédigé :

« II. – 1 A. Les assujettis bénéficiant d'une franchise de taxe relevant de l'article 293 B bis sont dispensés des obligations mentionnées aux 1° et 2° du I du présent article lorsqu'ils remplissent, dans l'Etat membre d'établissement, les obligations prévues par les dispositions transposant, dans cet Etat membre, les 1 et 2 de l'article 284 ter de la directive 2006/112/CE du Conseil du 28 novembre 2006 relative au système commun de taxe sur la valeur ajoutée. » ;

b. A la première phrase du 1 et au 2, les mots : « à l'article 293 B » sont remplacés par les mots : « aux articles 293 B et 293 B bis » ;

(...)

7° Au second alinéa du A du IV de l'article 289 B, les mots : « à l'article 293 B » sont remplacés par les mots : « aux articles 293 B et 293 B bis » ;

(...)

9° L'article 293 B est ainsi rédigé :

« Art. 293 B. – I. – Pour leurs livraisons de biens et leurs prestations de services, les assujettis établis en France bénéficient d'une franchise qui les dispense du paiement de la TVA lorsqu'ils n'ont pas réalisé en France un chiffre d'affaires, évalué dans les conditions prévues à l'article 293 D, excédant les plafonds suivants :

(En euros)

Année d'évaluation	Chiffre d'affaires national total	Chiffre d'affaires national afférent aux prestations de services autres que les ventes à consommer sur place et prestations d'hébergement
Année civile précédente	85 000	37 500
Année en cours	93 500	41 250

II. – A. – Les avocats, les avocats au Conseil d'État et à la Cour de cassation, les auteurs d'œuvres de l'esprit et les artistes-interprètes assujettis et établis en France bénéficient d'une franchise qui les dispense du paiement de la TVA lorsqu'ils n'ont pas réalisé en France un chiffre d'affaires, évalué dans les conditions prévues à l'article 293 D, excédant les plafonds suivants :

(En euros)

Année d'évaluation	Chiffre d'affaires national afférent aux opérations mentionnées au B du présent II	Chiffre d'affaires national afférent aux opérations autres que celles mentionnées au B du présent II
Année civile précédente	50 000	35 000
Année en cours	55 000	38 500

B. – Les opérations prises en compte pour les besoins des plafonds mentionnés à la deuxième colonne du tableau du second alinéa du A sont les suivantes :

1° Les opérations réalisées par les avocats et les avocats au Conseil d'État et à la Cour de cassation, dans le cadre de l'activité définie par la réglementation applicable à leur profession ;

2° Les livraisons par les auteurs d'œuvres de l'esprit, à l'exception des architectes, de leurs œuvres mentionnées aux 1° à 12° de l'article L 112-2 du Code de la propriété intellectuelle et la cession des droits patrimoniaux qui leur sont reconnus par la loi ;

3° Les opérations relatives à l'exploitation des droits patrimoniaux qui sont reconnus par la loi aux artistes-interprètes mentionnés à l'article L 212-1 du même Code.

III. – Lorsque l'un des plafonds de chiffre d'affaires prévus aux I ou II du présent article pour les opérations de l'année en cours est dépassé, la franchise cesse de s'appliquer pour les opérations intervenant à compter de la date de dépassement. » ;

11° L'article 293 BA est ainsi rédigé :

« Art. 293 BA. – La franchise mentionnée aux articles 293 B ou 293 B bis n'est pas applicable :

« 1° Lorsque l'administration a dressé un procès-verbal de flagrance fiscale, dans les conditions prévues à l'article L 16-0 BA du livre des procédures fiscales, au titre de l'année ou de l'exercice au cours duquel ce procès-verbal est établi ;

« 2° Lorsque l'assujetti exerce une activité occulte au sens du deuxième alinéa de l'article L 169 du même code. » ;

12° Au premier alinéa de l'article 293 C, les mots : « I et IV de l'article 293 B » sont remplacés par les mots : « articles 293 B et 293 B bis » ;

13° Les articles 293 D et 293 E sont ainsi rédigés :

« Art. 293 D. – I. – A. – Le chiffre d'affaires réalisé en France qui sert de référence pour l'application de la franchise prévue aux articles 293 B et 293 B bis est le montant total annuel des livraisons de biens et des prestations de services, hors taxe sur la valeur ajoutée, réalisées en France.

« B. – Le chiffre d'affaires mentionné au A du présent I est constitué des montants hors taxes suivants :

« 1° Le montant des livraisons de biens et des prestations de services, dans la mesure où elles seraient taxées si elles étaient effectuées par un assujetti ne bénéficiant pas de la franchise ;

« 2° Le montant des opérations exonérées avec droit à déduction en application des 8° à 10° du II de l'article 262 et de l'article 298 undecies ;

« 3° Le montant des opérations exonérées en application du I et des 1° à 7°, 12° et 14° du II de l'article 262 et des articles 262-00 bis et 263 ;

« 4° Le montant des opérations exonérées en application des 1° et 3° du I de l'article 262 ter ;

« 5° Le montant des opérations immobilières, ainsi que des opérations financières, d'assurance et de réassurance mentionnées aux 1° et 2° de l'article 261 C qui n'ont pas le caractère d'opérations accessoires.

« Les cessions de biens d'investissement corporels ou incorporels de l'assujetti ne sont pas prises en considération pour la détermination du chiffre d'affaires.

« II. – A. – Le chiffre d'affaires annuel réalisé dans l'Union européenne qui sert de référence pour l'application des articles 293 B bis et 293 B ter est le montant total annuel des livraisons de biens et des prestations de services, hors taxe sur la valeur ajoutée, réalisées sur le territoire de l'Union européenne.

« B. – Les chiffres d'affaires réalisés dans les autres Etats membres de l'Union européenne entrant dans la composition du chiffre d'affaires annuel dans l'Union européenne sont déterminés en application des dispositions transposant dans ces Etats l'article 288 de la directive 2006/112/CE du Conseil du 28 novembre 2006 relative au système commun de taxe sur la valeur ajoutée.

« III. – Pour l'assujetti débutant son activité en cours d'année, les plafonds mentionnés au I et au A du II de l'article 293 B et au 1° du I de l'article 293 B bis sont ajustés à proportion de la durée de l'année restant à courir à la date du début d'activité.

« Art. 293 E. – I. – Les assujettis bénéficiant d'une franchise de taxe mentionnée aux articles 293 B ou 293 B bis ou régie par les dispositions transposant, dans un autre Etat membre, la section 2 du chapitre 1 du titre XII de la directive 2006/112/CE du Conseil du 28 novembre 2006 relative au système commun de taxe sur la valeur ajoutée ne peuvent opérer aucune déduction de la taxe sur la valeur ajoutée sur les biens et les services utilisés pour les besoins de ces opérations.

« II. – Les assujettis bénéficiant d'une franchise de taxe mentionnée aux articles 293 B ou 293 B bis ne peuvent faire apparaître la taxe sur leurs factures ou leurs notes d'honoraires ni sur aucun autre document en tenant lieu.

« En cas de délivrance d'une facture, d'une note d'honoraires ou de tout autre document en tenant lieu par ces assujettis pour leurs livraisons de biens et leurs prestations de services, la facture, la note d'honoraires ou le document doit comporter la mention correspondant à la base légale de la franchise : "TVA non applicable, article 293 B du CGI" ou "TVA non applicable, article 293 B bis du CGI" ou une référence à l'article 284 de la directive 2006/112/CE du Conseil du 28 novembre 2006 précitée. » ;

14° L'article 293 G est abrogé ;

15° A la première phrase du II de l'article 302 bis MB, les mots : « à l'article 293 D » sont remplacés par les mots : « au I de l'article 293 D » ;

16° Au troisième alinéa du I de l'article 1609 sexvicies, les mots : « à l'article 293 B » sont remplacés par les mots : « aux articles 293 B ou 293 B bis » ;

17° A la seconde phrase du V de l'article 1649 quater B quater, les mots : « du régime visé à l'article 293 B » sont remplacés par les mots : « d'une franchise mentionnée aux articles 293 B ou 293 B bis ».

II. Au 2° de l'article L 162-8 du code des impositions sur les biens et services, les mots : « à l'article 293 B » sont remplacés par les mots : « aux articles 293 B ou 293 B bis ».

III. Les I et II entrent en vigueur le 1er janvier 2025.

FR 2/24 inf. 47 p. 88

Art. 83 I. Le code général des impôts est ainsi modifié :

(...)

2° L'article 259 A est ainsi modifié :

a. Le a du 5° est complété par les mots : « , à la condition que ces activités ne soient pas diffusées ou mises à disposition virtuellement » ;

b. Au 5° bis, après le mot : « accès », sont insérés les mots : « , autrement que par une présence virtuelle, » ;

(...)

5° Au I de l'article 278-0 B, les mots : « , autres que les œuvres d'art, » sont supprimés ;

6° Le I de l'article 278-0 bis est ainsi rédigé :

« I. – Les livraisons d'œuvres d'art ou d'objets de collection ou d'antiquité au sens du second alinéa du 1° du I de l'article 297 A, sauf lorsque la base d'imposition est déterminée dans les conditions prévues au même article 297 A ; »

7° Au 2° bis de l'article 1460, les mots : « de l'article 278 septies et du I de l'article 278-0 bis » sont remplacés par les mots : « du second alinéa du 1° du I de l'article 297 A » ;

8° Sont abrogés :

(...)

b. L'article 278 septies ;

c. Le 4° du I et le III de l'article 297 A ;

d. L'article 297 B ;

e. Le II de l'article 297 D.

II. Le I, à l'exception du 4° et du a du 8°, entre en vigueur le 1er janvier 2025.

(...)

FR 2/24 inf. 51 p. 102 ; FR 2/24 inf. 52 p. 104

Art. 97 (Extrait)

Le chapitre Ier du titre II du livre IV du code des impositions sur les biens et services est ainsi modifié :

(...)

14° A compter du 1er janvier 2025, le premier alinéa de l'article L 421-79 est ainsi rédigé :

« Pour le véhicule hybride électrique rechargeable de l'extérieur dont l'autonomie équivalente en mode tout électrique en ville, déterminée lors de la réception, est supérieure à 50 kilomètres, la masse en ordre de marche fait l'objet d'un abattement de 200 kilogrammes, dans la limite de 15 % de cette même masse. » ;

19° A compter du 1er janvier 2025, les mêmes articles L 421-120 à L 421-122 sont ainsi rédigés :

« Art. L 421-120. – Le barème WLTP associant un tarif marginal à chaque fraction des émissions de dioxyde de carbone (CO_2), exprimées en grammes par kilomètre, est le suivant :

Barème WLTP

Fraction des émissions de CO_2 *(en g/km)*	Tarif marginal *(en €)*
Jusqu'à 9	0
De 10 à 50	1
De 51 à 58	2
De 59 à 90	3
De 91 à 110	4
De 111 à 130	10
De 131 à 150	50
De 151 à 170	60
A partir de 171	65

« Art. L 421-121. – Le barème NEDC associant un tarif marginal à chaque fraction des émissions de dioxyde de carbone (CO_2), exprimées en grammes par kilomètre, est le suivant :

Barème NEDC

Fraction des émissions de CO_2 *(en g/km)*	Tarif marginal *(en €)*
Jusqu'à 7	0
De 8 à 41	1
De 42 à 48	2
De 49 à 74	3
De 75 à 91	4
De 92 à 107	10
De 108 à 124	50
De 125 à 140	60
A partir de 141	65

« Art. L 421-122. – Le barème en puissance administrative associant un tarif marginal à chaque fraction de la puissance administrative, exprimée en chevaux administratifs, est le suivant :

Barème en puissance administrative

Fraction de la puissance administrative *(en CV)*	Tarif marginal *(en €)*
Jusqu'à 3	1 750
De 4 à 6	2 500

Fraction de la puissance administrative (*en CV*)	Tarif marginal (*en €*)
De 7 à 10	4 250
De 11 à 15	5 000
A partir de 16	6 250

20° A compter du 1er janvier 2026, lesdits articles L 421-120 à L 421-122 sont ainsi rédigés :

« Art. L 421-120. – Le barème WLTP associant un tarif marginal à chaque fraction des émissions de dioxyde de carbone (CO_2), exprimées en grammes par kilomètre, est le suivant :

Barème WLTP

Fraction des émissions de CO_2 (*en g/km*)	Tarif marginal (*en €*)
Jusqu'à 4	0
De 5 à 45	1
De 46 à 53	2
De 54 à 85	3
De 86 à 105	4
De 106 à 125	10
De 126 à 145	50
De 146 à 165	60
A partir de 166	65

« Art. L 421-121. – Le barème NEDC associant un tarif marginal à chaque fraction des émissions de dioxyde de carbone (CO_2), exprimées en grammes par kilomètre, est le suivant :

Barème NEDC

Fraction des émissions de CO_2 (*en g/km*)	Tarif marginal (*en €*)
Jusqu'à 3	0
De 4 à 37	1
De 38 à 44	2
De 45 à 70	3
De 71 à 87	4
De 88 à 103	10
De 104 à 120	50
De 121 à 136	60
A partir de 137	65

« Art. L 421-122. – Le barème en puissance administrative associant un tarif marginal à chaque fraction de la puissance administrative, exprimée en chevaux administratifs, est le suivant :

Barème en puissance administrative

Fraction de la puissance administrative (*en CV*)	Tarif marginal (*en €*)
Jusqu'à 3	2 000
De 4 à 6	3 000
De 7 à 10	4 500
De 11 à 15	5 250
A partir de 16	6 500

21° A compter du 1er janvier 2027, les mêmes articles L 421-120 à L 421-122 sont ainsi rédigés :

« Art. L 421-120. – Le barème WLTP associant un tarif marginal à chaque fraction des émissions de dioxyde de carbone (CO_2), exprimées en grammes par kilomètre, est le suivant :

Barème WLTP

Fraction des émissions de CO_2 (*en g/km*)	Tarif marginal (*en €*)
Jusqu'à 40	1
De 41 à 48	2
De 49 à 80	3
De 81 à 100	4
De 101 à 120	10
De 121 à 140	50
De 141 à 160	60
A partir de 161	65

« Art. 421-121. – Le barème NEDC associant un tarif marginal à chaque fraction des émissions de dioxyde de carbone (CO_2), exprimées en grammes par kilomètre, est le suivant :

Barème NEDC

Fraction des émissions de CO_2 (*en g/km*)	Tarif marginal (*en €*)
Jusqu'à 33	1
De 34 à 40	2
De 41 à 66	3
De 67 à 83	4
De 84 à 99	10

Fraction des émissions de CO_2 *(en g/km)*	Tarif marginal *(en €)*
De 100 à 116	50
De 117 à 132	60
A partir de 133	65

« Art. L 421-122. – Le barème en puissance administrative associant un tarif marginal à chaque fraction de la puissance administrative, exprimée en chevaux administratifs, est le suivant :

Barème en puissance administrative

Fraction de la puissance administrative *(en CV)*	Tarif marginal *(en €)*
Jusqu'à 3	2 250
De 4 à 6	3 250
De 7 à 10	4 750
De 11 à 15	5 500
A partir de 16	6 750

(...)

23° A compter du 1er janvier 2025, l'article L 421-125 est ainsi rédigé :

« Art. L 421-125. – Lorsque la source d'énergie du véhicule comprend le superéthanol E85, sont appliqués les abattements suivants :

1° 40 % des émissions de dioxyde de carbone, sauf lorsque ces émissions excèdent 250 grammes par kilomètre ;

2° 2 chevaux administratifs pour la puissance administrative, sauf lorsque cette dernière excède 12 chevaux administratifs. » ;

FR 2/24 inf. 66 p. 121 s.

Art. 98 (Extrait)

(...)

VI. A compter d'une date fixée par décret, qui ne peut être postérieure de plus de six mois à la date de réception par le Gouvernement de la réponse de la Commission européenne permettant de considérer ces dispositions lui ayant été notifiées comme conformes au droit de l'Union européenne en matière d'aides d'Etat, le second alinéa de l'article L 421-217-1 du code des impositions sur les biens et services, dans sa rédaction résultant du 4° du II du présent article, est supprimé.

Art. 104 (Extrait)

(...)

I. L'article 266 nonies du code des douanes est ainsi modifié :

A. Le 1 est ainsi modifié :

1° Le A-0 est ainsi modifié :

a. Au premier alinéa, les mots : « des tableaux du second alinéa des a et » sont remplacés par les mots : « du tableau du second alinéa du » ;

b. Au deuxième alinéa, les mots : « par chacun des tableaux mentionnés au premier alinéa du présent A-0 » sont remplacés par les mots : « respectivement au a et au b du A du présent 1 et aux deuxième et troisième lignes du tableau du second alinéa du B du même 1 » ;

2° Le A est ainsi modifié :

a. Le a est ainsi rédigé :

« a) Le tarif pour les déchets réceptionnés dans une installation de stockage de déchets non dangereux ou transférés vers une telle installation située dans un autre Etat est de 65 € par tonne.

« Ce tarif est majoré pour la fraction des déchets qui sont réceptionnés à compter de l'atteinte de l'objectif annuel mentionné au b bis du présent A. Cette majoration est déterminée par arrêté conjoint des ministres chargés du budget et de l'environnement entre un minimun de 5 € par tonne et un maximum de 10 € par tonne ; »

b. Le tableau du second alinéa du b est ainsi rédigé :

Désignation des installations de traitement thermique de déchets non dangereux concernées	Unité de perception	Tarif *(en euros)*
C. - Installations autorisées réalisant une valorisation énergétique élevée dont le rendement énergétique est supérieur ou égal à 0,65	tonne	15
H. - Installations autorisées dont le rendement énergétique est supérieur ou égal à 0,70 et réalisant une valorisation énergétique des résidus à haut pouvoir calorifique qui sont issus des opérations de tri performantes	tonne	7,5
I. - Autres installations autorisées	tonne	25

c. Le b bis est ainsi rétabli :

« b bis) Aux fins d'application de la majoration prévue au second alinéa du a du présent A, l'objectif annuel est constaté, en France, pour chaque installation de stockage de déchets non dangereux autorisée dans la région par un arrêté du préfet de région, publié avant le 31 octobre de l'année précédant celle de l'exigibilité de la taxe, dans les conditions suivantes :

« 1° Lorsque le plan régional de prévention et de gestion des déchets prévu à l'article L 541-13 du code de l'environnement ou le schéma régional d'aménagement, de développement durable et d'égalité des territoires prévu à l'article L. 4251-1 du code général des collectivités territoriales fixent, pour chaque installation de stockage de déchets non dangereux autorisée dans la région, un seuil annuel conforme à l'objectif de réduction pour 2025 des mises en décharge prévu au 7° du I de l'article L 541-1 du code de l'environnement, l'objectif annuel est égal à ce seuil ;

« 2° Dans les autres cas, l'objectif annuel est égal au produit des facteurs suivants :

« - la capacité de stockage autorisée pour l'installation, exprimée en tonnes, au titre de l'année d'exigibilité de la taxe ;

« - un coefficient égal au quotient entre, d'une part, la moitié de la masse de déchets effectivement stockée en 2010 sur le territoire de la région et, d'autre part, la masse de stockage autorisée sur le même territoire au titre de l'année d'exigibilité de la taxe.

« Pour les transferts hors de France, cet objectif est celui résultant des règles nationales applicables à l'installation de réception des déchets.

« La majoration prévue au second alinéa du a du présent A ne s'applique pas aux déchets réceptionnés dans les installations situées dans les collectivités régies par l'article 73 de la Constitution ou transférés à destination des installations situées hors de France pour lesquelles les règles nationales ne définissent aucun objectif annuel ; »

d. Au c, les mots : « au tableau du a ou » sont supprimés ;

e. Les d et e sont abrogés ;

f. Le f est ainsi modifié :

le premier alinéa est supprimé ;

au second alinéa, le mot : même » est supprimé et le mot : « précitée » est remplacé par les mots : « relative aux déchets et abrogeant certaines directives » ;

g. Le g est abrogé ;

B. Le 1 bis est ainsi rédigé :

« 1 bis. Les tarifs mentionnés au 1 du présent article ainsi que le minimum et le maximum mentionné au a du A du même 1 sont indexés sur l'inflation dans les conditions prévues au chapitre II du titre III du livre Ier du code des impositions sur les biens et services. Le tarif révisé est arrondi au centième d'euro par unité de perception. La révision ultérieure est réalisée à partir du tarif non arrondi. »

(...)

IV. A la fin du II de l'article 14 de la loi n° 2021-1549 du 1er décembre 2021 de finances rectificative pour 2021, l'année : « 2024 » est remplacée par l'année : « 2025 ».

FR 2/24 inf. 67 n°s 14 s. p. 127

Art. 107 (Extrait)

I. Le code des impositions sur les biens et services est ainsi modifié :

1° L'article L 422-23 est ainsi modifié :

a. A la seconde phrase du premier alinéa, les mots : « entre les limites inférieures et supérieures suivantes » sont remplacés par les mots : « de manière à n'excéder ni ces coûts, ni les limites supérieures déterminées par décret, selon la classe dont relève l'aérodrome ou le groupement d'aérodrome, et à ne pas être inférieur aux limites inférieures suivantes » ;

b. (...)

c. La troisième colonne du tableau du deuxième alinéa est supprimée ;

2° L'article L 422-25 est ainsi modifié :

a. A la première phrase du 2°, les mots : « 40 % et 65 % » sont remplacés par les mots : « 60 % et 85 % » ;

(...)

III. Le I est applicable dans les collectivités mentionnées aux 1° à 4° de l'article L 422-16 du code des impositions sur les biens et services.

IV. A. (...)

B. Les a et c du 1° du I et le II entrent en vigueur le 1er avril 2025.

Art. 111 (Extrait)

I. Le code général des impôts est ainsi modifié :

(...)

3° Les 1° et 3° du VII de l'article 1647 sont abrogés ;

(...)

II. Le code des impositions sur les biens et services est ainsi modifié :

(...)

3° L'article L 422-38 est ainsi rédigé :

« Art. L 422-38. – L'article L 422-12 n'est pas applicable au tarif propre à l'aéroport de Bâle-Mulhouse prévu à l'article L 422-26. » ;

4° L'article L 422-39 est abrogé.

(...)

VIII. (...)

B. Le 3° du I, les 3° et 4° du II et le V entrent en vigueur le 1er janvier 2026 et sont applicables aux impositions dont le fait générateur intervient à compter de cette date.

Art. 112 (Extrait)

I. Le code général des impôts est ainsi modifié :

E. L'article 289 A est ainsi modifié :

1° Les II et III sont abrogés ;

2° Au premier alinéa du A du IV, les mots : « des I à III » sont supprimés ;

(...)

II. Le titre II de la première partie du livre des procédures fiscales est ainsi modifié :

(...)

2° Au 5° du IV de l'article L 10 BA, les mots : « des I ou II » sont remplacés par les mots : « du I » ;

VI. Le 2° du D et les E et F du I ainsi que le 2° du II entrent en vigueur le 1er janvier 2025.

(...)

FR 2/24 inf. 62 p. 117

Art. 115 I. L'Agence de gestion et de recouvrement des avoirs saisis et confisqués mentionnée à l'article 706-159 du code de procédure pénale reverse au budget général de l'Etat 90 % des sommes inférieures à 1 000 € saisies lors de procédures pénales engagées entre 2016 et 2020 et n'ayant pas fait l'objet d'une décision de justice ou pour lesquelles cette décision n'a pas été transmise à l'agence. Ce versement est opéré au plus tard le 31 mars 2024.

Le solde de 10 % est conservé par l'agence jusqu'au 1er janvier 2029 afin de pouvoir exécuter d'éventuelles décisions de restitution rendues par les tribunaux à propos de ces sommes. Une fois ce montant utilisé et en cas de nouvelle demande de restitution ou en cas de décision de restitution postérieure au 1er janvier 2029, l'agence déduit le montant de ces demandes de restitution des sommes confisquées qu'elle doit reverser à l'Etat. Si le montant de ce reversement s'avère insuffisant, l'Etat verse à l'agence les sommes nécessaires à l'exécution de la décision de restitution.

II. A. L'article 706-160 du code de procédure pénale est complété par un alinéa ainsi rédigé :

« Pour les besoins de l'accomplissement de sa mission de recouvrement des avoirs saisis et confisqués, l'agence dispose d'un droit d'accès direct aux informations contenues dans les fichiers tenus en application des articles 1649 A et 1649 ter du code général des impôts, aux données relatives aux mutations à titre onéreux ou à titre gratuit et aux actes relatifs aux sociétés ainsi qu'aux informations mentionnées à l'article L 107 B du livre des procédures fiscales. »

B. Le II de l'article 92 de la loi n° 2019-1479 du 28 décembre 2019 précitée est abrogé.

Art. 129 I. A titre expérimental et pour une durée de trois ans, les professionnels qui assurent, par voie électronique, un service de réservation, de location ou de mise en relation en vue de la location d'hébergements mentionnés aux I et II de l'article L 2333-34 du code général des collectivités territoriales et qui collectent la taxe de séjour ainsi que les taxes additionnelles qui s'y ajoutent en application des mêmes I et II peuvent, par dérogation au III du même article L 2333-34 et pour une durée d'un an renouvelable, déposer auprès de l'administration fiscale une déclaration unique relative aux versements effectués à l'ensemble des collectivités territoriales ou des établissements publics de coopération intercommunale en application des I et II dudit article L 2333-34.

La déclaration unique est déposée au plus tard le dernier jour de chaque période de versement.

La déclaration prévue au premier alinéa du présent I comporte, pour chaque perception de taxe de séjour, les informations suivantes :

1° Le numéro du système d'identification du répertoire des entreprises de la commune de l'hébergement ;

2° Le numéro du système d'identification du répertoire des entreprises de la collectivité territoriale ou de l'établissement public de coopération intercommunale ayant institué la taxe de séjour ;

3° La date à laquelle débute le séjour ;

4° La date à laquelle se termine le séjour ;

5° La date de la perception ;

6° L'adresse de l'hébergement ;

7° Le nombre de personnes ayant séjourné ;

8° Le nombre de nuitées constatées ;

9° Le prix de chaque nuitée réalisée, lorsque l'hébergement n'est pas classé ;

10° Le montant de la taxe perçue ;

11° La nature et la catégorie de l'hébergement ;

12° Le cas échéant, le numéro d'enregistrement de l'hébergement prévu à l'article L 324-1-1 du code du tourisme ;

13° Le cas échéant, les motifs d'exonération de la taxe.

La déclaration prévue au premier alinéa du présent I peut comporter, pour chaque perception de la taxe de séjour, le numéro d'identification du séjour utilisé par le système d'information du professionnel mentionné au même premier alinéa ainsi que le nom du loueur.

La déclaration prévue audit premier alinéa est déposée au moyen d'un service numérique centralisé de télédéclaration.

Chaque collectivité territoriale ou établissement public de coopération intercommunale ayant institué la taxe de séjour se voit notifier par l'administration fiscale le dépôt d'informations relatives aux versements le concernant et a accès à ces informations.

Les sanctions prévues au I de l'article L 2333-34-1 du code général des collectivités territoriales pour omissions ou inexactitudes constatées dans la déclaration prévue au III de l'article L 2333-34 du même code s'appliquent dans les mêmes conditions pour la déclaration prévue au premier alinéa du présent I.

Les modalités d'application du présent I sont fixées par décret.

II. Le I ne s'applique pas à Mayotte.

III. Le I entre en vigueur le lendemain de la publication du décret prévu au dernier alinéa du même I, et au plus tard le 1er juin 2024.

IV. L'expérimentation prévue au I fait l'objet d'une évaluation dont les résultats sont transmis au Parlement au plus tard six mois avant son terme.

Art. 143 I. Le 01° du 2 du C du I de la section II du chapitre Ier du titre Ier de la deuxième partie du livre Ier du code général des impôts est ainsi rédigé :

« 01° : Economies d'énergie

« Art. 1383-0 B. – I. – A. – Les communes et les établissements publics de coopération intercommunale à fiscalité propre peuvent, par une délibération prise dans les conditions prévues au I de l'article 1639 A bis, exonérer de la taxe foncière sur les propriétés bâties, à concurrence d'un taux compris entre 50 % et 100 % et pour la part qui leur revient, les logements qui ont fait l'objet, par le propriétaire, de dépenses de prestations de rénovation énergétique et d'équipements associés mentionnées au 3° du I de l'article 278-0 bis A, autres que les prestations d'entretien, lorsque l'ensemble des conditions suivantes sont remplies :

« 1° Les logements sont achevés depuis plus de dix ans au 1er janvier de la première année au titre de laquelle l'exonération est applicable ;

« 2° Le montant total des dépenses payées au cours de l'année qui précède la première année d'application de l'exonération est supérieur à 10 000 € par logement ou le montant total des dépenses payées au cours des trois années qui précèdent la première année d'application de l'exonération est supérieur à 15 000 € par logement.

« B. – L'exonération s'applique pour une durée de trois ans à compter de l'année qui suit celle du paiement du montant total des dépenses prévu au 2° du A du présent I. Elle ne peut pas être renouvelée au cours des dix années suivant celle de l'expiration d'une période d'exonération.

« II. – Pour bénéficier de l'exonération prévue au I du présent article, le propriétaire adresse au service des impôts du lieu de situation du bien, avant le 1er janvier de la première année au titre de laquelle l'exonération est applicable, une déclaration comportant tous les éléments d'identification des biens, dont la date d'achèvement des logements. Cette déclaration doit être accompagnée de tous les éléments justifiant de la nature des dépenses et de leur montant.

« III. – Lorsque les conditions requises pour bénéficier de l'exonération prévue à l'article 1383 E et de celle prévue au I du présent article sont remplies, l'exonération prévue à l'article 1383 E est applicable. Toutefois, le bénéfice du I du présent article est accordé à l'expiration de la période d'application de l'exonération prévue à l'article 1383 E pour la période restant à courir.

II. A. L'article 1383-0 B du code général des impôts, dans sa rédaction résultant du I du présent article, entre en vigueur le 1er janvier 2025.

B. Par dérogation au I de l'article 1639 A bis du code général des impôts, pour les impositions établies au titre de 2025, les communes et les établissements publics de coopération intercommunale à fiscalité propre peuvent délibérer jusqu'au 28 février 2025 pour instituer l'exonération prévue à l'article 1383-0 B du même code, dans sa rédaction résultant du I du présent article.

C. Les délibérations prise en application de l'article 1383-0 B du code général des impôts dans sa rédaction antérieure à la présente loi cessent de produire leurs effets à compter du 1er janvier 2025. Toutefois, les logements bénéficiant de l'exonération de taxe foncière sur les propriétés bâties prévue à l'article 1383-0 B du code général des impôts, dans sa rédaction antérieure à la présente loi, demeurent exonérés pour la durée restant à courir à compter de cette même date. Sous réserve que la commune ou l'établissement public de coopération intercommunale ait institué l'exonération au titre des années 2024 et 2025, les logements qui remplissent au 1er janvier 2025 les conditions pour l'application de la première année de l'exonération prévue à l'article 1383-0 B du code général des impôts, dans sa rédaction antérieure à la présente loi, sont exonérés de taxe foncière sur les propriétés bâties au titre des impositions des années 2025 à 2027.

D. Sont prises en compte, pour l'application de l'exonération prévue à l'article 1383-0 B du code général des impôts, dans sa rédaction résultant du I du présent article, sous réserve que ses conditions soient respectées, les dépenses d'équipement mentionnées à l'article 1383-0 B du code général des impôts, dans sa rédaction antérieure à la présente loi, payées jusqu'au 31 décembre 2024 ou pour lesquelles le contribuable justifie de l'acceptation d'un devis et du versement d'un acompte en 2024 et de leur paiement en 2025.

E. Par dérogation au II de l'article 1383-0 B du code général des impôts, dans sa rédaction résultant du I du présent article, la déclaration mentionnée au II de l'article 1383-0 B du code général des impôts est déposée au plus tard le 31 mars 2025 pour les impositions établies au titre de 2025.

Décret 2023-1324 du 28 décembre 2023 relatif au paiement fractionné ou différé des droits d'enregistrement ou de la taxe de publicité foncière

Art. 1 (Extrait)

L'annexe III au code général des impôts est ainsi modifiée :

(...)

3° L'article 399 est ainsi modifié :

a. Le premier alinéa est complété par les mots : « , soit formulée au moyen d'un téléservice mis à disposition par l'administration depuis une plateforme dédiée » ;

Art. 2 (Extrait)

Les dispositions de l'article 1er s'appliquent à compter du 1er février 2024, à l'exception :

(...)

2° Des dispositions du a du 3° qui s'appliquent à compter d'une date fixée par arrêté du ministre chargé du budget et au plus tard le 1er janvier 2027.

SOURCES EUROPEENNES

TRAITE SUR LE FONCTIONNEMENT DE L'UNION EUROPEENNE

Nous reproduisons ci-après certains des articles du Traité sur le fonctionnement de l'Union européenne (TFUE) qui sont susceptibles d'être invoqués en matière fiscale (version consolidée 2016 : JOUE 2016/ C 202/01 du 7 juin 2016).

Chaque article du traité FUE est suivi de son ancienne numérotation dans le traité instituant la Communauté européenne (CE) et de sa numérotation initiale (CEE).

Art. 18 ***(ex-art. 12 CE, ex-art. 6 CEE)*** Dans le domaine d'application des traités, et sans préjudice des dispositions particulières qu'ils prévoient, est interdite toute discrimination exercée en raison de la nationalité.

Le Parlement européen et le Conseil, statuant conformément à la procédure législative ordinaire, peuvent prendre toute réglementation en vue de l'interdiction de ces discriminations.

Art. 21 ***(ex-art. 18 CE, ex-art. 8A CEE)*** 1. Tout citoyen de l'Union a le droit de circuler et de séjourner librement sur le territoire des Etats membres, sous réserve des limitations et conditions prévues par les traités et par les dispositions prises pour leur application.

2. Si une action de l'Union apparaît nécessaire pour atteindre cet objectif, et sauf si les traités ont prévu des pouvoirs d'action à cet effet, le Parlement européen et le Conseil, statuant conformément à la procédure législative ordinaire, peuvent arrêter des dispositions visant à faciliter l'exercice des droits visés au paragraphe 1.

3. Aux mêmes fins que celles visées au paragraphe 1, et sauf si les traités ont prévu des pouvoirs d'action à cet effet, le Conseil, statuant conformément à une procédure législative spéciale, peut arrêter des mesures concernant la sécurité sociale ou la protection sociale. Le Conseil statue à l'unanimité, après consultation du Parlement européen.

Art. 28 ***(ex-art. 23 CE, ex-art. 6 CEE)*** 1. L'Union comprend une union douanière qui s'étend à l'ensemble des échanges de marchandises et qui comporte l'interdiction, entre les Etats membres, des droits de douane à l'importation et à l'exportation et de toutes taxes d'effet équivalent, ainsi que l'adoption d'un tarif douanier commun dans leurs relations avec les pays tiers.

2. Les dispositions de l'article 30 et du chapitre 3 du présent titre s'appliquent aux produits qui sont originaires des Etats membres, ainsi qu'aux produits en provenance de pays tiers qui se trouvent en libre pratique dans les Etats membres.

Art. 30 ***(ex-art. 25 CE, ex-art. 12 CEE)*** Les droits de douane à l'importation et à l'exportation ou taxes d'effet équivalent sont interdits entre les Etats membres. Cette interdiction s'applique également aux droits de douane à caractère fiscal.

Art. 34 ***(ex-art. 28 CE, ex-art. 30 CEE)*** Les restrictions quantitatives à l'importation ainsi que toutes mesures d'effet équivalent, sont interdites entre les Etats membres.

Art. 45 ***(ex-art. 39 CE, ex-art. 48 CEE)*** 1. La libre circulation des travailleurs est assurée à l'intérieur de l'Union.

2. Elle implique l'abolition de toute discrimination, fondée sur la nationalité, entre les travailleurs des Etats membres, en ce qui concerne l'emploi, la rémunération et les autres conditions de travail.

3. Elle comporte le droit, sous réserve des limitations justifiées par des raisons d'ordre public, de sécurité publique et de santé publique :

a. de répondre à des emplois effectivement offerts,

b. de se déplacer à cet effet librement sur le territoire des Etats membres,

c. de séjourner dans un des Etats membres afin d'y exercer un emploi conformément aux dispositions législatives, réglementaires et administratives régissant l'emploi des travailleurs nationaux,

d. de demeurer, dans des conditions qui feront l'objet de règlements établis par la Commission, sur le territoire d'un Etat membre, après y avoir occupé un emploi.

4. Les dispositions du présent article ne sont pas applicables aux emplois dans l'administration publique.

Art. 49 ***(ex-art. 43 CE, ex-art. 52 CEE)*** Dans le cadre des dispositions ci-après, les restrictions à la liberté d'établissement des ressortissants d'un Etat membre dans le territoire d'un autre Etat membre sont interdites. Cette interdiction s'étend également aux restrictions à la création d'agences, de succursales ou de filiales, par les ressortissants d'un Etat membre établis sur le territoire d'un Etat membre.

La liberté d'établissement comporte l'accès aux activités non salariées et leur exercice, ainsi que la constitution et la gestion d'entreprises, et notamment de sociétés au sens de l'article 54, deuxième alinéa, dans les conditions définies par la législation du pays d'établissement pour ses propres ressortissants, sous réserve des dispositions du chapitre relatif aux capitaux.

Art. 54 *(ex-art. 48 CE, ex-art. 58 CEE)* Les sociétés constituées en conformité de la législation d'un Etat membre et ayant leur siège statutaire, leur administration centrale ou leur principal établissement à l'intérieur de l'Union sont assimilées, pour l'application des dispositions du présent chapitre, aux personnes physiques ressortissantes des Etats membres.

Par sociétés, on entend les sociétés de droit civil ou commercial, y compris les sociétés coopératives, et les autres personnes morales relevant du droit public ou privé, à l'exception des sociétés qui ne poursuivent pas de but lucratif.

Art. 56 *(ex-art. 49 CE, ex-art. 59 CEE)* Dans le cadre des dispositions ci-après, les restrictions à la libre prestation des services à l'intérieur de l'Union sont interdites à l'égard des ressortissants des Etats membres établis dans un Etat membre autre que celui du destinataire de la prestation.

Le Parlement européen et le Conseil, statuant conformément à la procédure législative ordinaire, peuvent étendre le bénéfice des dispositions du présent chapitre aux prestataires de services ressortissants d'un Etat tiers et établis à l'intérieur de l'Union.

Art. 57 *(ex-art. 50 CE, ex-art. 60 CEE)* Au sens des traités, sont considérées comme services les prestations fournies normalement contre rémunération, dans la mesure où elles ne sont pas régies par les dispositions relatives à la libre circulation des marchandises, des capitaux et des personnes.

Les services comprennent notamment :

a. des activités de caractère industriel,
b. des activités de caractère commercial,
c. des activités artisanales,
d. les activités des professions libérales.

Sans préjudice des dispositions du chapitre relatif au droit d'établissement, le prestataire peut, pour l'exécution de sa prestation, exercer, à titre temporaire, son activité dans l'Etat membre où la prestation est fournie, dans les mêmes conditions que celles que cet Etat impose à ses propres ressortissants.

Art. 63 *(ex-art. 56 CE, ex-art. 73B CEE)* 1. Dans le cadre des dispositions du présent chapitre, toutes les restrictions aux mouvements de capitaux entre les Etats membres et entre les Etats membres et les pays tiers sont interdites.

2. Dans le cadre des dispositions du présent chapitre, toutes les restrictions aux paiements entre les Etats membres et entre les Etats membres et les pays tiers sont interdites.

Art. 64 *(ex-art. 57 CE, ex-art. 73C CEE)* 1. L'article 63 ne porte pas atteinte à l'application, aux pays tiers, des restrictions existant le 31 décembre 1993 en vertu du droit national ou du droit de l'Union en ce qui concerne les mouvements de capitaux à destination ou en provenance de pays tiers lorsqu'ils impliquent des investissements directs, y compris les investissements immobiliers, l'établissement, la prestation de services financiers ou l'admission de titres sur les marchés des capitaux. En ce qui concerne les restrictions existant en vertu des lois nationales en Bulgarie, en Estonie et en Hongrie, la date en question est le 31 décembre 1999. En ce qui concerne les restrictions existant en vertu du droit national en Croatie, la date en question est le 31 décembre 2002.

2. Tout en s'efforçant de réaliser l'objectif de libre circulation des capitaux entre Etats membres et pays tiers, dans la plus large mesure possible et sans préjudice des autres chapitres des traités, le Parlement européen et le Conseil, statuant conformément à la procédure législative ordinaire, adoptent les mesures relatives aux mouvements de capitaux à destination ou en provenance de pays tiers, lorsqu'ils impliquent des investissements directs, y compris les investissements immobiliers, l'établissement, la prestation de services financiers ou l'admission de titres sur les marchés des capitaux.

3. Par dérogation au paragraphe 2, seul le Conseil, statuant conformément à une procédure législative spéciale, à l'unanimité et après consultation du Parlement européen, peut adopter des mesures qui constituent un recul dans le droit de l'Union en ce qui concerne la libéralisation des mouvements de capitaux à destination ou en provenance de pays tiers.

Art. 65 *(ex-art. 58 CE, ex-art. 73D CEE)* 1. L'article 63 ne porte pas atteinte au droit qu'ont les Etats membres :

a. d'appliquer les dispositions pertinentes de leur législation fiscale qui établissent une distinction entre les contribuables qui ne se trouvent pas dans la même situation en ce qui concerne leur résidence ou le lieu où leurs capitaux sont investis ;

b. de prendre toutes les mesures indispensables pour faire échec aux infractions à leurs lois et règlements, notamment en matière fiscale ou en matière de contrôle prudentiel des établissements financiers, de prévoir des procédures de déclaration des mouvements de capitaux à des fins d'information administrative ou statistique ou de prendre des mesures justifiées par des motifs liés à l'ordre public ou à la sécurité publique.

2. Le présent chapitre ne préjuge pas la possibilité d'appliquer des restrictions en matière de droit d'établissement qui sont compatibles avec les traités.

3. Les mesures et procédures visées aux paragraphes 1 et 2 ne doivent constituer ni un moyen de discrimination arbitraire ni une restriction déguisée à la libre circulation des capitaux et des paiements telle que définie à l'article 63.

4. En l'absence de mesures en application de l'article 64, paragraphe 3, la Commission, ou, en l'absence d'une décision de la Commission dans un délai de trois mois à compter de la demande de l'Etat membre concerné, le Conseil peut adopter une décision disposant que les mesures fiscales restrictives prises par un Etat membre à l'égard d'un ou de plusieurs pays tiers sont réputées

conformes aux traités, pour autant qu'elles soient justifiées au regard de l'un des objectifs de l'Union et compatibles avec le bon fonctionnement du marché intérieur. Le Conseil statue à l'unanimité, sur demande d'un Etat membre.

Art. 106 *(ex-art. 86 CE, ex-art. 90 CEE)* 1. Les Etats membres, en ce qui concerne les entreprises publiques et les entreprises auxquelles ils accordent des droits spéciaux ou exclusifs, n'édictent ni ne maintiennent aucune mesure contraire aux règles des traités, notamment à celles prévues aux articles 18 et 101 à 109 inclus.

2. Les entreprises chargées de la gestion de services d'intérêt économique général ou présentant le caractère d'un monopole fiscal sont soumises aux règles des traités, notamment aux règles de concurrence, dans les limites où l'application de ces règles ne fait pas échec à l'accomplissement en droit ou en fait de la mission particulière qui leur a été impartie. Le développement des échanges ne doit pas être affecté dans une mesure contraire à l'intérêt de l'Union.

3. La Commission veille à l'application des dispositions du présent article et adresse, en tant que de besoin, les directives ou décisions appropriées aux Etats membres.

Art. 107 *(ex-art. 87 CE, ex-art. 92 CEE)* 1. Sauf dérogations prévues par les traités, sont incompatibles avec le marché intérieur, dans la mesure où elles affectent les échanges entre Etats membres, les aides accordées par les Etats ou au moyen de ressources d'Etat sous quelque forme que ce soit qui faussent ou qui menacent de fausser la concurrence en favorisant certaines entreprises ou certaines productions.

2. Sont compatibles avec le marché intérieur :

a. les aides à caractère social octroyées aux consommateurs individuels, à condition qu'elles soient accordées sans discrimination liée à l'origine des produits,

b. les aides destinées à remédier aux dommages causés par les calamités naturelles ou par d'autres événements extraordinaires,

c. les aides octroyées à l'économie de certaines régions de la république fédérale d'Allemagne affectées par la division de l'Allemagne, dans la mesure où elles sont nécessaires pour compenser les désavantages économiques causés par cette division. Cinq ans après l'entrée en vigueur du traité de Lisbonne, le Conseil, sur proposition de la Commission, peut adopter une décision abrogeant le présent point.

3. Peuvent être considérées comme compatibles avec le marché intérieur :

a. les aides destinées à favoriser le développement économique de régions dans lesquelles le niveau de vie est anormalement bas ou dans lesquelles sévit un grave sous-emploi, ainsi que celui des régions visées à l'article 349, compte tenu de leur situation structurelle, économique et sociale,

b. les aides destinées à promouvoir la réalisation d'un projet important d'intérêt européen commun ou à remédier à une perturbation grave de l'économie d'un Etat membre,

c. les aides destinées à faciliter le développement de certaines activités ou de certaines régions économiques, quand elles n'altèrent pas les conditions des échanges dans une mesure contraire à l'intérêt commun,

d. les aides destinées à promouvoir la culture et la conservation du patrimoine, quand elles n'altèrent pas les conditions des échanges et de la concurrence dans l'Union dans une mesure contraire à l'intérêt commun,

e. les autres catégories d'aides déterminées par décision du Conseil sur proposition de la Commission.

Art. 108 *(ex-art. 88 CE, ex-art. 93 CEE)* 1. La Commission procède avec les Etats membres à l'examen permanent des régimes d'aides existant dans ces Etats. Elle propose à ceux-ci les mesures utiles exigées par le développement progressif ou le fonctionnement du marché intérieur.

2. Si, après avoir mis les intéressés en demeure de présenter leurs observations, la Commission constate qu'une aide accordée par un Etat ou au moyen de ressources d'Etat n'est pas compatible avec le marché intérieur aux termes de l'article 107, ou que cette aide est appliquée de façon abusive, elle décide que l'Etat intéressé doit la supprimer ou la modifier dans le délai qu'elle détermine.

Si l'Etat en cause ne se conforme pas à cette décision dans le délai imparti, la Commission ou tout autre Etat intéressé peut saisir directement la Cour de justice de l'Union européenne, par dérogation aux articles 258 et 259.

Sur demande d'un Etat membre, le Conseil, statuant à l'unanimité, peut décider qu'une aide, instituée ou à instituer par cet Etat, doit être considérée comme compatible avec le marché intérieur, en dérogation des dispositions de l'article 107 ou des règlements prévus à l'article 109, si des circonstances exceptionnelles justifient une telle décision. Si, à l'égard de cette aide, la Commission a ouvert la procédure prévue au présent paragraphe, premier alinéa, la demande de l'Etat intéressé adressée au Conseil aura pour effet de suspendre ladite procédure jusqu'à la prise de position du Conseil.

Toutefois, si le Conseil n'a pas pris position dans un délai de trois mois à compter de la demande, la Commission statue.

3. La Commission est informée, en temps utile pour présenter ses observations, des projets tendant à instituer ou à modifier des aides. Si elle estime qu'un projet n'est pas compatible avec le marché intérieur, aux termes de l'article 107, elle ouvre sans délai la procédure prévue au paragraphe précédent. L'Etat membre intéressé ne peut mettre à exécution les mesures projetées, avant que cette procédure ait abouti à une décision finale.

4. La Commission peut adopter des règlements concernant les catégories d'aides d'Etat que le Conseil a déterminées, conformément à l'article 109,

comme pouvant être dispensées de la procédure prévue au paragraphe 3 du présent article.

Art. 110 ***(ex-art. 90 CE, ex-art. 95 CEE)*** Aucun Etat membre ne frappe directement ou indirectement les produits des autres Etats membres d'impositions intérieures, de quelque nature qu'elles soient, supérieures à celles qui frappent directement ou indirectement les produits nationaux similaires.

En outre, aucun Etat membre ne frappe les produits des autres Etats membres d'impositions intérieures de nature à protéger indirectement d'autres productions.

Art. 263 ***(ex-art. 230 CE, ex-art. 173 CEE)*** La Cour de justice de l'Union européenne contrôle la légalité des actes législatifs, des actes du Conseil, de la Commission et de la Banque centrale européenne, autres que les recommandations et les avis, et des actes du Parlement européen et du Conseil européen destinés à produire des effets juridiques à l'égard des tiers. Elle contrôle aussi la légalité des actes des organes ou organismes de l'Union destinés à produire des effets juridiques à l'égard des tiers.

A cet effet, la Cour est compétente pour se prononcer sur les recours pour incompétence, violation des formes substantielles, violation des traités ou de toute règle de droit relative à leur application, ou détournement de pouvoir, formés par un Etat membre, le Parlement européen, le Conseil ou la Commission.

La Cour est compétente, dans les mêmes conditions, pour se prononcer sur les recours formés par la Cour des comptes, par la Banque centrale européenne et par le Comité des régions qui tendent à la sauvegarde des prérogatives de ceux-ci.

Toute personne physique ou morale peut former, dans les conditions prévues aux premier et deuxième alinéas, un recours contre les actes dont elle est le destinataire ou qui la concernent directement et individuellement, ainsi que contre les actes réglementaires qui la concernent directement et qui ne comportent pas de mesures d'exécution.

Les actes créant les organes et organismes de l'Union peuvent prévoir des conditions et modalités particulières concernant les recours formés par des personnes physiques ou morales contre des actes de ces organes ou organismes destinés à produire des effets juridiques à leur égard.

Les recours prévus au présent article doivent être formés dans un délai de deux mois à compter, suivant le cas, de la publication de l'acte, de sa notification au requérant ou, à défaut, du jour où celui-ci en a eu connaissance.

Art. 267 ***(ex-art. 234 CE, ex-art. 177 CEE)*** La Cour de justice de l'Union européenne est compétente pour statuer, à titre préjudiciel :

a. sur l'interprétation des traités,

b. sur la validité et l'interprétation des actes pris par les institutions, organes ou organismes de l'Union.

Lorsqu'une telle question est soulevée devant une juridiction d'un des Etats membres, cette juridiction peut, si elle estime qu'une décision sur ce point est nécessaire pour rendre son jugement, demander à la Cour de statuer sur cette question.

Lorsqu'une telle question est soulevée dans une affaire pendante devant une juridiction nationale dont les décisions ne sont pas susceptibles d'un recours juridictionnel de droit interne, cette juridiction est tenue de saisir la Cour.

Si une telle question est soulevée dans une affaire pendante devant une juridiction nationale concernant une personne détenue, la Cour statue dans les plus brefs délais.

Art. 288 ***(ex-art. 249 CE, ex-art. 189 CEE)*** Pour exercer les compétences de l'Union, les institutions adoptent des règlements, des directives, des décisions, des recommandations et des avis.

Le règlement a une portée générale. Il est obligatoire dans tous ses éléments et il est directement applicable dans tout Etat membre.

La directive lie tout Etat membre destinataire quant au résultat à atteindre, tout en laissant aux instances nationales la compétence quant à la forme et aux moyens.

La décision est obligatoire dans tous ses éléments. Lorsqu'elle désigne des destinataires, elle n'est obligatoire que pour ceux-ci.

Les recommandations et les avis ne lient pas.

Art. 349 ***(ex-art. 299 CE § 2, al. 2 à 4)*** Compte tenu de la situation économique et sociale structurelle de la Guadeloupe, de la Guyane française, de la Martinique, de Mayotte, de la Réunion, de Saint-Martin, des Açores, de Madère et des îles Canaries, qui est aggravée par leur éloignement, l'insularité, leur faible superficie, le relief et le climat difficiles, leur dépendance économique vis-à-vis d'un petit nombre de produits, facteurs dont la permanence et la combinaison nuisent gravement à leur développement, le Conseil, sur proposition de la Commission et après consultation du Parlement européen, arrête des mesures spécifiques visant, en particulier, à fixer les conditions de l'application des traités à ces régions, y compris les politiques communes. Lorsque les mesures spécifiques en question sont adoptées par le Conseil conformément à une procédure législative spéciale, il statue également sur proposition de la Commission et après consultation du Parlement européen.

Les mesures visées au premier alinéa portent notamment sur les politiques douanières et commerciales, la politique fiscale, les zones franches, les politiques dans les domaines de l'agriculture et de la pêche, les conditions d'approvisionnement en matières premières et en biens de consommation de première nécessité, les aides d'Etat, et les conditions d'accès aux fonds structurels et aux programmes horizontaux de l'Union.

Le Conseil arrête les mesures visées au premier alinéa en tenant compte des caractéristiques et contraintes particulières des régions ultrapériphériques sans nuire à l'intégrité et à la cohérence de l'ordre juridique de l'Union, y compris le marché intérieur et les politiques communes.

Art. 355 *(ex-art. 299 CE § 2, al. 1 et § 3 à 6)* Outre les dispositions de l'article 52 du traité sur l'Union européenne relatives au champ d'application territoriale des traités, les dispositions suivantes s'appliquent :

1. Les dispositions des traités sont applicables à la Guadeloupe, à la Guyane française, à la Martinique, à Mayotte, à la Réunion, à Saint-Martin, aux Açores, à Madère et aux îles Canaries, conformément à l'article 349.

2. Les pays et territoires d'outre-mer dont la liste figure à l'annexe II font l'objet du régime spécial d'association défini dans la quatrième partie.

Les traités ne s'appliquent pas aux pays et territoires d'outre-mer entretenant des relations particulières avec le Royaume-Uni de Grande-Bretagne et d'Irlande du Nord qui ne sont pas mentionnés dans la liste précitée.

3. Les dispositions des traités s'appliquent aux territoires européens dont un Etat membre assume les relations extérieures.

4. Les dispositions des traités s'appliquent aux îles Åland conformément aux dispositions figurant au protocole n° 2 de l'acte relatif aux conditions d'adhésion de la République d'Autriche, de la République de Finlande et du Royaume de Suède.

5. Par dérogation à l'article 52 du traité sur l'Union européenne et aux paragraphes 1 à 4 du présent article :

a. les traités ne s'appliquent pas aux îles Féroé ;

b. les traités ne s'appliquent à Akrotiri et Dhekelia, zones de souveraineté du Royaume-Uni de Grande-Bretagne et d'Irlande du Nord à Chypre, que dans la mesure nécessaire pour assurer l'application du régime prévu dans le protocole sur les zones de souveraineté du Royaume-Uni de Grande-Bretagne et d'Irlande du Nord à Chypre annexé à l'Acte relatif aux conditions d'adhésion à l'Union européenne de la République tchèque, de la République d'Estonie, de la République de Chypre, de la République de Lettonie, de la République de Lituanie, de la République de Hongrie, de la République de Malte, de la République de Pologne, de la République de Slovénie et de la République slovaque, et conformément aux dispositions dudit protocole ;

c. les dispositions des traités ne sont applicables aux îles Anglo-Normandes et à l'île de Man que dans la mesure nécessaire pour assurer l'application du régime prévu pour ces îles par le traité relatif à l'adhésion de nouveaux Etats membres à la Communauté économique européenne et à la Communauté européenne de l'énergie atomique, signé le 22 janvier 1972.

6. Le Conseil européen, sur initiative de l'Etat membre concerné, peut adopter une décision modifiant le statut à l'égard de l'Union d'un pays ou territoire danois, français ou néerlandais visé aux paragraphes 1 et 2. Le Conseil européen statue à l'unanimité, après consultation de la Commission.

Ndlr ***1.*** *L'article 52 du traité sur l'Union européenne (qui remplace, en substance, l'article 299 CE § 1) est libellé comme suit :*

a) *Les traités s'appliquent au Royaume de la Belgique, à la République de Bulgarie, à la République tchèque, au Royaume du Danemark, à la République fédérale d'Allemagne, à la République d'Estonie, à l'Irlande, à la République hellénique, au Royaume d'Espagne, à la République française, à la République de Croatie, à la République italienne, à la République de Chypre, à la République de Lettonie, à la République de Lituanie, au Grand-Duché de Luxembourg, à la République de Hongrie, à la République de Malte, au Royaume des Pays-Bas, à la République d'Autriche, à la République de Pologne, à la République portugaise, à la Roumanie, à la République de Slovénie, à la République Slovaque, à la République de Finlande, au Royaume de Suède et au Royaume-Uni de Grande-Bretagne et d'Irlande du Nord ;*

b) *Le champ d'application territoriale des traités est précisé à l'article 355 du traité sur le fonctionnement de l'Union européenne.*

2. *Texte susceptible d'être modifié en conséquence de la sortie de l'UE du Royaume de Grande-Bretagne et d'Irlande du Nord (« Brexit »), dont les modalités ont été fixées par l'accord publié au JOUE du 31 janvier 2020 (L 29 p. 7).*

CONVENTION EUROPEENNE DES DROITS DE L'HOMME DU 4 NOVEMBRE 1950

Nous reproduisons ci-après certains des articles de la Convention européenne des droits de l'Homme signée le 4 novembre 1950 (ainsi que certains articles des Protocoles additionnels n°s 1 et 7).

Art. 1er Obligation de respecter les droits de l'Homme

Les Hautes Parties contractantes reconnaissent à toute personne relevant de leur juridiction les droits et libertés définis au Titre I de la présente Convention.

TITRE I

Art. 6 Droit à un procès équitable

1. Toute personne a droit à ce que sa cause soit entendue équitablement, publiquement et dans un délai raisonnable, par un tribunal indépendant et

impartial, établi par la loi, qui décidera, soit des contestations sur ses droits et obligations de caractère civil, soit du bien-fondé de toute accusation en matière pénale dirigée contre elle. Le jugement doit être rendu publiquement, mais l'accès de la salle d'audience peut être interdit à la presse et au public pendant la totalité ou une partie du procès dans l'intérêt de la moralité, de l'ordre public ou de la sécurité nationale dans une société démocratique, lorsque les intérêts des mineurs ou la protection de la vie privée des parties au procès l'exigent, ou dans la mesure jugée strictement nécessaire par le tribunal, lorsque dans des circonstances spéciales la publicité serait de nature à porter atteinte aux intérêts de la justice.

2. Toute personne accusée d'une infraction est présumée innocente jusqu'à ce que sa culpabilité ait été légalement établie.

3. Tout accusé a droit notamment à :

a. être informé, dans le plus court délai, dans une langue qu'il comprend et d'une manière détaillée, de la nature et de la cause de l'accusation portée contre lui ;

b. disposer du temps et des facilités nécessaires à la préparation de sa défense ;

c. se défendre lui-même ou avoir l'assistance d'un défenseur de son choix et, s'il n'a pas les moyens de rémunérer un défenseur, pouvoir être assisté gratuitement par un avocat d'office, lorsque les intérêts de la justice l'exigent ;

d. interroger ou faire interroger les témoins à charge et obtenir la convocation et l'interrogation des témoins à décharge dans les mêmes conditions que les témoins à charge ;

e. se faire assister gratuitement d'un interprète, s'il ne comprend pas ou ne parle pas la langue employée à l'audience.

Art. 7 Pas de peine sans loi

1. Nul ne peut être condamné pour une action ou une omission qui, au moment où elle a été commise, ne constituait pas une infraction d'après le droit national ou international. De même il n'est infligé aucune peine plus forte que celle qui était applicable au moment où l'infraction a été commise.

2. Le présent article ne portera pas atteinte au jugement et à la punition d'une personne coupable d'une action ou d'une omission qui, au moment où elle a été commise, était criminelle d'après les principes généraux de droits reconnus par les nations civilisées.

Art. 8 Droit au respect de la vie privée et familiale

1. Toute personne a droit au respect de sa vie privée et familiale, de son domicile et de sa correspondance.

2. Il ne peut y avoir ingérence d'une autorité publique dans l'exercice de ce droit que pour autant que cette ingérence est prévue par la loi et qu'elle constitue une mesure qui, dans une société démocratique, est nécessaire à la sécurité nationale, à la sûreté publique, au bien-être économique du pays, à la défense de l'ordre et à la prévention des infractions pénales, à la protection de la santé ou de la morale, ou à la protection des droits et libertés d'autrui.

Art. 9 Liberté de pensée, de conscience et de religion

1. Toute personne a droit à la liberté de pensée, de conscience et de religion : ce droit implique la liberté de changer de religion ou de conviction, ainsi que la liberté de manifester sa religion ou sa conviction individuellement ou collectivement, en public ou en privé, par le culte, l'enseignement, les pratiques et l'accomplissement des rites.

2. La liberté de manifester sa religion ou ses convictions ne peut faire l'objet d'autres restrictions que celles qui, prévues par la loi, constituent des mesures nécessaires, dans une société démocratique, à la sécurité publique, à la protection de l'ordre, de la santé ou de la morale publiques, ou à la protection des droits et libertés d'autrui.

Art. 10 Liberté d'expression

1. Toute personne a droit à la liberté d'expression. Ce droit comprend la liberté d'opinion et la liberté de recevoir ou de communiquer des informations ou des idées sans qu'il puisse y avoir ingérence d'autorités publiques et sans considération de frontière. Le présent article n'empêche pas les Etats de soumettre les entreprises de radiodiffusion, de cinéma ou de télévision à un régime d'autorisations.

2. L'exercice de ces libertés comportant des devoirs et des responsabilités peut être soumis à certaines formalités, conditions, restrictions ou sanctions, prévues par la loi, qui constituent des mesures nécessaires, dans une société démocratique, à la sécurité nationale, à l'intégrité territoriale ou à la sûreté publique, à la défense de l'ordre et à la prévention du crime, à la protection de la santé ou de la morale, à la protection de la réputation ou des droits d'autrui, pour empêcher la divulgation d'informations confidentielles ou pour garantir l'autorité et l'impartialité du pouvoir judiciaire.

Art. 13 Droit à un recours effectif

Toute personne dont les droits et libertés reconnus dans la présente Convention ont été violés, a droit à l'octroi d'un recours effectif devant une instance nationale, alors même que la violation aurait été commise par des personnes agissant dans l'exercice de leurs fonctions officielles.

Art. 14 Interdiction de discrimination

La jouissance des droits et libertés reconnus dans la présente Convention doit être assurée, sans distinction aucune, fondée notamment sur le sexe, la race, la couleur, la langue, la religion, les opinions politiques ou toutes autres opinions, l'origine nationale ou sociale, l'appartenance à une minorité nationale, la fortune, la naissance ou toute autre situation.

Art. 15 Dérogation en cas d'état d'urgence

1. En cas de guerre ou en cas d'autre danger public menaçant la vie de la nation, toute Haute Partie contractante peut prendre des mesures dérogeant aux obligations prévues par la présente Convention, dans la stricte mesure où la situation l'exige et à la condition que ces mesures ne soient pas en contradiction avec les autres obligations découlant du droit international.

2. La disposition précédente n'autorise aucune dérogation à l'article 2, sauf pour le cas de décès résultant d'actes licites de guerre, et aux articles 3, 4 (paragraphe 1) et 7.

3. Toute Haute Partie contractante qui exerce ce droit de dérogation tient le Secrétaire Général du Conseil de l'Europe pleinement informé des mesures prises et des motifs qui les ont inspirées. Elle doit également informer le Secrétaire Général du Conseil de l'Europe de la date à laquelle ces mesures ont cessé d'être en vigueur et les dispositions de la Convention reçoivent de nouveau pleine application.

Art. 17 **Interdiction de l'abus de droit**

Aucune des dispositions de la présente Convention ne peut être interprétée comme impliquant pour un Etat, un groupement ou un individu, un droit quelconque de se livrer à une activité ou d'accomplir un acte visant à la destruction des droits ou libertés reconnus dans la présente Convention ou à des limitations plus amples de ces droits et libertés que celles prévues à ladite Convention.

Art. 18 **Limitation de l'usage des restrictions aux droits**

Les restrictions qui, aux termes de la présente Convention, sont apportées auxdits droits et libertés ne peuvent être appliquées que dans le but pour lequel elles ont été prévues.

TITRE III

Art. 53 **Sauvegarde des droits de l'Homme reconnus**

Aucune des dispositions de la présente Convention ne sera interprétée comme limitant ou portant atteinte aux droits de l'Homme et aux libertés fondamentales qui pourraient être reconnus conformément aux lois de toute Partie contractante ou à toute autre Convention à laquelle cette Partie contractante est partie.

PREMIER PROTOCOLE ADDITIONNEL A LA CONVENTION

Art. 1er **Protection de la propriété**

Toute personne physique ou morale a droit au respect de ses biens. Nul ne peut être privé de sa propriété que pour cause d'utilité publique et dans les conditions prévues par la loi et les principes généraux du droit international.

Les dispositions précédentes ne portent pas atteinte au droit que possèdent les Etats de mettre en vigueur les lois qu'ils jugent nécessaires pour réglementer l'usage des biens conformément à l'intérêt général ou pour assurer le paiement des impôts ou d'autres contributions ou des amendes.

PROTOCOLE ADDITIONNEL N° 7 A LA CONVENTION

Art. 4 **Droit à ne pas être jugé ou puni deux fois**

1. Nul ne peut être poursuivi ou puni pénalement par les juridictions du même Etat en raison d'une infraction pour laquelle il a déjà été acquitté ou condamné par un jugement définitif conformément à la loi et à la procédure pénale de cet Etat.

2. Les dispositions du paragraphe précédent n'empêchent pas la réouverture du procès, conformément à la loi et à la procédure pénale de l'Etat concerné, si des faits nouveaux ou nouvellement révélés ou un vice fondamental dans la procédure précédente sont de nature à affecter le jugement intervenu.

3. Aucune dérogation n'est autorisée au présent article au titre de l'article 15 de la Convention.

Réserve de la France contenue dans l'instrument de ratification du protocole n° 7, déposé le 17 février 1986

« Le Gouvernement de la République française déclare que seules les infractions relevant en droit français de la compétence des tribunaux statuant en matière pénale doivent être regardées comme des infractions au sens des articles 2 à 4 du présent Protocole. »

DIRECTIVE 2006/112/CE DU 28 NOVEMBRE 2006 relative au système commun de TVA

Le texte de la directive 2006/112/CE du 28 novembre 2006 ci-après a été établi après intégration des modifications apportées par les directives 2006/138/CE du 19 décembre 2006, 2007/75/CE du 20 décembre 2007, 2008/8/CE du 12 février 2008, 2008/117/CE du 16 décembre 2008, 2009/47/CE du 5 mai 2009, 2009/69/CE du 25 juin 2009, 2009/162/UE du 22 décembre 2009, 2010/23/UE du 16 mars 2010, 2010/45/UE du 13 juillet 2010, 2010/88/UE du 7 décembre 2010, 2013/42/UE du 22 juillet 2013, 2013/43/UE du 22 juillet 2013, 2013/61/UE du 17 décembre 2013, 2016/856/UE du 25 mai 2016, 2016/1065/UE du 27 juin 2016, 2017/2455/UE du 5 décembre 2017 et 2019/1995/UE du 21 novembre 2019 (modifiées par la décision 2020/1109/UE du 20 juillet 2020), 2018/912/UE du 22 juin 2018, 2018/1695/UE du 6 novembre 2018, 2018/1713/UE du 6 novembre 2018, 2018/1910/UE du 4 décembre 2018, 2018/2057/UE du 20 décembre 2018, 2019/475/UE du 18 février 2019, 2020/1756/UE du 20 novembre 2020, 2020/2020/UE du 7 décembre 2020, 2021/1159/UE du 13 juillet 2021, 2022/890/UE du 3 juin 2022, ainsi que 2019/2235/UE du 16 décembre 2019 et 2020/284/UE du 18 février 2020 (avec effet au 1er janvier 2024).

Ndlr *La directive 2006/112/CE est modifiée avec effet au 1er janvier 2025 par la directive 2020/285/UE du 18 février 2020 et par certaines dispositions de la directive 2022/542/UE du 5 avril 2022, dont les dispositions sont reproduites ci-après.*

TITRE PREMIER
OBJET ET CHAMP D'APPLICATION

Art. 1er 1. La présente directive établit le système commun de taxe sur la valeur ajoutée (TVA).

2. Le principe du système commun de TVA est d'appliquer aux biens et aux services un impôt général sur la consommation exactement proportionnel au prix des biens et des services, quel que soit le nombre des opérations intervenues dans le processus de production et de distribution antérieur au stade d'imposition.

A chaque opération, la TVA, calculée sur le prix du bien ou du service au taux applicable à ce bien ou à ce service, est exigible déduction faite du montant de la taxe qui a grevé directement le coût des divers éléments constitutifs du prix.

Le système commun de TVA est appliqué jusqu'au stade du commerce de détail inclus.

Art. 2 1. Sont soumises à la TVA les opérations suivantes :

a) les livraisons de biens effectuées à titre onéreux sur le territoire d'un Etat membre par un assujetti agissant en tant que tel ;

b) les acquisitions intracommunautaires de biens effectuées à titre onéreux sur le territoire d'un Etat membre :

i) par un assujetti agissant en tant que tel, ou par une personne morale non assujettie, lorsque le vendeur est un assujetti agissant en tant que tel qui ne bénéficie pas de la franchise pour les petites entreprises prévue aux articles 282 à 292 et qui ne relève pas des dispositions prévues aux articles 33 et 36 ;

Ndlr *Pour les dispositions du présent point b), i) applicables à compter du 1er janvier 2025, voir ci-dessous directive (UE) 2020/285 du 18 février 2020 art. 1, 1) et 3, 1).*

ii) lorsqu'il s'agit de moyens de transport neufs, par un assujetti ou par une personne morale non assujettie, dont les autres acquisitions ne sont pas soumises à la TVA en vertu de l'article 3, paragraphe 1, ou par toute autre personne non assujettie ;

iii) lorsqu'il s'agit de produits soumis à accises, au titre desquelles les droits d'accise sont exigibles sur le territoire de l'Etat membre en vertu de la directive 92/12/CEE, par un assujetti ou par une personne morale non assujettie, dont les autres acquisitions ne sont pas soumises à la TVA en vertu de l'article 3, paragraphe 1 ;

c) les prestations de services, effectuées à titre onéreux sur le territoire d'un Etat membre par un assujetti agissant en tant que tel ;

d) les importations de biens.

2. a) Aux fins du paragraphe 1, point b) ii), sont considérés comme « moyens de transport », les moyens de transport suivants, destinés au transport de personnes ou de marchandises :

i) les véhicules terrestres à moteur d'une cylindrée de plus de 48 centimètres cube ou d'une puissance de plus de 7,2 kilowatts ;

ii) les bateaux d'une longueur de plus de 7,5 mètres, à l'exception des bateaux affectés à la navigation en haute mer et assurant un trafic rémunéré de voyageurs ou à l'exercice d'une activité commerciale, industrielle ou de pêche, ainsi que des bateaux de sauvetage et d'assistance en mer et des bateaux affectés à la pêche côtière ;

iii) les aéronefs dont le poids total au décollage excède 1 550 kilogrammes, à l'exception des aéronefs utilisés par des compagnies de navigation aérienne pratiquant essentiellement un trafic international rémunéré.

b) Ces moyens de transport sont considérés comme « neufs » dans les cas suivants :

i) pour les véhicules terrestres à moteur, lorsque la livraison est effectuée dans les six mois après la première mise en service ou que le véhicule a parcouru un maximum de 6 000 kilomètres ;

ii) pour les bateaux, lorsque la livraison est effectuée dans les trois mois après la première mise en service ou que le bateau a navigué un maximum de 100 heures ;

iii) pour les aéronefs, lorsque la livraison est effectuée dans les trois mois après la première mise en service ou que l'aéronef a volé un maximum de 40 heures.

c) Les Etats membres fixent les conditions dans lesquelles peuvent être établies les données visées au point b).

3. Sont considérés comme « produits soumis à accises » les produits énergétiques, l'alcool et les boissons alcooliques et les tabacs manufacturés tels que définis par les dispositions communautaires en vigueur, à l'exception du gaz livré via un système de gaz naturel situé sur le territoire de la Communauté ou tout réseau connecté à un tel système.

Art. 3 1. Par dérogation aux dispositions de l'article 2, paragraphe 1, point b) i), ne sont pas soumises à la TVA les opérations suivantes :

a) les acquisitions intracommunautaires de biens dont la livraison serait exonérée sur le territoire de l'Etat membre en application des articles 148 et 151, effectuées par un assujetti ou par une personne morale non assujettie ;

b) les acquisitions intracommunautaires de biens, autres que celles visées au point a) et à l'article 4, et autres que les acquisitions de moyens de transport neufs et de produits soumis à accises, effectuées par un assujetti pour les besoins de son exploitation agricole, sylvicole ou de pêche, soumise au régime commun forfaitaire des producteurs agricoles, par un assujetti qui ne réalise que des livraisons de biens ou des prestations de services ne lui ouvrant aucun droit à déduction, ou par une personne morale non assujettie.

2. La disposition prévue au paragraphe 1, point b), s'applique que lorsque les conditions suivantes sont réunies :

a) le montant global des acquisitions intracommunautaires de biens ne dépasse pas, dans l'année civile en cours, un seuil à fixer par les Etats membres qui ne peut être inférieur à la somme de 10 000 € ou sa contre-valeur en monnaie nationale ;

b) le montant global des acquisitions intracommunautaires de biens n'a pas dépassé, au cours de l'année civile précédente, le seuil prévu au point a).

Le seuil qui sert de référence est constitué par le montant global, hors TVA due ou acquittée dans l'Etat membre de départ de l'expédition ou du transport des biens, des acquisitions intracommunautaires de biens telles que visées au paragraphe 1, point b).

3. Les Etats membres accordent aux assujettis et aux personnes morales non assujetties susceptibles de bénéficier des dispositions du paragraphe 1, point b), le droit d'opter pour le régime général prévu à l'article 2, paragraphe 1, point b) i).

Les Etats membres déterminent les modalités d'exercice de l'option visée au premier alinéa qui, en tout état de cause, couvre une période de deux années civiles.

Art. 4 Outre les opérations visées à l'article 3, ne sont pas soumises à la TVA les opérations suivantes :

a) les acquisitions intracommunautaires de biens d'occasion, d'objets d'art, de collection ou d'antiquité tels que définis à l'article 311, paragraphe 1, points 1) à 4), lorsque le vendeur est un assujetti-revendeur agissant en tant que tel et que le bien acquis a été soumis à la TVA dans l'Etat membre de départ de l'expédition ou du transport, conformément au régime de la marge bénéficiaire prévu aux articles 312 à 325 ;

b) les acquisitions intracommunautaires de moyens de transport d'occasion tels que définis à l'article 327, paragraphe 3, lorsque le vendeur est un assujetti-revendeur agissant en tant que tel et que le moyen de transport d'occasion acquis a été soumis à la TVA dans l'Etat membre de départ de l'expédition ou du transport, conformément au régime transitoire applicable aux moyens de transport d'occasion ;

c) les acquisitions intracommunautaires de biens d'occasion, d'objets d'art, de collection ou d'antiquité tels que définis à l'article 311, paragraphe 1, points 1) à 4), lorsque le vendeur est un organisateur de ventes aux enchères publiques agissant en tant que tel et que le bien acquis a été soumis à la TVA dans l'Etat membre de départ de l'expédition ou du transport, conformément au régime particulier des ventes aux enchères publiques.

TITRE II
CHAMP D'APPLICATION TERRITORIAL

Art. 5 Aux fins de l'application de la présente directive, on entend par :

1) « Communauté » et « territoire de la Communauté », l'ensemble des territoires des Etats membres tel que définis au point 2) ;

2) « Etat membre » et « territoire d'un Etat membre », le territoire de chaque Etat membre de la Communauté auquel s'applique, conformément à son article 299, le traité instituant la Communauté européenne, à l'exclusion du ou des territoires figurant à l'article 6 de la présente directive ;

3) « territoires tiers », les territoires qui figurent à l'article 6 ;

4) « pays tiers », tout Etat ou territoire auquel le traité ne s'applique pas.

Art. 6 1. La présente directive ne s'applique pas aux territoires suivants, faisant partie du territoire douanier de la Communauté :

a) Mont Athos ;

b) îles Canaries ;

c) les territoires français visés à l'article 349 et à l'article 355, paragraphe 1, du traité sur le fonctionnement de l'Union européenne ;

d) îles Åland ;

e) îles Anglo-Normandes ;

f) Campione d'Italia ;

g) les eaux italiennes du lac de Lugano.

2. La présente directive ne s'applique pas aux territoires suivants, ne faisant pas partie du territoire douanier de la Communauté :

a) île d'Helgoland ;

b) territoire de Büsingen ;

c) Ceuta ;

d) Melilla ;

e) Livigno.

Ndlr *Texte susceptible d'être modifié en conséquence de la sortie de l'UE du Royaume de Grande-Bretagne et d'Irlande du Nord (« Brexit »), dont les modalités ont été fixées par l'accord publié au JOUE du 31 janvier 2020 (L 29 p. 7).*

Art. 7 1. Compte tenu des conventions et traités conclus respectivement avec la France, le Royaume-Uni et Chypre, la principauté de Monaco, l'île de Man et les zones de souveraineté du Royaume-Uni à Akrotiri et Dhekelia ne sont pas considérées, aux fins de l'application de la présente directive, comme des pays tiers.

2. Les Etats membres prennent les mesures nécessaires en vue d'assurer que les opérations effectuées en provenance ou à destination de la principauté de Monaco sont traitées comme des opérations effectuées en provenance ou à destination de la France, que les opérations effectuées en provenance ou à destination de l'île de Man sont traitées comme des opérations effectuées en provenance ou à destination du Royaume-Uni et que les opérations effectuées en provenance ou à destination des zones de souveraineté du Royaume-Uni à Akrotiri et Dhekelia sont traitées comme des opérations effectuées en provenance ou à destination de Chypre.

Ndlr *Texte susceptible d'être modifié en conséquence de la sortie de l'UE du Royaume de Grande-Bretagne et d'Irlande du Nord (« Brexit »), dont les modalités ont été fixées par l'accord publié au JOUE du 31 janvier 2020 (L 29 p. 7).*

Art. 8 Si la Commission considère que les dispositions prévues aux articles 6 et 7 ne sont plus justifiées, notamment sur le plan de la neutralité concurrentielle ou sur celui des ressources propres, elle présente au Conseil les propositions appropriées.

TITRE III
ASSUJETTIS

Art. 9 1. Est considéré comme « assujetti » quiconque exerce, d'une façon indépendante et quel qu'en soit le lieu, une activité économique, quels que soient les buts ou les résultats de cette activité.

Est considérée comme « activité économique » toute activité de producteur, de commerçant ou de prestataire de services, y compris les activités extractives, agricoles et celles des professions libérales ou assimilées. Est en particulier considérée comme activité économique, l'exploitation d'un bien corporel ou incorporel en vue d'en tirer des recettes ayant un caractère de permanence.

2. Outre les personnes visées au paragraphe 1, est considérée comme un assujetti toute personne qui effectue à titre occasionnel la livraison d'un moyen de transport neuf expédié ou transporté à destination de l'acquéreur par le vendeur, par l'acquéreur ou pour leur compte, en dehors du territoire d'un Etat membre mais dans le territoire de la Communauté.

Art. 10 La condition que l'activité économique soit exercée d'une façon indépendante visée à l'article 9, paragraphe 1, exclut de la taxation les salariés et autres personnes dans la mesure où ils sont liés à leur employeur par un contrat de louage de travail ou par tout autre rapport juridique créant des liens de subordination en ce qui concerne les conditions de travail et de rémunération et la responsabilité de l'employeur.

Art. 11 Après consultation du comité consultatif de la taxe sur la valeur ajoutée (ci-après dénommé « comité de la TVA »), chaque Etat membre peut considérer comme un seul assujetti les personnes établies sur le territoire de ce même Etat membre qui sont indépendantes du point de vue juridique mais qui sont étroitement liées entre elles sur les plans financier, économique et de l'organisation.

Un Etat membre qui fait usage de la faculté prévue au premier alinéa peut prendre toutes mesures utiles pour éviter que l'application de cette disposition rende la fraude ou l'évasion fiscales possibles.

Art. 12 1. Les Etats membres peuvent considérer comme assujetti quiconque effectue, à titre occasionnel, une opération relevant des activités visées à l'article 9, paragraphe 1, deuxième alinéa, et notamment une seule des opérations suivantes :

a) la livraison d'un bâtiment ou d'une fraction de bâtiment et du sol y attenant, effectuée avant sa première occupation ;

b) la livraison d'un terrain à bâtir.

2. Aux fins du paragraphe 1, point a), est considérée comme « bâtiment » toute construction incorporée au sol.

Les Etats membres peuvent définir les modalités d'application du critère visé au paragraphe 1, point a), aux transformations d'immeubles, ainsi que la notion de sol y attenant.

Les Etats membres peuvent appliquer d'autres critères que celui de la première occupation, tels que celui du délai écoulé entre la date d'achèvement de l'immeuble et celle de la première livraison, ou celui du délai écoulé entre la date de la première occupation et celle de la livraison ultérieure, pour autant que ces délais ne dépassent pas respectivement cinq et deux ans.

3. Aux fins du paragraphe 1, point b), sont considérés comme « terrains à bâtir » les terrains nus ou aménagés, définis comme tels par les Etats membres.

Art. 13 1. Les Etats, les régions, les départements, les communes et les autres organismes de droit public ne sont pas considérés comme des assujettis pour les activités ou opérations qu'ils accomplissent en tant qu'autorités publiques, même lorsque, à l'occasion de ces activités ou opérations, ils perçoivent des droits, redevances, cotisations ou rétributions.

Toutefois, lorsqu'ils effectuent de telles activités ou opérations, ils doivent être considérés comme des assujettis pour ces activités ou opérations dans la mesure où leur non-assujettissement conduirait à des distorsions de concurrence d'une certaine importance.

En tout état de cause, les organismes de droit public ont la qualité d'assujettis pour les activités figurant à l'annexe I et dans la mesure où celles-ci ne sont pas négligeables.

2. Les Etats membres peuvent considérer comme activités de l'autorité publique les activités des organismes de droit public, lorsqu'elles sont exonérées en vertu des articles 132, 135, 136 et 371, des articles 374 à 377, de l'article 378, paragraphe 2, de l'article 379, paragraphe 2, ou des articles 380 à 390 quater.

TITRE IV
OPERATIONS IMPOSABLES

CHAPITRE 1
Livraisons de biens

Art. 14 1. Est considéré comme « livraison de biens », le transfert du pouvoir de disposer d'un bien corporel comme un propriétaire.

2. Outre l'opération visée au paragraphe 1, sont considérées comme livraison de biens les opérations suivantes :

a) la transmission, avec paiement d'une indemnité, de la propriété d'un bien en vertu d'une réquisition faite par l'autorité publique ou en son nom ou aux termes de la loi ;

b) la remise matérielle d'un bien en vertu d'un contrat qui prévoit la location d'un bien pendant une certaine période ou la vente à tempérament d'un bien, assorties de la clause que la propriété est normalement acquise au plus tard lors du paiement de la dernière échéance ;

c) la transmission d'un bien effectuée en vertu d'un contrat de commission à l'achat ou à la vente.

3. Les Etats membres peuvent considérer comme livraison de biens la délivrance de certains travaux immobiliers.

4. Aux fins de la présente directive, on entend par :

1. « ventes à distance intracommunautaires de biens » : les livraisons de biens expédiés ou transportés par le fournisseur ou pour son compte, y compris lorsque le fournisseur intervient indirectement dans le transport ou l'expédition des biens, à partir d'un Etat membre autre que celui d'arrivée de l'expédition ou du transport à destination de l'acquéreur, lorsque les conditions suivantes sont réunies :

a) la livraison de biens est effectuée pour un assujetti ou pour une personne morale non assujettie, dont les acquisitions intracommunautaires de biens ne sont pas soumises à la TVA en vertu de l'article 3, paragraphe 1, ou pour toute autre personne non assujettie ;

b) les biens livrés sont autres que des moyens de transport neufs et autres que des biens livrés après montage ou installation, avec ou sans essai de mise en service, par le fournisseur ou pour son compte.

2. « ventes à distance de biens importés de territoires tiers ou de pays tiers » : les livraisons de biens expédiés ou transportés par le fournisseur ou pour son compte, y compris lorsque le fournisseur intervient indirectement dans le transport ou l'expédition des biens, à partir d'un territoire tiers ou d'un pays tiers à destination d'un acquéreur dans un Etat membre, lorsque les conditions suivantes sont réunies :

a) la livraison de biens est effectuée pour un assujetti ou pour une personne morale non assujettie, dont les acquisitions intracommunautaires de biens ne sont pas soumises à la TVA en vertu de l'article 3, paragraphe 1, ou pour toute autre personne non assujettie ;

b) les biens livrés sont ni des moyens de transport neufs ni des biens livrés après montage ou installation, avec ou sans essai de mise en service, par le fournisseur ou pour son compte.

Art. 14 bis 1. Lorsqu'un assujetti facilite, par l'utilisation d'une interface électronique telle qu'une place de marché, une plateforme, un portail ou un dispositif similaire, les ventes à distance de biens importés de territoires tiers ou de pays tiers contenus dans des envois d'une valeur intrinsèque ne dépassant pas 150 €, cet assujetti est réputé avoir reçu et livré ces biens lui-même.

2. Lorsqu'un assujetti facilite, par l'utilisation d'une interface électronique telle qu'une place de marché, une plateforme, un portail ou un dispositif similaire, la livraison de biens dans la Communauté par un assujetti non établi sur le territoire de la Communauté à une personne non assujettie, l'assujetti qui facilite la livraison est réputé avoir reçu et livré ces biens lui-même.

Art. 15 1. Sont assimilés à des biens corporels l'électricité, le gaz, la chaleur ou le froid et les choses similaires.

2. Les Etats membres peuvent considérer comme biens corporels :

a) certains droits sur les biens immeubles ;

b) les droits réels donnant à leur titulaire un pouvoir d'utilisation sur les biens immeubles ;

c) les parts d'intérêts et actions dont la possession assure en droit ou en fait l'attribution en propriété ou en jouissance d'un bien immeuble ou d'une fraction d'un bien immeuble.

Art. 16 Est assimilé à une livraison de biens effectuée à titre onéreux le prélèvement, par un assujetti, d'un bien de son entreprise qu'il destine à ses besoins privés ou ceux de son personnel, qu'il transmet à titre gratuit ou, plus généralement, qu'il affecte à des fins étrangères à son entreprise, lorsque ce bien ou les éléments le composant ont ouvert droit à une déduction complète ou partielle de la TVA.

Toutefois, ne sont pas assimilés à une livraison de biens effectuée à titre onéreux les prélèvements effectués pour les besoins de l'entreprise pour donner des cadeaux de faible valeur et des échantillons.

Art. 17 1. Est assimilé à une livraison de biens effectuée à titre onéreux le transfert par un assujetti d'un bien de son entreprise à destination d'un autre Etat membre.

Est considéré comme « transfert à destination d'un autre Etat membre », toute expédition ou transport d'un bien meuble corporel effectué par l'assujetti ou pour son compte, en dehors du territoire de l'Etat membre dans lequel le bien se trouve, mais dans la Communauté, pour les besoins de son entreprise.

2. N'est pas considéré comme un transfert à destination d'un autre Etat membre l'expédition ou le transport d'un bien pour les besoins de l'une des opérations suivantes :

a) la livraison de ce bien effectuée par l'assujetti sur le territoire de l'Etat membre d'arrivée de l'expédition ou du transport dans les conditions prévues à l'article 33 ;

b) la livraison de ce bien qui doit faire l'objet d'une installation ou d'un montage par le fournisseur ou pour son compte, effectuée par l'assujetti sur le territoire de l'Etat membre d'arrivée de l'expédition ou du transport dans les conditions prévues à l'article 36 ;

c) la livraison de ce bien effectuée par l'assujetti à bord d'un bateau, d'un avion ou d'un train au cours d'un transport de passagers, dans les conditions prévues à l'article 37 ;

d) la livraison de gaz via un système de gaz naturel situé sur le territoire de la Communauté ou tout réseau connecté à un tel système, la livraison d'électricité ou la livraison de chaleur ou de froid via les réseaux de chauffage ou de refroidissement, dans les conditions prévues aux articles 38 et 39 ;

e) la livraison de ce bien effectuée par l'assujetti sur le territoire de l'Etat membre dans les conditions prévues aux articles 138, 146, 147, 148, 151 et 152 ;

f) la prestation d'un service effectué pour l'assujetti et ayant pour objet des expertises ou des travaux portant sur ce bien, matériellement exécutés sur le territoire de l'Etat membre d'arrivée de l'expédition ou du transport du bien, pour autant que le bien, après expertise ou travaux, soit réexpédié à destination de cet assujetti dans l'Etat membre à partir duquel il avait été initialement expédié ou transporté ;

g) l'utilisation temporaire de ce bien, sur le territoire de l'Etat membre d'arrivée de l'expédition ou du transport, pour les besoins de prestations de services effectuées par l'assujetti établi dans l'Etat membre de départ de l'expédition ou du transport du bien ;

h) l'utilisation temporaire de ce bien, pour une période qui ne peut excéder vingt-quatre mois, sur le territoire d'un autre Etat membre à l'intérieur duquel l'importation du même bien en provenance d'un pays tiers en vue d'une utilisation temporaire bénéficierait du régime de l'admission temporaire en exonération totale de droits à l'importation.

3. Lorsque l'une des conditions auxquelles est subordonné le bénéfice des dispositions du paragraphe 2 cesse d'être remplie, le bien est considéré comme étant transféré à destination d'un autre Etat membre. Dans ce cas, le transfert intervient au moment où cette condition cesse d'être remplie.

Art. 17 bis 1. N'est pas assimilé à une livraison de biens effectuée à titre onéreux le transfert par un assujetti d'un bien de son entreprise sous un régime de stocks sous contrat de dépôt à destination d'un autre Etat membre.

2. Aux fins du présent article, un régime de stocks sous contrat de dépôt est réputé exister lorsque les conditions suivantes sont remplies :

a) les biens sont expédiés ou transportés par un assujetti, ou par un tiers pour le compte de celui-ci, vers un autre Etat membre afin que ces biens y soient livrés à un stade ultérieur et après leur arrivée, à un autre assujetti qui a le droit de devenir propriétaire de ces biens en vertu d'un accord existant entre les deux assujettis ;

b) l'assujetti qui expédie ou transporte les biens n'est pas établi ou ne dispose pas d'un établissement stable dans l'Etat membre vers lequel les biens sont expédiés ou transportés ;

c) l'assujetti auquel les biens sont destinés à être livrés est identifié aux fins de la TVA dans l'Etat membre vers lequel les biens sont expédiés ou transportés et tant son identité que le numéro d'identification TVA qui lui a été attribué par ledit Etat membre sont connus de l'assujetti visé au point b) au moment du départ de l'expédition ou du transport ;

d) l'assujetti qui expédie ou transporte les biens inscrit le transfert des biens dans le registre prévu à l'article 243, paragraphe 3, et indique l'identité de l'assujetti qui acquiert les biens et le numéro d'identification TVA qui lui a été attribué par l'Etat membre vers lequel les biens sont expédiés ou transportés dans l'état récapitulatif prévu à l'article 262, paragraphe 2.

3. Lorsque les conditions établies au paragraphe 2 sont remplies, les règles suivantes s'appliquent lors du transfert du pouvoir de disposer des biens comme un propriétaire à l'assujetti visé au paragraphe 2, point c), pour autant que le transfert ait lieu dans le délai visé au paragraphe 4 :

a) une livraison de biens, conformément à l'article 138, paragraphe 1, est réputée être effectuée par l'assujetti qui a soit expédié ou transporté les biens lui-même, soit les a fait expédier ou transporter par un tiers agissant pour son compte dans l'Etat membre à partir duquel les biens ont été expédiés ou transportés ;

b) une acquisition intracommunautaire de biens est réputée être effectuée par l'assujetti destinataire de la livraison de ces biens dans l'Etat membre vers lequel les biens ont été expédiés ou transportés.

4. Si, dans les douze mois suivant leur arrivée dans l'Etat membre vers lequel ils ont été expédiés ou transportés, les biens n'ont pas été livrés à l'assujetti auquel ils étaient destinés, tel qu'il est visé au paragraphe 2, point c), et au paragraphe 6, et qu'aucune des circonstances énoncées au paragraphe 7 ne s'est produite, un transfert au sens de l'article 17 est réputé avoir lieu le jour suivant celui de l'expiration de la période de douze mois.

5. Aucun transfert au sens de l'article 17 n'est réputé avoir lieu lorsque les conditions suivantes sont remplies :

a) le droit de disposer des biens n'a pas été transféré et ces biens sont renvoyés vers l'Etat membre à partir duquel ils ont été expédiés ou transportés, dans le délai visé au paragraphe 4 ; et

b) l'assujetti qui a expédié ou transporté les biens inscrit leur renvoi dans le registre prévu à l'article 243, paragraphe 3.

6. Lorsque, pendant la période visée au paragraphe 4, l'assujetti visé au paragraphe 2, point c), est remplacé par un autre assujetti, aucun transfert au sens de l'article 17 n'est réputé avoir lieu au moment du remplacement, pour autant que :

a) toutes les autres conditions applicables énoncées au paragraphe 2 soient remplies ; et

b) le remplacement soit inscrit par l'assujetti visé au paragraphe 2, point b), dans le registre prévu à l'article 243, paragraphe 3.

7. Lorsque, pendant le délai visé au paragraphe 4, l'une des conditions énoncées aux paragraphes 2 et 6 cesse d'être remplie, un transfert de biens au sens de l'article 17 est réputé avoir lieu au moment où la condition pertinente n'est plus remplie.

Si les biens sont livrés à une personne autre que l'assujetti visé au paragraphe 2, point c), ou au paragraphe 6, il est considéré que les conditions énoncées aux paragraphes 2 et 6 cessent d'être remplies immédiatement avant une telle livraison.

Si les biens sont expédiés ou transportés vers un pays autre que l'Etat membre à partir duquel ils ont été initialement déplacés, il est considéré que les conditions énoncées aux paragraphes 2 et 6 cessent d'être remplies immédiatement avant le début de cette expédition ou de ce transport.

En cas de destruction, de perte ou de vol des biens, il est considéré que les conditions énoncées aux paragraphes 2 et 6 cessent d'être remplies à la date à laquelle les biens ont effectivement été enlevés ou détruits ou, si cette date est impossible à déterminer, à la date à laquelle il a été constaté que les biens étaient détruits ou manquants.

Art. 18 Les Etats membres peuvent assimiler à une livraison de biens effectuée à titre onéreux les opérations suivantes :

a) l'affectation par un assujetti aux besoins de son entreprise d'un bien produit, construit, extrait, transformé, acheté ou importé dans le cadre de son entreprise dans le cas où l'acquisition d'un tel bien auprès d'un autre assujetti ne lui ouvrirait pas droit à la déduction complète de la TVA ;

b) l'affectation d'un bien par un assujetti à un secteur d'activité non imposé, lorsque ce bien a ouvert droit à une déduction complète ou partielle de la TVA lors de son acquisition ou de son affectation conformément au point a) ;

c) à l'exception des cas visés à l'article 19, la détention de biens par un assujetti ou par ses ayants droit en cas de cessation de son activité économique imposable, lorsque ces biens ont ouvert droit à une déduction complète ou partielle de la TVA lors de leur acquisition ou de leur affectation conformément au point a).

Art. 19 Les Etats membres peuvent considérer que, à l'occasion de la transmission, à titre onéreux ou à titre gratuit ou sous forme d'apport à une société, d'une universalité totale ou partielle de biens, aucune livraison de biens n'est intervenue et que le bénéficiaire continue la personne du cédant.

Les Etats membres peuvent prendre les dispositions nécessaires pour éviter des distorsions de concurrence dans le cas où le bénéficiaire n'est pas un assujetti total. Ils peuvent aussi prendre toutes mesures utiles pour éviter que l'application de cet article rende la fraude ou l'évasion fiscales possibles.

CHAPITRE 2
Acquisitions intracommunautaires de biens

Art. 20 Est considérée comme « acquisition intracommunautaire de biens » l'obtention du pouvoir de disposer comme un propriétaire d'un bien meuble corporel expédié ou transporté à destination de l'acquéreur, par le vendeur, par l'acquéreur ou pour leur compte, vers un Etat membre autre que celui de départ de l'expédition ou du transport du bien.

Lorsque des biens acquis par une personne morale non assujettie sont expédiés ou transportés à partir d'un territoire tiers ou d'un pays tiers et importés, par cette personne morale non assujettie, dans un Etat membre autre que celui d'arrivée de l'expédition ou du transport, les biens sont considérés comme expédiés ou transportés à partir de l'Etat membre d'importation. Cet Etat membre accorde à l'importateur désigné ou reconnu comme redevable de la taxe en vertu de l'article 201, le remboursement de la TVA acquittée au titre de l'importation, dans la mesure où l'importateur établit que son acquisition a été soumise à la taxe dans l'Etat membre d'arrivée de l'expédition ou du transport des biens.

Art. 21 Est assimilée à une acquisition intracommunautaire de biens effectuée à titre onéreux l'affectation par un assujetti aux besoins de son entreprise d'un bien expédié ou transporté, par l'assujetti ou pour son compte, à partir d'un autre Etat membre dans lequel le bien a été produit, extrait, transformé, acheté, acquis au sens de l'article 2, paragraphe 1, point b), ou importé par l'assujetti, dans le cadre de son entreprise, dans cet autre Etat membre.

Art. 22 Est assimilée à une acquisition intracommunautaire de biens effectuée à titre onéreux l'affectation par les forces armées d'un Etat membre qui sont affectées à un effort de défense mené en vue de la mise en œuvre d'une activité de l'Union dans le cadre de la politique de sécurité et de défense commune, à leur usage ou à l'usage de l'élément civil qui les accompagne, de biens qu'elles n'ont pas achetés aux conditions générales d'imposition du marché intérieur d'un Etat membre, lorsque l'importation de ces biens ne pourrait pas bénéficier de l'exonération prévue à l'article 143, paragraphe 1, point g bis).

Est assimilée à une acquisition intracommunautaire de biens effectuée à titre onéreux l'affectation par les forces armées d'un Etat partie au traité de l'Atlantique Nord, à leur usage ou à l'usage de l'élément civil qui les accompagne, de biens qu'elles n'ont pas achetés aux conditions générales d'imposition du marché intérieur d'un Etat membre, lorsque l'importation de ces biens ne pourrait pas bénéficier de l'exonération prévue à l'article 143, paragraphe 1, point h).

Art. 23 Les Etats membres prennent les mesures assurant que sont qualifiées d'acquisitions intracommunautaires de biens les opérations qui, si elles avaient été effectuées sur leur territoire par un assujetti agissant en tant que tel, auraient été qualifiées de livraisons de biens.

CHAPITRE 3
Prestations de services

Art. 24 1. Est considérée comme « prestation de services » toute opération qui ne constitue pas une livraison de biens.

2. Sont considérés comme « services de télécommunication » les services ayant pour objet la transmission, l'émission et la réception de signaux, écrits, images et sons ou informations de toute nature par fils, par radio, par moyens optiques ou par d'autres moyens électromagnétiques, y compris la cession et la concession y afférentes d'un droit d'utilisation de moyens pour une telle transmission, émission ou réception, y compris la fourniture d'accès aux réseaux d'information mondiaux.

Art. 25 Une prestation de services peut consister, entre autres, en une des opérations suivantes :

a) la cession d'un bien incorporel représenté ou non par un titre ;

b) l'obligation de ne pas faire ou de tolérer un acte ou une situation ;

c) l'exécution d'un service en vertu d'une réquisition faite par l'autorité publique ou en son nom ou aux termes de la loi.

Art. 26 1. Sont assimilées à des prestations de services effectuées à titre onéreux les opérations suivantes :

a) l'utilisation d'un bien affecté à l'entreprise pour les besoins privés de l'assujetti ou pour ceux de son personnel ou, plus généralement, à des fins étrangères à son entreprise, lorsque ce bien a ouvert droit à une déduction complète ou partielle de la TVA ;

b) la prestation de services à titre gratuit effectuée par l'assujetti pour ses besoins privés ou pour ceux de son personnel ou, plus généralement, à des fins étrangères à son entreprise.

2. Les Etats membres peuvent déroger aux dispositions du paragraphe 1 à condition que cette dérogation ne conduise pas à des distorsions de concurrence.

Art. 27 Afin de prévenir des distorsions de concurrence et après consultation du comité de la TVA, les Etats membres peuvent assimiler à une prestation de services effectuée à titre onéreux la fourniture, par un assujetti, d'un service pour les besoins de son entreprise, dans le cas où la fourniture d'un tel service par un autre assujetti ne lui ouvrirait pas droit à la déduction complète de la TVA.

Art. 28 Lorsqu'un assujetti, agissant en son nom propre mais pour le compte d'autrui, s'entremet dans une prestation de services, il est réputé avoir reçu et fourni personnellement les services en question.

Art. 29 L'article 19 s'applique dans les mêmes conditions aux prestations de services.

CHAPITRE 4

Importations de biens

Art. 30 Est considérée comme « importation de biens » l'introduction dans la Communauté d'un bien qui n'est pas en libre pratique au sens de l'article 24 du traité.

Outre l'opération visée au premier alinéa, est considérée comme importation de biens l'introduction dans la Communauté d'un bien en libre pratique en provenance d'un territoire tiers faisant partie du territoire douanier de la Communauté.

CHAPITRE 5

Dispositions communes aux chapitres 1 et 3

Art. 30 bis Aux fins de la présente directive, on entend par :

1) « bon », un instrument qui est assorti d'une obligation de l'accepter comme contrepartie totale ou partielle d'une livraison de biens ou d'une prestation de services et pour lequel les biens à livrer ou les services à prester ou l'identité de leurs fournisseurs ou prestataires potentiels sont indiqués soit sur l'instrument même, soit dans la documentation correspondante, notamment dans les conditions générales d'utilisation de cet instrument ;

2) « bon à usage unique », un bon pour lequel le lieu de la livraison des biens ou de la prestation des services à laquelle le bon se rapporte et la TVA due sur ces biens ou services sont connus au moment de l'émission du bon ;

3) « bon à usages multiples », un bon autre qu'un bon à usage unique.

Ndlr *Voir aussi les articles 410 bis et 410 ter.*

Art. 30 ter 1. Chaque transfert d'un bon à usage unique effectué par un assujetti agissant en son nom propre est considéré comme une livraison des biens ou une prestation des services auxquels le bon se rapporte. La remise matérielle des biens ou la prestation effective des services en échange d'un bon à usage unique accepté en contrepartie totale ou partielle par le fournisseur ou le prestataire n'est pas considérée comme une opération distincte.

Lorsqu'un transfert d'un bon à usage unique est effectué par un assujetti agissant au nom d'un autre assujetti, ce transfert est considéré comme une livraison des biens ou une prestation des services à laquelle le bon se rapporte, réalisée par l'autre assujetti au nom duquel l'assujetti agit.

Lorsque le fournisseur de biens ou le prestataire de services n'est pas l'assujetti qui a, en son nom propre, émis le bon à usage unique, ce fournisseur ou ce prestataire est néanmoins réputé avoir effectué à cet assujetti la livraison des biens ou la prestation des services en lien avec ce bon.

2. La remise matérielle des biens ou la prestation effective des services en échange d'un bon à usages multiples accepté en contrepartie totale ou partielle par le fournisseur ou le prestataire est soumise à la TVA en vertu de l'article 2, alors que tout transfert précédent d'un tel bon à usages multiples n'est pas soumis à la TVA.

Lorsque le bon à usages multiples est transféré par un assujetti autre que l'assujetti effectuant l'opération soumise à la TVA en vertu du premier alinéa, toute prestation de services pouvant être identifiée, tels que des services de distribution ou de promotion, est soumise à la TVA.

Ndlr *Voir aussi les articles 410 bis et 410 ter.*

TITRE V
LIEU DES OPERATIONS IMPOSABLES

CHAPITRE 1
Lieu des livraisons de biens

Section 1
Livraisons de biens sans transport

Art. 31 Dans le cas où le bien n'est pas expédié ou transporté, le lieu de la livraison est réputé se situer à l'endroit où le bien se trouve au moment de la livraison.

Section 2
Livraisons de biens avec transport

Art. 32 Dans le cas où le bien est expédié ou transporté soit par le fournisseur, soit par l'acquéreur, soit par une tierce personne, le lieu de la livraison est réputé se situer à l'endroit où le bien se trouve au moment du départ de l'expédition ou du transport à destination de l'acquéreur.

Toutefois, lorsque le lieu de départ de l'expédition ou du transport des biens se trouve dans un territoire tiers ou un pays tiers, le lieu de la livraison effectuée par l'importateur désigné ou reconnu comme redevable de la taxe en vertu de l'article 201 ainsi que le lieu d'éventuelles livraisons subséquentes sont réputés se situer dans l'Etat membre d'importation des biens.

Art. 33 Par dérogation à l'article 32 :

a) le lieu de livraison de ventes à distance intracommunautaires de biens est réputé se situer à l'endroit où les biens se trouvent au moment de l'arrivée de l'expédition ou du transport à destination de l'acquéreur ;

b) le lieu de livraison de ventes à distance de biens importés de territoires tiers ou de pays tiers est réputé se situer à l'endroit où les biens se trouvent au moment de l'arrivée de l'expédition ou du transport à destination de l'acquéreur lorsque l'importation a lieu dans un Etat membre autre que celui d'arrivée de l'expédition ou du transport à destination de l'acquéreur ;

c) le lieu de livraison de ventes à distance de biens importés de territoires tiers ou de pays tiers est réputé se situer dans l'Etat membre d'arrivée de l'expédition ou du transport à destination de l'acquéreur lorsque l'importation a lieu dans cet Etat membre, dès lors que la TVA sur ces biens doit être déclarée au titre du régime particulier prévu au titre XII, chapitre 6, section 4.

Art. 34 *(Article supprimé depuis le 1er juillet 2021).*

Art. 35 Les dispositions de l'article 33 ne s'appliquent pas aux livraisons de biens d'occasion, d'objets d'art, de collection ou d'antiquité tels que définis à l'article 311, paragraphe 1, points 1) à 4), ni aux livraisons de moyens de transport d'occasion tels que définis à l'article 327, paragraphe 3, soumises à la TVA conformément aux régimes particuliers applicables dans ces domaines.

Art. 36 Dans le cas où le bien expédié ou transporté soit par le fournisseur, soit par l'acquéreur, soit par une tierce personne fait l'objet d'une installation ou d'un montage avec ou sans essai de mise en service par le fournisseur ou pour son compte, le lieu de la livraison est réputé se situer à l'endroit où est fait l'installation ou le montage.

Lorsque l'installation ou le montage est effectué dans un Etat membre autre que celui du fournisseur, l'Etat membre sur le territoire duquel est effectué l'installation ou le montage prend les mesures nécessaires pour éviter une double imposition dans cet Etat membre.

Art. 36 bis 1. Lorsque les mêmes biens font l'objet de livraisons successives et qu'ils sont expédiés ou transportés d'un Etat membre vers un autre Etat membre, directement du premier fournisseur au dernier client dans la chaîne, l'expédition ou le transport n'est imputé qu'à la livraison effectuée à l'opérateur intermédiaire.

2. Par dérogation au paragraphe 1, l'expédition ou le transport n'est imputé qu'à la livraison de biens effectuée par l'opérateur intermédiaire lorsque ce dernier a communiqué à son fournisseur le numéro d'identification TVA qui lui a été attribué par l'Etat membre à partir duquel les biens sont expédiés ou transportés.

3. Aux fins du présent article, il faut entendre par « opérateur intermédiaire » un fournisseur dans la chaîne autre que le premier fournisseur, qui expédie ou transporte les biens, soit lui-même, soit par l'intermédiaire d'un tiers agissant pour son compte.

4. Le présent article ne s'applique pas aux situations relevant de l'article 14 bis.

Art. 36 ter Lorsqu'un assujetti est réputé avoir reçu et livré des biens conformément à l'article 14 bis, l'expédition ou le transport de ces biens est imputé à la livraison effectuée par ledit assujetti.

Section 3
Livraisons de biens à bord d'un bateau, d'un avion ou d'un train

Art. 37 1. Dans le cas où la livraison de biens est effectuée à bord d'un bateau, d'un avion ou d'un train, et au cours de la partie d'un transport de passagers effectuée dans la Communauté, le lieu de cette livraison est réputé se situer au lieu de départ du transport de passagers.

2. Aux fins du paragraphe 1, est considérée comme « partie d'un transport de passagers effectuée dans la Communauté », la partie d'un transport effectuée sans escale en dehors de la Communauté, entre le lieu de départ et le lieu d'arrivée du transport de passagers.

« Lieu de départ d'un transport de passagers » est le premier point d'embarquement de passagers prévu dans la Communauté, le cas échéant après escale en dehors de la Communauté.

« Lieu d'arrivée d'un transport de passagers » est le dernier point de débarquement, prévu dans la Communauté, pour des passagers ayant embarqué dans la Communauté, le cas échéant avant escale en dehors de la Communauté.

Dans le cas d'un transport aller-retour, le trajet de retour est considéré comme un transport distinct.

3. La Commission soumet au Conseil, dans les meilleurs délais, un rapport accompagné, le cas échéant, des propositions appropriées sur le lieu de taxation des livraisons de biens destinés à la consommation à bord et des prestations de services, y compris la restauration, fournies à des passagers à bord d'un bateau, d'un avion ou d'un train.

Jusqu'à l'adoption des propositions visées au premier alinéa, les Etats membres peuvent exonérer, ou continuer à exonérer, avec droit à déduction de la TVA payée au stade antérieur, les livraisons de biens destinés à être consommés à bord dont le lieu de taxation est déterminé conformément au paragraphe 1.

Section 4
Livraisons de gaz via un système de gaz naturel, d'électricité et de chaleur ou de froid via les réseaux de chauffage et de refroidissement

Art. 38 1. En cas de livraison de gaz via un système de gaz naturel situé sur le territoire de la Communauté ou tout réseau connecté à un tel système, de livraison d'électricité ou de livraison de chaleur ou de froid via les réseaux de chauffage ou de refroidissement à un assujetti-revendeur, le lieu de la livraison est réputé se situer à l'endroit où cet assujetti-revendeur a établi le siège de son activité économique ou dispose d'un établissement stable pour lequel les biens sont livrés ou, en l'absence d'un tel siège ou établissement stable, à l'endroit où il a son domicile ou sa résidence habituelle.

2. Aux fins du paragraphe 1, on entend par « assujetti-revendeur » un assujetti dont l'activité principale, en ce qui concerne l'achat de gaz, d'électricité et de chaleur ou de froid, consiste à revendre ces produits et dont la propre consommation de ces produits est négligeable.

Art. 39 En cas de livraison de gaz via un système de gaz naturel situé sur le territoire de la Communauté ou tout réseau connecté à un tel système, de livraison d'électricité ou de livraison de chaleur ou de froid via les réseaux de chauffage ou de refroidissement non couvertes par l'article 38, le lieu de la livraison est réputé se situer à l'endroit où l'acquéreur utilise et consomme effectivement les biens.

Lorsque la totalité ou une partie du gaz, de l'électricité ou de la chaleur ou du froid n'est pas effectivement consommée par l'acquéreur, ces biens non consommés sont réputés avoir été utilisés et consommés à l'endroit où l'acquéreur a établi le siège de son activité économique ou dispose d'un établissement stable pour lequel les biens sont livrés. En l'absence d'un tel siège ou établissement stable, l'acquéreur est réputé avoir utilisé et consommé lesdits biens à l'endroit où il a son domicile ou sa résidence habituelle.

CHAPITRE 2
Lieu des acquisitions intracommunautaires de biens

Art. 40 Le lieu d'une acquisition intracommunautaire de biens est réputé se situer à l'endroit où les biens se trouvent au moment de l'arrivée de l'expédition ou du transport à destination de l'acquéreur.

Art. 41 Sans préjudice des dispositions de l'article 40, le lieu d'une acquisition intracommunautaire de biens visée à l'article 2, paragraphe 1, point b) i), est réputé se situer sur le territoire de l'Etat membre qui a attribué le numéro d'identification TVA sous lequel l'acquéreur a effectué cette acquisition, dans la mesure où l'acquéreur n'établit pas que cette acquisition a été soumise à la TVA conformément à l'article 40.

Si, en application de l'article 40, l'acquisition est soumise à la TVA dans l'Etat membre d'arrivée de l'expédition ou du transport des biens après avoir été soumise à la taxe en application du premier alinéa, la base d'imposition est réduite à due concurrence dans l'Etat membre qui a attribué le numéro d'identification TVA sous lequel l'acquéreur a effectué cette acquisition.

Art. 42 L'article 41, premier alinéa, ne s'applique pas et l'acquisition intracommunautaire de biens est réputée avoir été soumise à la TVA conformément à l'article 40, lorsque les conditions suivantes sont réunies :

a) l'acquéreur établit avoir effectué cette acquisition pour les besoins d'une livraison subséquente, effectuée sur le territoire de l'Etat membre déterminé conformément à l'article 40, pour laquelle le destinataire a été désigné comme redevable de la taxe conformément à l'article 197 ;

b) l'acquéreur a rempli les obligations relatives au dépôt de l'état récapitulatif prévues à l'article 265.

CHAPITRE 3
Lieu des prestations de services

Section 1
Définitions

Art. 43 Aux fins de l'application des règles relatives au lieu des prestations de services :

1) un assujetti qui exerce également des activités ou effectue aussi des opérations qui ne sont pas considérées comme étant des livraisons de biens ou des prestations de services imposables conformément à l'article 2, paragraphe 1, est considéré comme assujetti pour tous les services qui lui sont fournis ;

2) une personne morale non assujettie qui est identifiée à la TVA est considérée comme assujettie.

Section 2
Règles générales

Art. 44 Le lieu des prestations de services fournies à un assujetti agissant en tant que tel est l'endroit où l'assujetti a établi le siège de son activité économique. Néanmoins, si ces services sont fournis à un établissement stable de l'assujetti situé en un lieu autre que l'endroit où il a établi le siège de son activité économique, le lieu des prestations de ces services est l'endroit où cet établissement stable est situé. A défaut d'un tel siège ou d'un tel établissement stable, le lieu des prestations de services est l'endroit où l'assujetti qui bénéficie de tels services a son domicile ou sa résidence habituelle.

Art. 45 Le lieu des prestations de services fournies à une personne non assujettie est l'endroit où le prestataire a établi le siège de son activité économique. Toutefois, si ces prestations sont effectuées à partir de l'établissement stable du prestataire situé en un lieu autre que l'endroit où il a établi le siège de son activité économique, le lieu des prestations de ces services est l'endroit où cet établissement stable est situé. A défaut d'un tel siège ou d'un tel établissement stable, le lieu des prestations de services est l'endroit où le prestataire a son domicile ou sa résidence habituelle.

Section 3
Dispositions particulières

Sous-section 1
Prestations de services des intermédiaires

Art. 46 Le lieu des prestations de services fournies à une personne non assujettie par un intermédiaire agissant au nom et pour le compte d'autrui est le lieu où l'opération principale est effectuée, conformément à la présente directive.

Sous-section 2
Prestations de services
rattachées à un bien immeuble

Art. 47 Le lieu des prestations de services se rattachant à un bien immeuble, y compris les prestations d'experts et d'agents immobiliers, la fourniture de logements dans le cadre du secteur hôtelier ou de secteurs ayant une fonction similaire, tels que des camps de vacances ou des sites aménagés pour camper, l'octroi de droits d'utilisation d'un bien immeuble et les prestations tendant à préparer ou à coordonner l'exécution de travaux immobiliers, telles que celles fournies par les architectes et les entreprises qui surveillent l'exécution des travaux, est l'endroit où ce bien immeuble est situé.

Sous-section 3
Prestations de transport

Art. 48 Le lieu des prestations de transport de passagers est l'endroit où s'effectue le transport en fonction des distances parcourues.

Art. 49 Le lieu des prestations de transport de biens effectuées pour des personnes non assujetties autre que le transport intracommunautaire de biens est l'endroit où s'effectue le transport en fonction des distances parcourues.

Art. 50 Le lieu des prestations de transport intracommunautaire de biens effectuées pour des personnes non assujetties est le lieu de départ du transport.

Art. 51 On entend par « transport intracommunautaire de biens » tout transport de biens dont le lieu de départ et le lieu d'arrivée sont situés sur les territoires de deux Etats membres différents.

On entend par « lieu de départ » le lieu où commence effectivement le transport des biens, sans tenir compte des trajets effectués pour se rendre au lieu où se trouvent les biens, et par « lieu d'arrivée », le lieu où s'achève effectivement le transport des biens.

Art. 52 Les Etats membres peuvent ne pas soumettre à la TVA la partie du transport intracommunautaire de biens effectuée pour des personnes non assujetties qui correspond aux trajets effectués au-dessus des eaux qui ne font pas partie du territoire de la Communauté.

Sous-section 4
Prestations de services culturels, artistiques,
sportifs, scientifiques, éducatifs
et de divertissement et manifestations similaires,
services accessoires au transport, expertises
de biens meubles et travaux portant sur ces biens

Art. 53 Le lieu des prestations de services consistant à donner accès à des manifestations culturelles, artistiques, sportives, scientifiques, éducatives, de divertissement ou similaires, telles que les foires et les expositions, ainsi que des prestations de services accessoires à cet accès, fournies à un assujetti, est l'endroit où ces manifestations ont effectivement lieu.

Le présent article ne s'applique pas à l'accès aux manifestations visées au premier alinéa lorsque la présence est virtuelle.

Ndlr *Le second alinéa du présent article s'applique à compter du 1er janvier 2025 [Directive (UE) 2022/542 du 5 avril 2022 art. 1, 1) et 3].*

Art. 54 1. Le lieu des prestations de services ayant pour objet des activités culturelles, artistiques, sportives, scientifiques, éducatives, de divertissement ou similaires, telles que les foires et les expositions, y compris des prestations de services des organisateurs de telles activités, ainsi que des prestations de services accessoires à ces activités, fournies à une personne non assujettie, est l'endroit où ces activités ont effectivement lieu.

Lorsque les services et les services accessoires se rapportent à des activités qui sont diffusées ou mises à disposition virtuellement, le lieu des prestations de services est toutefois situé à l'endroit où la personne non assujettie est établie, a son domicile ou sa résidence habituelle.

***Ndlr** Le second alinéa du présent 1 s'applique à compter du 1er janvier 2025 [Directive (UE) 2022/542 du 5 avril 2022 art. 1, 2) et 3].*

2. Le lieu des prestations de services ci-après fournies à une personne non assujettie est l'endroit où ces prestations sont matériellement exécutées :

a) les activités accessoires au transport, telles que le chargement, le déchargement, la manutention et les activités similaires ;

b) les expertises ou les travaux portant sur des biens meubles corporels.

Sous-section 5
Services de restaurant et de restauration

Art. 55 Le lieu des prestations de services de restaurant et de restauration est le lieu où les prestations sont matériellement exécutées, à l'exception de celles qui sont exécutées matériellement à bord de navires, d'aéronefs ou de trains au cours de la partie d'un transport de passagers effectuée à l'intérieur de la Communauté.

Sous-section 6
Locations de moyens de transport

Art. 56 1. Le lieu des prestations de location de courte durée d'un moyen de transport est l'endroit où le moyen de transport est effectivement mis à la disposition du preneur.

2. Le lieu des prestations de services de location, autre que la location de courte durée, d'un moyen de transport fournies à une personne non assujettie est l'endroit où cette personne est établie ou a son domicile ou sa résidence habituelle.

Toutefois, le lieu des prestations de services de location d'un bateau de plaisance, à l'exception de la location de courte durée, à une personne non assujettie est l'endroit où le bateau de plaisance est effectivement mis à la disposition du preneur, lorsque le service est effectivement fourni par le prestataire à partir du siège de son activité économique ou d'un établissement stable qui y est situé.

3. Aux fins des paragraphes 1 et 2, on entend par « courte durée » la possession ou l'utilisation continue du moyen de transport pendant une période ne dépassant pas trente jours, et, dans le cas d'un moyen de transport maritime, pendant une période ne dépassant pas quatre-vingt-dix jours.

Sous-section 7
Services de restaurant et de restauration à des fins de consommation à bord de navires, d'aéronefs ou de trains

Art. 57 1. Le lieu des prestations de services de restaurant ou de restauration qui sont matériellement exécutées à bord de navires, d'aéronefs ou de trains au cours de la partie d'un transport de passagers effectuée à l'intérieur de la Communauté est le lieu de départ du transport des passagers.

2. Aux fins du paragraphe 1, on entend par « partie d'un transport de passagers effectuée dans la Communauté » la partie d'un transport effectuée sans escale en dehors de la Communauté, entre le lieu de départ et le lieu d'arrivée du transport de passagers.

On entend par « lieu de départ d'un transport de passagers » le premier point d'embarquement de passagers prévu dans la Communauté, le cas échéant après escale en dehors de la Communauté.

On entend par « lieu d'arrivée d'un transport de passagers » le dernier point de débarquement, prévu dans la Communauté, pour des passagers ayant embarqué dans la Communauté, le cas échéant avant escale en dehors de la Communauté.

Dans le cas d'un transport aller-retour, le trajet de retour est considéré comme un transport distinct.

Sous-section 8
Services de télécommunication, de radiodiffusion et de télévision et services fournis par voie électronique à des personnes non assujetties

Art. 58 1. Le lieu des prestations de services ci-après fournies à une personne non assujettie est le lieu où cette personne est établie ou a son domicile ou sa résidence habituelle :

a) les services de télécommunication ;

b) les services de radiodiffusion et de télévision ;

c) les services fournis par voie électronique, notamment ceux visés à l'annexe II.

Lorsque le prestataire de services et le preneur communiquent par courrier électronique, cela ne signifie pas en soi que le service est un service fourni par voie électronique.

2. *(Supprimé depuis le 1er juillet 2021).*

3. *(Supprimé depuis le 1er juillet 2021).*

4. *(Supprimé depuis le 1er juillet 2021).*

5. *(Supprimé depuis le 1er juillet 2021).*

6. *(Supprimé depuis le 1er juillet 2021).*

Sous-section 9
Services fournis à des personnes non assujetties établies hors de la Communauté

Art. 59 Le lieu des prestations de services suivantes, fournies à une personne non assujettie qui est établie ou a son domicile ou sa résidence habituelle hors de la Communauté, est l'endroit où cette personne est établie ou a son domicile ou sa résidence habituelle :

a) les cessions et concessions de droits d'auteurs, de brevets, de droits de licences, de marques de fabrique et de commerce, et d'autres droits similaires ;

b) les prestations de publicité ;

c) les prestations des conseillers, des ingénieurs, des bureaux d'études, des avocats, des experts comptables et autres prestations similaires, ainsi que le traitement de données et la fourniture d'informations ;

d) les obligations de ne pas exercer, entièrement ou partiellement, une activité professionnelle ou un droit visé au présent article ;

e) les opérations bancaires, financières et d'assurance, y compris celles de réassurance, à l'exception de la location de coffres-forts ;

f) la mise à disposition de personnel ;

g) la location de biens meubles corporels, à l'exception de tout moyen de transport ;

h) la fourniture d'un accès à un système de gaz naturel situé sur le territoire de la Communauté ou à un réseau connecté à un tel système, au système d'électricité ou aux réseaux de chauffage ou de refroidissement, ou le transport ou la distribution via ces systèmes ou réseaux, et la fourniture d'autres services qui y sont directement liés.

Sous-section 10
Mesures visant à éviter la double imposition et la non-imposition

Art. 59 bis Pour éviter les cas de double imposition, de non-imposition ou de distorsion de concurrence, les Etats membres peuvent, en ce qui concerne les services dont le lieu des prestations est régi par les articles 44 et 45, l'article 54, paragraphe 1, deuxième alinéa et les articles 56, 58 et 59, considérer :

a) le lieu de prestation de tout ou partie de ces services, qui est situé sur leur territoire, comme s'il était situé en dehors de la Communauté, si l'utilisation ou l'exploitation effectives des services s'effectuent en dehors de la Communauté ;

b) le lieu de prestation de tout ou partie de ces services, qui est situé en dehors de la Communauté, comme s'il était situé sur leur territoire, si l'utilisation ou l'exploitation effectives des services s'effectuent sur leur territoire.

CHAPITRE 3 bis
Seuil applicable aux assujettis qui effectuent des livraisons de biens couvertes par l'article 33, point a) et des prestations de services couvertes par l'article 58

Art. 59 quater 1. L'article 33, point a), et l'article 58 ne s'appliquent pas lorsque les conditions ci-après sont réunies :

a) le prestataire est établi ou, en l'absence d'établissement, a son domicile ou sa résidence habituelle dans un seul Etat membre ;

b) les services sont fournis à des personnes non assujetties qui sont établies, ont leur domicile ou leur résidence habituelle dans un Etat membre autre que celui visé au point a) ou les biens sont expédiés ou transportés à destination d'un Etat membre autre que celui visé au point a) ; et

c) la valeur totale, hors TVA, des prestations de services et livraisons de biens visées au point b) ne dépasse pas, au cours de l'année civile en cours, 10 000 €, ou sa contre-valeur en monnaie nationale, et n'a pas dépassé ce seuil au cours de l'année civile précédente.

2. Lorsque, au cours d'une année civile, le seuil visé au paragraphe 1, point c), du présent article est dépassé, l'article 33, point a), et l'article 58 s'appliquent à compter de ce moment.

3. L'Etat membre sur le territoire duquel les biens se trouvent au moment du départ de l'expédition ou du transport ou dans lequel les assujettis fournissant des services de télécommunication, de radiodiffusion et de télévision et des services fournis par voie électronique sont établis accorde aux assujettis qui effectuent des livraisons de biens ou des prestations de services susceptibles de bénéficier des dispositions du paragraphe 1 le droit d'opter pour que le lieu de ces livraisons et prestations soit déterminé conformément à l'article 33, point a), et à l'article 58 ; cette option couvre, en tout état de cause, une période de deux années civiles.

4. Les Etats membres prennent les mesures appropriées pour contrôler le respect par l'assujetti des conditions visées aux paragraphes 1, 2 et 3.

5. La contre-valeur en monnaie nationale du montant mentionné au paragraphe 1, point c), est calculée par application du taux de change publié par la Banque centrale européenne à la date d'adoption de la directive (UE) 2017/2455.

CHAPITRE 4
Lieu des importations de biens

Art. 60 L'importation de biens est effectuée dans l'Etat membre sur le territoire duquel le bien se trouve au moment où il est introduit dans la Communauté.

Art. 61 Par dérogation à l'article 60, lorsqu'un bien qui n'est pas en libre pratique relève depuis son introduction dans la Communauté de l'un des régimes ou de l'une des situations visés à l'article 156 ou d'un régime d'admission temporaire en exonération totale de droits à l'importation ou de transit externe, l'importation de ce bien est effectuée dans l'Etat membre sur le territoire duquel le bien sort de ces régimes ou situations.

De même, lorsqu'un bien qui est en libre pratique relève depuis son introduction dans la Communauté de l'un des régimes ou de l'une des situations visés aux articles 276 et 277, l'importation de ce bien est effectuée dans l'Etat membre sur le territoire duquel le bien sort de ces régimes ou situations.

TITRE VI
FAIT GENERATEUR ET EXIGIBILITE DE LA TAXE

CHAPITRE 1
Dispositions générales

Art. 62 Aux fins de la présente directive sont considérés comme :

1) « fait générateur de la taxe » le fait par lequel sont réalisées les conditions légales nécessaires pour l'exigibilité de la taxe ;

2) « exigibilité de la taxe » le droit que le Trésor peut faire valoir aux termes de la loi, à partir d'un moment donné, auprès du redevable pour le paiement de la taxe, même si le paiement peut en être reporté.

CHAPITRE 2
Livraisons de biens et prestations de services

Art. 63 Le fait générateur de la taxe intervient et la taxe devient exigible au moment où la livraison de biens ou la prestation de services est effectuée.

Art. 64 1. Lorsqu'elles donnent lieu à des décomptes ou à des paiements successifs, les livraisons de biens, autres que celles ayant pour objet la location d'un bien pendant une certaine période ou la vente à tempérament d'un bien visées à l'article 14, paragraphe 2, point b), et les prestations de services sont considérées comme effectuées au moment de l'expiration des périodes auxquelles ces décomptes ou paiements se rapportent.

2. Les livraisons de biens effectuées de manière continue pendant une période de plus d'un mois civil et qui concernent des biens expédiés ou transportés vers un Etat membre autre que celui de départ de l'expédition ou du transport et livrés en exonération de la TVA ou transférés en exonération de la TVA vers un autre Etat membre par un assujetti pour les besoins de son entreprise, dans les conditions prévues à l'article 138, sont réputées effectuées à l'expiration de chaque mois civil, jusqu'à ce qu'il soit mis fin à la livraison.

Les prestations de services pour lesquelles la taxe est due par le preneur de services en application de l'article 196, qui ont lieu de manière continue sur une période supérieure à une année et qui ne donnent pas lieu à des décomptes ou des paiements durant cette période sont réputées effectuées à l'expiration de chaque année civile, jusqu'à ce qu'il soit mis fin à la prestation de services.

Les Etats membres peuvent prévoir que, dans certains cas autres que ceux visés aux premier et deuxième alinéas, les livraisons de biens et les prestations de services qui ont lieu de manière continue sur une certaine période sont réputées effectuées au moins à des intervalles d'un an.

Art. 65 En cas de versements d'acomptes avant que la livraison de biens ou la prestation de services ne soit effectuée, la taxe devient exigible au moment de l'encaissement, à concurrence du montant encaissé.

Art. 66 Par dérogation aux articles 63, 64 et 65, les Etats membres peuvent prévoir que la taxe devient exigible pour certaines opérations ou certaines catégories d'assujettis à un des moments suivants :

a) au plus tard lors de l'émission de la facture ;

b) au plus tard lors de l'encaissement du prix ;

c) en l'absence d'émission ou en cas d'émission tardive de la facture, dans un délai déterminé et au plus tard à l'expiration du délai d'émission des factures imposé par les Etats membres en application de l'article 222, deuxième alinéa, ou, si aucun délai n'a été imposé par l'Etat membre, dans un délai déterminé à compter de la date du fait générateur.

La dérogation prévue au premier alinéa ne s'applique pas, cependant, aux prestations de services pour lesquelles l'acquéreur ou preneur est redevable de la TVA en application de l'article 196 ni aux livraisons ou aux transferts de biens visés à l'article 67.

Art. 66 bis Par dérogation aux articles 63, 64 et 65, pour la livraison de biens par un assujetti réputé avoir reçu et livré les biens conformément à l'article 14 bis et pour la livraison de biens à cet assujetti, le fait générateur intervient et la TVA devient exigible au moment où le paiement a été accepté.

Art. 67 Lorsque, dans les conditions prévues à l'article 138, des biens expédiés ou transportés dans un Etat membre autre que celui de départ de l'expédition ou du transport sont livrés en exonération de la TVA ou que des biens sont transférés en exonération de la TVA dans un autre Etat membre par un assujetti pour les besoins de son entreprise, la taxe devient exigible lors de l'émission de la facture ou à l'expiration du délai visé à l'article 222, premier alinéa, si aucune facture n'a été émise avant cette date.

L'article 64, paragraphe 1, l'article 64, paragraphe 2, troisième alinéa et l'article 65 ne s'appliquent pas à l'égard des livraisons et des transferts de biens visés au premier alinéa.

CHAPITRE 3
Acquisitions intracommunautaires de biens

Art. 68 Le fait générateur de la taxe intervient au moment où l'acquisition intracommunautaire de biens est effectuée.

L'acquisition intracommunautaire de biens est considérée comme effectuée au moment où la livraison de biens similaires sur le territoire de l'Etat membre est considérée comme effectuée.

Art. 69 Pour les acquisitions intracommunautaires de biens, la taxe devient exigible lors de l'émission de la facture, ou à l'expiration du délai visé à l'article 222, premier alinéa, si aucune facture n'a été émise avant cette date.

CHAPITRE 4
Importations de biens

Art. 70 Le fait générateur intervient et la taxe devient exigible au moment où l'importation de biens est effectuée.

Art. 71 1. Lorsque des biens relèvent depuis leur introduction dans la Communauté de l'un des régimes ou de l'une des situations visés aux articles 156, 276 et 277, ou d'un régime d'admission temporaire en exonération totale de droits à l'importation ou de transit externe, le fait générateur et l'exigibilité de la taxe n'interviennent qu'au moment où les biens sortent de ces régimes ou situations.

Toutefois, lorsque les biens importés sont soumis à des droits de douane, à des prélèvements agricoles ou à des taxes d'effet équivalent établies dans le cadre d'une politique commune, le fait générateur intervient et la taxe devient exigible au moment où interviennent le fait générateur et l'exigibilité de ces droits.

2. Dans les cas où les biens importés ne sont soumis à aucun des droits visés au paragraphe 1, deuxième alinéa, les Etats membres appliquent les dispositions en vigueur en matière de droits de douane pour ce qui concerne le fait générateur et l'exigibilité de la taxe.

TITRE VII
BASE D'IMPOSITION

CHAPITRE 1
Définition

Art. 72 Aux fins de la présente directive, on entend par « valeur normale », le montant total qu'un acquéreur ou un preneur, se trouvant au stade de commercialisation auquel est effectuée la livraison de biens ou la prestation de services, devrait payer, dans des conditions de pleine concurrence, à un fournisseur ou prestataire indépendant sur le territoire de l'Etat membre dans lequel l'opération est imposable, pour se procurer à ce moment les biens ou les services en question.

Lorsqu'il n'est pas possible d'établir une livraison de biens ou une prestation de services comparables, on entend par la valeur normale les montants suivants :

1) lorsqu'il s'agit de biens, un montant qui n'est pas inférieur au prix d'achat des objets ou d'objets comparables ou, à défaut de prix d'achat, au prix de revient, déterminés au moment où s'effectuent ces opérations ;

2) lorsqu'il s'agit de services, un montant qui n'est pas inférieur aux dépenses engagées par l'assujetti pour l'exécution de la prestation de services.

CHAPITRE 2
Livraisons de biens et prestations de services

Art. 73 Pour les livraisons de biens et les prestations de services autres que celles visées aux articles 74 à 77, la base d'imposition comprend tout ce qui constitue la contrepartie obtenue ou à obtenir par le fournisseur ou le prestataire pour ces opérations de la part de l'acquéreur, du preneur ou d'un tiers, y compris les subventions directement liées au prix de ces opérations.

Art. 73 bis Sans préjudice de l'article 73, la base d'imposition de la livraison de biens ou de la prestation de services effectuée en lien avec un bon à usages multiples est égale à la contrepartie payée en échange du bon ou, en l'absence d'information sur cette contrepartie, à la valeur monétaire indiquée sur le bon à usages multiples ou dans la documentation correspondante, diminuée du montant de la TVA afférente aux biens livrés ou aux services prestés.

Ndlr *Voir aussi les articles 410 bis et 410 ter.*

Art. 74 Pour les opérations de prélèvement ou d'affectation par un assujetti d'un bien de son entreprise ou de détention de biens par un assujetti ou par ses ayants droits en cas de cessation de son activité économique imposable, visées aux articles 16 et 18, la base d'imposition est constituée par le prix d'achat des biens ou de biens similaires ou, à défaut de prix d'achat, par le prix de revient, déterminés au moment où s'effectuent ces opérations.

Art. 75 Pour les prestations de services consistant en l'utilisation d'un bien affecté à l'entreprise pour des besoins privés et pour les prestations de services effectuées à titre gratuit, visées à l'article 26, la base d'imposition est constituée par le montant des dépenses engagées par l'assujetti pour l'exécution de la prestation de services.

Art. 76 Pour les livraisons de biens consistant en des transferts à destination d'un autre Etat membre, la base d'imposition est constituée par le prix d'achat des biens ou de biens similaires ou, à défaut de prix d'achat, par le prix de revient, déterminés au moment où s'effectuent ces opérations.

Art. 77 Pour les prestations de services effectuées par un assujetti pour les besoins de son entreprise visées à l'article 27, la base d'imposition est constituée par la valeur normale de l'opération en question.

Art. 78 Sont à comprendre dans la base d'imposition les éléments suivants :

a) les impôts, droits, prélèvements et taxes, à l'exception de la TVA elle-même ;

b) les frais accessoires, tels que les frais de commission, d'emballage, de transport et d'assurance demandés par le fournisseur à l'acquéreur ou au preneur.

Aux fins du premier alinéa, point b), les Etats membres peuvent considérer comme frais accessoires ceux faisant l'objet d'une convention séparée.

Art. 79 Ne sont pas à comprendre dans la base d'imposition les éléments suivants :

a) les diminutions de prix à titre d'escompte pour paiement anticipé ;

b) les rabais et ristournes de prix consentis à l'acquéreur ou au preneur et acquis au moment où s'effectue l'opération ;

c) les montants reçus par un assujetti de la part de son acquéreur ou de son preneur, en remboursement des frais exposés au nom et pour le compte de ces derniers et qui sont portés dans sa comptabilité dans des comptes de passage.

L'assujetti doit justifier le montant effectif des frais visés au premier alinéa, point c), et ne peut pas procéder à la déduction de la TVA qui les a éventuellement grevés.

Art. 80 1. Afin de prévenir la fraude ou l'évasion fiscales, les Etats membres peuvent prendre des mesures pour que, pour les livraisons de biens et les prestations de services à des bénéficiaires avec lesquels il existe des liens familiaux ou d'autres liens personnels étroits, des liens organisationnels, de propriété, d'affiliation, financiers ou juridiques tels que définis par l'Etat membre, la base d'imposition soit constituée par la valeur normale de l'opération dans les cas suivants :

a) lorsque la contrepartie est inférieure à la valeur normale et que le destinataire de la livraison ou de la prestation n'a pas le droit de déduire entièrement la TVA en vertu des articles 167 à 171 et des articles 173 à 177 ;

b) lorsque la contrepartie est inférieure à la valeur normale et que le fournisseur ou prestataire n'a pas le droit de déduire entièrement la TVA en vertu des articles 167 à 171 et des articles 173 à 177 et que la livraison ou la prestation fait l'objet d'une exonération en vertu des articles 132, 135, 136, 371, 375, 376 et 377, de l'article 378, paragraphe 2, de l'article 379, paragraphe 2, et des articles articles 380 à 390 quater ;

c) lorsque la contrepartie est supérieure à la valeur normale et que le fournisseur ou prestataire n'a pas le droit de déduire entièrement la TVA en vertu des articles 167 à 171 et des articles 173 à 177.

Aux fins du premier alinéa, les liens juridiques peuvent inclure la relation établie entre un employeur et un salarié, la famille du salarié ou d'autres personnes qui lui sont proches.

2. Lorsqu'ils font usage de la faculté prévue au paragraphe 1, les Etats membres peuvent définir les catégories de fournisseurs, prestataires, acquéreurs ou preneurs auxquelles les mesures s'appliquent.

3. Les Etats membres informent le comité de la TVA de l'introduction des mesures nationales adoptées en application des dispositions du paragraphe 1, dans la mesure où il ne s'agit pas de mesures qui ont fait l'objet d'une autorisation du Conseil avant le 13 août 2006 conformément à l'article 27, paragraphes 1 à 4, de la directive 77/388/CEE *(NDLR Devenu article 395 de la directive 2006/112/CE)* et qui sont maintenues en vertu du paragraphe 1 du présent article.

Art. 81 Les Etats membres qui, au 1er janvier 1993, ne faisaient pas usage de la faculté d'appliquer un taux réduit en vertu de l'article 98, peuvent, lorsqu'ils font usage de la faculté prévue à l'article 89, prévoir que, pour les livraisons d'objets d'art visées à l'annexe III, point 26), la base d'imposition est égale à une fraction du montant déterminé conformément aux articles 73, 74, 76, 78 et 79.

La fraction visée au premier alinéa est déterminée de façon que la TVA ainsi due soit au moins égale à 5 % du montant déterminé conformément aux articles 73, 74, 76, 78 et 79.

Art. 82 Les Etats membres peuvent prévoir que, pour les livraisons de biens et les prestations de services, la base d'imposition inclut la valeur de l'or d'investissement exonéré au sens de l'article 346, qui a été fourni par l'acquéreur ou le preneur en vue de la transformation et qui perd en conséquence son statut d'or d'investissement exonéré de la TVA lors de la livraison de ces biens ou de la prestation de ces services. La valeur à prendre en compte est la valeur normale de l'or d'investissement au moment de la livraison de ces biens ou de la prestation de ces services.

CHAPITRE 3
Acquisitions intracommunautaires de biens

Art. 83 Pour les acquisitions intracommunautaires de biens, la base d'imposition est constituée par les mêmes éléments que ceux retenus pour déterminer, conformément au chapitre 2, la base d'imposition de la livraison de ces mêmes biens sur le territoire de l'Etat membre. Notamment, pour les opérations assimilées aux acquisitions intracommunautaires de biens visées aux articles 21 et 22, la base d'imposition est constituée par le prix d'achat des biens ou de biens similaires ou, à défaut de prix d'achat, par le prix de revient, déterminés au moment où s'effectuent ces opérations.

Art. 84 1. Les Etats membres prennent les mesures nécessaires en vue d'assurer que les droits d'accise dus ou acquittés par la personne qui réalise l'acquisition intracommunautaire d'un produit soumis à accises sont compris dans la base d'imposition, conformément à l'article 78, premier alinéa, point a).

2. Lorsque, après le moment où s'effectue l'acquisition intracommunautaire de biens, l'acquéreur obtient le rembourse-ment des droits d'accise acquittés dans l'Etat membre de départ de l'expédition ou du transport des biens, la base d'imposition est réduite à due concurrence dans l'Etat membre sur le territoire duquel l'acquisition est effectuée.

CHAPITRE 4
Importations de biens

Art. 85 Pour les importations de biens, la base d'imposition est constituée par la valeur définie comme la valeur en douane par les dispositions communautaires en vigueur.

Art. 86 1. Sont à comprendre dans la base d'imposition, dans la mesure où ils n'y sont pas déjà compris, les éléments suivants :

a) les impôts, droits, prélèvements et autres taxes qui sont dus en dehors de l'Etat membre d'importation, ainsi que ceux qui sont dus en raison de l'importation, à l'exception de la TVA à percevoir ;

b) les frais accessoires, tels que les frais de commission, d'emballage, de transport et d'assurance intervenant jusqu'au premier lieu de destination des biens sur le territoire de l'Etat membre d'importation, ainsi que ceux découlant du transport vers un autre lieu de destination se trouvant dans la Communauté, si ce dernier lieu est connu au moment où intervient le fait générateur de la taxe.

2. Aux fins du paragraphe 1, point b), est considéré comme « premier lieu de destination » le lieu figurant sur la lettre de voiture ou tout autre document sous couvert duquel les biens entrent dans l'Etat membre d'importation. A défaut d'une telle indication, le premier lieu de destination est censé se trouver au lieu de la première rupture de charge dans l'Etat membre d'importation.

Art. 87 Ne sont pas à comprendre dans la base d'imposition les éléments suivants :

a) les diminutions de prix à titre d'escompte pour paiement anticipé ;

b) les rabais et ristournes de prix consentis à l'acquéreur et acquis au moment où s'effectue l'importation.

Art. 88 Pour les biens qui ont été exportés temporairement en dehors de la Communauté et qui sont réimportés après avoir fait l'objet en dehors de la Communauté de travaux de réparation, de transformation, d'adaptation, de façon ou d'ouvraison, les Etats membres prennent des mesures assurant que le traitement fiscal en matière de TVA afférent au bien obtenu est le même que celui qui aurait été appliqué au bien en question si lesdites opérations avaient eu lieu sur leur territoire.

Art. 89 Les Etats membres qui, au 1er janvier 1993, ne faisaient pas usage de la faculté d'appliquer un taux réduit en vertu de l'article 98, peuvent prévoir qu'à l'importation d'objets d'art, de collection ou d'antiquité tels que définis à l'article 311, paragraphe 1, points 2), 3) et 4), la base d'imposition est égale à une fraction du montant déterminé conformément aux articles 85, 86 et 87.

La fraction visée au premier alinéa est déterminée de façon que la TVA ainsi due à l'importation soit au moins égale à 5 % du montant déterminé conformément aux articles 85, 86 et 87.

CHAPITRE 5
Dispositions diverses

Art. 90 1. En cas d'annulation, de résiliation, de résolution, de non-paiement total ou partiel ou de réduction de prix après le moment où s'effectue l'opération, la base d'imposition est réduite à due concurrence dans les conditions déterminées par les Etats membres.

2. En cas de non-paiement total ou partiel, les Etats membres peuvent déroger au paragraphe 1.

Art. 91 1. Lorsque des éléments servant à déterminer la base d'imposition à l'importation sont exprimés dans une monnaie autre que celle de l'Etat membre où s'effectue l'évaluation, le taux de change est déterminé selon les dispositions communautaires en vigueur pour calculer la valeur en douane.

2. Lorsque des éléments servant à déterminer la base d'imposition d'une opération autre qu'une importation de biens sont exprimés dans une monnaie autre que celle de l'Etat membre où s'effectue l'évaluation, le taux de change applicable est le dernier taux vendeur enregistré, au moment où la taxe devient exigible, sur le ou les marchés des changes les plus représentatifs de l'Etat membre concerné, ou un taux déterminé par référence à ce ou ces marchés, selon les modalités déterminées par cet Etat membre.

Les Etats membres acceptent d'utiliser plutôt le dernier taux de change publié par la Banque centrale européenne au moment où la taxe devient exigible. La conversion entre des monnaies autres que l'euro se fonde sur le taux de change par rapport à l'euro de chaque monnaie considérée. Les Etats membres peuvent exiger d'être informés de l'usage de cette faculté par l'assujetti.

Toutefois, pour certaines des transactions visées au premier alinéa, ou pour certaines catégories d'assujettis, les Etats membres peuvent utiliser le taux de change établi conformément aux dispositions communautaires en vigueur régissant le calcul de la valeur en douane.

Art. 92 En ce qui concerne les montants des emballages à rendre, les Etats membres peuvent prendre l'une des dispositions suivantes :

a) les exclure de la base d'imposition en prenant les mesures nécessaires pour que cette base soit régularisée lorsque ces emballages ne sont pas rendus ;

b) les inclure dans la base d'imposition en prenant les mesures nécessaires pour que cette base soit régularisée lorsque ces emballages sont effectivement rendus.

TITRE VIII
TAUX

CHAPITRE 1
Application des taux

Art. 93 Le taux applicable aux opérations imposables est celui en vigueur au moment où intervient le fait générateur de la taxe.

Toutefois, dans les cas suivants, le taux applicable est celui en vigueur au moment où la taxe devient exigible :

a) les cas prévus aux articles 65 et 66 ;

b) les cas d'acquisition intracommunautaire de biens ;

c) les cas d'importation de biens visés à l'article 71, paragraphe 1, deuxième alinéa, et paragraphe 2.

Art. 94 1. Le taux applicable à l'acquisition intracommunautaire de biens est celui appliqué sur le territoire de l'Etat membre pour la livraison d'un même bien.

2. Sous réserve de la faculté prévue à l'article 103, paragraphe 1, d'appliquer un taux réduit à l'importation d'objets d'art, de collection ou d'antiquité, le

taux applicable à l'importation de biens est celui appliqué sur le territoire de l'Etat membre pour la livraison d'un même bien.

Ndlr *Pour les dispositions du présent article applicables à compter du 1er janvier 2025, voir ci-dessous directive (UE) 2022/542 du 5 avril 2022 art. 1, 5) et 3.*

Art. 95 En cas de modification des taux, les Etats membres peuvent, dans les cas prévus aux articles 65 et 66, procéder à une régularisation pour tenir compte du taux applicable au moment où la livraison de biens ou la prestation de services est effectuée.

Les Etats membres peuvent en outre adopter toutes les mesures transitoires appropriées.

CHAPITRE 2
Structure et niveaux des taux

Section 1
Taux normal

Art. 96 Les Etats membres appliquent un taux normal de TVA fixé par chaque Etat membre à un pourcentage de la base d'imposition qui est le même pour les livraisons de biens et pour les prestations de services.

Art. 97 Le taux normal n'est pas inférieur à 15 %.

Section 2
Taux réduits

Art. 98 1. Les Etats membres peuvent appliquer deux taux réduits au maximum.

Les taux réduits sont fixés à un pourcentage de la base d'imposition qui n'est pas inférieur à 5 % et ils s'appliquent uniquement aux livraisons de biens et prestations de services énumérées à l'annexe III.

Les Etats membres peuvent appliquer les taux réduits aux livraisons de biens et prestations de services couvertes par un maximum de vingt-quatre points figurant à l'annexe III.

2. Les Etats membres peuvent, outre les deux taux réduits visés au paragraphe 1 du présent article, appliquer un taux réduit inférieur au seuil minimal de 5 % et une exonération avec droit à déduction de la TVA payée au stade antérieur aux livraisons de biens et prestations de services couvertes par un maximum de sept points figurant à l'annexe III.

Le taux réduit inférieur au seuil minimal de 5 % et l'exonération avec droit à déduction de la TVA payée au stade antérieur ne peuvent être appliqués qu'aux livraisons de biens ou prestations de services couvertes par les points suivants de l'annexe III :

a) les points 1) à 6) et 10 quater) ;

b) tout autre point de l'annexe III entrant dans le cadre des options prévues à l'article 105 bis, paragraphe 1.

Aux fins du deuxième alinéa, point b), du présent paragraphe, les opérations relatives au logement visées à l'article 105 bis, paragraphe 1, deuxième alinéa, sont considérées comme relevant de l'annexe III, point 10).

Les Etats membres qui appliquaient, au 1er janvier 2021, des taux réduits inférieurs au seuil minimal de 5 % ou accordaient des exonérations avec droit à déduction de la TVA payée au stade antérieur aux livraisons de biens et prestations de services couvertes par plus de sept points figurant à l'annexe III, limitent l'application de ces taux réduits ou l'octroi de ces exonérations pour se conformer au premier alinéa du présent paragraphe au plus tard le 1er janvier 2032 ou à la date de l'adoption du régime définitif visé à l'article 402, la date la plus proche étant retenue. Les Etats membres sont libres de déterminer à quelles livraisons de biens ou prestations de services ils continueront d'appliquer ces taux réduits ou d'accorder ces exonérations.

3. Les taux réduits et les exonérations visés aux paragraphes 1 et 2 du présent article ne s'appliquent pas aux services fournis par voie électronique, à l'exception de ceux énumérés à l'annexe III, points 6), 7), 8) et 13).

4. En appliquant les taux réduits et les exonérations prévus par la présente directive, les Etats membres peuvent recourir à la nomenclature combinée ou à la nomenclature statistique des produits associée aux activités, ou aux deux, pour délimiter avec précision la catégorie concernée.

Art. 98 bis Les taux réduits et les exonérations visés à l'article 98, paragraphes 1 et 2, ne s'appliquent pas aux livraisons d'objets d'art, de collection ou d'antiquité auxquels les régimes particuliers prévus au titre XII, chapitre 4, sont appliqués.

Ndlr *Les dispositions du présent article s'appliquent à compter du 1er janvier 2025 [Directive (UE) 2022/542 du 5 avril 2022 art. 1, 7) et 3].*

Art. 99 *(Supprimé depuis le 6 avril 2022).*

Art. 100 Pour le 31 décembre 2028 au plus tard et ensuite tous les cinq ans, la Commission présente au Conseil un rapport sur le champ d'application de l'annexe III, accompagné de toute proposition appropriée, le cas échéant.

Art. 101 *(Supprimé depuis le 6 avril 2022).*

Section 2 bis
Situations exceptionnelles

Art. 101 bis 1. Lorsque la Commission a accordé une autorisation à un Etat membre, conformément à l'article 53, premier alinéa, de la directive 2009/132/CE du Conseil (1), d'appliquer une exonération aux biens importés en faveur des victimes de catastrophes,

(1) Directive 2009/132/CE du Conseil du 19 octobre 2009 déterminant le champ d'application de l'article 143, points b) et c), de la directive 2006/112/CE en ce qui concerne l'exonération de la taxe sur la valeur ajoutée de certaines importations définitives de biens (JO L 292 du 10.11.2009, p. 5).

l'Etat membre concerné peut accorder, aux mêmes conditions, une exonération avec droit à déduction de la TVA payée au stade antérieur aux acquisitions intracommunautaires et aux livraisons de ces biens et aux prestations de services liées à ces biens, y compris les services de location.

2. Tout Etat membre souhaitant appliquer la mesure visée au paragraphe 1 en informe le comité de la TVA.

3. Lorsque des biens ou services acquis par les organismes bénéficiant de l'exonération prévue au paragraphe 1 du présent article sont utilisés à d'autres fins que celles prévues au titre VIII, chapitre 4, de la directive 2009/132/CE, l'utilisation de ces biens ou services est soumise à la TVA dans les conditions applicables au moment où les conditions d'exonération cessent d'être remplies.

Section 3
Dispositions particulières

Art. 102 *(Supprimé depuis le 6 avril 2022).*

Art. 103 1. Les Etats membres peuvent prévoir que le taux réduit, ou l'un des taux réduits, qu'ils appliquent conformément aux articles 98 et 99 s'applique également aux importations d'objets d'art, de collection ou d'antiquité tels que définis à l'article 311, paragraphe 1, points 2), 3) et 4).

2. Lorsqu'ils font usage de la faculté prévue au paragraphe 1, les Etats membres peuvent également appliquer le taux réduit aux livraisons suivantes :

a) les livraisons d'objets d'art effectuées par leur auteur ou par ses ayants droit ;

b) les livraisons d'objets d'art effectuées à titre occasionnel par un assujetti autre qu'un assujetti-revendeur, lorsque les objets d'art ont été importés par cet assujetti lui-même ou qu'ils lui ont été livrés par leur auteur ou par ses ayants droit ou qu'ils lui ont ouvert droit à déduction totale de la TVA.

Ndlr *Le présent article est supprimé à compter du 1er janvier 2025 [Directive (UE) 2022/542 du 5 avril 2022 art. 1, 12) et 3].*

Art. 104 1. L'Autriche peut appliquer, dans les communes de Jungholz et de Mittelberg (Kleines Walsertal), un deuxième taux normal, qui est inférieur au taux correspondant appliqué dans le reste de l'Autriche, sans être inférieur à 15 %.

2. La Grèce peut appliquer des taux jusqu'à 30 % inférieurs aux taux correspondants appliqués en Grèce continentale dans les départements de Lesbos, de Chios, de Samos, du Dodécanèse, des Cyclades et dans les îles de Thassos, des Sporades du Nord, de Samothrace et de Skyros.

3. Le Portugal peut appliquer aux opérations effectuées dans les régions autonomes des Açores et de Madère et aux importations effectuées directement dans ces régions, des taux inférieurs par rapport à ceux applicables sur le continent.

4. Le Portugal peut appliquer un des deux taux réduits prévus à l'article 98, paragraphe 1, aux péages sur les ponts, dans les environs de Lisbonne. ».

Art. 104 bis *(Supprimé depuis le 6 avril 2022).*

Art. 105 *(Supprimé depuis le 6 avril 2022).*

Art. 105 bis 1. Les Etats membres qui, conformément au droit de l'Union, appliquaient, au 1er janvier 2021, des taux réduits inférieurs au minimum fixé à l'article 98, paragraphe 1, ou accordaient des exonérations avec droit à déduction de la TVA payée au stade antérieur à des livraisons de biens ou prestations de services autres que celles visées à l'annexe III, points 1) à 6) et 10 quater), peuvent, conformément à l'article 98, paragraphe 2, continuer à appliquer ces taux réduits ou à accorder ces exonérations, sans préjudice du paragraphe 4 du présent article.

Les Etats membres qui, conformément au droit de l'Union, appliquaient au 1er janvier 2021, des taux réduits inférieurs au minimum fixé à l'article 98, paragraphe 1, à des opérations relatives au logement ne relevant pas du cadre d'une politique sociale peuvent continuer à appliquer ces taux réduits, conformément à l'article 98, paragraphe 2.

Les Etats membres communiquent au comité de la TVA le texte des dispositions essentielles de droit interne ainsi que les conditions d'application des taux réduits et exonérations afférents à l'article 98, paragraphe 2, deuxième alinéa, point b), au plus tard le 7 juillet 2022.

Sans préjudice du paragraphe 4 du présent article, des taux réduits inférieurs au minimum fixé à l'article 98, paragraphe 1, ou des exonérations avec droit à déduction de la TVA payée au stade antérieur peuvent être appliqués par d'autres Etats membres, conformément à l'article 98, paragraphe 2, premier alinéa, aux mêmes livraisons de biens ou prestations de services que celles visées aux premier et deuxième alinéas du présent paragraphe et aux mêmes conditions que celles qui étaient applicables au 1er janvier 2021 dans les Etats membres visés aux premier et deuxième alinéas du présent paragraphe.

2. Les Etats membres qui, conformément au droit de l'Union, appliquaient, au 1er janvier 2021, des taux réduits inférieurs à 12 %, y compris des taux réduits inférieurs au minimum fixé à l'article 98, paragraphe 1, ou accordaient des exonérations avec droit à déduction de la TVA payée au stade antérieur à des livraisons de biens ou prestations de services autres que celles énumérées à l'annexe III peuvent, conformément à l'article 98, paragraphes 1 et 2, continuer à appliquer ces taux réduits ou à accorder ces exonérations jusqu'au 1er janvier 2032 ou jusqu'à l'adoption du régime définitif visé à l'article 402, la date la plus proche étant retenue, sans préjudice du paragraphe 4 du présent article.

3. Les Etats membres qui, conformément au droit de l'Union, appliquaient, au 1er janvier 2021, des taux réduits non inférieurs à 12 % à des livraisons de biens ou prestations de services autres que

celles énumérées à l'annexe III peuvent, conformément à l'article 98, paragraphe 1, premier alinéa, continuer à appliquer ces taux réduits, sans préjudice du paragraphe 4 du présent article.

Les Etats membres communiquent au comité de la TVA le texte des dispositions essentielles de droit interne ainsi que les conditions d'application des taux réduits visés au premier alinéa du présent paragraphe au plus tard le 7 juillet 2022.

Sans préjudice du paragraphe 4 du présent article, des taux réduits non inférieurs à 12 % peuvent être appliqués par d'autres Etats membres, conformément à l'article 98, paragraphe 1, premier alinéa, aux mêmes livraisons de biens ou prestations de services que celles visées au premier alinéa du présent paragraphe et aux mêmes conditions que celles qui étaient applicables au 1er janvier 2021dans les Etats membres visés au premier alinéa du présent paragraphe.

4. Par dérogation aux paragraphes 1, 2 et 3, les taux réduits ou les exonérations avec droit à déduction de la TVA payée au stade antérieur applicables aux combustibles fossiles, aux autres biens ayant une incidence similaire sur les émissions de gaz à effet de serre, tels que la tourbe, et au bois de chauffage cessent de s'appliquer au plus tard le 1er janvier 2030. Les taux réduits ou les exonérations avec droit à déduction de la TVA payée au stade antérieur applicables aux pesticides chimiques et aux engrais chimiques cessent de s'appliquer au plus tard le 1er janvier 2032.

5. Les Etats membres qui, conformément au paragraphe 1, quatrième alinéa, du présent article, au paragraphe 3, troisième alinéa, du présent article et à l'article 105 ter, souhaitent appliquer les taux réduits non inférieurs à 12 % ou les taux réduits inférieurs au minimum fixé à l'article 98, paragraphe 1, ou les exonérations avec droit à déduction de la TVA payée au stade antérieur, adoptent, au plus tard le 7 octobre 2023, les modalités d'exercice de ces options. Ils communiquent au comité de la TVA, le texte des dispositions essentielles de droit interne qu'ils ont adopté.

6. Au plus tard le 1er juillet 2025, sur la base des informations fournies par les Etats membres, la Commission présente au Conseil un rapport contenant une liste exhaustive indiquant les biens et services visés aux paragraphes 1 et 3 du présent article et à l'article 105 ter auxquels les taux réduits, y compris les taux réduits inférieurs au minimum fixé à l'article 98, paragraphe 1, ou les exonérations avec droit à déduction de la TVA payée au stade antérieur sont appliqués dans les Etats membres.

Art. 105 ter Les Etats membres qui, conformément au droit de l'Union, appliquaient au 1er janvier 2021, des taux réduits non inférieurs au seuil minimal de 5 % à des opérations relatives au logement ne relevant pas du cadre d'une politique sociale, peuvent, conformément à l'article 98, paragraphe 1, premier alinéa, continuer à appliquer ces taux réduits. Dans ce cas, le taux réduit à appliquer à ces opérations à partir du 1er janvier 2042 n'est pas inférieur à 12 %.

Les Etats membres communiquent au comité de la TVA le texte des dispositions essentielles de droit interne ainsi que les conditions d'application des taux réduits visés au premier alinéa au plus tard le 7 juillet 2022.

Un taux réduit non inférieur à 12 % peut être appliqué par d'autres Etats membres, conformément à l'article 98, paragraphe 1, premier alinéa, aux opérations visées au premier alinéa du présent article, aux mêmes conditions que celles qui étaient applicables au 1er janvier 2021 dans les Etats membres visés au premier alinéa du présent article.

Aux fins de l'article 98, paragraphe 1, troisième alinéa, les opérations visées au présent article sont considérées comme relevant de l'annexe III, point 10).

CHAPITRE 4
Dispositions particulières applicables jusqu'à l'introduction du régime définitif

Art. 109 *(Supprimé depuis le 6 avril 2022).*

Art. 110 *(Supprimé depuis le 6 avril 2022).*

Art. 111 *(Supprimé depuis le 6 avril 2022).*

Art. 112 *(Supprimé depuis le 6 avril 2022).*

Art. 113 *(Supprimé depuis le 6 avril 2022).*

Art. 114 *(Supprimé depuis le 6 avril 2022).*

Art. 115 *(Supprimé depuis le 6 avril 2022).*

Art. 117 *(Supprimé depuis le 6 avril 2022).*

Art. 118 *(Supprimé depuis le 6 avril 2022).*

Art. 119 *(Supprimé depuis le 6 avril 2022).*

Art. 120 *(Supprimé depuis le 6 avril 2022).*

Art. 121 *(Supprimé depuis le 6 avril 2022).*

Art. 122 *(Supprimé depuis le 6 avril 2022).*

CHAPITRE 5
Dispositions temporaires

Art. 123 *(Supprimé depuis le 6 avril 2022).*

Art. 124 *(Supprimé).*

Art. 125 *(Supprimé depuis le 6 avril 2022).*

Art. 126 *(Supprimé).*

Art. 127 *(Supprimé).*

Art. 128 *(Supprimé depuis le 6 avril 2022).*

Art. 129 *(Supprimé depuis le 6 avril 2022).*

Art. 129 bis 1. Les Etats membres peuvent prendre l'une des mesures suivantes :

a) appliquer un taux réduit aux livraisons de dispositifs médicaux de diagnostic in vitro de la Covid-19 et aux prestations de services étroitement liés à ces dispositifs ;

b) accorder une exonération avec droit à déduction de la TVA payée au stade antérieur pour les livraisons de dispositifs médicaux de diagnostic in vitro de la Covid-19 et les prestations de services étroitement liés à ces dispositifs.

Seuls les dispositifs médicaux de diagnostic in vitro de la Covid-19 qui sont conformes aux exigences applicables énoncées dans la directive 98/79/CE du Parlement européen et du Conseil du 27 octobre 1998 relative aux dispositifs médicaux de diagnostic in vitro ou le règlement (UE) 2017/746 du Parlement européen et du Conseil du 5 avril 2017 relatif aux dispositifs médicaux de diagnostic in vitro et abrogeant la directive 98/79/CE et la décision 2010/227/UE de la Commission et dans les autres législations applicables de l'Union peuvent bénéficier des mesures prévues au premier alinéa.

2. Les Etats membres peuvent accorder une exonération avec droit à déduction de la TVA payée au stade antérieur pour les livraisons de vaccins contre la Covid-19 et les services étroitement liés à ces vaccins.

Seuls les vaccins contre la Covid-19 autorisés par la Commission ou les Etats membres peuvent bénéficier de l'exonération prévue au premier alinéa.

3. Le présent article s'applique jusqu'au 31 décembre 2022.

Art. 130 *(Supprimé).*

TITRE IX
EXONERATIONS

CHAPITRE 1
Dispositions générales

Art. 131 Les exonérations prévues aux chapitres 2 à 9 s'appliquent sans préjudice d'autres dispositions communautaires et dans les conditions que les Etats membres fixent en vue d'assurer l'application correcte et simple desdites exonérations et de prévenir toute fraude, évasion et abus éventuels.

CHAPITRE 2
Exonérations en faveur de certaines activités d'intérêt général

Art. 132 1. Les Etats membres exonèrent les opérations suivantes :

a) les prestations de services et les livraisons de biens accessoires à ces prestations, à l'exception des transports de personnes et des télécommunications, effectuées par les services publics postaux ;

b) l'hospitalisation et les soins médicaux ainsi que les opérations qui leur sont étroitement liées, assurés par des organismes de droit public ou, dans des conditions sociales comparables à celles qui valent pour ces derniers, par des établissements hospitaliers, des centres de soins médicaux et de diagnostic et d'autres établissements de même nature dûment reconnus ;

c) les prestations de soins à la personne effectuées dans le cadre de l'exercice des professions médicales et paramédicales telles qu'elles sont définies par l'Etat membre concerné ;

d) les livraisons d'organes, de sang et de lait humains ;

e) les prestations de services effectuées dans le cadre de leur profession par les mécaniciens-dentistes, ainsi que les fournitures de prothèses dentaires effectuées par les dentistes et les mécaniciens-dentistes ;

f) les prestations de services effectuées par des groupements autonomes de personnes exerçant une activité exonérée ou pour laquelle elles n'ont pas la qualité d'assujetti, en vue de rendre à leurs membres les services directement nécessaires à l'exercice de cette activité, lorsque ces groupements se bornent à réclamer à leurs membres le remboursement exact de la part leur incombant dans les dépenses engagées en commun, à condition que cette exonération ne soit pas susceptible de provoquer des distorsions de concurrence ;

g) les prestations de services et les livraisons de biens étroitement liées à l'aide et à la sécurité sociales, y compris celles fournies par les maisons de retraite, effectuées par des organismes de droit public ou par d'autres organismes reconnus comme ayant un caractère social par l'Etat membre concerné ;

h) les prestations de services et les livraisons de biens étroitement liées à la protection de l'enfance et de la jeunesse, effectuées par des organismes de droit public ou par d'autres organismes reconnus comme ayant un caractère social par l'Etat membre concerné ;

i) l'éducation de l'enfance ou de la jeunesse, l'enseignement scolaire ou universitaire, la formation ou le recyclage professionnel, ainsi que les prestations de services et les livraisons de biens qui leur sont étroitement liées, effectués par des organismes de droit public de même objet ou par d'autres organismes reconnus comme ayant des fins comparables par l'Etat membre concerné ;

j) les leçons données, à titre personnel, par des enseignants et portant sur l'enseignement scolaire ou universitaire ;

k) la mise à disposition de personnel par des institutions religieuses ou philosophiques pour les activités visées aux points b), g), h) et i), et dans un but d'assistance spirituelle ;

l) les prestations de services, ainsi que les livraisons de biens qui leur sont étroitement liées, fournies à leurs membres dans leur intérêt collectif, moyennant une cotisation fixée conformément aux statuts, par des organismes sans but lucratif poursuivant des objectifs de nature politique, syndicale, religieuse, patriotique, philosophique, philanthropique ou civique, à condition que cette exonération ne soit pas susceptible de provoquer des distorsions de concurrence ;

m) certaines prestations de services ayant un lien étroit avec la pratique du sport ou de l'éducation physique, fournies par des organismes sans but lucratif aux personnes qui pratiquent le sport ou l'éducation physique ;

n) certaines prestations de services culturels, ainsi que les livraisons de biens qui leur sont étroitement liées, effectuées par des organismes de droit public ou par d'autres organismes culturels reconnus par l'Etat membre concerné ;

o) les prestations de services et les livraisons de biens effectuées par les organismes dont les opérations sont exonérées conformément aux points b), g), h), i), l), m) et n), à l'occasion de manifestations destinées à leur apporter un soutien financier et organisées à leur profit exclusif, à condition que cette exonération ne soit pas susceptible de provoquer des distorsions de concurrence ;

p) le transport de malades ou de blessés à l'aide de véhicules spécialement aménagés à cet effet effectué par des organismes dûment autorisés ;

q) les activités des organismes publics de radiotélévision autres que celles ayant un caractère commercial.

2. Aux fins du paragraphe 1, point o), les Etats membres peuvent introduire toutes les restrictions nécessaires, notamment en limitant le nombre de manifestations ou l'importance des recettes ouvrant droit à l'exonération.

Art. 133 Les Etats membres peuvent subordonner, au cas par cas, l'octroi, à des organismes autres que ceux de droit public, de chacune des exonérations prévues à l'article 132, paragraphe 1, points b), g), h), i), l), m) et n), au respect de l'une ou plusieurs des conditions suivantes :

a) les organismes en question ne doivent pas avoir pour but la recherche systématique du profit, les bénéfices éventuels ne devant jamais être distribués mais devant être affectés au maintien ou à l'amélioration des prestations fournies ;

b) ces organismes doivent être gérés et administrés à titre essentiellement bénévole par des personnes n'ayant, par elles-mêmes ou par personnes interposées, aucun intérêt direct ou indirect dans les résultats de l'exploitation ;

c) ces organismes doivent pratiquer des prix homologués par les autorités publiques ou n'excédant pas de tels prix ou, pour les opérations non susceptibles d'homologation des prix, des prix inférieurs à ceux exigés pour des opérations analogues par des entreprises commerciales soumises à la TVA ;

d) les exonérations ne doivent pas être susceptibles de provoquer des distorsions de concurrence au détriment des entreprises commerciales assujetties à la TVA.

Les Etats membres qui, en vertu de l'annexe E de la directive 77/ 388/CEE, appliquaient, au 1er janvier 1989, la TVA aux opérations visées à l'article 132, paragraphe 1, points m) et n), peuvent également appliquer les conditions prévues au premier alinéa, point d), du présent article, lorsque lesdites livraisons de biens ou prestations de services effectuées par des organismes de droit public sont exonérées.

Art. 134 Les livraisons de biens et les prestations de services sont exclues du bénéfice de l'exonération prévue à l'article 132, paragraphe 1, points b), g), h), i), l), m) et n), dans les cas suivants :

a) lorsqu'elles ne sont pas indispensables à l'accomplissement des opérations exonérées ;

b) lorsqu'elles sont essentiellement destinées à procurer à l'organisme des recettes supplémentaires par la réalisation d'opérations effectuées en concurrence directe avec celles d'entreprises commerciales soumises à la TVA.

CHAPITRE 3
Exonérations en faveur d'autres activités

Art. 135 1. Les Etats membres exonèrent les opérations suivantes :

a) les opérations d'assurance et de réassurance, y compris les prestations de services afférentes à ces opérations effectuées par les courtiers et les intermédiaires d'assurance ;

b) l'octroi et la négociation de crédits ainsi que la gestion de crédits effectuée par celui qui les a octroyés ;

c) la négociation et la prise en charge d'engagements, de cautionnements et d'autres sûretés et garanties ainsi que la gestion de garanties de crédits effectuée par celui qui a octroyé les crédits ;

d) les opérations, y compris la négociation, concernant les dépôts de fonds, comptes courants, paiements, virements, créances, chèques et autres effets de commerce, à l'exception du recouvrement de créances ;

e) les opérations, y compris la négociation, portant sur les devises, les billets de banque et les monnaies qui sont des moyens de paiement légaux, à l'exception des monnaies et billets de collection, à savoir les pièces en or, en argent ou en autre métal, ainsi que les billets, qui ne sont pas normalement utilisés dans leur fonction comme moyen de paiement légal ou qui présentent un intérêt numismatique ;

f) les opérations, y compris la négociation mais à l'exception de la garde et de la gestion, portant sur les actions, les parts de sociétés ou d'associations, les obligations et les autres titres, à l'exclusion des titres représentatifs de marchandises et des droits ou titres visés à l'article 15, paragraphe 2 ;

g) la gestion de fonds communs de placement tels qu'ils sont définis par les Etats membres ;

h) les livraisons, à leur valeur faciale, de timbres-poste ayant valeur d'affranchissement sur leur territoire respectif, de timbres fiscaux et d'autres valeurs similaires ;

i) les paris, loteries et autres jeux de hasard ou d'argent, sous réserve des conditions et limites déterminées par chaque Etat membre ;

j) les livraisons de bâtiments ou d'une fraction de bâtiment et du sol y attenant autres que ceux visés à l'article 12, paragraphe 1, point a) ;

k) les livraisons de biens immeubles non bâtis autres que celles des terrains à bâtir visés à l'article 12, paragraphe 1, point b) ;

l) l'affermage et la location de biens immeubles.

2. Sont exclues de l'exonération prévue au paragraphe 1, point l), les opérations suivantes :

a) les opérations d'hébergement telles qu'elles sont définies dans la législation des Etats membres qui sont effectuées dans le cadre du secteur hôtelier ou de secteurs ayant une fonction similaire, y compris les locations de camps de vacances ou de terrains aménagés pour camper ;

b) les locations d'emplacements pour le stationnement des véhicules ;

c) les locations d'outillages et de machines fixés à demeure ;

d) les locations de coffres-forts.

Les Etats membres peuvent prévoir des exclusions supplémentaires au champ d'application de l'exonération prévue au paragraphe 1, point l).

Art. 136 Les Etats membres exonèrent les opérations suivantes :

a) les livraisons de biens qui étaient affectés exclusivement à une activité exonérée en vertu des articles 132, 135, 371, 375, 376 et 377, de l'article 378, paragraphe 2, de l'article 379, paragraphe 2, et des articles 380 à 390 quater, si ces biens n'ont pas fait l'objet d'un droit à déduction ;

b) les livraisons de biens dont l'acquisition ou l'affectation avait fait l'objet de l'exclusion du droit à déduction de la TVA conformément à l'article 176.

Art. 136 bis Lorsqu'un assujetti est réputé avoir reçu et livré des biens conformément à l'article 14 bis, paragraphe 2, les Etats membres exonèrent la livraison de ces biens à cet assujetti.

Art. 137 1. Les Etats membres peuvent accorder à leurs assujettis le droit d'opter pour la taxation des opérations suivantes :

a) les opérations financières visées à l'article 135, paragraphe 1, points b) à g) ;

b) les livraisons de bâtiments ou d'une fraction de bâtiment et du sol y attenant autres que celles visées à l'article 12, paragraphe 1, point a) ;

c) les livraisons de biens immeubles non bâtis autres que celles des terrains à bâtir visés à l'article 12, paragraphe 1, point b) ;

d) l'affermage et la location de biens immeubles.

2. Les Etats membres déterminent les modalités de l'exercice du droit d'option prévu au paragraphe 1.

Les Etats membres peuvent restreindre la portée de ce droit.

CHAPITRE 4
Exonérations liées aux opérations intracommunautaires

Section 1
Exonérations des livraisons de biens

Art. 138 1. Les Etats membres exonèrent les livraisons de biens expédiés ou transportés en dehors de leur territoire respectif mais dans la Communauté par le vendeur, par l'acquéreur ou pour leur compte, lorsque les conditions suivantes sont remplies :

a) les biens sont livrés à un autre assujetti ou à une personne morale non assujettie, agissant en tant que tel dans un Etat membre autre que celui du départ de l'expédition ou du transport des biens ;

b) l'assujetti ou la personne morale non assujettie destinataire de la livraison de biens est identifié(e) aux fins de la TVA dans un Etat membre autre que celui du départ de l'expédition ou du transport des biens et a communiqué son numéro d'identification TVA au fournisseur.

1 bis. L'exonération prévue au paragraphe 1 ne s'applique pas lorsque le fournisseur n'a pas satisfait à l'obligation prévue aux articles 262 et 263 de déposer un état récapitulatif, ou lorsque l'état récapitulatif qu'il a soumis ne contient pas les informations correctes concernant sa livraison, comme l'exige l'article 264, à moins que le fournisseur ne puisse dûment justifier son manquement, à la satisfaction des autorités compétentes.

2. Outre les livraisons visées au paragraphe 1, les Etats membres exonèrent les opérations suivantes :

a) les livraisons de moyens de transport neufs expédiés ou transportés en dehors de leur territoire respectif mais dans la Communauté à destination de l'acquéreur, par le vendeur, par l'acquéreur ou pour leur compte, effectuées pour des assujettis ou pour des personnes morales non assujetties, dont les acquisitions intracommunautaires de biens ne sont pas soumises à la TVA en vertu de l'article 3, paragraphe 1, ou pour toute autre personne non assujettie ;

b) les livraisons de produits soumis à accises expédiés ou transportés en dehors de leur territoire respectif mais dans la Communauté à destination de l'acquéreur, par le vendeur, par l'acquéreur ou pour leur compte, effectuées pour des assujettis ou pour des personnes morales non assujetties, dont les acquisitions intracommunautaires de biens autres que des produits soumis à accises ne sont pas soumises à la TVA en vertu de l'article 3, paragraphe 1, lorsque l'expédition ou le transport de ces produits est effectué conformément à l'article 7, paragraphes 4 et 5, ou à l'article 16, de la directive 92/12/CEE ;

c) les livraisons de biens consistant en des transferts à destination d'un autre Etat membre, qui bénéficieraient des exonérations prévues au paragraphe 1 et aux points a) et b) si elles étaient effectuées pour un autre assujetti.

Art. 139 1. L'exonération prévue à l'article 138, paragraphe 1, ne s'applique pas aux livraisons de biens effectuées par des assujettis qui bénéficient de la franchise pour les petites entreprises prévue aux articles 282 à 292.

L'exonération ne s'applique pas non plus aux livraisons de biens effectuées pour des assujettis ou pour des personnes morales non assujetties, dont les acquisitions intracommunautaires de biens ne sont pas soumises à la TVA en vertu de l'article 3, paragraphe 1.

2. L'exonération prévue à l'article 138, paragraphe 2, point b), ne s'applique pas aux livraisons de produits soumis à accises effectuées par des assujettis qui bénéficient de la franchise pour les petites entreprises prévue aux articles 282 à 292.

3. L'exonération prévue à l'article 138, paragraphe 1, et paragraphe 2, points b) et c), ne s'applique pas aux livraisons de biens soumises à la TVA conformément au régime particulier de la marge bénéficiaire prévu aux articles 312 à 325 ou au régime particulier des ventes aux enchères publiques.

L'exonération prévue à l'article 138, paragraphe 1, et paragraphe 2, point c), ne s'applique pas aux livraisons de moyens de transport d'occasion tels que définis à l'article 327, paragraphe 3, soumises à la TVA conformément au régime transitoire applicable aux moyens de transport d'occasion.

Ndlr *Pour les dispositions du présent article applicables à compter du 1er janvier 2025, voir ci-dessous directive (UE) 2020/285 du 18 février 2020 art. 1, 2) et 3, 1).*

Section 2
Exonérations des acquisitions intracommunautaires de biens

Art. 140 Les Etats membres exonèrent les opérations suivantes :

a) les acquisitions intracommunautaires de biens dont la livraison par des assujettis est, en tout état de cause, exonérée sur leur territoire respectif ;

b) les acquisitions intracommunautaires de biens dont l'importation est, en tout état de cause, exonérée en vertu des dispositions de l'article 143, paragraphe 1, points a), b), c) et e) à l) ;

c) les acquisitions intracommunautaires de biens pour lesquelles, en vertu des articles 170 et 171, l'acquéreur des biens bénéficie, en tout état de cause, du droit au remboursement total de la TVA qui serait due en vertu des dispositions prévues à l'article 2, paragraphe 1, point b).

Art. 141 Chaque Etat membre prend des mesures particulières afin de ne pas soumettre à la TVA les acquisitions intracommunautaires de biens effectuées sur son territoire, en vertu de l'article 40, lorsque les conditions suivantes sont réunies :

a) l'acquisition de biens est effectuée par un assujetti qui n'est pas établi dans cet Etat membre, mais identifié à la TVA dans un autre Etat membre ;

b) l'acquisition de biens est effectuée pour les besoins d'une livraison subséquente de ces biens, effectuée dans ce même Etat membre par l'assujetti visé au point a) ;

c) les biens ainsi acquis par l'assujetti visé au point a) sont directement expédiés ou transportés à partir d'un Etat membre autre que celui à l'intérieur duquel il est identifié à la TVA et à destination de la personne pour laquelle il effectue la livraison subséquente ;

d) le destinataire de la livraison subséquente est un autre assujetti, ou une personne morale non assujettie, identifiés à la TVA dans ce même Etat membre ;

e) le destinataire visé au point d) a été désigné, conformément à l'article 197, comme redevable de la taxe due au titre de la livraison effectuée par l'assujetti qui n'est pas établi dans l'Etat membre dans lequel la taxe est due.

Section 3
Exonérations de certaines prestations de transport

Art. 142 Les Etats membres exonèrent les prestations de transport intracommunautaire de biens effectuées à destination ou en provenance des îles qui composent les régions autonomes des Açores et de Madère, ainsi que les prestations de transport de biens effectuées entre lesdites îles.

CHAPITRE 5
Exonérations à l'importation

Art. 143 1. Les Etats membres exonèrent les opérations suivantes :

a) les importations définitives de biens dont la livraison par des assujettis est, en tout état de cause, exonérée sur leur territoire respectif ;

b) les importations définitives de biens régies par les directives 69/169/CEE (2), 83/181/CEE (3) et 2006/79/CE (4) du Conseil ;

c) les importations définitives de biens en libre pratique en provenance d'un territoire tiers faisant partie du territoire douanier de la Communauté, qui

(2) Directive 69/169/CEE du Conseil du 28 mai 1969 concernant l'harmonisation des dispositions législatives, réglementaires et administratives relatives aux franchises des taxes sur le chiffre d'affaires et des accises perçues à l'importation dans le trafic international de voyageurs (JO L 133 du 4-6-1969, p. 6). Directive modifiée en dernier lieu par la directive 2005/93/CE (JO L 346 du 29-12-2005, p. 16) [NDLR La directive 69/169/CEE du 28 mai 1969 a été abrogée et remplacée à compter du 1er décembre 2008 par la directive 2007/74/CE du 20 décembre 2007 (JOUE L 346 du 29-12-2007)].

(3) Directive 83/181/CEE du Conseil du 28 mars 1983 déterminant le champ d'application de l'article 14 paragraphe 1 sous d) de la directive 77/388/CE (NDLR Devenu article 143, b et c de la directive 2006/112/CE) en ce qui concerne l'exonération de la taxe sur la valeur ajoutée de certaines importations définitives de biens (JO L 105 du 23-4-1983, p. 38). Directive modifiée en dernier lieu par l'acte d'adhésion de 1994 [NDLR La Directive 83/181/CEE du Conseil du 28 mars 1983 a été abrogée et remplacée par la directive 2009/132/CE du 19 octobre 2009 (JOUE L 292 du 10-11-2009 p. 5)].

(4) Directive 2006/79/CE du Conseil du 5 octobre 2006 relative aux franchises fiscales applicables à l'importation des marchandises faisant l'objet de petits envois sans caractère commercial en provenance de pays tiers (version codifiée) (JO L 286 du 17-10-2006, p. 15).

seraient susceptibles de bénéficier de l'exonération visée au point b) s'ils étaient importés au sens de l'article 30, premier alinéa ;

c bis) les importations de biens pour lesquelles la TVA doit être déclarée au titre du régime particulier prévu au titre XII, chapitre 6, section 4, et pour lesquelles au plus tard au moment du dépôt de la déclaration d'importation, le numéro individuel d'identification TVA, aux fins de l'application du régime particulier, du fournisseur ou de l'intermédiaire agissant pour son compte attribué au titre de l'article 369 octodecies a été fourni au bureau de douane compétent de l'Etat membre d'importation ;

d) les importations de biens expédiés ou transportés à partir d'un territoire tiers ou d'un pays tiers dans un Etat membre autre que celui d'arrivée de l'expédition ou du transport, dans le cas où la livraison de ces biens, effectuée par l'importateur désigné ou reconnu comme redevable de la taxe en vertu de l'article 201, est exonérée conformément à l'article 138 ;

e) les réimportations de biens en l'état dans lequel ils ont été exportés, par la personne qui les a exportés, et qui bénéficient d'une franchise douanière ;

f) les importations de biens effectuées dans le cadre des relations diplomatiques et consulaires, qui bénéficient d'une franchise douanière ;

f bis) les importations de biens effectuées par la Communauté européenne, la Communauté européenne de l'énergie atomique, la Banque centrale européenne, la Banque européenne d'investissement ou les organismes créés par les Communautés auxquels s'applique le protocole du 8 avril 1965 sur les privilèges et immunités des Communautés européennes, dans les limites et conditions fixées par ce protocole et les accords relatifs à sa mise en œuvre ou par les accords de siège et en particulier dans la mesure où cela n'engendre pas de distorsions de concurrence ;

f ter) les importations de biens par la Commission ou par une agence ou un organisme créé en vertu du droit de l'Union lorsque la Commission ou une telle agence ou un tel organisme importe ces biens dans le cadre de l'exécution des tâches qui lui sont confiées par le droit de l'Union afin de réagir à la pandémie de COVID-19, sauf lorsque les biens importés sont utilisés, immédiatement ou ultérieurement, aux fins de livraisons de biens subséquentes effectuées à titre onéreux par la Commission ou une telle agence ou un tel organisme ;

g) les importations de biens effectuées par les organismes internationaux, autres que ceux visés au point f bis), reconnus comme tels par les autorités publiques de l'Etat membre d'accueil, ou par les membres de ces organismes, dans les limites et conditions fixées par les conventions internationales instituant ces organismes ou par les accords de siège ;

g bis) les importations de biens effectuées dans les Etats membres par les forces armées des autres Etats membres pour l'usage de ces forces ou de l'élément civil qui les accompagne ou pour l'approvisionnement de leurs mess ou cantines lorsque ces forces sont affectées à un effort de défense mené en vue de la mise en œuvre d'une activité de l'Union dans le cadre de la politique de sécurité et de défense commune ;

h) les importations de biens effectuées dans les Etats membres parties au traité de l'Atlantique Nord par les forces armées des autres Etats parties à ce traité pour l'usage de ces forces ou de l'élément civil qui les accompagne ou pour l'approvisionnement de leurs mess ou cantines lorsque ces forces sont affectées à l'effort commun de défense ;

i) les importations de biens effectuées par les forces armées du Royaume-Uni stationnées sur l'île de Chypre conformément au traité établissant la République de Chypre, en date du 16 août 1960, pour l'usage de ses forces ou du personnel civil qui les accompagne ou pour l'approvisionnement de leurs mess ou cantines ;

j) les importations, dans des ports, effectuées par des entreprises de pêche maritime, de produits de la pêche en l'état ou ayant fait l'objet d'opérations destinées à les préserver en vue de leur commercialisation et n'ayant pas encore fait l'objet d'une livraison ;

k) les importations d'or effectuées par les banques centrales ;

l) les importations de gaz via un système de gaz naturel ou tout réseau connecté à un tel système ou introduit depuis un navire transporteur de gaz dans un système de gaz naturel ou un réseau de gazoducs en amont, d'électricité ou de chaleur ou de froid via des réseaux de chauffage ou de refroidissement.

2. L'exonération prévue au paragraphe 1, point d), ne s'applique, dans les cas où les importations de biens sont suivies de livraisons de biens exonérées en vertu de l'article 138, paragraphe 1, et paragraphe 2, point c), que si, au moment de l'importation, l'importateur a fourni aux autorités compétentes de l'Etat membre d'importation au moins les informations suivantes :

a) le numéro d'identification TVA qui lui a été attribué dans l'Etat membre d'importation ou le numéro d'identification TVA qui a été attribué à son représentant fiscal dans l'Etat membre d'importation, lequel est redevable du paiement de la TVA ;

b) le numéro d'identification TVA attribué dans un autre Etat membre au client auquel les biens sont livrés conformément à l'article 138, paragraphe 1, ou son propre numéro d'identification TVA attribué dans l'Etat membre d'arrivée de l'expédition ou du transport des biens lorsque ces derniers font l'objet d'un transfert, conformément à l'article 138, paragraphe 2, point c) ;

c) la preuve que les biens importés sont destinés à être transportés ou expédiés à partir de l'Etat membre d'importation vers un autre Etat membre.

Toutefois, les Etats membres peuvent prévoir que la preuve visée au point c) ne doit être fournie qu'à la demande des autorités compétentes.

3. Lorsque les conditions d'exonération prévues au paragraphe 1, point f ter), cessent de s'appliquer, la Commission ou l'agence ou l'organisme concerné en informe l'Etat membre dans lequel l'exonération a été appliquée et les importations de ces biens sont soumises à la TVA dans les conditions applicables à ce moment.

Art. 144 Les Etats membres exonèrent les prestations de services se rapportant à l'importation de biens et dont la valeur est incluse dans la base d'imposition conformément à l'article 86, paragraphe 1, point b).

Art. 145 1. La Commission soumet au Conseil, si nécessaire, dans les meilleurs délais, des propositions en vue de préciser le champ d'application des exonérations prévues aux articles 143 et 144 et les modalités pratiques de leur mise en œuvre.

2. Jusqu'à l'entrée en vigueur des dispositions visées au paragraphe 1, les Etats membres peuvent continuer à appliquer leurs dispositions nationales en vigueur.

Les Etats membres peuvent adapter leurs dispositions nationales afin de réduire les distorsions de concurrence et en particulier afin d'éviter des cas de non-imposition ou de double imposition dans la Communauté.

Les Etats membres peuvent utiliser les procédures administratives qu'ils jugent les plus appropriées pour parvenir à l'exonération.

3. Les Etats membres notifient à la Commission, qui en informe les autres Etats membres, les dispositions nationales en vigueur dans la mesure où elles n'ont pas déjà fait l'objet d'une notification et celles qu'ils adoptent en vertu du paragraphe 2.

CHAPITRE 6
Exonérations à l'exportation

Art. 146 1. Les Etats membres exonèrent les opérations suivantes :

a) les livraisons de biens expédiés ou transportés par le vendeur, ou pour son compte, en dehors de la Communauté ;

b) les livraisons de biens expédiés ou transportés par l'acquéreur non établi sur leur territoire respectif, ou pour son compte, en dehors de la Communauté, à l'exclusion des biens transportés par l'acquéreur lui-même et destinés à l'équipement ou à l'avitaillement de bateaux de plaisance et d'avions de tourisme ou de tout autre moyen de transport à usage privé ;

c) les livraisons de biens à des organismes agréés qui exportent ces biens en dehors de la Communauté dans le cadre de leurs activités humanitaires, charitables ou éducatives en dehors de la Communauté ;

d) les prestations de services consistant en travaux portant sur des biens meubles acquis ou importés en vue de faire l'objet de ces travaux dans la Communauté et expédiés ou transportés en dehors de la Communauté par le prestataire de services ou par le preneur non établi sur leur territoire respectif, ou pour leur compte ;

e) les prestations de services, y compris les transports et les opérations accessoires, à l'exception des prestations de services exonérées conformément aux articles 132 et 135, lorsqu'elles sont directement liées aux exportations ou importations de biens bénéficiant des dispositions prévues à l'article 61 et à l'article 157, paragraphe 1, point a).

2. Le bénéfice de l'exonération prévue au paragraphe 1, point c), peut être accordé selon une procédure de remboursement de la TVA.

Art. 147 1. Dans le cas où la livraison visée à l'article 146, paragraphe 1, point b), porte sur des biens à emporter dans les bagages personnels de voyageurs, l'exonération ne s'applique que lorsque les conditions suivantes sont réunies :

a) le voyageur n'est pas établi dans la Communauté ;

b) les biens sont transportés en dehors de la Communauté avant la fin du troisième mois suivant celui au cours duquel la livraison est effectuée ;

c) la valeur globale de la livraison, TVA incluse, excède la somme de 175 € ou sa contre-valeur en monnaie nationale, fixée une fois par an, en appliquant le taux de conversion du premier jour ouvrable du mois d'octobre avec effet au 1er janvier de l'année suivante.

Toutefois, les Etats membres peuvent exonérer une livraison dont la valeur globale est inférieure au montant prévu au premier alinéa, point c).

2. Aux fins du paragraphe 1, on entend par « voyageur qui n'est pas établi dans la Communauté » le voyageur dont le domicile ou la résidence habituelle n'est pas situé dans la Communauté. Dans ce cas on entend par « domicile ou résidence habituelle » le lieu mentionné comme tel sur le passeport, la carte d'identité ou tout autre document reconnu comme valant pièce d'identité par l'Etat membre sur le territoire duquel la livraison est effectuée.

La preuve de l'exportation est apportée au moyen de la facture, ou d'une pièce justificative en tenant lieu, revêtue du visa du bureau de douane de sortie de la Communauté.

Chaque Etat membre communique à la Commission un spécimen des cachets qu'il utilise pour délivrer le visa mentionné au deuxième alinéa. La Commission communique cette information aux autorités fiscales des autres Etats membres.

CHAPITRE 7
Exonérations liées aux transports internationaux

Art. 148 Les Etats membres exonèrent les opérations suivantes :

a) les livraisons de biens destinés à l'avitaillement des bateaux affectés à la navigation en haute mer et assurant un trafic rémunéré de voyageurs ou à l'exercice d'une activité commerciale, industrielle ou de pêche, ainsi que des bateaux de sauvetage et d'assistance en mer et des bateaux affectés à la pêche côtière sauf, pour ces derniers, les provisions de bord ;

b) les livraisons de biens destinés à l'avitaillement de navires de guerre, couverts par le code de la nomenclature combinée (NC) 8906 10 00, quittant leur territoire à destination d'un port ou d'un mouillage situé en dehors de l'Etat membre ;

c) les livraisons, transformations, réparations, entretien, affrètements et locations des bateaux visés au point a), ainsi que les livraisons, locations, réparations et l'entretien des objets, y compris l'équipement de pêche, incorporés à ces bateaux ou servant à leur exploitation ;

d) les prestations de services, autres que celles visées au point c), effectuées pour les besoins directs des bateaux visés au point a) et de leur cargaison ;

e) les livraisons de biens destinés à l'avitaillement des aéronefs utilisés par des compagnies de navigation aérienne, pratiquant essentiellement un trafic international rémunéré ;

f) les livraisons, transformations, réparations, entretien, affrètements et locations des aéronefs visés au point e), ainsi que les livraisons, locations, réparations et l'entretien des objets incorporés à ces aéronefs ou servant à leur exploitation ;

g) les prestations de services, autres que celles visées au point f), effectuées pour les besoins directs des aéronefs visés au point e) et de leur cargaison.

Art. 149 Le Portugal peut assimiler au transport international les transports maritimes et aériens entre les îles qui composent les régions autonomes des Açores et de Madère et entre celles-ci et le continent.

Art. 150 1. La Commission soumet au Conseil, si nécessaire, dans les meilleurs délais, des propositions en vue de préciser le champ d'application des exonérations prévues à l'article 148 et les modalités pratiques de leur mise en œuvre.

2. Jusqu'à l'entrée en vigueur des dispositions visées au paragraphe 1, les Etats membres peuvent limiter la portée des exonérations prévues à l'article 148, points a) et b).

CHAPITRE 8
Exonérations concernant certaines opérations assimilées aux exportations

Art. 151 1. Les Etats membres exonèrent les opérations suivantes :

a) les livraisons de biens et les prestations de services effectuées dans le cadre des relations diplomatiques et consulaires ;

a bis) les livraisons de biens et les prestations de services destinées à la Communauté européenne, à la Communauté européenne de l'énergie atomique, à la Banque centrale européenne, à la Banque européenne d'investissement ou aux organismes créés par les Communautés auxquels s'applique le protocole du 8 avril 1965 sur les privilèges et immunités des Communautés européennes, dans les limites et conditions fixées par ce protocole et les accords relatifs à sa mise en œuvre ou par les accords de siège et en particulier dans la mesure où cela n'engendre pas de distorsions de concurrence ;

a ter) les livraisons de biens et les prestations de services destinées à la Commission ou à une agence ou à un organisme créé en vertu du droit de l'Union lorsque la Commission ou une telle agence ou un tel organisme achète ces biens ou services dans le cadre de l'exécution des tâches qui lui sont confiées par le droit de l'Union afin de réagir à la pandémie de COVID-19, sauf lorsque les biens et services achetés sont utilisés, immédiatement ou ultérieurement, aux fins de livraisons de biens ou prestations de services subséquentes effectuées à titre onéreux par la Commission ou une telle agence ou un tel organisme ;

b) les livraisons de biens et les prestations de services destinées aux organismes internationaux autres que ceux visés au point a bis), reconnus comme tels par les autorités publiques de l'Etat membre d'accueil, ainsi qu'aux membres de ces organismes, dans les limites et conditions fixées par les conventions internationales instituant ces organismes ou par les accords de siège ;

b bis) les livraisons de biens et les prestations de services effectuées dans un Etat membre et destinées aux forces armées des autres Etats membres pour l'usage de ces forces ou de l'élément civil qui les accompagne, ou pour l'approvisionnement de leurs mess ou cantines lorsque ces forces sont affectées à un effort de défense mené en vue de la mise en œuvre d'une activité de l'Union dans le cadre de la politique de sécurité et de défense commune ;

b ter) les livraisons de biens et les prestations de services effectuées à destination d'un autre Etat membre et destinées aux forces armées de tout Etat membre autre que l'Etat membre de destination lui-même, pour l'usage de ces forces ou de l'élément civil qui les accompagne, ou pour l'approvisionnement de leurs mess ou cantines lorsque ces forces sont affectées à un effort de défense mené en vue de la mise en œuvre d'une activité de l'Union dans le cadre de la politique de sécurité et de défense commune ;

c) les livraisons de biens et les prestations de services effectuées dans les Etats membres parties au traité de l'Atlantique Nord et destinées aux forces armées des autres Etats parties à ce traité pour l'usage de ces forces ou de l'élément civil qui les accompagne, ou pour l'approvisionnement de leurs mess ou cantines lorsque ces forces sont affectées à l'effort commun de défense ;

d) les livraisons de biens et les prestations de services effectuées à destination d'un autre Etat membre et destinées aux forces armées de tout Etat partie au traité de l'Atlantique Nord, autre que l'Etat membre de destination lui-même, pour l'usage de ces forces ou de l'élément civil qui les accompagne, ou pour l'approvisionnement de leurs mess ou cantines lorsque ces forces sont affectées à l'effort commun de défense ;

e) les livraisons de biens et les prestations de services destinés aux forces armées du Royaume-Uni stationnées sur l'île de Chypre conformément au traité établissant la République de Chypre, en date du 16 août 1960, pour l'usage de ses forces ou du personnel civil qui les accompagne ou pour l'approvisionnement de leurs mess ou cantines.

Les exonérations prévues au premier alinéa, autres que celles visées au point a ter), s'appliquent dans les limites fixées par l'Etat membre d'accueil jusqu'à ce qu'une réglementation fiscale uniforme soit arrêtée.

2. Dans les cas où les biens ne sont pas expédiés ou transportés en dehors de l'Etat membre où la livraison de ces biens est effectuée, de même que pour les prestations de services, le bénéfice de l'exonération peut être accordé selon une procédure de remboursement de la TVA.

3. Lorsque les conditions d'exonération prévues au paragraphe 1, premier alinéa, point a ter), cessent de s'appliquer, la Commission ou l'agence ou l'organisme concerné qui a reçu les livraisons de biens ou prestations de services exonérées en informe l'Etat membre dans lequel l'exonération a été appliquée et la livraison de ces biens ou la prestation de ces services est soumise à la TVA dans les conditions applicables à ce moment.

Art. 152 Les Etats membres exonèrent les livraisons d'or aux banques centrales.

CHAPITRE 9
Exonérations des prestations de services effectuées par des intermédiaires

Art. 153 Les Etats membres exonèrent les prestations de services effectuées par les intermédiaires qui agissent au nom et pour compte d'autrui, lorsqu'ils interviennent dans les opérations visées aux chapitres 6, 7 et 8 ou dans des opérations qui sont réalisées en dehors de la Communauté.

L'exonération visée au premier alinéa ne s'applique pas aux agences de voyages lorsqu'elles fournissent, au nom et pour le compte du voyageur, des prestations qui sont effectuées dans d'autres Etats membres.

CHAPITRE 10
Exonérations des opérations liées au trafic international de biens

Section 1
Entrepôts douaniers, entrepôts autres que douaniers et régimes similaires

Art. 154 Aux fins de la présente section, sont considérés comme « entrepôts autres que douaniers », pour les produits soumis à accises, les endroits définis comme entrepôts fiscaux par l'article 4, point b), de la directive 92/12/CEE et, pour les biens non soumis à accises, les endroits définis comme tels par les Etats membres.

Art. 155 Sans préjudice des autres dispositions fiscales communautaires et après consultation du comité de la TVA, les Etats membres peuvent prendre des mesures particulières afin d'exonérer les opérations visées à la présente section ou certaines d'entre elles, à la condition qu'elles ne visent pas à une utilisation ou à une consommation finales et que le montant de la TVA due lors de la sortie des régimes ou situations visés à la présente section corresponde au montant de la taxe qui aurait été due si chacune des opérations avait été taxée sur leur territoire.

Art. 156 1. Les Etats membres peuvent exonérer les opérations suivantes :

a) les livraisons de biens destinés à être conduits en douane et placés, le cas échéant, en dépôt temporaire ;

b) les livraisons de biens destinés à être placés dans une zone franche ou un entrepôt franc ;

c) les livraisons de biens destinés à être placés sous un régime d'entrepôt douanier ou sous un régime de perfectionnement actif ;

d) les livraisons de biens destinés à être admis dans la mer territoriale pour être incorporés dans les plates-formes de forage ou d'exploitation, aux fins de leur construction, réparation, entretien, transformation ou équipement, ou pour relier ces plates-formes de forage ou d'exploitation au continent ;

e) les livraisons de biens destinés à être admis dans la mer territoriale pour l'avitaillement des plates-formes de forage ou d'exploitation.

2. Les endroits visés au paragraphe 1 sont ceux définis comme tels par les dispositions douanières communautaires en vigueur.

Art. 157 1. Les Etats membres peuvent exonérer les opérations suivantes :

a) les importations de biens destinés à être placés sous un régime d'entrepôt autre que douanier ;

b) les livraisons de biens destinés à être placés, sur leur territoire, sous un régime d'entrepôt autre que douanier.

2. Les Etats membres ne peuvent pas prévoir de régime d'entrepôt autre que douanier pour les biens non soumis à accises lorsque ces biens sont destinés à être livrés au stade du commerce de détail.

Art. 158 1. Par dérogation à l'article 157, paragraphe 2, les Etats membres peuvent prévoir un régime d'entrepôt autre que douanier dans les cas suivants :

a) lorsque les biens sont destinés à des comptoirs de ventes hors taxes, pour les besoins des livraisons de biens à emporter dans les bagages personnels d'un voyageur se rendant dans un territoire tiers ou un pays tiers, par un vol ou par une traversée maritime, et qui sont exonérées conformément à l'article 146, paragraphe 1, point b) ;

b) lorsque les biens sont destinés à des assujettis pour les besoins de livraisons qu'ils effectuent pour des voyageurs à bord d'un avion ou à bord d'un bateau, au cours d'un vol ou d'une traversée maritime dont le lieu d'arrivée est situé en dehors de la Communauté ;

c) lorsque les biens sont destinés à des assujettis pour les besoins de livraisons qu'ils effectuent en exonération de la TVA conformément à l'article 151.

2. Lorsqu'ils font usage de la faculté de l'exonération prévue au paragraphe 1, point a), les Etats membres prennent les mesures nécessaires pour assurer l'application correcte et simple de cette exonération et prévenir toute fraude, évasion et abus éventuels.

3. Aux fins du paragraphe 1, point a), on entend par « comptoir de ventes hors taxes », tout établissement situé dans l'enceinte d'un aéroport ou d'un port et satisfaisant aux conditions prévues par les autorités publiques compétentes.

Art. 159 Les Etats membres peuvent exonérer les prestations de services afférentes aux livraisons de biens visées à l'article 156, à l'article 157, paragraphe 1, point b), et à l'article 158.

Art. 160 1. Les Etats membres peuvent exonérer les opérations suivantes :

a) les livraisons de biens et les prestations de services effectuées dans les endroits visés à l'article 156, paragraphe 1, avec maintien, sur leur territoire, d'une des situations visées au même paragraphe ;

b) les livraisons de biens et les prestations de services effectuées dans les endroits visés à l'article 157, paragraphe 1, point b), et à l'article 158, avec maintien, sur leur territoire, d'une des situations visées respectivement au paragraphe 1, point b), et au paragraphe 1 desdits articles.

2. Lorsqu'ils font usage de la faculté prévue au paragraphe 1, point a), pour les opérations effectuées dans des entrepôts douaniers, les Etats membres prennent les mesures nécessaires pour prévoir des régimes d'entrepôts autres que douaniers permettant l'application du paragraphe 1, point b), aux mêmes opérations portant sur des biens figurant à l'annexe V et effectuées dans ces entrepôts autres que douaniers.

Art. 161 Les Etats membres peuvent exonérer les livraisons de biens suivantes ainsi que les prestations de services y afférentes :

a) les livraisons de biens visés à l'article 30, premier alinéa, avec maintien des régimes d'admission temporaire en exonération totale de droits à l'importation ou de transit externe ;

b) les livraisons de biens visés à l'article 30, deuxième alinéa, avec maintien de la procédure du transit communautaire interne visée à l'article 276.

Art. 162 Lorsqu'ils font usage de la faculté prévue à la présente section, les Etats membres prennent les mesures nécessaires en vue d'assurer que les acquisitions intracommunautaires de biens destinés à relever de l'un des régimes ou de l'une des situations visés à l'article 156, à l'article 157, paragraphe 1, point b), et à l'article 158 bénéficient des mêmes dispositions que les livraisons de biens effectuées sur leur territoire dans les mêmes conditions.

Art. 163 Lorsque la sortie des biens des régimes ou situations visés à la présente section donne lieu à une importation au sens de l'article 61, l'Etat membre d'importation prend les mesures nécessaires pour éviter une double imposition.

Section 2
Opérations exonérées en vue de l'exportation et dans le cadre des échanges entre les Etats membres

Art. 164 1. Après consultation du comité de la TVA, les Etats membres peuvent exonérer les opérations suivantes effectuées par ou destinées à un assujetti, dans la limite du montant des exportations qu'il a effectuées au cours des douze mois précédents :

a) les acquisitions intracommunautaires de biens effectuées par l'assujetti et les importations et les livraisons de biens destinés à l'assujetti en vue d'être exportés en dehors de la Communauté, en l'état ou après transformation ;

b) les prestations de services afférentes à l'activité d'exportation de cet assujetti.

2. Lorsqu'ils font usage de la faculté de l'exonération prévue au paragraphe 1, et après consultation du comité de la TVA, les Etats membres accordent également le bénéfice de cette exonération aux opérations afférentes aux livraisons effectuées par l'assujetti dans les conditions prévues à l'article 138, dans la limite du montant de celles qu'il a effectuées dans les mêmes conditions au cours des douze mois précédents.

Art. 165 Les Etats membres peuvent fixer une limite commune au montant des exonérations qu'ils accordent en vertu de l'article 164.

Section 3
Disposition commune aux sections 1 et 2

Art. 166 La Commission soumet au Conseil, si nécessaire, dans les meilleurs délais, des propositions concernant les modalités communes d'application de la TVA aux opérations visées aux sections 1 et 2.

TITRE X
DEDUCTIONS

CHAPITRE 1
Naissance et étendue du droit à déduction

Art. 167 Le droit à déduction prend naissance au moment où la taxe déductible devient exigible.

Art. 167 bis Les Etats membres peuvent prévoir, dans le cadre d'un régime facultatif, que le droit à déduction des assujettis dont la TVA devient exigible uniquement conformément à l'article 66, point b), est reporté jusqu'à ce que la taxe sur les biens ou services qui lui sont fournis ait été payée au fournisseur de biens ou prestataire de services.

Les Etats membres qui appliquent le régime facultatif visé au premier alinéa fixent, pour les assujettis utilisant le régime sur leur territoire, un seuil fondé sur le chiffre d'affaires annuel de l'assujetti, calculé conformément à l'article 288. Ce seuil ne peut dépasser 500 000 € ou sa contre-valeur en monnaie nationale. Les Etats membres peuvent toutefois relever ce seuil jusqu'à 2 000 000 € ou sa contre-valeur en monnaie nationale après consultation du comité de la TVA. Toutefois, cette consultation n'est pas nécessaire pour les Etats membres qui appliquaient un seuil supérieur à 500 000 € ou sa contre-valeur en monnaie nationale au 31 décembre 2012.

Les Etats membres informent le comité de la TVA des mesures nationales adoptées en vertu du premier alinéa.

Ndlr *Pour les dispositions du présent article applicables à compter du 1er janvier 2025, voir ci-dessous directive 2020/285 du 18 février 2020 art. 1, 3) et 3, 1).*

Art. 168 Dans la mesure où les biens et les services sont utilisés pour les besoins de ses opérations taxées, l'assujetti a le droit, dans l'Etat membre dans lequel il effectue ces opérations, de déduire du montant de la taxe dont il est redevable les montants suivants :

a) la TVA due ou acquittée dans cet Etat membre pour les biens qui lui sont ou lui seront livrés et pour les services qui lui sont ou lui seront fournis par un autre assujetti ;

b) la TVA due pour les opérations assimilées aux livraisons de biens et aux prestations de services conformément à l'article 18, point a), et à l'article 27 ;

c) la TVA due pour les acquisitions intracommunautaires de biens conformément à l'article 2, paragraphe 1, point b) i) ;

d) la TVA due pour les opérations assimilées aux acquisitions intracommunautaires conformément aux articles 21 et 22 ;

e) la TVA due ou acquittée pour les biens importés dans cet Etat membre.

Art. 168 bis 1. Dans le cas d'un bien immeuble faisant partie du patrimoine de l'entreprise d'un assujetti et utilisé par l'assujetti à la fois aux fins des activités de l'entreprise et pour son usage privé ou celui de son personnel ou, plus généralement, à des fins autres que celles de son entreprise, la TVA sur les dépenses liées à ce bien ne doit être déductible, conformément aux principes énoncés aux articles 167, 168, 169 et 173, qu'à proportion de son utilisation aux fins des activités de l'entreprise de l'assujetti.

Par dérogation à l'article 26, les changements dans la proportion de l'utilisation d'un bien immobilier visé au premier alinéa sont pris en compte, dans le respect des principes énoncés aux articles 184 à 192, tels qu'ils sont appliqués dans l'Etat membre concerné.

2. Les Etats membres peuvent également appliquer le paragraphe 1 à la TVA sur les dépenses liées à d'autres biens faisant partie du patrimoine de l'entreprise, selon ce qu'ils spécifieront.

Art. 169 Outre la déduction visée à l'article 168, l'assujetti a le droit de déduire la TVA y visée dans la mesure où les biens et les services sont utilisés pour les besoins des opérations suivantes :

a) ses opérations relevant des activités visées à l'article 9, paragraphe 1, deuxième alinéa, effectuées en dehors de l'Etat membre dans lequel cette taxe est due ou acquittée, qui ouvriraient droit à déduction si ces opérations étaient effectuées dans cet Etat membre ;

Ndlr *Pour les dispositions du présent point a) applicable à compter du 1er janvier 2025, voir ci-dessous directive (UE) 2020/285 du 18 février 2020 art. 1, 4) et 3, 1).*

b) ses opérations exonérées conformément aux articles 136 bis, 138, 142 et 144, aux articles 146 à 149, aux articles 151, 152, 153 et 156, à l'article 157, paragraphe 1, point b), aux articles 158 à 161 et à l'article 164 ;

c) ses opérations exonérées conformément à l'article 135, paragraphe 1, points a) à f), lorsque le preneur est établi en dehors de la Communauté ou lorsque ces opérations sont directement liées à des biens qui sont destinés à être exportés en dehors de la Communauté.

Art. 170 Tout assujetti qui, au sens de l'article 1er de la directive 86/560/CEE, de l'article 2, point 1), et de l'article 3, de la directive 2008/9/CE (5) et de l'article 171 de la présente directive, n'est pas établi dans l'Etat membre dans lequel il effectue des achats de biens et de services ou des importations de biens grevés de TVA a le droit d'obtenir le remboursement de cette taxe dans la mesure où les biens et les services sont utilisés pour les opérations suivantes :

a) les opérations visées à l'article 169 ;

b) les opérations pour lesquelles la taxe est uniquement due par l'acquéreur ou le preneur conformément aux articles 194 à 197 et à l'article 199.

Art. 171 1. Le remboursement de la TVA en faveur des assujettis qui ne sont pas établis dans l'Etat membre dans lequel ils effectuent des achats de biens et de services ou des importations de biens grevés de taxe, mais qui sont établis dans un autre Etat membre, est effectué selon les modalités prévues par la directive 2008/9/CE.

---

(5) Directive 2008/9/CE du Conseil du 12 février 2008 définissant les modalités du remboursement de la taxe sur la valeur ajoutée, prévu par la directive 2006/112/CE, en faveur des assujettis qui ne sont pas établis dans l'Etat membre du remboursement, mais dans un autre Etat membre (JO L 44 du 20.2.2008, p. 23).

2. Le remboursement de la TVA en faveur des assujettis qui ne sont pas établis sur le territoire de la Communauté est effectué selon les modalités d'application déterminées par la directive 86/560/CEE.

Les assujettis visés à l'article 1er de la directive 86/560/CEE et qui n'ont effectué dans l'Etat membre dans lequel ils effectuent les achats de biens et services ou des importations de biens grevés de taxe que des livraisons de biens ou des prestations de services pour lesquelles le destinataire de ces opérations a été désigné comme redevable de la taxe, conformément aux articles 194 à 197 et à l'article 199, sont également considérés pour l'application de ladite directive comme des assujettis qui ne sont pas établis dans la Communauté.

3. La directive 86/560/CEE ne s'applique pas :

a) aux montants de TVA qui, conformément à la législation de l'Etat membre du remboursement, ont été facturés par erreur ;

b) aux montants de TVA facturés pour des livraisons de biens qui sont exonérées, ou qui peuvent l'être, en vertu de l'article 138 ou de l'article 146, paragraphe 1, point b).

Art. 171 bis Au lieu d'accorder un remboursement de la TVA selon les modalités prévues par les directives 86/560/CEE ou 2008/9/CE pour les livraisons de biens et les prestations de services à un assujetti pour lesquelles cet assujetti est tenu d'acquitter la TVA conformément aux articles 194 à 197 ou 199, les Etats membres peuvent autoriser la déduction de cette TVA conformément à la procédure établie à l'article 168. Les restrictions qui sont déjà en vigueur conformément à l'article 2, paragraphe 2, et à l'article 4, paragraphe 2, de la directive 86/560/CEE peuvent être maintenues.

A cet effet, les Etats membres peuvent exclure l'assujetti qui est tenu d'acquitter la TVA de la procédure de remboursement en vertu des directives 86/560/CEE ou 2008/9/CE.

Art. 172 1. Toute personne considérée comme un assujetti du fait qu'elle effectue à titre occasionnel une livraison d'un moyen de transport neuf dans les conditions prévues à l'article 138, paragraphe 1, et paragraphe 2, point a), a le droit de déduire, dans l'Etat membre dans lequel la livraison est effectuée, la TVA comprise dans le prix d'achat ou acquittée au titre de l'importation ou de l'acquisition intracommunautaire de ce moyen de transport, dans la limite ou à concurrence du montant de la taxe dont elle serait redevable si la livraison n'était pas exonérée.

Le droit à déduction prend naissance et ne peut être exercé qu'au moment de la livraison du moyen de transport neuf.

2. Les Etats membres déterminent les modalités d'application du paragraphe 1.

CHAPITRE 2
Prorata de déduction

Art. 173 1. En ce qui concerne les biens et les services utilisés par un assujetti pour effectuer à la fois des opérations ouvrant droit à déduction visées aux articles 168, 169 et 170 et des opérations n'ouvrant pas droit à déduction, la déduction n'est admise que pour la partie de la TVA qui est proportionnelle au montant afférent aux premières opérations.

Le prorata de déduction est déterminé, conformément aux articles 174 et 175, pour l'ensemble des opérations effectuées par l'assujetti.

2. Les Etats membres peuvent prendre les mesures suivantes :

a) autoriser l'assujetti à déterminer un prorata pour chaque secteur de son activité, si des comptabilités distinctes sont tenues pour chacun de ces secteurs ;

b) obliger l'assujetti à déterminer un prorata pour chaque secteur de son activité et à tenir des comptabilités distinctes pour chacun de ces secteurs ;

c) autoriser ou obliger l'assujetti à opérer la déduction suivant l'affectation de tout ou partie des biens et services ;

d) autoriser ou obliger l'assujetti à opérer la déduction, conformément à la règle prévue au paragraphe 1, premier alinéa, pour tous les biens et services utilisés pour toutes les opérations y visées ;

e) prévoir, lorsque la TVA qui ne peut être déduite par l'assujetti est insignifiante, qu'il n'en sera pas tenu compte.

Art. 174 1. Le prorata de déduction résulte d'une fraction comportant les montants suivants :

a) au numérateur, le montant total, déterminé par année, du chiffre d'affaires, hors TVA, afférent aux opérations ouvrant droit à déduction conformément aux articles 168 et 169 ;

b) au dénominateur, le montant total, déterminé par année, du chiffre d'affaires, hors TVA, afférent aux opérations figurant au numérateur ainsi qu'aux opérations qui n'ouvrent pas droit à déduction.

Les Etats membres peuvent inclure dans le dénominateur le montant des subventions autres que celles directement liées au prix des livraisons de biens ou des prestations de services visées à l'article 73.

2. Par dérogation au paragraphe 1, il est fait abstraction, pour le calcul du prorata de déduction, des montants suivants :

a) le montant du chiffre d'affaires afférent aux livraisons de biens d'investissement utilisés par l'assujetti dans son entreprise ;

b) le montant du chiffre d'affaires afférent aux opérations accessoires immobilières et financières ;

c) le montant du chiffre d'affaires afférent aux opérations visées à l'article 135, paragraphe 1, points b) à g), lorsqu'il s'agit d'opérations accessoires.

3. Lorsqu'ils font usage de la faculté prévue à l'article 191 de ne pas exiger la régularisation pour les biens d'investissement, les Etats membres peuvent inclure le produit de la cession de ces biens dans le calcul du prorata de déduction.

Art. 175 1. Le prorata de déduction est déterminé sur une base annuelle, fixé en pourcentage et arrondi à un chiffre qui ne dépasse pas l'unité supérieure.

2. Le prorata provisoirement applicable pour une année est celui calculé sur la base des opérations de l'année précédente. Lorsqu'une telle référence fait défaut ou n'est pas significative, le prorata est estimé provisoirement, sous contrôle de l'administration, par l'assujetti, d'après ses prévisions.

Toutefois, les Etats membres peuvent continuer à appliquer leur réglementation en vigueur soit au 1er janvier 1979 soit, pour les Etats membres ayant adhéré à la Communauté après cette date, à la date de leur adhésion.

3. La fixation du prorata définitif, qui est déterminé pour chaque année au cours de l'année suivante, entraîne la régularisation des déductions opérées suivant le prorata appliqué provisoirement.

CHAPITRE 3
Limitations du droit à déduction

Art. 176 Le Conseil, statuant à l'unanimité sur proposition de la Commission, détermine les dépenses n'ouvrant pas droit à déduction de la TVA. En tout état de cause, seront exclues du droit à déduction les dépenses n'ayant pas un caractère strictement professionnel, telles que les dépenses de luxe, de divertissement ou de représentation.

Jusqu'à l'entrée en vigueur des dispositions visées au premier alinéa, les Etats membres peuvent maintenir toutes les exclusions prévues par leur législation nationale soit au 1er janvier 1979 soit, pour les Etats membres ayant adhéré à la Communauté après cette date, à la date de leur adhésion.

Art. 177 Après consultation du comité de la TVA, chaque Etat membre peut, pour des raisons conjoncturelles, exclure partiellement ou totalement du régime des déductions les ou certains biens d'investissement ou d'autres biens.

Afin de maintenir des conditions de concurrence identiques, les Etats membres peuvent, au lieu de refuser la déduction, taxer les biens fabriqués par l'assujetti lui-même ou qu'il a achetés à l'intérieur de la Communauté ou importés, de manière que cette taxation ne dépasse pas le montant de la TVA qui grèverait l'acquisition de biens similaires.

CHAPITRE 4
Modalités d'exercice du droit à déduction

Art. 178 Pour pouvoir exercer le droit à déduction, l'assujetti doit remplir les conditions suivantes :

a) pour la déduction visée à l'article 168, point a), en ce qui concerne les livraisons de biens et les prestations de services, détenir une facture établie conformément aux dispositions du titre XI, chapitre 3, sections 3 à 6 ;

b) pour la déduction visée à l'article 168, point b), en ce qui concerne les opérations assimilées aux livraisons de biens et aux prestations de services, remplir les formalités qui sont établies par chaque Etat membre ;

c) pour la déduction visée à l'article 168, point c), en ce qui concerne les acquisitions intracommunautaires de biens, avoir fait figurer sur la déclaration de TVA prévue à l'article 250 toutes les données nécessaires pour constater le montant de la TVA due au titre de ses acquisitions et détenir une facture établie conformément aux dispositions du titre XI, chapitre 3, sections 3 à 5 ;

d) pour la déduction visée à l'article 168, point d), en ce qui concerne les opérations assimilées aux acquisitions intracommunautaires de biens, remplir les formalités qui sont établies par chaque Etat membre ;

e) pour la déduction visée à l'article 168, point e), en ce qui concerne les importations de biens, détenir un document constatant l'importation qui le désigne comme destinataire ou importateur et qui mentionne ou permet de calculer le montant de la TVA due ;

f) lorsqu'il est tenu d'acquitter la taxe en tant que preneur ou acquéreur en cas d'application des articles 194 à 197 et de l'article 199, remplir les formalités qui sont établies par chaque Etat membre.

Art. 179 La déduction est opérée globalement par l'assujetti par imputation, sur le montant de la taxe due pour une période imposable, du montant de la TVA pour laquelle le droit à déduction a pris naissance et est exercé en vertu de l'article 178, au cours de la même période.

Toutefois, les Etats membres peuvent obliger les assujettis qui effectuent des opérations occasionnelles visées à l'article 12 à n'exercer le droit à déduction qu'au moment de la livraison.

Art. 180 Les Etats membres peuvent autoriser un assujetti à procéder à une déduction qui n'a pas été effectuée conformément aux articles 178 et 179.

Art. 181 Les Etats membres peuvent autoriser un assujetti qui ne détient pas de facture établie conformément aux dispositions du titre XI, chapitre 3, sections 3 à 5, à procéder à la déduction visée à l'article 168, point c), en ce qui concerne ses acquisitions intracommunautaires de biens.

Art. 182 Les Etats membres déterminent les conditions et modalités d'application des articles 180 et 181.

Art. 183 Lorsque le montant des déductions dépasse celui de la TVA due pour une période imposable, les Etats membres peuvent soit faire reporter l'excédent sur la période suivante, soit procéder au remboursement selon les modalités qu'ils fixent.

Toutefois, les Etats membres peuvent refuser le report ou le remboursement lorsque l'excédent est insignifiant.

CHAPITRE 5
Régularisation des déductions

Art. 184 La déduction initialement opérée est régularisée lorsqu'elle est supérieure ou inférieure à celle que l'assujetti était en droit d'opérer.

Art. 185 1. La régularisation a lieu notamment lorsque des modifications des éléments pris en considération pour la détermination du montant des déductions sont intervenues postérieurement à la déclaration de TVA, entre autres en cas d'achats annulés ou en cas de rabais obtenus.

2. Par dérogation au paragraphe 1, il n'y a pas lieu à régularisation en cas d'opérations totalement ou partiellement impayées, en cas de destruction, de perte ou de vol dûment prouvés ou justifiés et en cas de prélèvements effectués pour donner des cadeaux de faible valeur et des échantillons visés à l'article 16.

En cas d'opérations totalement ou partiellement impayées et en cas de vol, les Etats membres peuvent toutefois exiger la régularisation.

Art. 186 Les Etats membres déterminent les modalités d'application des articles 184 et 185.

Art. 187 1. En ce qui concerne les biens d'investissement, la régularisation est opérée pendant une période de cinq années, dont celle au cours de laquelle le bien a été acquis ou fabriqué.

Toutefois, les Etats membres peuvent, lors de la régularisation, se baser sur une période de cinq années entières à compter du début de l'utilisation du bien.

En ce qui concerne les biens d'investissement immobiliers, la durée de la période servant de base au calcul des régularisations peut être prolongée jusqu'à vingt ans.

2. Chaque année, la régularisation ne porte que sur le cinquième ou, dans le cas où la période de régularisation a été prolongée, sur la fraction correspondante de la TVA dont les biens d'investissement ont été grevés.

La régularisation visée au premier alinéa est effectuée en fonction des modifications du droit à déduction intervenues au cours des années suivantes, par rapport à celui de l'année au cours de laquelle le bien a été acquis, fabriqué ou, le cas échéant, utilisé pour la première fois.

Art. 188 1. En cas de livraison pendant la période de régularisation, le bien d'investissement est considéré comme s'il était resté affecté à une activité économique de l'assujetti jusqu'à l'expiration de la période de régularisation.

L'activité économique est présumée être entièrement taxée pour le cas où la livraison du bien d'investissement est taxée.

L'activité économique est présumée être entièrement exonérée pour le cas où la livraison du bien d'investissement est exonérée.

2. La régularisation prévue au paragraphe 1 se fait en une seule fois pour tout le temps de la période de régularisation restant à courir. Toutefois, lorsque la livraison du bien d'investissement est exonérée, les Etats membres peuvent ne pas exiger une régularisation dans la mesure où l'acquéreur est un assujetti qui utilise le bien d'investissement en question uniquement pour des opérations pour lesquelles la TVA est déductible.

Art. 189 Pour l'application des articles 187 et 188, les Etats membres peuvent prendre les mesures suivantes :

a) définir la notion de biens d'investissement ;

b) préciser quel est le montant de TVA qui est à prendre en considération pour la régularisation ;

c) prendre toutes dispositions utiles afin de garantir que les régularisations ne procurent aucun avantage injustifié ;

d) autoriser des simplifications administratives.

Art. 190 Aux fins des articles 187, 188, 189 et 191, les Etats membres peuvent considérer comme biens d'investissement les services qui présentent des caractéristiques similaires à celles normalement associées à des biens d'investissement.

Art. 191 Si l'application des articles 187 et 188 donne un résultat négligeable dans un Etat membre, ce dernier peut, après consultation du comité de la TVA, ne pas les appliquer compte tenu de l'incidence globale de la TVA dans l'Etat membre concerné et de la nécessité de simplifications administratives, et sous réserve qu'il n'en résulte pas de distorsions de concurrence.

Art. 192 En cas de passage d'un régime normal d'imposition à un régime particulier ou inversement, les Etats membres peuvent prendre les dispositions nécessaires afin d'éviter que l'assujetti concerné ne bénéficie d'avantages injustifiés ou ne subisse un préjudice injustifié.

TITRE XI
OBLIGATIONS DES ASSUJETTIS ET DE CERTAINES PERSONNES NON ASSUJETTIES

CHAPITRE 1
Obligation de paiement

Section 1
Redevables de la taxe envers le Trésor

Art. 192 bis Aux fins de la présente section, un assujetti qui dispose d'un établissement stable sur le territoire de l'Etat membre dans lequel la taxe est due est considéré comme un assujetti qui n'est pas établi sur le territoire de cet Etat membre lorsque les conditions ci-après sont réunies :

a) il effectue une livraison de biens ou une prestation de services imposable sur le territoire de cet Etat membre ;

b) un établissement que le fournisseur ou le prestataire possède sur le territoire de cet Etat membre ne participe pas à la livraison de ces biens ou à la prestation de ces services.

Art. 193 La TVA est due par l'assujetti effectuant une livraison de biens ou une prestation de services imposable, sauf dans les cas où la taxe est due par une autre personne en application des articles 194 à 199 ter et de l'article 202.

Art. 194 1. Lorsque la livraison de biens ou la prestation de services imposable est effectuée par un assujetti qui n'est pas établi dans l'Etat membre dans lequel la TVA est due, les Etats membres peuvent prévoir que le redevable de la taxe est le destinataire de la livraison de biens ou de la prestation de services.

2. Les Etats membres déterminent les conditions d'application du paragraphe 1.

Art. 195 La TVA est due par les personnes qui sont identifiées à la TVA dans l'Etat membre dans lequel la taxe est due et auxquelles sont livrés les biens dans les conditions prévues aux articles 38 et 39 si les livraisons sont effectuées par un assujetti qui n'est pas établi dans cet Etat membre.

Art. 196 La TVA est due par l'assujetti ou la personne morale non assujettie identifiée à la TVA, à qui sont fournis les services visés à l'article 44, si ces services sont fournis par un assujetti qui n'est pas établi dans cet Etat membre.

Art. 197 1. La TVA est due par le destinataire de la livraison de biens, lorsque les conditions suivantes sont réunies :

a) l'opération imposable est une livraison de biens effectuée dans les conditions prévues à l'article 141 ;

b) le destinataire de cette livraison de biens est un autre assujetti, ou une personne morale non assujettie, identifiés à la TVA dans l'Etat membre dans lequel la livraison est effectuée ;

c) la facture émise par l'assujetti non établi dans l'Etat membre du destinataire est établie conformément aux dispositions du chapitre 3, sections 3 à 5.

2. Lorsqu'un représentant fiscal est désigné comme redevable de la taxe en application des dispositions de l'article 204, les Etats membres peuvent prévoir une dérogation au paragraphe 1 du présent article.

Art. 198 1. Lorsque des opérations spécifiques concernant l'or d'investissement entre un assujetti qui opère sur un marché de l'or réglementé et un autre assujetti qui n'opère pas sur ce marché sont taxées conformément à l'article 352, les Etats membres désignent l'acquéreur comme redevable de la taxe.

Si l'acquéreur qui n'opère pas sur un marché de l'or réglementé est un assujetti et est tenu de s'identifier à la TVA dans l'Etat membre dans lequel la taxe est due uniquement pour les opérations visées à l'article 352, le vendeur s'acquitte des obligations fiscales au nom de l'acquéreur conformément aux dispositions de cet Etat membre.

2. Lorsqu'une livraison d'or sous forme de matière première ou de produits semi-ouvrés d'une pureté égale ou supérieure à 325 millièmes, ou qu'une livraison d'or d'investissement tel que défini à l'article 344, paragraphe 1, est effectuée par un assujetti ayant fait usage d'une des options prévues aux articles 348, 349 et 350, les Etats membres peuvent désigner l'acquéreur comme redevable de la taxe.

3. Les Etats membres fixent les procédures et conditions d'application des paragraphes 1 et 2.

Art. 199 1. Les Etats membres peuvent prévoir que le redevable de la taxe est l'assujetti destinataire des opérations suivantes :

a) les travaux de construction, y compris les travaux de réparation, de nettoyage, d'entretien, de transformation et de démolition effectués en relation avec des biens immeubles, ainsi que la délivrance de travaux immobiliers considérée comme étant une livraison de biens en vertu de l'article 14, paragraphe 3 ;

b) la mise à disposition de personnel participant à des activités visées au point a) ;

c) les livraisons de biens immeubles, au sens de l'article 135, paragraphe 1, points j) et k), lorsque le fournisseur a opté pour la taxation de l'opération conformément à l'article 137 ;

d) les livraisons de matériaux usagés, de matériaux usagés ne pouvant pas être réutilisés en l'état, de déchets industriels et non industriels, de déchets de récupération, de déchets en partie transformés, de débris et les livraisons de certains biens et les prestations de certains services spécifiques, figurant à l'annexe VI ;

e) les livraisons de biens donnés en garantie par un assujetti au profit d'un autre assujetti en exécution de cette garantie ;

f) les livraisons de biens effectuées après la cession d'un droit de réserve de propriété à un cessionnaire qui exerce ce droit ;

g) les livraisons d'un bien immeuble vendu par le débiteur d'une créance exécutoire dans le cadre d'une procédure de vente forcée.

2. Lorsqu'ils appliquent l'option prévue au paragraphe 1, les Etats membres peuvent définir les livraisons de biens et les prestations de services couvertes et les catégories de fournisseurs, prestataires, acquéreurs ou preneurs auxquelles ces mesures peuvent s'appliquer.

3. Aux fins du paragraphe 1, les Etats membres peuvent prendre les mesures suivantes :

a) prévoir qu'un assujetti exerçant aussi des activités ou exécutant aussi des opérations qui ne sont pas considérées comme des livraisons de biens ou des prestations de services imposables au sens de l'article 2, est considéré comme un assujetti pour ce qui concerne les livraisons de biens ou les prestations de services qui lui sont destinées tel que prévu au paragraphe 1 du présent article ;

b) prévoir qu'un organisme public non assujetti est considéré comme un assujetti pour ce qui concerne les livraisons qui lui sont destinées tel que prévue au paragraphe 1, points e), f) et g).

4. Les Etats membres informent le comité de la TVA de l'introduction des mesures nationales adoptées en application des dispositions du paragraphe 1, dans la mesure où il ne s'agit pas de mesures qui ont fait l'objet d'une autorisation du Conseil avant le 13 août 2006 conformément à l'article 27, paragraphes 1 à 4, de la directive 77/388/CEE *(NDLR Devenu article 395 de la directive 2006/112/CE)* et qui sont maintenues en vertu du paragraphe 1 du présent article.

Art. 199 bis 1. Jusqu'au 31 décembre 2026, les Etats membres peuvent prévoir que le redevable de la TVA est l'assujetti destinataire des livraisons et prestations suivantes :

a) transfert de quotas autorisant à émettre des gaz à effet de serre au sens de l'article 3 de la directive 2003/87/CE du Parlement européen et du Conseil du 13 octobre 2003 établissant un système d'échange de quotas d'émission de gaz à effet de serre dans la Communauté (6) transférables conformément à l'article 12 de ladite directive ;

b) transfert d'autres unités pouvant être utilisées par les opérateurs en vue de se conformer à ladite directive ;

c) les livraisons de téléphones mobiles, à savoir des dispositifs conçus ou adaptés pour être utilisés en connexion avec un réseau sous licence fonctionnant à des fréquences spécifiques, qu'ils aient ou non une autre utilisation ;

d) les livraisons de circuits intégrés comme les microprocesseurs et les unités de traitement centrales, avant leur incorporation dans des produits destinés à l'utilisateur final ;

e) les livraisons de gaz et d'électricité à un assujetti-revendeur tel qu'il est défini à l'article 38, paragraphe 2 ;

f) les livraisons de certificats de gaz et d'électricité ;

g) les livraisons de services de télécommunication définis à l'article 24, paragraphe 2 ;

h) les livraisons de consoles de jeu, de tablettes informatiques et d'ordinateurs portables ;

i) les livraisons de céréales et de plantes industrielles, y compris les oléagineux et les betteraves sucrières, qui ne sont, en principe, pas destinés en l'état aux consommateurs finaux ;

j) les livraisons de métaux bruts ou semi-finis, y compris les métaux précieux, lorsqu'ils ne sont pas par ailleurs couverts par l'article 199, paragraphe 1, point d), par les régimes particuliers applicables dans le domaine des biens d'occasion, des objets d'art, de collection ou d'antiquité, établis aux articles 311 à 343, ou par le régime particulier applicable à l'or d'investissement, établi aux articles 344 à 356.

1 bis. Les Etats membres peuvent définir les conditions d'application du mécanisme prévu au paragraphe 1.

1 ter. L'application du mécanisme prévu au paragraphe 1 à la fourniture des biens et des services dont la liste figure aux points c) à j) dudit paragraphe s'accompagne de l'instauration d'obligations appropriées et efficaces en matière de communication d'informations dont devront s'acquitter les assujettis qui fournissent des biens ou des services auxquels s'applique le mécanisme prévu au paragraphe 1.

(6) JO L 275 du 25.10.2003, p. 32.

2. Les Etats membres informent le comité de la TVA de l'application du mécanisme prévu au paragraphe 1 lors de l'introduction de celui-ci et lui communiquent les éléments d'information suivants :

a) le champ d'application de la mesure mettant en œuvre le mécanisme et le type et les caractéristiques de la fraude, ainsi qu'une description détaillée des mesures d'accompagnement, y compris les obligations applicables aux assujettis en matière de communications d'informations et les mesures de contrôle ;

b) les mesures prises pour informer les assujettis concernés de la mise en application du mécanisme ;

c) les critères d'évaluation permettant une comparaison, avant et après l'application du mécanisme, des activités frauduleuses portant sur les biens et services énumérés au paragraphe 1, des activités frauduleuses concernant d'autres biens et services ainsi que de l'augmentation d'autres types d'activités frauduleuses ;

d) la date à laquelle l'instrument mettant en œuvre le mécanisme devient opérationnel ainsi que la période couverte par cet instrument.

Art. 199 ter 1. Un Etat membre peut, en cas d'urgence impérieuse et conformément aux paragraphes 2 et 3, désigner le destinataire en tant que redevable de la TVA due sur certaines livraisons de biens et prestations de services, par dérogation à l'article 193, en recourant à la mesure particulière du mécanisme de réaction rapide (MRR) visant à lutter contre la fraude fiscale soudaine et massive susceptible d'entraîner des pertes financières considérables et irréparables.

La mesure particulière du MRR fait l'objet de mesures de contrôle appropriées par l'Etat membre en ce qui concerne les assujettis qui effectuent les livraisons de biens ou les prestations de services auxquelles cette mesure s'applique, et sa durée n'excède pas neuf mois.

2. L'Etat membre qui souhaite introduire une mesure particulière du MRR prévue au paragraphe 1 envoie une notification à la Commission au moyen du formulaire type établi conformément au paragraphe 4, qu'il communique simultanément aux autres Etats membres. L'Etat membre communique à la Commission des informations indiquant le secteur concerné, le type et les caractéristiques de la fraude, l'existence de raisons d'urgence impérieuses, le caractère soudain et massif de la fraude et ses répercussions en termes de pertes financières considérables et irréparables. Si la Commission considère qu'elle ne dispose pas de toutes les données nécessaires, elle prend contact avec l'Etat membre concerné dans les deux semaines suivant la réception de la notification et précise quelles sont les données complémentaires dont elle a besoin. Toute information complémentaire fournie par l'Etat membre concerné à la Commission est communiquée simultanément aux

autres Etats membres. Si les informations complémentaires fournies ne sont pas suffisantes, la Commission en informe l'Etat membre concerné dans un délai d'une semaine.

L'Etat membre qui souhaite introduire la mesure particulière du MRR prévue au paragraphe 1 du présent article envoie simultanément une demande à la Commission conformément à la procédure établie à l'article 395, paragraphes 2 et 3.

Dans les cas d'urgence impérieuse visés au paragraphe 1 du présent article, la procédure établie à l'article 395, paragraphes 2 et 3, doit être close dans un délai de six mois à compter de la réception de la demande par la Commission.

3. Dès que la Commission dispose de toutes les données qu'elle considère utiles pour évaluer la notification visée au paragraphe 2, premier alinéa, elle en informe les Etats membres. Si elle soulève des objections à l'égard de la mesure particulière du MRR, elle rend un avis négatif dans un délai d'un mois à compter de ladite notification et en informe l'Etat membre concerné et le comité de la TVA. Lorsque la Commission ne soulève pas d'objections à l'égard de la mesure, elle confirme sa position par écrit à l'Etat membre concerné et au comité de la TVA dans le même délai. L'Etat membre peut adopter la mesure particulière du MRR à compter de la date de réception de cette confirmation. Lorsqu'elle procède à l'évaluation de la notification, la Commission tient compte de l'avis qui lui a été envoyé par écrit par tout autre Etat membre.

4. La Commission adopte un acte d'exécution établissant un formulaire type pour la soumission de la notification concernant la mesure particulière du MRR visée au paragraphe 2 et la communication des informations visées au paragraphe 2, premier alinéa. Cet acte d'exécution est adopté conformément à la procédure d'examen visée au paragraphe 5.

5. Lorsqu'il est fait référence au présent paragraphe, l'article 5 du règlement (UE) n° 182/2011 du Parlement européen et du Conseil (7) s'applique et, à cette fin, le comité compétent est le comité institué par l'article 58 du règlement (UE) n° 904/2010du Conseil(8).

6. La mesure particulière du MRR prévue au paragraphe 1 s'applique jusqu'au 31 décembre 2026.

Art. 199 quater 1. Par dérogation à l'article 193, un Etat membre peut, jusqu'au 30 juin 2022, introduire un mécanisme d'autoliquidation généralisé (MALG) applicable aux livraisons et prestations non transfrontières, prévoyant que le redevable de la TVA est l'assujetti destinataire de l'ensemble des livraisons de biens et prestations de services dépassant un seuil de 17 500 € par opération.

L'Etat membre qui souhaite instaurer le MALG doit satisfaire à l'ensemble des conditions suivantes :

a) il présentait, en 2014, conformément à la méthode et aux chiffres figurant dans le rapport final de 2016 daté du 23 août 2016 sur l'écart de TVA, publié par la Commission, un écart de TVA, exprimé en pourcentage de la TVA totale exigible théorique, dépassant d'au moins 5 points de pourcentage l'écart de TVA médian de la Communauté ;

b) la fraude de type carrousel y représente, d'après l'analyse d'impact accompagnant la proposition législative relative au présent article, plus de 25 % de son écart de TVA total ;

c) il établit que d'autres mesures de contrôle ne suffisent pas pour lutter contre la fraude de type carrousel sur son territoire, notamment en précisant les mesures de contrôle appliquées et les raisons particulières de leur manque d'efficacité, ainsi que les raisons pour lesquelles la coopération administrative dans le domaine de la TVA s'est révélée insuffisante ;

d) il établit que les gains estimés en termes de respect des obligations fiscales et de recouvrement des impôts attendus à la suite de l'introduction du MALG sont supérieurs aux charges supplémentaires totales pour les entreprises et l'administration fiscale d'au moins 25 % ; et

e) il établit que l'introduction du MALG n'aura pas pour effet de faire supporter aux entreprises et à l'administration fiscale des frais supérieurs à ceux résultant de l'application d'autres mesures de contrôle.

L'Etat membre joint à la demande visée au paragraphe 3 le calcul de l'écart de TVA établi sur la base de la méthode et des chiffres disponibles dans le rapport sur l'écart de TVA publié par la Commission, tel qu'il est visé au deuxième alinéa, point a), du présent paragraphe.

2. Les Etats membres qui appliquent le MALG instaurent des obligations appropriées et efficaces en matière de communication d'informations par voie électronique dont devront s'acquitter tous les assujettis et, en particulier, les assujettis qui fournissent ou reçoivent des biens ou des services auxquels le MALG s'applique, afin d'assurer le bon fonctionnement et le suivi effectif de l'application du MALG.

3. Les Etats membres qui souhaitent appliquer le MALG introduisent une demande auprès de la Commission et communiquent les informations suivantes :

a) une justification détaillée montrant que les conditions visées au paragraphe 1 sont remplies ;

b) la date de début de l'application du MALG et la période qui sera couverte par le MALG ;

c) les actions à entreprendre pour informer les assujettis de l'introduction de l'application du MALG ; et

(7) Règlement (UE) n° 182/2011 du Parlement européen et du Conseil du 16 février 2011 établissant les règles et principes généraux relatifs aux modalités de contrôle par les Etats membres de l'exercice des compétences d'exécution par la Commission (JO L 55 du 28.2.2011, p. 13).

(8) Règlement (UE) n° 904/2010 du Conseil du 7 octobre 2010 concernant la coopération administrative et la lutte contre la fraude dans le domaine de la taxe sur la valeur ajoutée (JO L 268 du 12.10.2010, p. 1).

d) une description détaillée des mesures d'accompagnement visées au paragraphe 2.

Si la Commission estime qu'elle ne dispose pas de toutes les informations nécessaires, elle demande des informations supplémentaires, y compris les méthodes sous-jacentes, les hypothèses, les études et d'autres documents justificatifs, dans le mois qui suit la réception de la demande. L'Etat membre requérant communique les informations demandées dans le mois qui suit la réception de la notification.

4. Si la Commission estime qu'une demande satisfait aux exigences énoncées au paragraphe 3, elle soumet une proposition au Conseil, au plus tard trois mois après avoir reçu toutes les informations nécessaires. Le Conseil, statuant à l'unanimité sur cette proposition de la Commission, peut autoriser l'Etat membre requérant à appliquer le MALG. Si la Commission estime qu'une demande ne satisfait pas aux exigences énoncées au paragraphe 3, elle communique ses raisons à l'Etat membre requérant et au Conseil, et ce dans le même délai.

5. Lorsqu'une incidence négative considérable sur le marché intérieur a été établie conformément au second alinéa du présent paragraphe, la Commission, au plus tard trois mois après avoir reçu toutes les informations nécessaires, propose d'abroger l'ensemble des décisions d'exécution visées au paragraphe 4, au plus tôt six mois après l'entrée en vigueur de la première décision d'exécution autorisant un Etat membre à appliquer le MALG. Cette abrogation est réputée adoptée par le Conseil, à moins que le Conseil ne décide à l'unanimité de rejeter la proposition de la Commission dans un délai de trente jours à compter de son adoption par la Commission.

Une incidence négative considérable est réputée établie lorsque les conditions suivantes sont remplies :

a) au moins un Etat membre qui n'applique pas le MALG informe la Commission d'une hausse de la fraude à la TVA sur son territoire due à l'application du MALG ; et

b) la Commission établit, notamment sur la base des informations communiquées par les Etats membres visés au point a) du présent alinéa, que la hausse de la fraude à la TVA sur leur territoire est liée à l'application du MALG dans un ou plusieurs Etats membres.

6. Les Etats membres qui appliquent le MALG transmettent les informations suivantes, sous forme électronique, à tous les Etats membres :

a) les noms des personnes qui, au cours des douze mois précédant la date de début d'application du MALG, ont fait l'objet de poursuites, qu'elles soient pénales ou administratives, pour cause de fraude à la TVA ; et

b) les noms des personnes, y compris, dans le cas de personnes morales, les noms de leurs administrateurs, dont l'immatriculation à la TVA dans cet Etat membre a été close après l'introduction du MALG ; et

c) les noms des personnes, y compris, dans le cas des personnes morales, les noms de leurs administrateurs, qui n'ont pas présenté de déclaration de TVA pendant deux périodes d'imposition consécutives après l'introduction du MALG.

Les informations visées aux points a) et b) du premier alinéa sont présentées au plus tard trois mois après l'introduction du MALG et sont mises à jour tous les trois mois par la suite. Les informations visées au point c) du premier alinéa sont présentées au plus tard neuf mois après l'introduction du MALG et sont mises à jour tous les trois mois par la suite.

Les Etats membres qui appliquent le MALG présentent à la Commission un rapport intermédiaire au plus tard un an après le début de l'application du MALG. Ce rapport fournit une évaluation détaillée de l'efficacité du MALG. Trois mois après la fin de l'application du MALG, les Etats membres qui appliquent le MALG présentent un rapport final sur son incidence globale.

7. Les Etats membres qui n'appliquent pas le MALG transmettent à la Commission un rapport intérimaire concernant l'incidence, sur leur territoire, de l'application du MALG par d'autres Etats membres. Ce rapport est transmis à la Commission dans les trois mois qui suivent l'application du MALG depuis au moins un an dans un Etat membre.

Si au moins un Etat membre applique le MALG, les Etats membres qui n'appliquent pas le MALG transmettent à la Commission, au plus tard le 30 septembre 2022, un rapport final concernant l'incidence, sur leur territoire, de l'application du MALG par d'autres Etats membres.

8. Dans les rapports visés au paragraphe 6, les Etats membres déterminent l'incidence de l'application du MALG sur la base des critères d'évaluation suivants :

a) l'évolution de l'écart de TVA ;

b) l'évolution de la fraude à la TVA, notamment en ce qui concerne la fraude de type carrousel et la fraude au niveau du commerce de détail ;

c) l'évolution des charges administratives supportées par les assujettis ;

d) l'évolution des coûts administratifs pour l'administration fiscale.

9. Dans les rapports visés au paragraphe 7, les Etats membres déterminent l'incidence de l'application du MALG sur la base des critères d'évaluation suivants :

a) l'évolution de la fraude à la TVA, notamment en ce qui concerne la fraude de type carrousel et la fraude au niveau du commerce de détail ;

b) un déplacement de la fraude depuis ces Etats membres qui appliquent ou ont appliqué le MALG.

Art. 200 La TVA est due par la personne effectuant une acquisition intracommunautaire de biens imposable.

Art. 201 A l'importation, la TVA est due par la ou les personnes désignées ou reconnues comme redevables par l'Etat membre d'importation.

Art. 202 La TVA est due par la personne qui fait sortir les biens des régimes ou situations énumérés aux articles 156, 157, 158, 160 et 161.

Art. 203 La TVA est due par toute personne qui mentionne cette taxe sur une facture.

Art. 204 1. Lorsqu'en application des articles 193 à 197 et des articles 199 et 200, le redevable de la taxe est un assujetti qui n'est pas établi dans l'Etat membre dans lequel la TVA est due, les Etats membres peuvent lui permettre de désigner un représentant fiscal en tant que redevable.

En outre, lorsque l'opération imposable est effectuée par un assujetti qui n'est pas établi dans l'Etat membre dans lequel la TVA est due et qu'il n'existe, avec le pays du siège ou d'établissement de cet assujetti, aucun instrument juridique relatif à l'assistance mutuelle ayant une portée similaire à celle prévue par la directive 76/308/CEE (9) et par le règlement (CE) n° 1798/2003 (10), les Etats membres peuvent prendre des dispositions prévoyant que le redevable de la taxe est un représentant fiscal désigné par l'assujetti non établi.

Toutefois, les Etats membres ne peuvent pas appliquer l'option visée au deuxième alinéa aux assujettis au sens de l'article 358 bis, point 1), qui ont choisi de relever du régime particulier applicable aux services fournis par des assujettis non établis sur le territoire de la Communauté.

2. L'option prévue au paragraphe 1, premier alinéa, est soumise aux conditions et modalités fixées par chaque Etat membre.

Art. 205 Dans les situations visées aux articles 193 à 200 et aux articles 202, 203 et 204, les Etats membres peuvent prévoir qu'une personne autre que le redevable est solidairement tenue d'acquitter la TVA.

Section 2
Modalités de paiement

Art. 206 Tout assujetti qui est redevable de la taxe doit payer le montant net de la TVA lors du dépôt de la déclaration de TVA prévue à l'article 250. Toutefois, les Etats membres peuvent fixer une autre échéance pour le paiement de ce montant ou percevoir des acomptes provisionnels.

Art. 207 Les Etats membres prennent les mesures nécessaires pour que les personnes qui, conformément aux articles 194 à 197 et aux articles 199 et 204, sont considérées comme redevables de la taxe à la place d'un assujetti non établi sur leur territoire respectif remplissent les obligations de paiement prévues par la présente section.

Les Etats membres prennent en outre les mesures nécessaires pour que les personnes qui, conformément à l'article 205, sont considérées comme solidairement tenues d'acquitter la TVA remplissent les obligations de paiement.

Art. 208 Lorsque les Etats membres désignent l'acquéreur d'or d'investissement comme redevable de la taxe due conformément à l'article 198, paragraphe 1, ou s'ils font usage de la faculté prévue à l'article 198, paragraphe 2, de désigner comme redevable de la taxe due l'acquéreur d'or sous forme de matière première ou de produits semi-ouvrés ou d'or d'investissement tel que défini à l'article 344, paragraphe 1, ils prennent les mesures nécessaires pour s'assurer que cette personne remplit les obligations de paiement prévues par la présente section.

Art. 209 Les Etats membres prennent les mesures nécessaires pour que les personnes morales non assujetties redevables de la taxe due au titre d'acquisitions intracommunautaires de biens visées à l'article 2, paragraphe 1, point b) i), remplissent les obligations de paiement prévues par la présente section.

Art. 210 Les Etats membres arrêtent les modalités de paiement au titre d'acquisitions intracommunautaires de moyens de transports neufs visées à l'article 2, paragraphe 1, point b) ii), ainsi qu'au titre d'acquisitions intracommunautaires de produits soumis à accises visées à l'article 2, paragraphe 1, point b) iii).

Art. 211 Les Etats membres arrêtent les modalités de paiement au titre d'importations de biens.

Les Etats membres peuvent notamment prévoir que, pour les importations de biens effectuées par les assujettis ou les redevables ou par certaines catégories d'entre eux, la TVA due en raison de l'importation n'est pas payée au moment de l'importation, à condition qu'elle soit mentionnée comme telle dans la déclaration de TVA établie conformément à l'article 250.

Art. 212 Les Etats membres peuvent dispenser les assujettis du paiement de la TVA due lorsque le montant de celle-ci est insignifiant.

CHAPITRE 2
Identification

Art. 213 1. Tout assujetti déclare le commencement, le changement et la cessation de son activité en qualité d'assujetti.

(9) Directive 76/308/CEE du Conseil du 15 mars 1976 concernant l'assistance mutuelle en matière de recouvrement des créances relatives à certaines cotisations, droits, taxes et autres mesures (JO L 73 du 19.3.1976, p. 18). Directive modifiée en dernier lieu par l'acte d'adhésion de 2003. [NDLR La directive 76/308/CEE du 15 mars 1976 a été abrogée et remplacée par la directive 2008/55/CE du 26 mai 2008 (JOUE L 150 du 10.6.2008), elle-même abrogée et remplacée à compter du 1er janvier 2012 par la directive 2010/24/UE du 16 mars 2010 (JOUE L 084 du 21.3.2010 p. 1)].

(10) Règlement (CE) n° 1798/2003 du Conseil du 7 octobre 2003 concernant la coopération administrative dans le domaine de la taxe sur la valeur ajoutée (JO L 264 du 15.10.2003, p. 1). Règlement modifié par le règlement (CE) n° 885/2004 (JO L 168 du 1.5.2004, p. 1) [NDLR Le règlement n° 1798/2003 du 7 octobre 2003 a été abrogé et remplacé par le règlement n° 904/2010 du 7 décembre 2010 (JOUE L 268 du 12.10.2010)].

Les Etats membres autorisent, et peuvent exiger, que la déclaration soit faite, dans les conditions qu'ils déterminent, par voie électronique.

2. Sans préjudice des dispositions du paragraphe 1, premier alinéa, tout assujetti, ou personne morale non assujettie, qui effectue des acquisitions intracommunautaires de biens non soumises à la TVA en vertu de l'article 3, paragraphe 1, doit déclarer qu'il effectue de telles acquisitions lorsque les conditions pour ne pas les soumettre à la taxe, prévues audit article, ne sont plus remplies.

Art. 214 1. Les Etats membres prennent les mesures nécessaires pour que soient identifiées par un numéro individuel les personnes suivantes :

a) tout assujetti, à l'exception de ceux visés à l'article 9, paragraphe 2, qui effectue sur leur territoire respectif des livraisons de biens ou des prestations de services lui ouvrant droit à déduction, autres que des livraisons de biens ou des prestations de services pour lesquelles la TVA est due uniquement par le preneur ou le destinataire conformément aux articles 194 à 197 et à l'article 199 ;

b) tout assujetti, ou personne morale non assujettie, qui effectue des acquisitions intracommunautaires de biens soumises à la TVA conformément à l'article 2, paragraphe 1, point b), ou qui a exercé l'option prévue à l'article 3, paragraphe 3, de soumettre à la TVA ses acquisitions intracommunautaires ;

c) tout assujetti qui effectue sur leur territoire respectif des acquisitions intracommunautaires de biens pour les besoins de ses opérations qui relèvent des activités visées à l'article 9, paragraphe 1, deuxième alinéa, et qu'il effectue en dehors de ce territoire ;

d) tout assujetti qui reçoit, sur leur territoire respectif, des prestations de services pour lesquelles il est redevable de la TVA en vertu de l'article 196 ;

e) tout assujetti qui est établi sur leur territoire respectif et qui effectue, sur le territoire d'un autre Etat membre, des prestations de services pour lesquelles seul le preneur est redevable de la TVA en vertu de l'article 196.

2. Les Etats membres peuvent ne pas identifier certains assujettis qui effectuent des opérations à titre occasionnel telles que prévues à l'article 12.

Art. 215 Le numéro individuel d'identification TVA comporte un préfixe conforme au code ISO – 3166 alpha 2 – permettant d'identifier l'Etat membre par lequel il a été attribué.

Néanmoins, la Grèce est autorisée à utiliser le préfixe « EL ».

Le préfixe « XI » est utilisé pour l'Irlande du Nord.

Art. 216 Les Etats membres prennent les mesures nécessaires pour que leur système d'identification permette de distinguer les assujettis mentionnés à l'article 214 et assure ainsi l'application correcte du régime transitoire de taxation des opérations intracommunautaires visé à l'article 402.

CHAPITRE 3
Facturation

Section 1
Définition

Art. 217 Aux fins de la présente directive, on entend par « facture électronique » une facture qui contient les informations exigées dans la présente directive, qui a été émise et reçue sous une forme électronique, quelle qu'elle soit.

Section 2
Notion de facture

Art. 218 Pour les besoins de la présente directive, les Etats membres acceptent comme factures tous les documents ou messages sur papier ou sous format électronique qui remplissent les conditions déterminées par le présent chapitre.

Art. 219 Est assimilé à une facture tout document ou message qui modifie la facture initiale et y fait référence de façon spécifique et non équivoque.

Section 3
Emission des factures

Art. 219 bis 1. La facturation est soumise aux règles applicables dans l'Etat membre dans lequel la livraison de biens ou la prestation de services est réputée être effectuée conformément aux dispositions du titre V.

2. Par dérogation au paragraphe 1, la facturation est soumise aux règles suivantes :

a) les règles applicables dans l'Etat membre dans lequel le fournisseur ou le prestataire a établi le siège de son activité économique ou dispose d'un établissement stable à partir duquel la livraison ou la prestation est effectuée, ou, en l'absence d'un tel siège ou d'un tel établissement stable, dans l'Etat membre dans lequel le fournisseur ou le prestataire a son domicile ou sa résidence habituelle, lorsque :

i) le fournisseur ou le prestataire n'est pas établi dans l'Etat membre dans lequel la livraison de biens ou la prestation de services est réputée être effectuée conformément aux dispositions du titre V, ou son établissement dans ledit Etat membre ne participe pas à la livraison ou prestation au sens de l'article 192 bis, point b), et le redevable de la TVA est le destinataire de la livraison de biens ou de la prestation de services, sauf si l'acquéreur ou le preneur émet la facture (autofacturation) ;

ii) la livraison de biens ou la prestation de services est réputée ne pas être effectuée dans la Communauté, conformément aux dispositions du titre V ;

b) les règles applicables dans l'Etat membre dans lequel le prestataire qui se prévaut de l'un des régimes particuliers prévus au titre XII, chapitre 6, est identifié.

3. Les paragraphes 1 et 2 du présent article s'appliquent sans préjudice des articles 244 à 248.

Art. 220 1. Tout assujetti doit s'assurer qu'une facture est émise, par lui-même, par l'acquéreur ou le preneur ou, en son nom et pour son compte, par un tiers, dans les cas suivants :

1) pour les livraisons de biens ou les prestations de services qu'il effectue pour un autre assujetti ou pour une personne morale non assujettie ;

2) pour les livraisons de biens visées à l'article 33, point a), sauf lorsqu'un assujetti se prévaut du régime particulier prévu au titre XII, chapitre 6, section 3 ;

3) pour les livraisons de biens effectuées dans les conditions prévues à l'article 138 ;

4) pour les acomptes qui lui sont versés avant que l'une des livraisons de biens visées aux points 1 et 2 ne soit effectuée ;

5) pour les acomptes qui lui sont versés par un autre assujetti ou par une personne morale non assujettie avant que la prestation de services ne soit achevée.

2. Par dérogation au paragraphe 1 et sans préjudice de l'article 221, paragraphe 2, l'émission d'une facture n'est pas exigée pour les prestations de services exonérées en vertu des points a) à g) de l'article 135, paragraphe 1.

Art. 220 bis 1. Les Etats membres autorisent l'assujetti à émettre une facture simplifiée dans les cas suivants :

a) lorsque le montant de la facture n'est pas supérieur à 100 € ou sa contre-valeur en monnaie nationale ;

b) lorsque la facture émise est un document ou message assimilé à une facture conformément à l'article 219 ;

c) lorsque l'assujetti bénéficie de la franchise pour les petites entreprises prévue à l'article 284.

Ndlr *Les dispositions du présent c) sont applicables à compter du 1er janvier 2025 [Directive (UE) 2020/285 du 18 février 2020 art. 1, 5) et 3, 1)].*

2. Les Etats membres n'autorisent pas les assujettis à émettre une facture simplifiée lorsque les factures doivent être émises conformément à l'article 220, paragraphe 1, points 2 et 3, ou lorsque la livraison de biens imposable ou la prestation de services imposable est effectuée par un assujetti qui n'est pas établi dans l'Etat membre où la TVA est due ou dont l'établissement dans ledit Etat membre ne participe pas à la livraison ou prestation au sens de l'article 192 bis et que le redevable de la taxe est le destinataire de la livraison de biens ou de la prestation de services.

Art. 221 1. Les Etats membres peuvent imposer aux assujettis l'obligation d'émettre une facture comprenant les mentions prévues en vertu de l'article 226 ou de l'article 226 ter pour des livraisons de biens ou des prestations de services autres que celles visées à l'article 220, paragraphe 1.

2. Les Etats membres peuvent imposer aux assujettis qui sont établis sur leur territoire ou qui possèdent sur leur territoire un établissement stable depuis lequel la livraison est effectuée l'obligation d'émettre une facture comprenant les mentions prévues à l'article 226 ou à l'article 226 ter pour des prestations de services exonérées en vertu de l'article 135, paragraphe 1, points a) à g) que ces assujettis effectuent sur leur territoire ou en dehors de la Communauté.

3. Les Etats membres peuvent dispenser les assujettis de l'obligation prévue à l'article 220, paragraphe 1, ou à l'article 220 bis d'émettre une facture pour les livraisons de biens ou les prestations de services qu'ils effectuent sur leur territoire et qui sont exonérées, avec ou sans droit à déduction de la TVA payée au stade antérieur, conformément à l'article 98, paragraphe 2, aux articles 105 bis et 132, à l'article 135, paragraphe 1, points h) à l), aux articles 136, 371, 375, 376 et 377, à l'article 378, paragraphe 2, à l'article 379, paragraphe 2, et aux articles 380 à 390 quater.

Art. 222 Pour les livraisons de biens effectuées dans les conditions prévues à l'article 138 ou pour les prestations de services pour lesquelles la TVA est due par le preneur conformément à l'article 196, une facture est émise au plus tard le quinzième jour du mois suivant celui au cours duquel est intervenu le fait générateur.

Pour les autres livraisons de biens ou prestations de services, les Etats membres peuvent imposer des délais aux assujettis pour l'émission des factures.

Art. 223 Les Etats membres autorisent les assujettis à émettre des factures périodiques reprenant plusieurs livraisons de biens ou prestations de services distinctes pour autant que la taxe relative aux différentes livraisons de biens ou prestations de services mentionnées dans les factures périodiques devienne exigible au cours du même mois civil.

Sans préjudice de l'article 222, les Etats membres peuvent autoriser que les factures périodiques incluent des livraisons de biens ou des prestations de services pour lesquelles la taxe est devenue exigible au cours d'une période excédant un mois civil.

Art. 224 L'établissement de factures par l'acquéreur ou le preneur pour les livraisons de biens ou les prestations de services qui lui sont fournies par un assujetti est autorisé, lorsqu'il existe un accord préalable entre les deux parties, et sous réserve que chaque facture fasse l'objet d'une procédure d'acceptation par l'assujetti effectuant la livraison de biens ou la prestation de services. Les Etats membres peuvent exiger que ces factures soient établies au nom et pour le compte de l'assujetti.

Art. 225 Les Etats membres peuvent imposer aux assujettis des conditions spécifiques dans le cas où le tiers ou l'acquéreur ou le preneur émettant les factures est établi dans un pays avec lequel il n'existe aucun instrument juridique relatif à l'assistance mutuelle ayant une portée similaire à celle prévue par la directive 2010/24/UE (11) et par le règlement (CE) n° 1798/2003 (12).

(11) Directive 2010/24/UE du Conseil du 16 mars 2010 concernant l'assistance mutuelle en matière de recouvrement des créances relatives aux taxes, impôts, droits et autres mesures (JOUE L 84 du 31.3.2010, p. 1).

(12) Règlement (CE) n° 1798/2003 du Conseil du 7 octobre 2003 concernant la coopération administrative dans le domaine de la taxe sur la valeur ajoutée

Section 4
Contenu des factures

Art. 226 Sans préjudice des dispositions particulières prévues par la présente directive, seules les mentions suivantes doivent figurer obligatoirement, aux fins de la TVA, sur les factures émises en application des dispositions des articles 220 et 221 :

1) la date d'émission de la facture ;

2) un numéro séquentiel, basé sur une ou plusieurs séries, qui identifie la facture de façon unique ;

3) le numéro d'identification TVA, visé à l'article 214, sous lequel l'assujetti a effectué la livraison de biens ou la prestation de services ;

4) le numéro d'identification TVA de l'acquéreur ou du preneur, visé à l'article 214, sous lequel il a reçu une livraison de biens ou une prestation de services pour laquelle il est redevable de la taxe ou une livraison de biens visée à l'article 138 ;

5) le nom complet et l'adresse de l'assujetti et de l'acquéreur ou du preneur ;

6) la quantité et la nature des biens livrés ou l'étendue et la nature des services rendus ;

7) la date à laquelle est effectuée, ou achevée, la livraison de biens ou la prestation de services ou la date à laquelle est versé l'acompte visé à l'article 220, points 4) et 5), dans la mesure où une telle date est déterminée et différente de la date d'émission de la facture ;

7 bis) lorsque la TVA devient exigible à l'encaissement du prix conformément à l'article 66, point b), et que le droit à déduction prend naissance au moment où la taxe déductible devient exigible, la mention « Comptabilité de caisse » ;

8) la base d'imposition pour chaque taux ou exonération, le prix unitaire hors TVA, ainsi que les escomptes, rabais ou ristournes éventuels s'ils ne sont pas compris dans le prix unitaire ;

9) le taux de TVA appliqué ;

10) le montant de TVA à payer, sauf lorsqu'est appliqué un régime particulier pour lequel la présente directive exclut une telle mention ;

10 bis) lorsque le destinataire de la livraison de biens ou de la prestation de services émet la facture à la place du fournisseur ou du prestataire, la mention « Autofacturation » ;

11) En cas d'exonération, la référence à la disposition applicable de la présente directive, ou à la disposition nationale correspondante, ou à toute autre mention indiquant que la livraison de biens ou la prestation de services est exonérée ;

11 bis) lorsque l'acquéreur ou le preneur est redevable de la TVA, la mention « Autoliquidation » ;

12) en cas de livraison d'un moyen de transport neuf effectuée dans les conditions prévues à l'article 138, paragraphe 1, et paragraphe 2, point a), les données énumérées à l'article 2, paragraphe 2, point b) ;

13) en cas d'application du régime particulier des agences de voyage, la mention « Régime particulier – agences de voyage » ;

14) en cas d'application d'un des régimes particuliers applicables dans le domaine des biens d'occasion, des objets d'art, de collection ou d'antiquité, la mention « Régime particulier – Biens d'occasion » ; « Régime particulier – Objets d'art » ou « Régime particulier – Objets de collection et d'antiquité », respectivement ;

15) lorsque le redevable de la taxe est un représentant fiscal au sens de l'article 204, le numéro d'identification TVA de ce représentant fiscal, visé à l'article 214, ainsi que son nom complet et son adresse.

Art. 226 bis Lorsque la facture est émise par un assujetti qui n'est pas établi dans l'Etat membre où la taxe est due ou dont l'établissement dans ledit Etat membre ne participe pas à la livraison ou prestation au sens de l'article 192 bis, et qui effectue une livraison de biens ou une prestation de services auprès d'un acquéreur ou d'un preneur qui est redevable de la TVA, l'assujetti peut omettre les données prévues à l'article 226, points 8, 9 et 10, et indiquer à la place la base d'imposition des biens ou services concernés, en précisant leur quantité ou leur étendue ainsi que leur nature.

Art. 226 ter En ce qui concerne les factures simplifiées émises conformément aux articles 220 bis et 221, paragraphes 1 et 2, les Etats membres exigent au moins les mentions suivantes :

a) la date d'émission de la facture ;

b) l'identification de l'assujetti livrant les biens ou fournissant les services ;

c) l'identification du type de biens livrés ou de services fournis ;

d) le montant de TVA à payer ou les données permettant de le calculer ;

e) lorsque la facture émise est un document ou message assimilé à une facture conformément à l'article 219, une référence spécifique et non équivoque à cette facture initiale et les mentions spécifiques qui sont modifiées.

Ils ne peuvent pas exiger que figurent d'autres mentions que celles visées aux articles 226, 227 et 230.

Art. 227 Les Etats membres peuvent imposer aux assujettis établis sur leur territoire et y effectuant des livraisons de biens ou des prestations de services l'obligation d'indiquer le numéro d'identification TVA de l'acquéreur ou du preneur, visé à l'article 214, dans les cas autres que ceux visés à l'article 226, point 4).

Art. 229 Les Etats membres n'imposent pas la signature des factures.

(JOUE L 264 du 15.10.2003, p. 1) [NDLR Règlement abrogé et remplacé par le règlement (UE) n° 904/2010 du Conseil du 7 octobre 2010 concernant la coopération administrative et la lutte contre la fraude dans le domaine de la taxe sur la valeur ajoutée (JOUE L 268 du 12.10.2010)].

Art. 230 Les montants figurant sur la facture peuvent être exprimés dans toute monnaie, pour autant que le montant de TVA à payer ou à régulariser soit exprimé dans la monnaie nationale de l'Etat membre en utilisant le mécanisme du taux de conversion prévu à l'article 91.

Section 5
Factures papier et factures électroniques

Art. 232 L'utilisation d'une facture électronique est soumise à l'acceptation du destinataire.

Art. 233 1. L'authenticité de l'origine, l'intégrité du contenu et la lisibilité d'une facture, que celle-ci se présente sur papier ou sous forme électronique, sont assurées à compter du moment de son émission et jusqu'à la fin de sa période de conservation.

Chaque assujetti détermine la manière dont l'authenticité de l'origine, l'intégrité du contenu et la lisibilité de la facture sont assurées. Cela peut être réalisé par des contrôles de gestion qui établiraient une piste d'audit fiable entre une facture et une livraison de biens ou de services.

On entend par « authenticité de l'origine » l'assurance de l'identité du fournisseur ou de l'émetteur de la facture.

On entend par « intégrité du contenu » le fait que le contenu prescrit par la présente directive n'a pas été modifié.

2. Outre le type de contrôles de gestion décrits au paragraphe 1, les méthodes suivantes constituent des exemples de technologies permettant d'assurer l'authenticité de l'origine et l'intégrité du contenu d'une facture électronique :

a) une signature électronique avancée au sens de l'article 2, point 2, de la directive 1999/93/CE du Parlement européen et du Conseil du 13 décembre 1999 sur un cadre communautaire pour les signatures électroniques (13), fondée sur un certificat qualifié et créée par un dispositif sécurisé de création de signature au sens de l'article 2, points 6 et 10, de ladite directive ;

b) un échange de données informatisées (EDI) tel que défini à l'article 2 de l'annexe 1 de la recommandation 94/820/CE de la Commission du 19 octobre 1994 concernant les aspects juridiques de l'échange de données informatisées (14) lorsque l'accord relatif à cet échange prévoit l'utilisation de procédures garantissant l'authenticité de l'origine et l'intégrité des données.

Art. 235 Les Etats membres peuvent fixer des conditions spécifiques pour l'émission de factures électroniques relatives à des livraisons de biens ou des prestations de services effectuées sur leur territoire, à partir d'un pays avec lequel il n'existe aucun instrument juridique relatif à l'assistance mutuelle ayant une portée similaire à celle prévue par la directive 2010/24/UE *(NDLR JOUE L 84 du 31.3.2010, p. 1)* et le règlement (CE) n° 1798/2003 *[NDLR Règlement abrogé et remplacé par le règlement (UE) n° 904/2010 du Conseil du 7 octobre 2010 concernant la coopération administrative et la lutte contre la fraude dans le domaine de la taxe sur la valeur ajoutée (JOUE L 268 du 12.10.2010)].*

Art. 236 Dans le cas de lots comprenant plusieurs factures transmises au même destinataire ou mises à sa disposition, les mentions communes aux différentes factures peuvent figurer une seule fois dans la mesure où, pour chaque facture, la totalité de l'information est accessible.

Art. 237 Au plus tard le 31 décembre 2016 et sur la base d'une étude économique indépendante, la Commission soumet au Parlement européen et au Conseil un rapport d'évaluation générale sur l'incidence des règles de facturation applicables à compter du 1er janvier 2013, notamment en ce qui concerne la mesure dans laquelle elles ont effectivement conduit à une diminution des charges administratives pour les entreprises, accompagné, le cas échéant, d'une proposition appropriée de modification des règles pertinentes.

Section 6
Mesures de simplification

Art. 238 1. Après consultation du comité de la TVA et dans les conditions qu'ils fixent, les Etats membres peuvent prévoir que, sur les factures relatives à des livraisons de biens ou des prestations de services, ne figurent que les éléments prévus à l'article 226 ter dans les cas suivants :

a) lorsque le montant de la facture est supérieur à 100 € sans excéder 400 €, ou sa contre-valeur en monnaie nationale ;

b) lorsque les pratiques commerciales ou administratives du secteur d'activité concerné ou les conditions techniques d'émission de ces factures rendent particulièrement difficile le respect de toutes les obligations visées aux articles 226 ou 230.

2. *(Abrogé)*

3. La simplification prévue au paragraphe 1 n'est pas appliquée lorsque les factures doivent être émises conformément à l'article 220, paragraphe 1, points 2 et 3, ou lorsque la livraison de biens ou la prestation de services imposable est effectuée par un assujetti qui n'est pas établi dans l'Etat membre où la TVA est due ou dont l'établissement dans ledit Etat membre ne participe pas à la livraison ou prestation au sens de l'article 192 bis et que le redevable de la TVA est le destinataire de la livraison de biens ou de la prestation de services.

Art. 239 Dans le cas où les Etats membres font usage de la faculté prévue à l'article 272, paragraphe 1, premier alinéa, point b), de ne pas attribuer de numéro d'identification TVA aux assujettis qui n'effectuent aucune des opérations visées aux articles 20, 21, 22, 33, 36, 138 et 141, il y a lieu de remplacer sur la facture, lorsqu'il n'a pas été attribué, ce numéro d'identification du fournisseur et de l'acquéreur ou du preneur par un autre numéro

(13) JO L 13 du 19.1.2000, p. 12.
(14) JO L 13 du 19.1.2000, p. 12.

dit numéro d'enregistrement fiscal, tel que défini par les Etats membres concernés.

Art. 240 Les Etats membres faisant usage de la faculté prévue à l'article 272, paragraphe 1, premier alinéa, point b), peuvent, lorsque le numéro d'identification TVA a été attribué à l'assujetti, prévoir, en outre, que figurent sur la facture les éléments suivants :

1) pour les prestations de services visées aux articles 44, 47, 50, 53, 54 et 55, et pour les livraisons de biens visées aux articles 138 et 141, le numéro d'identification TVA et le numéro d'enregistrement fiscal du fournisseur ;

2) pour les autres livraisons de biens et prestations de services, le seul numéro d'enregistrement fiscal du fournisseur ou le seul numéro d'identification TVA.

CHAPITRE 4
Comptabilité

Section 1
Définition

Art. 241 Aux fins du présent chapitre, on entend par « stockage d'une facture par voie électronique », le stockage de données effectué au moyen d'équipements électroniques de traitement (y compris la compression numérique) et de stockage, et en utilisant le fil, la radio, les moyens optiques ou d'autres moyens électromagnétiques.

Section 2
Obligations générales

Art. 242 Tout assujetti doit tenir une comptabilité suffisamment détaillée pour permettre l'application de la TVA et son contrôle par l'administration fiscale.

Art. 242 bis 1. Lorsqu'un assujetti facilite, par l'utilisation d'une interface électronique telle qu'une place de marché, une plateforme, un portail ou un dispositif similaire, la livraison de biens ou la prestation de services dans la Communauté à une personne non assujettie, conformément aux dispositions du titre V, l'assujetti qui facilite la livraison ou la prestation est tenu de consigner dans un registre ces livraisons ou prestations. Les registres sont suffisamment détaillés pour permettre aux administrations fiscales des Etats membres où ces livraisons et prestations sont imposables de vérifier que la TVA a été correctement appliquée.

2. Les registres visés au paragraphe 1 doivent, sur demande, être mis à la disposition des Etats membres concernés par voie électronique.

Ces registres doivent être conservés pendant dix ans à compter du 31 décembre de l'année au cours de laquelle l'opération a été effectuée.

Art. 243 1. Tout assujetti tient un registre des biens qu'il a expédiés ou transportés, ou qui ont été expédiés ou transportés pour son compte, en dehors du territoire de l'Etat membre de départ, mais dans la Communauté, pour les besoins d'opérations consistant en des expertises ou des travaux portant sur ces biens ou en leur utilisation temporaire, visées à l'article 17, paragraphe 2, points f), g) et h).

2. Tout assujetti tient une comptabilité suffisamment détaillée pour permettre l'identification des biens qui lui ont été expédiés à partir d'un autre Etat membre par un assujetti identifié à la TVA dans cet autre Etat membre ou pour le compte de celui-ci et qui font l'objet d'une prestation de services consistant en des expertises ou des travaux portant sur ces biens.

3. Chaque assujetti qui transfère des biens dans le cadre du régime des stocks sous contrat de dépôt visé à l'article 17 bis tient un registre qui permet aux autorités fiscales de vérifier l'application correcte dudit article.

Chaque assujetti destinataire d'une livraison de biens dans le cadre du régime des stocks sous contrat de dépôt visé à l'article 17 bis tient un registre de ces biens.

Section 2 bis
Obligations générales des prestataires de services de paiement

Ndlr *Les dispositions de la présente section sont applicables à compter du 1er janvier 2024 [Directive (UE) 2020/284 du 18 février 2020 art. 1 et 2, 1)].*

Art. 243 bis Aux fins de la présente section, on entend par :

1) « prestataire de services de paiement », l'une des catégories de prestataires de services de paiement visées à l'article 1er, paragraphe 1, points a) à d), de la directive (UE) 2015/2366 du Parlement européen et du Conseil (15), ou une personne physique ou morale bénéficiant d'une dérogation au titre de l'article 32 de ladite directive ;

2) « service de paiement », l'une des activités commerciales visées à l'annexe I, points 3) à 6), de la directive (UE) 2015/2366 exercées à titre professionnel ;

3) « paiement », sous réserve des exclusions prévues à l'article 3 de la directive (UE) 2015/2366, une « opération de paiement » au sens de l'article 4, point 5), de ladite directive ou une « transmission de fonds » au sens de l'article 4, point 22), de ladite directive ;

4) « payeur », un payeur au sens de l'article 4, point 8), de la directive (UE) 2015/2366 ;

5) « bénéficiaire », un bénéficiaire au sens de l'article 4, point 9), de la directive (UE) 2015/2366 ;

(15) Directive (UE) 2015/2366 du Parlement européen et du Conseil du 25 novembre 2015 concernant les services de paiement dans le marché intérieur, modifiant les directives 2002/65/CE, 2009/110/CE et 2013/36/UE et le règlement (UE) nº 1093/2010, et abrogeant la directive 2007/64/CE (JO L 337 du 23.12.2015, p. 35).

6) « Etat membre d'origine », l'Etat membre d'origine au sens de l'article 4, point 1), de la directive (UE) 2015/2366 ;

7) « Etat membre d'accueil », l'Etat membre d'accueil au sens de l'article 4, point 2), de la directive (UE) 2015/2366 ;

8) « compte de paiement », un compte de paiement au sens de l'article 4, point 12), de la directive (UE) 2015/2366 ;

9) « numéro IBAN », un numéro IBAN au sens de l'article 2, point 15), du règlement (UE) n° 260/2012 du Parlement européen et du Conseil (16) ;

10) « code BIC », un code BIC au sens de l'article 2, point 16), du règlement (UE) n° 260/2012.

Art. 243 ter 1. Afin d'atteindre l'objectif de lutte contre la fraude à la TVA, les Etats membres font obligation aux prestataires de services de paiement de tenir, pour chaque trimestre civil, des registres suffisamment détaillés des bénéficiaires et des paiements correspondant aux services de paiement qu'ils fournissent, afin de permettre aux autorités compétentes des Etats membres de procéder à des contrôles des livraisons de biens et prestations de services qui, conformément aux dispositions du titre V, sont réputées avoir lieu dans un Etat membre.

L'obligation visée au premier alinéa s'applique uniquement aux services de paiement fournis en ce qui concerne des paiements transfrontaliers. Un paiement est considéré comme un paiement transfrontalier lorsque le payeur se trouve dans un Etat membre et le bénéficiaire dans un autre Etat membre, dans un territoire tiers ou dans un pays tiers.

2. L'obligation à laquelle les prestataires de services de paiement sont soumis au titre du paragraphe 1 s'applique lorsque, au cours d'un trimestre civil, un prestataire de services de paiement fournit des services de paiement correspondant à plus de vingt-cinq paiements transfrontaliers destinés au même bénéficiaire.

Le nombre de paiements transfrontaliers visés au premier alinéa du présent paragraphe est calculé sur la base des services de paiement fournis par le prestataire de services de paiement, par Etat membre et par identifiant visés à l'article 243 quater, paragraphe 2. Lorsque le prestataire de services de paiement dispose d'informations indiquant que le bénéficiaire dispose de plusieurs identifiants, le calcul est effectué par bénéficiaire.

3. L'obligation énoncée au paragraphe 1 ne s'applique pas aux services de paiement fournis par les prestataires de services de paiement du payeur en ce qui concerne un paiement lorsqu'au moins l'un des prestataires de services de paiement du bénéficiaire se trouve dans un Etat membre, comme l'indique le code BIC dudit prestataire de services de paiement ou tout autre code d'identification d'entreprise qui identifie sans équivoque le prestataire de services de paiement et le lieu où il se trouve. Les prestataires de services de paiement du payeur incluent toutefois ces services de paiement dans le calcul visé au paragraphe 2.

4. Lorsque l'obligation incombant aux prestataires de services de paiement, énoncée au paragraphe 1, s'applique, les registres :

a) sont tenus sous format électronique par le prestataire de services de paiement et conservés pendant une période de trois années civiles à compter de la fin de l'année civile de la date du paiement ;

b) sont mis à la disposition, dans le respect de l'article 24 ter du règlement (UE) n° 904/2010, de l'Etat membre d'origine du prestataire de services de paiement, ou des Etats membres d'accueil lorsque le prestataire de services de paiement fournit des services de paiement dans des Etats membres autres que l'Etat membre d'origine.

Art. 243 quater 1. Aux fins de l'application de l'article 243 ter, paragraphe 1, deuxième alinéa, et sans préjudice des dispositions du titre V, le lieu du payeur est considéré comme étant situé dans l'Etat membre correspondant :

a) au numéro IBAN du compte de paiement du payeur ou à tout autre identifiant qui identifie sans équivoque le payeur et donne le lieu où il se trouve ou, à défaut de tels identifiants ;

b) au code BIC ou à tout autre code d'identification d'entreprise qui identifie sans équivoque le prestataire de services de paiement agissant au nom du payeur et donne le lieu où il se trouve.

2. Aux fins de l'application de l'article 243 ter, paragraphe 1, deuxième alinéa, le lieu du bénéficiaire est considéré comme étant situé dans l'Etat membre, le territoire tiers ou le pays tiers correspondant :

a) au numéro IBAN du compte de paiement du bénéficiaire ou à tout autre identifiant qui identifie sans équivoque le bénéficiaire et donne le lieu où il se trouve, ou, à défaut de tels identifiants ;

b) au code BIC ou à tout autre code d'identification d'entreprise qui identifie sans équivoque le prestataire de services de paiement agissant au nom du bénéficiaire et donne le lieu où il se trouve.

Art. 243 quinquies 1. Les registres à tenir par les prestataires de services de paiement conformément à l'article 243 ter contiennent les informations suivantes :

a) le code BIC ou tout autre code d'identification d'entreprise qui identifie sans équivoque le prestataire de services de paiement ;

b) le nom ou la raison sociale du bénéficiaire, tels qu'ils figurent dans les registres du prestataire de services de paiement ;

c) s'il est disponible, tout numéro d'identification TVA ou tout autre numéro fiscal national du bénéficiaire ;

(16) Règlement (UE) n° 260/2012 du Parlement européen et du Conseil du 14 mars 2012 établissant des exigences techniques et commerciales pour les virements et les prélèvements en euros et modifiant le règlement (CE) n° 924/2009 (JO L 94 du 30.3.2012, p. 22).

d) le numéro IBAN ou, s'il n'est pas disponible, tout autre identifiant qui identifie sans équivoque le bénéficiaire et le lieu où il se trouve ;

e) le code BIC ou tout autre code d'identification d'entreprise qui identifie sans équivoque le prestataire de services de paiement agissant au nom du bénéficiaire et donne le lieu où il se trouve, si le bénéficiaire reçoit les fonds sans avoir aucun compte de paiement ;

f) si elle est disponible, l'adresse du bénéficiaire telle qu'elle figure dans les registres du prestataire de services de paiement ;

g) les détails de tout paiement transfrontalier visé à l'article 243 ter, paragraphe 1 ;

h) les détails de tout remboursement de paiement identifié comme se rapportant aux paiements transfrontaliers visés au point g).

2. Les informations visées au paragraphe 1, points g) et h), comportent les éléments suivants :

a) la date et l'heure du paiement ou du remboursement du paiement ;

b) le montant et la monnaie du paiement ou du remboursement du paiement ;

c) l'Etat membre d'origine du paiement reçu par le bénéficiaire ou en son nom, l'Etat membre de destination du remboursement, selon le cas, et les informations utilisées pour déterminer l'origine ou la destination du paiement ou du remboursement de paiement conformément à l'article 243 quater ;

d) toute référence qui identifie sans équivoque le paiement ;

e) s'il y a lieu, les informations indiquant que le paiement est initié dans les locaux du commerçant.

Section 3
Obligations spécifiques relatives au stockage de toutes factures

Art. 244 Tout assujetti doit veiller à ce que soient stockées des copies des factures émises par lui-même, par l'acquéreur ou le preneur ou, en son nom et pour son compte, par un tiers, ainsi que toutes les factures qu'il a reçues.

Art. 245 1. Aux fins de la présente directive, l'assujetti peut déterminer le lieu de stockage de toutes factures, à condition de mettre à la disposition des autorités compétentes, sans retard indu, à toute réquisition de leur part, toutes les factures ou informations stockées conformément à l'article 244.

2. Les Etats membres peuvent imposer aux assujettis établis sur leur territoire l'obligation de leur déclarer le lieu de stockage lorsque celui-ci est situé en dehors de leur territoire.

Les Etats membres peuvent, en outre, imposer aux assujettis établis sur leur territoire l'obligation d'y stocker les factures émises par eux-mêmes, par l'acquéreur ou le preneur ou, en leur nom et pour leur compte, par un tiers, ainsi que toutes les factures qu'ils ont reçues, lorsque ce stockage n'est pas effectué par une voie électronique garantissant un accès complet et en ligne aux données concernées.

Art. 247 1. Chaque Etat membre détermine la période durant laquelle les assujettis doivent veiller à ce que soient stockées les factures relatives à des livraisons de biens ou des prestations de services effectuées sur son territoire, ainsi que celles reçues par les assujettis établis sur son territoire.

2. Afin de garantir le respect des exigences visées à l'article 233, l'Etat membre visé au paragraphe 1 peut imposer que les factures soient stockées sous la forme originale, papier ou électronique, sous laquelle elles ont été transmises ou mises à disposition. Il peut également imposer que, lorsque les factures sont stockées par voie électronique, les données garantissant l'authenticité de l'origine et l'intégrité du contenu de chaque facture telles que prévues à l'article 233 soient également stockées sous forme électronique.

3. L'Etat membre visé au paragraphe 1 peut fixer des conditions spécifiques interdisant ou limitant le stockage des factures dans un pays avec lequel il n'existe aucun instrument juridique relatif à l'assistance mutuelle ayant une portée similaire à celle prévue par la directive 2010/24/UE *(NDLR JOUE L 84 du 31.3.2010, p. 1)* et le règlement (CE) n° 1798/2003 *[NDLR Règlement abrogé et remplacé par le règlement (UE) n° 904/2010 du Conseil du 7 octobre 2010 concernant la coopération administrative et la lutte contre la fraude dans le domaine de la taxe sur la valeur ajoutée (JOUE L 268 du 12.10.2010)]*, ou au droit d'accès par voie électronique, de téléchargement et d'utilisation visé à l'article 249.

Art. 248 Les Etats membres peuvent, dans les conditions qu'ils fixent, prévoir une obligation de stockage des factures reçues par des personnes non assujetties.

Section 4
Droit d'accès aux factures stockées par voie électronique dans un autre Etat membre

Art. 248 bis A des fins de contrôle, et en ce qui concerne les factures portant sur des livraisons de biens ou des prestations de services effectuées sur leur territoire et les factures reçues par des assujettis établis sur leur territoire, les Etats membres peuvent, pour certains assujettis ou dans certains cas, exiger une traduction dans leur(s) langue(s) officielle(s). Les Etats membres ne peuvent toutefois pas imposer l'obligation générale de traduire les factures.

Art. 249 A des fins de contrôle, lorsqu'un assujetti stocke, par une voie électronique garantissant un accès en ligne aux données concernées, les factures qu'il émet ou qu'il reçoit, les autorités compétentes de l'Etat membre dans lequel il est établi et, lorsque la TVA est due dans un autre Etat membre, les autorités compétentes de cet autre Etat membre ont le droit d'accéder à ces factures, de les télécharger et de les utiliser.

CHAPITRE 5
Déclarations

Art. 250 1. Tout assujetti doit déposer une déclaration de TVA dans laquelle figurent toutes les données nécessaires pour constater le montant de la taxe exigible et celui des déductions à opérer, y compris, et dans la mesure où cela est nécessaire pour la constatation de l'assiette, le montant global des opérations relatives à cette taxe et à ces déductions ainsi que le montant des opérations exonérées.

2. Les Etats membres autorisent, et peuvent exiger, que la déclaration visée au paragraphe 1 soit faite, dans les conditions qu'ils déterminent, par voie électronique.

Art. 251 Outre les données visées à l'article 250, figurent dans la déclaration de TVA concernant une période imposable donnée les informations suivantes :

a) le montant total, hors TVA, des livraisons de biens visées à l'article 138 et au titre desquelles la taxe est devenue exigible au cours de cette période imposable ;

b) le montant total, hors TVA, des livraisons de biens visées aux articles 33 et 36, effectuées sur le territoire d'un autre Etat membre et au titre desquelles la taxe est devenue exigible au cours de cette période imposable, lorsque le lieu de départ de l'expédition ou du transport des biens est situé dans l'Etat membre dans lequel la déclaration doit être déposée ;

c) le montant total, hors TVA, des acquisitions intracommunautaires de biens ainsi que des opérations assimilées visées aux articles 21 et 22, effectuées dans l'Etat membre dans lequel la déclaration doit être déposée et au titre desquelles la taxe est devenue exigible au cours de cette période imposable ;

d) le montant total, hors TVA, des livraisons de biens visées aux articles 33 et 36, effectuées dans l'Etat membre dans lequel la déclaration doit être déposée et au titre desquelles la taxe est devenue exigible au cours de cette période imposable, lorsque le lieu de départ de l'expédition ou du transport des biens est situé sur le territoire d'un autre Etat membre ;

e) le montant total, hors TVA, des livraisons de biens effectuées dans l'Etat membre dans lequel la déclaration doit être déposée pour lesquelles l'assujetti a été désigné comme redevable de la taxe conformément à l'article 197 et au titre desquelles la taxe est devenue exigible au cours de cette période imposable.

Art. 252 1. La déclaration de TVA doit être déposée dans un délai à fixer par les Etats membres. Ce délai ne peut dépasser de plus de deux mois le terme de chaque période imposable.

2. Les Etats membres fixent la durée de la période imposable à un, deux ou trois mois.

Les Etats membres peuvent toutefois fixer des durées différentes pour autant qu'elles n'excèdent pas un an.

Art. 253 La Suède peut appliquer aux petites et moyennes entreprises une procédure simplifiée prévoyant la remise de la déclaration de TVA trois mois après la fin de la période annuelle de taxation directe pour les assujettis effectuant uniquement des opérations imposables au niveau national.

Art. 254 Pour les livraisons de moyens de transport neufs effectuées dans les conditions prévues à l'article 138, paragraphe 2, point a), par un assujetti identifié à la TVA pour un acquéreur non identifié à la TVA, ou par un assujetti visé à l'article 9, paragraphe 2, les Etats membres prennent les mesures nécessaires pour que le vendeur communique toutes les informations nécessaires pour permettre l'application de la TVA et son contrôle par l'administration.

Art. 255 Lorsque les Etats membres désignent l'acquéreur d'or d'investissement comme redevable de la taxe due conformément à l'article 198, paragraphe 1, ou lorsqu'ils font usage de la faculté prévue à l'article 198, paragraphe 2, de désigner comme redevable de la taxe due l'acquéreur d'or sous forme de matière première ou de produits semi-ouvrés ou d'or d'investissement tel que défini à l'article 344, paragraphe 1, ils prennent les mesures nécessaires pour s'assurer que cette personne remplit les obligations de déclaration prévues par le présent chapitre.

Art. 256 Les Etats membres prennent les mesures nécessaires pour que les personnes qui, conformément aux articles 194 à 197 et à l'article 204, sont considérées comme redevables de la taxe à la place d'un assujetti qui n'est pas établi sur leur territoire remplissent les obligations de déclaration prévues par le présent chapitre.

Art. 257 Les Etats membres prennent les mesures nécessaires pour que les personnes morales non assujetties redevables de la taxe due au titre d'acquisitions intracommunautaires de biens visées à l'article 2, paragraphe 1, point b) i), remplissent les obligations de déclaration prévues par le présent chapitre.

Art. 258 Les Etats membres arrêtent les modalités de la déclaration en ce qui concerne les acquisitions intracommunautaires de moyens de transport neufs visées à l'article 2, paragraphe 1, point b) ii), ainsi qu'en ce qui concerne les acquisitions intracommunautaires de produits soumis à accise visées à l'article 2, paragraphe 1, point b) iii).

Art. 259 Les Etats membres peuvent demander aux personnes qui effectuent des acquisitions intracommunautaires de moyens de transport neufs visées à l'article 2, paragraphe 1, point b) ii), de fournir, lors du dépôt de la déclaration de TVA, toutes les informations nécessaires à l'application de la TVA et à son contrôle par l'administration.

Art. 260 Les Etats membres arrêtent les modalités de la déclaration en ce qui concerne les importations de biens.

Art. 261 1. Les Etats membres peuvent obliger l'assujetti à déposer une déclaration reprenant toutes les données visées aux articles 250 et 251 et concernant l'ensemble des opérations effectuées l'année précédente. Cette déclaration comporte toutes les informations nécessaires aux régularisations éventuelles.

2. Les Etats membres autorisent, et peuvent exiger, que la déclaration visée au paragraphe 1 soit faite, dans les conditions qu'ils déterminent, par voie électronique.

CHAPITRE 6
Etats récapitulatifs

Art. 262 1. Tout assujetti identifié à la TVA doit déposer un état récapitulatif dans lequel figurent :

a) les acquéreurs identifiés à la TVA auxquels il a livré des biens dans les conditions prévues à l'article 138, paragraphe 1, et paragraphe 2, point c) ;

b) les personnes identifiées à la TVA auxquelles il a livré des biens qui lui ont été livrés par le biais d'acquisitions intracommunautaires visées à l'article 42 ;

c) les assujettis et les personnes morales non assujetties identifiées à la TVA auxquels il a fourni des services autres que des services exonérés de la TVA dans l'Etat membre où l'opération est imposable et pour lesquels le preneur est redevable de la taxe conformément à l'article 196.

2. Outre les informations visées au paragraphe 1, chaque assujetti communique les informations relatives au numéro d'identification TVA des assujettis auxquels sont destinés des biens, qui sont expédiés ou transportés sous le régime des stocks sous contrat de dépôt dans les conditions prévues à l'article 17 bis, ainsi que tout changement concernant les informations fournies.

Art. 263 1. Un état récapitulatif est établi pour chaque mois de calendrier dans un délai n'excédant pas un mois et selon des procédures qui devront être déterminées par les Etats membres.

1 bis. Toutefois, les Etats membres peuvent autoriser les assujettis, dans les conditions et limites qu'ils peuvent fixer, à déposer l'état récapitulatif pour chaque trimestre civil, dans un délai n'excédant pas un mois à partir de la fin du trimestre, lorsque le montant total trimestriel, hors TVA, des livraisons de biens visées à l'article 264, paragraphe 1, point d), et à l'article 265, paragraphe 1, point c), ne dépasse ni au titre du trimestre concerné, ni au titre d'aucun des quatre trimestres précédents, la somme de 50 000 € ou sa contre-valeur en monnaie nationale.

La faculté prévue au premier alinéa cesse d'être applicable dès la fin du mois au cours duquel le montant total, hors TVA, des livraisons de biens visées à l'article 264, paragraphe 1, point d), et à l'article 265, paragraphe 1, point c), dépasse, pour le trimestre en cours, le montant de 50 000 € ou sa contre-valeur en monnaie nationale. Dans ce cas, un état récapitulatif est établi pour le ou les mois écoulé(s) depuis le début du trimestre, dans un délai n'excédant pas un mois.

1 ter. Jusqu'au 31 décembre 2011, les Etats membres peuvent fixer le montant prévu au paragraphe 1 bis à 100 000 € ou sa contre-valeur en monnaie nationale.

1 quater. Les Etats membres peuvent, dans les conditions et limites qu'ils peuvent fixer, autoriser les assujettis, s'agissant des prestations de services visées à l'article 264, paragraphe 1, point d), à déposer l'état récapitulatif pour chaque trimestre civil dans un délai n'excédant pas un mois à partir de la fin du trimestre.

Les Etats membres peuvent notamment exiger des assujettis réalisant des livraisons de biens et des prestations de services visées à l'article 264, paragraphe 1, point d), qu'ils déposent l'état récapitulatif dans le délai résultant de l'application des paragraphes 1 à 1 ter.

2. Les Etats membres autorisent et peuvent exiger que l'état récapitulatif visé au paragraphe 1 soit déposé par transfert électronique de fichier, dans les conditions qu'ils fixent.

Art. 264 1. Dans l'état récapitulatif figurent les informations suivantes :

a) le numéro d'identification TVA de l'assujetti dans l'Etat membre dans lequel l'état récapitulatif doit être déposé et sous lequel il a effectué des livraisons de biens dans les conditions prévues à l'article 138, paragraphe 1, ou des prestations de services dans les conditions prévues à l'article 44 ;

b) le numéro d'identification TVA de l'acquéreur des biens ou du preneur des services dans un Etat membre autre que celui dans lequel l'état récapitulatif doit être déposé et sous lequel les biens lui ont été livrés ou les services lui ont été fournis ;

c) le numéro d'identification TVA de l'assujetti dans l'Etat membre dans lequel l'état récapitulatif doit être déposé et sous lequel il a effectué un transfert à destination d'un autre Etat membre, visé à l'article 138, paragraphe 2, point c), ainsi que le numéro par lequel il est identifié dans l'Etat membre d'arrivée de l'expédition ou du transport ;

d) pour chaque acquéreur de biens ou preneur de services, le montant total des livraisons de biens et le montant total des prestations de services effectuées par l'assujetti ;

e) pour les livraisons de biens consistant en des transferts à destination d'un autre Etat membre visées à l'article 138, paragraphe 2, point c), le montant total de ces livraisons déterminé conformément à l'article 76 ;

f) le montant des régularisations effectuées en vertu de l'article 90.

2. Le montant visé au paragraphe 1, point d), est déclaré au titre de la période de dépôt établie conformément à l'article 263, paragraphes 1 à 1 quater, au cours de laquelle la taxe est devenue exigible.

Le montant visé au paragraphe 1, point f), est déclaré au titre de la période de dépôt établie conformément à l'article 263, paragraphes 1 à

1 quater, au cours de laquelle la régularisation est notifiée à l'acquéreur.

Art. 265 1. Dans les cas d'acquisitions intracommunautaires de biens visées à l'article 42, l'assujetti identifié à la TVA dans l'Etat membre qui lui a attribué le numéro TVA sous lequel il a effectué ces acquisitions doit mentionner de manière distincte sur l'état récapitulatif les informations suivantes :

a) son numéro d'identification TVA dans cet Etat membre, sous lequel il a effectué l'acquisition et la livraison subséquente de biens ;

b) le numéro d'identification TVA, dans l'Etat membre d'arrivée de l'expédition ou du transport des biens, du destinataire de la livraison subséquente effectuée par l'assujetti ;

c) pour chacun de ces destinataires, le montant total, hors TVA, des livraisons ainsi effectuées par l'assujetti dans l'Etat membre d'arrivée de l'expédition ou du transport des biens.

2. Le montant visé au paragraphe 1, point c), est déclaré au titre de la période de dépôt établie conformément à l'article 263, paragraphes 1 à 1 ter, au cours de laquelle la taxe est devenue exigible.

Art. 266 Par dérogation aux articles 264 et 265, les Etats membres peuvent prévoir que les états récapitulatifs contiennent davantage d'informations.

Art. 267 Les Etats membres prennent les mesures nécessaires pour que les personnes qui, conformément aux articles 194 et 204, sont considérées comme redevables de la taxe à la place d'un assujetti qui n'est pas établi sur leur territoire remplissent l'obligation de dépôt d'états récapitulatifs prévue par le présent chapitre.

Art. 268 Les Etats membres peuvent demander aux assujettis qui effectuent sur leur territoire des acquisitions intracommunautaires de biens ainsi que des opérations assimilées visées aux articles 21 et 22 de déposer des déclarations fournissant le détail de ces acquisitions, à la condition toutefois que de telles déclarations ne puissent être exigées pour des périodes inférieures à un mois.

Art. 269 Le Conseil peut, statuant à l'unanimité sur proposition de la Commission, autoriser tout Etat membre à introduire les mesures particulières prévues aux articles 270 et 271 afin de simplifier l'obligation de dépôt d'un état récapitulatif prévu au présent chapitre. Ces mesures ne peuvent pas porter préjudice à la sécurité du contrôle des opérations intracommunautaires.

Art. 270 En vertu de l'autorisation visée à l'article 269, les Etats membres peuvent autoriser les assujettis à déposer au titre d'une période d'un an un état récapitulatif indiquant le numéro d'identification TVA, dans un autre Etat membre, de chaque acquéreur auquel l'assujetti a livré des biens dans les conditions prévues à l'article 138, paragraphe 1, et paragraphe 2, point c), lorsque l'assujetti satisfait aux trois conditions suivantes :

a) le montant total annuel, hors TVA, de ses livraisons de biens et de ses prestations de services ne dépasse pas de plus de 35 000 € ou sa contre-valeur en monnaie nationale, le montant du chiffre d'affaires annuel qui sert de référence pour l'application de la franchise pour les petites entreprises prévue aux articles 282 à 292 ;

> **Ndlr** *Pour les dispositions du présent a) applicables à compter du 1er janvier 2025, voir ci-dessous directive (UE) 2020/285 du 18 février 2020 art. 1, 6) et 3, 1).*

b) le montant total annuel, hors TVA, des livraisons de biens qu'il effectue dans les conditions prévues à l'article 138 ne dépasse pas la somme de 15 000 € ou sa contre-valeur en monnaie nationale ;

c) les livraisons de biens qu'il effectue dans les conditions prévues à l'article 138 sont autres que des livraisons de moyens de transport neufs.

Art. 271 En vertu de l'autorisation visée à l'article 269, les Etats membres qui fixent à plus de trois mois la durée de la période imposable au titre de laquelle un assujetti doit déposer la déclaration de TVA visée à l'article 250, peuvent autoriser cet assujetti à déposer l'état récapitulatif au titre de cette même période, lorsque l'assujetti satisfait aux trois conditions suivantes :

a) le montant total annuel, hors TVA, de ses livraisons de biens et de ses prestations de services s'élève au maximum à la somme de 200 000 € ou sa contre-valeur en monnaie nationale ;

b) le montant total annuel, hors TVA, des livraisons de biens qu'il effectue dans les conditions prévues à l'article 138 ne dépasse pas la somme de 15 000 € ou sa contre-valeur en monnaie nationale ;

c) les livraisons de biens qu'il effectue dans les conditions prévues à l'article 138 sont autres que des livraisons de moyens de transport neufs.

CHAPITRE 7
Dispositions diverses

Art. 272 1. Les Etats membres peuvent dispenser les assujettis suivants de certaines obligations ou de toute obligation visées aux chapitres 2 à 6 :

a) les assujettis dont les acquisitions intracommunautaires de biens ne sont pas soumises à la TVA conformément à l'article 3, paragraphe 1 ;

b) les assujettis qui n'effectuent aucune des opérations visées aux articles 20, 21, 22, 33, 36, 136 bis, 138 et 141 ;

c) les assujettis qui n'effectuent que des livraisons de biens ou des prestations de services exonérées en vertu des articles 132, 135 et 136, des articles 146 à 149 et des articles 151, 152 et 153 ;

d) les assujettis qui bénéficient de la franchise pour les petites entreprises prévue aux articles 282 à 292 ;

> **Ndlr** *Les dispositions du présent d) sont supprimées à compter du 1er janvier 2025 [Directive (UE) 2020/285 du 18 février 2020 art. 1, 7) et 3, 1)].*

e) les assujettis qui bénéficient du régime commun forfaitaire des producteurs agricoles.

Les Etats membres ne peuvent pas dispenser les assujettis visés au premier alinéa, point b), des obligations de facturation prévues au chapitre 3, sections 3 à 6, et au chapitre 4, section 3.

2. Lorsqu'ils font usage de la faculté prévue au paragraphe 1, premier alinéa, point e), les Etats membres prennent les mesures nécessaires à l'application correcte du régime transitoire de taxation des opérations intracommunautaires.

3. Les Etats membres peuvent dispenser les assujettis autres que ceux visés au paragraphe 1 de certaines des obligations comptables visées à l'article 242.

Art. 273 Les Etats membres peuvent prévoir d'autres obligations qu'ils jugeraient nécessaires pour assurer l'exacte perception de la TVA et pour éviter la fraude, sous réserve du respect de l'égalité de traitement des opérations intérieures et des opérations effectuées entre Etats membres par des assujettis, et à condition que ces obligations ne donnent pas lieu dans les échanges entre les Etats membres à des formalités liées au passage d'une frontière.

La faculté prévue au premier alinéa ne peut être utilisée pour imposer des obligations de facturation supplémentaires à celles fixées au chapitre 3.

CHAPITRE 8
Obligations relatives à certaines opérations d'importation et d'exportation

Section 1
Opérations d'importation

Art. 274 Les dispositions des articles 275, 276 et 277 s'appliquent aux opérations d'importation portant sur les biens en libre pratique qui sont introduits dans la Communauté en provenance d'un territoire tiers faisant partie du territoire douanier de la Communauté.

Art. 275 Les formalités afférentes à l'importation des biens visés à l'article 274 sont les mêmes que celles prévues par les dispositions douanières communautaires en vigueur relatives à l'importation de biens dans le territoire douanier de la Communauté.

Art. 276 Lorsque le lieu d'arrivée de l'expédition ou du transport des biens visés à l'article 274 est situé en dehors de l'Etat membre de leur introduction dans la Communauté, ils circulent dans la Communauté sous le régime du transit communautaire interne prévu par les dispositions douanières communautaires en vigueur, dans la mesure où ils ont fait l'objet d'une déclaration de mise sous ce régime dès le moment de leur introduction dans la Communauté.

Art. 277 Lorsque, au moment de leur introduction dans la Communauté, les biens visés à l'article 274 se trouvent dans l'une des situations qui leur permettrait, s'ils étaient importés au sens de l'article 30, premier alinéa, de relever de l'un des régimes ou de l'une des situations visés à l'article 156 ou d'un régime d'admission temporaire en exonération totale de droits à l'importation, les Etats membres prennent les mesures permettant de faire en sorte que ces biens puissent séjourner dans la Communauté dans les mêmes conditions que celles prévues pour l'application de ces régimes ou situations.

Section 2
Opérations d'exportation

Art. 278 Les dispositions des articles 279 et 280 s'appliquent aux opérations d'exportation des biens en libre pratique expédiés ou transportés à partir d'un Etat membre et à destination d'un territoire tiers faisant partie du territoire douanier de la Communauté.

Art. 279 Les formalités afférentes à l'exportation des biens visés à l'article 278 en dehors du territoire de la Communauté sont les mêmes que celles prévues par les dispositions douanières communautaires en vigueur relatives à l'exportation de biens en dehors du territoire douanier de la Communauté.

Art. 280 Pour les biens qui sont temporairement exportés en dehors de la Communauté en vue d'être réimportés, les Etats membres prennent les mesures permettant d'assurer que, lors de leur réimportation dans la Communauté, ces biens puissent bénéficier des mêmes dispositions que s'ils avaient été temporairement exportés en dehors du territoire douanier de la Communauté.

TITRE XII
REGIMES PARTICULIERS

CHAPITRE 1
Régime particulier des petites entreprises

Section 1
Définitions

Ndlr *Les dispositions de la présente section contenant le seul article 280 bis sont applicables à compter du 1er janvier 2025 [Directive (UE) 2020/285 du 18 février 2020 art. 1, 8) et 3, 1)].*

Art. 280 bis Aux fins du présent chapitre, on entend par :

1) « chiffre d'affaires annuel dans l'Etat membre », le montant total annuel des livraisons de biens et des prestations de services, hors TVA, effectuées par un assujetti dans cet Etat membre au cours d'une année civile ;

2) « chiffre d'affaires annuel dans l'Union », le montant total annuel des livraisons de biens et des prestations de services, hors TVA, effectuées par un assujetti sur le territoire de la Communauté au cours d'une année civile.

Section 1
Modalités simplifiées d'imposition et de perception

Art. 281 Les Etats membres qui rencontreraient des difficultés pour l'assujettissement des petites entreprises au régime normal de la TVA, en raison de leur activité ou de leur structure, peuvent, dans les limites et les conditions qu'ils fixent, et après consultation du comité de la TVA, appliquer des modalités simplifiées d'imposition et de perception de la taxe, notamment des régimes de forfait, sans qu'il puisse en résulter un allégement de l'impôt.

Section 2
Franchises ou atténuations dégressives

Art. 282 Les franchises et les atténuations prévues à la présente section s'appliquent aux livraisons de biens et aux prestations de services effectuées par les petites entreprises.

Ndlr *Pour les dispositions du présent article applicables à compter du 1er janvier 2025, voir ci-dessous directive (UE) 2020/285 du 18 février 2020 art. 1, 9) et 10) et 3, 1).*

Art. 283 1. Sont exclues du bénéfice du régime prévu à la présente section les opérations suivantes :

a) les opérations effectuées à titre occasionnel visées à l'article 12 ;

b) les livraisons de moyens de transport neufs effectuées dans les conditions prévues à l'article 138, paragraphe 1, et paragraphe 2, point a) ;

c) les livraisons de biens et les prestations de services effectuées par un assujetti qui n'est pas établi dans l'Etat membre dans lequel la TVA est due.

Ndlr *Les dispositions du présent c) sont supprimées à compter du 1er janvier 2025 [Directive (UE) 2020/285 du 18 février 2020 art. 1, 11) et 3, 1)].*

2. Les Etats membres peuvent exclure du régime prévu à la présente section d'autres opérations que celles visées au paragraphe 1.

Art. 284 1. Les Etats membres qui ont usé de la faculté prévue à l'article 14 de la directive 67/228/CEE du Conseil du 11 avril 1967, en matière d'harmonisation des législations des Etats membres relatives aux taxes sur le chiffre d'affaires – Structure et modalités d'application du système commun de taxe sur la valeur ajoutée (17) pour introduire des franchises ou des atténuations dégressives de la taxe peuvent les maintenir ainsi que leurs modalités d'application, si elles sont conformes au système de la TVA.

2. Les Etats membres qui, au 17 mai 1977, appliquaient une franchise de taxe aux assujettis dont le chiffre d'affaires annuel était inférieur à la contre-valeur en monnaie nationale de 5 000 unités de compte européennes au taux de conversion de ladite date, peuvent l'augmenter jusqu'à 5 000 €.

Les Etats membres qui appliquaient une atténuation dégressive de la taxe ne peuvent ni relever la limite supérieure de cette atténuation, ni rendre plus favorables les conditions de son octroi.

Ndlr *Pour les dispositions du présent article applicables à compter du 1er janvier 2025, voir ci-dessous directive (UE) 2020/285 du 18 février 2020 art. 1, 12) et 3, 1).*

Art. 284 bis 1. La notification préalable visée à l'article 284, paragraphe 3, premier alinéa, point a), comporte au moins les informations suivantes :

a) le nom, l'activité, la forme juridique et l'adresse de l'assujetti ;

b) l'Etat membre ou les Etats membres dans lesquels l'assujetti entend faire usage de la franchise ;

c) le montant total des livraisons de biens et/ou des prestations de services effectuées dans l'Etat membre dans lequel l'assujetti est établi et dans chacun des autres Etats membres durant l'année civile précédente ;

d) le montant total des livraisons de biens et/ou des prestations de services effectuées dans l'Etat membre dans lequel l'assujetti est établi et dans chacun des autres Etats membres durant l'année civile en cours préalablement à la notification.

Les informations visées au premier alinéa, point c), du présent paragraphe, doivent être fournies pour chaque année civile précédente appartenant à la période visée à l'article 288 bis, paragraphe 1, premier alinéa, en ce qui concerne tout Etat membre qui fait usage de l'option qui y est prévue.

2. Lorsque l'assujetti informe l'Etat membre d'établissement, conformément à l'article 284, paragraphe 4, qu'il entend faire usage de la franchise dans un Etat membre ou des Etats membres autres que ceux indiqués dans la notification préalable, il n'est pas tenu de fournir les informations visées au paragraphe 1 du présent article, dans la mesure où ces informations figurent déjà dans les déclarations précédemment soumises en vertu de l'article 284 ter.

La mise à jour d'une notification préalable visée au premier alinéa comporte le numéro individuel d'identification visé à l'article 284, paragraphe 3, point b).

Ndlr *Les dispositions du présent article sont applicables à compter du 1er janvier 2025 [Directive (UE) 2020/285 du 18 février 2020 art. 1, 13) et 3, 1)].*

Art. 284 ter 1. Un assujetti faisant usage de la franchise prévue à l'article 284, paragraphe 1, dans un Etat membre dans lequel il n'est pas établi en conformité avec la procédure prévue à l'article 284, paragraphes 3 et 4, communique à l'Etat membre d'établissement, pour chaque trimestre civil, les informations suivantes, y compris le numéro individuel d'identification visé à l'article 284, paragraphe 3, point b) :

a) le montant total des livraisons de biens et/ou prestations de services effectuées au cours du trimestre civil dans l'Etat membre d'établissement ou « 0 » si aucune livraison de biens ou prestation de services n'a été effectuée ;

(17) JO 71 du 14.4.1967, p. 1303/67. Directive abrogée par la directive 77/388/CEE.

b) le montant total des livraisons de biens et/ou prestations de services effectuées au cours du trimestre civil dans chacun des Etats membres autres que l'Etat membre de l'établissement ou « 0 » si aucune livraison de biens ou prestation de services n'a été effectuée.

2. L'assujetti communique les informations énoncées au paragraphe 1 dans un délai d'un mois à compter de la fin du trimestre civil.

3. Lorsque le seuil de chiffre d'affaires annuel dans l'Union visé à l'article 284, paragraphe 2, point a), est dépassé, l'assujetti en informe l'Etat membre d'établissement dans un délai de quinze jours ouvrables. Parallèlement, l'assujetti est tenu de déclarer le montant des livraisons de biens et/ou prestations de services visées au paragraphe 1, qui ont été effectuées entre le début du trimestre civil en cours et la date à laquelle le seuil de chiffre d'affaires annuel dans l'Union a été dépassé.

Ndlr *Les dispositions du présent article sont applicables à compter du 1er janvier 2025 [Directive (UE) 2020/285 du 18 février 2020 art. 1, 13) et 3, 1)].*

Art. 284 quater 1. Aux fins de l'article 284 bis, paragraphe 1, points c) et d), et de l'article 284 ter, paragraphe 1, les dispositions suivantes s'appliquent :

a) les montants sont constitués des montants énumérés à l'article 288 ;

b) les montants sont exprimés en euros ;

c) lorsque l'Etat membre octroyant la franchise applique des seuils différenciés visés à l'article 284, paragraphe 1, deuxième alinéa, l'assujetti est tenu, à l'égard de cet Etat membre, de déclarer séparément le montant total des livraisons de biens et/ou des prestations de services eu égard à chaque seuil qui peut être applicable.

Aux fins du premier alinéa, point b), les Etats membres qui n'ont pas adopté l'euro peuvent demander que les montants soient libellés dans leur monnaie nationale. Si les livraisons de biens et/ou prestations de services ont été effectuées dans d'autres monnaies, l'assujetti applique le taux de change en vigueur au premier jour de l'année civile. Le change est effectué par application du taux de change publié par la Banque centrale européenne pour le jour en question ou, si aucune publication n'a été faite ce jour-là, pour le jour de publication suivant.

2. L'Etat membre d'établissement peut exiger que les informations visées à l'article 284, paragraphes 3 et 4, et à l'article 284 ter, paragraphes 1 et 3, soient communiquées, dans les conditions que ledit Etat membre détermine, par voie électronique.

Ndlr *Les dispositions du présent article sont applicables à compter du 1er janvier 2025 [Directive (UE) 2020/285 du 18 février 2020 art. 1, 13) et 3, 1)].*

Art. 284 quinquies 1. Un assujetti faisant usage de la franchise dans un Etat membre dans lequel il n'est pas établi n'est pas tenu, pour les livraisons de biens et/ou prestations de services couvertes par la franchise dans cet Etat membre :

a) d'être immatriculé à la TVA conformément aux articles 213 et 214 ;

b) de déposer une déclaration de TVA conformément à l'article 250.

2. Un assujetti faisant usage de la franchise dans l'Etat membre d'établissement et dans un Etat membre dans lequel il n'est pas établi n'est pas tenu, en ce qui concerne les livraisons de biens et/ ou prestations de services couvertes par la franchise dans l'Etat membre d'établissement, de déposer une déclaration de TVA conformément à l'article 250.

3. Par dérogation aux paragraphes 1 et 2 du présent article, lorsqu'un assujetti ne respecte pas les règles prévues à l'article 284 ter, les Etats membres peuvent exiger de cet assujetti qu'il s'acquitte des obligations en matière de TVA telles que celles visées au paragraphe 1 du présent article.

Ndlr *Les dispositions du présent article sont applicables à compter du 1er janvier 2025 [Directive (UE) 2020/285 du 18 février 2020 art. 1, 13) et 3, 1)].*

Art. 284 sexies L'Etat membre d'établissement désactive sans tarder le numéro d'identification visé à l'article 284, paragraphe 3, point b), ou, si l'assujetti continue de faire usage de la franchise dans un autre Etat membre ou dans d'autres Etats membres, adapte sans tarder les informations reçues en vertu de l'article 284, paragraphes 3 et 4, en ce qui concerne l'Etat membre ou les Etats membres concernés dans les cas suivants :

a) le montant total des livraisons de biens et/ou prestations de services déclaré par l'assujetti dépasse le montant visé à l'article 284, paragraphe 2, point a) ;

b) l'Etat membre octroyant la franchise a notifié que l'assujetti ne peut pas se prévaloir de la franchise ou que la franchise a cessé de s'appliquer dans cet Etat membre ;

c) l'assujetti a fait part de sa décision de cesser d'appliquer la franchise ; ou

d) l'assujetti a fait savoir, ou l'on peut présumer par d'autres moyens, que ses activités ont pris fin.

Ndlr *Les dispositions du présent article sont applicables à compter du 1er janvier 2025 [Directive (UE) 2020/285 du 18 février 2020 art. 1, 13) et 3, 1)].*

Art. 285 Les Etats membres qui n'ont pas usé de la faculté prévue à l'article 14 de la directive 67/228/ CEE peuvent octroyer une franchise de taxe aux assujettis dont le chiffre d'affaires annuel est au maximum égal à 5 000 € ou à la contre-valeur en monnaie nationale de cette somme.

Les Etats membres visés au premier alinéa peuvent appliquer une atténuation dégressive de la taxe aux assujettis dont le chiffre d'affaires annuel excède le plafond qu'ils ont fixé pour l'application de la franchise.

Ndlr *Les dispositions du présent article sont supprimées à compter du 1er janvier 2025 [Directive (UE) 2020/285 du 18 février 2020 art. 1, 14) et 3, 1)].*

Art. 286 Les Etats membres qui, au 17 mai 1977, appliquaient une franchise de taxe aux assujettis dont le chiffre d'affaires annuel était égal ou supérieur à la contre-valeur en monnaie nationale de 5 000 unités de compte européennes au taux de conversion de ladite date peuvent l'augmenter afin de maintenir sa valeur réelle.

Ndlr *Les dispositions du présent article sont supprimées à compter du 1er janvier 2025 [Directive (UE) 2020/285 du 18 février 2020 art. 1, 14) et 3, 1)].*

Art. 287 Les Etats membres ayant adhéré après le 1er janvier 1978 peuvent octroyer une franchise de taxe aux assujettis dont le chiffre d'affaires annuel est au maximum égal à la contre-valeur en monnaie nationale des montants suivants au taux du jour de leur adhésion :

1) la Grèce : 10 000 unités de compte européennes ;

2) l'Espagne : 10 000 écus ;

3) le Portugal : 10 000 écus ;

4) l'Autriche : 35 000 écus ;

5) la Finlande : 10 000 écus ;

6) la Suède : 10 000 écus ;

7) la République tchèque : 35 000 € ;

8) l'Estonie : 16 000 € ;

9) Chypre : 15 600 € ;

10) la Lettonie : 17 200 € ;

11) la Lituanie : 29 000 € ;

12) la Hongrie : 35 000 € ;

13) Malte : 37 000 € lorsque l'activité économique consiste principalement en la fourniture de biens, 24 300 € lorsque l'activité économique consiste principalement en la fourniture de services ayant une valeur ajoutée faible (intrants élevés) et 14 600 € dans d'autres cas, à savoir des fournitures de services ayant une valeur ajoutée élevée (intrants faibles) ;

14) la Pologne : 10 000 € ;

15) la Slovénie : 25 000 € ;

16) la Slovaquie : 35 000 € ;

17) la Bulgarie : 25 600 € ;

18) la Roumanie : 35 000 €.

Ndlr *Les dispositions du présent article sont supprimées à compter du 1er janvier 2025 [Directive (UE) 2020/285 du 18 février 2020 art. 1, 14) et 3, 1)].*

Art. 288 Le chiffre d'affaires qui sert de référence pour l'application du régime prévu à la présente section est constitué par les montants hors TVA suivants :

1) le montant des livraisons de biens et des prestations de services, pour autant qu'elles soient imposées ;

2) le montant des opérations exonérées avec droit à déduction de la TVA payée au stade antérieur en vertu de l'article 98, paragraphe 2, ou de l'article 105 bis ;

3) le montant des opérations exonérées en vertu des articles 146 à 149 et des articles 151, 152 et 153 ;

4) le montant des opérations immobilières, des opérations financières visées à l'article 135, paragraphe 1, points b) à g), et des prestations d'assurance, à moins que ces opérations n'aient le caractère d'opérations accessoires.

Toutefois, les cessions de biens d'investissement corporels ou incorporels de l'entreprise ne sont pas prises en considération pour la détermination du chiffre d'affaires.

Ndlr *Pour les dispositions du présent article applicables à compter du 1er janvier 2025, voir ci-dessous directive (UE) 2020/285 du 18 février 2020 art. 1, 15) et 3, 1 modifiée par la directive (UE) 2022/542 du 5 avril 2022 art. 2 et 3.*

Art. 288 bis 1. Un assujetti, qu'il soit ou non établi dans l'Etat membre octroyant la franchise prévue à l'article 284, paragraphe 1, ne peut pas bénéficier de cette franchise pendant une période d'une année civile lorsque le seuil fixé conformément audit paragraphe a été dépassé au cours de l'année civile précédente. L'Etat membre qui octroie la franchise peut porter la durée de cette période à deux années civiles.

Lorsque, au cours d'une année civile, le seuil visé à l'article 284, paragraphe 1, est dépassé :

a) de 10 % au maximum, l'assujetti peut continuer de bénéficier de la franchise prévue à l'article 284, paragraphe 1, pendant cette année civile ;

b) de plus de 10 %, la franchise prévue à l'article 284, paragraphe 1, cesse de s'appliquer à partir de cette date.

Nonobstant le deuxième alinéa, points a) et b), les Etats membres peuvent fixer un plafond de 25 % ou autoriser l'assujetti à continuer de bénéficier de la franchise prévue à l'article 284, paragraphe 1, sans aucun plafond pendant l'année civile au cours de laquelle le seuil est dépassé. Toutefois, l'application de ce plafond ou de cette option ne peut avoir pour effet d'exonérer un assujetti dont le chiffre d'affaires dans l'Etat membre octroyant la franchise est supérieur à 100 000 €.

Par dérogation aux deuxième et troisième alinéas, les Etats membres peuvent décider que la franchise prévue à l'article 284, paragraphe 1, cesse de s'appliquer à partir du moment où le seuil fixé conformément audit paragraphe est dépassé.

2. Un assujetti qui n'est pas établi dans l'Etat membre octroyant la franchise prévue à l'article 284, paragraphe 1, ne peut pas bénéficier de ladite franchise lorsque le seuil de chiffre d'affaires annuel dans l'Union visé à l'article 284, paragraphe 2, point a), a été dépassé au cours de l'année civile précédente.

Lorsque, au cours d'une année civile, le seuil de chiffre d'affaires annuel dans l'Union visé à l'article 284, paragraphe 2, point a), est dépassé, la franchise prévue à l'article 284, paragraphe 1, octroyée à un assujetti non établi dans l'Etat membre octroyant la franchise, cesse de s'appliquer à partir de cette date.

3. La contre-valeur en monnaie nationale du montant visé au paragraphe 1 est calculée par application du taux de change publié par la Banque centrale européenne à la date du 18 janvier 2018.

> **Ndlr** *Les dispositions du présent article sont applicables à compter du 1er janvier 2025 [Directive (UE) 2020/285 du 18 février 2020 art. 1, 16) et 3, 1)].*

Art. 289 Les assujettis qui bénéficient de la franchise de taxe n'ont pas le droit de déduire la TVA conformément aux articles 167 à 171 et aux articles 173 à 177 ni de la faire apparaître sur leurs factures.

Art. 290 Les assujettis susceptibles de bénéficier de la franchise de taxe peuvent opter soit pour le régime normal d'application de la TVA, soit pour l'application des modalités simplifiées visées à l'article 281. Dans ce cas, ils bénéficient des atténuations dégressives de la taxe prévues éventuellement par la législation nationale.

> **Ndlr** *Pour les dispositions du présent article applicables à compter du 1er janvier 2025, voir ci-dessous directive (UE) 2020/285 du 18 février 2020 art. 1, 17) et 3, 1).*

Art. 291 Les assujettis qui bénéficient de l'atténuation dégressive sont considérés comme des assujettis soumis au régime normal de la TVA, sous réserve de l'application de l'article 281.

> **Ndlr** *Les dispositions du présent article sont supprimées à compter du 1er janvier 2025 [Directive (UE) 2020/285 du 18 février 2020 art. 1, 18) et 3, 1)].*

Art. 292 Le régime prévu à la présente section s'applique jusqu'à une date arrêtée par le Conseil, conformément à l'article 93 du traité, qui ne peut être postérieure à la date d'entrée en vigueur du régime définitif visé à l'article 402.

> **Ndlr** *Les dispositions du présent article sont supprimées à compter du 1er janvier 2025 [Directive (UE) 2020/285 du 18 février 2020 art. 1, 18) et 3, 1)].*

Section 2 bis
Simplification des obligations pour les petites entreprises bénéficiant de la franchise

> **Ndlr** *Les dispositions de la présente section sont applicables à compter du 1er janvier 2025 [Directive (UE) 2020/285 du 18 février 2020 art. 1, 19) et 3, 1)].*

Art. 292 bis Aux fins de la présente section, on entend par « petite entreprise bénéficiant de la franchise » tout assujetti bénéficiant de la franchise dans l'Etat membre dans lequel la TVA est due, conformément à l'article 284, paragraphes 1 et 2.

Art. 292 ter Sans préjudice de l'article 284, paragraphe 3, les Etats membres peuvent dispenser les petites entreprises établies sur leur territoire qui bénéficient de la franchise et qui en font usage uniquement sur ledit territoire, de l'obligation de déclarer le commencement de leur activité conformément à l'article 213 et d'être identifiées par un numéro individuel conformément à l'article 214, sauf lorsque ces entreprises effectuent des opérations visées à l'article 214, points b), d) ou e).

Lorsqu'ils ne font pas usage de la faculté visée au premier alinéa, les Etats membres mettent en place une procédure d'identification de ces petites entreprises bénéficiant de la franchise au moyen d'un numéro individuel. La procédure d'identification ne prend pas plus de quinze jours ouvrables, sauf dans des cas spécifiques où, pour éviter la fraude ou l'évasion fiscale, les Etats membres peuvent exiger un délai supplémentaire pour effectuer les contrôles nécessaires.

Art. 292 quater Les Etats membres peuvent dispenser les petites entreprises établies sur leur territoire qui bénéficient de la franchise et qui en font usage uniquement sur ledit territoire, de l'obligation de déposer une déclaration de TVA conformément à l'article 250.

Lorsqu'ils ne font pas usage de la faculté visée au premier alinéa, les Etats membres autorisent ces petites entreprises bénéficiant de la franchise à déposer une déclaration de TVA simplifiée pour couvrir la période d'une année civile. Toutefois, les petites entreprises bénéficiant de la franchise peuvent opter pour l'application de la durée de la période imposable fixée en application de l'article 252.

Art. 292 quinquies Les Etats membres peuvent dispenser les petites entreprises bénéficiant de la franchise de tout ou partie des obligations visées aux articles 217 à 271.

Section 3
Rapport et réexamen

> **Ndlr** *Les dispositions de la présente section sont supprimées à compter du 1er janvier 2025 [Directive (UE) 2020/285 du 18 février 2020 art. 1, 20) et 3, 1)].*

Art. 293 Tous les quatre ans à partir de l'adoption de la présente directive, la Commission présente au Conseil, sur la base des informations obtenues des Etats membres, un rapport sur l'application des dispositions du présent chapitre, accompagné, si nécessaire, et en tenant compte de la nécessité d'assurer la convergence à terme des réglementations nationales, de propositions ayant pour objet les points suivants :

1) les améliorations à apporter au régime particulier des petites entreprises ;

2) l'adaptation des régimes nationaux en matière de franchises et d'atténuations dégressives de la taxe ;

3) l'adaptation des seuils prévus à la section 2.

Art. 294 Le Conseil décide, conformément à l'article 93 du traité, si un régime particulier pour les petites entreprises est nécessaire dans le cadre du régime définitif et, le cas échéant, statue sur les limites et conditions d'application communes dudit régime particulier.

CHAPITRE 2
Régime commun forfaitaire des producteurs agricoles

Art. 295 1. Aux fins du présent chapitre, sont considérés comme :

1) « producteur agricole », l'assujetti qui exerce son activité dans le cadre d'une exploitation agricole, sylvicole ou de pêche ;

2) « exploitation agricole, sylvicole ou de pêche », les exploitations qui sont considérées comme telles par chaque Etat membre dans le cadre des activités de production figurant à l'annexe VII ;

3) « agriculteur forfaitaire », le producteur agricole auquel s'applique le régime forfaitaire prévu au présent chapitre ;

4) « produit agricole », les biens résultant des activités figurant à l'annexe VII qui sont produits par les exploitations agricoles, sylvicoles ou de pêche de chaque Etat membre ;

5) « prestations de services agricoles », les prestations de services, notamment celles figurant à l'annexe VIII, qui sont accomplies par un producteur agricole en utilisant ses moyens en main-d'œuvre ou l'équipement normal de son exploitation agricole, sylvicole ou de pêche et qui contribuent normalement à la réalisation de la production agricole ;

6) « charge de TVA en amont », la charge globale de TVA ayant grevé les biens et les services achetés par l'ensemble des exploitations agricoles, sylvicoles et de pêche de chaque Etat membre soumises au régime forfaitaire, dans la mesure où cette taxe serait déductible, conformément aux articles 167, 168 et 169 et aux articles 173 à 177, chez un producteur agricole soumis au régime normal d'application de la TVA ;

7) « pourcentages forfaitaires de compensation », les pourcentages que les Etats membres fixent, conformément aux articles 297, 298 et 299, et qu'ils appliquent dans les cas visés à l'article 300, afin de permettre aux agriculteurs forfaitaires de bénéficier de la compensation forfaitaire de la charge de TVA en amont ;

8) « compensation forfaitaire », le montant résultant de l'application du pourcentage forfaitaire de compensation au chiffre d'affaires de l'agriculteur forfaitaire dans les cas visés à l'article 300.

2. Sont assimilées aux activités de production agricole figurant à l'annexe VII les activités de transformation qu'effectue un producteur agricole sur les produits émanant essentiellement de sa production agricole avec les moyens normalement utilisés dans les exploitations agricoles, sylvicoles ou de pêche.

Art. 296 1. Les Etats membres peuvent appliquer aux producteurs agricoles pour lesquels l'assujettissement au régime normal de la TVA ou, le cas échéant, au régime particulier prévu au chapitre 1 se heurterait à des difficultés, un régime forfaitaire visant à compenser la charge de la TVA payée sur les achats de biens et services des agriculteurs forfaitaires, conformément au présent chapitre.

2. Chaque Etat membre peut exclure du régime forfaitaire certaines catégories de producteurs agricoles, ainsi que les producteurs agricoles pour lesquels l'application du régime normal de la TVA ou, le cas échéant, des modalités simplifiées prévues à l'article 281 ne présente pas de difficultés administratives.

3. Tout agriculteur forfaitaire a le droit d'opter pour l'application du régime normal de la TVA ou, le cas échéant, des modalités simplifiées prévues à l'article 281, suivant les modalités et conditions établies par chaque Etat membre.

Art. 297 Les Etats membres fixent, pour autant que de besoin, des pourcentages forfaitaires de compensation. Ils peuvent fixer des pourcentages forfaitaires de compensation différenciés pour la sylviculture, les diverses sous-branches de l'agriculture et la pêche.

Les Etats membres notifient à la Commission les pourcentages forfaitaires de compensation fixés en vertu du premier alinéa avant leur mise en application.

Art. 298 Les pourcentages forfaitaires de compensation sont déterminés sur la base des données macroéconomiques relatives aux seuls agriculteurs forfaitaires des trois dernières années.

Les pourcentages peuvent être arrondis au demi-point inférieur ou supérieur. Les Etats membres peuvent aussi réduire ces pourcentages jusqu'au niveau zéro.

Art. 299 Les pourcentages forfaitaires de compensation ne peuvent avoir pour effet de procurer à l'ensemble des agriculteurs forfaitaires des remboursements supérieurs aux charges de TVA en amont.

Art. 300 Les pourcentages forfaitaires de compensation sont appliqués au prix hors TVA des biens et services suivants :

1) les produits agricoles que les agriculteurs forfaitaires ont livrés à des assujettis autres que ceux qui bénéficient, dans l'Etat membre dans lequel ces livraisons sont effectuées, du présent régime forfaitaire ;

2) les produits agricoles que les agriculteurs forfaitaires ont livrés, dans les conditions prévues à l'article 138, à des personnes morales non assujetties dont les acquisitions intracommunautaires de biens sont soumises à la TVA, dans l'Etat membre d'arrivée de l'expédition ou du transport des produits agricoles ainsi livrés, conformément à l'article 2, paragraphe 1, point b) ;

3) les services agricoles que les agriculteurs forfaitaires ont fournis à des assujettis autres que ceux qui bénéficient, dans l'Etat membre dans lequel ces prestations sont fournies, du présent régime forfaitaire.

Art. 301 1. Pour les livraisons de produits agricoles et les prestations de services visées à l'article 300, les

Etats membres prévoient que le versement des compensations forfaitaires est effectué soit par l'acquéreur ou le preneur, soit par les pouvoirs publics.

2. Pour les livraisons de produits agricoles et les prestations de services agricoles autres que celles visées à l'article 300, le versement des compensations forfaitaires est réputé être effectué par l'acquéreur ou le preneur.

Art. 302 Lorsqu'un agriculteur forfaitaire bénéficie d'une compensation forfaitaire, il n'a pas de droit à déduction pour des activités soumises au présent régime forfaitaire.

Art. 303 1. Lorsque l'acquéreur ou le preneur assujetti verse une compensation forfaitaire conformément à l'article 301, paragraphe 1, il a le droit, dans les conditions prévues aux articles 167, 168 et 169 et aux articles 173 à 177 et selon les modalités fixées par les Etats membres, de déduire de la TVA dont il est redevable dans l'Etat membre dans lequel il effectue ses opérations taxées le montant de ladite compensation.

2. Les Etats membres accordent à l'acquéreur ou au preneur le remboursement du montant de la compensation forfaitaire qu'il a versé au titre de l'une des opérations suivantes :

a) les livraisons de produits agricoles effectuées dans les conditions prévues à l'article 138, lorsque l'acquéreur est un assujetti, ou une personne morale non assujettie, agissant en tant que tel dans un autre Etat membre sur le territoire duquel ses acquisitions intracommunautaires de biens sont soumises à la TVA conformément à l'article 2, paragraphe 1, point b) ;

b) les livraisons de produits agricoles effectuées dans les conditions prévues aux articles 146, 147, 148 et 156, à l'article 157, paragraphe 1, point b), et aux articles 158, 160 et 161 pour un acquéreur assujetti établi en dehors de la Communauté, dans la mesure où ces produits agricoles sont utilisés par l'acquéreur pour les besoins de ses opérations visées à l'article 169, points a) et b), ou de ses prestations de services réputées se situer sur le territoire de l'Etat membre dans lequel le preneur est établi et pour lesquelles la taxe est due uniquement par le preneur conformément à l'article 196 ;

c) les prestations de services agricoles effectuées pour un preneur assujetti établi dans la Communauté mais dans un autre Etat membre, ou pour un preneur assujetti établi en dehors de la Communauté, dans la mesure où ces services sont utilisés par le preneur pour les besoins de ses opérations visées à l'article 169, points a) et b), ou de ses prestations de services réputées se situer sur le territoire de l'Etat membre dans lequel le preneur est établi et pour lesquelles la taxe est due uniquement par le preneur conformément à l'article 196.

3. Les Etats membres déterminent les modalités selon lesquelles sont effectués les remboursements prévus au paragraphe 2. Ils peuvent notamment faire application des dispositions des directives 79/1072/CEE et 86/560/CEE.

Art. 304 Les Etats membres prennent toutes dispositions utiles pour pouvoir efficacement contrôler les versements des compensations forfaitaires aux agriculteurs forfaitaires.

Art. 305 Lorsqu'ils appliquent le présent régime forfaitaire, les Etats membres prennent toutes dispositions utiles afin d'assurer que les livraisons de produits agricoles entre Etats membres effectuées dans les conditions visées à l'article 33 soient imposées de manière identique, que la livraison soit effectuée par un agriculteur forfaitaire ou par un autre assujetti.

CHAPITRE 3
Régime particulier des agences de voyages

Art. 306 1. Les Etats membres appliquent un régime particulier de la TVA aux opérations des agences de voyages conformément au présent chapitre, dans la mesure où ces agences agissent en leur propre nom à l'égard du voyageur et lorsqu'elles utilisent, pour la réalisation du voyage, des livraisons de biens et des prestations de services d'autres assujettis.

Le présent régime particulier n'est pas applicable aux agences de voyages qui agissent uniquement en qualité d'intermédiaire et auxquelles s'applique, pour calculer la base d'imposition, l'article 79, premier alinéa, point c).

2. Aux fins du présent chapitre, les organisateurs de circuits touristiques sont considérés comme agences de voyages.

Art. 307 Les opérations effectuées, dans les conditions prévues à l'article 306, par l'agence de voyages pour la réalisation du voyage sont considérées comme une prestation de services unique de l'agence de voyages au voyageur.

La prestation unique est imposée dans l'Etat membre dans lequel l'agence de voyages a établi le siège de son activité économique ou un établissement stable à partir duquel elle a fourni la prestation de services.

Art. 308 Pour la prestation de services unique fournie par l'agence de voyages, est considérée comme base d'imposition et comme prix hors TVA, au sens de l'article 226, point 8), la marge de l'agence de voyages, c'est-à-dire la différence entre le montant total, hors TVA, à payer par le voyageur et le coût effectif supporté par l'agence de voyages pour les livraisons de biens et les prestations de services d'autres assujettis, dans la mesure où ces opérations profitent directement au voyageur.

Art. 309 Si les opérations pour lesquelles l'agence de voyages a recours à d'autres assujettis sont effectuées par ces derniers en dehors de la Communauté, la prestation de services de l'agence est assimilée à une activité d'intermédiaire exonérée en vertu de l'article 153.

Si les opérations visées au premier alinéa sont effectuées tant à l'intérieur qu'à l'extérieur de la Communauté, seule doit être considérée comme exonérée la partie de la prestation de services de l'agence de voyages qui concerne les opérations effectuées en dehors de la Communauté.

Art. 310 Les montants de la TVA qui sont portés en compte à l'agence de voyages par d'autres assujettis pour les opérations qui sont visées à l'article 307 et qui profitent directement au voyageur ne sont ni déductibles, ni remboursables dans aucun Etat membre.

CHAPITRE 4
Régimes particuliers applicables dans le domaine des biens d'occasion, des objets d'art, de collection ou d'antiquité

Section 1
Définitions

Art. 311 1. Aux fins du présent chapitre, et sans préjudice d'autres dispositions communautaires, sont considérés comme :

1) « biens d'occasion », les biens meubles corporels susceptibles de remploi, en l'état ou après réparation, autres que des objets d'art, de collection ou d'antiquité et autres que des métaux précieux ou des pierres précieuses tels que définis par les Etats membres ;

2) « objets d'art », les biens figurant à l'annexe IX, partie A ;

3) « objets de collection », les biens figurant à l'annexe IX, partie B ;

4) « objets d'antiquité », les biens figurant à l'annexe IX, partie C ;

5) « assujetti-revendeur », tout assujetti qui, dans le cadre de son activité économique, achète ou affecte aux besoins de son entreprise ou importe, en vue de leur revente, des biens d'occasion, des objets d'art, de collection ou d'antiquité, que cet assujetti agisse pour son compte ou pour le compte d'autrui en vertu d'un contrat de commission à l'achat ou à la vente ;

6) « organisateur d'une vente aux enchères publiques », tout assujetti qui, dans le cadre de son activité économique, propose un bien aux enchères publiques en vue de le remettre au mieux disant des enchérisseurs ;

7) « commettant d'un organisateur d'une vente aux enchères publiques », toute personne qui transmet un bien à un organisateur d'une vente aux enchères publiques en vertu d'un contrat de commission à la vente.

2. Les Etats membres peuvent ne pas considérer comme objets d'art, les objets figurant à l'annexe IX, partie A, points 5), 6) et 7).

3. Le contrat de commission à la vente visé au paragraphe 1, point 7), doit prévoir que l'organisateur de la vente propose le bien aux enchères publiques, en son nom, mais pour le compte de son commettant, et qu'il remet le bien, en son nom, mais pour le compte de son commettant, au mieux disant des enchérisseurs auquel le bien est adjugé en vente publique.

Section 2
Régime particulier des assujettis-revendeurs

Sous-section 1
Régime de la marge bénéficiaire

Art. 312 Aux fins de la présente sous-section, on entend par :

1) « prix de vente », tout ce qui constitue la contrepartie obtenue ou à obtenir par l'assujetti-revendeur de la part de l'acquéreur ou d'un tiers, y compris les subventions directement liées à l'opération, les impôts, droits, prélèvements et taxes, les frais accessoires tels que les frais de commission, d'emballage, de transport et d'assurance demandés par l'assujetti-revendeur à l'acquéreur mais à l'exclusion des montants visés à l'article 79 ;

2) « prix d'achat », tout ce qui constitue la contrepartie définie au point 1), obtenue ou à obtenir de la part de l'assujetti-revendeur par son fournisseur.

Art. 313 1. Les Etats membres appliquent aux livraisons de biens d'occasion, d'objets d'art, de collection ou d'antiquité effectuées par des assujettis-revendeurs un régime particulier d'imposition de la marge bénéficiaire réalisée par l'assujetti-revendeur, conformément aux dispositions de la présente sous-section.

2. Jusqu'à l'introduction du régime définitif visé à l'article 402, le régime prévu au paragraphe 1 du présent article ne s'applique pas aux livraisons de moyens de transports neufs effectuées dans les conditions prévues à l'article 138, paragraphe 1, et paragraphe 2, point a).

Art. 314 Le régime de la marge bénéficiaire s'applique aux livraisons de biens d'occasion, d'objets d'art, de collection ou d'antiquité, effectuées par un assujetti-revendeur, lorsque ces biens lui sont livrés dans la Communauté par une des personnes suivantes :

a) une personne non assujettie ;

b) un autre assujetti, dans la mesure où la livraison du bien par cet autre assujetti est exonérée conformément à l'article 136 ;

c) un autre assujetti, dans la mesure où la livraison du bien par cet autre assujetti bénéficie de la franchise pour les petites entreprises prévue aux articles 282 à 292, et porte sur un bien d'investissement ;

d) un autre assujetti-revendeur, dans la mesure où la livraison du bien par cet autre assujetti-revendeur a été soumise à la TVA conformément au présent régime particulier.

Ndlr *Pour les dispositions du présent point c) applicables à compter du 1er janvier 2025, voir ci-dessous directive (UE) 2020/285 du 18 février 2020 art. 1, 21) et 3, 1).*

Art. 315 La base d'imposition des livraisons de biens visées à l'article 314 est constituée par la marge bénéficiaire réalisée par l'assujetti-revendeur, diminuée du montant de la TVA afférente à la marge bénéficiaire elle-même.

La marge bénéficiaire de l'assujetti-revendeur est égale à la différence entre le prix de vente demandé par l'assujetti-revendeur pour le bien et le prix d'achat.

Art. 316 1. Les Etats membres accordent aux assujettis-revendeurs le droit d'opter pour l'application du régime de la marge bénéficiaire aux livraisons de biens suivants :

a) les objets d'art, de collection ou d'antiquité qu'ils ont eux-mêmes importés ;

b) les objets d'art qui leur ont été livrés par l'auteur ou par ses ayants droit ;

c) les objets d'art qui leur ont été livrés par un assujetti autre qu'un assujetti-revendeur, lorsque la livraison par cet autre assujetti a été soumise au taux réduit en vertu de l'article 103.

Ndlr *Pour les dispositions du présent 1 applicables à compter du 1er janvier 2025, voir ci-dessous directive (UE) 2022/542 du 5 avril 2022 art. 1, 20) et 3).*

2. Les Etats membres déterminent les modalités d'exercice de l'option prévue au paragraphe 1 qui, en tout état de cause, couvre une période au moins égale à deux années civiles.

Art. 317 Lorsqu'un assujetti-revendeur exerce l'option prévue à l'article 316, la base d'imposition est déterminée conformément à l'article 315.

Pour les livraisons d'objets d'art, de collection ou d'antiquité que l'assujetti-revendeur a lui-même importés, le prix d'achat à prendre en compte pour le calcul de la marge bénéficiaire est égal à la base d'imposition à l'importation, déterminée conformément aux articles 85 à 89, augmentée de la TVA due ou acquittée à l'importation.

Art. 318 1. Afin de simplifier la perception de la taxe, et après consultation du comité de la TVA, les Etats membres peuvent prévoir, pour certaines opérations ou pour certaines catégories d'assujettis-revendeurs, que la base d'imposition des livraisons de biens soumises au régime de la marge bénéficiaire est déterminée pour chaque période imposable au titre de laquelle l'assujetti-revendeur doit déposer la déclaration de TVA visée à l'article 250.

Dans le cas visé au premier alinéa, la base d'imposition pour les livraisons de biens auxquelles un même taux de TVA est appliqué, est constituée par la marge bénéficiaire globale réalisée par l'assujetti-revendeur diminuée du montant de la TVA afférente à cette même marge bénéficiaire.

2. La marge bénéficiaire globale est égale à la différence entre les deux montants suivants :

a) le montant total des livraisons de biens soumises au régime de la marge bénéficiaire et qui ont été effectuées par l'assujetti-revendeur au cours de la période imposable visée par la déclaration, c'est-à-dire le montant total des prix de vente ;

b) le montant total des achats de biens visés à l'article 314 et effectués, au cours de la période imposable visée par la déclaration, par l'assujetti-revendeur, c'est-à-dire le montant total des prix d'achat.

3. Les Etats membres prennent les mesures nécessaires en vue d'assurer que les assujettis visés au paragraphe 1 ne bénéficient pas d'avantages injustifiés ou ne subissent pas de préjudices injustifiés.

Art. 319 Pour chaque livraison relevant du régime de la marge bénéficiaire, l'assujetti-revendeur peut appliquer le régime normal de la TVA.

Art. 320 1. Lorsque l'assujetti-revendeur applique le régime normal de la TVA à la livraison d'un objet d'art, de collection ou d'antiquité qu'il a lui-même importé, il a le droit de déduire du montant de la taxe dont il est redevable la TVA due ou acquittée à l'importation de ce bien.

Lorsque l'assujetti-revendeur applique le régime normal de la TVA à la livraison d'un objet d'art qui lui a été livré par son auteur ou par ses ayants droit ou par un assujetti autre qu'un assujetti-revendeur, il a le droit de déduire du montant de la taxe dont il est redevable la TVA due ou acquittée pour l'objet d'art qui lui a été livré.

2. Le droit à déduction prend naissance au moment où devient exigible la taxe due pour la livraison au titre de laquelle l'assujetti-revendeur opte pour le régime normal de la TVA.

Art. 321 Lorsqu'elles sont effectuées dans les conditions prévues aux articles 146, 147, 148 et 151, les livraisons de biens d'occasion, d'objets d'art, de collection ou d'antiquité soumises au régime de la marge bénéficiaire sont exonérées.

Art. 322 Dans la mesure où les biens sont utilisés pour les besoins de ses livraisons soumises au régime de la marge bénéficiaire, l'assujetti-revendeur ne peut pas déduire du montant de la taxe dont il est redevable les montants suivants :

a) la TVA due ou acquittée pour les objets d'art, de collection ou d'antiquité qu'il a lui-même importés ;

b) la TVA due ou acquittée pour les objets d'art qui lui sont ou lui seront livrés par leur auteur ou par ses ayants droit ;

c) la TVA due ou acquittée pour les objets d'art qui lui sont ou lui seront livrés par un assujetti autre qu'un assujetti-revendeur.

Art. 323 L'assujetti ne peut pas déduire de la taxe dont il est redevable, la TVA due ou acquittée pour les biens qui lui sont ou lui seront livrés par un assujetti-revendeur, dans la mesure où la livraison de ces biens par l'assujetti-revendeur est soumise au régime de la marge bénéficiaire.

Art. 324 L'assujetti-revendeur qui applique à la fois le régime normal de la TVA et le régime de la marge bénéficiaire, doit faire apparaître séparément dans sa comptabilité les opérations relevant de chacun de ces régimes, suivant les modalités fixées par les Etats membres.

Art. 325 L'assujetti-revendeur ne peut pas faire apparaître séparément sur la facture qu'il délivre la

TVA afférente aux livraisons de biens qu'il soumet au régime de la marge bénéficiaire.

Sous-section 2
Régime transitoire applicable aux moyens de transport d'occasion

Art. 326 Les Etats membres qui, au 31 décembre 1992, appliquaient un régime particulier d'imposition autre que le régime de la marge bénéficiaire aux livraisons de moyens de transport d'occasion effectuées par des assujettis-revendeurs peuvent continuer à appliquer ce régime jusqu'à l'introduction du régime définitif visé à l'article 402, dans la mesure où il respecte, ou est adapté de manière à respecter, les conditions prévues à la présente sous-section.

Le Danemark est autorisé à introduire le régime prévu au premier alinéa.

Art. 327 1. Le présent régime transitoire s'applique aux livraisons de moyens de transport d'occasion, effectuées par des assujettis-revendeurs et qui sont soumises au régime de la marge bénéficiaire.

2. Le présent régime transitoire ne s'applique pas aux livraisons de moyens de transport neufs, effectuées dans les conditions prévues à l'article 138, paragraphe 1, et paragraphe 2, point a).

3. Aux fins du paragraphe 1, sont considérés comme « moyens de transport d'occasion » les véhicules terrestres, les bateaux et les aéronefs visés à l'article 2, paragraphe 2, point a), lorsque ce sont des biens d'occasion qui ne remplissent pas les conditions pour être considérés comme des moyens de transport neufs.

Art. 328 La TVA due pour chacune des livraisons visées à l'article 327 est égale au montant de la taxe qui serait due si cette livraison avait été soumise au régime normal de la TVA, diminué du montant de la TVA considérée comme étant incluse dans le prix d'achat du moyen de transport par l'assujetti-revendeur.

Art. 329 La TVA considérée comme étant incluse dans le prix d'achat du moyen de transport par l'assujetti-revendeur est calculée selon la méthode suivante :

a) le prix d'achat à prendre en compte est le prix d'achat au sens de l'article 312, point 2) ;

b) ce prix d'achat par l'assujetti-revendeur est réputé inclure la TVA qui aurait été due si le fournisseur de l'assujetti-revendeur avait soumis sa livraison au régime normal de la TVA ;

c) le taux à prendre en compte est le taux applicable, en vertu de l'article 93, dans l'Etat membre sur le territoire duquel le lieu de la livraison à l'assujetti-revendeur, déterminé conformément aux articles 31 et 32, est réputé se situer.

Art. 330 La TVA due pour chacune des livraisons de moyens de transport visées à l'article 327, paragraphe 1, déterminée conformément à l'article 328, ne peut être inférieure au montant de la TVA qui serait dû si cette livraison avait été soumise au régime de la marge bénéficiaire.

Les Etats membres peuvent prévoir que si la livraison avait été soumise au régime de la marge bénéficiaire, cette marge bénéficiaire ne peut pas être inférieure à 10 % du prix de vente au sens de l'article 312, point 1).

Art. 331 L'assujetti ne peut pas déduire de la taxe dont il est redevable la TVA due ou acquittée pour les moyens de transport d'occasion qui lui sont livrés par un assujetti-revendeur, dans la mesure où la livraison de ces biens par l'assujetti-revendeur est soumise à la taxe conformément au présent régime transitoire.

Art. 332 L'assujetti-revendeur ne peut pas faire apparaître séparément sur la facture qu'il émet, la TVA afférente aux livraisons qu'il soumet au présent régime transitoire.

Section 3
Régime particulier des ventes aux enchères publiques

Art. 333 1. Les Etats membres peuvent appliquer un régime particulier d'imposition de la marge bénéficiaire réalisée par un organisateur de ventes aux enchères publiques conformément aux dispositions de la présente section, en ce qui concerne les livraisons de biens d'occasion, d'objets d'art, de collection ou d'antiquité effectuées par ledit organisateur, agissant en son nom propre et pour le compte des personnes visées à l'article 334, en vertu d'un contrat de commission à la vente de ces biens aux enchères publiques.

2. Le régime prévu au paragraphe 1 ne s'applique pas aux livraisons de moyens de transports neufs, effectuées dans les conditions prévues à l'article 138, paragraphe 1, et paragraphe 2, point a).

Art. 334 Le présent régime particulier s'applique aux livraisons effectuées par un organisateur de ventes aux enchères publiques, agissant en son nom propre pour le compte d'une des personnes suivantes :

a) une personne non assujettie ;

b) un autre assujetti, dans la mesure où la livraison du bien par cet assujetti, effectuée en vertu d'un contrat de commission à la vente, est exonérée conformément à l'article 136 ;

c) un autre assujetti, dans la mesure où la livraison du bien par cet assujetti, effectuée en vertu d'un contrat de commission à la vente, bénéficie de la franchise pour les petites entreprises prévue aux articles 282 à 292 et porte sur un bien d'investissement ;

> **Ndlr** *Pour les dispositions du présent point c) applicables à compter du 1er janvier 2025, voir ci-dessous directive (UE) 2020/285 du 18 février 2020 art. 1, 22) et 3, 1).*

d) un assujetti-revendeur, dans la mesure où la livraison du bien par cet assujetti-revendeur, effectuée en vertu d'un contrat de commission à la vente, est soumise à la TVA conformément au régime de la marge bénéficiaire.

Art. 335 La livraison d'un bien à un assujetti organisateur de ventes aux enchères publiques est considérée comme effectuée au moment où la vente de ce bien aux enchères publiques est elle-même effectuée.

Art. 336 La base d'imposition de chaque livraison de biens visée à la présente section est constituée par le montant total facturé, conformément à l'article 339, à l'acquéreur par l'organisateur de la vente aux enchères publiques, diminué des montants suivants :

a) le montant net payé ou à payer par l'organisateur de la vente aux enchères publiques à son commettant déterminé conformément à l'article 337 ;

b) le montant de la TVA due par l'organisateur de la vente aux enchères publiques au titre de sa livraison.

Art. 337 Le montant net payé ou à payer par l'organisateur de la vente aux enchères publiques à son commettant est égal à la différence entre le prix d'adjudication du bien aux enchères publiques et le montant de la commission obtenue ou à obtenir par l'organisateur de la vente aux enchères publiques de la part de son commettant, en vertu du contrat de commission à la vente.

Art. 338 Les organisateurs de ventes aux enchères publiques qui livrent des biens dans les conditions prévues aux articles 333 et 334 sont tenus de porter dans leur comptabilité, dans des comptes de passage, les montants suivants :

a) les montants obtenus ou à obtenir de la part de l'acquéreur du bien ;

b) les montants remboursés ou à rembourser au vendeur du bien.

Les montants visés au premier alinéa doivent être dûment justifiés.

Art. 339 L'organisateur de la vente aux enchères publiques doit délivrer à l'acquéreur une facture mentionnant de manière distincte les éléments suivants :

a) le prix d'adjudication du bien ;

b) les impôts, droits, prélèvements et taxes ;

c) les frais accessoires, tels que les frais de commission, d'emballage, de transport et d'assurance demandés par l'organisateur à l'acquéreur du bien.

La facture émise par l'organisateur de la vente aux enchères publiques ne doit mentionner séparément aucune TVA.

Art. 340 1. L'organisateur de la vente aux enchères publiques à qui le bien a été transmis en vertu d'un contrat de commission à la vente aux enchères publiques doit délivrer un compte rendu à son commettant.

Le compte rendu délivré par l'organisateur de la vente aux enchères publiques doit faire apparaître de manière distincte le montant de l'opération, c'est-à-dire le prix d'adjudication du bien diminué du montant de la commission obtenue ou à obtenir de la part du commettant.

2. Le compte rendu établi dans les conditions visées au paragraphe 1 tient lieu de facture que le commettant, lorsqu'il est un assujetti, doit délivrer à l'organisateur de la vente aux enchères publiques conformément à l'article 220.

Art. 341 Les Etats membres qui appliquent le régime prévu à la présente section l'appliquent également aux livraisons de moyens de transport d'occasion tels que définis à l'article 327, paragraphe 3, effectuées par un organisateur de ventes aux enchères publiques agissant en son nom propre, en vertu d'un contrat de commission à la vente de ces biens aux enchères publiques, pour le compte d'un assujetti-revendeur, dans la mesure où ces mêmes livraisons par cet assujetti-revendeur seraient soumises à la TVA conformément au régime transitoire applicable aux moyens de transport d'occasion.

Section 4
Mesures de prévention de distorsions de concurrence et de la fraude fiscale

Art. 342 Les Etats membres peuvent prendre des mesures relatives au droit à déduction de la TVA afin d'éviter que les assujettis concernés par l'un des régimes prévus à la section 2 ne bénéficient d'avantages injustifiés ou ne subissent de préjudices injustifiés.

Art. 343 Le Conseil peut, statuant à l'unanimité sur proposition de la Commission, autoriser tout Etat membre à introduire des mesures particulières, aux fins de lutter contre la fraude fiscale, prévoyant que la TVA due en vertu du régime de la marge bénéficiaire ne peut être inférieure au montant de la taxe qui serait due si la marge bénéficiaire était égale à un certain pourcentage du prix de vente.

Le pourcentage du prix de vente est fixé compte tenu des marges bénéficiaires normales réalisées par les opérateurs économiques dans le secteur concerné.

CHAPITRE 5
Régime particulier applicable à l'or d'investissement

Section 1
Dispositions générales

Art. 344 1. Aux fins de la présente directive, et sans préjudice d'autres dispositions communautaires, sont considérés comme « or d'investissement » :

1) l'or, sous la forme d'une barre ou d'une plaquette, d'un poids accepté sur les marchés de l'or, d'une pureté égale ou supérieure à 995 millièmes, représenté ou non par des titres ;

2) les pièces en or d'une pureté égale ou supérieure à 900 millièmes et frappées après 1800, ayant ou ayant eu cours légal dans le pays d'origine et qui sont habituellement vendues à un prix qui ne dépasse pas de plus de 80 % la valeur sur le marché libre de l'or que contient la pièce.

2. Les Etats membres peuvent exclure du présent régime particulier les petites barres ou plaquettes d'un poids égal ou inférieur à un gramme.

3. Aux fins de la présente directive, ne sont pas considérées comme vendues pour leur intérêt numismatique les pièces visées au paragraphe 1, point 2).

Art. 345 A partir de 1999, chaque Etat membre communique à la Commission, avant le 1er juillet de chaque année, les pièces conformes aux critères figurant à l'article 344, paragraphe 1, point 2), qui sont commercialisées dans cet Etat membre. Avant le 1er décembre de chaque année, la Commission publie la liste complète de ces pièces dans la partie « C » du Journal officiel de l'Union européenne. Les pièces figurant dans la liste publiée sont réputées répondre à ces critères pour l'ensemble de l'année pour laquelle la liste est publiée.

Section 2
Exonération de la taxe

Art. 346 Les Etats membres exonèrent de la TVA la livraison, l'acquisition intracommunautaire et l'importation d'or d'investissement, y compris l'or d'investissement représenté par des certificats pour l'or alloué ou non alloué, ou négocié sur des comptes-or et y compris, notamment, les prêts et les swaps sur l'or qui comportent un droit de propriété ou de créance sur l'or d'investissement, ainsi que les opérations sur l'or d'investissement consistant en des contrats « futurs » ou des contrats « forward » donnant lieu à une transmission du droit de propriété ou de créance sur l'or d'investissement.

Art. 347 Les Etats membres exonèrent les services rendus par des agents agissant au nom et pour le compte d'autrui lorsqu'ils interviennent dans la livraison d'or d'investissement pour leur mandant.

Section 3
Option de taxation

Art. 348 Les Etats membres accordent aux assujettis qui produisent de l'or d'investissement ou transforment de l'or en or d'investissement le droit d'opter pour la taxation des livraisons d'or d'investissement à un autre assujetti, lesquelles seraient, autrement, exonérées en vertu de l'article 346.

Art. 349 1. Les Etats membres peuvent accorder aux assujettis qui, dans le cadre de leur activité économique, fournissent normalement de l'or destiné à des usages industriels le droit d'opter pour la taxation des livraisons de barres ou de plaquettes d'or visées à l'article 344, paragraphe 1, point 1), à un autre assujetti, lesquelles, autrement, seraient exonérées en vertu de l'article 346.

2. Les Etats membres peuvent restreindre la portée de l'option prévue au paragraphe 1.

Art. 350 Lorsque le fournisseur a exercé le droit d'opter pour la taxation prévu aux articles 348 et 349, les Etats membres accordent à l'agent le droit d'opter pour la taxation des services visés à l'article 347.

Art. 351 Les Etats membres déterminent les modalités d'exercice des droits d'option prévus à la présente section et en informent la Commission.

Section 4
Opérations sur un marché de l'or réglementé

Art. 352 Chaque Etat membre peut, après consultation du comité de la TVA, soumettre à la TVA les opérations spécifiques concernant l'or d'investissement qui ont lieu dans cet Etat membre entre des assujettis qui opèrent sur un marché de l'or réglementé par l'Etat membre concerné ou entre un tel assujetti et un autre assujetti qui n'opère pas sur ce marché. Toutefois, l'Etat membre ne peut pas soumettre à la taxe les livraisons effectuées dans les conditions visées à l'article 138 ni les exportations concernant l'or d'investissement.

Art. 353 Les Etats membres qui, en vertu de l'article 352, taxent les opérations entre des assujettis qui opèrent sur un marché de l'or réglementé, autorisent à des fins de simplification, la suspension de la taxe à percevoir et dispensent les assujettis des exigences comptables relatives à la TVA.

Section 5
Droits et obligations particulières des négociants en or d'investissement

Art. 354 Lorsque la livraison ultérieure de l'or d'investissement qu'il effectue est exonérée en vertu du présent chapitre, l'assujetti a le droit de déduire les montants suivants :

a) la TVA due ou acquittée pour l'or d'investissement qui lui est fourni par une personne qui a fait usage du droit d'option visé aux articles 348 et 349 ou qui lui est fourni conformément à la section 4 ;

b) la TVA due ou acquittée pour la livraison qui lui est faite, l'acquisition intracommunautaire ou l'importation par lui, d'or autre que l'or d'investissement qui est transformé ensuite, par lui ou en son nom, en or d'investissement ;

c) la TVA due ou acquittée pour des services qui lui ont été fournis et consistant en un changement de forme, de poids ou de pureté de l'or, y compris l'or d'investissement.

Art. 355 Les assujettis qui produisent de l'or d'investissement ou transforment de l'or en or d'investissement ont le droit de déduire la TVA due ou acquittée par eux pour la livraison, l'acquisition intracommunautaire ou l'importation de biens ou la prestation de services liés à la production ou à la transformation de cet or, comme si la livraison ultérieure de l'or exonéré en vertu de l'article 346 était taxée.

Art. 356 1. Les Etats membres veillent à ce que les négociants en or d'investissement tiennent au minimum une comptabilité de toutes les opérations importantes effectuées sur l'or d'investissement et conservent les documents permettant d'identifier les clients de ces opérations.

Les négociants conservent les informations visées au premier alinéa pendant une période d'au moins cinq ans.

2. Les Etats membres peuvent accepter des obligations équivalentes au titre de mesures adoptées en application d'une autre législation communautaire, telle que la directive 2005/60/CE du Parlement européen et du Conseil du 26 octobre 2005 relative à la prévention de l'utilisation du système financier aux fins du blanchiment de capitaux et du financement du terrorisme (18), pour se conformer aux exigences du paragraphe 1.

3. Les Etats membres peuvent arrêter des obligations plus strictes, notamment en ce qui concerne la tenue de registres particuliers ou des exigences comptables spéciales.

CHAPITRE 6
Régimes particuliers applicables aux assujettis qui fournissent des services à des personnes non assujetties ou qui effectuent des ventes à distance de biens ou certaines livraisons intérieures de biens

Section 1
Dispositions générales

Art. 358 Aux fins du présent chapitre, et sans préjudice d'autres dispositions communautaires, on entend par :

1) *(Supprimé depuis le 1er juillet 2021).*

2) *(Supprimé depuis le 1er juillet 2021).*

3) *(Supprimé depuis le 1er juillet 2021).*

4) « déclaration de TVA » la déclaration comportant les renseignements nécessaires pour établir le montant de la TVA qui est due dans chaque Etat membre.

Section 2
Régime particulier applicable aux services fournis par des assujettis non établis sur le territoire de la Communauté

Art. 358 bis Aux fins de la présente section, et sans préjudice d'autres dispositions communautaires, on entend par :

1. « assujetti non établi sur le territoire de la Communauté » un assujetti qui n'a pas établi le siège de son activité économique sur le territoire de la Communauté et n'y dispose pas d'un établissement stable ;

2. « Etat membre d'identification » l'Etat membre auquel l'assujetti non établi dans la Communauté choisit de notifier le moment où il commence son activité en qualité d'assujetti sur le territoire de la Communauté conformément aux dispositions de la présente section.

3. « Etat membre de consommation » l'Etat membre dans lequel la prestation des services est réputée avoir lieu conformément au titre V, chapitre 3.

Art. 359 Les Etats membres autorisent à se prévaloir du présent régime particulier tout assujetti non établi sur le territoire de la Communauté qui fournit des services à une personne non assujettie qui est établie dans un Etat membre, y a son domicile ou sa résidence habituelle. Ce régime est applicable à tous les services ainsi fournis dans la Communauté.

Art. 360 L'assujetti non établi sur le territoire de la Communauté doit informer l'Etat membre d'identification du moment où il commence son activité en qualité d'assujetti, la cesse ou la modifie de telle manière qu'il ne remplit plus les conditions requises pour pouvoir se prévaloir du présent régime particulier. Il communique cette information par voie électronique.

Art. 361 1. Les informations que l'assujetti non établi sur le territoire de la Communauté fournit à l'Etat membre d'identification lorsqu'il commence une activité imposable comportent les éléments d'identification suivants :

a) nom ;

b) adresse postale ;

c) adresses électroniques, y compris les sites internet ;

d) numéro fiscal national, le cas échéant ;

e) une déclaration indiquant qu'il n'est pas identifié à la TVA dans la Communauté.

2. L'assujetti non établi sur le territoire de la Communauté notifie à l'Etat membre d'identification toute modification concernant les informations fournies.

Art. 362 L'Etat membre d'identification attribue à l'assujetti non établi sur le territoire de la Communauté un numéro individuel d'identification TVA aux fins de l'application du présent régime particulier et informe celui-ci par voie électronique du numéro d'identification qui lui a été attribué. Sur la base des informations qui ont servi à cette identification, les Etats membres de consommation peuvent utiliser leurs propres systèmes d'identification.

Art. 363 L'Etat membre d'identification radie l'assujetti non établi sur le territoire de la Communauté du registre d'identification dans les cas suivants :

a) si celui-ci l'informe qu'il ne fournit plus de services couverts par le présent régime particulier ;

b) si l'on peut présumer, par d'autres moyens, que ses activités imposables ont pris fin ;

c) si l'assujetti ne remplit plus les conditions requises pour pouvoir se prévaloir du présent régime particulier ;

d) si, de manière systématique, il ne se conforme pas aux règles relatives au présent régime particulier.

Art. 364 Pour chaque trimestre civil, l'assujetti non établi sur le territoire de la Communauté qui se prévaut du présent régime particulier transmet, par voie électronique, une déclaration de TVA à l'Etat membre d'identification, que des services couverts par le présent régime particulier aient été fournis

(18) JO L 309 du 25.11.2005, p. 15.

ou non. La déclaration de TVA doit être déposée à la fin du mois qui suit l'expiration de la période imposable visée par cette déclaration.

Art. 365 La déclaration de TVA comporte le numéro individuel d'identification TVA aux fins de l'application du présent régime particulier et, pour chaque Etat membre de consommation dans lequel la TVA est due, la valeur totale, hors TVA, des prestations de services couvertes par le présent régime particulier effectuées pendant la période imposable, ainsi que le montant total de la taxe correspondante ventilé par taux d'imposition. Les taux de TVA applicables et le montant total de la taxe due doivent également figurer sur la déclaration.

Lorsqu'il est nécessaire d'apporter des modifications à la déclaration de TVA après la transmission de celle-ci, ces modifications sont incluses dans une déclaration ultérieure, dans un délai de trois ans à compter de la date à laquelle la déclaration initiale devait être déposée conformément à l'article 364. Cette déclaration de TVA ultérieure précise l'Etat membre de consommation concerné, la période imposable et le montant de TVA pour lequel des modifications sont nécessaires.

Art. 366 1. La déclaration de TVA est libellée en euros.

Les Etats membres qui n'ont pas adopté l'euro peuvent demander que la déclaration de TVA soit libellée dans leur monnaie nationale. Si d'autres monnaies ont été utilisées pour la prestation de services, l'assujetti non établi sur le territoire de la Communauté applique, pour remplir la déclaration de TVA, le taux de change en vigueur le dernier jour de la période imposable déclarée.

2. Le change est effectué par application des taux de change publiés par la Banque centrale européenne pour le jour en question ou, si aucune publication n'a été faite ce jour-là, pour le jour de publication suivant.

Art. 367 L'assujetti non établi sur le territoire de la Communauté acquitte la TVA, en mentionnant la déclaration de TVA sur laquelle se fonde la taxe, lorsqu'il dépose sa déclaration, au plus tard à l'expiration du délai dans lequel la déclaration doit être déposée.

Le paiement est effectué sur un compte bancaire libellé en euros, désigné par l'Etat membre d'identification. Les Etats membres qui n'ont pas adopté l'euro peuvent demander que le règlement soit effectué sur un compte bancaire libellé dans leur propre monnaie.

Art. 368 L'assujetti non établi sur le territoire de la Communauté qui se prévaut du présent régime particulier ne déduit aucun montant de TVA au titre de l'article 168 de la présente directive. Nonobstant l'article 1er, point 1), de la directive 86/560/CEE, cet assujetti bénéficie d'un remboursement conformément à cette directive. L'article 2, paragraphes 2 et 3, et l'article 4, paragraphe 2, de la directive 86/560/CEE ne s'appliquent pas aux remboursements liés aux services couverts par le présent régime particulier.

Si l'assujetti qui se prévaut du présent régime particulier est tenu de se faire identifier dans un Etat membre pour des activités non couvertes par le présent régime particulier, il déduit dans la déclaration de TVA qui doit être déposée conformément à l'article 250 de la présente directive, les montants de TVA acquittés dans cet Etat membre qui sont liés à ses activités imposables couvertes par le présent régime particulier.

Art. 369 1. L'assujetti non établi sur le territoire de la Communauté tient un registre des opérations relevant du présent régime particulier. Ce registre doit être suffisamment détaillé pour permettre à l'administration fiscale de l'Etat membre de consommation de vérifier l'exactitude de la déclaration de TVA.

2. Le registre visé au paragraphe 1 doit, sur demande, être mis par voie électronique à la disposition de l'Etat membre d'identification et de l'Etat membre de consommation.

Le registre doit être conservé pendant dix ans à compter du 31 décembre de l'année de l'opération.

Section 3
Régime particulier applicable aux ventes à distance intracommunautaires de biens, aux livraisons de biens effectuées dans un Etat membre par des interfaces électroniques facilitant ces livraisons et aux services fournis par des assujettis établis sur le territoire de la Communauté, mais non dans l'Etat membre de consommation

Art. 369 bis Aux fins de la présente section, et sans préjudice d'autres dispositions communautaires, on entend par :

1) « assujetti non établi dans l'Etat membre de consommation », un assujetti qui a établi le siège de son activité économique dans la Communauté ou qui y dispose d'un établissement stable, mais qui n'a pas établi le siège de son activité économique sur le territoire de l'Etat membre de consommation et qui n'y dispose pas d'un établissement stable ;

2) « Etat membre d'identification », l'Etat membre dans lequel l'assujetti a établi le siège de son activité économique ou, s'il n'a pas établi le siège de son activité économique dans la Communauté, l'Etat membre où il dispose d'un établissement stable.

Lorsqu'un assujetti n'a pas établi le siège de son activité économique dans la Communauté, mais y dispose de plusieurs établissements stables, l'Etat membre d'identification est l'Etat membre avec un établissement stable auquel l'assujetti notifie sa décision de se prévaloir du présent régime particulier. L'assujetti est lié par cette décision pour l'année civile concernée et les deux années civiles suivantes.

Lorsqu'un assujetti n'a pas établi le siège de son activité économique dans la Communauté et n'y dispose pas d'un établissement stable, l'Etat membre d'identification est l'Etat membre à partir duquel les biens sont expédiés ou transportés. Lorsqu'il existe plusieurs Etats membres à partir desquels les biens sont expédiés ou transportés, l'assujetti indique lequel de ces Etats membres est l'Etat membre d'identification. L'assujetti est lié par cette décision pour l'année civile concernée et les deux années civiles suivantes ;

3) « Etat membre de consommation » :

a) en cas de prestation de services, l'Etat membre dans lequel la prestation est réputée avoir lieu conformément au titre V, chapitre 3 ;

b) en cas de ventes à distance intracommunautaires de biens, l'Etat membre d'arrivée de l'expédition ou du transport des biens à destination de l'acquéreur ;

c) en cas de livraison de biens effectuée par un assujetti qui facilite ces livraisons conformément à l'article 14 bis, paragraphe 2, lorsque le lieu de départ et le lieu d'arrivée de l'expédition ou du transport des biens livrés se situent dans le même Etat membre, ledit Etat membre.

Art. 369 ter Les Etats membres autorisent les assujettis ci-après à se prévaloir du présent régime particulier :

a) un assujetti qui effectue des ventes à distance intracommunautaires de biens ;

b) un assujetti qui facilite la livraison de biens conformément à l'article 14 bis, paragraphe 2, lorsque le lieu de départ et le lieu d'arrivée de l'expédition ou du transport des biens livrés se situent dans le même Etat membre ;

c) un assujetti non établi dans l'Etat membre de consommation qui fournit des services à une personne non assujettie.

Le présent régime particulier est applicable à tous les biens et services ainsi fournis dans la Communauté par l'assujetti concerné.

Art. 369 quater Un assujetti informe l'Etat membre d'identification du moment où il commence ses activités imposables couvertes par le présent régime particulier, les cesse ou les modifie de telle manière qu'il ne remplit plus les conditions requises pour pouvoir se prévaloir du présent régime particulier. Il communique cette information par voie électronique.

Art. 369 quinquies Un assujetti qui se prévaut du régime particulier n'est identifié, pour les opérations imposables dans le cadre dudit régime, que dans l'Etat membre d'identification. A cette fin, l'Etat membre utilise le numéro individuel d'identification TVA déjà attribué à l'assujetti pour ce qui concerne les obligations qui lui incombent en vertu du système interne.

Art. 369 sexies L'Etat membre d'identification exclut un assujetti du régime particulier dans les cas suivants :

a) si celui-ci l'informe qu'il n'effectue plus de livraisons de biens ni de prestations de services couvertes par le présent régime particulier ;

b) si l'on peut présumer, par d'autres moyens, que ses activités imposables soumises au présent régime particulier ont pris fin ;

c) si l'assujetti ne remplit plus les conditions requises pour pouvoir se prévaloir du présent régime particulier ;

d) si, de manière systématique, il ne se conforme pas aux règles relatives au présent régime particulier.

Art. 369 septies Pour chaque trimestre civil, l'assujetti qui se prévaut du présent régime particulier adresse, par voie électronique, une déclaration de TVA à l'Etat membre d'identification, que des livraisons de biens et des prestations de services couvertes par le présent régime particulier aient été effectuées ou non. La déclaration de TVA doit être déposée avant la fin du mois qui suit l'expiration de la période imposable couverte par cette déclaration.

Art. 369 octies 1. La déclaration de TVA comporte le numéro d'identification TVA visé à l'article 369 quinquies et, pour chaque Etat membre de consommation dans lequel la TVA est due, la valeur totale, hors TVA, les taux de TVA applicables, le montant total de la taxe correspondante ventilé par taux d'imposition et le montant total de la TVA due pour les livraisons et prestations ci-après couvertes par le présent régime particulier effectuées pendant la période imposable :

a) les ventes à distance intracommunautaires de biens ;

b) les livraisons de biens conformément à l'article 14 bis, paragraphe 2, lorsque le lieu de départ et le lieu d'arrivée de l'expédition ou du transport de ces biens se situent dans le même Etat membre ;

c) les prestations de services.

La déclaration de TVA comprend également des modifications relatives aux périodes imposables écoulées, comme prévu au paragraphe 4 du présent article.

2. Lorsque les biens sont expédiés ou transportés à partir d'Etats membres autres que l'Etat membre d'identification, la déclaration de TVA comporte également la valeur totale, hors TVA, les taux de TVA applicables, le montant total de la taxe correspondante ventilé par taux d'imposition et le montant total de la TVA due pour les livraisons ci-après couvertes par le présent régime particulier, pour chaque Etat membre à partir duquel ces biens sont expédiés ou transportés :

a) les ventes à distance intracommunautaires de biens autres que celles effectuées par un assujetti conformément à l'article 14 bis, paragraphe 2 ;

b) les ventes à distance intracommunautaires de biens et les livraisons de biens, lorsque le lieu de départ et le lieu d'arrivée de l'expédition ou du transport de ces biens se situent dans le même

Etat membre, qui sont effectuées par un assujetti conformément à l'article 14 bis, paragraphe 2.

En ce qui concerne les livraisons visées au point a), la déclaration de TVA comporte également le numéro individuel d'identification TVA ou le numéro d'enregistrement fiscal attribué par chaque Etat membre à partir duquel ces biens sont expédiés ou transportés.

En ce qui concerne les livraisons visées au point b), la déclaration de TVA comprend également le numéro individuel d'identification TVA ou le numéro d'enregistrement fiscal attribué par chaque Etat membre à partir duquel ces biens sont expédiés ou transportés, le cas échéant.

La déclaration de TVA comporte les informations visées au présent paragraphe, ventilées par Etat membre de consommation.

3. Lorsque l'assujetti fournissant des services couverts par le présent régime particulier dispose d'un ou de plusieurs établissements stables, ailleurs que dans l'Etat membre d'identification, à partir desquels les services sont fournis, la déclaration de TVA comporte également la valeur totale, hors TVA, les taux de TVA applicables, le montant total de la taxe correspondante ventilé par taux d'imposition et le montant total de la TVA due pour ces services ventilés par Etat membre de consommation, pour chaque Etat membre dans lequel il dispose d'un établissement, ainsi que le numéro individuel d'identification TVA ou le numéro d'enregistrement fiscal de cet établissement.

4. Lorsqu'il est nécessaire d'apporter des modifications à la déclaration de TVA après la transmission de celle-ci, ces modifications sont incluses dans une déclaration ultérieure, dans un délai de trois ans à compter de la date à laquelle la déclaration initiale devait être déposée conformément à l'article 369 septies. Cette déclaration de TVA ultérieure précise l'Etat membre de consommation concerné, la période imposable et le montant de TVA pour lequel des modifications sont nécessaires.

Art. 369 nonies 1. La déclaration de TVA est libellée en euros.

Les Etats membres qui n'ont pas adopté l'euro peuvent demander que la déclaration de TVA soit libellée dans leur monnaie nationale. Si d'autres monnaies ont été utilisées pour les livraisons de biens ou les prestations de services, l'assujetti qui se prévaut du présent régime particulier applique, pour remplir la déclaration de TVA, le taux de change en vigueur le dernier jour de la période imposable.

2. Le change est effectué par application des taux de change publiés par la Banque centrale européenne pour le jour en question ou, si aucune publication n'a été faite ce jour-là, pour le jour de publication suivant.

Art. 369 decies L'assujetti qui se prévaut du présent régime particulier acquitte la TVA, en mentionnant la déclaration de TVA concernée, au plus tard à l'expiration du délai dans lequel la déclaration doit être déposée.

Le paiement est effectué sur un compte bancaire libellé en euros, désigné par l'Etat membre d'identification. Les Etats membres qui n'ont pas adopté l'euro peuvent demander que le règlement soit effectué sur un compte bancaire libellé dans leur propre monnaie.

Art. 369 undecies L'assujetti qui se prévaut du présent régime particulier ne peut, en ce qui concerne ses activités imposables couvertes par le présent régime particulier, déduire la TVA acquittée dans l'Etat membre de consommation conformément à l'article 168 de la présente directive. Nonobstant l'article 2, point 1), l'article 3 et l'article 8, paragraphe 1, point e), de la directive 2008/9/CE, cet assujetti bénéficie à cet égard d'un remboursement conformément à cette directive.

Si l'assujetti qui se prévaut du présent régime particulier est tenu de se faire identifier dans un Etat membre pour des activités non couvertes par le présent régime particulier, il déduit dans la déclaration de TVA qui doit être déposée conformément à l'article 250 de la présente directive, les montants de TVA acquittés dans cet Etat membre qui sont liés à ses activités imposables couvertes par le présent régime particulier.

Art. 369 duodecies 1. L'assujetti qui se prévaut du présent régime particulier tient un registre des opérations couvertes par le présent régime particulier. Ce registre doit être suffisamment détaillé pour permettre à l'administration fiscale de l'Etat membre de consommation de vérifier l'exactitude de la déclaration de TVA.

2. Le registre visé au paragraphe 1 doit, sur demande, être mis par voie électronique à la disposition de l'Etat membre d'identification et de l'Etat membre de consommation.

Le registre doit être conservé pendant dix ans à partir du 31 décembre de l'année de l'opération.

Section 4
Régime particulier applicable aux ventes à distance de biens importés de territoires tiers ou de pays tiers

Art. 369 terdecies Aux fins de la présente section, les ventes à distance de biens importés de territoires tiers ou de pays tiers ne couvrent que les biens, à l'exception des produits soumis à accises, contenus dans des envois d'une valeur intrinsèque ne dépassant pas 150 €.

Aux fins de la présente section, et sans préjudice d'autres dispositions communautaires, on entend par :

1. « assujetti non établi sur le territoire de la Communauté » un assujetti qui n'a pas établi le siège de son activité économique sur le territoire de la Communauté et n'y dispose pas d'établissement stable ;

2. « intermédiaire » une personne établie sur le territoire de la Communauté désignée par l'assujetti

effectuant des ventes à distance de biens importés de territoires tiers ou de pays tiers comme étant le redevable de la TVA et remplissant les obligations prévues par le présent régime particulier au nom et pour le compte de l'assujetti ;

3. « Etat membre d'identification » :

a) lorsque l'assujetti n'est pas établi sur le territoire de la Communauté, l'Etat membre dans lequel il choisit de s'enregistrer ;

b) lorsque l'assujetti a établi son activité hors de la Communauté, mais y dispose d'un ou de plusieurs établissements stables, l'Etat membre avec un établissement stable auquel l'assujetti notifie sa décision de se prévaloir du présent régime particulier ;

c) lorsque l'assujetti a établi son activité dans un Etat membre, l'Etat membre concerné ;

d) lorsque l'intermédiaire a établi son activité dans un Etat membre, l'Etat membre concerné ;

e) lorsque l'intermédiaire a établi son activité hors de la Communauté, mais y dispose d'un ou de plusieurs établissements stables, l'Etat membre avec un établissement stable auquel l'intermédiaire notifie sa décision de se prévaloir du présent régime particulier.

Aux fins des points b) et e), lorsque l'assujetti ou l'intermédiaire dispose de plus d'un établissement stable dans la Communauté, il est lié par la décision relative à l'indication de l'Etat membre d'établissement pour l'année civile concernée et les deux années civiles suivantes ;

4. « Etat membre de consommation » l'Etat membre d'arrivée de l'expédition ou du transport des biens à destination de l'acquéreur.

Art. 369 quaterdecies 1. Les Etats membres autorisent les assujettis ci-après qui effectuent des ventes à distance de biens importés de territoires tiers ou de pays tiers à se prévaloir du présent régime particulier :

a) tout assujetti établi sur le territoire de la Communauté effectuant des ventes à distance de biens importés de territoires tiers ou de pays tiers ;

b) tout assujetti établi ou non sur le territoire de la Communauté effectuant des ventes à distance de biens importés de territoires tiers ou de pays tiers et étant représenté par un intermédiaire établi sur le territoire de la Communauté ;

c) tout assujetti établi sur le territoire d'un pays tiers avec lequel l'Union a conclu un accord en matière d'assistance mutuelle ayant une portée similaire à la directive 2010/24/UE du Conseil (19) et au règlement (UE) n° 904/2010 et qui effectue des ventes à distance de biens en provenance de ce pays tiers.

Ces assujettis appliquent le présent régime particulier à l'ensemble de leurs ventes à distance de biens importés de territoires tiers ou de pays tiers.

2. Aux fins du paragraphe 1, point b), aucun assujetti ne peut désigner plus d'un intermédiaire en même temps.

3. La Commission adopte un acte d'exécution établissant la liste des pays tiers visés au paragraphe 1, point c), du présent article. Cet acte d'exécution est adopté en conformité avec la procédure d'examen visée à l'article 5 du règlement (UE) n° 182/2011 et, à cette fin, le comité compétent est le comité institué par l'article 58 du règlement (UE) n° 904/2010.

Art. 369 quindecies Pour les ventes à distance de biens importés de territoires tiers ou de pays tiers sur lesquelles la TVA est déclarée au titre du présent régime particulier, le fait générateur de la taxe intervient et la taxe devient exigible au moment de la livraison. Les biens sont considérés comme ayant été livrés au moment où le paiement a été accepté.

Art. 369 sexdecies L'assujetti qui se prévaut du présent régime particulier ou un intermédiaire agissant pour son compte informe l'Etat membre d'identification du moment où il commence son activité dans le cadre du présent régime particulier, la cesse ou la modifie de telle manière qu'il ne remplit plus les conditions requises pour pouvoir se prévaloir du présent régime particulier. Cette information est communiquée par voie électronique.

Art. 369 septdecies 1. Les informations que l'assujetti n'ayant pas recours à un intermédiaire doit fournir à l'Etat membre d'identification avant de commencer à utiliser le présent régime particulier comportent les éléments d'identification suivants :

a) nom ;

b) adresse postale ;

c) adresse électronique et sites internet ;

d) numéro d'identification TVA ou numéro fiscal national.

2. Les informations que l'intermédiaire doit fournir à l'Etat membre d'identification avant de commencer à utiliser le présent régime particulier pour le compte d'un assujetti comportent les éléments d'identification suivants :

a) nom ;

b) adresse postale ;

c) adresse électronique ;

d) numéro d'identification TVA.

3. Les informations que l'intermédiaire doit fournir à l'Etat membre d'identification pour chaque assujetti qu'il représente avant que cet assujetti ne commence à utiliser le présent régime particulier comportent les éléments d'identification suivants :

a) nom ;

b) adresse postale ;

c) adresse électronique et sites internet ;

d) numéro d'identification TVA ou numéro fiscal national ;

e) numéro individuel d'identification TVA attribué conformément à l'article 369 septdecies, paragraphe 2.

(19) Directive 2010/24/UE du Conseil du 16 mars 2010 concernant l'assistance mutuelle en matière de recouvrement des créances relatives aux taxes, impôts, droits et autres mesures (JO L 84 du 31.3.2010, p. 1).

4. Tout assujetti qui se prévaut du présent régime particulier ou, le cas échéant, son intermédiaire notifie à l'Etat membre d'identification toute modification concernant les informations fournies.

Art. 369 octodecies 1. L'Etat membre d'identification attribue à l'assujetti qui se prévaut du présent régime particulier un numéro individuel d'identification TVA aux fins de l'application du présent régime particulier et informe celui-ci par voie électronique du numéro d'identification qui lui a été attribué.

2. L'Etat membre d'identification attribue à un intermédiaire un numéro individuel d'identification et informe celui-ci par voie électronique du numéro d'identification qui lui a été attribué.

3. L'Etat membre d'identification attribue à l'intermédiaire, pour chaque assujetti pour lequel celui-ci est désigné, un numéro individuel d'identification TVA aux fins de l'application du présent régime particulier.

4. Le numéro d'identification TVA attribué au titre des paragraphes 1, 2 et 3 n'est utilisé qu'aux fins du présent régime particulier.

Art. 369 novodecies 1. L'Etat membre d'identification radie l'assujetti n'ayant pas recours à un intermédiaire du registre d'identification dans les cas suivants :

a) si l'assujetti informe l'Etat membre d'identification qu'il n'effectue plus de ventes à distance de biens importés de territoires tiers ou de pays tiers ;

b) si l'on peut présumer, par d'autres moyens, que ses activités imposables de vente à distance de biens importés de territoires tiers ou de pays tiers ont pris fin ;

c) si l'assujetti ne remplit plus les conditions requises pour pouvoir se prévaloir du présent régime particulier ;

d) si, de manière systématique, il ne se conforme pas aux règles relatives au présent régime particulier.

2. L'Etat membre d'identification radie l'intermédiaire du registre d'identification dans les cas suivants :

a) si, pendant une période de deux trimestres civils consécutifs, il n'a pas agi en tant qu'intermédiaire pour le compte d'un assujetti qui se prévaut du présent régime particulier ;

b) s'il ne remplit plus les autres conditions nécessaires pour agir en tant qu'intermédiaire ;

c) si, de manière systématique, il ne se conforme pas aux règles relatives au présent régime particulier.

3. L'Etat membre d'identification radie l'assujetti représenté par un intermédiaire du registre d'identification dans les cas suivants :

a) si l'intermédiaire informe l'Etat membre d'identification que cet assujetti n'effectue plus de ventes à distance de biens importés de territoires tiers ou de pays tiers ;

b) si l'on peut présumer, par d'autres moyens, que les activités imposables de ventes à distance de biens importés de territoires tiers ou de pays tiers de cet assujetti ont pris fin ;

c) si cet assujetti ne remplit plus les conditions requises pour pouvoir se prévaloir du présent régime particulier ;

d) si, de manière systématique, cet assujetti ne se conforme pas aux règles relatives au présent régime particulier ;

e) si l'intermédiaire informe l'Etat membre d'identification qu'il ne représente plus cet assujetti.

Art. 369 vicies Pour chaque mois, l'assujetti qui se prévaut du présent régime particulier ou son intermédiaire transmet, par voie électronique, une déclaration de TVA à l'Etat membre d'identification, que des ventes à distance de biens importés de territoires tiers ou de pays tiers aient été effectuées ou non. La déclaration de TVA doit être déposée avant la fin du mois qui suit l'expiration de la période imposable visée par cette déclaration.

Lorsqu'une déclaration de TVA doit être déposée conformément au premier alinéa, les Etats membres n'imposent, aux fins de la TVA, aucune obligation supplémentaire ni autre formalité à l'importation.

Art. 369 unvicies 1. La déclaration de TVA comporte le numéro d'identification TVA visé à l'article 369 octodecies et, pour chaque Etat membre de consommation dans lequel la TVA est due, la valeur totale, hors TVA, des ventes à distance de biens importés de territoires tiers ou de pays tiers pour lesquelles la taxe est devenue exigible pendant la période imposable et le montant total de la taxe correspondante ventilé par taux d'imposition. Les taux de TVA applicables et le montant total de la TVA due doivent également figurer sur la déclaration.

2. Lorsqu'il est nécessaire d'apporter des modifications à la déclaration de TVA après la transmission de celle-ci, ces modifications sont incluses dans une déclaration ultérieure, dans un délai de trois ans à compter de la date à laquelle la déclaration initiale devait être déposée conformément à l'article 369 vicies. Cette déclaration de TVA ultérieure précise l'Etat membre de consommation concerné, la période imposable et le montant de TVA pour lequel des modifications sont nécessaires.

Art. 369 duovicies 1. La déclaration de TVA est libellée en euros.

Les Etats membres dont la monnaie n'est pas l'euro peuvent demander que la déclaration de TVA soit libellée dans leur monnaie nationale. Si d'autres monnaies ont été utilisées pour la livraison, l'assujetti qui se prévaut du présent régime particulier ou son intermédiaire applique, pour remplir la déclaration de TVA, le taux de change en vigueur le dernier jour de la période imposable.

2. Le change est effectué par application des taux de change publiés par la Banque centrale européenne pour le jour en question ou, si aucune publication n'a été faite ce jour-là, pour le jour de publication suivant.

Art. 369 tervicies L'assujetti qui se prévaut du présent régime particulier ou son intermédiaire acquitte la TVA, en mentionnant la déclaration de TVA concernée, au plus tard à l'expiration du délai dans lequel la déclaration doit être déposée.

Le paiement est effectué sur un compte bancaire libellé en euros, désigné par l'Etat membre d'identification. Les Etats membres qui n'ont pas adopté l'euro peuvent demander que le règlement soit effectué sur un compte bancaire libellé dans leur propre monnaie.

Art. 369 quatervicies L'assujetti qui se prévaut du présent régime particulier ne peut, en ce qui concerne ses activités imposables couvertes par le présent régime particulier, déduire la TVA acquittée dans l'Etat membre de consommation conformément à l'article 168 de la présente directive. Nonobstant l'article 1er, point 1), de la directive 86/560/CEE et l'article 2, point 1), et l'article 3 de la directive 2008/9/CE, cet assujetti bénéficie à cet égard d'un remboursement conformément à ces directives. L'article 2, paragraphes 2 et 3, et l'article 4, paragraphe 2, de la directive 86/560/CEE ne s'appliquent pas aux remboursements liés aux biens couverts par le présent régime particulier.

Si l'assujetti qui se prévaut du présent régime particulier est tenu de se faire identifier dans un Etat membre pour les activités non couvertes par le présent régime particulier, il déduit, dans la déclaration de TVA qui doit être déposée conformément à l'article 250 de la présente directive, les montants de TVA acquittés dans cet Etat membre qui sont liés à ses activités imposables couvertes par le présent régime particulier.

Art. 369 quinvicies 1. L'assujetti qui se prévaut du présent régime particulier tient un registre des opérations couvertes par le présent régime particulier. Un intermédiaire tient un registre pour chacun des assujettis qu'il représente. Ce registre doit être suffisamment détaillé pour permettre à l'administration fiscale de l'Etat membre de consommation de vérifier l'exactitude de la déclaration de TVA.

2. Le registre visé au paragraphe 1 doit, sur demande, être mis par voie électronique à la disposition de l'Etat membre de consommation et de l'Etat membre d'identification.

Ce registre doit être conservé pendant dix ans à compter du 31 décembre de l'année de l'opération.

CHAPITRE 7
Régime particulier pour la déclaration et le paiement de la TVA à l'importation

Art. 369 sexvicies Lorsque, pour l'importation de biens, à l'exception des produits soumis à accises, contenus dans des envois d'une valeur intrinsèque ne dépassant pas 150 €, le régime particulier prévu au chapitre 6, section 4, n'est pas utilisé, l'Etat membre d'importation permet à la personne qui présente les marchandises en douane pour le compte de la personne destinataire des biens sur le territoire de la Communauté de se prévaloir du régime particulier pour la déclaration et le paiement de la TVA à l'importation en ce qui concerne des biens expédiés ou transportés à destination de cet Etat membre.

Art. 369 septvicies 1. Aux fins du présent régime particulier, les dispositions suivantes s'appliquent :

a) la personne à laquelle les biens sont destinés est redevable de la TVA ;

b) la personne qui présente les biens en douane sur le territoire de la Communauté perçoit la TVA auprès de la personne à qui les biens sont destinés et effectue le paiement de cette TVA.

2. Les Etats membres prévoient que la personne qui présente les biens en douane sur le territoire de la Communauté prend les mesures appropriées afin de s'assurer que la taxe correcte est payée par la personne à laquelle les biens sont destinés.

Art. 369 septvicies bis Par dérogation à l'article 94, paragraphe 2, les Etats membres peuvent prévoir que le taux normal de TVA applicable dans l'Etat membre d'importation est applicable en cas de recours au présent régime particulier.

Art. 369 septvicies ter 1. Les Etats membres autorisent la communication par voie électronique, dans une déclaration mensuelle, de la TVA perçue au titre du présent régime particulier. La déclaration indique le montant total de la TVA perçue au cours du mois civil concerné.

2. Les Etats membres exigent que la TVA visée au paragraphe 1 soit exigible chaque mois dans le délai de paiement applicable au paiement des droits à l'importation.

3. Les personnes qui se prévalent du présent régime particulier tiennent un registre des opérations couvertes par le présent régime particulier pendant une durée à déterminer par l'Etat membre d'importation. Ce registre doit être suffisamment détaillé pour permettre à l'administration fiscale ou douanière de l'Etat membre d'importation de vérifier l'exactitude de la TVA déclarée et doit, sur demande, être mis à la disposition de l'Etat membre d'importation par voie électronique.

CHAPITRE 8
Contre-valeurs

Art. 369 septvicies quater 1. La contre-valeur en monnaie nationale de l'euro à prendre en considération pour le montant mentionné à l'article 369 terdecies, premier alinéa, et à l'article 369 sexvicies est fixée une fois par an. Les taux à appliquer sont ceux du premier jour ouvrable du mois d'octobre avec effet au 1er janvier de l'année suivante.

2. Les Etats membres peuvent arrondir le montant en monnaie nationale qui résulte de la conversion du montant en euros.

3. Les Etats membres peuvent maintenir inchangé le montant en vigueur lors de l'adaptation annuelle prévue au paragraphe 1 si la conversion du montant exprimé en euros aboutissait, avant l'arrondissement prévu au paragraphe 2, à une modification du montant exprimé en monnaie nationale de moins de 5 % ou à un abaissement de ce montant.

TITRE XIII
DEROGATIONS

CHAPITRE 1
Dérogations applicables jusqu'à l'introduction du régime définitif

Section 1
Dérogations pour les Etats faisant partie de la Communauté au 1er janvier 1978

Art. 370 Les Etats membres qui, au 1er janvier 1978, taxaient les opérations dont la liste figure à l'annexe X, partie A, peuvent continuer à les taxer.

Art. 371 Les Etats membres qui, au 1er janvier 1978, exonéraient les opérations dont la liste figure à l'annexe X, partie B, peuvent continuer à les exonérer, dans les conditions qui existaient dans chaque Etat membre concerné à cette même date.

Art. 372 Les Etats membres qui, au 1er janvier 1978, appliquaient des dispositions dérogeant au principe de la déduction immédiate prévue à l'article 179, premier alinéa, peuvent continuer à les appliquer.

Art. 373 Les Etats membres qui, au 1er janvier 1978, appliquaient des dispositions dérogeant à l'article 28 et à l'article 79, premier alinéa, point c), peuvent continuer à les appliquer.

Art. 374 Par dérogation aux articles 169 et 309, les Etats membres qui, au 1er janvier 1978, exonéraient sans droit à déduction de la TVA payée au stade antérieur les prestations de services des agences de voyages visées à l'article 309 peuvent continuer à les exonérer. Cette dérogation est également applicable aux agences de voyages qui agissent au nom et pour le compte du voyageur.

Section 2
Dérogations pour les Etats ayant adhéré à la Communauté après le 1er janvier 1978

Art. 375 La Grèce peut continuer à exonérer les opérations figurant à l'annexe X, partie B, points 2), 8), 9), 11) et 12), dans les conditions qui existaient dans cet Etat membre au 1er janvier 1987.

Art. 376 L'Espagne peut continuer à exonérer les prestations de services fournies par les auteurs figurant à l'annexe X, partie B, point 2), et les opérations figurant à l'annexe X, partie B, points 11) et 12), dans les conditions qui existaient dans cet Etat membre au 1er janvier 1993.

Art. 377 Le Portugal peut continuer à exonérer les opérations figurant à l'annexe X, partie B, points 2), 4), 7), 9), 10) et 13), dans les conditions qui existaient dans cet Etat membre au 1er janvier 1989.

Art. 378 1. L'Autriche peut continuer à taxer les opérations figurant à l'annexe X, partie A, point 2).

2. Aussi longtemps que les mêmes exonérations sont appliquées dans l'un des Etats membres faisant partie de la Communauté au 31 décembre 1994, l'Autriche peut, dans les conditions qui existaient dans cet Etat membre à la date de son adhésion, continuer à exonérer les opérations suivantes :

a) les opérations figurant à l'annexe X, partie B, points 5) et 9) ;

b) avec droit à déduction de la TVA payée au stade antérieur, toutes les parties des transports internationaux de personnes effectuées par air, par mer ou par voie navigable, autres que le transport de personnes sur le lac de Constance.

Art. 379 1. La Finlande peut continuer à taxer les opérations figurant à l'annexe X, partie A, point 2), aussi longtemps que les mêmes opérations sont taxées dans l'un des Etats membres faisant partie de la Communauté au 31 décembre 1994.

2. La Finlande peut, dans les conditions qui existaient dans cet Etat membre à la date de son adhésion, continuer à exonérer les prestations de services effectuées par les auteurs, artistes et interprètes d'œuvres d'art figurant à l'annexe X, partie B, point 2), ainsi que les opérations figurant à l'annexe X, partie B, points 5), 9) et 10), aussi longtemps que les mêmes exonérations sont appliquées dans l'un des Etats membres faisant partie de la Communauté au 31 décembre 1994.

Art. 380 La Suède peut, dans les conditions qui existaient dans cet Etat membre à la date de son adhésion, continuer à exonérer les prestations effectuées par les auteurs, artistes et interprètes d'œuvres d'art, figurant à l'annexe X, partie B, point 2), ainsi que les opérations figurant à l'annexe X, partie B, points 1), 9) et 10), aussi longtemps que les mêmes exonérations sont appliquées dans l'un des Etats membres faisant partie de la Communauté au 31 décembre 1994.

Art. 381 La République tchèque peut, dans les conditions qui existaient dans cet Etat membre à la date de son adhésion, continuer à exonérer les transports internationaux de personnes figurant à l'annexe X, partie B, point 10), aussi longtemps que la même exonération est appliquée dans l'un des Etats membres faisant partie de la Communauté au 30 avril 2004.

Art. 382 L'Estonie peut, dans les conditions qui existaient dans cet Etat membre à la date de son adhésion, continuer à exonérer les transports internationaux de personnes figurant à l'annexe X, partie B, point 10), aussi longtemps que la même exonération est appliquée dans l'un des Etats membres faisant partie de la Communauté au 30 avril 2004.

Art. 383 Chypre peut, dans les conditions qui existaient dans cet Etat membre à la date de son adhésion, continuer à exonérer les opérations suivantes :

a) la livraison de terrains à bâtir, figurant à l'annexe X, partie B, point 9), jusqu'au 31 décembre 2007 ;

b) les transports internationaux de personnes figurant à l'annexe X, partie B, point 10), aussi longtemps que la même exonération est appliquée dans l'un des Etats membres faisant partie de la Communauté au 30 avril 2004.

Art. 384 Aussi longtemps que les mêmes exonérations sont appliquées dans l'un des Etats membres faisant partie de la Communauté au 30 avril 2004, la Lettonie peut, dans les conditions qui existaient dans cet Etat membre à la date de son adhésion, continuer à exonérer les opérations suivantes :

a) les prestations de services des auteurs, artistes et interprètes d'œuvres d'art figurant à l'annexe X, partie B, point 2) ;

b) les transports internationaux de personnes figurant à l'annexe X, partie B, point 10).

Art. 385 La Lituanie peut, dans les conditions qui existaient dans cet Etat membre à la date de son adhésion, continuer à exonérer les transports internationaux de personnes figurant à l'annexe X, partie B, point 10), aussi longtemps que la même exonération est appliquée dans l'un des Etats membres faisant partie de la Communauté au 30 avril 2004.

Art. 386 La Hongrie peut, dans les conditions qui existaient dans cet Etat membre à la date de son adhésion, continuer à exonérer les transports internationaux de personnes figurant à l'annexe X, partie B, point 10), aussi longtemps que la même exonération est appliquée dans l'un des Etats membres faisant partie de la Communauté au 30 avril 2004.

Art. 387 Aussi longtemps que les mêmes exonérations sont appliquées dans l'un des Etats membres faisant partie de la Communauté au 30 avril 2004, Malte peut, dans les conditions qui existaient dans cet Etat membre à la date de son adhésion, continuer à exonérer les opérations suivantes :

a) sans droit à déduction de la TVA payée au stade antérieur, la fourniture d'eau par un organisme de droit public figurant à l'annexe X, partie B, point 8) ;

b) sans droit à déduction de la TVA payée au stade antérieur la livraison de bâtiments et de terrains à bâtir figurant à l'annexe X, partie B, point 9) ;

c) *(Supprimé depuis le 6 avril 2022).*

Art. 388 La Pologne peut, dans les conditions qui existaient dans cet Etat membre à la date de son adhésion, continuer à exonérer les transports internationaux de personnes figurant à l'annexe X, partie B, point 10), aussi longtemps que la même exonération est appliquée dans l'un des Etats membres faisant partie de la Communauté au 30 avril 2004.

Art. 389 La Slovénie peut, dans les conditions qui existaient dans cet Etat membre à la date de son adhésion, continuer à exonérer les transports internationaux de personnes figurant à l'annexe X, partie B, point 10), aussi longtemps que la même exonération est appliquée dans l'un des Etats membres faisant partie de la Communauté au 30 avril 2004.

Art. 390 La Slovaquie peut, dans les conditions qui existaient dans cet Etat membre à la date de son adhésion, continuer à exonérer les transports internationaux de personnes figurant à l'annexe X, partie B, point 10), aussi longtemps que la même exonération est appliquée dans l'un des Etats membres faisant partie de la Communauté au 30 avril 2004.

Art. 390 bis La Bulgarie peut, dans les conditions qui existaient dans cet Etat membre à la date de son adhésion, continuer à exonérer les transports internationaux de personnes visés à l'annexe X, partie B, point 10), aussi longtemps que la même exonération est appliquée dans l'un des Etats membres faisant partie de la Communauté au 31 décembre 2006.

Art. 390 ter La Roumanie peut, dans les conditions qui existaient dans cet Etat membre à la date de son adhésion, continuer à exonérer les transports internationaux de personnes figurant à l'annexe X, partie B, point 10), aussi longtemps que la même exonération est appliquée dans l'un des Etats membres faisant partie de la Communauté au 31 décembre 2006.

Art. 390 quater La Croatie peut, dans les conditions qui existaient dans cet Etat membre à la date de son adhésion, continuer à exonérer les opérations suivantes :

a) la livraison de terrains à bâtir, avec ou sans immeubles construits, figurant à l'article 135, paragraphe 1, point j), et à l'annexe X, partie B, point 9), non renouvelable, jusqu'au 31 décembre 2014 ;

b) les transports internationaux de personnes figurant à l'annexe X, partie B, point 10), aussi longtemps que la même exonération est appliquée dans l'un des Etats membres faisant partie de l'Union avant l'adhésion de la Croatie.

Section 3
Dispositions communes aux sections 1 et 2

Art. 391 Les Etats membres qui exonèrent les opérations visées aux articles 371, 375, 376 et 377, à l'article 378, paragraphe 2, à l'article 379, paragraphe 2, et aux articles 380 à 390 quater, peuvent accorder aux assujettis la faculté d'opter pour la taxation desdites opérations.

Art. 392 Les Etats membres peuvent prévoir que, pour les livraisons de bâtiments et de terrains à bâtir achetés en vue de la revente par un assujetti qui n'a pas eu droit à déduction à l'occasion de l'acquisition, la base d'imposition est constituée par la différence entre le prix de vente et le prix d'achat.

Art. 393 1. En vue de faciliter le passage vers le régime définitif visé à l'article 402, le Conseil, sur la base d'un rapport de la Commission, réexamine la situation en ce qui concerne les dérogations prévues aux sections 1 et 2 et statue, conformément à l'article 93 du traité, sur la suppression éventuelle de certaines ou de toutes ces dérogations.

2. En régime définitif, les transports de personnes seront taxés dans l'Etat membre de départ pour le trajet effectué dans la Communauté, selon des modalités à arrêter par le Conseil, conformément à l'article 93 du traité.

CHAPITRE 2
Dérogations octroyées par autorisation

Section 1
Mesures de simplification et de prévention des fraudes ou évasions fiscales

Art. 394 Les Etats membres appliquant, au 1er janvier 1977, des mesures particulières afin de simplifier la perception de la taxe ou d'éviter certaines fraudes ou évasions fiscales peuvent les maintenir, à la condition de les avoir notifiées à la Commission avant le 1er janvier 1978 et sous réserve que les mesures de simplification soient conformes au critère défini à l'article 395, paragraphe 1, deuxième alinéa.

Art. 395 1. Le Conseil, statuant à l'unanimité sur proposition de la Commission, peut autoriser tout Etat membre à introduire des mesures particulières dérogatoires à la présente directive, afin de simplifier la perception de la taxe ou d'éviter certaines fraudes ou évasions fiscales.

Les mesures destinées à simplifier la perception de la taxe ne peuvent influer, sauf de façon négligeable, sur le montant global des recettes fiscales de l'Etat membre perçues au stade de la consommation finale.

2. L'Etat membre qui souhaite introduire les mesures visées au paragraphe 1 envoie une demande à la Commission et lui fournit toutes les données nécessaires. Si la Commission considère qu'elle ne dispose pas de toutes les données nécessaires, elle prend contact avec l'Etat membre concerné dans un délai de deux mois à compter de la réception de la demande et précise quelles sont les données complémentaires dont elle a besoin.

Dès que la Commission dispose de toutes les données d'appréciation qu'elle considère utiles, elle en informe l'Etat membre requérant dans un délai d'un mois et transmet la demande, dans sa langue d'origine, aux autres Etats membres.

3. Dans les trois mois suivant l'envoi de l'information visée au paragraphe 2, deuxième alinéa, la Commission présente au Conseil une proposition appropriée ou, lorsque la demande de dérogation soulève des objections de sa part, une communication exposant lesdites objections.

4. La procédure fixée aux paragraphes 2 et 3 doit, en tout état de cause, être achevée dans un délai de huit mois à compter de la réception de la demande par la Commission.

Section 2
Accords internationaux

Art. 396 1. Le Conseil, statuant à l'unanimité sur proposition de la Commission, peut autoriser tout Etat membre à conclure avec un pays tiers ou un organisme international un accord pouvant contenir des dérogations à la présente directive.

2. L'Etat membre désireux de conclure un accord tel que visé au paragraphe 1 envoie une demande à la Commission et lui fournit toutes les données nécessaires. Si la Commission considère qu'elle ne dispose pas de toutes les données nécessaires, elle prend contact avec l'Etat membre concerné dans un délai de deux mois à compter de la réception de la demande et précise quelles sont les données complémentaires dont elle a besoin.

Dès que la Commission dispose de toutes les données d'appréciation qu'elle considère utiles, elle en informe l'Etat membre requérant dans un délai d'un mois et transmet la demande, dans sa langue d'origine, aux autres Etats membres.

3. Dans les trois mois suivant l'envoi de l'information visée au paragraphe 2, deuxième alinéa, la Commission présente au Conseil une proposition appropriée ou, lorsque la demande de dérogation soulève des objections de sa part, une communication exposant lesdites objections.

4. La procédure fixée aux paragraphes 2 et 3 doit, en tout état de cause, être achevée dans un délai de huit mois à compter de la réception de la demande par la Commission.

TITRE XIV
DISPOSITIONS DIVERSES

CHAPITRE 1
Mesures d'application

Art. 397 Le Conseil, statuant à l'unanimité sur proposition de la Commission, arrête les mesures nécessaires à l'application de la présente directive.

CHAPITRE 2
Comité de la TVA

Art. 398 1. Il est institué un comité consultatif de la taxe sur la valeur ajoutée, dénommé « comité de la TVA ».

2. Le comité de la TVA est composé de représentants des Etats membres et de la Commission.

Le comité est présidé par un représentant de la Commission.

Le secrétariat du comité est assuré par les services de la Commission.

3. Le comité de la TVA établit son règlement intérieur.

4. Outre les points faisant l'objet de la consultation en vertu de la présente directive, le comité de la TVA examine les questions évoquées par son président, soit à l'initiative de celui-ci, soit à la demande du représentant d'un Etat membre, et portant sur l'application des dispositions communautaires en matière de TVA.

CHAPITRE 3
Taux de conversion

Art. 399 Sans préjudice d'autres dispositions particulières, la contre-valeur en monnaies nationales des montants en euros prévus par la présente directive est déterminée selon le taux de conversion de l'euro applicable le 1er janvier 1999. Les Etats membres ayant adhéré à l'Union européenne après cette date qui n'ont pas adopté l'euro en tant que monnaie unique utilisent le taux de conversion de l'euro applicable à la date de leur adhésion.

Art. 400 Lors de la conversion des montants visés à l'article 399 en monnaies nationales, les Etats membres peuvent arrondir, jusqu'à 10 % vers le haut ou vers le bas, les montants résultant de cette conversion.

CHAPITRE 4
Autres taxes, droits et impôts

Art. 401 Sans préjudice d'autres dispositions communautaires, les dispositions de la présente directive ne font pas obstacle au maintien ou à l'introduction par un Etat membre de taxes sur les contrats d'assurance et sur les jeux et paris, d'accises, de droits d'enregistrement, et, plus généralement, de tous impôts, droits et taxes n'ayant pas le caractère de taxes sur le chiffre d'affaires, à condition que la perception de ces impôts, droits et taxes ne donne pas lieu dans les échanges entre Etats membres à des formalités liées au passage d'une frontière.

TITRE XV
DISPOSITIONS FINALES

CHAPITRE 1
Régime transitoire de taxation des échanges entre les Etats membres

Art. 402 1. Le régime de taxation des échanges entre les Etats membres prévu par la présente directive est transitoire et sera remplacé par un régime définitif reposant en principe sur la base de l'imposition, dans l'Etat membre d'origine, des livraisons de biens et des prestations de services.

2. Après examen du rapport prévu à l'article 404, ayant constaté que les conditions pour le passage au régime définitif sont réunies, le Conseil adopte, conformément à l'article 93 du traité, les dispositions nécessaires à l'entrée en vigueur et au fonctionnement du régime définitif.

CHAPITRE 2
Mesures de transition applicables dans le cadre de l'adhésion à l'Union européenne

Art. 405 Aux fins du présent chapitre, on entend par :

1) « Communauté », le territoire de la Communauté tel que défini à l'article 5, point 1), avant l'adhésion de nouveaux Etats membres ;

2) « nouveaux Etats membres », le territoire des Etats membres ayant adhéré à l'Union européenne après le 1er janvier 1995, tel que défini pour chacun de ces Etats membres à l'article 5, point 2) ;

3) « Communauté élargie », le territoire de la Communauté tel que défini à l'article 5, point 1), après l'adhésion de nouveaux Etats membres.

Art. 406 Les dispositions en vigueur au moment où le bien relevait, soit d'un régime d'admission temporaire en exonération totale des droits à l'importation ou d'un des régimes ou d'une des situations visés à l'article 156, soit d'un régime ou d'une situation analogues à l'un de ces régimes ou situations dans l'un des nouveaux Etats membres, continuent de s'appliquer jusqu'à la sortie du bien de ce régime ou de cette situation après la date de l'adhésion lorsque les conditions suivantes sont réunies :

a) le bien a été introduit avant la date de l'adhésion dans la Communauté ou dans l'un des nouveaux Etats membres ;

b) le bien relevait depuis son introduction dans la Communauté ou dans l'un des nouveaux Etats membres de ce régime ou de cette situation ;

c) le bien n'est pas sorti de ce régime ou cette situation avant la date de l'adhésion.

Art. 407 Les dispositions en vigueur au moment où le bien a été placé sous un régime de transit douanier continuent de s'appliquer jusqu'à la sortie du bien de ce régime après la date de l'adhésion lorsque les conditions suivantes sont réunies :

a) le bien a été placé avant la date de l'adhésion, sous un régime de transit douanier ;

b) le bien n'est pas sorti de ce régime avant la date de l'adhésion.

Art. 408 1. Sont assimilés à une importation d'un bien à l'égard duquel il est démontré qu'il se trouvait en libre pratique dans l'un des nouveaux Etats membres ou dans la Communauté les cas suivants :

a) toute sortie, y compris irrégulière, d'un bien d'un régime d'admission temporaire sous lequel le bien a été placé avant la date de l'adhésion dans les conditions prévues à l'article 406 ;

b) toute sortie, y compris irrégulière, d'un bien soit d'un des régimes ou d'une des situations visés à l'article 156 soit d'un régime analogue à l'un de ces régimes ou à l'une de ces situations, dont le bien relevait avant la date de l'adhésion dans les conditions prévues à l'article 406 ;

c) la fin de l'un des régimes visés à l'article 407, engagé avant la date de l'adhésion sur le territoire de l'un des nouveaux Etats membres, pour les besoins d'une livraison de biens effectuée à titre onéreux avant cette date sur le territoire de cet Etat membre par un assujetti agissant en tant que tel ;

d) toute irrégularité ou infraction commise au cours d'un régime de transit douanier, engagé dans les conditions visées au point c).

2. Outre le cas visé au paragraphe 1, est assimilée à une importation d'un bien l'affectation après la

date de l'adhésion, sur le territoire d'un Etat membre, par un assujetti, ou par un non assujetti, de biens qui lui ont été livrés, avant la date de l'adhésion, sur le territoire de la Communauté ou de l'un des nouveaux Etats membres, lorsque les conditions suivantes sont réunies :

a) la livraison de ces biens a été exonérée, ou était susceptible d'être exonérée, soit en vertu de l'article 146, paragraphe 1, points a) et b), soit en vertu d'une disposition analogue dans les nouveaux Etats membres ;

b) les biens n'ont pas été importés dans l'un des nouveaux Etats membres ou dans la Communauté avant la date de l'adhésion.

Art. 409 Dans les cas visés à l'article 408, paragraphe 1, l'importation est considérée comme effectuée, au sens de l'article 61, dans l'Etat membre sur le territoire duquel le bien sort du régime ou situation dont il relevait avant la date de l'adhésion.

Art. 410 1. Par dérogation à l'article 71, l'importation d'un bien, au sens de l'article 408, est effectuée sans qu'il y ait fait générateur de la taxe, lorsque l'une des conditions suivantes est remplie :

a) le bien importé est expédié ou transporté en dehors de la Communauté élargie ;

b) le bien importé, au sens de l'article 408, paragraphe 1, point a), est autre qu'un moyen de transport et est réexpédié ou transporté à destination de l'Etat membre à partir duquel il a été exporté et à destination de celui qui l'a exporté ;

c) le bien importé, au sens de l'article 408, paragraphe 1, point a), est un moyen de transport qui a été acquis ou importé, avant la date de l'adhésion, aux conditions générales d'imposition du marché intérieur de l'un des nouveaux Etats membres ou de l'un des Etats membres de la Communauté, ou n'a pas bénéficié, au titre de son exportation, d'une exonération ou d'un remboursement de la TVA.

2. La condition visée au paragraphe 1, point c), est réputée remplie dans les cas suivants :

a) lorsque le délai écoulé entre la date de première mise en service du moyen de transport et la date de l'adhésion à l'Union européenne est de plus de huit ans ;

b) lorsque le montant de la taxe qui serait due au titre de l'importation est insignifiant.

CHAPITRE 2 bis
Mesures transitoires concernant l'application de la nouvelle législation

Art. 410 bis Les articles 30 bis, 30 ter et 73 bis s'appliquent uniquement aux bons émis après le 31 décembre 2018.

Art. 410 ter Au plus tard le 31 décembre 2022, la Commission, sur la base des informations obtenues de la part des Etats membres, présente au Parlement européen et au Conseil un rapport d'évaluation sur l'application des dispositions de la présente directive en ce qui concerne le traitement TVA des bons et, plus particulièrement, la définition des bons, les règles de TVA applicables à l'imposition des bons dans le circuit de distribution et aux bons non échangés, accompagné, au besoin, d'une proposition appropriée de modification des règles correspondantes.

CHAPITRE 3
Transposition et entrée en vigueur

Art. 411 1. La directive 67/227/CEE et la directive 77/388/CEE sont abrogées, sans préjudice des obligations des Etats membres concernant les délais de transposition et d'application desdites directives figurant à l'annexe XI, partie B.

2. Les références faites aux directives abrogées s'entendent comme faites à la présente directive et sont à lire selon le tableau de correspondance figurant à l'annexe XII *(NDLR Non reproduite dans le présent code).*

Art. 412 1. Les Etats membres mettent en vigueur les dispositions législatives, réglementaires et administratives nécessaires pour se conformer à l'article 2, paragraphe 3, à l'article 44, à l'article 59, paragraphe 1, à l'article 399 et à l'annexe III, point 18), avec effet au 1er janvier 2008. Ils communiquent immédiatement à la Commission le texte de ces dispositions ainsi qu'un tableau de correspondance entre ces dispositions et la présente directive.

Lorsque les Etats membres adoptent ces dispositions, celles-ci contiennent une référence à la présente directive ou sont accompagnées d'une telle référence lors de leur publication officielle. Les modalités de cette référence sont arrêtées par les Etats membres.

2. Les Etats membres communiquent à la Commission le texte des dispositions essentielles de droit interne qu'ils adoptent dans le domaine régi par la présente directive.

Art. 413 La présente directive entre en vigueur le 1er janvier 2007.

Art. 414 Les Etats membres sont destinataires de la présente directive.

ANNEXE I
LISTE DES ACTIVITES VISEES A L'ARTICLE 13, PARAGRAPHE 1, TROISIEME ALINEA

1) Les services de télécommunication ;

2) la distribution d'eau, de gaz, d'électricité et d'énergie thermique ;

3) le transport de biens ;

4) les prestations de services portuaires et aéroportuaires ;

5) le transport de personnes ;

6) les livraisons de biens neufs fabriqués en vue de la vente ;

7) les opérations des organismes d'intervention agricoles portant sur les produits agricoles et effectuées en application des règlements portant

organisation commune du marché de ces produits ;

8) l'exploitation des foires et des expositions à caractère commercial ;

9) les entreposages ;

10) les activités des bureaux commerciaux de publicité ;

11) les activités des agences de voyages ;

12) les opérations des cantines d'entreprises, économats, coopératives et établissements similaires ;

13) les activités des organismes de radio-télévision dans la mesure où elles ne sont pas exonérées en vertu de l'article 132, paragraphe 1, point q).

ANNEXE II
LISTE INDICATIVE DES SERVICES FOURNIS PAR VOIE ELECTRONIQUE VISES A L'ARTICLE 58 PREMIER ALINEA, POINT C

1) La fourniture et l'hébergement de sites informatiques, maintenance à distance de programmes et d'équipement ;

2) la fourniture de logiciels et mise à jour de ceux-ci ;

3) la fourniture d'images, de textes et d'informations, et mise à disposition de bases de données ;

4) la fourniture de musique, de films et de jeux, y compris les jeux de hasard ou d'argent, et d'émissions ou de manifestations politiques, culturelles, artistiques, sportives, scientifiques ou de divertissement ;

5) la fourniture de services d'enseignement à distance.

ANNEXE III
LISTE DES LIVRAISONS DE BIENS ET DES PRESTATIONS DE SERVICES POUVANT FAIRE L'OBJET DES TAUX REDUITS ET DE L'EXONERATION AVEC DROIT A DEDUCTION DE LA TVA VISES A L'ARTICLE 98

1. Les denrées alimentaires (y compris les boissons, à l'exclusion, toutefois, des boissons alcooliques) destinées à la consommation humaine et animale, les animaux vivants, les graines, les plantes et les ingrédients normalement destinés à être utilisés dans la préparation des denrées alimentaires ; les produits normalement utilisés pour compléter ou remplacer des denrées alimentaires ;

2. la distribution d'eau ;

3. les produits pharmaceutiques utilisés à des fins médicales et vétérinaires, y compris les produits utilisés pour la contraception et la protection hygiénique féminine, et les produits d'hygiène absorbants ;

4. les équipements, les appareils, les dispositifs, les articles, le matériel auxiliaire et les équipements de protection médicaux, y compris les masques de protection sanitaire, normalement destinés à être utilisés dans le cadre des soins de santé ou à l'usage des handicapés, les biens essentiels pour compenser et surmonter les handicaps, ainsi que l'adaptation, la réparation, la location et le crédit-bail de ces biens ;

5. le transport de personnes et le transport des biens qui les accompagnent, tels que les bagages, bicyclettes, y compris les bicyclettes électriques, les véhicules automobiles ou autres véhicules, ou les prestations de services liées au transport de passagers ;

6. la fourniture, y compris en location dans les bibliothèques, de livres, de journaux et de périodiques, que ce soit sur un support physique ou par voie électronique, ou les deux (y compris les brochures, dépliants et imprimés similaires, les albums, livres de dessin ou de coloriage pour enfants, les partitions imprimées ou en manuscrit, les cartes et les relevés hydrographiques ou similaires), à l'exclusion des publications consacrées entièrement ou d'une manière prédominante à la publicité et à l'exclusion des publications consistant entièrement ou d'une manière prédominante en un contenu audible musical ou vidéo ; la production de publications d'organismes sans but lucratif et les services liés à cette production ;

7. le droit d'admission aux spectacles, théâtres, cirques, foires, parcs d'attraction, concerts, musées, zoos, cinémas, expositions et manifestations et établissements culturels similaires, ou l'accès à la diffusion en direct de ces manifestations ou visites, ou les deux ;

Ndlr *Les Etats membres peuvent appliquer les dispositions législatives, réglementaires et administratives relatives au présent point 7, en ce qui concerne l'accès à la diffusion en direct des manifestations ou des visites visées par ce point, à partir du 1er janvier 2025 [Directive (UE) 2022/542 du 5 avril 2022 art. 3].*

8. la réception de services de radiodiffusion et de télévision et diffusion sur le web des mêmes programmes fournis par un prestataire de services de médias ; les services d'accès à l'internet fournis dans le cadre de la politique de numérisation, définie par les Etats membres ;

9. les prestations de services fournies par les écrivains, compositeurs et interprètes et les droits d'auteur qui leur sont dus ;

10. la livraison et la construction de logements, dans le cadre de la politique sociale, telle qu'elle est définie par les Etats membres ; la rénovation et la transformation, y compris la démolition et la reconstruction, et la réparation de logements et de logements privés ; la location de biens immobiliers à usage résidentiel ;

10 bis. la construction et la rénovation de bâtiments publics et d'autres bâtiments utilisés pour des activités d'intérêt général ;

10 ter. le lavage de vitres et le nettoyage de logements privés ;

10 quater. la livraison et l'installation de panneaux solaires sur des logements privés, des logements et des bâtiments, publics et autres, utilisés pour des activités d'intérêt général, et à proximité immédiate de ceux-ci ;

11. les livraisons de biens et les prestations de services d'un type normalement destiné à être utilisé dans la production agricole, à l'exclusion, toutefois, des biens d'équipement, tels que les machines ou les bâtiments ; et, jusqu'au 1er janvier 2032, la livraison de pesticides chimiques et d'engrais chimiques ;

11 bis. les équidés vivants et les prestations de services liées aux équidés vivants ;

12. l'hébergement fourni dans des hôtels et établissements similaires, y compris la fourniture d'hébergement de vacances et la location d'emplacements de camping et d'emplacements pour caravanes ;

12 bis. les services de restaurant et de restauration, la fourniture de boissons (alcooliques et/ou non alcooliques) pouvant être exclue ;

13. le droit d'admission aux manifestations sportives, ou l'accès à la diffusion en direct de ces manifestations, ou les deux ; l'utilisation d'installations sportives, et la fourniture de cours de sport ou d'exercice physique, également lorsqu'ils sont diffusés en direct ;
Les Etats membres peuvent appliquer les dispositions législatives, réglementaires et administratives relatives au présent point 13, en ce qui concerne l'accès à la diffusion en direct des manifestations visées par ce point, à partir du 1er janvier 2025 [Directive (UE) 2022/542 du 5 avril 2022 art. 3] ;

14. *(Supprimé) ;*

15. les livraisons de biens et les prestations de services par des organismes engagés dans des œuvres d'aide et de sécurité sociales, tels qu'ils sont définis par les Etats membres et qui sont reconnus comme ayant un caractère social par les Etats membres, dans la mesure où ces opérations ne sont pas exonérées en vertu des articles 132, 135 et 136 ;

16. les prestations de services fournies par les entreprises de pompes funèbres et de crémation ainsi que la livraison de biens qui s'y rapportent ;

17. la fourniture de soins médicaux et dentaires ainsi que les cures thermales, dans la mesure où ces prestations ne sont pas exonérées en vertu de l'article 132, paragraphe 1, points b) à e) ;

18. les prestations de services d'égouttage et de traitement des eaux usées et les services fournis dans le cadre du nettoyage des voies publiques, de l'enlèvement des ordures ménagères et du traitement ou du recyclage des déchets, autres que les services fournis par les organismes visés à l'article 13 ;

19. les prestations de services de réparation d'appareils ménagers, chaussures et articles en cuir, vêtements et linge de maison (y compris les travaux de raccommodage et de modification) ;

20. les services de soins à domicile, tels que l'aide à domicile et les soins destinés aux enfants, aux personnes âgées, aux personnes malades ou aux personnes handicapées ;

21. la coiffure ;

22. la livraison d'électricité, de chauffage urbain et de refroidissement urbain, et de biogaz produit à partir des matières premières énumérées dans la liste figurant à l'annexe IX, partie A, de la directive (UE) 2018/2001 du Parlement européen et du Conseil (20) ; la livraison et l'installation de systèmes de chauffage à haut rendement et à faibles émissions (P) répondant aux critères de référence en matière d'émissions établis respectivement à l'annexe V du règlement (UE) 2015/1189 de la Commission (21) et à l'annexe V du règlement (UE) 2015/1185 de la Commission (22) et ayant reçu une étiquette énergétique de l'UE qui atteste que le critère visé à l'article 7, paragraphe 2, du règlement (UE) 2017/1369 du Parlement européen et du Conseil (23) est rempli ; et, jusqu'au 1er janvier 2030, la livraison de gaz naturel et de bois de chauffage ;

23. les plantes vivantes et autres produits de la floriculture, y compris les bulbes, le coton, les racines et produits similaires, les fleurs coupées et les feuillages pour ornement ;

24. les vêtements et chaussures pour enfants ; la livraison de sièges d'enfant pour voitures automobiles ;

25. la livraison de bicyclettes, y compris les bicyclettes électriques ; les services de location et de réparation de ces bicyclettes ;

26. la livraison des objets d'art, de collection ou d'antiquité énumérés à l'annexe IX, parties A, B et C ;

Ndlr *Les Etats membres peuvent appliquer les dispositions législatives, réglementaires et administratives relatives au présent point 26 à partir du 1er janvier 2025 [Directive (UE) 2022/542 du 5 avril 2022 art. 3].*

27. les services juridiques fournis aux personnes sous contrat de travail et aux chômeurs dans le cadre de procédures devant une juridiction du travail, ainsi que les services juridiques fournis dans

(20) Directive (UE) 2018/2001 du Parlement européen et du Conseil du 11 décembre 2018 relative à la promotion de l'utilisation de l'énergie produite à partir de sources renouvelables (refonte) (JO L 328 du 21.12.2018, p. 82).

(21) Règlement (UE) 2015/1189 de la Commission du 28 avril 2015 portant application de la directive 2009/125/CE du Parlement européen et du Conseil en ce qui concerne les exigences d'écoconception applicables aux chaudières à combustible solide (JO L 193 du 21.7.2015, p. 100).

(22) Règlement (UE) 2015/1185 de la Commission du 24 avril 2015 portant application de la directive 2009/125/CE du Parlement européen et du Conseil en ce qui concerne les exigences d'écoconception applicables aux dispositifs de chauffage décentralisés à combustible solide (JO L 193 du 21.7.2015, p. 1).

(23) Règlement (UE) 2017/1369 du Parlement européen et du Conseil du 4 juillet 2017 établissant un cadre pour l'étiquetage énergétique et abrogeant la directive 2010/30/UE (JO L 198 du 28.7.2017, p. 1).

le cadre du régime d'aide judiciaire, tel que défini par les Etats membres ;

28. les outils et les autres équipements normalement destinés à être utilisés dans le cadre de services de secours ou de premiers secours lorsqu'ils sont fournis à des organismes publics ou à des organismes sans but lucratif actifs dans le domaine de la protection civile ou de la protection des communautés ;

29. la prestation de services dans le cadre de l'exploitation de bateaux phares, de phares ou d'autres instruments d'aide à la navigation et de services de sauvetage, y compris l'organisation et l'entretien dans le cadre des services de bateaux de sauvetage.

La présente rédaction de l'annexe III de la directive résulte de la directive (UE) 2022/542 du 5 avril 2022 art. 1, 23) et s'applique depuis le 6 avril 2022 (sauf exceptions concernant les points 7, 13 et 26 applicables à compter du 1er janvier 2025 dans les conditions mentionnées ci-dessus).

ANNEXE V
CATEGORIES DE BIENS FAISANT L'OBJET DES REGIMES D'ENTREPOTS AUTRES QUE DOUANIERS SELON L'ARTICLE 160, PARAGRAPHE 2

Code NC	Désignation des biens
1) 0701	Pommes de terre
2) 0711 20	Olives
3) 0801	Noix de coco, noix du Brésil et noix de cajou
4) 0802	Autres fruits à coques
5) 0901 11 00 0901 12 00	Café, non torréfié
6) 0902	Thé
7) 1001 à 1005 1007 à 1008	Céréales
8) 1006	Riz brut
9) 1201 à 1207	Graines, fruits oléagineux et semences (y compris les graines de soja)
10) 1507 à 1515	Graisses et huiles végétales et leurs fractions, brutes, raffinées, mais non chimiquement modifiées
11) 1701 11 1701 12	Sucre brut
12) 1801	Cacao, en fèves et brisures de fèves, bruts ou torréfiés
13) 2709 2710 2711 12 2711 13	Huiles minérales (contient le propane et le butane ; contient également les huiles brutes de pétrole)
14) chapitres 28 et 29	Produits chimiques en vrac
15) 4001 4002	Caoutchouc, sous formes primaires ou en plaques, feuilles ou bandes
16) 5101	Laine
17) 7106	Argent
18) 7110 11 00 7110 21 00 7110 31 00	Platine (Palladium, Rhodium)
19) 7402 7403 7405 7408	Cuivre
20) 7502	Nickel
21) 7601	Aluminium
22) 7801	Plomb
23) 7901	Zinc
24) 8001	Etain
25) ex-8112 92 ex-8112 99	Indium

ANNEXE VI
LISTE DES LIVRAISONS DE BIENS ET DES PRESTATIONS DE SERVICES VISEES A L'ARTICLE 199, PARAGRAPHE 1, POINT D)

1) Les livraisons de déchets, débris et matériaux usagés ferreux ou non ferreux, notamment ceux de produits semi-finis résultant de la transformation, de l'élaboration ou de la fonte de métaux ferreux ou non ferreux ou de leurs alliages ;

2) les livraisons de produits semi-finis ferreux ou non ferreux et les prestations de certains services de transformation associés ;

3) les livraisons de résidus et autres matériaux de récupération constitués de métaux ferreux ou non ferreux ou de leurs alliages, de scories, laitiers, cendres, écailles et résidus industriels contenant des métaux ou des alliages de métaux, et les prestations de services consistant en la sélection, la coupe, la fragmentation ou le pressage de ces produits ;

4) les livraisons de déchets ferreux et de ferrailles, ainsi que de rognures, débris et déchets, et de matériaux usagés et de récupération en calcin, verre, papier, papier cartonné et carton, chiffons, os, cuir naturel, cuir artificiel, parchemin, cuirs et peaux bruts, tendons et nerfs, ficelles, cordes et cordages, caoutchouc et plastique, ainsi que certaines prestations de services de transformation associées ;

5) les livraisons de matériaux visés à la présente annexe après transformation sous la forme d'une

opération de nettoyage, polissage, sélection, coupe, fragmentation, compression ou fonte en lingots ;

6) les livraisons de débris et déchets provenant de la transformation de matériaux de base.

ANNEXE VII
LISTE DES ACTIVITES DE PRODUCTION AGRICOLE VISEES A L'ARTICLE 295, PARAGRAPHE 1, POINT 4)

1) La culture :

a) agriculture générale, y compris la viticulture ;

b) arboriculture fruitière (y compris l'oléiculture) et horticulture maraîchère, florale et ornementale, même en serres ;

c) production de champignons et d'épices, production de semences et de plants ;

d) exploitation de pépinières ;

2) l'élevage en liaison avec l'exploitation du sol :

a) élevage d'animaux ;

b) aviculture ;

c) cuniculiculture ;

d) apiculture ;

e) sériciculture ;

f) héliciculture ;

3) la sylviculture ;

4) la pêche :

a) pêche en eau douce ;

b) pisciculture ;

c) mytiliculture, ostréiculture et élevage des autres mollusques et crustacés ;

d) élevage des grenouilles.

ANNEXE VIII
LISTE INDICATIVE DES PRESTATIONS DE SERVICES AGRICOLES VISEES A L'ARTICLE 295, PARAGRAPHE 1, POINT 5)

1) Les travaux de culture, de moissonnage, de battage, de pressage, de ramassage et de récolte, y compris l'ensemencement et les plantations ;

2) l'emballage et le conditionnement, tels que le séchage, le nettoyage, le concassage, la désinfection et l'ensilage de produits agricoles ;

3) le stockage de produits agricoles ;

4) le gardiennage, l'élevage ou l'engraissement d'animaux ;

5) la location, à des fins agricoles, des moyens normalement utilisés dans les exploitations agricoles, sylvicoles ou de pêche ;

6) l'assistance technique ;

7) la destruction des plantes et animaux nuisibles, le traitement des plantes et des terres par pulvérisation ;

8) l'exploitation d'installations d'irrigation et de drainage ;

9) la taille des arbres, le coupage du bois et autres services de la sylviculture.

ANNEXE IX
OBJETS D'ART, DE COLLECTION OU D'ANTIQUITE VISES A L'ARTICLE 311, PARAGRAPHE 1, POINTS 2), 3) ET 4)

PARTIE A Objets d'art

1) Tableaux, collages et tableautins similaires, peintures et dessins, entièrement exécutés à la main par l'artiste, à l'exclusion des dessins d'architectes, d'ingénieurs et autres dessins industriels, commerciaux, topographiques ou similaires, des articles manufacturés décorés à la main, des toiles peintes pour décors de théâtres, fonds d'ateliers ou usages analogues (code NC 9701) ;

2) gravures, estampes et lithographies originales ; il s'agit d'épreuves tirées en nombre limité directement en noir ou en couleurs, d'une ou plusieurs planches entièrement exécutées à la main par l'artiste quelle que soit la technique ou la matière employée, à l'exception de tout procédé mécanique ou photomécanique (code NC 9702 00 00) ;

3) productions originales de l'art statuaire ou de la sculpture en toutes matières dès lors que les productions sont exécutées entièrement par l'artiste ; fontes de sculptures à tirage limité à huit exemplaires et contrôlé par l'artiste ou ses ayants droit (code NC 9703 00 00) ; à titre exceptionnel, dans des cas déterminés par les Etats membres, pour des fontes de sculptures antérieures au 1er janvier 1989, la limite de huit exemplaires peut être dépassée ;

4) tapisseries (code NC 5805 00 00) et textiles muraux (code NC 6304 00 00) faits à la main sur la base de cartons originaux fournis par les artistes, à condition qu'il n'existe pas plus de huit exemplaires de chacun d'eux ;

5) exemplaires uniques de céramique, entièrement exécutés par l'artiste et signés par lui ;

6) émaux sur cuivre, entièrement exécutés à la main, dans la limite de huit exemplaires numérotés et comportant la signature de l'artiste ou de l'atelier d'art, à l'exclusion des articles de bijouterie, d'orfèvrerie et de joaillerie ;

7) photographies prises par l'artiste, tirées par lui ou sous son contrôle, signées et numérotées dans la limite de trente exemplaires, tous formats et supports confondus.

PARTIE B Objets de collection

1) Timbres-poste, timbres fiscaux, marques postales, enveloppes premier jour, entiers postaux et analogues, oblitérés, ou bien non oblitérés mais n'ayant pas cours et n'étant pas destinés à avoir cours (code NC 9704 00 00) ;

2) collections et spécimens pour collections de zoologie, de botanique, de minéralogie, d'anatomie, ou présentant un intérêt historique, archéologique, paléontologique, ethnographique ou numismatique (code NC 9705 00 00).

PARTIE C Objets d'antiquité

Biens, autres que des objets d'art et des objets de collection, ayant plus de cent ans d'âge (code NC 9706 00 00).

ANNEXE X
LISTE DES OPERATIONS FAISANT L'OBJET DES DEROGATIONS VISEES AUX ARTICLES 370 ET 371 ET AUX ARTICLES 375 A 390 QUATER

PARTIE A Opérations que les Etats membres peuvent continuer à taxer

1) Les prestations de services effectuées dans le cadre de leur profession par les mécaniciens-dentistes, ainsi que les livraisons de prothèses dentaires effectuées par les dentistes et les mécaniciens-dentistes ;

2) les activités des organismes publics de radiotélévision autres que celles ayant un caractère commercial ;

3) les livraisons de bâtiments ou d'une fraction de bâtiment et du sol y attenant autres que ceux visés à l'article 12, paragraphe 1, point a), lorsqu'elles sont effectuées par des assujettis ayant eu droit à déduction des taxes payées en amont pour le bâtiment en question ;

4) les prestations de services des agences de voyages visées à l'article 306, ainsi que celles des agences de voyages qui agissent au nom et pour le compte du voyageur, pour des voyages effectués en dehors de la Communauté.

PARTIE B Opérations que les Etats membres peuvent continuer à exonérer

1) La perception de droits d'entrée aux manifestations sportives ;

2) les prestations de services des auteurs, artistes et interprètes d'œuvres d'art, avocats et autres membres des professions libérales, autres que les professions médicales et paramédicales à l'exception des prestations suivantes :

a) les cessions de brevets, de marques de fabrique et de commerce et d'autres droits similaires, ainsi que les concessions de licences concernant ces droits ;

b) les travaux autres que la délivrance d'un travail à façon, portant sur des biens meubles corporels et exécutés pour un assujetti ;

c) les prestations tendant à préparer ou à coordonner l'exécution de travaux immobiliers comme, par exemple, les prestations fournies par les architectes et les bureaux de surveillance de travaux ;

d) les prestations de publicité commerciale ;

e) le transport de biens et le magasinage de biens, ainsi que les prestations accessoires ;

f) la location de biens meubles corporels à un assujetti ;

g) la fourniture de personnel à un assujetti ;

h) les prestations fournies par les conseillers, les ingénieurs, les bureaux de planning et les prestations similaires, dans les domaines technique, économique ou scientifique ;

i) l'exécution d'une obligation de ne pas exercer, entièrement ou partiellement, une activité professionnelle ou un droit visé aux points a) à h) et j) ;

j) les prestations des expéditeurs, courtiers, agents d'affaires et autres intermédiaires autonomes, pour autant qu'elles portent sur des livraisons ou importations de biens ou sur les prestations de services visés aux points a) à i) ;

3) les prestations de services de télécommunication et les livraisons de biens accessoires auxdites prestations effectuées par les services publics postaux ;

4) les prestations de services effectuées par les entreprises de pompes funèbres et de crémation, ainsi que les livraisons de biens accessoires auxdites prestations ;

5) les opérations effectuées par des aveugles ou des ateliers d'aveugles à condition que leur exonération n'entraîne pas de distorsions importantes de la concurrence ;

6) les livraisons de biens et les prestations de services faites aux organismes chargés de la construction, de l'aménagement et de l'entretien des cimetières, des sépultures et des monuments commémoratifs des victimes de la guerre ;

7) les opérations effectuées par les établissements hospitaliers non visés par l'article 132, paragraphe 1, point b) ;

8) la fourniture d'eau par un organisme de droit public ;

9) les livraisons de bâtiments ou de fractions de bâtiments et du sol y attenant, effectuées avant leur première occupation ainsi que les livraisons de terrains à bâtir visés à l'article 12 ;

10) le transport de personnes et le transport de biens, tels que les bagages et les voitures automobiles, accompagné des voyageurs, ou les prestations de services liées au transport de personnes, dans la mesure où le transport de ces personnes est exonéré ;

11) les livraisons, transformations, réparations, entretien, affrètements et locations d'aéronefs utilisés par des institutions de l'Etat ainsi que des objets incorporés dans ces aéronefs ou qui servent à leur exploitation ;

12) les livraisons, transformations, réparations, entretien, affrètements et locations de navires de guerre ;

13) les prestations de services des agences de voyages visées à l'article 306, ainsi que celles des agences de voyages qui agissent au nom et pour le compte du voyageur, pour des voyages effectués dans la Communauté.

ANNEXE XI

PARTIE A Directives abrogées avec leurs modifications successives

1) Directive 67/227/CEE 00 71 du 14.4.1967, p. 1301)
Directive 77/388/CEE

2) Directive 77/388/CEE (JO L 145 du 13.6.1977, p. 1)

Directive 78/583/CEE (JO L 194 du 19.7.1978, p. 16)

Directive 80/368/CEE (JO L 90 du 3.4.1980, p. 41)

Directive 84/386/CEE (JO L 208 du 3.8.1984, p. 58)

Directive 89/465/CEE (JO L 226 du 3.8.1989, p. 21)

Directive 91/680/CEE (JO L 376 du 31.12.1991, p. 1) (à l'exclusion de l'article 2)

Directive 92/77/CEE (JO L 316 du 31.10.1992, p. 1)

Directive 92/111/CEE (JO L 384 du 30.12.1992, p. 47)

Directive 94/4/CE (JO L 60 du 3.3.1994, p. 14) (uniquement l'article 2)

Directive 94/5/CE (JO L 60 du 3.3.1994, p. 16)

Directive 94/76/CE (JO L 365 du 31.12.1994, p. 53)

Directive 95/7/CE (JO L 102 du 5.5.1995, p. 18)

Directive 96/42/CE (JO L 170 du 9.7.1996, p. 34)

Directive 96/95/CE (JO L 338 du 28.12.1996, p. 89)

Directive 98/80/CE (JO L 281 du 17.10.1998, p. 31)

Directive 1999/49/CE (JO L 139 du 2.6.1999, p. 27)

Directive 1999/59/CE (JO L 162 du 26.6.1999, p. 63)

Directive 1999/85/CE (JO L 277 du 28.10.1999, p. 34)

Directive 2000/17/CE (JO L 84 du 5.4.2000, p. 24)

Directive 2000/65/CE (JO L 269 du 21.10.2000, p. 44)

Directive 2001/4/CE (JO L 22 du 24.1.2001, p. 17)

Directive 2001/115/CE (JO L 15 du 17.1.2002, p. 24)

Directive 2002/38/CE (JO L 128 du 15.5.2002, p. 41)

Directive 2002/93/CE (JO L 331 du 7.12.2002, p. 27)

Directive 2003/92/CE (JO L 260 du 11.10.2003, p. 8)

Directive 2004/7/CE (JO L 27 du 30.1.2004, p. 44)

Directive 2004/15/CE (JO L 52 du 21.2.2004, p. 61)

Directive 2004/66/CE (JO L 168 du 1.5.2004, p. 35) (uniquement le point V de l'annexe)

Directive 2005/92/CE (JO L 345 du 28.12.2005, p. 19)

Directive 2006/18/CE (JO L 51 du 22.2.2006, p. 12)

Directive 2006/58/CE (JO L 174 du 28.6.2006, p. 5)

Directive 2006/69/CE (JO L 221 du 12.8.2006, p. 9) (uniquement l'article 1er)

Directive 2006/98/CE (JO L 363 du 20.12.2006, p. 129) (uniquement le point 2 de l'annexe)

PARTIE B Délais de transposition en droit national (visés à l'article 411)

Directive	Date limite de transposition
Directive 67/227/CEE	1er janvier 1970
Directive 77/388/CEE	1er janvier 1978
Directive 78/583/CEE	1er janvier 1979
Directive 80/368/CEE	1er janvier 1979
Directive 84/386/CEE	1er juillet 1985
Directive 89/465/CEE	1er janvier 1990 1er janvier 1991 1er janvier 1992 1er janvier 1993 1er janvier 1994 pour le Portugal
Directive 91/680/CEE	1er janvier 1993
Directive 92/77/CEE	31 décembre 1992
Directive 92/111/CEE	1er janvier 1993 1er janvier 1994 1er octobre 1993 pour l'Allemagne
Directive 94/4/CE	1er avril 1994
Directive 94/5/CE	1er janvier 1995
Directive 94/76/CE	1er janvier 1995
Directive 95/7/CE	1er janvier 1996 1er janvier 1997 pour l'Allemagne et le Luxembourg
Directive 96/42/CE	1er janvier 1995
Directive 96/95/CE	1er janvier 1997
Directive 98/80/CE	1er janvier 2000
Directive 1999/49/CE	1er janvier 1999
Directive 1999/59/CE	1er janvier 2000
Directive 1999/85/CE	-
Directive 2000/17/CE	-
Directive 2000/65/CE	31 décembre 2001
Directive 2001/4/CE	1er janvier 2001
Directive 2001/115/CE	1er janvier 2004
Directive 2002/38/CE	1er juillet 2003
Directive 2002/93/CE	-
Directive 2003/92/CE	1er juillet 2005
Directive 2004/7/CE	30 janvier 2004
Directive 2004/15/CE	-
Directive 2004/66/CE	1er mai 2004
Directive 2005/92/CE	1er janvier 2006
Directive 2006/18/CE	-
Directive 2006/58/CE	1er juillet 2006
Directive 2006/69/CE	1er janvier 2008
Directive 2006/98/CE	1er janvier 2007

DIRECTIVE (UE) 2020/285 DU CONSEIL DU 18 FEVRIER 2020

modifiant la directive 2006/112/CE relative au système commun de taxe sur la valeur ajoutée en ce qui concerne le régime particulier des petites entreprises

Ndlr *Le texte de la directive UE/2020/285 du 18 février 2020 ci-après a été établi après intégration des modifications apportées par la directive 2022/542/UE du 5 avril 2022 art. 2 et 3, également applicable à compter du 1er janvier 2025.*

Art. 1 Modifications de la directive 2006/112/CE (Extraits)

La directive 2006/112/CE est modifiée comme suit :

1) A l'article 2, paragraphe 1, point b), le point i) est remplacé par le texte suivant :

« i) par un assujetti agissant en tant que tel, ou par une personne morale non assujettie, lorsque le vendeur est un assujetti agissant en tant que tel qui ne bénéficie pas de la franchise pour les petites entreprises prévue à l'article 284 et qui ne relève pas de l'article 33 ou 36 ; ».

2) L'article 139 est modifié comme suit :

a) au paragraphe 1, le premier alinéa est remplacé par le texte suivant :

« L'exonération prévue à l'article 138, paragraphe 1, ne s'applique pas aux livraisons de biens effectuées par des assujettis qui, dans l'Etat membre dans lequel la livraison est effectuée, bénéficient de la franchise pour les petites entreprises prévue à l'article 284. » ;

b) le paragraphe 2 est remplacé par le texte suivant :

« 2. L'exonération prévue à l'article 138, paragraphe 2, point b), ne s'applique pas aux livraisons de produits soumis à accises effectuées par des assujettis qui, dans l'Etat membre dans lequel la livraison est effectuée, bénéficient de la franchise pour les petites entreprises prévue à l'article 284. ».

3) L'article 167 bis est modifié comme suit :

a) le deuxième alinéa est remplacé par le texte suivant :

« Les Etats membres qui appliquent le régime facultatif visé au premier alinéa fixent, pour les assujettis utilisant ce régime sur leur territoire, un seuil fondé sur le chiffre d'affaires annuel de l'assujetti, calculé conformément à l'article 288. Ce seuil ne peut dépasser 2 000 000 € ou sa contre-valeur en monnaie nationale. » ;

b) le troisième alinéa est supprimé.

4) A l'article 169, le point a) est remplacé par le texte suivant :

« a) ses opérations, autres que celles qui sont exonérées en vertu de l'article 284, relevant des activités visées à l'article 9, paragraphe 1, deuxième alinéa, effectuées en dehors de l'Etat membre dans lequel cette taxe est due ou acquittée, qui ouvriraient droit à déduction si elles avaient été exercées dans cet Etat membre ; ».

(...)

6) A l'article 270, le point a) est remplacé par le texte suivant :

« a) le montant total annuel, hors TVA, de ses livraisons de biens et de ses prestations de services ne dépasse pas de plus de 35 000 € ou sa contre-valeur en monnaie nationale, le montant du chiffre d'affaires annuel qui sert de référence pour les assujettis bénéficiant de la franchise pour les petites entreprises prévue à l'article 284 ; ».

(...)

9) Au titre XII, chapitre 1, le titre de la section 2 est remplacé par le texte suivant :

« Franchises ».

10) L'article 282 est remplacé par le texte suivant :

« Article 282

Les franchises prévues à la présente section s'appliquent aux livraisons de biens et aux prestations de services effectuées par les petites entreprises. ».

(...)

12) L'article 284 est remplacé par le texte suivant :

« Article 284

1. Les Etats membres peuvent exonérer les livraisons de biens et les prestations de services effectuées sur leur territoire par des assujettis qui sont établis sur ce territoire et dont le chiffre d'affaires annuel dans l'Etat membre, correspondant à ces livraisons de biens et prestations de services, n'excède pas le seuil fixé par ces Etats membres pour l'application de cette franchise. Ledit seuil ne peut excéder 85 000 € ou sa contre-valeur en monnaie nationale.

Les Etats membres peuvent fixer, sur la base de critères objectifs, des seuils différenciés pour des secteurs d'activité différents. Toutefois, aucun de ces seuils ne peut excéder 85 000 € ou sa contre-valeur en monnaie nationale.

Les Etats membres s'assurent qu'un assujetti qui satisfait aux conditions requises pour bénéficier de plus d'un seuil sectoriel ne puisse faire usage que d'un de ces seuils.

Les seuils fixés par un Etat membre ne font pas de distinction entre les assujettis qui sont établis sur son territoire et ceux qui ne le sont pas.

2. Les Etats membres qui ont mis en place la franchise en application du paragraphe 1 octroient également cette franchise pour les livraisons de biens et les prestations de services effectuées sur leur propre territoire par des assujettis établis dans un autre Etat membre, pour autant que les conditions suivantes soient remplies :

a) le chiffre d'affaires annuel dans l'Union de l'assujetti n'excède pas 100 000 € ;

b) le montant des livraisons de biens et des prestations de services dans l'Etat membre dans lequel l'assujetti n'est pas établi n'excède pas le seuil applicable dans cet Etat membre pour l'octroi de la franchise aux assujettis établis dans cet Etat membre.

3. Nonobstant l'article 292 ter, pour qu'un assujetti puisse bénéficier de la franchise dans un Etat membre dans lequel il n'est pas établi :

a) il adresse une notification préalable à l'Etat membre d'établissement, et

b) il est identifié aux fins de l'application de la franchise par un numéro individuel dans l'Etat membre d'établissement uniquement.

Les Etats membres peuvent utiliser le numéro individuel d'identification TVA déjà attribué à l'assujetti pour ce qui concerne les obligations qui incombent audit assujetti en vertu du système interne ou appliquer la structure d'un numéro de TVA ou tout autre numéro aux fins de l'identification visée au premier alinéa, point b).

Le numéro individuel d'identification visé au premier alinéa, point b, comporte le suffixe « EX » ou le suffixe « EX » est ajouté audit numéro.

4. L'assujetti informe préalablement l'Etat membre d'établissement, au moyen d'une mise à jour d'une notification préalable, de toute modification des informations fournies précédemment en application du paragraphe 3, premier alinéa, y compris l'intention de faire usage de la franchise dans un Etat membre ou des Etats membres autres que ceux indiqués dans la notification préalable et la décision de cesser d'appliquer le régime de franchise dans un Etat membre ou des Etats membres dans lesquels cet assujetti n'est pas établi.

La cessation prend effet à partir du premier jour du trimestre civil suivant la réception des informations communiquées par l'assujetti ou, lorsque ces informations sont reçues durant le dernier mois d'un trimestre civil, à partir du premier jour du deuxième mois du trimestre civil suivant.

5. La franchise s'applique en ce qui concerne l'Etat membre dans lequel l'assujetti n'est pas établi et où ledit assujetti entend faire usage de la franchise conformément à :

a) une notification préalable, à partir de la date à laquelle l'Etat membre d'établissement communique à l'assujetti le numéro individuel d'identification ; ou

b) une mise à jour d'une notification préalable, à partir de la date à laquelle l'Etat membre d'établissement confirme le numéro à l'assujetti à la suite de la mise à jour.

La date visée au premier alinéa intervient au plus tard trente-cinq jours ouvrables après la réception de la notification préalable ou de la mise à jour de la notification préalable au paragraphe 3, premier alinéa, et au paragraphe 4, premier alinéa, sauf dans des cas spécifiques où, pour éviter la fraude ou l'évasion fiscale, les Etats membres peuvent exiger un délai supplémentaire pour effectuer les contrôles nécessaires.

6. La contre-valeur en monnaie nationale du montant visé au présent article est calculée par application du taux de change publié par la Banque centrale européenne à la date du 18 janvier 2018. ».

(...)

15) L'article 288 est remplacé par le texte suivant :

« Article 288

1. Le chiffre d'affaires annuel qui sert de référence pour l'application de la franchise prévue à l'article 284 est constitué par les montants hors TVA suivants :

a) le montant des livraisons de biens et des prestations de services, dans la mesure où elles seraient imposées si elles étaient effectuées par un assujetti ne bénéficiant pas de la franchise ;

b) le montant des opérations exonérées avec droit à déduction de la TVA payée au stade antérieur en vertu de l'article 98, paragraphe 2, ou de l'article 105 bis ;

c) le montant des opérations exonérées en vertu des articles 146 à 149 et des articles 151, 152 et 153 ;

d) le montant des opérations exonérées en vertu de l'article 138 lorsque l'exonération prévue audit article s'applique ;

e) le montant des opérations immobilières, des opérations financières visées à l'article 135, paragraphe 1, points b) à g), et des prestations d'assurance et de réassurance, à moins que ces opérations n'aient le caractère d'opérations accessoires.

2. Les cessions de biens d'investissement corporels ou incorporels de l'assujetti ne sont pas prises en considération pour la détermination du chiffre d'affaires visé au paragraphe 1. ».

(...)

17) A l'article 290, la deuxième phrase est remplacée par le texte suivant :

« Les Etats membres peuvent définir les modalités et les conditions d'application de cette option. ».

(...)

21) A l'article 314, le point c) est remplacé par le texte suivant :

« c) un autre assujetti, dans la mesure où la livraison de biens par cet autre assujetti bénéficie de la franchise pour les petites entreprises prévue à l'article 284, et porte sur un bien d'investissement ; ».

22) A l'article 334, le point c) est remplacé par le texte suivant :

« c) un autre assujetti, dans la mesure où la livraison de biens par cet assujetti, effectuée en vertu d'un contrat de commission à la vente, bénéficie de la franchise pour les petites entreprises prévue à l'article 284 et porte sur un bien d'investissement ; ».

Art. 2 Modifications du règlement (UE) 904/2010 (Article non reproduit).

Art. 3 Transposition

1. Les Etats membres adoptent et publient, au plus tard le 31 décembre 2024, les dispositions législatives, réglementaires et administratives nécessaires pour se conformer à l'article 1er de la présente directive. Ils communiquent immédiatement à la Commission le texte de ces dispositions.

Ils appliquent ces dispositions à partir du 1er janvier 2025.

Lorsque les Etats membres adoptent ces dispositions, celles-ci contiennent une référence à la présente directive ou sont accompagnées d'une telle référence lors de leur publication officielle. Les modalités de cette référence sont arrêtées par les Etats membres.

2. Les Etats membres communiquent à la Commission le texte des dispositions essentielles de droit interne qu'ils adoptent dans le domaine régi par l'article 1er de la présente directive.

Art. 4 Entrée en vigueur

La présente directive entre en vigueur le vingtième jour suivant celui de sa publication au Journal officiel de l'Union européenne.

DIRECTIVE (UE) 2022/542 DU CONSEIL DU 5 AVRIL 2022 modifiant les directives 2006/112/CE et (UE) 2020/285 en ce qui concerne les taux de taxe sur la valeur ajoutée

Art. 1 Modifications de la directive 2006/112/CE (Extraits)

La directive 2006/112/CE est modifiée comme suit :

(...)

5) L'article 94 est modifié comme suit :

a) le paragraphe 2 est remplacé par le texte suivant :

« 2. Le taux applicable à l'importation de biens est celui appliqué sur le territoire de l'Etat membre pour la livraison d'un même bien. ».

b) le paragraphe suivant est ajouté :

« 3. Par dérogation au paragraphe 2 du présent article, les Etats membres qui appliquent un taux normal aux livraisons d'objets d'art, de collection ou d'antiquité énumérés dans la liste figurant à l'annexe IX, parties A, B et C, peuvent appliquer un taux réduit tel qu'il est prévu à l'article 98, paragraphe 1, premier alinéa, à l'importation de ces biens sur le territoire de l'Etat membre. ».

(...)

20) A l'article 316, le paragraphe 1 est remplacé par le texte suivant :

« 1. Sous réserve qu'aucun taux réduit n'ait été appliqué aux objets d'art, de collection ou d'antiquité concernés, livrés à un assujetti-revendeur ou importés par celui-ci, les Etats membres accordent aux assujettis-revendeurs le droit d'opter pour l'application du régime de la marge bénéficiaire pour les opérations suivantes :

a) la livraison d'objets d'art, de collection ou d'antiquité qu'ils ont eux-mêmes importés ;

b) la livraison d'objets d'art qui leur ont été livrés par l'auteur ou par ses ayants droit ;

c) la livraison d'objets d'art qui leur ont été livrés par un assujetti autre qu'un assujetti-revendeur. ».

(...)

Art. 2 Modifications de la directive (UE) 2020/285 (Article non reproduit).

Art. 3 Transposition

1. Les Etats membres adoptent et publient, au plus tard le 31 décembre 2024, les dispositions législatives, réglementaires et administratives nécessaires pour se conformer aux dispositions figurant à l'article 1er, points 1), 2), 5), 7), 12), en ce qui concerne la suppression de l'article 103 de la directive 2006/112/CE, et 20), et à l'article 2.

Ils appliquent ces dispositions à partir du 1er janvier 2025.

Les Etats membres peuvent appliquer les dispositions législatives, réglementaires et administratives relatives à l'annexe III, points 7) et 13), en ce qui concerne l'accès à la diffusion en direct des manifestations ou des visites visées par ces points, et point 26), de la directive 2006/112/CE, énumérés à l'annexe de la présente directive, à partir du 1er janvier 2025

2. Les Etats membres communiquent immédiatement à la Commission le texte des dispositions législatives, réglementaires et administratives qu'ils adoptent dans le domaine régi par la présente directive.

3. Lorsque les Etats membres adoptent les dispositions prévues aux paragraphes 1 et 2, celles-ci contiennent une référence à la présente directive

ou sont accompagnées d'une telle référence lors de leur publication officielle. Les modalités de cette référence sont arrêtées par les Etats membres.

Art. 4 Réexamen

Sur la base d'une évaluation destinée à déterminer si des solutions à l'épreuve du temps adaptées à l'ère numérique et alignées sur l'objectif d'un système de TVA fondé sur la taxation à destination sont possibles, la Commission présente, le cas échéant, une proposition législative visant à modifier les dispositions pertinentes de la présente directive en ce qui concerne le régime de la marge bénéficiaire prévu au titre XII, chapitre 4, de la directive 2006/112/CE.

Art. 5 Entrée en vigueur

La présente directive entre en vigueur le jour de sa publication au Journal officiel de l'Union européenne.

DIRECTIVE 2008/9/CE DU 12 FEVRIER 2008 définissant les modalités du remboursement de la TVA, prévu par la directive 2006/112/CE, en faveur des assujettis qui ne sont pas établis dans l'Etat membre du remboursement, mais dans un autre Etat membre

Ndlr *Le texte de la directive 2008/9/CE du 12 février 2008 ci-après a été établi après intégration des modifications apportées par la directive 2010/66/UE du 14 octobre 2010.*

Art. 1 La présente directive définit les modalités du remboursement de la taxe sur la valeur ajoutée (TVA), prévu à l'article 170 de la directive 2006/112/CE en faveur des assujettis non établis dans l'Etat membre du remboursement et qui remplissent les conditions prévues à l'article 3.

Art. 2 Aux fins de la présente directive, on entend par :

1) « assujetti non établi dans l'Etat membre du remboursement », tout assujetti au sens de l'article 9, paragraphe 1, de la directive 2006/112/CE qui n'est pas établi dans l'Etat membre du remboursement, mais sur le territoire d'un autre Etat membre ;

2) « Etat membre du remboursement », l'Etat membre dans lequel a été exigée de l'assujetti non établi dans l'Etat membre du remboursement la TVA ayant grevé les biens qui lui ont été livrés ou les services qui lui ont été fournis dans cet Etat membre par d'autres assujettis, ou ayant grevé l'importation de biens dans cet Etat membre ;

3) « période du remboursement », la période visée à l'article 16, couverte par la demande de remboursement ;

4) « demande de remboursement », la demande que l'assujetti non établi dans l'Etat membre du remboursement a introduite pour le remboursement de la TVA ayant grevé les biens qui lui ont été livrés ou les services qui lui ont été fournis dans cet Etat membre par d'autres assujettis, ou ayant grevé l'importation de biens dans cet Etat membre ;

5) « requérant », l'assujetti non établi dans l'Etat membre du remboursement, qui introduit la demande de remboursement.

Art. 3 La présente directive est applicable à tout assujetti non établi dans l'Etat membre du remboursement qui remplit les conditions suivantes :

a) au cours de la période sur laquelle porte la demande de remboursement, l'assujetti n'a eu dans l'Etat membre du remboursement ni le siège de son activité économique, ni un établissement stable à partir duquel les opérations sont effectuées, ni, à défaut d'un tel siège ou d'un tel établissement stable, son domicile ou sa résidence habituelle ;

b) au cours de la période sur laquelle porte la demande de remboursement, l'assujetti n'a effectué aucune livraison de biens ni prestation de services réputée avoir eu lieu dans l'Etat membre du remboursement, à l'exception des opérations suivantes :

i) les prestations de services de transports et les opérations accessoires qui sont exonérées conformément aux articles 144, 146, 148, 149, 151, 153, 159 ou 160 de la directive 2006/112/CE ;

ii) les livraisons de biens et prestations de services pour lesquelles le destinataire est le redevable de la TVA conformément aux articles 194 à 197 et à l'article 199 de la directive 2006/112/CE.

Art. 4 La présente directive ne s'applique pas :

a) aux montants de TVA qui, conformément à la législation de l'Etat membre du remboursement, ont été facturés par erreur ;

b) aux montants de TVA facturés pour des livraisons de biens qui sont exonérées, ou peuvent l'être, en vertu de l'article 138 ou de l'article 146, paragraphe 1, point b), de la directive 2006/112/CE.

Art. 5 Chaque Etat membre rembourse à tout assujetti non établi dans l'Etat membre du remboursement la TVA ayant grevé les biens qui lui ont été livrés ou les services qui lui ont été fournis dans cet Etat membre par d'autres assujettis, ou ayant grevé l'importation de biens dans cet Etat membre, dans la mesure où ces biens et services sont utilisés pour les besoins des opérations suivantes :

a) les opérations visées à l'article 169, points a) et b), de la directive 2006/112/CE ;

b) les opérations dont le destinataire est redevable de la TVA conformément aux articles 194 à 197 et à l'article 199 de la directive 2006/112/CE, tels qu'ils sont appliqués dans l'Etat membre du remboursement.

Sans préjudice de l'article 6, aux fins de la présente directive, le droit au remboursement de la TVA payée en amont est déterminé en vertu de la directive 2006/112/CE, telle qu'appliquée dans l'Etat membre du remboursement.

Art. 6 Pour bénéficier d'un remboursement dans l'Etat membre du remboursement, un assujetti non établi dans l'Etat membre du remboursement doit effectuer des opérations ouvrant droit à déduction dans l'Etat membre d'établissement.

Lorsqu'un assujetti non établi dans l'Etat membre du remboursement effectue dans l'Etat membre où il est établi à la fois des opérations ouvrant droit à déduction et des opérations n'ouvrant pas droit à déduction dans cet Etat membre, le remboursement, par l'Etat membre du remboursement, du montant remboursable en vertu de l'article 5 n'est admis que pour la partie de la TVA qui est proportionnelle au montant afférent aux premières opérations, conformément à l'article 173 de la directive 2006/112/CE, telle qu'elle est appliquée par l'Etat membre d'établissement.

Art. 7 Pour bénéficier d'un remboursement de la TVA dans l'Etat membre du remboursement, l'assujetti non établi dans l'Etat membre du remboursement adresse à cet Etat membre une demande de remboursement électronique, qu'il introduit auprès de l'Etat membre dans lequel il est établi, via le portail électronique qui est mis à disposition par ce même Etat membre.

Art. 8 1. La demande de remboursement comporte les informations suivantes :

a) le nom et l'adresse complète du requérant ;

b) une adresse de contact par voie électronique ;

c) une description des activités professionnelles du requérant pour lesquelles les biens ou les services sont acquis ;

d) la période du remboursement couverte par la demande ;

e) une déclaration du requérant selon laquelle il n'a effectué au cours de la période du remboursement aucune livraison de biens ni prestation de services réputée avoir eu lieu dans l'Etat membre du remboursement, à l'exception des opérations visées à l'article 3, point b), i) et ii) ;

f) le numéro d'identification TVA ou le numéro d'enregistrement fiscal du requérant ;

g) ses données bancaires, y compris l'IBAN et le BIC.

2. Outre les informations visées au paragraphe 1, pour chaque Etat membre du remboursement et pour chaque facture ou document d'importation, la demande de remboursement inclut les informations suivantes :

a) le nom et l'adresse complète du fournisseur ou du prestataire ;

b) sauf en cas d'importation, le numéro d'identification TVA du fournisseur ou du prestataire ou son numéro d'enregistrement fiscal, tel qu'attribué par l'Etat membre du remboursement conformément aux articles 239 et 240 de la directive 2006/112/CE ;

c) sauf en cas d'importation, le préfixe de l'Etat membre du remboursement, conformément à l'article 215 de la directive 2006/112/CE ;

d) la date et le numéro de la facture ou du document d'importation ;

e) la base d'imposition et le montant de la TVA, libellés dans la devise de l'Etat membre du remboursement ;

f) le montant déductible de la TVA calculé conformément à l'article 5 et à l'article 6, deuxième alinéa, libellé dans la devise de l'Etat membre du remboursement ;

g) le cas échéant, la proportion déductible calculée conformément à l'article 6, exprimée sous forme de pourcentage ;

h) la nature des biens et des services acquis ventilée selon les codes visés à l'article 9.

Art. 9 1. Dans la demande de remboursement, la nature des biens et services acquis est ventilée selon les codes suivants :

1 = carburant ;

2 = location de moyens de transport ;

3 = dépenses liées aux moyens de transport autres que les biens et services visés aux codes 1 et 2 ;

4 = péages routiers et taxes de circulation ;

5 = dépenses de voyage tels que frais de taxi, frais de transport public ;

6 = hébergement ;

7 = denrées alimentaires, boissons et services de restauration ;

8 = droits d'entrée aux foires et expositions ;

9 = dépenses de luxe, de divertissement et de représentation ;

10 = autres.

Lorsque le code 10 est utilisé, la nature des biens livrés et des services fournis doit être indiquée.

2. L'Etat membre du remboursement peut demander au requérant de fournir des informations complémentaires sous forme de codes électroniques pour chaque code énoncé au paragraphe 1, dans la mesure où de telles informations sont nécessaires en raison d'une restriction au droit à déduction en vertu de la directive 2006/112/CE, telle qu'elle est appliquée dans l'Etat membre du remboursement, ou aux fins de la mise en œuvre d'une dérogation correspondante accordée par l'Etat membre du remboursement en vertu des articles 395 ou 396 de ladite directive.

Art. 10 Sans préjudice des demandes d'informations en vertu de l'article 20, l'Etat membre du remboursement peut demander au requérant de joindre par voie électronique à la demande de remboursement une copie de la facture ou du document d'importation, lorsque la base d'imposition figurant sur la facture ou le document d'importation est égale ou supérieure à un montant de 1 000 € ou à sa contre-valeur en monnaie nationale. Toutefois, lorsque la facture a trait à du carburant, ce seuil est de 250 € ou la contre-valeur en monnaie nationale.

Art. 11 L'Etat membre du remboursement peut demander au requérant de fournir la description de ses activités professionnelles au moyen des codes déterminés conformément à l'article 34 bis, paragraphe 3, deuxième alinéa, du règlement (CE) n° 1798/2003 du Conseil (24).

Art. 12 L'Etat membre du remboursement peut spécifier la langue ou les langues qui doivent être utilisées par le requérant pour la fourniture d'informations dans la demande de remboursement ou d'informations complémentaires éventuelles.

Art. 13 Si, après l'introduction de la demande de remboursement, la proportion déductible est corrigée en vertu de l'article 175 de la directive 2006/112/CE, le requérant rectifie le montant demandé ou déjà remboursé.

La correction s'effectue moyennant une demande de remboursement durant l'année civile qui suit la période du remboursement en question ou, si le requérant ne fait aucune demande de remboursement durant cette année civile, en transmettant une déclaration spéciale via le portail électronique mis à disposition par l'Etat membre dans lequel il est établi.

Art. 14 1. La demande de remboursement concerne :

a) l'achat de biens ou de services qui a été facturé au cours de la période du remboursement, à condition que la taxe soit devenue exigible avant ou au moment de la facturation, ou pour lesquels la taxe est devenue exigible au cours de la période du remboursement, à condition que l'achat ait été facturé avant que la taxe ne soit devenue exigible ;

b) l'importation de biens effectuée au cours de la période du remboursement.

2. Outre les transactions visées au paragraphe 1, la demande de remboursement peut concerner des factures ou des documents d'importation qui ne font pas l'objet de demandes de remboursement antérieures pour autant qu'ils portent sur des opérations effectuées au cours de l'année civile en question.

Art. 15 1. La demande de remboursement est introduite auprès de l'Etat membre d'établissement au plus tard le 30 septembre de l'année civile qui suit la période du remboursement. La demande de remboursement est réputée introduite uniquement lorsque le requérant a fourni toutes les informations exigées aux articles 8, 9 et 11.

Les demandes de remboursement concernant une période de l'année 2009 sont introduites après de l'Etat membre d'établissement, au plus tard le 31 mars 2011.

2. L'Etat membre d'établissement accuse, par voie électronique, réception de la demande dans les meilleurs délais.

Art. 16 La période du remboursement n'est ni supérieure à une année civile ni inférieure à trois mois civils. La demande de remboursement peut toutefois porter sur une période de moins de trois mois lorsque cette période constitue le solde d'une année civile.

Art. 17 Si la demande de remboursement a trait à une période d'une durée inférieure à une année civile mais égale ou supérieure à trois mois, le montant de la TVA auquel elle se rapporte ne peut être inférieur à la somme de 400 € ou à sa contre-valeur en monnaie nationale.

Si la période du remboursement correspond à une année civile ou au solde d'une année civile, le montant de la TVA ne peut être inférieur à la somme de 50 € ou à sa contre-valeur en monnaie nationale.

Art. 18 1. L'Etat membre d'établissement ne transmet pas la demande à l'Etat membre du remboursement lorsque, au cours de la période du remboursement, le requérant, dans l'Etat membre d'établissement :

a) n'est pas assujetti à la TVA ;

b) n'effectue que des livraisons de biens ou des prestations de service exonérées sans droit à déduction de la TVA payée à un stade antérieur en vertu des articles 132, 135, 136 et 371, des articles 374 à 377, de l'article 378, paragraphe 2, point a), de l'article 379, paragraphe 2, ou des articles 380 à 390 de la directive 2006/112/CE ou des dispositions d'exonération de même teneur figurant dans l'acte d'adhésion de 2005 ;

c) bénéficie de la franchise pour les petites entreprises prévue aux articles 284, 285, 286 et 287 de la directive 2006/112/CE ;

d) bénéficie du régime commun forfaitaire des producteurs agricoles prévu aux articles 296 à 305 de la directive 2006/112/CE ;

2. L'Etat membre d'établissement notifie au requérant, par voie électronique, la décision qu'il a prise en vertu du paragraphe 1.

Art. 19 1. L'Etat membre du remboursement notifie dans les meilleurs délais au requérant, par voie électronique, la date à laquelle la demande a été reçue.

2. L'Etat membre du remboursement notifie au requérant sa décision d'accepter ou de rejeter la demande de remboursement dans un délai de quatre mois à compter de sa réception par l'Etat membre du remboursement.

Art. 20 1. Lorsque l'Etat membre du remboursement estime ne pas être en possession de toutes

(24) JO L 264 du 15.10.2003, p. 1.

les informations qui lui permettraient de statuer sur la totalité ou une partie de la demande de remboursement, il peut demander, par voie électronique, des informations complémentaires, notamment auprès du requérant ou des autorités compétentes de l'Etat membre d'établissement, dans la période de quatre mois visée à l'article 19, paragraphe 2. Lorsque ces informations complémentaires sont demandées auprès d'une personne autre que le requérant ou que les autorités compétentes d'un Etat membre, la demande doit être transmise par voie électronique uniquement, si le destinataire de la demande est équipé en conséquence.

Si nécessaire, l'Etat membre du remboursement peut demander d'autres informations complémentaires.

Les informations demandées conformément au présent paragraphe peuvent aussi comprendre, si l'Etat membre du remboursement a des raisons de douter de la validité ou de l'exactitude d'une créance particulière, l'original ou une copie de la facture ou du document d'importation concerné. Les seuils visés à l'article 10 ne s'appliquent pas dans ce cas.

2. Les informations exigées conformément au paragraphe 1 doivent être fournis à l'Etat membre du remboursement dans un délai d'un mois à compter de la date de réception de la demande d'informations par le destinataire.

Art. 21 Lorsque l'Etat membre du remboursement demande des informations complémentaires, il notifie au requérant sa décision d'accepter ou de rejeter la demande de remboursement dans un délai de deux mois à partir de la date de réception des informations demandées ou, s'il n'a pas reçu de réponse à sa demande, dans un délai de deux mois à partir de l'expiration du délai visé à l'article 20, paragraphe 2. Toutefois, le délai dont il dispose pour décider d'accorder un remboursement total ou partiel à partir de la date de réception de la demande dans l'Etat membre du remboursement est toujours de six mois minimum.

Lorsque l'Etat membre du remboursement demande d'autres informations complémentaires, il informe le requérant, dans un délai de huit mois à partir de la réception de la demande de remboursement dans cet Etat membre, de la manière dont il a statué sur la totalité ou une partie de la demande de remboursement.

Art. 22 1. Lorsque la demande de remboursement est acceptée, le remboursement du montant accepté est effectué par l'Etat membre du remboursement au plus tard dans un délai de dix jours ouvrables à partir de l'expiration du délai visé à l'article 19, paragraphe 2, ou, si des informations complémentaires ou d'autres informations complémentaires ont été demandées, à l'expiration des délais visés à l'article 21.

2. Le remboursement est effectué dans l'Etat membre du remboursement ou, à la demande du requérant, dans tout autre Etat membre. Dans ce dernier cas, les frais bancaires exigés pour le virement correspondant sont déduits par l'Etat membre du remboursement du montant à payer au requérant.

Art. 23 1. Lorsque la demande de remboursement est rejetée en totalité ou en partie, les motifs du rejet sont notifiés au requérant par l'Etat membre du remboursement en même temps que la décision de rejet.

2. Des recours contre une décision de rejet d'une demande de remboursement peuvent être formés par le requérant auprès des autorités compétentes de l'Etat membre du remboursement, dans les formes et les délais prévus pour les réclamations relatives aux remboursements demandés par des personnes établies dans cet Etat membre.

Si l'absence de décision concernant la demande de remboursement dans les délais prévus par la présente directive ne vaut ni acceptation ni rejet dans la législation de l'Etat du remboursement, le requérant doit avoir accès à toute procédure administrative ou judiciaire à laquelle ont accès les assujettis établis dans cet Etat membre lorsqu'ils se trouvent dans la même situation. En l'absence de telles procédures, l'absence de décision concernant la demande de remboursement dans les délais impartis vaut rejet de la demande.

Art. 24 1. Dans les cas où un remboursement a été obtenu de façon frauduleuse ou d'une autre manière incorrecte, les autorités compétentes de l'Etat membre du remboursement procèdent directement à la mise en recouvrement des sommes indûment versées, ainsi que des amendes et intérêts éventuels selon la procédure applicable dans l'Etat membre du remboursement, sans préjudice des dispositions relatives à l'assistance mutuelle pour le recouvrement de la TVA.

2. Lorsqu'une amende administrative ou des intérêts ont été imposés mais n'ont pas été payés, l'Etat membre du remboursement peut suspendre tout remboursement supplémentaire à l'assujetti concerné à concurrence du montant non payé.

Art. 25 L'Etat membre du remboursement prend en compte à titre de majoration ou de diminution du montant à rembourser ou, en cas de transmission d'une déclaration spéciale, au moyen d'un paiement ou d'un recouvrement séparé, toute correction apportée concernant une demande de remboursement antérieure, conformément à l'article 13.

Art. 26 L'Etat membre du remboursement est redevable au requérant d'intérêts calculés sur le montant à rembourser au requérant si le remboursement est effectué après la dernière date de paiement en vertu de l'article 22, paragraphe 1.

Le premier alinéa ne s'applique pas lorsque le requérant ne fournit pas à l'Etat membre du remboursement dans les délais impartis les informations complémentaires ou d'autres informations complémentaires qui ont été exigées. Il en va de même jusqu'à la réception, par l'Etat membre du remboursement, des documents à transmettre par voie électronique en vertu de l'article 10.

Art. 27 1. Les intérêts sont calculés depuis le jour qui suit le dernier jour du remboursement en vertu de l'article 22, paragraphe 1, jusqu'au jour où le remboursement est effectivement intervenu.

2. Le taux d'intérêt est égal au taux applicable aux remboursements de la TVA en faveur des assujettis établis dans l'Etat membre du remboursement en vertu de la législation nationale de cet Etat membre.

Si aucun intérêt n'est payable en vertu de la législation nationale en ce qui concerne les remboursements en faveur d'assujettis établis, l'intérêt à verser correspond à l'intérêt ou aux frais équivalents appliqués par l'Etat membre du remboursement aux retards de paiement de la TVA.

Art. 28 1. La présente directive est applicable aux demandes de remboursement introduites après le 31 décembre 2009.

2. La directive 79/1072/CEE est abrogée avec effet au 1er janvier 2010. Toutefois, ses dispositions demeurent applicables aux demandes de remboursement introduites avant le 1er janvier 2010.

Les références à la directive abrogée s'entendent comme faites à la présente directive, sauf en ce qui concerne les demandes de remboursement introduites avant le 1er janvier 2010.

Art. 29 1. Les Etats membres mettent en vigueur les dispositions législatives, réglementaires et administratives nécessaires pour se conformer à la présente directive avec effet au 1er janvier 2010. Ils en informent immédiatement la Commission.

Lorsque les Etats membres adoptent ces dispositions, celles-ci contiennent une référence à la présente directive ou sont accompagnées d'une telle référence lors de leur publication officielle. Les modalités de cette référence sont arrêtées par les Etats membres.

2. Les Etats membres communiquent à la Commission le texte des dispositions essentielles de droit interne qu'ils adoptent dans le domaine régi par la présente directive.

Art. 30 La présente directive entre en vigueur le jour de sa publication au Journal officiel de l'Union européenne.

Art. 31 Les Etats membres sont destinataires de la présente directive.

TREIZIEME DIRECTIVE 86/560/CEE DU 17 NOVEMBRE 1986

en matière d'harmonisation des législations des Etats membres relatives aux taxes sur le chiffre d'affaires – Modalités de remboursement de la TVA aux assujettis non établis sur le territoire de la Communauté

Ndlr *Les références faites à la directive 77/388/CEE doivent désormais s'entendre comme faites à la directive 2006/112/CE du 28 novembre 2006 et sont à lire selon le tableau de correspondance figurant à l'annexe XII de la directive 2006/112/CE précitée (non reproduite dans le présent code). Les références faites à la directive 79/1072/CEE doivent s'entendre comme faites à la directive 2008/9/CE du 12 février 2008.*

Art. 1 Au sens de la présente directive, on entend par :

1) assujetti qui n'est pas établi sur le territoire de la Communauté, l'assujetti visé à l'article 4 paragraphe 1 de la directive 77/388/CEE *(NDLR Devenu article 9, 1 de la directive 2006/112/CE)* qui, au cours de la période visée à l'article 3 paragraphe 1 de la présente directive, n'a eu sur ce territoire, ni le siège de son activité économique, ni un établissement stable à partir duquel les opérations sont effectuées, ni, à défaut d'un tel siège ou d'un tel établissement stable, son domicile ou sa résidence habituelle et qui, au cours de la même période, n'a effectué aucune livraison de biens ou prestation de services réputée se situer dans l'Etat membre visé à l'article 2, à l'exception :

a) des prestations de transport et prestations de services accessoires à ces prestations de transport, exonérées en vertu de l'article 14 paragraphe 1 sous i) *(NDLR Devenu article 144 de la directive 2006/112/CE)*, de l'article 15 *(NDLR Devenu articles 146, 147, 148, 151 et 153 de la directive 2006/112/CE)* ou de l'article 16 paragraphe 1 sous B, C et D de la directive 77/388/CEE *(NDLR Devenu articles 156, 157, 158, 159 et 160 de la directive 2006/112/CE)* ;

b) des prestations de services dans le cas où la taxe est due uniquement par le preneur conformément à l'article 21 paragraphe 1 point b) de la directive 77/388/CEE *(NDLR Devenu article 196 de la directive 2006/112/CE)* ;

2) territoire de la Communauté, les territoires des Etats membres où la directive 77/388/CEE *(NDLR Directive 2006/112/CE)* est applicable.

Art. 2 1. Sans préjudice des articles 3 et 4, chaque Etat membre rembourse à tout assujetti qui n'est pas établi sur le territoire de la Communauté, dans les conditions fixées ci-après, la taxe sur la valeur ajoutée ayant grevé des services qui lui sont rendus ou des biens meubles qui lui sont livrés à l'intérieur du pays par d'autres assujettis, ou ayant grevé l'importation de biens dans le pays, dans la mesure où ces biens et ces services sont utilisés pour les besoins des opérations visées à l'article 17 paragraphe 3 points a) et b) de la directive 77/388/CEE *(NDLR Devenu article 169, a et b et de la directive 2006/112/CE)* ou des prestations de services visées à l'article 1er point 1 sous b) de la présente directive.

2. Les Etats membres peuvent subordonner le remboursement visé au paragraphe 1 à l'octroi par les Etats tiers d'avantages comparables dans le domaine des taxes sur le chiffre d'affaires.

3. Les Etats membres peuvent exiger la désignation d'un représentant fiscal.

Art. 3 1. Le remboursement visé à l'article 2 paragraphe 1 est accordé sur demande de l'assujetti. Les Etats membres déterminent les modalités d'introduction de cette demande, y compris les délais, la période sur laquelle la demande doit porter, le service compétent pour la recevoir et les montants minimaux pour lesquels le remboursement peut être demandé. Ils déterminent également les modalités du remboursement, y compris les délais. Ils imposent au requérant les obligations qui sont nécessaires pour apprécier le bien-fondé de la demande et éviter la fraude, et notamment la preuve qu'il accomplit une activité économique conformément à l'article 4 paragraphe 1 de la directive 77/388/CEE *(NDLR Devenu article 9, 1 de la directive 2006/112/CE)*. Le requérant doit certifier, par une déclaration écrite, qu'il n'a effectué, au cours de la période fixée, aucune opération ne répondant pas aux conditions établies à l'article 1er point 1 de la présente directive.

2. Le remboursement ne peut être accordé à des conditions plus favorables que celles qui sont appliquées aux assujettis de la Communauté.

Art. 4 1. Aux fins de la présente directive, le droit au remboursement est déterminé selon l'article 17 de la directive 77/388/CEE *(NDLR Devenu articles 167 s. de la directive 2006/112/CE)*, tel qu'il est appliqué dans l'Etat membre de remboursement.

2. Les Etats membres peuvent cependant prévoir l'exclusion de certaines dépenses ou soumettre le remboursement à des conditions complémentaires.

3. La présente directive ne s'applique pas aux livraisons de biens exonérées ou qui peuvent être exonérées en vertu de l'article 15 point 2 de la directive 77/388/CEE *(NDLR Devenu articles 146, 1-b et 147 de la directive 2006/112/CE)*.

Art. 5 1. Les Etats membres mettent en vigueur les dispositions législatives, réglementaires et administratives nécessaires pour se conformer à la présente directive au plus tard le 1er janvier 1988. La présente directive ne concerne que les demandes de remboursement portant sur la taxe sur la valeur ajoutée grevant des achats de biens ou de prestations de services facturés ou des importations effectuées à partir de cette même date.

2. Les Etats membres communiquent à la Commission les dispositions essentielles de droit interne qu'ils adoptent dans le domaine régi par la présente directive et l'informent de l'usage qu'ils font de la faculté prévue à l'article 2 paragraphe 2. La Commission en informe les autres Etats membres.

Art. 6 La Commission présente au Conseil et à l'Assemblée, après consultation des Etats membres et dans un délai de trois ans à compter de la date visée à l'article 5, un rapport sur l'application de la présente directive, en particulier en ce qui concerne l'application de l'article 2 paragraphe 2.

Art. 7 L'article 17 paragraphe 4 dernière phrase de la directive 77/388/CEE et l'article 8 de la directive 79/1072/CEE cessent d'avoir effet, dans chaque Etat membre, à partir de la date de mise en application de la présente directive, mais, en tout état de cause, à la date visée à son article 5.

Art. 8 Les Etats membres sont destinataires de la présente directive.

REGLEMENT D'EXECUTION (UE) 282/2011 DU CONSEIL DU 15 MARS 2011 portant mesures d'exécution de la directive 2006/112/CE relative au système commun de TVA

Ndlr *Le texte du règlement (UE) 282/2011 du 15 mars 2011 et de ses annexes ci-après a été établi après intégration des modifications apportées par les règlements (UE) 967/2012 du 9 octobre 2012, (UE) 1042/2013 du 7 octobre 2013, (UE) 2017/2459 du 5 décembre 2017, (UE) 2018/1912 du 4 décembre 2018, (UE) 2019/2026 du 21 novembre 2019 [lui-même modifié par le règlement (UE) 2020/1112 du 20 juillet 2020], (UE) 2022/432 du 15 mars 2022.*

CHAPITRE I
OBJET

Art. 1 Le présent règlement porte mesures d'exécution de certaines dispositions des titres I à V et VII à XII de la directive 2006/112/CE.

CHAPITRE II
CHAMP D'APPLICATION
(TITRE I DE LA DIRECTIVE 2006/112/CE)

Art. 2 Ne donnent pas lieu à des acquisitions intracommunautaires au sens de l'article 2, paragraphe 1, point b), de la directive 2006/112/CE :

a) le transfert d'un moyen de transport neuf effectué par une personne non assujettie à l'occasion d'un changement de résidence, pour autant que l'exonération prévue à l'article 138, paragraphe 2, point a), de la directive 2006/112/CE n'ait pas pu être appliquée au moment de la livraison ;

b) le renvoi d'un moyen de transport neuf effectué par une personne non assujettie vers l'Etat membre au départ duquel ce moyen de transport lui a été initialement fourni sous le couvert de l'exonération prévue à l'article 138, paragraphe 2, point a), de la directive 2006/112/CE.

Art. 3 Sans préjudice de l'article 59 bis, premier alinéa, point b), de la directive 2006/112/CE, la prestation des services suivants n'est pas soumise à la TVA, si le prestataire démontre que le lieu de cette prestation déterminé conformément aux sous-sections 3 et 4 de la section 4 du chapitre V du présent règlement est situé en dehors de la Communauté :

a) à partir du 1er janvier 2013, les services visés à l'article 56, paragraphe 2, premier alinéa, de la directive 2006/112/CE ;

b) à partir du 1er janvier 2015, les services énumérés à l'article 58 de la directive 2006/112/CE ;

c) les services énumérés à l'article 59 de la directive 2006/112/CE.

Art. 4 L'assujetti pouvant bénéficier de la non-imposition de ses acquisitions intracommunautaires de biens, conformément à l'article 3 de la directive 2006/112/CE, continue à pouvoir en bénéficier lorsque, conformément à l'article 214, paragraphe 1, point d) ou e) de ladite directive, un numéro d'identification TVA lui a été attribué aux fins des services qu'il reçoit et pour lesquels il est redevable de la TVA ou des services qu'il fournit sur le territoire d'un autre Etat membre et pour lesquels la TVA est due exclusivement par le bénéficiaire.

Toutefois, si cet assujetti communique ce numéro d'identification TVA à un fournisseur dans le cadre d'une acquisition intracommunautaire de biens, il est réputé avoir exercé l'option prévue à l'article 3, paragraphe 3, de ladite directive.

CHAPITRE III
ASSUJETTIS
(TITRE III DE LA DIRECTIVE 2006/112/CE)

Art. 5 Le groupement européen d'intérêt économique (GEIE) constitué conformément au règlement (CEE) n° 2137/85 qui effectue à titre onéreux des livraisons de biens ou des prestations de services en faveur de ses membres ou de tiers est un assujetti au sens de l'article 9, paragraphe 1, de la directive 2006/112/CE.

CHAPITRE IV
OPERATIONS IMPOSABLES
(TITRE IV DE LA DIRECTIVE 2006/112/CE)

Section 1
Livraisons de biens
(Articles 14 à 19 de la directive 2006/112/CE)

Art. 5 bis Aux fins de l'application de l'article 14, paragraphe 4, de la directive 2006/112/CE, les biens sont considérés comme expédiés ou transportés par le fournisseur ou pour son compte, y compris lorsque le fournisseur intervient indirectement dans l'expédition ou le transport des biens, en particulier dans les cas suivants :

a) lorsque l'expédition ou le transport des biens est sous-traité par le fournisseur à un tiers qui livre les biens à l'acquéreur ;

b) lorsque l'expédition ou le transport des biens est effectué par un tiers mais que le fournisseur assume en tout ou en partie la responsabilité de la livraison des biens à l'acquéreur ;

c) lorsque le fournisseur facture les frais de transport à l'acquéreur et les perçoit auprès de celui-ci pour ensuite les reverser à un tiers qui assurera l'expédition ou le transport des biens ;

d) lorsque le fournisseur promeut par tout moyen les services de livraison d'un tiers auprès de l'acquéreur, met en relation l'acquéreur et un tiers ou communique à un tiers les informations nécessaires à la livraison des biens à l'acquéreur.

Les biens ne sont toutefois pas considérés comme expédiés ou transportés par le fournisseur ou pour son compte lorsque l'acquéreur transporte les biens lui-même ou lorsque l'acquéreur organise la livraison des biens avec un tiers et que le fournisseur n'intervient ni directement ni indirectement pour assurer ou aider à organiser l'expédition ou le transport des biens en question.

Art. 5 ter Aux fins de l'application de l'article 14 bis de la directive 2006/112/CE, le terme « facilite » désigne l'utilisation d'une interface électronique permettant à un acquéreur et à un fournisseur qui met des biens en vente au moyen de cette interface électronique d'entrer en contact, ce qui aboutit à une livraison de biens au moyen de cette interface électronique.

Toutefois, un assujetti ne facilite pas une livraison de biens lorsque toutes les conditions suivantes sont remplies :

a) cet assujetti ne fixe, que ce soit directement ou indirectement, aucune des conditions générales en vertu desquelles la livraison des biens est effectuée ;

b) cet assujetti n'intervient pas, que ce soit directement ou indirectement, dans l'autorisation de la facturation à l'acquéreur en ce qui concerne le paiement effectué ;

c) cet assujetti n'intervient pas, que ce soit directement ou indirectement, dans la commande ou dans la livraison des biens.

L'article 14 bis de la directive 2006/112/CE ne s'applique pas à un assujetti qui se charge uniquement d'un des aspects suivants :

a) le traitement de paiements en rapport avec la livraison de biens ;

b) le placement d'annonces concernant des biens ou la promotion de ceux-ci ;

c) le fait de rediriger ou de transférer des acquéreurs vers d'autres interfaces électroniques où des biens sont mis en vente, sans autre intervention dans la livraison.

Art. 5 quater Aux fins de l'application de l'article 14 bis de la directive 2006/112/CE, un assujetti réputé avoir reçu et livré les biens lui-même n'est pas redevable du paiement de la TVA excédant la TVA qu'il a déclarée et payée en rapport avec ces livraisons lorsque toutes les conditions suivantes sont remplies :

a) l'assujetti est tributaire des informations transmises par les fournisseurs qui vendent des biens au moyen d'une interface électronique ou par d'autres tiers afin de déclarer et d'acquitter correctement la TVA grevant ces livraisons ;

b) les informations visées au point a) sont erronées ;

c) l'assujetti peut démontrer qu'il ignorait et ne pouvait pas raisonnablement savoir que ces informations étaient incorrectes.

Art. 5 quinquies A moins qu'il ne dispose d'informations contraires, l'assujetti réputé avoir reçu et livré les biens en vertu de l'article 14 bis de la directive 2006/112/CE considère :

a) la personne qui vend des biens au moyen d'une interface électronique comme un assujetti ;

b) la personne qui acquiert ces biens comme une personne non assujettie.

Section 2
Prestations de services
(Articles 24 à 29 de la directive 2006/112/CE)

Art. 6 1. Les services de restaurant et de restauration consistent en la fourniture d'aliments ou de boissons préparés ou non ou des deux, destinés à la consommation humaine, accompagnée par des services connexes suffisants permettant la consommation immédiate de ces aliments ou boissons. La fourniture d'aliments ou de boissons ou des deux n'est qu'une composante d'un ensemble dans lequel les services prédominent. Les services de restaurant couvrent les services de ce type fournis dans les installations du prestataire, alors que les services de restauration couvrent les services de ce type fournis en dehors desdites installations.

2. La fourniture d'aliments ou de boissons préparés ou non ou des deux, incluant ou non le transport mais sans aucun autre service connexe, n'est pas considérée comme un service de restaurant ou de restauration au sens du paragraphe 1.

Art. 6 bis 1. Les services de télécommunication au sens de l'article 24, paragraphe 2, de la directive 2006/112/CE couvrent notamment :

a. les services de téléphonie fixe et mobile pour la transmission et la commutation de la voix, de données et d'images, y compris les services téléphoniques comportant une composante d'imagerie (services de vidéophonie) ;

b. les services téléphoniques fournis sur l'internet, y compris le protocole de téléphonie vocale sur l'internet (VoIP) ;

c. la messagerie vocale, l'appel en instance, le transfert d'appel, l'identification de l'appelant, la conversation à trois et les autres services de gestion d'appels ;

d. les services de radiomessagerie ;

e. les services d'audiotexte ;

f. la télécopie, le télégraphe et le télex ;

g. l'accès à l'internet, y compris le World Wide Web ;

h. les connexions privées fournissant des liens de télécommunication à l'usage exclusif du preneur.

2. Les services de télécommunication au sens de l'article 24, paragraphe 2, de la directive 2006/112/CE ne couvrent pas :

a. les services fournis par voie électronique ;

b. les services de radiodiffusion et de télévision.

Art. 6 ter 1. Les services de radiodiffusion et de télévision comprennent les services consistant en la fourniture de contenus audio et audiovisuels tels que les programmes de radio ou de télévision fournis au grand public via des réseaux de communication par un fournisseur de services de médias et sous la responsabilité éditoriale de celui-ci, pour l'écoute ou le visionnage simultanés, sur la base d'une grille de programmes.

2. Le paragraphe 1 couvre notamment :

a. les programmes de radio ou de télévision transmis ou retransmis sur un réseau de radiodiffusion ou de télévision ;

b. les programmes de radio ou de télévision diffusés via l'internet ou un réseau électronique analogue (IP), s'ils sont retransmis simultanément à leur transmission ou retransmission sur un réseau de radiodiffusion ou de télévision.

3. Le paragraphe 1 ne couvre pas :

a. les services de télécommunication ;

b. les services fournis par voie électronique ;

c. la fourniture d'informations sur des programmes particuliers à la demande ;

d. le transfert de droits de diffusion ou de transmission ;

e. le crédit-bail de matériel technique ou d'installations destinés à la réception d'un service de diffusion ;

f. les programmes de radio ou de télévision diffusés via l'internet ou un réseau électronique analogue (IP), à moins que les programmes ne soient diffusés simultanément à leur transmission ou retransmission sur un réseau de radiodiffusion ou de télévision.

Art. 7 1. Les « services fournis par voie électronique » visés par la directive 2006/112/CE comprennent les services fournis sur l'internet ou sur un réseau électronique et dont la nature rend la prestation largement automatisée, accompagnée d'une intervention humaine minimale, et impossible à assurer en l'absence de technologie de l'information.

2. Le paragraphe 1 couvre, notamment :

a) la fourniture de produits numériques en général, en ce compris les logiciels et leurs modifications ou leurs mises à jour ;

b) les services consistant à assurer ou à soutenir la présence d'entreprises ou de particuliers sur un réseau électronique, tels qu'un site ou une page internet ;

c) les services générés automatiquement par ordinateur sur l'internet ou sur un réseau électronique, en réponse à des données particulières saisies par le preneur ;

d) l'octroi, à titre onéreux, du droit de mettre en vente des biens ou des services sur un site internet opérant comme marché en ligne, où les acheteurs potentiels font leurs offres par un procédé automatisé et où les parties sont averties de la réalisation d'une vente par un courrier électronique généré automatiquement par ordinateur ;

e) les offres forfaitaires de services internet (ISP) dans lesquelles l'aspect télécommunications est auxiliaire et secondaire (c'est-à-dire forfaits allant au-delà du simple accès à l'internet et comprenant d'autres éléments comme des pages à contenu donnant accès aux actualités, à des informations météorologiques ou touristiques ; espaces de jeu ; hébergement de sites ; accès à des débats en ligne ; etc.) ;

f) les services énumérés à l'annexe I.

3. Le paragraphe 1 ne couvre pas :

a) les services de radiodiffusion et de télévision ;

b) les services de télécommunications ;

c) les biens pour lesquels la commande et le traitement de la commande se font par voie électronique ;

d) les CD-ROM, disquettes et supports matériels analogues ;

e) les imprimés tels que les livres, les lettres d'information, les journaux ou les périodiques ;

f) les CD et cassettes audio ;

g) les cassettes vidéo et DVD ;

h) les jeux sur CD-ROM ;

i) les services de professionnels tels que les juristes et les consultants financiers, qui conseillent leurs clients par courrier électronique ;

j) les services d'enseignement, lorsque le contenu des cours est fourni par un enseignant sur l'internet ou sur un réseau électronique (à savoir au moyen d'une connexion à distance) ;

k) les services de réparation matérielle hors ligne de l'équipement informatique ;

l) les services de stockage de données hors ligne ;

m) les services de publicité, notamment dans les journaux, sur des affiches et à la télévision ;

n) les services d'assistance téléphonique ;

o) les services d'enseignement exclusivement fournis par correspondance, utilisant notamment les services postaux ;

p) les services classiques de vente aux enchères reposant sur une intervention humaine directe, indépendamment de la façon dont les offres sont faites ;

q) à s) *(Supprimés depuis le 1er janvier 2015)* ;

t) les billets d'accès à des manifestations culturelles, artistiques, sportives, scientifiques, éducatives, de divertissement ou autres manifestations similaires réservés en ligne ;

u) les services d'hébergement, de location de voiture, de restauration, de transport de passagers ou services similaires réservés en ligne.

Art. 8 Lorsqu'un assujetti ne fait qu'assembler les différentes parties d'une machine qui lui ont toutes été fournies par son client, cette opération est une prestation de services au sens de l'article 24, paragraphe 1, de la directive 2006/112/CE.

Art. 9 La vente d'une option relevant du champ d'application de l'article 135, paragraphe 1, point f), de la directive 2006/112/CE est une prestation de services au sens de l'article 24, paragraphe 1, de ladite directive. Cette prestation de services est distincte des opérations sous-jacentes auxquelles elle se rapporte.

Art. 9 bis 1. Aux fins de l'application de l'article 28 de la directive 2006/112/CE, lorsque des services fournis par voie électronique sont fournis par l'intermédiaire d'un réseau de télécommunication, d'une interface ou d'un portail tel qu'une plateforme de téléchargement pour des applications, l'assujetti qui s'entremet dans cette prestation est présumé agir, en son nom propre mais pour le compte du fournisseur de ces services, à moins que ledit fournisseur ne soit explicitement reconnu comme étant le prestataire par ledit assujetti et que cela ressorte des accords contractuels entre les parties.

Afin de pouvoir considérer le fournisseur de services fournis par voie électronique comme étant explicitement désigné en tant que prestataire de ces services par l'assujetti, les conditions suivantes sont réunies :

a. la facture émise ou mise à disposition par chaque assujetti participant à la fourniture des services fournis par voie électronique doit préciser ces services ainsi que le prestataire de ceux-ci ;
b. la facture ou le reçu émis à l'intention du preneur ou mis à sa disposition doit préciser les services fournis par voie électronique et le prestataire de ceux-ci.

Aux fins du présent paragraphe, un assujetti qui, en ce qui concerne la fourniture de services fournis par voie électronique, autorise la facturation au preneur ou la fourniture des services, ou fixe les conditions générales de la fourniture, n'est pas autorisé à explicitement désigner une autre personne comme étant le prestataire de ces services.

2. Le paragraphe 1 s'applique également lorsque des services téléphoniques fournis sur l'internet, y compris le protocole de téléphonie vocale sur l'internet (VoIP), sont fournis par l'intermédiaire d'un réseau de télécommunication, d'une interface ou d'un portail tel qu'une plateforme de téléchargement pour des applications, et ce aux mêmes conditions que celles énoncées audit paragraphe.

3. Le présent article ne s'applique pas à un assujetti qui assure uniquement le traitement des paiements en rapport avec des services fournis par voie électronique ou des services téléphoniques fournis sur l'internet, y compris le protocole de téléphonie vocale sur l'internet (VoIP), et qui ne participe pas à la fourniture de ces services fournis par voie électronique ou de ces services téléphoniques.

CHAPITRE V
LIEU DES OPERATIONS IMPOSABLES

Section 1
Concepts

Art. 10 1. Pour l'application des articles 44 et 45 de la directive 2006/112/CE, le « lieu où l'assujetti a établi le siège de son activité économique » est le lieu où sont exercées les fonctions d'administration centrale de l'entreprise.

2. Afin de déterminer le lieu visé au paragraphe 1, sont pris en considération le lieu où sont prises les décisions essentielles concernant la gestion générale de l'entreprise, le lieu de son siège statutaire et le lieu où se réunit la direction.

Lorsque ces critères ne permettent pas de déterminer avec certitude le lieu du siège de l'activité économique, le lieu où sont prises les décisions essentielles concernant la gestion générale de l'entreprise est le critère prépondérant.

3. La présence d'une adresse postale ne peut déterminer à elle seule le lieu où l'assujetti a établi le siège de son activité économique.

Art. 11 1. Pour l'application de l'article 44 de la directive 2006/112/CE, l'« établissement stable » désigne tout établissement, autre que le siège de l'activité économique visé à l'article 10 du présent règlement, qui se caractérise par un degré suffisant de permanence et une structure appropriée, en termes de moyens humains et techniques, lui permettant de recevoir et d'utiliser les services qui sont fournis pour les besoins propres de cet établissement.

2. Pour l'application des articles suivants, l'« établissement stable » désigne tout établissement, autre que le siège de l'activité économique visé à l'article 10 du présent règlement, qui se caractérise par un degré suffisant de permanence et une structure appropriée, en termes de moyens humains et techniques, lui permettant de fournir les services dont il assure la prestation :

a) article 45 de la directive 2006/112/CE ;

b) à partir du 1er janvier 2013, article 56, paragraphe 2, deuxième alinéa, de la directive 2006/112/CE ;

c) jusqu'au 31 décembre 2014, article 58 de la directive 2006/112/CE ;

d) article 192 bis de la directive 2006/112/CE.

3. Le fait de disposer d'un numéro d'identification TVA n'est pas en soi suffisant pour considérer qu'un assujetti a un établissement stable.

Art. 12 Pour l'application de la directive 2006/112/CE, le « domicile » d'une personne physique, assujettie ou non, est l'adresse figurant dans le registre national de la population ou un registre similaire, ou l'adresse donnée par cette personne aux autorités fiscales compétentes, à moins qu'il n'existe des preuves indiquant que cette adresse n'est pas conforme à la réalité.

Art. 13 La « résidence habituelle » d'une personne physique, assujettie ou non, visée par la directive 2006/112/CE est le lieu où cette personne physique réside habituellement en raison d'attaches personnelles et professionnelles.

Lorsque des attaches professionnelles existent dans un autre pays que celui des attaches personnelles ou lorsqu'il n'existe pas d'attaches professionnelles, le lieu de résidence habituelle est déterminé par des attaches personnelles révélant des liens étroits entre la personne physique concernée et un endroit où elle vit.

Art. 13 bis Le lieu d'établissement d'une personne morale non assujettie, visé à l'article 56, paragraphe 2, premier alinéa, et aux articles 58 et 59 de la directive 2006/112/CE, est :

a. l'endroit où les fonctions de l'administration centrale de ladite personne sont exercées ; ou

b. l'endroit où se situe tout autre établissement caractérisé par un degré suffisant de permanence et une structure appropriée en termes de moyens humains et techniques lui permettant de recevoir et d'utiliser les services qui sont fournis pour les besoins propres de cet établissement.

Art. 13 ter Pour l'application de la directive 2006/112/CE, est considéré comme « bien immeuble » :

a. toute partie déterminée de la terre, située à ou sous sa surface, à laquelle peuvent être attachés des droits de propriété et de possession ;

b. tout immeuble ou toute construction fixé(e) au sol ou dans le sol au-dessus ou au-dessous du niveau de la mer, qui ne peut être aisément démonté(e) ou déplacé(e) ;

c. tout élément installé et faisant partie intégrante d'un immeuble ou d'une construction sans lequel l'immeuble ou la construction est incomplet, tel que portes, fenêtres, toitures, escaliers et ascenseurs ;

d. tout élément, matériel ou machine, installé à demeure dans un immeuble ou une construction qui ne peut être déplacé sans destruction ou modification de l'immeuble ou de la construction.

Section 2
Lieu des livraisons de biens
(Articles 31 à 39 de la directive 2006/112/CE)

Art. 14 *(Supprimé depuis le 1er juillet 2021).*

Art. 15 La partie d'un transport de passagers effectuée dans la Communauté, visée à l'article 37 de la directive 2006/112/CE, est déterminée par le parcours du moyen de transport et non par le parcours effectué par chacun des passagers.

Section 3
Lieu des acquisitions intracommunautaires de biens
(Articles 40, 41 et 42 de la directive 2006/112/CE)

Art. 16 Lorsqu'une acquisition intracommunautaire de biens, au sens de l'article 20 de la directive 2006/112/CE, a eu lieu, l'Etat membre d'arrivée de l'expédition ou du transport des biens exerce sa compétence de taxation, quel que soit le traitement TVA qui a été appliqué à l'opération dans l'Etat membre de départ de l'expédition ou du transport des biens.

Une demande éventuelle de correction par le fournisseur des biens de la TVA qu'il a facturée et qu'il a déclarée à l'Etat membre de départ de l'expédition ou du transport des biens est traitée par cet Etat membre conformément à ses propres dispositions nationales.

Section 4
Lieu des prestations de services
(Articles 43 à 59 de la directive 2006/112/CE)

Sous-section 1
Statut du preneur

Art. 17 1. Lorsque le lieu des prestations de services dépend du statut d'assujetti ou non du preneur, le statut du preneur est déterminé sur la base des articles 9 à 13 et de l'article 43 de la directive 2006/112/CE.

2. Une personne morale non assujettie identifiée ou tenue d'être identifiée à la TVA en vertu de l'article 214, paragraphe 1, point b), de la directive 2006/112/CE parce que ses acquisitions intracommunautaires de biens sont soumises à la TVA ou qu'elle a exercé l'option de soumettre à la TVA ces opérations est un assujetti au sens de l'article 43 de ladite directive.

Art. 18 1. Sauf s'il dispose d'informations contraires, le prestataire peut considérer qu'un preneur établi dans la Communauté a le statut d'assujetti :

a) lorsque le preneur lui a communiqué son numéro individuel d'identification TVA et s'il obtient la confirmation de la validité de ce numéro d'identification ainsi que du nom et de l'adresse y associés, conformément à l'article 31 du règlement (CE) nº 904/2010 du Conseil du 7 octobre 2010 concernant la coopération administrative et la lutte contre la fraude dans le domaine de la taxe sur la valeur ajoutée (25) ;

b) lorsque le preneur n'a pas encore reçu un numéro individuel d'identification TVA mais qu'il informe le prestataire qu'il en a fait la demande, et si le prestataire obtient tout autre élément de preuve attestant que le preneur est un assujetti ou une personne morale non assujettie tenue d'être identifiée à la TVA et s'il effectue des vérifications d'une ampleur raisonnable en ce qui concerne l'exactitude des informations fournies par le preneur, au moyen des procédures de sécurité commerciales normales telles que celles relatives aux contrôles d'identité ou de paiement.

2. Sauf s'il dispose d'informations contraires, le prestataire peut considérer qu'un preneur établi dans la Communauté a le statut de personne non assujettie lorsqu'il démontre que ce preneur ne lui a pas communiqué son numéro individuel d'identification TVA.

Néanmoins, même en présence d'informations contraires, le prestataire de services de télécommunication, de services de radiodiffusion et de télévision ou de services fournis par voie électronique peut considérer qu'un preneur établi dans la Communauté a le statut de personne non assujettie tant que ce dernier ne lui a pas communiqué son numéro individuel d'identification TVA.

3. Sauf s'il dispose d'informations contraires, le prestataire peut considérer qu'un preneur établi en dehors de la Communauté a le statut d'assujetti :

a) s'il obtient du preneur un certificat délivré par les autorités fiscales dont relève le preneur confirmant que ce dernier se livre à des activités économiques lui permettant d'obtenir un remboursement de la TVA au titre de la directive 86/560/CEE du Conseil du 17 novembre 1986 en matière d'harmonisation des législations des Etats membres relatives aux taxes sur le chiffre d'affaires – modalités de remboursement de la taxe sur la valeur ajoutée aux assujettis non établis sur le territoire de la Communauté (26) ;

b) lorsque le preneur n'est pas en possession de ce certificat, s'il dispose du numéro de TVA du preneur, ou d'un numéro similaire attribué au preneur par le pays d'établissement de celui-ci et servant à identifier les entreprises ou tout autre élément de preuve attestant que le preneur est un assujetti et

(25) JO L 268 du 12.10.2010, p. 1.
(26) JO L 326 du 21.11.1986, p. 40.

s'il effectue des vérifications d'une ampleur raisonnable en ce qui concerne l'exactitude des informations fournies par le preneur, au moyen des procédures de sécurité commerciales normales telles que celles relatives aux contrôles d'identité ou de paiement.

Sous-section 2
Qualité du preneur

Art. 19 Aux fins de l'application des règles relatives au lieu des prestations de services prévues aux articles 44 et 45 de la directive 2006/112/CE, un assujetti ou une personne morale non assujettie assimilée à un assujetti qui reçoit des services destinés exclusivement à un usage privé, en ce compris à celui de son personnel, est considéré comme une personne non assujettie.

Sauf s'il dispose d'informations contraires, telles que sur la nature des services fournis, le prestataire peut considérer que les services sont destinés aux fins de l'activité économique du preneur si, pour cette opération, il lui a communiqué son numéro individuel d'identification TVA.

Lorsqu'un seul et même service est destiné à la fois à un usage privé, en ce compris à celui du personnel du preneur, et aux fins de l'activité économique, la prestation de ce service relève exclusivement de l'article 44 de la directive 2006/112/CE, pour autant qu'il n'existe aucune pratique abusive.

Sous-section 3
Lieu d'établissement du preneur

Art. 20 Lorsqu'une prestation de services effectuée en faveur d'un assujetti ou d'une personne morale non assujettie assimilée à un assujetti relève de l'article 44 de la directive 2006/112/CE et que cet assujetti est établi dans un seul pays ou, en l'absence d'un siège d'activité économique ou d'un établissement stable, a son domicile et sa résidence habituelle dans un seul pays, cette prestation de services est imposable dans ce pays.

Le prestataire établit ce lieu sur la base des informations fournies par le preneur, qu'il vérifie au moyen des procédures de sécurité commerciales normales telles que celles relatives aux contrôles d'identité ou de paiement.

Ces informations peuvent inclure un numéro d'identification TVA attribué par l'Etat membre où le preneur est établi.

Art. 21 Lorsqu'une prestation de services effectuée en faveur d'un assujetti ou d'une personne morale non assujettie assimilée à un assujetti relève de l'article 44 de la directive 2006/112/CE et que l'assujetti est établi dans plus d'un pays, cette prestation est imposable dans le pays où cet assujetti a établi le siège de son activité économique.

Toutefois, lorsque la prestation de services est fournie à un établissement stable de l'assujetti situé en un lieu autre que l'endroit où il a établi le siège de son activité économique, cette prestation est imposable au lieu de l'établissement stable qui reçoit ce service et l'utilise pour ses propres besoins.

Lorsque l'assujetti ne dispose pas d'un siège d'activité économique ou d'un établissement stable, le service est imposable au lieu de son domicile ou de sa résidence habituelle.

Art. 22 1. Afin d'identifier l'établissement stable du preneur auquel le service est fourni, le prestataire examine la nature et l'utilisation du service fourni.

Lorsque la nature et l'utilisation du service fourni ne lui permettent pas d'identifier l'établissement stable auquel le service est fourni, le prestataire, pour identifier cet établissement stable, examine en particulier si le contrat, le bon de commande et le numéro d'identification TVA attribué par l'Etat membre du preneur et qui lui a été communiqué par le preneur identifient l'établissement stable comme preneur du service et si l'établissement stable est l'entité qui paie pour le service.

Lorsque l'établissement stable du preneur auquel le service est fourni ne peut pas être déterminé en vertu des alinéas 1 et 2 du présent paragraphe ou lorsque des services relevant de l'article 44 de la directive 2006/112/CE sont fournis à un assujetti dans le cadre d'un contrat couvrant un ou plusieurs services destinés à être utilisés, de manière non identifiable ou non quantifiable, le prestataire considère légitimement que les services sont fournis au lieu où le preneur a établi le siège de son activité économique.

2. L'application du présent article est sans préjudice des obligations du preneur.

Art. 23 1. A partir du 1er janvier 2013, lorsqu'en vertu de l'article 56, paragraphe 2, premier alinéa, de la directive 2006/112/CE, une prestation de services est imposable au lieu d'établissement du preneur ou, en l'absence d'établissement, au lieu où celui-ci a son domicile ou sa résidence habituelle, le prestataire établit ce lieu sur la base des informations factuelles fournies par le preneur, qu'il vérifie au moyen des procédures de sécurité commerciales normales telles que celles relatives aux contrôles d'identité ou de paiement.

2. Lorsqu'en vertu des articles 58 et 59 de la directive 2006/112/CE, une prestation de services est imposable au lieu d'établissement du preneur ou, en l'absence d'établissement, au lieu où celui-ci a son domicile ou sa résidence habituelle, le prestataire établit ce lieu sur la base des informations factuelles fournies par le preneur, qu'il vérifie au moyen des procédures de sécurité commerciales normales telles que celles relatives aux contrôles d'identité ou de paiement.

Art. 24 Lorsque des services relevant de l'article 56, paragraphe 2, premier alinéa, ou des articles 58 et 59 de la directive 2006/112/CE sont fournis à une personne non assujettie établie dans plus d'un pays ou ayant son domicile dans un pays et sa résidence habituelle dans un autre, la priorité est donnée :

a. dans le cas d'une personne morale non assujettie, au lieu visé au point a) de l'article 13 bis du présent règlement, sauf si des éléments de preuve indiquent que le service est utilisé sur le lieu d'établissement visé au point b) dudit article ;

b. dans le cas d'une personne physique, au lieu où elle a sa résidence habituelle, sauf si des éléments de preuve indiquent que le service est utilisé à son domicile.

Sous-section 3 bis
Présomptions relatives à la localisation du preneur

Art. 24 bis 1. Pour l'application des articles 44, 58 et 59 bis de la directive 2006/112/CE, lorsqu'un prestataire de services de télécommunication, de services de radiodiffusion et de télévision ou de services fournis par voie électronique fournit ces services dans un lieu tel qu'une cabine téléphonique, une zone d'accès sans fil, un café internet, un restaurant ou le foyer d'un hôtel, où la présence physique à cet endroit du destinataire du service est requise pour que le service lui soit fourni par ce prestataire, il est présumé que le preneur est établi, a son domicile ou a sa résidence habituelle audit lieu et que le service y est effectivement utilisé ou exploité.

2. Si le lieu d'établissement visé au paragraphe 1 du présent article se situe à bord d'un bateau, d'un avion ou d'un train effectuant un transport de passagers à l'intérieur de la Communauté en application des articles 37 et 57 de la directive 2006/112/CE, le lieu de localisation est le pays de départ de l'opération de transport de passagers.

Art. 24 ter Pour l'application de l'article 58 de la directive 2006/112/CE, lorsque des services de télécommunication, des services de radiodiffusion et de télévision ou des services fournis par voie électronique sont fournis à une personne non assujettie :

a) par l'intermédiaire de sa ligne fixe, il est présumé que le preneur est établi, a son domicile ou a sa résidence habituelle au lieu d'installation de la ligne fixe ;

b) à partir de réseaux mobiles, il est présumé que le preneur est établi, a son domicile ou a sa résidence habituelle dans le pays identifié par le code mobile national de la carte SIM utilisée lorsqu'il reçoit les services en question ;

c) pour lesquels l'utilisation d'un décodeur ou d'un dispositif similaire ou d'une carte de décryptage est nécessaire et qui ne donnent pas lieu à l'utilisation d'une ligne fixe, il est présumé que le preneur est établi, a son domicile ou a sa résidence habituelle au lieu où se trouve ce décodeur ou ce dispositif similaire ou, si ce lieu n'est pas connu, au lieu où la carte de décryptage est envoyée en vue d'y permettre son utilisation ;

d) dans des conditions autres que celles qui sont visées à l'article 24 bis et aux points a), b) et c) du présent article, il est présumé que le preneur est établi, a son domicile ou a sa résidence habituelle au lieu identifié comme tel par le prestataire sur la base de deux éléments de preuve non contradictoires visés à l'article 24 septies du présent règlement.

Sans préjudice du premier alinéa, point d), pour les prestations de services relevant dudit point, lorsque la valeur totale de ces prestations, hors TVA, effectuées par un assujetti à partir du siège de son activité économique ou d'un établissement stable situé dans un Etat membre, ne dépasse pas 100 000 € ou sa contre-valeur en monnaie nationale, au cours de l'année civile en cours et de la précédente, il est présumé que le preneur est établi, a son domicile ou a sa résidence habituelle au lieu identifié comme tel par le prestataire sur la base d'un élément de preuve visé à l'article 24 septies, points a) à e), fourni par une personne participant à la prestation des services, autre que le prestataire ou le preneur.

Lorsque, au cours d'une année civile, le seuil prévu au deuxième alinéa a été dépassé, ledit alinéa ne s'applique plus à compter de ce moment et jusqu'à ce que les conditions énoncées dans ledit alinéa soient à nouveau remplies.

La contre-valeur du montant en monnaie nationale est calculée par application du taux de change publié par la Banque centrale européenne à la date d'adoption du règlement d'exécution (UE) 2017/2459 du Conseil *[NDLR Règlement d'exécution (UE) 2017/2459 du 5 décembre 2017, JOUE 29/12/2017 L 348/32]*.

Art. 24 quater Pour l'application de l'article 56, paragraphe 2, de la directive 2006/112/CE, lorsque la location, autre que la location de courte durée, de moyens de transport est fournie à une personne non assujettie, il est présumé que le preneur est établi, a son domicile ou a sa résidence habituelle au lieu identifié comme tel par le prestataire sur la base de deux éléments de preuve non contradictoires énumérés à l'article 24 sexies du présent règlement.

Sous-section 3 ter
Réfutation des présomptions

Art. 24 quinquies 1. Lorsqu'un prestataire fournit un service mentionné à l'article 58 de la directive 2006/112/CE, il peut réfuter une présomption visée à l'article 24 bis ou à l'article 24 ter, points a), b) ou c), du présent règlement sur la base de trois éléments de preuve non contradictoires indiquant que le preneur est établi ou a son domicile ou sa résidence habituelle à un autre endroit.

2. Une autorité fiscale peut réfuter des présomptions fondées sur l'article 24 bis, 24 ter ou 24 quater lorsqu'il existe des indications d'abus ou de fraude du prestataire.

Sous-section 3 quater
Eléments de preuve permettant de déterminer la localisation du preneur et de réfuter des présomptions

Art. 24 sexies Aux fins de l'application des règles prévues à l'article 56, paragraphe 2, de la directive

2006/112/CE et du respect des exigences prévues à l'article 24 quater du présent règlement, les éléments suivants font notamment office de preuve :

a. l'adresse de facturation du preneur ;

b. les coordonnées bancaires, telles que le lieu où est tenu le compte bancaire utilisé pour le paiement ou l'adresse de facturation du preneur connue par la banque ;

c. des informations détaillées sur l'immatriculation du moyen de transport loué par le preneur, si celle-ci est requise à l'endroit où le véhicule est utilisé, ou d'autres informations similaires ;

d. d'autres informations commerciales pertinentes.

Art. 24 septies Aux fins de l'application des règles prévues à l'article 58 de la directive 2006/112/CE et du respect des exigences prévues à l'article 24 ter, point d), ou à l'article 24 quinquies, paragraphe 1, du présent règlement, les éléments suivants font notamment office de preuve :

a. l'adresse de facturation du preneur ;

b. l'adresse IP (protocole internet) du dispositif utilisé par le preneur ou toute autre méthode de géolocalisation ;

c. les coordonnées bancaires, telles que le lieu où est tenu le compte bancaire utilisé pour le paiement ou l'adresse de facturation du preneur connue par la banque ;

d. le code mobile national (MCC) de l'identité internationale de l'abonné mobile (IMSI) enregistré sur la carte SIM (module d'identité de l'abonné) utilisée par le preneur ;

e. la localisation de la ligne fixe du preneur par l'intermédiaire de laquelle le service lui est fourni ;

f. d'autres informations commerciales pertinentes.

Sous-section 4
Dispositions communes concernant la détermination du statut, de la qualité et du lieu d'établissement du preneur

Art. 25 Pour l'application des règles relatives au lieu des prestations de services, seules les circonstances existant au moment du fait générateur sont prises en compte. Toute modification ultérieure de l'usage du service fourni est sans conséquence sur la détermination du lieu de prestation, pour autant qu'il n'existe aucune pratique abusive.

Sous-section 5
Prestations de services couvertes par les règles générales

Art. 26 Une opération par laquelle un organisme octroie des droits de retransmission télévisée de matchs de football à des assujettis relève de l'article 44 de la directive 2006/112/CE.

Art. 27 Les prestations de services qui consistent à demander ou à percevoir un remboursement de la TVA au titre de la directive 2008/9/CE du Conseil du 12 février 2008 définissant les modalités du remboursement de la taxe sur la valeur ajoutée, prévu par la directive 2006/112/CE, en faveur des assujettis qui ne sont pas établis dans l'Etat membre du remboursement, mais dans un autre Etat membre (27) relèvent de l'article 44 de la directive 2006/112/CE.

Art. 28 Dans la mesure où elles constituent un seul et même service, les prestations de services effectuées dans le cadre de l'organisation d'obsèques relèvent des articles 44 et 45 de la directive 2006/112/CE.

Art. 29 Sans préjudice de l'article 41 du présent règlement, les prestations de services consistant en la traduction de textes relèvent des articles 44 et 45 de la directive 2006/112/CE.

Sous-section 6
Prestations de services intermédiaires

Art. 30 Les prestations de services des intermédiaires visées à l'article 46 de la directive 2006/112/CE couvrent aussi bien les prestations de services effectuées par les intermédiaires qui agissent au nom et pour le compte du preneur de la prestation entremise que les prestations de services effectuées par les intermédiaires qui agissent au nom et pour le compte du prestataire de la prestation entremise.

Art. 31 Les services prestés par des intermédiaires agissant au nom et pour le compte d'autrui, et qui ont pour objet de s'entremettre dans un service d'hébergement dans le secteur hôtelier ou des secteurs ayant une fonction similaire relèvent :

a) de l'article 44 de la directive 2006/112/CE, s'ils sont fournis à un assujetti agissant en tant que tel ou à une personne morale non assujettie considérée comme un assujetti ;

b) de l'article 46 de ladite directive, s'ils sont fournis à une personne non assujettie.

Sous-section 6 bis
Prestations de services se rattachant à un bien immeuble

Art. 31 bis 1. Les services se rattachant à un bien immeuble, au sens de l'article 47 de la directive 2006/112/CE, ne comprennent que les services présentant un lien suffisamment direct avec le bien concerné. Les services sont considérés comme ayant un lien suffisamment direct avec un bien immeuble dans les cas suivants :

a. lorsqu'ils sont issus d'un bien immeuble, que ledit bien immeuble est un élément constitutif du service et qu'il est central et essentiel pour les services fournis ;

b. lorsqu'ils sont fournis ou destinés à un bien immeuble et ont pour objet de modifier le statut juridique ou les caractéristiques physiques dudit bien.

2. Le paragraphe 1 couvre notamment :

a. l'établissement de plans d'un immeuble ou de parties d'un immeuble destiné à être érigé sur une

(27) JO L 44 du 20.2.2008, p. 23.

parcelle de terrain déterminée, indépendamment du fait que la construction ait lieu ou non ;

b. la prestation de services de surveillance ou de sécurité sur place ;

c. la construction d'un immeuble sur un terrain, ainsi que les travaux de construction et de démolition exécutés sur un immeuble ou des parties d'un immeuble ;

d. la construction de structures permanentes sur un terrain, ainsi que les travaux de construction et de démolition exécutés sur des structures permanentes telles que les réseaux de canalisations pour le gaz et l'eau, les égouts et les structures similaires ;

e. les travaux effectués sur des terrains, y compris des services agricoles tels que le labourage, l'ensemencement, l'irrigation et la fertilisation ;

f. l'étude et l'évaluation du risque et de l'intégrité du bien immeuble ;

g. l'évaluation du bien immeuble, y compris lorsque ces services sont nécessaires à des fins d'assurance, pour déterminer la valeur d'un bien immeuble comme garantie pour un prêt ou pour apprécier les risques et dommages dans des litiges ;

h. le crédit-bail ou la location d'un bien immeuble, dans les cas autres que ceux couverts par le paragraphe 3, point c), y compris l'entreposage de biens dans une partie spécifique du bien immeuble affectée à l'usage exclusif du preneur ;

i. les services d'hébergement dans le secteur hôtelier ou dans des secteurs ayant une fonction similaire, tels que les camps de vacances ou les terrains aménagés pour le camping, y compris le droit de séjourner dans un lieu spécifique résultant de la conversion de droits d'utilisation à temps partagé et les situations analogues ;

j. l'octroi ou le transfert de droits, autres que ceux visés aux points h) et i), relatifs à l'usage de l'ensemble ou de parties d'un bien immeuble, y compris l'autorisation d'utiliser une partie d'un bien, tels que l'octroi de droits de pêche ou de chasse, ou d'accès à des salons d'attente dans les aéroports, ou d'utiliser une infrastructure soumise au péage, comme les ponts ou les tunnels ;

k. l'entretien, la rénovation et la réparation d'un immeuble ou de parties d'un immeuble, y compris les travaux tels que le nettoyage, la pose de carrelage, de papier peint et de parquet ;

l. l'entretien, la rénovation et la réparation de structures permanentes telles que les réseaux de canalisations pour le gaz et l'eau, les égouts et les structures similaires ;

m. l'installation ou le montage de machines ou de matériel qui, après installation ou montage, sont considérés comme des biens immeubles ;

n. l'entretien et la réparation, l'inspection et le contrôle des machines ou du matériel si ces machines ou ce matériel sont considérés comme des biens immeubles ;

o. la gestion de propriété, autre que la gestion des portefeuilles d'investissements immobiliers visée au paragraphe 3, point g), consistant en l'exploitation de biens immobiliers commerciaux, industriels ou résidentiels, par le propriétaire ou pour le compte de celui-ci ;

p. les services d'intermédiaire concernant la vente, le crédit-bail ou la location de biens immeubles et l'octroi ou le transfert de certains droits sur un bien immeuble ou de droits réels immobiliers (qu'ils soient ou non assimilés à des biens corporels), autres que les services d'intermédiaire visés au paragraphe 3, point d) ;

q. les services juridiques relatifs au transfert d'un titre de propriété immobilière, à l'octroi ou au transfert de certains droits sur un bien immeuble ou de droits réels immobiliers (qu'ils soient ou non assimilés à des biens corporels), tels que les actes notariés, ou à l'établissement d'un contrat en vue de la vente ou de l'achat d'un bien immeuble, même si l'opération principale se traduisant par la modification du statut juridique desdits biens n'est pas menée à terme.

3. Le paragraphe 1 ne couvre pas :

a. l'établissement de plans d'un immeuble ou de parties d'un immeuble si l'immeuble n'est pas destiné à être érigé sur une parcelle de terrain déterminée ;

b. l'entreposage de biens dans un bien immeuble si aucune partie spécifique du bien immeuble n'est affectée à l'usage exclusif du preneur ;

c. les services de publicité, même s'ils impliquent l'usage de biens immeubles ;

d. les services d'intermédiaire dans la prestation de services d'hébergement dans le secteur hôtelier ou dans des secteurs ayant une fonction similaire, telles que les camps de vacances ou les terrains aménagés pour le camping, si l'intermédiaire agit au nom et pour le compte d'une autre personne ;

e. la mise à disposition d'un stand sur le site d'une foire ou d'une exposition, ainsi que d'autres services connexes permettant à l'exposant de présenter des objets, tels que la conception du stand, le transport et l'entreposage des objets, la mise à disposition de machines, le câblage, l'assurance et la publicité ;

f. l'installation ou le montage, l'entretien et la réparation, l'inspection ou le contrôle des machines ou du matériel qui ne font pas partie du bien immeuble ou n'en deviennent pas partie ;

g. la gestion des portefeuilles d'investissements immobiliers ;

h. les services juridiques relatifs à des contrats, autres que ceux visés au paragraphe 2, point q), y compris les conseils donnés sur les clauses d'un contrat de transfert d'un bien immeuble, ou l'exécution d'un tel contrat, ou visant à prouver l'existence d'un tel contrat, lorsque ces services ne sont pas spécifiques au transfert d'un titre de propriété sur un bien immeuble.

Art. 31 ter Lorsque du matériel est mis à la disposition d'un preneur en vue de l'exécution de travaux sur un bien immeuble, cette opération ne constitue une prestation de services se rattachant à un bien immeuble que si le prestataire assume la responsabilité de l'exécution des travaux.

Un prestataire qui fournit du matériel ainsi que du personnel en nombre suffisant pour son fonctionnement en vue de l'exécution de travaux est considéré comme ayant assumé la responsabilité de l'exécution des travaux concernés. Cette présomption selon laquelle le prestataire assume la responsabilité de l'exécution des travaux peut être réfutée par tout moyen pertinent de fait ou de droit.

Art. 31 quater Aux fins de la détermination du lieu de prestation de services de télécommunication, de services de radiodiffusion et de télévision ou de services fournis par voie électronique fournis par un assujetti agissant en son nom propre dans le cadre d'un service d'hébergement dans le secteur hôtelier ou dans des secteurs ayant une fonction similaire, tels que les camps de vacances ou les terrains aménagés pour le camping, ces services sont considérés comme étant fournis sur les lieux de prestation concernés.

Sous-section 7
Prestations de services culturels, artistiques, sportifs, scientifiques, éducatifs et de divertissement et manifestations similaires

Art. 32 1. Les services ayant pour objet l'accès à des manifestions culturelles, artistiques, sportives, scientifiques, éducatives, de divertissement ou similaires visés à l'article 53 de la directive 2006/112/CE comprennent les prestations de services dont les caractéristiques essentielles consistent à octroyer un droit d'accès à une manifestation en échange d'un billet ou d'une rémunération, y compris une rémunération sous forme d'un abonnement ou d'une cotisation périodique.

2. Le paragraphe 1 s'applique notamment :

a) au droit d'accès à des spectacles, représentations théâtrales, spectacles de cirques, foires, parcs d'attraction, concerts, expositions, ainsi qu'à d'autres manifestations culturelles similaires ;

b) au droit d'accès à des manifestations sportives telles que matches ou compétitions ;

c) au droit d'accès à des manifestations éducatives et scientifiques telles que des conférences et des séminaires.

3. Ne relève pas du paragraphe 1 l'utilisation d'installations, telles que des salles de gymnastique ou autres, en échange du paiement d'une cotisation.

Art. 33 Les services accessoires visés à l'article 53 de la directive 2006/112/CE comprennent les services qui sont en relation directe avec l'accès à des manifestations culturelles, artistiques, sportives, scientifiques, éducatives, de divertissement ou similaires et qui sont fournis séparément à la personne qui assiste à une manifestation, moyennant une contrepartie distincte.

De tels services accessoires comprennent notamment l'utilisation de vestiaires ou d'installations sanitaires, mais ne comprennent pas les simples services d'intermédiaires relatifs à la vente de billets.

Art. 33 bis La délivrance de billets d'accès à une manifestation culturelle, artistique, sportive, scientifique, éducative, de divertissement ou à une manifestation similaire par un intermédiaire agissant en son nom propre, mais pour le compte de l'organisateur, ou par un assujetti autre que l'organisateur, agissant en son nom propre, est couverte par l'article 53 et l'article 54, paragraphe 1, de la directive 2006/112/CE.

Sous-section 8
Prestations de services accessoires au transport, expertises de biens meubles et travaux portant sur ces biens

Art. 34 A l'exception du cas où les biens à assembler sont intégrés dans un bien immeuble, le lieu des prestations de services fournies à une personne non assujettie et consistant uniquement en l'assemblage, par un assujetti, de différentes parties d'une machine, dont la totalité a été fournie au prestataire par le preneur, est déterminé conformément à l'article 54 de la directive 2006/112/CE.

Sous-section 9
Prestations de services de restaurant et de restauration à bord de moyens de transport

Art. 35 La partie d'un transport de passagers effectuée dans la Communauté, visée à l'article 57 de la directive 2006/112/CE, est déterminée par le parcours du moyen de transport et non par le parcours effectué par chacun des passagers.

Art. 36 Les prestations de services de restaurant et de restauration fournies au cours de la partie d'un transport de passagers effectuée dans la Communauté relèvent de l'article 57 de la directive 2006/112/CE.

Les prestations de services de restaurant et de restauration fournies en dehors de la partie d'un transport de passagers effectuée dans la Communauté, mais sur le territoire d'un Etat membre ou d'un pays tiers ou d'un territoire tiers, relèvent de l'article 55 de ladite directive.

Art. 37 Le lieu de prestation d'un service de restaurant ou de restauration exécuté dans la Communauté partiellement au cours de la partie d'un transport de passagers effectuée dans la Communauté et partiellement en dehors de cette partie, mais sur le territoire d'un Etat membre, est déterminé dans sa totalité selon les règles utilisées pour déterminer le lieu de prestation au début de la prestation du service de restaurant ou de restauration.

Sous-section 10
Location de moyens de transport

Art. 38 1. Les « moyens de transport » visés à l'article 56 et à l'article 59, premier alinéa, point g), de la directive 2006/112/CE incluent les véhicules, motorisés ou non, et les autres dispositifs ou équipements destinés au transport de personnes ou de biens d'un endroit à l'autre, susceptibles d'être tirés, tractés ou poussés par des véhicules et qui sont normalement conçus pour être utilisés à des fins de transport et effectivement aptes à l'être.

2. Sont notamment des moyens de transport visés au paragraphe 1, les véhicules suivants :

a) les véhicules terrestres tels qu'automobiles, motocyclettes, bicyclettes, tricycles et caravanes ;

b) les remorques et semi-remorques ;

c) les wagons de chemin de fer ;

d) les bateaux ;

e) les aéronefs ;

f) les véhicules spécialement conçus pour le transport de personnes malades ou blessées ;

g) les tracteurs et autres véhicules agricoles ;

h) les véhicules à propulsion mécanique ou électronique pour personnes handicapées.

3. Ne sont pas des moyens de transport visés au paragraphe 1, les véhicules qui sont immobilisés en permanence et les conteneurs.

Art. 39 1. Pour l'application de l'article 56 de la directive 2006/112/CE, la durée de la possession ou de l'utilisation continue d'un moyen de transport qui fait l'objet d'une location est déterminée sur la base du contrat conclu entre les parties concernées.

Le contrat constitue une présomption qui peut être réfutée par tout moyen de fait ou de droit permettant d'établir la durée réelle de la possession ou de l'utilisation continue.

Le dépassement pour cause de force majeure de la durée contractuelle de la location de courte durée au sens de l'article 56 de la directive 2006/112/CE n'a pas d'incidence sur la détermination de la durée de la possession ou de l'utilisation continue du moyen de transport.

2. Lorsque la location d'un même moyen de transport est couverte par des contrats successifs conclus entre les mêmes parties, la durée est celle de la possession ou de l'utilisation continue du moyen de transport au titre de l'ensemble des contrats.

Aux fins du premier alinéa, un contrat et ses prorogations sont des contrats successifs.

Cependant, la durée du ou des contrats de location de courte durée qui précèdent le contrat qui est qualifié de longue durée n'est pas remise en question pour autant qu'il n'existe pas de pratique abusive.

3. Sauf pratique abusive, des contrats successifs entre les mêmes parties relatifs à des moyens de transport différents ne sont pas considérés comme des contrats successifs aux fins du paragraphe 2.

Art. 40 Le lieu où le moyen de transport est effectivement mis à la disposition du preneur tel que visé à l'article 56, paragraphe 1, de la directive 2006/112/CE est celui où le preneur ou un tiers agissant pour le compte de ce dernier en prend physiquement possession.

Sous-section 11
Services fournis à des personnes non assujetties établies en dehors de la Communauté

Art. 41 Les prestations de services consistant en la traduction de textes fournies à une personne non assujettie établie en dehors de la Communauté relèvent de l'article 59, premier alinéa, point c), de la directive 2006/112/CE.

CHAPITRE V BIS
FAIT GENERATEUR ET EXIGIBILITE DE LA TAXE (TITRE VI DE LA DIRECTIVE 2006/112/CE)

Art. 41 bis Aux fins de l'application de l'article 66 bis de la directive 2006/112/CE, le moment où le paiement a été accepté désigne le moment où la confirmation du paiement, le message d'autorisation du paiement ou un engagement de paiement de la part de l'acquéreur est reçu par le fournisseur vendant les biens au moyen de l'interface électronique ou pour son compte, indépendamment du moment où le montant est effectivement versé, selon ce qui intervient en premier.

CHAPITRE VI
BASE D'IMPOSITION (TITRE VII DE LA DIRECTIVE 2006/112/CE)

Art. 42 Lorsqu'un fournisseur de biens ou un prestataire de services exige que, pour l'acceptation d'un paiement par carte de crédit ou de débit, le client paie un montant à lui-même ou à une autre entreprise, et lorsque le prix total à payer par ce client reste inchangé, quel que soit le mode de paiement, ce montant fait partie intégrante de la base d'imposition de la livraison de biens ou de la prestation de services conformément aux articles 73 à 80 de la directive 2006/112/CE.

CHAPITRE VII
TAUX

Art. 43 La « fourniture d'hébergement de vacances », visée à l'annexe III, point 12, de la directive 2006/112/CE, inclut la location de tentes, de caravanes ou de mobile homes qui sont installés sur des terrains de camping et utilisés à titre d'hébergement.

CHAPITRE VIII
EXONERATIONS

Section 1
Exonérations en faveur de certaines activités d'intérêt général (Articles 132, 133 et 134 de la directive 2006/112/CE)

Art. 44 Les services de formation ou de recyclage professionnel dispensés dans les conditions de l'article 132, paragraphe 1, point i), de la directive 2006/112/CE comprennent l'enseignement directement lié à un secteur ou à une profession, ainsi que l'enseignement dispensé en vue de l'acquisition ou de l'entretien de connaissances dans un but professionnel. La durée d'une formation ou d'un recyclage professionnel n'a aucune incidence à cet effet.

Section 2
Exonérations en faveur d'autres activités
(Articles 135, 136 et 137 de la directive 2006/112/CE)

Art. 45 L'exonération prévue à l'article 135, paragraphe 1, point e), de la directive 2006/112/CE ne s'applique pas aux nobles de platine.

Section 2 bis
Exonérations liées aux opérations intracommunautaires
(Articles 138 à 142 de la directive 2006/112/CE)

Art. 45 bis 1. Aux fins de l'application des exonérations prévues à l'article 138 de la directive 2006/112/CE, il est présumé que les biens ont été expédiés ou transportés à partir d'un Etat membre vers une destination située en dehors de son territoire mais dans la Communauté dans l'un des cas suivants :

a) le vendeur indique que les biens ont été expédiés ou transportés par lui ou par un tiers pour son compte, et soit le vendeur est en possession d'au moins deux éléments de preuve non contradictoires visés au paragraphe 3, point a), délivrés par deux parties différentes qui sont indépendantes l'une de l'autre, du vendeur et de l'acquéreur, soit le vendeur est en possession d'un seul élément de preuve visé au paragraphe 3, point a), en combinaison avec un seul élément de preuve non contradictoire visé au paragraphe 3, point b), confirmant l'expédition ou le transport, délivrés par deux parties différentes qui sont indépendantes l'une de l'autre, du vendeur et de l'acquéreur ;

b) le vendeur est en possession des documents suivants :

i) une déclaration écrite de l'acquéreur, attestant que les biens ont été expédiés ou transportés par lui, ou par un tiers pour son compte, et spécifiant l'Etat membre de destination des biens ; cette déclaration écrite mentionne : la date d'émission ; le nom et l'adresse de l'acquéreur ; la quantité et la nature des biens ; la date et le lieu d'arrivée des biens ; en cas de livraison de moyens de transport, le numéro d'identification du moyen de transport ; et l'identification de la personne qui accepte les biens au nom de l'acquéreur ; et

ii) au moins deux éléments de preuve non contradictoires visés au paragraphe 3, point a) délivrés par deux parties différentes qui sont indépendantes l'une de l'autre, du vendeur et de l'acquéreur ou un seul élément de preuve visé au paragraphe 3, point a), en combinaison avec un seul élément de preuve non contradictoire visé au paragraphe 3, point b), confirmant le transport ou l'expédition, délivrés par deux parties différentes qui sont indépendantes l'une de l'autre, du vendeur et de l'acquéreur.

L'acquéreur doit fournir au vendeur la déclaration écrite visée au point b) i) au plus tard le dixième jour du mois suivant la livraison.

2. Une autorité fiscale peut réfuter une présomption qui a été faite en vertu du paragraphe 1.

3. Aux fins du paragraphe 1, les éléments suivants sont acceptés comme preuve de l'expédition ou du transport :

a) des documents relatifs à l'expédition ou au transport des biens, tels qu'un document ou une lettre CMR signé, un connaissement, une facture de fret aérien ou une facture du transporteur des biens ;

b) les documents suivants :

i) une police d'assurance concernant l'expédition ou le transport des biens ou des documents bancaires prouvant le paiement de l'expédition ou du transport des biens ;

ii) des documents officiels délivrés par une autorité publique, telle qu'un notaire, confirmant l'arrivée des biens dans l'Etat membre de destination ;

iii) un récépissé délivré par un entrepositaire dans l'Etat membre de destination attestant l'entreposage des biens dans cet Etat membre.

Section 3
Exonérations à l'importation
(Articles 143, 144 et 145 de la directive 2006/112/CE)

Art. 46 L'exonération prévue à l'article 144 de la directive 2006/112/CE s'applique aux prestations de services de transport se rapportant à une importation de biens meubles à l'occasion d'un transfert de résidence.

Section 4
Exonérations à l'exportation
(Articles 146 et 147 de la directive 2006/112/CE)

Art. 47 Les « moyens de transport à usage privé » visés à l'article 146, paragraphe 1, point b), de la directive 2006/112/CE comprennent les moyens de transport utilisés à des fins non professionnelles par des personnes autres que des personnes physiques, telles que des organismes de droit public au sens de l'article 13 de ladite directive et des associations.

Art. 48 Afin de déterminer, comme condition à l'exonération de la livraison de biens transportés dans les bagages personnels des voyageurs, si le seuil fixé par un Etat membre conformément à l'article 147, paragraphe 1, premier alinéa, point c), de la directive 2006/112/CE a été dépassé, le calcul nécessaire est effectué sur la base de la valeur de la facture. La valeur cumulée de plusieurs biens ne peut être utilisée que si l'ensemble de ces biens figure sur la même facture émise par le même assujetti fournissant les biens au même client.

Section 5
Exonérations concernant certaines opérations assimilées aux exportations
(Articles 151 et 152 de la directive 2006/112/CE)

Art. 49 L'exonération prévue à l'article 151 de la directive 2006/112/CE s'applique également aux services électroniques lorsque ceux-ci sont fournis par un assujetti bénéficiant du régime particulier applicable aux services fournis par voie électronique prévu aux articles 357 à 369 de ladite directive.

Art. 50 1. Pour être reconnu comme organisme international aux fins de l'article 143, paragraphe 1, point g) et de l'article 151, paragraphe 1, premier alinéa, point b), de la directive 2006/112/CE, un organisme devant être établi en tant que consortium pour une infrastructure européenne de recherche (ERIC), visé au règlement (CE) n° 723/2009 du Conseil du 25 juin 2009 relatif à un cadre juridique communautaire applicable à un Consortium pour une infrastructure européenne de recherche (ERIC) (28), remplit toutes les conditions suivantes :

a) il est doté de la personnalité juridique propre et dispose de la pleine capacité juridique ;

b) il est établi conformément au droit de l'Union européenne et relève de celui-ci ;

c) il compte parmi ses membres des Etats membres et, le cas échéant, des pays tiers et des organisations intergouvernementales, mais aucun organisme privé ;

d) il a des objectifs spécifiques et légitimes qui sont poursuivis conjointement et sont essentiellement de nature non commerciale.

2. L'exonération prévue à l'article 143, paragraphe 1, point g), et à l'article 151, paragraphe 1, premier alinéa, point b), de la directive 2006/112/CE s'applique à un ERIC visé au paragraphe 1, lorsqu'il est reconnu comme organisme international par l'Etat membre d'accueil.

Les limites et conditions de cette exonération sont fixées dans un accord entre les membres de l'ERIC conformément à l'article 5, paragraphe 1, point d), du règlement (CE) n° 723/2009. Lorsque les biens ne sont pas expédiés ou transportés en dehors de l'Etat membre où la livraison de ces biens est effectuée, de même que pour les prestations de services, le bénéfice de l'exonération peut être accordé selon une procédure de remboursement de la TVA, conformément à l'article 151, paragraphe 2, de la directive 2006/112/CE.

Art. 51 1. Lorsque le destinataire d'une livraison de biens ou d'une prestation de services est établi dans la Communauté mais en dehors de l'Etat membre dans lequel la livraison ou la prestation a lieu, le certificat d'exonération de la TVA et/ou des droits d'accise prévu à l'annexe II du présent règlement sert à confirmer que l'opération peut bénéficier de ladite exonération en vertu de l'article 151 de la directive 2006/112/CE, sous réserve des notes explicatives figurant à l'annexe dudit certificat.

En utilisant ce certificat, l'Etat membre où est établi celui qui reçoit la livraison de biens ou la prestation de services peut décider s'il utilise un certificat d'exonération commun TVA et accises ou s'il utilise deux certificats distincts.

(28) JO L 206 du 8.8.2009, p. 1.

2. Le certificat visé au paragraphe 1 est revêtu du cachet des autorités compétentes de l'Etat membre d'accueil. Toutefois, si les biens ou services sont destinés à un usage officiel, les Etats membres peuvent, dans les conditions qu'ils fixent, dispenser le destinataire de l'obligation de faire apposer le cachet sur le certificat. Cette dispense peut être retirée en cas d'abus.

Les Etats membres communiquent à la Commission quel est le point de contact désigné pour identifier les services chargés d'apposer le cachet sur le certificat et dans quelle mesure ils ont accordé une exemption de l'obligation de faire apposer le cachet sur le certificat. La Commission en informe les autres Etats membres.

3. Lorsqu'une exonération directe est appliquée dans l'Etat membre où la livraison de biens ou la prestation de services a lieu, le fournisseur ou le prestataire obtient le certificat visé au paragraphe 1 du présent article auprès du destinataire des biens ou des services et conserve ce certificat dans ses livres. Si l'exonération est accordée sous forme d'un remboursement de la TVA, conformément à l'article 151, paragraphe 2, de la directive 2006/112/CE, le certificat est joint à la demande de remboursement adressée à l'Etat membre concerné.

CHAPITRE IX
DEDUCTIONS
(TITRE X DE LA DIRECTIVE 2006/112/CE)

Art. 52 Lorsque l'Etat membre d'importation a mis en place un système permettant l'accomplissement des formalités douanières par des procédés électroniques, les termes « document constatant l'importation » à l'article 178, point e), de la directive 2006/112/CE se rapportent aux versions électroniques de ces documents si celles-ci permettent de contrôler l'exercice du droit à déduction.

CHAPITRE X
OBLIGATIONS DES ASSUJETTIS ET DE CERTAINES PERSONNES NON ASSUJETTIES
(TITRE XI DE LA DIRECTIVE 2006/112/CE)

Section 1
Redevables de la taxe envers le Trésor
(Articles 192 bis à 205 de la directive 2006/112/CE)

Art. 53 1. Pour l'application de l'article 192 bis de la directive 2006/112/CE, est pris en considération un établissement stable dont l'assujetti dispose, seulement lorsqu'il est caractérisé par un degré suffisant de permanence et une structure appropriée en termes de moyens humains et techniques, lui permettant d'effectuer la livraison de biens ou la prestation de services à laquelle il participe.

2. Lorsqu'un assujetti dispose d'un établissement stable sur le territoire de l'Etat membre dans lequel la TVA est due, cet établissement est considéré comme ne participant pas à la livraison de biens ou la prestation de services au sens de l'article 192 bis,

point b), de la directive 2006/112/CE, à moins que les moyens techniques et humains de cet établissement stable ne soient utilisés par cet assujetti pour des opérations inhérentes à l'accomplissement de la livraison de ces biens ou de la prestation de ces services imposable effectuée dans cet Etat membre, avant ou pendant la réalisation de cette livraison ou prestation.

Lorsque les moyens de l'établissement stable sont utilisés uniquement pour des tâches de soutien administratif comme la comptabilité, la facturation et le recouvrement de créances, ils ne sont pas considérés comme étant utilisés aux fins de la livraison de biens ou la prestation de services.

Toutefois, si une facture est émise sous le numéro d'identification TVA attribué par l'Etat membre de l'établissement stable, cet établissement stable est réputé avoir participé à la livraison de biens ou à la prestation de services effectuée dans cet Etat membre, sauf preuve du contraire.

Art. 54 Lorsqu'un assujetti a établi le siège de son activité économique sur le territoire de l'Etat membre dans lequel la TVA est due, l'article 192 bis de la directive 2006/112/CE ne s'applique pas, que ce siège participe ou ne participe pas à la livraison de biens ou à la prestation de services qu'il réalise dans cet Etat membre.

Section 1 bis
Obligations générales
(Articles 242 et 243 de la directive 2006/112/CE)

Art. 54 bis 1. Le registre visé à l'article 243, paragraphe 3, de la directive 2006/112/CE qui doit être tenu par tout assujetti qui transfère des biens sous le régime des stocks sous contrat de dépôt contient les informations suivantes :

a) l'Etat membre à partir duquel les biens ont été expédiés ou transportés, et la date d'expédition ou de transport des biens ;

b) le numéro d'identification TVA de l'assujetti auquel les biens sont destinés, attribué par l'Etat membre vers lequel les biens sont expédiés ou transportés ;

c) l'Etat membre vers lequel les biens sont expédiés ou transportés, le numéro d'identification TVA de l'entrepositaire, l'adresse de l'entrepôt où les biens sont stockés à l'arrivée et la date d'arrivée des biens dans l'entrepôt ;

d) la valeur, la description et la quantité des biens arrivés dans l'entrepôt ;

e) le numéro d'identification TVA de l'assujetti remplaçant la personne visée au point b), du présent paragraphe, dans les conditions énoncées à l'article 17 bis, paragraphe 6, de la directive 2006/112/CE ;

f) le montant imposable, la description des biens livrés et leur quantité, la date à laquelle la livraison des biens visés à l'article 17 bis, paragraphe 3, point a), de la directive 2006/112/CE a été effectuée et le numéro d'identification TVA de l'acquéreur ;

g) le montant imposable, la description des biens et leur quantité, et la date de survenance de l'une des conditions et la justification correspondante conformément à l'article 17 bis, paragraphe 7, de la directive 2006/112/CE ;

h) la valeur, la description et la quantité des biens renvoyés et la date du renvoi des biens visés à l'article 17 bis, paragraphe 5, de la directive 2006/112/CE.

2. Le registre visé à l'article 243, paragraphe 3, de la directive 2006/112/CE qui doit être tenu par tout assujetti auquel des biens sont livrés sous le régime des stocks sous contrat de dépôt contient les informations suivantes :

a) le numéro d'identification TVA de l'assujetti qui transfère les biens sous le régime des stocks sous contrat de dépôt ;

b) la description et la quantité des biens qui lui sont destinés ;

c) la date à laquelle les biens qui lui sont destinés arrivent dans l'entrepôt ;

d) le montant imposable, la description et la quantité des biens qui lui sont livrés et la date à laquelle l'acquisition intracommunautaire des biens visés à l'article 17 bis, paragraphe 3, point b), de la directive 2006/112/CE est effectuée ;

e) la description et la quantité des biens, et la date à laquelle les biens sont enlevés de l'entrepôt sur ordre de l'assujetti visée au point a) ;

f) la description et la quantité des biens détruits ou manquants et la date de destruction, de perte ou de vol des biens précédemment arrivés à l'entrepôt ou la date à laquelle il a été constaté que les biens étaient détruits ou manquants.

Lorsque les biens sont expédiés ou transportés sous le régime des stocks sous contrat de dépôt chez un entrepositaire autre que l'assujetti auquel les biens sont destinés à être livrés, le registre de cet assujetti ne doit pas contenir les informations visées aux points c), e) et f) du premier alinéa.

Section 1 ter
Comptabilité
(Articles 241 à 249 de la directive 2006/112/CE)

Art. 54 ter 1. Aux fins de l'application de l'article 242 bis de la directive 2006/112/CE, le terme « facilite » désigne l'utilisation d'une interface électronique permettant à un acquéreur ou preneur et à un fournisseur ou prestataire, qui propose à la vente des services ou des biens au moyen de cette interface électronique, d'entrer en contact, ce qui aboutit à une livraison de biens ou prestation de services au moyen de cette interface électronique.

Le terme « facilite » ne couvre cependant pas la livraison de biens ou la prestation de services lorsque toutes les conditions suivantes sont remplies :

a) l'assujetti ne fixe, que ce soit directement ou indirectement, aucune des conditions générales en vertu desquelles la livraison ou la prestation est effectuée ;

b) l'assujetti n'intervient pas, que ce soit directement ou indirectement, dans l'autorisation de la facturation à l'acquéreur ou au preneur en ce qui concerne le paiement effectué ;

c) l'assujetti n'intervient pas, que ce soit directement ou indirectement, à la commande ou à la livraison de biens, ou à la prestation de services.

2. Aux fins de l'application de l'article 242 bis de la directive 2006/112/CE, le terme « facilite » ne couvre pas les cas dans lesquels un assujetti se charge uniquement d'un des aspects suivants :

a) le traitement de paiements en rapport avec la livraison de biens ou la prestation de services ;

b) le placement d'annonces concernant des biens ou des services ou leur promotion ;

c) le fait de rediriger ou de transférer des acquéreurs ou des preneurs vers d'autres interfaces électroniques où des biens ou des services sont proposés, sans autre intervention dans la livraison ou la prestation.

Art. 54 quater 1. L'assujetti visé à l'article 242 bis de la directive 2006/112/CE, dans le cas de livraisons pour lesquelles il est réputé avoir reçu et livré les biens lui-même conformément à l'article 14 bis de la directive 2006/112/CE ou lorsqu'il s'entremet dans une prestation de services fournis par voie électronique pour lesquels il est présumé agir en son nom propre conformément à l'article 9 bis du présent règlement, tient les registres suivants :

a) les registres visés à l'article 63 quater du présent règlement, lorsque l'assujetti a choisi d'appliquer l'un des régimes particuliers prévus au titre XII, chapitre 6, de la directive 2006/112/CE ;

b) les registres visés à l'article 242 de la directive 2006/112/CE, lorsque l'assujetti n'a pas choisi d'appliquer l'un des régimes particuliers prévus au titre XII, chapitre 6, de la directive 2006/112/CE.

2. L'assujetti visé à l'article 242 bis de la directive 2006/112/CE, dans le cas des opérations autres que celles visées au paragraphe 1, conserve les informations suivantes :

a) le nom, l'adresse postale et l'adresse électronique ou le site internet du fournisseur dont les opérations sont facilitées par l'utilisation de l'interface électronique et, si ces données sont disponibles :

i) le numéro d'identification TVA ou le numéro fiscal national du fournisseur ou prestataire ;

ii) le numéro de compte bancaire ou le numéro de compte virtuel du fournisseur ou prestataire ;

b) une description des biens, leur valeur, le lieu d'arrivée de l'expédition ou du transport des biens, ainsi que le moment de la livraison et, si ces données sont disponibles, le numéro de commande ou le numéro unique de l'opération ;

c) une description des services, leur valeur, des informations permettant d'établir le lieu et le moment de la prestation et, si ces données sont disponibles, le numéro de commande ou le numéro unique de l'opération.

Section 2
Dispositions diverses
(Articles 272 et 273 de la directive 2006/112/CE)

Art. 55 Pour les opérations visées à l'article 262 de la directive 2006/112/CE, les assujettis à qui un numéro individuel d'identification TVA doit être attribué conformément à l'article 214 de ladite directive et les personnes morales non assujetties identifiées à la TVA sont tenus de communiquer, lorsqu'ils agissent en tant que tels, leur numéro d'identification TVA à leurs fournisseurs de biens ou à leurs prestataires de services dès qu'ils en disposent.

Les assujettis visés à l'article 3, paragraphe 1, point b) de la directive 2006/112/CE, qui bénéficient de la non-imposition de leurs acquisitions intracommunautaires de biens conformément à l'article 4, premier alinéa, du présent règlement ne sont pas tenus de communiquer leur numéro individuel d'identification TVA à leurs fournisseurs de biens lorsqu'ils sont identifiés à la TVA conformément à l'article 214, paragraphe 1, point d) ou e) de ladite directive.

CHAPITRE XI
REGIMES PARTICULIERS

Section 1
Régime particulier applicable à l'or d'investissement
(Articles 344 à 356 de la directive 2006/112/CE)

Art. 56 Les « poids acceptés sur les marchés de l'or » visés à l'article 344, paragraphe 1, point l), de la directive 2006/112/CE couvrent au moins les unités et les poids commercialisés figurant à l'annexe III du présent règlement.

Art. 57 Pour établir la liste des pièces d'or visée à l'article 345 de la directive 2006/112/CE, le « prix » et la « valeur sur le marché libre » visés à l'article 344, paragraphe 1, point 2), de ladite directive correspondent au prix et à la valeur sur le marché libre au 1er avril de chaque année. Si le 1er avril ne coïncide pas avec un jour où ces valeurs sont fixées, les valeurs du jour suivant au cours duquel elles sont fixées sont utilisées.

Section 2
Régimes particuliers applicables aux assujettis qui fournissent des services à des personnes non assujetties ou qui effectuent des ventes à distance de biens ou certaines livraisons intérieures de biens
(Articles 358 à 369 quinvicies de la directive 2006/112/CE)

Sous-section 1
Définitions

Art. 57 bis Aux fins de la présente section, on entend par :

1) « régime non-UE » : le régime particulier applicable aux services fournis par des assujettis non établis sur le

territoire de la Communauté, prévu au titre XII, chapitre 6, section 2, de la directive 2006/112/CE ;

2) « régime UE » : le régime particulier applicable aux ventes à distance intracommunautaires de biens, aux livraisons de biens effectuées dans un Etat membre par des interfaces électroniques facilitant ces livraisons et aux services fournis par des assujettis établis sur le territoire de la Communauté, mais non dans l'Etat membre de consommation, prévu au titre XII, chapitre 6, section 3, de la directive 2006/112/CE ;

3) « régime d'importation » : le régime particulier applicable aux ventes à distance de biens importés de territoires tiers ou de pays tiers, prévu au titre XII, chapitre 6, section 4, de la directive 2006/112/CE ;

4) « régime particulier » : le « régime non-UE », le « régime UE » ou le « régime d'importation », selon les cas ;

5) « assujetti » : un assujetti visé à l'article 359 de la directive 2006/112/CE qui est autorisé à appliquer le régime non-UE, un assujetti visé à l'article 369 ter de ladite directive qui est autorisé à appliquer le régime UE ou un assujetti visé à l'article 369 quaterdecies de ladite directive qui est autorisé à appliquer le régime d'importation ;

6) « intermédiaire » : une personne telle que définie à l'article 369 terdecies, deuxième alinéa, point 2, de la directive 2006/112/CE.

Sous-section 2
Application du régime UE

Art. 57 ter *(Supprimé depuis le 1er juillet 2021).*

Sous-section 3
Champ d'application du régime UE

Art. 57 quater Le régime UE ne s'applique pas aux services fournis dans un Etat membre où l'assujetti a établi le siège de son activité économique ou dans lequel il dispose d'un établissement stable. La prestation de ces services est déclarée aux autorités fiscales compétentes de cet Etat membre, dans la déclaration de TVA prévue à l'article 250 de la directive 2006/112/CE.

Sous-section 4
Identification

Art. 57 quinquies 1. Lorsqu'un assujetti informe l'Etat membre d'identification qu'il a l'intention d'appliquer le régime non-UE ou le régime UE, ce régime particulier s'applique à partir du premier jour du trimestre civil suivant.

Toutefois, lorsque la première livraison de biens ou prestation de services devant relever du régime non-UE ou du régime UE a lieu avant cette date, le régime particulier s'applique à partir de la date de la première livraison ou prestation, à condition que les informations relatives au commencement des activités devant relever dudit régime soient communiquées par l'assujetti à l'Etat membre d'identification au plus tard le dixième jour du mois suivant la première livraison ou prestation.

2. Lorsqu'un assujetti ou un intermédiaire agissant pour son compte informe l'Etat membre d'identification de son intention d'appliquer le régime d'importation, ce régime particulier s'applique à partir du jour où est attribué à l'assujetti ou à l'intermédiaire le numéro individuel d'identification TVA pour le régime d'importation, conformément à l'article 369 octodecies, paragraphes 1 et 3, de la directive 2006/112/CE.

Art. 57 sexies L'Etat membre d'identification identifie l'assujetti qui applique le régime UE au moyen de son numéro d'identification TVA visé aux articles 214 et 215 de la directive 2006/112/CE.

Le numéro individuel d'identification attribué à un intermédiaire en application de l'article 369 octodecies, paragraphe 2, de la directive 2006/112/CE lui permet d'agir en qualité d'intermédiaire pour le compte d'assujettis qui appliquent le régime d'importation. Ce numéro ne peut cependant pas être utilisé par l'intermédiaire pour déclarer la TVA grevant des opérations imposables.

Art. 57 septies 1. Lorsqu'un assujetti qui applique le régime UE ne satisfait plus aux conditions fixées dans la définition figurant à l'article 369 bis, point 2), de la directive 2006/112/CE, l'Etat membre dans lequel il a été identifié cesse d'être l'Etat membre d'identification.

Toutefois, si cet assujetti continue de remplir les conditions nécessaires pour appliquer ce régime particulier, et afin de pouvoir encore l'appliquer, il désigne en tant que nouvel Etat membre d'identification l'Etat membre dans lequel il a établi le siège de son activité économique ou, s'il n'a pas établi ce siège dans la Communauté, un Etat membre dans lequel il dispose d'un établissement stable. Si l'assujetti qui applique le régime UE pour des livraisons de biens n'est pas établi sur le territoire de la Communauté, il désigne comme nouvel Etat membre d'identification un Etat membre à partir duquel il expédie ou transporte des biens.

En cas de changement d'Etat membre d'identification conformément au deuxième alinéa, ce changement prend effet à partir de la date à laquelle l'assujetti cesse d'avoir le siège de son activité économique ou de disposer d'un établissement stable dans l'Etat membre précédemment désigné comme l'Etat membre d'identification ou à partir de la date à laquelle cet assujetti cesse d'expédier ou de transporter des biens au départ de cet Etat membre.

2. Lorsqu'un assujetti qui applique le régime d'importation ou un intermédiaire agissant pour son compte ne satisfait plus aux conditions fixées à l'article 369 terdecies, deuxième alinéa, points 3 b) à e), de la directive 2006/112/CE, l'Etat membre dans lequel l'assujetti ou son intermédiaire a été identifié cesse d'être l'Etat membre d'identification.

Toutefois, si cet assujetti ou son intermédiaire continue de remplir les conditions nécessaires pour appliquer ce régime particulier, et afin de pouvoir encore l'appliquer, il désigne en tant que nouvel Etat membre d'identification l'Etat membre dans lequel il a établi le siège de son activité économique ou, s'il n'a pas établi ce siège dans la Communauté, un Etat membre dans lequel il dispose d'un établissement stable.

En cas de changement d'Etat membre d'identification conformément au deuxième alinéa, ce changement prend effet à partir de la date à laquelle l'assujetti ou son intermédiaire cesse d'avoir le siège de son activité économique ou de disposer d'un établissement stable dans l'Etat membre précédemment désigné comme l'Etat membre d'identification.

Art. 57 octies 1. Un assujetti qui applique le régime non-UE ou le régime UE peut cesser d'appliquer ces régimes particuliers, même s'il continue d'effectuer des livraisons de biens ou des prestations de services qui peuvent relever de ces régimes particuliers. L'assujetti informe l'Etat membre d'identification de sa décision au moins quinze jours avant la fin du trimestre civil précédant celui à partir duquel il a l'intention de cesser d'appliquer le régime. La cessation prend effet à compter du premier jour du trimestre civil suivant.

Les obligations en matière de TVA pour les livraisons de biens et prestations de services nées après la date à laquelle la cessation est devenue effective sont réglées directement auprès des autorités fiscales de l'Etat membre de consommation concerné.

2. Un assujetti qui applique le régime d'importation peut cesser d'appliquer ce régime, même s'il continue d'effectuer des ventes à distance de biens importés de territoires tiers ou de pays tiers. L'assujetti ou l'intermédiaire agissant pour son compte informe l'Etat membre d'identification de sa décision au moins quinze jours avant la fin du mois précédant celui à partir duquel il a l'intention de cesser d'appliquer le régime. La cessation prend effet à partir du premier jour du mois suivant et l'assujetti n'est plus autorisé à appliquer le régime pour les livraisons effectuées à compter de cette date.

Sous-section 5
Obligations de déclaration

Art. 57 nonies 1. Un assujetti ou un intermédiaire agissant pour son compte informe, par voie électronique, l'Etat membre d'identification au plus tard le dixième jour du mois suivant l'une des situations suivantes :

a) lorsqu'il cesse ses activités relevant d'un régime particulier ;

b) lorsqu'il modifie ses activités relevant d'un régime particulier de manière telle qu'il ne remplit plus les conditions requises pour appliquer ce régime ;

c) en cas de modifications des informations précédemment fournies à l'Etat membre d'identification.

2. En cas de changement d'Etat membre d'identification conformément à l'article 57 septies, l'assujetti ou l'intermédiaire agissant pour son compte informe les deux Etats membres concernés du changement au plus tard le dixième jour du mois suivant ce changement. Il communique au nouvel Etat membre d'identification les données d'enregistrement requises lorsqu'un assujetti applique un régime particulier pour la première fois.

Sous-section 6
Exclusion

Art. 58 1. Lorsqu'un assujetti qui applique l'un des régimes particuliers remplit un ou plusieurs des critères d'exclusion prévus à l'article 369 sexies ou des critères de radiation du registre d'identification prévus à l'article 363 ou à l'article 369 novodecies, paragraphes 1 et 3, de la directive 2006/112/CE, l'Etat membre d'identification exclut cet assujetti du régime en question.

Seul l'Etat membre d'identification peut exclure un assujetti de l'un des régimes particuliers.

L'Etat membre d'identification fonde sa décision d'exclusion ou de radiation sur toute information disponible, y compris les informations fournies par tout autre Etat membre.

2. L'exclusion d'un assujetti du régime non-UE ou du régime UE prend effet le premier jour du trimestre civil suivant la date à laquelle la décision d'exclusion a été communiquée par voie électronique à l'assujetti. Toutefois, lorsque l'exclusion résulte d'un changement du siège de l'activité économique ou de l'établissement stable, ou du lieu de départ de l'expédition ou du transport, elle prend effet à la date à laquelle intervient ce changement.

3. L'exclusion d'un assujetti du régime d'importation prend effet le premier jour du mois suivant la date à laquelle la décision d'exclusion a été communiquée par voie électronique à l'assujetti, sauf dans les situations suivantes :

a) lorsque l'exclusion résulte d'un changement du siège de son activité économique ou de son établissement stable, auquel cas elle prend effet à la date à laquelle intervient ce changement ;

b) lorsque l'assujetti est exclu en raison d'une non-conformité systématique avec la réglementation relative à ce régime, auquel cas l'exclusion prend effet à compter du lendemain du jour où la décision d'exclusion a été communiquée par voie électronique à l'assujetti.

4. A l'exception de la situation visée au paragraphe 3, point b), le numéro individuel d'identification TVA attribué aux fins de l'application du régime d'importation demeure valable pendant la durée nécessaire pour l'importation des biens qui ont été livrés avant la date de l'exclusion, durée qui ne peut toutefois excéder deux mois à partir de cette date.

5. Lorsqu'un intermédiaire remplit l'un des critères de radiation définis à l'article 369 novodecies, paragraphe 2, de la directive 2006/112/CE, l'Etat

membre d'identification radie cet intermédiaire du registre d'identification et exclut du régime d'importation les assujettis représentés par cet intermédiaire.

Seul l'Etat membre d'identification peut radier un intermédiaire du registre d'identification.

L'Etat membre d'identification fonde sa décision de radiation sur toute information disponible, y compris les informations fournies par tout autre Etat membre.

La radiation d'un intermédiaire du registre d'identification prend effet le premier jour du mois suivant la date à laquelle la décision de radiation a été communiquée par voie électronique à l'intermédiaire et aux assujettis qu'il représente, sauf dans les situations suivantes :

a) lorsque la radiation résulte d'un changement du siège de son activité économique ou de son établissement stable, auquel cas elle prend effet à la date à laquelle intervient ce changement ;

b) lorsque l'intermédiaire est radié en raison d'une non-conformité systématique avec la réglementation relative au régime d'importation, auquel cas la radiation prend effet à compter du lendemain du jour où la décision de radiation a été communiquée par voie électronique à l'intermédiaire et aux assujettis qu'il représente.

Art. 58 bis Lorsqu'un assujetti qui applique un régime particulier n'a effectué, pendant une période de deux ans, aucune livraison de biens ou prestation de services relevant de ce régime dans aucun Etat membre de consommation, il est réputé avoir cessé ses activités imposables au sens de l'article 363, point b), de l'article 369 sexies, point b), de l'article 369 novodecies, paragraphe 1, point b), ou de l'article 369 novodecies, paragraphe 3, point b), de la directive 2006/112/CE, selon le cas. Cette cessation ne l'empêche pas de pouvoir appliquer un régime particulier s'il reprend ses activités relevant de l'un de ces régimes.

Art. 58 ter 1. Lorsqu'un assujetti est exclu de l'un des régimes particuliers en raison d'une non-conformité systématique avec la réglementation relative à ce régime, il reste exclu de l'application à l'un quelconque des régimes particuliers dans tout Etat membre pendant une période de deux ans suivant la période de déclaration au cours de laquelle il a été exclu.

Le premier alinéa ne s'applique cependant pas en ce qui concerne le régime d'importation lorsque l'exclusion était due à une non-conformité systématique avec la réglementation de la part de l'intermédiaire agissant pour le compte de l'assujetti.

Lorsqu'un intermédiaire est radié du registre d'identification en raison d'une non-conformité systématique avec la réglementation relative au régime d'importation, il n'est pas autorisé à agir en qualité d'intermédiaire pendant les deux années qui suivent le mois au cours duquel il a été radié de ce registre.

2. Un assujetti ou un intermédiaire est réputé ne pas s'être conformé de manière systématique aux règles relatives à l'un des régimes particuliers, au sens de l'article 363, point d), de l'article 369 sexies, point d), de l'article 369 novodecies, paragraphe 1, point d), de l'article 369 novodecies, paragraphe 2, point c), ou de l'article 369 novodecies, paragraphe 3, point d), de la directive 2006/112/CE, dans au moins l'un des cas suivants :

a) des rappels au titre de l'article 60 bis ont été émis à son intention ou à l'intention de l'intermédiaire agissant pour son compte par l'Etat membre d'identification pour les trois périodes de déclaration immédiatement précédentes et la déclaration de TVA n'a pas été déposée pour chacune de ces périodes dans les dix jours suivant l'émission du rappel ;

b) des rappels au titre de l'article 63 bis ont été émis à son intention ou à l'intention de l'intermédiaire agissant pour son compte par l'Etat membre d'identification pour les trois périodes de déclaration immédiatement précédentes et l'assujetti ou l'intermédiaire agissant pour son compte n'a pas versé l'intégralité de la TVA déclarée pour chacune de ces périodes dans les dix jours suivant l'émission du rappel, sauf lorsque le solde impayé est inférieur à 100 € pour chaque période de déclaration ;

c) après une demande de l'Etat membre d'identification et un mois après un rappel ultérieur de l'Etat membre d'identification, l'assujetti ou l'intermédiaire agissant pour son compte n'a pas mis à disposition, par voie électronique, les registres visés aux articles 369, 369 duodecies et 369 quinvicies de la directive 2006/112/CE.

Art. 58 quater Lorsqu'un assujetti est exclu du régime non-UE ou du régime UE, il s'acquitte de toutes ses obligations en matière de TVA pour les livraisons de biens ou prestations de services, nées après la date à laquelle l'exclusion est devenue effective, directement auprès des autorités fiscales de l'Etat membre de consommation concerné.

Sous-section 7
Déclaration de TVA

Art. 59 1. Toute période de déclaration au sens des articles 364, 369 septies ou 369 vicies de la directive 2006/112/CE est une période de déclaration séparée.

2. Lorsque, conformément à l'article 57 quinquies, paragraphe 1, deuxième alinéa, le régime non-UE ou le régime UE s'applique à partir de la date de la première livraison ou prestation, l'assujetti dépose une déclaration de TVA séparée pour le trimestre civil durant lequel la première livraison ou prestation a eu lieu.

3. Lorsqu'un assujetti est enregistré au titre du régime non-UE et du régime UE pendant une période de déclaration, il adresse les déclarations de TVA et les paiements correspondants aux Etats membres d'identification de chacun des régimes

dont relèvent les livraisons ou prestations effectuées durant les périodes respectives couvertes par ces régimes.

4. Lorsque le changement d'Etat membre d'identification en application de l'article 57 septies intervient après le premier jour de la période de déclaration en question, l'assujetti ou l'intermédiaire agissant pour son compte adresse les déclarations de TVA et les paiements correspondants à l'ancien et au nouvel Etat membre d'identification pour les livraisons ou prestations effectuées pendant les périodes respectives durant lesquelles ces Etats membres ont été l'Etat membre d'identification.

Art. 59 bis Lorsqu'un assujetti qui applique un régime particulier n'a effectué aucune livraison de biens ou prestation de services dans un Etat membre de consommation au titre dudit régime au cours d'une période de déclaration et qu'il n'a pas de correction à apporter à des déclarations précédentes, cet assujetti ou l'intermédiaire agissant pour son compte dépose une déclaration de TVA indiquant qu'aucune livraison ou prestation n'a été effectuée au cours de cette période (déclaration TVA « néant »).

Art. 60 Les montants des déclarations de TVA déposées au titre des régimes particuliers ne sont pas arrondis à l'unité monétaire la plus proche. C'est le montant de TVA exact qui est déclaré et versé.

Art. 60 bis Lorsqu'un assujetti ou l'intermédiaire agissant pour son compte n'a pas déposé de déclaration de TVA conformément aux articles 364, 369 septies ou 369 vicies de la directive 2006/112/CE, l'Etat membre d'identification lui rappelle, par voie électronique, l'obligation de déposer sa déclaration de TVA. Le rappel est émis le dixième jour suivant la date à laquelle la déclaration aurait dû être déposée et l'Etat membre d'identification informe, par ailleurs, les autres Etats membres, par voie électronique, de l'émission du rappel.

Tous les rappels ultérieurs et les mesures prises pour déterminer le montant de la taxe et percevoir la TVA relèvent de la responsabilité de l'Etat membre de consommation concerné.

Nonobstant les rappels émis, et autres mesures prises, par un Etat membre de consommation, l'assujetti ou l'intermédiaire agissant pour son compte dépose la déclaration de TVA auprès de l'Etat membre d'identification.

Art. 61 1. Dès lors qu'une déclaration de TVA relative à des périodes allant jusqu'à la deuxième période de déclaration de 2021 incluse a été déposée, les éventuelles modifications apportées ultérieurement aux chiffres qui y figurent ne peuvent s'effectuer qu'au moyen de modifications de cette déclaration, et non par des ajustements opérés dans une déclaration ultérieure.

Dès lors qu'une déclaration de TVA relative à des périodes à compter de la troisième période de déclaration de 2021 a été déposée, les éventuelles modifications apportées ultérieurement aux chiffres qui y figurent ne peuvent s'effectuer qu'au moyen d'ajustements opérés dans une déclaration ultérieure.

2. Les modifications visées au paragraphe 1 sont soumises par voie électronique à l'Etat membre d'identification pendant une période de trois ans à compter de la date à laquelle l'assujetti était tenu de déposer la déclaration initiale.

Cependant, les règles de l'Etat membre de consommation en ce qui concerne les déterminations du montant de la taxe et les modifications restent inchangées.

Art. 61 bis 1. Un assujetti ou un intermédiaire agissant pour son compte dépose la déclaration de TVA finale et effectue toute communication tardive de déclarations précédentes, ainsi que les paiements correspondants, auprès de l'Etat membre qui était l'Etat membre d'identification au moment de la cessation, de l'exclusion ou du changement, lorsqu'il :

a) cesse d'appliquer l'un des régimes particuliers ;

b) est exclu de l'un des régimes particuliers ;

c) change d'Etat membre d'identification conformément à l'article 57 septies.

Toute correction à apporter à la déclaration finale et aux déclarations précédentes après le dépôt de la déclaration finale est réglée directement auprès des autorités fiscales de l'Etat membre de consommation concerné.

2. Pour tous les assujettis pour le compte desquels il agit, un intermédiaire dépose les déclarations de TVA finales et effectue tout dépôt tardif de déclarations précédentes ainsi que les paiements correspondants auprès de l'Etat membre qui était l'Etat membre d'identification au moment de la radiation ou du changement, lorsqu'il :

a) est radié du registre d'identification ;

b) change d'Etat membre d'identification conformément à l'article 57 septies, paragraphe 2.

Toute correction à apporter à la déclaration finale et aux déclarations précédentes après le dépôt de la déclaration finale est réglée directement auprès des autorités fiscales de l'Etat membre de consommation concerné.

Sous-section 7 bis
Régime d'importation – Fait générateur

Art. 61 ter Aux fins de l'application de l'article 369 quindecies de la directive 2006/112/CE, le moment où le paiement a été accepté désigne le moment où la confirmation du paiement, le message d'autorisation du paiement ou un engagement de paiement de la part de l'acquéreur est reçu par l'assujetti qui applique le régime d'importation ou pour son compte, indépendamment du moment où le montant est effectivement versé, selon ce qui intervient en premier.

Sous-section 8
Devise

Art. 61 quater Lorsqu'un Etat membre d'identification dont la devise n'est pas l'euro décide que les déclarations de TVA doivent être libellées dans sa monnaie nationale, cette décision s'applique aux déclarations de TVA de tous les assujettis qui appliquent les régimes particuliers.

Sous-section 9
Paiements

Art. 62 Sans préjudice de l'article 63 bis, troisième alinéa, et de l'article 63 ter, un assujetti ou l'intermédiaire agissant pour son compte effectue tout paiement auprès de l'Etat membre d'identification.

Les paiements de TVA effectués par l'assujetti ou l'intermédiaire agissant pour son compte au titre des articles 367, 369 decies ou 369 tervicies de la directive 2006/112/CE sont spécifiques à la déclaration de TVA déposée conformément aux articles 364, 369 septies ou 369 vicies de ladite directive. Tout ajustement ultérieur des montants versés ne peut être effectué par l'assujetti ou l'intermédiaire agissant pour son compte qu'en référence à cette déclaration et ne peut être imputé sur une autre déclaration ni faire l'objet d'un ajustement dans une déclaration ultérieure. Chaque paiement indique le numéro de référence de cette déclaration spécifique.

Art. 63 L'Etat membre d'identification qui perçoit une somme supérieure à celle qui résulte de la déclaration de TVA déposée conformément aux articles 364, 369 septies ou 369 vicies de la directive 2006/112/CE rembourse directement le trop-perçu à l'assujetti concerné ou à l'intermédiaire agissant pour son compte.

Lorsqu'un Etat membre d'identification a perçu un montant pour une déclaration de TVA qui s'est ensuite révélée erronée, et que cet Etat membre a déjà distribué ce montant aux Etats membres de consommation, ces Etats membres de consommation remboursent leur part respective du trop-perçu éventuel directement à l'assujetti ou à l'intermédiaire agissant pour son compte.

Toutefois, lorsque les trop-perçus concernent des périodes allant jusqu'à la dernière période de déclaration de 2018 incluse, l'Etat membre d'identification rembourse à due concurrence la part correspondante du montant conservé conformément à l'article 46, paragraphe 3, du règlement (UE) n° 904/2010 et l'Etat membre de consommation rembourse le trop-perçu, déduction faite du montant devant être remboursé par l'Etat membre d'identification.

Les Etats membres de consommation communiquent, par voie électronique, à l'Etat membre d'identification le montant de ces remboursements.

Art. 63 bis Lorsqu'un assujetti ou l'intermédiaire agissant pour son compte a déposé une déclaration de TVA conformément aux articles 364, 369 septies ou 369 vicies de la directive 2006/112/CE, mais qu'aucun paiement n'a été effectué ou que le paiement est inférieur à celui prévu dans la déclaration, l'Etat membre d'identification notifie à l'assujetti ou à l'intermédiaire agissant pour son compte, par voie électronique, tout montant de TVA restant dû le dixième jour suivant la date à laquelle le paiement aurait dû être effectué au plus tard, conformément aux articles 367, 369 decies ou 369 tervicies de la directive 2006/112/CE.

L'Etat membre d'identification informe par voie électronique les Etats membres de consommation de l'envoi de ce rappel.

Tous les rappels ultérieurs et les mesures prises pour percevoir la TVA relèvent de la responsabilité de l'Etat membre de consommation concerné. Si des rappels ultérieurs ont été émis par un Etat membre de consommation, la TVA correspondante est payée à cet Etat membre.

L'Etat membre de consommation informe, par voie électronique, l'Etat membre d'identification de l'émission d'un rappel.

Art. 63 ter Lorsque aucune déclaration de TVA n'a été déposée, ou lorsque la déclaration de TVA est tardive, incomplète ou inexacte, ou que le paiement de la TVA intervient tardivement, les intérêts, pénalités ou autres frais sont calculés et évalués par l'Etat membre de consommation. L'assujetti ou l'intermédiaire agissant pour son compte paie directement à l'Etat membre de consommation ces intérêts, pénalités ou autres frais.

Sous-section 10
Registres

Art. 63 quater 1. Pour être considérés comme suffisamment détaillés au sens des articles 369 et 369 duodecies de la directive 2006/112/CE, les registres tenus par l'assujetti contiennent les informations suivantes :

a) l'Etat membre de consommation dans lequel les livraisons de biens sont effectuées ou les prestations de services sont fournies ;

b) le type de services prestés ou la description et la quantité des biens livrés ;

c) la date de la livraison des biens ou de la prestation des services ;

d) la base d'imposition, avec indication de la devise utilisée ;

e) toute augmentation ou réduction ultérieure de la base d'imposition ;

f) le taux de TVA appliqué ;

g) le montant de TVA dû, avec indication de la devise utilisée ;

h) la date et le montant des paiements reçus ;

i) tout acompte reçu avant la livraison des biens ou la prestation des services ;

j) lorsqu'une facture est émise, les informations figurant sur la facture ;

k) en ce qui concerne les services, les informations utilisées pour déterminer le lieu où le preneur est établi ou a son domicile ou sa résidence habituelle et, en ce qui concerne les biens, les informations utilisées pour déterminer le lieu de départ et le lieu d'arrivée de l'expédition ou du transport des biens à destination de l'acquéreur ;

l) tout élément de preuve concernant un retour possible des biens, y compris la base d'imposition et le taux de TVA appliqué.

2. Pour être considérés comme suffisamment détaillés au sens de l'article 369 quinvicies de la directive 2006/112/CE, les registres tenus par l'assujetti ou l'intermédiaire agissant pour son compte contiennent les informations suivantes :

a) l'Etat membre de consommation dans lequel les livraisons de biens sont effectuées ;

b) la description et la quantité des biens livrés ;

c) la date de la livraison des biens ;

d) la base d'imposition, avec indication de la devise utilisée ;

e) toute augmentation ou réduction ultérieure de la base d'imposition ;

f) le taux de TVA appliqué ;

g) le montant de TVA dû, avec indication de la devise utilisée ;

h) la date et le montant des paiements reçus ;

i) lorsqu'une facture est émise, les informations figurant sur la facture ;

j) les informations utilisées pour déterminer le lieu de départ et le lieu d'arrivée de l'expédition ou du transport des biens à destination de l'acquéreur ;

k) une preuve concernant un retour possible des biens, y compris la base d'imposition et le taux de TVA appliqué ;

l) le numéro de commande ou le numéro unique de l'opération ;

m) le numéro unique de l'envoi lorsque cet assujetti intervient directement à la livraison.

3. Les informations visées aux paragraphes 1 et 2 sont enregistrées par l'assujetti ou l'intermédiaire agissant pour son compte de manière à pouvoir être mises à disposition par voie électronique sans délai et pour chaque livraison de biens ou prestation de services.

Lorsqu'un assujetti ou l'intermédiaire agissant pour son compte a été invité à transmettre, par voie électronique, les registres visés aux articles 369, 369 duodecies et 369 quinvicies de la directive 2006/112/CE, et qu'il a omis de les soumettre dans un délai de vingt jours à compter de la date de la demande, l'Etat membre d'identification rappelle à l'assujetti ou à l'intermédiaire agissant pour son compte qu'il doit présenter ces registres. L'Etat membre d'identification informe, par voie électronique, les Etats membres de consommation de l'envoi de ce rappel.

Section 3
Régime particulier pour la déclaration et le paiement de la TVA à l'importation (Articles 369 sexvicies à 369 septvicies ter de la directive 2006/112/CE)

Art. 63 quinquies L'application du paiement mensuel de la TVA à l'importation conformément au régime particulier pour la déclaration et le paiement de la TVA à l'importation prévu au titre XII, chapitre 7, de la directive 2006/112/CE peut être subordonnée aux conditions applicables au report de paiement des droits de douane conformément au règlement (UE) n° 952/2013 du Parlement européen et du Conseil (29).

Aux fins de l'application du régime particulier, les Etats membres peuvent considérer que la condition consistant à « présenter les biens en douane pour le compte de la personne destinataire des biens » est remplie si la personne qui présente les biens en douane déclare son intention d'appliquer les régimes particuliers et de percevoir la TVA auprès de la personne à qui les biens sont destinés.

CHAPITRE XII
DISPOSITIONS FINALES

Art. 64 Le règlement (CE) n° 1777/2005 est abrogé.

Les références faites au règlement abrogé s'entendent comme faites au présent règlement et sont à lire selon le tableau de correspondance figurant à l'annexe IV *(NDLR Non reproduite dans le présent code).*

Art. 65 Le présent règlement entre en vigueur le vingtième jour suivant celui de sa publication au Journal officiel de l'Union européenne.

Il est applicable à partir du 1er juillet 2011.

Cependant :

l'article 3, point a), l'article 11, paragraphe 2, point b), l'article 23, paragraphe 1, et l'article 24, paragraphe 1, sont applicables à partir du 1er janvier 2013,

l'article 3, point b), est applicable à partir du 1er janvier 2015,

l'article 11, paragraphe 2, point c), est applicable jusqu'au 31 décembre 2014.

Le présent règlement est obligatoire dans tous ses éléments et directement applicable dans tout Etat membre.

ANNEXE I
Article 7 du présent règlement

1. Point 1 de l'annexe II de la directive 2006/112/CE :

a) fourniture et hébergement de sites internet ;

b) maintenance automatisée de programmes, à distance et en ligne ;

c) administration de systèmes à distance ;

d) entreposage de données en ligne, permettant le stockage et l'extraction de données particulières par voie électronique ;

e) fourniture en ligne d'espace disque sur demande.

(29) Règlement (UE) n° 952/2013 du Parlement européen et du Conseil du 9 octobre 2013 établissant le code des douanes de l'Union (JO L 269 du 10.10.2013, p. 1).

2. Point 2 de l'annexe II de la directive 2006/112/CE :

a) logiciels utilisés en ligne ou téléchargés (notamment, programmes de passation des marchés/de comptabilité, logiciels antivirus) et leurs mises à jour ;

b) logiciels servant à empêcher l'apparition de bannières publicitaires, connus également comme filtres antibannières ;

c) pilotes à télécharger, tels que les logiciels d'interconnexion entre un ordinateur et des périphériques (tels que les imprimantes) ;

d) installation automatisée en ligne de filtres sur des sites internet ;

e) installation automatisée en ligne de pare-feu.

3. Point 3 de l'annexe II de la directive 2006/112/CE :

a) consultation ou téléchargement d'éléments servant à personnaliser le « bureau » de l'ordinateur ;

b) consultation ou téléchargement de photos, d'images ou d'économiseurs d'écran ;

c) contenu numérisé de livres et autres publications électroniques ;

d) abonnement à des journaux et à des périodiques en ligne ;

e) blogs et statistiques de fréquentation de sites internet ;

f) informations en ligne, informations routières et bulletins météorologiques en ligne ;

g) informations en ligne générées automatiquement par un logiciel, au départ de données saisies par le client, telles que des données juridiques ou financières (notamment, cours des marchés boursiers en temps réel) ;

h) fourniture d'espaces publicitaires, en ce compris de bannières sur un site ou une page internet ;

i) utilisation de moteurs de recherche et d'annuaires internet.

4. Point 4 de l'annexe II de la directive 2006/112/CE :

a) consultation ou téléchargement de musique sur les ordinateurs et les téléphones mobiles ;

b) consultation ou téléchargement de sonals, d'extraits, de sonneries ou d'autres sons ;

c) consultation ou téléchargement de films ;

d) téléchargement de jeux sur les ordinateurs et les téléphones mobiles ;

e) accès à des jeux automatisés en ligne qui sont dépendants de l'internet ou de réseaux électroniques analogues et où les différents joueurs sont géographiquement distants les uns des autres ;

f) réception d'émissions de radio ou de télévision diffusées via un réseau de radiodiffusion ou de télévision, l'internet ou un réseau électronique analogue, pour l'écoute ou la visualisation de programmes au moment choisi par l'utilisateur et à la demande individuelle de l'utilisateur, sur la base de la liste des programmes retenus par le fournisseur de services de médias, tels que des chaînes de télévision ou de vidéo à la demande ;

g) réception d'émissions de radio ou de télévision diffusées via l'internet ou un réseau électronique analogue (IP), à moins qu'elles ne soient diffusées simultanément à leur transmission ou retransmission sur un réseau de radiodiffusion et de télévision ;

h) la fourniture de contenus audio et audiovisuels via des réseaux de communication qui ne sont pas fournis par un prestataire de services de médias et sous la responsabilité éditoriale de celui-ci ;

i) la fourniture ultérieure de la production audio et audiovisuelle d'un prestataire de services de médias, diffusée via des réseaux de communication par une personne autre que ledit prestataire.

5. Point 5 de l'annexe II de la directive 2006/112/CE :

a) enseignement à distance automatisé dont le fonctionnement dépend de l'internet ou d'un réseau électronique analogue et dont la fourniture exige une intervention humaine limitée, voire nulle, y compris les classes virtuelles, sauf lorsque l'internet ou un réseau électronique analogue est utilisé comme simple moyen de communication entre l'enseignant et l'étudiant ;

b) cahiers d'exercices complétés en ligne par les élèves, avec notation automatique ne nécessitant aucune intervention humaine.

ANNEXE II
Article 51 du présent règlement

UNION EUROPÉENNE

CERTIFICAT D'EXONÉRATION DE LA TVA ET/OU DES DROITS D'ACCISE(*)
(directive 2006/112/CE – article 151 – et directive 2008/118/CE – article 13)

Numéro de série (facultatif):

1. **ORGANISME/PARTICULIER EXONÉRABLE**

Désignation/nom

Rue et numéro

Code postal, localité

État membre (d'accueil)

2. **AUTORITÉ COMPÉTENTE POUR L'APPOSITION DU CACHET (nom, adresse, numéro de téléphone)**

3. **DÉCLARATION DE L'ORGANISME OU DU PARTICULIER EXONÉRABLE**

Par la présente, l'organisme ou le particulier [1] exonérable déclare:
a) que les biens et/ou les services énumérés à la case 5 sont destinés [2]

☐ à l'usage officiel:

- ☐ d'une mission diplomatique étrangère
- ☐ d'une représentation consulaire étrangère
- ☐ d'un organisme européen auquel s'applique le protocole sur les privilèges et immunités de l'Union européenne
- ☐ d'un organisme international
- ☐ des forces armées d'un État partie au traité de l'Atlantique Nord (forces OTAN)
- ☐ des forces armées d'un État membre participant à une activité de l'Union dans le cadre de la politique de sécurité et de défense commune (PSDC)
- ☐ des forces armées du Royaume-Uni stationnées sur l'île de Chypre

☐ à l'usage privé:

- ☐ d'un membre d'une mission diplomatique étrangère
- ☐ d'un membre d'une représentation consulaire étrangère
- ☐ d'un membre du personnel d'un organisme international

☐ à l'usage de la Commission européenne ou de toute agence ou tout organe institué en vertu du droit de l'Union lorsque la Commission ou cette agence ou cet organe exécute ses tâches en réaction à la pandémie de COVID-19 (nom de l'organisme) (voir case 4)

b) que les biens et/ou les services décrits à la case 5 sont conformes aux conditions et aux restrictions applicables en matière d'exonération dans l'État membre d'accueil mentionné à la case 1; et

c) que les informations figurant ci-dessus sont exactes et sincères.

L'organisme ou le particulier exonérable s'engage, par la présente déclaration, à verser à l'État membre à partir duquel les biens ont été expédiés ou à partir duquel les biens ont été livrés et/ou les services ont été prestés la TVA et/ou les droits d'accise qui seraient exigibles si les biens et/ou les services n'étaient pas conformes aux conditions d'exonération et/ou s'ils n'étaient pas utilisés de la façon prévue.

Lieu, date — Nom et qualité du signataire

Signature

4. CACHET DE L'ORGANISME (en cas d'exonération pour usage privé)

Lieu, date	Cachet	Nom et qualité du signataire Signature

5. DESCRIPTION DES BIENS ET/OU DES SERVICES POUR LESQUELS L'EXONÉRATION DE LA TVA ET/OU DES DROITS D'ACCISE EST DEMANDÉE

A. Informations relatives à l'assujetti/l'entrepositaire agréé

1) Nom et adresse

2) État membre

3) Numéro d'identification TVA/numéro des droits d'accise ou numéro d'enregistrement fiscal

B. Informations relatives aux biens et/ou aux services

Nº	Description détaillée des biens et/ou des services ([3]) (ou renvoi au bon de commande annexé)	Quantité ou nombre	Valeur hors TVA et droits d'accise		Devise
			Valeur unitaire	Valeur totale	
		Montant total			

6. CERTIFICAT DES AUTORITÉS COMPÉTENTES DE L'ÉTAT MEMBRE D'ACCUEIL

L'expédition/La livraison de biens et/ou prestation de services décrite à la case 5 respecte:

☐ dans sa totalité — ☐ à concurrence d'une quantité de (nombre) ([4])

les conditions d'exonération de la TVA et/ou des droits d'accise.

Nom et qualité du signataire

Lieu, date — Cachet — Signature

7. DISPENSE DU CACHET PRÉVU À LA CASE 6 (uniquement en cas d'exonération pour usage officiel)		
Par lettre n° : Date: L'organisme exonérable désigné: Est dispensé par L'autorité compétente de l'État membre d'accueil: De l'obligation d'obtenir le cachet prévu à la case 6		
Lieu, date	Cachet	Nom et qualité du signataire Signature

(*) Biffer selon le cas.
(1) Biffer selon le cas.
(2) Cocher la case correspondante.
(3) Annuler l'espace non utilisé. Obligatoire également si des bons de commande figurent à l'annexe.
(4) Biffer les biens et/ou les services non exonérables à la case 5, ou sur le bon de commande annexé.

Notes explicatives

1. Pour l'assujetti et/ou l'entrepositaire agréé, le présent certificat sert d'attestation pour l'exonération fiscale des livraisons de biens et des prestations de services ou des expéditions de biens aux organismes et aux particuliers exonérables visés à l'article 151 de la directive 2006/112/CE et à l'article 13 de la directive 2008/118/CE. En conséquence, un certificat est établi pour chaque assujetti/entrepositaire. L'assujetti/L'entrepositaire est en outre tenu de conserver ce certificat dans ses livres, conformément aux dispositions législatives applicables dans son Etat membre.

2. a) Le papier à utiliser doit répondre aux spécifications générales établies au Journal officiel des Communautés européennes (C 164 du 1.7.1989, p. 3).

Le papier doit être de couleur blanche pour tous les exemplaires et son format doit être de 210 sur 297 millimètres, une tolérance maximale de 5 millimètres en moins ou de 8 millimètres en plus étant admise en ce qui concerne la longueur.

En cas d'exonération des droits d'accise, le certificat d'exonération est établi en double exemplaire :

un exemplaire est à conserver par l'expéditeur,

l'autre exemplaire doit accompagner la circulation des produits soumis au droit d'accise.

b) Tout espace inutilisé dans la case 5 B doit être barré, de manière à ce qu'aucune mention ne puisse y être ajoutée.

c) Le document doit être rempli lisiblement et de manière à rendre indélébiles les indications qui y figurent. Les effacements ou ratures ne sont pas autorisés. Le document doit être rempli dans une langue reconnue par l'Etat membre d'accueil.

d) Si la description des biens et/ou des services (case 5 B du certificat) renvoie à un bon de commande établi dans une langue non reconnue par l'Etat membre d'accueil, l'organisme ou le particulier exonérable doit en joindre une traduction en annexe.

e) Par ailleurs, si le certificat est établi dans une langue non reconnue dans l'Etat membre de l'assujetti/l'entrepositaire, l'organisme ou le particulier exonérable est tenu d'y joindre une traduction des informations relatives aux biens et aux services figurant à la case 5 B.

f) On entend par « langue reconnue » une des langues officiellement utilisées dans l'Etat membre ou toute autre langue officielle de l'Union que l'Etat membre déclare pouvoir être utilisée à cette fin.

3. Par la déclaration prévue à la case 3 du certificat, l'organisme ou le particulier exonérable fournit les informations nécessaires à l'examen de la demande d'exonération dans l'Etat membre d'accueil.

4. En apposant son visa à la case 4 du certificat, l'organisme confirme les informations figurant aux cases 1 et 3 a) du document et certifie que le particulier exonérable fait partie de son personnel.

5. a) Le renvoi au bon de commande (case 5 B du certificat) doit mentionner au moins la date et le numéro de la commande. Le bon de commande doit contenir tous les éléments qui figurent à la case 5 du certificat. Si le certificat doit être revêtu du cachet de l'autorité compétente de l'Etat membre d'accueil, le bon de commande doit également en être muni.

b) L'indication du numéro d'accise défini à l'article 2, point 12), du règlement (UE) n° 389/2012 du Conseil du 2 mai 2012 relatif à la coopération administrative dans le domaine des droits d'accise et abrogeant le règlement (CE) n° 2073/2004 est facultative ; l'indication du numéro d'identification TVA ou d'enregistrement fiscal est obligatoire.

c) Les devises doivent être indiquées au moyen d'un code à trois lettres conforme à la norme internationale ISO 4217 établie par l'Institut international de normalisation (30).

(30) A titre indicatif, voici certains codes de devises actuellement en vigueur : EUR (euro), BGN (lev bulgare), CZK (couronne tchèque), DKK (couronne danoise), GBP (livre sterling), HUF (forint), LTL (litas), PLN (zloty), RON (leu roumain), SEK (couronne suédoise), USD (dollar des Etats-Unis).

6. La déclaration susmentionnée de l'organisme ou du particulier exonérable doit être certifiée à la case 6 par le cachet de l'autorité compétente de l'Etat membre d'accueil. Celle-ci peut subordonner son approbation à l'accord d'une autre autorité du même Etat membre. Il appartient à l'autorité fiscale compétente d'obtenir cet accord.

7. En vue de simplifier la procédure, l'autorité compétente peut dispenser l'organisme exonérable de l'obligation de demander le cachet en cas d'exonération pour un usage officiel. L'organisme concerné doit signaler cette dispense à la case 7 du certificat.

ANNEXE III
Article 56 du présent règlement

Unité	Poids commercialisés
Kg	12,5/1
Gramme	500/250/100/50/20/10/5/2,5/2
Once (1 oz = 31,1035 g)	100/10/5/1/
Tael (1 tael = 1,193 oz.) (1)	10/5/1
Tola (10 tolas = 3,75 oz.) (2)	10

(1) Tael = unité de poids chinoise traditionnelle. Le titre nominal d'une barre tael de Hong Kong est égal à 990, mais à Taïwan, 5 et 10 barres tael peuvent titrer 999,9.
(2) Tola = unité de poids indienne traditionnelle pour l'or. La dimension de la barre la plus populaire est 10 tola, titrée à 999.

DIRECTIVE 2008/7/CE DU 12 FEVRIER 2008 concernant les impôts indirects frappant les rassemblements de capitaux

EUR-I-8400 s.

Ndlr *Le texte de la directive 2008/7/CE du 12 février 2008 ci-après a été établi après intégration des modifications apportées par la directive 2013/13/UE du 13 mai 2013.*

CHAPITRE I
OBJET ET CHAMP D'APPLICATION

Art. 1er Objet La présente directive réglemente la perception d'impôts indirects :

a) sur les apports aux sociétés de capitaux ;

b) sur les opérations de restructuration de sociétés de capitaux ;

c) sur l'émission de certains titres et obligations.

Art. 2 Société de capitaux 1. Aux fins de la présente directive, on entend par « société de capitaux » :

a) toute société revêtant une des formes énumérées à l'annexe I ;

b) toute société, association ou personne morale dont les parts représentatives du capital ou de l'avoir social sont susceptibles d'être négociées en Bourse ;

c) toute société, association ou personne morale poursuivant des buts lucratifs, dont les membres ont le droit de céder sans autorisation préalable leurs parts sociales à des tiers et ne sont responsables des dettes de la société, association ou personne morale qu'à concurrence de leur participation.

2. Est assimilée à une société de capitaux, aux fins de la présente directive, toute autre société, association ou personne morale poursuivant des buts lucratifs.

Art. 3 Apports de capital Aux fins de la présente directive, sous réserve des dispositions de l'article 4, sont considérées comme des apports de capital les opérations suivantes :

a) la constitution d'une société de capitaux ;

b) la transformation en une société de capitaux d'une société, association ou personne morale qui n'est pas une société de capitaux ;

c) l'augmentation du capital social d'une société de capitaux au moyen de l'apport d'actifs de toute nature ;

d) l'augmentation de l'avoir social d'une société de capitaux au moyen de l'apport d'actifs de toute nature rémunéré, non par des parts représentatives du capital ou de l'avoir social, mais par des droits de même nature que ceux d'associés, tels que droit de vote, participation aux bénéfices ou au boni de liquidation ;

e) le transfert, d'un pays tiers dans un Etat membre, du siège de direction effective d'une société de capitaux dont le siège statutaire se trouve dans un pays tiers ;

f) le transfert, d'un pays tiers dans un Etat membre, du siège statutaire d'une société de capitaux dont le siège de direction effective se trouve dans un pays tiers ;

g) l'augmentation du capital social d'une société de capitaux par incorporation de bénéfices, de réserves ou de provisions ;

h) l'augmentation de l'avoir social d'une société de capitaux au moyen de prestations effectuées par un associé qui n'entraînent pas une augmentation du capital social, mais qui trouvent leur contrepartie dans une modification des droits sociaux ou bien qui sont susceptibles d'augmenter la valeur des parts sociales ;

i) l'emprunt que contracte une société de capitaux, si le créancier a droit à une quote-part des bénéfices de la société ;

j) l'emprunt que contracte une société de capitaux auprès d'un associé, du conjoint ou d'un enfant d'un associé, ainsi que celui contracté auprès d'un tiers, lorsqu'il est garanti par un associé, à la condition que ces emprunts aient la même fonction qu'une augmentation du capital social.

Art. 4 Opérations de restructuration 1. Aux fins de la présente directive, ne sont pas considérées comme des apports de capital les opérations de restructuration suivantes :

a) l'apport, par une ou plusieurs sociétés de capitaux, de la totalité de leur patrimoine ou bien d'une ou de plusieurs branches de leur activité à une ou à plusieurs sociétés de capitaux en voie de création ou préexistantes, pour autant que cet apport soit rémunéré au moins en partie par des titres représentatifs du capital de la société acquérante ;

b) l'acquisition, par une société de capitaux en voie de création ou préexistante, de parts représentant la majorité des droits de vote d'une autre société de capitaux, pour autant que les parts acquises soient rémunérées au moins en partie par des titres représentatifs du capital de la première société. Lorsque la majorité des droits de vote est obtenue à la suite de plusieurs opérations, ne sont considérées comme des opérations de restructuration que l'opération grâce à laquelle la majorité des droits de vote est obtenue ainsi que toute opération ultérieure.

2. Les opérations de restructuration concernent également l'apport à une société de capitaux de la totalité du patrimoine d'une autre société de capitaux entièrement détenue par la première société.

CHAPITRE II
DISPOSITIONS GENERALES

Art. 5 Opérations non soumises à la fiscalité indirecte 1. Les Etats membres exonèrent les sociétés de capitaux de toute forme d'imposition indirecte :

a) sur les apports de capital ;

b) sur les prêts ou prestations effectués dans le cadre d'apports de capital ;

c) sur l'immatriculation ou toute autre formalité préalable à l'exercice d'une activité, à laquelle une société de capitaux peut être soumise en raison de sa forme juridique ;

d) sur la modification de l'acte constitutif ou des statuts d'une société de capitaux et notamment :

i) la transformation d'une société de capitaux en une société de capitaux d'un type différent ;

ii) le transfert, d'un Etat membre dans un autre Etat membre, du siège de direction effective ou du siège statutaire d'une société de capitaux ;

iii) le changement de l'objet social d'une société de capitaux ;

iv) la prorogation de la durée d'une société de capitaux ;

e) sur les opérations de restructuration visées à l'article 4.

2. Les Etats membres ne soumettent à aucune imposition indirecte, sous quelque forme que ce soit :

a) la création, l'émission, l'admission en Bourse, la mise en circulation ou la négociation d'actions, de parts ou autres titres de même nature, ainsi que de certificats représentatifs de ces titres, quel qu'en soit l'émetteur ;

b) les emprunts, y compris les rentes, contractés sous forme d'émission d'obligations ou autres titres négociables, quel qu'en soit l'émetteur, et toutes les formalités y afférentes, ainsi que la création, l'émission, l'admission en Bourse, la mise en circulation ou la négociation de ces obligations ou autres titres négociables.

Art. 6 Droits et taxe sur la valeur ajoutée 1. Nonobstant l'article 5, les Etats membres peuvent percevoir les droits et taxes suivants :

a) taxes sur la transmission des valeurs mobilières, perçues forfaitairement ou non ;

b) droits de mutation, y compris taxes de publicité foncière, sur l'apport à une société de capitaux, de biens immeubles ou de fonds de commerce situés sur son territoire ;

c) droits de mutation sur les actifs de toute nature qui font l'objet d'un apport à une société de capitaux, dans la mesure où le transfert de ces biens est rémunéré autrement que par des parts sociales ;

d) droits frappant la constitution, l'inscription ou la mainlevée des privilèges et des hypothèques ;

e) droits ayant un caractère rémunératoire ;

f) taxe sur la valeur ajoutée.

2. Le montant des droits et des taxes énumérés au paragraphe 1, points b) à e), reste inchangé, que le siège de direction effective ou le siège statutaire de la société de capitaux se trouve ou non sur le territoire de l'Etat membre percevant l'imposition. Ce montant ne peut dépasser celui des droits et des taxes qui sont applicables aux opérations similaires dans l'Etat membre percevant l'imposition.

CHAPITRE III
DISPOSITIONS PARTICULIERES

Art. 7 Perception du droit d'apport dans certains Etats membres 1. Nonobstant l'article 5, paragraphe 1, point a), les Etats membres qui percevaient un droit sur les apports à des sociétés de capitaux, ci-après dénommé « droit d'apport », au 1er janvier 2006, peuvent continuer à percevoir ce droit, pour autant qu'ils se conforment aux dispositions des articles 8 à 14.

2. Si un Etat membre cesse de percevoir le droit d'apport à tout moment ultérieur au 1er janvier 2006, il ne peut rétablir ce droit.

3. Si un Etat membre cesse de percevoir le droit d'apport sur les apports de capital visés à l'article 3, points g) à j), à tout moment ultérieur au 1er janvier 2006, il ne peut rétablir ce droit sur les apports de capital considérés, nonobstant l'article 10, paragraphe 2.

4. Si un Etat membre cesse de percevoir le droit d'apport sur la mise à disposition, en faveur d'une succursale, de capitaux investis ou de capitaux d'exploitation à tout moment ultérieur au 1er janvier 2006, il ne peut rétablir ce droit sur les apports de capital considérés, nonobstant l'article 10, paragraphe 4.

5. Si un Etat membre autorise des exonérations en vertu de l'article 13, à tout moment ultérieur au 1er janvier 2006, il ne peut percevoir à nouveau le droit d'apport sur les apports de capital considérés.

Art. 8 Taux du droit d'apport 1. Le droit d'apport est perçu à un taux unique.

2. Le taux du droit d'apport appliqué par un Etat membre ne peut dépasser le taux appliqué par cet Etat membre au 1er janvier 2006.

Lorsque l'Etat membre réduit après cette date le taux appliqué, il ne peut rétablir un taux plus élevé.

3. Le taux du droit d'apport ne peut en aucun cas être supérieur à 1 %.

Art. 9 Exclusion de certaines entités du champ d'application Aux fins de la perception du droit d'apport, il est loisible aux Etats membres de ne pas considérer les entités visées à l'article 2, paragraphe 2, comme des sociétés de capitaux.

Art. 10 Opérations soumises au droit d'apport et répartition des droits d'imposition 1. Lorsqu'un Etat membre continue de percevoir le droit d'apport en vertu de l'article 7, paragraphe 1, il soumet au droit d'apport les apports de capital visés à l'article 3, points a) à d), si le siège de direction effective de la société de capitaux est situé sur son territoire au moment où intervient l'apport de capital.

Il soumet également au droit d'apport les apports de capital visés à l'article 3, points e) et f).

2. Lorsqu'un Etat membre continue de percevoir le droit d'apport, il peut percevoir ce droit sur les apports de capital visés à l'article 3, points g) à j), si le siège de direction effective de la société de capitaux est situé sur son territoire au moment où intervient l'apport de capital.

3. Lorsque le siège de direction effective d'une société de capitaux se trouve dans un pays tiers et son siège statutaire dans un Etat membre qui continue de percevoir le droit d'apport, les apports de capital sont soumis au droit d'apport dans cet Etat membre.

4. Lorsque le siège statutaire et le siège de direction effective d'une société de capitaux se trouvent dans un pays tiers, la mise à disposition, en faveur d'une succursale située dans un Etat membre qui continue de percevoir le droit d'apport, de capitaux investis ou de capitaux d'exploitation peut être soumise au droit d'apport dans cet Etat membre.

Art. 11 Base imposable du droit d'apport 1. Dans le cas des apports de capital visés à l'article 3, points a), c) et d), la base imposable du droit d'apport est la valeur réelle des actifs de toute nature apportés ou à apporter par les associés, après déduction des obligations assumées et des charges supportées par la société du fait de chaque apport.

Il est possible de ne percevoir le droit d'apport qu'au fur et à mesure des libérations effectives.

2. Dans le cas des apports de capital visés à l'article 3, points b), e) et f), la base imposable du droit d'apport est la valeur réelle des actifs de toute nature appartenant à la société au moment de la transformation ou du transfert, après déduction des obligations et des charges qui pèsent sur elle à ce moment.

3. Dans le cas des apports de capital visés à l'article 3, point g), la base imposable du droit d'apport est le montant nominal de l'augmentation.

4. Dans le cas des apports de capital visés à l'article 3, point h), la base imposable du droit d'apport est la valeur réelle des prestations effectuées, après déduction des obligations assumées et des charges supportées par la société du fait de ces prestations.

5. Dans le cas des apports de capital visés à l'article 3, points i) et j), la base imposable du droit d'apport est le montant nominal de l'emprunt contracté.

6. Dans les cas visés aux paragraphes 1 et 2, la valeur réelle des parts sociales attribuées ou appartenant à chaque associé peut être utilisée comme base imposable du droit d'apport, sauf lorsque seuls des apports en numéraire sont à effectuer.

Le montant sur lequel le droit est liquidé ne peut en aucun cas être inférieur au montant nominal des parts sociales attribuées ou appartenant à chaque associé.

Art. 12 Exclusion de la base imposable du droit d'apport 1. Dans le cas d'une augmentation de capital, la base imposable du droit d'apport ne comprend pas :

a. le montant des avoirs propres de la société de capitaux qui sont affectés à l'augmentation du capital social et qui ont déjà été soumis au droit d'apport ;

b. le montant des prêts contractés par la société de capitaux qui sont convertis en parts sociales et qui ont déjà été soumis au droit d'apport.

2. Un Etat membre peut exclure de la base imposable du droit d'apport le montant de l'apport qu'effectue un associé indéfiniment responsable des obligations d'une société de capitaux, ainsi que la quote-part d'un tel associé dans l'avoir social.

Si un Etat membre fait usage de cette faculté, toute opération par laquelle la responsabilité d'un associé est limitée à sa participation dans le capital social, notamment lorsque la limitation de la responsabilité résulte d'une transformation de la société de capitaux en une société de capitaux d'un type différent, est soumise au droit d'apport.

Le droit d'apport est liquidé dans tous ces cas sur la valeur de la quote-part qui, dans l'avoir social, appartient aux associés indéfiniment responsables des obligations de la société de capitaux.

3. Dans le cas des apports de capital visés à l'article 3, point c), faisant suite à une réduction du capital social effectuée en raison de pertes subies, la partie de l'apport de capital correspondant à la réduction du capital peut être exclue de la base imposable, à la condition que l'apport de capital intervienne dans les quatre ans suivant la réduction du capital.

Art. 13 Exonération des apports de capital en faveur de certaines sociétés de capitaux Les Etats membres peuvent exonérer du droit d'apport les apports de capital effectués en faveur :

a) des sociétés de capitaux qui fournissent des services d'utilité publique, telles que les entreprises de transport public, les entreprises portuaires ou de fourniture d'eau, de gaz ou d'électricité, dans le cas où l'Etat ou d'autres collectivités territoriales possèdent au moins la moitié du capital social ;

b) des sociétés de capitaux qui, conformément à leurs statuts et en pratique, poursuivent uniquement et directement des objectifs culturels, sociaux, d'assistance ou d'éducation.

Les Etats membres qui exonèrent les apports de capital susvisés du droit d'apport exonèrent également la mise à disposition, en faveur d'une succursale située sur leur territoire, de capitaux investis ou de capitaux d'exploitation, visée à l'article 10, paragraphe 4.

Art. 14 Procédure de dérogation Certaines catégories d'apports de capital ou de sociétés de capitaux peuvent faire l'objet d'exonérations ou de réductions de taux pour des motifs d'équité fiscale ou d'ordre social, ou pour mettre un Etat membre en mesure de faire face à des situations particulières.

L'Etat membre qui envisage de prendre une telle mesure en saisit la Commission en temps utile et aux fins de l'application de l'article 97 du traité.

CHAPITRE IV
DISPOSITIONS FINALES

Art. 15 Transposition 1. Les Etats membres mettent en vigueur les dispositions législatives, réglementaires et administratives nécessaires pour se conformer aux articles 3, 4, 5, 7, 8, 12, 13 et 14, au plus tard le 31 décembre 2008. Ils communiquent immédiatement à la Commission le texte de ces dispositions ainsi qu'un tableau de correspondance entre ces dispositions et la présente directive.

Lorsque les Etats membres adoptent ces dispositions, celles-ci contiennent une référence à la présente directive ou sont accompagnées d'une telle référence lors de leur publication officielle. Elles contiennent également une mention précisant que les références faites, dans les dispositions législatives, réglementaires et administratives en vigueur, aux directives abrogées par la présente directive s'entendent comme faites à la présente directive. Les modalités de cette référence et la formulation de cette mention sont arrêtées par les Etats membres.

2. Les Etats membres communiquent à la Commission le texte des dispositions essentielles de droit interne qu'ils adoptent dans le domaine régi par la présente directive.

Art. 16 Abrogation La directive 69/355/CE *(NDLR Lire 69/335/CEE)*, telle que modifiée par les directives visées à l'annexe II, partie A, est abrogée avec effet au 1er janvier 2009, sans préjudice des obligations des Etats membres en ce qui concerne les délais de transposition en droit national des directives indiqués à l'annexe II, partie B.

Les références faites à la directive abrogée s'entendent comme faites à la présente directive et sont à lire selon le tableau de correspondance figurant à l'annexe III.

Art. 17 Examen Tous les trois ans, la Commission fait rapport au Conseil sur l'application de la présente directive, notamment en vue de supprimer le droit d'apport. Pour contribuer à l'examen effectué par la Commission, les Etats membres lui fournissent des informations concernant les recettes tirées du droit d'apport.

Art. 18 Entrée en vigueur La présente directive entre en vigueur le vingtième jour suivant celui de sa publication au Journal officiel de l'Union européenne.

Les articles 1er, 2, 6, 9, 10 et 11 s'appliquent à compter du 1er janvier 2009.

Art. 19 Destinataires Les Etats membres sont destinataires de la présente directive.

ANNEXE I
LISTE DES SOCIETES VISEES A L'ARTICLE 2, PARAGRAPHE 1, POINT A)

1. Sociétés constituées conformément au règlement (CE) n° 2157/2001 du Conseil du 8 octobre 2001 relatif au statut de la société européenne (SE) (31) ;

(31) JO L 294 du 10.11.2001, p. 1. Règlement modifié en dernier lieu par le règlement (CE) n° 1791/2006 (JO L 363 du 20.12.2006, p. 1).

2. Sociétés de droit belge, dénommées :

i) société anonyme/naamloze vennootschap

ii) société en commandite par actions/commanditaire vennootschap op aandelen

iii) société privée à responsabilité limitée/besloten vennootschap met beperkte aansprakelijkheid ;

3. Sociétés de droit bulgare, dénommées :

i) акционерно дружеств.

ii) командитно дружество с акции

iii) дружество с ограничена отговорност ;

4. Sociétés de droit tchèque, dénommées :

i) akciová společnost

ii) komanditní společnost

iii) společnost s ručením omezeným ;

5. Sociétés de droit danois, dénommées :

i) aktieselskab

ii) kommandit-aktieselskab ;

6. Sociétés de droit allemand, dénommées :

i) Aktiengesellschaft

ii) Kommanditgesellschaft auf Aktien

iii) Gesellschaft mit beschränkter Haftung ;

7. Sociétés de droit estonien, dénommées :

i) täisühing

ii) usaldusühing

iii) osaühing

iv) aktsiaselts

v) tulundusühistu ;

8. Sociétés de droit irlandais, dénommées : companies incorporated with limited liability ;

9. Sociétés de droit grec, dénommées :

i) Ανώνυμος Εταιρία

ii) Ετερόρρυθμος κατά μετοχάς Εταιρία

iii) Εταιρία Περιωρισμένης Ευθύνης ;

10. Sociétés de droit espagnol, dénommées :

i) sociedad anónima

ii) sociedad comanditaria por acciones

iii) sociedad de responsabilidad limitada ;

11. Sociétés de droit français, dénommées :

i) société anonyme

ii) société en commandite par actions

iii) société à responsabilité limitée ;

11 bis. Sociétés de droit croate, dénommées :

i) dioničko društvo

ii) društvo s ograničenom odgovornošću ;

12. Sociétés de droit italien, dénommées :

i) società per azioni

ii) società in accomandita per azioni

iii) società a responsabilità limitata ;

13. Sociétés de droit chypriote, dénommées : εταιρείες περιορισμένης ευθύνης ;

14. Sociétés de droit letton, dénommées : kapitālsabiedrība ;

15. Sociétés de droit lituanien, dénommées :

i) akcinė bendrovė

ii) uždaroji akcinė bendrovė ;

16. Sociétés de droit luxembourgeois, dénommées :

i) société anonyme

ii) société en commandite par actions

iii) société à responsabilité limitée ;

17. Sociétés de droit hongrois, dénommées :

i) részvénytársaság

ii) korlátolt felelősségű társaság ;

18. Sociétés de droit maltais, dénommées :

i) Kumpaniji ta'Responsabilità Limitata

ii) Soċjetajiet in akkomandita li l-kapital tagħhom jkun maqsum f'azzjonijiet ;

19. Sociétés de droit néerlandais, dénommées :

i) naamloze vennootschap

ii) besloten vennootschap met beperkte aansprakelijkheid

iii) open commanditaire vennootschap ;

20. Sociétés de droit autrichien, dénommées :

i) Aktiengesellschaft

ii) Gesellschaft mit beschränkter Haftung ;

21. Sociétés de droit polonais, dénommées :

i) spółka akcyjna

ii) spółka z ograniczoną odpowiedzialnością ;

22. Sociétés de droit portugais, dénommées :

i) sociedade anónima

ii) sociedade em comandita por acções

iii) sociedade por quotas ;

23. Sociétés de droit roumain, dénommées :

i) societăți în nume colectiv

ii) societăți în comandită simplă

iii) societăți pe acț

iv) societăți în comandită pe acțiuni

v) societăți cu răspundere limitată ;

24. Sociétés de droit slovène, dénommées :

i) delniška družba

ii) komanditna delniška družba

iii) družba z omejeno odgovornostjo ;

25. Sociétés de droit slovaque, dénommées :

i) akciová spoločnosť

ii) spoločnosť s ručením obmedzeným

iii) komanditná spoločnosť ;

26. Sociétés de droit finlandais, dénommées :

i) osakeyhtiö – aktiebolag

ii) osuuskunta – andelslag

iii) säästöpankki – sparbank

iv) vakuutusyhtiö – försäkringsbolag ;

27. Sociétés de droit suédois, dénommées :

i) aktiebolag

ii) försäkringsaktiebolag ;

28. Sociétés de droit britannique, dénommées : companies incorporated with limited liability.

Ndlr *Texte susceptible d'être modifié en conséquence de la sortie de l'UE du Royaume de Grande-Bretagne et d'Irlande du Nord (« Brexit »), dont les modalités ont été fixées par l'accord publié au JOUE du 31 janvier 2020 (L 29 p. 7).*

ANNEXE II

PARTIE A

Décision abrogée, avec ses modifications successives

(visées à l'article 16, paragraphe 1)

Directive 69/335/CEE du Conseil	(JO L 249 du 3.10.1969, p. 25).
Acte d'adhésion de 1972, point VI.1 de l'annexe I	(JO L 73 du 27.3.1972, p. 93).
Directive 73/79/CEE du Conseil	(JO L 103 du 18.4.1973, p. 13).
Directive 73/80/CEE du Conseil	(JO L 103 du 18.4.1973, p. 15).
Directive 74/553/CEE du Conseil	(JO L 303 du 13.11.1974, p. 9).
Acte d'adhésion de 1979, point VI.1 de l'annexe I	(JO L 291 du 19.11.1979, p. 95).
Directive 85/303/CEE du Conseil	(JO L 156 du 15.6.1985, p. 23).
Acte d'adhésion de 1985, point V.1 de l'annexe I	(JO L 302 du 15.11.1985, p. 167).
Acte d'adhésion de 1994, point XI.B.I.1 de l'annexe I	(JO C 241 du 29.8.1994, p. 196).
Acte d'adhésion de 2003, point 9.1 de l'annexe II	(JO L 236 du 23.9.2003, p. 555).

PARTIE B

Liste des délais de transposition en droit national

(visée à l'article 16, paragraphe 1)

Directive	Délais de transposition
Directive 69/335/CEE du Conseil	1er janvier 1972
Directive 73/79/CEE du Conseil	-
Directive 73/80/CEE du Conseil	-
Directive 74/553/CEE du Conseil	-
Directive 85/303/CEE du Conseil	1er janvier 1986

ANNEXE III

Tableau de correspondance

Directive 69/335/CEE	Présente directive
Article 1er	Article 7
-	Article 1er
Article 2, paragraphe 1	Article 10, paragraphe 1, premier alinéa, et article 10, paragraphe 2
Article 2, paragraphe 2	Article 10, paragraphe 3
Article 2, paragraphe 3	Article 10, paragraphe 4
Article 3, paragraphe 1, termes introductifs	Article 2, paragraphe 1, termes introductifs
Article 3, paragraphe 1, point a)	Article 2, paragraphe 1, point a), et annexe I
Article 3, paragraphe 1, point b)	Article 2, paragraphe 1, point b)
Article 3, paragraphe 1, point c)	Article 2, paragraphe 1, point c)
Article 3, paragraphe 2, première phrase	Article 2, paragraphe 2
Article 3, paragraphe 2, deuxième phrase	Article 9
Article 4, paragraphe 1, points a) à f)	Article 3, points a) à f), et article 10, paragraphe 1
Article 4, paragraphe 1, points g) et h)	Article 5, paragraphe 1, point d) ii)
Article 4, paragraphe 2, premier alinéa	Article 3, points g) à j), article 7, paragraphe 3, et article 10, paragraphe 2
Article 4, paragraphe 2, deuxième alinéa	-
Article 4, paragraphe 3	Article 5, paragraphe 1, point d)
Article 5, paragraphe 1, point a)	Article 11, paragraphe 1

Article 5, paragraphe 1, point b)	Article 11, paragraphe 2
Article 5, paragraphe 1, point c)	Article 11, paragraphe 3
Article 5, paragraphe 1, point d)	Article 11, paragraphe 4
Article 5, paragraphe 1, point e)	Article 11, paragraphe 5
Article 5, paragraphe 2	Article 11, paragraphe 6
Article 5, paragraphe 3	Article 12, paragraphe 1
Article 6, paragraphe 1	Article 12, paragraphe 2, premier alinéa
Article 6, paragraphe 2	Article 12, paragraphe 2, deuxième et troisième alinéas
Article 7, paragraphe 1, premier et deuxième alinéas	Article 4, article 5, paragraphe 1, point e)
Article 7, paragraphe 1, point b), abrogé	Article 4, point a)
Article 7, paragraphe 1, point b) bis, abrogé	Article 4, point b)
Article 7, paragraphe 1, troisième alinéa	-
Article 7, paragraphe 2	Articles 7 et 8
Article 7, paragraphe 3	Article 12, paragraphe 3
Article 8	Article 7, paragraphe 5, et article 13, premier alinéa
-	Article 13, deuxième alinéa
Article 9	Article 14
Article 10	Article 5, paragraphe 1, points a) à c)
Article 11	Article 5, paragraphe 2
Article 12	Article 6
Article 13	Article 15, paragraphe 1
Article 14	Article 15, paragraphe 2
-	Article 16
-	Article 17
Article 15	Article 18
Article 3, paragraphe 1, point a)	Annexe I
-	Annexe II
-	Annexe III

DIRECTIVE 2009/133/CE DU 19 OCTOBRE 2009
concernant le régime fiscal commun applicable aux fusions, scissions, scissions partielles, apports d'actifs et échanges d'actions intéressant des sociétés d'Etats membres différents, ainsi qu'au transfert du siège statutaire d'une SE ou d'une SCE d'un Etat membre à un autre

IS-VI-1 s.

Ndlr *Le texte de la directive 2009/133/CE du 19 octobre 2009 ci-après a été établi après intégration des modifications apportées par la directive 2013/13/UE du 13 mai 2013.*

CHAPITRE I
DISPOSITIONS GENERALES

Art. 1er Chaque Etat membre applique la présente directive aux opérations suivantes :

a) opérations de fusion, de scission, de scission partielle, d'apport d'actifs et d'échange d'actions qui concernent des sociétés de deux ou plusieurs Etats membres ;

b) transfert du siège statutaire, d'un Etat membre à un autre, d'une société européenne (Societas Europaea ou SE), créée par le règlement (CE) n° 2157/2001 du Conseil du 8 octobre 2001 relatif au statut de la société européenne (SE) (32) et d'une société coopérative européenne (SCE), créée par le règlement (CE) n° 1435/2003 du Conseil du 22 juillet 2003 relatif au statut de la société coopérative européenne (SEC) (33).

Art. 2 Aux fins de l'application de la présente directive, on entend par :

a) « fusion », l'opération par laquelle :

i) une ou plusieurs sociétés transfèrent, par suite et au moment de leur dissolution sans liquidation, l'ensemble de leur patrimoine, activement et passivement, à une autre société préexistante, moyennant l'attribution à leurs associés de titres représentatifs du capital social de l'autre société et, éventuellement, d'une soulte en espèces ne dépassant pas 10 % de la valeur nominale ou, à défaut de valeur nominale, du pair comptable de ces titres ;

ii) deux ou plusieurs sociétés transfèrent, par suite et au moment de leur dissolution sans liquidation, l'ensemble de leur patrimoine, activement et passivement, à une société qu'elles constituent, moyennant l'attribution à leurs associés de titres représentatifs du capital social de la société nouvelle et, éventuellement, d'une soulte en espèces ne dépassant pas 10 % de la valeur nominale ou, à défaut de valeur nominale, du pair comptable de ces titres ;

iii) une société transfère, par suite et au moment de sa dissolution sans liquidation, l'ensemble de son patrimoine, activement et passivement, à la société qui détient la totalité des titres représentatifs de son capital social ;

b) « scission », l'opération par laquelle une société transfère, par suite et au moment de sa dissolution sans liquidation, l'ensemble de son patrimoine, activement et passivement, à deux ou plusieurs sociétés préexistantes ou nouvelles, moyennant l'attribution à ses associés, selon une règle proportionnelle, de titres représentatifs du capital social des sociétés bénéficiaires de l'apport et, éventuellement, d'une soulte en espèces ne dépassant pas 10 % de la valeur nominale ou, à défaut de valeur nominale, du pair comptable de ces titres ;

c) « scission partielle », l'opération par laquelle une société transfère, sans être dissoute, une ou plusieurs branches d'activité à une ou plusieurs sociétés préexistantes ou nouvelles, en laissant au moins une branche d'activité dans la société apporteuse, en échange de l'attribution à ses associés, au prorata, de titres représentatifs du capital social des sociétés qui bénéficient des éléments d'actif et de passif et, éventuellement, d'une soulte en espèces ne dépassant pas 10 % de la valeur nominale ou, à défaut de valeur nominale, du pair comptable de ces titres ;

d) « apport d'actifs », l'opération par laquelle une société apporte, sans être dissoute, l'ensemble ou une ou plusieurs branches de son activité à une autre société, moyennant la remise de titres représentatifs du capital social de la société bénéficiaire de l'apport ;

e) « échange d'actions », l'opération par laquelle une société acquiert, dans le capital social d'une autre société, une participation ayant pour effet de lui conférer la majorité des droits de vote de cette société, ou, si elle détient déjà une telle majorité, acquiert une nouvelle participation moyennant l'attribution aux associés de l'autre société, en échange de leurs titres, de titres représentatifs du capital social de la première société et, éventuellement, d'une soulte en espèces ne dépassant pas 10 % de la valeur nominale ou, à défaut de valeur nominale, du pair comptable des titres qui sont remis en échange ;

f) « société apporteuse », la société qui transfère son patrimoine, activement et passivement, ou qui apporte l'ensemble ou une ou plusieurs branches de son activité ;

g) « société bénéficiaire », la société qui reçoit le patrimoine, activement et passivement, ou l'ensemble ou une ou plusieurs branches d'activité de la société apporteuse ;

h) « société acquise », la société dans laquelle une autre société acquiert une participation, moyennant un échange de titres ;

i) « société acquérante », la société qui acquiert une participation, moyennant un échange de titres ;

j) « branche d'activité », l'ensemble des éléments d'actif et de passif d'une division d'une société qui constituent, du point de vue de l'organisation, une exploitation autonome, c'est-àdire un ensemble capable de fonctionner par ses propres moyens ;

k) « transfert du siège statutaire », l'opération par laquelle, sans liquidation ou création d'une nouvelle personne morale, une SE ou une SCE transfère son siège statutaire d'un Etat membre à un autre.

Art. 3 Aux fins de l'application de la présente directive, on entend par « société d'un Etat membre » toute société :

a) qui revêt une des formes énumérées à l'annexe I, partie A ;

b) qui, selon la législation fiscale d'un Etat membre, est considérée comme ayant dans cet Etat membre son domicile fiscal et, aux termes d'une convention en matière de double imposition conclue avec un pays tiers, n'est pas considérée comme ayant son domicile fiscal hors de la Communauté ; et

c) qui est assujettie, sans possibilité d'option et sans en être exonérée, à l'un des impôts figurant à l'annexe I, partie B, ou à tout autre impôt qui viendrait se substituer à l'un de ces impôts.

(32) JO L 294 du 10.11.2001, p. 1.
(33) JO L 207 du 18.8.2003, p. 1.

CHAPITRE II
REGLES APPLICABLES AUX FUSIONS, SCISSIONS, SCISSIONS PARTIELLES, A L'APPORT D'ACTIFS ET A L'ECHANGE D'ACTIONS

Art. 4 1. La fusion, la scission ou la scission partielle n'entraîne aucune imposition des plus-values qui sont déterminées par la différence entre la valeur réelle des éléments d'actif et de passif transférés et leur valeur fiscale.

2. Aux fins du présent article, on entend par :

a) « valeur fiscale », la valeur qui aurait été retenue pour le calcul d'un profit ou d'une perte entrant en compte pour l'assiette de l'impôt frappant le revenu, les bénéfices ou les plus-values de la société apporteuse si ces éléments d'actif et de passif avaient été vendus lors de la fusion, de la scission ou de la scission partielle, mais indépendamment d'une telle opération ;

b) « éléments d'actif et de passif transférés », les éléments d'actif et de passif de la société apporteuse qui, par suite de la fusion, de la scission ou de la scission partielle, sont effectivement rattachés à un établissement stable de la société bénéficiaire situé dans l'Etat membre de la société apporteuse et qui concourent à la formation des profits ou des pertes pris en compte pour l'assiette des impôts.

3. Lorsque le paragraphe 1 s'applique et qu'un Etat membre considère une société apporteuse non résidente comme fiscalement transparente, sur la base de l'évaluation par cet Etat membre des caractéristiques juridiques de la société au titre de la législation en vertu de laquelle elle a été constituée, et qu'il impose, par conséquent, les associés au titre de leur part des bénéfices de la société apporteuse au moment où naissent ces bénéfices, l'Etat membre en question n'impose pas les revenus, les bénéfices ou les plus-values déterminés par la différence entre la valeur réelle des éléments d'actif et de passif transférés et leur valeur fiscale.

4. Les paragraphes 1 et 3 ne s'appliquent que si la société bénéficiaire calcule les nouveaux amortissements et les plusvalues ou moins-values afférentes aux éléments d'actif et de passif transférés dans les mêmes conditions que l'auraient fait la ou les sociétés apporteuses si la fusion, la scission ou la scission partielle n'avait pas eu lieu.

5. Dans le cas où, selon la législation de l'Etat membre de la société apporteuse, la société bénéficiaire est admise à calculer les nouveaux amortissements ou les plus-values ou moins-values afférentes aux éléments d'actif et de passif transférés dans des conditions différentes de celles prévues au paragraphe 4, le paragraphe 1 ne s'applique pas aux éléments d'actif et de passif pour lesquels la société bénéficiaire a usé de cette faculté.

Art. 5 Les Etats membres prennent les mesures nécessaires pour que les provisions ou réserves régulièrement constituées en franchise partielle ou totale d'impôt par la société apporteuse, sauf celles qui proviennent d'établissements stables à l'étranger, soient reprises, dans les mêmes conditions de franchise d'impôt, par les établissements stables de la société bénéficiaire situés dans l'Etat membre de la société apporteuse, la société bénéficiaire se substituant alors aux droits et obligations de la société apporteuse.

Art. 6 Dans la mesure où les Etats membres appliquent, lorsque les opérations visées à l'article 1er, point a), interviennent entre sociétés de l'Etat membre de la société apporteuse, des dispositions permettant la reprise, par la société bénéficiaire, des pertes de la société apporteuse non encore amorties du point de vue fiscal, ils étendent le bénéfice de ces dispositions à la reprise, par les établissements stables de la société bénéficiaire situés sur leur territoire, des pertes de la société apporteuse non encore amorties du point de vue fiscal.

Art. 7 1. Lorsque la société bénéficiaire détient une participation dans le capital de la société apporteuse, la plus-value obtenue par la société bénéficiaire à l'occasion de l'annulation de sa participation ne donne lieu à aucune imposition.

2. Les Etats membres ont la faculté de déroger au paragraphe 1 lorsque la participation détenue par la société bénéficiaire dans le capital de la société apporteuse est inférieure à 15 %.

A partir du 1er janvier 2009, le pourcentage minimal de participation est de 10 %.

Art. 8 1. L'attribution, à l'occasion d'une fusion, d'une scission ou d'un échange d'actions, de titres représentatifs du capital social de la société bénéficiaire ou acquérante à un associé de la société apporteuse ou acquise, en échange de titres représentatifs du capital social de cette dernière société, ne doit, par elle-même, entraîner aucune imposition sur le revenu, les bénéfices ou les plus-values de cet associé.

2. L'attribution, à l'occasion d'une scission partielle, de titres représentatifs du capital social de la société bénéficiaire à un associé de la société apporteuse ne doit, par elle-même, entraîner aucune imposition sur le revenu, les bénéfices ou les plus-values de cet associé.

3. Lorsqu'un Etat membre considère un associé comme fiscalement transparent sur la base de l'évaluation par cet Etat membre des caractéristiques juridiques de l'associé au titre de la législation en vertu de laquelle il a été constitué, et qu'en conséquence, il impose les personnes ayant des intérêts dans l'associé au titre de leur part des bénéfices de l'associé au moment où naissent ces bénéfices, l'Etat membre en question n'impose pas ces personnes au titre des revenus, des bénéfices ou des plus-values résultant de l'attribution à l'associé de titres représentatifs du capital social de la société bénéficiaire ou acquérante.

4. Les paragraphes 1 et 3 ne s'appliquent que si l'associé n'attribue pas aux titres reçus en échange une valeur fiscale supérieure à la valeur que les titres échangés avaient immédiatement avant la fusion, la scission ou l'échange des actions.

5. Les paragraphes 2 et 3 ne s'appliquent que si l'associé n'attribue pas à la somme des titres reçus et des titres détenus dans le capital de la société apporteuse une valeur fiscale supérieure à la valeur que les titres détenus dans le capital de la société apporteuse avaient immédiatement avant la scission partielle.

6. L'application des paragraphes 1, 2 et 3 n'empêche pas les Etats membres d'imposer le profit résultant de la cession ultérieure des titres reçus de la même manière que le profit qui résulte de la cession des titres existant avant l'acquisition.

7. Aux fins du présent article, on entend par « valeur fiscale » la valeur qui servirait de base pour le calcul éventuel d'un profit ou d'une perte prise en compte pour déterminer l'assiette d'un impôt frappant les revenus, les bénéfices ou les plus-values de l'associé de la société.

8. Lorsqu'en vertu de la législation de l'Etat membre dont il est résident, un associé a la faculté d'opter pour un régime fiscal différent de celui défini aux paragraphes 4 et 5, les paragraphes 1, 2 et 3 ne s'appliquent pas aux titres pour lesquels cet associé aura exercé cette faculté.

9. Les paragraphes 1, 2 et 3 n'empêchent pas un Etat membre de prendre en compte, pour la taxation des associés, la soulte en espèces qui leur est éventuellement attribuée à l'occasion de la fusion, de la scission, de la scission partielle ou de l'échange d'actions.

Art. 9 Les articles 4, 5 et 6 s'appliquent aux apports d'actifs.

CHAPITRE III
CAS PARTICULIER DE L'APPORT D'UN ETABLISSEMENT STABLE

Art. 10 1. Lorsque parmi les biens apportés à l'occasion d'une fusion, d'une scission, d'une scission partielle ou d'un apport d'actifs figure un établissement stable de la société apporteuse situé dans un Etat membre autre que celui de cette société, l'Etat membre dans lequel se trouve la société apporteuse renonce à tout droit d'imposer cet établissement stable.

L'Etat membre de la société apporteuse peut réintégrer dans les bénéfices imposables de celle-ci les pertes antérieures de l'établissement stable qui ont éventuellement été déduites du bénéfice imposable de la société dans cet Etat membre et qui n'ont pas été compensées.

L'Etat membre dans lequel est situé l'établissement stable et l'Etat membre de la société bénéficiaire appliquent à cet apport les dispositions de la présente directive comme si l'Etat membre dans lequel se trouve l'établissement stable était celui de la société apporteuse.

Le présent paragraphe s'applique aussi dans le cas où l'établissement stable est situé dans le même Etat membre que celui dont la société bénéficiaire est résidente.

2. Par dérogation au paragraphe 1, lorsque l'Etat membre de la société apporteuse applique un régime d'imposition des bénéfices réalisés au niveau mondial, cet Etat membre a le droit d'imposer les bénéfices ou les plus-values réalisés par l'établissement stable à la suite de la fusion, de la scission, de la scission partielle ou de l'apport d'actif, à condition d'admettre la déduction de l'impôt, qui, n'étaient les dispositions de la présente directive, aurait été réclamé au titre de ces bénéfices ou de ces plus-values dans l'Etat membre où est situé l'établissement stable, de la même manière et pour le même montant que cela aurait été le cas si cet impôt avait véritablement été exigé et acquitté.

CHAPITRE IV
CAS PARTICULIER DES ENTITES TRANSPARENTES

Art. 11 1. Lorsqu'un Etat membre considère une société apporteuse ou acquise non résidente comme fiscalement transparente, sur la base de l'évaluation par cet Etat membre des caractéristiques juridiques de la société au titre de la législation en vertu de laquelle elle a été constituée, il a le droit de ne pas appliquer les dispositions de la présente directive lorsqu'il impose un associé direct ou indirect de cette société en ce qui concerne le revenu, les bénéfices ou les plus-values de cette société.

2. Un Etat membre qui exerce le droit visé au paragraphe 1 admet la déduction de l'impôt qui, n'étaient les dispositions de la présente directive, aurait été réclamé à la société fiscalement transparente pour son revenu, ses bénéfices ou ses plus-values, de la même manière et pour le même montant que cet Etat membre l'aurait fait si cet impôt avait véritablement été exigé et acquitté.

3. Lorsqu'un Etat membre considère une société bénéficiaire ou acquérante non résidente comme fiscalement transparente, sur la base de l'évaluation par cet Etat membre des caractéristiques juridiques de la société au titre de la législation en vertu de laquelle elle a été constituée, il a le droit de ne pas appliquer l'article 8, paragraphes 1, 2 et 3.

4. Lorsqu'un Etat membre considère une société bénéficiaire non résidente comme fiscalement transparente, sur la base de l'évaluation par cet Etat membre des caractéristiques juridiques de la société au titre de la législation en vertu de laquelle elle a été constituée, cet Etat membre peut appliquer aux associés directs ou indirects le même traitement fiscal qu'il appliquerait si la société bénéficiaire était résidente dans cet Etat membre.

CHAPITRE V
REGLES APPLICABLES AU TRANSFERT DU SIEGE STATUTAIRE D'UNE SE OU D'UNE SCE

Art. 12 1. Lorsque :

a) une SE ou une SCE transfère son siège statutaire d'un Etat membre à un autre ; ou

b) à la suite du transfert de son siège statutaire d'un Etat membre à un autre Etat membre, une SE ou une SCE qui est résidente dans le premier Etat membre cesse d'être résidente dans cet Etat membre et devient résidente dans un autre Etat membre,

ce transfert du siège statutaire ou la cessation de résidence n'entraîne pas d'imposition des plus-values, calculées conformément à l'article 4, paragraphe 1, dans l'Etat membre duquel le siège statutaire a été transféré, résultant des éléments d'actif et de passif de la SE ou de la SCE qui, à la suite de ce transfert ou de cette cessation, restent effectivement rattachés à un établissement stable de la SE ou de la SCE dans l'Etat membre duquel le siège statutaire a été transféré et qui concourent à la formation des profits ou des pertes pris en compte aux fins de la fiscalité.

2. Le paragraphe 1 ne s'applique que si la SE ou la SCE calcule les nouveaux amortissements et les plus-values ou moins-values afférentes aux éléments d'actif et de passif qui restent effectivement rattachés à cet établissement stable dans les mêmes conditions que si le transfert du siège statutaire n'avait pas eu lieu ou que si la SE ou la SCE n'avait pas cessé d'être résidente fiscale.

3. Lorsque, en vertu de la législation de l'Etat membre duquel le siège statutaire a été transféré, la SE ou la SCE est autorisée à calculer les nouveaux amortissements et les plus-values ou moins-values afférentes aux éléments d'actif et de passif restant dans cet Etat membre dans des conditions différentes de celles visées au paragraphe 2, le paragraphe 1 ne s'applique pas aux éléments d'actif et de passif pour lesquels la SE ou la SCE a usé de cette faculté.

Art. 13 1. Lorsque :

a) une SE ou une SCE transfère son siège statutaire d'un Etat membre à un autre ; ou

b) à la suite du transfert de son siège statutaire d'un Etat membre à un autre, une SE ou une SCE qui est résidente dans le premier Etat membre cesse d'être résidente dans cet Etat membre et devient résidente dans un autre Etat membre,

les Etats membres prennent les mesures nécessaires pour que, lorsque des provisions ou réserves dûment constituées par la SE ou la SCE avant le transfert du siège statutaire sont partiellement ou totalement exemptées de l'impôt et ne proviennent pas d'établissements stables à l'étranger, ces provisions ou réserves puissent être reportées, en bénéficiant de la même exonération d'impôt, par un établissement stable d'une SE ou d'une SCE qui est situé sur le territoire de l'Etat membre duquel le siège statutaire a été transféré.

2. Dans la mesure où une société qui transfère son siège statutaire sur le territoire d'un Etat membre serait autorisée à reporter les pertes non amorties du point de vue fiscal ou à les imputer à un exercice antérieur, cet Etat membre autorise l'établissement stable, situé sur son territoire, de la SE ou de la SCE qui transfère son siège statutaire à reprendre les pertes non amorties du point de vue fiscal de la SE ou de la SCE, pour autant que le report des pertes ou l'imputation de celles-ci à un exercice antérieur aurait été possible dans des circonstances comparables pour une société qui continue d'avoir son siège statutaire ou qui continue d'avoir sa résidence fiscale dans cet Etat membre.

Art. 14 1. Le transfert du siège statutaire d'une SE ou d'une SCE n'entraîne pas en soi d'imposition des revenus, bénéfices ou plus-values des associés.

2. L'application du paragraphe 1 n'empêche pas les Etats membres d'imposer le profit résultant de la cession ultérieure des titres représentatifs du capital social de la SE ou de la SCE qui transfère son siège statutaire.

CHAPITRE VI
DISPOSITIONS FINALES

Art. 15 1. Un Etat membre peut refuser d'appliquer tout ou partie des dispositions des articles 4 à 14 ou d'en retirer le bénéfice lorsqu'une des opérations visées à l'article 1er :

a) a comme objectif principal ou comme un de ses objectifs principaux la fraude ou l'évasion fiscales ; le fait que l'opération n'est pas effectuée pour des motifs économiques valables, tels que la restructuration ou la rationalisation des activités des sociétés participant à l'opération, peut constituer une présomption que cette opération a comme objectif principal ou comme un de ses objectifs principaux la fraude ou l'évasion fiscales ;

b) a pour effet qu'une société, que celle-ci participe ou non à l'opération, ne remplit plus les conditions requises pour la représentation des travailleurs dans les organes de la société selon les modalités applicables avant l'opération en question.

2. Le paragraphe 1, point b), s'applique aussi longtemps que et dans la mesure où aucune réglementation communautaire comportant des dispositions équivalentes en matière de représentation des travailleurs dans les organes de la société n'est applicable aux sociétés faisant l'objet de la présente directive.

Art. 16 Les Etats membres communiquent à la Commission le texte des dispositions essentielles de droit interne qu'ils adoptent dans le domaine régi par la présente directive.

Art. 17 La directive 90/434/CEE, telle que modifiée par les actes visés à l'annexe II, partie A, est abrogée, sans préjudice des obligations des Etats membres en ce qui concerne les délais de transposition en droit national et d'application des directives indiqués à l'annexe II, partie B.

Les références faites à la directive abrogée s'entendent comme faites à la présente directive et sont à lire selon le tableau de correspondance figurant à l'annexe III.

Art. 18 La présente directive entre en vigueur le vingtième jour suivant celui de sa publication au Journal officiel de l'Union européenne.

Art. 19 Les Etats membres sont destinataires de la présente directive.

ANNEXE I

PARTIE A
LISTE DES SOCIETES VISEES A L'ARTICLE 3, POINT a)

a) Les sociétés (SE) constituées conformément au règlement (CE) n° 2157/2001 et à la directive 2001/86/CE du Conseil du 8 octobre 2001 complétant le statut de la société européenne pour ce qui concerne l'implication des travailleurs (34) et les sociétés coopératives (SCE) constituées conformément au règlement (CE) n° 1435/2003 et à la directive 2003/72/CE du Conseil du 22 juillet 2003 complétant le statut de la société coopérative européenne pour ce qui concerne l'implication des travailleurs (35) ;

b) les sociétés de droit belge dénommées « société anonyme »/« naamloze vennootschap », « société en commandite par actions »/« commanditaire vennootschap op aandelen », « société privée à responsabilité limitée »/« besloten vennootschap met beperkte aansprakelijkheid », « société coopérative à responsabilité limitée »/« coöperatieve vennootschap met beperkte aansprakelijkheid », « société coopérative à responsabilité illimitée »/« coöperatieve vennootschap met onbeperkte aansprakelijkheid », « société en nom collectif »/« vennootschap onder firma », « société en commandite simple »/« gewone commanditaire vennootschap », les entités de droit public qui ont adopté une des formes juridiques mentionnées ci-dessus, ainsi que les autres sociétés constituées conformément au droit belge et assujetties à l'impôt sur les sociétés en Belgique ;

c) les sociétés de droit bulgare dénommées « събирателното дружество », « командитното дружество », « дружеството с ограничена отговорност », « акционерното дружество », « командитното дружество с акции », « кооперации », « кооперативни съюзи », et « държавни предприятия » constituées conformément au droit bulgare et exerçant des activités commerciales ;

d) les sociétés de droit tchèque dénommées « akciová společnost » et « společnost s ručením omezeným » ;

e) les sociétés de droit danois dénommées « aktieselskab » et « anpartsselskab » ainsi que les autres sociétés assujetties à l'impôt en vertu de la législation sur l'imposition des sociétés, à condition que leurs revenus imposables soient calculés et imposés conformément à la législation fiscale générale applicable aux « aktieselskaber » ;

(34) JO L 294 du 10.11.2001, p. 22.
(35) JO L 207 du 18.8.2003, p. 25.

f) les sociétés de droit allemand dénommées « Aktiengesellschaft », « Kommanditgesellschaft auf Aktien », « Gesellschaft mit beschränkter Haftung », « Versicherungsverein auf Gegenseitigkeit », « Erwerbs- und Wirtschaftsgenossenschaft », « Betriebe gewerblicher Art von juristischen Personen des öffentlichen Rechts », ainsi que les autres sociétés constituées conformément au droit allemand et assujetties à l'impôt sur les sociétés en Allemagne ;

g) les sociétés de droit estonien dénommées « täisühing », « usaldusühing », « osaühing », « aktsiaselts » et « tulundusühistu » ;

h) les sociétés de droit irlandais ou existant conformément au droit irlandais, les établissements enregistrés sous le régime de l'« Industrial and Provident Societies Act », les « building societies » enregistrées sous le régime des « Building Societies ACTS » et les « trustee savings banks » au sens du « Trustee Savings Banks Act » de 1989 ;

i) les sociétés de droit grec dénommées « ανώνυμη εταιρεία » et « εταιρεία περιωρισμένης ευθύνης (Ε.Π.Ε.) » ;

j) les sociétés de droit espagnol dénommées « sociedad anónima », « sociedad comanditaria por acciones », « sociedad de responsabilidad limitada », et les entités de droit public qui opèrent sous le régime du droit privé ;

k) les sociétés de droit français dénommées « société anonyme », « société en commandite par actions », « société à responsabilité limitée », « société par actions simplifiée », « société d'assurance mutuelle », « caisses d'épargne et de prévoyance », « sociétés civiles » assujetties de plein droit à l'impôt sur les sociétés, « coopératives » et « unions de coopératives », les établissements et entreprises publics à caractère industriel et commercial, ainsi que les autres sociétés constituées conformément au droit français et assujetties à l'impôt sur les sociétés en France ;

ka) les sociétés de droit croate dénommées « dioničko društvo », « društvo s ograničenom odgovornošću », ainsi que les autres sociétés constituées conformément au droit croate et assujetties à l'impôt sur les bénéfices en Croatie ;

l) les sociétés de droit italien dénommées « società per azioni », « società in accomandita per azioni », « società a responsabilità limitata », « società cooperative », « società di mutua assicurazione », et les entités privées et publiques qui exercent exclusivement ou principalement des activités commerciales ;

m) les sociétés (« εταιρείες ») de droit chypriote telles qu'elles sont définies dans la législation concernant l'impôt sur le revenu ;

n) les sociétés de droit letton dénommées « akciju sabiedrība » et « sabiedrība ar ierobežotu atbildību » ;

o) les sociétés constituées conformément au droit lituanien ;

p) les sociétés de droit luxembourgeois dénommées « société anonyme », « société en commandite par actions », « société à responsabilité limitée », « société coopérative », « société coopérative organisée comme une société anonyme », « association d'assurances mutuelles », « association d'épargne-pension », « entreprise de nature commerciale, industrielle ou minière de l'Etat, des communes, des syndicats de communes, des établissements publics et des autres personnes morales de droit public », ainsi que les autres sociétés constituées conformément au droit luxembourgeois et assujetties à l'impôt sur les sociétés au Luxembourg ;

q) les sociétés de droit hongrois dénommées « közkereseti társaság », « betéti társaság », « közös vállalat », « korlátolt felelősségű társaság », « részvénytársaság », « egyesülés », « közhasznú társaság » et « szövetkezet » ;

r) les sociétés de droit maltais dénommées « Kumpaniji ta'Responsabilita'Limitata » et « Soċjetajiet en commandite li l-kapital tagħhom maqsum f'azzjonijiet » ;

s) les sociétés de droit néerlandais dénommées « naamloze vennnootschap », « besloten vennootschap met beperkte aansprakelijkheid », « open commanditaire vennootschap », « coöperatie », « onderlinge waarborgmaatschappij », « fonds voor gemene rekening », « vereniging op coöperatieve grondslag » et « vereniging welke op onderlinge grondslag als verzekeraar of kredietinstelling optreedt », ainsi que les autres sociétés constituées conformément au droit néerlandais et assujetties à l'impôt sur les sociétés aux Pays-Bas ;

t) les sociétés de droit autrichien dénommées « Aktiengesellschaft », « Gesellschaft mit beschränkter Haftung » et « Erwerbsund Wirtschaftsgenossenschaften » ;

u) les sociétés de droit polonais dénommées « spółka akcyjna » et « spółka z ograniczoną odpowiedzialnością » ;

v) les sociétés commerciales ou sociétés civiles de forme commerciale, ainsi que les autres personnes morales exerçant des activités commerciales ou industrielles qui sont constituées conformément au droit portugais ;

w) les sociétés de droit roumain dénommées « societăţi pe acţiuni », « societăţi în comandită pe acţiuni » et « societăţi cu răspundere limitată » ;

x) les sociétés de droit slovène dénommées « delniška družba », « komanditna družba » et « družba z omejeno odgovornostjo » ;

y) les sociétés de droit slovaque dénommées « akciová spoločnosť », « spoločnosť s ručením obmedzeným » et « komanditná spoločnosť » ;

z) les sociétés de droit finlandais dénommées « osakeyhtiö »/« aktiebolag », « osuuskunta »/« andelslag », « säästöpankki »/« sparbank » et « vakuutusyhtiö »/ « försäkringsbolag » ;

aa) les sociétés de droit suédois dénommées « aktiebolag », « bankaktiebolag », « försäkringsaktiebolag », « ekonomiska föreningar », « sparbanker » et « ömsesidiga försäkringsbolag » ;

ab) les sociétés constituées conformément au droit du Royaume-Uni.

PARTIE B

LISTE DES IMPOTS VISES A L'ARTICLE 3, POINT c)

impôt des sociétés/vennootschapsbelasting en Belgique,

корпоративен данък en Bulgarie,

daň z příjmů právnických osob en République tchèque,

selskabsskat au Danemark,

Körperschaftssteuer en Allemagne,

tulumaks en Estonie,

corporation tax en Irlande,

φόρος εισοδήματος νομικών προσώπων κερδοκοπικού χαρακτήρα en Grèce,

impuesto sobre sociedades en Espagne,

impôt sur les sociétés en France,

« porez na dobit » en Croatie,

imposta sul reddito delle società en Italie,

φόρος εισοδήματος à Chypre,

uzņēmumu ienākuma nodoklis en Lettonie,

pelno mokestis en Lituanie,

impôt sur le revenu des collectivités au Luxembourg,

társasági adó en Hongrie,

taxxa fuq l-income à Malte,

vennootschapsbelasting aux Pays-Bas,

Körperschaftssteuer en Autriche,

podatek dochodowy od osób prawnych en Pologne,

imposto sobre o rendimento das pessoas colectivas au Portugal,

impozit pe profit en Roumanie,

davek od dobička pravnih oseb en Slovénie,

daň z príjmov právnických osôb en Slovaquie,

yhteisöjen tulovero/inkomstskatten för samfund en Finlande,

statlig inkomstskatt en Suède,

corporation tax au Royaume-Uni.

Ndlr *Texte susceptible d'être modifié en conséquence de la sortie de l'UE du Royaume de Grande-Bretagne et d'Irlande du Nord (« Brexit »), dont les modalités ont été fixées par l'accord publié au JOUE du 31 janvier 2020 (L 29 p. 7).*

DIRECTIVE 2011/96/UE DU 30 NOVEMBRE 2011 concernant le régime fiscal commun applicable aux sociétés mères et filiales d'Etats membres différents

EUR-I-8720

Ndlr *Le texte de la directive 2011/96/UE du 30 novembre 2011 ci-après a été établi après intégration des modifications apportées par les directives 2013/13/UE du 13 mai 2013, 2014/86/UE du 8 juillet 2014 et UE/2015/121 du 27 janvier 2015.*

Art. 1 1. Chaque Etat membre applique la présente directive :

a. aux distributions de bénéfices reçus par des sociétés de cet Etat membre et provenant de leurs filiales d'autres Etats membres ;

b. aux distributions de bénéfices effectuées par des sociétés de cet Etat membre à des sociétés d'autres Etats membres dont elles sont les filiales ;

c. aux distributions de bénéfices perçues par des établissements stables, situés dans cet Etat membre, de sociétés d'autres Etats membres, et provenant de leurs filiales situées dans un Etat membre autre que celui où est situé l'établissement stable ;

d. aux distributions de bénéfices effectuées par des sociétés de cet Etat membre à des établissements stables, situés dans un autre Etat membre, de sociétés du même Etat membre dont elles sont des filiales.

2. Les Etats membres n'accordent pas les avantages de la présente directive à un montage ou à une série de montages qui, ayant été mis en place pour obtenir, à titre d'objectif principal ou au titre d'un des objectifs principaux, un avantage fiscal allant à l'encontre de l'objet ou de la finalité de la présente directive, n'est pas authentique compte tenu de l'ensemble des faits et circonstances pertinents.

Un montage peut comprendre plusieurs étapes ou parties.

3. Aux fins du paragraphe 2, un montage ou une série de montages est considéré comme non authentique dans la mesure où ce montage ou cette série de montages n'est pas mis en place pour des motifs commerciaux valables qui reflètent la réalité économique.

4. La présente directive ne fait pas obstacle à l'application de dispositions nationales ou conventionnelles nécessaires pour prévenir la fraude fiscale ou les abus.

IS-V-2410 s.

Art. 2 Aux fins de l'application de la présente directive, on entend par :

a. « société d'un Etat membre » : toute société :

i. qui revêt une des formes énumérées à l'annexe I, partie A ;

ii. qui, selon la législation fiscale d'un Etat membre, est considérée comme ayant dans cet Etat membre son domicile fiscal et qui, aux termes d'une convention en matière de double imposition conclue avec un Etat tiers, n'est pas considérée comme ayant son domicile fiscal hors de l'Union ;

iii. qui, en outre, est assujettie, sans possibilité d'option et sans en être exonérée, à l'un des impôts énumérés à l'annexe I, partie B, ou à tout autre impôt qui viendrait se substituer à l'un de ces impôts.

b. « établissement stable » : toute installation fixe d'affaires située dans un Etat membre dans laquelle l'activité d'une société d'un autre Etat membre est exercée en tout ou en partie, dans la mesure où les bénéfices de cette installation d'affaires sont assujettis à l'impôt dans l'Etat membre dans lequel elle se situe en vertu du traité fiscal bilatéral applicable ou, en l'absence d'un tel traité, en vertu du droit national.

Art. 3 1. Aux fins de l'application de la présente directive :

a. la qualité de société mère est reconnue :

i. au moins à une société d'un Etat membre qui remplit les conditions énoncées à l'article 2 et qui détient, dans le capital d'une société d'un autre Etat membre remplissant les mêmes conditions, une participation minimale de 10 % ;

ii. dans les mêmes conditions, à une société d'un Etat membre qui détient une participation d'au moins 10 % dans le capital d'une société du même Etat membre, participation détenue en tout ou en partie par un établissement stable de la première société situé dans un autre Etat membre ;

b. « société filiale » : une société dont le capital comprend la participation visée au point a.

2. Par dérogation au paragraphe 1, les Etats membres ont la faculté :

a. par voie d'accord bilatéral, de remplacer le critère de participation dans le capital par celui de détention des droits de vote ;

b. de ne pas appliquer la présente directive à celles de leurs sociétés qui ne conservent pas, pendant une période ininterrompue d'au moins deux ans, une participation donnant droit à la qualité de société mère, ni aux sociétés dans lesquelles une société d'un autre Etat membre ne conserve pas, pendant une période ininterrompue d'au moins deux ans, une telle participation.

Art. 4 1. Lorsqu'une société mère ou son établissement stable perçoit, au titre de l'association entre la société mère et sa filiale, des bénéfices distribués autrement qu'à l'occasion de la liquidation de cette dernière, l'Etat membre de la société mère et l'Etat membre de son établissement stable :

a. soit s'abstiennent d'imposer ces bénéfices dans la mesure où ces derniers ne sont pas déductibles par la filiale, et les imposent dans la mesure où ils sont déductibles par la filiale ;

b. soit les imposent tout en autorisant la société mère et l'établissement stable à déduire du montant de leur impôt la fraction de l'impôt sur les sociétés afférente à ces bénéfices et acquittée par la filiale et toute sous-filiale, à condition qu'à chaque niveau la société et sa sous-filiale relèvent des définitions de l'article 2 et respectent les exigences prévues à l'article 3, dans la limite du montant dû de l'impôt correspondant.

2. Rien dans la présente directive n'empêche l'Etat membre de la société mère de considérer une filiale comme fiscalement transparente sur la base de l'évaluation par cet Etat membre des caractéristiques juridiques de la filiale au titre de la législation en vertu de laquelle elle a été constituée et, par conséquent, d'imposer la société mère sur la part des bénéfices de la filiale qui lui revient au moment où naissent ces bénéfices. Dans ce cas, l'Etat membre de la société mère s'abstient d'imposer les bénéfices distribués par la filiale.

Lorsqu'il détermine la part des bénéfices de la filiale qui revient à la société mère au moment où naissent ces bénéfices, l'Etat membre de la société mère exonère ces bénéfices ou autorise la société mère à déduire du montant de l'impôt dû la fraction de l'impôt sur les sociétés afférente à la part des bénéfices de la société mère que sa filiale et toute sous-filiale ont acquittée, à condition qu'à chaque niveau la société et sa sous-filiale relèvent des définitions de l'article 2 et respectent les exigences prévues à l'article 3, dans la limite du montant dû de l'impôt correspondant.

3. Tout Etat membre garde la faculté de prévoir que des charges se rapportant à la participation et des moins-values résultant de la distribution des bénéfices de la société filiale ne sont pas déductibles du bénéfice imposable de la société mère.

Si, dans ce cas, les frais de gestion se rapportant à la participation sont fixés forfaitairement, le montant forfaitaire ne peut excéder 5 % des bénéfices distribués par la société filiale.

4. Les paragraphes 1 et 2 s'appliquent jusqu'à la date de mise en place effective d'un système commun d'imposition des sociétés.

5. Le Conseil, statuant à l'unanimité conformément à une procédure législative spéciale, et après consultation du Parlement européen et du Comité économique et social, adopte en temps utile les dispositions applicables à compter de la date de l'entrée en vigueur effective du système commun d'imposition des sociétés.

Art. 5 Les bénéfices distribués par une filiale à sa société mère sont exonérés de retenue à la source.

Art. 6 L'Etat membre dont relève la société mère ne peut percevoir de retenue à la source sur les bénéfices que cette société reçoit de sa filiale.

Art. 7 1. L'expression « retenue à la source » utilisée dans la présente directive ne comprend pas le paiement anticipé ou préalable (précompte) de l'impôt sur les sociétés à l'Etat membre où est située la filiale, effectué en liaison avec la distribution des bénéfices à la société mère.

2. La présente directive n'affecte pas l'application de dispositions nationales ou conventionnelles visant à supprimer ou à atténuer la double imposition économique des dividendes, en particulier les dispositions relatives au paiement de crédits d'impôt aux bénéficiaires de dividendes.

Art. 8 1. Les Etats membres mettent en vigueur les dispositions législatives, réglementaires et administratives nécessaires pour se conformer à la présente directive au plus tard le 18 janvier 2012. Ils en informent immédiatement la Commission.

Lorsque les Etats membres adoptent ces dispositions, celles-ci contiennent une référence à la présente directive ou sont accompagnées d'une telle référence lors de leur publication officielle. Les modalités de cette référence sont arrêtées par les Etats membres.

2. Les Etats membres communiquent à la Commission le texte des dispositions essentielles de droit interne qu'ils adoptent dans le domaine régi par la présente directive, ainsi qu'un tableau de concordance entre celles-ci et la présente directive.

Art. 9 La directive 90/435/CEE, telle que modifiée par les actes visés à l'annexe II, partie A, est abrogée, sans préjudice des obligations des Etats membres en ce qui concerne les délais de transposition en droit national des directives indiqués à l'annexe II, partie B.

Les références faites à la directive abrogée s'entendent comme faites à la présente directive et sont à lire selon le tableau de correspondance figurant à l'annexe III.

Art. 10 La présente directive entre en vigueur le vingtième jour suivant celui de sa publication au Journal officiel de l'Union européenne.

Art. 11 Les Etats membres sont destinataires de la présente directive.

ANNEXE I

PARTIE A

LISTE DES SOCIETES VISEES A L'ARTICLE 2, POINT a) i)

a. les sociétés constituées conformément au règlement (CE) n° 2157/2001 du Conseil du 8 octobre 2001 relatif au statut de la société européenne (SE) (36), et à

(36) JO L 294 du 10.11.2001, p. 1.

la directive 2001/86/CE du Conseil du 8 octobre 2001 complétant le statut de la société européenne pour ce qui concerne l'implication des travailleurs (37) et les sociétés coopératives constituées conformément au règlement (CE) n° 1435/2003 du Conseil du 22 juillet 2003 relatif au statut de la société coopérative européenne (SEC) (38) et à la directive 2003/72/CE du Conseil du 22 juillet 2003 complétant le statut de la société coopérative européenne pour ce qui concerne l'implication des travailleurs (39) ;

b. les sociétés de droit belge dénommées « société anonyme » / « naamloze vennootschap », « société en commandite par actions » / « commanditaire vennootschap op aandelen », « société privée à responsabilité limitée » / « besloten vennootschap met beperkte aansprakelijkheid », « société coopérative à responsabilité limitée » / « coöperatieve vennootschap met beperkte aansprakelijkheid », « société coopérative à responsabilité illimitée » / « coöperatieve vennootschap met onbeperkte aansprakelijkheid », « société en nom collectif » / « vennootschap onder firma », « société en commandite simple » / « gewone commanditaire vennootschap », les entreprises publiques qui ont adopté l'une des formes juridiques susmentionnées, ainsi que les autres sociétés constituées conformément au droit belge et assujetties à l'impôt sur les sociétés en Belgique ;

c. les sociétés de droit bulgare dénommées « събирателно дружество », « командитно дружество », « дружество с ограничена отговорност », « акционерно дружество », « командитно дружество с акции », « неперсонифицирано дружество », « кооперации », « кооперативни съюзи », « държавни предприятия », constituées conformément au droit bulgare et exerçant des activités commerciales ;

d. les sociétés de droit tchèque dénommées « akciová společnost », « společnost s ručením omezeným » ;

e. les sociétés de droit danois dénommées « aktieselskab » et « anpartsselskab ». Les autres sociétés soumises à l'impôt conformément à la loi sur l'impôt des sociétés, dans la mesure où leur revenu imposable est calculé et imposé selon les règles générales de la législation fiscale applicable aux « aktieselskaber » ;

f. les sociétés de droit allemand dénommées « Aktiengesellschaft », « Kommanditgesellschaft auf Aktien », « Gesellschaft mit beschränkter Haftung », « Versicherungsverein auf Gegenseitigkeit », « Erwerbs- und Wirtschaftsgenossenschaft », « Betriebe gewerblicher Art von juristischen Personen des öffentlichen Rechts », ainsi que les autres sociétés constituées conformément au droit allemand et assujetties à l'impôt sur les sociétés en Allemagne ;

g. les sociétés de droit estonien dénommées « täisühing », « usaldusühing », « osaühing », « aktsiaselts », « tulundusühistu » ;

(37) JO L 294 du 10.11.2001, p. 22.
(38) JO L 207 du 18.8.2003, p. 1.
(39) JO L 207 du 18.8.2003, p. 25.

h. les sociétés constituées ou existant conformément au droit irlandais, les établissements enregistrés sous le régime du « Industrial and Provident Societies Act », les « building societies » enregistrées sous le régime des « Building Societies ACTS » et les « trustee savings banks » au sens du « Trustee Savings Banks Act, 1989 » ;

i. les sociétés de droit grec dénommées « ανώνυμη εταιρεία », « εταιρεία περιορισμένης ευθύνης (Ε.Π.Ε.) », ainsi que les autres sociétés constituées conformément au droit grec et assujetties à l'impôt sur les sociétés en Grèce ;

j. les sociétés de droit espagnol dénommées « sociedad anónima », « sociedad comanditaria por acciones », « sociedad de responsabilidad limitada », ainsi que les entités de droit public qui opèrent sous le régime du droit privé. Autres entités constituées conformément au droit espagnol et assujetties à l'impôt sur les sociétés en Espagne (« Impuesto sobre sociedades ») ;

k. les sociétés de droit français dénommées « société anonyme », « société en commandite par actions », « société à responsabilité limitée », « société par actions simplifiée », « société d'assurance mutuelle », « caisses d'épargne et de prévoyance », « sociétés civiles » assujetties de plein droit à l'impôt sur les sociétés, « coopératives » et « unions de coopératives », les établissements et entreprises publics à caractère industriel et commercial, ainsi que les autres sociétés constituées conformément au droit français et assujetties à l'impôt sur les sociétés en France ;

ka. les sociétés de droit croate dénommées « dioničko društvo », « društvo s ograničenom odgovornošću », ainsi que les autres sociétés constituées conformément au droit croate et assujetties à l'impôt sur les bénéfices en Croatie ;

l. les sociétés de droit italien dénommées « società per azioni », « società in accomandita per azioni », « società a responsabilità limitata », « s ocietà cooperative », « società di mutua assicurazione », et les entités privées et publiques qui exercent exclusivement ou principalement des activités commerciales ;

m. en vertu du droit chypriote : « εταιρείες » telles qu'elles sont définies dans la législation concernant l'impôt sur le revenu ;

n. les sociétés de droit letton dénommées « akciju sabiedrība », « sabiedrība ar ierobežotu atbildību » ;

o. les sociétés constituées selon le droit lituanien ;

p. les sociétés de droit luxembourgeois dénommées « société anonyme », « société en commandite par actions », « société à responsabilité limitée », « société coopérative », « société coopérative organisée comme une société anonyme », « association d'assurances mutuelles », « association d'épargne-pension », « entreprise de nature commerciale, industrielle ou minière de l'Etat, des communes, des syndicats de communes, des établissements publics et des autres personnes morales de droit public », ainsi que les autres sociétés constituées conformément au droit luxembourgeois et assujetties à l'impôt sur les sociétés au Luxembourg ;

q. les sociétés de droit hongrois dénommées « közkereseti társaság », « betéti társaság », « közös vállalat », « korlátolt felelősségű társaság », « részvénytársaság », « egyesülés », « szövetkezet » ;

r. les sociétés de droit maltais dénommées « Kumpaniiji ta'Responsabilita'Limitata », « Soċjetajiet en commandite li l- kapital tagħhom maqsum f'azzjonijiet » ;

s. les sociétés de droit néerlandais dénommées « naamloze vennootschap », « besloten vennootschap met beperkte aansprakelijkheid », « open commanditaire vennootschap », « coöperatie », « onderlinge waarborgmaatschappij », « fonds voor gemene rekening », « vereniging op coöperatieve grondslag » et « vereniging welke op onderlinge grondslag als verzekeraar of keredietinstelling optreed », ainsi que les autres sociétés constituées conformément au droit néerlandais et assujetties à l'impôt sur les sociétés aux Pays-Bas ;

t. les sociétés de droit autrichien dénommées « Aktiengesellschaft », « Gesellschaft mit beschränkter Haftung », « Versicherungsvereine auf Gegenseitigkeit », « Erwerbs- und Wirtschaftsgenossenschaften », « Betriebe gewerblicher Art von Körperschaften des öffentlichen Rechts », « Sparkassen », ainsi que les autres sociétés constituées conformément au droit autrichien et assujetties à l'impôt sur les sociétés en Autriche ;

u. les sociétés de droit polonais dénommées : « spółka akcyjna », « spółka z ograniczoną odpowiedzialnością », « spółka komandytowo-akcyjna » ;

v. les sociétés commerciales ou sociétés civiles de forme commerciale et les coopératives et entreprises publiques qui sont constituées conformément au droit portugais ;

w. les sociétés de droit roumain dénommées« societăți pe acțiuni », « societăți în comandită pe acțiuni », « societăți cu răspundere limitată », « societăți în nume colectiv », « societăți în comandită simplă » ;

x. les sociétés de droit slovène dénommées « delniška družba », « komanditna družba », « družba z omejeno odgovornostj o » ;

y. les sociétés de droit slovaque dénommées « akciová spoločnosť », « spoločnosť s ručením obmedzeným », « komanditná spoločnosť » ;

z. les sociétés de droit finlandais dénommées « osakeyhtiö / aktiebolag », « osuuskunta » / « andelslag », « säästöpankki » / « sparbank » et « vakuutusyhtiö » / « försäkringsbolag » ;

aa. les sociétés de droit suédois dénommées « aktiebolag », « försäkringsaktiebolag », « ekonomiska föreningar », « sparbanker », « ömsesidiga försäkringsbolag », « försäkringsföreningar ;

ab. les sociétés constituées conformément au droit du Royaume-Uni.

PARTIE B
LISTE DES IMPOTS VISES A L'ARTICLE 2, POINT a) iii)

impôt des sociétés / vennootschapsbelasting en Belgique,

корпоративен данък en Bulgarie,

daň z příjmů právnických osob en République tchèque,

selskabsskat au Danemark,

Körperschaftssteuer en Allemagne,

tulumaks en Estonie,

corporation tax en Irlande,

φόρος εισοδήματος νομικών προσώπων κερδοσκοπικού χαρακτήρα en Grèce,

impuesto sobre sociedades en Espagne,

impôt sur les sociétés en France,

« porez na dobit » en Croatie,

imposta sul reddito delle società en Italie,

φόρος εισοδήματος à Chypre,

uzņēmumu ienākuma nodoklis en Lettonie,

pelno mokestis en Lituanie,

impôt sur le revenu des collectivités au Luxembourg,

társasági adó, osztalékadó en Hongrie,

taxxa fuq l-income à Malte,

vennootschapsbelasting aux Pays-Bas,

Körperschaftssteuer en Autriche,

podatek dochodowy od osób prawnych en Pologne,

imposto sobre o rendimento das pessoas colectivas au Portugal,

impozit pe profit en Roumanie,

davek od dobička pravnih oseb en Slovénie,

daň z príjmov právnických osôb en Slovaquie,

yhteisöjen tulovero / inkomstskatten för samfund en Finlande,

statlig inkomstskatt en Suède,

corporation tax au Royaume-Uni.

Ndlr *Texte susceptible d'être modifié en conséquence de la sortie de l'UE du Royaume de Grande-Bretagne et d'Irlande du Nord (« Brexit »), dont les modalités ont été fixées par l'accord publié au JOUE du 31 janvier 2020 (L 29 p. 7).*

ANNEXE II

PARTIE A
Directive abrogée avec liste de ses modifications successives (visées à l'article 9)

Directive 90/435/CEE du Conseil

(JO L 225 du 20.8.1990, p. 6).

Point XI.B.I.3 de l'annexe I de l'acte d'adhésion de 1994

(JO C 241 du 29.8.1994, p. 196).

Directive 2003/123/CE du Conseil

(JO L 7 du 13.1.2004, p. 41).

Point 9.8 de l'annexe II de l'acte d'adhésion de 2003

(JO L 236 du 23.9.2003, p. 555).

Directive 2006/98/CE du Conseil

(JO L 363 du 20.12.2006, p. 129).

Uniquement l'annexe, point 7

PARTIE B
Délais de transposition en droit national
(visés à l'article 9)

Directive	Date limite de transposition
Directive 90/435/CEE	31 décembre 1991
Directive 2003/123/CE	1er janvier 2005
Directive 2006/98/CE	1er janvier 2007

ANNEXE III

Directive 90/435/CEE	Présente directive
Article 1er, paragraphe 1, premier à quatrième tirets	Article 1er, paragraphe 1, points a) à d)
Article 1er, paragraphe 2	Article 1er, paragraphe 2
Article 2, paragraphe 1, première partie de la phrase introductive	Article 2, termes introductifs
Article 2, paragraphe 1, deuxième partie de la phrase introductive	Article 2, point a), termes introductifs
Article 2, paragraphe 1, point a)	Article 2, point a) i)
Article 2, paragraphe 1, point b)	Article 2, point a) ii)
Article 2, paragraphe 1, point c), termes introductifs du premier alinéa et deuxième alinéa	Article 2, point a) iii)
Article 2, paragraphe 1, point c), premier alinéa, premier à vingt-septième tirets	Annexe I, partie B, premier à vingt-septième tirets
Article 2, paragraphe 2	Article 2, point b)
Article 3, paragraphe 1, termes introductifs	Article 3, paragraphe 1, termes introductifs
Article 3, paragraphe 1, point a), premier alinéa, termes initiaux	Article 3, paragraphe 1, point a), termes introductifs
Article 3, paragraphe 1, point a), premier alinéa, termes finals	Article 3, paragraphe 1, point a) i)
Article 3, paragraphe 1, point a), deuxième alinéa	Article 3, paragraphe 1, point a) ii)
Article 3, paragraphe 1, point a), troisième alinéa	-
Article 3, paragraphe 1, point a), quatrième alinéa	-
Article 3, paragraphe 1, point b)	Article 3, paragraphe 1, point b)
Article 3, paragraphe 2, premier et deuxième tirets	Article 3, paragraphe 2, points a) et b)
Article 4, paragraphe 1, premier et deuxième tirets	Article 4, paragraphe 1, points a) et b)

Directive 90/435/CEE	Présente directive
Article 4, paragraphe 1 bis	Article 4, paragraphe 2
Article 4, paragraphe 2, première phrase	Article 4, paragraphe 3, premier alinéa
Article 4, paragraphe 2, deuxième phrase	Article 4, paragraphe 3, deuxième alinéa
Article 4, paragraphe 3, premier alinéa	Article 4, paragraphe 4
Article 4, paragraphe 3, deuxième alinéa	Article 4, paragraphe 5
Articles 5, 6 et 7	Articles 5, 6 et 7
Article 8, paragraphe 1	-
Article 8, paragraphe 2	Article 8
-	Article 9
-	Article 10
Article 9	Article 11
Annexe	Annexe I, partie A
-	Annexe II
-	Annexe III

DIRECTIVE 2003/49/CE DU 3 JUIN 2003 concernant les paiements d'intérêts et de redevances effectués entre des sociétés associées d'Etats membres différents

EUR-I-8740

Ndlr *Le texte de la directive 2003/49/CE du 3 juin 2003 ci-après a été établi après intégration de la directive 2004/66/CE du 26 avril 2004, de la directive 2004/76/CE du 29 avril 2004, de la directive 2006/98/CE du 20 novembre 2006 et de la directive 2013/13/UE du 13 mai 2013.*

Champ d'application et procédure

Art. 1er 1. Les paiements d'intérêts et de redevances échus dans un Etat membre sont exonérés de toute imposition, retenue à la source ou recouvrée par voie de rôle, dans cet Etat d'origine, lorsque le bénéficiaire des intérêts ou redevances est une société d'un autre Etat membre ou un établissement stable, situé dans un autre Etat membre, d'une société d'un Etat membre.

2. Un paiement effectué par une société d'un Etat membre ou par un établissement stable situé dans un autre Etat membre est réputé échu dans cet Etat membre, ci-après dénommé « Etat d'origine ».

3. Un établissement stable n'est considéré comme payeur d'intérêts ou de redevances que si les paiements concernés constituent, dans l'Etat membre dans lequel il est situé, une charge fiscalement déductible pour cet établissement stable.

4. Une société d'un Etat membre n'est considérée comme bénéficiaire des intérêts ou des redevances que si elle les perçoit pour son compte propre et non comme représentant, par exemple comme administrateur fiduciaire ou signataire autorisé, d'une autre personne.

5. Un établissement stable n'est considéré comme bénéficiaire des intérêts ou des redevances que :

a) si la créance, le droit ou l'utilisation d'informations générateurs d'intérêts ou de redevances se rattachent effectivement à cet établissement, et

b) si les paiements d'intérêts et de redevances constituent des recettes auxquelles est applicable, dans l'Etat membre où cet établissement stable se situe, l'un des impôts mentionnés à l'article 3, point a) iii), ou, dans le cas de la Belgique, l'« impôt des non-résidents/belasting der niet-verblijfhouders » ou, dans le cas de l'Espagne, l'« Impuesto sobre la Renta de no Residentes », ou un impôt de nature identique ou analogue qui serait établi après la date d'entrée en vigueur de la présente directive et qui s'ajouterait à ces impôts actuels ou les remplacerait.

6. Lorsqu'un établissement stable d'une société d'un Etat membre est considéré comme payeur ou bénéficiaire d'intérêts ou de redevances, aucune autre partie de la société n'est considérée comme payeur ou bénéficiaire des intérêts ou redevances concernés au sens du présent article.

7. Le présent article n'est applicable que lorsque la société qui a payé les intérêts et les redevances ou la société dont l'établissement stable est considéré comme ayant payé les intérêts et les redevances est une société associée de la société qui est bénéficiaire des paiements en question ou dont l'établissement stable est considéré comme étant bénéficiaire des intérêts ou des redevances en question.

8. Le présent article n'est pas applicable lorsque des intérêts ou des redevances sont payés par ou à un établissement stable, situé dans un Etat tiers, d'une société d'un Etat membre et que l'activité de la société est exercée entièrement ou partiellement par cet établissement stable.

9. Le présent article n'empêche pas un Etat membre de tenir compte, lors de l'application de son droit fiscal, des intérêts et des redevances perçus par ses sociétés, les établissements stables de ses sociétés ou par des établissements stables situés dans cet Etat membre.

10. Un Etat membre a la faculté de ne pas appliquer la présente directive à une société d'un autre Etat membre ou à un établissement stable d'une société d'un autre Etat membre lorsque les conditions prévues à l'article 3, point b), n'ont pas été remplies pendant une période ininterrompue d'au moins deux ans.

11. L'Etat d'origine peut exiger que, au moment du paiement des intérêts ou des redevances, le respect des conditions définies dans le présent article et l'article 3 soit prouvé au moyen d'une attestation. S'il n'est pas prouvé au moment du paiement que les conditions définies dans le présent article sont remplies, l'Etat membre est libre de demander une retenue à la source.

12. L'Etat membre d'origine peut subordonner l'exonération prévue par la présente directive au fait qu'il a rendu une décision qui accorde actuellement l'exonération à la suite d'une attestation certifiant que les conditions exigées dans le présent article et l'article 3 sont remplies. Une décision d'exonération est rendue au plus tard dans les trois mois suivant la production de l'attestation et des informations justificatives que l'Etat d'origine peut raisonnablement demander, et est valable pour une période d'un an au moins après qu'elle a été rendue.

13. Aux fins de l'application des paragraphes 11 et 12, l'attestation à fournir doit, pour chaque contrat de paiement, être valable pour une durée d'un an au moins mais de trois ans au maximum à compter de la date à laquelle elle a été établie et doit contenir les informations suivantes :

a) la preuve du lieu de résidence fiscal de la société bénéficiaire et, au besoin, la preuve de l'existence d'un établissement stable certifiée par l'administration fiscale de l'Etat membre dans lequel la société bénéficiaire a sa résidence fiscale ou dans lequel l'établissement stable est situé ;

b) l'indication de la qualité de bénéficiaire de la société en question conformément au paragraphe 4 ou une indication que les conditions visées au paragraphe 5 sont remplies lorsque le bénéficiaire du paiement est un établissement stable ;

c) l'indication que les conditions visées à l'article 3, point a) iii), sont remplies par la société bénéficiaire ;

d) l'indication de la détention d'une participation minimale ou d'un nombre minimal de droits de vote conformément à l'article 3, point b) ;

e) l'indication de la date depuis laquelle la participation visée au point d) existe.

Les Etats membres peuvent, en outre, demander la justification juridique des paiements effectués au titre du contrat (par exemple, contrat de prêt ou contrat de licence).

14. Si les conditions requises pour l'exonération ne sont plus remplies, la société bénéficiaire ou l'établissement stable en informe immédiatement la société ou l'établissement stable prestataire et, si l'Etat d'origine l'exige, l'autorité compétente de cet Etat.

15. Si la société ou l'établissement stable prestataire a retenu à la source un impôt devant faire l'objet d'une exonération au titre du présent article, une demande de remboursement peut être introduite pour ce prélèvement à la source. L'Etat membre peut réclamer les informations visées au paragraphe 13. La demande de remboursement doit être présentée dans le délai fixé. Ce délai est de deux ans au moins à partir de la date à laquelle les intérêts ou les redevances sont payés.

16. L'Etat d'origine rembourse l'excédent d'impôt retenu à la source dans un délai d'un an à compter de la réception de la demande et des informations justificatives qu'il peut raisonnablement demander. Si l'impôt retenu à la source n'a pas été remboursé dans ce délai, la société bénéficiaire ou l'établissement stable a droit, à l'expiration de ce délai d'un an, à des intérêts sur l'impôt qui est remboursé à un taux correspondant au taux d'intérêt national applicable dans des cas comparables en vertu de la législation nationale de l'Etat d'origine.

Définition des intérêts et des redevances

Art. 2 Aux fins de la présente directive, on entend par :

a) « intérêts » : les revenus des créances de toute nature, assorties ou non de garanties hypothécaires ou d'une clause de participation aux bénéfices du débiteur, et notamment les revenus d'obligations ou d'emprunts, y compris les primes et lots attachés à ces obligations ou emprunts. Les pénalités pour paiement tardif ne sont pas considérées comme des intérêts ;

b) « redevances » : les paiements de toute nature reçus à titre de rémunération pour l'usage ou la concession de l'usage d'un droit d'auteur sur une œuvre littéraire, artistique ou scientifique, y compris les films cinématographiques et les logiciels informatiques, d'un brevet, d'une marque de fabrique ou de commerce, d'un dessin ou d'un modèle, d'un plan, d'une formule ou d'un procédé secret, ainsi que pour des informations ayant trait à une expérience acquise dans le domaine industriel, commercial ou scientifique. Les paiements reçus pour l'usage ou la concession de l'usage d'un droit concernant des équipements industriels, commerciaux ou scientifiques sont considérés comme des redevances.

Définition d'une société associée d'une autre société et d'un établissement stable d'une société

Art. 3 Aux fins de la présente directive :

a) on entend par « société d'un Etat membre » toute société :

i) qui présente l'une des formes énumérées à l'annexe, et

ii) qui est considérée, en vertu de la législation fiscale d'un Etat membre, comme y ayant sa résidence fiscale et qui, aux termes d'une convention en matière de double imposition sur le revenu conclue avec un Etat tiers, n'est pas considérée comme ayant sa résidence fiscale en dehors de la Communauté, et

iii) qui est assujettie à l'un des impôts énumérés ci-dessous sans bénéficier d'une exonération, ou à tout impôt de nature identique ou analogue qui serait établi après la date d'entrée en vigueur de la présente directive et qui se substituerait à l'un des impôts existants ou qui s'y ajouterait :

« impôt des sociétés/vennootschapsbelasting » en Belgique,

« selskabsskat » au Danemark,

« Körperschaftsteuer » en Allemagne,

« φόρος εισοδήματος νομικών προσώπων » en Grèce,

« impuesto sobre sociedades » en Espagne,

« impôt sur les sociétés » en France,

« porez na dobit » en Croatie,

« corporation tax » en Irlande,

« imposta sul reddito delle persone giuridiche » en Italie,

« impôt sur le revenu des collectivités » au Luxembourg,

« vennootschapsbelasting » aux Pays-Bas,

« Körperschaftsteuer » en Autriche,

« imposto sobre o rendimento da pessoas colectivas » au Portugal,

« yhteisöjen tulovero/inkomstskatten för samfund » en Finlande,

« statlig inkomstskatt » en Suède,

« corporation tax » au Royaume-Uni ;

Daň z příjmu právnických osob en République tchèque,

Tulumaks en Estonie,

Φόρος εισοδήματος à Chypre,

uzņēmumu ienākuma nodoklis en Lettonie,

Pelno mokestis en Lituanie,

Társasági adó en Hongrie,

Taxxa fuq l-income à Malte,

Podatek dochodowy od osób prawnych en Pologne,

Davek od dobička pravnih oseb en Slovénie,

Daň z príjmov právnických osôb en Slovaquie,

корпоративен данък en Bulgarie,

impozit pe profit, impozitul pe veniturile obținute din România de nerezidenți en Roumanie ;

Ndlr *Texte susceptible d'être modifié en conséquence de la sortie de l'UE du Royaume de Grande-Bretagne et d'Irlande du Nord (« Brexit »), dont les modalités ont été fixées par l'accord publié au JOUE du 31 janvier 2020 (L 29 p. 7).*

b) la qualité de « société associée » d'une autre société est reconnue, au moins, à toute société :

i) lorsqu'elle détient une participation directe d'au moins 25 % dans le capital de l'autre société, ou

ii) lorsque l'autre société détient une participation directe d'au moins 25 % dans son capital, ou

iii) lorsqu'une troisième société détient une participation directe d'au moins 25 % dans son capital et dans le capital de l'autre société.

Les participations ne peuvent concerner que des sociétés établies dans la Communauté.

Les Etats membres ont toutefois la faculté de remplacer le critère de la participation minimale dans le capital par un critère de détention minimale de droits de vote ;

c) on entend par « établissement stable » toute installation fixe d'affaires située dans un Etat membre dans laquelle l'activité d'une société d'un autre Etat membre est exercée en tout ou partie.

Exclusion de certains paiements en tant qu'intérêts ou redevances

Art. 4 1. L'Etat membre d'origine n'est pas tenu de faire bénéficier des avantages de la présente directive dans les cas suivants :

a) les paiements assimilés à des distributions de bénéfices ou à un remboursement de capital en vertu de la législation de l'Etat d'origine ;

b) les paiements résultant de créances assorties d'une clause de participation aux bénéfices du payeur ;

c) les paiements résultant de créances habilitant le créancier à échanger son droit aux intérêts contre un droit de participation aux bénéfices du payeur ;

d) les paiements résultant de créances ne prévoyant pas le remboursement du principal ou pour lesquelles le remboursement est dû plus de 50 ans après la date d'émission.

2. Lorsqu'en raison des relations spéciales existant entre le payeur et le bénéficiaire effectif des intérêts ou des redevances, ou de celles que l'un et l'autre entretiennent avec un tiers, le montant des intérêts ou des redevances excède le montant dont seraient convenus le payeur et le bénéficiaire effectif en l'absence de telles relations, les dispositions de la présente directive ne s'appliquent qu'à ce dernier montant.

Fraudes et abus

Art. 5 1. La présente directive ne fait pas obstacle à l'application des dispositions nationales ou des dispositions fondées sur des conventions, qui sont nécessaires pour prévenir les fraudes ou les abus.

2. Les Etats membres peuvent, dans le cas d'opérations dont l'objectif principal ou l'un des objectifs principaux est la fraude ou l'évasion fiscales ou les abus, retirer le bénéfice de la présente directive ou refuser d'appliquer celle-ci.

Mesures transitoires en faveur de la République tchèque, de la Grèce, de l'Espagne, de la Lettonie, de la Lituanie, de la Pologne, du Portugal et de la Slovaquie

Art. 6 1. La Grèce, la Lettonie, la Pologne et le Portugal sont autorisés à ne pas appliquer l'article 1er jusqu'à la date d'application indiquée à l'article 17, paragraphes 2 et 3, de la directive 2003/48/CE du Conseil du 3 juin 2003 en matière de fiscalité des revenus de l'épargne sous forme de paiement d'intérêt (40). Pendant une période transitoire prenant fin huit ans à partir de cette date, le taux de l'impôt appliqué aux paiements d'intérêts ou de redevances effectués au profit d'une société associée d'un autre Etat membre ou d'un établissement stable d'une société associée d'un Etat membre situé dans un autre Etat membre ne peut pas dépasser 10 % pendant les quatre premières années et 5 % pendant le quatre dernières années.

La Lituanie est autorisée à ne pas appliquer l'article 1er jusqu'à la date d'application indiquée à l'article 17, paragraphes 2 et 3, de la directive 2003/48/CE du Conseil du 3 juin 2003 en matière de fiscalité des revenus de l'épargne sous forme de paiements d'intérêts. Pendant une période transitoire prenant fin six ans à partir de cette date, le taux de l'impôt appliqué aux paiements de redevances effectués au profit d'une société associée d'un autre Etat membre ou d'un établissement stable d'une société associée d'un Etat membre situé dans un autre Etat membre ne peut pas dépasser 10 %. Le taux de l'impôt appliqué aux paiements d'intérêts effectués au profit d'une société associée d'un autre Etat membre ou d'un établissement stable situé dans un autre Etat membre ne peut pas dépasser 10 % pendant les quatre premières années de la période de transition de six ans et, pendant les deux années suivantes, le taux de l'impôt sur ces paiements d'intérêts ne peut pas dépasser 5 %.

L'Espagne et la République tchèque sont autorisées, uniquement pour ce qui concerne les paiements de redevances, à ne pas appliquer l'article 1er jusqu'à la date d'application indiquée à l'article 17, paragraphes 2 et 3, de la directive 2003/48/CE. Pendant une période transitoire prenant fin six ans à partir de cette date, le taux de l'impôt appliqué aux paiements de redevances effectués au profit d'une société associée d'un autre Etat membre ou d'un établissement stable d'une société associée d'un Etat membre situé dans un autre Etat membre ne peut pas dépasser 10 %.

La Slovaquie est autorisée, uniquement pour ce qui concerne les paiements de redevances, à ne pas appliquer les dispositions de l'article 1er pendant une période de transition de deux ans commençant le 1er mai 2004.

Ces mesures transitoires sont toutefois subordonnées à l'application durable de tout taux d'impôt inférieur à ceux indiqués au premier, deuxième et troisième alinéas prévu par les conventions bilatérales conclues entre la République tchèque, la Grèce, l'Espagne, la Lettonie, la Lituanie, la Pologne, le Portugal ou la Slovaquie et d'autres Etats membres. Avant la fin des périodes transitoires visées au présent paragraphe, le Conseil peut décider à l'unanimité, sur proposition de la Commission, de proroger éventuellement les périodes transitoires prévues.

2. Lorsqu'une société d'un Etat membre ou un établissement stable, situé dans cet Etat membre, d'une société d'un Etat membre :

reçoit des intérêts ou des redevances d'une société associée de Grèce, de Lettonie, de Lituanie, de Pologne ou du Portugal,

reçoit des redevances d'une société associée de la République tchèque, d'Espagne ou de Slovaquie,

reçoit des intérêts ou des redevances d'un établissement stable d'une société associée d'un Etat membre situé en Grèce, en Lettonie, en Lituanie, en Pologne ou au Portugal, ou

reçoit des redevances d'un établissement stable d'une société associée d'un Etat membre situé en République tchèque, en Espagne ou en Slovaquie,

le premier Etat membre accorde, sur l'impôt grevant le revenu de la société ou de l'établissement stable qui a reçu ces revenus, une réduction égale à l'impôt payé en République tchèque, en Grèce, en Espagne, en Lettonie, en Lituanie, en Pologne, au Portugal ou en Slovaquie sur ces revenus conformément au paragraphe 1.

(40) JO L 157 du 26 juin 2003 p. 38.

3. La réduction d'impôt prévue au paragraphe 2 ne peut dépasser le plus faible des deux montants suivants :

a) l'impôt dû en République tchèque, en Grèce, en Espagne, en Lettonie, en Lituanie, en Pologne, au Portugal ou en Slovaquie sur de tels revenus conformément au paragraphe 1, ou

b) la fraction de l'impôt dû par la société ou l'établissement stable bénéficiaire des intérêts ou des redevances, calculé avant la réduction d'impôt, correspondant à ces revenus selon la législation nationale de l'Etat membre dont relève la société ou dans lequel l'établissement stable est situé.

Mise en œuvre

Art. 7 1. Les Etats membres mettent en vigueur les dispositions législatives, réglementaires et administratives nécessaires pour se conformer à la présente directive au plus tard le 1er janvier 2004. Ils en informent immédiatement la Commission.

Lorsque les Etats membres adoptent ces dispositions, celles-ci contiennent une référence à la présente directive ou sont accompagnées d'une telle référence lors de leur publication officielle. Les modalités de cette référence sont arrêtées par les Etats membres.

2. Les Etats membres communiquent à la Commission le texte des dispositions essentielles de droit interne qu'ils adoptent dans le domaine régi par la présente directive, ainsi qu'un tableau de correspondance entre les dispositions de la présente directive et les dispositions nationales adoptées.

Réexamen

Art. 8 Au plus tard le 31 décembre 2006, la Commission fait rapport au Conseil sur l'application de la présente directive, notamment en vue d'en étendre le champ d'application à des sociétés ou à des entreprises autres que celles indiquées à l'article 3 et dans l'annexe.

Clause de délimitation

Art. 9 La présente directive n'affecte pas l'application de dispositions nationales ou de dispositions fondées sur une convention, qui vont au-delà des dispositions de la présente directive et visent à éliminer ou à atténuer la double imposition des intérêts et des redevances dans l'Etat d'origine.

Entrée en vigueur

Art. 10 La présente directive entre en vigueur le jour de sa publication au Journal officiel de l'Union européenne.

Destinataires de la directive

Art. 11 Les Etats membres sont destinataires de la présente directive.

ANNEXE

Liste des sociétés visées à l'article 3, point a), de la directive

a) Les sociétés de droit belge dénommées « naamloze vennootschap »/« société anonyme », « commanditaire vennootschap op aandelen »/« société en commandite par action », « besloten vennootschap met beperkte aansprakelijkheid »/« société privée à responsabilité limitée », ainsi que les entités de droit public qui opèrent sous le régime du droit privé ;

aa) les sociétés de droit bulgare dénommées : « събирателното дружество », « командитното дружество », « дружеството с ограничена отговорност », « акционерното дружество », « командитното дружество с акции », « кооперации », « кооперативни съюзи », « държавни предприятия » constituées conformément au droit bulgare et exerçant des activités commerciales ;

ab) les sociétés de droit roumain dénommées : « societăţi pe acţiuni », « societăţi în comandită pe acţiuni », « societăţi cu răspundere limitată » ;

b) les sociétés de droit danois dénommées « aktieselskab » et « anpartsselskab » ;

c) les sociétés de droit allemand dénommées « Aktiengesellschaft », « Kommanditgesellschaft auf Aktien », « Gesellschaft mit beschränkter Haftung » et « bergrechtliche Gewerkschaft » ;

d) les sociétés de droit hellénique dénommées « ανώνυμη εταιρία » ;

e) les sociétés de droit espagnol dénommées « sociedad anónima », « sociedad comanditaria por acciones », « sociedad de responsabilidad limitada », ainsi que les entités de droit public qui opèrent sous le régime du droit privé ;

f) les sociétés de droit français dénommées « société anonyme », « société en commandite par actions », « société à responsabilité limitée », ainsi que les établissements et les entreprises publics à caractère industriel et commercial ;

g) les sociétés de droit irlandais dénommées « public companies limited by shares or by guarantee », « private companies limited by shares or by guarantee », les établissements enregistrés sous le régime des « Industrial and Provident Societies Acts », ou les « building societies » enregistrées sous le régime des « Building Societies Acts » ;

h) les sociétés de droit italien dénommées « società per azioni », « società in accomandita per azioni », « società a responsabilità limitata », ainsi que les entités publiques et privées qui exercent des activités industrielles et commerciales ;

i) les sociétés de droit luxembourgeois dénommées « société anonyme », « société en commandite par actions » et « société à responsabilité limitée » ;

j) les sociétés de droit néerlandais dénommées « naamloze vennootschap » et « besloten vennootschap met beperkte aansprakelijkheid » ;

k) les sociétés de droit autrichien dénommées « Aktiengesellschaft » et « Gesellschaft mit beschränkter Haftung » ;

l) les sociétés commerciales ou sociétés civiles de forme commerciale, ainsi que les coopératives et les entreprises publiques qui sont constituées conformément au droit portugais ;

m) les sociétés de droit finlandais dénommées « osakeyhtiö/aktiebolag », « osuuskunta/andelsbolag », « säästöpankki/sparbank » et « vakuutusyhtiö/försäkringsbolag » ;

n) les sociétés de droit suédois dénommées « aktiebolag » et « försäkringsaktiebolag » ;

o) les sociétés constituées conformément au droit du Royaume-Uni ;

p) les sociétés de droit tchèque, dénommées : « akciová společnost », « společnost s ručením omezeným », « veřejná obchodní společnost », « dru stvo » ;

q) les sociétés de droit estonien, dénommées : « täisühing », « usaldusühing », « osaühing », « aktsiaselts », « tulundusühistu » ;

r) les sociétés de droit chypriote dénommées sociétés constituées conformément au droit des sociétés, organismes publics ainsi que tout autre organisme assimilé à une société par la législation relative à l'impôt sur le revenu ;

s) les sociétés de droit letton, dénommées : « akciju sabiedrība », « sabiedrība ar ierobežotu atbildību » ;

t) les sociétés constituées conformément au droit de la Lituanie ;

u) les sociétés de droit hongrois, dénommées : « közkereseti társaság », « betéti társaság », « közös vállalat », « Korlátolt felelősségű társaság », « részvénytársaság », « egyesülés », « közhasznú társaság », « szövetkezet » ;

v) les sociétés de droit maltais, dénommées : « Kumpaniji ta'Responsabilità Limitata », Soċjetajiet in akkomandita li l-kapital tagħhom maqsum f'azzjonijiet » ;

w) les sociétés de droit polonais, dénommées : « spółka akcyjna », « spółka z ograniczoną odpowiedzialnością » ;

x) les sociétés de droit slovène, dénommées : « delniška družba », « komanditna delniška družba », « komanditna družba », « družba z omejeno odgovornostjo » « družba z neomejeno odgovornostjo » ;

y) les sociétés de droit slovaque, dénommées : « akciová spoločnost », « Spoločnost's ručením obmedzeným », « komanditná spoločnost », « Verejná obchodná spoločnost », « dru stvo » ;

z) les sociétés de droit croate dénommées « dioničko društvo », « društvo s ograničenom odgovornošću », ainsi que les autres sociétés constituées conformément au droit croate et assujetties à l'impôt sur les bénéfices en Croatie ;

Ndlr *Texte susceptible d'être modifié en conséquence de la sortie de l'UE du Royaume de Grande-Bretagne et d'Irlande du Nord (« Brexit »), dont les modalités ont été fixées par l'accord publié au JOUE du 31 janvier 2020 (L 29 p. 7).*

REGLEMENT (UE) 1407/2013 DU 18 DECEMBRE 2013
relatif à l'application des articles 107 et 108 du traité sur le fonctionnement de l'Union européenne aux aides de minimis

DC-IX-5300 s.

Ndlr *Le texte du règlement (UE) 1407/2013 du 18 décembre 2013 ci-après a été établi après intégration des modifications apportées par le règlement (UE) 2020/972 du 2 juillet 2020.*

Considérant

(4) On entend par entreprise, aux fins des règles de concurrence énoncées dans le traité, toute entité exerçant une activité économique, indépendamment du statut juridique de cette entité et de son mode de financement (41). La Cour de justice de l'Union européenne a précisé que toutes les entités contrôlées (en droit ou en fait) par la même entité doivent être considérées comme constituant une entreprise unique (42). Afin de garantir la sécurité juridique et d'alléger les contraintes administratives, le présent règlement doit énoncer de façon exhaustive des critères clairs permettant de déterminer les cas dans lesquels deux entreprises ou plus d'un même Etat membre doivent être considérées comme constituant une entreprise unique. La Commission a retenu, parmi les critères bien établis permettant de définir les « entreprises liées » figurant dans la définition des petites et moyennes

(41) Arrêt du 10 janvier 2006 dans l'affaire C-222/04, Ministero dell'Economia e delle Finanze/Cassa di Risparmio di Firenze SpA (Rec. 2006, p. I-289).

(42) Arrêt du 13 juin 2002 dans l'affaire C-382/99, Pays-Bas/Commission (Rec. 2002, p. I-5163).

entreprises (PME) incluse dans la recommandation 2003/361/CE de la Commission (43) et à l'annexe I du règlement (CE) n° 800/2008 (44), ceux qui sont pertinents aux fins de l'application du présent règlement. Ces critères sont déjà bien connus des autorités publiques et doivent s'appliquer, eu égard à la portée du présent règlement, tant aux PME qu'aux grandes entreprises. Ils doivent avoir pour effet de garantir qu'un groupe d'entreprises liées sera considéré comme constituant une entreprise unique aux fins de l'application des règles de minimis, mais que les entreprises n'ayant pas de liens les unes avec les autres en dehors du lien direct qu'elles entretiennent chacune avec le ou les mêmes organismes publics ne seront pas considérées comme des entreprises liées. Il est par conséquent tenu compte de la situation particulière des entreprises contrôlées par le ou les mêmes organismes publics, qui peuvent être dotées d'un pouvoir de décision autonome.

Art. 1 Champ d'application 1. Le présent règlement s'applique aux aides octroyées aux entreprises de tous les secteurs, à l'exception :

a) des aides octroyées aux entreprises actives dans le secteur de la pêche et de l'aquaculture, qui relèvent du règlement (CE) n° 104/2000 du Conseil (45) ;

b) des aides octroyées aux entreprises actives dans la production primaire de produits agricoles ;

c) des aides octroyées aux entreprises actives dans le secteur de la transformation et de la commercialisation de produits agricoles lorsque :

i) le montant d'aide est fixé sur la base du prix ou de la quantité des produits de ce type achetés à des producteurs primaires ou mis sur le marché par les entreprises concernées ;

ii) l'aide est conditionnée au fait d'être partiellement ou entièrement cédée à des producteurs primaires ;

d) des aides en faveur d'activités liées à l'exportation vers des pays tiers ou des Etats membres, c'est-à-dire des aides directement liées aux quantités exportées et des aides servant à financer la mise en place et le fonctionnement d'un réseau de distribution ou d'autres dépenses courantes liées à l'activité d'exportation ;

e) des aides subordonnées à l'utilisation de produits nationaux par préférence aux produits importés ;

2. Lorsqu'une entreprise exerce ses activités à la fois dans un ou plusieurs des secteurs mentionnés au paragraphe 1, points a), b) ou c) et dans un ou plusieurs secteurs entrant dans le champ d'application du présent règlement ou exerce d'autres activités entrant dans le champ d'application du présent règlement, ce dernier s'applique aux aides octroyées pour ces autres secteurs ou activités, à condition que l'Etat membre concerné veille, par des moyens appropriés, tels que la séparation des activités ou la distinction des coûts, à ce que les activités exercées dans les secteurs exclus du champ d'application du présent règlement ne bénéficient pas d'aides de minimis octroyées conformément au présent règlement.

Art. 2 Définitions 1. Aux fins du présent règlement, on entend par

a) « produits agricoles » : les produits énumérés à l'annexe I du traité, à l'exclusion des produits de la pêche et de l'aquaculture qui relèvent du règlement (CE) n° 104/2000 ;

b) « transformation de produits agricoles » : toute opération portant sur un produit agricole qui aboutit à un produit qui est aussi un produit agricole, à l'exception des activités réalisées dans l'exploitation agricole qui sont nécessaires à la préparation d'un produit animal ou végétal destiné à la première vente ;

c) « commercialisation de produits agricoles » : la détention ou l'exposition en vue de la vente, de la mise en vente, de la livraison ou de toute autre forme de mise sur le marché, à l'exception de la première vente par un producteur primaire à des revendeurs ou à des transformateurs et de toute activité consistant à préparer un produit en vue de cette vente. La vente par un producteur primaire à des consommateurs finals est considérée comme une commercialisation si elle a lieu dans des locaux distincts réservés à cette activité.

2. Aux fins du présent règlement, une « entreprise unique » se compose de toutes les entreprises qui entretiennent entre elles au moins l'une des relations suivantes :

a) une entreprise a la majorité des droits de vote des actionnaires ou associés d'une autre entreprise ;

b) une entreprise a le droit de nommer ou de révoquer la majorité des membres de l'organe d'administration, de direction ou de surveillance d'une autre entreprise ;

c) une entreprise a le droit d'exercer une influence dominante sur une autre entreprise en vertu d'un contrat conclu avec celle-ci ou en vertu d'une clause des statuts de celle-ci ;

d) une entreprise actionnaire ou associée d'une autre entreprise contrôle seule, en vertu d'un accord conclu avec d'autres actionnaires ou associés de cette autre entreprise, la majorité des droits de vote des actionnaires ou associés de celle-ci.

Les entreprises qui entretiennent au moins une des relations visées au premier alinéa, points a) à d) à travers une ou plusieurs autres entreprises

(43) Recommandation 2003/361/CE de la Commission du 6 mai 2003 concernant la définition des micro, petites et moyennes entreprises (JO L 124 du 20.5.2003, p. 36).

(44) Règlement (CE) n° 800/2008 de la Commission du 6 août 2008 déclarant certaines catégories d'aide compatibles avec le marché commun en application des articles 87 et 88 du traité (JO L 214 du 9.8.2008, p. 3).

(45) Règlement (CE) n° 104/2000 du Conseil du 17 décembre 1999 portant organisation commune des marchés dans le secteur des produits de la pêche et de l'aquaculture (JO L 17 du 21.1.2000, p. 22).

sont également considérées comme une entreprise unique.

Art. 3 Aides de minimis 1. Sont considérées comme ne remplissant pas tous les critères de l'article 107, paragraphe 1, du traité et comme n'étant pas soumises, de ce fait, à l'obligation de notification prévue à l'article 108, paragraphe 3, du traité, les aides qui satisfont aux conditions énoncées dans le présent règlement.

2. Le montant total des aides de minimis octroyées par Etat membre à une entreprise unique ne peut excéder 200 000 € sur une période de trois exercices fiscaux.

Le montant total des aides de minimis octroyées par Etat membre à une entreprise unique active dans le transport de marchandises par route pour compte d'autrui ne peut excéder 100 000 € sur une période de trois exercices fiscaux. Ces aides de minimis ne peuvent servir à l'acquisition de véhicules de transport de marchandises par route.

3. Si une entreprise exerce des activités de transport de marchandises par route pour compte d'autrui ainsi que d'autres activités auxquelles s'applique le plafond de 200 000 €, ce plafond lui est applicable, pour autant que l'Etat membre concerné veille, par des moyens appropriés, tels que la séparation des activités ou la distinction des coûts, à ce que les aides octroyées pour les activités de transport de marchandises par route n'excèdent pas 100 000 € et à ce qu'aucune aide de minimis ne serve à l'acquisition de véhicules de transport de marchandises par route.

4. Les aides de minimis sont considérées comme étant octroyées au moment où le droit légal de recevoir ces aides est conféré à l'entreprise en vertu du régime juridique national applicable, quelle que soit la date du versement de l'aide de minimis à l'entreprise.

5. Les plafonds fixés au paragraphe 2 s'appliquent quels que soient la forme et l'objectif des aides de minimis et indépendamment du fait que les aides octroyées par les Etats membres soient financées en tout ou en partie au moyen de ressources provenant de l'Union. La période de trois exercices fiscaux est déterminée par référence aux exercices fiscaux utilisés par l'entreprise dans l'Etat membre concerné.

6. Aux fins de l'application des plafonds fixés au paragraphe 2, les aides sont exprimées sous la forme de subventions. Tous les chiffres utilisés doivent être des montants bruts, c'est-à-dire avant impôts ou autres prélèvements. Lorsqu'une aide est octroyée sous une forme autre qu'une subvention, le montant de l'aide est son équivalent-subvention brut.

Les aides payables en plusieurs tranches sont actualisées à leur valeur au moment de leur octroi. Le taux d'intérêt à appliquer à l'actualisation est le taux d'actualisation applicable au moment de l'octroi de l'aide.

7. Si l'octroi de nouvelles aides de minimis porte le montant total des aides de minimis au-delà du plafond applicable fixé au paragraphe 2, aucune de ces nouvelles aides ne peut bénéficier du présent règlement.

8. Dans le cas des fusions ou acquisitions, sont prises en considération l'ensemble des aides de minimis octroyées antérieurement à l'une ou l'autre des entreprises parties à l'opération afin de déterminer si l'octroi d'une nouvelle aide de minimis à la nouvelle entreprise ou à l'entreprise acquéreuse porte le montant total des aides de minimis au-delà du plafond applicable. Les aides de minimis octroyées légalement préalablement à la fusion ou à l'acquisition restent légales.

9. En cas de scission d'une entreprise en deux entreprises distinctes ou plus, les aides de minimis octroyées avant cette scission sont allouées dans leur totalité à l'entreprise qui en a bénéficié, soit, en principe, l'entreprise qui reprend les activités pour lesquelles les aides de minimis ont été utilisées. Si une telle allocation n'est pas possible, les aides de minimis sont réparties proportionnellement sur la base de la valeur comptable du capital des nouvelles entreprises à la date effective de la scission.

Art. 4 Calcul de l'équivalent-subvention brut 1. Le présent règlement ne s'applique qu'aux aides pour lesquelles il est possible de calculer précisément et préalablement l'équivalent-subvention brut, sans qu'il soit nécessaire d'effectuer une analyse du risque (« aides transparentes »).

2. Les aides consistant en des subventions ou en des bonifications d'intérêts sont considérées comme des aides de minimis transparentes.

3. Les aides consistant en des prêts sont considérées comme des aides de minimis transparentes :

a) si le bénéficiaire ne fait pas l'objet d'une procédure collective d'insolvabilité ou ne remplit pas, selon le droit national qui lui est applicable, les conditions de soumission à une procédure collective d'insolvabilité à la demande de ses créanciers. Dans le cas des grandes entreprises, le bénéficiaire devra se trouver dans une situation comparable à une notation de crédit d'au-moins B- ; et

b) si le prêt est garanti par des sûretés couvrant au moins 50 % de son montant et le prêt s'élève soit à 1 000 000 € (ou 500 000 € pour les entreprises réalisant du transport de marchandises par route) sur cinq ans, soit à 500 000 € (ou 250 000 € pour les entreprises réalisant du transport de marchandises par route) sur dix ans ; si le prêt est inférieur à ces montants et/ou est consenti pour une durée inférieure à, respectivement, cinq ou dix ans, son équivalent-subvention brut équivaut à la fraction correspondante du plafond applicable fixé à l'article 3, paragraphe 2 ; ou

c) si l'équivalent-subvention brut a été calculé sur la base du taux de référence applicable au moment de l'octroi de l'aide.

4. Les aides consistant en des apports de capitaux ne sont considérées comme des aides de minimis transparentes que si le montant total de l'apport de capitaux publics ne dépasse pas le plafond de minimis.

5. Les aides consistant en des mesures de financement de risques prenant la forme d'investissements en fonds propres ou quasi-fonds propres ne sont considérées comme des aides de minimis transparentes que si les capitaux fournis à une entreprise unique n'excèdent pas le plafond de minimis.

6. Les aides consistant en des garanties sont considérées comme des aides de minimis transparentes :

a) si le bénéficiaire ne fait pas l'objet d'une procédure collective d'insolvabilité ou ne remplit pas, selon le droit national qui lui est applicable, les conditions de soumission à une procédure collective d'insolvabilité à la demande de ses créanciers. Dans le cas des grandes entreprises, le bénéficiaire se trouve dans une situation comparable à une notation de crédit d'au-moins B- ; et

b) si la garantie n'excède pas 80 % du prêt sous-jacent et que, soit le montant garanti s'élève à 1 500 000 € (ou 750 000 € pour les entreprises actives dans le transport de marchandises par route) et la durée de la garantie est de cinq ans, soit le montant garanti s'élève à 750 000 € (ou 375 000 € pour les entreprises actives dans le transport de marchandises par route) et la durée de la garantie est de dix ans. Si le montant garanti est inférieur à ces montants et/ou si la garantie est accordée pour une durée inférieure à, respectivement, cinq ou dix ans, l'équivalent-subvention brut de la garantie équivaut à la fraction correspondante du plafond applicable fixé à l'article 3, paragraphe 2 ; ou

c) l'équivalent-subvention brut a été calculé sur la base de primes « refuges » établies dans une communication de la Commission ; ou

d) si avant la mise en œuvre de l'aide :

i) la méthode utilisée pour le calcul de l'équivalent-subvention brut de la garantie a été notifiée à la Commission en vertu d'un autre règlement de la Commission dans le domaine des aides d'Etat applicable à ce moment et acceptée par la Commission en tant que conforme à la communication sur les garanties ou à toute autre communication ultérieure dans ce domaine, et

ii) cette méthode porte explicitement sur le type de garanties et le type d'opérations sous-jacentes concernées dans le cadre de l'application du présent règlement.

7. Les aides consistant en d'autres instruments sont considérées comme des aides de minimis transparentes dès lors que ces instruments prévoient un plafond garantissant que le seuil applicable n'est pas dépassé.

Art. 5 Cumul 1. Les aides de minimis octroyées conformément au présent règlement sont cumulables avec les aides de minimis octroyées conformément au règlement (UE) n° 360/2012 de la Commission (46) à concurrence des plafonds fixés dans celui-ci. Elles peuvent être cumulées avec des aides de minimis octroyées conformément à d'autres règlements de minimis à condition de ne pas dépasser le plafond fixé à l'article 3, paragraphe 2, du présent règlement.

2. Les aides de minimis ne peuvent pas être cumulées avec des aides d'Etat octroyées pour les mêmes coûts admissibles ni avec des aides d'Etat en faveur de la même mesure de financement de risques si ce cumul conduit à un dépassement de l'intensité d'aide ou du montant d'aide les plus élevés applicables fixés, dans les circonstances propres à chaque cas, par un règlement d'exemption par catégorie ou une décision adoptés par la Commission. Les aides de minimis qui ne sont pas octroyées pour des coûts admissibles spécifiques ou qui ne peuvent pas être rattachées à de tels coûts peuvent être cumulées avec d'autres aides d'Etat octroyées sur le fondement d'un règlement d'exemption par catégorie ou d'une décision adoptée par la Commission.

Art. 6 Contrôle 1. Lorsqu'un Etat membre envisage d'octroyer une aide de minimis à une entreprise conformément au présent règlement, il l'informe par écrit du montant potentiel de cette aide, exprimé en équivalent-subvention brut, ainsi que de son caractère de minimis, en renvoyant explicitement au présent règlement et en en citant le titre et la référence de publication au Journal officiel de l'Union européenne. Lorsque des aides de minimis sont octroyées conformément au présent règlement à différentes entreprises dans le cadre d'un régime d'aides et que des montants d'aides individuelles différents sont octroyés à ces entreprises en vertu de ce régime, l'Etat membre concerné peut choisir de remplir cette obligation en indiquant aux entreprises un montant fixe correspondant au montant maximal de l'aide qu'il est possible d'octroyer au titre dudit régime. Dans ce cas, le montant fixe sert à déterminer si le plafond applicable établi à l'article 3, paragraphe 2, est atteint. Avant l'octroi de l'aide, l'Etat membre doit également obtenir de l'entreprise concernée une déclaration sur support papier ou sous forme électronique au sujet des autres aides de minimis éventuelles relevant du présent règlement ou d'autres règlements de minimis qu'elle a reçues au cours des deux exercices fiscaux précédents et de l'exercice fiscal en cours.

2. Lorsqu'un Etat membre a mis en place un registre central des aides de minimis contenant des informations complètes sur toutes les aides de minimis octroyées par ses différentes autorités, le paragraphe 1 cesse de s'appliquer à partir du moment où le registre couvre une période de trois exercices fiscaux.

3. Un Etat membre n'octroie une nouvelle aide de minimis conformément au présent règlement qu'après avoir vérifié qu'elle ne portera pas le montant total des

(46) Règlement (UE) n° 360/2012 de la Commission du 25 avril 2012 relatif à l'application des articles 107 et 108 du traité sur le fonctionnement de l'Union européenne aux aides de minimis accordées à des entreprises fournissant des services d'intérêt économique général (JO L 114 du 26.4.2012, p. 8).

aides de minimis octroyées à l'entreprise concernée au-delà du plafond applicable fixé à l'article 3, paragraphe 2, et que toutes les conditions énoncées dans le présent règlement sont respectées.

4. Les Etats membres conservent et compilent toutes les informations concernant l'application du présent règlement. Les dossiers établis contiennent toutes les informations nécessaires pour démontrer que les conditions du présent règlement ont été respectées. Les informations sont conservées, en ce qui concerne les aides de minimis individuelles, pendant 10 exercices fiscaux à compter de la date d'octroi des aides et, pour ce qui est des régimes d'aides de minimis, pendant 10 exercices fiscaux à compter de la date d'octroi de la dernière aide individuelle au titre du régime en question.

5. Sur demande écrite de la Commission, l'Etat membre concerné lui communique, dans un délai de 20 jours ouvrables ou tout autre délai plus long fixé dans cette demande, toutes les informations que la Commission juge nécessaires pour lui permettre de déterminer si les conditions énoncées dans le présent règlement ont été respectées, en particulier le montant total des aides de minimis, au sens du présent règlement et de tout autre règlement de minimis, octroyées à une entreprise.

Art. 7 Dispositions transitoires 1. Le présent règlement s'applique aux aides accordées avant son entrée en vigueur si celles-ci remplissent toutes les conditions fixées dans le présent règlement. Toute aide ne remplissant pas lesdites conditions sera appréciée par la Commission conformément aux cadres, lignes directrices et communications applicables.

2. Toute aide de minimis individuelle octroyée entre le 2 février 2001 et le 30 juin 2007 et satisfaisant aux conditions du règlement (CE) n° 69/2001 est considérée comme ne remplissant pas toutes les conditions de l'article 107, paragraphe 1, du traité et est donc exemptée de l'obligation de notification prévue à l'article 108, paragraphe 3, du traité.

3. Toute aide de minimis individuelle octroyée entre le 1er janvier 2007 et le 30 juin 2014 et satisfaisant aux conditions du règlement (CE) n° 1998/2006 est considérée comme ne remplissant pas toutes les conditions de l'article 107, paragraphe 1, du traité et est donc exemptée de l'obligation de notification prévue à l'article 108, paragraphe 3, du traité.

4. A l'expiration de la durée de validité du présent règlement, les régimes d'aides de minimis remplissant les conditions fixées dans le présent règlement continuent de relever du présent règlement pendant six mois supplémentaires.

Art. 8 Entrée en vigueur et durée d'application Le présent règlement entre en vigueur le 1er janvier 2014.

Il est applicable jusqu'au 31 décembre 2023.

Le présent règlement est obligatoire dans tous ses éléments et directement applicable dans tout Etat membre.

DIRECTIVE (UE) 2022/2523 DU CONSEIL DU 14 DECEMBRE 2022

visant à assurer un niveau minimum d'imposition mondial pour les groupes d'entreprises multinationales et les groupes nationaux de grande envergure dans l'Union

FR 7/24 inf. 2 p. 3

CHAPITRE I *DISPOSITIONS GENERALES*

Art. 1er Objet 1. La présente directive établit des mesures communes pour l'imposition minimale effective des groupes d'entreprises multinationales (EMN) et des groupes nationaux de grande envergure sous la forme suivante :

a) une règle d'inclusion du revenu (RIR) selon laquelle une entité mère d'un groupe d'EMN ou d'un groupe national de grande envergure calcule et paie sa part attribuable de l'impôt complémentaire pour les entités constitutives faiblement imposées du groupe ; et

b) une règle relative aux bénéfices insuffisamment imposés (RBII) selon laquelle une entité constitutive d'un groupe d'EMN a une charge d'impôt supplémentaire sous la forme d'une sortie de trésorerie égale à sa part de l'impôt complémentaire qui n'a pas été imputée au titre de la RIR pour les entités constitutives faiblement imposées du groupe.

2. Les Etats membres peuvent choisir d'appliquer un impôt national complémentaire qualifié selon lequel l'impôt complémentaire est calculé et payé sur le bénéfice excédentaire de toutes les entités constitutives faiblement imposées situées dans leur juridiction conformément à la présente directive.

Art. 2 Champ d'application 1. La présente directive s'applique aux entités constitutives situées dans un Etat membre qui sont membres d'un groupe d'EMN ou d'un groupe national de grande envergure dont le chiffre d'affaires annuel est égal ou supérieur à 750 000 000 EUR, y compris le chiffre d'affaires des entités exclues visées au paragraphe 3, dans les états financiers consolidés de son entité mère ultime pendant au moins deux des quatre années fiscales précédant immédiatement l'année fiscale testée.

2. Lorsqu'une ou plusieurs des quatre années fiscales visées au paragraphe 1 ont une durée supérieure ou inférieure à douze mois, le seuil de chiffre d'affaires visé audit paragraphe est ajusté proportionnellement pour chacune de ces années fiscales.

3. La présente directive ne s'applique pas aux entités suivantes (ci-après dénommées « entités exclues ») :

a) une entité publique, une organisation internationale, une organisation à but non lucratif, un fonds de pension, un fonds d'investissement qui est une entité mère ultime ou un véhicule d'investissement immobilier qui est une entité mère ultime ;

b) une entité, lorsque 95 % au moins de la valeur de l'entité est détenue par une ou plusieurs entités visées au point a), directement ou par l'intermédiaire d'une ou de plusieurs entités exclues, à l'exception des entités de services de fonds de pension, et qui :

i) a pour objet exclusif, ou presque exclusif, de détenir des actifs ou d'investir des fonds pour le compte de l'entité ou des entités visées au point a) ; ou

ii) exerce uniquement des activités accessoires à celles exercées par l'entité ou les entités visées au point a) ;

c) une entité, lorsque 85 % au moins de la valeur de l'entité est détenue, directement ou par l'intermédiaire d'une ou de plusieurs entités exclues, par une ou plusieurs entités visées au point a), à l'exception des entités de services de fonds de pension, à condition que les bénéfices de cette entité soient constitués pour l'essentiel de dividendes ou de plus-values ou moins-values sur capitaux exclus du calcul du bénéfice ou de la perte admissibles conformément à l'article 16, paragraphe 2, points b) et c).

Par dérogation au premier alinéa du présent paragraphe, l'entité constitutive déclarante peut exercer l'option, conformément à l'article 45, paragraphe 1, de ne pas traiter une entité visée aux points b) et c) dudit alinéa comme une entité exclue.

Art. 3 Définitions Aux fins de la présente directive, on entend par :

1) « entité », toute construction juridique qui établit des états financiers distincts ou toute personne morale ;

2) « entité constitutive » :

a) toute entité qui fait partie d'un groupe d'EMN ou d'un groupe national de grande envergure ; et

b) tout établissement stable d'une entité principale qui fait partie d'un groupe d'EMN visé au point a) ;

3) « groupe » :

a) un ensemble d'entités liées entre elles du fait de la structure de détention ou de contrôle telle qu'elle est définie par la norme de comptabilité financière admissible pour l'établissement des états financiers consolidés par l'entité mère ultime, ce qui inclut toute entité qui aurait pu être exclue des états financiers consolidés de l'entité mère ultime uniquement en raison de sa petite taille, de son importance relative ou parce qu'elle est destinée à être vendue ; ou

b) une entité qui dispose d'un ou de plusieurs établissements stables, pour autant qu'elle ne fasse pas partie d'un autre groupe visé au point a) ;

4) « groupe d'EMN », tout groupe comprenant au moins une entité ou un établissement stable qui n'est pas situé dans la juridiction de l'entité mère ultime ;

5) « groupe national de grande envergure », tout groupe dont toutes les entités constitutives sont situées dans le même Etat membre ;

6) « états financiers consolidés » :

a) les états financiers établis par une entité conformément à une norme de comptabilité financière admissible, dans lesquels les actifs, passifs, produits, charges et flux de trésorerie de cette entité et de toute entité dans laquelle elle détient une participation de contrôle sont présentés comme s'il s'agissait d'une seule et même unité économique ;

b) pour les groupes définis au point 3) b), les états financiers établis par une entité conformément à une norme de comptabilité financière admissible ;

c) les états financiers de l'entité mère ultime qui ne sont pas établis conformément à une norme de comptabilité financière admissible et qui ont ensuite été ajustés pour éviter toute distorsion importante de la concurrence ; et

d) lorsque l'entité mère ultime n'établit pas d'états financiers tels qu'ils sont décrits au point a), b) ou c), les états financiers qui auraient été établis si l'entité mère ultime avait été tenue de le faire conformément à :

i) une norme de comptabilité financière admissible ; ou

ii) une autre norme de comptabilité financière, et à condition que ces états financiers aient été ajustés pour éviter toute distorsion importante de la concurrence ;

7) « année fiscale », la période comptable pour laquelle l'entité mère ultime d'un groupe d'EMN ou d'un groupe national de grande envergure établit ses états financiers consolidés ou, si l'entité mère ultime ne le fait pas, la période correspondant à l'année civile ;

8) « entité constitutive déclarante », une entité qui dépose une déclaration d'information pour l'impôt complémentaire conformément à l'article 44 ;

9) « entité publique », une entité qui remplit tous les critères suivants :

a) elle fait partie d'un gouvernement ou est intégralement détenue par celui-ci, y compris toute subdivision politique ou autorité locale de celui-ci ;

b) elle n'exerce aucune activité commerciale ou professionnelle et a pour objet principal de :

i) remplir une fonction d'administration publique ; ou

ii) gérer ou investir les actifs de ce gouvernement ou de cette juridiction en réalisant et en conservant des investissements, en assurant la gestion des actifs et en réalisant des activités d'investissement connexes portant sur les actifs du gouvernement ou de la juridiction ;

c) elle rend compte de ses résultats globaux à un gouvernement et lui fournit des rapports d'information annuels ; et

d) ses actifs reviennent à ce gouvernement au moment de la dissolution de l'entité et, dans la mesure où elle distribue des bénéfices nets, ces derniers sont distribués uniquement à ce gouvernement, aucune fraction de ses bénéfices nets ne pouvant échoir à une personne privée ;

10) « organisation internationale », toute organisation intergouvernementale, y compris une organisation supranationale, ou toute agence ou tout organisme détenu intégralement par celle-ci, qui remplit tous les critères suivants :

a) elle se compose principalement de gouvernements ;

b) elle a conclu un accord de siège ou un accord substantiellement similaire avec la juridiction dans laquelle elle est établie, par exemple des arrangements autorisant les bureaux ou établissements de l'organisation situés dans ladite juridiction à bénéficier de privilèges et immunités ; et

c) la loi ou ses statuts empêchent que ses revenus puissent échoir à des personnes physiques ;

11) « organisation à but non lucratif », une entité qui remplit tous les critères suivants :

a) elle est établie et exploitée dans sa juridiction de résidence :

i) exclusivement à des fins religieuses, caritatives, scientifiques, artistiques, culturelles, sportives, éducatives ou à d'autres fins similaires ; ou

ii) en tant que fédération professionnelle, organisation patronale, chambre de commerce, organisation syndicale, organisation agricole ou horticole, organisation civique ou organisme dont l'objet exclusif est de promouvoir l'action sociale ;

b) une partie substantielle des revenus provenant des activités visées au point a) est exonérée de l'impôt sur le revenu dans sa juridiction de résidence ;

c) elle n'a aucun actionnaire ni aucun membre disposant d'un droit de propriété ou de jouissance sur ses revenus ou ses actifs ;

d) les revenus ou les actifs de l'entité ne peuvent pas être distribués à des personnes physiques ou à des organismes à but lucratif ou utilisés à leur bénéfice, à moins que cette utilisation n'intervienne :

i) en relation avec les activités caritatives de l'entité ;

ii) à titre de rémunération raisonnable pour services rendus ou pour l'utilisation de biens ou de capitaux ; ou

iii) à titre de paiement, à leur juste valeur marchande, pour les biens acquis par l'entité ; et

e) lors de la cessation d'activités, de la liquidation ou de la dissolution de l'entité, tous ses actifs doivent être distribués ou revenir à une organisation à but non lucratif ou au gouvernement (y compris toute entité publique) de la juridiction de résidence de l'entité ou à toute subdivision politique de celui-ci ;

f) elle ne poursuit pas l'exercice d'une activité commerciale ou professionnelle qui n'est pas directement liée aux finalités pour lesquelles elle a été établie ;

12) « entité transparente intermédiaire », une entité, dans la mesure où elle est fiscalement transparente en ce qui concerne ses recettes, dépenses, bénéfices et pertes dans la juridiction où elle a été créée, à moins qu'elle ne soit résidente fiscale et soumise aux impôts concernés au titre de ses revenus ou bénéfices dans une autre juridiction.

Une entité transparente intermédiaire est réputée être :

a) une entité fiscalement transparente en ce qui concerne ses recettes, dépenses, bénéfices et pertes, dans la mesure où elle est fiscalement transparente dans la juridiction où est situé son propriétaire ;

b) une entité hybride inversée en ce qui concerne ses recettes, dépenses, profits ou pertes, dans la mesure où elle n'est pas fiscalement transparente dans la juridiction où est situé son propriétaire.

Aux fins de la présente définition, une « entité fiscalement transparente » désigne une entité dont les recettes, dépenses, bénéfices et pertes sont traités par la législation d'une juridiction comme s'ils étaient réalisés ou enregistrés par le propriétaire direct de cette entité proportionnellement à sa participation dans cette entité.

Une participation dans une entité ou un établissement stable qui est une entité constitutive est considéré comme détenu par l'intermédiaire d'une structure fiscale transparente si cette participation est détenue indirectement par l'intermédiaire d'une chaîne d'entités fiscalement transparentes.

Une entité constitutive qui n'est pas résidente fiscale et qui n'est pas soumise à un impôt concerné ou à un impôt national complémentaire qualifié en raison de son siège de direction, son lieu de création ou d'autres critères similaires est considérée comme une entité transparente intermédiaire et une entité fiscalement transparente en ce qui concerne ses recettes, dépenses, bénéfices et pertes dans la mesure où :

a) ses propriétaires sont situés dans une juridiction qui considère l'entité comme fiscalement transparente ;

b) elle ne possède pas d'installation d'affaires dans la juridiction où elle a été créée ; et

c) ses recettes, dépenses, bénéfices et pertes ne sont pas attribuables à un établissement stable ;

13) « établissement stable » :

a) une installation d'affaires ou une installation réputée être une installation d'affaires située dans une juridiction où elle est considérée comme un établissement stable en vertu d'une convention fiscale applicable, à condition que cette juridiction impose les revenus attribuables à cette installation conformément à une disposition similaire à l'article 7 du modèle de convention fiscale de l'OCDE concernant le revenu et la fortune, dans sa version modifiée ;

b) en l'absence de convention fiscale applicable, une installation d'affaires ou une installation réputée être une installation d'affaires située dans une juridiction qui impose les revenus attribuables à cette installation d'affaires sur une base nette d'une manière similaire à celle retenue pour imposer ses propres résidents fiscaux ;

c) une installation d'affaires ou une installation réputée être une installation d'affaires située dans une juridiction n'ayant pas mis en place un régime d'imposition des bénéfices des sociétés, dans la mesure où cette installation d'affaires serait considérée comme un établissement stable en vertu du modèle de convention fiscale de l'OCDE concernant le revenu et la fortune, dans sa version modifiée, et où ladite juridiction aurait eu le droit d'imposer les revenus attribuables à l'installation d'affaires en vertu de l'article 7 de cette convention ; ou

d) une installation d'affaires ou une installation réputée être une installation d'affaires qui n'est pas décrite aux points a) à c), par l'intermédiaire de laquelle une entité exerce des activités en dehors de la juridiction où l'entité est située, pour autant que cette juridiction exonère les bénéfices attribuables à de telles activités ;

14) « entité mère ultime » :

a) une entité qui détient, directement ou indirectement, une participation conférant le contrôle dans une autre entité et qui n'est pas détenue, directement ou indirectement, par une autre entité ayant une participation conférant le contrôle dans l'entité concernée ; ou

b) l'entité principale d'un groupe au sens du point 3) b) ;

15) « taux minimum d'imposition », quinze pour cent (15 %) ;

16) « impôt complémentaire », un impôt supplémentaire calculé pour une juridiction ou une entité constitutive conformément à l'article 27 ;

17) « régime fiscal des sociétés étrangères contrôlées », un ensemble de règles fiscales, autre qu'une RIR qualifiée, en vertu desquelles un actionnaire direct ou indirect d'une entité étrangère ou en vertu desquelles l'entité principale d'un établissement stable est assujettie à une imposition proportionnellement à sa participation sur tout ou partie des revenus perçus par cette entité constitutive étrangère, que ces revenus soient ou non distribués à l'actionnaire ;

18) « RIR qualifiée », un ensemble de règles mis en œuvre dans le droit interne d'une juridiction, à condition que cette juridiction n'octroie pas d'avantages en lien avec ces règles, et qui est :

a) équivalent aux règles établies dans la présente directive ou, en ce qui concerne les juridictions de pays tiers, aux défis fiscaux soulevés par la numérisation de l'économie – Règles globales anti-érosion de la base d'imposition (Pilier Deux) (ci-après dénommés « modèle de règles de l'OCDE »), selon lesquelles l'entité mère d'un groupe d'EMN ou d'un groupe national de grande envergure calcule et paie sa part attribuable de l'impôt complémentaire pour les entités constitutives faiblement imposées dudit groupe ;

b) administré d'une manière conforme aux règles établies dans la présente directive ou, en ce qui concerne les juridictions de pays tiers, au modèle de règles de l'OCDE ;

19) « entité constitutive faiblement imposée » :

a) une entité constitutive d'un groupe d'EMN ou d'un groupe national de grande envergure qui est située dans une juridiction à faible imposition ; ou

b) une entité constitutive apatride qui, au titre d'une année fiscale, a un bénéfice admissible et bénéficie d'un taux effectif d'imposition inférieur au taux minimum d'imposition ;

20) « entité mère intermédiaire », une entité constitutive qui détient, directement ou indirectement, une participation dans une autre entité constitutive du même groupe d'EMN ou du même groupe national de grande envergure et qui ne peut être considérée comme une entité mère ultime, une entité mère partiellement détenue, un établissement stable ou une entité d'investissement ;

21) « participation conférant le contrôle », une participation dans une entité en vertu duquel le détenteur est tenu ou aurait été tenu de consolider les actifs, les passifs, les produits, les charges et les flux de trésorerie de l'entité ligne par ligne, conformément à une norme de comptabilité financière admissible ; une entité principale est réputée détenir les titres conférant le contrôle de ses établissements stables ;

22) « entité mère partiellement détenue », une entité constitutive qui détient, directement ou indirectement, une participation dans une autre entité constitutive du même groupe d'EMN ou du même groupe national de grande envergure, et dont plus de 20 % de titres de participation ouvrant droit à ses bénéfices sont détenus, directement ou indirectement, par une ou plusieurs personnes qui ne sont pas des entités constitutives dudit groupe d'EMN ou du groupe national de grande envergure et qui ne sont pas considérées comme une entité

mère ultime, un établissement stable ou une entité d'investissement ;

23) « participation », toute participation assortie de droits sur les bénéfices, capitaux ou réserves d'une entité ou d'un établissement stable ;

24) « entité mère », une entité mère ultime qui n'est ni une entité exclue ni une entité mère intermédiaire ni une entité mère partiellement détenue ;

25) « norme de comptabilité financière admissible », les normes internationales d'information financière (IFRS) ou les IFRS adoptées par l'Union conformément au règlement (CE) n° 1606/2002 du Parlement européen et du Conseil (47), ainsi que les principes comptables généralement admis en Australie, au Brésil, au Canada, dans les Etats membres de l'Union européenne, dans les Etats membres de l'Espace économique européen, à Hong Kong (Chine), au Japon, au Mexique, en Nouvelle-Zélande, en République populaire de Chine, en République de l'Inde, en République de Corée, en Russie, à Singapour, en Suisse, au Royaume-Uni et aux Etats-Unis d'Amérique ;

26) « norme de comptabilité financière agréée », s'agissant d'une entité, un ensemble de principes comptables généralement admis et autorisés par un organisme comptable agréé dans la juridiction où l'entité est située ; aux fins de la présente définition, on entend par « organisme comptable agréé » l'organisme investi de l'autorité juridique dans une juridiction pour prévoir, établir ou accepter des normes comptables à des fins d'information financière ;

27) « distorsion importante de la concurrence », dans le cadre de l'application d'un principe ou d'une procédure spécifique au titre d'un ensemble de principes comptables généralement acceptés, une application qui entraîne une variation agrégée des produits ou charges de plus de 75 000 000 EUR au cours d'une année fiscale, par comparaison avec le montant qui aurait été obtenu en appliquant le principe ou la procédure correspondante conformément aux normes internationales d'information financière [IFRS ou IFRS adoptées par l'Union au titre du règlement (CE) n° 1606/2002] ;

28) « impôt national complémentaire qualifié », un impôt complémentaire mis en œuvre dans le droit interne d'une juridiction, à condition que cette juridiction n'octroie pas d'avantages en lien avec ces règles, et qui :

a) prévoit que les bénéfices excédentaires des entités constitutives situées dans cette juridiction sont déterminés conformément aux règles établies dans la présente directive ou, en ce qui concerne les juridictions de pays tiers, au modèle de règles de l'OCDE, et que le taux minimum d'imposition est appliqué à ces bénéfices excédentaires pour la juridiction et les entités constitutives conformément aux règles énoncées dans la présente directive ou, en ce qui concerne les juridictions de pays tiers, au modèle de règles de l'OCDE ; et

b) est administré d'une manière conforme aux règles établies dans la présente directive ou, en ce qui concerne les juridictions de pays tiers, au modèle de règles de l'OCDE ;

29) « valeur nette comptable d'un actif corporel » la moyenne des valeurs de début et de fin des actifs corporels après prise en compte des amortissements cumulés, des dépréciations et des corrections de valeur, tels qu'ils sont enregistrés dans les états financiers ;

30) « entité d'investissement » :

a) un fonds d'investissement ou un véhicule d'investissement immobilier ;

b) une entité qui est détenue, à hauteur d'au moins 95 %, directement par une entité visée au point a) ou par l'intermédiaire d'une chaîne d'entités de cette nature et dont l'activité est exploitée exclusivement ou presque exclusivement dans le but de détenir des actifs ou d'investir des fonds pour le compte de ces entités ; ou

c) une entité qui est détenue à hauteur d'au moins 85 % de la valeur de celle-ci par une entité visée au point a), à condition que les bénéfices de cette entité soient constitués de manière substantielle de dividendes ou de plus- values ou moins-values sur capitaux exclus du calcul du bénéfice ou des pertes admissibles aux fins de la présente directive ;

31) « fonds d'investissement », une entité ou une construction qui remplit toutes les conditions suivantes :

a) elle est conçue pour regrouper des actifs financiers ou non financiers provenant de plusieurs investisseurs, dont certains ne sont pas liés ;

b) elle investit conformément à une politique d'investissement déterminée ;

c) elle permet aux investisseurs de réduire leurs coûts de transaction, de recherche et d'analyse, ou de diluer collectivement les risques ;

d) elle est principalement conçue pour générer des plus-values ou revenus d'investissement ou se prémunir contre un événement ou un résultat à caractère général ou spécifique ;

e) ses investisseurs ont droit à un rendement sur les actifs du fonds ou sur les revenus perçus au titre de ces actifs, en fonction de leur apport ;

f) l'entité, ou sa gestion, est soumise aux dispositions réglementaires, notamment aux règles appropriées en matière de lutte contre le blanchiment de capitaux et de protection des investisseurs, applicables aux fonds d'investissement dans la juridiction où elle est établie ou gérée ; et

g) elle est gérée par des gestionnaires professionnels de fonds pour le compte des investisseurs ;

32) « véhicule d'investissement immobilier », une entité dont les capitaux sont largement répartis, qui détient principalement des biens immobiliers et qui est soumise à un niveau d'imposition unique, à sa charge ou à la charge de ses détenteurs de titres, reportable d'un an au maximum ;

(47) Règlement (CE) n° 1606/2002 du Parlement européen et du Conseil du 19 juillet 2002 sur l'application des normes comptables internationales (JO L 243 du 11.9.2002, p. 1).

33) « fonds de pension » :

a) une entité constituée et exploitée dans une juridiction exclusivement ou presque exclusivement dans le but d'administrer ou de verser des prestations de retraite et des prestations annexes ou auxiliaires à des personnes physiques lorsque :

i) cette entité est réglementée en tant que telle par cette juridiction ou par l'une de ses subdivisions politiques ou autorités locales ; ou

ii) ces prestations sont garanties ou protégées par des réglementations nationales et financées par un panier d'actifs détenus dans le cadre d'un accord de fiducie ou de trust afin de garantir l'exécution des obligations correspondantes en matière de pensions en cas d'insolvabilité du groupe d'EMN et du groupe national de grande envergure ;

b) une entité de services de fonds de pension ;

34) « entité de services de fonds de pension », une entité constituée et dont l'activité est exploitée exclusivement ou quasi exclusivement dans le but de placer des fonds pour le compte des entités visées au point 33) a) ou d'exercer des activités qui sont annexes aux activités réglementées visées au point 33) a), pour autant que l'entité de services de fonds de pension fasse partie du même groupe que les entités qui exercent lesdites activités réglementées ;

35) « juridiction à faible imposition », pour un groupe d'EMN ou un groupe national de grande envergure, au cours de toute année fiscale, un Etat membre ou une juridiction de pays tiers dans lequel le groupe d'EMN ou le groupe national de grande envergure a un bénéfice admissible et est soumis à un taux effectif d'imposition qui est inférieur au taux minimum d'imposition ;

36) « bénéfice ou perte admissibles », le résultat net comptable d'une entité constitutive ajusté conformément aux règles énoncées aux chapitres III, VI et VII ;

37) « impôt imputé remboursable non qualifié », tout impôt, autre qu'un impôt imputé qualifié, dû ou acquitté par une entité constitutive qui est :

a) remboursable au bénéficiaire effectif d'un dividende distribué par cette entité constitutive au titre de ce dividende ou imputable par le bénéficiaire effectif sur un impôt dû autre qu'un impôt à payer au titre de ce dividende ; ou

b) remboursable à la société effectuant la distribution, lors de la distribution d'un dividende à un actionnaire.

Aux fins de la présente définition, on entend par « impôt imputé qualifié » un impôt concerné dû ou acquitté par une entité constitutive, y compris un établissement stable, qui peut être remboursé ou crédité au bénéficiaire des dividendes distribués par l'entité constitutive ou, dans le cas d'un impôt concerné dû ou acquitté par un établissement stable, des dividendes distribués par l'entité principale, dans la mesure où le remboursement est dû, ou que le crédit est accordé :

a) par une juridiction autre que la juridiction qui prélève les impôts concernés ;

b) à un bénéficiaire effectif des dividendes imposés à un taux nominal égal ou supérieur au taux minimum d'imposition applicable aux dividendes perçus en vertu de la législation nationale de la juridiction qui soumet l'entité constitutive aux impôts concernés ;

c) à une personne physique qui est le bénéficiaire effectif des dividendes, qui a sa résidence fiscale dans la juridiction qui soumet l'entité constitutive aux impôts concernés et qui est imposable à un taux nominal égal ou supérieur au taux normal d'imposition applicable au revenu ordinaire ; ou

d) à une entité publique, une organisation internationale, une organisation à but non lucratif résidente, un fonds de pension résident, une entité d'investissement résidente qui ne fait pas partie du groupe d'EMN ou du groupe national de grande envergure, ou une compagnie d'assurance vie résidente dans la mesure où les dividendes sont perçus en lien avec les activités d'un fonds de pension résident et sont soumis à l'impôt d'une manière similaire à un dividende reçu par un fonds de pension.

Aux fins du point d) :

i) un fonds de pension ou une organisation à but non lucratif est résident(e) dans une juridiction s'il ou elle est créé(e) et géré(e) dans cette juridiction ;

ii) une entité d'investissement est résidente dans une juridiction si elle est créée et réglementée dans cette juridiction ;

iii) une compagnie d'assurance vie est résidente dans la juridiction où elle est située ;

38) « crédit d'impôt remboursable qualifié » :

a) un crédit d'impôt remboursable conçu de telle sorte qu'il doit être versé à l'entité constitutive en espèces ou en équivalent de trésorerie dans les quatre ans à compter de la date à laquelle l'entité constitutive est en droit de bénéficier du crédit d'impôt remboursable en vertu de la législation de la juridiction qui accorde le crédit ; ou

b) si le crédit d'impôt est partiellement remboursable, la part du crédit d'impôt remboursable à verser à l'entité constitutive en espèces ou en équivalent de trésorerie dans les quatre ans à compter de la date à laquelle l'entité constitutive est en droit de bénéficier du crédit d'impôt partiellement remboursable.

Un crédit d'impôt remboursable qualifié ne comprend aucun montant d'impôt qui peut être crédité ou remboursé au titre d'un impôt imputé qualifié ou d'un impôt imputé remboursable non qualifié ;

39) « crédit d'impôt remboursable non qualifié », un crédit d'impôt qui n'est pas un crédit d'impôt remboursable qualifié, mais qui est remboursable en tout ou en partie ;

40) « entité principale », une entité qui comptabilise le résultat net comptable d'un établissement stable dans ses états financiers ;

41) « entité détentrice de titres d'une entité constitutive », une entité constitutive qui détient, directement ou indirectement, une participation dans une

autre entité constitutive du même groupe d'EMN ou groupe national de grande envergure ;

42) « régime éligible d'imposition des distributions », un régime d'imposition des bénéfices des sociétés :

a) qui prévoit l'imposition des bénéfices d'une société uniquement lorsque celle-ci distribue des bénéfices aux actionnaires, est réputée distribuer des bénéfices aux actionnaires ou engage certaines dépenses non liées à l'exploitation ;

b) dont le taux d'imposition appliqué est équivalent ou supérieur au taux minimum d'imposition ; et

c) qui était en vigueur au plus tard le 1er juillet 2021 ;

43) « RBII qualifiée », un ensemble de règles mis en œuvre dans le droit interne d'une juridiction, à condition que cette juridiction n'octroie pas d'avantages en lien avec ces règles, et qui :

a) est équivalent aux règles établies dans la présente directive ou, en ce qui concerne les juridictions de pays tiers, au modèle de règles de l'OCDE, selon lesquelles une juridiction perçoit sa part attribuable de l'impôt complémentaire pour un groupe d'EMN qui n'a pas été appliqué en vertu de la RIR en ce qui concerne les entités constitutives faiblement imposées de ce groupe d'EMN ;

b) est administré d'une manière conforme aux règles établies dans la présente directive ou, en ce qui concerne les juridictions de pays tiers, au modèle de règles de l'OCDE ;

44) « entité déclarante désignée », l'entité constitutive, autre que l'entité mère ultime, désignée par le groupe d'EMN ou le groupe national de grande envergure pour accomplir les obligations de déclaration énoncées à l'article 44 pour le compte du groupe d'EMN ou du groupe national de grande envergure.

Art. 4 Emplacement d'une entité constitutive 1. Aux fins de la présente directive, une entité autre qu'une entité transparente intermédiaire est réputée être située dans la juridiction où elle est considérée comme résidente fiscale en vertu de son siège de direction, de son lieu de création ou d'autres critères similaires.

Lorsqu'il n'est pas possible de déterminer l'emplacement d'une entité autre qu'une entité transparente intermédiaire sur la base du premier alinéa, celle-ci est réputée être située dans la juridiction où elle a été créée.

2. Une entité transparente intermédiaire est considérée comme apatride, à moins qu'elle ne soit l'entité mère ultime d'un groupe d'EMN ou d'un groupe national de grande envergure, ou qu'elle soit tenue d'appliquer une règle d'inclusion du revenu conformément aux articles 5, 6, 7 et 8, auquel cas l'entité transparente intermédiaire est réputée se situer dans la juridiction où elle a été créée.

3. Un établissement stable au sens de l'article 3, point 13) a), est réputé être situé dans la juridiction où il est considéré comme un établissement stable et est soumis à l'impôt conformément à la convention fiscale applicable.

Un établissement stable au sens de l'article 3, point 13) b), est réputé être situé dans la juridiction où il est soumis à l'impôt sur une base nette sur le fondement de sa présence commerciale.

Un établissement stable au sens de l'article 3, point 13) c), est réputé être situé dans la juridiction où il se trouve. Un établissement stable au sens de l'article 3, point 13) d), est considéré comme apatride.

4. Lorsqu'une entité constitutive est située dans deux juridictions et que ces juridictions ont une convention fiscale applicable, l'entité constitutive est réputée être située dans la juridiction où elle est considérée comme résidente fiscale en vertu de ladite convention fiscale.

Lorsque la convention fiscale applicable exige des autorités compétentes de parvenir à un accord amiable sur le lieu réputé être la résidence fiscale de l'entité constitutive, et qu'aucun accord n'a été conclu, le paragraphe 5 s'applique.

Lorsque la convention fiscale applicable en cours de validité ne prévoit pas de dégrèvement en cas de double imposition, étant donné que l'entité constitutive est résidente fiscale des deux parties contractantes, le paragraphe 5 s'applique.

5. Lorsqu'une entité constitutive est située dans deux juridictions et que ces juridictions n'ont pas de convention fiscale applicable, l'entité constitutive est réputée être située dans la juridiction qui a appliqué le montant le plus élevé d'impôts concernés au titre de l'année fiscale considérée.

Aux fins du calcul du montant des impôts concernés visés au premier alinéa, il n'est pas tenu compte du montant des impôts acquittés conformément au régime fiscal des sociétés étrangères contrôlées.

Si le montant des impôts concernés dus dans les deux juridictions est identique ou nul, l'entité constitutive est réputée être située dans la juridiction où le montant de l'exclusion de bénéfices liée à la substance calculé pour chaque entité conformément à l'article 28 est le plus élevé.

Si le montant de l'exclusion de revenus liée à la substance est identique dans les deux juridictions ou nul, l'entité constitutive est considérée comme apatride, à moins d'être une entité mère ultime, auquel cas elle est réputée être située dans la juridiction où elle a été créée.

6. Lorsque, à la suite de l'application des paragraphes 4 et 5, une entité mère est située dans une juridiction où elle n'est pas soumise à une RIR qualifiée, elle est réputée soumise à la RIR qualifiée de l'autre juridiction, à moins qu'une convention fiscale applicable en vigueur n'interdise l'application de cette règle.

7. Lorsqu'une entité constitutive change d'emplacement au cours d'une année fiscale, elle est réputée être située dans la juridiction où elle était réputée être située en vertu du présent article au début de l'année fiscale considérée.

CHAPITRE II
RIR ET RBII

Art. 5 Entité mère ultime dans l'Union 1. Les Etats membres veillent à ce qu'une entité mère ultime qui est une entité constitutive située dans un Etat membre soit soumise à l'impôt complémentaire (ci-après dénommé « impôt complémentaire pour la RIR ») au titre de l'année fiscale pour ses entités constitutives faiblement imposées qui sont situées dans une autre juridiction ou qui sont apatrides.

2. Les Etats membres veillent à ce que, dans le cas où une entité constitutive qui est l'entité mère ultime d'un groupe d'EMN ou d'un groupe national de grande envergure est située dans un Etat membre qui est une juridiction faiblement imposée, cette entité soit soumise à l'impôt complémentaire pour la RIR tant en ce qui la concerne que pour toutes les entités constitutives faiblement imposées du groupe situées dans le même Etat membre au titre de l'année fiscale.

Art. 6 Entité mère intermédiaire dans l'Union 1. Les Etats membres veillent à ce qu'une entité mère intermédiaire située dans un Etat membre et détenue par une entité mère ultime située dans une juridiction de pays tiers soit soumise à l'impôt complémentaire pour la RIR au titre de l'année fiscale pour ses entités constitutives faiblement imposées qui sont situées dans une autre juridiction ou qui sont apatrides.

2. Les Etats membres veillent à ce que, dans le cas où une entité mère intermédiaire est située dans un Etat membre qui est une juridiction faiblement imposée et est détenue par une entité mère ultime située dans une juridiction de pays tiers, cette entité mère intermédiaire soit soumise à l'impôt complémentaire pour la RIR tant en ce qui la concerne que pour ses entités constitutives faiblement imposées situées dans le même Etat membre au titre de l'année fiscale.

3. Les paragraphes 1 et 2 ne s'appliquent pas lorsque :

a) l'entité mère ultime est soumise à une RIR qualifiée au titre de l'année fiscale concernée ; ou

b) une autre entité mère intermédiaire est située dans une juridiction où elle est soumise à une RIR qualifiée pour l'année fiscale concernée et détient, directement ou indirectement, une participation conférant le contrôle dans l'entité mère intermédiaire.

Art. 7 Entité mère intermédiaire située dans l'Union et détenue par une entité mère ultime exclue 1. Les Etats membres veillent à ce que, dans le cas où une entité mère intermédiaire située dans un Etat membre est détenue par une entité mère ultime qui est une entité exclue, elle soit soumise à l'impôt complémentaire pour la RIR au titre de l'année fiscale pour ses entités constitutives faiblement imposées qui sont situées dans une autre juridiction ou qui sont apatrides.

2. Les Etats membres veillent à ce que, dans le cas où une entité mère intermédiaire située dans un Etat membre qui est une juridiction faiblement imposée est détenue par une entité mère ultime qui est une entité exclue, cette entité mère intermédiaire soit soumise à l'impôt complémentaire pour la RIR tant en ce qui la concerne que pour ses entités constitutives faiblement imposées qui sont situées dans le même Etat membre au titre de l'année fiscale.

3. Les paragraphes 1 et 2 ne s'appliquent pas lorsqu'une autre entité mère intermédiaire est située dans une juridiction dans laquelle elle est soumise à une RIR qualifiée au titre de cette année fiscale et détient, directement ou indirectement, une participation de contrôle dans l'entité mère intermédiaire visée aux paragraphes 1 et 2.

Art. 8 Entité mère partiellement détenue dans l'Union 1. Les Etats membres veillent à ce qu'une entité mère partiellement détenue située dans un Etat membre soit soumise à l'impôt complémentaire pour la RIR au titre de l'année fiscale pour ses entités constitutives faiblement imposées qui sont situées dans une autre juridiction ou qui sont apatrides.

2. Les Etats membres veillent à ce que, dans le cas où une entité mère partiellement détenue est située dans un Etat membre qui est une juridiction faiblement imposée, celle-ci soit soumise à l'impôt complémentaire pour la RIR tant en ce qui la concerne que pour ses entités constitutives faiblement imposées situées dans le même Etat membre au titre de l'année fiscale.

3. Les paragraphes 1 et 2 ne s'appliquent pas lorsque les titres conférant le contrôle de l'entité mère partiellement détenue sont détenus intégralement, directement ou indirectement, par une autre entité mère partiellement détenue qui est soumise à une RIR qualifiée au titre de cette année fiscale.

Art. 9 Attribution de l'impôt complémentaire en vertu de la RIR 1. L'impôt complémentaire pour la RIR dû par une entité mère pour une entité constitutive faiblement imposée conformément à l'article 5, paragraphe 1, à l'article 6, paragraphe 1, à l'article 7, paragraphe 1, et à l'article 8, paragraphe 1, correspondant à l'impôt complémentaire de l'entité constitutive faiblement imposée, calculé selon les modalités de l'article 27, multiplié par la part attribuable à l'entité mère de cet impôt complémentaire au titre de l'année fiscale.

2. La part de l'impôt complémentaire pour une entité constitutive faiblement imposée attribuable à l'entité mère correspond à la part des titres de participation de l'entité mère ouvrant droit sur le bénéfice admissible de l'entité constitutive faiblement imposée. Ladite part est égale au bénéfice admissible de l'entité constitutive faiblement imposée au titre de l'année fiscale, diminué du montant de ce bénéfice attribuable aux participations détenues par d'autres propriétaires, divisé par le bénéfice admissible de l'entité constitutive faiblement imposée au titre de l'année fiscale.

Le montant du bénéfice admissible attribuable aux titres de participation dans une entité constitutive faiblement imposée détenus par d'autres propriétaires correspond au montant qui aurait été considéré comme attribuable à ces propriétaires en vertu des principes de la norme de comptabilité financière admissible utilisée dans les états financiers consolidés de l'entité mère ultime si le revenu net de l'entité constitutive faiblement imposée était égal à son bénéfice admissible et si :

a) l'entité mère avait établi des états financiers consolidés conformément à cette norme comptable (ci-après dénommés

« états financiers consolidés hypothétiques ») ;

b) l'entité mère détenait une participation de contrôle dans l'entité constitutive faiblement imposée, de sorte que tous les produits et charges de l'entité constitutive faiblement imposée auraient été consolidés ligne par ligne avec ceux de l'entité mère dans les états financiers consolidés hypothétiques ;

c) tous les bénéfices admissibles de l'entité faiblement imposée étaient attribuables à des transactions avec des personnes qui ne sont pas des entités du groupe ; et

d) tous les titres de participation non détenus directement ou indirectement par l'entité mère étaient détenus par des personnes autres que des entités du groupe.

3. En plus du montant attribué à une entité mère conformément au paragraphe 1 du présent article, l'impôt complémentaire pour la RIR dû par une entité mère conformément à l'article 5, paragraphe 2, à l'article 6, paragraphe 2, à l'article 7, paragraphe 2, et à l'article 8, paragraphe 2, correspond, au titre de l'année fiscale, conformément à l'article 27 :

a) au montant total de l'impôt complémentaire calculé pour cette entité mère ; et

b) au montant de l'impôt complémentaire calculé pour ses entités constitutives faiblement imposées situées dans le même Etat membre multiplié par la part attribuable à l'entité mère de cet impôt complémentaire au titre de l'année fiscale.

Art. 10 Mécanisme de compensation de la RIR Lorsqu'une entité mère située dans un Etat membre détient une participation dans une entité constitutive faiblement imposée, indirectement via une entité mère intermédiaire ou une entité mère partiellement détenue qui est soumise à une RIR *qualifiée* au titre de l'année fiscale, l'impôt complémentaire dû en vertu des articles 5 à 8 est réduit d'un montant égal à la fraction de la part attribuable à l'entité mère mentionnée en premier lieu de l'impôt complémentaire dû par l'entité mère intermédiaire ou l'entité mère partiellement détenue.

Art. 11 Option consistant à appliquer un impôt national complémentaire qualifié 1. Les Etats membres peuvent choisir d'appliquer un impôt national complémentaire qualifié.

Si un Etat membre dans lequel sont situées des entités constitutives d'un groupe d'EMN ou d'un groupe national de grande envergure choisit d'appliquer un impôt national complémentaire qualifié, toutes les entités constitutives faiblement imposées du groupe d'EMN ou du groupe national de grande envergure dans ledit Etat membre sont soumises à cet impôt national complémentaire qualifié au titre de l'année fiscale.

Au titre d'un impôt national complémentaire qualifié, les bénéfices excédentaires nationaux des entités constitutives faiblement imposées peuvent être calculés sur la base d'une norme de comptabilité financière admissible ou d'une norme de comptabilité financière autorisée par l'organisme comptable agréé, et être ajustés pour éviter toute distorsion importante de la concurrence, au lieu d'être calculés sur la base de la norme de comptabilité financière utilisée dans les états financiers consolidés.

2. Lorsqu'une entité mère d'un groupe d'EMN ou d'un groupe national de grande envergure est située dans un Etat membre et que les entités constitutives qu'elle détient directement ou indirectement, situées dans ledit Etat membre ou dans une autre juridiction, sont soumises à un impôt national complémentaire qualifié au titre de l'année fiscale dans ces juridictions, le montant de l'impôt complémentaire calculé selon les modalités de l'article 27, dont est redevable l'entité mère en vertu des articles 5 à 8, est diminué, sans tomber en dessous de zéro, du montant de l'impôt national complémentaire qualifié dû par cette entité elle-même ou par ces entités constitutives.

Nonobstant le premier alinéa, si l'impôt national complémentaire qualifié a été calculé pour une année fiscale conformément à la norme comptable financière admissible de l'entité mère ou aux normes internationales d'information financière [IFRS ou IFRS adoptées par l'Union au titre du règlement (CE) n° 1606/2002], aucun impôt complémentaire n'est calculé selon les modalités de l'article 27 au titre de cette année fiscale pour les entités constitutives du groupe d'EMN ou du groupe national de grande envergure situé dans cet Etat membre. Le présent alinéa est sans préjudice du calcul de tout impôt complémentaire additionnel conformément à l'article 29 dans le cas où un Etat membre n'applique pas un impôt national complémentaire qualifié pour percevoir tout impôt complémentaire additionnel résultant de l'article 29.

3. Lorsque le montant de l'impôt national complémentaire qualifié au titre d'une année fiscale n'a pas été acquitté dans les quatre années fiscales suivant l'année fiscale au cours de laquelle il était dû, le montant de l'impôt national complémentaire qualifié impayé est ajouté à l'impôt complémentaire pour la juridiction calculé selon les modalités de l'article 27, paragraphe 3, et ne peut pas être perçu par l'Etat membre qui a exercé l'option prévue au paragraphe 1 du présent article.

4. Les Etats membres qui choisissent d'appliquer un impôt national complémentaire qualifié en informent la Commission dans les quatre mois qui

suivent l'adoption de leurs dispositions législatives, réglementaires et administratives nationales prévoyant l'introduction d'un impôt national complémentaire qualifié. Cette option est valable pour une période de trois ans au cours de laquelle elle ne peut pas être révoquée. A la fin de chaque période de trois ans, l'option est renouvelée automatiquement, à moins que l'Etat membre ne révoque son choix. Toute révocation de l'option est notifiée à la Commission au plus tard quatre mois avant la fin de la période de trois ans.

Art. 12 Application d'une RBII à l'ensemble du groupe d'EMN 1. Lorsque l'entité mère ultime d'un groupe d'EMN est située dans une juridiction de pays tiers qui n'applique pas de RIR qualifiée, ou lorsque l'entité mère ultime d'un groupe d'EMN est une entité exclue, les Etats membres veillent à ce que les entités constitutives situées dans l'Union soient soumises, dans l'Etat membre où elles sont situées, à un ajustement égal au montant de l'impôt complémentaire dû au titre de la RBII attribué audit Etat membre pour l'année fiscale conformément à l'article 14.

A cette fin, cet ajustement peut prendre la forme d'un impôt complémentaire dû par ces entités constitutives ou d'un refus de déduction du revenu imposable de ces entités constitutives, qui entraîne une charge fiscale nécessaire pour percevoir le montant de l'impôt complémentaire au titre de la RBII attribué à cet Etat membre.

2. Lorsqu'un Etat membre applique l'ajustement prévu au paragraphe 1 du présent article sous la forme d'un refus de déduction du revenu imposable, cet ajustement s'applique, dans la mesure du possible, à l'exercice d'imposition au cours duquel se termine l'année fiscale pour laquelle le montant d'impôt complémentaire dû au titre de la RBII a été calculé et attribué à un Etat membre conformément à l'article 14.

Tout montant d'impôt complémentaire au titre de la RBII restant dû pour une année fiscale à la suite de l'application d'un refus de déduction du revenu imposable pour cette année fiscale est reporté en avant dans la mesure nécessaire et fait l'objet, pour chaque année fiscale suivante, de l'ajustement prévu au paragraphe 1 jusqu'à ce que la totalité du montant de l'impôt complémentaire au titre de la RBII attribué à cet Etat membre pour l'année fiscale concernée ait été versée.

3. Les entités constitutives qui sont des entités d'investissement ne sont pas soumises au présent article.

Art. 13 Application d'une RBII dans la juridiction d'une entité mère ultime 1. Lorsque l'entité mère ultime d'un groupe d'EMN est située dans une juridiction de pays tiers à faible imposition, les Etats membres veillent à ce que les entités constitutives situées dans l'Union soient soumises, dans l'Etat membre où elles sont situées, à un ajustement égal au montant de l'impôt complémentaire au titre de la RBII attribué audit Etat membre pour l'année fiscale conformément à l'article 14.

A cette fin, cet ajustement peut prendre la forme d'un impôt complémentaire dû par ces entités constitutives ou d'un refus de déduction du revenu imposable de ces entités constitutives, qui entraîne une charge fiscale nécessaire pour percevoir le montant de l'impôt complémentaire au titre de la RBII attribué à cet Etat membre.

Le premier alinéa ne s'applique pas lorsque l'entité mère ultime dans une juridiction de pays tiers à faible imposition est soumise à une RIR qualifiée en ce qui la concerne et pour ses entités constitutives faiblement imposées situées dans ladite juridiction.

2. Lorsqu'un Etat membre applique l'ajustement prévu au paragraphe 1 du présent article sous la forme d'un refus de déduction du revenu imposable, cet ajustement s'applique, dans la mesure du possible, à l'exercice d'imposition au cours duquel se termine l'année fiscale pour laquelle le montant d'impôt complémentaire au titre de la RBII a été calculé et attribué à un Etat membre conformément à l'article 14.

Tout montant d'impôt complémentaire au titre de la RBII restant dû pour une année fiscale à la suite de l'application d'un refus de déduction du revenu imposable pour cette année fiscale est reporté en avant dans la mesure nécessaire et fait l'objet, pour chaque année fiscale suivante, de l'ajustement prévu au paragraphe 1, jusqu'à ce que la totalité du montant de l'impôt complémentaire au titre de la RBII attribué à cet Etat membre pour l'année fiscale concernée ait été versée.

3. Les entités constitutives qui sont des entités d'investissement ne sont pas soumises au présent article.

Art. 14 Calcul et attribution du montant de l'impôt complémentaire dû au titre de la RBII 1. Le montant de l'impôt complémentaire pour la RBII attribué à un Etat membre correspond au résultat du produit du montant total de l'impôt complémentaire pour la RBII, déterminé conformément au paragraphe 2, par le ratio pour la RBII de l'Etat membre, déterminé conformément au paragraphe 5.

2. Le montant total de l'impôt complémentaire dû au titre de la RBII pour une année fiscale est égal à la somme de l'impôt complémentaire calculé pour chaque entité constitutive faiblement imposée du groupe d'EMN pour cette année fiscale, conformément à l'article 27, sous réserve des ajustements décrits aux paragraphes 3 et 4 du présent article.

3. L'impôt complémentaire dû au titre de la RBII par une entité constitutive faiblement imposée est égal à zéro lorsque, pour l'année fiscale, tous les titres de participation de l'entité mère ultime dans cette entité constitutive faiblement imposée sont détenus directement ou indirectement par une ou plusieurs entités mères, qui sont tenues d'appliquer une RIR qualifiée pour cette entité constitutive faiblement imposée au titre de cette année fiscale.

4. Lorsque le paragraphe 3 ne s'applique pas, l'impôt complémentaire dû au titre de la RBII par une entité constitutive faiblement imposée est diminué de la part de l'impôt complémentaire de cette

entité constitutive faiblement imposée qui est attribuable à l'entité mère imposable en vertu de la RIR qualifiée.

5. Le pourcentage d'un Etat membre au titre de la RBII est calculé, pour chaque année fiscale et chaque groupe d'EMN, selon la formule suivante :

$$50\% \times \frac{\text{(nombre d'employés dans l'État membre)}}{\text{nombre d'employés de toutes les juridictions RBII}} + 50\% \times \frac{\text{valeur totale des actifs corporels dans l'État membre}}{\text{valeur totale des actifs corporels de toutes les juridictions RBII}}$$

où :

a) le nombre d'employés dans l'Etat membre correspond au nombre total d'employés de toutes les entités constitutives du groupe d'EMN situées dans ledit Etat membre ;

b) le nombre d'employés dans toutes les juridictions disposant d'une RBII correspond au nombre total d'employés de toutes les entités constitutives du groupe d'EMN situées dans une juridiction disposant d'une RBII qualifiée en vigueur pour l'année fiscale ;

c) la valeur totale des actifs corporels dans l'Etat membre correspond à la somme de la valeur nette comptable des actifs corporels de toutes les entités constitutives du groupe d'EMN situées dans ledit Etat membre ;

d) la valeur totale des actifs corporels dans toutes les juridictions disposant d'une RBII correspond à la somme de la valeur nette comptable des actifs corporels de toutes les entités constitutives du groupe d'EMN situées dans une juridiction disposant d'une RBII qualifiée en vigueur pour l'année fiscale.

6. Le nombre d'employés désigne le nombre d'employés en équivalent temps plein de l'ensemble des entités constitutives situées dans la juridiction concernée, y compris les sous-traitants indépendants à condition qu'ils participent aux activités opérationnelles ordinaires de l'entité constitutive.

Les actifs corporels comprennent les actifs corporels de toutes les entités constitutives situées dans la juridiction concernée mais n'incluent pas la trésorerie et les équivalents de trésorerie, les actifs incorporels ni les actifs financiers.

7. Les employés dont les coûts salariaux sont comptabilisés dans les états financiers distincts d'un établissement stable conformément à l'article 18, paragraphe 1, et ajustés selon les modalités de l'article 18, paragraphe 2, sont attribués à la juridiction dans laquelle est situé l'établissement permanent.

Les actifs corporels pris en compte dans les états financiers distincts d'un établissement stable conformément à l'article 18, paragraphe 1, et ajustés selon les modalités de l'article 18, paragraphe 2, sont attribués à la juridiction dans laquelle est situé l'établissement stable.

Le nombre de salariés et les actifs corporels attribués à la juridiction d'un établissement stable ne sont pas pris en compte dans le nombre de salariés et les actifs corporels de la juridiction de l'entité principale.

Le nombre d'employés et la valeur nette comptable des actifs corporels détenus par une entité d'investissement sont exclus des éléments de la formule figurant au paragraphe 5.

Le nombre d'employés et la valeur nette comptable des actifs corporels d'une entité transparente intermédiaire sont exclus des éléments de la formule figurant au paragraphe 5, à moins qu'ils ne soient attribués à un établissement stable ou, en l'absence d'établissement stable, aux entités constitutives situées dans la juridiction où l'entité transparente intermédiaire a été créée.

8. Par dérogation au paragraphe 5, le pourcentage d'une juridiction au titre de la RBII pour un groupe d'EMN est réputé égal à zéro au titre d'une année fiscale, à condition que le montant de l'impôt complémentaire pour la RBII attribué à cette juridiction au cours d'une année fiscale antérieure n'ait pas eu pour conséquence d'imposer aux entités constitutives dudit groupe d'EMN situées dans cette juridiction une charge d'impôt en espèces supplémentaire égale, au total, au montant de l'impôt complémentaire au titre de la RBII attribué à cette juridiction pour cette année fiscale antérieure.

Le nombre d'employés et la valeur nette comptable des actifs corporels des entités constitutives d'un groupe d'EMN situé dans une juridiction dont le pourcentage de RBII est égal à zéro pour une année fiscale sont exclus des éléments de la formule d'attribution du montant total de l'impôt complémentaire au titre de la RBII au groupe d'EMN pour cette année fiscale.

9. Le paragraphe 8 ne s'applique pas à une année fiscale si toutes les juridictions qui ont une RBII qualifiée en vigueur pour l'année fiscale concernée ont un pourcentage de RBII égal à zéro pour le groupe d'EMN pour cette année fiscale.

CHAPITRE III
CALCUL DU BENEFICE OU DE LA PERTE ADMISSIBLES

Art. 15 Détermination du bénéfice ou de la perte admissibles 1. Le bénéfice ou la perte admissibles d'une entité constitutive sont calculés en procédant aux ajustements prévus aux articles 16 à 19 du résultat net comptable de l'entité constitutive au titre de l'année fiscale avant tout ajustement en consolidation destiné à éliminer les transactions intragroupes, conformément à la norme comptable utilisée pour l'établissement des états financiers consolidés de l'entité mère ultime.

2. Lorsqu'il n'est pas raisonnablement possible de déterminer le résultat net comptable d'une entité constitutive en application de la norme de comptabilité financière admissible ou de la norme de comptabilité financière agréée utilisée pour l'établissement des états financiers consolidés de l'entité mère ultime, le résultat net comptable de l'entité constitutive au titre de l'année fiscale peut être déterminé en application d'une autre norme de

comptabilité financière admissible ou d'une norme de comptabilité financière agréée, à condition que :

a) les états financiers de l'entité constitutive soient établis sur la base de cette norme comptable ;

b) les informations contenues dans les états financiers soient fiables ; et

c) les différences permanentes supérieures à 1 000 000 EUR résultant de l'application aux éléments de produits ou de charges ou aux transactions, d'un principe ou d'une norme spécifiques qui diffère de la norme financière utilisée pour l'établissement des états financiers consolidés de l'entité mère ultime soient ajustées pour se conformer au traitement requis dudit élément en vertu de la norme comptable utilisée pour l'établissement des états financiers consolidés.

3. Lorsqu'une entité mère ultime n'a pas établi ses états financiers consolidés conformément à une norme de comptabilité financière admissible visée à l'article 3, point 6) c), les états financiers consolidés de l'entité mère ultime sont ajustés pour éviter toute distorsion importante de la concurrence.

4. Lorsqu'une entité mère ultime n'établit pas d'états financiers consolidés conformément à l'article 3, points 6) a), b) et c), les états financiers consolidés de l'entité mère ultime visés à l'article 3, point 6) d), sont ceux qui auraient été établis si l'entité mère ultime avait été tenue de le faire conformément à :

a) une norme de comptabilité financière admissible ; ou

b) une norme de comptabilité financière agréée, à condition que ces états financiers consolidés aient été ajustés pour éviter toute distorsion importante de la concurrence.

5. Lorsqu'un Etat membre ou une juridiction de pays tiers applique un impôt national complémentaire qualifié, le résultat net comptable des entités constitutives situées dans cet Etat membre ou dans cette juridiction de pays tiers peut être déterminé conformément à une norme de comptabilité financière admissible ou à une norme de comptabilité financière agréée qui diffère de la norme de comptabilité financière utilisée dans l'établissement des états financiers consolidés de l'entité mère ultime, à condition que ce résultat net comptable soit ajusté pour éviter toute distorsion importante de la concurrence.

6. Lorsque l'application d'un principe ou d'une procédure spécifique dans le cadre d'un ensemble de principes comptables généralement acceptés entraîne une distorsion importante de la concurrence, le traitement comptable de tout élément ou transaction soumis à ce principe ou à cette procédure est ajusté pour se conformer au traitement requis de l'élément ou de la transaction en vertu des normes internationales d'information financière [IFRS ou IFRS adoptées par l'Union au titre du règlement (CE) nº 1606/2002].

Art. 16 Ajustements nécessaires pour déterminer le bénéfice ou la perte admissibles 1. Aux fins du présent article, on entend par :

a) « charge fiscale nette », le montant net des éléments suivants :

i) les impôts concernés enregistrés comme une charge et tous les impôts concernés exigibles et différés inclus dans la charge d'impôt sur le revenu, y compris les impôts concernés sur les bénéfices exclus du calcul du bénéfice ou de la perte admissibles ;

ii) les impôts différés actifs imputables à un déficit pour l'année fiscale ;

iii) les impôts complémentaires nationaux qualifiés enregistrés comme une charge ;

iv) les impôts résultant des règles de la présente directive ou, en ce qui concerne les juridictions de pays tiers, du modèle de règles de l'OCDE, enregistrés comme une charge ; et

v) les impôts imputés remboursables non qualifiés enregistrés comme une charge ;

b) « dividendes exclus », les dividendes ou autres distributions perçus ou à recevoir au titre d'une participation, à l'exception d'un dividende ou d'une autre distribution perçu ou à recevoir au titre :

i) d'une participation :

- détenue par le groupe dans une entité ouvrant droit à moins de 10 % des bénéfices, des capitaux ou des réserves, ou à des droits de vote de cette entité à la date de la distribution ou de la disposition (« titres de portefeuille ») ; et
- qui est la propriété économique de l'entité constitutive percevant ou appelée à recevoir les dividendes ou autres distributions depuis moins d'un an à la date de la distribution ;

ii) d'une participation dans une entité d'investissement faisant l'objet d'une option exercée en vertu de l'article 43 ;

c) « plus-value ou moins-value sur capitaux exclue », la plus-value, le bénéfice ou la perte inclus dans le résultat net comptable de l'entité constitutive résultant :

i) des plus-values ou moins-values résultant des variations de la juste valeur d'une participation, à l'exception des titres de portefeuille ;

ii) des bénéfices ou pertes associés à une participation qui est comptabilisée conformément à la méthode comptable de mise en équivalence ; et

iii) des plus-values ou moins-values liées à la cession d'une participation, à l'exception de la cession de titres de portefeuille ;

d) « plus-value ou moins-value incluse au titre de la méthode de réévaluation », une plus-value ou moins-value nette, majorée ou minorée par les éventuels impôts concernés correspondants, au titre de l'année fiscale pour l'ensemble des biens, usines et équipements, survenant en application d'une méthode ou d'une pratique comptable qui :

i) ajuste périodiquement la valeur comptable desdits biens, usines et équipements en fonction de sa juste valeur ;

ii) comptabilise les variations de valeur dans le poste « Autres éléments du résultat global » ; et

iii) ne reporte pas ultérieurement les plus-values ou moins-values comptabilisées dans les « Autres éléments du résultat global » via le compte de résultat ;

e) « gains ou pertes de change asymétriques », les gains ou les pertes de change d'une entité dont la monnaie fonctionnelle de comptabilité est différente de sa monnaie fonctionnelle fiscale et qui sont :

i) pris en compte dans le calcul du résultat imposable d'une entité constitutive, et imputables aux fluctuations du taux de change entre sa monnaie fonctionnelle de comptabilité et sa monnaie fonctionnelle fiscale ;

ii) pris en compte dans le calcul du résultat net comptable d'une entité constitutive, et imputables aux fluctuations du taux de change entre sa monnaie fonctionnelle de comptabilité et sa monnaie fonctionnelle fiscale ;

iii) pris en compte dans le calcul du résultat net comptable d'une entité constitutive, et imputables aux fluctuations du taux de change entre une monnaie étrangère d'un pays tiers et la monnaie fonctionnelle de comptabilité de l'entité constitutive ; et

iv) imputables aux fluctuations du taux de change entre une monnaie étrangère d'un pays tiers et la monnaie fonctionnelle fiscale de l'entité constitutive, que ces gains ou pertes de change soient ou non inclus dans le revenu imposable.

La monnaie fonctionnelle fiscale est la monnaie fonctionnelle utilisée pour déterminer le résultat imposable de l'entité constitutive pour un impôt concerné dans la juridiction où elle est située. La monnaie fonctionnelle de comptabilité est la monnaie fonctionnelle utilisée pour déterminer le résultat net comptable de l'entité constitutive. Une monnaie étrangère tierce est une monnaie qui n'est ni la monnaie fonctionnelle fiscale ni la monnaie fonctionnelle de comptabilité de l'entité constitutive ;

f) « dépenses non admises par principe » :

i) les charges constatées par l'entité constitutive au titre de paiements illégaux, comme des pots-de-vin et des détournements de fonds ; et

ii) les charges constatées par l'entité constitutive au titre d'amendes et de pénalités, d'un montant égal ou supérieur à 50 000 EUR ou d'un montant équivalent dans la monnaie fonctionnelle utilisée pour calculer le résultat net comptable de l'entité constitutive ;

g) « erreurs relatives à des périodes antérieures et changements de principes comptables », toute variation du solde d'ouverture des capitaux propres au début de l'année fiscale d'une entité constitutive consécutive à :

i) la correction d'une erreur dans la détermination du résultat net comptable d'une année fiscale antérieure ayant modifié le montant des produits et charges pouvant être inclus dans le calcul du bénéfice ou de la perte admissibles au titre de cette année fiscale, sauf dans la mesure où une telle correction d'erreur se traduit par une baisse importante du montant de l'impôt dû au titre des impôts concernés comme prévu à l'article 25 ; et

ii) une modification de la politique ou des principes comptables ayant modifié le montant des produits et charges inclus dans le calcul du bénéfice ou de la perte admissibles ;

h) « charges de retraite à payer », la différence entre le montant des charges au titre des engagements en matière de pensions de retraite inclus dans le résultat net comptable et le montant versé à un fonds de pension au titre de l'année fiscale.

2. Le résultat net comptable d'une entité constitutive est ajusté du montant des éléments suivants pour déterminer son bénéfice ou sa perte admissibles :

a) les charges fiscales nettes ;

b) les dividendes exclus ;

c) les plus-values ou moins-values sur capitaux exclues ;

d) les plus-values ou moins-values incluses au titre de la méthode de réévaluation ;

e) les plus-values ou moins-values résultant de la cession d'actifs et de passifs exclus en vertu de l'article 35 ;

f) les gains ou pertes de change asymétriques ;

g) les dépenses non admises par principe ;

h) les erreurs relatives à des périodes antérieures et les changements de principes comptables ; et

i) les charges de pension de retraite à payer.

3. L'entité constitutive déclarante peut exercer une option selon laquelle elle peut remplacer le montant comptabilisé en charge dans ses états financiers à titre de coût ou de dépense de cette entité constitutive, payé au moyen d'une rémunération sous forme d'actions, par un montant déductible dans le calcul de son revenu imposable à l'emplacement où elle se situe.

Lorsque l'option consistant à utiliser des actions n'a pas été exercée, le montant du coût ou de la dépense relatif à la rémunération sous forme d'actions qui a été déduit du résultat net comptable de l'entité constitutive aux fins du calcul de son bénéfice ou de sa perte admissibles au titre de l'ensemble des années fiscales antérieures est intégré au titre de l'année fiscale au cours de laquelle ladite option a expiré.

Lorsqu'une partie du montant du coût ou de la dépense relatif à la rémunération sous forme d'actions a été enregistrée dans les états financiers de l'entité constitutive au cours des années fiscales antérieures à l'année fiscale durant laquelle l'option est exercée, un montant égal à la différence entre le montant total du coût ou de la dépense relatif à la rémunération sous forme d'actions qui a été déduit aux fins du calcul de son bénéfice ou de sa perte admissibles au cours de ces années fiscales antérieures et le montant total du coût ou de la dépense relatif à la rémunération sous forme d'actions qui aurait été déduit aux fins du calcul de son bénéfice ou de sa perte admissibles au cours des années fiscales précédentes si l'option avait été exercée pour ces années fiscales est intégré dans le calcul du bénéfice ou de la perte admissibles de l'entité constitutive au titre de l'année fiscale.

L'option est exercée conformément à l'article 45, paragraphe 1, et s'applique de manière constante à toutes les entités constitutives situées dans la même juridiction durant l'année au cours de laquelle l'option a été exercée et à toutes les années fiscales ultérieures.

Au cours de l'année fiscale durant laquelle l'option est révoquée, l'excédent entre le montant impayé du coût ou de la dépense relatif à la rémunération sous forme d'actions déduite en application de l'option et la charge comptable est réintégré aux fins du calcul du bénéfice ou de la perte admissibles de l'entité constitutive.

4. Toute transaction entre des entités constitutives situées dans des juridictions différentes qui n'est pas enregistrée pour le même montant dans les états financiers des deux entités constitutives ou qui n'est pas conforme au principe de pleine concurrence est ajustée de manière à être enregistrée pour le même montant et à respecter le principe de pleine concurrence.

Une perte résultant d'une vente ou d'un autre transfert d'actif entre deux entités constitutives situées dans la même juridiction qui n'est pas enregistrée conformément au principe de pleine concurrence est ajustée sur la base du principe de pleine concurrence si cette perte est intégrée dans le calcul du bénéfice ou de la perte admissibles.

Aux fins du présent paragraphe, on entend par « principe de pleine concurrence » le principe selon lequel les transactions entre entités constitutives doivent être enregistrées par référence aux conditions qui auraient été obtenues entre des entreprises indépendantes dans le cadre de transactions comparables et dans des circonstances comparables.

5. Les crédits d'impôt remboursables qualifiés visés à l'article 3, point 38), sont considérés comme un revenu pour le calcul du bénéfice ou de la perte admissibles d'une entité constitutive. Les crédits d'impôt remboursables non qualifiés ne sont pas considérés comme un revenu pour le calcul du bénéfice ou de la perte admissibles d'une entité constitutive.

6. L'entité constitutive déclarante peut exercer une option selon laquelle les plus-values ou moins-values pour des actifs et des passifs comptabilisés à un montant réévalué à la juste valeur ou faisant l'objet d'une dépréciation dans les états financiers consolidés au titre d'une année fiscale peuvent être déterminées sur la base du principe de réalisation aux fins du calcul du bénéfice ou de la perte admissibles.

Les plus-values ou moins-values résultant de l'application de la comptabilisation à la juste valeur ou à la dépréciation d'un actif ou d'un passif sont exclues du calcul du bénéfice ou de la perte admissibles d'une entité constitutive conformément au premier alinéa.

La valeur comptable d'un actif ou d'un passif retenue aux fins de la détermination d'une plus-value ou moins-value conformément au premier alinéa correspond à sa valeur comptable à la date à laquelle l'actif a été acquis ou le passif a été souscrit ou au premier jour de l'année fiscale au cours de laquelle l'option est exercée, la date la plus tardive étant retenue.

L'option est exercée conformément à l'article 45, paragraphe 1, et s'applique à toutes les entités constitutives situées dans la juridiction à l'égard desquelles l'option est exercée, sauf si l'entité constitutive déclarante choisit d'en limiter le périmètre d'application aux actifs corporels des entités constitutives ou aux entités d'investissement.

Durant l'année fiscale au cours de laquelle l'option est révoquée, un montant égal à la différence entre la juste valeur de l'actif ou du passif et la valeur comptable de l'actif ou du passif au premier jour de l'année fiscale au cours de laquelle la révocation a lieu, déterminée en vertu de cette option, est intégrée, si la juste valeur est supérieure à la valeur comptable, ou déduite, si la valeur comptable est supérieure à la juste valeur, dans le calcul du bénéfice ou de la perte admissibles des entités constitutives.

7. L'entité constitutive déclarante peut exercer une option selon laquelle le bénéfice ou la perte admissibles d'une entité constitutive située dans une juridiction résultant de la cession d'actifs corporels locaux situés dans ladite juridiction par cette entité constitutive à des tiers, autres qu'un membre du groupe, au titre d'une année fiscale peuvent être ajustés de la manière indiquée au présent paragraphe. Aux fins du présent paragraphe, les actifs corporels locaux sont des biens immobiliers situés dans la même juridiction que l'entité constitutive.

La plus-value nette résultant de la cession d'actifs corporels locaux visée au premier alinéa au cours de l'année fiscale durant laquelle l'option est exercée est déduite de toute moins-value nette d'une entité constitutive située dans cette juridiction résultant de la cession d'actifs corporels locaux visée au premier alinéa au cours de l'année fiscale durant laquelle l'option est exercée et pendant les quatre années fiscales précédant cette année fiscale (ci-après dénommée « période de cinq ans »). La plus-value nette est d'abord déduite de la moins-value nette, le cas échéant, qui a été réalisée au cours de la première année fiscale de la période de cinq ans. Tout montant résiduel de la plus-value nette est reporté en avant et déduit de toute moins- value nette réalisée au cours des années fiscales suivantes de la période de cinq ans.

Tout montant résiduel de la plus-value nette qui subsiste après l'application du deuxième alinéa est réparti uniformément sur la période de cinq ans aux fins du calcul du bénéfice ou de la perte admissibles pour chaque entité constitutive située dans cette juridiction qui a réalisé une plus-value nette sur la cession d'actifs corporels locaux visée au premier alinéa au cours de l'année fiscale durant laquelle l'option est exercée. Le montant résiduel de la plus-value nette attribué à une entité constitutive est proportionnel à la plus-value nette de cette entité constitutive divisé par la plus-value nette de toutes les entités constitutives.

Lorsqu'aucune entité constitutive d'une juridiction n'a réalisé de plus-value nette sur la cession d'actifs corporels locaux visée au premier alinéa au cours de l'année fiscale durant laquelle l'option est exercée, le montant résiduel de la plus-value nette visé au troisième alinéa est réparti à parts égales entre chaque entité constitutive de cette juridiction et de manière uniforme sur la période de cinq ans pour le calcul du bénéfice ou de la perte admissibles de chacune de ces entités constitutives.

Tout ajustement effectué en vertu du présent paragraphe au titre des années fiscales précédant l'année fiscale d'exercice de l'option fait l'objet d'ajustements conformément à l'article 29, paragraphe 1. L'option est exercée sur une base annuelle conformément à l'article 45, paragraphe 2.

8. Toute dépense liée à un accord de financement au titre duquel une ou plusieurs entités constitutives accordent un crédit à une ou plusieurs autres entités constitutives du même groupe (ci-après dénommé « accord de financement intragroupe ») ou font un investissement dans celles-ci, n'est pas prise en considération dans le calcul du bénéfice ou de la perte admissibles d'une entité constitutive si les conditions suivantes sont remplies :

a) l'entité constitutive est située dans une juridiction à faible imposition ou dans une juridiction qui aurait appliqué une faible imposition si la dépense n'avait pas été comptabilisée par l'entité constitutive ;

b) on peut raisonnablement s'attendre à ce que, pendant sa durée prévue, l'accord de financement intragroupe entraîne une augmentation du montant des dépenses prises en compte dans le calcul du bénéfice ou de la perte admissibles de cette entité constitutive, sans que cela se traduise par un accroissement proportionnel du revenu imposable de l'entité constitutive fournissant le crédit (ci-après dénommée « contrepartie ») ;

c) la contrepartie est située dans une juridiction qui n'est pas une juridiction à faible imposition ou dans une juridiction qui n'aurait pas appliqué une faible imposition si le revenu lié à la dépense n'avait pas été comptabilisé par la contrepartie.

9. Une entité mère ultime peut choisir d'appliquer le traitement comptable consolidé qu'elle utilise pour éliminer les produits, charges, plus-values ou moins-values relatifs à des transactions entre des entités constitutives situées dans la même juridiction et appartenant au même groupe d'intégration fiscale, afin de calculer le bénéfice ou la perte admissibles nets de ces entités constitutives.

L'option est exercée conformément à l'article 45, paragraphe 1.

Au cours de l'année fiscale durant laquelle l'option est exercée ou révoquée, les ajustements nécessaires sont réalisés afin d'éviter le double comptage ou l'omission des éléments du bénéfice ou de la perte admissibles résultant de l'exercice ou de la révocation de cette option.

10. Une société d'assurance exclut du calcul de son bénéfice ou de sa perte admissibles tout montant facturé aux assurés au titre des impôts payés par la société d'assurance sur les revenus attribués aux assurés. Une société d'assurance inclut dans le calcul de son bénéfice ou de sa perte admissibles les revenus attribués aux assurés qui ne sont pas pris en compte dans son résultat net comptable, à hauteur de l'augmentation ou de la diminution correspondante des engagements envers les assurés qui est reflétée dans son résultat net comptable.

11. Tout montant comptabilisé en diminution des fonds propres d'une entité constitutive et imputable à des distributions payées ou à payer au titre d'un instrument émis par ladite entité constitutive en application des exigences réglementaires prudentielles (ci-après dénommés « fonds propres additionnels T1 ») est traité comme une charge aux fins du calcul du bénéfice ou de la perte admissibles de l'entité constitutive.

Tout montant comptabilisé en augmentation des fonds propres d'une entité constitutive et résultant des distributions reçues ou à recevoir au titre de fonds propres additionnels T1 détenus par l'entité constitutive est inclus dans le calcul du bénéfice ou de la perte admissibles de l'entité constitutive.

Art. 17 Exclusion applicable au résultat provenant de l'exploitation de navires en trafic international 1. Aux fins du présent article, on entend par :

a) « résultat provenant de l'exploitation de navires en trafic international », le résultat net que tire une entité constitutive des activités suivantes, pour autant que le transport ne soit pas effectué par voies navigables intérieures au sein de la même juridiction :

i) le transport de passagers ou de marchandises effectué par des navires en trafic international que le navire appartienne, soit loué ou mis à la disposition de l'entité constitutive d'une autre manière ;

ii) le transport de passagers ou de marchandises effectué par des navires en trafic international dans le cadre d'accords d'affrètement de cellules ;

iii) la location d'un navire, tout armé et équipé, destiné au transport de passagers ou de marchandises en trafic international ;

iv) la location coque nue d'un navire exploité pour le transport de passagers ou de marchandises en trafic international, à une autre entité constitutive ;

v) la participation à un pool, une exploitation en commun ou un organisme international d'exploitation en vue du transport maritime de passagers ou de marchandises en trafic international ; et

vi) la vente d'un navire utilisé pour le transport de passagers ou de marchandises en trafic international, à condition que le navire ait été détenu pour être utilisé par l'entité constitutive pendant un an au moins ;

b) « résultat provenant d'activités qualifiées, accessoires à l'exploitation de navires en trafic international », le résultat net que tire une entité constitutive des activités suivantes, à condition qu'elles soient exercées principalement dans le cadre du transport maritime de passagers ou de marchandises en trafic international :

i) la location coque nue d'un navire à une autre compagnie maritime qui n'est pas une entité constitutive, à condition que la durée du contrat n'excède pas trois ans ;

ii) la vente de billets émis par d'autres compagnies de transport maritime pour le trajet intérieur d'un voyage international ;

iii) la location et le stockage à court terme de conteneurs ou les redevances d'immobilisation pour le retour tardif de conteneurs ;

iv) la fourniture de services à d'autres compagnies de transport maritime par des ingénieurs, des agents de maintenance, des manutentionnaires, du personnel chargé de la restauration et des services à la clientèle ; et

v) les revenus d'investissement lorsque l'investissement qui génère le revenu fait partie intégrante de l'exercice de l'activité d'exploitation des navires en trafic international.

2. Le résultat provenant de l'exploitation de navires en trafic international et le résultat provenant d'activités qualifiées, accessoires à l'exploitation de navires en trafic international d'une entité constitutive, sont exclus du calcul de son bénéfice ou de sa perte admissibles, à condition que l'entité constitutive démontre que la gestion stratégique ou commerciale de tous les navires concernés est effectivement assurée à partir de la juridiction où l'entité constitutive est située.

3. Lorsque le calcul du résultat provenant de l'exploitation de navires en trafic international et du résultat provenant d'activités qualifiées, accessoires à l'exploitation de navires en trafic international d'une entité constitutive, fait apparaître une perte, celle-ci est exclue du calcul du bénéfice ou de la perte admissibles de l'entité constitutive.

4. Le résultat agrégé provenant d'activités qualifiées, accessoires à l'exploitation de navires en trafic international de l'ensemble des entités constitutives situées dans une juridiction, n'excède pas 50 % du résultat provenant de l'exploitation de navires en trafic international des entités constitutives.

5. Les coûts supportés par une entité constitutive qui sont directement attribuables à ses activités de transport maritime international visées au paragraphe 1, point a), et à ses activités qualifiées, accessoires à l'exploitation de navires en trafic international visées au paragraphe 1, point b), sont imputés à ces activités afin de calculer *le résultat* net provenant de *l'exploitation de navires en trafic international et le résultat net* provenant d'activités *qualifiées,* accessoires à l'exploitation de navires en trafic international de l'entité constitutive.

Les coûts supportés par une entité constitutive qui sont la conséquence indirecte de ses activités de transport maritime international et de ses activités qualifiées, accessoires à l'exploitation de navires en trafic international sont déduits du chiffre d'affaires de l'entité constitutive provenant de ces activités afin de calculer le résultat provenant de l'exploitation de navires en trafic international et le résultat provenant d'activités qualifiées, accessoires à l'exploitation de navires en trafic international de l'entité constitutive, sur la base de son chiffre d'affaires provenant de ces activités au prorata de son chiffre d'affaires total.

6. Tous les coûts directs et indirects imputés au résultat provenant de l'exploitation de navires en trafic international et au résultat provenant d'activités qualifiées, accessoires à l'exploitation de navires en trafic international d'une entité constitutive, conformément au paragraphe 5, sont exclus du calcul de son bénéfice ou de sa perte admissibles.

Art. 18 Répartition du bénéfice ou de la perte admissibles entre une entité principale et un établissement stable 1. Lorsqu'une entité constitutive est un établissement stable au sens de l'article 3, point 13) a), b) ou c), son résultat net comptable correspond au bénéfice ou à la perte nets pris en compte dans les états financiers distincts dudit établissement stable.

Lorsqu'un établissement stable ne dispose pas de états financiers distincts, son résultat net comptable correspond au montant qui aurait été pris en compte dans ses états financiers distincts s'ils avaient été établis de manière autonome et conformément à la norme comptable utilisée pour l'établissement des états financiers consolidés de l'entité mère ultime.

2. Lorsqu'une entité constitutive répond à la définition d'un établissement stable figurant à l'article 3, point 13) a) ou b), son résultat net comptable est ajusté afin de ne prendre en compte que les montants et les éléments de revenus et charges attribuables à celle-ci conformément à la convention fiscale applicable ou au droit interne de la juridiction où elle est située, indépendamment du montant du revenu imposable et des charges déductibles dans cette juridiction.

Lorsqu'une entité constitutive répond à la définition d'un établissement stable figurant à l'article 3, point 13) c), son résultat net comptable est ajusté afin de ne prendre en compte que les montants et les éléments de revenus et charges attribuables à celle-ci conformément à l'article 7 du modèle de convention fiscale de l'OCDE concernant le revenu et la fortune, dans sa version modifiée.

3. Lorsqu'une entité constitutive répond à la définition d'un établissement stable figurant à l'article 3, point 13) *d), son résultat net* comptable est calculé *sur la base des* montants et des éléments de revenus qui sont exonérés dans la juridiction où l'entité principale est située et attribuables aux opérations réalisées à l'extérieur de cette juridiction ainsi que des montants et des éléments de charges non

déduits fiscalement dans la juridiction où se situe l'entité principale et attribuables à ces opérations.

4. Le résultat net comptable d'un établissement stable n'est pas pris en compte dans la détermination du bénéfice ou de la perte admissibles de l'entité principale, sauf dans le cas prévu au paragraphe 5.

5. Une perte admissible d'un établissement stable est considérée comme une charge de l'entité principale dans le calcul de son bénéfice ou de sa perte admissibles dans la mesure où la perte de l'établissement stable est traitée comme une charge dans le calcul du revenu imposable national de cette entité principale et n'est pas imputée sur un élément du revenu imposable national qui est soumis à l'impôt en vertu de la législation de la juridiction de l'entité principale et de la juridiction de l'établissement stable.

Le bénéfice admissible qui est ensuite perçu par l'établissement stable est considéré comme un bénéfice admissible de l'entité principale à hauteur du montant de la perte admissible qui était précédemment considérée comme une charge de l'entité principale en application du premier alinéa.

Art. 19 Répartition du bénéfice ou de la perte admissibles d'une entité transparente intermédiaire 1. Le résultat net comptable d'une entité constitutive qui est une entité transparente intermédiaire est réduit à concurrence du montant attribuable à ses propriétaires qui ne sont pas des entités du groupe et détiennent leurs titres de participation dans cette entité transparente intermédiaire directement ou par l'intermédiaire d'une chaîne d'entités fiscalement transparentes, sauf si :

a) l'entité transparente intermédiaire est une entité mère ultime ; ou

b) l'entité transparente intermédiaire est détenue, directement ou par l'intermédiaire d'une chaîne d'entités fiscalement transparentes, par une entité mère ultime visée au point a).

2. Le résultat net comptable d'une entité constitutive qui est une entité transparente intermédiaire est réduit à concurrence du résultat net comptable qui est attribué à une autre entité constitutive.

3. Lorsqu'une entité transparente intermédiaire exerce tout ou partie de ses activités par l'intermédiaire d'un établissement stable, son résultat net comptable qui subsiste après l'application du paragraphe 1 du présent article est imputé à cet établissement stable conformément à l'article 18.

4. Lorsqu'une entité fiscalement transparente n'est pas l'entité mère ultime, le résultat net comptable de l'entité transparente intermédiaire qui subsiste après l'application des paragraphes 1 et 3 est imputé aux entités propriétaires de titres d'une entité constitutive conformément à leurs titres de participation dans l'entité transparente intermédiaire.

5. Lorsqu'une entité transparente intermédiaire est une entité fiscalement transparente qui est l'entité mère ultime ou une entité hybride inversée, tout résultat net comptable de l'entité transparente intermédiaire qui subsiste après l'application des dispositions des paragraphes 1 et 3 est imputé à l'entité mère ultime ou à l'entité hybride inversée.

6. Les paragraphes 3, 4 et 5 s'appliquent séparément pour chaque participation dans une entité transparente intermédiaire.

CHAPITRE IV
CALCUL DU MONTANT AJUSTE DES IMPOTS CONCERNES

Art. 20 Impôts concernés 1. Les impôts concernés d'une entité constitutive comprennent :

a) les impôts enregistrés dans les états financiers d'une entité constitutive et qui se rapportent à son revenu ou à ses bénéfices ou à sa part du revenu ou des bénéfices d'une entité constitutive dans laquelle elle détient une participation ;

b) les impôts sur les bénéfices distribués, sur les bénéfices réputés avoir été distribués et sur les dépenses non liées à l'exploitation imposés selon un régime éligible d'imposition des distributions ;

c) les impôts perçus en lieu et place de l'impôt sur les bénéfices des sociétés généralement applicable ; et

d) les impôts prélevés sur les bénéfices non distribués et les fonds propres, y compris les impôts assis sur de multiples éléments basés sur les revenus et les fonds propres.

2. Les impôts concernés d'une entité constitutive n'englobent pas :

a) l'impôt complémentaire dû par une entité mère au titre d'une RIR qualifiée ;

b) l'impôt complémentaire dû par une entité constitutive au titre d'un impôt national complémentaire qualifié ;

c) les impôts relatifs à un ajustement effectué par une entité constitutive en application d'une RBII qualifiée ;

d) l'impôt imputé remboursable non qualifié ; et

e) les impôts acquittés par une société d'assurance au titre des revenus attribués aux assurés.

3. Les impôts concernés au titre d'une plus-value ou moins-value nette résultant de la cession d'actifs corporels locaux visés à l'article 16, paragraphe 7, premier alinéa, au cours de l'année fiscale durant laquelle l'option visée audit alinéa est exercée, sont exclus du calcul du montant des impôts concernés.

Art. 21 Montant ajusté des impôts concernés 1. Le montant ajusté des impôts concernés d'une entité constitutive au titre d'une année fiscale est déterminé en ajustant la somme de la charge d'impôt exigible, comptabilisée dans le résultat net comptable au titre des impôts concernés pour l'année fiscale, compte tenu :

a) du montant net des ajouts et des réductions se rapportant aux impôts concernés au titre de l'année fiscale, déterminé conformément aux paragraphes 2 et 3 ;

b) du montant total de l'ajustement pour impôt différé, déterminé conformément à l'article 22 ; et

c) de toute majoration ou minoration des impôts concernés, enregistrée dans les fonds propres ou dans tous les autres éléments du résultat global, qui se rapporte à des montants pris en compte dans le calcul du bénéfice ou de la perte admissibles et qui seront assujettis à l'impôt en vertu de règles fiscales locales.

2. Les ajouts aux impôts concernés d'une entité constitutive au titre de l'année fiscale comprennent :

a) tout montant d'impôts concernés comptabilisé comme une dépense aux fins du calcul du bénéfice avant impôt dans les états financiers ;

b) tout montant d'impôt différé actif au titre d'un déficit admissible utilisé conformément à l'article 23, paragraphe 2 ;

c) tout montant d'impôts concernés acquittés au cours de l'année fiscale, se rapportant à une situation fiscale incertaine, précédemment exclu en application du paragraphe 3, point d) ; et

d) tout montant de crédit ou de remboursement correspondant à un crédit d'impôt remboursable qualifié comptabilisé comme une réduction de la charge d'impôt exigible.

3. Les réductions d'impôts concernés d'une entité constitutive au titre de l'année fiscale englobent :

a) le montant de la charge d'impôt exigible se rapportant au bénéfice exclu du calcul du bénéfice ou de la perte admissibles nets en vertu du chapitre III ;

b) tout montant de crédit ou de remboursement correspondant à un crédit d'impôt remboursable non qualifié qui n'a pas été comptabilisé comme une réduction de la charge d'impôt exigible ;

c) tout montant d'impôts concernés ayant fait l'objet d'un remboursement ou d'un crédit, à l'exception de tout crédit d'impôt remboursable qualifié, au bénéfice d'une entité constitutive et qui n'a pas été considéré comme un ajustement de la charge d'impôt exigible dans les états financiers ;

d) le montant de la charge d'impôt exigible se rapportant à une situation fiscale incertaine ; et

e) tout montant correspondant à une charge d'impôt exigible qui n'a pas vocation à être acquittée dans les trois ans suivant la fin de l'année fiscale.

4. Aux fins du calcul du montant ajusté des impôts concernés, lorsqu'un montant d'impôts concernés est décrit dans plusieurs points des paragraphes 1, 2 et 3, il n'est pris en compte qu'une seule fois.

5. Lorsque, au cours d'une année fiscale, aucun bénéfice admissible net n'est enregistré dans une juridiction et que le montant ajusté d'impôts concernés pour cette juridiction est négatif et inférieur à un montant égal à la perte admissible nette multipliée par le taux minimum d'imposition (ci-après dénommé « montant ajusté d'impôts concernés escompté »), le montant égal à la différence entre le montant ajusté d'impôts concernés et le montant ajusté d'impôts concernés escompté est considéré comme un impôt complémentaire additionnel au titre de cette année fiscale. Le montant de l'impôt complémentaire additionnel est réparti entre chaque entité constitutive dans la juridiction conformément à l'article 29, paragraphe 3.

Art. 22 Montant total de l'ajustement pour impôt différé 1. Aux fins du présent article, on entend par :

a) « charge d'impôt non reconnue » :

i) toute variation de la charge d'impôt différé dans les états financiers d'une entité constitutive se rapportant à une situation fiscale incertaine ; et

ii) toute variation de la charge d'impôt différé dans les états financiers d'une entité constitutive se rapportant à des distributions de bénéfices par une entité constitutive ;

b) « charge d'impôt non exigée » : toute majoration d'un impôt différé passif, enregistrée dans les états financiers d'une entité constitutive au titre d'une année fiscale, qui n'a pas vocation à être acquittée pendant la période indiquée au paragraphe 7 du présent article et que l'entité constitutive déclarante a choisi, sur une base annuelle, conformément à l'article 45, paragraphe 2, de ne pas prendre en compte dans le calcul du montant total de l'ajustement pour impôt différé au titre de cette année fiscale.

2. Lorsque le taux d'imposition appliqué aux fins du calcul de la charge d'impôt différé est égal ou inférieur au taux minimum d'imposition, le montant total de l'ajustement pour impôt différé à ajouter au montant ajusté des impôts concernés d'une entité constitutive au titre d'une année fiscale en application de l'article 21, paragraphe 1, point b), correspond à la charge d'impôt différé, telle que comptabilisée dans ses états financiers au titre des impôts concernés, après application des ajustements prévus aux paragraphes 3 à 6 du présent article.

Lorsque le taux d'imposition appliqué aux fins du calcul de la charge d'impôt différé est supérieur au taux minimum d'imposition, le montant total de l'ajustement pour impôt différé à ajouter au montant ajusté des impôts concernés d'une entité constitutive au titre une année fiscale en application de l'article 21, paragraphe 1, point b), correspond à la charge d'impôt différé, telle que comptabilisée dans ses états financiers au titre des impôts concernés recalculés au taux minimum d'imposition, après application des ajustements prévus aux paragraphes 3 à 6 du présent article.

3. Le montant total de l'ajustement pour impôt différé est majoré de :

a) tout montant de la charge d'impôt non reconnue ou de la charge non exigée, acquittée pendant l'année fiscale ; et

b) tout montant de l'impôt différé passif régularisé, déterminé pendant une année fiscale antérieure et qui a été acquitté pendant l'année fiscale.

4. Lorsque, pour une année fiscale, un impôt différé actif au titre d'un déficit n'est pas comptabilisé dans les états financiers parce que les critères nécessaires à sa comptabilisation n'étaient pas

remplis, le montant total de l'ajustement pour impôt différé est minoré du montant qui constituerait une réduction du montant total de l'ajustement pour impôt différé si un impôt différé actif au titre d'un déficit pour l'année fiscale était comptabilisé.

5. Le montant total de l'ajustement pour impôt différé ne comprend pas :

a) le montant de la charge d'impôt différé portant sur des éléments exclus du calcul du bénéfice ou de la perte admissibles en vertu du chapitre III ;

b) le montant de la charge d'impôt différé se rapportant à une charge d'impôt non reconnue et à une charge d'impôt non exigée ;

c) l'incidence d'un ajustement de valeur ou de reconnaissance comptable sur un impôt différé actif ;

d) le montant de la charge d'impôt différé comptabilisée lors d'une réévaluation causée par la variation du taux d'imposition applicable en droit interne ; et

e) le montant de la charge d'impôt différé portant sur la création et l'utilisation de crédits d'impôt.

6. Lorsqu'un impôt différé actif, imputable à une perte admissible d'une entité constitutive, a été enregistré au titre d'une année fiscale à un taux inférieur au taux minimum d'imposition, il peut être recalculé au taux minimum pendant la même année fiscale, pour autant que le contribuable puisse démontrer que l'impôt différé actif est attribuable à une perte admissible.

Lorsqu'un impôt différé actif est majoré en application du premier alinéa, le montant total de l'ajustement pour impôt différé est réduit en conséquence.

7. Une charge d'impôt différé qui n'est pas annulée et dont le montant n'est pas payé au cours des cinq années fiscales ultérieures est régularisée dans la mesure où elle a été prise en compte dans le montant total de l'ajustement pour impôt différé d'une entité constitutive.

Le montant de l'impôt différé passif régularisé, déterminé au titre de l'année fiscale en cours, est réputé minorer les impôts concernés au cours de la cinquième année fiscale précédant l'année fiscale en cours, et le taux effectif d'imposition et l'impôt complémentaire au titre de ladite année fiscale sont recalculés conformément à l'article 29, paragraphe 1. L'impôt différé passif régularisé pour l'année fiscale en cours est le montant de l'augmentation constatée dans la rubrique des charges d'impôt différé qui a été intégré dans le montant total de l'ajustement pour impôt différé au cours de la cinquième année fiscale précédant l'année fiscale en cours et qui n'a pas été annulé à la fin du dernier jour de l'année fiscale en cours.

8. Par dérogation au paragraphe 7, lorsqu'un impôt différé passif constitue une charge d'impôt non soumise à régularisation, il n'est pas régularisé, même s'il n'est pas annulé ou acquitté au cours des cinq années ultérieures. Une charge d'impôt non soumise à régularisation désigne le montant de charge d'impôts constatée, attribuable aux variations des impôts différés passifs liés, se rapportant aux éléments suivants :

a) les dotations aux amortissements des actifs corporels ;

b) le coût d'une licence ou d'un dispositif de même nature concédés par un Etat en contrepartie de l'utilisation de biens immobiliers ou de l'exploitation de ressources naturelles entraînant des investissements importants dans des actifs corporels ;

c) les dépenses de recherche-développement ;

d) les dépenses de mise hors service et de réparation ;

e) la comptabilisation à la juste valeur de plus-values nettes non réalisées ;

f) les gains nets de change ;

g) les provisions techniques des sociétés d'assurance et les coûts différés de souscription de polices d'assurance ;

h) les plus-values réalisées sur la vente de biens corporels situés dans la même juridiction que l'entité constitutive qui sont réinvesties dans des biens corporels situés dans ladite juridiction ; et

i) les montants additionnels dus en raison de modifications des principes comptables applicables aux éléments énumérés aux points a) à h).

Art. 23 Option liée au déficit admissible 1. Par dérogation à l'article 22, une entité constitutive déclarante peut exercer l'option liée au déficit admissible pour une juridiction en vertu de laquelle un impôt différé actif au titre d'un déficit admissible est établi au titre de chaque année fiscale pendant laquelle une perte admissible nette est constatée dans ladite juridiction. À cette fin, l'impôt différé actif au titre d'un déficit admissible correspond à la perte admissible nette au titre d'une année fiscale pour la juridiction multipliée par le taux minimum d'imposition.

L'option liée au déficit admissible ne peut pas être exercée pour une juridiction dotée d'un régime éligible d'imposition des distributions au titre de l'article 40.

2. L'impôt différé actif au titre d'un déficit admissible déterminé conformément au paragraphe 1 est utilisé au cours de toute année fiscale ultérieure pendant laquelle un bénéfice admissible net est constaté pour la juridiction à concurrence du plus faible des deux montants suivants : le bénéfice admissible net multiplié par le taux minimum d'imposition ou le montant de l'impôt différé actif au titre d'un déficit admissible disponible.

3. L'impôt différé actif au titre d'un déficit admissible déterminé conformément au paragraphe 1 est minoré du montant utilisé pendant l'année fiscale et le solde est reporté sur les années fiscales suivantes.

4. Lorsqu'une option liée à un déficit admissible est révoquée, tout impôt différé actif au titre d'un déficit admissible subsistant déterminé conformément au paragraphe 1 est ramené à zéro, à partir du premier jour de la première année fiscale pendant laquelle l'option liée à un déficit admissible cesse d'être applicable.

5. Le choix de l'option liée à un déficit admissible est indiqué dans la première déclaration d'information pour l'impôt complémentaire visée à l'article 44 du groupe d'EMN ou du groupe national de grande envergure sur laquelle figure la juridiction pour laquelle cette option est exercée.

6. Lorsqu'une entité transparente intermédiaire qui est l'entité mère ultime d'un groupe d'EMN ou d'un groupe national de grande envergure exerce une option liée au déficit admissible en vertu du présent article, l'impôt différé actif au titre d'un déficit admissible est calculé en référence à la perte admissible de l'entité transparente intermédiaire après la réduction opérée conformément à l'article 38, paragraphe 3.

Art. 24 Affectation spécifique des impôts concernés dus par certains types d'entités constitutives 1. Un établissement stable se voit affecter le montant des impôts concernés qui est inscrit dans les états financiers d'une entité constitutive et se rapporte au bénéfice ou à la perte admissibles dudit établissement stable.

2. Une entité propriétaire de titres d'une entité constitutive se voit affecter le montant des impôts concernés qui est inscrit dans les états financiers d'une entité fiscalement transparente et se rapporte au bénéfice ou à la perte admissibles affectés à cette entité propriétaire de titres d'une entité constitutive conformément à l'article 19, paragraphe 4.

3. Une entité constitutive se voit affecter le montant des impôts concernés qui est inscrit dans les états financiers des entités propriétaires, directement ou indirectement, de titres de l'entité constitutive qui sont assujetties à un régime fiscal des sociétés étrangères contrôlées, sur leur part des revenus de la société étrangère contrôlée.

4. Une entité constitutive qui est une entité hybride se voit affecter le montant des impôts concernés qui est inscrit dans les états financiers de l'entité propriétaire de titres de l'entité constitutive qui se rapportent au bénéfice admissible de l'entité hybride.

On entend par « entité hybride » une entité considérée comme une personne distincte aux fins de l'impôt sur les bénéfices dans la juridiction où elle est située, mais comme fiscalement transparente dans la juridiction où est située son propriétaire.

5. Une entité constitutive qui a effectué une distribution au cours de l'année fiscale se voit affecter le montant des impôts concernés comptabilisé dans les états financiers des entités qui détiennent directement des titres de l'entité constitutive sur ladite distribution.

6. Une entité constitutive, qui s'est vu affecter des impôts concernés conformément aux paragraphes 3 et 4 et se rapportant à des revenus passifs, prend en compte ces impôts concernés dans le montant ajusté des impôts concernés à concurrence d'un montant égal à celui des impôts concernés affectés au titre de ces revenus passifs.

Par dérogation au premier alinéa, l'entité constitutive visée au premier alinéa prend en compte, dans son montant ajusté des impôts concernés, le montant du produit du pourcentage de l'impôt complémentaire pour la juridiction par le montant des revenus passifs de l'entité constitutive inclus en vertu d'un régime fiscal des sociétés étrangères contrôlées ou de règles sur la transparence fiscale lorsque le résultat est inférieur au montant déterminé conformément au premier alinéa. Aux fins du présent alinéa, le pourcentage de l'impôt complémentaire pour la juridiction est déterminé indépendamment des impôts concernés dus au titre de ces revenus passifs par l'entité détentrice de titres de l'entité constitutive.

Les impôts concernés de l'entité propriétaire de titres de l'entité constitutive dus au titre de ces revenus passifs qui subsistent après l'application du présent paragraphe ne sont pas affectés conformément aux paragraphes 3 et 4.

Aux fins du présent paragraphe, on entend par « revenus passifs » les éléments suivants de revenu inclus dans le bénéfice admissible, dans la mesure où une entité propriétaire de titres de l'entité constitutive a été imposée au titre d'un régime fiscal des sociétés étrangères contrôlées ou dans le cadre de la détention d'une participation dans une entité hybride :

a) dividende ou équivalents ;

b) intérêts ou équivalents ;

c) loyers ;

d) redevances ;

e) annuité ; ou

f) plus-value nette provenant d'un actif qui génère un revenu relevant des catégories décrites aux points a) à e).

7. Lorsque le bénéfice admissible d'un établissement stable est considéré comme le bénéfice admissible de l'entité principale conformément à l'article 18, paragraphe 5, tout impôt concerné dû dans la juridiction où est situé l'établissement stable et portant sur ce bénéfice est considéré comme un impôt concerné de l'entité principale à concurrence d'un montant limité au produit de ce bénéfice par le taux de l'impôt sur les bénéfices ordinaires le plus élevé applicable dans la juridiction où est située l'entité principale.

Art. 25 Ajustements postérieurs au dépôt de la déclaration et variations du taux d'imposition 1. Lorsqu'une entité constitutive enregistre un ajustement de ses impôts concernés au titre d'une année fiscale antérieure dans ses états financiers, cet ajustement est considéré comme un ajustement des impôts concernés au titre de l'année fiscale pendant laquelle l'ajustement est effectué, sauf si l'ajustement se rapporte à une année fiscale pendant laquelle une diminution des impôts concernés est constatée pour la juridiction.

Lorsqu'il y a une diminution des impôts concernés qui ont été pris en compte dans le montant ajusté des impôts concernés de l'entité constitutive au titre d'une année fiscale antérieure, le taux effectif d'imposition et l'impôt complémentaire au titre de cette année fiscale sont recalculés conformément à l'article 29, paragraphe 1, en minorant le montant ajusté des impôts concernés du montant de la diminution des impôts concernés. Le bénéfice admissible déterminé au titre de l'année fiscale et de toute année fiscale antérieure est ajusté en conséquence.

L'entité constitutive déclarante peut exercer, sur une base annuelle, conformément à l'article 45, paragraphe 2, une option selon laquelle une diminution non significative des impôts concernés peut être considérée comme un ajustement des impôts concernés au titre de l'année fiscale pendant laquelle l'ajustement est effectué. Une diminution non significative des impôts concernés est une diminution agrégée de moins de 1 000 000 EUR du montant ajusté des impôts concernés déterminé pour la juridiction au titre de l'année fiscale.

2. Lorsque le taux d'imposition applicable en droit interne est ramené en dessous du taux minimum d'imposition et que cette réduction donne lieu à une charge d'impôt différé, le montant de la charge d'impôt différé qui en résulte est considéré comme un ajustement de l'impôt dû par une entité constitutive pour les impôts concernés qui sont pris en considération conformément à l'article 21 pour une année fiscale antérieure.

3. Lorsqu'une charge d'impôt différé a été prise en compte à un taux inférieur au taux minimum d'imposition et que le taux d'imposition applicable est majoré par la suite, le montant de la charge d'impôt différé résultant de cette majoration est considéré, une fois qu'il est réglé, comme un ajustement des impôts concernés dus par une entité constitutive pour les impôts concernés pris en compte au titre d'une année fiscale antérieure conformément à l'article 21.

L'ajustement prévu au premier alinéa n'excède pas un montant égal à la charge d'impôt différé recalculée au taux minimum d'imposition.

4. Lorsqu'une somme de plus de 1 000 000 EUR sur le montant dû par une entité constitutive en tant que charge d'impôt exigible et prise en compte dans le montant ajusté des impôts concernés au titre d'une année fiscale n'est pas acquittée dans les trois ans suivant la fin de la dite année, le taux effectif d'imposition et l'impôt complémentaire au titre de l'année fiscale pendant laquelle le montant non acquitté a été déclaré comme un impôt concerné sont recalculés conformément à l'article 29, paragraphe 1, en excluant le montant ajusté des impôts concernés qui n'a pas été acquitté.

CHAPITRE V
CALCUL DU TAUX EFFECTIF D'IMPOSITION ET DE L'IMPOT COMPLEMENTAIRE

Art. 26 Détermination du taux effectif d'imposition 1. Le taux effectif d'imposition d'un groupe d'EMN ou d'un groupe national de grande envergure est calculé, pour chaque année fiscale et pour chaque juridiction, pour autant qu'il existe un bénéfice admissible net dans la juridiction, selon la formule suivante :

$$\text{Taux effectif d'imposition} = \frac{\text{montant ajusté des impôts concernés des entités constitutives dans la juridiction}}{\text{bénéfice admissible net des entités constitutives dans la juridiction}}$$

où le montant ajusté des impôts concernés des entités constitutives correspond à la somme des montants ajustés des impôts concernés de toutes les entités constitutives situées dans la juridiction, déterminé conformément au chapitre IV.

2. Le bénéfice ou la perte admissibles nets des entités constitutives situées dans la juridiction au titre d'une année fiscale est déterminé selon la formule suivante :

Bénéfice ou perte admissibles nets = bénéfice admissible des entités constitutives – pertes admissibles des entités constitutives

où :

a) le bénéfice admissible des entités constitutives correspond à la somme positive, le cas échéant, des bénéfices admissibles de toutes les entités constitutives situées dans la juridiction, déterminés conformément au chapitre III ;

b) les pertes admissibles des entités constitutives correspondent à la somme des pertes admissibles de toutes les entités constitutives situées dans la juridiction, déterminées conformément au chapitre III.

3. Le montant ajusté des impôts concernés et le bénéfice ou la perte admissibles d'entités constitutives qui sont des entités d'investissement sont exclus du calcul du taux effectif d'imposition conformément au paragraphe 1 et du calcul du bénéfice admissible net conformément au paragraphe 2.

4. Le taux effectif d'imposition de chaque entité constitutive apatride est calculé, pour chaque année fiscale, séparément du taux effectif d'imposition de toutes les autres entités constitutives.

Art. 27 Calcul de l'impôt complémentaire 1. Lorsque le taux effectif d'imposition d'une juridiction dans laquelle sont situées des entités constitutives est inférieur au taux minimum d'imposition pour une année fiscale, le groupe d'EMN ou le groupe national de grande envergure calcule l'impôt complémentaire séparément pour chacune de ses entités constitutives dont le bénéfice admissible est pris en compte dans le calcul du bénéfice admissible net de cette juridiction. L'impôt complémentaire est calculé sur une base juridictionnelle.

2. Le pourcentage de l'impôt complémentaire pour une juridiction au titre d'une année fiscale est la différence positive en points de pourcentage, le cas échéant, calculée selon la formule suivante :

Pourcentage de l'impôt complémentaire = taux minimum d'imposition – taux effectif d'imposition

où le taux effectif d'imposition correspond au taux calculé conformément à l'article 26.

3. L'impôt complémentaire pour la juridiction au titre d'une année fiscale est le montant positif, le cas échéant, calculé selon la formule suivante :

Impôt complémentaire pour la juridiction = (pourcentage de l'impôt complémentaire x bénéfice excédentaire)

+ impôt complémentaire additionnel – impôt complémentaire national

où :

a) l'impôt complémentaire additionnel correspond au montant de l'impôt déterminé conformément à l'article 29 au titre de l'année fiscale ;

b) l'impôt national complémentaire correspond au montant de l'impôt au titre de l'année fiscale déterminé conformément à l'article 11 ou conformément à un impôt complémentaire national qualifié d'une juridiction de pays tiers.

4. Le bénéfice excédentaire pour la juridiction au titre de l'année fiscale visé au paragraphe 3 est le montant positif, le cas échéant, calculé selon la formule suivante :

Bénéfice excédentaire = bénéfice admissible net – exclusion de bénéfices liée à la substance

où :

a) le bénéfice admissible net correspond au bénéfice déterminé conformément à l'article 26, paragraphe 2, pour la juridiction ;

b) l'exclusion de bénéfices liée à la substance correspond au montant déterminé conformément à l'article 28, pour la juridiction.

5. L'impôt complémentaire d'une entité constitutive au titre de l'année fiscale en cours est calculé selon la formule suivante :

$$\text{Impôt complémentaire d'une entité constitutive} = \text{impôt complémentaire pour la juridiction} \times \frac{\text{bénéfice admissible de l'entité constitutive}}{\text{bénéfice admissible agrégé de toutes les entités constitutives}}$$

où :

a) le bénéfice admissible de l'entité constitutive pour une juridiction au titre d'une année fiscale correspond au bénéfice déterminé conformément au chapitre III ;

b) le bénéfice admissible agrégé de toutes les entités constitutives pour une juridiction au titre d'une année fiscale correspond à la somme des bénéfices admissibles de toutes les entités constitutives situées dans la juridiction au titre de l'année fiscale.

6. Si l'impôt complémentaire pour la juridiction résulte d'un nouveau calcul conformément à l'article 29, paragraphe 1, et qu'aucun bénéfice admissible net n'est enregistré dans la juridiction au titre de l'année fiscale, l'impôt complémentaire est affecté à chaque entité constitutive au moyen de la formule énoncée au paragraphe 5 du présent article, sur la base du bénéfice admissible réalisé par les entités constitutives au titre des années fiscales pour lesquelles les nouveaux calculs ont été effectués conformément à l'article 29, paragraphe 1.

7. L'impôt complémentaire de chaque entité constitutive apatride est calculé, pour chaque année fiscale, séparément de l'impôt complémentaire de toutes les autres entités constitutives.

Art. 28 Exclusion de bénéfices liée à la substance 1. Aux fins du présent article, on entend par :

a) « employés éligibles », les employés à temps plein ou à temps partiel d'une entité constitutive et les sous-traitants indépendants participant aux activités opérationnelles ordinaires du groupe d'EMN ou du groupe national de grande envergure sous l'autorité et le contrôle de celui-ci ;

b) « frais de personnel éligibles », les dépenses de rémunération des salariés, y compris les salaires, traitements et autres dépenses qui procurent un avantage personnel direct et distinct au profit du salarié, comme les cotisations d'assurance maladie et de retraite, les taxes sur les salaires et sur l'emploi, et les cotisations patronales de sécurité sociale ;

c) « actifs corporels éligibles » :

i) les biens, usines et équipements situés dans la juridiction ;

ii) les ressources naturelles situées dans la juridiction ;

iii) le droit, pour un locataire, d'utiliser les actifs corporels situés dans la juridiction ; et

iv) une licence ou un dispositif de même nature concédé par l'Etat en contrepartie de l'utilisation de biens immobiliers ou de l'exploitation de ressources naturelles entraînant des investissements importants dans des actifs corporels.

2. A moins qu'une entité constitutive déclarante d'un groupe d'EMN ou d'un groupe national de grande envergure choisisse, en vertu de l'article 45, paragraphe 2, de ne pas appliquer l'exclusion de bénéfices liée à la substance au titre de l'année fiscale, le bénéfice admissible net pour une juridiction est minoré, aux fins du calcul de l'impôt complémentaire, d'un montant égal à la somme de l'exclusion applicable aux frais de personnel visée au paragraphe 3 du présent article et de l'exclusion applicable aux actifs corporels visée au paragraphe 4 du présent article pour chaque entité constitutive située dans la juridiction.

3. L'exclusion applicable aux frais de personnel d'une entité constitutive située dans une juridiction est égale à 5 % des frais de personnel éligibles correspondant aux employés éligibles qui exercent des activités pour le groupe d'EMN ou le groupe national de grande envergure dans cette juridiction, à l'exception des frais de personnel éligibles qui sont :

a) capitalisés et intégrés dans la valeur comptable des actifs corporels éligibles ;

b) attribuables au résultat qui est exclu conformément à l'article 17.

4. L'exclusion applicable aux actifs corporels d'une entité constitutive située dans une juridiction est égale à 5 % de la valeur comptable des actifs corporels éligibles situés dans la juridiction, à l'exception de :

a) la valeur comptable des biens, notamment des terrains et des bâtiments, détenus en vue d'être vendus ou loués ou en tant qu'investissement ;

b) la valeur comptable des actifs corporels utilisés pour réaliser le résultat qui est exclu conformément à l'article 17.

5. Aux fins du paragraphe 4, la valeur comptable des actifs corporels éligibles correspond à la moyenne des valeurs comptables des actifs corporels éligibles au début et à la fin de l'année fiscale, telles qu'elles sont enregistrées aux fins de l'établissement des états financiers consolidés de l'entité mère ultime, diminuées des amortissements cumulés, provisions et autres dotations et augmentées de tout montant attribuable à la capitalisation des frais de personnel.

6. Aux fins des paragraphes 3 et 4, les frais de personnel éligibles et les actifs corporels éligibles d'une entité constitutive qui est un établissement stable sont ceux qui sont pris en compte dans ses états financiers distincts conformément à l'article 18, paragraphes 1 et 2, pour autant que les frais de personnel éligibles et les actifs corporels éligibles se trouvent dans la même juridiction que l'établissement stable.

Les frais de personnel éligibles et les actifs corporels éligibles d'un établissement stable ne sont pas pris en compte dans les frais de personnel éligibles et les actifs corporels éligibles de l'entité principale.

Lorsque le bénéfice d'un établissement stable a été totalement ou partiellement exclu conformément à l'article 19, paragraphe 1, et à l'article 38, paragraphe 5, les frais de personnel éligibles et les actifs corporels éligibles de cet établissement stable sont exclus dans la même proportion du calcul effectué au titre du présent article pour le groupe d'EMN ou le groupe national de grande envergure.

7. Les frais de personnel éligibles des employés éligibles payés par une entité transparente intermédiaire et les actifs corporels éligibles détenus par une entité transparente intermédiaire qui ne sont pas attribués conformément au paragraphe 6 sont attribués :

a) aux entités constitutives propriétaires de titres d'une entité transparente intermédiaire, proportionnellement au montant qui leur a été attribué conformément à l'article 19, paragraphe 4, pour autant que les employés éligibles et les actifs corporels éligibles se trouvent dans la juridiction des entités détentrices de titres ; et

b) à l'entité transparente intermédiaire, si elle est l'entité mère ultime, réduits proportionnellement au bénéfice exclu du calcul du bénéfice admissible de l'entité transparente intermédiaire conformément à l'article 38, paragraphes 1 et 2, pour autant que les employés éligibles et les actifs corporels éligibles se trouvent dans la juridiction de l'entité transparente intermédiaire.

Tous les autres frais de personnel éligibles et actifs corporels éligibles de l'entité transparente intermédiaire sont exclus des calculs de l'exclusion de bénéfices liée à la substance du groupe d'EMN ou du groupe national de grande envergure.

8. L'exclusion de bénéfices liée à la substance de chaque entité constitutive apatride est calculée, pour chaque année fiscale, séparément de l'exclusion de bénéfices liée à la substance de toutes les autres entités constitutives.

9. L'exclusion de bénéfices liée à la substance, calculée conformément au présent article, n'inclut pas l'exclusion applicable aux frais de personnel et l'exclusion applicable aux actifs corporels des entités constitutives qui sont des entités d'investissement dans cette juridiction.

Art. 29 Impôt complémentaire additionnel

1. Lorsque, conformément à l'article 11, paragraphe 3, à l'article 16, paragraphe 7, à l'article 22, paragraphe 6, à l'article 25, paragraphes 1 et 4, et à l'article 40, paragraphe 5, un ajustement des impôts concernés ou du bénéfice ou de la perte admissibles donne lieu à un nouveau calcul du taux effectif d'imposition et de l'impôt complémentaire du groupe d'EMN ou du groupe national de grande envergure au titre d'une année fiscale antérieure, le taux effectif d'imposition et l'impôt complémentaire sont recalculés conformément aux règles énoncées aux articles 26, 27 et 28. Tout montant d'impôt complémentaire additionnel résultant de ce nouveau calcul est considéré comme un impôt complémentaire additionnel aux fins de l'article 27, paragraphe 3, au titre de l'année fiscale au cours de laquelle le nouveau calcul est effectué.

2. Lorsqu'il y a un impôt complémentaire additionnel et qu'il n'y a pas de bénéfice admissible net pour la juridiction au titre de l'année fiscale, le bénéfice admissible de chaque entité constitutive située dans ladite juridiction est égal à l'impôt complémentaire affecté à ces entités constitutives conformément à l'article 27, paragraphes 5 et 6, divisé par le taux minimum d'imposition.

3. Lorsque, conformément à l'article 21, paragraphe 5, un impôt complémentaire additionnel est dû, le bénéfice admissible de chaque entité constitutive située dans la juridiction est égal à l'impôt complémentaire affecté à cette entité constitutive divisé par le taux minimum d'imposition. L'affectation est effectuée au prorata, pour chaque entité constitutive, sur la base de la formule suivante :

(Bénéfice ou perte admissible x taux minimum d'imposition) – montant ajusté des impôts concernés

L'impôt complémentaire additionnel n'est affecté qu'aux entités constitutives qui enregistrent un montant ajusté des impôts concernés inférieur à zéro et inférieur au bénéfice ou à la perte admissibles de ces entités constitutives multiplié par le taux minimum d'imposition.

4. Lorsqu'une entité constitutive se voit affecter un impôt complémentaire additionnel conformément au présent article et à l'article 27, paragraphes 5 et 6, cette entité constitutive est considérée comme une entité constitutive faiblement imposée aux fins du chapitre II.

Art. 30 Exclusion de minimis 1. Par dérogation aux articles 26 à 29 et à l'article 31, l'entité constitutive déclarante peut exercer une option selon laquelle l'impôt complémentaire dû pour les entités constitutives situées dans une juridiction est égal à zéro au titre d'une année fiscale si, au titre de cette année fiscale :

a) le chiffre d'affaires admissible moyen de l'ensemble des entités constitutives situées dans cette juridiction est inférieur à 10 000 000 EUR ; et

b) le bénéfice ou la perte admissibles moyens de l'ensemble des entités constitutives de cette juridiction est une perte ou est un bénéfice inférieur à 1 000 000 EUR.

Cette option est exercée sur une base annuelle conformément à l'article 45, paragraphe 2.

2. Le chiffre d'affaires admissible moyen ou le bénéfice ou la perte admissibles moyens visés au paragraphe 1 correspondent à la moyenne du chiffre d'affaires admissible ou du bénéfice ou de la perte admissibles des entités constitutives réalisés dans la juridiction au titre de l'année fiscale et des deux années fiscales précédentes.

En l'absence d'entités constitutives réalisant un chiffre d'affaires admissible ou une perte admissible dans la juridiction au cours de la première ou de la deuxième année fiscale précédente ou des deux, ces années fiscales sont exclues du calcul du chiffre d'affaires admissible moyen et du bénéfice ou de la perte admissibles moyens dans la juridiction concernée.

3. Le chiffre d'affaires admissible des entités constitutives situées dans une juridiction au titre d'une année fiscale correspond à la somme de tous les chiffres d'affaires des entités constitutives situées dans cette juridiction, réduite ou augmentée de tout ajustement effectué conformément au chapitre III.

4. Le bénéfice ou la perte admissibles des entités constitutives situées dans une juridiction au titre d'une année fiscale correspond au bénéfice ou à la perte admissibles nets de cette juridiction, calculés conformément à l'article 26, paragraphe 2.

5. L'exclusion de minimis prévue aux paragraphes 1 à 4 ne s'applique pas aux entités constitutives apatrides ni aux entités d'investissement. Le chiffre d'affaires et le bénéfice ou la perte admissibles de ces entités sont exclus du calcul de l'exclusion de minimis.

Art. 31 Entités constitutives à détention minoritaire 1. Aux fins du présent article, on entend par :

a) « entité constitutive à détention minoritaire » : une entité constitutive dont l'entité mère ultime détient une participation directe ou indirecte de 30 % ou moins ;

b) « entité mère à détention minoritaire » : une entité constitutive à détention minoritaire qui détient, directement ou indirectement, les titres conférant le contrôle d'une autre entité constitutive à détention minoritaire, sauf lorsque les titres conférant le contrôle de la première entité sont détenus, directement ou indirectement, par une autre entité constitutive à détention minoritaire ;

c) « sous-groupe à détention minoritaire » : une entité mère à détention minoritaire et ses filiales à détention minoritaire ; et

d) « filiale à détention minoritaire » : une entité constitutive à détention minoritaire dont les titres conférant le contrôle sont détenus, directement ou indirectement, par une entité mère à détention minoritaire.

2. Le calcul du taux effectif d'imposition et de l'impôt complémentaire pour une juridiction conformément aux chapitres III à VII en ce qui concerne les membres d'un sous-groupe à détention minoritaire s'applique comme si chaque sous-groupe à détention minoritaire était un groupe d'EMN ou un groupe national de grande envergure distinct.

Le montant ajusté des impôts concernés et le bénéfice ou la perte admissibles des membres d'un sous-groupe à détention minoritaire sont exclus de la détermination du montant résiduel du taux effectif d'imposition du groupe d'EMN ou du groupe national de grande envergure calculé conformément à l'article 26, paragraphe 1, et du bénéfice admissible net calculé conformément à l'article 26, paragraphe 2.

3. Le taux effectif d'imposition et l'impôt complémentaire d'une entité constitutive à détention minoritaire qui n'est pas membre d'un sous-groupe à détention minoritaire sont calculés sur la base de l'entité conformément aux chapitres III à VII.

Le montant ajusté des impôts concernés et le bénéfice ou la perte admissibles de l'entité constitutive à détention minoritaire sont exclus de la détermination du montant résiduel du taux effectif d'imposition du reste du groupe d'EMN ou du groupe national de grande envergure calculé conformément à l'article 26, paragraphe 1, et du bénéfice admissible net calculé conformément à l'article 26, paragraphe 2.

Le présent paragraphe ne s'applique pas à une entité constitutive à détention minoritaire qui est une entité d'investissement.

Art. 32 Régimes de protection Par dérogation aux articles 26 à 31, les Etats membres veillent à ce que, lors de l'option en ce sens de l'entité constitutive déclarante, l'impôt complémentaire dû par un groupe dans une juridiction soit réputé égal à zéro pour une année fiscale si le niveau d'imposition effectif des entités constitutives situées dans cette juridiction remplit les conditions d'une convention internationale éligible en matière de régimes de protection.

Aux fins du premier alinéa, on entend par « convention internationale éligible en matière de régimes de protection » un ensemble international de règles et de conditions auquel tous les Etats membres ont donné leur consentement et qui accorde aux groupes relevant du champ d'application de la présente directive la possibilité de choisir de bénéficier d'un ou de plusieurs régimes de protection pour une juridiction.

CHAPITRE VI
REGLES SPECIALES RELATIVES A LA RESTRUCTURATION D'ENTREPRISES ET AUX HOLDINGS

Art. 33 Application du seuil de chiffre d'affaires consolidé aux fusions et scissions de groupes 1. Aux fins du présent article, on entend par :

a) « fusion », tout dispositif par lequel :

i) la totalité ou la quasi-totalité des entités d'un groupe faisant partie de deux ou plusieurs groupes distincts sont placées sous contrôle commun de sorte qu'elles constituent des entités d'un groupe combiné ; ou

ii) une entité qui n'est membre d'aucun groupe est placée sous contrôle commun avec une autre entité ou un autre groupe de sorte qu'ils constituent des entités d'un groupe combiné ;

b) « scission », tout dispositif par lequel les entités d'un groupe faisant partie d'un groupe unique sont séparées en deux ou plusieurs groupes différents qui n'entrent plus dans le périmètre de consolidation de la même entité mère ultime.

2. Lorsque deux ou plusieurs groupes fusionnent pour former un groupe unique au cours de l'une des quatre dernières années fiscales consécutives précédant immédiatement l'année fiscale testée, le seuil de chiffre d'affaires consolidé du groupe d'EMN ou du groupe national de grande envergure visé à l'article 2 est présumé être atteint pour toute année fiscale précédant la fusion si la somme des chiffres d'affaires figurant dans chacun de leurs états financiers consolidés, pour cette année fiscale, est égale ou supérieure à 750 000 000 EUR.

3. Lorsqu'une entité qui n'est pas membre d'un groupe (ci-après dénommée « cible ») fusionne avec une entité ou un groupe (ci-après dénommé(e) « entité acquéreuse ») au cours de l'année fiscale testée, et que ni la cible ni l'entité acquéreuse ne disposent d'états financiers consolidés au cours de l'une des quatre dernières années fiscales consécutives précédant immédiatement l'année fiscale testée, le seuil de chiffre d'affaires consolidé du groupe d'EMN ou du groupe national de grande envergure est présumé être atteint, pour cette année, si la somme des chiffres d'affaires figurant dans chacun de leurs états financiers ou états financiers consolidés, pour ladite année fiscale, est égale ou supérieure à 750 000 000 EUR.

4. Lorsqu'un groupe d'EMN unique ou un groupe national de grande envergure relevant du champ d'application de la présente directive se scinde en deux ou plusieurs groupes (chacun constituant alors un « groupe résultant de la scission »), le seuil de chiffre d'affaires consolidé est présumé être atteint par un groupe résultant de la scission lorsque :

a) en ce qui concerne la première année fiscale testée se terminant après la scission, le groupe résultant de la scission a un chiffre d'affaires annuel égal ou supérieur à 750 000 000 EUR au cours de ladite année fiscale ;

b) en ce qui concerne les deuxième, troisième et quatrième années fiscales testées se terminant après la scission, le groupe résultant de la scission a un chiffre d'affaires annuel de 750 000 000 EUR ou plus au cours d'au moins deux de ces années fiscales.

Art. 34 Entrées et sorties d'entités constitutives au sein d'un groupe d'EMN ou d'un groupe national de grande envergure 1. Lorsqu'une entité (ci-après dénommée « cible ») devient ou cesse d'être une entité constitutive d'un groupe d'EMN ou d'un groupe national de grande envergure à la suite d'un transfert de titres de participation directe ou indirecte qu'elle détient dans la cible, ou lorsque la cible devient l'entité mère ultime d'un nouveau groupe au cours d'une année fiscale (ci-après dénommée « année d'acquisition »), la cible est considérée comme un membre du groupe d'EMN ou du groupe national de grande envergure aux fins de la présente directive, à condition qu'une partie de ses actifs, passifs, recettes, dépenses et flux de trésorerie soit intégrée, ligne par ligne, dans les états financiers consolidés de l'entité mère ultime au cours de l'année d'acquisition.

Le taux effectif d'imposition et l'impôt complémentaire de la cible sont calculés conformément aux paragraphes 2 à 8.

2. Au cours de l'année d'acquisition, un groupe d'EMN ou un groupe national de grande envergure tient uniquement compte du résultat net comptable et du montant ajusté des impôts concernés de la cible qui sont inscrits dans les états financiers consolidés de l'entité mère ultime aux fins de la présente directive.

3. Au cours de l'année d'acquisition, et de chaque année fiscale suivante, le bénéfice ou la perte admissibles et le montant ajusté des impôts concernés de la cible sont déterminés sur la base de la valeur comptable rétrospective de ses actifs et passifs.

4. Au cours de l'année d'acquisition, le calcul des frais de personnel éligibles de la cible conformément à l'article 28, paragraphe 3, tient uniquement compte des coûts figurant dans les états financiers consolidés de l'entité mère ultime.

5. Le calcul de la valeur comptable des actifs corporels éligibles de la cible conformément à l'article 28, paragraphe 4, est ajusté, le cas échéant, au prorata de la période pendant laquelle la cible était membre du groupe d'EMN ou du groupe national de grande envergure au cours de l'année d'acquisition.

6. A l'exception de l'impôt différé actif au titre d'un déficit admissible visé à l'article 23, les actifs et

passifs d'impôts différés d'une cible qui sont transférés entre des groupes d'EMN ou des groupes nationaux de grande envergure sont pris en considération par le groupe d'EMN ou le groupe national de grande envergure acquérant de la même façon et dans la même mesure que si le groupe d'EMN ou le groupe national de grande envergure acquérant contrôlait la cible lors de la naissance de ces actifs et passifs.

7. Les passifs d'impôts différés de la cible qui ont précédemment été intégrés dans son montant total de l'ajustement de l'impôt différé sont considérés comme annulés, aux fins de l'article 22, paragraphe 7, par le groupe d'EMN ou le groupe national de grande envergure cédant et comme provenant du groupe d'EMN ou du groupe national de grande envergure acquérant au cours de l'année d'acquisition, sauf dans le cas où toute réduction ultérieure des impôts concernés en application de l'article 22, paragraphe 7, prendrait effet durant l'année de la régularisation du montant.

8. Lorsque la cible est une entité mère et est une entité d'un groupe faisant partie de deux ou plusieurs groupes d'EMN ou groupes nationaux de grande envergure au cours de l'année d'acquisition, elle applique séparément la RIR à ses parts attribuables de l'impôt complémentaire pour les entités constitutives faiblement imposées déterminées pour chaque groupe d'EMN ou groupe national de grande envergure.

9. Par dérogation aux paragraphes 1 à 8, l'acquisition ou la cession d'une participation conférant le contrôle à l'égard d'une cible est considérée comme une acquisition ou une cession d'actifs et de passifs si la juridiction dans laquelle est située la cible ou, dans le cas d'une entité fiscalement transparente, la juridiction dans laquelle sont situés les actifs considère l'acquisition ou la cession de cette participation conférant le contrôle d'une manière identique ou semblable à une acquisition ou cession des actifs et passifs, et impose au vendeur un impôt concerné fondé sur la différence entre la base d'imposition et la contrepartie versée en échange de la participation conférant le contrôle ou la juste valeur des actifs et passifs.

Art. 35 Transfert d'actifs et de passifs 1. Aux fins du présent article, on entend par :

a) « réorganisation », une transformation ou un transfert d'actifs et de passifs, par exemple dans le cadre d'une fusion, d'une scission, d'une liquidation ou d'une opération similaire, lorsque :

i) la contrepartie du transfert est constituée, en totalité ou en grande partie, de titres de capitaux propres émis par l'entité constitutive acquéreuse ou par une personne liée à l'entité constitutive acquéreuse ou, dans le cas d'une liquidation, de titres de capitaux propres de la cible ou, lorsqu'aucune contrepartie n'est fournie, lorsque l'émission de titres de capitaux propres n'aurait aucune importance économique ;

ii) la plus-value ou la moins-value de l'entité constitutive cédante sur ces actifs n'est pas soumise à l'impôt, en tout ou en partie ; et

iii) la législation fiscale de la juridiction dans laquelle est située l'entité constitutive acquéreuse impose à celle-ci de calculer le revenu imposable après la cession ou l'acquisition en utilisant la base d'imposition de l'entité constitutive cédante pour les actifs, ajustée pour tenir compte de toute plus-value ou moins-value non admissible résultant de la cession ou de l'acquisition ;

b) « plus-value ou moins-value non admissibles », le plus faible des deux montants suivants : la plus-value ou moins-value de l'entité constitutive cédante résultant d'une réorganisation soumise à l'impôt à l'emplacement de l'entité constitutive cédante et la plus-value ou moins-value comptable résultant de la réorganisation.

2. Une entité constitutive qui cède des actifs et des passifs (ci-après dénommée « entité constitutive cédante ») intègre la plus-value ou la moins-value résultant de cette cession dans le calcul de son bénéfice ou de sa perte admissibles.

Une entité constitutive qui acquiert des actifs et des passifs (ci-après dénommée « entité constitutive acquéreuse ») détermine son bénéfice ou sa perte admissibles sur la base de la valeur comptable des actifs et passifs acquis, déterminée selon la norme de comptabilité financière utilisée pour l'établissement des états financiers consolidés de l'entité mère ultime.

3. Par dérogation au paragraphe 2, lorsqu'une cession ou une acquisition d'actifs et de passifs a lieu dans le cadre d'une réorganisation :

a) l'entité constitutive cédante exclut du calcul de son bénéfice ou de sa perte admissibles toute plus-value ou moins-value résultant de cette cession ; et

b) l'entité constitutive acquéreuse détermine son bénéfice ou sa perte admissibles sur la base de la valeur comptable des actifs et passifs de l'entité constitutive cédante acquis lors de la cession.

4. Par dérogation aux paragraphes 2 et 3, lorsque la cession d'actifs et de passifs a lieu dans le cadre d'une réorganisation qui entraîne, pour l'entité constitutive cédante, une plus-value ou une moins-value non admissibles :

a) l'entité constitutive cédante inclut, dans le calcul de son bénéfice ou de sa perte admissibles, la plus-value ou la moins- value résultant de la cession à hauteur de la plus-value ou de la moins-value admissibles ; et

b) l'entité constitutive acquéreuse détermine son bénéfice ou sa perte admissibles après l'acquisition en utilisant la valeur comptable des actifs et passifs de l'entité constitutive cédante acquis lors du transfert, ajustée conformément aux règles fiscales locales de l'entité constitutive acquéreuse pour tenir compte de la plus-value ou de la moins-value non admissibles.

5. L'entité constitutive déclarante peut exercer une option selon laquelle, lorsqu'une entité constitutive a l'obligation ou l'autorisation d'ajuster la base de ses actifs et le montant de ses passifs à la juste valeur à des fins fiscales dans la juridiction où elle est située, cette entité constitutive peut :

a) intégrer, dans le calcul de son bénéfice ou de sa perte admissibles, un montant de plus-value ou de moins-value pour chacun de ses actifs et passifs, qui est :

i) égal à la différence entre la valeur comptable, aux fins de la comptabilité financière, de l'actif ou du passif immédiatement avant la date de l'évènement ayant déclenché l'ajustement d'impôt (ci-après dénommé « évènement déclencheur ») et la juste valeur de l'actif ou du passif immédiatement après l'évènement déclencheur ; et

ii) minorée (ou majorée) des éventuelles plus-values ou moins-values non admissibles en lien avec l'événement déclencheur ;

b) utiliser la juste valeur, aux fins de la comptabilité financière, de l'actif ou du passif immédiatement après l'évènement déclencheur pour calculer le bénéfice ou la perte admissibles au cours des années fiscales qui se terminent après l'évènement déclencheur ; et

c) intégrer le total net des montants déterminés au point a) dans le bénéfice ou la perte admissible de l'entité constitutive de l'une des manières suivantes :

i) le total net desdits montants est intégré dans l'année fiscale au cours de laquelle l'événement déclencheur se produit ; ou

ii) un montant égal au total net desdits montants divisé par cinq est intégré dans l'année fiscale au cours de laquelle l'événement déclencheur se produit et dans chacune des quatre années fiscales suivantes immédiates, sauf si l'entité constitutive quitte le groupe d'EMN ou le groupe national de grande envergure au cours d'une année fiscale durant cette période, auquel cas le montant restant sera entièrement intégré dans cette année fiscale.

Art. 36 Coentreprises 1. Aux fins du présent article, on entend par :

a) « coentreprise » une entité dont les résultats financiers sont reportés en avant selon la méthode de mise en équivalence dans les états financiers consolidés de l'entité mère ultime, à condition que l'entité mère ultime détienne, directement ou indirectement, au moins 50 % de ses titres de participation.

Une coentreprise ne comprend pas :

i) une entreprise mère ultime d'un groupe d'EMN ou d'un groupe national de grande envergure qui est tenue d'appliquer la RIR ;

ii) une entité exclue au sens de l'article 2, paragraphe 3 ;

iii) une entité dont les titres de participation détenus par le groupe d'EMN ou le groupe national de grande envergure sont détenus directement par une entité exclue visée à l'article 2, paragraphe 3, et qui remplit l'une des conditions suivantes :

- qui a pour objet exclusif, ou presque exclusif, de détenir des actifs ou d'investir des fonds pour le compte de ses investisseurs,
- qui exerce des activités qui sont accessoires à celles exercées par l'entité exclue ; ou
- dont une partie substantielle des bénéfices sont exclus du calcul du bénéfice ou de la perte admissibles conformément à l'article 16, paragraphe 2, points b) et c) ;

iv) une entité qui est détenue par un groupe d'EMN ou un groupe national de grande envergure composé exclusivement d'entités exclues ; ou

v) une entité affiliée à une coentreprise ;

b) « entité affiliée à une coentreprise » :

i) une entité dont les actifs, les passifs, les recettes, les dépenses et les flux de trésorerie sont consolidés par une coentreprise selon une norme de comptabilité financière admissible ou auraient été consolidés si la coentreprise avait été tenue de consolider ces actifs, passifs, recettes, dépenses et flux de trésorerie selon une norme de comptabilité financière admissible ; ou

ii) un établissement stable dont l'entité principale est une coentreprise ou une entité visée au point i). Dans ces cas, l'établissement stable est considéré comme une filiale de coentreprise distincte.

2. Une entité mère qui détient, directement ou indirectement, des titres de participation dans une coentreprise ou une entité affiliée à une coentreprise applique la RIR pour sa part attribuable de l'impôt complémentaire de ladite coentreprise ou entité affiliée à une coentreprise conformément aux articles 5 à 10.

3. Le calcul de l'impôt complémentaire de la coentreprise et de ses filiales (ci-après dénommées « groupe de la coentreprise ») est effectué conformément aux chapitres III à VII, comme s'il s'agissait d'entités constitutives d'un groupe d'EMN ou d'un groupe national de grande envergure distinct et comme si la coentreprise était l'entité mère ultime de ce groupe.

4. L'impôt complémentaire dû par le groupe de la coentreprise est diminué de la part de l'impôt complémentaire attribuable à chaque entité mère, conformément au paragraphe 2, pour chaque membre du groupe de la coentreprise imposable conformément au paragraphe 3. Tout montant restant de l'impôt complémentaire est ajouté au montant total de l'impôt complémentaire dû au titre de la RBII conformément à l'article 14, paragraphe 2.

Aux fins du présent paragraphe, on entend par « impôt complémentaire dû par le groupe de la coentreprise » la part attribuable à l'entité mère de l'impôt complémentaire du groupe de la coentreprise.

Art. 37 Groupes d'EMN à entités mères multiples 1. Aux fins du présent article, on entend par :

a) « groupe d'EMN ou groupe national de grande envergure à entités mères multiples », deux ou plusieurs groupes dont les entités mères ultimes concluent un accord qui est une structure indissociable ou un accord de double cotation comprenant au moins une entité ou un établissement stable du groupe combiné situé dans une juridiction différente de celle où se situent les autres entités du groupe combiné ;

b) « structure indissociable », un accord conclu par deux ou plusieurs entités mères ultimes de groupes distincts, aux termes duquel :

i) au moins 50 % des titres de participation dans les entités mères ultimes des groupes distincts, s'ils sont cotés en bourse, le sont à un prix unique et sont, en raison de la structure de propriété, de restrictions sur les transferts ou d'autres termes ou conditions, combinés entre eux et ne peuvent être transférés ou négociés indépendamment les uns des autres ; et

ii) l'une des entités mères ultimes établit les états financiers consolidés dans lesquels les actifs, passifs, recettes, dépenses et flux de trésorerie de toutes les entités des groupes concernés sont présentés ensemble comme les éléments d'une seule et même entité économique et qui doivent être soumis à un audit externe en vertu d'un régime réglementaire ;

c) « accord de double cotation », un accord conclu par deux ou plusieurs entités mères ultimes de groupes distincts, aux termes duquel :

i) les entités mères ultimes conviennent de regrouper leurs activités exclusivement par contrat ;

ii) conformément aux dispositions contractuelles, les entités mères ultimes effectueront des distributions, pour les dividendes et en cas de liquidation, à leurs actionnaires sur la base d'un ratio fixe ;

iii) les activités des entités mères ultimes sont gérées comme s'il s'agissait d'une seule et même unité économique dans le cadre d'accords contractuels, bien que chacune d'entre elles conserve une identité juridique propre ;

iv) les titres de participation dans les entités mères ultimes parties à l'accord sont cotés, négociés ou transférés indépendamment sur différents marchés financiers ; et

v) les entités mères ultimes établissent les états financiers consolidés dans lesquels les actifs, passifs, recettes, dépenses et flux de trésorerie des entités de tous les groupes sont présentés ensemble comme les éléments d'une seule et même entité économique, et doivent faire l'objet d'un audit externe en vertu d'un régime réglementaire.

2. Lorsque des entités et des entités constitutives de deux ou plusieurs groupes font partie d'un groupe d'EMN ou d'un groupe national de grande envergure à entités mères multiples, les entités et entités constitutives de chaque groupe sont considérées comme des membres d'un groupe d'EMN ou d'un groupe national de grande envergure à entités mère multiples unique.

Une entité autre qu'une entité exclue visée à l'article 2, paragraphe 3, est considérée comme une entité constitutive si ses résultats sont consolidés ligne par ligne dans les états financiers d'un groupe d'EMN ou d'un groupe national de grande envergure à entités mères multiples ou si ses titres conférant le contrôle sont détenus par des entités du groupe d'EMN ou du groupe national de grande envergure à entités mères multiples.

3. Les états financiers consolidés du groupe d'EMN ou du groupe national de grande envergure à entités mères multiples sont les états financiers consolidés combinés visés dans les définitions de la structure indissociable ou de l'accord de double cotation au paragraphe 1, préparés selon une norme de comptabilité financière admissible présumée être la norme comptable de l'entité mère ultime.

4. Les entités mères ultimes des groupes distincts qui composent le groupe d'EMN ou le groupe national de grande envergure à entités mères multiples sont les entités mères ultimes du groupe d'EMN ou du groupe national de grande envergure à entités mères multiples.

Lors de l'application de la présente directive à un groupe d'EMN ou à un groupe national de grande envergure à entités mères multiples, les références à une entité mère ultime s'appliquent, le cas échéant, comme s'il s'agissait de références à plusieurs entités mères ultimes.

5. Les entités mères du groupe d'EMN ou du groupe national de grande envergure à entités mères multiples situées dans un Etat membre, y compris chaque entité mère ultime, appliquent la RIR conformément aux articles 5 à 10 en ce qui concerne la part qui leur est attribuable de l'impôt complémentaire pour les entités constitutives faiblement imposées.

6. Les entités constitutives du groupe d'EMN ou du groupe national de grande envergure à entités mères multiples qui sont situées dans un Etat membre appliquent la RBII conformément aux articles 12, 13 et 14, en tenant compte de l'impôt complémentaire pour chaque entité constitutive faiblement imposée qui est membre du groupe d'EMN ou du groupe national de grande envergure à entités mères multiples.

7. Les entités mères ultimes du groupe d'EMN ou du groupe national de grande envergure à entités mères multiples sont tenues de déposer la déclaration d'information pour l'impôt complémentaire conformément à l'article 44, à moins qu'elles ne nomment une entité déclarante désignée unique au sens de l'article 44, paragraphe 3, point b). Cette déclaration comprend des informations concernant chacun des groupes qui composent le groupe d'EMN ou le groupe national de grande envergure à entités mères multiples.

CHAPITRE VII
NEUTRALITE FISCALE ET REGIMES DE DISTRIBUTION

Art. 38 Entité mère ultime qui est une entité transparente intermédiaire 1. Le bénéfice admissible d'une entité transparente intermédiaire qui est une entité mère ultime est diminué, pour l'année fiscale, du montant du bénéfice admissible attribuable au détenteur d'une participation (ci-après dénommé « détenteur ») dans l'entité transparente intermédiaire, pour autant que :

a) le titulaire du droit de propriété soit soumis à l'impôt sur ledit bénéfice pour une période d'imposition qui se termine dans les douze mois suivant la fin de cette année fiscale à un taux nominal égal ou supérieur au taux minimum d'imposition ; ou

b) que l'on puisse raisonnablement s'attendre à ce que le montant agrégé des impôts concernés ajustés de l'entité mère ultime et des impôts acquittés par le détenteur sur ce bénéfice au cours des douze mois suivant la fin de l'année fiscale soit égal ou supérieur à un montant égal à ce bénéfice multiplié par le taux minimum d'imposition.

2. Le bénéfice admissible d'une entité transparente intermédiaire qui est une entité mère ultime est également diminué, pour l'année fiscale, du montant du bénéfice admissible imputable au détenteur d'une participation dans l'entité transparente intermédiaire, pour autant que le détenteur :

a) soit une personne physique qui a sa résidence fiscale dans la juridiction où est située l'entité mère ultime, et qu'il détienne des titres de participation donnant droit à 5 % ou moins des bénéfices et actifs de l'entité mère ultime ; ou

b) soit une entité publique, une organisation internationale, une organisation à but non lucratif ou un fonds de pension, qui a sa résidence fiscale dans la juridiction où est située l'entité mère ultime, et qu'il détienne des titres de participation donnant droit à 5 % ou moins des bénéfices et actifs de l'entité mère ultime.

3. La perte admissible d'une entité transparente intermédiaire qui est une entité mère ultime est diminuée, pour l'année fiscale, du montant de la perte admissible attribuable au détenteur d'une participation dans l'entité transparente intermédiaire.

Le premier alinéa ne s'applique pas dans la mesure où le détenteur n'est pas autorisé à utiliser cette perte pour le calcul de son revenu imposable.

4. Les impôts concernés d'une entité transparente intermédiaire qui est une entité mère ultime sont réduits proportionnellement au montant du bénéfice admissible diminué conformément aux paragraphes 1 et 2.

5. Les paragraphes 1 à 4 s'appliquent à un établissement stable par l'intermédiaire duquel une entité transparente intermédiaire qui est une entité mère ultime exerce tout ou partie de ses activités, ou par l'intermédiaire duquel sont exercées tout ou partie des activités d'une entité fiscalement transparente, à condition que l'entité mère ultime détienne une participation dans cette entité fiscalement transparente, directement ou au travers d'une chaîne d'entités fiscalement transparentes.

Art. 39 Entité mère ultime soumise à un régime des dividendes déductibles 1. Aux fins du présent article, on entend par :

a) « régime des dividendes déductibles », un régime fiscal qui applique un niveau d'imposition unique sur les revenus des propriétaires d'une entité, en déduisant ou en excluant du revenu de l'entité les bénéfices distribués aux propriétaires ou en exonérant une coopérative de l'impôt ;

b) « dividende déductible », dans le cas d'une entité constitutive soumise à un régime des dividendes déductibles :

i) une distribution de bénéfices au profit du détenteur d'une participation dans l'entité constitutive, qui est déductible du revenu imposable de l'entité constitutive en vertu du droit de la juridiction dans laquelle elle est située ; ou

ii) une ristourne accordée à un membre d'une coopérative ; et

c) « coopérative », une entité qui commercialise ou acquiert collectivement des biens ou des services pour le compte de ses membres et qui est soumise, dans la juridiction où elle est située, à un régime fiscal garantissant la neutralité fiscale au regard des biens ou des services vendus ou acquis par ses membres par l'intermédiaire de la coopérative.

2. L'entité mère ultime d'un groupe d'EMN ou d'un groupe national de grande envergure qui est soumise à un régime des dividendes déductibles réduit, sans tomber au-dessous de zéro, pour l'année fiscale, son bénéfice admissible qui est distribué sous forme de dividende déductible dans les douze mois suivant la fin de l'année fiscale, à condition que :

a) le dividende soit soumis à l'impôt à charge du bénéficiaire pour une période d'imposition se terminant dans les douze mois suivant la fin de l'année fiscale à un taux nominal égal ou supérieur au taux minimum d'imposition ; ou

b) l'on puisse raisonnablement s'attendre à ce que le montant agrégé des impôts concernés ajustés et des impôts de l'entité mère ultime acquittés par le bénéficiaire sur ce dividende soit égal ou supérieur à ce bénéfice multiplié par le taux minimum d'imposition.

3. L'entité mère ultime d'un groupe d'EMN ou d'un groupe national de grande envergure qui est soumise à un régime des dividendes déductibles réduit également, sans tomber au-dessous de zéro, pour l'année fiscale, son bénéfice admissible du montant qu'elle distribue sous forme de dividende déductible dans les douze mois suivant la fin de l'année fiscale, à condition que le bénéficiaire :

a) soit une personne physique et que le dividende corresponde à une ristourne provenant d'une coopérative d'approvisionnement ;

b) soit une personne physique qui a sa résidence fiscale dans la même juridiction que celle où est située l'entité mère ultime, et qu'il détienne des titres de participation donnant droit à 5 % ou moins des bénéfices et actifs de l'entité mère ultime ; ou

c) soit une entité publique, une organisation internationale, une organisation à but non lucratif ou un fonds de pension, autre qu'une entité de services de fonds de pension, qui a sa résidence fiscale dans la juridiction où est située l'entité mère ultime.

4. Les impôts concernés d'une entité mère ultime, autres que les impôts pour lesquels la déduction du dividende a été autorisée, sont réduits proportionnellement au montant du bénéfice admissible diminué conformément aux paragraphes 2 et 3.

5. Lorsque l'entité mère ultime détient une participation dans une autre entité constitutive soumise à un régime des dividendes déductibles, directement ou par l'intermédiaire d'une chaîne d'entités constitutives, les paragraphes 2, 3 et 4 s'appliquent à toute autre entité constitutive située dans la juridiction de l'entité mère ultime soumise au régime des dividendes déductibles, pour autant que son bénéfice admissible soit ensuite distribué par l'entité mère ultime à des bénéficiaires qui satisfont aux exigences énoncées aux paragraphes 2 et 3.

6. Aux fins du paragraphe 2, une ristourne distribuée par une coopérative d'approvisionnement est considérée comme soumise à l'impôt à charge du bénéficiaire dans la mesure où elle réduit une dépense ou un coût déductibles dans le calcul du résultat imposable du bénéficiaire.

Art. 40 Régimes éligibles d'imposition des distributions 1. Une entité constitutive déclarante peut exercer, pour elle-même ou pour une autre entité constitutive soumise à un régime éligible d'imposition des distributions, l'option consistant à intégrer au montant ajusté des impôts concernés de l'entité constitutive au titre de l'année fiscale le montant déterminé en tant qu'impôt sur les distributions présumées conformément au paragraphe 2.

L'option est exercée sur une base annuelle conformément à l'article 45, paragraphe 2, et s'applique à toutes les entités constitutives situées dans une juridiction.

2. Le montant de l'impôt sur les distributions présumées correspond au plus faible des deux montants suivants :

a) le montant ajusté des impôts concernés nécessaire pour porter au taux minimum d'imposition le taux effectif d'imposition calculé conformément à l'article 27, paragraphe 2, pour la juridiction et l'année fiscale ; ou

b) le montant de l'impôt qui aurait été dû si les entités constitutives situées dans la juridiction avaient distribué tout leur bénéfice soumis au régime éligible d'imposition des distributions au cours de ladite année fiscale.

3. Lorsqu'une option est exercée conformément au paragraphe 1, un compte de régularisation de l'impôt sur les distributions présumées est établi pour chaque année fiscale au cours de laquelle cette option s'applique. Le montant de l'impôt sur les distributions présumées pour la juridiction, déterminé conformément au paragraphe 2, est ajouté au compte de régularisation de l'impôt sur les distributions présumées au titre de l'année fiscale au cours de laquelle il a été établi.

À la fin de chaque année fiscale suivante, le solde des comptes de régularisation de l'impôt sur les distributions présumées établi pour des années fiscales antérieures est diminué dans l'ordre chronologique, sans tomber en dessous de zéro, des impôts acquittés par les entités constitutives au cours de l'année fiscale au titre des distributions réelles ou présumées.

Tout montant résiduel dans les comptes de régularisation de l'impôt sur les distributions présumées qui subsiste après application du deuxième alinéa est diminué, sans tomber en dessous de zéro, d'un montant égal à la perte admissible nette d'une juridiction multipliée par le taux minimum d'imposition.

4. Tout montant résiduel de perte admissible nette multiplié par le taux minimum d'imposition qui subsiste pour la juridiction après application du paragraphe 3, troisième alinéa, est reporté sur les années fiscales suivantes et vient en déduction de tout montant résiduel dans les comptes de régularisation de l'impôt sur les distributions présumées qui subsiste après application du paragraphe 3.

5. Le solde éventuel du compte de régularisation de l'impôt sur les distributions présumées au dernier jour de la quatrième année fiscale suivant celle pour laquelle ce compte a été établi est considéré comme une réduction du montant ajusté des impôts concernés déterminé précédemment pour ladite année fiscale. Le taux effectif d'imposition et l'impôt complémentaire au titre de cette année fiscale sont recalculés en conséquence, conformément à l'article 29, paragraphe 1.

6. Les impôts acquittés au cours de l'année fiscale au titre des distributions réelles ou présumées ne sont pas inclus dans le montant ajusté des impôts concernés s'ils diminuent un compte de régularisation de l'impôt sur les distributions présumées conformément aux paragraphes 3 et 4.

7. Lorsqu'une entité constitutive qui fait l'objet d'une option conformément au paragraphe 1 quitte le groupe d'EMN ou le groupe national de grande envergure, ou qu'une partie substantielle de ses actifs est transférée à une personne qui n'est pas une entité constitutive du même groupe d'EMN ou groupe national de grande envergure située dans la même juridiction, tout solde des comptes de régularisation de l'impôt sur les distributions présumées au titre des années fiscales précédentes au cours desquelles ce compte a été établi est considéré comme une diminution du montant ajusté des impôts concernés pour chacune de ces années fiscales conformément à l'article 29, paragraphe 1.

Tout montant d'impôt complémentaire additionnel dû est multiplié par le ratio suivant pour déterminer l'impôt complémentaire additionnel dû pour la juridiction :

$$\frac{\text{bénéfice admissible de l'entité constitutive}}{\text{bénéfice admissible net pour la juridiction}}$$

où :

a) le bénéfice admissible de l'entité constitutive est déterminé conformément au chapitre III pour chaque année fiscale au cours de laquelle il existe un solde des comptes de régularisation de l'impôt sur les distributions présumées pour la juridiction ; et

b) le bénéfice admissible net pour la juridiction est déterminé conformément à l'article 26, paragraphe 2, pour chaque année fiscale au cours de laquelle il existe un solde des comptes de régularisation de l'impôt sur les distributions présumées pour la juridiction.

Art. 41 Détermination du taux effectif d'imposition et de l'impôt complémentaire d'une entité d'investissement 1. Lorsqu'une entité constitutive d'un groupe d'EMN ou d'un groupe national de grande envergure est une entité d'investissement qui n'est pas une entité fiscalement transparente et qui n'a pas exercé d'option conformément aux articles 42 et 43, le taux effectif d'imposition de cette entité d'investissement est calculé séparément du taux effectif d'imposition de la juridiction dans laquelle elle est située.

2. Le taux effectif d'imposition de l'entité d'investissement visée au paragraphe 1 est égal à son montant ajusté d'impôts concernés, divisé par un montant égal à la part attribuable au groupe d'EMN ou au groupe national de grande envergure dans le bénéfice ou la perte admissibles de ladite entité d'investissement.

Lorsque plusieurs entités d'investissement sont situées dans une juridiction, leur taux effectif d'imposition est calculé en combinant leur montant ajusté d'impôts concernés ainsi que la part attribuable au groupe d'EMN ou au groupe national de grande envergure dans leur bénéfice ou perte admissibles.

3. Le montant ajusté des impôts concernés d'une entité d'investissement visée au paragraphe 1 correspond au montant ajusté des impôts concernés qui s'imputent à la part attribuable au groupe d'EMN ou au groupe national de grande envergure dans le bénéfice admissible de l'entité d'investissement et les impôts concernés affectés à l'entité d'investissement conformément à l'article 24. Le montant ajusté des impôts concernés de l'entité d'investissement ne comprend pas les éventuels impôts concernés dus par l'entité d'investissement qui s'imputent au bénéfice qui ne fait pas partie de la part attribuable au groupe d'EMN ou au groupe national de grande envergure dans le bénéfice de l'entité d'investissement.

4. L'impôt complémentaire d'une entité d'investissement visée au paragraphe 1 est un montant égal au pourcentage de l'impôt complémentaire de l'entité d'investissement multiplié par un montant égal à la différence entre la part attribuable au groupe d'EMN ou au groupe national de grande envergure du bénéfice admissible de l'entité d'investissement et l'exclusion de bénéfices liée à la substance calculée pour l'entité d'investissement.

Le pourcentage d'impôt complémentaire d'une entité d'investissement correspond à un montant positif égal à la différence entre le taux minimum d'imposition et le taux effectif d'imposition de cette entité d'investissement.

Lorsque plusieurs entités d'investissement sont situées dans une juridiction, leur taux effectif d'imposition est calculé en combinant les montants de l'exclusion de bénéfices liés à la substance et la part attribuable au groupe d'EMN ou au groupe national de grande envergure dans leur bénéfice ou perte admissibles.

L'exclusion de bénéfices liée à la substance d'une entité d'investissement est déterminée conformément à l'article 28, paragraphes 1 à 7. Les frais de personnel éligibles des employés éligibles et les actifs corporels éligibles pris en compte pour cette entité d'investissement sont réduits proportionnellement à la part attribuable au groupe d'EMN ou au groupe national de grande envergure du bénéfice admissible de l'entité d'investissement divisée par le bénéfice admissible total de cette entité d'investissement.

5. Aux fins du présent article, la part attribuable au groupe d'EMN ou au groupe national de grande envergure du bénéfice ou de la perte admissibles d'une entité d'investissement est déterminée conformément à l'article 9, en tenant compte uniquement des intérêts qui ne font pas l'objet d'une option en vertu de l'article 42 ou 43.

Art. 42 Option consistant à traiter une entité d'investissement comme une entité fiscalement transparente 1. Aux fins du présent article, on entend par « entité d'investissement d'assurance » une entité qui répondrait à la définition d'un fonds d'investissement énoncée à l'article 3, point 31), ou à celle d'un véhicule d'investissement immobilier énoncée à l'article 3, point 32), si elle n'avait pas été établie en lien avec des engagements au titre d'un contrat d'assurance ou de rente et si elle n'était pas entièrement détenue par une entité qui est réglementée en tant que compagnie d'assurance dans la juridiction où elle est située.

2. L'entité constitutive déclarante peut exercer une option selon laquelle une entité constitutive qui est une entité d'investissement ou une entité d'investissement d'assurance peut être considérée comme une entité fiscalement transparente si l'entité propriétaire de titres de l'entité constitutive est, dans la juridiction où elle est située, soumise à l'impôt au titre d'une juste valeur de marché ou d'un régime similaire fondé sur les variations annuelles de la juste valeur de sa participation dans cette entité, et si le taux d'imposition applicable à l'entité propriétaire de titres de l'entité constitutive à l'égard de ce revenu est égal ou supérieur au taux minimum d'imposition.

3. Une entité constitutive qui détient indirectement une participation dans une entité d'investissement ou dans une entité d'investissement d'assurance à travers une participation directe dans une autre entité d'investissement ou entité d'investissement d'assurance, est considérée comme étant soumise à l'impôt au titre d'une juste valeur de marché ou d'un régime similaire en ce qui concerne la participation indirecte dans la première entité ou entité d'investissement d'assurance mentionnée si elle est soumise à l'impôt selon une juste valeur de

marché ou à un régime similaire en ce qui concerne la participation directe dans la seconde entité ou entité d'investissement d'assurance mentionnée.

4. L'option prévue au paragraphe 2 du présent article est exercée conformément à l'article 45, paragraphe 1.

Si l'option est révoquée, toute plus-value ou moins-value résultant de la cession d'un actif ou d'un passif détenu par l'entité d'investissement ou une entité d'investissement d'assurance est déterminée sur la base de la juste valeur des actifs ou des passifs au premier jour de l'année de révocation.

Art. 43 Option consistant à appliquer une méthode de distribution imposable 1. L'entité constitutive déclarante peut exercer une option selon laquelle une entité propriétaire de titres d'une entité d'investissement peut appliquer une méthode de distribution imposable à l'égard de sa participation dans l'entité d'investissement, à condition que cette entité propriétaire de titres ne soit pas une entité d'investissement et que l'on puisse raisonnablement s'attendre à ce qu'elle soit soumise à un impôt sur les distributions de l'entité d'investissement à un taux d'imposition égal ou supérieur au taux minimum d'imposition.

2. Dans le cadre de la méthode de distribution imposable, les distributions et distributions présumées au titre du bénéfice admissible d'une entité d'investissement sont incluses dans le bénéfice admissible de l'entité propriétaire de titres ayant reçu la distribution, pour autant qu'elle ne soit pas une entité d'investissement.

Le montant des impôts concernés dû par l'entité d'investissement qui peut être imputé sur l'impôt à payer par l'entité propriétaire de titres d'une entité constitutive résultant de la distribution de l'entité d'investissement est inclus dans le bénéfice admissible et le montant ajusté des impôts concernés de l'entité propriétaire de titres d'une entité constitutive ayant reçu la distribution.

La part de l'entité propriétaire de titres dans le bénéfice admissible net non distribué de l'entité d'investissement visée au paragraphe 3 au cours de la troisième année précédant l'année fiscale (ci-après dénommée « année testée ») est considérée comme un bénéfice admissible de cette entité d'investissement au titre de l'année fiscale. Le montant égal à ce bénéfice admissible multiplié par le taux minimum d'imposition est considéré comme un impôt complémentaire d'une entité constitutive faiblement imposée au titre de l'année fiscale aux fins du chapitre II.

Le bénéfice ou la perte admissibles d'une entité d'investissement et le montant ajusté des impôts concernés attribuables à ce bénéfice au titre de l'année fiscale sont exclus du calcul du taux effectif d'imposition conformément au chapitre V et à l'article 41, paragraphes 1 à 4, à l'exception du montant des impôts concernés visé au deuxième alinéa du présent paragraphe.

3. Le bénéfice admissible net non distribué d'une entité d'investissement pour l'année testée correspond au montant du bénéfice admissible de cette entité d'investissement pour l'année testée, diminué, sans tomber au-dessous de zéro :

a) des impôts concernés de l'entité d'investissement ;

b) des distributions et distributions présumées en faveur d'actionnaires autres que des entités d'investissement au cours de la période commençant le premier jour de la troisième année précédant l'année fiscale et se terminant le dernier jour de l'année fiscale déclarable au cours de laquelle la participation était détenue (ci-après dénommée « période de test ») ;

c) des pertes admissibles réalisées au cours de la période de test ; et

d) de tout montant résiduel de pertes admissibles qui n'a pas déjà réduit le bénéfice admissible net non distribué de cette entité d'investissement d'une année testée précédente, à savoir le report des pertes d'investissement.

Le bénéfice admissible net non distribué d'une entité d'investissement n'est pas diminué des distributions ou distributions présumées qui ont déjà réduit le bénéfice admissible net non distribué de cette entité d'investissement d'une année testée précédente en application du premier alinéa, point b).

Le bénéfice admissible net non distribué d'une entité d'investissement n'est pas diminué du montant des pertes admissibles qui a déjà réduit le bénéfice admissible net non distribué de cette entité d'investissement d'une année testée précédente en application du premier alinéa, point c).

4. Aux fins du présent article, une distribution présumée naît lorsqu'une participation directe ou indirecte dans l'entité d'investissement est transféré à une entité qui n'appartient pas au groupe d'EMN ou au groupe national de grande envergure et que ladite distribution est égale à la part du bénéfice admissible net non distribué attribuable à cette participation à la date de ce transfert, déterminée sans tenir compte de la distribution présumée.

5. L'option prévue au paragraphe 1 du présent article est exercée conformément à l'article 45, paragraphe 1.

Si l'option est révoquée, la part de l'entité propriétaire de titres dans le bénéfice admissible net non distribué de l'entité d'investissement au cours de l'année testée à la fin de l'année fiscale précédant l'année où la révocation a lieu est considérée comme un bénéfice admissible de l'entité d'investissement au titre de l'année fiscale. Le montant égal à ce bénéfice admissible multiplié par le taux minimum d'imposition est considéré comme un impôt complémentaire d'une entité constitutive faiblement imposée au titre de l'année fiscale aux fins du chapitre II.

CHAPITRE VIII
DISPOSITIONS ADMINISTRATIVES

Art. 44 Obligations d'information 1. Aux fins du présent article, on entend par :

a) « entité locale désignée », l'entité constitutive d'un groupe d'EMN ou d'un groupe national de grande envergure qui est située dans un Etat membre et qui a été désignée par les autres entités constitutives du groupe d'EMN ou du groupe national de grande envergure situées dans le même Etat membre pour déposer la déclaration d'information pour l'impôt complémentaire ou soumettre les notifications conformément au présent article en leur nom ;

b) « accord éligible entre autorités compétentes », un accord bilatéral ou multilatéral ou tout autre accord entre deux ou plusieurs autorités compétentes régissant l'échange automatique de déclarations d'information annuelles pour l'impôt complémentaire.

2. Une entité constitutive située dans un Etat membre dépose une déclaration d'information pour l'impôt complémentaire auprès de son administration fiscale conformément au paragraphe 5.

Cette déclaration peut être déposée par une entité locale désignée pour le compte de l'entité constitutive.

3. Par dérogation au paragraphe 2, une entité constitutive est dispensée de l'obligation de déposer une déclaration d'information pour l'impôt complémentaire auprès de son administration fiscale si cette déclaration a été déposée conformément aux exigences énoncées au paragraphe 5 par :

a) l'entité mère ultime située dans une juridiction ayant conclu, au titre de l'année fiscale déclarable, un accord éligible entre autorités compétentes qui a pris effet avec l'Etat membre dans lequel l'entité constitutive est située ; ou

b) l'entité déclarante désignée située dans une juridiction ayant conclu, au titre de l'année fiscale déclarable, un accord éligible entre autorités compétentes qui a pris effet avec l'Etat membre dans lequel l'entité constitutive est située.

4. Lorsque le paragraphe 3 s'applique, l'entité constitutive située dans un Etat membre, ou l'entité locale désignée agissant pour son compte, notifie à son administration fiscale l'identité de l'entité qui dépose la déclaration d'information pour l'impôt complémentaire ainsi que la juridiction dans laquelle elle est située.

5. La déclaration d'information pour l'impôt complémentaire est présentée selon un modèle standard et comprend les informations suivantes en ce qui concerne le groupe d'EMN ou le groupe national de grande envergure :

a) l'identification des entités constitutives, et notamment leur numéro d'identification fiscale s'il existe, la juridiction dans laquelle elles sont situées et leur statut au regard des règles de la présente directive ;

b) des informations sur la structure sociale d'ensemble du groupe d'EMN ou du groupe national de grande envergure, et notamment sur les titres conférant le contrôle dans les entités constitutives détenues par d'autres entités constitutives ;

c) les renseignements nécessaires pour calculer :

i) le taux effectif d'imposition pour chaque juridiction et l'impôt complémentaire applicable à chaque entité constitutive ;

ii) l'impôt complémentaire applicable à tout membre du groupe d'une coentreprise ;

iii) la fraction de l'impôt complémentaire au titre de la RIR et le montant de l'impôt complémentaire pour la RBII affectés à chaque juridiction ; et

d) un historique des options choisies conformément à la présente directive.

6. Par dérogation au paragraphe 5, lorsqu'une entité constitutive est située dans un Etat membre dont l'entité mère ultime est située dans une juridiction de pays tiers appliquant des règles qui ont été jugées équivalentes aux règles de la présente directive conformément à l'article 52, l'entité constitutive ou l'entité locale désignée dépose une déclaration d'information pour l'impôt complémentaire contenant les informations suivantes :

a) toutes les informations nécessaires à l'application de l'article 8, notamment :

i) l'identification de toutes les entités constitutives dans lesquelles une entité mère partiellement détenue située dans un Etat membre détient, directement ou indirectement, une participation à tout moment de l'année fiscale, et la structure de ces titres de participation ;

ii) toutes les informations nécessaires pour calculer le taux effectif d'imposition des juridictions dans lesquelles une entité mère partiellement détenue située dans un Etat membre détient des titres de participation dans des entités constitutives visées au point i) et l'impôt complémentaire dû ; et

iii) toutes les informations pertinentes à cette fin conformément à l'article 9, 10 ou 11 ;

b) toutes les informations nécessaires à l'application de l'article 13, notamment :

i) l'identification de toutes les entités constitutives situées dans la juridiction de l'entité mère ultime et la structure de ces titres de participation ;

ii) toutes les informations nécessaires pour calculer le taux effectif d'imposition de la juridiction de l'entité mère ultime et l'impôt complémentaire dont elle est redevable ; et

iii) toutes les informations nécessaires pour affecter cet impôt complémentaire sur la base de la formule d'attribution au titre de la RBII prévue à l'article 14 ;

c) toutes les informations nécessaires à l'application d'un impôt national complémentaire qualifié par tout Etat membre ayant choisi d'appliquer un tel impôt complémentaire, conformément à l'article 11.

7. La déclaration d'information pour l'impôt complémentaire visée aux paragraphes 5 et 6 et toute notification pertinente sont déposées auprès de l'administration fiscale de l'Etat membre dans lequel l'entité constitutive est située au plus tard quinze mois après le dernier jour de l'année fiscale déclarable.

Art. 45 Options 1. Les options visées à l'article 2, paragraphe 3, deuxième alinéa, à l'article 16, paragraphes 3, 6 et 9, et aux articles 42 et 43 sont valables pour une période de cinq ans, à compter de l'année au cours de laquelle elles sont exercées. L'option est renouvelée automatiquement, à moins que l'entité constitutive déclarante ne la révoque à la fin de la période de cinq ans. La révocation de l'option est valable pour une période de cinq ans, à compter de la fin de l'année au cours de laquelle elle a lieu.

2. Les options visées à l'article 16, paragraphe 7, à l'article 22, paragraphe 1, point b), à l'article 25, paragraphe 1, à l'article 28, paragraphe 2, à l'article 30, paragraphe 1, et à l'article 40, paragraphe 1, sont valables pour une période d'un an. L'option est renouvelée automatiquement, à moins que l'entité constitutive déclarante ne la révoque à la fin de l'année.

3. Les options visées à l'article 2, paragraphe 3, deuxième alinéa, à l'article 16, paragraphes 3, 6, 7 et 9, à l'article 22, paragraphe 1, point b), à l'article 25, paragraphe 1, à l'article 28, paragraphe 2, à l'article 30, paragraphe 1, à l'article 40, paragraphe 1, et aux articles 42 et 43 sont exercées auprès de l'administration fiscale de l'Etat membre dans lequel est située l'entité constitutive déclarante.

Art. 46 Sanctions Les Etats membres déterminent le régime des sanctions applicables aux violations des dispositions nationales adoptées conformément à la présente directive, y compris en ce qui concerne le non-respect de l'obligation qui incombe à une entité constitutive de déclarer et de payer sa part de l'impôt complémentaire ou d'avoir une charge d'impôt supplémentaire sous la forme d'une sortie de trésorerie, et ils prennent toutes les mesures nécessaires pour assurer la mise en œuvre de ces sanctions. Ces sanctions doivent être effectives, proportionnées et dissuasives.

CHAPITRE IX
REGLES TRANSITOIRES

Art. 47 Traitement fiscal des actifs d'impôts différés, des passifs d'impôts différés et des actifs transférés pendant la phase de transition 1. Aux fins du présent article, on entend par « année de transition » pour une juridiction, la première année fiscale au cours de laquelle un groupe d'EMN ou un groupe national de grande envergure entre dans le champ d'application de la présente directive en ce qui concerne cette juridiction.

2. Lors de la détermination du taux effectif d'imposition applicable dans une juridiction pendant une année de transition, et pour chacune des années fiscales suivantes, le groupe d'EMN ou le groupe national de grande envergure prend en compte tous les impôts différés actifs et tous les impôts différés passifs constatés dans les états financiers, ou tels qu'ils ressortent des états financiers, de toutes les entités constitutives situées dans une juridiction donnée pour l'année de transition considérée.

Les impôts différés actifs et passifs sont comptabilisés à celui du taux minimum d'imposition et du taux d'imposition applicable en droit interne qui est le plus bas. Toutefois, un impôt différé actif qui a été enregistré à un taux inférieur au taux minimum d'imposition peut être pris en compte au taux minimum d'imposition si le contribuable est en mesure de démontrer qu'il est attribuable à une perte admissible.

L'incidence d'un ajustement de la valeur ou de la comptabilisation d'un impôt différé actif n'est pas prise en compte.

3. Les impôts différés actifs dus à des éléments exclus du calcul du bénéfice ou de la perte admissibles conformément au chapitre III sont exclus du calcul visé au paragraphe 2 lorsqu'ils sont générés lors d'une transaction effectuée à une date postérieure au 30 novembre 2021.

4. Dans le cas d'un transfert d'actifs entre entités constitutives effectué à une date postérieure au 30 novembre 2021 et avant le début d'une année de transition, la base pour les actifs acquis, autres que les stocks, est fondée sur la valeur comptable des actifs transférés de l'entité constitutive cédante au moment de la cession, les actifs et les passifs d'impôts différés étant déterminés sur cette base.

Art. 48 Dérogation transitoire pour l'exclusion de bénéfices liée à la substance 1. Aux fins de l'application de l'article 28, paragraphe 3, la valeur de 5 % est remplacée, pour chaque année fiscale commençant à partir du 31 décembre des années civiles suivantes, par les valeurs figurant dans le tableau suivant :

2023	10 %
2024	9,8 %
2025	9,6 %
2026	9,4 %
2027	9,2 %
2028	9,0 %
2029	8,2 %
2030	7,4 %
2031	6,6 %
2032	5,8 %

2. Aux fins de l'application de l'article 28, paragraphe 4, la valeur de 5 % est remplacée, pour chaque année fiscale commençant à partir du 31 décembre des années civiles suivantes, par les valeurs figurant dans le tableau suivant :

2023	8 %
2024	7,8 %

2025	7,6 %
2026	7,4 %
2027	7,2 %
2028	7,0 %
2029	6,6 %
2030	6,2 %
2031	5,8 %
2032	5,4 %

Art. 49 Phase initiale d'exclusion du champ d'application de la RIR et de la RBII pour les groupes d'EMN et les groupes nationaux de grande envergure 1. L'impôt complémentaire dû par une entité mère ultime située dans un Etat membre conformément à l'article 5, paragraphe 2, ou par une entité mère intermédiaire située dans un Etat membre conformément à l'article 7, paragraphe 2, lorsque l'entité mère ultime est une entité exclue, est ramené à zéro :

a) au cours des cinq premières années de la phase de démarrage des activités internationales du groupe d'EMN, nonobstant les obligations énoncées au chapitre V ;

b) au cours des cinq premières années, à compter du premier jour de l'année fiscale durant laquelle le groupe national de grande envergure entre pour la première fois dans le champ d'application de la présente directive.

2. Lorsque l'entité mère ultime d'un groupe d'EMN est située dans une juridiction de pays tiers, l'impôt complémentaire dû par une entité constitutive située dans un Etat membre conformément à l'article 14, paragraphe 2, est ramené à zéro au cours des cinq premières années de la phase de démarrage des activités internationales du groupe d'EMN, nonobstant les obligations énoncées au chapitre V.

3. Un groupe d'EMN est considéré comme étant dans la phase de démarrage de ses activités internationales si, pour une année fiscale :

a) il compte des entités constitutives dans six juridictions au plus ; et

b) la somme de la valeur nette comptable des actifs corporels de toutes les entités constitutives du groupe d'EMN situées dans toutes les juridictions autres que la juridiction de référence ne dépasse pas 50 000 000 EUR.

Aux fins du premier alinéa, point b), on entend par « juridiction de référence » la juridiction dans laquelle les entités constitutives du groupe d'EMN enregistrent la valeur totale la plus élevée des actifs corporels au titre de l'année fiscale durant laquelle le groupe d'EMN entre initialement dans le champ d'application de la présente directive. La valeur totale des actifs corporels dans une juridiction correspond à la somme des valeurs nettes comptables de l'ensemble des actifs corporels de toutes les entités constitutives du groupe d'EMN qui sont situées dans cette juridiction.

4. La période de cinq années visée au paragraphe 1, point a), et au paragraphe 2 commence à compter du début de l'année fiscale durant laquelle le groupe d'EMN entre initialement dans le champ d'application de la présente directive.

Pour les groupes d'EMN qui relèvent du champ d'application de la présente directive lors de son entrée en vigueur, la période de cinq ans visée au paragraphe 1, point a), commence le 31 décembre 2023.

Pour les groupes d'EMN qui relèvent du champ d'application de la présente directive lors de son entrée en vigueur, la période de cinq ans visée au paragraphe 2 commence le 31 décembre 2024.

Pour les groupes nationaux de grande envergure qui relèvent du champ d'application de la présente directive lors de son entrée en vigueur, la période de cinq ans visée au paragraphe 1, point b), commence le 31 décembre 2023.

5. L'entité déclarante désignée visée à l'article 44 informe l'administration fiscale de l'Etat membre dans lequel elle est située du début de la phase de démarrage des activités internationales du groupe d'EMN.

Art. 50 Option consistant en une application différée de la RIR et de la RBII 1. Par dérogation aux articles 5 à 14, les Etats membres dans lesquels ne sont pas situées plus de douze entités mères ultimes de groupes relevant du champ d'application de la présente directive peuvent choisir de ne pas appliquer la RIR et la RBII durant six années fiscales consécutives à partir du 31 décembre 2023. Les Etats membres qui exercent cette option en informent la Commission au plus tard le 31 décembre 2023.

2. Lorsque l'entité mère ultime d'un groupe d'EMN est située dans un Etat membre qui a exercé l'option prévue au paragraphe 1 du présent article, les Etats membres, autres que celui dans lequel est située l'entité mère ultime, veillent à ce que les entités constitutives de ce groupe d'EMN soient soumises, dans l'Etat membre dans lequel elles sont situées, au montant de l'impôt complémentaire dû au titre de la RBII attribué à cet Etat membre pour les années fiscales commençant à partir du 31 décembre 2023 conformément à l'article 14.

L'entité mère ultime visée au premier alinéa désigne une entité déclarante désignée dans un Etat membre autre que l'Etat membre dans lequel l'entité mère ultime est située ou, si le groupe d'EMN n'a pas d'entité constitutive dans un autre Etat membre, dans une juridiction de pays tiers ayant conclu, au titre de l'année fiscale déclarable, un accord éligible entre autorités compétentes qui a pris effet avec l'Etat membre dans lequel l'entité mère ultime est située.

Dans ce cas, l'entité déclarante désignée présente une déclaration d'information pour l'impôt complémentaire conformément aux exigences énoncées à l'article 44, paragraphe 5. Les entités constitutives situées dans l'Etat membre qui a exercé l'option conformément au paragraphe 1 du présent article fournissent à l'entité déclarante désignée les informations nécessaires pour se conformer à l'article 44, paragraphe 5, et sont exemptées de l'obligation d'information visée à l'article 44, paragraphe 2.

3. Le pourcentage de la RBII déterminé pour un Etat membre ayant exercé l'option prévue au paragraphe 1 est réputé égal à zéro pour l'année fiscale.

Art. 51 Dérogation transitoire aux obligations déclaratives Nonobstant l'article 44, paragraphe 7, la déclaration d'information pour l'impôt complémentaire et les notifications visées à l'article 44 sont déposées auprès de l'administration fiscale des Etats membres au plus tard dix-huit mois après le dernier jour de l'année fiscale déclarable qui correspond à l'année de transition visée à l'article 47.

CHAPITRE X
DISPOSITIONS FINALES

Art. 52 Evaluation de l'équivalence 1. Le cadre juridique mis en œuvre dans le droit interne d'une juridiction de pays tiers est considéré comme équivalent à une RIR qualifiée énoncée au chapitre II, et n'est pas considéré comme un régime fiscal des sociétés étrangères contrôlées, s'il remplit les conditions suivantes :

a) il met en œuvre un ensemble de règles selon lesquelles l'entité mère d'un groupe d'EMN calcule et paye la part de l'impôt complémentaire qui lui est attribuable pour les entités constitutives faiblement imposées du groupe d'EMN ;

b) il établit un taux effectif minimum d'imposition d'au moins 15 % en dessous duquel une entité constitutive est considérée comme faiblement imposée ;

c) aux fins du calcul du taux effectif minimum d'imposition, il autorise uniquement la combinaison de revenus d'entités situées dans la même juridiction ; et

d) aux fins du calcul d'un impôt complémentaire au titre de la règle équivalente à une RIR qualifiée, il prévoit un allégement pour tout impôt supplémentaire payé dans un Etat membre en application de la RIR qualifiée et pour tout impôt national complémentaire qualifié prévu par la présente directive.

2. La Commission est habilitée à adopter des actes délégués, en conformité avec l'article 53, pour déterminer la liste des juridictions de pays tiers qui ont mis en œuvre dans leur droit interne un cadre juridique considéré comme équivalent à une RIR qualifiée conformément aux conditions énoncées au paragraphe 1 du présent article, et pour actualiser cette liste à la suite d'une évaluation ultérieure du cadre juridique mis en œuvre par une juridiction de pays tiers dans son droit interne.

Art. 53 Exercice de la délégation 1. Le pouvoir d'adopter des actes délégués conféré à la Commission est soumis aux conditions fixées au présent article.

2. Le pouvoir d'adopter des actes délégués visé à l'article 52 est conféré à la Commission pour une durée indéterminée à compter du 23 décembre 2022.

3. La délégation de pouvoir visée à l'article 52 peut être révoquée à tout moment par le Conseil. La décision de révocation met fin à la délégation de pouvoir qui y est précisée. La révocation prend effet le jour suivant celui de la publication de ladite décision au Journal officiel de l'Union européenne ou à une date ultérieure qui est précisée dans ladite décision. Elle ne porte pas atteinte à la validité des actes délégués déjà en vigueur.

4. Avant l'adoption d'un acte délégué, la Commission consulte les experts désignés par chaque Etat membre, conformément aux principes définis dans l'accord interinstitutionnel du 13 avril 2016 « Mieux légiférer ».

5. Aussitôt qu'elle adopte un acte délégué, la Commission le notifie au Conseil.

6. Un acte délégué adopté en vertu de l'article 52 n'entre en vigueur que si le Conseil n'a pas exprimé d'objections dans un délai de deux mois à compter de la notification de cet acte au Conseil ou si, avant l'expiration de ce délai, le Conseil a informé la Commission de son intention de ne pas exprimer d'objections. Ce délai est prolongé de deux mois à l'initiative du Conseil.

Art. 54 Information du Parlement européen Le Parlement européen est informé par la Commission de l'adoption d'actes délégués, de toute objection formulée à l'égard de ces actes et de la révocation d'une délégation de pouvoirs par le Conseil.

Art. 55 Accord bilatéral sur des obligations déclaratives simplifiées L'Union peut conclure des accords avec les juridictions de pays tiers dont les cadres juridiques ont été évalués comme étant équivalents à une RIR qualifiée conformément à l'article 52, en vue de mettre en place un cadre permettant de simplifier les procédures déclaratives prévues à l'article 44, paragraphe 6.

Art. 56 Transposition Les Etats membres mettent en vigueur les dispositions législatives, réglementaires et administratives nécessaires pour se conformer à la présente directive au plus tard le 31 décembre 2023. Ils en informent immédiatement la Commission.

Ils appliquent ces dispositions en ce qui concerne les années fiscales commençant à partir du 31 décembre 2023.

Toutefois, à l'exception de l'arrangement prévu à l'article 50, paragraphe 2, ils appliquent les dispositions nécessaires pour se conformer aux articles 12, 13 et 14 en ce qui concerne les années fiscales commençant à partir du 31 décembre 2024.

Lorsque les Etats membres adoptent ces dispositions, celles-ci contiennent une référence à la présente directive ou sont accompagnées d'une telle référence lors de leur publication officielle. Les modalités de cette référence sont arrêtées par les Etats membres.

Art. 57 Examen par la Commission de la mise en œuvre du Pilier Un Au plus tard le 30 juin 2023, la Commission présente au Conseil un rapport faisant le point de la situation en ce qui concerne la mise en œuvre du Pilier Un de la déclaration sur une solution reposant sur deux piliers pour résoudre les défis fiscaux soulevés par la numérisation de l'économie, approuvée par le Cadre inclusif de l'OCDE/G20 sur le BEPS le 8 octobre 2021, et, s'il y a lieu, présente une proposition législative visant à résoudre ces défis fiscaux à défaut de mise en œuvre de la solution retenue pour le Pilier Un.

Art. 58 Entrée en vigueur La présente directive entre en vigueur le jour suivant celui de sa publication au Journal officiel de l'Union européenne.

Art. 59 Destinataires Les Etats membres sont destinataires de la présente directive.